吕梁市离石区志

吕梁市离石区地方志编纂委员会　编

（上册）

方志出版社
Publishing House of Local Records

图书在版编目（CIP）数据

吕梁市离石区志 / 吕梁市离石区地方志编纂委员会编 . —北京：方志出版社，2020.12

ISBN 978-7-5144-4617-3

Ⅰ . ①吕… Ⅱ . ①吕… Ⅲ . ①离石区—地方志 Ⅳ. K292.54

中国版本图书馆 CIP 数据核字（2020）第 260576 号

吕梁市离石区志

编　　者：吕梁市离石区地方志编纂委员会

责任编辑：罗　滔

出 版 者：方志出版社

地址　北京市朝阳区潘家园东里 9 号（国家方志馆 4 层）

邮编　100021

网址　http://www.zgfzcb.cn

发　　行：方志出版社发行中心

电话（010）67110500

经　　销：各地新华书店

印　　刷：山西力新印刷科技开发有限公司

开　　本：889×1194　　1/16

印　　张：151.75

字　　数：3459 千字

版　　次：2020 年 12 月第 1 版　　2020 年 12 月第 1 次印刷

印　　数：0001 ～ 5000 套

ISBN　978-7-5144-4617-3　　定 价:1200.00 元（上下册）

吕梁市离石区地方志编纂委员会

（2020年5月）

吕梁市离石区地方志编纂委员会

（2021 年 12 月）

名誉主任	廉海平					
主　　任	张海文					
副 主 任	李考玉	白　鹤	白志荣	景喜旺	王轶勇	薛建荣
	闫建峰	任利星	梁　燕			
委　　员	任晓明	成鹏宇	任文君	王文娟	牛　梅	刘卫峰
	李小伟	刘　方	薛志韧	高晋军	薛　军	陈　楠
	赵朱贵	陈蕙娟	张娟娟	范金龙	李治国	吴　卿
	刘海斌	刘挨照	侯永强	张庆华	贺耀辉	张利国
	冯旺兵	刘杏平	李克勤	刘武平	薛殿伟	何星洁
	居　伟	郭晋斌	马小兵	贺建平	高振荣	高恩生
	傅晓荣	行政审批局	张能强	薛永明	李其明	张旭连

《吕梁市离石区志》编纂人员

主　　编　梁　燕　孙银爱

副 主 编　赵慧瑛　付应明

编　　辑　（以姓氏笔划为序）

牛富萍　闫　斌　刘守文　李志宏　张可泰　张惠源　张　蓉
陈福明　杨　萌　邱炎儿　周卉芬　周利军　徐　昕　胡晓霞

编审核校　（以姓氏笔划为序）

牛云龙　王金元　王利英　王树英　王建忠　王　毅　王全明
田永强　冯建平　乔拯民　刘瑞祥　闫万林　张瑞春　张云生
李　新　李文凡　李心丽　李中林　杨光明　吴吉明　陈　雷
辛安治　郝卫刚　高廷裕　高存贤　贾月平　郭增鹏　康文斌
康兆忠　梁瑞兵　梁富正　曹秀文　温智新　雒小平　薛番彦

摄影人员　（以姓氏笔划为序）

王中业　王元元　王金元　王胜利　安　琪　闫星明　任建忠
任宏杰　刘和平　刘伟明　刘亚峰　刘香平　吴杰才　吴继才
李爱国　张惠源　高小明　郭炳中　常泽春　康文斌　梁美丽
雒振新　薛贵平

美　　编　刘伟明　吴继才　薛　蕊

编　　务　王荣伟　刘　欢　刘建斌　冯　莉　冯子青　李桂兰　张潇丹

吕梁市离石区史志办公室

（2010 年 2 月—2019 年 5 月）

主　　任　孙银爱

副 主 任　赵慧瑛　付应明

工作人员　（以姓氏笔画为序）

王荣伟　王　毅　冯子青　刘建斌　师丽萍　李中林

李桂兰　李　强　张　梅　张双元　康琛宝　渠爱红

薛翻俊　薛　瑞

中共吕梁市离石区委党史研究室（吕梁市离石区地方志研究室）

（2019 年 11 月—　　）

主　　任　梁　燕

副 主 任　付应明

工作人员　（以姓氏笔画为序）

王荣伟　王　毅　冯子青　刘建斌　李中林　李桂兰

李　强　张　梅　康琛宝　渠爱红　薛翻俊

《吕梁市离石区志》评审专家

（2018 年 1 月）

张志仁　山西省地方志办公室主任

刘益令　山西省地方志办公室副主任　编审

马正英　山西省地方志办公室副巡视员

郝世文　山西省地方志办公室综合处处长　副编审

杨　颖　山西省地方志办公室市县志处调研员

冯翠兰　山西省地方志办公室旧志处调研员　编辑

向建伟　山西省地方志办公室省志二处副处长

赵秀龙　吕梁市地方志办公室主任

李保生　吕梁市地方志办公室副主任

郝治文　吕梁市地方志办公室科员

审　　定　梁　燕

审查验收　中共吕梁市委党史研究室（吕梁市地方志研究室）

审　　核　中共山西省委党史研究院（山西省地方志研究院）

批准出版　吕梁市离石区人民政府

资料采编人员

（以姓氏笔画为序）

于淑平　马　丽　马虎生　马春艳　王　凯　王　硕　王　鹏　王　毅
王五平　王兴开　王全明　王建琴　王星星　王爱兰　王暄文　王新义
王德华　王　蕊　王奕蓉　王慧新　车志红　牛经娥　毛海霞　史旭刚
付建华　白晋明　白晓琴　白鹏飞　冯小华　冯会平　冯利兵　冯建平
冯霞丽　刑永辉　刑智宏　成　利　成益帆　乔　栋　乔　亮　乔　博
乔　磊　任丽琴　任宏杰　任海霞　刘　宇　刘艾锋　刘奶平　刘彦惊
刘彦辉　刘勇金　刘海亮　刘雪英　刘常阳　刘旭珍　刘瑞芳　杜旭东
闫志伟　问保连　苏桂梅　李　连　李　杰　李　霞　李小永　李小明
李惠惠　李若彤　李嘉欣　李媛媛　李　娜　陈　雷　杨　程　杨海燕
杨喜兵　杨云鹏　吴安明　吴运伟　吴丽芳　吴改玲　吴杰才　吴桂芳
吴瑞琪　吴锐军　张　宏　张　琪　张凤琴　张志勇　张丽华　张利利
张杰伟　张建中　张思思　张艳伟　张满满　张鹏华　范丽红　范金龙
赵朱贵　赵丽君　赵浩建　郝　炜　侯艳萍　贺毅鑫　姚文秀　殷兴平
高　楠　高二勤　高忠义　高建飞　高　萌　郭　彦　韩玺华　郭海明
郭瑞刚　郭志平　康永亮　程晓亮　温　霞　雷慧军　雒晓奇　雒夏梅
翟旭虹　翟晓芳　潘一丹　薛　强　薛文涛　薛江平　薛志丽　薛国林
薛艳辉　薛海云　薛海鹏　薛钰璇　霍璟琦　籍晋好

石区地图

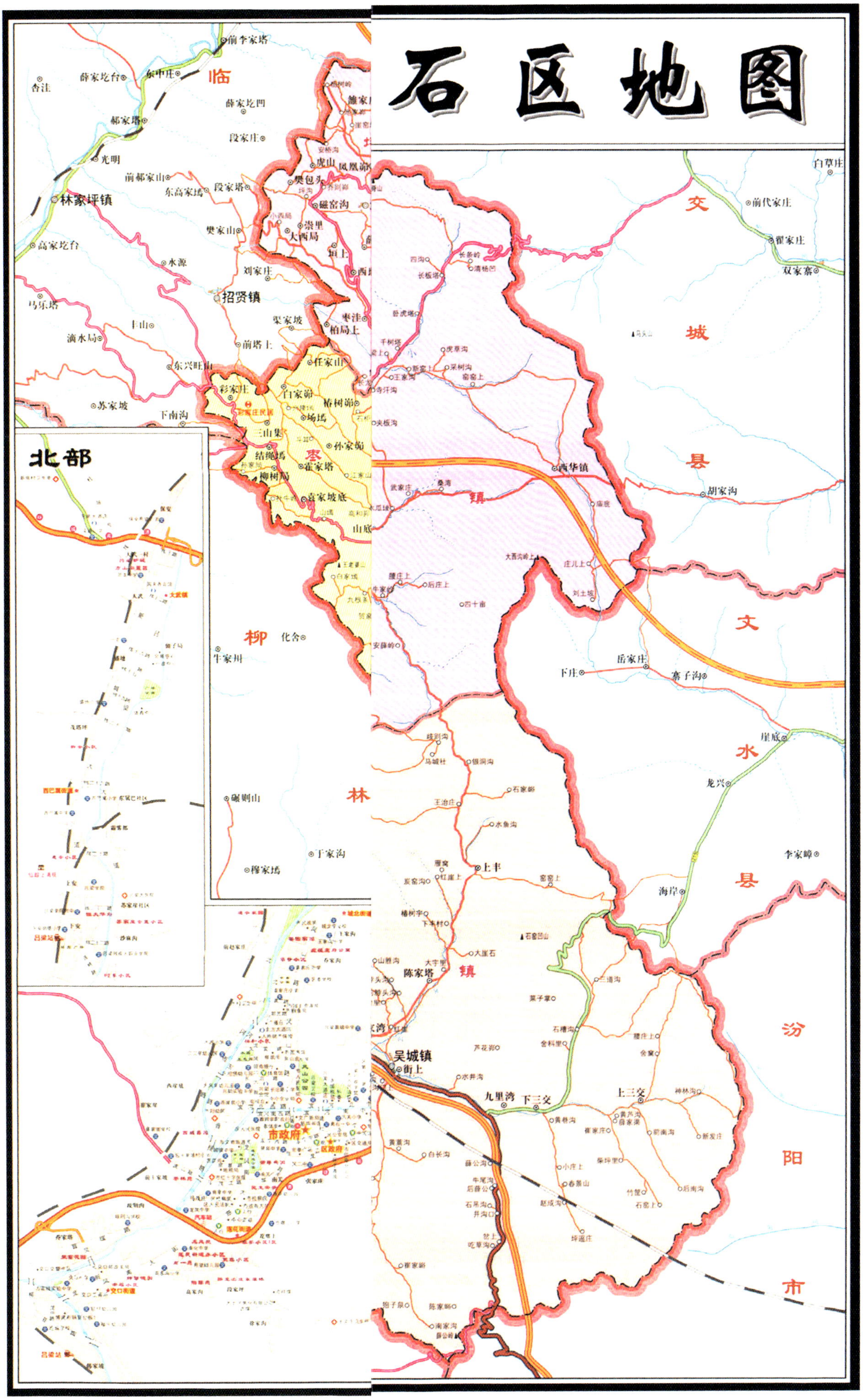

审图号：晋S（2016）047号 ISBN 978-7

山西省地图集编纂委员会办公室编制

吕梁市离石城区图

山西省地图院 编制　资料截至2015年底

清·光绪《永宁州志》载永宁州舆图

城建掠影

20 世纪 50 年代关帝庙戏台“大楼底”广场　1959 年摄

建设中的吕梁地区行署大院　1972 年摄

离石城区概貌 1972年摄

离石城区　2015年摄

离石东城新貌　2020 年摄

从凤山公园俯瞰离石新貌　2015 年摄

北川河新貌　2019年摄

莲花池公园　2009年摄

如意湖公园　2020年摄

北城新貌　2015 年摄

离石夜景　2018 年摄

市民广场　2020 年摄

世纪广场　2019 年摄

离石撤县设市庆典　1996 年摄

离石城西关帝楼　1949 年改名为烈士楼

吕梁宾馆　2019 年摄

吕梁火车站　2011 年摄

吕梁汽车客运总站　2019 年摄

离石汽车站　1994 年摄

离石环城高速　2018 年摄

火车通到吕梁山　2018 年摄

店坪到梁家岔道路　2018 年摄

米五线小神头段　2018 年摄

中国特色小镇——信义镇　2020年摄

美丽乡村——小神头　2020 年摄

三山集村移民搬迁集中安置小区　2010 年摄

乡村旅游示范村——归化村　2020年摄

社会经济

山西最美旅游村——永红村　2020 年摄

枣林乡结绳墕村千亩核桃林种植区　2011 年摄

信义镇严村大棚蔬菜基地　2019年摄

20 世纪 70 年代，离石农田基本建设现场 1972 年摄

小神头梯田 2020 年摄

世行项目信义机修梯田 1996 年摄

西华镇肉牛养殖　2010年摄

小神头鸡蛋

离石胡羊

吴城家猪

大棚高科技农业

信义有机西红柿

泰瑞农场蔬菜生产基地

吴城土豆

枣林玉米

赤芍种植基地

南梁谷子

坪头小米

晋谷 21 号

核桃树高接换优现场

秋收时节打核桃

上安村粉条　2019 年摄

东裕薯业粉皮　2020 年摄

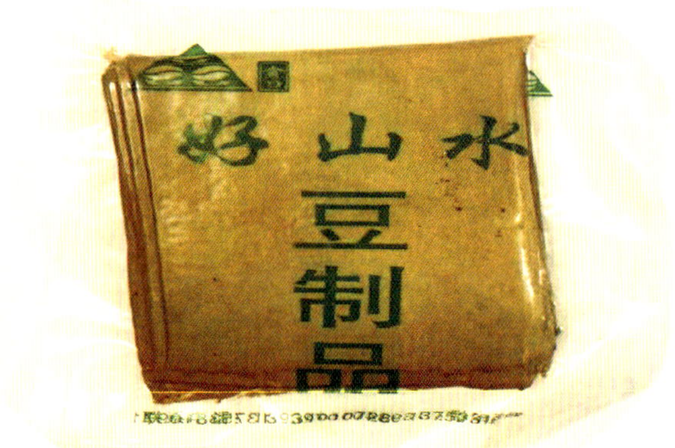

贠口好山水豆制品　2015 年摄

新山湾手工醋　2017 年摄

七狗碗团　2019 年摄

珍味谱烤馍　2015 年摄

乡村 e 站　2019 年摄

王村电商服务站　2017 年摄

田家会饮水解困工程　2008 年摄

1996 年世行项目农村饮水工程　2009 年摄

20 世纪 70 年代，民兵在吴城水库工地劳动场景

千年水库局部

千年水库　2020 年摄

吴城水库 2017年摄

云顶风电园　2019 年摄

农村电网　2008 年摄

归化村光伏扶贫发电场　2017年摄

20世纪90年代东川河两岸焦化厂　1997年摄

晋能大土河热电公司　2019年摄

楼桥水泥厂　1997 年摄

大土河热电厂　2007 年摄

大土河工业园区一角　2008 年摄

离石电线厂生产车间　1995 年摄

同辉机械厂　2011 年摄

新龙科技　2015 年摄

壁纸电子刺绣　2017 年摄

凌云石头造纸生产车间　2014 年摄

中磁尚善科技有限公司合金软磁新材料生产车间　2019 年摄

晋能热电联产建设现场　2015 年摄

天河二号云计算服务器　2015 年摄

华为山西（吕梁）云数据中心　2019 年摄

永宁市场　2005 年摄

东关自由市场　2008 年摄

永宁国际购物中心　2015 年摄

美特好超市　2012 年摄

交口汽贸城　2015 年摄

吕梁天源物流园区　2015 年摄

泰化物资城　2011 年摄

民生福祉

王家沟幼儿园　2012 年摄

城南幼儿园　2015 年摄

城内小学　2019 年摄

离石一中　2019 年摄

阴高级中学 2011 年摄

吕梁学院　2019 年摄

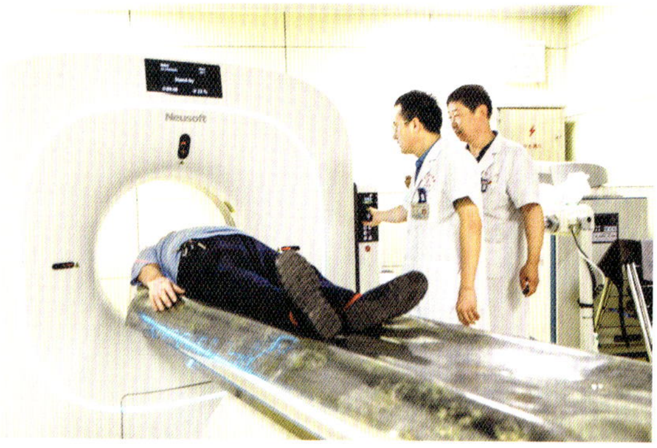

区人民医院的 CT 设备

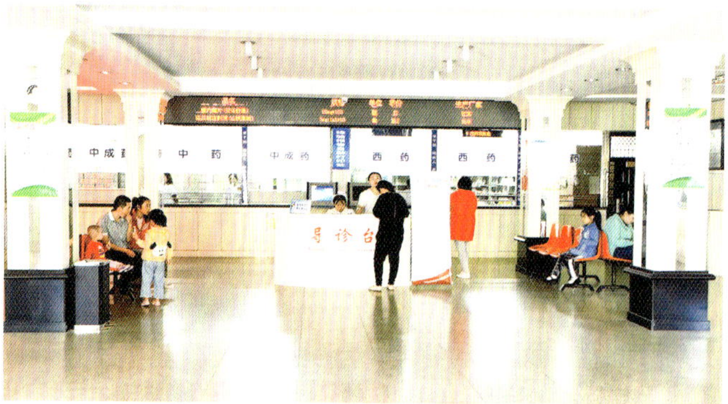

区人民医院门诊部　2019 年摄

区人民医院　2019 年摄

吕梁市人民医院　2019 年摄

一切以人民健康为中心

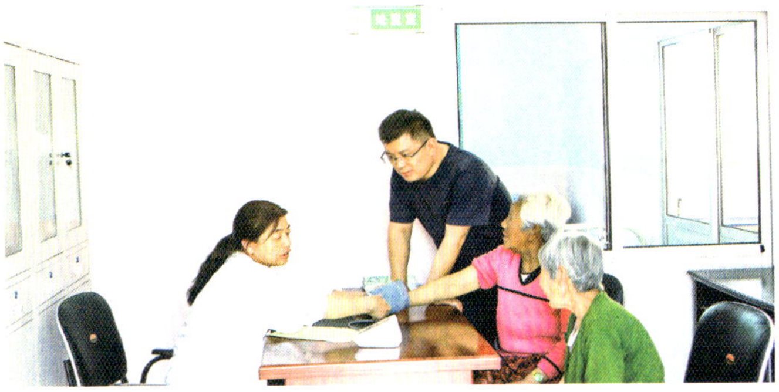

村（社区）卫生服务现场　2012 年摄

信义镇归化村老年人日间照料中心　2017 年摄

吕梁山护工技能培训现场 2016 年摄

护理护工招聘会现场　2016 年摄

2004 年，离石区首届四项运动会开幕式

2010 年 11 月 1 日，离石区首届“煤运杯”职工（农民工）运动会开幕式表演

2019 年 2 月 20 日，中国第二届青运会“山西燃气杯”火炬传递离石区站收火仪式在体育馆举行

2019 年 7 月 20 日，全国第二届青运会实体火炬传递离石区站起跑仪式在吕梁火车站站前广场举行

文化旅游 文物

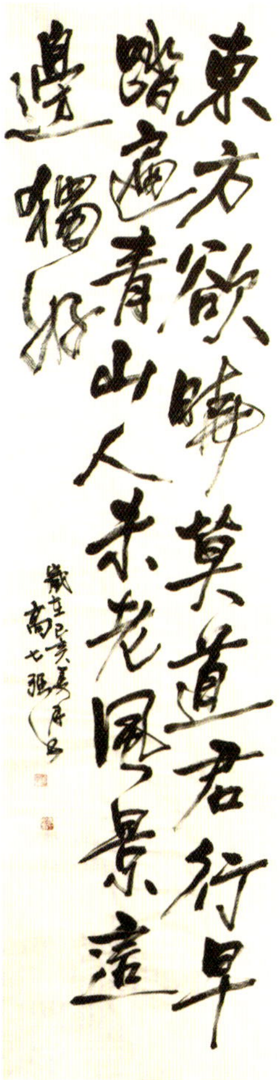

高七强书法作品

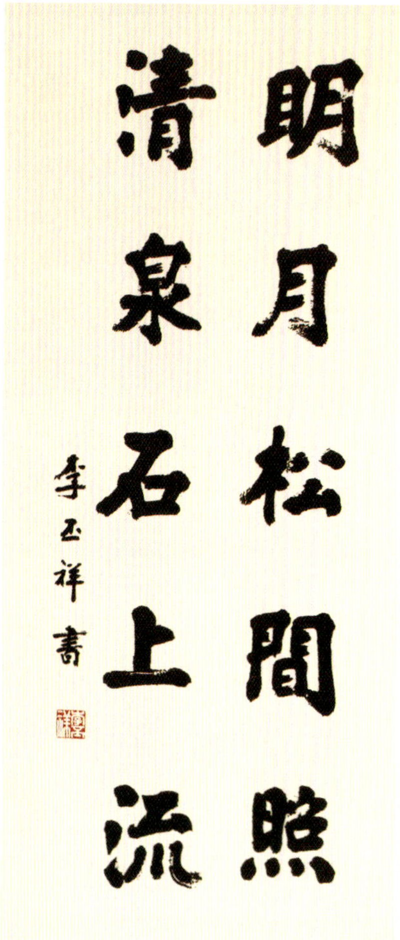

李丕祥书法作品

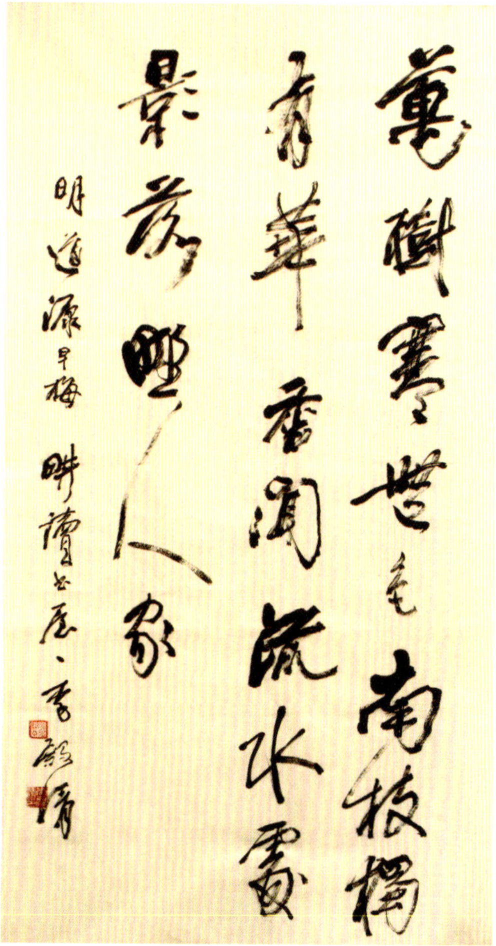

李殿清书法作品

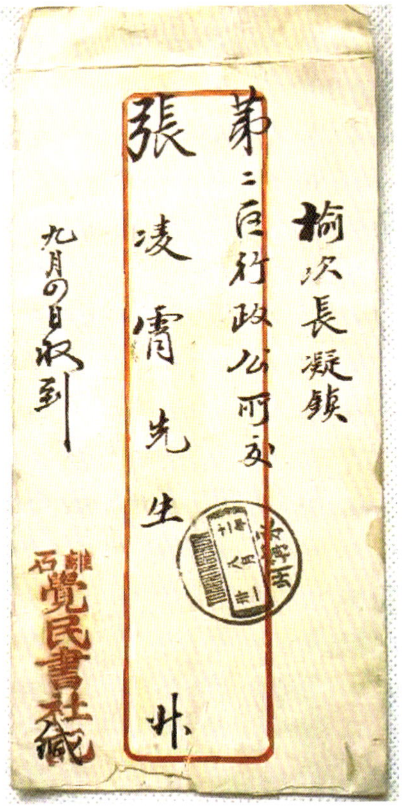

离石觉民书社缄

康文斌国画《黄栌通关图》

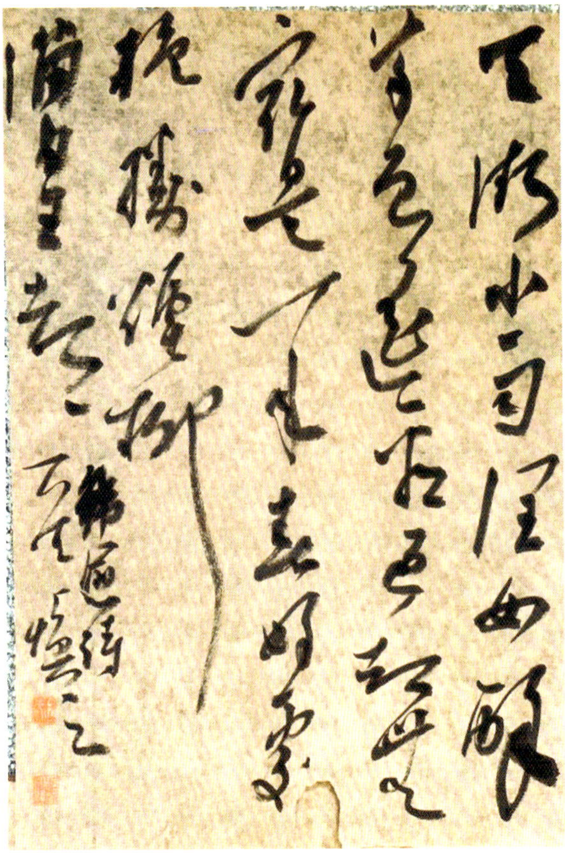

郝慎之书法作品

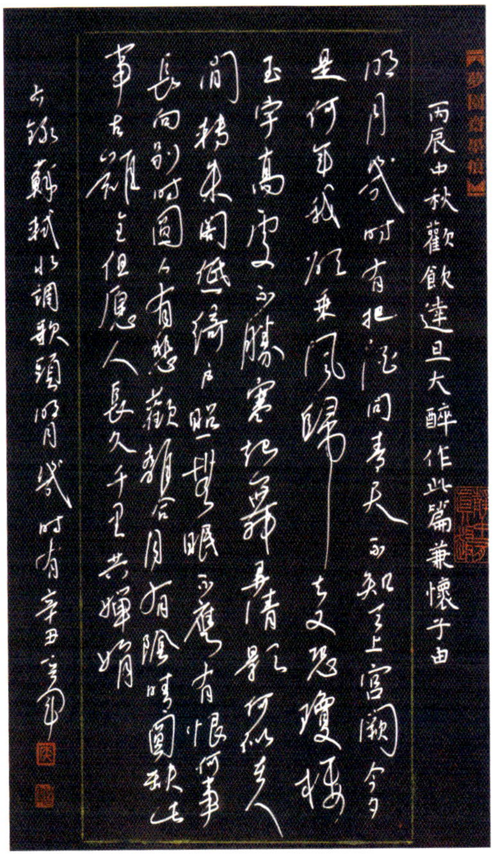

侯晋军书法作品

安琪油画《根》

康文斌剪纸《抢蛤蟆》

薛改爱剪纸《四喜图》

段月英剪纸《一座山》

于乃莲剪纸《双虎》

高兆清剪纸《团花套剪》

刘补香剪纸《党的光辉》

王金元剪纸《喜字》

离石弹唱舞台表演

离石弹唱街巷演出现场

离石后套秧歌

旱船秧歌

竹马

离石三弦书艺人表演

石州锣鼓

广场舞活动

2017年8月3日，离石区“沟梁上的土疙瘩”乡村旅游推介会在太原举行

2019年，吕梁市离石区文化旅游推介会在太原举行

黄栌岭晋商古道　2005 年摄

历史文化名村——彩家庄　2008 年摄

永宁州东界碑　2005 年摄

盛地北禅寺　2016 年摄

信义镇德岗文化遗址 2019 年摄

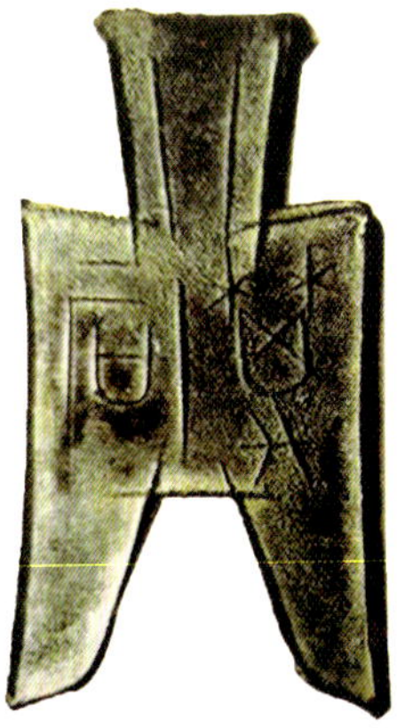

战国“离石”尖足布

战国“离石”圆足布

汉代铜镜

战国离石圜钱

战国离石铭文戈

汉画像石—火牛阵

明代琉璃熏炉

马茂庄汉墓画像石

北魏间离石稽胡族高僧刘萨诃瑞像图
莫高窟藏经洞（第 17 窟）

凤山天贞观白云洞壁画局部（一）

凤山天贞观白云洞壁画局部（二）

凤山天贞观白云洞壁画局部（三）

宝峰山万神殿元代壁画局部

安国寺佛殿壁画局部

大中丞于公生祠記

勒石者何紀功德也何言乎功德爾盖以其功在梵宇德及里人不可不立祠以祀之也祀之者誰 大中丞于菜公也作祠者誰山之僧普聞以及同南都九十兩里里民主萬厚李重等也 中丞公好義樂施周人之急濟人之厄州人之被其德者不可勝數而於茲寺與同里之人尤所惓惓注意焉故祀之也昔者 清端公嘗館於是寺以讀書矣今其下帷處猶昭然在人耳目間也中丞公念乃祖之遺踪慨殿宇之傾圮而不忍使像教與先型隨荒荊野蔓而俱湮也於是不惜重費鳩工作以經營而修葺之重為此山開一勝境俾寺僧之瞻禮金容者晨鐘暮鼓世續香火於勿絕而得不思所以報之耶何以報之計惟有建立生祠而設位於其中昕夕崇奉且傳之將來歷久而不忘乎不謂里民之感惠者亦有同心焉聞斯舉而樂為之助相與協力以成之盖 公之施德於同里者數十年矣歲祲而不能為之災賦急而不能為之病民所以完其家室長其子孫而無夫所逋亡之患者大抵皆出於公之所賜宜其交相勸勉從事焉而恐後也祠成之日見夫趨拜而前者或捧瓣香或持卮酒羣然而祝之曰公之祿位至矣願公之壽如岡如陵與茲寺而永存公之榮遇於身無遺憾矣願公之裔子子孫孫長享福祿於無窮與公而並隆此固山僧與野人頌禱之微誠冀以爾公之功德於萬一者也然則斯祠之作詎得謂之過舉乎哉雖然公之聞望斷不藉是以為重輕而州人戴德之忱觀此亦可以得其大凡矣是為記

賜進士第原任江南鳳陽府懷遠縣知縣張夢熊謹撰

誥授奉政大夫原任刑部四川清吏司郎中于灝書丹

于中丞公生祠碑拓片

清·王继贤梅兰竹菊图拓片

汉画像石拓片

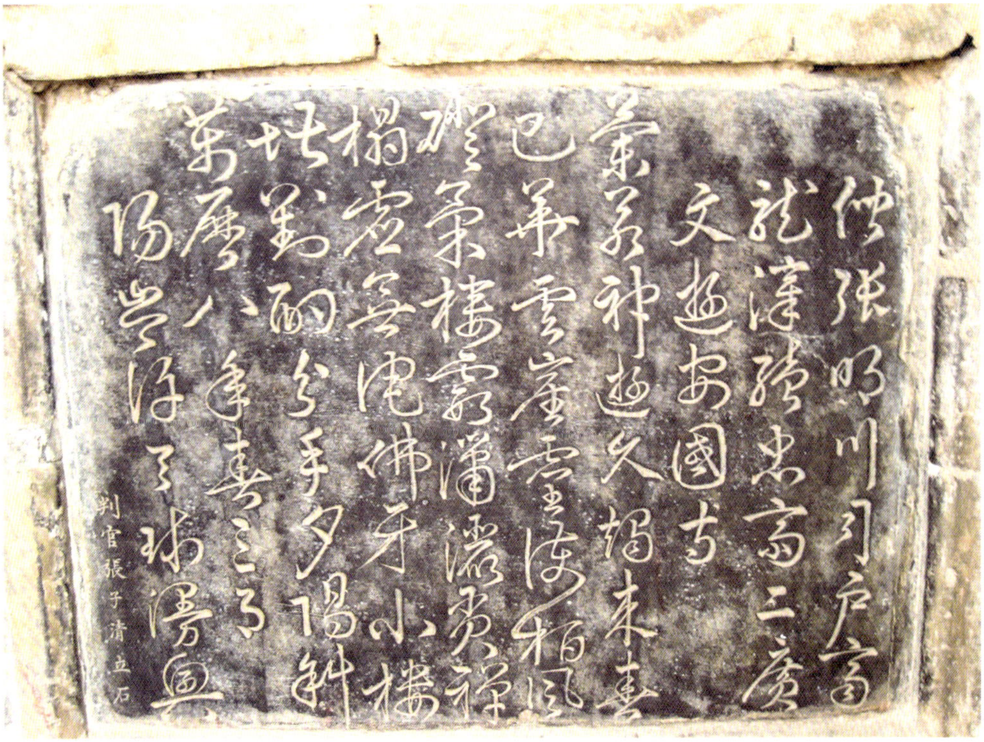

安国寺佛殿石碣

文庙大成殿　2020 年摄

文庙东配殿　2020 年摄

文庙琉璃瓦屋顶局部　2006 年摄

文庙屋顶铁花　2006 年摄　文庙大成殿廊柱局部　2006 年摄

文庙西配殿　2020 年摄

安国寺　2010 年摄

于成龙读书楼　2010年摄

明代砖塔　2010年摄

于成龙祠堂　2010 年摄

清 · 石牌坊　2010 年摄

莲花峰　2016 年摄

安国寺　1986 年摄

清·双狮　2016 年摄

于成龙廉政文化教育基地　2020 年摄

白马仙洞景区　2015 年摄

道教圣地宝峰山　2013 年摄

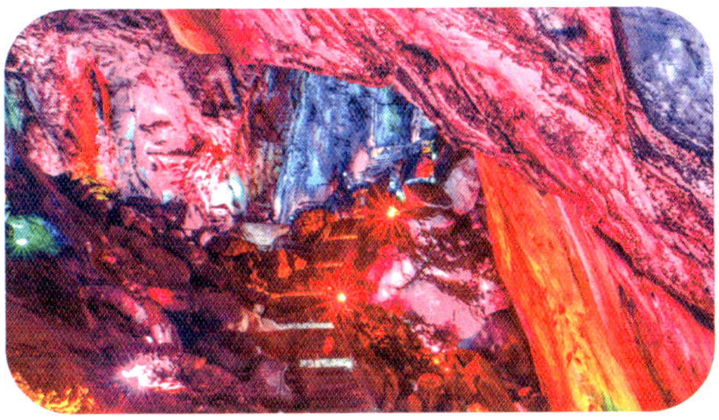

洞内放马滩　2015 年摄

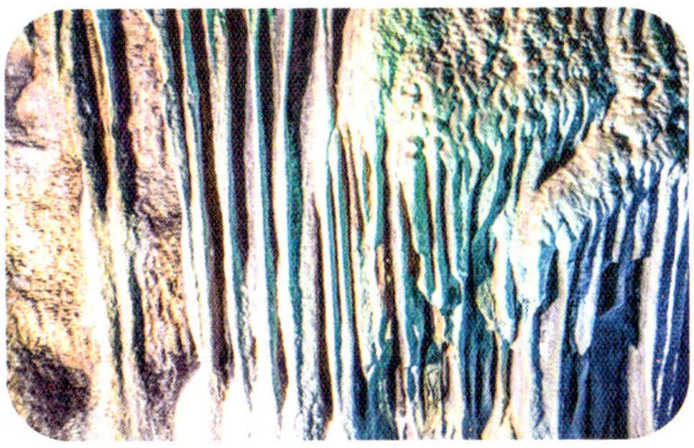

洞内钟乳石壁　2015 年摄

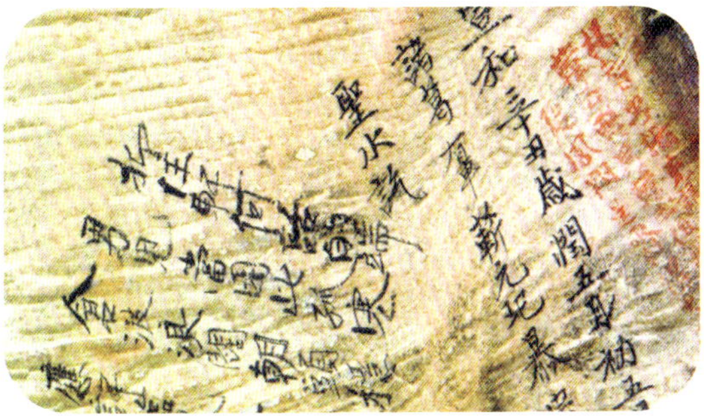

洞内石壁上古人题字局部　2015 年摄

网红玻璃桥　2019 年摄

宝峰灵龟　2013 年摄

金阁寺　2012 年摄

孙真人殿　2012 年摄

三清殿　2012 年摄

黄箓宝坛玉皇阁（楼）　2012 年摄

倒石靴　2020年摄

千年古茶树　2020年摄

凤山天贞观　2017年摄

高家沟高级军事会议纪念馆 2016 年摄

林迈克和李效黎纪念馆 2017 年摄

信义境内彩色旅游公路　2020 年摄

玉灵山　2020 年摄

驿沟油菜花海　2019 年摄

能源西华镇　2019 年摄

千年秋韵　2015 年摄

千年旅游景区　2020 年摄

雪韵大东沟　2014 年摄

华北第二大亚高山草甸 · 西华镇　2016 年摄

凤凰背山古村落—彩家庄　2020 年摄

巍巍骨脊山　2015 年摄

志书编修

“十四五”期间，《离石年鉴》实现一年一鉴公开出版

康熙和光绪《永宁州志》合集影印本由山西古籍出版社公开出版

2020 年 9 月 8 日，《吕梁市离石区志》编审小组审读启动会议

2018 年 1 月，《吕梁市离石区志》评审会现场

《离石区志》评审会议合影留念　2018年1月23日摄

一排左起：李　新　高友发　李晓钦　李保生　冯翠兰　赵秀龙　梁　斌　刘益令　张志仁　梁志勇　马正英　吕文平　杨　颖　向建伟　吕文清　张瑞春　陈利平

二排左起：辛安智　田永强　刘玲玲　刘改平　刘支军　卫彦平　张海红　孙银爱　吴小娟　岳建明　武允明　赵慧瑛　郑凤斌　郝治文　李晓中

三排左起：王建忠　徐锦笙　付应明　薛凤平　刘武平　杨光明　刘　鹰　辛玉梅　王继香　吴　卿　李米莲　李永军

四排左起：高秀莲　张潇丹　王荣伟　任利星　郝正刚　任　凯　武　皓

序　一

庚子岁末，《吕梁市离石区志》付梓出版，这是全区人民政治文化生活中的一件大事，也是中国特色社会主义新时代的一件盛事，可喜可贺！

早在新石器时代就有人类在此繁衍生息，春秋属晋，战国归赵，西汉始设离石县，距今至少已有5500多年。仰韶陶器、战国铜戈、离石布币、汉画像石等一件件古代文化瑰宝着见证古老的离石文明。德岗遗址、骨脊高山、白马仙洞、安国古寺、黄芦岭长城等一处处文化遗存，诉说多彩的离石故事。众多风云人物曾在此这篇厚土修文演武、建功立业，积淀了底蕴深厚的历史文化。上古圣贤大禹治水始于骨脊山，千古佳话代代传；一代战神吴起筑吴城，守秦晋天险，护西河太平；传奇帝王刘渊立汉国，建都离石，开启胡汉文化大融合；石勒帝金戈铁马，缔造半壁山河，盛极一时；一代高僧刘萨诃显身莫高窟，弘扬佛法，名扬天下；一代廉吏于成龙天下清官第一，经典廉政文化蜚声海内。“人民教育家”辛安亭钟情中华人民共和国启蒙教育，书写中华人民共和国教育新篇章；中英友好使者李效黎夫妇一生致力于搭建中英友好发展桥梁，两次受到习近平总书记盛赞。

抗日战争和解放战争时期，彭德怀、贺龙、习仲勋等老一辈无产阶级革命家在此播下革命火种，贺昌、张淑平、韩昌泰等革命先驱薪火相传，为离石人民的解放事业作出了重要贡献；张秋林、杜凤英、闫子诚等革命烈士前赴后继，不怕牺牲，谱写了一曲曲悲壮的人民英雄赞歌。

中华人民共和国成立后，历届县（市、区）委、政府始终扭住发展这个第一要务，大力弘扬吕梁精神，探索创造的“离石模式”，由毛泽东主席亲笔批示在全国推广，掀起了建设社会主义的县域高潮。涌现了全国水土保持劳模刘荣俭、省农业生产劳模薛满泰，“焦裕禄式的县委书记”王健，实事求是的赵子文，“东红模式”的李秉艮，吃住在基层的张炳、刘振华等好领导好干部，更有舍己求人的“当代吕梁英雄”阎军平、“吕梁名作家”王永泰等无以数计的劳模和人民英雄，用其独特的精神和情怀，滋养着1324平方公里的黄土地，为离石人民世代景仰。

改革开放以来，全县（市、区）干部群众解放思想，开拓创新，艰苦奋斗，奋发有为，取得了一个又一个辉煌的成果。1980年，赵家山率先推行包产到户，开启了吕梁山区家庭联产承包责任制的先河；山花电缆、山地步犁、双塔钢锨成为部优名牌，常压锅炉列为国家环保产品，离石地毯远销欧美及中国港澳地区；乡镇企业异军突起，焦化产能迅速扩大，高崖湾煤矿首创“吕梁型焦炉”，离石成为全省焦炭生产第一大县，辉煌一时。大土河煤焦公司、聚富焦化厂、泰化集团等一批标志性企业勇立潮头，在离石发展史上奏响了经济发展的交响乐……

2004年吕梁撤地设市，离石成为吕梁唯一市辖区，区位优势日益凸显，城市面貌向着生态、宜居、文明大步迈进，离石城区面貌焕然一新，城区面积从20世纪90年代初的5平方公里扩展到36平方公里，人口从6万人发展到近50万人。离石人民勠力同心，奋勇争先，经济社会迅速进入了发展快车道，铁公机立体交通网全面形成，打开了通往外界的大门。第三产业急速发展，传统产业进一步升级改造，新兴产业不断壮大，数字产业迅速起步，经济建设成果不断刷新，2019年地区生产总值137.3亿元，是1978年的362倍；一般公共预算收入14.61亿元，是1978年的243倍。脱贫攻坚决战决胜，成效显著，乡村振兴号角吹响。

志书继往开来，服务当代，垂鉴后世，具有独特历史文化学术价值。《吕梁市离石区志》以马克思列宁主义、毛泽东思想、邓小平理论、“三个代表”重要思想、科学发展观、习近平新时代中国特色社会主义思想为指导，运用辩证唯物主义和历史唯物主义的基本原理，横陈百科，纵述史实，既保持了传统志书特色，又具有鲜明时代风格。编修过程中，志书工作者广征博采，深耕不辍，科学考证，精心编撰，在编章体例、组织结构、行文表述、图表注释等方面革故创新，形式内容至臻至善。可谓是一部资料翔实、文风严谨的权威性文献，是一幅全面展示离石自然、政治、经济、社会和文化的恢宏画卷，一部世纪交替历史时期离石地情资料的百科全书。

“治天下者以史为鉴，治郡邑者以志为鉴。”希望全区各级各部门和社会各界人士尚志、读志、用志，在感于过去近三十年所取得巨大成就的同时，也要充分认清今后所肩负的历史使命和重大责任，在习近平新时代中国特色社会主义思想指引下，勠力同心，砥砺前行，干事创业，早日蹚出一条转型发展的新路子，书写更加辉煌灿烂的壮丽篇章。

是为序。

中共离石区委书记 張璐萍

离石区人民政府区长 李平

2021年12月

序　二

史志是传承文明重要载体，修志著史在我国有着悠久的历史传统。习近平总书记指出："重视吸取历史经验是我们党的一个好传统。历史记述了前人的成功和失败，重视、研究、借鉴历史，了解历史上治乱兴衰规律，可以给我们带来很多了解昨天、把握今天、开创明天的启示。"《吕梁市离石区志》付梓，对我们贯彻落实习近平总书记重要指示精神，传承优秀文化传统，提高全区人民文化自信，凝聚广大干部群众智慧，坚定蹚出高质量转型发展新路有着重大的意义。

在离石这块古老的土地上，很早就闪耀着文明的火花。早在距今6000年前的信义德岗遗址，展示了同时期黄土高原黄河中游中华文明发展的新高度。战国时代，离石邑、皋狼邑（今方山境）、蔺邑（今柳林境）等城市的出现和离石、蔺等地货币的发明，反映了原始城市的创立与商品经济演进的新面貌。汉代，离石一直是抵御匈奴的前线和容纳南匈奴的根据地，离石汉画像石用铁笔绣像展示了汉代经济文化发展的新成就，其铭文书法超越了同时期名碑的书法水准。北宋时期，离石（石州）是抗击西夏的粮草、弓箭手（民兵）的供给基地。从汉唐宋到元明清，离石一直为郡、府、州驻地。反映了古代离石区域，在中华民族发展史上的重要地位和国家统御职方的共识。

革命战争年代，离石成为保卫黄河的防火墙，是延安中共中央与晋察冀、晋冀鲁豫革命根据地联系的地下交通线，是陕甘宁边区的后勤供给地。毛泽东、朱德、刘少奇、周恩来、彭德怀、陈毅、贺龙、习仲勋等老一辈无产阶级革命家，都在这块土地上留下了光辉的足迹。离石军民与晋绥边区兄弟县军民，共同为民族解放事业作出突出的贡献。在这块英雄的土地上成长起来的贺昌、张淑平、韩昌泰、辛安亭、李效黎等革命先驱薪火相传，杜凤英、闫子诚、张秋林等革命英雄前赴后继，谱写了一曲曲英雄赞歌。2017年6月，习近平总书记视察吕梁时，深情地说："革命战争年代，吕梁儿女用鲜血和生命铸就了伟大的吕梁精神。我们要把这种精神用在当今时代，继续为老百姓过上幸福生活、为中华民族伟大复兴而奋斗。"

中华人民共和国成立以后，党中央始终关心着吕梁离石的发展。1956年，毛泽东主席对离山县（离石、方山）农业水土保持规划作过重要批示。改革开放后，胡耀邦、江泽民、胡锦涛等中央领导，都先后到离石视察、指导工作。1971年，离石成为新成立的吕梁地区驻地，开始了新的发展。特别是改革开放以来，以赵家山为代表的农村率先推行包产到户，开启了吕梁山区家庭联产承包责任制的先河。之后历届县委、县政府推出了一系列改革举措，离石经济社会发展进入快车道。青银高速、西纵高速、太中银铁路、吕梁飞机场等先后投运，离石区位得到根本优化；离石煤焦、运输、商业等第三产业等得到较快发展，传统产业升级改造，新兴产业不断壮大，数字产业迅速起步，脱贫攻坚，成效显著。

2004年撤地设市后，离石成为吕梁市唯一辖区。离石人民勠力同心，奋勇争先，经济建设成果不断刷新，2019年地区生产总值137.3亿元，是1978年的362倍；一般公共预算收入14.61亿元，是1978年的243倍。离石城区面貌焕然一新，城区面积从20世纪90年代初的5平方公里扩展到36平方公里，人口从6万人发展到45万余人。城市面貌向着生态、宜居、文明大步迈进。

离石是人杰地灵的沃土。在离石古今名人事迹中，就有两处受到习近平总书记的关注。一是清代被康熙帝誉为“天下廉吏第一”的于成龙，习近平总书记曾两次讲到，要求领导干部研究学习他的廉政事迹。二是为中国共产党抗日战争中无线电事业发展和中英友好做出了突出贡献的林迈可、李效黎夫妇，习近平总书记曾两次予以盛赞。这些都是离石人的骄傲，是我们应当高度重视和认真研究学习的。

今天在建设有中国特色社会主义伟大实践中，离石人民决心在市委、市政府的坚强领导下，聚焦“六新”，争先创优，奋发有为，勇创辉煌；扛牢政治使命，坚定不移沿着习近平总书记指引的金光大道奋勇前进。

中共离石区委书记

2022年12月

序　三

志者，一域之重典；修志，一方之盛事。《吕梁市离石区志 》经众手修编，历十度寒暑，四经评议，五易其稿，终于付梓问世，为尘封的历史注入了时代活力，此乃离石政治、经济、文化建设领域一件大好事，亲睹其成，倍感欣慰！

离石之名，历史悠久。传说女娲补天，五色石跌落境内赤坚岭，离卦为火而得名离石；一说为图腾崇拜，离为象形文字“离鸟”，考古学者在内蒙古一带发现刻有离鸟的石头而名离石；据唐《元和郡县图志》载“县东北有离石水（今北川河），因取名焉”；近年在北川河一带出土战国时期“离石”古币，更印证了离石之名的古老。离石龙山、凤山、虎山三山环抱，物华天宝；北川、东川、南川，三川合流，人杰地灵，以“天下骨脊，吕梁雄风，廉吏故里，钟灵毓秀 ”而著称。作为中华古文明发源地之一，在离石这方土地上，世世代代的离石人薪火相传、繁衍生息，书写了辉煌的历史，也孕育了一代代光耀千秋、名垂青史的先哲前贤、文化巨匠、仁人志士，成为离石历史上最丰厚的文化财富。

盛世修志，施政大举。修志是我国的文化传统，是中华民族历史传承绵延不绝、文化文明生生不息的千秋大业。“志为信史”，一卷在手，犹如全区在胸，主政者，可以之为镜，观兴废盛衰，知是非得失，把握未来发展方向；为民者，可以之为师，览家乡全貌，晓发展艰辛，珍惜今天幸福生活，其“存史、资政、教化”的意义和价值不可估量。

史志传承，任重道远。离石地方修志，有史料可查的自明朝开始，赓续绵延，先后进行了 6 次方志编写。明代有永乐《石州志》、万历《永宁州志》二纂，均毁于兵燹失传。清代历顺治、康熙、光绪三修《 永宁州志》。中华人民共和国成立后，20 世纪 60 年代初曾纂修《离石新县志》油印稿 2 编，“文化大革命”期间被迫中断。80 年代起，国家启动了修志工作，离石县抓住编修机遇，于1996年出版了首部社会主义新方志——《离石县志》，以140万言鸿篇巨制，立足当代，统摄古今，发挥了存史资治、彰往昭来的社会功能。2006年，国家启动第二轮修志。离石区即进行相关准备和资料搜集、整理等工作，并于 2011 年 12 月启动《吕梁市离石区志》的编修，历经十载，久久为功，持续发力，踏平无数坎坷，乃始成功告竣。此志所记期限，上自事物发端，下至 2015 年，大事记下延至 2019 年底。全书共 35 编（含附录、概述、大事记）156 章 668 节，345 万余言，340 余幅图照，346 张表格，以述、传、图、表诸形式，揽千年于一瞬，记历史之更替；熔百业为一炉，叙事物之兴衰。宏微之观，是非曲直，差距成败，皆不讳言。溯本探源，尽彰地方特色；略古详今，突显时代新风，形成了集区域性、连续性、广泛性、科学性于一体之离石“一地之史”。

在志书编纂过程中，全体参编人员发挥孺子牛精神，甘守清贫，甘愿寂寞，严谨负责，披荆斩棘，不厌其烦，精雕细琢，披肝沥胆，呕心沥血，反复推敲，付出了大量心血和艰辛劳动；各级各部门密切配合，大力支持，乃成本志，实属不易。在此，谨向所有关心、支持、从事区志编修工作的同志，致以崇高的敬意和衷心的感谢！

“功崇惟志，业广惟勤。”离石的过去已经载入史册，天下骨脊、英雄吕梁的诗篇千百年来传唱不息；离石的未来需要我们去努力创造，千年信义、万世永宁的美丽画卷正在徐徐舒展。近年来，在市委、市政府的坚强领导下，离石人民众志成城，踔厉奋发，勇毅前行，蹚出了独领风骚的“离石速度”，社会经济各项事业健康发展。传统产业持续优化，煤焦产业进入高质量发展快车道，新兴产业不断壮大，商贸服务业傲立吕梁大地。城区面貌翻天覆地，绿水青山，秀美山城宜居宜业，“离石蓝”环保名片，十余年靓丽三晋。交通便捷，铁公机立体交通网联通辐射，四通八达。教育模式先进多样，56 所中小学校七八万余名学生，连创中高考佳绩，让吕梁各县钦羡不已。人民生活安居乐业，人口飞速增长，由 2004 年 24 万余人，增至目前 46 万余人。社会经济发展呈几何级增长，人民福祉飞速提升。由 2004 年撤市设区之初，地区生产总值完成 22.2 亿元，社会消费品零售总额完成 13.9 亿元，固定资产投资完成 19.7 亿元，城镇居民人均可支配收入 6300 元，农村居民人均可支配收入 944 元。至 2021 年，地区生产总值达到 205.2 亿元，社会消费品零售总额完成 77.43 亿元，固定资产投资完成 44.27 亿元，城镇居民人均可支配收入达 35085 元，农村居民人均可支配收入达 8628 元。

愿勤劳、智慧、勇敢的离石人民在中国共产党的领导下，承先辈之壮志，尚拼搏之精神，穷集体之智慧，尽民众之力量，共创离石更加美好的明天。

离石区人民政府区长 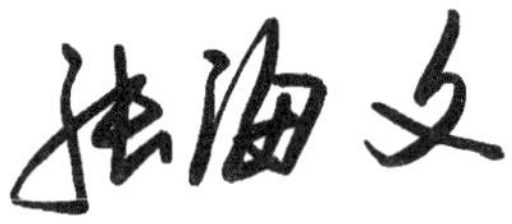

2022 年 12 月

凡　例

一、本志以马克思列宁主义、毛泽东思想、邓小平理论、“三个代表”重要思想、科学发展观、习近平新时代中国特色社会主义思想为指导，坚持辩证唯物主义和历史唯物主义的立场、观点和方法，力求全面系统地记述离石区（县、市）自然、经济、政治、文化和社会方面的历史与现状。

二、本志上溯事物发端；下限为2015年12月底，大事记、扶贫开发、附录下限至2019年底，附录中地方志编纂委员会收录至2020年5月。因资料所限，有断线情况。

三、本志分编、章、节、目四个层次，部分内容设有子目。首设概述、大事记，后依次为建置区划、自然 环境、人口、城乡建设、环境保护、交通 邮电、经济综述、农业、林果业、水利、工业、电力、商贸服务业、金融、财政 税务、经济综合管理、扶贫开发、中国共产党地方组织、政权 政协、党派 群团、国防军事、政法、民政、劳动 人事、教育科技、卫生 体育、文化、文物 旅游、民俗 宗教、方言 谣谚 谜语、人物、艺文、附录。

四、本志记述地域范围为2015年离石区行政区域，历史内容不受此限。

五、本志采用述、记、志、传、图、表、录等体裁，以志为主，图在志前或随文，表附于各有关章节。

六、本志采用规范的现代语体文，行文力求朴实、简练、流畅。

七、中华人民共和国成立前的纪年，采用朝代年号纪年，括注公元纪年；民国纪年使用阿拉伯数字，括注公元纪年；凡一段中出现两个以上同年号历史纪年或民国纪年时，仅在第一处后括注公元纪年，其他均只写年号纪年；民国纪年离石解放后的只写公元纪年；中华人民共和国成立后，采用公元纪年。

八、本志中数字用法、标点符号用法分别采用国家标准《出版物上数字用法》（GB/T 15835—2011）、《标点符号用法》（GB/T 15834—2011）。计量单位采用国家技术监督局1993年12月发布的《量和单位》系列国家标准。为读者阅读之方便，部分内容的面积单位仍使用“亩”。

九、本志采用第三人称，所记地域、机构、团体、组织、会议、文件等称谓以当时名称为准。所称“党中央、国务院、省委、省政府、地委、行署、市委、市政府，县委、县政府、市委、市政府、区委、区政府”分别指中共中央、中华人民共和国国务院、中共山西省委、山西省人民政府、中共吕梁地委、吕梁地区行政公署、中共吕梁市委、吕梁市人民政府，中共离石县委、离石县人民政府、中共离石市委、离石市人民政府、中共离石区委、离石区人民政府。离石也曾设市，为与吕梁市区别，凡写到吕梁市委、市政府时，均加吕梁二字。

十、本志人物坚持“生不立传”的原则，用传记、名录、列表、文字记录方式记载离石境域历代本籍或客籍在境域内各行业具有代表性、影响较广、事迹感人、贡献较大的人物。按卒年时间先后依序立传记载 81 人、收录烈士 549 人；列表记载从唐代以来历代进士 45 人、状元 1 人、明清时期举人 132 人；按时间顺序列表记载中华人民共和国成立前后外籍红军落户离石县 8 人；按时间先后列表记载 1944 年至 2015 年期间，获国家级、省级荣誉者 429 人次；按时间先后列表记载 1987 年至 2015 年期间，有副高以上职称者 469 人；文字记录省人大代表 1954 年至 2015 年期间，历届山西省人民代表大会代表共 48 人次。因资料欠缺，收录有遗漏。

十一、本志大事记以编年体为主，辅以记事本末体。且收录副省级（含副省）以上领导到离石调研视察等内容。

十二、本志收录的领导人任职终止时间凡为 2015 年 12 月和 2019 年 12 月，并非指领导人任职的终止时间，而是本志的下限时间，特其在时限内任职。

十三、离石为吕梁市（吕梁地区）所在地，市（地区）成立后，在离石境内修建市（地区）办公场所，成立市管幼儿园、小学、初中、高中等，《吕梁市离石区志》相关部分记载亦包含此类内容。

十四、本志资料来源于离石区（县、市）部门、档案、书刊及调查记录。所用数据来自离石区（县、市）统计局及有关部门。对部分口碑资料，均经反复调查核实后整理入志，但均不注明出处。

总　目

概　述……………………………………1
大事记……………………………………9
第一编　建置区划……………………77
第二编　自然　环境…………………131
第三编　人　口………………………193
第四编　城乡建设……………………237
第五编　环境保护……………………317
第六编　交通　邮电…………………335
第七编　经济综述……………………451
第八编　农　业………………………475
第九编　林果业………………………599
第十编　水　利………………………651
第十一编　工　业……………………709
第十二编　电　力……………………779
第十三编　商贸服务业………………825
第十四编　金　融……………………891
第十五编　财政　税务………………937
第十六编　经济综合管理……………975
第十七编　扶贫开发…………………1099
第十八编　中国共产党地方组织……1119
第十九编　政权　政协………………1191
第二十编　党派　群团………………1299
第二十一编　军　事…………………1349
第二十二编　政　法…………………1377
第二十三编　民　政…………………1429
第二十四编　劳动　人事……………1443
第二十五编　教育　科技……………1465
第二十六编　卫生　体育……………1547
第二十七编　文　化…………………1629
第二十八编　文物　旅游……………1709
第二十九编　民俗　宗教……………1779
第三十编　方言　谣谚　谜语………1811
第三十一编　人　物…………………1907
第三十二编　艺　文…………………2049
附　录…………………………………2137
索　引…………………………………2248

Contents

Chapter ···· 1
Chronological Events ···· 9
Chapter I Establishment and Administrative Division ····77
Chapter II Natural Environment ···· 131
Chapter III Population ···· 193
ChapterIV Urban and Rural Construction ···· 237
Chapter V Environment Protection ···· 317
Chapter VI Transportation and Telecommunication ···· 335
Chapter VII Economy ···· 451
Chapter VIII Agriculture ···· 475
Chapter IX Forestry and Fruit Industry ···· 599
Chapter X Water Conservancy ···· 651
Chapter XI Industry ···· 709
ChapterXII Electric Power Industry ···· 779
Chapter XIII Commerce Service Industry ···· 825
Chapter XIV Finance ···· 891
Chapter XV Fiscal Revenue and Taxation ···· 937
Chapter XVI Comprehensive Management of Economy ···· 975
Chapter XVII Poverty Relief and Development ····1099
Chapter XVIII Local Organization of the Communist Party of China ····1119
Chapter XIX Regime and Chinese People's Political Consultative Conference ····1191
Chapter XX Parties and Mass Organizations ····1299
Chapter XXI Military Affairs ····1349
ChapterXXII Politics and Law ····1377
ChapterXXIII Civil Administration ····1429
Chapter XXIV Labor and Personnel ····1443
Chapter XXV Education and Technology ····1465
Chapter XXVI Health and Sports ····1547
ChapterXXVII Culture ····1629
ChapterXXVIII Cultural Relics and Tourism ····1709
Chapter XXIX Folk Custom and Religion ····1779
Chapter XXX DialectProverb and Riddle ····1811
Chapter XXXI Personage ····1907
Chapter XXXII Art and Literature ····2049
Appendix ····2137
Index ····2248

目　录

（上　册）

概　述……………………………………1

大事记……………………………………9

第一编　建置区划

第一章　位置　境域…………………… 79

第一节　位　置 …………………… 79

第二节　境　域 …………………… 79

第二章　建置沿革……………………… 80

第一节　离石区建置沿革 ………… 80

第二节　市　地区　州郡治所建置沿革 ………………………………… 81

第三章　行政区划……………………… 83

第一节　乡所都甲制………………… 83

第二节　区（乡）村制……………… 85

第三节　社队制……………………… 89

第四节　乡镇街道制………………… 93

第四章　城镇　乡（街道）村…………100

第一节　市　区……………………100

第二节　乡　镇………………… 101

第三节　街　道……………………115

第四节　村　庄……………………129

第二编　自然　环境

第一章　地　质…………………………133

第一节　地　层……………………133

第二节　构　造……………………136

第二章　地　貌…………………………138

第一节　类　型……………………138

第二节　山　脉……………………139

第三节　主要山峰…………………140

第三章　气　候…………………………143

第一节　气候特征…………………143

第二节　气候要素…………………143

第三节　农业气候区划……………154

第四章　水　文…………………………156

第一节　水资源总量………………156

第二节　地表水……………………156

第三节　地下水……………………161

第五章　土壤　植被……………………165

第一节　亚高山草甸土……………………165
第二节　棕　壤……………………………165
第三节　黄绵土……………………………166
第四节　褐　土……………………………169
第五节　草甸土……………………………169
第六节　植　被……………………………170
第六章　自然资源…………………………172
第一节　土　地……………………………172
第二节　矿藏资源…………………………175
第三节　森林草地…………………………180
第四节　动植物……………………………182
第七章　自然灾害…………………………184
第一节　气象灾害…………………………184
第二节　地质灾害…………………………190

第三编　人　口

第一章　人口状况…………………………195
第一节　人口数量…………………………195
第二节　人口密度…………………………200
第三节　人口变动…………………………203
第二章　人口构成…………………………209
第一节　自然构成…………………………209
第二节　社会构成…………………………216
第三章　婚姻　家庭………………………223
第一节　婚　姻……………………………223
第二节　家　庭……………………………226
第四章　人口控制…………………………229
第一节　计划生育…………………………229
第二节　计生管理…………………………230
第五章　老龄人口…………………………235
第一节　老龄状况…………………………235
第二节　老龄工作…………………………236

第四编　城乡建设

第一章　城乡规划…………………………239
第一节　城区规划…………………………239
第二节　乡村规划…………………………241
第二章　城市建设…………………………242
第一节　城区建设…………………………242
第二节　市政建设…………………………259
第三节　公共设施…………………………285
第三章　镇村建设…………………………293
第一节　集镇建设…………………………293
第二节　农房建设…………………………294
第四章　房地产业…………………………296
第一节　房地产开发………………………296
第二节　保障性住房建设…………………299
第五章　建筑业……………………………300
第一节　建筑队伍…………………………300
第二节　建筑施工设备……………………301

第六章　城市管理……………………304
　第一节　规划管理……………………304
　第二节　建筑市场管理………………305
　第三节　房地产管理…………………307
　第四节　环境卫生管理………………310
第七章　机　构…………………………315
　第一节　城乡建设管理机构…………315
　第二节　环境卫生管理机构…………315
　第三节　房地产机构…………………316

第五编　环境保护

第一章　环境污染………………………319
　第一节　废水污染……………………319
　第二节　废气污染……………………320
　第三节　固体废弃物污染……………320
　第四节　噪声污染……………………321
第二章　污染治理………………………322
　第一节　废水治理……………………322
　第二节　废气治理……………………323
　第三节　固体废弃物治理……………325
　第四节　噪声治理……………………325
　第五节　达标验收……………………326
第三章　环境管理………………………327
　第一节　排污费征收…………………327
　第二节　环境监测……………………327
　第三节　环评审批……………………329
　第四节　环保宣传……………………329
　第五节　污染源调查…………………331
　第六节　环保执法……………………331
　第七节　环境信访案件查处…………333
　第八节　生态辐射环境监督…………333
　第九节　机构　设备…………………334

第六编　交通　邮电

第一章　道　路…………………………337
　第一节　古　道………………………337
　第二节　公　路………………………338
　第三节　铁　路………………………389
第二章　公路桥梁　涵洞　隧道………392
　第一节　公路桥梁……………………392
　第二节　公路涵洞……………………413
　第三节　公路隧道……………………413
第三章　公路运输………………………415
　第一节　运输方式……………………415
　第二节　运输企业……………………419
第四章　交通管理………………………424
　第一节　公路养护管理………………424
　第二节　公路路政管理………………425
　第三节　公路运输管理………………427
　第四节　车辆维修管理………………431

第五节　机动车驾驶员培训管理……432
第六节　公路规费征收……433
第五章　管理机构……440
第一节　离石区交通局……440
第二节　离石公路管理段……440
第三节　吕梁交通运输执法局离石区分局……441
第六章　邮　政……442
第一节　邮　路……442
第二节　主要业务……443
第三节　机　构……446
第七章　电信　联通　移动……447
第一节　电　信……447
第二节　联　通……448
第三节　移　动……449

第七编　经济综述

第一章　经济发展水平……453
第一节　经济运行……453
第二节　地区生产总值……454
第三节　工农业生产总值……458
第四节　固定资产投资……459
第五节　财政实力……460
第六节　社会消费品零售总额……460
第二章　经济结构……461
第一节　综合经济结构……461
第二节　工业生产结构……461
第三节　农村产业结构……463
第三章　体制改革……464
第一节　农村经营管理体制变革……464
第二节　工商企业体制改革……466
第四章　人民生活……469
第一节　居民收入……469
第二节　居民消费……470
第三节　居民储蓄……472
第四节　居住条件……472

第八编　农　业

第一章　生产条件……477
第一节　农业资源区划……477
第二节　耕　地……478
第三节　劳动力……482
第二章　农业经济制度　经济效益……485
第一节　土地所有制……485
第二节　经营体制……489
第三节　农业总产值……491
第四节　收益分配……494
第五节　农村粮食分配……495

第三章　种植业……………………………502
第一节　种植结构…………………………502
第二节　作物品种…………………………503
第三节　作物产量…………………………506
第四节　耕作制度…………………………539
第五节　新技术推广………………………540
第六节　作物保护…………………………544
第七节　农业项目建设……………………546
第八节　农民培训…………………………548
第九节　农产品质量安全…………………549
第十节　农业科技示范田园区……………550
第十一节　新农村建设……………………553
第四章　养殖业……………………………555
第一节　牧草饲料…………………………555
第二节　畜禽养殖…………………………556
第三节　疫病防治…………………………570
第四节　检疫监督…………………………572
第五节　养殖企业…………………………575
第五章　农　机……………………………578
第一节　农业生产机具……………………578
第二节　农机队伍…………………………593
第三节　农机监理…………………………593
第四节　新技术推广………………………594
第五节　农机补贴…………………………596
第六章　机　构……………………………597
第一节　农业机构…………………………597
第二节　畜牧业机构………………………597
第三节　农机机构…………………………598

第九编　林果业

第一章　森林资源…………………………601
第一节　现状　分布………………………601
第二节　树种资源…………………………614
第三节　古稀树木…………………………617
第二章　造林　绿化………………………626
第一节　育　苗……………………………626
第二节　造　林……………………………627
第三节　绿　化……………………………630
第三章　林业资源保护……………………636
第一节　林权登记发证管理………………636
第二节　林地管理…………………………636
第三节　林政管理…………………………637
第四节　护林防火…………………………638
第五节　林木病虫害防治…………………638
第四章　经济林……………………………641
第一节　果　树……………………………641
第二节　其他经济林………………………643
第五章　机　构……………………………649
第一节　管理机构…………………………649
第二节　下属事业单位……………………649

第十编 水 利

第一章 水利工程……653
第一节 河道治理……653
第二节 灌 溉……656
第三节 蓄水工程……668
第四节 人畜饮水工程……672
第五节 投资效益……683
第二章 水土保持……687
第一节 水土流失……687
第二节 综合治理……687
第三节 基本农田建设……694
第四节 重点流域治理……698
第三章 防汛抗旱……706
第一节 防 汛……706
第二节 抗 旱……707
第四章 机 构……708
第一节 管理机构……708
第二节 下属企事业单位……708

第十一编 工 业

第一章 体 制……711
第一节 经营体制……711
第二节 煤炭企业兼并重组……715
第二章 结构 效益 园区……720
第一节 产业结构……720
第二节 经济效益……721
第三节 工业园区……725
第三章 煤炭工业……728
第一节 勘 探……728
第二节 煤田矿井……729
第三节 基建技改……731
第四节 采 掘……731
第五节 灾害防治……734
第六节 洗选 运销……736
第七节 企业管理……740
第八节 煤炭企业……741
第四章 其他工业……751
第一节 机 电……751
第二节 建 材……755
第三节 采炼 铸造……758
第四节 焦 化……760
第五节 化 工……763
第六节 食 品……765
第七节 造纸 印刷……768
第八节 纺织 缝纫……770
第九节 玻璃制品……771
第十节 木器加工……772
第五章 重要企业……774

第一节　吕梁市泰化集团有限责任公司……774
第二节　山西大土河焦化有限责任公司……774
第三节　山西东江煤业集团有限公司……775
第四节　山西东泰能源集团有限公司……775
第六章　工业管理……776
第一节　企业微观管理……776
第二节　企业宏观管理……777
第三节　管理机构……777

第十二编　电　力

第一章　发　电……781
第一节　早期发电……781
第二节　离石蛋厂发电……781
第三节　离石发电厂……781
第四节　大土河集团发电……783
第二章　电力输送　使用……784
第一节　电网建设……784
第二节　变　电……785
第三节　输　电……795
第四节　配　电……798
第五节　“两网”改造……800
第六节　自动化建设……801
第三章　供电生产　管理……803
第一节　供电量　负荷……803
第二节　调度管理……804
第三节　农电管理……805
第四节　变电管理……807
第五节　线路管理……808
第四章　用　电……809
第一节　用电总量……809
第二节　用电结构……813
第五章　电力管理……817
第一节　安全管理……817
第二节　营业管理……818
第三节　供电服务……820
第四节　管理信息化……822
第五节　管理机构……823

第十三编　商贸服务业

第一章　商贸业……827
第一节　商贸场所……827
第二节　商业经营……832
第三节　管　理……866
第四节　机构　体制……869
第二章　服务业……884
第一节　餐饮　住宿业……884
第二节　其他服务业……888

第十四编　金　融

第一章　货　币……893
　第一节　流通币种……893
　第二节　人民币发行……894
第二章　银　行……895
　第一节　存　款……895
　第二节　贷　款……901
　第三节　支付结算……910
　第四节　公债认购……911
　第五节　现金管理……912
　第六节　现金收支……914
　第七节　金银市场管理……917
　第八节　监督管理……918
　第九节　信息化建设……919
　第十节　机　构……922
第三章　保　险……929
　第一节　保费收支……929
　第二节　保险种类……929
　第三节　保险产品营销模式……930
　第四节　机　构……931
第四章　其他金融业……934
　第一节　当铺　钱庄……934
　第二节　民间融资……935
　第三节　证　券……935

第十五编　财政　税务

第一章　财　政……939
　第一节　财政体制……939
　第二节　财政收入……941
　第三节　财政支出……946
　第四节　财政管理……951
第二章　国家税务……958
　第一节　税制　税种　税率……958
　第二节　税　收……959
　第三节　税务管理……960
第三章　地方税务……964
　第一节　税制改革……964
　第二节　税种　税率……964
　第三节　税　收……968
　第四节　税务管理……971

第十六编　经济综合管理

第一章　计划管理……977
　第一节　管理体制……977
　第二节　基本建设投资　物资调拨供应……977

第三节　计划编制　实施……………… 981

第四节　项目管理……………………987

第五节　招商引资…………………… 999

第六节　信息网络建设……………　1000

第七节　管理机构…………………　1001

第二章　统计管理…………………　1002

第一节　统计调查…………………　1002

第二节　统计报表…………………　1004

第三节　统计执法…………………　1011

第四节　统计计算手段……………　1012

第五节　机　构……………………　1012

第三章　农经管理…………………　1014

第一节　农村财务管理……………　1014

第二节　承包合同管理……………　1017

第三节　农民负担监管……………　1019

第四节　农民专业合作社管理……　1020

第五节　机　构……………………　1021

第四章　审计管理…………………　1022

第一节　财政金融审计……………　1022

第二节　固定资产投资审计………　1023

第三节　专项资金审计……………　1023

第四节　经济责任审计……………　1024

第五节　行政事业审计和基本建设审计…………………………………　1025

第六节　审计调查…………………　1025

第七节　机　构……………………　1026

第五章　工商管理…………………　1028

第一节　市场管理…………………　1028

第二节　企业管理…………………　1037

第三节　个体私营经济管理………　1039

第四节　商标　广告管理…………　1042

第五节　合同管理…………………　1044

第六节　消费者权益保护…………　1046

第七节　征费管理…………………　1047

第八节　机　构……………………　1048

第六章　物价管理…………………　1050

第一节　管理体制…………………　1050

第二节　物价变化…………………　1052

第三节　价格监测…………………　1053

第四节　价格调控…………………　1054

第五节　物价检查监督……………　1056

第六节　收费管理…………………　1058

第七节　价格秩序整顿……………　1060

第八节　价格鉴证…………………　1062

第九节　物价宣传…………………　1062

第十节　机　构……………………　1063

第七章　标准计量管理……………　1064

第一节　计量演变…………………　1064

第二节　计量管理…………………　1065

第三节　标准管理…………………　1066

第四节　特种设备安全检查………　1068

第五节　机　构……………………　1068

第八章　食品药品监督管理………　1069

第一节　食品监管…………………　1069

第二节　药品监管…………………… 1071
第三节　医疗器械监管…………… 1074
第四节　保健食品　化妆品监管
………………………………………… 1075
第五节　监管体系建设…………… 1076
第六节　机　构……………………… 1076
第九章　土地矿产管理………………… 1078
第一节　土地规划…………………… 1078
第二节　土地普查…………………… 1078
第三节　建设用地审批…………… 1079
第四节　土地复垦管理…………… 1080
第五节　地籍管理…………………… 1081
第六节　土地监察…………………… 1083
第七节　土地测绘…………………… 1085
第八节　土地资产管理…………… 1085
第九节　矿产资源开发规划……… 1086
第十节　地质灾害调查　防治…… 1087
第十一节　矿产治理整顿………… 1087
第十二节　机　构　………………… 1088
第十章　安全生产监督管理………… 1090
第一节　安全生产目标管理……… 1090
第二节　监督管理…………………… 1091
第三节　专项治理…………………… 1097
第四节　机　构……………………… 1098

概　述

离石是历史悠久的文明厚土，是英雄辈出的红色热土，是宜居宜业的现代乐土。位于山西省西部，吕梁山脉中段西侧，境域一段北接方山、临县，南连中阳县，东与交城、文水、汾阳三县（市）接壤，西与柳林县毗邻，是吕梁市党政机关所在地，也是山西省西部的交通枢纽。地理位置位于北纬 37° 21′–37° 42′ 、东经 110° 55′–111° 35′，东西直线距离约 56 千米，南北直线距离约 35 千米。2015 年底，全区总面积 1322.27 平方千米，其中耕地 21023.98 公顷，占辖区面积的 15.9%；林地 78977.26 公顷，占辖区面积的 59.73%；牧草地 17965.3 公顷，占辖区面积的 13.59%；园地、城镇村及工矿用地、交通用地、水域用地以及其他用地合计 14259.99 公顷。全区有人口 33 万余人，辖 2 个镇 3 个乡、7 个街道，分别是吴城镇、信义镇，枣林乡、红眼川乡、坪头乡，滨河、莲花池、凤山、城北、交口、田家会、西属巴街道。有村民委员会 187 个、居民委员会 66 个，自然村 432 个。区人民政府驻滨河街道。

离石历史悠久，建制较早，更迭频繁。境内信义德岗仰韶文化遗址发掘考证，在距今 6000 年的新石器时代，就有人类在这块土地上繁衍生息。战国时代，三家分晋后，赵置离石邑。秦属太原郡。西汉初置离石县，属西河郡管辖。东汉永和五年（140）西河郡治迁此，东汉末年郡县俱废。三国魏黄初二年（221）复置离石县。西晋改西河郡为西河国，属西河国管辖，西晋末永兴元年（304），匈奴贵族刘渊据左国成起兵反晋，建立汉赵政权，都于离石。后燕置离石护军。北魏明帝置离石镇。北齐天保六年（555）置昌化县，属怀政郡。北周建德六年（577）改昌化县为离石县。隋，大业初改怀政郡为离石郡，离石县属离石郡管辖。唐，离石县武德元年（618）属石州、天宝元年（742）属昌化郡、乾元元年（758）属石州管辖。北宋至金，县名俱称离石，属石州管辖。据唐《元和郡县图志》载：“县东北有离石水（今北川河），因取名焉。”元中统二年（1261）离石县并入石州，中统三年复置离石县，将孟门县、方山县、司候司并入离石县。明洪武三年（1370）离石县并入石州，隆庆元年（1567）改石州为永宁州，领宁乡一县。清沿明制，永宁州设为散州，不领县。民国元年（1912）改为永宁县，民国 3 年复改离石县，民国 7 年 3 月，分设离石、方山二县。民国 30 年，析置离东县。1946 年，离东县并入离石县仍称离石县。中华人民共和国成立后，离石县行政区划历经数次变更，先后曾属兴县专区、榆次专区（后改为晋中专区）管辖。1954 年 7 月，离石县与方山县合并为离山县。1958 年 11 月，中阳县并入离山县，复称离石县。1971 年 5 月，吕梁地区成立，吕梁地委、行署驻地离石，离石县分为离石郊区、离石县和方山县；10月，离石郊区恢复为离石县，离石县改名为柳林县，离石县属吕梁地区管辖。1996年4月29日，经国务院批准，同意撤销离石县，设立离石市（县级），行政区域不变。2003年10月23日，经国务院批准，同意吕梁撤地设市，撤销吕梁地区和县级离石市，设立地级吕梁市，吕梁市设立离石区，市政府驻地仍是离石区。

离石钟灵毓秀，人文荟萃，英雄辈出。境域最广时为两汉至西晋，今之临县、中阳、方山及柳林县均属离石范围，境域东西宽100千米，南北长125千米。文物遗存众多。白马仙洞，号称华北第一险洞，据载为“皇帝别宫”“赤松子炼丹之所”，吸引大批国内外游客到访。战国时期，魏国名将吴起夺回秦国侵占的西河地区，并在离石东川筑城练兵拒秦，魏文侯任命吴起为西河守，厉行法治，发展生产，吴城镇由此得名。发展至明清时期，成为著名的晋商古道，留下“驼不完的碛口，填不满的吴城，看不尽的彩家庄”之誉。21世纪初，彩家庄、吴城街上村先后被命名为历史文化名村。东汉时的道教圣地宝峰山，因其险峻，被后人誉为“小华山”。马茂庄汉墓群出土的汉画像石，是国家级珍贵文物，成为离石汉代历史文化的象征。其珍品分别存于省博物馆和中国历史博物馆，是研究古代文化艺术的珍贵资料，为此吕梁市在城区专建汉画像石博物馆。西晋末年，匈奴族屠格布豪酋刘渊据左国城起兵反晋，后率数万之众聚集离石，自称汉王，开启五胡乱华的序幕。东晋时，刘萨诃早唐玄奘230年赴印度取经，并最早归国弘法度生，被世人尊称为佛教第22代宗师，流芳千古。玉灵山上的碑碣诉说着后赵开国皇帝石勒从奴隶到皇帝的传奇故事。北魏时期的金阁寺，自古即有“先有金阁寺，后有石州城”之说。境内东部的黄栌岭下，尚存北齐内长城遗址，它经方山东部、娄烦、岚县、静乐交界与战国长城宁武段相接，构成全省古长城系网络。唐代的安国寺以其丰富的人文历史成为吕梁山上名胜古迹的一朵奇葩，尤其是安国寺与于成龙寺以人传，人以寺传，成为廉政文化征程中的千古绝唱。至清朝，境内状元、进士、举人计150余人，以明代张珩、张湘、张玭父子一门三进士为代表，在不同领域文治武功颇有建树，为后人留下了一笔笔宝贵的精神财富。明代凤山道院的主持孙云际（孙真人）符药济善，被百姓奉为“仙人”，在天贞观内年年祭祀。明末清初，为保护百姓揭竿而起的农民起义军领袖王显明，不畏强暴，奋勇杀敌，壮烈牺牲的义举，深得民众敬仰。清代州人于成龙，官至两江总督，为官清廉，政绩卓著，生前逝后康熙帝两次赞誉其“天下廉吏第一”，并亲撰碑文，赐祭葬，谥号“清端”，追封太子太保，兵部尚书兼都察院右副督御史，蜚声朝野，世所尊崇。其孙于准继其清风，官至江宁巡抚，留下“督抚荣膺两世夸”的口碑。清光绪二十六年（1900）秋，义和团反帝爱国运动迅速波及吕梁山区，永宁州人于长龙（于家沟人）、郝殿兵（霜雾都人）、李世俊（李家湾人）为首，竖起义和团旗帜，一时席卷全境，惊动清朝当局。

红色文化独特。革命战争年代，英雄吕梁，红色离石，历史印记随处可见。“吕梁三捷”战斗遗址、山塥阻击战遗址、烈士楼等红色革命遗址（场馆）多达18处，烈士楼碑上镌刻着1507名为革命献出宝贵生命的优秀离石儿女名字。革命先驱贺昌、张叔平、韩昌泰受中国共产党早期领导人高君宇影响，接受并传播革命进步思想，在离石大地率先点燃革命烽火。1922年张叔平在离石城内开办“觉民书社”，传播马克思主义，成为早期优秀的中国共产党党员，先后为中国人民的解放事业英勇献身，谱写了一曲曲悲壮的英雄赞歌。贺昌是山西早期党的领导人之一，曾任第五、六届中共中央委员、中国工农红军总政治部副主任、代主任等职，红军主力长征后，他和陈毅等留在中央苏区坚持斗争。1935年3月10日，率领部队突围时，于江西会昌壮烈牺牲，年仅29岁。张叔平曾任中共上海杨浦区委书记，参与组织领导了上海三次工人武装起义。1927年，蒋介石发动“四一二”反革命政变后，因叛徒告密被捕，1928年1月20日被反动派残杀于杭州城，时年31岁。抗日战争时期，民族革命第二战区战地总动员委员会、吕梁军区司令部、吕梁军区三分区司令部、中共晋西北三地委、晋西北行政公署第三专员公署等党政军领导机关先后驻扎离石。八路军120师和晋绥边区主要领导先后在这里开展革命活动，建立民主政权。离石人民加紧生产，多打粮食，纺线织布，供养子弟兵。全县民兵劳武结合，配合部队作战491次，毙伤敌军7600余人，抬担架、送弹药4123次，护送党的抗日干部450人次去延安，特别是护送过刘少奇、陈毅等党的高级干部过境赴延安参加党的七大会议。离石人民不屈不挠，英勇抗战，涌现出众多的人民英雄。被离石人民称为“大老阎”的武工队长阎子诚，令日本侵略军闻风丧胆。巾帼英雄杜凤英和李秀珍被日本侵略军双双残害，留下血染的姊妹花的悲壮事迹，让人们世代追思缅怀。革命薪火相传不息，著名的人民教育家辛安亭，呕心沥血，编写中华人民共和国基础教育教材，成为红色教科书的奠基人，树起了人民心中的教育丰碑。出生于英国贵族家庭的林迈可，受北平燕京大学校长司徒雷登邀请，与著名的国际共产主义战士白求恩一起来到中国，与离石第一位考入燕京大学的女学生李效黎在燕京大学邂逅，并结为伉俪，秘密支持抗日事业，先后辗转晋察冀和延安，帮助八路军运送药品、通信器材等奇缺物资，培训无线电专业人才，为延安组装新华社第一台无线电收发报机，将延安声音首传世界。为增进世界对中国的了解，夫妇二人奔走呼吁、著作传世，成为中英友好的使者，在离石留下红色佳话。解放战争时期，离石较早赢得最后胜利，1945年9月9日，离石全境解放。1946年12月16日，彭德怀、贺龙、习仲勋等领导代表中央军委在离石高家沟召开军事会议（史称“十二月会议”），传达和研究部署陕甘宁晋绥联防作战问题。会议意义在于发展吕梁解放区，扩大晋绥解放区与陕甘宁边区的联系，为以后中国人民解放军在陕北作战建立巩固的后方；实现中央“晋陕联防、三军配合、两翼牵制、保卫延安”的战略计划；吕梁战役和汾孝战役，把山西国民党军压制到同蒲铁路沿线和晋中盆地，解除陕甘宁边区东侧的威胁；使晋南解放区和晋绥解放区连成一片，大大拓展与陕甘宁边区接壤的地域面积；迟滞胡宗南集团突袭延安的计划，推迟国民党进攻延安的计划，为陕甘宁边区军队粉碎敌人进攻赢得充裕的准备时间。1948年6月至1949年9月，离石县有3000多名青年应征入伍，有900余名干部南下西进支援新区。他们在解放川西北、剿匪除霸，在城市接管、安定社会秩序、恢复和发展新解放区的生产工作中，发扬党的优良传统，为中华人民共和国政权的创建和巩固，做出了应有的贡献。

离石表里河山，资源富集，生态优美。境内属温带大陆性季风气候，温和宜居。有气象记录以来，年平均降水量为486.6毫米，最高降水量（1985年）为742.8毫米，最低降水量（1990年）为237.9毫米。境内年平均日照时数为2486.0小时，最多达2882.9小时（1965年），最少达2095.5小时（1964年），年日照率为59%。境内年平均气温为9.4℃，极端最高气温为40.6℃（2005年6月22日），极端最低气温为-26.0℃（1998年1月19日）。境内历年平均无霜期185天，境内东西差异显著，年际变化悬殊，西部为温暖干旱气候区，中部为温暖半干旱气候区，东部为高寒湿润半湿润气候区。

境内山多川少，沟壑纵横。地形东部高而宽，西部低而窄。北川河由北而南，东川河由东而西流经全境，两河在城西南合流后至交口街道与南川河汇合称三川河，出境经柳林注入黄河，是黄河一级支流，是全国水土流失重点治理流域。东部西华镇草原区的西华镇河流属汾河流域。最高点为境内东北的骨脊山，海拔2535米，最低点为交口街道山川河河谷，海拔880米。城区东部是高寒山地，大部为原始森林，是境内主要林区，西华镇的四十里跑马墕是山西省境内优良的天然牧场。城东北是连绵不断的梁峁土石山区。城西马头山、王老婆山以西为典型的黄土丘陵沟壑区。

境内矿产资源丰富。至2015年，境内发现的矿产主要有煤、铝土矿、铁矿、耐火黏土、铜矿、铅锌矿、钨等20余种，矿产地83处。非金属矿有花岗石、大理石、钾长石、云母、石膏，稀有金属有稀土锶、钛、铌、钽、锂、钪等，还有铈、镧等伴生元素矿化点多处。境内煤层处于河东煤田东缘，离柳矿区中部，面积约200平方千米。煤系地层平均总厚度154.37米，含煤17层，平均总厚度12.66米，其中10号煤6米厚且煤层稳定，占总储量的60%左右。主要可采煤层为3、4、5、6、8、9、10号煤层，煤种主要为焦煤和瘦煤。

境内动植物资源众多。主要野生动物资源有金钱豹、褐马鸡国家一级保护动物，还有狍子、狼、狐狸、野猪（山猪）、野鸡（雉鸡）等。主要植物有柏、油松、落叶松、白皮松、白杆、白桦、椴、栎（柞）、山杨（小叶杨）、青杨（大叶杨）、国槐（家槐）、刺槐（洋槐）、椿（臭椿多香椿少）、云杉、榆、柳（家柳）、山柳（红柳、水曲柳）、沙柳等。有登记的古树名木共计419株。其中，古树299株，大树120株。可供大量采集的中草药主要有党参、黄芪、地榆、赤芍、柴胡、麻黄、甘草、金银花等。

离石区位独特，交通发达，优势凸显。素称“秦晋通衢”“晋陕门户”“晋西要塞”，自古为兵家必争之地。历代王朝在这里设立县、郡、州、镇等重要行政机构与军事机构。境内公路、铁路、航空运输线纵横交错，立体交叉，互联互通，形成晋西现代化、全方位的大交通枢纽。市区距省会太原市180余千米，距首都北京720千米。太中银铁路穿境而过，2011 年 1 月 11 日，吕梁火车站正式通车，至 2015 年底，有 39 趟列车通达全国各地。青银高速、离临高速、环城高速连接四面八方，设有吴城、信义、离石东、离石西、枣林 5 个高速出入口。2014 年 1 月，距市区 25 千米的吕梁机场正式通航，是继太原、长治、运城、大同之后山西省第五座民航机场，有飞往北京、上海等航线 20 余条。307 国道横卧东西，209 国道纵贯南北。位于龙凤南大街的吕梁市汽车站，是吕梁市一级汽车客运总站，开通有北京、郑州、石家庄、西安等省内外各城市的上百趟客运汽车，是吕梁市城市交通客运中心。乡镇实现通等级公路，农村实现户户通水泥路。截至 2015 年底，全区公路通车里程达 980.24 千米。其中，高速公路 3 条计 96.05 千米，国道 2 条计 71.86 千米，省道 3 条计 14.67 千米，县道 6 条计 119.14 千米，乡（镇）道 20 条计 166.40 千米，村道 370 条计 512.13 千米。

离石城市功能日趋完备，区域中心地位突显。1971 年吕梁地区成立后，离石城建向着晋西地区区域性中心城市目标迈进，市区两级有规划有步骤高起点快节奏地推进城市建设，力求建成“吕梁山上的一颗璀璨明珠”。1977 年，离石县开始第一轮城区规划。1982—1983 年，编制完成《离石城区建设规划纲要》初编。1996 年 4 月，离石撤县设市后，重新编制城市总体规划。2003 年 8 月，编制《吕梁市城市总体规划（2004—2020）》。历经马茂庄劈山改河工程，龙、凤、虎三山绿化工程，东、北川河道整治工程，城周山沟防洪治理工程等一批基础工程的建设，东城新区和城北新区扩城工程建设，世纪广场、市民广场、莲花公园、汉画像石博物馆、体育场馆等一批标志性建筑的落成，离石城市面貌提高到一个新的发展水平，进入国家四线城市行列。划定工业区、商业区、文化教育区、住宅区、物流区等城市功能区，城市建设协调有序相互补存。集中供水、供气、供暖、污水处理、有线电视、电信通信、互联网等公共服务设施日臻完善。城市管理延伸到街道办社区，大大方便市民的生产生活，城市的精神文明、物质文明、生态文明建设向着现代化新兴城市目标迈进。截至 2015 年底，累计投资 582.28 亿元，改造和新建街道 101 条，总长达 133 千米，人均道路面积 8.58 平方米。城区总面积在旧城 0.6 平方千米的基础上扩展到 25.8 平方千米，城区人口由 1971 年的 7000 余人增至 2015 年底的 27 万人，占离石总人口的 82.1%，一座现代化的吕梁新城屹立在晋西大地。

离石三产趋衡，经济向好，势头强劲。中华人民共和国成立后，特别是改革开放以来，产业结构发生积极变化，第一产业比重明显下降，第二、三产业比重不断上升，形成以服务城市经济发展为主的特色产业结构，发展势头强劲。2015 年，全区地区生产总值达到 67.9 亿元，三产比重为 2.9 ∶ 27.2 ∶ 69.9。全社会固定资产投资完成 1184018 万元，其中建筑工程投资 826835 万元，主要经济指标的增幅大多达到或高于吕梁全市平均水平。

第一产业基本实现集约化生产。1980 年，全县农村开始实行家庭联产承包责任制为主的改革，农村内部产业比例，经过不断的结构调整，农、林、牧、副、渔各业协调发展，以粮为主的传统农业经济的比重逐步下降，以优质、高产、高效、特色、绿色为特点的集约化、设施化农业为主的发展模式成为农业产业的新模式。全区有以服务城市需求的小杂粮（谷子、豆类、玉米）、中药材、四季时蔬、菌类栽培、水果（苹果、桃子、葡萄、梨子、杏子）、干果（核桃、红枣）为主的种植业；以生猪、肉牛、山羊、蛋鸡、肉鸡为主的畜牧业；以特色农产品深加工、商贸流通、乡村特色旅游为主的工、副、旅游业。这些产业大都实现企业化、规模化、立体化、商品化的现代生产经营模式，特别是以信义镇为代表的设施农业带动乡村旅游产业的经济发展模式得到国家的赞扬，经济效益和社会效益实现双丰收。1990 年，全县农业总产值达 5378 万元，比 1949 年增长 97%。截至 2015 年底，全区第一产业增加值实现 18751 万元，比 1981 年的 2555 万元增长 633.89%；全区农村常住人口由 1981 年的 11.38 万人，经过不断向城市转移，仅有 5.9 万人，只占全区总人口的 17.9%。全区居民人均可支配收入 21400 元，城镇居民人均可支配收入 24975 元，均排吕梁市县（市、区）第二位；农民人均可支配收入 5135 元。

第二产业发展质量不断提高。中华人民共和国成立后，工业和建筑业开始进入现代企业生产模式。从 1950 年离石蛋厂建设开始，经过第一和第二个五年计划的努力，建设起农业机械厂、面粉加工厂、副食品加工厂，新建发电厂、炼铁厂、营造厂（建筑施工业）等企业。二十世纪六七十年代，通过国家对国民经济的调整充实提高，按照国家“县级要发展‘五小’企业”的要求，陆续改造、扩建和新建起七里滩煤矿、发电厂、化肥厂、水泥厂、电缆厂、印刷厂、五金厂、向阳农具厂、建材厂、玻璃厂、地毯厂、制鞋厂、服装厂等一批机械化生产的国有和集体企业。到 60 年代，已经形成门类比较齐全的工业体系，离石工业名列晋中地区前茅。70 年代初，吕梁地区成立后，离石成为吕梁行署驻地，工业经济迎来规模性发展的大好契机。改革开放后，离石充分发挥区位优势和煤炭资源禀赋，抓住发展乡镇企业的时代机遇，大力发展以煤焦为主的工业经济，通过引进资金、技术和人才，建起以大土河焦化集团公司为代表的 17 户煤焦生产销售额超亿元的大户企业，加上离石电缆公司、吕梁中药厂、东川水泥公司、晋能热电公司、同辉重工公司等非煤企业和星罗棋布的众多中小企业，构成离石工业经济格局。工业主要产品优质主焦煤、优质冶金焦、铸造焦远销亚洲、欧洲、美洲等世界各地，“山花”牌电线电缆获国家部优产品称号。截至 2015 年底，全区第二产业完成地区生产总值 185030 万元，主要产品产量：原煤 775.67 万吨，洗精煤 337.48 万吨，焦炭 133.83 万吨，水泥 4500 吨，供电量 83424.64 万千瓦时，电力电缆 42940.03 千米，中成药 368.43 吨。

第三产业成为发展主引擎。改革开放前，国营商业和供销合作社在组织城乡物资交流、繁荣经济、保障供应中发挥主渠道的作用。改革开放后，依托区域中心城市的区位优势，第三产业高速发展，市区集中了吕梁市的金融保险业、房地产开发业、交通运输业、仓储物流业、汽车销售业、邮政电讯业、文化旅游业、教育科技体育业、卫生医疗业、商贸批发零售业、宾馆餐饮业等第三产业的主要大型骨干企业，为第三产业插上腾飞的金翅膀，离石逐步成为辐射晋西和陕北、连接中西部的商贸集散核心区，第三产业进入高速发展期。开新宇、美佳乐、天益等大型超市纷纷成立，美特好、家家利等省内大型连锁超市进驻离石，嘉润国际购物中心、永宁国际购物中心、泰和广场、宏泰广场等大型商业综合体的相继建成，进一步优化了离石原有商业格局。全区汽车销售业迅猛发展，4S 店达到 20 家之多，销售总额达到 7 亿元，占全社会消费品零售总额的 1/7，成为社会消费的主要构成部分。随着城市规模的扩大，服务于市民生产生活的各种商业形式如雨后春笋般出现，公共交通、平台经济、共享单车、出租车、网约车等共享式服务极大的改变居民的出行模式和消费观念。线上医疗、教育、购物等线上经济模式直线上升，娱乐、休闲、餐饮业星罗棋布，一站式消费满足各年龄段群体需求。试行打造全域旅游示范区，千年景区、白马仙洞景区、安国寺景区相继完成景区景点的开发建设，美丽乡村离石游初展风采，截至 2015 年底，全区共接待国内外游客 500 万人次，实现旅游总收入 63 亿元，呈现旅游产业的龙头带动转型发展的态势。邮电事业飞速发展，离石中转太原、临县、兴县、岚县、石楼、柳林、交口、中阳 8 条干线，乡邮路 65 条，长约 3860 千米。业务涵盖投递、包裹、汇兑、报刊发行、电报、函件、集邮、代理保险、电子商务。有电信、移动、联通等国家公司在境内设立机构，实现通信方式移动化。全区有固定电话 31288 户，移动电话 145020 户，互联网宽带接入 60753 户。社会消费品零售总额全年完成 713114 万元，第三产业增加值达到 475351 万元，占全部增加值的 69.9%，成为离石经济发展的主引擎。

离石民生事业持续推进，民生福祉明显提升。经济建设和社会建设快速发展，人民群众生活蒸蒸日上，社会主义精神文明和物质文明建设不断得到加强。

居民收入大幅增长。2015 年，离石区地区生产总值实现 679123 万元，是 1978 年 3788 万元的 179.28 倍；人均生产总值由 1978 年的 190 元提高到 20536 元，增长了 107.08 倍；财政总收入完成 186737 万元，是 1978 年 275.8 万元的 677.07 倍。同年，离石区城镇、农村居民人均消费水平分别达到 11195 元、8902 元，城镇居民家庭恩格尔系数（食品消费占家庭消费支出的比重）为 24.09%，农村居民家庭恩格尔系数为 41.23%。城镇、农村居民人均教育文化娱乐消费比 1995 年分别从 6.6%、2.2% 提高到 21.69%、9.41%。

教育科技事业全面进步。改革开放以来，教育体系日趋完备，从幼儿园到高中，从职业技术学校到本科院校一应俱全，公办、民办、民办公助等多种办学力量支撑不同教育需求。作为吕梁市党政机关驻地，市区有吕梁学院、吕梁教育学院、吕梁市委党校、吕梁市广播电视大学、吕梁市农业学校、吕梁市会计学校、吕梁市卫生学校、吕梁经济管理学校、吕梁技工学校等 17 所驻区大中专院校，成为吕梁经济社会发展的重要人才智力支撑。截至 2015 年底，离石区有小学 55 所，教学班 902 个，在校学生 37343 人；离石区直管的中学共有 16 所。其中，初中 15 所，教学班 600 个，在校生 15123 人；普通高中 1 所，教学班

33个，在校生1536人；高（职）中1所，教学班3个，在校生30人；此外，离石辖区内市级以上政府所管中学有8所。其中，初中1所，教学班42个，在校生2215人；高中7所，教学班259个，在校生13838人。全区初中入学率100%，高中入学率约56%。全民受教育需求基本得到满足，毛入学率达98%以上，教学质量不断提高，高考和中考成绩名列全市前茅。科技事业从无到有，实现突破性发展。至2015年8月，全区有效发明专利16件。有专业技术人员5951人。特别是“天河二号”云计算中心2013年入驻吕梁市离石区以来，为离石科技事业发展的速度和质量得到提高，为智慧城市建设搭建了高效可靠的承载平台。

医疗条件显著提高。改革开放初期，医疗水平低下，卫生条件较差，经过30多年的发展，医疗条件得到很大改善。至2015年，离石区共有卫生医疗机构393个。包括区人民医院、区中医院、区妇幼保健机构、区疾病预防控制中心，乡镇（街道）卫生院和卫生服务中心12个，村卫生所（室）194个，民营医院14个，健康体检部2个，个体门诊部1个，个体诊所166个。全区有医疗卫生床位399张（不含市级医院），专业卫技人员890人（不含市级医院），规模较大的民营药品经营企业98家，基本实现医疗服务全覆盖。地方病、流行病基本得到控制。

环境污染得到有效控制。1990年，废水年排放量为26万吨，废水处理率和达标率都为零；废气年排放量为27104万标立方米，废气处理率为零；固体废物年排放量为9.7万吨；城区的等效声级达91分贝，已超过国家标准。经过十多年的综合治理，污染不达标的工业企业全部取缔，城乡全部取缔煤炉灶，改用天然气和太阳能炉灶，加大尾气不达标汽车的淘汰力度，造林绿化、三川河流域综合治理和城乡环境保护的建设力度加大。截至2015年底，全区集中式饮用水源地水质达标率为100%；市区环境空气质量二级以上天数290天，其中一级天数30天；污染减排监督性监测结果公布率达100%；城区噪声达到国家规定标准。

2012年后，全区上下深入学习贯彻习近平新时代中国特色社会主义思想，紧紧围绕“两个一百年”奋斗目标，全面落实中央“四个全面”战略布局，按照吕梁市委、离石区委的决策部署，奋力开创弊革风清，富民强区新局面。

离石以古老而闻名，以崛起而享誉三晋。今日离石，政治建设、经济建设、城市建设、社会建设都迅速崛起，吕梁新城拔地而起，吕梁体育中心、卫生医疗健康中心、市政府行政审批服务中心、如意湖公园等建筑群规模宏大，服务功能齐全，中心城市的聚集和辐射功能得到进一步提升。

展望未来，任重道远。离石人民将坚定不移按照中央、省委、市委、区委的战略部署，励精图治、攻坚克难、锐意进取、砥砺前行、扎实工作，续写吕梁英雄新篇章。

大事记

离石作为千年古县，历史悠久，人文荟萃，中华文明渊远流长。本编以时间为经，事件为纬，记载从公元前372年至公元2019年二千余年间发生在境域或与境域密切相关的大事，重点记述抗日战争和解放战争时期、中华人民共和国成立后，尤其是改革开放以后发生的大事。记事以编年体为主，辅以纪事本末体。

大事记

周（前1046—前256）

烈王四年（前372），魏败赵于北蔺。

显王四十一年（前328），秦败赵师于河西，杀其将赵疵，取蔺、离石。

赧王二年（前313），秦庶长疾攻赵庄，虏赵将赵庄，拔取蔺而西。

赧王八年（前307）春正月，赵武灵王西至河，登黄华之山，又取蔺、皋狼。

赧王三十四年（前281），秦伐赵，拔石城。

汉　南北朝（前206—581）

西汉元始元年（1），宝峰山道观初建，是离石史上最早的道教圣地。

东汉永和五年（140），西河郡移治离石。

西晋永兴元年（304）秋，刘渊至左国城，被刘宣等共推为大单于。二旬之间，众已五万。部民归者甚多。

东晋太元二十一年（396），魏王珪遣辅国将军奚牧略地汾州，获燕丹王杨买得及离石护军高秀和。

东晋隆安二年（398），离石将帅呼延铁、西河将帅张崇聚众反魏。

北魏太平真君九年（448）二月，徙离石民五千余家于平城（今大同）。

永熙二年（533）正月初八，魏高欢将斗泰追尔朱兆至赤洪岭（即今赤坚岭），大破之，兆军尽皆降散，兆自缢于树而死。

北齐天保四年（553）正月，山胡围离石，旋退。10月，高洋自巡边防，命自黄栌岭起长城，至社平戍200余千米，置36戍，以固北防。

北周河清二年（563），离石生胡致寇汾北。

北齐武平六年（575）闰九月，陈大败齐于吕梁。

北周建德六年（577）十月，陈败周师于吕梁。

隋（581—618）

开皇元年（581）四月，发稽胡修堡障，筑长城，北齐在凉县、离石间筑长城。

大业十年（614）十一月，离石胡刘苗王称皇帝。

大业十三年（617）七月初六，李渊军通议大夫张纶将兵徇离石郡。17日，张纶军克离石，杀太守杨子崇。

唐（618—907）

武德二年（619）闰五月，离石胡刘龙儿据地称王败死，子刘季真与弟六儿引刘武周之兵攻陷石州，杀刺史王俭。季真自号突利可汗，封六儿为拓定王。

武德三年（620）三月二十一日，行军总管张纶将兵西进以逼石州，刘季真降，封其为石州总管，赐姓李。

武德四年（621）三月二十四日，突厥兵寇石州。

贞观十一年（637），安吉寺初建，至北宋嘉祐三年（1058）更名为安国寺，沿用至今。

宋（960—1279）

北宋乾德元年（963）十二月，宋攻北汉石州。

北宋乾德二年（964）正月，宋李继熏攻北汉石州，北汉告急于辽，辽西南招讨耶律达里将骑六万援，击退宋师。

北宋乾德四年（966）冬，石州大雨雪，雪深五尺。

北宋开宝元年（968）八月，宋太祖兴兵攻北汉，忻、代兵收石、辽等州。

北宋景德元年（1004）十二月二十二日，石州地震。

北宋景德二年（1005），张禹珪任石州知州。

北宋熙宁九年（1076），石州麦莠双穗。

北宋建中靖国元年（1101）十二月，石、岚等州地震弥旬，昼夜不止，坏城壁、屋宇，人畜多死。

南宋嘉定八年（1215）十二月，金徙朔州民于石州。

元（1206—1368）

至元二十一年（1284），县尹尹炳率众补筑城垣。

至元二十六年（1289）七月辛亥，石州地震，有压死者，有大星如斗，自西南而落。

元贞二年（1296）六月，离石雨雹。

大德七年（1303）秋，石州地震。

延祐三年（1316）九月，石州地震。

至顺二年（1331）四月，石州旱。

至正二十一年（1361）正月癸酉，石州大风拔木，陆畜俱鸣，民所持抢忽生火焰，抹之即无，摇之即有。

明（1368—1644）

洪武元年（1368）十二月初，徐达、常遇春率明军攻克石州。

成化十八年（1482），石州民饥。

成化二十二年（1486），知州吕大川教民在温泉（今莲花池）种稻灌园。

成化二十三年（1487），知州吕大川率众在城西筑堤防护，且内外多植树木，以固堤。

弘治六年（1493）六月丁卯，石州、吴城驿无云而雷震有时。

正德六年（1511），石州民饥。

嘉靖十二年（1533）七月大旱，雹伤稼。八月，淫雨成灾，大饥。

嘉靖二十年（1541）九月二十九日，俺答犯石州，饱掠而去。

嘉靖二十四年（1545），知州乔迁集民众补修西城堤。

嘉靖三十七年（1558），俺答辛爱犯石州。

嘉靖三十九年（1560），石州瘟疫大作，白骨遍野。

隆庆元年（1567）九月，俺答犯大同、朔州，南至汾州，破石州，掠孝义等县。

隆庆二年（1568）五月初一，永宁州山崩。

万历四年（1576），车家湾渠道建成。

万历二十六年（1598），州守夏维勤率众在城西改筑大堤，同年被洪水冲决。

万历三十二年（1604），州守李橘率众修复州西城大堤。

清（1644—1911）

顺治元年（1644）十一月，山西巡抚马国柱率兵追击由北京撤返陕西的李自成义军，由汾阳追至永宁州青龙（今属柳林县）。

顺治七年（1650）夏，大旱，七月，蝗灾，大饥。

顺治十二年（1655）夏四月，永宁州雪盈尺。7月，城西滨河一带歉甚，蔬刍俱缺。

顺治十三年（1656），《永宁州志》成书，胡朝宾纂修，共8志46条。

康熙十九年（1680），知州马云瑞率众加固州西城大堤。

康熙三十五年（1696）夏秋，大旱，禾尽槁枯，大饥。

康熙三十六年（1697）夏，大旱。

康熙四十一年（1702），清代第二种《永宁州志》成书，谢汝霖纂修。

康熙六十年（1721），永宁州大旱。

雍正四年（1726），离石段黄河清。

乾隆二年（1737），大旱成灾。

乾隆二十四年（1759），久旱无雨。

道光九年（1829），地大震，庙宇、房屋多坍塌。

道光十二年（1832），大旱。

道光十三年（1833），大旱，岁欠。夏，峪口镇山崩，压死居民无数。

道光二十年（1840），鸦片战争爆发，州人受感，自发禁烟。

道光二十一年（1841）正月二十五日，县境内西山一带通夜黑风，方向难辨。六月九日，三川河暴涨，漂没田庐无数。

道光二十二年（1842）六月十六日，暴雨。同年，境内野狼成群，伤人甚多。

道光二十三年（1843），涝灾，民谣云："道光二十三，黄河涨上天，冲走太阳渡，捎带万锦滩。"

道光二十四年（1844），境内受灾歉收。

道光二十五年（1845）冬，黄河冻结，野狼三五成群自陕西踏冰而来。河东一带遂多狼灾。

道光二十六年（1846），大水成灾。

道光二十八年（1848），因道光二十七年（1847）灾，缓征新旧赋额。

咸丰元年（1851），太平军金田起义，本州奉敕举办团练，戒严防堵。

同年，河北武安（今河北武安市）人栗生堂，在城内开设中药店——天裕成。自制丸、散、膏、丹。

咸丰三年（1853），粮食丰收，谷贱伤农，斗米价六七十文钱。

咸丰四年（1854），雨水充足，稼禾大熟。

咸丰六年（1856）七月，暴雨。孟门镇陷入狂涛巨浪之中，淹没窑洞200余孔，房屋1000多间。

咸丰八年（1858）八月，地震，彗星见于西北。

咸丰九年（1859），干旱歉收，粮价腾涨，斗米制钱二千四百文（常年为三百文）。

同治元年（1862），曾国藩部将刘松山率兵驻扎柳林，准备从军渡过河，攻击甘肃回民义军。

同治二年（1863）三月十三日，午后，日如黄丹，至四月初二光复。

同治八年（1869），大旱，树皮草根剥掘殆尽，饿死人畜无数，出现人吃人、狗吃狗的惨状。

同治九年（1870）四月三日，李宗义枉奏：山西永宁知州杨笃贪鄙钻营。清政府命革职，永不叙用。

同年，夏旱秋涝，奉宪令：缓征新旧赋额。

同治十一年（1872），本州举人刘子俊在安国寺设立书院讲学。

光绪元年（1875）六月十五日卯刻，大雨如注，三川河浪高过丈，淹没村舍地亩无数。

光绪三年（1877）春夏，大旱，粮价猛涨。灾民食糠秕、草根、树皮，饥民遍地，尸骨遍野。更有杀人而食，刳肉而鬻者。当时，斗米价高达三千六七百文，斤麦价一百四十文。

同年，天主教由柳林镇人刘永福传入本县。

光绪四年（1878），旱灾严重。

光绪七年（1881），清代第三种《永宁州志》刻印成书，姚启瑞纂修。

光绪十一年（1885），豺狼食人，路断人稀，经民众齐心协力，全力捕杀，才渐平息。

光绪十八年（1892），饥民甚众，瘟疫流行。

同年，科举考试，废除八股，改为策论、时务、四书五经三场。

光绪二十五年（1899），义和团在各地兴起，方山天主教神父史偕和临县教徒张志廉在逃陕西途中，在孟门镇被团民杀死。

同年，永宁州大旱，五谷不收，饿殍遍野。

光绪二十六年（1900）八月，柳林镇秀才高清才，农民高锡荣、高锡惠在该镇组织义和团，率领300余人在香严寺起灶操练。八月初一，冲入柳林天主教堂，杀死意大利神父2人，砍伤教民王继贤，同时放火焚烧教堂。后遭镇压，高清才逃遁陕西，高锡荣被枭首示众，高锡惠监毙。

同年，杨蛮子（绰号神鬼怕）率领十虎弟兄（杨蛮子、东瓜脑、高守元、高学发、高得发、赵学贵、高应昌、高金彪、董占彪、张二棍）大闹柳林巡检司，吓跑孔巡检后，十虎兄弟惨遭迫害，杨蛮子被捕遇难。

同年，大旱不收，炊烟罕见，尸骨遍野。

光绪三十年（1904），永宁州执行清政府《奏定学堂章程》（即《癸卯学制》），将州学改为高等小学堂，同时开办初等小学堂一所。

光绪三十二年（1906）一月九日，中国共产党早期领导人贺昌诞生在柳林镇羊道沟的一个封建士绅家庭。

宣统三年（1911），辛亥革命，永宁州易帜。

同年，离石县柳林镇乡绅贺玉亭带头剪去发辫。

中华民国（1912—1949.9）

民国元年（1912）

同年，永宁州改为永宁县。

同年，县组织议会，选举北洋政府众议院议员。

同年，村民焦四则、海全则聚众百余人，在赫赫岩山起义。知事谢承恩在方山关帝庙设宴，将二人灌醉杀害。

民国 2 年（1913）

7 月，县教育会成立，有会员 146 人，地址在县立初等小学堂。

秋，县立女子小学创办，校址在旧县城北观音庙前。民国 6 年后增设高等班，成立县立国民女子两级学校，校长胡邦杰。

同年，天足会成立。男人剪辫子，女人放足。

同年，知事谢承恩侵吞巨额公款。在卸任时，被贺雨亭等人软禁起来，控告到山西行政公署，追出侵吞的巨额赃款。

民国 3 年（1914）

1 月，永宁县改名离石县。

5 月，离石县隶属冀宁道管辖。

秋，在柳林镇初等小学堂的基础上，扩大为两级小学校。

同年，基督教汾阳教会派布道员韩守臣、武道一在离石县传教。

民国 4 年（1915）

同年，县立高小学生张叔平，编印传单，书写标语，发表演说，发动群众起来反对袁世凯称帝。

同年，美国基督教总差会汾阳教区在柳林镇田家沟办铭义小学 1 所。

民国 5 年（1916）

同年，军用电信局在城内设立。

同年，袁世凯下令使用“洪宪”纪年，县内各行各业拒挂“龙旗”，反对袁世凯称帝。

民国 6 年（1917）

2 月，劝学所成立，设劝学员 3 人，地址在原州学署。

同月，县图书馆设立，馆员 1 人，地址附设在县劝学所。

同年，阎锡山开始实行“村本政治”，设立编村，每编村辖若干闾，每闾 5 邻，每邻 5 户。编村辖 300 户左右，设立保卫团，每编村建 1 所官办国民学校，严令取缔私塾。县开办国民学校 89 所，女子国民学校 1 所，高等小学 5 所，女子高等小学 1 所，乙种实验小学 1 所，在校学生 1659 人。

民国 7 年（1918）

2 月，成立县学务委员会，设学务委员 7 人，地址在原州学署。

3 月，原离石县分为离石、方山二县。

同年，县村之间增设区建制，离石设 5 个区，每区设区长 1 人，助理员 3 ~ 5 人。

民国 8 年（1919）

1 月，中阳县郭马洞组织发动万余人，准备在 27 日夜起义，袭击离石柳林镇。后因泄密，郭马洞进镇内放火未成，突袭计划落空。

暑假，在外地上学的贺昌、张叔平等在离石、柳林开始宣传马克思主义。

秋，高应天、田开疆、李燕鳌等人，发动柳林民众反对由劣绅马家瑞操纵的所谓议员选举，遭到警察镇压。混战中，李燕鳌用砖头砸破专程到柳林坐镇选场的离石县县长贾赞堂的脑袋，李因此被捕，惨遭毒刑。

同年，英商颐中烟草公司通过柳林镇马维圻经营的“天锡长”商号，将卷烟输入柳林市场。并以柳林为点，销往离石、中阳、临县以及陕北、宁夏等地。

同年，学校废授“四书”“五经”，改讲“国文”“修身”等课程。翌年，学校始用拼音字母。

同年，离石马茂庄出土东汉和平元年（150）左表（字元异）墓汉画像石 14 块，是离石出土最早最有名的汉画像石，其中 2 块画像石存加拿大多伦多皇家安大略博物馆。

民国 9 年（1920）

同年，全县有县立国民学校 1 所，县立女子国民学校 1 所，村立国民学校 165 所，村立女子国民学校 4 所，乙种农业学校 1 所，县立女子蚕桑传习所 1 所，露天学校 l 所。

同年，基督教（挪威）内地会在城内开办初级小学 1 所，地址在旧城西（今城内完小院内）

民国 10 年（1921）

同年，私立柳林崇德女子学校和私立柳林崇道妇人学校在基督教堂院内成立。

民国 11 年（1922）

6 月 10 日，太（原）军（渡）公路离石段全部开通。

同年，张叔平与任定国、杨会民、吴振华于离石开办“觉民书社”，宣传马列主义。

同年，基督教美国公理会总差会在柳林镇教堂广治院开办幼稚院 l 所，招收附近幼儿 20 名。

民国 12 年（1923）

夏，贺昌寄回《向导》《中国青年》等革命报刊，供进步青年阅览。

同年，开始推行教育部颁发的《新学制课程纲要》。离石县开办国民学校 224 所，学生 8931 人；女子国民学校 6 所，学生 311 人；高等小学 4 所，学生 257 人；女子高等小学 1 所，学生 59 人。

民国 13 年（1924）

秋，县立高等小学与城内模范国民学校合并，称离石县县立国民两级小学校。

同年，离石大旱，籽种未入。

民国 14 年（1925）

同年，在汾阳加入中国共产党的刘有刚回到柳林，建立柳林党支部，高如山被选为党支部书记，太原党组织派崔锄人参加会议。

民国15年（1926）

1月，柳林社会主义青年团特别支部成立，属社会主义青年团北方区委领导。

同年，韩昌泰在离石农村组织农民协会。其时，离石先后加入中国共产党的有27人。

民国16年（1927）

春，中共太原地委和汾阳地委领导人崔锄人、李伯生、刘有刚亲临柳林指导农民运动，成立离石县农民协会。

5月，中共山西省委决定，建立中共离石县委，负责人韩昌泰。

同年，离石县天足会统计，15岁以下女子不缠足的占总数的72%，20岁以下不缠足的占总数的58%。

同年，离石县创办私立初级中学。

民国17年（1928）

县政会议讨论通过，利用文庙作校址，砍伐文庙松柏树作基金，创办离石中学校，校长傅秉雄。

民国18年（1929）

2月，韩昌泰被国民党离石县党部逮捕，解送太原自新院，中共离石县委被迫停止活动。

同年，国民党离石县政府缉捕共产党员，柳林党支部被破坏，高如山出走他乡。中共山西特委派共产党员王达成返回柳林从事地下工作。

民国19年（1930）

秋，开办吴城高小，校长吴允亨。

冬，中共山西省委从国民党高桂滋部队抽调党员拓克宽、杨重远到离石柳林一带创建游击队。

民国20年（1931）

夏，利用龙泉寺寺产，在西局岔的华佗庙开办龙泉高小，董事长刘乐天，校长渠世彦。

秋，离石中学学生韩秉镛、于进贤、乔庞儒、康贵荣（康定）等在校内组织"抗日后援会"，开展募捐活动，宣传抗日救国，后被学校当局开除学籍。

同年，中共党组织从汾阳冯玉祥军校调王友仁、李忠云到离石，建起从汾阳到宋家川的秘密联络站7个，曾4次筹措到枪支运往陕北。

民国21年（1932）

3月，中共柳林党支部重新建立，书记杨清明。同年，恢复离石县委，罗四维任县委书记。

民国22年（1933）

同年，王达成在柳林镇发动群众反对不合理负担，推倒村长贾如诚，选举小学教员杜映丁为村长，后被离石县政府抓捕 8 人。

同年，离石恢复建立中共县委组织。

同年，阎锡山为对付陕北红军，在离石县杨家坪（今属柳林县）兴建飞机场 1 座。飞来飞机 2 架，1 架试降坠毁，1 架盘旋而去。机场遂废。

民国 23 年（1934）

同年，县城盐局设立，禁止摊商卖盐。

同年，县长马继援和国民党驻军团长马良集协作在南关河滩筑石堤 200 米，以护莲花池水池。

民国 24 年（1935）

春，大旱，人食树皮草根，饿死者甚多。

夏，由于官盐局盘剥，民众叫苦连天，离石县绅士任培厚组织捣毁官盐局。

秋，各区、村成立“主张公道团”和“防共保卫团”。

同年，因叛徒告密，柳林党组织遭破坏。吴堡区党委书记慕生忠率 17 名勇士过河活动，建立党组织的联络点。

同年，山西省人民政府在城北乔家沟村坪上建造飞机场。

民国 25 年（1936）

4 月 8 日，红 15 军团 224 团团长胡继成，率兵进驻离石县上安村、马茂庄、交口等地。

5 月，吴堡县委派董发到离石薛家坪（今柳林县孟门镇）一带发展党员近 30 人，并建立吴堡县委河东区委。

12 月，红 28 军团在交口村驻扎。军长刘志丹、政委宋任穷在此召开群众大会，宣传打土豪、分田地政策。

同年，从临县三交经离石县境到交口西交子的公路开通。

民国 26 年（1937）

1 月，山西省牺牲救国同盟会（简称牺盟会）的曹志敏、王耿仁（朱希）在离石中学发展牺盟会员 20 余人。

9 月，省牺盟总会派共产党员阎景纯、刘鑫、韩昌泰以牺盟会特派员和公道团的身份到离石，在县城老爷庙办牺盟会员培训班 3 期，培训 120 人。深入农村，宣传抗日，并建立起工、青、妇、农救会等群众抗日基层组织。

10 月 1 日，离石县牺盟会游击队二大队在徐家沟召开成立大会，队长韩昌泰。

10 月，中共离石县委重新组建，县委书记张渠。

同月，薛家坪党支部动员出 500 多银圆，买 100 套军装和部分枪支，组建 250 人参加的地方保卫队。

11 月 9 日，山西省战动总委会（第二战区民族革命战争战地总动员委员会）由汾阳县转移至离石县，总部设在马茂庄。分别驻城内黑坡上当铺、马茂庄朝氏、崔氏大院和石盘、王家坡等村。

同月，山西省动委会派杨青松、李明、郑绍宁、石洪、王三伍到离石县开展武装群众的工作，建立农民协会。

同月，柳林镇组建中共离石县第三区委，书记马明骥。

同月，中共吴堡县委将其在离石县属的第四区的孟门、薛家坪、碛口一带建立的中共吴堡县河东区委移交中共离石县委领导，遂改名为中共离石县第四区委，书记薛丕华。

12 月 10 日，战地动委会在离石出版《战地通讯》日刊和《动员半月刊》。

同年，柳林开明绅士马维圻捐出 2000 银圆支援抗日。

民国 27 年（1938）

1 月上旬，战动总会四支队移驻盛地村整训，刘少奇（化名胡服）与贺龙师长到盛地看望四支队，刘少奇在大槐树下讲了《上海太原失陷以后抗日战争形势和任务》，晚上住吴家大院。

1 月 25 日，日本侵略军侵占离石城。

2 月 2 日，日本侵略军侵犯大武镇，村民 16 人被日本侵略军的飞机轰炸而死。

同夜，驻峪口花家坡的傅作义部 35 军收复大武，毙伤日本侵略军 200 余人。

2 月 3 日拂晓，日本侵略军 2000 余人从离石出发突袭大武，残杀民众 340 人，拉走大牲畜 100 头、羊 1000 余只，并焚烧民房铺面、庙宇楼阁，大火 3 日不熄。

2 月 6 日夜，八路军第 120 师 718 团 1 营与离石县抗日自卫队袭击山塌日本侵略军据点，激战半夜，歼灭日本侵略军 200 余人，缴获大批武器装备。

2 月 9 日，四支队离开盛地，村民敲锣打鼓欢送并赠送锦旗，一面“民族先锋”，一面“杀敌劲旅”。

2 月 24 日，动委会在马茂庄召开区、村干部会议，动员人民参军参战，抬担架、做军鞋，支援抗日前线。

2 月 26 日，山西工人自卫队在九里湾阻击西犯日本侵略军，歼敌 20 余人，战斗结束后，日本侵略军在九里湾残杀村民 37 人。

2 月 27 日，日本侵略军侵占军渡。

同月，离石游击支队成立，支队长由离石县政府县长武尚仁兼任，下设大队 3 个。

3 月上旬，中共离石县委在柳林西坡召开扩大会议，决定统一全县武装力量，成立离石县游击支队。

3 月 3 日，八路军第 115 师 343 旅收复柳林镇和军渡。

3 月 26 日，国民党傅作义部 101 师 425 团 3 连中士周福巨率兵 13 名，在盛地村关帝庙内被日本侵略军 200 余名包围，阵亡 4 名后仍利用枪眼与日本侵略军苦战一昼夜，将猛冲10余次之日本侵略军击毙100余人。

3月27日，国民党军傅作义部在盛地村（大武沟西南），包围日本侵略军50余人，除当场格杀者外，其余18人尽数俘虏，电令送西安。

7月，离石县将3支抗日游击大队改编为山西省第四专署政治保卫总队。

8月3日，国民党第二战区部队攻打离石城未克。

9月11日，日本侵略军再占柳林。

9月17日，晋军收复柳林。

9月18日，日本侵略军复占柳林、军渡。

9月21日，晋军再次收复柳林。

同日，中共中离特委在柳林成立，书记肖扬（原名杨树义）。

11月中旬，陕北公学50名青年响应毛泽东“到后方去”的号召，由中央组织部介绍，中共党员范铭带队到离石马茂庄，参加战动总会的工作。下旬，西安20名干部和青年由中共党员张希钦带队，到达离石马茂庄，参加战动总会的工作，受到续范亭等领导人接见。

同年，日本侵略军强迫民众修建离（石）中（阳）公路。

民国28年（1939）

5月5日，八路军第115师343旅与第120师一部配合，在汾、离公路截击日本侵略军，毙日本侵略军100余人，击毁汽车41辆。

5月上旬，日本侵略军以1个旅团的兵力向军渡进犯，八路军警备第八团，在离石县西王老婆山展开伏击，歼敌200余人。

5月，日本侵略军再犯柳林失败，退返离石。

6月5—6日，日伪军万余人，分3路再次侵占柳林、军渡、孟门、碛口，企图渡河西进。八路军陕北河防部队与日本侵略军隔河激战三昼夜，打破日本侵略军的渡河阴谋。

6月中旬，晋军19军68师再次收复柳林、军渡。

7月15日、19日和8月1日，日本侵略军3次进犯军渡，被八路军河防部队击退。

8月9日，在抗日军民打击下，日本侵略军退出孟门、碛口。

8月，晋军19师师长蔡雄飞在康家沟率部投敌。

同月，全县中共党员发展到2500余人。

9月2日，日本侵略军再次侵占柳林镇。14日，国民党第二战区所部袭击柳林，击毙日本侵略军联队长万田。17日，再次围歼驻柳林日本侵略军，逼其东逃离石。

9月，八路军第115师在汾离公路上薛公岭、舍科里、油房坪三次袭击日本侵略军，击毙日本侵略军山口少将以下1100人，取得三战三捷，即著名的“吕梁三捷”。

11月23日，日本侵略军侵占碛口、孟门，并在碛口河滩放船强渡黄河，被八路军击退。

12月，离石、柳林日本侵略军4000余人，再次侵犯军渡，八路军河东侦察部队与敌激战5日，击退日本侵略军，收复军渡、李家垣。

是月，县内第一个民兵组织——游击小组在碾子山诞生。并将一、三、五区人民武装自卫队整编为1200余人的游击大队，中离特委拨给步枪100支。

同年，离石县委根据晋西南区党委的指示，将一、三、五区人民武装自卫队改编为游击大队，约1200人。

民国29年（1940）

1月1日，离石县抗日民主政府成立，驻孟门石安村（今属柳林县），县长梁延檀。县政府下设民、财、建、教、司法5科。全县划为10个区。

1月5日，离石县抗日救国联合会成立，离石牺盟会被撤销。

同月，阎锡山的离石县国民政府由离石蛤蟆塔迁往中阳县冀家峪。

3月中旬，离石抗日民主政府在北山一带新建民族革命小学（简称民小）3所，第一民小设在西局岔，第二民小设在孟门灵泉寺，第三民小设在钟庄。

4月，张涛任县委书记。

6月5日夜，离石县抗日民主政府警卫队、八区队和各村游击小组300余人，在车守珠率领下，配合八路军第718团的1个连，分三路袭击驻柳林日本侵略军，大获全胜。

7月，中共晋西区党委决定，将离石县分为离石、离东两县，成立离东工委，王亦明为书记，并组建游击大队。离石县委书记为张庆中。

8月，中共离东工委成立。

9月11日，山西省第二游击区行政公署对行政区划做调整，四专区辖临县、临南、方山、离石、离东等5个县。

9月，刘永义任离东县佐公署县佐。

10月，离石抗日武装自卫总队成立。

12月，抗日民主政府在蛤蟆塔召开公审大会，镇压血债累累的大汉奸任廷墙、车发道。

同年，离石县在碛口成立妇女合作社，主任王月仙。

民国30年（1941）

1月，离东工委改为离东县委，东山办事处改为离东县政府。

4月，离石敌工站建立，次年，改为武工队。

9月，王大昌任离石县委书记，李士彬任离石县长。

9月，八路军、游击队和自卫军合力反攻，收复军渡。

11月1日，日本侵略军再次侵占柳林、碛口。

同月，离东工委改为离东县委，书记田秉刚。

同月，王星三任离东县抗日民主政府县长。

12月下旬，离东县自卫队改为武委会，建立离东县游击大队，编为第五大队。

同年，离石县人口50208人，离东县人口50194人。全县小学由50所发展到64所，办冬学45所。

同年，石盘村阎文宝组织村民在该村河滩筑堤150米，护田800亩。

同年，境内大旱。

民国31年（1942）

1月27日，离东县妇救会秘书杜风英和妇救会组织部部长李秀珍因叛徒郭元喜出卖被捕，日本侵略军将李秀珍腹中7个月的婴儿剖出，杜、李同时遇害。

同月，日本侵略军“扫荡”刘家山，烧毁学校窑洞7孔及一切用具。

3月23日和27日，日本侵略军在军渡向宋家川河防阵地发炮，并施放糜烂性毒气弹和瓦斯弹。

同月，一、二民小合并，校名改为离石高小，校址迁往陕西省吴堡县横沟村，三民小移交临南县。

春，全县抗日根据地普遍建立变工队、互助组。

4月16日，日本侵略军再次炮击宋家川，发炮800余发，其中三分之一为糜烂性毒气弹。河西军民50余人中毒。

5月4日，离石县刘菊初、刘昭彰、陈顾三参加晋西北绅士赴延安参观团，8月5日返回。

同月，驻柳林日本侵略军曹长伊藤正夫投奔龙花垣游击区，武工队派雒逢钦将其护送到碛口。当地抗日政府召开欢迎大会。

7月20日，晋军高文英部包围韩家峪，杀死群众1人，抓走10人，强迫群众用350元银圆、16石小麦赎人。

7月21日，晋军高文英部包围董家庄，拉走青壮年6人，小孩3人，强迫群众用50石小麦赎人。

7月，离石抗日敌后武装工作队成立，分5个组，深入各区开展抗日活动。

8月9日，离石四区民兵和四分区游击大队，出击店坪公路上的一股伪军，双方激战1小时，打死伪军副大队长以下16人，缴获步枪8支、子弹30发、骡子1匹。

9月21日，县武工队雒逢钦争取驻柳林日伪警备二中队26人，在刘步凯的带领下，携带全部武器向抗日民主政府投诚。

同月，县抗日民主政府下辖的离石各小学统一使用晋绥边区发行的高、初级小学课本。

秋，撤销方山县，北川河以东，郝家庄以下划归离东县。

10月初，离东县精简机构和人员，县政府减少到20名，区政府减少到11名。

10月11日，八路军河东大队在当地民兵配合下，攻克柳林镇香严寺和二郎庙的日伪碉堡。

同日，胡克实任离石县委书记。

10月中旬，晋绥边区属七、八地委合并为八地委，离东县委划归八地委管辖，胡亦仁兼离东县委书记。

11月，王亦明任离东县县长。

同月，三、四专署合并为三专署，岚县划归三专署，离东县划归八专署，撤销八专署平原办事处；七、八地委合并为八地委。

12月1日，晋绥军分区五支队开进离东县，支队长王文礼，政委胡亦仁（兼），支队下设4个连，分别活动在吴城、峪口、信义、小神头一带，同时，还充实离东县敌军工作站，站长阎斌。

12月21日，日本侵略军包围柳林石家峁，放火烧死群众110余人，刺刀捅死20余人。

12月26日，吴城据点80余名日伪军外出抢劫，被晋绥军区五支队在青崖沟伏击，打死打伤12人。

同月，离石县抗日民主政府将全县区级政府合并为4区1市（碛口市）。韩昌泰任县长。

同年，离石县生产建设委员会和离石县合作社指导委员会成立。全县掀起“人人集股、户户入社”高潮。女参议员王月仙创办离石县第一个妇女纺织合作社。紧接着，全县根据地内普遍建起互助组、合作社，开展了纺花织布大生产运动。

同年，中共中央“九一”指示下达后，离石、离东实行党的一元化领导，党、政、军、群团系统在县委的统一领导下，开展反“扫荡”、反“蚕食”、挤敌人的斗争，逐步扩大抗日根据地。

民国32年（1943）

1月3日，驻柳林日本侵略军200余人进犯兴旺村，纵火烧毁窑洞42孔，

同月，日本侵略军进犯王家岭，烧毁窑洞80余孔，烧死小孩5个。

同月，民兵英雄赵银银等人，在戒备森严的柳林街上处决大汉奸王佩义。

3月8日，驻柳林日本侵略军百余人进犯三区，民兵沿途伏击，打死日本侵略军5人。

3月27日晚，八路军某部侦察连连长率战士8名潜袭驻大武日本侵略军，毙日本侵略军指挥官1名，俘新民会人员14名，缴获短枪6支、指挥刀1把、望远镜2架、地图1幅及其他军用品19件。

3月，日本侵略军纠集三交、大武等地据点兵力3000余人，对离石进行篦梳式“扫荡”，残杀群众300余人。

同月，柳林日伪新民小学附属妇女手工职业学校教师王玉英和卫爱兰（卫明）秘密成立“学习进步社”，宣传抗日。

春，抗日武工队李岗等人组织游击四中队和民兵百余人，从阳和沟掌向沙盆岭日伪军碉堡挖地洞1.5千米，安放土炸药12驮，炸毁碉堡，消灭碉堡内日伪军。

4月15日拂晓，驻石门墕日伪军10余人出扰，被当地民兵和游击队包围，打死2名，

其余被俘。获轻机枪 1 挺、步枪 4 支、手榴弹 24 颗。

4 月 19 日，驻柳林日伪军数百人“扫荡”石洞门，将躲入地洞内的群众用烟熏出，赶入二郎庙，杀害 44 人，致残 9 人，10 余名青年妇女在光天化日之下被奸污，全村 31 户人家 23 户遇难，有 5 户每家仅幸存 1 人。

4 月中旬，离石难民委员会成立，车风岐为会长。

同月，七月剧社在全县各地巡回演出。

同月，晋西北行署、军区政治部、总工会联合发出“开展学习张秋林运动”的指示信。

6 月 19 日，信义、吴城据点日伪军，出犯千年里，晋绥军区 5 支队在途中伏击，毙伤日伪军 70 余人。

同月，陈贻训接任中共离石县委书记，胡克实改任离石县委副书记。

7 月 11 日，日本侵略军扫荡阳山一带，杜家山民兵分队长吉大彪，为保护群众转移，中弹牺牲。

同月，杨勇率部 12000 人从晋冀鲁豫边区开赴延安，路过县境，经吴城、小东川、峪口进入临县，县委组织沿途群众，热情接待。

8 月下旬，离石县 9000 余名群众签名呼吁蒋、阎“停止内战、一致抗日”。

同月，离石抗日民主政府在碛口训练教师。

9 月 9—19 日，离石、离东两县军民同“扫荡”离东的 1500 余名日伪军作战 18 次，毙敌 10 名，缴获骡 3 头、电线 100 余千克。

10 月 5 日，离东县 500 余村民召开劳军大会，犒赏羊 23 只、菜 1000 余千克。

10 月 17 日，晋绥军区五大队智取玉林山据点。29 名伪军全部被俘。

10 月，离石划归第三军分区管辖，武装组织有武工队、民兵游击队等 3 支队伍。离石游击大队改为离石支队。

同月，隐蔽在张家山敌据点的李丕祥与区武工队的雒逢钦联系，里应外合，智取张家山据点。俘获伪区长、警察所所长以及全部枪支弹药，焚毁敌碉堡。

11 月 6 日，民兵队长刘德新在离石县民兵检阅大会上被评为第一个模范民兵队长。

11 月 17 日，日本侵略军在坪头村施行大屠杀，107 名群众被杀害。造成“坪头惨案”。

同年，刘振华于坪头瓷窑沟创办一座土兵工厂。

民国 33 年（1944）

1 月 7 日，在晋绥边区第三届群英大会上，阎子诚介绍离石武工队工作的经验。奖特等劳动英雄张智升耕牛 1 头，奖张秋林织布机 1 架。

1 月上旬，日本侵略军千余人对离石地区进行“扫荡”，当地军民与日本侵略军作战 21 次，粉碎日本侵略军的“扫荡”。

同月，离石县委号召各村积极创办业余剧团，“向泰山剧团学习”。

同月（农历腊月二十三），驻柳林日本侵略军纠集离石、中阳、临县的日伪军数百人，“扫荡”石家峁一带，杀死10岁以下儿童14人、成年男女27人，刺刀刺后推入深坑烧死127人，制造巨大惨案。

同月，杨万选任离石县县长。

2月，驻柳林日伪军侵犯石家峁村，在水井内投毒，使16户39人中毒，死亡11人。

3月4日，八路军1个团夜袭岚离公路，割断日本侵略军电线90千米，毁电杆1000余根。

3月8日，晋绥边区妇联发出“向张秋林、刘能林、向全英学习”的号召。同月，特等劳模张秋林成立妇女合作社，入股妇女达400名。

3月14日，日伪军在新房村和店坪村施放毒气，毒死群众71人。

3月15日，驻柳林日本侵略军“扫荡”兴旺村（属成家庄编村），用烟熏死躲于山洞的群众72名，全村23户人家中，有8户每家幸存1人，5户绝门。

3月20日，离石民兵配合部队一夜突袭石门墕、大武、神仙山3个日伪据点。

春，郭伟人任离石县委书记。

春，离石高小从陕西迁回，驻碛口寨则山。

4月，晋绥军区五支队在薛公岭伏击日本侵略军运输队，毙敌10余人，缴获步枪10余枝，机枪1挺及部分军用物资。

5月5日，离石支队和17团的1个营及二、三区民兵共计622人，开赴柳林南山，在白家塔一带消灭晋军64师一部。

同月，离石三区打坝合作社成立。

同月，离石县民众医院在碛口镇成立，院长王振东。

8月9日，离东县归化据点日本侵略军，在抗日军民长期围困下，逃到信义，军分区和行署嘉奖有功军民。

8月11日拂晓，驻柳林日本侵略军调集200余人偷袭县民主政府驻地官庄垣，晋绥军区特务团坚决抵抗，歼敌80余人，击毙日本侵略军司令官斋腾和情报官阿部。

8月28日，《抗战日报》公布离石民兵一年战绩：战斗活动500次，毙俘日伪军170人，缴获步枪80余支，营救群众3000余人。

9月15日，《晋西大众报》报道张家塔村（现属柳林县成家庄镇）13岁儿童团员王启富抓特务的模范事迹。

9月28日，离石县武委会举办民兵干部培训班，每期半个月，训练3期共137人。

同月，美国观察团卡斯少校一行，参观郭家塔、罗家坡地道。

秋，八路军120师17团在西属巴村伏击日本侵略军，毙敌130人，生俘7人。

10月12日，县民主政府召开小学校长和民办学校教师会议，研讨民办公助办校问题。

10月下旬，全县集训130余名冬学教员，为期半月。

同月，离东县游击队配合三分区、八分区部队，收复圪洞、峪口、横泉等日本侵略军据点。

11月10日，离石县干部家属纺织合作社成立，有9户28人入社。

11月20日，《抗战日报》报道离石县办冬学的经验，在敌占区实行巡回教学；在新解放区宣传介绍根据地的生产和生活情况。

12月7日，晋绥边区第四届群英大会召开，离东县归化村民兵中队长刘海珠被评为特等民兵战斗英雄。

同月，王震、王首道率八路军120师359旅4000余人途经离石向南进军，开辟抗日根据地。

冬，全县开展冬季大练兵活动。

同年，离石县武委会培训各村军火制造技术员，开展自制武器活动。

同年，离石、离东军民先后护送刘少奇、罗瑞卿、陈毅、彭德怀、刘伯承、薄一波、陈赓、陈锡联、王树声等军政领导人赴延安。

民国34年（1945）

1月8日，薛村（今属柳林县）民兵程九湖、刘福则等人，在武举山公路布设地雷阵，炸死炸伤日伪军16人。

1月26日，薛村民兵袭击入村抢劫的阎军，活捉4人，缴枪2支。

2月初，日本侵略军从方山逃离，方山恢复原县建制，原划归离东之方山二区复归方山管辖。

2月8日，晋绥行署政务会议决定：离东县划归三专署管辖。

3月，民兵大队长王存保带领民兵在上白霜（今属柳林县）公路布设雷网，炸死炸伤日伪军19名。

春，《抗战日报》发表评论，在全边区推广刘家山村（今属柳林县）的“小先生运动”经验。

4月16日，民兵吴恩厚将自发雷埋到寨东（今属柳林县）碉堡内，炸死日本侵略军曹长1人，炸伤汉奸吴太仁。

同月，离东县游击队在九里湾附近袭击日本侵略军运输队，消灭日伪军40余人。缴获大车34辆、牲畜90余头及大批粮食。

同月，刘海珠创办军火合作社。

同月，杨毅任离石县委书记。

5月11日，离石县文教大会召开，刘家山中心学校被评为出席晋绥边区文教群英会的先进集体。

5月中旬，山西省国民政府的特派员进入离石县日伪政府，阴谋策划接替日伪政权，进逼解放区。

同月，张秋林妇女纺织合作社开始使用大机织布。

6月，离石县抗日民主政府拨粮80石，款3000万元（西北农民币，1940年5月，由西北农民银行发行，流通于晋绥边区。1948年1月，晋绥边区于陕甘宁边区统一为西北解放区后，成为西北解放区的本位币。1948年12月停止发行），救济沦陷区群众。

同月，离石南梁游击队与中阳游击队合编为中离人民自卫军第2大队，共280余人，队长孔竹山。

夏，离石高小师生100余人，跟随120师军医院，到前线看护伤员。

7月21日，刘海珠率民兵智逼盘踞在上楼桥碉堡的40名伪军缴械投降。

7月23日，晋军秘密窜入日本侵略军侵占下的离石城。

8月上旬，离石县军民开始围攻日本侵略军盘踞的柳林镇，山西省国民政府地方武装头子高文英率部200余人抢占柳林镇。

8月15日，日本政府宣布无条件投降。晋军抢占离石城，由阎军、伪军拼凑起城防司令部。

同月，韩仲英任离东县委书记，王大昌任离石县委书记，杨万选任离石县抗日民主政府县长。

9月5日，八路军第120师358旅715团解放柳林镇。

9月9日，八路军第120师358旅第4团解放离石县城。毙伤晋军300余人，生俘1100余人，击毙大汉奸、城防司令贺焕芝，缴获大量武器装备和物资。

同日，组建离石市，市委书记冯国安，市长阎子诚。

9月15日，中共晋绥分局第四军分区党、政、军机构设在柳林镇，辖区为离石、离东、中阳、石楼、永和、隰县。

同日，中共吕梁区党委、吕梁行署、吕梁军区在汾阳杏花村正式成立，辖原晋绥第三、四、七、八、九分区。离石、离东归第四军分区管辖。

9月中旬，中共离石县委、离石县抗日民主政府机关从北山兴隆湾迁驻柳林镇。

是旬，中共离石县柳林市委员会、柳林市人民政府成立。市委书记阎光玺，市长阎昌义。

9月下旬，离石县划分为5个区，设离石市、柳林市。

10月上旬，柳林市召开公审大会，枪决柳林守备司令高文英和日伪工作队小队长忠郭耀。

10月24日，柳林200余家商号重新开业。

同月，贺龙中学在陕甘宁晋绥五省联防军随营学校的基础上，在大武镇（今属方山县）建成，贺龙司令员兼任校长。

11月21日，田家会召开5000人的公审大会，枪决汉奸白有武、郭元喜。

同月，中共晋绥分局对晋绥三地委辖区进行调整，将中共离石、离东县委由中共晋绥三地委划归中共晋绥四地委领导（1946 年 2 月，离石县委又划归中共晋绥三地委）。

同月，贺龙、李井泉到大武贺龙中学，召开师生大会。

同月，吴恩宏任离东县委书记。

12 月 3 日，吕梁军区奉晋绥军区命令：组建第 10、16、18 团，第 10 团以离石支队为基础。

12 月 21—28 日，吕梁军区第 11 团，独立第 4 旅 13 团及中阳、离石等地方武装围攻中阳县城未克。

12 月下旬，离石高小工读班在寨则山（今属临县）成立，有大织布机 2 架，学生边纺织边读书，解决军、干、烈属和穷苦农民子女的生活问题。

同年，离石城建立粮食仓库。

民国 35 年（1946）

1 月 11 日，柳林高小增设工读班，学生半日织布，半日读书。

1 月 31 日，离石、离东二县合并为离石县，离石县政府由柳林镇迁驻离石县城。

2 月 6 日，离石市 49 家商号开业。

同月，离石县建新中学开学，校长刘菊初。

4 月 1 日，晋绥三地委从临县迁在离石城，与离石县委合署办公，由三地委书记魏怀礼兼任离石县委书记，专员高闻天兼任离石县长。

4 月中旬，离石县调整行政区划，全县划分为七区二市。

5 月，晋绥边区行署规定 11 万人口以上的县为甲等县，离石属甲等县。

6 月 15 日，县武委会大队长会议召开，讨论紧急战备自卫工作，吴城掀起群众性的造雷运动。

6 月 25 日，驻中阳阎军 2000 余名分两路进犯离石，离石军民奋起自卫，击败进犯阎军。

7 月 2 日，离石至军渡公路恢复通车。

8 月 1 日，吕梁各界万余人在离石城举行纪念八一建军节大会，吕梁区党委书记、吕梁军区政治委员罗贵波在会上讲话。

8 月 15 日，离石建新中学改名贺昌中学。

同月，吕梁区党委机关由汾阳杏花村移驻离石县城。

9 月 15 日，离石六区在吴城西河滩检阅民兵，并举行造雷技术比赛，吴城村的石雷获得第一名。

同月，中共晋绥三地委书记秦力生兼任离石县委书记。

11 月初，贺龙司令员亲自带军区青年战斗篮球队和战斗剧社到大武，给贺龙中学师生作形势和任务报告并表演文体节目。

12 月 16 日，彭德怀、习仲勋代表中央军委在离石县交口镇高家沟村召开军事会议，贺龙、陈赓、李井泉、王震、罗贵波参会研究陕甘宁边区和晋绥边区联防作战问题。

12月23日，离石高小23名学生志愿报名，到前线看护伤员。

同月，离石统一改换学校名称。离石城内高小为一完小，柳林高小为二完小，离石高小为三完小，大武高小为四完小，穆村小学高级班为五完小。

同年，县支队与三分区支队合并，改称吕梁军分区独立10团。

民国36年（1947）

2月，离石第二完小学生剧团徒步赴中阳演出慰问新解放区人民。

3月8日，徐特立到贺龙中学考察。

同月，宋应任离石县委书记，阎继武任离石县民主政府县长。

5月，全县整顿商业市场，处理经济犯罪分子。

9月，离石县农会临时委员会成立。

10月，县内土地改革运动全面展开。

12月21日，县农会临时委员会召开有16个行政村5000人参加的公审大会，处决西山反动地主王志威、王树花、王来运。

同月，郭锡兰任离石县民主政府县长。

同年，离石工读学校织布机发展到30余架，生产的三鹿牌白布、花格条布、毛巾等远销榆林、内蒙古等地。

民国37年（1948）

2月23日，柳林市由113人组成熬硝小组21个，日产硝盐130千克。

同月，吕梁区党委在离石城召开各地县主要领导参加的对敌斗争会议。

3月23日，毛泽东、周恩来、任弼时率领党中央机关东渡黄河住离石工读学校（寨则山村）。

春，柳林北山一带狼害严重，小孩、牲畜有被咬伤。

春，寨则山划归临县，离石工读学校迁驻西局岔。

4月17日，晋绥军区把32名前线干部和烈士子女安全转移到大武镇，成立贺龙中学附属小学。

5月3日，贺龙中学改为三分区干部学校，培养区村干部。

6月11日，离石第二完小学生杨月兰等10人徒步赴汾阳县高家庄兵站护理伤员。

6月25日，全县民兵动员起来，参加晋中战役。

夏，解放汾阳战役伤员转往吴城，离石工读学校40名师生前往护理。

夏，原贺龙中学由大武镇迁往临汾，扩建为西北军政大学。

8月，颁发土地证。

9月，离石工读学校改为离石三完小。

同月，张鹏云任离石县民主政府县长。

10月9日，贺昌中学复课，刘菊初任校长。

10月16日，离石新兵团出征西北。

10与28日，《晋绥日报》发表题为《离石穆村毛泽东思想青年团是怎样建立起来的》文章。

11月，保安村水渠完成土建工程，全长2.7千米，用工4461个，可浇地519.6亩。

12月，晋绥兵工第八厂迁驻柳林市锄沟大寺庙内。

民国38年（1949年9月30日止）

2月11日，《晋绥日报》报道穆村小学青年夜校和任家山村妇女识字班的先进事迹。

2月15日，离石军分区成立。

3月，李寅任离石县政府县长。

春，将离石城内明代鼓楼改修为烈士纪念楼，楼内陈列着贺昌等遗像，树有离石籍革命烈士和解放离石牺牲烈士纪念碑。

5月5日，柳林市政府举行中华人民共和国成立后第一次烈士纪念活动。

5月下旬，离石中心县委成立，撤销离石地委。

8月1日，离石县人民武装自卫委员会由地方划归军队建制，称中国人民解放军离石县人民武装部，隶属兴县军分区领导，下辖9区1市人民武装委员会。

9月1日，离石中心县委和离石中心县政府被撤销，离石县归兴县专区管辖。同日，中国人民银行离石县支行成立。

中华人民共和国

1949年

10月1日，全县人民热烈欢庆中华人民共和国成立。

10月3日，全县人民开展“节约一两米运动”。

10月6日，全县开展“灭鼠清洁运动”。

11月2—8日，中国共产党离石县第一次代表大会召开，大会选举产生中共离石县第一届委员会，张炳为书记。

12月15日，县长阎继武外调，张智升接任。

12月15—19日，离石县第一届各界人民代表会议第一次会议在县城召开，选举张炳为第一届各界人民代表会议常务委员会主席。

同年，县人民医院建立。

同年，离石县第一家新型企业——离石蛋厂（电缆厂前身）建成。

同年末，离石县（小版图）总人口为73422人，耕地面积为24450.2公顷，财政总收入792.51万元。

1950年

3月，“临县、离石、方山联合师范学校”，简称“临离方师范”在临县成立。

同月，柳林镇第一次使用电灯照明。

6月1日，各学校开始过中华人民共和国成立后第一个“六一”国际儿童节，“四四”儿童节废止。

夏，离石师范设立，校址在旧县政府西院，校长刘惠风。

7月，离石县干部文化补习学校成立。

同月，全县各区、村普遍建立文教委员会。

8月—12月，离石县委组织县区党员干部分批去兴县地委参加整风学习。

10月10日，全县开展镇压反革命运动。

同月，离石县教育委员会成立。

11月17日，离石县司法科改为离石县人民法院。

同年，境内西部地区41万亩土地遭受严重旱灾。秋田收获二三成。

同年，离石县民众医院改为离石县卫生院。

同年，贺昌中学改为山西省立贺昌中学校。

同年，中国粮食公司离石分公司、县水利委员会、县收音站建立。

同年，霜雾都至袁家庄干渠竣工通水。

同年，太绥公路薛公岭至交口段进行加宽、截弯、降坡度、铺沙砾等改建工程。

1951年

1月，牛荣才接任离石县人民委员会县长。

4月1日，凡享受供给制待遇的干部职工，年满45岁，脱产工作满5年者，发给老年优待金，有14人享受此待遇。

6月，全县人民集会，支援抗美援朝战争，开展和平签名活动，号召群众筹资捐献飞机大炮。

7月12日，王家沟、刘家山、成家庄一带突降冰雹，受灾村42个。

12月，全县试办初级农业合作社19个。

1952年

1月20日，县长牛荣才兼任法院院长。

1月27日，反贪污、反浪费、反官僚主义的“三反”运动在全县展开。

2月1日，工商界开展反行贿、反偷税漏税、反盗骗国家财产、反偷工减料、反盗窃国家经济情报的“五反”运动。

4月15日，离石县人民监察委员会成立。

5月25日，政治义务教员、民校教员、村文委模范代表会议召开，在离石县视察工作的省人民政府主席裴丽生两次到会讲话。

6月，兴县地区被撤销，离石归榆次专署管辖。

同月，县联社借小米15万千克，救济灾民。

同月，全县试办农业合作社8个，其中重点试办3个，即一区马家梁劳模杜辛年社，二区董家圪垯劳模张汝连社，五区小神头劳模薛满泰社。

8月9日，增设第十区、第十一区。

9月23—29日，离石县第二届各界人民代表会议第一次会议在离石县城召开，选举张炳为离石县第二届各界人民代表会议常务委员会主席。选举牛荣才为县长。

10月5日，全县中小学教职工工资从7月起由米薪改发人民币。

10月25日，县召开农业生产模范代表大会，选举杜辛年、李有栓、张培龙、郭平华、王廷奎、杜桂英、冯大普、薛满泰、刘万银、张登胜10人为出席省农业生产劳动模范大会代表。

12月，乡村小学教师开始享受公费医疗。

同年，雹灾严重。

1953年

3月，县农村技术人员和农具技术培训班举办，参训人员分别为230人和600人。

6月，全县实行乡级建制，区暂保留。

8月13日，暴雨。5小时降水85毫米，为近20年第一次暴雨。据全县30个受灾乡统计，受灾面积达615公顷，其中完全冲光331.67公顷，占受灾总面积的54%。

8月25日夜，全县降暴雨，创30年洪峰最高纪录。仅一、二、四、七、八、九区统计，冲毁农作物171.42公顷，其中冲光96.38公顷。

8月28日，县烈军属及荣退复员军人代表大会召开。全县计有烈军属4514户，20663人，分别占全县总户数的11%、总人口的12%。

同月，离石师范迁驻柳林中学，原柳林中学师生并入贺昌中学。

12月23—30日，集训184名政治义务教员，作为宣传过渡时期总路线的骨干。

同月，学校停止试行“五年一贯制”，仍用“四二制”。

同年，国家干部改供给制为工资制。

同年，进行第一次全国人口普查，全县总人口207739人。

1954年

3月23日，撤销区级建制。

4月18日，离石县的小麦、蔬菜、果树、油菜遭受冻灾。

5月31日和6月8日，二、八、十区和西山一带先后遭受冰雹袭击。

6月20日和23日，暴雨，全县村庄受灾74个。

7月1日，离石、方山合并为离山县。成立中共离山县委，仍属晋中地委领导。

7月11—16日，离山县第一届人民代表大会第一次会议在县城召开，选举出席山西省人民代表大会代表4人。

8月，县三干会召开，组织工作队下乡，宣传《中华人民共和国宪法草案》。

同月，柳林师范学校改为初级中学，原师范生并入汾阳师范学校。

9月13日，棉花实行统购统销，开始向城乡居民发放布票，凭票供应棉布。

12月，农村互助合作运动大有发展。离山县入社组户占总农户的60%。

同年，全县参加农业初级社和互助组的农户占总农户的60%。

同年，裕丰煤矿由私人集股开掘。

同年，离石县办起吕梁境内第一个乡办工业企业。

同年，苏联专家考察离山县山山修梯田、沟沟打坝堰、荒坡搞绿化、田间平整化的水土保持方法后，称其为“黄土高原水土保持史上一个伟大的创举”。

1955年

1月11—17日，中共离山县第一次代表大会在县城人民大礼堂召开。书记王克平，副书记刘耀。

1月30日至2月4日，离山县第一届人民代表大会第二次会议召开，选举高文焕为离山县人民委员会县长。

3月1日，发行新人民币，同时回收旧人民币。新旧币兑换率为1∶10000。

3月8日，离山县各界代表会常务委员会结束工作，成立政协委员会。

4月，离石县监察委员会改为离山县人民检察院。

5月23日，在离石、柳林、圪洞分片召开三级干部会议，贯彻中共中央、国务院关于整顿粮食统销工作的指示，并以大武、穆村、田家会为试点铺开粮食统销工作。

5月31日，开府、马坊等6个乡降雪，冻坏出土幼苗2万余亩。

6月8日，县委布置审干工作。

8月14日，离山县人民委员会制定《1955年度城镇粮食供应方案（草案）》，规定全县非农业人口从9月1日开始实行“以人定量”。

8月21日，离山县人委向全县灾区发放救济粮7.5万千克。

9月，开展小教肃反运动。

10月23日，县人委制定《离山县实施粮食三定方案》，对人畜供应作了具体规定。

10月25日，组织全县379个农业社的社长、生产队长、技术员381人，赴阳高县大泉山学习水土保持经验。

同月，位于柳结（柳林至结绳墕）公路5千米+720米处的董家沟隧道（亦名永宁洞）

竣工。

同月，刘耀任县委代书记。

同年，县卫生院首次做阑尾切除手术。

1956 年

1 月 20 日，开展消灭“四害”（老鼠、麻雀、蚊子、苍蝇）的群众运动。

1 月 24 日，县人委制定出《离山县国民经济第一个五年计划》。

2 月 25 日，县人委发文，在圪洞、马坊、峪口、信义、田家会、交口、薛村、成家庄、孟门、坪头、结绳焉、城关、柳林等地恢复建立国家粮食市场，并由粮站站长、供销社主任、乡长、乡武装部部长、治保主任、财粮委员等组成粮食市场管理委员会。

同月，农村全部建成高级农业合作社，入社农户达总农户的 90% 以上。

同月，离山县第一个水土保持试点贾家垣代表牛耀先（乡长）和绿化香严寺代表高殿功出席省社会主义建设积极分子表彰大会。

春，山西省水保局举办全省第一次水保干部培训班，地址在柳林完小，有省、地、县各级水保干部 300 余人参加。

4 月 3 日，在小神头、王家沟、横泉、冯家垣等乡设立基层农业技术推广站。

5 月 12 日，以乡建立农业合作社保健站。同时将大武、峪口、柳林、马坊四镇的区卫生所和联合诊所合并为地段医院，并加以扩建。

6 月 2 日，榆次专署检察处在县设监察室。

6 月 3 日，境内遭受雹灾、风灾和水灾，损坏幼苗 1.6 万公顷。

6 月 21 日，离山县首次烈军属、荣复军人社会主义建设积极分子大会召开，代表出席 158 名。

6 月 29 日，贺昌继母傅玉珍就生活问题上书毛泽东主席，中央派人调查，得到正确处理，傅玉珍再次上书毛泽东主席表示感谢。

夏，峪口一带先后四次遭受雹、风、水等灾的袭击。

8 月 23 日，县职工医院在城内开诊。

10 月，高文焕任县委第一书记，李畅清任第二书记，王健任代理县长。

11 月，《中国农村社会主义高潮》一书出版，书中有离山县《依靠合作化开展大规模的水土保持工作是完全可能的》的文章，毛泽东主席亲自写了按语。

12 月 15—18 日，离山县第二届人民代表大会第一次会议在县城召开，选举王健为离山县人民委员会县长。

同月，全县普查水源。

同年，陈泽生培养出高粱优种“离石黄”，亩产达 500 千克以上，超过全国同类作物的先进水平，先后推广到全省及东北、华北等地。

同年，圪洞邮电所开办民用电报业务，并开通圪洞至离石的长途电话。

同年，裕丰煤矿由私营转为集体经营，归手工业部门领导，定名同心煤矿。

同年，全国第一次水土保持工作会议在离石召开，与会代表参观王家沟流域。

同年，五里铺至小神头简易公路建成。

同年，刘家湾水库竣工，是山西省在黄土山区最早兴建的一座试验性小型蓄水工程。

1957 年

1 月 24 日，西山地区视察团视察离山县后，提出长期建设规划的意见。

2 月下旬，离山县马茂庄农业社崔来全出席全国劳动模范代表会议。

3 月上旬，离山县农村普遍开展社会主义思想教育运动。

春，中共山西省委组织 150 余人到离山县，历时 2 年，在实地勘察的基础上制定离山县农业生产 12 年规划。

4 月，赵子文任县委第一书记。

6 月，境内降冰雹，地下积冰雹 3—4 寸。

7 月 12—19 日，离山县第二届人民代表大会第二次会议召开，补选高文焕为离山县人民委员会县长。

同月，机关、学校、厂矿整风运动和反右派斗争逐步展开，运动中出现扩大化问题。

是月，全县机关内部开展肃反斗争。

8 月 5 日，县烈士楼动工整修。

8 月中旬，县委召开扩大干部会议，部署农村社会主义教育运动。

10 月 1 日，全县第一所幼儿园——城内幼儿园开办。

11 月 17 日，县举办地方病调查防治训练班。

11 月中旬，县委召开三级干部会议，开展“大鸣、大放、大字报、大辩论”。

12 月，各乡、社陆续制定一年、三年、五年、十年的发展规划。

同年，县级机关干部响应党中央干部“上山下乡”的号召，分批下乡参加劳动。

同年，太绥公路薛公岭至交口段进行大整修，达到六级标准，大武至离石段公路进行大整修，由土路铺为沙砾路。

同年（“一五”期末），离山县（小版图）离石部分总人口 83204 人，耕地面积 22915.73 公顷，地区生产总值 1598 万元，财政总收入 238.3 万元。

1958 年

2 月 6—13 日，中共离山县第三次代表大会在县城人民大礼堂召开。选举赵子文为中共离山县第三届委员会书记。

6 月 4—8 日，离山县第三届人民代表大会第一次会议在县城召开，选举高文焕为离山县人民委员会县长，并选出出席山西省第二届人民代表大会代表 4 人。

6月23日，《山西日报》称：离山县基本实现“地埂化”。

6月下旬，县委扩大会议召开，传达中共中央八届二中全会关于“鼓足干劲，力争上游，多快好省地建设社会主义”的总路线，要求在全县各条战线上掀起“大跃进”高潮。

同月，离山县边降大雨，河水暴涨，部分地区遭受洪灾。

同月，榆次专区普及小学教育现场会议在离山县召开，会议期间，参观吴城乡普及小学教育的先进典型。

同月，县境内大面积秋田发生行军虫，各级政府组织群众很快扑灭。

8月1日，全国水土保持试验研究现场会议在山西省召开，60余名代表参观了离山县王家沟乡和柳林乡贺昌农业社等水保先进单位，肯定离山县水土保持“一步登天”的经验。

同月，部分村开办公共食堂。

同月，全县由70个乡划为41个乡，同时将离山县属代坡乡划归临县管辖。

同月，离山县柳林中学招收高中班，更校名为离山县第一完全中学。

同月，全县农村实现人民公社化，建社13个。

9月上旬，从县级机关抽调27名党员干部到各中学任“红旗班主任”。

9月20日，全县动员群众大炼钢铁，造成人力物力的浪费。

9月29日，贯彻毛泽东主席“全民皆兵，大办民兵师”的指示，全县各地整编民兵组织。

同月，县影剧院建成。

10月1日，建立乡级财政所，同时撤销财政局下设的城关、柳林、大武、圪洞4个税务所。

10月9日，赵子文因“右倾机会主义错误”被撤销离山县委第一书记和地区西山钢铁指挥部副指挥职务。

10月24日，县委派出代表队，参加榆次专区深翻土地竞赛。

11月10日，经国务院批准：离山、中阳合并为离石县。同月，榆次专署改称晋中专署，隶属关系不变。

12月19日，山西省农业社会主义建设先进单位代表会议召开，离石受奖。

同年，离石县第一个利用水能工程——石西琵琶水电站测量、设计、动工。

同年，危害人民健康的疟疾、回归热、斑疹、伤寒及新生儿破伤风等病基本消灭，麻疹、百日咳、流感、痢疾、猩红热等传染病的发病率较上年同期降低79.2%。

同年，在成家庄村挖出唐代瓷瓮，在陈家湾村发掘出古墓壁画，在蔡家沟掘出石器。

同年，供销商业改为国营商业，县联社改称供销总店。

同年，离石县营造厂成立，为离石第一支集体建筑专业队伍。

1959年

2月15日，县人民委员会决定将同年1月下放到柳林铁厂、中阳铁厂以及下放到中阳、柳林、城关等人民公社的运输站收回，由县运输公司统一经营管理。

3月9日，县、公社、管理区、生产队干部出席省委召开的六级干部会议，传达贯彻第二次郑州会议精神，解决所有制问题。

4月10日，据统计，全县共办公共食堂2627个。

6月20日，刘家湾水库遇大洪水决口，冲毁农田20公顷，机关干部500人同灾区1000余名群众在城关、交口河段抢修防洪工程。

7月9日，圪洞公社（今属方山县）发生严重黏虫，立即组织群众扑灭。

8月6日，县发电厂一期工程竣工投产，装机容量600千瓦。

同日，县内建成第一条2.5千米35千伏高压线路，供离石城区使用。

8月20日，降暴雨2小时，成灾，死亡22人，伤22人，冲毁土地1766.4公顷，直接经济损失折款达130万元。

8月29日，改十六两秤为十两秤。

同月，县人委筹款212626.14元，修筑太军路和大武至圪洞公路水毁工程。

9月11日，县委党员会议召开，传达贯彻党中央《为保卫党的总路线、反对右倾机会主义而斗争》的决议，贯彻中央反右倾思想的指示。

同月，复置离石县、中阳县。

秋，县医院用针灸专治地甲病成功的中医师孙文鳌出席全国群英会。

10月下旬，小神头信用社、马坊公社医院出席全国财经文卫先进生产者代表大会。

同月，刘尚文任县委第一书记，王健任县长。

11月15日，横泉水库修建动工。

同月，各村派民工参加修建文峪河水库。

同年，新建大楼底烈士陵园。

同年，大武至坪头简易公路建成。

1960年

1月初，全县农村整风整社运动由点到面展开。

同月，根据晋中地委指示，对确实改造好的“右派分子”，开始分期分批摘掉帽子。

3月15日，县图书馆、博物馆建成开馆。

同月，全县各公社文教视导员改称为联合校长，全县21个公社划分为16个联合学区。

5月12日，柳林电厂和柳林炼油化工厂筹备委员会成立。

5月中旬，境内山区降雪尺余。

6月16—20日，中共离石县第四次代表大会在县城招待所召开。选举刘尚文为中共离石县第四届委员会第一书记。

6月27—30日，离石县第四届人民代表大会第一次会议在县城召开，选举王健为离石县人民委员会县长。

7月11日，全省水土保持技术革新现场会在王家沟水保所召开。

同月，县人委发文通知紧缩市镇粮食销量。

8月4日，离石发生浮肿病，党委和政府采取各种措施，组织医治。

l1月6—11日，黄河流域黄土丘陵沟壑区水土保持科学研究协会第二次会议在离石召开，代表们参观王家沟水保工程和试验站。

12月，调整城镇居民口粮供应标准：干部、市民由12千克调为13千克，高、初中生由15.5千克和15千克调为16.5千克和16千克。

冬，成立县聋盲哑学校，校址在田家会公社下楼桥村。

同年，各公社普遍建立气象哨。

同年，太绥公路交口大桥建成。

1961年

1月10日，离石连续发生代食品中毒事故。

1月，王健任县委第一书记。

2月1日，县农村人民公社管理区改称生产大队，原生产队名称不变。

同月，县委召开四级干部整风会议，开展反“五风”（共产风、浮夸风、特殊风、命令风、瞎指挥风），纠正“左”的错误。

3月，国家调拨粮食4万吨，救济临县、离石、中阳3个县灾区人民。

4月，县委干部扩大会议召开，学习讨论中央发布的《农村人民公社工作条例草案》。

6月，将21个人民公社调整为36个。

7月25日，按照中央减少非农业人口的指示精神，县动员压缩城镇非农业人口。

8月10日，县人委制定《关于压缩非农业牲畜的方案》，压缩非农业牲畜490头，保留951头。

8月26—28日，离石县第四届人民代表大会第二次会议召开。会议补选刘振华为离石县人民委员会县长。

同月，薛公岭林业中学、关帝山林业中学、高家沟农业中学和圪洞中医学校停办。

9月10日，纠正手工业生产组织出现的“一转二并三平均”的问题，恢复手工业合作社。

9月21日，晋中地委宣布撤销赵子文所谓“右倾机会主义错误”的结论和处分。

9月27日至10月11日，境内昼夜连续阴雨。

12月1日，各公社党委监委会普遍成立。

1962年

1月21日，全县调派200名工人到阳泉矿务局工作。

2月，县委扩大会议召开，贯彻中共中央七千人大会精神。

3月，贯彻落实中央《关于农村人民公社基本核算问题的指示》，实行“三级所有，队为基础”，以生产队为基本核算单位的体制。

4月26日，薛村公社连遭冰雹袭击，直接经济损失约5万元。

7月1日，《离石小报》停刊。

7月7日，离石师范撤销，在校学生合并于汾阳师范，设备移交贺昌中学。贺昌中学所有高中班迁往师范校址，设高中部。

7月17日，县委取消书记处，充实常委会。

10月20日，县人委颁发林木所有证。

11月下旬，县委召开十七级以上党员干部扩大会议和三级干部会议，传达贯彻中共中央八届十中全会精神，制定第三个五年计划，部署工作。

同年，中央水利委员会给离石县拨水利专款330万元，每眼旱井补助30—50元。

同年（“二五”期末），离石县离石部分总人口90462人，耕地面积21668.2公顷，地区生产总值1600万元，财政总收入315.6万元。

1963年

1月16日，县委传达中央《关于向党内外进行反对现代修正主义教育工作的通知》。

同月，各人民公社开展以“清工、清财、清物资”为主要内容的整社工作。

3月12日，全县人民积极响应毛泽东主席关于“向雷锋同志学习”的号召，开展向雷锋同志学习活动。

5月7日，对原县府机构进行如下调整：人事监察科改为人事局，物价委员会和财贸办公室合署办公。粮食科、商业科、财政科、统计科均改为局，经济计划委员会改为工业交通局，农业建设科分为农业局、水利局，文教卫生科分为文教局、卫生局，民政科分为民政局、劳动局，增设档案馆、县财政办公室，撤销手工业管理局。

5月下旬，离石大雨成灾。

同月，农村开始建立贫下中农协会。

7月1日，琵琶水电站落成，安装2000千瓦机组1台，同时建成25处电灌站，保浇地187.5公顷，塌崖湾机灌站改建为全县第一处电灌站。

7月26—29日，离石县第五届人民代表大会第一次会议在县城召开，选举刘振华为离石县人民委员会县长，并选出出席山西省人民代表大会代表5人。

8月，县级机关开展“反对贪污盗窃、反对投机倒把、反对铺张浪费、反对分散主义、反对官僚主义”的“新五反”运动。

同月，伏旱严重，连续2个月滴雨未降。

9月10日，经省人委批准，豁免离石县历年农民贷款91493元。

秋，县委召开扩大会议，传达贯彻中共中央《关于目前农村工作若干问题的决定（草案）》

和《关于社会主义教育运动一些具体政策的规定（草案）》，简称“双十条”，随即在农村开展“社会主义教育运动”。

10月5日，县委进行人民公社收益分配重点调查。

同月，农村人民公社开展“清理账目、清理仓库、清理财务、清理工分”的“四清”运动，并派出大批干部下乡，宣传“双十条”。

同年，首次引进水轮泵提水设备。

同年，文物普查中发现南村（今属方山县）汉代皋狼古城遗址。

1964年

7月12日，薛村公社王家山大队因暴雨窑洞坍塌，8人遇难。

同月，暴雨，田家会公社吉家村一晚冲毁水农田2.8公顷。

同月，县委召开扩大会议，传达中央工作会议精神，重新部署“四清”“五反”运动。

8月8日，第二次全国人口普查工作结束，至6月底，全县人口251491人。

8月12日晚，暴雨倾盆，孟门公社受灾甚重。

8月16日，柳林等10个公社的48个生产大队遭冰雹袭击，受灾农作物1178.47公顷。

9月21日，将县水利局改为县水土保持林业局，原县农林局改为县农业局。

10月10日，成立52人的水土保持专业队。

11月24日，贯彻省委、省人委《关于在问题严重的地区由贫协行使职权的通知》，县委召开贫下中农代表会，商讨农村社会主义教育和冬季生产、学习等工作，并成立贫协会。

同月，离石县“四清”工作队赴祁县参加“四清”运动。

同年，麻疹大流行，发病3502人，死亡89人。

同年，城市知识青年上山下乡、插队插场。

同年，县人委责成刘福鸿、贺金声、康定等人着手编纂《离石县志》。

1965年

2月7日，离石县贫下中农讲习所举办，进行毛泽东思想教育。

2月26日至3月10日，县委召开四级干部会和农业生产先进单位代表会。

3月15日，县营工业企业收归专署工业企业综合公司统一领导。

4月16日，离石中级农业学校改为山西水土保持学校。

5月7日，离石县半机械化、机械化领导委员会成立。

5月，离石县部分地区发生春荒，出现缺粮、断炊、人员外流现象，当地党委和政府组织赈灾度荒。

6月16—20日，中共离石县委召开第四届第二次党员代表大会，选举出席中共山西省第二次代表大会代表11人，并作出四项决议。

9月，汾阳被定为第二批“四清”重点县，离石县组织人员赴汾阳县开展“四清”工作。

同月，根据中央、省和晋中地委安排，离石组成“四清”工作团参加汾阳县“四清”运动。

11 月 21—24 日，离石县第六届人民代表大会第一次会议在县城召开，选举刘振华为离石县人民委员会县长。

11 月 24 日，《山西日报》报道：离石县农机厂研制成功 14 型轻便山地步犁，产品行销甘肃、内蒙古、辽宁、陕西、新疆等省区。

同月，省水利厅到离石进行水源勘察，历时 5 天，测出可打水井点 79 处。

同年，柳林、离石两地城镇青年 40 人在方山赤红大队建立插队青年生产队。

同年，离石县“四泵一机”配套推广领导组成立。

同年，遭受大旱灾。

同年，广泛使用碳铵、尿素等化肥，全面推广高粱优种晋杂 5 号、吕梁 2 号。

1966 年

5 月，遵照中央《五一六通知》精神，批判《二月提纲》，中学学生走向社会。横扫所谓“牛鬼蛇神”，学校停课。

6 月 27 日，县人委行文，要求在全县范围内推行大寨劳动管理经验。

同月，武警离石县中队由公安局改属离石县人民武装部领导。

7 月 18 日，三川河洪水暴涨，流量达 4070 米^3／秒。

7 月 19 日，《山西日报》重新发表毛泽东主席在《中国农村的社会主义高潮》一书中对离山县委写的《依靠合作化开展大规模的水土保持工作是完全可能的》一文所加的按语，并发表题为《离石人民重温毛主席指示，大搞四泵一机，全面进行山区农田建设》的文章。

8 月 8 日，县委召开会议，学习贯彻中共中央《关于无产阶级“文化大革命”的决定》。

9 月 1 日，中学生成立红卫兵组织，开始大串联，县成立红卫兵接待站。

10 月，跨行业的造反组织陆续出现，原红卫兵组织逐步解体。

12 月，根据省委指示，县委建立一线、二线两套班子，一线应付“造反派”，二线抓工作和生产。

同年，全县农业大丰收，粮食总产 6.4 万吨，创离石县历史最高纪录。

同年，全省“四泵一机”现场会在离石召开。

1967 年

1 月，驻军和武装部参加“三支两军”（支左、支工、支农、军管、军训）。

2 月 6 日，由 52 个造反组织组成的“离石县无产阶级革命造反派联合指挥部”夺了中共离石县委、县人委的党、政、财、文大权。

4 月 21 日，离石县群众组织代表会议选举出离石县革命委员会委员 75 人，常委 23 人，经中共晋中核心小组批准，离石县革命委员会成立。

10 月 5 日，造反派夺了离石县革命委员会的权，经中共晋中核心小组、革命委员会筹备委员会批准，中共离石县核心小组、离石县革命委员会筹备委员会成立。

1968 年

1 月 18 日，全县宣传贯彻省革委发出的大联合《十条决定》。

4 月 10 日，造反派组织冲击县人武部临时驻所。

5 月 10 日，离石县两派造反组织在大武镇、横泉村发生冲突。

8 月 11 日，离石县城附近降雹。

8 月 19 日，人民解放军某部主持在五四广场（大楼底）召开收缴武器大会。

同月，县革委贯彻中央《关于派工宣队进驻学校的通知》，向各中等学校派驻工宣队。

1969 年

5 月 23 日，离石县人武部奉命与河北省涞水县人民武装部换防。

6 月夏，大武中学、圪洞中学复课，成立三结合的学校革命委员会。

8 月，学校开始招生，由考试改为推荐、选拔相结合。

9 月 6 日，省革命委员会批准正式建立离石县革命委员会。

秋，两派群众组织在解放军主持下举办学习班，按照中央“七·二三”布告精神逐步联合起来，恢复工作和生产秩序。

10 月 1 日，连接秦晋两省的军渡黄河公路大桥建成通车。

10 月 31 日，离石县农业学大寨誓师大会在县城召开。翌日，大寨大队队长贾承让在大会上作报告。

11 月 15 日，离石县召开有 349 名代表出席的活学活用毛泽东思想积极分子代表会议。

同月，县水泥厂由柳林青龙迁至田家会公社车家湾大队。

1970 年

2 月，接山西省革命委员会通知，全县中学试行“二二制”，小学试行“五年一贯制”。

同月，城乡开展“一打三反”运动（打击现行反革命分子和反贪污、反盗窃、反投机倒把），运动中受派性干扰，出现一批冤假错案。

4 月 2 日上午 10 时，县境遭沙暴袭击，天昏地暗，居民家家掌灯吃早饭。

5 月 20 日，县城群众集会，热烈拥护毛泽东主席发表《全世界人民团结起来，打败美国侵略者及其一切走狗》的声明。

7 月 10 日，一批城镇青年到农村插队落户。

同月，县直机关下放一批干部到农村带职蹲点，劳动锻炼。

8 月上旬，县委根治三川河誓师大会召开。沿川 16 个公社出动劳力 5000 余人，铺开淤地工程 186 处。

9 月 18 日，省投资 10 万元，离石蛋厂转产电线，离石电线厂成立。

10 月 28 日，全县培训“赤脚医生”（农村医生）1038 名，不脱产卫生员 1313 名，承担农村合作医疗工作。

11月，县组织工作组帮基层整党，恢复党组织的正常活动。

同年，根据毛泽东主席“深挖洞、广积粮、不称霸”的指示，全县挖筑地道3240米。

同年（“三五”期末），离石县离石部分总人口110748人，耕地面积20006.73公顷，地区生产总值2160万元，财政总收入438.7万元。

1971年

1月10日，集中全县1200余名中小学教师，进行连续85天的“一打三反”运动，造成多起冤假错案。

2月，离石化肥厂建成投产。

3月15—17日，中共离石县第五次代表大会在县城召开，选举蒋廷标为中共离石县第五届委员会书记。

同月，“批陈整风”运动在全县范围内展开。

4月14日，吕梁地区成立，党政军机关驻离石县城，方山从离石分出，离石县核心小组、县革命委员会移驻柳林镇。离石郊区核心小组、革命委员会成立。

5月，山西省革命委员会通知，将原离石县改为柳林县，离石郊区改为离石县。

同月，离石县电信局改为吕梁地区电信局，归吕梁军分区管理。

夏，三伏无雨。

7月，县铁厂划归吕梁地区领导。

同月，全区合作医疗会议在离石召开。

8月4日，离石郊区改为离石县。

9月2日，县委召开马茂庄劈山改河工程动工誓师大会，有机关、厂矿、城镇、学校数千人参加，后因财力、物力不足而停工。

10月，在全县开展批林整风运动。

同年，首次在油房坪试行水冲造地。

1972年

1月4—5日，中共离石县第六次代表大会在县城影剧院召开。5日，中共离石县第六届委员会第一次全委会议召开，选举佟喜为中共离石县第六届委员会书记。

2月21日，离石县革命委员会业务组成立，负责承办全县农林牧水、工交建、财贸粮、计统等4方面的业务工作。撤销离石县革命委员会农林水利组、工交建组、财贸组、计统组。

3月15日，县计划生育领导小组成立。

5月，县自来水公司成立，省建委拨款15万元建设城区供水工程。

8月30日，离石县铁厂新建的30立方米高炉正式投产。

11月，全县最大的蓄水工程——吴城水库动工兴建。

12 月，恢复农业局、水利局、商业局、粮食局、财政局建制。

同年，离石城北的东川河大桥建成。

同年，离石县城开始建设排水设施。

1973 年

5 月，地委机关从离石县招待所移驻新建成的地委大院。

6 月 1 日，离石县人工降雨试验成功。

7 月，县革委在王文庄村水峪沟推广水冲筑坝。

8 月，胡家沟水库、殷家山水库遇洪垮坝，冲毁下游农田 8.67 公顷。

9 月，吕梁地区邮电局和离石县邮电局并为离石邮电局。

同年，太绥公路汾阳县城至离石交口段铺成沥青路面。

同年，离石城区规划主干道永宁路西路动工建设。

1974 年

1 月，城关公社上水西大队因枪支走火，致 1 人死亡、1 人受伤。

3 月中旬，“工宣队”进驻完全中学校，农村成立贫下中农管理委员会管理学校。

5 月 4 日，吕梁地区首届田径运动会在离石召开。

11 月 7 日，地区党政军领导人率地直机关干部 160 余名，赴吴城水库参加劳动。

同年，县城至临县的公路铺成沥青路面。

同年，离石城区第一条商业街——兴隆商业街建成。

1975 年

1 月，县人武部撤回“三支两军”人员。

2 月，新建离石中学校落成。

5 月 19 日，西属巴公社炭窑里大队在农田建设挖洞中，发生土炸药中毒事件，死亡 7 人，致伤 36 人。

6 月 15 日，吴城水库大坝拦洪，各行各业 5000 余人投入劳动。

9 月 10 日，县农林局、农机局、水利局、工业局、文教办公室联合在贺昌中学兴办综合大学 1 所，开设农业机械、植物保护、教育 3 个专业。

11 月 7 日，吴城水库大坝滑坡，流土 6 万立方米。

12 月，地直机关千余名干部参加治理北川河劳动，造地 8.67 公顷。

同年，山西省治安责任联防制现场会在离石县召开。

同年，王文庄劈山改河工程完工，可淤地 6 公顷。

同年（“四五”期末），离石县总人口 129217 人，耕地面积 19801.87 公顷，地区生产总值 4157 万元，财政总收入 423.9 万元。

1976 年

1 月 8 日，周恩来总理逝世，全县人民自发组织悼念活动。

4 月 2 日，县农业科学研究所成立。

5 月 28 日，吴城水库、田家会公社、王家沟公社、山塌大队、东红大队、上则墕大队共 6 个专业队派代表参加全省农田基本建设专业队代表大会并获奖。

7 月 6 日，朱德委员长逝世，全县人民深切悼念。

9 月 9 日，毛泽东主席逝世，全县人民深切悼念。

9 月 17 日 20 时，离石县大面积降冰雹。

9 月 18 日，离石城区在体育场举行万人大会，深切悼念毛泽东主席逝世。

9 月 22 日，吴城公社的上、下三交、义沟等 9 个大队近 200 公顷秋作物遭受霜冻。

9 月 25 日，王营庄公社的上、下四皓两个大队遭受雹灾，受灾面积 146.67 公顷。

10 月 9 日，各机关、厂矿、学校召开会议，学习贯彻党中央《关于建立毛泽东主席纪念堂》和出版《毛泽东选集》第五卷的两项决定。

10 月 18 日，地、县联合在体育场召开万人大会，庆祝粉碎江青反革命集团的伟大胜利。

12 月 20 日，吴城水库管理委员会成立。

12 月 25 日，大型彩色纪录片《伟大的导师和领袖毛泽东主席永垂不朽》首次在离石上映。

同年，太绥公路从离石交口至柳林铺成沥青路面。

同年，寺沟、枣垴二处重点人畜饮水工程建成。

1977 年

1 月 8 日，各界人士集会，隆重纪念周恩来逝世一周年。同时，上映《敬爱的周恩来总理永不朽》影片。

4 月 2 日，吴城水库工地发生重大爆破事故，死亡 2 人、伤 6 人。

4 月 20 日，全县开展“百面红旗、百名标兵”的劳动竞赛。

4 月 23 日，全区施行大面积人工降雨，离石受益地有 6666.67 公顷。

5 月 2 日 1 时 37 分，西属巴公社上则墕大队发生山体滑坡，正在上课的 17 名学生被压在土中，经地、县、社三级领导组织抢救，除 1 人幸存外，其余 16 人均因窒息时间过长而死亡。

5 月 23 日，文艺界和各界人士千余人集会，纪念毛泽东《在延安文艺座谈会上的讲话》发表 35 周年。

8 月 25 日，吴城水库关闸蓄水。

10 月 9 日，山西省水力冲填先进技术现场会在离石召开。

11 月，工宣队、贫管会组织解散，撤出学校。

12月，县无线电管理领导小组成立。

1978年

3月5日，县城召开万人大会，欢庆五届全国人大闭幕。

同月，县组织农田基本建设兵团，集中治理大东川。

4月13日，王家沟公社王家沟大队小学的26名学生和校外的4名儿童将大队库房存放的硝铵当作食糖食用造成中毒，经抢救脱险。

同月，太绥公路离石段实现路旁绿化。

5月，离石县副食加工厂被山西省革命委员会命名为大庆式企业。

7月，地直机关、企事业单位干部职工义务劳动2个月，建成东川河两岸河坝1178米。

9月25日，中国科学院顾问张稼夫一行13人到离石考察引黄工程。

9月29日，县城集会，纪念毛泽东主席“大办民兵师”指示发表二十周年，并举行军事表演。

1979年

4月，山西医学院附属第二医院妇产科主任包淑和一行3人在离石作尿瘘修补手术26例。

5月，按照中共十一届三中全会精神，联系实际，总结“农业学大寨”的经验教训，全县开始推行农业生产责任制。

同月，全国水堕坝技术经验交流现场会在离石召开，参会人员参观吴城水库和义居大队水冲造地工程。

6月29日，田家会、红眼川一带发生特大暴雨，冲毁农田1666.67公顷，倒塌房屋136间、死亡7人，经济损失193.8万元。

6月，地区组织72人在离石县开展资源普查和农业区划试点。

7月1日，离石城区安装自动电话。

9月4日，中国水利学会专家考察王家沟流域。

同年，离石县坪头公社赵家山、碗圪台、虎山、李家山、寺沟、雒家庄、樊包头7个大队试点包产到户。

1980年

1月，县人武部获全省民兵通信兵教育训练旗语第一名。

4月，黄河水利委员会将离石县三川河流域定为治理重点。

5月18日，境内大面积遭受霜冻。

8月1日，离石县殡仪馆建成并投入使用。

同月，龙山电视差转台在离石龙山建成并投入使用。

9月，国家农委在离石举办西北黄土高原水土保持训练班。

10月16日，中国科学院秘书长石山、全国区划办公室副主任张耕野到离石县主持召开黄河中游 14 个科研基地县农业区划汇报会议，并参观王家沟小流域治理。

11 月 12 日，离石福利院和离石收容遣送站收归地区民政局管辖。

同年，全县水利资源大普查，沈昌隆执笔编写《离石县水源调查及区划报告》。

同年，县委在全县农村开始推行以家庭联产为主的农业生产责任制。

1980 年（“五五”期末），离石县总人口 139793 人，耕地面积 19685 公顷，地区生产总值 4277 万元，财政总收入 847.4 万元。

1981 年

5 月 11 日，黄河水利委员会副主任袁隆到离石县了解农村责任制后如何开展水土保持工作。

5 月 29 日，澳大利亚水保专家对离石三川河流域做实地考察。

6 月 18 日至 7 月 8 日，境内连续降雨 185.9 毫米，致 128 个大队受灾。

同月，东川河 1 号吊桥建成。

8 月 25 日，各公社教育指导员改称联合校长。

9 月 24 日，日本地质专家大野胜次等一行 4 人到离石吴城等地考察引黄工程总干线。

9 月 24—30 日，各公社主任、妇联主任赴阳城县参观学习蚕桑生产，当年秋季全县共栽植优种桑树 105 万株。养蚕 300 张。

10 月 3 日，县委组织各公社书记参观吉县林业生产。

10 月 9—11 日，黄河水利委员会副主任袁隆到本县刘家湾考察。

10 月 20—23 日，离石县第七届人民代表大会第一次会议在县委招待所会议室召开，选举雒品三为离石县第七届人民代表大会常务委员会主任、柳廷青为离石县人民政府县长。

10 月，离石县革命委员会改为离石县人民政府。

12 月 1 日，离石县第三次人口普查领导小组成立。

12 月 7 日，县文化教育委员会、农业委员会和财经贸易委员会成立。同时撤销农业办公室、财贸办公室。

同年底，离石县工业企业陆续开始“扩大企业自主权”改革。

1982 年

2 月 17—19 日，中国人民政治协商会议离石县第一届委员会在县城召开，选举王书仁为政协离石县第一届委员会主席。

3 月 4 日，离石和忻州互派文明礼貌检查团交流检查。

3 月 28 日，县医疗事故技术鉴定委员会成立。

4 月 30 日，省长罗贵波到离石县考察。

5 月 22 日，省委书记霍士廉到离石县考察。

5 月 29 日，澳大利亚水土保持专家诺埃尔、内伯尔、麦克卡瑟到三川河流域考察。

6月，地膜覆盖技术首次运用于西瓜栽培，覆盖2.67公顷，用此技术栽培的西瓜普遍提前上市12—15天，平均每亩增收250元。

7月1—5日，离石县在玉林山首次进行飞机播草种树试验，播种面积1000公顷。

8月16日，日中农交农业机械化技术交流代表团团长山中勇一行3人在离石县王家沟大队考察土地利用、水土保持。

8月，中央财政部、水电部、省财政厅、水利厅派人到离石县座谈了解水利工程款的使用和效益情况。

9月27日晨，境内出现近年少有的早霜和霜冻，城关-2.2℃，吴城-4℃，西垣-2.1℃，受灾面积达9911.53公顷，占实际播种面积的68%，减产1050余万千克。占灾前估产的29.5%。

同月，城关公社并入城关镇。

10月18日10时许，境内遭受历时20分钟的冰雹袭击，西部7个公社受灾面积1803.2公顷，粮食减产约350吨。

11月1日，县城至坪头开通客运班车。

11月6—9日，中共离石县第七次代表大会在县城招待所召开。11月8日，中共离石县第七届委员会第一次全委会议召开，选举郭裕怀为中共离石县第七届委员会书记。

11月13日，省人大常委会副主任焦国鼐到离石县视察。

同月，省军区后勤建设经验交流会在离石县召开。

同月，黄河中游局三川河组在离石进行吴城水库防险加固调查。

同年，吕梁地区地甲病防治学术会议在离石县召开，经吴城病区实地检查，统一诊断标准。

同年，山西省地病防治所、吕梁地区防疫站于小神头病区设点，对大骨节病进行长期拍片监察。

同年，城区主干道滨河南路动工建设。

1983年

1月，山西省军区授予县人武部“围绕中心办民兵成绩显著”锦旗1面。

2月4日，吕梁地区、离石县联合召开纪念延安双拥运动40周年大会。

5月13日，副省长郭裕怀到离石县考察工作。

6月1日，全县各厂矿企业实行利改税。

6月10日，山阴县代表团参观离石县流域治理。

7月25日，离石被评为全省爱国卫生红旗县。

8月23日，煤炭部领导一行5人到刘家湾、段家坪、王家沟等地进行考察。

10月30日，山西省秋季马拉松、竞走、中长跑运动会在离石召开。

11月20日，五（五里铺）小（小神头）公路永红大桥建成。

12月，民盟离石县支部全体盟员大会召开，选举刘其溥为主任委员。

同年，王家沟一带发现仰韶文化和龙山文化遗址6处。

同年，离石县建设局和山西省城市规划设计院共同完成《离石城区建设规划纲要》初编。

同年底，城区开始利用大型燃煤锅炉集中供热。

同年，离石沙会则110千伏变电站建成，与山西大电网并网运行。

1984年

3月25日，在省工矿企业农副产品展销会上，展出离石县产品54种，其中外商选中的有长石、石英、云母、地毯等。

同月，离石县建设局改称城乡建设环境保护局。

4月21日，县中医门诊部开业。

5月23日，离石县撤销人民公社建制，恢复乡镇人民政府。

5月29日，全县中小学田径运动会在县城隆重召开。

同月，农村基层政权由社队制改为乡（镇）村制。

6月，离石县第一次上映立体电影。

7月2日，吕梁地区供销系统在离石召开会议，推广离石县供销联社的改革经验。

8月17—23日，省长王森浩、副省长张维庆到离石考察。

8月23日，境内大面积降冰雹。

9月12日，由职工医院承担的中草药治疗牛皮癣的科研项目通过省级鉴定。

9月13日，纺织工业部副部长王达成到离石电线厂考察。

9月13—20日，加拿大多伦多大学教授陆兆熊到离石考察流域治理，并作学术报告。

9月20日，离石中学改名为离石一中，新关中学改名为离石二中，凤山底中学改名为离石三中，开始新建离石四中（高中部）。

9月30日，离石城区召开万人大会，庆祝中华人民共和国成立35周年，并举办全县中华人民共和国成立35周年成就展览。

10月30日至11月3日，离石县第八届人民代表大会第一次全体会议在县委招待所会议室举行，选举王建刚为县人大常委会主任、李守智为县人民政府县长。

10月，县水资源办公室成立。

同月，离石经济体制改革委员会成立，组建办公室，开始以工商企业为主的经济体制改革。

11月7日，省人大常委会副主任霍泛到离石县视察。

11月27—29日，政协离石县第二届委员会在县城召开，选举王书仁为政协离石县第二届委员会主席。

12月26日，民革省直离石县支部第一届一次全体党员大会召开，选举贾达卿为支部主任委员。

同年，西属巴镇创办离石县第一所敬老院。

同年，全县幼儿疫苗全程接种率达全省计划免疫先进县标准。

1985年

1月16日，县首届青年群英会召开。

3月5日，县检察院雒章保出席“全国检察系统双先会”，并被授予二级勋章1枚。

3月10日，离石县首届初中生数学竞赛举办。

3月29日，黄河水利委员会主任袁隆等11人到县考察水保工作。

4月29日，离石县党史地方志协会成立。

4月29—30日，省文物局派人到县考察安国寺，决定拨款维修正殿。

4月，三川河马茂庄大桥动工兴建。

5月25—28日，离石县第八届人民代表大会第二次全体会议在县委招待所会议室召开，补选李鹏为离石县人民政府县长。

6月6日，澳大利亚维多利亚州水保局克利福特工程师与联合国教科文组织驻华代表泰勒到离石县考察三川河流域水保工程。

6月16—17日，中共中央总书记胡耀邦在山西省委书记李立功的陪同下考察离石。

6月19日，城关镇、交口镇、红眼川乡遭受冰雹袭击，受灾面积1380公顷。

7月28日，民进山西省委批准成立民进省直离石县支部。

9月20日，民进省直离石县支部筹备小组成立大会召开，民进山西省委副主委兰文英出席成立大会并讲话，大会选举产生民进省直离石县支部筹备委员会，由3人组成，金本椿当选主任委员。

同日，普降喜雨，严重伏旱有所缓解。

同日，加拿大专家考察于家沟流域。

8月6日，离石县城第三次获得全省爱国卫生红旗县城称号。

8月19日，中共离石县委发出《关于向马牡丹学习的决定》。

9月7—13日，境内阴雨连绵，雨量达140毫米，涝灾严重。

9月10日，全县隆重庆祝首届教师节。

9月16日，全县第一次房屋普查开始。

11月15日，国家能源委员会副主任肖寒到离石等地考察煤炭资源。

12月31日，离石城区卫星电视地面接收站建成投入使用。

同年底，吕梁地区邮电办事处与离石县邮电局合并为吕梁地区邮电局。

同年，县医院妇产科首例先天性无阴道成形术获得成功。

同年，全县实行工资制度改革。

同年（“六五”期末），离石县总人口154374人，耕地面积17695公顷，地区生产总值8957万元，财政总收入1929.7万元。

1986年

1月23日，县委书记、县长等对全县百余名离退休干部和30年以上教龄的教师登门慰问。

1月27日，县第一所计划生育专科门诊部开诊。

5月16日，县人武部由部队建制改为地方建制。

5月25—28日，离石县第八届人民代表大会第三次全体会议在县委招待所会议室召开，补选王初颂为离石县人民政府县长。

6月10日，县妇幼保健站首次进行婚前体格检查。

6月，加拿大多伦多大学地理系教授陆兆熊到离石进行水保考察。

7月7日，县政府和省水保所联合召开流域治理座谈会，并成立王家沟流域治理指挥部。

8月7日，全县开始实行县、乡、村三级办学和县、乡两级管理教育新体制。

9月1—2日，山西省喷滴灌现场会在离石召开，现场会参会人员参观马茂庄喷灌和马家村滴灌。

9月13日，联邦德国专家对王家沟、于家沟流域进行水保林业考察。

10月13—16日，中美教育联合考察团对县教育局进行考察。

11月，中国建设银行山西省离石县支行正式成立。

12月28—30日，中共离石县第八次代表大会在县城招待所召开。12月29日，中共离石县第八届委员会第一次全委会议召开，选举李守智为中共离石县第八届委员会书记。

同年，县医院成功地抢救1例心房纤颤病人，并首次用胶膜外剖宫产手术。

1987年

3月19日，山西省卫生宣教检查团到县检查。

5月11—13日，山西省中小学健康教育座谈会在离石召开。

7月19—23日，离石县第九届人民代表大会第一次全体会议在县委招待所会议室召开，选举王建刚为县人大常务委员会主任、王初颂为县人民政府县长。同期，政协离石县第三届委员会第一次全体会议在县城召开，选举冯亮为政协离石县第三届委员会主席。

9月20日，民进省直离石支部全体会员大会召开，大会选举产生民进省直离石县第一届支部委员会，金本椿当选主任委员。

同年，全县地甲病控制在3%以下，达到国家标准。

同年，离石县医院首次成功进行阴道与子宫全切术。

1988年

1月16日至2月5日，县委、县人民政府组织慰问团赴云南老山前线，慰问参加中越边境自卫还击战离石籍的 22 名战士。

4 月 11 日，阳坡乡王家沟村窑洞塌方，死亡 2 人，伤 2 人。

4 月，结绳墕村千年木瓜古树移于滨河公园，供游人观赏。

7 月 15 日 3 时至 9 时，离石殡仪馆遭特大洪灾，损失达 8.7 万元。

8 月 5 日，吴城遭特大暴雨，村民李在才等 6 人在存放马铃薯土窑内避雨，不幸窑塌人亡。

11 月，城北、城中供热站建成。

同年，离石县被省政府确定为县镇房改 8 个试点县之一。

1989 年

3 月 25 日，七里滩煤矿王家沟坑口因井下吸烟造成瓦斯燃烧事故，死亡 1 人，受伤 9 人。

4 月 12 日，小神头乡和信义镇交界的杀人墕发生一起森林火灾，烧毁林木 190 余亩。

7 月 1 日，吴城遭冰雹袭击，持续 40 分钟，受灾面积达 566.67 公顷，直接经济损失达 21.8 万元。

7 月 6 日，省委书记李立功到离石考察田家会镇北圪垛村。

7 月 23 日，日本亚洲经济交流协会事务局局长甲斐祺一郎到高崖湾焦化厂参观考察。

同年，城区主干道滨河北路动工建设。

1990 年

1 月，永宁市场竣工。

3 月 10 日，县人民政府召开县志编纂工作会议。

4 月 2 日，副省长郭裕怀、省水利厅厅长郝永和到离石县考察工作。

4 月 17 日，县政府召开清理“三角债”动员大会。

5 月 5—8 日，中共离石县第九次代表大会在县城招待所举行。5 月 7 日，中共离石县第九届委员会召开第一次全委会议，选举李守智为中共离石县第九届委员会书记。

5 月 15 日，七里滩煤矿发生一起重大瓦斯爆炸事故，造成 15 人死亡、1 人重伤。

5 月 26 日，省委书记李立功到离石考察王家沟、沙麻沟流域。

5 月 27 日，省顾委主任赵雨亭到离石考察王家沟流域及信义镇永红村科学种田。

5 月 27—31 日，离石县第十届人民代表大会第一次全体会议在县招待所会议室召开，选举阎永安为离石县人大常委会主任、王初颂为离石县人民政府县长。同期，政协离石县第四届委员会第一次会议在县城召开，选举贺玉印为政协离石县第四届委员会主席。

6 月，县人民检察院被最高人民检察院评为全国反贪污贿赂斗争先进集体，并被通令嘉奖。

7 月 11 日 1—4 时，境内遭受暴风雨和冰雹的袭击，受灾面积 7933.33 公顷。小神头乡、信义镇、田家会镇受灾尤重。

7 月 30 日，国家三北防护林局局长刘四文、省林业厅厅长李星一行 8 人到离石考察小东川的农网经济林。

8月3日，中国科学院资环局陆亚州一行12人到离石县验收“七五”国家重点科技攻关项目——黄土高原综合治理王家沟试区。

8月6日，副省长郭裕怀考察王家沟流域。

8月11日，中顾委委员李畅考察王家沟流域。

8月28日，副省长吴达才到离石县考察工作。

9月5日，县文学创作、音乐、舞蹈、戏剧、书法协会成立。

9月12—14日，山西省小流域治理会议的全体代表参观王家沟、岔沟、刘家湾流域。

11月30日，省人大常委会副主任阎元锁一行6人到离石县检查制止“三乱”工作。

12月13日，国务院干部培训中心派人到离石县考察农民学用科学的成果。

同年，县永宁市场被命名为全国文明集贸市场。

同年，离石城区开始商品房建设和交易。

同年(“七五”期末)，离石县总人口176343人，耕地面积18000公顷，地区生产总值1.87亿元，财政总收入3046.2万元。

1991年

4月，全县组织开展学习燕居谦和“双十佳”为主要内容的“三热爱”活动，24个单位举办演讲活动，7个单位举办知识竞赛活动。

6月10日，全县组织开展“食堂、澡堂、职工宿舍、医疗室、幼儿园”五小设施达标竞赛活动。

6月18日，省政协副主席王西等一行4人到离石政协指导工作。

8月，全县开展“我为企业献一计”活动。全县职工提合理化建议1028条，其中采纳488条。

1992年

1月19日，位于离石县交口镇桥西的离石火车站通车。

3月中旬，县委、县政府确定电缆厂、百货公司、综合服务公司、电厂4个单位为三项制度改革试点单位。

5月，离石县制定“合格班组”“信得过班组”“先进班组”升级竞赛方案。并将班组升级竞赛同创建“五好”工会小组活动结合起来。年底合格班组达到70%，信得过班组达到40%，先进班组达到20%。

6月，县委确定交口、城关、田家会3个镇为县经济开发试验区。

11月2—3日，离石县第十届人民代表大会第四次全体会议在县委招待所会议室召开，会议选举离石县出席山西省第八届人民代表大会代表6名。

12月7日，吕梁地委、行署在离石县城关镇马茂庄村举行离石城区改河扩城综合开发工程开工典礼，中央政治局候补委员、国务院副总理温家宝，民政部部长多吉才让，省委书记胡富国，省长孙文盛，副省长刘泽民，省政协主席郭裕怀等出席并考察工地。

同年，离石县开始“希望工程”活动。当年对最贫困的629名小学生救助，金额达12580元。

1993年

年初，县委确立“中心成熟，分层扩展，区位推进”的发展战略。

5月19—24日，县委、县政府召开《离石县志》评审会。

6月17—20日，中共离石县第十次代表大会在县城召开。6月19日，中共离石县第十届委员会第一次全委会议召开，选举黄进明为中共离石县第十届委员会书记。

6月27日至7月1日，离石县第十一届人民代表大会第一次全体会议在县城职工俱乐部召开，选举阎永安为离石县人大常委会主任、李德芳为离石县人民政府县长。同期，政协离石县第五届委员会第一次全体会议在县城召开，选举贺玉印为政协离石县第五届委员会主席。

同月，离石县人民政府被水利部评为全国八片水土保持重点地区先进集体。

7月5日，中共中央政治局候补委员、中央书记处书记温家宝，在中央办公厅调研室主任杨凌隆、省委常委万良适、副省长王文学等陪同下考察离石，在西属巴镇南沟村考察水土保持综合治理，并与省、地、县领导合影留念；在王家沟乡王家沟村考察流域治理工程；在城关镇马茂庄村考察改河扩城工程；在交口镇视察商业大街。

8月，新建市场动土，所需270万元资金由群众筹集，总建筑面积5000平方米，有6—10平方米的小门店41间，有40平方米的大门店104间，年底竣工。

9月23—26日，全国部分省拍卖“四荒”地使用权座谈会在离石召开，地委书记姚新章介绍吕梁地区拍卖“四荒”地使用权的情况和经验。

同年，离石县科委主任张焕杰研究的《水稻旱育稀植栽培技术丰收计划》获农牧渔业部“星火计划二等奖”。

1994年

1月30日，中共中央总书记、国家主席、中央军委主席江泽民，中央军委委员、总后勤部部长傅全有，北京军区司令员李来柱及中央有关部门负责人在山西省委书记胡富国、代省长孙文盛的陪同下到离石县农村、工厂、学校及驻军某部调研，江泽民题词“艰苦奋斗，振兴吕梁”。

4月2—4日，省计划委员会在离石召开离石县信义以工代赈农业综合开发项目可研评审会议，会议评审通过离石县计委编制的可研报告。同年，信义以工代赈农业综合开发项目开工建设。

6月2日，县政协在离石电缆厂会议室召开山西省政协企业联合会离石分会、离石县政协企业联合会成立大会，省政协企业联合会秘书长郝中树应邀出席。会议通过《离石县政协企业联合会章程》，选举产生企业联合会组织机构，名誉会长为贺玉印。会长为薛恩德。

6月，县经委、县科委、县财委等单位在工交、财贸、教育、卫生、城建等5个系统组织开展“三育人”“职工文明家庭”“献绝招”“亮绝技”医德医风建设，职业道德等劳动竞赛活动，参加职工 3500 人次。

9 月 10 日，离石县第一所希望小学——枣林希望小学动工兴建，同年 11 月 30 日竣工，占地面积 2700 平方米，建筑面积 636 平方米，总投资 23.96 万元，建成标准化教室 6 个，教研室、仪器室、图书室、团队活动室、学生宿舍 13 间，购置课桌椅 300 套，可供 300 名学生就读。

1995 年

3 月中旬，县工会组织全县职工开展“四职”教育（职业责任、职业道德、职业技能、职业纪律）和“四优”（优质工程、优质服务、优美环境、优良形象）教育。“五一”前，举办全县爱岗敬业职业道德演讲比赛，选树 11 名爱岗敬业职业道德标兵。

9 月 23 日，离石县人民武装部代表吕梁军分区参加山西省军区组织的民兵军事训练比武竞赛活动，军事科副科长李晟荣获 54 式手枪射击第 1 名，被省军区命名为“神枪手”，并被表彰为“军事汇报表演出色个人”。

9 月，离石县选择国有企业电缆厂、集体企业五金厂、乡镇企业贾家沟煤矿、股份制企业师家峁煤矿进行签订集体承包合同试点工作。

10 月 1 日，石州电视台建成正式开播（2007 年改为离石广播电视台）。

同年，信义以工代赈综合开发区严村温室大棚蔬菜建成，离石开启温室种植的新历史。

同年（“八五”期末），离石县总人口 193753 人，耕地面积 17695 公顷，地区生产总值 5.45 亿元，财政总收入 2759 万元。

1996 年

6 月 26 日，离石县在体育场举行撤县设市庆典，离石县改为离石市。

同月，离石县由国家级贫困县被调整为省级贫困县。

同月，《离石县志》、清光绪《永宁州志》点注本分别由山西人民出版社、山西古籍出版社出版。

7 月 6 日，离石城区改河扩城工程三川河大桥试通车典礼举行。

7 月 16 日，省政协副主席祁寿春到离石市检查市委、市政府重视支持政协工作的情况。

12 月，离石市人民武装部被山西省军区评为“1996 年度军事训练先进单位”，被北京军区评为“民兵装备仓库正规化建设先进单位”和“民兵武器装备安全管理工作先进单位”。

同年，信义以工代赈综合开发区王村改河工程完工，解决了小东川河历史上对王村和五米县道的威胁，新增水地近百亩。

1997 年

1 月 16 日，省政协副主席秦国栋到离石考察煤焦企业生产情况。

4 月 14—16 日，政协离石市第一届委员会第二次会议在城区召开，选举高候英（女）

为政协离石市第一届委员会主席。

5 月 28 日，离石城区劈山开河工程举行合龙通水典礼。

8 月 28 日，省政协副主席万良适带队的省委检查组到离石检查全省政协工作会议的贯彻落实情况。

秋，马茂庄改河工程完工，新增国有土地 47.13 公顷，开启离石城西南区扩城建设。

11 月 1 日，离石市营丰客运有限公司、离石市公共交通客运总站成立，结束离石市没有城市公共交通的历史。

11 月 18—19 日，离石市第一届人民代表大会第三次会议在市职工俱乐部召开，选举离石市出席山西省第九届人民代表大会代表 4 人。

1998 年

年初，市委提出“全面实施区域性中心城市主体战略”的发展战略。

5 月，王永泰创作的长篇历史小说《清官于成龙》由群众出版社出版。

7 月 16—18 日，中共离石市第一次代表大会在市内召开。7 月 17 日，中共离石市委第一届委员会第一次全委会议召开，选举产生中共离石市第一届委员会书记。

7 月 24—28 日，离石市第二届人民代表大会第一次全体会议在滨河影剧院召开，选举赵建平为离石市人大常委会主任、张国彪为离石市人民政府市长。

7 月 24—28 日，政协离石市第二届委员会第一次全体会议在城区召开，选举高候英（女）为政协离石市第二届委员会主席。

同年，离石市区龙凤大街南北段连接处的东川河龙凤大桥建成简易通车。

同年，离石市属国有和集体企业改制工作全面铺开。

1999 年

1 月 19 日，离石市精神文明委和劳竞委联合召开全市职业道德建设事迹演讲表彰会。来自各行业的 18 名职工做精彩演讲。表彰职业道德建设红旗单位 9 户、标兵 7 名、模范 5 名。

5 月 12 日，离石市厂务公开、民主监督动员会召开，确定试点单位。5 月下旬，电缆公司、兴隆商厦、供水公司分别召开职代会，就重大经营决策、职工关心的问题、业务招待费及廉洁自律等情况向职工代表进行公开。

6 月 8 日，省政协副主席、省委统战部部长吴慧琴视察离石市聚富焦化厂、大土河煤焦集团总公司、柏林制衣总汇等个体私营企业。

7 月，枣林泉矿泉水经地矿部定名饮用天然矿泉水，省地质矿产厅鉴定批准生产。

同年，农业遭遇大旱灾。

同年，为抗灾保产，推行地膜覆盖玉米 27347 公顷，创下最高亩产 760 公斤的历史纪录。

同年，城区主干道龙凤北大街建成。

2000 年

2 月 25 日，离石市委、市政府印发《关于在全区推行政务公开制度的实施方案》，全市推行政务公开工作全面展开。

5月30日，离石市区第一个超市经营市场——开新宇超市投入运营。

7月17日，省政协副主席靳承序一行10人到离石都爱红枣有限公司调研。

11月中旬，省政协副主席祁寿春一行7人到离石都爱红枣有限公司调研。

11月24日，小说《清官于成龙》被太原电视台改编拍摄为电视剧《一代廉吏于成龙》，在中央电视台一套节目黄金时段播出。

同年，离石市地方志办公室被山西省人民政府评为修志先进集体。

同年，城区主干道龙凤南大街动工建设。

同年，离石市“三山”（龙山、虎山、凤山）绿化办成立，开始专业化绿化“三山”。

同年（“九五”期末），离石市总人口226572人，耕地面积18198公顷，地区生产总值10.28亿元，财政总收入是8865万元，城镇居民人均可支配收入3750.2元，农村居民人均可支配收入812元。

2001年

1月20日，吕梁煤气化公司年产10万吨煤气焦炉试产成功，同年9月17日开始向市区居民供管道气。

3月20日至6月20日，离石市在全市范围内开展“三个代表”重要思想学习教育。

7月14—17日，离石市第二届人民代表大会第四次全体会议在市职工俱乐部召开，选举冯全清为市人大常委会主任。

2002年

7月，离石市集中清理小汽车。

8月，离石市开展“创新环境，加快发展”大讨论活动。

9月，离石市市级会计核算中心成立，为会计局下属的副科级全额事业单位。并在交口镇建立“一个中心、两个办公室”（即：乡镇财务管理中心，下设行政事业单位财务管理办公室、村级财务指导服务办公室）试点，将村级财务纳入乡镇“零户统管”范围。

11月，离石大型骨干企业——山西大土河煤焦化有限责任公司成立。

2003年

1月6日，汾柳高速公路（汾阳至离石段）举行奠基仪式。

4月，离石市全面开展防控“非典”疫情工作。

7月6日，省政协副主席、农工省委主委周然到离石市大土河焦化有限公司和汉画像石博物馆调研。

7月，离石市全面开展以清理领导干部违规乘坐小汽车、违规超占住房和制止奢侈浪费为重点的“三项治理”工作。

8月16—18日，中共离石市第二次代表大会在石州宾馆召开。8月17日，中共离石市委二届委员会第一次全委会议召开，选举产生中共离石市第二届委员会书记。

8 月 26—30 日，中国人民政治协商会议离石市第三届委员会第一次全体会议召开，选举高候英为政协离石市第三届委员会主席。

8 月 27—31 日，离石市第三届人民代表大会第一次全体会议在市职工俱乐部召开，选举冯全清为离石市人大常委会主任。

11 月 19 日，市重点工程——莲花池公园一期工程竣工。

12 月 11 日，省长刘振华在离石市调研体育馆、莲花池公园等工程建设项目。

2004 年

2 月 12 日，全市村村通水泥路（油路）动员大会召开，标志着村村通水泥路（油路）工程正式启动。

4 月 21 日，省人大常委会副主任、省总工会主席姚新章到离石区天立红枣公司调研。

4 月 30 日，大土河煤焦集团 2×1.5 万千瓦热电联产项目竣工投产，开始向城区大规模集中供热。

5 月 18 日起，全市停止对单位集资建房审批。

6 月 12 日，中国共产党离石区代表大会选举产生离石区出席吕梁市第一次党代会代表 21 名。

6 月 15 日，区第三届人民代表大会第二次会议选举产生离石区出席吕梁市第一届人代会代表 33 名。

6 月 16 日，离石区举行撤市设区揭牌仪式。

10 月 8 日，离石区安国寺旅游公路建成通车，该项目投资 870 万元。

10 月 21 日，省政协副主席吕日周出席离石区村村通水泥路（油路）总结表彰会。

11 月 8 日，副省长靳善忠到离石区大土河公司调研。

同年，离石区村通户通道路硬化工程基本完成，全区 12 个乡镇（街道）共铺设水泥（砖）路 564 千米，实现 95% 以上行政村通水泥路，85% 以上农户通砖路。

同年，离石市在全市范围内开展“清房”工作。

同年，离石区政府网站建成开通上线。

2005 年

1 月，中国民主建国会（简称民建）省直离石区支部成立，郑学奇任主任委员。

2 月 4 日，全区保持共产党员先进性教育活动动员大会召开，随即活动在全区展开。

3 月 19 日，省委常委、组织部部长任泽民一行指导离石区保持共产党员先进性教育活动。

5 月 11 日，省委书记田成平到离石区红眼川寄宿制学校、信义严村、高速公路绿化工地调研。

7 月 2 日，离石区举行村村通客车出行仪式，建成农村客运线 10 条，投入客运车辆 101 辆。

8 月 16 日，吕日周到离石电缆有限公司调研。

10月28日，汾阳—离石高速公路竣工通车、青银国道主干线离石—军渡高速公路开工仪式分别在汾阳、柳林举行，省政协主席刘泽民，省人大常委会副主席薛军、张铭，副省长牛仁亮，省政协副主席阎爱英等出席。同年，中石化山西吕梁离石石油分公司全面启动IC卡加油工程，离石石油市场进入全自动加油时代。

同年，吕梁市离石区信义工业区由吕梁市政府批准成立。

同年（“十五”期末），离石区总人口246555人，耕地面积18434公顷，地区生产总值27.27亿元，财政总收入及59612万元，城镇居民人均可支配收入7300元，农村居民人均可支配收入1322元。

2006年

年初，区委、区政府提出：争取2—3年时间实现全区广播电视村村通工程。

3月16日，农工民主党离石区支部委员会正式成立，推选马卫军任主任委员。

3月20日，晋能大土河2×350兆瓦低热值热电联产项目建设启动。

5月11日，省长于幼军到离石区大土河公司、吕梁中药厂、山西木枣精华生物科技有限公司调研加快晋西北太行山革命老区开发建设情况，确定离石区列入“两区”开发建设的项目9个。

6月26—27日，中共离石区第三次代表大会在石州宾馆召开。

同年，太中银铁路离石项目协调领导组成立。

7月16—18日，区第三届人民代表大会第四次会议审查批准本区经济和社会发展第十一个五年规划纪要。

8月9日，省委常委、政法委书记杜玉林到离石区调研。

9月15日，省人大常委会副主任、省总工会主席姚新章到大土河公司调研。

9月28日，离石区东过境公路竣工通车。

11月13日，交通部副部长翁孟勇一行到离石区红眼川乡水峪里村调研村通水泥路、户通道路建设情况。

12月18日，离石弹唱入选山西省第一批省级非物质文化遗产名录民俗项。

12月，全区全面推行村务公开制度。

同年，“离石三山绿化办”划归吕梁市管理，升为处级单位。吕梁市委、市政府把“三山”绿化工程列为市政建设一号工程，开始大规模、高标准的“三山”绿化。

2007年

3月27日，离石区千年水库开工建设。

5月5日1时30分，离石区信义镇千年林杨起火，过火面积超过13.33公顷。

5月14—18日，政协离石区第四届委员会第一次全体会议在吕梁国际宾馆召开，选举冯晋平为政协离石区第四届委员会主席。

5月15—19日，离石区第四届人民代表大会第一次全体会议在离石区吕梁影剧院召开，选举乔拯民为离石区人大常委会主任，并选举产生离石区人民政府区长。

7 月 16 日，省政协副主席周然到离石区调研城市社会救助体系建设情况。

7 月，全区开展清理党政机关办公楼等楼堂馆所建设项目。

8 月 2 日，部分全国人大代表到离石区调研。

同月，中国人寿保险公司离石营销服务部成立。

9 月 9 日，国家工商总局纪检组组长石见元到离石区交口工商所调研食品安全工作。

9 月 23 日，省长孟学农到离石区调研。

10 月，城区污水处理厂投产，市区实施雨水、污水分流，污水全部进入污水处理厂进行处理。

11 月 2 日，省委书记张宝顺到离石凤山教育园区调研。

11 月 26—27 日，最高人民检察院检察长姜建初到离石区凤山教育园区、汉画像石博物馆、安国寺调研。

12 月 6 日，省委常委、副书记金银焕到离石区调研。

12 月 18 日，离军（离石至军渡）高速公路剪彩通车。

同年，“两区”开发项目立项 9 个，当年开工 7 个，年底建成投产 1 个，部分建成 2 个。

2008 年

3 月 11 日，副省长牛仁亮考察离石区治超点。

6 月 13 日，离石区西属巴街道办事处上安村个体砖厂发生自然塌方，19 名作业人员被埋，遇难，其中男 11 人、女 8 人。

6 月 14 日，台湾台北市山西同乡会返乡团客人在安国寺参观。

7 月 15 日，省政协副主任李雁红到大土河公司调研统筹城乡发展，促进农村劳动力转移和农民增收情况。

8 月 3 日，省委书记、省人大常委会主任张宝顺到离石区田家会垣上调研万亩核桃经济林覆盖工程。

8 月 6 日，国道 307 线汾阳至离石段改建工程竣工通车仪式举行。

9 月 9 日，由文化部文化艺术人才中心主办的文化人才·艺术之旅——山西行公益文化系列活动《情暖吕梁》在离石演出。中国扶贫开发协会会长胡富国，省委常委、宣传部部长高建民，副省长张平等观看。同日，胡富国到离石凤山教育园区等地考察。

10 月 29 日，省长王君到离石凤山教育园区考察。

11 月 14 日，离石—碛口扶贫旅游公路改造工程竣工通车仪式举行。

11 月 22 日凌晨，离石区金田大厦发生重大火灾事故，失火面积达 1900 余平方米，火灾造成 8 人死亡、17 人受伤，直接财产损失 44 万余元。

12 月 10 日，郭裕怀、吴俊洲、李玉明等省级老领导到离石凤山教育园区考察。

12 月，《吕梁市离石区信义工业区总体规划》经吕梁市人民政府审查批准实施。

同年，离石区列入吕梁市“双百双千”规划项目增加为19个，项目规划总投资81.35亿元，年内完成投资39.5亿元，占规划总投资的48.55%。

2009年

2月12日，由区委、区人民政府主办，离石区文化局具体承办的第四届晋陕两省（大土河杯）民歌、伞头秧歌大赛在吕梁体育馆举行。

3月22日，省委常委、副省长李小鹏调研离石区铁路建设情况。

3月，全区“深入学习实践科学发展观”活动全面展开。

4月14日，省政协副主席刘儒英一行到离石电缆厂、大土河公司调研。

4月16日，省委书记张宝顺到离石玉灵山调研。

5月7日，省人大常委会副主任杨安和到离石区枣林乡梁家岔村调研农村信息化推进新农村建设情况。

5月14日，全国人大常委会副委员长严琪到离石凤山教育园区调研。

5月19日，省委常委、统战部部长李政文到离石区就统战工作进行调研。

5月20日，中宣部有关人员到区公安局检查指导科学发展观学习教育开展情况。

5月24日，副省长张建欣到离石区调研新农村合作医疗情况。

5月26日，区行政审批中心揭牌。

同月，吕梁市生活垃圾填埋场在离石区交口街道贺家山建成投入使用。

6月1—5日，离石区第四届人民代表大会第三次全体会议在离石区吕梁影剧院召开，并选举产生区人民政府区长。

6月9日，省委书记袁纯清到离石凤山教育园区调研。

同日，省人大常委会副主任王雅安到离石区安国寺调研。

6月12日，省委常委、省委办公厅秘书长申联彬到离石区调研。

同日，离石区在全区党政机关和事业单位开展“小金库”专项治理工作。

6月17日，全国政协人口与资源环境委员会副主任刘泽民到离石区安国寺调研。

同月，离石区启动东城区建设。

8月19日，省人大常委会副主任谢克昌到离石区信义工业园区调研。

9月5日，全国总工会副主席张明谦和省人大常委会副主任、省工会主席郭海亮一行到离石区大土河公司调研。

9月15日，王彤宇任中共离石区委书记。

10月11日，省人大常委会副主任、省总工会主席郭海亮到离石区大土河焦煤集团检查工会工作。

11月9日，吕梁市文化广场奠基暨离石东川桥、石洲桥拓宽改造开工仪式举行。

同年，离石区“双百双千”规划项目数为19个，规划总投资调整为86.78亿元。同年，离石区“双百双千”项目规划建成9个，项目部分建成4个，项目主体工程完成9个，完成投资 41.57 亿元，占规划总投资的 47.90%。

2010 年

1 月 8—9 日，朔州市平鲁区党政领导到离石区考察，并与离石区缔结为友好城区。

1 月 24 日 10 时 36 分，运城河津市发生 4.8 级地震。离石区有震感。

1 月 28 日，区政协社情民意网站开通。

1 月 30 日，区政协《视角》月刊创刊。

同月，离石区统计局被国务院第二次全国经济普查领导小组评为第二次全国经济普查先进集体。

3 月 11 日，晋商银行总行长闫俊生一行到离石区调研银企合作工作。

4 月 18 日，省政协原副主席吕日周出席政协离石区四届四次会议并讲话。

4 月 18—22 日，离石区第四届人民代表大会第四次会议在离石召开。

4 月 21 日，副省长刘维佳到离石区张家庄调研绿化工程。

6 月 1 日，吉林省政协副主席、党组副书记、晋绥儿女支持老区教育协会副理事长林炎志一行到离石区考察。

6 月 9 日，中国乒乓球俱乐部超级联赛在大土河公司体育馆举行。

6 月 11 日，省委书记袁纯清到离石区田家会街道垣上万亩核桃林示范园区和凤山教育园区调研。

6 月 17 日，由国务院稽察特派员、全国政协常委、国务院参事任玉岭带队的中国县域经济发展课题调研组到离石区凤山教育园区调研。

同日，全国政协人口资源环境委员会副主任刘泽民到离石区安国寺调研。

6 月 26 日，吕梁学院揭牌仪式在离石区上安村新校址举行。

7 月 8 日，省委常委、宣传部部长胡苏平到离石区调研吕临支线铁路建设情况。

7 月 30 日，离石区网络民意直通车正式开通。

8 月 24 日，省政协副主席郭良孝到离石区调研。

8 月 27 日，全省道路交通事故纠纷人民调解工作现场观摩会在离石区举行。

8 月 30 日，省委常委、省委办公厅秘书长高建民一行到离石区检查农村“五个全覆盖”工程。

9 月 3 日，离石区首届中秋月饼文化节举办。

9 月 18—19 日，离石区发生百年不遇特大暴雨，境内平均降雨 83.64 毫米，坪头乡降雨高达 189.2 毫米，全乡直接经济损失 3.9 亿元。

9 月 20 日，美籍华人、美国伊利诺伊州参议院议长、亚裔顾问委员会主席尚摩西一行 8 人到离石区大土河公司考察。

10 月 30 日，省政协副主席、省九三学社主委刘滇生，黑龙江省九三学社主委到离石区考察。

同日，离石区江阴高级中学一期工程落成典礼暨首届“煤运杯”职工（农民工）运动会开幕式举行。

11月3日，省委书记、省人大常委会主任袁纯清，省长王君率省观摩检查组到离石区检查工作。

11月11日，省人大常委会副主任安焕晓一行11人到离石区对《中华人民共和国民办教育促进法》落实情况进行调研。

11月，太中银铁路离石段开通。

12月13日，离石区纪委、区委组织部等7个部门联合下发《关于区直纪检监察派驻机构实行统一管理的实施方案》，正式启动纪工委改革。

12月30日，离石区首届“感动石州人物”活动颁奖。

同年（“十一五”期末），离石区总人口277705人，耕地面积14505.4公顷，地区生产总值61.59亿元，财政总收入19.23亿元，城镇居民人均可支配收入15278元，农村居民人均可支配收入2408元。

2011年

1月10日，太中银铁路离石段建成通车，吕梁火车站迎来首列客车（T69/70乌鲁木齐—北京西）。

4月9日，吉林省政协副主席林炎志考察离石区教育扶贫项目。

5月初，离石区“离石阳光农廉网”正式启动运行。

同月，离石东城新区开工建设。

5月18日，吕梁泰化物资城开业。

6月17—18日，中共离石区第四次代表大会在石州宾馆召开。6月17日，中共离石区第四届委员会第一次全委会议召开，选举王彤宇为中共离石区第四届委员会书记。

6月22日，省人大常委会原副主任、省老促会常务副会长范堆相一行到离石区调研。

6月22—26日，政协离石区第五届委员会第一次全体会议在吕梁国际宾馆召开，选举冯晋平为政协离石区第五届委员会主席。

6月23—27日，离石区第五届人民代表大会第一次全体会议在离石召开，选举乔拯民为离石区人大常委会主任。

7月6日，省政协原副主席、省治超领导组顾问兼总监察员、省改革创新研究会会长吕日周到离石区调研治超工作。

7月13日，区委举行纪工委授牌仪式，九大口纪工委正式启动运行。

7月26日，省人大常委会原副主任张铭到离石区调研指导工作。

8月15日，国家安全部副部长牛平到离石区考察。

8月29日，离石区首届“聚富圆梦”贫困大学生资助发放仪式举行。

10月9日，副省长郭迎光到离石区调研农业工作。

10月20—23日，中国作家采风团到离石区采风。

11月8日，《吕梁市离石区志》编纂工作会议召开，标志着区志编纂工作全面展开。

12月2日，副省长张建欣到离石区调研公安交警工作。

2012年

1月7日，离石区美特好购物广场开业。

1月9日，副省长张平到离石区调研指导教育工作。

2月1日，离石区江阴教育团队获2011年“感动山西”特别奖。

3月8日，离石区获全省2011年度“省级卫生区”称号。枣林乡等8个乡（村）获“省级卫生村镇”称号，区爱卫会、环卫中心6人获“爱国卫生先进工作者”称号。

3月20日，著名军事评论家、国防大学教授张召忠应邀到离石区作专场报告。

4月2日，区文化馆正式免费对外开放。

4月23日，北京大学秦援晋教授做客第十期“离石大讲坛”。

4月27日，副省长牛仁亮率省政府督导组督导离石区经济运行工作。

5月4日，山西省第三届集体成人礼活动在离石区举行。

5月11日，全省市辖区非公经济组织党组织集中组建工作现场会在离石区召开。

5月27日，中部引黄工程开工仪式在离石举行。

5月29日，原副省长、省人大常委会原副主任、山西省江苏商会名誉会长吴达才等率山西省江苏商会一行到离石区江阴中学看望慰问江阴支教教师。

同日，省人大常委会副主任安焕晓率省人大常委会文物保护法执法检查组到离石区开展执法检查。

6月23日，山西卫视《走进大戏台》在离石区汉画像石博物馆广场演出。

7月4日，省委常委、政法委书记王建明到离石区调研交通事故人民调解工作。

同日，中国农业科学院蔬菜花卉研究所花卉研究室主任、中国园艺学会常务理事、研究员葛红到离石区调研。

7月5日，省人大常委会副主任李政文到大土河公司调研《山西省循环经济条例》贯彻落实情况。

7月9日，离石区驻并团工委在省城太原正式挂牌运行。

7月14日，全省县市报协会第16次年会暨离石现场会在离石区召开。

同日，中国农学会秘书长邹瑞苍到离石区调研农业工作。

8月8日，民建离石区支部全体会员大会召开，选举任丽梅为主任委员。

8月14日，国务院南水北调办公室副主任于幼军到离石区调研生产和使用新型墙体材料工作情况。

8月17日，首届世界晋商大会招商引资项目离石签约仪式在石州宾馆举行。

9月11日，省政协常务副主席郭良孝一行到离石区调研。

9 月底，关停人工管道煤气，改送管道天然气。

10 月 7 日，国防科技大学校长杨学军一行到离石区考察。

10 月 17 日，吕梁新城建设奠基仪式在离石区西属巴街道盛地村举行。

10 月 20 日，中央联席会议办公室副主任、国家信访局副局长徐业安为组长的中央信访工作督导组一行到离石区专项督导检查。

10 月 24 日，省委书记、省人大常委会主任袁纯清、省长王君一行到离石区观摩重点工作和项目推进情况。

11 月 28 日，国家发展战略专家委员会主任杨晓铎到离石区作第十三期“离石大讲坛”专题讲座。

2013 年

1 月 10 日，区五届人大常委会第九次会议决定吕文平代理离石区区长。

3 月 21 日，省委常委、宣传部部长胡苏平一行到离石区调研吕临支线铁路建设情况。

4 月 15—18 日，离石区第五届人民代表大会第三次全体会议在吕梁影剧院召开，选举吕文平为离石区人民政府区长。

4 月 26 日，省委书记、省人大常委会主任袁纯清到离石区调研产业扶贫开发工作。

5 月 9 日，省政协副主席、民建省委主委王宁到离石区东江煤业集团有限公司调研。

5 月 10 日，外交部老干部到离石区考察。

6 月 13—14 日，安焕晓到离石区进行立法规划调研。

7 月 2 日，以色列驻华使馆农业科技参赞尤伯恩一行到离石区考察。

7 月 23 日，省委常委、宣传部部长胡苏平到离石区调研吕临支线铁路工程建设进展情况。

8 月 29 日，国家爱卫办考察离石区创建国家卫生城市工作。

11 月 6 日，省人民检察院检察长杨司到离石区调研。

11 月 19 日，九三学社离石区小组成立，薛琼任小组组长。

11 月 21 日，省人大常委会副主任李政文到离石区永盛农业示范园等地调研。

11 月 27 日，省军区事司令员负自博到离石区民兵训练基地检查指导工作。

12 月 6 日，副省长张建欣率团观摩离石区食品药品监管信息化工作。

2014 年

1 月 3 日，省委常委、组织部部长汤涛到离石区无人机产业系统基地和田家会街道田家会村就基层党组织建设等工作进行调研。

1 月 7 日，吕梁泰化集团董事长张子玉获“2013 年度感动山西”十大人物称号。

1 月 26 日，吕梁机场正式通航，离石区实现航空、铁路、高速公路全方位交通网。

2 月 19 日，省军区司令员冷杰松到离石区调研民兵训练基础建设情况。

3 月 4 日，全区党的群众路线教育实践活动动员大会召开。

3 月 6 日，江阴高中通过省一级图书馆验收，成为吕梁市中学中第一个被评为省级图书馆的学校。

4月3日，苏家崖沙麻沟安置区4号楼顺利封顶，是吕梁新城建设的首栋安置楼。

4月18—20日，离石区“第一书记”进农村（社区）动员会召开，标志着离石区“第一书记”进农村（社区）挂职锻炼活动全面展开。

4月25日，省委书记、省人大常委会主任袁纯清到离石区调研。

5月11日，离石区信义镇千年旅游景区建成，正式挂牌迎客。

5月12日，省委党的群众路线教育实践活动领导小组副组长兼办公室主任汤涛一行到离石区调研党的群众路线教育实践活动开展情况。

6月20日，省委常委、宣传部部长胡苏平一行到离石区调研所包联重点工程项目吕临支线铁路建设情况。

8月5日，副省长郭迎光到离石区调研吕梁市云计算中心项目建设情况和吕梁山生态脆弱区林业生态建设进展情况。

同日，全国首部课本剧《语文故事》在离石区城内小学开机。

8月8日，国务院南水北调工程建设委员会办公室原副主任、考察组组长宁远及水利部“黄河水沙变化研究”山西考察组一行到离石区调研阳坡小流域坝系工程。

10月1日，离石区发现首例麻疹疫情。

同月，高家沟会议旧址被离石区委、区政府确定为中国革命重要历史事件和人物活动纪念地。

11月6日，省委常委、统战部部长孙绍骋到离石区莲花池街道调研统战工作。

11月23日，离石区于成龙后裔家中发现300余年前《于氏族谱》，其中刻印的于成龙遗像属首次发现。

11月30日，居然之家离石店开业，填补吕梁家居建材中高端市场空白。

12月4日，首个国家宪法日，市区两级在该区世纪广场共同举行国家宪法日暨全国法制宣传日活动。

12月5日，祁县—离石高速公路框架协议签约仪式在太原举行。中国建筑股份有限公司副总裁刘锦章，中建总公司基础设施部执行总经理谢韬，市领导高卫东、董岩、郝月生出席。

12月31日，离石区非物质文化遗产“弹唱”获《第四批国家级非物质文化遗产代表性项目名录》，填补本区无国家级非遗代表性项目的空白。

2015年

2月12日，省委常委、统战部部长孙绍骋到离石区走访慰问困难老党员、低保户、优抚对象等人员。

3月26日，省委常委、政法委书记王建明在离石区调研政治法治工作。

4月15日，第三届吕梁市道德模范授奖仪式在吕梁影剧院隆重举行，离石区见义勇为模范高纪斌，诚实守信模范赵林林，敬业奉献模范沈娅梅和冯利平接受颁奖。

5 月 8 日，省委常委、组织部部长盛茂林到离石区调研党建工作和高科技新型产业。

5 月 9 日，离临高速公路离石段建成通车。

6 月 18—19 日，省人大常委会副主任田喜荣一行到离石区开展《中华人民共和国水污染防治法》执法检查。

7 月 16 日，省政协副主席、省卫健委主任卫小春到离石区凤山社区卫生服务中心调研基层医疗卫生机构运行情况。

7 月 29 日，国家统计局山西调查总队长刘国顺一行到离石区，就煤矿企业发展，“两个收入情况”进行调研。

8 月 6 日，电影《大清廉吏于成龙》在离石举行开机仪式。

9 月 18 日，离石区召开全区干部大会，安排部署全区“以案为镜、反思剖析、严肃整改”工作。

9 月 30 日，离石区云顶山 249 兆瓦风电项目开工。

10 月 19 日，中国科协副主席、书记处书记陈章良到离石区调研科技扶贫工作。

10 月 30 日，全区接受全省“三个一”扶贫计划“10 万人贫困人口护理职业培训项目”354 名首批进行实践上岗学员接受就业招聘。

11 月 10 日，吕梁环城高速公路正式通车运营。

11 月 11 日，副省长张复明到离石区调研文物保护工作。

12 月 21 日，副省长郭迎光带领省扶贫、发改、财政、林业、农业等有关部门负责人，就 100 万亩经济林提质增效、100 万千瓦光伏扶贫、10 万贫困人口护理工培训“三个一”扶贫计划实施情况在离石调研。

12 月 25 日，吕梁“东谷仓特色农产品科创园”在本区田家会街道车家湾村开工奠基。

同日，吕梁旭海农产品仓储物流交易市场在离石区信义镇阳石村开工奠基。

同月，离石区人民政府被国务院教育督导委员会评为全国义务教育发展基本均衡区。

同年（“十二五”期末），离石区总人口 330764 人，耕地面积 14573.8 公顷，地区生产总值 67.91 亿元，财政总收入 186737 万元，城镇居民人均可支配收入 24975 元，农村居民人均纯收入 5135 元。

2016 年

1 月 9—10 日，国家发改委专家组就“十三五”规划编制工作进行调研指导。

1 月 29 日，全区脱贫攻坚大会召开。

2 月 17 日，离石区党政机关公务用车制度改革工作会召开。

2 月 26 日，离石区智慧城市建设项目设计汇报会召开，与会人员听取并讨论离石智慧城市建设项目计划书。区政府相关人员，离石智慧城市项目设计单位北京易华录信息公司代表参加会议。

3月1日，中国科学院云计算育成中心副主任袁峰、美国SENSITY公司董事长兼首席执行官休米马丁、北京北大千方科技有限公司山西公司总经理王正光等组成的专家组，到离石区考察智慧城市物联网建设。

3月17日，省人大常委会副主任、市委书记高卫东，市委副书记、市长王立伟与到吕梁考察交流的华为公司云业务部总裁杨瑞凯一行分别进行会见、会谈。

3月28日，中国流动科技馆离石区巡展活动启动仪式在袁家庄小学举行。

4月8日，离石区召开乡镇换届工作会。

4月9日，离石区江阴高级中学举行“江阴书屋”落成揭牌仪式。

4月12日，内蒙古自治区党委副书记李佳、自治区政府副主席王玉明带队的内蒙古自治区党政考察团一行到市、区考察精准脱贫工作。

5月4日，“抱柱千年·相约离石”首届“五四”青年百对新人集体婚礼在信义镇千年景区举行。

5月5—6日，离石区党政考察团赴长治市武乡县、河南省商丘市虞城县等地考察油牡丹、油芍药、油核桃种植加工项目。

5月26日，中共离石区第五次代表大会在吕梁影剧院召开。5月27日，中共离石区第五届委员会第一次全体会议召开，选举常书铭为中共离石区第五届委员会书记。

6月4日，薛公岭风电项目举行奠基仪式。

6月12—16日，政协离石区第六届委员会第一次全体会议在吕梁国际宾馆召开，选举刘晓勤为政协离石区第六届委员会主席。

6月14—17日，离石区第六届人民代表大会第一次全体会议在吕梁影剧院举行。选举刘俊禄为离石区人大常委会主任、吕文平为离石区人民政府区长。

6月21日，北京绿维创景规划设计院乡土休闲分院院长姜剑波一行到信义镇调研指导文化旅游发展工作。

7月4日，由省、市两级农业专家组成的调研组到离石区就农业农村规划工作进行调研。

7月11日，省政协副主席、卫计委主任卫小春到离石信义镇调研基层医疗卫生服务工作。

7月27日，由省妇联、省妇儿基金会、省女医师协会、旗帜婴儿乳品股份有限公司携手举办的“幸福启航、旗帜飘扬”关爱婴幼儿健康公益活动捐赠仪式在离石区启动。

7月30日，离石区邀请北京大学第一医院博士生导师、主任医师于晓兰，北京大学人民医院博士生导师、主任医师梁梅英，北京航天中心医院博士生导师、主任医师宋庆，北京朝阳妇幼保健院院长、主任医师孙志华，北京朝阳妇幼保健院博士生导师刘晓丽，北京儿童医院博士生导师李豫川，北京中医药大学东直门医院副主任医师吴琼等全国妇幼知名专家参加离石区妇幼保健计划生育服务中心建设项目座谈会。

8月1日，交通运输部公路科学研究所物流中心咨询部主任、高级工程师黄浩丰一行到离石区，就交通运输精准扶贫工作调研。

8月18日，离石区第五届美食节暨吴城镇民俗文化节在吴城镇上王营庄村开幕。

9月30日，高家沟高级军事会议旧址纪念馆开馆揭牌。

11月24—25日，太平洋第十四建筑集团总顾问、太平洋第十四建设华南总部董事长张迅一行到离石区考察基础设施项目，签订基础设施项目合作框架协议。

12月2日，国家宪法日暨全国法制宣传日大型主题法制宣传活动在世纪广场举行。

12月3日，离石区“脱贫攻坚、生态建设”专题文艺演出启动仪式暨首场演出在信义镇归化村村委大院举行。

12月24日，山西农业大学组成的省脱贫攻坚成效第三方评估组在离石区开展脱贫攻坚成效评估工作。

12月27日，省人大常委会党组副书记、副主任张建欣到离石区调研。

12月29日，吕梁互联网科技园首届创业大赛暨2016年企业年终评比大会召开。

2017年

1月，彩家庄被山西省人民政府公布为第五批历史文化名村。

3月14日，山西省医药集团有限责任公司、山西省医药集团医药股份有限公司、中源广德医药科技有限公司考察组一行在离石区考察洽谈医药冷链合作项目。

3月23日，山西省农科院17位专家组成的调研组在离石区就产业扶贫规划座谈。

3月29日，首届离石区创新科技科普展在无人机科技产业园区举行。省科协、市科协，区委相关部门，吕梁市领航者少年宫、山西善美机器人有限公司负责人，区城内小学、泰化初级实验中学师生代表、区科协定点帮扶村田家会街道界峁村党员干部等参加开幕式。

3月30日上午，离石区“米五”（信义—交城县界）线旅游公路扩宽改造工程开工。

4月11日，离石区政府与重庆天开园林股份有限公司举行签约仪式。

4月12日晚，2017年离石区“传承好家风、争当文明户”（孝老敬老）活动颁奖典礼暨吕梁市“传承好家风、争当文明户”（孝老敬老）事迹巡展离石专场活动在吕梁影剧院举行。

4月13日，中国节能环保集团公司考察团就新能源项目在离石区江阴高级中学、吕梁华为云数据中心、吕梁大医院等进行实地考察。

4月15日，离石区启动北京晓清环保集团现代农业综合项目建设。

4月16日上午，“汾酒号”Z7835次太原—吕梁首趟直达特快城际列车停靠吕梁火车站。

4月28日，离石区、博恒（科技）杭州有限公司实施的蚂蚁金服“谷雨计划”启动实施。

5月12日，“美丽离石美丽家园”2017年山西美协吕梁美协写生采风启动仪式在离石区枣林乡结绳焉村举行。省文联副主席、省美协主席、山西省画院院长王学辉带领的来自全省各地60多位著名画家受邀参加此次活动。

5月16日，离碛县（离石—碛口）旅游公路离石段建设工程全面启动。

5月24日，离石区高家沟高级军事会议纪念馆市级爱国主义教育基地举行揭牌仪式。

5月28日，离石区启动“美丽信义行·激情新山湾”万人亲子游、“乘汾酒号列车·赏吕梁山风光”旅游季系列活动，迎来大量游客。

6月8日，江西省九江市政协党组副书记、副主席邓君安，九江市政协常委、人资环委主任周光灿，都昌县政协副主席涂世勤一行到离石区学习考察精准扶贫工作。

7月8日，离石区政府与山西五建集团举行战略合作签约仪式。

8月3日，离石区“美丽乡村离石游·沟梁上的土疙瘩”乡村旅游主题推介会在太原迎泽宾馆举行，归化村民自编自演的实景剧和新编民歌《请到离石来》受到热捧。

8月8日，2017年“全民健身与青运同行”系列活动启动仪式暨千人广场舞展演活动在世纪广场举行。

8月30日，离石区举行学习习近平总书记视察山西重要讲话精神交流会。

9月22日，吕梁市离石区医疗集团、离石区医疗集团人民医院正式揭牌。

9月25日，国务院扶贫办主任刘永富在吕梁卫校、离石区信义镇归化村就吕梁脱贫攻坚工作进行调研。

9月30日，市、区在凤山烈士陵园举行公祭活动。市、区四大班子领导及驻区各部队首长，市、区两级相关部门和人民团体负责人，驻吕部队和武警官兵、公安干警、各民主党派和无党派人士代表、老战士及烈属代表和学生代表参加活动。

10月8日，来自省内外的近千名马拉松参赛选手，云集信义镇，参加“天河云2017‘美丽乡村·秋韵吕梁’半程马拉松”比赛。

10月15日，中国公仆研究会山西工作委员会一行40余人到高家沟进行慰问演出和公益捐助。

11月2日，离石区村（社区）级“两委”换届工作动员会召开，标志全区农村和社区“两委”换届工作全面铺开。

12月17日，由山西农业大学软件学院党委书记姜红军带队的省脱贫攻坚成效考核第三方评估组进驻离石区考核评估2017年离石区脱贫攻坚工作。

12月19日，省委常委、常务副省长高建民到离石区调研健康扶贫政策落实情况。

12月20日，副省长贺天才到离石区调研“煤改电”工作。

2018年

1月5日，离石区召开全区干部大会，宣布山西省委、吕梁市委关于离石区委主要负责人职务调整的决定。梁志勇任吕梁市委委员、常委，离石区委委员、常委、书记。

1月23日，《吕梁市离石区志》评审会召开。

2月2日，离石区第一届教师职业技能表彰大会召开。

2月26日，离石区政府与华建集团在广州市就PPP项目协议举行签约仪式，协议涵盖黑臭水体整治和交通道路建设项目。

3月3日，离石区组织脱贫攻坚政策业务知识考试。驻村的区直各单位一把手，驻村帮扶工作队队长、队员，驻村第一书记，乡（镇、街道）副科级以上的领导干部参加。

3 月 9 日晚，由太原市晋剧艺术研究院创作演出的新编历史剧《布衣于成龙》在吕梁影剧院进行离石区专场巡演。区四大班子领导及各乡（镇、街道）、区直所属各单位干部观看。

3 月 11 日，离石区政府与山西省关帝山国有林管理局签署战略合作框架协议。

4 月 15 日，来自全国各地的 1000 余名游客到吕梁，开启新一季“乘汾酒号列车、赏吕梁山风光”之旅。

4 月 17 日，离石区 2018 年脱贫摘帽誓师大会在吕梁影剧院召开，市委常委、区委书记梁志勇出席并讲话。

4 月 18 日，科技时报社副社长冷德熙带领中国石化企业联合会总工程师李金良，中国钢铁设计总院教授高毅夫，科技部科技中心大数据专家、浙江大学特聘教授蒋永生等全国知名科技专家到离石区调研。

5 月 3 日，省政协副主席、市委书记李正印到离石区调研脱贫攻坚、监察体制改革和三个“专项治理”、地质灾害防治等工作。

5 月 6 日，省政协副主席、市委书记李正印到离石区信义镇、临县碛口古镇就“四好农村路”和沿黄旅游公路建设情况进行调研。

5 月 8—9 日，交通运输部副部长刘小明到离石、临县等地，就“四好农村路”、沿黄扶贫旅游公路、煤炭物流运输链及开展无车承运人业务等进行调研。

5 月 19 日，离石区联合金城国旅、去哪儿旅行等 20 多家旅行社，举行“5・19”中国旅游日旅游宣传活动。

5 月 20 日，离石区首届机器人竞赛暨航空科普教育展在军体训练中心举行。

5 月 23 日，省政协副主席、省工商联主席李武章带队到离石区就安全生产重点工作推进情况进行专题调研。

5 月 26 日，“吕梁市、离石区 2018 年家庭医生签约服务暨健康扶贫宣传月启动仪式”在世纪广场启动。

5 月 31 日，2018 年离石区“服务百姓健康行动”暨健康扶贫、健康教育、大型义诊活动启动仪式在信义镇永红村举行。省级医院专家及区人民医院专家参加。

6 月 1 日，省政协副主席、市委书记李正印等到永宁小学、西崖底小学慰问。

6 月 5 日，“走近中国林业・外国使节看三北”考察团一行——国家林业和草原局国际合作司副司长王春峰、国家林业局三北局总工程师武爱民、乌拉圭驻华大使费尔南多・卢格里斯以及来自乌拉圭、德国、南非、智利、巴基斯坦、越南、日本、老挝、斯里兰卡、澳大利亚十个国家的考察团成员到田家会考察环城绿化工程点工作。

6 月 6 日，中通商业总裁王睿率领的上海客商考察团到离石区考察商贸物流产业情况。

6 月 25 日，城北街道苏家崖沙麻沟社区举行交房仪式，成为吕梁新区建设以来率先进行交房的安置社区。

6月27日晚，吕梁首届美丽乡村“交口杯”民歌大赛颁奖晚会在交口街道交口村圆满结束。

7月12日，国务院副秘书长、国家信访局局长舒晓琴率领国家信访局调研组到离石区调研信访工作。

7月13—14日，中国社科院学部委员、经济研究所研究员朱玲带队的中国社科院经济研究所调研组到离石区调研城乡一体化与乡村振兴工作。

7月19—20日，省人大常委会副主任李悦娥带领省人大常委会调研组到离石区调研开发区改革发展情况。

7月20日，国家税务局吕梁市离石区税务局正式挂牌，标志着原国、地两税正式合并。

7月24日晚，文明之光耀石州——离石区2018年“传承好家风、争当文明户”颁奖活动暨吕梁市“传承好家风、争当文明户”事迹巡展在吕梁影剧院隆重举行。

8月2日，省政协副主席、市委书记李正印到离石区调研环境保护工作。

8月3日，吕梁市新闻办与山西先锋网联合拍摄出品的首部微电影《乡情》在信义镇归化村举行开机仪式暨新闻发布会。

8月6日，2018“全民健身日”吕梁市启动仪式暨离石城区“全民健身日”优秀节目展演活动在世纪广场举行。

8月18日，华为山西（吕梁）大数据中心在离石揭牌成立。中国工程院院士、北京理工大学校长张军，省政协副主席、市委书记李正印，华为技术有限公司副总裁杨瑞凯等领导出席揭牌仪式。

9月18日，“山西省新的社会阶层人士活动站”在大万源双创基地揭牌成立。10月6日，第二届吕梁名特优功能食品展销会暨首届农民丰收节离石区特色产品推介与民俗文化展演庆丰收活动开幕。

10月7日，来自省内外的1700余名马拉松参赛选手，云集离石城区的吕梁体育馆，参加“体彩杯”2018吕梁半程马拉松比赛。

10月13日，全省“四好农村路”建设现场推进会观摩团到离石区就“四好农村路”建设工作进行观摩指导。

10月15日，离石区脱贫摘帽“百日攻坚”誓师大会召开。

10月17日，2018年吕梁市离石区第四届老年人运动会在世纪广场开幕。

10月29日，秦晋两省第51届动物疫病暨畜产品质量安全联防联控会议在离石区召开。市委常委、区委书记梁志勇出席，神木市副市长高林忠、榆林市畜牧兽医局总畜牧师闫昱、延安市畜牧兽医局总畜牧师任丽华，来自吕梁市13个县（市、区）、榆林市12个县（区）、延安市13个县（区）的畜牧兽医局负责人，动物疫病预防控制中心主任、动物卫生监督所所长共计130余人参加。

11月11—13日，省委常委、常务副省长林武到离石区华为山西（吕梁）大数据中心等地进行调研并指导脱贫攻坚等工作。

12月4—5日，离石区“陕西师范大学专场招聘会”在陕师大毕业生就业指导服务中心举行。

12月17日，教育部“国培计划”第二期中小学名校长领航工程——“田雪梅名校长工作室”在离石区揭牌。

2019年

1月19日，省政协副主席、市委书记李正印到离石区调研民营经济发展工作。

1月27日，离石区与山西师范大学签署地校战略合作框架协议。

2月12日，离石区特邀省政府驻上海办事处副主任、省政府长三角招商局副局长李亚军和上海市山西商会秘书长李有生、上海市吕梁商会筹备组拟任会长张志、北京市吕梁商会支部书记石树滨出席离石区2019招商引资洽谈会，共商离石区改革开放转型发展大计。

2月16日，“人说山西好风光”大型三晋采访活动在信义镇永红村正式启动，山西日报报业集团党委委员、副总编辑任灵杰等参加。

2月18日，离石区召开机构改革动员大会。

3月2日，区第六届人民代表大会第四次会议第三次全体会议召开，选举李军为离石区人民政府区长。

3月5日，“我们都是追梦人”——2019年吕梁山护工走出大山脱贫致富事迹巡演首场报告会在离石区举行。

3月7日，中国农业发展银行党委委员、副行长鲍建安一行到离石区育民食品有限责任公司调研。

3月7—22日，离石区教育科技局、能源局、应急管理局、退役军人事务局、市场监督管理局、卫生健康和体育局、扶贫开发办公室、农业农村局、住房和城乡建设局、区文化和旅游局、区自然资源局挂牌成立。

3月19日，“山西科普惠农‘3·19’行动暨吕梁市第二届乡村e站科技节”在信义镇严村正式启动。

3月26日，离石区人民政府与关帝山国有林管理局召开区域战略合作座谈会，双方就生态文明建设进行深入交流。

3月30日，省政协副主席、市委书记李正印到离石区林业局、自然资源局就森林防火和地质灾害预防工作进行督导检查。

4月1日，省政协副主席、九三学社山西省委主委李青山带领调研组到离石区调研科技型民营企业经济发展情况。

4月上旬至6月，山西省考古研究所为配合祁县至离石高速公路建设，对位于离石区信义镇德岗村南的德岗遗址进行发掘，揭露面积1800余平方米，发现一批距今5500年的仰韶中期遗存，包括半地穴的五边形房址、灰坑和火塘。出土陶器以习见的尖底瓶、夹砂罐为代表。德岗遗址是山西省境内发现的较为完整的一批仰韶中期房址，为探索窑洞起源提供了新的重要线索。

4 月 22 日，新疆五家渠市考察团一行到华为山西（吕梁）大数据中心观摩学习。

4 月 23 日，离石区召开 2019 年脱贫攻坚对标整改巩固提升动员大会。

同日，国务院保障农民工工资支付考核组到离石区进行考核检查。

4 月 25 日，全国特色小城镇建设情况调研组到离石区调研。

4 月 26 日，云南省政协副主席何波一行考察田家会生态综合治理工程生态文明建设工作。

5 月 6 日，吕梁市沃丰农业绿色蔬菜栽培技术培训暨绿色农业专家工作站挂牌仪式在信义镇举行，标志着“九吕合作”的第一个项目正式落地生根。

5 月 18 日，离石区开展清洁“母亲河”活动，区四大班子领导，区直单位、全区 10 个乡镇（街道）、沿河村 2099 名党员干部和民兵群众参加。

5 月 21 日，山西省政府宣布离石区正式退出贫困县。

5 月 23 日，河北省军区副司令员潘平带领军区机关及所属警备区、军分区一行 22 人，到区人武部观摩调研人武工作正规化建设情况。

5 月 30 日，省政协副主席、市委书记李正印到离石区朝阳小学等学校看望少年儿童。

6 月 4 日，省政协主席李佳到离石区就转型发展、脱贫攻坚等进行调研。

6 月 11 日，以“英雄吕梁山，魅力黄土地”为主题的中国当代书画名家采风团在离石区开展采风创作活动。

6 月 15—16 日，离石区邀请来自省住建厅、中国城科院、省规划院、省建筑设计院、省设计院、省建科院、太原理工大设计院、太原理工大建筑学院的 32 名专家，为离石区美丽宜居乡村建设工作巡诊把脉共绘蓝图。

6 月 17 日，省政协副主席、市委书记李正印到华为山西（吕梁）大数据中心调研推进大数据拓展应用和信息化建设工作。

6 月 19 日，离石区召开撤并行政村工作专题会议，就全区涉行政村撤并总体情况进行汇总分析和研究讨论。

6 月 26—28 日，省政协副主席，九三学社中央常委、山西省主委李青山带领省政协“吕梁山生态修复治理”调研组到离石区调研。

7 月 11 日，离石大讲堂特邀教育专家、北京新学道创始人梁勇和北京新学道总校长郝少林作教育专题讲座。

7 月 18 日，中国残联第三方调研组到离石区进行专题调研。

同日，全国人大常委会委员、九三学社中央副主席丛斌带领九三学社中央调研组到离石区调研。

7 月 20 日，第二届全国青年运动会“山西燃气杯”火炬传递离石区站起跑仪式和收火仪式先后在火车站站前广场和市体育馆举行。

8 月 5 日，离石区“看二青盛会，游大美离石”旅游推介会在太原山西国际会议中心举行。

8月6日，580名省内游客从省城太原乘坐吕梁“汾酒号”旅游专列，抵达吕梁火车站，实地领略离石风光。

8月12日，离石区发票摇奖启动仪式在世纪广场举行。

8月14—15日，林迈可和李效黎的长子詹姆斯·林赛到林迈可李效黎纪念馆追思先人。

8月24日，离石区召开脱贫攻坚对标整改巩固提升推进会议。

9月12日，离石区“不忘初心、牢记使命”主题教育部署会议召开。

9月22日，国家林业和草原局总经济师杨超一行到离石区调研脱贫攻坚、生态文明建设工作。

同日，“泰化杯”2019薪火传承中国健跑暨吕梁红色马拉松赛鸣枪开跑。

9月23日上午，离石区举行“同升国旗·同唱国歌”庆祝中华人民共和国成立70周年活动，区四大班子领导及其他区级领导，广大干部、城区教育工作者、学生同时分别在离石江阴高中、离石一中、东关小学、袁家庄小学4所学校参加活动。

同日，中国煤矿文工团和离石区委、区政府联合主办的“深入基层 扎根人民”——中国煤矿文工团慰问演出在信义镇归化村举行。

同日，“2019年首届白马仙洞嘉年华”活动在吴城镇白马仙洞景区举行开幕仪式。

9月23—24日，离石区在世纪广场举办庆祝中华人民共和国成立70周年群众性歌咏比赛。

9月28日晚，离石区庆祝中华人民共和国成立70周年文艺晚会暨“最美奋斗者”颁奖典礼在吕梁市体育馆举行。

10月22日，区政府班子成员与其他区级领导赴石楼县红军东征纪念馆开展“不忘初心、牢记使命”主题教育，接受党史、革命史和爱国主义教育。

12月21日，离石区名特优功能食品（太原）展销暨文旅推介大会和“招商引资座谈会”在太原举行。

2019年，离石区总人口340705人，耕地面积11240.5公顷，地区生产总值137.1亿元，财政总收入44.52亿元，城镇居民人均可支配收入31648元，农村居民人均可支配收入7315元。

第一编

建置区划

位置　境域

建置沿革

行政区划

城镇　乡（街道）　村

离石区位于山西省西部，吕梁山脉西侧腹部，太中银铁路、青银高速公路、临离高速公路、国道 307 线、国道 209 线、省道 219 线、省道 340 线穿境而过。东南西北与交城县、文水县、汾阳市、中阳县、柳林县、临县、方山县接壤。全区总面积 1322.27 平方千米。地势东西高中间低，版图东北宽而西南窄。

离石，历代是郡州、地区、市的治所。历史上境域多变，多次与周边县域分合。战国为赵之离石邑，西汉置离石县，西晋时蔺、皋狼 2 个县并入离石县。西晋末，匈奴左部帅贵族刘渊起兵反晋，建都离石。北齐天保六年（555）置昌化县，北周建德六年（577），改为离石县。元中统二年（1261），离石县并入石州，中统三年又恢复离石县。元至元三年（1266），方山、孟门 2 县并入离石县。明洪武三年（1370），离石县并入石州，隶太原府。隆庆元年（1567），改石州为永宁州。清沿明制，永宁州设为散州，不领县。民国元年（1912）3 月，废州，称永宁县。民国 3 年 1 月，更名为离石县，民国 7 年 5 月，从离石县分设方山县。1946 年 2 月，离石、离东两县合并为离石县。1954 年 7 月，离石县与方山县合并，为离山县。1958 年 11 月，中阳县并入离山县，县名复称离石县。1959 年 8 月，中阳县从离石县分出。1971 年 5 月，吕梁地区成立，离石县分为离石郊区、离石县和方山县，10 月，离石郊区恢复为离石县。1996 年 4 月 29 日，经国务院批准，同意撤销离石县，设立离石市（县级），行政区域不变。2003 年 10 月 23 日，经国务院批准，同意吕梁撤地设市，撤销吕梁地区和县级离石市，设立地级吕梁市，吕梁市设立离石区，市政府驻地仍是离石区。

唐代，全县设有 5 个乡。金代，全县区划为乡、管、村。明代，石州境内共设 11 个乡、41 坊都。清初，缩减合并为 2 坊 8 都，每坊都分领 10 甲。民国初期，实行区村制。1953 年，改行政村为乡。1958 年 10 月，由乡村制改为社队制，全县成立人民公社 13 个。1984 年 5 月，改社队制为乡（镇）村制，改建为 9 个乡、6 个镇。2001 年 2 月，全市撤乡并镇，设 2 个街道、5 个镇、3 个乡。2004 年 7 月，将城区街道分解为 3 个街道；交口、田家会、西属巴 3 个镇亦改为街道。至 2015 年，离石区辖滨河、莲花池、凤山、城北、交口、田家会、西属巴 7 个街道，吴城、信义 2 个镇，坪头、枣林、红眼川 3 个乡。有村民委员会 187 个，居民委员会 66 个，自然村 432 个。

吕梁市区位于离石区境内西南东川河与北川河交汇处，南靠龙山，北依凤山，西对虎山，是离石区人民政府及吕梁市人民政府驻地，也是吕梁市政治、经济、文化的中心，为秦晋两省公路交通的枢纽。滨河街道为全区农业生产条件最好、商业最繁荣的区域，莲花池街道是全区煤焦工业聚集之地和焦炭生产基地，凤山街道的凤山是风景秀丽的名山，交口街道有“北方农民城”的商业街，吴城镇林业资源丰富，信义镇有全区唯一的工业园区，田家会街道、城北街道、西属巴街道、枣林乡、红眼川乡、坪头乡为煤炭和建材工业生产区。

第一章　位置　境域

第一节　位　置

离石区位于山西省西部，吕梁山脉西侧腹部，是吕梁市管辖的唯一一个区。地理坐标为北纬 37° 21′ —37° 42′，东经 110° 55′ —111° 35′。地势东西高中间低，版图东北宽西南窄。太中银铁路、青银高速公路、呼北高速公路、国道 307 线、国道 209 线、省道 340 线穿境而过。距省会太原市 180 余千米。

市区位于境内腹地偏西南的东川河、北川河交汇处，向东经大东川达汾阳和文水，距汾阳市区 81 千米，距文水县城 112 千米。东北经小东川翻越吕梁山至交城县，距交城县城 131 千米。向北经北川直通方山县，距方山县城 47 千米。西北经大武镇达临县，距临县县城 65 千米。西南经三川河谷直通柳林县，距柳林县城 30 千米。南经南川到中阳县，距中阳县城 26 千米。

第二节　境　域

区境东西直线距离约 56 千米，南北直线距离约 35 千米，总面积 1322.27 平方千米。东南至薛公岭与汾阳市交界，吴城镇与之接壤；东至东北与文水县、交城县相邻，吴城镇、信义镇与之毗连；北与方山县相靠，由东向西有信义镇、城北街道、西属巴街道、坪头乡与之相连；西与柳林县毗邻，沿边有枣林乡、交口街道的土地与之相连；南至西南相接中阳县，吴城镇、田家会街道、红眼川乡、莲花池街道、交口街道与之相连。县界总长度约 150 千米。

从古至今，境域多变，与方山、中阳时有分合。唐《元和郡县图志》载，平夷县（古城在中阳县境）、定胡县（古城在柳林县孟门镇境）、临泉县（古城在临县境）、方山县（古城在方山县境），皆“汉离石县地”。西晋时，蔺、皋狼 2 县皆并入离石县。元初，方山、孟门 2 县同时并入离石县，至清末相沿 640 余年，境域大致未变。清代境域，东至黄栌岭汾阳县界；东北至刘王峄山交城县界；北至赤坚岭岚县界；西北至碛口临县界；西至黄河，隔岸为陕西绥德州之吴堡县；西南至军渡；南至金罗镇以南的息马店与宁乡县（今中阳县）为界，今中阳县张子山乡（称南梁）皆属于永宁州境域。总面积约 3350 平方千米。1971 年 5 月，吕梁地区成立，从离石县大武镇以北划出方山县，交口镇以西新设柳林县，至 2015 年，离石境域为 1971 年规模。

第二章 建置沿革

第一节 离石区建置沿革

离石区的建置可追溯到战国时代。战国为赵之离石邑，秦属太原郡。西汉置离石县，属西河郡。据唐《元和郡县图志》载："县东北有离石水（即北川河），因取名焉"。汉武帝元朔三年（前126）封代共王子刘绾为离石侯。东汉永和五年（140），西河郡移治离石。东汉末年，北方少数民族南侵，战乱频繁，百姓流离，郡县俱废。三国魏黄初二年（221），复置离石县。

西晋改西河郡为西河国，蔺、皋狼2县并入离石县。西晋末，匈奴贵族刘渊据左国城（今方山县南村）起兵反晋，称汉王，建都离石。后赵置永石郡，后燕置离石护军，北魏改为离石镇。

北齐天保三年（552）置西汾州，设怀政郡。天保六年，置昌化县，属怀政郡，兼治于西汾州。北周建德六年（577）改西汾州为石州，并设置总管府，改怀政郡为离石郡，改昌化县为离石县。

隋开皇三年（583）废郡为州，大业三年（607）又改州为郡。离石县属离石郡。

唐武德元年（618），改离石郡为石州，隶河东道，离石县属石州。天宝元年（742），改石州为昌化郡，乾元元年（758）又改为石州，县名未变。

五代至北宋逮金，一直为离石县，属石州，相沿不变。

元中统二年（1261），离石县并入石州，中统三年又恢复离石县。先隶太原路，后隶冀宁路。至元三年（1266），方山、孟门2县并入离石县。

明洪武三年（1370），离石县并入石州，隶太原府。隆庆元年（1567）俺答入侵，破州城。太原府同知李春芳以"石"与"失"谐音，以为不祥，请改石州为永宁州。万历二十三年（1595）改隶汾州府，属冀南道。

清沿明制，永宁州设为散州，不领县。

民国元年（1912）3月，废州，称永宁县。民国3年1月，更名为离石县，属冀宁道。民国7年5月，将县北自峪口沟分出，设置方山县。民国26年10月，山西省国民政府将全省划为7个政治区（行政区），离石县属第四行政区。民国27年2月，日军侵占离石。离石县政府流亡于碛口蛤蟆塔一带。

民国29年（1940）1月，离石县抗日民主政府在蛤蟆塔成立，属晋西北行署第四分区专员公署管辖。离石县国民政府迁驻于柳林西南的冀家峪、长峪一带（大部分属当时中阳境）。4月，中共中央与阎锡山就解决“晋西事变”达成协议。离石县以汾离公路为界，以南划属离石县国民政府辖，以北划属离石县抗日民主政府辖。9月，离石县抗日民主政府在离石东山地区（大、小东川）成立县佐公署（离石东山办事处）。民国30年11月，离东县抗日民主政府成立，属晋绥四专署管辖。

民国31年（1942）10月，晋绥边区三、四专署合并为三专署，离石县属三专署辖，离东县改属八专署辖。

民国34年（1945）8月，日军投降。9月，离石县全境解放。离东县抗日民主政府进驻离石城，又归属晋绥三专署辖。离石县抗日民主政府迁驻柳林镇。

1946年2月，离石、离东两县合并仍称离石县。3月，晋绥边区第三分区专员公署改驻离石。4月，离石县抗日民主政府并入三专署，由三专署兼管离石县（专兼县）。1947年3月，离石县机构又独立分设。12月，流亡在中阳境内的离石县民国政府自行消亡。

1948年12月，撤销三专署，改为晋绥边区离石分区专员公署。1949年5月，离石专署又改为离石中心县政府，至10月撤销。

中华人民共和国成立后，离石县改为属兴县专区辖。1952年撤销兴县专区后，划归榆次专区辖（1958年11月榆次专区改为晋中专区）。

1954年7月，离石县与方山县合并，为离山县。

1958年11月，中阳县并入离山县，县名复称离石县。1959年8月，中阳县从离石县分出，离石县名不变。

1971年5月，吕梁地区成立，地区机关驻离石。进行区划调整，离石县分为离石郊区、离石县和方山县。离石郊区驻县城东关，离石县驻柳林，方山县驻峪口。10月，离石县更名为柳林县（国务院正式批准时间为1973年9月），离石郊区恢复为离石县。

1996年4月29日，经国务院批准，民政部批复，撤销离石县设立离石市。2003年10月23日，经国务院批准，同意吕梁撤地设市，撤销吕梁地区和县级离石市，设立地级吕梁市，吕梁市设立离石区，市政府驻地仍是离石区。2004年6月，吕梁市成立，7月，离石市更名为离石区。

第二节　市　地区　州郡治所建置沿革

离石，历代是州郡、地区、市的治所。

东汉永和五年（140），西河郡移治于离石，领13县：离石、平定、美稷、乐街、中阳、皋狼、平周、平陆、益兰、圜阴、蔺、圜阳、广衍。西晋改西河郡为西河国，领离石、隰城、中阳（孝义）、介休4县。东汉美稷县，西晋时更名左国城，匈奴左部所据，为“南单于庭”，蔺与皋狼皆并入离石县。北齐置为西汾州，设怀政郡，领昌化、良泉2县。北周改西汾州为石州，改怀政郡为离石郡，改昌化县为离石县，另置宁乡、卢山、平夷 3 县。离石郡，领离石、良泉、宁乡、卢山、平夷 5 县。又置窟胡郡，领窟胡 1 县；定胡郡，领定胡 1 县；乌突郡，领乌突 1 县。

隋开皇三年（583）废郡为州，隋大业三年（607）又废州为郡，置离石郡，废窟胡、定胡、乌突 3 郡。并将宁乡县并入离石县，改窟胡县为修化县，并卢山县入修化县。改乌突县为太和县。定胡、良泉 2 县相沿未改，隋大业三年，良泉县移治于方山，改为方山县。离石郡领有：离石、修化、定胡、太和、平邑、方山 6 县。

唐武德元年（618），改离石郡为石州，天宝元年（742），改石州为昌化郡。唐乾元元年（758）复改为石州。领县有：离石、平夷、定胡、临泉、方山。至五代相沿不变。

北宋沿唐制未改。元符二年（1099），石州之临泉县改隶晋宁军。大观三年（1109），定胡县也改隶晋宁军。石州只领离石、平夷、方山 3 县。

金明昌六年（1195），定胡县改称孟门县，平夷县改称宁乡县。石州领 6 县 4 镇，即：离石县、方山县、孟门县、临泉县、宁乡县、温泉县、石窟镇、吴堡镇、天泽镇、克胡镇。贞祐四年（1216）5 月，温泉县改隶汾州。

元中统二年（1261），离石县并入石州亲管，一年后又恢复离石县治。并置司候司。至元三年（1266），临泉升为临州，将孟门县、方山县及司候司并入离石县。石州领离石、宁乡 2 县。

明代，离石县并入石州亲管，只领宁乡（中阳）1 县。隆庆元年（1567），改石州为永宁州。

清，永宁州为散州，不领县。

1946 年，晋绥边区第三分区专员公署（三专属）改驻离石，辖离石、方山、临县、中阳 4 县。1948 年 12 月改为离石专署。1949 年 5 月，改称离石中心县。兼管方山、临县、中阳 3 县。至 10 月撤销中心县制。

1971 年 5 月，吕梁地区成立，驻离石。辖 13 个县：离石县、方山县、岚县、兴县、临县、柳林县、石楼县、交口县、中阳县、孝义县、汾阳县、文水县、交城县。2004 年 6 月，吕梁撤地设市，市政府仍驻离石。辖 1 个区、2 个市、10 个县，即：离石区、孝义市、汾阳市、文水县、交城县、中阳县、交口县、柳林县、石楼县、方山县、临县、兴县、岚县。

第三章　行政区划

第一节　乡所都甲制

离石区境域的行政区划，据《元和郡县志》载：唐代，全县设有5个乡。

金代，全县区划为乡、管、村。

明代，石州境内共设有11个乡，41坊都。州北有孝文南乡、孝文北乡、神林东乡、神林西乡和赵李乡；州东有怀南乡、怀北乡；州西南有沿河乡、修仁乡、文安南乡和文安北乡。

明隆庆元年（1567）后，因遭兵燹，人口锐减，尚存有25坊都。崇祯年间缩减合并为16坊都。

清初，由于战乱，户口减少，又缩减合并为二坊八都，每坊都分领十甲。

在城为坊，有宣阜坊、来安坊。在乡为都，城北有东相都、仁城都、太孝都。勤忠都的上七甲在城西，下三甲在城东。城西有青门都、泽远都、文北都、同南都。十坊都又分为39所，分属东南西北4乡，辖村庄476个。

东乡　七袁所辖：七里滩、四（寺）头村、瓦窑坡、高崖湾、沙会村、苏家村、袁家庄、凤山底、西崖底、水西、赵家庄、屯李（村）沟、乔家沟13个村。

田家会所辖：田家会、马家村、荆（吉）家村、上马家村4个村。

义居所辖：义居村、薄车（北遮）沟、郝家崖、上楼桥、达家原、北圪垛、枣林村7个村。

营皓所辖：下王营庄、上王营庄、海则里、李家山、任家塔、刘家湾、南寒里、下四皓、上四皓、马家塔10个村。

吴城所辖：陈家塔、小西沟、下分（封）村、上分（封）村、王智（治）庄、上罗蒲（堡）、下罗蒲（堡）7个村。

三交所辖：三交村、上三交、石槽村、九老（里）湾、薛公岭5个村。

石村所辖：袁家山、龙马坡、韩家坡、南塬村、石村5个村。

归信所辖：归化村、王村、严（年）村、德岗（纲）里、信义村5个村。

丰相所辖：回龙塔、丰义村、武家沟、王家沟、李家岔、清涧沟、雷家山、杨卷（羊圈）村上、己家山、杜家山、郝家圪垛、胡家沟、吴卒上、梨树塔、奥则墕、相里村、贾武（梧）村、辛井村、高家庄、马槽里、龙神头21个村。

小神头所辖：小神头村、吴家庄、千年村、西山湾、康家岭、桑湾里、杨家庄、崖窑湾、腰庄儿、刘家庄、武家庄、安沟村、九圪塔、衣科村、卧虎塔、治家庄、杆树塔、西梁上、豆色沟、韩家塔、铁树沟、两夹沟、神以沟、李则侧、武家掌、新庄儿、阳坡里、辛家沟、马家梁、窑儿上 30 个村。

西乡 马于所辖：马茂庄、石婆（盘）神村、于家店、乔家塔、王家塔、贺家塔、梁家会、贺家山、渠家山、白琶（龙）塔、梁家墕、冯家山、王家山、高家沟、段家坪、刘家湾、徐家沟、王家坡、十里村、枣林则、郝家沟、葫芦把、张家山、棋子（歧则）沟 24 个村。

李白所辖：上白霜、下白霜、王家会、梁家山、分则山、李家湾、圪垛里、郭家山、孔家山 9 个村。

青龙所辖：青龙镇、薛家湾、上青龙、杨家港、罗门会、寨东、吴家原、福寿村、阎土坡、后蔡家沟、前蔡家沟、薛家沟 12 个村。

柳林所辖：柳林镇、羊道口、阎家圪台、庙湾村、阎家山、沙曲村、杜雨村、下山村、张家原、刘家墕、康家沟、康家原 12 个村。

薛村所辖：薛村、李家沟、李家原、薛家原、小李家原、王家原、郝家庄、下庄村、狮则曲 9 个村。

穆郝所辖：杨家坪、杜家湾、穆村、堡上、下圪塔、寺沟村、郝家庄、冀家峪、白家塌、刘家原、后干峪 11 个村。

长峪所辖：长峪里、杨塌村、园藏村、李家庄、呼家圪台、杨家峪、解家峪、贯头、灰大峁 9 个村。

刘屈所辖：屈家沟、邓家凹、葛家墕、断道墕、聚财塔、邢家甲、官庄垣、庄则上、王家凹、张家甲、王家庄、刘家山、车家峁、野胡嘴 14 个村。

大庄所辖：韩家坡、西湾村、曹家坡、瑶车罗、马杓峁、薛家塔 6 个村。

柳成所辖：孟门镇、柳家庄、马家塔、石洞门、南坡村、穆家坡、吉家塔、罗家坡、东凹村、和尚峁、成家庄、张家塔、下原则、牛家崖、村窝里、王家坡、雷家沟、爱长村、百全远、裴家原、东凹里 21 个村。

车轮所辖：刘家山、车家塔、龙花垣、后侧垣、贾家垣、延家山、郭家山、高家塔、郝家津、郭家塔、冯家塔 11 个村

河郭所辖：后河底、石西村、贺须村、贺家坡、琵琶村、郭家塔、好学村、薛家坡、马家山、王家山、呼家原、前小成村、南坡村、后小成村 14 个村。

南乡 金罗所辖：乔家沟、卫家港、马家山、王家原、程家里、桃曲则、高家沟、小土河、元道嘴、胡家墕、北坡里、胡家里、西合村、程家沟底、东原、东合村、翟家山、高家墕、道堂村、交口村、天凹里、前沟底、傅家墕、韩家坡 24 个村。

长领所辖：薛家梁、杨家掌、水榆村、车家梁、王汶庄、韩家山、殷家山、唐则墕、长则山、霍家坡、赤墕里、庄儿山、青家梁、张子山、古家里、冷家墕、赵家山、大土河、王岭舍、新舍窠 20 个村。

北乡　东神所辖：沙麻沟、下安村、上安村、霜雾都、神底、赵家庄、东属巴、西属巴、茂塔坪、刘子曲、横梁上 11 个村。

大武镇所辖：大武镇、举人头、高家沟、新房里、杜家庄、洞上 6 个村。

店坪所辖：店坪村、虾蟆窝、阎家山、核桃塌、杨家塔、芦则山、下庄村、石门塌、杨和沟、班家凹、车道坂、柏局上、章施村、高家庄、南后庄、雒家庄、崖窑塔、阎家坡、马青局、棚则山、岳家山、李家山、东社村、呼家山 24 个村。

南相所辖：东相王、薛当村、西相王、杨家会、东坡里、新庄上、南村 7 个村。

峪口所辖：峪口、安上、枣林儿 3 个村。

河庄所辖：河庄、韩庄、来堡、鹧鸪村、村窝里、庙底、南坡 7 个村。

吉家庄所辖：花家坡、吉家庄、车道梁、土岔则 4 个村。

横泉所辖：东甕坪、故县村、班家庄、杜家会 4 个村。

监军庄所辖：监军庄、潘家藩、桑家会、横沟里、东瓦坪 5 个村。

津良所辖：津良庄、石家湾、东沟里、山寺上、旺羊山 5 个村。

胡堡所辖：运庄、莫口沟、后则沟、韩家沟 4 个村。

麻地会所辖：郝家庄、马家庄、赵庄、大西沟、杨合台、麻地会 6 个村。

方山所辖：方山堡、大嘴村、大罗庄、冯家沟 4 个村。

王家庄所辖：糜家塔、高家庄、王家庄、慕雨塔、武家湾 5 个村。

赤街所辖：窑儿村、刘家庄、麻雨村、延家庄、赤街村、开府村、赤尖岭 7 个村。

第二节　区（乡）村制

民国初期，实行区村制。民国 7 年（1918），离石、方山分治后，划全县为 5 个区。区设区公所，村设村公所。一区为城区，区公所驻马茂庄；二区为吴城区，区公所驻吴城镇；三区为柳林区，区公所驻柳林镇；四区为碛口区，区公所驻碛口镇；五区为大武区，区公所驻大武镇。

民国 8 年（1919），阎锡山整理村范，实行编村制。全县设编村 120 个，以 300 户为编制，编村以下以 25 户设闾，闾以下以 5 户为邻。民国 22 年统计，全县有区 5 个，乡镇街 148 个，闾 1182 个，邻 4889 个。

民国 29 年（1940）1 月，离石县抗日民主政府在根据地内成立，将全县的五大区扩为十个区，区以下分设行政村。第一区习称安国区、交口区或中心区；第二区习称东川区；第三区习称南梁区；第四区习称坪头区或店坪区；第五区习称阳坡区或凤山区；第六区习称马头区；第七区习称碛口区；第八区习称聚财区或泰山区；第九区习称孟门区或龙泉区；第十区习称八盘区，也称胶泥垅区。由于敌人骚扰，区政府为游击式的流动政府。4 月，中共中央与阎锡山就解决“晋西事变”达成协议，以汾离公路为界，以南为晋军驻防区，以北为八路军驻防区。离石抗日民主政府将汾离公路以南的三区、十区撤销。7月，离石东山办事处成立。9月，改为离石县佐公署。东部地区的二区、五区为辖区。民国29年，离石县抗日民主政府成立以后，离石县民国政府迁驻于柳林西南一带的冀家峪、长峪一带，所辖地区大部分为中阳县的西部一带地区。设立有两个行政区后，离石新政权的三区、十区归其所辖，实际能控制的只有5个编村，91个自然村，85个闾。至中阳解放后方告消亡。

民国30年（1941）11月，离东县正式成立。方山县的峪口、鸦儿岩东南一带，划归离东县辖，为离东县的第三区。原离石的五区为离东一区，二区为离东二区，共辖区3个。离石县只辖有一、四、六、七、八、九6个区。民国31年12月，离石六、七区合并为第三区，八、九区合并为第二区，碛口划为碛口市，改变为四区一市。第一区有自然村88个；第二区有自然村72个；第三区有自然村90个；第四区有自然村69个；碛口市辖自然村6个；共有自然村325个。

1945年9月，离石全境解放。离石县政府迁驻柳林镇，辖一区上白霜、二区柳林镇、三区孟门、四区西坬和碛口市。离东县政府进驻离石城，暂设离石城为离石市，共辖三区一市。12月，方山县中华人民共和国成立后，划归离东县的原方山地区又划回方山县。离东县在南梁地区建立了新的第三区。

1946年2月，离石、离东合并为离石县，全县统一划分为七个区，即：一区，驻马茂庄；二区，驻穆村；三区，驻成家庄；四区，驻大武；五区，驻信义；六区，驻吴城；七区，驻东关。碛口市划归临县辖，增设柳林为市。原离石的金罗及南梁地区划归中阳。离石城内设街公所。全县共辖行政村91个。

1948年初，一区、七区合并，全县成为6个区1个市。10月，全县将6区1市调整为9区1市，共辖行政村81个、自然村706个。

一区，区公所驻交口村，辖交口、下白霜、李家湾、王家会、石盘、枣林、西崖底、杨家掌8个行政村。二区，区公所驻穆村，辖穆村、沙曲、薛村、军渡、杨家坪、堡上、王家山7个行政村。三区，区公所驻成家庄，辖成家庄、孟门、邓家塬、刘家山、官庄垣、南塌、李家塬、王家塬、兴隆湾9个行政村。四区，区公所驻大武镇，辖大武、店坪、西属巴、西相王、武槐庄、相当村、神底、上安、东属巴9个行政村。五区，区公所驻信义，辖信义、小神头、千年里、袁家山、石村、严村、岔上、归化、高家庄9个行政村。六区，区公所驻吴城，辖吴城、义居、王营庄、王治庄、四皓、三交6个行政村。七区，区公所驻城内，辖城关、西山里、七里滩、瓦窑坡、袁家庄、沙麻沟、下安、水西、田家会、马家村10个行政村。八区，区公所驻柿则垣，辖柿则垣、龙花垣、岭上、白家塌、冯家塔、康家垣、东塬、张家塔8个行政村。九区，区公所驻西坬村。辖西坬、崇里、李家山、雒家庄、白家山、白家峁、结绳塌、彩树局8个行政村。柳林市，辖东街、中街、西街、田家沟、青龙、锄沟、薛家湾7个行政村。

1949年12月，撤销柳林市，将原八区的柿则垣、康家垣、东琉3个行政村和原柳林市所辖的薛家湾、锄沟、东街、中街、西街、田家沟、青龙7个行政村合并，成立为八区，区政府驻柳林。将原八区的龙花垣、冯家塔2个行政村划归二区；岭上、张家塔、白家塬3个行政村划归三区。1950年秋季，又成立第十区，即孟门区。由二区的军渡、冯家塔2个行政村，三区的孟门、兴隆湾、白家塬、岭上、张家塔5个行政村，合并孟门和岭上2个行政村为孟门行政村，新划薛家坪、吉家塔、郝家塔3个行政村，共11个行政村组成。全县由9个区变为10个区，共有行政村84个，自然村680个。1953年，区建置不变，改行政村为乡。撤销行政村公所，改称为乡人民政府。将全县的84个行政村，改划为乡88个。共有自然村702个。

第一区驻交口，辖乡10个，自然村86个。交口乡辖村5个、王家会乡辖村5个、高家掌乡辖村9个、李家湾乡辖村5个、黄草峁乡辖村14个、王家塔乡辖村11个、十里村乡辖村10个、于家沟乡辖村5个、蔡家沟乡辖村15个、马茂庄乡辖村7个。

第二区驻穆村，辖乡9个，自然村64个。穆村乡辖村5个、薛村乡辖村6个、李家塬乡辖村10个、高辿乡辖村8个、后大成乡辖村8个、堡上乡辖村6个、龙花垣乡辖村9个、杨家坪乡辖村5个、沙曲乡辖村7个。

第三区驻成家庄，辖乡8个，自然村68个。成家庄乡辖村9个、穆家坡乡辖村6个、李家琉乡辖村9个、任家山乡辖村8个、任家庄乡辖村9个、刘家山乡辖村10个、石家峁乡辖村7个、王家琉乡辖村10个。

第四区驻大武，辖乡13个，自然村86个。大武乡辖村3个、霜雾都乡辖村8个、武家庄乡辖村9个、西相王乡辖村4个、孙家山乡辖村10个、东相王乡辖村6个、杨家塌乡辖村7个、蛤蟆窝乡辖村5个、王家山乡辖村12个、店坪乡辖村7个、西属巴乡辖村5个、留子局乡辖村5个、缩缩岭乡辖村5个。

第五区驻信义，辖乡8个，自然村72个。信义乡辖村9个、德岗乡辖村8个、千年里乡辖村4个、高家庄乡辖村9个、小神头乡辖村11个、阳坡乡辖村14个。归化乡辖村11个、袁家山乡辖村6个。

第六区驻吴城，辖乡7个，自然村46个。吴城乡辖村10个、下王营庄乡辖村6个、油房坪乡辖村10个、下三交乡辖村7个、上楼桥乡辖村5个、下分（丰）村乡辖村4个、上四皓乡辖村4个。

第七区驻城内，辖乡9个，自然村62个。上水西乡辖村6个、马家村乡辖村8个、下安乡辖村10个、田家会乡辖村5个、王家沟乡辖村10个、西山里乡辖村7个、城关乡驻城内，辖村3个；于家塬乡辖村8个；瓦窑坡乡驻前瓦窑坡，辖村5个。

第八区驻柳林，辖乡8个，自然村68个。柳林乡辖村2个、车家塔乡辖村12个、康家垣乡辖村9个、前田家沟乡辖村5个、柿则垣乡辖村10个、屈家沟乡辖村11个、东琉乡辖村 11 个、青龙乡辖村 8 个。

第九区驻坪头，辖乡 8 个，自然村 63 个。坪头乡辖村 4 个、阎家坡乡辖村 9 个、李家山乡辖村 7 个、任家山乡辖村 9 个、崇里乡辖村 6 个、结绳塄乡辖村 10 个、枣堎乡辖村 8 个、彩树局乡辖村 10 个。

第十区驻孟门，辖乡 8 个，自然村 87 个。枣峁上乡辖村 11 个、薛家坪乡辖村 8 个、吉家塔乡辖村 17 个、郝家塔乡辖村 12 个、军渡乡辖村 17 个、邓家堎乡辖村 6 个、西圳乡辖村 9 个、西王家沟乡辖村 7 个。

1954 年 2 月，撤销区建置。7 月，离石、方山两县合并后改称离山县。原方山县设 3 个区 32 个乡。合县后，离山县共辖乡 120 个，自然村 797 个。并重新设置圪洞区，管辖原方山的 32 个乡。1955 年，乡人民政府改称乡人民委员会。1956 年 2 月，扩大乡划区域，全县由 120 个乡改划为 61 个乡。有自然村 872 个，并撤销圪洞区建制。1957 年，将全县的 61 个乡调整为 70 个乡，新增加千年里乡、沙曲乡、王家塔乡、东堎乡、下安乡、东旺坪乡、新民乡、代坡乡、下丰村乡 9 个乡，有自然村 883 个。1958 年 8 月，将全县的 70 个乡合并为 41 个乡，同时将代坡乡划归临县管辖。

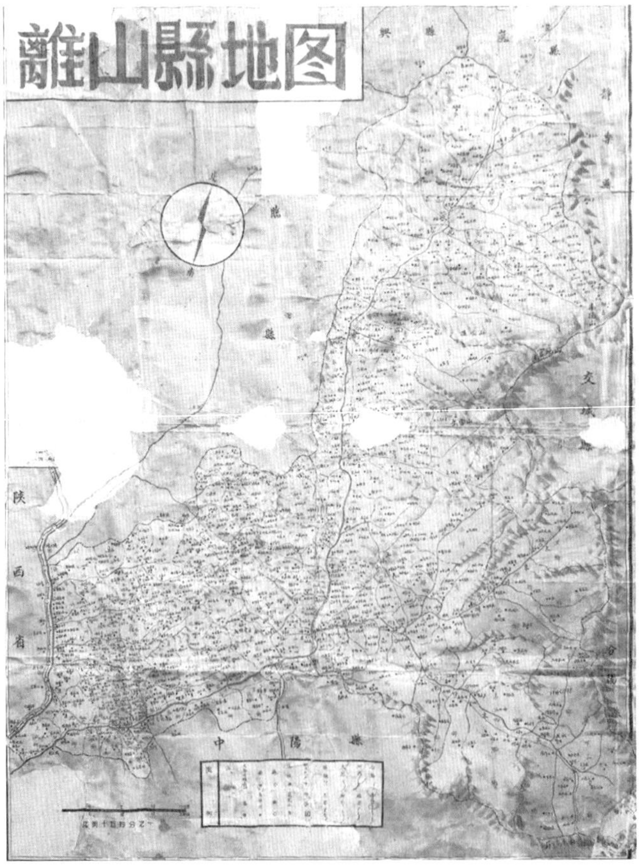

1957 年离山县地图 2020 年摄

第三节 社队制

1958年10月，全县由乡村制统一改为社队制，成立人民公社13个，下设管理区83个，自然村1022个，生产队1776个。1958年11月，离山县和中阳县合并，又复称离石县。原中阳有6个人民公社，合并后，离石县共辖人民公社19个。

1958年10月离山县各人民公社所辖管理区及生产队情况表

表1-1　　单位：个

公社名称	驻地	所辖区、村、队	
		管理区	生产队
城关人民公社	城内	11	52
柳林人民公社	柳林	7	367
柳林企业人民公社	柳林	10	59
孟门人民公社	孟门	4	113
成家庄人民公社	成家庄	9	160
吴城人民公社	吴城	5	44
信义人民公社	信义	6	29
枣林人民公社	枣林	2	72
大武人民公社	大武	7	279
峪口人民公社	峪口	5	154
圪洞人民公社	圪洞	6	148
马坊人民公社	马坊	7	200
坪头人民公社	坪头	4	99

1959年6月，离石县由原来的19个人民公社，调整为33个人民公社。8月，离石、中阳分治，离石县名不变。分治后，全县有人民公社21个，管理区474个，生产队1867个。1961年7月，管理区改为生产大队。新成立离石城关市管区和柳林市管区（管辖对象为城市居民）。生产大队调整为554个。全县共有自然村1143个，生产小队2188个。1962年，又将554个生产大队调整为717个生产大队。1965年1月，将两个城市管区改为两个镇委。城关镇委辖城内、东关、南关3个居民区；柳林镇委辖东街、中街、西街3个居民区。1965年2月，袁家山人民公社撤销，改建为王家沟人民公社。王家沟人民公社由

长局上、娘娘庙、王家山、陈家塌、王家沟、李家沟、乔家沟、袁家庄、沙麻沟、苏家崖、青嵩塌、白草塌12个生产大队组成。袁家山人民公社的界峁里大队划入田家会人民公社，袁家山大队划入信义人民公社，马家沟大队划入阳坡人民公社。

1966—1971年4月，全县有人民公社34个，生产大队717个，生产队（生产小队）2638个，镇委2个，居民区6个，自然村1329个。

1966—1971年4月离石县各人民公社所辖生产大队及生产小队情况表

表1-2　　单位：个

公社名称	管辖队数	
	生产大队	生产小队
开府人民公社	23	54
马坊人民公社	20	69
方山人民公社	21	59
麻地会人民公社	18	65
圪洞人民公社	22	116
峪口人民公社	25	114
下昔人民公社	18	62
大武人民公社	35	176
店坪人民公社	26	82
茂塔沟人民公社	15	44
坪头人民公社	21	94
西圳人民公社	16	52
结绳塌人民公社	15	41
枣林人民公社	16	80
交口人民公社	32	144
城关人民公社	33	127
王家沟人民公社	12	45
田家会人民公社	17	92

续表 1-2

公社名称	管辖队数	
	生产大队	生产小队
红眼川人民公社	8	34
吴城人民公社	20	74
信义人民公社	19	72
小神头人民公社	11	47
阳坡人民公社	8	54
柳林人民公社	43	231
龙花垣人民公社	17	69
贾家垣人民公社	18	45
东堎人民公社	22	40
薛村人民公社	21	90
军渡人民公社	17	55
成家庄人民公社	43	110
吉家塔人民公社	22	43
刘家山人民公社	16	50
西王家沟人民公社	15	45
孟门人民公社	32	63

注：另设城关、柳林两个镇委及其所辖 6 个居民区。

1971 年 5 月，吕梁地区成立，将离石县划分为方山、离石和离石郊区 3 个县。至大武以北的开府、方山、马坊、麻地会、圪洞、峪口、下昔、大武、店坪、茂塔沟 10 个人民公社，划归方山县。离石县由原来的柳林、薛村、军渡、龙花垣、贾家垣、吉家塔、孟门、西王家沟、刘家山、结绳墕、东堎、枣林、交口 13 个人民公社和中阳县的龙门垣、庄上、陈家湾、金家庄、留誉、张家圪台、韦园沟、三交、高家沟、石西、贺家坡、杨家峪 12 个人民公社，共 25 个人民公社组成，县革命委员会驻柳林镇。原离石的城关、王家沟、田家会、红眼川、信义、阳坡、小神头、吴城 8 个人民公社，划为离石郊区。将原离石县的西坬、坪头两个人民公社划归临县。1971 年 10 月，离石县改名为柳林县，离石郊区恢复为离石县。区划范围进行部分调整。

将结绳墕、枣林2个人民公社和原交口人民公社所属的高家沟、段家坪、交口、歧则沟、石盘、枣架、乔家塔、王家塔、贺家塔、白龙塔、贺家山、渠家山、杜家山、芦则峁、梁家墕、葫芦巴16个生产大队划回离石县，重新组建交口人民公社。新成立西属巴人民公社，将方山县茂塔沟人民公社的张家墕、袁家岭、宋家湾、缩缩岭、上则墕、高岭上、茂塔沟、盛底沟、王家山、米化梁10个生产大队和大武人民公社的盛底、留子局、横梁上、茂塔坪、西属巴、高梨峁、东属巴、霜雾都、上安9个生产大队划归西属巴人民公社。将划归临县的西坰、坪头两个人民公社仍划回离石县。新成立王营庄人民公社，将吴城人民公社的上四皓、下四皓、油房坪（包括李家山、龙房里）、任家塔（包括南海滩、海则里）、庄里（包括张家庄、安家山、告沟、冯家庄、油家庄、东沟、窑雨沟、黑水沟、庄里）、圪垛里（包括刘家沟）6个生产大队和田家会人民公社的上王营庄（包括沟门上）、下王营庄（包括后沟、石炭咀）、兔坪（包括郝家崖、碌碡墕）、北遮沟（包括青阳山、圪膝峁）、涧沟（包括许家圪垯、刘家沟、庄上、侯家岭、斜梁自然村）5个大队，共11个生产大队组成。将城关公社的高崖湾、沙会则2个大队和信义公社的阳凹、李家湾、李家山3个大队划归田家会公社。经过调整区划后，全县共辖人民公社15个、生产大队230个、镇委1个、居民区3个、自然村515个。

1972年，将个别联村大队的生产队，调整为生产大队。吴城公社增设于家沟、李家沟2个生产大队；阳坡公社增设梨树塔、青涧沟、杜家山、井家山、青石盘、下寺6个生产大队；王营庄公社增设任家塔、圪垛里2个生产大队；信义公社增设新建生产大队；阳坡公社撤销马家沟生产大队。全县生产大队增加为240个。西坰公社的驻地，由西坰村迁驻枣掠村。1978年，田家会公社增设李家山大队；西属巴公社增设石门咀、大中局2个大队；阳坡公社增设马家沟大队，撤销梨树塔、青涧沟、杜家山、井家山、青石盘、下寺6个生产大队，改为生产队。全县生产大队改变为238个。1979年，王家沟公社增设大峁上生产大队；枣林公社增设陈庄、贺家畔、陶家庄、水局4个生产大队；吴城公社增设农林村、农牧场2个生产大队；城关镇委增设城中居民区。全县生产大队成为245个，居民区成为4个。1980年，红眼川公社增设贾北里、车家梁2个生产大队；小神头公社增设塔则上生产大队；田家会公社增设马家村、五里铺2个生产大队。撤销吴城公社的农林村生产大队。全县生产大队变为249个。1981年，吴城公社增设农林村、黄栌沟2个生产大队。全县共有生产大队251个。1982年9月，城关公社合并入城关镇，将交口公社的段家坪大队，王家沟公社的袁家庄大队和乔家沟大队，田家会公社的七里滩大队划归城关镇。城关镇共辖生产大队35个和居民区4个。全县共有人民公社14个，镇1个，生产大队251个，居民区4个。1983年8月，西坰公社更名为枣掠公社。红眼川公社增设霍家坡大队，结绳墕公社增设江家山大队。全县生产大队增加为253个。

第四节　乡镇街道制

1984年5月12日，经山西省人民政府批准，全县改社队制区划为乡（镇）村区划。由14个人民公社、1个镇，改建为9个乡、6个镇。253个生产大队全部改建为村民委员会。4个城市居民区，改建为4个居民委员会。

1990年离石县行政区划表

表1-3

乡镇	辖村（居）委会	村委会、居委会名称
城关镇	村委会35个、居委会4个、自然村40个	东关、马茂庄、后瓦窑坡、大中局、（范家塌）、翟家窑、前赵家庄、后赵家庄、（柏里则）、前王家坡、刘家湾、上水西、大土河、王文庄、卧牛塌、杨家掌、袁家庄、乔家沟、南关、圪垯上、前瓦窑坡、牛家山、（李家山）、（塌里）、下安、（贺家庄）、凤山底、段家坪、后王家坡、崔家崖、下水西、刘家庄、徐家沟、潘家沟、张家庄、西崖底、王家庄、铨则塌、张家圪垛、七里滩 居民委员会：城内居委会、东关居委会、城中居委会、南关居委会
交口镇	村委会16个、自然村16个	交口、石盘、乔家塔、贺家塔、芦则峁、梁家塌、白龙塔、高家掌、小高家沟、歧则沟、枣架、王家塔、杜家山、葫芦把、渠家山、贺家山
田家会镇	村委会18个、自然村35个	田家会、五里铺、义居、（阳义居）、车家湾、（背车家湾）、前马家村、后马家村、沙会则、下楼桥、苏家村、高崖湾、吉家村、盘龙塔、上楼桥、（杏树梁）、界峁、（安家山）、（李家山）、（长梁山）、（龙马坡）、（马家沟）、（韩家沟）、长生村、（李家山）、（阳凹）、北圪垛、（中北圪垛）、（后北圪垛）、（垣上）、穆问村、（小穆问村）、枣林、（狼岔里）、（仟entity主）
吴城镇	村委会20个、自然村60个	街上、（庙沟）、沟门上、陈家塔、（大宇里）、（后脖子沟）、（桥沟）、（三胜庄）、（小西沟）、马城社、（其则沟）、（银洞沟）、上丰村、（小鱼沟）、（窑窑上）、石槽沟、（舍窠里）、（王治庄）、水井沟、下三交、（春景山）、（小庄上）、（赵成沟）、薛公沟、（后薛公沟）、（牛尾沟）、（石吊沟）、上罗堡、（崔家峪）、（海则里）、（四科）、黄芦沟、（柴坪里）、（竹筐里）、九里湾、李家沟、（南山）、李家湾、（红崖琼）、（磨年上）、（寺梁里）、（西营梁）、下丰村、（椿树宇）、（大崖石）、下罗堡、（白长沟）、（黄蒿沟）、王家沟、（后王家沟）、新隆（开山里）、（西塔）、上三交、（后南沟）、（神林沟）、（新发庄）、于家沟、（后于家沟）、（马武咀）

续表 1-3

乡镇	辖村（居）委会	村委会、居委会名称
西属巴镇	村委会25个、自然村30个	西属巴、大中咀、（聚财洼）、横梁、茂塔坪、米化梁、（任家塔）、（十二垧峁）、畔沟、石门咀、宋家湾、炭窑里、瓦窑间、袁家岭、中则坪、东属巴、高梨峁、高岭上、留子局、茂塔沟、上安、上则塌、盛地、盛地沟、霜雾都、缩缩岭、（后缩缩岭）、许家山、（王家山）、张家塌
信义镇	村委会18个、自然村28个	信义、王村、（罗家里）、（沙蓬圪垯）、阳石村、背石村、续马梁、峪元、袁家山、（下袁家山）、（阳崖上）、（胡家沟）、南掠、永红、（苏家庄）、严村、德岗、（小德岗）、后石村、回龙塔、（崖底）、梁家沟、张家坡、（杨四庄）、砖窑沟、（桥沟）、辛家沟
红眼川乡	村委会11个、自然村16个	红眼川、（师家峁）、贾北里、（于家塌）、西山里、新舍窠、殷家山、霍家坡、车家梁、寺头、唐则塌、（芦则塌）、新崖上、（冯家塌）、（乔家庄）、水峪里
王营庄乡	村委会11个、自然村26个	上王营庄、（沟门上）、下王营庄、北遮沟、（脂膝峁）、（阳北遮沟）、圪垛里、（刘家湾）、任家塔、（海则里）、（南海滩）、油房坪、（李家山）、（龙房里）、庄里、（安家山）、（张家庄）、上四皓、下四皓、兔坪、（郝家崖）、许家圪垯、（横梁里）、（侯家岭）、（刘家沟）、（庄上）
小神头乡	村委会12个、自然村33个	小神头、归化、（秦家崖）、（邢家庄）、采树沟、（长板塔）、（卧虎塔）、（杆树塔）、（虎草沟）、（王家沟）、（新窑上）、（雨科里）、崖窑湾、（四海湾）、（杨家庄）、康家岭、（九圪垯）、（木瓜塄）、（牛家岭）、马寨、（下马寨）、桑湾、（武家庄）、塔则上、（南沟）、吴家庄、西华镇、（庙底）、（庄上）、千年里、新山湾、（河洞沟）、（尹家庄）
阳坡乡	村委会9个、自然村38个	阳坡、（东红）、（木瓜崖）、丰义村、（背丰义村）、（王家塌）、贾梧村、（下寺）、（车家塌）、（吴家塌）、（高家塔）、任家沟、（大庙圪垯）、（雷家山）、（梨树塔）、（羊圈上）、（吴局上）、（东义沟）、磨湾、（刘家圪垛）、岔上、（王家沟）、（清涧沟）、高家庄、（杜家庄）、（青石坡）、（马家沟）、（龙石头）、（马槽里）、马家沟、（袁家峁）、（杜家山）、（井家山）、（后井家山）、（郝家圪垛）、（于岭上）、（曹家里）、寨马塌
王家沟乡	村委会11个、自然村16个	王家沟、屯李沟、白草塌、（小蒜岭）、长大局、（长局上）、大峁上、（白草峁）、（背咀里）、陈家塌、（赵家塌）、娘娘庙、青蒿塌、沙麻沟、苏家崖、王家山

续表 1-3

乡镇	辖村（居）委会	村委会、居委会名称
坪头乡	村委会 22 个、自然村 28 个	坪头、磁窑沟、（乔则峁）、樊包头、后庄、虎山、雒家庄、南庄、鹏凤山、碗圪台、阎家坡、墕口、（大槐局）、赵家山、池家峁、东社、（峁底）、凤凰峁、呼家山、李家山、马青局、崖窑塔、寺沟、（红花垣）、（武家峁）、（垣堋沟）、岳家山、杨树岭
枣琮乡	村委会 16 个、自然村 16 个	枣琮、西堋、柏局上、崇里、长龙山、段家墕、大西局、蒿圪垯、林茂庄、薛家坡、垣堋、小西局、俭崖局、卧龙墕、王家峁、垣上
结绳墕乡	村委会 17 个、自然村 19 个	结绳墕、彩家庄、庙墕、椿树峁、柳树局、（兴家局）、三山集、石柜沟、江家山、袁家坡底、白家峁、场墕、霍家塔、（斗耳）、朴牛岭、任家山、山墕、孙家峁、兴龙墕
枣林乡	村委会 22 个、自然村 56 个	枣林、陈家山、（成青龙）、（黄家峁）、（九根条）、陈家庄、（李家庄）、梁家岔、莞豆耳、（上莞豆耳）、（土井壕）、采树局、（杨家庄）、刘家舍窠、（大舍窠）、（郭家梁）、贺家畔、红花坪、（崔家庄）、（马家庄）、马家塔、（白家庄）、山底沟、（凤凰山）、（高和峁）、（畔沟）、（阳堋）、水局、（黄草峁）、（温家岭）、陶家庄、（背陶家庄）、（郝家沟）、双庙、张家山、龙尾峁、马家梁、前峁上、（大树墕）、（高家峁）、（刘家峁）、十里村、石桥、（安家沟）、（冯家沟）、（后安家沟）、（石琮）、薛家畔、（扁斗山）、（冯家山）、阎家峁、（柏林）、（虎头峁）、（任家梁）、（吴家峁）、（薛家峁）

1997 年 9 月，离石市设立城区街道，下辖城东、城中、城西、城南、城北、和平街、六一街、交通路、永东、货源街、桥东 11 个居民委员会。2001 年 2 月，离石市进行撤乡并镇，城关镇和王家沟乡分别改称为城区街道和城北街道，王营庄乡并入吴城镇，阳坡、小神头乡并入信义镇，结绳墕乡并入枣林乡，枣琮乡并入坪头乡。全市设街道 2 个、镇 5 个、乡 3 个。

2004 年 7 月 20 日，为了适应城市的不断扩展，便于建设和管理，吕梁市人民政府决定，撤销城区街道办事处，将原来的城区街道分解为：滨河街道、莲花池街道、凤山街道；将原城区街道办事处的前赵家庄、后赵家庄、下安、大中局、牛家山 5 个行政村划归城北街道。交口、田家会、西属巴 3 个镇均改为街道。

至 2015 年，离石区辖滨河、莲花池、凤山、城北、交口、田家会、西属巴 7 个街道，吴城、信义 2 个镇，坪头、枣林、红眼川 3 个乡。有村民委员会 187 个，居民委员会 66 个，其中：城市社区居民委员会 29 个，村民委员会改城市社区居民委员会 7 个，村民委员会与城市社区居民委员会合一的 30 个。全区有自然村 432 个。

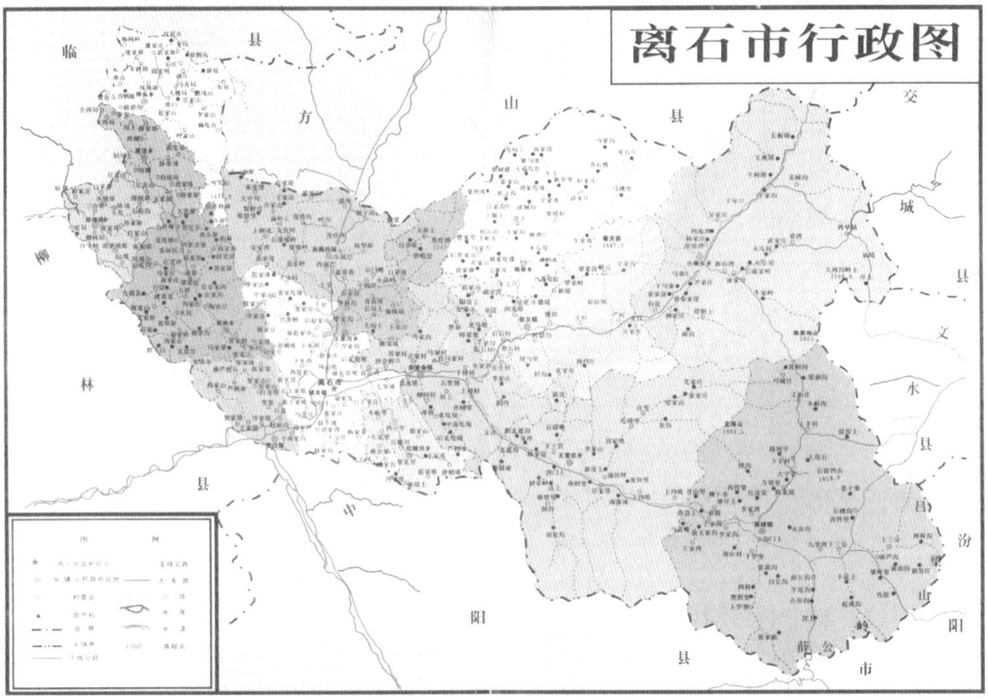

1996年离石市（县）行政图

2015 年离石区行政区划表

表 1-4　　单位：平方千米

乡镇街道	辖区面积	辖村（居）委会	村委会、居委会名称
滨河街道	23	行政村 8 个、居委会 14 个	行政村：前瓦窑坡、后瓦窑坡、杨家掌、张家庄、东关、王家庄、七里滩、刘家庄 居民委员会：前瓦、后瓦、东关、七里滩、城中、货源街、龙山、学府、城东、交通路、锦绣、永东、永宁、龙祥社区
凤山街道	19	行政村 10 个、居委会 15 个	行政村：袁家庄、凤山底、乔家沟、西崖底、上水西、下水西、前王家坡、后王家坡、崔家崖、铃则墕 居民委员会：袁家庄、凤山底、乔家沟、西崖底、水西、水西苑、崔家崖、前王坡、梧桐、久安、团结、生态园、吉祥、和平、中央公园社区
莲花池街道	21	行政村 11 个、居委会 17 个	行政村：南关、圪垯上、城内、卧牛墕、段家坪、刘家湾、王文庄、徐家沟、大土河、潘家沟、马茂庄 居民委员会：城内、南关、马茂庄、段家坪、徐家沟、刘家湾、圪垯上、王文庄、大土河、潘家沟、卧牛墕、八一街、六一街、丽景街、昌茂、昌宁、兴南社区
城北街道	44	行政村 6 个、自然村 29 个、居委会 10 个	行政村：长大局（长局上、大局上、王家山、陈家墕、赵家墕组成）、娘娘庙、菁蒿墕、白草墕（含背咀里、白草峁、大峁上、土地堂、小算岭）、大中局（含范家墕）、牛家山（含张家圪垛、李家山、墕里） 居民委员会：王家沟、李家沟、沙麻沟、苏家崖、下安（含贺家庄）、前赵家庄（含翟家窑）、后赵家庄（含北里则）、站前、尉汾路、河东社区
田家会街道	68	行政村 15 个、自然村 27 个、居委会 2 个	行政村：田家会（含垣上、前北圪垛、中北圪垛、后北圪垛）、盘龙塔、穆问村（大穆问村、小穆问村、枣林组成）、高崖湾、沙会则、苏家村、吉家村、界峁（龙马坡、马家沟、韩家坡、李家山、安家山组成）、前马家村、后马家村、下楼桥、五里铺、车家湾（含长生村、阳凹）、上楼桥、义居 居民委员会：田家会、高崖湾
交口街道	26	行政村 14 个、自然村 16 个、居委会 8 个	行政村：交口、高家沟、歧则沟、石盘、枣架、乔家塔（含高家掌、白龙塔）、王家塔、贺家塔、杜家山、芦则峁、葫芦把、梁家墕、渠家山、贺家山 居民委员会：交口、高家沟、岐则沟、石盘、枣架、乔家塔、王家塔、贺家塔

续表 1-4

乡镇街道	辖区面积	辖村（居）委会	村委会、居委会名称
西属巴街道	68	行政村 23 个、自然村 27 个	行政村：霜雾都、中则坪、石门咀、东属巴、高梨峁、留子局、横梁、上安（含张则墕）、宋家湾、上则墕、西属巴、袁家岭、缩缩岭、茂塔坪、盛地（含米化梁、任家塔、十二垧峁）、盛地沟、许家山、畔沟、茂塔沟、高岭上、瓦窑间、大中局、炭窑里
吴城镇	423	行政村 16 个、自然村 73 个	行政村：街上（含乔沟）、上三交（含石槽沟、黄芦沟、竹科里、舍窠里、神林沟、恶塔里、柴排里、南沟）、下三交（含小庄上、赵成沟、春吉山）、九里湾（含水井沟、薛公沟、石吊沟、牛尾沟）、下罗堡（含沟门上、黄虎沟）、上罗堡（含四科里、黑刘里）、陈家塔（含小西沟、大崖石、下丰村、大于里、春树于）、上丰（含王治庄、马成社、其则沟、水于里）、李家湾（含窑窑上、磨年上、西引梁、四梁里）、李家沟（含红崖凹、南山、于家沟、王家沟、马家塔、开山里、西塔上、后王家沟）、油房坪（含龙房里、刘家湾、圪垛里、安家山、庄里、张家庄）、上四皓（含下四皓）、兔坪（含北遮沟）、下王营庄（含油家庄、李家山）、上王营庄（含沟门上、庄上、许家圪垯、刘家沟）、任家塔（含南海滩、海则里）
信义镇	428	行政村 27 个、自然村 106 个	行政村：永红（含安后沟、拔头岭、苏家村）、严村（含郭家庄）、王村、德岗（含舍窠）、信义（含张家坡、新建、峪元、罗家里、沙蓬圪垯、梁家沟、杨四庄、小德岗、辛家沟、前羊坡、中羊坡、后羊坡）、回龙塔（含崖底）、后石（含袁家山、下袁家山、阳崖上、胡家沟、南洼里）、背石（含续马梁）、砖窑沟（含蛇则上、桥沟）、阳坡（东红、木瓜崖、敖则墕组成）、磨湾（含寨马墕、刘家圪垛）、贾悟村（含下寺、车家墕、吴家墕、高家塔）、高家庄（含杜家庄、新井里、青石坡、龙石头、马家沟）、任家沟（含梨树塔、雷家山、大庙圪垯、羊圈上、吴局上、东义沟）、马家沟（含井家山、后井家山、袁家峁、于岭上、杜家山、郝家圪垛、曹家里）、岔上（含王家沟、清涧沟）、丰义（含背丰义、王家耳）、归化（含秦家崖、邢家庄、塔则沟、南沟）、马寨（上马寨、下马寨组成）、西华镇（含桑湾、武家庄、庙底、庄上）、康家岭（含九圪垯、木瓜棱、牛家岭）、崖窑湾（含杨家庄、四海湾）、小神头村、千年（含卧虎塔、千树塔、新窑上、王家沟、采树沟、长板塔、虎草沟、雨科里）、新山湾（含尹家庄）、吴家庄村、阳石村
红眼川乡	27	行政村 11 个、自然村 15 个	行政村：红眼川（含师家峁）、西山里、贾北里（含于家墕）、车家梁、水峪里、殷家山、寺头、新舍窠、霍家坡、新崖上（含冯家墕、乔家庄）、唐则墕

续表 1-4

乡镇街道	辖区面积	辖村（居）委会	村委会、居委会名称
枣林乡	105	行政村 22 个、自然村 72 个	行政村：陶家庄（双庙、搬倒山、郝家沟、阳陶家庄、背陶家庄、温家岭、薛家畔、黄草峁、水局组成）、枣林（含马家梁）、十里村（含张家山）、马家塔（含白家庄、李家庄、陈家庄）、贺家畔（阳贺家畔、背贺家畔组成）、梁家岔（含红花坪）、闫家峁（含前峁、刘家峁、高家峁、大树焉、柏林、任家梁）、石桥（含石墕、安家沟、冯家庄、九根条、上贺家峁、下贺家峁、成青龙、陈家山、后安家沟）、刘家舍窠（含郭家梁、上莞豆耳、下莞豆耳、大舍窠）、龙尾峁（含彩树局、杨家庄）、山底沟（杨铡、疙都上、凤凰山、畔沟、赵家峁、沟岔上组成）、任家山、孙家峁（含江家山）、椿树峁（含石柜沟）、场墕（含兴龙墕）、白家峁、结绳墕、彩家庄（含庙墕）、三山集、霍家塔（含豆耳）、柳树局（含扑牛岭、孙家局）、袁家坡底（含山墕）
坪头乡	72	行政村 24 个、自然村 38 个	行政村：雒家庄、闫家坡、寺沟、坪头、南庄（含后庄、马青局）、赵家山（含蒿圪埮山）、呼家山、墕口、凤凰峁（含杨树岭、池家峁、崖窑塔）、李家山（含碗圪台）、东社村、鹏凤山（含岳家山）、虎山、磁窑沟、薛家坡、樊包头、西塄、枣墕（含俭崖局）、垣上、崇里、大西局（含小西局）、柏局上（含垣塄、长龙山）、段家墕（含玉家峁、孙家峁）、卧龙墕

第四章　城镇 乡（街道） 村

第一节　市　区

位置

吕梁市区（2007年离石城区城市规划和建设管理职能上划吕梁市建设部门后，离石城区通常称为吕梁市区，下同），位于区境西南东川河与北川河交汇之处。地理坐标北纬37° 30′—37° 33′，东经111° 7′—111° 12′。海拔920—940米。城区南靠龙山，北依凤山，西对虎山。东、北川两河环城在城西北交汇后绕城西向南又折向西南流去，是区人民政府及吕梁市政府的驻地，也是吕梁市、离石区政治、经济、文化的中心。国道307线、国道209线、青银高速公路、太中银铁路绕城而过，吕梁大道和龙凤大街贯通南北，环城高速公路连接四面八方，成为秦晋两省公路交通的枢纽。

建置

中华人民共和国成立后，离石城区由七区管辖，1954年2月，撤销区建置，由城关乡管辖。1958年，实行人民公社区划制后，由城关人民公社管辖。1984年5月，实行乡镇区划制后，由城关镇管辖。2001年，由城区街道和城北街道管辖。2004年7月，撤销城区街道，市区由滨河、莲花池、凤山、城北、交口、田家会、西属巴7个街道管辖。截至2015年底，城区面积25.8平方千米，居住人口27万余人。

建设

市区主要街道，南北以龙凤大街、东西以滨河南北路为主要骨架。永宁中路为市区最早改造的现代化街道，为行政办公、商贸服务业建筑集中区域，有吕梁市人民政府、市邮政营业厅、市电信营业厅、吕梁饭店、石州百货大楼等建筑；永宁东路建有永宁小学、时代广场、永宁国际影城；永宁西路建有世纪广场等建筑。兴隆商业街为金融商业街区，为吕梁市区最具人气的商业街道，沿街汇集着市工行、市建行、市农行等众多金融机构及新天地购物广场、永宁市场等大型商场。滨河北路以北分布有众多的党政机关、学校、医院等，为城区的核心路段。滨河南路建有离石区高级职业中学，永宁嘉苑，吕梁市国土资源局离石分局，永宁国际影城；滨河东路路西沿北川河建有蓄水景观及众多小广场及小游园，为广大市民的户外休闲娱乐场区；滨河西路沿河建有大面积的绿地公园。龙凤北大街为吕梁市区的餐饮服务区，该街向南主要有公园、广场、博物馆、汽车站和商业网点；龙凤南大街建有莲花池公园、永宁国际购物中心、离石区检察院举报中心、丽江商务会馆、宏泰御花园等多处宾馆、小区等建筑。

截至2015年底，市区形成大小街道101条，城市道路总长175.07千米，城市道路总面积344.12万平方米。各种设施桥涵、供水、排水、照明、供暖、交通及各种文化娱乐场所齐全完备，市区供水普及率95.33%。集中供热普及率86.42%，全区城镇燃气普及率94.89%。除驻扎市区机关、企业、厂矿、医院等单位外，还有小学45所，中学22所，中等专业学校6所，吕梁学院以及教育学院、地委党校等。

第二节　乡　镇

吴城镇

位置　位于离石城区东35千米处，相传，战国时期魏国将军吴起为抵御侵略在驿城口修筑城墙，因此而得名吴城。东与文水县、汾阳市交界，南邻中阳县，西连田家会街道，北接信义镇，全镇总面积423平方千米，占全区总面积的31.95%。国道307线、青银高速从东向西纵贯全镇，距离高速吴城出口1.4千米。太中银铁路穿境而过。

建置　1958年10月，吴城人民公社成立。1984年5月，改为吴城镇。2001年2月，在全市撤乡并镇中，王营庄乡并入吴城镇，同时32个行政村合并为16个行政村，共有自然村74个。截至2015年底，吴城镇辖街上（含乔沟）、上三交（含石槽沟、黄栌沟、竹科里、舍窠里、神林沟、恶塔里、柴排里、南沟）、下三交（含小庄上、赵成沟、春吉山）、九里湾（含水井沟、薛公沟、石吊沟、牛尾沟）、下罗堡（含沟门上、黄虎沟）、上罗堡（含四科里、黑刘里）、陈家塔（含小西沟、大崖石、下丰村、大于里、春树于）、上丰（含王治庄、马成社、其则沟、水于里）、李家湾（含窑窑上、磨年上、西引梁、四梁里）、李家沟（含红崖凹、南山、于家沟、王家沟、马家塔、开山里、西塔上、后王家沟）、油房坪（龙房里、刘家湾、圪垛里、安家山、庄里、张家庄）、上四皓（含下四皓）、兔坪（含北遮沟）、下王营庄（含油家庄、李家山）、上王营庄（含沟门上、庄上、许家圪垯、刘家沟）、任家塔（含南海滩、海则里）行政村16个、自然村73个，总人口11547人。镇政府机关驻街上村。

自然环境　全镇地处山地地貌单元，地势东高西低，主要山脉、山峰有薛公岭、北海山、黄栌岭、凤凰山，最高海拔2030米，最低海拔1083米，相对高度947米。白马仙洞为境内主要旅游景区。

大东川河，发源于吕梁山西侧神林沟一带。吴城以上汇合有大西沟、黄栌沟、孟川沟、石槽沟、罗堡沟、薛公沟等诸沟之水，经吴城向西纳驿沟、南山沟、南海沟、北海沟、洞沟等诸沟之水，再经王营庄入田家会街道之车家湾与小东川河交汇，长39千米，流域面积445.7平方千米，占全区总面积的33.66%。河床宽30余米，雨季、冬季河面宽可达12米。平均川谷宽430米，川谷地面积846.7公顷。

矿藏 境内地下矿藏有石英、砩石、镁矿，其中石英矿储量1亿吨以上，砩石矿0.2亿吨，镁矿0.05亿吨。

农业 吴城镇地域广阔，土地肥沃，人口密度小，发展农牧业具有得天独厚的条件。粮食作物以玉米、谷子、豆类、薯类为主，境内有野木耳、羊肚菌、沙棘、蕨类植物和十几种中药材，农民农闲时采摘山货出售，占全镇农民纯收入的10%以上。吴城镇靠东北部区域地广人稀，村庄分散，山庄窝铺居多，居民多由外地临县、平遥县迁入，以开荒种地、养牛放羊为生。

中华人民共和国成立初期，吴城为离石县产粮大区，征购粮为全县第一。

1978年10月，吴城水库建成，总库容1700万米^3，控制流域面积220平方千米，防洪保护范围36.5平方千米。

2009年，吴城农业科技园区开始筹备建设，同年6月，吕梁市大象农牧科技有限公司在驿沟农业示范园区成立。至2010年，吕梁市大象农牧科技有限公司建成一个年出栏10万头仔猪的良种猪生产基地和一个年出栏100万—120万羽肉鸡的养殖基地。

至2013年，吴城农业科技园区成为集农业现代化种植、养殖、观光休闲于一体的农业精品示范园。截至2015年底，境内林地面积33849.17公顷，其中森林面积18930公顷。全镇耕地面积4566.82公顷，全年粮食播种面积2029.5公顷，总产量3113.3吨；油料播种面积86公顷，总产量56.1吨；蔬菜及食用菌种植面积38.9公顷，总产量123.1吨；栽植药材0.5公顷。吴城镇林业资源丰富，关帝山森林局吴城林场、南海滩林场即位于境内，全镇林地面积33849.17公顷，占总面积的80.02%。

商业 吴城曾是离石境内重要的贸易集散地，历史上有“拉不完的碛口，填不满的吴城”之说。截至2015年底，全镇有商业网店50余户，饭店70余家。镇区有1300平方米的农贸市场1座，每逢（农历）四、八日为集日，集客流量1500—7000人，成交额可达10万余元。镇内最大的商店为镇供销社营业厅，营业面积480平方米。

教育 卫生 截至2015年底，全镇有幼儿园1所，在园幼儿30余人。小学1所，在校生70余人。镇办中心卫生院有病床位12张，医务人员17人。

1949—2015年部分年份吴城镇（公社）农牧业生产情况表

表1-5

年份	户数（户）	人口（人）	耕地面积（公顷）	粮食播种面积（公顷）	粮食总产量（吨）	猪存栏（头）	大牲畜存栏（头）	羊存栏（只）	家禽存栏（万羽）	农民人均纯收入（元）
1949	1387	4112	2301.67	2037.27	1424.4	254	661	3954	—	—
1958	1439	4458	1764.8	1540.73	1401.55	382	599	4161	—	34

续表 1-5

年份	户数（户）	人口（人）	耕地面积（公顷）	粮食播种面积（公顷）	粮食总产量（吨）	猪存栏（头）	大牲畜存栏（头）	羊存栏（只）	家禽存栏（万羽）	农民人均纯收入（元）
1970	1652	6225	1627.93	1531.67	1559	302	937	6808	—	48.36
1980	1651	6473	1724.6	1592.13	2365.15	1148	962	11515	—	57
1990	1743	6983	1496.87	1290	2826.4	147	1411	4264	—	391
2000	1908	7158	3131	1590	1272	366	1647	3915	0.55	301
2010	2999	9158	4534.28	1929.73	2091	1162	1762	7474	0.82	922
2015	5087	11547	4566.82	2029.5	3113.3	12593	1633	7120	1.2	—

注：表中境内 1949—1970 年数字为按 1973 年版图向上推算的数字。2010 年人口、户数为第六次全国人口普查数据。2015 年人口、户数为公安户籍资料。2010 年、2015 年耕地面积为吕梁市国土资源局离石分局提供的农村土地利用现状资料。

信义镇

位置　位于离石城区东北的小东川，因镇政府驻地在信义村而得名。信义镇东与交城县接壤，东南与文水县交界，南与吴城镇相邻，西与城北街道、田家会街道相接，北与方山县交界。总面积 428 平方千米，占全区总面积的 32.33%，距离石城区 15 千米。

建置　1958 年 10 月，信义人民公社成立。1984 年 5 月，改为信义镇。2001 年 2 月，在全市撤乡并镇中，将阳坡乡、小神头乡并入组建新的信义镇，共辖村民委员会 34 个（原小神头乡 12 个、原阳坡乡 8 个、原信义镇 14 个），自然村 102 个。2003 年 3 月，行政村撤并时，信义镇下辖行政村 27 个。截至 2015 年底，信义镇辖永红（含安后沟、拔头岭、苏家村）、严村（含郭家庄）、王村、德岗（含舍窠）、信义（含张家坡、新建、峪元、罗家里、沙蓬圪垯、梁家沟、杨四庄、小德岗、辛家沟、前羊坡、中羊坡、后羊坡）、回龙塔（含崖底）、后石（含袁家山、下袁家山、阳崖上、胡家沟、南洼里）、背石（含续马梁）、砖窑沟（含蛇则上、桥沟）、阳坡（东红、木瓜崖、敖则塌组成）、磨湾（含寨马塌、刘家圪垛）、贾悟（含下寺、车家塌、吴家塌、高家塔）、高家庄（含杜家庄、新井里、青石坡、龙石头、马家沟）、任家沟（含梨树塔、雷家山、大庙圪垯、羊圈上、吴局上、东义沟）、马家沟（含井家山、后井家山、袁家峁、于岭上、杜家山、郝家圪垛、曹家里）、岔上（含王家沟、清涧沟）、丰义（含背丰义、王家耳）、归化（含秦家崖、邢家庄、塔则沟、南沟）、马寨（上马寨、下马寨组成）、西华镇（含桑湾、武家庄、庙底、庄上）、康家岭（含九圪垯、木瓜棱、牛家岭）、崖窑湾（含杨家庄、四海湾）、小神头村、千年（含卧虎塔、千树塔、新窑上、王家沟、采树沟、长板塔、虎草沟、雨科里）、新山湾（含尹家庄）、吴家庄村、阳石村行政村 27 个，自然村 106 个，总人口 15519 人。

自然环境 该镇地处黄土高原，地势东高西低，东部高而窄，南部低而宽，总体呈现两山夹一川之态势，地貌类型有山地、丘陵。主要山峰有骨脊山、宝峰山、云顶山、双山、玉灵山。海拔高程平均 1777 米，最高点为骨脊山，海拔 2504 米，最低点为阳石村，海拔 1050 米，相对高度 1454 米。千年、西华镇、宝峰山、骨脊山为境内主要旅游景区。

境内最大的河流为小东川河，发源于骨脊山，河流总长度 112.3 千米，流经千年、吴家庄、崖窑湾、小神头、马寨、归化、永红、严村、王村、德岗、信义、砖窑沟、后石、背石、阳石村，全长 32 千米。全镇水资源丰富，上游无任何工业企业排放污水，水质纯净。

农业 信义镇气候温暖，位于小东川河河谷，土地肥沃，灌溉便利，为全区主要的农业生产基地，素有“米粮川”之称。粮食作物以玉米、小杂粮、豆类、薯类为主。

1998 年，吕梁市益得利种猪有限公司在塔则沟成立。2000 年，信义镇成为离石市三大蔬菜生产基地之一。

2011 年，严村成立全区首家蔬菜专业合作社，该村无公害蔬菜基地内西红柿、黄瓜等 5 种蔬菜取得农业部颁发的无公害产品认证。

2013 年 4 月，吕梁泰化集团在康家岭村投资建成泰瑞农林牧场。截至 2015 年底，全镇粮食播种面积 3113.7 公顷，总产量 3548.2 吨；油料播种面积 379.5 公顷，总产量 211.8 吨；蔬菜及食用菌种植面积 108.1 公顷，总产量 1585.8 吨；栽植药材 13.3 公顷。同年，吕梁市益得利种猪有限公司建成年出栏 15000 头的育肥基地和存栏 5000 头的母猪繁育基地。

信义镇森林密布，关帝山森林局千年林场、山西省太岳山国有林管理局信义林场即位于境内。截至 2015 年底，全镇林地面积 31025.2 公顷，占总面积的 72.5%。栽植核桃林 2000 公顷，总产量 3294 吨，占全区核桃产量的 62.37%。有果园 61.1 公顷，其中，苹果园 41.6 公顷，梨园 14 公顷；产水果 1300 吨，占全区水果产量的 70.24%。其中，产苹果 927 吨、梨 290.4 吨。

工业 1990—2007 年，境内的焦化企业生产盛极一时，高峰期有焦化企业 50 余户，焦炉 512 支，工业总产值达 2.6 亿元。2000 年，山西益欣食品有限公司建成，为离石市最大的奶制品加工企业。2007 年，离石区信义工业区开工建设，给该镇迎来新的发展契机。至 2015 年 3 月，信义工业区各项基础设施建设工程累计完成投资 86187 万元。入驻园区项目 7 户，累计完成投资 77884 万元。

教育 卫生 文化 体育 截至 2015 年底，全镇有幼儿园 2 所，在园幼儿 92 人。小学 3 所，在校学生 186 人，小学适龄儿童入学率 100%；初中 1 所，在校学生 58 人，专任教师小学初中 67 人，义务教育覆盖率 100%。主要学校有信义小学、背石小学、小神头小学，信义中心幼儿园、背石幼儿园。镇办中心卫生院有病床位 35 张，医务人员 14 人。有文化站 1 个，建筑面积 850 平方米；农村书屋 27 个；70%的村安装健身器材。

1949—2015 年部分年份信义镇（公社）农牧业生产情况表

表 1-6

年份	户数（户）	人口（人）	耕地面积（公顷）	粮食播种面积（公顷）	粮食总产量（吨）	猪存栏（头）	大牲畜存栏（头）	羊存栏（只）	家禽存栏（万羽）	农民人均纯收入（元）
1949	1334	4195	1701.73	1562.07	1636.5	390	389	5793	—	—
1958	871	4696	1687.53	1687.53	1904	468	321	6050	—	49
1970	1894	6926	1453.6	1450.6	2259.25	858	470	7495	—	50
1980	1749	6906	1405.67	1378.47	2599.55	1372	525	7783	—	60
1990	1905	7463	1180.87	963.67	3294.7	774	549	6266	—	435
2000	2035	7687	2186	836	1679	461	437	5217	0.7	464
2010	3306	9689	5259.86	3063.61	4059	2568	2766	10903	1.2	949
2015	5888	15519	5172.17	3113.7	3548.2	12962	2829	19628	2.94	—

注：表中境内 1949—1970 年数字为按 1973 年版图向上推算的数字。2010 年人口、户数为第六次全国人口普查数据。2015 年人口、户数为公安户籍资料。2010 年、2015 年耕地面积为吕梁市国土资源局离石分局提供的农村土地利用现状资料。

枣林乡

位置 位于离石西部山区，因乡机关驻地位于枣林村而得名。东与凤山、城北、西属巴街道交界，南与交口街道相连，西与柳林县毗邻，北与坪头乡、临县接壤。辖区东西最大距离 14 千米，南北最大距离 12 千米，总面积 105 平方千米。以乡镇驻地为中心，距离石城区 7 千米，距离最近的国道、省道 7.2 千米。

建置 1958 年 10 月，枣林人民公社成立。1984 年 5 月改建为乡。2001 年 2 月，全市撤乡并镇中，与结绳塌乡合并成立新的枣林乡。

截至 2015 年底，枣林乡下辖陶家庄（双庙、搬倒山、郝家沟、阳陶家庄、背陶家庄、温家岭、薛家畔、黄草峁、水局组成）、枣林（含马家梁）、十里村（含张家山）、马家塔（含白家庄、李家庄、陈家庄）、贺家畔（阳贺家畔、背贺家畔组成）、梁家岔（含红花坪）、闫家峁（含前峁、刘家峁、高家峁、大树墕、柏林、任家梁）、石桥（含石埝、安家沟、冯家庄、九根条、上贺家峁、下贺家峁、成青龙、陈家山、后安家沟）、刘家舍窠（含郭家梁、上莞豆耳、下莞豆耳、大舍窠）、龙尾峁（含彩树局、杨家庄）、山底沟（杨铡、疙都上、凤凰山、畔沟、赵家峁、赵家峁、沟岔上组成）、任家山、孙家峁（含江家山）、椿树峁（含石柜沟）、场墕（含兴龙墕）、白家峁、结绳墕、彩家庄（含庙墕）、三山集、霍家塔（含豆耳）、柳树局（含扑牛岭、孙家局）、袁家坡底（含山墕）行政村 22 个，自然村 72 个，总人口 9875 人。

自然环境 境内山峰交错，主要地貌为黄土丘陵沟壑和部分土石山区，平均海拔 1241 米，最高点为王老婆山峰，海拔 1509 米。最低点庙墕自然村，海拔 973 千米。境内王老婆山纵贯南北，东部梁峁起伏，沟壑纵横，枣林沟北部地区，号称九梁十八峁，大多为山庄窝铺。西部落差明显，山坡陡峻，沟梁交替，水土流失严重，梁峁间村庄密布。王老婆山为分水岭，以东为三川河流域（原枣林乡），以西为湫水河流域（原结绳墕乡）。境内中部的枣林沟为最大沟，从王老婆山向东直流城西，注入州河。全长 17 千米，夏季降暴雨时，沟窄落差大，洪水十分凶猛。沿沟以前是碛口通往城区的晋商古道，后有扶贫公路，穿洞过王老婆山达柳林、临县。另有一沟从梁家岔向北通坪头乡，沿沟有县道店梁线。

境内干燥少雨，王老婆山西侧地形陡峭，为土石山区，气候十年九旱，人畜吃水困难。湫水河流域无霜期长，昼夜温差大。东、西部为丘陵沟壑区，气候温暖半干旱。

农业 全乡农业生产条件恶劣，水土流失严重，土地支离破碎，农作物广种薄收。粮食作物以玉米、谷子、豆类、小杂粮为主，截至 2015 年底，粮食播种面积 1968.9 公顷，总产量 1344.2 吨；油料播种面积 13.4 公顷，总产量 6.2 吨。截至 2015 年底，栽植核桃林 1300 公顷，打造千亩示范园区 6 个、百亩示范园区 6 个，全乡核桃总产量 460.5 吨。有果园 10.5 公顷，产水果 93.2 吨。

工业 枣林乡煤炭、建材资源丰富，公路运输便捷。截至 2015 年底，全乡主要工业企业有：吕梁鑫瑞洗煤有限责任公司、吕梁市井龙煤业有限公司、吕梁亿龙水泥有限公司、吕梁恒磊新型建材有限公司、吕梁永宁石料厂、吕梁丰源绿色食品开发有限公司等。

教育 卫生 文化 截至 2015 年底，全乡有幼儿园 4 所，在园幼儿 89 人，专任教师 4 人。小学 4 所，在校生 120 人，专任教师 26 人，小学适龄儿童入学率 100%；初中 1 所，在校生 24 人，专任教师 8 人，初中适龄人口入学率 100%，小升初升学率 100%，义务教育覆盖率 100%。乡办中心卫生院 1 所，病床 10 张，医务人员 11 人。有文化站 1 个，建筑面积 200 平方米；农村书屋 22 个，建筑面积 660 平方米。文化行业从业人员 22 人。

1949—2015 年部分年份枣林乡（公社）农牧业生产情况表

表 1-7

年份	户数（户）	人口（人）	耕地面积（公顷）	粮食播种面积（公顷）	粮食总产量（吨）	猪存栏（头）	大牲畜存栏（头）	羊存栏（只）	家禽存栏（万羽）	农民人均纯收入（元）
1949	1057	3515	1516.8	1434.47	959.85	155	315	5886	—	—
1958	1061	4063	1304.67	1207.2	1281.95	189	243	5032	—	58
1970	1331	5092	1333.2	1361	974.2	576	269	5946	—	28

续表 1-7

年份	户数（户）	人口（人）	耕地面积（公顷）	粮食播种面积（公顷）	粮食总产量（吨）	猪存栏（头）	大牲畜存栏（头）	羊存栏（只）	家禽存栏（万羽）	农民人均纯收入（元）
1980	1310	5465	1312	1279.67	2211	879	304	5597	—	64
1990	1721	5858	1307.07	1023.6	2059.95	195	360	4351	—	385
2000	1567	5823	1912	1230	408	455	252	4124	0.54	331
2010	2386	7774	2117.39	1963.85	3282	1035	289	3351	0.44	1046
2015	4158	9875	2094.47	1968.9	1344.2	2121	101	5989	0.5	—

注：表中境内 1949—1970 年数字为按 1973 年版图向上推算的数字。2010 年人口、户数为第六次全国人口普查数据。2015 年人口、户数为公安户籍资料。2010 年、2015 年耕地面积为吕梁市国土资源局离石分局提供的农村土地利用现状资料。

红眼川乡

位置　位于离石城区东南 5 千米处，因乡机关驻红眼川村而得名。红眼川乡东与田家会街道毗邻，南与中阳县交界，西与莲花池街道接壤，西北、北均与滨河街道相连。全乡南北最大距离 7.63 千米，东西最大距离 7.32 千米，总面积 27.35 平方千米。以乡驻地为中心，驻地距离石城区 9 千米，距最近的青银高速入口 3 千米，距离石汽车站 8 千米，距离石火车站 10 千米。

建置　1961 年，红眼川人民公社成立。1984 年 5 月改建为乡。截至 2015 年底，红眼川乡下辖红眼川（含师家峁）、西山里、贾北里（含于家塌）、车家梁、水峪里、殷家山、寺头、新舍窠、霍家坡、新崖上（含冯家塌、乔家庄）、唐则塌行政村 11 个，自然村 15 个，总人口 5918 人。

自然环境　红眼川乡地处黄土丘陵地貌区域，海拔高程平均 1200—1500 千米，地势南高北低，最高点为唐则塌东部无名高地，海拔 1436 米，最低点为七（里滩）—红（眼川）公路在乡区域北端的七里滩村西，海拔 979 米，相对高度 457 米。

矿藏　红眼川乡拥有丰富的煤炭资源，在 27 平方千米的辖区面积内，储煤面积超过 20 平方千米，境内已探明地下矿藏有煤、铝土矿、高铝黏土等。煤炭以焦煤、瘦煤为主。

农业　红眼川乡山高坡陡，沟壑纵横，自然条件恶劣，发展农业受到局限。粮食作物以玉米、谷子、豆类、小杂粮为主。2011 年，建成殷家山—唐则塌小杂粮种植带，成立专业小米合作社，注册“南梁米”商标。截至 2015 年底，全乡粮食播种面积 577.9 公顷，总产量 85 吨；蔬菜播种面积 15 公顷，总产量 39.2 吨。栽植核桃林 710 公顷，打造精品示范园区 4 个，总产量 127 吨。有梨园 3.3 公顷，产梨 3.1 吨。

工业　截至 2015 年底，全乡工业总产值达 55000 万元，主要工业企业有山西吕梁离石贾家沟煤业有限公司、山西吕梁襄矿环能国鼎煤业有限公司，总产值24416.08万元。

教育　卫生　文化　2010年，撤销红眼川乡中心校，学生到市区就读。截至2015年底，全乡有各级各类医疗卫生机构12个，其中卫生院1所，病床6张，医务人员3人。有文化站1个，建筑面积1200平方米；农村书屋11个，建筑面积850平方米。

1949—2015年部分年份红眼川乡（公社）农牧业生产情况表

表1-8

年份	户数（户）	人口（人）	耕地面积（公顷）	粮食播种面积（公顷）	粮食总产量（吨）	猪存栏（头）	大牲畜存栏（头）	羊存栏（只）	家禽存栏（万羽）	农民人均纯收入（元）
1949	589	2355	886.6	814.93	820	222	198	2732	—	—
1958	638	2618	807.6	755	955	252	120	2137	—	31
1970	804	3290	752.93	749.67	742.55	473	144	3255	—	27
1980	876	3518	714.87	683.13	1202.65	800	172	1526	—	65
1990	1014	3718	714.87	597.47	1510.5	413	270	2751	—	472
2000	1236	4051	990	776	188	213	156	1493	0.43	812
2010	691	1745	751.95	589.53	956	281	26	272	0.54	3023
2015	2201	5918	755.17	577.9	85	606	49	2018	1.07	—

注：表中境内1949—1970年数字为按1973年版图向上推算的数字。2010年人口、户数为第六次全国人口普查数据。2015年人口、户数为公安户籍资料。2010年、2015年耕地面积为吕梁市国土资源局离石分局提供的农村土地利用现状资料。

坪头乡

位置　该乡属湫水河流域，距市区39千米，东与西属巴街道、方山县相邻，北部、西部与临县三交镇、招贤镇接壤，南与枣林乡相接，总面积72平方千米。乡政府因设在坪头村而得名，素有离石的“大西北”之称。

建置　1958年10月，坪头人民公社成立。1984年5月改建为乡。2001年2月，在全市撤乡并镇中，枣塬乡并入。截至2015年底，坪头乡下辖雒家庄、闫家坡、寺沟、坪头、南庄（含后庄、马青局）、赵家山（含蒿圪垯山）、呼家山、墕口、凤凰峁（含杨树岭、池家峁、年跃塔）、李家山（含碗圪台）、东社村、鹏凤山（含岳家山）、虎山、磁窑沟、薛家坡、樊包头、西塌、枣塬（含俭崖局）、垣上、崇里、大西局（含小西局）、柏局上（含垣塌、长龙山）、段家墕（含玉家峁、孙家峁）、卧龙墕等行政村24个，自然村38个，总人口17292人。

自然环境　坪头乡为典型的黄土丘陵区，境内地形梁峁起伏，沟壑纵横，地势东高西低，相对海拔较高，最高点位于东部马头山，海拔达1587米，最低点位于樊包头村附近，只有 890 米。境内植被稀疏，土地裸露，春旱连年不断，水土流失严重。全乡水资源严重匮乏，人畜吃水多靠旱井。河道平时均为干沟，只有在大雨过后有短时洪流；既无地表水，也无一条清水河流，深井水在 500 米以下，难以开采，且大多水质偏硬有咸味，不适宜人畜饮用。境内基本没有大型野生动物，只有少数野鸡、兔子等。

境内河流向西注入湫水河，流域面积 72.6 平方千米，一年四季多数时间断流，只有在暴雨过后，才有洪水。最大的沟道为大沟，长度达 10 千米，其他 1 千米以上的短沟道有 18 条。

矿藏　坪头乡自然资源以煤炭、铝矾土、石灰石为主，储量极其丰富。截至 2015 年底，全乡煤炭探明总面积 11.7 平方千米，已开采的有 5 号、8 号、9 号煤。铝矾土、青石等资源储量也十分可观，尤其是有大量材质好的石料，属优质水泥原料。

农业　境内坡陡沟深，土地贫瘠，耕作方式传统。农作物以谷子、玉米、高粱、土豆、豆类、小杂粮、花生为主。截至 2015 年底，粮食播种面积 2035 公顷，总产量 951.3 吨；油料播种面积 152.7 公顷，总产量 29.9 吨；蔬菜及食用菌种植面积 63.7 公顷，总产量 53 吨。栽植核桃林 2000 公顷，打造五百亩核桃精品园区基地 1 个、三百亩核桃精品园区基地 2 个、百亩核桃精品园区基地 3 个，全乡核桃总产量 118.7 吨。有红枣园 263.3 公顷，占全区的 91.17%；红枣产量 42.7 吨，占全区的 34.44%。

工业　境域内煤藏丰富，煤田面积广，较易开采，中华人民共和国成立前就有煤矿产业。截至 2015 年底，全乡主要工业企业有：山西东江煤业集团有限公司、山西煤炭运销集团锦瑞煤业有限公司、山西吕梁西山亚辰煤业有限公司，工业总产值近 3.8 亿元。

教育　卫生　文化　体育　截至 2015 年底，该乡有幼儿园 1 所，在园幼儿 22 人，专任教师 2 人；小学 1 所，在校生 16 人，专任教师 10 人，小学适龄儿童入学率 100%；初中 1 所，在校生 20 人，专任教师小学初中 67 人，义务教育覆盖率 100%。有各级各类医疗卫生机构 24 个，其中乡办中心卫生院 1 所，病床 20 张，专业医务人员 24 人。有文化站 1 个，建筑面积 300 平方米；农村书屋 24 个，建筑面积 500 平方米；全部村安装健身器材。

1949—2015 年部分年份坪头乡（公社）农牧业生产情况表

表 1-9

年份	户数（户）	人口（人）	耕地面积（公顷）	粮食播种面积（公顷）	粮食总产量（吨）	猪存栏（头）	大牲畜存栏（头）	羊存栏（只）	家禽存栏（万羽）	农民人均纯收入（元）
1949	1284	5488	1719.27	1369.87	1377.7	—	393	1658	—	—
1958	1583	6256	1546.07	1306	1439.75	193	324	2855	—	30
1970	2226	8372	1579.47	1398.93	1736.3	454	304	3059	—	32.7

续表 1-9

年份	户数（户）	人口（人）	耕地面积（公顷）	粮食播种面积（公顷）	粮食总产量（吨）	猪存栏（头）	大牲畜存栏（头）	羊存栏（只）	家禽存栏（万羽）	农民人均纯收入（元）
1980	2375	9008	1558.2	1422.6	2436.25	1472	429	1910	—	37
1990	2751	10437	1494.4	1247	3687.45	650	670	3226	—	354
2000	2574	10405	2197	1065	2503	286	368	2816	0.5	516
2010	2985	8647	2741.87	2095.73	4480	593	118	894	1	1133
2015	6646	17292	2723.34	2035	951.3	1207	67	4085	14.86	—

注：表中境内1949—1970年数字为按1973年版图向上推算的数字。2010年人口、户数为第六次全国人口普查数据。2015年人口、户数为公安户籍资料。2010年、2015年耕地面积为吕梁市国土资源局离石分局提供的农村土地利用现状资料。

附：撤并乡简介

王营庄乡

位置 位于离石城东部20千米处。东连吴城镇，北靠信义镇，东北接小神头乡，西邻田家会镇，南与中阳县交界，面积175.78平方千米。

建置 1971年，王营庄人民公社成立。1984年，改建为乡，辖村民委员会11个，有自然村28个，乡人民政府驻上王营庄村。截至2000年底，全乡有1395户，5278人。2001年2月，在全市撤乡并镇中，并入吴城镇。

自然环境 王营庄乡位于东川河与国道307线两侧，群山环抱，山高沟多，西有海拔1982米的北海山，有自然形成的白马仙洞，洞宽1.3米，高2米，深不可测。洞内有“无根梯”“独木桥”“黑龙潭”“放马滩”等32景。境内气候较寒冷，属寒冷湿润气候区。年均降水量500毫米，年均气温8℃，无霜期125天。

农业 王营庄乡土薄石厚，人稀地广，居住分散，耕地基本分布于山川沟坡之上，天然牧草丰富，适宜发展林牧业。主要粮食作物有谷子、玉米、高粱、土豆、豆类等，经济作物有蓖麻、葫芥等。截至2000年底，粮食播种面积734公顷，总产量996吨；油料播种面积191公顷，总产量49吨；蔬菜瓜果种植面积26公顷，总产量14吨。有果园12公顷，产水果19吨。

教育 卫生 截至2000年底，全乡有中学1所，小学19所，卫生院1所。

1949—2000年部分年份王营庄乡（公社）农牧业生产情况表

表1-10

年份	户数（户）	人口（人）	耕地面积（公顷）	粮食播种面积（公顷）	粮食总产量(吨)	猪存栏（头）	大牲畜存栏（头）	羊存栏（只）	家禽存栏（万羽）	农民人均纯收入（元）
1949	829	2849	1280.47	1193	570	182	300	4917	—	—
1958	920	3003	1201.07	1105.47	1198.65	194	276	4746	—	41
1970	1207	4349	1109	1020.27	1161.9	709	421	7746	—	40
1980	1181	4799	1201.33	1098.6	1737.75	990	470	9567	—	50
1990	1314	5134	1107.27	927.33	2049.05	732	638	7240	—	419
2000	1395	5278	1829	734	996	309	560	4208	1.1	464

注：表中境内1949—1970年数字为按1973年版图向上推算的数字。

小神头乡

位置 位于离石城东北部，距城区35千米。东与交城县、文水县交界，北与方山县相接，西连阳坡乡和信义镇，南靠王营庄乡与吴城镇，面积209.74平方千米。

建置 1959年6月，小神头人民公社成立。1984年5月改建小神头乡。辖村民委员会12个，自然村31个，因乡人民政府驻小神头村，故名小神头乡。截至2000年底，全乡有1121户，3850人。2001年2月，在全市撤乡并镇中，并入信义镇。

自然环境 境内东、北、南为高山森林区，有骨脊山、云顶山、宝丰山等高山，有丰富的森林资源和野生动物。适宜采集药材、蘑菇等山货，放养牛、马、猪、羊等牲畜。小东川河发源于境东北，骨脊山西侧。中部为小东川川谷地带，为主要农业种植区，也是居民集中区。气候属高寒湿润区，平均年降水量550毫米以上，年平均气温6℃—8℃，无霜期130天。

农业 小神头乡主要粮食作物有莜麦、荞麦、马铃薯、谷子等。截至2000年底，粮食播种面积789公顷，总产量1234吨；油料播种面积172公顷，总产量101吨。蔬菜瓜果种植面积22公顷，总产量185吨。有果园38公顷，产水果39吨。大牲畜年末存栏1781头，占离石市大牲畜年末存栏数的22.46%。

教育 卫生 截至2000年底，小神头乡有中学1所，小学19所，卫生院1所。

1949—2000 年部分年份小神头乡（公社）农牧业生产情况表

表 1-11

年份	户数（户）	人口（人）	耕地面积（公顷）	粮食播种面积（公顷）	粮食总产量(吨)	猪存栏（头）	大牲畜存栏（头）	羊存栏（只）	家禽存栏（万羽）	农民人均纯收入（元）
1949	932	2896	1595.13	1413.8	1132.05	149	477	1714	—	—
1958	949	2661	1254.47	1098	1273.5	328	485	4204	—	41
1970	1313	4445	1193.47	1147.53	1620.85	546	809	5683	—	62
1980	1323	4902	1173.13	1066.47	1494.75	928	747	6655	—	55
1990	1249	4465	1093.13	906.8	2053	420	1429	2700	—	401
2000	1121	3850	1787	789	1234	569	1781	4430	0.47	501

注：表中境内 1949—1970 年数字为按 1973 年版图向上推算的数字。

阳坡乡

位置 位于离石城东北部，距城区（绕小东川）20 千米。东靠小神头乡，北与方山县交界，西邻王家沟乡，南接信义镇，面积 112.76 平方千米。有乡级公路从阳坡沟可通小东川。

自然环境 境东北为高山森林区，西北为石土山区。西南低洼，为阳坡盆地，属黄土丘陵区，是主要农业种植区。境内气候干旱多风，平均年降水量 450 毫米，年平均气温 8℃，无霜期 130 天，为离石市的主要农林牧区。

建置 1961 年前，境内属信义公社。1961 年，阳坡公社成立。1984 年改建为乡，辖 8 个村民委员会，有 44 个自然村。乡人民政府驻阳坡村，故名。截至 2000 年底，全乡有 826 户 2871 人。2001 年 2 月，在全市撤乡并镇中，并入信义镇。

农业 阳坡乡主要粮食作物有谷子、玉米、高粱、马铃薯、豆类等。截至 2000 年底，粮食播种面积 902 公顷，总产量 1533 吨；油料播种面积 423 公顷，总产量 90 吨；蔬菜瓜果种植面积 22 公顷，总产量 185 吨。有果园 21 公顷，产水果 4 吨。羊年末存栏 7500 头，为离石市存栏最多的乡镇，占全市羊年末存栏数的 13.42%。

教育 卫生 截至 2000 年底，阳坡乡有中学 1 所，小学 22 所，卫生院 1 所。

1949—2000 年部分年份阳坡乡（公社）农牧业生产情况表

表 1-12

年份	户数（户）	人口（人）	耕地面积（公顷）	粮食播种面积（公顷）	粮食总产量（吨）	猪存栏（头）	大牲畜存栏（头）	羊存栏（只）	家禽存栏（万羽）	农民人均纯收入（元）
1949	777	2610	1645.8	1609.73	921.85	200	290	3317	—	—
1958	907	2702	1505.53	1436.13	1020.95	480	333	5301	—	49
1970	1138	4110	1160.8	1053.93	1551.5	732	509	7870	—	51
1980	992	4011	1161.87	1044.73	2018.65	669	533	6722	—	62
1990	930	3622	1028.4	819.67	1978.25	525	796	4447	—	442
2000	826	2871	2690	902	1533	547	1112	7500	0.79	740

注：表中境内 1949—1970 年数字为按 1973 年版图向上推算的数字。

结绳墕乡

位置　位于离石城西北的王老婆山西，距城区 25 千米。东北连枣㙍乡，东南接枣林乡，西北与临县交界，西南与柳林县相邻，面积 26.13 平方千米。有公路东通城区，西北通临县招贤镇，西南通柳林县成家庄镇。

建置　1958 年，结绳墕人民公社成立。1984 年改建为乡。乡人民政府驻结绳墕村，故名。辖村民委员会 16 个，有自然村 19 个。截至 2000 年底，全乡有 1028 户 3870 人。2001 年 2 月，在全市撤乡并镇中，并入枣林乡。

自然环境　境内东高西低，为黄土丘陵区，梁峁相间，沟壑纵横，气候十年九旱，人畜饮水困难，是贫困山区。平均年降水量 450 毫米，年平均气温 10℃，无霜期 170 天。

农业　全乡耕地大部分在山坡上，适宜发展农、林、牧业，山沟有坝地，为高产农田。主要粮食作物有玉米、高粱、谷子、豆类等。截至 2000 年底，粮食播种面积 873 公顷，总产量 902 吨；油料播种面积 67 公顷，总产量 27 吨；蔬菜瓜果种植面积 28 公顷，总产量 57 吨。有果园 24 公顷，产水果 60 吨。

教育　卫生　截至 2000 年底，该乡有中学 1 所，小学 18 所，卫生院 1 所。

1949—2000年部分年份结绳墕乡（公社）农牧业生产情况表

表 1-13

年份	户数（户）	人口（人）	耕地面积（公顷）	粮食播种面积（公顷）	粮食总产量(吨)	猪存栏（头）	大牲畜存栏（头）	羊存栏（只）	家禽存栏（万羽）	农民人均纯收入（元）
1949	702	2541	1157.87	1075	849.55	21	166	510	—	—
1958	737	2680	1019.67	912.6	811.3	274	157	1939	—	49
1970	955	3650	945.4	895.13	592.1	719	161	2046	—	23
1980	955	3657	895.73	944	1430.65	735	234	1316	—	63
1990	1026	3859	862.33	803.47	1775.6	81	167	1042	—	344
2000	1028	3870	997	873	902	186	96	1760	0.19	271

注：表中境内1949—1970年数字为按1973年版图向上推算的数字。

枣堎乡

位置 位于离石城西北部，距城区30千米。东部、北部与坪头乡相连，西靠临县界，西南及南部与结绳墕、枣林乡相接，面积28平方千米。

建置 1958年，境内属坪头人民公社。1960年，建立西垌人民公社。1975年，公社机关由西垌迁驻枣堎。1982年，改名为枣堎人民公社。1984年改建为乡。乡人民政府驻枣堎村，故名，辖村民委员会16个。截至2000年底，全乡有1326户，5247人。2001年2月，在全市撤乡并镇中，并入坪头乡。

自然环境 枣堎乡地处黄土丘陵区，年平均气温10℃，降水量年均450毫米，且多在秋季。无霜期160天。有通往县城的简易公路。

农业 枣堎乡主要粮食作物有谷子、玉米、高粱、豆类等。截至2000年底，粮食播种面积767公顷，总产量1021吨；油料播种面积113公顷，总产量63吨；蔬菜瓜果种植面积133公顷，总产量56吨。有果园102公顷，产水果110吨，其中产鲜红枣84吨，占离石市鲜红枣产量的21.54%。

教育 卫生 截至2000年底，全乡有中学1所，小学15所，卫生院1所。

1949—2000年部分年份枣垴乡（西垧公社）农牧业生产情况表

表1-14

年份	户数（户）	人口（人）	耕地面积（公顷）	粮食播种面积（公顷）	粮食总产量(吨)	猪存栏（头）	大牲畜存栏（头）	羊存栏（只）	家禽存栏（万羽）	农民人均纯收入（元）
1949	692	2763	1127.07	977.4	876.1	39	223	1091	—	—
1958	833	3077	976.33	823.07	749.35	244	188	2194	—	34
1970	1090	4114	964.07	907.6	827.8	146	165	2240	—	29
1980	1112	4386	964.07	916.93	1450.95	627	211	1936	—	44
1990	1339	4998	869.4	710.53	1686.15	200	325	2800	—	364
2000	1326	5247	1019	767	1021	117	275	1373	0.47	322

注：表中境内1949—1970年数字为按1973年版图向上推算的数字。

第三节　街　道

滨河街道

位置　位于吕梁市离石城区东部，靠近东川河，东与田家会街道毗邻，南与莲花池街道、红眼川乡交界，西北与凤山街道接壤，总面积23平方千米。滨河街道位于市区两级行政部门集中、大中专院校集中、商贸物流集中区，为城区经济发展较快的区域之一；是吕梁市委、市政府和离石区委、区政府所在地，也是全市政治经济文化中心。因位于滨河南路而得名。滨河南北两路首期工程于1980年建成，后经陆续修建延伸完善，成为沟通离石城区东西方向的主要交通干道。街道办事处驻七里滩村庆瑞路，国道307线、青银高速公路穿境而过，以街道办驻地为中心，距离城区2千米，距离汽车站4千米，距离火车站6.8千米，距离飞机场约25千米。

建置　2001年2月，在全市撤乡并镇中，城关镇改建为离石城区街道，境内属离石城区街道管辖。2004年7月，撤销城区街道，设立莲花池、滨河、凤山3个街道。政区划分以城区步行街以东、凤山南麓以南、龙山北角高速东口以西归属滨河街道管辖。截至2015年底，下辖前瓦窑坡、后瓦窑坡、杨家掌、张家庄、东关、王家庄、七里滩、刘家庄行政村，前瓦、后瓦、东关、七里滩、城中、货源街、龙山、学府、城东、交通路、锦绣、永东、永宁、龙祥社区居民委员会，共有行政村8个，居民委员会14个，总人口67581人，为全区人口密度最大的乡镇（街道）。

自然环境　境内地处黄土丘陵，主要山脉、山峰有龙山、凤山（三阳云凤山）。海拔高程平均1046米，最高点为凤山山峰，海拔1160米；最低点为东川大桥下，海拔933米，相对高度227米。境内最大的河流为东川河。

矿藏 辖区范围资源丰富，蕴藏有4号优质焦煤和10号动力煤，具有稳定可采煤层厚度大，储量丰富、煤质优良，而且地质构造简单、埋藏浅、易开采、建井条件好的特点。

农业 滨河街道地处东川河河谷，土地肥沃，灌溉便利，为全区农业生产条件最好的区域，农作物单产居全区之首。粮食作物以玉米、豆类、薯类为主。2010年，开始建设张家庄采摘园。截至2015年底，该街道有耕地242.15公顷，粮食播种面积185.5公顷，总产量512.3吨；油料播种面积16.5公顷，全部为向日葵，总产量22.7吨；蔬菜及食用菌种植面积4.8公顷，总产量7.08吨。有果园29.1公顷，产水果47.2吨。同年，全街道生猪存栏数384头，羊存栏1871只，有蛋鸡3.2万羽。

工业 截至2015年底，全街道主要工业企业有吕梁泰化集团、山西吕梁离石王家庄煤业公司、吕梁森众混凝土有限公司。山西吕梁离石王家庄煤业公司总产值26460.57万元。

商业 滨河街道地处市区繁华地段，商业门店云集，网点遍布大街小巷，较大的商城有泰化物资城、美特好离石购物广场。截至2015年底，有临街门店2000余家，商业网点520个，职工1040人，全年社会消费零售总额1.35亿元。

教育 卫生 文化 截至2015年底，滨河街道有幼儿园22所，在园幼儿1900人，专任教师210人。小学1所，在校生300人。初中1所，在校生1800人，专任教师220人。区域内主要学校有永宁小学，东关小学、朝阳小学、城东小学，离石一中、贺昌中学、江阴初中、英杰中学，贺昌高中、职业高中。中专有吕梁卫校、吕梁会校、吕梁农校、吕梁技工学校。该街道所属中心小学1所，中心幼儿园2所，私立幼儿园8所。该街道有所属社区卫生服务中心1所，设有科室20余个。有文化站22个，农村书屋8个，文化行业从业人员22人。

文物旅游 境内革命遗址有烈士陵园，为2002年由离石旧城大楼底烈士陵园和凤山底村西烈士陵园搬迁合并而建。滨河街道旅游资源丰富，东川河公园、张家庄采摘园、龙山森林公园为主要旅游休闲景点。

人物 境内人才辈出，被誉为“著名爱国人士，伟大战士”的中国侨界杰出人物——李效黎即出生于滨河街道东关村。

莲花池街道

位置 位于吕梁市区南部，因辖区西城墙脚下有一古迹“莲花池”而得名。东与滨河街道毗邻，东南与红眼川乡接壤，南与中阳县交界，西与交口街道相接，北与凤山街道相连。区域总面积21平方千米。

莲花池街道驻马茂庄村昌明路，紧邻离石区客运汽车站，以街道办驻地为中心，距汾柳高速离石西出口3.5千米，距吕梁火车站8.5千米，距离吕梁飞机场26千米，国道307、209线穿境而过，交通十分便利。莲花池街道位于中心城区，是离石区城市开发建设的重要窗口，也是离石区重要的煤焦工业聚集地。

建置 该区域先后属于离石县（市）城关镇管辖。2001年2月，属离石城区街道管辖。2004年7月，莲花池街道设立。截至2015年底，下辖南关、圪垯上、城内、卧牛墕、段家坪、刘家湾、王文庄、徐家沟、大土河、潘家沟、马茂庄行政村，城内、南关、马茂庄、段家坪、徐家沟、刘家湾、圪垯上、王文庄、大土河、潘家沟、卧牛墕、八一街、六一街、丽景街、昌茂、昌宁、兴南社区居民委员会，共有行政村11个，居民委员会17个，总人口49011人。

自然环境 莲花池街道地处黄土高原河川地区，属于黄土高原内陆河流冲积小平川，地形近似长方形。地势东高西低，山多川少，河谷宽1000—3000米，开阔平坦。地貌类型分为平川和山区两部分。最高点为卧牛墕山山峰，海拔1107米，最低点为三川河与刘家湾河交汇地带，海拔900米，相对高度207米。境内最大的河流为三川河干流一级支流刘家湾段，从北至南流经境内刘家湾、徐家沟、王文庄、潘家沟、大土河、卧牛墕6个村庄，长20千米，流域面积18.8平方千米。莲花池泉位于旧城区西南角城墙脚下，旧称温泉，民间亦叫“海眼”，流量0.1米^3/秒。

矿藏 境内已探明的地下矿藏有煤、铝矾土、高铝黏土、石灰石等。截至2015年底，已探明含煤面积4平方千米。其中4号为焦煤，原煤灰含量在10%以下，含硫0.6%以下，被专家誉为煤炭中的“国宝”。

农业 莲花池街道粮食作物以玉米、谷子、豆类、薯类为主，大土河、潘家沟一带生产的谷子被誉为“南梁小米”，为当地特产。截至2015年底，该街道有耕地307.01公顷，粮食播种面积156.1公顷，总产量210.5吨；油料播种面积2.3公顷，总产量5.9吨；蔬菜及食用菌种植面积0.8公顷，总产量3.1吨。同年，全街道生猪存栏数981头，牛存栏18头，羊存栏739只，有蛋鸡8.45万羽。

工业 莲花池街道是全区煤焦工业聚集之地和焦炭生产基地，形成以采煤、铸焦、发电、煤化工、供热供气为主的工业体系，重点实施煤—焦—电、煤—焦—焦油—甲醇等新型产业集群。截至2015年底，城区周围的重要企业大都聚集于此，全街道主要工业企业有：吕梁东义集团煤气化有限公司、山西大土河焦化集团有限公司及其山西吕梁离石炭窑坪煤业有限公司，其中山西吕梁离石炭窑坪煤业有限公司实现工业总产值1989.61万元。

商业 莲花池街道位于离石城区南部，商业网点密布，截至2015年底，发展为全区专业交易市场和商品集散地，共有各类商户门店5000余家，商业网点3300余个，从业人员3万余人。大型购物商场有美佳乐、同至人购物中心、开新宇超市、贵都商场、永宁市场、万和商贸城、步行商业街等，专业市场有兴南市场、马茂庄瓜果市场、开源市场等，餐饮住宿服务业有双宇假日酒店、国贸大酒店、东方百合大酒店、丽江商务会馆、晋海居龙宾馆等。

教育 卫生 体育 文化 截至2015年底，莲花池街道有幼儿园（所）28所，在园幼儿4002人，专任教师407人。小学3所，在校生2316人，专任教师145人，小学适龄儿童入学率100%。初中3所，在校生3984人，专任教师245人。初中适龄人口入学率99%，小升初升学率100%，义务教育覆盖率99.8%。高中2所，在校生198人，专任教师114人。区域内主要学校有泰化小学、圪垯上小学、马茂庄小学、泰化初中、吕梁龙凤中学、吕梁育星中学、吕梁泰化高中、吕梁贺昌中学。有各类科技人才100人，其中专业技术人才8人，经营管理人才31人，技能人才29人，农村实用人才32人。有各级医疗卫生机构58个，其中社区卫生服务中心1所，设有13个科室，专业卫生人员49人。全街道91%的村安装健身器材，经常参加体育活动的人员占常住人口的60%，主要进行晨跑、广场健身体育活动。

该街道地方特色民间艺术有离石秧歌、离石弹唱等。截至2015年底，有文化站1个，建筑面积40平方米；农村书屋11个，建筑面积170平方米。文化行业从业人员80人。

文物旅游 境内革命遗址有第二战区民族革命战争战地总动员委员会（简称战动总会）马茂庄遗址、城内离石烈士楼。旅游景点有汉画像石博物馆。

凤山街道

位置 位于吕梁市区北部，东连田家会街道，东南接滨河街道，南邻莲花池街道，西与交口街道、枣林乡交界，北通城北街道，区域总面积19平方千米，是重要的居民聚集区和商业贸易区，也是离石新城与旧城相衔接的重要区域之一。因辖区大多围绕凤山，而被命名为凤山街道。街道办驻地为桥头街与团结路交会处西南角。以街道办驻地为中心，距离青银高速东出口3.5千米，距离国道307线1千米，国道209线、太中银铁路从街道西部穿越，距离汽车站3千米，距离火车站8千米，距离飞机场25千米。

建置 该区域先后属于离石（市）县城关镇管辖。2001年2月，属离石城区街道管辖。2004年7月，凤山街道设立。截至2015年底，下辖袁家庄、凤山底、乔家沟、西崖底、上水西、下水西、前王家坡、后王家坡、崔家崖、铨则墕行政村，袁家庄、凤山底、乔家沟、西崖底、水西、水西苑、崔家崖、前王坡、梧桐、久安、团结、生态园、吉祥、和平、中央公园社区居民委员会，共有行政村10个、居民委员会15个，总人口34998人。

自然环境 凤山街道地处北川河、东川河河谷地带，东西两面分别为凤山、虎山，地势东部高而宽，西部低而窄，境内山多川少。北川河由北而南，东川河由东而西流经境内，最高海拔位于铨则墕村1235米，最低海拔位于前王家坡河谷920米，相对高差315米。

农业 凤山街道粮食作物以玉米、谷子、豆类、薯类为主。截至2015年底，有耕地218.64公顷，粮食播种面积113.9公顷，总产量171.4吨；油料播种面积16.5公顷，总产量1.9吨；蔬菜及食用菌种植面积6.2公顷，总产量6.2吨。同年，有果园35.1公顷，其中杏园20公顷；产水果90.4吨，其中产杏60吨，占全区杏产量的92.17%。同年，全街道生猪存栏数1009头，牛存栏27头，羊存栏1577只，有蛋鸡1.91万羽。

工业 境内已探明地下矿藏主要有煤炭，储量比较丰富。截至2015年底，主要企业有山西神州煤业有限责任公司，工业总产值 17751.34 万元。

商业 凤山街道产业以商贸物流业、服务业为主，截至 2015 年底，发展为以龙凤大街为主轴，以餐饮娱乐服务业为特色的现代商贸区。共有各类商户门店近 1000 家，主要有国贸家具中心、精品服饰购物广场、电子软件城、鼎盛汽贸等，餐饮娱乐服务业主要沿长治路、龙凤大街、滨河东路展开，有海天阁、鼎江公司、龙城国际大厦、咸亨大酒店等。

教育 卫生 体育 文化 2015 年，凤山街道有幼儿园 54 所，在园幼儿 6895 人，专任教师 878 人。小学 3 所，在校生 1295 人，专任教师 73 人，小学适龄儿童入学率 100%，小升初升学率 99%，义务教育覆盖率 100%。区域内主要学校有凤山底小学、后王家坡小学、崔家崖小学、龙凤小学、袁家庄小学、下水西小学、廷亮小学，离石三中、袁家庄中学、吕梁实验中学、吕梁高级中学、廷亮中学。有各类科技人才 280 人，其中专业技术人才 10 人、经营管理人才 20 人、技能人才 100 人，农村实用人才 150 人。有各级医疗卫生机构 29 个，其中社区卫生服务中心 1 所，设有科室 11 个，病床 10 张，专业卫生人员 44 人。吕梁体育馆坐落于境内，全街道 100% 的村安装健身器材，经常参加体育活动的人员占常住人口的 50%，主要进行跑步、跳绳、打羽毛球等体育活动。截至 2015 年底，全街道有农村书屋 10 个，建筑面积 320 平方米。文化行业从业人员 430 人。

文物旅游 境域内凤山是离石区风景秀丽的名山，在凤山山腰坐落着一座规模宏大的古老道观——天贞观。每逢正月二十六日前后三四天，凤山道院都会迎来一年一度的传统庙会。凤山全名为“三阳云凤山”，所谓“三阳”，意取日光自卯时至午时至酉时咸照之，“凤”者取山色山形有如丹凤朝阳之意，“云”取离石闲云，故称“三阳云凤山”。境内革命遗址有前王家坡小学遗址、凤山底烈士陵园、袁家庄烈士楼。风景名胜点主要有凤山公园、水西生态园、北川河公园、凤山道院。

城北街道

位置 位于离石区中北部，东与信义镇、田家会街道相邻，南与凤山街道相连，西与枣林乡接壤，北与西属巴街道相接，东北与方山县交界。辖区东西最大距离 17.5 千米，南北最大距离 5.5 千米，总面积 44 平方千米。街道驻地在王家沟村，以街道办驻地为中心，距离市区 5 千米，国道 209 线、太中银铁路穿境而过，距离高速公路东出口 9 千米，距离离石汽车站 6 千米，距离吕梁火车站 1 千米，距离吕梁飞机场 10 千米。吕梁火车站位于辖区内下安村。

建置 1965 年 2 月，撤销袁家山人民公社，改建为王家沟人民公社。1984 年 5 月，改建为王家沟乡。2001 年 3 月，城北街道设立，辖王家沟、李家沟、沙麻沟、苏家崖、菁蒿塌、娘娘庙、白草塌和长大局行政村 8 个。2004 年 7 月，改称离石区城北街道，将原城区街道办事处下属的下安、大中局、牛家山、前赵家庄、后赵家庄 5 个行政村划归城北街道。2014 年，城北街道将王家沟、李家沟、沙麻沟、苏家崖、下安、前赵家庄、后赵家庄村民委员会改为城市社区居民委员会。截至 2015 年底，下辖长大局（长局上、大局上、王家山、陈家塌、赵家塌组成）、娘娘庙、菁蒿塌、白草塌（含背咀里、白草峁、大峁上、土地堂、小算岭）、大中局（含范家塌）、牛家山（含张家圪垛、李家山、塌里）行政村，王家沟、李家沟、沙麻沟、苏家崖、下安（含贺家庄）、前赵家庄（含翟家窑）、后赵家庄（含北里则）、站前、尉汾路、河东社区居民委员会，共有行政村 6 个、自然村 29 个、居委会 10 个，总人口 13924 人。

自然环境 城北街道地形地貌属吕梁山系，地势北高南低，是典型的黄土高原地貌侵蚀地形，为强烈切割的梁峁状黄土丘陵冲沟密集而狭窄形态，多呈“V”形与黄土梁、峁、垣相间分布，境内地势东北高而西南低。靠北川河有少数川地，东北部为黄土丘陵区和部分石土山区，有玉灵山、双山，为南北走向，向北伸至方山县，最高峰玉灵山，海拔 1670 米。西北部为黄土丘陵区，有马头山，为南北偏西走向，向北延伸至方山县，向南延伸至枣林乡，最低点为前赵家庄村河谷，最低海拔 960 米，相对高程 710 米。辖区主要河流有北川河，支流有王家沟流域、沙麻沟流域、白草塌流域等。境内为全区重点小流域治理区，山西省水保所驻扎在此。

矿藏 辖区内煤炭资源丰富，主要可采煤层为 3、4、5、6、8、9、10 号煤层，其中 4 号为焦煤。

农业 城北街道粮食作物以玉米、谷子、薯类为主。截至 2015 年底，有耕地 1057.98 公顷，粮食播种面积 1120.9 公顷，总产量 875.8 吨；油料播种面积 1.8 公顷，总产量 0.5 吨；蔬菜及食用菌种植面积 6.5 公顷，总产量 17.7 吨。同年，有果园 20.3 公顷，产水果 31.8 吨。

工业 截至 2015 年底，城北街道主要工业企业有山西东泰能源集团有限公司下属的山西吕梁离石永宁煤业有限公司、山西吕梁离石永聚煤业有限公司、山西离石电缆有限公司、山西吕梁金晖荣泰煤业有限公司。山西吕梁离石永宁煤业有限公司工业总产值 15370.8 万元，山西吕梁金晖荣泰煤业有限公司工业总产值 24789.25 万元，山西离石电缆有限公司营业收入 10584.5 万元。

教育 卫生 体育 文化 截至 2015 年底，城北街道有幼儿园 5 所，在园幼儿 768 人，专任教师 93 人。小学 4 所，在校生 1796 人，专任教师 125 人，小学适龄儿童入学率 100%。主要学校有沙麻沟明德小学、下安明德小学、新星实验小学、王家沟小学。有各级医疗卫生机构 19 个，其中社区卫生服务中心 1 所，有病床 14 张，医务人员 29 人。全街道 50% 的村安装健身器材，经常参加体育活动的人员占常住人口的 30%。全街道有文化站 1 个，建筑面积 20 平方米；农村书屋 16 个，建筑面积 260 平方米，文化行业从业人员 16 人。

旅游 境内风景名胜点主要有玉灵山、神仙山。

1949—2015年部分年份城北街道（王家沟乡、公社）农牧业生产情况表

表1-15

年份	户数（户）	人口（人）	耕地面积（公顷）	粮食播种面积（公顷）	粮食总产量（吨）	猪存栏（头）	大牲畜存栏（头）	羊存栏（只）	家禽存栏（万羽）	农民人均纯收入（元）
1949	896	3070	1176.27	1100.73	1013.5	235	235	2973	—	—
1958	988	3476	966.8	816.6	1073	292	201	2370	—	51
1970	1247	4905	836.13	774.33	1144.85	888	176	2760	—	32
1980	1407	5625	843.6	807.2	1461.55	1482	253	1411	—	46
1990	1285	5171	719.27	614.47	1607.65	502	256	4050	—	372
2000	1332	5402	895	655	543	1152	160	3202	1.2	721
2010	2637	9733	1128.04	1043.8	1596	1543	91	3095	9.07	2171
2015	5062	13924	1057.98	1120.9	875.8	300	29	3993	4.17	—

注：表中境内1949—1970年数字为按1973年版图向上推算的数字。2010年人口、户数为第六次全国人口普查数据。2015年人口、户数为公安户籍资料。2010年、2015年耕地面积为吕梁市国土资源局离石分局提供的农村土地利用现状资料。

交口街道

位置 位于离石区西南，三川河在该地交汇故名“交口”，交口街道办党政机关驻交口村。

交口街道东与凤山街道、莲花池街道相邻，南与中阳县、柳林县交界，西与柳林县交界，北与枣林乡接壤。国土总面积26平方千米，以街道办驻地为中心，距离城区5千米，国道307线、国道209线、太中银铁路通过该街道，距离青银高速公路离石西口3.5千米，距离离石汽车站不到2千米，距离吕梁火车站10千米，靠近孝柳铁路交口站，与吕梁机场距离60千米。交口街道是离石、柳林、中阳三县（区）交界的中心，是连接晋、蒙、甘、陕的“旱码头”，自古就有“黄金三角”“四省通衢”之誉。

建置 1958年10月，交口人民公社成立。1984年5月，改建为镇。2004年7月，更名为交口街道。截至2015年底，该街道下辖交口、高家沟、歧则沟、石盘、枣架、乔家塔（含高家掌、白龙塔）、王家塔、贺家塔、杜家山、芦则峁、葫芦把、梁家塌、渠家山、贺家山行政村，交口、高家沟、岐则沟、石盘、枣架、乔家塔、王家塔、贺家塔居民委员会，

共有行政村 14 个、自然村 16 个、居委会 8 个，总人口 15928 人。

自然环境 境域内西北部属黄土丘陵区，地势东高西低，南部属三川河平川区，海拔高度平均 930 米，最高点为乌山莲花峰，海拔 1454 米；最低点为贺家塔村三川河交汇河谷地带，也是离石区境内最低点，海拔 889 米，相对高程 565 米。境内山川相间，沟道密布，河川与村庄相连，人口稠密，交通便利。境内乌崖山东西偏北走向，绵亘十余华里，横挡着南川河，东、北两川河与南川河呈丁字形在山脚下交汇。乌岩山山势险峻，山峰突兀，悬崖峭壁，层层相叠，风景优美。

三川河为东川、北川、南川三河汇合成的河流，干流可分为上中下游三段，交口街道为交汇点，从此流向转为由东北向西南流，河道全长 75 千米，比降 3.8‰。此段河流在交口街道境内河谷较宽。

矿藏 交口街道矿产资源丰富，境内已探明地下矿藏有煤炭、铁、石棉、硫黄、铝矾土、黏土、石灰石、石膏、石英、白云母等 10 余种。交口街道是离石区重要的工业生产基地，初步形成以煤炭开采、机械加工、建筑材料生产为主的工业体系。截至 2015 年底，主要工业企业有山西吕梁离石交口煤业有限公司，生产规模为 90 万吨 / 年。

农业 交口街道粮食作物以玉米、谷子、薯类为主，蔬菜品种主要有白菜、结球甘蓝。2002 年，交口镇乔家塔村无公害蔬菜生产基地建成。截至 2015 年底，粮食播种面积 512.1 公顷，总产量 233.5 吨。油料播种面积 7.7 公顷，总产量 1.1 吨。蔬菜及食用菌种植面积 13.2 公顷，总产量 439 吨，占全区总产量的 14.84%。

商业 境内一直为离石区（市、县）西南的农副产品集散地，聚集邻近三个县及陕西省的大批商人，每逢集日，商贾云集，市场繁荣。1993 年 7 月 5 日，中共中央书记处书记温家宝视察交口商业区建设，称赞交口商业街为“北方农民城”。截至 2015 年底，该街道成为全区市级汽车、建筑机械销售专业市场，有商业网点 700 余个，职工 1500 人。主要商业企业有吕梁市聚富汽贸城、交口集贸市场。

教育 卫生 体育 文化 截至 2015 年底，交口街道有幼儿园 13 所，在园幼儿 1452 人，专任教师 121 人；小学 8 所，在校生 2580 人，专任教师 119 人，小学适龄儿童入学率 100%；初中 1 所，在校生 280 人，专任教师 22 人，初中适龄人口入学率 100%，小升初升学率 100%，义务教育覆盖率 100%。有各级医疗卫生机构 15 个，其中社区卫生服务中心 1 所，有病床 20 张，专业卫生人员 33 人。全街道 100% 的村安装健身器材。全街道有农村书屋 14 个，建筑面积 500 平方米。文化行业从业人员 15 人。

文物旅游 境内革命遗址有高家沟高级军事会议旧址、林迈可李效黎纪念馆。风景名胜点主要有安国寺、石盘圣母庙、贺家塔慈济庵。

1949—2015年部分年份交口街道（镇、公社）农牧业生产情况表

表 1-16

年份	户数（户）	人口（人）	耕地面积（公顷）	粮食播种面积（公顷）	粮食总产量（吨）	猪存栏（头）	大牲畜存栏（头）	羊存栏（只）	家禽存栏（万羽）	农民人均纯收入（元）
1949	1512	5858	1250.4	1095.93	1402.15	225	328	2705	—	—
1958	1735	6649	1211	1072.67	1467.9	272	280	2501	—	29
1970	2394	9122	1026.07	1019.93	1201.9	1055	202	3632	—	29
1980	2656	10155	1026.93	1012.67	2447	1352	271	2567	—	44
1990	3177	11118	817.87	728.07	2262.47	927	152	2461	—	440
2000	3550	10947	1084	444	528	909	106	1164	0.66	777
2010	5601	19637	599.93	480.4	601	1416	36	549	1.01	2987
2015	6447	15928	581.69	512.1	233.5	450	36	2357	3.56	—

注：表中境内1949—1970年数字为按1973年版图向上推算的数字。2010年人口、户数为第六次全国人口普查数据。2015年人口、户数为公安户籍资料。2010年、2015年耕地面积为吕梁市国土资源局离石分局提供的农村土地利用现状资料。

田家会街道

位置 位于离石区中部，地理位置优越，东南连吴城镇，南与中阳县交界，西接红眼川乡，西北邻滨河街道、凤山街道，北与城北街道相邻，东与信义镇接壤。总面积为68平方千米。田家会街道因街道驻地在田家会村而得名。据白云山寺（位于穆冋村下辖自然村之一枣林村村内）石碑记载，早在明代就有田姓居于此地，村内为离石区境内南梁地域的农副产品集散地，以历史悠久的庙会远近闻名，逢农历三、六、九日定期交易，一直沿袭至今，故名田家会村。

以驻地为中心，距离石区政府直线距离7.5千米，国道307线、汾离高速、环城高速、临离高速、太中银铁路贯穿全境。距离离石汽车站8.1千米，距离太中银铁路吕梁站7.8千米，距离吕梁飞机场16千米。

建置 1958年10月，田家会人民公社成立。1984年5月，改建为镇。2004年7月，改为田家会街道。截至2015年底，该街道办事处下辖田家会（含垣上、前北圪垛、中北圪垛、后北圪垛）、盘龙塔、穆冋（大穆冋村、小穆冋村、枣林组成）、高崖湾、沙会则、苏家村、吉家村、界峁（龙马坡、马家沟、韩家坡、李家山、安家山组成）、前马家村、后马家村、

下楼桥、五里铺、车家湾（含长生村、阳凹）、上楼桥、义居行政村，田家会、高崖湾居民委员会，共有行政村 15 个、自然村 27 个、居委会 2 个，总人口 16803 人。

自然环境 境内地处黄土高原地貌，地势东北高西南低，南北窄东西长，地貌类型有山地和河谷冲击小平原。海拔最高点为车家湾下辖自然村狼岔里的山顶上，海拔 1508 米；最低点为高崖湾村口，海拔 956 米，相对高程 552 米，海拔高程平均 889 米。最大的河流为大、小东川河及两河交汇的东川河。大东川河自南向北流经境内义居、上楼桥、车家湾 3 个村，长度 3 千米，吴城镇兔坪村至车家湾河宽 50 米。小东川河由北向南流经车家湾村，长度 2 千米，信义镇阳石村至车家湾村河宽 50 米。大、小东川河经车家湾村汇入东川河，自东向西流经下楼桥、五里铺、后马家村、前马家村、田家会、盘龙塔、吉家村、苏家村、沙会则、高崖湾 10 个村，长 5.2 千米，车家湾至高崖湾河宽 80 米。

矿藏 境内已探明地下矿藏有煤炭、铝矾土、石灰石等。其中 4 号优质主焦煤地质储量丰富。

农业 田家会街道土地肥沃，是离石区的粮食主产区之一，粮食作物以玉米、谷子、豆类、薯类为主，养殖业发达。1998 年，吕梁市益得利种猪有限公司在田家会村创建。截至 2015 年底，粮食播种面积 939 公顷，总产量 918.4 吨。油料播种面积 12.1 公顷，总产量 5.4 吨。蔬菜及食用菌种植面积 29.4 公顷，总产量 176.2 吨。全街道有养殖企业 6 户，吕梁市益得利种猪有限公司成为年出栏 15000 头的育肥基地和存栏 5000 头的母猪繁育基地。全街道生猪存栏数 19197 头，牛存栏 7 头，羊存栏 4089 只，有家禽 11.87 万羽。生猪、家禽存栏数分别占全区的 63.78%、16.5%。

截至 2015 年底，田家会街道栽植核桃林 1000 公顷，打造万亩精品核桃林基地 1 个、千亩精品核桃林基地 2 个，全街道核桃总产量 189.9 吨。有果园 11.9 公顷，产水果 133.6 吨。

工业 田家会街道乡镇企业和民营企业发展兴盛，以煤炭、建材工业为主。截至 2015 年底，工业总产值达 176 万元，主要工业企业有山西吕梁离石永德煤业有限公司、山西川东水泥厂、离石区义居石料厂、吕梁丰润建材有限公司。

商业 田家会街道为离石区东川地区重要农副产品集散地。截至 2015 年底，有商业网点近 300 个，主要商业企业有山西华吕汽贸有限公司、吕梁市博兴建材商贸有限公司、居然之家吕梁店等。

教育 卫生 体育 文化 截至 2015 年底，全街道有幼儿园 9 所，在园幼儿 200 余人，专任教师 13 人；小学 9 所，在校生 860 人，专任教师 110 人，小学适龄儿童入学率 100%。有各级医疗卫生机构 15 个，其中社区卫生服务中心 1 所，有病床 20 张，医务人员 44 人。全街道 60% 的村安装健身器材。全街道有农村书屋 15 个。境内风景名胜点主要有下楼桥玉虚宫遗址、马家村关帝庙、马家村诸神庙、辛安亭故居。

人物 境内人才辈出，著名教育家、出版家、通俗读物作家，普通教材编写的开路人，中国基础教育的奠基人、兰州大学创始人辛安亭即出生于田家会街道沙会则村。

1949—2015年部分年份田家会街道（镇、公社）农牧业生产情况表

表1-17

年份	户数（户）	人口（人）	耕地面积（公顷）	粮食播种面积（公顷）	粮食总产量（吨）	猪存栏（头）	大牲畜存栏（头）	羊存栏（只）	家禽存栏（万羽）	农民人均纯收入（元）
1949	1685	6136	2253.6	2151.27	1987.05	396	443	3768	—	—
1958	1981	7084	1829.2	1805.67	2660.55	673	436	4447	—	54
1970	2604	10323	1850.07	1833.87	2600.95	1804	380	6947	—	43
1980	2637	11536	1769.47	1683.8	3574.05	2083	536	5912	—	49
1990	3251	12079	1560.13	1385.53	3421.15	1182	416	4116	—	571
2000	3503	12880	2024	1039	2004	1446	233	3600	1.33	946
2010	4509	14904	1363.95	1090.47	1545	3199	124	1561	1.7	2986
2015	6122	16803	1206.53	939	918.4	19197	7	4089	11.87	—

注：表中境内1949—1970年数字为按1973年版图向上推算的数字。2010年人口、户数为第六次全国人口普查数据。2015年人口、户数为公安户籍资料。2010年、2015年耕地面积为吕梁市国土资源局离石分局提供的农村土地利用现状资料。

西属巴街道

位置 位于吕梁市区北9千米处，街道东、南均与城北街道相连，西与枣林乡、坪头乡相接，北与方山县大武镇毗邻，是离石区典型的城郊结合型街道。总面积68平方千米，街道驻地西属巴村，位于国道209沿线，太中银铁路、吕临铁路支线穿境而过。相距离石汽车站8千米，距离吕梁火车站3千米，距离吕梁飞机场5千米。该街道是吕梁新城建设的核心区域，吕梁新城规划的行政中心组团、学院教育组团、金融商业组团、南部生活组团和吕梁大道、盛地大道、新城大道三条主干城市发展轴都在西属巴街道。

建置 1971年10月，西属巴人民公社成立。1984年5月，改建为镇。2004年7月，改为西属巴街道。截至2015年底，该街道下辖霜雾都、中则坪、石门咀、东属巴、高梨峁、

留子局、横梁、上安（含张则塢）、宋家湾、上则塢、西属巴、袁家岭、缩缩岭、茂塔坪、盛地（含米化梁、任家塔、十二垧峁）、盛地沟、许家山、畔沟、茂塔沟、高岭上、瓦窑间、大中局村、炭窑里行政村，共有行政村23个、自然村27个，总人口21979人。

自然环境 境内地处黄土高原北川河冲击小平原，有川地、河谷地、黄土丘陵山地。主要山峰为马头山，位于离石城西北15千米处，为区境西北部的主要高山，海拔1587米，分布疏林密灌植被。有北川河流经，纳盛底沟水，向南经茂塔坪纳茂塔沟水，再向南流经西属巴纳西属巴沟水，然后流入城北街道。平均川宽1060米，川地面积1707公顷。主要沟道为西属巴沟，起于西炭窑里村，向东流入北川河，沟深13千米，纵坡3.7%，流域面积18.5平方千米，沟道为石灰岩区。

矿藏 西属巴街道位于马头山下，北川河之滨，地下有丰富的煤炭资源。位于街道办西南面，矿区面积223.9平方千米。

农业 西属巴街道川面宽阔，地势平坦，是离石粮食主产区之一，粮食作物以谷子、玉米、高粱、豆类及马铃薯为主。2000年，西属巴镇成为离石市三大蔬菜生产基地之一。截至2015年底，该街道粮食播种面积1773.7公顷，总产量1975.6吨；油料播种面积42.8公顷，总产量20吨；蔬菜及食用菌种植面积30.1公顷，总产量283.5吨。栽植核桃林1534公顷，全街道有13个村实现经济林全覆盖，打造万亩精品核桃林基地1个、千亩精品核桃林基地2个，核桃总产量938.2吨，占全区的17.76%。有果园11.9公顷，产水果133.6吨。

工业 西属巴街道以煤炭、建材工业、淀粉制品（粉条、粉皮）加工为主。截至2015年底，主要工业企业有山西楼俊集团担炭沟煤业有限公司、山西吕梁离石西山晋邦德煤业有限公司。山西楼俊集团担炭沟煤业有限公司工业总产值9488.81万元。

商业 截至2015年底，有商业网点147个，职工191人。

教育　卫生　体育　文化 截至2015年底，全街道有幼儿园7所，小学7所，小学适龄儿童入学率100%；初中1所，小升初升学率100%，义务教育覆盖率100%。

全街道有各级医疗卫生机构23个，其中社区卫生服务中心1所，有病床20张，专业卫生人员30人。全街道100%的村安装健身器材。境内地方特色民间艺术有盛地秧歌、上安跑竹马、王家山道情、刺绣、剪纸、面塑等。全街道有文化站1个，建筑面积26平方米；农村书屋23个，建筑面积1150平方米；文化行业从业人员24人。

文物　旅游 境内革命遗址有盛地战动总游击第四支队遗址、刘少奇路居红色遗址、贺龙路居红色遗址。风景名胜点主要有上安上清观、茂塔坪烽火台、东属巴仰韶文化遗址、霜雾都仰韶文化遗址、炭窑里金阁寺、茂塔沟金陵寺、盛地村永宁寨等。

1949—2015 年部分年份西属巴街道（镇、公社）农牧业生产情况表

表 1-18

年份	户数（户）	人口（人）	耕地面积（公顷）	粮食播种面积（公顷）	粮食总产量（吨）	猪存栏（头）	大牲畜存栏（头）	羊存栏（只）	家禽存栏（万羽）	农民人均纯收入（元）
1949	2100	6708	2289.6	2108.53	2310	454	528	4191	—	—
1958	2247	8134	2242.2	2089.87	2500.25	530	511	4893	—	32
1970	2813	11363	2132.07	2146.67	3077.4	1957	440	6348	—	43
1980	3174	12767	2099.53	1881.93	4395.75	2916	618	4915	—	44
1990	3902	14917	1985.67	1681.27	4811	2603	593	9040	—	424
2000	4205	16014	2845	2075	1810	1370	266	4506	5.25	354
2010	5108	18383	2421.76	1724.67	3057	1286	131	1616	8.47	1957
2015	7999	21979	2098.01	1773.7	1975.6	1323	169	5103	5.14	—

注：表中境内 1949—1970 年数字为按 1973 年版图向上推算的数字，2010 年人口、户数为第六次全国人口普查数据。2015 年人口、户数为公安户籍资料。2010 年、2015 年耕地面积为吕梁市国土资源局离石分局提供的农村土地利用现状资料。

附：撤并街道简介

城区街道（城关镇）

位置 城区街道位于城区及近城四周。东邻田家会镇，北邻王家沟乡、西属巴镇，西接枣林乡，西南连交口镇，东南靠红眼川乡，南与中阳县交界，总面积 63.47 平方千米。

建置 1958 年，城关人民公社成立。1965 年 1 月，原来的城关市管区改设为城关镇委。至 1982 年 8 月，境内城关人民公社和城关镇委并列存在。1982 年 9 月，城关人民公社并入城关镇，辖 35 个村民委员会，4 个居民委员会，有 41 个自然村。镇人民政府驻县城，故名。1984 年 5 月，全县改社队制区划为乡（镇）村区划，城关镇的生产队全部改建为村民委员会，城市居民区全部改建为居民委员会。1997 年 9 月，设立为城区街道，辖居民委员会 11 个。2001 年 2 月，离石市撤乡并镇，城关镇改称为城区街道。2002 年，全街道有 47431 户、138608 人。2004 年 7 月，城区街道被撤销，分设为滨河、莲花池、凤山 3 个街道。

自然环境 城区街道位于东川河与北川河交汇处，气候冬春雨雪稀少，夏秋雨水偏多，且多暴雨年。年平均气温为 9℃，最热的 7 月，平均气温 31℃，年最低气温 -30℃，最高

气温 38.9℃；年平均降水量 500 毫米，无霜期 140 天。

农业 城区街道（城关镇）地处离石市（县）中心，两河交汇于此，川面宽阔，土壤肥沃，灌溉便利，人口集中，区位优势显著，工农业生产条件优越，经济社会较其他乡镇领先。主要农作物有玉米、谷子、小麦、高粱及各种油料作物与蔬菜等。2002 年，该街道粮食播种面积 1403 公顷，总产量 3237 吨；油料播种面积 136 公顷，总产量 113 吨；蔬菜及瓜果种植面积 182 公顷，总产量 4785 吨，面积和产量分别占离石市蔬菜及瓜果种植面积和产量的 23.61%、58.39%。

工业 城区街道（城关镇）工业以煤焦企业为龙头，化工、建筑建材工业为主。1989 年，城关镇乡镇企业总产值达到 1.6 亿元。1995 年，全镇生产矿和基建矿有 9 对，各类焦化厂有 54 座，原煤产量达到 31.7 万吨，焦炭产量达到 42 万吨，乡镇企业总产值达到 3.39 亿元。1996 年后，全镇建成一批重点工程，投资 2100 万元建成张家庄、杨家掌煤矿工程，投资 450 万元建成王文庄焦化厂 40 个标准焦炉，投资 613 万元建成凤山底砖厂，凤山底与电缆厂合资兴办的山西都爱食品有限公司产品投放市场，刘家湾玻璃钢制品厂研制成功 26 个系列产品，大土河煤焦集团公司采煤技术投资 1200 万元完成改造，至 1998 年底，全镇原煤产量达到 33.8 万吨，焦炭产量达到 38.17 万元。全镇经济总收入 2.2 亿元，农民人均收入 2104 元，当年被评为吕梁地区“小康示范镇”。

教育　卫生 截至 2003 年底，辖区内共有中学 6 所，小学 30 余所，卫生院 1 所。

1949—2002 年部分年份城区街道（城关镇、公社）农牧业生产情况表

表 1-19

年份	户数（户）	人口（人）	耕地面积（公顷）	粮食播种面积（公顷）	粮食总产量（吨）	猪存栏（头）	大牲畜存栏（头）	羊存栏（只）	家禽存栏（万羽）	农民人均纯收入（元）
1949	2702	10503	2547.93	2190.53	2666.95	477	637	4672	—	—
1958	2887	11534	2353.4	2196.87	3988.15	702	555	4354	—	50
1970	4454	16979	2014.33	2088	3247	1813	466	5591	—	44.6
1980	5145	20347	1799.53	1719.67	4252.85	3557	689	2913	—	80.76
1990	7690	76521	1753.8	1587.27	4910.85	2324	734	6567	—	504
2000	44915	125089	2501	786	1881	3853	480	6558	13.47	1599
2002	47431	138608	2205	1403	3237	5692	390	5330	13.72	1704

注：表中境内 1949—1970 年数字为按 1973 年版图向上推算的数字。

第四节　村　庄

村名由来

1990年，离石县共有自然村457个。其后，区（县、市）人民政府在新农村建设、城镇建设、扶贫工作、地质灾害治理中，撤并、搬迁部分自然村。

2000年后，境内部分村名中生僻字演变为通用字。

截至2015年底，全区有自然村432个。在自然村名中，以姓氏命名的村有12个。如王村，苏家村等。姓氏加山的村26个，如牛家山、杜家山、渠家山、贺家山、安家山、李家山（田家会街道）、许家山、王家山（西属巴街道）、李家山（吴城镇）、雷家山、杜家山（信义镇）、井家山、后井家山、王家山（城北街道）、呼家山、岳家山、李家山（坪头乡）、任家山、冯家山、张家山、陈家山等。

姓氏加沟的村有23个，如乔家沟村、李家沟村等。姓氏加湾的有刘家湾村等有5个。姓氏加塔的村有10个，如王家塔村、贺家塔村等。姓氏加峁的村有14个，如白家峁村、孙家峁村等。姓氏加坡的村有8个，如王家坡村、霍家坡村等。姓氏加梁的村有4个，如车家梁村、郭家梁村等。姓氏加岭的村有4个，如袁家岭村、康家岭村等。姓氏加岔的有梁家岔村。姓氏加坪的村有段家坪村。姓氏加崖的村有3个，如崔家崖村等。姓氏加圪垛的村有3个，如刘家圪垛村等。姓氏加墕的村有9个，如段家墕村、吴家墕村等。姓氏加庄的村有28个，如刘家庄村、王家庄村等。

以所处地形、地势命名的村有24个，如交口村、岔上村、歧则沟村等。以处地方位命名的村有32个，如南山村、水西村等。以处地形象命名的村有8个，如葫芦把村、卧龙墕村等。以处地风物、出产加地形命名的村有18个，如枣塬村、黄蒿沟村等。以属地命名的村有5个，如黄芦沟（属黄栌岭）等。以经营作坊行业而演化成名的村有6个，如磁窑沟村、油房坪村等。以其他缘由、传说等命名的村名有129个。村名来由无考的有67个。

部分村名考

大土河村　村内有一股清泉，人称水泉村，后改名为大土河村，有石碑可考。

马茂庄村　相传古代有两位钦差大臣在出行期间路经此地，忽然间刮起大风，两人朝冠被风抹去，遂名抹帽庄村，后演化为马茂庄村。

王文庄村　相传明末李自成起义，有一王子，隐名匿姓逃居于此，故名王隐庄，后讹为王稳庄村，又演化为王文庄村。

田家会村　据白云山寺石碑记载，明代由田姓首居此地，且交通便利，又素有集市，故名田家会村。

上楼桥村　下楼桥村　晋末刘渊在该地建卢城，城居东川河之上，有桥，楼东居上取名上卢桥村，楼西居下，取名下卢桥村。后因“卢”“楼”二字在离石方言中发音相同，演化为上楼桥村、下楼桥村。

义居村　相传宋朝年间，该地森林茂密，有几个人在该地结义同居，以采药狩猎为生，得名。

吴城　相传战国时魏将吴起在此筑城练兵拒秦，故名吴城。驿沟口有古城遗址，待考。

留子局村　北朝后赵石勒驻扎该地时，有一子战死疆场，人们为纪念他，遂名为留子局村。

中则坪村　相传此地曾炼铁铸钟，称钟铸坪村，后讹为中则坪村。

信义村　相传该村有位乐善好施、极重信义的长者，故人称为信义村。

回龙塔村　相传明末李自成率军东征时，要从小东川过文水，途经信义时天黑迷路，错到该地，知觉后在该地回马，后遂名为回龙塔村。

娘娘庙村　原名“垒秋村”，因方言音谐“驴屎村”。有一货郎明知村名不雅，故问村前洗衣妇人，妇人遂答曰“娘娘庙”，后遂因该事改名为娘娘庙村。

王营庄村　唐墓志铭记载刘渊在此扎营驻守取名刘王营村，后改名王营庄村。

丰义村　相传有一只美丽的鸟儿飞落在村中一棵大树上，财主的儿子看见后令长工给他捕捉。长工捉住鸟后给了财主的儿子。财主儿子刚捉住鸟儿，鸟儿伸嘴就将他的眼睛啄瞎。人们都说该鸟是一只凤凰，为他们报了仇，因此遂改村名为凤义村，后演化为丰义村。

寨马墕村　相传古代有一草寇名叫王魁彪，在此扎寨，招兵买马。后被官兵缉拿。人们居此后称为寨马墕村。

更名村庄

盘龙塔村　原名王家塔，因与交口镇王家塔重名，1983年以吉祥寓意更名为盘龙塔村。

永红村　原名拓跋岭，相传拓跋族居民在此居住得名，习称跋头岭。20世纪70年代更名永红村。

结绳墕村　原名接神墕。因天旱周围村民来此求神祈雨得名。中华人民共和国成立后破除迷信，谐音改为结绳墕村。

年跃塔村　村崖下原有煤窑一座，故名崖窑塔。20世纪70年代更名为年跃塔，寓生活年年有进步之意。

新山湾村　原名西山湾。中华人民共和国成立后人民获得新生，经县人民政府备案，更名为新山湾村。

盛地村　原名神底村，意思是明代建永宁寨有庙，山下村是神底下的村庄，取名神底村，后改为盛地村。

第二编

自然　环境

- 地质
- 地貌
- 气候
- 水文
- 土壤　植被
- 自然资源
- 自然灾害

离石区境内地层发育较为齐全，地质构造以吕梁—太行断块为主体。地貌特征属黄土高原区典型的丘陵沟壑区，主要由梁、峁、沟谷组成，划分为基岩山区、土石山区、黄土丘陵区、河谷（川）地区，河谷（川）地区是全区主要的粮菜产区。区境内地势东部高而宽，西部低而窄，山多川少。吕梁山脉纵贯全区东北部至东南部边沿，为离石屏障，境内主要为“关帝山穹状隆起”，北起骨脊山，南至薛公岭接中阳县秋风坡山，长约 80 千米，皆为吕梁山之支脉或余脉。区境平均海拔 920—940 米，最高点骨脊山海拔 2535 米，最低点交口街道贺家塔河谷地带海拔 880 米。

境内属暖温带大陆性气候区，四季分明。春旱少雨，夏热多雨，秋凉气爽，冬寒少雪。年平均日照时数 2486 小时，年平均气温 9.4℃，年平均无霜期 185 天，平均年降水量 486.6 毫米。

境内河流属黄河水系，较大河流有小东川河、大东川河、东川河、州河、南川河。土壤分为亚高山草甸土、棕壤、黄绵土、褐土、草甸土 5 个土类，黄绵土占全区面积的 88.11%。

境内地表植被东北部良好，中西部较差。森林主要分布于吴城镇、信义镇，吴城林场、南海滩林场、千年林场、信义林场林地面积占全区林地面积的 42.7%。

境内矿产资源丰富，主要有煤炭、铝土矿、铁矿、耐火黏土、铜矿、铅锌矿、钨矿等 20 余种，矿产地 83 处。

境内气象灾害主要为春旱秋涝，较频发的地质灾害为崩塌。

第一章　地　质

第一节　地　层

太古界

中太古界界河口群（Ar2J）：为区境内最古老的地层，主要出露分布于区境西部枣林附近的沟谷中，在东部的兔坪、任家塔、海则里以南地区亦有零星分布。枣林以南各沟谷中出露岩性为条带状混合岩化黑云母斜长角闪岩；枣林以北岩性以混合岩化黑云母变粒岩、变流纹岩、角闪片岩，中部粗粒角粒状混合岩、黑云母片岩为主，夹有黑云母斜长片麻岩及少量的白色中厚层大理岩。岩性复杂，变质程度高，常见小褶曲，厚度为500—550米。

上太古界吕梁山群宁家湾组（Ar23n）：仅零星分布于区境东北部山地区，小神头、吴城水库一带。岩性为一套酸—中性火成岩，经强烈变形而形成的混合杂岩。岩性变化大，主要为肉红色—灰白色混合岩化花岗岩及黑云母斜长片麻岩，间夹斜长角闪岩、纹状石英岩、石墨片岩等，与围岩（灰岩）接触带可见方铅矿脉。与下伏地层为角度不整合接触。全厚度大于600米。

元古界

下元古界野鸡山群青杨树湾组（Pt21qn）：分布于枣林北西的沟中及马头山东侧。岩性：下部为灰—灰白色变质砾岩、含砾石英岩和石英岩，中部为淡红色条带状石英角闪变粒岩，上部为灰—黑色条纹或条带状黑云母千枚岩夹钙质石英岩。厚度大于700米，与界河口群呈不整合接触。

上元古界汉高山组（Zn）：出露极少，只分布于严村北一带。岩性：底部为2米厚砾岩，中上部为肉红色石英砂岩夹薄层灰黄色砂岩。总厚度18—32米，与下伏地层呈角度不整合接触。

古生界

寒武系（∈）　主要分布于枣林、信义、王营庄的黑圪垯山，孔家庄南，王村北，以及辛家沟、梁家岔一带。岩性变化大，主要为砂砾岩、石英岩状砂岩、砂岩、页岩、泥灰岩、灰岩、砂质白云岩等，为一套浅海碎屑岩—碳酸盐类沉积建造。厚度53—233.5米。由北而南，由东向西厚度逐渐变薄。

寒武系中统（∈2）

徐庄组（$\in_2x$）：枣林一带以白色砂砾岩为主，砾石成分为脉石英，呈半浑圆状，砂质胶结。信义、王营庄一带，下部为灰白—粉红色石英砂岩夹砾岩，中上部为紫红色或灰绿色页岩和砂质页岩，上部为鲕状灰岩、灰岩。厚 8—86 米。

张夏组（$\in_2z$）：枣林一带以中厚层粗粒结晶砂质白云岩为主，下部为白—灰白色含砾石英砂岩。信义、王营庄一带为暗灰色条带状灰岩及中厚层鲕状灰岩。厚 7—84 米。

寒武系上统（∈3）

崮山组（$\in_3g$）：岩性为灰绿—黄绿色、暗绿色页岩夹泥质条带灰岩。厚 7—30.9 米。

长山组（$\in_3c$）：枣林一带为灰绿色、浅灰色页岩夹竹叶状灰岩，顶部为薄层泥质白云质灰岩夹竹叶状白云母岩、竹叶状灰岩夹薄板状泥质灰岩及钙质页岩。厚度 5—24 米。

凤山组（$\in_3f$）：岩性为灰白、浅灰色厚层—巨厚层粗粒结晶白云岩。西部地区，顶部夹薄层泥质白云岩。厚 32—90 米。寒武系上统中有化石：索完虫、展氏虫、蝴蝶虫等。

奥陶系（O） 主要分布于大崖石—榆坪里一线以东，马头山、双山等地区。岩性为一套由页岩、泥灰岩、白云质灰岩及灰岩组成的海相碳酸盐沉积建造。厚度 333—578 米。由东而西，由北而南厚度逐渐变薄，与下伏地层呈整合接触。

奥陶系下统（O1）

冶里组（O_1y）：岩性为上部浅灰—灰黄色中薄层泥质白云质灰岩，含零星的不规则燧石结核；下部为黄色薄板状泥质白云质灰岩与钙质页岩互层，页岩 4—9 层，单层厚 0.5—1.5 米。层位稳定，为与下伏凤山组之良好分层标志。厚 20—40 米。

亮甲山组（O_{1l}）：岩性灰—浅灰色中厚层细粒砂状白云质灰岩，含燧石结核。与下伏地层呈整合接触。厚 50—60 米。

奥陶系中统（O2）

马家沟组（O_2x）：岩性为底部黄绿—灰绿色钙质页岩，夹有 2—4 层浅黄色糖粒状石英砂岩透镜体，中部为浅黄—黄色角砾状泥灰岩，底中部厚度 21—30 米。上部为深灰色中厚层灰岩，白云质灰岩夹薄层泥灰岩及泥质灰岩。厚度为 92—100 米。

上马家沟组（O_2s）：一段（O_2s^1）的第一种岩性为浅黄—黄色泥灰岩、角砾状泥灰岩，厚 40—80 米。第二种岩性为深灰色中厚层灰岩、蠕虫状灰岩及白云质灰岩。上部夹少量泥质灰岩。厚 125.8 米。与下伏地层呈整合接触。二段（O_2s^2）的第一种岩性为浅黄色泥灰岩、角砾状泥灰岩，间夹深灰色泥质条带灰岩，有时底部可见浅灰色钙质页岩。厚 44 米。第二种岩性为褐灰—褐红色含白云质灰岩、石灰岩，夹少量泥灰岩。岩层破碎，节理裂隙发育。厚 34 米。化石有松旋螺等。

峰峰组（O_2f）：岩性为底部浅黄色泥灰岩，角砾状泥灰岩，间夹深灰色泥质条带状灰岩，最底部有浅灰色钙质页岩，厚约 44 米。上部为褐灰—褐红色含白云质灰岩、灰岩，并夹有少量泥灰岩。岩层破碎，节理裂隙发育。厚约 34 米。

石炭系（C） 区境内出露很少，仅见于北川河谷两侧冲沟沟底，离石城区附近最厚。岩性为一套由砂岩、页岩、铝土岩、灰岩及煤层组成的海陆交互相含煤沉积。与下伏奥陶系呈平行不整合接触。厚度为56—219米。

石炭系中统本溪组（C2b） 岩性以浅灰色、灰褐色铝土页岩、砂质页岩为主，夹2—4层不稳定的透镜状泥质灰岩。灰岩中含腕足类化石。底部有山西式铁矿及铝土矿，中上部含1—2层薄煤层或炭质页岩。厚7—49米。

石炭系上统太原组（C3t） 下部为灰色砂岩及灰黑色砂质泥岩，离石盆地内夹七层煤层，为离石主要开采煤层。上部为三层较稳定的石灰岩及灰黑色砂质页岩、泥岩和砂岩互层。灰岩分3—4层。岩溶发育，厚57—77米。

二叠系（P） 全区出露较少，分布范围与石炭系相近；岩性为由砂岩、砂质页岩及泥岩组成的陆相碎屑沉积建造，与下伏地层呈整合接触。厚度221—248米。

二叠系下统（P_1）

山西组（P_1s）：岩性为灰—灰黑色砂岩、砂质页岩、页岩夹煤层，中夹5—8层煤，底部煤层为离石盆地的主要开采煤层。底部以0.5—11.5米厚的灰—灰褐色细中砂岩与太原组分界，厚46—70米。化石有梯羊齿、枕形希瓦格蜓。

下石盒子组（P_1x）：岩性由黄绿、暗绿、浅绿色砂岩、砂质页岩及泥岩组成，靠近顶部有一层桃花岩，底部为一层较稳定的灰白色中粒石英、长石砂岩，与下伏山西组分界。厚度43—170米。化石有三角织羊齿、中国瓣轮叶等。

二叠系上统上石盒子组（P2s） 为一组重复叠置的黄绿色砂岩、砂质页岩、粉砂岩及紫红色砂质泥岩、泥岩组成，下部以黄绿色岩层为主，底部砂岩发育可达30余米，相当标志。厚110—250米。

新生界

区境内分布广泛，成因复杂，岩性、厚度变化均大。

新第三系（N_2）保德组：分布于区中西部地区，与下伏地层呈角度不整合接触，为一套河湖相沉积地层，层理较清晰。其岩性为下部白色—浅褐色砾岩夹紫红色砂质黏土，砾石成分以灰岩为主，一般厚10—15米，最厚20余米；上部为褐红色及棕红色黏土或砂质黏土，夹多层钙质结核层，含脊椎动物化石，厚16—90米。

第四系（Q） 中更新统（Q_2） 分布广泛，厚度可观。继承古地貌形态，广泛披复在沟底、山坡上，为风积成因的浅红、红黄、棕黄色黄土状亚黏土，夹多层红棕色古土壤，含钙质结核，局部成层，通称离石黄土。一般厚30—50米，以陈家崖一带最厚为117.9米。

上更新统（Q_3） 广泛覆盖在区中西部的黄土沟壑区，是黄土地形中的主要岩性，按成因分风积与坡洪积两种类型。

风积层：分布于全区丘陵及山区，为浅黄色粉砂质亚黏土及亚砂土，质地均匀，富含钙质。结构疏松，具大孔隙，垂直节理发育，厚10—30米，通称马兰黄土。

坡洪积层：分布于较大河谷两侧，形成II级阶地。沉积物具明显二元结构，上部为灰黄色亚砂土，下部为沙砾石层。厚度10—20米。

全新统（Q_4） 主要分布于河流谷地，构成河漫滩及I级阶地，表层为亚砂土，下部及河漫滩均为沙砾石，厚8—20米。

第二节 构 造

褶皱

离石区地质构造特征，以吕梁—太行断块为主体，只有西北部（马头山以西地区）属鄂尔多斯断块东缘。其间褶皱和断裂较为发育。

吕梁—太行断块 吕梁山块隆，位于吕梁—太行断块的西部，呈近南北向长条形展布。其西界以离石大断裂与鄂尔多斯断块相邻。块隆构造复杂，由离石—中阳菱形复向斜、柏洼山—刘家坪多字形断褶北端、关帝山穹状隆起3部分组成。

离石—中阳菱形复向斜 位于起云山西—上王营庄西一线以西，吕梁山块隆西部，马头山—杜家山一线以东，大致呈菱形，南北向展布。该复向斜大部被第四系覆盖，基岩多出露于沟谷之中。槽部地层为石炭系、二叠系。翼部地层为寒武系、奥陶系。

离石向斜 北起临县，经茂塔沟、下水西延伸到中阳县境内。该向斜走向北东，两端向离石倾伏，为一大体呈南北向的“船”形向斜，宽6—10千米，为一不对称向北斜，东翼岩层倾角10°—15°，西翼15°—40°，轴部地层为二叠系砂页岩。

阳坡向斜与双山背斜 阳坡向斜，北起交家庄，经阳坡至李家山，全长150千米，宽6—8千米，该向斜轴北部走向北北东，南部渐转南向北，呈弧形。东翼岩层倾角10°—25°，西翼近50°，为轴面西倾的不对称向斜，核部地层为石炭系二叠系砂页岩。双山背斜，由双山起至马家村止，与阳坡向斜相对应，西翼岩层倾角10°—12°、东翼倾角15°—50°，为轴面西倾的不对称背斜，核部地层为奥陶系下统白云质灰岩。

下王营庄向斜与兔坪背斜 褶曲开阔、平缓，走向10°—12°，长10—12千米，宽2—3千米，两翼不对称。平缓翼岩层倾角10°—20°，陡立翼50°—70°，轴面倾向西。

柏洼山—刘家坪多字型断褶北端 起云山西—上王营西一线以东，严村—上四皓一线以西，该断褶位于离石—中阳菱形复向斜东南部。呈北北东向长方形展布，由柏洼山背斜北部组成，轴向为北东向，核部出露界河口群，其翼部为寒武系、奥陶系。其间有南海滩向斜与海则里背斜，褶曲平缓开阔，走向10°—12°，长10—12千米，宽2—3千米；两翼不对称，平缓翼岩层倾角10°—20°，陡立翼50°—70°，轴面倾向西。

关帝山穹状隆起 位于区境的东部地区，是吕梁山块隆的主体。主要由吕梁期花岗岩和前吕梁期花岗混合杂岩构成，有吕梁末期北西西向岩墙展布，沉积盖层有寒武系、奥陶系，产状近于水平，其间断裂发育，北东向、南北向、北西向均有。

鄂尔多斯断块 兴县—石楼南北向褶带，位于区境西北部马头山以西地区。出露地层以寒武系、奥陶系为主，界河口群、新第三系零星出露，第四系广泛分布。大部分基岩仅出露于河谷。其间枣林背斜为一轴面西倾的近南北向的不对称背斜，两翼倾角小于 10°，东翼倾角陡。

断层

离石断裂 北起兴县交楼申，向南经黑茶山、临县汉高山以东至方山县峪口之西，继至离石马头山东侧，直到临汾峪里。该断裂纵贯全境，其总体走向为近南北，局部偏东或偏西。区境内的离石断裂为离石大断裂中段，表现为迁就北北东、北北西共轭切断裂系的近南北向锯齿状断裂，西盘上升，东盘下降。断面倾向时东时西，可见糜棱岩化带和构造透镜体，断裂带旁侧发育较好的拖曳褶曲和直立岩带，均表现出压性结构面特征。该段断裂的断距中部较大，两端较小，与北段呈尖灭侧现关系。

炭窑里断层 南起范家墕，经炭窑里至方山县，离石区境内长 8 千米，断层西侧为变质岩，东侧为石灰岩，走向近南北。范家墕以北为高角度逆断层，断层面西倾，倾角 75°—80°；范家墕以南为正断层，断面倾向东，倾角 60°—70°。断距最大约 350—400 米。

葫芦把断层 北起牛家山，经由葫芦把延伸至柳林县。离石区境内长 12 千米，走向北东 30°。十里村以北断面倾向东，倾角 60°—70°，为正断层；十里村以南断面向西，倾角 80°—90°，为逆断层。断层破碎带宽 10—20 米。葫芦把一带较大，为 200—250 米。

兔坪断层 北起兔坪，经洞沟、许家圪垛延伸至中阳县。区境内长约 12 千米，呈弧形构造。断层北部走向 20°，中部为南北向，南部为北西向。断面倾向西，倾角 65°—70°，断距 80—120 米。东西两侧均为奥陶系灰岩，岩层陡立，为逆断层，断层带岩层破碎。

油房坪断层 北起北寒沟、圪垛里，经油房坪延伸到中阳县。区境内长 11.5 千米。油房坪北，断层走向 20°—30°，向南渐转为 340°—360°，呈弧形，断面倾向西，倾角 50°—70°，断距 200—300 米，断面呈舒缓波状，有擦痕，为压性逆断层。

吴城断层 北起王治庄，经吴城向中阳县延伸。断层西侧为太古界混合杂岩，东侧为古生界石灰岩。断层走向 20°—30°，断面倾向西，倾角 50°—70°。两侧岩层产状陡立，在吴城一带发生倒转，断距约 400 米，断层带岩石破碎，多为方解石晶体，含少量方铅矿。为压性逆断层和逆掩断层。

区境内还有不少小断层，如白家庄逆断层，龙马坡逆断层，西堋断层，九里湾推测断层等。断层规模较小，走向大致为南北向，与区域构造方向一致。

第二章 地 貌

第一节 类 型

基岩山区

分布地区以区境东北部的小神头、王营庄一带为主，范围大致为南至吴城镇下四皓，向北经信义镇王村，北至青石坡以东、吴城断层以西地区。面积约266.6平方千米，占全区总面积的20.14%。地面标高1400—2200米，相对高差400—600米。东北部以小神头东北的骨脊山为主要山峰，海拔2535米；东部以吴城镇王营庄东北、吴城以北的北海山为主要山峰，海拔1994.5米。

离石区内以稳定上升的构造作用为主，伴之以流水侵蚀作用及风化剥蚀作用，形成山峰突起、山脊尖凌、山坡陡峻的地貌特征，山谷呈“V”形的中高山地形。水系发育呈树枝状，沟谷中多水，较大沟谷中清水长流。山体由花岗岩和混合杂岩组成，裂隙发育，风化壳厚10—30米，坡度一般在35°—45°之间。森林分布广，植被发育，为全区的主要森林区（属关帝山林区）。

土石山区

分别分布于区境的西部、北部及东南部地区。西部以马头山山脉为主，向南至枣林神仙山一带；北部于王家沟东北、阳坡以西一带，以双山、玉灵山山脉为主；东南部为吴城断层以东，薛公岭以西一带地区。总面积约398平方千米，占全区总面积的30.06%。其中西部约31平方千米，北部约187平方千米，东南部约180平方千米。地面标高1200—1600米，相对高差200—400米。

山体由石灰岩及变质岩组成，岩层裂隙发育。在长期侵蚀作用下，下切强烈。沟谷多呈“V”形或“U”形，水网发育多为干谷。植被多为灌木草丛，有少量疏林密灌，并且多被破坏。山顶山坡多覆盖黄土层，形成黄土梁峁，山体浑圆呈馒头状。山脊呈波浪状，山坡为阶梯状，水土流失严重，谷地较为开阔。局部山峰黄土已被剥蚀，基岩裸露，断续覆盖残破积物。基岩受构造作用，岩层褶皱，形成典型的单面及褶皱地形。

黄土丘陵区

分布于离石盆地、阳坡盆地及城北街道、西属巴街道、交口街道、田家会街道、红眼川乡、信义镇的大部分地区，基本占区境中部。海拔高度1000—1300米，相对高差150—200米。面积约600平方千米，占全区总面积的45.32%。

山体由黄土组成，黄土覆盖厚度达30—100米。坡角沟底有时出露砂岩、页岩以及红黏土夹砾岩。在侵蚀作用下，黄土台垣被切割得支离破碎。沟谷发育呈树枝状，沟坡陡峭，侵蚀强烈，山坡植被稀少，多为草丛，水土流失严重。形成沟壑纵横、梁峁密布的黄土丘陵地形。可分为台垣地、梁峁地、山坡地、沟壑地、旱坪地5种地貌单元。

河谷（川）地区

分布于三川河流域川谷地带。由于侵蚀、冲击作用，形成堆积阶地及河漫滩。最宽阔处为西属巴以南、五里铺以西、交口以北三川河交汇处的离石盆地川地及大东川、小东川川谷地带。面积约60平方千米，占全区总面积的4.53%。海拔高度880—1200米，相对高差100—200米。河谷宽1000—2000米，开阔平坦。海拔最低点为西南交口街道贺家塔河谷地带，海拔880米。河漫滩宽100—150米。河流两侧发育有二级阶地。一级阶地高出河床2—4米，阶面平坦，微向河谷倾斜，宽约100—400米。二级阶地北川河东岸和东川河两岸保存较好，阶地倾向河川，倾斜度较大，高出河床10—20米，平均宽100—200米。由上更新统冲洪积物堆积而成，上部砂壤厚8—13米，其下为沙砾石层。经多年耕作，土壤肥沃，又有河水可供灌溉，是全区主要的粮菜产区。

第二节　山　脉

骨脊山支脉

横亘小神头东北境，为东西偏北走向，向西延伸至信义、阳坡北境，长约30千米，为境内主要森林覆盖的山脉。

尖山支脉

为信义东部诸山，东西走向。东起坡陡山，向西南延伸至王营庄，长约30千米，隔北海沟与南部的北海山相对。其东部为森林植被，西部为疏林密灌等。

北海山支脉

东西偏北走向，位于陈家塔、王治庄沟（吴城断层）以西。向西南延伸至油房坪北岭，隔北海沟与尖山支脉相对，长约15千米，有森林密灌及灌木草丛植被。

起云山支脉

为大东川以南诸山，东西走向。东起薛公岭，向西延伸至王营庄洞沟西南汝天山，南与中阳县为界，长约35千米。多为疏林密灌或灌木草丛植被。

玉灵山山脉

区境中北部城北街道境北，为南北走向，从双山向北伸至玉灵山，直达方山县。

马头山山脉

位于区境西北部，为南北偏西走向，向北延伸至方山县，向南延伸至枣林境内的神仙山。

西部与柳林县交界处有王老婆山、乌巖（岩）山，皆为南北偏东走向。

第三节 主要山峰

三阳云凤山

城区东川河北岸，自卯、午、酉时阳光普照，叫三阳。云取离石闲云之景，风取山色丹然、凤鸣朝阳之义。山上建三清阁、希夷殿、孙真人殿等。传说宋初，著名道家隐士陈希夷在该地修炼，有华阴人路过见之诗云：“古洞岩前碧水流，白云缭绕凤山头，几年不见先生面，今见先生在石州。”明代道士孙云际居该地50年，奉献毕生精力建造道观。1986年，凤山公园建成，市民晨练游乐，四季不断。

龙山

位于城南，旧有汉灵济真君华佗庙，泉名华君井。1990年开始，人民政府实施三山绿化工程后，植被茂密，建有电视塔、生态园。

虎山

城西北川河西岸，山下有隆兴寺。三山绿化后绿树成荫，夜晚彩灯闪烁。

骨脊山

位于城区东北42千米处，山峰耸立，高插云汉，海拔2535米，为区境最高处。东邻交城县，向北延伸至方山县下昔境内，山南脚下为小东川河之发源处。有天然森林植被。

云顶山

旧称刘王峄山，位于城区东北40千米处，小神头东部偏北边沿，与交城县接界，海拔2274.5米，南接四十里跑马壖牧场。山势险峻，有峭壁曰飞人崖。该山经年多云，有时半山腰阴云密布、大雨倾盆，而山顶则碧空见日，故名。相传刘渊建都离石时曾居该地，旧有刘渊祠。

石窑凹山

在吴城镇东北，距镇6千米，海拔1918米。东邻文水县，西通驿沟，南达三交沟。山上有天然石窑1孔，故名。有天然森林植被。

黄栌岭

位于吴城镇东部偏南边沿，与汾阳市接界。古称黄栌关，为晋商古道之重要关隘，有北齐长城遗址。汾离公路未开通之前，为通往汾川之孔道。海拔1872米。有疏林密灌植被。

薛公岭

位于吴城镇东南6千米，海拔1760米。国道307线、青银高速公路翻越是岭，太中银铁路穿山而过。东与汾阳市接界，南与中阳县交界，有疏林密灌植被，为交通要隘。

宋喉峁

在吴城镇东北 10 千米处，海拔 1742 米。地扼驿沟通往小东川的孔道，故名。西靠坡陡山，东有陈家地山。有森林密灌植被。

宝峰山

亦名尖山，位于小东川归化村对面，距城 30 千米，海拔 1755 米。相邻有天洼顶山、坡陡山诸峰。山势逶迤，巉岩壁立，林木丛杂，延伸至信义镇及吴城镇境。山顶有明代修建的玉皇庙，并有龟形巨石，长丈余，一人踏之则动，多人则稳，相传为奇。

凤凰山

又名九凤山，位于大东川东南 25 千米处，上王营庄村南。主峰海拔 1719 米，属起云山支脉。群峰拱翠、卉草呈祥。山有天然石洞，深数里，高阔不一，尚未探明究竟。相传一白马食民田，逐之入洞，故名白马仙洞。洞口建有庙殿，唐贞观年间尉迟恭监造。遗碑云九凤山为赤松子炼丹之所，黄帝之别馆，后晋高祖遇旱祷之即雨。古诗云：“凤凰山上是琳宫，松柏森森石径通，羽客不知何处去，满林啼鸟夕阳中。”

韩仙掌山

又名望仙坡，与白马仙洞对峙。世传有东莱人，姓韩名宗玄者，尝采苍术黄精煎服，体健身轻，颜如沃丹，因名该地为韩仙掌。一日采药回至山坡见洞口紫云中有九仙跨凤升天，诗云：“洞门深锁白云堆，忽见群仙跨凤来，自信我非刘阮辈，浑疑身世在天台。”

双山

位于城区北偏东，王家沟村东北 7 千米处。海拔 1537 米。山无林灌，荒草遍地，有双峰并峙，故名。

玉灵山

位于城北街道东北 11 千米处，海拔 1670 米。北达方山县境，有部分疏林密灌植被。

马头山

位于城西北 15 千米处，为境域西北部之主要高山，海拔 1619 米。山坡有疏林密灌植被，建有金阁寺。相传晋豫州刺史祖逖曾驻军该地。

神仙山

旧称笔架山，位于城区西北 10 千米，城北街道范家塢村西，海拔 1520 米。其山三峰秀举，状类笔架。山上云雾缭绕，霖雨随降，有疏林密灌及草丛植被，建有三清殿、关王庙。

王老婆山

在城西 20 千米处，翻山为原结绳塢乡，海拔 1525 米。西南绵延于柳林县成家庄镇境内，为晋商古道离石通往碛口的孔道。植被不良，有稀疏幼林灌木。因古有王氏老太婆居该地而得名，王老婆墓穴遗迹尚存。

乌巖（岩）山

位于城西 10 千米处，海拔 1520 米，为基岩山体。山势险要，石壁滤岩峻峭。山顶有宋安国王寨遗迹，山洼有安国寺，为古代石州八官寺之一，风景优美，为离石名胜。

匾斗山

与乌巖（岩）山相连靠西，旁有叶斗岩，下有灵通月窟泉，泉之侧有桥，叫石蹬凌霄，山腰有龙王庙。相传原为安国王寨。

另外还有需要详考的山峰有：吴城镇白马仙洞以西的青阳山、汝天山，上四皓村以北有北海山、天洼顶，驿沟北面的坡陡山、陈家地山。信义镇小神头以西的南天门、看天峁。

第三章　气　候

第一节　气候特征

大陆性气候特征突出

离石区地处中纬度偏南的晋西黄土高原，属暖温带大陆性气候区，一年之内四季分明。因受西北大陆气团影响，常出现干旱现象。冬季，主要受蒙古高原冷高压气团控制，多偏北和西北气流，气候寒冷少雪；夏季主要受太平洋亚热带气团控制，炎热多雨，由于夏季冷暖交锋，时常形成局部雷阵雨，严重时可出现冰雹。春秋两季由西北大陆气团和东南海洋气团交替影响。春季海洋气团来之弱而缓，干旱大陆气团冲击现象多见，多风且干旱少雨，时有春寒和沙尘暴。秋季，蒙古冷高压气团来势强而速，天高气爽，有时出现阴雨连绵。

受季风影响明显

冬夏盛行风交替变换　境内冬夏受不同性质气团的控制，产生明显的盛行风交替变换。冬季在强盛的大陆性气团控制下，以西北气流为主，盛行偏北风；夏季西北气流开始减弱，盛行偏南风。

雨热同期　区境夏季（6—8 月）是降水量集中的季节，占全年降水量的 56.29%。同时，夏季又是全境温度最高的季节。雨、热同季对农业生产十分有利，是全区丰富的农业气候资源。

降水变率大　境内的降水量，无论年降水量和季、月降水量，年际变化都很大。有气象记录后，平均年降水量为 486.6 毫米，最高降水量（1985 年）为 742.8 毫米，比平均年降水量偏多 52.65%；最低降水量（1990 年）为 237.9 毫米，比平均年降水量偏少 51.11%。季降水量年际变化，以春季为例，最高值（1963 年）为 187.8 毫米，最低值（1989 年）为 18.3 毫米，最高值是最低值的 10.26 倍。月降水量同样变率大，如 12 月降水量，最高值（2002 年）为 18.7 毫米，而有气象记录以来有 16 年降水量为 0 毫米。降水变率大，是造成境内旱涝灾害多发的主要原因。

第二节　气候要素

日照

离石区光能资源丰富，在全国属高值区，仅次于西北省份。太阳辐射年总量多年平均值（至 1990 年）为 130.8 千卡 / 平方厘米，生理辐射值为 65.4 千卡 / 平方厘米。从春季开始逐渐增多，5—7月总能量为46.2千卡/平方厘米，生理辐射量占总辐射量的48—50%。

区境内年平均日照时数为2486.0小时，最多可达2882.9小时（1965年），最少达2095.5小时（1964年）。春夏之交日照时数最长，旬日照时数均为80小时以上，最多可达110小时；冬季日照时数少，旬日照时数一般为60小时左右。最长为6月，最多达324.1小时；最少为1月，仅67.1小时（2008年1月）。年日照率为59%。

1957—2015年平均各月日照时数数值情况表

表2-1　　单位：小时

月份	1	2	3	4	5	6	7	8	9	10	11	12
日照平均时数	184.0	170.9	204.8	225.5	254.2	252.5	236.6	224.0	202.7	201.6	182.7	182.2
日照最多时数	247.3	247.6	265.2	285.5	319.4	324.1	301.7	281.4	268.6	275.4	235.1	235.0
日照最少时数	67.0	99.5	134.9	130.1	190.5	167.6	168.0	131.6	104.8	109.2	104.0	120.0

1957—1990年平均各月太阳辐射生理辐射数值情况表

表2-2　　单位：千卡/平方厘米

月份	1	2	3	4	5	6	7	8	9	10	11	12	全年
太阳辐射量	7.0	7.9	11.2	13.0	15.9	16.0	14.3	13.0	10.6	8.8	6.9	6.2	130.8
生理辐射量	3.5	4.0	5.6	6.5	8.0	8.0	7.2	6.5	5.3	4.4	3.5	3.1	65.6

气温

境内年平均气温为9.4℃，最高年（2015年）为11.2℃，最低年（1967年）为8.0℃。极端最高气温为40.6℃（2005年6月22日），极端最低气温为-26.0℃（1998年1月19日）。

一年中1月最冷，月平均温度为-7.2℃，平均最高-0.2℃，平均最低-12.9℃，极端最高7.9℃，极端最低-19.9℃。

7月是一年中最热月，月平均气温23.2℃，平均最高29.5℃，平均最低17.5℃，极端最高34.9℃，极端最低13.1℃。

1957—2015 年历年逐月平均气温与极端气温情况表

表 2-3 单位：℃

月份	1	2	3	4	5	6	7	8	9	10	11	12	全年
平均温度	-7.2	-3.6	3.5	11.1	17.3	21.5	23.2	21.5	15.9	9.5	1.5	-5.7	9.4
平均最高	-0.2	3.4	10.6	18.6	24.8	28.7	29.5	27.7	22.7	16.8	8.2	1.1	16.0
极端最高	7.9	13.5	20.7	28.2	32.3	34.5	34.9	33.3	29.4	24.5	18.2	9.4	23.9
平均最低	-12.9	-9.1	-2.3	-4.3	10.0	14.6	17.5	16.1	10.2	3.7	-3.6	-10.8	3.1
极端最低	-19.9	-17.8	-10.4	-3.6	2.8	8.6	13.1	10.6	3.2	-3.7	-11.7	-18.6	-4.0

适宜耕作温度

区境内土壤开始解冻，信义以西地区在 3 月中旬（春分前）、以东地区在 3 月下旬（春分后），年际变化最早和最晚年相差 35 天。

土壤开始冻结，田家会以西地区在 11 月中旬（立冬至小雪前），以东地区在 11 月上旬（立冬），年际变化最早和最晚年相差 27 天。

活动积温日数：田家会以西地区为 240 天左右，积温 3700.0℃—4000.0℃；以东地区在 230 天以下，积温 2600.0℃—3500.0℃。

平均气温大于等于 3℃初日，吴城镇王营庄以西在 3 月下旬（春分至清明间），以东地区在 4 月上旬（清明前后），年际变化最早和最晚年相差 33 天。终日，吴城镇王营庄以西在 10 月下旬（霜降后），以东地区在 l0 月中旬（寒露至霜降间），年际变化最早和最晚年相差 38 天左右。初日土壤开始解冻，果木萌动；终日土壤冻结，越冬作物停止生长。

平均气温大于等于 5℃初日，吴城镇王营庄以西地区在 4 月上旬（清明前后），以东为 4 月中旬（清明后），年际变化最早和最晚年相差 30 天。终日，田家会以西地区在 10 月下旬（霜降），以东地区在 10 月中旬（寒露至霜降前），年际变化最早和最晚年相差 21 天。初日前后，蓖麻、向日葵开始播种。

平均气温大于等于 10.0℃初日，田家会以西地区在 4 月底到 5 月初（立夏前），以东地区在 5 月上旬（立夏），年际变化最早和最晚年相差 41 天左右。喜温作物玉米和谷子等开始下种。终日，阳坡、信义以西的大部分地区在 9 月底到 10 月上旬（寒露前）；以东地区在 9 月中下旬（秋分），年际变化最早和最晚年相差 25 天左右。大秋作物停止生长进入成熟期。

无霜期

1957—2015年，境内历年平均无霜期185天，霜冻初、终日及无霜期，区境内东西差异显著，年际变化悬殊。中西部地区初霜日在10月上旬（寒露前后），终日在次年4月下旬（谷雨至立夏）。东部地区初霜日在9月中旬（白露至秋分），终日在次年5月中旬（立夏至小满）。最早和最晚初霜日相差29天，终霜日相差40天。无霜期，中西部地区在130—170天，最长达187天。东部地区为100—140天。小神头、吴城以东最短，为105天左右。

地温

地面温度分布与气温相似，月平均地面温度比气温一般高1.0℃—5.0℃。地面温度的变化与气温一致，但日差较大。一年中6—7月最高，极端最高温度达70.7℃（2005年6月21日），比最高气温高达30.1℃左右。1—2月最低，极端最低温度达-30.3℃以下（1985年1月13日），比最低气温低5.0℃左右。

全区冻土日数由东向西递减，小神头、吴城以东地区达175天，初日在10月中旬（寒露后），终日在次年4月上旬（清明）。田家会以西地区在150天以下，初日在11月上旬（立东），终日在次年3月中旬（春分前）。其他地区在160天左右，初日在10月下旬（霜降后），终日在次年3月下旬（春分后）。农谚曰：霜降杀百草，立冻（冬）地不消。又曰：不得春风地不通。全部解冻在春分以后。最大冻土深度，一般出现在1—2月。田家会以西地区多年最大冻土深度为90—100厘米，以东地区在100—120厘米左右，最深达140厘米。

气温差异

分区域年均气温 离石地形复杂，山川交错，沟壑纵横，海拔高度不一，气温各有差异。

年平均气温 自东向西逐渐增高。信义以西地区在8.0℃以上，坪头、结绳塌一带最高，为9.4℃；信义以东地区在8.0℃以下，小神头、吴城东部地区最低，为5.0℃左右。

无霜期 信义以西地区在140天以上，坪头、枣林乡结绳塌一带在170天左右，信义以东地区在140天以下，小神头，吴城以东为105天左右。

冻土 日数，东部比中西部长达20—30天；深度，东部比中西部深30—40厘米。极端最低温度，吴城达-30.1℃，城关-25.5℃。

活动积温 气温稳定通过大于等于10.0℃的活动积温，东部比中西部减少400℃—1000℃。

严寒期 （平均气温小于等于-5.0℃的初、终间日数）田家会以西大部分地区为60—70天，以东地区为70—80天，吴城、小神头的东部地区为80—100天。

酷热期 （平均气温大于30.0℃）信义以西地区为42天左右，吴城、小神头以东在20天以下。

农业节气　东部和中西部相差10—20天。

经测定，境内海拔升高100米，年平均气温降低0.52℃—0.70℃。在同一地区，海拔高度每升高100米，大于等于10.0℃的活动积温将减少75.0℃—150.0℃；无霜期减少5.74天。同一高度，阳坡比阴坡大于等于10.0℃的活动积温增加80℃—100℃。

降水

降水量　境内平均年降水量为486.6毫米，最多年降水量达742.8毫米（1985年），最少年降水量仅237.9毫米（1990年）。降水量的年际变化，大致有11年波动旱涝周期。年降水量差异悬殊且不规律。最大年较差达504.9毫米。一年内降水量的分布也很不均匀，雨量主要集中在7月、8月、9月3个月，占全年降水量的62.3%。其主要特征是：冬春少雨干旱；夏季雨量集中，多雷阵雨；秋季降水面积较大，时间较长，可出现连阴雨天气。

四季降水分布　春季占15.14%，夏季占56.29%，秋季占26.13%，冬季占2.44%。

节气降水量　立春到小暑的降水量逐渐递增，大暑至寒露的降水量升降相同，秋分以后的降水量逐渐递减，小暑至大暑通常为行雨时期，农谚有“小暑大暑，灌死老鼠”的说法。节气平均降水量，春分以前在10毫米以下，清明至立夏为10—20毫米，芒种至秋分为30—60毫米，寒露起逐渐递减为20毫米以下。以处暑降水量最大，其次是夏至至立秋；大雪至立春的降水量最小，其中冬至特少。城区处暑最大降水量达232.9毫米（1978年）。

1957—1990年累年各节气间平均降水量情况表

表2-4 单位：毫米

节气	立春	雨水	惊蛰	春分	清明	谷雨	立夏	小满	芒种	夏至	小暑	大暑
平均	2.5	3.5	5.5	6.4	10.8	15.9	16.8	27.3	31.2	46.4	60.8	58.5
最大	16.4	17.5	17.8	23.9	50.1	50.1	53.9	123.2	120.8	154.1	186.2	160.8
最小	0.0	0.0	0.0	0.0	0.0	0.0	0.0	0.0	2.1	2.5	4.6	8.5
小于平均值机遇（年）	24/33	23/33	21/33	18/33	18/33	18/33	20/33	19/33	20/33	22/33	20/33	17/33

续表2-4

节气	立秋	处暑	白露	秋分	寒露	霜降	小寒	大寒	立冬	小雪	大雪	冬至
平均	53.0	65.8	28.3	31.5	18.6	10.4	7.4	4.4	1.6	0.7	1.5	1.5
最大	192.7	232.9	163.8	132.4	50.0	32.1	36.5	30.1	11.0	5.5	9.0	7.0
最小	4.5	4.2	3.1	0.0	0.0	0.0	0.0	0.0	0.0	0.0	0.0	0.0
小于平均值机遇（年）	20/33	20/33	26/33	22/33	20/33	18/33	19/33	22/33	25/33	25/33	24/33	23/33

大雨 （日降水量在25毫米以上）4—10月都可出现，年平均次数为4天，最多9天（1978年），最少1天。一日最大降水量为113.7毫米（1963年7月6日）。

暴雨 （日降水量在50毫米以上）出现次数很少，东部地区年平均出现次数为1.5次，西部地区在1次以下。历年最多次数为2次。最大暴雨过程雨量达200毫米（2010年9月19日1时50分至7时11分）。

1959年6月20日出现的特大暴雨，特点为面积大，雨量急，时间长，历时近15个小时。所成洪水，北川河赵家庄测得最大流量为950米^3/秒，东川河凤山底测得最大流量为733米^3/秒，南川河交口测得最大流量为710米^3/秒。三川河汇合后的最大流量达2970

米 ³/ 秒。

1979年6月29日，田家会、红眼川一带发生的特大暴雨，46分钟内降水量达107.0毫米。东川河洪流最大流量达 950 米 ³/ 秒。由于境内地形所致，该次暴雨特点为时间短、强度大、面积小。

2010 年 9 月 19 日，坪头遭受历时 6 个多小时的特大暴雨袭击，降雨总量 200 毫米。

1957—2015 年离石区（县、市）逐月降水量情况表

表 2-5　　　　单位：毫

年份	1 月	2 月	3 月	4 月	5 月	6 月	7 月	8 月	9 月	10 月	11 月	12 月	全年合计
1957	9.8	2.8	5.0	55.0	35.2	54.2	86.6	59.3	27.4	0.6	30.4	1.1	367.4
1958	5.2	0.0	17.1	24.5	68.0	48.6	237.6	96.0	60.5	22.9	7.5	2.1	590.0
1959	0.5	18.5	34.3	8.7	18.7	63.8	95.5	304.2	50.0	41.6	2.0	5.2	643.0
1960	3.1	0.0	5.5	29.6	52.1	21.5	59.1	106.9	132.1	32.9	20.4	1.6	464.8
1961	4.1	2.8	25.8	33.3	42.6	44.3	131.9	73.3	92.8	122.7	50.6	1.6	625.8
1962	9.0	13.7	0.0	3.7	21.0	18.4	276.7	93.8	63.5	21.3	43.6	0.0	564.7
1963	0.0	1.4	3.1	26.0	158.7	87.4	198.4	108.0	113.7	16.0	16.0	5.0	733.7
1964	3.4	2.2	10.2	56.4	58.0	33.3	170.4	72.5	206.7	60.0	0.1	0.3	679.5
1965	0.3	6.0	10.7	58.8	6.4	40.5	43.1	27.6	15.5	19.7	21.3	0.0	249.9
1966	2.1	5.2	18.4	30.7	31.7	90.2	220.9	154.9	43.4	36.3	14.0	0.0	647.8
1967	7.1	6.2	24.8	15.5	45.8	38.0	89.9	160.3	143.2	18.2	24.5	0.0	573.5
1968	1.4	0.2	2.9	16.6	30.6	8.1	77.6	73.4	70.1	97.2	19.4	3.5	401.0
1969	7.5	3.3	4.9	73.9	19.7	43.5	137.6	52.4	154.4	56.8	4.5	0.0	558.5
1970	0.0	9.2	4.1	36.7	46.7	57.9	47.3	119.3	51.3	18.8	0.2	0.3	391.8
1971	7.6	3.8	5.9	10.0	24.0	39.9	69.4	74.0	77.7	10.2	26.2	5.3	354.0
1972	9.6	7.9	8.4	8.2	13.6	30.8	56.4	135.7	22.1	12.4	18.6	2.2	325.9
1973	7.5	1.3	5.5	18.4	2.9	109.4	45.3	267.3	95.7	68.1	5.3	0.0	626.7
1974	1.9	5.7	7.6	3.1	17.7	31.9	149.4	28.0	73.3	16.5	15.9	14.8	365.8
1975	1.8	4.1	7.4	49.4	15.1	61.3	165.8	113.9	79.7	70.9	5.7	7.9	583.0
1976	0.0	25.6	12.9	42.9	10.1	21.6	155.6	126.5	78.9	21.5	2.9	7.3	505.8
1977	1.5	0.5	2.7	26.0	21.7	38.9	152.1	230.5	45.9	30.8	7.5	9.2	567.3

续表 2-5

年份	1月	2月	3月	4月	5月	6月	7月	8月	9月	10月	11月	12月	全年合计
1978	0.0	11.8	19.7	5.9	41.5	38.1	142.2	243.4	131.6	33.8	10.0	3.0	681.0
1979	1.5	9.1	20.2	22.5	3.8	92.4	104.6	60.4	36.6	13.2	3.4	4.3	372.0
1980	0.8	3.4	21.1	24.8	51.2	85.0	27.8	128.3	64.1	29.8	19.6	0.0	455.9
1981	1.1	12.0	12.7	22.1	28.0	134.2	127.0	75.2	31.9	9.4	7.4	1.4	462.4
1982	0.1	15.0	14.5	17.1	15.5	39.1	112.7	93.0	94.6	12.4	17.6	0.0	431.6
1983	0.2	0.3	15.0	24.1	87.3	20.4	76.2	52.7	131.9	61.6	19.2	1.0	489.9
1984	2.3	1.0	9.9	18.2	60.0	91.4	97.1	69.3	42.0	17.2	5.7	9.0	423.1
1985	2.9	1.8	0.8	2.9	118.5	81.9	58.5	241.4	189.5	43.3	0.7	0.6	742.8
1986	0.0	2.0	0.1	2.3	52.1	90.5	58.0	58.8	182.0	20.8	3.6	11.9	482.1
1987	2.3	5.6	8.0	55.7	20.5	104.2	31.3	152.4	43.3	60.7	21.1	0.0	505.1
1988	3.0	2.0	6.5	2.6	59.0	136.5	248.9	104.0	24.0	5.0	0.0	3.3	594.8
1989	6.3	3.2	3.4	11.5	3.4	72.0	114.0	119.1	72.0	16.7	17.0	3.8	442.4
1990	8.3	10.3	30.9	27.6	18.8	17.0	40.4	43.7	17.9	16.4	5.1	1.5	237.9
1991	3.5	4.6	35.3	34.8	84.3	75.9	50.0	19.8	28.5	46.5	5.1	4.4	392.7
1992	0.0	0.0	13.8	4.7	21.0	53.1	49.5	173.8	73.0	23.5	19.0	0.0	431.4
1993	5.1	1.0	1.2	0.8	24.5	30.1	69.9	194.5	15.8	38.5	39.1	0.0	420.5
1994	0.3	5.4	12.7	63.6	8.3	33.5	115.3	158.0	26.6	45.9	34.8	8.7	513.1
1995	0.0	0.1	0.3	22.9	9.0	45.1	51.6	158.9	68.2	23.8	1.7	0.4	382.0
1996	1.5	3.3	10.7	28.1	26.4	103.4	58.4	188.8	15.5	35.6	10.5	0.0	482.2
1997	1.6	5.0	23.2	47.6	13.3	6.2	76.3	37.1	60.5	9.2	33.7	0.0	313.7
1998	3.5	3.9	27.8	26.8	61.7	59.7	86.3	21.0	39.3	23.5	0.0	0.0	353.5
1999	0.0	0.0	9.5	13.9	15.8	12.6	57.1	48.2	62.7	15.7	8.6	1.4	245.5
2000	4.5	5.9	4.3	10.4	13.6	44.9	175.9	109.0	38.3	63.1	13.3	0.4	483.6
2001	2.1	9.7	6.2	34.0	1.9	11.4	138.9	74.2	115.5	23.0	13.6	3.8	434.3
2002	3.2	1.2	8.5	22.9	33.7	134.7	46.8	36.3	103.7	49.4	0.0	18.7	459.1
2003	2.5	6.1	13.5	39.3	31.1	81.3	31.7	187.4	168.3	37.0	45.7	0.1	644.0
2004	4.5	20.1	8.0	5.5	35.0	77.6	136.1	84.1	25.1	29.5	3.8	8.2	437.5

续表 2-5

年份	1月	2月	3月	4月	5月	6月	7月	8月	9月	10月	11月	12月	全年合计
2005	0.0	7.1	8.0	12.1	55.1	33.9	64.9	52.9	78.0	10.0	0.0	0.8	322.8
2006	11.2	4.0	0.0	15.0	65.3	23.4	129.9	155.1	61.5	7.4	12.1	3.0	487.9
2007	0.0	7.3	49.7	10.4	37.7	72.6	95.7	75.6	88.3	110.4	0.6	6.8	555.1
2008	8.2	4.8	23.9	49.3	27.2	53.4	42.6	47.3	118.6	17.8	0.8	0.0	393.9
2009	0.2	9.3	15.0	5.8	75.1	7.6	164.0	173.6	144.1	31.4	50.3	4.7	681.1
2010	0.0	9.7	16.0	32.1	45.1	38.8	30.9	148.6	138.5	18.0	0.2	0.1	478.0
2011	1.4	8.8	5.6	13.1	54.3	39.5	147.6	112.9	106.1	33.6	54.4	0.7	578.0
2012	3.1	0.9	8.5	17.9	23.4	90.4	191.3	57.0	86.5	14.2	17.1	2.7	513.0
2013	3.3	0.5	0.5	22.5	22.3	85.0	321.9	90.5	81.1	11.6	9.6	0.0	648.8
2014	0.0	19.2	19.3	40.5	56.0	85.5	142.7	61.7	96.0	22.0	10.6	1.2	554.7
2015	5.4	7.9	0.9	30.5	33.3	17.5	22.8	66.2	102.2	29.5	41.6	4.4	362.2
历年平均	3.01	5.83	11.91	24.90	36.85	55.99	108.53	109.36	79.68	32.30	15.14	3.01	486.60
最大降水	11.2	25.6	49.7	73.9	158.7	136.5	321.9	304.2	206.7	122.7	54.4	18.7	742.8
出现年份	2006	1976	2007	1969	1963	1988	2013	1959	1964	1961	2011	2002	1985
最小降水	0.0	0.0	0.0	0.8	1.9	6.2	22.8	19.8	15.5	0.6	0.0	0.0	237.9
出现年份	有12年	有4年	有2年	1993	2001	1997	2015	1991	有2年	1957	有4年	有16年	1990

蒸发

境内年平均蒸发量为 1880.8 毫米，为降水量的 3.9 倍。年最大蒸发量为 2334.1 毫米，年最小蒸发量为 1539.5 毫米。四季蒸发量各分别所占百分比为：春季占 25.7%，夏季占 40.6%，秋季占 16.5%，冬季占 7.9%。

境内不同地区蒸发量各有差异。信义西部的干燥度大于信义东部，而且越往西干燥度越增加，有 64% 的年际农作物缺水，年最大干燥度达 3.66（1965 年）。1990 年，各地区干燥度分别为：枣林 1.36，城关 1.23，西属巴 1.19，信义 1.13，王营庄 1.03，小神头 0.97，吴城 1.01。

1957—2015年离石区（县、市）累年逐月蒸发量情况表

表 2-6　　单位：毫米

月份	1	2	3	4	5	6	7	8	9	10	11	12
平均蒸发量	39.0	61.9	132.9	234.3	291.0	287.3	234.3	189.7	139.1	114.9	66.8	38.3
最大蒸发量	59.2	110.5	190.1	311.3	413.5	413.8	346.4	294.4	228.1	172.5	116.7	56.0
最小蒸发量	21.3	30.0	92.9	131.7	138.6	148.3	116.7	99.6	72.8	66.6	33.1	19.2

气压

境内受地形影响，不同地区的气压都有明显差异。交口镇海拔最低，为889米，历年平均气压在900毫巴左右。由西向东，随着海拔不断升高，气压逐渐下降。区境东北骨脊山海拔为2535米，气压在800毫巴以下。气压也随着季节的变化而变化。从1月起，气压逐月下降，到8月又逐月回升，到12月是年际内气压最高的时期。全年平均气压为906毫巴。

风

区境内年主导风向为东北偏北风，平均风速为1.8米/秒。深秋开始，蒙古高原西北风带逐渐控制，西风频起。冬季受西伯利亚寒流的影响，西风、北风、偏北风占主导地位。春季，东北风、东南风交替出现。夏季至初秋，多东南风。每年出现8级以上的大风日平均为10天左右，多出现在4—5月，夏季暴风随暴雨也有时出现。秋季"磨谷风"，可连续数天。

1957—2015年离石区（县、市）气象要素统计表

表 2-7

年份	降水量（毫米）	平均气温（℃）	最高气温（℃）	最低气温（℃）	日照时数（小时）	平均地温（℃）	平均气压（毫巴）
1957	367.4	8.7	34.2	-21.8	—	—	892.7
1958	590.0	8.9	34.0	-24.8	2668.6	—	893.3
1959	643.0	8.9	33.3	-21.7	2547.2	—	892.5
1960	464.8	9.0	36.2	-21.2	2606.6	—	892.8
1961	625.8	9.4	36.9	-18.9	2523.6	—	892.8
1962	564.7	8.4	33.5	-19.2	2842.0	9.8	893.3
1963	733.7	8.4	32.4	-20.2	2629.1	9.9	893.2
1964	679.5	8.8	32.2	-21.4	2246.3	—	907.2

续表 2-7

年份	降水量（毫米）	平均气温（℃）	最高气温（℃）	最低气温（℃）	日照时数（小时）	平均地温（℃）	平均气压（毫巴）
1965	249.9	9.2	36.0	–20.5	2882.9	12.2	907.0
1966	647.8	9.0	38.9	–22.9	2601.3	11.1	906.7
1967	573.5	8.0	36.1	–24.4	2534.1	10.5	908.2
1968	401.0	8.8	35.7	–20.6	2758.8	11.6	907.9
1969	558.5	—	—	–23.6	—	—	—
1970	391.8	8.5	35.7	–23.3	2779.1	11.1	908.2
1971	354.0	8.8	36.2	–25.5	2675.0	11.4	908.0
1972	325.9	9.0	37.0	–23.1	2701.4	12.0	907.6
1973	626.7	9.3	37.2	–20.4	2608.8	11.3	907.9
1974	365.8	8.9	37.8	–20.4	2477.0	11.3	907.7
1975	583.0	9.2	36.0	–24.2	2353.4	11.5	908.1
1976	505.8	8.3	34.5	–22.2	2384.1	—	907.7
1977	567.3	9.1	34.7	–21.8	2550.7	11.6	908.4
1978	681.0	9.2	36.3	–23.9	2570.2	11.2	908.6
1979	372.0	9.0	35.8	–18.1	2650.7	11.1	908.9
1980	455.9	8.6	36.7	–21.3	2702.0	10.9	909.1
1981	462.4	8.6	36.1	–20.8	2378.0	10.7	909.4
1982	431.6	9.4	34.9	–20.7	2695.0	11.9	909.0
1983	489.9	8.8	35.4	–20.9	2508.0	10.8	909.6
1984	423.1	8.0	33.8	–24.9	2525.1	9.9	908.9
1985	742.8	8.6	35.8	–21.6	2250.4	10.4	908.6
1986	482.1	8.3	35.0	–21.8	2705.8	10.7	909.4
1987	505.1	9.6	38.1	–18.3	2660.4	11.5	908.8
1988	594.8	8.5	32.7	–19.7	2335.6	10.4	909.5
1989	442.4	9.5	34.0	–19	2391.3	11.9	909.5
1990	237.9	9.5	34.3	–22.2	2588.9	11.5	908.8
1991	392.7	9.3	35.9	–22.4	2585.4	11.7	908.8
1992	431.4	9.0	36.0	–19.3	2434.4	10.8	909.2
1993	420.5	8.5	34.6	–24.6	2312.3	11.0	909.6
1994	513.1	9.7	34.7	–18.6	2350.8	11.7	909.0

续表 2-7

年份	降水量（毫米）	平均气温（℃）	最高气温（℃）	最低气温（℃）	日照时数（小时）	平均地温（℃）	平均气压（毫巴）
1995	382.0	9.3	36.5	-18.5	2516.7	11.3	909.2
1996	482.2	8.7	34.6	-18.4	2268.3	10.4	908.9
1997	313.7	10.3	36.8	-19.5	2500.9	12.2	908.8
1998	353.5	10.7	37.5	-26	2398.9	12.5	908.3
1999	245.5	10.7	38.4	-19.4	2379.7	12.7	908.6
2000	483.6	9.8	36.2	-22.2	2246.5	11.6	908.3
2001	434.3	10.4	37.6	-17.7	2182.9	12.3	908.9
2002	459.1	10.3	37.0	-24	2221.1	11.8	908.8
2003	644.0	9.7	35.6	-22.6	2095.5	11.3	908.8
2004	437.5	10.4	36.3	-18.5	2397.5	12.4	908.9
2005	322.8	10.4	40.6	-21.3	2554.8	13.4	908.6
2006	487.9	10.9	37.3	-21.8	2201.5	13.4	908.3
2007	555.1	10.4	34.8	-15	2320.2	12.8	908.7
2008	393.9	9.5	35.2	-21.3	2260.7	12.6	908.9
2009	681.1	10.0	37.6	-20.0	2526.7	13.1	908.1
2010	478.0	10.2	39.8	-17.6	2398.8	12.8	908.2
2011	578.0	9.7	34.5	-18.9	2364.0	12.4	909.2
2012	513.0	9.5	35.6	-18.5	2395.5	12.0	908.1
2013	648.8	11.0	34.9	-19.6	2557.8	13.5	908.0
2014	554.7	10.5	34.0	-16.7	2432.5	12.2	908.9
2015	362.2	11.2	38.3	-15.6	2466.7	13.5	908.7

第三节　农业气候区划

高寒湿润气候区

该气候区北起信义镇阳坡村东北部，经千年里村，绕过中部山岭至吴城镇的东南部，海拔在 1300 米以上，是全区地势最高的山区，山峦起伏，山石裸露，有天然森林植被。气候特征为降水丰富，平均年降水量均在 550 毫米以上，冬季寒冷，夏季凉爽，日照较差，无霜期短。1 月平均气温为 -13.0℃—-11.0℃，极端最低气温达 -30.0℃，是全区最冷的地域。7 月平均气温为 17.0℃—20.0℃，大于等于 10℃的活动积温在 2400℃以下。无霜期为 105—125 天，农作物常遭低温冻害，限制农作物的产量提高。该区域为全区的主要林业基地。

寒冷半湿润气候区

该气候区分布于高寒湿润气候区的西部，包括信义镇西部，城北街道的北部，信义、田家会的东部和吴城镇的大东川河两岸，以及区境西部的马头山一带。该气候区为东部高山延伸的丘陵地带，梁峁交错，沟壑纵横，海拔高度一般在 1100—1400 米。年平均气温为 6.0℃—8.0℃。1 月平均气温为 -11.0℃—-9.0℃，7 月平均气温为 19.0℃—21.0℃。极端最高气温达 35℃，≥ 10℃的活动积温为 2700℃左右，平均年降水量在 550 毫米左右，最多可达 850 毫米。冬春降水比其他地区偏多，春旱概率很少。气候特征为春秋湿润，夏爽易涝，初霜早，终霜迟，无霜期一般有 140 天左右。

温暖半干旱气候区

该气候区为区境中部的北川河、东川河两岸的川谷地带及两侧地区，离石盆地、交口镇、红眼川及枣林乡一带地区。海拔为 900—1200 米。气候特点为冬冷少雪，春暖风多，夏季炎热，雨量集中，热量较为丰富。年平均气温为 8.5℃，1 月平均气温为 -9.0℃—-7.0℃；7 月平均气温为 22.0℃—23.0℃。极端最高达 38.9℃，极端最低为 -25.5℃。大于等于 10℃的活动积温为 3000℃—3300℃。无霜期 145—165 天。年均降水量为 480 毫米左右，最多可达 750 毫米。降水分布不均，农作物生长期内平均缺水量 100—160 立方米 / 亩，大于 60 立方米 / 亩的年占 80%，重缺水大于 130 立方米 / 亩的年有 10 年两遇。该区域为全区的农业经济及粮食基地。

温暖干旱气候区

该气候区分布于区境西部的坪头乡、枣林乡地区，马头山至王老婆山以西一带的黄土丘陵区。海拔 1100—1300 米，地势越往西越低。气候特点为冬季少雪，春旱多风，夏热降雨不均多伏旱，秋暖无霜期长，积温高，蒸发快，水源缺乏。年平均气温为 9.5℃，为全区的年平均气温最高区。无霜期 150—170 天。≥ 10℃的活动积温达 3300℃以上，平均年降水量为 450 毫米左右，最多可达 600 毫米，且多集中于 7—9 月。因马头山的阻隔作用，春旱概率高，是典型的十年九旱地区。农作物生长期平均缺水 160—180 立方米 / 亩，大于 60 立方米 / 亩的年达 80%—90%，大于 130 立方米 / 亩的重旱年占 25%。

第四章 水 文

第一节 水资源总量

根据1988年吕梁地区第一次水资源评价：离石县1956—1984年长系列多年平均水资源总量为8788万立方米，其中河川径流量2580万立方米，地下水7743万立方米，重复量1535万立方米。根据2005年吕梁市第二次水资源评价：离石区1956—2000年长系列多年平均水资源总量为7990.8万立方米，其中地表水3893万立方米，地下水6315.8万立方米，重复量2218万立方米。人均（按2000年人口计算）占有水资源量352.69立方米，比全省人均占有量略低，属水资源缺乏区域。全区1956—2000年长系列多年平均水资源可用量为4390万立方米，其中地表水1990万立方米，地下水2604万立方米，重复量204万立方米。

离石地区降水量分布东部大于西部，年内分布不均匀，主要集中在7月、8月两个月，年际差别很大、区域性同丰同枯。受季风气候影响，河川径流量主要集中在汛期，且多以暴涨暴落的洪水形式出现，水资源年内分配不均匀。受水文下垫面、人类活动及补径排条件的影响，离石区河川径流的地区分布较不平衡。

第二节 地表水

河流

境内地表水属黄河水系，大部分属三川河一级支流，西部马头山以西地区属湫水河支流，东部西华镇村一带属汾河三道川支流。由于地处晋西黄土高原，地形东北高而西南低，大东川、小东川、北川三道大川呈扇形分布，沟谷成树枝状发育。在大自然的切割下，浅小者为沟为渠，深大者成谷川。水系发育，形成群山连绵、梁峁起伏、沟壑纵横、川谷有序的自然景观。三川河流域面积占全区总流域面积的71.6%，达946.6平方千米。

1988年吕梁地区第一次水资源评价：离石县河川径流量2580万立方米。2005年吕梁市第二次水资源评价：离石区河川径流量均值3893万立方米，多年平均径流深度为29.9毫米。1964年径流量为10006万立方米，为45年间径流量最大值；1999年径流量为921万立方米，为45年间径流量最小值。

小东川河 发源于骨脊山的南侧，向南流经小神头村，纳康家岭沟水，折而向西，纳德岗沟水，过信义镇，再纳阳坡沟水，向西南而下，出车家湾村与大东川河交汇，长32千米，流域面积428.6平方千米，占全区总面积的32.4%。河谷面积1200公顷，平均川宽

530 米。河床窄处为 20 米，宽处达 40 余米。全年平均清水流量约为 0.4—0.7 米 ^{3}/ 秒。信义以上沿途接受地下水补给，常年有清水 0.5 米 ^{3}/ 秒。信义以下枯水季河道干涸。雨季河面宽可达 9 米左右，最大洪流量达 410 米 ^{3}/ 秒。流域内有 1 千米以上的支沟达 115 条。

主要沟道：康家岭沟，位于小神头村东，南起坡陡山，北达小神头通入小东川河，全长 10 千米。该沟汇沙沟、牛家岭沟、西华镇沟等诸沟之水，清水流量为 0.075 米 ^{3}/ 秒，流域面积达 35 平方千米。德岗沟，位于信义镇东北，沟口有德岗村，故名。北起望天峁山，西南通入小东川河，沟长 11 千米，沟内有小股清水溪流，流域面积达 42 平方千米。阳坡沟，沟内小支沟呈树枝状分布，两条大支沟交汇于阳坡村。东北支沟起于与方山县接界处，长 13 千米；西北支沟起于东义沟，长 6 千米。正沟从阳坡起，经丰义村、崖底等村出信义镇注入小东川河，沟内有常年清水溪流，流域面积达 136.8 平方千米，为全区最大沟道。

大东川河 发源于区境东部与汾阳交界的神林沟一带。吴城以上汇合有大西沟、黄芦沟、孟川沟、石槽沟、罗堡沟、薛公沟等诸沟之水。吴城向西纳驿沟、南山沟、南海沟、北海沟、洞沟等诸沟之水，经北遮沟入田家会街道之车家湾与小东川河交汇。长 39 千米，流域面积 445.7 平方千米，占全区总面积的 33.7%。河床宽 30 余米，雨季河面宽可达 12 米。平均川谷宽 430 米，川谷地面积 847 公顷。王营庄以上有吴城石窟泉、油房坪泉为补给，清水流量 0.5—1.0 米 ^{3}/ 秒。以下枯水季干涸。流域内支沟丰富，1 千米以上的支沟达 140 余条。吴城以西 4 千米处建有吴城水库，总库容 1982 万立方米。最大洪流量达 535 米 ^{3}/ 秒。

主要沟道：三交沟，在吴城镇东，东到神林沟，西至九里湾，长 7 千米，南北汇合黄芦、黄巷、薛公、孟川、石槽诸沟之水，为大东川河上游。罗堡沟，在吴城镇南，南起南家沟，北至沟门上，长 11 千米，沟宽 13—16 米，流域面积 3.7 平方千米。驿沟，在吴城镇北，北起歧则沟，南至李家湾入河，长 14 千米。北越康家岭与小东川通，沟内清水长流，流量为 0.014 米 ^{3}/ 秒，流域面积 72.5 平方千米。北海沟，在油房坪东北，发源于坡陡山与北海山之间，西南至油房坪入河，长 12 千米，沟宽 5—11 米，清水流量为 0.023 米 ^{3}/ 秒，流域面积 47 平方千米。沟内有较大沟道东沟，向东通北海山。

东川河 从东部车家湾大、小东川两河汇合处起，向西流经田家会街道、滨河街道至城西西崖底社区与北川河交汇止。长 11 千米，河床宽 60—80 米。雨季河面宽达 12—20 米。平均川宽 820 米，河川面积 900 公顷。清水流量 0.5—1.0 米 ^{3}/ 秒，最大洪流量 738 米 ^{3}/ 秒，流域面积 72.3 平方千米。

北川河 古称离石水，发源于方山县北赤坚岭。自西属巴街道盛底村入区境，纳盛底沟水，向南经茂塔坪纳茂塔沟水，再南流经西属巴纳西属巴沟水，经城北街道纳王家沟水，入凤山街道。在城西与东川河汇合。离石区境内河长 16 千米，流域面积 213.8 平方千米。平均川宽 1060 米，川地面积 1707 公顷。清水流量为 1 米 ^{3}/ 秒，最大洪流量 950 米 ^{3}/ 秒。

主要沟道：西属巴沟，起于西属巴街道炭窑里，向东流入北川河，沟深 13 千米，流域面积 18.5 平方千米。王家沟沟，王家沟村东，沟内支沟丰富，流域面积 9.1 平方千米。省水土保持科学研究所从 1955 年开始驻该地，进行水土保持综合治理试验和研究。

州河 东、北两川河在城西交汇后纳枣林沟水，折向西南，纳刘家湾沟水，入交口街道，纳渠家山、芦则峁诸沟水，在交口西南与南川河交汇。至该地称为三川河。从贺家塔村出区境，入柳林县。东、北川两河交汇至与南川河交汇处，该段河称州河，古也叫文河。因离石旧为州治，故名。南川河因出中阳县，故称之为县河。州、县两河冲积成三角地带，平坦宽广，最宽处可达 2500 余米，最大洪流量可达 3060 米 ^{3}/ 秒。州河流域面积为 85.9 平方千米，川地面积 548.67 公顷。平均川宽 920 米，河床宽 120—150 米。雨季河面宽达 20—40 米，水深 30—80 厘米。常年清水流量为 1—2 米 ^{3}/ 秒。

主要沟道：枣林沟，位于城西，枣林乡在沟内。起源西部王老婆山，向东经梁家岔，纳龙尾峁、阎家峁沟水，由枣林、十里村出王家坡入州河，全长 17 千米，流域面积 75.4 平方千米。沟内支沟丰富，古为通往碛口黄河畔的要道，清水流量 0.017 米 ^{3}/ 秒。刘家湾沟，为离石区与中阳县张子山乡交界的一道沟，深 13 千米，沟内支沟丰富，流域面积 47.1 平方千米，境内流域为 29.4 平方千米，沟口刘家湾原筑有水库，已被泥沙淤积填平。

南川河 主要流经中阳县境内。由中阳县金罗镇的道棠村入离石区交口社区，在村西南与州河交汇。境内只是流经交口社区的一段，长 2 千米。河南为柳林县的圪垛村。河床宽 80—120 米，川宽 1000—2000 米。

湫水河支系 区境西部以马头山、王老婆山为分水岭，向西流归临县湫水河黄河支系。区境内为坪头、枣林乡西部。流域面积为 90.4 平方千米。无清水河道，只有 1—10 千米的沟道 25 条，平时均为干沟，大雨后有短时洪流。最大沟道为坪头乡境内的大沟，长 10 千米，流域面积 31.2 平方千米。

汾河三道川支系 境内只是西华镇村、庙底村一带，以大西沟岭为分水岭，向东南流入文水县境，归属汾河三道川支系。流域面积境内仅 15 平方千米，有支沟 5 条，最长为庙底沟，境内为 6 千米，沟内有长流清水。

泉水

吴城石窟泉 位于吴城村西，泉水出露标高 1350 米，属上升泉，涌水量 0.2 米 ^{3}/ 秒，为全区最大的泉水。该泉间歇性变化大，为断层泉，含水层岩性为寒武系灰岩。最大涌水量可达 1 米 ^{3}/ 秒。光绪《永宁州志》记载该泉。

油房坪泉 位于油房坪村河滩，泉水出露标高 1194 米，属上升泉，为断层群泉状出露，涌水量达 0.17 米 ^{3}/ 秒，受季节性影响较大。

莲花池泉 位于旧县城西南角城墙脚下，旧称温泉。泉水出露标高 914 米，属上升泉，涌水量 0.0187 米 ^{3}/ 秒，受季节性影响。光绪《永宁州志》记载该泉。

马茂庄泉 位于马茂庄社区西南塌崖湾，属上升泉。泉水出露标高 904 米，呈群泉出露型，涌水稳定，涌水量 0.0182 米³/ 秒。

香水岩泉　位于刘家湾沟大土河村，从路口地面石壁中泻出，味美甘冽，涌水量约 0.015 米³/ 秒。光绪《永宁州志》记载该泉。相传发源于白马仙洞黄龙池中。因沟内筑坝，泉水被淤积，影响涌水量，至 2015 年，该泉水消失。

北海山泉　位于北海山山顶，从石孔中涌出，口粗如杯口，水从山上泻下，清澈醇美，实为邻近罕见之景观。人谓泉通北海，因以为名。

龙山泉　亦名华君井，在南关旧石桥（灵济桥）东南二十余米处，公路侧沟畔。因修筑被压，至 2015 年，该泉水消失。

1990 年，离石县有小于 2 升 / 秒的小泉水 61 处。其后，由于地下水位下降，至 2015 年，全区有小于 2 升 / 秒的小泉水 43 处。

2015 年离石区小于 2 升 / 秒的泉水情况表

表 2-8

所在河流	所在乡（镇）	位置	泉水类型	成泉原因	出露标高（米）	涌水量（升 / 秒）	动态变化
州河	枣林	郭家梁村 110°　750 米	下降泉	侵蚀	1340	0.41	较稳定
州河	枣林	温家岭村 210°　300 米	下降泉	侵蚀	1180	0.12	稳定
州河	枣林	双庙村南 200 米	下降泉	侵蚀	1300	0.11	不稳定
州河	枣林	大树墕村 210°　500 米	下降泉	侵蚀	1210	0.11	不稳定
州河	枣林	柏林村 125°　200 米冲沟	下降泉	侵蚀	1330	0.11	不稳定
州河	枣林	刘家峁村 280°　500 米	下降泉	侵蚀	1250	0.04	稳定
州河	枣林	大舍窠村 200°　500 米	下降泉	侵蚀	1350	0.01	不稳定
州河	枣林	龙尾峁村 320°　400 米	下降泉	侵蚀	1350	0.03	不稳定
北川河	西属巴	金阁寺南 200 米	下降泉	侵蚀	1340	0.20	—
北川河	王家沟	背咀里村东南支沟 500 米	下降泉	侵蚀	1080	0.05	稳定
北川河	王家沟	娘娘庙村南沟掌	下降泉	侵蚀	1030	0.03	不稳定
北川河	王家沟	土地堂村北 500 米	下降泉	侵蚀	1190	0.02	不稳定
北川河	王家沟	王家山村北沟掌	下降泉	侵蚀	1140	0.02	不稳定
北川河	王家沟	陈家墕村北支沟	下降泉	侵蚀	1050	0.01	不稳定
三川河	交口	安国寺南	下降泉	侵蚀	1190	1.20	较稳定

续表 2-8

所在河流	所在乡（镇）	位置	泉水类型	成泉原因	出露标高（米）	涌水量（升/秒）	动态变化
三川河	交口	葫芦把村 320° 1100 米	下降泉	侵蚀	1100	0.53	不稳定
小东川河	阳坡	奥则墕村南	下降泉	侵蚀	1200	1.00	稳定
小东川河	阳坡	贾梧村南 100 米	下降泉	切割	1240	0.01	不稳定
小东川河	阳坡	吴家墕村 280° 100 米	下降泉	侵蚀	1300	0.53	较稳定
小东川河	阳坡	新井里村 240° 100 米沟底	下降泉	侵蚀	1300	0.53	较稳定
小东川河	阳坡	千岭村北沟内	下降泉	切割	1230	0.33	不稳定
小东川河	阳坡	清涧沟村东沟中	下降泉	切割	—	0.12	较稳定
小东川河	阳坡	杜家山正北 750 米	下降泉	侵蚀	1280	0.04	不稳定
小东川河	阳坡	刘家圪垛村 250° 400 米	下降泉	侵蚀	1280	0.02	不稳定
小东川河	阳坡	吴居上村东 400 米	上层滞水	孔隙	1373	0.01	不稳定
小东川河	信义	严村对面沟 500 米处	下降泉	侵蚀	—	1.93	较稳定
小东川河	小神头	千年里村 225° 700 米	下降泉	侵蚀	1470	1.28	较稳定
小东川河	小神头	桑湾村 110° 200 米沟底	上升泉	侵蚀	1580	0.53	较稳定
小东川河	小神头	神岭沟村 300° 700 米	下降泉	侵蚀	1470	0.47	较稳定
小东川河	小神头	梁家沟村东 10° 1300 米	下降泉	裂隙	1680	0.23	较稳定
小东川河	小神头	千树塔村 350° 600 米	下降泉	裂隙	1530	0.10	不稳定
小东川河	小神头	王家沟村 140° 200 米	下降泉	裂隙	1490	0.18	不稳定
小东川河	小神头	雨科里村 60° 250 米	下降泉	裂隙	1560	0.09	不稳定
小东川河	小神头	李家梁村东 250 米	下降泉	裂隙	1359	0.08	不稳定
小东川河	小神头	沙沟 120° 400 米	下降泉	裂隙	1500	0.32	较稳定
小东川河	小神头	洞沟村西 100 米	下降泉	裂隙	1450	0.34	不稳定
小东川河	小神头	红崖上村 60° 400 米	下降泉	裂隙	1390	0.04	稳定
小东川河	吴城	安薛岭村 100° 250 米	下降泉	裂隙	1460	0.23	较稳定
大东川河	吴城	红崖上村 320° 750 米	下降泉	侵蚀	1490	1.73	较稳定

续表 2-8

所在河流	所在乡（镇）	位置	泉水类型	成泉原因	出露标高（米）	涌水量（升 / 秒）	动态变化
大东川河	吴城	下罗堡村前小井沟	下降泉	侵蚀	1440	1.00	较稳定
大东川河	吴城	大岩石村 65°　500 米	滞水泉	裂隙	1680	0.03	不稳定
大东川河	吴城	神林沟 105°　900 米沟中	滞水泉	裂隙	1663	0.12	较稳定
大东川河	吴城	石吊沟村	下降泉	侵蚀	1520	0.02	较稳定

第三节　地下水

地下水资源量

1988 年吕梁地区第一次水资源评价：离石县地下水资源量 7743 万立方米，其中，山丘区基流 1535 万立方米，净耗 514 万立方米，潜水蒸发 172 万立方米，侧排 5522 万立方米。

2005 年吕梁市第二次水资源评价：离石区地下水资源总量 6315.8 万立方米。全区岩溶区面积 594 平方千米，地下水资源量 4262.1 万立方米，其中，本地流出量 470.4 万立方米，侧向流出量 3791.7 万立方米；全区一般山丘区面积 706 平方千米，地下水资源量 2053.7 万立方米，其中，本地流出量 1747.5 万立方米，开采净消耗量 306.2 万立方米。境内地下水主要有 4 个含水岩系，可分为含水岩组 9 个。

前寒武系花岗岩　混合杂岩　变质岩裂隙含水岩系

主要分布于小神头、北海山、吴城水库一带，西部枣林一带亦有零星分布。地下水主要储存于浅部风化壳中，一般含水层厚 10—20 米，最厚达 40 米。

裂隙潜水受大气降水的渗入补给，其水位、富水性均随季节变化，泉水出露较多，地下水流向同地形一致，多以泉水形式排泄于沟谷，补给地表水。按含水岩系及分布范围可分为二组。

花岗岩、混合杂岩裂隙含水岩组　分布范围为下四皓、王村、青石坡一线以东，王治庄、吴城、下罗堡一线（吴城断层）以西的基岩山区。含水岩系为前寒武系花岗岩、混合杂岩、混合花岗片麻岩等。泉水出露标高 1390—1680 米，流量 10—50 吨 / 日，少数可达 100 吨 / 日，为中等富水区。水质良好，为重碳酸钙（或钙钠）型水，矿化度 0.2—0.3 克 / 升。

变质岩裂隙含水岩组　分布范围为马头山、梁家岔、温家岭一线以东，炭窑里断层以西中山地区及枣林一带。含水岩系为前寒武系变质砾岩、石英岩、混合花岗片麻岩等，部分地区上覆寒武系地层。泉水出露标高 1100—1350 米，流量 8—20 吨 / 日，为弱富水区。水化类型为重酸钙（或钙镁）型水，矿化度 0.3—0.4 克 / 升。该含水组在上王营庄至汝天山背斜地区也有少量分布。

寒武—奥陶系沉积碳酸盐类岩裂隙岩溶含水系

分布广泛，主要分布在西部的原坪头、枣琮 、结绳焉 3 个乡境，中部的王营庄、车家湾、信义及东部的吴城。由寒武系、奥陶系灰岩、白云岩、泥灰岩及砂页岩等组成含水岩系，厚 500 余米。西部以变质岩，中部及东部以寒武系徐庄组页岩为其隔水底板，中间无良好隔水层，裂隙、岩溶发育极不均匀，含水性在水平与垂直方向上差异较大，形成地下贫水区。按含水岩系及分部范围分为两组。

中寒武系 震旦系鲕状灰岩石英砂岩裂隙岩溶含水组 分布于东部的吴城、九里湾，中部为油房坪、汝天山，西部的神仙山一带。离石区含水层受老地层的构造而随之发生位移，鲕状灰岩及下部泥质条带状灰岩岩溶发育，相对富水。水位埋深一般在 50—150 米。水化类型为重碳酸钙（或钙镁）型水，矿化度 0.2—0.4 克 / 升。

上寒武 中奥陶系白云岩 石灰岩裂隙岩溶含水组 东部岩溶含水岩组：分布在王治庄、吴城、下罗堡一线断层线以东至境内薛公岭以西的石灰岩、白云岩山区。地下水埋深大，由东而西、由北而南顺层流动，至吴城断层受西侧混合杂岩所阻，水位抬高至地面河床沙砾石层内，当上游地下水来量大时，一部分水涌出地面成泉，来量小时泉水减少或干涸。涌出量一般为 0.2 米^3/ 秒，水位标高 1330 米，为重碳酸钙镁型水，矿化度 0.3—0.4 克 / 升。

中部岩溶含水岩组：分布在郝家崖以东、下四皓以西、郭家庄以南的石灰岩间夹前寒武系变质岩山区及离石盆地、阳坡盆地边缘和两盆地下伏石灰岩地层。该组石灰岩除王营庄南北部分，马家村以北，霜雾都以东，阳坡乡东部边缘等出露较多外，其余大部分被上中更新统黄土覆盖，厚度不均，约 10—100 米。盆地岩溶水在灰岩裸露区为无压水，在灰岩掩埋区为承压水。承压水水位标高 810—870 米，埋深 100—200 米。

西部岩溶含水岩组：分布在马头山、梁家岔以西，坪头、阎家坡、垣上一线以东的西部 2 个乡的大部和枣林乡东西部分地区。该区岩层倾向西北，为单斜地层，灰岩上部大部分面积被上更新统黄土覆盖，沟谷纵横，切割严重，灰岩多在沟底出露，地形坡度大，雨后产流随地表流走多，补给条件差，因而形成地下水贫水区。区域岩溶水补给区。区域水位埋深 164—400 米，水位标高 820—880 米。水化类型为重碳酸钙镁型水，矿化度 0.3 克 / 升。该地区上寒武底部黄绿色页岩、夹竹叶状灰岩和奥陶系底部页岩，以及马家沟组泥灰岩，透水性较弱，局部可保留一些上层滞水，有的出露成泉，但流量小，年际变化大。一般为 0.6—4 吨 / 日，最大达 17 吨 / 日。枣林乡一带，该层出露较多，出露标高 1200—1350 米，流量变化悬殊，为 3—100 吨 / 日，动态受季节控制，流出后常被下流灰岩吸蚀。

新生界 上古生界 中生界深积碎屑岩类岩溶裂隙孔隙含水系

分布在离石盆地、阳坡盆地和西部 2 个乡的西部边缘地区。主要含水层为太原组灰岩。

为主。

胡家大塆[Hú jiā dà wān]　隶属棠棣镇石河村村民委员会辖。为胡姓聚居地，且人多房屋多，故名。该居民点位于石河村北部，棠棣集镇北 2 千米，聚落呈块状分布，距村委会所在地 900 米。东接迎水寺水库，西邻双塘水库，南连陈家塘，北靠杨巷村河边。主要以胡姓为主，均为汉族。全塆 137 人，32 户。总面积 0.35 平方千米，其中耕地面积 0.2412 平方千米，主要农作物为小麦、水稻，主要经济来源以外地务工为主。

刘家塆[Liú jiā wān]　隶属棠棣镇石河村村民委员会辖。以居民姓氏命名。本居民点位于石河村北部，棠棣集镇西 1.5 千米，聚落呈块状分布，距村委会所在地 450 米。东接迎水寺水库，西邻河东塆，南连村委会办公楼，北靠胡家塆。主要以刘姓为主，均为汉族。全塆 134 人，33 户。总面积 0.3 平方千米，其中耕地面积 0.2144 平方千米，主要农作物为小麦、水稻，主要经济来源以外地务工为主。

史家上塆[Shǐ jiā shàng wān]　隶属棠棣镇石河村村民委员会辖。史姓人口沿石河形成 3 个村落，北方为史家上塆，南方为史家下塆，中间为史家中塆。该居民点位于棠棣镇石河村东南部，聚落呈条状分布，距村委会所在地 350 米。东接董塆村，西邻徐家大塆，南连史家中塆，北靠迎水寺水库。主要以史姓为主，均为汉族。全塆 13 人，4 户。总面积 0.03 平方千米，其中耕地面积 0.015 平方千米，主要农作物为小麦、水稻，主要经济来源以外地务工为主。

史家下塆[Shǐ jiā xià wān]　隶属棠棣镇石河村村民委员会辖。史姓人口沿石河形成 3 个村落，北方为史家上塆，南方为史家下塆，中间为史家中塆。该居民点位于棠棣镇石河村南部，棠棣集镇以南 800 米，聚落呈块状分布，距村委会所在地 500 米。东接棠棣村，西邻木梓乡曾毛村，南连曾毛村，北靠史家中塆。主要以史姓为主，均为汉族。全塆 23 人，5 户。总面积 0.03 平方千米，其中耕地面积 0.015 平方千米，主要农作物为小麦、水稻，主要经济来源以外地务工为主。

史家中塆[Shǐ jiā zhōng wān]　隶属棠棣镇石河村村民委员会辖。史姓人口沿石河形成 3 个村落，北方为史家上塆，南方为史家下塆，中间为史家中塆。该居民点位于棠棣镇石河村南部，聚落呈条状分布，距村委会所在地 600 米。东接董塆村，西邻木梓乡群力村，南连木梓乡曾毛村，北靠石河新村。主要以史姓为主，均为汉族。全塆 142 人，29 户。总面积 0.3 平方千米，其中耕地面积 0.2546 平方千米，主要农作物为小麦、水稻，主要经济来源以外地务工为主。

徐家大塆[Xú jiā dà wān]　隶属棠棣镇石河村村民委员会辖。当地为徐姓聚居地且人口众多而命名。该居民点位于石河村西部，棠棣集镇西北 1 千米，聚落呈条状分布，为村委会所在地。东接刘家塆，西邻木梓乡群力村，南连史家中塆，北靠余刘塆。主要是徐姓为主，均为汉族。全塆 116 人，30 户。总面积 0.245 平方千米，其中耕地面积 0.15 平方千米，主要农作物为小麦、水稻，主要经济来源以外地务工为主。

二十二、松林村[Sōnglín Cūn]

隶属于棠棣镇。昔时该村种植了许多松树，成为大片树林，故名。

松林村位于棠棣镇南部，村委会所在地李家塆，距棠棣镇政府所在地3500米。东接巡店镇肖堰村，西邻长岗村，南连胡巷村，北靠蒋梅村。截至2015年5月，辖区内共有13个自然塆：艾家顶塆、东高塆、胡家岗、胡罗陈、罗家塆、阎家破塘、杨家东西塆、张家独塆、艾家榨塆、陈梅塆、李家塆、章家塆、张家南北塆。常住居民374户、1585人，辖区总面积3.2平方千米，耕地面积1.6平方千米，以种植水稻、小麦为主。

1949年10月，松林隶属于木梓区管辖。1954年8月改为巡店区管辖。1958年建立人民公社，松林大队隶属于先锋人民公社管辖。1975年2月，撤区并社，松林大队隶属于棠棣人民公社管辖。1984年5月，复置区(镇)、乡(镇)、村，松林大队改名为松林村，隶属于棠棣区棠棣镇管辖。1987年10月，撤区并乡，原棠棣镇、河德乡合并为棠棣镇，松林村隶属于棠棣镇管辖，沿用至今。

艾家顶塆[Ài jiā dǐng wān] 隶属棠棣镇松林村村民委员会辖。民国时期艾姓居民在山顶上建房，新中国成立后增加几户，1959年取名艾家顶塆。该居民点位于棠棣镇松林村西部，聚落呈块状分布，距村委会所在地1000米。东接松林街，西邻长岗村，南连胡巷村，北靠蒋梅村。主要以艾姓为主，均为汉族。全塆79人，14户。总面积0.256平方千米，其中耕地面积0.15平方千米，主要农作物为小麦、水稻，主要经济来源以外地务工为主。

东高塆[Dōng gāo wān] 隶属棠棣镇松林村村民委员会辖。高如寿1919年出生，1938年来此定居，取名东高塆。高道文是本塆长辈，住西边，取名西高塆。1958年东高、西高二塆通过族长商议正式命名为东高塆。该居民点位于棠棣镇松林村北部，呈块状分布，距村委会所在地1200米。东接务丰村，西邻梅家塆，南连松林街，北靠吴家小塆。主要以高姓为主，均为汉族。全塆152人，29户。总面积0.22平方千米，其中耕地面积0.1132平方千米，主要农作物为小麦、水稻，主要经济来源以外地务工为主。

胡家岗[Hú jiā gǎng] 隶属棠棣镇松林村村民委员会辖。该地处岗地，且胡姓居多而得名。该居民点位于棠棣镇松林村北部，聚落呈块状分布，距村委会所在地1300米。东接杨家塆，西邻张家松林，南连阎家破塘，北靠松林街。主要以胡姓为主，均为汉族。全塆89人，19户。总面积0.14平方千米，其中耕地面积0.073平方千米，主要农作物为小麦、水稻，主要经济来源以外地务工为主。

胡罗陈[Hú luó chén] 隶属棠棣镇松林村村民委员会辖。此地原为罗姓土地，新中国成立后由胡本恒族长、陈光汉族长率本族人居住、耕种，1958年合成一个生产小组，取名胡罗陈。该居民点位于棠棣镇松林村东北部，呈块状分布，距村委会所在地1500米。东接巡店镇肖堰村，西邻肖堰水库、杨家塆，南连肖堰水库堤坝，北靠务丰村。主要以胡、罗、陈三姓为主，均为汉族。全塆175人，42户。总面积0.15平方千米，其中耕地面积0.077平方千米，主要农作物为小麦、水稻，主要经济来源以外地务工为主。

罗家塆[Luó jiā wān] 隶属棠棣镇松林村村民委员会辖。以居民姓氏命名。该居民点位于棠棣镇松林村东南部，聚落呈块状分布，距村委会所在地1500米。东接肖堰水库，西邻阎家破塘，南连巡店镇牌坊村，北靠肖堰水库。主要以罗姓为主，均为汉族。全塆56人，15户。总面积0.08平方千米，其中耕地面积0.04平方千米，主要农作物为小麦、水稻，主要经济来源以外地务工为主。

阎家破塘[Yán jiā pò táng] 隶属棠棣镇松林村村民委员会辖。当地为阎姓聚居地，阎幼庭在周边很有名望，土改前种了几十担田，有一口塘长期漏水，阎幼庭便取名破塘。该居民点位于棠棣镇松林村西部，聚落呈块状分布，距村委会所在地 1200 米。东接肖堰水库，西邻巡店镇八里村张家独塆，南连巡店镇牌坊村，北靠松林街。主要以阎姓为主，均为汉族。全塆 157 人，42 户。总面积 0.3 平方千米，其中耕地面积 0.159 平方千米，主要农作物为小麦、水稻，主要经济来源以外地务工为主。

杨家东西塆[Yáng jiā dōng xī wān]　隶属棠棣镇松林村村民委员会辖。原名杨阎塆，1975 年肖堰水库做坝搬迁改为一东一西两个塆，后来取名杨家东西塆。该居民点位于棠棣镇松林村东部，聚落呈块状分布，距村委会所在地 1000 米。东接台渠，西邻松林街、胡岗塆，南连肖堰水库，北靠东高、务丰周家塆。主要以杨姓为主，均为汉族。全塆 172 人，43 户。总面积 0.23 平方千米，其中耕地面积 0.115 平方千米，主要农作物为小麦、水稻，主要经济来源以外地务工为主。

张家独塆[Zhāng jiā dú wān]　隶属棠棣镇松林村村民委员会辖。该居民点位于棠棣镇松林村西部，聚落呈块状分布，距村委会所在地 1000 米。东接胡家岗，西邻胡巷村辜张塆，南连巡店镇八里村卢家塆，北靠张家南北塆。主要以张姓为主，均为汉族。全塆 148 人，37 户。总面积 0.25 平方千米，其中耕地面积 0.15 平方千米，主要农作物为小麦、水稻，主要经济来源以外地务工为主。

艾家榨塆[Ài jiā zhà wān]　隶属棠棣镇松林村村民委员会辖。民国时艾其忠在此做了一座木榨，周边农户都来此榨油，故名。该居民点位于棠棣镇松林村北部，聚落呈块状分布，距村委会所在地 1000 米。东接陈梅塆，西邻艾家顶塆，南连蒋梅村岗上塆，北靠蒋梅村。主要以艾姓为主，均为汉族。全塆 98 人，21 户。总面积 0.147 平方千米，其中耕地面积 0.08 平方千米，主要农作物为小麦、水稻，主要经济来源以外地务工为主。

陈梅塆[Chén méi wān]　隶属棠棣镇松林村村民委员会辖。1949 年前后是两个塆，一个叫梅家塆，一个叫陈家塆。1959 年合成一个生产小组，取名陈梅塆。该居民点位于棠棣镇松林村北部，聚落呈块状分布，距村委会所在地 500 米。东接中塆，西邻艾家顶塆，南连松林街，北靠蒋梅塆。主要以陈、梅两姓为主，均为汉族。全塆 121 人，25 户。总面积 0.188 平方千米，其中耕地面积 0.09 平方千米，主要农作物为小麦、水稻，主要经济来源以外地务工为主。

李家塆[Lǐ jiā wān]　隶属棠棣镇松林村村民委员会辖。该居民点位于棠棣镇松林村西部，聚落呈块状分布，村委会所在地。东接张家南北塆，西邻章家塆，南连张家独塆，北靠松林街。主要以李姓为主，均为汉族。全塆 75 人，23 户。总面积 0.14 平方千米，其中耕地面积 0.08 平方千米，主要农作物为小麦、水稻，主要经济来源以外地务工为主。

章家塆[Zhāng jiā wān]　隶属棠棣镇松林村村民委员会辖。民国时期章光文率家族四户在此定居，故名。1959 年后搬来几户。该居民点位于棠棣镇松林村西部，聚落呈块状分布，距村委会所在地 1000 米。东接李家塆，西邻胡巷村辜家塆，南连胡巷村辜张塆，北靠松林街。主要以章姓为主，均为汉族。全塆 98 人，21 户。总面积 0.138 平方千米，其中耕地面积 0.07 平方千米，主要农作物为小麦、水稻，主要经济来源以外地务工为主。

张家南北塆[Zhāng jiā nán běi wān]　隶属棠棣镇松林村村民委员会辖。该塆房屋呈南北走势，张姓人口居多。清末民初是一个自然塆，联产承包责任制后分成南北两个塆。该居民点位于棠棣镇松林村南部，聚落呈块状分布，距村委会所在地500米。东接胡家岗，西邻李家塆，南连张家独塆，北靠松林街。主要以张姓为主，均为汉族。全塆165人，43户。总面积0.25平方千米，其中耕地面积0.127平方千米，主要农作物为小麦、水稻，主要经济来源以外地务工为主。

二十三、棠棣社区[Tángdì Shèqū]

新改社区，原名棠棣村，隶属于棠棣镇。以村内集市棠棣树命名。

棠棣村位于棠棣镇中西部，村委会所在地棠棣镇海棠街周天线上，为棠棣镇政府所在地。东接桃园村，西邻木梓曾毛村，南连方卢村，北靠董塆村。截至2015年5月，辖区内共有海棠南路和5个自然塆：响塘塆、吴家塆、程家塆、袁家独屋、喻家塆。常住居民185户、790人，辖区总面积1.2平方千米，耕地面积0.53平方千米，以种植水稻、小麦为主。

1949年10月棠棣村属木梓区。1952年10月属第3区。1954年8月属巡店区。1956年3月属安陆县第三区公所。1956年4月属第四指导小组。1958年9月废第四指导小组设先锋人民公社，棠棣村更名为棠棣大队。同年底先锋人民公社更名为棠棣人民公社。1961年棠棣人民公社更名为棠棣区。1966年9月改为先锋区。1975年2月撤区并社，先锋区改为棠棣人民公社。1984年元月复置区(镇)、乡(镇)、村，方刓从棠棣大队析出，棠棣大队更名为棠棣村，属棠棣区棠棣镇管辖。1987年10月安陆撤县建市撤区并乡，原棠棣镇、河德乡合并为棠棣镇，棠棣村属棠棣镇管辖。

程家塆[Chéng jiā wān]　隶属棠棣镇棠棣村村民委员会辖。昔时棠棣树集镇有很高的围墙，称为寨子。程姓是棠棣树的大姓，兄弟多，人口多了免不了发生矛盾。民国初年，程姓兄弟发生矛盾讲口分家。由于寨子里没有地方建房，程姓老大于是在寨子东边向阳靠寨的地方选址建房，得名程家塆。该居民点位于棠棣镇棠棣村东部，聚落呈块状分布，距村委会所在地300米。东接喻家塆，西邻棠棣树街，南连棠棣村2组(南街)，北靠双塘水库。主要以程姓为主，均为汉族。全塆120人，20户。总面积0.16平方千米，其中耕地面积0.08平方千米，主要农作物为小麦、水稻，主要经济来源以外地务工为主。

吴家塆[Wú jiā wān]　隶属棠棣镇棠棣村村民委员会辖。清末巡店吴河吴姓村民迁来此地煮酒，吴姓人缘好，生意兴隆。后有高姓、刘姓人口迁入。因吴姓村民来得早，房子是他最早建的，因此得名吴家塆。该居民点位于棠棣镇棠棣村南部，聚落呈块状分布，距村委会所在地100米。东接周天公路，西邻卢家塆，南连方卢村，北靠棠棣树街。主要以吴姓为主，均为汉族。全塆10人，3户。总面积0.05平方千米，其中耕地面积0.02平方千米，主要农作物为小麦、水稻，主要经济来源以外地务工为主。

响塘塆[Xiǎng táng wān]　隶属棠棣镇棠棣村村民委员会辖。很早以前棠棣树的人在街西边筑坝蓄水。因种田人多，几家联合用水车来提水，天旱时好几部水车提水，当时用水车提水还要打铜锣鼓劲。铜锣打的快，提水的人脚的动作就快，水车提的水就多。由于该塘蓄水少，铜锣刚响，水就快被提完，故名响塘。响塘附近的居民点就叫响塘塆。该居民点位于棠棣镇棠棣村西部，聚落呈块状分布，距村委会所在地 200 米。东接棠棣街，西邻曾毛村，南连方卢村，北靠董家塆。居民徐姓居多，均为汉族。全塆 12 人，4 户。总面积 0.04 平方千米，其中耕地面积 0.02 平方千米，主要农作物为小麦、水稻，主要经济来源以外地务工为主。

喻家塆[Yù jiā wān]　隶属棠棣镇棠棣村村民委员会辖。清朝中期喻姓人家从德安府城内迁来。始祖是兽医，兼给人治疗疱痈，医术很高，方圆数十里的人家，人和牲口生病都找喻医生，很有名气。时光流逝，该塆因喻姓得名喻家塆。该居民点位于棠棣镇棠棣村东部，聚落呈块状分布，距村委会所在地 600 米。东接桃园村，西邻程家塆，南连袁家独屋，北靠巡店镇新堤村。主要以喻姓为主，均为汉族。全塆 62 人，12 户。总面积 0.16 平方千米，其中耕地面积 0.08 平方千米，主要农作物为小麦、水稻，主要经济来源以外地务工为主。

袁家独屋[Yuán jiā dú wū]　隶属棠棣镇棠棣村村民委员会辖。袁氏家族民国初年在棠棣树集镇一冲之隔的喻家塆居住。袁家老弟兄五人各自成家立业，兄弟分家。袁家老四、老五分得的家产、田地都在喻家塆南一千米外，为了种田方便，老四、老五在自家的田旁建房居住，得名袁家独屋。该居民点位于棠棣镇棠棣村西部，聚落呈块状分布，距村委会所在地 600 米。东接桃园村李家塆，西邻程家塆、棠棣树街，南连方卢村卢家榨，北靠喻家塆。主要以袁姓为主，均为汉族。全塆 5 人，2 户。主要农作物为小麦、水稻，主要经济来源以外地务工为主。

二十四、桃园村[Táoyuán Cūn]

隶属于棠棣镇，中华人民共和国成立前，此地有一天主教堂，周围有一大片桃林，得名桃园村。

桃园村位于棠棣镇中部，村委会所在地周天线桃园村宋家塆，距棠棣镇政府所在地 1500 米。该村东接石河村，西邻棠棣集镇，南连花园村，北靠新塆村。全村均为汉族，截至 2015 年 5 月，辖区内共有 15 个自然塆：李家塆、梁家塆、宋家塆、吴家塆、范家塆、黄家大塆、孙家桃园、万家塆、陈家塆、黄家窑塆、罗家塆、夏家塆、董家塆、谢家塆、范家下塆。共有 1062 人，260 户。总面积 1.91 平方千米，其中耕地面积 0.17 平方千米，主要农作物为小麦、水稻，主要经济来源为外地务工。

1949 年 10 月罗港村属木梓区。1952 年 10 月属第 3 区。1954 年 8 月属巡店区。1956 年 3 月属安陆县第三区公所。1956 年 4 月属第四指导小组。1958 年 9 月废第四指导小组设先锋人民公社，罗港村更名为罗港大队。同年底先锋人民公社更名为棠棣人民公社。1961 年棠棣人民公社更名为棠棣区。1966 年 9 月改为先锋区。1975 年 2 月撤区并社，先锋区改为棠棣人民公社。1984 年元月复置区(镇)、乡(镇)、村，罗港大队更名为桃园村，属棠棣区棠棣镇管辖。1987 年 10 月安陆撤县建市，撤区并乡，原棠棣镇与河德乡合并为棠棣镇。桃园村属棠棣镇管辖至今。

李家塆[Lǐ jiā wān]　隶属棠棣镇桃园村村民委员会辖。清朝中期李姓 2 户人家迁至此地，繁衍生息形成村落，故名。该居民点位于棠棣镇桃园村南部，聚落呈块状分布，距村委会所在地 1100 米。东接梁家垮，西邻棠棣村，南连方卢村，北靠周天公路。全垮主要以李姓为主，均为汉族，共有 60 人，12 户。总面积 0. 0804 平方千米，其中耕地面积 0. 0667 平方千米，主要农作物为小麦、水稻，主要经济来源为外地务工。

梁家垮[Liáng jiā wān]　隶属棠棣镇桃园村村民委员会辖。清朝中期梁姓在此居住，故名。该居民点位于棠棣镇桃园村南部，聚落呈块状分布，距村委会办公点 1500 米。东接范家垮，西邻方卢村、棠棣村，南连吴家垮，北靠原小学。全垮主要以梁姓为主，均为汉族，共有 62 人，15 户。总面积 0. 0938 平方千米，其中耕地面积 0. 0804 平方千米，主要农作物为小麦、水稻，主要经济来源为外地务工。

宋家垮[Sòng jiā wān]　隶属棠棣镇桃园村村民委员会辖。清朝中期宋姓到此定居，故名。该居民点位于棠棣镇桃园村西部，聚落呈块状分布，为村委会所在地。东接李家垮，西邻棠棣村喻家垮，南连棠棣村袁家独垮，北靠新垮村新桃小区。全垮主要以宋姓为主，均为汉族，共有 180 人，39 户。总面积 0. 134 平方千米，其中耕地面积 0. 1139 平方千米，主要农作物为小麦、水稻，主要经济来源为外地务工。

吴家垮[Wú jiā wān]　隶属棠棣镇桃园村村民委员会辖。清朝中期吴姓来此定居，故名。该居民点位于桃园村东部，聚落呈块状分布，距村委会办公点 500 米。东接范家大塘，西邻梁家垮，南连黄家垮，北靠孙家桃园。全垮主要以吴姓为主，均为汉族，共有 56 人，13 户。总面积 0. 0804 平方千米，其中耕地面积 0. 0603 平方千米，主要农作物为小麦、水稻，主要经济来源为外地务工。

范家垮[Fàn jiā wān]　隶属棠棣镇桃园村村民委员会辖。相传北宋时期范姓始祖从山东迁徙来此，故名。该居民点位于桃园村中部，聚落呈块状分布，距村委会办公点 2 千米。东接罗家垮，西邻范家下垮，南连黄家垮，北靠陈家垮。全垮主要以范姓为主，均为汉族，共有 45 人，11 户。总面积 0. 0804 平方千米，其中耕地面积 0. 0603 平方千米，主要农作物为小麦、水稻，主要经济来源为外地务工。

黄家大垮[Huáng jiā dà wān]　隶属棠棣镇桃园村村民委员会辖。以居民姓氏和村庄规模综合命名。该居民点位于桃园村南部，聚落呈块状分布，距村委会办公点 2 千米。东接花园村谢家垮，西邻方卢村水库，南连花园村章家堰，北靠吴家垮。全垮主要以黄姓为主，均为汉族，共有 123 人，30 户。总面积 0. 1876 平方千米，其中耕地面积 0. 1608 平方千米，主要农作物为小麦、水稻，主要经济来源为外地务工。

孙家桃园[Sūn jiā táo yuán]　隶属棠棣镇桃园村村民委员会辖。当地为孙姓聚居地，且垮内有一片桃园。这里也是原桃园天主堂所在地。该居民点位于桃园村北部，聚落呈块状分布，距村委会办公点 1 千米。东接甘家山，西邻安陆市合家欢陶瓷厂，南连原桃园小学，北靠周天公路。全垮主要以孙姓为主，均为汉族，共有 84 人，21 户。总面积 0. 1072 平方千米，其中耕地面积 0. 0804 平方千米，主要农作物为小麦、水稻，主要经济来源为外地务工。

万家垮[Wàn jiā wān]　隶属棠棣镇桃园村村民委员会辖。以居民姓氏命名。该居民点位于桃园村中部，聚落呈块状分布，距村委会办公点 2300 米。东接石河，西邻石家塘，南连二级站台渠，北靠董家垮。全垮主要以万姓为主，均为汉族，共有 45 人，13 户。总面积 0. 05695 平方千米，其中耕地面积 0. 04355 平方千米，主要农作物为小麦、水稻，主要经济来源为外地务工。

陈家垮[Chén jiā wān]　隶属棠棣镇桃园村村民委员会辖。以居民姓氏命名。该居民点位于桃园村中部，聚落呈块状分布，距村委会办公点2千米。东接万家山，西邻宋家塆，南连范家塆，北靠甘家山。全塆主要以陈姓为主，均为汉族，共有50人，15户。总面积0.05695平方千米，其中耕地面积0.04355平方千米，主要农作物为小麦、水稻，主要经济来源为外地务工。

黄家窑塆[Huáng jiā yáo wān]　隶属棠棣镇桃园村村民委员会辖。清朝中期黄姓始祖在此定居，后明姓、肖姓、周姓迁入。昔时塆后有一烧瓦的窑和一烧罐的窑，故名黄家窑塆。该居民点位于桃园村中部，聚落呈块状分布，距村委会办公点2500米。东接夏家塆，西邻范家塆，南连花园村，北与通肖家塆公路接壤。全塆主要以黄姓为主，均为汉族，共有96人，24户。总面积0.1072平方千米，其中耕地面积0.0871平方千米，主要农作物为小麦、水稻，主要经济来源为外地务工。

罗家塆[Luó jiā wān]　隶属棠棣镇桃园村村民委员会辖。以居民姓氏命名。该居民点位于桃园村东部，聚落呈块状分布，距村委会办公点500米。东接石河，西邻陈家塆，南连肖家塆，北靠谢家塆。全塆均为罗姓家族，汉族，共有84人，22户。总面积0.0938平方千米，其中耕地面积0.0603平方千米，主要农作物为小麦、水稻，主要经济来源为外地务工。

夏家塆[Xià jiā wān]　隶属棠棣镇桃园村村民委员会辖。相传夏姓始祖清朝康熙年间从花园村上汾夏家塆迁到此地定居，得名夏家塆。该居民点位于桃园村西南部，聚落呈块状分布，距村委会办公点500米。东接石河，西邻黄家塆，南连花园村，北靠肖家塆。全塆主要以夏姓为主，均为汉族，共有62人，13户，总面积0.1005平方千米，其中耕地面积0.0871平方千米，主要农作物为小麦、水稻，主要经济来源为外地务工。

董家塆[Dǒng jiā wān]　隶属棠棣镇桃园村村民委员会辖。以居民姓氏命名。该居民点位于桃园村北部，聚落呈块状分布，距村委会办公点1800米。东接石河，西邻陈家山，南连万家冲，北靠董榨村。全塆主要以董姓为主，均为汉族，共有42人，12户。总面积0.05695平方千米，其中耕地面积0.04355平方千米，主要农作物为小麦、水稻，主要经济来源为外地务工。

范家下塆[Fàn jiā xià wān]　隶属棠棣镇桃园村村民委员会辖。相传北宋时期从山东迁徙而来，该居民点地理位置低于范家塆，故得名范家下塆。该居民点位于桃园村东部，聚落呈块状分布，距村委会办公点2千米。东接黄家塆、中塆，西邻吴家塆，南连陈家塆，北靠化工厂。全塆主要以范姓为主，均为汉族，共有55人，15户。总面积0.0804平方千米，其中耕地面积0.0603平方千米，主要农作物为小麦、水稻，主要经济来源为外地务工。

谢家塆[Xiè jiā wān]　隶属棠棣镇桃园村村民委员会辖。以居民姓氏命名。该居民点位于桃园村东部，聚落呈块状分布，距村委会办公点2300米。东接石河，西邻黄家大塆，南连罗家塆，北靠万家塆。全塆主要以谢姓为主，均为汉族，共有20人，5户。总面积0.067平方千米，其中耕地面积0.0536平方千米，主要农作物为小麦、水稻，主要经济来源为外地务工。

二十五、天灯村[Tiāndēng Cūn]

隶属于棠棣镇辖。相传从前有位商人在大路边搭了一个棚子，竖起高高的木杆，上面挂一盏梓油灯以利夜间行人过往、招徕生意。故名天灯。还有一说是有人在此坏了礼仪规矩被点了天灯，故名。

天灯村位于棠棣镇东部，为丘陵山地地形，村委会所在地冉家塆，距棠棣镇政府所在地7000米。东接府河，西邻陈张村，南连陈张村，北靠墩塘村。全村均为汉族，2014年年底有11个自然塆：陈家园、红塆、李家塆、冉家塆、孙家塆、台子塆、新村、新村2、新村3、北塆、草棚子。共有1275人，315户。总面积0.5159平方千米，其中耕地面积0.31624平方千米，主要农作物为小麦、水稻，主要经济来源为外地务工。

1949年10月，天灯村属于木梓区管辖。1954年8月撤销木梓区，天灯村属巡店区管辖。1958年建立人民公社，天灯村更名为天灯大队，隶属于先锋人民公社管辖。1975年2月，撤区并社，天灯大队隶属于棠棣人民公社管辖。1977年墩塘大队并入天灯大队，1979年墩塘从天灯析出。1984年1月天灯大队更名为天灯村。1987年10月，撤区并乡，原棠棣镇、河德乡合并为棠棣镇，天灯村隶属于棠棣镇管辖。

陈家园[Chén jiā yuán]　隶属于棠棣镇天灯村。以居民姓氏命名。该居民点位于天灯村西北部，聚落呈块状分布，距村委会所在地400米。东接冉家塆，西邻张陈村，南连本村新村，北靠墩塘村。以陈姓为主，均为汉族。共有155人，36户。总面积0.05494平方千米，其中耕地面积0.04422平方千米，主要农作物为小麦、水稻，主要经济来源为外地务工。

红塆[Hóng wān]　隶属于棠棣镇天灯村。昔时塆内有两户人家远近闻名，在当地有名即是“红”。本居民点位于天灯村东南部，聚落呈块状分布，距村委会所在地500米。东接府河，西邻台子塆，南连台子塆，北靠本村胡家塆。全塆以胡、孙姓居多，均为汉族，共有150人，32户。总面积0.05494平方千米，其中耕地面积0.0335平方千米，主要农作物为小麦、水稻，主要经济来源为外地务工。

李家塆[Lǐ jiā wān]　隶属于棠棣镇天灯村。以居民姓氏命名。该居民点位于天灯村东北部，聚落呈块状分布，距村委会所在地500米。东接府河，西邻办公楼，南连红塆、台子塆，北靠天灯棚子。居民以李、冉姓居多，均为汉族。共有150人，34户。总面积0.0603平方千米，其中耕地面积0.0469平方千米，主要农作物为小麦、水稻，主要经济来源为外地务工。

冉家塆[Rǎn jiā wān]　隶属于棠棣镇天灯村。以居民姓氏命名。该居民点位于天灯村中东部，聚落呈块状分布，为村委会所在地。东接府河，西邻村办公楼，南连红塆、台子塆，北靠天灯棚子塆。全塆以冉姓为主，均为汉族，共有226人，71户。总面积0.1206平方千米，其中耕地面积0.0804平方千米，主要农作物为小麦、水稻，主要经济来源为外地务工。

孙家塆[Sūn jiā wān]　隶属于棠棣镇天灯村。以居民姓氏命名。该居民点位于天灯村西北部，聚落呈块状分布，距村委会所在地600米。东接天灯棚子，西邻金李公路、墩塘村，南连新村2，北靠新村3。全塆以孙姓为主，均为汉族，共有95人，17户。总面积0.03685平方千米，其中耕地面积0.03082平方千米，主要农作物为小麦、水稻，主要经济来源为外地务工。

台子塆[Tái zi wān]　隶属于棠棣镇天灯村。“台子”指当地人建房时，用土将地基抬高，形成“台子”。该居民点位于天灯村东南部，聚落呈块状分布，距村委会所在地1000米。东接红塆，西邻张陈村，南连张陈村，北靠红塆、冉家塆、李家塆。全塆主要以胡姓为主，均为汉族，共有227人，58户。总面积0.1005平方千米，其中耕地面积0.067平方千米，主要农作物为小麦、水稻，主要经济来源为外地务工。

新村 1[Xīn cūn 1]　隶属于棠棣镇天灯村。该居民点位于天灯村西南部，聚落呈块状分布，距村委会所在地 800 米。建于 20 世纪 70 年代。东接胡家塆，西邻张陈村钟家山坡，南连张陈村，北靠孙家塆。全塆以孙姓居多，均为汉族，共有 105 人，35 户。总面积 0.0335 平方千米，其中耕地面积 0.02747 平方千米，主要农作物为小麦、水稻，主要经济来源为外地务工。

新村 2[Xīn cūn 2]　隶属于棠棣镇天灯村。该塆于建设新农村时期第二批建立。本居民点位于天灯村西南部，聚落呈条状分布，距村委会所在地 500 米。东接冉家塆、李家塆，西邻张陈村，南连张陈村，北靠孙家塆、新村 3。全塆以胡姓居多，均为汉族，共有 98 人，33 户。总面积 0.02948 平方千米，其中耕地面积 0.02613 平方千米，主要农作物为小麦、水稻，主要经济来源为外地务工。

新村 3 [Xīn cūn 3]　隶属于棠棣镇天灯村。该塆于建设新农村时期第三批建立。该居民点位于天灯村北部，聚落呈块状分布，距村委会所在地 500 米。东接府河、李家塆、冉家塆，西邻孙家塆、墩塘村，南接李家塆、冉家塆，北靠墩塘村、孙家塆。全塆以孙姓居多，均为汉族，共有 88 人，35 户。总面积 0.03216 平方千米，其中耕地面积 0.0268 平方千米，主要农作物为小麦、水稻，主要经济来源为外地务工。

北塆[Běi wān]　隶属于棠棣镇天灯村。该塆位于天灯村的北方而命名，原名天灯棚子。该居民点位于天灯村北部，聚落呈块状分布。东接府河，西邻孙家塆，南连本村李家塆、冉家塆，北靠墩塘村。居民以胡、孙、罗、王姓居多，均为汉族。共有 180 人，43 户。总面积 0.08375 平方千米，其中耕地面积 0.05494 平方千米，主要农作物为小麦、水稻，主要经济来源为外地务工。居民陆续迁出，现只剩下 2 户。

草棚子[Cǎo péng zi]　隶属于棠棣镇天灯村。该居民点位于天灯村中南部，聚落呈块状分布，距村委会所在地 500 米。东接府河，西邻胡家塆，南连李家塆，北靠墩塘村。居民以胡姓居多，均为汉族，共有 125 人，32 户。总面积 0.05226 平方千米，其中耕地面积 0.04824 平方千米，主要农作物为小麦、水稻，主要经济来源为外地务工。2015 年后全部迁出。

二十六、务丰村[Wùfēng Cūn]

隶属于棠棣镇辖。清朝时现松林村的艾家顶塆、西高及务丰村的 3 个周姓塆组成一个旗称“梅春旗”。至于“恶风”和“务丰”之名，有两种说法，一个是说这一带位于云梦泽北的山峡之中，是南北的风口，总是刮讨厌的大风，人们厌恶大风，就有了“恶风”之说。棠棣树(现棠棣)至巡检司(现巡店)的道路从该村恶风岗穿过，顶峰涯(瘌痢岩)山水异常险恶，后公路发达了，这条古道逐渐淡出人们的视线。民国时该村名恶风村，由于繁体字“恶风”难写难听，至 1984 年更名为务丰村。还有一说是先秦就有“务丰”之名，古代先民以“务农实廪，丰民受祉”为典故，取名“务丰”，表达了乡民的愿望：勤奋务农，充实粮仓，造福民众，享受福祉。第一个说法是古代读书人少，文盲众多，人们没文化，谐音编了一个“恶风”的故事，形成了讹传。

务丰村位于棠棣镇东南部，为丘陵山地地形，村委会所在地周家大塆，距棠棣镇政府所在地 3500 米。该村东接河德村，西邻松林、蒋梅村，南连巡店彭河村，北靠花园村。全村均为汉族，现有 8 个自然塆：艾家池口、高家都堂、胡家垸、毛家垸、土库垸、夏家凹、周家大垸、周家垸。共有 1039 人，249 户。总面积 2. 1165 平方千米，其中耕地面积 1. 6281 平方千米，主要农作物为小麦、水稻，主要经济来源为外地务工。工作人员 4 人。

1949 年 10 月务丰村属木梓区。1952 年 10 月属第 3 区。1954 年 8 月属巡店区。1956 年 3 月务丰村、花园村、聂李村合并为花园村，属安陆县第三区公所。1956 年 4 月属第四指导小组。1958 年 9 月废第四指导小组设先锋人民公社，花园村更名为花园大队。同年底先锋人民公社更名为棠棣人民公社。1961 年棠棣人民公社更名为棠棣区，务丰从花园大队析出。1966 年 9 月棠棣人民公社改为先锋区。1975 年 2 月撤区并社，先锋区改为棠棣人民公社。1984 年元月复置区(镇)、乡(镇)、村，务丰大队更名为务丰村，属棠棣区棠棣镇管辖。1987 年 10 月安陆撤县建市、撤区并乡，原棠棣镇、河德乡合并为棠棣镇，务丰村隶属于棠棣镇管辖。

艾家池口[Ài jiā chí kǒu]　隶属棠棣镇务丰村村民委员会辖。以居民姓氏和地理位置综合命名。该居民点位于务丰村东部，聚落呈块状分布。东接河德村、八里河坝，西邻高家都塘，南连毛家垸，北靠花园村。全垸主要以艾姓为主，均为汉族，共有 70 人，16 户。总面积 0. 1575 平方千米，其中耕地面积 0. 133 平方千米，主要农作物为小麦、水稻，主要经济来源为外地务工。

高家都堂[Gāo jiā dōu táng]　隶属棠棣镇务丰村村民委员会辖。历史上曾有个姓高的官至“都堂”之职。该居民点位于务丰村东北部，聚落呈块状分布，距村委会所在地 500 米。东接艾家池口，西邻土库垸，南连毛家垸，北靠花园村肖家寨。全垸主要以高姓为主，均为汉族，共有 166 人，39 户。总面积 0. 2613 平方千米，其中耕地面积 0. 2318 平方千米，主要农作物为小麦、水稻，主要经济来源为外地务工。

胡家垸[Hú jiā wān]　隶属棠棣镇务丰村村民委员会辖。清末民初，该居民点为防匪患建有炮楼，故名胡家炮楼。新中国成立后国家太平，炮楼消失，人们改称为胡家垸。该居民点位于务丰村西部，聚落呈块状分布，距村委会所在地 400 米。东接松林村高家垸，西邻夏家凹，南连松林村农田，北靠本村周家大垸。全垸主要以胡姓为主，均为汉族，共有 149 人，31 户。总面积 0. 2546 平方千米，其中耕地面积 0. 2278 平方千米，主要农作物为小麦、水稻，主要经济来源为外地务工。

毛家垸[Máo jiā wān]　隶属棠棣镇务丰村村民委员会辖。以居民姓氏命名。该居民点位于务丰村南部，聚落呈块状分布，距村委会所在地 400 米。东接艾家池口，西邻本村周家大垸，南连巡店镇彭河村，北靠本村艾家垸。全垸主要以毛姓为主，均为汉族，共有 107 人，26 户。总面积 0. 2613 平方千米，其中耕地面积 0. 2077 平方千米，主要农作物为小麦、水稻，主要经济来源为外地务工。

土库垸[Tǔ kù wān]　隶属棠棣镇务丰村村民委员会辖。昔时该垸为生产队土仓库所在地。该居民点位于务丰村北部，聚落呈块状分布，距村委会所在地 500 米。东接高家都堂，西邻周家大垸，南连毛家垸，北靠花园村肖家寨。全垸均为周姓，汉族，共有 151 人，32 户。总面积 0. 1916 平方千米，其中耕地面积 0. 1675 平方千米，主要农作物为小麦、水稻，主要经济来源为外地务工。

夏家凹[Xià jiā wā]　隶属棠棣镇务丰村村民委员会辖。以居民姓氏和地理实体特征综合命名。该居民点位于务丰村西北部，聚落呈块状分布，距村委会所在地 500 米。东接胡家垸，西邻蒋梅村吴家小垸，南连胡家塆，北靠花园村张家畈。全塆主要以夏姓为主，均为汉族，共有 111 人，26 户。总面积 0. 1675 平方千米，其中耕地面积 0. 13266 平方千米，主要农作物为小麦、水稻，主要经济来源为外地务工。

周家大塆[Zhōu jiā dà wān]　隶属棠棣镇务丰村村民委员会辖。以居民姓氏命名。该居民点位于务丰村北部，聚落呈块状分布，距村委会所在地 300 米。东接土库塆，西邻夏家凹，南连毛家塆，北靠花园村肖家寨。全塆主要以周姓为主，均为汉族，共有 177 人，36 户。总面积 0. 3216 平方千米，其中耕地面积 0. 2881 平方千米，主要农作物为小麦、水稻，主要经济来源为外地务工。

周家塆[Zhōu jiā wān]　隶属棠棣镇务丰村村民委员会辖。以居民姓氏命名。该居民点位于务丰村西南部，聚落呈块状分布，距村委会所在地 500 米。东接新村，西邻胡家塆，南连松林村升子店，北靠胡家塆。全塆主要以周姓为主，均为汉族，共有 78 人，20 户。总面积 0. 1809 平方千米，其中耕地面积 0. 1575 平方千米，主要农作物为小麦、水稻，主要经济来源为外地务工。

二十七、新塆村[Xīnwān Cūn]

隶属于棠棣镇。明末时期，这里名甘家祠堂。因当时村中有一个正堂塑有关公武神像的祠堂而得名。民国初期，甘家祠堂村分为甘家道场、五分岗、赵家塆、魏家塆、黄家独塆、榨塆 6 处小塆。民国中期甘裕川是个大地主，家财万贯，他将 6 处小塆房子拆除，重新修建大片土房屋。甘裕川为人厚道，将新土屋分给各塆村民居住，形成新的村落。中华人民共和国成立后，称为新塆。

新塆村位于棠棣镇人民政府所在地东北部，为丘陵山地地形，村委会所在地棠棣镇顺民东路 75 号，距棠棣镇政府所在地 300 米。东接桃园村、董榨村，西邻董塆村，南连桃园村，北靠联合村。截至 2014 年 9 月，辖区内共有 8 个村民小组，15 个自然塆：甘家道场塆、董家塆、二塆、黄家独塆、梨树塆、魏家独塆、五分岗、新桃小区、新塆、徐家塆、喻家塆、寨坡、榨塆、赵家塆、滨家塆。村内有常住居民 188 户，共 750 人。辖区占地面积 1. 21 平方千米，其中耕地面积为 0. 6 平方千米，主要农作物为小麦、水稻。村委会现有工作人员 4 名。

1949 年 10 月新塆村属木梓区管辖，1954 年 8 月撤木梓区，新塆改属巡店区管辖。1958 年 9 月新塆村更名为新塆大队，隶属于先锋人民公社，年底，先锋公社更名为棠棣区。1984 年 1 月复置区(镇)、乡(镇)、村，新塆大队更名为新塆村，属棠棣区管辖。1987 年 10 月安陆撤区并乡，新塆村属棠棣镇管辖。

甘家稻场塆[Gān jiā dào chǎng wān]　隶属于棠棣镇新塆村。民国时期，一名叫甘裕川的地主，良田百亩，经商生意兴隆，家产万贯。他考虑到该塆人丁多，缺少活动场地，便花钱在塆中心建了一个大稻场。新中国成立后，村里开会搞活动都在此地进行。该居民点位于新塆村中部，聚落呈块状分布，距村委会所在地 1500 米。东接五分岗，西邻赵家塆，南连芦塘，北靠原村小学。主要以甘姓为主，均为汉族。全塆 75 人，16 户。总面积为 0. 1333 平方千米，其中耕地面积 0. 1 平方千米，主要农作物为小麦、水稻，主要经济来源以外地务工为主。

董家塆[Dǒng jiā wān]　隶属于棠棣镇新塆村。以居民姓氏命名。该居民点位于新塆村东部，聚落呈块状分布，距村委会所在地2000米。东接东石河，西邻五分岗、梨树塆，南连喻家塆，北靠寨坡。主要以董姓为主，均为汉族。全塆51人，13户。总面积为0.1平方千米，其中耕地面积0.067平方千米，主要农作物为小麦、水稻，主要经济来源以外地务工为主。

二塆[Èr wān]　隶属于棠棣镇新塆村。昔时该塆居住着甘姓和吴姓人口，故名二姓塆，后改为二塆。该居民点位于新塆村北部，聚落呈块状分布，距村委会所在地2000米。东接榨塆，西邻董塆村，南连村级公路、原小学，北靠丁家塆。所住居民以甘、吴、胡姓居多，均为汉族。全塆40人，8户。总面积为0.12平方千米，其中耕地面积0.107平方千米，主要农作物为小麦、水稻，主要经济来源以外地务工为主。

黄家独塆[Huáng jiā dú wān]　隶属于棠棣镇新塆村。以居民姓氏命名。该居民点位于新塆村南部，聚落呈块状分布，距村委会所在地1000米。东接赵家塆，西邻魏家塆，南连棠棣粮管所，北靠宋家塆、双塘。主要以黄姓为主，均为汉族。全塆54人，10户。总面积0.147平方千米，其中耕地面积0.12平方千米，主要农作物为小麦、水稻，主要经济来源以外地务工为主。

梨树塆[Lí shù wān]　隶属于棠棣镇新塆村。昔时该塆栽种有大片梨树，故名梨树塆。该居民点位于新塆村东部，聚落呈块状分布，距村委会所在地2000米。东接东石河、董家大塆，西邻五分岗，南连喻家塆，北靠联合村。所住居民以甘姓居多，均为汉族。全塆61人，12户。总面积为0.1平方千米，其中耕地面积0.073平方千米，主要农作物为小麦、水稻，主要经济来源以外地务工为主。

魏家独塆[Wèi jiā dú wān]　隶属于棠棣镇新塆村。以居民姓氏命名。该居民点位于新塆村西部，聚落呈块状分布，距村委会所在地600米。东接新塆，西邻董塆村，南连甘家塆，北靠架子山、二塆。主要以魏姓为主，均为汉族。全塆60人，12户。总面积为0.107平方千米，其中耕地面积0.08平方千米，主要农作物为小麦、水稻，主要经济来源以外地务工为主。

五分岗[Wǔ fēn gǎng]　隶属于棠棣镇新塆村。昔时甘姓人口较多，分布在现新塆村、联合村，建有祠堂，称为甘家祠堂。甘家祠堂人口增多后，分成六份，在新塆村山冈旁的为第五份，称为五份塆，后改称五份岗。该居民点位于新塆村中东部，聚落呈块状分布，距村委会所在地1600米。东接梨树塆，西邻甘家稻场，南连喻家塆，北靠榨塆。所住居民以甘姓居多，均为汉族。全塆96人，21户。总面积为0.1333平方千米，其中耕地面积0.0933平方千米，主要农作物为小麦、水稻，主要经济来源以外地务工为主。

新桃小区[Xīn táo xiǎo qū]　隶属于棠棣镇新塆村。该塆新建于1996年。当时规划的小区位置正处于新塆村8组中塘冲，人们迷信造房子若建冲底，必运气不佳，便用画有门神或题着门神名字的桃木板挂在大门旁边，用以驱鬼避邪，每年春节更换一次，故称新桃。又因该小区位于新塆村和桃园村的交界处，而命名。该居民点位于新塆村西南部，周天公路旁，聚落呈块状分布，为村委会所在地。东接棠棣财政所，西邻棠棣水库，南连周天公路，北靠赵家塆。所住居民均为汉族。全塆81人，21户。总面积为0.02平方千米，其中耕地面积0.007平方千米，主要农作物为小麦、水稻，主要经济来源以外地务工为主。

新塆[Xīn wān]　隶属于棠棣镇新塆村。民国时期，一黄姓人家在此居住，原名黄塆。新中国建立后，当地群众在此建起了大片新土房，形成新的居民点，故名新塆。该居民点位于新塆村中部，聚落呈块状分布，距村委会所在地 500 米。东接甘家稻场，西邻魏家独垮，南连赵家垮，北靠原村小学。所住居民以黄、甘姓居多，均为汉族。全垮 60 人，12 户。总面积 0.1 平方千米，其中耕地面积 0.067 平方千米，主要农作物为小麦、水稻，主要经济来源以外地务工为主。

徐家垮[Xú jiā wān] 隶属于棠棣镇新垮村。清末民初，民不聊生，人们或因饥荒而饿死，或举家外迁。后徐太恒到此处开糟坊、米房，繁衍后代，在该地发展壮大，形成村落，得名徐家垮。该居民点位于新垮村北部，联合水库旁，聚落呈块状分布，距村委会所在地 2200 米。东接联合水库，西邻翻身堰，南连轭松公路连接线，北靠联合水库。主要以徐姓为主，均为汉族。全垮 95 人，19 户。总面积为 0.1333 平方千米，其中耕地面积 0.1 平方千米，主要农作物为小麦、水稻，主要经济来源以外地务工为主。

喻家垮[Yù jiā wān] 隶属于棠棣镇新垮村。早年喻姓迁居此地，故名喻家垮。现这里居住的 13 户人家，喻姓仅 3 户。该居民点呈块状分布。东接东石河，西邻新垮 4 组，南连周天线公路，北靠新垮 3 组。主要以陈、喻、付、刘姓为主，均为汉族。全垮 54 人，13 户。总面积为 0.1 平方千米，其中耕地面积 0.067 平方千米，主要农作物为小麦、水稻，主要经济来源以外地务工为主。

寨坡[Zhài pō] 隶属于棠棣镇新垮村。清末为防止土匪入侵，该垮居民曾在此建起长达 300 余米、高 3 米、宽 2 米的土墙，形成寨坡墙，故名寨坡。该居民点位于新垮村东部，聚落呈块状分布，距村委会所在地 2200 米。东接石河，西邻梨树垮，南连董家垮、联合村，北靠联合村祠堂垮。居民为甘姓，均为汉族。全垮 15 人，3 户。总面积为 0.04 平方千米，其中耕地面积 0.027 平方千米，主要农作物为小麦、水稻，主要经济来源以外地务工为主。

榨垮[Zhà wān] 隶属于棠棣镇新垮村。明朝以前该垮位置低洼，后因地壳变动逐渐形成陆地，开始有人来此定居。因土质、气候等原因，人们种植的油料作物年年获得好收成。胡姓人家在此开了榨房，故名榨垮。该居民点位于新垮村东北部，聚落呈块状分布，距村委会所在地 1600 米。东接甘家垮，西邻二垮，南连原村小学，北靠联合鱼池。居民以甘姓居多，均为汉族。全垮 59 人，10 户。总面积为 0.113 平方千米，其中耕地面积 0.093 平方千米，主要农作物为小麦、水稻，主要经济来源以外地务工为主。

赵家垮[Zhào jiā wān] 隶属于棠棣镇新垮村。宋代《天水堂·赵氏族谱》，把西汉名将营平侯赵充国世系的发展、演变做了详细的记载。明清时期，商人赵正发从现蒿桥村赵李家台子搬至此地经商，后发财，建庄、屯地，取名赵家庄。新中国成立后，其子赵大进将赵家庄更名为赵家垮。该居民点位于新垮村南部，棠棣镇派出所后面，聚落呈块状分布，距村委会所在地 400 米。东接新垮村甘家稻场垮，西邻棠棣粮站，南连周天线公路，北靠新垮。主要以赵姓为主，均为汉族。全垮 65 人，15 户。总面积 0.067 平方千米，其中耕地面积 0.027 平方千米，主要农作物为小麦、水稻，主要经济来源以外地务工为主。

滨家垮[Bīn jiā wān] 隶属于棠棣镇新垮村。该居民点位于新垮村北部，聚落呈块状分布，距村委会所在地 1500 米。东接联合村祠堂垮，西邻徐家垮，南连二垮，北靠联合水库。居民以毛、廖、甘、刘姓居多，均为汉族。全垮 70 人，17 户。耕地面积 0.053 平方千米，主要农作物为小麦、水稻，主要经济来源以外地务工为主。

二十八、杨巷村[Yángxiàng Cūn]

隶属于棠棣镇。明朝洪武年间，杨印流落此地居住，繁衍生息，形成村落，得名杨家巷子。杨巷村以村内居民点杨家巷子而得名。

杨巷村位于棠棣镇西北部，为丘陵山地地形，村委会所在地杨巷新村，距棠棣镇政府所在地 4500 米。东接联合村，西邻木梓乡新店村，南连木梓乡群力村，北靠木梓乡汤冲村。截至 2014 年 9 月，辖区内共有 14 个村民小组、15 个自然塆：曾沈塆、邓家塆、甘家竹林、黄家桥、李家塆、吴家巷子、杨家独屋、杨家巷子、杨巷新村(7 组)、余刘塆、张家塆、周家塆、火石塆、吴家独屋、杨巷新村(9、10 组)。村内有常住居民 289 户，共 1266 人。辖区占地面积 3.5 平方千米，其中耕地面积为 1.267 平方千米，林地面积为 0.467，主要农作物为小麦、水稻。村委会工作人员 4 名。

1949 年 10 月，翻身村隶属于木梓区管辖，1954 年 8 月改为王店区管辖。1958 年建立人民公社，翻身村更名为翻身大队隶属于先锋人民公社管辖。1975 年 2 月，撤区并社，翻身大队隶属于木梓人民公社管辖。1984 年元月，复置区(镇)、乡(镇)、村，翻身大队改名为杨巷村，隶属于棠棣区棠棣镇管辖。1987 年 10 月，撤区并乡，原棠棣镇、河德乡合并为棠棣镇。杨巷村隶属于棠棣镇管辖。

曾沈塆[Zéng shěn wān]　隶属于棠棣镇杨巷村。清朝嘉庆年间，曾姓与沈姓家庭流落此地定居，故名。该居民点位于棠棣镇杨巷村委会所在地西部，聚落呈块状分布，距村委会所在地 1000 米。东接吴家巷子，西邻木梓乡新店村，南连黄家桥，北靠火石塆。主要以曾、沈二姓为主，均为汉族。全塆 60 人，21 户。总面积为 0.107 平方千米，其中耕地面积 0.06 平方千米，主要农作物为小麦、水稻，主要经济来源以外地务工为主。

邓家塆[Dèng jiā wān]　隶属于棠棣镇杨巷村。相传清朝嘉庆年间，两户邓姓人家流落至此地，繁衍生息形成村落，故名。该居民点位于棠棣镇杨巷村委会所在地北部，聚落呈块状分布，距村委会所在地 1000 米。东接轭头村周家庙，西邻木梓乡汤冲村，南连余刘塆，北靠翻身水库。主要以邓姓为主，均为汉族。全塆 110 人，31 户。总面积 0.167 平方千米，其中耕地面积 0.08 平方千米，主要农作物为小麦、水稻，主要经济来源以外地务工为主。

甘家竹林[Gān jiā zhú lín]　隶属于棠棣镇杨巷村。该塆所住居民以甘姓居多，所在区域内竹子生长繁茂，有大片竹林。该居民点位于棠棣镇杨巷村委会所在地东部，聚落呈块状分布，距村委会所在地 1500 米。东接轭头村严家垄，西邻杨巷村李家塆，南连迎云寺水库，北靠轭松公路。主要以甘姓为主，均为汉族。全塆 175 人，54 户。总面积 0.24 平方千米，其中耕地面积 0.113 平方千米，主要农作物为小麦、水稻，主要经济来源以外地务工为主。

黄家桥[Huáng jiā qiáo]　隶属于棠棣镇杨巷村。清朝乾隆年间，黄姓始祖在此定居。此地当时处于南北交通要道，曾形成集市。为方便商贾过河，黄家人在此河建桥，取名黄家桥。此居民点也得名黄家桥。该居民点位于棠棣镇杨巷村委会所在地西部，聚落呈块状分布，距村委会所在地 1000 米。东接吴家巷子，西邻木梓乡新店村，南连石河村，北靠曾沈湾、吴家巷子。主要以黄姓为主，均为汉族。全塆 58 人，19 户。总面积 0. 1 平方千米，其中耕地面积 0. 05 平方千米，主要农作物为小麦、水稻，主要经济来源以外地务工为主。

李家塆[Lǐ jiā wān] 隶属于棠棣镇杨巷村。清朝乾隆年间李姓始祖流落此地定居，繁衍生息形成村落，名李家塆或李家巷子。该居民点位于棠棣镇杨巷村中部，聚落呈块状分布，距村委会所在地 1000 米。东接甘家竹林，西邻杨家巷子，南连石河村迎云寺水库，北靠余刘塆、防修水库。主要以李姓为主，均为汉族。全塆 105 人，28 户。总面积为 0. 1 平方千米，其中耕地面积 0. 08 平方千米，主要农作物为小麦、水稻，主要经济来源以外地务工为主。

吴家巷子[Wú jiā xiàng zi] 隶属于棠棣镇杨巷村。清朝乾隆年间吴姓始祖在此定居，得名吴家巷子。该居民点位于棠棣镇杨巷村委会所在地中西部，聚落呈条状分布，距村委会所在地 1000 米。东接杨家巷子，西邻黄家桥、曾沈塆，南连吴家巷子，北靠新塆(10 组)、杨巷新村。主要以吴姓为主，均为汉族。全塆 105 人，31 户。总面积 0. 1 平方千米，其中耕地面积 0. 08 平方千米，主要农作物为小麦、水稻，主要经济来源以外地务工为主。

杨家独屋[Yáng jiā dú wū] 隶属于棠棣镇杨巷村。1986 年杨姓一家搬至此地建房居住，得名杨家独屋。该居民点位于棠棣镇杨巷村委会所在地西部，聚落呈块状分布，距村委会所在地 500 米。东接杨家巷子，西邻茅草山泵站，南连周家塆，北靠杨巷村毛草山。主要以杨姓为主，均为汉族。全塆 25 人，5 户。总面积 0. 02 平方千米，其中耕地面积 0. 013 平方千米，主要农作物为小麦、水稻，主要经济来源以外地务工为主。

杨家巷子[Yáng jiā xiàng zi] 隶属于棠棣镇杨巷村。明洪武年间，杨印流落此地居住，繁衍生息，形成村落，得名杨家巷子。该居民点位于棠棣镇杨巷村委会中部，聚落呈条状分布，距村委会所在地 500 米。东接李家塆，西邻杨家独屋，南连石河村，北靠余刘塆。主要以杨姓为主，均为汉族。全塆 134 人，47 户。总面积 0. 1 平方千米，其中耕地面积 0. 087 平方千米，主要农作物为小麦、水稻，主要经济来源以外地务工为主。

杨巷新村(7 组)[Yáng xiàng xīn cūn (7 zǔ)] 隶属于棠棣镇杨巷村。该新村是响应党的新农村建设号召而新建的居民点。该居民点位于棠棣镇杨巷村西北部，聚落呈条状分布，距村委会所在地 200 米。东接茅草山泵站，西邻曾沈塆，南连吴家巷子，北靠火石塆。所住居民曾姓居多，均为汉族。全塆 30 人，8 户。总面积 0. 02 平方千米，其中耕地面积 0. 013 平方千米，主要农作物为小麦、水稻，主要经济来源以外地务工为主。

余刘塆[Yú liú wān] 隶属于棠棣镇杨巷村。相传明朝末年余、刘两家流落此地，繁衍生息形成村落。取名余刘塆。该居民点位于棠棣镇杨巷村委会所在地东北部，聚落呈块状分布，距村委会所在地 1000 米。东接棠棣镇轭头村周家庙，西邻张家塆，南连杨家巷子，北靠翻身水库、邓家塆。主要以余、刘二姓为主，均为汉族。全塆 119 人，39 户。总面积 0. 1 平方千米，其中耕地面积 0. 08 平方千米，主要农作物为小麦、水稻，主要经济来源以外地务工为主。

张家塆[Zhāng jiā wān]　隶属棠棣镇杨巷村村民委员会辖。相传明朝末年张姓人家逃难在此落脚定居，繁衍生息，形成村落，名张家塆。该居民点位于棠棣镇杨巷村委会所在地西北部，聚落呈块状分布，距村委会所在地500米。东接邓家塆，西邻火石塆，南连杨巷新村、杨家巷子，北靠郑河干渠一分干西干渠。主要以张姓为主，均为汉族。全塆120人，45户。总面积0.1平方千米，其中耕地面积0.08平方千米，主要农作物为小麦、水稻，主要经济来源以外地务工为主。

周家塆[Zhōu jiā wān]　隶属于棠棣镇杨巷村。以居民姓氏命名。该居民点位于棠棣镇杨巷村委会所在地西南部，聚落呈块状分布，距村委会所在地1000米。东接石河村，西邻黄家桥，南连石河村，北靠杨家巷子、吴家巷子。主要以周姓为主，均为汉族。全塆36人，9户。总面积0.093平方千米，其中耕地面积0.045平方千米，主要农作物为小麦、水稻，主要经济来源以外地务工为主。

火石塆[Huǒ shí wān]　隶属于棠棣镇杨巷村。因王姓人家在此居民，原名王家塆。后传说该塆曾有天火坠落于此地燃烧而命名火盛塆。火石塆是火盛塆的谐音。该居民点位于棠棣镇杨巷村委会所在地西北部，聚落呈块状分布，距村委会所在地1000米。东接杨巷新村张家塆，西邻木梓乡新店村，南连茅草山泵站，北靠郑河一分干渠。所住居民以王姓居多，均为汉族。全塆30人，8户。总面积0.087平方千米，其中耕地面积0.04平方千米，主要农作物为小麦、水稻，主要经济来源以外地务工为主。

吴家独屋[Wú jiā dú wū]　隶属于棠棣镇杨巷村。1988年，吴姓人口在定此居。因人少房少，人们习惯地称之为独屋。该居民点位于棠棣镇杨巷村委会所在地西北部，聚落呈块状分布，距村委会所在地1000米。东接李家塆，西邻杨家巷子，南连杨家巷子，北靠余刘塆。主要以吴姓为主，均为汉族。全塆18人，5户。总面积0.03平方千米，其中耕地面积0.02平方千米，主要农作物为小麦、水稻，主要经济来源以外地务工为主。

杨巷新村(10组)[Yáng xiàng xīn cūn(10 zǔ)]　隶属于棠棣镇杨巷村。该居民点位于杨巷村9组杨家巷子北部、10组张家塆南部，聚落呈条状分布，村委会所在地。东接杨巷村余刘塆，西邻茅草山泵站，南连杨巷村杨家巷子，北靠杨巷村张家塆。居民以张、王、曾姓居多，均为汉族。全塆23人，5户。总面积0.02平方千米，其中耕地面积0.01平方千米，主要农作物为小麦、水稻，主要经济来源以外地务工为主。

二十九、张陈村[Zhāngchén Cūn]

隶属棠棣镇。因该村早期所住居民以张、陈二姓为主。道光二十三年《安陆县志·选举》有张姓后裔批注"明季由麻城落籍安陆"，一世祖为张涢国，二世祖为张之相。这里的麻城是江西的麻城，那里有一条叫筷子街的街道，后来这里的张姓人在祭祖时，在猪肉上插一支筷子，以示不忘麻城筷子街之祖先。调籍安陆南乡的张姓，带有册编"陈贵旗"，先定居回龙寺。后因人丁繁衍，形成张山份、张河份、张营份。张家塆是张姓分支之一。张陈村东边是府河，府河西岸住着张姓人群，故这一村庄取名张家河。《安陆南乡陈姓族史资料》载，安陆涢水西岸、樱桃古渡以南，有安陆南乡陈姓，相传系由麻城调籍移民安陆，在距县城4千米的回龙寺周边定居。由于人丁发达，形成三大份，即山份陈、营份陈、河份陈。山份陈主要分布在陈家山坡、学塆、凹子塆、陈家塆等自然村落。

张陈村位于棠棣镇东部，为丘陵山地地形，村委会所在地金李公路西张陈村广场上，驻棠棣镇政府所在地8000米。东接府河，西邻回龙村、三冲村、河德村，南连陈河村，北靠金泉、天灯村。辖区内共有9个村民小组，4个自然塆：梅家塆、陈家塆、钟家塆、张家塆，另有聂家畈已无人居住。村内有常住居民338户，共1507人。辖区占地面积1.4平方千米，其中耕地面积0.727平方千米，主要农作物为小麦、水稻。村委会现有工作人员4名，村内主要驻区单位有张陈村卫生室、安陆市四联小学等。

1949年10月张陈村属木梓区。1952年10月属第3区。1954年8月属巡店区。1956年3月属安陆县第三区公所。1956年4月属第四指导小组。1958年9月废第四指导小组设先锋人民公社，张陈村更名为张陈大队。同年底先锋人民公社更名为棠棣人民公社。1961年棠棣人民公社更名为棠棣区。1966年9月改为先锋区。1975年2月撤区并社，先锋区改为棠棣人民公社。1984年元月复置区(镇)、乡(镇)、村，张陈大队更名为张陈村，属棠棣区河德乡管辖。1987年10月安陆撤县建市、撤区并乡，张陈村属棠棣镇管辖。

陈家塆[Chén jiā wān] 隶属于棠棣镇张陈村。《安陆南乡陈姓族史资料》载，安陆涢水西岸、樱桃古渡以南，有安陆南乡陈姓，相传系由麻城调籍移民安陆，在距县城4千米的回龙寺周边定居。由于人丁发达，形成三大份，即山份陈、营份陈、河份陈。山份陈主要分布在陈家山坡、学塆、凹子塆、陈家塆等自然村落。该居民点位于张陈村西北部，聚落呈块状分布，距村委会所在地1000米。东接西干渠，西邻梅家塆，南连回龙村，北靠钟家塆。主要以陈姓为主，均为汉族。全塆178人，56户。总面积0.18平方千米，其中耕地面积0.093平方千米，主要农作物为小麦、水稻，主要经济来源以外地务工为主。

梅家塆[Méi jiā wān] 隶属于棠棣镇张陈村。清朝康熙年间梅姓始祖在此定居，故名。该居民点位于张陈村西南部，聚落呈块状分布，距村委会所在地900米。东接陈家塆，西邻三冲村李家塆、河德村凹子塆，南连汉十高速，北靠张勇林场。主要以梅姓为主，均为汉族。全塆117人，38户。总面积为0.16平方千米，其中耕地面积0.078平方千米，主要农作物为小麦、水稻，主要经济来源以外地务工为主。

张家塆[Zhāng jiā wān] 隶属于棠棣镇张陈村。道光二十三年《安陆县志·选举》有张姓后裔批注“明季由麻城落籍安陆”，一世祖为张涢国，二世祖为张之相。这里的麻城是江西的麻城，那里有一条叫筷子街的街道，后来这里的张姓人在祭祖时，在猪肉上插一支筷子，以示不忘麻城筷子街之祖先。调籍安陆南乡的张姓，带有册编“陈贵旗”，先定居回龙寺。后因人丁繁衍，形成张山份、张河份、张营份。张家塆是张姓分支之一。该居民点位于张陈村东南部，聚落呈块状分布，距村委会所在地600米。东接府河，西邻金李公路，南连陈河村，北靠天灯村。主要以张、陈姓为主，均为汉族。全塆574人，139户。总面积0.45平方千米，其中耕地面积0.3平方千米，主要农作物为小麦、水稻，主要经济来源以外地务工为主。

钟家塆[zhōng jiā wān] 隶属于棠棣镇张陈村。据《钟氏族谱》载，钟氏家族三兄弟自江西迁德安城西钟家山坡，繁衍生息已有400年，历经17代，现已发展成为上、南、北三大份。因赖以生存的这片土地山冈迭起、十分贫瘠，故名钟家山坡。该居民点位于张陈村西北部，聚落呈块状分布，距村委会所在地1500

米。东接天灯村，西邻三冲村，南连陈家塆，北靠金泉村。主要以钟姓为主，均为汉族。全塆540人，80户。总面积0.12平方千米，其中耕地面积0.066平方千米，主要农作物为小麦、水稻，主要经济来源以外地务工为主。

聂家畈[Niè jiā fàn] 隶属于棠棣镇张陈村。该居民点位于张陈村东部，聚落呈块状分布，距村委会所在地500米。东接府河民堤，西邻金李公路，南连陈家塆，北靠天灯村。主要以聂姓为主，均为汉族。已于2013年拆除。

三十、长岗村[Chánggǎng Cūn]

隶属于棠棣镇。境内一居民点为张姓聚居地，明末清初出了一位大将军，故名军张塆。军张村因军张塆而得名。由于该村有一条很长的山冈，1984年改名长岗村。

长岗村位于棠棣镇西南角，为丘陵山地地形，村委会所在地松林村三村合建办公楼，距棠棣镇政府所在地3500米。该村东接松林村，西邻木梓乡天然村、黄冲村，南连巡店镇石场村，北靠蒋梅村、木梓乡曾毛村。全村均为汉族，现有双塘街和7个村民小组：伏林窝、黄李塆、姜家松林、军张塆、小张塆、张家榨、杨家林。共有836人，169户。总面积1.6616平方千米，其中耕地面积1.04118平方千米，主要农作物为小麦、水稻，主要经济来源为外地务工。

1949年10月军张村属木梓区。1952年10月属第3区。1954年8月属巡店区。1956年3月属安陆县第三区公所。1956年4月属第四指导小组。1958年9月废第四指导小组设先锋人民公社，军张村更名为军张大队。同年底先锋人民公社更名为棠棣人民公社。1961年棠棣人民公社更名为棠棣区。1966年9月改为先锋区。1975年2月撤区并社，先锋区改为棠棣人民公社。1984年元月复置区(镇)、乡(镇)、村，军张大队更名为长岗村，属棠棣区棠棣镇管辖。1987年10月安陆撤县建市撤区并乡，长岗村属棠棣镇管辖。

伏林窝[Fú lín wō] 隶属于棠棣镇长岗村。因当地位于一个山窝中，昔时有一棵遮天盖地的大榆树，此树枝叶茂盛，树上有很多难以发现的鸟窝，因此得名伏林窝。该居民点位于长岗村北部，聚落呈块状分布，距村委会所在地1300米。东接张家榨，西邻姜家松林，南连杨家林，北靠木梓乡曾毛村。以李姓居多，均为汉族，共有158人，34户。总面积0.1675平方千米，其中耕地面积0.10653平方千米，主要农作物为小麦、水稻，主要经济来源为外地务工。

黄李塆[Huáng lǐ wān] 隶属于棠棣镇长岗村。以居命姓氏命名。该居民点位于长岗村西南部，聚落呈块状分布，距村委会所在地3500米。东接杨家林，西邻木梓乡黄冲村，南连巡店镇石场村，北靠姜家松林。全塆主要以黄姓、李姓为主，均为汉族，共有90人，21户。总面积0.1092平方千米，其中耕地面积0.089平方千米，主要农作物为小麦、水稻，主要经济来源为外地务工。

姜家松林[Jiāng jiā sōng lín] 隶属于棠棣镇长岗村。当地为姜姓聚居地且松林茂密。该居民点位于长岗村西部，聚落呈块状分布，距村委会所在地2000米。东接伏林窝，西邻木梓乡黄冲村，南连黄李塆，北靠木梓乡曾毛村。全塆主要以姜姓为主，均为汉族，共有 53 人，15 户。总面积 0. 2345 平方千米，其中耕地面积 0. 1943 平方千米，主要农作物为小麦、水稻，主要经济来源为外地务工。

军张塆[Jūn zhāng wān] 隶属于棠棣镇长岗村。当地为张姓聚居地，传说该塆张姓出了个将军，原叫将军塆，后改为军张塆。该居民点位于长岗村北部，聚落呈块状分布，距村委会所在地 1700 米。东接松林村艾家塆，西邻伏林窝，南连张家榨，北靠蒋梅村。全塆主要以张姓为主，均为汉族，共有 162 人，43 户。总面积 0. 268 平方千米，其中耕地面积 0. 2211 平方千米，主要农作物为小麦、水稻，主要经济来源为外地务工。

小张塆[Xiǎo zhāng wān] 隶属于棠棣镇长岗村。清末由张家榨大塆迁来，由于均姓张、人口较少，且由张家大塆迁来，故名小张家塆。该居民点位于长岗村中南部，聚落呈块状分布，距村委会所在地 1000 米。东接张家榨，西邻伏林窝，南连胡巷村，北靠张家榨。全塆主要以张姓为主，均为汉族，共有 101 人，20 户。总面积 0. 1005 平方千米，其中耕地面积 0. 08174 平方千米，主要农作物为小麦、水稻，主要经济来源为外地务工。

杨家林[Yáng jiā lín] 隶属于棠棣镇长岗村。因当地为杨姓聚居地，且有大片树林而命名。该居民点位于长岗村南部，聚落呈块状分布，距村委会所在地 3000 米。东接小张塆，西邻黄李塆，南连胡巷村，北靠伏林窝。全塆主要以杨姓为主，均为汉族，共有 71 人，16 户。总面积 0. 1876 平方千米，其中耕地面积 0. 1474 平方千米，主要农作物为小麦、水稻，主要经济来源为外地务工。

张家榨[Zhāng jiā zhà] 隶属于棠棣镇长岗村。明末清初时此塆塆东有两座响榨，张姓居民靠榨油维持生计。该居民点位于长岗村中部，聚落呈块状分布，距村委会所在地 1700 米。东接松林村，西邻伏林窝，南连小张塆，北靠军张塆。全塆主要以张姓为主，均为汉族，共有 171 人，45 户。总面积 0. 2345 平方千米，其中耕地面积 0. 201 平方千米，主要农作物为小麦、水稻，主要经济来源为外地务工。

2015年安陆市雷公镇平面示意图

第八章　雷公镇

第一节　概　　况

雷公镇，以历史传说命名。相传这里古时候经常发生雷击使人畜伤亡的事故，有人说这里地形犯了雷公神，于是当地人凑钱修了雷公庙，塑了雷公神像，久而久之，来敬香的人多了起来，这里生意也兴旺起来，就形成了现在的雷公镇。

唐代就有雷公庙集镇的记载，晚清时期，全县分64会，雷公镇属“雷公庙会”。民国时期属碧山乡（西六乡）。新中国成立后为第四区，辖六合、大桥、双河、汝南、三中、祖师、河水、毛河、长安、恒刘、唐僧、北桥、观音、三合、杨威、望河、曹畈、雷公、同兴、王店20个乡。1956年3月区乡调整，第四区辖六合、雷公、王店、毛河、天然、木梓、河水7乡。1958年9月为英雄人民公社，辖雷公、六合、王店、毛河、河水5乡60个农村合作社。1966年9月雷公区更名为建新区。1975年2月撤区并社，雷公区更名为雷公人民公社，辖罗庙、白兆、六合管理区。1984年1月复置区、乡、村，雷公区辖1镇2乡33个村。雷公镇辖云岭、王祠、望河、白兆、万福、曹畈、许棚、新桥、大安、九峰10个村；罗庙乡辖彭桥、姚河、观音、曹岗、柳林、横冲、罗庙、陡坡、白合9个村；六合乡辖王畈、王台、张畈、双河店、六合、赵垱、魏桥、马庙、长冲、汤阳、柏桥、祖寺、庙岗、长安14个村。1987年10月撤区并乡，雷公镇由原雷公镇、罗庙乡并成（原六合乡境分出成立双河镇）。2001年4月撤销双河镇、整体并入雷公镇。现雷公镇辖33个村民委员会和双河社区居民委员会及雷公镇（即新桥社区）居民委员会。

雷公镇地处安陆市西部，东邻烟店镇、棠棣镇，南连木梓乡，西接王义贞镇和荆门市京山县，北连孛畈镇。人民政府驻安坪街23号，东南距安陆市城区18千米。辖区东西最大距离11千米，南北最大距离15千米，辖34个村委会。全镇共有34个行政村，8204户。国土面积121平方千米，总人口40392人，林业面积48平方千米，耕地面积24.964平方千米，水面3.66666平方千米。境内属大洪山余脉，均属丘陵岗地。地势西高东低，且由南向北呈梯形状分布，地面高程一般在海拔100米左右，最高点大安山海拔394米，最低点白鹤村张家塆海拔 86 米。属亚热带季风气候区，其特点为春秋短、冬夏长，四季分明，全年降水丰沛，四季分配不均。阳光充足，无霜期长。年平均气温 16℃，年平均降水量 1100 毫米，境内属漳河、沙河水系，在境内河道分别长 8 千米、3 千米。境内矿产资源有陶土、山石等，储量丰富，主要分布在北部山区一带，其中山石储量约 2000 万吨，陶土蕴藏量过 3 亿吨，据有关史料记载，至中华人民共和国成立前夕，雷公山区有白兆寺、大安寺、观音寺等人文建筑，其中以白兆寺在当地最著名。白兆寺建于白兆山西麓，先名道慧寺，唐末名竺朝乾院，宋元丰年间称白兆寺，由唐代僧人志圆开创。白兆寺在民国时期还颇具规模。鼎盛时期，当地人说“白兆寺房屋有九十九间，若修百间难上难”。除白兆寺外，在当地影响较大的还有大安寺。大安寺建在大安山南麓，东距白兆寺 5 千米，为唐“行站旧宅”，东为滴水屋，与白兆山相连，是李白岳丈旧宅。古文化遗址有女儿台遗址，系东汉墓葬，出土少量器皿，位于今张贩村。相传从前有一富家女出嫁，路经此地，在花轿里生了一个小孩，母女均死，即埋葬于此，后长成土台，故名。西周文化遗址：位于曹岗村熊家咀，1981 年 5 月，地、县文物普查时发现，遗址建在二层台上，高出四周地面 6 米，文化层 3 米，面积 600 平方米，南低北高，保存完整，采集到磨制的石斧、石奔、陶罐等，属西周文化遗址，是安陆重点文物保护单位。雷公镇现有初中 1 所，小学 4 所，乡镇产业为远方钢铁公司石灰厂、金瓯琉璃瓦厂、镇办石灰厂、金川畜牧有限公司。

第二节　社区(村)、居民点

一、新桥社区[Xīngqiáo Shèqū]

晚清时期属“雷公庙会”辖。民国时期属安陆县第三区、碧山乡、棲碧乡辖。建国初期属第四区雷公乡辖。1954 年 8 月属雷公区雷公乡辖。1956 年 3 月属第四区雷公乡辖。1958 年 9 月属英雄人民公社雷公乡辖。1958 年 12 月属雷公人民公社白兆管理区辖。1961 年 4 月属雷公区白兆人民公社辖。1966 年 9 月属建新区白兆人民公社辖。1975 年 2 月属雷公人民公社白兆管理区辖。1984 年 1 月属雷公区雷公镇辖。1987 年 10 月属雷公镇辖。2011 年属雷公镇新桥社区居民委员会(原新桥村及雷公集镇)，沿用至今。

该居委会位于雷公镇，距镇政府 0.2 千米，为丘陵山地地形。东接王祠村，西邻彭桥村“汉十”高速公路，南连彭桥村，北靠王榨村。辖区面积约 4 平方千米，有 12 个居民点：李家塆、韩家塆、肖家凹、北正街、民营街、中心街、安京街、老街、南大街、鑫雷步行街、幸福街、南大商业街；2014 年年末，共有居民 2018 户、8600 人，耕地面积约 0.17 平方千米。以种植水稻和小麦、油菜为主，驻辖区单位有雷公镇人民政府及部门、雷公镇初级中学，居委会办公地址设在雷公镇街道以南。

萧家凹[Xiāo jiā āo]　“萧家”指萧姓居民，“凹”指周围高、中间低的地形。相传明初时萧姓人来此居住，选择低洼处居住，繁衍成塆后得名。居民点位于雷公居委会南部，为丘陵山地地形，聚落呈条状分布。居民点面积约 0. 2 平方千米，东隔幸福水库与杜棚村窑岗塆相望，西邻南大街，南连郑家独屋，北靠幸福家园。主要以萧姓为主，主要为汉族。共有居民 8 户、76 人，耕地面积约 0. 1 平方千米，主要农作物有水稻和小麦、油菜，主要经济来源以外地务工为主。

韩家塆[Hán jiā wān]　相传明初时韩姓人来此居住，繁衍成塆后得名。居民点位于雷公居委会东南部，为丘陵山地地形，呈条状分布。居民点面积约 0. 3 平方千米，东隔幸福水库与木梓乡杜档村简家塆相望，西邻彭桥村潘家塆，南隔幸福水库与木梓乡双杨村上彭家塆相望，北靠萧家凹。全塆主要以韩姓为主，主要为汉族。共有居民 21 户、89 人，耕地面积约 0. 045 平方千米，主要农作物有水稻和小麦，主要经济来源以外地务工为主。

李家塆[Lǐ jiā wān]　相传明初时李姓人来此居住，繁衍成塆后得名。居民点位于雷公居委会东部，为丘陵山地地形，呈条状分布。居民点面积约 0. 5 平方千米，东接王祠村王家草塘，西邻南大街，南连幸福街，北靠九峰村店坡塆。全塆主要以李姓为主，主要为汉族。共有居民 70 户、342 人，耕地面积约 0. 07 平方千米，主要农作物有水稻和小麦、油菜，主要经济来源以外地务工为主。

安京街[Ān jīng jiē]　“安京”指安京公路，“街”指城市中以道路划分的居住生活区。因街道位于安陆至京山公路主干道故名。安陆至京山公路主干道最早是一条砂石路，自东向西穿经雷公集镇，1989 年起安京线铺改沥青路，再加上公路两侧居民建房，随着经济的发展，形成了主要街道，1989 年至 2013 年为中心街，2013 年 10 月更名为安京街。该居民点位于雷公居委会南部，为丘陵山地地形，聚落呈条状分布，街面宽 30 米左右。居民点面积约 1 平方千米，东接幸福街，西邻医院、派出所，南连南大商业街，北靠北正街中心街居民区。全塆主要为汉族。2014 年年末，共有居民 285 户、900 人，耕地面积约 0. 4 平方千米，主要农作物有水稻和小麦、油菜，主要经济来源以外地务工为主。

北正街[Běi zhèng jiē]　“北正”指此街通向北部，是以安京街为正中心，“街”指城市中以道路划分的居住生活区。因 1984 年 5 月为了集镇发展，动员全镇居民在两侧建房，以安京线为中心，由原政府取名。该居民点位于雷公居委会北部，为丘陵山地地形，聚落呈条状分布，街面宽 25 米左右。居民点面积约 0. 5 平方千米，东接福利院，西邻民营街，南连南大街，北靠许棚村张家塆。主要为汉族。共有居民 193 户、600 人，耕地面积约 0. 01 平方千米，主要农作物有水稻和小麦、油菜，主要经济来源以外地务工为主。

老街[Lǎo jiē]　“老”指历史悠久，“街”指街道。因该街道是雷公镇第一条古街而得名。该居民点位于雷公镇居委会中西部，为丘陵山地地形，聚落呈条状分布，部分民居为明清时建筑，街面宽 6 米左右。居民点面积约 0. 1 平方千米，东接居民户，西邻中心街，南连安京街，北靠居民户。主要为汉族。共有居民 42 户、120 人，耕地面积约 0. 05 平方千米，主要农作物有水稻和小麦、油菜，主要经济来源以外地务工为主。

民营街[Mín yíng jiē]　该街道居民主要是附近的村民迁居至此，并且在此开店经营。以民生特地命名。民营街分为东民营街，中间称民营街和西民营街，东民营街为自然住户，中间段民营街是原雷公供销社单位，因1996年体制机构改革把地块卖给几位民间房地产商，做房产项目，形成了一条主街开始经营经济活动，故而得名。居民点位于雷公居委会西南部，为丘陵山地地形，呈条状分布，街面宽20米左右。居民点面积约0.5平方千米，东接北正街，西邻彭桥村程家桥，南连菜市场，北靠北正街。主要为汉族。共有居民212户、700人，耕地面积约0.2平方千米，主要农作物有水稻和小麦、油菜，主要经济来源以外地务工为主。

南大街[Nán dà jiē]　“南”指安京线以南，“大街”指城市中以道路划分的居住生活区。1970年代后雷公镇几家职能单位兴建在此，周围都是一片荒地，后相继有居民在此兴建房屋，以安京线为中轴，连接安京线以南，2013年由居民委员会命名为南大街。居民点位于雷公居委会南部，为丘陵山地地形，呈条状分布，街面宽20米左右。面积约0.3平方千米，东接彭桥村桥头塆，西邻彭桥村程家凹子，南连电力所，北靠北正街。全塆主要为汉族，共有居民98户、340人，耕地面积约0.1平方千米，主要农作物有水稻和小麦、油菜，主要经济来源以外地务工为主。

南大商业街[Nán dà shāng yè jiē]　“南”指方位，位于安京线南边，“商业街”指人流聚集的主要场所。原属雷公镇粮食收储公司，因2004年体制改革，市政府协调卖给民企，2010年该民企开始拆除原建筑物并兴建民住、商业一条街，因位于安京线南边2012建成后开发商便以此命名。居民点位于雷公居委会西部，面积约0.5平方千米，呈条状分布，街面宽20米左右。东接李家塆，西邻彭桥村程家凹子，南连彭桥村桥头塆，北靠安京街。全塆主要为汉族。共有居民500户、1200人，耕地面积约0.2平方千米，主要农作物有水稻和小麦、油菜，主要经济来源以外地务工为主。

幸福街[Xìng fú jiē]　该居民点1981年由原雷公店一组居民迁移至此，以人民希望得到幸福的生活而命名。该居民点位于雷公镇安京公路雷公段南部，为丘陵山地地形，呈条状分布，街面宽20米左右。居民点面积约0.56平方千米，东接王祠村祠堂塆，西邻安京街，南隔幸福水库与木梓乡双杨村上彭家塆相望，北邻九峰村店坡塆。主要为汉族。共有居民52户、196人，耕地面积约0.3平方千米，主要农作物有水稻和小麦、油菜，主要经济来源以外地务工为主。

中心街[Zhōng xīn jiē]　“中心”指位于集镇中心位置，“街”指城市中以道路划分的居住生活区。由集镇规划1986年征地拆四五组南邻安京线，直穿民营街被连接北正街，1988年命名为新大街，2013年为规范街道名称更名为中心街。居民点位于雷公居委会西部，为丘陵山地地形，呈条状分布，街面宽30米左右。居民点面积约0.4平方千米，东接菜场居民区，西邻彭桥村桥头塆，南连安京街，北靠北正街。全塆主要为汉族。共有居民122户、450人，耕地面积约0.15平方千米，主要农作物有水稻和小麦、油菜，主要经济来源以外地务工为主。

鑫雷步行街[Xīn léi bù xíng jiē]　“鑫”指开发者姓名内带有“鑫”字，“雷”指雷公镇，“步行街”指在交通集中的城市中心区域设置的行人专用道。由开发商自行命名，原属供销社、食品单位因体制改革，拆迁后兴建住房，设立菜市场，严禁车辆行驶，人行步行街而得名。居民点位于雷公居委会中部，为丘陵山地地形，呈条状分布，街面宽30米左右。东接北正街，西邻中心街，南连居民区安京街，北靠居民区民营街。居民点面积约0.2平方千米，2014年年末，共有居民92户、320人，主要为汉族。耕地面积约0.09平方千米，主要农作物有水稻和小麦、油菜，主要经济来源以外地务工为主。

二、姚河村[Yáohé Cūn]

民国时期属棲碧乡辖。1949 年 10 属王店区辖。1952 年 10 月属第四区杨威乡辖。1954 年 8 月属雷公区杨威乡辖。1956 年 3 月属第四区雷公乡辖。1956 年 4 月属第五指导小组雷公乡辖。1958 年 9 月属英雄人民公社辖。1966 年 9 月雷公区改为建新区，仍为罗庙人民公社辖。1975 年 2 月为雷公人民公社罗庙管理区辖。1984 年 1 月属雷公区罗庙乡辖。1987 年 10 月，姚河村村民委员会属雷公镇辖。沿用至今。

该村位于镇政府西南方，距镇政府 8.5 千米。东接罗庙村，西邻马庙村，南连白鹤村，北靠曹岗村。辖区总面积约 3 平方千米，由何家塆、罗家塆、宋家庙、周家坡、姚河塆、赵家独凹、榨屋塆 7 个自然塆组成。共有村民 235 户，924 人。耕地面积约 1.62 平方千米，主要农作物为水稻、小麦、油菜。村民委员会有职工 3 人。

何家塆[Hé jiā wān]　相传明初一姓何居民来此居住，后繁衍成塆，故名。该居民点位于姚河村西北部。居民点呈条状分布。东接罗家塆，西邻长安村林家塆，南连叶家凹子，北靠曹岗村曹家独屋。总面积约 0.3 平方千米，居民主要姓氏为何姓，主要民族为汉族。2014 年年末，共有村民 43 户，168 人。耕地面积约 0.18 平方千米，主要农作物为小麦、水稻、油菜，主要经济来源以外地务工为主。

罗家塆[Luó jiā wān]　相传明初一姓罗居民来此居住，后繁衍成塆，故名。居民点位于姚河村西北部，居民点呈条状分布。东接罗庙村高家独屋，西邻何家塆，南连宋家庙，北靠曹岗村张家独屋。总面积约 0.4 平方千米，居民主要姓氏为罗姓，主要民族为汉族。2014 年年末，共有村民 38 户，157 人。耕地面积约 0.273 平方千米，主要农作物为小麦、水稻、油菜，主要经济来源以外地务工为主。

宋家庙[Sòng jiā miào]　以姓氏和派生地名命名。相传明初宋姓居民来此居住，后繁衍成塆，在此地建有一座寺庙，故名。居民点位于姚河村西南部，居民点呈条状分布。东接李家塆，西邻长安村叶家凹子，南连周家坡，北靠胡家独屋。总面积约 0.3 平方千米，居民主要姓氏为宋姓，主要民族为汉族。2014 年年末，共有村民 42 户，165 人。耕地面积约 0.172 平方千米，主要农作物为小麦、水稻、油菜，主要经济来源以外地务工为主。

周家坡[Zhōu jiā pō]　相传明初周姓居民来此居住，后繁衍成塆，住房建在一山脚下，故名。居民点位于姚河村西南部，居民点呈条状分布。东接罗庙村董家塆，西邻长安村丁家凹子，南连白鹤村张家独屋，北靠宋家庙。总面积约 0.7 平方千米，居民主要姓氏为周姓，主要民族为汉族。共有 45 户，176 人，耕地面积约 0.58 平方千米，主要农作物为小麦、水稻、油菜，主要经济来源以外地务工为主。

赵家独凹[Zhào jiā dú wā]　相传清初一赵姓居民来此居住，且面积较小，故名。居民点位于姚河村南部，居民点呈条状分布。东接罗庙村谢家祠堂，西邻榨屋塆，南连白鹤村谢家台子，北靠周家坡。总面积约 0.5 平方千米，居民主要姓氏为赵姓，主要民族为汉族。2014 年年末，共有村民 10 户，31 人。耕地面积约

0.42 平方千米，主要农作物为小麦、水稻、油菜，主要经济来源以外地务工为主。

姚家塆[Yáo jiā wān] 相传明初时一姚姓居民来此，见此地有小河流过，适合居住，便在此建房，后繁衍成塆，故名。居民点位于姚河村西南部，呈条状分布。东接周家坡，南邻榨屋塆，西马庙村谢家塆，北靠何家塆。总面积约 0.5 平方千米，居民主要姓氏为丁姓，主要民族为汉族。有 42 户、160 人，耕地面积约 0.38 平方千米，主要农作物为小麦、水稻、油菜，主要经济来源以外地务工为主。

榨屋塆[Zhà wū wān] “榨屋”指榨坊，“塆”指村庄。以经济活动命名，清朝末年，谢氏家族在此居住，并在此开设有榨油坊，故名。

该居民点位于姚河村西南部，呈条状分布。东接丁家独屋，西邻马庙村里头凹子，南连汤杨村方家塆，北靠姚河塆。总面积约 0.3 平方千米，居民主要民族为汉族。共有 15 户、67 人。耕地面积约 0.25 平方千米，主要农作物为小麦、水稻、油菜，主要经济来源以外地务工为主。

三、张畈村[Zhāngfàn Cūn]

民国时期为六合乡辖。1949 年 10 月属王店区辖。1952 年 10 月属第四区六合乡辖。1954 年 8 月属雷公区六合乡张畈村辖。1958 年 9 月后人民公社时代属雷公区六合人民公社辖。1987 年 10 月，张畈村村民委员会属双河镇辖。2001 年 4 月并入雷公镇，为雷公镇张畈村村民委员会，沿用至今。

该村位于镇政府西南方，距镇政府所在地 10 千米。东接六合村，西邻京山县罗店镇六台村，南连赵垱村，北靠王畈村。辖区占地面积约 1.53 平方千米，截至 2015 年 4 月，辖区内共有 8 个自然塆：樊家塆，庙塆，柏树塆，谭家坡，刘家坡，晏家塆，碾子塆，栗树塆。共有村民 273 户，1096 人。耕地面积约 1.08 平方千米，以种植水稻、小麦、油菜为主，村内主要驻区单位有张畈村村民委员会。

柏树塆[bǎi shù wān] “柏树”指树木，“塆”指村庄。以物产命名，清朝初期，此处长有大片的柏树，故名。居民点位于张畈村西部，呈条状分布。东接栗树塆，西邻京山县罗店镇六台村四杨坡，南连樊家塆，北靠晏家塆。总面积约 0.24 平方千米，居民主要名族为汉族。共有 38 户、182 人。耕地面积 0.163 平方千米，主要农作物为小麦、水稻、油菜，主要经济来源以外地务工为主。

樊家塆[Fán jiā wān] 相传明初樊姓人到此居住，繁衍成塆后得名。居民点位于张畈村南部，居民点呈条状分布。东接马庙村中部塆，西邻窑凹子，南连赵垱村叶家小塆，北靠碾子塆。总面积约 0.34 平方千米，居民主要姓氏为樊姓，主要民族为汉族。2014 年年末，共有 62 户、211 人。耕地面积约 0.077 平方千米，主要农作物为小麦、水稻、油菜，主要经济来源以外地务工为主。

庙塆[Miào wān] 以宗教信仰命名，明末清初有人在此修建一座庙，供周边人家烧香拜佛求平安，故而得名。居民点位于张畈村北部，居民点呈条状分布。东接六合村六合店，西邻谭家坡，北靠刘家坡，南连碾子塆。总面积约 0.17 平方千米，居民主要民族为汉族。有 33 户、155 人。耕地面积约 0.15 平方千米，主要农作物为小麦、水稻、油菜，主要经济来源以外地务工为主。

谭家坡[Tán jiā pō]　相传明初谭姓人到此居住，繁衍成塆后得名。该居民点位于张畈村西北部，居民点呈条状分布。东接庙塆，西邻晏家塆，南连柏树塆，北靠王畈村殷家塆。总面积约0.18平方千米，居民主要姓氏为谭姓，主要民族为汉族。2014年年末，共有26户、110人。耕地面积约0.075平方千米，主要农作物为小麦、水稻、油菜，主要经济来源以外地务工为主。

刘家坡[Liú jiā pō]　“刘家”指刘姓居民，“坡”指山坡，亦指村庄。相传明初刘姓人到此选择在山坡边居住，繁衍成塆后得名。居民点位于张畈村东北部，居民点呈条状分布。东接六合村许家岗，西邻王畈村殷家塆，南连庙塆，北靠王畈村董家塆。总面积约0.35平方千米，居民主要姓氏为刘姓，主要民族为汉族。2014年年末，共有42户、163人。耕地面积约0.1平方千米，主要农作物为小麦、水稻、油菜，主要经济来源以外地务工为主。

晏家塆[Yàn jiā wān]　“晏家”指晏姓居民。相传明初晏姓人到此居住，繁衍成塆后得名。居民点位于张畈村西北部，呈条状分布。东接六合村高家塆，西邻京山县罗店镇六台村赵家河，南连柏树塆，北靠谭家坡。总面积约0.15平方千米，居民主要姓氏为晏姓，主要民族为汉族。2014年年末，共有村28户、共108人。耕地面积约0.07平方千米，主要农作物为小麦、水稻、油菜，主要经济来源以外地务工为主。

碾子塆[Niǎn zǐ wān]　清朝初期，有十几户人家兴建一个大屋，然后买来了一个很大的碾子，平时用来碾米碾杂粮，故名。居民点位于张畈村南部，居民点呈条状分布。东接赵垱村赵家沟，西邻柏树塆，南连樊家塆，北靠栗树塆。总面积约0.1平方千米，居民主要民族为汉族。共有村民21户、76人。耕地面积约0.08平方千米，主要农作物为小麦、水稻、油菜，主要经济来源以外地务工为主。

栗树塆[Lì shù wān]　以物产命名，清朝初期，此处长有大片的栗树，故名。居民点位于张畈村西部，居民点呈条状分布。东接本村农田，西邻柏树塆，南连碾子塆，北靠庙塆。总面积约0.15平方千米，居民主要民族为汉族，共有30户、116人。耕地面积约0.126平方千米，主要农作物为小麦、水稻、油菜，主要经济来源以外地务工为主。

四、长安村[Cháng’ān Cūn]

民国时期属六合乡，棲碧乡辖。1949年10月属王店区辖。1952年10月属第四区辖。1954年8月后属雷公区六合乡辖。1956年3月属第四区六合乡辖。1958年9月后，长安大队属英雄(雷公)区六合人民公社辖。1961年4月，长安大队属雷公区六合人民公社辖。1975年2月，长安大队属雷公人民公社六合管理区辖。1984年1月属雷公区六合乡辖。1987年10月后属双河镇辖。2001年4月后并入雷公镇，长安村村民委员会属雷公镇辖，沿用至今。

该村位于镇政府西南部，距镇政府所在地10千米。东接曹岗村，西邻王台村、六合村，南连马庙村，北靠魏桥村。辖区总面积约1.27平方千米，2014年年末，共有村民294户，1181人。耕地面积约0.93平方千米。由长安岗、周家塆、赵家塆、雷家塆、郑家塆、李家塆、刘家塆、喻家坡8个自然塆组成，有职工

3 人。主要农作物为水稻、小麦、油菜。

长安岗[Cháng'ān gǎng]　以美好愿望和地理特征综合命名。该山冈为历史上自然形成。20 世纪 70 年代是积石岗至双河店乡级公路必经之地。1986 年，村民王树强在此开代销店，取平安长久之意，故名。居民点位于长安村西部，呈条状分布。东接六合村王家塆，西邻王家塆，南连马庙村赵家塆，北靠魏桥村李家塆。总面积约 0. 15 平方千米，居民主要民族为汉族。共有村民 114 户、455 人。耕地面积约 0. 078 平方千米，主要农作物为小麦、水稻、油菜，主要经济来源以外地务工为主。

周家塆[Zhōu jiā wān]　以姓氏命名。清康熙年间，周姓先祖从麻城过籍迁入，后人口发展渐形成村落，故名。居民点位于长安村南部，呈条状分布。东接李家塆，西邻张畈村碾子塆，南连马庙村汤家垅，北靠高家塆。总面积约 0. 1 平方千米，居民主要姓氏为周姓，主要民族为汉族，共有居民 16 户、67 人。耕地面积约 0. 074 平方千米，主要农作物为小麦、水稻、油菜，主要经济来源以外地务工为主。

赵家塆[Zhào jiā wān]　相传明初时一赵姓人来此居住，繁衍成塆，故名。居民点位于长安村南部，呈条状分布。东接林家塆，西邻谭家塆，南连雷家塆，刘家塆。总面积约 0. 13 平方千米，居民主要姓氏为赵姓，主要民族为汉族，共有居民 17 户、65 人。耕地面积约 0. 074 平方千米，主要农作物为小麦、水稻、油菜，主要经济来源以外地务工为主。

雷家塆[Léi jiā wān]　以姓氏命名，居民点位于长安村东部，呈条状分布。东接长安岗，西邻高家塆，南连姚河村上赵家塆，北靠赵家塆。总面积约 0. 2 平方千米，居民主要姓氏为雷姓，主要民族为汉族，共有村民 26 户、106 人。耕地面积约 0. 138 平方千米，主要农作物为小麦、水稻、油菜，主要经济来源以外地务工为主。

郑家塆[Zhèng jiā wān]　曾用名：郑家槽坊，以姓氏命名。清末年间，郑姓先祖迁入此地，以开槽坊酿酒为生，故名“郑家槽坊”，后发展成村落，更为现名。居民点位于长安村东部，呈条状分布。东接叶家凹子，西邻姚河村上赵家塆，南连马庙村杨家塆，北靠赵家塆。总面积约 0. 11 平方千米，居民主要姓氏为郑姓，主要民族为汉族。共有 40 户、166 人。耕地面积约 0. 074 平方千米，主要农作物为小麦、水稻、油菜，主要经济来源以外地务工为主。

李家塆[Lǐ jiā wān]　以姓氏命名。清末年间，李姓先祖迁入此地，后人口发展，形成村落，故名。居民点位于长安村东部，呈条状分布。东接丁家凹子，西邻王家塆，南连谢家塆，北靠郑家槽坊。总面积约 0. 17 平方千米，居民主要姓氏为李姓，主要民族为汉族。2014 年年末，共有居民 28 户，124 人。耕地面积约 0. 082 平方千米，主要农作物为小麦、水稻、油菜，主要经济来源以外地务工为主。

刘家塆[Liú jiā wān]　“刘家”指刘姓居民，“塆”指村庄。以姓氏命名。清末时期，刘姓先祖迁入此地定居，渐成村落，故名。居民点位于长安村东部，呈条状分布，东接长安岗，西邻王家塆，南连赵家塆，北靠王家塆。总面积约 0. 13 平方千米，居民主要姓氏为刘姓，主要民族为汉族。共有 26 户、94 人。耕地面积约 0. 074 平方千米，主要农作物为小麦、水稻、油菜，主要经济来源以外地务工为主。

喻家坡[Yù jiā pō]　以姓氏命名，清末年间，喻姓居民迁入大洼山杨树港，依山坡建房定居，后发展成村落，故名。居民点位于长安村东北部，呈条状分布，东接曹岗村魏家塆，西邻曹岗村王家塆，南连刘家塆，北靠魏桥村大凹岗。总面积约 0. 2 平方千米，居民主要姓氏为喻姓，主要民族为汉族。2014 年年末，共有 27 户、105 人。耕地面积约 0. 14 平方千米，主要农作物为小麦、水稻、油菜，主要经济来源以外地务工为主。

五、赵垱村[Zhàodàng Cūn]

民国时期属六合乡、棲碧乡辖。1949 年 10 月属王店区辖。1952 年 10 月属第四区双河乡辖。1954 年 8 月后属雷公区双河乡辖。1956 年 3 月属第四区双合乡辖。1956 年 4 月属第五指导小组六合乡辖。1958 年 9 月双河大队属雷公人民公社六合管理区辖。1958 年 12 月属雷公人民公社六合管理区辖。1961 年 4 月属雷公区六合人民公社辖。1975 年 2 月属雷公人民公社六合管理区辖。1987 年 3 月，赵垱村属双河镇辖。2001 年 4 月后并入雷公镇，赵垱村村民委员会属雷公镇辖，沿用至今。

该村位于镇政府西南方，距镇政府所在地 18. 5 千米。东接马庙汤阳，西邻京山，南连双河，北靠张畈、六合交界处。总面积约 1. 8 平方千米。2014 年年末，共有村民 280 户，918 人。耕地面积约 0. 8 平方千米。由刘家坡、上叶家小塆、下叶家小塆、叶家大塆、赵家河坡、邹家塆 6 个自然塆组成，在职工作人员 3 名，主要种植小麦、油菜。

赵家河坡[Zhào jiā hé pō]　以姓氏命名。清朝中期，有位姓赵的风水先生经此地，认为这里是个风水宝地，便在此地建房定居，繁衍生息，人口渐成村落，故名。居民点位于赵垱村东北方，呈块状分布。东接马庙村汤家垅，西邻张畈村余家塆，南连上叶家小塆，北靠六合村高家塆。总面积约 0. 2 平方千米，居民主要姓氏为赵姓，主要民族为汉族。共有 25 户，80 人。耕地面积约 0. 09 平方千米，主要农作物为小麦、水稻，主要经济来源以外地务工为主。

上叶家小塆[Shàng yè jiā xiǎo wān]　“上”指位置偏北，“叶家”指叶姓居民，“小塆”指人口少面积小的村庄。以姓氏命名，因该地为叶姓聚居地，由于人口较多，居民点较大，便将居民点一分为二，按南北方位分为上下两塆，南为下叶家塆，北为上叶家塆。居民点位于赵垱村西北方，呈块状分布。东接马庙村东刘家坡，西邻京山县罗店镇六合村石屋咀，南连刘家坡，北靠下叶家小塆。总面积约 0. 3 平方千米，居民主要姓氏为叶姓，主要民族为汉族。共有 50 户，180 人。耕地面积约 0. 1 平方千米，主要农作物为小麦、水稻，主要经济来源以外地务工为主。

刘家坡[Liú jiā pō]　“刘家”指刘姓居民，“坡”指山坡，亦指村庄。以姓氏命名，因当地为刘姓聚居地，且建在一个山坡上，故名。居民点位于赵垱村东北部，呈条状分布。东接六合村六合店，西邻王畈村谭家塆，南连庙塆，北靠王畈村董家塆。总面积约 0. 35 平方千米，居民主要姓氏为刘姓，主要民族为汉族。有 42 户，共 163 人。耕地面积约 0. 1 平方千米，主要农作物为小麦、水稻、油菜，主要经济来源以外地务工为主。

邹家塆[Zōu jiā wān]　以姓氏命名。清朝晚期，邹姓人家买下了此地，建房定居，并请了张姓居民做其长工，生息繁衍，渐成村庄，故名。居民点位于赵垱村西南部，呈块状分布，东接叶家大塆，西邻京山县罗店镇六台村芦王塆，南连下叶家小塆，北靠刘家坡。总面积约 0.25 平方千米，居民主要姓氏为邹姓，主要民族为汉族。共有村民 35 户，120 人。耕地面积约 0.12 平方千米，主要农作物为小麦、水稻，主要经济来源以外地务工为主。

下叶家小塆[Xià yè jiā xiǎo wān] “下”指位置偏南，“叶家”指叶姓居民，“小塆”指人口少面积小的村庄。以姓氏命名，因该地为叶姓聚居地，由于人口较多，居民点较大，便将居民点一分为二，按南北方位分为上下两塆，南为下叶家塆，北为上叶家塆，故名。居民点位于赵垱村西南部，呈块状分布。东接双河村榨屋塆，西邻京山县罗店村芦林塆，南连上叶家小塆，北靠邹家塆。总面积约 0.3 平方千米，居民主要姓氏为叶姓，主要民族为汉族。共有村民 45 户，150 人。耕地面积约 0.12 平方千米，主要农作物为小麦、水稻，主要经济来源以外地务工为主。

叶家大塆[Yè jiā dà wān] “叶家”指叶姓居民，“大塆”指面积大人口多的村庄。以姓氏命名，因当地为叶姓聚居地且面积大人口多，故名。居民点位于赵垱村中部。居民点呈块状分布。东接马庙村汤杨塆，西邻邹家塆，南连双河村叶家河滩，北靠刘家坡。总面积约 0.45 平方千米，居民主要姓氏为叶姓，主要民族为汉族。共有村民 80 户，248 人。耕地面积约 0.15 平方千米，主要农作物为小麦、水稻，主要经济来源以外地务工为主。

六、魏桥村[Wèiqiáo Cūn]

“魏”指魏姓居民，以派生地名和工作职能命名。相传清朝末期，有一魏姓秀才到河边桥上题了一首诗，便将此桥命名为魏家桥，简称魏桥，后魏桥为村、大队、村民委员会所在地，并形成农村集市，故名。

清末时期属雷公庙会辖。民国时期属碧山乡、六合乡辖。1949 年 10 月属王店区辖。1952 年 10 月属第四区六合乡辖。1954 年 8 月属雷公区六合乡辖。1958 年 9 月属雷公区六合人民公社王台大队辖。1987 年 10 月改为双河镇辖，2001 年 4 月并入雷公镇，属雷公镇魏桥村村民委员会，沿用至今。

该村位于镇政府西部，距镇政府所在地 5 千米。东接曹岗村，西邻乌庙岗村，南连长安村，北靠袁畈柏桥村。辖区占地面积 5.6 平方千米。截至 2015 年 4 月，辖区内共有 8 个自然塆：黄家塆，张家塆，杨家塆，魏家塆，余家塆，蒋家塆，马家塆，吴家塆。共有村民 327 户、1198 人。耕地面积 1.07 平方千米，以种植水稻为主，村内主要驻区单位有魏桥村村民委员会，村委会办公地址设在魏桥村村际公路旁。

黄家塆[Huáng jiā wān] 以姓氏命名，清朝末年，黄氏家族有位富人，出资在此地修建一座漫水桥，故名。居民点位于魏桥村东部，呈条状分布。东接曹岗村曹家岗，西邻王家塆，南连曹岗村槽坊塆，北靠长冲村上黄家塆。总面积约 0.227 千米，居民姓氏主要为黄姓，民族主要为汉族。共有村民 25 户，90 人。耕地面积约 0.069 平方千米，主要农作物为：水稻，主要经济来源以外地务工为主。

张家塆[Zhāng jiā wān] “张家”指张姓居民。以姓氏命名，相传明初有张姓人到此居住，繁衍成塆。

清时当地居民张治平考中秀才，故名。居民点位于魏桥村东部，呈条状分布。东接曹岗村盛家岗，西邻王家垮，南连曹岗村盛家大垮，北靠黄家垮。总面积约0.276平方千米，居民主要姓氏为张姓，主要民族为汉族。共有村民22户，87人。耕地面积约0.0643平方千米，主要农作物为：水稻。主要收入来源为种植和外出打工。

杨家垮[Yáng jiā wān]　以姓氏命名。民国时期，杨氏两兄弟杨大海，杨大舟在当地很有名望，且居民点杨姓居多，故名。居民点位于魏桥村东部，呈条状分布。东接张家垮，西邻魏家垮，南连曹岗村刘家咀，北靠黄家垮。总面积约0.448平方千米，居民姓氏主要为杨姓，民族主要为汉族，2014末，共有村民45户，177人。耕地面积约0.04平方千米，主要农作物为：水稻。主要收入来源为种植和外出打工。

魏家垮[Wèi jiā wān]　曾用名：魏家桥。“魏家”指魏姓居民，以建筑物派生命名。清朝末年，有一位秀才到桥河边上题诗一首，后来将此桥取名魏家桥。因居民点在魏家桥附近，故名。居民点位于魏桥村东部，呈条状分布。东接魏桥村三组，西邻六合村简家垮，南连杨家垮，北靠柏桥村涂家坡。总面积约0.463平方千米，居民主要姓氏为魏姓，主要民族为汉族。2014年年末，共有村民49户，202人，耕地面积约0.121平方千米，主要农作物为：水稻。主要收入来源为种植和外出打工。

余家垮[Yú jiā wān]　以姓氏命名，民国时期，因余氏家族的木工、竹器加工业在当地颇负盛名，故名。居民点位于魏桥村西北部，呈条状分布。东接高家垮，西邻庙岗村上杨家墩，南连蒋家垮，北靠马家垮。总面积约1.284平方千米，居民主要姓氏为余姓，民族主要为汉族。2014年年末，共有村民62户，225人。耕地面积约0.163平方千米，主要农作物为：水稻。主要收入来源为种植和外出打工。

蒋家垮[Jiǎng jiā wān]　曾用名：蒋家坡。以姓氏命名，清康熙年间，蒋氏先祖从麻城筷子街过籍迁入此地定居，繁衍生息，随着人口发展，渐形成村落，故名。居民点位于魏桥村西南部，呈条状分布。东接吴家垮，西邻王台村荒冲，南连长安村李家垮，北靠余家垮。总面积约1.113平方千米，居民主要姓氏为蒋姓，主要民族为汉族。共有44户、153人，耕地面积约0.1447平方千米，主要农作物为：水稻。主要收入来源为种植和外出打工。

马家垮[Mǎ jiā wān]　“马家”指马姓居民，以姓氏命名。相传明朝初期，马氏文举人由麻城筷子街迁居此地，故名。居民点位于魏桥村西北部，呈条状分布。东接柏桥村熊上垮，西邻庙岗村高家凹，南连余家垮，北靠祖寺村杜家垮。总面积约1.284平方千米，居民主要姓氏为马姓，主要民族为汉族。2014年年末，共有村民40户，132人。耕地面积约0.145平方千米，主要农作物为小麦、水稻，主要经济来源以外地务工为主。

吴家垮[Wú jiā wān]　曾用名：吴家凹。以姓氏命名。清朝晚期，吴氏先祖在此定居，并以手工挂面、白案营生，后吴姓居民在此地繁衍生息，形成村落，故名。居民点位于魏桥村南部，呈条状分布。东接曹岗村盛家大垮，西邻蒋家垮，南连长安村严家垮，北靠杨家垮。总面积约0.502平方千米，居民姓氏主要为吴姓，主要民族为汉族。2014年年末，共有村民40户，136人。耕地面积约0.11平方千米，主要农作物为：水稻。主要收入来源为种植和外出打工。

七、许棚村[Xǔpéng Cūn]

以派生地名命名。清朝年间，许姓人家在此地搭建一大竹木棚子经营，为南来北往的人提供歇脚方便，生意不错。因许姓为大姓，人口占全村的40%以上，故以许家棚子做村名，新中国成立后为村、大队、村民委员会所在地。

清末时属“雷公庙会”辖。民国时期属碧山乡辖。1949 年 10 月属王店区辖。1952 年 10 月属第四区曹程乡辖。1954 年 8 月属雷公区曹程乡辖。1956 年 3 月属第四区雷公乡辖。1956 年 4 月属第五指导小组雷公乡辖。1958 年 9 月，许棚大队属英雄人民公社雷公管理区辖。1958 年 12 月属雷公人民公社白兆管理区辖。1961 年 4 月属雷公区白兆人民公社辖。1975 年 2 月为雷公人民公社白兆管理区辖。1984 年 1 月，许棚村属雷公区雷公镇辖。1987 年 10 月，许棚村村民委员会属雷公镇辖。沿用至今。

该村位于镇政府西北部，距镇政府所在地 1.5 千米。东接九峰村，西邻陡坡村，南连彭桥村，北靠万福村。辖区总面积约 4 平方千米，2014 年年末，共有村民 347 户，1074 人。由白屋塆、许家大塆、万家大塆、许家棚子、夏家洼、徐家塆、孙家塆、易家塆 8 个自然塆组成。耕地面积约 0.49 平方千米。主要农作物为：水稻、小麦、油菜，村内主要驻区单位有许棚村村民委员会，村民委员会共有员工 5 名。

白屋塆[Bái wū wān]　“白屋”指当地特色，因当地居民的房屋墙都刷成白色而命名。该居民点位于许棚村西南部，距村委会所在地 0.5 千米。聚落呈条状分布。东接彦家塆，西邻许家大塆，南连徐家塆，北靠雷公公路。总面积约 0.02 平方千米，居民主要民族为汉族。2014 年年末，共有村民 9 户，40 人。耕地面积约 0.013 平方千米，主要农作物为小麦、水稻，主要经济来源以外地务工为主。

许家大塆[Xǔ jiā dà wān]　以姓氏命名。相传明朝初期，许姓居民由麻城过籍而来，后不断发展，人丁兴旺，故名。该居民点位于许棚村西南部，呈条状分布。东接白屋塆，西邻许家庙茶场，南连徐家塆，北靠许家棚子。总面积约 0.04 平方千米，居民主要姓氏为许姓，主要民族为汉族。共有村民 16 户，80 人。耕地面积约 0.032 平方千米，主要农作物为小麦、水稻、油菜，主要经济来源以外地务工为主。

万家大塆[Wàn jiā dà wān]　曾用名：万家塆。以姓氏命名，相传明朝初期，万姓居民由麻城过籍而来，后不断发展，人丁兴旺，故名。居民点位于许棚村南部，呈条状分布。东接九峰村张家塆，南连彭桥村程家凹子，西邻横冲村新屋塆，北靠徐家塆。总面积约 0.046 平方千米，居民主要姓氏为万姓，主要民族为汉族。2014 年年末，共有村民 23 户，85 人。耕地面积约 0.033 平方千米，主要农作物为小麦、水稻、油菜，主要经济来源以外地务工为主。

许家棚子[Xǔ jiā péng zǐ]　“许家”指许姓居民，以姓氏命名，相传明初时许姓人来此，搭棚居住，故名。居民点位于许棚村西部，呈条状分布。东接九峰村桥上塆，西邻喻家塆，南连许家塆，北靠何家塆。总面积约 0.026 平方千米，居民主要姓氏为许姓，主要民族为汉族。2014 年年末，共有村民 11 户，40 人。耕地面积约 0.02 平方千米，主要农作物为小麦、水稻、油菜，主要经济来源以外地务工为主。

夏家洼[Xià jiā wā] 曾用名：夏家凹。以姓氏命名。清朝年间，此处只有两户夏姓居民，前后是山，夏姓居民前后出过几位秀才，人丁兴旺，后不断壮大，故名。居民点位于许棚村北部，呈条状分布。东接九峰村蒋家凹，西邻朱家巷子，南连喻家塆，北靠何家凹。总面积约 0.026 平方千米，居民主要姓氏为夏姓，主要民族为汉族。2014 年年末，共有村民 11 户，50 人。耕地面积约 0.02 平方千米，主要农作物为小麦、水稻、油菜，主要经济来源以外地务工为主。

徐家塆[Xú jiā wān] 以姓氏命名。清朝年间，以徐姓为主在此居住，人丁兴旺，故名。居民点位于许棚村南部，呈条状分布。东接九峰村彦家塆，西邻横冲村新屋塆，南连万家大塆，北靠白屋塆。总面积约 0.019 平方千米，居民主要姓氏为徐姓，主要民族为汉族。2014 年年末，共有村民 10 户，35 人。耕地面积约 0.013 平方千米，主要农作物为小麦、水稻、油菜，主要经济来源以外地务工为主。

孙家塆[Sūn jiā wān] 以姓氏命名，相传明初孙姓人到此居住，繁衍成塆后故名。居民点位于许棚村西部，呈条状分布。东接喻家塆，西邻易家塆，南连横冲村范家独屋，北靠朱家巷子。总面积约 0.033 平方千米，居民主要姓氏为孙姓，主要民族为汉族。2014 年年末，共有村民 11 户，45 人。耕地面积约 0.026 平方千米，主要农作物为小麦、水稻、油菜，主要经济来源以外地务工为主。

易家塆[Yì jiā wān] 曾用名：易家纸棚。以姓氏命名。清朝年间，易姓居民除耕种以外，利用空余时间制造土纸补贴家用，故名。居民点位于许棚村西部，呈条状分布。东接孙家塆，西邻陡坡村，南连横冲村范家独屋，北靠陡坡村姚塆。总面积约 0.03 平方千米，居民主要姓氏为易姓，主要民族为汉族。2014 年年末，共有村民 9 户，45 人。耕地面积约 0.026 平方千米，主要农作物为小麦、水稻、油菜，主要经济来源以外地务工为主。

八、祖寺村[Zǔsì Cūn]

清朝初期，当地建有一座寺庙为“祖寺庙”，故名。民国时期属六合乡、棲碧乡辖。1949 年 10 月属王店区辖。1952 年 10 月属第四区组寺乡辖。1954 年 8 月后祖寺并入柏桥，属雷公区柏桥乡辖。1956 年 3 月属雷公区六合乡辖。1956 年 4 月属第五指导小组六合乡辖。1958 年 9 月属英雄人民公社六合管理区辖。1961 年 4 月，组寺大队属雷公区六合人民公社辖。1975 年 2 月属雷公人民公社六合管理区辖。1984 年 1 月雷公区六合乡辖。1987 年 3 月后属双河镇辖。2001 年 4 月后并入雷公镇，祖寺村村民委员会属雷公镇管辖，沿用至今。

该村位于镇政府西北部，距镇政府所在地 1.5 千米。东接柏树村，西邻王义贞镇同兴村，南连庙岗村，北靠王义贞镇黄金村。占地面总积约 1.34 平方千米，2014 年年末，共有村民 347 户，1380 人。耕地面积约 0.9 平方千米。由陈家塆、雷家塆、刘家塆、涂家坡、王家畈、祖寺庙 6 个自然塆组成。地理特征为平原、丘陵，主要山峰有黄金寨，主要河流有兔子坡水库、下游河流。在职工作人员 5 名，主要种植小麦、水稻。

雷家塆[Léi jiā wān] “雷家”指雷姓居民，以姓氏命名。因雷氏祖辈在清朝年间由今木梓乡雷畈村雷家河迁居此地，繁衍生息，渐成村落，故名。居民点位于祖寺村西南部，呈条状分布。东接本村三组四组，西邻陈家塆，南连庙岗村徐家畈，北靠刘家塆。总面积约 0. 1 平方千米，居民主要姓氏为雷姓，主要民族为汉族。2014 年年末，共有村民 43 户，189 人。耕地面积约 0. 055 平方千米，主要农作物为小麦、水稻，主要经济来源以外地务工为主。

陈家塆[Chén jiā wān] 以姓氏命名。清康熙年间，陈姓兄弟由麻城迁移此地，繁衍生息，渐成村落，故名。居民点位于祖寺村西北部，呈条状分布。东接雷家塆，西邻王义贞同兴村张家塆，南连祖寺庙，北靠王义贞镇同兴村陈家凹子。总面积约 0. 3 平方千米，居民主要姓氏为陈姓，主要民族为汉族。共有村民 79 户，282 人。耕地面积约 0. 13 平方千米，主要农作物为小麦、水稻，主要经济来源以外地务工为主。

刘家塆[Liú jiā wān] 以姓氏命名。清康熙年间，刘氏祖辈由麻城过籍迁移此地，繁衍生息，渐形成村落，故名。居民点位于祖寺村北部，呈条状分布。东接柏桥村李家坡，西邻陈家塆，南连雷家塆，北靠王义贞镇同兴村余家凹子。总面积约 0. 23 平方千米，居民主要姓氏为刘姓，主要民族为汉族。共有村民 65 户，259 人。耕地面积约 0. 1 平方千米，主要农作物为小麦、水稻，主要经济来源以外地务工为主。

祖寺庙[Zǔ sì miào] “祖寺庙”指当地建筑物。以建筑物名称命名。居民点位于祖寺村南部，呈条状分布。东接本村五组，西邻王义贞镇同兴村甘家塆，南连涂家坡，北靠王家畈。总面积约 0. 9 平方千米，居民主要民族为汉族。共有村民 41 户，178 人。耕地面积约 0. 17 平方千米，主要农作物为小麦、水稻，主要经济来源以外地务工为主。

王家畈[Wáng jiā fàn] 以姓氏命名。清康熙年间，王氏先祖由麻城过籍此地，繁衍生息，渐形成村落，故名。居民点位于祖寺村东部，呈条状分布。东接柏桥村周家塆，西邻雷家塆，南连祖寺庙，北靠王义贞镇黄金村黄金寨。总面积约 0. 3 平方千米，居民主要姓氏为王姓，主要民族为汉族。共有村民 83 户，336 人。耕地面积约 0. 14 平方千米，主要农作物为小麦、水稻，主要经济来源以外地务工为主。

涂家坡[Tú jiā pō] 以姓氏命名。清康熙年间，涂姓先祖由麻城过籍迁移此地，住房建在一座山坡上，繁衍生息，渐形成村落，故名。居民点位于祖寺村东南部，呈条状分布。东接柏桥村周家塆，西邻庙岗村徐家畈，南连庙岗村下涂家坡，北靠王家畈。总面积约 0. 18 平方千米，居民主要姓氏为涂姓，主要民族为汉族。2014 年年末，共有村民 36 户，156 人。耕地面积约 0. 09 平方千米，主要农作物为小麦、水稻，主要经济来源以外地务工为主。

九、汤杨村[Tāngyáng Cūn]

曾用名：汤杨大队。清末时期属雷公庙会辖。民国时期属石门乡，六合乡管辖。中华人民共和国成立初期属第四六合乡管辖。1954 年 8 月后属雷公区六合乡辖。1958 年 9 月后为英雄人民公社六合乡辖。1958 年 12 月属雷公人民公社六合管理区辖。1961 年 4 月属雷公区六合人民公社管理。1975 年 2 月属雷公人民公社六合管理区管辖。1984 年 1 月属雷公区六合乡辖。1987 年 10 月后属双河镇辖。2001 年 4 月后并入雷公镇，为雷公镇管辖，沿用至今。

该村民委员会位于雷公镇西南边，距镇政府所在地 14 千米。东接白鹤村，西邻双河村，南连京山县罗店镇刘程庙村，北靠马庙村。辖区总面积约 1.67 平方千米，截至 2014 年年底，该村共有 7 个自然塆：汤家塆、邹家咀子、菜园独屋、肖家洼子、上杨家塆、马家塆、上立林岗。共有居民 236 户，共 1032 人，耕地面积约 1.19 平方千米，主要农作物为水稻、小麦、油菜。主要驻区单位有汤阳村村民委员会，村民委员会有职工 4 人，村委会办公室地址设在汤阳村。

上栗林岗[Shàng lì lín gǎng]　“上”指方位，“栗林”指板栗树林，“岗”指山冈。相传明洪武年间汤姓先祖从麻城过籍迁入此地定居。因该居民点旁的山上种了很多栗子树而得名。该居民点位于汤杨村东部，距村委会所在地 1.2 千米。居民点呈条状分布，东接肖家凹子，西邻菜园独屋，南连京山县罗店镇大山头村下栗林岗，北靠上杨家塆。总面积约 0.082 平方千米，居民民族主要为汉族。共有村民 11 户，60 人。耕地面积约 0.06 平方千米，主要农作物为小麦、水稻、油菜，主要经济来源以外地务工为主。

汤家塆[Tāng jiā wān]　以姓氏命名。明朝初期先为殷家塆，明末因疫病殷家没落，由汤氏家族一支分系在此居住，故取名汤家塆。居民点位于汤杨村东北部，呈条状分布。东接白鹤村下刘家塆，西邻双河村龚家塆，南连邹家咀，北靠马家塆。总面积约 0.37 平方千米，居民姓氏主要为汤姓，主要民族为汉族。2014 年年末，共有居民 38 户，205 人，耕地面积约 0.22 平方千米，主要农作物为小麦、水稻、油菜，主要经济来源以外地务工为主。

邹家咀子[Zōu jiā zuǐ zǐ]　曾用名：邹家咀。“邹家”指邹姓居民，“咀子”指形状像“嘴”谐音咀。相传清康熙年间，邹姓先祖由麻城过籍迁移此地，住房建在一座山坡上，形如鹤咀，后繁衍成村落，故名。居民点位于汤杨村东北部，呈条状分布。东接白鹤村刘家凹子，西邻双河村沟子塆，南连双合店，北靠汤家塆。总面积约 0.4 平方千米，居民主要姓氏为邹姓，主要民族为汉族。2014 年年末，共有村民 58 户，181 人，耕地面积 0.29 平方千米，主要农作物为小麦、水稻、油菜，主要经济来源以外地务工为主。

菜园独屋[Cài yuán dú wū]　“菜园”指居民种菜的地方，“独屋”指人口少、房屋少的村庄。相传明初时一户人家居住，以种植蔬菜为生，故名。居民点位于汤杨村北部，呈条状分布。东接白鹤村张家塆，西邻邹家咀子，南连上栗林岗，北靠白鹤村刘家凹子。总面积约 0.25 平方千米，居民主要民族为汉族。2014 年年末，共有村民 88 户，355 人，耕地面积 0.18 平方千米，主要农作物为小麦、水稻、油菜，主要经济来源以外地务工为主。

肖家洼子[Xiāo jiā wā zǐ]　用名：肖家凹子。“肖家”指肖姓居民，相传明初时，肖姓先祖由麻城过籍迁移此地，住房建在一座山坡下，地势低洼，后繁衍成村落，故名。居民点位于汤杨村北部，呈条状分布。东接上杨家塆，西邻双河村龚家塆，南连汤家塆，北靠马庙村拱桥塆。总面积约 0.28 平方千米，村民主要姓氏为肖姓，主要民族为汉族。2014 年年末，共有村民 21 户，120 人，耕地面积约 0.19 平方千米，主要农作物为小麦、水稻、油菜，主要经济来源以外地务工为主。

上杨家塆[Shàng yáng jiā wān]　“上”指方位，“杨家”指杨姓居民，以姓氏和地理位置综合命名。是杨氏家族一支分系，始祖为杨明新在此居住，因当时杨氏人丁兴旺，故名“上杨家塆”。因当地为杨姓聚居地，且居住在该村最上头而得名。居民点位于汤杨村东北部，呈条状分布。东接白鹤村孙家独屋，西邻肖家洼子，南连汤家塆，北靠马庙村王家独屋。总面积约 0.37 平方千米，居民主要姓氏为杨姓，主要民族为汉族。2014 年年末，共有村民 31 户，165 人，耕地面积约 0.22 平方千米，主要农作物为小麦、水稻、油菜，主要经济来源以外地务工为主。

马家塆[Mǎ jiā wān]　“马家”指马姓居民。相传清朝初期，马氏文举人由麻城筷子街迁居此地，故名。居民点位于汤杨村西北部，呈条状分布。东接白鹤村下刘家塆，西邻肖家凹子，南连汤家塆，北靠马庙村拱桥塆。总面积约 1.284 平方千米，居民主要姓氏为马姓，主要民族为汉族。2014 年年末，共有村民 40 户，132 人。耕地面积约 0.145 平方千米，主要农作物为小麦、水稻，主要经济来源以外地务工为主。

十、万福村[Wànfú Cūn]

曾用名：万福大队。晚清时期属“雷公庙会”。民国属碧山乡(西六乡)辖。中华人民共和国成立初属安陆县第三区，棲碧乡辖。中华人民共和国成立初属第四区望河乡辖。1954 年 8 月后属雷公区雷公乡辖。1956 年 3 月属第四区雷公乡辖，4 月属第五指导小组雷公乡辖。1958 年 9 月属英雄人民公社万福大队辖。1958 年 12 月属雷公人民公社白兆管理区。1961 年 4 月为雷公区白兆人民公社辖。1975 年 2 月为雷公人民公社白兆管理区万福大队辖。1984 年 1 月为雷公区雷公镇辖。1987 年 10 月后为雷公镇望河管理区万福村辖。

该村位于镇政府北部，距镇政府所在地 4.5 千米。东接烟店镇双岭村，西邻望河村，南连陡坡村，北靠孛畈镇二岭村。辖区总面积约 3.21 平方千米。2015 年 10 月，全村共有 10 个自然塆：张家咀，刺林，喻家凹，桥上，中家塆，郭家塆，杨家塆，余家塆，周家塆，王家塆。常住居民有 153 户，共 922 人，耕地面积约 0.2 平方千米，山林面积 3.01 平方千米，主要农作物有水稻和小麦、油菜。主要驻区单位有万福村村民委员会，村委会办公室地址设在北部山区。

周家塆[Zhōu jiā wān]　曾用名：周家凹。清康熙年间周姓先祖从四川万县迁入到此定居，繁衍生息，故取名“周家塆”。居民点位于万福村西南部，呈条状分布。东接余家塆，西隔陡坡水库与望河村周家凹相望，南隔陡坡水库与陡坡村聂家塆相望，北靠望河村下何家塆。总面积约 0.053 平方千米，主要姓氏为周姓，主要民族为汉族。2014 年年末，共有村民 30 户，120 人。耕地面积约 0.04 平方千米，主要农作物为小麦、水稻、油菜，主要经济来源以外地务工为主。

张家咀[Zhāng jiā zuǐ]　以姓氏命名。民国时期，有一张姓居民在此居住，繁衍生息，形成聚落，而得名。居民点位于万福村东北部，呈条状分布。东接烟店镇双岭村小岭坡，西邻刺林塆，南连中家塆，北靠沟堤凹。总面积约 0.02 平方千米，居民主要姓氏为张姓，主要民族为汉族。2014 年年末，共有村民 15 户，共 60 人。耕地面积约 0.013 平方千米，主要农作物为小麦、水稻、油菜，主要经济来源以外地务工为主。

刺林[Cì lín]　“刺”指荆棘，“林”指树木。以地理实体特征命名。相传明洪武年间从“麻城过籍”迁入。因当地位于山区，山林里长有很多荆棘而得名。居民点位于万福村北部，呈条状分布。东接烟店镇双岭村蔡家凹，西邻望河村学堂塆，南连王家塆，北靠中家塆。总面积约 0.02 平方千米。居民主要民族为汉族。2014 年年末，共有村民 14 户，55 人。耕地面积约 0.012 平方千米，主要农作物为小麦、水稻、油菜，主要经济来源以外地务工为主。

喻家凹[Yù jiā wā]　“喻家”是指喻姓居民，“凹”是指地势不平整的地方。以居民姓氏命名。相传明洪武年间从“麻城过籍”迁入此地定居，繁衍生息，渐成喻姓聚落，而得名“喻家塆”。因当地为喻姓聚居地，且居住地势不平整为一个山凹而得名。

居民点位于万福村中部，呈条状分布。东接烟店镇双岭村杨家凹，西邻郭家塆，南连万家咀子，北靠刺林。全塆有 10 户，共 40 人，主要以喻姓为主，均为汉族。总面积 0.014 平方千米，其中有耕地面积 0.009 平方千米，主要农作物为小麦、水稻、油菜，主要经济来源以外地务工为主。

桥上[Qiáo shàng]　“桥上”指雷公至云岭村级公路桥的一侧。以地理位置命名。因该居民点位于雷公至云岭村级公路桥的一侧，而得名。居民点位于万福村东南部，呈条状分布。东接许棚村张家冲，西邻杨家塆，南连余家塆，北靠万家咀子。总面积约 0.018 平方千米，居民主要民族为汉族。共有村民 15 户，60 人。耕地面积约 0.004 平方千米，主要农作物为小麦、水稻、油菜，主要经济来源以外地务工为主。

中家塆[Zhōng jiā wān]　“中家”指该居民点处于两山中心位置。相传明洪武年间从“麻城过籍”迁入此地定居，因当地处于两座山中间而命名。居民点位于万福村北部，呈条状分布。东接烟店镇双岭村杨家凹，南连刺林，西邻望河村学堂塆，北靠张家咀。总面积约 0.02 平方千米，居民主要民族为汉族。共有村民 10 户，40 人。耕地面积约 0.0134 平方千米，主要农作物为小麦、水稻、油菜，主要经济来源以外地务工为主。

郭家塆[Guō jiā wān]　以姓氏命名。民国时期郭氏居民由三里岗迁居到此地，后取名“郭家塆”。居民点位于万福村西北部，呈条状分布。东接喻家塆，西邻望河村上何家塆，南连杨家塆，北靠王家塆，总面积约 0.067 平方千米，居民主要姓氏为郭姓，主要民族为汉族。2014 年年末，共有村民 20 户，80 人。耕地面积约 0.0268 平方千米，主要农作物为小麦、水稻、油菜，主要经济来源以外地务工为主。

杨家塆[Yáng jiā wān]　以姓氏命名。相传明洪武年间，杨姓人从“麻城过籍”迁入此地定居，繁衍成塆后得名。居民点位于万福村西部，呈条状分布。东接桥上，西邻望河村下何家塆，南连老家凹子，北靠何家塆。总面积约 0.05 平方千米，居民主要姓氏为杨姓，主要民族为汉族。2014 年年末，共有村民 30 户，50 人。耕地面积约 0.03 平方千米，主要农作物为小麦、水稻、油菜，主要经济来源以外地务工为主。

余家塆[Yú jiā wān]　以姓氏命名。相传明洪武年间，余姓人从“麻城过籍”迁入此地定居，繁衍成塆后得名。居民点位于万福村南部，呈条状分布。东接许棚村张家冲，西邻周家凹，南连陡坡村侯家凹，北靠桥上。总面积约 0.053 平方千米，居民主要姓氏为余姓，主要民族为汉族。2014 年年末，共有村民 30 户，150 人。耕地面积约 0.046 平方千米，主要农作物为小麦、水稻、油菜，主要经济来源以外地务工为主。

王家塆[Wáng jiā wān]　以姓氏命名。清初期，王氏家族由府城迁居到此。居民点位于万福村北部，呈条状分布。东接烟店镇双岭村杨家凹，西邻望河村徐家塝，南连郭家塆，北靠刺林。总面积约 0.014 平方千米，居民主要姓氏为王姓，主要民族为汉族。2014 年年末，共有村民 10 户，40 人。耕地面积约 0.01 平方千米，主要农作物为小麦、水稻、油菜，主要经济来源以外地务工为主。

十一、王祠村[Wángcí Cūn]

“王祠村”指王姓居民所修建的祠堂。晚清时期属“雷公庙会”辖。民国时期属碧山乡辖。中华人民共和国成立初属王店区第四区雷公乡辖。1954年8月属雷公区辖。1958年9月后属英雄人民公社白兆管理区辖。1958年12月属雷公人民公社辖。1961年4月属雷公区白兆人民公社辖。1966年9月为建新区白兆人民公社辖。1975年2月为雷公人民公社白兆管理区辖。1984年1月起，属雷公区雷公镇辖。

该村位于雷公镇东部，距政府所在地1千米。居民点面积约4平方千米，东接杜棚村，西邻居委会，南连木梓乡杜垱村，北靠九峰村。截至2015年10月，全村共有6个自然塆：王家小塆、王家大塆、中王家塆、梅家塆、张家塆、杨家塆。常住居民有210户、690人，耕地面积约2.64平方千米，主要农作物为水稻、小麦、油菜。

王家小塆[Wáng jiā xiǎo wān]　“王家”指王姓居民，“小”指居民少、面积小。以姓氏命名。明始祖洪武二年从江西至麻城，始祖王臣在此落籍，有三个儿子，分别称长房、二房、幺房，王家小塆属老二房的一支分支，王姓居民较少，后地方人称王家小塆，此名一直沿用至今。居民点位于王祠村北部，呈块状分布。面积约0.4平方千米，东接窑岗塆，西邻王家大塆，南连王家大塆，北靠蔡家塆。共有居民15户、60人，主要以王姓为主，主要为汉族。耕地面积约0.29平方千米，主要农作物为小麦、水稻、油菜，主要经济来源以外地务工为主。

王家大塆[Wáng jiā dà wān]　“王家”指王姓居民，“大”指人口多、面积大，以姓氏命名。又名“王家草塘”，明始祖洪武二年从江西至麻城，始祖王臣在此落籍，有三个儿子，分别称长房、二房、幺房，王家大塆属老二房，始祖王臣葬在现在的罗果坟园，王姓居民居多，人称王家草塘，后地方人称王家大塆，此名一直沿用至今。居民点位于王祠村北部，呈块状分布。居民点面积约0.9平方千米，东接王家小塆，西邻李家塆，南连安京公路，北靠中王家塆。全塆主要以王姓为主，主要为汉族。共有居民50户、160人，耕地面积约0.63平方千米，主要农作物为小麦、水稻、油菜，主要经济来源以外地务工为主。

中王家塆[Zhōng wáng jiā wān]　曾用名：祠堂塆。“中”指位于王家大塆和王家小塆中间，“王家”指王姓居民，“塆”指村庄。以居民姓氏命名。明始祖洪武二年从江西至麻城，始祖王臣在此落籍，有三个儿子，分别称长房、二房、幺房，中王家塆是幺房的一支分支，在王家大塆和王家小塆之间，因此地曾建有祠堂，又名“祠堂塆”，后改为“中王家塆”。居民点位于王祠村北部，呈块状分布。居民点面积约0.7平方千米，东接蔡家塆，西邻居委会桥子塆，南连王家大塆，北靠梅家塆。全塆主要以王姓为主，主要为汉族。共有居民48户、150人，耕地面积约0.54平方千米，主要农作物为小麦、水稻、油菜，主要经济来源以外地务工为主。

梅家塆[Méi jiā wān]　以姓氏命名。又名老榨塆，自清朝末年，有梅姓人家在此定居，并从事榨坊作业，方圆数里都在此榨油，故而得名。居民点位于王祠村北部，呈块状分布。居民点面积约 1.1 平方千米，东接杨家塆，西邻许棚村张家塆，南靠中王家塆，北靠张家塆，北靠曹程村山冈。全塆主要以梅姓为主，主要为汉族。共有居民 45 户、165 人，耕地面积约 0.76 平方千米，主要农作物为小麦、水稻、油菜，主要经济来源以外地务工为主。

张家塆[Zhāng jiā wān]　以姓氏命名。明初期从"麻城过籍"迁入，张姓居民在此定居，而得名。居民点位于王祠村北部，聚落呈块状分布。居民点面积约 0.9 平方千米，东接梅家塆，西邻九峰村王家塆，南连李家塆，北靠九峰村王家大塘。主要以张姓为主，主要为汉族。共有居民 42 户、155 人，耕地面积约 0.63 平方千米，主要农作物为小麦、水稻、油菜，主要经济来源以外地务工为主。

杨家塆[Yáng jiā wān]　以姓氏命名。明初期从"麻城过籍"迁入，有一杨姓居民在此居住，人丁兴旺，人称"杨家塆"。居民点位于王祠村东部，呈块状分布。居民点面积约 0.54 平方千米，东接曹程村邓家塆，西邻梅家塆，北靠曹程村侯家塆。主要以杨姓为主，主要为汉族。共有居民 15 户、45 人，耕地面积约 0.46 平方千米，主要农作物为小麦、水稻、油菜，主要经济来源以外地务工为主。

十二、王畈村[Wángfàn Cūn]

"王畈村"是指王畈村居民点，明洪武年间从"麻城过籍"迁入到此定居。民国时期属石门乡辖。1949 年 10 月属王店区辖。1952 年 10 月属第四区双河乡辖。1954 年 8 月属雷公区双河乡辖。1958 年 9 月后为雷公镇六合人民公社王畈大队。1987 年 10 月后为双河镇王畈村。2001 年 4 月后并入雷公镇。

该村位于镇政府西南 8 千米处。东接六合村，西邻京山县九里村，南连张畈村，北靠王台村。辖区总面积约 1.65 平方千米，截至 2015 年 9 月，辖区内共有 8 个自然塆：殷家塆、徐家塆、许家坡、王家畈、高家塆、王家巷子、董家塆、谭家塆。共有村民 240 户，1070 人，耕地面积约 1.139 平方千米，以种植水稻、小麦为主，村内主要驻区单位有王畈村村民委员会。村委会办公地址设在许家坡。

殷家塆[Yīn jiā wān]　清朝中期殷姓居民在此定居，后又有居民从随州迁入到此，形成村落，因殷姓居多而取名"殷家塆"。居民点位于王畈村南部，呈条状分布。东接张畈村刘家坡，西邻谭家塆，南连张畈村谭家塆，北靠徐家塆。总面积约 1.54 平方千米，居民主要姓氏为殷姓，主要民族为汉族。共有村民 32 户，165 人。耕地面积约 0.154 平方千米，主要农作物为小麦、水稻、油菜，主要经济来源以外地务工为主。

徐家塆[Xú jiā wān]　以姓氏命名。明朝初年从"麻城过籍"迁入，繁衍生息，人口增多，渐成徐姓居住地，而得名。居民点位于王畈村南部，呈条状分布。东接董家塆，西邻许家坡，南连殷家塆，北靠李家塆。总面积约 1.51 平方千米，居民主要姓氏为徐姓，主要民族为汉族。2014 年年末，共有村民 36 户，154 人。耕地面积约 0.151 平方千米，主要农作物为小麦、水稻、油菜，主要经济来源以外地务工为主。

许家坡[Xǔ jiā pō]　以姓氏及地理特征综合命名。明朝初年从"麻城过籍"迁入此地落籍，在一山脚下建房居住，因许姓居多而得名。居民点位于王畈村南部，呈条状分布。东接徐家塆，西邻下王家畈，南连殷家塆，北靠李家塆。总面积约 1.66 平方千米，居民主要姓氏为许姓，主要民族为汉族。2014 年年末，共有村民 26 户，115 人。耕地面积约 0.17 平方千米，主要农作物为小麦、水稻、油菜，主要经济来源以外地务工为主。

王家畈[Wáng jiā fàn]　“王家”指王姓居民，“畈”指农田。以姓氏命名。因当地为王姓聚居地且都建房居住在农田间而命名。居民点位于王畈村西部，呈条状分布。东接许家坡，西邻王义贞镇石塘村十口塘，南连殷家塆，北靠王义贞镇星火村蔡家凹。总面积约 2.42 平方千米，居民主要姓氏为王姓，主要民族为汉族。共有村民 43 户，195 人。耕地面积约 0.243 平方千米，主要农作物为小麦、水稻、油菜，主要经济来源以外地务工为主。

高家塆[Gāo jiā wān]　以姓氏命名。民国时期高姓居民从河南逃荒到此落籍，后高姓人口发展，又有何、李、王、代四姓居民迁入此地，形成村落，因高姓人口居多，而得名“高家塆”。居民点位于王畈村东北部，呈条状分布。东接王台村杨家塆，西邻王义贞镇星火村周家独屋，南连董家塆，北靠王台村林家塆。总面积约 1.15 平方千米，居民主要姓氏为高姓，主要民族为汉族。共有村民 33 户，168 人。耕地面积约 0.115 平方千米，主要农作物为小麦、水稻、油菜，主要经济来源以外地务工为主。

王家巷子[Wáng jiā xiàng zǐ]　以姓氏命名。明洪武年间，王姓居民从“麻城过籍”迁入到此地定居。住房渐成门对门、户对户的胡同形状，故称巷子。又因王姓居民居多，故名“王家巷”。居民点位于王畈村西北部，呈条状分布. 东接上王家畈，西邻王义贞镇石塘村赵家塆，南连上王家畈，北靠王义贞星火村蔡家凹。总面积约 0.32 平方千米，居民主要姓氏为王姓，主要民族为汉族。共有村民 35 户，200 人。耕地面积约 0.18 平方千米，主要农作物为小麦、水稻、油菜，主要经济来源以外地务工为主。

董家塆[Dǒng jiā wān]　以姓氏命名。民国时期，一董姓居民由随州逃荒到此地落籍，其后人口增多，渐成村落，故名“董家塆”。居民点位于王畈村东部，呈条状分布。东接徐家塆，西邻六合村许家营，南连张畈村刘家坡，北靠高家塆。总面积约 0.16 平方千米，居民姓氏主要为董姓，主要民族为汉族。共有村民 17 户，145 人。耕地面积约 0.1 平方千米，主要农作物为小麦、水稻、油菜，主要经济来源以外地务工为主。

谭家塆[Tán jiā wān]　曾用名：谭家坡。“谭家”指谭姓居民。新中国成立初期，一谭姓居民迁入此地定居，因地处山坡边，故取名谭家坡，后渐改名谭家塆。居民点位于王畈村南部，呈条状分布。东接殷家塆，西邻京山县罗店镇六合村六屋台，南连张畈村谭家塝，北靠王家畈。总面积约 0.085 平方千米，居民主要姓氏为谭姓，主要民族为汉族。共有村民 14 户，70 人，耕地面积约 0.07 平方千米，主要农作物为小麦、水稻、油菜，主要经济来源以外地务工为主。

十三、王台村[Wángtái Cūn]

民国时期属六合乡辖。1949 年 10 月属王店区辖。1952 年 10 月属第四区六合乡辖。1954 年 8 月后为雷公区六合乡六合村辖。1956 年 3 月属第四区六合乡六合辖。1956 年 4 月属第五指导小组六合乡六合村辖。1958 年 9 月后的人民公社时代，属雷公人民公社六合人民公社六合大队辖。1958 年 12 月属雷公人民公社六合管理区六合大队辖。1961 年 4 月属雷公区六合人民公社六合大队辖。1975 年 2 月属雷公人民公社六合管理区六合大队辖。王台大队 1980 年从六合大队分出，隶属关系未变。1984 年 1 月王台村属雷公区六合乡辖。1987 年 3 月王台村属双河镇辖。2001 年 4 月并入雷公镇，属雷公镇王台村村民委员会，沿用至今。

该村位于镇政府西部。距镇政府 6 千米。东接六合村，西邻王畈村，南连六合村，北靠庙岗村。辖区内总面积约 2. 86 平方千米，截至 2015 年 4 月，辖区内共设有 6 个自然塆：王家台子、荒冲、陈家坡、杨家塆、林家塆、杨树墩。共有村民 274 户，1045 人，耕地面积约 0. 7 平方千米，主要农作物有水稻和小麦、油菜。该村主要驻区单位有王台村村民委员会，村委会办公地址设在王台村，在职员工 2 名。

王家台子[Wáng jiā tái zǐ]　以姓氏及地理实体形态命名。清初期王姓第二十代先祖王庆裕从河南迁到六合店定居，与今六合村同居一地。1980 年从六合大队分出设王台大队。因聚居地周围低，中间高，形似一个台子而得名。居民点位于王台村西南部，呈块状分布。东接陈家坡，西邻林家塆，南连王家塆，北靠庙岗村军畈。总面积约 0. 75 平方千米，共有村民 69 户，282 人。居民主要姓氏为王姓，主要民族为汉族。耕地面积约 0. 43 平方千米，主要农作物为小麦、水稻、油菜，主要经济来源以外地务工为主。

荒冲[Huāng chōng]　因当地早期十年九旱，一片荒凉的景象而命名。明洪武年间，简氏第二十四代先祖简道云从京山宋河天子岗迁入。居民点位于王台村东部，呈块状分布。东接阮家凹子，西邻杨家墩，南连六合村六合店，北靠栗树塆。总面积约 0. 76 平方千米，所住居民均为汉族。2014 年年末，共有村民 59 户，219 人，耕地面积约 0. 54 平方千米，主要农作物为小麦、水稻、油菜，主要经济来源以外地务工为主。

陈家坡[Chén jiā pō]　“陈家”指陈姓居民，“坡”指对坡度平缓的山地的俗称。以居民姓氏及地理特征综合命名，清晚期，陈姓居民陈光旺从今雷公镇魏桥陈马塆迁入到此地定居，房屋依山而建，后形成村落，因当地陈姓居民居多而得名。居民点位于王台村南部，呈块状分布。东接荒冲，西邻高家塆，南连栗树塆，北靠杨家墩。全塆有 32 户，共 127 人，主要以陈姓为主，均为汉族。总面积 0. 45 平方千米，其中有耕地面积 0. 13 平方千米，主要农作物为小麦、水稻、油菜，主要经济来源以外地务工为主。

杨家塆[Yáng jiā wān]　相传明初时杨姓人由江西麻城迁入，繁衍成塆后得名。居民点位于王台村南部，呈块状分布。东接魏桥村魏家塆，西邻王家台子，南连陈家坡，北靠庙岗村沙河。总面积约 0. 5 平方千米，共有村民 41 户，156 人。居民主要姓氏为杨姓，主要民族为汉族。耕地面积约 0. 23 平方千米，主要农作物为小麦、水稻、油菜，主要经济来源以外地务工为主。

林家塆[Lín jiā wān]　以姓氏命名。清晚期，林姓居民逃难到此定居，后王、李、龚姓居民迁入，形成村落，因林姓居民较多，故名“林家塆”。居民点位于王台村西部，呈块状分布。东接王家台子，西邻王义贞镇星火村蔡家凹，南连王畈村高家塆，北靠庙岗村庙岗。总面积约 0. 45 平方千米，共有村民 32 户，127 人。居民主要姓氏为林姓，主要民族为汉族。耕地面积约 0. 2 平方千米，主要农作物为小麦、水稻、油菜，主要经济来源以外地务工为主。

杨树塆[Yáng shù wān]　以姓氏命名。清朝中期，杨姓先祖杨天福从应城杨河迁入到此定居，其后人口发展，渐成杨姓聚落，后又有聂、刘、赵姓居民迁到此处，又因此地长了许多树木，故名“杨树塆”。居民点位于王台村南部，呈块状分布。东接栗树塆，西邻王畈村王家巷子，南连六合村董家塆，北靠陈家坡。总面积约0.11平方千米，共有村民30户，150人。居民主要民族为汉族。耕地面积约0.07平方千米，主要农作物为小麦、水稻、油菜，主要经济来源以外地务工为主。

十四、王榨村[Wángzhà Cūn]

清末时期属“雷公庙会”。民国属碧山乡(西六乡)辖。1949年10月属王店区雷公乡辖，新中国成立初属安陆县第三区，棲碧乡辖。新中国成立初属第四区望河乡辖。1954年8月后属雷公区雷公乡辖。1956年3月属第四区雷公乡辖，4月属第五指导小组雷公乡辖。1958年9月属英雄人民公社九峰大队辖。1958年12月属雷公人民公社白兆管理区。1961年4月为雷公区白兆人民公社辖。1966年9月雷公改名建新，属建新区白兆人民公社辖。1975年2月为雷公人民公社白兆管理区九峰大队辖。1984年1月为雷公区雷公镇九峰村辖。1987年10月后为雷公镇辖。1991年3月从九峰村分出增设王榨村。

该村民委员会位于镇政府北部，距镇政府所在地0.5千米。东接王祠村，西邻许棚村，南连居委会，北靠九峰村。辖区总面积约3.8平方千米，截至2015年10月，辖区内共设有8个自然塆：桂花树、王家老榨、风包老、院墙塆、店坡脚、王榨小区、许家独洼、棉花洼。2014年年末，共有村民170户，580人。耕地面积约1.5平方千米，主要农作物为：水稻、小麦、油菜。该村主要驻区单位有王榨村村民委员会，村委会办公地址设在王榨村，村民委员会有职工2人。

王家榨塆[Wáng jiā zhà wān]　“王家”指王姓居民，“榨”指榨油的作坊。1368年从麻城迁来王姓人家在此居住，并在此开了一家榨坊，故而得名。居民点位于王榨村北部，呈条状分布。东接桂花树，西邻院墙塆，南连店坡脚，北靠九峰村桥上塆。总面积约1.6平方千米，共有村民41户，102人。居民主要姓氏为王姓，主要民族为汉族。耕地面积约0.5平方千米，主要农作物为小麦、水稻、油菜，主要经济来源以外地务工为主。

店坡脚[Diàn pō jiǎo]　“店”指雷公店，“坡脚”指山坡脚下。相传明初时，有人在雷公镇北坡的坡脚建房，繁衍成塆后而得名。居民点位于王榨村西南部，聚落呈条状分布。东接雷公居委会李家塆，西邻雷公集镇，南连雷公镇集镇，北靠王榨大塆。总面积约0.32平方千米，2014年年末，共有村民16户，65人。居民主要民族为汉族。耕地面积约0.1平方千米，主要农作物为小麦、水稻、油菜，主要经济来源以外地务工为主。

桂花树[Guì huā shù]　以物产命名。明洪武年间王姓先祖从江西到麻城过籍再迁到此地居住，因居民点处有一棵树龄达200余年的桂花树，而命名。居民点位于王榨村北部，呈条状分布。东接王祠村侯家塆，西邻王家榨塆，南连雷公居委会李家塆，北靠九峰村白果树。总面积约1.5平方千米，居民主要民族为汉族。2014年年末，共有村民13户，41人。耕地面积约0.5平方千米，主要农作物为小麦、水稻、油菜，主要经济来源以外地务工为主。

风包老[Fēng bāo lǎo]　“风包”指避风的山包，“老”指年代久远。以地理实体形态命名，因当地有两个可以避风的小山包而得名。居民点位于王榨村北部，呈块状分布。东接王榨塆，西邻院墙塆，南连店坡脚，北靠九峰村桥上塆。所住居民均为汉族。总面积约 0.48 平方千米，2014 年年末，共有村民 11 户，48 人。耕地面积约 0.15 平方千米，主要农作物为小麦、水稻、油菜，主要经济来源以外地务工为主。

院墙塆[Yuàn qiáng wān]　“院墙”指院落区域划分的砖墙。相传明初时有人到此居住，因当地有一道院墙围绕着整个塆而得名。居民点位于王榨村北部，呈条状分布。东接风包老，西邻许棚村白屋塆，南连许棚村彦家塆，北靠九峰村毛家河。总面积约 0.92 平方千米，居民主要民族为汉族。2014 年年末，共有村民 20 户，76 人。耕地面积约 0.25 平方千米，主要农作物为小麦、水稻、油菜，主要经济来源以外地务工为主。

王榨小区[Wáng zhà xiǎo qū]　“王榨”指在王家榨塆居民点附近，因当地为 2004 年王榨村新建的小区而命名。该居民点位于王榨村中部，聚落呈条状分布。东接店坡脚，西邻万家塆，南连雷公镇居委会北正街，北靠九峰村王家塆。总面积约 0.2 平方千米。2014 年年末，共有村民 48 户，103 人。耕地面积约 0.1 平方千米，主要农作物为小麦、水稻、油菜，主要经济来源以外地务工为主。

许家独洼[Xǔ jiā dú wā]　“许家”指许姓居民，“独”指只有一户，“洼”指地势低的地方。以姓氏及地理特征综合命名。清末时期由许家洼迁到此处定居，房屋建在一低洼处而命名。该居民点位于王榨村北部，距村委会所在地 2 千米。聚落呈条状分布。东接棉花洼，西邻许棚村许家大塆，南连院墙塆，北靠九峰村蒋家洼。总面积约 0.3 平方千米，居民主要姓氏为许姓，主要民族为汉族。2014 年年末，共有村民 1 户，5 人。耕地面积约 0.1 平方千米，主要农作物为小麦、水稻、油菜，主要经济来源以外地务工为主。

棉花洼[Mián huā wā]　以物产命名，因当地居民多数以种棉花为生而得名。居民点位于王榨村北部，呈条状分布。东接九峰村毛家河，西邻许家独洼，南连院墙湾，北靠桂花树。总面积约 0.2 平方千米，居民主要民族为汉族。2014 年年末，共有村民 10 户，41 人。耕地面积约 0.1 平方千米，主要农作物为小麦、水稻、油菜，主要经济来源以外地务工为主。

十五、九峰村[Jiǔfēng Cūn]

“九峰”指清朝在此地建有“九峰寺”而得名。晚清属“雷公庙会”辖。民国时期属安陆县第三区、碧山乡、棲碧乡辖。中华人民共和国成立初期属王店区雷公乡辖。1954 年 8 月属雷公区雷公乡辖。1956 年 3 月属第四区雷公乡辖。1958 年 9 月为英雄人民公社雷公乡管辖。1958 年 12 月属雷公人民公社白兆管理区辖。1961 年 4 月属雷公区白兆人民公社辖。1966 年 9 月雷公改为建新，属建新区白兆人民公社辖。1975 年 2 月属雷公人民公社白兆管理区辖。1984 年 1 月属雷公区雷公镇辖。1987 年 10 月属雷公镇辖，至今未变。九峰村村委会和支部共 4 名工作人员。

该村位于镇政府北部，距镇政府所在地 1 千米。东接大安村、曹程村，西邻许棚村，南连王榨村，北靠万福村。约总面积 4. 59 平方千米，辖区有桃子凹，余家塆，彦家塆，桥上塆，白果树塆，栗林凹，曹家凹、大碾子河、长堰塆，秀才塆 10 个自然塆组成。2014 年年末，共有村民 206 户，1036 人。耕地面积约 0. 46 平方千米，主要农作物为：水稻，小麦。主要山峰有安坐老(近业凹长治老，磨子凹树丘陵地带)。

桃子凹[Táo zǐ wā] 以地理位置和物产综合命名。相传明初有人到此居住，后因居民点旁有很多桃树且位于一处山凹处而得名。居民点位于九峰村北部，呈块状分布。东接大安村程家塆，西邻许棚村聂家凹，南连余家塆，北靠万福村张家冲。总面积约 0. 3 平方千米，居民点主要民族为汉族。2014 年年末，共有村民 11 户，74 人。耕地面积约 0. 15 平方千米，主要农作物有水稻和小麦、油菜，主要经济来源以外地务工为主。

余家塆[Yú jiā wān] 以姓氏命名。相传明洪武年间，从麻城过籍迁入一户人家，名余受益，来此定居，后繁衍成塆，故得名。居民点位于九峰村北部，呈块状分布。东接大安村老屋塆，西邻曹家凹，南连彦家塆，北靠桃子凹。总面积约 0. 8 平方千米，居民主要姓氏为余姓，主要民族为汉族。共有村民 29 户，156 人。耕地面积约 0. 5 平方千米，主要农作物有水稻和小麦、油菜，主要经济来源以外地务工为主。

彦家塆[Yàn jiā wān] 相传明初有彦姓人到此居住，后繁衍成塆，故得名。居民点位于九峰村西南部，呈块状分布位。东接大安村对门独屋，西邻曹家凹，南连长堰塆，北靠余家塆。总面积约 0. 8 平方千米，居民主要姓氏为彦姓，主要民族为汉族。共有村民 16 户，51 人。耕地面积约 0. 3 平方千米，主要农作物有水稻和小麦、油菜，主要经济来源以外地务工为主。

桥上塆[Qiáo shàng wān] 相传明初有人到此居住，后繁衍成塆，因该居民点位于一座石桥旁而得名。居民点位于九峰村北部，呈块状分布。东接王祠村桂花树，西邻许棚村许家棚子，南连王榨村院墙塆，北靠秀才塆，总面积约 1. 1 平方千米，均为汉族，共有村民 32 户，72 人。耕地面积约 0. 04 平方千米，主要农作物有水稻和小麦、油菜，主要经济来源以外地务工为主。

白果树塆[Bái guǒ shù wān] 曾用名：白果树。“白果树”指树木，以物产命名。居民点位于九峰村东部与曹程村、王祠村交界处，呈块状分布，东接曹程村赵家塆，西邻大碾子河，南连桥上塆，北靠栗林凹。总面积约 0. 5 平方千米，居民主要民族为汉族。2014 年年末，共有村民 37 户，220 人。耕地面积约 0. 24 为平方千米，主要农作物有水稻和小麦、油菜。

栗林凹[Lì lín wā] “栗林”指很多板栗树。因该居民点旁种了很多板栗树，且位于山凹处而得名。居民点位于九峰村北部，呈块状分布。东接曹程村周家大塆，西邻长堰塆，南连白果树塆，北靠曹程村对门独屋。总面积约 0. 76 平方千米，居民主要民族为汉族。2014 年年末，共有村民 29 户，126 人。耕地面积约 0. 5 平方千米，主要农作物有水稻和小麦、油菜，主要经济来源以外地务工为主。

曹家凹[Cáo jiā wā] 相传明初有曹姓人到此山凹处居住，后繁衍成塆，故得名。居民点位于九峰村北部，呈块状分布。东接余家塆，西邻许棚村夏家凹，南连秀才塆，北靠许棚村曹家凹。总面积约 0. 167 平方千米，居民主要姓氏为曹姓，主要民族为汉族。2014 年年末，共有村民 37 户，156 人。耕地面积约 0. 078 平方千米，主要农作物有水稻和小麦、油菜。

大碾子河[Dà niǎn zǐ hé] “碾子”指用来碾大米的石制工具。因该居民点前有一河，河边有一石碾子，故而得名。居民点位于九峰村北部，呈块状分布，东接白果树塆，西邻秀才塆，南连桥上塆，北靠长堰塆。总面积约0.099平方千米，居民主要民族为汉族。2014年年末，共有村民36户，100人。耕地面积约0.056平方千米，主要农作物有水稻和小麦、油菜。主要经济来源以外地务工为主。

长堰塆[Cháng yàn wān]　以地理特征命名。因该居民点前有一口长堰，是当地居民农业用水的蓄水堰而得名。居民点位于九峰村北部，呈块状分布。东接栗林凹，西邻许棚村何家凹，南连大碾子河，北靠彦家塆。总面积约0.92平方千米，居民主要民族为汉族。2014年年末，共有村民37户，160人。耕地面积约0.58平方千米，主要农作物有水稻和小麦、油菜，主要经济来源以外地务工为主。

秀才塆[Xiù cái wān]　"秀才"指中国古代选拔官吏的科目，科举考试而获得功名的人。传说明初有人到此居住，清朝时期，此地出了多名秀才，故名。居民点位于九峰村北部，呈块状分布。东接大碾子河，西邻蒋家凹，南连桥上塆，北靠长堰塆。总面积约0.8平方千米，居民点主要民族为汉族。2014年年末，共有村民16户，51人。耕地面积约0.42平方千米，主要农作物有水稻和小麦、油菜，主要经济来源以外地务工为主。

十六、庙岗村[Miàogǎng Cūn]

"庙岗村"清末时期属雷公庙会辖。民国时期属碧山乡、六合乡管辖。新中国成立初期属六合乡管辖。1954年8月后属雷公区六合乡辖。1958年9月后为英雄人民公社六合乡辖。1958年12月属雷公人民公社六合管理区辖。1961年4月属雷公区六合人民公社管理。1975年2月属雷公人民公社六合管理区管辖。1984年1月属雷公区六合乡辖。1987年10月后属双河镇马庙村辖。2001年4月后并入雷公镇，为雷公镇管辖，沿用至今。

该村位于雷公镇西部，距镇政府所在地7.5千米。属丘陵地带，东接魏桥村，西邻王义贞星火村，南连王台村，北靠祖寺村。占地面积约3.08平方千米，2014年年末，共有村民310户，共1264人，辖内有13个自然塆：杜家塆、甘家塆、马家榨、沙河、涂家坡、王家岗、魏家塆、徐家畈、徐家岗、袁家塆、张家凹子、张家河、赵家凹子。耕地面积约0.4平方千米。主要河流为沙河，主要驻区单位：庙岗村村民委员会，主要生产水稻和小麦、油菜。

马家榨[Mǎ jiā zhà]　"马家"指马姓居民，"榨"指榨油的作坊。相传明初时马姓人迁到此地，后有人开榨坊，故名。居民点位于庙岗村东北部，距村委会所在地0.8千米。为丘陵山地地形，居民点呈块状分布。东接魏桥村熊家塆，西邻张家河，南连王台村杨家墩，北靠杜家塆。占地面积约0.31平方千米，居民主要姓氏为马姓，主要民族为汉族。共有村民38户，共137人，耕地面积约0.12平方千米，主要农作物有水稻和小麦、油菜，主要经济来源以外地务工为主。

杜家塆[Dù jiā wān]　以姓氏命名，因当地为杜姓聚居地而命名。相传明初由麻城迁入。主要是杜姓居民居住。到民国时期杜姓又迁到安陆，现居住涂姓、舒姓、徐姓居民。居民点位于庙岗村东北部，呈条状分布。东接魏桥村陈家塆，西邻袁家塆，南连庙岗村马家榨，北靠下涂家坡。占地面积约0.32平方千米，居民主要为杜姓，主要民族为汉族。2014年年末，共有村民27户，91人。耕地面积约0.25平方千米。主要农作物有水稻和小麦、油菜，主要经济来源以外地务工为主。

甘家塆[Gān jiā wān]　以姓氏命名。清末时期，甘姓先祖从今孛畈迁入，形成村落，故名“甘家塆”。居民点位于庙岗村北部，呈块状分布，东接徐家畈，西邻赵家凹子，南连袁家塆，北靠祖寺村涂家坡。占地面积约0.18平方千米，。主要姓氏为甘姓，主要民族为汉族。2014年年末，共有村民29户，共135人，耕地面积约0.07平方千米，主要农作物有水稻和小麦，主要经济来源以外地务工为主。

沙河[Shā hé]　相传明初从江西麻城迁来此地，因居民点前有一河流，河流里全是很细的沙子而得名。居民点位于庙岗村东部，呈块状分布。东接马家榨，西邻庙岗，南连王台村王家台子，北靠王家独屋。占地面积约0.2平方千米。居民主要民族为汉族。2014年年末，共有村民40户，135人，耕地面积约0.12平方千米，主要农作物有水稻和小麦、油菜，主要经济来源以外地务工为主。

涂家坡[Tú jiā pō]　曾用名：下涂家坡。以姓氏和地理特征综合命名。相传清晚期由麻城迁入，涂姓居民发展快，分上下涂家坡，该塆是下涂家坡。居民点位于庙岗村东北部，呈块状分布。东接柏桥村熊家寨，西邻徐家畈，南连杜家塆，北靠祖寺村涂家坡。占地面积约0.37平方千米，居民主要姓氏为涂姓，主要民族为汉族。2014年年末，共有村民32户，141人，耕地面积约0.12平方千米，主要农作物有水稻和小麦、油菜，主要经济来源以外地务工为主。

王家岗[Wáng jiā gǎng]　“王家”是指王姓居民，“岗”是指该居民点在山冈之上。相传明初时王姓人迁居于此，因该居民点建在山冈上，故名。居民点位于庙岗村西北部，呈块状分布。东接涂家坡，西邻王义贞镇星火村东芦家塆，南连袁家塆，北靠王义贞星火村甘家塆。占地面积约0.18平方千米，居民主要姓氏为王姓，主要民族为汉族。共有村民20户，70人。耕地面积0.09平方千米，主要农作物有水稻和小麦、油菜，主要经济来源以外地务工为主。

魏家塆[Wèi jiā wān]　以姓氏命名，清时自安陆府城西门河街迁入此地，渐成魏姓聚落，现有八代子孙，故名“魏家塆”。居民点位于庙岗村西北部，呈块状分布。东接张家河，西邻王义贞镇星火村东芦家塆，南连徐家岗，北靠赵家凹。占地面积约0.23平方千米，居民主要姓氏为魏姓，主要民族为汉族，共有村民18户，共85人。耕地面积约0.13平方千米，主要农作物有水稻和小麦、油菜，主要经济来源以外地务工为主。

徐家畈[Xú jiā fàn]　“徐家”指徐姓居民，“畈”指田地。清康熙年间由今烟店镇迁入此地，经繁衍生息，渐成徐姓聚落。该居民点建在一平畈上，故名“徐家畈”。居民点位于庙岗村北部，呈块状分布。东接涂家坡，南连袁家塆，西邻甘家塆，北靠祖寺村涂家坡。占地面积约0.13平方千米，居民姓氏主要为徐姓，主要民族为汉族。共有村民26户，92人。耕地面积约008平方千米，主要农作物有水稻和小麦、油菜，主要经济来源以外地务工为主。

徐家岗[Xú jiā gǎng]　相传明洪武年间，徐姓先祖三弟兄从江西经麻城迁入，繁衍生息，渐成聚落，因房屋建在地势不平整的山冈间而得名。居民点位于庙岗村西北部，距村委会所在地0.5千米。为丘陵山地地形，居民点呈块状分布。东接王家独屋，西邻王义贞星火村东芦家塆，南庙岗，北靠魏家塆。占地面积约

0.28 平方千米，居民主要姓氏为徐姓，主要民族为汉族。共有村民 28 户，113 人，耕地面积约 0.16 平方千米，主要农作物有水稻和小麦、油菜。

袁家塆[Yuán jiā wān]　以姓氏命名。相传明洪武年间从“麻城过籍”迁入，繁衍生息，渐成村落。居民点位于庙岗村北部，呈块状分布。东接杜家塆，西邻魏家塆，南连张家河，北靠王家岗。占地面积约 0.24 平方千米，居民主要姓氏为袁姓，主要民族为汉族。共有村民 29 户，108 人。耕地面积约 0.13 平方千米，主要农作物有水稻和小麦、油菜，主要经济来源以外地务工为主。

张家凹子[Zhāng jiā wā zǐ]　相传明洪武年间张姓人从“麻城过籍”迁入此地，选择在两山间居住，繁衍成村落。居民点位于庙岗村西北部，呈块状分布。东接袁家塆，西邻王义贞同兴村甘家塆，南连魏家塆，北靠赵家凹子。占地面积约 0.16 平方千米，居民主要姓氏为张姓，主要民族为汉族。2014 年年末，共有村民 8 户，25 人，耕地面积约 0.06 平方千米，主要农作物有水稻和小麦、油菜，主要经济来源以外地务工为主。

张家河[Zhāng jiā hé]　相传明洪武年间张姓人从“麻城过籍”迁入此地，选择在河边居住，繁衍成村落。居民点位于庙岗村北部，呈块状分布。东接杜家塆，西邻魏家塆，南连沙河，北靠袁家塆。占地面积约 0.21 平方千米，居民主要姓氏为张姓，主要民族为汉族。2014 年年末，共有村民 12 户，45 人，耕地面积约 0.11 平方千米，主要农作物有水稻和小麦、油菜，主要经济来源以外地务工为主。

赵家凹子[Zhào jiā wā zǐ]　曾用名：赵家凹。相传明洪武年间赵姓人从“麻城过籍”迁入此地，选择在在山凹处居住，繁衍成村落，故名。居民点位于庙岗村西北部，呈块状分布。东接王家岗，西邻王义贞镇同兴村甘家塆，南连张家凹子，北靠祖寺村祖寺。占地面积约 0.27 平方千米，居民主要姓氏为赵姓，主要民族为汉族。共有村民 23 户，86 人，耕地面积 0.13 平方千米，主要农作物有水稻和小麦、油菜，主要经济来源以外地务工为主。

十七、白鹤村[Báihè Cūn]

古代此地白鹤成群，故名。晚清时期属“雷公庙会”辖。民国时期属棲碧乡辖。1949 年 10 月属王店区杨威乡辖。1954 年 10 月属雷公区罗庙乡辖。1956 年 3 月属第四区雷公乡辖。1956 年 4 月属第五指导小组雷公乡辖，1958 年 9 月属英雄人民公社雷公乡辖。1958 年 12 月属雷公人民公社罗庙管理区辖。1961 年 4 月属雷公区罗庙人民公社辖。1966 年 9 月属新区罗庙人民公社管辖。1975 年 2 月属雷公人民公社罗庙管理区自辖。1984 年 1 月属雷公区罗庙乡辖。1987 年 10 月属雷公镇辖，至今未变。

该村位于镇政府西南方，距镇政府所在地 10.5 千米。为丘陵山地地形。东接柳林村，西邻汤杨村，南连京山县罗店镇刘程庙村，北靠姚河村。辖区占地面积约 17.3 平方千米，截至 2014 年 9 月，辖区内共有 6 个自然塆：谢家土门、白鹤塆、上下丁家坡、郭家岗、刘家染坊、张家塆。共有村民 239 户，1037 人。耕地面积约 10 平方千米，主要农作物为小麦、水稻、油菜。村委会现有工作人员 4 名，村内主要驻区单位有白合村村民委员会等。

张家塆[zhāng jiā wān] 相传明初时张姓人从江西麻城迁入此地，繁衍成塆后，故名。居民点位于白鹤村东南部，呈块状分布。东接木梓乡方河村张家冲，西邻京山县汤杨村郭家咀，南连京山县罗店镇刘程庙村汤家畈，北靠郭家岗。总面积约1.1平方千米，居民主要姓氏为张姓，主要民族为汉族。2014年年末，共有居民9户，46人。耕地面积约0.144平方千米，主要农作物为小麦、水稻、油菜，主要经济来源以外地务工为主。

谢家土门[Xiè jiā tǔ mén] "谢家"指谢姓居民，"土门"指地理特征。相传明末从河南迁入，因该居民点以谢姓居民居多，房屋依岗而建形似一座土门，故而得名。居民点位于白鹤村西北部，呈条状分布。东接上下丁家坡，西邻雷公镇汤杨村王家独塆，南连白鹤塆，北靠雷公镇姚河村姚家塆。总面积约1.38平方千米，居民主要姓氏为谢姓，主要民族为汉族。2014年年末，共有村民43户，208人。耕地面积约0.26平方千米，主要农作物为小麦、水稻、油菜，主要经济来源以外地务工为主。

白鹤塆[Bái hè wān] 曾用名：白鹤。该居民点依河而建，树木旺盛引来白鹤在此栖息而命名。居民点位于白鹤村西部，呈块状分布。东接白鹤村小河，西邻汤杨村杨家塆，南连刘家染坊，北靠谢家土门。总面积约0.21平方千米，居民主要民族为汉族。共有居民23户，102人。耕地面积约0.15平方千米，主要农作物为小麦、水稻、油菜，主要经济来源以外地务工为主。

上下丁家坡[Shàng xià dīng jiā pō] "上下"指地理位置，"丁家"指丁姓居民，"坡"指地理特征。相传明初时丁氏两兄弟从麻城迁居此处，两兄弟分别在山冈的南北各自建房，南为上，北为下。居民点位于白鹤村西南部，呈条状分布。东接柳林村中谢家塆，西邻白鹤塆，南连郭家岗，北靠姚河村谢家台子。总面积约4.2平方千米，居民主要姓氏为丁姓，主要民族为汉族。2014年年末，共有村民78户，411人。耕地面积约0.61平方千米，主要农作物为小麦、水稻、油菜，主要经济来源以外地务工为主。

郭家岗[Guō jiā gǎng] 以姓氏和地理位置综合命名，相传明朝初期由山西省汾阳迁入，在山冈处建房居住，繁衍成塆后得名。居民点位于白鹤村东南部，呈块状分布。东接雷公镇柳林村赵家独屋，西邻刘家染坊，南连张家塆，北靠上下丁家坡。总面积约3.7平方千米，居民主要姓氏为郭姓，居民主要民族为汉族。2014年年末，共有居民53户，178人。耕地面积约1.92平方千米，主要农作物为小麦、水稻、油菜，主要经济来源以外地务工为主。

刘家染坊[Liú jiā rǎn fáng] "刘家"指刘姓居民，"染坊"指建筑物。相传清道光年间由今双河店迁入，因当地早期曾有刘姓人家的祖辈在此开设染坊为生而得名。居民点位于白鹤村西南部，呈条状分布。东接郭家岗，西邻汤杨村，南连京山县罗店镇刘程庙村林场，北靠白鹤塆。总面积约1.8平方千米，居民主要姓氏为刘姓，主要民族为汉族。2014年年末，共有村民32户，92人。耕地面积约1.22平方千米，主要农作物为小麦、水稻、油菜，主要经济来源以外地务工为主。

十八、白兆村[Báizhào Cūn]

"白兆"指白兆山，因村庄坐落在白兆山下，故名。晚清时期属"雷公庙会"辖。民国时期先后属碧山乡

(西六)棲碧乡辖。中华人民共和国成立初属第四区雷公乡辖。1954 年 8 月属雷公区辖。1958 年 9 月为英雄人民公社辖。1958 年 12 月属雷公人民公社白兆管理区辖。1961 年属雷公区白兆人民公社辖。1966 年 9 月雷公区改为建新区，属建新区白兆人民公社辖。1975 年 2 月为雷公人民公社白兆管理区辖。1984 年 1 月属雷公区雷公镇辖。1987 年 10 月撤区并乡，属雷公镇辖，至今未变。

该村位于雷公镇人民政府所在地东部，距政府所在地约 3 千米，为丘陵山地地形。辖区占地面积约 8.26 平方千米，东接烟店邓河村，西邻曹程村，南连安京公路，北靠尖山村。所在居民主要为汉族，截至 2014 年 9 月，辖区内共有 5 个自然塆：寺塆、邓家院墙、曹家冲、孙家嘴、何家塆。村内共有村民 167 户、748 人，耕地面积为约 5.2 平方千米，主要农作物为小麦、水稻、油菜。村委会现有工作人员 3 名。

寺塆[Sì wān]　“寺”指寺庙，“塆”指村庄。以建筑物命名。因碧山下有一白兆寺庙，故起名寺塆。整条冲称为寺冲，文革时期破四旧，白兆寺庙被毁，改为农田，原寺庙旧址依稀可见。居民点位于白兆村东北部，呈条状分布。居民点占地面积约 2.53 平方千米，东隔白兆山与烟店镇袁畈村熊家杨林相邻，西邻杨家塆，南连何家塆，北靠隔白兆山与烟店镇尖山村谭家塆相邻。所住居民主要为汉族。共有村民 34 户、151 人，耕地面积 0.05 平方千米，主要农作物为小麦、水稻、油菜，主要经济来源以外地务工为主。

曹家冲[Cáo jiā chōng]　相传明初时一曹姓人到此居住，繁衍成塆后得名。居民点位于白兆村西部，呈块状分布。居民点占地面积为 0.95 平方千米，东接杜棚村刘家凹，西邻曹程村赵家冲，南连本村五组，北隔聂家凹水库与烟店镇尖山村谭家塆相邻。所住居民主要以曹姓为主，主要为汉族。共有村民 59 户、228 人，耕地面积约 0.67 平方千米，主要农作物为小麦、水稻、油菜，主要经济来源以外地务工为主。

何家塆[Hé jiā wān]　相传明初到此居住，繁衍成塆后得名。居民点位于白兆村东北部，呈块状分布。居民点占地面积约 0.054 平方千米，东接隔白兆山与烟店镇袁畈村杨家塆相邻，西邻杜棚村周家洼，南连邓家院墙，北靠寺塆。主要以何姓为主，所住居民主要为汉族。2014 年年末，共有村民 20 户、125 人，耕地面积约 0.037 平方千米，主要农作物为小麦、水稻、油菜，主要经济来源以外地务工为主。

邓家院墙[Dèng jiā yuàn qiáng]　“墙院”指围墙。邓氏先祖于明洪武二年(1369 年)由江西南昌府中转湖北麻城然后落籍于白兆寺塆，后兄弟分家，迁到此地居住，因当时野兽加上土匪侵扰，其族人便将居住地四周用石头做墙围住，故而得名。居民点位于白兆村东南部，呈块状分布。占地面积约 1.23 平方千米，东接烟店镇，袁畈村杨家塆，西邻杜棚村周家凹，南隔邓河水库与木梓乡汤冲村汤家塆相望，北靠何家塆。主要以邓姓为主，所住居民主要为汉族。2014 年年末，共有村民 62 户、254 人，耕地面积约 1 平方千米，主要农作物为小麦、水稻、油菜，主要经济来源以外地务工为主。

孙家咀[Sūn jiā zuǐ]　曾用名：西孙家咀。1974 年修聂家坳水库，把聂家坳的程姓人家搬迁在对面山坡居住，故取名“东孙家咀”，称孙姓人居住地为“西孙家咀”后因人口搬迁，故将两塆合并，更名为孙家咀。居民点位于白兆村西南部，呈块状分布。占地面积约 1.08 平方千米，东接杜棚村刘家凹，西邻曹程村邓桥塆，南连杜棚村肖家塆，北靠曹家冲。主要以孙姓为主，所住居民主要为汉族。2014 年年末，共有村民 244 户、115 人，耕地面积约 0.89 平方千米，主要农作物为小麦、水稻、油菜，主要经济来源以外地务工为主。

十九、柏桥村[Bǎiqiáo Cūn]

“柏桥”指柏子桥，以建筑物命名。民国时期属棲碧乡辖。1949 年 10 月属王店区辖。1952 年 10 月属第四区柏桥乡辖。1954 年 8 月为雷公区柏桥乡辖。1958 年 9 月后的人民公社时代属柏桥大队英雄人民公社雷公人民公社六合辖。1961 年 4 月隶属于雷公区六合人民公社管辖。1975 年 2 月撤区并社属雷公人民公社六合管理区管辖。1984 年 1 月属雷公区六合乡辖。1987 年 10 月撤区并乡起为双河镇柏桥村。2001 年 4 月为雷公镇柏桥村。

该村位于雷公镇西北部，距村委会所在地 5. 5 千米，为丘陵山地地形。东接长冲村，西邻祖寺，南连魏桥村，北靠望河村。辖区占地面积约 4 平方千米。2014 年年末，辖区内共有 10 个自然塆：徐家塆、李家坡、周家塆、张家咀子、门前塆、樊廖塆、张家岗、刘家凹、新易家塆、刘家寨。村内有常住居民 263 户，共 1111 人，耕地面积约 0. 5 平方千米，主要农作物为小麦、水稻、油菜。村委会现有工作人员 4 名，村内主要驻区单位有柏桥村村民委员会等。

樊廖家塆[Fán liào jiā wān]　该居民点位于柏桥村东北部，为丘陵山地地形，居民点呈条状分布。东接长冲村杨家塆，西邻张家岗，南连刘家寨，北靠黄金寨林场。总面积约 0. 6 平方千米，居民主要姓氏为樊姓、廖姓，主要民族为汉族。共有居民 57 户，共 261 人，耕地面积约 0. 13 平方千米，主要农作物为小麦、水稻、油菜，主要经济来源以外地务工为主。

新易家塆[Xīn yì jiā wān]　“新”指新建，以姓氏命名。因当地为易姓聚居地，在此定居时间较短而得名。居民点位于柏桥村南部，呈条状分布。东接周家塆，西邻熊家寨，南连行止塆，北靠熊家寨。总面积约 0. 6 平方千米. 主要以易姓为主，所住居民均为汉族。共有居民 24 户，共 87 人，耕地面积约 0. 045 平方千米，主要农作物为小麦、水稻、油菜，主要经济来源以外地务工为主。

徐家塆[Xú jiā wān]　相传明初徐姓人由江西麻城迁入此地，繁衍成塆而得名。居民点位于柏桥村东部，呈块状分布。东接长冲村陈家冲，西邻刘家寨，南连张家咀，北靠樊廖塆。总面积约 0. 09 平方千米，居民主要姓氏为徐姓，主要民族为汉族。共有村民 13 户，共 62 人，耕地面积约 0. 032 平方千米，主要农作物为小麦、水稻、油菜，主要经济来源以外地务工为主。

李家坡[Lǐ jiā pō]　相传明初时李姓人至此，选择在山坡边居住，繁衍成塆后而得名。居民点位于柏桥村西部，呈条状分布。东接刘家寨，西邻祖寺村王家港，南连刘家凹子，北靠张家岗。总面积约 0. 097 平方千米，主要姓氏为李姓，主要民族为汉族。2014 年年末，共有村民 16 户，共 68 人，耕地面积约 0. 03 平方千米，主要农作物为小麦、水稻、油菜，主要经济来源以外地务工为主。

周家塆[Zhōu jiā wān]　“周家”指周姓居民，相传明初时周姓人到此居住，繁衍成塆后而得名。居民点位于柏桥村南部，呈条状分布。东接长冲村岳家塆，西邻新易家塆，南连行止塆新易家塆，北靠张家咀。总面积约 0. 095 平方千米，居民主要姓氏为周姓，主要民族为汉族。共有村民 13 户，共 45 人，耕地面积约

0.028 平方千米，主要农作物为小麦、水稻、油菜，主要经济来源以外地务工为主。

张家咀子[Zhāng jiā zuǐ zi]　“张家”指张姓居民，“咀子”指大自然形成的三面环沟的地方，亦指村庄。因当地位于山嘴处，且为张姓聚居地而命名。居民点位于柏桥村南部，呈条状分布。东接长冲村柳家冲，西邻祖寺村王家畈，南连周家塆，北靠刘家寨。总面积约 0.095 平方千米，居民主要姓氏为张姓，主要民族为汉族。2014 年，共有村民 12 户，共 52 人，耕地面积约 0.02 平方千米，主要农作物为小麦、水稻、油菜，主要经济来源以外地务工为主。

张家岗[Zhāng jiā gǎng]　相传明初时张姓人来此，在小岗上建房居住，繁衍成塆后得名。居民点位于柏桥村西北部，距村委会所在地 0.5 千米。为丘陵山地地形，居民点呈块状分布。东接松毛尖，西邻祖寺村王家畈，南连李家坡樊廖家塆，北靠下杨家塆。总面积约 0.8 平方千米。居民点姓氏主要为张姓，主要民族为汉族。共有村民 12 户，共 49 人，耕地面积约 0.73 平方千米，主要农作物为小麦、水稻、油菜，主要经济来源以外地务工为主。

门前塆[Mén qián wān]　“门前”指地理位置，相传清时有人从别处迁来熊止塆前，故名门前塆。居民点位于柏桥村南部，呈块状分布，东接魏桥村上黄家塆，西邻马家塆，南连魏桥街道，北靠长冲村庙塆。总面积约 0.5 平方千米，所住居民主要为汉族。共有村民 28 户，共 131 人，耕地面积 0.23 平方千米，主要农作物为小麦、水稻、油菜，主要经济来源以外地务工为主。

刘家凹[Liú jiā āo]　。因当地为刘姓聚居地，位于山凹处而得名。居民点位于柏桥村西南部，呈条状分布。东接长冲村熊家咀，西邻祖寺村王家畈，南连周家塆，北靠李家坡。总面积约 0.8 平方千米，居民点主要姓氏刘姓，主要民族为汉族。2014 年年末，共有村民 53 户，共 234 人，耕地面积约 0.028 平方千米，主要农作物为小麦、水稻、油菜，主要经济来源以外地务工为主。

刘家寨[Liú jiā zhài]　居民点位于柏桥村东部，呈块状分布。东接长冲村熊家咀，西邻李家坡，南连张家咀，北靠樊廖家塆。总面积约 0.7 平方千米，居民点主要姓氏为刘姓，主要民族为汉族。2014 年年末，共有居民 52 户，共 97 人，耕地面积约 0.058 平方千米，主要农作物为小麦、水稻、油菜，主要经济来源以外地务工为主。

二十、柳林村[Liǔlín Cūn]

“柳林”指柳树较多，形成一片片的柳林，以植物命名。清末属“雷公庙会”辖。民国时期属六合乡、棲碧乡辖。1949 年 10 月属王店区辖。1952 年 10 月属第四区杨威(今罗庙)乡。1954 年 8 月属雷公区杨威乡，1958 年 9 月属英雄人民公社雷公区柳林大队，1958 年 12 月属雷公人民公社罗庙管理区柳林大队。1961 年 4 月属雷公区罗庙人民社柳林大队。1975 年 2 月为雷公人民公社罗庙管理区柳林大队。1984 年 1 月属雷公区罗庙乡柳林村。1987 年 10 月后属雷公镇柳林村。

该村位于雷公镇镇政府西南侧，距镇政府所在地 5 千米。东接观音村、向店村，西邻罗庙村，南连木梓乡方河村，北靠罗庙村。辖区占地面积约 4.5 平方千米，2014 年年末，辖区内共有 9 个自然垮：黄家河，上刘家塝，下刘家塝，大布街，黄家坡，谢家塝沟，郭家垮，何家垮，柳树垮。常住居民 308 户、共 1263 人，耕地面积约 0.63 平方千米，以种植水稻为主，村内主要驻区单位有柳林村村委员会。

黄家河[Huáng jiā hé]　“黄家”指黄姓居民，“河”指村庄的地理特征。清光绪年间黄姓人迁入此地，且住房建在河边，形成黄姓村落。居民点位于柳林村西部，呈条状分布。东接上刘家塝，西邻谢家垮，南连黄家坡，北靠蒯家河。总面积约 0.31 平方千米. 居民主要姓氏为黄姓，主要民族为汉族。共有村民 26 户，共 105 人，耕地面积约 0.092 平方千米，主要农作物为：水稻，主要经济来源为外地务工。

黄家坡[Huáng jiā pō]　相传明初时黄氏先祖在此居住，渐成村落，该居民点建在山坡处，故名。居民点位于柳林村中部，呈条状分布。东接张家稻场，西邻柳树垮，南连中谢家垮，北靠下刘家垮。总面积约 0.45 平方千米。居民主要姓氏为黄姓，主要民族为汉族。共有村民 32 户，共 126 人，耕地面积约 0.132 平方千米，主要农作物为水稻，主要经济来源为外地务工。

上刘家塝[Shàng liú jiā bàng]　“上”指方位，“刘家”指刘姓居民，“塝”指浅丘山冈。相传明初时刘姓人到此，将住房建在上塝处，渐成村落，故名。居民点位于柳林村北部，呈条状分布。东接大布街，西邻蒯家河，南连下刘家塝，北靠毛家河。总面积约 0.56 平方千米。居民主要姓氏为刘姓，主要民族为汉族。2014 年年末，共有村民 42 户，共 170 人，耕地面积约 0.165 平方千米，主要农作物为水稻，主要经济来源为外地务工。

下刘家塝[Xià liú jiā bàng]　“下”指方位，即下面。“刘家”指刘姓居民，“塝”指浅丘山冈。相传明初时刘姓人到此，将住房建在下塝处，渐成村落，故名。居民点位于柳林村北部，呈条状分布。东接刘家院子，西邻黄家河，南连黄家坡，北靠上刘家塝。总面积约 0.45 平方千米。居民主要姓氏为刘姓，主要民族为汉族。共有村民 30 户，共 119 人，耕地面积约 0.131 平方千米，主要农作物为水稻，主要经济来源为外地务工。

大布街[Dà bù jiē]　“大布”指传统方式纺织的棉布，“街”指集市，亦指村庄。因当地清代时生产、出售大土布出名而得名。居民点位于柳林村东北部，呈条状分布。东接张家垮，西邻谢家祠堂，南连张家稻场，北靠上刘家塝。总面积约 0.38 平方千米。居民点主要民族为汉族。共有村民 29 户，共 118 人，耕地面积约 0.111 平方千米，主要农作物为水稻，主要经济来源为外地务工。

谢家壕沟[Xiè jiā bao gōu]　“谢家”指谢姓居民，“壕沟”指防匪盗的设施。相传明初时谢姓人到此，将住房建在一道水沟边，渐成村落，故名。居民点位于柳林村东南部，呈条状分布。东接观音村新堰垮，西邻中谢家垮，南连胡家垮，北靠张家稻场。总面积约 0.76 平方千米。居民点主要姓氏为谢姓，主要民族为汉族。共有村民 55 户，共 227 人，耕地面积约 0.223 平方千米，主要农作物为水稻，主要经济来源为外地务工。

郭家垮[Guō jiā wān]　“郭家”指郭姓居民，清朝末年，郭姓先祖郭加光在此定居，渐成村落。居民点位于柳林村西南部，呈条状分布。东接向家垮，西邻翁家岗，南连方家垮，北靠黄家坡。总面积约 0.67 平方千米。居民主要姓氏为郭姓，主要民族为汉族。共有村民 36 户，共 143 人，耕地面积约 0.196 平方千米，主要农作物为水稻，主要经济来源为外地务工。

向家塆[Xiàng jiā wān]　居民点位于柳林村南部，呈条状分布。东接木梓乡向店村彭家咀，西邻郭家塆，南连木梓乡向店村方家河，北靠谢家壕沟。总面积约0.52平方千米。居民主要姓氏为向姓，主要民族为汉族。2014年年末，共有村民30户，共125人，耕地面积约0.154平方千米，主要农作物为水稻，主要经济来源为外地务工。

柳树塆[Liǔ shù wān]　相传明初时有人从江西迁移至此，繁衍成塆后，在当地种植柳树较多，形成一片片的柳林而得名。居民点位于柳林村西部，呈条状分布，东接黄家坡，西邻白鹤村谢家台子，南连白鹤村下丁家坡，北靠黄家河。总面积约0.4平方千米。居民主要民族为汉族。共有村民28户，共130人，耕地面积约0.1197平方千米，主要农作物为水稻，主要经济来源为外地务工。

二十一、观音村[Guānyīn Cūn]

“观音”指观音堂。清末时期属“观音寺会”辖。民国时期属棲碧乡辖。1949年10月属王店区辖。1952年10月属第四区观音乡辖。1954年8月属雷公区观音乡辖。1956年3月属第四区雷公乡辖。1956年4月属第五指导小组雷公乡辖。1958年9月属英雄人民公社雷公乡辖。1958年12月属雷公人民公社罗庙管理区辖。1961年4月属雷公区罗庙人民公社辖。1975年2月属雷公人民公社罗庙管理区辖。1984年1月属雷公区罗庙乡辖。1987年10月属雷公镇辖，至今未变。

该村位于雷公镇南部，距政府所在地6千米。为丘陵山地地形。东接木梓乡双杨村、王河村，西邻雷公镇罗庙村、柳林村，南连木梓乡向店村，北靠彭桥村。辖区占地面积约1.682平方千米。2014年年末，辖区内共有8个自然塆：张家塆、刘家塆、向家大塆、翁家塆、侯家塆、杨家塆、新塆、庙岗。共有居民243户，共1066人，耕地面积约0.98平方千米，主要农作物为小麦、水稻、油菜。村委会现有工作人员4名，村内主要驻区单位有观音村村民委员会等。

张家塆[Zhāng jiā wān]　相传明初时张姓人到此居住，繁衍成塆，故名。居民点位于观音村南部，呈条状分布。东接木梓乡王河村上王家河，西邻柳林村张家稻场，南连柳林村新堰塆，北靠庙岗。居民点面积约0.171平方千米。居民姓氏主要为张姓，主要民族为汉族。2014年年末，共有村民25户，共112人，耕地面积约0.098平方千米，主要农作物为小麦、水稻、油菜，主要经济来源以外地务工为主。

刘家塆[Liú jiā wān]　相传明初时刘姓人到此居住，繁衍成塆，故名。居民点位于观音村西南部，呈块状分布。东接刘家院子，西邻柳林村谢家祠堂，南连张家坡子，北靠翁家塆。居民点面积约0.11平方千米，主要姓氏为刘姓，主要民族为汉族。2014年年末，共有村民19户，共90人，耕地面积约0.073平方千米，主要农作物为小麦、水稻、油菜，主要经济来源以外地务工为主。

向家大塆[Xiàng jiā dà wān]　“大塆”指面积大人口多的村庄。相传明初时向姓人由江西麻城迁居于此，繁衍成塆后，因人口较多而得名。居民点位于观音村西部，呈块状分布。东接木梓乡王河村杨家祠堂，西邻罗庙村毛家河，南连汪家塆，北靠翁家塆。居民点面积约 0. 21 平方千米，居民姓氏主要为向姓，主要民族为汉族。2014 年年末，共有村民 45 户，共 186 人，耕地面积约 0. 16 平方千米，主要农作物为小麦、水稻、油菜，主要经济来源以外地务工为主。

翁家塆[Wēng jiā wān]　相传明初时翁姓人由江西麻城迁居于此，繁衍成塆后得名。居民点位于观音村西北部，呈块状分布。东接侯家陡坡，西邻罗庙村杨家畈，南连向家大塆，北靠彭桥村王家独屋。居民点面积约 0. 137 平方千米。居民姓氏主要为翁姓，主要民族为汉族。2014 年年末，共有村民 42 户，共 187 人，耕地面积约 0. 082 平方千米，主要农作物为小麦、水稻、油菜，主要经济来源以外地务工为主。

侯家塆[Hóu jiā wān]　相传明初时侯姓人由江西麻城迁于烟店，后由烟店侯家畈迁于此，繁衍成塆后得名。居民点位于观音村东部，呈块状分布。东接木梓乡双杨村下彭家塆，西邻向家大塆，南连庙岗，北靠侯家陡坡。居民点面积约 0. 11 平方千米，主要姓氏为侯姓，主要民族为汉族。全塆 45 户，196 人，耕地面积约 0. 072 平方千米，主要农作物为小麦、水稻、油菜，主要经济来源以外地务工为主。

杨家塆[Yáng jiā wān]　相传明初时杨姓人由江西麻城迁于此，繁衍成塆后得名。居民点位于观音村北部，呈条状分布。东接木梓乡双杨村邓家岗，西邻向家独屋，南连侯家陡坡，北靠彭桥村刘家独屋。居民点面积约 0. 12 平方千米。居民姓氏主要为杨姓，主要民族为汉族。2014 年年末，共有村民 35 户，共 150 人，耕地面积约 0. 079 平方千米，主要农作物为小麦、水稻、油菜，主要经济来源以外地务工为主。

新塆[Xīn wān]　1962 年陡坡水库堤坝加高，库内居民搬迁至此，当时是平地无人居住，因此而得名。居民点位于观音村南部，呈块状分布。东接侯家塆，西邻向家大塆，南连汪家塆，北靠向家独屋。居民点面积约 0. 087 平方千米，所住居民均为汉族。2014 年年末，共有村民 22 户，共 89 人，耕地面积约 0. 062 平方千米，主要农作物为小麦、水稻、油菜，主要经济来源以外地务工为主。

庙岗[Miào gǎng]　清代该山冈上建有一观音堂，旁边建起居民点，故得名。居民点位于观音村东南部，呈块状分布。东接木梓乡王河村刭堰角，西邻刘家院子，南连张家塆，北靠毛家塆。居民点面积约 0. 08 平方千米，所住居民主要为汉族。2014 年年末，共有村民 10 户，共 56 人，耕地面积约 0. 063 平方千米，主要农作物为小麦、水稻、油菜，主要经济来源以外地务工为主。

二十二、曹程村[Cáochéng Cūn]

“曹程”指曹姓、程姓居民。晚清时属“雷公庙会”辖。民国时期先后属安陆县第三区碧山乡、棲碧乡辖。1949 年 10 月属王店区曹程乡辖。1952 年 10 月属第四区曹程乡辖。1954 年 8 月属雷公区曹程乡。1956 年 3 月属第四区雷公乡辖。1958 年 9 月属英雄人民公社雷公乡辖。1958 年 12 月属雷公人民公社白兆管理区辖。1961 年 4 月属雷公区白兆人民公社辖。1966 年 9 月雷公改为建新，属建新区白兆人民公社辖。1975 年 2 月属雷公人民公社白兆管理区辖。1984 年 1 月属雷公区雷公镇辖。1987 年 10 月前后属雷公镇曹程村。

该村位于雷公镇人民政府所在地东北部，距政府所在地 4. 5 千米，为丘陵山地地形。居民点面积约 3. 5

平方千米，东接白兆山，西邻王祠，南连杜棚村，北靠大安九峰村。2014年年末，辖区内共有4个自然塆：赵家塆、周家冲、王家塆、邓家塆。村内有常住居民200户、879人，耕地面积约0.28平方千米，主要农作物为小麦、水稻、油菜。村委会现有工作人员4名。

赵家塆[Zhào jiā wān]　相传明洪武年间由于发生时疫，原地居民全部死亡，后由麻城筷子街搬迁而来的赵姓居民在此定居，故而得名。居民点位于曹程村西南部，呈条状分布。居民点面积约0.091平方千米，东接白兆村寺塆，西邻九峰村白果树塆，南连王家塆，北靠邓家塆。全塆主要以赵姓为主，所住居民主要为汉族。共有居民56户、137人，耕地面积约0.04平方千米，主要农作物为小麦、水稻、油菜，主要经济来源以外地务工为主。

周家冲[Zhōu jiā chōng]　“周家”指周姓居民，“冲”指两山中间狭长谷地。明洪武年间始祖周滚、周志兄弟从麻城筷子街迁入此地定居，因地处山谷中，故名。居民点位于曹程村北部，呈条状分布。居民点面积约0.2平方千米，东接新塆，西邻赵家塆，南连侯家塆，北靠槽坊塆。全塆主要以周姓为主，所住居民主要为汉族。共有居民107户、408人，耕地面积0.16平方千米，主要农作物为小麦、水稻、油菜，主要经济来源以外地务工为主。

王家塆[Wáng jiā wān]　相传明洪武年间发生时疫，原居民全部死亡后，由麻城筷子街迁来王姓居民定居，故而得名。居民点位于曹程村西南部，呈块状分布。居民点面积约0.05平方千米，东接白兆村寺塆，西邻王祠村九峰村秀才塆，南连邓家塆，北靠赵家塆。全塆主要以王姓为主，所住居民主要为汉族。共有居民36户、126人，耕地面积约0.02平方千米，主要农作物为小麦、水稻、油菜，主要经济来源以外地务工为主。

邓家塆[Dèng jiā wān]　相传明洪武年间发生时疫，原地居民全部死亡，后由麻城筷子街迁入邓姓居民来此定居，故名。居民点位于曹程村西南部，呈块状分布。居民点面积约0.04平方千米，东接杜棚村孙家咀，西邻王祠村杨家大塘，南连杜棚村蔡家塆，北靠侯家塆。全塆主要以邓姓为主，所住居民主要为汉族。共有居民22户、126人，耕地面积约0.028平方千米，主要农作物为小麦、水稻、油菜，主要经济来源以外地务工为主。

二十三、长冲村[Chángchōng Cūn]

“长”指狭长，“冲”指山冲，以地理特征命名。民国时期先后属六合乡，棲碧乡辖。1949年10月属王店区辖。1952年10月属第四区柏桥乡辖。1954年8月属雷公区柏桥乡辖。1956年3月属第四区六合乡辖。1956年4月属第五指导小组六合乡辖。1958年9月，柏桥村更名为柏桥大队，属英雄人民公社六合管理区辖。1958年12月属雷公人民公社六合管理区辖。1961年4月属雷公区六合人民公社辖。1975年2月属雷公人民公社六合管理区辖。1979年柏桥大队一分为二，长冲大队仍属雷公人民公社六合管理区辖。1984年1月，长冲大队更名长冲村，属雷公区六合乡辖。1987年3月，长冲村属双河镇辖。2001年4月，长冲村属雷公镇辖。沿用至今。

该村位于镇政府西北方，距村委会所在地 5 千米。东至陡坡村，西至柏桥村，南至魏桥村，北至望河村。呈块状分布，占地面积约 3.4 平方千米，耕地面积 1.2 平方千米，共有村民 270 户，1109 人。由陈家冲、庙湾、阮家塆、许家塆、杨家塆、张家塆 6 个自然塆组成，在职工作人员 4 名。

陈家冲[Chén jiā chōng]　以姓氏和地理特征命名。自明朝起，陈姓就定居于此地，且村庄建在一条山冲之间，故名。居民点位于长冲村北部，呈块状分布，东接陡坡村横塆，西邻柏桥村樊廖家塆，南连岳家塆，北靠陡坡村黄家大冲。总面积约 1.2 平方千米。2014 年年末，共有村民 59 户，283 人。耕地面积约 0.12 平方千米。主要农作物为小麦、水稻，主要经济来源以外地务工为主。村内主要主要驻区单位有长冲村村民委员会。

庙塆[Miào wān]　"庙"指土地庙，以建筑物命名。相传明初盛姓居民由"麻城过籍"迁入此地，居住地依地庙而建，后渐形成村落。故名。居民点位于长冲村南部，呈块状分布，东接许家塆，西邻柏桥村熊家寨，南连魏桥村门前塆，北靠张家塆，总面积约 0.18 平方千米。共有村民 10 户，53 人。耕地面积约 0.61 平方千米。主要农作物为小麦、水稻，主要经济来源以外地务工为主。

阮家塆[Ruǎn jiā wān]　"阮家"指阮姓居民，以姓氏命名。清朝中期，阮姓居民因水灾之患，由云梦迁入，搭草棚居住，取名"阮家棚子"后阮姓人口发展，渐形成村落，故名。居民点位于长冲村东南部，呈块状分布，东接陡坡村熊家独屋，西邻张家塆，南连许家塆，北靠陈家冲，总面积约 1.5 平方千米。共有村民 85 户，385 人。耕地面积约 0.19 平方千米。主要农作物为小麦、水稻，主要经济来源以外地务工为主。

许家塆[Xǔ jiā wān]　以姓氏命名。自清朝初期，许氏居住于此，繁衍生息，形成村庄，故名。居民点位于长冲村西北部，东接陡坡村徐家杨林，西邻庙塆，南连魏桥村黄家塆，北靠陈家塆。居民主要姓氏为许姓，主要民族为汉族。居民点面积约 0.23 平方千米，共有居民 19 户，70 人。耕地面积约 5.5 平方千米，主要经济来源为外出务工与种植。

杨家塆[Yáng jiā wān]　以姓氏命名。相传自明初起，杨姓就定居于此地，繁衍生息，渐形成村庄，故名。居民点位于长冲村西北部，呈块状分布，东接陡坡村侯家凹，西邻柏桥村下杨家塆，南连陈家冲，北靠陡坡城黄家大冲。面积约 1.8 平方千米，居民主要姓氏为杨姓，主要民族为汉族。2014 年年末，共有村民 31 户，148 人。主要农作物为小麦、水稻，主要经济来源以外地务工为主。

张家塆[Zhāng jiā wān]　以姓氏命名。清朝初期，张姓就定居于此地，繁衍生息，形成村庄，故名。居民点位于长冲村南部，呈块状分布，东接阮家棚子，西邻柏桥村易家塆，南连庙湾，北靠岳家塆，面积约 0.23 平方千米，2014 年年末，共有村民 14 户，72 人。主要农作物为小麦、水稻，主要经济来源以外地务工为主。村内主要驻区单位有长冲村村民委员会。

二十四、大安村[Dà'ān Cūn]

"大安"指大安山，是所在地理位置，以地理位置命名。晚清时期属"雷公庙会"辖。民国时期属安陆县第三区棲碧乡辖。1949 年 10 月属王店区辖。1952 年 10 月属第四区望河乡辖。1954 年 8 月属雷公区曹程乡辖。1956 年 3 月属第四区雷公乡九峰大队辖。1956 年 4 月第五指导小组雷公乡辖。1958 年 9 月属英雄人民公社雷公管理区辖。1960 年从九峰大队划分到大安大队属雷公人民公社辖。1961 年 4 月属雷公区白兆人民公社辖。1975 年 2 月属雷公人民公社白兆管理区辖。1984 年 1 月属雷公区雷公镇辖。

该村位于雷公镇人民政府所在地北部，距人民政府 6 千米，为丘陵山地地形。辖区占地面积约 6. 5 平方千米，东接烟店镇碧山村，西邻九峰村，南连九峰村，北靠万福村。所在居民主要为汉族。截至 2014 年 9 月，辖区内共有 5 个自然塆：余家塆、张家佬、余家河、竹林塆、程家大塆。村内有常住居民 152 户、601 人，耕地面积约 2. 6 平方千米，主要农作物为小麦、水稻、油菜。村委会现有工作人员 3 名，村内主要驻区单位有雷公镇金运石材有限公司。

余家塆[Yú jiā wān]　相传明初时余姓人到此居住，繁衍成塆得名。居民点位于大安村北部，呈块状分布。东接上塆，西邻桃子凹，南连余家河，北靠张家佬。居民点占地面积约 1. 5 平方千米，主要以余姓为主，所住居民主要为汉族。2014 年年末，共有村民 25 户、118 人，耕地面积 0. 8 平方千米，主要农作物为小麦、水稻、油菜，主要经济来源以外地务工为主。

张家佬[Zhāng jiā lǎo]　曾用名：老屋塆。以姓氏命名，因该地为张姓聚居地而得名。居民点位于大安村北部，呈块状分布。居民点占地面积约 1 平方千米，东至上塆，西至聂家凹，北至余家塆，南连余家河。主要以张姓为主，所住居民主要为汉族。共有村民 19 户、74 人，耕地面积约 0. 72 平方千米，主要农作物为小麦、水稻、油菜，主要经济来源以外地务工为主。

余家河[Yú jiā hé]　相传明初余姓人到此，选择在小河边居住，繁衍成塆后得名。居民点位于大安村南部，呈块状分布。居民点占地面积约 1. 5 平方千米，东接曹程村周家大塆，西邻九峰村许家凹，南连余家河，北靠张家佬。主要以余姓为主，所住居民主要为汉族。共有村民 20 户、79 人，耕地面积约 0. 8 平方千米，主要农作物为小麦、水稻、油菜，主要经济来源以外地务工为主。

竹林塆[Zhú lín wān]　“竹林”指竹子植物，茂密成林，以物产命名。因当地所在区域内的竹子生长繁茂，有大片竹林而得名。居民点位于大安村东南部，距村委会所在地约 500 米，为丘陵山地地形，居民点呈块状分布。居民点占地面积约 1 平方千米，东接烟店镇碧山村熊家杨林，西邻程家塆，南连余家河，北靠上塆。所住居民主要为汉族。共有村民 17 户、69 人，耕地面积 0. 71 平方千米，主要农作物为小麦、水稻、油菜，主要经济来源以外地务工为主。

程家大塆[Chéng jiā dà wān]　曾用名：程家塆。相传清康熙年间从麻城过籍而来，因该地为程姓聚居地，且该村人口多、村户多、面积大。居民点位于大安村东北部，呈块状分布。居民点占地面积约 1. 5 平方千米，东接竹林塆，西邻九峰村桃子凹，南连余家河，北靠张家佬。主要以程姓为主，所住居民主要为汉族。共有村民 21 户、85 人，耕地面积 0. 76 平方千米，主要农作物为小麦、水稻、油菜，主要经济来源以外地务工为主。

二十五、横冲村[Héngchōng Cūn]

民国时期属安陆县第三区、碧山乡、棲碧乡辖。解放初期属第四区杨威乡辖。1954 年 8 月属雷公区杨威乡辖。1956 年 3 月属第四区雷公乡辖。1956 年 4 月属第五指导小组雷公乡辖。1958 年 9 月属英雄人民公社雷公乡辖。1958 年 12 月属雷公雷公人民罗庙管理区辖。1961 年 4 月属雷公区罗庙人民公社辖。1975 年 2 月属雷公人民公社罗庙管理区辖。1984 年 1 月属雷公区罗庙乡辖。1987 年 10 月属雷公镇辖，沿用至今。

该村委会位于镇政府西部，距镇政府所在地 1. 5 千米。为丘陵山地地形。东接彭桥村，西邻曹岗村，南连罗庙村，北靠陡坡村。辖区占地面积约 3. 287 平方千米，截至 2014 年 9 月，辖区内共有 8 个自然塆：沈家河、周家大塆、周家小塆、新屋塆、范家独屋、甘家畈、徐家塆、曹家塆。2014 年年末，共有居民 297 户，1185 人。耕地面积约 1. 45 平方千米，主要农作物为小麦、水稻、油菜。村委会现有工作人员 4 名，村内主要驻区单位有横冲村村民委员会、安陆市雷公镇金旺瓦厂等。

沈家河[Shěn jiā hé]　相传清康熙年间从“麻城”过籍来此沿河定居，故得名。居民点位于横冲村西部，呈块状分布。东接周家小塆，西邻甘家畈，南连杨家独屋，北靠范家独屋。总面积约 0. 11 平方千米，居民主要姓氏为沈姓，主要民族为汉族。2014 年年末，共有村民 16 户，45 人。耕地面积约 0. 08 平方千米，主要农作物为小麦、水稻、油菜，主要经济来源以外地务工为主。

周家大塆[Zhōu jiā dà wān]　以姓氏命名。清康熙年间周姓先祖从“麻城过籍”迁入到此定居，后繁衍生息形成聚落。居民点位于横冲村东部，呈块状分布，东接彭桥村尹家岗，西邻周家小塆，南连易家塆，北靠新屋塆。总面积约 0. 072 平方千米，居民主要姓氏为周姓，主要民族为汉族。2014 年年末，共有村民 21 户，126 人。耕地面积约 0. 027 平方千米，主要农作物为小麦、水稻、油菜，主要经济来源以外地务工为主。

周家小塆[Zhōu jiā xiǎo wān]　相传清康熙年间周姓先祖从“麻城筷子街过籍”迁入到此定居，后繁衍生息，后先祖从周家大塆分家后迁出。居民点位于横冲村中东部，呈块状分布。东接周家大塆，西邻沈家河，南连易家塆，北靠新屋塆。总面积约 0. 056 平方千米，居民主要姓氏为周姓，主要民族为汉族。共有村民 23 户，121 人。耕地面积约 0. 029 平方千米，主要农作物为小麦、水稻、油菜，主要经济来源以外地务工为主。

新屋塆[Xīn wū wān]　“新屋”指新建的房屋，该居民点都是新建的房屋，而得名。居民点位于横冲村东北部，呈块状分布。东接许棚村徐家塆，西邻范家独屋，南连周家大塆，北靠许棚村易家纸棚。总面积约 0. 075 平方千米，居民主要民族为汉族。2014 年年末，共有村民 17 户，125 人。耕地面积约 0. 022 平方千米，主要农作物为小麦、水稻、油菜，主要经济来源以外地务工为主。

甘家畈[Gān jiā fàn]　“甘”指甘姓居民，“畈”指地理特征，地貌平坦。该居民点位于横冲村西北部，为小平原地形，居民点呈块状分布。东接沈家河，西邻王家塆，南连曹家塆，北靠陡坡村。总面积约 0. 056 平方千米，居民主要民族为汉族。2014 年年末，共有居民 15 户，91 人。耕地面积约 0. 019 平方千米，主要农作物为小麦、水稻、油菜，主要经济来源以外地务工为主。

范家独屋[Fàn jiā dú wū]　“范家”指范姓居民，“独屋”指人口少，住户少的村庄。以姓氏命名。清末时期从今孛畈长松迁入本地定居，只有范姓一户人家。居民点位于横冲村北部，为丘陵山地地形，呈块状分布。东接新屋垮，西邻李家独屋，南连沈家河，北靠大安村张家佬。总面积约 0.069 平方千米，居民主要姓氏为范姓，主要民族为汉族。2014 年年末，共有居民 21 户，123 人。耕地面积约 0.027 平方千米，主要农作物为小麦、水稻、油菜，主要经济来源以外地务工为主。

徐家垮[Xú jiā wān]　以姓氏命名，因该地为徐姓聚居地而得名。居民点位于横冲村西北部，为丘陵山地地形，呈块状分布。东接魏桥村王家垮，西邻魏桥村许家垮，南连曹岗村曹家岗，北靠陡坡村熊家垮。总面积约 0.08 平方千米，居民主要姓氏为徐姓，主要民族为汉族。2014 年年末，共有村民 31 户，132 人。耕地面积约 0.04 平方千米，主要农作物为小麦、水稻、油菜，主要经济来源以外地务工为主。

曹家垮[Cáo jiā wān]　曾用名：曹家沟。以姓氏命名。因该地为曹姓聚居地而得名。该居民点位于横冲村西部，为丘陵山地地形，呈块状分布。东接横冲村沈家河，西邻曹岗村，南连曹岗村，北靠沈家河。总面积约 0.042 平方千米，居民主要姓氏为曹姓，主要民族为汉族。共有村民 21 户，72 人。耕地面积约 0.02 平方千米，主要农作物为小麦、水稻、油菜，主要经济来源以外地务工为主。

二十六、彭桥村[Péngqiáo Cūn]

晚清时期属“雷公庙会”辖。民国时期属碧山乡。中华人民共和国成立初属第四区杨威乡辖。1954 年 8 月属雷公区杨威乡辖。1958 年 9 月属英雄人民公社雷公乡辖。1958 年 12 月雷公人民公社罗庙管理区辖。1961 年 4 月为雷公区罗庙人民公社辖。1966 年 9 月为建新区罗庙人民公社辖。1975 年 2 月为雷公人民公社罗庙管理区辖。1984 年 1 月为雷公区罗庙乡辖。1987 年 10 月后为雷公镇彭桥村。

该村位于镇政府西部，距政府 1 千米。东接雷公镇居民委员会，西邻罗庙村、横冲村，南连观音村，北靠许棚村、横冲村。总面积约 3 平方千米，截至 2015 年 10 月，该村共有 10 个自然垮：任家垮、尹家西岗、独子树、蔡家石板、汪家洼子、高家洼子、长安街、彭家桥、潘家垮、尹家东岗。共有居民 324 户，1200 人。耕地面积 1.86 约平方千米。主要农作物为：小麦、水稻、油菜。该村主要驻区单位有彭桥村村民委员会，村民委员会工作人员 4 人，村委会办公室地址设在彭桥村。

任家垮[Rèn jiā wān]　相传明初任姓人至此居住，后繁衍成垮而得名。居民点位于彭桥村东部，为丘陵山地地形，呈条状分布。东接雷公居委会潘家垮，西邻潘家垮，南连彭家独屋，北靠雷公镇。总面积约 0.058 平方千米，主要姓氏为任姓，主要民族为汉族。共有村民 59 户，160 人，耕地面积约 0.05 平方千米，主要农作物为小麦、水稻，主要经济来源以外地务工为主。

尹家西岗[Yǐn jiā xī gǎng]　曾用名：西尹家岗。“尹家”指尹姓居民，“西”指西边，“岗”指山冈。以姓氏和地理方位综合命名。明初时期，尹姓兄弟从麻城迁来此处，分别居住在东西两边故而得名。居民点位于彭桥村西南部，为丘陵山地地形，呈条状分布。东接碑纪塆，西邻横冲村易家塆，南连潘家凹，北靠张家塆。总面积约0.058平方千米，居民主要姓氏为尹姓，主要民族为汉族。共有村民39户，88人，耕地面积约0.044平方千米，主要农作物为小麦、水稻，主要经济来源以外地务工为主。

独子树[Dú zǐ shù] “独子”指少、只有一棵，“树”指树木。以数量及树木命名。因当地山冈上只有一棵树而得名。居民点位于彭桥村西部，为丘陵山地地形，呈条状分布。东接雷公镇居委会镇自来水厂，西邻横冲村周家大塆，南连尹家西岗，北靠横冲村新屋塆。面积约0.058平方千米，居民主要民族为汉族。2014年年末，共有村民29户，86人，耕地面积0.05平方千米，主要农作物为小麦、水稻，主要经济来源以外地务工为主。

蔡家石板[Cài jiā shí bǎn] 当地有很大一块石板。以姓氏和地貌命名。居民点位于彭桥村南部，为丘陵山地地形，呈条状分布。东接木梓乡双杨村上彭家塆，西邻汪家洼子，南连观音村汪家独屋，北靠任家塆。总面积约0.05平方千米，居民主要姓氏为蔡姓，主要民族为汉族。2014年年末，共有村民43户，120人，耕地面积约0.036平方千米，主要农作物为小麦、水稻，主要经济来源以外地务工为主。

汪家洼子[Wāng jiā wā zǐ] 曾用名：汪家凹子。“汪家”指汪姓居民，“洼子”指地势潮湿低洼的地方。相传明初汪姓人来此居住，选择低洼处建房，繁衍成塆而得名。居民点位于彭桥村南部，呈条状分布。东接蔡家石板，西邻罗庙村罗家凹子，南接观音村王家独屋，北靠高家洼子。总面积约0.05平方千米，居民主要姓氏为汪姓，主要民族为汉族。共有村民9户，50人，耕地面积约0.036平方千米，主要农作物为小麦、水稻，主要经济来源以外地务工为主。

高家洼子[Gāo jiā wā zǐ] 曾用名：高家凹子。“高家”指高姓居民，“洼子”指地势低的地方。以姓氏及地理实体形态命名。居民点位于彭桥村西部，为丘陵山地地形，呈条状分布。东接彭家桥，西邻罗庙村罗家凹子，南连汪家洼子，北靠彭家桥。总面积0.058平方千米，居民主要姓氏为高姓，主要民族为汉族。2014年年末，共有村民18户，77人，耕地面积约0.04平方千米，主要农作物为小麦、水稻，主要经济来源以外地务工为主。

长安街[Cháng'ān Jiē] “长安”指居民希望长久平安的愿望，“街”指街道。以美好愿望命名。20世纪80年代乡镇大开发，从雷公卫生队至雷公高中之间修建一条街道，原乔家塆居民都搬迁至此，居民希望可以长久平安，由此而得名。居民点位于彭桥村北部，为丘陵山地地形，呈条状分布。东接雷公居委会南大街，西邻雷公居委会镇自来水厂，南连雷公初中，北靠桥头塆。总面积约0.11平方千米，居民主要民族为汉族。2014年年末，共有村民50户，200人。耕地面积约0.08平方千米，主要农作物为小麦、水稻，主要经济来源以外地务工为主。

彭家桥[Péng jiā qiáo] “彭家”指彭姓居民，“桥”指桥梁。以姓氏和地理实体形态命名，因当地为彭姓聚居地，且最初有一座桥梁而得名。居民点位于彭桥村南部，为丘陵山地地形，呈条状分布。东接蔡家石板，西邻高家洼子，南连汪家洼子，北靠雷公初中。总面积约0.1平方千米，居民主要姓氏为彭姓，主要民族为汉族。共有村民40户，135人，耕地面积约0.08平方千米，主要农作物为小麦、水稻，主要经济来源以外地务工为主。

潘家塆[Pān jiā wān]　“潘家”指潘姓居民，“塆”指村庄。相传明初潘姓人来此居住，繁衍成塆后得名。居民点位于彭桥村西部，为丘陵山地地形，呈条状分布。东接任家塆，西邻万家塆，南连高家洼子，北靠雷公初中。总面积约0.067平方千米，主要姓氏为潘姓，主要民族为汉族。2014年年末，共有村民30户，80人。耕地面积约0.033平方千米，主要农作物为小麦、水稻，主要经济来源以外地务工为主。

尹家东岗[Yǐn jiā dōng gǎng]　曾用名：东尹家岗。“尹家”指尹姓居民，以姓氏和地理方位综合命名。相传明朝时期，尹姓兄弟从麻城迁来此处，分别居住在东西两边故而得名。居民点位于彭桥村东部，为丘陵山地地形，呈条状分布。东隔幸福水库与木梓乡杜垱村刘家塆相望，西邻彭家桥，南连观音村杨家凹，北靠雷公居委会潘家塆。总面积约0.09平方千米，居民主要姓氏为尹姓，主要民族为汉族。2014年年末，共有村民38户，137人。耕地面积约0.067平方千米，主要农作物为小麦、水稻，主要经济来源以外地务工为主。

二十七、望河村[Wànghé Cūn]

“望河”指河流名称，以派生地名命名。明朝时期就有居民在此繁衍生息，清朝末年，由于人口的急剧增多，在本地域的中心位置一处平畈地上逐渐形成了个体私家商铺，逐渐演变为一个商贸中心。由于该地东面自古以来有一条大河，且集贸中心正好抬头就可望见这条河，故名望河。意为望见东面有一条河。就将这个商贸区取名为望河店。新中国成立后为管理区、大队、村民委员会所在地。

清末时期属“雷公庙”会辖。民国时期属棲碧乡辖。1949年10月属王店区辖。1952年属第四区望河乡辖。1954年8月，望河乡并入雷公乡、曹程乡，属雷公区雷公乡、曹程乡辖。1956年3月，望河村属第四区雷公乡辖。1956年4月属第五指导小组雷公乡辖。1958年9月，望河大队属英雄人民公社雷公管理区辖。1961年4月属雷公区雷公人民公社辖。1966年9月，望河大队属建新区白兆人民公社辖。1975年2月属雷公人民公社白兆管理区辖。1984年，王河村属雷公镇望河管理区辖。1987年10月，望河村属雷公镇辖，沿用至今。

该村位于雷公镇政府西北方向，距镇政府9千米。居民点面积约7.5平方千米，东接万福村，西邻黄金村，南连陡坡水库，北靠李畈龙冲。2015年4月，辖区内共设有10个自然塆：万家塆、学堂塆、李家塆、七户咀、柏树塆、何家塆、徐家洼、大安寺冲、倒钩冲、黄金塆。全村常住居民230户、1004人，耕地面积约0.37平方千米，主要农作物有水稻和小麦、油菜。村委会办公地址设在望河村，在职工作人员4名。

万家塆[Wàn jiā wān]　“万家”指万姓居民，相传明初时万姓人从江西麻城迁到此地，繁衍成塆后得名。居民点位于望河村正北部，为丘陵山地地形，呈块状分布。居民点面积约1.8平方千米，东接万福村张家咀，西邻云岭村西塆，南连学堂塆，北靠李畈镇龙冲村丁家凹。全塆主要以万姓为主，主要为汉族。2014年年末，共有居民34户、115人，耕地面积约0.68平方千米，主要农作物为小麦、水稻、油菜，主要经济来源以外地务工为主。

学堂塆[Xué táng wān]　“学堂”指学校，“塆”指村庄。因当地1966年开办过扫盲学校，对本地成人进行扫盲学习，至1968年解散，后人为了纪念这里，故名。居民点位于望河村北部，为丘陵山地地形，呈块状分布。居民点面积约0.4平方千米，东接万福村棘林，西邻李家塆，南连七户咀，北靠万家塆。所住居民主要为汉族。共有居民6户、24人，耕地面积约0.026平方千米，主要农作物为小麦、水稻、油菜，主要经济来源以外地务工为主。

李家塆[Lǐ jiā wān] “李家”指李姓居民，“塆”指村庄。以姓氏命名。民国初年，有一个叫李天元的人，到此处购买了万姓人家的一石田，并在此落户安家，繁衍后代，后形成了以李姓为主体的居民点，故名。居民点位于望河村西北部，为丘陵山地地形，呈块状分布。居民点面积约0.3平方千米，东接学堂塆，西邻云岭村董家塆，南连七户咀，北靠万家塆。全塆主要以李姓氏为主，主要为汉族。共有居民8户、34人，耕地面积约0.03平方千米，主要农作物为小麦、水稻、油菜，主要经济来源以外地务工为主。

七户咀[Qī hù zuǐ] “七户”指万姓七兄弟，“咀”指扁马山的末端。清康熙年间，自麻城过籍来此处的万天佑、万天兆兄弟俩住在这里西山边的一个石灰窑洞里，共生了七个儿子，由于勤俭持家，家庭逐渐富裕，先后买田买地，后分家立户，形成了七个富裕的家庭，由于这里正好位于扁马山咀的末端，故名。居民点位于望河村东北部，为丘陵山地地形，呈块状分布。东接白水冲，西邻云岭村徐家塝，南连望河店，北靠学堂塆。所住居民均为汉族。全塆19户89人，总面积0.9平方千米，其中有耕地面积0.06平方千米，主要农作物为小麦、水稻、油菜，主要经济来源以外地务工为主。

何家塆[Hé jiā wān] 以姓氏命名。1958年，原雷公区修建陡坡水库，将建于淹没区域内的12户何姓居民迁移至水库上游，形成了一个何姓聚居地。故名。居民点位于望河村东南部，为丘陵山地地形，呈块状分布。居民点面积约1.4平方千米，东接万福村黑凹，西邻望河店，南连陡坡村杨家塆，北靠白水冲。全塆主要以何姓为主，主要为汉族。共有居民38户、196人，耕地面积约0.4平方千米，主要农作物为小麦、水稻、油菜，主要经济来源以外地务工为主。

徐家洼[Xú jiā wā] 曾用名：徐家凹。以姓氏命名。清光绪年间，徐姓先祖从云岭迁入此地定居，故名。居民点位于望河村西南方向，为丘陵山地地形，呈块状分布。居民点面积约1.1平方千米，东接望河店，西邻长冲村西凹，北靠云岭村徐家塝，南连陡坡村周家凹。全塆主要以徐姓为主，主要为汉族。2014年年末，共有居民19户、81人，耕地面积约0.37平方千米，主要农作物为小麦、水稻、油菜，主要经济来源以外地务工为主。

柏树冲[Bǎi shù chōng] 原名“李家大塆”。“柏树”指树木，“冲”指两山之间的狭长地带。此地居住的居民大部分姓李，原名“李家大塆”。由于与本地的“李家塆”同名，后以塆中的一棵千年柏树为标题，故名。居民点位于望河村东北部，为丘陵山地地形，呈块状分布。东接万福村喻家凹，西邻七户咀，南连何家塆，北靠学堂塆。居民点面积约0.7平方千米，所住居民主要为汉族。2014年年末，共有居民82户、18人，耕地面积约0.4平方千米，主要农作物为小麦、水稻、油菜，主要经济来源以外地务工为主。

倒沟冲[Dào gōu chōng] 曾用名：黄家大冲。“倒沟”指水流反向，“冲”指两山之间的狭长地带，亦指村庄。原名黄家大冲，因当地地势东高西低，水流方向向西奔流，违反滚滚河水向东流之说，故而得名。居民点位于望河村西南部，为丘陵山地地形，呈块状分布。居民点面积约1.3平方千米，东接云岭村周家凹，西邻长冲村上干冲，南隔长冲村下干冲，北靠云岭村徐家凹。所住居民主要为汉族。共有居民 34 户、98 人，耕地面积约 0.6 平方千米，主要农作物为小麦、水稻、油菜，主要经济来源以外地务工为主。

大安寺冲[Dà'ān sì chōng]　“大安寺”指寺庙名称，“冲”指两山之间的狭长地带。以派生地名和地理实体形态特征综合命名。唐朝开元年间，李白岳祖父许围师，晚年归隐于此，因祈求晚年平安大福，不被世间烦忧事所扰，故以大安山名将寺庙更为“大安寺”。该居民点位于望河村西南部，为丘陵山地地形，呈块状分布。居民点面积约 1.2 平方千米，东接七户咀，西邻倒沟冲，南连陡坡村西凹，北靠云岭村竹林凹。所住居民主要为汉族。共有居民 39 户、190 人，耕地面积约 0.8 平方千米，主要农作物为小麦、水稻、油菜，主要经济来源以外地务工为主。

黄金塆[Huáng jīn wān]　曾用名：黄荆塆。“黄金”指黄荆条，取谐音，以美好愿望命名。古名为黄荆塆，因这里盛产黄荆条而得名。2000 年安陆市电力局小康工作队驻村，将这里扩建为望河村中心村庄，并由原安陆市委副书记陈有金取谐音更名为黄金塆，意寓积累财富的塆落。居民点位于望河村南部，为丘陵山地地形，呈块状分布。居民点面积约 0.2 平方千米，东邻何家塆，西邻望河店，南隔陡坡水库与陡坡村聂家塆相望，北靠七户咀。所住居民主要为汉族。共有居民 15 户、65 人，耕地面积约 0.067 平方千米，主要农作物为小麦、水稻、油菜，主要经济来源以外地务工为主。

二十八、云岭村[Yúnlǐng Cūn]

“云“指云雾，“岭”指山岭，以地理实体形态命名。相传有一山很高，顶上建有一寺，有雾时，像在云雾里一样，故名。

民国属棲碧乡辖。1949 年 10 月属王店区辖。1952 年 10 月属第四区雷公乡辖。1954 年 8 月后属雷公区雷公乡辖。1958 年 9 月属英雄人民公社云岭大队辖。1961 年 4 月为雷公区雷公人民公社辖。1975 年 2 月为雷公人民公社白兆管理区望河大队辖。1984 年 1 月为雷公区辖。1987 年 10 月撤区并乡后，云岭村属雷公镇辖。沿用至今。

该村位于雷公镇西北部，距雷公镇集市 12 千米，该村占地面积约 3.35 平方千米，东接望河村，西邻王义贞镇黄金村，南连望河村，北靠孛畈镇板金村。全村居民主要为汉族，2014 年年末，辖区内有西塆，两山洼，万家塆，邓家洼，万家咀，前塆，董家塆，老李家塆，徐家塝 9 个自然塆。共有村民、130 户、815 人，耕地面积约 3.18 平方千米，主要交通干道为雷公镇云岭村级公路，主要山峰有云岭寺山，灌子岭，余家寨，主要农作物有水稻和小麦、油菜。

西塆[Xī wān]　“西”指方位，方向，以方位命名。因当地位于云岭村西部，故名。居民点位于云岭村西部，为丘陵山地地形，呈条状分布。东接望河村万家塆，南连云岭塆，西邻万家嘴，北靠孛畈镇板金村孙家塆。居民点占地面积 0.078 平方千米，所在居民主要为汉族，共村民 16 户、100 人，耕地面积 0.053 平方千米，主要农作物为小麦、水稻、油菜，主要经济来源以外地务工为主。

两山洼[Liǎng shān wā]　曾用名：两山凹。“两”指数量，“山”指山峰，“洼”指周围高，中间低。居民点两侧有两个大山形成的凹地，明朝中期，李氏家族第八世由江西麻城筷子街迁居至今。后人口发展较快。形成居民点，故名。居民点位于云岭村北部，为丘陵山地地形，呈条状分布。居民点占地面积0.05平方千米，东接本村二组，西邻王义贞镇黄金村杨明泉，南连周家台子，北靠孛畈镇板金村孙家塆。所在居民主要为汉族。共有村民13户、110人，有耕地面积约0.017平方千米，主要农作物为小麦、水稻、油菜，主要经济来源以外地务工为主。

万家塆[Wàn jiā wān]　相传明初时万姓人迁到此地，繁衍成塆后得名。居民点位于云岭村西北部，为丘陵山地地形，呈条状分布。占地面积约0.09平方千米，东接万家咀，西邻王义贞镇黄金村盛家凹，南连望河村大安寺冲，北靠喻家塆。主要以万姓为主，主要为汉族。共村民30户、180人，耕地面积约0.08平方千米，主要农作物为小麦、水稻、油菜，主要经济来源以外地务工为主。

邓家洼[Dèng jiā wā]　曾用名：邓凹。以姓氏命名。明朝时期，邓姓人由江西麻城筷子街迁居，后逐渐形成居民点，故名。居民点位于云岭村北部，为丘陵山地地形，呈条状分布，占地面积约0.052平方千米，东接前塆。西邻周家台子，南连何家凹，北靠孛畈镇板金村岩脚塆。主要以邓姓为主，主要为汉族。共有村民13户、80人，耕地面积约0.043平方千米，主要农作物为小麦、水稻、油菜，主要经济来源以外地务工为主。

万家咀[Wàn jiā zuǐ]　相传明初时万姓人到此居住，选择在形如鹤咀的小山居住，故名。居民点位于云岭村北部，为丘陵山地地形，呈条状分布。居民点占地面积0.033平方千米，东接西塆，西接万家塆，南连望河村大安寺冲，北靠前塆。主要以万姓为主，主要为汉族。2014年年末，共村民11户、60人，耕地面积0.026平方千米，主要农作物为小麦、水稻、油菜，主要经济来源以外地务工为主。

前塆[Qián wān]　曾用名：泉水塆。该处泉水清澈且终年不息，故名。后讹称为“前塆”。居民点位于云岭村西北部，为丘陵山地地形，呈条状分布。东接西塆，西邻接何家凹，南连邓家凹，北靠孛畈镇板金村岩脚塆。均为汉族。全塆共6户40人，总面积0.032平方千米，其中有耕地面积0.023平方千米，主要农作物为小麦、水稻、油菜，主要经济来源以外地务工为主。

董家塆[Dǒng jiā wān]　明朝中期，一董姓人家由江西麻城筷子街迁居至此，后陆续有李姓，万姓迁居，逐渐形成居民点，故名。居民点位于云岭村南部，为丘陵山地地形，呈条状分布。居民点占地面积面积约0.075平方千米，东接望河村学堂塆，南连望河村望河店，西邻云岭，北靠西塆。耕地面积约0.053平方千米，主要农作物为小麦、水稻、油菜，主要经济来源以外地务工为主。

老李家塆[Lǎo lǐ jiā wān]　“老”指时间久远，陈旧的，“李家”指李姓居民，“塆”指村庄。李姓先祖明初从麻城迁居至此，由于发展过快，很快在另一处又建立了一居民点同命名李家塆，为了区分两地，更为现名。居民点位于云岭村北部，为丘陵山地地形，呈条状分布。居民点占地面积0.05平方千米，东接望河村学堂塆，西邻西塆，南连董家塆，北靠万福村万家塆。主要以李姓为主，主要为汉族。共有村民10户、60人，耕地面积0.033平方千米，主要农作物为小麦、水稻、油菜，主要经济来源以外地务工为主。

徐家塝[xú jiā bàng]　相传明初时徐姓人从江西迁居此地，选择在山坡上建房，繁衍成塆后得名。居民点位于云岭村南部，为丘陵山地地形，呈条状分布。居民点占地面积 0.04 平方千米，东接望河村七户咀，南连望河村望河店，西邻望河村大安寺冲，北靠董家塆。主要以徐姓为主，主要为汉族。共有村民 8 户、40 人，耕地面积 0.02 平方千米，主要农作物为小麦、水稻、油菜，主要经济来源以外地务工为主。

二十九、陡坡村[Dǒupō Cūn]

“陡坡”指急剧升高的斜坡，因地理位置命名。晚清时属“雷公庙会”辖。民国时期属安陆县第三区、碧山乡、棲碧乡辖。1952 年 10 月属第四区杨威乡辖。1954 年 8 月属雷公区杨威乡辖。1956 年 3 月属第四区雷公乡辖。1958 年 9 月属英雄人民公社罗庙管理区辖。1958 年 12 月属雷公人民公社罗庙管理区辖。1961 年 4 月属雷公区罗庙人民公社辖。1966 年 9 月属建新区罗庙人民公社辖。1975 年 2 月属雷公人民公社罗庙管理区辖。1984 年 1 月属雷公区罗庙乡辖。1987 年 10 月为雷公镇陡坡村。

该村距镇政府西北方，距镇政府 5 千米。东接许棚村，西邻长冲村，南与横冲村相邻，北靠望河村。辖区占地面积约 5 平方千米，截至 2015 年 4 月，辖区内共有 7 个自然塆：侯家塆，孙家塆，聂家塆，横塆，熊家塆，柳家冲，黄家大冲。共有居民 234 户、1011 人。耕地面积约 0.56 平方千米，以种植水稻为主，村内主要驻区单位有：雷公镇陡坡村村民委员会，村委会现有工作人员 4 民。

侯家塆[Hóu jiā wān]　曾用名：侯家凹。相传明初时侯姓人从江西迁到此地，选择在低洼处建房，繁衍成塆后称为侯家凹，后渐演变成侯家塆。居民点位于陡坡村东北部，为丘陵山地地形，呈条状分布。东接许棚村许家凹，西邻长冲村陈家冲，南连孙家塆，北靠万福村余家塆。总面积约 1 平方千米，居民主要姓氏为侯姓，主要民族为汉族，2014 年年末，共有居民 22 户，112 人。耕地面积约 0.34 平方千米，主要农作物为：水稻，主要经济来源为外出务工。

孙家塆[sūn jiā wān]　相传明初时孙姓人迁到此地，繁衍成塆后得名。居民点位于陡坡村东部，为丘陵山地地形，呈条状分布。东接许棚村夏家凹，西邻聂家塆，南连熊家塆，北靠侯家塆。总面积约 0.6 平方千米，居民主要姓氏为孙姓，主要民族为汉族，2014 年年末，共有村民 38 户，165 人。耕地面积约 0.06 平方千米，主要农作物为水稻，主要经济来源以外地务工为主。

聂家塆[Niè jiā wān]　相传明初时聂姓人迁到此地，繁衍成塆后得名。居民点位于陡坡村东部，为丘陵山地地形，呈条状分布。东接孙家塆，西邻柳家冲，南连熊家塆，北靠望河村周家凹。总面积约 0.5 平方千米，居民主要姓氏为聂姓，主要民族为汉族，2014 年年末，共有村民 22 户，97 人。耕地面积约 0.05 平方千米，主要农作物为：水稻，主要经济来源以外地务工为主。

横塆[héng wān]　居民点位于陡坡村西部，为丘陵山地地形，呈条状分布。东接聂家塆，西邻长冲村熊家咀，南连长冲村阮家棚子，北靠长冲村周家凹。总面积约 0.4 平方千米，居民主要民族为汉族，2014 年年末，共有村民 26 户，118 人。耕地面积约 0.1 平方千米，主要农作物为水稻、小麦，主要经济来源以外地务工为主。

熊家塆[Xióng jiā wān] 相传明初时熊姓人迁到此地，繁衍成塆后得名。居民点位于陡坡村南部，为丘陵山地地形，呈条状分布。东接许棚村易家塆，西邻长冲村阮家棚子，南连横冲村李家塆，北靠聂家塆。总面积约1平方千米，居民主要姓氏为熊姓，主要民族为汉族，2014年年末，共有居民40户，170人。耕地面积约0.1平方千米，主要农作物为：水稻，主要经济来源以外地务工为主。

柳家冲[Liǔ jiā chōng] 相传明初时柳姓人从江西迁居此地，选择在山谷中建房，繁衍成塆后得名。居民点位于陡坡村西部，为丘陵山地地形，呈条状分布。东接聂家塆，西邻长冲村熊家咀，南连长冲村阮家棚子，北靠黄家大冲。总面积约1.5平方千米，居民主要姓氏为柳姓，主要民族为汉族，2014年年末，共有村民69户，287人。耕地面积约0.115平方千米，主要农作物为：水稻、小麦，主要经济来源以外地务工为主。

黄家大冲[Huáng jiā dà chōng] “黄家”指黄姓居民，“大”指大小、面积，“冲”指两山中间狭长的谷地。相传明初时黄姓人从江西迁居此地，选择在山谷中建房，繁衍成塆后得名。居民点位于陡坡村西北部，为丘陵山地地形，居民点呈条状分布。东隔陡坡水库与侯家凹相望，西隔长冲水库与柏桥村石家凹子相望，北接云岭村西凹，南连柳家冲。总面积约0.5平方千米，居民主要姓氏为黄姓，主要民族为汉族。共有村民17户，62人。耕地面积约0.03平方千米，主要农作物为：水稻，主要经济来源以外地务工为主。

三十、杜棚村[Dùpéng Cūn]

“杜棚”指杜家棚子居民点。清末时期属“雷公庙会”辖。民国时期属棲碧乡辖。1949年10月属王店区辖。1952年10月属第四区雷公乡辖。1954年8月属雷公区雷公乡辖。1956年3月属第四区雷公乡辖，4月属第五指导小组雷公乡管辖。1958年9月杜棚大队属英雄人民公社雷公乡辖，同年12月属雷公人民公社白兆管理区辖。1961年4月属雷公区白兆人民公社辖。1975年2月属雷公人民公社白兆管理区辖。1984年1月杜棚村属雷公区雷公镇辖。1987年10月杜棚村属雷公镇辖，至今未变。

该村位于雷公镇人民政府所在地东部，距人民政府约2.5千米，为丘陵山地地形。辖区占地面积约2平方千米，东接木梓乡汤冲村，西邻王祠村，南连木梓乡杜垱村，北靠白兆村、曹程村。所在居民主要为汉族，截至2014年9月，辖区内共有9个自然塆：窑岗塆、平桥塆、孙家塆、新屋塆、刘家凹、周家凹、蔡家塆、肖家塆、杜家棚子。村内有常住居民236户、836人，耕地面积约1.37平方千米，主要农作物为小麦、水稻、油菜。村委会现有工作人员3名。

窑岗塆[Yáo gǎng wān] 曾用名：上窑岗。“窑”指古窑，“岗”指山岭，“塆”指村庄。以经济活动命名。因当地山冈很早以前有座古窑，当地居民以烧制陶器为生，故而得名，后因修现安京公路把原窑岗塆一分为二，分为上窑岗和下窑岗，后下窑岗隶属木梓乡杜档村管辖，因此把原上窑岗更名为窑岗塆。居民点位于杜棚村东部，为丘陵山地地形，呈块状分布。居民点面积约0.5平方千米，东接平桥塆，西邻王祠村王家草塘，南连木梓乡杜档村下窑岗，北靠蔡家塆。所住居民主要为汉族。共有村民32户、121人，耕地面积约0.32平方千米，主要农作物为小麦、水稻、油菜，主要经济来源以外地务工为主。

平桥塆[Píng qiáo wān]　“平桥”指桥梁。相传明初时有人迁到此地，后在此建了一座桥，名叫平桥，故名。居民点位于杜棚村南部，为丘陵山地地形，呈块状分布。占地面积为0.3平方千米，东接孙家塆，西邻窑岗塆，南连木梓乡杜垱村刘家岗，北靠萧家塆。所住居民主要为汉族。共有村民28户、90人，耕地面积0.21平方千米，主要农作物为小麦、水稻、油菜，主要经济来源以外地务工为主。

孙家塆[Sūn jiā wān]　相传明初时孙姓人迁到此地，繁衍成塆后得名。居民点位于杜棚村东部，为丘陵山地地形，居民点呈块状分布。占地面积约0.5平方千米，东接木梓乡汤冲村刘家岗，西邻平桥塆，南连木梓乡杜档村刘家岗，北靠新屋塆。主要以孙姓为主，所住居民主要为汉族。2014年年末，共有村民40户、138人，耕地面积0.37平方千米，主要农作物为小麦、水稻、油菜，主要经济来源以外地务工为主。

新屋塆[xīn wū wān]　曾用名：刘家凹。“新屋”指新建的房屋。清末此塆名为刘家凹，后来了一程姓人家在此做了一栋高楼，便由此更名为新屋塆。居民点位于杜棚村北部，为丘陵山地地形，呈块状分布。占地面积约0.4平方千米，东接周家凹，西邻萧家塆，南连孙家塆，北靠刘家凹。所住居民主要为汉族。共有村民25户、91人，耕地面积0.32平方千米，主要农作物为小麦、水稻、油菜，主要经济来源以外地务工为主。

刘家凹[Liú jiā āo]　相传明初时刘姓人从江西迁居此地，选择在山谷低洼处建房，繁衍成塆后得名。居民点位于杜棚村北部，为丘陵山地地形，呈块状分布。占地面积约0.4平方千米，东接周家凹，西邻白兆村孙家咀，南连新屋塆，北靠白兆村寺塆。主要以刘姓为主，所住居民主要为汉族。共有村民38户、129人，耕地面积约0.29平方千米，主要农作物为小麦、水稻、油菜，主要经济来源以外地务工为主。

周家凹[Zhōu jiā āo]　相传明初时周姓人从江西迁居此地，选择在山谷低洼处建房，繁衍成塆后得名。居民点位于杜棚村东北部，为丘陵山地地形，居民点呈块状分布。占地面积约0.2平方千米，东接白兆村邓家墙塆，西邻刘家凹，南连木梓乡汤冲村汤家冲，北靠白兆村寺塆。主要以周姓为主，所住居民主要为汉族。共有村民27户、94人，耕地面积约0.156平方千米，主要农作物为小麦、水稻、油菜，主要经济来源以外地务工为主。

蔡家塆[Cài jiā wān]　相传明初时蔡姓人迁到此地，繁衍成塆后得名。居民点位于杜棚村西北部，为丘陵山地地形，呈块状分布。占地面积约0.058平方千米，东接萧家塆，西邻王祠村祠堂塆，南连窑岗塆，北靠曹程村邓家塆。主要以蔡姓为主，所住居民主要为汉族。共有村民18户、67人。耕地面积约0.05平方千米，主要农作物为小麦、水稻、油菜，主要经济来源以外地务工为主。

萧家塆[Xiāo jiā wān]　相传明初时萧姓人迁到此地，繁衍成塆后得名。居民点位于杜棚村北部，为丘陵山地地形，呈块状分布。占地面积约0.067平方千米，东接新屋塆，西邻蔡家塆，南连平桥塆，北靠白兆村邓家塆。主要以萧姓为主，所住居民主要为汉族。共有村民27户、104人，耕地面积约0.058平方千米，主要农作物为小麦、水稻、油菜，主要经济来源以外地务工为主。

杜家棚子[Dù jiā péng zi]　“杜家”指杜姓居民，“棚子”指在水平或缓倾斜巷道中采用的一种棚形支架。相传明初时有一杜姓居民在此搭建了一个很漂亮的棚子，繁衍成塆后得名。居民点位于杜棚村南部，为丘陵山地地形，呈块状分布。占地面积约 0.067 平方千米，东接孙家塆，西邻窑岗塆，南连木梓乡杜垱村程家塆，北靠棣家塆。主要以杜姓为主，所住居民主要为汉族。2014 年年末，共有村民 22 户、90 人，耕地面积约 0.06 平方千米，主要农作物为小麦、水稻、油菜，主要经济来源以外地务工为主。

三十一、六合村[Liùhé Cūn]

民国时期属六合乡、石门乡、棲碧乡辖。1949 年 10 月属王店区辖。1952 年 10 月属第四区六合乡辖。1954 年 8 月属雷公区六合乡辖，1958 年 9 月以后先后属雷公区、建新区雷公人民公社，六合人民公社管辖。1984 年 1 月属雷公区六合乡管辖。1987 年 10 月以后为双河镇六合村管辖，2001 年 1 月撤双河镇并入雷公镇，此后属雷公镇管辖，至今未变。

该村位于六合村西部，距镇政府所在地 9 千米。东接长安村，西邻张畈、王畈交界处，南连赵档村，北靠王台村。占地总面积约 1.5 平方千米，辖区内由高家塆、桃园、王家塆、许家营、涂家塆 5 个自然塆。共有村民 220 户，共 736 人，耕地面积约 1.1 平方千米，主要农作物有水稻和小麦、油菜。主要驻区单位：六合村村民委员会，村委会在职工作人员有 4 名。

高家塆[Gāo jiā wān]　相传明初高姓人迁到此地，繁衍成塆后得名。居民点位于六合村南部，为丘陵山地地形，呈块状分布。东接长安村雷家塆，西邻张畈村马家塆，南连马庙村周家塆，北靠桃园。总面积约 0.4 平方千米，居民主要姓氏为高姓，主要民族为汉族。共有 24 户，91 人，耕地面积约 0.2 平方千米，主要农作物有水稻和小麦油菜，主要经济来源以外地务工为主。

桃园[Táo yuán]　曾用名：桃园大堰塆。“桃”指物产桃树。相传明初时有人从江西迁入，因当地适合桃树生长，种植很多桃树，规划成一片片桃园而得名。居民点位于六合村中南部，距村委会所在地 1 千米。为丘陵山地地形，居民点呈块状分布。东接长安村赵家塆，西邻六合店，南连高家塆，北靠许家营。总面积约 0.2 平方千米，居民主要为汉族。共有村民 37 户，共 125 人，耕地面积约 0.1 平方千米，主要农作物有水稻和小麦、油菜。

王家塆[Wáng jiā wān]　曾用名：士富塆。相传明初时王姓人迁到此地，繁衍成塆后得名。居民点位于六合村中部，为丘陵山地地形，居民点呈块状分布。东接长安村刘家塆，西邻王畈村殷家塆，南连桃园，北靠许家营。总面积约 0.2 平方千米，居民主要姓氏为王姓，主要民族为汉族。2014 年年末共有村民 17 户，共 66 人，耕地面积约 0.1 平方千米，主要农作物有水稻和小麦、油菜，主要经济来源以外地务工为主。

许家营[Xǔ jiā yíng]　“许家”指许姓居民，“营”指兵营。相传古时曾在此屯兵，后许姓人到此居住，因而得名。居民点位于六合村西北部，为丘陵山地地形，居民点呈块状分布。东接长安村刘家塆，西邻王畈村徐家塆，南连桃园，北靠王台村下杨家墩。占地总面积约 0.7 平方千米，居民主要姓氏为许姓，主要民族为汉族。共有村民 130 户，500 人，耕地面积为 0.3 平方千米，主要农作物有水稻和小麦、油菜，主要经济来源以外地务工为主。

涂家塆[Tú jiā wān]　相传明初时涂姓人迁到此地，繁衍成塆后得名。居民点位于六合村南部，为丘陵山地地形，呈块状分布。东接王家塆，西邻庙岗村刘家塆，南连桃园，北靠许家营。总面积约 0.01 平方千米，居民主要姓氏为涂姓，主要民族为汉族。2014 年年末，共有村民 5 户，20 人，耕地面积约 0.045 平方千米，主要农作物有水稻和小麦、油菜，主要经济来源为外地务工。

三十二、罗庙村[Luómiào Cūn]

罗庙，原名罗家庙，清朝中后期形成一条小古街道，居民以做小生意和种田为业。清朝晚期，罗庙街上建有一座寺庙，称罗家庙。1938 年日寇占领罗庙街，并在罗庙修围墙，建了三座碉堡，实施“三光”政策。1941 年 10 月，中共京安县委员会委员，妇女部长杨威在罗家庙英勇就义，为纪念杨威烈士，将罗家庙乡更名为杨威乡。新中国成立后“罗庙”一直为乡公社大队、村、村村民委员会所在地。

民国时期属楱碧乡辖。1949 年 10 月属王店区辖。1952 年 10 月属第四区杨威(罗庙)乡辖。1954 年 8 月属雷公区杨威乡辖。1956 年 3 月属第四区雷公乡辖。1958 年 9 月属英雄人民公社罗庙管理区罗庙大队辖。1958 年 12 月属雷公人民公社罗庙管理区辖。1961 年 4 月属雷公区罗庙人民公社辖。1966 年 9 月雷公区更名为建新区，属建新区罗庙人民公社辖。1975 年 2 月为雷公人民公社罗庙管理区辖。1984 年 1 月罗庙大队更名为罗庙村，属雷公区罗庙乡辖。1987 年 10 月后属雷公镇辖，沿用至今。

该村位于镇政府西南方向，距镇政府所在地 4.2 千米。东接观音村、彭桥村，西邻姚河村、白鹤村、曹岗村，南连柳林村，北靠横冲村。总面积约 2.24 平方千米，共有村民 2138 人，545 户。由庙坡塆、胡家榨、万家岗、蒯家河、谢家坡、谢家巷、杨家畈、邹家塆、谢家河、聂家独洼、毛家河 11 个自然塆组成。耕地面积约 1.52 平方千米。村委会工作人员有 5 名。主要农作物为：水稻、小麦、油菜，主要驻区单位为庙村村民委员会。

庙坡塆[Miào pō wān]　“庙”指寺庙，“坡”指地理实体特征。相传明洪武年间刘姓居民从“麻城过籍”迁入此地，住房依罗家庙的寺庙坡地而建，故名“庙坡塆”。居民点位于罗庙村东部，为丘陵山地地形，居民点呈块状分布。东接胡家榨，西邻罗家庙，南连毛家河，北靠左家塆。总面积约 0.1 平方千米。居民主要民族为汉族。共有村民 89 人，23 户。耕地面积约 0.073 平方千米，主要农作物为水稻、小麦、油菜，主要经济来源以外地务工为主。

胡家榨[Hú jiā zhà]　以姓氏和经济活动综合命名。清末晚期(1902 年)从京山坪坝迁入此地，以开榨油作坊营生，因榨油作坊在当时赢利颇高，故又增开榨油作坊。居民点位于罗庙村东北部，为丘陵山地地形，呈块状分布。东接彭桥村汪家独屋，西邻邹家塆，南连庙坡塆，北靠万家岗。总面积约 0.13 平方千米。居民主要姓氏为胡姓，主要民族为汉族。共有村民 26 户，共 93 人，耕地面积约 0.1 平方千米，主要农作物为水稻、小麦、油菜，主要经济来源以外地务工为主。

万家岗[Wàn jiā gǎng]　以姓氏命名。清朝光绪年间(1896 年)，万姓先祖八弟兄由大安迁入。因人口发展，建成村落，原住房建在山冈上，故得名。居民点位于罗庙村东北部，为丘陵山地地形，居民点呈块状分布。东接彭桥村彭家桥，西邻谢家河，南连胡家榨，北靠潘家凹。总面积约0.17平方千米，居民主要姓氏为万姓，主要民族为汉族。2014年年末，共有村民54户，共188人。耕地面积约0.15平方千米，主要农作物为水稻、小麦、油菜，主要经济来源以外地务工为主。

蒯家河[Kuǎi jiā hé]　相传明初时蒯姓人到此居住，塆前有一条自然河而得名。居民点位于罗庙村东南部，为丘陵山地地形，居民点呈块状分布。东接柳林村刘家塆，西邻谢家坡，南连柳林村下刘家坡，北靠蒯家独屋。总面积约2.1平方千米，居民主要姓氏为蒯姓，主要民族为汉族。2014年年末，共有村民43户，153人。耕地面积约0.15平方千米，主要农作物为水稻、小麦、油菜，主要经济来源以外地务工为主。

谢家坡[Xiè jiā pō]　以姓氏命名。清末时期，谢姓居民来此定居，将住房建在一山坡下，故得名。居民点位于罗庙村西南部，为丘陵山地地形，呈块状分布。东接蒯家河，西邻姚河村董家塆，南连谢家巷子，北靠李家塆。总面积约0.15平方千米，居民主要姓氏为谢姓，主要民族为汉族。共有村民13户，43人。耕地面积约0.12平方千米，主要农作物为水稻、小麦、油菜，主要经济来源以外地务工为主。

谢家巷[Xiè jiā xiàng]　相传明初时蒯姓人到此居住，因塆当中有一条巷子而得名。居民点位于罗庙村西南部，为丘陵山地地形，呈块状分布。东接蒯家河，西邻姚河村周家坡，南连谢家祠堂，北靠谢家坡。总面积约0.16平方千米，居民姓氏主要为谢姓，主要民族为汉族。2014年年末，共有村民22户，77人。耕地面积约0.1平方千米，主要农作物为水稻、小麦、油菜，主要经济来源以外地务工为主。

杨家畈[Yáng jiā fàn]　以姓氏命名。民国时期杨姓人从河南逃荒来此，在小平原上居住而得名。居民点位于罗庙村南部，为丘陵山地地形，呈块状分布。东接毛家河，西邻谢家坡，南连彭家塆，北靠邹家塆。总面积约0.26平方千米。居民主要姓氏为杨姓，主要民族为汉族。2014年年末，共有61户，188人。耕地面积约0.2平方千米，主要农作物为水稻、小麦、油菜，主要经济来源以外地务工为主。

邹家塆[Zōu jiā wān]　以姓氏命名。清末时期，聂姓有三户居民被赶出聂家独洼到邹家塆，邹姓人口多，故得名。居民点位于罗庙村北部，为丘陵山地地形，呈块状分布。东接胡家榨，西邻聂家独屋，南连邹家独屋，北靠左家塆。总面积约0.12平方千米，居民主要姓氏为邹姓，主要民族为汉族。2014年年末，共有村民共39户，139人。耕地面积约0.09平方千米，主要农作物为水稻、小麦、油菜，主要经济来源以外地务工为主。

谢家河[Xiè jiā hé]　以姓氏和地理特征综合命名。明洪武年间谢氏人家从"麻城筷子街"乞讨到这里落户，因前面是水，后面是山，是一个风水宝地，为了生活的方便他们靠近河旁修筑房屋。后渐成聚落，故得名。居民点位于罗庙村北部，距村委会所在地1.8千米。为丘陵山地地形，居民点呈块状分布。东接万家岗，西邻曹岗村杨家独屋，南连左家塆，北靠横冲村严家塆。总面积约0.164平方千米，居民主要姓氏为谢姓，主要民族为汉族。共有村民132人，39户，耕地面积约0.12平方千米，主要农作物为水稻、小麦、油菜，主要经济来源以外地务工为主。

聂家独屋[Niè jiā dú wū]　"聂家"指聂姓居民，"独屋"指人口少，住户少的村庄。相传明初时聂姓人到此居住，最初只有一户人家而得名。居民点位于罗庙村西北部，为丘陵山地地形，居民点呈块状分布。东接长岗山，西邻董家塆，南连谢家坡，北靠董家独屋。总面积约 0.07 平方千米，居民主要姓氏为聂姓，主要民族为汉族。2014 年年末，共有村民 17 户，57 人。耕地面积约 0.05 平方千米，主要农作物为水稻、小麦、油菜，主要经济来源以外地务工为主。

毛家河[Máo jiā hé]　以姓氏和地理实体综合命名。清康熙年间，毛家先祖由河南逃荒到此定居，繁衍生息，后人口发展，形成村落，因毛姓居民的住房依河而建，故名。居民点位于罗庙村南部，为丘陵山地地形，居民点呈块状分布。东接观音村向家大塆，西邻杨家畈，南连蒯家河，北靠洪塆。总面积约 0.17 平方千米，居民主要姓氏为毛姓，主要民族为汉族。2014 年，共有村民 32 户，共 138 人。耕地面积约 0.14 平方千米，主要农作物为水稻、小麦、油菜，主要经济来源以外地务工为主。

三十三、马庙村[Mǎmiào Cūn]

“马庙村”指马姓居民在清代建有寺庙，以原建筑物名称命名。民国时期属石门碧山乡，六合乡管辖。解放初期属第四区六合乡管辖。1954 年 8 月后属雷公区六合乡辖。1958 年 9 月后为英雄人民公社六合乡辖。1958 年 12 月属雷公人民公社六合管理区辖。1961 年 4 月属雷公区六合人民公社管理。1975 年 2 月属雷公人民公社六合管理区管辖。1984 年 1 月属雷公区六合乡辖。1987 年 10 月后属双河镇马庙村辖。2001 年 4 月后并入雷公镇，为雷公镇管辖，沿用至今。

该村位于雷公镇政府南部，距雷公政府约 9.5 千米。辖区占地面积约 1.36 平方千米，东接姚河村，西邻赵垱村，南连赵垱村，北靠长安村。全村主要民族为汉族。截至 2014 年年底，辖区内共有 5 个自然塆：杨家垅，王家塆，谢家凹子，祠堂塆、马家凹子。常住居民 198 户、共 812 人，耕地约 1.07 平方千米，以种植水稻为主，村委会办公地址设在马庙村。

王家塆[Wáng jiā wān]　以姓氏而得名。清朝初期，有王氏人家迁入定居故称王家塆。居民点位于马庙村北部，东接谢家塆，西邻杨家垅，南连庙塆，北靠长安村上赵家塆。居民主要姓氏为王姓，主要民族为汉族。居民点面积约 0.4 平方千米，共有居民 7 户，31 人。耕地面积约 0.26 平方千米，主要经济来源以种养为主。

谢家凹子[Xiè jiā wā zǐ]　以姓氏命名。清末时期，谢姓居民将住房建在一山凹处。居民点位于马庙村东部，为丘陵山地地形，呈条状分布。占地面积约 0.18 平方千米，东接姚河村姚河塆，西邻马家庙，南连马家凹子，北靠谢家塆。全塆以谢姓为主，主要为汉族，2014 年年末，共有村民 25 户、87 人，耕地面积约 0.031 平方千米，主要农作物为水稻，主要经济来源以外地务工为主。

祠堂塆[Cí táng wān]　“祠堂”指祭祀祖先的地方，以建筑物命名。清代，马姓居民建立马氏宗祠，故得名。居民点位于马庙村东南部，为丘陵山地地形，呈条状分布。东接谢家凹子，西邻中部塆，南连双河村榨屋塆，北靠五家塆。全塆主要汉族，共有村民 16 户、60 人，占地面积约 0.09 平方千米，耕地面积约 0.022 平方千米，主要农作物为水稻，主要经济来源以外地务工为主。

马家凹子[Mǎ jiā wā zǐ] 以姓氏命名。因当地为马姓聚居地且位于一个山凹。居民点位于马庙村东部，为丘陵山地地形，居民点呈条状分布。东接榨屋塆，西邻祠堂塆，南连刘家独屋，北靠谢家凹子。全塆以马姓为主，主要为汉族，共有村民 31 户、176 人，占地面积约 0.29 平方千米，耕地面积约 0.064 平方千米，主要农作物为水稻，主要经济来源以外地务工为主。

杨家垅[Yáng jiā lǒng] 居民点位于马庙村西部，距村委会所在地约 0.7 千米，为丘陵山地地形，呈条状分布。东接庙塆，西邻赵家河坡，南连刘家独屋，北靠长安村周家塆。全塆以杨姓为主，主要为汉族，共有村民 39 户、124 人，占地面积约 0.15 平方千米，耕地面积约 0.0457 平方千米，主要农作物为水稻，主要经济来源以外地务工为主。

三十四、双河社区[Shuānghé Shèqū]

"双河"指漳河、舒家河两条河交汇区域，"社区"指相互有联系、有某些共同特征的人群共同居住的一定的区域。明神宗万历三十九年(1612 年)开始形成聚落。双河古称双河店，因坐落漳、舒二河之间得名，2012 年 12 月双河村改名为双河社区，沿用至今。

清末属雷公庙会辖，民国时期属六合乡辖。中华人民共和国成立初期第四区六合乡辖。1954 年 8 月属雷公区六合乡辖。1958 年 9 月属英雄人民公社六合乡辖，同年底属雷公人民公社管理区辖。1961 年 4 月属雷公区六合人民公社辖。1966 年 9 月雷公改为建新，属建新区六合人民公社辖。1975 年 2 月属雷公人民公社六合管理区辖，1984 年 1 月属雷公区六合辖。1987 年 10 月属双河镇辖。2001 年 4 月撤双河镇并入雷公镇。

该村委会位于双河村中心，距镇政府所在地 15 千米。东接汤杨村，西邻京山罗店镇兴隆镇村，南连京山县晏店，北靠赵垱村。下级组织为双河街、龚家塆、刘家塆、王家塆 4 个居民点。总面积约 1.31 平方千米，2014 年年末，共有村民 245 户，1230 人。耕地面积约 0.45 平方千米，主要农作物为小麦、水稻、油菜，主要经济来源以外地务工为主。

龚家塆[Gōng jiā wān] 清末由应城市黄滩镇龚栋、龚财弟兄二人，迁入此地定居，取名"龚家塆"。居民点位于双河村东北部，呈块状分布。东接汤杨村汤家塆，西邻庙岗村下叶家小塆，南连冯家塆，北靠拱桥塆。总面积约 0.3 平方千米，全塆有 35 户，共 191 人，居民主要姓氏为龚姓，主要民族为汉族。耕地面积约 0.12 平方千米，主要农作物为小麦、水稻、油菜，主要经济来源以外地务工为主。

刘家塆[Liú jiā wān] 清康熙五十九年(1721 年)由随县茅草畈迁入此地定居。该居民点位于双河村北部，距村委会所在地 0.5 千米。居民点呈块状分布。东接龚家塆，南连双河街，西邻王家塆，北靠沟子塆。总面积约 0.4 平方千米，居民主要姓氏为刘姓，主要民族为汉族。2014 年年末，共有村民 72 户，351 人，耕地面积约 0.2 平方千米，主要农作物为小麦、水稻、油菜，主要经济来源以外地务工为主。

双河街[Shuāng hé jiē] 曾用名：双河店。"双河"是指漳河、舒河两条河交汇区域。该居民点与双河村委会相邻。聚落呈块状分布。东接汤杨村栗林岗，西邻京山县罗店镇杨庙村李家塆，南连京山县罗店镇兴隆镇集镇，北靠汤杨村邹家咀。总面积约 0. 29 平方千米，居民主要民族为汉族。2014 年年末，共有居民 73 户，391 人。耕地面积约 0. 17 平方千米，主要农作物为小麦、水稻、油菜，主要经济来源以外地务工为主。

王家塆[wáng jiā wān]　清嘉庆十三年(1808 年)由湖北德安府金泉寺转来，开始在王家塆搭草棚子，因此取名"王家塆"。居民点位于双河村北部，呈块状分布。东接汤杨村下杨家塆，西邻王家塆，南连双河街，北靠龚家塆。总面积约 0. 33 平方千米，居民主要姓氏为王姓，主要民族为汉族。共有村民 65 户，297 人。耕地面积约 0. 14 平方千米，主要农作物为小麦、水稻、油菜，主要经济来源以外地务工为主。

三十五、曹岗村[Cáogǎng Cūn]

曹岗村位于雷公镇西部，距离雷公镇政府所在地约 3. 5 千米。晚清属"曹家岗会"辖。1946 年属棲碧乡辖。1949 年 10 月属王店区辖。1952 年 10 月属第四区杨威乡辖。1954 年 8 月属雷公区杨威乡辖。1956 年 3 月属第四区雷公乡辖。同年 4 月属第五指导小组雷公乡辖。1958 年 9 月属英雄人民公社雷公乡辖，同年年底属雷公人民公社罗庙管理区辖。1961 年 4 月属雷公区罗庙人民公社辖。1975 年 2 月属雷公人民公社罗庙管理区辖。1984 年 1 月属雷公区罗庙乡辖。1987 年 10 月属雷公镇辖。沿用至今。

该村为丘陵山地地形。东接横冲村，西邻长安村，南连姚河村，北靠魏桥村。截至 2014 年 9 月，辖区内共有 7 个自然塆：盛家大塆、魏家塆、杨家塆、陈家大塆、张家塆、程家榨、曹家岗。共有居民 399 户，1562 人。辖区占地面积约 10 平方千米，其中耕地面积约 6. 3 平方千米，主要农作物为小麦、水稻、油菜。村委会现有工作人员 4 名。

曹家岗[Cáo jiā gǎng]　以姓氏命名。居民点为丘陵山地地形，呈块状分布。东接横冲村，西邻魏桥村，南连姚河村，北靠陡坡村。总面积约 0. 5 平方千米，居民主要姓氏为曹姓，主要民族为汉族。2014 年年末，共有村民 35 户，82 人。耕地面积约 0. 32 平方千米，主要农作物为小麦、水稻、油菜，主要经济来源以外地务工为主。

程家榨[Chéng jiā zhà]　以姓氏和经济活动综合命名。该居民点位于村委会东南部，距村委会驻地 0. 8 千米。居民点呈块状分布，为丘陵山地地形。东接横冲村，西邻盛家塆，南连张家塆，北靠砖厂。总面积约 1. 09 平方千米，居民主要姓氏为程姓，主要民族为汉族。2014 年年末，共有村民 52 户，159 人。耕地面积约 0. 8 平方千米，主要农作物为小麦、水稻、油菜，主要经济来源以外地务工为主。

盛家大塆[Shèng jiā dà wān]　该居民位于村委会西部，距村委会驻地 1 千米。居民点为丘陵山地地形，呈块状分布。东接宝兴瓦厂，西邻盛家寨，南连熊家咀，北靠通村公路。总面积约 4. 5 平方千米，居民主要姓氏为盛姓，主要民族为汉族。2014 年年末，共有村民 91 户，680 人。耕地面积约 3. 1 平方千米，主要农作物为小麦、水稻、油菜，主要经济来源以外地务工为主。

魏家塆[Wèi jiā wān]　该居民点位于村委会西南部，距村委会驻地 1. 2 千米。为丘陵山地地形，聚落呈条状分布。东接熊家咀，西邻长安村，南连姚河村，北靠盛家大塆。总面积约 1.67 平方千米，居民主要姓氏为魏姓，主要民族为汉族。2014 年年末，共有村民 65 户，181 人。耕地面积约 1.1 平方千米，主要农作物为小麦、水稻、油菜，主要经济来源以外地务工为主。

杨家塆[Yáng jiā wān] 该居民点位于村委会南部，距村委会驻地 1 千米。居民点为丘陵山地地形，呈条状分布。东接杨家墩，西邻熊家咀，南连丁家独屋，北靠刘家塆。总面积约 1.77 平方千米，居民主要姓氏为杨姓，主要民族为汉族。2014 年年末，共有村民 68 户，153 人。耕地面积约 1.2 平方千米，主要农作物为小麦、水稻、油菜，主要经济来源以外地务工为主。

张家塆[Zhāng jiā wān] 该居民点位于村委会东部，距村委会驻地 1 千米。居民点为丘陵山地地形，呈块状分布。东接罗庙村，西邻陈家塆，南连鸡厂，北靠程家寨。总面积约 1.74 平方千米，主要以张姓为主，居民主要民族为汉族。2014 年年末，共有居民 56 户，197 人。耕地面积约 1.32 平方千米，主要农作物为小麦、水稻、油菜，主要经济来源以外地务工为主。

陈家大塆[Chén jiā dà wān] 该居民点位于曹岗村南部，东接程家榨，南邻贾家湾，西接九里岗，北靠盛家岗，以陈姓为主，截至 2015 年底，村民 138 人，32 户。主要农作物有水稻、小麦、油菜。

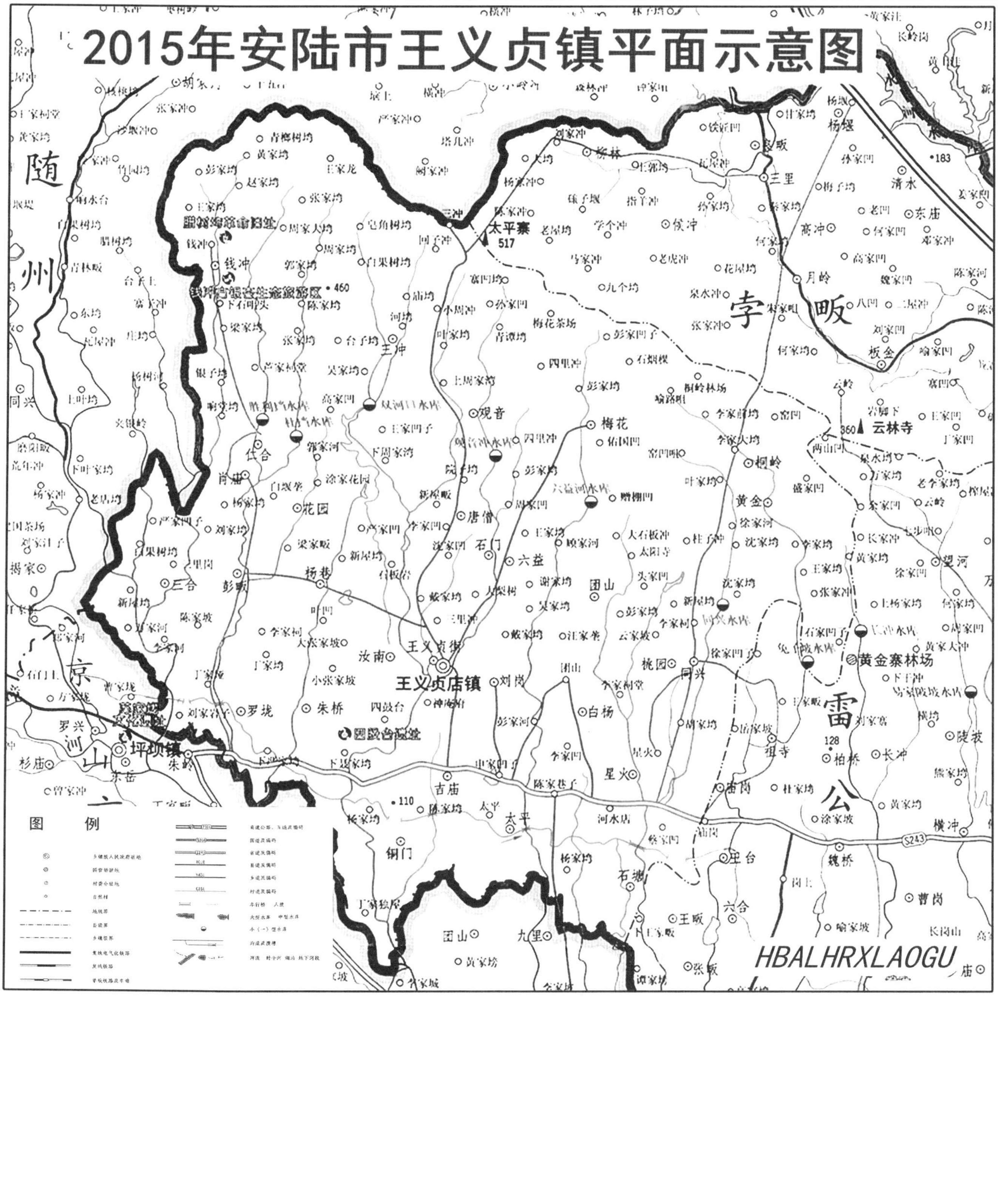
2015年安陆市王义贞镇平面示意图
随
州
京
山
孛
畈
雷
公
王义贞店镇
王义贞街
钱冲
仁和
肖店
彭畈
三台
杨巷
汝南
朱桥
罗垅
花园
唐僧
石门
六益
团山
白杨
星火
吉庙
陈家巷子
太平
河水店
铜门
石墩
九里
团山
王畈
六合
梅花
观音
桐岭
黄金
同兴
桃园
太平寨
517
云林寺
360
黄金寨林场
坪坝镇
三里
月岭
板金
东庙
清水
柏桥
128
曹岗
魏桥
横冲
陡坡
祖寺
雷岗
望台
杉庙
罗兴
S243
图　例
HBALHRXLAOGU

第九章　王义贞镇

第一节　概　况

王义贞镇[Wángyìzhēn Zhèn]，曾用名：王义贞店、王店、河水。王义贞镇地处安陆、京山、随州三县市交界处，漳河水系北岸，位于安陆市西北角，东邻雷公镇，南侧与西侧皆与京山县坪坝镇相连，北部与随州市洛阳镇毗邻。王义贞镇政府所在地刘岗村，距安陆市城区 35 千米。

王义贞属丘陵山地地貌，集老区、山区、边区于一体，是一个典型的农业乡镇。全境东西长 14 千米，南北宽 10 千米，地跨东经 113°19′至 113°28′，北纬 31°17′至 31°25′。全镇国土面积 134. 34 平方千米，总人口 3. 2 万人，7086 户，农业人口 29058 人。

王义贞镇因历史传说人物王义贞而得名。据传清咸丰(1851—1862)年间，距王义贞店西北不远的山冈上有个名叫马家市的小集镇。财主王义贞到马家市买肉的时候遭屠户冷眼相待，于是赌气在通往马家市的路口摆案设肉铺，以廉价挤垮了马家市生意，不久形成集店，称为王义贞店。新中国成立后此地为区、公社、镇机关所在地，故名王义贞镇。

1949 年 10 月属王店区，1952 年 10 月属第四区。1954 年 8 月属雷公区。1956 年 3 月属第四区。1956 年 4 月撤区设指导组，王义贞属第五小组。1958 年 9 月属英雄人民公社，年底恢复属雷公公社。1966 年 9 月雷公改为建新。1975 年 2 月为王店(河水)人民公社。1984 年元月河水人民公社更名为河水区，辖王义贞店镇、河水乡、毛河乡共 29 个村。1987 年 10 月安陆撤县建市，河水区更名为王义贞镇。2008 年 10 月，全镇调整合并为 22 个行政村和 1 个街道：杨港、花园(合并了原仁和村的一部分)、彭畈、罗垅、钱冲(合并了原仁和村的一部分及肖庙村)、三合、汝南、朱桥、刘岗、唐僧(合并了原三冲村、观音村)、梅花(合并了原六益村)、太平、吉庙、石门、铜门、同兴、团山、桃园、柏杨、星火、黄金(合并了原桐岭村)、石塘、王店街道。2015 年年末王义贞镇辖：王店、杨港、毛河、花园、钱冲、三合、罗垅、汝南、朱桥、铜门、太平、吉庙、刘岗、梅花、石门、唐僧、星火、白杨、团山、桃园、同兴、黄金、石塘 23 个村(社区)。

王义贞镇地势自西北的大洪山余脉向南倾斜，地形以丘陵、岗地为主。境内有蜜蜂寨、云雾山、窘人寨等山峰，与孛畈镇交界的太平寨是全市最高点，海拔 517.2 米，最低点曾家塆海拔 98 米。气候属亚热带季风气候，雨量充沛、四季分明、气候温和。一般春夏多雨，秋冬干燥。年平均气温 16℃，冬季(1 月)平均气温为 2℃，夏季(7 月)平均气温为 28℃，全年无霜期从 3 月中旬至 11 月下旬约 250 天，年平降雨量 800 至 1200 毫米，境内港溪 15 条，地表径流均由北向南汇入漳河。中华人民共和国成立后，大搞农田水利基本建设，修建了胜利、杜垱、双河口、观音冲、六益河、同兴等 6 座小(一)型水库，45 座小(二)型水库。耕地面积 2367 公顷，水域 200 公顷，林地 10660 公顷。森林覆盖率 80%。矿产资源有煤、铜、矾等矿藏。其中铜、矾主要分布在黄金村、梅花村、唐僧村一带。主要植物有银杏、板栗等。主要动物有猪、牛、羊等。主要自然灾害有水灾、旱灾、泥石流等。

2015 年，全镇种植优质稻 3.3 万亩，小麦 2 万亩，油菜 0.8 万亩，中药材 1480 亩，油茶 980 亩，银杏育苗 260 亩。实现生猪出栏 6.31 万头，牛出栏 3200 头，羊出栏 8300 只，家禽出笼 100 万只，禽蛋产量 3400 吨，有养殖小区 4 个，万头养猪场 3 家，各种农业专业合作社 21 家。湖北强顺养殖有限公司被省农业厅和孝感畜牧局授予“养殖标准示范场”称号。

2015 年，全镇实现农业总产值 3.27 亿元，工业总产值 1.5 亿元，旅游等服务业产值 0.6 亿元；完成财税收入 690 万元，社会固定资产投资 3.1 亿元，农民人均纯收入达到 11500 元。

王义贞镇交通极为便利，安(陆)京(山)公路从境内穿过，陆路省道 10.5 千米，县道 26 千米，镇道 87 千米，通村公路 128 千米，村组公路硬化里程 89 千米，硬化率达 83%。2015 年，投资 450 万元完成横穿公路、王吉大道路面升级改造；投资 4200 万元新修建高标准钱冲旅游公路 6.5 千米，投资 100 万元对钱冲景区古民居进行抢救性保护；惠及 3.5 万人的观音冲自来水厂建成通水，2600 平方米的综合文化广场竣工使用，投资 1000 万元的便民服务中心竣工；投资 800 万元的镇卫生院综合楼竣工使用；投资 1500 万元的金桥商贸综合大楼建成营业，以治理“三乱”为突破口，进行统一门店广告牌、建设下水道、街道黑色化等工作，完成王店中心集镇环境综合整治，各项功能完备，街道干净整洁，人民安居乐业。

境内有中原地区最大的古银杏群落，其中千年以上的古银杏 48 株，500 年以上的古银杏 1036 株，百年以上的 4370 株。另有星火岗、垭子岗、柏杨岗、太白岗、汝南岗、四架山、毛河岗、唐僧岗、鹰子窝等 9 大银杏基地，各种规格银杏达 1.1 万亩，村级银杏基地 3000 亩，农户银杏庭院 2.1 万亩。全镇银杏产业发展基本形成了银杏加工、银杏苗木、银杏技术服务、银杏旅游、银杏商贸“五位”一体的发展格局。

2009 年 11 月 18 日，首届中国银杏节在王义贞镇钱冲村隆重举办，经国家林业局批准成立“古银杏国家森林公园”，园内古银杏群数量多、年代古老、树形各异，古木参天，层峦叠嶂，风光旖旎，景色宜人。境内有天女金桂、状元古柏、桂竹园、兰草路、桃花溪等天然园林群 5 处；梅花洞、哪吒洞等天然溶洞 2 处；蜜蜂寨、太平寨、胜九山、石门口等自然景观 4 处；有云雾寺、观音寺、唐僧庙等佛教古遗址 3 处，还有“新五师建军旧址”“新五师司令部”“新五师医院”“七七报社”等一批红色革命遗址遗迹。2010 年湖北三冲旅游开发有限公司成立，2012 年 10 月 1 日，湖北钱冲银杏旅游风景区正式开园启动，2014 年旅游人次达 30 万余人次。

王义贞镇有银杏、旅游两大特色产业，银杏产业化发展纳入了全市发展规划。2015 年，全市启动新旅游环线建设。兴修通往钱冲景区的新旅游公路 14.4 公路，道路两旁植树建成 7.5 千米的银杏长廊；对钱冲景区内民居进行徽派风格的改造升级 32 户；以种植银杏为主的庭院绿化，打造星火村蒋塆家、钱冲村肖家畈两个美丽乡村示范点，同时结合餐饮服务、娱乐休闲配套发展的乡村游；全镇以钱冲古银杏风景区为中心的旅游业发展迅速。

2015 年年底，全镇共有注册公司企业和专业合作社 76 家，个体工商户 795 家。知名企业单位有：湖北三冲旅游公司、合和生态茶业专业合作社(唐僧茶场)、湖北百草堂高新农业有限公司、湖北强顺有限公司、安陆市神庵府粮油专业合作社、王义贞镇辅朝米业、王义贞镇桃园山庄。

全镇科教事业得到长足发展，有安陆市"教育之乡"美誉，全镇有初级中学、中心小学、大桥小学、星火小学、花园小学等 5 所学校，幼儿园 2 所，在职教师 196 人，在校学生 1760 人，其中初中 605 人，小学 1022 人，在园幼儿 133 人，适龄儿童入学率 100%，小升初比例 100 %。初中适龄人口入学率达 100%，初中升学率达 90%，九年义务教育覆盖率达 100%。同时，卫生、文化、体育、民政、计生等各项社会事业取得新的发展，全镇初级卫生保健体系基本建立，有王义贞卫生院 1 座，医务人员 62 人，14 个卫生室，从业乡村医生 47 人。2010 年获湖北省民政工作先进基层单位。

全镇 23 个村(社区)均已开通有线电视，5 个村建有群众性健身场所，有唐僧村新五师建军纪念广场、钱冲村新五师司令部旧址等 2 处革命传统教育基地。2015 年，镇综合文化小区、文化体育广场建成使用。传统艺术形式有：踩高跷、划龙船、皮影、腰鼓等；艺术团体有：银乡歌舞团、钱冲歌舞团等；组建了 11 支广场舞蹈队。

王义贞镇按照打造生态大镇的目标要求，加快生态文明建设步伐。2015 年，实施"一线一点"及环境整治工程，以星火村蒋家塆和钱冲村肖家畈为代表的美丽乡村示范点的带动，建成文明新村示范村 9 个；建成垃圾中转站 1 座，全镇农村生活垃圾"户集、村收、镇运"工作长效机制建立运行；畜禽养殖业污染治理成效显著，建立 300 立方米集污池一座，建成垃圾中转站一座，购买运输车辆 2 辆，建立了长效的养殖业畜禽粪便收集运输集中和再利用的绿色循环治理模式。

社会保障力度不断增强，全镇新农保参保人数达 15322 人，参保率达 95%以上。农村低保实现了动态管理下的应保尽保，农村五保对象自愿集中供养率达 100%，"三星级"福利院争创工作顺利通过省民政厅验收。

王义贞镇历史悠久，山川秀丽，文化底蕴浓厚，是一个光荣的革命老区镇。抗日战争时期李先念曾在此战斗过三个春秋，新四军第五师于 1941 年在此诞生。王斌、张恒利、汪友德等革命先烈在这片红色土地上英勇就义，在社会主义建设时期涌现出严大平等先进人物。王义贞镇党委 1999 年被评为"全省先进基层党组织"，2001 年被评为"全国先进基层党组织"，2012 年 6 月被评为"全省创先争优先进基层党组织"。2012 年 3 月，王义贞镇被评为孝感市卫生镇，8 月被评为"全省村务公开民主管理示范镇"。2014 年 4 月王义贞镇人民政府被孝感市委市政府评为"2012—2013 年度文明乡镇"；2015 年 2 月王义贞镇人民政府被孝感市委、市政府表彰"农业特色生产十佳乡镇"。2014 年 10 月钱冲村被国家五部委评为"中国传统古村落"；2015 年 2

月王义贞镇人民政府被湖北省维护稳定工作领导小组表彰为“2014 年度全省维护稳定工作先进集体”。

第二节　社区(村)、居民点

一、柏杨村[Bǎiyáng Cūn]

隶属于王义贞镇。民国元年(1912 年)陈氏族人在陈家巷以北建立陈氏宗祠。因当时陈姓人口居多，故将该地取名陈祠村。20 世纪 80 年代初，居住在柏杨树塆的陈氏后人陈道勇担任支部书记。因白杨树生长迅速且高大挺拔，族人们希望在他的带领下，陈祠大队能迅速发展壮大，出类拔萃，故 1984 年更名为柏杨村。

柏杨村位于王义贞镇东部，村委会所在地李家凹，距王义贞镇政府所在地 8000 米。柏杨村东接星火村，西邻刘岗村，南连太平村，北靠团山村，安京线横穿柏杨村。三条水泥公路贯穿全村，直达安京公路，公路四通八达。截至 2015 年 4 月，辖区内共有 7 个自然塆：辜家塆、刘家河、姚家塆、柏杨岗、陈家巷、陈家塆、董家塆。国土面积 4. 0103 平方千米，其中耕地面积 1. 0387 平方千米，银杏基地 0. 1933 平方千米，水面 0. 3200 平方千米，有效山场 1 平方千米，总人口 1210 人，年人均纯收入 7300 元。主要农作物为水稻、小麦，主要经济来源为外出务工和农作物种植。

民国元年(1912 年)陈氏族人在陈家巷以北建立陈氏宗祠。1949 年 10 月，陈祠村隶属于王店区管辖。1952 年 10 月，陈祠村隶属于第四区管辖。1956 年 4 月属第五小组。1958 年 9 月建立人民公社，陈祠村更名为陈祠大队隶属于英雄人民公社管辖。1958 年底英雄人民公社更名为雷公人民公社。1961 年 4 月雷公人民公社更名为雷公区。1966 年 9 月雷公改为建新。1975 年 2 月，撤区并社，陈祠大队隶属于王店(河水)人民公社河水管理区管辖。1984 年元月，复置区(镇)、乡(镇)、村，陈祠大队改名为柏杨村，隶属于河水区河水乡管辖。1987 年，撤区并乡，河水区更名为王义贞镇，柏杨村隶属于王义贞镇管辖，沿用至今。

姚家塆[Yáo jiā wān]　隶属于王义贞镇柏杨村。清末，当地有何、李、姚三姓家族在此居住，原称何家塆。后姚氏族人姚本贵(1876—1933)因生性耿直，为人公道，颇受周围百姓拥护，被推举为“乡约”。在他的主导下，将“何家塆”更名为“姚家塆”。姚家塆位于柏杨村西北部，聚落呈条状分布。东接玄荡水库，西邻长堰池塘，南连彭家河塆，北靠团山村。全塆共 13 户，合计 67 人，居民以姚姓为主，均为汉族。总面积 0. 09 平方千米，耕地面积 0. 052 平方千米，主要农作物为水稻、小麦，主要经济来源以外出务工为主。

刘家河[Liú jiā hé]　隶属于王义贞镇柏杨村。清同治年间，刘姓兄弟三人流浪至此，见河水清澈见底，捧之饮用，清甜如甘泉，便在此邻河而居，娶妻生子，不断繁衍，形成居民点，故名。刘家河塆位于柏杨村西部，聚落呈条状分布。东接刘家河，西邻刘岗村，南连猴子塆，北靠彭家河塆。全塆共15户，67人，居民以刘姓为主，均为汉族。总面积0.06平方千米，耕地面积0.02平方千米，主要农作物为水稻、小麦，主要经济来源以外出务工为主。

辜家塆[gū jiā wān] 隶属于王义贞镇柏杨村。明洪武二年(1639)，辜姓人家由麻城过籍到此，民国初期衰落，目前只剩2户人家。改革开放后，其他姓氏不断迁入居住，仍沿用辜家塆。该居民点位于柏杨村南部，聚落呈条状分布。东接陈家巷，西邻磙子河，南连安袁公路，北靠当地林地、付家塆。全塆有17户，共73人，居民以辜、刘、李、彭姓为主，均为汉族。总面积0.08平方千米，耕地面积0.0533平方千米，主要农作物为水稻、小麦，主要经济来源以外出务工为主。

董家塆[Dǒng jiā wān] 隶属于王义贞镇柏杨村。民国初期，董姓居民原居住在彭家河，因地势低凹，常遇洪涝灾害，后迁入此地，以董姓居多，故得名“董家塆”。位于柏杨村北部，聚落呈块状分布。东接陈家塆，西邻当地公路、彭家河塆，南连从刘家河搬迁过来的居民(无居民点名称)，北靠陈家大塘。全塆有14户，共66人，以董姓为主，均为汉族。总面积0.05平方千米，耕地面积0.0233平方千米，主要农作物为水稻、小麦，主要经济来源以外出务工为主。

陈家塆[Chén jiā wān] 隶属于王义贞镇柏杨村。以居民姓氏命名。位于柏杨村东北部，聚落呈块状分布。东接椏子岗公路，西邻董家塆，南连乐家塆，北靠陈家大塘、团山村。居民以陈姓为主，均为汉族。总面积0.069平方千米，耕地面积0.0433平方千米，全塆共14户，共66人。以种植水稻、小麦为主，主要经济来源为外出务工和农作物种植。

陈家巷[Chén jiā xiàng] 隶属于王义贞镇柏杨村。陈氏聚居地房屋有较深的巷子。位于柏杨村南部，聚落呈块状分布。东接星火村，西邻辜家塆，南连安袁公路，北靠柏杨岗。居民以陈姓为主，均为汉族。总面积0.06平方千米，耕地面积0.03平方千米，全塆共15户，合计52人，主要农作物为水稻、小麦，主要经济来源以外出务工为主。

柏杨岗[Bǎi yáng gǎng] 隶属于王义贞镇柏杨村。此居民点建在一条长有柏树、杨树的山冈上。位于柏杨村中部，聚落呈块状分布。东接银杏基地，西邻银杏基地，南连安袁公路，北靠团山村。居民以陈姓为主，均为汉族。总面积0.12平方千米，耕地面积0.02平方米，全塆共22户，合计93人，主要农作物为水稻、小麦，主要经济来源为外出务工和农作物种植。

二、花园村[Huāyuán Cūn]

隶属于王义贞镇。本村有一塆名涂家花园，在明清时期人丁兴旺，设有私塾，建有观赏游玩花园，塆落两端修有石拱桥，出了多名武举人，因此远近闻名，本村因此得名花园村。花园村位于王义贞镇西部，村委会所在地花园街258号(花园街人们称之为毛河街)，距王义贞政府所在地4000米。东接杨港村，西邻钱冲村(原邻肖庙村合并入钱冲)，南连彭畈村、杨港村，北靠著名钱冲银杏风景区、随州市曾都区洛阳镇。截至2015年9月，辖区内共有11个自然塆：仁和店、白家垄、陈家冲、陈家塆、高山凹、李家台子、梁家畈、涂家塆、乌家垄、吴家塆、花园街道。常住居民有484户，共1243人。辖区占地面积10.51平方千米，耕地1.0833平方千米，以种植水稻、小麦为主。

1949年10月，花园村隶属于王店区管辖。1952年10月，花园村隶属于第四区管辖。1956年4月属第五小组。1958年9月建立人民公社，花园村更名为花园大队隶属于英雄人民公社管辖。1958年底英雄人民公社更名为雷公人民公社。1961年4月雷公人民公社更名为雷公区。1966年9月雷公改为建新。1975年2月，撤区并社，花园大队隶属于王店(河水)人民公社毛河管理区管辖。1984年元月，复置区(镇)、乡(镇)、村，花园大队改名为花园村，隶属于河水区毛河乡管辖。1987年，撤区并乡，河水区更名为王义贞镇，花园村隶属于王义贞镇管辖。2008年10月，原仁和村4个村民小组并入花园村，花园村名称沿用至今。

仁和店[Rén hé diàn]　隶属于王义贞镇花园村。“仁和”是指“仁义交友，和气生财”。此地居民孙姓、陈姓、肖姓、周姓等人家，他们为人和善，经营开明，所以人气很旺，故得名“仁和店”。1949年10月，仁和店隶属于王店区仁和村管辖。仁和店位于花园村西北部，聚落呈条状分布。东接滴水岩，西邻八卦山，南连倒车塆，北靠杜档水库。全塆有13户，共150人。总面积0.027平方千米，耕地面积0.1005亩，主要农作物为水稻、小麦，主要经济来源为外出务工和农作物种植。

白家垄[Bái jiā lǒng]　隶属于王义贞镇花园村。白家垅又名白堰垅。传说在明朝洪武年间(1368—1398)就有白氏族人在此居住，其后世在明宣德年间(1426—1435)处鼎盛时期。此间其族人耗资修挖白堰，并在堰东西两岸建造房屋，房屋连绵数里，人口1000余人，成为远近有名的旺族。在随后的几百年里，一些开明人士下汉口做生意，落户都市，直到清道光年间(1821—1850)，白姓消失殆尽。唯有所挖塘堰遗留至今仍发挥作用，该地名沿用至今。1949年10月，白家垄隶属于王店区花园村管辖。东接彭畈村，西邻仁和村，南连花园小学，北靠当地停车场。总面积0.25平方千米，耕地面积0.0667平方千米，全塆共22户，合计290人，主要农作物为水稻、小麦，主要经济来源以外出务工为主。

陈家冲[Chén jiā chōng]　隶属于王义贞镇花园村。相传洪武初年，因连年战乱及瘟疫，明朝江山初稳，明太祖下令移民，陈氏一族随此移民大潮，从江西麻城迁移到此山冲定居，因刚来时正逢大年三十，陈氏一族只好在田边搭棚起灶过年。陈氏一族在此繁衍至今，近代，当地仍有在田边祭祖的习俗。1949年10月，陈家冲隶属于王店区花园村管辖。陈家冲位于花园村北部，聚落呈条状分布。东接当地山峰、唐僧村，西邻李家冲，南连村际公路、高山洼，北靠高陡坡、随州，居民以陈姓居多，均为汉族，总面积0.1267平方千米，耕地面积0.0253平方千米。全塆共16户，合计70人，主要农作物为水稻、小麦，主要经济来源以外出务工为主。

陈家塆[Chén jiā wān]　隶属于王义贞镇花园村。陈氏族人在陈家冲因人口增长，土地不济，其中一支分离出来，到李家冲一塆处建房居住，开荒造田，修河筑坝，一直发展至今，故取名陈家塆。1949年10月，陈家塆隶属于王店区仁和村管辖。陈家塆位于花园村西北部，聚落呈块状分布。东接云雾山，西邻胜九山，南连涂家塆、仁和店，北靠马家凹。居民以陈姓居多，均为汉族。总面积0.1660平方千米，耕地面积0.1平方千米，全塆共20户，合计56人。主要农作物为水稻、小麦，主要经济来源以外出务工为主。

高山凹[Gāo shān wā]　隶属于王义贞镇花园村。相传清朝末年，郭氏族人迁至此处，此地有一个巨大的山体在西侧，东侧有高山一座，两面形成一个一个凹状，故名高山凹。1949 年 10 月，高山凹隶属于王店区花园村。高山凹位于花园村东北部，聚落呈条状分布。东接原三冲村现唐僧村，西邻李家冲，南连郭家河，北靠陈家冲水库。居民以郭姓居多，均为汉族。总面积 0. 21 平方千米，耕地面积 0. 0507 平方千米。全塆共 10 户，合计 65 人。主要农作物为水稻、小麦，主要经济来源以外出务工为主。

李家台子[lǐ jiā tái zi]　隶属于王义贞镇花园村。明末清初李姓迁移至此，依山建房，挖塘造堰，开荒改田，此地坐东朝西，地势高悬，形似方台，故得名“李家台子”。1949 年 10 月，李家台子隶属于王店区花园村。李家台子位于花园村中部，聚落呈条状分布。东接郭家河，西邻仁和店，南连白堰垅，北靠辜家塆。居民以李姓居多，均为汉族。总面积 0. 172 平方千米，耕地面积 0. 0333 平方千米。全塆共 15 户，42 人。主要农作物为水稻、小麦，主要经济来源以外出务工为主。

梁家畈[Liáng jiā fàn]　隶属于王义贞镇花园村。相传，梁姓在洪武年间迁移至此，因此地山冈低矮，地势平坦，小河贯穿，故取名梁家畈。新农村建设此地居民多有搬迁，其地名保留。1949 年 10 月，梁家畈隶属于王店区花园村。梁家畈位于花园村南部，聚落呈条状分布。东接杨港村，西邻白堰垅，南连彭畈村，北靠辜家塆。居民以梁姓居多，均为汉族。总面积 0. 2333 平方千米，耕地面积 0. 1 平方千米。全塆共 30 户，124 人，主要农作物为水稻、小麦，主要经济来源以外出务工为主。

涂家塆[tú jiā wān]　隶属于王义贞镇花园村。当地最早为“涂”姓居民迁移至此居住而得名。1949 年 10 月，涂家塆隶属于王店区仁和村管辖。涂家塆位于花园村北部，聚落呈条状分布。涂家塆东接陈家冲，西邻胜利山，南连杜档水库，北靠李家冲。居民以涂姓居多，均为汉族。总面积 0. 13 平方千米，耕地面积 0. 0347 平方千米。全塆共 12 户，50 人。主要农作物为水稻、小麦，主要经济来源以外出务工为主。

乌家垄[wū jiā lǒng]　隶属于王义贞镇花园村。当地最早为“乌”姓居民迁移至此居住而命名。1949 年 10 月，乌家垄隶属于王店区花园村。乌家垅位于花园村西部，聚落呈条状分布。乌家垄东接花园小区，西邻肖庙村(现钱冲村)，南连彭畈村，北靠移民新村。居民以朱、简、涂、王、陈姓居多，均为汉族。总面积 0. 12 平方千米，耕地面积 0. 0402 平方千米。全塆 46 人，16 户。主要农作物为水稻、小麦，主要经济来源为外出务工和农作物种植。

吴家塆[Wú jiā wān]　隶属于王义贞镇花园村。吴氏始祖六世吴廷御，于 1612 年由江南锡阳县移居湖北应城挚陂台石家桥，坐落于九冲一十八岭。后吴廷御两子携妻于 1623 年迁移至此定居，得名吴家塆。1949 年 10 月，吴家塆隶属于王店区花园村。吴家塆位于花园村东部，聚落呈条状分布。东接杨港村，西邻花园村办公室，南连梁家畈，北靠涂家花园。居民以吴姓居多，均为汉族。总面积 0. 21 平方千米，耕地面积 0. 1067 平方千米。全塆共 8 户，30 人。主要农作物为水稻、小麦，主要经济来源以外出务工为主。

花园村街道[Huā yuán cūn jiē dào]　隶属于王义贞镇花园村。又称毛河街。2000 年以前，此处为一条南北走向的山冈，北连肖家畈，南连毛家河。全长近 4 千米。自 2000 年开始，随着新农村建设的开始，10 年间发展到 400 余户，人口 1500 多人，形成东西两条街道，是目前王义贞镇西部最大的居民点。花园村街道位于花园村中南部，聚落呈条状分布。东接杨港村，西邻吴家垅，南连村委会，北靠山峰。全塆共 320

户，合计 1080 人，均为汉族。总面积 1.22 平方千米，耕地面积 0.2 平方千米，主要农作物为水稻、小麦，主要经济来源以外出务工为主。

三、黄金村[Huángjīn Cūn]

隶属于王义贞镇。该村位于山区，遍地生长着一种名为黄荆条的灌木，当地人为避匪患在山顶就地取材以石筑寨取名“黄荆寨”；后人为图吉利，在民国时期命名为“黄金村”。

黄金村位于王义贞镇东北部，村委会所在地赵家大塆，距王义贞政府所在地 12000 米。东接雷公镇云岭村，西邻桃园村，南连同兴村，西北靠梅花村。辖赵家塆、杨明泉、下徐家塆、大塆、叶家冲、后塆、前塆、白果树塆 8 个自然塆。辖区总面积 1.1 平方千米，耕地面积 0.59 平方千米，全村 472 户，1308 人。主要农作物为：水稻、小麦、油菜，村民委员会有工作人员 4 人。

1949 年 10 月，黄金村、桐岭村属王店区管辖；1952 年 10 月，属第四区同兴乡管辖；1954 年 8 月属雷公区同兴乡辖，1956 年属第五指导小组河水乡辖；1958 年 9 月建立人民公社，更名为黄金大队、桐岭大队，属英雄人民公社河水乡管辖。1958 年底英雄人民公社更名为雷公人民公社。1961 年 4 月雷公人民公社更名为雷公区。1966 年 9 月雷公改为建新。1975 年 2 月，撤区并社，黄金大队、桐岭大队属河水人民公社河水管理区管辖；1984 年 1 月，复置区(镇)、乡(镇)、村，黄金大队更名为黄金村，桐岭大队更名为桐岭村，属于河水区同兴乡管辖。1987 年 10 月，撤区建镇，河水区更名为王义贞镇，黄金村、桐岭村属于王义贞镇同兴管理区管辖；2000 年撤销管理区，属王义贞镇管辖；2008 年 10 月，撤销桐岭村，将原桐岭村并入黄金村，属王义贞镇管辖，沿用至今。

下徐家塆[Xià xú jiā wān]　隶属于王义贞镇黄金村。以居民姓氏和方位命名。1949 年 10 月，下徐家塆属王店区桐岭村管辖。位于王义贞镇黄金村西南部，聚落呈块状分布。东接沈家塆，南连林果场，西邻大山、桃园村，北靠叶家塆。全村 11 户，43 人，主要为徐姓，均为汉族。总面积 0.02 平方千米，耕地面积 0.014 平方千米，主要农作物为：水稻、小麦、油菜。主要经济来源为种植农作物及外出打工。

白果树塆[Bái guǒ shù wān]　隶属于王义贞镇黄金村。明洪武年间，该地居住着白、郭两姓人家，当地人便以白郭二姓命名为“白郭塆”；后因避战乱，白、郭两姓人家迁往外地，张、柳二姓家族迁来居住，逐渐形成自然村落，因塆前生长着几棵大白果树，更名为“白果树塆”。1949 年 10 月，白果树塆属王店区桐岭村管辖。白果树塆位于王义贞镇黄金村西北部，聚落呈块状分布。东接河流、张家塆、李家前塆，西邻通组公路、山峰、梅花村，南靠庙塆，北依笔尖石。全村 11 户，46 人，均为汉族。总面积 0.026 平方千米，耕地面积 0.023 平方千米，主要农作物为：水稻、小麦、油菜，主要经济来源为种植农作物及外出打工。

大塆[Dà wān]　隶属于王义贞镇黄金村。又称庙塆。族谱记载，明初大迁徙时逐渐形成的一个姓氏庞杂且人口较多的自然村落，因面积和规模较大，故名。1949 年 10 月，大塆属王店区桐岭村管辖。大塆位于王义贞镇黄金村中部，聚落呈块状分布。东接河边，南邻塘明冲，北连农田、代家塆，西邻大山、新独屋。

全村9户，39人，均为汉族。总面积0.032平方千米，耕地面积0.028平方千米。主要农作物为：水稻、小麦、油菜。主要经济来源为种植农作物及外出打工。

后塆[Hòu wān] 隶属于王义贞镇黄金村。又名李家后塆。明初大迁徙时，李氏先祖来到月落岭山脚下沿河岸筑舍而居，后人口繁衍逐渐形成两个自然村落，以河流为界，前塆、后塆因而得名。1949年10月，李家后塆属王店区桐岭村管辖。位于王义贞镇黄金村西北部，聚落呈块状分布。东接月岭村，西邻李家前塆，南连岭沟小河流，北靠南岗山。全村13户，53人，均为汉族。总面积0.04平方千米，耕地面积0.03平方千米。主要农作物为：水稻、小麦、油菜，主要经济来源为种植农作物及外出打工。

前塆[Qián wān] 隶属于王义贞镇黄金村。又名李家前塆。明初大迁徙时，李氏先祖来到月落岭山脚下沿河岸筑舍而居，后人口繁衍逐渐形成两个自然村落，以河流为界，前塆、后塆因而得名。1949年10月，李家前塆属王店区桐岭村管辖。位于王义贞镇黄金村西北部，聚落呈块状分布。东接李家后塆，南连代家塆，西邻农田、山，北靠公路、白果树塆。全村15户，71人，均为汉族。总面积0.058平方千米，耕地面积0.05平方千米。主要农作物为：水稻、小麦、油菜，主要经济来源为种植农作物及外出打工。

杨明泉[Yáng míng quán] 隶属于王义贞镇黄金村。“杨明泉”又称“扬名泉”，民间传说唐李白游历此处喝了一口山泉水，便上长安谋职。此地农家特将泉眼扩宽立碑名为“扬名泉”，后来住在此处的杨氏家族取光明之意改为“杨明泉”，沿用至今。1949年10月，杨明泉属王店区桐岭村管辖。位于王义贞镇黄金村东北部，聚落呈块状分布。东接大山、云岭村，西邻大山、庙塆，南、北皆靠农田、大山。全村13户，47人，均为汉族。总面积0.039平方千米，耕地面积0.029平方千米。主要农作物为：水稻、小麦、油菜，主要经济来源为种植农作物及外出打工。

叶家冲[Yè jiā chōng] 隶属于王义贞镇黄金村。明初大迁徙时，叶氏先祖来此山冲筑舍而居而命名。1949年10月，叶家冲属王店区桐岭村管辖。叶家冲位于王义贞镇黄金村西部，聚落呈块状分布。东接大堰、赵家大塆，西邻桃园村、梅花村，南连公路、下徐家塆，北靠农田、上徐家塆。全村12户，46人，主要为叶姓，均为汉族。总面积0.035平方千米，耕地面积0.03平方千米。主要农作物为水稻、小麦、油菜，主要经济来源为种植农作物及外出打工。

赵家塆[Zhào jiā wān] 隶属于王义贞镇黄金村。又称赵家大塆，为村委会所在地。明初大迁徙时，赵氏先祖弟兄三人从湖北麻城迁来该地，左依四品山，前临小溪，繁衍生息，建立赵氏祠堂，后人依此取名“赵家塆”。1949年10月，赵家塆属王店区黄金村管辖。赵家塆位于王义贞镇黄金村西南部，聚落呈块状分布。东接山场，南连赵家祠堂塆，西邻叶家冲，北靠杨明泉。全村15户，67人，主要姓氏为赵姓，均为汉族。总面积0.07平方千米，其中耕地面积0.058平方千米。主要农作物为水稻、小麦、油菜，主要经济来源为种植农作物及外出打工。

四、吉庙村[Jímiào Cūn]

隶属于王义贞镇。明崇祯年间，吉、王两家先祖因避战乱从黄陂迁来，吉氏先祖选中一条山冈，依山而居；王氏先祖继续前行，临河而居；两家在此繁衍生息，人丁兴旺，为方便来往，清道光年间，在河东河西建立了两座石拱桥，以桥为界，逐渐形成两大自然村落，吉氏先祖还建起了吉氏祠堂，俗称吉庙。

吉庙村位于王义贞镇南部，村委会所在地王吉街，距王义贞政府所在地1500米。吉庙村东接太平村，西邻朱桥村，南连铜门村，北靠刘岗村。截至2015年12月，辖区内共有10个自然塆：何家塆、吉庙街、王家坡、院子塆、中分、朱家坡、港子、吉家塆、新屋塆、徐家塆。常住居民369户，共1294人。辖区占地面积2.85平方千米，耕地2.5平方千米，以种植小麦、油菜、水稻为主。村内主要驻区单位有安陆河水变电站、王义贞派出所、王义贞国土资源所等。

1949年10月，大桥村隶属于王店区管辖。1952年10月，大桥村隶属于第四区大桥乡管辖。1954年8月属雷公区辖，1956年属第五指导小组王店乡辖；1958年9月建立人民公社，大桥村更名为大桥大队隶属于英雄人民公社管辖。1958年底英雄人民公社更名为雷公人民公社。1961年4月雷公人民公社更名为雷公区。1966年9月雷公改为建新。1975年2月，撤区并社，大桥大队隶属于王店(河水)人民公社王店管理区管辖。1984年元月，复置区(镇)、乡(镇)、村，大桥大队改名为大桥村，隶属于河水区王店乡管辖。1987年10月，撤区并乡，河水区更名为王义贞镇，大桥村隶属于王义贞镇王店管理区管辖。2000年撤销管理区，大桥村属王义贞镇管辖；2001年10月大桥村更名为吉庙村，属王义贞镇管辖，名称沿用至今。

何家塆[Hé jiā wān]　隶属于王义贞镇吉庙村。清光绪年间，何氏先祖何惠龙迁来此地依山而居逐渐形成一自然塆，取名何家塆。何家塆位于王义贞镇吉庙村北部，地处王吉街西，聚落呈块状分布。东接王吉公路，西邻汝南村，南连朱家坡，北靠刘岗村。总面积0.5平方千米，耕地面积0.055平方千米。全塆50人，14户，主要姓氏为何姓，均为汉族。主要农作物为小麦、油菜、水稻，主要经济来源为种植农作物及外出打工。

吉庙街[Jí miào jiē]　隶属于王义贞镇吉庙村。原有吉氏祠堂，民间俗称吉庙，且均为吉姓居民。安坪线重修后，周围居民沿公路两边建房聚居，以农历双日为集，逐步形成集市，故称为吉庙街。吉庙街位于王义贞镇吉庙村中部，地处安袁路以北，聚落呈块状分布。东接太平村，西邻王吉街，南连吉家塆，北靠刘岗村。全塆35人，8户，居民以王、吉姓居多，均为汉族。总面积0.5平方千米，耕地面积0.02平方千米，主要农作物为小麦、油菜、水稻，主要经济来源为种植农作物及外出打工。

王家坡[Wáng jiā pō]　隶属于王义贞镇吉庙村。民国初年，王氏先祖在此山坡建房栖息直至1935年发展成为一个自然村落定名“王家坡”。王家坡位于王义贞镇吉庙村西部，地处安袁路以北，聚落呈块状分布。东接朱家坡，西邻中分塆，南连铜门村，北靠汝南村。全塆78人，21户，居民以王姓居多，均为汉族。总面积1.5平方千米，耕地面积0.18平方千米，主要农作物为小麦、油菜、水稻，主要经济来源为种植农作物及外出打工。

院子塆[Yuàn zi wān]　隶属于王义贞镇吉庙村。清光绪年间，甘福田祖父从黄陂迁来在此筑窑烧陶，繁衍生息，用废弃的陶器围成一个大院子，周围人称之为“院子塆”。院子塆位于王义贞镇吉庙村北部，地处王吉街东，聚落呈块状分布。东接太平村，西邻王吉公路，南连太平村，北靠刘岗村。全塆32人，8户，居民以甘、郭、陈、李、邓姓居多，均为汉族。总面积0.2平方千米，耕地面积0.027平方千米，主要农作物为小麦、油菜、水稻，主要经济来源为种植农作物及外出打工。

中分[Zhōng fēn] 隶属于王义贞镇吉庙村。明末王氏先祖从浙江迁来，在一望无际的荒山坡上恰好一处月牙形平地，于是取其中间筑舍而居故取名中分。中分位于王义贞镇吉庙村西部，地处安袁路以北，聚落呈块状分布。东接王家坡，西邻朱桥村，南连铜门村，北靠汝南村。全塆 72 人，21 户，居民以王姓居多，均为汉族。总面积 0.5 平方千米，耕地面积 0.053 平方千米，主要农作物为小麦、油菜、水稻，主要经济来源为种植农作物及外出打工。

朱家坡[Zhū jiā pō] 隶属于王义贞镇吉庙村。清道光年间，朱氏先祖逃荒流落此山坡，依山临水而居，手工打制铁器为生，故而命名朱家坡。朱家坡位于王义贞镇吉庙村西部，地处安袁路以北，聚落呈块状分布。东接吉庙街，西邻王家坡，南连安袁路，北靠汝南村。全塆 32 人，8 户，主要姓氏为朱姓，均为汉族。总面积 0.2 平方千米，耕地面积 0.023 平方千米，主要农作物为小麦、油菜、水稻，主要经济来源为种植农作物及外出打工。

港子[Gǎng zi] 隶属于王义贞镇吉庙村。1943 年，吉、王两户人家从朱家坡迁来此河港，靠做豆腐和磨麦芽糖为生，因地理特征命名。港子位于王义贞镇吉庙村西部，聚落呈块状分布。东接吉庙街，西邻朱家坡，南连安袁公路，北靠何家塆。全塆 9 人，3 户，以吉、朱姓居多。总面积 0.1 平方千米，耕地面积 0.01 平方千米，主要农作物为小麦、油菜、水稻，主要经济来源为外出务工和种植农作物。

吉家塆[Jí jiā wān] 隶属于王义贞镇吉庙村。明崇祯年间，吉家先祖因避战乱从黄陂迁来，选中一条山冈，依山而居，子孙繁衍，建立吉氏祠堂，取名吉家塆。吉家塆位于王义贞镇吉庙村南部，地处安袁公路南边，聚落呈块状分布。东接太平村，西邻大桥小学，南连铜门村，北靠院子塆。全塆 21 人，5 户，居民以甘、刘、何姓居多，均为汉族。总面积 0.5 平方千米，耕地面积 0.017 平方千米，主要农作物为小麦、油菜、水稻，主要经济来源为外出务工和农作物种植。

新屋塆[Xīn wū wān] 隶属于王义贞镇吉庙村。清光绪年间，吉德汉祖父从黄陂迁来此地居住，采用黏土和毛竹新式建房方法建房，故名。新屋塆位于王义贞镇吉庙村北部，地处王吉街西，聚落呈块状分布。东接王吉街，西邻何家塆，南连 3 组水库，北靠徐家塆。全塆 3 人，1 户。总面积 0.05 平方千米，耕地面积 5 亩，主要农作物为小麦、油菜、水稻，主要经济来源为外出务工和农作物种植。

徐家塆[Xú jiā wān] 隶属于王义贞镇吉庙村。1910 年，徐氏先祖外迁来此以钻石条、石磨、石猪槽为生，故而取名徐家塆。徐家塆位于王义贞镇吉庙村北部，地处王吉街西，聚落呈块状分布。东接王吉街，西邻何家塆，南连新屋塆，北靠刘岗村。全塆 3 人，1 户，总面积 0.05 平方千米，耕地面积 5 亩。主要农作物为小麦、油菜、水稻，主要经济来源为外出务工和种植农作物。

五、刘岗村[Liúgǎng Cūn]

隶属于王义贞镇。清朝雍正年间，刘氏先祖在一条绵延起伏的山冈上辟地建房栖息，逐渐发展为自然村落，后人以此取名“刘岗”。

刘岗村位于王义贞镇中东部，村委会所在地王吉大道镇林业站对面，距王义贞镇政府所在地350米。东接柏杨村，西邻王店街道、汝南村，南连吉庙村、太平村，北靠石门村、梅花村。辖区总面积1.36平方千米，全村970人、共212户，耕地面积1.23平方千米。辖蔡家凹子、董家塆、刘家塆、沙子岗、危家塆、危家榨屋塆、伍家坡、杨家塆8个自然塆，另有2个消失的居民点：梨林凹、申家塆。主要农作物为水稻、小麦、油菜，主要经济来源为外出务工和农作物种植。

1949年10月，刘岗村属王店区管辖；1952年10月，属第四区王店乡管辖；1954年8月属雷公区王店乡辖，1956年属第五指导小组王店乡辖；1958年9月建立人民公社，刘岗村更名为刘岗大队，属英雄人民公社王店乡管辖。1961年4月属雷公区王店人民公社管辖；1966年9月雷公改为建新。1975年2月，撤区并社，刘岗村属河水人民公社王店管理区管辖；1984年1月，复置区(镇)、乡(镇)、村，刘岗大队更名为刘岗村，属于河水区王店乡管辖。1987年10月，撤区建镇，属王义贞镇王店管理区管辖。2000年撤销管理区，刘岗村属王义贞镇管辖，沿用至今。

蔡家凹子[Cài jiā wā zi]　隶属于王义贞镇刘岗村。民国初期，蔡姓农家在此山凹处辟地建房栖息，后逐渐发展为自然村落而得名。蔡家凹子位于王义贞镇刘岗村西部，聚落呈条状分布。东接刘岗村沙子岗，西邻刘岗村村委会办公室，南连太平村农田，北靠刘岗村刘家塆。全塆238人、43户，主要姓氏为蔡姓，均为汉族。总面积0.17平方千米，耕地面积0.15平方千米，主要农作物为水稻、小麦、油菜。主要经济来源为种植农作物及外出打工。

董家塆[Dǒng jiā wān]　隶属于王义贞镇刘岗村。清光绪年间，董氏先祖董会生从雷公罗庙迁此居住，繁衍生息，逐渐形成一自然塆，后人便称之为董家塆。董家塆位于王义贞镇刘岗村中东部，聚落呈条状分布。东接柏杨村刘家河，西邻蔡家凹子，南连柏杨村彭家河，北靠刘岗村4组申家塆。全塆118人、30户，主要为董姓，均为汉族。总面积0.09平方千米，耕地面积0.086平方千米。主要农作物为水稻、小麦、油菜，主要经济来源为种植农作物及外出打工。

刘家塆[Liú jiā wān]　隶属于王义贞镇刘岗村。清朝雍正年间，刘氏先祖在此辟地建房栖息，后逐渐发展为自然村落而命名。刘家塆位于王义贞镇刘岗村中部，聚落呈条状分布。东接申家塆，西邻沙子岗，南连蔡家凹子，北靠二联水库。全塆120人、30户，主要为刘姓，均为汉族。总面积0.1平方千米，耕地面积0.09平方千米。主要农作物为水稻、小麦、油菜，主要经济来源为种植农作物及外出打工。

沙子岗[Shā zi gǎng]　隶属于王义贞镇刘岗村。因当地居民点位于一山冈，山冈上遍布沙子而得名。沙子岗位于王义贞镇刘岗村西部，聚落呈条状分布。东接刘家塆，西邻镇政府办公楼，南连屠宰场，北靠横穿公路。总占地面积0.067平方千米，全塆24人、10户，居民以朱姓居多，均为汉族。该塆土质不适合农作物生长，该塆无耕地，居民常年外业务工。

危家塆[Wēi jiā wān]　隶属于王义贞镇刘岗村。清雍正年间，危氏先祖在此辟地建房栖息并建有危氏祠堂，后逐渐发展为自然村落而命名。危家塆位于王义贞镇刘岗村东北部，聚落呈条状分布。东接柏杨村姚家塆，西邻太白岗公路、二联水库，南连刘岗村4组申家塆，北靠横穿公路、梅花村何家塆。全塆235人、

50户，主要为危姓，均为汉族。总面积0.2平方千米，耕地面积0.18平方千米。主要农作物为水稻、小麦、油菜，主要经济来源为种植农作物及外出打工。

危家榨屋塆[Wēi jiā zhà wū wān] 隶属于王义贞镇刘岗村。清朝光绪年间，危姓农家在此辟地建房栖息并开设榨油坊后逐渐发展为自然村落，故名。危家榨屋塆位于王义贞镇刘岗村北部，聚落呈条状分布。东接沙子岗，南连王义贞镇政府院子，西邻刘岗村村民委员会办公楼，北靠梅花村。全塆20人、4户，主要姓氏为危姓，均为汉族。总面积0.016平方千米，耕地面积0.015平方千米。主要农作物为水稻、小麦、油菜，主要经济来源为种植农作物及外出打工。

伍家坡[Wǔ jiā pō] 隶属于王义贞镇刘岗村。清朝雍正年间，伍氏先祖在山坡辟地建房栖息，逐渐发展为自然村落，故名。伍家坡位于王义贞镇刘岗村西南部，聚落呈条状分布。东、南皆连屠宰场，西邻神庵府，北靠王义贞镇政府院子。全塆125人、30户，主要姓伍，均为汉族。总面积0.1平方千米，耕地面积0.098平方千米。主要农作物为水稻、小麦、油菜，主要经济来源为种植农作物及外出打工。

杨家塆[Yáng jiā wān] 隶属于王义贞镇刘岗村。清朝雍正年间，杨氏先祖在此辟地建房栖息，逐渐发展为自然村落，取此名称。杨家塆位于王义贞镇刘岗村东南部，聚落呈条状分布。东接梨林凹，西邻太白岗公路，南连李咸明房子，北靠高台寺河。主要为杨姓，均为汉族。全塆145人、35户。总面积0.1平方千米，耕地面积0.095平方千米。主要农作物为水稻、小麦、油菜，主要经济来源为种植农作物及外出打工。

梨林凹[Lí lín wā] 隶属于王义贞镇刘岗村。清光绪年间，当地山坳里长满了梨树故而命名。梨林凹位于王义贞镇刘岗村东南部，东接彭家河，西邻蔡家凹子，南连太平村，北靠董家塆。因环境原因现已全部搬迁。

申家塆[Shēn jiā wān] 隶属于王义贞镇刘岗村。因当地申姓居民居多，地处一山凹处而命名。申家塆位于王义贞镇刘岗村中东部，东接杨家塆，西邻刘家塆，南连董家塆，北靠危家塆。因环境原因现已全部搬迁。

六、罗垅村[Luólǒng Cūn]

隶属于王义贞镇。因当地位于一山垅之处，当地居民以"罗"姓为主，故名为罗垅村。罗垅村位于王义贞镇西南部，村委会所在地罗垅村4组22号(严家塆)，距王义贞镇政府所在地5000米。罗垅村东接朱桥村，西邻三合村，南连京山坪坝镇朱岭村，北靠彭畈村。总面积4.17平方千米，耕地面积1.663平方千米。全村11个自然塆：艾家塝、陈家坡、丁家岗、刘家垅、李家祠堂、刘家塆、刘家岩、罗垅岗、严家塆、赵家塆、竹林塆。总人口1437人，360户。属于丘陵山地，主要河流漳河，以水稻、小麦、油菜为主。

1949年10月，罗垅村、丁岗村隶属于王店区管辖。1952年10月，罗垅村、丁岗村隶属于第四区管辖。1956年4月属第五小组。1958年9月建立人民公社，罗垅村、丁岗村更名为罗垅大队、丁岗大队隶属于英雄人民公社管辖。1958年底英雄人民公社更名为雷公人民公社。1961年4月雷公人民公社更名为雷公区。

1966年9月雷公改为建新。1975年2月，撤区并社，罗垅大队、丁岗大队隶属于王店（河水）人民公社毛河管理区管辖。1984年元月，复置区（镇）、乡（镇）、村，罗垅大队改名为罗垅村，丁岗大队一部分自然塆并入罗垅村，一部分并入朱桥村，罗垅村隶属于河水区毛河乡管辖。1987年，撤区并乡，河水区更名为王义贞镇，罗垅村隶属于王义贞镇管辖，名称沿用至今。

艾家塝[Ài jiā bàng]　隶属于王义贞镇罗垅村。明太祖年间，艾姓兄弟两人从麻城迁往该地，后人丁兴旺，此地发展到20多家艾姓人员，故得名艾家塝。由于当时对门赵姓影响，艾姓迁往江南，该地现无艾姓。1949年10月，艾家塝隶属于王店区罗垅村管辖。艾家塝位于王义贞镇罗垅村西北部，聚落呈条状分布。东接赵家塆，西邻刘家垅，南连陈家坡，北靠三合村。居民以周姓居多，均为汉族，共75人，21户。总面积0.32平方千米，耕地面积0.0905平方千米，主要农作物为水稻、小麦，主要经济来源为外出务工和农作物种植。

陈家坡[Chén jiā pō]　隶属于王义贞镇罗垅村。原由麻城迁一陈姓人家到此定居，该陈姓勤俭持家，家中旺盛，人口也发展很多。在此无法容纳，就迁了一部分在王义贞镇三合村6组，后人为了纪念先祖，将该地取名下陈家坡，三合村6组取名上陈家坡。1949年10月，陈家坡隶属于王店区罗垅村管辖。陈家坡位于王义贞镇罗垅村西南部，聚落呈条状分布。东接罗垅岗，西邻京山坪坝朱岭村，南连竹林塆，北靠严家塆。居民以陈姓居多，均为汉族，共116人，25户。总面积0.21平方千米，耕地面积0.10519平方千米，主要农作物为：水稻、小麦，主要经济来源为外出务工和农作物种植。

丁家岗[Dīng jiā gǎng]　隶属于王义贞镇罗垅村。在嘉庆时期丁姓由京山县坪坝镇丁畈村迁至此，由于这里一条山冈很长，丁姓发展成为几十户，民国时期属罗垅村管辖，后由于这里比较偏，政府将此地分出叫丁岗村，1984年合为罗垅村，此地取名丁家岗。1949年10月，丁家岗隶属于王店区丁岗村管辖。丁家岗位于王义贞镇罗垅村东南部，聚落呈块状分布。东接朱桥村，西邻赵家塆，南连罗垅岗，北靠刘家塆。居民以丁姓居多，均为汉族，共98人，25户。总面积0.268平方千米，耕地面积0.1005平方千米，主要农作物为水稻，小麦，主要经济来源为外出务工和农作物种植。

李家祠堂[Lǐ jiā cí táng]　隶属于王义贞镇罗垅村。当地有一祠堂，为纪念当地李氏祖辈而修建，居住在此的居民都为李氏后代，故名。1949年10月，李家祠堂隶属于王店区丁岗村管辖。李家祠堂位于王义贞镇罗垅村西北部，聚落呈条状分布。东接杨港村，西邻彭畈村，南连刘家塆，北靠彭畈村毛家河。居民以李姓为主，均为汉族，共139人，35户。总面积0.23平方千米，耕地面积0.1072平方千米，主要农作物为水稻、小麦，主要经济来源为外出务工和农作物种植。

刘家垅[Liú jiā lǒng]　隶属于王义贞镇罗垅村。因当地居民以“刘”姓为主且都居住在一山垅附近而命名。1949年10月，刘家垅隶属于王店区罗垅村管辖。刘家垅位于王义贞镇罗垅村西南部，聚落呈条状分布。东接京山坪坝朱岭村，西邻刘家岩，南连朱岭塆，北靠三合村。居民以刘姓居多，均为汉族，100人，34户。总面积0.21平方千米，耕地面积0.067平方千米，主要农作物为水稻、小麦，主要经济来源为外出务工和种植农作物。

刘家塆[Liú jiā wān]　隶属于王义贞镇罗垅村。此地应叫鸡爪凹，因为这里只有几家刘姓，刘家塆无考证，鸡爪凹得名是因为这里山势很像鸡爪，再加上地理条件差，没有水源，只能种植旱作物，勉强度日，就像鸡子用鸡爪在地上找东西一样，找点吃点，所以得名鸡爪凹。1949 年 10 月，刘家塆隶属于王店区丁岗村管辖。刘家塆位于王义贞镇罗垅村东部，聚落呈条状分布。东接朱桥村，西邻严家垅，南连丁家岗，北靠李家祠堂。居民以刘姓居多，均为汉族，107 人，25 户。总面积 0.2345 平方千米，耕地面积 0.0938 平方千米。主要农作物为水稻、小麦，主要经济来源为外出务工和种植农作物。

刘家岩[Liú jiā yán] 隶属于王义贞镇罗垅村。因当地居民以“刘”姓为主，且居住在一山峰附近，山上岩石陡峭而命名。1949 年 10 月，刘家岩隶属于王店区罗垅村管辖。刘家岩位于王义贞镇罗垅村西部，聚落呈条状分布。东接刘家垅，西邻坪坝镇罗新村(并入乐岳村)，南连朱岭村，北靠三合村。居民以刘姓居多，均为汉族，共 273 人，共 67 户。总面积 0.21 平方千米，耕地面积 0.1072 平方千米，主要农作物为水稻、小麦，主要经济来源为外出务工和种植农作物。

罗垅岗[Luó lǒng gǎng] 隶属于王义贞镇罗垅村。乾隆年间，一罗姓人由随州市马坪镇乌龙岗迁至此定居，后门庭兴旺，家族中有两个举人，七个秀才，名声远扬，因此该地得名罗家垅，原名赵家垅，1995 年罗家垅后岗基地建设，罗姓人员全部迁至后岗，故得名罗垅岗。1949 年 10 月，罗垅岗隶属于王店区罗垅村管辖。罗垅岗位于王义贞镇罗垅村中部，聚落呈条状分布。东接朱桥村，西邻严家塆，南连竹林塆，北至严家塆农田、彭畈村。居民以罗姓居多，均为汉族，全 136 人，31 户。总面积 0.38 平方千米，耕地面积 0.1213 平方千米。主要农作物为水稻、小麦，主要经济来源为外出务工和种植农作物。

严家塆[Yán jiā wān] 隶属于王义贞镇罗垅村。明太祖年间，严姓人从湖北麻城迁往黄冈，明末时期严姓祖先严弼文由黄冈迁至京山坪坝崔家冲，严可洪迁至罗垅村居住数年后又迁朱桥村定居，由于他们家族兴旺，出过武状元，所有将该地取名上严家塆，朱桥 2 组取名下严家塆。1949 年 10 月，严家塆隶属于王店区罗垅村管辖。严家塆位于王义贞镇罗垅村中部，聚落呈条状分布。东接罗垅岗，西邻艾家塝，南连陈家坡，北靠赵家塆。全塆以严姓为主，均为汉族，共 98 人，24 户。总面积 0.32 平方千米，耕地面积 0.067 平方千米。主要农作物为水稻、小麦，主要经济来源为外出务工和农作物种植。

赵家塆[Zhào jiā wān] 隶属于王义贞镇罗垅村。明太祖年间一赵姓人从麻城迁入此地定居，他很会做买卖，家中很有钱，将该地和罗家垅(原名赵家垅)的田地全部买了，该地因此得名赵家塆。后赵姓人氏全部迁往江南，现无赵姓。1949 年 10 月，赵家塆隶属于王店区罗垅村管辖。赵家塆位于王义贞镇罗垅村北部，聚落呈条状分布。东接罗垅岗，西邻艾家塝，南连陈家坡，北靠彭畈村。居民以严、朱姓居多，均为汉族，共 75 人，21 户。总面积 0.27 平方千米，耕地面积 0.0637 平方千米。主要农作物为水稻、小麦，主要经济来源为外出务工和种植农作物。

竹林塆[Zhú lín wān] 隶属于王义贞镇罗垅村。该地原是一畈平地，在嘉庆年间一丁姓兄弟在京山县坪坝镇唐庙村居住，两兄弟分家，老二丁大满分出在此地建房，就栽了一窝竹子，竹子很快成林，丁大满后人发展很多成了一个塆落，后人为了纪念祖先，故取名竹林塆。1949 年 10 月，竹林塆隶属于王店区罗垅村管辖。竹林塆位于王义贞镇罗垅村南部，聚落呈条状分布。东接严家塆，西邻京山坪坝镇朱岭村，南连朱桥村、坪坝朱岭村，北靠陈家坡。全塆 116 人，25 户，均为汉族。总面积 0.17 平方千米，耕地面积 0.1 平方千米，主要农作物为水稻、小麦，主要经济来源为外出务工和种植农作物。

七、梅花村[Méihuā Cūn]

隶属于王义贞镇。原梅花村来源于梅花仙子的传说，2008年原梅花村和原六益村两村合并后改名为梅花村。梅花村位于王义贞镇西北部，村委会所在地5组27号，距王义贞镇政府所在地2500米。东接团山村，西邻石门村，南连刘岗村，北靠孛畈镇柳林村。截至2015年4月，辖区内共有12个自然塆：戴家塆、汤家塆、吴家塆、小吴家塆、瓦窑地、佑国凹、高台寺、何家大凹、梅花洞、申家塆、石柱冲、杨家塆。常住居民325户、1340人，辖区占地面积2.1平方千米，其中耕地0.966平方千米，以种植水稻为主。

1949年10月，梅花村、六益村隶属于王店区管辖。1952年10月，梅花村、六益村隶属于第四区管辖。1954年8月属雷公区辖，1956年属第五指导小组王店乡辖；1958年9月建立人民公社，梅花村、六益村更名为梅花大队、六益大队，隶属于英雄人民公社管辖。1958年底英雄人民公社更名为雷公人民公社。1961年4月雷公人民公社更名为雷公区。1966年9月雷公改为建新。1975年2月，撤区并社，梅花大队、六益大队隶属于王店(河水)人民公社王店管理区管辖。1984年元月，复置区(镇)、乡(镇)、村，梅花大队、六益大队改名为梅花村、六益村，隶属于河水区王店镇管辖。1987年10月，撤区并乡，河水区更名为王义贞镇，梅花村、六益村隶属于王义贞镇王店管理区管辖。2000年撤销管理区，梅花村、六益村属王义贞镇管辖；2008年梅花村、六益村合并为梅花村，属王义贞镇管辖，名称沿用至今。

戴家塆[Dài jiā wān]　隶属于王义贞镇梅花村。光绪年间代氏二十世祖从江西迁居于此，后迁居钱冲村。其地名一直沿用。1949年10月，戴家塆隶属于王店区六益村管辖。戴家塆位于王义贞镇梅花村南部，聚落呈条状分布。代家塆东接团山村，西邻刘岗村，南连刘岗村，北靠大吴家塆。居民以何、杨姓居多，均为汉族，共68人，共17户。总面积0.165平方千米，耕地面积0.124平方千米，主要农作物为水稻、小麦，主要经济来源为外出务工和种植农作物。

汤家塆[Tāng jiā wān]　隶属于王义贞镇梅花村。相传光绪年间一汤姓人家，从外地迁居于此。后陆续有何姓、高姓家族在此聚集定居，形成一个较大的自然塆落，其地名一直沿用至今。1949年10月，汤家塆隶属于王店区六益村管辖。汤家塆位于王义贞镇梅花村北部，聚落呈条状分布。东接本村公路、顾家河，西邻石门村，南连申家塆，北靠天子山。全塆80人，20户，居民以何、陈、高姓居多，均为汉族。总面积0.09平方千米，耕地面积0.75平方千米。主要农作物为水稻、小麦，主要经济来源为外出务工和农作物种植。

吴家塆[Wú jiā wān]　隶属于王义贞镇梅花村。咸丰年间因吴氏十九世族人，在此居住，后逐渐迁移，其地名一直沿用至今。1949年10月，吴家塆隶属于王店区六益村管辖。吴家塆位于王义贞镇梅花村中部，聚落呈条状分布。东接团山村，西邻戴家塆，南连戴家塆，北靠小吴家塆。居民以何姓居多，均为汉族，共45人，共10户。总面积0.144平方千米，耕地面积0.08平方千米。主要农作物为水稻、小麦，主要经济来源为外出务工和农作物种植。

小吴家塆[Xiǎo wú jiā wān]　隶属于王义贞镇梅花村。因邻近吴家塆，又与吴家结亲逐渐形成居民点，故名小吴家塆。1949 年 10 月，小吴家塆隶属于王店区六益村管辖。小吴家塆位于王义贞镇梅花村东部，聚落呈条状分布。东接城隍陵，西邻梅花村中心公路，南连大吴家塆，北靠谢家塆。居民以郭、谢姓居多，均为汉族，共 45 人，共 10 户。总面积 0. 048 平方千米，耕地面积 0. 03 平方千米，主要农作物为水稻、小麦，主要经济来源为外出务工和农作物种植。

瓦窑地[Wǎ yáo dì]　隶属于王义贞镇梅花村。民国时期，何氏家族修建祠堂在此地烧制砖瓦而得名。位于梅花村中北部，因环境原因现已全部搬迁。1949 年 10 月，瓦窑地隶属于王店区梅花村管辖。

佑国凹[Yòu guó wā]　隶属于王义贞镇梅花村。据族谱记载，清嘉庆年间何氏第五世祖何达(号佑国)，携家人从梅花村杨家冲迁居此地，劈山建房，传宗接代，形成了较大的自然村落，佑国凹也因此而得名。因环境原因现已全部搬迁。1949 年 10 月，佑国凹隶属于王店区梅花村管辖。

高台寺[Gāo tái sì]　隶属于王义贞镇梅花村。因昔时当地有一寺庙而得名。1949 年 10 月，高台寺隶属于王店区六益村管辖。高台寺位于王义贞镇梅花村南部，聚落呈块状分布。东接团山村，西邻石门村，南连刘岗村，北靠戴家塆，全塆以何、杨姓为主，均为汉族。主要农作物为水稻、小麦，主要经济来源为外出务工和农作物种植。

何家大凹[Hé jiā dà wā]　隶属于王义贞镇梅花村。因居民姓氏及地形地貌而得名，族谱记载清嘉庆年间何氏一世祖何达从麻城迁居此山凹，繁衍子孙，地名沿用至今。1949 年 10 月，何家大凹隶属于王店区梅花村管辖。何家大凹位于王义贞镇梅花村北部，聚落呈块状分布。东接杨家冲，西邻石门村，南连新屋塆，北靠石柱塆。全塆以何姓为主，均为汉族。主要农作物为水稻、小麦，主要经济来源为外出务工和农作物种植。

梅花洞[Méi huā dòng]　隶属于王义贞镇梅花村。在山深处有一个天然溶洞，传说有一仙女在梅花盛开时出现并居住此洞，由于仙女在梅花盛开时现身，百姓称其梅花仙子，此洞也称梅花洞。1949 年 10 月，梅花洞隶属于王店区梅花村管辖。梅花洞位于王义贞镇梅花村北部，聚落呈块状分布。东接黄金村，西邻唐僧村，南连刘岗村，北靠太平寨、孛畈镇柳林村，全塆以何姓为主，均为汉族。主要农作物为水稻、小麦，主要经济来源为外出务工和农作物种植。

申家塆[Shēn jiā wān]　隶属于王义贞镇梅花村。相传同治年间一申姓居民由江西迁住此地。1949 年 10 月，申家塆隶属于王店区六益村管辖。申家塆位于王义贞镇梅花村中部，聚落呈块状分布。东接顾家河，西邻汤家畈，南连刘家塆，北靠汤家畈，全塆以危、刘姓为主，均为汉族。主要农作物为水稻、小麦，主要经济来源为外出务工和农作物种植。

石柱冲[Shí zhù chōng]　隶属于王义贞镇梅花村。自然塆北有一条清澈的小河，河西边山脚对立着两根高大的石柱，远望像一扇洞开的石门，故名石门口。据族谱记载，清同治年间何氏先祖何培祥携家人由梅花村杨家冲迁居此地，依山建房，繁衍子孙，后形成了一个较大的自然村落。1949 年 10 月，石柱冲隶属于王店区梅花村管辖。石门口位于王义贞镇梅花村西部，聚落呈块状分布。东接黄金村，西邻石门村，南连新屋塆，北靠柏杨村，全塆以彭、高、周姓为主，均为汉族。主要农作物为水稻、小麦，主要经济来源为外出务工和农作物种植。

杨家塆[Yáng jiā wān]　隶属于王义贞镇梅花村。清光绪年间杨氏带十五代后人由麻城迁住此地，劈山建房，繁衍子孙。1949 年 10 月，杨家塆隶属于王店区梅花村管辖。杨家塆位于王义贞镇梅花村东北部，聚落呈块状分布。东接团山村，西邻石柱冲，南连六益水库，北靠黄金村，全塆以杨、何姓为主，均为汉族。主要农作物为水稻、小麦，主要经济来源为外出务工和农作物种植。

八、毛河社区[Máohé Shèqū]

新改社区，原名彭畈村。彭畈村隶属于王义贞镇。明初大迁徙时，彭氏先祖选址毛家河西岸一平畈建房定居，繁衍生息，逐渐形成一个比较大的自然村落，人们便依地形命名为“彭家畈”，后成立村民自治组织即命名“彭畈村”。彭畈村位于王义贞镇西部，属丘陵山地地形，村委会所在地毛河南街 26 号，距王义贞政府所在地 4500 米。该村东接杨港村，西邻三合村，南连罗垅村，北靠钱冲银杏风景区。全村耕地面积 1. 072 平方千米，总人口 1006 人，276 户，均为汉族，共有 18 个自然塆：白龙桥塆、大柳树塆、高家畈、后塝塆、贾家畈塆、江家塆、刘家塝、刘家塆、罗家塆、毛家河、彭家畈、王家凹子、新屋塆、许家坡、已子塆、榨屋塆、竹林塆、李家凹。主要农作物为水稻、小麦，主要经济来源为外出务工和农作物种植。

1949 年 10 月，彭畈村隶属于王店区管辖。1952 年 10 月，彭畈村隶属于第四区管辖。1956 年 4 月属第五小组。1958 年 9 月建立人民公社，彭畈村更名为彭畈大队隶属于英雄人民公社管辖。1958 年底英雄人民公社更名为雷公人民公社。1961 年 4 月雷公人民公社更名为雷公区。1966 年 9 月雷公改为建新。1975 年 2 月，撤区并社，彭畈大队隶属于王店(河水)人民公社毛河管理区管辖。1984 年元月，复置区(镇)、乡(镇)、村，彭畈大队改名为彭畈村，隶属于河水区毛河乡管辖。1987 年，撤区并乡，河水区更名为王义贞镇，彭畈村隶属于王义贞镇管辖，现更名毛河社区。

白龙桥[Bái lóng qiáo]　隶属于王义贞镇彭畈村。清道光年间，发源于陈家冲云雾山脚下的一条河流，流经此地冲积成一大片平畈，为方便百姓过往，居住在此的白氏家人组织石匠建立了一座石桥，后简氏家族迁徙至此建房定居，为纪念白家人便取名“白龙桥”。白龙桥位于王义贞镇彭畈村东部，聚落呈块状分布。东接杨港村，西邻毛河街，南连罗垅村，北靠花园村，呈块状分布。全塆 32 人，7 户，居民以简姓居多，均为汉族。总面积 0. 13 平方千米，耕地面积 0. 047 平方千米。主要农作物为水稻、小麦，主要经济来源为外出务工和农作物种植。

大柳树塆[Dà liǔ shù wān]　隶属于王义贞镇彭畈村。清道光年间 在塆南石碾子旁生长着一棵大柳树，路过此地的风水先生说正是这棵柳树保佑着全塆的平安，所以当地人为求平安便取名“大柳树塆”。大柳树塆位于王义贞镇彭畈村中部，聚落呈条状分布。东接袁钱公路，西邻彭家畈，南连王三公路，北靠花园村。全塆 119 人，24 户，居民以朱、王、高姓居多，均为汉族。总面积 0. 326 平方千米，耕地面积 0. 17 平方千米，主要农作物为水稻、小麦，主要经济来源为外出务工和农作物种植。

高家畈[Gāo jiā fàn]　隶属于王义贞镇彭畈村。明朝初，高氏家族迁徙至此平畈建房定居而取名"高家畈"。高家畈位于王义贞镇彭畈村南部，聚落呈条状分布。东接门前河，西邻三合村，南连江家塆，北靠贾家畈。全塆 82 人，19 户，居民以高姓居多，均为汉族。总面积 0.187 平方千米，耕地面积 0.107 平方千米，主要农作物为水稻、小麦，主要经济来源为外出务工和农作物种植。

后塝塆[Hòu bàng wān]　隶属于王义贞镇彭畈村。1979 年前后迁居腾地扩耕时，从畈上迁来 11 户人家而依地势取名"后塝塆"。后塝塆位于王义贞镇彭畈村西部，聚落呈条状分布。东接彭家畈，西邻门前河，南连罗垅村，北靠周家垱。总面积 0.178 平方千米，全塆 38 人，11 户，居民以高、朱、彭姓居多，均为汉族。耕地面积 0.06 平方千米，主要农作物为水稻、小麦，主要经济来源为外出务工和农作物种植。

贾家畈[Jiǎ jiā fàn]　隶属于王义贞镇彭畈村。明朝初贾氏先祖从黄(冈)麻(城)迁徙至此平畈建房定居繁衍生息故而取名"贾家畈"。贾家畈位于王义贞镇彭畈村南部，聚落呈条状分布。东接罗家塆，西邻门前河，南连罗垅村，北靠周家垱。全塆 98 人，19 户，居民多为贾姓，均为汉族。总面积 0.278 平方千米，耕地面积 0.107。主要农作物为水稻、小麦，主要经济来源为外出务工和农作物种植。

江家塆[Jiāng jiā wān]　隶属于王义贞镇彭畈村。明朝初江氏先祖从随州迁徙至此建房定居，到了江良臣这一代，人财两旺，人们便取名"江家塆"。江家塆位于王义贞镇彭畈村南部，聚落呈条状分布。东接罗家塆，西邻三合村，南连罗垅村，北靠周家垱。全塆 9 人，2 户，居民以江姓居多，均为汉族。总面积 0.03 平方千米，耕地面积 0.014 平方千米。主要农作物为水稻、小麦，主要经济来源为外出务工和农作物种植。

刘家塝[Liú jiā bàng]　隶属于王义贞镇彭畈村。明朝初刘氏家族迁徙至此建房依山塝而住，故以地势取名"刘家塝"。刘家塝位于王义贞镇彭畈村西部，聚落呈条状分布。东接贾家畈，西邻三合村，南连高家畈，北靠王三公路。全塆 38 人，10 户，居民以刘、马姓居多，均为汉族。总面积 0.166 平方千米，耕地面积 0.052 平方千米。主要农作物为水稻、小麦，主要经济来源为外出务工和农作物种植。

刘家塆[Liú jiā wān]　隶属于王义贞镇彭畈村。明朝初刘姓家族迁徙至该地建房定居，因户数多达 30 多户而形成一个偌大的自然村塆而取名"刘家塆"。刘家塆位于王义贞镇彭畈村西部，聚落呈条状分布。东接彭家畈，西邻三合村，南连李家凹，北靠钱冲村。全塆 148 人，27 户，居民以刘姓居多，均为汉族。总面积 0.87 平方千米，耕地面积 0.203 平方千米。主要农作物为水稻、小麦，主要经济来源为外出务工和农作物种植。

罗家塆[Luó jiā wān]　隶属于王义贞镇彭畈村。明朝初罗氏先祖迁徙至此定居，形成自然村塆，故起名"罗家塆"。罗家塆位于王义贞镇彭畈村南部，聚落呈条状分布。东接袁钱公路，西邻罗垅村，南连罗垅村，北靠彭畈村级公路。居民以罗姓居多，均为汉族，共 41 人，10 户。总面积 0.1407 平方千米，耕地面积 0.0482 平方千米。主要农作物为水稻、小麦，主要经济来源为外出务工和农作物种植。

毛家河[Máo jiā hé]　隶属于王义贞镇彭畈村。明初大迁徙时，毛氏先祖从黄(冈)麻(城)迁此依山傍水定居，繁衍生息，人丁兴旺；此处是一个交通要道，塆北有一座石拱桥，为了方便路人，毛家人便在桥头搭建了一个茅草棚提供凉茶供路人歇息，周围乡邻看到有利可图，便相继摆摊设点，开茶馆、拉油面、卖油条、摆肉案，逐步形成了一个小集市，为纪念毛氏家人便命名毛家河。毛家河位于王义贞镇彭畈村南部，聚落呈条状分布。东接罗垅村，南连新屋垮，西邻门前河，北靠毛河街。全垮 49 人，12 户，居民以贾、孙、马姓居多，均为汉族。总面积 0. 12 平方千米，耕地面积 0. 074 平方千米。主要农作物为水稻、小麦，主要经济来源为外出务工和农作物种植。

彭家畈[Péng jiā fàn]　隶属于王义贞镇彭畈村。明初大迁徙时，彭氏先祖选址毛家河西岸一平畈建房定居，繁衍生息，逐渐形成一个比较大的自然村落，人们便依地形命名为“彭家畈”。彭家畈位于王义贞镇彭畈村中部，聚落呈条状分布。东接袁钱公路，西邻门前河，南连罗垅村，北靠周家垱。居民以彭姓居多，均为汉族，共 128 人，35 户。总面积 0. 3276 平方千米，耕地面积 0. 1139 平方千米，主要农作物为水稻、小麦，主要经济来源为外出务工和农作物种植。

王家凹子[Wáng jiā wāzi]　隶属于王义贞镇彭畈村。清朝乾隆年间，王氏先祖迁来在此山凹处建房定居，便依地形改名“王家凹子”。王家凹子位于王义贞镇彭畈村南部，聚落呈块状分布。东接罗垅村，西邻三合村，南连村级公路，北靠罗家垮。居民以王姓居多，均为汉族，共 47 人，10 户。总面积 0. 1407 平方千米，耕地面积 0. 0657 平方千米。主要农作物为水稻、小麦，主要经济来源为外出务工和农作物种植。

新屋垮[Xīn wū wān]　隶属于王义贞镇彭畈村。1970 年集体迁房改田扩耕时从大柳树垮迁建依山傍港处的一个自然垮，故命名为“新屋垮”。位于王义贞镇彭畈村南部，聚落呈块状分布。东接杨港村，西邻门前河，南连本村 3 组，北靠花园村。全垮 101 人，28 户，居民以朱、简、彭姓居多，均为汉族。总面积 0. 15 平方千米，耕地面积 0. 11 平方千米，主要农作物为水稻、小麦，主要经济来源为外出务工和农作物种植。

许家坡[Xǔ jiā pō]　隶属于王义贞镇彭畈村。清末此山坡边居住的全部是邱氏家族，名为邱家坡；20 世纪 40 年代，邱氏家族逐步外迁，许氏家族迁来居住，逐步形成一个比较大的自然垮，50 年代在垮南修建了一口大堰，人们称为许家大堰，随之称之为许家坡。许家坡位于王义贞镇彭畈村西北部，聚落呈块状分布。东接彭家畈，西邻三合村，南连李家凹，北靠钱冲村。居民以许姓居多，均为汉族，共 77 人，22 户。总面积 0. 2044 平方千米，耕地面积 0. 0677 平方千米。主要农作物为水稻、小麦，主要经济来源为外出务工和农作物种植。

己子垮[Jǐ zi wān]　隶属于王义贞镇彭畈村。明初迁来的移民定居在漫山坡上(俗称山“嘴子”，当地方言念“己子”)，故起名“己子垮”。己子垮位于王义贞镇彭畈村西部，聚落呈块状分布。东接贾家畈，西邻三合村，南连高家畈，北靠王三公路。全垮 33 人，8 户，居民以贾、余、郭姓居多，均为汉族。总面积 0. 1193 平方千米，耕地面积 0. 0449 平方千米。主要农作物为水稻、小麦，主要经济来源为外出务工和农作物种植。

榨屋垮[Zhà wū wān]　隶属于王义贞镇彭畈村。明末简氏先祖简厥林从京山县天子岗迁来定居，繁衍生息，到了孙子简如琇一代已有五个儿子十六个孙子，人口众多，但总是达不到“一百人才能分家”的祖训，于是找来风水先生查看。风水先生命人在垮中间一家榨油作坊里立碑镇邪，后来简氏家族果然兴旺发达，为了纪念便起名“榨屋垮”。榨屋垮位于王义贞镇彭畈村中部，聚落呈块状分布。东接杨港村，西邻大柳树垮，南连毛家河，北靠花园村。全塆 101 人，29 户，居民以简姓居多，均为汉族。总面积 0. 1407 平方千米，耕地面积 0. 1119 平方千米。主要农作物为水稻、小麦，主要经济来源为外出务工和农作物种植。

竹林塆[Zhú lín wān] 隶属于王义贞镇彭畈村。明朝初，陈、李两姓先祖迁徙至此建房定居，在房前屋后广植竹子而得名“竹林塆”。竹林塆位于王义贞镇彭畈村西部，聚落呈块状分布。东接西塝塆、原村小学，西邻三合村，南靠刘家塝，北连邱家坡。全塆 38 人，7 户，居民以简、马、陈姓居多，均为汉族。总面积 0. 1193 平方千米，耕地面积 0. 0436 平方千米，主要农作物为水稻、小麦，主要经济来源为外出务工和农作物种植。

李家凹[Lǐ jiā wā] 隶属于王义贞镇彭畈村。清光绪年间，此地山凹迁来李氏三弟兄李远高、李远红、李远珍居住，后人便称李家凹。李家凹位于王义贞镇彭畈村西部，聚落呈块状分布。东接杨家塆，西邻三合村，南连许家坡，北接刘家塆。全塆以李、陈姓为主，均为汉族，3 户 13 人。占地面积 1. 2 平方千米，其中耕地面积 0. 9 平方千米。主要农作物为水稻、小麦，主要经济来源为外出务工和农作物种植。

九、钱冲村[Qiánchōng Cūn]

隶属于王义贞镇。相传在明朝当地有一个名叫钱四郎的人住在此处，苦读诗书，进京赶考中状元。回乡后，当地百姓将其住处命名钱冲。2008 年钱冲、仁和的一部分塆和肖庙村合并成为新的钱冲村。

钱冲村位于王义贞镇西北部，村委会所在地移民新村距王义贞镇政府所在地 4000 米。该村东接花园村，西邻随州市，南连彭畈村，北靠随州市。截至 2014 年 9 月，辖区内共有 13 个村民小组，31 个自然塆：白果树塆、板桥河、陈家塆、国母河八卦山、黄家塆、江家塆、腊树塆、老上塆、老屋塆、柳树塆、蜜蜂寨、庙嘴塆、上卢家塆、石嘴头、谭家塆、田家塆、王家塆、西边塆、下卢家塆、响堂塆、肖家畈、杨家塆、移民新村、鹰子窝、榨塆、赵家塆、周家大塆、罗家冲、下江家塆、赵塆、梁塆。村内有常住居民 398 户，共 1585 人。辖区占地面积 14. 4 平方千米，其中耕地面积 2. 2 平方千米。以种植小麦、水稻为主，山场面积 10 平方千米。村内有古银杏国家森林公园、新四军遗址等多处纪念地、遗址及风景区。

1949 年 10 月，钱冲村、仁和村、肖庙村隶属于王店区管辖。1952 年 10 月，钱冲村、仁和村、肖庙村隶属于第四区管辖。1956 年 4 月属第五指导小组。1958 年 9 月建立人民公社，钱冲村、仁和村、肖庙村更名为钱冲大队、仁和大队、肖庙大队，隶属于英雄人民公社管辖。1958 年底英雄人民公社更名为雷公人民公社。1961 年 4 月雷公人民公社更名为雷公区。1966 年 9 月雷公改为建新。1975 年 2 月，撤区并社，钱冲大队、仁和大队、肖庙大队隶属于王店(河水)人民公社毛河管理区管辖。1984 年元月，复置区(镇)、乡(镇)、村，钱冲大队、仁和大队、肖庙大队改名为钱冲村、仁和村、肖庙村，隶属于河水区毛河乡管辖。1987 年，撤区并乡，河水区更名为王义贞镇，钱冲村、仁和村、肖庙村隶属于王义贞镇管辖。2008 年钱冲村、仁和的一部分塆、肖庙村合并成为新的钱冲村，钱冲村名称沿用至今。

白果树塆[Bái guǒ shù wān] 隶属于王义贞镇钱冲村。此处古银杏(白果)较多，在清初，由于周家大塆人多，其中一脉迁往此地，故改名白果树塆。1949 年 10 月，白果树塆隶属于王店区仁和村管辖。白果树塆位于钱冲村东北部，聚落呈块状分布。东接杨家冲公路，西邻蜜蜂寨，南连周家大塆，北靠赵家塆、老上塆。全塆 20 人，9 户，居民以周、陈姓居多，均为汉族。总面积为 0.18 平方千米，其中耕地面积 0.05 平方千米。主要农作物为小麦、水稻，主要经济来源以外地务工为主。

板桥河[Bǎn qiáo hé]　隶属于王义贞镇钱冲村。昔时当地所在区域内的一条河流上有一座木板铺成的桥，当地村民就把此河命名为板桥河，将河流旁的居民点命名为板桥河。1949 年 10 月，板桥河隶属于王店区钱冲村管辖。板桥河位于钱冲村西北部，聚落呈块状分布。东接板桥河，西邻随州山界，南连腊树塆，北靠卢家坡。全塆 7 人，2 户，居民以王、江姓居多，均为汉族。总面积为 0.01 平方千米，其中耕地面积 0.005 平方千米。主要农作物为小麦、水稻，主要经济来源以外地务工为主。

陈家塆[Chén jiā wān]　隶属于王义贞镇钱冲村。根据考证，元末明初陈友谅在战争时期在此安营扎寨，后来，战争结束，当地人便把此塆改名陈家塆。1949 年 10 月，陈家塆隶属于王店区钱冲村管辖。陈家塆位于钱冲村中部，聚落呈块状分布。东接李家冲，西邻梁家塆，南连白果树塆，北靠西边山冲、石嘴头。全塆 50 人，16 户，居民以孙、江姓居多，均为汉族。总面积为 0.02 平方千米，其中耕地面积 0.006 平方千米，全塆有古银杏树 10 余颗，主要农作物为小麦、水稻，主要经济来源以外地务工为主。

国母河八卦山[Guó mǔ hé bā guà shān]　隶属于王义贞镇钱冲村。元末明初农民起义领袖陈友谅母亲死后葬于该处，且此处有一条杨家冲河，流域经过八卦山寨。八卦山寨建于元末明初，当地老百姓躲战乱，藏身之处，因山形状似乌龟，故取名八卦山，故而形成国母河八卦山。1949 年 10 月，国母河八卦山隶属于王店区肖庙村管辖。国母河八卦山位于钱冲村东部，胜利水库下游，聚落呈块状分布。东接原仁和村仁和店，西邻袁钱公路，南连肖家畈，北靠杨家冲卢家塆。全塆 40 人，10 户，居民以田、肖姓居多，均为汉族。总面积为 0.2 平方千米，其中耕地面积 0.08 平方千米。主要农作物为小麦、水稻，主要经济来源以外地务工为主。

黄家塆[Huáng jiā wān]　隶属于王义贞镇钱冲村。光绪六年(1880)武状元黄培松，发兵路过此塆，因此塆无名，便赐名此塆黄家塆，流传至今。1949 年 10 月，黄家塆隶属于王店区钱冲村管辖。黄家塆位于钱冲村北部，聚落呈块状分布。东接老上塆，西邻敬堂塆，南连钱冲银杏广场，北靠随州山界。全塆 42 人，12 户，居民以黄、陈姓居多，均为汉族。总面积为 0.09 平方千米，其中耕地面积 0.02 平方千米。主要农作物为小麦、水稻，主要经济来源以外地务工为主。

江家塆[Jiāng jiā wān]　隶属于王义贞镇钱冲村。据其族谱考证，嘉靖年间其祖上由随州桐木冲迁居此地后历经八代单传，分三房至今有江姓族人 300 多人居住在此，取名江家塆。1949 年 10 月，江家塆隶属于王店区钱冲村管辖。江家塆位于钱冲村西北部，聚落呈块状分布。东接敬堂塆，西邻随州山界，南连卢家坡，北靠随州山界。全塆 53 人，13 户，居民以江、陈姓居多，均为汉族。总面积 0.13 平方千米，其中耕地面积 0.02 平方千米。主要农作物为小麦、水稻，主要经济来源以外地务工为主。

腊树塆[Là shù wān]　隶属于王义贞镇钱冲村。因当地所在区域内有一棵百年古腊树而得名。清末是钱冲旺族孙老爷故居，抗日战争时期是新四军第五师司令部，现开发为旅游景点。1949 年 10 月，腊树塆隶属于王店区钱冲村管辖。腊树塆位于钱冲村中北部，聚落呈块状分布。东接河沟、寨凹，西邻随州，南连腊树塆小学旧址，北靠刘集河。全塆 30 人，8 户，居民以孙、谭姓居多，均为汉族。总面积 0.08 平方千米，其中耕地面积 0.02 平方千米。主要农作物为小麦、水稻，新五师司令冲旧址在该塆，主要经济来源以外地务工为主。

老上塆[Lǎo shàng wān]　隶属于王义贞镇钱冲村。此塆地处杨家冲最里面一处适合人居住的地方，清末，几户人迁至此改名老上塆。1949 年 10 月，老上塆隶属于王店区仁和村管辖。老上塆位于钱冲村北部，聚落呈块状分布。东接陈家塆，西邻黄家塆，南连白果树塆，北靠随州山界。全塆 30 人，7 户，居民以周姓居多，均为汉族。总面积 0.18 平方千米，其中耕地面积 0.05 平方千米。主要农作物为小麦、水稻，主要经济来源以外地务工为主。

老屋塆[Lǎo wū wān]　隶属于王义贞镇钱冲村。清乾隆年间肖氏祖先从麻城迁到此处，在此建家立业，因该处房屋古老，故取名“老屋塆”。1949 年 10 月，老屋塆隶属于王店区肖庙村管辖。老屋塆位于钱冲村南部，聚落呈块状分布。东接钱冲村国母河八卦山，西邻响水塘塆，南连西边塆，北靠强头凹。全塆 62 人，18 户，居民以肖、高姓居多，均为汉族。总面积 0.1 平方千米，其中耕地面积 0.03 平方千米。主要农作物为小麦、水稻，主要经济来源以外地务工为主。

柳树塆[Liǔ shù wān]　隶属于王义贞镇钱冲村。元末，陈友谅驻军在此，因塆南有几棵大柳树，陈友谅便叫此塆为柳树塆，一直流传至今。1949 年 10 月，柳树塆隶属于王店区钱冲村管辖。柳树塆位于钱冲村北部，聚落呈块状分布。东接山峰、杨家冲，西邻敬堂塆，南连板桥河，北靠赵家塆。全塆 15 人，4 户，居民以江姓居多，均为汉族。总面积 0.02 平方千米，其中耕地面积 0.002 平方千米。主要农作物为小麦、水稻，主要经济来源以外地务工为主。

蜜蜂寨[Mì fēng zhài]　隶属于王义贞镇钱冲村。亦称寨洼。在清朝时期，有人为躲避官场人追捕，在此山上修建山寨，且该处山顶常年有蜜蜂在此采蜜筑巢，故取名蜜蜂寨。1949 年 10 月，蜜蜂寨隶属于王店区钱冲村管辖。蜜蜂寨位于钱冲村中北部，聚落呈块状分布。东接仁和山界、杨家冲，西邻山峰、腊树塆，南连原村小学，北靠刘集河。全塆 10 人，3 户，后全部搬迁走。蜜蜂寨是钱冲村风景区古银杏群落中心，总面积 0.04 平方千米，其中耕地面积 0.01 平方千米。

庙嘴塆[miào zuǐ wān]　隶属于王义贞镇钱冲村。道光年间肖氏家族，在此处建庙。后来，有几户田姓人家在庙前居住，故名“庙嘴塆”。中华人民共和国成立后，庙前建有肖庙小学。1949 年 10 月，庙嘴塆隶属于王店区肖庙村管辖。庙嘴塆位于钱冲村南部，聚落呈块状分布。胜利水库自然灌溉渠，钱冲旅游公路横贯庙嘴塆。东接肖家畈大柏树、村委会办公楼，西邻田家垅，南连杨家塆，北靠通随州的村际公路。全塆 21 人，4 户，居民以田姓居多，均为汉族。总面积 0.08 平方千米，其中耕地面积 0.05 平方千米。主要农作物为小麦、水稻，主要经济来源以外地务工为主。

上卢家塆[Shàng lú jiā wān]　隶属于王义贞镇钱冲村。明朝时期卢氏兄弟从江西迁入此地，子孙在此繁衍，形成村落，故名上卢家塆，光绪年间在此修建卢氏祠堂。1949 年 10 月，上卢家塆隶属于王店区仁和村管辖。上卢家塆位于钱冲村中北部杨家冲内，聚落呈块状分布。东接山峰、旅游公路，西邻农田，南连下卢家垮，北靠周家大垮。全垮 49 人，12 户，居民以卢姓居多，均为汉族。总面积 0.1 平方千米，其中耕地面积 0.04 平方千米。主要农作物为小麦、水稻，主要经济来源以外地务工为主。

石嘴头[Shí zuǐ tóu]　隶属于王义贞镇钱冲村。因其地势两边山峰延伸路边形如人嘴，后有人居住形成垮落，故名石嘴头。后修公路扩宽路面，形状被破坏。1949 年 10 月，石嘴头隶属于王店区钱冲村管辖。石嘴头位于钱冲村中部，聚落呈块状分布，在钱冲风景区主要线路内。东接仁和村山界、杨家冲，西邻随州山界，南连月亮嘴，北靠钱冲小学旧址。全垮 36 人，9 户，居民以孙、陈姓居多，均为汉族。总面积 0.06 平方千米，其中耕地面积 0.01 平方千米。主要农作物为小麦、水稻，主要经济来源以外地务工为主。

谭垮[Tán wān]　隶属于王义贞镇钱冲村。钱冲村最原始祖居姓氏，此地在腊树垮背后，现有 5 户谭姓居住。1949 年 10 月，谭垮隶属于王店区钱冲村管辖。谭垮位于钱冲村中西部，聚落呈块状分布。东接旅游公路，西邻随州山界，南连山沟，北靠刘集河。全垮 21 人，5 户，居民以谭姓居多，均为汉族。总面积 0.2 平方千米，其中耕地面积 0.01 平方千米。主要农作物为小麦、水稻，主要经济来源以外地务工为主。

田家垮[Tián jiā wān]　隶属于王义贞镇钱冲村。清同治年间田家先祖因躲避战乱，迁到此处，后子孙在此处繁衍，形成自然垮，取名田家垮。1949 年 10 月，田家垮隶属于王店区肖庙村管辖。位于钱冲村南部，聚落呈块状分布。东接八卦山，西邻西边垮，南连庙嘴垮，北靠老垮。全垮 58 人，18 户，居民以田姓居多，均为汉族。总面积 0.1 平方千米，其中耕地面积 0.03 平方千米。主要农作物为小麦、水稻，主要经济来源以外地务工为主。

王家垮[Wáng jiā wān]　隶属于王义贞镇钱冲村。此垮与随州市冷家冲一山之隔，最早是王姓居住，现全垮都是王姓族人，共 50 多人，抗日战争时期是新五师政治部，现开发为旅游景点。1949 年 10 月，王家垮隶属于王店区钱冲村管辖。王家垮位于钱冲村西北部，聚落呈块状分布。东接村际旅游公路、板桥河，西邻随州山界，南连河沟，北靠山峰、上江家垮。全垮 22 人，5 户，居民以王姓居多，均为汉族。总面积 0.05 平方千米，其中耕地面积 0.01 平方千米。主要农作物为小麦、水稻，主要经济来源以外地务工为主。

西边垮[Xī biān wān]　隶属于王义贞镇钱冲村。嘉庆年间有个叫茉永的人，在此垮定居，取名茉永垮，经当地人一圆(调侃)叫茉儿垮，因此名称叫法不吉利，加上此地朝向为坐东朝西，后来人民取名西边垮。1949 年 10 月，西边垮隶属于王店区钱冲村管辖。西边垮位于钱冲村南部，聚落呈块状分布。东接田家垅，西邻随州揭家垅村，南连杨家垮，北靠稻场。全垮 85 人，20 户，居民以肖、方姓居多，均为汉族。总面积 0.4 平方千米，其中耕地面积 0.04 平方千米。主要农作物为小麦、水稻，主要经济来源以外地务工为主。

下卢家垮[Xià lú jiā wān]　隶属于王义贞镇钱冲村。卢家垮(又称上卢家垮)，由于人口众多，后在下游 1 千米处，建立分支，把其中一脉迁移到此处居住，形成垮落。后命名下卢家垮。1949 年 10 月，下卢家垮隶属于王店区仁和村管辖。下卢家垮位于钱冲村中东部，聚落呈块状分布。东接李家冲，西邻蜜蜂寨，南连周家榨垮，北靠白果树垮。全垮 45 人，13 户，居民以卢姓居多，均为汉族。总面积 0.1 平方千米，其中耕地面积 0.03 平方千米。主要农作物为小麦、水稻，主要经济来源以外地务工为主。

响堂垮[Xiǎng táng wān]　隶属于王义贞镇钱冲村。陈友谅迁军到此，此处有一河流，因落差大，常年流水不断，并有叮当响的水声，陈友谅就叫此垮为响塘垮。1949 年 10 月，响堂垮隶属于王店区钱冲村管辖。响堂塆位于钱冲村西部，聚落呈块状分布。东接豹子冲水库，西邻随州山界，南连梁家台，北靠黄家潭。全塆84人，21户，居民以孙、彭姓居多，均为汉族。总面积0.02平方千米，其中耕地面积0.005平方千米。主要农作物为小麦、水稻，主要经济来源以外地务工为主。

肖家畈[Xiāo jiā fàn]　隶属于王义贞镇钱冲村。明代初年生活在古随州长岗的肖韶美两兄弟，因饥荒迁居肖庙的老家塆落居，随后又分支定居在此地，此地曾用名为“道士塆”，因出多名优秀道士，会风水、择宝地，加上人口兴旺，生活美满都分居至两河东西岸，随之更名为肖家畈。1949年10月，肖家畈隶属于王店区肖庙村管辖。肖家畈位于钱冲村南部，聚落呈块状分布。东接仁和店，西邻田家塆，南连花园村，北靠田家垱。全塆114人，24户，居民以肖姓居多，均为汉族。总面积0.5平方千米，其中耕地面积0.08平方千米。主要农作物为小麦、水稻，主要经济来源以外地务工为主。

杨家塆[Yáng jiā wān]　隶属于王义贞镇钱冲村。康熙年间一对杨姓夫妇，从山西落荒在此，经过三百多年的繁衍，周边杨姓发展很多，故取名杨家塆。1949年10月，杨家塆隶属于王店区肖庙村管辖。杨家塆位于钱冲村西南部，聚落呈块状分布。东接花园村，西邻随州揭家垅村，南连彭畈村，北靠西边塆。全塆189人，48户，居民以杨、孙姓居多，均为汉族。总面积0.18平方千米，其中耕地面积0.05平方千米。主要农作物为小麦、水稻，主要经济来源以外地务工为主。

钱冲移民新村[Qián chōng yí mín xīn cūn]　隶属于王义贞镇钱冲村。该居民点于2008年以前属肖庙村乌家垅，自2008年肖庙村与钱冲村合并后，由于景区移民安置的需要，而进行开发修建房屋，成为现在的钱冲移民新村。钱冲移民新村位于钱冲村东南部，聚落呈块状分布。东接袁钱公路，西邻肖家畈，南连花园村乌家垅(乌家垅居民点分属花园村和原肖庙村)，北靠栗树塆。全塆200人，50户，总面积0.1平方千米，其中耕地面积0.01平方千米。主要农作物为小麦、水稻，主要经济来源以外地务工为主。

鹰子窝[Yīng zi wō]　隶属于王义贞镇钱冲村。因昔时几棵古树上有一些鹰做的窝而命名。1949年10月，鹰子窝隶属于王店区钱冲村管辖。鹰子窝位于钱冲村西部，聚落呈块状分布。东接村际旅游公路，西邻罗家冲，南连黄潭，北靠月亮嘴。全塆30人，7户，居民以孙、彭姓居多，均为汉族。总面积0.005平方千米，其中耕地面积0.001平方千米。主要农作物为小麦、水稻，主要经济来源以外地务工为主。

榨塆[Zhà wān]　隶属于王义贞镇钱冲村。咸丰年间有一位周姓大户人家建榨坊一处，榨出的油色美味鲜，生意兴隆，在当地很有名，因此榨塆由此而命名。1949年10月，榨塆隶属于王店区仁和村管辖。榨塆位于钱冲村中东部钱冲景区杨家冲，聚落呈块状分布。东接李家冲，西邻随州山界，南连上卢家塆，北靠周家大塆。全塆70人，18户，居民以周姓居多，均为汉族。总面积0.2平方千米，其中耕地面积0.08平方千米。主要农作物为小麦、水稻，主要经济来源以外地务工为主。

赵家塆[Zhào jiā wān]　隶属于王义贞镇钱冲村。相传三国时期，赵云曾驻军此处，后赐名此塆为“赵家塆”流传至今。1949年10月，赵家塆隶属于王店区钱冲村管辖。赵家塆位于钱冲村北部，聚落呈块状分布。东西北三面均为该村山峰环绕，南连银杏广场。全塆21人，5户，居民以王、叶、孙姓居多，均为汉族。总面积0.002平方千米，其中耕地面积0.0004平方千米。主要农作物为小麦、水稻，主要经济来源以外地务工为主。

周家大塆[Zhōu jiā dà wān]　隶属于王义贞镇钱冲村。族谱记载，元末明初其先祖周天佑因战乱从江西迁到此地，因此地地势开阔，偏僻、安宁适合居住，于是落于此地。其子孙繁衍，后取名周家大塆。1949年10月，周家大塆隶属于王店区仁和村管辖。周家大塆位于钱冲村东北部钱冲景区杨家冲，聚落呈块状分布。东接李家冲，西邻蜜蜂寨，南连周家榨塆，北靠白果树塆。全塆142人，32户，居民以周姓居多，均为汉族。总面积0.05平方千米，其中耕地面积0.02平方千米。主要农作物为小麦、水稻，主要经济来源以外地务工为主。

罗家冲[Luó jiā chōng]　隶属于王义贞镇钱冲村。1949年10月，罗家冲隶属于王店区钱冲村管辖。位于钱冲村西北部。此冲与随州市洛阳镇东河村相邻，全长1.5千米，林木茂盛。土地肥沃，最早有罗姓族人为躲避战乱迁居，故称罗家冲，现无人居住。

下江家塆[Xià jiāng jiā wān]　隶属于王义贞镇钱冲村。位于钱冲村中部。此塆与原仁和村一山之隔，最早由江姓族人居住，因此得名。因其只有一女，后招女婿，后人都是王姓。现有王姓50多人，其塆名沿用至今。

赵塆[Zhào wān]　隶属于王义贞镇钱冲村。位于钱冲村北部。1949年10月，赵塆隶属于王店区仁和村管辖。该塆最早在此居住的居户姓赵。全塆4人，2户，总面积0.1平方千米。主要农作物为小麦、水稻，主要经济来源以外地务工为主。

梁塆[Liáng wān]　隶属于王义贞镇钱冲村。位于钱冲村中部，坐南朝北，最早由梁氏族人在此居住而得名，现有孙、李、江姓聚集。1949年10月，梁塆隶属于王店区钱冲村管辖。

十、汝南村[Rǔ'nán Cūn]

隶属于王义贞镇。明洪武年间，在境内一处山坡边依山傍水的地方住着一位会法术的汝姓得道道士。当时，自然灾害频发，水患连绵，百姓苦不堪言，求救于道士。道士作法降龙治水，自此以后风调雨顺，百姓连年丰收。道士升天后，就葬在他住的坡南。当地人为纪念他治水有功造福乡里，便把他安葬的地方称为汝南坡。中华人民共和国成立初，命名为汝南乡，1958年更名为汝南大队，1984年更名为汝南村。

汝南村位于王义贞镇集镇西部，村委会所在地汝南街1号，距王义贞镇政府所在地800米。该村东接王义贞镇街道、刘岗村、石门村，西邻朱桥村，南连吉庙村、朱桥村，北靠唐僧村，王三公路、王钱公路穿村而过。截至2014年9月，辖区内共有28个自然塆：陈家咀、代家塆、董家塆、缸子窑、黄家桥、老家塆（老虎塆）、李家坡大塆、李家塆、廖家巷子、卢家塝大塆、汝南街、三里冲、三组菜园子、山叽头、山咀头、申家咀大塆、神庵府凹子、石板岩水库南塆、四股台大塆、汪家凹子、危家塆、向家塆、徐家塆、窑凹子、樱桃塝、长里岗、赵家塆、郑家塆。村内有常住居民375户，共1635人。辖区占地面积4.46平方千米，其中耕地面积1.47平方千米，以种植小麦、水稻为主。水域面积0.533平方千米，山场面积1.73平方千米。村内有1处四股台遗址、3处休闲农庄及30多户各类养殖大户，村内主要驻区单位有王义贞镇初级中学、中心小学、汝南村村委会、汝南村卫生所等。

1949 年 10 月，汝南村隶属于王店区管辖。1952 年 10 月，汝南村隶属于第四区汝南乡管辖。1954 年 8 月属雷公区王店乡辖，1956 年属第五指导小组王店乡辖；1958 年 9 月建立人民公社，汝南村更名为汝南大队隶属于英雄人民公社王店乡管辖。1958 年底英雄人民公社更名为雷公人民公社。1961 年 4 月雷公人民公社更名为雷公区，汝南大队属王店人民公社管辖。1966 年 9 月雷公改为建新。1975 年 2 月，撤区并社，汝南大队隶属于王店(河水)人民公社王店管理区管辖。1984 年元月，复置区(镇)、乡(镇)、村，汝南大队改名为汝南村，隶属于河水区王店镇管辖。1987 年 10 月，撤区并乡，河水区更名为王义贞镇，汝南村隶属于王义贞镇王店管理区管辖。2000 年撤销管理区，汝南村属王义贞镇管辖，名称沿用至今。

陈家咀[Chén jiā zuǐ]　隶属于王义贞镇汝南村。以姓氏和地形命名。陈家咀位于王义贞镇汝南村东北部，聚落呈块状分布。东接马坪山、石门村，西邻山冈、唐僧村，南连郭家凹、代家塆，北靠唐僧村。全塆 75 人，23 户，居民以陈、代姓居多，均为汉族。总面积 0. 1 平方千米，其中耕地面积 0. 073 平方千米，主要农作物为小麦、水稻，主要经济来源以外地务工为主。

代家塆[Dài jiā wān]　隶属于王义贞镇汝南村。明初代氏先祖从麻城迁来在此居住，繁衍生息逐渐形成的自然塆故名“代家塆”。代家塆位于王义贞镇汝南村中北部，聚落呈块状分布。东接该组农田、马坪山山冈，西邻长岭岗，南连黄家桥，北靠代家塆大堰。全塆 9 户 35 人，居民以叶、陈姓居多，均为汉族。总面积 0. 01 平方千米，其中耕地面积 0. 028 平方千米，主要农作物为小麦、水稻，主要经济来源以外地务工为主。

董家塆[Dǒng jiā wān]　隶属于王义贞镇汝南村。清嘉庆年间，董氏先祖从江西迁到该地居住，繁衍生息，发展为一个自然村落，便称之为“董家塆”。董家塆位于王义贞镇汝南村中部，聚落呈块状分布。塆长约 200 米，坐西朝东。东接董家塆长堰、上长堰，西邻屋后山冈，南连四股台大塆，北靠老家塆(老虎塆)。全塆 45 人，12 户，居民以彭、王、谭姓居多，均为汉族。总面积 0. 06 平方千米，其中耕地面积 0. 043 平方千米。主要农作物为小麦、水稻，主要经济来源以外地务工为主。

缸子窑[Gāng zi yáo]　隶属于王义贞镇汝南村。建国初期，有一个姓代的泥瓦匠在该地建了一个专门烧制瓦盆、瓦缸、火箩的陶器窑，由于技术精湛，远近闻名，逐步迁来多户人家便形成了一个自然塆。原名松林凹，于 1949 年改为“缸子窑”。缸子窑位于王义贞镇汝南村东北部，聚落呈块状分布。东接石门村公路，西邻屋后山冈，南连马坪山山冈，北靠代家塆大堰。全塆 8 户 25 人，居民以张姓居多，均为汉族。总面积 0. 03 平方千米，其中耕地面积 0. 02 平方千米。主要农作物为小麦、水稻，主要经济来源以外地务工为主。

黄家桥[Huáng jiā qiáo]　隶属于王义贞镇汝南村。明末黄氏先祖从麻城迁到长岭岗山脚栖息居住，繁衍生息形成一自然村落，人们便以村南边的石拱桥命名黄家桥。黄家桥位于王义贞镇汝南村北部，聚落呈块状分布。坐西朝东，塆南有黄家桥拱桥，王三公路由此塆经过，塆前有尧河，与马匹山相对应。东接汝南村港沟，西邻屋后山冈、向家塆，南连王三公路，北靠汝南村 6 组代家塆。居民以黄姓居多，均为汉族。全塆 45 人，9 户。总面积 0. 06 平方千米，其中耕地面积 0. 037 平方千米。主要农作物为小麦、水稻，主要经济来源以外地务工为主。

老虎塆[Lǎo hǔ wān]　隶属于王义贞镇汝南村。当地人称老家塆。该塆依山傍水，后山植被茂密，相传古时有老虎出没，后人便以此传说命名。老虎塆位于王义贞镇汝南村东部，聚落呈块状分布。塆长约200米，坐西朝东，塆前有老家塆大堰。东接大桥河，西邻汝南村银杏基地，南连董家塆，北靠江家潭水库、江家潭垱沟。居民以郑、王姓居多，均为汉族。全塆93人，23户，总面积0.2平方千米，其中耕地面积0.11平方千米，主要农作物为小麦、水稻，主要经济来源以外地务工为主。

李家坡大塆[Lǐ jiā pō dà wān]　隶属于王义贞镇汝南村。原为李姓祖籍地，背靠山坡，后迁入一郭姓大户（郭贻青为同盟会员）形成一个自然村落，1954年农业合作化时定名“李家坡大塆”。李家坡大塆位于王义贞镇汝南村西北部，聚落呈块状分布。坐西朝东，塆长300余米，塆前有李家坡上长堰、下长堰，双河口河流经此塆。东接李家坡上长堰、下长堰，西邻汪家凹子，南连王钱公路，北靠石板岩水库。居民以李、郭姓居多，均为汉族。全塆95人，21户。总面积0.12平方千米，其中耕地面积0.09平方千米。主要农作物为小麦、水稻，主要经济来源以外地务工为主。

李家塆[Lǐ jiā wān]　隶属于王义贞镇汝南村。清嘉庆年间，居住在此地的秀才李名文专门为穷人代写状词，从不收费，后人为纪念他，便把他居住的地方命名为“李家塆”。李家塆位于王义贞镇汝南村北部，聚落呈块状分布。坐东朝西，塆后有王三公路经过，塆前有双河口河流过。东接长里岗，西邻李家坡大塆，南连轭刀凹，北靠唐僧村。居民以李、王姓居多，均为汉族。全塆115人，35户。总面积0.2平方千米，其中耕地面积0.11平方千米。主要农作物为小麦、水稻，主要经济来源以外地务工为主。

廖家巷子[Liào jiā xiàng zi]　隶属于王义贞镇汝南村。廖氏先祖明初外迁来此山坡居住，地势形似胡同巷子。廖家巷子位于王义贞镇汝南村西部，聚落呈块状分布。东与东岳庙水库相对应，塆前有廖家塆堰。东接松林坡，西邻屋后山冈，南连徐家塆，北靠王钱公路。居民以廖、孙姓居多，均为汉族。全塆65人，16户。总面积0.06平方千米，其中耕地面积0.043平方千米。主要农作物为小麦、水稻，主要经济来源以外地务工为主。

卢家塝大塆[Lú jiā bàng dà wān]　隶属于王义贞镇汝南村。明末卢氏先祖卢师爷因避战乱从江西迁到该地，找到一处僻静的山凹子安居，繁衍生息，后发展为一个较大的自然村落，便称之为卢家塝大塆。卢家塝大塆位于王义贞镇汝南村西部，聚落呈块状分布。坐西朝东，南北长约200米，塆北有卢家大堰。东接大桥河、神庵府，西邻尧凹子，南连四股台大塆，北靠汝南村渔地。居民以王、郑姓居多，均为汉族。全塆56人，12户。总面积0.1平方千米，其中耕地面积0.073平方千米。主要农作物为小麦、水稻，主要经济来源以外地务工为主。

汝南街[Rǔ' nán jiē]　隶属于王义贞镇汝南村。1989年王店集镇扩容时挖山填塘占农田形成一条街道，以所在村汝南村命名街道。汝南街位于王义贞镇汝南村中部，聚落呈块状分布。汝南村委会坐落该街上，王三公路由此街穿过。东接王义贞街道，西邻江家潭，南连老虎塆，北靠汝南村5组马匹山。全街有常驻居民114户，共450人。总面积为0.05平方千米，主要经济来源以商业贸易和自主营业为主。

三里冲[Sān lǐ chōng]　隶属于王义贞镇汝南村。因此地原为一荒冲，地势窄长约三里，清末郑、周、王等几户农家选凹平地建房栖息。三里冲位于王义贞镇汝南村东北部，聚落呈块状分布。坐西朝东，地处马匹山东脚下。东接王义贞镇初级中学，西邻屋后马坪山山冈，南连汝南街公路，北靠缸子窑。居民以黄姓居多，均为汉族。全塆 24 人，7 户。总面积 0.05 平方千米，其中耕地面积 0.032 平方千米。主要农作物为小麦、水稻，主要经济来源以外地务工为主。

三组菜园子[Sān zǔ cài yuán zi] 隶属于王义贞镇汝南村。距王义贞集镇较近，当地农户大部分以蔬菜种植为主，后发展为一个自然村落，居民点编号为 3 组，故名“三组菜园子”。三组菜园子位于王义贞镇汝南村东南部，汝南村神庵府北，塆前有双河口汇于此处，聚落呈块状分布。东接王义贞镇文化站，西邻大桥河，南连神庵府山脚，北靠王义贞镇金桥。居民以郑姓居多，均为汉族。全塆 75 人，19 户。总面积 0.06 平方千米，其中耕地面积 0.043 平方千米。主要农作物为小麦、水稻，主要经济来源以外地务工为主。

山叽头[Shān jī tóu] 隶属于王义贞镇汝南村。因当地位于长里岗山叽头而命名。山叽头位于王义贞镇汝南村中西部，长里岗山脚下，聚落呈块状分布。东接王三公路，西邻清水堰、破堰，南连汝南街，北靠向家塆。居民以王、向、彭叶姓居多，均为汉族。全塆 45 人，11 户。总面积 0.1 平方千米，其中耕地面积 0.061 平方千米。主要农作物为小麦、水稻，主要经济来源以外地务工为主。

山咀头[Shān zuǐ tóu] 隶属于王义贞镇汝南村。明末聂氏先祖从麻城迁来此地栖息在长岭岗山头，后发展为一个自然村落，清末命名。位于王义贞镇汝南村北部长里岗山脚下，聚落呈块状分布。东接王三公路，西邻清水堰、破堰，南连汝南街，北靠向家塆。居民以王、向、彭、叶姓居多，均为汉族。全塆 45 人，11 户。总面积 0.1 平方千米，其中耕地面积 0.061 平方千米。主要农作物为小麦、水稻，主要经济来源以外地务工为主。

申家咀大塆[Shēn jiā zuǐ dà wān] 隶属于王义贞镇汝南村。此地为一荒坡山咀，清同治年间，申氏先祖逃荒至此搭了两间茅草房居住，后发展成一个较大规模的自然村落，清末定名“申家咀大塆”。申家咀大塆位于王义贞镇汝南村西南部，聚落呈块状分布。分为上下申家咀，南北长约 300 米，塆前有申家咀拱桥。该塆东接四股台大塆，西邻朱桥村，南连朱桥村，北靠 2 组后垅。居民以张、王姓居多，均为汉族。全塆 45 人，11 户。总面积 0.11 平方千米，其中耕地面积 0.073 平方千米。主要农作物为小麦、水稻，主要经济来源以外地务工为主。

神庵府凹子[Shén ān fǔ wā zi] 隶属于王义贞镇汝南村。因此地位于神庵府山脚下，原为一处荒凹地，明末移民至此建房栖息，以地形特征而命名。神庵府凹子位于王义贞镇汝南村东南部，聚落呈块状分布。塆前有王家坡公路和河流。东接刘岗村农田，西邻神庵府公路，南连吉庙村山冈，北靠三组菜园子。现已无人居住。总面积 0.03 平方千米，其中耕地面积 0.017 平方千米。

石板岩水库南塆[Shí bǎn yán shuǐ kù nán wān] 隶属于王义贞镇汝南村。20 世纪 60 年代大兴水利之时，汝南村在与唐僧村交界处修建了一座小型水库名为“石板岩水库”，后来在库南迁来了几户农户居住，人们便称之为石板岩水库南塆。石板岩水库南塆位于王义贞镇汝南村西北部，聚落呈块状分布。东接双河口河，西邻屋后山冈，南连李家坡大塆，北靠石板岩水库。居民以李、郭、彭姓居多，均为汉族。全塆 35 人，7 户。总面积 0.04 平方千米，其中耕地面积 0.03 平方千米。主要农作物为小麦、水稻，主要经济来源以外地务工为主。

四股台大塆[Sì gǔ tái dà wān]　隶属于王义贞镇汝南村。此处地势较高，范围较大，自然形成平台。早在明末就有周、王、彭、申四姓家族外迁来此，逐步将周围田地及水源划分为四股，每姓各一股，故取名四股台。因聚居人口多、塆子规模大故称“四股台大塆”。四股台大塆位于王义贞镇汝南村西南部，聚落呈条状分布。坐西朝东，南北长约500米，跨汝南村1、2组。东接四股台大堰和2组上长堰、下长堰，西邻本组山冈，南连四股台遗址和四股台大堰堤，北靠卢家塝大塆。居民以王、周、彭、申姓居多，均为汉族。全塆215人，71户。总面积0.2平方千米，其中耕地面积0.124平方千米。主要农作物为小麦、水稻，主要经济来源以外地务工为主。

汪家凹子[Wāng jiā wā zi]　隶属于王义贞镇汝南村。20世纪70年代，汪文华、汪文武分家迁来此地势低洼的地方建房栖居，人们称之为汪家凹子。汪家凹子位于王义贞镇汝南村西北部，聚落呈条状分布。坐东朝西，塆北有汪家大堰。东接李家坡大塆，西邻唐僧村，南连台渠，北靠唐僧村。居民以汪姓居多，均为汉族。全塆16人，4户。总面积0.025平方千米，其中耕地面积0.018平方千米。主要农作物为小麦、水稻，主要经济来源以外地务工为主。

危家塆[Wēi jiā wān]　隶属于王义贞镇汝南村。原系危氏祖籍地，后发展为一个自然村落，无定名，1954年农业合作化定名“危家塆”。危家塆位于汝南村西北部，聚落呈条状分布，坐东朝西。东接东岳庙水库，西邻廖家塆，南连郑家塆，北靠王钱公路。居民以危姓居多，均为汉族。全塆25人，6户。总面积0.04平方千米，其中耕地面积0.027平方千米。主要农作物为小麦、水稻，主要经济来源以外地务工为主。

向家塆[Xiàng jiā wān]　隶属于王义贞镇汝南村。明初向氏先祖在此居住，经常周济穷人，后人为纪念他而命名向家塆。向家塆位于汝南村中北部，聚落呈块状分布，塆前有向家塆堰。东接长里岗和王三公路，西邻樱桃塝，南连山吼头，北靠王钱公路。居民以叶、刘、王、周姓居多，均为汉族。全塆72人，18户。总面积0.09平方千米，其中耕地面积0.063平方千米。主要农作物为小麦、水稻，主要经济来源以外地务工为主。

徐家塆[Xú jiā wān]　隶属于王义贞镇汝南村。以姓氏命名。徐家塆位于汝南村西南部，聚落呈块状分布。东接郑家塆，西邻该村山冈，南连窑凹子，北靠廖家巷子。居民以徐姓居多，均为汉族。全塆95人，17户。总面积0.11平方千米，其中耕地面积0.073平方千米。主要农作物为小麦、水稻，主要经济来源以外地务工为主。

尧凹子[Yáo wā zi]　隶属于王义贞镇汝南村。原无规范名称。20世纪40年代为便于管理，以尧姓聚居的凹地而命名。尧凹子位于汝南村西南部，聚落呈块状分布，坐西朝东。东接汝南村港沟，西邻朱桥村，南连申家咀，北靠徐家塆。居民以徐、李居多，均为汉族。全塆8人，2户。总面积0.02平方千米，其中耕地面积0.01平方千米。主要农作物为小麦、水稻，主要经济来源以外地务工为主。

樱桃塝[Yīng táo bàng]　隶属于王义贞镇汝南村。清初，该地森林茂密，盛产樱桃，人们便以该自然村的地理位置和特产命名。樱桃塝位于汝南村中西部，聚落呈块状分布，坐西朝东，塝前有大桥河流入此地，塝南有叫花子堰，塝北有大桥河桥。东接大桥河，西邻屋后山冈，南连汝南坡，北靠王钱公路。居民以叶、廖姓居多，均为汉族。全塆 65 人，8 户。总面积 0.06 平方千米，其中耕地面积 0.038 平方千米。主要农作物为小麦、水稻，主要经济来源以外地务工为主。

长岭岗[Cháng lǐng gǎng]　隶属于王义贞镇汝南村。清初该地北有一座观音庙，远近闻名，前来烧香拜佛的人途经这条几里长的山冈时常在此歇息，故而命名。长岭岗位于汝南村北部，聚落呈块状分布。东接代家塆，西邻向家塆、李家塆，南连黄家桥，北靠唐僧村。居民以李姓居多，均为汉族。全塆 76 人，17 户。总面积 0.09 平方千米，其中耕地面积 0.063 平方千米。主要农作物为小麦、水稻，主要经济来源以外地务工为主。

赵家塆[Zhào jiā wān]　隶属于王义贞镇汝南村。赵家塆原名赵家垭子，20 纪 40 年代因赵姓聚居命名。赵家塆位于汝南村西北部，聚落呈块状分布，坐西朝东。东接劳名坡，西邻危家塆，南连东岳庙农庄、东岳水库，北靠王钱公路。居民以孙姓居多，均为汉族。全塆 45 人，11 户。总面积 0.03 平方千米，其中耕地面积 0.027 平方千米。主要农作物为小麦、水稻，主要经济来源以外地务工为主。

郑家塆[Zhèng jiā wān]　隶属于王义贞镇汝南村。明初郑氏先祖因避战乱从黄(冈)麻(城)迁到该地居住，繁衍生息，逐渐形成一个村落，称之为郑家塆。郑家塆位于汝南村中西部，聚落呈块状分布，坐东朝西。东接汝南村银杏基地，西邻徐家塆，南连 2 组后垅，北靠汝南松林坡、东岳庙水库。居民以郑姓居多，均为汉族。全塆 55 人，13 户。总面积 0.06 平方千米，其中耕地面积 0.043 平方千米。主要农作物为小麦、水稻，主要经济来源以外地务工为主。

十一、三合村[Sānhé Cūn]

隶属于王义贞镇。因境内李家河、万家河、王家河三条河流汇合后流入漳河而得名。

三合村位于王义贞镇西部，村委会所在地三里岗 1-88 号，距王义贞镇所在地 4000 米。该村东接彭畈村、罗垅村和钱冲村，西邻随州和京山，南连京山坪坝镇，北靠随州市曾都区洛阳镇。截至 2015 年 10 月，辖区内共有 11 个自然塆：白果树塆、白鹤塆、陈家坡、韩程塆、李家河、三里岗、万家塆、王家河、望家河、严家凹、榨屋塆。村内有常住居民 232 户，共 865 人，辖区占地面积 4.7 平方千米，耕地面积为 1.54 平方千米，以种植小麦、水稻为主。

1949 年 10 月，三合村隶属于王店区管辖。1952 年 10 月，三合村隶属于第四区三合乡管辖。1954 年 8 月属雷公区毛河乡管辖，1956 年 4 月属第五小组毛河乡。1958 年 9 月建立人民公社，三合村更名为三合大队隶属于英雄人民公社毛河乡管辖。1958 年底英雄人民公社更名为雷公人民公社。1961 年 4 月属雷公区毛河公社管辖。1966 年 9 月雷公改为建新。1975 年 2 月，撤区并社，三合大队隶属于王店(河水)人民公社毛河管理区管辖。1984 年元月，复置区(镇)、乡(镇)、村，三合大队改名为三合村，三合村隶属于河水区毛河乡管辖。1987 年，撤区并乡，河水区更名为王义贞镇，三合村隶属于王义贞镇毛河管理区管辖。2000 年撤销管理区，属王义贞镇管辖，三合村名称沿用至今。

白果树塆[Bái guǒ shù wān]　隶属于王义贞镇三合村。新中国成立初塆北一个大石碾旁生长着一棵几百年的大白果树，相传此树能避邪，塆前塆后老百姓为图吉利，1962年命名为白果树塆。白果树塆位于三合村西北部，聚落呈块状分布。东接三里岗，西邻随州洛阳镇揭家村，南连韩程塆，北靠随州洛阳镇车河村。居民以周、严、彭姓居多，均为汉族。全塆54人，17户。总面积0.198平方千米，耕地面积0.12平方千米。主要农作物为小麦、水稻，主要经济来源以外地务工为主。

白鹤塆[Bái hè wān]　隶属于王义贞镇三合村。清顺治年间，塆后生长着大片竹林，竹茂林密，环境优美，引来白鹤筑巢栖息，当地人视白鹤为吉祥鸟，便取名白鹤塆。白鹤塆位于三合村中部，聚落呈块状分布。东接彭畈村，西邻三里岗，南连榨屋塆，北靠王家河。居民以万、马、孙、简姓居多，均为汉族。全塆38人，10户。总面积0.09平方千米，耕地面积0.037平方千米。主要农作物为小麦、水稻，主要经济来源以外地务工为主。

陈家坡[Chén jiā pō]　隶属于王义贞镇三合村。明初由黄麻迁来的陈氏家族在此辟坡建房栖居，立家兴业，繁衍子孙，以陈姓为主，故取名陈家坡。陈家坡位于三合村东南部，聚落呈块状分布。东接彭畈村，西邻李家河，南连罗垅村，北靠彭畈村。居民以周、崔、陈姓居多，均为汉族。全塆142人，25户。总面积0.2平方千米，耕地面积0.08平方千米。主要农作物为小麦、水稻，主要经济来源以外地务工为主。

韩程塆[Hán chéng wān]　隶属于王义贞镇三合村。清初，此地居住着韩、陈两个家族，当时韩氏家族人丁兴旺，势力庞大，其中韩氏家族出了一个闻名四周的石匠，便取名“韩家塆”；清中期，陈氏家族逐渐兴旺，族人陈天文成年后力大无穷，单臂挺举百斤石条过头顶，两个家族势均力敌，1950年便更名为“韩陈塆”；1952年，在原应山县(今广水市)任公安局局长的韩氏族人韩章玉回乡探亲，韩、陈两家族人觉得他出自塆间，前程无限，为本地增了光，便更名为“韩程塆”。《安陆县地名志》登记为韩陈塆，备注为以两姓命名。韩程塆位于三合村西南部，聚落呈块状分布。东接望家河，西邻随州洛阳揭家村，南连京山坪坝镇罗兴村，北靠随州洛阳揭家村。居民以韩、陈姓居多，均为汉族。全塆49人，16户。总面积0.95平方千米，耕地面积0.047平方千米。主要农作物为小麦、水稻，主要经济来源以外地务工为主。

李家河[Lǐ jiā hé]　隶属于王义贞镇三合村。清光绪年间，当地大财主李汉卿乐于济贫，惠顾乡里，常在家门口大河滩上搭棚赈济过往路人，故取名李家河。李家河位于三合村中南部，聚落呈块状分布。东接陈家坡，西邻朱家坟头，南连京山县坪坝镇罗兴村，北靠磨石坡。居民以李姓居多，均为汉族。全塆185人，32户。总面积0.175平方千米，耕地面积0.133平方千米。主要农作物为小麦、水稻，主要经济来源以外地务工为主。

三里岗[Sān lǐ gǎng]　隶属于王义贞镇三合村。建国初期此地有一条三里长山冈，周围百姓农闲时常在此摆摊出售农副产品，后逐渐形成居民点，便取名三里岗。三里岗位于三合村中部，聚落呈块状分布。东接白鹤塆，西邻龙王冲，南连大堰，北靠随州洛阳镇车河村。居民以孙、彭、万姓居多，均为汉族。全塆164人，46户。总面积0.053平方千米，耕地面积0.04平方千米。主要农作物为小麦、水稻，主要经济来源以外地务工为主。

万家塆[Wàn jiā wān]　隶属于王义贞镇三合村。明洪武年间，万氏先祖从黄(冈)麻(城)迁来此地居住，繁衍生息，逐渐形成自然塆，当地居民便以“万”姓居多而命名。万家塆位于三合村中部，聚落呈块状分布。东接李家河，西邻韩程塆，南连望家河，北靠三合村村委会。居民以孙、万、周、丁姓居多，均为汉族。全塆 135 人，30 户。总面积 0.33 平方千米，耕地面积 0.133 平方千米。主要农作物为小麦、水稻，主要经济来源以外地务工为主。

王家河[Wáng jiā hé]　隶属于王义贞镇三合村。清光绪年间，在河岸边居住的大地主孙凤刚自恃家产丰厚，挥霍无度，逐渐没落，周围百姓为了警示后人便取名“亡家河”。新中国成立后，更名为“王家河”。王家河位于三合村东部，聚落呈块状分布。东接彭畈，西邻本村白果树塆，南连大堰，北靠随州洛阳镇车河村。居民以万、简、陈、孙姓居多，均为汉族。全塆 124 人，22 户。总面积 0.198 平方千米，耕地面积 0.087 平方千米。主要农作物为小麦、水稻，主要经济来源以外地务工为主。

望家河[Wàng jiā hé]　隶属于王义贞镇三合村。清咸丰年间的一年夏季，大雨连绵，洪水漫延，居住在大河两岸的百姓常常被河水阻隔，有家不能回，只能隔河相望，当地老百姓便取名“望家河”。望家河位于三合村西南部，聚落呈块状分布。东接李家河，西邻随州洛阳镇揭家村，南连京山坪坝罗兴村，北靠韩程塆。居民以孙、王姓居多，均为汉族。全塆 121 人，23 户。总面积 0.198 平方千米，耕地面积 0.093 平方千米。主要农作物为小麦、水稻，主要经济来源以外地务工为主。

严家凹[Yán jiā wā]　隶属于王义贞镇三合村。明洪武年间，严氏先祖从黄(冈)麻(城)来此山凹平地依山而居，繁衍生息，逐渐形成自然塆，当地居民便以“严家凹”命名。严家凹位于三合村西北部，聚落呈块状分布。东接王家河，西邻唐家塆，南连干冲凹子，北靠随州洛阳镇车河村。居民以严姓居多，均为汉族。全塆 37 人，10 户。总面积 0.132 平方千米，耕地面积 0.042 平方千米。主要农作物为小麦、水稻，主要经济来源以外地务工为主。

榨屋塆[Zhà wū wān]　隶属于王义贞镇三合村。清光绪年间，在此居住的崔姓人家开了一家榨油作坊，为周围乡里榨油谋生，当地老百姓便取名“榨屋塆”。榨屋塆位于三合村中部，聚落呈块状分布。东接李家河，西邻万家塆，南连朱家坟头，北靠磨石坡泵站。居民以周、万姓居多，均为汉族。全塆 40 人，12 户。总面积 0.132 平方千米，耕地面积 0.047 平方千米。主要农作物为小麦、水稻，主要经济来源以外地务工为主。

十二、石门村[Shímén Cūn]

隶属于王义贞镇。此地境内观音冲水库大坝外有许多石柱相连形似石拱门，当地人称“石门口”，故而取名石门村。

石门村位于王义贞镇西北部，村委会所在地义贞北路 2 号，距王义贞镇政府所在地 500 米。东接梅花村，西邻唐僧村，南连汝南村，北靠观音村。截至 2015 年 9 月，辖区内共有 9 个自然塆：曾家河、陈家河、大梨树、石门口、林家塆、宁家塆、徐家塆、宋家塆、小周家塆。村内有常住居民 220 户，共 818 人。辖区占地面积 1.0925 平方千米，耕地面积为 0.7733 平方千米，以种植小麦、油菜、水稻为主。

1949 年 10 月，石门村隶属于王店区管辖。1952 年 10 月，石门村隶属于第四区观音乡管辖。1954 年 8 月属雷公区观音乡辖，1956 年属第五指导小组王店乡辖；1958 年 9 月建立人民公社，石门村更名为石门大队隶属于英雄人民公社王店乡管辖。1958 年底英雄人民公社更名为雷公人民公社。1961 年 4 月雷公人民公社更名为雷公区，石门大队属王店人民公社管辖。1966 年 9 月雷公改为建新。1975 年 2 月，撤区并社，石门大队隶属于王店(河水)人民公社王店管理区管辖。1984 年元月，复置区(镇)、乡(镇)、村，石门大队改名为石门村，隶属于河水区王店镇管辖。1987 年 10 月，撤区并乡，河水区更名为王义贞镇，石门村隶属于王义贞镇王店管理区管辖。2000 年撤销管理区，石门村属王义贞镇管辖，名称沿用至今。

曾家河[Zéng jiā hé]　隶属于王义贞镇石门村。明初大迁徙时，曾氏家族来此依山傍水筑舍而居，因地理环境命名。曾家河位于石门村西北部，聚落呈块状分布。东接林家塆，西邻唐僧村，南连徐家塆，北靠观音村。居民以周姓居多，均为汉族。全塆 60 人，11 户。总面积 0.098 平方千米，耕地面积 0.05 平方千米。主要农作物为小麦、水稻，主要经济来源以外地务工为主。

陈家河[chén jiā hé]　隶属于王义贞镇石门村。因当地门前有条河，早期曾有陈氏家族在此居住而命名。陈家河位于石门村东部，聚落呈块状分布。东接刘岗村，西邻小周家塆，南连村委会办公楼，北靠宋家塆。居民以陈姓居多，均为汉族。全塆 25 人，8 户。总面积 0.034 平方千米，耕地面积 0.02 平方千米。主要农作物为小麦、水稻，主要经济来源以外地务工为主。

大梨树[Dà lí shù]　隶属于王义贞镇石门村。因当地所在区域内有一棵大梨树而命名。大梨树位于石门村中南部，聚落呈块状分布。东接陈家塆，西邻黄家棚子，南连小周家塆、陈家塆，北靠猪场。居民以谢姓居多，均为汉族。全塆人 46，11 户。总面积 0.134 平方千米，耕地面积 0.04 平方千米，主要农作物为小麦、水稻，主要经济来源以外地务工为主。

石门口[Shí mén kǒu]　隶属于王义贞镇石门村。此地境内观音冲水库大坝外有许多石柱相连形似石拱门，故而取名石门口。石门口位于石门村西北部，聚落呈块状分布。东接梅花村，西邻唐僧村，南连曾家河，北靠观音村。居民以邓、董姓居多，均为汉族。全塆 54 人，14 户。总面积 0.067 平方千米，耕地面积 0.04 平方千米。主要农作物为小麦、水稻，主要经济来源以外地务工为主。

林家塆[lín jiā wān]　隶属于王义贞镇石门村。该塆最早的居民姓林，后李姓迁入。林家塆位于石门村北部，聚落呈块状分布。东接梅花村，南连宁家塆，西至曾家河，北至董家塆。居民以李姓居多，均为汉族。全塆 18 人，6 户。

宁家塆[Níng jiā wān]　隶属于王义贞镇石门村。该塆最早的居民姓宁，后彭姓迁入。宁家塆位于石门村东部，聚落呈块状分布。东接梅花村，南连大梨树，西至徐家塆，北靠林家塆。居民以彭姓居多，均为汉族。全塆 57 人，23 户。

徐家塆[Xú jiā wān]　隶属于王义贞镇石门村。以居民姓氏命名。徐家塆位于石门村中部，聚落呈块状分布。东至宁家塆，南至大梨树，西至唐僧村，北至曾家河。居民以徐姓居多，均为汉族。全塆 16 人，6 户。

宋家塆[Sòng jiā wān] 隶属于王义贞镇石门村。以居民姓氏命名。宋家塆位于石门村东部，聚落呈块状分布。东接梅花村，南连小周家塆，西至大梨树，北至宁家塆。居民以宋姓居多，均为汉族。全塆 14 人，5 户。

小周家塆[Xiǎo zhōu jiā wān] 隶属于王义贞镇石门村。以居民姓氏命名。小周家塆位于石门村西部，聚落呈块状分布。东至陈家河，南至居委会，西至汝南村，北至大梨树。居民以李姓居多，均为汉族。全塆 59 人，21 户。

十三、石塘村[Shítáng Cūn]

隶属于王义贞镇。因境内有一大土墩子当地人称为黄金墩子，故名黄金村；1958 年更名为前进大队，20 世纪 60 年代大兴水利，当地的十口小塘被合挖成了一口大塘，即十口堰(塘)，改名十塘大队，后因“十”与“石”字同音，又改称石塘村。

石塘村位于王义贞镇东南部，村委会所在地十口塘，距王义贞镇政府所在地 6000 米，通往京山晏店的公路由此经过。东接雷公镇王畈村，西邻太平村，南连京山县坪坝镇九里村，北靠星火村。截至 2015 年 9 月，辖区内共有 7 个自然塆：李家塆、陈家塆、九里岗、张家独屋、赵家塆、杨家塆、十口塘。村内有常住居民 140 户，共 567 人，辖区占地面积 1.48 平方千米，耕地面积 0.533 平方千米，以种植小麦、油菜、水稻为主。村内主要公共设施有 2 个水库，5 座泵站和 1 座桥梁，村委会现有工作人员 4 名。

1949 年 10 月，黄金村隶属于王店区管辖。1952 年 10 月，黄金村隶属于第四区河水乡管辖。1956 年 4 月属第五小组河水乡。1958 年 9 月建立人民公社，黄金村更名为黄金大队隶属于英雄人民公社河水乡管辖。1958 年底英雄人民公社更名为雷公人民公社。1961 年 4 月雷公人民公社更名为雷公区。1964 年黄金大队更名为石塘大队。1966 年 9 月雷公改为建新。1975 年 2 月，撤区并社，十塘大队隶属于王店(河水)人民公社河水管理区管辖。1984 年元月，复置区(镇)、乡(镇)、村，石塘大队改名为石塘村，隶属于河水区河水乡管辖。1987 年，撤区并乡，河水区更名为王义贞镇，石塘村隶属于王义贞镇同兴管理区管辖。2000 年撤销管理区，石塘村属王义贞镇管辖，名称沿用至今。

陈家塆[Chén jiā wān] 隶属于王义贞镇石塘村。清末陈氏先祖从柏杨村陈家巷子陈氏家族分家在此居住而称“陈家独屋”，后历经数年形成一个自然塆落，新中国成立初命名为“陈家塆”。陈家塆位于石塘村西部，聚落呈块状分布。通往京山晏店的公路由此经过。东接十口塘，西邻九里岗，南连九里岗杨家塆，北靠郑家河渠道。居民以陈、杨、李姓居多，均为汉族。全塆 86 人，16 户。总面积 0.08 平方千米，耕地面积 0.06 平方千米。主要农作物为小麦、油菜、水稻，主要经济来源以外地务工为主。

九里岗[Jiǔ lǐ gǎng] 隶属于王义贞镇石塘村。清初此地一条长长的山冈，北起境内团山独丛树，绵延数里，南止京山漳河。1938 年修建安坪公路时将此岗截成两段，南段长九里，故名九里岗。九里岗位于石塘村西部，聚落呈块状分布，通往京山晏店的公路由此经过。东接赵家塆、十口塘，西邻太平村义子塆，南连京山县坪坝镇九里村，北靠陈家塆。居民以杨姓居多，均为汉族。全塆 213 人，48 户，总面积 0.19 平方千米，耕地面积 0.15 平方千米。主要农作物为小麦、油菜、水稻，主要经济来源以外地务工为主。该岗居住原陈家塆、杨家塆迁出的村民。九里岗原为一座荒岗，1990 年开发为宜居自然村落，以岗命名，沿用至今。

李家塆[Lǐ jiā wān] 隶属于王义贞镇石塘村。清光绪年间，李氏先祖来此筑舍而居，逐渐形成一自然塆，1949 年定名为“李家塆”。李家塆位于石塘村北部，聚落呈块状分布。东接星火村，西邻太平村，南连陈家塆、十口塘，北靠星火村。居民以李姓居多，均为汉族。全塆 106 人，24 户。总面积 0.09 平方千米，耕地面积 0.05 平方千米。主要农作物为小麦、油菜、水稻，主要经济来源以外地务工为主。

十口塘[Shí kǒu táng] 隶属于王义贞镇石塘村。20 世纪 60 年代大兴水利，当地的 10 口小塘被合挖成了一口大塘，即十口堰(塘)。十口塘位于石塘村东部，聚落呈块状分布。东接雷公镇王畈村，西邻九里岗杨家塆，南连赵家塆，北靠星火村。居民以韦姓居多，均为汉族。全塆 96 人，10 户。总面积 0.1 平方千米，耕地面积 0.067 平方千米。主要农作物为小麦、油菜、水稻，主要经济来源以外地务工为主。

杨家塆[Yáng jiā wān] 隶属于王义贞镇石塘村。明洪武年间，杨氏先祖因避战乱从江西迁至湖州，后人口发展，第二十二世祖宗德公择选九里岗东侧安家居住，繁衍生息，形成自然塆故称杨家塆。杨家塆位于石塘村西部，聚落呈块状分布。与京山县坪坝镇九里村交界，通往京山晏店的公路由此经过。东接赵家塆、十口塘，西邻太平村，南连九里岗张家独屋，北靠九里岗陈家塆。居民以杨姓居多，均为汉族。全塆 156 人，32 户。总面积 0.17 平方千米，耕地面积 0.123 平方千米。主要农作物为小麦、油菜、水稻，主要经济来源以外地务工为主。

张家独屋[Zhāng jiā dú wū] 隶属于王义贞镇石塘村。明万历年间，张氏先祖在此筑舍独居而得名。张家独屋位于石塘村西南部，聚落呈块状分布。东接赵家塆，西邻京山县坪坝镇九里村，南连京山县坪坝镇九里村，北靠九里岗杨家塆。居民以张姓居多，均为汉族。全塆 27 人，4 户。总面积 0.04 平方千米，耕地面积 0.033 平方千米。主要农作物为小麦、油菜、水稻，主要经济来源以外地务工为主。

赵家塆[Zhào jiā wān] 隶属于王义贞镇石塘村。清初当地居住着赵、陈、廖、李、王、杜、余、殷八姓氏，因赵氏族人处事公正，恭谦礼让，团结邻里，所以一致推举以赵姓命名，原名“赵家垸子”，新中国成立初更名为“赵家塆”。赵家塆位于石塘村中南部，聚落呈块状分布。东接雷公镇王畈村，西邻九里岗杨家塆，南连京山县坪坝镇九里村，北靠十口塘。居民以赵姓居多，均为汉族。全塆 167 人，32 户。总面积 0.19 平方千米，耕地面积 0.15 平方千米，主要农作物为小麦、油菜、水稻，主要经济来源以外地务工为主。

十四、太平村[Tàipíng Cūn]

隶属于王义贞镇。因当地所在区域内有一个太平垱，故名太平村。后在太平垱的基础上修建了太平水库。

太平村位于王义贞镇东南部，村委会所在地安袁公路太柏岗三组1号，距王义贞政府所在地3000米。东接柏杨村池塘，西邻吉庙村，南连京山坪坝镇团山村，北靠刘岗村。截至2015年9月，辖区内共有12个自然塆：戴家塆、诞生塆、磙子河、申家凹子、太柏岗、汪家塆、王家塆、徐家炮楼、义子塆、大山窑、下费家塆、李家院子，另有藕堰角、狮子凹、吴家独屋3个自然塆已无人居住。村内有常住居民348户，共1261人，辖区占地面积2平方千米，其中耕地面积1.05平方千米，以种植小麦、水稻为主。

1949年10月，太平村隶属于王店区管辖。1952年10月，太平村隶属于第四区管辖。1954年8月属雷公区王店乡辖，1956年属第五指导小组王店乡辖；1958年9月建立人民公社，太平村更名为太平大队隶属于英雄人民公社王店乡管辖。1958年底英雄人民公社更名为雷公人民公社。1961年4月雷公人民公社更名为雷公区，太平大队属雷公区王店人民公社管辖。1966年9月雷公改为建新。1975年2月，撤区并社，太平大队隶属于王店(河水)人民公社王店管理区管辖。1984年元月，复置区(镇)、乡(镇)、村，太平大队改名为太平村，隶属于河水区王店镇管辖。1987年10月，撤区并乡，河水区更名为王义贞镇，太平村隶属于王义贞镇王店管理区管辖。2000年撤销管理区，太平村属王义贞镇管辖，名称沿用至今。

戴家塆[Dài jiā wān] 隶属于王义贞镇太平村。以姓氏命名。戴家塆位于太平村西南部，聚落呈块状分布。东接周家塆，西邻京山县坪坝镇团山村独屋子，南连京山县坪坝镇团山村，北靠243省道、下费家塆。居民以涂、王姓居多，均为汉族。全塆86人，21户。总面积0.15平方千米，耕地面积0.095平方千米，主要农作物为小麦、水稻，主要经济来源以外地务工为主。

诞生塆[Dàn shēng wān] 隶属于王义贞镇太平村。明洪武年间李氏先祖李诞生和李明生兄弟二人从麻城迁到该地插旗为标，此地地势平坦，无明显地理特征，故以先祖李诞生的名命名该塆，后子孙在此繁衍。诞生塆位于太平村东北部，聚落呈块状分布。东接石塘村院子垱，西邻磙子河，南连郑家河，北靠243省道。居民以李姓居多，均为汉族。全塆242人，60户。总面积0.167平方千米，耕地面积0.08平方千米。主要农作物为小麦、水稻，主要经济来源以外地务工为主。

磙子河[Gǔn zi hé] 隶属于王义贞镇太平村。该居民点以塆东北自然水流域而得名。磙子河位于太平村东北部，聚落呈块状分布。东接胡家塆、柏杨村，西邻王家塆，南连郑家河水渠，北靠243省道。居民以高、吉、戴姓居多，均为汉族。全塆190人，47户。总面积0.11平方千米，耕地面积0.07平方千米。主要农作物为小麦、水稻，主要经济来源以外地务工为主。

申家凹子[Shēn jiā wā zi] 隶属于王义贞镇太平村。以居民姓氏和地形特征综合命名。清同治年间申氏先祖申致祥迁居此地，居住点地势较平坦，三面地势高，故取名申家凹子。申家凹子位于太平村西南部，聚落呈块状分布。东接柏杨村，西邻吉庙村，南连243省道，北靠刘岗村。居民以申姓居多，均为汉族。全塆187人，52户。总面积0.12平方千米，耕地面积0.073平方千米。主要农作物为小麦、水稻，主要经济来源以外地务工为主。

太柏岗[Tài bǎi gǎng] 隶属于王义贞镇太平村。因当地居民为太平村和柏杨村迁出的村民而命名。太柏岗位于太平村北部，聚落呈块状分布。东接柏杨村，西邻徐家炮楼，南连郑家河渠道，北靠柏杨村、吉庙村。居民以周、李姓居多，均为汉族。全塆150人，38户。总面积0.18平方千米，耕地面积0.095平方千米。主要农作物为小麦、水稻，主要经济来源以外地务工为主。

汪家塆[Wāng jiā wān]　隶属于王义贞镇太平村。20世纪30年代该地迁来第一户汪氏族人，此地交通便利，陆续迁来较多居民，形成自然塆，取名汪家塆。汪家塆位于太平村南部，聚落呈块状分布。东接星火村，西邻诞生塆，南连石塘村，北靠243省道。居民以汪、周姓居多，均为汉族。全塆62人，20户。总面积0.09平方千米，耕地面积0.053平方千米，主要农作物为小麦、水稻，主要经济来源以外地务工为主。

王家塆[Wáng jiā wān]　隶属于王义贞镇太平村。20世纪30年代，现243省道初成，交通便利，此地地势平坦，第一户居民以王氏族人为主，故取名王家塆。王家塆位于太平村北部，聚落呈块状分布。东接磙子河，西邻徐家炮楼，南连郑家河水渠，北靠243省道。居民以王姓居多，均为汉族。全塆187人，52户。总面积0.16平方千米，耕地面积0.087平方千米。主要农作物为小麦、水稻，主要经济来源以外地务工为主。

徐家炮楼[Xú jiā pào lóu]　隶属于王义贞镇太平村。清末民国初徐氏先祖为抵御外敌修建了一座炮楼而得名。徐家炮楼位于太平村西北部，聚落呈块状分布。东接王家塆，西邻吉庙村吉家塆，南连费家塆，北靠243省道。居民以徐姓居多，均为汉族。全塆96人，23户。总面积0.185平方千米，耕地面积0.095平方千米。主要农作物为小麦、水稻，主要经济来源以外地务工为主。

义子塆[Yì zǐ wān]　隶属于王义贞镇太平村。清光绪年间李氏先祖李睡悟，号剑禅，居住此地，早年求学湖北陆军小学堂保定陆军速成学堂，后任安陆县长，为安陆人民尽心尽力，任劳任怨，为纪念李先生故取名“义子塆”。义子塆位于太平村东南部，聚落呈块状分布。东接石塘村，西邻李家院子，南连京山县坪坝镇九里村，北靠243省道。居民以李、陈姓居多，均为汉族。全塆100人，24户。总面积0.125平方千米，耕地面积0.095平方千米。主要农作物为小麦、水稻，主要经济来源以外地务工为主。

大山窑[dà shān yáo]　隶属于王义贞镇太平村。该塆位于一山边，山上有座土窑，系由从黄陂迁人之人所建。大山窑位于太平村西北部，聚落呈块状分布。东接申家凹子，西邻吉庙村，南连吉庙村，北靠刘岗村。全塆以甘、申、张姓为主，均为汉族，现有22人，共4户。主要农作物为水稻，小麦，主要经济来源为外出务工和农作物种植。

下费家塆[Xià fèi jiā wān]　隶属于王义贞镇太平村。清末费氏先祖迁入此地，以姓氏命名。下费家塆位于太平村西南部，聚落呈块状分布。东接周家炮楼，西邻铜门村，南连吴家独屋，北靠上费家塆。全塆以周、谭姓为主，均为汉族，现有22人，共4户。

李家院子[Lǐ jiā yuàn zi]　隶属于王义贞镇太平村。清光绪年间李氏先祖李自质和子孙迁入此地居住，以务农为主，安居乐业，为尊重先祖李自质，故取名“李家院子”。李家院子位于太平村东南部，聚落呈块状分布。东接义子塆，西邻小周家塆，南连京山坪坝镇九里村，北靠郑家河渠道。全塆以李姓为主，均为汉族，现有14人，共3户。

藕堰角[Ǒu yàn jiǎo]　隶属于王义贞镇太平村。该塆位于藕塘的一角。藕堰角位于太平村西北部，聚落呈块状分布。东接申家凹子，西邻吉庙村，南连安京公路，北靠申家凹子，全塆以申姓为主，现无人居住。

狮子凹[Shī zi āo] 隶属于王义贞镇太平村。该塆位于山凹之中，山凹形似狮子。位于太平村东南部，现无人居住。

吴家独屋[Wú jiā dú wū] 隶属于王义贞镇太平村。因姓氏和村庄规模命名。吴家独屋位于太平村南部，现无人居住。

十五、唐僧村[Tángsēng Cūn]

隶属于王义贞镇。因当地有一座唐僧庙而命名。2008年10月由原唐僧村、三冲村、观音村合并为新的唐僧村。原唐僧村得名与《西游记》中的唐僧无关，但与唐朝和尚有关。佛教青原行思传法第七世时传法八人，其中有安州大安山能和尚崇教大师、安州大安山兴古禅师。青原行思的传人遍布安州大地，沩仰宗、临济宗、曹洞宗、云门宗在安州共生。佛教北派退出安州舞台。

到了宋初，蕲州四祖山清皎禅师，福州人，姓王氏，是沩仰宗的传人。初住郢州大阳山，后迁住安州慧日院。年七十时偈云："吾年八十八，满头垂白发。颙颙镇双峰，明明千江月。黄梅扬祖教，白兆承宗诀。日日告儿孙，勿令有断绝。"淳化四年癸巳八月二十三日圆寂，年八十八。青原行思师兄弟怀让禅师分支的沩仰宗延续大约一百五十年，至北宋初年断了法脉。安州大安山兴古禅师的生活年代，与清皎禅师基本相同，虽不同门，但同出南派大系，见沩仰宗面临断法，想重振宗法，准备在石门山附近重修禅寺。无奈年事已高，力不从心，一次化缘时圆寂。当地人认识他是白兆山附近唐代僧人中最后圆寂的一个，为他精神所动，于是在他圆寂的地方建唐僧庙供奉他，后来也就有了唐僧村。

唐僧村位于王义贞镇西北部，村委会所在地王三公路新五师广场边，门牌号为唐僧村6组88号，距王义贞政府所在地3000米。该村东接石门村，西邻杨港村，南连汝南村，北靠随州市曾都区洛阳镇金鸡岭村、安陆市孛畈镇柳林村。全村常住681户，共3052人，耕地面积1.48平方千米，山地面积27.83平方千米，占地总面积33.5平方千米。辖区有陈家塆、甘家畈、郭家塆、花屋塆、刘家塆、庙塆、炮楼塆、彭家冲、上金塆、沈家凹、武家河、徐家畈、严家凹、杨家塆、园林冲、院子塆、榨房塆、周家塆、竹林塆、观音冲、小周家冲、高家凹22个自然塆，另有40个自然塆已无人居住：安冲、白果树、博士洼、陈冲、高家凹、高家塆、古坟咀、光秃岭、何塆、河塆、横冲、横冲、回子冲、姜过淌、李家凹、林家塆、林洼口、龙洼、马安窑、马安尧、庙门口、聂家凹、跑马岗、炮楼下塆、彭家塆、前头岗、桥塆、上周家塆、上周家塆、孙家凹、桃树塆、团云坡、汪家塆、下塆、下周家塆、乡头地、羊过山、叶家冲、月田子坟、张家凹。主要交通干道王三公路(王义贞至随州三里)，主要农作物有水稻和小麦、油菜，荒地种植有玉米、大豆、油菜等。山地种植主要有板栗、银杏树。

1949年10月，唐僧村、三冲村、观音村隶属于王店区管辖。1952年10月，唐僧村、三冲村、观音村隶属于第四区管辖。1954年8月属雷公区王店乡辖，1956年属第五指导小组王店乡辖；1958年9月建立人民公社，唐僧村、三冲村、观音村更名为唐僧大队、三冲大队、观音大队，隶属于英雄人民公社王店乡管辖。1958 年底英雄人民公社更名为雷公人民公社。1961 年 4 月雷公人民公社更名为雷公区，唐僧大队、三冲大队、观音大队属雷公区王店人民公社管辖。1966 年 9 月雷公改为建新。1975 年 2 月，撤区并社，唐僧大队、三冲大队、观音大队隶属于王店（河水）人民公社王店管理区管辖。1984 年元月，复置区（镇）、乡（镇）、村，唐僧大队、三冲大队、观音大队改名为唐僧村、三冲村、观音村，隶属于河水区王店镇管辖。1987 年 10 月，撤区并乡，河水区更名为王义贞镇，唐僧村、三冲村、观音村隶属于王义贞镇王店管理区管辖。2000 年撤销管理区，唐僧村、三冲村、观音村属王义贞镇管辖。2008 年 10 月，唐僧村、三冲村、观音村合并为新的唐僧村，唐僧村名称沿用至今。

陈家塆[Chén jiā wān]　隶属于王义贞镇唐僧村。以居民姓氏命名。明太祖实行移民政策，陈姓氏由麻城县迁移至现唐僧村 12 组繁衍生息，取名陈家塆。1949 年 10 月，陈家塆隶属于王店区唐僧村管辖。陈家塆位于唐僧村东南部，聚落呈块状分布。东接沈家凹，西邻王三公路，南连汝南村，北靠园林冲。全塆以陈姓人口居多，均为汉族，共有 104 人，26 户。占地面积 0.2 平方千米，其中耕地面积 0.13 平方千米。主要农作物为水稻、小麦，主要经济来源为外出务工和农作物种植。

甘家畈[Gān jiā fàn]　隶属于王义贞镇唐僧村。甘氏家族避战乱，从江西迁到此地，此地前面地势平坦，有山有水，甘氏家族在此繁衍生息形成大塆，取名甘家畈。1949 年 10 月，甘家畈隶属于王店区唐僧村管辖。甘家畈位于唐僧村中部，聚落呈块状分布。东接桥塆，西邻何宝岗，南连竹林塆，北靠刘家塆。全塆以甘姓人口居多，均为汉族，共有 168 人，38 户。耕地面积 0.11 平方千米，山地面积 0.069 平方千米，占地面积 0.179 平方千米。主要农作物为水稻、小麦，主要经济来源为外出务工和农作物种植。

郭家塆[Guō jiā wān]　隶属于王义贞镇唐僧村。该地是郭氏夫妻在嘉庆年间从杨港村分支迁到的，夫妻二人在此开荒种地，修建青砖瓦房，族人在此繁衍生息，故取名郭家塆。1949 年 10 月，郭家塆隶属于王店区三冲村管辖。郭家塆位于唐僧村北部，聚落呈块状分布。东接黑凹寨山峰，西邻双河口水库，南连王三公路，北靠王庙塆。全塆以郭姓人口居多，均为汉族，共有 55 人，14 户。耕地面积 0.002 平方千米，山地面积 0.167 平方千米，占地面积 0.169 平方千米。主要农作物为水稻、小麦，主要经济来源为外出务工和农作物种植。

花屋塆[Huā wū wān]　隶属于王义贞镇唐僧村。清同治年间此地居民比较富裕，修建的住房样式比较别致，在当地很出名，故取名花屋塆。抗战时为躲避战乱，全部外迁。共和国成立后，由彭、陈、高姓氏入迁。但住房特色消失，地名名称保留。1949 年 10 月，花屋塆隶属于王店区唐僧村管辖。花屋塆位于唐僧村东南部，聚落呈块状分布。东接梅花村，西邻沈家凹，南连汝南村，北靠河边。全塆均为汉族，共有 42 人，11 户。耕地面积 0.015 平方千米，山地占地面积 0.13，占地面积 0.145 平方千米。主要农作物为水稻、小麦，主要经济来源为外出务工和农作物种植。

刘家塆[Liú jiā wān]　隶属于王义贞镇唐僧村。刘姓夫妻明洪武年间由江西麻城迁居在此，繁衍生息，故取名刘家塆。1949 年 10 月，刘家塆隶属于王店区唐僧村管辖。刘家塆位于唐僧村中部，聚落呈块状分布。东接唐僧村茶场，西邻周家塆，南连村办公室，北靠唐僧村茶场。全塆以刘姓人口居多，均为汉族。共有 157 人，36 户。耕地面积 0.099 平方千米，山地面积 0.195 平方千米，占地面积 0.29 平方千米。主要农作物为水稻、小麦，主要经济来源为外出务工和农作物种植。

庙塆[Miào wān]　隶属于王义贞镇唐僧村。该居民点最早叫老屋塆，清乾隆年间彭氏族人在此建庙，才取名庙塆。1949年10月，庙塆隶属于王店区三冲村管辖。庙塆位于唐僧村北部，聚落呈块状分布。东接软脚岭山峰，西邻河边，南连王三公路，北靠彭家塆。全塆以彭、周姓人口居多，均为汉族，共有44人，14户。耕地面积0.016平方千米，山地面积0.21平方千米，占地面积0.23平方千米。主要农作物为水稻、小麦，主要经济来源为外出务工和农作物种植。

炮楼塆[Pào lóu wān]　隶属于王义贞镇唐僧村。该居民点是严叔丹于1912年建，因地势险要，就建立一座炮楼防土匪，因此而命名。1949年10月，炮楼塆隶属于王店区三冲村管辖。炮楼塆位于唐僧村北部，聚落呈块状分布。东接横冲，西邻河边、云雾山，南连金家塆，北靠白果树塆，全塆以郭姓人口居多，均为汉族，现有38人，共10户。耕地面积0.0067平方千米，山场面积0.167平方千米，占地面积0.174平方千米。主要农作物为水稻、小麦，主要经济来源为外出务工和农作物种植。

彭家冲[Péng jiā chōng]　隶属于王义贞镇唐僧村。明朝朱元璋迁移人口，彭氏人家从江西迁移到彭家淌，繁衍生息，彭氏家族人丁兴旺之时，清代中期从彭家淌分居到现唐僧村，此地改名彭家冲。后梁、陈姓氏迁到此地形成居民点。1949年10月，彭家冲隶属于王店区唐僧村管辖。彭家冲位于唐僧村西南部，聚落呈块状分布。东接杨家凹，西邻杨港村，南连朱桥村，北靠严家凹。全塆以彭、杨姓人口居多，均为汉族。共有130人，32户。耕地面积0.089平方千米，山地面积0.06平方千米，占地面积0.149平方千米。主要农作物为水稻、小麦，主要经济来源为外出务工和农作物种植。

上金塆[Shàng jīn wān]　隶属于王义贞镇唐僧村。元末明初金氏夫妻由江西经麻城迁居在此，开荒种地，建房生活，繁衍生息，代代在此，故称金家塆。因后来人丁兴旺，部分金氏外迁，故又称上金塆。1949年10月，上金塆隶属于王店区三冲村管辖。上金塆位于唐僧村北部，聚落呈块状分布。东接双河口水库，西邻华子角山边，南连双河口水库堤，北靠炮楼塆，全塆以金姓人口居多，均为汉族。共有29人，6户。占地面积0.1平方千米。主要农作物为水稻、小麦，主要经济来源为外出务工和农作物种植。

沈家凹[Shěn jiā wā]　隶属于王义贞镇唐僧村。明太祖年间因战乱沈氏家族长房从木梓乡(现名称)搬迁至此，并居住在凹形地带。故取名叫沈家凹。后有彭、李、危、吴等姓氏迁入定居。1949年10月，沈家凹隶属于王店区唐僧村管辖。沈家凹位于唐僧村东部，聚落呈块状分布。东接石门村，西邻园林冲、陈家塆，南连大松林山峰，北靠山峰。全塆以沈、吴姓人口居多，均为汉族。共有65人，19户。占地面积0.07平方千米，其中耕地面积0.05平方千米，主要农作物为水稻、小麦，主要经济来源为外出务工和农作物种植。

武家河[Wǔ jiā hé]　隶属于王义贞镇唐僧村。清同治年间武姓迁入此地，修建青砖瓦房，以武姓取名武家河。1949年10月，武家河隶属于王店区三冲村管辖。武家河位于唐僧村中部，聚落呈块状分布。东接黄家凹，西邻跑马岗，南连周家塆，北靠双河口水库。全塆以武姓人口居多，均为汉族。共有75人，18户。耕地面积0.05平方千米，山地面积0.1平方千米，占地面积0.15平方千米。主要农作物为水稻、小麦，主要经济来源为外出务工和农作物种植。

徐家畈[Xú jiā fàn] 隶属于王义贞镇唐僧村。徐姓家族在明初迁移到此，此地地势平坦，有河水环绕，徐姓在此繁衍生息，代代相传，故名徐家畈，后有彭、李、朱等姓氏迁入。1949 年 10 月，徐家畈隶属于王店区唐僧村管辖。徐家畈位于唐僧村南部，聚落呈块状分布。东接长岭岗，西邻高家凹，南连汝南村，北靠竹林塆。全塆以徐姓人口居多，均为汉族。共有 126 人，32 户。占地面积 0. 12 平方千米，其中耕地面积 0. 08 平方千米。主要农作物为水稻、小麦，主要经济来源为外出务工和农作物种植。

严家凹[Yán jiā āo] 隶属于王义贞镇唐僧村。明洪武年间迁移人口，严姓一脉从江西移居此地，此地地形低洼，后代在此繁衍生息，故取名严家凹。1949 年 10 月，严家凹隶属于王店区唐僧村管辖。严家凹位于唐僧村西南部，聚落呈块状分布。东接彭家冲，西邻杨港村，南连杨港村，北靠何宝岗。全塆以严姓人口居多，均为汉族。共有 131 人，28 户。耕地面积 0. 08 平方千米，山地面积 0. 04 平方千米，占地面积 0. 12 平方千米。主要农作物为水稻、小麦，主要经济来源为外出务工和农作物种植。

杨家塆[Yáng jiā wān] 隶属于王义贞镇唐僧村。明洪武年间迁移人口，杨姓一脉从江西移居此地，并与彭姓成婚，后代在此繁衍生息，故取名杨家塆。1949 年 10 月，杨家塆隶属于王店区唐僧村管辖。杨家塆位于唐僧村西南部，聚落呈块状分布。东接高家凹，西邻彭家冲，南连汝南村，北靠严家凹。全塆以杨姓人口居多，均为汉族。共有 92 人，19 户。耕地面积 0. 07 平方千米，山地面积 0. 19 平方千米，占地面积 0. 29 平方千米。主要农作物为水稻、小麦，主要经济来源为外出务工和农作物种植。

园林冲[Yuán lín chōng] 隶属于王义贞镇唐僧村。明太祖年间因战乱，彭氏家族从湖北麻城迁移至此定居，因其地形及房子建后呈月亮形，取名月亮冲。新中国成立后，由于此地居民人口相对集中，且园林长势茂盛，就改名园林冲。1949 年 10 月，园林冲隶属于王店区唐僧村管辖。园林冲位于唐僧村东部，聚落呈块状分布。东接石门村，西邻院子塆，南连陈家塆，北靠团云坡。全塆以彭姓人口居多，均为汉族。共有 70 人，22 户。占地面积 0. 074 平方千米，其中耕地面积 0. 046 平方千米。主要农作物为水稻、小麦，主要经济来源为外出务工和农作物种植。

院子塆[Yuàn zi wān] 隶属于王义贞镇唐僧村。明洪武年间移民，彭姓迁入此地，繁衍生息，在建房时，设计成大院子，故名院子塆。1949 年 10 月，院子塆隶属于王店区唐僧村管辖。院子塆位于唐僧村东部，聚落呈块状分布。东接园林冲，西邻堰洼岗，南连王三公路，北靠团山坡，全塆以彭姓人口居多，均为汉族。共有 320 人，76 户。耕地面积 0. 146 平方千米，山场面积 0. 21 平方千米，占地面积 0. 356 平方千米。主要农作物为水稻、小麦，主要经济来源为外出务工和农作物种植。

榨屋塆[Zhà wū wān] 隶属于王义贞镇唐僧村。因当地曾有一个榨油坊而命名。1949 年 10 月，榨屋塆隶属于王店区唐僧村管辖。榨屋塆位于唐僧村中部，聚落呈块状分布。三面环山，南连观音冲水库，全塆以彭姓人口居多，均为汉族。共有 74 人，18 户。耕地面积 0. 04 平方千米，林地面积 0. 335 平方千米，占地面积 0. 39 平方千米，主要农作物为水稻、小麦，主要经济来源为外出务工和农作物种植。

周家塆[Zhōu jiā wān] 隶属于王义贞镇唐僧村。明太祖洪武年间周氏祖先从安徽一路乞讨到湖北，到伍家河南部定居，在此繁衍生息，故取名周家塆。1949 年 10 月，周家塆隶属于王店区唐僧村管辖。周家塆位于唐僧村西北部，聚落呈块状分布。东接刘家塆，西邻跑马岗，南连甘家畈，北靠三冲村。全塆以周姓人口居多，均为汉族。共有 147 人，32 户。耕地面积 0. 11 平方千米，山地面积 0. 13 平方千米，占地面积 0. 24 平方千米。主要农作物为水稻、小麦，主要经济来源为外出务工和农作物种植。

竹林塆[Zhú lín wān] 隶属于王义贞镇唐僧村。清同治年间该居民点房前屋后长满竹子，该塆居民利用竹子加工成农村实用器具，在集镇出售为生，因此命名为竹林塆。1949 年 10 月，竹林塆隶属于王店区唐僧村管辖。竹林塆位于唐僧村中南部，聚落呈块状分布。东接张家凹，西邻何宝岗，南连徐家畈，北靠桥塆。全塆以彭、聂姓人口居多，均为汉族。共有 198 人，42 户。耕地面积 0. 12 平方千米，山地占地面积 0. 054 平方千米，总占地面积 0. 17 平方千米。主要农作物为水稻、小麦，主要经济来源为外出务工和农作物种植。

观音冲[Guān yīn chōng] 隶属于王义贞镇唐僧村。昔时该村有一座观音庙而得名。1949 年 10 月，观音冲隶属于王店区观音村管辖。观音冲位于唐僧村东北部，聚落呈块状分布。东接观音冲水库，西邻小周家冲，南连团云坡，北靠高家凹。居民以邓姓人口居多，均为汉族。共有 210 人，55 户。

小周家冲[Xiǎo zhōu jiā chōng] 隶属于王义贞镇唐僧村。以姓氏和村庄规模、地理特征综合命名。1949 年 10 月，小周家冲隶属于王店区观音村管辖。小周家冲位于唐僧村东北部，聚落呈块状分布。东接观音冲，西邻唐僧村茶场，南边滑石板水库，北靠回子冲。居民以周姓人口居多，均为汉族。共有 120 人，30 户。

高家凹[Gāo jiā wā] 隶属于王义贞镇唐僧村。以姓氏和地理特征综合命名。1949 年 10 月，高家凹隶属于王店区观音村管辖。高家凹位于唐僧村东北部，聚落呈块状分布。东接孛畈镇柳林村，西邻观音冲，南连喇叭冲，北靠太平寨。居民以高姓人口居多，均为汉族。共有 40 人，15 户。

安冲[Ān chōng] 隶属于王义贞镇唐僧村。当地居民以安姓为主，位于一条冲内而命名。位于唐僧村北部，因自然环境原因全部搬迁，现已无人居住。2008 年 10 月合村前属唐僧村。

白果树塆[Bái guǒ shù wān] 隶属于王义贞镇唐僧村。因当地有一棵大白果树而命名。位于唐僧村北部，因自然环境原因全部搬迁，现已无人居住。2008 年 10 月合村前属三冲村。

博士洼[Bó shì wā] 隶属于王义贞镇唐僧村。因当地出了一位有名的木匠而得名。位于唐僧村北部，因自然环境原因全部搬迁，现已无人居住。2008 年 10 月合村前属三冲村。

陈冲[Chén chōng] 隶属于王义贞镇唐僧村。当地居民以陈姓为主，位于一条冲内而命名。位于唐僧村西北部，因自然环境原因全部搬迁，现已无人居住。2008 年 10 月合村前属三冲村。

高家凹[Gāo jiā wā] 隶属于王义贞镇唐僧村。当地居民以高姓为主，位于一条山坳内而命名。位于唐僧村西南部，因自然环境原因全部搬迁，现已无人居住。2008 年 10 月合村前属唐僧村。

高家塆[Gāo jiā wān] 隶属于王义贞镇唐僧村。以姓氏命名。位于唐僧村东北部，因自然环境原因全部搬迁，现已无人居住。2008 年 10 月合村前属观音村。

古坟咀[Gǔ fén zuǐ] 隶属于王义贞镇唐僧村。因当地处于山嘴处且有一座古坟而命名。位于唐僧村东北部，因自然环境原因全部搬迁，现已无人居住。2008 年 10 月合村前属观音村。

光秃岭[Guāng tū lǐng] 隶属于王义贞镇唐僧村。因当地远处有一座山峰，山上没有种植树木而命名。

位于唐僧村北部，因自然环境原因全部搬迁，现已无人居住。2008 年 10 月合村前属唐僧村。

何塆[Hé wān]　隶属于王义贞镇唐僧村。以姓氏命名。位于唐僧村北部，因自然环境原因全部搬迁，现已无人居住。2008 年 10 月合村前属三冲村。

河塆[Hé wān]　隶属于王义贞镇唐僧村。因该居民点位于河边而命名。位于唐僧村东北部，因自然环境原因全部搬迁，现已无人居住。2008 年 10 月合村前属观音村。

横冲[Héng chōng]　隶属于王义贞镇唐僧村。因当地横向位于村内陡峭之地而命名。位于唐僧村西北部，因自然环境原因全部搬迁，现已无人居住。2008 年 10 月合村前属三冲村。

横冲[Héng chōng]　隶属于王义贞镇唐僧村。因当地横向位于山冲间而命名。位于唐僧村东北部，因自然环境原因全部搬迁，现已无人居住。2008 年 10 月合村前属观音村。

回子冲[Huí zi chōng]　隶属于王义贞镇唐僧村。位于唐僧村中西部，因自然环境原因全部搬迁，现已无人居住。2008 年 10 月合村前属三冲村。

姜过淌[Jiāng guò tǎng]　隶属于王义贞镇唐僧村。因当地以姜氏人家居多且过塆时，需要淌过一条小溪流而命名。位于唐僧村西北部，因自然环境原因全部搬迁，现已无人居住。2008 年 10 月合村前属三冲村。

李家凹[Lǐ jiā wā]　隶属于王义贞镇唐僧村。当地居民以李姓为主，位于一条山凹内而命名。位于唐僧村东部，因自然环境原因全部搬迁，现已无人居住。2008 年 10 月合村前属唐僧村。

林家塆[Lín jiā wān]　隶属于王义贞镇唐僧村。以居民姓氏命名。位于唐僧村东部，因自然环境原因全部搬迁，现已无人居住。2008 年 10 月合村前属唐僧村。

林洼口[Lín wā kǒu]　隶属于王义贞镇唐僧村。因当地居民以林姓为主，位于一条山洼内而命名。位于唐僧村西北部，因自然环境原因全部搬迁，现已无人居住。2008 年 10 月合村前属三冲村。

龙洼[Lóng wā]　隶属于王义贞镇唐僧村。因当地居民以龙姓为主，位于一条山洼内而命名。位于唐僧村西北部，因自然环境原因全部搬迁，现已无人居住。2008 年 10 月合村前属三冲村。

马安窑[Mǎ ān yáo]　隶属于王义贞镇唐僧村。因当地马安尧是塆内第一位居民而命名。位于唐僧村东北部，因自然环境原因全部搬迁，现已无人居住。2008 年 10 月合村前属观音村。

马安尧[Mǎ ān yáo]　隶属于王义贞镇唐僧村。因当地马安尧是塆内第一位居民而命名。位于唐僧村西北部，因自然环境原因全部搬迁，现已无人居住。2008 年 10 月合村前属三冲村。

庙门口[Miào mén kǒu]　隶属于王义贞镇唐僧村。因当地位于一座寺庙门口而命名。位于唐僧村西北部，因自然环境原因全部搬迁，现已无人居住。2008 年 10 月合村前属三冲村。

聂家凹[Niè jiā wā]　隶属于王义贞镇唐僧村。与聂家塆、聂永凹为同一自然塆。因当地居民以聂姓为主，位于一条山凹内而命名。位于唐僧村中北部，因自然环境原因全部搬迁，现已无人居住。2008 年 10 月合村前属唐僧村。

跑马岗[Pǎo mǎ gǎng]　隶属于王义贞镇唐僧村。因当地常有马经过而命名。位于唐僧村西北部，因自然环境原因全部搬迁，现已无人居住。2008 年 10 月合村前属三冲村。

炮楼下塆[Pào lóu xià wān] 隶属于王义贞镇唐僧村。因当地位于炮楼下方而命名。位于唐僧村西北部，因自然环境原因全部搬迁，现已无人居住。2008 年 10 月合村前属三冲村。

彭家塆[Péng jiā wān] 隶属于王义贞镇唐僧村。因当地以彭氏人家居多，故名。位于唐僧村西南部，因自然环境原因全部搬迁，现已无人居住。2008 年 10 月合村前属唐僧村。

前头岗[Qián tóu gǎng] 隶属于王义贞镇唐僧村。位于唐僧村中部，因自然环境原因全部搬迁，现已无人居住。2008 年 10 月合村前属唐僧村。

桥塆[Qiáo wān] 隶属于王义贞镇唐僧村。因当地位于一座桥边而命名。位于唐僧村中部，因自然环境原因全部搬迁，现已无人居住。2008 年 10 月合村前属唐僧村。

上周家塆[Shàng zhōu jiā wān] 隶属于王义贞镇唐僧村。因当地居民以周姓为主，位于两个周家塆相对北方的位置而命名。位于唐僧村西北部，因自然环境原因全部搬迁，现已无人居住。2008 年 10 月合村前属三冲村。

上周家塆[Shàng zhōu jiā wān] 隶属于王义贞镇唐僧村。因当地居民以周姓为主，位于两个周家塆相对北方的位置而命名。位于唐僧村东北部，因自然环境原因全部搬迁，现已无人居住。2008 年 10 月合村前属唐僧村。

孙家凹[sūn jiā wā] 隶属于王义贞镇唐僧村。因当地居民以孙姓为主而命名。位于唐僧村东北部，因自然环境原因全部搬迁，现已无人居住。2008 年 10 月合村前属观音村。

桃树塆[Táo shù wān] 隶属于王义贞镇唐僧村。又称桃园塆，因昔时当地有成片的大桃树而命名。位于唐僧村东北部，因自然环境原因全部搬迁，现已无人居住。2008 年 10 月合村前属桃园村。

团云坡[Tuán yún pō] 隶属于王义贞镇唐僧村。因当地夕阳西下时，由于地势较低，云朵一团一团的，从远处看很美而命名。位于唐僧村东北部，因自然环境原因全部搬迁，现已无人居住。2008 年 10 月合村前属唐僧村。

汪家塆[Wāng jiā wān] 隶属于王义贞镇唐僧村。因当地居民以汪姓为主而命名。位于唐僧村东北部，因自然环境原因全部搬迁，现已无人居住。2008 年 10 月合村前属观音村。

下塆[Xià wān] 隶属于王义贞镇唐僧村。因当地地势低下而命名。位于唐僧村中北部，因自然环境原因全部搬迁，现已无人居住。2008 年 10 月合村前属唐僧村。

下周家塆[Xià zhōu jiā wān] 隶属于王义贞镇唐僧村。因当地居民以周姓为主而命名。位于唐僧村东北部，因自然环境原因全部搬迁，现已无人居住。2008 年 10 月合村前属观音村。

乡头地[Xiāng tóu dì] 隶属于王义贞镇唐僧村。因当地位于本村最前面而命名。位于唐僧村西部，因自然环境原因全部搬迁，现已无人居住。2008 年 10 月合村前属唐僧村。

羊过山[Yáng guò shān] 隶属于王义贞镇唐僧村。位于唐僧村中北部，因自然环境原因全部搬迁，现已无人居住。2008 年 10 月合村前属唐僧村。

叶家冲[Yè jiā chōng] 隶属于王义贞镇唐僧村。因当地居民以叶姓为主，位于一条山冲之中而命名。位于唐僧村西北部，因自然环境原因全部搬迁，现已无人居住。2008 年 10 月合村前属三冲村。

月田子坟[Yuè tián zǐ fén]　隶属于王义贞镇唐僧村。因当地有一块很宽广的田地，田边有一群坟墓而命名。位于唐僧村东北部，因自然环境原因全部搬迁，现已无人居住。2008 年 10 月合村前属观音村。

张家凹[Zhāng jiā wā]　隶属于王义贞镇唐僧村。因当地居民以张姓为主，位于山凹之中而命名。位于唐僧村中东部，因自然环境原因全部搬迁，现已无人居住。2008 年 10 月合村前属唐僧村。

十六、桃园村[Táoyuán Cūn]

隶属于王义贞镇。因当地在清朝时遍植桃树而命名。桃园村位于王义贞镇东部，村委会所在地 2 组 59 号横穿公路旁，距王义贞政府所在地 3000 米。该村东接同兴村，西邻团山村，南连星火村，北靠黄金村。截至 2015 年 4 月，辖区内共有 7 个自然塆：卢家河、院子塆、潘家塆、冉家塆、黄坡塆、道士河、云家塆。常住居民 286 户、1058 人，辖区占地面积 2. 22 平方千米，耕地 0. 48 平方千米，以种植水稻为主。

1949 年 10 月，潘塆村隶属于王店区管辖。1952 年 10 月，潘塆村隶属于第四区河水乡管辖。1956 年 4 月属第五小组河水乡。1958 年 9 月建立人民公社，潘塆村更名为潘塆大队隶属于英雄人民公社河水乡管辖。1958 年底英雄人民公社更名为雷公人民公社。1961 年 4 月雷公人民公社更名为雷公区。1966 年 9 月雷公改为建新。1975 年 2 月，撤区并社，潘塆大队隶属于王店(河水)人民公社河水管理区管辖。1984 年元月，复置区(镇)、乡(镇)、村，潘塆大队改名为桃花园村，隶属于河水区河水乡管辖。1987 年，撤区并乡，河水区更名为王义贞镇，桃花园村更名为桃园村隶属于王义贞镇同兴管理区管辖。2000 年撤销管理区，桃园村属王义贞镇管辖，名称沿用至今。

道士河[Dào shì hé]　隶属于王义贞镇桃园村。在明清时期有一李姓道士，观其风水，迁入柱子冲下，沿东一条盘延的小河伸向南方，曰此地为风水宝地，带领家属迁入此地，后人为了纪念他，把他居住地叫“道士河”。道士河位于桃园村北部，聚落呈块状分布。东接云家坡，西邻院子塆，南连卢家河，北靠柱子冲。居民以李姓居多，均为汉族。全塆有住户 3 户，人口 10 人。总面积 0. 11 平方千米，耕地面积 0. 02 平方千米。以种植水稻为主，主要经济来源为外出务工。

黄坡塆[Huáng pō wān]　隶属于王义贞镇桃园村。清末，李氏家人迁入此地，在此耕种，因此地是红沙土，有风时，尘土飞扬，下雨后，土就像硬骨头，所以命名为“黄坡塆”。黄坡塆位于桃园村东北部，聚落呈块状分布。东接同兴街道，西邻银杏基地，南连星火村，北靠柱子冲。居民以李姓居多，均为汉族。全塆有住户 39 户，人口 172 人。总面积 0. 22 平方千米，耕地面积 0. 15 平方千米。以种植水稻为主，主要经济来源为外出务工。

卢家河[Lú jiā hé]　隶属于王义贞镇桃园村。清末，卢氏族人迁入此地，在北河边建房，种植饲养，后人为纪念就命名此地为“卢家河”。卢家河位于桃园村西部，聚落呈块状分布。东接云家坡，西邻团山村花塆，南连潘家塆，北靠道士河。居民以李姓氏居多，均为汉族。全塆有住户 34 户，人口 138 人。总面积 0. 26 平方千米，耕地面积 0. 14 平方千米。以种植水稻为主，主要经济来源为外出务工。

潘家塆[Pān jiā wān]　隶属于王义贞镇桃园村。明代，潘君迁入此地，至清初，潘姓的很多户都搬到此地，因没有杂姓，就命名为“潘家塆”。潘家塆位于桃园村西南部，聚落呈块状分布。东接阮家塆，西邻花塆，南连祠堂塆，北靠卢家河。居民以潘姓氏居多，均为汉族。全塆有住户 50 户，人口 219 人。总面积 0. 34 平方千米，耕地面积 0. 1 平方千米。以种植水稻为主，主要经济来源为外出务工。

冉家塆[Rǎn jiā wān]　隶属于王义贞镇桃园村。清初，吴氏先祖迁入此地，此地形远远望去，像一条龙在此地，人们就根据姓氏把此地命名为“吴家龙”。清末，冉氏家人迁入此地，人口逐渐增多，遂改名冉家龙，亦称“冉家塆”。冉家塆位于桃园村南部，聚落呈块状分布。东接银杏基地，西邻潘家塆，南连星火村，北靠云家坡。以冉、吴、彭、李、郭、徐姓氏人口居多，均为汉族。全塆有住户 38 户，人口 160 人。总面积 0. 3 平方千米，耕地面积 0. 17 平方千米。以种植水稻为主，主要经济来源为外出务工。

院子塆[Yuàn zi wān]　隶属于王义贞镇桃园村。明末清初，陈姓老中医迁入此地，因医术高明，家境富敌一方，就在自家四周建起了院墙，因过大、醒目，1956 年，农业合作社时，命名为“院子塆”。院子塆位于桃园村西北部，聚落呈块状分布。东接道士河，西邻团山村，南连潘家塆，北靠涂家凹。居民以李姓居多，均为汉族。全塆有住户 8 户，人口 52 人。总面积 0. 06 平方千米，耕地面积 0. 03 平方千米。以种植水稻为主，主要经济来源为外出务工。

云家坡[Yún jiā pō]　隶属于王义贞镇桃园村。清末，李姓旺族，观其地形，此住居地势从南向北呈梯子式，由南望去，北面居住的都跟天相连，就命此地为“云家坡”。云家坡位于桃园村北部，聚落呈块状分布。东接粮店，西邻卢家河，南连冉家塆，北靠柱子冲。居民以李姓氏居多，均为汉族。全塆有住户 40 户，人口 178 人。总面积 0. 31 平方千米，耕地面积 0. 1 平方千米。以种植水稻为主，主要经济来源为外出务工。

十七、同兴村[Tóngxīng Cūn]

隶属于王义贞镇。因当地有一铜矿店面，名为同兴店，同兴村因同兴店而得名。同兴村位于王义贞镇东部，村委会所在地同兴南街 38 号，距王义贞政府所在地 5000 米。该村东接雷公镇祖寺村，西邻桃园村，南连星火村，北靠黄金村。截至 2015 年 10 月，辖区内共有 17 个自然塆：陈家凹子、祠堂塆、胡家塆、刘家刺林、王家塆、叶家塆、张家凹子、张家塆、张家卡、陈家塆、黄家塆、窑上塆、水银冲、下塆、徐家独屋、月亮凹、中塆，另有 1 个自然塆现已无人居住：学堂塆。常住居民 370 户，1175 人，辖区总面积 1 平方千米，耕地面积 0. 78 平方千米，主要农作物为水稻、小麦、油菜。

1949 年 10 月，同兴村隶属于王店区管辖。1952 年 10 月，同兴村隶属于第四区同兴乡管辖。1956 年 4 月属第五小组河水乡。1958 年 9 月建立人民公社，同兴村更名为同兴大队隶属于英雄人民公社河水乡管辖。1958 年底英雄人民公社更名为雷公人民公社。1961 年 4 月雷公人民公社更名为雷公区。1966 年 9 月雷公改为建新。1975 年 2 月，撤区并社，同兴大队隶属于王店(河水)人民公社河水管理区管辖。1984 年元月，复置区(镇)、乡(镇)、村，同兴大队改名为同兴村，隶属于河水区河水乡管辖。1987 年，撤区并乡，河水区更名为王义贞镇，同兴村隶属于王义贞镇同兴管理区管辖。2000 年撤销管理区，同兴村属王义贞镇管辖，名称沿用至今。

陈家凹子[Chén jiā wā zi] 隶属于王义贞镇同兴村。以姓氏和地理特征命名。陈家凹子位于同兴村东北部，聚落呈块状分布。东接雷公镇祖寺村，西邻同兴街道，南连黄家塆，北靠黄金村。居民以陈姓居多，均为汉族。全塆有住户 3 户，人口 15 人。总面积 0. 24 平方千米，耕地面积 0. 089 平方千米。以种植水稻、小麦、油菜为主，主要经济来源为外出务工。

祠堂塆[Cí táng wān] 隶属于王义贞镇同兴村。因当地过去建有一祠堂而命名。祠堂塆位于同兴村中东部，聚落呈块状分布。东接陈家凹子，西邻桃园村，南连原同兴中学，北靠黄金村。居民以李姓居多，均为汉族。全塆有住户 5 户，人口 20 人。总面积 0. 12 平方千米，耕地面积 0. 05 平方千米。以种植水稻、小麦、油菜为主，主要经济来源为外出务工。

胡家塆[Hú jiā wān] 隶属于王义贞镇同兴村。以居民姓氏命名。胡家塆位于同兴村西南部，聚落呈块状分布。东接张家凹子，西邻叶家塆，南连星火村，北靠张家卡。居民以胡姓居多，均为汉族。全塆有住户 24 户，人口 95 人。总面积 0. 07 平方千米，耕地面积 0. 05 平方千米。以种植水稻、小麦、油菜为主，主要经济来源为外出务工。

刘家刺林[Liú jiā cì lín] 隶属于王义贞镇同兴村。因当地刘姓居民居多，且有一片刺林而命名。刘家刺林位于同兴村东南部，聚落呈条状分布。东接雷公镇祖寺村，西邻张家卡，南连张家凹子，北靠陈家凹子。居民以刘姓居多，均为汉族。全塆有住户 48 户，人口 170 人。总面积 0. 2 平方千米，耕地面积 0. 011 平方千米。以种植水稻、小麦、油菜为主，主要经济来源为外出务工。

王家塆[Wáng jiā wān] 隶属于王义贞镇同兴村。以居民姓氏命名。王家塆位于同兴村西北部，聚落呈条状分布。东接黄同公路、同兴水库，西邻学堂塆，南连同兴街道，北靠黄金村。居民以王姓居多，均为汉族。全塆有住户 4 户，人口 16 人，总面积 0. 12 平方千米，耕地面积 0. 05 平方千米。以种植水稻、小麦、油菜为主，主要经济来源为外出务工。

叶家塆[Yè jiā wān] 隶属于王义贞镇同兴村。以居民姓氏命名。叶家塆位于同兴村西南部，聚落呈条状分布。东接张家卡，西邻桃园村，南连星火村，北靠桃园村。居民以李、张姓居多，均为汉族。全塆有住户 58 户，人口 213 人。总面积 0. 19 平方千米，耕地面积 0. 014 平方千米。以种植水稻、小麦、油菜为主，主要经济来源为外出务工。

张家凹子[Zhāng jiā āo zi] 隶属于王义贞镇同兴村。以姓氏和地理特征命名。张家凹子位于同兴村东南部，聚落呈条状分布。东接雷公镇祖寺村、庙岗村，西邻胡家塆，南连星火村，北靠刘家刺林。居民以张姓居多，均为汉族。全塆有住户 22 户，人口 80 人。总面积 0. 15 平方千米，耕地面积 0. 067 平方千米。以种植水稻、小麦、油菜为主，主要经济来源为外出务工。

张家卡[Zhāng jiā kǎ] 隶属于王义贞镇同兴村。“张家”指的是姓氏，“卡”指的是地理位置。张家卡位于同兴村中部，聚落呈条状分布。东接刘家刺林，西邻叶家塆，南连胡家塆，北靠张家塆。居民以张姓居多，均为汉族。全塆有住户 24 户，人口 100 人。总面积 0. 12 平方千米，耕地面积 0. 06 平方千米。以种植水稻、小麦、油菜为主，主要经济来源为外出务工。

张家塆[Zhāng jiā wān] 隶属于王义贞镇同兴村。以姓氏命名。张家塆位于同兴村中部，聚落呈条状分布。东接刘家刺林，西邻桃园村，南连张家卡，北靠王家坡。居民以张姓氏居多，均为汉族。全塆有住户33户，人口128人。总面积0.1平方千米，耕地面积0.08平方千米。以种植水稻、小麦、油菜为主，主要经济来源为外出务工。

陈家塆[Chén jiā wān] 隶属于王义贞镇同兴村。因姓氏命名。陈家塆位于同兴村东北部，聚落呈条状分布。东接雷公镇祖寺村，西邻同兴水库，南连同兴街，北靠黄金村。居民以陈姓居多，均为汉族。全塆有住户2户，人口4人。以种植水稻、小麦、油菜为主，主要经济来源为外出务工。

黄家塆[Huáng jiā wān] 隶属于王义贞镇同兴村。因姓氏命名。黄家塆位于同兴村东北部，聚落呈条状分布。东接雷公镇祖寺村，西邻王家塆，南连刘家刺林，北靠陈家塆。现居住8户，人口30人。

窑上塆[Yáo shàng wān] 隶属于王义贞镇同兴村。昔时当时居民烧窑为生，故名。窑上塆位于同兴村西南部，东接同兴街，西邻叶家塆，南连星火村，北靠同兴街道。居民以杨姓居多。

水银冲[Shuǐ yín chōng] 隶属于王义贞镇同兴村。当地有一泉眼，流出的泉水在月光下闪着银光，得名水银冲。水银冲位于同兴村东北部，东接雷公镇祖寺村，西邻同兴水库，南连陈家凹子，北靠黄金村。居民以徐姓居多。

下塆[Xià wān] 隶属于王义贞镇同兴村。位于同兴村东南部，东接刘家刺林，西邻同兴街，南连星火村，北靠张家塆。居民以李姓居多。

徐家独屋[Xú jiā dú wū] 隶属于王义贞镇同兴村。位于同兴村东北部，东接雷公镇祖寺村，西邻同兴街，南连刘家刺林，北靠黄家塆。居民以徐姓居多。

学堂塆[Xué táng wān] 隶属于王义贞镇同兴村。位于同兴村西北部，东接陈家独屋，西邻王家塆，南连桃园村，北靠中山。居民以李姓居多，已全部搬迁。

月亮凹[Yuè liàng āo] 隶属于王义贞镇同兴村。位于同兴村东南部，东接雷公镇庙岗村，西邻刘家刺林，南连星火村，北靠刘家刺林。

中塆[zhōng wān] 隶属于王义贞镇同兴村。位于同兴村中部，东接刘家刺林，西邻同兴街，南连张家卡，北靠张家塆。居民以李姓居多。

十八、铜门村[Tóngmén Cūn]

隶属于王义贞镇。相传该村有一村民在山上放牛看到一对铜人，随即发生塌陷，形成一个凹地，当地人将此地称为铜门口，“铜门村”因此而得名。铜门村位于王义贞镇南部，村委会所在地安袁线吉庙十字路口南300米处，距王义贞镇政府所在地1500米。该村东接太平村，西邻京山县坪坝镇唐庙村，南连坪坝镇平桥村、团山村，北靠朱桥村、吉庙村。截至2015年10月，辖区内共有8个自然塆：榨屋塆、小曾家塆、肖家潭、大曾家塆、林家塆、刘家塆、杨家塆、陈家塆，另有 11 个自然塆无人居住：漕坊塆、丁家独屋、李家塆、罗家岗、宋家凹子、谭家塆、陶家塆、王家凹、徐家独屋、晏家独屋、张家凹子。常驻居民 296 户，1353 人，辖区总面积 1.56 平方千米，耕地面积 0.99 平方千米。主要农作物为小麦、油菜、水稻。

1949 年 10 月，铜门村隶属于王店区管辖。1952 年 10 月，铜门村隶属于第四区大桥乡管辖。1954 年 8 月属雷公区王店乡辖，1956 年属第五指导小组王店乡辖；1958 年 9 月建立人民公社，铜门村更名为铜门大队隶属于英雄人民公社王店乡管辖。1958 年底英雄人民公社更名为雷公人民公社。1961 年 4 月雷公人民公社更名为雷公区，铜门大队属王店人民公社管辖。1966 年 9 月雷公改为建新。1975 年 2 月，撤区并社，铜门大队隶属于王店(河水)人民公社王店管理区管辖。1984 年元月，复置区(镇)、乡(镇)、村，铜门大队改名为铜门村，隶属于河水区王店镇管辖。1987 年 10 月，撤区并乡，河水区更名为王义贞镇，铜门村隶属于王义贞镇王店管理区管辖。2000 年撤销管理区，铜门村属王义贞镇管辖，名称沿用至今。

陈家塆[Chén jiā wān]　隶属于王义贞镇铜门村。清嘉庆年间，陈氏家族从木梓乡马家梨园迁至此地定居，繁衍生息，取名陈家塆。陈家塆位于铜门村东北部，聚落呈块状分布。东接吉庙村南街，西邻汪叶岗山冈，南连郑河东干渠，北靠原砖厂。居民以陈姓居多，均为汉族。全塆有住户 12 户，人口 43 人。总面积 0.14 平方千米，耕地面积 0.073 平方千米。以种植水稻、小麦、油菜为主，主要经济来源为外出务工。

大曾家塆[Dà zēng jiā wān]　隶属于王义贞镇铜门村。明初大迁徙时，曾氏先祖三弟兄因避战乱从黄(冈)麻(城)迁来此地居住，繁衍生息，人丁兴旺，逐渐形成一个人口众多规模较大的村落，故称大曾家塆。大曾家塆位于铜门村南部，聚落呈块状分布。东接京山县坪坝镇团山村，西邻大桥河流域，南连漳河边，北靠小曾家塆。居民以曾姓居多，均为汉族。全塆有住户 64 户，人口 230 人。总面积 0.26 平方千米，耕地面积 0.2 平方千米。以种植水稻、小麦、油菜为主，主要经济来源为外出务工。

林家塆[Lín jiā wān]　隶属于王义贞镇铜门村。从前有一张姓居民，人送外号“菱角”，此塆被称为菱角塆，后演变成林家塆。林家塆位于铜门村西部，聚落呈块状分布。东接大桥河流域，西邻唐家大堰，南连小曾家塆，北靠杨家塆。居民以杨、宋、张、陈姓居多，均为汉族。全塆有住户 58 户，人口 212 人。总面积 0.27 平方千米，耕地面积 0.23 平方千米。以种植水稻、小麦、油菜为主，主要经济来源为外出务工。

刘家塆[Liú jiā wān]　隶属于王义贞镇铜门村。清咸丰年间，刘氏先祖逃荒到此定居，繁衍生息，故取名刘家塆。刘家塆位于铜门村东北部，聚落呈块状分布。东接铜门村 1 组松树山，西邻王家凹子，南连榨屋塆，北靠郑家河渠道、陈家塆。居民以刘姓居多，均为汉族。全塆有住户 9 户，人口 38 人。总面积 0.1 平方千米，耕地面积 0.06 平方千米。以种植水稻、小麦、油菜为主，主要经济来源为外出务工。

肖家谭[Xiāo jiā tán]　隶属于王义贞镇铜门村。明初大迁徙时肖、谭两大家族先祖从黄(冈)麻(城)迁来此地居住，繁衍生息，和谐共处，故称肖家谭。肖家谭位于铜门村东部，聚落呈块状分布。东接太平村，西邻刘家塆、铜门村 6 组港洞，南连谭家塆，北靠郑河渠道。居民以肖姓居多，均为汉族。全塆有住户 29 户，人口 110 人。总面积 0.14 平方千米，耕地面积 0.1 平方千米。以种植水稻、小麦、油菜为主，主要经济来源为外出务工。

小曾家塆[Xiǎo zēng jiā wān]　隶属于王义贞镇铜门村。明初大迁徙时，曾氏先祖从黄(冈)麻(城)迁来当地居住，繁衍生息，逐渐形成一个人口规模相对大曾家塆较小的村落，故称小曾家塆。又称罗家岗。小曾家塆位于铜门村西南部，聚落呈块状分布。东接汪叶岗，西邻漳河，南连大曾家塆，北靠罗家岗。居民以曾、罗姓居多，均为汉族。全塆有住户 40 户，人口 150 人。总面积 0. 15 平方千米，耕地面积 0. 09 平方千米，以种植水稻、小麦、油菜为主，主要经济来源为外出务工。

杨家塆[Yáng jiā wān]　隶属于王义贞镇铜门村。明嘉靖年间，杨氏先祖三弟兄从沔阳迁来当地繁衍生息，逐渐形成一个村落，后人称为杨家塆。杨家塆位于铜门村西北部，聚落呈块状分布。东接汪叶岗山冈，西邻大桥河流域、朱桥村，南连大桥河，北靠郑家河东干渠道。居民以杨姓居多，均为汉族。全塆有住户 29 户，人口 108 人。总面积 0. 11 平方千米，耕地面积 0. 085 平方千米。以种植水稻、小麦、油菜为主，主要经济来源为外出务工。

榨屋塆[Zhà wū wān]　隶属于王义贞镇铜门村。明末李、肖、徐三姓人家迁居此地，依山而居，一位有经济头脑的农民便办了一座榨油作坊，故名。榨屋塆位于铜门村东部，聚落呈块状分布。东接谭家塆，西邻大坝山，南连陶家塆，北靠刘家塆。居民以肖姓居多，均为汉族。全塆有住户 20 户，人口 76 人。总面积 0. 14 平方千米，耕地面积 0. 1 平方千米。以种植水稻、小麦、油菜为主，主要经济来源为外出务工。

漕坊塆[Cáo fāng wān]　隶属于王义贞镇铜门村。明末肖家潭的一个分支迁至此地开设了一家酿酒的作坊，当地人称之为漕坊，故名漕坊塆。漕坊塆位于铜门村东部，因自然环境已搬迁或无人居住。

丁家独屋[Dīng jiā dú wū]　隶属于王义贞镇铜门村。明初大迁徙时，丁氏先祖从黄(冈)麻(城)迁来当地居住，因长期一家人在此独居，故称丁家独屋。位于铜门村西南部，因自然环境已搬迁或无人居住。

李家塆[Lǐ jiā wān]　隶属于王义贞镇铜门村。明初李家先祖从江西吉安迁至湖北应城，沿漳河定居，后迁至此地，得名李家塆。位于铜门村北部，因自然环境已搬迁或无人居住。

罗家岗[Luó jiā gǎng]　隶属于王义贞镇铜门村。明末罗氏家族从京山县罗家冲逃荒至此山冈上平地建房定居，取名罗家岗，又名罗家塆。位于铜门村西部，因自然环境已搬迁或无人居住。

宋家凹子[Sòng jiā wā zi]　隶属于王义贞镇铜门村。明嘉靖年间，宋氏先祖从沔阳迁来当地一个山坳里栖居，繁衍生息，逐渐形成一个坐东朝西的村落，后人称之为宋家凹子。位于铜门村中部，因自然环境已搬迁或无人居住。

谭家塆[Tán jiā wān]　隶属于王义贞镇铜门村。明嘉靖年间，谭氏先祖从麻城迁来定居，后人称为谭家塆。位于铜门村东部，因自然环境已搬迁或无人居住。

陶家塆[Táo jiā wān]　隶属于王义贞镇铜门村。清乾隆年间，该地有一陶姓人家在此居住，后逐渐迁来李、王两姓人家，后人便称之为陶家塆。位于铜门村东南部，因自然环境已搬迁或无人居住。

王家凹[Wáng jiā wā]　隶属于王义贞镇铜门村。明嘉靖年间，王氏先祖从沔阳迁来当地一个山坳里栖居，繁衍生息，逐渐形成一个坐东朝西的村落，后人称之为王家凹。位于铜门村北部，因自然环境已搬迁或无人居住。

徐家独屋[Xú jiā dú wū]　隶属于王义贞镇铜门村。清光绪年间，曾氏先祖外迁来此独居，生有一女，招徐姓女婿入赘养老，后人称之为徐家独屋。位于铜门村中部，因自然环境已搬迁或无人居住。

晏家独屋[Yàn jiā dú wū]　隶属于王义贞镇铜门村。清咸丰年间，晏氏家人从京山县晏家店逃荒到此定居，仅此一家故称独屋。位于铜门村中北部，因自然环境已搬迁或无人居住。

张家凹子[Zhāng jiā wā zi]　隶属于王义贞镇铜门村。明初大迁徙时，张氏先祖外号“张菱角”因避战乱从黄(冈)麻(城)迁来当地在山凹平地栖居，故而命名。位于铜门村西北部，因自然环境已搬迁或无人居住。

十九、团山村[Tuánshān Cūn]

隶属于王义贞镇。中华人民共和国成立初该村因境内一地名“石板沟”而被命名为“石板村”，1950年开展“镇反”运动，在境内一处荒山冈——团山包上镇压了反革命分子，为纪念这一人民翻身做主人的历史事件，遂将“石板村”更名为“团山村”。团山村位于王义贞镇东北部，村委会所在地3组河塆，门牌号3-53，距王义贞政府所在地2000米。该村东接桃园村、黄金村，西邻刘岗村、梅花村，南连柏杨村、星火村，北靠黄金村、梅花村。2015年4月，全村共有9个自然塆：荒米冲、彭家塆、汪家垅、新塆、徐家河、油坊塆、蜂龙冲、驴子咀、涂家凹，另有1个自然塆无人居住：马槽冲。全村共有住户276户，人口1064人。耕地面积0.705平方千米，山林面积1.943平方千米，总面积2.8平方千米。

1949年10月，石板村隶属于王店区管辖。1952年10月，石板村更名为团山村隶属于第四区河水乡管辖。1956年4月属第五小组河水乡。1958年9月建立人民公社，团山村更名为团山大队隶属于英雄人民公社河水乡管辖。1958年底英雄人民公社更名为雷公人民公社。1961年4月雷公人民公社更名为雷公区。1966年9月雷公改为建新。1975年2月，撤区并社，团山大队隶属于王店(河水)人民公社河水管理区管辖。1984年元月，复置区(镇)、乡(镇)、村，团山大队改名为团山村，隶属于河水区河水乡管辖。1987年，撤区并乡，河水区更名为王义贞镇，团山村隶属于王义贞镇同兴管理区管辖。2000年撤销管理区，团山村属王义贞镇管辖，名称沿用至今。

荒米冲[Huāng mǐ chōng]　隶属于王义贞镇团山村。该冲曾经居住五家人，面积约18亩左右，因地势高，水源条件差，常年闹饥荒，如遇特殊年景颗粒无收而得名荒米冲。荒米冲位于团山村北部，聚落呈块状分布。东接徐家河，西邻徐家塆，南连桐树堰，北靠上南头堰。居民以谢、彭姓居多，均为汉族。全塆有住户9户，人口36人。总面积0.314平方千米，耕地面积0.0255平方千米。以种植水稻、小麦为主，主要经济来源为外出务工。

彭家塆[Péng jiā wān]　隶属于王义贞镇团山村。以姓氏命名。彭家塆位于团山村东部，聚落呈块状分布。东接庙垅，西邻油坊塆，南连桑树凹，北靠徐家塆。居民以陈、李姓居多，均为汉族。全塆有住户12户，人口52人。总面积0.1206平方千米，耕地面积0.0255平方千米，以种植水稻、小麦为主，主要经济来源为外出务工。

汪家垅[Wāng jiā lǒng]　隶属于王义贞镇团山村。以姓氏和地理特征命名。明末因战乱转移从麻城迁入，其先祖汪光洲在此山冈独生树求神拜佛，因地势平坦，而在该地立户居住，繁衍生息，故名。(此地独生树毁于 1952 年)。汪家垅位于团山村西南部，聚落呈块状分布。东接哑子岗银杏基地，西邻刘岗村，南连柏杨村，北靠碑记堰。居民以汪姓居多，均为汉族。全塆有住户 12 户，人口 40 人。总面积 0. 1407 平方千米，耕地面积 0. 0335 平方千米。以种植水稻、小麦为主，主要经济来源为外出务工。

新塆[Xīn wān]　隶属于王义贞镇团山村。原名叫河塆，住居 6 户人家，从事种植业，后在 1972 年由河水公社驻队干部阙学书牵头，为了扩大面积，将河塆迁入梨树咀山坡。新迁农户 8 户，而得名新塆。新塆位于团山村南部，聚落呈块状分布。东接桃园村，西邻徐家塆，南连桐树堰，北靠上南头堰。居民以李姓居多，均为汉族。全塆有住户 12 户，人口 46 人。总面积 0. 1568 平方千米，耕地面积 0. 0335 平方千米。以种植水稻、小麦为主，主要经济来源为外出务工。

徐家河[Xú jiā hé]　隶属于王义贞镇团山村。清朝中期，该河边有个跑马地，在此地安居着名叫徐忠战的农户，从事白龙教宣传，独霸一方，后子孙繁衍，形成塆落，按地貌特征命名为徐家河。徐家河位于团山村东北部，聚落呈块状分布。东接徐家凹，西邻徐家塆，南连桐树堰，北靠上南头堰。居民以徐姓居多，均为汉族。全塆有住户 14 户，人口 44 人。总面积 0. 0771 平方千米，耕地面积 0. 0255 平方千米。以种植水稻、小麦为主，主要经济来源为外出务工。

油坊塆[Yóu fáng wān]　隶属于王义贞镇团山村。昔时该居民点开有榨油作坊而得名。油坊塆位于团山村东部，聚落呈块状分布。东接彭家塆，西邻庙垅，南连河塆，北靠徐家塆。居民以李姓居多，均为汉族。全塆有住户 10 户，人口 34 人。总面积 0. 067 平方千米，耕地面积 0. 0255 平方千米。以种植水稻、小麦为主，主要经济来源为外出务工。

蜂龙冲[Fēng lóng chōng]　隶属于王义贞镇团山村。该塆位于石板沟东 100 米处，80 人。居民以李姓居多，均为汉族。

驴子咀[Lǘ zi zuǐ]　隶属于王义贞镇团山村。清朝初期，当地老百姓筑山寨防土匪侵略，因此寨地貌特征像驴子形貌而得名。该塆位于城隍岭西南 1 千米处，80 人。居民以谢姓居多，均为汉族。

马槽冲[Mǎ cáo chōng]　隶属于王义贞镇团山村。古名叫闯王冲或山寨王、八只虎，因山势地形位于两座山中间峡谷而得名——马槽冲。原住居农户 3 户，从事种植业，后在 20 世纪 90 年代因修建太阳寺水库移民农户 6 户。该塆位于同兴水库西北 1. 4 千米处。现无人居住。

涂家凹[Tú jiā wā]　隶属于王义贞镇团山村。以姓氏和地理特征综合命名。该塆位于道士河北 150 米处，30 人。居民以涂姓居多，均为汉族。

二十、王店社区[Wángdiàn Shèqū]

隶属于王义贞镇。据传清咸丰年间，距王义贞店西北不远的山冈上有个名叫马家市的小集镇。财主王义贞到马家市买肉的时候遭屠户冷眼相待，于是赌气在通往马家市的路口摆案设肉铺，以廉价挤垮了马家市生意，不久形成集店，称为王义贞店，简称王店。新中国成立后此地为区、公社、镇机关所在地。

王店社区位于王义贞镇中部，居委会所在地义贞路 15 号。该社区东接刘岗村，西邻汝南村，南连汝南村，北靠石门村。现有 5 个居民小组：汝南街、唐僧街、义贞街、天府街、王吉街，该社区总人口 866 人，230 户，总面积 0.4 平方千米，以经商与种植业为主。

1958 年成立人民公社时，王店街属雷公公社所辖。1970 年开始初具规模。1975 年撤区并社后属河水公社管辖。1981 年 8 月，由原王店街非农户口居民、原汝南村 10 组农户、原河水人民公社社办企业 1 个修造厂、3 个小饭店、4 个小商店和 1 个农副土特产交易货站组建王义贞店。1984 年 1 月，修造厂划归河水区企管站管辖，王店街道属河水区王店镇管辖；1987 年 10 月，撤区建镇，属王义贞镇王店管理区管辖，2000 年撤销管理区，属王义贞镇管辖。2013 年王店街道更名为王店社区，名称沿用至今。

汝南街[Rǔ' nán jiē] 隶属于王义贞镇王店社区。因此街连接王店社区与汝南村而命名。门牌号 1-83 号，占地面积 0.04 平方千米，常住人口 300 人，70 户。主要经济来源为个体经营和外出务工。汝南街建于 1992 年，沿用至今。

唐僧街[Táng sēng jiē] 隶属于王义贞镇王店社区。因此街连接王店街社区至唐僧村而命名。门牌号 1-67 号，占地总面积 0.03 平方千米，常住人口 400 人，130 户，主要经济来源为个体经营和外出务工。唐僧街建于 1987 年，沿用至今。

天府街[Tiān fǔ jiē] 隶属于王义贞镇王店社区。因此地原建有一座寺庙名为“天府庵”而得名。门牌号 1-62 号，占地总面积 0.02 平方千米，常住人口 85 人，30 户，主要经济来源为个体经营和外出务工。天府街建于 1982 年，沿用至今。

王吉街[Wáng jí jiē] 隶属于王义贞镇王店社区。因此街道连接王店街道与吉庙村而命名。门牌号 1-99 号，占地面积 0.03 平方千米，常住人口 200 人，7 户，主要经济来源为个体经营和外出务工。王吉街建于 1987 年，沿用至今。

义贞路[Yì zhēn lù] 隶属于王义贞镇王店社区。此街道位于王店社区中心，是最早的商业中心唯一的一条街道故取此名。门牌号 1-43 号，占地面积 0.02 平方千米，常住人口 520 人，139 户，主要经济来源为个体经营和外出务工。义贞路现为王义贞中心街，建于 1982 年，沿用至今。

二十一、星火村[Xīnghuǒ Cūn]

隶属于王义贞镇。民国时期星火村没有名字，为石门乡第六保，新中国成立初期，成立合作社，驻村国家干部李子润为该村命名为星火村，寓意“星星之火，可以燎原”，对该村的发展寄予厚望，之后该村便以星火村命名。

星火村位于王义贞镇东部，村委会所在地河水西街 6 号，距王义贞政府所在地 4000 米。该村东接雷公镇庙岗村，西邻柏杨村，南连雷公镇王畈村，北靠同兴村。截至 2015 年 10 月，全村共有 15 个自然塆：河水店、蒋家塆、李家祠堂、卢家塆、上蒋塆、松林塆、孙家塆、余家塆、余家坡、张家塆、蔡家凹、东卢家塆、宋家坳、檀树塆、西头塆。全村有住户 492 户，人口 1890 人，辖区总面积 4.49 平方千米，耕地面积 2.46 平方千米，主要农作物为水稻、小麦、油菜。村民委员会有工作人员 6 名。

1949 年 10 月，这里隶属于王店区管辖。1952 年 10 月，星火村隶属于第四区管辖。1956 年 4 月属第五小组。1958 年 9 月建立人民公社，星火村更名为星火大队隶属于英雄人民公社管辖。1958 年底英雄人民公社更名为雷公人民公社。1961 年 4 月雷公人民公社更名为雷公区。1966 年 9 月雷公改为建新。1975 年 2 月，撤区并社，星火大队隶属于王店（河水）人民公社河水管理区管辖。1984 年元月，复置区（镇）、乡（镇）、村，星火大队改名为星火村，隶属于河水区河水乡管辖。1987 年，撤区并乡，河水区更名为王义贞镇，星火村隶属于王义贞镇管辖，沿用至今。

河水店[Hé shuǐ diàn]　隶属于王义贞镇星火村。明洪武年间李姓、卢姓迁入此地做生意。永乐年间，因生意兴隆，四面八方的人都来该地做买卖，当地街道商店较多，来此交易的人东至雷公，西至坪坝。河水店位于两条河流的交汇处——双河口西 350 米处，故名河水店。河水店位于星火村西部，聚落呈条状分布。东接村委会，西邻杨树岗，南连张家塆，北靠仁祠塆。居民以李姓居多，均为汉族。全塆有住户 47 户，人口 167 人。总面积 0.19 平方千米，耕地面积 0.13 平方千米。以种植水稻、小麦、油菜为主，主要经济来源为外出务工。

蒋家塆[Jiǎng jiā wān]　隶属于王义贞镇星火村。明洪武年间，蒋姓兄弟迁居此地，哥哥住在北，弟弟住在南，依地势高低分为上下两个蒋家塆，哥哥居住地取名为上蒋塆。弟弟在南为下蒋家塆。1937 年，日本军人三烧下蒋家塆。下蒋家塆与中蒋家塆合称蒋家塆。蒋家塆位于星火村北部，聚落呈条状分布。东接星火岗，西邻磁子塆，南连余家塆，北靠上蒋塆。居民以蒋姓居多，均为汉族。全塆有住户 37 户，人口 139 人。总面积 0.21 平方千米，耕地面积 0.14 平方千米。以种植水稻、小麦、油菜为主，主要经济来源为外出务工。

李家祠堂[Lǐ jiā cí táng]　隶属于王义贞镇星火村。明洪武年间李氏家人迁入此地居住，正统年间李氏家族为了解决族内事宜建立祠堂，故名李家祠堂。李家祠堂位于星火村北部，聚落呈块状分布。东接松林塆，西邻磁子塆，南连卢家塆，北靠潘家塆。居民以李姓居多，均为汉族。全塆有住户 41 户，人口 155 人。总面积 0.2 平方千米，耕地面积 0.13 平方千米。以种植水稻、小麦、油菜为主，主要经济来源为外出务工。

卢家塆[Lú jiā wān]　隶属于王义贞镇星火村。明洪武年间卢姓迁入此地，娶妻生子，繁衍生息，取名卢家塆。卢家塆位于星火村中部，聚落呈块状分布。东接余家塆，西邻河水店，南连张家塆，北靠磁子山。居民以卢姓居多，均为汉族。全塆有住户 38 户，人口 138 人。总面积 0.17 平方千米，耕地面积 0.1 平方千米。以种植水稻、小麦、油菜为主，主要经济来源为外出务工。

上蒋家塆[Shàng jiǎng jiā wān]　隶属于王义贞镇星火村。明洪武年间，蒋姓兄弟迁居此地，哥哥住在北，弟弟住在南，依地势高低分为上下两个蒋家塆，哥哥居住地取名为上蒋塆。弟弟在南为下蒋家塆。上蒋家塆位于星火村北部，聚落呈块状分布。东接星火岗，西邻小蒋塆，南连磁子塆，北靠松林塆。居民以蒋姓居多，均为汉族。全塆有住户 30 户，人口 101 人。总面积 0.17 平方千米，耕地面积 0.11 平方千米。以种植水稻、小麦、油菜为主，主要经济来源为外出务工。

松林塆[Sōng lín wān]　隶属于王义贞镇星火村。嘉靖年间李氏家族的子孙迁居此地，定居在一片松树林的边缘，得名松林塆。松林塆位于星火村北部，聚落呈块状分布。东接星火岗，西邻东卢家塆，南连蒋家塆，北靠李家祠堂。居民以李姓居多，均为汉族。全塆有住户 4 户，人口 14 人。总面积 0. 16 平方千米，耕地面积 0. 11 平方千米。以种植水稻、小麦、油菜为主，主要经济来源为外出务工。

孙家塆[Sūn jiā wān]　隶属于王义贞镇星火村。明洪武年间孙姓名大元的男子，带领自己的妻子儿女途经此处时，被此处地貌吸引，于是搭棚开荒，并在此繁衍生息，得名孙家塆。孙家塆位于星火村东北部，聚落呈块状分布。东接庙岗，西邻星火岗，南连余家塆，北靠同兴村。居民以孙姓居多，均为汉族。全塆有住户 59 户，人口 219 人。总面积 0. 22 平方千米，耕地面积 0. 14 平方千米。以种植水稻、小麦、油菜为主，主要经济来源为外出务工。

余家坡[Yú jiā pō]　隶属于王义贞镇星火村。清朝嘉庆年间余姓族人考取知府，该户居住山坡上，称余家坡。余家坡位于星火村东南部，聚落呈块状分布。东接庙岗，西邻张家塆，南连雷公镇王畈村，北靠砖厂。居民以李姓居多，均为汉族。全塆有住户 53 户，人口 196 人。总面积 0. 19 平方千米，耕地面积 0. 11 平方千米。以种植水稻、小麦、油菜为主，主要经济来源为外出务工。

余家塆[Yú jiā wān]　隶属于王义贞镇星火村。以姓氏命名。余家塆位于星火村中部，聚落呈块状分布。东接庙岗，西邻卢家塆，南连砖厂，北靠孙家塆。总面积 0. 22 平方千米，居民以余姓居多，均为汉族，共有 243 人，59 户。耕地面积 0. 13 平方千米，主要农作物为水稻、小麦，主要经济来源为外出务工和农作物种植。

张家塆[Zhāng jiā wān]　隶属于王义贞镇星火村。嘉靖年间张姓父子因生活困难，从随县迁入此地，娶妻生子，得名张家塆。张家塆位于星火村西南部，聚落呈块状分布。东接余家坡，西邻石塘村，南连雷公镇王畈村，北靠刘家塆。居民以张姓居多，均为汉族。全塆有住户 55 户，人口 200 人。总面积 0. 17 平方千米，耕地面积 0. 12 平方千米。以种植水稻、小麦、油菜为主，主要经济来源为外出务工。

蔡家凹[cài jiā wā]　隶属于王义贞镇星火村。清朝嘉庆年间蔡姓人家居住此山凹内，后人考取知府，人称蔡知府，蔡家人改名此地为蔡家凹。蔡家凹位于星火村东部，聚落呈块状分布。全塆 10 户 36 人，居民以李姓居多。

东卢家塆[Dōng lú jiā wān]　隶属于王义贞镇星火村。嘉靖年间此地居住卢姓、陈姓、潘姓人家，因卢姓人家在塆的东头，故名东卢家塆。东卢家塆位于星火村东部，聚落呈块状分布。全塆 6 户 20 人，居民以卢姓居多。

宋家垅[Sòng jiā lǒng]　隶属于王义贞镇星火村。宋氏先祖避战乱从麻城迁入此地，故名宋家垅。宋家垅位于王义贞镇星火村东北部，聚落呈块状分布。全塆 3 户 12 人，居民以宋姓居多。

檀树塆[Tán shù wān]　隶属于王义贞镇星火村。河水店——晏店的必经之路，人们常在此地檀树下休息，故名檀树塆。檀树塆位于星火村西南部，聚落呈块状分布。全塆 7 户 22 人。

西头塆[Xī tóu wān]　隶属于王义贞镇星火村。因当地位于河水店西头而命名。西头塆位于星火村西部，聚落呈块状分布。全塆 20 户 80 人。

二十二、杨港村[Yánggǎng Cūn]

隶属于王义贞镇。以辖区内居民点杨树港命名。清朝时此地称为德安府春和乡原田村杨树港，中华人民共和国成立后改名杨港。杨港村位于王义贞镇西北部，村委会所在地下边凹横穿公路边，门牌号为杨港村2组88号，距王义贞镇政府所在地3000米。该村东接唐僧村，西邻彭畈村，南连朱桥村，北靠花园村。截至2014年9月，辖区内共有8个自然湾：王家坡、下边凹、阙家凹、杨树港、枣子树湾、草堰冲、黄家垅、新屋湾。村内有常住居民154户，共650人。辖区占地面积2.75平方千米，其中耕地面积0.93平方千米。主要农作物为小麦、水稻，主要植物以银杏树为主，村内有土特产银杏树及银杏果。村委会现有工作人员3名。

1949年10月，杨港村隶属于王店区管辖。1952年10月，杨港村隶属于第四区管辖。1956年4月属第五小组。1958年9月建立人民公社，杨港村更名为杨港大队隶属于英雄人民公社管辖。1958年底英雄人民公社更名为雷公人民公社。1961年4月雷公人民公社更名为雷公区。1966年9月雷公改为建新。1975年2月，撤区并社，杨港大队隶属于王店(河水)人民公社毛河管理区管辖。1984年元月，复置区(镇)、乡(镇)、村，杨港大队改名为杨港村，隶属于河水区毛河乡管辖。1987年，撤区并乡，河水区更名为王义贞镇，杨港村隶属于王义贞镇管辖，名称沿用至今。

草堰冲[Cǎo yàn chōng]　隶属于王义贞镇杨港村。很久以前，这里一片荒芜，冲垅当中有一口四周长满野草的塘堰而命名。居住此地的居民为郭姓，新中国成立后，此地修建一座水库为八一水库，郭氏始祖郭子通就葬于水库里边山包上，郭氏后人于2015年在此地修建郭氏始祖陵园。草堰冲位于杨港村东北部，聚落呈块状分布。东接唐僧村，西邻黄家垅，南连新屋湾，北靠唐僧村。居民以甘、杨、刘、黄、谢、郭姓居多，均为汉族。全湾99人，27户。总面积0.23平方千米，耕地面积0.095平方千米。主要农作物为小麦、水稻，主要经济来源以外地务工为主。

黄家垅[Huáng jiā lǒng]　隶属于王义贞镇杨港村。此地居民原为黄姓，现此地黄姓已无人居住。居民为王姓第十九世始祖王立三及族人从随州胡家河、张家冲迁至此地居住。黄家垅位于杨港村西北部，聚落呈块状分布。东接草堰冲，西邻花园村，南连新屋湾，北靠花园村。居民以王姓居多，均为汉族。全湾66人，17户。总面积0.2平方千米，耕地面积0.088平方千米。主要农作物为小麦、水稻，主要经济来源以外地务工为主。

阙家凹[Què jiā wā]　隶属于王义贞镇杨港村。因阙里国(与孔子相邻)，阙氏第65代子孙阙茂公第二支从江西迁至此地而形成湾落，现分上阙家凹和下阙家凹，此地为上阙家凹。阙家凹位于杨港村南部，聚落呈块状分布。东、西、南三面均与朱桥村相接，北靠通村公路、杨树港。居民以阙姓居多，均为汉族。全湾76人，17户。总面积0.17平方千米，耕地面积0.089平方千米。主要农作物为小麦、水稻，主要经济来源以外地务工为主。

王家坡[Wáng jiā pō]　隶属于王义贞镇杨港村。王氏二十一世祖王佐及族人迁居此，因地貌特征加上王姓而得名。王家坡位于杨港村西南部，聚落呈块状分布。东接杨树港，西邻巫风山冈，南连下边凹，北靠巫风山冈。居民以涂、王姓居多，均为汉族。全塆27人，7户。总面积0.026平方千米，耕地面积0.013平方千米。主要农作物为小麦、水稻，主要经济来源以外地务工为主。

下边凹[Xià biān wā]　隶属于王义贞镇杨港村。此居民点位于王家坡下边而得名。下边凹位于杨港村中南部，聚落呈块状分布。东接杨树港，西邻毛家凹，南连通塆公路、阙家凹，北靠王家坡。居民以郭姓居多，均为汉族。全塆15人，3户。总面积0.016平方千米，耕地面积0.009平方千米。主要农作物为小麦、水稻，主要经济来源以外地务工为主。

新屋塆[Xīn wū wān]　隶属于王义贞镇杨港村。此地居民原无人居住，因王姓人口增加，而另择地建房，故名新屋塆，塆落得名时间为康熙年间。新屋塆位于杨港村中部，聚落呈块状分布。东接沙塆，西邻郭家凹，南连枣子树塆，北靠黄家垅、草堰冲。居民以王姓居多，均为汉族。全塆42人，11户，总面积0.1平方千米，耕地面积0.04平方千米，主要农作物为小麦、水稻，主要经济来源以外地务工为主。

杨树港[Yáng shù gǎng]　隶属于王义贞镇杨港村。此地名在明初就有名。郭氏始祖郭子通从原籍江西南昌府南昌县石继乡石庄村燕子窝迁至此地定居，据说此地港边生长着抱围粗的垂杨而得名杨树港。杨树港位于杨港村中部，聚落呈块状分布。东接朱桥村，西邻下边凹、王家坡，南连阙家凹，北靠枣子树塆。居民以郭姓居多，均为汉族。全塆117人，29户。总面积0.23平方千米，耕地面积0.11平方千米。主要农作物为小麦、水稻，主要经济来源以外地务工为主。

枣子树塆[Zǎo zi shù wān]　隶属于王义贞镇杨港村。很久以前此地塆前、塆后长有树径尺粗的枣子树数株而得名枣子树塆。枣子树塆位于杨港村中部，聚落呈块状分布。东接杨港村根凼，西邻山冈、杨树港，南连杨树港，北靠郭家凹。居民以涂姓居多，均为汉族。全塆8人，2户。总面积0.014平方千米，耕地面积0.0067平方千米。主要农作物为小麦、水稻，主要经济来源以外地务工为主。

二十三、朱桥村[Zhūqiáo Cūn]

隶属于王义贞镇。因所在区域内有一座名为朱家桥的桥梁而得名。朱桥村位于王义贞镇西南部，村委会所在地大桥河村主公路边，门牌号为朱桥1-88，距王义贞政府所在地2000米。该村东接吉庙村，西邻罗垅村，南连京山县坪坝镇唐庙村，北靠唐僧村。截至2015年9月，辖区内共有10个自然塆：大桥河居民区、大张家坡、高家凹、上方塆、上聂坡、史家港子、下方家塆、下聂坡、朱家桥头、彭家凹，另有3个自然塆无人居住：聂家塆、下严家塆、熊家塆。村内有常住居民405户，共1650人。辖区占地面积3.2平方千米，其中耕地面积1.604平方千米。主要农作物为小麦、水稻。村委会现有工作人员3名。

1949年10月，朱桥村隶属于王店区管辖。1952年10月，朱桥村隶属于第四区管辖。1954年8月属雷公区辖，1956年属第五指导小组王店乡辖；1958年9月建立人民公社，朱桥村更名为朱桥大队隶属于英雄人民公社王店乡管辖。1958年底英雄人民公社更名为雷公人民公社。1961年4月雷公人民公社更名为雷公区，朱桥大队属王店人民公社管辖。1966年9月雷公改为建新。1975年2月，撤区并社，朱桥大队隶属于王店（河水）人民公社王店管理区管辖。1984年元月，复置区（镇）、乡（镇）、村，朱桥大队改名为朱桥村，隶属于河水区王店镇管辖。1987年10月，撤区并乡，河水区更名为王义贞镇，朱桥村隶属于王义贞镇王店管理区管辖。2000年撤销管理区，朱桥村属王义贞镇管辖，名称沿用至今。

大桥河居民区[Dà qiáo hé jū mín qū]　隶属于王义贞镇朱桥村。此居民区位于河边，所在区域内原有一座大桥而得名。大桥河居民区位于朱桥村南部，聚落呈块状分布。东接吉庙村，西邻高家凹，南连陈家凹，北靠下聂家坡。居民以陈、周姓居多，均为汉族。全塆500人，80户。总面积0.146平方千米，耕地面积0.08平方千米。主要农作物为小麦、水稻，主要经济来源以外地务工为主。

大张家坡[Dà zhāng jiā pō]　隶属于王义贞镇朱桥村。因当地位于山坡处，居民点面积较大，居民以张姓居多而命名。大张家坡位于朱桥村北部，聚落呈块状分布。东接汝南村，西邻罗垅村，南连范家凹，北靠唐僧村。全塆168人，40户。总面积为0.217平方千米，其中耕地面积0.133平方千米。主要农作物为小麦、水稻，主要经济来源以外地务工为主。

高家凹[Gāo jiā wā]　隶属于王义贞镇朱桥村。以姓氏和地理特征综合命名。高家凹位于朱桥村西南部，聚落呈块状分布。东接徐家塆，西邻罗垅村，南连京山县坪坝镇唐庙村，北靠王家凹。居民以王姓居多，均为汉族。全塆70人，18户。总面积为0.14平方千米，其中耕地面积0.13平方千米。主要农作物为小麦、水稻，主要经济来源以外地务工为主。

上方塆[Shàng fāng wān]　隶属于王义贞镇朱桥村。当地位于朱桥村北部，居民以方姓居多而命名。上方塆位于朱桥村西北部，聚落呈块状分布。东接汝南村，西邻罗垅村，南连下方塆，北靠唐僧村。居民以方姓居多，均为汉族。全塆130人，32户。总面积为0.15平方千米，其中耕地面积0.13平方千米。主要农作物为小麦、水稻，主要经济来源以外地务工为主。

上聂坡[Shàng niè pō]　隶属于王义贞镇朱桥村。当地位于朱桥村北部山坡处，居民以聂姓居多而命名。上聂坡位于朱桥村东北部，聚落呈块状分布。东接汝南村，西邻罗垅村，南连中聂家坡，北靠下方家塆。居民以聂姓居多，均为汉族。全塆70人，16户。总面积0.16平方千米，其中耕地面积0.15平方千米。主要农作物为小麦、水稻，主要经济来源以外地务工为主。

史家港子[Shǐ jiā gǎng zi]　隶属于王义贞镇朱桥村。当地位于河港边，昔时所住居民以史姓居多而命名。姓“史”人家因字音不吉利，后来将姓氏更改为姓“何”。史家港子位于朱桥村西部，聚落呈块状分布。东接张家凹，西邻罗垅村，南连严家塆，北靠下方家塆。居民以何姓居多，均为汉族。全塆60人，15户。总面积0.135平方千米，其中耕地面积0.05平方千米。主要农作物为小麦、水稻，主要经济来源以外地务工为主。

下方家塆[Xià fāng jiā wān]　隶属于王义贞镇朱桥村。1945年方氏兄弟分家，老大居北，得名“上方家塆”；老二居南，得名“下方家塆”。下方家塆位于朱桥村西部，聚落呈块状分布。东接中聂家塆，西邻罗垅村，南连史家港子，北靠上方家塆。居民以方姓居多，均为汉族。全塆160人，38户。总面积为0.135平方千米，其中耕地面积 0. 12 平方千米。主要农作物为小麦、水稻，主要经济来源以外地务工为主。

下聂坡[xià niè pō]　隶属于王义贞镇朱桥村。朱桥村北部的聂家坡称为上聂家坡，南部的为下聂家坡。下聂坡在 20 世纪 40 年代因塆中有出名道士，先称“道士塆”。新中国成立后，破迷信，因道士先生姓聂，更名为下聂坡。下聂坡位于朱桥村东部，聚落呈块状分布。东接吉庙村，西邻罗垅村，南连村委会办公室，北靠中聂家坡。居民以聂姓居多，均为汉族。全塆 110 人，35 户。总面积 0. 143 平方千米，其中耕地面积 0. 12 平方千米。主要农作物为小麦、水稻，主要经济来源以外地务工为主。

朱家桥头[Zhū jiā qiáo tóu]　隶属于王义贞镇朱桥村。元朝年间从京山坪坝朱岭塆分户人家迁居到此，因当地有一座名为朱家桥的桥梁，故名。朱家桥头位于朱桥村西部，聚落呈块状分布。东接高家凹，西邻罗垅村、京山县坪坝镇唐庙村，南连坪坝村镇唐庙村，北靠罗垅村竹林塆。居民以朱姓居多，均为汉族。全塆 70 人，18 户。总面积 0. 173 平方千米，其中耕地面积 0. 133 平方千米。主要农作物为小麦、水稻，主要经济来源以外地务工为主。

聂家塆[Niè jiā wān]　隶属于王义贞镇朱桥村。位于朱桥村西部，因自然环境现已无人居住。

彭家凹[Péng jiā wā]　隶属于王义贞镇朱桥村。位于朱桥村北部，因自然环境现只有 3 户居住。

下严家塆[xià yán jiā wān]　隶属于王义贞镇朱桥村。位于朱桥村西部，因自然环境现已无人居住。

熊家塆[Xióng jiā wān]　隶属于王义贞镇朱桥村。位于朱桥村南部，因自然环境现已无人居住。

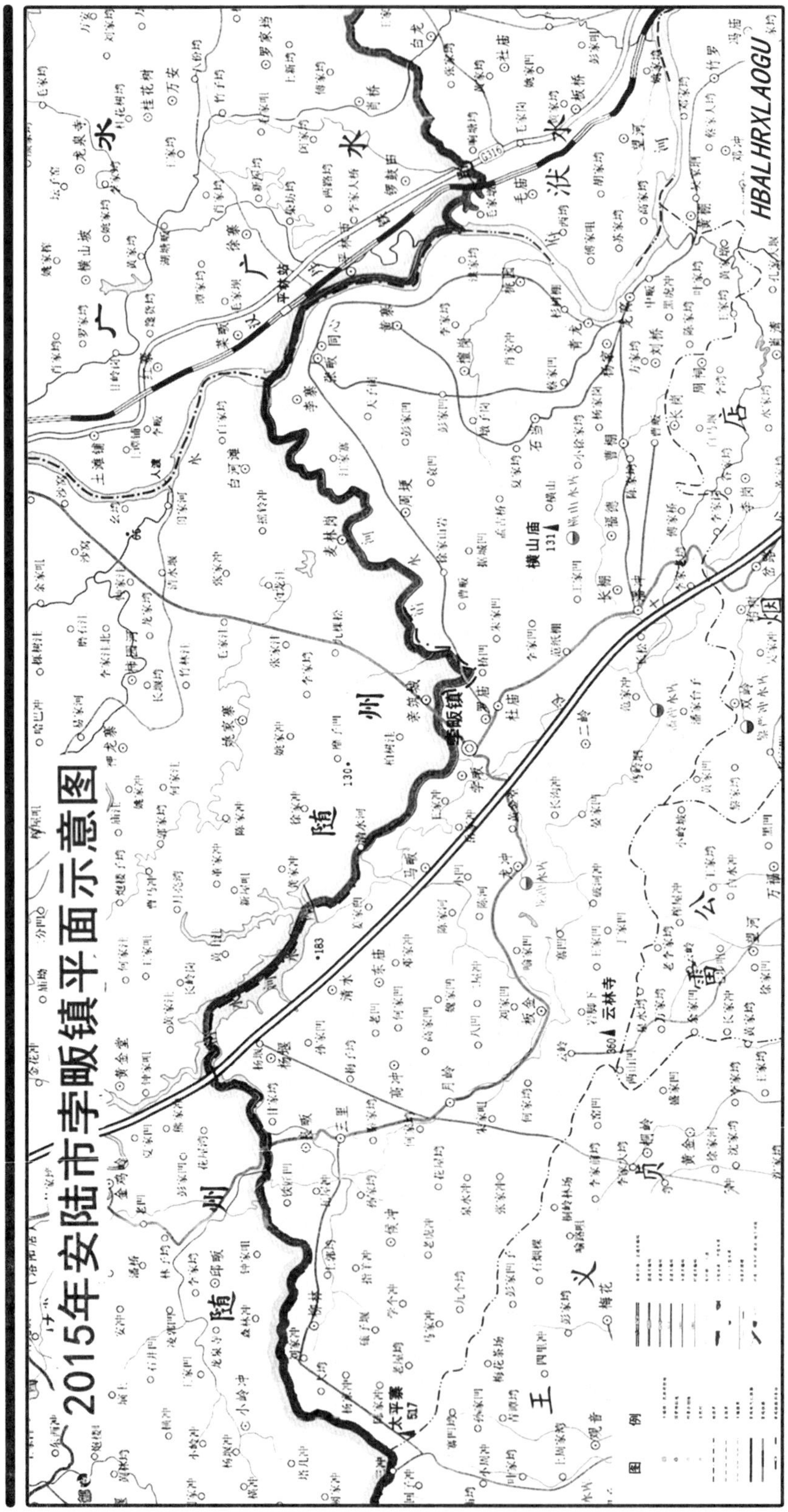
2015年安陆市孛畈镇平面示意图

第十章　孛畈镇

第一节　概　　况

孛畈镇，普通话读 Bèifàn Zhèn，在安陆方言中则读 Bòfán Zhén。孛畈镇位于安陆市西北部，地处东经 113°36′至 41′，北纬 31°15′至 20′，镇政府所在地距安陆城区 22 千米。东与随州市广水市平林镇隔府河相望，南与烟店相连，西与王义贞接壤，北与随州洛阳、府河两镇毗邻。镇政府所在地是孛畈街，属孛畈社区辖区。

孛畈镇辖 3 个社区和 14 个行政村，146 个村民小组，8755 户，总人口 3.7 万人，其中，农村人口 33178 人，劳动力 19867 人。国土总面积 116 平方千米，耕地总面积 38337 亩，其中常用耕地 26261 亩(水田 25960 亩、旱地 301 亩)、临时性耕地 12076 亩。

孛畈镇的得名与宋元战争有关。《元朝秘史》和康熙《德安安陆郡县志》记载："端平二年乙未，元以太子阔帅师破德安郡县俘戮人十余万。"这段历史是：端平二年(1235 年)，孛儿只斤·阔端率蒙古军顺随枣大走廊南下，破德安府周边安陆、京山、应城、钟祥数县，俘杀十余万人。孛儿只斤·阔端率蒙古大军扎大本营于大洪山南麓的浅丘地带，这一片土地都属于孛儿只斤，"孛"字帅旗到处飘扬，这里就是"孛家畈"，战斗中蒙古骑兵腿部受伤的人多，当地人见跛子多就叫"跛脚畈"。为攻占江南，蒙古大军把大洪山到木兰山一带设了几个军事补给点和军寨，于是有了安陆塔耳岗、海子河和黄陂塔尔乡塔耳岗等地名。

这些地点在战略位置上非常重要，蒙古骑兵退有桐柏山、大别山、大洪山做屏障，进可驰骋于千里江汉平原。元代国使(外交官)郝径出使南宋，视察蒙古军队时在《安州石门山》一诗中写出了孛家畈一带地理位置的重要和战事。郝径还作有《白兆山诗》，大意是：蒙古南征大军旌旗如云，遮蔽山峰如吞天地，战斗惨烈，民不聊生，听说蒙古大军发出了不杀令，那些难民南望宋廷，痛哭呜咽，只好回归故土。我急忙令人在山巅插上旌旗作标志，给那些难民发放食物，再令兵将护送他们穿过战场，不让他们在这冻馁之地再遭罪。

郝径的安抚政策，召唤了很多无田无地的难民到大洪山南麓的浅丘地带垦田种地，蒙古语叫无田无地的难民为“孛兰奚”。这里的居民大多数以孛为姓，且在此耕种大面积的畈田，后逐渐形成集镇“孛家畈”。孛家畈一直是当地的政治、经济、文化中心，人们把孛家畈集镇为中心的行政区域称为孛畈。

元明之争，特别是朱元璋“九剿湖广三洗德安”之后，这些姓孛的蒙古老兵和百姓有的惨遭杀戮，有的迁往异地，有的改名换姓潜伏山林成为当地百姓。孛姓慢慢消失了，但地名留至今日。

清朝末期，安陆县设64会72旗，孛畈属均和乡杜家庙旗会。民国时期属复旦乡。

1949年10月，设立孛畈区，1952年10月安陆县设7区1镇、134乡，孛畈镇属第五区杜孛乡。1954年8月属青龙区杜孛乡。1956年3月区乡再次调整，杜孛乡更名为孛畈乡属第五区。1956年4月撤区设指导组，孛畈乡属第6指导组。1958年9月建立人民公社，为红旗人民公社孛畈管理区，同年底为青龙人民公社孛畈管理区。1961年4月，安陆将公社改为区，将管理区改为公社。1966年9月，青龙区改名红旗区，辖孛畈人民公社。1975年2月，安陆撤区并社，设立孛畈人民公社，辖三里、孛畈、青龙管理区。1984年1月，安陆复置区(镇)、乡(镇)、村，孛畈乡属烟店区。1987年10月安陆撤区并乡，设立孛畈镇，由原青龙镇、孛畈乡、三里乡并成。至2000年，孛畈镇辖4个管理区31个村1个街道。三里管理区辖柳林、侯冲、良畈、杨堰、清水、东庙、高冲、三里、月岭、板金10个村，孛畈管理区辖马畈、龙冲、二岭、潘冲、罗畈、福德、长棚、曹畈、杜庙9个村，青龙管理区辖横山、曹棚、杨家、刘桥、龙窝、桃园6个村和青龙街道，张畈管理区辖周埂、李寨、张家畈、黄寨、檀岗、石垱6个村和檀山林场。2012年12月28日，孛畈村、三里村更名为社区。2015年孛畈镇辖14个村、3个居委会：柳林村、杨堰村、月岭村、板金村、陈河村、杜庙村、天子岗村、长松村、横山村、曹棚村、龙窝村、同兴村、张畈村、曹畈村、三里社区、孛畈社区、青龙潭社区。

孛畈镇地处大洪山余脉延伸的低山丘陵地带。境内有太平寨、自由山、偏倒岩、牛角山尖、乌羊山、月落岭、龙王城、横山庙等17座山，均为大洪山系余脉。丘陵地区属黄土岗地，土质瘠薄；东部靠近涢水，为平畈，土质肥沃；山区田地分散，块多面积小，整个地形西高东低。海拔517.2米的太平寨，为全市最高点。涢水河岸的青龙潭，海拔48.1米，为全镇最低点。这里气候温和，四季分明，兼具南北气候特点，雨量充沛，年降雨量为1200毫米，山水资源丰富，森林覆盖率高，有数以万计的各种中药材和多种矿产资源。东有河沙，西有碎石、石灰，资源丰富。板栗与柿子、食用菌生产、种草养羊、地材开发是孛畈的四大农业支柱产业。境内四大水库居高临下，清水河、府河两河环抱，太平寨、狮子头、凉伞石、青龙潭、土珠极具文化蕴涵，是颇有开发价值的旅游资源带。境内有安陆仅存的原始森林，有中国南方罕见的古长城，有地下奇观千年溶洞梅花洞，有明清古建筑“邓家老屋”“张家花屋”，有明清古兵寨和古栈道，有佛教圣地宝莲禅寺等等。

孛畈地理位置优越，基础设施完备。汉十高速公路和拟建的汉十城际铁路横穿境内；安桃线延伸至随州洛阳，连接安陆、洛阳两个互通口；王三线连接太平寨、钱冲古银杏森林公园；通村主干道四通八达，全镇通达里程258千米。长松集镇、青龙集镇、孛畈集镇、三里集镇建设规划科学，设施配套，环境优良。建有装机容量2000门的数字程控电话及中国移动、中国联通通讯差转塔10座，有线电视用户达到2000余户。

孛畈镇围绕经济建设中心，大力实施“开放兴镇、产业强镇、诚信立镇”战略，做大做强食用菌、林果、种养业三大产业，食用菌生产初具规模，已发展成为花菇、水菇、黑木耳、双孢蘑菇四大品类和山区、丘陵、畈区各具特色的三大板块，成为农民增收的亮点。该镇先后荣获安陆市绩效考核先进乡镇、孝感市乡镇综合评价考核进位先进乡镇、湖北省首届十佳安全生产示范乡镇、湖北省森林城镇等殊荣。

第二节　社区(村)、居民点

一、板金村[Bǎnjīn Cūn]

原名刘畈村，隶属于孛畈镇。板金村的由来，还得从板桥坡说起。板桥坡，原名照壁垴，因对面不远处郭家祠堂的照壁映照在此处故名照壁垴。祖居应山、孝昌、云梦、应城的老一辈人，谈起板桥坡无人知晓，若论起照壁垴几乎人人都有谈资。因为，麻城调籍以来，一代又一代的板金人从楔子、火烧、火药、小窑开始烧制石灰，到人民公社时期大小十座石灰窑从未间断。农闲时分，邻近县的农户用肩挑、驴马驮、独轮车推，买石灰用于秧田除虫和肥料，有的用作建筑材料。方圆数百里，处处留下板桥坡的痕迹和记忆，板桥烧灰人一年四季不曾停歇。安(陆)三(里)公路贯通后，孙家塆修了路桥，照壁垴就易名板桥坡。1984 年，由于板桥坡的缘故，加之岭南有黄金村，刘畈大队随之更名为板金村。

板金村位于孛畈镇西北部，村委会所在地孙家塆原板金小学，距镇政府所在地 12 千米。东接孛畈社区，西邻月岭村，南连雷公镇云岭村，北靠陈河村。辖区内原有 14 个自然塆，消失了 4 个，现有 12 个自然塆：刘家畈、八凹、龙窝、河沿、二股冲、喻凹、喻新塆、孙家塆、回龙店、何家凹、何家塆、岩脚。主要姓氏有孙、周、卢，主要民族为汉族。2014 年年末，常住居民 402 户，共 1670 人。面积 7. 212 平方千米，其中耕地面积 0. 7733 平方千米，水域面积为 0. 1367 平方千米，山场面积为 3. 6667 平方千米，以种植水稻、小麦、油菜为主，主要经济来源为农业和打工收入。

这片土地 1949 年 10 月为刘畈村，属安陆县孛畈区。1952 年 10 月属第五区管辖。1954 年 8 月属青龙区管辖。1956 年 4 月属第六指导小组管辖。1958 年 9 月更名为刘畈大队，属红旗人民公社管辖。同年底红旗人民公社更名为青龙人民公社。1961 年 4 月青龙人民公社更名为青龙区。1975 年 2 月撤区并社，刘畈大队更名为板金大队(又名板桥大队)，属孛畈人民公社三里管理区辖。1984 年 1 月，板桥村属烟店区三里乡辖。1987 年 10 月，原烟店区青龙镇、三里乡、孛畈乡合并为孛畈镇，板金村属孛畈镇辖。

八凹[Bā wā]　隶属于孛畈镇板金村。位于与月岭村七凹交界的山凹，因有八个相邻的小凹组成一个大山凹而得名。其中一个较大的山凹，曾经有一座历史悠久、香火旺盛的寺庙。这座寺庙建于宋元时期，原名机先寺，规模宏大，香客如云。该寺坐北朝南，有前殿、后殿、偏殿、禅房、围屋等近百间建筑，一对山门有两寸半厚，门前一对柏树巍然耸立，寺院外两口水井均为二三十米深。前殿供奉观音菩萨，后殿供奉佛爷。佛爷像有三米多高，两侧站立金童玉女。平日前殿撞钟后殿打鼓，方圆数里如雷贯耳。机先寺四周山冈松树林立，树枝交叉，枝上如平地一般，当地人可提篮在上面捡鸟蛋。明末时期闹土匪，一个土匪头在偏殿无意间触动了身旁牛王菩萨控制升降的机关，吓了一大跳，一把火烧了前殿。后来，一姓万的大财主到机先寺许愿，愿望得以实现，于是花重金重建寺庙，更名复原寺，规模比以前更为壮观。寺内雕梁画栋，前殿后殿以牌匾相隔，匾上刻有《西游记》全卷。寺庙对门山冈为戏台岗，常年搭台唱戏，足见当年香火极盛、热闹非凡。此寺毁于1968年。如今的八凹虽不见往日复原寺的踪影，却有一对绣球似的松树立于戏台岗，唤起人们对昔时的美好回忆和无尽的怀念。该居民点位于板金村南部，距村委会所在地2.5千米，居民点呈块状分布。东接张家塆，西邻七凹，南连安(陆)三(里)公路，北靠深凹；居民点面积约0.007平方千米，居民主要姓氏为周，民族为汉族。2014年年末，共有村民23户、82人，耕地面积0.0287平方千米；村民主要种植水稻、小麦，经济来源以农业和务工收入为主。

二股冲[Èr gǔ chōng]　隶属于孛畈镇板金村。因是同一座山下来的第二个山冈而得名。此冲两边分别为一股冲和三股冲。该居民点位于板金村北部，距村委会所在地1千米，居民点呈块状分布。东接彭家垱，西邻三股冲，南连刘家畈，北靠徐凹；居民点面积约0.008平方千米，居民主要姓氏为刘、孙，民族为汉族。2014年年末，共有村民26户、89人，耕地面积0.0347平方千米；村民主要种植水稻、小麦，经济来源以农业和务工收入为主。

河沿[Hé yán]　隶属于孛畈镇板金村。历史上此塆前面有一条河流形似玉带缠腰，此处居民为了生活方便，又不损坏河的原貌，住宅都依山傍水而建，故名河沿。该居民点位于板金村北部，距村委会所在地0.5千米，居民点呈条状分布。东接喻家凹，西邻刘家畈，南连陈家凹，北靠喻新塆；居民点面积约0.0026平方千米，居民主要姓氏为喻，民族为汉族。2014年年末，共有村民8户、24人，耕地面积0.008平方千米；村民主要种植水稻、小麦，经济来源以农业和务工收入为主。

回龙店[Huí lóng diàn]　隶属于孛畈镇板金村。传说有一条火龙从岭南来到此处，当地百姓闻讯迎龙而跪，口中祈祷。火龙被感动了，调头往南，尾巴一扫，距罐子岭数千米处的大山间就出现了一条鸿沟，土壤和石子皆为红色，至今寸草不生。据说大龙回到了应城汤池，回龙店因此得名。回龙店是古时老店，昔时交通不发达，回龙店上通月落岭、三里店、骆阳店，下达孛畈、青龙潭、平林、德安府，往南经罐子岭到雷公店或京山的坪坝，是南来北往客商歇脚的地方，同时也是附近居民的集市，各种店铺应有尽有。现在的回龙店已无昔时的繁华，仍居住有十几户人家。该居民点位于板金村东部，距村委会所在地0.3千米，居民点呈块状分布，东接孛畈社区夏家凹，西邻月岭村万家凹，南连雷公镇云岭村王家凹，北靠刘家畈；居民点面积约0.0045平方千米，居民主要姓氏为喻、李、龙，民族为汉族。2014年年末，共有村民15户、64人，耕地面积0.04平方千米；村民主要种植水稻、小麦，经济来源以农业和务工收入为主。

刘家畈[Liú jiā fàn]　隶属于孛畈镇板金村。该塆所在区域原为一片畈田，早期居民多为刘姓。该居民点位于板金村北部，距村委会所在地0.3千米，居民点呈块状分布，东接河沿，西邻刘家凹，南连安(陆)

三(里)公路，北靠二股冲；居民点面积约0.006平方千米，居民主要姓氏为周、万、徐、张、龙，民族为汉族。2014年年末，共有村民20户、70人，耕地面积0.0267平方千米；村民主要种植水稻、小麦，经济来源以农业和务工收入为主。

龙窝[Lóng wō]　隶属于孛畈镇板金村。相传很久以前，该垮附近的大山下(桐林坡附近)，曾有一股常年不干的泉水，经过长时间流淌逐渐形成了一条形状酷似龙的小沟而得名。该居民点位于板金村西南部，距村委会所在地0.3千米，居民点呈块状分布，东接安(陆)三(里)公路，西邻张家垮，南连碎石场，北靠王义贞镇黄金村；居民点面积约0.003平方千米，居民主要姓氏为罗、段，民族为汉族。2014年年末，共有村民9户、38人，耕地面积0.0133平方千米；村民主要种植水稻、小麦，经济来源以农业和务工收入为主。

孙家垮[Sūn jiā wān]　隶属于孛畈镇板金村。清朝时期，该垮孙熙皇考中文魁进士，任职河南(具体官职不详)，孙家有府第，建有祠堂，地方官员路经此处都要下马下轿，孙家垮因此得名。孙氏祠堂后来成为板金村最早的学校，孙家垮前成片的古柳和河滩在20世纪80年代还是孩子们的乐园，如今楼房林立，孙家垮名称沿用至今。该居民点位于板金村中部，是村委会所在地，呈块状分布。东接孛畈社区夏家凹，西邻月岭村万家凹，南连雷公镇云岭村，北靠东庙；居民点面积约0.055平方千米，居民主要姓氏为孙，民族为汉族。2014年年末，共有村民180户、670人，耕地面积0.078平方千米；村民主要种植水稻、小麦，经济来源以农业和务工收入为主。

喻凹[Yù wā]　隶属于孛畈镇板金村。该垮位于山凹处，早期有喻氏一族在此居住而得名。该居民点位于板金村西北部，距村委会所在地0.5千米，居民点呈块状分布。东接孛畈社区龙家冲，西邻岩脚，南连王义贞镇黄金村，北靠回龙店；居民点面积约0.003平方千米，居民多数为喻姓，民族为汉族。2014年年末，共有村民15户、47人，耕地面积0.02平方千米；村民主要种植水稻、小麦，经济来源以农业和务工收入为主。

喻新垮[Yù xīn wān]　隶属于孛畈镇板金村。该垮居住原喻凹迁出的村民，所住居民多为喻姓。此处历史上为河流冲积而形成，地势平坦，土地肥沃。清朝时期，居住此垮的名秀才喻可先接连告倒三个知县，此垮因此就叫喻家垮。自此，喻家垮就更加红红火火，居民富足，房产宽阔，民国时期国民党军队和共产党军队都在此临时驻军。后改建成板金新街。该居民点位于板金村东部，距村委会所在地1千米，居民点呈块状分布。东接卢子垮，西邻二股冲，南连安(陆)三(里)公路，北靠杨家冲；居民点面积约0.0023平方千米，居民主要姓氏为喻，民族为汉族。2014年年末，共有村民8户、38人，耕地面积0.0133平方千米；村民主要种植水稻、小麦，经济来源以农业和务工收入为主。

何家凹[Hé jiā wā]　隶属于孛畈镇板金村。该垮位于山凹处，早期居民多为何姓。该居民点位于板金村西北部，距村委会所在地1千米，居民点呈块状分布。东接安(陆)三(里)公路，西邻卢家冲，南连雷公镇桐林村王家垮，北靠张家垮；居民点面积约0.003平方千米，居民主要姓氏为何，民族为汉族。2014年年末，共有村民10户、50人，村民主要种植水稻、小麦，经济来源以农业和务工收入为主。

何家垮[Hé jiā wān]　隶属于孛畈镇板金村。因清末名人何香久而得名。何香久办过规模很大的武学堂，与当时的武状元王汉成私交甚笃。民国时期这里是回龙乡政府所在地，也是热闹繁华的货路棚子。该居民点位于板金村西北部，距村委会所在地 2 千米，居民点呈块状分布。东接龙窝塆，西邻月岭村周家塆，南连王义贞镇同兴村，北靠八凹；居民点面积约 0.003 平方千米，居民主要姓氏为何，民族为汉族。2014 年年末，共有村民 11 户、50 人，耕地面积 200 亩；村民主要种植水稻、小麦，经济来源以农业和务工收入为主。

两山凹[Liǎng shān wā]　隶属于孛畈镇板金村。该塆位于两山之间的低凹地。该塆因自然环境现已无人居住。

刘家冲凹[Liú jiā chōng wā]　隶属于孛畈镇板金村。该塆位于山凹处，早期居民多为刘姓。在村委会所在地北 2500 米，东邻二股冲，西为龙窝，北为八凹，南为刘家凹和安三路。该塆因自然环境现已无人居住。

王家凹[Wáng jiā wā]　隶属于孛畈镇板金村。晚清时期居住于此的王汉成考中文武两科状元，以王氏命名的王家凹因此远近闻名。王汉成力大无比，常习石锁石球，舞刀弄枪。一对石锁各 400 斤(现存于其曾孙月岭村王应柏家中)抓举自如，80 斤的石球踢起来如同儿戏，一把老刀 98 斤舞起来呼呼生风。他的字画也是远近闻名。王汉成随身配有二十几名兵丁，闲时练兵，现月岭村周家冲对面的跑马岗为当时的练兵场，战时奉旨带兵。1932 年去世时随葬有官服、金顶，棺木为官府赠(当时已属民国)。昔时的王家凹三层花屋，武学堂、王氏会屋(相当于祠堂)等众多建筑齐全，规模宏大，热闹非凡，王氏和王家凹一起显赫一时，路人皆知。今日的王家凹位于岭南黄金村交界的罐子岭下的半山腰，因交通闭塞，现已无人居住。

岩脚[Yán jiǎo]　隶属于孛畈镇板金村。因后山岩石陡峭如壁，岩上有三个相连的岩洞而得名。该居民点位于板金村南部，距村委会所在地 0.3 千米，居民点呈块状分布。东接王家凹，西邻碎石场，南连王义贞镇黄金村，北靠回龙店；居民点面积 0.009 平方千米，居民主要姓氏为孙、周，民族为汉族。2014 年年末，共有村民 30 户、120 人，耕地面积 80 亩；村民主要种植水稻、小麦，经济来源以农业和务工收入为主。

杨家冲[Yáng jiā chōng]　隶属于孛畈镇板金村。该塆位于山冲间，早期居民多为杨姓。位于村委会东北 3000 米。东为东庙，西为二股冲，南为杨家畈，北为东庙。该塆因自然环境现已无人居住。

杨家畈[Yáng jiā fàn]　隶属于孛畈镇板金村。该塆所在区域原为畈地，早期居民与杨家冲的杨氏一脉相承。在村委会东北 2500 米，东接东庙，西邻二股冲，南为河沿，北为杨家冲。该塆因自然环境现已无人居住。

二、孛畈社区[Bèifàn Shèqū]

隶属于孛畈镇辖。2005 年龙冲村与罗畈村合并为孛畈村。2012 年 12 月 28 日孛畈村更名为孛畈社区。

该社区位于孛畈镇中部，是镇政府所在地，面积 6.67 平方千米，居委会所在地西大街。东接杜庙村，西邻陈河村，南连杜庙村，北靠板金村。社区内共有 14 个居民点：园子畈、罗家塆、唐家塆、孛家塆、黄金塘、龙家河、龙冲塆、夏家凹、吴家塆、佳园小区、孛畈市场街、德政街、南大街、孝襄街。主要姓氏有吴、龙，主要民族为汉族。2014 年年末，常住居民 426 户，共 1818 人，耕地面积 1.27 平方千米，以种植小麦、棉花、水稻为主，主要经济来源为经商、农业和打工收入。

这片土地 1949 年 10 月为罗畈村和龙冲村，属安陆县孛畈区。1952 年 10 月属第五区管辖。1954 年 8 月属青龙区管辖。1956 年 4 月属第六指导小组管辖。1958 年 9 月罗畈村改名罗畈大队，龙冲村更名为龙冲大队，属红旗人民公社管辖。同年底红旗人民公社更名为青龙人民公社。1961 年 4 月青龙人民公社更名为青龙区。1975 年 2 月撤区并社，罗畈大队、龙冲大队属孛畈人民公社孛畈管理区辖。1984 年 1 月罗畈大队更名为罗畈村，龙冲大队更名为龙冲村。1987 年 10 月，原烟店区青龙镇、三里乡、孛畈乡合并为孛畈镇，罗畈村、龙冲村属孛畈镇辖。2005 年龙冲村与罗畈村合并为孛畈村。2012 年 12 月 28 日孛畈村更名为孛畈社区。

孛畈市场街[Bèi fàn shì chǎng jiē]　1992 年建成，隶属于孛畈镇孛畈社区。1992 年镇政府在此地规划兴建孛畈街大棚集贸市场，举行了开集庆典。但因孛畈街与随州府河镇朱河街邻河而建，自然形成了一体的边贸市场，人们总习惯在河边自由买卖，因此孛畈街大棚集贸市场从建立之初就基本没有买卖交易，人们称这里为市场街。该居民点位于孛畈社区东部，距居委会所在地 0.02 千米。南北向，与南大街成“丁”字形，宽 20 米、长百米，与孝襄街东邻并行。居民点呈条状分布，东接德政街，西邻孝襄街，南连安三公路，北靠跃进路；居民点面积约 0.5 平方千米。2014 年年末，共有居民 110 户、550 人。主要经济来源以商业贸易和自主经营为主。

孛家塆[Bèi jiā wān]　隶属于孛畈镇孛畈社区。据湖北省博物馆、湖北省文物研究所编印的 1993 年第 6 期《考古》期刊记载：“孛家塆遗迹(安陆市孛畈镇罗畈村孛家塆东北 50 米)面积约 12 万平方米，文化层厚 0.9 米左右。采集陶片以夹砂红陶为主，夹砂灰陶次之，纹饰有绳纹，附加堆纹、弦文，器物有鬲、豆、罐等。”经查，“孛”字可能出自元代，读音为“bò”。元代戏曲里称老年男子为“孛老”。另一种是元朝把汉族无地的百姓称作“孛兰奚”，孛家塆一带原为人烟稀少的荒芜之地，可能是元代安置了一群“孛兰奚”到这里耕种自食其力，时间长了人们就称这里为孛家塆。该居民点位于孛畈社区西部，距居委会所在地 0.5 千米，居民点呈块状分布。东接居委会办公楼，西南邻本村吴家塆，北靠随州曾都区府河镇青筑城村朱家河；居民点面积约 0.007 平方千米，居民主要姓氏为程，民族为汉族。2014 年年末，共有村民 22 户、83 人，耕地面积 0.0247 平方千米；村民主要种植水稻、小麦，经济来源以农业和务工收入为主。

德政街[Dé zhèng jiē]　隶属于孛畈镇孛畈社区。初建于 1994 年，命名于 2007 年。时值胡锦涛总书记提出“以德治国，以德兴政”说法，时任领导期望执政从政者能“俭以修身，廉以养德”，“利为民所谋，心为民所系，权为民所用”，实实在在为老百姓办实事；期待这条街上所有镇直部门、市直单位能以德从政，服务百姓，故名德政街。此地位于孛畈社区居委会东北 200 米，孛家塆东 300 米。东接孛畈镇人民政府机关单位，西邻货棚街，南连安三路，北靠朱家河。长 300 米，宽 40 米。全街有常驻居民 80 户，共 1000 人，是安陆市孛畈镇人民政府机关所在地，主要经济来源以商业贸易和自主经营为主。

黄金塘[Huáng jīn táng]　隶属于孛畈镇孛畈社区。清朝有佛家寺庙“黄金堂”坐落在当今村民周桂林居住的那个地方。民国时期塆间多出吃斋念佛之人，相传塆名与风水形胜有关。后山有金星形象，坐处两侧对称带凹。《捻龙经》载言："龙身带库，离地不远"，这个"库"指地形的凹，即放置家财的仓库，"离地不远"当然是指座处的龙穴了。面前明堂宽大，有龙家河自南向北流过，要路沿河来往，面山横陈如案，且经书言有"明堂宽大广聚财""黄金难买水北流""眠弓一案金银万贯"的说法，均与"黄金"有关。后来，黄金堂败落了，自然塆尚在，人们就改为"黄金塘"了。该居民点位于孛畈社区西北部，距社区办公室所在地 2 千米，居民点呈块状分布。东接龙家河，西邻安三公路，南连杜庙村晏家凹，北靠陈河村岳家冲；居民点面积约 0. 011 平方千米，居民主要姓氏为王、龙、夏、董，民族为汉族。2014 年年末，共有村民 36 户、134 人，耕地面积 0. 036 平方千米；村民主要种植水稻、小麦，经济来源以农业和务工收入为主。

佳园小区[Jiā yuán xiǎo qū] 该小区于 2013 年建成，隶属于孛畈镇孛畈社区。位于孛畈社区东部，距孛畈居委会所在地 0. 1 千米，是原孛畈小学地基。小区坐北朝南，临南大街。东接货棚街，西邻孝襄街，南连安三公路，北靠孝襄街叉街。全小区有常驻居民 40 户，共 150 人，总面积 1. 5 平方千米，主要经济来源以商业贸易和自主经营为主。

龙冲塆[Lóng chōng wān] 1949 年 10 月属安陆县孛畈区龙冲村，现隶属于孛畈镇孛畈社区。以居民姓氏命名。该居民点位于孛畈社区西北部，距居委会所在地 2. 5 千米，居民点呈条状分布。东接黄金堂，西邻陈河村，南连安三公路，北靠陈河村岳家冲；居民点面积约 0. 01 平方千米，居民主要姓氏为龙，民族为汉族。2014 年年末，共有村民 33 户、119 人，耕地面积 0. 0406 平方千米；村民主要种植水稻、小麦，经济来源以农业和务工收入为主。

龙家河[Lóng jiā hé] 1949 年 10 月属安陆县孛畈区龙冲村，现隶属于孛畈镇孛畈社区。以居民姓氏命名。该居民点位于孛畈社区西北部，距居委会所在地 1 千米，居民点呈扇状分布。东接关家塆，西邻黄金堂，南连杜庙村董家冲，北靠陈河村岳家冲；居民点面积约 0. 011 平方千米，居民主要姓氏为王，民族为汉族。2014 年年末，共有村民 36 户、149 人，耕地面积 0. 0227 平方千米；村民主要种植水稻、小麦，经济来源以农业和务工收入为主。

罗家塆[Luó jiā wān] 1949 年 10 月属安陆县孛畈区罗畈村，现隶属于孛畈镇孛畈社区。以居民姓氏命名。该居民点位于孛畈社区南部，距居委会所在地 0. 2 千米。1994 年建集镇时被拆迁平整。昔日的罗家塆是孛畈街罗姓人家的发源地，坐南朝北，高低错落 10 余户人家，门前有 3 口大塘，出过不少人物，如今已找不到昔日的半点痕迹了。东接本村唐家塆，西邻本村吴家塆，南连杜庙村彭家塆，北靠本村原集镇。全塆 37 户，共 150 人，总面积 0. 3 平方千米，耕地面积 0. 0127 平方千米，主要农作物为小麦、油菜、水稻，主要经济来源以外地务工为主。

南大街[Nán dà jiē] 1994 年建成，2003 年命名，隶属于孛畈镇孛畈社区。该街道位于孛畈镇孛畈社区南部，居委会所在地。位于孛畈集镇最南边，与德政大街大体呈"丁"字形，宽 40 米，长 500 余米，为安三公路路段。东接德政街，西邻孝襄街，南连安三路，北靠跃进路。总面积 1. 5 平方千米，全街有常驻居民 220 户，共 1500 人，主要经济来源以商业贸易和自主经营为主。

唐家塆[Táng jiā wān] 清朝开始形成此居民点。1949 年 10 月属安陆县孛畈区罗畈村，现隶属于孛畈镇孛畈社区。以居民姓氏命名。该居民点位于孛畈社区东南部，距居委会所在地 0. 5 千米，居民点呈条状分布。东接杜庙村朱家凹，西邻罗家塆，南连彭家塆，北靠本社区老集镇；居民点面积约 0.008 平方千米，居民主要姓氏为唐，民族为汉族。2014 年年末，共有村民 26 户、110 人，耕地面积 0.02 平方千米；村民主要种植水稻、小麦，经济来源以农业和务工收入为主。

吴家塆[Wú jiā wān] 隶属于孛畈镇孛畈社区。以居民姓氏命名。吴家塆有名气：一是因为过去吴家在孛畈这片区域是大姓，出过人物。1940 年前后出了个国民党的乡长叫吴金玉，手下有十几条人枪。那时孛畈是国共伪拉锯区，而“吴乡长”左右逢源，直到解放时才被镇压。二是这里风水好，龙家河从塆前流过。三是这里地处交通要道。现在仍是一个有十几户人家的自然塆。该居民点位于孛畈社区西北部，距居委会所在地 1 千米，居民点呈块状分布。东接村委会办公楼，西邻安三公路，南连杜庙村董冲，北靠陈河村岳冲；居民点面积约 0.01 平方千米，居民主要姓氏为吴，民族为汉族。2014 年年末，共有村民 38 户、139 人，耕地面积 0.0353 平方千米；村民主要种植水稻、小麦，经济来源以农业和务工收入为主。

夏家凹[Xià jiā wā] 隶属于孛畈镇孛畈社区。该塆位于山凹处，中间平坦而三面环山，且居民多为夏姓，故名。该居民点位于孛畈社区西北部，距居委会所在地 4 千米，居民点呈条状分布，坐北朝南，四周群山环绕。东接杜庙村晏家凹，西邻安三公路，南连烟店镇双岭村，北靠龙冲大塆；居民点面积约 0.0075 平方千米，居民主要姓氏为夏，民族为汉族。2014 年年末，共有村民 25 户、95 人，耕地面积 0.0247 平方千米；村民主要种植水稻、小麦，经济来源以农业和务工收入为主。

孝襄街[Xiào xiāng jiē] 2002 年孝襄高速公路在孛畈境内动工兴建时，此街规划为移民安置区，隶属于孛畈镇孛畈社区。该街位于安陆市孛畈镇孝襄公路旁。该居民点位于孛畈镇孛畈社区东部，距居委会所在地 0.05 千米。南北向，与南大街呈“丁”字形，宽 60 米长百米，初建并取名于 2002 年。东接德政街，西邻安三路，南连安三路，北靠跃进路。总面积 0.9 平方千米，全街有常驻居民 115 户，共 500 人，主要经济来源以商业贸易和自主经营为主。

园子畈[Yuán zi fàn] 隶属于孛畈镇孛畈社区。据安陆已故文史专家金维汉介绍，园子畈地下有旧石器时期人类生活遗迹。另据民间传言，孛畈南山为障北水锁阴，山之南水之北，阳旺好地，又为“五龙争珠”的风水宝地，而园子畈就有两条龙来朝，北临清水河，河滩如金沙琼液相候，自古以来为人类择地而居有旺脉好地而有名气。现今这里住有罗家大姓人家，周围是一片大畈，当地农户大部分以蔬菜种植为主，建有大面积的菜园子。该居民点位于孛畈社区东北部，距社区居委会所在地 0.5 千米，居民点呈块状分布。东接杜庙村朱凹，西邻本社区集镇，南连杜庙村彭家塆，北靠随州曾都区府河镇新筑城村朱家河；居民点面积约 0.007 平方千米，居民主要姓氏为罗，民族为汉族。2014 年年末，共有村民 23 户、80 人，耕地面积 0.03 平方千米；村民主要种植水稻、小麦，经济来源以农业和务工收入为主。

三、曹畈村[Cáofàn Cūn]

隶属于孛畈镇。曾有曹姓居民在此处耕种了大面积的畈田而得名。

该村位于孛畈镇东部，距镇政府所在地2.6千米。村委会所在地老学校附近孛(畈)张(畈)公路边，东接天子岗村，西邻杜庙村，南连长松村，北靠随州市曾都区府河镇。辖区内共有9个自然垮：湘程凹、杨家凹、程家凹、朱家凹、院子凹、弯塘垮、曹畈大垮、寨冲、六间屋。主要姓氏有程、徐、刘，主要民族为汉族。2014年年末，常住居民256户，共1046人。面积3.3平方千米，其中山地1.5333平方千米，耕地1.1333平方千米。以种植水稻、小麦、油菜为主，主要经济来源为农业和打工收入。

这里1949年10月为曹畈村，属安陆县孛畈区辖。1952年10月属第五区辖。1954年8月属青龙区辖。1956年4月属第六指导小组辖。1958年9月更名为曹畈大队，属红旗人民公社辖。同年底红旗人民公社更名为青龙人民公社。1961年4月青龙人民公社更名为青龙区。1975年2月撤区并社，曹畈大队属孛畈人民公社孛畈管理区辖。1984年1月，曹畈大队更名为曹畈村，属烟店区孛畈乡辖。1987年10月，原烟店区青龙镇、三里乡、孛畈乡合并为孛畈镇，曹畈村属孛畈镇辖。

曹畈大垮[Cáo fàn dà wān]　隶属于孛畈镇曹畈村。这里是清水河冲击平畈，历史上，曾有曹姓居户在此开垦出大片的畈田，繁衍发展，形成了曹畈大垮。后有徐、程、周、张、刘姓先后迁入。该居民点位于曹畈村东北部，居民点呈块状分布，距村委会所在地0.8千米。东接弯塘垮，西邻湘程凹，南连院子凹，北靠随州市曾都区府河镇；居民点面积约0.0135平方千米，居民主要姓氏为曹、徐、程，民族为汉族。2014年年末，共有村民44户、266人，耕地面积0.1667平方千米；村民主要种植水稻、小麦，经济来源以农业和务工收入为主。

程家凹[Chéng jiā wā]　隶属于孛畈镇曹畈村。该垮位于山凹处，且早期居民均为程姓。后来家族发达、人丁兴旺，在此建有祠堂，外迁后人清明节纷纷回到这里祭祖。该居民点位于曹畈村南部，居民点呈块状分布，距村委会所在地0.8千米。东接横山村蒋家凹，西邻朱家凹，南连长松村王家垮，北靠杨家凹；居民点面积约0.011平方千米，居民主要姓氏为程，民族为汉族。2014年年末，共有村民35户、150人，耕地面积0.06平方千米；村民主要种植水稻、小麦，经济来源以农业和务工收入为主。

六间屋[Liù jiān wū]　隶属于孛畈镇曹畈村。昔时有程姓兄弟6人逃荒至此，建了6间屋，相互承诺，兄弟间有福同享有难同当。因为兄弟团结，后发展到五世同堂也不分家独居，当地人们为了传承这种兄弟手足情怀，称之为"六间屋"。该居民点位于曹畈村东部，居民点呈块状分布，距村委会所在地0.5千米。东接横山村蒋家凹，西邻杨家凹，南连程家凹，北靠院子凹；居民点面积约0.0044平方千米，居民主要姓氏为程，民族为汉族。2014年年末，共有村民14户、90人，耕地面积0.0433平方千米；村民主要种植水稻、小麦，经济来源以农业和务工收入为主。

弯塘垮[Wān táng wān]　隶属于孛畈镇曹畈村。最早因此处有一口塘，塘的形状因地势自然形成"轭头弯"，人们称为"弯塘"，在弯塘边居住的程姓村落被称为弯塘垮，后有李、徐、陈姓先后迁入，形成居民点。该居民点位于曹畈村东部，居民点呈块状分布，距村委会所在地0.6千米。东接天子岗村，西邻院子凹，南连横山村蒋家凹，北靠随州市曾都区府河镇；居民点面积约0.0093平方千米，居民主要姓氏为程、李、徐、陈，民族为汉族。2014年年末，共有村民31户、120人，耕地面积0.0733平方千米；村民主要种植水稻、小麦，经济来源以农业和务工收入为主。

湘臣凹[Xiāng chén wā]　隶属于孛畈镇曹畈村。昔时此地曾出了一位名为“程湘臣”的富户，他乐善好施，帮扶贫困人家，远近闻名，深受人们尊重，人们称他居住的凹地为湘臣凹。后有刘、史、李、朱姓先后迁入，逐渐形成居民点。该居民点位于曹畈村西北部，呈块状分布，距村委会所在地 0.5 千米。东接院子凹，西邻随州府河镇，南连杨家凹，北靠随州市府河镇；居民点面积约 0.012 平方千米，居民主要姓氏为程、刘、史、李、朱，民族为汉族。2014 年年末，共有村民 40 户、150 人，耕地面积 0.03 平方千米；村民主要种植水稻、小麦，经济来源以农业和务工收入为主。

杨家凹[Yáng jiā wā]　隶属于孛畈镇曹畈村。该塆位于山凹处，早期曾有杨氏一族在此居住，后外迁。清朝末年，程、蒲姓先后迁入，形成居民点。该居民点位于曹畈村中部，距村委会所在地 0.3 千米，居民点呈块状分布，东接程家凹，西邻朱家凹，南连长松村王家塆，北靠湘程凹；居民点面积约 0.006 平方千米，居民主要姓氏为杨、程、蒲，民族为汉族。2014 年年末，共有村民 20 户、70 人，耕地面积 0.0467 平方千米；村民主要种植水稻、小麦，经济来源以农业和务工收入为主。

院子凹[Yuàn zi wā]　隶属于孛畈镇曹畈村。这里东、西、北三面环山，且周围山势齐整，形同一个四合院，故名。先是王姓在此居住，后有程姓迁入，逐渐形成居民点。该居民点位于曹畈村中部，居民点呈块状分布，距村委会所在地 0.2 千米。东接弯堰塆，西邻杨家凹，南连程家凹，北靠曹畈大塆；居民点面积约 0.009 平方千米，居民主要姓氏为王、程，民族为汉族。2014 年年末，共有村民 30 户、180 人，耕地面积 0.084 平方千米；村民主要种植水稻、小麦，经济来源以农业和务工收入为主。

寨冲[Zhài chōng]　隶属于孛畈镇曹畈村。明清时期土匪猖獗，一徐姓富户在河对岸居住，他选择这三面环山一面临水的悬崖上建筑一个土寨，派家丁防守，故名。后有李、刘姓先后迁入。该居民点位于曹畈村西部，呈块状分布，距村委会所在地 1 千米，东接杨家凹，西邻随州市曾都区府河镇，南连杜庙村桥凹，北靠湘程凹。居民点面积约 0.006 平方千米，居民主要姓氏为徐、李、刘，民族为汉族。2014 年年末，共有村民 20 户、70 人，耕地面积 0.0553 平方千米；村民主要种植水稻、小麦，经济来源以农业和务工收入为主。

朱家凹[Zhū jiā wā]　隶属于孛畈镇曹畈村。该塆位于山脉尾部的山凹处，早期所住居民以朱姓居多，后有程、李、徐姓先后迁入，逐渐形成此居民点。该居民点位于曹畈村西部，居民点呈块状分布，距村委会所在地 0.7 千米。东接杨家凹，西邻杜庙村桥凹，南连程家凹，北靠随州市曾都区府河镇；居民点面积约 0.0008 平方千米，居民主要姓氏为朱，民族为汉族。2014 年年末，共有村民 2 户、10 人，耕地面积 0.01 平方千米；村民主要种植水稻、小麦，经济来源以农业和务工收入为主。

四、曹棚村[Cáopéng Cūn]

隶属于孛畈镇。该村所住居民多为曹姓，昔时曾有一个姓曹的人在这里开茶棚迎送南来北往的商人，故名曹棚。2005 年 9 月曹棚村与石垱村合并而成曹棚村。

该村位于孛畈镇东南部，村委会所在地曹家棚子，距镇政府所在地 7.5 千米，东接青龙潭村，西邻横山村，南连烟店镇长岗村，北靠同兴村。辖区内共有19个自然塆：夏家塆、程家独塆、高桥塆、陈家塆、金家塆、刘家塆、杨家岗、竹林塆、曹家棚子、郑家独塆、道士塆、万家塆、曹家独塆、蔡家凹、汪家塆、柳桥凹、易家咀、程家凹、学校塆。主要姓氏有徐、杨、陈、程、曹、易、熊、郑、邹，民族为汉族。2014年年末，常住居民256户，共1024人，面积1.5平方千米，其中耕地面积1.0667平方千米，林地面积为0.2667平方千米，以种植水稻、小麦、油菜为主，主要经济来源为农业和打工收入。

1949年10月设立石垱村。由原横山8组徐家塆，同杨家村（当时称为罗岗村）4组、曹棚村1组、7组合并成立曹棚村。两村均属安陆县孛畈区。1952年10月属第五区辖。1954年8月属青龙区辖。1956年4月属第六指导小组辖。1958年9月曹棚村、石垱村分别更名为曹棚大队、石垱大队，属红旗人民公社辖。同年底红旗人民公社更名为青龙人民公社。1961年4月青龙人民公社更名为青龙区。1975年2月撤区并社，曹棚大队、石垱大队属孛畈人民公社辖。1984年1月曹棚大队更名为曹棚村，石档大队更名为石垱村，属烟店区辖。1987年10月，原烟店区青龙镇、三里乡、孛畈乡合并为孛畈镇，曹棚村、石垱村属孛畈镇辖。2005年9月与曹棚村石垱村合并，沿用曹棚村名称。

蔡家凹[Cài jiā wā]　隶属于孛畈镇曹棚村。最早由蔡姓两户在曹棚东后背山洼中居住，故名。蔡姓系世代土著，但人丁不旺，至今仍只有几户散落在塆内。蔡氏家族几代人均从事梨园行业，生活来源以演出为主，主要演唱楚剧和地方花鼓，表演水平在当地小有名气。周围十里八乡凡是做寿、建房、添生发子等喜庆之事，都会请戏班子唱大戏，蔡氏艺人便会到场献艺以博取艺资，农业生产反倒成为副业。自20世纪90年代末，蔡氏族中再无人从事此行当。该居民点位于曹棚村中南部，居民点呈块状分布，距村委会所在地0.5千米。东接汪家塆，西邻曹家塆，南连烟店镇长岗村温家塆，北靠长青公路、学校塆。居民点面积约0.001平方千米，居民主要姓氏为蔡，民族为汉族。2014年年末，共有村民4户、15人，耕地面积0.0133平方千米；村民主要种植水稻、小麦，经济来源以农业和务工收入为主。

曹家独屋[Cáo jiā dú wū]　隶属于孛畈镇曹棚村。该塆原来只有一家曹姓居住，故称曹家独屋。经过几代人的繁衍发展，其后代已发展到8户数十人之众。为纪念祖上功德，仍以曹家独屋称之。该居民点位于曹棚村中南部，居民点呈条状分布，距村委会所在地1.2千米，东接蔡家凹，西邻导师塆，南连万家塆、烟店镇长岗村侯家塆，北靠曹家棚子。居民点面积约0.0045平方千米，居民主要姓氏为曹，民族为汉族。2014年年末，共有村民15户、60人，耕地面积0.05平方千米；村民主要种植水稻、小麦，经济来源以农业和务工收入为主。

曹家棚子[Cáo jiā péng zi]　隶属于孛畈镇曹棚村。该塆早期曾有一个姓曹的人在这里开茶棚迎送南来北往的商人。曹棚紧靠交通驿道，东与德安、青龙，西与三里、随州洛阳贯通；南与烟店，北与平林交叉，是一个四通八达的交汇点。这里来往行人极多，车运、马驮之队络绎不绝。曹姓先祖看中此地的地理优势和行人较多之利，便在大路两旁搭棚兴业，曹家棚子因此得名。后曹姓繁衍生息，开设小吃、杂货、烟酒、糟坊，兴起扯面行业。一时间曹家棚子成为人们南来北往的歇脚休息之地，渐渐形成了一个小型集市。该居民点位于曹棚村中心，是村委会所在地，呈块状分布，东接蔡家凹，西邻陈家塆，南连曹家塆，北靠竹林塆。居民点面积约0.008平方千米，居民主要姓氏为曹、杨，民族为汉族。2014年年末，共有村民26户、102

人，耕地面积0.0733平方千米；村民主要种植水稻、小麦，经济来源以农业和务工收入为主。

陈家塆[Chén jiā wān]　隶属于孛畈镇曹棚村。以居民姓氏命名。该居民点位于曹棚村中北部，呈块状分布，距村委会所在地1.7千米，东接袁家塆，西邻高桥岗，南连杨家岗，北靠刘家塆。居民点面积约0.0165平方千米，居民主要姓氏为陈，民族为汉族。2014年年末，共有村民56户、98人，耕地面积0.0733平方千米；村民主要种植水稻、小麦，经济来源以农业和务工收入为主。1949年10月，陈家塆属安陆县孛畈区石垱村辖。陈家塆名称沿用至今。

程家凹[Chéng jiā wā]　隶属于孛畈镇曹棚村。该塆位于山凹处，三面环山，居民多为程姓。该居民点位于曹棚村西北部，呈块状分布，距村委会所在地2.5千米，东接徐家凹，西邻横山村黄家冲，南连横山村黄家冲，北靠横山村徐家老塆，面积约0.0009平方千米，居民主要姓氏为程，民族为汉族。2014年年末，共有村民3户、15人，耕地面积0.0133平方千米；村民主要种植水稻、小麦，经济来源以农业和务工收入为主。1949年10月，程家凹属安陆县孛畈区石垱村辖。程家凹名称沿用至今。

程家独屋[Chéng jiā dú wū]　隶属于孛畈镇曹棚村。该塆最早只有一户居民，姓程。该居民点位于曹棚村北部，呈块状分布，距村委会所在地2千米，东接夏家塆，西邻横山村1组徐家老塆，南连程家凹，北靠墩子港、同兴村杨家塆。居民点面积约0.0032平方千米，居民主要姓氏为程，民族为汉族。2014年年末，共有村民11户、44人，耕地面积0.0233平方千米；村民主要种植水稻、小麦，经济来源以农业和务工收入为主。1949年10月，程家独塆属安陆县孛畈区石垱村辖。程家独塆名称沿用至今。

道士塆[Dào shì wān]　隶属于孛畈镇曹棚村。该塆所住居民早期多从事送葬礼仪类工作。此塆均为程姓，虽以农耕为主，但有几户世代从事道士职业，大都是子承父业，不外传，现已绝业。该居民点位于曹棚村西部，呈块状分布，距村委会所在地0.8千米，东接曹家塆，西邻曹家独屋，南连万家塆，北靠陈家塆。居民点面积约0.0022平方千米，居民主要姓氏为程，民族为汉族。2014年年末，共有村民7户、26人，耕地面积0.0233平方千米；村民主要种植水稻、小麦，经济来源以农业和务工收入为主。

高桥塆[Gāo qiáo wān]　隶属于孛畈镇曹棚村。旧时，该塆地处曹棚等地前往应山平林的必经之路，由于山上雨水积年向下冲刷，在大路的中间形成了一道深深的沟涧，影响交通。一大户发了善心，利用当地特产的花岗岩在路中两边修建护坡，把河沟与路面分开。在两边护坡之间建造了一座木桥。从地面向上望，给人以雄伟高大的感觉，因此将附近的居民点叫高桥塆。另一说法是修桥的大户姓高。该居民点位于曹棚村西北部，呈块状分布，距村委会所在地1.2千米，东接陈家塆，西邻横山村潘家塆，南连杨家岗，北靠徐家凹。居民点面积约0.0052平方千米，居民主要姓氏为杨，民族为汉族。2014年年末，共有村民17户、72人，耕地面积0.04平方千米；村民主要种植水稻、小麦，经济来源以农业和务工收入为主。1949年10月，高桥塆属安陆县孛畈区石垱村辖。高桥塆名称沿用至今。

金家塆[Jīn jiā wān]　隶属于孛畈镇曹棚村。民国时期此地居住着徐、李、杨姓等人家，全部租种一位姓金的地主的土地、山场，每年向其课租，故此塆被称作金家塆。后有袁姓迁入。该居民点位于曹棚村东北部，呈块状分布，距村委会所在地1.1千米，东接青龙潭社区，西邻刘家塆，南连杨家岗，北靠同兴村肖家冲。居民点面积约0.0139平方千米，居民主要姓氏为徐、李、杨、金、袁，民族为汉族。2014年年末，共有村民 46 户、82 人，耕地面积 0.06 平方千米；村民主要种植水稻、小麦，经济来源以农业和务工收入为主。1949 年 10 月，金家塆属安陆县孛畈区石垱村辖。金家塆名称沿用至今。

刘家塆[Liú jiā wān]　隶属于孛畈镇曹棚村。早期，曾有刘氏一族在此地居住。此地前踞溪水，后靠山冈，前方与左右三方均为平坦之地。阴阳风水先生曾堪于此地，称此地卧虎藏龙，后人居住必出扬名天下的风云人物。黄寨大地主黄鼎九、黄星伯父子闻讯，亲自考察确认此地风水绝佳，于是从刘姓手中花高价买走。后大兴土木，营造花园，房屋数十间。民国时，其房产被政府没收作为青龙小乡的办公地。刘家塆地名黄鼎九买去未改，沿用至今。该居民点位于曹棚村北部，呈块状分布，距村委会所在地 1.4 千米，东接金家塆，西邻夏家塆，南连陈家塆，北靠同兴村。居民点面积约 0.007 平方千米，居民主要姓氏为黄，民族为汉族。2014 年年末，共有村民 22 户、52 人，耕地面积 0.04 平方千米；村民主要种植水稻、小麦，经济来源以农业和务工收入为主。

柳桥凹[Liǔ qiáo wā]　隶属于孛畈镇曹棚村。该塆位于山凹处，中间平坦三面环山，此地曾有一大沟阻断了村民去青龙街之路，当地居民便用柳树在此处建筑了一座板桥以利出行，故叫柳桥凹。另一说法是：杨姓在此塆独门独户，但户虽小，名气很大。主人杨柳桥，其父名为杨先山，父子两人均为秀才出身。杨柳桥喜文乐武，文武兼备，民国时任地主民团团长，其部直属安陆县府节制，负责维护当地的地方治安。柳桥先生为人正直，素喜扶贫帮穷，深得当地人民拥戴。为纪念他，当地便一直把他的祖居之地称为柳桥凹。该居民点位于曹棚村东南部，呈块状分布，距村委会所在地 0.9 千米。东接青龙潭社区方家塆，西邻汪家塆，南连烟店镇长岗村温家塆，北靠易家咀塆；居民点面积约 0.0005 平方千米，居民主要姓氏为杨，民族为汉族。2014 年年末，共有村民 2 户、6 人，耕地面积 0.006 平方千米；村民主要种植水稻、小麦，经济来源以农业和务工收入为主。

万家塆[Wàn jiā wān]　隶属于孛畈镇曹棚村。该塆最早的居户姓万。万姓在清朝末年因染瘟疫而绝迹，现塆中居民以陈姓为主，但万家塆地名仍在沿用。该居民点位于曹棚村西南部，呈块状分布，距村委会所在地 2 千米，东接程家塆，西邻烟店镇长岗村张家塆，南连烟店镇长岗村张家榜，北靠曹家独屋。居民点面积约 0.009 平方千米，居民主要姓氏为陈，民族为汉族。2014 年年末，共有村民 31 户、130 人，耕地面积 0.1 平方千米；村民主要种植水稻、小麦，经济来源以农业和务工收入为主。

汪家塆[Wāng jiā wān]　隶属于孛畈镇曹棚村。此塆原名何家塆，有三四户何姓居住。清末民国初，当地暴发瘟疫，何氏几门不幸染病不治而亡，土地一直荒芜未耕。因土地肥沃，水源条件较好，被青龙的大地主汪百进买进作为汪姓田庄，并建有庄屋以便租种人居住。当时几户汪姓平民，恳求汪百进把汪家塆一带的庄田租给他们耕种，汪百进看在同宗的份上，答应这几户贫民进驻汪家塆，由他们耕种土地，每年按时向汪百进交纳一定数量的租金或租粮。因主人和佃户都姓汪，故以汪家塆命名。后有一户蔡姓迁入。该居民点位于曹棚村东南部，呈块状分布，距村委会所在地 0.7 千米，东接柳桥凹，西邻蔡家凹，南连烟店镇长岗村温家塆，北靠易家咀。居民点面积约 0.0017 平方千米，居民主要姓氏为汪、蔡，民族为汉族。2014 年年末，共有村民 6 户、23 人，耕地面积 0.0133 平方千米；村民主要种植水稻、小麦，经济来源以农业和务工收入为主。

夏家塆[Xià jiā wān]　隶属于孛畈镇曹棚村。该塆最早的居户姓夏。随着时代的变迁，夏姓已经凋零。现居住着徐、李二姓，但夏家塆名称未改变。该居民点位于曹棚村北部，呈块状分布，距村委会所在地1.9千米，东接刘家塆，西邻程家独屋，南连徐家凹，北靠同兴村杨家塆。居民点面积约0.0016平方千米，居民主要姓氏为徐、李，民族为汉族。2014年年末，共有村民6户、20人，耕地面积0.02平方千米；村民主要种植水稻、小麦，经济来源以农业和务工收入为主。1949年10月，夏家塆属安陆县孛畈区石垱村辖。夏家塆名称沿用至今。

学校塆[Xué xiào wān]　隶属于孛畈镇曹棚村。该塆的一开明士绅杨连云，号云生，在抗战时期，利用其士绅身份，巧妙地与各方周旋，分别为三方征收钱粮以作军费。杨先生本着中国人要帮助中国人的民族气节，与日本人敷衍，对新四军则尽心尽力的服务。同时，他在征收钱粮时还会向地主富户多征，用以减免贫苦之家的负担，为贫穷之人做过很多好事。当地群众都说他是白皮红心的士绅。新中国成立后，云生先生将房产全部拿出来在村内办起了村小学，让周边的孩子都能得到良好教育。村小学4个班200多名学生，在当地十分有名。房屋献出后，云生先生则和家人搬到杨家岗后一独屋中生活了几十年直到去世。当地人为了纪念云生先生把祖屋献出办学校兴教育的义举，以学校塆称其故居村落。直到1967年曹棚村同横山村徐家塆分开，该学校才被撤除。该居民点位于曹棚村北部，距村委会所在地0.2千米，居民点呈块状分布，东接杨家大堰、西杨家塆，西邻曹棚石垱公路、程家塆，南连曹棚村委会，北靠竹林塆；居民点面积约0.0016平方千米，居民主要姓氏为杨、程，民族为汉族。2014年年末，共有村民6户、30人，耕地面积0.0533平方千米；村民主要种植水稻、小麦，经济来源以农业和务工收入为主。

杨家岗[Yáng jiā gǎng]　隶属于孛畈镇曹棚村。该塆位于山冈上，且居民多为杨姓。民国时期，风水先生传言杨家塆不宜住人，凡是在杨家塆居住的百姓，不是蚀财便是五谷不收，严重者非死即伤。因此，杨家塆居民嫌原居住地地势不好，不利于发人，纷纷外迁搬到附近的杨家岗居住，形成杨家岗这个居民点。该居民点位于曹棚村中北部，呈块状分布，距村委会所在地1.1千米，东接青龙潭社区王家塆，西邻横山村徐家塆，南连竹林塆，北靠陈家塆。居民点面积约0.0016平方千米，居民主要姓氏为杨，民族为汉族。2014年年末，共有村民6户、22人，耕地面积0.0133平方千米；村民主要种植水稻、小麦，经济来源以农业和务工收入为主。

易家咀[Yì jiā zuǐ]　隶属于孛畈镇曹棚村。该塆位于山冈上，且居民多为易姓。该居民点位于曹棚村东部，呈块状分布，距村委会所在地0.7千米，东接青龙潭社区，西邻西杨塆，南连汪家塆，北靠青龙潭社区王家塆。居民点面积约0.006平方千米，居民主要姓氏为易，民族为汉族。2014年年末，共有村民19户、70人，耕地面积0.06平方千米；村民主要种植水稻、小麦，经济来源以农业和务工收入为主。

郑家独塆[Zhèng jiā dú wān]　隶属于孛畈镇曹棚村。该塆最早的居户只有一家，姓郑。现在也只有六户，均为郑姓。该居民点位于曹棚村中西部，呈块状分布，距村委会所在地1千米，东接程家塆，西邻横山村七组徐发兴塆，南连曹家独塆，北靠长青公路、横山村杉树墩。居民点面积约0.0015平方千米，居民主要姓氏为郑，民族为汉族。2014年年末，共有村民5户、24人，耕地面积0.0133平方千米；村民主要种植水稻、小麦，经济来源以农业和务工收入为主。

竹林塆[Zhú lín wān] 隶属于孛畈镇曹棚村。该塆所在区域竹子生长繁茂，有大片竹林。居民全部由杨家塆搬迁来。该居民点位于曹棚村中北部，距村委会所在地0.9千米，居民点呈块状分布，东接杨家塆，西邻陈家塆，南连曹家棚子，北靠杨家岗。居民点面积约0.0028平方千米，居民主要姓氏为杨，民族为汉族。2014年年末，共有村民9户、36人，耕地面积0.03平方千米；村民主要种植水稻、小麦，经济来源以农业和务工收入为主。

五、陈河村[Chénhé Cūn]

隶属于孛畈镇。2005年马畈村与东庙村合并，以境内的陈家河命名为陈河村。

陈河村位于孛畈镇西北部，村委会所在地前马塆，距镇政府所在地2.2千米。陈河村东接孛畈社区，西邻月岭村，南连板金村，北靠随州市曾都区府河镇新筑城村。辖区内共有4个村民小组，29个自然塆：郑家咀、冉家咀、长堰塆、朱家咀、黄家咀、孙家咀、王家冲、前马塆、后马塆、郭家凹、望家冲、坳口、孙家塆、陈家河、卢家咀、关凹、郭家塆、刘家塆、下家凹、大转塆、邓家冲、姜家凹、潘家冲、桃树凹、魏家凹、吴家稻场、岳家冲、钟家塆、游冲。其中游冲因自然环境恶劣，村民迁入其他居民点。主要姓氏有郭、喻，民族为汉族。2014年年末，常住居民516户，共2062人。面积3平方千米，其中耕地面积0.9867平方千米，林地面积为2平方千米，以种植水稻、小麦、油菜为主，主要经济来源为农业和打工收入。

1949年，当地成立了东庙村和马畈村，属安陆县孛畈区。1952年10月属第五区管辖。1954年8月属青龙区管辖。1956年4月属第六指导小组管辖。1958年9月称东庙大队和马畈大队，属红旗人民公社管辖。同年底红旗人民公社更名为青龙人民公社。1961年4月青龙人民公社更名为青龙区。1975年2月撤区并社，东庙大队和马畈大队属孛畈人民公社三里管理区辖。1984年1月改为马畈村和东庙村，属烟店区三里乡辖。1987年10月，原烟店区青龙镇、三里乡、孛畈乡合并为孛畈镇，马畈村、东庙村属孛畈镇辖。2005年马畈村与东庙村合并，以境内的陈家河命名为陈河村，隶属于孛畈镇。

坳口[Ào kǒu] 隶属于孛畈镇陈河村。1949年10月坳口属安陆县孛畈区东庙村，该塆位于山坳脚下的山口处。现安(安陆)三(三里)路原东庙处一个急转弯称之为坳口，位于陈河村东南部，居民点呈块状分布，距村委会所在地1.2千米，东接孛畈社区龙冲大塆，西邻陈家河，南连安三公路，北靠刘家冲。居民点面积约0.003平方千米，居民主要姓氏为何，民族为汉族。2014年年末，共有村民10户、30人，耕地面积0.012平方千米；村民主要种植水稻、小麦，经济来源以农业和务工收入为主。

陈家河[Chén jiā hé] 隶属于孛畈镇陈河村。1949年10月陈家河属安陆县孛畈区东庙村。该塆位于河边上，且最早的居户姓陈。该居民点位于陈河村西南部，呈块状分布，距村委会所在地2千米，东接孙家咀，西邻夏家凹，南连卢家咀，北靠郭家凹。居民点面积约0.007平方千米，居民主要姓氏为陈，民族为汉族。2014年年末，共有村民22户、70人，耕地面积0.042平方千米；村民主要种植水稻、小麦，经济来源以农业和务工收入为主。

郭家凹[guō jiā wā] 隶属于孛畈镇陈河村。明朝初年郭氏一族在此山凹居住，故名。1949 年 10 月，郭家凹属安陆县孛畈区马畈村，位于陈河村西南部，居民点呈块状分布，距村委会所在地 0.8 千米。这里东接该村前马塆，西邻该村望家冲，南连该村孙家咀，北靠该村望家榜。居民点面积约 0.003 平方千米，居民主要姓氏为郭，民族为汉族。2014 年年末，共有村民 10 户、30 人，耕地面积 0.016 平方千米；村民主要种植水稻、小麦，经济来源以农业和务工收入为主。

郭家塆[Guō jiā wān] 隶属于孛畈镇陈河村。该塆最早的居户姓郭。1949 年 10 月郭家塆属安陆县孛畈区东庙村，位于陈河村西南部，居民点呈条状分布，距村委会所在地 2.2 千米。这里东接卢家咀，西邻板金村喻家新塆，南连安三公路，北靠长堰塆。居民点面积约 0.005 平方千米，居民主要姓氏为郭，民族为汉族。2014 年年末，共有村民 16 户、50 人，耕地面积 0.0267 平方千米；村民主要种植水稻、小麦，经济来源以农业和务工收入为主。

后马塆[Hòu mǎ wān] 隶属于孛畈镇陈河村。该塆位于马寨山山后，故名。1949 年 10 月后马塆属安陆县孛畈区马畈村，位于陈河村东北部，居民点呈条状分布，距村委会所在地 0.3 千米，东接汉十高速，西邻大凹，南连前马塆，北靠张家凹。居民点面积约 0.0052 平方千米，居民主要姓氏为吴、范、徐、夏，民族为汉族。2014 年年末，共有村民 17 户、50 人，耕地面积 0.0273 平方千米；村民主要种植水稻、小麦，经济来源以农业和务工收入为主。

黄家咀[Huáng jiā zuǐ] 隶属于孛畈镇陈河村。该塆位于黄岗山脚下，早期曾有黄氏一族在此居住。1949 年 10 月黄家咀属安陆县孛畈区马畈村，位于陈河村东北部，距村委会所在地 1.8 千米。居民点呈条状分布，东接孙家塆，西邻朱家咀，南连王家冲，北靠随州曾都区府河镇青筑城村徐家塆。居民点面积约 0.0031 平方千米，居民主要姓氏为黄，民族为汉族。2014 年年末，共有村民 11 户、27 人，耕地面积 0.016 平方千米；村民主要种植水稻、小麦，经济来源以农业和务工收入为主。

刘家塆[Liú jiā wān] 隶属于孛畈镇陈河村。该塆最早的居户姓刘。1949 年 10 月刘家塆属安陆县孛畈区东庙村，位于陈河村东南部，居民点呈块状分布，距村委会所在地 1 千米，东接岳家冲，西邻孙家咀，南连坳口，北靠后马塆。居民点面积约 0.0044 平方千米，居民主要姓氏为刘，民族为汉族。2014 年年末，共有村民 14 户、50 人，耕地面积 0.0233 平方千米；村民主要种植水稻、小麦，经济来源以农业和务工收入为主。

卢家咀[Lú jiā zuǐ] 隶属于孛畈镇陈河村。清朝卢姓在此山凹处定居，故名。1949 年 10 月卢家咀属安陆县孛畈区东庙村，位于陈河村西南部。居民点呈块状分布，距村委会所在地 2 千米，东接刘家凹，西南邻郭家塆，北靠陈家河。居民点面积约 0.006 平方千米，居民主要姓氏为卢，民族为汉族。2014 年年末，共有村民 20 户、62 人，耕地面积 0.0326 平方千米；村民主要种植水稻、小麦，经济来源以农业和务工收入为主。

前马塆[Qián mǎ wān] 隶属于孛畈镇陈河村。明末马氏兄弟二人从麻城移居此地，老大居马寨山山前，故名。1949 年 10 月属安陆县孛畈区马畈村，位于陈河村中北部，居民点呈条状分布，村委会所在地。该塆东北接后马塆，西邻望家榜、郭家凹，南连刘家凹，北靠汉十高速；居民点面积约 0.0066 平方千米，居民主要姓氏为郭、喻，民族为汉族。2014 年年末，共有村民 22 户、70 人，耕地面积 0.0373 平方千米；村民主要种植水稻、小麦，经济来源以农业和务工收入为主。

冉家咀[Rǎn jiā zuǐ] 隶属于孛畈镇陈河村。明朝初年冉氏一族在此山咀居住，故名。该居民点 1949 年 10 月属安陆县孛畈区马畈村，位于陈河村西北部，居民点呈块状分布，距村委会所在地 1.5 千米。此地东接该村朱家咀，西邻郑家咀，南连小河垮，北靠朱家垮；居民点面积约 0.0031 平方千米，居民主要姓氏为冉，民族为汉族。2014 年年末，共有村民 11 户、32 人，耕地面积 0.014 平方千米；村民主要种植水稻、小麦，经济来源以农业和务工收入为主。

孙家咀[Sūn jiā zuǐ] 隶属于孛畈镇陈河村。该垮地处山嘴处，最早的居户姓孙。该居民点 1949 年 10 月属安陆县孛畈区东庙村，位于陈河村南部，居民点呈弧状分布，距村委会所在地 0.9 千米。此地东接刘家凹，西邻陈家河，南连安三公路、板金村窑场，北靠郭家凹；居民点面积约 0.0048 平方千米，居民主要姓氏为孙，民族为汉族。2014 年年末，共有村民 16 户、50 人，耕地面积 0.0233 平方千米；村民主要种植水稻、小麦，经济来源以农业和务工收入为主。

孙家垮[Sūn jiā wān] 隶属于孛畈镇陈河村。明初孙氏在此居住而得名。该居民点 1949 年 10 月属安陆县孛畈区马畈村，位于陈河村东南部，居民点呈条状分布，距村委会所在地 1.5 千米。此地东接王家冲，西邻朱家凹，南连朱家凹，北靠黄家咀；居民点面积约 0.0041 平方千米，居民主要姓氏为孙，民族为汉族。2014 年年末，共有村民 14 户、53 人，耕地面积 0.0253 平方千米；村民主要种植水稻、小麦，经济来源以农业和务工收入为主。

王家冲[Wáng jiā chōng] 隶属于孛畈镇陈河村。该垮位于山凹处，且最早的居户姓王。1949 年 10 月王家冲属安陆县孛畈区马畈村，位于陈河村东部，居民点呈块状分布，距村委会所在地 1.5 千米。此地东接王家河，西邻朱凹，南连岳家冲，北靠孙家垮；居民点面积约 0.008 平方千米，居民主要姓氏为王，民族为汉族。2014 年年末，共有村民 28 户、70 人，耕地面积 0.0326 平方千米；村民主要种植水稻、小麦，经济来源以农业和务工收入为主。

望家冲[Wàng jiā chōng] 隶属于孛畈镇陈河村。1949 年 10 月望家冲属安陆县孛畈区马畈村，位于山凹处，三面环山，与郭家凹农田相邻，居民多为原郭家凹迁出的居民，居民在田间劳作时抬头便可看到自己的家。该居民点位于陈河村西部，呈条状分布，距村委会所在地 1 千米。此地东接该村大洼榜，西邻陈家河，南连郭家凹，北靠汉十高速、姜家凹；居民点面积约 0.003 平方千米，居民主要姓氏为陈、夏、何，民族为汉族。2014 年年末，共有村民 10 户、28 人，耕地面积 0.0206 平方千米；村民主要种植水稻、小麦，经济来源以农业和务工收入为主。

夏家凹[Xià jiā wā] 隶属于孛畈镇陈河村。该垮位于山凹处，且最早的居户姓夏。1949 年 10 月夏家凹属安陆县孛畈区东庙村，位于陈河村西部，居民点呈块状分布，距村委会所在地 2.6 千米。此地东接该村游冲，西邻杨堰村邓冲，南连庙岗，北靠杨堰村常家冲；居民点面积约 0.007 平方千米，居民主要姓氏为夏，民族为汉族。2014 年年末，共有村民 22 户、70 人，耕地面积 0.0326 平方千米；村民主要种植水稻、小麦，经济来源以农业和务工收入为主。

长堰塆[Cháng yàn wān]　隶属于孛畈镇陈河村。该居民点所在区域内有一口很长的塘堰。1949 年 10 月长堰塆属安陆县孛畈区东庙村，位于陈河村西部，居民点呈块状分布，距村委会所在地 3 千米。此地东接坳口，西邻潘家冲，南连郭家塆，北靠邓家冲；居民点面积约 0.007 平方千米，居民主要姓氏为钟、喻，民族为汉族。2014 年年末，共有村民 22 户、65 人，耕地面积 0.0286 平方千米；村民主要种植水稻、小麦，经济来源以农业和务工收入为主。

郑家咀[Zhèng jiā zuǐ]　隶属于孛畈镇陈河村。明洪武二年，郑万年由江西经麻城过籍在此山嘴处定居，故名。清中期郑氏迁出，房屋卖给杨姓家庭居住。郑家咀名称沿用至今。该居民点 1949 年 10 月属安陆县孛畈区马畈村，位于陈河村西北部，居民点呈条状分布，距村委会所在地 1.9 千米，东接冉家咀，西邻姜家凹，南连姜家凹，北靠随州府河镇青筑城村朱家塆。居民点面积约 0.007 平方千米，居民主要姓氏为杨，民族为汉族。2014 年年末，共有村民 22 户、86 人，耕地面积 0.0333 平方千米；村民主要种植水稻、小麦，经济来源以农业和务工收入为主。

朱家咀[Zhū jiā zuǐ]　隶属于孛畈镇陈河村。明朝初期朱氏一族在此山嘴居住，故名。该居民点 1949 年 10 月属安陆县孛畈区马畈村，位于陈河村东北部，呈条状分布，距村委会所在地 2 千米，东接黄家咀，西邻冉家咀，南连张家凹，北靠随州府河镇青筑城村徐家塆。居民点面积约 0.0031 平方千米，居民主要姓氏为朱，民族为汉族。2014 年年末，共有村民 11 户、31 人，耕地面积 0.016 平方千米；村民主要种植水稻、小麦，经济来源以农业和务工收入为主。

大转塆[Dà zhuǎn wān]　隶属于孛畈镇陈河村，清朝末年形成此居民点。该塆位于山间一个很大的转弯处。该居民点 1949 年 10 月属安陆县孛畈区东庙村，位于陈河村西北部，居民点呈块状分布，距村委会所在地 3 千米，东接杨家祠堂，西邻杨堰村清水小学，南连杨堰村，北靠杨堰村。居民点面积约 0.003 平方千米，居民主要姓氏为张，民族为汉族。2014 年年末，共有村民 6 户、28 人，耕地面积 20 亩；村民主要种植水稻、小麦，经济来源以农业和务工收入为主。

邓家冲[Dèng jiā chōng]　隶属于孛畈镇陈河村，清朝末年形成此居民点，位于山凹处，且最早的居户姓邓。该居民点 1949 年 10 月属安陆县孛畈区东庙村，位于陈河村西南部。居民点呈块状分布，距村委会所在地 2 千米，东接夏家凹，西邻钟家塆，南连长堰塆，北靠杨堰村村家冲。居民点面积约 0.002 平方千米，居民主要姓氏为何、钟，民族为汉族。2014 年年末，共有村民 13 户、43 人，耕地面积 30 亩；村民主要种植水稻、小麦，经济来源以农业和务工收入为主。

关凹[Guān wā]　隶属于孛畈镇陈河村，清朝末年形成此居民点，位于山凹处，且最早的居户姓关。该居民点 1949 年 10 月属安陆县孛畈区东庙村，位于陈河村西部，居民点呈块状分布，距村委会所在地 3.2 千米。此地东接板金村山地，西邻月岭村高家凹，南连河沟子，北靠月岭村张家塆；居民点面积约 0.0018 平方千米，居民主要姓氏为关，民族为汉族。2014 年年末，共有村民 6 户、24 人，耕地面积 15 亩；村民主要种植水稻、小麦，经济来源以农业和务工收入为主。

姜家凹[Jiāng jiā wā]　隶属于孛畈镇陈河村，清初形成此居民点。该塆位于山凹处，早期曾有姜氏一族在此居住。该居民点 1949 年 10 月属安陆县孛畈区马畈村，位于陈河村西北部。居民点呈块状分布，距村委会所在地 1.5 千米，东接小马塆，西南邻汉十高速公路，北靠郑家咀。居民点面积约 0.003 平方千米，居民主要姓氏为姜，民族为汉族。2014 年年末，共有村民 10 户、40 人，耕地面积 30 亩；村民主要种植水稻、小麦，经济来源以农业和务工收入为主。

潘家冲[Pān jiā chōng]　隶属于孛畈镇陈河村，清朝末年形成此居民点。该塆位于山凹处，且最早的居户姓潘。该居民点 1949 年 10 月属安陆县孛畈区东庙村，位于陈河村西部，居民点呈块状分布，距村委会所在地 2 千米，东接原东庙村老学校，西邻河沟子，南连板金村，北靠杨家祠堂。居民点面积约 0.0023 平方千米，居民主要姓氏为喻，民族为汉族。2014 年年末，共有村民 7 户、27 人，耕地面积 9 亩；村民主要种植水稻、小麦，经济来源以农业和务工收入为主。

桃树凹[Táo shù wā]　隶属于孛畈镇陈河村，清朝末年形成此居民点。该塆位于山凹处，所在区域内桃树生长繁茂，有大片桃林。该居民点 1949 年 10 月属安陆县孛畈区东庙村，位于陈河村西南部，居民点呈块状分布，距村委会所在地 3 千米，东接板金村刘家冲，西邻关凹，南连河沟子，北靠张家塆。居民点面积约 0.0013 平方千米，居民主要姓氏为周，民族为汉族。2014 年年末，共有村民 4 户、15 人，耕地面积 12 亩；村民主要种植水稻、小麦，经济来源以农业和务工收入为主。

魏家凹[Wèi jiā wā]　隶属于孛畈镇陈河村。清朝时该洼居住着三家魏氏人家而得名。现已没有魏姓居住。1949 年 10 月魏家凹属安陆县孛畈区东庙村。现位于陈河村西北部，居民点呈块状分布，距村委会所在地 3 千米。居民点呈块状分布，东接大转塆，西邻月岭村张家塆，南连河沟子，北靠杨堰村；居民点面积约 0.0013 平方千米，居民主要姓氏为周，民族为汉族。2014 年年末，共有村民 4 户、15 人，耕地面积 16 亩；村民主要种植水稻、小麦，经济来源以农业和务工收入为主。

吴家稻场[Wú jiā dào chǎng]　隶属于孛畈镇陈河村，清朝末年形成此居民点。该塆所在区域内有一个稻场，最早在此居住的居户姓吴。1949 年 10 月吴家稻场属安陆县孛畈区东庙村，位于陈河村西部，居民点呈块状分布，距村委会所在地 2 千米。此地东接郑冲，西邻潘冲，南靠长堰塆，北靠大转塆；居民点面积约 0.003 平方千米，居民主要姓氏为吴，民族为汉族。2014 年年末，共有村民 10 户、37 人，耕地面积 22 亩；村民主要种植水稻、小麦，经济来源以农业和务工收入为主。

岳家冲[Yuè jiā chōng]　隶属于孛畈镇陈河村。明洪武年间岳姓始祖从麻城过籍此地居住，该塆位于山冲处，故名。1949 年 10 月岳家塆属安陆县孛畈区马畈村，位于陈河村东部，居民点呈块状分布，距村委会所在地 2.2 千米。居民点呈块状分布，东接南山凹，西邻王家冲，南连刘家凹，北靠孛畈茶场；居民点面积约 0.0022 平方千米，居民主要姓氏为岳，民族为汉族。2014 年年末，共有村民 8 户、30 人，耕地面积 24 亩；村民主要种植水稻、小麦，经济来源以农业和务工收入为主。

钟家塆[Zhōng jiā wān]　隶属于孛畈镇陈河村，清朝末年形成居民点。以居民姓氏命名。1949 年 10 月钟家塆属安陆县孛畈区东庙村，位于陈河村西部，呈块状分布，距村委会所在地 2 千米。此地东接该村夏家凹，西邻吴家稻场，南连卢家咀，北靠邓冲；居民点面积约 0.0015 平方千米，居民主要姓氏为钟，民族为汉族。2014 年年末，共有村民 5 户、18 人，耕地面积 11 亩；村民主要种植水稻、小麦，经济来源以农业和务工收入为主。

游冲[Yóu chōng]　隶属于孛畈镇陈河村。该塆位于陈家河上游。该居民点设立于清朝末年，现因自然环境已无人居住。

六、杜庙村[Dùmiào Cūn]

隶属于孛畈镇。该村曾有一杜姓家族在此处修建了一座寺庙。2005年由杜庙与二岭两村合并而成。

该村位于孛畈镇西南部，村委会所在地杨家桥塆，距镇政府所在地1千米。该村东接曹畈村，西邻孛畈社区，南连长松村，北靠朱家河。辖区内共有18个自然塆：董冲、彭家塆、杨家塆、朱凹、白果塆、桥凹、李家凹、黄家凹、邓家凹、罗家凹、朱家凹、刘家塆、藏家台子、晏家凹、夏家塆、药铺凹、杨家凹、院子凹。主要姓氏有杨、朱、李、黄、刘、邓、彭、董，主要民族为汉族。2014年年末，常住居民476户，共1904人。面积3.2平方千米，其中耕地面积0.732平方千米。以种植水稻、小麦、油菜为主，主要经济来源为农业和打工收入。

这里1949年10月为董家村和二岭村，属安陆县孛畈区。1952年10月属第五区管辖。1954年8月属青龙区管辖。1956年4月属第六指导小组管辖。1958年9月更名为杜庙大队和二岭大队，属红旗人民公社管辖。同年底红旗人民公社更名为青龙人民公社。1961年4月青龙人民公社更名为青龙区。1975年2月撤区并社，杜庙大队和二岭大队属孛畈人民公社孛畈管理区辖。1984年1月为杜庙村和二岭村，属烟店区孛畈乡辖。1987年10月，原烟店区青龙镇、三里乡、孛畈乡合并为孛畈镇，杜庙村和二岭村属孛畈镇辖。2005年杜庙与二岭两村合并为杜庙村。

白果塆[Bái guǒ wān]　隶属于孛畈镇杜庙村，清乾隆年间形成此居民点。该塆所在区域内早期有硕大的白果树。该居民点1949年10月属安陆县孛畈区董家村，1958年9月董家村更名为杜庙大队，位于杜庙村东南部，居民点呈块状分布，距村委会所在地0.6千米。该村东接曹畈村，西邻黄家洼，南连长松村王家凹，北靠杨家桥；居民点面积约0.0165平方千米，居民主要姓氏为朱，民族为汉族。2014年年末，共有村民55户、110人，耕地面积0.065平方千米；村民主要种植水稻、小麦，经济来源以农业和务工收入为主。

邓家凹[Dèng jiā wā]　隶属于孛畈镇杜庙村。该塆位于山凹处，依山而建，早期所住居民以邓姓为主。该居民点1949年10月属安陆县孛畈区二岭村，位于杜庙村南部，福银高速安陆服务区西侧，居民点呈块状分布，距村委会所在地2.5千米。东接长松村范家纸棚，西邻罗家凹，南连朱家凹，北靠黄家洼。居民点面积约0.01平方千米，居民主要姓氏为邓，民族为汉族。2014年年末，共有村民33户、133人，耕地面积0.067平方千米；村民主要种植水稻、小麦，经济来源以农业和务工收入为主。

董家冲[Dǒng jiā chōng]　隶属于孛畈镇杜庙村。该塆位于山冲间，所住居民以董姓为主。该居民点位于杜庙村西南部，1949年10月属安陆县孛畈区董家村。居民点呈块状分布，距村委会所在地2千米，东接彭家塆，西邻晏家凹，南连臧家台子，北靠孛畈社区吴家塆。居民点面积约0.012平方千米，居民主要姓氏为董，民族为汉族。2014年年末，共有村民40户、160人，耕地面积0.048平方千米；村民主要种植水稻、小麦，经济来源以农业和务工收入为主。

黄家凹[Huáng jiā wā] 隶属于孛畈镇杜庙村。该塆位于山凹处，依山而建，所住居民以黄姓为主。该居民点位于杜庙村西南部，1949年10月黄家凹属安陆县孛畈区董家村。居民点呈块状分布，距村委会所在地0.8千米，东接白果塆，西邻彭家垱，南连罗家凹，北靠杨家桥。居民点面积约0.009平方千米，居民主要姓氏为黄，民族为汉族。2014年年末，共有村民30户、122人，耕地面积0.047平方千米；村民主要种植水稻、小麦，经济来源以农业和务工收入为主。

李家凹[Lǐ jiā wā] 隶属于孛畈镇杜庙村。该塆位于山凹处，依山而建，所住居民以李姓为主。该居民点位于杜庙村东南部，1949年10月属安陆县孛畈区二岭村。居民点呈块状分布，距村委会所在地3千米，东接长松村范家纸棚，西邻黄家洼，南连朱家凹，北靠白果塆。居民点面积约0.0088平方千米，居民主要姓氏为李，民族为汉族。2014年年末，共有村民29户、114人，耕地面积0.06平方千米；村民主要种植水稻、小麦，经济来源以农业和务工收入为主。

刘家塆[Liú jiā wān] 隶属于孛畈镇杜庙村。该塆早期所住居民以刘姓为主。该居民点位于杜庙村西南部，1949年10月属安陆县孛畈区二岭村。居民点呈块状分布，距村委会所在地3千米，东接罗家凹，西邻臧家台子，南连雷公镇幸福村何家冲，北靠臧家台子。居民点面积约0.011平方千米，居民主要姓氏为刘，民族为汉族。2014年年末，共有村民36户、142人，耕地面积0.048平方千米；村民主要种植水稻、小麦，经济来源以农业和务工收入为主。

罗家凹[Luó jiā wā] 隶属于孛畈镇杜庙村。该塆位于山凹处，依山而建，所住居民以罗姓为主。1949年10月罗家凹属安陆县孛畈区二岭村，位于杜庙村南部，居民点呈块状分布，距村委会所在地3千米，东接黄家凹，西邻刘家塆，南连朱家凹，北靠彭家垱。居民点面积约0.0077平方千米，居民主要姓氏为罗，民族为汉族。2014年年末，共有村民26户、103人，耕地面积0.087平方千米；村民主要种植水稻、小麦，经济来源以农业和务工收入为主。

彭家垱[Péng jiā tǎng] 隶属于孛畈镇杜庙村，清朝时期形成此居民点。此处为四周环山、中间敞亮的宜居之地。彭姓人家在此居住，故名。这里为交通要道，人民公社时期，政府及其部门在彭家垱依山建房，后迁至现在的孛畈街。1949年10月彭家垱属安陆县孛畈区董家村，位于杜庙村西部，居民点呈条状分布，距村委会所在地1千米，东接杨家桥，西邻晏家凹，南连黄家凹，北靠孛畈社区孛畈街。居民点面积约0.0077平方千米，居民主要姓氏为彭，民族为汉族。2014年年末，共有村民26户、104人，耕地面积0.043平方千米；村民主要种植水稻、小麦，经济来源以农业和务工收入为主。

桥凹[Qiáo wā] 隶属于孛畈镇杜庙村，清朝时期形成此居民点。该处为坐东朝西的山凹，出口有一条河，河虽不大，但进出山凹的行人很不方便。后来一位行善的杨姓人出资修建了一座石拱桥。当地人为了纪念他的善举，把山凹里面的村落叫桥凹，山凹外面离桥最近的村落称作杨家桥塆，流传至今。1949年10月，桥凹属安陆县孛畈区董家村，位于杜庙村东部，居民点呈块状分布，距村委会所在地0.3千米，东接曹畈村，西邻杨家桥，南连李家凹，北靠宋凹。居民点面积约0.0105平方千米，居民主要姓氏为陈，民族为汉族。2014年年末，共有村民35户、138人，耕地面积0.069平方千米；村民主要种植水稻、小麦，经济来源以农业和务工收入为主。

夏家塆[Xià jiā wān]　隶属于孛畈镇杜庙村，民国时期形成居民点。1949 年 10 月夏家塆属安陆县孛畈区董家村，位于杜庙村西部，居民点呈条状分布，距村委会所在地 0.5 千米，东接杨家桥，西邻董家冲，南连黄家凹，北靠孛畈初级中学。居民点面积约 0.009 平方千米，居民主要姓氏为夏，民族为汉族。2014 年年末，共有村民 30 户、120 人，耕地面积 0.05 平方千米；村民主要种植水稻、小麦，经济来源以农业和务工收入为主。

晏家凹[Yàn jiā wā]　隶属于孛畈镇杜庙村。该塆位于山凹处，依山而建，所住居民以晏姓为主。该居民点 1949 年 10 月属安陆县孛畈区二岭村，位于杜庙村西南部，居民点呈条状分布，距村委会所在地 3 千米，东接董冲，西邻孛畈社区龙家大塆，南连臧家台子，北靠孛畈社区吴家塆。居民点面积约 0.005 平方千米，居民主要姓氏为晏，民族为汉族。2014 年年末，共有村民 16 户、62 人，耕地面积 0.045 平方千米；村民主要种植水稻、小麦，经济来源以农业和务工收入为主。

杨家凹[Yáng jiā wā]　隶属于孛畈镇杜庙村，清朝时期形成此居民点。该处为坐东朝西的山凹，出口有一条河，河虽不大，但进出山凹的行人很不方便。后来一位行善的杨姓人出资修建了一座石拱桥。当地人为了纪念他的善举，把山凹里面的村落叫桥凹，山凹外面的山凹叫杨家凹。该居民点 1949 年 10 月属安陆县孛畈区二岭村，位于杜庙村西南部，居民点呈条状分布，距村委会所在地 3 千米，东接易家凹，西邻雷公镇幸福村何家凹和烟店镇双岭村，南连朱家凹，北靠臧家台子。居民点面积约 0.011 平方千米，居民主要姓氏为杨，民族为汉族。2014 年年末，共有村民 36 户、136 人，耕地面积 0.05 平方千米；村民主要种植水稻、小麦，经济来源以农业和务工收入为主。

杨家桥塆[Yáng jiā qiáo wān]　隶属于孛畈镇杜庙村。曾有一杨姓人士组织筹资在该塆的小河上建立了一座石拱桥以方便来往的行人。该居民点 1949 年 10 月属安陆县孛畈区董家村，位于杜庙村村委会所在地。居民点呈条状分布，东接曹畈村，西邻黄家洼，南连白果塆，北靠宋凹，面积约 0.0115 平方千米，居民主要姓氏为杨，民族为汉族。2014 年年末，共有村民 38 户、151 人，耕地面积 0.047 平方千米；村民主要种植水稻、小麦，经济来源以农业和务工收入为主。

药铺凹[Yào pù wā]　隶属于孛畈镇杜庙村。传说唐开元年间，有一位白须老者背着一背篓药材来到四面环山、中间一块凹地的地方居住下来。他的医术高明，药到病除，据说李白请他看过病。他居住的地方被称为药铺凹。该居民点位于杜庙村西南部，1949 年 10 月属安陆县孛畈区二岭村。居民点呈条状分布，距村委会所在地 3 千米，东接臧家台子，西邻孛畈社区夏家凹，南连杨家凹，北靠晏家凹。居民点面积约 0.0044 平方千米，居民主要姓氏为臧，民族为汉族。2014 年年末，共有村民 14 户、70 人，耕地面积 0.0467 平方千米；村民主要种植水稻、小麦，经济来源以农业和务工收入为主。

院子凹[Yuàn zi wā]　隶属于孛畈镇杜庙村，位于山凹处，所处地形三面环山，形状酷似院子。明朝万历年间，王姓始祖来到荆西道治下的一块凹地，看到此处三面环山，中间一块平地，形似“院子”，又像“圆椅”，周围青山苍翠、鸟语花香，实乃人间仙境、世外桃源。王氏喜不自禁，欣然定居，并取名院子塆。该居民点位于杜庙村东南部，1949 年 10 月属安陆县孛畈区董家村。居民点呈块状分布，距村委会所在地 2 千米，东接曹畈村，西邻盛家凹，南连长松村万家凹，北靠桥凹。居民点面积约 0.0087 平方千米，居民主要姓氏为王，民族为汉族。2014 年年末，共有村民 28 户、132 人，耕地面积 0.1 平方千米；村民主要种植水稻、小麦，经济来源以农业和务工收入为主。

臧家台子[Zāng jiā tái zi] 隶属于孛畈镇杜庙村。大洪山余脉北端有一处 300 平方米左右的土台子，秦朝时属南郡之地，传说是秦始皇用神鞭赶山填海时留下来的，风水先生都说是块宜住的福地。后一臧姓人家在此居住，取名臧家台子。该居民点 1949 年 10 月属安陆县孛畈区二岭村，位于杜庙村西南部，居民点呈块状分布，距村委会所在地 3 千米，东接董家冲，西邻孛畈社区夏家凹，南连刘家塆，北靠晏家凹。居民点面积约 0.011 平方千米，居民主要姓氏为臧，民族为汉族。2014 年年末，共有村民 38 户、149 人，耕地面积 0.045 平方千米；村民主要种植水稻、小麦，经济来源以农业和务工收入为主。

朱凹[Zhū wā] 隶属于孛畈镇杜庙村。明朝洪武二年，江西筷子街朱姓人氏朱子王调籍到了德安府的清水河畔，只见一处山凹仙鹤云集、祥云缭绕，决心在此定居下来，得名朱凹。此后朱凹人丁兴旺、人才辈出。该居民点 1949 年 10 月属安陆县孛畈区二岭村，位于杜庙村北部，居民点呈块状分布，距村委会所在地 0.5 千米，东接桥凹，西邻孛畈镇孛畈社区园子畈，南连杨家桥，北靠朱家河。居民点面积约 0.01 平方千米，居民主要姓氏为朱，民族为汉族。2014 年年末，共有村民 32 户、126 人，耕地面积 0.073 平方千米；村民主要种植水稻、小麦，经济来源以农业和务工收入为主。

朱家凹[Zhū jiā wā] 隶属于孛畈镇杜庙村。该塆位于山凹处，依山而建，所住居民以朱姓为主。该居民点 1949 年 10 月属安陆县孛畈区董家村，位于杜庙村西南部，居民点呈圆状分布，距村委会所在地 3 千米，东接长松村范家冲，西邻雷公镇幸福村何家冲，南连烟店双岭村蒋家塆，北靠罗家凹。居民点面积约 0.022 平方千米，居民主要姓氏为朱，民族为汉族。2014 年年末，共有村民 73 户、290 人，耕地面积 0.12 平方千米；村民主要种植水稻、小麦，经济来源以农业和务工收入为主。

七、横山村[Héngshān Cūn]

隶属于孛畈镇。此地原有一山，名长岗山，呈南北走向，绵延约 1.5 千米。在长岗山西边横亘另一山，走势与长岗山相反，高度超越了长岗山。因为此山横向而立，当地人便形象地称此山为横山。

该村位于孛畈镇东北部，村委会所在地横山小学边、杉树墩北，距镇政府所在地 5 千米。该村东接曹棚村，西邻长松村，南连烟店镇长岗村、孛畈长松村，北靠天子岗村，辖区内共有 12 个自然塆：徐家老塆、潘家塆、李家塆、杉树墩、徐家洼、熊家塆、新洼、小徐家塆、大梨树、程家塆、陈家塆、白果树洼。主要姓氏有李、徐、潘，主要民族为汉族。2014 年年末，常住居民 464 户，共 1864 人。耕地面积 1.153 平方千米，山场面积 1.667 平方千米，以种植水稻、小麦、油菜为主，主要经济来源为农业和打工收入。

相传，古代有相士言，此地山清水秀，风水极佳，如建庙立祀，可保一方岁岁平安、年年五谷丰登。到了清末，当地大户徐恒泰带头发起募捐，百姓踊跃参与，在横山之巅修建了一座庙宇，并有几位和尚主持，取名横山庙。大庙修成后，每年正月初一、十五，还要举办庙会，四里八乡的群众纷纷与会。唱大戏、舞狮舞龙灯，南北货物及农林特产也摆摊设点进行交易，场面十分热闹壮观。1938 年日军侵华时，看中了横山地势险要，便强行霸占了此庙赶走了和尚捣毁了神像，在此庙址修建了一座炮楼，几十名日军长期驻守。老辈相传，大庙里有一座巨大的青铜钟，敲响之后声传数里仍十分清晰。日本人将横山庙炸毁后青铜大钟不翼而飞，不知去向。据老辈人相传，曾有本地人在应城发现此钟，钟上刻有铭文，其中横山庙会字迹清晰可见。

清道光年间安陆县志载，横山被命名为德安西乡横山庙会，辖现在的横山、石垱、曹棚、丁岗、长松等地。1949 年 10 月为横山村，属安陆县孛畈区。1952 年 10 月横山村属第五区管辖。1954 年 8 月属青龙区管辖。1956 年 4 月属第六指导小组管辖。1958 年 9 月更名为横山大队，属红旗人民公社管辖。同年底红旗人民公社更名为青龙人民公社。1961 年 4 月青龙人民公社更名为青龙区。1975 年 2 月撤区并社，横山大队属孛畈人民公社青龙管理区辖。1984 年 1 月，横山大队更名为横山村，属烟店区青龙镇辖，并在此处设立了村支部及村委会。1987 年 10 月，原烟店区青龙镇、三里乡、孛畈乡合并为孛畈镇，横山村属孛畈镇辖。

白果树洼[Bái guǒ shù wā]　隶属于孛畈镇横山村。垮子的东南方有一棵几百年的大白果树(银杏树)，树径需三人合围，被当地人视为吉祥之物而备受保护，现仍然枝干挺拔生长茂盛。因该塆地处洼地，故名白果树洼。该居民点位于横山村西北部，居民点呈块状分布，距村委会所在地 1.5 千米，东接渡槽、徐家大塆，西邻横山水库、大梨树塆，南连新洼，北靠天子岗村周埂。居民点面积约 0.0013 平方千米，居民主要姓氏为李，民族为汉族。2014 年年末，共有村民 4 户、20 人，耕地面积 0.016 平方千米；村民主要种植水稻、小麦，经济来源以农业和务工收入为主。

陈家塆[Chén jiā wān]　隶属于孛畈镇横山村。以居民姓氏命名。后有何、张、徐、曹等姓迁入群居。相传陈姓先祖中有一老人，无须任何工具，会用法术收集蚊虫，只见他口中念念有词，便能将周围所有的蚊虫集成一个大团，但次日清早必须把收集的蚊虫全放走，不然下次就再难收集蚊虫。所以周边群众每到热季蚊虫多时，都喜欢与他一起睡，免遭蚊虫叮咬。他还会医治妇女乳房肿胀的毛病，治疗时同样无须用药，只口念几遍咒语后，患者即刻消肿止痛，传为神奇。该居民点位于横山村南部，居民点呈块状分布，距村委会所在地 1.5 千米，东接曹棚村，西邻长松村小陈家塆，南连烟店镇长岗村，北靠杉树墩。居民点面积约 0.0013 平方千米，居民主要姓氏为陈，民族为汉族。2014 年年末，共有村民 4 户、24 人，耕地面积 0.016 平方千米；村民主要种植水稻、小麦，经济来源以农业和务工收入为主。

程家塆[Chéng jiā wān]　隶属于孛畈镇横山村。以居民姓氏命名。该居民点位于横山村北部，居民点呈条状分布，距村委会所在地 0.4 千米，东接曹棚村徐家凹，西邻李家塆，南连小徐家塆，北靠老徐家塆。居民点面积约 0.003 平方千米，居民主要姓氏为程，民族为汉族。2014 年年末，共有村民 10 户、43 人，耕地面积 0.03 平方千米；村民主要种植水稻、小麦，经济来源以农业和务工收入为主。

大梨树塆[Dà lí shù wān]　隶属于孛畈镇横山村。据老一辈人讲，本塆的大堰边生长着一棵巨大的梨树，4 个大人手牵手才能合抱此树，即便没有千年也有八百年以上。大梨树塆因此得名。据说，1958 年用 10 多个人连续锯了两天才把此树锯倒。古老相传：在大梨树下有一大型石磙。还说此磙是从应城飞来。而横山庙中的青铜大钟则在日本人炸庙时飞到了应城，恰好落在石碾原来的位置上，作为抵换。此塆以李姓为主，后迁入潘姓1户。该居民点位于横山村西北部，呈块状分布，距村委会所在地1.2千米，东接白果树凹，西邻长松村，南连李家塆，北靠曹畈村。居民点面积约0.0031平方千米，居民主要姓氏为李、潘，民族为汉族。2014年年末，共有村民11户、65人，耕地面积0.047平方千米；村民主要种植水稻、小麦，经济来源以农业和务工收入为主。

李家塆[Lǐ jiā wān]　隶属于孛畈镇横山村。以居民姓氏命名。李姓始祖从外地逃荒至此，至今已有八代以上。李姓世代耕读为业，在当地首办私塾，不仅教授本姓子弟，还向外姓招收，教导学生学习八股文和启蒙开发智力。由于私塾很有起色，在本地颇具声望。后有陈姓迁入。该居民点位于横山村北部，呈块状分布，距村委会所在地0.5千米，东接程家塆，西邻申家塆，南连熊家塆、横山庙，北靠白果树凹。居民点面积约0.004平方千米，居民主要姓氏为李、陈，民族为汉族。2014年年末，共有村民13户、60人，耕地面积0.08平方千米；村民主要种植水稻、小麦，经济来源以农业和务工收入为主。

潘家塆[Pān jiā wān]　隶属于孛畈镇横山村。以居民姓氏命名。横山一带粮产丰富，极为便利购进销出。潘姓始祖由外地做生意时迁入，其后代也从事粮食生意，时人称潘家塆为斗行，潘姓子弟粮食生意做得风生水起，十分红火。在利益驱动下，有人在正当交易背后打起了掺杂使假的坏主意，长期在稻米中掺入沙石，日积月累的掺杂使假，把附近一座山的沙石挖成了一个大坑，足以证明使用时间之长和手段之卑劣。由于激起民愤，此户在新中国成立后被划为富农，受到人民群众的多次批斗。后有一陈姓迁入潘家塆居住。该居民点位于横山村东部，居民点呈块状分布，距村委会所在地0.5千米，东接曹棚村，西邻村委会办公楼、横山庙，南连小徐家塆，北靠李家塆。居民点面积约0.0028平方千米，居民主要姓氏为潘，民族为汉族。2014年年末，共有村民8户、35人，耕地面积0.097平方千米；村民主要种植水稻、小麦，经济来源以农业和务工收入为主。

杉树墩[Shān shù dūn]　隶属于孛畈镇横山村。亦称砂珠墩。旧时该居民点位于青龙至三里、随州洛阳店之交通驿道，为东西走向，其南北还可贯通平林、烟店，实为交叉路段，往来行人众多。很久以前有一对老夫妻相中此处交通要冲，在此搭建了两间茅草棚子居住。老婆婆向行人提供茶水换取些微茶资；老爹爹粗通医术，贩卖一些常规药品，为行人及周边群众提供方便。在所卖药材中，以朱砂为主要品种。因药材纯正，颇有疗效，被时人称颂。后来有人看中此地的地理优势，便陆续搬来与老人为邻并从事其他行业，渐渐地形成了一个小型集市。为纪念老人用朱砂治病的功德，人们便把此地叫做砂珠墩，沿用至今。该居民点位于横山村南部，居民点呈块状分布，距村委会所在地0.5千米，东接小徐家塆，西邻长松村小陈家塆，南连陈家塆，北靠横山小学。居民点面积约0.06平方千米，居民主要姓氏为李、潘、徐，民族为汉族。2014年年末，共有村民200户、620人，耕地面积0.1平方千米；村民主要种植水稻、小麦，经济来源以农业和务工收入为主。

小徐家塆[Xiǎo xú jiā wān]　隶属于孛畈镇横山村。以居民姓氏命名。祖辈从麻城调籍至此，先祖为维系徐姓的团结，曾规定今后人口不发展到100人以上不准分家。但在清嘉庆年代，此地突然大旱及虫害严重，人们难以为生，于是纷纷逃离家乡四处谋生。其中有一户逃到安徽落籍，至今已发展到70多户数百人之多(其家与老屋仍有联系)。现在小徐家塆徐姓人口 100 多人，后陆续有吴、王、潘三姓迁入。与徐家老塆相比，无论是土地面积还是人口数量，小徐家塆都要少很多，因此得名小徐家塆。

小徐家塆虽然不大，但在清末民初出了一个徐恒泰的大财主，在当地非常有名，与青龙的汪恒泰、杨恒泰一起被时人称之为"西乡三泰"，名重一时。徐恒泰以经商起家，后在家乡周边广置田地，其范围遍及青龙、烟店、长松等地，方圆几十里的土地都有徐氏庄园，成为当时富甲一方的大地主。

清末民初时小徐家塆还出了一位非常有名的教书先生，此人名叫徐灵芝，曾在科考时中举，后不满官场腐败，不愿入仕，回到家乡开设私塾教授学生。他教学严谨，而且学问又好，学生中不乏名人。其中具有代表性的就是张柏芝和平林东乡的吴寿之，两人都曾科考中举。因此徐先生的私塾名声大噪，入室求学者络绎不绝。

该居民点位于横山村东南部，居民点呈块状分布，距村委会所在地 0.8 千米，东接曹棚村杨家岗，西邻、杉树墩、横山庙，南连熊家塆，北靠徐家塆。居民点面积约 0.003 平方千米，居民主要姓氏为徐、吴、王、潘，民族为汉族。2014 年年末，共有村民 10 户、55 人，耕地面积 0.04 平方千米；村民主要种植水稻、小麦，经济来源以农业和务工收入为主。

新洼[Xī nwā]　隶属于孛畈镇横山村。民国初期，三户李姓人家见此洼土地肥沃、水源条件好，于是在此建房兴业、繁衍生息。因地处洼地，又被新来的李姓开垦种植时间不长，当地人便称为新洼。该居民点位于横山村西北部，呈块状分布，距村委会所在地 2 千米，东接李家洼，西邻大梨树塆，南连横山庙，北靠天子岗村周埂。居民点面积约 0.003 平方千米，居民主要姓氏为李，民族为汉族。2014 年年末，共有村民 10 户、50 人，耕地面积 0.03 平方千米；村民主要种植水稻、小麦，经济来源以农业和务工收入为主。

熊家塆[Xióng jiā wān]　隶属于孛畈镇横山村。以居民姓氏命名。此塆熊姓人口不多。相传熊家有一婆婆善于推拿按摩治疗疾病，特别是精于治疗小儿各种疑难杂症，在当地享有盛名。因她治疗时从不接受分文，受到周边群众的尊重和爱戴，口碑极好。群众即以这位老婆婆的夫家姓，称之为熊家塆。该居民点位于横山村中部，居民点呈块状分布，距村委会所在地 0.1 千米，东接横山小学，西邻申家塆，南连杉树墩，北靠李家塆。居民点面积约 0.0013 平方千米，居民主要姓氏为熊，民族为汉族。2014 年年末，共有村民 4 户、16 人，耕地面积 0.1 平方千米；村民主要种植水稻、小麦，经济来源以农业和务工收入为主。

徐家老塆[Xú jiā lǎo wān]　隶属于孛畈镇横山村。以居民姓氏命名。明洪武年间，本地经历战乱后人烟稀少，统治者便从人多之处迁来大批移民，徐氏祖辈便是从麻城筷子街一带迁徙而来。经过多年的发展，徐姓成为当地大姓，开始分枝发叶，陆续从老塆搬到周边地区生产生活，而徐家老塆因是徐姓祖源之地，故人们一直沿用此名不变。后陆续有邹、潘、杨三姓迁到徐家老塆居住。该居民点位于横山村北部，居民点呈块状分布，距村委会所在地 1 千米，东接同兴村，西邻白果树洼，南连李家塆，北靠天子岗村周埂。居民点面积约 0.0043 平方千米，居民主要姓氏为徐、邹、潘、杨，民族为汉族。2014 年年末，共有村民 15 户、80 人，耕地面积 0.12 平方千米；村民主要种植水稻、小麦，经济来源以农业和务工收入为主。

徐家洼[Xú jiā wā]　隶属于孛畈镇横山村。以地理位置和居民姓氏综合命名。其祖先于明朝初期从麻城调籍至此洼地处居住，故名。该居民点位于横山村东部，居民点呈块状分布，距村委会所在地 1 千米，东接横山小学，西邻横山庙，南连陈家塆，北靠李家塆。居民点面积约 0.0005 平方千米，居民主要姓氏为徐，民族为汉族。2014 年年末，共有村民 3 户、18 人，耕地面积 0.014 平方千米；村民主要种植水稻、小麦，经济来源以农业和务工收入为主。

八、柳林村[Liŭlín Cūn]

隶属于孛畈镇。该村所在区域内有一条流经柳林的河流，故名。

柳林村位于孛畈镇北部，村委会所在地张家塆，距镇政府所在地 7.6 千米。该村东接三里村，西邻王义贞镇，南连三里村，北靠随州市曾都区洛阳镇小岭冲村。辖区内共有 10 个自然塆：指羊冲、放羊冲、羊过冲、刘羊冲、邓家塆、新凹、花屋塆、郭家凹、张家塆、刘家洼。主要姓氏有张、杨、陈，主要民族为汉族。2014 年年末，常住居民 222 户，共 876 人。面积 7.36 平方千米，其中耕地面积 0.3 平方千米，山场面积 7.06 平方千米，以种植水稻、小麦、油菜为主，主要经济来源为农业和打工收入。

1949 年 10 月，柳林村属安陆县孛畈区。1952 年 10 月属第五区管辖。1954 年 8 月属青龙区管辖。1956 年 4 月属第六指导小组管辖。1958 年 9 月更名为柳林大队，属红旗人民公社管辖。同年底红旗人民公社更名为青龙人民公社。1961 年 4 月青龙人民公社更名为青龙区。1975 年 2 月撤区并社，柳林大队属孛畈人民公社三里管理区辖。1984 年 1 月，柳林大队更名为龙王寺村，但没有得到群众认可，旋即复用柳林村，属烟店区三里乡辖。1987 年 10 月，原烟店区青龙镇、三里乡、孛畈乡合并为孛畈镇，柳林村属孛畈镇辖。

邓家塆[Dèng jiā wān] 隶属于孛畈镇柳林村。以居民姓氏命名。明嘉靖四十年(1561 年)，景恭王朱载圳封国德安府，邓宝、邓琳和邓健三兄弟参与了筹建藩王府。景恭王发现邓家兄弟会风水，赐邓宝为阴阳官。邓宝兄弟有远亲魏法明住在城西太平乡，于是邓家兄弟在当今的柳林村指羊冲购熊姓房产和魏氏荒山四亩安居乐业。该居民点位于柳林村东部，呈块状分布，距村委会所在地 0.5 千米，东接龙王寺水库，西邻范家冲，南连学凹，北靠本村放羊冲。居民点面积约 0.0045 平方千米，居民主要姓氏为邓、彭，民族为汉族。2014 年年末，共有村民 15 户、45 人，耕地面积 0.03 平方千米；村民主要种植水稻、小麦，经济来源以农业和务工收入为主。该居民点对阴阳五行八卦运用恰到好处。它四象齐备，朝山远大，根山回抱，院前建有宽大的池塘为明堂。传说老屋三层厅堂建于大院正中，作为乾坤爻象三阳爻的卦象，寓意“乾纲在天”，主如意吉祥亨通发达。据这里的老人回忆，这座房子盖到了 99 间，大门口有粉白大照壁，两侧立八字粉墙，石狮一对，阶下立有下马石，大门内有石铺甬道直通二门，之间是厢房，各组成小型建筑群。二门内又是大院，大院内石阶四通，卵石铺地。

放羊冲[Fàng yáng chōng] 隶属于孛畈镇柳林村。以传说故事和地理特征命名。该塆位于山冲间，传说曾有一位仙人在此地放过羊。该居民点位于柳林村西部，距村委会所在地 0.3 千米，呈块状分布，东接龙王寺水库，西邻张家塆(3 组)，南连杨家凹，北靠本村张家塆(4 组)；居民点面积约 0.009 平方千米，居民主要姓氏为邓、张，民族为汉族。2014 年年末，共有村民 30 户、104 人，耕地面积 0.037 平方千米；村民主要种植水稻、小麦，经济来源以农业和务工收入为主。

郭家凹[Guō jiā wā] 隶属于孛畈镇柳林村。以姓氏和地理特征命名，位于花屋塆南一里地，坐西向东，今有6户人家居住。清末，这里住有2户郭姓人家，为张家花屋护院家丁。张家在郭家洼两端建有高大炮楼，遇有匪患和强盗来袭张家一部分家丁长工就上郭家凹炮楼躲避并拒敌。张少堂为张合武长子，民国时期曾为三里乡柳林村治保队长，配有一条长枪，带着治保队长期驻守郭家洼。郭家洼因郭姓而名，沿用至今。该居民点位于柳林村东部，距村委会所在地1千米，呈块状分布，东接罗家凹，西邻张家花屋，南连陈家塆，北靠本村张家花屋。居民点面积约0.003平方千米，居民主要姓氏为张、陈、李，民族为汉族。2014年年末，共有村民10户、55人，耕地面积0.06平方千米；村民主要种植水稻、小麦，经济来源以农业和务工收入为主。

花屋塆[Huā wū wān] 隶属于孛畈镇柳林村。也称张家花屋。始祖张必亮，明初自麻城调籍而来。初时一贫如洗，到了清初已繁衍数百人口，成为当地望族。今柳林一带张姓多是张必亮的后人。张家花屋的建造非一时完成，而是张家嫡传门人一代代不断完善而成。其设计充分利用地势，注重前后高低错落，有大小房屋数十间。青砖粉墙，极富江南古民居风格。屋后古松双人合抱，林荫遮日，白鹤绕飞，长年栖息。每年产蛋季节，地上的松叶上面尽是白鹤蛋。花屋的东西两端建有高大门楼和炮楼，门前掘有深水池塘，一可用水，二可防火，三能护院。后山围绕房屋筑有石墙(今有遗址)，兵荒马乱年月可防御土匪强盗侵扰。门前两端各有一棵古桂花树，每年八月桂花绽开，方圆数里沁香醉人。所以远近的人都称这个塆子叫“张家花屋”。如今张家花屋经过60余年拆迁变化，已经找不到昔日的原貌了。该居民点位于柳林村东部，呈条状分布，距村委会所在地1千米，东接龙王寺水库，西邻随州市曾都区洛阳镇小岭冲村森林冲，南连郭家凹，北靠随州市曾都区洛阳镇小岭冲村甘家冲。居民点面积约0.003平方千米，居民主要姓氏为张、陈、肖，民族为汉族。2014年年末，共有村民10户、45人，耕地面积0.043平方千米；村民主要种植水稻、小麦，经济来源以农业和务工收入为主。

刘家洼[Liú jiā wā] 隶属于孛畈镇柳林村。以居民姓氏和地理特征综合命名。地处花屋塆西，曾经住过刘姓人家，冲不大，户不多，名气小，但地理位置名气大。刘家冲西行依次为鲁家冲、谭家冲、甘家冲、义和店、小岭冲，小岭冲下又有李家河、邱家畈等地，今为随州曾都区洛阳镇小岭冲村，1949年前为安陆辖区围山乡。三里乡与围山乡以软脚岭为界。那时没有公路，道路交通主要是沿河而走，没河就翻山越岭行走，即使是德安府知府大老爷要到围山乡视察也得经过小小的刘家洼。所以，从清水河到柳林河再到刘家冲翻软脚岭就是德安府到围山乡的必经之路，也是当时安陆西北边陲的一条要路。刘家冲虽然很小，可在古代是道路交通的必然参照点。该居民点位于柳林村西北部，呈块状分布，距村委会所在地0.3千米，东接龙王寺通太平寨公路，西邻张家塆，南连本村羊过冲软脚岭，北靠随州市曾都区洛阳镇小岭冲。居民点面积约0.006平方千米，居民主要姓氏为陈，民族为汉族。2014年年末，共有村民20户、110人，耕地面积0.04平方千米；村民主要种植水稻、小麦，经济来源以农业和务工收入为主。

刘羊冲[Liú yáng chōng] 隶属于孛畈镇柳林村。该塆位于山冲间，曾有一刘姓人士在此地放过羊。该居民点位于柳林村西北部，呈块状分布，距村委会所在地2千米，东接龙王寺水库，西邻随州市曾都区洛阳镇小岭冲村森林冲，南连郭家凹，北靠随州市洛阳镇小岭村甘家冲。居民点面积约 0.0168 平方千米，居民主要姓氏为王、吴、陈，民族为汉族。2014 年年末，共有村民 57 户、245 人，耕地面积 0.07 平方千米；村民主要种植水稻、小麦，经济来源以农业和务工收入为主。

新凹[Xīn wā]　隶属于孛畈镇柳林村。早期张姓人家从麻城调移到该地，属张家花屋的分支，移居时间不长，故名新凹。该居民点位于柳林村东部，呈块状分布，距村委会所在地 1.5 千米，东接范家冲水库，西邻孙家凹，南连太平寨，北靠本村旺家凹。居民点面积约 0.0022 平方千米，居民主要姓氏为张，民族为汉族。2014 年年末，共有村民 8 户、30 人，耕地面积 0.03 平方千米；村民主要种植水稻、小麦，经济来源以农业和务工收入为主。

羊过冲[Yáng guò chōng]　隶属于孛畈镇柳林村。以传说故事和地理特征命名。该塆位于山冲间，传说曾有一只羊翻山经过此地去别处吃草。麻羊洼、失羊口、乌羊山地名在今三里村良畈自然塆境内，指羊冲、放过冲、杨家冲在柳林村境内。龙王寺水库北面有座巍峨的大山名乌羊山，山南即是麻羊洼。麻羊洼有段美丽的传说。相传，麻羊洼住着一位白发老翁，精心养护着一群羊。不知道过了多少年，突然有一天一只乌色的老羊不见了。老翁寻着去向，询问了很多人，最后在后面的大山上才把羊逮住。但从此再也没有见到老翁和那只乌羊。原来，那只老乌羊本是精灵，有意度化老翁成仙去了。人们怀念这件事，从此便把羊失踪的地方叫失羊口，路人指引羊去过的地方叫指羊冲，路人见羊放牧过的地方叫放过冲，路人见羊去过的地方叫羊过冲，逮住羊的地方叫乌羊冲，那个洼就叫麻羊洼(乌色与麻色，本地人认为近同)。这些地名都在麻羊洼附近，沿用至今。因羊过冲在清末住有杨姓人家，杨姓与当地的张家大姓世代联姻，就改作了杨家冲。

该居民点位于柳林村西南部，呈块状分布，距村委会所在地 2.5 千米，东接花屋塆，西邻刘家冲，南连本村老屋塆，北靠本村陈家大塆。居民点面积约 0.0225 平方千米，居民主要姓氏为张、杨、陈，民族为汉族。2014 年年末，共有村民 75 户、275 人，耕地面积 0.093 平方千米；村民主要种植水稻、小麦，经济来源以农业和务工收入为主。

指羊冲[Zhǐ yáng chōng]　位于太平寨山脉之南，九道弯岭下；放过冲位于指羊冲西面相邻的第一个冲口，冲口建有放过冲水库；杨家冲位于放过冲西面相邻的第一个冲，冲口有花屋塆。今三里至王义贞的公路依次经过指羊冲、放过冲、杨家冲。

该居民点位于柳林村东南部，距村委会所在地 1.5 千米，呈块状分布。东接龙王寺水库，西邻范冲水库堤，南连三里社区孙家大塆，北靠本村范冲水库。居民点面积约 0.018 平方千米，居民主要姓氏为邓、彭、万、刘，民族为汉族。2014 年年末，共有村民 60 户、252 人，耕地面积 0.095 平方千米；村民主要种植水稻、小麦，经济来源以农业和务工收入为主。

张家塆[Zhāng jiā wān]　隶属于孛畈镇柳林村。这里所说的张家塆为“上张家塆”，位于杨家冲中部，花屋塆南二里，太平寨北坡东麓，坐东向西，今有十户人家居住，全为张姓，由张家花屋老房头分支而来。塆前河边有一棵古银杏，安陆林业局认定有 500 年树龄，说明张家塆至少有 500 年历史了。该居民点位于柳林村北部，呈块状分布，距村委会所在地 0.1 千米，东接龙王寺水库，西邻王家凹，南连郭家凹，北靠随州市曾都区洛阳镇小岭冲村森林冲、马家洼。居民点面积约 0.017 平方千米，居民主要姓氏为甘、吴，民族为汉族。2014 年年末，共有村民 57 户、245 人，耕地面积 0.07 平方千米；村民主要种植水稻、小麦，经济来源以农业和务工收入为主。

九、龙窝村[Longwo Cun]

隶属于孛畈镇。传说很早以前本地大旱，一条青龙上天求雨，因白龙不允而大打出手。青龙被白龙杀死，变成一堆石头落在府河最深处。原龙窝村北边深河中，石头酷似龙头，一半朝天，一半卧水中，人们为纪念青龙而把石头边的村庄叫龙窝。龙窝原党支部是中国共产党安陆县第一个农村党支部。

龙窝村位于孛畈镇东部，距镇政府所在地 12 千米，面积 1.55 平方千米，村委会所在地长青路中畈塆。该村东接府河，西邻烟店镇周祠村，南连烟店镇黄棚、肖岗，北靠青龙街。辖区内共有 11 个自然塆：刘家塆、陈家塆、蔡家塆、大桥岗、潘畈、中畈、龙窝、王家塆、黑虎冲、沙子岗、学田岗。主要姓氏有刘、杨，主要民族为汉族。2014 年年末，常住居民 580 户，共 1300 人，耕地面积 1.196 平方千米，以种植水稻、小麦、油菜为主，主要经济来源为农业和打工收入。

1949 年 10 月，龙窝村属安陆县烟店区。1952 年 10 月龙窝村属第五区管辖。1954 年 8 月属青龙区管辖。1956 年 4 月属第六指导小组管辖。1958 年 9 月更名为龙窝大队，属红旗人民公社管辖。同年底红旗人民公社更名为青龙人民公社。1961 年 4 月青龙人民公社更名为青龙区。1975 年 2 月撤区并社，龙窝大队属程巷人民公社烟店管理区辖。1981 年从周祠大队析出刘桥大队。1984 年 1 月龙窝大队和刘桥大队更名为龙窝村和刘桥村，属烟店区青龙镇。1987 年 10 月，原烟店区青龙镇、三里乡、孛畈乡合并为孛畈镇，龙窝村和刘桥村属孛畈镇辖。2005 年龙窝村和刘桥村合并为龙窝村。

蔡家塆[Cài jiā wān]　隶属于孛畈镇龙窝村。以居民姓氏命名。该居民点位于龙窝村西北部，呈块状分布，距村委会所在地 0.25 千米，东接青龙中心小学、王家塆，西邻罗家塆，南连黑虎冲、陈家塆，北靠青龙街。居民点面积约 0.0066 平方千米，居民主要姓氏为蔡，民族为汉族。2014 年年末，共有村民 22 户、120 人，耕地面积 0.113 平方千米；村民主要种植水稻、小麦，经济来源以农业和务工收入为主。

1949 年 10 月蔡家塆属安陆县烟店区周祠村。1958 年 9 月更名为周祠大队，属红旗人民公社管辖。同年底红旗人民公社更名为青龙人民公社。1975 年 2 月撤区并社，周祠大队属程巷人民公社辖。1981 年从周祠大队析出刘桥大队，蔡家塆属刘桥大队。2005 年龙窝村和刘桥村合并为龙窝村。蔡家塆名称沿用至今。

陈家塆[Chén jiā wān]　隶属于孛畈镇龙窝村。以居民姓氏命名。该居民点位于龙窝村西部，呈块状分布，距村委会所在地 0.3 千米，东接学田岗、黑虎冲，西邻烟店镇周祠村朱家塆，南连刘家塆，北靠蔡家塆。居民点面积约 0.0136 平方千米，居民主要姓氏为陈，民族为汉族。2014 年年末，共有村民 46 户、220 人，耕地面积 0.14 平方千米；村民主要种植水稻、小麦，经济来源以农业和务工收入为主。

1949 年 10 月，陈家塆属安陆县烟店区周祠村。1981 年从周祠大队析出刘桥大队，陈家塆属刘桥大队。2005 年龙窝村和刘桥村合并为龙窝村。陈家塆名称沿用至今。

大桥岗[Dà qiáo gǎng]　隶属于孛畈镇龙窝村。该塆位于山冈上，很早以前山冈南边有河流，对面是黄家中畈，由一石桥相连。后扩建为直通安陆城区的大桥。该居民点位于龙窝村南部，呈块状分布，距村委会所在地0.15千米，东接岗畈，西邻沙子岗，南连烟店镇陈家墩、王家塆，北靠中畈。居民点面积约0.0066平方千米，居民主要姓氏为杨、黄，民族为汉族。2014年年末，共有村民22户、122人，耕地面积0.08平方千米；村民主要种植水稻、小麦，经济来源以农业和务工收入为主。

1949年10月大桥岗属安陆县烟店区龙窝村。1952年10月龙窝村属第五区管辖。1954年8月属青龙区管辖。1956年4月属第六指导小组管辖。1958年9月更名为龙窝大队，属红旗人民公社管辖。同年底红旗人民公社更名为青龙人民公社。1961年4月青龙人民公社更名为青龙区。1975年2月撤区并社，龙窝大队属孛畈人民公社青龙管理区辖。1984年1月龙窝大队更名为龙窝村，属烟店区青龙镇。1987年10月，原烟店区青龙镇、三里乡、孛畈乡合并为孛畈镇，龙窝村属孛畈镇辖。2005年龙窝村和刘桥村合并为龙窝村。大桥岗名称沿用至今。

刘家塆[Liú jiā wān]　隶属于孛畈镇龙窝村。早期刘氏繁衍50年后有一亲戚杨氏搬迁于此。该居民点位于龙窝村西部，距村委会所在地0.5千米，呈丁字状分布，东接王家塆，西邻烟店镇周祠村潘家塆，南连烟店镇肖塆村肖岗，北靠陈家塆。居民点面积约0.0093平方千米，居民主要姓氏为刘、杨，民族为汉族。2014年年末，共有村民32户170人，耕地面积0.187平方千米；村民主要种植水稻、小麦，经济来源以农业和务工收入为主。

1949年10月刘家塆属安陆县烟店区周祠村。1958年9月更名为周祠大队。1975年2月撤区并社，周祠大队属程巷人民公社辖。1981年从周祠大队析出刘桥大队，刘家塆属刘桥大队。2005年龙窝村和刘桥村合并为龙窝村。刘家塆名称沿用至今。

龙窝[Lóng wō]　隶属于孛畈镇龙窝村。该塆北边河中有一个酷似龙头的石头，石头一半朝天，一半卧水中，人们称为青龙。青龙边的村庄称为龙窝。该居民点位于龙窝村北部，距村委会所在地0.2千米，呈块状分布，东接府河，西邻黑虎冲，南连中畈，北靠青龙街。居民点面积约0.0094平方千米，居民主要姓氏为杨，民族为汉族。2014年年末，共有村民33户、150人，耕地面积0.119平方千米；村民主要种植水稻、小麦，经济来源以农业和务工收入为主。

1949年10月龙窝属安陆县烟店区龙窝村。1958年9月更名为龙窝大队，属红旗人民公社管辖。1975年2月撤区并社，龙窝大队属孛畈人民公社青龙管理区辖。1984年1月龙窝大队更名为龙窝村。

潘畈[Pān fàn]　隶属于孛畈镇龙窝村。以居民姓氏和地理特征综合命名。该居民点位于龙窝村东南部，距村委会所在地0.3千米，呈块状分布，东接府河，西邻大桥岗，南连烟店镇黄棚村黄棚村委会，北靠中畈。居民点面积约0.019平方千米，居民主要姓氏为潘，民族为汉族。2014年年末，共有村民68户、302人，耕地面积0.213平方千米；村民主要种植水稻、小麦，经济来源以农业和务工收入为主。1949年10月潘畈属安陆县烟店区龙窝村。2005年龙窝村和刘桥村合并为龙窝村。潘畈名称沿用至今。

王家塆[Wáng jiā wān]　隶属于孛畈镇龙窝村。以居民姓氏命名。该居民点位于龙窝村西南部，距村委会所在地0.6千米，呈块状分布，东接大桥岗，西邻程家塆，南连刘家塆，北靠学田岗。居民点面积约

0.0083 平方千米，居民主要姓氏为王，民族为汉族。2014 年年末，共有村民 28 户、150 人，耕地面积 0.13 平方千米；村民主要种植水稻、小麦，经济来源以农业和务工收入为主。

1949 年 10 月王家塆属安陆县烟店区周祠村。1958 年 9 月更名为周祠大队，属红旗人民公社管辖。1981 年从周祠大队析出刘桥大队，王家塆属刘桥大队。2005 年龙窝村和刘桥村合并为龙窝村。王家塆名称沿用至今。

中畈[Zhōng fàn]　隶属于孛畈镇龙窝村。因处龙窝村中部畈地。该居民点位于龙窝村东南部，村委会所在地，居民点呈 Z 状分布，东接府河，西邻大桥岗，南连潘畈，北靠龙窝。居民点面积约 0.0092 平方千米，居民主要姓氏为杨，民族为汉族。2014 年年末，共有村民 32 户、145 人，耕地面积 0.11 平方千米；村民主要种植水稻、小麦，经济来源以农业和务工收入为主。

1949 年 10 月中畈属安陆县烟店区龙窝村。1958 年 9 月属龙窝大队。1984 年 1 月龙窝大队更名为龙窝村，属烟店区青龙镇。2005 年龙窝村和刘桥村合并为龙窝村。中畈名称沿用至今。

黑虎冲[Hēi hǔ chōng]　隶属于孛畈镇龙窝村。传说该塆很久以前无人居住，只有一片树林，树林中藏有一只黑老虎。该居民点位于龙窝村西北部，呈块状分布，距村委会所在地 0.4 千米，东接大桥岗，西邻蔡家塆，南连学田岗，北靠蔡家塆。居民点面积约 0.005 平方千米，居民主要姓氏为杨，民族为汉族。2014 年年末，共有村民 17 户、63 人，耕地面积 120 亩；村民主要种植水稻、小麦，经济来源以农业和务工收入为主。

1949 年 10 月黑虎冲属安陆县烟店区周祠村。1958 年 9 月属周祠大队。1981 年从周祠大队析出刘桥大队，黑虎冲属刘桥大队，现属龙窝村。

沙子岗[Shā zi gǎng]　隶属于孛畈镇龙窝村。该塆位于山冈上，所在区域内黄沙较多。该居民点位于龙窝村南部，呈块状分布，距村委会所在地 0.2 千米，东接大桥岗、中畈，西邻黑虎冲，南连学田岗，北靠中畈。居民点面积约 0.0052 平方千米，居民主要姓氏为杨，民族为汉族。2014 年年末，共有村民 17 户、67 人，耕地面积 103 亩；村民主要种植水稻、小麦，经济来源以农业和务工收入为主。1949 年 10 月沙子岗属安陆县烟店区龙窝村。沙子岗名称沿用至今。

学田岗[Xué tián gǎng]　隶属于孛畈镇龙窝村。该岗地清朝时是官办学校的土地，租给杨氏耕种。故名学田岗。该居民点位于龙窝村南部，呈块状分布，距村委会所在地 0.3 千米，东接沙子岗，西邻陈家塆，南连王家塆，北靠黑虎冲。居民点面积约 0.0018 平方千米，居民主要姓氏为杨，民族为汉族。2014 年年末，共有村民 6 户、24 人，耕地面积 40 亩；村民主要种植水稻、小麦，经济来源以农业和务工收入为主。

1949 年 10 月学田岗属安陆县烟店区周祠村。1958 年 9 月属周祠大队。1981 年从周祠大队析出刘桥大队，学田岗属刘桥大队。2005 年龙窝村和刘桥村合并为龙窝村。学田岗名称沿用至今。

十、青龙潭社区[Qīnglóngtán Shèqū]

隶属于孛畈镇。此地府河南岸有一天然巨石，状如龙头，扬眉怒睁，昂首向天，形状极其逼真。龙头前方有一圆形石堆，状似叠嶂的云彩。且龙头石前有一口清潭，水色翠黑，深不见底。龙头石上遍生一簇簇青色苔藓，状如片片龙鳞，时人因此联想，称此潭为青龙潭。后在此地设立了居民委员会。

当地关于龙头石的传说：很久很久以前，有一条青龙在府河中修行多年，已经具有通灵的法力。因此地风水俱佳，故不愿离去。有一年，天遭大旱，经久不雨，农作物枯死，连府河也断流。赤地千里、饿殍遍野。人们无以为生，整天焚香礼拜，恳求老天降雨，但求告无效，老天不为所动，仍然滴雨未降。一时间哀呼之声直达四野，百姓离乡背井四处乞讨。百姓的哀告声惊动了潜修的青龙，它虽然已经具备兴云布雨的法力，但未奉玉帝旨意，不能擅自行雨。青龙顾及百姓的生死安危，毅然冒险行雨，拯救当地百姓，因私自布雨违犯天条，被玉帝残酷地杀害了。一颗血淋淋的龙头落在青龙修行的府河边，化作一个怒目向天的石龙头。一腔赤血不停地涌出，连日不断，将河水变成一条赤色的血水河。当地百姓为纪念青龙的爱民之德和奋不顾身的精神，在其石身的右山坡修建了一座血龙庙，四时祭祀，以示感激之情。说来也怪，神庙建成以后，河水一下子澄清了。此庙新中国成立前香火十分旺盛，直到1956年被当地政府拆毁，建庙的材料用于修建青龙粮站。遗址仍在，神庙无存。但青龙潭的传说却在当地妇孺皆知，代代相传不息。

青龙潭社区位于孛畈镇东部，居委会所在地青龙上街，距镇政府所在地10千米，为丘陵山地地形，东接洑水镇毛庙村，西邻曹棚村，南连烟店镇周祠村，北靠同兴村。社区内共有17个居民点：上洪家塆、下洪家塆、宋家塆、徐家幺塆、徐家嘴、刘家山边、黄家凹、冯家塆、金家畈、黄家塆、檀家凹、王家塆、杨家大塆、罗家塆、方家塆、青龙上街、青龙下街。主要以黄、宋、徐、李、刘、金、杨、汪姓为主，均为汉族。2014年年末，社区内有常住居民898户，共2989人。面积6.67平方千米，其中耕地1.0667亩，林地面积2.5平方千米。以种植小麦、油菜、水稻为主，主要经济来源为农业和务工收入。社区内主要驻区单位有青龙小学、青龙林木专业合作社、孛畈油茶基地等。

青龙潭的兴衰，因府河水运而变化，现在出外与人交谈，只要一说起青龙潭，远在应城、汉川、云梦、随州、京山等地的老人都还记得，由此可见其影响广泛。旧时，交通主要依靠航运。发源于大洪山北麓的涢水，流经随州、安陆、云梦、应城、汉川后，注入汉水，再由汉水直达汉口，全程300余千米。青龙潭就处于这条航线的中上位置，这个位置集纳货物、周转货物，同时辐射涢西北以外地区，古代在“随枣大走廊”起到了承上启下的重要支撑作用。当时，京山、随南、涢西北等地区的大批农特产品有竹子、木材、木炭、山麻、木梓、桐子、猪毛、牛羊皮、禽蛋、药材、白酒、小麦、豆类、杂粮、陶器、黄荆条和布匹等，多以人挑马驮运至青龙潭，然后装船分运各地。而从德安、汉口等地运进的棉纱、布匹、煤油、大米、铜铁器、陶瓷用品、日用百货、闽广杂货等，也都靠船输入。平常码头到处堆放满了大堆小堆运进运出的货物，装货卸货的人流、挑夫络绎不绝，人声鼎沸，马嘶驴叫，从早到晚不绝于耳。运进的货物卸下之后，再分运各地。新中国成立前后家家户户使用的铜铁瓷器等日用品，大都是那时经过这一途径运进来的。

青龙潭的前身在附近的陶家店，传说始于唐代，有2000多年历史。史载，清嘉庆八年(1803年)被大水夷为平地，之后迁于高岗之上的青龙潭，于嘉庆十一年(1806年)报官开集，青龙潭街由此得名。

这片土地1949年10月为青龙潭街和杨家村(又名罗岗村)、桃园村，属安陆县孛畈区。1952年10月属第五区管辖。1954年8月属青龙区管辖。1956年4月属第六指导小组管辖。1958年9月杨家村和桃园村更名为杨家大队和桃园大队，属红旗人民公社管辖。同年底红旗人民公社更名为青龙人民公社。1961 年 4 月青龙人民公社更名为青龙区。1975 年 2 月撤区并社，青龙街、杨家大队和桃园大队属孛畈人民公社青龙管理区辖。此间杨家大队(或称罗岗大队)曾更名为青龙大队，但未得到群众认可。1984 年 1 月，青龙大队和桃园大队分别更名为杨家村和桃园村，属烟店区青龙镇辖。1987 年 10 月，原烟店区青龙镇、三里乡、孛畈乡合并为孛畈镇，青龙潭街、杨家村、桃园村属孛畈镇辖。2005 年青龙潭街与杨家村、桃园村合并为青龙潭村，2012 年 12 月 28 日更名为青龙潭社区，产生居民委员会，名称沿用至今。

方家塆[Fāng jiā wān]　隶属于青龙潭社区。以居民姓氏命名。此居民点新中国成立前居住着当地乃至安陆有名的大财主杨恒泰，原名恒泰花园屋。杨恒泰在清末民国初与汪恒泰、徐恒泰三人为府西三大户，俗称“西门三泰”，不仅在府西一带广置田产，而且在安陆城及附近集镇都有商号，从事各类商业贸易，可谓是日进斗金。杨家花园屋内，遍植奇花异草，与徽派建筑风格互为辉映，颇有文人雅士的情操，与当时的土著地主风格不同、情趣各异。其祖居地田地大多租给方姓贫苦农民耕种。中华人民共和国成立后，杨家土地、房产均被贫苦农民没收瓜分，在瓜分房屋中把杨氏祖宅拆毁得面目全非，其种植的各类花木被挖，假山水池也都被捣毁填平，杨家花园不复存在。两方姓佃户，政治上得解放，分得土地等财产，成为当地的主人。再加之方姓人口较多，故把杨恒泰花园屋更名为方家塆，杨氏后人则被扫地出门，分散到四处自己建屋居住，方家塆名称沿用至今。而杨恒泰富丽堂皇的古老建筑和花园屋，只能残存在老一代人的记忆之中了。

该居民点位于青龙潭社区西南部，呈块状分布，距村委会所在地 0.5 千米，东接烟店镇刘桥村蔡家塆、陈家塆，西邻曹棚村土家冲，南连烟店镇周祠村大塘角，北靠罗家塆。居民点面积约 0.011 平方千米，居民主要姓氏为方，民族为汉族。2014 年年末，共有村民 35 户、130 人，耕地面积 0.08 平方千米；村民主要种植水稻、小麦，经济来源以农业和务工收入为主。

冯家塆[Féng jiā wān]　隶属于青龙潭社区。原名杉树棚。20 世纪中叶前，府河的航运业十分发达，从随县、京山、应山及安陆北部的大批木材，都是运到青龙潭边屯积，以待涨水时扎排直达武汉等收购点。当时青龙街码头上囤积不了这么多木材，只好将部分木材囤积在这里的河边，派人在河边搭木棚照看、清理，故此地称杉树棚。清末民初有冯氏四兄弟从冯姓分支后，相中了此地面对府河、河边土地为冲积平原利于农作物生长，于是来此定居，建房兴业，时人因此命名为冯家塆。冯姓在此并未发扬光大，本姓人口陆续外迁，现冯姓人口，反不如老祖宗搬来时多。杨姓人口在此发展越来越多，不仅从事农耕，闲时都备有渔船在府河中捕捞。由于府河之中水产丰富，捕捞收入超过农业收入，因此杨姓族中从事府河驾船航运、捞鱼捕虾者人数众多。此地杨姓中从事道士行业的几户世代父子相传，在群众中久享盛名，业务范围远至京山、随州，因此居民点又被人称做道士塆。该居民点位于青龙潭社区西南部，呈块状分布，距村委会所在地 0.5 千米，东接府河，西邻同兴村六间屋，南连黄家塆，北靠刘家山边。居民点面积约 0.011 平方千米，居民主要姓氏为杨、刘，民族为汉族。2014 年年末，共有村民 35 户、134 人，耕地面积 0.0953 平方千米；村民主要种植水稻、小麦，经济来源以农业和务工收入为主。1949 年 10 月冯家塆属安陆县孛畈区桃园村。冯家塆名称沿用至今。

黄家凹[Huáng jiā wā]　隶属于青龙潭社区。黄姓古时本从黄寨迁来，分散定居在黄家凹周边。经过一段时间，黄姓发展成本地较有影响的一支大姓。现在凹中黄姓，便是从周边黄姓中分支出来，到洼地开荒耕种，发展到十多户，因居住点地势低洼，故名黄家凹。该居民点位于青龙潭社区北部，呈丁字状分布，距村委会所在地 1.5 千米，东接府河，西邻黄家塆，南连冯家塆，北靠刘家山边。居民点面积约 0.0119 平方千米，居民主要姓氏为黄，民族为汉族。2014 年年末，共有村民 39 户、110 人，耕地面积 0.1367 平方千米；村民主要种植水稻、小麦，经济来源以农业和务工收入为主。1949 年 10 月黄家凹属安陆县孛畈区桃园村。黄家凹名称沿用至今。

黄家塆[Huáng jiā wān]　隶属于青龙潭社区。民国初年，黄氏四兄弟从黄寨迁入，在此地建房兴业，以黄家塆命名。后杨、肖二姓迁入，但仍沿用黄家塆名称。该居民点位于青龙潭社区北部，呈圆状分布，距村委会所在地 1 千米，东接府河，西邻檀家岗，南连杨家大塆、吴家塆，北靠冯家塆。居民点面积约 0.01 平方千米，居民主要姓氏为黄、杨、肖，民族为汉族。2014 年年末，共有村民 34 户、102 人，耕地面积 0.0867 平方千米；村民主要种植水稻、小麦，经济来源以农业和务工收入为主。1949 年 10 月黄家塆属安陆县孛畈区杨家村(又名罗岗村)。黄家塆名称沿用至今。

金家畈[Jīn jiā fàn]　隶属于青龙潭社区。清末形成此居民点，当时叫黄家畈，塆中黄、金二姓杂处在府河之滨。但黄姓人丁日渐凋零，金姓却人丁兴旺，人口越来越多，影响力超过了黄姓。金姓认为自己一族后来居上，遂改名金家畈。黄姓一族则认为势不如人，也只好听之任之，随金姓改口称此地为金家畈，周边群众也习惯成自然地称呼为金家畈，沿用至今。该居民点位于青龙潭社区北部，呈块状分布，距居委会所在地 2 千米，东接府河，西邻徐家嘴，南连府河，北靠下洪家塆。居民点面积约 0.011 平方千米，居民主要姓氏为金、黄，民族为汉族。2014 年年末，共有村民 36 户、156 人，耕地面积 0.0853 平方千米；村民主要种植水稻、小麦，经济来源以农业和务工收入为主。1949 年 10 月金家畈属安陆县孛畈区桃园村。金家畈名称沿用至今。

刘家山边[Liú jiā shān biān]　隶属于青龙潭社区。此地有一小山，清末山下唯一住户姓刘，人们便习惯性地称此山为刘家山。山脚土地平整肥沃，而且水源充足，几口天然大堰成为自流灌溉的水源，为农业生产和人们生活用水提供有利的条件，所以陆续搬来徐、李姓氏的人口在此与刘姓共居和繁衍发展。1974 年农业学大寨时陆续迁入 20 多户其他姓氏的人在此开山造田，形成一定规模的居民点。此居民点因刘家山而命名为刘家山边。该居民点位于青龙潭社区北部，呈条状分布，距村委会所在地 1.5 千米，东接府河，西邻黄家凹，南连冯家塆，北靠徐家嘴。居民点面积约 0.0105 平方千米，居民主要姓氏为刘、徐、李，民族为汉族。2014 年年末，共有村民 35 户、109 人，耕地面积 0.07 平方千米；村民主要种植水稻、小麦，经济来源以农业和务工收入为主。1949 年 10 月刘家山边塆属安陆县孛畈区桃园村。刘家山边名称沿用至今。

罗家塆[Luó jiā wān]　隶属于青龙潭社区。此地古代有一户罗姓在此开山立业，形成村落，名罗家塆。随着岁月的流逝和历史的变迁，罗姓现已难觅一人。推测可能死于时疫或迁出，众说纷纭，难以采信。现存居民都是陆续从外地搬迁至此的，有杨、汪、方、董、黄诸姓。虽然人口、姓氏发生了改变，但罗家塆这一称谓得以延续。该居民点位于青龙潭社区西南部，距村委会所在地 0.5 千米，呈块状分布，东接青龙街，西邻曹棚村易家咀，南连方家塆，北靠杨家大塆。居民点面积约 0.0147 平方千米，居民主要姓氏为杨、汪、方、董、黄，民族为汉族。2014 年年末，共有村民 34 户、102 人，耕地面积 0.0867 平方千米；村民主要种植水稻、小麦，经济来源以农业和务工收入为主。1949 年 10 月罗家塆属安陆县孛畈区杨家村（又名罗岗村）。罗家塆名称沿用至今。

青龙上街[Qīng lóng shàng jiē] 隶属于青龙潭社区。青龙街又称青龙潭街，青龙上街因地处青龙街上段而得名。青龙潭位于安陆北部，府河上游西岸，今属孛畈镇青龙潭社区，历史上是重要的水运交通码头和货物周转交易中心。青龙潭的前身为附近的陶家店，史载清嘉庆八年（1803 年）陶家店被大水夷为平地，之后迁于驿道东侧的红石岗（即现青龙潭），于嘉庆十一年（1806 年）报官开集，被正式命名为青龙潭会，至今已有 200 多年历史。新中国成立后曾在这里设区政府，辖今烟店、孛畈两镇。1987 年安陆撤区并社后，青龙潭隶属于孛畈镇。

青龙街全长 500 余米，是一个依山势、地形分层次梯进式的小集镇。青龙上街从李安喜旧居拾石阶而上，转折向西，到西门城边为止，全长 300 余米。

旧时航运业发达，府河上连随州下通武汉，青龙码头地处府河的上游中段，周边的农林特产十分丰富，青龙街因此成为农林特产的集散地和中转站。河中船只平均每天达 100 多艘，多时达 200 余艘，河道为之堵塞。船民因等候货物的装卸，便在此停靠并上街补给生活用品，其吃喝用度均须在青龙街花费，因此青龙街经营日夜不息，十分红火。

为便利船民的食、用、玩、住，青龙街多以小食店、饭馆和杂货铺为主。上街居民多从事柴木交易、粮食及土特产品收购存转等业，并有副食品行业，百业杂陈。每天自早到晚，从京山、随州、应山等地的粮食、木材，用车推马驮，源源不断地运至青龙，在此由各商行吸进囤积，再陆续发往云梦、应城、汉川、武汉等地，生意的辐射达几百千米之遥，青龙街被称为小汉口、不夜城，极有声誉。小小的青龙街虽人不满千，但服务对象却极为广泛，不足一千米的小街排列各类商家达 100 多户，仅茶饭馆就达 20 多家，服务对象是四里八乡运货的群众及船民。上下两街都从事商业，但两街的侧重点不同。上街以收购、囤积各类农林特产为主，下街则以饮食、茶楼为主，同时上下街还兼营各行各业，服务不同类型的对象，虽各有侧重，但都互为依托，商号之间精诚合作，经营风生水起，享誉安陆及邻县。

中华人民共和国成立后，随着国家交通运输事业的发展和徐家河水利工程的兴建，府河逐渐失去其航运价值，青龙潭也慢慢淡出人们的视野。

该居民点位于青龙潭社区中部，居委会所在地。居民点呈条状分布，东接青龙下街，西邻杨家大塆，南连烟店镇刘桥村，北靠杨家塆。居民点面积约 0.18 平方千米，居民主要姓氏为杨、汪，民族为汉族。2014 年年末，共有居民 90 户、248 人。

青龙下街[Qīng lóng xià jiē] 隶属于青龙潭社区。青龙街又称青龙潭街，青龙下街因地处青龙街下段而得名。青龙街全长 500 余米，是一个依山势、地形分层次梯进式的小集镇。下街从东门城门洞起向西蜿蜒而上 220 米左右，至李安喜旧居止。该居民点位于青龙潭社区中部，紧邻居委会所在地。居民点呈条状分布，东接龙窝，西邻青龙上街，南连烟店镇刘桥村，北靠府河。居民点面积约 0.18 平方千米，居民主要姓氏为杨、汪，民族为汉族。2014 年年末，共有居民 60 户、210 人。

上洪家塆[Shàng hóng jiā wān]　隶属于青龙潭社区。该居民点最早叫付家塆，由付姓两户人家居住，后洪姓一批人口迁入此地，其人口和声势远远超过了付姓，时间一长，人们反而淡忘了付姓的存在，反以洪家塆称之。清末民初当地暴发了一场时疫，因缺医少药竟然变成了一场灭绝人口的巨大灾难，洪姓也在此灾难中死伤殆尽，洪家塆变成了一个荒无人烟的空旷之地。数十年后，黄寨有一老人名叫黄胜祖，携其四个儿子来此安居。此地土质肥沃，又有临近府河之便，既能方便农业灌溉，闲时可从府河中捕捞鱼虾，收入比黄寨老家要强。黄姓便在此地开荒种地、兴家立业，但仍沿用原来洪家塆的名称未变。该居民点位于青龙潭社区北部，呈条状分布，距居委会所在地 2.5 千米，东接府河，西邻同兴村骆家塆、本村宋家塆，南连下洪家塆，北靠车盖亭。居民点面积约 0.013 平方千米，居民主要姓氏为黄，民族为汉族。2014 年年末，共有村民 43 户、190 人，耕地面积 0.1167 平方千米；村民主要种植水稻、小麦，经济来源以农业和务工收入为主。1949 年 10 月上洪家塆属安陆县孛畈区桃园村。上洪家塆名称沿用至今。

宋家塆[Sòng jiā wān]　隶属于青龙潭社区。自古此地便是宋姓人口聚居地，清代太平天国战乱，当地居民为防止匪患的侵害，由宋姓人共同集资投劳，在塆后山冈上修建了一座土寨，闲时堆放杂草，土匪来了便躲入小寨，关紧寨门，用农具作为武器进行自卫，使其望而却步，很大程度地保护了一方百姓。此寨由宋姓所修，故名宋家寨，宋家塆也随此而得名。该居民点位于青龙潭社区北部，呈圆状分布，距居委会所在地 2 千米，东接下洪家塆，西邻同兴村李家塆，南连徐家幺塆，北靠同兴村骆家塆。居民点面积约 0.024 平方千米，居民主要姓氏为宋，民族为汉族。2014 年年末，共有村民 80 户、252 人，耕地面积 0.16 平方千米；村民主要种植水稻、小麦，经济来源以农业和务工收入为主。1949 年 10 月宋家塆属安陆县孛畈区桃园村。宋家塆名称沿用至今。

檀家凹[Tán jiā wā]　隶属于青龙潭社区。此地有几座山丘，俱呈现圆形，当地人便称之为团山，意思是团团圆圆之山。1958 年大办人民公社时，在此兴办了近 5 千米范围的林场，村民也随之转社办林场职工，以林场种养树木为主。团山更名为檀山。后林场撤销，林场职工回到村内继续耕种，但地名始终未变。该居民点位于青龙潭社区西北部，呈块状分布，距居委会所在地 1 千米，东接黄家塆，西邻曹棚村袁家塆、杨家岗，南连王家塆，北靠檀山林场、同兴村肖家冲。居民点面积约 0.007 平方千米，居民主要姓氏为肖，民族为汉族。2014 年年末，共有村民 23 户、84 人，耕地面积 0.06 平方千米；村民主要种植水稻、小麦，经济来源以农业和务工收入为主。1949 年 10 月檀家凹属安陆县孛畈区杨家村(又名罗岗村)。檀家凹名称沿用至今。

王家塆[Wáng jiā wān]　隶属于青龙潭社区。民国时期该居民点居民以程、王两姓为主，因程姓为本地士绅，在当地颇有影响，被称为程乡约(尊称)。新中国成立后，程姓被作为土豪劣绅受到批斗，王姓因为是贫雇农，政治上得以翻身，而且王姓人丁发展迅速，大大超过了程姓，王姓便以已姓命名为王家塆。该居民点位于青龙潭社区西部，呈两条状分布，距居委会所在地 0.9 千米，东接杨家大塆，西邻曹棚村杨家岗、袁家咀，南连罗家塆，北靠檀家凹。居民点面积约 0.0135 平方千米，居民主要姓氏为王、程，民族为汉族。2014 年年末，共有村民 45 户、152 人，耕地面积 0.1133 平方千米；村民主要种植水稻、小麦，经济来源以农业和务工收入为主。1949 年 10 月王家塆属安陆县孛畈区杨家村(又名罗岗村)。王家塆名称沿用至今。

下洪家塆[Xià hóng jiā wān]　隶属于青龙潭社区。民国时期黄胜祖的两个儿子开始在此居住，本应称为黄家塆。但因黄胜祖另外两个儿子居住的塆仍称洪家塆，此塆紧靠洪家塆，为顺口也叫洪家塆。为示区别，一个叫上洪家塆，一个叫下洪家塆。该居民点位于青龙潭社区北部，呈块状分布，距居委会所在地 2.5 千米，东接府河，西邻宋家塆，南连金家畈，北靠上洪家塆。居民点面积约 0.0123 平方千米，居民主要姓氏为洪，民族为汉族。2014 年年末，共有村民 42 户、150 人，耕地面积 0.14 平方千米；村民主要种植水稻、小麦，经济来源以农业和务工收入为主。1949 年 10 月下洪家塆属安陆县孛畈区桃园村。下洪家塆名称沿用至今。

徐家幺塆[Xú jiā yāo wān]　隶属于青龙潭社区。该塆最早在此居住的居户姓徐，为徐家嘴家族中分出的一支幺房兄弟。后陆续有李、刘等姓居民迁入。该居民点位于青龙潭社区北部，呈圆状分布，距居委会所在地 1.5 千米，东接徐家嘴，西邻同兴村六间屋，南连刘家山边，北靠宋家塆。居民点面积约 0.0135 平方千米，居民主要姓氏为徐，民族为汉族。2014 年年末，共有村民 45 户、132 人，耕地面积 0.1093 平方千米；村民主要种植水稻、小麦，经济来源以农业和务工收入为主。1949 年 10 月徐家幺塆属安陆县孛畈区桃园村。徐家幺塆名称沿用至今。

徐家嘴[Xú jiā zuǐ]　隶属于青龙潭社区。中华人民共和国成立前，由青龙至应山平林两大集镇之间的交通方式，一是利用府河舟船之便，二是陆路交通驿道。此地因处于山边路旁，古人称之为咀子。其时徐氏三兄弟相中此地南北通道的地理便利便从徐家老塆搬来此地建房兴业，因此便以徐姓及地理特征得名徐家咀(嘴)。该居民点位于青龙潭社区北部，呈块状分布，距居委会所在地 1.5 千米，东接金家畈，西邻徐家幺塆，南连刘家山边，北靠宋家塆。居民点面积约 0.007 平方千米，居民主要姓氏为徐，民族为汉族。2014 年年末，共有村民 23 户、104 人，耕地面积 0.0647 平方千米；村民主要种植水稻、小麦，经济来源以农业和务工收入为主。1949 年 10 月徐家嘴属安陆县孛畈区桃园村。徐家嘴名称沿用至今。

杨家大塆[Yáng jiā dà wān]　隶属于青龙潭社区。杨姓为本地区之大姓，其宗支人丁分散遍及全镇及外地，这些杨氏族人都认为杨家大塆为本地杨姓祖源，所以此塆虽不大，但仍以杨家大塆称之。该居民点位于青龙潭社区西部，呈块状分布，距居委会所在地 0.4 千米，东接青龙街，西邻王家塆，南连罗家塆，北靠黄家塆、吴家塆。居民点面积约 0.0166 平方千米，居民主要姓氏为杨，民族为汉族。2014 年年末，共有村民 56 户、190 人，耕地面积 0.0733 平方千米；村民主要种植水稻、小麦，经济来源以农业和务工收入为主。1949 年 10 月杨家大塆属安陆县孛畈区杨家村(又名罗岗村)。杨家大塆名称沿用至今。

十一、三里社区[Sānlǐ Shèqū]

隶属于孛畈镇。2005 年三里村、梁畈村、侯冲村合并为三里村。2012 年 12 月 28 日三里村改为三里社区。

该村位于孛畈镇西北部，村委会所在地三里街，距镇政府所在地 7 千米。东接杨岗村，西邻柳林村、随州洛阳镇，南连月岭村，北靠洛阳镇桃园河村。辖区内共有12个居民小组，43个居民点：彭家坳、三里街、张家塆、杨家洼、桂花树塆、何家塆、宋家塆、老塆、姜家垅、后头洼、碑基河、孙家塆、徐家塆、城洼、廖家冲、老虎冲、徐家冲、张家冲、郭家塆、罗家塆、袁家洼、花屋塆、中间塆、桂花树洼、杨家冲、后头洼、楼子塆、竹林塆、金家畈、前头塆、麻羊洼、段家洼、北岭堡、梁家畈、老锅厂、刘家洼、梅家凹、食堂洼、四五冲、唐家凹、桃园嘴、熊家冲、学堂洼。另外，居民点郑家洼随着村镇建设而消失。三里社区主要姓氏为郭、刘、杨姓，均为汉族。社区常住居民有816户，共3019人。总面积13平方千米，三里集镇总建筑面积0.0875平方千米，耕地面积1.27平方千米，主要农作物为小麦、棉花、水稻。社区居民委员会现有工作人员7名，社区建有商品房小区3个，建筑面积0.024平方千米，建有集贸市场、小学、幼儿园、卫生所各1个，中心集镇有超市1家。社区内主要驻区单位有三里社区居民委员会、三里小学等。

1949年10月，这里为三里村、梁畈村、侯冲村，属安陆县孛畈区。1952年10月三里村、梁畈村、侯冲村属第五区管辖。1954年8月属青龙区管辖。1956年4月属第六指导小组管辖。1958年9月村改大队，侯冲大队并入三里大队，三里大队、梁畈大队属红旗人民公社管辖。同年底红旗人民公社更名为青龙人民公社。1961年4月青龙人民公社更名为青龙区。1975年2月撤区并社，三里大队、梁畈大队属孛畈人民公社三里管理区辖。1980年侯冲大队从三里大队析出。1984年1月大队改村，三里村、侯冲村、梁畈村属烟店区三里乡辖。1987年10月，原烟店区青龙镇、三里乡、孛畈乡合并为孛畈镇，三里村、侯冲村、梁畈村属孛畈镇辖。2005年三里村、梁畈村、侯冲村合并为三里村。2012年12月28日三里村改为三里社区，设居民委员会。

碑基河[Bēi jī hé]　1949年10月碑基河属安陆县孛畈区梁畈村，现隶属于孛畈镇三里社区。该居民点附近有一条小河，清朝时期，被判死刑的人大多被杀死在河里。死者亲属在此立下很多碑，此河被称之为碑基河。小河附近的居民点亦被称之为碑基河。该居民点位于三里社区北部，呈块状分布，距居委会所在地1千米，东接三里街道，西邻梁家畈，南连金家畈，北靠前头塆。居民点面积约0.018平方千米，居民主要姓氏为姜、郭、杨、朱、甘、张，民族为汉族。2014年年末，共有居民60户、180人，耕地面积0.01平方千米；村民主要种植水稻、小麦，经济来源以农业和务工收入为主。

北岭堡[Běi lǐng bǎo]　1949年10月北岭堡属孛畈区梁畈村，现隶属于孛畈镇三里社区。该塆位于安陆市孛畈镇三里社区最北边的山岭上，所在区域内有一座山堡。该居民点位于三里社区北部，呈块状分布，距居委会所在地3千米，东接楼子塆，西邻段家洼，南连食堂塆，北靠随州曾都区洛阳镇邱畈村桃园河。居民点面积约0.018平方千米，居民主要姓氏为郭、涂、钟，民族为汉族。2014年年末，共有居民7户、28人，耕地面积0.02平方千米；村民主要种植水稻、小麦，经济来源以农业和务工收入为主。

城洼[Chéng wā]　1949年10月城洼属安陆县孛畈区侯冲村，现隶属于孛畈镇三里社区。该塆位于安陆市孛畈镇三里社区山凹处，山顶有一寨子名龙王城，故名城洼。该居民点位于三里社区西南部，呈块状分布，距居委会所在地2千米，东接徐家塆，西邻柳林村腊树洼，南连杨家塆，北靠柳林村龙王寺水库。居民点面积约0.0028平方千米，居民主要姓氏为刘，民族为汉族。2014年年末，共有居民9户、27人，耕地面积0.017平方千米；村民主要种植水稻、小麦，经济来源以农业和务工收入为主。

段家洼[Duàn jiā wā]　1949年10月段家洼属安陆县孛畈区梁畈村，现隶属于孛畈镇三里社区。该塆位于山凹处，早期居民以段姓居多。该居民点位于三里社区北部，呈块状分布，距居委会所在地3千米，东接楼子塆，西邻乌羊山，南连台渠塆，北靠北岭堡。居民点面积约0.0027平方千米，居民主要姓氏为钟、邓、张、郭，民族为汉族。2014年年末，共有居民9户、35人，耕地面积0.03平方千米；村民主要种植水稻、小麦，经济来源以农业和务工收入为主。

桂花树洼[Guì huā shù wā]　1949年10月桂花树洼属安陆县孛畈区三里村，现隶属于孛畈镇三里社区。该塆位于山凹处，所在区域内有粗大的桂花树。该居民点位于三里社区南部，呈块状分布，距居委会所在地2千米，东接高冲，西邻何家塆，南连月岭村三里岗，北靠茶庵。居民点面积约0.0015平方千米，居民主要姓氏为郭，民族为汉族。2014年年末，共有居民5户、16人，耕地面积0.004平方千米；村民主要种植水稻、小麦，经济来源以农业和务工收入为主。

桂花树塆[Guì huā shù wān]　1949年10月桂花树塆属安陆县孛畈区三里村，现隶属于孛畈镇三里社区。该塆所在区域内有许多桂花树。该居民点位于三里社区南部，呈块状分布，距居委会所在地3千米，东接宋家塆，西邻中间塆，南连月岭村周家塆，北靠袁家洼。居民点面积约0.004平方千米，居民主要姓氏为何，民族为汉族。2014年年末，共有居民12户、42人，耕地面积0.02平方千米；村民主要种植水稻、小麦，经济来源以农业和务工收入为主。

郭家塆[Guō jiā wān]　1949年10月郭家塆属安陆县孛畈区侯冲村，现隶属于孛畈镇三里社区。以居民姓氏命名。该居民点位于三里社区西南部，呈块状分布，距居委会所在地2千米，东接罗家塆，西邻上冲凹，南连刘家冲，北靠罗家塆。居民点面积约0.0015平方千米，居民主要姓氏为郭，民族为汉族。2014年年末，共有居民5户、16人，耕地面积0.003平方千米；村民主要种植水稻、小麦，经济来源以农业和务工收入为主。

何家塆[Hé jiā wān]　这里清朝开始形成此居民点。1949年10月何家塆属安陆县孛畈区三里村，现隶属于孛畈镇三里社区。以居民姓氏命名。该居民点位于三里社区南部，呈块状分布，距居委会所在地2千米，东接桂花树洼，西邻月落岭，南连黑桃凹，北靠四五冲。居民点面积约0.0028平方千米，居民主要姓氏为徐、何，民族为汉族。2014年年末，共有居民9户、34人，耕地面积0.02平方千米；村民主要种植水稻、小麦，经济来源以农业和务工收入为主。

后头洼[Hòu tóu wā]　1949年10月后头洼属安陆县孛畈区侯冲村，现隶属于孛畈镇三里社区。该塆地处山凹处，位于安陆市孛畈镇三里社区主村后面，故名。另一说法是，200多年前有一榨坊，榨坊后面有一山洼，郭氏人家在此居住，故名后头洼。该居民点位于三里社区西南部，呈块状分布，距居委会所在地2千米，东接徐家塆，西邻沙堰水库，南连廖家冲，北靠柳林村邓家塆。居民点面积约0.005平方千米，居民主要姓氏为郭、刘、杨，民族为汉族。2014年年末，共有居民16户、50人，耕地面积0.03平方千米；村民主要种植水稻、小麦，经济来源以农业和务工收入为主。这里清朝开始形成居民点。

花屋塆[Huā wū wān]　1949年10月花屋塆属安陆县孛畈区侯冲村，现隶属于孛畈镇三里社区。该塆一财主所居住的房屋样式繁多，装饰有花纹。该居民点位于三里社区南部，呈块状分布，距居委会所在地

1.5 千米，东接宋家塆，西邻中间塆，南连桂花树塆，北靠张家冲。居民点面积约 0.0024 平方千米，居民主要姓氏为邓，民族为汉族。2014 年年末，共有居民 7 户、22 人，耕地面积 0.0017 平方千米；村民主要种植水稻、小麦，经济来源以农业和务工收入为主。

姜家垅[Jiāng jiā lǒng]　1949 年 10 月姜家垅属安陆县孛畈区三里村，现隶属于孛畈镇三里社区。该塆地处垅上，居民以姜姓为主。该居民点位于三里社区北部，呈块状分布，距居委会所在地 1 千米，东接杨堰村孙家凹，西邻鬼垱，南连彭家坳，北靠杨堰村贯冲。居民点面积约 0.05 平方千米，居民主要姓氏为姜、杜、彭，民族为汉族。2014 年年末，共有居民 17 户、65 人，耕地面积 0.05 平方千米；村民主要种植水稻、小麦，经济来源以农业和务工收入为主。

金家畈[Jīn jiā fàn]　1949 年 10 月金家畈属安陆县孛畈区梁畈村，现隶属于孛畈镇三里社区。该塆地处畈地，最早在此居住的居户姓金。该居民点位于三里社区西部，呈块状分布，距居委会所在地 1.5 千米，东接三里社区街道，西邻龙王寺水库，南连长岗塆，北靠魏个洼。居民点面积约 0.005 平方千米，居民主要姓氏为姜、邓、甘、魏、周，民族为汉族。2014 年年末，共有居民 17 户、65 人，耕地面积 0.08 平方千米；村民主要种植水稻、小麦，经济来源以农业和务工收入为主。

老虎冲[Lǎo hǔ chōng]　1949 年 10 月老虎冲属安陆县孛畈区侯冲村，现隶属于孛畈镇三里社区。该塆位于山凹处，所在区域内有一个名为老虎洞的景点。该居民点位于三里社区西南部，呈块状分布，距居委会所在地 4 千米，东接郭家塆，西邻柳林村彭家塆，南连徐家冲，北靠廖家冲。居民点面积约 0.006 平方千米，居民主要姓氏为徐，民族为汉族。2014 年年末，共有居民 19 户、61 人，耕地面积 0.03 平方千米；村民主要种植水稻、小麦，经济来源以农业和务工收入为主。

老塆[Lǎo wān]　1949 年 10 月老塆属安陆县孛畈区三里村，现隶属于孛畈镇三里社区。因居户居住时间早而得名。该居民点位于三里社区南部，呈块状分布，距居委会所在地 2 千米，东接杨家洼，西邻安(陆)三(里)公路，南连月岭村，北靠唐家凹。居民点面积约 0.003 平方千米，居民主要姓氏为郭、杨、刘，民族为汉族。2014 年年末，共有居民 10 户、35 人，耕地面积 0.023 平方千米；村民主要种植水稻、小麦，经济来源以农业和务工收入为主。

梁家畈[Liáng jiā fàn]　1949 年 10 月梁家畈属安陆县孛畈区梁畈村，现隶属于孛畈镇三里社区。该塆地处畈地，早期居民以梁姓居多。该居民点位于三里社区西部，呈块状分布，距居委会所在地 1 千米，东接金家畈渡槽、三里老街，西邻龙王寺水库堤，南连孙家塆，北靠曹林凹。居民点面积约 0.0022 平方千米，居民主要姓氏为孙、邓、张，民族为汉族。2014 年年末，共有居民 8 户、30 人，耕地面积 0.047 平方千米；村民主要种植水稻、小麦，经济来源以农业和务工收入为主。

廖家冲[Liào jiā chōng]　1949 年 10 月廖家冲属安陆县孛畈区梁畈村，现隶属于孛畈镇三里社区。以姓氏和地理特征综合命名。该居民点位于三里社区西南部，呈块状分布，距居委会所在地 3 千米，东接徐家塆，西邻王义贞镇，南连老虎冲，北靠后头洼。居民点面积约 0.0032 平方千米，居民主要姓氏为邓，民族为汉族。2014 年年末，共有居民 11 户、48 人，耕地面积 0.01 平方千米；村民主要种植水稻、小麦，经济来源以农业和务工收入为主。

楼子塆[Lóu zi wān]　这里清朝形成居民点。1949 年 10 月楼子塆属安陆县孛畈区梁畈村，现隶属于孛畈镇三里社区。“楼子”指道光八年，该塆有个名为孙策的才子，在此地建了一幢二层砖木结构的楼房，占地面积达 700 平方米左右。该居民点位于三里社区北部，呈块状分布，距居委会所在地 2 千米，东接姜家塆，西邻乌羊山、北岭堡，南连竹林塆，北靠随州曾都区洛阳镇金鸡岭村桃园河。居民点面积约 0.006 平方千米，居民主要姓氏为杨、涂，民族为汉族。2014 年年末，共有居民 21 户、88 人，耕地面积 0.0667 平方千米；村民主要种植水稻、小麦，经济来源以农业和务工收入为主。

罗家塆[Luó jiā wān]　1949 年 10 月罗家塆属安陆县孛畈区侯冲村，现隶属于孛畈镇三里社区。该塆早期居民以罗姓居多。该居民点位于三里社区西南部，呈块状分布，距居委会所在地 2 千米，东接孙家塆，西邻郭家塆，南连庙洼岗，北靠上冲洼。居民点面积约 0.004 平方千米，居民主要姓氏为胡、李，民族为汉族。2014 年年末，共有居民 13 户、50 人，耕地面积 0.0267 平方千米；村民主要种植水稻、小麦，经济来源以农业和务工收入为主。

麻羊洼[Má yáng wā]　这里清朝时形成居民点。1949 年 10 月麻羊洼属安陆县孛畈区梁畈村，现隶属于孛畈镇三里社区。该塆位于山凹处，所在区域的地形酷似麻羊，故名。另一说法是，清代有一个牧羊的老人，喂的全部是麻颜色的羊子，常驱赶麻羊在此山洼放牧，故名麻羊洼。该居民点位于三里社区北部，呈块状分布，距居委会所在地 3 千米，东接熊家冲，西邻随州曾都区洛阳镇邱畈村钟家咀，南连龙王寺水库，北靠乌羊山、随州曾都区洛阳镇邱畈村李家凹。居民点面积约 0.0015 平方千米，居民主要姓氏为王、陈、甘、姜，民族为汉族。2014 年年末，共有居民 4 户、12 人，耕地面积 0.01 平方千米；村民主要种植水稻、小麦，经济来源以农业和务工收入为主。

彭家坳[Péng jiā ào]　清朝开始形成此居民点。1949 年 10 月彭家坳属安陆县孛畈区三里村，现隶属于孛畈镇三里社区。该塆位于山坳处，居民以彭姓居多。该居民点位于三里社区东部，呈块状分布，距居委会所在地 2 千米，东接杨堰村孙家凹，西邻杨家凹，南连月岭村高冲，北靠郑家洼。居民点面积约 0.0023 平方千米，居民主要姓氏为彭，民族为汉族。2014 年年末，共有居民 8 户、30 人，耕地面积 0.02 平方千米；村民主要种植水稻、小麦，经济来源以农业和务工收入为主。

前头塆[Qián tóu wān]　清朝时形成此居民点。1949 年 10 月前头塆属安陆县孛畈区梁畈村，现隶属于孛畈镇三里社区。该塆位于安陆市孛畈镇三里社区主村前面，故名。该居民点位于三里社区北部，距居委会所在地 1 千米，居民点呈块状分布，东接安桃公路、姜家塆，西邻乌羊山、竹林塆，南连曹林凹，北靠楼子塆。居民点面积约 0.0023 平方千米，居民主要姓氏为姜、高、周、彭，民族为汉族。2014 年年末，共有居民 8 户、30 人，耕地面积 0.0233 平方千米；村民主要种植水稻、小麦，经济来源以农业和务工收入为主。

三里街[Sān lǐ jiē]　1949 年 10 月三里街属安陆县孛畈区三里村，现隶属于孛畈镇三里社区。因人民美好愿望命名。“三”为乾卦的三阳爻象，“土”为坤，“里”由“日”“土”构成，是日光兴土之象，得天地护佑之意。另一说法是，有一条小河由南向北流经此地三里有余，从清朝开始，河边居住着几十户人家，四周民众在这里购物、出售自己的产品，形成了街道。该居民点位于三里社区西部，居委会所在地。居民点呈块状分布，东接三里龟垱，西邻金家畈，南连三里小学，北靠碑基河。居民点面积约 0.18 平方千米，居民主要姓氏为郭、刘、杨，民族为汉族。2014年年末，共有居民600户、3000人，总面积0.27平方千米；村民主要种植水稻、小麦，经济来源以农业和务工收入为主。

宋家塆[Sòng jiā wān]　1949年10月宋家塆属安陆县孛畈区三里村，现隶属于孛畈镇三里社区。以居民姓氏命名。该居民点位于三里社区南部，呈块状分布，距居委会所在地2千米，东接秦家塆，西邻袁家洼，南连四五冲，北靠杨家凹。居民点面积约0.0031平方千米，居民主要姓氏为宋，民族为汉族。2014年年末，共有居民11户、40人，耕地面积0.023平方千米；村民主要种植水稻、小麦，经济来源以农业和务工收入为主。

孙家塆[Sūn jiā wān]　1949年10月孙家塆属安陆县孛畈区侯冲村，现隶属于孛畈镇三里社区。以居民姓氏命名。该居民点位于三里社区西南部，呈块状分布，距居委会所在地1千米，东接金家畈，西邻徐家塆，南连三里街，北靠刘家洼山、荒屋咀。居民点面积约0.0044平方千米，居民主要姓氏为孙、张，民族为汉族。2014年年末，共有居民14户、55人，耕地面积0.027平方千米；村民主要种植水稻、小麦，经济来源以农业和务工收入为主。

徐家冲[Xú jiā chōng]　1949年10月徐家冲属安陆县孛畈区侯冲村，现隶属于孛畈镇三里社区。"徐家"指居民姓氏，"冲"指两山之间的狭长地带。该居民点位于三里社区西南部，呈块状分布，距居委会所在地2千米，东接郭家塆，西邻王义贞黄金村大山边，南连张家冲，北靠老虎冲。居民点面积约0.0044平方千米，居民主要姓氏为徐、钟，民族为汉族。2014年年末，共有居民14户、44人，耕地面积0.0333平方千米；村民主要种植水稻、小麦，经济来源以农业和务工收入为主。

徐家塆[Xú jiā wān]　1949年10月徐家塆属安陆县孛畈区侯冲村，现隶属于孛畈镇三里社区，以居民姓氏命名。该居民点位于三里社区西南部，呈块状分布，距居委会所在地1.5千米，东接孙家塆，西邻城洼，南连罗家塆，北靠柳林村腊树凹。居民点面积约0.005平方千米，居民主要姓氏为郭，民族为汉族。2014年年末，共有16户、55人，耕地面积0.0267平方千米；村民主要种植水稻、小麦，经济来源以农业和务工收入为主。

杨家冲[Yáng jiā chōng]　1949年10月杨家冲属安陆县孛畈区侯冲村，现隶属于孛畈镇三里社区。早期这里杨姓居民居多，地处狭长地带。该居民点位于三里社区西南部，呈块状分布，距居委会所在地2.5千米，东接徐家塆，西邻老虎冲，南连刺猬洼，北靠廖家冲山脉、城凹。居民点面积约0.005平方千米，居民主要姓氏为杨，民族为汉族。2014年年末，共有居民16户、60人，耕地面积0.0287平方千米；村民主要种植水稻、小麦，经济来源以农业和务工收入为主。

杨家洼[Yáng jiā wā]　清朝开始形成此居民点。1949年10月杨家洼属安陆县孛畈区三里村，现隶属于孛畈镇三里社区。该塆地处洼地，居民以杨姓居多，位于三里社区北部，呈块状分布，距居委会所在地1.5千米，东接姜家塆，西邻张家塆，南连月岭村，北靠鬼垱。居民点面积约0.0045平方千米，居民主要姓氏为杨，民族为汉族。2014年年末，共有居民15户、50人，耕地面积0.03平方千米；村民主要种植水稻、小麦，经济来源以农业和务工收入为主。

袁家洼[Yuán jiā wā]　1949年10月袁家洼属安陆县孛畈区侯冲村，现隶属于孛畈镇三里社区，以居民姓氏和地形实体特征综合命名。该居民点位于三里社区南部，呈块状分布，距居委会所在地 3 千米，东接宋家塆，西邻张家冲山脉、张家冲，南连桂花树塆，北靠郭家塆。居民点面积约 0.0037 平方千米，居民主要姓氏为袁、徐，民族为汉族。2014 年年末，共有居民 12 户、36 人，耕地面积 0.02 平方千米；村民主要种植水稻、小麦，经济来源以农业和务工收入为主。

张家冲[Zhāng jiā chōng]　1949 年 10 月张家冲属安陆县孛畈区侯冲村，现隶属于孛畈镇三里社区，以居民姓氏和地理实体特征综合命名。该居民点位于三里社区西南部，呈块状分布，距居委会所在地 3 千米，东接郭家塆，西邻徐家冲，南连刘家冲，北靠后头洼。居民点面积约 0.0066 平方千米，居民主要姓氏为李，民族为汉族。2014 年年末，共有居民 22 户、70 人，耕地面积 0.04 平方千米；村民主要种植水稻、小麦，经济来源以农业和务工收入为主。

张家塆[Zhāng jiā wān]　清朝开始形成此居民点。1949 年 10 月张家塆属安陆县孛畈区三里村，现隶属于孛畈镇三里社区，以居民姓氏命名。该居民点位于三里社区东部，呈块状分布，距居委会所在地 1 千米，东接鬼垱，西邻夏凹山脉、下头凹，南连大凹、杨家凹，北靠三里街道。居民点面积约 0.0027 平方千米，居民主要姓氏为彭，民族为汉族。2014 年年末，共有居民 9 户、36 人，耕地面积 0.023 平方千米；村民主要种植水稻、小麦，经济来源以农业和务工收入为主。

中间塆[Zhōng jiā nwān]　1949 年 10 月中间塆属安陆县孛畈区侯冲村，现隶属于孛畈镇三里社区。该居民点地处一条冲中间，上、下都有居民点，故称中间塆。该居民点位于三里社区南部，呈块状分布，距居委会所在地 3.5 千米，东接桂花树塆，西邻张家冲，南连月岭村泉水冲、周家塆，北靠花屋塆、桂花树塆。居民点面积约 0.004 平方千米，居民主要姓氏为邓，民族为汉族。2014 年年末，共有居民 12 户、38 人，耕地面积 0.0267 平方千米；村民主要种植水稻、小麦，经济来源以农业和务工收入为主。

竹林塆[Zhú lín wān]　明朝时形成此居民点。1949 年 10 月竹林塆属安陆县孛畈区梁畈村，现隶属于孛畈镇三里社区，以物产命名。该居民点位于三里社区北部，呈块状分布，距居委会所在地 2 千米，东接安(陆)三(里)公路，西邻食堂塆，南连曹林凹，北靠楼子塆。居民点面积约 0.005 平方千米，居民主要姓氏为姜，民族为汉族。2014 年年末，共有居民 17 户、44 人，耕地面积 0.0167 平方千米；村民主要种植水稻、小麦，经济来源以农业和务工收入为主。

老锅厂[Lǎo guō chǎng]　1958 年 9 月老锅厂属红旗人民公社三里大队，现隶属于孛畈镇三里社区。所在区域内有"大跃进"时期一座烧锅厂。该居民点位于三里社区东部，呈块状分布，距居委会所在地 2 千米，东接杨堰村孙家凹，西邻杨家凹，南连月岭村高冲，北靠郑家洼。居民点面积约 0.003 平方千米，居民主要姓氏为郭，民族为汉族。2014 年年末，共有居民 10 户、35 人，耕地面积 0.011 平方千米；村民主要种植水稻、小麦，经济来源以农业和务工收入为主。

刘家洼[Liú jiā wā]　清朝开始形成此居民点。1949 年 10 月刘家洼属安陆县孛畈区三里村，现隶属于孛畈镇三里社区。该塆位于山坳处，早期居民以刘姓为主。该居民点位于三里社区西部，呈块状分布，距居委会所在地 3 千米，东接枣树咀、三里街道，西邻孙家塆，南连桃园咀，北靠荒屋咀。居民点面积约　平方千米，居民主要姓氏为刘，民族为汉族。2014 年年末，共有居民 7 户、30 人，耕地面积 0.03 平方千米；村民主要种植水稻、小麦，经济来源以农业和务工收入为主。

梅家凹[Méi jiā wā]　1949 年 10 月梅家凹属安陆县孛畈区三里村，现隶属于孛畈镇三里社区。清朝时梅姓始祖在此居住，繁衍生息至民国中期迁出。因梅姓大户而得名。该居民点位于三里社区东部，呈块状分布，距居委会所在地 2 千米，东接孙家凹，西邻鬼垱，南连锅厂，北靠杨堰村贯冲。居民点面积约 0.003 平方千米，居民主要姓氏为郭，民族为汉族。2014 年年末，共有居民 10 户、35 人，耕地面积 17.5 亩；村民主要种植水稻、小麦，经济来源以农业和务工收入为主。

食堂洼[Shí táng wā]　隶属于孛畈镇三里社区。所在区域于人民公社时期的 1961 年建有一座食堂，形成居民点，故名食堂洼。该居民点位于三里社区西北部，呈块状分布，距居委会所在地 1 千米，东接竹林塆，西邻熊家冲，南连学堂洼，北靠北岭堡塆。居民点面积约 0.003 平方千米，居民主要姓氏为郭，民族为汉族。2014 年年末，共有居民 10 户、34 人，耕地面积 0.12 平方千米；村民主要种植水稻、小麦，经济来源以农业和务工收入为主。

四五冲[Sì wǔ chōng]　1949 年 10 月四五冲属安陆县孛畈区三里村，现隶属于孛畈镇三里社区。此地由四、五条小山冲组成，故名。该居民点位于三里社区南部，呈块状分布，距居委会所在地 2 千米，东接茶庵，西邻刘家冲，南连何家塆，北靠宋家塆；居民点面积约 0.0015 平方千米，居民主要姓氏为包，民族为汉族。2014 年年末，共有居民 5 户、16 人，耕地面积 0.007 平方千米；村民主要种植水稻、小麦，经济来源以农业和务工收入为主。

唐家凹[Táng jiā wā]　1949 年 10 月唐家凹属安陆县孛畈区三里村，现隶属于孛畈镇三里社区。清朝时唐姓始祖在此山凹居住，因此得名。该居民点位于三里社区南部，呈块状分布，距居委会所在地 1.5 千米，东接杨家洼，西邻安(陆)三(里)公路，南连月岭村，北靠唐家凹。居民点面积约 0.002 平方千米，居民主要姓氏为郭，民族为汉族。2014 年年末，共有居民 5 户、20 人，耕地面积 0.02 平方千米；村民主要种植水稻、小麦，经济来源以农业和务工收入为主。

桃园咀[Táo yuán zuǐ]　1949 年 10 月桃园咀属安陆县孛畈区三里村，现隶属于孛畈镇三里社区。该塆位于山坳处，所在区域内桃树繁茂，有大片桃园。该居民点位于三里社区西部，呈块状分布，距居委会所在地 2 千米，东接三里小学，西邻徐家塆，南连刘家冲，北靠金家畈。居民点面积约 0.0017 平方千米，居民主要姓氏为肖，民族为汉族。2014 年年末，共有居民 6 户、24 人，耕地面积 0.09 平方千米；村民主要种植水稻、小麦，经济来源以农业和务工收入为主。

熊家冲[Xióng jiā chōng]　隶属于孛畈镇三里社区。以居民姓氏和地理特征综合命名。该居民点位于三里社区西部，呈块状分布，距居委会所在地 3 千米，东接学堂洼，西邻麻羊洼，南连瓦屋冲，北靠段家凹。居民点面积约 0.003 平方千米，居民主要姓氏为郭、刘，民族为汉族。2014 年年末，共有居民 10 户、35 人，耕地面积 0.015 平方千米；村民主要种植水稻、小麦，经济来源以农业和务工收入为主。

学堂洼[Xué táng wā]　明朝时期形成此居民点。1949 年 10 月学堂洼属安陆县孛畈区三里村，现隶属于孛畈镇三里社区。明代该塆所在区域内曾建有一座学堂，故名。该居民点位于三里社区南部，呈块状分布，距居委会所在地 3 千米，东接曹林洼，西邻熊家冲，南连梁家畈，北靠竹林塆。居民点面积约 0.0015

平方千米，居民主要姓氏为姜，民族为汉族。2014 年年末，共有居民 5 户、16 人，耕地面积 0.007 平方千米；村民主要种植水稻、小麦，经济来源以农业和务工收入为主。

郑家洼[Zhèng jiā wā]　隶属于孛畈镇三里社区。历史上此地有一口井，人称井洼。清末郑红军从柳林迁来此地后，更名为郑家洼。历史上属三里村，该居民店因自然环境现已无人居住。

十二、天子岗村[Tiānzǐgǎng Cūn]

隶属于孛畈镇。该村所在区域内有一座名为天子岗的山冈。由府河逶迤而上，七华里山冈，众山簇拥朝拱，主岗山脉如龙飞腾之势。相传有一年，从东边来了两位风水大师，在涢水边歇脚攀谈，放眼西望，此山像龙头，七华里山冈像龙身，正从涢水向西北腾飞。龙头山上住着一户李姓人家，有瓦屋 5 间，前院有草房门楼，一条肥硕黑犬，日夜睡在门楼上，屋后茂林修竹。两位大师惊叹，天子必将诞生在此户人家！这个消息一传十、十传百，很快传到官府那里。官府以莫须有的罪名，活埋了李姓童男童女，葬在龙腰上。一夜间，竹园的竹子全部爆裂，竹节中的竹人、竹马未完全长成便死了，传说到此而终。后来人们称这里为天子岗。

天子岗村位于孛畈镇东北部，村委会所在地周埂，距镇政府所在地 6 千米，东接李寨，西邻曹畈村，南连横山村，北靠随州市曾都区府河镇麦林村。辖区内共有 7 个自然塆：代家坡、董家塆、海门冲、李家冲、熊家塆、余家畈、周埂。主要姓氏有周、李、董、余、熊、代，主要民族为汉族。2014 年年末，常住居民 248 户，共 978 人。面积 1.3 平方千米，其中耕地面积 0.659 平方千米，以种植水稻、小麦、油菜为主，主要经济来源为农业和务工收入。

1949 年 10 月，周埂村属安陆县孛畈区曹家乡。1952 年 10 月属第五区管辖。1954 年 8 月属青龙区管辖。1956 年 4 月属第六指导小组管辖。1958 年 9 月更名为周埂大队，属红旗人民公社管辖。同年底红旗人民公社更名为青龙人民公社。1961 年 4 月青龙人民公社更名为青龙区。1975 年 2 月撤区并社，周埂大队属孛畈人民公社三里青龙管理区辖。1984 年 1 月，周埂大队更名为周埂村，属烟店区青龙镇辖。1987 年 10 月，原烟店区青龙镇、三里乡、孛畈乡合并为孛畈镇，周埂村属孛畈镇辖。2005 年周埂村与李寨村合并为天子岗村，设立天子岗村村民委员会，名称沿用至今。2012 年原属李寨村的村民小组划入张畈村。

代家坡[Dài jiā pō]　1949 年 10 月代家坡属安陆县孛畈区周埂村，现隶属于孛畈镇天子岗村。这里临清水河有一个绵长山坡，清朝初期一代姓人家逃荒至此，倚坡建房，耕种坡下田地，故名。该居民点位于天子岗村西部，呈块状分布，距村委会所在地 1.5 千米，东接曹畈村桃园冲，西邻随州市曾都府河镇麦林村龚家塆，南连曹畈村弯堰角，北靠吴家塆。居民点面积约 0.0027 平方千米，居民主要姓氏为代、程、徐，民族为汉族。2014 年年末，共有村民 9 户、30 人，耕地面积 0.06 平方千米；村民主要种植水稻、小麦，经济来源以农业和务工收入为主。

董家塆[Dǒng jiā wān]　清末已形成此居民点。1949 年 10 月董家塆属安陆县孛畈区周埂村，现隶属于孛畈镇天子岗村。清朝末年，董姓人家逃荒至此，开垦耕种周围山场田地，繁衍发展，故名。该居民点位于天子岗村中南部，呈块状分布，距村委会所在地 0.1 千米，东接李家冲、海门冲，西邻宋家台子，南连横山村徐家塆，北靠熊家塆。居民点面积约 0.0038 平方千米，居民主要姓氏为董、李，民族为汉族。2014 年年末，共有村民 12 户、45 人，耕地面积 0.05 平方千米；村民主要种植水稻、小麦，经济来源以农业和务工收入为主。

海门冲[Hǎi mén chōng]　清朝年间形成此居民点。1949 年 10 月海门冲属安陆县孛畈区周埂村，现隶属于孛畈镇天子岗村。相传清朝末年一个名叫李海门的地方武装头目住在此冲。他身材高大，胆魄过人，勇猛高强，曾担任安陆、应山、随县三县剿匪总司令。由于他威名远扬，各路土匪闻风丧胆，确保了一方百姓的生活平安。李海门在一次剿匪战斗中身亡。为纪念他，当地百姓称他的故居为海门冲。该居民点位于天子岗村东部，呈块状分布，距村委会所在地 0.15 千米，东接李家冲，西邻周埂、董家塆，南连横山村袁家凹，北靠熊家塆。居民点面积约 0.003 平方千米，居民主要姓氏为李、董，民族为汉族。2014 年年末，共有村民 10 户、40 人，耕地面积 20 亩；村民主要种植水稻、小麦，经济来源以农业和务工收入为主。

李家冲[Lǐ jiā chōng]　1949 年 10 月李家冲属安陆县孛畈区周埂村，现隶属于孛畈镇天子岗村。明朝洪武年间，李朝纲带着家人来此居住，繁衍生息，形成村落，故名。后有邹、朱、黄姓先后迁入。该居民点位于天子岗村东部，呈块状分布，距村委会所在地 1.5 千米，东接檀岗、秦家冲，西邻董家塆，南连彭家凹，北靠熊家塆。居民点面积约 0.0166 平方千米，居民主要姓氏为李、黄、彭、叶，民族为汉族。2014 年年末，共有村民 56 户、215 人，耕地面积 0.123 平方千米；村民主要种植水稻、小麦，经济来源以农业和务工收入为主。

熊家塆[Xióng jiā wān]　1949 年 10 月熊家塆属安陆县孛畈区周埂村，现隶属于孛畈镇天子岗村。明洪武年间，熊姓一家人从江西麻城筷子街调籍至此，繁衍发展，故名。后有宋、李迁入。该居民点位于天子岗村东北部，呈圆状分布，距村委会所在地 0.3 千米，东接张畈村窑凹，西邻天子岗村村委会所在地，南连李家冲，北靠随州曾都区府河镇麦林村张家塆。居民点面积约 0.0058 平方千米，居民主要姓氏为熊、梁、徐、张、李，民族为汉族。2014 年年末，共有村民 19 户、70 人，耕地面积 0.065 平方千米；村民主要种植水稻、小麦，经济来源以农业和务工收入为主。

余家畈[Yú jiā fàn]　1949 年 10 月余家畈属安陆县孛畈区周埂村，现隶属于孛畈镇天子岗村。相传清朝初年余姓一家人逃荒至此，开垦了一片畈地，繁衍生息，故名。后举家外迁，清末有陈、肖、彭姓人家先后迁入，形成了现在的居民点。该居民点位于天子岗村西部，呈块状分布，距村委会所在地 0.5 千米，东接熊家塆，西邻随州市曾都区府河镇麦林村龚家大塆，南连宋家台子，北靠随州市曾都区府河镇麦林村村委会。居民点面积约 0.0132 平方千米，居民主要姓氏为代、程、徐，民族为汉族。2014 年年末，共有村民 43 户、156 人，耕地面积 0.1 平方千米；村民主要种植水稻、小麦，经济来源以农业和务工收入为主。

周埂[Zhōu gěng]　明朝时形成此居民点。1949 年 10 月周埂属安陆县孛畈区周埂村，现隶属于孛畈镇天子岗村。此处是一条山脉延伸至河边的一条低矮的山埂，因为是顺着清水河河道连通平林至洛阳的水陆交通要道，相传明清时期一周姓人家到这里开茶馆建旅社搞屠宰，方便过往客商，故名周埂。后有李姓迁入，周李两家产生矛盾，周姓人外迁。后又有程、吕、徐、熊、申姓先后迁入。居民均为汉族。全塆 119 人，29 户，总面积 0.095 平方千米，有耕地面积 0.07 平方千米，主要农作物为小麦、水稻，主要经济来源以外地务工为主。

十三、同兴村[Tóngxīng Cūn]

隶属于孛畈镇。因人民美好愿望和工作职能命名。该村由原黄寨村、檀岗村合并而成，两村村民均希望全村能共同兴旺。

该村位于孛畈镇东北部，村委会所在地原长岗学校，距镇政府所在地 9 千米，东接随州广水市长岭镇平林办事处，西邻横山村，南连青龙潭社区，北靠孛畈镇张畈村。辖区内共有 7 个村民小组，18 个居民点：黄寨寨塆、黄寨河街、沟子边塆、牌坊岗、丁家岗塆、骆家塆、上杨家塆、黄家凹、彭家凹、墩子港塆、刘家冲、莫家塆、下杨家塆、燕子窝、李家塆、杨家塆、肖家冲、檀岗街。主要姓氏有黄、杨，主要民族为汉族。2014 年年末，常住居民 663 户，共 2650 人。面积 4 平方千米，其中耕地面积 2.4012 平方千米，山场面积 1.2 平方千米，以种植水稻、小麦、油菜为主，主要经济来源为农业和务工收入。

1949 年 10 月为黄寨村和檀岗村，属安陆县孛畈区。1952 年 10 月属第五区管辖。1954 年 8 月属青龙区管辖。1956 年 4 月属第六指导小组管辖。1958 年 9 月更名为黄寨大队和檀岗大队，属红旗人民公社管辖。同年底红旗人民公社更名为青龙人民公社。1961 年 4 月青龙人民公社更名为青龙区。1975 年 2 月撤区并社，黄寨大队和檀岗大队属孛畈人民公社青龙管理区辖。1984 年 1 月，分别更名为黄寨村和檀岗村，属烟店区青龙镇辖。1987 年 10 月，原烟店区青龙镇、三里乡、孛畈乡合并为孛畈镇，黄寨村和檀岗村属孛畈镇辖。2005 年两村合并为同兴村，隶属于孛畈镇。

丁家岗塆[Dīng jiā gǎng wān]　隶属于孛畈镇同兴村。丁姓聚居在山冈上，故名。该居民点位于同兴村东部，距村委会所在地 1.5 千米。居民点呈条状分布，东接杨家塆，西邻李家塆、南为骆家塆，北为山冈、沟子边塆；面积约 0.0075 平方千米，居民主要姓氏为丁，民族为汉族。2014 年年末，共有村民 25 户、70 人，耕地面积 0.1 平方千米；村民主要种植水稻、小麦，经济来源以农业和务工收入为主。1949 年 10 月丁家岗属安陆县孛畈区黄寨村。2005 年黄寨与檀岗合并为同兴村，隶属于孛畈镇。丁家岗名称沿用至今。

墩子港塆[Dūn zi gǎng wān]　隶属于孛畈镇同兴村。民国时期港边有一个墩子，修建了一座土地庙，居住了逃乱的人家，后繁衍形成村落，故名。该居民点位于同兴村西部，呈条状分布，距村委会所在地 0.7 千米，东接上杨家塆，西邻横山村徐家塆，南连刘家冲，北靠彭家凹。居民点面积约 0.0045 平方千米，居民主要姓氏为徐、陈，民族为汉族。2014 年年末，共有村民 15 户、50 人，耕地面积 0.0533 平方千米；村民主要种植水稻、小麦，经济来源以农业和务工收入为主。民国时期形成此居民点。1949 年 10 月墩子港塆属安陆县孛畈区檀岗村。2005 年檀岗村与黄寨村合并为同兴村。墩子港塆名称沿用至今。

沟子边塆[Gōu zi biān wān]　隶属于孛畈镇同兴村。该塆位于原黄寨村范围内，府河冲击平地当中有一个全长2千米的河沟，居民在小河沟两边建房，形成村落，故名。该居民点位于同兴村中部，呈条状分布，距村委会所在地0.8千米，东接黄寨河街，西邻牌坊岗，南连丁岗、杨家塆，北靠寨塆。居民点面积约0.033平方千米，居民主要姓氏为黄、周，民族为汉族。2014年年末，共有村民110户、350人，耕地面积0.2平方千米；村民主要种植水稻、小麦，经济来源以农业和务工收入为主。1949年10月沟子边塆属安陆县孛畈区黄寨村。2005年黄寨与檀岗合并为同兴村，隶属于孛畈镇。沟子边塆名称沿用至今。

黄家凹[Huáng jiā āo]　隶属于孛畈镇同兴村。民国时期黄新百在此山凹处修建青砖瓦房，繁衍形成村落，故名。该居民点位于同兴村西北部，距村委会所在地0.5千米，居民点呈块状分布，东接彭家凹，西邻天子岗村，南为墩子港，北靠天子岗村。居民点面积约0.0009平方千米，居民主要姓氏为黄、熊，民族为汉族。2014年年末，共有村民3户、10人，耕地面积0.0333平方千米；村民主要种植水稻、小麦，经济来源以农业和务工收入为主。1949年10月黄家凹属安陆县孛畈区檀岗村。2005年檀岗村与黄寨村合并为同兴村。黄家凹名称沿用至今。

黄寨河街[Huáng zhài hé jiē]　1988年新建，隶属于孛畈镇同兴村。该街位于孛畈镇同兴村原黄寨河河边，1988年已初具规模。2005年黄寨与檀岗合并为同兴村后，同兴村农户按照新农村建设规划在此兴建房屋，形成现在的街道，故名。该居民点位于同兴村东部，呈块状分布，距村委会所在地1千米，东接广水市长岭镇平林，西邻黄寨寨塆、沟子边塆，南连黄寨，北靠张畈村。居民点面积约0.021平方千米，居民主要姓氏为黄、张，民族为汉族。2014年年末，共有村民70户、210人，耕地面积0.2平方千米；村民主要种植水稻、小麦，经济来源以农业和务工收入为主。

黄寨寨塆[Huáng zhài zhài wān]　隶属于孛畈镇同兴村。该塆所在区域内曾有一座名为黄家寨的寨子。元末战乱中当地人几乎被杀光。洪武二年，黄姓始祖黄宗文由江西麻城筷子街、裤子大秋（“秋”疑为“丘”或“邱”）迁移过来，繁衍生息。辛巳（1941年）全国大灾，河南桐柏人逃荒到此，聚众吃大户。当时的黄姓大房（长子）是地主，他组织乡民建造一个占地一亩多的石寨，修房屋3间，能保障村民一周的粮食和水源供应，成立农民武装，自造枪支弹药，组织丁壮保卫家乡。次年他又组织建造了土寨一个，丁岗也做了一个寨，三个寨遥相呼应。以这三个寨为主形成了黄寨村，故名。该居民点位于同兴村北部，呈块状分布，距村委会所在地1.8千米，东接黄寨河街，西邻张畈村秦家冲，南连沟子边，北靠张畈。居民点面积约0.024平方千米，居民主要姓氏为黄，民族为汉族。2014年年末，共有村民80户、300人，耕地面积0.3333平方千米；村民主要种植水稻、小麦，经济来源以农业和务工收入为主。1949年10月黄寨寨塆属安陆县孛畈区黄寨村。2005年黄寨与檀岗合并为同兴村，隶属于孛畈镇。沿用至今。

李家塆[Lǐ jiā wān]　隶属于孛畈镇同兴村。因姓氏命名。该居民点位于同兴村东部，呈条状分布，距村委会所在地0.7千米，东接青龙潭社区宋家塆，西邻杨家塆，南连肖家冲，北靠丁家岗。居民点面积约0.015平方千米，居民主要姓氏为李、杨，民族为汉族。2014年年末，共有村民50户、150人，耕地面积0.1133平方千米；村民主要种植水稻、小麦，经济来源以农业和务工收入为主。1949年10月李家塆属安陆县孛畈区檀岗村。2005年檀岗村与黄寨村合并为同兴村。李家塆名称沿用至今。

刘家冲[Liú jiā chōng]　隶属于孛畈镇同兴村。两山之间的狭长平地叫“冲”，民国时期刘云发、刘云华兄弟俩在此定居，繁衍形成村落，故名。该居民点位于同兴村南部，呈条状分布，距村委会所在地 0.4 千米，东接莫家塆，西邻曹棚村金家塆，南连团山林场，北靠墩子港、上杨家塆。居民点面积约 0.0045 平方千米，居民主要姓氏为徐、杨、刘，民族为汉族。2014 年年末，共有村民 15 户、45 人，耕地面积 0.0687 平方千米；村民主要种植水稻、小麦，经济来源以农业和务工收入为主。1949 年 10 月墩子港塆属安陆县孛畈区檀岗村。2005 年檀岗村与黄寨村合并为同兴村。墩子港塆名称沿用至今。

骆家塆[Luò jiā wān]　隶属于孛畈镇同兴村。因姓氏命名。该居民点位于同兴村东南部，呈条状分布，距村委会所在地 0.5 千米，东接府河，西邻李家塆，南连青龙潭社区宋家塆，北靠杨家塆。居民点面积约 0.015 平方千米，居民主要姓氏为骆、黄，民族为汉族。2014 年年末，共有村民 50 户、200 人，耕地面积 0.1333 平方千米；村民主要种植水稻、小麦，经济来源以农业和务工收入为主。1949 年 10 月骆家塆属安陆县孛畈区黄寨村。2005 年黄寨与檀岗合并为同兴村，隶属于孛畈镇。骆家塆名称沿用至今。

莫家塆[Mò jiā wān]　隶属于孛畈镇同兴村。民国时期莫登如从应城长江埠搬迁来此定居，故名。该居民点位于同兴村西南部，呈块状分布，距村委会所在地 0.4 千米，东接燕子窝，西邻刘家冲塆，南连团山林场，北靠上杨家塆。居民点面积约 0.003 平方千米，居民主要姓氏为莫、黄、杨，民族为汉族。2014 年年末，共有村民 10 户、40 人，耕地面积 0.0333 平方千米；村民主要种植水稻、小麦，经济来源以农业和务工收入为主。1949 年 10 月莫家塆属安陆县孛畈区檀岗村。2005 年檀岗村与黄寨村合并为同兴村。

牌坊岗[Pái fāng gǎng]　隶属于孛畈镇同兴村。该塆位于山冈上，且所在区域内曾有一座牌坊。清道光丙戌年(1826 年)黄寨人黄道盛英年早逝，遗孀王氏赡养亡夫父母至送终，地方官员举孝廉奏明圣上，朝廷拨银万两修建黄道盛之妻王氏节孝牌坊，故名。该居民点位于同兴村中部，呈块状分布，距村委会所在地 0.6 千米，东接沟子边塆，西邻原清水学校，南连丁家岗，北靠黄寨寨塆。居民点面积约 0.033 平方千米，居民主要姓氏为罗，民族为汉族。2014 年年末，共有村民 10 户、30 人，耕地面积 0.0667 平方千米；村民主要种植水稻、小麦，经济来源以农业和务工收入为主。1949 年 10 月牌坊岗属安陆县孛畈区黄寨村。2005 年黄寨与檀岗合并为同兴村，隶属于孛畈镇。牌坊岗名称沿用至今。

彭家凹[Péng jiā wā]　隶属于孛畈镇同兴村。明朝彭姓始祖定居于此，繁衍形成村落。清末修建彭氏祠堂，中华人民共和国成立初期土地改革时，祠堂分给杨中生居住。该居民点位于同兴村西北部，呈块状分布，距村委会所在地 0.7 千米，东接村办公室，西邻黄家凹，南连上杨家塆，北靠天子岗周埂(七组)。居民点面积约 0.033 平方千米，居民主要姓氏为彭、杨、黄，民族为汉族。2014 年年末，共有村民 10 户、30 人，耕地面积 0.0333 平方千米；村民主要种植水稻、小麦，经济来源以农业和务工收入为主。1949 年 10 月彭家凹属安陆县孛畈区檀岗村。2005 年檀岗村与黄寨村合并为同兴村。彭家凹名称沿用至今。

上杨家塆[Shàng yáng jiā wān]　隶属于孛畈镇同兴村。清朝时杨宗瑶始居于此，繁衍形成村落。该塆位于孛畈镇同兴村杨家塆上方，且居民多为杨姓，故名。该居民点位于同兴村南部，呈块状分布，距村委会所在地 0.3 千米，东接下杨家塆，西邻墩子港，南连莫家塆，北靠彭家凹。居民点面积约 0.006 平方千米，居民主要姓氏为杨、徐，民族为汉族。2014 年年末，共有村民 20 户、70 人，耕地面积 0.0667 平方千米；村民主要种植水稻、小麦，经济来源以农业和务工收入为主。1949 年 10 月上杨家塆属安陆县孛畈区檀岗村。2005年檀岗村与黄寨村合并为同兴村。上杨家塆名称沿用至今。

檀岗街[Tán gǎng jiē] 1988年形成，隶属于孛畈镇同兴村。新农村建设过程中，原檀岗村人搬迁到此地，根据新农村建设规划，建成街道。该街位于山冈上，所在区域内檀树生长繁茂，后居民多聚居于此，故名。该居民点位于同兴村南部，呈块状分布，距村委会所在地0.1千米，东接下杨家塆，西邻上杨家塆，南连莫家塆，北靠村委会办公楼。居民点面积约0.009平方千米，居民主要姓氏为杨、李，民族为汉族。2014年年末，共有村民30户、90人，耕地面积0.0533平方千米；村民主要种植水稻、小麦，经济来源以农业和务工收入为主。

下杨家塆[Xià yáng jiā wān] 隶属于孛畈镇同兴村。该塆位于孛畈镇同兴村杨家塆下方，且居民多为杨姓，故名。该居民点位于同兴村南部，呈块状分布，距村委会所在地0.5千米，东接李家塆，西邻檀岗街，南连燕子窝，北靠原清水小学、檀岗街。居民点面积约0.006平方千米，居民主要姓氏为杨、肖、李、周，民族为汉族。2014年年末，共有村民20户、100人，耕地面积0.0833平方千米；村民主要种植水稻、小麦，经济来源以农业和务工收入为主。1949年10月下杨家塆属安陆县孛畈区檀岗村。2005年檀岗村与黄寨村合并为同兴村。沿用至今。

肖家冲[Xiāo jiā chōng] 隶属于孛畈镇同兴村。“冲”是两山之间狭长的平地，居民多为肖姓，故名。该居民点位于同兴村南部，呈块状分布，距村委会所在地0.5千米，东接青龙潭社区，西邻团山林场，南连青龙潭社区杨家大塆，北靠莫家塆、刘家冲。居民点面积约0.0018平方千米，居民主要姓氏为肖，民族为汉族。2014年年末，共有村民6户、20人，耕地面积0.04平方千米；村民主要种植水稻、小麦，经济来源以农业和务工收入为主。1949年10月肖家冲属安陆县孛畈区檀岗村。2005年檀岗村与黄寨村合并为同兴村。

燕子窝[Yàn zi wō] 隶属于孛畈镇同兴村。清末1890年前后，肖伍生开始在此地居住，繁衍生息。相传，肖家避风向阳，引来众多燕子筑巢而居，故名。该居民点后由秦姓居民在此居住至今。该居民点位于同兴村南部，呈块状分布，距村委会所在地0.4千米，东接李家塆、青龙潭社区徐家咀，西邻莫家塆，南连肖家冲，北靠下杨家塆。居民点面积约0.0004平方千米，居民主要姓氏为秦，民族为汉族。2014年年末，共有村民2户、14人，耕地面积0.0267平方千米；村民主要种植水稻、小麦，经济来源以农业和务工收入为主。1949年10月燕子窝属安陆县孛畈区檀岗村。2005年檀岗村与黄寨村合并为同兴村。

杨家塆[Yáng jiā wān] 隶属于孛畈镇同兴村。以姓氏命名。该居民点位于同兴村东部，呈块状分布，距村委会所在地1.6千米，东接府河，西邻丁家岗塆，南连骆家塆，北靠沟子边塆。居民点面积约0.003平方千米，居民主要姓氏黄、杨，民族为汉族。2014年年末，共有村民10户、40人，耕地面积0.0433平方千米；村民主要种植水稻、小麦，经济来源以农业和务工收入为主。1949年10月杨家塆属安陆县孛畈区黄寨村。2005年黄寨与檀岗合并为同兴村，隶属于孛畈镇。沿用至今。

十四、杨堰村[Yángyàn Cūn]

隶属于孛畈镇。该村所住居民多为杨姓，且所在区域内有一口大堰。2005年清水村、杨堰村合并为杨堰村。

杨堰村位于孛畈镇东北部，村委会所在地糊涂堰，距镇政府所在地 4 千米，东接清水河，西邻随州市曾都洛阳镇金鸡岭村，南连月岭村，北靠清水河。辖区内共有 21 个自然塆：包家咀、杨堰冲、钟家咀、李家凹、邓凹、胡家堰、半边堰、甘家塆、杨家凹、贯冲、叶家塆、杨家咀、李家咀、桃园凹、姚家凹、何家凹、老凹、徐家大塆、竹林塆、熊家冲、彭家凹。主要姓氏有杨、钟、邓、熊，主要民族为汉族。2014 年年末，常住居民 500 户，共 1920 人。面积 0.76 平方千米，其中耕地面积 0.6267 平方千米，以种植水稻、小麦、油菜为主，主要经济来源为农业和打工收入。

1949 年 10 月为仙人村和杨堰村，属安陆县孛畈区。1952 年 10 月属第五区管辖。1954 年 8 月属青龙区管辖。1956 年 4 月属第六指导小组管辖。1958 年 9 月更名为仙人大队和杨堰大队，属红旗人民公社管辖。同年底红旗人民公社更名为青龙人民公社。1961 年 4 月青龙人民公社更名为青龙区。1966 年仙人大队与杨堰大队合并为杨堰大队。1975 年 2 月撤区并社，杨堰大队属孛畈人民公社三里管理区辖。1979 年两大队分离，仙人大队更名为清水大队。1984 年 1 月，清水大队和杨堰大队分别更名为清水村和杨堰村，属烟店区三里乡辖。1987 年 10 月，原烟店区青龙镇、三里乡、孛畈乡合并为孛畈镇，清水村和杨堰村属孛畈镇辖。2005 年两村再次合并为杨堰村。

半边堰[Bàn biān yàn]　隶属于孛畈镇杨堰村。中华人民共和国成立初期，该居民点居民开挖一口大堰，因为石头坚硬挖不下去，造成塘堰一边高一边低，故名。后为解决当地村民生活用水困难问题，于 2011 年重新扩建，并占用了村民的半亩田。该居民点位于杨堰村北部，呈块状分布，距村委会所在地 1 千米，东接清水河，西邻钟家咀，南连杨家冲，北靠后冲塆。居民点面积约 0.0024 平方千米，居民主要姓氏为杨、熊，民族为汉族。2014 年年末，共有村民 8 户、35 人，耕地面积 0.03 平方千米；村民主要种植水稻、小麦，经济来源以农业和务工收入为主。

包家咀[Bāo jiā zuǐ]　隶属于孛畈镇杨堰村。1959 年修建清水河水利工程，包姓人家由清水河库区迁至此地。该居民点位于杨堰村北部，呈块状分布，距村委会所在地 1 千米，东接清水河水库，西邻清水河水库，南连后冲，北靠竹林塆。居民点面积约 0.0018 平方千米，居民主要姓氏为包、熊、徐，民族为汉族。2014 年年末，共有村民 6 户、26 人，耕地面积 0.0133 平方千米；村民主要种植水稻、小麦，经济来源以农业和务工收入为主。

邓凹[Dèng wā]　1949 年属安陆县孛畈区仙人村，现隶属于孛畈镇杨堰村。该塆位于山凹处，中间平坦而三面环山，且居民多为邓姓，故名。该居民点位于杨堰村南部，呈块状分布，距村委会所在地 1 千米，东接段家凹，西邻老凹，南连李家凹，北靠跑马岗、绿荫凹。居民点面积约 0.0028 平方千米，居民主要姓氏为邓，民族为汉族。2014 年年末，共有村民 9 户、33 人，耕地面积 0.028 平方千米；村民主要种植水稻、小麦，经济来源以农业和务工收入为主。

甘家塆[Gān jiā wān]　隶属于孛畈镇杨堰村。清朝时彭姓始祖在此居住，人口繁衍形成村落，名彭家塆。民国时期，彭姓居民迁出，甘氏人丁兴旺，故名。该居民点位于杨堰村西部，呈块状分布，距村委会所在地 1.5 千米，东接刘家塆，西邻良畈河、随州曾都洛阳镇金鸡岭村，南连三里社区梁畈，北靠清水河。居民点面积约 0. 0048 平方千米，居民主要姓氏为甘、钟，民族为汉族。2014 年年末，共有村民 16 户、62 人，耕地面积 0. 052 平方千米；村民主要种植水稻、小麦，经济来源以农业和务工收入为主。

贯冲[Guàn chōng] 隶属于孛畈镇杨堰村。该居民点位于两山之间一条长约 2000 多米的山冲间，山冲仿佛是鸡冠形状，古人便命名为冠冲，后人们用“贯”代替了“冠”。该居民点位于杨堰村西部，呈块状分布，距村委会所在地 3 千米，东接自由山、孙家凹，西邻三里社区彭家凹，南连杨家凹，北靠熊家冲。居民点面积约 0. 007 平方千米，居民主要姓氏为张、邓、杨，民族为汉族。2014 年年末，共有村民 23 户、97 人，耕地面积 0. 072 平方千米；村民主要种植水稻、小麦，经济来源以农业和务工收入为主。

何家凹[Hé jiā wā] 1949 年 10 月何家凹属安陆县孛畈区仙人村，现隶属于孛畈镇杨堰村。该塆位于山凹处，中间平坦而三面环山，且居民多为何姓，故名。该居民点位于杨堰村东部，呈块状分布，距村委会所在地 2 千米，东接杨家咀，西邻仙人脑山、彭家凹，南连汉十高速李家咀大桥，北靠大凹淌、清水河。居民点面积约 0. 0015 平方千米，居民主要姓氏为何、李，民族为汉族。2014 年年末，共有村民 5 户、22 人，耕地面积 0. 0167 平方千米；村民主要种植水稻、小麦，经济来源以农业和务工收入为主。

糊涂堰[Hú tú yàn] 即胡家堰，隶属于孛畈镇杨堰村。清朝康熙年间胡姓始祖在此定居，开挖了一口较大的塘堰，时人称为胡家堰。民国时期胡姓迁出，杨姓人口迁入。共和国建国初期，有三个自然塆的居民在胡家堰生活用水、田间灌溉用水，没有人来管理。由于产权不明确，人们把“胡家堰”改为“糊涂堰”，名称沿用至今。糊涂堰指代此地的居民点。该居民点位于杨堰村北部，村委会所在地，居民点呈块状分布，东接杨堰冲，西邻杨家凹，南连炮楼塆，北靠村办公楼。居民点面积约 0. 0021 平方千米，居民主要姓氏为杨、邓，民族为汉族。2014 年年末，共有村民 7 户、30 人，耕地面积 0. 024 平方千米；村民主要种植水稻、小麦，经济来源以农业和务工收入为主。

老凹[Lǎo wā] 1949 年 10 月老凹属安陆县孛畈区仙人村，现隶属于孛畈镇杨堰村。该塆位于两山之间，地势深而长，且该塆居户在此地居住的时间非常久，故名。该居民点位于杨堰村南部，呈块状分布，距村委会所在地 1. 5 千米，东接该村邓凹，西邻子石堰水库塆，南连甘永明屋后，北靠自由山、绿荫凹。居民点面积约 0. 0009 平方千米，居民主要姓氏为杨，民族为汉族。2014 年年末，共有村民 3 户、22 人，耕地面积 0. 0167 平方千米；村民主要种植水稻、小麦，经济来源以农业和务工收入为主。

李家凹[Lǐ jiā wā] 1949 年 10 月李家凹属安陆县孛畈区仙人村，现隶属于孛畈镇杨堰村。该塆位于山凹处，中间平坦而三面环山，且最早在此居住的居户姓李，故名。该居民点位于杨堰村南部，呈块状分布，距村委会所在地 1 千米，东接何家冲，西邻子石堰水库，南连月岭村高家冲，北靠邓凹。居民点面积约 0. 0027 平方千米，居民主要姓氏为杨，民族为汉族。2014 年年末，共有村民 9 户、48 人，耕地面积 0. 024 平方千米；村民主要种植水稻、小麦，经济来源以农业和务工收入为主。

李家咀[Lǐ jiā zuǐ] 1949 年 10 月李家咀属安陆县孛畈区仙人村，现隶属于孛畈镇杨堰村。该塆位于山咀处，三面环沟，且居民多为李姓。该居民点位于杨堰村东南部，呈块状分布，距村委会所在地 2 千米，东接汉十高速大桥，西邻姚家凹，南连姚家凹，北靠王家冲。居民点面积约 0. 0018 平方千米，居民主要姓氏为李，民族为汉族。2014 年年末，共有村民 6 户、24 人，耕地面积 0. 02 平方千米；村民主要种植水稻、小麦，经济来源以农业和务工收入为主。

彭家凹[Péng jiā wā]　隶属于孛畈镇杨堰村。清康熙年间彭姓始祖在此山凹定居，故名。民国时期彭姓迁出。该居民点位于杨堰村东部，呈块状分布，距村委会所在地 0.7 千米，东接小仙人脑山，西邻汉十高速，南连陈家凹，北靠清水河。居民点面积约 0.0004 平方千米，居民主要姓氏为李、杨，民族为汉族。2014 年年末，共有村民 2 户、34 人，耕地面积 0.012 平方千米；村民主要种植水稻、小麦，经济来源以农业和务工收入为主。

桃园凹[Táo yuán wā]　1949 年 10 月桃园凹属安陆县孛畈区仙人村，现隶属于孛畈镇杨堰村。该塆位于山坳处，三面环山，所在区域桃树生长繁茂，有大片桃园。该居民点位于杨堰村东南部，呈块状分布，距村委会所在地 2.5 千米，东接老凹，西邻三里社区彭家坳，南连月岭村，北靠绿荫凹。居民点面积约 0.0012 平方千米，居民主要姓氏为彭，民族为汉族。2014 年年末，共有村民 4 户、16 人，耕地面积 0.0133 平方千米；村民主要种植水稻、小麦，经济来源以农业和务工收入为主。

熊家冲[Xióng jiā chōng]　隶属于孛畈镇杨堰村。该塆位于山凹处，中间平坦而三面环山，且居民多为熊姓，故名。该居民点位于杨堰村南部，呈块状分布，距村委会所在地 1.5 千米，东接棉花凹塆，西邻荒凹塆，南连贯冲，北靠陡岩、清水河。居民点面积约 0.003 平方千米，居民主要姓氏为熊，民族为汉族。2014 年年末，共有村民 10 户、39 人，耕地面积 0.03 平方千米；村民主要种植水稻、小麦，经济来源以农业和务工收入为主。

徐家大塆[Xú jiā dà wān]　隶属于孛畈镇杨堰村。因姓氏和村庄规模综合命名。该居民点位于杨堰村东北部，呈块状分布，距村委会所在地 0.5 千米，东接汉十高速，西邻桃园凹、炮楼凹，西南连绿荫凹，北靠后冲凹。居民点面积约 0.0036 平方千米，居民主要姓氏为徐，民族为汉族。2014 年年末，共有村民 12 户、53 人，耕地面积 0.0433 平方千米；村民主要种植水稻、小麦，经济来源以农业和务工收入为主。

杨家凹[Yáng jiā wā]　1949 年 10 月杨家凹属安陆县孛畈区仙人村，现隶属于孛畈镇杨堰村。该塆位于山凹处，中间平坦而三面环山，且居民多为杨姓，故名。该居民点位于杨堰村西北部，呈块状分布，距村委会所在地 0.5 千米，东接糊涂堰，西邻叶家塆畈上，南连刘家冲，北靠清水河。居民点面积约 0.006 平方千米，居民主要姓氏为杨，民族为汉族。2014 年年末，共有村民 20 户、93 人，耕地面积 0.0733 平方千米；村民主要种植水稻、小麦，经济来源以农业和务工收入为主。

杨家咀[Yáng jiā zuǐ]　1949 年 10 月杨家咀属安陆县孛畈区仙人村，现隶属于孛畈镇杨堰村。该塆位于山嘴处，三面环沟，且居民多为杨姓，故名。该居民点位于杨堰村东北部，呈块状分布，距村委会所在地 2.3 千米，东接狮子头渡槽，西邻李家咀，南连夏家凹，北靠清水河。居民点面积约 0.0033 平方千米，居民主要姓氏为杨，民族为汉族。2014 年年末，共有村民 11 户、42 人，耕地面积 0.03 平方千米；村民主要种植水稻、小麦，经济来源以农业和务工收入为主。

杨堰冲[Yáng yàn chōng]　隶属于孛畈镇杨堰村。该塆位于山凹处，中间平坦而三面环山，当地叫“冲”。居民多为杨姓，塆口有塘堰，故名。该居民点位于杨堰村东北部，呈块状分布，距村委会所在地 0.2 千米，东接钟家咀，西邻村委会办公楼，南连汉十高速，北靠屋脊凹。居民点面积约 0.005 平方千米，居民主要姓氏为杨，民族为汉族。2014 年年末，共有村民 17 户、65 人，耕地面积 0. 0546 平方千米；村民主要种植水稻、小麦，经济来源以农业和务工收入为主。

姚家凹[Yáo jiā wā] 1949 年 10 月姚家凹属安陆县孛畈区仙人村，现隶属于孛畈镇杨堰村。该塆位于山凹处，中间平坦而三面环山，且居民多为姚姓，故名。该居民点位于杨堰村南部，呈块状分布，距村委会所在地 2. 5 千米，东接何家冲，西邻大转塆，南连李家咀，北靠徐家凹。居民点面积约 0. 0018 平方千米，居民主要姓氏为姚、胡，民族为汉族。2014 年年末，共有村民 6 户、24 人，耕地面积 0. 02 平方千米；村民主要种植水稻、小麦，经济来源以农业和务工收入为主。

叶家塆[Yè jiā wān] 隶属于孛畈镇杨堰村。因姓氏命名。该居民点位于杨堰村西部，呈块状分布，距村委会所在地 1 千米，东接汉十高速，西邻清水河，南连杨家凹，北靠毛家垅。居民点面积约 0. 0054 平方千米，居民主要姓氏为郭、叶，民族为汉族。2014 年年末，共有村民 18 户、67 人，耕地面积 0. 0567 平方千米；村民主要种植水稻、小麦，经济来源以农业和务工收入为主。

钟家咀[Zhōng jiā zuǐ] 隶属于孛畈镇杨堰村。1959 年修清水河水利工程时，钟姓家人从清水河库区迁至此地。此居民点地处山嘴处，故名。该居民点位于杨堰村东部，呈块状分布，距村委会所在地 1 千米，东接清水河水库，西邻杨家冲，南连碾子塆，北靠清水河水库。居民点面积约 0. 0048 平方千米，居民主要姓氏为钟、杨，民族为汉族。2014 年年末，共有村民 16 户、52 人，耕地面积 0. 0453 平方千米；村民主要种植水稻、小麦，经济来源以农业和务工收入为主。

竹林塆[zhú lín wān] 隶属于孛畈镇杨堰村。该塆所在区域竹子生长繁茂，有大片竹林。该居民点位于杨堰村北部，呈块状分布，距村委会所在地 0. 6 千米，东接清水河，西邻叶家塆，南连半边堰、后冲，北靠清水河。居民点面积约 0. 0021 平方千米，居民主要姓氏为徐、熊，民族为汉族。2014 年年末，共有村民 7 户、32 人，耕地面积 0. 026 平方千米；村民主要种植水稻、小麦，经济来源以农业和务工收入为主。

十五、月岭村[Yuèlǐng Cūn]

隶属于孛畈镇。月亮从该村与王义贞镇相邻的山峰落下，原叫月落岭，后更名为月岭。月落岭是大洪山东南余脉延伸到安陆众多山岭中的一座。它南邻王义贞的同兴店，北连孛畈镇的三里店。虽算不上雄伟，却很有名气。明清时期打虎英雄罗能就曾生活在月落岭下。

月落岭本是一座无名的山岭，昔时没有铁路、公路，南来北往的客商发现这儿交通便捷，便都从这儿经过。历朝历代赶骡马的人、挑担的人、推车的人，硬是把山岭踩出了一条一米多宽的驿道。

从北向南过山岭，就必须经过离月落岭一里多路的大路岗。岗顶有一小块平地，人们称它罗汉包。两百年前，土包上有三间茅屋，屋前搭着荫棚，住着两位老人。老人在这儿烧点茶水、熬点稀饭、贩卖点油条麻花。上岭下岭的客商大多要在这儿歇歇脚，渴了买碗茶，饿了就买点稀饭或油条麻花，吃饱喝足好赶路。因此，这儿成天不断人。南来北往的客商相互都不认识，但坐下来就无话不说。一次，有位客商随口问道：

“我们多次翻过这道岭，可这道岭叫作什么岭啊?”这一问问得大家大眼瞪小眼。过了一会儿，另一位客商说：“这儿成天不断人，这么热闹，我们干脆叫它热闹岭吧!”大家都附和着表示赞同。从那时起，“热闹岭”这个名字就传开了。

不知道过了多少年，因为谐音的原因，慢慢地，人们把“热闹岭”叫成了“月落岭”。原来没有记载，后人也无心更正，“热闹岭”被忘却了，而“月落岭”的名称却流传下来。

该村位于孛畈镇西部，村委会所在地三里岗距镇政府所在地 9 千米，东接陈河村，西邻王义贞镇黄金村，南连板金村，北靠三里社区、杨堰村。全村共有 4 个村民小组，12 个自然垮：大高家冲、邓家冲、罗家冲、泉水冲、三里岗、万家凹、万家咀、王家凹、无家冲、小高家冲、周家垮、朱家咀。主要姓氏有周、万、罗、朱、秦、邓、张、高，主要民族为汉族。2014 年年末，常住居民 462 户，共 1625 人。面积 4.09 平方千米，其中耕地面积 0.74 平方千米，以种植水稻、小麦、油菜为主，主要经济来源为农业和打工收入。

这里 1949 年 10 月为大桥村和高冲村，属安陆县孛畈区。1952 年 10 月大桥村、高冲村属第五区管辖。1954 年 8 月属青龙区管辖。1956 年 4 月属第六指导小组管辖。1958 年 9 月更名为大桥大队和高冲大队，属红旗人民公社管辖。同年底红旗人民公社更名为青龙人民公社。1961 年 4 月青龙人民公社更名为青龙区。1966 年高冲大队并入东庙大队。1975 年 2 月撤区并社，大桥大队和东庙大队属孛畈人民公社三里管理区辖。1984 年 1 月，大桥大队、东庙大队更名为月岭村和东庙村，属烟店区三里乡辖。1987 年 10 月，原烟店区青龙镇、三里乡、孛畈乡合并为孛畈镇，大桥村、东庙村属孛畈镇辖。1995 年从东庙村析出高冲村。2005 年月岭村与高冲村合并为月岭村。

大高家冲[Dà gāo jiā chōng]　1949 年 10 月大高家冲属安陆县孛畈区高冲村，现隶属于孛畈镇月岭村。该垮所占面积较大，早期居民以高姓居多，故名。该居民点位于月岭村北部，呈条状分布，距村委会所在地 2 千米，东接小高家冲，西邻三里社区团家洼，南连赵家凹，北靠三里社区彭家坳。居民点面积约 0.009 平方千米，居民主要姓氏为高、刘，民族为汉族。2014 年年末，共有村民 30 户、130 人，耕地面积 0.067 平方千米；村民主要种植水稻、小麦，经济来源以农业和务工收入为主。

邓家冲[Dèng jiā chōng]　1949 年 10 月邓家冲属安陆县孛畈区大桥村，现隶属于孛畈镇月岭村。该居民点位于月岭村西部，呈块状分布，距村委会所在地 1.5 千米，东接秦家台子，西邻王义贞镇黄金村前垮，南连罗家冲，北靠无家冲。居民点面积约 0.0045 平方千米，居民主要姓氏为邓，民族为汉族。2014 年年末，共有村民 15 户、62 人，耕地面积 0.02 平方千米；村民主要种植水稻、小麦，经济来源以农业和务工收入为主。

罗家冲[Luó jiā chōng]　这里明朝时开始形成此村落。1949 年 10 月罗家冲属安陆县孛畈区大桥村，现隶属于孛畈镇月岭村。“冲”是两山之间狭长地带。明朝时此地因处大山脚下，老虎经常出没危害百姓，官府无能为力。后来，山下垮内出了个叫罗能的壮汉，力大无比，徒手打死了老虎，乡邻视为英雄。地方官将罗能打虎事迹上报朝庭，当朝皇帝御赐一把铁伞让他专门对付老虎，故名。该居民点位于月岭村西部，呈块状分布，距村委会所在地 1 千米，东接万家咀，西邻王义贞镇黄金村前垮，南连朱家嘴，北靠邓家冲。居民点面积约 0.0033 平方千米，居民主要姓氏为罗，民族为汉族。2014 年年末，共有村民 11 户、36 人，耕地面积 0.033 平方千米；村民主要种植水稻、小麦，经济来源以农业和务工收入为主。

泉水冲[Quán shuǐ chōng]　1949 年 10 月泉水冲属安陆县孛畈区大桥村，现隶属于孛畈镇月岭村。该冲有一泉眼，泉水一年四季不间断，故名。该居民点位于月岭村西部，呈块状分布，距村委会所在地 2 千米，东接秦家塆，西邻王义贞镇黄金村，南连无家冲，北靠三里社区刘家冲。居民点面积约 0.0048 平方千米，居民主要姓氏为张、邓，民族为汉族。2014 年年末，共有村民 16 户、86 人，耕地面积 0.033 平方千米；村民主要种植水稻、小麦，经济来源以农业和务工收入为主。

三里岗[Sān lǐ gǎng]　1949 年 10 月三里岗属安陆县孛畈区大桥村，现隶属于孛畈镇月岭村。该塆位于山冈上，距三里集镇大约有三里路而得名。此处是古驿道月落岭与北上三里店、洛阳店，南下经回龙店到德安府的必由之路。这里是安桃线的海拔最高点，曾是无人居住的过路山冈，从 1984 年开始陆续有人在此建房，逐渐形成居民点，现为繁华的集居地。该居民点位于月岭村中部，村委会所在地，居民点呈块状分布，东接新塆，西邻月岭村村委会办公楼，南连杉树山、月岭新村，北靠三里社区黑桃凹。居民点面积约 0.015 平方千米，居民主要姓氏为万、孔、周、秦、朱、王、罗，民族为汉族。2014 年年末，共有村民 49 户、196 人，耕地面积 0.093 平方千米；村民主要种植柿子、水稻、小麦，经济来源以农业和务工收入为主。

万家凹[Wàn jiā wā]　1949 年 10 月万家凹属安陆县孛畈区大桥村，现隶属于孛畈镇月岭村。因姓氏和地形综合命名。该居民点位于月岭村西南部，呈块状分布，距村委会所在地 1 千米，东接周家大桥、周家塆，西邻王义贞镇黄金村赵家大塆，南连下泉水冲塆，北靠朱家咀。居民点面积约 0.0018 平方千米，居民主要姓氏为万，民族为汉族。2014 年年末，共有村民 6 户、22 人，耕地面积 0.013 平方千米；村民主要种植水稻、小麦，经济来源以农业和务工收入为主。

万家咀[Wàn jiā zuǐ]　1949 年 10 月万家咀属安陆县孛畈区大桥村，现隶属于孛畈镇月岭村。以姓氏和地形综合命名。该居民点位于月岭村西部，呈条状分布，距村委会所在地 0.4 千米，东接段家凹，西邻罗家冲，南连朱家咀，北靠村委会办公楼。居民点面积约 0.0009 平方千米，居民主要姓氏为万，民族为汉族。2014 年年末，共有村民 3 户、12 人，耕地面积 0.02 平方千米；村民主要种植水稻、小麦，经济来源以农业和务工收入为主。

王家凹[Wáng jiā wā]　1949 年 10 月王家凹属安陆县孛畈区大桥村，现隶属于孛畈镇月岭村。很久以前只有王姓居住，故以姓氏和地形得名。该居民点位于月岭村东北部，呈块状分布，距村委会所在地 1 千米，东接雾冲、老寺冲，西邻三里岗，南连新塆，北靠小高冲。居民点面积约 0.0018 平方千米，居民主要姓氏为何、魏，民族为汉族。2014 年年末，共有村民 6 户、20 人，耕地面积 0.04 平方千米；村民主要种植水稻、小麦，经济来源以农业和务工收入为主。

无家冲[Wú jiā chōng]　1949 年 10 月无家冲属安陆县孛畈区大桥村，现隶属于孛畈镇月岭村。该冲在新中国成立前无人居住而被称作无家冲，直至新中国成立后秦姓家族人员搬迁至此冲居住。该居民点位于月岭村西部，呈条状分布，距村委会所在地 1.2 千米，东接秦家塆，西邻王义贞镇黄金村前塆，南连邓家冲，北靠泉水冲。居民点面积约 0.003 平方千米，居民主要姓氏为秦，民族为汉族。2014 年年末，共有村民 10 户、54 人，耕地面积 0.0213 平方千米；村民主要种植水稻、小麦，经济来源以农业和务工收入为主。

小高家冲[Xiǎo gāo jiā chōng]　1949年10月小高家冲属安陆县孛畈区高冲村，现隶属于孛畈镇月岭村。该塆所占面积较小，早期居民以高姓为主，故名。该居民点位于月岭村东北部，呈条状分布，距村委会所在地1.5千米，东接陈河村河沟子塆，西邻赵家凹，南连高家凹，北靠大高家冲。居民点面积约0.0066平方千米，居民主要姓氏为高、甘、彭，民族为汉族。2014年年末，共有村民22户、87人，耕地面积0.073平方千米；村民主要种植水稻、小麦，经济来源以农业和务工收入为主。

周家塆[Zhōu jiā wān]　1949年10月周家塆属安陆县孛畈区大桥村，现隶属于孛畈镇月岭村。因姓氏命名。该居民点位于月岭村西南部，呈条状分布，距村委会所在地1千米，东接安陆至三里公路、七凹塆，西邻朱家咀，南连板金村何家塆，北靠段家凹。居民点面积约0.0036平方千米，居民主要姓氏为周、彭，民族为汉族。2014年年末，共有村民12户、43人，耕地面积0.02平方千米；村民主要种植水稻、小麦，经济来源以农业和务工收入为主。

朱家咀[Zhū jiā zuǐ]　1949年10月朱家咀属安陆县孛畈区大桥村，现隶属于孛畈镇月岭村。清朝时期该塆住户大部分姓段，后来朱氏出了一能人，从14岁起就发誓让此塆以朱姓命名。他首先发动宣传攻势，随身总带着麻花之类的点心，遇小孩就给，让他们帮助易名，逢人就说他所居住的村落不叫段家咀，而叫朱家咀，有人问路更是如此说。接着就是打官司，倾一生之力硬是将段氏族人挪了地方，从此段家咀就叫朱家咀。民国时期，朱氏名人辈出，先后有国民党县政府秘书朱先池、名医朱朝书(因不愿给日本人医治而死于非命)、国民党的乡长、保长等。此塆还有一棵千年银杏，1991年被龙卷风刮倒，现几人合围的树桩还在。该居民点位于月岭村西南部，呈条状分布，距村委会所在地1千米，东接段家河塆、周家塆，西邻王义贞镇黄金村，南连万家凹，北靠万家咀。居民点面积约0.0075平方千米，居民主要姓氏为朱，民族为汉族。2014年年末，共有村民24户、100人，耕地面积0.04平方千米，山场面积0.533平方千米；村民主要种植水稻、小麦，经济来源以农业和务工收入为主。

十六、张畈村[Zhāngfàn Cūn]

隶属于孛畈镇。该村地处平畈地区，早期所住居民以张姓为主。2012年由张畈与李寨合并为张畈村。

张畈村位于孛畈镇东部，村委会所在地张畈街道，距镇政府所在地7千米。该村东接广水市长岭镇平林居委会，西邻天子岗村、随州曾都区府河镇麦林岗村，南连同兴村，北靠随州市府河镇白河滩村。全村共有19个自然塆：张畈大塆、张畈街、燕子山咀、徐家台子、曾家台子、薛家塆、叶家洼、吴家塆、江家洼、竹林洼、谢家塆、店子塆、坎子塆、陈家淌、付家台子、江家塆、李家寨、秦家冲、秦家台子。主要姓氏有张、陈、李、曾、付、田、秦，主要民族为汉族。2014年年末，常住居民704户，共2770人。面积1.5平方千米，耕地面积1.142平方千米，以种植水稻、小麦、油菜为主，主要经济来源为农业和打工收入。

这里1949年10月为张畈村和李寨村，属安陆县孛畈区。1952年10月张畈村、李寨村属第五区管辖。1954年8月属青龙区管辖。1956年4月属第六指导小组管辖。1958年9月更名为张畈大队和李寨大队，属红旗人民公社管辖。同年底红旗人民公社更名为青龙人民公社。1961 年 4 月青龙人民公社更名为青龙区。1975 年 2 月撤区并社，张畈大队、李寨大队属孛畈人民公社青龙管理区辖。1984 年 1 月，张畈大队、李寨大队分别更名为张畈村和李寨村，属烟店区青龙镇辖。1987 年 10 月，原烟店区青龙镇、三里乡、孛畈乡合并为孛畈镇，张畈村、李寨村属孛畈镇辖。2012 年张畈与李寨合并为张畈村。

张畈大塆[Zhāng fàn dà wān] 隶属于孛畈镇张畈村。原张畈村老址，现集中居住着张畈村 1、2、3、4 组大部分村民，部分村民搬迁到张畈开发区(张畈街)后，仍有大部分村民居此。为与新区区分，故名“张畈大塆”。该塆位于张畈村中部，介于燕子山与张畈街之间，居住着 380 余户 1300 余人，主要姓氏为张。呈块状分布。有弯堰和万堰两口大堰环绕。合村前属张畈村。

张畈街[Zhāng fàn jiē] 隶属于孛畈镇张畈村。即张畈新区，张畈村新建房屋村民均按村级规划集中新建于此，为与原址张畈大塆区分，故名为“张畈街”。这里是村委会所在地，位于张畈村东部，东部紧邻府河，与随州平林隔河相望，呈条状分布，南部与同兴村相连，西部与张畈大塆相连接。居住有张畈村 110 余户村民，以张姓居多。合村前属张畈村。

燕子山咀[Yàn zi shān zuǐ] 隶属于孛畈镇张畈村。又名竹个洼、桥过坡。因此地为张畈村最高点正居于燕子山咀部而得名。此地位于张畈村西部燕子山上，呈块状分布，居住有张畈村 8 组及 2 组的 20 多户村民，居民以张、徐姓居多。东部止于桥坡，西部止于两个堰；南部与同兴村接壤，止于秦家冲；北部与张畈 5 组相连接。张孛公路贯穿其中。合村前属张畈村。

徐家台子[Xú jiā tái zi] 隶属于孛畈镇张畈村。位于张畈一个独立的小高地，因徐氏居住于此而得名。该地东部与曾家台子相望，西部与燕子山及张畈村 5 组相望，北止于 4-5 组通组公路，南与竹林塆相连。主要居住有徐氏家族 3 户，呈块状分布。合村前属张畈村。

曾家台子[Zéng jiā tái zi] 隶属于孛畈镇张畈村。曾氏家族居住于高地，因而被称为曾家台子。此地位于张畈大塆和徐家台子之间，由曾家双堰环绕及胡堰环绕，东部与张畈大塆相望，西与徐家台子相望，北部止于四、五组通组公路，南部止于张畈村三组蔬菜地。此地主要居住着曾家及张氏 20 余户人家，呈块状分布。合村前属张畈村。

薛家塆[Xuē jiā wān] 隶属于孛畈镇张畈村。薛氏环绕薛家大堰居住于此，故取名为薛家塆，又名坎子塆。此地位于张畈村 6 组腹地，东部与张随公路相连接，北部止于清水河与府河交汇处，与随州府河相望，西与吴家塆相连接，南部与谢家塆接壤。此地居住有薛氏家族 30 余户。合村前属李寨村。

叶家洼[yè jiā wā] 隶属于孛畈镇张畈村。叶氏居住于洼地大堰边而得名。此地位于张畈村 7 组，北与江寨公路相连接，东部止于黄子沟，南与孛张公路相连接，西于江家洼相连接，此地居住有叶、杨氏等 10 余户人家。合村前属李寨村。

吴家塆[Wú jiā wān] 隶属于孛畈镇张畈村。以姓氏命名。东接薛家塆，西邻清水河，南连侯冲水库，北靠清水河。有 2 户 10 人，吴姓。合村前属李寨村。

江家洼[Jiāng jiā wā] 隶属于孛畈镇张畈村。东接叶家洼，西邻江家塆(江家寨)，南连清水河，北靠清水河。有居民 20 户 90 人，以江、姚姓居多。合村前属李寨村。

竹林垮[Zhú lín wān]　隶属于孛畈镇张畈村，又名竹林洼。东接张畈大垮，西邻同兴村，南连天子岗村。居民以张、秦姓居多，170 人。合村前属李寨村。

谢家垮[Xiè jiā wān]　隶属于孛畈镇张畈村。东隔府河与广水平林相望，西邻叶家垮，北靠店子垮。居民以李姓居多，130 人。合村前属李寨村。

店子垮[Diàn zi wān]　隶属于孛畈镇张畈村。东接府河，西邻清水河，南连山冈，北靠河流。居民以李姓居多，400 人。合村前属李寨村。

坎子垮[kǎn zi wān]　隶属于孛畈镇张畈村。东接张畈通随州公路，西邻清水河，南连薛家大堰，北靠清水河。居民以李、薛姓居多，100 人。合村前属李寨村。

陈家淌[chén jiā tǎng]　隶属于孛畈镇张畈村。该垮位于山地低凹处，清朝时陈姓全家逃荒至此定居，故名。该居民点位于张畈村西部孛畈至张畈公路边，呈块状分布，距村委会所在地 0. 2 千米，东接村委会办公室，西邻万家堰、秦家台子，南连孛畈至张畈公路、同兴村黄寨，北靠府河。居民点面积约 0. 0058 平方千米，居民主要姓氏为陈、张，民族为汉族。2014 年年末，共有村民 19 户、78 人，耕地面积 0. 0373 平方千米；村民主要种植水稻、小麦，经济来源以农业和务工收入为主。合村前属张畈村。

付家台子[Fù jiā tái zi]　隶属于孛畈镇张畈村。清朝时期付姓渔民带着全家沿河捕鱼，在此高地定居，故名。后有田、秦两姓居民先后迁入。该居民点位于张畈村北部，呈块状分布，距村委会所在地 0. 3 千米，东接府河，西邻秦家台子，南连张畈 3 组，北靠府河。居民点面积约 0. 0018 平方千米，居民主要姓氏为付、田，民族为汉族。2014 年年末，共有村民 6 户、27 人，耕地面积 0. 014 平方千米；村民主要种植水稻、小麦，经济来源以农业和务工收入为主。合村前属张畈村。

江家垮[Jiāng jiā wān]　隶属于孛畈镇张畈村。又名江家寨。明洪武年间江姓始祖麻城筷子街调籍到此，故名。该居民点位于张畈村西部，呈块状分布，距村委会所在地 1 千米，东接李寨，西邻随州曾都区府河镇麦林岗村麦林岗，南连天子岗村周埂，北靠李家寨。居民点面积约 0. 0142 平方千米，居民主要姓氏为江、杨、叶，民族为汉族。2014 年年末，共有村民 48 户、230 人，耕地面积 0. 1667 平方千米；村民主要种植水稻、小麦，经济来源以农业和务工收入为主。1949 年 10 月江家垮属孛畈区李寨村。2012 年张畈与李寨合并为张畈村。江家垮名称沿用至今。合村前属李寨村。

李家寨[Jǐ jiā zhài]　隶属于孛畈镇张畈村。明朝时李姓富户为了避乱，组织族人建寨防护，故名。该居民点位于张畈村西北部，呈块状分布，距村委会所在地 0. 5 千米，东接府河，西邻随州曾都区府河镇白河滩村小张家垮，南连侯冲，北靠随州曾都区府河镇白河滩村白家垮。居民点面积约 0. 054 平方千米，居民主要姓氏为李、薛，民族为汉族。2014 年年末，共有村民 180 户、750 人，耕地面积 0. 533 平方千米；村民主要种植水稻、小麦，经济来源以农业和务工收入为主。1949 年 10 月李家寨属安陆县孛畈区李寨村。2012 年张畈与李寨合并为张畈村。李家寨名称沿用至今。合村前属李寨村。

秦家冲[Qín jiā chōng]　隶属于孛畈镇张畈村。古时候秦姓先祖来此冲定居，故名。后有叶、李、陈、方、黄姓居民迁入。该居民点位于张畈村西南部，呈块状分布，距村委会所在地 0. 5 千米，东接同兴村黄寨，西邻江家垮、天子岗村周埂，南连天子岗村草堰冲，北靠孛畈至张畈公路。居民点面积约 0. 013 平方千米，居民主要姓氏为李、叶、程，民族为汉族。2014年年末，共有村民43户、225人，耕地面积0.153平方千米；村民主要种植水稻、小麦，经济来源以农业和务工收入为主。1949年10月秦家冲属安陆县孛畈区李寨村。2012年张畈与李寨合并为张畈村。秦家冲名称沿用至今。合村前属李寨村。

秦家台子[Qín jiā tái zi]　隶属于孛畈镇张畈村。该塆位于山地凸起处，所住居民以秦姓居多，后有曾、张两姓居民入住，故名。该居民点位于张畈村西部，呈块状分布，距村委会所在地0.4千米，东接付家台子，西邻山冈、侯冲，南连孛畈至张畈公路，北靠府河。居民点面积约0.0024平方千米，居民主要姓氏为秦、曾、张，民族为汉族。2014年年末，共有村民8户、36人，耕地面积0.02平方千米；村民主要种植水稻、小麦，经济来源以农业和务工收入为主。合村前属张畈村。

十七、长松村[Chángsōng Cūn]

隶属于孛畈镇。该村所在区域内有一条名为长松的街道，是该村的集贸中心。村委会所在地长松街道。该村位于孛畈镇东北部，距镇政府所在地3千米，面积8平方千米，东接横山村、长岗村，西邻白兆山水泥厂，南连烟店岔路村、李岗村，北靠曹畈村、杜庙村。全村共有8个村民小组，37个居民点：长松街道、大程家塆、钱家塆、付家塆、徐家凹、小陈家塆、王家凹、刘家竹园、万家塆、豆腐店、范家纸棚、吕家冲、范家大塆、董家塆、赵家塆、碾子坡、潘家台子、皮家塆、张家塆、丁家塆、王家塆、李家塆、周家塆、施家塆、潘家塆、黑龙岗、李家湾、小王家凹、董家湾、袁家塆、福德桥、范家冲、松林梗、炮楼塆、刘家塆、菜家塆、涵家冲。主要姓氏有刘、陈、范、董、李、张、丁，主要民族为汉族。2014年年末，常住居民1028户，共4018人，耕地面积2.2073平方千米，以种植水稻、小麦、油菜为主，主要经济来源为农业和打工收入。

这里1949年10月为长松村、纸棚村、松岭村和丁岗村，属安陆县孛畈区。1952年10月属第五区管辖。1954年8月属青龙区管辖。1956年4月属第六指导小组管辖。1958年9月更名为长松大队、纸棚大队、松岭大队和丁岗大队，属红旗人民公社管辖。同年底红旗人民公社更名为青龙人民公社。1961年4月青龙人民公社更名为青龙区。1975年2月撤区并社，长松大队、纸棚大队、松岭大队和丁岗大队属孛畈人民公社孛畈管理区辖。1984年1月大队改为村，长松大队与纸棚大队合并为长棚村，松岭大队更名为潘冲村，丁岗大队更名为福德村，均属烟店区孛畈乡辖。1987年10月，原烟店区青龙镇、三里乡、孛畈乡合并为孛畈镇，长棚村、潘冲村、福德村属孛畈镇辖。2005年长棚村、潘冲村、福德村三村合并为长松村。

菜家塆[Cài jiā wān]　隶属于孛畈镇长松村。清代在松林埂形成集市，1949年10月菜家塆属安陆县孛畈区松岭村。菜家塆就在松林埂附近，人们以种菜为主业，故名。该居民点位于长松村南部，呈块状分布，距村委会所在地1千米，东接潘家大塆，西邻涵家冲，南连烟店镇岔路村罗家山塆，北靠赵家塆。居民点面积约0.012平方千米，居民主要姓氏为朱、胡、万，民族为汉族。2014年年末，共有村民39户、175人，耕地面积0.0413平方千米；村民主要种植水稻、小麦，经济来源以农业和务工收入为主。

大程家塆[Dà chéng jiā wān]　隶属于孛畈镇长松村。清朝中期形成该居民点。程姓宗族大、人口多，占地面积较大。当地方言“程”与“陈”发音相同，为与小陈家塆区别，故名。该居民点位于长松村西北部，呈块状分布，距村委会所在地 1 千米，东接徐家塆、横山村易家塆，西邻原刘个竹园，南连原福德村砖场、袁家塆，北靠曹畈村杉树凹。居民点面积约 0.009 平方千米，居民主要姓氏为程，民族为汉族。2014 年年末，共有村民 30 户、152 人，耕地面积 0.0373 平方千米；村民主要种植水稻、小麦，经济来源以农业和务工收入为主。

丁家塆[Dīng jiā wān]　隶属于孛畈镇长松村。清朝时期丁姓在此居住，人口繁衍形成村落。该居民点地处山冈上，又名丁岗。1949 年 10 月丁家塆属安陆县孛畈区丁岗村。该居民点位于长松村东南部，距村委会所在地 2 千米，居民点呈块状分布，东接刘家塆，西邻王家塆，南连福德桥塆，北靠小王家凹。居民点面积约 0.006 平方千米，居民主要姓氏为丁，民族为汉族。2014 年年末，共有村民 20 户、80 人，耕地面积 0.0667 平方千米；村民主要种植水稻、小麦，经济来源以农业和务工收入为主。

董家塆(清代)[Dǒng jiā wān]　隶属于孛畈镇长松村。清代董姓人口在此居住，形成村落。董大荣曾在河南任抚台，董姓声名远播，故名。该居民点位于长松村东北部，呈块状分布，距村委会所在地 0.4 千米，东接横山村易家塆，西邻施家塆，南连炮楼塆，北靠王家凹。居民点面积约 0.0084 平方千米，居民主要姓氏为董，民族为汉族。2014 年年末，共有村民 28 户、120 人，耕地面积 0.0613 平方千米；村民主要种植水稻、小麦，经济来源以农业和务工收入为主。

董家塆(宋代)[Dǒng jiā wān]　隶属于孛畈镇长松村。宋代董姓始祖在此定居，既发财又发子，仅几代人就在此形成一个大塆。该居民点位于长松村西南部，呈块状分布，距村委会所在地 0.2 千米，东接长松街道，西邻原潘冲村松林埂，南连原潘冲村潘家塆，北靠长松街。居民点面积约 0.012 平方千米，居民主要姓氏为董，民族为汉族。2014 年年末，共有村民 41 户、183 人，耕地面积 0.0633 平方千米；村民主要种植水稻、小麦，经济来源以农业和务工收入为主。

豆腐店[Dòu fǔ diàn]　隶属于孛畈镇长松村。民国初年，该居民点居民多以做豆腐为业，故名。该居民点位于长松村西部，呈块状分布，距村委会所在地 0.5 千米，东接原长棚村刘个竹园，西邻原长棚村王家塆，南连长松道班，北靠杉树凹。居民点面积约 0.006 平方千米，居民主要姓氏为吴，民族为汉族。2014 年年末，共有村民 20 户、90 人，耕地面积 0.042 平方千米；村民主要种植水稻、小麦，经济来源以农业和务工收入为主。该居民点形成于清末。1949 年 10 月豆腐店属安陆县孛畈区纸棚村。豆腐店名称沿用至今。

范家纸棚[Fàn jiā zhǐ péng]　隶属于孛畈镇长松村。清朝范姓居民在此搭棚从事火纸的制作和销售，故名。该居民点位于长松村西部，呈块状分布，距村委会所在地 0.5 千米，东接长松道班，西邻杜庙村黄家凹，南连范家大塆，北靠原长棚村吕个冲。居民点面积约 0.011 平方千米，居民主要姓氏为范，民族为汉族。2014 年年末，共有村民 37 户、152 人，耕地面积 0.07 平方千米；村民主要种植水稻、小麦，经济来源以农业和务工收入为主。1949 年 10 月范家纸棚属安陆县孛畈区纸棚村。范家纸棚名称沿用至今。

范家冲[Fàn jiā chōng]　隶属于孛畈镇长松村。明洪武二年，范姓始祖从麻城调籍来此山冲居住，人口繁衍形成村落，故名。该居民点位于长松村西部，呈块状分布，距村委会所在地 0.8 千米，东接松林埂，西邻潘冲水库，南连韩家冲，北靠邓家凹。居民点面积约 0.019 平方千米，居民主要姓氏为范，民族为汉族。2014 年年末，共有村民 68 户、258 人，耕地面积 0.084 平方千米；村民主要种植水稻、小麦，经济来源以农业和务工收入为主。1949 年 10 月范家冲属安陆县孛畈区纸棚村。范家冲名称沿用至今。

范家大塆[Fàn jiā dà wān] 隶属于孛畈镇长松村。明洪武二年范姓始祖从麻城调籍来此，始居范家冲。清康熙年间由于人口发展快，范家冲没有很好的地方建房，就搬迁至此地建房，后来人口多了，故名范家大塆。该居民点位于长松村西北部，呈块状分布，距村委会所在地 0.7 千米，东接范家纸棚，西邻付家独屋，南连原潘冲村范家冲，北靠范家纸棚。居民点面积约 0.013 平方千米，居民主要姓氏为范，民族为汉族。2014 年年末，共有村民 43 户、192 人，耕地面积 0.0653 平方千米；村民主要种植水稻、小麦，经济来源以农业和务工收入为主。1949 年 10 月范家大塆属安陆县孛畈区松岭村。范家大塆名称沿用至今。

福德桥[Fú dé qiáo] 隶属于孛畈镇长松村。清朝时有位董姓财主人丁不旺，行善聚德祈求得子，果真求得双子。老大名福，老二名德，于 1925 年还愿修桥，故名。该居民点位于长松村东南部，呈块状分布，距村委会所在地 1 千米，东接烟店镇长岗村张家榜，西邻周家塆、施家塆，南连烟店镇李岗村藕塘角，北靠原福德村张家塆。居民点面积约 0.0166 平方千米，居民主要姓氏为张、吴、刘、袁，民族为汉族。2014 年年末，共有村民 56 户、200 人，耕地面积 0.0647 平方千米；村民主要种植水稻、小麦，经济来源以农业和务工收入为主。1949 年 10 月福德桥属安陆县孛畈区丁岗村。福德桥名称沿用至今。

付家塆[Fù jiā wān] 隶属于孛畈镇长松村。民国早期付姓人口在此居住，形成村落，故名。该居民点位于长松村西部，呈块状分布，距村委会所在地 0.2 千米，东接程家塆，西邻刘家竹园，南连长松街道，北靠刘家竹园。居民点面积约 0.004 平方千米，居民主要姓氏为付，民族为汉族。2014 年年末，共有村民 13 户、71 人，耕地面积 0.0387 平方千米；村民主要种植水稻、小麦，经济来源以农业和务工收入为主。1949 年 10 月付家塆属安陆县孛畈区长松村。付家塆名称沿用至今。

涵家冲[Hán jiā chōng] 该居民点形成于明初，以姓氏得名，现隶属于孛畈镇长松村。百家姓里有“函”姓而无“涵”姓，大概是元末蒙古孛儿只斤“大汗”之族人用“汗”的谐音改为的“汉姓”。清代出了个叫涵黑子的人，力大无比，特会摔跤，在随州洛阳与几个河南人打架，很快将对方制伏，名声大振。该居民点位于长松村西南部，呈块状分布，距村委会所在地 0.8 千米。东接原潘冲村菜家塆，西邻原潘冲村潘家台子，南连烟店镇双岭村孙家塆，北靠原潘冲村范家冲；居民点面积约 0.019 平方千米，居民主要姓氏为韩，民族为汉族。2014 年年末，共有村民 64 户、248 人，耕地面积 0.0733 平方千米；村民主要种植水稻、小麦，经济来源以农业和务工收入为主。涵家冲名称沿用至今。

黑龙岗[Hēi lóng gǎng] 隶属于孛畈镇长松村。清朝末年，一风水先生看到此地山冈的形状酷似一条黑龙，认为是块风水宝地，人们在此定居，形成居民点，故名。该居民点位于长松村西南部，呈块状分布，距村委会所在地 0.9 千米，东接福德桥，西邻王家塆，南连烟店镇李岗村藕塘角，北靠周家塆。居民点面积约 0.006 平方千米，居民主要姓氏为李，民族为汉族。2014 年年末，共有村民 20 户、100 人，耕地面积 0.0733 平方千米；村民主要种植水稻、小麦，经济来源以农业和务工收入为主。1949 年 10 月黑龙岗属安陆县孛畈区丁岗村。黑龙岗名称沿用至今。

李家塆(大)[Lǐ jiā wān(dà)]　隶属于孛畈镇长松村。因姓氏命名。该居民点位于长松村东南部，呈块状分布，距村委会所在地0.7千米，东接黑龙岗，西邻长松街，南连烟店镇长岗村，北靠袁家塆。居民点面积约0.012平方千米，居民主要姓氏为李，民族为汉族。2014年年末，共有村民39户、140人，耕地面积0.07平方千米；村民主要种植水稻、小麦，经济来源以农业和务工收入为主。1949年10月李家塆属安陆县孛畈区丁岗村。李家塆名称沿用至今。

李家塆(小)[Lǐ jiā wān(xiǎo)]　隶属于孛畈镇长松村。因姓氏命名。该居民点位于长松村东南部，呈块状分布，距村委会所在地0.7千米，东接原福德村王家塆，西邻董家塆，南连原潘冲村潘家塆，北靠碾子坡。居民点面积约0.0052平方千米，居民主要姓氏为李，民族为汉族。2014年年末，共有村民18户、56人，耕地面积0.05平方千米；村民主要种植水稻、小麦，经济来源以农业和务工收入为主。清朝开始形成该居民点。1949年10月李家塆属安陆县孛畈区长松村。李家塆名称沿用至今。

刘家塆[Liú jiā wān]　隶属于孛畈镇长松村。清朝时刘姓始祖在此定居，人口繁衍形成村落，故名。该居民点位于长松村东南部，呈块状分布，距村委会所在地0.3千米，东接横山村杨家塆，西邻炮楼塆，南连张家塆、福德桥，北靠横山庙、小王家凹。居民点面积约0.0054平方千米，居民主要姓氏为刘，民族为汉族。2014年年末，共有村民18户、50人，耕地面积0.028平方千米；村民主要种植水稻、小麦，经济来源以农业和务工收入为主。1949年10月刘家塆属安陆县孛畈区丁岗村。刘家塆名称沿用至今。

刘家竹园[Liú jiā zhú yuán]　隶属于孛畈镇长松村。清康熙年间刘姓始祖在此居住，人口繁衍形成聚落。该塆所在区域内有一个竹园，居民多数会竹器加工手艺，故名。该居民点位于长松村西北部，呈块状分布，距村委会所在地0.3千米，东接陈家塆，西邻豆腐店，南连程家塆，北靠王家塆。居民点面积约0.009平方千米，居民主要姓氏为刘，民族为汉族。2014年年末，共有村民30户、115人，耕地面积0.078平方千米；村民主要种植水稻、小麦，经济来源以农业和务工收入为主。

吕家冲[Lǚ jiā chōng]　隶属于孛畈镇长松村。清朝时，从纸棚到邓家凹之间是一条冲，吕姓居民在山凹处的一大块平地上定居，形成村落，故名。该居民点位于长松村西部，呈块状分布，距村委会所在地0.8千米，东接范家纸棚，西邻杜庙村吴个凹，南连范个冲，北靠原杜庙村邓个凹。居民点面积约0.005平方千米，居民主要姓氏为吕、范，民族为汉族。2014年年末，共有村民17户、87人，耕地面积0.0593平方千米；村民主要种植水稻、小麦，经济来源以农业和务工收入为主。1949年10月吕家冲属安陆县孛畈区纸棚村。吕家冲名称沿用至今。

碾子坡[Niǎn zi pō]　隶属于孛畈镇长松村。居民选择山坡的一块平地，用碾子去除谷类的外壳，故名。该居民点位于长松村南部，呈块状分布，距村委会所在地0.5千米，东接袁家塆，西邻长松棚子董家塆，南连李家塆，北靠钱家塆。居民点面积约0.0018平方千米，居民主要姓氏为钱、程，民族为汉族。2014年年末，共有村民6户、17人，耕地面积0.0153平方千米；村民主要种植水稻、小麦，经济来源以农业和务工收入为主。清朝形成此居民点。1949年10月碾子坡属安陆县孛畈区丁岗村。碾子坡名称沿用至今。

潘家台子[Pān jiā tái zi]　隶属于孛畈镇长松村。清代有弟兄三人看中了这里的山场和耕地，选择在地势较高的台子上开挖建房，故名。该居民点位于长松村西部，呈块状分布，距村委会所在地1.2千米，东接涵家冲，西邻杜庙村朱个凹，南连烟店镇双岭村孙家塆，北靠范个冲水库。居民点面积约0.0088平方千米，居民主要姓氏为潘，民族为汉族。2014年年末，共有村民28户、180人，耕地面积0.0593平方千米；村民主要种植水稻、小麦，经济来源以农业和务工收入为主。

潘家塆[Pān jiā wān]　隶属于孛畈镇长松村。唐朝时期，该居民点就有十几户人家姓潘，无杂姓，故名。该居民点位于长松村东南部，呈块状分布，距村委会所在地0.8千米，东接王家塆，西邻烟店镇岔路村罗个山塆，南连烟店镇李岗村杨家独屋，北靠长松街。居民点面积约0.018平方千米，居民主要姓氏为潘，民族为汉族。2014年年末，共有村民60户、215人，耕地面积0.0766平方千米；村民主要种植水稻、小麦，经济来源以农业和务工收入为主。1949年10月潘家塆属安陆县孛畈区丁岗村。潘家塆名称沿用至今。

炮楼塆[pào lóu wān]　隶属于孛畈镇长松村。清朝时当地土匪猖獗，人们选择在地势较高的地方建房居住，修筑炮楼探望情况，抗击土匪。如有土匪骚扰，升火把、敲铜锣提醒村民防范，故名。该居民点位于长松村东南部，呈块状分布，距村委会所在地0.9千米，东接刘家塆，西邻施家塆，南连丁家塆，北靠董家塆。居民点面积约0.0083平方千米，居民主要姓氏为丁、孙，民族为汉族。2014年年末，共有村民28户、140人，耕地面积0.04平方千米；村民主要种植水稻、小麦，经济来源以农业和务工收入为主。1949年10月炮楼塆属安陆县孛畈区丁岗村。炮楼塆名称沿用至今。

皮家塆[Pí jiā wān]　隶属于孛畈镇长松村。清代时人们的文化生活很单调，当地人以看皮影戏为主。此居民点冬暖夏凉，人们集结于此看皮影戏，故名。该居民点位于长松村东部，呈块状分布，距村委会所在地0.8千米，东接董家塆，西邻陈家塆，南连袁家塆，北靠王家凹。居民点面积约0.0225平方千米，居民主要姓氏为丁，民族为汉族。2014年年末，共有村民75户、129人，耕地面积0.0267平方千米；村民主要种植水稻、小麦，经济来源以农业和务工收入为主。

钱家塆[Qián jiā wān]　隶属于孛畈镇长松村。民国时期，钱姓人口在此定居，故名。该居民点位于长松村东南部，呈块状分布，距村委会所在地0.5千米，东接袁家塆，西邻长松街道，南连碾子坡，北靠程家塆。居民点面积约0.0021平方千米，居民主要姓氏为钱，民族为汉族。2014年年末，共有村民7户、33人，耕地面积0.0267平方千米；村民主要种植水稻、小麦，经济来源以农业和务工收入为主。

施家塆[Qián jiā wān]　隶属于孛畈镇长松村。清朝时施姓人口从河南逃荒在此落籍，故名。该居民点位于长松村东部，呈块状分布，距村委会所在地0.8千米，东接原长棚村董家塆，西邻小陈家塆，南连袁家塆，北靠大王家凹。居民点面积约0.0085平方千米，居民主要姓氏为施，民族为汉族。2014年年末，共有村民24户、140人，耕地面积0.028平方千米；村民主要种植水稻、小麦，经济来源以农业和务工收入为主。1949年10月施家塆属安陆县孛畈区丁岗村。施家塆名称沿用至今。

松林埂[Sōng lín gěng]　隶属于孛畈镇长松村。从八字垴一条山脉顺沿，过去一直是荒山秃岭。清代当地人在这里栽了很多松树，若干年后长成参天大树。一条布满松树的山脉宛如一道埂。故名。该居民点位于长松村西部，呈块状分布，距村委会所在地0.8千米，东接原潘冲村赵家塆、董家塆，西邻范家冲，南连韩家冲，北靠范家大塆。居民点面积约0.0093平方千米，居民主要姓氏为范，民族为汉族。2014年年末，共有村民32户、129人，耕地面积0.085平方千米；村民主要种植水稻、小麦，经济来源以农业和务工收入为主。1949年10月松林埂属安陆县孛畈区松岭村。松林埂沿用至今。

万家塆[Wàn jiā wān]　隶属于孛畈镇长松村。清康熙年间，万普儒始居此地，形成居民点，故名。该居民点位于长松村西北部，呈块状分布，距村委会所在地0.5千米，东接豆腐店，西邻长松道班，南连范个纸棚，北靠杜庙村汤家塆。居民点面积约0.008平方千米，居民主要姓氏为万，民族为汉族。2014年年末，共有村民27户、100人，耕地面积0.05平方千米；村民主要种植水稻、小麦，经济来源以农业和务工收入为主。1949年10月万家塆属安陆县孛畈区纸棚村。万家塆名称沿用至今。

王家凹[Wáng jiā wā]　隶属于孛畈镇长松村。清康熙年间，王姓始祖选择横山庙山脉走向的山凹为居住地，人口繁衍逐渐形成聚落，故名。该居民点位于长松村北部，呈块状分布，距村委会所在地0.6千米，东接沙子岗，西邻曹畈村程家凹，南连程家塆，北靠豆腐店。居民点面积约0.008平方千米，居民主要姓氏为王，民族为汉族。2014年年末，共有村民27户、120人，耕地面积0.062平方千米；村民主要种植水稻、小麦，经济来源以农业和务工收入为主。

王家塆[Wáng jiā wān]　隶属于孛畈镇长松村。清朝中期王姓人口在此定居，形成了上王家塆和下王家塆，至民国后期上下两塆合并，故名。该居民点位于长松村东南部，呈块状分布，距村委会所在地0.5千米，东接黑龙岗，西邻长松街，南连烟店镇长岗村，北靠袁家塆。居民点面积约0.009平方千米，居民主要姓氏为王，民族为汉族。2014年年末，共有村民30户、110人，耕地面积0.0733平方千米；村民主要种植水稻、小麦，经济来源以农业和务工收入为主。

小陈家塆[Xiǎo chén jiā wān]　隶属于孛畈镇长松村。该居民点形成于民国初年，杂姓，后来陈姓人口居多。当地方言发音"陈"与"程"基本相同，为区别于大程家塆，故名。该居民点位于长松村西北部，呈块状分布，距村委会所在地0.5千米，东接钱家塆，西邻付家塆，南连长松街道，北靠陈家塆。居民点面积约0.0188平方千米，居民主要姓氏为陈，民族为汉族。2014年年末，共有村民62户、312人，耕地面积0.05平方千米；村民主要种植水稻、小麦，经济来源以农业和务工收入为主。

小王家凹[Xiǎo wáng jiā wā]　隶属于孛畈镇长松村。清朝王姓弟兄置田很多、瓜瓞绵绵，清朝中后期两弟兄分家，老大所居之地称王家凹，老二搬至另一山凹定居，故名小王家凹。该居民点位于长松村东北部，呈块状分布，距村委会所在地0.7千米，东接横山村袁家凹，西邻大王家凹，南连董家塆，北靠横山庙、徐家洼。居民点面积约0.0066平方千米，居民主要姓氏为王，民族为汉族。2014年年末，共有村民22户、100人，耕地面积0.08平方千米；村民主要种植水稻、小麦，经济来源以农业和务工收入为主。

徐家凹[xú jiā wā]　隶属于孛畈镇长松村。以姓氏和地理特征命名。该居民点位于长松村西北部，呈块状分布，距村委会所在地0.8千米，东接沙子岗，西邻陈家塆，南连陈家塆，北靠王家塆。居民点面积约0.002平方千米，居民主要姓氏为徐，民族为汉族。2014年年末，共有村民7户、40人，耕地面积0.0313平方千米；村民主要种植水稻、小麦，经济来源以农业和务工收入为主。

袁家塆[Yuán jiā wān]　隶属于孛畈镇长松村。清朝时袁姓始祖从烟店袁畈迁入此地定居，繁衍形成村落，故名。该居民点位于长松村东南部，呈块状分布，距村委会所在地0.6千米，东接丁家岗，西邻王家塆，南连黑龙岗，北靠陈家塆。居民点面积约 0. 015 平方千米，居民主要姓氏为袁，民族为汉族。2014 年年末，共有村民 50 户、140 人，耕地面积 0. 0433 平方千米；村民主要种植水稻、小麦，经济来源以农业和务工收入为主。1949 年 10 月袁家塆属安陆县孛畈区丁岗村。袁家塆名称沿用至今

张家塆[Zhāng jiā wān]　隶属于孛畈镇长松村。清末有个张老秀才在此定居，故名。其子张柏芝民国时期曾任安陆县府西乡参议员。该居民点位于长松村东南部，呈块状分布，距村委会所在地 0. 9 千米，东接横山村易家塆，西邻丁家岗塆，南连福德桥塆，北靠董家塆。居民点面积约 0. 0122 平方千米，居民主要姓氏为张，民族为汉族。2014 年年末，共有村民 42 户、200 人，耕地面积 0. 0687 平方千米；村民主要种植水稻、小麦，经济来源以农业和务工收入为主。1949 年 10 月张家塆属安陆县孛畈区丁岗村。张家塆名称沿用至今。

长松街道[Cháng sōng jiē dào]　隶属于孛畈镇长松村。历史上，该街所在区域内原有一所驿站，且驿站旁有一棵长松树，后在此形成集市，名长松街。该居民点位于长松村东南部，呈块状分布，距村委会所在地 0. 4 千米，东接董家塆，西邻万家塆，南连董家塆，北靠付家塆、程家塆。居民点面积约 0. 0225 平方千米，居民主要姓氏为董，民族为汉族。2014 年年末，共有村民 75 户、271 人，耕地面积 0. 0675 平方千米；村民主要种植水稻、小麦，经济来源以农业和务工收入为主。

赵家塆[Zhào jiā wān]　隶属于孛畈镇长松村。清代末有位赵姓人氏在松林埂杀猪宰羊，生意非常红火。他有钱，影响大，居住的地方，故名赵家塆。该居民点位于长松村西南部，呈块状分布，距村委会所在地 1. 5 千米，东接安(陆)三(里)公路，西邻松林埂，南连原潘冲村蔡家塆，北靠董家塆。居民点面积约 0. 011 平方千米，居民主要姓氏为潘，民族为汉族。2014 年年末，共有村民 38 户、187 人，耕地面积 0. 064 平方千米；村民主要种植水稻、小麦，经济来源以农业和务工收入为主。

周家塆[Zhōu jiā wān]　隶属于孛畈镇长松村。因姓氏命名。该居民点位于长松村东南部，呈块状分布，距村委会所在地 1. 2 千米，东接原福德村张家塆，西邻李家塆，南连烟店镇李岗村藕塘角、本村黑龙岗，北靠丁家岗。居民点面积约 0. 0036 平方千米，居民主要姓氏为周，民族为汉族。2014 年年末，共有村民 12 户、45 人，耕地面积 0. 038 平方千米；村民主要种植水稻、小麦，经济来源以农业和务工收入为主。清朝时形成此村落。1949 年 10 月周家塆属安陆县孛畈区丁岗村。周家塆名称沿用至今。

2015年安陆市烟店镇平面示意图
李畈镇
横山庙
131
横山水库
孛
畈
望河
河
三陂
时家大山
113
三陂港站
烟店镇
烟店
雷
公
白兆山
379
白兆山林场
白兆山旅游风景区
雷公镇
汤寨
193
打锣山
74
府
城
府城街办
省金银花基地
棠
棣
安陆市
HBALHRXLAOGU
图 例

第十一章　烟店镇

第一节　概　况

烟店，历史悠久。新石器时代就有人类在此繁衍生息。境内白兆山南麓双庙村至今保存新石器时代文明遗迹——王古溜遗址。

烟店原名烟墩店，得名于东周。烟店古时位于随枣通道，“五里一墩，十里一铺”，烟店南街50米处，筑有一座30米高的烽火台，称为烟墩，后因墩成集，习称烟店。

烟店还有一个俗名叫“烟袋”。至于为何叫烟袋，有一段颇有趣味的戏说：相传李白出蜀，性格狂傲，饮酒赋诗，语言豪壮，年轻气盛。有一次游玩途中对湖北商人夸耀四川时说：“四川峨眉山，离天三尺三。”湖北商人不服气，回敬道：“湖北有座黄鹤楼，半头戳进天里头。”旁边有一个安陆人也有意压一压李白的傲气，说：“我们安陆也有三大奇观，一个花园六十里路，一个烟袋三十里路，一片桃花十里路。”李白不知安陆城东六十里有花园镇，城西三十里有烟墩(烟墩读成儿化音就成了烟袋)，白兆山上山下都有桃园，当下就决定要到安陆见识一下这些“奇观”。后来李白虽然发现上了当，但被烟店周围，特别是白兆山秀丽的风光迷住了，再加上娶了许夫人，所以在此蹉跎十年。

清末，安陆设64会(社)72屯军旗，烟墩店属低庙会杜李旗。

民国时期，烟店镇先后属均和乡、烟九乡、碧东乡辖。1949年10月为第五区烟店乡，1954年8月为青龙区烟店乡。1958年9月为红旗人民公社烟店乡。1958年12月为青龙人民公社烟店管理区。1961年4月，为青龙区烟店人民公社。1966年9月，青龙区改为红旗区，为红旗区青龙人民公社。1975年2月，更名为程巷人民公社。1981年8月，设立社辖镇烟店镇，1984年1月，复置烟店区，1987年10月，安陆撤区建镇命名为烟店镇。

烟店镇位于安陆城西北12千米处，地处东经113°35′~113°37′，北纬31°16′~31°21′，北枕大洪山余脉，西瞻碧山，东眺涢水，南瞰西畈麦秋，集名山胜水于一域，地灵人杰。

境内白兆山，又名碧山。白兆山这一名称不知何时产生，有据可考的是《北周书》有一段文字记载证明，远在北周以前就有白兆山这个名称，而且安陆官民有“每逢亢阳，祷白兆山祈雨”的乡风民俗。白兆山为湖北名山，海拔379米，上有千年银杏，下有绀珠美泉，左有读书台，右有笔架山，桃花岩位居其中，众星拱月，相映成趣。李白在白兆山山脚居住十年，写下《山中问答》《安陆白兆山桃花岩寄刘侍御绾》等篇章，留有李白读书台、绀珠泉、写经岭、洗笔池、桃花洞等遗址遗迹。白兆山峰峦叠翠，植被丰富，松柏葱茏，青山如黛，为国家4A级森林公园。

白兆山人文资源富集。唐代建有竺乾院；宋代又扩建了白兆寺，兴修了太白堂；元代设立了长庚书院；宋代至清代增刻了斗笠岩摩崖题刻。白兆山还是道教圣地，每逢“三月三”，善男信女摩肩接踵到白兆山敬香还愿，祈福求寿。自唐代起，历代文人墨客如韩愈、杜牧、刘长卿、欧阳修、曾巩、秦观、贯云石、何迁纷至沓来，循着李白的足迹，尽兴泼墨挥毫。

烟店这片土地也是红色热土。龙泉观培训班、抗日十人团、周叔屏起义、新四军五师建军都在附近；李先念、陈少敏、任质斌、周志坚等仁人志士、革命先烈曾在这里浴血奋战，血染碧山，有的还成长为共和国的领袖。

烟店镇水资源丰富。烟波浩渺的涢水是安陆的母亲河，也是安陆境内最长的一条河流。涢水是一条文化河，也是一条生命之河，是沿途800万人民赖以繁衍的生命之水。

烟店镇交通发达。境内汉(汉口)十(十堰)高速公路、烟(烟店)应(应城)省级公路、省道大(大悟)天(天门)公路纵横交错，四通八达。

烟店属气候宜人。春秋短，夏冬长，四季分明，雨量充沛，霜期短，年均气温17℃~19℃，年降水量1110~1180毫米，年均无霜期为231~246天，适宜各种农作物和植被生长。粮食种植以稻、麦、油菜为主，兼有绿豆、黄豆、花生、豌豆、荞麦、马铃薯、红番薯等杂粮。蔬菜种植品种较多，有大白菜、小白菜、卷心菜、白玉春萝卜、香菜、莲藕、辣椒等。其中最有名的是袁畈的莲藕和辣椒。1978年改革开放后，烟店对农村经济体制不断进行调整，激活了发展农业经济的各个要素，农业经济快速发展，1980至1990年，农业生产总产值年均增长23.5%。20世纪90年代，烟店开辟养鱼、大棚蔬菜、优质稻、油茶等农业生产基地10多处，面积2万多亩；进入21世纪，烟店实施农业综合开发项目6个，总投资6000余万元，改造农田近2万亩；2005年，土地流转、大户适度规模经营等开始萌芽。由此蓄积了农业经济发展的后劲。

烟店的工业发达。1948年只有龙泉观石灰窑，设备简陋，效益甚微。共和国成立后，手工业、商业和服务业不断发展壮大。20世纪50年代中期，全镇组建猪行、牛行、鱼行、竹器行、木器行等“五行”，发展理发、烟叶、餐饮、榨油、土布等“五业”，并建立机械修造厂、铁业社、林场、缝纫社。20世纪80年代，相继兴办烟店修造厂、五龙岗砖厂、龙泉观石灰厂、写经岭石灰厂、烟店造纸厂、水寨麻球厂等企业。进入21世纪，兴办了10余家企业。2009年，全年企业生产总产值突破亿元，从业人数增加到1000人。2010年后，烟店全力推进“三区三业”(工业园区、生态农业区、文化旅游区，现代农业、现代工业、旅游产业)产业规划，加大招商引进力度，先后引进花中花米业、坤兴实业有限公司、安东印务有限公司、振坤琉璃瓦厂、金川页岩砖厂、湖北北农大生物科技有限公司等知名企业。2013年8月6日，花中花农业发展有限公司的“花の蕊”商标评为湖北省著名商标。2014 年 12 月 15 日，花中花农业发展有限公司成为烟店镇第一家“新三板”上市企业。

烟店的农旅产业兴旺。近年来，大力发展旅游业、精品乡村游。镇党委镇政府先后投资 1200 万元，制定出《烟店旅游业发展中长期规划》《绿色村庄创建规划》《三区三业发展规划》等规划，2009 年，成立烟店镇旅游创建机构，提出“政府主导、社会联办、部门配合、企业运作、全民参与”的创建指导思想，历经资源、产业、品位开发“三个过程”，坚持区域特色、产业互动、镇村联动、齐抓共管“四个原则”，实施政府主导、景区参与、投资拉动、以点带面、依次推进“五种方式”，采取产业经济功能、文化功能、形象功能、转向功能、方向功能、社会功能“六个定位”，拟定经济、社会、文化、环境、品牌、时间、总体“七个发展目标”，全力创建全省旅游名镇名村。特别是一线串 9 村的精品乡村游，在全长 12 千米的一日游线路上，新建 20 个农家乐、10 个生态农庄式景点，把朴泥蔬菜、草莓葡萄采摘、银杏绿化带、药材种植、花卉苗圃“五大”生态产业连片发展，不断壮大。2015 年 8 月，央视 7 套、央视网、湖北电视台垄上频道、湖北日报等媒体记者走进烟店，对精品乡村游进行了全面系统的报道。央视网记者张晓凤欣然感叹：“田成方，路成网，林成带，移步换景，一步一景，水陆一体，把效果图变成了实景”。

烟店的文化建设氛围浓厚。1987 年撤区建镇后，首届党委政府作出传承传统文化，弘扬李白文化的决定。自此，十届党委政府一届接着一届干，把传承传统文化的工作不断引向深入。1992 年，成立了“太白诗社”，2010 年更名为“碧山诗社”，并正式对省申报创建“诗仙小镇”。营造创建氛围，南街房屋全部仿唐建设，北街闹市一律仿唐装饰。唐诗宋风，诗画长廊，遍布集镇村湾。1993 年以来，先后出版了《致富能人一百例》名人致富经，《白兆山下烟店镇》史记、2 集《碧山新花》诗集和《烟店镇志》。其中《烟店镇志》进入全国名镇志工程。2015 年，烟店被授予“湖北诗词之乡称号”，农民业余作家黄华科的《大姑爷座席》于 1985 年被评为全国业余创作剧本一等奖。麒狮舞名扬荆楚，被确定为湖北省非文化遗产……文化搭台，经贸唱戏，传承传统文化，弘扬李白文化，助力了烟店经济和社会的发展。

烟店的教育稳步发展。民国时期，烟店私塾学堂遍布乡村。共和国成立后，烟店域内各生产大队都开办了学校，累计 40 所。70 年代，不少大队学校由初小升级到完小，后又升级为带帽初中。1966 年 9 月，烟店区域内建立中学 6 所。80 年代末，烟店域内中学开始撤并，2007 年后至今，全镇只保留烟店镇初级中学、3 所完全小学和 3 所幼儿园，实现了教育的规模化。

烟店镇曾开办成人文化技术学校。学校曾设立中师函授班、农业技术培训班，并创办了规模较大的食用菌培植基地，为本镇培育一批中师函授毕业生和一批农业技术人员。

烟店卫生基础设施逐步完善，医疗服务能力不断增强。2010 年，烟店镇“慈心医院”竣工。2012 年 3 月，烟店中心卫生院被评为“湖北省示范乡镇卫生院”。2013 年，被授予“湖北省最美乡镇卫生院”称号。2014 年，烟店镇中心卫生院创办国医堂，设有外科、内科、儿科、国医堂等 7 个临床业务功能科室。卫生院拥有全自动生化分析仪、全自动血液分析仪、尿液分析仪、12 导心电图、彩超仪、洗胃机、呼吸麻醉机、冷光无影灯、多功能手术床、理疗机、红外线治疗仪、腰颈椎牵引床、电子针疗仪、心电监护仪、电子呼叫系统等一批高科技设备。常年开放病床 54 张，配备救护车一辆，能开展剖宫产术、子宫肌瘤术、卵巢囊肿术，阑尾炎术、疝气修补术、胆囊切除术、各类痔疮术、大隐静脉曲张术、浅表肿物切除术、四肢骨折固定术等医疗手术。

国家卫生部曾在烟店设立钩端螺旋体病监测点。1982 年 6 月 8 日，烟店镇卫生院住进第一个钩端螺旋体病病人，至 12 日全镇 40 个大队有 39 个大队暴发这种病。至 7 月 9 日，发病人数 2623 人。7 月中旬，疫情扑灭。该事件发生后，卫生部将烟店镇定为钩端螺旋体病监测点之一。

截至 2015 年，烟店全镇共 4.3 万人，均为汉族，总占地面积 110.8 平方千米，耕地面积 28.666 平方千米。下辖黄榨、邓冲、八里、彭桥、周桥、水寨、肖塆、双岭、柏树、岔路、李岗、烟店、尖山、碧山、袁畈、费岗、田塆、长岗、周祠、黄棚、关堰、张岗、周冲、李塆、余寨、程巷、龚岗、万桥、王岗、双庙、邓河、邓岗、横路、宋垅、董桥、石河、竹篓、冯庙、白店、姚榨 40 个村(社区)共 262 个村民小组，4.467 万人。其中少数民族 23 人。

第二节　社区(村)、居民点

一、八里村[Bālǐ Cūn]

东周时期，八里岔上的艾家墩设置烽火墩，是上连竹篓铺，下连包家墩的信息传递墩。因上到白果店，下至德安府各为八里路，中间还有一条岔道，故名“八里岔”。八里村因此得名。

八里村 1949 年 10 月属第五区，1954 年 8 月属青龙区。1958 年 9 月属红旗人民公社。1975 年 2 月，属程巷人民公社，1984 年 1 月，复属烟店区。1987 年 9 月，安陆撤县建市，市以下行政区划实行撤区并乡，全市辖 10 镇 5 乡 3 个办事处。烟店镇由原烟店镇、石河乡、程巷乡、白店乡并成。改设为 4 个管理区 1 个办事处 40 个村。八里村系烟店镇管辖。

八里村位于烟店镇东南部约 10 千米，为丘陵山地地形，呈块状分布。东接张巷村，西邻周冲村和张岗村，南连赵河村，北靠白店村。截至 2014 年 9 月，辖区内共有 6 个自然塆：艾家墩、鲁家塆、孙家塆、汪家塆、王家塆、徐家塆。村内有常住居民 391 户，共 1659 人，辖区占地面积 3.6 平方千米，其中耕地面积为 2.212 平方千米，主要农作物为小麦、水稻。村委会现有工作人员 4 名，村内主要驻区单位有八里村村民委员会等。村民主要经济来源靠农业生产和外出务工。

艾家墩[Ài jiā dūn]　因当地为艾姓聚居地而命名，古有烽火台。位于八里村 1 组，为丘陵山地地形，呈块状分布，东接府河，西邻尹家塘，南连胡家塆，北靠白店村。主要以艾姓为主，所住居民均为汉族。全塆194人，45户，总面积为1.2平方千米，其中有耕地面积0.89平方千米，主要农作物为小麦、水稻。

鲁家塆[Lǔ jiā wān]　民国初期，一鲁姓难民在此搭建独屋，慢慢形成聚落，因当地为鲁姓聚居地而命名。位于八里村2组，为丘陵山地地形，呈块状分布，东接府河，西邻民主渠，南连艾家墩，北靠白店村。所住居民均为汉族。全塆170人，44户，总面积为0.125平方千米，其中有耕地面积0.1平方千米，主要农作物为小麦、水稻。

孙家塆[Sūn jiā wān]　因当地为孙姓聚居地而命名。位于八里村4组，为丘陵山地地形，呈块状分布，东接府河，西邻民主渠，南连徐家塆，北靠汪家塆。主要以孙姓为主，所住居民均为汉族。全塆292人，27户，总面积为0.172平方千米，其中有耕地面积0.15平方千米，主要农作物为小麦、水稻。

汪家塆[Wāng jiā wān]　1944年，有汪姓农民逃难至此落户，慢慢形成聚落，因当地为汪姓聚居地而命名。位于八里村3组，为丘陵山地地形，呈块状分布，东接府河，西邻民主渠，南连孙家塆，北靠胡家塆。主要以汪姓为主，所住居民均为汉族。全塆190人，47户，总面积为0.143平方千米，其中有耕地面积0.1平方千米，主要农作物为小麦、水稻。

王家塆[Wáng jiā wān]　民国初期，难民王作元率族人在此落户，因当地为王姓聚居地而命名。位于烟店镇八里村7组，为丘陵山地地形，呈块状分布，东接民主渠，西邻周冲村，南连彭桥村，北靠打锣山。主要以王姓为主，所住居民均为汉族。全塆230人，59户，总面积为0.14平方千米，其中有耕地面积0.09平方千米，主要农作物为小麦、水稻。

徐家塆[Xú jiā wān]　因当地为徐姓聚居地而命名。位于八里村5组，为丘陵山地地形，呈块状分布，东临府河，西邻周家冲，南连彭桥村，北靠白店村。所住居民均为汉族。全塆472人，119户，总面积为0.249平方千米，其中有耕地面积0.2平方千米，主要农作物为小麦、水稻。

二、白店社区[Báidiàn Shèqū]

新改社区，原名白店村。白店村隶属安陆市烟店镇，位于烟店镇东南部约9.1千米，为丘陵山地地形，呈块状分布。东接府河，西邻姚榨村，南连八里村，北靠冯庙村。截至2014年9月，辖区内共有14个居民点：鲁家塆、胡家塆、小黄家塆、大黄家塆、下白店、金家塆、殷家塆、黎家塆、王家塆、李家塆、仰家塆、曾家塆、白店新村、白店街道。村内有常住居民660户，共2328人，辖区占地面积2.178平方千米，其中耕地面积为平1.32方千米，主要农作物为小麦、水稻、油菜。村委会现有工作人员5名，村内主要河流有民主渠和府河，主要驻区单位有医院、学校和白店村村民委员会等。村民主要经济来源靠农业生产和外出务工。

白店街[Bái diàn jiē]　古名承续，位于烟店镇白店村中心位置，因当地的一条主要街道而命名。位于白店村3组，为丘陵山地地形，呈块状分布，东接本组农田，西邻水(寨)青(青龙)公路，南连本村10组，北靠白店小学。所住居民均为汉族。全街2200人，460户，总面积为1.34平方千米，其中有耕地面积1平方千米，主要农作物为小麦、水稻、油菜，主要经济来源以商业贸易和自主营业为主。

白店新村[Bái diàn xīn cūn] 响应新农村建设而新建的一个多姓氏的自然垮而命名。隶属安陆市烟店镇白店村村民委员会辖，位于白店村11组，为丘陵山地地形，呈块状分布，东西南三面均为该村农田环绕，北靠该村街道。所住居民均为汉族。全塆800人，200户，总面积为0.32平方千米，其中有耕地面积0.26平方千米，主要农作物为小麦、水稻、油菜。

曾家塆[Zēng jiā wān] 古名承续，因当地为曾姓聚居地而命名。隶属安陆市烟店镇白店村村民委员会辖，位于白店村11组，为丘陵山地地形，呈块状分布，东接白店村2组，西邻本组农田，南连白店村10组，北靠白店街。所住居民均为汉族。全塆70人，40户，总面积为0.059平方千米，其中有耕地面积0.05平方千米，主要农作物为小麦、水稻、油菜。

大黄家塆[Dà huáng jiā wān] 古名承续，因当地为黄氏聚居地而命名。隶属安陆市烟店镇白店村村民委员会辖，位于白店村9组，为丘陵山地地形，呈块状分布，东接该村农田，西邻本组农田，南连本村6组，北靠本村10组。所住居民均为汉族。全塆230人，55户，总面积为0.078平方千米，其中有耕地面积0.071平方千米，主要农作物为小麦、水稻、油菜

胡家塆[Hú jiā wān] 清末民初形成聚落，因当地为胡姓聚居地而命名。隶属安陆市烟店镇白店村村民委员会辖，位于白店村8组，为丘陵山地地形，呈块状分布，东接府河，西邻本村农田，南连本村7组，北靠本村6组。所住居民均为汉族。全塆230人，55户，总面积为0.08平方千米，其中有耕地面积0.076平方千米，主要农作物为小麦、水稻、油菜

金家塆[Jīn jiā wān] 清末民初形成聚落，因当地为金姓聚居地而命名。隶属安陆市烟店镇白店村村民委员会辖，位于白店村3组，为丘陵山地地形，呈块状分布，东接本村2组，西邻白店街，南连本村四组，北靠该村农田。所住居民均为汉族。全塆170人，40户，总面积为0.062平方千米，其中有耕地面积0.055平方千米，主要农作物为小麦、水稻、油菜。

黎家塆[Lí jiā wān] 清末民初形成聚落，隶属安陆市烟店镇白店村村民委员会辖，位于白店村2组，为丘陵山地地形，呈块状分布，东接府河，西邻本村3组，南连本村4组，北靠本村13组。所住居民均为汉族。全塆200人，50户，总面积为0.08平方千米，其中有耕地面积0.07平方千米，主要农作物为小麦、水稻、油菜

李家塆[Lǐ jiā wān] 清代形成聚落，隶属安陆市烟店镇白店村村民委员会辖，位于白店村13组，为丘陵山地地形，呈块状分布，东接府河，西邻本村5组，南连本村12组，北靠冯庙村农田。所住居民均为汉族。全塆150人，48户，总面积为0.078平方千米，其中有耕地面积0.06平方千米，主要农作物为小麦、水稻、油菜。

鲁家塆[Lǔ jiā wān] 民国初期形成聚落，隶属安陆市烟店镇白店村村民委员会辖，位于白店村7组，为丘陵山地地形，呈块状分布，东接府河，西邻本组农田，南连八里村农田，北靠8组居民点。所住居民均为汉族。全塆170人，40户，总面积为0.2平方千米，其中有耕地面积0.15平方千米，主要农作物为小麦、水稻。

王家塆[Wáng jiā wān] 清代形成聚落，隶属安陆市烟店镇白店村村民委员会辖，位于白店村12组，为丘陵山地地形，呈块状分布，东接本村1组，西邻农田，南连白店街，北靠冯庙村。所住居民均为汉族。全塆180人，45户，总面积为0.08平方千米，其中有耕地面积0.06平方千米，主要农作物为小麦、水稻、油菜。

下白店[Xià bái diàn] 20世纪五六十年代形成聚落，隶属安陆市烟店镇白店村村民委员会辖，位于白店村10组，为丘陵山地地形，呈块状分布，东接9组，西邻姚榨，南连八里村本村农田，北靠白店街。所住居民均为汉族。全塆400人，95户，总面积为0.3平方千米，其中有耕地面积0.22平方千米，主要农作物为小麦、水稻、油菜。

仰家塆[Yǎng jiā wān] 康熙年间从安陆南城仰家石桥迁入，因当地为仰姓聚居地而命名。隶属安陆市烟店镇白店村村民委员会辖，位于白店村10组，为丘陵山地地形，呈块状分布，东接本村5组，西邻本组农田，南连本村9组，北靠4组农田。所住居民均为汉族。全塆220人，53户，总面积为0.1平方千米，其中有耕地面积0.08平方千米，主要农作物为小麦、水稻、油菜。

殷家塆[Yīn jiā wān] 明代初期形成聚落，因当地为殷姓聚居地而命名。隶属安陆市烟店镇白店村村民委员会辖，位于白店村5组，为丘陵山地地形，呈块状分布，东接府河，西邻本村10组，南连本村6组，北靠本村4组。所住居民均为汉族。全塆210人，53户，总面积为0.073平方千米，其中有耕地面积0.068平方千米，主要农作物为小麦、水稻、油菜。

下黄家塆[Xià huáng jiā wān] 清末形成聚落，隶属安陆市烟店镇白店村村民委员会辖，位于本村6组，为丘陵山地地形，呈块状分布，东接府河，西邻该村农田，南连本村8组，北靠本村9组。所住居民均为汉族。全塆210人，50户，总面积为0.071平方千米，其中有耕地面积0.065平方千米，主要农作物为小麦、水稻、油菜。

三、柏树村[Bǎishù Cūn]

柏树村隶属于安陆市烟店镇，位于烟店镇西北部约3.2千米，为丘陵山地地形，呈块状分布，安三公路由此村穿境而过。东接尖山村，西邻双岭村，南连大安山，北靠岔路口。截至2014年9月，辖区内共有6个自然塆：李家楼房、谭家冲、吴家冲、许家凹、严家冲、喻家塆。村内有常住居民320户，共1336人，辖区占地面积1.7平方千米，其中耕地面积为0.6平方千米，主要农作物为小麦、油菜、水稻。村委会现有工作人员4名，村内主要驻区单位有柏树村村民委员会等。

李家楼房[Lǐ jiā lóu fáng] 因民国初期有一户李姓人家在此修建了当地的第一栋楼房而命名。隶属安陆市烟店镇村民委员会辖，位于柏树村5组，为丘陵山地地形，呈块状分布，东接该村水田，西邻油茶山，南连双岭村，北靠许家凹。所住居民均为汉族。全塆120人，23户，总面积为0.1平方千米，其中有耕地面积0.08平方千米，主要农作物为小麦、水稻、油菜，主要经济来源以外地务工为主。

谭家冲[Tán jiā chōng] 清代，一谭姓土豪倚仗权势，将聚落取名“谭家冲”，现在没有谭姓，但村名未变。隶属安陆市烟店镇村民委员会辖，位于柏树村1组，为丘陵山地地形，呈块状分布，东接尖山村，西邻柏树村2组，南连白兆山，北靠该村水田。所住居民均为汉族。全塆118人，22户，总面积为0.1平方千米，其中有耕地面积0.07平方千米，主要农作物为小麦、水稻、油菜，主要经济来源以外地务工为主。

吴家冲[Wú jiā chōng] 1945年，陆续搬进吴姓人家，以地貌和姓氏取名“吴家冲”。属安陆市烟店镇村民委员会辖，位于柏树3组，为丘陵山地地形，呈块状分布，东接柏树村2组，西邻柏树4组，南连大安山，北靠水田。所住居民均为汉族。全塆248人，7户，总面积为0.4平方千米，其中有耕地面积0.1平方千米，主要农作物为小麦、水稻、油菜，主要经济来源以外地务工为主。

许家凹[Xǔ jiā āo] 1945年，陆续搬进许姓人家，以地貌和姓氏取名“许家凹”。隶属安陆市烟店镇村民委员会辖，位于柏树村5组，为丘陵山地地形，呈块状分布，东接水田，西邻油茶山，南连李家榨房，北靠上白家塆。所住居民均为汉族。全塆70人，18户，总面积为0.09平方千米，其中有耕地面积0.06平方千米，主要农作物为小麦、水稻、油菜，主要经济来源以外地务工为主。

严家冲[Yán jiā chōng] 古聚落承续，处于山冲间，以严姓聚居地命名。隶属安陆市烟店镇村民委员会辖，位于柏树村4组，为丘陵山地地形，呈块状分布，东接石头咀，西邻双岭村，南连大安山，北靠该村水田。所住居民均为汉族。主要以严姓为主，全塆212人，68户，总面积为0.16平方千米，其中有耕地面积0.08平方千米，主要农作物为小麦、水稻、油菜，主要经济来源以外地务工为主。

喻家塆[Yù jiā wān] 清末，有喻姓独屋，发展为聚落，因当地为喻姓聚居地而命名。隶属安陆市烟店镇村民委员会辖，位于柏树塆5组，为丘陵山地地形，呈块状分布，东接水田，西邻罗家山，南连严家冲，北靠双柏公路。所住居民均为汉族，主要以喻姓为主。全塆70人，22户，总面积为0.1平方千米，其中有耕地面积0.06平方千米，主要农作物为小麦、水稻、油菜，主要经济来源以外地务工为主。

四、碧山社区[Bìshān Shèqū]

碧山村在民国时期属碧东乡13保。1948年属烟店乡永久六社。1958年，永久六社改名杨林大队，1984年改为碧山村。2014年，碧山村改为碧山社区。烟店镇政府位于碧山社区。

碧山社区隶属安陆市烟店镇，位于烟店镇西南部，为丘陵山地地形，呈块状分布。东接邓河村，西邻王榨村和九峰村，南连杜鹏村，北靠曹程村。截至2014年9月，辖区内共有8个居民点：金家塆、碧丹小区、熊家杨林、新大街南路、张家塆、孝襄街、黄家塆、陈家凹。有常住居民270户，共1082人，辖区占地面积2.7平方千米，其中耕地面积为1.43平方千米，主要农作物为小麦、水稻、油菜。居委会现有工作人员4名，主要驻区单位有碧山社区居委会、镇政府、机关、市镇职能、部门及医院、学校等。

碧丹小区[Bì dān xiǎo qū] 2013年建，隶属烟店镇碧山社区居民委员会辖，为丘陵山地地形，呈块状分布，东接安三公路，西邻白兆山森林公园，南连袁畈村，北靠民政路。所住居民均为汉族。全小区300

人，100 户，总面积为 0. 003 平方千米，主要经济来源以商业贸易和自主营业为主。

陈家凹[Chén jiā āo]　明代，陈姓迁于此，因位于一个小山凹处，当地居民以陈姓聚居地为主而命名。隶属安陆市烟店镇碧山社区居民委员会辖，为丘陵山地地形，呈块状分布，东接肖塆村，西邻安三公路，南连本村 7 组，北靠烟店村。主要以陈姓为主，所住居民均为汉族。全塆 148 人，37 户，总面积为 0. 12 平方千米，其中有耕地面积 0. 08 平方千米，主要农作物为水稻、小麦、油菜，主要经济来源以外地务工为主。

黄家塆[Huáng jiā wān]　古聚落承续，因当地以黄姓聚居而命名。隶属安陆市烟店镇碧山社区居民委员会辖，位于烟店镇碧山社区 4 组。为丘陵山地地形，呈块状分布，东接安三公路，西邻白兆山，南连本村 3 组，北靠烟店村。所住居民均为汉族。全塆 149 人，39 户，总面积为 0. 12 平方千米，其中有耕地面积 0. 11 平方千米，主要农作物为小麦、水稻，主要经济来源以外地务工为主。

金家塆[Jīn jiā wān]　明末清初，金姓难民避战乱迁徙于此形成聚落。隶属安陆市烟店镇碧山社区居民委员会辖，位于烟店镇碧山社区，为丘陵山地地形，呈块状分布，东接费岗，西邻安三公路，南连北农大饲料厂，北靠本村 6 组。主要以金姓为主，所住居民均为汉族。全塆 110 人，22 户，总面积为 0. 013 平方千米，其中有耕地面积 0. 0067 平方千米，主要农作物为水稻、小麦、油菜，主要经济来源以外地务工为主。

孝襄街[Xiào xiāng jiē]　2000 年，孝襄高速公路建设拆迁户统一安排至此形成居民点。隶属安陆市烟店镇碧山社区居民委员会辖，位于烟店镇碧山社区，为丘陵山地地形，呈块状分布，东接 6、7 组，西邻 4、5 组，南北皆靠社区公路。所住居民均为汉族。全街 300 人，100 户，总面积为 0. 0134 平方千米，主要经济来源以商业贸易和自主营业为主。

新大街南路[Xīn dà jiē nán lù]　该街是烟店镇南部 21 世纪初新修的街道。隶属安陆市烟店镇碧山社区居民委员会辖，位于烟店镇碧山社区，为丘陵山地地形，呈块状分布，东接安三公路，西邻本村 5 组，南连袁畈村，北靠烟店村。所住居民均为汉族。全街 300 人，100 户，总面积为 0. 02 平方千米，主要经济来源以商业贸易和自主营业为主。

熊家杨林[Xióng jiā yáng lín]　又名熊何杨林，以熊何两姓为主要姓氏。隶属安陆市烟店镇碧山社区居民委员会辖，位于烟店镇碧山社区，为丘陵山地地形，呈块状分布，东南皆连袁畈村，西邻白兆山，北靠 2 组。主要以熊姓为主，所住居民均为汉族。全塆 260 人，60 户，总面积为 0. 33 平方千米，其中有耕地面积 0. 15 平方千米，主要农作物为小麦、油菜、水稻，主要经济来源以外地务工为主。

张家塆[Zhāng jiā wān]　清代，有张姓难民聚集于此躲避战乱形成聚落。隶属安陆市烟店镇碧山社区居民委员会辖，位于烟店镇碧山社区 1 组。为丘陵山地地形，呈块状分布，东接安三公路，西邻板子河，南连四组，北靠集镇。所住居民均为汉族。全塆 146 人，40 户，总面积为 0. 08 平方千米，其中有耕地面积 0. 073 平方千米，主要农作物为小麦、水稻，主要经济来源以外地务工为主。

五、岔路村[Chàlù Cūn]

岔路村位于烟店镇西北部，距离烟店镇 2. 2 千米，安三公路由此村穿境而过。岔路村古代是一交通驿

道，东到青龙镇，西到雷公店，北到三里店，南到德安府，都要经过这里，所以叫岔路口。1951 年土改定名岔路村

岔路村为丘陵山地地形，呈块状分布，属丘陵龟背型山冈。东接李岗村，西邻柏树村，南连尖山村，北靠孛畈村。截至 2014 年 9 月，辖区内共有 12 个自然垮：周家垮、姜家垮、袁脊岗、罗家山、宋家垮、徐家独屋、姜家冲、大垮、对家垮、邓家凹、张家垮、淌坡。村内有常住居民 176 户，共 739 人，辖区占地面积 0. 48 平方千米，其中耕地面积为 0. 32 平方千米，主要农作物为小麦、水稻。村委会现有工作人员 3 名，村内主要驻区单位有岔路村村民委员会等。

姜家垮[Jiāng jiā wān]　古名承续，隶属安陆市烟店镇岔路村村民委员会辖，位于烟店镇岔路村，为丘陵山地地形，呈块状分布，东北皆靠李岗村，西邻安三岔路，南连尖山村。所住居民均为汉族。全垮 198 人，55 户，总面积为 0. 18 平方千米，其中有耕地面积 0. 16 平方千米，主要农作物为小麦、水稻、油菜，主要经济来源以外地务工为主。

罗家山[Luó jiā shān]　一说因罗姓聚集地而得名，又一说抗日战争时期，国军 69 纵队一罗姓军官带部队在山上修筑炮楼，以此地为家，抗击驻烟店的日本侵略军，故有“罗家山”之名。罗家山隶属安陆市烟店镇岔路村村民委员会辖，位于烟店镇岔路村。为丘陵山地地形，呈块状分布，东接安三线，西南皆连柏树村，北靠孛畈潘冲。所住居民均为汉族。全垮 256 人，66 户，总面积为 0. 15 平方千米，其中有耕地面积 0. 116 平方千米，主要农作物为小麦、水稻、油菜，主要经济来源以外地务工为主。

袁脊岗[Yuán jǐ gǎng]　清代聚落，也叫“袁集岗”。得名有两个传说，一是杨大力与袁洪发两个财主买房置地，袁家在岗上形成集市，故名“袁集岗”。还有一个传说是袁杨两家以山脊为界，各自发展而得名“袁脊岗”。隶属安陆市烟店镇岔路村村民委员会辖，位于烟店镇岔路村，为丘陵山地地形，呈块状分布，东接淌坡，西邻柏树村，南连松树山，北靠李岗村。所住居民均为汉族。全垮 47 人，15 户，总面积为 0. 05 平方千米，其中有耕地面积 0. 047 平方千米，主要农作物为小麦、水稻、油菜，主要经济来源以外地务工为主。

周家垮[Zhōu jiā wān]　清代周家两弟兄讨饭到此落脚，慢慢形成聚落。隶属安陆市烟店镇岔路村村民委员会辖，为丘陵山地地形，呈块状分布，东接安三线，西邻烟店镇小林场，南连尖山村，北靠柏树村。所住居民均为汉族。全垮 238 人，61 户，总面积为 0. 2 平方千米，其中有耕地面积 0. 16 平方千米，主要农作物为小麦、水稻、油菜，主要经济来源以外地务工为主。

宋家垮[Sòng jiā wān]　因宋姓较多而得名。据说民国时期垮间木匠多，其中一个木匠手艺超群，有鲁班再世之说。

徐家独屋[Xú jiā dú wū]　民国时期，有个姓徐的财主，靠运官盐发家，在这里买田置地落户。现有 3 户人家。

姜家冲[Jiāng jiā chōng]　原先为荒野之地。“土地改革”时，分山分田地忘记了这家。经过调整，只好把岔路村与蔡家垮相邻的一片山林分给了姜家，于是姜家把房屋做到了这里，人们就把这里叫“姜家冲”。

大垮[Dà wān]　人口居住密集，姓氏复杂，一垮居住着烟店岔路村和孛畈潘冲两个村的村民。人们只

好叫其为“大塆”。

对家塆[Duì jiā wān] 顺延山脉而建。因地少人多，房屋就与大塆相对而建，人们就称其为“对家塆”。

邓家凹[Dèng jiā āo] 解放初期，只有一户姓邓的人家，但人口较多。土地改革时，这块土地的数量恰好与这户人口应得土地数量相等。邓家觉得便于管理，欣然接受，并搬到这里定居，形成聚落。

张家塆[Zhāng jiā wān] 民国时期，一个张姓财主买下这里，形成聚落，随后张姓消失。中华人民共和国成立后，这里住进了李姓和胡姓人家，但张家塆之名一直保留。

淌坡[Tǎng pō] 也叫“埫坡”，位于岔路村3组，坐落在两条下山脉上。现居住13户人家。

六、长岗村[Chánggǎng Cūn]

长岗村隶属于烟店镇，东接周祠村，西、南皆连李岗村，北靠孛畈镇曹棚村，距离烟店镇约3千米。截至2015年9月，辖区内共有4个自然塆：王家塆、温家塆、张家塆、长岗。常住居民1196人、283户。辖区总面积1.3平方千米，其中耕地面积0.72平方千米、池塘面积0.11平方千米、荒山面积0.4平方千米。主要农作物为水稻、小麦。主要经济来源为种植农作物及外出打工。该村主要驻区单位有长岗村村民委员会，村委会办公地点设在长岗村2组。

王家塆[Wáng jiā wān] 因当地为王姓聚居地而命名。隶属烟店镇长岗村村民委员会辖，位于烟店镇长岗村，东接长岗村3组，西邻长岗村1组，南连李岗村，北靠曹棚村。全塆40人、10户，主要以王姓为主，均为汉族。总面积0.2平方千米，其中有耕地面积0.03平方千米，池塘面积0.02平方千米、荒山面积0.07平方千米。以种植水稻和小麦为主。主要经济来源为种植农作物及外出打工。

温家塆[Wēn jiā wān] 因当地为温姓聚居地而命名。隶属烟店镇长岗村村民委员会辖，位于烟店镇长岗村，东、南皆至周祠村，西邻长岗村3组，北靠曹棚村。全塆42人、15户，主要以温姓为主，均为汉族。总面积0.2平方千米，其中有耕地面积0.09平方千米，池塘0.01平方千米、荒山面积0.07平方千米。主要农作物为：水稻、小麦。主要经济来源为种植农作物及外出打工。

张家塆[Zhāng jiā wān] 因当地为张姓聚居地而命名。隶属烟店镇长岗村村民委员会辖，位于烟店镇长岗村，东接长岗村3组，西、南皆连李岗村，北靠孛畈镇曹棚村。全塆80人、25户，主要以张姓为主，均为汉族。总面积0.3平方千米，其中有耕地面积0.2平方千米、池塘面积0.03平方千米、荒山面积0.05平方千米。主要农作物为：水稻、小麦。主要经济来源为种植农作物及外出打工。

长岗[Cháng gǎng] 因当地有一山冈并且较长而命名。隶属烟店镇长岗村村民委员会辖，位于烟店镇长岗村，东接孛畈曹棚村，西邻李岗村，南连周祠村，北靠曹棚村。全塆250人、80户，均为汉族。总面积2平方千米，有耕地面积0.73平方千米。主要农作物为：水稻、小麦。主要经济来源为种植农作物及外出打工。

七、程巷村[Chéngxiàng Cūn]

程巷村为古代承续老集镇，处于德安府至随州的交通驿道上。域内有明代崇祯年间修建的刘家大庙、清代修建的余家庵。两排50米长的街道大多为程姓人家所建，开有牛行、猪行、柴行、当铺和其他加工作坊。每逢集日车水马龙，摩肩接踵以致余家庵内烧香化纸、求神祈福的人们拥挤不堪。

1952年，程巷隶属第三区共和乡。1956年，共和乡更名为程巷乡，程巷隶属于第五区程巷乡。1958年建立人民公社，程巷大队隶属于红旗人民公社程巷乡管辖。1975年2月，安陆撤区并社，程巷大队隶属于程巷(烟店)人民公社程巷管理区管辖。1984年5月，安陆复置区(镇)、乡(镇)、村，程巷大队改名为程巷村，隶属于烟店区程巷乡管辖。1987年10月，撤区并乡，原烟店镇、石河乡、程巷乡、白店乡合并为烟店镇，程巷村隶属于烟店镇管辖，距离烟店镇机关约6.3千米。

程巷村位于烟店镇东南部，为丘陵山地地形，呈块状分布。东接李塆村，西邻石河村，南连龚岗村，北靠余寨村。截至2014年9月，辖区内共有个6自然塆：老程巷、刘程塆、徐董塆、竹林塆、程巷新村、窑上塆。村内有常住居民258户，共1030人，辖区占地面积0.06平方千米，其中耕地面积为0.04平方千米，主要农作物为小麦、水稻、油菜。村委会现有工作人员2名，位于烟店镇程巷村二组，村内主要驻区单位有医院、学校和程巷村村民委员会等。

程巷新村[Chéng xiàng xīn cūn]　1970年建，隶属安陆市烟店镇程巷村村民委员会辖，位于本村3组，为丘陵山地地形，呈块状分布，东接雷塆，西邻安三公路，南连龚岗，北靠老程巷。所住居民均为汉族。全塆154人，36户，总面积为0.15平方千米，其中有耕地面积0.13平方千米，主要农作物为小麦、水稻、油菜，主要经济来源以农业生产为主。

老程巷[Lǎo chéng xiàng]　即程巷老集镇，隶属安陆市烟店镇程巷村村民委员会辖，位于本村3组，为丘陵山地地形，呈块状分布，东接雷塆，西邻中心河，南连程巷新村，北靠余寨村。主要以程姓为主，所住居民均为汉族。全塆7人，3户，总面积为0.01平方千米，其中有耕地面积0.008平方千米，主要农作物为小麦、水稻、油菜，主要经济来源以农业生产为主。

刘程塆[Liú chéng wān]　因该塆所住居民以程、刘两姓人数居多而命名。隶属烟店镇程巷村村民委员会辖，位于本村1组，为丘陵山地地形，呈块状分布，东接中心河，西邻石河村，南连龚岗村，北靠余寨村。所住居民均为汉族。全塆300人，60户，总面积为0.4平方千米，其中有耕地面积0.25平方千米，主要农作物为小麦、水稻、油菜，主要经济来源以农业生产为主。

徐董塆[Xú dǒng wān]　因该塆所住居民以徐、董两姓居多而命名。隶属安陆市烟店镇程巷村村民委员会辖，位于本村4、6组，为丘陵山地地形，呈块状分布，东接竹林塆，西邻余寨村，南连龚岗村，北靠李塆村。所住居民均为汉族。全塆130人，30户，总面积为0.23平方千米，其中有耕地面积0.36平方千米，主要农作物为小麦、水稻、油菜，主要经济来源以农业生产为主。

竹林塆[Zhú lín wān] 因该塆所在区域内有一大片竹林生长茂密而命名。隶属安陆市烟店镇程巷村村民委员会辖，位于本村5组，为丘陵山地地形，呈块状分布，东接乌龟咀水库，西邻徐董塆，南连乌龟咀水池，北靠李塆村。所住居民均为汉族。全塆6人，3户，总面积为0.12平方千米，其中有耕地面积0.1平方千米，主要农作物为小麦、水稻、油菜，主要经济来源以农业生产为主。

窑上塆[Yáo shàng wān] 清朝和民国时期，有几户居民居住于此，建窑烧制陶制品而得名。

八、邓冲村[Dèngchōng Cūn]

邓冲村得名于邓家塆前一条400米长的大冲。1949年邓冲属河西农会东方大队。1958年人民公社化，与竹箩合并为竹箩大队，1959年又分开成为邓冲大队。20世纪80年代，邓冲大队改为邓冲村，距离烟店镇约6.2千米。

邓冲村隶属于安陆市烟店镇，位于烟店镇东北部，为丘陵山地地形，呈块状分布。东接邓冲村2组，西邻邓冲村3组，南连邓冲村4组，北靠邓冲村6组。截至2014年9月，辖区内共有7个自然塆：王家嘴、黄家塆、邓家塆、熊家塆、胡家大塆、蔡家塆、杨家塆。村内有常住居民226户，共869人，辖区占地面积0.87平方千米，其中耕地面积为0.84平方千米，主要农作物为小麦、水稻、油菜。村委会现有工作人员4名，村委办公室设在邓冲村2组中心地段，村内主要驻区单位有邓冲村村民委员会。

蔡家塆[Cài jiā wān] 清代形成聚落。因该塆所住居民以蔡姓居多而命名。隶属安陆市烟店镇邓冲村村民委员会辖，位于烟店镇邓冲村。为丘陵山地地形，呈块状分布，东接府河，西邻邓家塆，南连胡家大塆，北靠王家嘴。所住居民均为汉族。全塆210人，54户，总面积为0.06平方千米，其中有耕地面积0.05平方千米，主要农作物为小麦、水稻、油菜，主要经济来源以外地务工为主。

邓家塆[Dèng jiā wān] 因该塆所住居民以邓姓居多而命名。隶属安陆市烟店镇邓冲村村民委员会辖，位于烟店镇邓冲村。为丘陵山地地形，呈块状分布，东接黄家塆，西邻黄榨村，南连熊家塆，北靠邓家水库。所住居民均为汉族。全塆126人，31户，总面积为0.16平方千米，其中有耕地面积0.157平方千米，主要农作物为小麦、水稻、油菜，主要经济来源以外地务工为主。

胡家大塆[Hú jiā dà wān] 因该塆所住居民以胡姓居多而命名。隶属安陆市烟店镇邓冲村村民委员会辖，位于烟店镇邓冲村。为丘陵山地地形，呈块状分布，东接竹箩村，西邻熊家塆，南连冯庙村，北靠蔡家塆。主要以胡姓为主，均为汉族。全塆250人，58户，总面积为0.13平方千米，其中有耕地面积0.12平方千米，主要农作物为小麦、水稻、油菜，主要经济来源以外地务工为主。

黄家塆[Huáng jiā wān] 因该塆所住居民以黄姓居多而命名。隶属安陆市烟店镇邓冲村村民委员会辖，位于烟店镇邓冲村。为丘陵山地地形，呈块状分布，东接府河，西邻邓家塆，南连蔡家塆，北靠吴家坳。主要以黄姓为主，均为汉族。全塆160人，40户，总面积为0.12平方千米，其中有耕地面积0.11平方千米，主要农作物为小麦、水稻、油菜，主要经济来源以外地务工为主。

王家嘴[Wáng jiā zuǐ]　因该塆位于山嘴上，所住居民以王姓居多而命名。隶属安陆市烟店镇邓冲村村民委员会辖，位于烟店镇邓冲村，为丘陵山地地形，呈块状分布，东接府河，西邻黄家塆，南连蔡家塆，北靠吴家坳。主要以王姓为主，均为汉族。全塆 110 人，23 户，总面积为 0.07 平方千米，其中有耕地面积 0.064 平方千米，主要农作物为小麦、水稻、油菜，主要经济来源以外地务工为主。

熊家塆[Xióng jiā wān]　因该塆所住居民以熊姓居多而命名。隶属安陆市烟店镇邓冲村村民委员会辖，位于烟店镇邓冲村。为丘陵山地地形，呈块状分布，东接府河，西邻黄榨村，南连黄榨村，北靠邓家塆。主要以熊姓为主，均为汉族。全塆 120 人，29 户，总面积为 0.13 平方千米，其中有耕地面积 0.12 平方千米，主要农作物为小麦、水稻、油菜，主要经济来源以外地务工为主。

杨家塆[Yáng jiā wān]　民国初年形成聚落，只有几户杨姓人家。

九、邓岗村[Dènggǎng Cūn]

邓岗村 1949 年 10 月属第五区，1954 年 8 月属青龙区。1958 年 9 月属红旗人民公社。1975 年 2 月，属程巷人民公社，1984 年 1 月，复置烟店区。1987 年 9 月，安陆撤县建市，邓岗村系烟店镇辖，距离烟店镇约 4.5 千米。

邓岗村位于烟店镇西南部，为丘陵山地地形，呈块状分布。东接轭头村，西邻砂子岗山，南连 243 省道，北靠砂子岗塆。截至 2014 年 9 月，辖区内共有 8 个居民点：砂子岗新村、万家花园、阚家塆、王家洼塆、邓家岗、李家凹、汪家塆、王家凹。村内有常住居民 178 户，共 686 人，辖区占地面积 2.4 平方千米，其中耕地面积为 0.45 平方千米，主要农作物为小麦、水稻、油菜。村委会现有工作人员 4 名，2011 年建立办公楼，位于烟店镇本村 3 组，村委会办公楼占地面积 236 平方米，村内主要驻区单位有邓岗村村民委员会等。

阚家塆[Kàn jiā wān]　位于邓岗村 4 组，为丘陵山地地形，呈块状分布，东接邓岗村 5 组，西邻砖厂，南连 243 省道，北靠邓河水库。主要以阚姓为主，均为汉族。全塆 30 人，10 户，总面积为 0.05 平方千米，其中有耕地面积 0.03 平方千米，主要农作物为小麦、水稻、油菜，主要经济来源以外地务工为主。

砂子岗新村[Shā zi gǎng xīn cūn]　2010 年建，位于邓岗村 5 组，为丘陵山地地形，呈块状分布，东接轭头村，西邻白兆山公墓，南连汤冲村，北靠邓岗村。所住居民均为汉族。全塆 330 人，90 户，总面积为 0.25 平方千米，其中有耕地面积 0.13 平方千米，主要农作物为小麦、水稻、油菜，主要经济来源以外地务工为主。

万家花园[Wàn jiā huā yuán]　位于邓岗村 1 组，为丘陵山地地形，呈块状分布，东接邓河村，西邻雷公镇，南连邓岗 2 组，北靠白兆山。传说唐代，此地有棵老桂花树，桂花盛开时周围数里都能闻到香气，人们说桂花树很有灵气，不少人在树旁敬香祈福。万姓村民见状，在房前屋后都种桂花树，人们将此地取名“万家花园”。2014 年年底，所住居民均为汉族。全塆 137 人，44 户，总面积为 0.14 平方千米，其中有耕地面积 0.09 平方千米，主要农作物为小麦、水稻、油菜，主要经济来源以外地务工为主。

王家凹[Wáng jiā āo]　原名雷家独屋，住雷姓一家人，户主很有钱，把所有的金银财宝藏在夹墙内，临死前嘱咐后人，若要卖屋卖基，必先拆屋。后人不明就里，认为拆了屋还卖什么屋，就把独屋卖给了王姓人家。若干年后，王家拆屋后发现了金银财宝，在原地盖了四栋房屋还剩很多钱。此事传开后，人们都知道雷家独屋成了“王家凹(傲)”。

王家洼塆[Wáng jiā wā wān]　位于邓岗村三组，为丘陵山地地形，呈块状分布，东接邓岗村四组，西邻汤冲村，南连公墓，北靠汤寨山。所住居民均为汉族。全塆 138 人，28 户，总面积为 0.13 平方千米，其中有耕地面积 0.09 平方千米，主要农作物为小麦、水稻、油菜，主要经济来源以外地务工为主。

邓家岗[Dèng jiā gǎng]　位于邓岗村 6 组，紧邻邓河水库，大多数居民姓邓。

李家凹[Lǐ jiā āo]　原名李家塆，清朝出了一个文官，这个文官很傲慢，李家觉得光宗耀祖很骄傲。别人都说“李家傲”。李家不知道别人说的是双关语，就把塆名改为李家傲。后来李家文官入了狱，李家才明白峣峣者易折，就把李家傲改成了“李家凹”。

汪家塆[Wāng jiā wān]　明清以前，万姓居住此地，本为万家塆。因人多财旺，周围都叫“旺家塆”。后来，洪水经常将此地淹得汪洋一片，人们就戏谑为“汪洋塆”，于是留名汪家塆。

十、邓河村[Dènghé Cūn]

邓河村村民相传邓姓是明代初期从麻城迁入此地，门前有一条小河，故名邓河。1949 年邓河村属五星乡，后合并到双庙农会。合作化时期，邓河、邓岗合并为新华五社。1958 年分为邓河大队和邓岗大队。1984 年又合并为邓河村。1993 年再度分开。

邓河村隶属于烟店镇，东接双庙村，西邻邓岗村，南连轭头村，北靠碧山社区，距离烟店镇约 3.3 千米。截至 2015 年 9 月该村共有 6 个自然塆：邓家河塆、段家岗、高岗棚子、刘家塆、袁家塆、竹林塆，常驻居民有 137 户，共 780 人，耕地面积 0.7839 平方千米，总面积 1.5 平方千米，主要农作物有水稻、小麦和油菜，驻区单位有神丹分公司。村委会办公室地址设在邓河村三组。

邓家河塆[Dèng jiā hé wān]　明代，邓偀率人从麻城迁于此，慢慢形成聚落。位于邓河村 5 组，呈块状分布，东接村级公路，西邻竹林塆，南连高岗棚子，北靠刘家塆。主要以邓姓氏为主，均为汉族。全塆有住户 37 户，人口 120 人，耕地面积 0.07 平方千米，总面积 0.13 平方千米，以种植水稻、小麦和油菜为主，主要经济来源为外出务工。

段家岗[Duàn jiā gǎng]　清乾隆年间，一支段姓人家从随州阎家河迁于此，慢慢形成聚落。位于邓河村 1 组，呈块状分布，东接袁家塆，西邻龙冲水库，南连刘家塆，北靠碧山社区。主要以段姓氏为主，均为汉族。全塆有住户 42 户，人口 147 人，耕地面积 0.09 平方千米，总面积 0.14 平方千米，以种植水稻、小麦和油菜为主，主要经济来源为外出务工。

高岗棚子[Dāo gǎng péng zi]　明朝末年，一高姓人家讨饭到此，搭草棚居住，改名高岗棚子。位于邓河村5组，呈块状分布，东接双庙村，西邻邓岗村，南连轭头村，北靠邓家河。主要以高姓氏为主，均为汉族。全塆有住户12户，人口45人，耕地面积0.04平方千米，总面积0.08平方千米，以种植水稻、小麦和油菜为主，主要经济来源为外出务工。

刘家塆[Liú jiā wān]　清朝末年，一刘姓老者带3个儿子从河南逃荒到此，慢慢形成聚落。位于邓河村3组，呈块状分布，东接双庙村，西邻邓河低剖水渠，南连邓家河塆，北靠段家岗。主要以刘姓氏为主，均为汉族。全塆有住户15户，人口35人，耕地面积0.03平方千米，总面积0.06平方千米，以种植水稻、小麦和油菜为主，主要经济来源为外出务工。

袁家塆[Yuán jiā wān]　民国初期，袁胜虎从河南流落至此，慢慢形成聚落。位于邓河村5组，呈块状分布，东接双庙村，西邻段家岗，南连刘家塆，北靠段家岗。主要以袁姓氏为主，均为汉族。全塆有住户17户，人口88人，耕地面积0.06平方千米，总面积0.12平方千米，以种植水稻、小麦和油菜为主，主要经济来源为外出务工。

竹林塆[Zhú lín wān]　自古以来，村塆都有茂密的竹林，故名。位于邓河村六组，东接邓家河，西邻邓岗村万家花园，南连邓岗村，北靠邓河低剖水渠。所住居民均为汉族，全塆住有11户，共35人，总面积0.05平方千米，其中耕地面积0.04平方千米，主要农作物为水稻、小麦和油菜，主要经济来源为外出务工。

十一、董桥村[Dǒngqiáo Cūn]

1942—1948年，这里属碧东乡。共和国合作化时期，属新华七社。1958年属青龙区石河公社。1987年改名董桥村，属烟店镇管辖，距离烟店镇约7千米。

董桥村东接棠棣镇十里村，西邻宋垅村、石河村，南连宋垅村，北靠龚岗村。截至2015年9月董桥村共有9个自然塆：董家塆、花鼓班董家桥、老屋山、刘家寨、潘家塆、涂家塆、望城岗、杨树塆、榨屋山，全村共有住户152户，人口670人，其中少数民族2人(4组)。辖区总面积0.85平方千米，耕地面积0.58平方千米，山地0.13平方千米。主要驻区单位有董桥村村民委员会，村委会办公室地址设在董桥村。

董家塆[Dǒng jiā wān]　古村落承续。位于董桥村，呈条状分布，东接董桥村2组，西邻宋垅村，南连棠棣十里村，北靠董桥村3组。主要以董姓氏为主，均为汉族。全塆有住户39户，人口172人，总面积0.28平方千米，耕地面积0.14平方千米。以种植水稻、小麦为主，主要经济来源为外出务工。

花鼓班董家桥[Huā gǔ bān dǒng jiā qiáo]　因古代花鼓戏班而得名。位于董桥村，呈条状分布，东接十里村，西邻宋垅村，南连十里村，北靠老屋山。主要以董姓为主，均为汉族。全塆有住户40户，人口171人，总面积0.14平方千米，耕地面积0.086平方千米。以种植水稻、小麦为主，主要经济来源为外出务工。

老屋山[Lǎo wū shān] 刘姓古村落承续，分支迁至雷公、孝昌县和安陆其他地方。迁出的人叫此地“老屋山”，为便于寻根，当地一直就用此名。隶属于烟店镇董桥村，位于董桥村，呈条状分布，东接董桥村2组，西邻宋垅村，南连董桥村1组，北靠董桥村4组。均为汉族。全塆有住户35户，人口129人，总面积0.16平方千米，耕地面积0.086平方千米。以种植水稻、小麦为主，主要经济来源为外出务工。

刘家寨[Liú jiā zhài] 塆周围为防土匪有护寨河，北西东各有一桥进出。位于董桥村，呈条状分布，东接董桥村5组，西邻石河村，南连董桥村3组，北靠龚岗村。主要以刘姓氏为主，均为汉族。全塆有住户29户，人口123人，总面积0.26平方千米，耕地面积0.13平方千米。以种植水稻、小麦为主，主要经济来源为外出务工。

潘家塆[Pān jiā wān] 清代聚落。位于董桥村，呈条状分布，东接十里，西邻刘家寨，南连老屋山，北靠涂家塆，全塆共35人，10户，主要以潘姓氏为主，均为汉族。总占地面积0.08平方千米，其中有耕地面积0.05平方千米。全以种植水稻、小麦为主，主要经济来源为外出务工。

涂家塆[Tú jiā wān] 清末涂姓形成聚落。民国时期，12户刘姓先后迁入，后无涂姓，塆名未变。位于董桥村，呈条状分布，东接十里村，西邻董桥村4组，南连董桥村3组，北靠龚岗村。主要以涂姓氏为主，均为汉族。全塆有住户10户，人口45人，总面积0.28平方千米，耕地面积0.14平方千米。以种植水稻、小麦为主，主要经济来源为外出务工。

望城岗[Wàng chéng gǎng] 因该居民点，地势较高，可以看到德安府安陆城而命名。侵华日军曾将其烧毁，人们又重建。位于董桥村，呈条状分布，东接十里村，西邻董桥村1组，南连至十里村，北靠董桥村3组。均为汉族。全塆有住户18户，人口80人，总面积0.144平方千米，耕地面积0.072平方千米。以种植水稻、小麦为主，主要经济来源为外出务工。

杨树塆[Yáng shù wān] 因该塆生长的杨树居多形成该地一大特征而命名。位于董桥村，呈条状分布，东接涂家塆，西邻刘家寨，南连老屋山，北靠熊岗。均为汉族，杨姓居多。全塆共20人，6户。占地总面积0.05平方千米，其中有耕地面积0.024平方千米。以种植水稻、小麦为主，主要经济来源为外出务工。

榨屋山[Zhà wū shān] 该居民点以前有一榨坊而命名。位于董桥村，呈条状分布，东接董桥村5组，西邻石河村，南连董桥村3组，北靠龚岗村。均为汉族。全塆有住户34户，人口143人，总面积0.26平方千米，耕地面积0.13平方千米。以种植水稻、小麦为主，主要经济来源为外出务工。

十二、费岗村[Fèigǎng Cūn]

明朝洪武年间，一费姓军师被朱元璋贬到此地落籍，后来此地出了几个秀才和一名武状元，使这片山冈日益繁荣，费岗村由此得名。

1949年10月，费岗隶属青龙区共和乡。1952年，费岗隶属第五区烟店乡。1958年建立人民公社，费岗大队隶属于红旗人民公社烟店乡管辖。1975年2月，安陆撤区并社，费岗大队隶属于程巷(烟店)人民公社烟店管理区管辖。1984 年 5 月，安陆复置区(镇)、乡(镇)、村，费岗大队改名为费岗村，隶属于烟店区烟店镇管辖。1987 年 10 月，安陆撤区并乡，费岗村隶属于烟店镇管辖，距离烟店镇约 2.2 千米。

费岗村东接肖家塆，西邻碧山社区，南连万桥村，北靠肖家村。截至 2015 年 4 月，全村共有 6 个自然塆：费岗小区、胡家塆、黄家岗、黎家塆、毛家塆、王姓塆，全村共有住户 142 户，共 568 人，辖区总面积 2 平方千米，耕地面积 0.7 平方千米，主要农作物有水稻、玉米。该村主要驻区单位有烟店镇费岗村村民委员会和镇福利院，村委会办公室地址设在费岗村。

费岗小区[Fèi gǎng xiǎo qū]　2010 年建。隶属于烟店镇费岗村，位于费岗村 3 组，呈块状分布，东接万桥村，西邻万桥村，南连万桥村，北靠费岗 2 组。主要以费姓氏为主，均为汉族。该塆有住户 54 户，人口 163 人，总面积 0.5 平方千米，耕地面积 0.2 平方千米，以种植水稻、玉米为主，主要经济来源为外出务工。

胡家塆[hú jiā wān]　明代胡氏三兄弟迁于此形成聚落，位于费岗村 2 组，呈块状分布，东接肖塆村，西邻王姓塆，南连费岗 3 组，北靠黎家塆。主要以胡姓氏为主，均为汉族。该塆有住户 11 户，人口 43 人，总面积 0.2 平方千米，耕地面积 0.1 平方千米，以种植水稻、玉米为主，主要经济来源为外出务工。

黄家岗[Huáng jiā gǎng]　古代聚落，呈块状分布，东接费岗 1 组，西邻碧山社区，南连毛家塆，北靠肖塆村。主要以黄姓氏为主，均为汉族。该塆有住户 20 户，人口 63 人，总面积 0.3 平方千米，耕地面积 0.1 平方千米，以种植水稻、玉米为主，主要经济来源为外出务工。

黎家塆[Lí jiā wān]　古聚落承续，位于费岗村 1 组，呈块状分布，东接肖塆村，西邻费家岗，南连费岗 2 组，北与肖塆村相邻。主要以黎姓氏为主，均为汉族。该塆有住户 38 户，人口 110 人，总面积 0.5 平方千米，耕地面积 0.2 平方千米，以种植水稻、玉米为主，主要经济来源为外出务工。

毛家塆[Máo jiā wān]　清末形成聚落，位于费岗村 4 组，呈块状分布，东接费岗 2 组，西邻碧山社区，南连万桥村，北与费家岗相邻。主要以毛姓氏为主，均为汉族。该塆有住户 28 户，人口 89 人，总面积 0.3 平方千米，耕地面积 0.1 平方千米，以种植水稻、玉米为主，主要经济来源为外出务工。

王姓塆[Wáng xìng wān]　位于费岗村 2 组，呈块状分布，东接胡家塆，西邻费岗毛家塆，南连费岗小区，北靠黎家塆。主要以王姓氏为主，均为汉族。该塆有住户 30 户，人口 100 人，总面积 0.2 平方千米，耕地面积 0.1 平方千米，以种植水稻、玉米为主，主要经济来源为外出务工。

五姓塆[Wǔ xìng wān]　20 世纪 50 年代初形成聚落。土地改革时，黄、程、杨、刘、钟 5 姓人家分得此处土地，在此建房形成聚落。

高家塆[Gāo jiā wān]　民国初期高姓人居住。土改时，曹姓买屋，高姓迁走，塆名未变，现有 10 户人家。

十三、冯庙村[Féngmiào Cūn]

冯庙村 1949 年 10 月属第五区，1954 年 8 月属青龙区。1958 年 9 月属红旗人民公社。1975 年 2 月，红旗人民公社更名为程巷人民公社，1984 年由程巷公社管理区变更为冯庙村，1987 年 9 月，安陆撤县建市，市以下行政区划实行撤区并乡，全市辖 10 镇 5 乡 3 个办事处。烟店镇由原烟店镇、石河乡、程巷乡、白店乡并成。改设为 4 个管理区 1 个办事处 40 个村。冯庙村系白店管理区管辖。

冯庙村现隶属于烟店镇，东接府河，西邻黄榨村，南连向店村，北靠竹罗村，距离烟店镇约 8 千米。截至 2015 年 10 月，全村共有 13 个自然塆：曾家塆、大冯家塆、大殷家塆、戴家塆、丁家塆、冯庙新村、卢家塆、万家塆、王家塆、小冯家塆、小殷家塆、小朱家塆、朱家大塆。全村共有住户 588 户，人口 2300 人，其中少数民族 4 人(2、3、5、6 组)。辖区总面积 2.65 平方千米，有耕地面积 1.54 平方千米，主要农作物为水稻、小麦、油菜。该村主要驻区单位有冯庙村村民委员会，村委会办公室地址设在冯庙村。

曾家塆[Zēng jiā wān]　清代形成聚落，位于冯庙村北端，呈块状分布，东接府河，西邻朱家大塆，南连冯家大塆，北靠府河。主要以曾姓氏为主，均为汉族。全塆有住户 60 户，人口 200 人，总面积 0.2 平方千米，耕地面积 0.13 平方千米，以种植水稻、小麦、油菜为主，主要经济来源为外出务工。

大冯家塆[Dà féng jiā wān]　隶属于烟店镇冯庙村，呈块状分布，东接府河，西邻冯庙新村，南连小冯家塆，北靠曾家塆。主要以冯姓氏为主，均为汉族。全塆有住户 60 户，人口 200 人，总面积 0.3 平方千米，耕地面积 0.21 平方千米，以种植水稻、小麦、油菜为主，主要经济来源为外出务工。

大殷家塆[Dà yīn jiā wān]　隶属于烟店镇冯庙村，位于冯庙村 6 组，呈块状分布，东接府河，西邻冯庙村 5 组，南连白店，北靠冯庙村 7 组。主要以殷姓氏为主，均为汉族。全塆有住户 45 户，人口 175 人，总面积 0.2 平方千米，耕地面积 0.13 平方千米，以种植水稻、小麦、油菜为主，主要经济来源为外出务工。

戴家塆[Dài jiā wān]　隶属于烟店镇冯庙村，位于冯庙村 5 组，呈块状分布，东接冯庙村 6 组，西邻冯庙村 1 组，南连白店，北靠冯庙村 4 组。主要以戴姓氏为主，均为汉族。全塆有住户 12 户，人口 40 人，总面积 0.06 平方千米，耕地面积 0.033 平方千米，以种植水稻、小麦、油菜为主，主要经济来源为外出务工。

丁家塆[Dīng jiā wān]　隶属于烟店镇冯庙村，位于冯庙村 4 组，呈块状分布，东接冯庙村 7 组，西邻冯庙村 3 组，南连冯庙村 5 组，北靠池塘。主要以丁姓氏为主，均为汉族。全塆有住户 12 户，人口 36 人，总面积 0.04 平方千米，耕地面积 0.022 平方千米，以种植水稻、小麦、油菜为主，主要经济来源为外出务工。

冯庙新村[Féng miào xīn cūn]　2007 年建立，隶属于烟店镇冯庙村，呈块状分布，东接朱家大塆，西邻水白公路，南连冯庙村四组，北靠冯庙村 3 组。主要以冯姓氏为主，均为汉族。全塆有住户 180 户，人口 750 人，总面积 0.32 平方千米，耕地面积 0.21 平方千米，以种植水稻、小麦、油菜为主，主要经济来源为外出务工。

卢家塆[Lú jiā wān]　隶属于烟店镇冯庙村，位于冯庙村 9 组，呈块状分布，东接冯庙村 8 组，西邻冯庙村 11 组，南连冯庙村 3 组，北靠冯庙村 10 组。主要以卢姓氏为主，均为汉族。全塆有住户 12 户，人口 55 人，总面积 0.04 平方千米，耕地面积 0.02 平方千米，以种植水稻、小麦、油菜为主，主要经济来源为外出务工。

万家塆[Wàn jiā wān]　隶属于烟店镇冯庙村，位于冯庙村 11 组，呈块状分布，东接冯庙村 9 组，西邻民主渠，南连冯庙村 2 组，北靠竹罗村。主要以万姓氏为主，均为汉族。全塆有住户 15 户，人口 50 人，总面积 0.1 平方千米，耕地面积 0.049 平方千米，以种植水稻、小麦、油菜为主，主要经济来源为外出务工。

王家塆[Wáng jiā wān] 隶属于烟店镇冯庙村，位于冯庙村 5 组，呈块状分布，东接冯庙村 6 组，西邻冯庙村 1 组，南连白店，北靠冯庙村 4 组。主要以王姓氏为主，均为汉族。全塆有住户 18 户，人口 80 人，总面积 0.12 平方千米，耕地面积 0.067 平方千米，以种植水稻、小麦、油菜为主，主要经济来源为外出务工。

小冯家塆[Xiǎo féng jiā wān] 隶属于烟店镇冯庙村，位于冯庙村 7 组，呈块状分布，东接府河，西邻冯庙村 4 组，南连冯庙村 6 组，北靠冯庙村 8 组。主要以冯姓氏为主，均为汉族。全塆有住户 22 户，人口 75 人，总面积 0.1 平方千米，耕地面积 0.05 平方千米，以种植水稻、小麦、油菜为主，主要经济来源为外出务工。

小殷家塆[Xiǎo yīn jiā wān] 隶属于烟店镇冯庙村，位于冯庙村 4 组，呈块状分布，东接冯庙村 6 组，西邻冯庙村 1 组，南连冯庙村 5 组，北靠冯庙新村。主要以殷姓氏为主，均为汉族。全塆有住户 18 户，人口 200 人，总面积 0.1 平方千米，耕地面积 0.05 平方千米，以种植水稻、小麦、油菜为主，主要经济来源为外出务工。

小朱家塆[Xiǎo zhū jiā wān] 隶属于烟店镇冯庙村，位于冯庙村 2 组，呈块状分布，东接冯面村 3 组，西邻黄榨村，南连冯庙村 4 组，北靠冯庙村 11 组。主要以朱姓氏为主，均为汉族。全塆有住户 15 户，人口 50 人，总面积 0.08 平方千米，耕地面积 0.04 平方千米，以种植水稻、小麦、油菜为主，主要经济来源为外出务工。

朱家大塆[Zhū jiā dà wān] 隶属于烟店镇冯庙村，位于冯庙村，呈块状分布，东接水白公路，西邻黄榨村，南连姚榨村，北靠冯庙村 3 组。主要以朱姓氏为主，均为汉族。全塆有住户 60 户，人口 200 人，总面积 0.3 平方千米，耕地面积 0.21 平方千米，以种植水稻、小麦、油菜为主，主要经济来源为外出务工。

十四、龚岗村[Gōnggǎng Cūn]

1949 年，龚岗村属务丰乡管辖，1、2、3 三个组属农业合作社三分社直辖；4、5、6 三个组为五新乡，属棠棣乡管辖。1960 年，4、5、6 三个组划入务丰乡，1、2、3 三个组取名龚岗大队，由青龙区程巷公社管辖。1970 年，龚岗大队合并到程巷大队。1980 年冬季，又拆分为龚岗村和程巷村。

龚岗村隶属于烟店镇，位于安三公路沿线，东接张岗村，西邻程巷村，南连潘杨家塆，距离烟店镇约 7.5 千米。截至 2015 年 9 月，全村共有 6 个自然塆：龚家塆、雷家畈、阚家畈、肖家塆、付家塆、板桥塆，全村共有住户 137 户，人口 587 人，其中少数民族 1 人(3 组)。总面积 2 平方千米，耕地面积 0.59 平方千米，主要农作物为水稻、玉米。该村主要驻区单位有龚岗村村民委员会，村委会办公室地址设在龚岗村。

板桥塆[Bǎn qiáo wān] 因此塆有座木板搭建的桥而命名。隶属于烟店镇龚岗村，位于烟店镇龚岗村 5

组，呈条状分布，东接龚岗村 5 组大坝，西邻烟应路，南连刘家寨，北靠阚家塘。均为汉族。全塆有住户 12 户，人口 45 人，总面积 0.1 平方千米，耕地面积 0.05 平方千米。以种植水稻、小麦为主，主要经济来源为外出务工。

付家塆[Fù jiā wān] 隶属于烟店镇龚岗村，位于烟店镇烟应公路沿线，呈条状分布，东接龚岗村 5 组阚家塆，西邻梅塘水库，南连刘家寨，北靠程巷村。主要以付姓氏为主，均为汉族。全塆有住户 12 户，人口 105 人，总面积 0.06 平方千米，耕地面积 0.03 平方千米。以种植水稻、小麦为主，主要经济来源为外出务工。

龚家塆[Gōng jiā wān] 隶属于烟店镇龚岗村，位于烟店镇烟店镇龚岗村村民委员会旁边，呈条状分布，东接张岗村，西邻龚家畈，南连棠棣镇十里村，北靠龚家畈农田。以龚姓氏为主，均为汉族。全塆有住户 42 户，人口 147 人，总面积 0.24 平方千米，耕地面积 0.12 平方千米。以种植水稻、小麦为主，主要经济来源为外出务工。

阚家塆[Kàn jiā wān] 隶属于烟店镇龚岗村，位于烟店镇龚岗村 4 组，呈条状分布，东接肖家塆，西邻付家塆，南连板桥塆，北靠安三线公路。主要以阚姓氏为主，均为汉族。全塆有住户 38 户，人口 170 人，总面积 0.12 平方千米，耕地面积 0.06 平方千米。以种植水稻、小麦为主，主要经济来源为外出务工。

雷家畈[Léi jiā fàn] 隶属于烟店镇龚岗村，位于烟店镇龚岗村 3 组，呈条状分布，东接龚家塆，西邻肖家塆，南连雷家畈，北靠肖家塆。主要以雷姓氏为主，均为汉族。全塆有住户 18 户，人口 70 人，总面积 0.06 平方千米，耕地面积 0.03 平方千米。以种植水稻、小麦为主，主要经济来源为外出务工。

肖家塆[Xiāo jiā wān] 隶属于烟店镇龚岗村，位于烟店镇龚岗村 4 组，呈条状分布，东接龚家畈，西邻程巷村，南连阚家塘，北靠程巷村。主要以肖姓氏为主，均为汉族。全塆有住户 15 户，人口 60 人，总面积 0.09 平方千米，耕地面积 0.04 平方千米。以种植水稻、小麦为主，主要经济来源为外出务工。

十五、官堰村[Guānyàn Cūn]

官堰村东接邓冲村、煮榨村，西邻肖塆村、刘桥村(孛畈镇)，南连李塆村、田塆村，北靠黄棚村，隶属于烟店镇，距离烟店镇约 4 千米。官堰村属丘陵地形，东接邓冲村、黄榨村，西邻肖塆村、刘桥村(孛畈镇)，南连李塆村、田塆村，北靠黄棚村。截至 2015 年 10 月，全村共有 6 个自然塆：陈家墩、黄家中畈、李家墩、余家凹、肖余沟、邹家坡。全村共有 1063 人，其中少数民族 2 人(1 组)，240 户，辖区总面积 2.01 平方千米，耕地面积 0.85 平方千米。主要农作物为水稻、小麦、油菜。村民委员会有职工 3 名。该村主要驻区单位有官堰村村民委员会，村委会办公室地址设在官堰村。

陈家墩[Chén jiā dūn] 东周时期，陈家墩是连接黄家墩、竹箩铺的烽火墩。1981 年，在此采集到陶片，有灰陶和褐陶，从纹饰及器形看，属龙山文化时期。陈家墩被定为安陆县文化遗产保护单位。陈家墩成条状分布，东接官堰村 2 组，西邻刘桥村，南连肖塆村 5 组，北靠孛畈镇龙家村。主要以陈姓氏为主，均为汉族。全塆有住户 48 户，人口 193 人，总面积 0.388 平方千米，耕地面积 0.194 平方千米。以种植水稻、小麦、油菜为主，主要经济来源为外出务工。

黄家中畈[Huáng jiā zhōng fàn]　隶属于烟店镇官堰村，成条状分布，东接官堰 6 组，西邻官堰 1 组，南连官堰 3 组，北靠黄棚村 1 组。主要以黄姓氏为主，均为汉族。全塆有住户 33 户，人口 135 人，总面积 0.24 平方千米，耕地面积 0.12 平方千米。以种植水稻、小麦、油菜为主，主要经济来源为外出务工。

李家墩[Lǐ jiā dūn]　隶属于烟店镇官堰村，成条状分布，东接官堰村 5 组，西邻肖塆村 5 组，南连肖塆村 6 组，北靠官堰 2 组。主要以李姓氏为主，均为汉族。全塆有住户 42 户，人口 193 人，总面积 0.465 平方千米，耕地面积 0.2328 平方千米。以种植水稻、小麦、油菜为主，主要经济来源为外出务工。

肖余沟[Xiāo yú gōu]　因传说历史上肖姓和余姓共用一条水沟源并联姻而命名。隶属于烟店镇官堰村，成条状分布，东接红石小山，西邻官堰村 3 组，南连田塆村，北靠官堰 6 组。主要以肖、余姓氏为主，均为汉族。全塆有住户 45 户，人口 195 人，总面积 0.32 平方千米，耕地面积 0.16 平方千米。以种植水稻、小麦、油菜为主，主要经济来源为外出务工。

余家凹[Yú jiā āo]　隶属于烟店镇官堰村，成条状分布，东接官堰村 6 组，西邻官堰村 5 组，南连李塆村、田塆村，北靠官堰 6 组。主要以余姓氏为主，均为汉族。全塆有住户 33 户，人口 132 人，总面积 0.24 平方千米，耕地面积 0.12 平方千米。以种植水稻、小麦、油菜为主，主要经济来源为外出务工。

邹家坡[Zōu jiā pō]　隶属于烟店镇官堰村，位于官堰村，成条状分布，东接邓冲村，西邻黄棚 1 组，南连官堰村 5 组，北靠黄棚村。主要以邹姓氏为主，均为汉族。全塆有住户 50 户，人口 210 人，总面积 0.4 平方千米，耕地面积 0.2 平方千米。以种植水稻、小麦、油菜为主，主要经济来源为外出务工。

十六、横路村[Hénglù Cūn]

历史上曾叫横路棚子、横大路，位于烟店镇东南部，为丘陵山地地形，呈块状分布。东接石河村，西邻轭头村，南连联合村，北靠双庙村，距离烟店镇约 6.5 千米。

古代，横路村是德安府到京山县的一个驿站。清末属均和乡。抗战前属双棣乡。1946 年属碧东乡。土改时属五星乡农民协会。1958 年成立人民公社成立后属红旗人民公社，北部属石场大队，南部属横路大队。1970 年，石场大队合并到横路大队。1984 年改名横路村。

截至 2014 年 9 月，辖区内共有 17 个自然塆：三李塆、岗上塆、咀上塆、冯家塆、罗塆、罗家山新区、横路新村、塘角塆、榨塆、洪塆、槽坊塆、小冯塆、张塆、许家塆、熊家大塆、课铃塆、秦家塆。村内有常住居民 248 户，共 1028 人，辖区占地面积 2.2 平方千米，其中耕地面积为 0.7 平方千米，主要农作物为小麦、水稻、油菜。村委会现有工作人员 4 名，村内主要驻区单位有横路村村民委员会等。

槽坊塆[Cáo fáng wān]　因该塆所在区域内清代有一座煮酒用的槽坊命名。隶属安陆市烟店镇横路村村民委员会辖，位于烟店镇横路村，为丘陵山地地形，呈块状分布，东接下罗家塆，西邻横路小学，南连洪塆，北靠咀上塆。所住居民均为汉族。全塆 50 人，12 户，总面积为 0. 17 平方千米，其中有耕地面积 0. 052 平方千米，主要农作物为小麦、水稻，主要经济来源以外地务工为主。

冯家塆[Féng jiā wān] 隶属安陆市烟店镇横路村村民委员会辖，位于横路村，为丘陵山地地形，呈块状分布，东接横路小学，西邻张家塆，南连塘角塆，北靠陶家岗。所住居民均为汉族。全塆 52 人，11 户，总面积为 0. 16 平方千米，其中有耕地面积 0. 051 平方千米，主要农作物为小麦、水稻，主要经济来源以外地务工为主。

岗上塆[Gǎng shàng wān] 明清时期，李、杨、刘三姓建房于此地山冈上，形成聚落。隶属安陆市烟店镇横路村村民委员会辖，位于横路村，为丘陵山地地形，呈块状分布，东接咀上塆，西邻彭家独屋，南连冯家塆，北靠三里塆。所住居民均为汉族。全塆 56 人，20 户，总面积为 0. 27 平方千米，其中有耕地面积 0. 09 平方千米，主要农作物为小麦、水稻，主要经济来源以外地务工为主。

横路新村[Héng lù xīn cūn] 2007 年建立，隶属安陆市烟店镇横路村村民委员会辖，位于横路村，为丘陵山地地形，呈块状分布，东接罗家山新村，西邻小罗塆，南连安津公路，北靠横路水库。所住居民均为汉族。全塆 120 人，32 户，总面积为 0. 27 平方千米，其中有耕地面积 0. 087 平方千米，主要农作物为小麦、水稻，主要经济来源以外地务工为主。

洪塆[Hóng wān] 民国初期，熊姓迁于此，最初取名时以洪字辈人居多而命名。隶属安陆市烟店镇横路村村民委员会辖，位于横路村，为丘陵山地地形，呈块状分布，东接罗塆，西邻塘角塆，南连横路新村，北靠槽坊塆。所住居民均为汉族。全塆 50 人，12 户，总面积为 0. 147 平方千米，其中有耕地面积 0. 045 平方千米，主要农作物为小麦、水稻，主要经济来源以外地务工为主。

咀上塆[Jǔ shàng wān] 隶属安陆市烟店镇横路村村民委员会辖，为丘陵山地地形，呈块状分布，东接狮子头山，西邻冯家塆，南连下罗家塆，北靠三里塆。所住居民均为汉族。全塆 46 人，10 户，总面积为 0. 16 平方千米，其中有耕地面积 0. 05 平方千米，主要农作物为小麦、水稻，主要经济来源以外地务工为主。

课铃塆[Kè líng wān] 清朝末年，一熊姓人家在此居住，以做祭祀用的纸课铃为生，故得名课铃塆。隶属安陆市烟店镇横路村村民委员会辖，村位于横路村，为丘陵山地地形，呈块状分布，东接横路村 4 组，西邻张家塆，南连横路村 6 组，北靠秦家塆。所住居民均为汉族。全塆 45 人，11 户，总面积为 0. 12 平方千米，其中有耕地面积 0. 035 平方千米，主要农作物为小麦、水稻，主要经济来源以外地务工为主。

罗家山新区[Luó jiā shān xīn qū] 2012 年建立，隶属安陆市烟店镇横路村村民委员会辖，为丘陵山地地形，呈块状分布，东接宋垅村，西邻横路新村，南连安津公路，北靠罗塆。所住居民均为汉族。全塆 76 人，20 户，总面积为 0. 153 平方千米，其中有耕地面积 0. 049 平方千米，主要农作物为小麦、水稻，主要经济来源以外地务工为主。

罗塆[Luó wān] 明代江西罗氏迁于此，开挖大塘，建立聚落。因该塆由大塘堰上罗塆和下罗塆组成，所住居民以罗姓居多而命名。隶属安陆市烟店镇横路村村民委员会辖，为丘陵山地地形，呈块状分布，东接宋垅村，西邻槽坊塆、洪塆，南连横大路，北靠狮子头山。所住居民均为汉族。全塆 180 人，30 户，总面积为0.4平方千米，其中有耕地面积0.1333平方千米，主要农作物为小麦、水稻，主要经济来源以外地务工为主。

秦家塆[Qín jiā wān]　清末，一个叫秦仕美的带家人在此落籍，慢慢形成聚落。该塆位于横路村，为丘陵山地地形，呈块状分布，东接冯家塆，西邻张家塆，南连课铃塆，北靠该村农田。所住居民均为汉族。全塆46人，10户，总面积为0.1平方千米，其中有耕地面积0.031平方千米，主要农作物为小麦、水稻，主要经济来源以外地务工为主。

三李塆[Sān lǐ wān]　明代，李姓三兄弟从麻城迁入此地，慢慢形成三个聚落，俗称大李塆、二李塆和三李塆。大李塆和二李塆现在属双庙村，三李塆隶属横路村，为丘陵山地地形，呈块状分布，东接石河村，西邻陶家岗，南连后三里塆，北靠双庙村。所住居民均为汉族。全塆160人，40户，总面积为0.665平方千米，其中有耕地面积0.21平方千米，主要农作物为小麦、水稻，主要经济来源以外地务工为主。

塘角塆[Táng jiǎo wān]　明代，唐、郭两家人迁于此，形成聚落，叫唐郭塆。清初，唐郭外迁。潘、熊二姓又迁于此，因聚落东北有一口大池塘，故改名塘角塆。也有一说是原来姓唐的地脚，所以叫“唐脚塆”，因“脚”字不雅，正好旁边有大池塘，故谐音“塘角塆”。该塆隶属安陆市烟店镇横路村村民委员会辖，为丘陵山地地形，呈块状分布，东接洪塆，西邻熊家大塆，南连小罗塆，北靠熊家大塆、榨塆。所住居民均为汉族。全塆50人，10户，总面积为0.133平方千米，其中有耕地面积0.04平方千米，主要农作物为小麦、水稻，主要经济来源以外地务工为主。

小冯塆[Xiǎo féng wān]　明末清初，江西卖金货的冯姓人家在此做手艺和种地经商，慢慢形成聚落。该塆隶属安陆市烟店镇横路村村民委员会辖，为丘陵山地地形，呈块状分布，东接槽坊塆，西邻陶家岗，南连横路小学，北靠后三里塆。所住居民均为汉族。全塆50人，10户，总面积为0.1333平方千米，其中有耕地面积0.047平方千米，主要农作物为小麦、水稻，主要经济来源以外地务工为主。

熊家大塆[Xióng jiā dà wān]　清朝初期，江西熊姓迁于此，慢慢形成聚落。隶属安陆市烟店镇横路村村民委员会辖，为丘陵山地地形，呈块状分布，东接塘角塆，西邻许家岗，南连安津公路，北靠张家塆。1949年后迁入其他杂姓，所住居民熊姓居多，均为汉族。全塆105人，20户，总面积0.2为平方千米，其中有耕地面积0.08平方千米，主要农作物为小麦、水稻，主要经济来源以外地务工为主。

许家塆[Xǔ jiā wān]　清末，一许姓难民在此落户，形成聚落。1955年后，又迁入其他杂姓，形成较大的聚落。该塆隶属安陆市烟店镇横路村村民委员会辖，为丘陵山地地形，呈块状分布，东接张家塆，西邻轭头村，南连安津公路，北靠双庙村。所住居民均为汉族。全塆80人，20户，总面积为0.233平方千米，其中有耕地面积0.067平方千米，主要农作物为小麦、水稻，主要经济来源以外地务工为主。

榨塆[Zhà wān]　因该塆所在区域内曾建有一座榨油作坊而命名。隶属安陆市烟店镇横路村村民委员会辖，为丘陵山地地形，呈块状分布，东接罗家蒲塘，西邻熊家大塆，南连横大路，北靠三里塆。所住居民均为汉族。全塆110人，20户，总面积为0.35平方千米，其中有耕地面积0.16平方千米，主要农作物为小麦、水稻，主要经济来源以外地务工为主。

张家塆[Zhāng jiā wān]　明末，张姓人家落户，取名张家塆。清末，张姓外迁，席、李、熊几个姓氏先后迁于此，但地名一直未变。该塆隶属安陆市烟店镇横路村村民委员会辖，为丘陵山地地形，呈块状分布，东接冯家塆，西邻许家岗，南连安津公路，北靠陶家岗。所住居民均为汉族。全塆53人，10户，总面积为0.15平方千米，其中有耕地面积0.047平方千米，主要农作物为小麦、水稻，主要经济来源以外地务工为主。

十七、黄棚村[Huángpéng Cūn]

黄棚村隶属于安陆市烟店镇，位于烟店镇东北部约5千米，为丘陵山地地形，呈块状分布。东达竹篓村，西邻龙窝村，南连邹家坡，北靠府河。

东周时期，黄棚设有烽火台和驿站，上连青龙潭，下连竹篓铺，以便传递信息。一个黄姓老汉在驿站搭棚卖茶水，故名黄家棚子。黄家塆古代建有“城墙”，府河岸边还有仙山洞、睡虎石、刀砍石等景点和古建筑，是上下数十里唯一的涢水码头。由于古代战乱频繁，此处频频遭毁，水上码头才迁至青龙潭，成就了青龙潭后来的繁荣。黄棚村境内还有一座古桥，至少300年以上的历史，且完好无损，成为烟店镇境内唯一幸存的古桥。

抗日战争前，这里属烟九乡，1946年属碧东乡。共和国初期属低庙乡四分会，随后改为永久十八社。1958年属青龙区长岗公社，名为永久九大队。1960年改为黄棚大队。1984年改为黄棚村。

截至2014年9月，辖区内共有4个居民点：黄家墩、吴家坳、黄家寨山、黄棚中心街道。村内有常住居民168户，共693人，辖区占地面积0.75平方千米，其中耕地面积为0.49平方千米，主要农作物为小麦、水稻、油菜。村委办公室设在村中心街道，村委会现有工作人员3名，村内主要驻区单位有黄棚村村民委员会等。

黄家墩[Huáng jiā dūn]　古村落承续，隶属安陆市烟店镇黄棚村村民委员会辖，位于烟店镇黄棚村1组。为丘陵山地地形，呈块状分布，东接黄棚村3组，西邻龙窝村，南连官堰村2组，北靠村中心街道。所住居民均为汉族。全塆298人，75户，总面积为0.32平方千米，其中有耕地面积0.21平方千米，主要农作物为小麦、水稻，主要经济来源以外地务工为主。

黄家寨山[Huáng jiā zhài shān]　古村落承续，隶属安陆市烟店镇黄棚村村民委员会辖，位于烟店镇黄棚村2组。为丘陵山地地形，呈块状分布，东接黄棚村3组，西邻龙窝村，南连村中心街道，北靠府河。所住居民均为汉族。全塆129人，36户，总面积为0.17平方千米，其中有耕地面积0.11平方千米，主要农作物为小麦、水稻，主要经济来源以外地务工为主。

黄棚中心街道[Huáng péng zhōng xīn jiē dào]　1990年建立，隶属安陆市烟店镇黄棚村村民委员会辖，位于烟店镇黄棚村。为丘陵山地地形，呈块状分布，东接黄棚村3组，西邻龙窝村，南连黄棚村1组，北靠府河。所住居民均为汉族。全塆450人，120户，总面积为0.02平方千米，主要经济来源以自主营业和商业贸易为主。

吴家坳[Wú jiā ào] 古村落承续，隶属安陆市烟店镇黄棚村村民委员会辖，位于烟店镇黄棚村3组。为丘陵山地地形，呈块状分布，东接邓冲村，西邻黄棚村1组，南连官堰村6组，北靠村府河。1975年，在吴家坳修建泵站。1976年变道，惠及21个村1.9万亩良田。所住居民均为汉族。全塆229人，69户，总面积为0.19平方千米，其中有耕地面积0.11平方千米，主要农作物为小麦、水稻，主要经济来源以外地务工为主。

十八、黄榨村[Huángzhà Cūn]

因黄家榨坊榨油的质量好，历史长，信誉高而得名。黄榨村隶属安陆市烟店镇，位于烟店镇东部约6.5千米，为丘陵山地地形，呈块状分布。东接冯庙村，西邻李塆村，南连姚榨村，北靠官堰村。

1950—1953年，黄榨村为白店乡第四大队。1954年至1956年为务丰大队。1956年冬接纳姚榨大队，仍用务丰大队之名。1980年与姚榨大队再次分开。截至2014年9月，辖区内共有4个自然塆：杨塆、棚子、栗塆、邹家塆。村内有常住居民115户，共682人，其中少数民族1人(3组)。辖区占地面积1.8平方千米，其中耕地面积为0.91平方千米，主要农作物为小麦、水稻、油菜。村委会现有工作人员4名，村内主要驻区单位有黄榨村村民委员会等。

栗塆[Lì wān] 清初一黄姓人家到此，慢慢形成聚落。后来在塆前种板栗树，并安装石碾办作坊而得名。隶属安陆市烟店镇黄榨村村民委员会辖，为丘陵山地地形，呈块状分布，东接朱家洼水库，西邻该村农田，南连本村山地，北靠本组农田。所住居民均为汉族。全塆13人，52户，总面积为0.0524平方千米，其中有耕地面积0.0355平方千米，主要农作物为小麦、水稻、油菜，主要经济来源以外地务工为主。

棚子[Péng zi] 又名邬峰岗，嘉庆年间，有人在此搭建棚子卖茶、卖瓜而得名。后来形成街道，名称一直未变。该塆隶属安陆市烟店镇黄榨村村民委员会辖，位于烟店镇黄榨村，为丘陵山地地形，呈块状分布，东接东二级渠道，西邻该村农田，南连本组山冈，北靠东二级渠道。所住居民均为汉族。全塆81人，16户，总面积为0.066平方千米，其中有耕地面积0.046平方千米，主要农作物为小麦、水稻、油菜，主要经济来源以外地务工为主。

杨塆[Yáng wān] 清末杨姓迁居此地形成聚落。位于烟店镇黄榨村，为丘陵山地地形，呈块状分布，东接冯庙村，西邻李家官堰，南连姚榨村，北靠邓冲村。所住居民均为汉族。全塆81人，18户，总面积为0.12平方千米，其中有耕地面积0.1平方千米，主要农作物为小麦、水稻、油菜，主要经济来源以外地务工为主。

邹家塆[Zōu jiā wān] 古聚落承续。隶属安陆市烟店镇黄榨村村民委员会辖，为丘陵山地地形，呈块状分布，东接九个独屋，西邻本组农田，南连朱家水库，北靠该村农田。所住居民均为汉族。全塆29人，11户，总面积为0.034平方千米，其中有耕地面积0.02平方千米，主要农作物为小麦、水稻、油菜，主要经济来源以外地务工为主。

十九、尖山村[Jiānshān Cūn]

隶属于安陆市烟店镇，位于烟店镇西部，为丘陵山地地形，呈块状分布。东接烟店村，西邻白兆山风景旅游区，南连碧山社区，北靠柏树村、岔路村，距离烟店镇约1.1千米。

1949年10月，尖山隶属于烟店区管辖。1952年，尖山隶属于第五区烟店乡。1958年建立人民公社，尖山大队隶属于红旗人民公社管辖。1975年2月，尖山大队隶属于程巷(烟店)人民公社烟店管理区管辖。1984年5月，尖山大队改名为尖山村，隶属于烟店区烟店镇管辖。1987年10月，撤区并乡，原烟店镇、石河乡、程巷乡、白店乡合并为烟店镇，尖山村隶属于烟店镇管辖。

截至2014年9月，辖区内共有6个自然塆：刘家塆、谈家塆、蒋家塆、方家塆、蒋陈家塆、陈松林。村内有常住居民158户，共720人，辖区占地面积1.3平方千米，其中耕地面积为0.36平方千米，主要农作物为小麦、水稻、油菜。村委会现有工作人员4名，村内主要驻区单位有尖山村村民委员会等。

陈松林[Chén sōng lín]　该塆所在居民以陈姓居多，所在区域内有许多松树而命名。隶属安陆市烟店镇尖山村村民委员会辖。为丘陵山地地形，呈块状分布，东接老高中，西邻白兆山，南连烟店村，北靠岔路。所住居民均为汉族。全塆142人，35户，总面积为0.1平方千米，其中有耕地面积0.08平方千米，主要农作物为小麦、水稻、油菜，主要经济来源以外地务工为主。

方家塆[Fāng jiā wān]　因该塆所在居民以方姓居多而命名。隶属安陆市烟店镇尖山村村民委员会辖。丘陵地形，呈块状分布，东接烟店村，西邻白兆山，南连碧山社区，北靠本村3组。所住居民均为汉族。全塆62人，14户，总面积为0.08平方千米，其中有耕地面积0.06平方千米，主要农作物为小麦、水稻、油菜，主要经济来源以外地务工为主。

蒋陈家塆[Jiǎng chén jiā wān]　原名陈家塆，陈家无子孙。民国初期，棠棣蒋梅村8兄弟逃难至此，定居下来，重新形成聚落，故名“蒋陈家塆”。隶属安陆市烟店镇尖山村村民委员会辖。丘陵地形，呈块状分布，东接烟店村，西邻白兆山，南连碧山社区，北靠老高中。所住居民均为汉族。全塆110人，25户，总面积为0.14平方千米，其中有耕地面积0.08平方千米，主要农作物为小麦、水稻、油菜，主要经济来源以外地务工为主。

蒋家塆[Jiǎng jiā wān]　民国初期，棠棣蒋梅村8兄弟逃难至此，其中两兄弟在此定居形成聚落。因该塆所在居民以蒋姓居多而命名。隶属安陆市烟店镇尖山村村民委员会辖。丘陵地形，呈块状分布，东接烟店村，西邻白兆山，南连碧山社区，北靠本村2组。所住居民均为汉族。全塆145人，36户，总面积为0.1平方千米，其中有耕地面积0.05平方千米，主要农作物为小麦、水稻、油菜，主要经济来源以外地务工为主。

刘家塆[Liú jiā wān]　清初形成聚落。因该塆所在居民以刘姓居多而命名。隶属安陆市烟店镇尖山村村民委员会辖。丘陵地形，呈块状分布，东接烟店村，西邻白兆山，南连本村2组，北靠柏树村1组。所住居民均为汉族。全塆125人，30户，总面积为0.11平方千米，其中有耕地面积0.07平方千米，主要农作物为小麦、水稻、油菜，主要经济来源以外地务工为主。

谈家塆[Tán jiā wān]　清初一家姓谈的迁于此，慢慢形成聚落。隶属安陆市烟店镇尖山村村民委员会辖。丘陵地形，呈块状分布，东接烟店村，西邻白兆山，南连本村3组，北靠本村1组。所住居民均为汉族。全塆125人，33户，总面积为0.134平方千米，其中有耕地面积0.067平方千米，主要农作物为小麦、水稻、油菜，主要经济来源以外地务工为主。

二十、李岗村[Lǐgǎng Cūn]

李岗村隶属安陆市烟店镇辖，位于烟店镇北部约2千米，为丘陵山地地形，呈块状分布。东接长岗村，西邻尖山村，南连周祠村，北靠孛畈村。

李岗在民国初期属烟九乡，抗日战争后属碧东乡。1961年属烟店公社岔路大队。1962年与岔路大队分治，另为李岗大队。1984年5月改为李岗村。

截至2014年9月，辖区内共有5个自然塆：秦家岗、谷家塆、李家岗、徐家咀、杨家独屋。村内有常住居民275户，共1047人，其中少数民族1人(4组)。辖区占地面积0.84平方千米，其中耕地面积为0.6平方千米，主要农作物为小麦、水稻、油菜，水域面积为0.13平方千米，山场面积为0.1平方千米。村委会位于李岗村1组，办公楼于2008年10月份建成，现有工作人员4名，全村共有22名党员，大小塘堰107口，村级公路7.6千米。村内主要驻区单位有李岗村村民委员会等。

谷家塆[Gǔ jiā wān]　该塆所住居民以谷姓为主而命名。隶属安陆市烟店镇李岗村村民委员会辖，为丘陵山地地形，呈块状分布，东接长岗村，西邻李家塆，南连徐家咀，北靠孛畈镇。所住居民均为汉族。全塆90人，25户，总面积为0.07平方千米，其中有耕地面积0.06平方千米，主要农作物为小麦、水稻、油菜，主要经济来源以外地务工为主。

李家岗[Lǐ jiā gǎng]　该塆所住居民以李姓为主而命名。隶属安陆市烟店镇李岗村村民委员会辖，为丘陵山地地形，呈块状分布，东接长岗村，西邻秦家岗，南连藕塘角，北靠谷家塆。所住居民均为汉族。全塆230人，户63，总面积为0.24平方千米，其中有耕地面积0.2平方千米，主要农作物为小麦、水稻、油菜，主要经济来源以外地务工为主。

秦家岗[Qín jiā gǎng]　该塆所住居民以秦姓为主而命名。隶属安陆市烟店镇李岗村村民委员会辖，为丘陵山地地形，呈块状分布，东接李岗村2组，西邻岔路村，南连烟店村，北靠李岗村3组。所住居民均为汉族。全塆85人，36户，总面积为0.064平方千米，其中有耕地面积0.057平方千米，主要农作物为小麦、水稻、油菜，主要经济来源以外地务工为主。

徐家咀[Xú jiā zuǐ]　该塆所住居民以徐姓为主而命名。隶属安陆市烟店镇李岗村村民委员会辖，为丘陵山地地形，呈块状分布，东接长岗村，西邻烟店村，南连周祠村，北靠谷家塆。所住居民均为汉族。全塆85人，27户，总面积为0.068平方千米，其中有耕地面积0.064平方千米，主要农作物为小麦、水稻、油菜，主要经济来源以外地务工为主。

杨家独屋[Yáng jiā dú wū] 该塆所住居民以杨姓为主而命名。隶属安陆市烟店镇李岗村村民委员会辖，为丘陵山地地形，呈块状分布，东接福德村，西邻岔路村，南连李岗村4组，北靠潘冲岗。所住居民均为汉族。全塆70人，20户，总面积为0.043平方千米，其中有耕地面积0.03平方千米，主要农作物为小麦、水稻、油菜，主要经济来源以外地务工为主。

二十一、李塆村[Lǐwān Cūn]

隶属于烟店镇，东接周冲村，西邻田塆村，南连程巷村，北靠黄榨、姚榨村，距离烟店镇约7.1千米。这里民国时期属涢西乡。1950年属雷董乡、务丰乡两农民协会管辖。1958年属青龙区程巷公社李塆大队。1984年改为李塆村。

截至2015年5月，全村共有8个自然塆：白家塆、曾家塆、李家塆新村、刘家塆、六组董家塆、四组董家塆、吴家塆、张家塆。全村住有168户，共636人，耕地面积0.7平方千米，总面积1.4平方千米，主要以生产水稻、小麦为主。该村主要驻区单位有李塆村村民委员会，村委会办公室地址设在李塆村三组。

白家塆[Bái jiā wān] 最早白姓人家在此居住而命名。隶属于烟店镇李塆村，位于李塆3组，呈块状分布，东接李塆1组，西邻李塆3组，南连乌壳咀水库，北靠姚榨村。现无白姓，只有陈姓，均为汉族。全塆住有18户，共80人，耕地面积0.08平方千米，总面积0.16平方千米，以种植水稻、小麦为主，主要经济来源为外出务工。

李家塆新村[Lǐ jiā wān xīn cūn] 2011年建立，隶属于烟店镇李塆村，位于李塆3组，呈块状分布，东接李塆2组白家塆，西邻4组董家塆，南连陈巷村，北靠姚榨村。主要以李姓氏为主，均为汉族。全塆住有22户，共100人，耕地面积0.08平方千米，总面积0.13平方千米，以种植水稻、小麦为主，主要经济来源为外出务工。

刘家塆[Liú jiā wān] 民国时期叫西刘塆，1957年改为刘家塆。隶属于烟店镇李塆村，位于李塆6组，呈块状分布，东接吴家塆，南连董家塆，西邻田家塆，北靠黄榨村。刘姓18家，董姓9家，均为汉族，共62人，耕地面积0.06平方千米，总面积0.12平方千米，以种植水稻、小麦为主，主要经济来源为外出务工。

六组董家塆[Liù zǔ dǒng jiā wān] 1945年定名，1984年定名确定，属本村6组。隶属于烟店镇李塆村，位于李塆6组，呈块状分布，东接田家塆，西邻吴家塆，南连刘家塆，北靠余寨村。主要以董姓氏为主，均为汉族。全塆住有13户，共70人，耕地面积0.06平方千米，总面积0.12平方千米，以种植水稻、小麦为主，主要经济来源为外出务工。

四组董家塆[Sì zǔ dǒng jiā wān] 1943年定名，1984年定名确定，属本村4组。隶属于烟店镇李塆村，位于李塆4组，呈块状分布。东接吴家河，西邻4组秦塘，南连赵榨，北靠关塘。主要以董姓氏为主，均为汉族，全塆 190 人，共 102 户。总面积 0.34 平方千米，其中有耕地面积 0.17 平方千米。以种植水稻、小麦为主，主要经济来源为外出务工。

吴家塆[Wú jiā wān] 1946 年定名，1984 年定名确定，隶属于烟店镇李塆村，位于李塆 5 组，呈块状分布，东接董家塆，西邻曾家塆，南连塔塘水库，北靠黄榨村。主要以吴姓为主，均为汉族。全塆住有 18 户，共 80 人，耕地面积 0.07 平方千米，总面积 0.18 平方千米，以种植水稻、小麦为主，主要经济来源为外出务工。

曾家塆[Zēng jiā wān] 隶属于烟店镇李塆村，位于李塆 1 组，呈块状分布，东接周冲村，西邻白家塆，南连乌龟咀水库，北靠张家塆。主要以曾姓氏为主，均为汉族。全塆住有 12 户，共 50 人，耕地面积 0.05 平方千米，总面积 0.1 平方千米，以种植水稻、小麦为主，主要经济来源为外出务工。

张家塆[Zhāng jiā wān] 1943 年定名，1986 年定名确定，隶属于烟店镇李塆村，位于李塆 1 组，呈块状分布，东接周冲村，西邻李塆村 2 组，南连鲁家塆，北靠姚榨村。主要以张姓氏为主，均为汉族。全塆住有 10 户，共 50 人，耕地面积 0.07 平方千米，总面积 0.14 平方千米，以种植水稻、小麦为主，主要经济来源为外出务工。

二十二、彭桥村[Péngqiáo Cūn]

隶属于烟店镇，东接涢水，西邻水寨村，南连周桥村，北靠八里村、周冲村，距离烟店镇约 10.3 千米。

这里民国时期属涢西乡。1949 年属天长乡农民协会。1958 年属青龙区城西公社。1961 年与徐庙大队分治。1974 年属程巷公社。1984 年，又并徐庙大队一个小队，组成彭桥村。截至 2015 年 9 月，共有 6 个自然塆：高家塆、金家独塆、李家港、彭家垱、台子塆、钟家塆。全村共有 280 户，人口 1130 人，其中少数民族 1 人(5 组)。辖区内总面积 2.27 平方千米，耕地面积 1.135 平方千米。村内主要驻区单位有彭桥村村民委员会，村委会办公室地址位于彭桥村二组，办公楼占地 120 平方米，办公人员 4 名。

高家塆[Gāo jiā wān] 清初以高姓为主，故名高家塆。现在高姓只有 1 户，还有周、刘、徐姓。隶属于烟店镇彭桥村，位于彭家桥六组，呈条状分布，东接安东印务，西邻周冲村，南连农田，北靠农田。全塆均为汉族，住有 16 户，共 60 人，耕地面积 0.05 平方千米，总面积 0.23 平方千米，以种植水稻和小麦为主，主要经济来源为外出务工。

金家独塆[Jīn jiā dú wān] 又名金家独屋。乾隆时期，一金姓人家落籍于此，一户一塆，故名金家独塆。位于彭桥村 6 组，呈条状分布，四面环田。主要以金姓氏为主，均为汉族，全塆 60 人，12 户。总面积 0.12 平方千米，其中有耕地面积 0.08 平方千米。以种植水稻和小麦为主，主要经济来源为外出务工

李家港[Lǐ jiā gǎng] 隶属于烟店镇彭桥村，位于彭家桥五组，呈条状分布，东接李家港，西邻民主渠，南连水寨农田，北靠农田。主要以李姓氏为主，均为汉族。全塆住有 50 户，共 200 人，耕地面积 0.08 平方千米，总面积 0.145 平方千米，以种植水稻和小麦为主，主要经济来源为外出务工。

彭家垱[Péng jiā dàng] 隶属于烟店镇彭桥村，彭家桥位于1组、4组之间，呈条状分布，东接府河，西邻民主渠，南连周桥村，北靠八里村。主要以彭姓氏为主，均为汉族。全垮住有200户，共750人，耕地面积0.3平方千米，总面积0.5平方千米，以种植水稻和小麦为主，主要经济来源为外出务工。

台子垮[Tái zi wān] 又名徐家台子，隶属于烟店镇彭桥村，位于彭家桥6组，呈条状分布，四面环田。主要以高姓为主，均为汉族。全垮住有10户，共40人，耕地面积0.02平方千米，总面积0.04平方千米，以种植水稻和小麦为主，主要经济来源为外出务工。

钟家垮[Zhōng jiā wān] 原为徐庙大队2小队，1984年并入彭桥村。隶属于烟店镇彭桥村，位于彭家桥6组，呈条状分布，东接民主渠，西邻农田，南连银杏大道，北靠农田。主要以钟姓为主，均为汉族。全垮住有12户，共45人，耕地面积0.02平方千米，总面积0.04平方千米，以种植水稻和小麦为主，主要经济来源为外出务工。

二十三、石河村[Shíhé Cūn]

溾水在当地称为"石河"，从村东穿境而过，故名"石河村"。隶属于安陆市烟店镇，东接烟应线，西邻双庙村，南连宋垅村，北靠王岗村，距离烟店镇约5.8千米。截至2015年5月，全村共有6个自然垮：万家垮、张家畈、刘树垮、彭家咀、李家岗、下张家畈。全村共有住户202户，人口805人，辖区内总面积2.345平方千米，耕地面积1.34平方千米，主要作物为水稻，小麦，油菜。该村主要驻区单位有石河村村民委员会，村委会办公室地址设在石河村。

李家岗[Lǐ jiā gǎng] 隶属于烟店镇石河村，呈块状分布，东接望家山，西邻王岗村，南连刘家咀，北靠王岗村。主要以李姓氏为主，均为汉族。全垮有住户15户，人口80人，总面积0.2平方千米，耕地0.1平方千米，以种植水稻，小麦，油菜为主，主要经济来源为外出务工。

刘树垮[Liú shù wān] 刘姓两弟兄为园林树木闹矛盾分家，其中一人迁入此地，人们因姓氏和历史事件称其为"刘树垮"。隶属于烟店镇石河村，呈块状分布，东接烟应线，西邻河流，南连三组，北靠五组。主要以刘姓氏为主，均为汉族。全垮有住户11户，人口60人，总面积0.25平方千米，耕地0.16平方千米，以种植水稻，小麦，油菜为主，主要经济来源为外出务工。

彭家咀[Péng jiā zuǐ] 康熙年间由麻城迁来此地形成聚落。位于石河村，呈块状分布，东接本村3组，西邻本村1组，南连宋垅村，北靠6组。主要以彭姓氏为主，均为汉族。全垮有住户15户，人口60人，总面积0.2平方千米，耕地0.14平方千米，以种植水稻，小麦，油菜为主，主要经济来源为外出务工。

万家垮[Wàn jiā wān] 位于石河村，呈块状分布，东接彭家咀，西邻汉十高速，南连河流，北靠王岗村。主要以万姓氏为主，均为汉族。全垮有住户14户，人口90人，总面积0.15平方千米，耕地0.08平方千米，以种植水稻，小麦，油菜为主，主要经济来源为外出务工。

下张家畈[Xià zhāng jiā fàn] 明末清初从张家畈迁来此地，因周边张姓较多，根据地理位置取名"下张家畈”。位于石河村，呈块状分布，东接烟应线，西邻2组，南连宋垅村，北靠河流。主要以垅姓氏为主，均为汉族。全塆有住户17户，人口90人，总面积0.2平方千米，耕地0.13平方千米，以种植水稻，小麦，油菜为主，主要经济来源为外出务工。

张家畈[Zhāng jiā fàn] 隶属于烟店镇石河村，位于石河村，呈块状分布，东接本村3组，西邻本村1组，南连宋垅村，北靠6组。主要以张姓氏为主，还有严、赵、朱等姓，均为汉族。全塆有住户15户，人口60人，总面积0.1平方千米，耕地0.05平方千米，以种植水稻，小麦，油菜为主，主要经济来源为外出务工。

二十四、双岭村[Shuānglǐng Cūn]

双岭村隶属于烟店镇，东接柏树村，西邻雷公镇万福村，南连雷公大安村，北靠长棚村、杜庙村，距离烟店镇约5千米。

双岭村得名有三种说法，一种说法是南有乌山岭，北有华山岭；第二种说法是西北边的大岭和小岭合称双岭；第三种说法是古代附近有个双岭寺，占地1200平方米，四季香火旺盛。双岭村在历史上曾叫黎杨冲，是朱元璋“九剿湖广，三洗德安”的战场之一。当地老百姓都不敢得罪，把同一面旗做成夹层，一面绣“朱”字，一面绣“陈”字。朱元璋的军队来时，把“朱”字翻出来挂上；陈友谅军队来时，就把“陈”字翻出来挂上，以示臣服。在一次激烈的战斗中，百姓也难免于难，只有一个姓黎的男孩和一个姓杨的女孩躲在大岭的山洞中幸存下来。十几年后战乱平息，两个孩子长大成人，结为夫妻承续后人。这里故名“黎杨冲”。传说到了清朝，黎姓有个黎国璋在外地当过知府，曾在黎家塆留下红石门鼓，在现在的双岭寺水库建玉皇阁和修复双岭寺。

双岭村盛产石灰，传说古代江西发人瘟，一手艺人逃到了这里，被这里的石灰石所吸引，便定居下来烧石灰，其手艺迅速在本地人中传承。这里的石灰远销周边各县市和集镇。

截至2015年5月，全村共有11个自然塆：白马冲、黄家洼、蒋家冲、黎家洼、黎家塆、上头塆、孙家塆、王家洼、小岭坡、杨家洼、杨家塆。全村有住户248户，人口1044人，耕地面积0.32平方千米，辖区内总面积1平方千米，主要农作物为：水稻。该村主要驻区单位有双岭村村民委员会，村委会办公室地址设在双岭村。

白马冲[Bái mǎ chōng] 传说古代在大安山东北麓的山坡上，远处总能看到一匹大白马在放牧，在近处却怎么也找不到这匹马。人们都说这是一匹神马，故名白马冲。这里隶属于烟店镇双岭村，位于双岭村南边，呈条状分布，东接双岭村4组，西邻杨家塆，南连本村2组双岭碎石场，北靠黎严冲水库。这里黎、孙两姓均为汉族。全塆有住户10户，人口48人，总面积0.05平方千米，耕地面积0.01平方千米。以种植水稻、小麦为主，主要经济来源为外出务工。

黄家洼[Huáng jiā wā] 民国时期形成聚落，隶属于烟店镇双岭村，位于双岭村西南边，与孛畈镇二岭村(现杜庙村)交界，呈条状分布，东接双岭村3组，西邻王家凹，南连杨家塆，北靠白兆山水泥厂。主要以黄姓氏为主，均为汉族。全塆有住户15户，人口70人，总面积0.07平方千米，耕地面积0.02平方千米。以种植水稻、小麦为主，主要经济来源为外出务工。

蒋家冲[Jiǎng jiā chōng]　嘉庆年间，一蒋姓人从麻城筷子巷来此落户，慢慢形成聚落。后来出了一个蒋文忠考上了秀才。1926年出了一个武官叫蒋经海，同时期还有一个蒋经瑞就读黄埔军校，共和国初期曾任云梦县县长。该塆隶属于烟店镇双岭村，位于双岭村南边，与柏树村严家冲交界，呈条状分布，东接柏树4组，西邻本村2、3组，南连本村5组，北靠鹰嘴岩。主要以蒋姓氏为主，均为汉族。全塆有住户40户，人口170人，总面积0.2平方千米，耕地面积0.06平方千米。以种植水稻、小麦为主，主要经济来源为外出务工。

黎家洼[Lí jiā wā]　当地为黎姓聚居地，且地势低洼而命名。隶属于烟店镇双岭村，位于双岭村西北边，东接双岭小学，西邻本村1组，南连黎严冲水库，北靠白兆山水泥厂。主要以黎姓氏为主，均为汉族。全塆有住户15户，人口90人，总面积0.1平方千米，耕地面积0.01平方千米。以种植水稻、小麦为主，主要经济来源为外出务工。

黎家塆[Lí jiā wān]　隶属于烟店镇双岭村，位于双岭村西边，东接黎严冲水库，西邻雷公镇何家冲，南连杨家凹，北靠杨家塆。主要以黎姓氏为主，均为汉族。全塆有住户30户，人口160人，总面积0.2平方千米，耕地面积0.04平方千米。以种植水稻、小麦为主，主要经济来源为外出务工。

上头塆[Shàng tóu wān]　原叫曾家塆，所处地势较高而命名。隶属于烟店镇双岭村，位于双岭村东边，东接本村5组，西邻本村小学，南连本村汪家凹，北靠本村3组。均为汉族。全塆有住户16户，人口65人，总面积0.07平方千米，耕地面积0.01平方千米。以种植水稻、小麦为主，主要经济来源为外出务工。

孙家塆[Sūn jiā wān]　因当地为孙姓聚居地而命名。相传一孙姓人家一根扁担挑着儿女，带着妻子大年三十夜从麻城到此落籍，在田沟里过年。形成聚落后一直到20世纪80年代，每年大年三十夜还在田头地角祭祀祖先。该塆位于双岭村东边，与柏树村交界，呈条状分布，东接柏树村5组，西邻本村3组，南连本村4组，北靠长棚李家塆。主要以孙姓氏为主，均为汉族。全塆有住户45户，人口190人，总面积0.2平方千米，耕地面积0.05平方千米。以种植水稻、小麦为主，主要经济来源为外出务工。

王家洼[Wáng jiā wā]　因当地为王姓聚居地而命名。隶属于烟店镇双岭村，位于双岭村西北边，与孛畈镇二岭村相邻，呈条状分布，东接双岭村黄家凹，西邻小岭坡，南连双岭村1组，北靠白兆山水泥厂。主要以王姓氏为主，均为汉族。全塆有住户10户，人口45人，总面积0.05平方千米，耕地面积0.01平方千米。以种植水稻、小麦为主，主要经济来源为外出务工。

小岭坡[Xiǎo lǐng pō]　因当地有一座山峰叫作小岭坡而命名。隶属于烟店镇双岭村，位于双岭村西边，与雷公镇万福村接壤，呈条状分布，东接王家凹，西至雷公镇万福村，南边至秦家凹，北至白兆山水泥厂。全塆杨姓为多，也有秦、胡、朱姓，均为汉族。全塆有住户10户，人口45人，总面积0.05平方千米，耕地面积0.01平方千米。以种植水稻、小麦为主，主要经济来源为外出务工。

杨家洼[Yáng jiā wā]　因当地为杨姓聚居地，且地势较低而命名。隶属于烟店镇双岭村，位于双岭村西边，与雷公镇万福村接壤，呈条状分布，东接白马冲，西邻雷公镇大安，南连双岭碎石厂，北靠黎家凹。主要以杨姓氏为主，均为汉族。全塆有住户 10 户，人口 45 人，总面积 0.06 平方千米，耕地面积 0.01 平方千米。以种植水稻、小麦为主，主要经济来源为外出务工。

杨家塆[Yáng jiā wān]　隶属于烟店镇双岭村，位于双岭村西边，与雷公镇大安村交界，呈条状分布，东接双岭村 2 组，西邻雷公镇何家冲，南连双岭村黎家塆，北靠双岭村曹家塆。主要以杨姓氏为主，均为汉族。全塆有住户 10 户，人口 40 人，总面积 0.04 平方千米，耕地面积 0.01 平方千米。以种植水稻、小麦为主，主要经济来源为外出务工。

二十五、双庙村[Shuāngmiào Cūn]

隶属于烟店镇，东接石河村，西邻邓河村，南连横路、轭头村，北靠袁畈村、王岗村，距离烟店镇约 3.6 千米。

这里 1949 年 10 月为第五区，1954 年 8 月属青龙区。1958 年 9 月属红旗人民公社。1975 年 2 月，属程巷人民公社，1970 年由曾岗大队、双庙大队合并为双庙大队。1987 年 9 月，安陆撤县建市，市以下行政区划实行撤区并乡，全市辖 10 镇 5 乡 3 个办事处。烟店镇由原烟店镇、石河乡、程巷乡、白店乡并成。改设为 4 个管理区 1 个办事处 40 个村。双庙村系石河管理区管辖。

截至 2015 年 5 月，辖区内共有 10 个自然塆：大李塆、毛家塆、王家塆、火胜塆、尹家塆、许家塆、上二李塆、曾家塆、喻家河、曹家塆。全村常住居民有 256 户，人口 1052 人，辖区总面积 3.5 平方千米，耕地 1.72 平方千米，以种植水稻，小麦为主，村内主要驻区单位有双庙村村民委员会，村委会办公地址设在双庙村 3 组。

曹家塆[Cáo jiā wān]　古聚落承续。相传朱元璋“九剿湖广，三洗德安”时在此住过，曹家被诛族。只有一家人不在塆里，在山洞中躲过一劫，又慢慢形成聚落，成了现在的曹家塆。该塆隶属于烟店镇双庙村，位于双庙村东南部，呈条状分布，东接横路村 1 组，西邻双庙村 11 组，南连横路村 1 组，北靠双庙村 9 组。主要以曹姓氏为主，均为汉族。全塆有住户 23 户，人口 123 人，总面积 0.19 平方千米，耕地面积 0.11 平方千米，以种植水稻、小麦为主。主要经济来源为外出务工。

曾家塆[Zēng jiā wān]　又名曾家坳。据《曾氏族谱》记载，第 65 代族人曾真举为躲避战乱，由京山县迁入德安府双庙会曾家坳，繁衍生息 12 代，至今第 77 代。该塆隶属于烟店镇双庙村，位于双庙村东部，呈条状分布，东接石河村，西邻双庙村 8 组，南连双庙村 10 组，北靠王岗村。主要以曾姓氏为主，均为汉族。全塆有住户 61 户，人口 210 人，总面积 0.2 平方千米，耕地面积 0.12 平方千米，以种植水稻、小麦为主，主要经济来源为外出务工。

大李塆[Dà lǐ wān]　明代李姓三兄弟由麻城迁入，老大在此形成聚落，老二在二李塆形成聚落，老三在横路村形成三李塆聚落。1849 年，大李塆李绍棻入读汉东书院，1875 年中举 1876 年中进士，先后授翰林院编修。散馆后检放江西省学政。后授陕西兵备道，按察使。他给祖母立的诰命夫人墓至今还在大李塆竹林里。大李塆隶属于烟店镇双庙村，位于双庙村西南部，呈条状分布，东接双庙村 11 组，西邻邓河村，南连轭头村，北靠双庙村 3 组。主要以李姓氏为主，均为汉族。全塆有住户 61 户，人口 210 人，总面积 1. 93 平方千米，耕地面积 0. 78 平方千米，以种植水稻、小麦为主。主要经济来源为外出务工。

火胜塆[Huǒ shèng wān] 相传晚清时期，有个叫袁怀琴的秀才为给百姓申冤，自费上京告御状，在铡刀下念状词。朝廷了解详情后，准予递交状词，告御状获胜。袁怀琴回安陆时，德安府大小官员在 80 里外迎接。这个塆后来越来越红火，故名。该塆隶属于烟店镇双庙村，位于双庙村北部，呈条状分布，东接袁畈 1 组，西邻双庙村 3 组，南连双庙村 4 组，北靠河道。均为汉族。全塆有住户 17 户，人口 75 人，总面积 0. 11 平方千米，耕地面积 0. 06 平方千米，以种植水稻、小麦为主。，主要经济来源为外出务工。

毛家塆[Máo jiā wān] 清朝中期，毛家人到此处形成聚落。民国初期，毛家人衰落，逐渐变卖家产，塆里陆续搬进了叶、王、侯等姓。该塆隶属于烟店镇双庙村，位于双庙村西部，呈条状分布，东接双庙村四组，西邻邓河村，南连杨梅塘，北靠袁畈村。主要以毛姓氏为主，均为汉族。全塆有住户 24 户，人口 118 人，总面积 0. 17 平方千米，耕地面积 0. 1 平方千米，以种植水稻、小麦为主。主要经济来源为外出务工。

二李塆[Èr lǐ wān] 隶属于烟店镇双庙村，位于双庙村东部，呈条状分布，东接双庙村九组，西邻大李岗，南连双庙村 10 组，11 组，北靠双庙村 7 组。主要以李姓氏为主，均为汉族。全塆有住户 18 户，人口 96 人，总面积 0. 18 平方千米，耕地面积 0. 1 平方千米，以种植水稻、小麦为主。，主要经济来源为外出务工。

王家塆[Wáng jiā wān] 明代形成聚落，隶属于烟店镇双庙村，位于双庙村西部，呈条状分布，东接双庙村 6 组，西邻双庙村 3 组，南连双庙村 1 组，北靠双庙村 5 组。主要以王姓氏为主，均为汉族。全塆有住户 23 户，人口 115 人，总面积 0. 165 平方千米，耕地面积 0. 08 平方千米，以种植水稻、小麦为主。主要经济来源为外出务工。

许家塆[Xǔ jiā wān] 民国初期形成聚落，隶属于烟店镇双庙村，位于双庙村东部，呈条状分布，东接王岗村 3 组，西邻双庙村 6 组，南连双庙村 9 组，北靠王岗村 4 组。主要以许姓氏为主，均为汉族。全塆有住户 18 户，人口 73 人，总面积 0. 179 平方千米，耕地面积 0. 09 平方千米，以种植水稻、小麦为主。主要经济来源为外出务工。

尹家塆[Yǐn jiā wān] 明代以前古聚落承续，隶属于烟店镇双庙村，位于双庙村村委会北边，呈条状分布，东接双庙村 4 组，西邻邻村 4 组，南连双庙村 8 组，北靠袁畈村。主要以尹姓氏为主，均为汉族。全塆有住户 22 户，人口 105 人，总面积 0. 18 平方千米，耕地面积 0. 1045 平方千米，以种植水稻、小麦为主。主要经济来源为外出务工。

喻家河[Yù jiā hé] 清代中期形成聚落，隶属于烟店镇双庙村，位于双庙村南部，呈条状分布，东接双庙村 10 组，西邻双庙村 1 组，南连横路村 2 组，北靠大李岗。主要以喻姓氏为主，均为汉族。全塆有住户 27 户，人口 132 人，总面积 0. 26 平方千米，耕地面积 0. 15 平方千米，以种植水稻、小麦为主。主要经济来源为外出务工。

二十六、水寨村[Shuǐzhài Cūn]

水寨村隶属于烟店镇，东接周桥村，西邻棠棣镇十里村，南连府城嵩桥社区，北靠张岗村，距离烟店镇约 10 千米。

民国时期，这里属涢西乡。1949 年属天长乡农民协会，1958 年属青龙区城西公社。1987 年，徐庙三队并入，改名水寨村。

截至 2015 年 4 月，全村共有 10 个居民点：包家墩、蔡家塆、黄家堡、黄家台子、金家墙院、潘家新塆、潘家寨、水寨九组、吴家塆、周家寨。全村共有住户 568 户，人口 1869 人，耕地面积 1. 12 平方千米，辖区总面积 1. 8 平方千米，主要农作物有水稻和小麦、油菜。该村主要驻区单位有医院、水寨村村民委员会，村委会办公室地址设在水寨村 3 组。

包家墩[Bāo jiā dūn]　古代这里是云梦泽北边沿涢水从安陆城到随州的必经之地，东周时建有烽火墩传递信息。因为在交通枢纽之中，自古成集，生意十分兴旺。据说集市是姓包的一个绅士开的，这里又是烟墩，所以叫包家墩。隶属于烟店镇水寨村，呈块状分布，东接彭桥村，西邻水寨村四组，南连水寨村 3 组，北靠水寨村 6 组。主要以包姓氏为主，均为汉族。全塆有住户 30 户，人口 98 人，耕地面积 0. 06 平方千米，总面积 0. 1 平方千米，以种植水稻和小麦为主，主要经济来源为外出务工。

蔡家塆[Cài jiā wān]　隶属于烟店镇水寨村，位于水寨村，呈块状分布，东接彭桥村，西邻彭桥村，南连水寨村 5 组，北靠二环路。主要以蔡姓氏为主，均为汉族。全塆有住户 56 户，人口 196 人，耕地面积 0. 13 平方千米，总面积 0. 2 平方千米，以种植水稻和小麦为主，主要经济来源为外出务工。

黄家堡[Huáng jiā pù]　民国初年，西山匪患严重，这一带修筑形如碉堡的防御工事 30 余座。此处也有一座，而且家家户户把房屋修得像堡垒，都姓黄，故名黄家堡。隶属于烟店镇水寨村，位于水寨村 1 组，呈块状分布，东接府城河西村，西邻水寨村 1 组，南连府城嵩桥村，北靠水寨村 1 组。主要以黄姓氏为主，均为汉族。全塆有住户 43 户，人口 189 人，耕地面积 0. 08 平方千米，总面积 0. 2 平方千米，以种植水稻和小麦为主，主要经济来源为外出务工。

黄家台子[Huáng jiā tái zi]　明代洪武年间，黄姓两兄弟从麻城迁到此地落籍。形成聚落后，为防匪患，在塆口筑建了瞭望台，同治年间还修建了黄氏祠堂。该塆隶属于烟店镇水寨村，呈块状分布，东接水寨村 11 组，西邻水寨 9 组，南连黎龙村，北靠潘家新寨。主要以黄姓氏为主，均为汉族。全塆有住户 75 户，人口 280 人，耕地面积 0. 2 平方千米，总面积 0. 3 平方千米，以种植水稻和小麦为主，主要经济来源为外出务工。

金家墙院[Jīn jiā qiáng yuàn]　又叫金家塆。因当地为金姓聚居地而命名，“墙院”指防卫匪患的围墙。隶属于烟店镇水寨村，呈块状分布，东接水寨村 2 组，西邻水寨村 10 组，南连嵩桥村，北靠水寨村 9 组。

主要以金姓氏为主，均为汉族。全塆有住户 65 户，人口 170 人，耕地面积 0.12 平方千米，总面积 0.9 平方千米，以种植水稻和小麦为主，主要经济来源为外出务工。

潘家新寨[Pān jiā xīn zhài] 民国时期，潘家寨人口增多，水寨之内空间有限，便在西边开辟新寨，故名潘家新寨。隶属于烟店镇水寨村，呈块状分布，东接潘家水寨，西邻张岗村，南连黄家台子，北靠安三公路。主要以潘姓氏为主，均为汉族。全塆有住户 46 户，人口 160 人，耕地面积 0.1 平方千米，总面积 0.16 平方千米，以种植水稻和小麦为主，主要经济来源为外出务工。

潘家寨[Pān jiā zhài] 又名潘家水寨。古代塆周围挖濠蓄水，以防匪患。呈块状分布，东接水寨村五组，西邻水寨村十组，南连水寨村 2 组，北靠水寨村 8 组。主要以潘姓氏为主，均为汉族。全塆有住户 86 户，人口 340 人，耕地面积 0.3 平方千米，总面积 0.5 平方千米，以种植水稻和小麦为主，主要经济来源为外出务工。

水寨九组[Shuǐ zhài jiǔ zǔ] 由李家台子、廖家湾、潘家湾、严家湾组成而命名。“水寨”指的是地理位置，“九组”指的是该村的排序。隶属于烟店镇水寨村，呈块状分布，东接水寨八组，西邻白家湾，南连黄家台子，北靠十里村。主要以周姓氏为主，均为汉族。全塆有住户 60 户，人口 240 人，耕地面积 0.2 平方千米，总面积 0.3 平方千米，以种植水稻和小麦为主，主要经济来源为外出务工。

吴家塆[Wú jiā wān] 隶属于烟店镇水寨村，呈块状分布，东接蔡家塆，西邻二环路，南连安三公路，北靠潘家新寨。主要以吴姓氏为主，均为汉族。全塆有住户 35 户，人口 98 人，耕地面积 0.06 平方千米，总面积 0.1 平方千米，以种植水稻和小麦为主，主要经济来源为外出务工。

周家寨[Zhōu jiā zhài] 隶属于烟店镇水寨村，呈块状分布，东接黄家堡，西邻潘家寨，南连蒿桥村，北靠包家墩。主要以周姓氏为主，均为汉族。全塆有住户 75 户，人口 398 人，耕地面积 0.1 平方千米，总面积 0.15 平方千米，以种植水稻和小麦为主，主要经济来源为外出务工。

二十七、宋垅社区[Sònglǒng Shèqū]

新改社区，原名宋垅村，隶属于烟店镇，位于烟店镇南部约 7.3 千米，东接棠棣镇胡棚村，西邻烟店镇横路村，南连棠棣镇联合村，北靠烟店镇石河村。

民国时期，这里属碧东乡。土地改革时属新华七社。1958 年为青龙区石河人民公社柏岗大队。1987 年改为宋垅村。1984 年获得“中国象棋特级大师”称号的柳大华，曾作为“知青”于 1968 年下放到这里锻炼成长，1975 年才返回武汉。

截至 2015 年 9 月，全村共有 11 个自然塆：宋家垅、蔡家独塆、蒋家独塆、张家独塆、柏树岗、黄家塆、八家塆、上方家塆、宋家塆、下方家塆、坡脚塆。全村有住户 154 户，人口 621 人，新农村建设小集市，集结人口 3500 余人(包括各乡镇)，辖区内总面积 2.24 平方千米，耕地面积 0.75 平方千米，水域面积 1.49 平方千米。现有村委成员 4 人，党员 36 人。该村主要驻区单位有宋垅村村民委员会，村委会办公室地址设在宋垅村。

八家塆[Bā jiā wān]　清乾隆年间形成聚落，因当地早前有八户宋姓居民居住而命名。隶属于烟店镇宋垅村，是宋垅村四组，呈块状分布，东接双塘，西邻汉十高速，南连本村三组黄家塆，北靠石河村。主要以宋姓氏为主，均为汉族。该塆有住户12户，人口46人，总面积0.13平方千米，耕地面积0.046平方千米。以种植水稻、小麦为主，主要经济来源为外出务工。

柏树岗[Bǎi shù gǎng]　清乾隆年间形成聚落，因山冈上遍植柏树而命名。隶属于烟店镇宋垅村，位于汉十高速公路东300米、双塘上游，呈块状分布，东接黄金水库，西邻汉十高速，南连本村一组，北靠双塘。主要以宋姓氏为主，均为汉族。该塆有住户12户，人口75人，总面积0.15平方千米，耕地面积0.075平方千米。以种植水稻、小麦为主，主要经济来源为外出务工。

蔡家独塆[Cài jiā dú wān]　民国初年，蔡国坤的祖父从青龙附近的蔡家大塆迁到此地。隶属于烟店镇宋垅村，位于黄荆山西坡，现今在“汉十”高速公路东30米呈块状分布，东接棠棣镇胡棚村，西邻烟店镇横路村，南连棠棣镇联合村，北靠烟店镇石河村。主要以蔡姓为主，均为汉族，全塆共有10人，3户。总面积0.0067平方千米，其中有耕地面积0.004平方千米。以种植水稻、小麦为主，主要经济来源为外出务工。

黄家塆[Huáng jiā wān]　清末，黄姓天字辈一家从应城黄家窑（黄家磘）流落此地繁衍生息，形成聚落。位于宋垅村3组，呈块状分布，东接双塘，西邻汉十高速公路，南连本村2组，北靠本村4组。主要以黄姓氏为主，均为汉族。该塆有住户10户，人口35人，总面积0.53平方千米，耕地面积0.23平方千米。以种植水稻、小麦为主，主要经济来源为外出务工。

蒋家独塆[Jiǎng jiā dú wān]　民国初期，蒋永寿的祖父流浪到此，搭独屋落籍。位于黄荆山以西、黄金水库旁，“汉十”高速东60米左右，呈块状分布，东接棠棣镇胡棚村，西邻烟店镇横路村，南连棠棣镇联合村，北靠烟店镇石河村。主要以蒋姓氏为主，均为汉族，全塆共有32人，6户。总面积0.022平方千米，其中耕地面积0.015平方千米。以种植水稻、小麦为主，主要经济来源为外出务工。

上方家塆[Shàng fāng jiā wān]　乾隆年间，有两房方姓家族在此地落户，长房慢慢形成上方家塆。上方家塆呈块状分布，东接本村6组，西邻本村4组，南连本村2组，北靠石河村。主要以方姓氏为主，均为汉族。该塆有住户18户，人口90人，总面积0.15平方千米，耕地面积0.09平方千米。以种植水稻、小麦为主，主要经济来源为外出务工。

下方家塆[Xià fāng jiā wān]　乾隆年间，有两房方姓家族在此地落户，长房慢慢形成上方家塆，此房慢慢形成下方家塆。下方家塆是宋垅村5组，呈块状分布，东接董桥村，南连黄金水库，西邻本村5组，北靠石河村。主要以方姓氏为主，均为汉族。该塆有住户12户，人口54人，总面积0.046平方千米，耕地面积0.023平方千米。以种植水稻、小麦为主，主要经济来源为外出务工。

宋家垅[Sòng jiā lǒng]　清朝中叶，一支姓宋的家族整体漂泊到此，建白庙宗祠定居下来，族中长辈将此地取名“宋家垅”。由于他们修建白庙作为宗祠，就带来了一种传说：传说他们是蒙古族后代，本姓“孛”（孛儿只斤），谐音“白”。元朝灭亡后隐姓埋名四处漂泊，对外则称姓宋，是在南宋战败后就浪迹天涯的。传说的真伪难辨，但《清朝通志·氏族略·蒙古八旗姓》则有元末明初，蒙古族一支逐渐演化，清朝中叶以后多冠汉字姓为白氏等的记载，也有元末明初，不少蒙古族将领、地方官吏纷纷归降于明朝政府，被明太祖朱元璋分别赐予汉姓，其后裔子孙的绝大多数沿袭汉姓的记载。

该垮位于宋垅村1组，呈块状分布，东接“汉十”高速，西邻村级公路，南连“安京”公路，北靠本村2组。主要以宋姓氏为主，均为汉族。该垮有住户11户，人口39人，总面积0.2平方千米，耕地面积0.04平方千米。以种植水稻、小麦为主，主要经济来源为外出务工。

宋家垮[Sòng jiā wān]　与宋家垅同源，据说周边姓宋的旺盛时达一百多家。该垮隶属于烟店镇宋垅村，位于宋垅村5组，呈块状分布，东接上方家垮，西邻4组，南连本村2组，北靠石河村。主要以宋姓氏为主，均为汉族。该垮有住户10户，人口41人，总面积0.08平方千米，耕地面积0.04平方千米。以种植水稻、小麦为主，主要经济来源为外出务工。

张家独垮[Zhāng jiā dú wān]　民国初，张光福的祖父从石河张家畈迁入此地搭独屋落籍，故名。该垮东接棠棣镇胡棚村，西邻烟店镇横路村，南连棠棣镇联合村，北靠烟店镇石河村，呈块状分布。主要以张姓氏为主，全垮共有14人，5户，均为汉族。总面积0.01平方千米，其中有耕地面积0.006平方千米。种植水稻、小麦为主，主要经济来源为外出务工。

二十八、田垮村[Tiánwān Cūn]

隶属于烟店镇，距离烟店镇约4.6千米，属丘陵地带，东接田垮村公路，西邻肖家冲，南连余寨村，北靠官堰村。

1949年10月，田垮隶属于烟店区管辖。1952年，田垮隶属第三区共和乡。1956年，共和乡更名为程巷乡，田垮隶属于第五区程巷乡。1958年建立人民公社，田垮大队隶属于红旗人民公社程巷乡管辖。1975年2月，撤区并社，田垮大队隶属于程巷(烟店)人民公社程巷管理区管辖。1984年5月，安陆复置区(镇)、乡(镇)、村，田垮大队改名为田垮村，隶属于烟店区程巷乡管辖。1987年10月，撤区并乡，原烟店镇、石河乡、程巷乡、白店乡合并为烟店镇，田垮村隶属于烟店镇管辖。

截至2015年5月，辖区内共有11个自然垮：大方家垮、付家独垮、彭家独垮、秦家垮、秦垮、田家垮、铁嘴垮、肖家冲、小方垮、小田垮、郑家垮。全村住有249户，共1002人，其中少数民族2人(2组)。总面积1.6平方千米，其中耕地面积1.1平方千米，主要以种植水稻、小麦和油菜为主。主要经济来源为种植农作物及外出打工。1979年成立村委会，2009年建立村委会办公楼使用至今，使用面积64平方米，在职工作人员4名。

大方家垮[Dà fāng jiā wān]　明代形成聚落，位于田垮村1组，东接余寨村，西邻田垮村5组，南连余寨村，北靠田垮6组。全垮住有28户，共119人，主要以方姓为主，均为汉族。耕地面积0.14平方千米，占地面积0.18平方千米，主要以种植水稻和小麦、油菜为主。主要经济来源为种植农作物及外出打工。

付家独垮[Fù jiā dú wān]　清末民初一付姓人家到此建屋，故名。东接田垮村3组，西邻肖垮村，南连田塆村5组，北靠田塆3组。全塆住有20户，共76人，主要以付姓为主，均为汉族。耕地面积0.05平方千米，占地面积0.09平方千米，主要以种植水稻、小麦和油菜为主。主要经济来源为种植农作物及外出打工。

彭家独塆[Péng jiā dú wān]　隶属烟店镇田塆村村民委员会辖，位于田塆村东南部，东接余寨村，西邻田塆村一组，南连余寨村，北靠田塆村二组。全塆住有10户，共40人，主要以彭姓为主，均为汉族。耕地面积0.06平方千米，占地面积0.08平方千米，主要以种植水稻和小麦、油菜为主。主要经济来源为种植农作物及外出打工。

秦家塆[Qín jiā wān]　明代，一户姓秦的人家逃荒到此，慢慢形成聚落。东接李塆村，西邻小田塆，南连余寨村，北靠官堰村。全塆住有20户，共85户，以秦姓居住为主，均为汉族。耕地面积0.07平方千米，占地面积0.1平方千米，主要以种植水稻、小麦和油菜为主。主要经济来源为种植农作物及外出打工。

秦塆[Qín wān]　秦家塆分出，位于田塆村西部，东接田塆村5组，西邻费岗村，南连万桥村，北靠肖塆村。全塆住有24户，共88人，秦姓为主，还有付、聂、叶、潘、杨等姓，均为汉族。耕地面积0.08平方千米，占地面积0.13平方千米，主要以种植水稻、小麦和油菜为主。主要经济来源为种植农作物及外出打工。

田家塆[Tián jiā wān]　明清形成聚落，位于田塆村东部，东接小田塆，西邻田塆村村委会，南连彭家独塆，北靠田塆村3组。全塆住有23户，共60人，主要以田姓为主，均为汉族。耕地面积0.06平方千米，占地面积0.9平方千米，主要以种植水稻和小麦、油菜为主。主要经济来源为种植农作物及外出打工。

肖家冲[Xiāo jiā chōng]　明清形成聚落，东接田家塆一组，西邻万桥村，南连田塆村九组，北靠付家独屋。全塆住有28户，共141人，该自然塆主要以肖姓为主，均为汉族。总面积0.6平方千米，其中耕地面积0.1平方千米，主要以种植水稻、小麦和油菜为主。主要经济来源为种植农作物及外出打工。

肖家坡[Xiāo jiā pō]　又名“铁匠塆”。清代，一个外地铁匠师傅立铺打铁，为周边农户修理农具，久而久之便落户于此，人们就叫此地“铁匠塆”。位于田塆村，东接余寨村，西邻万桥村，南连余寨村，北靠田塆村一组。全塆住有24户，共103人，均为汉族。总面积0.12平方千米，其中耕地面积0.08平方千米，主要以种植水稻、小麦和油菜为主。主要经济来源为种植农作物及外出打工。

小方塆[Xiǎo fāng wān]　从大方塆分出，位于田塆村西北部，东接田塆村3组，西邻付家独塆，南连大方塆，北靠独付家独塆。主要以方姓为主，均为汉族。全塆住有11户，共47户，总面积0.07平方千米，其中耕地面积0.05平方千米，主要以种植水稻、小麦和油菜为主。主要经济来源为种植农作物及外出打工。

小田塆[Xiǎo tián wān]　从田家塆分出，东接余寨村，西邻大田塆，南连彭家独塆，北靠秦家塆。主要以田姓为主，均为汉族。全塆住有13户，共52人，总面积0.95平方千米，其中耕地面积0.7平方千米，主要以种植水稻、小麦和油菜为主。主要经济来源为种植农作物及外出打工。

郑家塆[Zhèng jiā wān]　民国以前因郑姓聚集而得名。后来搬进余姓。东接田塆村7组，西邻田塆四组，南连大田塆，北靠官堰村。村民均为汉族。全塆住有49户，共197人。其中余姓有40户左右。全塆总面积0.8平方千米，其中耕地面积0.15平方千米，主要以种植水稻、小麦和油菜为主。主要经济来源为种植农作物及外出打工。

二十九、万桥村[Wànqiáo Cūn]

隶属于安陆市烟店镇，位于烟店镇东南约3.3千米，东接田塆村，南连王岗村，西邻袁畈村，北靠碧山社区。

一条小河弯弯曲曲流经此地，自古以来小河两岸都靠搭木板来往，这条小河故名“板子河”。民国初期，有一年发大水，附近万家塆的十多户村民捐钱献物出力，在河上修建了一座木桥供两岸村民来往，于是人们把桥命名为“万桥”，把板子河改名“万桥河”。万桥村也因此得名。

抗日战争前，这里属烟九乡。1946年属碧东乡。1949年10月属第五区新华三社，1954年8月属青龙区。1958年9月属红旗人民公社万桥大队。1975年2月，更名为程巷人民公社万桥大队，1984年，这里改名万桥村，由烟店镇管辖。

截至2015年5月，辖区共有9个自然塆：曹家独屋、火烙窑、潘家塆、万家塆、万桥新村、夏家塆、杨家独屋、银子窝、袁家塆。住有249户，共780余人，总面积0.7973平方千米，其中耕地面积为0.4平方千米。主要以种植水稻和小麦、油菜为主。主要经济来源为种植农作物及外出打工。

曹家独屋[Cáo jiā dú wū]　原只有曹姓一家居住，故名。东北南三面靠山。主要以曹姓为主，均为汉族。全塆还住有3户，共12人，总面积0.02平方千米，其中耕地面积0.01平方千米，主要以种植水稻和小麦、油菜为主。主要经济来源为种植农作物及外出打工。

火烙窑[Huǒ lào yáo]　火烙即“火笼”，冬天提在手上取暖的器物。这里有一座窑，专烧瓦罐陶器，其中烧制火笼最畅销，故名“火烙窑”。该塆隶属于烟店镇万桥村村民委员会，位于万桥村六组，东、西、北三面皆靠万桥村六组农田，南连万桥河，所住居民均为汉族。现住有12户，共50人，总面积0.06平方千米，其中耕地面积为0.03平方千米。主要以种植水稻和小麦、油菜为主。

潘家塆[Pān jiā wān]　隶属烟店镇万桥村村民委员会，位于万桥村1组，东、西、南都接万桥一组农田，北靠烟应线。主要以潘姓为主，均为汉族，基本上迁到了万桥新村。现住2户，共4人。总面积0.02平方千米。主要以种植水稻和小麦、油菜为主。

万家塆[Wàn jiā wān]　隶属于烟店镇万桥村村民委员会，位于万家桥五组，东接万家桥5组农田，西邻烟应公路，南连万桥河，北靠5万家桥5组农田。主要以万姓为主，均为汉族。现住有4户，共23人，总面积0.02平方千米，其中耕地面积为0.01平方千米。主要以种植水稻和小麦、油菜为主。

万桥新村[Wàn qiáo xīn cūn]　2000年建立。隶属于烟店镇万桥村村民委员会，由彭家塆、侯家塆、曹家独屋搬迁建设组成，东接费岗村，西邻林业派出所，南连1组农田，北靠烟店福利院。所住居民均为汉族。住有25户，共125人，总面积0.17平方千米，其中耕地面积为0.08平方千米。主要以种植水稻和小麦、油菜为主。主要经济来源为种植农作物及外出打工。

夏家塆[Xià jiā wān]　隶属于烟店镇万桥村村民委员会，位于万桥村4组，东接农田，西邻烟应公路，南连万桥河，北靠四组农田。主要以夏姓为主，均为汉族。现住有12户，共50人，总面积0.53平方千米，其中耕地面积为0.25平方千米。主要以种植水稻和小麦、油菜为主。

杨家独屋[Yáng jiā dú wū]　隶属于烟店镇万桥村村民委员会，位于万桥村5组，四面环田。主要以杨姓为主，均为汉族。现住居民9户，共30人，总面积0.037平方千米，其中耕地面积0.018平方千米。主要以种植水稻和小麦、油菜为主。

银子窝[Yín zi wō]　古代相传，这里是一块风水宝地，每到半夜三更，就能听到银子飞来的响声，并且砸入地里，有福气的人能挖出银子。长此以往，人们都说地里的银子越来越多，成了窝，但没有人直接挖出银子，于是就说这片地叫“银子窝”。该塆隶属于烟店镇万桥村村民委员会，位于万桥村一组，在袁畈与碧山交界处，现建有汉十高速公路烟店收费站，现住有15户，共80人口，所住居民均为汉族。总面积0.1平方千米，其中耕地面积0.05平方千米。主要以种植水稻和小麦、油菜为主。

袁家塆[Yuán jiā wān]　隶属于烟店镇万桥村村民委员会，位于万桥村3组，东接烟应公路，北、西、南三面皆连3组农田。现住有14户，共35人，主要以袁姓为主，均为汉族。总面积0.047平方千米，其中耕地面积为0.02平方千米。主要以种植水稻和小麦、油菜为主。

三十、王岗村[Wánggǎng Cūn]

隶属于安陆市烟店镇辖，位于烟店镇东南部4.2千米，为丘陵山地地形，呈块状分布。东接余寨新村，西邻袁畈村，南连石河村，北靠万桥村。

1988年以前，为万桥村的一部分，1989年与万桥村分治。截至2014年9月，辖区内共有5个自然塆：王家大塆、彭家大塆、侯家坡、彭家塆、王岗新村。村内有常住居民151户，共622人，辖区占地面积0.66平方千米，其中耕地面积为0.465平方千米，主要农作物为小麦、水稻、油菜，旱地面积为0.132平方千米。村委会现有工作人员5名，办公点位于王岗村五组，于2010年建成投入使用至今。村内主要驻区单位有王岗村村民委员会等。

侯家坡[Hóu jiā pō]　因当地位于山坡处，且为侯姓聚居地而命名。隶属于安陆市烟店镇王岗村村民委员会，位于王岗村四组，为丘陵山地地形，呈块状分布，东接小凹山，西邻袁畈村，南连双庙村，北靠万桥河。所住居民均为汉族。全塆105人，20户，总面积为0.12平方千米，其中有耕地面积0.09平方千米，主要农作物为小麦、水稻，主要经济来源以外地务工为主。

彭家大塆[Péng jiā dà wān]　隶属安陆市烟店镇王岗村村民委员会辖，位于王岗村5组，为丘陵山地地形，呈块状分布，东接万家塆，西邻安三公路，南连安三公路，北靠万桥河。所住居民均为汉族。全塆70人，16户，总面积为0.08平方千米，其中有耕地面积0.02平方千米，主要农作物为小麦、水稻，主要经济来源以外地务工为主。

彭家塆[Péng jiā wān] 隶属安陆市烟店镇王岗村村民委员会辖，位于王岗村3组，为丘陵山地地形，呈块状分布，东接王家塆，西邻曾岗，南连石河村，北靠侯家坡。所住居民均为汉族。全塆90人，16户，总面积为0.22平方千米，其中有耕地面积0.2平方千米，主要农作物为小麦、水稻，主要经济来源以外地务工为主。

王岗新村[Wáng gǎng xīn cūn] 2010年新建。因该村早期曾有王姓人家在此居住，后响应新农村建设，在原基础上进行了新建而命名。隶属安陆市烟店镇王岗村村民委员会辖，位于王岗村1、6组，为丘陵山地地形，呈块状分布，东接院子塆，西邻小凹山，南连王岗村2组，北靠王岗村1、5、6组。所住居民均为汉族。全塆300人，95户，总面积为0.38平方千米，其中有耕地面积0.26平方千米，主要农作物为小麦、水稻，主要经济来源以外地务工为主。

王家大塆[Wáng jiā dà wān] 隶属安陆市烟店镇王岗村村民委员会辖，位于王岗村2组，为丘陵山地地形，呈块状分布，东接石河公路，西邻彭家塆，南连石河村，北靠王岗村5组。所住居民均为汉族。全塆139人，24户，总面积为0.24平方千米，其中有耕地面积0.21平方千米，主要农作物为小麦、水稻，主要经济来源以外地务工为主。

三十一、肖塆村[Xiāowān Cūn]

古名湾垱村。隶属安陆市烟店镇，位于烟店镇东北2.5千米，东接官堰村，西邻李岗村，南连费岗村，北靠周祠村。

古代，为防匪患，周围以水湾实行水垱半塆防。每天安排人在山上放哨，一有匪患立即报信，各族族长便组织人们撤离到安全地带，故名"湾垱村"。1949年，这里属低庙乡农民协会。1952年，肖塆隶属第五区烟店乡。1958年建立人民公社，肖塆大队隶属于红旗人民公社烟店乡管辖。1975年2月，安陆撤区并社，肖塆大队隶属于程巷(烟店)人民公社烟店管理区管辖。1984年5月，肖塆大队改名为肖塆村，隶属于烟店区烟店镇管辖。1987年10月，肖塆村隶属于烟店镇管辖，

截至2015年9月，该辖区共有13个自然塆：李家塆、高家塆、董家塆、上肖家塆、下肖家塆、潘家塆、程家塆、上杨家塆、下杨家塆、王家塆、黎家塆、竹林塆、黄家凹。总面积5.75平方千米，其中耕地面积为2.6平方千米。全村共有1760人，以种植水稻和小麦为主。主要经济来源为种植农作物及外出打工。村委会办公点位于肖塆村七组，在职人员5名。

程家塆[Chéng jiā wān] 嘉庆年间，程氏家族逃水灾到此形成聚落。隶属烟店镇肖塆村村民委员会辖，位于肖塆村7组，东接肖塆村6组，西邻肖塆村8组，南连田塆村，北靠肖塆村4组。全塆住有45户，共195人，主要以程姓为主，均为汉族。总面积0.7平方千米，其中耕地面积0.16平方千米，全塆以种植水稻和小麦为主。

董家塆[Dǒng jiā wān] 晚清时期为李家塆，只有几户人家。民国三十几年，李姓迁走，塆里剩下九户

董姓人家，改名“董家塆”。隶属烟店镇肖塆村村民委员会辖，位于肖塆村3组，东接周祠村，西邻肖塆2组，南连肖塆4组，北靠周祠村。全塆住有54户，共220人，主要以董姓为主，均为汉族。总面积0.52平方千米，其中耕地面积0.19平方千米，全塆以种植水稻和小麦为主。

高家塆[Gāo jiā wān]　乾隆六年(1741年)，一高姓人逃难到此，与赵姓女通婚，生一子取名高武。高家武艺高强，方圆百里无人匹敌，家族兴旺发达后将此地取名“高家寨”。当地人俗称聚落为塆，于是高家寨改名高家塆。该塆位于肖塆村2组，东接肖塆3组，西邻肖塆村1组，南连费岗村，北靠周祠村。全塆住有57户，共235人，主要姓高，均为汉族。总面积1.1平方千米，其中耕地面积0.17平方千米，种植水稻和小麦为主。

李家塆[Lǐ jiā wān]　《李氏族谱》记载，唐代皇帝李氏后裔“本”字辈第六子避难到此，融入当地慢慢形成聚落。民国以前此地名为李家坝堤，共和国成立后改名李家塆。隶属烟店镇肖塆村村民委员会辖，位于肖塆村1组，东接肖塆村2组，西邻烟店镇，南连碧山社区，北靠周祠村。全塆住有56户，共204人，主要以李姓为主，均为汉族。总面积0.7平方千米，其中耕地面积0.34平方千米，以种植水稻和小麦为主。

潘家塆[Pān jiā wān]　又叫潘家大塆，宋代形成聚落，隶属烟店镇肖塆村村民委员会辖，位于肖塆村6组，东接吴堰村，西邻肖塆村7组，南连田塆村，北靠肖塆村6组。全塆住有45户，共206人，主要以潘姓为主，均为汉族。总面积0.6平方千米，其中耕地面积0.17平方千米，以种植水稻和小麦为主。

上肖家塆[Shàng xiāo jiā wān]　清代形成聚落，隶属烟店镇肖塆村村民委员会辖，位于肖塆村四组，东接肖塆村五组，西邻肖塆村3组，南连肖塆村7组，北靠刘桥村。全塆住有37户，共185人，主要以肖姓为主，均为汉族。总面积0.2平方千米，其中耕地面积0.09平方千米，全塆以种植水稻和小麦为主。

下肖家塆[Xià xiāo jiā wān]　清代形成聚落，隶属烟店镇肖塆村村民委员会辖，位于肖塆村5组，东接官堰村，西邻肖塆村4村，南连肖塆7组，北靠刘桥村。全塆住有35户，共181人，主要以肖姓为主，均为汉族。总面积0.5平方千米，其中耕地面积0.15平方千米，全塆以种植水稻和小麦为主。

上杨家塆[Shàng yáng jiā wān]　传说古代涢水流经此地，因这一段有杨姓两个家族，所以这一段涢水叫杨家河。北边的杨姓家族叫上杨家塆，另一个就叫下杨家塆。上杨家塆东接肖塆村7组，西邻肖塆村9组，南连田塆村，北靠7组。全塆住有46户，共210人，主要以杨姓为主，均为汉族。总面积0.53平方千米，其中耕地面积0.1平方千米，以种植水稻和小麦为主。

下杨家塆[Xià yáng jiā wān]　位于肖塆村8组，东接肖塆村8组，西邻费岗村，南连费岗村，北靠费岗村。全塆住有31户，共124人，主要以杨姓为主，均为汉族。总面积1.3平方千米，其中耕地面积0.9平方千米，全塆以种植水稻和小麦为主。

王家塆[Wáng jiā wān]　有史料记载，宋代，云梦泽洪水暴涨，民不聊生，流离失所，王家长子王夺，次子王蓉逃难到此，慢慢形成聚落。

黎家塆[Lí jiā wān]　原名黎家庄子。据说当地有一个姓黎的大财主，土地有200余公顷，故名。

竹林塆[Zhú lín wān]　北宋崇宁五年，一个要饭的到此，看到到处都是竹子，便落籍做竹器度日，还把手艺传授给别人。这里慢慢形成聚落，广种竹子，便成了“竹林塆”。

黄家凹[Huáng jiā āo]　明朝末年，一次发大水，水中漂来了一个姓黄的人。洪水退后，此人便定居于此，慢慢形成聚落。

三十二、烟店村[Yāndiàn Cūn]

隶属安陆市烟店镇辖，位于烟店镇老集镇，东接肖塆村，西邻尖山村，南连碧山社区，北靠费岗村。

1949年10月，烟店隶属于烟店区管辖。1952年，烟店隶属第五区烟店乡。1958年建立人民公社，烟店大队隶属于红旗人民公社烟店乡管辖。1959至1962年，烟店大队与高冲(肖塆)、白兆(尖山)三个大对合并，1965年又还原分治。1969年再次与尖山大队合并，1981年再次分开。1984年5月，安陆复置区(镇)、乡(镇)、村，烟店大队改名为烟店村，隶属于烟店区烟店镇管辖。主要驻单位有政府职能部门、医院学校和村委会。

截至2015年5月，辖区共有9个自然塆：灯辉小区、乾坤小区、孝襄街、程家塆、董家塆、范家塆、肖家塆、老街还建房、周家塆。总户数287户，总人数1086人，总面积1.4平方千米，其中耕地面积为0.8平方千米，主要作物有油菜，小麦，稻谷。主要经济来源为种植农作物及外出打工。

灯辉小区[Dēng huī xiǎo qū]　2010年建立。位于烟店村3组，东接光山，南连烟店卫生室，西邻汉十高速，北靠烟店镇地税所，共15户，共52人，均为汉族。总面积0.4平方千米。主要经济来源为外出务工。

乾坤小区[Qián kūn xiǎo qū]　2009年建立。位于烟店村，东接街道，南连荒地，西邻烟店镇卫生所，北靠烟店村3组，共50户，153人，总面积0.5平方千米。主要收入来源为外出工作或个体经营。

孝襄街[Xiào xiāng jiē]　2005年建立。孝感至襄阳的公路穿镇而过，公路两旁居住的人家形成居民点。

程家塆[Chéng jiā wān]　隶属烟店镇烟店村村民委员会辖，东接汉十高速，西邻板子桥河，南连烟店镇，北靠陈家塆。全塆85人，共18户，主要以程姓为主，均为汉族。总面积0.13平方千米，有耕地面积0.06平方千米，主要农作物为：水稻、花生。

董家塆[Dǒng jiā wān]　明末，一董姓人家搬到此地，后来又有李姓搬入此地，发展成聚落。隶属烟店镇烟店村村民委员会辖，位于烟店村9组，东接李岗，南连肖家塆，西邻烟店村5组，北靠本村8组，共22户，110人，主要以董姓为主，均为汉族。总面积2平方千米，耕地面积0.05平方千米，主要作物为：油菜、小麦、水稻。

范家塆[Fàn jiā wān]　清代形成聚落。隶属烟店镇烟店村村民委员会辖，位于烟店村8组，东接李岗，南连本村7组，西邻安三线，北靠光山，全塆共5户，16人，主要以范姓为主，均为汉族。面积0.3平方千米，耕地面积0.01平方千米，主要作物为：油菜、小麦、水稻。

老街还建房[Lǎo jiē huán jiàn fáng]　2011年建立，因该居民点是由以前的老街改建而成而命名。隶属烟店镇烟店村村民委员会辖，东接安三线，南连烟店步行街，西邻汉十高速公路，北靠老街，共10户，40

人，均为汉族。面积 0.4 平方千米。主要作物为：油菜、小麦、水稻。主要经济来源为种植农作物及外出打工。

肖家塆[Xiāo jiā wān]　清代形成聚落。位于烟店村 5 组，东接九组，南连烟店村 3 组，西邻安三线，北靠烟店村 7 组，全塆共 5 户，20 人，主要以肖姓为主，均为汉族。面积 0.3 平方千米，耕地面积 0.08 平方千米，主要作物为：油菜、小麦、水稻。

周家塆[Zhōu jiā wān]　明代形成聚落。位于烟店村 4 组，东接烟店镇小，南连灯辉街，西邻汉十高速，北靠烟店村六组，共 4 户，14 人，主要以周姓为主，均为汉族。面积 0.3 平方千米，耕地面积 0.004 平方千米，主要作物为：油菜、小麦、水稻。

三十三、姚榨村[Yáozhà Cūn]

隶属安陆市烟店镇辖，位于烟店镇东部约 7 千米，地处丘陵地带，东接白店村，西邻李塆村，南连周冲村，北靠黄榨村。

民国时期，这里属涢西乡的北部。共和国土地改革时期，与黄榨村同属一个农民协会。1954 年与黄榨分治。1955 年成立高级农业合作社，这里又和黄榨合并为务丰生产大队。1964 年姚榨分出单立为姚榨大队。1970 年又合并到务丰大队。1984 年独立为姚榨村。

截至 2015 年 5 月，辖区内共有 3 个自然塆：刘家塆、杨家塆、朱家塆。全村住有 216 户，共 797 人，总面积 1.07 平方千米，其中耕地面积 0.74 平方千米，主要以种植水稻、小麦为主。主要经济来源为种植农作物及外出打工。

刘家塆[Liú jiā wān]　隶属安陆市烟店镇姚榨村村民委员会辖，位于姚榨村 1 组，属丘陵地区。东接朱凹水库，西邻李塆，南连 2、3 组，北靠董榨。全塆住有 17 户，共有 62 人，主要以刘姓为主，均为汉族。总面积 0.08 平方千米，其中耕地面积为 0.04 平方千米，主要以种植水稻和小麦为主。

杨家塆[Yáng jiā wān]　位于姚榨村 4 组，东接白店村 7、8 组，西邻李塆 1 组，南连周冲村曹家塆，北靠姚榨村 3 组。全塆住有 42 户，共 240 人，主要以杨姓为主，均为汉族。总面积 0.32 平方千米，其中耕地面积为 0.16 平方千米，以种植水稻和小麦为主。

朱家塆[Zhū jiā wān]　位于姚榨村 2 组，东接白店村，西邻姚榨村 1 组，南连姚榨村 3 组，北靠朱凹水库。全塆住有 21 户，共有 75 人，主要以朱姓为主，均为汉族。总面积 0.1 平方千米，其中耕地面积 0.08 平方千米，主要以种植水稻和小麦为主。

三十四、余寨社区[Yúzhài Shèqū]

余寨社区，东接程巷村，西邻万桥村，南连石河村，北靠田塆村，距离烟店镇约 4.5 千米。

1949年，这里属木梓乡新华一社。1952年，余寨隶属第三区共和乡。1956年，安陆区、乡调整，将共和乡更名为程巷乡，余寨隶属于第五区程巷乡。1958年建立人民公社，余寨大队隶属于红旗人民公社程巷乡管辖。1975年2月，撤区并社，余寨大队隶属于程巷(烟店)人民公社程巷管理区管辖。1984年5月，安陆复置区(镇)、乡(镇)、村，余寨大队改名为余寨村，隶属于烟店区程巷乡管辖。1987年10月，安陆撤区并乡，原烟店镇、石河乡、程巷乡、白店乡合并为烟店镇。余寨社区隶属于烟店镇管辖。全村532人，其中少数民族1人(4组)。

截至2015年9月，辖区内共有2个自然垮：余寨、赵榨。总面积0.6平方千米，有耕地面积0.5平方千米，主要农作物为水稻、小麦。村民主要经济来源为种植农作物及外出打工。

余寨[Yú zhài]　明代形成聚落，位于烟店镇余寨社区，东接松树山，西邻王岗村，南连石河村5、6组，北靠余寨水库。全垮300人、共78户，主要以余姓为主，均为汉族。总面积0.4平方千米，其中耕地面积0.3平方千米，主要农作物为稻谷、小麦。

赵榨[Zhào zhà]　本名赵家垮。一个叫赵东山的人于1930年前后在垮里修了一座榨坊加工食用油，生意火红，周围村民都知道赵榨油坊，于是赵榨之名代替了赵家垮之名。该垮位于烟店镇余寨社区，东接程巷村6组，西邻王仕塘，南连余榨内河，北靠田垮村3组。全垮230人、共54户，主要以赵姓为主，均为汉族。总面积0.19平方千米，其中有耕地面积0.07平方千米，主要农作物为稻谷、小麦。

三十五、袁畈社区[Yuánfàn Shèqū]

新改社区，原名袁畈村，隶属安陆市烟店镇，位于烟店镇的中西部。东接白兆山旅游路边，西邻葡萄基地，南连双庙村，北靠汉十高速路。距离烟店镇约1.7千米。

袁畈村历史悠久，相传在唐代，一个姓戴的尚书修了一处府邸，名叫“戴家院子”。乡间还出了一个姓张的阁老(武官)与戴尚书同朝为官，也在附近修有府邸。有一年干旱，村民吃水都困难，观天象，近两天有大雨，于是商议挖塘蓄水。村民人人响应，一夜之间挖出来一口大塘堰，因为是晚上的一次行动，有人提议取名“晚行堰”，大家一致同意。戴尚书和张阁老认为挖堰挖断了他们家的龙脉，都搬离了此地，但他们的府邸遗址一直保留到民国时期。2002年，修建汉十高速公路，晚行堰才被填埋。

晚清时期，安陆辖64会72旗，这里属均和乡低庙旗会，白兆山上有庙，这里是白兆山山脚低处的庙，所以称“低庙”。20世纪40年代末，这里属烟九乡。1948年，这里成立低庙乡农民协会。1950年，低庙属青龙区管辖。1958年，这里改为袁畈大队，1984年改为袁畈村。

袁畈村有两种植物闻名周边县市，一是“袁畈辣椒”，二是“袁畈莲藕”。袁畈辣椒皮薄肉厚，甜而微辣，做菜色艳味佳，老少咸宜，经检验，所含蛋白质、胡萝卜素、维生素C和钙磷铁均高于其他地区的辣椒；袁畈莲藕色白味甜，皮薄节粗，入口爽脆，最有意思的是，其他地区的莲藕，横截面看到的是七八个藕眼，袁畈莲藕却九个藕眼。

截至 2015 年 4 月，袁畈村共有 13 个自然塆：蔡家塆、戴家塆、宋家桥、吴家塆、敖家凹、出方塆、高杨塆、侯家畈、老屋塆、梨树河、上黄家塆、新塆、袁家大塆。全村共有 1259 人，其中少数民族 1 人（1 组），共 252 户，以种植水稻为主，主要经济来源为种植农作物及外出打工。该村主要驻区单位有袁畈村村民委员会，该村委会办公地址设在袁畈村。

敖家凹[Áo jiā āo]　古聚落承续，隶属烟店镇袁畈村村民委员会辖，位于袁畈村的西南端，与邓河村交界，靠近国道 G70，呈条状分布，东接农田，西南均连山，北靠老塆。共 110 人，33 户。主要以敖姓为主，均为汉族。总面积 0. 17 平方千米，其中耕地面积有 0. 12 平方千米。主要以种植水稻和小麦为主。

蔡家塆[Cài jiā wān]　民国形成聚落，隶属烟店镇袁畈村村民委员会辖，位于袁畈村的东北方向，呈条状分布，东西北三面环田，南连新大矿，人口为 30 人，户数 8 户。主要以蔡姓为主，均为汉族。总面积为 0. 04 平方千米，其中有耕地面积 0. 02 平方千米。以种植水稻为主。

出方塆[Chū fāng wān]　因为全村村民出行的必经之地而命名。隶属烟店镇袁畈村村民委员会辖，位于袁畈村中心位置，属于袁畈村六组，早期为全村的必经之地。呈条状分布，东接农田，西邻渡槽，南连水塘，北靠村公路。人口为 110 人，户数为 33 户，均为汉族。总面积为 0. 13 平方千米，其中有耕地面积 0. 07 平方千米。主要农作物为水稻。

戴家院[Dài jiā yuàn]　古聚落承续，位于袁畈村的东边，呈条状分布，东接农田，西邻汉十路，南连水塘，北靠荒山。人口 55 人，户数为 18 户，主要以戴姓为主，均为汉族。总面积为 0. 07 平方千米，其中有耕地面积 0. 03 平方千米。以种植水稻和小麦为主。主要经济来源为种植农作物及外出打工。

高杨塆[Gāo yáng wān]　民国形成聚落，隶属烟店镇袁畈村村民委员会辖，位于袁畈村的东边，呈条状分布，东西皆邻农田，南连水塘，北靠园林。人口为 60 人，户数为 18 户，主要以高姓和杨姓为主，均为汉族。总面积为 0. 08 平方千米，其中有耕地面积 0. 05 平方千米。主要农作物为水稻。

侯家畈[Hóu jiā fàn]　隶属烟店镇袁畈村村民委员会辖，位于烟店镇的最南端，与双庙村交界。呈条状分布，东接汉十路，西南皆邻农田，北靠河道。全畈人口共计 175 人，户数为 57 户，主要以侯姓为主，均为汉族。总面积为 0. 23 平方千米，其中有耕地面积 0. 15 平方千米。主要从事农业生产，主产水稻。

老屋塆[Lǎo wū wān]　因当地居民大部分已经迁出而命名。隶属烟店镇袁畈村村民委员会辖，位于袁畈村东边。呈条状分布，东接村公路，西邻荒山，南连吴家塆，北靠水塘。人口为 50 人，户数为 16 户，均为汉族。总面积为 0. 06 平方千米，其中有耕地面积 0. 04 平方千米。主要从事农业生产，主产水稻。

梨树河[Lí shù hé]　因当地居民大量种植梨树而命名。隶属烟店镇袁畈村村民委员会辖，位于袁畈村的东边。呈条状分布，东接水塘，西邻 8 组水库，南连农田，北靠村公路。人口为 60 人，户数为 19 户，均为汉族。总面积为 0. 08 平方千米，其中有耕地面积 0. 05 平方千米。以种植水稻为主。

上黄家塆[Shàng huáng jiā wān]　明清形成聚落，隶属烟店镇袁畈村村民委员会辖，位于袁畈村的东边，与万桥村交界，呈条状分布，东西皆连农田，南连水塘，北靠村公路。人口为 60 人，户数为 17 户，主要以黄姓为主，均为汉族。总面积 0. 08 平方千米，其中有耕地面积 0. 05 平方千米。主要从事农业生产，主产水稻。

宋家塆[Sòng jiā wān]　原名宋家桥，因河上有桥而得名，隶属烟店镇袁畈村村民委员会辖，位于袁畈村东边，与万桥村交界。呈条状分布，东西皆邻园林，南连河流，北靠水塘。人口65人，户数20户，主要以宋姓为主，均为汉族。总面积为0.08平方千米，其中耕地面积有0.05平方千米。以种植水稻和小麦为主。

吴家塆[Wú jiā wān]　隶属烟店镇袁畈村村民委员会辖，位于袁畈村东端。东南皆连农田，西邻荒山，北靠8组老塆。人口60人，户数18户，主要以吴姓为主，均为汉族。总面积0.08平方千米，其中有耕地面积0.05平方千米。以种植水稻为主。

新塆[Xīn wān]　通公路后新形成的聚落。位于袁畈村东边。东接旅游路，西北皆靠农田，南连村公路。人口为50人，户数为17户，均为汉族。总面积为0.06平方千米，其中有耕地面积0.04平方千米。以种植水稻和小麦为主。

袁家大塆[Yuán jiā dà wān]　明清聚落，位于袁畈村中心位置。东南北皆连村公路，西邻葡萄园。人口为374人，户数为119户，均为汉族。总面积为0.5平方千米，其中有耕地面积0.25平方千米。主要从事农业生产，主产水稻。

三十六、张岗村[Zhānggǎng Cūn]

原名望城岗，站在高处能望见安陆古城而得名。隶属安陆市烟店镇辖，位于安陆市安桃线公路、大天线公路交叉处。东接吴家塆，西邻刘家寨，南连水寨村，北靠龚岗村，距烟店镇约8.7千米。

1949年10月，张岗隶属于烟店区管辖。1952年，张岗隶属第三区共和乡。1956年，共和乡更名为程巷乡，张岗隶属于第五区程巷乡。1958年建立人民公社，张岗大队隶属于红旗人民公社程巷乡管辖。1975年2月，撤区并社，张岗大队隶属于程巷(烟店)人民公社程巷管理区管辖。1984年5月，张岗大队改名为张岗村。

截至2015年9月，辖区内有6个自然塆：邓家塆、周家塆、赵家塆、陈家塆、新村、李家塆。全村住有272户，共1522人，总面积0.9平方千米，其中耕地面积0.6平方千米，主要农作物有水稻、小麦、油菜。该村主要驻区单位有镇引进企业、张岗村村民委员会，村委会设立在张岗村中心，在职员工3名。

陈家塆[Chén jiā wān]　清代道光年间形成聚落。隶属烟店镇张岗村村民委员会辖，东有本村2组，西有本村3组，南有本村3组，北靠周冲村。全塆住有21户，共120人，主要以陈姓为主，均为汉族。总面积0.1平方千米，其中耕地面积0.062平方千米，旱地面积0.015平方千米，主要农作物有水稻有小麦、油菜。主要经济来源为种植农作物及外出打工。

邓家塆[Dèng jiā wān]　隶属烟店镇张岗村村民委员会辖，位于张岗村四组，东接周家塆，西临费岗村，南连本村3组，北靠李塆村。全塆住有13户，共80人，主要以邓姓为主，均为汉族。总面积0.11平方千米，其中耕地面积0.072平方千米，旱地面积0.022平方千米，主要农作物有水稻和小麦、油菜。主要经济来源为种植农作物及外出打工。

李家塆[Lǐ jiā wān]　隶属烟店镇张岗村村民委员会辖，位于张岗村大天线西边，东接水寨村，西邻本村2组，南连棠棣镇十里村，北靠本村2组。全塆住有18户，共100人，主要以李姓为主，均为汉族。总面积0.11平方千米，其中耕地面积0.069平方千米，旱地面积0.02平方千米，主要农作物有水稻和小麦、油菜。主要经济来源为种植农作物及外出打工。

新村[Xīn cūn]　1998年在新农村建设中建立。隶属烟店镇张岗村村民委员会辖，位于安桃线两边，东接张岗村1组，西邻张岗村3组，南靠张岗村1组，北靠周冲村。全塆住有120户，共650人，均为汉族。总面积0.35平方千米，其中耕地面积0.15平方千米，主要农作物有水稻和小麦、油菜。主要经济来源为种植农作物及外出打工。

赵家塆[Zhào jiā wān]　隶属烟店镇张岗村村民委员会辖，东接陈家塆，西邻龚岗村，南连棠棣十里村，北靠本村四组，现有住户20户，合计80余人，总面积0.08平方千米，其中耕地面积0.056平方千米，主要农作物为：水稻，小麦。主要经济来源为种植农作物及外出打工。

周家塆[Zhōu jiā wān]　隶属烟店镇张岗村村民委员会辖，位于张岗村4组，东接周冲村，西邻邓家塆，南连本村3组，北靠李塆村。全塆住有14户，共84人，主要以周姓为主，均为汉族。总面积0.09平方千米，耕地面积0.06平方千米，旱地面积0.016平方千米，主要农作物有水稻和小麦、油菜。主要经济来源为种植农作物及外出打工。

三十七、周冲村[Zhōuchōng Cūn]

隶属安陆市烟店镇辖，位于烟店镇东南8千米，东接八里村，西邻龚岗村，南连张岗村，北靠姚榨村。

截至2015年9月，该辖区内共有10个自然塆：曹家塆、刘家塆、彭家塆、王家塆、汪家塆、徐家塆、张家塆、夏家凹、燕子窝、周冲新村。全村住有260户，共1057人，其中少数民族1人(4组)。耕地面积1.1平方千米，总占地面积1.5平方千米，主要农作物有水稻和小麦、油菜。主要经济来源为种植农作物及外出打工。

曹家塆[Cáo jiā wān]　清末民初形成聚落，位于烟店镇周冲村，东接夏家凹，西邻周冲村3组，南连周冲村2组，北靠姚榨村。全塆住有15户，共80人，主要以蔡姓为主，均为汉族。耕地面积0.07平方千米，总面积0.09平方千米，主要农作物有水稻和小麦、油菜。

刘家塆[Liú jiā wān]　最早因刘姓形成聚落，刘姓后来搬离，将聚落给了周姓。虽然全塆无人姓刘，但塆名一直未改。位于烟店镇周冲村，东接周冲村2组，西邻周冲村4组，南连周冲3组，北靠姚榨村。全塆住有30户，共150人，主要以周姓为主，均为汉族。耕地面积0.13平方千米，总面积0.17平方千米，主要农作物有水稻和、小麦、油菜。

彭家塆[Péng jiā wān]　康熙年间形成聚落。隶属烟店镇周冲村村民委员会辖，位于烟店镇周冲村，东接彭桥村，西邻周冲村四组，南连张岗村，北靠周冲村4组。全塆住有30户，共150人，主要以彭姓为主，均为汉族。耕地面积0.2平方千米，总面积0.24平方千米，主要农作物有水稻、小麦和油菜。

汪家塆[Wāng jiā wān]　隶属烟店镇周冲村村民委员会辖，位于烟店镇周冲村，东接周冲村3组，西邻李塆村，南连周冲4组，北靠李塆村。全塆住有35户，共140人，主要以汪姓为主，均为汉族。耕地面积0.1平方千米，总面积0.15平方千米，主要农作物有水稻、小麦和油菜。

王家塆[Wáng jiā wān]　清代发人瘟，王姓绝迹，周姓在疫后进驻此塆，但塆名未改。位于烟店镇周冲村，东接八里村，西邻周冲3组，南连彭桥村，北靠周冲3组。全塆住有14户，共70人，主要以周姓为主，均为汉族。耕地面积0.07平方千米，总面积0.08平方千米，主要农作物有水稻、小麦和油菜。

夏家凹[Xià jiā āo]　位于烟店镇周冲村，东接八里村，西邻曹家塆，南连周冲村2组，北靠白店村。全塆住有25户，共110人，主要以夏姓为主，均为汉族。耕地面积0.07平方千米，总面积0.1平方千米，主要农作物有水稻和小麦、油菜。

徐家塆[Xú jiā wān]　清代形成聚落，位于烟店镇周冲村，东接八里村，西邻周冲村3组，南连周冲村2组，北靠周冲村2组。全塆住有15户，共80人，主要以徐姓为主，均为汉族。耕地面积0.08平方千米，总面积0.1平方千米，主要农作物有水稻、小麦和油菜。

燕子窝[Yàn zi wō]　因该塆地形像燕子窝而命名。位于烟店镇周冲村，东接周冲村2组，西邻周冲村4组，南连周冲村1组，北靠刘家塆。全塆住有45户，共200人，均为汉族。耕地面积有0.2平方千米，总面积0.26平方千米，主要农作物有水稻和小麦、油菜。

张家塆[Zhāng jiā wān]　隶属烟店镇周冲村村民委员会辖，位于烟店镇周冲村，东接周冲村1组，西邻张岗4组，南连张岗村，北靠李塆1组。全塆住有50户，共250人，主要以张姓为主，均为汉族。耕地面积0.14平方千米，总面积0.2平方千米，主要农作物有水稻和小麦、油菜。

周冲新村[Zhōu chōng xīn cūn]　2015年建立，位于烟店镇周冲村，东接二环路，西邻周冲四组，南连张岗村。均为汉族，主要以周姓为主，全塆住有1050人，共260户，总面积0.8平方千米，其中有耕地面积0.23平方千米，主要农作物有水稻和小麦、油菜。

三十八、周祠村[Zhōucí Cūn]

隶属于安陆市烟店镇辖，位于烟店镇东北3千米，东接刘桥村，西邻李岗，南连肖塆，北靠刘桥村。

这里历史悠久，周祠村王家庙，呈不规则方形土台，高出地面约1.5米，长宽各约80米，总面积约6400平方米，采集到的文物属西周时期文化。民国以前，应山、安陆、云梦、礼山四县有人络绎不绝到王家庙堂烧香许愿。1955年5月，王家庙堂毁于龙卷风，1956年彻底倒塌消失。

1949年10月，周祠隶属于烟店区管辖。1952年，周祠隶属第五区烟店乡。1958年建立人民公社，周祠大队隶属于红旗人民公社烟店乡管辖。1975年2月，周祠大队隶属于程巷(烟店)人民公社烟店管理区管辖。1984 年 5 月，周祠大队改名为周祠村，隶属于烟店区烟店镇管辖。

截至 2015 年 5 月，辖区内共有 19 个自然塆：白家塆、胡家塆、李家塆、宋家塆、潘家塆、水家塆、邬家塆、周家塆、朱家塆、土名冲、五姓塆、新塆、周祠村 1 组、周祠村 2 组、周祠村 3 组、周祠村 4 组、周祠村 5 组、周祠村 6 组、周祠村 7 组。住有 210 户，共 765 余人，总面积 3.5 平方千米，其中有耕地面积 1.9 平方千米。主要以种植水稻和小麦、油菜为主。主要经济来源为种植农作物及外出打工。该村主要驻区单位有周祠村村民委员会。

白家塆[Bái jiā wān]　又名“白家堰”，原来只有姓杨的和姓陈的。一个晴朗的早晨，人们看见塘堰中间腾起白雾，像白马奔腾，故名。该塆隶属烟店镇周祠村村民委员会辖，为丘陵山地地形，呈条状分布，东接本村 1 组，西邻李岗村，南连肖塆，北靠长岗。主要以白姓为主，均为汉族。全塆 80 人，25 户，总面积 0.1 平方千米，其中有耕地面积 0.08 平方千米，主要农作物为小麦、水稻。

胡家塆[Hú jiā wān]　最早是秦家塆，一个姓胡的全部买下来，故名胡家塆。隶属烟店镇周祠村村民委员会辖，为丘陵山地地形，呈条状分布，东接本村 4 组，西北皆靠长岗村，南连本村 1 组。主要以胡姓为主，均为汉族。全塆 80 人，20 户，总面积 0.067 平方千米，其中有耕地面积 0.053 平方千米，主要农作物为小麦、水稻。

李家塆[Lǐ jiā wān]　原来大部分姓潘，两户姓温，一户姓李。清朝末年，李家出了个绅士，手眼通天，用钱买住址名誉权，潘家虽然姓大不肯让小姓，但势力单薄，只好赞同李家改名“李家塆”。该塆为丘陵山地地形，呈条状分布，东接刘桥村，西邻本村 4 组，南连肖塆，北靠朱家塆，均为汉族。全塆 260 人，58 户，总面积 0.19 平方千米，其中有耕地面积 0.15 平方千米，主要农作物为小麦、水稻，主要经济来源以外地务工为主。

潘家塆[Pān jiā wān]　隶属烟店镇周祠村村民委员会辖，为丘陵山地地形，呈条状分布，东接肖塆，西邻烟店村，南连本村 2 组，北靠本村 3 组。主要以潘姓为主，均为汉族。全塆 100 人，27 户，总面积 0.1 平方千米，其中有耕地面积 0.088 平方千米，主要农作物为小麦、水稻。

水家塆[Shuǐ jiā wān]　原名水果塆，因塆里有两口大塘，周边种满了李树、桃树而得名。一到春天，村落和鲜花映进水中，宛若水中人家，胜似仙境。塆里郑潘白宋四大姓一致赞同，将塆名改为“水家塆”，姓白的一个道长并在大塘北边安装了石碾。该塆呈条状分布，东接肖塆，西邻烟店村，南连本村 2 组，北靠本村 3 组，均为汉族。全塆 100 人，27 户，总面积 0.1 平方千米，其中有耕地面积 0.088 平方千米，主要农作物为小麦、水稻。

宋家塆[Sòng jiā wān]　隶属烟店镇周祠村村民委员会辖，为丘陵山地地形，呈条状分布，东接本村 4 组，西北皆靠长岗村，南连本村 1 组，均为汉族。全塆 70 人，12 户，总面积 0.067 平方千米，其中有耕地面积 0.053 平方千米，主要农作物为小麦、水稻。

土名冲[Tǔ míng chōng]　最早叫“死门冲”。据说曾有土家族两口子盖不起房，住在土洞里。土洞洞口正对前面的山冲。奇怪的是，在周边打劫的土匪，看到土洞就跑，侵华日军看到土洞就撤。人们都说土洞是贼寇的死门，故名。因为这儿平安，慢慢形成聚落，土洞有名气，就改名“土名冲”。该塆呈条状分布，东接本村4组，西北皆靠长岗村，南连本村一组。均为汉族。全塆50人，10户，总面积0.17平方千米，其中有耕地面积0.11平方千米，主要农作物为小麦、水稻。

邬家塆[Wū jiā wān] 隶属烟店镇周祠村村民委员会辖，为丘陵山地地形，呈条状分布，东接本村1组，西邻李岗村，南连肖塆，北靠长岗。主要以邬姓为主，均为汉族。全塆78人，24户，总面积0.12平方千米，其中有耕地面积0.082平方千米，主要农作物为小麦、水稻。

五姓塆[Wǔ xìng wān] 晚清时期，周、王、吴、黄、潘五姓迁入此地，故名五姓塆。周姓发达后，族长曾主张改名周家塆，族中一个算命先生认为会影响塆间团结，导致四姓孤立打击周姓，坚决反对改名。五姓塆的名称也就沿用下来了。该塆呈条状分布，东接刘桥村，西邻本村4组，南连李家塆，北靠杨家塆。均为汉族。全塆110人，28户，总面积0.19平方千米，其中有耕地面积0.12平方千米，主要农作物为小麦、水稻。

新塆[Xīn wān] 20世纪90年代建立，隶属烟店镇周祠村村民委员会辖，为丘陵山地地形，呈条状分布，东南皆连肖塆，西邻本村4组，北靠朱家塆。均为汉族。全塆150人，30户，总面积0.22平方千米，其中有耕地面积0.15平方千米，主要农作物为小麦、水稻。

周祠村1组[Zhōu cí cūn 1 zǔ] 东接肖塆村，西临本村2组，南连肖塆村，北靠本村3组。全组住有27户，共90人，均为汉族。耕地面积0.11平方千米，总面积0.25平方千米，主要农作物有水稻和小麦、油菜。

周祠村2组[Zhōu cí cūn 2 zǔ] 东接本村1组，西临李岗村，南连肖塆村，北靠长岗村。全组住有26户，共91人，均为汉族。耕地面积0.083平方千米，总面积0.1平方千米，主要农作物有水稻和小麦、油菜。

周祠村3组[Zhōu cí cūn 3 zǔ] 东接本村4组，西临长岗村，南连本村1组，北靠长岗村。全组住有25户，共89人，均为汉族。耕地面积0.083平方千米，占总面积0.15平方千米，主要农作物有水稻和小麦、油菜。

周祠村4组[Zhōu cí cūn 4 zǔ] 东接本村7组，南、西临本村3组，北靠本村5组。全组住有32户，共115人，均为汉族。耕地面积0.09平方千米，总面积0.22平方千米，主要农作物有水稻和小麦、油菜。

周祠村5组[Zhōu cí cūn 5 zǔ] 东接本村6组，西临长岗村，南连本村4组，北靠青龙社区。全组住有15户，共54人，均为汉族。耕地面积0.07平方千米，总面积0.2平方千米，主要农作物有水稻和小麦、油菜。

周祠村6组[Zhōu cí cūn 6 zǔ] 东接刘桥村，西邻本村4组，南连本村7组，北靠青龙社区。全组住有31户，共112人，均为汉族。耕地面积0.079平方千米，总面积0.18平方千米，主要农作物有水稻和小麦、油菜。

周祠村7组[Zhōu cí cūn 7 zǔ] 东接刘桥村，西临本村4组，南连肖塆村，北靠本村6组。全组住有60户，共214人，均为汉族。耕地面积0.207平方千米，总面积0.3平方千米，主要农作物有水稻和小麦、油菜。

周家塆[Zhōu jiā wān] 隶属烟店镇周祠村村民委员会辖，为丘陵山地地形，呈条状分布，东接朱家塆，西邻长岗村，南连本村1组，北靠本村5组。主要以周姓为主，均为汉族。全塆120人，28户，总面积0.1平方千米，其中有耕地面积0.09平方千米，主要农作物为小麦、水稻。

朱家塆[Zhū jiā wān] 白店一个姓朱的地主，到此买田置地，让何、杨、黄三姓当长工形成聚落。朱地主说这一片土地都是他的，塆也是他的，故名“朱家塆”。该塆呈条状分布，东接刘桥村，西邻本村四组，南连李家塆，北靠杨家塆，均为汉族。全塆120人，30户，总面积0.08平方千米，其中有耕地面积0.066平方千米，主要农作物为小麦、水稻

三十九、周桥村[Zhōuqiáo Cūn]

周桥村东接府河中心线，西邻包家墩，南连周桥台渠，北靠彭桥村，距离烟店镇约10.7千米，距离安陆市区仅1200米。

清末民初，安陆64会72军旗，这里属鼎新乡河西旗会。20世纪40年代属涢西乡。1949至1952年，属天长乡农民协会。1958年成立人民公社时，与府城河西村在一起，同属青龙区城西公社河西大队。1961年与河西分治，1984年改名周桥村。

截至2015年5月，辖区内共有5个自然塆：包家塆、李家塆、潘家塆、肖家塆、杨家畈。全村共298户，人口共1162人，其中少数民族2人(3组)。耕地面积共0.3平方千米，总面积0.9平千米。主要农作物为水稻、小麦、油菜。村民主要经济来源为种植农作物及外出打工。该村主要驻区单位有周桥村村民委员会。

包家塆[Bāo jiā wān] 清代形成聚落，东接周桥村3组，西邻包家桥，南连周家河，北靠本村1组。全塆428人，100户，主要以包姓为主，均为汉族。总面积0.4平方千米，其中有耕地面积0.08平方千米，主要作物为：水稻，玉米。

李家塆[Lǐ jiā wān] 位于烟店镇周桥村，东接府河，西邻本村5组，南连潘家塆，北靠彭桥村。全塆200人，共50户，主要以李姓为主，均为汉族。总面积0.2平方千米，其中有耕地面积0.02平方千米，主要农作物为：水稻、小麦、油菜。

潘家塆[Pān jiā wān] 东接肖家塆，西邻周桥村5组，南连周桥村3组，北靠李家塆。全村60余人、共15户，主要以潘姓为主，均为汉族。总面积0.06平方千米，其中有耕地面积0.02平方千米。主要农作物为：水稻、小麦、油菜。

肖家塆[Xiāo jiā wān] 东接府河中心线，西邻周桥村1组，南连周桥6组，北靠周桥村1组。全塆180人、共40户，主要以肖姓为主，均为汉族。总面积0.2平方千米，其中有耕地面积0.03平方千米。主要农作物为水稻、小麦、油菜。

杨家畈[Yáng jiā fàn] 东接府河中心线，西邻本村2组，南连府河台渠，北靠本村1组4组。全塆428

人、共 70 户，主要以杨姓为主，均为汉族。总面积 0.4 平方千米，其中有耕地面积 0.05 平方千米。主要农作物为：水稻、小麦、油菜。

四十、竹箩村[Zhúluó Cūn]

隶属于安陆市烟店镇辖，北和东是涢水，西邻邓冲村，南连黄榨村。

清末民初，这里属均和乡竹箩铺旗会。20 世纪 40 年代，这里先后属烟九乡和碧东乡。20 世纪 50 年代初，属竹箩乡人民政府，成立了青龙区第一个高级农业合作社。1958 年改名竹箩大队。1984 年改名竹箩村。

截至 2015 年 9 月，该辖区共有 9 个自然塆 330 户 1249 人，其中少数民族 1 人(2 组)。九个自然塆：邓家塆、何家塆、卢家塆、肖家塆、左家塆、胡家塆、沈家塆、竹箩铺、李家塆。辖区总面积 2.5 平方千米，耕地面积 0.75 平方千米。主要农作物为：水稻、小麦、油菜。村民主要经济来源为种植农作物及外出打工。该村主要驻区单位有竹箩村村民委员会。村委会办公地点社在竹箩村 6 组竹箩铺。

邓家塆[Dèng jiā wān]　古称杨家店，杨姓人口迁到外地后改名邓家塆。位于烟店镇竹箩村 1 组。东、北皆至府河，南连竹箩村 2 组，西邻邓冲村 2 组。全塆 212 人、共 54 户。主要以邓姓为主，均为汉族。总面积 0.17 平方千米，其中有耕地面积 0.13 平方千米。主要农作物为水稻、小麦、油菜。

何家塆[Hé jiā wān]　清代中期，一何姓人从安徽迁到此地，慢慢形成聚落。该塆位于烟店镇竹箩村 2 组。东、北皆至府河，南连竹箩村 3 组，西邻竹箩村 6 组和邓冲村 5 组相邻。全塆 220 人、共 55 户，主要以何姓为主，均为汉族。总面积 0.14 平方千米，其中有耕地面积 0.1 平方千米。主要农作物为：水稻、小麦、油菜。

胡家塆[Hú jiā wān]　位于烟店镇竹箩村 5 组。东接洑水镇于府河相邻，西邻竹箩村 5 组左家塆，南连冯庙村 9 组，北靠竹箩村 4 组肖家塆。全塆 108 人、共 25 户，主要以胡姓为主，均为汉族。总面积 0.16 平方千米，其中有耕地面积 0.07 平方千米，主要农作物为：水稻、小麦、油菜。

李家塆[Lǐ jiā wān]　位于烟店镇竹箩村 7 组。东接竹箩村 5 组左家塆，西邻邓冲村 5 组胡家塆，南连冯庙村 2 组万家塆，北靠竹箩村 6 组沈家塆。全塆 102 人、共 26 户，主要以李姓为主，均为汉族。总面积 0.15 平方千米，其中有耕地面积 0.07 平方千米，主要农作物为：水稻、小麦、油菜。

卢家塆[Lú jiā wān]　据记载，一个叫卢硕人的携家带口从随州马坪流浪到此，慢慢形成聚落。位于烟店镇竹箩村 3 组。东接府河与三坡村相邻，西邻竹箩村 6 组沈家塆，南连竹箩村 4 组肖家塆，北靠竹箩村 2 组何家塆。全塆 210 人、共 49 户，主要以卢姓为主，均为汉族。总面积 0.26 平方千米，其中有耕地面积 0.11 平方千米，主要农作物为：水稻、小麦、油菜。

沈家塆[Shěn jiā wān]　明代，沈捉局由外地流浪到此，繁衍生息形成聚落。位于烟店镇竹箩村 6 组。东接竹箩村竹箩铺，西邻邓冲村 5 组胡家塆，南连竹箩村 7 组李家塆，北靠竹箩村 2 组何家塆。全塆 107 人、共 50 户，主要以沈姓为主，均为汉族。总面积 0.14 平方千米，其中有耕地面积 0.054 平方千米，主农作物为：水稻、小麦、油菜、蔬菜。

肖家塆[Xiāo jiā wān]　原属左家垅，肖家买了一座四合院，后来刘家也买了一座四合院。形成聚落后，肖家占先，改名肖家塆。位于烟店镇竹箩村4组。东接府河与三陂村（洑水镇）相邻，西邻竹箩村7组李家塆，南连竹箩村5组左家塆，北靠竹箩村3组卢家塆。全塆116人、29户，均为汉族。总面积0.22平方千米，其中有耕地面积0.1平方千米，主要农作物为：水稻、小麦、油菜。

竹箩铺[Zhú luó pù]　古代"五里一墩，十里一铺"，这里距离德安府安陆城20华里，盛产竹子，又设铺，故名"竹箩铺"。位于烟店镇竹箩村6组。东接竹箩村3组卢家塆、西邻竹箩村6组沈家塆、南连竹箩村4组肖家塆、北靠竹箩村2组何家塆。全塆75人、18户，均为汉族。总面积0.12平方千米，其中有耕地面积0.05平方千米，主要农作物为：水稻、小麦、油菜。

左家塆[Zuǒ jiā wān]　又叫"左家龙"。当地居民主要姓左，世世代代擅长篾扎狮子，布衣龙灯，而且舞得活灵活现，技艺超群，故名"左家龙"。该塆东接竹箩村5组胡家塆，西邻竹箩村7组李家塆，南连冯庙村9组，北靠竹箩村4组肖家塆。全塆105人、共23户，主要以左姓为主，均为汉族。总面积0.16平方千米，有耕地面积0.07平方千米，主要农作物为：水稻、小麦、油菜。

2015年安陆市洑水镇平面示意图
广水市
李店
赵棚
烟店
接官
陈店
接官乡
洑水镇
平林站
三陵港站
时家大山
半仙山
三河水库
图例
乡镇级人民政府驻地
国营场驻地
村委会驻地
自然村
地级界
县级界
乡镇级界
复线电气化铁路
复线铁路
单线铁路及车站
高速公路、互通及编码
国道及编码
省道及编码
县道及编码
乡道及编码
村道及编码
车行桥 人渡
大型水库 中型水库
小（一）型水库
沟渠及渡槽
河流 时令河 湖泊 地下河段
HBALHRXLAOGU

第十二章　洑水镇

第一节　概　　况

洑水镇[Fúshuǐ Zhèn]位于安陆市中北部，镇政府所在地距安陆城区 7 千米。洑水镇东与赵棚镇、接官乡、陈店乡接壤，南与李店镇、安陆市经济开发区、府城街道办事处相连，西与烟店镇、孛畈镇隔涢水相望，北与广水市毗邻。洑水镇政府所在地为洑水镇东大街，属洑水村辖地。

洑水镇国土面积 117 平方千米，辖 28 个行政村和 1 个社区居民委员会，户籍人口 3.8 万人。

相传“风水先生”称洑水镇集镇所在地为伏牛之地，因伏牛缺水，故在“伏”字旁加三点水。又因镇邻近河港(涢水支流)，过往舟楫繁多又称洑水港。据《安陆县志》记载，早在唐开元年间，此地就称为洑水港店。清代咸丰年间，洑水港渐成露水集市。洑水港与涢水相通，是涢水古安陆段五大港口码头之一，因此逐渐成为县城北乡重要的物资集散地。新中国成立后，洑水港是区、乡、镇治所。人们把洑水港为中心的行政区域称为洑水镇。

自唐朝开元年间称“洑水港店”，后一直称洑水港、洑水乡。民国时期属福寿(北一)乡、金洑乡、洑水乡。1949 年 10 月为洑水区。1952 年 10 月为第六区。1954 年 8 月为洑水区。1956 年 3 月为第六区。1956 年 4 月为洑水乡(县直辖乡)和第七小组的一部分。1958 年初为洑水区。1958 年 9 月为东风人民公社。1961 年 4 月属洑水区。1966 年 9 月洑水更名为向阳。1975 年 2 月为洑水人民公社。1979 年春，撤销莲花人民公社，接官、莲花管理区并入洑水人民公社。1980 年春，将洑水人民公社的光明、圆通、赵河、何岗 4 个大队划出成立城北原种场。1984 年 1 月为洑水区。1985 年湖北省人民政府批准成立洑水镇(为县辖镇)。1986 年洑水镇改为洑水办事处。1987 年 10 月恢复为洑水镇。2006 年，洑水镇徐岗村划归安陆市经济开发区辖。2010 年初十塘村、席棚村、吴棚村划归安陆市经济开发区。至 2015 年底属洑水镇辖 28 个行政村和涢港社区。

洑水镇位于东经 113°37′~113°48′，北纬 31°16′~31°29′。浅丘地貌，南低北高，南部地势平缓，一般海拔高程在 50~90 米。最高海拔 113.4 米，最低海拔 44.00 米。属亚热带季风气候区，四季分明。光照充足，全年平均日照时数为2150小时，无霜期长。年平均气温15.9℃，年平均无霜期246天，年平均降雨量1066毫米。常年主导风向春秋冬以北风为主，夏季多南风，多年平均风速为3.3米/秒。

洑水镇经济发展迅猛。农副产品加工、渔具鱼饵、纺织服饰、建筑建材、电子、机械制造、物流运输等行业的30多家企业，为洑水的发展带来巨大的变化。洑水工业园纳入市“一区五园”开发范围，为洑水工业、商贸、物流开发搭建了良好平台，中逵钓具、友谊粮机、鑫安电子、宇晟食品等企业已经入驻。神丹蛋品、中逵鱼饵渔具产品、瑞星服饰远销欧美、东南亚。金龙港湾小区、余港佳园等6个商住小区打造了全市乡镇精品小区。

基础设施日趋完善。境内新旧316国道、平洑线、安赵线、汉丹铁路穿境而过，交通便利发达，是孝感市境内重要的交通要道。2014年被住建部等七部委联合命名为“全国重点镇”，2015年被湖北省人民政府授予全省第六届城镇规划建设管理“楚天杯”。拥有变电站1座，装机容量10000千瓦。由安陆市自来水厂供应涢河水，日供水15万吨以上。拥有孝感市首座乡镇污水处理厂，日处理能力达3000吨。拥有电信、邮政、移动、联通等通信局所及其移动基站，网络全覆盖。

文化教育事业进步。辖区共有1所初级中学、3所小学、4所幼儿园、1所外国语学校。获湖北省“绿色示范校园”称号的洑水镇初级中学2015年代表安陆市成功迎接国家级普九义务教育检查验收，2017年中考综合成绩名列全市第二名。这里有着新石器时代的余岗遗址。在近代，太平天国、辛亥革命的火种曾在此地燃烧。李先念、陈少敏等老一辈无产阶级革命家曾在此进行过抗日救亡活动，中共安应第一届县委和第一个农民武装就诞生在这里，还诞生过湖北省第一个农业合作化互助组。

医疗卫生保障有力。洑水镇现有1个乡镇中心卫生院、18个村卫生室和2个集镇街道服务站。2015年洑水镇卫生院获全国“基层人民满意卫生院”称号。

民生环境不断改善。总投资680余万元，占地面积2600m^2，建筑面积3000m^2的综合便民服务中心为群众提供一站式服务。投资500多万元、建筑总面积3200平方米的洑水镇社会福利院一、二期工程已竣工并投入使用，为全镇孤老残疾人、“三无”人员提供更为专业化的优质服务。投资160万元的涢港广场、投资98万元的三角岛绿化工程为集镇居民提供新的休憩游乐场所。农村商业银行、邮政储蓄均在本镇设有网点机构。

第二节　社区（村）、居民点

一、坝堤村[Bàdī Cūn]

隶属于洑水镇。以地理位置命名。堤坝村位于洑水镇东部，村委会所在地刘家河边，距洑水镇政府所在地2000米。该村东接方棚村，西邻洑水村、316国道，南连望城村，北靠军刘村、金店村。辖区总面积约4.6平方千米，居民主姓氏为刘、杨、方，主要为汉族。2014年年末，共有村民220户、780人，耕地面积约0.58平方千米。主要农作物为水稻、小麦。辖管方家染行、方家塆、刘家河边、棚子塆、曲坊塆、宣家冲、杨家大塆、杨家下塆、杨家上塆9个自然塆。村民委员会有干部3人。

1949年10月坝堤村属洑水区、第六区洑水乡管辖。1954年8月属洑水区洑水乡管辖。1956年3月属第六区洑水乡管辖。1958年9月坝堤大队属东风人民公社洑水管理区管辖。1958年12月属洑水人民公社管辖。1961年4月属洑水区洑水人民公社管辖。1966年9月洑水区更名为向阳区，隶属关系未变。同年坝堤大队、军刘大队、金店大队合并为三八大队，属洑水区洑水人民公社管辖。1975年2月属洑水人民公社洑水管理区管辖。1979年坝堤大队从三八大队离出。1984年1月坝堤大队更名为坝堤村属洑水区洑水镇管辖。1986年2月洑水镇改为洑水办事处，坝堤村隶属洑水区洑水办事处管辖。1987年10月坝堤村村民委员会属洑水镇管辖，沿用至今。

方家染行[Fāng jiā rǎn háng]　隶属于洑水镇坝堤村。该地为方姓村民聚居地，民国时期经营染坊而得名。方家染行位于洑水镇坝堤村东部，聚落呈条状分布。东接方棚村，南连下堰沟，西接刘家河边，北靠曲坊塆。面积约0.13平方千米。居民以方姓居多，主要为汉族。2014年年末，共有村民18户、70人。耕地面积约0.055平方千米，主要农作物为水稻、小麦，主要经济来源为种植农作物及外出打工。

方家塆[Fāng jiā wān]　隶属于洑水镇坝堤村。1959年修建徐家河水库，渠道经过方家染行，占了方家染行一部分土地，当时政府同意部分群众迁到渠道下游，得名方家塆。方家塆位于洑水镇坝堤村东北部，聚落呈块状分布。东接接官乡吴畈村，西邻徐家河渠道、杨家大塆，南连杨桥村，北靠曲坊塆。居民以方姓居多，均为汉族。共有9户，共37人。总面积0.057平方千米，耕地面积0.035平方千米。主要农作物为水稻、小麦，主要经济来源为种植农作物及外出打工。

刘家河边[Liú jiā hé biān]　隶属于洑水镇坝堤村。该地为刘姓聚居地，位于下堰沟上游的一边而得名。刘家河边位于洑水镇坝堤村东南部，聚落呈条状分布。东接方家塆，西邻杨家大塆，南邻河沟，北靠曲坊塆。面积约0.18平方千米，居民以刘姓居多，主要为汉族。2014年年末，共有村民40户、150人。耕地面积约0.034平方千米，主要农作物为水稻、小麦，主要经济来源为种植农作物及外出打工。

棚子塆[Péng zi wān]　隶属于洑水镇坝堤村。清初杨姓居民迁来此地，此塆西朝大路，一个叫杨德贤的开始在路边搭草棚卖茶水，此后有人仿照也在路边搭草棚卖茶水，故而得名。棚子塆位于洑水镇坝堤村西北部，聚落呈条状分布。东接杨家大塆，西邻洑水村，南连杨家下塆、金店村，北靠金家塆。面积约0.15平方千米，居民以杨姓居多，主要为汉族。2014年年末，共有村民16户、67人。耕地面积约0.0469平方千米，主要农作物为水稻、小麦，主要经济来源为种植农作物及外出打工。

曲坊塆[Qǔ fāng wān]　隶属于洑水镇坝堤村。相传昔时此居民点有户售卖米酒曲的人家，故名曲坊塆。曲坊塆位于洑水镇坝堤村西部，聚落呈条状分布。东接方棚村余家塆，西邻徐家冲，南连方棚村，北靠军刘村。面积约0.19平方千米，居民主要姓氏为方、刘，主要为汉族，2014年年末，共有村民28户、98人。耕地面积约0.067平方千米，主要农作物为水稻、小麦，主要经济来源为种植农作物及外出打工。

宣家冲[Xuān jiā chōng] 隶属于洑水镇坝堤村。宣家冲位于洑水镇坝堤村北部，聚落呈条状分布。东接军刘村军刘塆，西邻曲坊塆，南连杨家大塆，北靠刘家河边。面积约 0. 21 平方千米，居民主要姓氏为刘，均为汉族。2014 年年末，共有村民 20 户、80 人。耕地面积约 0. 087 平方千米，主要农作物为水稻、小麦，主要经济来源为种植农作物及外出打工。

杨家大塆[Yáng jiā dà wān] 隶属于洑水镇坝堤村。清朝年间汪氏兄弟逃难到此，看到河流旁边，杨柳成荫，土地肥沃，水源充足，就此定居。后汪姓人口渐少，搬来杨姓发展较快，以杨姓居民居多而更名为杨家大塆。杨家大塆位于洑水镇坝堤村中部，聚落呈块状分布。东接杨家下塆，西邻棚子塆，南连刘家河边，北靠金店、军刘村。面积约 0. 23 平方千米，居民以杨姓居多，均为汉族，2014 年年末，共有村民 60 户、250 人。耕地面积约 0. 167 平方千米，主要农作物为水稻、小麦，主要经济来源为种植农作物及外出打工。

杨家下塆[Yáng jiā xià wān] 隶属于洑水镇坝堤村。以姓氏和方位命名。杨家下塆位于洑水镇坝堤村西南部，聚落呈块状分布。东接村委会办公地，西邻 316 国道、洑水村，南连开发区雷庵村，北靠杨家上塆。面积约 0. 12 平方千米，居民以杨姓居多，主要为汉族。2014 年年末，共有村民 18 户、80 人。耕地面积约 0. 06 平方千米，主要农作物为水稻、小麦，主要经济来源为种植农作物及外出打工。

杨家上塆[Yáng jiā shàng wān] 隶属于洑水镇坝堤村。以姓氏和方位命名。杨家上塆位于洑水镇坝堤村西北部，聚落呈块状分布。东接杨家大塆，西邻洑水村，南连杨家下塆，北靠金店村。居民以杨姓居多，主要为汉族。2014 年年末，共有村民 18 户、70 人。

二、白龙村[Báilóng Cūn]

隶属于洑水镇。该村有一条山冈形似龙形且石头呈白色，岗首有两口水塘像龙的眼睛，故名。位于洑水镇西北部，村委会所在地白龙岗，三(陂)白(龙)公路旁，距洑水镇政府所在地 8000 米。该村东接接官乡冯畈村、十门村，西邻广水市陈巷镇棚兴村，南连殷棚村，北靠广水市陈巷镇棚兴村。辖区总面积约 2 平方千米，居民主要姓氏为潘、高、殷、张，居民主要为汉族。2014 年年末，共有村民 176 户、654 人，耕地面积约 0. 44 平方千米。主要农作物为水稻、小麦。辖管碾子塆、潘家塆、三房塆、学堂塆、院子塆、张家榨、高家塆、刘家塆、杨家塆、畈上塆、金家塆、顾家庵 12 个自然塆，另有消失居民点 1 个：荒冲。村民委员会有干部 3 人。

1949 年 10 月，白龙隶属于洑水区永合乡管辖；1952 年 10 月，白龙隶属于安陆县第六区永合乡管辖；1954 年 8 月，白龙村隶属于洑水区永合乡管辖。1956 年 3 月，白龙村隶属于安陆县第六区永合乡管辖。1956 年 4 月，白龙村隶属于第七指导小组永合乡管辖。1958 年 9 月，白龙大队隶属于东风人民公社永合管理区管辖。1958 年 12 月，白龙大队隶属于洑水人民公社永合管理区管辖。1961 年 4 月，白龙大队隶属于洑水区三陂人民公社管辖。1966 年 9 月，白龙大队隶属于向阳区三陂人民公社管辖。同年，白龙大队与相邻的殷棚大队并入陡坡大队，为陡坡大队管辖。1975 年 2 月，陡坡大队隶属于洑水人民公社三陂管理区管辖。1979 年陡坡大队一分为三，又称白龙大队。1984 年 1 月，白龙大队更名白龙村隶属于洑水区三陂乡管辖。1987 年 10 月，白龙村属洑水镇管辖，沿用至今。

碾子塆[Niǎn zi wān]　隶属于洑水。镇白龙村当地在清朝晚期建有一个碾米的石碾子而得名。该居民点位于白龙村西北部，距村委会所在地 0.4 千米，居民点呈块状分布。东接三房塆，南连村委会办公室，西部北部皆靠学堂塆、院子塆。面积约 0.233 平方千米，居民主要姓氏为张，主要为汉族，2014 年年末，共有村民 27 户、104 人。耕地面积约 0.1 平方千米，主要农作物为水稻、小麦，主要经济来源为种植农作物及外出打工。

潘家塆[Pān jiā wān]　隶属于洑水镇白龙村。以姓氏命名。该居民点位于白龙村东北部，距村委会所在地 2 千米，居民点呈块状分布。东接接官乡冯畈村，西北皆靠广水市陈巷镇棚兴村，南连 3 组高家塆。面积约 0.244 平方千米，居民主要姓氏为金、秦，主要为汉族。2014 年年末，共有村民 37 户、122 人。耕地面积约 0.162 平方千米，主要农作物为水稻、小麦，主要经济来源为种植农作物及外出打工。

三房塆[Sān fáng wān]　隶属于洑水镇白龙村。以所在家族兄弟之间长序排行命名。当地为兄弟三人中的老三在此居住，故名。该居民点位于白龙村西北村，距村委会所在地 0.4 千米，居民点呈块状分布。东接碾子塆，西邻学堂塆，南连村委会办公室，北靠院子塆。面积约 0.0096 平方千米，居民主要姓氏为张，主要为汉族，2014 年年末，共有村民 12 户、30 人。耕地面积约 0.0025 平方千米，主要农作物为水稻、小麦，主要经济来源为种植农作物及外出打工。

学堂塆[Xué táng wān]　隶属于洑水镇白龙村。清末至民国时期，张氏家族在此开办私塾，教育后代，因此而得名。该居民点位于白龙村西北部，距村委会所在地 0.6 千米，居民点呈块状分布。东接碾子塆，西部北部皆靠广水市陈巷镇棚兴村，南连棚兴村肖家河。面积约 0.26 平方千米，居民主要姓氏为张、殷，主要为汉族。2014 年年末，共有村民 38 户、130。耕地面积约 0.173 平方千米，主要农作物为水稻、小麦，主要经济来源为种植农作物及外出打工。

院子塆[Yuàn zi wān]　隶属于洑水镇白龙村。清末民初匪盗猖獗，为防匪盗，村民用石块沿居民点四周修筑了很高的院墙，因此而得名。该居民点位于白龙村北部，距村委会所在地 0.6 千米，居民点呈块状分布。东接碾子塆，西邻学堂塆，南连碾子塆，北靠广水市陈巷镇棚兴村。面积约 0.05 平方千米，居民主要姓氏为张，主要为汉族。2014 年年末，共有村民 12 户、50 人。耕地面积约 0.03 平方千米，主要农作物为水稻、小麦，主要经济来源为种植农作物及外出打工。

张家榨[Zhāng jiā zhà]　隶属于洑水镇白龙村。民国时期，张姓居民在此开办榨油作坊，故名。该居民点位于白龙村东部，距村委会所在地 0.3 千米，居民点呈块状分布。东接接官乡土门村，西邻碾子塆，南连殷棚村，北靠高家塆。面积约 0.24 平方千米，居民主要姓氏为张，主要为汉族。2014 年年末，共有村民 49 户、160 人。耕地面积约 0.213 平方千米，主要农作物为水稻、小麦，主要经济来源为种植农作物及外出打工。

高家塆[Gāo jiā wān]　隶属于洑水镇白龙村。以姓氏命名。该居民点位于白龙村东北部，呈块状分布。

东接接官乡土门村，西邻学堂塆，南连全家河，北靠潘家塆。面积约 0. 296 平方千米，居民主要姓氏为高，主要为汉族。2014 年年末，共有村民 39 户、148 人。耕地面积约 0. 197 平方千米，主要农作物为水稻、小麦，主要经济来源为种植农作物及外出打工。

刘家塆[Liú jiā wān]　隶属于洑水镇白龙村。以姓氏命名。该居民点位于白龙村中东部。东接殷家大塆，西邻张家榨，南连接官乡吴畈村何家塆，北靠杨家塆。居民主要姓氏为杨、刘，主要为汉族，2014 年年末，共有村民 3 户、15 人。

杨家塆[Yáng jiā wān]　隶属于洑水镇白龙村。以姓氏命名。该居民点位于白龙村中部。东接乌兔山，西邻张家榨，南连刘家塆，北靠金家河。居民主要姓氏为杨，主要为汉族，2014 年年末，共有村民 2 户、6 人。

畈上湾[Fàn shàng wān]　隶属于洑水镇白龙村。以地域命名。该居民点位于白龙村中东部. 东接刘家湾. 西邻白龙岗. 南连殷棚村殷家小湾. 北邻张家榨.。居民主要姓氏为殷 . 2014 年年末. 共有居民 12 户 . 58 人.

金家塆[Jīn jiā wān]　隶属于洑水镇白龙村。以姓氏命名。该居民点位于白龙村东北部。东接金家河，西邻庙屋山，南连陈家独屋，北靠明家口。

贵家庵[Gui jiā ān]　隶属于洑水镇白龙村。昔时此地有一尼姑庵，主持姓顾。该居民点位于白龙村西北部。东接陡坡水库，西邻广水市陈巷镇棚兴村，南连红山，北靠艾家独屋，居民主要姓氏为吴，主要为汉族，2014 年年末，共有村民 2 户、8 人。

荒冲[Huāng chōng]　隶属于洑水镇白龙村。以地理特征命名。该居民点位于白龙村西部。东接嘴上塆，西邻广水市陈巷镇朋兴村，南连庙屋山，北靠广水市陈巷镇朋兴村，居民主要姓氏为刘，现已无人居住。

三、白庙村[Báimiào Cūn]

隶属于洑水镇。因当地早年有个白云寺，故名。位于洑水镇东南部，村委会所在地白庙棚子，距洑水镇政府所在地 9000 米。该村东接陈店乡高岗村，西邻双路村、开发区席棚社区，南连熊岗村，北靠三合村。居民主要姓氏为程、伍、阚、熊、周、徐、张、巫、郭，居民主要为汉族。辖区总面积 5. 2 平方千米，全村共有 342 户，共 1642 人。主要农作物为水稻、小麦。辖管徐家独屋、程家大塆、后阚家塆、前阚家塆、马家咀、深塘角、伟家独屋、巫家塆、伍家大塆、熊家塆、张家塆 11 个自然塆。村民委员会有干部 3 人。

1949 年 10 月，白庙隶属于洑水区管辖。1952 年 10 月属安陆县第六区双路乡辖。1954 年 8 月属洑水区双路乡辖。1956 年，区、乡再次调整，白庙隶属于安陆县第六区双路乡辖；1958 年 9 月，白庙大队隶属于东风人民公社双合管理区管辖，1984 年 1 月，白庙大队隶属洑水区牌楼人民公社管辖。1975 年 2 月，白庙大队隶属于浠水人民公社牌楼管理区管辖；1984 年元月，白庙大队改为白庙村系浠水区双路乡管辖；1987 年 10 月，白庙村系浠水镇管辖，沿用至今。

徐家独屋[Xú jiā dú wū]　隶属于浠水镇白庙村。“徐家”指徐姓居民，“独屋”指居住人口较少的村庄。该居民点位于白庙村南部，距村委会所在地 50 米，居民点呈条状分布。东接熊家塆，西邻徐棚村巫家塆，南连熊岗村，北靠白庙村庙山。面积约 0.12 平方千米，主要姓氏为徐，主要为汉族。2014 年年末，共有村民 20 户、65 人。耕地面积约 0.063 平方千米，主要农作物为水稻、小麦，主要经济来源为种植农作物及外出打工。

程家大塆[Chéng jiā dà wān]　隶属于浠水镇白庙村。以姓氏和村庄规模命名。该居民点位于白庙村东部，距村委会所在地 1500 米，居民点呈条状分布。东接陈店乡高岗村吴家塆，西邻深塘角，南连熊岗村巫家塆，北靠张家塆、马家咀。面积约 0.4 平方千米，居民主要姓氏为程，主要为汉族。2014 年年末，共有村民 91 户、543 人。耕地面积约 0.375 平方千米，主要农作物为水稻、小麦，主要经济来源为种植农作物及外出打工。

后阚家塆[Hòu kàn jiā wān]　隶属于浠水镇白庙村。以方位和居民姓氏而命名。该居民点位于白庙村西北方向，距村委会所在地 500 米，居民点呈条状分布。东接伍家大塆，西邻双路村沟子塆，南连前阚家塆，北靠双路村周家塆。面积约 0.156 平方千米，居民主要姓氏为阚，主要为汉族。2014 年年末，共有村民 26 户、94 人。耕地面积约 0.082 平方千米，主要农作物为水稻、小麦，主要经济来源为种植农作物及外出打工。

马家咀[Mǎ jiā zuǐ]　隶属于浠水镇白庙村。以居民姓氏和地理特征综合命名。该居民点位于白庙村东北方向，距村委会所在地 1000 米，居民点呈条状分布。东接陈店乡高岗村丁家塆，西邻张家塆，南连程家大塆，北靠三合村黄家塆。面积约 0.18 平方千米，居民主要姓氏为马，主要为汉族。2014 年年末，共有村民 30 户、109 人。耕地面积约 0.087 平方千米，主要农作物为水稻、小麦，主要经济来源为种植农作物及外出打工。

前阚家塆[Qián kàn jiā wān]　隶属于浠水镇白庙村。清朝康熙年间，阚姓兄弟二人从麻城过籍到此定居。该居民点以阚姓居民居多，初期有两个阚家塆，为区分两处故按所处前后位置分为前阚家塆和后阚家塆。该居民点为前阚家塆。该居民点位于白庙村西北方向，距村委会所在地 1.2 千米，居民点呈条状分布。东接熊家塆，西邻徐棚村园子塆，南连巫家塆，北靠伍家大塆。面积约 0.156 平方千米，居民主要姓氏为阚，居民主要为汉族。2014 年年末，共有村民 26 户、94 人。耕地面积约 0.082 平方千米，主要农作物为水稻、小麦，主要经济来源为种植农作物及外出打工。

深塘角[Shēn táng jiǎo]　隶属于浠水镇白庙村。该居民点位于两个池塘的塘角处，故名。该居民点隶属于浠水镇白庙村村民委员会辖，位于白庙村村委会东，聚落呈条状分布。东接程家大塆，西邻村委会办公室，南连熊岗村，北靠张家塆、前阚家塆、后阚家塆的交界。居民以程、熊姓居多，均为汉族。共有 41 户，共 146 人。总面积 2.46 平方千米，其中耕地面积 0.098 平方千米。主要农作物为水稻、小麦，主要经济来源为种植农作物及外出打工。

伟家独屋[Wèi jiā dú wū]熊家独屋[Xiong jiā dú wū]　隶属于洑水镇白庙村。该居民点位于白庙村东南部，距村委会所在地200米，居民点呈条状分布。东接鲤鱼大塘，西邻宋家独屋，北靠熊岗村。面积约0.246平方千米，居民主要为汉族。2014年年末，共有村民41户、146人。耕地面积约0.098平方千米，主要农作物为水稻、小麦，主要经济来源为种植农作物及外出打工。

巫家塆[Wū jiā wān]　隶属于洑水镇白庙村。以姓氏命名。该居民点位于白庙村西部，距村委会所在地150米，居民点呈条状分布。东接熊家独屋，西邻徐棚村园子塆，南连熊岗村，北靠前阙家塆。面积约1.2平方千米，居民主要姓氏为巫，居民主要为汉族。2014年年末，共有村民20户、65人。耕地面积约0.063平方千米，主要农作物为水稻、小麦，主要经济来源为种植农作物及外出打工。

伍家大塆[Wǔ jiā dà wān]　隶属于洑水镇白庙村。明朝洪武年间，伍姓家族有兄弟二人从麻城过籍到此定居，后伍姓人口众多，故名。该居民点位于白庙村北部，呈条状分布。东接张家塆，西邻双路村楼子塆，南连前阙家塆，北靠双路村周家塆。面积约0.18平方千米，居民主要姓氏为伍，主要为汉族。2014年年末，共有村民61户、203人。耕地面积约0.138平方千米，主要农作物为水稻、小麦，主要经济来源为种植农作物及外出打工。

熊家塆[Xióng jiā wān]　隶属于洑水镇白庙村。该居民点居民祖籍在双路熊岗村，后移居此地，故名。该居民点位于白庙村东部，距村委会所在地100米，居民点呈条状分布。东接深塘角，西南皆邻徐家独屋，北靠前阙家塆。面积约0.132平方千米，居民主要姓氏为熊，主要为汉族。2014年年末，共有村民22户、73人。耕地面积约0.069平方千米，主要农作物为水稻、小麦，主要经济来源为种植农作物及外出打工。

张家塆[Zhāng jiā wān]　隶属于洑水镇白庙村。以姓氏命名。该居民点位于白庙村东北部，距村委会所在地1千米，居民点呈条状分布。东接马家嘴，西邻张家大塆，南连程家大塆，北靠伍家大塆。面积约0.18平方千米，居民主要姓氏为张，主要为汉族。2014年年末，共有村民30户、109人。耕地面积约0.087平方千米，主要农作物为水稻、小麦，主要经济来源为种植农作物及外出打工。

四、板桥村[Bǎnqiáo Cūn]

隶属于洑水镇。据传清末时期，有一柳姓商人从襄阳城运输大米到孝昌县花园，涢水岔河阻断交通，就用木板搭建一座桥梁，初称柳家板桥。新中国成立后入农业合作社社前称柳家村，后更名为板桥村。该村位于洑水镇人民政府所在地西北部，村委会所在地栗树塆旧316国道西边，距镇政府所在地6千米，为丘陵山地地形。东接文桥村，西邻望河村、毛庙村，南连文桥村，北靠社庙村。截至2014年9月，辖区内主要有9个自然塆：姚家塆、孙家塆、三部一店、文家塆、刘家塆、叶家独屋、座屋塆、栗树塆、草屋塆，另有消失居民点8个：王家塆、周家独屋、黄家塆、姚家洼、范家凹、南山独屋、张家独屋、中间凹。村内有常住居民198户，共725人。辖区占地面积2.5平方千米，其中耕地面积0.496平方千米，水域面积

0.1367 平方千米，林地面积 0.76 平方千米，其中生态林面积 0.396 平方千米，主要农作物为小麦、水稻、油菜。全村共有塘堰 85 处，总蓄水面积达 0.067 平方千米，总蓄水量达 30 万立方米，主要经济来源以业务经商和畜禽养殖为主。村委会现有干部 3 名。新老 316 国道、老汉孟公路和武襄铁路穿村而过，交通十分便利。

1949 年 10 月，板桥隶属于㳇水区管辖；1954 年 8 月属㳇水区永合乡管辖，1958 年 9 月板桥大队隶属于东风(㳇水)人民公社永合管理区(今三陂)管辖；1961 年属㳇水区三陂人民公社辖。1975 年 2 月，撤区并社，板桥大队隶属于㳇水人民公社三陂管理区管辖；1984 年元月，复置区(镇)、乡(镇)、村，板桥大队改为板桥村系㳇水区三陂乡管辖；1987 年 10 月，撤区并乡，㳇水镇由原㳇水办事处、三陂、双路乡并成，板桥村系㳇水镇管辖，沿用至今。

三部一店[Sān bù yī diàn]　隶属于㳇水镇板桥村。20 世纪 90 年代初期，板桥村为兴办村级企业，响应㳇水区提出的“151”工程计划，该村 6 组农户为交通便利和增加家庭经济收入，有 5 户人家搬至 316 国道边居住并做起了生意，并有 4 户居民办起了不同类型的三级收购部、代销部、汽修部和饭店，创办了“三部一店”。该居民点位于板桥村委会所在地北部 1 千米，为丘陵山地地形，居民点环绕分布。原胡家独屋并入三部一店。东接文家塆，西邻望河村查家塆，南连孙家塆，北靠毛庙村 1 组(杨家独屋)。面积约 1.5 平方千米，居民主要姓氏为叶、黄，主要为汉族。2014 年年末，共有村民 20 户 73 人，耕地面积约 0.12 平方千米，主要农作物为小麦、水稻、油菜，主要经济来源以外地务工为主。

孙家塆[Sūn jiā wān]　隶属于㳇水镇板桥村。以姓氏命名。该居民点位于板桥村北部，距村委会所在地 800 米，为丘陵山地地形，居民点呈条状分布。东接老 316 国道，西邻府河及望河村望河店，南连长堰，北靠三部一店。面积约 0.7 平方千米，居民主要姓氏为孙，主要为汉族。2014 年年末，共有村民 34 户、149 人。耕地面积约 0.12 平方千米，水田面积约 0.084 平方千米。主要农作物为小麦、水稻、油菜，主要经济来源以外地务工为主。

文家塆[Wén jiā wān]　隶属于㳇水镇板桥村。以姓氏命名。文家上大塆与文家下大塆合称文家塆。东接文桥村文家冲，西邻孙家塆，南连棣树塆，北靠武襄铁路。面积约 0.64 平方千米，居民主要姓氏为文，主要为汉族。2014 年年末，共有村民 52 户、186 人。主要农作物为小麦、水稻、油菜，主要经济来源以外地务工为主。

姚家塆[Yáo jiā wān]　隶属于㳇水镇板桥村。以姓氏命名。该居民点位于板桥村西南部，为丘陵山地地形，居民点呈块状分布。东接老铁路，西邻府河，南连文桥村，北靠棣树塆。面积约 0.8 平方千米，其中耕地面积 0.107 平方千米，水田面积 0.067 平方千米。居民主要姓氏为姚，均为汉族。2014 年年末，共有村民 48 户、175 人。主要农作物为小麦、水稻、油菜，主要经济来源以外地务工为主。

王家塆[Wáng jiā wān]　隶属于㳇水镇板桥村。以姓氏命名。该居民点位于板桥村东北部。因修武襄铁路而整体搬迁。

刘家塆[Liú jiā wān]　隶属于㳇水镇板桥村。以姓氏命名。该居民点位于板桥村北部，东接叶家院墙，西邻老 316 国道，南连老 316 国道，北靠毛庙村杨家独屋。2014 年年底有居民 4 户 13 人。

叶家独屋[Yè jiā dú wū] 隶属于洑水镇板桥村。以姓氏和村庄规模综合命名，亦称叶家院墙。该居民点位于板桥村北部，东接新汉丹铁路复线，西邻刘家塆，南连支二渠道，北靠汉丹铁路复线。2014年年底有居民4户14人，叶、何姓。

周家独屋[Zhōu jiā dú wū] 隶属于洑水镇板桥村。以姓氏和村庄规模综合命名。该居民点并入姚家塆。

座屋塆[Zuò wū wān] 隶属于洑水镇板桥村。该居民点位于板桥村南部，东接座屋塆塘，西邻村委会，南连老铁路，北靠老316国道。2014年年底有居民1户2人。

栗树塆[Lì shù wān] 隶属于洑水镇板桥村。以物产命名。该居民点位于板桥村村委会，东接座屋塆，西邻老铁路，南连老铁路，北靠邓家塘。2014年年底有居民3户14人。

黄家塆[Huáng jiā wān] 隶属于洑水镇板桥村。以姓氏命名。该居民点位于板桥村东北部，20世纪80年代整体搬迁，旧址为农田。

姚家洼[Yáo jiā wā] 隶属于洑水镇板桥村。以姓氏和地理特征综合命名。该居民点位于板桥村东北部，东接死人沟，四周为山。

草屋塆[Cǎo wū wān] 隶属于洑水镇板桥村。以建筑特征命名。该居民点位于板桥村西南部，东接汉孟公路，西邻府河，南连姚家塆，北靠望河村。2014年年底有居民1户2人，姚姓。

范家凹[Fàn jiā wā] 隶属于洑水镇板桥村。以姓氏和地理特征综合命名。该居民点位于板桥村西南部，东接老铁路，西邻汉孟公路，南连姚家塆，北靠孙家塆。因自然环境现已无人居住。

南山独屋[Nán shān dú wū] 隶属于洑水镇板桥村。以地理方位与村庄规模综合命名。该居民点位于板桥村东北部，东接老学校，西邻老316国道，南连老316国道，北靠王家塆。因自然环境现已无人居住。

张家独屋[Zhāng jiā dú wū] 隶属于洑水镇板桥村。以姓氏与村庄规模综合命名。亦称何家独屋。该居民点位于板桥村西部。西邻府河，南连草屋塆，北靠望河村。现有居民8户28人，以孙姓为主。

中间凹[Zhōng jiā nwā] 隶属于洑水镇板桥村。以方位与地理特征综合命名。该居民点位于板桥村东北部，东接文家塆，西邻老学校，南连老316国道，北靠田地。因自然环境现已无人居住。

五、车站村[Chēzhàn Cūn]

隶属于洑水镇。原名团结大队，因汉丹铁路在其辖区内建有4级车站“三陂港”而得名车站大队，后改名车站村。车站村位于洑水镇北部，村委会所在地老316国道刘家堰，距洑水镇政府所在地1500米。该村东接刘畈村、红桥村，南连涢港社区，西邻烟店镇冯庙村，北靠三陂、文桥、杨桥村。居民主要姓氏为李、赵、刘，主要为汉族。辖区总面积约4.3平方千米，耕地面积约2.5平方千米，山地面积约0.903平方千米。全村共有435户，共1818人，主要农作物为水稻、小麦。辖管胡家塆、李家坡、李家西塆新村、刘家塆、陆家塆、盛家独屋、时家响塘塆、唐家塆、小唐家塆、学堂塆、余家塆、詹家塆、赵家畈、罗家塆、巫家独屋15个自然塆和1个消失的居民点朱家塆。村民委员会有职工4人。316国道穿村而过，落户该村有敖农集团，建材、石化等多家企业。

1949年10月，隶属于洑水区管辖。1952年10月，隶属于安陆县第六区洑水乡管辖。1954年8月，隶属于洑水区洑水乡管辖。1956年3月，隶属于安陆县第六区洑水乡管辖。1958年9月，隶属于东风人民公社洑水管理区管辖。1958年12月，隶属于洑水人民公社洑水管理区管辖。1961年4月属洑水区洑水人民公社管辖。1962年原团结大队更名为车站大队。1975年2月，隶属于洑水人民公社洑水管理区管辖。1984年1月，车站村隶属于洑水区洑水镇管辖。1986年2月，隶属于洑水镇洑水办事处管辖。1987年10月，隶属于洑水镇管辖，沿用至今。

胡家塆[Hú jiā wān]　隶属于洑水镇车站村。以姓氏命名。该居民点位于车站村北部，距村委会所在地1.5千米，居民点呈块状分布。东接陆家塆，西邻石家大山，南连唐家塆，北靠詹陆胡水库。面积约0.021平方千米，居民主要姓氏为胡，主要为汉族。全塆共有村民13户、45人。耕地面积约0.013平方千米，主要农作物为水稻、小麦，主要经济来源为种植农作物及外出打工。

李家坡[Lǐ jiā pō]　隶属于洑水镇车站村。以姓氏和地理特征命名。该居民点位于车站村西南部，距村委会所在地0.2千米，居民点呈块状分布。东接红桥村张家咀，西邻李家西塆新村，南连朱家塆，北靠刘家堰。面积约0.9平方千米，居民主要姓氏为李，主要为汉族。全塆共有村民60户、554人。耕地面积约0.13平方千米，主要农作物为水稻、小麦，主要经济来源为种植农作物及外出打工。

李家西塆新村[Lǐ jiā xī wān xīn cūn]　隶属于洑水镇车站村。1975年因新农村建设，政府决定由李家坡搬迁到新316国道西边建立新居民点，故名。该居民点位于车站村西部，距村委会所在地0.7千米，居民点呈块状分布。东接李家坡，西邻烟店镇冯庙村冯家塆，南连赵家畈，北靠盛家独屋。面积约0.09平方千米，居民主要姓氏为李，主要为汉族。全塆共有村民27户、120人。耕地面积约0.021平方千米，主要农作物为水稻、小麦，主要经济来源为种植农作物及外出打工。

刘家塆[Liú jiā wān]　隶属于洑水镇车站村。以姓氏而命名，又称刘家堰。该居民点位于车站村西部，距村委会所在地0.2千米，居民点呈块状分布。东接李家坡，西邻李家西塆新村，南连李家坡，北靠强新建材场。面积约0.01平方千米，居民主要姓氏为刘，主要为汉族。全塆共有村民6户、30人。耕地面积约0.008平方千米，主要农作物为水稻、小麦，主要经济来源为种植农作物及外出打工。

陆家塆[Lù jiā wān]　隶属于洑水镇车站村。以姓氏命名。该居民点位于车站村北部，距村委会所在地2千米，居民点呈块状分布。东接詹家塆，西邻胡家塆，南连新316国道，北靠山林。面积约0.009平方千米，居民主要姓氏为詹、胡姓，主要为汉族。全塆共有村民4户、24人。耕地面积约0.002平方千米，主要农作物为水稻、小麦，主要经济来源为种植农作物及外出打工。

盛家独屋[Shèng jiā dú wū]　隶属于洑水镇车站村。以姓氏和村庄规模命名。该居民点位于村委会东南部，距村委会所在地0.5千米，居民点呈块状分布。东接汉丹铁路，西邻府河，南连刘家堰，北靠三陂火车站。面积约0.005平方千米，居民主要姓氏为盛，主要为汉族。全塆共有村民2户、4人。耕地面积约0.0028平方千米，主要农作物为水稻、小麦，主要经济来源为种植农作物及外出打工。

时家响塘[Shí jiā xiǎng táng]　隶属于洑水镇车站村。据传古代一皇帝，问两厨师是甜食好吃还是咸食好吃？一厨师说甜的好吃，一厨师说咸的好吃，皇帝品味甜的好吃，咸的不好吃，说咸食好吃的厨师欺君，就把他的头砍了，皇帝吃了半年甜食后身体黄皮寡瘦，唤太医一看问明吃甜食长了对身体有害，要吃咸食，改吃咸食数日后皇帝身体恢复健康，皇帝觉醒错杀了说吃咸食的厨师，下旨厚葬。但厨师头已腐烂，皇帝下令做一金头，又怕人盗墓，于是找了十个地方挖了做坟，在每个坟边各挖了一个塘，故而得名。亦称时家响塘(时家享堂)、时家塆。从享堂残存的石雕像服饰看，这个享堂应该是宋代遗存。该居民点位于车站村北部，距村委会所在地1.5千米，居民点呈块状分布。东接刘畈村朱家塆，西邻三陂村三陂港，南连唐家塆，北靠文桥村、杨桥村。面积约1.4平方千米，居民以胡、时姓居多，主要为汉族。全塆共有村民25户、85人。耕地面积约0.11平方千米，主要农作物为水稻、小麦，主要经济来源为种植农作物及外出打工。

唐家塆[Táng jiā wān]　隶属于洑水镇车站村。以姓氏命名。该居民点位于车站村北部，距村委会所在地0.6千米，居民点呈块状分布。东接刘畈村，西邻三陂村，南连姚家塆，北靠时家响塘。面积约1.5平方千米，居民主要姓氏为唐，姚，主要为汉族。全塆共有村民22户、185人。耕地面积约0.12平方千米，主要农作物为水稻、小麦，主要经济来源为种植农作物及外出打工。

小唐家塆[Xiǎo táng jiā wān]　隶属于洑水镇车站村。该居民点唐姓居民由唐家塆迁出到此居住，村庄规模比唐家塆小，故名。该居民点位于车站村东北部，距村委会所在地2.5千米，居民点呈块状分布。东接时家大山，西邻老汉孟公路，南连老316国道、三陂村，北靠时家大山。面积约0.02平方千米，居民主要姓氏为唐、张，主要为汉族。全塆共有村民8户、20人。耕地面积约0.013平方千米，主要农作物为水稻、小麦，主要经济来源为种植农作物及外出打工。

学堂塆[Xué táng wān]　隶属于洑水镇车站村。民国时期盛义元有文化、有资力私办一所私塾学堂，威望极高，故而得名。该居民点位于车站村东北部，距村委会所在地0.7千米，居民点呈块状分布。东接红桥村金家塆，西邻刘家堰，南连朱家塆，北靠罗家塆。面积约0.02平方千米，居民主要姓氏为罗，主要为汉族。全塆共有村民6户、30人。耕地面积约0.008平方千米，主要农作物为水稻、小麦，主要经济来源为种植农作物及外出打工。

余家塆[Yú jiā wān]　隶属于洑水镇车站村。以姓氏命名。该居民点位于车站村南部，距村委会所在地0.7千米，居民点呈块状分布。东接涢港居委会李家东塆，西邻赵家畈，南连居委会余岗，北靠李家坡。面积约0.025平方千米，居民主要姓氏为余，主要为汉族。全塆共有村民5户、25人。耕地面积约0.013平方千米，主要农作物为水稻、小麦，主要经济来源为种植农作物及外出打工。

詹家塆[Zhān jiā wān]　隶属于洑水镇车站村。以姓氏命名。该居民点位于车站村东北部，距村委会所在地1.8千米，居民点呈块状分布。东接乱石河，西邻陆家塆，南连新316国道，北靠长山。面积约0.12平方千米，居民主要姓氏为詹，主要为汉族。全塆共有村民13户、40人。耕地面积约0.02平方千米，主要农作物为水稻、小麦，主要经济来源为种植农作物及外出打工。

赵家畈[Zhào jiā fàn]　隶属于洑水镇车站村。以居民姓氏和地理特征综合命名。该居民点位于车站村西部，距村委会所在地 1.8 千米，居民点呈块状分布。东接洑水镇涢港居委会，西邻府河，南连涢港居委会，北靠李家坡。面积约 0.8 平方千米，居民以赵姓居多，主要为汉族。全塆共有村民 58 户、523 人。耕地面积约 0.16 平方千米，主要农作物为水稻、小麦，主要经济来源为种植农作物及外出打工。

罗家塆[Luó jiā wān] 隶属于洑水镇车站村。以居民姓氏命名。该居民点位于车站村东北部。东接刘畈村，西邻刘家堰，南连刘家堰，北靠唐家塆。居民以罗姓居多，主要为汉族。全塆共有村民 20 户、90 人。

巫家独屋[Wū jiā dú wū] 隶属于洑水镇车站村。以居民姓氏和村庄规模综合命名。该居民点位于车站村西北部。东接汉丹铁路，西邻府河，南连李家坡，北靠火车站。全塆有居民 3 户 12 人，王姓。

朱家塆[Zhū jiā wān] 隶属于洑水镇车站村。以居民姓氏命名。该居民点位于车站村东北部。东接刘畈村，西邻胡家塆，南连新 316 国道，北靠詹家塆。因自然环境原因现已无人居住。

六、方棚村[Fāngpéng Cūn]

隶属于洑水镇。因辖区内昔时有一居民点方家棚子而得名。方棚村位于洑水镇东北部，村委会所在地王家大山，距镇政府 4 千米。该村东接文武村、秦坝村，西邻坝堤村、军刘村，南连聂寨村、望城村，北靠接官乡土寨村。辖区总面积 4.5 平方千米，耕地面积 0.802 平方千米。居民主要姓氏为邹、罗、方，居民主要为汉族。2014 年年末，共有村民 270 户、1502 人。主要农作物为水稻、小麦。辖管丁家冲、大布街、方家塆、傅家塆、桂花树塆、姜家独屋、栗林塆、罗家老塆、邹家大塆、汪家塆、熊家塆、余家塆、嘴上塆、孙家塆、潘家塆、曾家独屋 16 个自然塆。村民委员会有干部 4 人。

1949 年 10 月隶属于洑水区管辖。1952 年 10 月属安陆县第六区方棚乡管辖。1954 年 8 月属洑水区方棚乡管辖。1956 年属安陆县第六区洑水乡管辖。1958 年 9 月建立人民公社，属东风人民公社洑水管理区管辖。1958 年 12 月属洑水人民公社洑水管理区管辖。1961 年 4 月属洑水区洑水人民公社管辖。1975 年 2 月属洑水人民公社洑水管理区管辖。1984 年元月，属洑水镇管辖(1986 年洑水镇改为洑水办事处)。1987 年 10 月洑水镇由原洑水办事处、三陂、双路乡并成，方棚村系洑水镇管辖，沿用至今。

大布街[Dà bù jiē] 隶属于洑水镇方棚村。该地昔时以经营土大布(手工织布)制作、买卖而得名。该居民点位于方棚村东北部，距村委会所在地 1.2 千米。东接秦坝村，西邻方棚村市场，南连傅家塆，北靠刘家塆。面积约 0.017 平方千米，居民主要姓氏为邹，主要为汉族。2014 年年末，共有村民 2 户、6 人。耕地面积约 0.009 平方千米，主要农作物为水稻、小麦，主要经济来源为种植农作物及外出打工。

丁家冲[Dīng jiā chōng] 隶属于洑水镇方棚村。以姓氏和地理特征综合命名。该居民点位于方棚村东北部，距村委会所在地 1.7 千米，居民点呈块状分布。东接罗家老塆，西邻军刘村，南连孙家塆，北靠接官乡白岗村。面积约 0.033 平方千米，居民主要姓氏为丁，主要为汉族。2014 年年末，共有村民 8 户、40 人。耕地面积约 0.015 平方千米，主要农作物为水稻、小麦，主要经济来源为种植农作物及外出打工。

傅家塆[Fù jiā wān]　隶属于洑水镇方棚村。以姓氏命名。该居民点位于方棚村东南部5组山脚边，距村委会所在地1.42千米，居民点呈块状分布。东接秦坝村秦家塆，西邻罗家塆，南连4组东罗家塆，北靠嘴上塆。面积约0.262平方千米，居民主要姓氏为傅，主要为汉族。2014年年末，共有村民16户、131人。耕地面积约0.174平方千米，主要农作物为水稻、小麦，主要经济来源为种植农作物及外出打工。

桂花树塆[Guì huā shù wān]　隶属于洑水镇方棚村。昔时该地种植有桂花树而得名。该居民点位于方棚村西南部，距村委会所在地1.5千米，居民点呈块状分布。东接栗树塆，西邻余家塆，南连通村公路，北靠永茂生态科技林场。面积约0.3平方千米，居民主要姓氏为邹，主要为汉族。2014年年末，共有村民26户、193人。耕地面积约0.26平方千米，主要农作物为水稻、小麦，主要经济来源为种植农作物及外出打工。

姜家独屋[Jiāng jiā dú wū]　隶属于洑水镇方棚村。以姓氏和村庄规模综合命名。该居民点位于方棚村东部，距村委会所在地2千米，居民点呈块状分布。东接文武村，西邻罗家老塆，南连对门大山，北靠接官乡白岗村袁家塆。面积约0.255平方千米，居民主要姓氏为姜，主要为汉族。2014年年末，共有村民18户、132人。耕地面积约0.187平方千米，主要农作物为水稻、小麦，主要经济来源为种植农作物及外出打工。

栗林塆[Lì lín wān]　隶属于洑水镇方棚村。该居民点房屋后种了很多板栗树，因此而得名。该居民点位于方棚村东北部，距村委会所在地1.25千米，居民点呈块状分布。东接邹家大塆，西邻桂花树塆，南连聂寨村，北靠榜上塆。面积约0.24平方千米，居民主要姓氏为刘，主要为汉族。2014年年末，共有村民16户、130人。耕地面积约0.18平方千米，主要农作物为水稻、小麦，主要经济来源为种植农作物及外出打工。

罗家老塆[Luó jiā lǎo wān]　隶属于洑水镇方棚村。"罗家"指罗姓居民，"老塆"指年代久远的村庄。该居民点位于方棚村东北部，距村委会所在地1.9千米，居民点呈块状分布。东接姜家独屋，西邻孙家塆，南连刘家独屋，北靠接官乡白岗村。面积约0.4平方千米，居民主要姓氏为罗，主要为汉族。2014年年末，共有村民29户、243人。耕地面积约0.33平方千米，主要农作物为水稻、小麦，主要经济来源为种植农作物及外出打工。

汪家塆[Wāng jiā wān]　隶属于洑水镇方棚村。以姓氏命名。该居民点位于方棚村东北部，距村委会所在地1.12千米。居民点呈块状分布。东接罗家老塆，西邻潘家塆，南连村市场中心，北靠丁家中塆。面积约0.21平方千米，居民主要姓氏为汪，主要为汉族。2014年年末，共有村民18户、120人。耕地面积约0.166平方千米，主要农作物为水稻、小麦，主要经济来源为种植农作物及外出打工。

熊家塆[Xióng jiā wān]　隶属于洑水镇方棚村。以姓氏命名。该居民点位于方棚村东北部，距村委会所在地1.1千米，居民点呈块状分布。东接大布街、秦畈村，西邻孙家塆，南连傅家塆、咀上塆，北靠刘家独屋。面积约0.18平方千米，居民主要姓氏为罗，主要为汉族。2014年年末，共有村民18户、112人。耕地面积约0.15平方千米，主要农作物为水稻、小麦，主要经济来源为种植农作物及外出打工。

邹家大塆[Zōu jiā dà wān]　隶属于洑水镇方棚村。原名曾家大塆，因邹姓取代曾姓，故更名。该居民点位于方棚村东南部，距村委会所在地1.2千米，居民点呈块状分布。东接罗家塆，西邻栗林塆，南连河边、聂寨村，北靠方家塆。面积约0.08平方千米，居民主要姓氏为邹，主要为汉族。2014年年末，共有村民25户、96人。耕地面积约0.05平方千米，主要农作物为水稻、小麦，主要经济来源为种植农作物及外出打工。

咀上塆[Zuǐ shàng wān]　隶属于洑水镇方棚村。因该居民点位于一个形似嘴巴的山坡上而得名。该居民点位于方棚村西南部，距村委会所在地0.25千米，居民点呈块状分布。东接付家塆，西邻村办公室，南连罗家塆，北靠孙家塆。面积约0.26平方千米，居民主要姓氏为邹、罗、刘，主要为汉族。2014年年末，共有村民12户、93人。耕地面积约0.12平方千米，主要农作物为水稻、小麦，主要经济来源为种植农作物及外出打工。

余家塆[Yú jiā wān]　隶属于洑水镇方棚村。以姓氏命名。该居民点位于方棚村西南部。东接桂花树塆，西邻坝堤村，南连村级公路、河边，北靠坝堤村曲坊塆。面积约0.86平方千米，居民主要姓氏为邹，主要为汉族。2014年年末，共有村民8户、60人。耕地面积约0.046平方千米，主要农作物为水稻、小麦，主要经济来源为种植农作物及外出打工。

方家塆[Fāng jiā wān]　隶属于洑水镇方棚村。以姓氏命名。该居民点位于方棚村中部。东接咀上塆，西邻军刘村，南连邹家大塆，北靠潘家塆。面积约0.057平方千米，居民主要姓氏为方，主要为汉族。2014年年末，共有村民38户、160人。耕地面积约0.035平方千米，主要农作物为水稻、小麦，主要经济来源为种植农作物及外出打工。

孙家塆[Sūn jiā wān]　隶属于洑水镇方棚村。以姓氏命名。该居民点位于方棚村北部。东接熊家塆，西邻潘家塆，南连嘴上塆，北靠汪家塆。居民主要姓氏为孙、卢，主要为汉族。2014年年末，共有村民14户、70人。

潘家塆[Pān jiā wān]　隶属于洑水镇方棚村。以姓氏命名。该居民点位于方棚村北部。东接孙家塆，西邻军刘村，南连方家塆，北靠泵站、渠道、军刘村。居民主要姓氏为潘、白，主要为汉族。2014年年末，共有村民18户、60人。

曾家独屋[Zēng jiā dú wū]　隶属于洑水镇方棚村。以姓氏命名。该居民点位于方棚村中部。东接咀上塆，西邻邹家大塆，南连罗家塆，北靠方家塆。居民主要姓氏为邹，主要为汉族。2014年年末，共有村民2户、10人。

七、洑水村[Fúshuǐ Cūn]

隶属于洑水镇。该村位于洑水镇政府东边，村委会所在地安应线洑水初中对面，平洑线贯穿南北，新316国道纵横东西。东接坝堤村，西邻涢港社区，南连开发区雷庵社区，北靠金店村。截至2015年1月，该村共有9个自然塆：敖家独屋、陈家独屋、古门关、上徐家塆、汪家独屋、汪家塆、下徐家塆、徐家塆、朱家独屋。全村共有住户139户，人口472人。辖区总面积1平方千米，耕地面积0.475平方千米。主要农作物有水稻、小麦、油菜。

1949年10月隶属于洑水区管辖。1952年10月隶属于第六区洑水乡管辖。1954年8月隶属于洑水区洑水乡管辖。1956年3月属第六区洑水乡管辖。1958年9月建立人民公社，隶属于东风人民公社洑水管理区管辖。1958年底属洑水人民公社洑水管理区管辖。1961年4月属洑水区洑水人民公社管辖。1975年2月隶属于洑水人民公社洑水管理区管辖。1984年1月系洑水区洑水镇管辖(1986年洑水镇改为洑水办事处)。1987年10月系洑水镇管辖，沿用至今。

敖家独屋[Áo jiā dú wū]　隶属于洑水镇洑水村。以居民姓氏和村庄规模综合命名。该居民点隶属于洑水镇洑水村东部，聚落呈块状分布。东接下行沟，西部南部皆邻新316国道，北靠堤坝村。主要以敖姓为主，均为汉族。该塆有住户7户，人口28人。总面积0.0563平方千米，其中耕地面积0.0281平方千米。以种植水稻、小麦、油菜为主，主要经济来源为外出务工。

陈家独屋[Chén jiā dú wū]　隶属于洑水镇洑水村。以居民姓氏和村庄规模综合命名。该居民点隶属于洑水镇洑水村村民委员会辖，位于洑水村村委会东南部，聚落呈块状分布。东接雷庵社区，西邻孙家山，南连徐家塘，北靠上徐家塆。主要以陈姓为主，均为汉族。该塆有住户7户，人口28人。总面积0.0563平方千米，其中耕地面积0.0281平方千米。以种植水稻、小麦、油菜为主，主要经济来源为外出务工。

古门关[Gǔ mén guān]　隶属于洑水镇洑水村。古代这里是一条官道，从北至南而下，因关门只有一轨宽，故名“轨门关”，后因地势险要，讹名鬼门关，又忌讳此名，故更名为古门关。该居民点位于洑水村北部，聚落呈块状分布。东接新316国道，西邻徐家大山，南连涢港社区，北靠金店村。该塆有住户21户，人口83人。总面积0.15平方千米，其中耕地面积0.1平方千米。以种植水稻、小麦、油菜为主，主要经济来源为外出务工。

上徐家塆[Shàng xú jiā wān]　隶属于洑水镇洑水村。该居民点以徐姓居民居多，原只有一个徐家塆，后发展较快人口较多分居两处，为区分遂按所处方位分为上徐家塆和下徐家塆。该居民点位于洑水村村委会东南部，聚落呈块状分布。东接朱家独屋，西邻涢港社区，南连陈家独屋，北靠汪家塆。主要以徐姓氏为主，均为汉族。该塆有住户7户，人口21人。总面积0.0422平方千米，其中耕地面积0.0211平方千米。以种植水稻、小麦、油菜为主，主要经济来源为外出务工。

汪家独屋[Wāng jiā dú wū]　隶属于洑水镇洑水村。以居民姓氏和村庄规模综合命名，亦称徐家塆。该居民点位于洑水村西北部，聚落呈块状分布。东接洑水初中，西邻红桥村，南连涢港社区，北靠徐家大山。主要以汪姓为主，均为汉族。该塆有住户5户，人口31人。总面积0.0623平方千米，其中耕地面积0.0312平方千米。以种植水稻、小麦、油菜为主，主要经济来源为外出务工。

汪家塆[Wāng jiā wān]　隶属于洑水镇洑水村。以居民姓氏而命名。该居民点位于洑水村东南部，聚落呈块状分布，东接坝堤村棚子塆，西邻涢港社区黄土坡，南连上徐家塆，北靠古门关。主要以汪姓为主，均为汉族。该塆有住户24户，人口87人。总面积0.0812平方千米，耕地面积0.0406平方千米。以种植水稻、小麦、油菜为主，主要经济来源为外出务工。

下徐家塆[Xià xú jiā wān]　隶属于洑水镇洑水村。该居民点以徐姓居民居多，原只有一个徐家塆，后发展较快人口较多分居两处，为区分两处遂按所处方位分为上徐家塆和下徐家塆。该居民点位于洑水村东南部，聚落呈块状分布。东部南部皆连雷庵社区，西邻孙家独屋，北靠陈家独屋。主要以徐姓为主，均为汉族。该塆有住户 15 户，人口 60 人。总面积 0.1206 平方千米，其中耕地面积 0.0603 平方千米。以种植水稻、小麦、油菜为主，主要经济来源为外出务工。

徐家塆[Xú jiā wān]　隶属于洑水镇洑水村。以居民姓氏命名，与汪家独屋合并为一个塆。该居民点位于洑水村西北部，聚落呈块状分布。东接洑水初中，西邻红桥村，南连涢港社区，北靠徐家大山。主要以徐姓为主，均为汉族。该塆有住户 20 户，人口 98 人。总面积 0.12 平方千米，其中耕地面积 0.066 平方千米。以种植水稻、小麦、油菜为主，主要经济来源为外出务工。

朱家独屋[Zhū jiā dú wū]　隶属于洑水镇洑水村。以居民姓氏和村庄规模综合命名。该居民点位于洑水村东南部，聚落呈块状分布。东接新 316 国道，西邻金银山，南连雷庵社区敖家寨，北靠草塘。主要以朱姓为主，均为汉族。该塆有住户 3 户，人口 12 人。总面积 0.03 平方千米，其中耕地面积 0.015 平方千米。以种植水稻、小麦、油菜为主，主要经济来源为外出务工。

八、横山村[Héngshān Cūn]

隶属于洑水镇。一是因横山(古称陪尾山)，二是清朝同治年间，建有一座横山寺而得名。横山村位于洑水镇东北部，村委会所在地拱桥，门牌号 3-4。距洑水镇政府所在地 5000 米。该村东接接官乡马鞍村，西邻杨桥村，南连刘畈村，北靠接官乡吴畈村。辖区内面积约 3.4 平方千米，截至 2015 年 1 月，该村共有 13 个自然塆：大树塆、刘家塆、千工堰、杨家小塆、游家塆、李家塆、小张家塆、姚家独屋、付家塆、柯家塆、罗家塆、庹家塆、卢家塆，另有消失居民点 1 个：姜家塆。居民主要姓氏为刘、游、杨、李、秦，居民主要民族为汉族。共有村民 226 户、785 人。耕地面积约 0.6566 平方千米，山场面积约 2.01 平方千米。主要农作物有水稻、小麦、油菜。

1949 年 10 月，横山隶属于洑水区管辖。1954 年 8 月属洑水区洑水乡辖；1956 年，横山隶属于第六区洑水乡辖；1958 年 9 月，横山大队隶属于东风人民公社洑水管理区管辖；1958 年 12 月，横山大队属洑水人民公社洑水管理区管辖。1961 年 4 月，横山大队属洑水区洑水人民公社管辖。1962 年横山大队、长岗大队合并为横山大队；1975 年 2 月，横山大队隶属于洑水人民公社洑水管理区管辖；1984 年 1 月，横山村系洑水镇管辖(1986 年洑水镇改为洑水办事处)；1987 年 10 月，横山村系洑水镇管辖，沿用至今。

大树塆[Dà shù wān]　隶属于洑水镇横山村。昔时该居民点后山有一棵很大的檀树，故名。该居民点位于横山村西南部，距村委会所在地 3 千米，居民点呈条状分布。东接杨家小塆，西邻杨家小河，南连刘畈村，北靠杨桥村杨家大塆。面积约 0.05 平方千米，居民主要姓氏为刘，主要为汉族。2014 年年末，共有村民 6 户、20 人。耕地面积约 0.0268 平方千米，以种植水稻、小麦、油菜为主，主要经济来源为外出务工。

刘家塆[Liú jiā wān]　隶属于洑水镇横山村。据《刘氏宗谱》记载，在民国初年其“佐”字辈祖先从今刘畈村迁来定居，并在此繁衍生息，形成聚落，故名。该居民点位于横山村拱桥北部，距村委会所在地 0.1 千米，居民点呈条状分布。东接李家河边，西邻仰家院墙，南连仰家塆、村委会，北靠付家塆。面积约0.1平方千米，居民主要姓氏为刘姓，居民主要为汉族。2014年年末，共有村民12户、50人。耕地面积约0.05平方千米，以种植水稻、小麦、油菜为主，主要经济来源为外出务工。

千工堰[Qiān gōng yàn]　隶属于洑水镇横山村。当地居民为方便用水在塆前挖了一个堰，投入了一千多人力，故而得名。该居民点位于横山村东北部，聚落呈条状分布。东接刘家独屋，西邻上塆，南连仰家塆，北靠接官乡宋冲村。主要以肖、尹姓氏为主，均为汉族。全塆有住户7户，人口27人。总面积0.07平方千米，耕地面积0.035平方千米。以种植水稻、小麦、油菜为主，主要经济来源为外出务工。

杨家小塆[Yáng jiā xiǎo wān]　隶属于洑水镇横山村。以姓氏和村庄规模综合命名。该居民点位于横山村西部，居民点呈条状分布。东接关山，西邻杨家大塆，南连大树塆，北靠庙山。面积约0.0965平方千米，居民主要姓氏为杨，主要为汉族。2014年年末，共有村民14户、48人。耕地面积约0.0482平方千米，以种植水稻、小麦、油菜为主，主要经济来源为外出务工。

游家塆[Yóu jiā wān]　隶属于洑水镇横山村。以姓氏命名。该居民点位于横山村西北部，距村委会所在地2.5千米，居民点呈条状分布。东接柯家塆，西邻横山，南连徐家河渠道，北靠横山。面积约0.112平方千米，居民主要姓氏为游，主要为汉族。2014年年末，共有村民12户、56人。耕地面积约0.056平方千米，以种植水稻、小麦、油菜为主，主要经济来源为外出务工。

李家塆[Lǐ jiā wān]　隶属于洑水镇横山村。以姓氏命名。该居民点位于横山村东部，距村委会所在地400米，居民点呈条状分布。东接接官乡马鞍村，西邻李家河，南连刘畈村，北靠马鞍村。面积约0.07平方千米，居民主要姓氏为李，主要为汉族。2014年年末，共有村民7户、35人。耕地面积约0.035平方千米，以种植水稻、小麦、油菜为主，主要经济来源为外出务工。

小张家塆[Xiǎo zhāng jiā wān]　隶属于洑水镇横山村。民国以前称张家院墙、仰家院墙。因在此居住过一张姓当朝进士而得名。该居民点位于横山村北部，呈条状分布。东接接官乡吴畈村，西邻吴畈村，南连横山，北靠吴畈村。面积约0.05平方千米，居民主要姓氏为张、付、包，主要为汉族。2014年年末，共有村民3户、12人。耕地面积约0.025平方千米，以种植水稻、小麦、油菜为主，主要经济来源为外出务工。

姜家塆[Jiāng jiā wān]　隶属于洑水镇横山村。以姓氏命名。该居民点位于横山村西南部。东接养殖场，西邻油茶场，南连刘畈村，北靠柯家塆。现无人居住。

姚家独屋[Yáo jiā dú wū]　隶属于洑水镇横山村。以姓氏和村庄规模综合命名。该居民点位于横山村中东部。东接仰家院墙，西邻柯家独屋，南连庹家塆，北靠横山。居民主要姓氏为仰、姚，主要为汉族。2014年年末，共有村民3户、14人。

付家塆[Fù jiā wān]　隶属于洑水镇横山村。以姓氏命名。该居民点位于横山村东北部。东接2组姜家独屋，西邻陆家独屋，南连刘家塆，北靠小张家塆。居民主要姓氏为张、李、付，主要为汉族。2014年年末，共有村民9户、40人。

柯家塆[Kē jiā wān]　隶属于洑水镇横山村。以姓氏命名。该居民点位于横山村东南部。东接卢家塆，西邻姜家独屋，南连刘畈村，北靠庹家山。居民主要姓氏为柯、朱，主要为汉族。2014年年末，共有村民6

户、30 人。

罗家塆[Luó jiā wān]　隶属于浉水镇横山村。以姓氏命名。该居民点位于横山村西部。东接长山冈，西邻徐家河渠道，南连杨家小塆，北靠游家塆。居民主要姓氏为罗，主要为汉族。2014 年年末，共有村民 5 户、30 人。

庹家塆[Tuǒ jiā wān]　隶属于浉水镇横山村。以姓氏命名。该居民点位于横山村西部。东接仰家院墙，西邻无名山，南连徐家河渠道，北靠姚家独屋。居民主要姓氏为庹，主要为汉族。2014 年年末，共有村民 2 户、7 人。

卢家塆[Lú jiā wān]　隶属于浉水镇横山村。以姓氏命名。该居民点位于横山村东南部。东接刘畈村，西邻柯家塆，南连朱家独屋，北靠徐家河渠道。居民主要姓氏为卢，主要为汉族。2014 年年末，共有村民 6 户、30 人。

九、红桥村[Hóngqiáo Cūn]

隶属于浉水镇。当地有座红石头山，古时候用红色石条砌成一座小桥通行，故名。红桥村位于浉水镇北部，村委会所在地外语学校南 100 米，距浉水镇政府所在地 1 千米。该村东接金店村，西邻车站村，南连浉水镇幼儿园，北靠刘畈村。截至 2015 年 8 月，该村共有 19 个自然塆：盛家塆、檀树塆、唐家塆、吴家塆、新 316 东塆、新 316 西塆、张家咀、草屋、段家塆、辜家独屋、金家大塆、金家独屋、槲树塆、乐家塆、李家塆、陆家新塆、罗家塆、梅家独屋、唐家庙。共有村民 217 户、826 人。辖区内总面积约 1.8 平方千米，耕地面积约 0.9 平方千米。主要农作物有水稻、小麦、油菜。主要经济来源为打工。

1949 年 10 月，红桥隶属于浉水区管辖，1952 年 10 月，隶属于第六区浉水乡管辖。1954 年 8 月属浉水区浉水乡管辖。1956 年，红桥改隶属于第六区浉水乡；1958 年 9 月建立人民公社，红桥大队隶属于东风人民公社浉水管理区管辖，1958 年 12 月属浉水人民公社浉水管理区管辖。1961 年 4 月属浉水区浉水人民公社管辖。1975 年 2 月，红桥大队隶属于浉水人民公社浉水管理区管辖；1984 年元月，红桥村系浉水镇管辖（1986 年浉水镇改为浉水办事处）；1987 年 10 月，红桥村系浉水镇管辖，沿用至今。

盛家塆[Shèng jiā wān]　隶属于浉水镇红桥村。以姓氏命名。该居民点位于浉水镇红桥村北部，距村委会所在地 1500 米，居民点呈块状分布。东接陆家冲，西邻裤子塘，南连盛家冲盛家大塘，北靠罗家塆。面积约 0.04 平方千米，居民主要姓氏为盛，主要为汉族。2014 年年末，共有村民 2 户、8 人。耕地面积约 0.02 平方千米，以种植水稻、小麦、油菜为主，主要经济来源为外出务工。

檀树塆[Tán shù wān]　隶属于浉水镇红桥村。昔时该居民点内的山坡上长有一棵大檀树，故名。该居民点位于浉水镇红桥村北部，距村委会所在地 1 千米，居民点呈块状分布。东接徐家大山，西邻李家塆，南连陆家塆，北靠郭头山。面积约 0.032 平方千米，居民主要为汉族。2014 年年末，共有村民 2 户、6 人。耕地面积约 0.016 平方千米，以种植水稻、小麦、油菜为主，主要经济来源为外出务工。

唐家塆[Táng jiā wān] 隶属于洑水镇红桥村。据传唐朝时期，国家兴旺发达，当时此地的唐姓居民在此建立庙宇，辉煌阔气，故称此地为唐家庙，土改时期更名为唐家塆。该居民点位于洑水镇红桥村西北部，距村委会所在地1500米，居民点呈块状分布。东接乱石河，西邻刘畈村，南连张家嘴，北靠刘畈村。面积约0.064平方千米，居民主要姓氏为蔡、唐、刘，主要为汉族。2014年年末，共有村民7户、32人。耕地面积约0.032平方千米，以种植水稻、小麦、油菜为主，主要经济来源为外出务工。

吴家塆[Wú jiā wān] 隶属于洑水镇红桥村。以姓氏命名。吴家塆位于洑水镇红桥村北部，距村委会所在地1500米，居民点呈块状分布。东接徐家大山，西邻郧头山，南连陆家冲椰树塆，北靠金店村金家独屋。面积约0.04平方千米，居民主要姓氏为吴，主要为汉族。2014年年末，共有村民2户、9人。耕地面积约0.02平方千米，以种植水稻、小麦、油菜为主，主要经济来源为外出务工。

新316东塆[Xīn 316 Dōng wān] 隶属于洑水镇红桥村。因位于新316国道东而命名。该居民点位于洑水镇红桥村东北部，距村委会1千米，居民点呈块状分布。东接花葫芦岗，西邻辜家独屋，南连洑水村、金店村，北靠花葫芦岗。面积约0.04平方千米，居民以吴、梅姓居多，主要为汉族。2014年年末，共有村民3户、12人。耕地面积约0.02平方千米，以种植水稻、小麦、油菜为主，主要经济来源为外出务工。

新316西塆[Xīn 316 Xī wān] 隶属于洑水镇红桥村。因当地位于新316国道西而得名。该居民点位于洑水镇红桥村东北部，距村委会所在地1千米，居民点呈块状分布。东接李家塆，西邻刘畈村，南连陆家冲，北靠连山。面积约0.044平方千米，居民以金、罗姓居多，主要为汉族。2014年年末，共有村民3户、22人。耕地面积约0.022平方千米，以种植水稻、小麦、油菜为主，主要经济来源为外出务工。

张家咀[Zhāng jiā zuǐ] 隶属于洑水镇红桥村。以居民姓氏和地理实体形态特征综合命名。该居民点隶属于洑水镇红桥村西部，距村委会所在地1000米，居民点呈块状分布。东接红桥村草屋，西邻车站村乱石河，南连洑水港，北靠陆家新塆。面积约0.268平方千米，居民主要姓氏为张、刘，主要为汉族。2014年年末，共有村民40户、200人。耕地面积约0.134平方千米，以种植水稻、小麦、油菜为主，主要经济来源为外出务工。

草屋[Cǎo wū] 隶属于洑水镇红桥村。以传说故事命名。“草屋”之草本指耕地拉犁之黄牛、水牛食用的草料，古时传说洑水港南部的“金牛沟”处有一头“金牛”，每到夜深人静的时候就来到此处啃食此处草棚的草及附近的草料，天亮之时悄然离去，后来人们就称此处为“草屋”。该居民点隶属于洑水镇红桥村南部，距村委会所在地100米，居民点呈块状分布。东接大契路，西邻曹家塆，南连洑水中心幼儿园，北靠安陆工业技术学校。面积约0.16平方千米，居民以李、张、陈姓居多，主要为汉族。2014年年末，共有村民20户、80人。耕地面积约0.08平方千米，以种植水稻、小麦、油菜为主，主要经济来源为外出务工。

段家塆[Duàn jiā wān] 隶属于洑水镇红桥村。以姓氏命名。该居民点位于洑水镇红桥村东部，距村委会所在地500米，居民点呈块状分布。东接洑水泵站渠道，西邻陆家冲，南连金家独屋，北靠连山。面积约0.05平方千米，居民主要姓氏为段、吴、梅，均为汉族。2014年年末，共有村民4户、17人。耕地面积约0.017平方千米，以种植水稻、小麦、油菜为主，主要经济来源为外出务工。

辜家独屋[Gū jiā dú wū] 隶属于洑水镇红桥村。以姓氏和村庄规模综合命名。该居民点位于洑水镇红桥村北部，距村委会所在地500米，居民点呈块状分布。东接吴家塆、段家塆，西邻工业技术学校，南连陆家冲，北靠村级公路。面积约0.05平方千米，居民主要姓氏为辜，主要为汉族。2014年年末，共有村民2户、12人，耕地面积约0.02平方千米，以种植水稻、小麦、油菜为主，主要经济来源为外出务工。

金家大塆[Jīn jiā dà wān] 隶属于洑水镇红桥村。以姓氏和村庄规模综合命名。该居民点位于洑水镇红桥村西北部，距村委会所在地1500米，居民点呈块状分布。东接盛家塆，西邻乱石河，南连罗家大塆，北靠乱石河。面积约0.144平方千米，居民主要姓氏金，主要为汉族。2014年年末，共有村民18户、72人。耕地面积约0.072平方千米，以种植水稻、小麦、油菜为主，主要经济来源为外出务工。

金家独屋[Jīn jiā dú wū] 隶属于洑水镇红桥村。以姓氏和村庄规模综合命名。该居民点位于洑水镇红桥村东北部，距村委会所在地1000米，居民点呈块状分布。东接大山，西邻草屋，南连涢港社区，北靠吴家塆。面积约0.032平方千米，居民主要姓氏为金，主要为汉族。2014年年末，共有村民5户、16人。耕地面积约0.016平方千米，以种植水稻、小麦、油菜为主，主要经济来源为外出务工。

榔树塆[Láng shù wān] 隶属于洑水镇红桥村。此地土地贫瘠，庄稼无收，树木不长，野草不生，唯有几株榔树存活下来，故而得名。该居民点位于红桥村东北部，距村委会所在地1500米，居民点呈块状分布。东南北三面临花葫芦岗，西邻盛家塆。居民主要为汉族。2014年年末，共有村民4户、12人。面积约0.03平方千米，耕地面积约0.015平方千米。以种植水稻、小麦、油菜为主，主要经济来源为外出务工。

乐家塆[Yuè jiā wān] 隶属于洑水镇红桥村。以姓氏命名。该居民点位于洑水镇红桥村中南部，距村委会所在地0.5千米，居民点呈块状分布。东接辜家独屋，西邻张家咀，南连李家塆，北靠罗家塆。面积约0.15平方千米，居民主要姓氏为乐，主要为汉族。2014年年末，共有村民20户、78人。耕地面积约0.078平方千米，以种植水稻、小麦、油菜为主，主要经济来源为外出务工。

李家塆[Lǐ jiā wān] 隶属于洑水镇红桥村。以姓氏命名。该居民点位于洑水镇红桥村北部，距村委会所在地1千米，居民点呈块状分布。东接金店村陆家冲，西邻罗家塆，南连段家塆，北靠盛家塆。面积约0.19平方千米，居民主要姓氏为李，主要为汉族。2014年年末，共有村民23户、95人。耕地面积约0.095平方千米，以种植水稻、小麦、油菜为主，主要经济来源为外出务工。

陆家新塆[Lù jiā xīn wān] 隶属于洑水镇红桥村。“陆家”指陆姓居民，“新塆”指新建的村庄。该居民点位于红桥村村委会西北方向，距村委会所在地1500米，居民点呈块状分布。东接红桥村罗家塆，西邻乱石河，南连张家咀，北靠刘畈村王家塆。面积约0.21平方千米，居民主要姓氏为陆，主要为汉族。2014年年末，共有村民25户、105人。耕地面积约0.105平方千米，以种植水稻、小麦、油菜为主，主要经济来源为外出务工。

罗家塆[Luó jiā wān] 隶属于洑水镇红桥村。以姓氏命名。该居民点位于红桥村北部，距村委会所在地1千米，居民点呈块状分布。东接金店村背上而居，西邻乱石河，南连盛家塆，北靠金家塆。面积约0.056平方千米，居民主要姓氏为罗，主要为汉族。2014年年末，共有村民7户、21人。耕地面积约0.028平方千米，以种植水稻、小麦、油菜为主，主要经济来源为外出务工。

梅家独屋[Méi jiā dú wū] 隶属于洑水镇红桥村。以姓氏和村庄规模综合命名。该居民点位于洑水镇红桥村东北部，距村委会所在地 1500 米，居民点呈块状分布。东接徐家大山，西邻㳇水泵站，南连㳇水村，北靠梅家水库。面积约 0.04 平方千米，居民主要姓氏为梅，主要为汉族。2014 年年末，共有村民 2 户、5 人。耕地面积约 0.02 平方千米，以种植水稻、小麦、油菜为主，主要经济来源为外出务工。

唐家庙[Táng jiā miào]　该庙位于㳇水镇红桥村唐家塆西北方向，距村委会所在地 1500 米，占地面积 15000 平方米，东接舒家独屋，西邻乱石河渔场，南连张家咀，北靠刘畈村王家塆。居民主要姓氏为唐，居民主要为汉族，住户 4 户，人口 20 人。

十、金店村[Jīndiàn Cūn]

隶属于㳇水镇。以辖区内居民点名称命名。当地古代为南北向驿道，过往车马均在此停歇，生意兴隆且为金姓居民聚居地故名金店。金店村位于㳇水镇北部，村委会所在地金家店，距㳇水镇政府所在地 2000 米。该村东接军刘村，西邻红桥村，南连㳇水村、坝堤村，北靠军刘村、刘畈村，平㳇公路横穿该村。截至 2015 年 1 月共有 8 个自然塆：草塘梢、金家店、大山凹、盛家塆、姚家塆、金家独屋、徐家大山、余家堰。共有村民 180 户、720 人。辖区内总面积约 1 平方千米，耕地面积约 0.457 平方千米。主要农作物有水稻、小麦。

1949 年 10 月，金店隶属㳇水区管辖。1952 年 10 月属安陆县第六区㳇水乡辖。1954 年 8 月属㳇水区㳇水乡辖。1956 年 3 月属安陆县第六区㳇水乡辖。1958 年 9 月属东风（㳇水）人民公社㳇水管理区辖，1961 年 4 月为㳇水区㳇水人民公社辖。1966 年 9 月军刘、金店、坝堤合为三八大队，属向阳区㳇水人民公社辖。1975 年 2 月属㳇水人民公社㳇水管理区辖。1979 年金店从三八大队分离出来为金店大队。1984 年 1 月金店大队更名为金店村属㳇水区㳇水镇辖。1986 年属㳇水区㳇水办事处辖。1987 年 10 月金店村属㳇水镇辖。沿用至今。

草塘梢[Cǎo táng shāo]　隶属于㳇水镇金店村。因该居民点位于草塘南边的尾端而得名。该居民点位于金店村南部，呈块状分布。东接军刘村，西邻徐家大山，南连㳇水村、坝堤村，北靠金家店。面积约 0.362 平方千米，居民主要姓氏为聂，主要为汉族。2014 年年末，共有村民 90 户、270 人。耕地面积约 0.181 平方千米，以种植水稻、小麦、油菜为主，主要经济来源为外出务工。

大山凹[Dà shān wā]　隶属于㳇水镇金店村。该居民位于徐家大山凹地而得名。该居民点位于金店村南部，呈块状分布。东接徐家大山，西邻倒水桥，南连红桥村，北靠余家堰。面积约 0.14 平方千米，居民主要姓氏为程，主要为汉族。2014 年年末，共有村民 16 户、70 人。耕地面积约 0.07 平方千米，以种植水稻、小麦、油菜为主，主要经济来源为外出务工。

盛家塆[Shèng jiā wān]　隶属于㳇水镇金店村。以姓氏命名。该居民点位于金店村西部，居民点呈条状分布。东接余家堰，西邻红桥村，南连红桥村，北靠刘畈村。面积约 0.1474 平方千米，居民主要姓氏为盛，主要为汉族。2014 年年末，共有村民 34 户、110 人。耕地面积约 0.0737 平方千米，以种植水稻、小麦、油菜为主，主要经济来源为外出务工。

金家店[Jīn jiā diàn]　隶属于洑水镇金店村。古代南来北往的车辆均在此处停歇且为金姓居民聚居地而得名。该居民点位于村委会北部，居民点呈条状分布。东接军刘村，西邻余家堰，南连徐家大山，北靠军刘村，面积约 0. 6 平方千米。2014 年年末，共有村民 106 户、450 人。耕地面积约 0. 31 亩，主产水稻、小麦、油菜为主，主要经济来源为外出务工。

窑家垮[Yáo jiā wān]　隶属于洑水镇金店村。以姓氏命名。该居民点位于村南部，呈块状分布。东接草塘梢，西邻徐家大山，南连窑家独屋、洑水村，北靠草塘。2014 年年末，共有村民 27 户、80 人，金、聂姓居多。

金家独屋[Jīn jiā dú wū]　隶属于洑水镇金店村。以姓氏和村庄规模综合命名。该居民点位于村西南部，呈块状分布。东接草塘梢，西邻徐家大山，南连红桥村、洑水村，北靠倒水桥。2014 年年末，共有村民 12 户、30 人，金姓居多。

徐家大山[Xú jiā dà shān]　隶属于洑水镇金店村。以姓氏和地理特征综合命名。该居民点位于金店村南部，呈块状分布。东接村办公室，西邻盛家垮，南连红桥村，北靠余家堰。2014 年年末，共有村民 12 户、35 人，金姓居多。

余家堰[Yú jiā yàn]　隶属于洑水镇金店村。以姓氏和地理特征综合命名。该居民点位于村西北部，呈块状分布。东接金家店，西邻盛家垮，南连徐家大山，北靠刘畈村。2014 年年末，共有村民 5 户、22 人，刘姓居多。

十一、军刘村[Jūnliú Cūn]

隶属于洑水镇。以境内居民点命名。军刘村位于洑水镇北部，村委会所在地公路桥北部 40 米，距洑水镇政府所在地 5000 米。东接方棚村，西邻金店村、刘畈村，南连坝堤村杨家垮，北靠接官乡白岗村。全村均为汉族，现有 17 个自然垮：邓家垮、柏树咀、程家龙、方家垮、黄家垮、军刘垮、刘家垮、泡桐树、长塘垮、郑家垮、祠堂垮、钱家垮、杨家垮、王家垮、方家垮、程家独屋、敖家垮，另有 1 个消失的居民点：学堂洼。共有 321 户，共 1270 人。总面积约 3. 4505 平方千米，耕地面积约 0. 6901 平方千米。主要农作物为水稻、小麦、油菜，主要经济来源为务工和务农。村民委员会现有村干部 4 名。

1949 年 10 月隶属于洑水区洑水乡管辖。1956 年，区、乡再次调整，隶属于安陆县第六区洑水乡。1958 年 9 月建立人民公社，军刘大队隶属于东风人民公社洑水管理区管辖。1961 年 4 月隶属于洑水区洑水人民公社管辖。1966 年，由军刘村、金店村、坝堤村合并成三八大队。1975 年 2 月，撤区并社，三八大队隶属于洑水人民公社洑水管理区管辖。1979 年分大队，军刘从三八大队分离出来为军刘大队。1984 年 1 月，复置区(镇)、乡(镇)、村，军刘村系洑水镇管辖(1986 年洑水镇改为洑水办事处)。1987 年 10 月，撤区并乡，洑水镇由原洑水办事处、三陂、双路乡并成，军刘村系洑水镇管辖，沿用至今。

邓家塆[Dèng jiā wān]　隶属于洑水镇军刘村。邓家塆原有三个居民点，即陈家独屋、邓家独屋和刘家独屋，1958年修徐家河渠道全部搬迁合住，其中陈姓家人清朝时就在此居住，邓姓家人是在清末由白兆山脚下的邓家院子派来孝守祖坟而定居下来，后来由于邓姓人口发展迅速，故称邓家塆。该居民点位于军刘村南部，处丘陵地带，聚落呈块状分布。东接徐家河渠道，西邻郑家塆，南连坝堤村，北靠军刘塆。全塆以邓姓为主，均为汉族，共有105人，17户。总面积0.201平方千米，耕地面积0.05025平方千米，主要农作物为水稻、小麦、油菜。

柏树咀[Bǎi shù zuǐ]　隶属于洑水镇军刘村。该居民点位于一个突出的山坡上且旁边有很多柏树，故名。该居民点位于军刘村东部，距村委会所在地3千米，处丘陵地带，居民点呈长方形分布。东接刘家塆，西邻军刘塆，南连竹林塆，北靠白岗。面积约0.024平方千米，居民主要姓氏为刘，主要为汉族。2014年年末，共有村民33户、120人。耕地面积约0.003平方千米。主要农作物为水稻、小麦、油菜，主要经济来源为外地务工为主。

程家龙[Chéng jiā lóng]　隶属于洑水镇军刘村。该居民点以程姓居民居多，且位于龙尾山旁而得名。该居民点位于军刘村北部，距村委会所在地1千米，处丘陵地带，居民点呈块状分布。东接公路段林场，西邻程河，南连长塘塆，北靠明家畈。面积约0.2345平方千米，居民主要姓氏为程，主要为汉族。2014年年末，共有23户、65人。耕地面积约0.0469平方千米，主要农作物为水稻、小麦、油菜。

方家塆[Fāng jiā wān]　隶属于洑水镇军刘村。以姓氏命名。该居民点位于军刘村中心地带，处丘陵地带，居民点呈长方形分布。东接程家独屋，西邻程河、刘畈村程家塆，南连金店村金家塆，北靠徐家咀。面积约0.3573平方千米，居民主要姓氏为方，主要为汉族。2014年年末，共有村民38户、150人。耕地面积约0.06432平方千米，主要农作物为水稻、小麦、油菜。

黄家塆[Huáng jiā wān]　隶属于洑水镇军刘村。以姓氏命名。该居民点位于军刘村东北部，距村委会所在地1千米。处丘陵地带，居民点呈块状分布。东接接官乡白岗村，西邻210省道，南连钱家塆，北靠程家龙。面积约0.1374平方千米，居民主要姓氏为黄，主要为汉族。2014年年末，共有村民45户、130人。耕地面积约0.00275平方千米，主要农作物为水稻、小麦、油菜。

军刘塆[Jūn liú wān]　隶属于洑水镇军刘村。据传该居民点是朝廷赐名，明洪武年间刘姓始祖从江西麻城过籍到此居住，之后人口不断发展壮大，清朝时刘龙上的后人刘君忠是朝廷的运粮官，官位很高，故朝廷把他的住地赐名军刘塆。该居民点位于军刘村东部，处丘陵地带，居民点呈块状分布。东接柏树咀，西邻徐家河渠道，南连邓家塆，北靠敖家塆。面积约0.6097平方千米，居民主要姓氏为刘，居民主要为汉族。2014年年末，共有村民40户、148人。耕地面积约0.1219平方千米，主要农作物为水稻、小麦、油菜。

刘家塆[Liú jiā wān]　隶属于洑水镇军刘村。明洪武年间刘姓始祖由江西麻城过籍而来，清初刘家有二人行医(人医、兽医)曾取名医铺塆，后刘姓人口不断壮大增多，形成村落，改名刘家塆。该居民点位于军刘村东部，距村委会所在地2500米，处丘陵地带，居民点呈块状分布。北接方棚村刘家塆，西邻邓家塆，南连曲坊塆。面积约0.6032平方千米，居民主要姓氏为刘，主要为汉族。2014年年末，共有村民37户、207人。耕地面积约0.1039平方千米，主要农作物为水稻、小麦、油菜。居民主要经济来源为务工、务农。

泡桐树[Pāo tóng shù]　隶属于洑水镇军刘村。因该居民点旁的山坡上长满泡桐树而得名。该居民点位于军刘村东部，距村委会所在地500米，处丘陵地带，居民点呈块状分布。东接军刘塆，西邻方家塆，南连徐家河总干渠，北靠平洑公路。面积约0.1554平方千米，居民主要姓氏为敖，主要为汉族。2014年年末，共有村民20户、73人。耕地面积约0.0389平方千米，主要农作物为水稻、小麦、油菜。主要经济来源为务工、务农。

长塘塆[Cháng táng wān]　隶属于洑水镇军刘村。因该居民点建在一口长方形水塘边而得名。该居民点位于军刘村北部，距村委会所在地700米，处丘陵地带，居民点呈块状分布。东接210省道，西邻程家河，南连方家塆，北靠程家塆。面积约0.1554平方千米，居民主要姓氏为郑，主要为汉族。2014年年末，共有村民20户、73人。耕地面积约0.0389平方千米，主要农作物为水稻、小麦、油菜。

郑家塆[Zhèng jiā wān]　隶属于洑水镇军刘村。以姓氏命名。该居民点位于军刘村东南部，距村委会所在地1500米，处丘陵地带，居民点呈块状分布。东接邓家塆，西邻金家塆，南连堤坝村杨家塆，北靠军刘塆。面积约0.3685平方千米，居民主要姓氏为郑，主要为汉族。2014年年末，共有村民32户、120人。耕地面积约0.0737平方千米，主要农作物为水稻、小麦、油菜。

学堂洼[Xué táng wā]　隶属于洑水镇军刘村。该居民点位于军刘村东南部，呈块状分布。东接方家塆，西邻谢家挡坝，南连拱桥，北靠刘家塆。现无人居住。

祠堂塆[Cí táng wān]　隶属于洑水镇军刘村。昔时此地建有祠堂。该居民点位于军刘村村委会南部，呈块状分布。东接徐家河渠道，西邻荒山，南连邓家塆，北靠荒山。居民姓氏为刘，汉族，2014年年末，共有村民1户、2人。

钱家塆[Qián jiā wān]　隶属于洑水镇军刘村。以姓氏命名。该居民点位于军刘村东北部，呈块状分布。东接接官乡白岗村，西邻洑水道班，南连荒山，北靠黄家塆。居民主要姓氏为敖，主要为汉族，2014年年末，共有村民18户、70人。

杨家塆[Yáng jiā wān]　隶属于洑水镇军刘村。以姓氏命名。该居民点位于军刘村东部，呈块状分布。东接方棚村，西邻荒山，南连白水嘴，北靠接官乡白岗村。居民主要姓氏为杨，主要为汉族，2014年年末，共有村民5户、15人。

王家塆[Wáng jiā wān]　隶属于洑水镇军刘村。以姓氏命名。该居民点位于军刘村东南部，呈块状分布。东接方棚村彭家独屋，西邻方家塆，南连洪山大塘，北靠荒山。居民主要姓氏为刘、方，主要为汉族，2014年年末，共有村民4户、18人。

方家塆[Fāng jiā wān]　隶属于洑水镇军刘村。该居民点位于军刘村东部，呈块状分布。东接王家塆，西邻学堂洼，南连洪山大塘，北靠刘家塆。居民主要姓氏为刘，主要为汉族。共有村民12户、40人。

程家独屋[Chéng jiā dú wū]　隶属于洑水镇军刘村。以姓氏和村庄规模综合命名。该居民点位于军刘村中部，呈块状分布。东接敖家塆，西邻210省道，南连徐家河渠道，北靠该村老厂房。居民主要姓氏为程，主要为汉族。2014年年末，共有村民7户、30人。

敖家塆[Áo jiā wān]　隶属于洑水镇军刘村。以姓氏命名。该居民点位于军刘村中部，呈块状分布。东接军刘塆，西邻村办公室，南连15匹台渠，北靠钱家塆。居民主要姓氏为张、敖，主要为汉族，2014年年末，共有村民4户、13人。

十二、刘畈村[Liúfàn Cūn]

隶属于洑水镇。因辖区内居民点刘家畈而得名刘畈村。刘畈村位于洑水镇西北部，村委会所在地张家冲与郑家洼之间，距洑水镇政府所在地5000米。该村东接接官乡马鞍村，西邻车站村，南连金店村、红桥村，北靠横山村。辖区总面积2680亩，全村共440户，1460人。耕地面积1.314平方千米，主要农作物为水稻、小麦。辖管程家大塆、高家塆、沟子塆、胡家独屋、华家沟、金家塆、李家塆、刘家畈、刘家塆、陆家独屋、王家凹、王家塆、文家塆、下刘畈、小程家塆、幸家塆、张家冲、张家咀、张家塆、张家竹林、郑家凹、朱家冲生态园、朱家塆23个自然塆，消失居民点1个：陈家独屋。村民委员会有干部4人。

1949年10月，刘畈隶属于洑水区管辖。1952年10月属安陆县第六区倒水乡管辖。1954年8月属洑水区倒水乡辖。1956年属于安陆县第六区洑水乡辖。1958年9月建立人民公社，刘畈大队隶属于东风人民公社洑水管理区辖。1961年4月属洑水区洑水人民公社辖。1975年2月，撤区并社，刘畈大队隶属于洑水人民公社洑水管理区管辖。1984年1月，复置区(镇)、乡(镇)、村，刘畈大队改为刘畈村，系洑水镇管辖(1986年洑水镇改为洑水办事处)；1987年10月，刘畈村系洑水镇管辖，沿用至今。

程家大塆[Chéng jiā dà wān] 隶属于洑水镇刘畈村。1959年修建徐家河渠道将该塆分割，为区分按面积大小和人口多少而分为大塆和小塆。该居民点位于刘畈村东南部，距村委会所在地1.5千米，处丘陵地带，居民点呈块状分布。东接小程家塆，西邻幸家塆，南连高家塆，北靠齐家凹。面积约0.0938平方千米，居民主要姓氏为程，主要为汉族。2014年年末，共有村民30户、160人。耕地面积约0.0032平方千米，主要农作物为水稻、小麦。

高家塆[Gāo jiā wān] 隶属于洑水镇刘畈村。以姓氏命名。该居民点位于刘畈村东南部，距村委会所在地1千米，处丘陵地带，居民点呈块状分布。东接幸家塆，西邻李家塆，南连倒水河，北靠竹林塆。面积约0.8375平方千米，居民主要姓氏为高，主要为汉族。2014年年末，共有村民30户、190人。耕地面积约0.1675平方千米，主要农作物为水稻、小麦。主要经济来源为务工和务工。

沟子塆[Gōu zi wān] 隶属于洑水镇刘畈村。因该居民点建在一条小河沟旁而得名。该居民点位于刘畈村南部，距村委会所在地0.8千米，居民点呈块状分布。东接竹林塆，南连李家塆，西、北皆靠刘畈村下刘畈。面积约0.056平方千米，居民主要姓氏为张，主要为汉族。2014年年末，共有村民5户、25人。耕地面积约0.024平方千米，主要农作物为水稻、小麦。

胡家独屋[Hú jiā dú wū] 隶属于洑水镇刘畈村。以姓氏命名。该居民点位于刘畈村西南部，距村委会所在地0.7千米，居民点呈块状分布。东接华家沟，西邻陆家冲农田，南连乱石河，北靠秦家山。面积约0.05平方千米，居民主要姓氏为胡，主要为汉族。2014年年末，共有村民2户、8人。耕地面积约0.01平方千米，主要农作物为水稻、小麦。主要收入来源为种植农作物及外出打工。

华家沟[Huá jiā gōu]　隶属于浠水镇刘畈村。该居民点以华姓居民居多且位于一条小河沟边而得名。该居民点位于刘畈村西南部，距村委会所在地 0.9 千米，居民点呈块状分布。东接李家塆，南连河沟，西邻秦家山，北靠张家山。面积约 0.07 平方千米，居民主要姓氏为朱、胡、李，主要为汉族。2014 年年末，共有村民 8 户、37 人。耕地面积约 0.02 平方千米，主要农作物为水稻、小麦，主要收入来源为种植农作物及外出打工。

金家塆[Jīn jiā wān]　隶属于浠水镇刘畈村。以姓氏命名。该居民点位于刘畈村西部，距村委会所在地 1.5 千米，居民点呈块状分布。东接 8 组无名山，南连本村八组冲田，西邻朱家冲村级公路，北靠机耕路、无名山。面积约 0.06 平方千米，居民主要姓氏为金，主要为汉族。2014 年年末，共有村民 7 户、33 人。耕地面积约 0.02 平方千米，主要农作物为水稻、小麦，主要收入来源为种植农作物及外出打工。

李家塆[Lǐ jiā wān]　隶属于浠水镇刘畈村。以姓氏命名。该居民点位于刘畈村西南部，距村委会所在地 1.1 千米，居民点呈块状分布。东接刘畈村级公路，南连乱石河，西邻华家沟，北靠村办公室。面积约 0.12 平方千米，居民主要姓氏为李，主要为汉族。2014 年年末，共有村民 7 户、30 人。耕地面积约 0.041 平方千米，主要农作物为水稻、小麦。主要收入来源为种植农作物及外出打工。

刘家畈[Liú jiā fàn]　隶属于浠水镇刘畈村。以姓氏和地理特征综合命名。该居民点位于刘畈村东北部，呈块状分布。东接大契路、王家凹，西邻郑家凹，南连下刘畈，北靠徐家河渠道。面积约 0.41 平方千米，居民主要姓氏为刘，主要为汉族。2014 年年末，共有村民 60 户、240 人。耕地面积约 0.207 平方千米，主要农作物为水稻、小麦。主要收入来源为种植农作物及外出打工。

刘家塆[Liú jiā wān]　隶属于浠水镇刘畈村。以姓氏命名。该居民点位于刘畈村西北部，呈块状分布。东接张家冲，西邻金家塆，南连朱家冲，北靠横山村。面积约 0.26 平方千米，居民主要姓氏为刘，主要为汉族。2014 年年末，共有村民 90 户、327 人。耕地面积约 0.15 平方千米，只要农作物为水稻、小麦。主要收入来源为种植农作物及外出打工。

陆家独屋[Lù jiā dú wū]　隶属于浠水镇刘畈村。以姓氏和村庄规模综合命名。该居民点位于刘畈村西部，呈块状分布。东接李家塆，西邻大冲，南连倒水河，北靠张家冲。面积约 0.09 平方千米，居民主要姓氏为陆，主要为汉族。2014 年年末，共有村民 7 户、25 人。耕地面积约 0.02 平方千米，主要农作物为水稻、小麦。主要收入来源为种植农作物及外出打工。

王家凹[Wáng jiā wā]　隶属于浠水镇刘畈村。以姓氏和地理特征命名，亦称齐家凹。该居民点位于刘畈村中东部，呈块状分布。东接徐家河渠道，南连本村下刘畈，西部、北部皆靠刘家畈。面积约 0.085 平方千米，居民主要姓氏为王，主要为汉族。2014 年年末，共有村民 8 户、32 人。耕地面积约 0.024 平方千米，主要农作物为水稻、小麦。主要收入来源为种植农作物及外出打工。

王家塆[Wáng jiā wān]　隶属于浠水镇刘畈村。以姓氏命名。该居民点位于浠水镇刘畈村西部，呈块状分布，东接新 316 国道，西邻西乱石河，南连乱石河，北靠朱家冲生态园。面积约 0.013 平方千米，居民主要姓氏为王，主要为汉族。2014 年年末，共有村民 25 户、95 人。耕地面积约 0.08 平方千米，主要农作物为水稻、小麦。主要收入来源为种植农作物及外出打工。

文家塆[Wén jiā wān] 隶属于洑水镇刘畈村。以姓氏命名。该居民点位于刘畈村南部，呈块状分布。东接陆家独屋，西邻316国道，南连乱石河，北靠金家塆。面积约0.03平方千米，居民主要姓氏为文、金、陆、余，居民主要为汉族。2014年年末，共有村民4户、13人。耕地面积约0.017平方千米，主要农作物为水稻、小麦。主要收入来源为种植农作物及外出打工。

下刘畈[Xià liú fàn] 隶属于洑水镇刘畈村。以方位和居民姓氏命名，因当地为刘姓居民聚居地且在畈地的南端而得名。该居民点位于刘畈村东南部，距村委会所在地1.2千米，居民点呈块状分布。东接幸家塆，西邻郑家凹，南连张家竹林，北靠刘家畈。面积约0.078平方千米，居民主要姓氏为刘，主要为汉族。2014年年末，共有村民14户、58人。耕地面积约0.04平方千米，主要农作物为水稻、小麦。主要收入来源为种植农作物及外出打工。

小程家塆[Xiǎo chéng jiā wān] 隶属于洑水镇刘畈村。1959年兴修徐家河渠道，把此塆与西边程家塆分割开来，为区分故按人口多少和面积大小分为大塆和小塆。该居民点位于刘畈村东部，呈块状分布，东接尿子河，西邻徐家河渠道，南连军刘村，北靠陈家独屋。面积约0.055平方千米，居民主要姓氏为程，主要为汉族。2014年年末，共有村民12户、48人。耕地面积约0.036平方千米，主要农作物为水稻、小麦。主要收入来源为种植农作物及外出打工。

幸家塆[Xìng jiā wān] 隶属于洑水镇刘畈村。以姓氏命名，本为宰家塆，后因书写原因改成了幸家塆。该居民点位于刘畈村东南部，呈块状分布。东接程家塆，南连高家塆，西邻下刘畈，北靠齐家凹。面积约0.08平方千米，居民主要姓氏为郑，主要为汉族。2014年年末，共有村民7户、36人。耕地面积约0.037平方千米，主要农作物为水稻、小麦。主要收入来源为种植农作物及外出打工。

张家冲[Zhāng jiā chōng] 隶属于洑水镇刘畈村。以姓氏和地理特征综合命名。该居民点位于刘畈村西北部，呈块状分布。东接郑家凹，南连华家沟，西邻刘家塆，北靠汤家塆。面积约0.065平方千米，居民主要姓氏为张，主要为汉族。2014年年末，共有村民10户、45人。耕地面积约0.02平方千米，主要农作物为水稻、小麦。主要收入来源为种植农作物及外出打工。

张家咀[Zhāng jiā zuǐ] 隶属于洑水镇刘畈村。以姓氏和地理特征综合命名。该居民点位于刘畈村东部，呈块状分布。东接刘家畈，南连十组山(郑家凹)，西北靠横山村。面积约0.085平方千米，居民主要姓氏为刘，主要为汉族。2014年年末，共有村民5户、22人。耕地面积约0.023平方千米，主要农作物为水稻、小麦。主要收入来源为种植农作物及外出打工。

张家塆[Zhāng jiā wān] 隶属于洑水镇刘畈村。以姓氏命名。该居民点位于刘畈村东南部，呈块状分布。东接幸家塆，西邻高家塆，南连倒水河，北靠张家竹林。面积约0.09平方千米，居民主要姓氏为张，主要为汉族。2014年年末，共有村民15户、60人。耕地面积约0.046平方千米，主要农作物为水稻、小麦。主要收入来源为种植农作物及外出打工。

张家竹林[Zhāng jiā zhú lín] 隶属于洑水镇刘畈村。该居民点以张姓居民居多且附近有大片竹林，故名。该居民点位于刘畈村东南部，呈块状分布。东接幸家塆，西邻沟子塆，南连张家塆，北靠下刘畈。面积约 0. 12 平方千米，居民主要姓氏为张，主要为汉族。2014 年年末，共有村民 10 户、45 人。耕地面积约 0. 033 平方千米，主要农作物为水稻、小麦。主要收入来源为种植农作物及外出打工。

郑家凹[Zhèng jiā wā] 隶属于洑水镇刘畈村。该居民点为郑姓居民聚居地且在山凹处而得名。该居民点位于刘畈村南部，距村委会所在地 1 千米，居民点呈块状分布。东接刘家畈，西邻张家冲，南连村办公室，北靠横山村。面积约 0. 13 平方千米，居民主要姓氏为郑，主要为汉族。2014 年年末，共有村民 20 户、80 人。耕地面积约 0. 052 平方千米，主要农作物为水稻、小麦。主要收入来源为种植农作物及外出打工。

朱家冲生态园[Zhū jiā chōng shēng tài yuán] 隶属于洑水镇刘畈村。因当地早年有朱姓在此居住，后在此建立生态园而命名。该居民点位于刘畈村西部，聚落呈块状分布。东接张家冲，西邻车站村河流，南连金家塆，北靠横山村。全塆共有 28 户，共 60 人，主要以朱姓为主，均为汉族。总面积 0. 24 平方千米，耕地面积 0. 118 平方千米，主要农作物为水稻、小麦。主要收入来源为种植农作物及外出打工。

朱家塆[Zhū jiā wān] 隶属于洑水镇刘畈村。以姓氏命名。该居民点位于刘畈村西部，呈块状分布。东接胡家独屋，南连文家塆，西邻朱家冲，北靠横山村。面积约 0. 38 平方千米，居民主要姓氏为朱，主要为汉族。2014 年年末，共有村民 22 户、184 人。耕地面积约 0. 24 平方千米，主要农作物为水稻、小麦。主要收入来源为种植、养殖及外出打工。

陈家独屋[Chén jiā dú wū] 隶属于洑水镇刘畈村。以姓氏和村庄规模综合命名。该居民点位于刘畈村东部。东接马鞍村，南连小程家塆，西邻王家凹，北靠马鞍村。现无人居住。

十三、毛庙村[Máomiào Cūn]

隶属于洑水镇。当地清朝康熙年间有一位毛姓僧人来此建庙并主持寺庙佛事活动，故名。毛庙村位于洑水镇西北部，村委会所在地陈家塆，距洑水镇政府所在地 7000 米。该村东接社庙村，西邻孛畈镇桃园村，南连孛畈镇龙窝村，北靠广水长岭镇锣鼓田村。截至 2014 年 9 月，辖区内共有 12 个自然塆：毛家墩、陈家塆、付家嘴、胡家塆、毛家大塆、苏家塆、文家塆、五姓塆、张家塆、西塆、秦家塆、何家塆。村内有常住居民 311 户，共 1280 人。辖区占地面积 0. 16 平方千米，其中耕地面积为 0. 08 平方千米。主要农作物为小麦、水稻、油菜，主要经济来源为务工、打工。村委会现有干部 4 名。

建国初期属洑水区、安陆县第六区永合乡辖。1954 年 8 月为洑水区永合乡毛庙村。1958 年 9 月属东风人民公社永合管理区辖。1961 年 4 月为洑水区三陂人民公社毛庙大队。1966 年 9 月洑水区改为向阳区，隶属关系未变。1975 年 2 月属洑水人民公社三陂管理区辖。1981 年 8 月属洑水人民公社三陂镇辖。1984 年 1 月毛庙村属洑水区三陂乡辖，1987 年 10 月属洑水镇辖，沿用至今。

陈家塆[Chén jiā wān] 隶属于洑水镇毛庙村。以姓氏命名。该居民点位于毛庙村北部，距村委会所在地 0. 4 千米，为丘陵山地地形，居民点呈块状分布。东接板桥村孙家塆，西邻孛畈镇桃园村，南连付家嘴，北靠毛家塆。面积约 0. 25 平方千米，居民主要姓氏为苏，主要为汉族。2014 年年末，共有村民 32 户、112

人。耕地面积约0.12平方千米，主要农作物为小麦、水稻、油菜，主要经济来源以建筑业、农业、渔业为主。

付家嘴[Fù jiā zuǐ]　隶属于洑水镇毛庙村。以姓氏和地理特征综合命名。该居民点位于毛庙村西南方向，距村委会所在地1.1千米，为丘陵山地地形，居民点呈块状分布。东接望河村胡家上塆，西邻孛畈镇龙窝村龙窝塆，南连孛畈镇龙窝村潘畈塆，北靠陈家塆。面积约0.12平方千米，居民主要姓氏为付，主要为汉族。2014年年末，共有村民16户、58人。耕地面积约0.06平方千米，主要农作物为小麦、水稻、油菜，主要经济来源以建筑业、农业、渔业为主。

毛家墩[Máo jiā dūn]　隶属于洑水镇毛庙村。该居民点以毛姓居民居多且建在一个高台上，故名。该居民点位于毛庙村北部，距村委会所在地0.9千米。为丘陵山地地形，居民点呈条状分布。东接广水市长岭镇锣鼓田村桥头塆，西邻孛畈镇桃园村宋家塆，南连陈家塆，北靠广水市长岭镇锣鼓田村何家寨。面积约0.23平方千米，居民主要姓氏为毛，主要为汉族。2014年年末，共有村民31户、152人。耕地面积约0.11平方千米，主要农作物为小麦、水稻、油菜，主要经济来源以建筑业、制造业、农业为主。

胡家塆[Hú jiā wān]　隶属于洑水镇毛庙村。以姓氏命名。该居民点位于毛庙村西南部，呈块状分布。该居民点东接望河村胡家上塆，西邻付家咀，南连府河、望河村，北靠西塆。居民以胡姓居多，全塆10户40人。

毛家大塆[Máo jiā dà wān]　隶属于洑水镇毛庙村。以姓氏和村庄规模综合命名，亦称毛家塆。该居民点位于毛庙村北部，呈块状分布。该居民点东接何家塆、广水市长岭镇罗鼓田村，西邻毛家墩，南连村委会办公室，北靠广水市长岭镇罗鼓田村。居民以毛姓居多，全塆25户104人。

苏家塆[Sū jiā wān]　隶属于洑水镇毛庙村。以姓氏命名。该居民点位于毛庙村西南部，呈块状分布。该居民点东接望河村胡家上塆，西邻孛畈镇龙窝村潘畈塆，南连烟店镇黄棚村，北靠付家咀。居民以苏姓居多，全塆16户72人。

文家塆[Wén jiā wān]　隶属于洑水镇毛庙村。以姓氏命名。该居民点位于毛庙村东部，呈块状分布。该居民点东接板桥村，西邻村委会办公室，南连望河村查家塆，北靠毛家大塆。居民以文姓居多，全塆8户30人。

五姓塆[Wǔ xìng wān]　隶属于洑水镇毛庙村。由何、吴、苏、潘、姚五姓组成的村落。该居民点位于毛庙村中部，呈块状分布。该居民点东接村委会办公室，西邻西塆，南连胡家塆，北靠陈家塆。居民以苏姓居多，全塆7户30人。

张家塆[Zhāng jiā wān]　隶属于洑水镇毛庙村。以姓氏命名。该居民点位于毛庙村西部，呈块状分布。该居民点东接胡家塆，西邻孛畈镇桃园村，南连付家咀，北靠西塆。居民以付姓居多，全塆17户70人。

西塆[xī wān]　隶属于洑水镇毛庙村。以方位命名。该居民点位于毛庙村西部，呈块状分布。该居民点东接五姓塆，西邻孛畈镇桃园村，南连张家塆，北靠陈家塆。居民以苏姓居多，全塆6户27人。

秦家塆[Qín jiā wān]　隶属于洑水镇毛庙村。以姓氏命名。该居民点位于毛庙村中部，呈块状分布。该居民点东接村委会办公室，西邻五姓塆，南连胡家塆，北靠陈家塆。居民以秦姓居多，全塆6户27人。

何家塆[Hé jiā wān]　隶属于洑水镇毛庙村。以姓氏命名。该居民点位于毛庙村东部，呈块状分布。该居民点东接社庙村，西邻毛家塆，南连文家塆，北靠广水市长岭镇罗鼓田村。居民以何姓居多，全塆5户20人。

十四、苗畈村[Miáofàn Cūn]

隶属于洑水镇。相传古时境内有一居民点为苗畈。当地并无苗姓，中国古代所说的“苗人”之类的词汇并非特指当今的“苗族”，而是南方一些少数民族的一个统称。此地是否有过苗人还待考证。该村位于洑水镇人民政府所在地西部，村委会所在地徐家河渠道泄洪闸北，距镇政府所在地6千米，为丘陵山地地形。东接杨桥村刘家塆，西邻随州广水市陈巷镇友谊村尹家塆，南连文桥村尹家塆、社庙村查家塆，北靠殷棚村龚家塆。截至2014年9月，辖区内共有8个村民小组，20个自然塆：陈家大塆、曾家塆、程家独屋、大山凹、戴家塆、郭家塆、侯家塆、尖山独屋、李家塆、碾子塆、绍家塆、王家塆、严家塆、尹家塆、周家大塆、周家塆、周家长塆、新独屋、竹林塆、陈家塆。村内有常住居民373户，共1320人。辖区占地面积1.6平方千米，其中耕地面积为0.768平方千米，主要农作物为小麦、水稻、油菜。村委会现有干部4名。

晚清时期属“三陂港”管辖。民国时期属福寿(北一)乡，洑水乡辖。1949年10月，苗畈隶属于洑水区管辖。1952年10月属安陆县第六区永合乡管辖。1954年8月属洑水区永合乡管辖。1958年9月隶属于东风人民公社永合管理区管辖。1961年4月隶属洑水区三陂人民公社管辖。1975年2月隶属于洑水人民公社三陂管理区管辖。1984年元月属洑水区三陂乡管辖。1987年10月苗畈村属洑水镇管辖，沿用至今。

陈家大塆[Chén jiā dà wān]　隶属于洑水镇苗畈村。明朝万历年间陈姓祖先在此居住，繁衍生息，形成聚落，故名。该居民点位于洑水镇苗畈村委会所在地东部，距村委会所在地1500米，为丘陵山地地形，居民点呈块状分布。东接杨桥村刘家塆，西邻严家塆，南连尖山独屋，北靠王家塆。面积约0.23平方千米，居民主要姓氏为陈，主要为汉族。2014年年末，共有村民56户、220人。耕地面积约0.133平方千米，主要农作物为小麦、水稻、油菜，主要经济来源以外地务工为主。

曾家塆[Zēng jiā wān]　隶属于洑水镇苗畈村。以姓氏命名。该居民点位于苗畈村东南部，呈块状分布。东接杨桥村，西邻周家塆，南连程家独屋，北靠侯家塆。居民主要姓氏为曾，主要为汉族。2014年年末，共有村民16户、76人。

程家独屋[Chéng jiā dú wū]　隶属于洑水镇苗畈村。以姓氏和村庄规模综合命名。该居民点位于苗畈村东南部，呈块状分布。东接杨桥村，西邻文桥村，南连文桥村，北靠曾家塆。居民主要姓氏为程，主要为汉族。2014年年末，共有村民2户、7人。

大山凹[Dà shān wā]　隶属于洑水镇苗畈村。以地理特征命名。该居民点位于苗畈村西北部，呈块状分布。东接郭家塆、陈家塆，西邻广水市陈巷镇友谊村，南连碾子塆，北靠绍家塆。居民主要姓氏为周，主要为汉族。2014年年末，共有村民10户、40人。

戴家塆[Dài jiā wān]　隶属于洑水镇苗畈村。以姓氏命名。该居民点位于苗畈村南部，呈块状分布。东接周家塆，西邻李家塆，南连社庙村、文桥村，北靠村委会办公室。居民主要姓氏为戴，主要为汉族。2014年年末，共有村民27户、80人。

郭家塆[Guō jiā wān]　隶属于洑水镇苗畈村。以姓氏命名。该居民点位于苗畈村北部，呈块状分布。东接严家塆，西邻大山凹，南连村委会，北靠陈家塆。居民主要姓氏为郭，主要为汉族。2014年年末，共有村民8户、35人。

侯家塆[Hóu jiā wān]　隶属于洑水镇苗畈村。以姓氏命名。该居民点位于苗畈村东部，呈块状分布。东接杨桥村，西邻新独屋，南连曾家塆，北靠徐家河渠道。居民主要姓氏为侯、胡，主要为汉族。2014年年末，共有村民7户、30人。

尖山独屋[Jiān shān dú wū]　隶属于洑水镇苗畈村。以地理位置和村庄规模综合命名。该居民点位于苗畈村东部，呈块状分布。东接杨桥村，西邻尖山，南连侯家塆，北靠尖山。居民主要姓氏为秦，主要为汉族。2014年年末，共有村民7户、30人。

李家塆[Lǐ jiā wān]　隶属于洑水镇苗畈村。以姓氏命名。该居民点位于苗畈村西南部，呈块状分布。东接戴家塆，西邻社庙村，南连社庙村，北靠碾子塆。居民主要姓氏为周，主要为汉族。2014年年末，共有村民12户、50人。

碾子塆[Niǎn zi wān]　隶属于洑水镇苗畈村。以设施命名。该居民点位于苗畈村西部，呈块状分布。东接周家长塆，西邻广水市陈巷镇友谊村黄家岭，南连李家塆，北靠徐家河渠道。居民主要姓氏为刘，主要为汉族。2014年年末，共有村民6户、25人。

绍家塆[Shào jiā wān]　隶属于洑水镇苗畈村。以姓氏命名。该居民点位于苗畈村西北部，呈块状分布。东接周家大塆，西邻广水市陈巷镇友谊村，南连大山凹，北靠广水市陈巷镇友谊村。居民主要姓氏为陈，主要为汉族。2014年年末，共有村民8户、30人。

王家塆[Wáng jiā wān]　隶属于洑水镇苗畈村。以姓氏命名。该居民点位于苗畈村东北部，呈块状分布。东接杨桥村，西邻河冲水库，南连陈家大塆，北靠殷棚村。居民主要姓氏为王，主要为汉族。2014年年末，共有村民18户、75人。

严家塆[Yán jiā wān]　隶属于洑水镇苗畈村。以姓氏命名。该居民点位于苗畈村中部，呈块状分布。东接陈家大塆，西邻陈家塆，南连尹家塆，北靠王家塆。居民主要姓氏为严，主要为汉族。2014年年末，共有村民28户、100人。

尹家塆[Yǐn jiā wān]　隶属于洑水镇苗畈村。以姓氏命名。该居民点位于苗畈村中部，呈块状分布。东接陈家大塆，西邻郭家塆，南连渠道、渡槽，北靠严家塆。居民主要姓氏为黄、尹，主要为汉族。2014年年末，共有村民31户、120人。

周家大塆[Zhōu jiā dà wān]　隶属于洑水镇苗畈村。以姓氏和村庄规模综合命名。该居民点位于苗畈村西北部，呈块状分布。东接河冲水库，西邻绍家塆，南连陈家塆，北靠广水市陈巷镇友谊村。居民主要姓氏为周，主要为汉族。2014年年末，共有村民16户、75人。

周家塆[Zhōu jiā wān]　隶属于洑水镇苗畈村。以姓氏命名。该居民点位于苗畈村东部，呈块状分布。东接曾家塆，西邻戴家塆，南连文桥村，北靠渠道、新独屋。居民主要姓氏为付、陈、周、尹，主要为汉族。2014 年年末，共有村民 12 户、50 人。

周家长塆[Zhōu jiā cháng wān]　隶属于洑水镇苗畈村。以姓氏和村庄特征综合命名。该居民点位于洑水镇苗畈村西部，呈块状分布。东接渠道泄洪闸，西邻碾子塆，南连李家塆，北靠渠道。居民主要姓氏为周，主要为汉族。2014 年年末，共有村民 6 户、30 人。

新独屋[Xīn dú wū]　隶属于洑水镇苗畈村。以形成时间和村庄规模综合命名。该居民点位于苗畈村中部，呈块状分布。东接尖山独屋，西邻尹家塆，南连周家塆，北靠陈家大塆。居民主要姓氏为陈、尹，主要为汉族。2014 年年末，共有村民 10 户、40 人。

竹林塆[Zhú lín wān]　隶属于洑水镇苗畈村。以物产命名。该居民点位于苗畈村南部，呈块状分布。东接周家塆，西邻戴家塆，南连磙子桥，北靠泄洪闸。居民主要姓氏为尹、严、黄，主要为汉族。2014 年年末，共有村民 10 户、38 人。

陈家塆[Chén jiā wān]　隶属于洑水镇苗畈村。以姓氏命名。该居民点位于苗畈村西北部，呈块状分布。东接严家塆，西邻大山凹，南连郭家塆，北靠周家大塆。居民主要姓氏为陈，主要为汉族。2014 年年末，共有村民 5 户、20 人。

十五、聂寨村[Nièzhài Cūn]

隶属于洑水镇。以境内居民点聂家寨命名。聂寨村位于洑水镇东部，距洑水镇政府所在地 6000 米。该村东接秦坝村半仙山，西邻望城村，南连双路村，北靠方棚村。截至 2014 年 9 月，辖区内共有 8 个自然塆：花园塆、金家塆、碾子岔、聂寨塆、松林塆、西分塆、郑家冲、邓家湾。共有村民 306 户、1263 人。辖区占地面积 1. 3 平方千米，其中耕地面积为 0. 85 平方千米，主要农作物为小麦、水稻、油菜。村委会现有干部 4 名，大小塘堰 60 口。

1949 年 10 月，聂寨隶属于洑水区管辖 ；1952 年 10 月属安陆县第六区牌楼乡管辖；1954 年 8 月属洑水区牌楼乡管辖，1956 年 3 月，区、乡再次调整，聂寨村隶属于安陆县第六区双路乡辖；1958 年 9 月建立人民公社。聂寨大队隶属于东风(洑水)人民公社双路管理区管辖，1961 年 4 月属洑水区牌楼人民公社管辖；1975 年 2 月，撤区并社聂寨大队隶属于洑水人民公社牌楼管理区管辖；1984 年 1 月，复置区(镇)、乡(镇)、村，聂寨大队改名为聂寨村系双路乡管辖；1987 年 10 月，撤区并乡，洑水镇由原洑水办事处、三陂、双路乡并成，聂寨村属伏水镇管辖，沿用至今。

邓家湾[Dèng jiā wān]　隶属于洑水镇聂寨村。邓姓先祖邓仁洪于清代从河南逃荒到此地，繁衍生息，形成村落，故名。该居民点位于聂寨村东部，距村委会所在地 0. 8 千米，为丘陵山地地形，居民点呈块状分布。东街该村荒山，西邻聂家寨，南连郑家冲，北靠秦家河。面积约 0. 12 平方千米，居民主要姓氏为邓，主要为汉族。2014 年年末，共有村民 21 户、89 人。耕地面积为 0.069 平方千米。主要农作物为小麦、水稻、油菜，主要经济来源以外地务工为主。

花园湾[Huā yuán wān]　隶属于洑水镇聂寨村。清代，聂义峰在此处雇 50 余人从事养花种树园林事业养家，所固之人在此安家立业，故名。该居民多位于聂寨村东部，距村委会所在地 0.4 千米，为丘陵山地地形，居民点呈块状分布。东接本村 4 组，西邻村委会小学，南连农田，北靠本村 2 组。面积约 0.16 平方千米，居民主要姓氏为聂，主要为汉族。2014 年年末共有村民 16 户，75 人，耕地面积约 0.07 平方千米，主要农作物为小麦、水稻、油菜，主要经济来源以外地务工为主。

金家湾[Jīn jiā wān]　隶属于洑水镇聂寨村。族谱记载，明代末，由今安陆北城金家台子一叫金大国的男士与聂氏做上门女婿，在草塘角建房繁衍生息，形成村落，故名。该居民点位于聂寨村南部，距村委会所在地 0.6 千米，为丘陵山地地形，居民点呈块状分布。东接本村 4 组草塘，西邻村级公路，南连双路村 1 组，北靠聂家塆。面积约 0.09 平方千米，2014 年年末，共有村民 22 户，90 人，耕地面积约 0.06 平方千米，主要农作物为小麦、水稻、油菜，主要经济来源以外地务工为主。

碾子岔[niǎn zi chà]　隶属于洑水镇聂寨村。因当地位于聂寨村岔路口处，早期为碾米的地方，后有居民在此定居，故名。东接邓家塆，西邻该村农田，南连本组山冈，背靠聂寨塆。面积约 0.06 平方千米，居民主要姓氏为聂，主要为汉族。2014 年年末共有村民 11 户，45 人，耕地面积约 0.032 平方千米，主要农作物为小麦、水稻、油菜，主要经济来源以外地务工为主。

聂家寨[Niè jiā zhài]　隶属于洑水镇聂寨村。《聂氏族谱》记载，唐朝时期，以大户聂意天及子孙由四川迁入此地居住，为防匪盗，建筑一条四面环水的人工河，故名。该居民点位于聂寨村西南方向，居村委会所在地 0.6 千米，为丘陵山地地形，居民点呈块状分布。东接村级公路，西邻吴棚孙家湾，南连双路村 1 组，北靠方棚。面积为 0.06 平方千米，居民主要姓氏为聂，主要为汉族，2014 年年末，共有村民 88 户，350 人。耕地面积约 0.06 平方千米，主要农作物为小麦、水稻、油菜，主要经济来源以外地务工为主。

松林塆[Sōng lín wān]　隶属于洑水镇聂寨村。当地松树生长繁茂，有大片松林，故名。该居民点位于聂寨村南部，据村委会所在地 0.4 千米，为丘陵地地形，居民点呈块状分布。东接本村 4 组草塘，西邻村级公路，南连金家塆，北靠村委会小学。面积约 0.06 平方千米，居民主要为汉族，2014 年年末，共有村民 13 户，50 人，耕地面积约 0.04 平方千米。主要农作物为小麦、水稻、油菜，主要经济来源以外地务工为主。

西分塆[Xī fēn wān]　隶属于洑水镇聂寨村。清朝初，一聂姓富户将其主业分给儿子和女儿，为方便田地耕种，将田分为东份和西份，西份田为女儿耕种，后期发展形成居民点，故名。该居民点位于聂寨村南部，距村委会所在地 0.6 千米，为丘陵山地地形，居民点呈块状分布。东接聂寨村村委会办公楼，西邻该村水渠，南连本组荒山，北靠秦家河。面积约 0.6 平方千米，居民主要现实为聂，主要为汉族。2014 年年末，共有村民 89 户，310 人，耕地面积约 0.227 平方千米，主要农作物为小麦、水稻、油菜，主要经济来源以外地务工为主。

郑家冲[Zhèng jiā chōng]　隶属于洑水镇聂寨村。明朝洪武年间，一郑姓由接官乡会砦迁入本地居住，因门前有一条大冲，后其子孙繁衍居住，故名。该居民点位于聂寨村东部，距村委会所在地 0.8 千米，为丘陵山地地形，居民点呈块状分布。东接秦坝村半仙山，西邻该村4组，南连该村4组，北靠邓家塆。面积约0.09平方千米，居民主要姓氏为郑，主要为汉族。2014年年末，共有村民42户，87人，耕地面积约0.067平方千米，主要农作物为小麦、水稻、油菜，主要经济来源以外地务工为主。

十六、牌楼村[Páilóu Cūn]

隶属于洑水镇。古称牌楼岗，今为牌楼集市。因当地在明末清初出了一名战斗英雄，非常受人敬佩。为纪念他，为其建造一石质牌坊，故名。牌楼村位于洑水镇东北部，村委会所在地牌楼街，距洑水镇政府所在地9000米。该村东接陈店乡松林村，西邻三合村，南连三合水库与陈店乡高岗村，北靠赵棚镇施塆村。全村人口为1420人，总面积4.563平方千米，耕地面积1.005平方千米，全村15个小组：毕家塘、曾彭家塆、戴家塆、方家塆、粉铺独屋、金家塆、李家塆、牌家岗、舒家塆、魏家塆、熊家冲、杨家塆新村、喻家独屋、袁家塆、张家塆。姓氏由杨、高、陈、谢、金、方、魏、戴、李、张为主，村民靠种植水稻为主，旱作物为辅。

1949年10月，牌楼隶属于洑水区管辖；1952年10月隶属安陆县第六区牌楼乡管辖。1954年8月隶属洑水区牌楼乡管辖。1958年9月建立人民公社，牌楼大队隶属于东风人民公社双合管理区牌楼大队管辖。1961年4月牌楼大队属洑水区牌楼人民公社管辖。1975年2月，撤区并社，牌楼大队隶属于洑水人民公社牌楼管理区管辖。1984年1月，复置区(镇)、乡(镇)、村，牌楼大队改为牌楼村系双路乡管辖。1987年10月，撤区并乡，洑水镇由原洑水办事处、三陂、双路乡并成，牌楼村系洑水镇管辖，沿用至今。

毕家塘塆[Bì jiā táng wān] 隶属于洑水镇牌楼村。明清年间，毕氏家族在此居住，且门前有一口大塘，故名。毕家塘塆位于牌楼村西南部，距村委会所在地1千米，处丘陵地带，呈条状分布。东接安赵公路，西邻神丹养殖场，南连三合村，北靠金家塆。面积约0.584平方千米，居民主要姓氏为毕，主要为汉族。2014年年末，共有村民40户、225人，耕地面积约0.146平方千米，主要农作物为水稻、瓜果。

曾彭家塆[Zéng péng jiā wān] 隶属于洑水镇牌楼村。明朝洪武三年(公元1642年)从江西经麻城过籍迁入，形成村落，故名。该居民点位于牌楼村东南部，距村委会所在地1千米，处丘陵地带，居民点呈条状分布。东接三合水库，西邻高家塆，南连三合水库，北靠戴家塆。面积约0.02479平方千米，居民主要姓氏为曾、彭，主要为汉族。2014年年末，共有村民19户、85人。耕地面积约0.01675平方千米，主要农作物为水稻、小麦，主要经济来源为外出务工。

戴家塆[Dài jiā wān] 隶属于洑水镇牌楼村。以姓氏命名。该居民点位于牌楼村西南部，距村委会所在地500米，处丘陵地带，居民点呈条状分布。东接三河水库，西邻金家塆，南连高家塆，北靠牌楼。面积约0.04489平方千米，居民主要姓氏为戴，主要为汉族。2014年年末，共有村民30户、115人。耕地面积约0.03149平方千米，主要农作物为水稻、小麦，主要经济来源为外出务工。

方家塆[Fāng jiā wān] 隶属于洑水镇牌楼村。明洪武年间，方氏家族从麻城过籍迁入此地，以种植水稻为生，后在此繁衍生息，形成村落，故名。该居民点位于牌楼村北部，距村委会所在地1千米，处丘陵地带，居民点呈条状分布。东接安赵路，西邻婆媳塆，南连魏家独屋，北靠蔡家大塘。面积约0.08576平方千米，居民主要姓氏为方，主要为汉族。2014年年末，共有村民32户、128人。耕地面积约0.06566平方千米，主要农作物为水稻、小麦，主要经济来源为外出务工。

粉铺独屋[Fěn pù dú wū] 隶属于洑水镇牌楼村。民国期间，陈姓户主，从事作坊式线粉加工为生，故名。该居民点位于牌楼村东南部，距村委会所在地500米，处丘陵地带分布。东接三合水库，西邻牌楼，南连沈塆泵站，北靠腊树塘。面积约0.03015平方千米，居民主要姓氏为陈、李，主要为汉族。2014年年末，共有村民34户、126人。耕地面积约0.0268平方千米，主要农作物为水稻、小麦，主要经济来源为外出务工。

金家塆[Jīn jiā wān] 隶属于洑水镇牌楼村。明朝年间，由麻城过籍到此，全塆以耕种田地为主，且大多数居民姓氏为金，故名。该居民点位于牌楼村西部，距村委会所在地600米，处丘陵地带，居民点呈条状分布。东接安赵公路，西邻半仙山，南连毕家塘，北靠秦坝村甘家塆。面积约0.6968平方千米，居民主要姓氏为金，主要为汉族。2014年年末，共有村民35户、198人，耕地面积约0.1742平方千米，主要农作物为水稻、瓜果。

李家塆[Lǐ jiā wān] 隶属于洑水镇牌楼村。清朝末年，有一李姓人家买田地在此耕种数年，故名。该居民点位于牌楼村西北部，距村委会所在地600米，处丘陵地带，居民点呈条状分布。东接魏家塆，西邻熊冲，南连牌楼粮库，北靠山地。面积约0.0335平方千米，居民主要姓氏为李，主要为汉族。2014年年末，共有村民8户、45人。耕地面积约0.02345平方千米，主要农作物为水稻、小麦，主要经济来源为外出务工。

牌楼岗[Pái lóu gǎng] 隶属于洑水镇牌楼村。清朝初期，当地出了一名战争英雄，在此地立了一座石碑牌坊，故名。该居民点位于牌楼村西南部，处丘陵地带，居民点呈条状分布。东接粉铺独屋，西邻粮库，南连魏家塆，北靠李家塆。面积约0.1072平方千米，居民姓氏为杂姓，主要为汉族。2014年年末，共有村民60户、280人。耕地面积约0.0402平方千米，主要农作物为水稻、小麦，主要经济来源为外出务工。

舒家塆[Shū jiā wān] 隶属于洑水镇牌楼村。民国时期，一舒姓人家来此，以种田为生，后繁衍生息，形成村落，故名。该居民点位于牌楼村西南部，距村委会所在地1100米，处丘陵地带，居民点呈条状分布。东接萝卜塘，西邻渠道沟、蔡家独屋，南连三合村，北靠安赵公路。面积约0.02546平方千米，居民主要姓氏为毕，主要为汉族。2014年年末，共有村民4户、16人。耕地面积约0.01876平方千米，主要农作物小麦，主要经济来源为外出务工。

魏家塆[Wèi jiā wān] 隶属于洑水镇牌楼村。以姓氏命名。该居民点位于牌楼村北部，处丘陵地带，居民点呈条状分布。东接方家塆，西邻李家塆，南连魏家独屋，北靠草独屋。面积约0.04891平方千米，居民主要姓氏为魏，主要为汉族。2014年年末，共有村民16户、60人。耕地面积约0.03216平方千米，主要农作物为水稻、小麦，主要经济来源为外出务工。

熊家冲[Xióng jiā chōng] 隶属于洑水镇牌楼村。清朝年间，熊氏一族在此地买了一条冲田，靠种田为生，故名。该居民点位于牌楼村西北部，距村委会所在地0.8千米，处丘陵地带，居民点呈条状分布。东接李家塆，西邻甘家塆，南连养鸡场，北靠张家塆。面积约 0.0938 平方千米，居民主要姓氏为熊，主要为汉族。2014 年年末，共有村民 28 户、95 人。耕地面积约 0.0536 平方千米，主要农作物为水稻、小麦，主要经济来源为外出务工。

杨家塆新村[Yáng jiā wān xīn cūn]　隶属于洑水镇牌楼村。该地由杨姓、詹姓、高姓为主，1977 年三河水库池边加高，水位线上升，詹姓、高姓住户全部搬迁到杨家塆后面，建为当时"新村"，全塆人口居住在此而得名。该居民点位于牌楼村东南部，距村委会所在地 1200 米，处丘陵地带，呈条状分布。东接三河水库，西邻毕家塘，南连水库，北靠戴家塆。面积约 0.09246 平方千米，居民主要姓氏为杨，主要为汉族。2014 年年末，共有村民 44 户、168 人。耕地面积约 0.04556 平方千米，主要农作物为水稻、小麦，主要经济来源为外出务工。

喻家独屋[Yù jiā dú wū]　隶属于洑水镇牌楼村。清末时期，有两户喻姓人家迁入居住，形成聚落，故名。该居民点位于牌楼村西北部，距村委会所在地 800 米，处丘陵地带，居民点呈条状分布。东接魏家塆，西邻村级公路，南连李家塆，北靠熊家冲。面积约 0.0201 平方千米，居民主要姓氏为喻，主要为汉族。2014 年年末，共有村民 4 户、30 人。耕地面积约 0.0134 平方千米，主要农作物为水稻、小麦，主要经济来源为外出务工。

袁家塆[Yuán jiā wān]　隶属于洑水镇牌楼村。清朝年间，由一位袁姓的人家在此地耕种庄田，繁衍生息，故名。该居民点位于牌楼村东北部，处丘陵地带，居民点呈条状分布。东接三河水库，西邻安赵路，南连神丹肥厂，北靠方家塆。面积约 0.03015 平方千米，居民主要姓氏为袁，主要为汉族。2014 年年末，共有村民 6 户、28 人，耕地面积约 0.0201 平方千米，主要农作物为水稻、小麦，主要经济来源为外出务工。

张家塆[Zhāng jiā wān]　隶属于洑水镇牌楼村。明洪武年间由麻城过籍迁入，繁衍生息，形成村落，故名。该居民点位于牌楼村东北部，距村委会所在地 2 千米，处丘陵地带，居民点呈条状分布。东接黑山凹，西邻村级公路，南连熊家冲，北靠文武村。面积约 0.0469 平方千米，居民主要姓氏为张，主要为汉族。2014 年年末，共有村民 18 户、73 人。耕地面积约 0.0335 平方千米，主要农作物为水稻、小麦，主要经济来源为外出务工。

十七、秦坝村[Qínbà Cūn]

隶属于洑水镇。1952 年元月，乡政府组织群众在秦家沟修建秦家河坝(简称秦坝)，故名。秦坝村位于洑水镇人民政府所在地东北部，村委会所在地史家塆，距洑水镇政府所在地 6000 米。该村东接三合村、牌楼村，西邻方棚村，南连双路村、聂寨村，北靠文武村。截至 2014 年年末，辖区内共有 13 个自然塆：五家岗、七坟组、甘家塆、聂家独屋、秦家上塆、秦家下塆、秦家巷子、史家塆、小郑家塆、严家塆、杨家独屋、湛家塆、邹家塆。共有村民 209 户、820 人。辖区占地面积约 1.2 平方千米，其中耕地面积约 0.64 平方千米，主要农作物为小麦、水稻、油菜。村委会现有干部 3 名。

1949年10月，秦坝隶属于洑水区管辖。1952年10月属安陆县第六区牌楼乡辖。1954年8月属洑水区牌楼乡辖。1956年3月属安陆县第六区双路乡辖。1956年4月属安陆县第六指导小组双路乡辖。1958年9月属东风人民公社双路管理区辖。1961年4月属洑水区双路人民公社辖。1975年2月属洑水人民公社牌楼管理区辖。1984年1月属洑水区双路乡管辖；1987年10月属洑水镇双路乡辖，秦坝村名称沿用至今。

七坟组[Qī fén zǔ]　隶属于洑水镇秦坝村。古代传说“七仙女”葬于此地，故名。该居民点位于洑水镇秦坝村委会所在地东部半仙山脚下，距村委会所在地800米，为丘陵山地地形，居民点呈块状分布。东接三合村马家塆，西邻郑家塆，南连双路村高家燕窝，北靠五家岗。面积约0.5平方千米，居民主要姓氏为杨、聂，主要为汉族。2014年年末，共有村民40户、87人。耕地面积约0.06平方千米，主要农作物为小麦、水稻、油菜，主要经济来源以外地务工为主。

五家岗[Wǔ jiā gǎng]　隶属于洑水镇秦坝村。清朝末期有杨氏五户人家居住此地，故名。该居民点位于洑水镇秦坝村委会所在地东部半仙山山顶，距村委会所在地1千米，为丘陵山地地形，居民点呈条状分布。东接三合村马家塆，西邻3组史家塆，南连七坟组，北靠牌楼村金家塆。面积约0.06平方千米，居民主要姓氏为杨，主要为汉族。2014年年末，共有村民17户，68人。耕地面积约0.04平方千米，主要农作物为小麦、水稻、油菜，主要经济来源以外地务工为主。

甘家塆[Gān jiā wān]　隶属于洑水镇秦坝村。以姓氏命名。该居民点位于洑水镇秦坝村东北部。东接半仙山，西邻严家塆，南连邹家塆，北靠牌楼。居民主要姓氏为甘，主要为汉族。2014年年末，共有村民30户，140人。

聂家独屋[Niè jiā dú wū]　隶属于洑水镇秦坝村。以姓氏和村庄规模综合命名。该居民点位于洑水镇秦坝村东南部。东接月塘水库，西邻郑家塆，南连双路村，北靠七坟组。居民主要姓氏为聂，主要为汉族。2014年年末，共有村民5户，28人。

秦家上塆[Qín jiā shàng wān]　隶属于洑水镇秦坝村。以姓氏和方位命名。该居民点位于洑水镇秦坝村西部。东接秦家河坝，西邻方棚村，南连秦家下塆，北靠秦家前塆。居民主要姓氏为秦，主要为汉族。

秦家下塆[Qín jiā xià wān]　隶属于洑水镇秦坝村。以姓氏和方位命名。该居民点位于洑水镇秦坝村西部。东接小秦家河，西邻方棚村，南连聂寨村，北靠秦家上塆。居民主要姓氏为秦，主要为汉族。2014年年末，共有村民30户，140人。

秦家巷子[Qín jiā xiàng zi]　隶属于洑水镇秦坝村。又称秦家前塆。以姓氏和建筑特征综合命名。该居民点位于洑水镇秦坝村西北部。东接秦家河，西邻方棚村，南连秦家上塆，北靠文武村。居民主要姓氏为秦，主要为汉族。2014年年末，共有村民15户，90人。

史家塆[Shǐ jiā wān]　隶属于洑水镇秦坝村。以姓氏命名。该居民点位于洑水镇秦坝村中部。东接半仙山，西邻村委会办公楼，南连邹家塆，北靠郑家塆。居民主要姓氏为李、史，主要为汉族。2014年年末，共有村民50户，300人。

小郑家塆[Xiǎo zhèng jiā wān]　隶属于洑水镇秦坝村。以姓氏和村庄规模综合命名。该居民点位于洑水镇秦坝村中南部。东接半仙山，西邻聂寨村，南连聂家独屋，北靠史家塆。居民主要姓氏为郑，主要为汉族。2014 年年末，共有村民 10 户，35 人。

严家塆[Yán jiā wān]　隶属于洑水镇秦坝村。以姓氏命名。该居民点位于洑水镇秦坝村西北部。东接甘家塆，西邻秦家河，南连村委会办公楼，北靠文武村。居民主要姓氏为严，主要为汉族。2014 年年末，共有村民 10 户，43 人。

杨家独屋[Yáng jiā dú wū]　隶属于洑水镇秦坝村。以姓氏和村庄规模综合命名。该居民点位于洑水镇秦坝村东南部。东接三合村，西邻史家塆，南连聂家独屋，北靠五家岗。居民主要姓氏为杨，主要为汉族。2014 年年末，共有村民 6 户，30 人。

湛家塆[Zhàn jiā wān]　隶属于洑水镇秦坝村。以姓氏命名。该居民点位于洑水镇秦坝村西部。东接村委会办公楼，西邻杨家山，南连聂寨村，北靠秦家河坝。居民主要姓氏为罗、湛，主要为汉族。2014 年年末，共有村民 7 户，30 人。

邹家塆[Zōu jiā wān]　隶属于洑水镇秦坝村。以姓氏命名。该居民点位于洑水镇秦坝村东北部。东接半仙山，西邻严家塆，南连史家塆，北靠甘家塆。居民主要姓氏为罗，主要为汉族。2014 年年末，共有村民 7 户，50 人。

十八、三陂村[Sānpí Cūn]

隶属于洑水镇。因当地为涢水、寿山水、应山刘家棚子水三条河流汇合之处，称三陂。宋朝建中靖国年间(公元 1119 年)有三陂的记载，明朝中后期至清代为安陆境内五大水运码头之一。三陂村位于洑水镇西北部，村委会所在地老 316 国道三陂村西侧，距洑水镇政府所在地 4000 米。该村东接天子石山，西邻涢水(府河)，南连车站村，北靠文桥村，居民主要姓氏为张、付、尹、毕，主要为汉族。现有 6 个自然塆：翰林凹、垸门、三陂港、景林寺、窑凹、三陂新村，共 646 人。总面积 0.3 平方千米，农业种植面积 0.1427 平方千米，林业种植面积 0.0221，大小塘堰 38 口，泵站两座。主要农作物为水稻、小麦。

史志中宋朝有三陂的记载，晚清时期，三陂隶属“三陂港会”。民国时期隶属福寿(北一)乡、三陂乡管辖。1949 年 10 月，三陂隶属于洑水区永合乡管辖。1952 年 10 月隶属第六区永合乡管辖。1954 年 8 月隶属于洑水区永合乡管辖。1956 年 3 月属安陆县第六区永合乡辖，同年 4 月属第七指导小组永合乡管辖。1958 年 9 月属于东风人民公社三陂管理区辖。1961 年 4 月属洑水区三陂人民公社管辖。1966 年 9 月属向阳区三陂人民公社管辖。1975 年 2 月属于洑水人民公社三陂管理区管辖。1984 年 1 月属洑水区三陂乡管辖。1987 年 10 月属洑水镇管辖，沿用至今。

翰林凹[Hàn lín wā]　隶属于洑水镇三陂村。该居民点三面环山，中间有一口水塘，相传宋代曾出过一位翰林，名高鼎，故名。后高姓迁移，其墓碑在破四旧期间被村民用来放在水塘中作洗衣石，墓碑毁，刘姓、胡姓在此居住，由于新农村建设大都迁往三陂新村。该居民点位于三陂村东部，处丘陵地带，居民点呈条状分布。东南两面环田，西邻老 316 国道，北靠天子石山。面积约 0.1005 平方千米，居民主要姓氏为刘，主要为汉族。2014 年年末，共有村民 3 户、12 人。耕地面积约 0.0201 平方千米，主要农作物为水稻、小麦。

景林寺[Jǐng lín sì]　隶属于洑水镇三陂村。道光二十三年《安陆县志》记载，三陂港岩石城环绕涢流，砦小而险，有景林寺，有“先有景林，后有德安”之说。1964 年修汉丹铁路，景林寺尚存，“文革”期间拆除，现今旧址旁建有生态农庄，属三陂村 2 组，有 3 户付姓人家居住。据史记记载，景林寺建于宋朝(1119 年)。该居民点位于三陂村南老 316 国道西侧，村委会南部，距村委会所在地 600 米，居民点呈块状分布。东接老 316 国道，西邻府河，南连车站村，北靠三石丘。面积约 0.0134 平方千米，居民主要姓氏为付，主要为汉族。2014 年年末，共有村民 3 户、12 人。耕地面积约 0.0067 平方千米，主要农作物为水稻、小麦，主要经济来源为种植农作物及外出打工。

垰门[Ká mén]　隶属于洑水镇三陂村。历史名称，沿用至今。该居民点位于三陂村东部，呈块状分布。东接天子石山，西邻窑凹，南连车站村，北靠新 316 公路。现无人居住。

三陂港[Sān pí gǎng]　隶属于洑水镇三陂村。以地理位置命名。即三陂老街与原码头所在地。历史上，三陂港因水而兴，是安陆境内五大水运码头之一。鼎盛时期，三陂港水路、铁路、公路三路交会，拥有小学、中学各一所，老街店铺林立，榨房、槽坊、粮食加工厂等一应俱全，集市人头攒动，摩肩接踵，叫卖声不绝于耳，吸引力北达平林(应山)，东及接官，西跨竹篓(烟店)，南到洑水。后因府河建电站水位上升、铁路升级改造及修 316 国道公路改道，致交通不便，人流锐减，商贩纷纷外迁，三陂港遂逐渐衰落。该居民点位于三陂村西部，聚落呈块状分布。东接文桥村，西邻府河，南连车站村，北靠文桥村。共有 204 户 610 人，居民以付、毕、张姓居多，均为汉族。总面积 0.00145 平方千米，主要农作物为水稻、小麦，主要经济来源为种植农作物及外出打工。

窑凹[Yáo wā]　隶属于洑水镇三陂村。该居民点位于山凹之中，昔时有人在此依山建窑烧烧制陶器，故名。该居民点位于三陂村东北部，呈块状分布。东接 316 国道，西邻文桥村张家塆，南连茅草山，北靠文桥村。共有 6 户 25 人。总面积 0.0237 平方千米，其中耕地面积 0.001005 平方千米，主要农作物为水稻、小麦，主要经济来源为种植农作物及外出打工。

三陂新村[Sān pí xīn cūn]　隶属于洑水镇三陂村。该居民点位于三陂村中西部，呈块状分布。东接窑凹，绵延分布于老 316 国道两侧，西邻安应线公路，南连陈家山，北靠大洼山。居民以张、付、毕、尹姓居多，共有 80 户 320 人。

十九、三合村[Sānhé Cūn]

隶属于洑水镇。三条小河流汇入此地，故名。三合村位于洑水镇东部，村委会所在地黄家塆，距洑水镇政府所在地 3000 米。该村东接牌楼村，西邻秦坝村，南连高岗村，北靠双路村。面积约 2.278 平方千米，居民主要姓氏为马、杨、丁、魏、唐，主要为汉族。共有村民 255 户、915 人。有 10 个自然塆：毕家陆塆、黄家塆、郭家塆、阚家塆、王家塆、魏家塆、杨家塆、陆家塆、唐家塆、马家塆。耕地面积 1639.27 亩，主要农作物为水稻、小麦。

1949 年 10 月三合隶属赵棚区管辖。1952 年 10 月属第七区三合乡辖。1954 年 8 月属赵棚区三合乡辖。1956 年区、乡再次调整，三合改隶属于第六区双路乡辖。1958 年 9 月建立东风(洑水)人民公社，三合大队隶属于双合管理区管辖。1961 年 4 月属洑水区牌楼人民公社管辖。1975 年 2 月属洑水人民公社牌楼管理区管辖。1984 年 1 月三合大队更名为三合村，属洑水区双路乡管辖。1987 年 10 月，撤区并乡，洑水镇由原洑水办事处、三陂乡、双路乡并成，三合村系洑水镇管辖，沿用至今。

毕家塆[Bì jiā wān]　隶属于洑水镇三合村。因姓氏命名，又称毕家陆塆。该居民点位于三合村东部，聚落呈块状分布。东接陈店乡高岗村，西邻杨家塆，南连白庙村马家嘴，北靠三合水库。全塆以毕、邹姓居多，均为汉族。共有 54 户 202 人。总面积 0. 14405 平方千米，耕地面积 410. 79 亩。主要农作物为水稻，小麦，主要经济来源为外出务工。

郭家塆[Guō jiā wān]　隶属于洑水镇三合村。明朝初，郭姓从今双路迁入本地居住，门前有一大塘，取名郭家大塘，后来繁衍生息，形成村落，故名。该居民点位于三合村北部，距村委会所在地 600 米，处丘陵地带，居民点呈条状分布。东接高家塆，西邻三合水库，南连杨家塆，北靠牌楼村。面积约 0. 12596 平方千米，居民主要姓氏为郭，主要为汉族。全塆共有村民 25 户、79 人。耕地面积约 221 亩，主要农作物为水稻、小麦，主要经济来源为外出务工。

黄家塆[Huáng jiā wān]　隶属于洑水镇三合村。明朝末年，黄姓先祖黄道明从河南迁入此地定居。因当地土质为黄土，故名。该居民点位于三合村西南部，距村委会所在地 100 米，处丘陵地带，居民点呈条状分布。东接毕家塆，西邻郭家塆，南连白庙村，北靠本村杨家塆。面积约 0. 15008 平方千米，居民主要姓氏为徐、蒋姓，主要为汉族。全塆共有村民 33 户、116 人。耕地面积约 157. 81 亩，主要农作物为水稻、小麦，主要经济来源为外出务工。

阚家塆[Kàn jiā wān]　隶属于洑水镇三合村。以姓氏命名。该居民点位于三合村西南部，距村委会所在地 300 米，处丘陵地带，居民点呈条状分布。东接牌楼村杨家塆，西邻阎家塆，南连白庙村，北靠秦坝村杨家塆。面积约 0. 09447 平方千米，居民主要姓氏为阚，主要为汉族。全塆共有村民 27 户、92 人。耕地面积约 227. 06 亩，主要农作物为水稻、小麦，主要经济来源为外出务工。

王家塆[Wáng jiā wān]　隶属于洑水镇三合村。以姓氏命名。该居民点位于三合村西部，距村委会所在地 600 米，处丘陵地带，居民点呈条状分布。东接安赵线，西邻唐家塆，南连周家塆，北靠高家塆。面积约 0. 1206 平方千米，居民主要姓氏为王，主要为汉族。全塆共有村民 26 户、94 人。耕地面积约 135. 92 亩，主要农作物为水稻、小麦，主要经济来源为外出务工。

魏家塆[Wèi jiā wān]　隶属于洑水镇三合村。据《魏氏族谱》记载，明朝崇祯年间，其魏姓先祖魏国栋从湖南逃荒至此落籍，经近 380 年繁衍生息，形成村落，故名。该居民点位于三合村北部，距村委会所在地 300 米，处丘陵地带，居民点呈条状分布。东接郭家塆，西邻王家塆，南连阚家塆，北靠马家塆。面积约 0. 1508 平方千米，居民主要姓氏为魏，主要为汉族。全塆共有村民 15 户、60 人。耕地面积约 108. 74 亩，主要农作物为水稻、瓜果。

杨家塆[Yáng jiā wān]　隶属于洑水镇三合村。明朝时期，杨姓先祖杨明义家贫，以养鸭为生，便在杨树下搭草棚居住，后世子孙们勤劳耕种，随着人口发展，形成聚落，故名。该居民点位于三合村南部，距村委会所在地300米，处丘陵地带，居民点呈条状分布。东接陆家塆，西邻王家塆，南连阙家塆，北靠郭家塆。面积约0.4322平方千米，居民主要姓氏为杨，主要为汉族。全塆共有村民16户、102人。耕地面积约0.1005平方千米，主要农作物为水稻、瓜果。

陆家塆[Lù jiā wān]　隶属于洑水镇三合村。据传，早年安陆县城有6户人家迁入此地落户，经繁衍生息形成村落。该居民点位于三合村东南部，距村委会所在地500米，处丘陵地带，居民点呈条状分布。东接高岗村丁家塆，西邻阙家塆，南连白庙村黄家塆，北靠白庙村朱家大塆。面积约0.4056平方千米，居民主要姓氏为丁、杨、邹、毕、鲁、王，主要为汉族。2014年年末，共有村民40户、137人。耕地面积约0.1005平方千米，主要农作物为水稻、瓜果。居民主要经济来源以种植和外出打工为主。

唐家塆[Táng jiā táng]　隶属于洑水镇三合村。以姓氏命名。该居民点位于三合村西南部，处丘陵地带，居民点呈条状分布。东接周家塆，西邻安赵线公路，南连白庙村，北靠双路村。面积约0.08107平方千米，居民主要姓氏为唐，主要为汉族。全塆共有村民29户、115人，耕地面积约127.5亩，主要农作物为水稻、小麦。居民主要经济来源以种植和外出打工为主。

马家塆[Mǎ jiā wān]　隶属于洑水镇三合村。据《马氏宗谱》记载，明代德安府有白马寺，其先祖马国良就居住在此寺院。其后子孙到此安家立业，故名。马家塆位于三合村村民委员会办公楼东北部，距村委会所在地400米，处丘陵地带，居民点呈条状分布。东接牌楼村杨家塆，西邻阙家塆，南连三合村杨家塆，北靠秦坝村。面积约0.67平方千米，居民姓氏主要为马，主要为汉族。全塆共有村民28户、96人。耕地面积约140.07亩，主要农作物为水稻、瓜果。

二十、社庙村[Shèmiào Cūn]

隶属于洑水镇。该地早年建有一座祭拜土神的庙宇叫社庙。社庙村位于洑水镇西北部，村委会所在地黄家塆，距洑水镇政府所在地8000米。该村东接苗畈村、文桥村，西邻毛庙村，南连板桥村，北靠广水市平林镇罗鼓田村。截至2014年9月，辖区内共有15个自然塆：贝家塆、平虎塆、院子塆、查家凹、胡家塆、李家塆、栗林塆、楼子塆、上郭家独屋、下郭家独屋、上黄家塆、下黄家塆、张家塆、周家塆、朱家塆，另有消失居民点4个：尹庙、文家独屋、姚家塆、张郭塆。共有村民258户、858人。辖区占地面积约2平方千米，其中耕地面积约0.574平方千米，林地面积约1.3平方千米，水面面积约0.1平方千米，主要农作物为小麦、水稻、油菜。村委会有工作人员4名。

1949年10月，社庙隶属于洑水区管辖。1952年10月属第六区永合(今三陂)乡辖。1954年8月属洑水区永合乡辖。1956年3月属安陆县第六区永合乡辖。1956年4月属第七指导小组永合乡辖。1958年9月属东风人民公社永合管理区辖。1961年4月属洑水区三陂人民公社辖。1975年2月属于洑水人民公社三陂管理区辖。1981 年 8 月属洑水人民公社三陂镇辖。1984 年 1 月，社庙大队更名为社庙村，属洑水区三陂乡辖。1986 年洑水改为区级县辖镇，属洑水镇三陂乡辖。1987 年 10 月属安陆市洑水镇辖，沿用至今。

贝家塆[Bèi jiā wān]　隶属于洑水镇社庙村。清朝中期，贝氏先祖落于此地居住，塆前大冲都是贝氏田地，叫贝家垅。该居民点位于社庙村西北部，距村委会所在地 0.8 千米，为丘陵山地地形，居民点呈条状分布。东接刘家塆，西邻张家塆，南连胡家塆、院子塆，北靠栗林塆。所住居民以贝姓居多，均为汉族。全塆 55 人，19 户。总面积为 0.128 平方千米，其中耕地面积 0.047 平方千米，水田面积 0.081 平方千米。主要农作物为小麦、水稻、油菜，主要经济来源以外地务工为主。

平虎塆[Píng hǔ wān]　隶属于洑水镇社庙村。清朝中期，此地山大，森林茂密，经常有豺狼虎豹出没，伤害人畜，当地男性力大勇猛，齐心协力驱赶猛虎，平息了老虎猖狂。该居民点位于社庙村东南部，距村委会所在地 0.1 千米，为丘陵山地地形，居民点呈块状分布。东接姚家塆，西邻下黄家塆，南连胡家塆，北靠上黄家塆。面积约 0.124 平方千米，居民主要姓氏为周，主要为汉族。2014 年年末，共有村民 17 户、53 人。耕地面积约 0.043 平方千米，主要农作物为小麦、水稻、油菜，主要经济来源以外地务工为主。

院子塆[Yuàn zi wān]　隶属于洑水镇社庙村。清朝中期，付氏先祖在此地建房落户，阴阳先生对付氏人家说此地是宝地，需要在房屋四周围起围墙，以保此风水。付氏家族便在房屋四周建起了院墙，以防外侵，故名。该居民点位于社庙村东南部，距村委会所在地 1.6 千米，为丘陵山地地形，居民点呈条状分布。东接文桥村查家洼，西邻胡家塆，南连文桥村尹家嘴，北靠楼子塆。面积约 0.217 平方千米，居民主要姓氏为付，主要为汉族。2014 年年末，共有村民 24 户、93 人。耕地面积约 0.08 平方千米，水田面积约 0.137 平方千米。主要农作物为小麦、水稻、油菜，主要经济来源以外地务工为主。

查家凹[Zhá jiā wān]　隶属于洑水镇社庙村。以姓氏命名。该居民点位于社庙村东部，东接苗畈村，西邻姚家塆，南连院子塆，北靠楼子塆。居民主要姓氏为周、黄、文，主要为汉族。2014 年年末，共有村民 14 户、60 人。

胡家塆[Hú jiā wān]　隶属于洑水镇社庙村。以姓氏命名。该居民点位于社庙村西南部，东接茅草洼，西邻姚家洼，南连尹家咀，北靠平虎塆。居民主要姓氏为付、杨，主要为汉族。2014 年年末，共有村民 14 户、60 人。

李家塆[Lǐ jiā wān]　隶属于洑水镇社庙村。以姓氏命名。该居民点位于社庙村西北部，东接朱家塆，西邻广水市平林镇罗鼓田村，南连周家塆，北靠广水市平林镇罗鼓田村。居民主要姓氏为查、孙、胡，主要为汉族。2014 年年末，共有村民 14 户、60 人。

栗林塆[Lì lín wān]　隶属于洑水镇社庙村。以物产命名。该居民点位于社庙村东北部，东接苗畈村，西邻贝家塆，南连楼子塆，北靠上郭家独屋。居民主要姓氏为李，主要为汉族。2014 年年末，共有村民 10 户、45 人。

楼子塆[Lóu zi wān]　隶属于洑水镇社庙村。以建筑特征命名。该居民点位于社庙村东北部，东接苗畈村李家塆，西邻贝家塆，南连上黄家塆，北靠栗林塆。居民主要姓氏为刘，主要为汉族。2014 年年末，共有村民 13 户、50 人。

上郭家独屋[Shàng guō jiā dú wū] 隶属于洑水镇社庙村。以姓氏和方位命名。该居民点位于社庙村北部，东接张家塆，西邻李家塆，南连下郭家独屋，北靠广水市长岭镇肖桥村。居民主要姓氏为郭，主要为汉族。2014 年年末，共有村民 5 户、22 人。

下郭家独屋[Xià guō jiā dú wū] 隶属于洑水镇社庙村。以姓氏和方位命名。该居民点位于社庙村西北部，东接张家塆，西邻李家塆，南连朱家塆，北靠上郭家独屋。居民主要姓氏为郭，主要为汉族。2014 年年末，共有村民 5 户、22 人。

上黄家塆[Shàng huáng jiā wān] 隶属于洑水镇社庙村。以姓氏和方位命名。该居民点位于社庙村中东部，东接查家洼，西邻下黄家塆，南连平虎塆，北靠贝家塆。居民主要姓氏为黄，主要为汉族。2014 年年末，共有村民 14 户、40 人。

下黄家塆[Xià huáng jiā wān] 隶属于洑水镇社庙村。以姓氏和方位命名。该居民点位于社庙村中部，东接平虎塆，西邻周家塆，南连胡家塆，北靠张家塆。居民主要姓氏为胡，主要为汉族。2014 年年末，共有村民 14 户、50 人。

张家塆[Zhāng jiā wān] 隶属于洑水镇社庙村。以姓氏命名。该居民点位于社庙村西北部，东接贝家塆，西邻下郭家独屋，南连下黄家塆，北靠上郭家独屋。居民主要姓氏为胡、郭，主要为汉族。2014 年年末，共有村民 12 户、45 人。

周家塆[Zhōu jiā wān] 隶属于洑水镇社庙村。以姓氏命名。该居民点位于社庙村西南部，东接下黄家塆，西邻文家独屋，南连胡家塆，北靠张家塆。居民主要姓氏为周、郭，主要为汉族。2014 年年末，共有村民 13 户、50 人。

朱家塆[Zhū jiā wān] 隶属于洑水镇社庙村。以姓氏命名。该居民点位于社庙村西部，东接周家塆，西邻文家独屋，南连下黄家塆，北靠张家塆。居民主要姓氏为朱、李，主要为汉族。2014 年年末，共有村民 14 户、50 人。

尹庙[Yǐn miào] 隶属于洑水镇社庙村。该居民点位于社庙村东南部，东接院子塆，西邻胡家塆，南连尹家咀，北靠姚家塆。现无人居住。

文家独屋[Wén jiā dú wū] 隶属于洑水镇社庙村。以姓氏和村庄规模综合命名。该居民点位于社庙村西北部。东接周家塆，西邻李家塆，南连板桥村、新 316 国道，北靠上下郭家独屋。因自然环境现已无人居住。

姚家塆[Yáo jiā wān] 隶属于洑水镇社庙村。以姓氏命名。该居民点位于社庙村东部。东接查家洼，西邻文家独屋，南连胡家塆，北靠黄家独屋。因自然环境现已无人居住。

张郭塆[Zhāng guō wān] 隶属于洑水镇社庙村。元朝时期为张家老屋，后来郭姓入住，故名。该居民点位于社庙村西北部。东接贝家塆、楼子塆，西邻李家塆，南连周家塆，北靠广水市平林镇罗鼓田村。因自然环境现已无人居住。

二十一、双路村[Shuānglù Cūn]

隶属于洑水镇。因位于一条公路通赵棚镇，一条公路通会砦村，两公路交叉处，故名。双路村位于洑水镇东部，村委会所在地双路街124号，距洑水镇政府所在地6000米。安赵公路穿村而过。该村东接三合村，西邻开发区十塘村，南连开发区席棚村，北靠聂寨村、秦坝村。截至2014年9月，全村共有8个村民小组，11个居民点：蔡家塆、戴家塆、高家燕窝、沟子塆、郭家塆、楼子塆、芦塘角、聂家独屋、双路街、周家塆、周家独屋，另有3个居民点消失：蔡家大塆、高家独屋、咀上独屋。共有村民250户，共1080人，劳动力690人，其中常年外出务工经商270人。辖区占地面积3.3平方千米，其中耕地面积0.7平方千米，主要农作物为小麦、水稻、油菜，山林面积为0.31平方千米。村委会现有干部4名，党员23人，村内主要驻区单位有双路村村民委员会、双路村小学、双路村卫生所、双路村幼儿园等。该村是洑水镇首批新农村建设试点村之一，也是优质稻生产专业村。

民国时期属洑水乡辖。1949年10月，双路隶属于洑水区管辖。1952年10月隶属于安陆县第六区双路乡管辖。1954年8月，隶属于洑水区双路乡辖。1956年3月隶属于安陆县第六区双路乡。1958年9月，隶属于东风人民公社双路管理区管辖。1961年4月属洑水区双路人民公社管辖。1975年2月隶属于洑水人民公社双路管理区管辖。1984年1月双路大队更名为双路村属洑水区双路乡管辖。1987年10月属洑水镇管辖，沿用至今。

蔡家塆[Cài jiā wān]　隶属于洑水镇双路村。据族谱记载，其先祖从河南上蔡迁到此地，当时有一名蔡姓官员在朝廷为相，后流放至此，朝廷还在此修建了一所古色古香的房子，起名“学屋”，还赐牌匾一块，“文革”时被毁，至今还有少量木质建筑，后蔡姓在此安家，故名。该居民点位于洑水镇双路村委会所在地西北部，距村委会所在地300米，为丘陵山地地形，居民点呈块状分布。东接双路街，西邻吴棚村孙家塆，南连双路幼儿园，北靠聂寨村草塘角。面积约0.2平方千米，居民主要姓氏为蔡，主要为汉族。2014年年末，共有村民45户、180人。耕地面积约0.12平方千米，主要农作物为小麦、水稻，主要经济来源以外地务工为主。

戴家塆[Dài jiā wān]　隶属于洑水镇双路村。以姓氏命名。该居民点位于双路村西北部，距村委会所在地600米，为丘陵山地地形，居民点呈块状分布。东接郭家塆，西邻吴棚村孙家塆，南连卢塘角，北靠蔡家塆。面积约0.19平方千米，居民主要姓氏为戴，主要为汉族。2014年年末，共有村民25户、130人。耕地面积约0.075平方千米，主要农作物为小麦、水稻，主要经济来源以外地务工为主。

高家燕窝[Gāo jiā yàn wō]　隶属于洑水镇双路村。该居民点居住地形三面高，中间低，形似燕窝，故名。该居民点位于双路村东北部，距村委会所在地200米，为丘陵山地地形，居民点呈块状分布。东接三合村唐家塆，西邻双路街，南连楼子塆，北靠蔡家塆。面积约0.145平方千米，居民主要姓氏为高，主要为汉族。2014年年末，共有村民18户、85人。耕地面积约0.057平方千米，主要农作物为小麦、水稻，主要经济来源以外地务工为主。

沟子塆[Gōu zi wān] 隶属于洑水镇双路村。以地理特征命名。该居民点位于双路村西南部，距村委会所在地800米，为丘陵山地地形，居民点呈块状分布。东接席棚村园子塆，西邻十塘村蔡家塆，南连席棚村园子塆，北靠郭家塆。面积约0.12平方千米，居民主要姓氏为徐，主要为汉族。2014年年末，共有村民34户、115人。耕地面积约0.057平方千米，主要农作物为小麦、水稻，主要经济来源以外地务工为主。

郭家塆[Guō jiā wān] 隶属于洑水镇双路村。以姓氏命名。该居民点位于双路村南部，距村委会所在地400米，为丘陵山地地形，居民点呈块状分布。东接楼子塆，西邻卢塘角，南连沟子塆，北靠双路街。面积约0.04平方千米，居民主要姓氏为郭，主要为汉族。2014年年末，共有村民5户、16人。耕地面积约0.011平方千米，主要农作物为小麦、水稻，主要经济来源以外地务工为主。

楼子塆[Lóu zi wān] 隶属于洑水镇双路村。据记载，有一大户人家在此建有一栋高楼，该处地形四周低，中间高，称楼子，后形成居民点，故名。该居民点位于双路村东南部，距村委会所在地300米，为丘陵山地地形，居民点呈块状分布。东接周家塆，西邻郭家塆，南连沟子塆，北靠高家燕窝。面积约0.16平方千米，居民主要姓氏为徐，主要为汉族。2014年年末，共有村民20户、75人。耕地面积约0.05平方千米，主要农作物为小麦、水稻，主要经济来源以外地务工为主。

芦塘角[Lú táng jiǎo] 隶属于洑水镇双路村。民国时期，有一徐姓富户人家搬迁此处，当时在一处长满芦苇的塘边建房居住，此塘名为芦塘，且面积较小，故名。该居民点位于双路村西南部，距村委会所在地700米，为丘陵山地地形，居民点呈块状分布。东接郭家塆，西邻十塘社区何家塆，南连沟子塆，北靠戴家塆。面积约0.085平方千米，居民以徐姓居多，主要为汉族。2014年年末，共有村民10户、35人。耕地面积约0.03平方千米，主要农作物为小麦、水稻，主要经济来源以外地务工为主。

聂家独屋[Niè jiā dú wū] 隶属于洑水镇双路村。据记载，聂姓以前在聂寨村居住，后搬迁此地单独居住，故名。该居民点位于双路村东北部，为丘陵山地地形，居民点呈块状分布。东接秦坝村王家岗，西邻蔡家塆，南连高家燕塆，北靠聂寨村万家塆。面积约0.045平方千米，居民主要姓氏为高，主要为汉族。2014年年末，共有村民5户、19人。耕地面积约0.011平方千米，主要农作物为小麦、水稻，主要经济来源以外地务工为主。

双路街[Shuāng lù jiē] 隶属于洑水镇双路村。此处交通比较便利，来往人员较多，人口比较集中，有些居民做些小本生意，商品交易，后来规模越做越大，形成了一条街，故名。该居民点位于双路村中部，呈条状分布。东接周家塆，西邻郭家塆，南连沟子塆，北靠蔡家塆。面积约0.1平方千米，居民主要姓氏为徐、周、蔡，主要为汉族。2014年年末，共有村民190余户、380人，外来户70户。境内交通便利，通村公路覆盖全街，街道上有超市2处、卫生室1处，拥有双路中心小学、双路幼儿园、教学基地、双路村集贸市场等配套设施，是全村经济中心。主要经济来源以商业贸易和自主营业为主。

周家独屋[Zhōu jiā dú wū] 隶属于洑水镇双路村。以姓氏和村庄规模综合命名。该居民点位于双路村东南部，距村委会所在地1千米，为丘陵山地地形，居民点呈块状分布。东接三合村王家塆，西邻楼子塆，南连白庙村，北靠高家燕窝。面积约0.024平方千米，居民主要姓氏为周，主要为汉族。2014年年末，共有村民3户、7人。耕地面积约0.011平方千米，主要农作物为小麦、水稻，主要经济来源以外地务工为主。

周家塆[Zhōu jiā wān]　隶属于洑水镇双路村。以姓氏命名。该居民点位于双路村东南部，为丘陵山地地形，居民点呈块状分布。东接周家独屋，西邻楼子塆，南连楼子塆，北靠双合村王家塆。面积约0.3平方千米，居民主要姓氏为周，主要为汉族。2014年年末，共有村民45户、170人。耕地面积约0.17平方千米，水田面积约0.106平方千米，主要农作物为小麦、水稻、油菜，主要经济来源以外地务工为主。

蔡家大塆[Cài jiā dà wān]　隶属于洑水镇双路村。该居民点位于双路村西北部。东接高家塆，西邻聂寨村，南连戴家塆，北靠聂寨村。因自然环境现已无人居住。

高家独屋[Gāo jiā dú wū]　隶属于洑水镇双路村。该居民点位于双路村西部。东接幼儿园，西邻吴棚社区，南连戴家塆，北靠蔡家塆。因自然环境现已无人居住。

咀上独屋[Zuǐ shàng dú wū]　隶属于洑水镇双路村。该居民点位于双路村西北部。东接蔡家大塆，西邻聂寨村，南连戴家塆，北靠聂寨村。因自然环境现已无人居住。

二十二、望城村[Wàngchéng Cūn]

隶属于洑水镇。因当地有一座名为望城岗的山冈，在此可望见安陆县城，故名。望城村位于洑水镇东南部，村委会所在地曹家咀新316国道边，距洑水镇政府所在地3000米。该村东接聂寨村，西邻雷庵社区，南连吴棚社区，北靠坝堤村。截至2014年9月，辖区内共有个12自然塆：敖底下塆、敖家咀、曹家大塆、曹家中塆、曹家下塆、柴家庙、柴家塆、毛家楼、彭家凹、望城岗、姚家塆、赵家独屋。共有村民300余户，1215人。辖区占地面积约1.36平方千米，其中耕地面积约0.68平方千米，主要农作物为小麦、水稻。村委会现有干部4名，村内主要驻区单位有望城村村民委员会、望城村卫生室等，有徐家河渠道、新316国道横穿该村，交通便利。

民国时期属洑水乡管辖。1949年10月，望城隶属于洑水区管辖。1952年10月隶属安陆县第六区望河乡管辖。1956年3月属安陆县第六区双路乡管辖。1958年9月望城大队隶属于东风人民公社双路管理区管辖。1958年12月属洑水人民公社双路管理区管辖。1961年4月属洑水区双路人民公社管辖。1975年2月，撤区并社，望城大队隶属于洑水人民公社双路管理区管辖；1984年1月望城村系洑水区双路乡管辖；1987年10月望城村系洑水镇管辖，沿用至今。

敖底下塆[Áo dǐ xià wān]　隶属于洑水镇望城村。因当地位于望城村山脚下，为敖姓居民聚居地，故名。该居民点位于望城村西北部，距村委会所在地700米，为丘陵山地地形，居民点呈块状分布。东接敖家咀，西邻敖家寨，南连姚家塆，北靠洑水村宋家塆。面积约0.0227平方米，居民主要姓氏为敖，主要为汉族。2014年年末，共有村民7户、27人。耕地面积约0.02平方千米，主要农作物为小麦、水稻，主要经济来源以外地务工为主。

敖家咀[Áo jiā zuǐ]　隶属于洑水镇望城村。因当地位于望城村山冈上，地形似嘴状，故名。该居民点位于望城村西北部，距村委会所在地1千米，为丘陵山地地形，居民点呈块状分布。东接彭家凹，西邻洑水村宋家塆，南连姚家塆，北靠坝堤村杨家大塆。面积约0.087平方米，居民主要姓氏为曹姓，主要为汉族。2014年年末，共有村民21户、80人。耕地面积约0.073平方千米，主要农作物为小麦、水稻，主要经济来源以外地务工为主。

曹家大塆[Cáo jiā dà wān]　隶属于洑水镇望城村。曹姓于明洪武二年由江西至麻城迁入此地，老六住曹家中塆，老七住大塆，繁衍生息，人口发展，户数多，塆子大因此而得名。清光绪年间有一进士，名曹华甫。该居民点位于洑水镇望城村委会所在地东部，距村委会所在地1200米，为丘陵山地地形，居民点呈块状分布。东接聂寨村，西邻曹家小塆，南连毛家楼，北靠曹家中塆。面积约0.2平方千米，居民主要姓氏为曹，主要为汉族。2014年年末，共有村民40余户、165人。耕地面积约0.11平方千米，主要农作物为小麦、水稻，主要经济来源以外地务工为主。

曹家中塆[Cáo jiā zhōng wān]　隶属于洑水镇望城村。亦称曹家小塆。曹姓于明洪武二年由江西至麻城迁入此地，与曹家大塆，曹家下塆同属一脉，先祖曹老六住小塆，人口发展，形成塆，但比曹家大塆要小，称曹家中塆。清朝时期，曹姓一运粮官，得朝廷金匾两块，放入曹氏祠堂，现已遗失。该居民点位于洑水镇望城村委会所在地东北部，距村委会所在地1300米，为丘陵山地地形，居民点呈块状分布。东接曹家大塆，西邻柴家塆，南连望城岗，北靠坝堤村方家塆。面积约0.21平方千米，居民主要姓氏为曹，主要为汉族。2014年年末，共有村民40余户、165人。耕地面积约0.11平方千米，主要农作物为小麦、水稻，主要经济来源以外地务工为主。

曹家下塆[Cáo jiā xià wān]　隶属于洑水镇望城村。亦称曹家嘴。因当地位于望城村曹家塆下部，为曹姓居民聚居地，故名。该村为洑水镇望城村委会所在地东部，距村委会所在地1300米，为丘陵山地地形，居民点呈块状分布。东接望城岗，西邻柴家塆，南连张家塆，北靠姚家塆。面积约0.21平方千米，居民主要为汉族。2014年年末，共有村民40余户、165人。耕地面积约0.11平方千米，主要农作物为小麦、水稻，主要经济来源以外地务工为主。

柴家庙[Chái jiā miào]　隶属于洑水镇望城村。清朝初期在此建云飞寺，由于此山为柴氏山，又称柴家庙，太平天国时期被火烧，后由当地重建，抗日战争时期又被日伪火烧，后重修，“文革”破四旧销毁，改为柴庙小学。联产计酬分村之后改为望城小学。该居民点位于望城村中部，距村委会所在地1200米，为丘陵山地地形，居民点呈块状分布。东接曹家小塆，西邻姚家山，南连柴家塆，北靠彭家凹。面积约0.023平方米，居民主要姓氏为柴，主要为汉族。2014年年末，共有村民7户、28人。耕地面积约0.02平方千米，主要农作物为小麦、水稻，主要经济来源以外地务工为主。

柴家塆[Chái jiā wān]　隶属于洑水镇望城村。以姓氏命名。该居民点位于望城村东北方向，距村委会所在地700米，为丘陵山地地形，居民点呈块状分布。东接曹家小塆，西邻姚家塆，南连望城岗，北靠柴家庙。面积约0.1平方米，居民以柴姓居多，主要为汉族。2014年年末，共有村民38户、150人。耕地面积约0.087平方千米，主要农作物为小麦、水稻，主要经济来源以外地务工为主。

毛家楼[Máo jiā lóu]　隶属于洑水镇望城村。明末清初，毛氏居住在此，人口兴旺，田地丰收，建楼台亭阁，彰显富贵，后由此得名毛家楼。毛氏还想出人头地，请阴阳先生看地，把门前大塘里面挖一小塘，“大塘套小塘，代代出君王”，后变成了“大塘套小塘，家破又人亡”。毛家楼现无毛姓人家居住，由聂姓在此居住。该居民点位于望城村东部，距村委会所在地 1400 米，为丘陵山地地形，居民点呈块状分布。东接聂寨村，西邻毛家山，南连赵家独屋，北靠聂寨西门塆。面积约 0.012 平方千米，居民主要姓氏为聂姓，主要为汉族。2014 年年末，共有村民 3 户、13 人。耕地面积约 0.01 平方千米，主要农作物为小麦、水稻，主要经济来源以外地务工为主。

彭家洼[Péng jiā wā]　隶属于洑水镇望城村。彭姓祖先居住此地，有千年历史，清初家庭人丁不旺，后继无人，抱养姓严子弟，人口兴旺，依然姓彭，有严、彭两姓不通婚之习俗。该居民点位于洑水镇望城村委会所在地北部，距村委会所在地 1300 米，为丘陵山地地形，居民点呈块状分布。东接曹家小塆，西邻敖家咀，南连刘家凹，北靠坝堤村刘家塆。面积约 0.1 平方千米，居民主要姓氏为彭，主要为汉族。2014 年年末，共有村民 33 户、167 人。耕地面积约 0.08 平方千米，主要农作物为小麦、水稻，主要经济来源以外地务工为主。

望城岗[Wàng chéng gǎng]　隶属于洑水镇望城村。由于此处位置高，能看见安陆城。旧社会称通过望城岗的路为大路，北至槎山，南至安陆城。望城岗有炸油条、麻花、小茶馆、肉铺，为农村小集市。该居民点位于望城村东南方向，距村委会所在地 1500 米，为丘陵山地地形，居民点呈块状分布。东接毛家楼，西邻曹家下塆，南连开发区吴棚社区王家塆，北靠柴家塆。面积约 0.06 平方千米，居民主要姓氏为刘，主要为汉族。2014 年年末，共有村民 20 余户、80 人。耕地面积约 0.027 平方千米，主要农作物为小麦、水稻，主要经济来源以外地务工为主。

姚家塆[Yáo jiā wān]　隶属于洑水镇望城村。清朝初期，由三陂港一户弟兄二人商议，到洑水港东部柴庙，阴阳先生看准了一个卧龙地，东部是龙头，西部是龙尾，弟兄二人买下了这块地方，繁衍生息，人口发展多，户数多，塆子大，由此而得名姚家塆。该村位于洑水镇望城村东部，为丘陵山地地形，居民点呈块状分布。东接柴家塆，西邻敖家寨，南连曹家下塆，北靠敖家咀。面积约 0.12 平方千米，居民主要姓氏为姚，主要为汉族。2014 年年末，共有村民 55 户、180 人。耕地面积约 0.053 平方千米，主要农作物为小麦、水稻，主要经济来源以外地务工为主。

赵家独屋[Zhào jiā dú wū]　隶属于洑水镇望城村。赵家独屋居民民国时期由双路吴棚村黄家岗移迁此地，居住着沈姓人家，后绝户。赵姓到此居住，只有 5 户人家，故名。该村位于望城村东部，距村委会所在地 1500 米，为丘陵山地地形，居民点呈块状分布。东接聂寨村马家独屋，西邻毛家楼，南连吴棚社区黄家岗，北靠聂寨村聂家塆。面积约 0.06 平方千米，居民主要姓氏为赵，主要为汉族。2014 年年末，共有村民 13 户、50 人。耕地面积约 0.04 平方千米，主要农作物为小麦、水稻，主要经济来源以外地务工为主。

二十三、望河村[Wànghé Cūn]

隶属于洑水镇。当地位于府河边，村前正对府河。望河村位于洑水镇西部，村委会所在地学堂塆，距洑水镇政府所在地 7.5 千米处，为丘陵山地地形。东接汉孟公路、现 316 国道及板桥村，西邻毛庙村，南连府河，北靠毛庙村。截至 2014 年 9 月，辖区内共有 9 个自然塆：查家塆、胡家上塆、胡家下塆、望河店、高家塆、何家塆、胡家新塆、学堂塆、叶家塆，另有消失居民点 2 个：粉铺凹、胡家寨。共有村民 334 户、1283 人。辖区占地面积 1.4 平方千米，其中耕地面积 0.69 平方千米，主要农作物为小麦、水稻、油菜。村委会现有干部 4 名。

1949 年 10 月，望河隶属于洑水区管辖。1952 年 10 月隶属安陆县第六区望河乡管辖。1954 年 8 月属洑水区永合乡管辖。1958 年 9 月建立人民公社，望河大队隶属于东风（洑水）人民公社永合管理区管辖。1961 年 4 月属洑水区三陂人民公社管辖。1975 年 2 月，撤区并社，望河大队隶属于洑水人民公社三陂管理区管辖；1984 年 1 月，复置区（镇）、乡（镇）、村，望河大队改为望河村系洑水区三陂乡管辖；1987 年 10 月，撤区并乡，洑水镇由原洑水办事处、三陂、双路乡并成，望河村由洑水镇管辖，名称沿用至今。

查家塆[Zhá jiā wān]　隶属于洑水镇望河村。以姓氏命名。该居民点位于洑水镇望河村委会所在地北部，距村委会所在地 600 米，为丘陵山地地形，居民点呈块状分布。东接 316 国道，西邻胡家上塆，南连望河店，北靠毛庙村黄棚塆。面积约 0.36 平方千米，居民主要姓氏为查，主要为汉族。2014 年年末，共有村民 45 户、195 人。耕地面积约 0.178 平方千米，主要农作物为小麦、水稻、油菜，主要经济来源以外地务工为主。

胡家上塆[Hú jiā shàng wān]　隶属于洑水镇望河村。以姓氏和方位命名。该居民点位于洑水镇望河村委会所在地西部，距村委会所在地 0.06 千米，为丘陵山地地形，居民点呈条状分布。东接望河村民委员会办公楼，西邻毛庙村，南连府河，北靠苏家塆。面积约 0.3 平方千米，居民主要姓氏为胡，主要为汉族。2014 年年末，共有村民 74 户、296 人。耕地面积约 0.14 平方千米，主要农作物为小麦、水稻、油菜，主要经济来源以外地务工为主。

胡家下塆[Hú jiā xià wān]　隶属于洑水镇望河村。以姓氏和方位命名。该居民点位于洑水镇望河村委会所在地南部 500 米，为丘陵山地地形，居民点呈块状分布。东接望河店，西邻胡家上塆，南连府河，北靠胡家新屋。面积约 0.4 平方千米，居民主要姓氏为胡，主要为汉族。2014 年年末，共有村民 70 余户、306 人。耕地面积约 0.196 平方千米，主要农作物为小麦、水稻、油菜，主要经济来源以外地务工为主。

望河店[Wàng hé diàn]　隶属于洑水镇望河村。明末清初时，此处由几个店铺组成的小街道朝向府河，故名。该居民点位于望河村西北部，距村委会所在地 450 米，为丘陵山地地形，居民点呈条状分布。东接板桥村孙家塆，西邻胡家下塆，南连府河，北靠查家塆。面积约 0.32 平方千米，居民主要姓氏为叶，主要为汉族。2014 年年末，共有村民 34 户、122 人。耕地面积约 0.153 平方千米，主要农作物为小麦、水稻、油菜，主要经济来源以外地务工为主。

高家塆[Gāo jiā wān]　隶属于洑水镇望河村。以姓氏命名。位于望河村西部。东接胡家上塆，西邻毛庙村苏家塆，南连何家独屋，北靠毛庙村苏家塆。居民主要姓氏为高、胡，主要为汉族。2014 年年末，共有村民 11 户、50 人。

何家塆[Hé jiā wān]　隶属于洑水镇望河村。以姓氏命名。位于望河村西北部。东接无名山，西邻毛庙村，南连胡家新屋，北靠毛庙村苏家塆。居民主要姓氏为何，主要为汉族。2014 年年末，共有村民 7 户、30 人。

胡家新塆[Hú jiā xīn wān]　隶属于浉水镇望河村。以姓氏命名。位于望河村北部。东接胡家寨，西邻胡家上塆，南连胡家下塆，北靠何家塆。居民主要姓氏为胡，主要为汉族。2014 年年末，共有村民 16 户、60 人。

学堂塆[Xué táng wān]　隶属于浉水镇望河村。清朝时此地办有学堂。位于望河村中部。东接望河店，西邻胡家新塆，南连村委会办公楼，北靠胡家寨。居民主要姓氏为何，主要为汉族。2014 年年末，共有村民 1 户、6 人。

叶家塆[Yè jiā wān]　隶属于浉水镇望河村。以姓氏命名。位于望河村东部。东接板桥村，西邻胡家下塆，南连府河，北靠查家塆。居民主要姓氏为胡，主要为汉族。2014 年年末，共有村民 23 户、90 人。

粉铺凹[Fěn pù āo]　隶属于浉水镇望河村。该村位于望河村北部，东接毛庙村黄棚，西邻毛庙村，南连查家塆，北靠毛庙村。居民以查、何姓居多，该塆因自然环境现已无人居住。

胡家寨[Hú jiā zhài]　隶属于浉水镇望河村。该村位于望河村北部，东接团山，西邻十堰，南连学堂塆，北靠查家塆。该塆因自然环境现已无人居住。

二十四、文桥村[Wénqiáo Cūn]

隶属于浉水镇。因当地为文姓居民聚居地并在村口文桥小河上建有一座红条石桥，故名。文桥村位于浉水镇北部，村委会所在地新、旧 316 国之间的一条街上，距浉水镇政府所在地 6000 米。该村东接三陂村，西邻板桥村，南连府河，北靠社庙村、苗畈村。主要以赵、胡、尹姓为主，均为汉族。截至 2014 年 9 月，辖区内共有 9 个自然塆：碾子塆、文家上大塆、文家下大塆、尹家上塆、尹家下塆、赵家塆、关塘角、彭家嘴、张家老塆，另有消失居民点 2 个：陆家塆、张家独屋。村内有常住居民 386 户，共 1492 人。辖区占地面积 2.3 平方千米，其中耕地面积 0.8 平方千米，山场面积为 1 平方千米，主要农作物为小麦、水稻、油菜。村委会现有干部 4 名。

1949 年 10 月，文桥隶属于浉水区管辖。1952 年 10 月属浉水区永合乡管辖。1954 年 8 月属浉水区永合乡管辖。1958 年 9 月文桥大队隶属于东风(浉水)人民公社永合管理区管辖。1961 年 4 月属浉水区三陂人民公社管辖。1975 年 2 月，撤区并社，文桥大队隶属于浉水人民公社三陂管理区管辖。1984 年元月，复置区(镇)、乡(镇)、村，文桥大队改为文桥村系浉水区三陂乡管辖。1987 年 10 月，撤区并乡，浉水镇由原浉水办事处、三陂乡、双路乡并成，文桥村系浉水镇管辖，沿用至今。

碾子塆[Niǎn zi wān]　隶属于浉水镇文桥村。当地曾有一个碾米的石碾子，故名。该居民点位于浉水镇文桥村委会所在地中西部，距村委会所在地 500 米，为丘陵山地地形，居民点呈块状分布。东接三陂小学，西邻团结山，南连文桥新街，北靠茶壶堰新 316 国道。面积约 0.16 平方千米，居民主要姓氏为文，主要为汉族。2014 年年末，共有村民 6 户、28 人。耕地面积约 0.08 平方千米，主要农作物为小麦、水稻、油菜，主要经济来源以外地务工为主。

文家上大塆[Wén jiā shàng dà wān] 隶属于洑水镇文桥村。据文姓族谱记载，文氏有兄弟三人，分为三个字派，长子从“正大光明”，二子从“有道传家”，三子是“荣华富贵”往下起后代的字派，就各住一方，该居民点是从文家大塆搬迁出去，发展成文家上塆，此地为长子居住处，故名。文家上大塆位于洑水镇文桥村委会所在地东北部，距村委会所在地 900 米，为丘陵山地地形，居民点呈块状分布。东接赵家尖山，西邻文桥小河边，南连文家下大塆，北靠上尹家塆。面积约 0.25 平方千米，居民主要姓氏为文，主要为汉族。2014 年年末，共有村民 55 户、228 人。耕地面积约 0.21 平方千米，主要农作物为小麦、水稻、油菜，主要经济来源以外地务工为主。

文家下大塆[Wén jiā xià dà wān] 隶属于洑水镇文桥村。清朝康熙年间，该居民点主要姓氏为文，位于“南”方，故名。该居民点位于洑水镇文桥东北部，距村委会所在地 600 米，为丘陵山地地形，居民点呈块状分布。东接 6 组大山，西邻文桥小河边，南连新 316 国道，北靠 8 组大水塘。面积约 0.15 平方千米，居民主要姓氏为文，主要为汉族。2014 年年末，共有村民 50 户、230 人。耕地面积约 0.21 平方千米，主要农作物为小麦、水稻、油菜，主要经济来源以外地务工为主。

尹家上塆[Yǐn jiā shàng wān] 隶属于洑水镇文桥村。以姓氏和方位综合命名。该居民点位于洑水镇文桥村委会所在地西北部，距村委会所在地 1300 米，为丘陵山地地形，居民点呈块状分布。东接苗畈村，西邻社庙村，南连文家上塆，北靠苗畈村。面积约 0.14 平方千米，居民主要姓氏为尹，主要为汉族。2014 年年末，共有村民 22 户、89 人。耕地面积约 0.067 平方千米，主要农作物为小麦、水稻、油菜，主要经济来源以外地务工为主。

尹家下塆[Yǐn jiā xià wān] 隶属于洑水镇文桥村。该居民点主要姓氏为尹，且位于该村北部，故名。该居民点位于洑水镇文桥村委会所在地西北部，距村委会所在地 800 米，为丘陵山地地形，居民点呈条状分布。东接文桥小河，西邻茶壶堰，南连文家冲，北靠院子塆。面积约 0.23 平方千米，居民主要姓氏为尹，主要为汉族。2014 年年末，共有村民 27 户、108 人。耕地面积约 0.11 平方千米，主要农作物为小麦、水稻、油菜，主要经济来源以外地务工为主。

赵家塆[Zhào jiā wān] 隶属于洑水镇文桥村。以姓氏命名。该居民点位于洑水镇文桥村东部，距村委会所在地 1 千米，为丘陵山地地形，居民点呈块状分布。东接杨桥村杨家大塘，西邻 8 组毛草山，南连赵家尖山，北靠苗畈村侯家塆。面积约 0.4 平方千米，居民主要姓氏为赵，主要为汉族。2014 年年末，共有村民 58 户、230 人。耕地面积约 0.23 平方千米，主要农作物为小麦、水稻、油菜，主要经济来源以外地务工为主。

关塘角[Guān táng jiǎo] 隶属于洑水镇文桥村。关塘，即产权公共的塘。该居民点位于洑水镇文桥村南部，东接三陂小学，西邻文桥街，南连府河，北靠旧 316 国道。居民主要姓氏为胡、姚，主要为汉族。2014 年年末，共有村民 10 户、50 人。

彭家嘴[Péng jiā zuǐ] 隶属于洑水镇文桥村。以姓氏和地理特征命名。该居民点位于洑水镇文桥村西部，东接文桥小河，西邻罗家大山，南连汉丹铁路，北靠社庙村茶壶堰。居民主要姓氏为文、付，主要为汉族。2014 年年末，共有村民 30 户、140 人。

张家老塆[Zhāng jiā lǎo wān]　隶属于洑水镇文桥村。以姓氏和村庄历史综合命名。该居民点位于洑水镇文桥村中部，东接大山，西邻长山，南连新 316 国道，北靠长山。居民主要姓氏为张、赵，主要为汉族。2014 年年末，共有村民 5 户、20 人。

陆家塆[Lù jiā wān]　隶属于洑水镇文桥村。以姓氏命名。该居民点位于洑水镇文桥村中部，西邻 9 组山场，南连 6 组，北靠新 316 国道。因修建新 316 国道而拆迁，无人居住。

张家独屋[Zhāng jiā dú wū]　隶属于洑水镇文桥村。该居民点位于洑水镇文桥村中部，现无人居住。

二十五、文武村[Wénwǔ Cūn]

隶属于洑水镇。元朝年间，曾有一人考上了文状元，后在朝廷中当文官，到了明朝时期又有一人考上了武状元，后在朝廷刑部做官，故名文武村。文武村位于洑水镇东北部，村委会所在地文武店，距洑水镇政府所在地 7000 米。该村东接赵棚镇施塆村，西邻洑水镇方棚村，南连秦坝村、牌楼村，北靠接官乡白岗村、秦畈村。截至 2014 年 9 月，辖区内共有 11 个自然塆：陈家桥、李家塆、闵家畈、施家塆、万家塆、文武店、吴家塆、赵家畈、卢家咀、楼子塆、刘家凹。共有村民 250 余户、1012 人。辖区占地面积 4 平方千米，其中耕地面积 0. 814 平方千米，主要农作物为小麦、水稻、油菜。村委会现有干部 4 名。

民国时期属洑水乡辖。1949 年 10 月，文武隶属于洑水区管辖；1952 年 10 月，隶属于安陆县第六区牌楼乡辖。1954 年 8 月属洑水区牌楼乡管辖。1956 年，区、乡再次调整，文武隶属于第六区双路乡。1958 年 9 月建立人民公社，文武大队隶属于东风人民公社双合管理区管辖。1958 年 12 月，隶属于洑水人民公社牌楼管理区辖。1961 年 4 月属洑水区牌楼人民公社管辖。1975 年 2 月，撤区并社，文武隶属于洑水人民公社双路管理区管辖；1984 年 1 月，复置区(镇)、乡(镇)、村，文武大队改为文武村系双路乡管辖；1987 年 10 月，撤区并乡，洑水镇由原洑水办事处、三陂、双路乡并成，文武村属洑水镇管辖。

陈家桥[Chén jiā qiáo]　隶属于洑水镇文武村。清朝康熙年间，陈姓人口多。为方便百姓出行，便在附近河沟上修建一座桥梁，故名。该居民点位于文武村东南部，为丘陵山地地形，居民点呈块状分布。东接秦坝村甘家塆，西邻卢家塆，南连秦坝村严家塆，北靠闵家畈。面积约 0. 18 平方千米，居民主要姓氏为徐，主要为汉族。2014 年年末，共有村民 28 户、110 人。耕地面积约 0. 098 平方千米，主要农作物为小麦、水稻、油菜，主要经济来源以外地务工为主。

李家塆[Lǐ jiā wān]　隶属于洑水镇文武村。清末时期，李姓从今陈店乡松林迁入，繁衍生息，形成聚落，故名。该居民点位于文武村东南部，为丘陵山地地形，居民点呈条状分布。东接秦坝村甘家塆，西邻陈家桥，南连秦坝村严家塆，北靠牌楼村张家塆。面积约 0. 12 平方千米，居民主要姓氏为甘，主要为汉族。2014 年年末，共有村民 12 户、45 人。耕地面积约 0. 053 平方千米，主要农作物为小麦、水稻、油菜，主要经济来源以外地务工为主。

闵家畈[Mǐn jiā fàn] 隶属于洑水镇文武村。清朝末期为彭家畈，后期由于闵氏人口多，于1901年更名为闵家畈。该居民点位于文武村西南部，为丘陵山地地形，居民点呈块状分布。东接牌楼村张家塆，西邻卢家塆，南连陈家桥，北靠文武店。面积约0.18平方千米，居民主要姓氏为闵，主要为汉族。2014年年末，共有村民37户、149人。耕地面积约0.093平方千米，主要农作物为小麦、水稻、油菜，主要经济来源以外地务工为主。

施家塆[Shī jiā wān] 隶属于洑水镇文武村。明朝洪武年间，该居民点由麻城筷子巷迁移到此地，人口发展快，故名。该居民点位于文武村北部，为丘陵山地地形，居民点呈条状分布。东接吴家塆，西邻赵家畈，南连万家塆，北靠接官乡秦畈村。面积约0.08平方千米，居民主要姓氏为施，主要为汉族。2014年年末，共有村民10户、41人。耕地面积约0.045平方千米，主要农作物为小麦、水稻、油菜，主要经济来源以外地务工为主。

万家塆[Wàn jiā wān] 隶属于洑水镇文武村。以姓氏命名。该居民点位于文武村西部，为丘陵山地地形，居民点呈块状分布。东接文武店，西邻赵家畈，南连闵家畈，北靠施家塆。面积约0.14平方千米，主要为汉族。2014年年末，共有村民22户、90人。耕地面积约0.073平方千米，主要农作物为小麦、水稻、油菜，主要经济来源以外地务工为主。

文武店[Wén wǔ diàn] 隶属于洑水镇文武村。昔时两个学生分别考取了文官和武官，故名。该居民点位于文武村中北部，为丘陵山地地形，居民点呈条状分布。东接洑水牌楼村张家塆，西邻万家塆，南连闵家畈，北靠施家塆。面积约0.18平方千米，居民主要姓氏为付，主要为汉族。2014年年末，共有村民30户、120人。耕地面积约0.093平方千米，主要农作物为小麦、水稻、油菜，主要经济来源以外地务工为主。

吴家塆[Wú jiā wān] 隶属于洑水镇文武村。明末有一吴姓人在朝廷为官，人口发展快，故名。吴家塆位于文武村东部，为丘陵山地地形，居民点呈条状分布。东接赵棚镇施塆村，西邻施家塆，南连文武店，北靠接官乡秦畈村。面积约0.16平方千米，居民主要姓氏为吴，主要为汉族。2014年年末，共有村民40户、159人。耕地面积约0.134平方千米，主要农作物为小麦、水稻、油菜，主要经济来源以外地务工为主。

赵家畈[Zhào jiā fàn] 隶属于洑水镇文武村。清代为施家独屋，由于塆名重复，1984年改名为赵家畈。该居民点位于文武村西北部，为丘陵山地地形，居民点呈块状分布。东接施家塆，西邻卢家咀，南连万家塆，北靠接官乡秦畈村。面积约0.16平方千米，居民主要姓氏为赵，主要为汉族。2014年年末，共有村民28户、113人。耕地面积约0.074平方千米，主要农作物为小麦、水稻、油菜，主要经济来源以外地务工为主。

楼子塆[Lóu zi wān] 隶属于洑水镇文武村。该居民点位于文武村西部。东接秦家河，西邻方棚村，南连秦坝村，北靠尹家嘴。居民主要姓氏为罗，主要为汉族。2014年年末，共有村民25户、120人。

卢家咀[Lú jiā zuǐ] 隶属于洑水镇文武村。清朝末期，由咀子山居民迁入，故名。该居民点位于文武村西部。东接秦家河，西邻方棚村，南连楼子塆，北靠接官乡白岗村、沈塆村。该居民点共有村民22户、108人。耕地面积117亩，居民主要姓氏为卢。

刘家凹[Liú jiā wā]　隶属于洑水镇文武村。该居民点位于文武村东部。东接赵棚镇施塆村上吴家塆，西邻秦畈村，南连吴家塆，北靠秦畈村。居民主要姓氏为刘，主要为汉族。2014 年年末，共有村民 10 户、45 人。

二十六、熊岗村[Xiónggǎng Cūn]

隶属于洑水镇。该村位于山冈上，早期居民以熊姓居多，故名。熊岗村位于洑水镇人民政府所在地东南部，为丘陵山地地形，村委会所在地大安线熊岗村联通铁塔西，距洑水镇人民政府所在地 10000 米。东接陈店乡高岗村，西邻开发区席棚社区，南连李店镇，北靠白庙村。占地面积约 2.1 平方千米，截至 2014 年 9 月，辖区内共有 14 个自然塆：陈家塆、大沈塆、胡家塆、明家塆、沈家塆、巫家河边、肖家塆、熊岗新村、余家塆、张家塆、朱家塆、竹林塆、方家棚子、巫家塆。共有村民 400 余户、1597 人。耕地面积约 1.04 平方千米，主要农作物为小麦、水稻。村委会现有干部 4 名。

民国时期属洑水乡辖。1949 年 10 月，熊岗隶属洑水区管辖。1954 年 8 月，熊岗隶属洑水区双路乡管辖。1956 年春，区、乡再次调整，熊岗隶属于安陆县第六区双路乡辖。1958 年 9 月，熊岗大队隶属于东风(洑水)人民公社双路管理区管辖。1961 年 4 月属洑水区双路人民公社管辖。1975 年 2 月，撤区并社，熊岗大队隶属于洑水人民公社双路管理区管辖；1984 年 1 月，复置区(镇)、乡(镇)、村，熊岗大队更名为熊岗村系双路乡管辖。1987 年 10 月，撤区并乡，洑水镇由原洑水办事处、三陂、双路乡并成，熊岗村系洑水镇管辖，沿用至今。

陈家塆[Chén jiā wān]　隶属于洑水镇熊岗村。以姓氏命名。该居民点位于熊岗村西部，为丘陵山地地形，居民点呈块状分布。东接徐家河，西邻席棚社区，南连大天线公路，北靠徐家河。面积约 0.12 平方千米，居民以陈、余姓居多，主要为汉族。2014 年年末，共有村民 14 户、50 人。耕地面积约 0.09 平方千米，主要农作物为小麦、水稻，主要经济来源以外地务工为主。

大沈塆[Dà shěn wān]　隶属于洑水镇熊岗村。以居民姓氏和村庄规模综合命名。该居民点位于洑水镇熊岗村中部，为丘陵山地地形，居民点呈块状分布。东接熊岗学校，西邻徐家河干渠，南连徐家河干渠，北靠白庙村。面积约 0.21 平方千米，居民主要姓氏为沈，主要为汉族。2014 年年末，共有村民 78 户、302 人。耕地面积约 0.14 平方千米，主要农作物为小麦、水稻，主要经济来源以外地务工为主。

胡家塆[Hú jiā wān]　隶属于洑水镇熊岗村。以姓氏命名。该居民点位于熊岗村西部，为丘陵山地地形，居民点呈块状分布。东接水库塘，西邻席棚社区，南连徐家河，北靠古陂泵站。面积约 0.12 平方千米，居民以明、宋姓居多，主要为汉族。2014 年年末，共有村民 25 户，100 人。耕地面积约 0.067 平方千米，主要农作物为小麦、水稻，主要经济来源以外地务工为主。

明家塆[Míng jiā wān]　隶属于洑水镇熊岗村。以姓氏命名。位于洑水镇熊岗村委会所在地西部，为丘陵山地地形，呈块状分布。东接徐家塆，西邻席棚社区，南连大天线，北靠徐家河干渠。面积约 0.26 平方千米，现居民主要姓氏为明，居民主要为汉族。2014年年末，共有村民63户、207人。耕地面积约0.132平方千米，主要农作物为小麦、水稻，主要经济来源以外地务工为主。

沈家塆[Shěn jiā wān] 隶属于洑水镇熊岗村。以姓氏命名，亦称小沈家塆。该居民点位于熊岗村中部，为丘陵山地地形，居民点呈块状分布。东接竹林塆，西邻大沈塆，南连徐家河，北靠巫家河边。面积约0.12平方千米，居民以沈姓居多，主要为汉族。2014年年末，共有村民14户、56人。耕地面积约0.067平方千米，主要农作物为小麦、水稻，主要经济来源以外地务工为主。

巫家河边[Wū jiā hé biān] 隶属于洑水镇熊岗村。该居民点主要姓氏为巫，且巫家河边与龙家大塆中间隔着一条河，故名。该居民点位于洑水镇熊岗村东北部，为丘陵山地地形，居民点呈块状分布。东接龙家河，西邻沈家塆，南连熊岗学校，北靠白庙村程家大塆。面积约0.23平方千米，居民主要姓氏为巫，主要为汉族。2014年年末，共有村民68户、213人。耕地面积约0.16平方千米，主要农作物为小麦、水稻，主要经济来源以外地务工为主。

肖家塆[Xiāo jiā wān] 隶属于洑水镇熊岗村。以姓氏命名。该居民点位于熊岗村东北部，为丘陵山地地形，居民点呈块状分布。东接龙家河，西邻竹林塆农田，南连竹林塆，北靠巫家河边。面积约0.2平方千米，居民主要姓氏为熊、方，主要为汉族。2014年年末，共有村民35户，160人。耕地面积约0.11平方千米，主要农作物为小麦、水稻，主要经济来源以外地务工为主。

熊岗新村[Xióng gǎng xīn cūn] 隶属于洑水镇熊岗村。因该居民点位于安陆市洑水镇熊岗村，且为2014年新建的村庄，故名。熊岗新村位于熊岗村南部，东接陈店乡同兴村，西邻开发区席棚社区，南连李店镇石井村、方岗村，北靠大天线。面积约0.12平方千米，居民以熊姓居多，杂姓，主要为汉族。2014年年末，共有村民300余户、1200人。耕地面积约0.057平方千米，主要农作物为小麦、水稻，主要经济来源以外地务工为主。

余家塆[Yú jiā wān] 隶属于洑水镇熊岗村。以姓氏命名。该居民点位于熊岗村西部，为丘陵山地地形，居民点呈块状分布。东接朱家塆，西邻席棚社区，南连大安线公路，北靠明家塆。面积约0.18平方千米，居民主要姓氏为余，主要为汉族。2014年年末，共有村民36户，150人。耕地面积约0.09平方千米，主要农作物为小麦、水稻，主要经济来源以外地务工为主。

张家塆[Zhāng jiā wān] 隶属于洑水镇熊岗村。清代，张姓从外地来到熊岗村大安线老路边做了一间土坯房，当时只有一家人，故名。该居民点位于洑水镇熊岗村东南部，为丘陵山地地形，居民点呈块状分布。东接黄家塆，西邻熊岗小塆，南连方岗村，北靠徐家河。面积约0.02平方千米，居民原主要姓氏为张，现主要姓氏为方、熊，主要为汉族。2014年年末，共有村民10户、39人。耕地面积约0.012平方千米，主要农作物为小麦、水稻，主要经济来源以外地务工为主。

朱家塆[Zhū jiā wān] 隶属于洑水镇熊岗村。1949年从外地讨饭的一家人来到这里居住，当时在一个山边修建了几间土坯房，取名为“朱家塆”。该居民点位于熊岗村中部，为丘陵山地地形，居民点呈块状分布。东接方家独屋，西邻余家塆，南连李店镇石井村，北靠徐家河干渠。面积约0.24平方千米，居民主要姓氏为朱，主要为汉族。2014年年末，共有村民57户、185人。耕地面积约0.12平方千米，主要农作物为小麦、水稻，主要经济来源以外地务工为主。

竹林塆[Zhú lín wān]　隶属于洑水镇熊岗村。1949年以前，该塆竹子长得非常兴旺，熊姓人家在竹林边修建了土砖房子，房子前面是一口大塘，取名为竹林塆。该居民点位于熊岗村东北部，为丘陵山地地形，居民点呈块状分布。东接龙家河，西邻沈家塆，南连徐家河，北靠巫家河边、肖家塆。面积约0.46平方千米，居民主要姓氏为熊，主要为汉族。2014年年末，共有村民71户、285人。耕地面积约0.23平方千米，主要农作物为小麦、水稻，主要经济来源以外地务工为主。

方家棚子[Fāng jiā péng zi]　隶属于洑水镇熊岗村。以姓氏和建筑特征综合命名。该居民点位于熊岗村西南部。东接村委会办公楼，西邻方岗村村委会办公楼，南连方岗村，北靠大安线。居民主要姓氏为方、熊，主要为汉族。2014年年末，共有村民30户、150人。

巫家塆[Wū jiā wān]　隶属于洑水镇熊岗村。以姓氏命名。该居民点位于熊岗村东北部。东接巫家河边，西邻白庙村，南连大沈塆，北靠大安线、白庙村。居民主要姓氏为巫，主要为汉族。2014年年末，共有村民35户、150人。

二十七、杨桥村[Yángqiáo Cūn]

隶属于洑水镇。该地早期曾有一杨姓人士在此修建了一座桥，故名。杨桥村位于洑水镇政府所在地北部，村委会所在地三陂至白龙公路开胜路上，距洑水镇政府所在地5000米。该村东接横山村、接官乡吴畈村，西邻文桥村、苗畈村，南连车站村，北靠殷棚村。截至2014年9月，辖区内共有16个自然塆：侯家大塆、杨家大塆、汪家塆、陈家塆、侯家小塆、李家独屋、刘家塆、陆家塆、时家塆、苏家下塆、汤家塆、熊家塆、堰边独屋、尹家独屋、张家塆、赵家塆，另有消失居民点4个：寨山塆、郭家塆、台子塆、下殷家塆。村内有常住居民318户，共1122人。辖区占地面积6平方千米，其中耕地面积0.805平方千米。主要农作物为小麦、水稻、油菜。村委会现有干部4名。

清末时期属“三陂港会”辖。民国时期属福寿乡、洑水乡辖。1949年10月，杨桥隶属于洑水区管辖；1954年8月属洑水区永合乡管辖；1958年9月建立人民公社，杨桥大队隶属于东风人民公社永合管理区管辖；1961年4月，属洑水区三陂人民公社管辖；1966年9月属向阳区三陂人民公社管辖；1975年2月，撤区并社，杨桥大队隶属于洑水人民公社三陂管理区管辖；1984年元月，复置区(镇)、乡(镇)、村，杨桥大队更名为杨桥村系洑水区三陂乡管辖；1987年10月，撤区并乡，洑水镇由原洑水办事处、三陂、双路乡并成，杨桥村系洑水镇管辖，名称沿用至今。

侯家大塆[Hóu jiā dà wān]　隶属于洑水镇杨桥村。以姓氏和村庄规模综合命名。位于洑水镇杨桥村委会所在地西部，距村委会所在地0.6千米，为丘陵山地地形，居民点呈块状分布。东接徐家河，西邻文桥村、苗畈村，南连文桥村，北靠侯家小塆。面积约2.5平方千米，居民主要姓氏为侯，主要为汉族。2014年年末，共有村民70户、228人，耕地面积约0.148平方千米，主要农作物为小麦、水稻、油菜，主要经济来源以外地务工为主。

汪家塆[Wāng jiā wān]　隶属于洑水镇杨桥村。以姓氏命名。该居民点位于洑水镇杨桥村委会所在地东部，距村委会所在地800米，为丘陵山地地形，呈块状分布。东接接官乡吴畈村，西邻徐家河渠道，南连陆家塆，北靠赵家塆。面积约0.6平方千米，居民主要姓氏为汪，主要为汉族。2014年年末，共有村民42户、129人。耕地面积约0.119平方千米，主要农作物为小麦、水稻、油菜，主要经济来源以外地务工为主。

杨家大塆[Yáng jiā dà wān]　隶属于洑水镇杨桥村。以姓氏和村庄规模综合命名。该居民点位于洑水镇杨桥村委会所在地南部，距村委会所在地1.5千米，为丘陵山地地形，居民点呈块状分布。东接横山村，西邻横山村杨家小塆，南连横山村大树独屋，北靠徐家河渠道。面积约1平方千米，居民主要姓氏为杨，主要为汉族。2014年年末，共有村民49户、165人。耕地面积约0.109平方千米，主要农作物为小麦、水稻、油菜，主要经济来源以外地务工为主。

陈家塆[chén jiā wān]　隶属于洑水镇杨桥村。以姓氏命名。该居民点位于洑水镇杨桥村中部，东接陆家塆，西邻尹家独屋，南连侯家塆，北靠徐家河渠道。居民主要姓氏为陈，主要为汉族。2014年年末，共有村民7户、30人。

侯家小塆[Hóu jiā xiǎo wān]　隶属于洑水镇杨桥村。以姓氏和村庄规模综合命名。该居民点位于洑水镇杨桥村中部，东接陆家塆，西邻文桥村，南连侯家大塆，北靠尹家独屋。居民主要姓氏为侯，主要为汉族。2014年年末，共有村民22户、100人。

李家独屋[Lǐ jiā dú wū]　隶属于洑水镇杨桥村。以姓氏和村庄规模综合命名。该居民点位于洑水镇杨桥村北部，东接吴畈村，西邻开胜路，南连熊家塆，北靠殷棚村。居民主要姓氏为李，主要为汉族。2014年年末，共有村民7户、30人。

刘家塆[Liú jiā wān]　隶属于洑水镇杨桥村。以姓氏命名。该居民点位于洑水镇杨桥村西北部，东接赵家塆，西邻开胜路、苗畈村，南连徐家河渠道，北靠开胜路。居民主要姓氏为刘，主要为汉族。2014年年末，共有村民22户、100人。

陆家塆[Lù jiā wān]　隶属于洑水镇杨桥村。以姓氏命名。该居民点位于洑水镇杨桥村中部，东接横山村秦家塆，西邻陈家塆，南连村办公室，北靠汪家塆。居民主要姓氏为杨，主要为汉族。2014年年末，共有村民14户、60人。

时家塆[Shí jiā wān]　隶属于洑水镇杨桥村。以姓氏命名。该居民点位于洑水镇杨桥村南部，东接横山村大树独屋，西邻文桥村，南连新316国道，北靠杨家大塆。居民主要姓氏为时，主要为汉族。2014年年末，共有村民14户、60人。

苏家下塆[Sū jiā xià wān]　隶属于洑水镇杨桥村。以姓氏和方位综合命名。该居民点位于洑水镇杨桥村南部，东接大树独屋，西邻文桥村，南连时家塆，北靠杨家大塆。居民主要姓氏为苏，主要为汉族。2014年年末，共有村民9户、40人。

汤家塆[Tāng jiā wān]　隶属于洑水镇杨桥村。以姓氏命名。该居民点位于洑水镇杨桥村东北部，东接吴畈村，西邻赵家塆，南连汪家塆，北靠8组(无名)。居民主要姓氏为殷、王、肖、谢，主要为汉族。

2014 年年末，共有村民 8 户、35 人。

熊家塆[Xióng jiā wān] 隶属于洑水镇杨桥村。以姓氏命名。该居民点位于洑水镇杨桥村北部，东接吴畈村，西邻刘家塆，南连 6 组，北靠李家独屋。居民主要姓氏为熊，主要为汉族。2014 年年末，共有村民 11 户、50 人。

堰边独屋[Yàn biān dú wū] 隶属于洑水镇杨桥村。以方位和村庄规模综合命名。该居民点位于洑水镇杨桥村中部，东接杨家大塆，西邻开胜路，南连苏家塆，北靠开胜路。居民主要姓氏为杨，主要为汉族。2014 年年末，共有村民 4 户、15 人。

尹家独屋[Yǐn jiā dú wū] 隶属于洑水镇杨桥村。以姓氏和村庄规模综合命名。该居民点位于洑水镇杨桥村中部，东接陈家塆，西邻苗畈村，南连侯家小塆，北靠六合粮店。居民主要姓氏为尹，主要为汉族。2014 年年末，共有村民 7 户、30 人。

张家塆[Zhāng jiā wān] 隶属于洑水镇杨桥村。以姓氏命名。该居民点位于洑水镇杨桥村北部，东接汤家塆，西邻刘家塆，南连赵家塆，北靠开胜路。居民主要姓氏为张，主要为汉族。2014 年年末，共有村民 3 户、15 人。

赵家塆[Zhào jiā wān] 隶属于洑水镇杨桥村。以姓氏命名。该居民点位于洑水镇杨桥村东部，东接汤家塆，西邻刘家塆，南连汪家畈，北靠张家塆。居民为杂姓，主要为汉族。2014 年年末，共有村民 5 户、20 人。

寨山塆[Zhài shān wān] 隶属于洑水镇杨桥村。以姓氏命名，又叫寨山独屋。该居民点位于洑水镇杨桥村中部，因自然环境现已无人居住。

郭家塆[Guō jiā wān] 隶属于洑水镇杨桥村。以姓氏命名。该居民点位于洑水镇杨桥村北部，因自然环境现已无人居住。

台子塆[Tái zi wān] 隶属于洑水镇杨桥村。以地理特征命名。该居民点位于洑水镇杨桥村东部，因自然环境现已无人居住。

下殷家塆[Xià yīn jiā wān] 隶属于洑水镇杨桥村。以姓氏与地理方位综合命名。该居民点位于洑水镇杨桥村东部，因自然环境现已无人居住。

二十八、殷棚村[Yīnpéng Cūn]

隶属于洑水镇。该村殷姓人口居多，明末清初，殷姓在人口集中处搭建草棚，开有杂货铺，故名殷棚。殷棚村位于洑水镇人民政府所在地西北部，村委会所在地长冲山冈，距洑水镇政府所在地 11 千米，为丘陵山地地形。东接接官乡土门村、吴畈村，西邻广水市长岭镇罗家垱村，南连苗畈村、杨桥，北靠白龙村，广水市陈巷镇棚兴村。主要以殷、郭、史、方姓为主，均为汉族。截至 2014 年 9 月，辖区内共有 12 个自然塆：方家塆、傅家塆、郭家塆、上龚家塆、苏家咀、下龚家塆、殷家大塆、殷家小塆、张家塆、传树独屋、毛家塆、杨家塆。共有村民165户、682人。辖区占地面积7.3平方千米，其中耕地面积1.3平方千米，主要农作物为小麦、水稻。村委会现有干部3名。

1949年10月，殷棚隶属于涢水区管辖；1954年属涢水区永合乡管辖。1958年9月殷棚大队隶属于东风人民公社永合管理区管辖。1961年4月，殷棚大队属涢水区三陂人民公社管辖。1975年2月，撤区并社，殷棚大队隶属于涢水人民公社三陂管理区管辖。1984年元月，复置区(镇)、乡(镇)、村，殷棚大队更名为殷棚村，属涢水区三陂乡管辖。1987年10月，撤区并乡，涢水镇由原涢水办事处、三陂、双路乡并成，殷棚村系涢水镇管辖，名称沿用至今。

方家塆[Fāng jiā wān] 隶属于涢水镇殷棚村。以姓氏命名。该居民点位于殷棚村南部，距村委会所在地600米，为丘陵山地地形，呈块状分布。东接何家塆，西邻上龚家塆，南连苏家咀塆，北靠村委会办公室。面积约0.03平方千米，居民主要姓氏为方，主要为汉族。2014年年末，共有村民12户、42人。耕地面积约0.02平方千米，主要农作物为小麦、水稻，主要经济来源以外地务工为主。

傅家塆[Fù jiā wān] 隶属于涢水镇殷棚村。以姓氏命名。该居民点位于殷棚村西南部，距村委会所在地1千米，为丘陵山地地形，呈块状分布。东接上龚家塆，西邻刘家塆，南连王家塆，北靠上龚家塆。面积约0.045平方千米，居民主要姓氏为朱、黄，居民主要为汉族。2014年年末，共有村民11户、46人。耕地面积约0.04平方千米，主要农作物为小麦、水稻，主要经济来源以外地务工为主。

郭家塆[Guō jiā wān] 隶属于涢水镇殷棚村。以姓氏命名。该居民点位于殷棚村西部，距村委会所在地500米，为丘陵山地地形，呈条状分布。东接方家塆，西邻上龚家塆，南连傅家塆，北靠肖家塆。面积约0.07平方千米，居民主要姓氏为郭，主要为汉族。2014年年末，共有村民15户、61人。耕地面积约0.06平方千米，主要农作物为小麦、水稻，主要经济来源以农业种植为主，附带养殖户。

上龚家塆[Shàng gōng jiā wān] 隶属于涢水镇殷棚村。昔时该居民点以毛，史姓为主，且塆前面有一条小河，河上有座石桥，居民点在河流北部，故名。该居民点位于殷棚村西南部，为丘陵山地地形，呈块状分布。东接郭家塆，西邻史家塆，南连王家塆，北靠吴家独屋。面积约0.07平方千米，居民主要姓氏为毛、史，主要为汉族。2014年年末，共有村民17户、81人。耕地面积约0.06平方千米，主要农作物为小麦、水稻，主要经济来源以外地务工为主。

苏家咀[Sū jiā zuǐ] 隶属于涢水镇殷棚村。清朝康熙年间，苏姓先祖将住房建在一个小山嘴边，故名。该居民点位于殷棚村南部，距村委会所在地1千米，为丘陵山地地形，呈块状分布。东接何家塆，西邻傅家塆，南连郭家塆，北靠方家塆。面积约0.04平方千米，居民主要姓氏为何、郭，居民主要为汉族。2014年年末，共有村民10户、42人。耕地面积约0.03平方千米，主要农作物为小麦、水稻，主要经济来源以外地务工为主。

下龚家塆[Xià gōng jiā wān] 隶属于涢水镇殷棚村。以姓氏和方位命名。该居民点位于殷棚村南部，距村委会所在地600米，为丘陵山地地形，呈块状分布。东接苏家咀，西邻傅家塆，南连王家塆，北靠郭家塆。面积约0.024平方千米，居民主要姓氏为张、黄、朱，主要为汉族。2014年年末，共有村民6户、26人。耕地面积约0.02平方千米，主要农作物为小麦、水稻，主要经济来源以外地务工为主。

殷家大塆[Yīn jiā dà wān]　隶属于洑水镇殷棚村。该居民点起源于明代，当时属旺族，家族发展迅速，在清代招有一女婿，子女改为姓殷。所以该处有南份(儿子发展)北分(女婿发展)之分。南北两份合称为殷家大塆。该居民点位于殷棚村东部，为丘陵山地地形，呈块状分布。东接吴畈村何家塆，西邻村委会办公室，南连方家塆，北靠白龙村畈上塆。面积约 0.1 平方千米，居民主要姓氏为殷，主要为汉族。2014 年年末，共有村民 30 户、120 人。耕地面积约 0.08 平方千米，主要农作物为小麦、水稻，主要经济来源以外地务工为主。

殷家小塆[Yīn jiā xiǎo wān]　隶属于洑水镇殷棚村。由殷家大塆一部分迁出新建的村落，故名。该居民点位于殷棚村东部，距村委会所在地 400 米，为丘陵山地地形，呈块状分布。东接殷家大塆，西邻老村委会办公室，南连方家塆，北靠白龙村畈上塆。面积约 0.02 平方千米，居民主要姓氏为殷，主要为汉族。2014 年年末，共有村民 6 户、24 人。耕地面积约 0.016 平方千米，主要农作物为小麦、水稻，主要经济来源以外地务工为主。

张家塆[Zhāng jiā wān]　隶属于洑水镇殷棚村。以姓氏命名。该居民点位于殷棚村北部，距村委会所在地 600 米，为丘陵山地地形，呈块状分布。东接白龙岗，西邻肖家塆，南连郭家塆，北靠广水市陈巷镇棚兴村。面积约 0.03 平方千米，居民主要姓氏为张，主要为汉族。2014 年年末，共有村民 14 户、42 人。耕地面积约 0.02 平方千米，主要农作物为小麦、水稻，主要经济来源以外地务工为主。

传树独屋[Chuán shù dú wū]　隶属于洑水镇殷棚村。相传“传树”为人名。亦称张家洼。该居民点位于殷棚村西部，东接上龚家塆，西邻广水长岭镇罗家凼村，南连苗畈村，北靠广水市罗家凼村。居民主要姓氏为史，主要为汉族。2014 年年末，共有村民 3 户、14 人。

毛家塆[Máo jiā wān]　隶属于洑水镇殷棚村。以姓氏命名。该居民点位于殷棚村西北部，东接郭家塆，西邻广水长岭镇罗家凼村，南连传树独屋，北靠广水市陈巷镇棚兴村罗家塆。居民主要姓氏为杨，主要为汉族。2014 年年末，共有村民 4 户、17 人。

杨家塆[Yáng jiā wān]　隶属于洑水镇殷棚村。以姓氏命名，亦称杨家独屋。该居民点位于殷棚村西北部，东接白龙岗，西邻张家塆，南连村委会办公室，北靠广水市陈巷镇棚兴村。居民主要姓氏为杨、金，主要为汉族。2014 年年末，共有村民 3 户、14 人。

二十九、涢港社区[Yúngǎng Shèqū]

隶属于洑水镇。因位于涢水河边，故名。涢港社区位于洑水镇中部，距镇政府 1 千米。东接洑水村，西邻车站村，南连开发区雷庵社区，北靠红桥村。社区内共有 12 个小区居民点和 8 条主要街道：北大街、东大街、宏学街、南大街、南后街、双龙街、天亭街、余岗街，财政小区、发展小区、港福家园、金龙港湾、幸福家园、阳光花园、余港佳园、玉宛小区、育才小区、涢港小区、涢河小区、中心小区。社区内有常住居民 4900 余户，共 1.47 万人。辖区占地面积 2.5 平方千米，主要经济来源以外地务工和自主营业为主。居委会有干部6名。

1980年由涢水大队分调3个小组，成立居委会；2000年涢水村1至5组和车站村8组合并，2009年涢水村5、6、7组再合并形成涢水镇街道；2013年更名为涢水镇涢港社区。

财政小区[Cái zhèng xiǎo qū] 位于涢水镇东大街75号北侧，距居委会所在地500米。因当地早期为涢水镇财政所所在地而命名。呈块状分布，东接工委，西邻涢水镇人民政府，南连东大街，北靠涢水初中。全小区530人，168户。总面积为0.011平方千米，其中建筑面积0.008平方千米，主要经济来源以外地务工和自主营业为主。自民国以来，涢水一直为乡、区、镇治所。1986年8月，改区为镇。1987年9月，设立新的涢水镇。1991年属涢水建筑公司，1992年2月属涢水财政所，2010年财政所搬迁，经强云宏建筑公司拍得开发为居民小区，2011年命名为财政小区，系涢水镇涢港社区管辖，名称沿用至今。

发展小区[Fā zhǎn xiǎo qū] 位于涢水镇涢港社区东部，距居委会所在地1500米，居民点呈块状分布。因位于涢水镇涢港社区发展大道旁边而命名。东接钓鱼王公司，西邻316国道，南连社区5组，北靠预制厂。全小区480人，160户，总面积为0.013平方千米，其中建筑面积0.008平方千米，主要经济来源以外地务工和自主营业为主。自民国以来，涢水一直为乡、区、镇治所。1986年8月，改区为镇。1987年9月，设立新的涢水镇。该小区于2012年建成使用，系涢水镇涢港社区管辖，沿用至今。

港福家园[Gǎng fú jiā yuán] 位于涢水镇涢港社区北侧天亭街，距居委会所在地1100米，居民点呈块状分布。以美好愿望命名。东接涢水初中，西邻天亭街，南连工商所，北靠炮楼山。全小区580人，320户。总面积为0.0267平方千米，其中建筑面积0.023平方千米，主要经济来源以外地务工和自主营业为主。1984年属于涢水电影院，由幼儿园、巫家塆、南北队山、塘组成，2010年因集镇规划，由开发商杨兵拍得开发为居民小区，2014年命名为港福家园，系涢水镇涢港社区管辖，沿用至今。

金龙港湾[Jīn lóng gǎng wān] 位于涢水镇涢港社区南大街72号西侧，距居委会所在地800米，居民点呈块状分布。以美好愿望命名。东接南大街，西邻涢水河，南连老河沙码头，北靠涢河小区。全小区1290人，430户。总面积为0.027平方千米，其中建筑面积0.023平方千米，主要经济来源以外地务工和自主营业为主。1952年属涢水粮管所，2005年粮管所改制拍卖，经强云宏建筑公司拍得开发为居民小区，2013年命名为"金龙港湾"，系涢水镇涢港社区管辖，沿用至今。

幸福家园[Xìng fú jiā yuán] 位于涢水镇涢港社区南部，距居委会所在地1千米，居民点呈块状分布。以美好愿望命名。东接集贸市场，西邻南大街转盘，南连南后街，北靠老工商银行营业所。全小区570人，189户。总面积为0.01平方千米，其中建筑面积0.008平方千米，主要经济来源以外地务工和自主营业为主。1984年属涢水镇集贸市场和老居委会办公室，2006年集镇规划搬迁，拍卖给开发商杨振卫开发为居民小区，并命名为"幸福家园"，系涢水镇涢港社区管辖，沿用至今。

阳光花园[Yáng guāng huā yuán] 位于涢水镇涢港社区南部，距居委会所在地1500米，居民点呈块状分布。以美好愿望命名。东接瑞星制衣厂，西邻316国道，南连北城雷庵社区，北靠友谊粮机厂。全小区370人，120户。总面积为0.008平方千米，主要经济来源以外地务工和自主营业为主。该小区于2013年建成，系涢水镇涢港社区管辖，沿用至今。

余港佳园[Yú gǎng jiā yuán xiǎo qū]　位于涢水镇涢港社区南边，距居委会所在地1300米，居民点呈块状分布。因位于安陆市涢水镇涢港社区原余岗塆而命名。东接余岗街，西邻涢水河，南连余家港，北靠316国道。全小区600人，340户。总面积为0.027平方千米，主要经济来源以外地务工和自主营业为主。余港小区于2009年建成使用，系涢水镇涢港社区管辖，沿用至今。

玉宛小区[Yù wǎn xiǎo qū]　位于涢水镇涢港社区北部，距居委会所在地500米，居民点呈块状分布。以美好愿望命名。东接东大街，西邻双龙街，南连涢港小区，北靠安应线东大街。全小区210人，71户。总面积为0.006平方千米，主要经济来源以外地务工和自主营业为主。1984年属于涢水镇印刷厂，1988年该厂倒闭，经开发商王玉西拍得开发为居民小区，2010年建成并命名为玉宛小区，系涢水镇涢港社区管辖，沿用至今。

育才小区[Yù cái xiǎo qū]　位于涢水镇涢港社区北部，距村委会所在地1300米，居民点呈块状分布。因位于安陆市涢水镇涢港社区学校旁边而命名。东接宏学街，西邻涢水叉河，南连老供销社，北靠老财政所。全小区220人，72户。总面积为0.0067平方千米，主要经济来源以外地务工和自主营业为主。1987年9月，设立新的涢水镇。该小区于2003年建成使用，系涢水镇涢港社区管辖，沿用至今。

涢港小区[Yún gǎng xiǎo qū]　位于涢水镇涢港社区西部，距居委会所在地100米，居民点呈块状分布。因位于安陆市涢水镇涢港社区而命名。东接财经所，西邻双龙街，南连商贸北路，北靠玉宛小区。全小区1280人，320户。总面积为0.014平方千米，其中建筑面积0.02平方千米，主要经济来源以外地务工和自主营业为主。1984年属社区居委会5组农田，2010年由于集镇规划，经开发商杨正卫拍得开发为居民小区，2013年命名为涢港小区，系涢水镇涢港社区管辖，沿用至今。

涢河小区[Yún hé xiǎo qū]　位于涢水镇涢港社区西北部1100米处的商贸北路，呈块状分布。因位于安陆市涢水镇涢港社区涢河旁边而命名。东接涢水镇中心转盘，西邻涢水河，南连金龙小区，北靠中心转盘万家福超市。所住居民均为汉族。全小区630人，210户。总面积为0.007平方千米，其中建筑面积0.002平方千米，主要经济来源以外地务工和自主营业为主。1987年9月，设立新的涢水镇。该小区于2011年建成，系涢水镇涢港社区管辖，沿用至今。

中心小区[Zhōng xīn xiǎo qū]　位于涢水镇涢港社区北部1200米处的天亭街东侧，属涢水镇中心地段，呈块状分布。东接涢水镇人民政府，西邻天亭街，南连东大街，北靠7组炮楼山。所住居民均为汉族。全小区120人，39户。总面积为0.0067平方千米，主要经济来源以外地务工和自主营业为主。1984年属涢水居委会南队农田，2004年由于集镇规划，将此地建设为居民小区，并命名为中心小区，系涢水镇涢港社区管辖，沿用至今。

2015年安陆市陈店乡平面示意图
孝昌县
赵棚
洑水
李店
陈店乡
(陈店)
季店乡
厉店
S243
连棚
蓬蓬站
图例
乡镇级人民政府驻地
国营场驻地
村委会驻地
自然村
地级界
县级界
乡镇级界
复线电气化铁路
复线铁路
单线铁路及车站
高速公路、互通及编码
国道及编码
省道及编码
县道及编码
乡道及编码
村道及编码
车行桥
人渡
大型水库
中型水库
小(一)型水库
沟渠及渡槽
河流
时令河
湖泊
地下河段
HBALHRXLAOGU

第十三章　陈店乡

第一节　概　　况

陈店乡[Chéndiàn Xiāng]，以最初陈姓居民在此形成集镇而命名。

1949年7月，11个村属陈家店区，15个村属长兴区。1949年11月，一部分划入会寨区，大部分属于长兴区。1951年9月，一部分属第七区(刘兴)，大部分属第一区(长兴)。1954年8月，一部分属第一区(刘兴)，大部分属第二区(李店)。1956年4月，刘兴归第一指导小组，连棚、陈店归第二指导小组。1958年9月，刘兴归卫星人民公社，连棚、陈店归上游人民公社。同年底刘兴归赵棚人民公社，连棚、陈店归李店人民公社。1961年4月刘兴归赵棚区，连棚、陈店归李店区。1975年2月，将刘兴与连棚、陈店合并，设立陈店人民公社。1983年12月，撤销陈店人民公社，设刘兴、连棚、陈店乡，刘兴归赵棚区，连棚、陈店归李店区。1987年9月，设立陈店乡，仍辖刘兴、连棚、陈店。

陈店乡地处安陆市东部，东接孝昌县花西乡，西邻洑水镇和开发区，南连李店镇，北靠赵棚镇，下辖2个社区(陈店社区、同兴社区)和24个行政村：刘店村、甘涂村、饶塆村、殷陈村、东罗村、伍店村、陈谢村、彭畈村、九冲村、松林村、胡祠村、上周村、枣林村、何胡村、沈畈村、高岗村、连棚村、中桥村、双河村、双泉村、王陈村、黄巷村、金龙村、岳董村。总人口3.42万人，7898户，其中城镇常住人口1万人。国土面积82.7平方千米，其中陆地面积78.6平方千米，耕地面积24.8平方千米。

全乡地形以浅丘陵为主，平均海拔138米，土壤多为黄棕壤和紫色土，属亚热带季风性湿润气候，春暖夏热秋长冬寒，四季分明，无霜期246天左右，全年降水800~1200mm。全乡水库、塘堰、河坝共蓄水1751万方，其中小型水库8座，塘堰2461处，河坝21处，乡管泵站5座。

陈店乡地理位置优越，交通十分便利，省道大安线横贯东西，东与107国道相交，可至京广铁路、京珠高速公路，西与316国道相连，可达汉丹铁路、汉十高速公路，路网健全，南通北达，连接107、306国道的安大线公路横贯全境，安花铁路穿境而过。城镇基础设施完善，社会稳定，市场繁荣，经济活跃，具有较大的发展潜力。

陈店乡现有初中1所，小学5所，乡文化站、村级文化活动中心27处，各级医疗卫生机构11个。

该乡主要以农业为主，属经济欠发达地区，主要农作物以水稻、小麦、油菜、黄豆、花生等为主。产区境内及四周无任何工业污染，属绿色产品。有粮食加工企业8家，年加工能力4万吨，产品以外销为主。畜牧生产发达。母猪存栏8000多头，年出栏仔猪22万余头，年出栏商品猪2.8万头，引进荷兰良种猪洛佩克，完成了“内三元”改造。年产商品鸡25万羽，鸭鹅20万羽，专业户养殖和农户散养结合，产品品质优良，主要以鲜活品外销为主。淡水养殖业发达。水产品年产量达1750吨，产品除部分内销外，大部分外销。新型建材发展迅速。新建节能砖厂2家，年生产节能砖1500万块；新建琉璃瓦厂2家，年生产琉璃瓦1200万块。陈店乡正以稳健的步伐迈入健康快速发展时期。陈店乡以“服务人民、造富人民”为宗旨，大力实施“农业稳乡、科技兴乡、工业强乡、诚信立乡、开放活乡”战略，依托传统产业和地理优势，谋划地域经济发展，即凭借交通便利的区位优势，以陈店中心集镇、黄家塆集镇为基点，以省道大安线为轴线，大力建设工业区，主攻招商引进和项目建设，着力建设工贸小城镇；以春林盛昌瓦业、建发琉璃瓦厂为龙头，整合企业资源，着力发展建材产业；发挥畜牧产业的支柱作用，以孝感市亚飞置业有限公司陈店养殖基地、鑫穗养殖小区为载体，以陈店禽业协会为纽带，加快专业户、专业场、专业区培育，着力建设畜牧大乡；挖掘传统产业的潜力，发挥水土资源优势，以七斗河农业综合项目开发区为载体，大力发展板块农业，着力建设万亩优质米生产示范基地；落实“退耕还林”政策，大力开发万亩荒山、荒岗，实施“绿色银行”工程。

第二节　社区(村)、居民点

一、陈店社区[Chéndiàn Shèqū]

以地理位置命名。1949年10月，陈店社区属安陆县长兴区。1952年10月属第一区辖。1954年8月，属李店区陈店乡辖。1956年4月，属第二指导小组陈店乡辖。1958年9月，陈店村改为陈店大队，属上游人民公社陈店管理区辖。1961年4月属李店区陈店人民公社辖。1975年2月属陈店人民公社陈店管理区辖。1984年1月，陈店大队改为陈店村，属李店区陈店乡辖。1987年10月，属陈店乡辖。2001年改名陈店社区，沿用至今。

该社区隶属安陆市陈店乡人民政府辖，位于陈店乡人民政府所在地中部，属于丘陵地区，东接孝昌县，西邻胡祠村，南连黄巷村，北靠枣林村、上周村。主要以陈、李、胡、贺、刘、王、黄姓为主，均为汉族。

截至2014年9月，辖区内共有9个村民小组，3个居民点：陈店街、陈家塆、陈家小塆。村内有常住居民317户，共1517人，辖区占地面积0.8平方千米，其中耕地面积为0.525平方千米，山场面积为0.023平方千米，主要农作物为小麦、水稻。居委会现有工作人员7名。

陈店街[Chén diàn jiē]　相传此地自唐代就有集镇，因战乱多次兴废，明洪武年间，从江西迁居一陈姓居民在此开店，后逐渐发展为集镇，故名。陈店街位于陈店社区东南部，乡政府各机关、陈店社区居委会所在地均在其中，呈条状分布，东接孝昌县花西乡安花村廖家岗，西邻陈家大塆，南连陈家小塆，北靠胡祠村胡家上塆。主要以陈、李、胡、贺姓为主，均为汉族。居民867人，250户，总面积为0.45平方千米，其中有耕地面积0.433平方千米，山场面积0.017平方千米，主要农作物为小麦、水稻，主要经济来源为集镇经商和外地务工。

陈家大塆[Chén jiā dà wān]　"陈家"指的是姓氏，"大"指的是人口数与面积。相传明洪武年间，陈姓居民从江西麻城移民到此建房居住，后繁衍较快，成为较大的塆，故名"陈家大塆"。该居民点位于陈店社区西北部，距居委会所在地0.2千米，居民点呈块状分布，东接陈店街，西邻胡祠村胡家中塆，南连陈家小塆，北靠枣林村胡家小塆。主要以陈、刘二姓为主，均为汉族。全塆515人，108户，总面积为0.13平方千米，占地面积0.05平方千米，耕地面积0.12平方千米，山场面积0.01平方千米，主要农作物为小麦、水稻，主要经济来源为外地务工与种植。

陈家小塆[Chén jiā xiǎo wān]　"陈家"指的是姓氏，"小"指的是面积。相传明洪武年间，陈姓居民从江西麻城移民到陈家大塆居住，至清康熙年间，从大塆分出部分村民到此地居住，后有蔡姓居民在此居住，因陈姓先到，又比原塆小，故名"陈家小塆"。位于陈店社区西南部，为丘陵山地地形，呈块状分布，东接孝昌县花西乡康杨村下方塆，西邻双泉村周陈塆，南连胡祠村胡家桥，北靠胡祠村胡家中塆。主要以陈姓为主，均为汉族。全塆81人，21户，总面积为0.06平方千米，占地面积0.02平方千米，耕地面积0.04平方千米，主要农作物为小麦、水稻，主要经济来源为外地务工与种植。

二、岳董村[Yuèdǒng Cūn]

1949年10月，岳董属安陆县长兴区。1952年10月属第一区。1954年8月，属李店区陈店乡辖。1956年4月，属第二指导小组陈店乡辖。1958年9月，岳董村改为岳董大队，属上游人民公社连棚管理区辖。1961年4月属李店区连棚人民公社辖。1975年2月属陈店人民公社连棚管理区辖。1984年1月，岳董大队改为岳董村，属李店区陈店乡辖。1987年10月，属陈店乡辖，沿用至今。

该村位于陈店乡南部，距政府所在地4.5千米，为丘陵山地地形，呈条状分布，东接新店，西邻七汪村、连棚村，南连七汪村、连棚村，北靠金龙村。所住居民均为汉族，下辖董家大塆、董家小塆、董家新村、董家独塆4个自然塆，全村127户，共554人，辖区占地面积2.8平方千米，其中有耕地面积0.48平方千米，主要农作物为水稻、小麦，主要经济来源以外地务工为主。村委会现有工作人员3人，村内主要驻区单位有岳董村村民委员会等。

董家大塆[Dǒng jiā dà wān]　“董家”指的是董姓居民，“大”指的是附近还有同姓“小”村落，“塆”指的是村庄。以居民姓氏与村庄规模命名。相传明洪武年间，董姓居民从江西麻城移民到此建房居住，后繁衍较快，成为较大的塆，而得名。该居民点位于岳董村北部，为丘陵地区，呈块状分布，东接李店镇新店村严家塆，西邻岳董家塆，南连董家独塆，北靠金龙村许家塆。全塆有82户，共332人，主要以董姓为主，均为汉族。总面积0.45平方千米，其中有耕地面积0.34平方千米，主要农作物为小麦、水稻，主要经济来源以外地务工为主。

董家独塆[Dǒng jiā dú wān]　“董家”指的是董姓居民，“独塆”指的是村庄与周围村落距离较远，且只有一栋。以居民姓氏与村庄规模命名。相传明洪武年间，董姓居民从江西麻城移民到此董家大塆居住，至清康熙年间，因原塆住不下，迁出部分居民到此居住，因最初建房只有一栋，故名“董家独塆”。该居民点位于岳董村北部，为丘陵地区，呈块状分布，东接李店镇茶堰村严家塆，西邻岳董家塆，南接李镇七汪村蒋家塆，北靠董家大塆。全塆有14户、64人，主要以董姓为主，均为汉族。总面积0.13平方千米，其中有耕地面积0.068平方千米，主要农作物为小麦、水稻，主要经济来源以外地务工为主。

董家小塆[Dǒng jiā xiǎo wān]　“董家”指的是董姓居民，“小”指的是附近还有同姓氏“大”村落，“塆”指的是村庄。以居民姓氏与村庄规模命名。相传明洪武年间，董姓居民从江西麻城移民到此董家大塆居住，至清康熙年间，因原塆住不下，迁出部分居民到此居住，因最初居民较少，故名“董家小塆”。该居民点位于岳董村西南部，为丘陵地区，呈块状分布，东接董家独塆，西邻李店镇七汪村段严塆，南连李店镇七汪村蒋家塆，北靠董家独塆、董家大塆。全塆有16户、83人，主要以董姓为主，均为汉族。总面积0.12平方千米，其中有耕地面积0.065平方千米，主要农作物为小麦、水稻，主要经济来源以外地务工为主。

岳董新村[Yuè dǒng xīn cūn]　“岳董”指的是姓氏，“新村”指的是新建的村庄。自2003年起，周围各村落居民迁到此建房，现为陈店乡岳董村1、2、3、4、5组部分居民合住。居民点位于岳董村北部，为丘陵地区，呈块状分布，东接李店镇新店村西塆，西邻李店镇七汪村段严塆，南连李店镇七汪村蒋家塆，北靠董家小塆、董家大塆。主要以董姓为主，均为汉族。全塆75人，15户，总面积0.09平方千米，占地面积0.02平方千米，有耕地面积0.048平方千米，主要农作物为小麦、水稻，主要经济来源以外地务工与种植。

三、黄巷村[Huángxiàng Cūn]

“黄巷村”清朝时属陈家庙会，民国时属迎宾乡。1949年10月，黄巷属安陆县长兴区。1952年10月属第一区辖。1954年8月，属李店区陈店乡辖。1956年4月，属第二指导小组陈店乡辖。1958年9月，黄巷村改为黄巷大队，属上游人民公社连棚管理区辖。1961年4月属李店区连棚人民公社辖。1975年2月属陈店人民公社连棚管理区辖。1984年1月，黄巷大队改为黄巷村，属李店区陈店乡辖。1987年10月，属陈店乡辖，沿用至今。黄巷村位于陈店乡南部，距政府所在地1.8千米，属于丘陵地区，东接孝昌县花西乡康杨村，西邻王陈村，南连金龙村，北靠胡祠村。全村主要以黄、傅、李、金姓为主，均为汉族，现有4个自然塆：西傅塆、东傅塆、李家巷子、黄李巷子，共有660人，230户，总面积1.786平方千米，其中耕地面积0.5762平方千米，主要农作物为小麦、水稻，主要经济来源以外地务工为主。村委会现有工作人员4名，村内主要驻区单位有黄巷村村民委员会等。

东傅塆[Dōng fù wān]　“东”指的是村落西部还有同姓氏村落，“傅”指的是姓氏，“塆”指的是村庄。相传明洪武年间，傅姓居民从江西麻城迁至此，生有两个儿子，后繁衍成一个大塆。到清康熙年间，因原塆住不下，两族人商议分成两个塆，此塆地处东部，故名“东傅塆”。该居民点位于黄巷村东北部，村委会所在地在其中，居民点呈块状分布，东接孝昌县花西乡康杨村邹家下塆，西邻西傅塆，南连李家巷子，北靠胡祠村胡家新塆。全塆主要以付姓为主，均为汉族，共有151人，29户，总面积0.3184平方千米，占地面积0.025平方千米，耕地面积0.1179平方千米，主要农作物为小麦、水稻，主要经济来源为外地务工与种植。

黄李巷子[Huáng li xiàng zǐ]　“黄李”指的是姓氏，“巷子”指的是两面墙壁间可通人车的结构。相传明洪武年间，黄姓居民从江西麻城迁至此，后繁衍成一个塆。后来李姓居民也来此塆居住，最初黄、李两姓房屋以一道较长的巷子分开，故名“黄李巷子”。该居民点位于黄巷村东部，居民点呈块状分布，东接孝昌县花西乡康杨村杨家石堰，西邻李家巷子，南连金龙村王家河，北靠胡祠村胡家新塆。全塆主要以黄姓、李姓为主，均为汉族，共有152人，30户，总面积0.2894平方千米，占地面积0.02平方千米，耕地面积0.1206平方千米，主要农作物为小麦、水稻，主要经济来源为外地务工与种植。

李家巷子[li jiā xiàng zǐ]　“李家”指的是姓氏，“巷子”指的是两面墙壁间可通人车的结构。相传明洪武年间，李姓居民从江西麻城迁至此，起初繁衍不快，塆里族长请来风水，风水先生说此塆正当中必须有一道贯通的巷子，塆里人再做房时，就按这个话做，后来繁衍成一个大塆，故名“李家巷子”。该居民点位于黄巷村西南部，居民点呈块状分布，东接西傅塆，西邻王陈村叶家大塆，南连金龙村杨家独屋，北靠西傅塆。全塆主要以李姓为主，均为汉族，共有127人，23户，总面积0.2623平方千米，占地面积0.02平方千米，耕地面积0.0972平方千米，主要农作物为小麦、水稻，主要经济来源为外地务工与种植。

西傅塆[Xī fù wān]　“西”指的是村落东部还有同姓氏村落，“傅”指的是姓氏，“塆”指的是村落。相传明洪武年间，傅姓居民从江西麻城迁至此，生有两个儿子，后繁衍成一个大塆。到清康熙年间，因原塆住不下，两族人商议分成两个塆，此塆地处西部，故名“西傅塆”。该居民点位于黄巷村西北部，居民点呈块状分布，东接傅家庵，西邻王陈村周陈塆，南连王陈村叶家大塆，北靠沈畈村孙家老塆。全塆主要以付姓为主，均为汉族，共有230人，43户，总面积0.3956平方千米，占地面积0.025平方千米，耕地面积0.1648平方千米，主要农作物为小麦、水稻，主要经济来源为外地务工与种植。

四、刘店村[Liúdiàn Cūn]

1949年10月刘店村属安陆县陈家店区。1952年10月，属第七区刘兴乡辖。1954年8月属第一区刘兴乡辖。1956年4月，属第一指导小组刘兴乡辖。1958年9月，刘店村改为刘店大队，属卫星人民公社刘兴管理区辖。1961年4月属赵棚区刘兴人民公社辖。1975年2月，属陈店人民公社刘兴管理区辖。1983年12月，刘店大队改为刘店村，属赵棚区刘兴乡辖。1987年9月，属陈店乡辖，沿用至今。

该村位于陈店乡东北部，离镇政府12千米，属于丘陵地区，东接饶塆村，西邻赵棚镇金塘村(现中塆村)，南连彭畈、九冲，北靠甘涂村。截至2015年1月，辖区内共有12个自然塆：高家独屋、刘家独屋、刘家上塆、刘家下塆、刘兴店、汪谢塆、谢家岔、熊家独屋、寨凹、郑家大塆、郑家独屋、郑谢河沟。常住居民208户，1036人，辖区总面积2平方千米，其中耕地面积0.65平方千米，山场面积1.2平方千米，主要农作物有水稻、小麦。村委会办公地址设在刘店村，共有工作人员4名。

高家独屋[Gāo jiā dú wū]　“高家”指的是高姓居民，“独屋”指的是居住人口较少的村庄。以居民姓氏命名，因该地为高姓聚居地且最初只有一户居民，故而得名。该居民点位于刘店村南部，为丘陵地形，聚落呈条状分布，东接郑谢河沟，西邻九冲村上破堰，南连刘家下塆，北靠刘兴店。主要以高姓为主，均为汉族。全塆9户，32人，总面积0.05平方千米，其中耕地面积0.026平方千米，主要农作物为小麦、水稻，主要经济来源以外地务工为主。

刘家独屋[Liú jiā dú wū]　“刘家”指的是刘姓居民，“独屋”指的是居住人口较少面积较小的村庄。以居民姓氏命名，因该地为刘姓聚居地且最初只有一户居民故而得名。该居民点位于刘店村中部，为丘陵地形，聚落呈条状分布，东接郑家大塆，西邻赵棚镇中塆村李家大塆，南连汪家塆，北靠寨凹。主要以刘姓为主，均为汉族。全塆15户，62人，总面积0.15平方千米，其中耕地面积0.04平方千米，主要农作物为小麦、水稻，主要经济来源以外地务工为主。

刘家上塆[Liú jiā shàng wān]　“刘家”指的是刘姓居民，“上”指的是方位，“塆”指的是村庄。以方位和居民姓氏命名，因该地为刘姓聚居地，清康熙年间刘姓人家搬来此地居住，后由于发展过快，原居民点迁移部分居民到此居住，为区分两地便以南北分为上下两塆，因此塆位于北边，故而得名。该居民点位于刘店村中部偏西南，为丘陵地形，聚落呈条状分布，东接刘兴店，西邻赵棚镇中塆村沈家塆，南连九冲村上破堰，北靠寨凹。主要以刘姓为主，均为汉族。全塆25户，83人，总面积0.22平方千米，其中耕地面积0.053平方千米，主要农作物为小麦、水稻，主要经济来源以外地务工为主。

刘家下塆[Liú jiā xià wān]　“刘家”指的是刘姓居民，“上”指的是方位，“塆”指的是村庄。以方位和居民姓氏命名，因该地为刘姓聚居地，清康熙年间刘姓人家搬来此地居住，后由于发展过快，原居民点迁移部分居民到此居住，为区分两地便以南北分为上下两塆，因此塆位于南边，故而得名。该居民点位于刘店村南部，为丘陵地形，聚落呈条状分布，东接岗岭塆，西邻九冲村上破堰，南连熊家独屋，北靠高家独屋。主要以刘姓为主，均为汉族。全塆20户，74人，总面积0.1平方千米，其中耕地面积0.0402平方千米，主要农作物为小麦、水稻，主要经济来源以外地务工为主。

刘兴店[Liú xīng diàn]　“刘兴”指的是迁居始祖姓名，“店”指的是集镇。以迁居始祖姓名和经济活动综合命名，相传清康熙年间，一位名叫刘兴的人，来这里开店做生意，因他善于经营，生意做得好，又在集镇上做别样的生意，使镇上生意繁荣，人丁兴旺，故而以他的姓名命名。该居民点位于刘店村中部，为丘陵地形，聚落呈条状分布，东接郑谢河沟，西邻刘家上塆，南连高家独屋，北靠汪谢塆。主要以刘姓为主，均为汉族。全塆30户，110人，总面积0.16平方千米，其中耕地面积0.08平方千米，主要农作物为小麦、水稻，主要经济来源以外地务工为主。

汪谢塆[Wāng xiè wān]　“汪谢”指的是汪姓、谢姓居民，“塆”指的是村庄。以居民姓氏命名，因该地为汪姓和谢姓聚居地而得名。该居民点位于刘店村中部偏北，为丘陵地形，聚落呈条状分布，东接饶塆村饶家大塆，北邻郑家大塆，南连刘兴店，西靠刘家上塆。主要以汪、谢姓为主，均为汉族。全塆37户，142人，总面积0.19平方千米，其中耕地面积0.095平方千米，主要农作物为小麦、水稻，主要经济来源以外地务工为主。

谢家岔[Xiè jiā chà]　“谢”指的是姓氏，“岔”指的是村落地处小河边。相传明洪武年间，朝廷从江西麻城移民到这一带，一位姓谢的人被官府确定到这里，请风水先生定居住处，风水先生相中这里有条小河的山谷(方言叫“河岔”)，后繁衍成塆，故名“谢家岔”。该居民点位于刘店村东南部，居民点呈条状分布，东接饶塆村刺林岗，西邻岗岭塆，南连彭畈村竹林塆，北靠郑谢河沟。主要以谢姓为主，均为汉族。全塆112人，27户，总面积0.15平方千米，占地面积0.02平方千米，耕地面积0.08平方千米，主要农作物为小麦、水稻，主要经济来源为外地务工与种植。

熊家独屋[Xióng jiā dú wū]　“熊家”指的是熊姓居民，“独屋”指的是居住人口较少的村庄。以居民姓氏命名，因该地为熊姓聚居地且最初只有一户居民故而得名。该居民点位于刘店村中部偏南，为丘陵地形，聚落呈条状分布，东接岗岭塆，北邻刘家下塆，南连九冲村沈家塆，西邻九冲村赵家塆。主要以熊姓为主，均为汉族。全塆8户，39人，总面积0.07平方千米，其中耕地面积0.026平方千米，主要农作物为小麦、水稻，主要经济来源以外地务工为主。

寨凹[Zhài wā]　“寨”指的是寨子，“凹”指的是地理特征周围高中间低。以建筑物命名，清康熙年间此处匪患猖獗，居民为防匪患故而在居民点外建起了土墙将村庄包围起来，故而得名。该居民点位于刘店村西北部，为丘陵地形，聚落呈条状分布，东接郑家独屋，西邻赵棚中塆村汪家塆，南连汪家塆，北靠杨家塆。所住居民均为汉族。全塆21户，110人，总面积0.25平方千米，其中耕地面积0.055平方千米，主要农作物为小麦、水稻，主要经济来源以外地务工为主。

郑家大塆[Zhèng jiā dà wān]　“郑家”指的是郑姓居民，“大塆”指的是居住人口较多面积较大的村庄。以居民姓氏命名，因该地为郑姓聚居地且面积较大人口较多，故而得名。该居民点位于刘店村北部，为丘陵地形，聚落呈条状分布，东接甘涂村吴家独屋，西邻刘家塆，南连汪谢塆，北靠甘涂村杨家塆。主要以郑姓为主，均为汉族。全塆21户，73人，总面积0.108平方千米，其中耕地面积0.054平方千米，主要农作物为小麦、水稻，主要经济来源以外地务工为主。

郑家独屋[Zhèng jiā dú wū]　“郑家”指的是郑姓居民，“独屋”指的是居住人口较少的村庄。以居民姓氏命名，因该地为郑姓聚居地且最初只有一户居民。该居民点位于刘店村北部，为丘陵地形，聚落呈条状分布，东接甘涂村涂家前院，西邻寨凹，南连郑家大塆，北靠甘涂村杨家塆。主要以高姓为主，均为汉族。全塆13户，44人，总面积0.12平方千米，其中耕地面积0.022平方千米，主要农作物为小麦、水稻，主要经济来源以外地务工为主。

郑谢河沟[Zhèng xiè hé gōu] “郑谢”指的是郑姓、谢姓居民，“河沟”指的是村落边有一道水沟。以居民姓氏和地理位置综合命名。该居民点位于刘店村东部，为丘陵地形，聚落呈条状分布，东接饶塆村饶家大塆，西邻刘兴店，南连岗岭塆，北靠汪谢塆。主要以郑、谢两姓为主，均为汉族。全塆 25 户，110 人，总面积 0.2 平方千米，其中耕地面积 0.07 平方千米，主要农作物为小麦、水稻，主要经济来源以外地务工为主。

五、伍店村[Wǔdiàn Cūn]

1949 年 10 月伍店属安陆县陈家店区。1952 年 10 月，属第七区刘兴乡辖。1954 年 8 月属第一区刘兴乡辖。1956 年 4 月，属第一指导小组刘兴乡辖。1958 年 9 月，伍店村改为伍店大队，属卫星人民公社刘兴管理区辖。1961 年 4 月属赵棚区刘兴人民公社辖。1975 年 2 月，属陈店人民公社刘兴管理区辖。1983 年 12 月，伍店大队改为伍店村，属赵棚区刘兴乡辖。1987 年 9 月，属陈店乡辖，沿用至今。

该村隶位于陈店乡东北部，距政府所在地 3.5 千米，属于丘陵地区，东接孝昌县季店乡顺岗村，西邻陈谢村，南连孝昌县季店乡沱店村，北靠泵站。下辖封余寨、燕咀、前营、后营、伍店街道、徐家大塆、徐家小塆、严家小塆、砦坡塆、伍楼岗、刘家岗 11 个自然塆，全村有 445 户，共 2201 人，辖区占地面积 4.5 平方千米，其中有耕地面积 1.8 平方千米。主要农作物为水稻、小麦。村委会现有工作人员 5 人，村内主要驻区单位有伍店村村民委员会等。

伍家店[Wǔ jiā diàn] “伍家”指的是姓氏，“店”指的是商铺。相传明洪武年间，伍姓居民从江西麻城移民到此居住，繁衍成塆。清康熙年间，几位会做生意的伍姓人相约在此设立商铺，生意逐渐发展，故名“伍家店”。还有一说是春秋战国时期(柏举之战)，伍子胥率一个姓季的将军在此地扎过营，留下了伍姓和季姓，故此地也称伍家营，驻扎中军帐，附近还有前营、后营、楼岗和季店等地名。

该居民点位于伍店村中部偏东，村委会所在地在其中，居民点呈条状分布，东接孝昌县季店乡雷河村万家咀季，西邻封余寨，南连徐家大塆，北靠后营塆。均为汉族，全塆 590 人，共 145 户，总面积 0.36 平方千米，占地面积 0.08 平方千米，耕地面积 0.28 平方千米，主要农作物为水稻、小麦，主要经济来源为外地务工与种植。

封余寨[Fēng yú zhài] “封”指的是被围住，“余”指的是余姓居民，“寨”是方言，指的是堡垒。以居民姓氏及地理特征命名。相传明洪武年间，余姓居民迁居来此居住，清朝时当地匪徒横行，全塆居民在后山一带建起围墙，形成堡垒。(堡垒方言为寨)。居民点位于伍店村东部，为丘陵地形，呈条状分布，东接吴家大塘，西邻砦坡村，南连河流，北靠砦坡村。均为汉族。全塆有 30 户，共 125 人，总面积 0.33 平方千米，其中有耕地面积 0.105 平方千米，主要农作物为水稻，主要经济来源以外地务工为主。

后营塆[Hòu yíng wān] “后”指的是附近还有一个相近的“前”村落，“营”指的是历史上这里曾驻扎过军队，“塆”指的是村庄。以历史事件而命名。清代以前，此地经常发生战事，一支部队在这一带驻扎，全塆为军营，此塆在后而得名。简称后营。该居民点位于伍店村东北部，为丘陵地区，呈条状分布，东接农田，西邻伍店1组，南连徐家塆，北靠泵站。全塆有47户，共186人，均为汉族，总面积0.23平方千米，其中有耕地面积0.098平方千米，主要农作物为水稻，主要经济来源以外地务工为主。

刘家岗[Liú jiā gǎng]　“刘家”指的是刘姓居民，“岗”指的是小山冈。以居民姓氏与地理特征命名。该居民点位于伍店村南部，为丘陵地区，呈条状分布，东接徐家小塆，西邻枣林村朱家东塆，南连伍家楼岗塆，北靠大余塆。全塆有15户，共74人，主要以刘姓为主，均为汉族，总面积0.12平方千米，其中有耕地面积0.053平方千米，主要农作物为水稻，主要经济来源以外地务工为主。

前营塆[Qián yíng wān]　“前”指的是附近还有一个相近的“后”村落，“营”指的是历史上这里曾驻扎过军队，“塆”指的是村庄。以历史事件命名。清代以前，此地经常发生战事，一支部队在这一带驻扎，全塆为军营，此塆在前而得名。简称前营。该居民点位于伍店村西北部，为丘陵地区，呈条状分布，东接河流，西邻农田，南连伍店街，北靠河流。全塆有46户，共187人，均为汉族，总面积0.25平方千米，其中有耕地面积0.101平方千米，主要农作物为水稻，主要经济来源以外地务工为主。

伍楼岗[Wǔ lóu gǎng]　曾用名：伍家岗。“伍”指的是伍姓居民，“楼岗”指的是村落以前曾有一座建在山冈上的小楼。当地居民以伍姓为主，村庄以前曾有一座建在山冈上的小楼。此地常发生匪患，塆里人在塆边小山上建起小楼，以观察匪情，故名“伍楼岗”。该居民点位于伍店村东南部，为丘陵地区，呈条状分布，东接孝昌县季店乡雷河村胡家岗，西邻枣林村熊家塆，南连上周村上周塆，北靠刘家岗。全塆有16户，共65人，均为汉族，总面积0.21平方千米，其中有耕地面积0.033平方千米，主要农作物为水稻，主要经济来源以外地务工为主。

徐家大塆[Xú jiā dà wān]　“徐家”指徐姓居民民，“大”指附近还有同姓氏“小”村落，“塆”指村落。以当地居民以徐姓为主，居住人口较多而命名。相传明洪武年间，徐姓居民从江西麻城移民到此建房居住，后繁衍较快，成为较大的塆，故名“徐家大塆”。该居民点位于伍店村东南部，为丘陵地区，呈条状分布，东接农田，西邻伍店小学，南连孝昌，北靠农田。全塆有80户，共340人，均为汉族，总面积0.35平方千米，其中有耕地面积0.2平方千米，主要农作物为水稻，主要经济来源以外地务工为主。

徐家小塆[Xú jiā xiǎo wān]　“徐家”指的是徐姓居民，“小”指的是附近还有同姓氏“大”村落，“塆”指的是村庄。以居民以徐姓为主居住人口较少而命名。相传明洪武年间，徐姓居民从江西麻城移民到此建房居住，后繁衍较快，成为较大的塆，到康熙年间，部分居民从大塆迁到此地居住，而得名“徐家小塆”。该居民点位于伍店村东南部，为丘陵地区，呈条状分布，东至孝昌县季店乡雷河村塞上胡，北至徐家大塆，西至砦坡村刘家塆，南至孝昌县季店乡雷河村李家桥头。主要以徐姓为主，全塆有23户，共96人，均为汉族，总面积0.17平方千米，其中有耕地面积0.057平方千米，主要农作物为水稻，主要经济来源以外地务工为主。

严家小塆[Yán jiā xiǎo wān]　“严家”指的是严姓局民，“小塆”指的是居住人口较少的村庄。以所住居民以严姓为主而命名。清康熙年间，部分居民从大塆迁到此地居住，而命名“严家小塆”。该居民点位于伍店村西北部，为丘陵地区，呈条状分布，东接前营塆，西邻陈谢村刘家冲，南连封余寨，北靠砦坡塆。全塆有15户，共50人，主要以严姓为主，均为汉族，总面积0.05平方千米，其中有耕地面积0.017平方千米，主要农作物为水稻，主要经济来源以外地务工为主。

燕咀塆[Yàn zuǐ wān]　又名堰咀塆。“咀”指的是地理特征。以地理特征而命名。相传明洪武年间，伍姓居民从江西麻城移民到此居住，一位懂风水的人，建议把村落建在一口塘堰边，地形如鹤嘴（方言称“咀”），故名“堰嘴塆”。该居民点位于伍店村北部，为丘陵地区，呈条状分布，东接河流，西邻陈谢村，南连河流，北靠河流。主要以燕姓为主，全塆有23户，共98人，均为汉族，总面积0.18平方千米，其中有耕地面积0.06平方千米，主要农作物为水稻，主要经济来源以外地务工为主。

砦坡塆[Zhài pō wān]　“砦坡”指的是地理特征，“塆”指的是村庄。村庄建有围墙而命名。明末清初时期，此地常发生匪患，塆里人在塆边山坡上建起围墙，以防止匪患，故名“砦坡塆”。该居民点位于伍店村西部，为丘陵地区，呈条状分布，东接燕咀塆，西邻陈谢村伍家燕窝，南连严家独屋，北靠陈家新塆。全塆有80户，共390人，均为汉族，总面积0.4平方千米，其中有耕地面积0.2平方千米，主要农作物为水稻，主要经济来源以外地务工为主。

六、枣林村[Zǎolín Cūn]

1949年10月，枣林属安陆县长兴区。1952年10月属第一区辖。1954年8月，属李店区陈店乡辖。1956年4月，属第二指导小组陈店乡辖。1958年9月，枣林村改为枣林大队，属上游人民公社陈店管理区辖。1961年4月属李店区陈店人民公社辖。1975年2月属陈店人民公社陈店管理区辖。1984年1月，枣林大队改为枣林村，属李店区陈店乡辖。1987年10月，属陈店乡辖，沿用至今。

该村位于陈店乡中部偏北，距政府所在地1.2千米，属于丘陵地区，东接上周、伍店，西邻何胡、九冲，南连胡祠、陈店，北靠九冲、彭畈、陈谢。下辖朱家东塆、枣林岗、朱家寨、朱家西塆、廖家冲、张家冲、潘家塆、沈家凹、萧胡塆、叶家小塆10个自然塆，全村有346户，共1042人，辖区占地面积4.49平方千米，其中有耕地面积1.8平方千米，山场面积1.6平方千米，主要农作物为水稻、小麦，主要经济来源以外地务工为主。村委会现有工作人员4人，村内主要驻区单位有枣林村村民委员会等。

廖家冲[Liào jiā chōng]　“廖家”指廖姓居民，“冲”指村落地处山谷。以居民姓氏与地理特征命名。相传清乾隆年间，廖姓财主廖金三购买这一带的山、田，故名“廖家冲”。该居民点位于枣林村中部偏南，为丘陵地区，呈块状分布，东接朱家西塆，西邻杨家塆，南连张家冲，北靠九冲村上下晏。全塆有19户，共100人，主要以廖姓为主，均为汉族。总面积0.15平方千米，其中有耕地面积0.08平方千米，主要农作物为水稻，主要经济来源以外地务工为主。

潘家塆[Pān jiā wān]　“潘家”指的是潘姓居民，“塆”指的是村庄。以居民姓氏命名。相传明洪武年间，潘姓居民从江西麻城迁至此，见此地适宜居住，便在此建房，后繁衍成塆，而得名“潘家塆”。该居民点位于枣林村中部偏南，为丘陵地区，呈块状分布，东接朱家西塆，西邻张家冲，南连叶家小塆，北靠廖家冲。全塆有 26 户，共 110 人，主要以潘姓为主，均为汉族。总面积 0.14 平方千米，其中有耕地面积 0.072 平方千米，主要农作物为水稻，主要经济来源以外地务工为主。

沈家凹[Shěn jiā wā]　“沈家”指的是沈姓居民，“凹”指的是村落地处山谷。以居民姓氏与地理特征综合命名。相传明洪武年间，沈姓居民从江西麻城迁至此，请来风水先生选居住地，最后选择在此小山谷(方言叫“凹”)中居住，后繁衍成塆，故名“沈家凹”。该居民点位于枣林村西南部，为丘陵地区，呈块状分布，东接胡家独屋，西邻连畈，南连何胡村二屋塆，北靠张家冲。全塆有 10 户，共 46 人，主要以沈姓为主，均为汉族。总面积 0.09 平方千米，其中有耕地面积 0.047 平方千米，主要农作物为水稻，主要经济来源以外地务工为主。

萧胡塆[Xiāo hú wān]　“萧胡”指的是萧姓、胡姓居民，“塆”指的是村庄。以居民姓氏命名。相传明洪武年间，萧姓居民从江西麻城迁至此，见此地适宜居住，便在此建房。不久又有胡姓居民来此居住，因萧姓先到，故名“萧胡塆”。又简称“萧胡”。该居民点位于枣林村东南部，为丘陵地区，呈块状分布，东接上周村晏塘角，西邻余家塆，南连胡家小塆，北靠叶家小塆。全塆有 25 户，共 99 人，主要以萧姓和胡姓为主，均为汉族。总面积 0.14 平方千米，其中有耕地面积 0.066 平方千米，主要农作物为水稻，主要经济来源以外地务工为主。

叶家小塆[Yè jiā xiǎo wān]　“叶家”指的是叶姓居民，“小塆”指的是居住人口较少的村庄。以居民姓氏及村庄规模综合命名。相传清康熙年间，从今孝昌花西迁来叶姓居民，居住在属胡祠村的叶家大塆，后来迁来部分居民，故名“叶家小塆”。该居民点位于枣林村东南部，为丘陵地区，呈块状分布，东接朱家寨，西邻胡家独屋，南连萧胡塆，北靠潘家塆。全塆有 11 户，共 44 人，主要以叶姓为主，均为汉族。总面积 0.08 平方千米，其中有耕地面积 0.033 平方千米，主要农作物为水稻，主要经济来源以外地务工为主。

枣林岗[Zǎo lín gǎng]　“枣林”指的是枣树林，“岗”指的是山冈。以物产命名。相传清康熙年间，孝昌花西迁来朱姓居民，见此地适宜居住，便在此建起一座朱家庙。分成朱家东、西 2 个塆。后来繁衍多了，部分居民选择一个长有枣林的山冈居住，后来又有陈姓居民来居住，因不便以姓氏命名，故名“枣林岗”。该居民点位于枣林村东南部，为丘陵地区，呈块状分布，东接朱家寨，西邻潘家独屋，南连雷家独屋，北靠朱家东塆。均为汉族。全塆有 57 户，共 268 人，总面积 0.28 平方千米，其中有耕地面积 0.18 平方千米，主要农作物为水稻，主要经济来源以外地务工为主。

张家冲[Zhāng jiā chōng]　“张家”指的是张姓居民，“冲”指的是地理特征。以居民姓氏与地理特征综合命名。相传明洪武年间，张姓居民从江西麻城迁至此，当中有一人略懂风水，选择在此小山谷(方言叫“冲”)中居住，后繁衍成塆，故名“张家冲”。该居民点位于枣林村西南部，为丘陵地区，呈块状分布，东接潘家塆，西邻沈家凹，南连胡家独屋，北靠朱家西塆。全塆有 58 户，共 186 人，主要以张姓为主，均为汉族。总面积 0.25 平方千米，其中有耕地面积 0.121 平方千米，主要农作物为水稻，主要经济来源以外地务工为主。

朱家东塆[Zhū jiā dōng wān]　“朱家”指的是朱姓居民，“东”指的是枣林村东部，“塆”指的是村庄。

以居民姓氏及地理位置综合命名。相传清康熙年间，从今孝昌花西迁来朱姓居民，见此地适宜居住，便在此建起一座朱家庙。该居民点位于庙东，故名“朱家东塆”。该居民点位于枣林村东南部，为丘陵地区，呈块状分布，东接伍店村刘家岗，西邻何胡村杨家塆，南连枣林岗，北靠刘家冲。全塆有57户，共186人，主要以朱姓为主，均为汉族。总面积0.24平方千米，其中有耕地面积0.12平方千米，主要农作物为水稻，主要经济来源以外地务工为主。

朱家西塆[Zhū jiā xī wān]　“朱家”指的是朱姓居民，“西”指的是枣林村西部，“塆”指的是村庄。以居民姓氏及地理位置综合命名。相传清康熙年间，从今孝昌花西迁来朱姓居民，见此地适宜居住，便在此建起一座朱家庙。该居民点位于庙西，故名“朱家西塆”。该居民点位于枣林村中部偏西，为丘陵地区，呈块状分布，东接枣林岗，西邻杨家塆，南连潘家塆，北靠刘家冲。全塆有70户，共315人，主要以朱姓为主，均为汉族。总面积0.3平方千米，其中有耕地面积0.187平方千米，主要农作物为水稻，主要经济来源以外地务工为主。

朱家寨[Zhū jiā zhài]　“朱家”指朱姓居民，“寨”指的是围墙。以居民姓氏及地理特征合命名。相传清康熙年间，从今过孝昌花西迁来朱姓居民，见此地适宜居住，便在此建起一座朱家庙。分成朱家东、西2个塆。后来繁衍多了，部分居民选择此地居住，因起初居民不多，为防匪患，就在塆周围筑起围墙，故名“朱家寨”。该居民点位于枣林村东部，为丘陵地区，呈块状分布，东接毛家塆，西邻枣林岗，南连晏塘角，北靠朱家东塆。全塆有12户，共46人，主要以朱姓为主，均为汉族。总面积0.07平方千米，其中有耕地面积0.032平方千米，主要农作物为水稻，主要经济来源以外地务工为主。

七、彭畈村[Péngfàn Cūn]

1949年10月，彭畈属安陆县陈家店区(亦称赵家棚区)。1952年10月，属第七区刘兴乡辖。1954年8月属第一区刘兴乡辖。1956年4月，属第一指导小组刘兴乡辖。1958年9月，彭畈村改为彭畈大队，属卫星人民公社刘兴管理区辖。1961年4月属赵棚区刘兴人民公社辖。1975年2月，属陈店人民公社刘兴管理区辖。1983年12月，彭畈大队改为彭畈村，属赵棚区刘兴乡辖。1987年9月，属陈店乡辖，沿用至今。

该村位于陈店乡中部偏北，距政府所在地3.5千米，属于丘陵地区，东接陈谢村，西邻九冲村，南连枣林村，北靠刘店村、饶塆村。截至2014年年末，辖区内共有11个自然塆：陈家塆、戴李塆、李家塆、南上塆、南下塆、彭家大塆、沈家塆、孙家独屋、袁家凹、朱家独屋、竹林塆。村内有常住居民236户，1013人、辖区内总面积3平方千米，其中耕地面积0.745平方千米，山场面积2.01平方千米，主要农作物有水稻、小麦。村委会办公地址设在彭畈村，共有工作人员4名，村内主要驻区单位有彭畈村村民委员会等。

陈家塆[Chén jiā wān]　“陈家”指的是陈姓居民，“塆”指的是村庄。以居民姓氏命名，因该地为陈姓聚居地而得名。该居民点位于彭畈村西南部，聚落呈块状分布，东接袁家凹，西邻花塆，南连沈家塆，北靠南下塆。主要以陈姓为主，均为汉族。全塆34户，130人，总面积0.19平方千米，其中耕地面积0.095平方千米，主要农作物为小麦、水稻，主要经济来源以外地务工为主。

戴李塆[Dài lǐ wān]　“戴李”指的是戴姓、李姓居民，“塆”指的是村庄。以居民姓氏命名，因该地为戴姓和李姓聚居地而得名。该居民点位于彭畈村东北部，聚落呈块状分布，东接陈谢村谢家塆，西邻彭家大塆，南连袁家凹，北靠饶塆村竹林塆。主要以戴、李姓为主，均为汉族。全塆 41 户，97 人，总面积 0. 18 平方千米，其中耕地面积 0. 09 平方千米，山林面积 0. 067 平方千米，主要农作物为小麦、水稻，主要经济来源以外地务工为主。

李家塆[Lǐ jiā wān]　“李家”指的是李姓居民，“塆”指的是村庄。以居民姓氏命名，因该地为李姓聚居地而得名。该居民点位于彭畈村，聚落呈块状分布，东接陈谢村谢家塆，西邻孙家塆，南连彭畈彭家畈，北靠饶塆村竹林塆。主要以李姓为主，均为汉族。全塆 20 户，100 人，总面积 0. 15 平方千米，其中耕地面积 0. 088 平方千米，主要农作物为小麦、水稻，主要经济来源以外地务工为主。

南上塆[Nán shàng wān]　“南上”指的是方位，“塆”指的是村庄。以方位命名，相传明洪武年间，彭姓居民从江西麻城迁至彭家大塆居住，后从彭家大塆分出部分居民来此居住，因位于彭家大塆南边而得名。该居民点位于彭畈村中部偏北，属于丘陵地区，聚落呈块状分布，东接戴李塆，西邻花行塆，南连陈家塆，北靠彭家大塆。主要以彭姓为主，均为汉族。全塆 23 户，185 人，总面积 0. 28 平方千米，其中耕地面积 0. 14 平方千米，主要农作物为小麦、水稻，主要经济来源以外地务工为主。

南下塆[Nán xià wān]　“南下”指的是方位，“塆”指的是村庄。以方位命名，相传明洪武年间，彭姓居民从江西麻城迁至彭家大塆居住，后从彭家大塆分出部分居民来此居住，因位于彭家大塆北边，南为上北为下，故而得名。该居民点位于彭畈村中部，聚落呈块状分布，东接下彭家畈，西邻九冲村花行塆，南连孙家塆，北靠南上塆。所住居民主要为彭姓，均为汉族。全塆 18 户，90 人，总面积 0. 14 平方千米，其中耕地面积 0. 07 平方千米，主要农作物为小麦、水稻，主要经济来源以外地务工为主。

彭家大塆[Péng jiā dà wān]　“彭家”指的是彭姓居民，“大塆”指的是面积大人口多的村庄。以居民姓氏命名，因该地为彭姓聚居地且面积较大人口较多。该居民点位于彭畈村北部，属于丘陵地区，聚落呈块状分布，东接戴李塆，西邻沈家塆，南连南上塆，北靠岗岭塆。主要以彭姓为主，均为汉族。全塆 22 户，90 人，总面积 0. 15 平方千米，其中耕地面积 0. 087 平方千米，主要农作物为小麦、水稻，主要经济来源以外地务工为主。

沈家塆[Shěn jiā wān]　“沈家”指的是沈姓居民，“塆”指的是村庄。以居民姓氏命名，因该地为沈姓聚居地而得名。该居民点位于彭畈村西南部，属于丘陵地区，聚落呈块状分布，东接袁家凹，西邻舒家独屋，南连九冲村上晏塆，北靠陈家塆。主要以沈姓为主，均为汉族。全塆 28 户，100 人，总面积 0. 16 平方千米，其中耕地面积 0. 087 平方千米，主要农作物为小麦、水稻，主要经济来源以外地务工为主。

孙家独屋[Sūn jiā dú wū]　“孙家”指的是孙姓居民，“独屋”指的是居住人口较少的村庄。以居民姓氏命名，因该地为孙姓聚居地且最初只有一户居民，故而得名。该居民点位于彭畈村西北部，属于丘陵地区，聚落呈块状分布，东接彭家畈，西邻九冲村花行塆，南连陈家塆，北靠南上塆。主要以孙姓为主，均为汉族。全塆 4 户，15 人，总面积 0. 05 平方千米，其中耕地面积 0. 02 平方千米，主要农作物为小麦、水稻，主要经济来源以外地务工为主。

袁家凹[Yuán jiā wā] “袁家”指的是袁姓居民，“凹”指的是地理位置。以居民姓氏命名，因该地为袁姓聚居地且地势周围高中间低。该居民点位于彭畈村东南部，属于丘陵地区，聚落呈块状分布，东接陈谢村上陈塆，西邻陈家塆，南连陈谢村伍家燕窝，北靠下彭家畈。主要以袁姓为主，均为汉族。全塆 38 户，150 人，总面积 0.3 平方千米，其中耕地面积 0.15 平方千米，主要农作物为小麦、水稻，主要经济来源以外地务工为主。

朱家独屋[Zhū jiā dú wū] “朱家”指的是朱姓居民，“独屋”指的是村落最早为一栋民居。以居民姓氏命名，因该地为朱姓聚居地且最初只有一户居民，故而得名。该居民点位于彭畈村西南部，属于丘陵地区，聚落呈块状分布，东接南上塆，西邻九冲村花行塆，南连孙家独屋，北靠岗岭塆。主要以朱姓为主，均为汉族。全塆 3 户，15 人，总面积 0.03 平方千米，其中耕地面积 0.015 平方千米，主要农作物为小麦、水稻，主要经济来源以外地务工为主。

竹林塆[Zhú lín wān] “竹林”指的是竹子林，“塆”指的是村庄。相传清康熙年间，有位彭姓人家来此居住，一位老汉从外地挖回竹子在此栽种，后来繁衍成一大片竹林，故名“竹林塆”。该居民点位于彭畈村东北部，居民点呈块状分布，东接饶塆村徐杨新塆，西邻彭家大塆，南连戴李塆，北靠刺林岗。主要以戴、李姓为主，均为汉族。全塆 93 人，20 户，总面积 0.16 平方千米，占地面积 0.02 平方千米，耕地面积 0.088 平方千米，主要农作物为小麦、水稻，主要经济来源为外地务工与种植。

八、上周村[Shàngzhōu Cūn]

1949 年 10 月，上周属安陆县长兴区。1952 年 10 月属第一区陈店乡辖。1954 年 8 月，属李店区陈店乡辖。1956 年 4 月，属第二指导小组陈店乡辖。1958 年 9 月，上周村改为上周大队，属上游人民公社陈店管理区辖。1961 年 4 月属李店区陈店人民公社辖。1975 年 2 月属陈店人民公社陈店管理区辖。1984 年 1 月，上周大队改为上周村，属李店区陈店乡辖。1987 年 10 月，属陈店乡辖，沿用至今。

该村位于陈店乡东部，距政府所在地 1.5 千米，属于丘陵地区，东接孝昌县季店乡红星村，西邻枣林村，南连陈店村，北靠伍店村。截至 2014 年年底，辖区内共有 5 个自然塆：上周塆、下周塆、伍家岗、堰塘角、朱家岗。常住居民有 253 户，共 1067 人、辖区总面积 1.6 平方千米，耕地面积 0.55 平方千米，山场面积 1.02 平方千米，主要农作物有水稻、小麦、油菜。村委会办公地址设在上周村，有工作人员 4 名，村内主要驻区单位有上周村村民委员会等。

上周塆[Shàng zhōu wān] “上”指的是村落南部还有同姓氏村落，“周”指的是周姓居民，“塆”指的是村庄。以姓氏与地理位置综合命名。上周塆别名周家上塆。相传明洪武年间，周姓居民迁居来此居住，后繁衍成塆，因分出部分居民到下周塆居住，故名“上周塆”。该居民点位于上周村北部，属于丘陵地区，呈条状分布，东接伍家岗，西邻朱家寨，南连周家上塆，北靠楼山冈。全塆有 65 户，共 286 人，主要以周姓为主，均为汉族。总面积 0.4 平方千米，其中耕地面积 0.165 平方千米，山场面积 0.235 平方千米，主要农作物为小麦、水稻、油菜，主要经济来源以外地务工为主。

伍家岗[Wǔ jiā gǎng]　“伍家”指的是伍姓居民，“岗”指的是村落地处小山冈。以居民姓氏与地理特征综合命名。相传明洪武年间，伍姓居民迁居来此居住，后繁衍成垮，因住处在小山冈上，故名“伍家岗”。该居民点位于上周村东部，属于丘陵地区，呈条状分布，东接孝昌县季店乡安花村长塘王，南连周家下垮，西邻上周垮，北靠伍店村徐家大垮。主要以伍姓为主，均为汉族。全垮有 38 户，共 143 人，总面积 0.31 平方千米，其中耕地面积 0.066 平方千米，山场面积 0.235 平方千米，主要农作物为小麦、水稻、油菜，主要经济来源以外地务工为主。

下周垮[Xià zhōu wān]　“下”指的是村落北部还有同姓氏村落，“周”指的是周姓居民，“垮”指的是村庄。以居民姓氏与地理位置综合命名。下周垮又叫周家下垮。相传明洪武年间，周姓居民迁居来此居住，后繁衍成垮，从周家上垮分出部分居民到此居住，故名“下周垮”。该居民点位于上周村东南部，属于丘陵地区，呈条状分布，东接孝昌县季店乡安花村土桥王，西邻堰塘角，南连孝昌县季店乡安花村萧家凹，北靠周家上垮。全垮有 75 户，共 315 人，主要以周姓为主，均为汉族。总面积 0.546 平方千米，其中耕地面积 0.177 平方千米，山场面积 0.369 平方千米，主要农作物为小麦、水稻、油菜，主要经济来源以外地务工为主。

堰塘角[Yàn táng jiǎo]　“堰塘”指的是较大池塘，“角”指的是村庄建于大池塘边。以地理位置而命名。相传明洪武年间，朱姓居民迁居来此居住，后繁衍成垮，因垮边有一较大堰塘，故名“堰塘角”。该居民点位于上周村西南部，属于丘陵地区，呈条状分布，东接周家下垮，西邻枣林村萧胡垮，南连陈店街，北靠枣林村朱家寨。全垮有 60 户，共 256 人，主要以朱、李两姓为主，均为汉族。总面积 0.22 平方千米，其中耕地面积 0.094 平方千米，山场面积 0.12 平方千米，主要农作物为小麦、水稻、油菜，主要经济来源以外地务工为主。

朱家岗[Zhū jiā gǎng]　曾用名：锚家垮。“朱家”指的是朱姓居民，“岗”指的是村庄地处小山冈。以居民姓氏与地理位置综合命名。相传明洪武年间，朱姓居民迁居来此，在小山上居住，后繁衍成垮，故名“朱家岗”。该居民点位于上周村西北部，属于丘陵地区，呈条状分布，东接楼山冈，西邻朱家东垮，南连朱家寨，北靠伍店村丰余寨。全垮有 15 户，共 67 人，主要以朱姓为主，均为汉族。总面积 0.11 平方千米，其中耕地面积 0.041 平方千米，山场面积 0.067 平方千米，主要农作物为小麦、水稻、油菜，主要经济来源以外地务工为主。

九、王陈村[Wángchén Cūn]

1949 年 10 月，王陈属安陆县长兴区。1952 年 10 月属第一区陈店乡辖。1954 年 8 月，属李店区陈店乡辖。1956 年 4 月，属第二指导小组陈店乡辖。1958 年 9 月，王陈村改为王陈大队，属上游人民公社连棚管理区辖。1961 年 4 月属李店区连棚人民公社辖。1975 年 2 月属陈店人民公社连棚管理区辖。1984 年 1 月，王陈大队改为王陈村，属李店区陈店乡辖。1987 年 10 月，属陈店乡辖，沿用至今。

该村位于陈店乡西南部，距政府所在地 3. 5 千米，属于丘陵地区，东接金龙村、岳董村，西邻双河村，南连连棚，北靠沈畈村、黄巷村。下辖陈家塆、上王家塆、下王家塆、谢家塆、严家塆、叶家大塆、叶家屋角、周陈塆、周家塆 9 个自然塆，全村 410 户，共 1710 人，辖区占地面积 5. 8 平方千米，其中有耕地面积 0. 892 平方千米，山场面积 0. 29 平方千米，主要农作物为水稻、小麦。村委会现有工作人员 4 人，村内主要驻区单位有王陈村村民委员会等。

陈家塆[Chén jiā wān]　“陈家”指的是陈姓居民，“塆”指的是村庄。以当地居民主要以陈姓为主而命名。相传明洪武年间，陈姓居民从江西麻城迁至此居住，后繁衍成塆。该居民点位于王陈村西北部，为丘陵地区，呈条状分布，东接上王家塆，西邻双泉村邱家塆，南连双河村吴家塆，北靠同兴村邹家塆。全塆有 42 户，共 188 人，主要以陈姓为主，均为汉族，总面积 0. 11 平方千米，其中有耕地面积 0. 075 平方千米，山场面积 0. 0027 平方千米。主要农作物为水稻，主要经济来源以外地务工为主。

上王家塆[Shàng wáng jiā wān]　“上”指的是村落南部还有同姓氏“下”村落，“王家”指的是王姓村民，“塆”指的是村庄。以居民姓氏及地理位置综合命名。相传明洪武年间，王姓居民迁居来此居住，后繁衍成塆。该居民点位于王陈村西北部，为丘陵地区，呈条状分布，东接周陈塆，西邻陈家塆，南连下王家塆，北靠沈畈村方黄塆。全塆有 68 户，共 272 人，主要以王姓为主，均为汉族，总面积 0. 28 平方千米，其中有耕地面积 0. 18 平方千米，山场面积 0. 037 平方千米，主要农作物为水稻，主要经济来源以外地务工为主。

下王家塆[Xià wáng jiā wān]　“下”指的是村落南部还有同姓氏“上”村落，“王家”指的是王姓村民“塆”指的是村庄。以地理位置及姓氏综合命名。相传明洪武年间，王姓居民迁居来此居住，后繁衍成塆。该居民点位于王陈村西南部，为丘陵地区，呈条状分布，东接严家塆，西邻双河村吴家塆，南连周家塆，北靠谢家塆。全塆有 56 户，共 218 人，主要以王姓为主，均为汉族，总面积 0. 21 平方千米，其中有耕地面积 0. 13 平方千米，山场面积 0. 04 平方千米，主要农作物为水稻，主要经济来源以外地务工为主。

谢家塆[Xiè jiā wān]　“谢家”指的是谢姓居民，“塆”指的是村庄。以当地居民以谢姓为主而命名。相传明洪武年间，谢姓居民从江西麻城迁至此居住，后繁衍成塆。该居民点位于王陈村西北部，为丘陵地区，呈条状分布，东接叶家大塆，西邻双泉村沈家山坡，南连下王家塆，北靠周陈塆。全塆有 38 户，共 142 人，主要以谢姓为主，均为汉族，总面积 0. 1 平方千米，其中有耕地面积 0. 057 平方千米，山场面积 0. 027 平方千米，主要农作物为水稻，主要经济来源以外地务工为主。

严家塆[Yán jiā wān]　“严家”指的是严姓居民，“塆”指的是村庄。以当地居民以严姓为主而命名。相传明洪武年间，严姓居民从江西麻城迁至此居住，后繁衍成塆。该居民点位于王陈村南部，为丘陵地区，呈条状分布，东接叶家屋角，西邻双河村周家塆，南连连棚村连家塆，北靠叶家大塆。全塆有 19 户，共 71 人，主要以严姓为主，均为汉族，总面积 0. 12 平方千米，其中有耕地面积 0. 047 平方千米，山场面积 0. 02 平方千米，主要农作物为水稻，主要经济来源以外地务工为主。

叶家大塆[Yè jiā dà wān]　“叶家”指的是叶姓村民，“大”指的是村庄居民较多，“塆”指的是村庄。因当地叶姓为主，居住人口较多而命名。相传明洪武年间，叶姓居民从江西麻城移民到此居住，后来繁衍成塆。该居民点位于王陈村东北部，为丘陵地区，呈条状分布，东接黄巷村李家塆，西邻谢家塆，南连下王家塆，北靠黄巷村西傅塆。全塆有 70 户，共 352 人，主要以叶姓为主，均为汉族，总面积 0.32 平方千米，其中有耕地面积 0.23 平方千米，山场面积 0.0067 平方千米，主要农作物为水稻，主要经济来源以外地务工为主。

叶家屋角[Yè jiā wū jiǎo]　“叶家”指的是姓氏，“屋角”指的是房屋角。相传明洪武年间，叶姓居民从江西麻城移民到此，见此地适宜种植、居住，便在此建房，后来繁衍成塆，因地处小山冈，地形如房屋的脊，故名“叶家屋脊”，后讹称为“叶家屋角”。该居民点位于王陈村东南部，居民点呈条状分布，东接金龙村梁家塆，西邻严家塆，南连岳董村岳董塆，北靠叶家大塆。主要以叶姓为主，均为汉族，全塆 117 人，共 29 户，总面积 0.11 平方千米，占地面积 0.02 平方千米，耕地面积 0.054 平方千米，山场面积 0.0067 平方千米，主要农作物为小麦、水稻、油菜，主要经济来源为外地务工与种植。

周陈塆[Zhōu chén wān]　“周陈”指的是周姓、陈姓居民，“塆”指的是村庄。以当地居民以周、陈二姓为主而命名。相传明洪武年间，周姓居民从江西麻城移民到此居住，后来有陈姓居民迁来居住。该居民点位于王陈村北部，为丘陵地区，呈条状分布，东接黄巷村西傅塆，西邻上王家塆，北靠沈畈村方黄塆。全塆有 36 户，共 130 人，主要以周姓和陈为主，均为汉族，总面积 0.15 平方千米，其中有耕地面积 0.093 平方千米，山场面积 0.04 平方千米，主要农作物为水稻，主要经济来源以外地务工为主。

周家塆[Zhōu jiā wān]　“周家”指的是周姓居民，“塆”指的是村庄。以当地居民以周姓为主而命名。相传明洪武年间，周姓居民从江西麻城迁至此居住，后繁衍成塆。该居民点位于王陈村南部，为丘陵地区，呈条状分布，东接严家塆，西邻双河村吴家塆，南连连棚村连家棚，北靠下王家塆。全塆有 41 户，共 162 人，主要以周姓为主，均为汉族，总面积 0.09 平方千米，其中有耕地面积 0.047 平方千米，主要农作物为水稻，主要经济来源以外地务工为主。

十、中桥村[Zhōngqiáo Cūn]

清朝时属陈家庙会，民国时属迎宾乡。1949 年 10 月，中桥属安陆县长兴区。1952 年 10 月属第一区陈店乡辖。1954 年 8 月，属李店区陈店乡辖。1956 年 4 月，属第二指导小组陈店乡辖。1958 年 9 月，中桥村改为中桥大队，属上游人民公社连棚管理区辖。1961 年 4 月属李店区连棚人民公社辖。1975 年 2 月属陈店人民公社连棚管理区辖。1984 年 1 月，中桥大队改为中桥村，属李店区陈店乡辖。1987 年 10 月，属陈店乡辖，沿用至今。

中桥村位于陈店乡西南部，距政府所在地 5 千米，属于丘陵地区，东接连棚村，西邻李店镇方岗村，南连李店镇坦塘村，北靠双河村。截至 2015 年 1 月，辖区内共有 8 个自然塆：董家塆、河边沈家塆、桥头沈家塆、肖家塆、许家大塆、殷家花园、余家塆、郑家塆。常住居民 1643 人，380 户，辖区总面积 2 平方千米，耕地面积1.1平方千米，主要农作物为水稻、小麦、油菜。村委会办公地址设在中桥村，现有工作人员4名，村内主要驻区单位有中桥村村民委员会等。

董家塆[Dǒng jiā wān]　“董家”指的是姓氏，“塆”指的是村庄。因姓氏命名。相传明洪武年间，董姓居民从江西麻城移民到此建房居住，后陆续繁衍成塆，故名“董家塆”。该居民点位于中桥村西南部，居民点呈块条分布，东接李店镇坦塘村上周塆，西邻李店镇新建村洪家塆，南连李店镇坦塘村上岳塆，北靠许家塆。主要以董姓为主，均为汉族。全塆238人，48户，总面积0.24平方千米，占地面积0.03平方千米，耕地面积0.126平方千米，主要农作物为水稻、小麦，主要经济来源为外地务工与种植。

河边沈家塆[Hé biān shěn jiā wān]　“河边”指的是中桥河边，“沈家”指的是姓氏，“塆”指的是村庄。因姓氏与地理特征命名。相传明洪武年间，沈姓居民从江西麻城移民到此，见此地有条小河，适宜种植、居住，便在此居住，故名“河边沈家塆”。该居民点位于中桥村西部，居民点呈块条分布，东接许家大塆，西邻李店镇新建村曹家塆，南连河边董塆，北靠肖家塆。主要以沈姓为主，均为汉族。全塆103人，21户，总面积0.15平方千米，占地面积0.015平方千米，耕地面积0.089平方千米，主要农作物为水稻、小麦，主要经济来源为外地务工与种植。

桥头沈家塆[Qiáo tóu shěn jiā wān]　“桥头”指的是小桥边，“沈家”指的是姓氏，“塆”指的是村庄。因姓氏与地理特征命名。相传明洪武年间，沈姓居民从江西麻城移民到此，见此地有条小河，适宜种植、居住，便在此居住，并建了一座桥，故名“桥头沈家塆”。该居民点位于中桥村西北部，居民点呈块条分布，东接叶家塆，西邻李店镇松山村胡家塆，南连萧家塆，北靠殷家独屋。主要以沈姓为主，均为汉族。全塆136人，28户，总面积0.14平方千米，占地面积0.025平方千米，耕地面积0.072平方千米，主要农作物为小麦、水稻、油菜，主要经济来源以外地务工为主。

萧家塆[Xiāo jiā wān]　“萧家”指的是姓氏，“塆”指的是村庄。因姓氏命名。相传明洪武年间，肖姓居民从江西麻城移民到此建房居住，后陆续繁衍成塆，故名“萧家塆”。该居民点位于中桥村西部，居民点呈块条分布，东接郑家塆，西邻李店镇新建村曹家塆，南连许家塆，北靠殷家花园。主要以萧姓为主，均为汉族。全塆97人，24户，总面积0.12平方千米，占地面积0.02平方千米，耕地面积0.065平方千米，主要农作物为水稻、小麦，主要经济来源为外地务工与种植。

许家大塆[Xǔ jiā dà wān]　“许家”指的是姓氏，“大”指的是附近还有同姓“小”村落，“塆”指的是村庄。因姓氏与地理特征命名。相传明洪武年间，许姓居民从江西麻城移民到此建房居住，后繁衍较快，成为较大的塆，故名“许家大塆”。该居民点位于中桥村西南部，居民点呈块状分布，东接余家塆，西邻李店镇新建村曹家塆，南连李店镇坦塘村上岳塆，北靠肖家塆。主要以许姓为主，均为汉族。全塆394人，79户，总面积0.4平方千米，占地面积0.03平方千米，耕地面积0.26平方千米，主要农作物为水稻、小麦，主要经济来源为外地务工与种植。

殷家花园[Yīn jiā Huāyuán]　“殷家”指的是姓氏，“花园”指的是村庄环境优美。以姓氏与环境综合命名。相传明洪武年间，殷姓居民从江西麻城迁至此，见此地适合居住、种植，便在此建房，其中一人心灵手巧，从全塆布局到栽种树木，都是他参与，后繁衍成塆，环境优美，后世继承了这一传统，故名“殷家花园”。该居民点位于中桥村北部，居民点呈块条分布，东接沈家塆，西邻许家塆，南连肖家塆，北靠双泉村殷家巷子。主要以殷姓为主，均为汉族。全塆 354 人，72 户，总面积 0.36 平方千米，占地面积 0.02 平方千米，耕地面积 0.197 平方千米，主要农作物为水稻、小麦，主要经济来源为外地务工与种植。

余家塆[Yú jiā wān]　“余家”指的是姓氏，“塆”指的是村庄。因姓氏命名。相传明洪武年间，余姓居民从江西麻城移民到此建房居住，后陆续繁衍成塆，故名“余家塆”。该居民点位于中桥村西北部，居民点呈块条分布，东接连棚村，西邻许家塆，南连堰塘，北靠郑家塆。主要以余姓为主，均为汉族。全塆 137 人，28 户，总面积 0.18 平方千米，占地面积 0.02 平方千米，耕地面积 0.097 平方千米，主要农作物为水稻、小麦，主要经济来源为外地务工与种植。

郑家塆[Zhèng jiā wān]　“郑家”指的是姓氏，“塆”指的是村庄。因姓氏命名。相传明洪武年间，郑姓居民从江西麻城移民到此建房居住，后陆续繁衍成塆，故名“郑家塆”。该居民点位于中桥村北部，村委会所在地在其中，居民点呈块条分布，东接王陈村严家塆，西邻萧家塆，南连余家小塆，北靠叶家塆。主要以郑姓为主，均为汉族。全塆 187 人，38 户，总面积 0.22 平方千米，占地面积 0.02 平方千米，耕地面积 0.115 平方千米，主要农作物为水稻、小麦，主要经济来源为外地务工与种植。

十一、饶塆村[Ráowān Cūn]

1949 年 10 月饶塆属安陆县陈家店区(亦称赵家棚区)。1952 年 10 月，属第七区刘兴乡辖。1954 年 8 月属第一区刘兴乡辖。1956 年 4 月，属第一指导小组刘兴乡辖。1958 年 9 月，饶塆村改为饶塆大队，属卫星人民公社刘兴管理区辖。1961 年 4 月属赵棚区刘兴人民公社辖。1975 年 2 月，属陈店人民公社刘兴管理区辖。1983 年 12 月，饶塆大队改为饶塆村，属赵棚区刘兴乡辖。1987 年 9 月，属陈店乡辖，沿用至今。

该村位于陈店乡东北部，距政府所在地约 5.5 千米，属于丘陵地区，东接殷陈村，西邻甘涂村，南连陈谢村、彭畈村、刘店村，北靠赵棚镇孙畈村。截至 2014 年年底，辖区内共有 8 个自然塆：刺林岗、饶家大塆、饶家下塆、饶家新塆、吴家独屋、徐杨塆、徐杨西塆、徐杨东塆。村内有常住居民 242 户，共 934 人、辖区总面积 1.5 平方千米，耕地面积 0.675 平方千米，山场面积 0.824 平方千米，主要农作物有水稻、小麦、油菜。村委会办公地址设在饶塆村，现有工作人员 3 名，村内主要驻区单位有饶塆村村民委员会等。

刺林岗[Cì lín gǎng]　“刺林”的是指村落边有一片带刺的树林，“岗”指的是小山冈。相传清乾隆年间，从附近饶姓与陈姓居民迁出部分居民来此居住，取名时双方都不用姓氏，用山顶的刺林取名，故名“刺林岗”。该居民点位于饶塆村南部，居民点呈条状分布，东接徐杨新塆，西邻饶家新塆，南连彭畈村戴李塆，北靠饶家下塆。主要以饶姓为主，均为汉族。全塆 59 人，17 户，总面积 0.12 平方千米，占地面积 0.02 平方千米，耕地面积 0.035 平方千米，山场面积 0.06 平方千米，主要农作物为小麦、水稻、油菜，主要经济来源外地务工与种植。

饶家大塆[Ráo jiā dà wān]　“饶家”指的是饶姓居民，“大”指的是附近还有同姓“小”村落，“塆”指的是村庄。以饶姓为主且居住人口较多而命名。该居民点位于饶塆村西北部，属于丘陵地区，呈条状分布，东接饶家新塆，西邻刘店村郑谢塆，南连刘店村谢叉，北靠吴家独屋。全塆有 74 户，共 220 人，主要以饶姓为主，均为汉族。总面积 0.4 平方千米，其中耕地面积 0.189 平方千米，山场面积 0.21 平方千米，主要农作物为小麦、水稻、油菜，主要经济来源以外地务工为主。

饶家下塆[Ráo jiā xià wān] “饶家”指的是饶姓居民，“下”指村落位于饶家大塆南部，“塆”指的是村庄。以居民姓氏与地理位置综合命名。该居民点位于饶塆村东部，属于丘陵地区，呈条状分布，东接徐杨新塆，西邻吴家独屋，南连饶家新塆，北靠赵棚镇孙畈村孙家畈。全塆有 24 户，共 82 人，主要以饶姓为主，均为汉族。总面积 0.15 平方千米，其中耕地面积 0.063 平方千米，山场面积 0.083 平方千米，主要农作物为小麦、水稻、油菜，主要经济来源以外地务工为主。

饶家新塆[Ráo jiā xīn wān] “饶家”指的是饶姓居民，“新塆”指的是相对附近村落建成时间较短。以饶姓为主，为新建的村庄而命名。该居民点位于饶塆村西北部，属于丘陵地区，呈条状分布，东接徐杨塆，西邻饶家大塆，南连刘店村谢家岔，北靠赵棚镇季家独屋。全塆有 24 户，共 101 人，主要以饶姓为主，均为汉族。总面积 0.22 平方千米，其中耕地面积 0.085 平方千米，山场面积 0.131 平方千米，主要农作物为小麦、水稻、油菜，主要经济来源以外地务工为主。

吴家独屋[Wú jiā dú wū] “吴家”指的是吴姓居民，“独屋”指的是居住人口较少的村庄。以吴姓居民为主、居住人口较少而命名。该居民点位于饶塆村北部，属于丘陵地区，呈条状分布，东接饶家新塆，西邻甘涂村涂家院子，南连饶家大塆，北靠甘涂村艾家下塆。全塆有 26 户，共 77 人，主要以吴姓为主，均为汉族。总面积 0.11 平方千米，其中耕地面积 0.042 平方千米，山场面积 0.065 平方千米，主要农作物为小麦、水稻、油菜，主要经济来源以外地务工为主。

徐杨东塆[Xú yáng dōng wān] “徐杨”指的是姓氏，“东”指的是附近还有同姓氏“西”村落，“塆”指的是村庄。相传明洪武年间，徐姓居民从江西麻城迁至此，后来杨姓居民也来此居住，后繁衍成塆，至清康熙年间，因人口较多，将原塆分成两个塆，此塆在东，故名“徐杨东塆”。该居民点位于饶塆村东北部，居民点呈条状分布，东接东罗村张熊，西邻饶家新塆，南连徐家新塆，北靠赵棚镇孙畈村孙家畈。主要以徐姓、杨姓为主，均为汉族。全塆 240 人，76 户，总面积 0.35 平方千米，占地面积 0.02 平方千米，耕地面积 0.17 平方千米，山场面积 0.17 平方千米，主要农作物为小麦、水稻、油菜，主要经济来源外地务工与种植。

徐杨西塆[Xú yáng xī wān] “徐杨”指的是姓氏，“西”指的是附近还有同姓氏“东”村落，“塆”指的是村庄。相传明洪武年间，徐姓居民从江西麻城迁至此，后来杨姓居民也来此居住，后繁衍成塆，至清康熙年间，因人口较多，将原塆分成两个塆，此塆在西，故名“徐杨西塆”。该居民点位于饶塆村东北部，居民点呈条状分布，东接徐杨东塆，西邻刺林岗，南连陈谢村下彭，北靠赵棚镇兴农村孙家畈。主要以徐姓、杨姓为主，均为汉族。全塆 62 人，14 户，总面积 0.08 平方千米，占地面积 0.02 平方千米，耕地面积 0.033 平方千米，山场面积 0.04 平方千米，主要农作物为小麦、水稻、油菜，主要经济来源外地务工与种植。

徐杨新塆[Xú yáng xīn wān] “徐杨”指的是姓氏，“新塆”指的是村落相对建成时间较晚。相传明洪武年间，徐姓居民从江西麻城迁至此，后来杨姓居民也来此居住，后繁衍成塆，至清乾隆年间，因人口较多，部分居民迁到此地，故名“徐杨新塆”。该居民点位于饶塆村东南部，居民点呈条状分布，东接殷陈村熊家塆，西邻刺林岗，南连陈谢村谢家独屋，北靠徐杨塆。主要以徐姓、杨姓为主，均为汉族。全塆 53 人，16 户，总面积 0.1 平方千米，占地面积 0.02 平方千米，耕地面积 0.037 平方千米，山场面积 0.057 平方千米，主要农作物为小麦、水稻、油菜，主要经济来源外地务工与种植。

十二、陈谢村[Chénxiè Cūn]

“陈谢”指村中有居民点名“陈谢畈”，“村”指群众自治组织。

1949 年 10 月陈谢属安陆县陈家店区(亦称赵家棚区)。1952 年 10 月，属第七区刘兴乡辖。1954 年 8 月属第一区刘兴乡辖。1956 年 4 月，属第一指导小组刘兴乡辖。1958 年 9 月，陈谢村改为陈谢大队，属卫星人民公社刘兴管理区辖。1961 年 4 月属赵棚区刘兴人民公社辖。1975 年 2 月，属陈店人民公社刘兴管理区辖。1983 年 12 月，陈谢大队改为陈谢村，属赵棚区刘兴乡辖。1987 年 9 月，属陈店乡辖，沿用至今。

该村位于陈店乡东北部，距政府所在地 2.8 千米，属于丘陵地区，东接东罗村，西邻枣林村，南连伍店村，北靠彭畈村、饶塆村。主要以陈、谢、彭、伍姓为主，均为汉族。截至 2014 年年底，辖区内共有 6 个村民小组，9 个自然塆：伍家燕窝、刘家冲、下彭畈、桥头塆、普安桥、谢家独屋、陈谢畈大独屋塆、陈谢畈、上陈塆。村内有常住居民 299 户，共 1087 人，辖区占地面积 1.35 平方千米，其中耕地面积为 0.89 平方千米，山场面积为 0.45 平方千米，主要农作物为小麦、水稻。村委会现有工作人员 4 名。

陈谢畈[Chén xiè fàn]　“陈谢”指的是陈姓、谢姓居民，“畈”指的是田地。以居民姓氏和地理特征综合命名，因该地为陈姓和谢姓居民聚居地而得名。该居民点位于陈谢村东部，为丘陵山地地形，呈块状分布，东接东罗村东罗大塆，西邻上陈塆，南连陈谢畈大独屋塆，北靠桥头塆。主要以陈、谢二姓为主，均为汉族。全塆 61 户，220 人，总面积为 0.226 平方千米，其中有耕地面积 0.159 平方千米，主要农作物为小麦、水稻，主要经济来源以外地务工为主。

陈谢畈大独屋塆[Chén xiè fàn dà dú wū wān]　“陈谢”指的是陈姓、谢姓居民，“畈”指的是田地，“大独屋”指的是房屋，“塆”指的是村庄。以居民姓氏与地理特征综合命名。相传明洪武年间，陈姓与谢姓居民从江西麻城移民到此陈谢畈居住，至清康熙年间，原塆住不下，部分居民迁到此地建房，故而得名。该居民点位于陈谢村东部，为丘陵山地地形，聚落呈条状分布，东接伍店村砦坡塆，西邻伍家燕窝，南连刘家冲，北靠上陈塆。主要以陈、谢二姓为主，均为汉族。全塆 13 户，60 人，总面积为 0.053 平方千米，其中有耕地面积 0.04 平方千米，主要农作物为小麦、水稻，主要经济来源以外地务工为主。

刘家冲[Liú jiā chōng]　“刘家”指的是刘姓居民，“冲”指村落位于山谷中。以居民姓氏命名。该居民位于陈谢村南部，为丘陵山地地形，聚落呈块状分布，东接伍店村丰余寨，西邻枣林村廖家独屋，南连枣林村朱家东塆，北靠伍家燕窝。主要以彭、伍二姓为主，均为汉族。全塆 15 户，71 人，总面积为 0.12 平方千米，其中有耕地面积0.07平方千米，主要农作物为小麦、水稻，主要经济来源以外地务工为主。

普安桥[Pǔ' ān Qiáo]　“普安桥”指的是桥梁。以建筑物命名，因当地所在区域内建有一座名为普安桥的桥梁而得名。该居民点位于陈谢村东部，为丘陵山地地形，聚落呈条状分布，东接东罗村么垴罗，南接桥头垴，西邻下彭畈，北靠谢家独屋。所住居民均为汉族。全垴17户，70人，总面积为0.053平方千米，其中有耕地面积0.043平方千米，主要农作物为小麦、水稻，主要经济来源以外地务工为主。

桥头垴[Qiáo tóu wān]　“桥头”指的是地理位置，“垴”指的是村庄。以地理位置命名，因该地位于陈谢村东桥头边而得名。该居民点位于陈谢村东部，为丘陵山地地形，聚落呈块状分布，东接东罗村河边罗，北邻普安桥，南连陈家新垴，西连下彭畈。主要以陈、谢、彭、伍姓为主，均为汉族。全垴14户，65人，总面积为0.062平方千米，其中有耕地面积0.049平方千米，主要农作物为小麦、水稻，主要经济来源以外地务工为主。

上陈垴[Shàng chén wān]　“上”指的是方位，“陈”指的是陈姓居民，“垴”指的是村庄。以居民姓氏和方位综合命名。该居民点位于陈谢村中部，为丘陵山地地形，聚落呈块状分布，东接普安桥，西邻彭畈村袁家凹，南连陈谢畈大独屋垴，北靠下彭畈。主要以陈姓为主，均为汉族。全垴61户，278人，总面积为0.231平方千米，其中有耕地面积0.158平方千米，主要农作物为小麦、水稻，主要经济来源以外地务工为主。

伍家燕窝[Wǔ jiā yàn wō]　“伍家”指的是伍姓居民，以居民姓氏和地貌特征综合命名。相传明洪武年间，伍姓居民从江西麻城移民到此建房居住，因此地山势酷似家燕的巢(方言称“窝”)。该居民点位于陈谢村南部，为丘陵山地地形，聚落呈条状分布，东接伍店村呰坡垴，西邻九冲村上晏，南连刘家冲，北靠上陈垴。主要以伍姓为主，均为汉族。全垴50户，252人，总面积为0.25平方千米，其中有耕地面积0.148平方千米，主要农作物为小麦、水稻，主要经济来源以外地务工为主。

下彭畈[Xià péng fàn]　“下”指的是方位，“彭”指的是彭姓居民，“畈”指的是田地。以方位和居民姓氏综合命名，相传清康熙年间，有一彭姓居民迁居此地，见此地平坦，适宜开垦，便在此定居。该居民点位于陈谢村北部，为丘陵山地地形，聚落呈块状分布，东接桥头垴，西邻彭家畈，南连上陈垴，北靠饶垴村刺林岗。主要以彭姓为主，均为汉族。全垴50户，176人，总面积为0.278平方千米，其中有耕地面积0.165平方千米，主要农作物为小麦、水稻，主要经济来源以外地务工为主。

谢家独屋[Xiè jiā dú wū]　“谢家”指的是谢姓居民，“独屋”指的是居住人口较少的村庄。以居民姓氏命名，因当地居民以谢姓为主且最初只有一户居民而得名。该居民点位于陈谢村东北部，为丘陵山地地形，聚落呈块状分布，东接东罗村包罗垴，西邻彭畈村戴李桥，南连下彭畈，北靠饶垴村杨家新垴。主要以谢姓为主，均为汉族。全垴18户，95人，总面积为0.077平方千米，其中有耕地面积0.063平方千米，主要农作物为小麦、水稻，主要经济来源以外地务工为主。

十三、东罗村[Dōngluó Cūn]

“东罗”指村中有居民点“东罗家垴”，“村”指群众自治组织，民国统治时期属孝感团结乡。

1949 年 10 月东罗属安陆县陈家店区(亦称赵家棚区)。1952 年 10 月，属第七区刘兴乡辖。1954 年 8 月属第一区刘兴乡辖。1956 年 4 月，属第一指导小组刘兴乡辖。1958 年 9 月，东罗村改为东罗大队，属卫星人民公社刘兴管理区辖。1961 年 4 月属赵棚区刘兴人民公社辖。1975 年 2 月，属陈店人民公社刘兴管理区辖。1983 年 12 月，东罗大队改为东罗村，属赵棚区刘兴乡辖。1987 年 9 月，属陈店乡辖，沿用至今。

该村位于陈店乡东北部，距政府所在地 3.5 千米，属于丘陵地区，东接孝昌县，西邻陈谢村，南连伍店村，北靠殷陈村。主要以罗姓为主，均为汉族。截至 2014 年 9 月，辖区内共有 7 个村民小组，9 个自然塆：罗家大塆、罗家庙山塆、罗家棚子山塆、山边罗塆、幺塆罗、河边罗塆、包罗塆、张熊塆、东罗新村塆。村内有常住居民 333 户，共 1230 人，辖区占地面积 1.6 平方千米，其中耕地面积为 1.12 平方千米，主要农作物为小麦、水稻。村委会现有工作人员 4 名。

包罗塆[Bāo luó wān]　“包”指的是山包，“罗”指的是罗姓居民，“塆”指的是村庄。以居民姓氏与地理特征命名。相传明洪武年间，罗姓居民从江西麻城移居到幺塆罗居住，到清康熙年间，部分罗姓居民迁到小山顶(方言称“山包”)，故而得名。该居民点位于东罗村西部，为丘陵山地地形，聚落呈块状分布，东接罗家独屋，西邻陈谢村谢家独屋，南连陈谢村普安桥，北靠饶塆村。主要以罗姓为主，均为汉族。全塆 16 户，51 人，总面积为 0.085 平方千米，其中有耕地面积 0.059 平方千米，主要农作物为小麦、水稻，主要经济来源以外地务工为主。

东罗新村塆[Dōng luó xīn cūn wān]　“东罗村”指的是地理位置，“新”指的是新建的，“塆”指的是村庄。以地理位置命名，是 2006 年新建设的一个农村居民点。该居民点位于东罗村中部，为丘陵山地地形，聚落呈块状分布，北接罗家独屋，西邻幺罗塆，南连山边罗，北靠张熊塆。主要以罗姓为主，均为汉族。全塆 60 户，220 人，总面积为 0.24 平方千米，其中有耕地面积 0.12 平方千米，主要农作物为小麦、水稻，主要经济来源以外地务工为主。

河边罗塆[Hé biān luó wān]　河边”指的是地理位置，“罗”指的是罗姓居民，“塆”指的是村庄。以地理位置和居民姓氏综合命名。该居民点为丘陵地形，聚落呈条状分布，东接幺塆罗，西邻陈谢村桥头塆，南连伍店村前营塆，南连陈谢村陈谢畈，北靠张熊塆。主要以罗姓为主，均为汉族。全塆 57 户，182 人，总面积为 0.207 平方千米，其中有耕地面积 0.14 平方千米，主要农作物为小麦、水稻，主要经济来源以外地务工为主。

罗家大塆[Luó jiā dà wān]　“罗家”指的是罗姓居民，“大”的是面积大人口多，“塆”指的是村庄。以居民姓氏和地理面积综合命名。该居民点位于东罗村东部，为丘陵山地地形，聚落呈块状分布，东接孝昌县季店乡新店村二屋叶，西邻山边罗，南连伍店村前营塆，北靠孝昌县陡坡村，北靠孝昌陡山村。主要以罗姓为主，均为汉族。全塆 78 户，231 人，总面积为 0.349 平方千米，其中有耕地面积 0.208 平方千米，主要农作物为小麦、水稻，主要经济来源以外地务工为主。

罗家庙山塆[Luó jiā miào shān wān]　“罗家”指的是罗姓居民，“庙山”指的是寺庙，“塆”指的是村庄。以居民姓氏和宗教信仰综合命名。相传明洪武年间，罗姓居民从江西麻城移民到罗家大塆居住，到清康熙年间，部分罗姓居民迁到此地，此地山边原有一座庙，故而得名。该居民点位于东罗村，为丘陵山地地形，聚落呈条状分布，东接孝昌县季店乡龚家塆，西邻东罗大塆，南连伍店村后营塆，北靠二屋叶塆。主要以罗姓为主，均为汉族。全塆 28 户，102 人，总面积为 0.16 平方千米，其中有耕地面积 0.081 平方千米，主要农作物为小麦、水稻，主要经济来源以外地务工为主。

罗家棚子山塆[Luó jiā péng zǐ shān wān]　“罗家”指的是罗姓居民，“棚子山”指的是地理位置，“塆”指的是村庄。以居民姓氏与建筑物命名，相传明洪武年间，罗姓居民从江西麻城移民到罗家大塆居住，到清康熙年间，部分罗姓居民迁到一座小山上，最初仅搭几个棚子居住，故而得名。居民点位于东罗村中部偏东，为丘陵山地地形，聚落呈块状分布，东接东罗大塆，西邻山边罗塆，南连伍店村堰咀塆，北靠东罗塆。主要以罗姓为主，均为汉族。全塆 32 户，120 人，总面积为 0.16 平方千米，其中有耕地面积 0.08 平方千米，主要农作物为小麦、水稻，主要经济来源以外地务工为主。

山边罗塆[Shān biān luó wān]　“山边”指的是地理位置，“罗”指的是罗姓居民，“塆”指的是村庄。该地名以姓氏和地理位置综合命名。该居民点位于东罗村中部，为丘陵山地地形，聚落呈条状分布，东接东罗塆，西邻幺塆罗，南连伍店村堰咀塆，北靠，北连东罗新村。主要以罗姓为主，均为汉族。全塆 45 户，158 人，总面积为 0.18 平方千米，其中有耕地面积 0.14 平方千米，主要农作物为小麦、水稻，主要经济来源以外地务工为主。

幺塆罗[Yāo wān luó]　“幺塆”指的是村落居民在宗族中排在山边与河边三塆之中，“罗”指的是罗姓居民。该地名以姓氏和宗族房头综合命名，故称幺塆罗。该居民点位于东罗村西部，为丘陵山地地形，聚落呈块状分布，东接山边罗，西邻河边罗塆，南连陈谢村陈谢畈，北靠东罗新塆。主要以罗姓为主，均为汉族。全塆 68 户，247 人，总面积为 0.307 平方千米，其中有耕地面积 0.223 平方千米，主要农作物为小麦、水稻，主要经济来源以外地务工为主。

张熊塆[Zhāng xióng wān]　曾用名：张熊。“张熊”指的是张姓、熊姓居民，“塆”指的是村庄。以居民姓氏命名。该居民点位于东罗村北部，为丘陵山地地形，聚落呈块状分布，东接孝昌县季店乡新店村熊家陡坡，西邻饶塆村杨家新塆，南连包罗塆，北靠殷陈村熊家大塆。主要以张、熊二姓为主，均为汉族。全塆 47 户，120 人，总面积为 0.202 平方千米，其中有耕地面积 0.135 平方千米，主要农作物为小麦、水稻，主要经济来源以外地务工为主。

十四、甘涂村[Gāntú Cūn]

“甘涂”指村中有居民点为“甘、涂”姓为主，“村”指群众自治组织。

1949 年 10 月甘涂属安陆县陈家店区(亦称赵家棚区)。1952 年 10 月，属第七区刘兴乡辖。1954 年 8 月属第一区刘兴乡辖。1956 年 4 月，属第一指导小组刘兴乡辖。1958 年 9 月，甘涂村改为甘涂大队，属卫星人民公社刘兴管理区辖。1961 年 4 月属赵棚区刘兴人民公社辖。1975 年 2 月，属陈店人民公社刘兴管理区辖。1983 年 12 月，甘涂大队改为甘涂村，属赵棚区刘兴乡辖。1987 年 9 月，属陈店乡辖，沿用至今。

该村位于陈店乡北部，距乡政府所在地约4.5千米，属于丘陵地区，东接饶塆村，西邻刘店村，南连赵棚镇中塆村，北靠赵棚镇双桥村。主要以甘、涂、杨、周、张、艾姓为主，均为汉族。截至2014年9月，辖区内共有9个村民小组，12个自然塆：杨家塆、大路边周家塆、曾周塆、张家前凹、张家凹后院、方家田、靛行塆、艾家冲上塆、艾家冲下塆、涂家后院、甘家坡、涂家前院。村内有常住居民260户，共1039人，辖区占地面积1.2平方千米，其中耕地面积为0.895平方千米，山场面积为0.199平方千米，主要农作物为小麦、水稻。村委会现有工作人员4名。

艾家冲上塆[Ài jiā chōng shàng wān]　曾用名：艾家冲。“艾家”指的是艾姓居民，“冲”指的是地理特征，“上”指的是地理位置，“塆”指的是村庄。以居民姓氏和地理位置综合命名。该居民点位于甘涂村北部，为丘陵地形，聚落呈块状分布，东接饶塆村吴家独屋，西邻涂家后院，南连吴家大塘，北靠靛塆。主要以艾姓为主，均为汉族。全11户，塆31人，总面积为0.06平方千米，其中有耕地面积0.031平方千米，主要农作物为小麦、水稻，主要经济来源以外地务工为主。

艾家冲下塆[Ài jiā chōng xià wān]　“艾家”指的是艾姓居民，“冲”指的是地理特征，“下”指的是地理位置，“塆”指的是村庄。以居民姓氏和地理位置综合命名。该居民点位于甘涂村东部，为丘陵地形，聚落呈块状分布，东接赵棚镇孙店村祠堂塆，西邻靛塆，南连艾家冲上塆，北靠方家田。主要以艾姓为主，均为汉族。全塆12户，37人，总面积为0.07平方千米，其中有耕地面积0.035平方千米，主要农作物为小麦、水稻，主要经济来源以外地务工为主。

曾周塆[Zēng zhōu wān]　“曾周”指的是曾姓、周姓居民，“塆”指的是村庄。以居民姓氏命名，因当地居民为曾、周二姓居多而得名。该居民点位于甘涂村中部偏北，为丘陵山地地形，聚落呈条状分布，东接甘家坡，西邻赵棚镇连家独屋，南连大路边周家塆，北靠赵棚涂畈村。主要以周、曾姓为主，均为汉族。全塆31户，128人，总面积为0.225平方千米，其中有耕地面积0.112平方千米，主要农作物为小麦、水稻，主要经济来源以外地务工为主。

大路边周家塆[Dà lù biān zhōu jiā wān]　“大路边”指的是地理位置，“周家”指的是周姓居民，“塆”指的是村庄。以居民姓氏和地理位置综合命名。该居民点位于甘涂村西北部，为丘陵山地地形，聚落呈块状分布，东接曾周塆，西邻赵棚镇中塆村邬家独屋，南连杨家塆，北靠赵棚镇连家独屋。主要以周姓为主，均为汉族。全塆25户，131人，总面积为0.337平方千米，其中有耕地面积0.103平方千米，主要农作物为小麦、水稻，主要经济来源以外地务工为主。

靛行塆[Diàn háng wān]　又名靛塆(甸塆)，“靛行”指的是制造染料“靛”的作坊，“塆”指的是村庄。清康熙年间，从外地迁到此地居住的居民，掌握染布用的染料(方言称“靛”)生产技术，本塆大多数人一度依此为生，故名“靛行塆”。该居民点位于甘涂村西北部，居民点呈条状分布，东接饶塆村李家独屋，西邻张家凹后院，南连艾家冲上塆，北靠方家田。主要以孙姓为主，均为汉族。全塆51人，13户，总面积为0.06平方千米，占地面积0.015平方千米，耕地面积0.033平方千米，主要农作物为小麦、水稻，主要经济来源以外地务工与种植。

方家田[Fāng jiā tián]　“方家”指的是方姓居民，“田”指的是农田。以居民姓氏和地理特征综合命名，因当地早期曾有方姓居户在此耕种畈田。该居民点位于甘涂村东北部，为丘陵山地地形，聚落呈块状分布，东接赵棚镇孙畈村孙家祠堂，西邻靛塆，南连艾家冲下塆，北靠赵棚镇刘家河。主要以孙、张、方姓为主，均为汉族。全塆 39 户，78 人，总面积为 0.16 平方千米，其中有耕地面积 0.083 平方千米，主要农作物为小麦、水稻，主要经济来源以外地务工为主。

甘家坡[Gān jiā pō]　“甘家”指的是甘姓居民，“坡”指的是山坡。以居民姓氏和地理特征综合命名。该居民点位于甘涂村中部，为丘陵山地地形，聚落呈条状分布，东接涂家后院，西邻曾周塆，南连涂家前院，北靠赵棚镇涂畈村。主要以甘姓为主，均为汉族。全塆 57 户，168 人，总面积为 0.16 平方千米，其中有耕地面积 0.127 平方千米，主要农作物为小麦、水稻，主要经济来源以外地务工为主。

涂家后院[Tú jiā hòu yuàn]　“涂家”指的是涂姓村民，“后”指的是方位，“院”指的是围墙。以居民姓氏和方位综合命名，因当地居民为涂姓为主，村落以前建有围墙以南北方位分前后，该塆位于北方。该居民点位于甘涂村中部偏北，为丘陵山地地形，聚落呈块状分布，东接饶塆村，西邻甘家坡，南连涂家前院，北靠张家凹后院。主要以涂姓为主，均为汉族。全塆 23 户，87 人，总面积为 0.16 平方千米，其中有耕地面积 0.078 平方千米，主要农作物为小麦、水稻，主要经济来源以外地务工为主。

涂家前院[Tú jiā qián yuàn]　“涂家”指的是涂姓村民，“前”指的是方位，“院”指的是围墙。以居民姓氏和方位综合命名，因该地为涂姓聚居地，以前建有围墙以南北方位分前后，该塆位于南方。该居民点位于甘涂村中部偏南，为丘陵山地地形，聚落呈块状分布，东接饶家塆、吴家独屋，西邻杨家塆，南连刘店村汪谢塆，北靠甘家坡。主要以涂姓为主，均为汉族。全塆 45 户，165 人，总面积为 0.18 平方千米，其中有耕地面积 0.098 平方千米，主要农作物为小麦、水稻，主要经济来源以外地务工为主。

杨家塆[Yáng jiā wān]　以姓氏命名。杨家塆隶属陈店乡甘涂村村民委员会 1 组辖，为丘陵山地地形，呈块状分布，东接涂家前院，西邻赵棚镇中塆村，南连刘店村郑家独屋，北靠大路边周家塆。主要以杨姓为主，均为汉族。全塆 105 人，26 户，总面积为 0.24 平方千米，其中有耕地面积 0.1 平方千米，主要农作物为小麦、水稻，主要经济来源以外地务工为主。

张家凹后院[Zhāng jiā wā hòu yuàn]　“张家”指的是张姓居民，“凹”指的是地理特征，“后院”指地理位置。以居民姓氏和地理位置综合命名。该居民点位于甘涂村北部，为丘陵山地地形，聚落呈块状分布，东接靛塆，西邻曾周塆，南连涂家后院，北靠张家前凹。主要以张姓为主，均为汉族。全塆 15 户，61 人，总面积为 0.08 平方千米，其中有耕地面积 0.04 平方千米，主要农作物为小麦、水稻，主要经济来源以外地务工为主。

张家前凹[Zhāng jiā qián wā]　“张家”指的是张姓居民，“前”指的是地理位置，“凹”指的是地理特征。以居民姓氏和地理位置综合命名。该居民点位于甘涂村北部，为丘陵山地地形，聚落呈条状分布，东接方家田，西邻赵棚镇金塘村(现中塆村)沈家塆，南连张家凹后院，北靠赵棚镇双桥村沈家咀。主要以张姓为主，均为汉族。全塆 12 户，47 人，总面积为 0.12 平方千米，其中有耕地面积 0.054 平方千米，主要农作物为小麦、水稻，主要经济来源以外地务工为主。

十五、高岗村[Gāogǎng Cūn]

“高岗”指村中有居民点“高岗街”，“村”指群众自治组织。1949年10月，高岗属安陆县长兴区。1952年10月属第一区陈店乡辖。1954年8月，属李店区陈店乡辖。1956年4月，属第二指导小组陈店乡辖。1958年9月，高岗村改为高岗大队，属上游人民公社陈店管理区辖。1961年4月属李店区陈店人民公社辖。1975年2月属陈店人民公社陈店管理区辖。1984年1月，高岗大队改为高岗村，属李店区陈店乡辖。1987年10月，属陈店乡辖，沿用至今。

该村位于陈店乡西北部，距政府所在地约4.5千米，属于丘陵地区，西邻洑水镇白庙村，东邻何胡村、沈畈村，南连同兴村，北靠松林村。主要以高、赵、龙姓为主，均为汉族。截至2014年9月，辖区内共有9个村民小组，12个自然塆：高家中塆、赵家大塆、高岗街、丁家塆、郭家碾盘、赵吴塆、龙家大塆、江方塆江方塆、付家独屋、夏家塆、杨家独屋、蒋家独屋。村内有常住居民390户，共1615人，辖区占地面积1.35平方千米，其中耕地面积为1.093平方千米，山场面积为0.2平方千米，主要农作物为小麦、水稻。村委会现有工作人员4名。

丁家塆[Dīng jiā wān]　“丁家”指的是姓氏，“塆”指的是村庄。以居民姓氏命名，因该地为丁姓聚居地而得名。该居民点位于高岗村西部，为丘陵山地地形，聚落呈块状分布，东接高岗街，西邻伏水镇牌楼村毕家塆，南连陈家大塆，北靠松林村方家独屋。主要以丁姓为主，均为汉族。全塆35户，140人，总面积为0.16平方千米，其中有耕地面积0.1平方千米，主要农作物为小麦、水稻，主要经济来源以外地务工为主。

高岗街[Gāo gǎng jiē]　“高岗”指的是地理位置，“街”指的是集市。以地理位置命名，因该居民点位于陈店乡高岗村且处公路边，因来往行人较多逐渐形成了集市。该居民点位于高岗村中部，为丘陵山地地形，聚落呈条状分布，东接赵家大塆，西邻丁家塆，南连赵吴塆，北靠高家小塆。主要以高、魏二姓为主，均为汉族。全塆80户，320人，总面积为0.24平方千米，其中有耕地面积0.113平方千米，主要农作物为小麦、水稻，主要经济来源以外地务工为主。

高家中塆[Gāo jiā zhōng wān]　“高家”指的是高姓居民，“中”指的是方位，“塆”指的是村庄。以居民姓氏和方位综合命名。该居民点位于高岗村西北部，为丘陵山地地形，聚落呈块状分布，东接九冲村连家窑，西隔三合水库与伏水镇牌楼村杨家塆相望，南连高家独屋，北靠蒋家凹。主要以高姓为主，均为汉族。全塆15户，60人，总面积为0.03平方千米，其中有耕地面积0.017平方千米，主要农作物为小麦、水稻，主要经济来源以外地务工为主。

郭家碾盘[Guō jiā niǎn pán]　“郭家”指的是郭姓居民，“碾盘”指的是大米加工用的碾盘。以居民姓氏命名。因当地早期所住居民以郭姓为主，且其南边有一个用于大米加工的大碾盘而得名。该居民点位于高岗村东南部，为丘陵山地地形，聚落呈块状分布，东接严武塆，西邻蒋家独屋，南连叶家塆，北靠傅家塆。主要以郭姓为主，均为汉族。全塆23户，90人，总面积为0.16平方千米，其中有耕地面积0.053平方千米，主要农作物为小麦、水稻，主要经济来源以外地务工为主。

江方塆[Jiāng fāng wān]　“江方”指的是江姓、方姓居民，“塆”指的是村庄。以居民姓氏命名，因该地为江姓和方姓聚居地而得名。该居民点位于高岗村西南部，为丘陵山地地形，聚落呈条状分布，东接万家塆，西邻龙家大塆，南连夏家塆，北靠赵吴塆。主要以江、方二姓为主，均为汉族。全塆30户，120人，总面积为0.13平方千米，其中有耕地面积0.113平方千米，主要农作物为小麦、水稻，主要经济来源以外地务工为主。

付家独屋[Fù jiā dú wū]　以居民姓氏命名，因该地最初只有一户付姓居民居然而得名。该居民点位于高岗村东部，为丘陵山地地形，聚落呈块状分布，南接郭家碾盘，西邻赵家大湾，东接黄家岗，北接沈家岗。全塆10户，35人，总面积为0.06平方千米，其中有耕地面积0.027平方千米，主要农作物为小麦、水稻，主要经济来源以外地务工为主。

蒋家独屋[Jiǎng jiā dú wū]　“蒋家”指的是蒋姓居民，“独屋”指的是居住人口较少面积较小的村庄。以居民姓氏命名，因该地最初只有一户蒋姓居民居然而得名。该居民点位于高岗村南部，为丘陵山地地形，聚落呈块状分布，东接郭家碾盘，西邻杨家独屋，南连万家塆，北靠赵家大塆。主要以蒋、熊二姓为主，均为汉族。全塆6户，25人，总面积为0.06平方千米，其中有耕地面积0.027平方千米，主要农作物为小麦、水稻，主要经济来源以外地务工为主。

龙家大塆[Lóng jiā dà wān]　“龙家”指的是龙姓居民，“大”指的是面积大人口多，“塆”指的是村庄。以居民姓氏命名，因当地为龙姓聚居地且居住人口较多。该居民点位于高岗村西南部，为丘陵山地地形，聚落呈块状分布，东接江方塆，西邻巫家塆，南连简家塆，北靠陈家大塆。主要以龙姓为主，均为汉族。全塆80户，320人，总面积为0.36平方千米，其中有耕地面积0.179平方千米，主要农作物为小麦、水稻，主要经济来源以外地务工为主。

夏家塆[Xià jiā wān]　曾用名：夏家巷。“夏家”指的是夏姓居民，“塆”指的是村庄。以居民姓氏命名，因该地为夏姓聚居地而得名。该居民点位于高岗村西南部，为丘陵山地地形，聚落呈块状分布，东接万家塆，西邻简家塆，南连同兴村刘家塆，北靠方家小塆。主要以夏姓为主，均为汉族。全塆38户，150人，总面积为0.14平方千米，其中有耕地面积0.073平方千米，主要农作物为小麦、水稻，主要经济来源以外地务工为主。

杨家独屋[Yáng jiā dú wū]　“杨家”指的是杨姓居民，“独屋”指的是居住人口较少面积较小的村庄。以居民姓氏命名，因该地为杨姓聚居地且最初只有一户人家居住而得名。该居民点位于高岗村南部，为丘陵山地地形，聚落呈块状分布，东接蒋家独屋，西邻赵吴塆，南连万家塆，北靠赵家大塆。主要以杨、蒋二姓为主，均为汉族。全塆8户，30人，总面积为0.03平方千米，其中有耕地面积0.02平方千米，主要农作物为小麦、水稻，主要经济来源以外地务工为主。

赵家大塆[Zhào jiā dà wān]　“赵家”指的是赵姓居民，“大”指的是面积大人口多，“塆”指的是村庄。以居民姓氏命名，因该地为赵姓聚居地且大人口多。该居民点位于高岗村东南部，为丘陵山地地形，聚落呈条状分布，东接何胡村黄家塆，西邻高岗街，南连杨家独屋，北靠何胡村沈家岗。主要以赵、沈二姓为主，均为汉族。全塆48户，198人，总面积为0.16平方千米，其中有耕地面积0.12平方千米，主要农作物为小麦、水稻，主要经济来源以外地务工为主。

赵吴塆[Zhào wú wān] “赵吴”指的是赵姓、吴姓居民，“塆”指的是村庄。以居民姓氏命名，因该地为赵姓和吴姓聚居地而得名。该居民点位于高岗村西南部，为丘陵山地地形，聚落呈条状分布，东接杨家塆，西邻陈家大塆，南连江方塆，北靠高岗街。主要以赵、吴二姓为主，均为汉族。全25户，塆100人，总面积为0.12平方千米，其中有耕地面积0.053平方千米，主要农作物为小麦、水稻，主要经济来源以外地务工为主。

十六、何胡村[Héhú Cūn]

“何胡”指村中“何、胡”二姓，“村”指群众自治组织。1949年10月，何胡属安陆县长兴区。1952年10月属第一区陈店乡辖。1954年8月，属李店区陈店乡辖。1956年4月，属第二指导小组陈店乡辖。1958年9月，何胡村改为何胡大队，属上游人民公社陈店管理区辖。1961年4月属李店区陈店人民公社辖。1975年2月属陈店人民公社陈店管理区辖。1984年1月，何胡大队改为何胡村，属李店区陈店乡辖。1987年10月，属陈店乡辖，沿用至今。

该村位于陈店乡西北部，距政府所在地约2.5千米，属于丘陵地区，东接枣林村，西邻高岗村，南连沈畈村，北靠九冲村。主要以连、沈、何、胡、邱、洪、黄、刘、许等九个姓氏为主，均为汉族。截至2014年9月，辖区内共有14个自然塆：许家大塆、胡家独屋、二无塆、连家塆、胡家新塆、杨家塆、胡家塆、何家大塆、刘家院墙、沈家岗东塆、沈家岗西塆、邱家塆、黄家岗、岗上塆。村内有常住居民420户，共1687人，辖区占地面积2.5平方千米，其中耕地面积为1.31平方千米，山场面积为1.187平方千米，主要农作物为小麦、水稻。村委会现有工作人员4名。

二无塆[Èr wú wān] 曾用名：二屋塆。“二无”谐音二屋，“塆”指的是村庄。因该居民点最初只有两户居民而得名，故名二屋塆，后被传为二无塆。该居民点位于何胡村东南部，为丘陵山地地形，聚落呈块状分布，东接枣林村沈家凹，西邻村部，南连刘家院墙，北靠连家畈。主要以沈姓为主，均为汉族。全塆27户，136人，总面积为0.12平方千米，其中有耕地面积0.088平方千米，主要农作物为小麦、水稻，主要经济来源以外地务工为主。

岗上塆[Gǎng shàng wān] “岗上”指的是地理位置，“塆”指的是村庄。以地理位置命名，因该塆位于何胡村正山冈上。该居民点位于何胡村西北部，为丘陵山地地形，聚落呈块状分布，东接沈家岗东塆，西邻高岗村高家岗，南连黄家岗，北靠沈家岗西塆。主要以沈姓为主，均为汉族。全塆10户，42人，总面积为0.088平方千米，其中有耕地面积0.045平方千米，主要农作物为小麦、水稻，主要经济来源以外地务工为主。

何家大塆[Hé jiā dà wān] “何家”指的是何姓居民，“大”指的是面积大人口多，“塆”指的是村庄。以姓氏和地理特征综合命名，因该地为何姓聚居地且面积大人口多而得名。该居民点位于何胡村北部，为丘陵山地地形，聚落呈条状分布，东接胡家塆，西邻邱家塆，南连刘家塆，北靠九冲村下谢家塆。主要以何姓为主，均为汉族。全塆 62 户，242 人，总面积为 0.3 平方千米，其中有耕地面积 0.167 平方千米，主要农作物为小麦、水稻，主要经济来源以外地务工为主。

胡家独屋[Hú jiā dú wū] "胡家"指的是胡姓居民，"独屋"指的是居住人口较少的村庄。以居民姓氏命名，因该地为胡姓聚居地且最初只有一户居民而得名。该居民点位于何胡村东北部，为丘陵山地地形，聚落呈块状分布，东接枣林村沈家凹，西邻二无塆，南连许家大塆，北靠连家畈。主要以沈、胡、万姓为主，均为汉族。全塆 6 户，28 人，总面积为 0.03 平方千米，其中有耕地面积 0.018 平方千米，主要农作物为小麦、水稻，主要经济来源以外地务工为主。

胡家塆[Hú jiā wān] 曾用名：官井庙胡。"胡家"指的是胡姓居民，"塆"指的是村庄。以居民姓氏命名，因该地为胡姓聚居地而得名。该居民点位于何胡村东部，为丘陵山地地形，聚落呈条状分布，东接杨家塆，西邻何家大塆，南连二无塆，北靠九冲村刘西塆。主要以胡姓为主，均为汉族。全塆 43 户，176 人，总面积为 0.12 平方千米，其中有耕地面积 0.077 平方千米，主要农作物为小麦、水稻，主要经济来源以外地务工为主。

胡家新塆[Hú jiā xīn wān] 胡姓居民于 1987 年从胡家塆搬迁至此，东邻杨家塆，西邻胡家塆，北靠九冲下堰，南邻连畈塆，全塆 7 户共 19 人。

黄家岗[Huáng jiā gǎng] "黄家"指的是黄姓居民，"岗"指的是地理位置。以居民姓氏命名，因该地为黄姓聚居地而得名。该居民点位于何胡村西部，为丘陵山地地形，聚落呈块状分布，东接刘家院墙，西邻高岗村赵家大塆，南连郭家碾盘，北靠岗上塆。主要以黄、洪、何姓为主，均为汉族。全塆 36 户，157 人，总面积为 0.268 平方千米，其中有耕地面积 0.157 平方千米，主要农作物为小麦、水稻，主要经济来源以外地务工为主。

连家塆[Lián jiā wān] 曾用名：连家畈。"连家"指的是连姓居民，"塆"指的是村庄。以居民姓氏命名，因该地为连姓聚居地而得名。该居民点位于何胡村东南部，为丘陵山地地形，聚落呈块状分布，东接枣林村张家塆，西邻胡家塆，南连二无塆，北靠杨家塆。主要以连、何姓为主，均为汉族。全塆 17 户，78 人，总面积为 0.11 平方千米，其中有耕地面积 0.065 平方千米，主要农作物为小麦、水稻，主要经济来源以外地务工为主。

刘家院墙[Liú jiā yuàn qiáng] 因当地居民以刘姓为主，且村庄以前建有围墙而命名。刘家院墙隶属陈店乡何胡村村民委员会辖，为丘陵山地地形，呈条状分布，东接二无塆，西邻黄家岗，南连沈畈西塆，北靠村部。主要以刘姓为主，均为汉族。全塆 126 人，28 户，总面积为 0.244 平方千米，其中有耕地面积 0.13 平方千米，主要农作物为小麦、水稻，主要经济来源以外地务工为主。

邱家塆[Qiū jiā wān] "邱家"指的是邱姓居民，"塆"指的是村庄。以居民姓氏命名，因该地为邱姓聚居地而得名。该居民点位于何胡村西北部，为丘陵山地地形，聚落呈块状分布，东接沈家岗西塆，西邻高岗村傅家塆，南连黄家塆，北靠沈家岗东塆。主要以邱、沈二姓为主，均为汉族。全塆 8 户，45 人，总面积为 0. 096 平方千米，其中有耕地面积 0. 046 平方千米，主要农作物为小麦、水稻，主要经济来源以外地务工为主。

沈家岗东塆[Shěn jiā gǎng dōng wān]　“沈家”指的是沈姓居民，“岗”指村落地处小山冈，“东”指的是方位，“塆”指的是村庄。以方位和居民姓氏命名，相传明洪武年间，沈姓居民从江西麻城迁至此，取名沈家岗，后来因修公路，原塆分成东、西两个塆，因此塆在东部，故而得名。该居民点位于何胡村西北部，为丘陵山地地形，聚落呈条状分布，东接何胡大塆，西邻沈家岗西塆，南连刘家院墙，北靠九冲村下谢家塆。主要以沈姓为主，均为汉族。全塆 18 户，72 人，总面积为 0. 168 平方千米，其中有耕地面积 0. 068 平方千米，主要农作物为小麦、水稻，主要经济来源以外地务工为主。

沈家岗西塆[Shěn jiā gǎng xī wān]　“沈家”指的是沈姓居民，“岗”指村落地处小山冈，“西”指的是方位，“塆”指的是村庄。以方位和居民姓氏命名，相传明洪武年间，沈姓居民从江西麻城迁至此，取名沈家岗，后来因修公路，原塆分成东、西两个塆，因此塆在西部，故而得名。该居民点位于何胡村西南部，为丘陵山地地形，聚落呈块状分布，东接沈家岗东塆，西邻邱家塆，南连岗上塆，北靠九冲村蒋家凹。主要以沈姓为主，均为汉族。全塆 9 户，48 人，总面积为 0. 096 平方千米，其中有耕地面积 0. 051 平方千米，主要农作物为小麦、水稻，主要经济来源以外地务工为主。

许家大塆[Xǔ jiā dà wān]　“许家”指的是许姓居民，“大塆”指的是居住人口较多面积较大的村庄。以居民姓氏命名，因该地为许姓聚居地且人口多面积大而得名。该居民点位于何胡村东南部，为丘陵山地地形，聚落呈块状分布，东接胡祠村詹家麻，西邻刘家院墙，南连沈畈村沈家河，北靠胡家独屋。主要以许姓为主，均为汉族。全塆 81 户，342 人，总面积为 0. 326 平方千米，其中有耕地面积 0. 21 平方千米，主要农作物为小麦、水稻，主要经济来源以外地务工为主。

杨家塆[Yáng jiā wān]　“杨家”指的是杨姓居民，“塆”指的是村庄。以居民姓氏命名，因该地为杨姓聚居地而得名。该居民点位于何胡村东北部，为丘陵山地地形，聚落呈条状分布，东接枣林村 6 组，西邻胡家塆，南连连家塆，北靠九冲村五组。主要以沈、何、杨姓为主，均为汉族。全塆 58 户，243 人，总面积为 0. 416 平方千米，其中有耕地面积 0. 277 平方千米，主要农作物为小麦、水稻，主要经济来源以外地务工为主。

十七、胡祠村[Húcí Cūn]

“胡祠”指村中原有居民点名“胡家祠堂塆”，“村”指群众自治组织。

1949 年 10 月，胡祠属安陆县长兴区。1952 年 10 月属第一区陈店乡辖。1954 年 8 月，属李店区陈店乡辖。1956 年 4 月，属第二指导小组陈店乡辖。1958 年 9 月，胡祠村改为胡祠大队，属上游人民公社陈店管理区辖。1961 年 4 月属李店区陈店人民公社辖。1975 年 2 月属陈店人民公社陈店管理区辖。1984 年 1 月，胡祠大队改为胡祠村，属李店区陈店乡辖。1987 年 10 月，属陈店乡辖，沿用至今。

该村位于陈店乡中部，距政府所在地约 1. 2 千米，属于丘陵地区，东接陈杏村，西邻沈畈村、何胡村，南连黄巷村，北靠枣林村。全村有 8 个自然塆：胡家桥、胡家中塆、胡家大塆、胡家新塆、胡家小塆、詹家麻、余家楼、叶家铺子，主要以胡、周、李、詹、叶、余、朱姓为主，均为汉族，共有 1444 人，263 户，总面积 2. 98 平方千米，其中耕地面积 0. 9313 平方千米，主要农作物为小麦、水稻，主要经济来源以外地务工为主。村委会现有工作人员 4 名。

胡家大塆[Hú jiā dà wān] “胡家”指的是胡姓居民，“大塆”指的是面积较大人口较多的村庄。以居民姓氏命名，因该地为胡姓聚居地且面积大人口多。该居民点位于胡祠村中部，为丘陵山地地形，聚落呈条状分布，东接陈家大塆，西邻沈畈村孙家塆，南连胡家中塆，北靠新屋塆。全塆主要以胡姓为主，均为汉族，共有 46 户，250 人，总面积 0. 4599 平方千米，其中耕地面积 0. 1769 平方千米，主要农作物为小麦、水稻，主要经济来源为外地务工。

胡家桥[Hú jiā qiáo] “胡家”指的是胡姓居民，“桥”指的是塆内有个小桥。以居民姓氏而命名，因该居民点以胡姓居民居多，故名。该居民点位于陈店乡胡祠村东部。东接陈家小塆，西邻徐杨西塆，南连东塆村，北靠大安公路。居民主要姓氏为胡姓，主要民族为汉族。共有居民 47 户，126 人。居民点总面积 0. 05 平方千米，主要经济来以种植农作物和外出务工为主。

胡家小塆[Hú jiā xiǎo wān] “胡家”指的是胡姓居民，“塆”指的是村庄。以居民姓氏而命名，因该居民点以胡姓居民居多，故名。该居民点位于胡祠村东北部，东接上周村堰塘角，西邻胡家祠堂，南连胡家大塆，北靠叶家塆。居民主要姓氏为胡姓，主要民族为汉族。居民点居住面积 0. 087 平方千米，共有居民 79 户，265 人。主要经济来以种植农作物和外出务工为主。

胡家新塆[Hú jiā xīn wān] “胡家”指的是胡姓居民，“新塆”指的是新建成的村庄。以居民姓氏命名，相传明洪武年间，胡姓居民从江西麻城移民到胡家大塆，至清康熙年间，原塆住不下太多居民，便分出一个支族的居民到此居住，繁衍成塆，故而得名。该居民点位于胡祠村西北部，为丘陵山地地形，聚落呈条状分布，东接胡家小塆，西邻何胡村许家大塆，南连胡家大塆，北靠余家楼。全塆主要以胡姓为主，均为汉族，共有 35 户，194 人，总面积 0. 355 平方千米，其中耕地面积 0. 142 平方千米，主要农作物为小麦、水稻，主要经济来源为外地务工。

胡家中塆[Hú jiā zhōng wān] “胡家”指的是胡姓居民，“中塆”指的是两边各有一个同姓氏村落。以居民姓氏和地理位置综合命名。该居民点位于胡祠村南部，为丘陵山地地形，聚落呈条状分布，东接陈店村陈家大塆，西邻沈畈村孙家塆，南连胡家桥，北靠胡家大塆。全塆主要以胡姓为主，均为汉族，共有 41 户，223 人，总面积 0. 4273 平方千米，其中耕地面积 0. 1644 平方千米，主要农作物为小麦、水稻，主要经济来源为外地务工。

叶家铺子[Yè jiā pù zǐ] “叶家”指的是叶姓居民，“铺子”指的是商铺。以居民姓氏和经济活动综合命名。该居民点位于胡祠村东北部，为丘陵山地地形，聚落呈条状分布，东接上周村萧胡塆，西邻詹家麻，南连余家楼，北靠枣林村叶家小塆。全塆主要以叶姓为主，均为汉族，共有 12 户，59 人，总面积 0. 1426 平方千米，其中耕地面积 0. 0509 平方千米，主要农作物为小麦、水稻，主要经济来源为外地务工。

余家楼[Yú jiā lóu]　“余家”指的是余姓居民，“楼”指的是牌楼。以居民姓氏命名，因当地居民以余姓为主且村落以前建有牌楼而得名。该居民点位于胡祠村中部偏北，为丘陵地形，聚落呈条状分布，东接肖胡塆，西邻本村詹家麻，南连本村胡家新塆，北靠枣林村张家冲。全塆主要以余姓为主，均为汉族，共有 29 户，156 人，总面积 0. 3057 平方千米，其中耕地面积 0. 1132 平方千米，主要农作物为小麦、水稻，主要经济来源为外地务工。

詹家麻[Zhān jiā má]　“詹家”指的是詹姓居民，“麻”指的是植物。以居民姓氏命名，因当地居民以詹姓为主且该村以前有片种麻的田而得名。该居民点位于胡祠村西北部，为丘陵山地地形，聚落呈条状分布，东接余家楼，西邻何胡村许家大塆，南连新屋塆，北靠何胡村杨家塆。全塆主要以詹姓为主，均为汉族，共有 27 户，145 人，总面积 0. 2874 平方千米，其中耕地面积 0. 1106 平方千米，主要农作物为小麦、水稻，主要经济来源为外地务工。

十八、金龙村[Jīnlóng Cūn]

“金龙”指相传此地藏有金色的龙，“村”指群众自治组织。

1949 年 10 月，金龙属安陆县长兴区。1952 年 10 月属第一区陈店乡辖。1954 年 8 月，属李店区陈店乡辖。1956 年 4 月，属第二指导小组陈店乡辖。1958 年 9 月，金龙村改为金龙大队，属上游人民公社连棚管理区辖。1961 年 4 月属李店区连棚人民公社辖。1975 年 2 月属陈店人民公社连棚管理区辖。1984 年 1 月，金龙大队改为金龙村，属李店区陈店乡辖。1987 年 10 月，属陈店乡辖，沿用至今。

该村位于陈店乡南部，距政府所在地约 1. 5 千米，属于丘陵地区，东接孝昌县，西邻王陈村，南连李店镇，北靠黄巷村。全村主要以黄、梁、王、赵姓为主，均为汉族，现有 9 个自然塆：岗上塆、黄家稻场、金龙新村、梁家大塆、王家河、许家塆、叶家冲、赵家塆、中间塆，共有 1419 人，352 户，总面积 2. 7488 平方千米，其中耕地面积 0. 9527 平方千米，主要农作物为小麦、水稻，主要经济来源以外地务工为主。村委会现有工作人员 4 名。

岗上塆[Gǎng shàng wān]　“岗上”指的是地理位置，“塆”指的是村庄。相传明洪武年间，黄姓居民从江西麻城迁至此，请风水先生相中此山冈适宜居住，后繁衍成塆，因人口较多，故名“岗上塆”。该居民点位于金龙村东南部，呈条状分布，东接李店镇萧徐村桥头塆，西邻叶家冲，南连李店镇茶堰村黄家大塆，北靠中间塆。全塆主要以黄姓为主，均为汉族，共有 128 人，31 户，总面积 0. 2617 平方千米，占地面积 0. 02 平方千米，其中耕地面积 0. 08442 平方千米，主要农作物为小麦、水稻，主要经济来源为外出务工与种植。

黄家稻场[Huáng jiā dào chǎng]　“黄家”指的是黄姓居民，“稻场”指的是翻晒、碾轧稻谷的场地。以居民姓氏命名。该居民点位于金龙村东北部，为丘陵山地地形，聚落呈条状分布，东接中间塆，西邻梁家大塆，南连李店镇茶堰村，北靠青年坝。全塆主要以黄姓为主，均为汉族，共有 78 户，358 人，总面积 0. 5979 平方千米，其中耕地面积 0. 25996 平方千米，主要农作物为小麦、水稻，主要经济来源为外地务工。

金龙新村[Jīn lóng xīn cūn] “金龙”指的是尊贵的象征，龙是中国的图腾，“新村”指建成时间不长。以美好愿望命名。2000年后由陈店乡金龙村各组陆续搬迁到此。属陈店乡金龙村民委员会辖，沿用至今。该居民点位于金龙村中部，为丘陵山地地形，聚落呈条状分布，东接黄家稻场，西邻叶屋基，南连叶家冲，北靠梁家塆。均为汉族，共有26户，68人，总面积0.1498平方千米，其中耕地面积0.0576平方千米，主要农作物为小麦、水稻，主要经济来源为外地务工。

梁家大塆[Liáng jiā dà wān] 曾用名：梁家塆。“梁家”指的是梁姓居民，“大塆”指的是居住人口较多面积较大的村庄。以居民姓氏命名，因该地为梁姓聚居地且人口多面积大故而得名。该居民点位于金龙村北部，为丘陵山地地形，聚落呈条状分布，东接黄家稻场，西邻王陈村叶家小塆，南连叶家冲，北靠黄巷村杨家独屋。全塆主要以梁姓为主，均为汉族，共有70户，264人，总面积0.5052平方千米，其中耕地面积0.1943平方千米，主要农作物为小麦、水稻，主要经济来源为外地务工。

王家河[Wáng jiā hé] “王家”指的是王姓居民，“河”指的是河流。以居民姓氏和地理位置综合命名，因该地为王姓聚居地且位于一条河流旁而得名。该居民点位于金龙村东北部，为丘陵山地地形，聚落呈条状分布，东接李店镇萧徐村吉家小塆，西邻梁家塆，南连黄家稻场，北靠黄巷村黄李巷子。全塆主要以王姓为主，均为汉族，共有41户，160人，总面积0.4703平方千米，其中耕地面积0.1809平方千米，主要农作物为小麦、水稻，主要经济来源为外地务工。

许家塆[Xǔ jiā wān] “许家”指的是许姓居民，“塆”指的是村庄。以居民姓氏命名，因该地为许姓聚居地而得名。该居民点位于金龙村西南部，为丘陵山地地形，聚落呈条状分布，东接李店镇茶堰村黄家大塆，西邻王陈村严家塆，南连岳董村岳董独塆，北靠赵家塆。所住居民主要为许姓，均为汉族，共有20户，98人，总面积0.1599平方千米，其中耕地面积0.05159平方千米，主要农作物为小麦、水稻，主要经济来源为外地务工。

叶家冲[Yè jiā chōng] 叶家冲因原有一叶姓人在此烧窑而得名。后黄姓人迁住在此，现全塆都属黄姓，“冲”指的是山区的平地。该居民点位于金龙村南部，为丘陵山地地形，呈条状分布，东接黄家稻场，西邻赵家塆，南连茶堰水库，北靠梁家大塆。全塆主要以叶姓为主，均为汉族，共有28户，128人，总面积0.1093平方千米，其中耕地面积0.03417平方千米，主要农作物为小麦、水稻，主要经济来源为外地务工。

赵家塆[Zhào jiā wān] “赵家”指的是赵姓居民，“塆”指的是村庄。以居民姓氏命名，因该地为赵姓聚居地而得名。该居民点位于金龙村西南部，为丘陵山地地形，呈条状分布，东接茶堰水库，西邻王陈村叶家小塆，南连许家塆，北靠安卫铁路。全塆主要以赵姓为主，均为汉族，共有28户，118人，总面积0.1412平方千米，其中耕地面积0.04556平方千米，主要农作物为小麦、水稻，主要经济来源为外地务工。

中间塆[Zhōng jiān wān] “中间”指的是村落并排各有一个村落，“塆”指的是村庄。以地理位置命名，相传明洪武年间，黄姓居民从江西麻城迁至岗上塆居住，至清康熙年间，部分村民迁至此地，因地处岗上塆与用黄家稻场之间，故而得名。该居民点位于金龙村东部，为丘陵山地地形，呈条状分布，东接孝昌县花西乡，西邻黄家稻场，南连安卫铁路，北靠王家河。全塆主要以黄姓为主，均为汉族，共有34户，142人，总面积0.2379平方千米，其中耕地面积0.09514平方千米，主要农作物为小麦、水稻，主要经济来源为外地务工。

十九、九冲村[Jiǔchōng Cūn]

“九冲”指村中有九道山冲，“村”指群众自治组织。

1949年10月九冲属安陆县陈家店区。1952年10月，属第七区刘兴乡辖。1954年8月属第一区刘兴乡辖。1956年4月，属第一指导小组刘兴乡辖。1958年9月，九冲村改为九冲大队，属卫星人民公社刘兴管理区辖。1961年4月属赵棚区刘兴人民公社辖。1975年2月，属陈店人民公社刘兴管理区辖。1983年12月，九冲大队改为九冲村，属赵棚区刘兴乡辖。1987年9月，属陈店乡辖，沿用至今。

该村位于陈店乡西北部，距政府所在地约5千米，属于丘陵地区，东接彭畈村，西邻松林村，南连枣林村、何胡村，北靠赵棚金塘村(现中塆村)。全村均为汉族，现有20个自然塆：艾家塆、高东塆、花行塆、蒋凹、连家塆、刘冲、刘家塆、刘学堂、上破堰、上下晏、沈家塆、沈塆、汪塆、下破堰、下谢塆、熊塆、张塆、赵塆、中破堰、朱凹，共有2002人，512户，总面积3.2245平方千米，其中耕地面积1.2841平方千米，主要农作物为小麦、水稻，主要经济来源以外地务工为主。村委会现有工作人员4人。

艾家塆[Ài jiā wān]　“艾家”指的是艾姓居民，“塆”指的是村庄。以居民姓氏命名，因该地为艾姓聚居地而得名。该居民点位于九冲村中部偏北，为丘陵山地地形，聚落呈块状分布，东接花行塆，西邻刘家塆，南连下破堰，北靠中破堰。全塆主要以艾姓为主，均为汉族，共有7户，29人，总面积0.0737平方千米，其中耕地面积0.0402平方千米，主要农作物为小麦、水稻，主要经济来源为外地务工。

高东塆[Gāo dōng wān]　曾用名：高家东塆。“高”指的是高姓居民，“东”指的是村落在偏东方位，“塆”指的是村庄。因居民姓氏和方位综合命名。相传明洪武年间，高姓居民从江西麻城移民到此建房居住，繁衍成塆，到清康熙年间，与现松林村高西塆分开，因地处东边故而得名。该居民点位于九冲村西北部，为丘陵山地地形，聚落呈块状分布，东接刘学堂塆，西邻松林村高家西塆，南连蒋凹，北靠刘家塆。全塆主要以高姓为主，均为汉族，共有25户，140人，总面积0.1541平方千米，其中耕地面积0.0871平方千米，主要农作物为小麦、水稻，主要经济来源为外地务工。

花行塆[Huā xíng wān]　“花行”指的是村落内存在各式各样的行业，“塆”指的是村庄。以经济活动命名。该居民点位于九冲村东部，为丘陵山地地形，聚落呈块状分布，东接彭畈村南上塆，西邻中破堰、下破堰，南连舒家塆，北靠刘店村熊家独屋。全塆主要以刘、朱、高、周姓为主，均为汉族，共有43户，120人，总面积0.4777平方千米，其中耕地面积0.1541平方千米，主要农作物为小麦、水稻，主要经济来源为外地务工。

蒋凹[Jiǎng wā]　曾用名：蒋家凹。“蒋”指的是蒋姓居民，“凹”指的是地理特征。以居民姓氏命名，因该地为蒋姓聚居地且地势周围高中间低故而得名。该居民点位于九冲村西部，为丘陵山地地形，聚落呈块状分布，东邻连家窑，西隔三河水库与松林村方家独屋相望。南接高岗村高岗中塆，北靠松林村高家西塆。全塆主要以蒋姓为主，均为汉族，共有11户，37人，总面积0.0335平方千米，其中耕地面积0.0134平方千米，主要农作物为小麦、水稻，主要经济来源为外地务工。

连家塆[Lián jiā wān] 曾用名：连家窑。“连家”指的是连姓居民，“塆”指的是村庄。以居民姓氏命名，因该地为连姓聚居地而得名。该居民点位于九冲村西南部，为丘陵山地地形，聚落呈块状分布，东接刘家东塆，西邻蒋家凹，南连下谢塆，北靠连家独塆。全塆主要以连姓为主，均为汉族，共有15户，31人，总面积0.0737平方千米，其中耕地面积0.0402平方千米，主要农作物为小麦、水稻，主要经济来源为外地务工。

刘冲[Liú chōng] “刘”指的是刘姓居民，“冲”指的是山间的平地。以居民姓氏命名，因该地为刘姓聚居地而得名。该居民点位于九冲村南部，为丘陵山地地形，聚落呈块状分布，东接上下晏，西邻下谢塆，南连何胡村何家大塆，北靠刘学堂塆。全塆主要以刘姓为主，均为汉族，共有68户，283人，总面积0.5483平方千米，其中耕地面积0.1769平方千米，主要农作物为小麦、水稻，主要经济来源为外地务工。

刘家塆[Liú jiā wān] “刘家”指的是刘姓居民，“塆”指的是村庄。以居民姓氏命名，因该地为刘姓聚居地而得名。该居民点位于九冲村西北部，为丘陵山地地形，聚落呈块状分布，东接糖坊塆，西邻松林村秦家塆，南连高东塆，北靠熊家塆。全塆主要以刘姓为主，均为汉族，共有20户，76人，总面积0.1005平方千米，其中耕地面积0.0603平方千米，主要农作物为小麦、水稻，主要经济来源为外地务工。

刘学堂[Liú xué táng] 曾用名：刘家学堂。“刘”指的是刘姓村民，“学堂”指的是教书育人的学堂。以居民姓氏命名，因该地为刘姓聚居地且古时塆内有一学堂，故而得名。该居民点位于九冲村中部偏南，为丘陵地地形，聚落呈块状分布，东接朱家凹，西邻高家东塆，南连连家窑，北靠糖坊塆。全塆主要以刘姓为主，均为汉族，共有18户，65人，总面积0.0938平方千米，其中耕地面积0.0603平方千米，主要农作物为小麦、水稻，主要经济来源为外地务工。

上破堰[Shàng pò yàn] “上”指的是方位，“破堰”指村落北部有一口漏水池塘。以地理位置命名，因当地很早就修有一口大池塘，但因漏水，故叫“破堰”，此塆位于破堰北部故而得名。该居民点位于九冲村北部，为丘陵山地地形，聚落呈块状分布，东接刘店村刘家下塆，西邻赵家塆，南连中破堰，北靠刘店村刘家上塆。全塆主要以周、陈姓为主，均为汉族，共有52户，共153人，总面积0.4331平方千米，其中耕地面积0.1353平方千米，主要农作物为小麦、水稻，主要经济来源为外地务工。

上下晏[Shàng xià yàn] “上下”指村落内同姓氏居民分为上方和下方两部分，“晏”指的是晏姓村民。以居民姓氏命名，相传清康熙年间，从外地迁来晏姓居民，后来繁衍成上晏与下晏两个塆，两个塆后又逐渐合成一个塆，故而得名。该居民点位于九冲村东南部，为丘陵山地地形，聚落呈块状分布，东接彭畈村廖家独屋，西邻刘家冲，南连枣林村周家塆，北靠下破堰。全塆主要以晏姓为主，均为汉族，共有62户，202人，总面积0.4969平方千米，其中耕地面积0.207平方千米，主要农作物为小麦、水稻，主要经济来源为外地务工。

沈家塆[Shěn jiā wān] “沈家”指的是沈姓居民，“塆”指的是村庄。以居民姓氏命名，因该地为沈姓聚居地而得名。该居民点位于九冲村东北部，为丘陵山地地形，聚落呈块状分布，东接彭畈村彭家大塆，西邻中破堰，南连花行塆，北靠刘店村熊家独屋。全塆主要以沈姓为主，均为汉族，共有 15 户，45 人，总面积 0. 0737 平方千米，其中耕地面积 0. 0402 平方千米，主要农作物为小麦、水稻，主要经济来源为外地务工。

沈塆[Shěn wān]　“沈”指的是沈姓居民，“塆”指的是村庄。以居民姓氏命名，因该地为沈姓聚居地而得名。该居民点位于九冲村东部，为丘陵山地地形，聚落呈块状分布，东接彭畈村袁家凹，西邻朱家凹，南连上下晏，北靠花行塆。全塆主要以沈姓为主，均为汉族，共有 9 户，29 人，总面积 0. 0603 平方千米，其中耕地面积 0. 0268 平方千米，主要农作物为小麦、水稻，主要经济来源为外地务工。

汪塆[Wāng wān]　曾用名：汪家塆。“汪”指的是汪姓居民，“塆”指的是村庄。以居民姓氏命名，因该地为汪姓聚居地而得名。该居民点位于九冲村西部，为丘陵山地地形，聚落呈块状分布，东接刘家上塆，西邻松林村姜王塆，南连高东塆，北靠刘店村刘家上塆。全塆主要以汪姓为主，均为汉族，共有 12 户，58 人，总面积 0. 0871 平方千米，其中耕地面积 0. 0536 平方千米，主要农作物为小麦、水稻，主要经济来源为外地务工。

下破堰[Xià pò yàn]　“下”指的是，“破堰”指的是村庄北部有一口漏水池塘。以方位命名，当地很早就修有一口大池塘，但因漏水，故叫“破堰”，此塆位于破堰南部，故而得名。该居民点位于九冲中部，为丘陵山地地形，聚落呈块状分布，东接沈家塆，西邻糖坊塆，南连朱家凹，北靠中破堰。所住居民主要为刘姓，均为汉族，共有 22 户，120 人，总面积 0. 1407 平方千米，其中耕地面积 0. 0871 平方千米，主要农作物为小麦、水稻，主要经济来源为外地务工。

下谢塆[Xià xiè wān]　曾用名：下谢。“下”指的是方位，“谢”指的是谢姓居民，“塆”指的是村庄。以居民姓氏和方位综合命名，相传明洪武年间，谢姓居民从江西麻城移民到此建房居住，繁衍成塆，到清康熙年间，与现松林村谢家大塆分开，因地处原塆南边而得名。该居民点位于九冲村南部，为丘陵山地地形，聚落呈块状分布，东接刘家冲，西邻高岗村沈家稻场，南连何胡村何家大塆，北靠连家窑。全塆主要以谢姓为主，均为汉族，共有 25 户，124 人，总面积 0. 16884 平方千米，其中耕地面积 0. 1005 平方千米，主要农作物为小麦、水稻，主要经济来源为外地务工。

熊塆[Xióng wān]　曾用名：熊家塆。“熊”指的是熊姓居民，“塆”指的是村庄。以居民姓氏命名，因该地为熊姓聚居地而得名。该居民点位于九冲村西北部，为丘陵山地地形，聚落呈块状分布，东接赵家塆，西邻松林村汪家塆，南连糖坊塆，北靠刘家塆。全塆主要以熊姓为主，均为汉族，共有 20 户，110 人，总面积 0. 0938 平方千米，其中耕地面积 0. 0469 平方千米，主要农作物为小麦、水稻，主要经济来源为外地务工。

张塆[Zhāng wān]　“张”指的是张姓居民，“塆”指的是村庄。以居民姓氏命名，因该地为张姓聚居地而得名。该居民点位于九冲村西部，为丘陵山地地形，聚落呈块状分布，东接赵家塆，西邻松林村汪家塆，南连熊塆，北靠赵棚镇金塘村(现中塆村)熊家岗。全塆主要以张姓为主，均为汉族，共有 17 户，96 人，总面积 0. 1005 平方千米，其中耕地面积 0. 0469 平方千米，主要农作物为小麦、水稻，主要经济来源为外地务工。

赵垮[Zhào wān]　曾用名：赵家垮。“赵”指的是赵姓居民，“垮”指的是村庄。以居民姓氏命名，因该地为赵姓聚居地而得名。该居民点位于九冲村中部偏北，为丘陵山地地形，聚落呈块状分布，东接中破堰，西邻刘家垮，南连熊家垮，北靠上破堰。全垮主要以赵姓为主，均为汉族，共有 14 户，64 人，总面积 0.0871 平方千米，其中耕地面积 0.0469 平方千米，主要农作物为小麦、水稻，主要经济来源为外地务工。

中破堰[Zhōng pò yàn]　“中”指的是方位，“破堰”指的是村落边有一口漏水池塘。以地理位置命名，因当地很早就修有一口大池塘，但因漏水，故叫“破堰”，此垮位于破堰中部，故而得名。该居民点位于九冲村东部，为丘陵山地地形，聚落呈块状分布，东接沈家垮，西邻熊家垮，南连艾家垮，北靠上破堰。所住居民均为汉族，共有 38 户，152 人，总面积 0.13266 平方千米，其中耕地面积 0.0871 平方千米，主要农作物为小麦、水稻，主要经济来源为外地务工。

朱凹[Zhū wā]　曾用名：朱家凹。“朱”指的是朱姓居民，“凹”指的是地理特征。以居民姓氏命名，因该地为朱姓聚居地且地势周围高中间低故而得名。该居民点位于九冲村南部，为丘陵山地地形，聚落呈块状分布，东接彭畈沈家独屋，西邻刘学堂垮，南连刘家冲，北靠艾家垮。全垮主要以朱姓为主，均为汉族，共有 17 户，60 人，总面积 0.0871 平方千米，其中耕地面积 0.0469 平方千米，主要农作物为小麦、水稻，主要经济来源为外地务工。

二十、连棚村[Liánpéng Cūn]

“连棚”指村中有居民点“连家棚”，“村”指群众自治组织。

1949 年 10 月，连棚属安陆县长兴区。1952 年 10 月属第一区陈店乡辖。1954 年 8 月，属李店区陈店乡辖。1956 年 4 月，属第二指导小组陈店乡辖。1958 年 9 月，连棚村改为连棚大队，属上游人民公社连棚管理区辖。1961 年 4 月属李店区连棚人民公社辖。1975 年 2 月属陈店人民公社连棚管理区辖。1984 年 1 月，连棚大队改为连棚村，属李店区陈店乡辖。1987 年 10 月，属陈店乡辖，沿用至今。

该村位于陈店乡西南部，距政府所在地约 4.5 千米，属于丘陵地区，东接李店镇七汪村，西邻中桥村，南连李店镇坦塘村，北靠双河村、王陈村。主要以董、秦、连姓为主，均为汉族。截至 2014 年年末，辖区内共有 7 个村民小组，6 个自然垮：连家棚、连家垮、大董垮、长兴店、小董垮、下秦垮。村内有常住居民 261 户，共 930 人，辖区占地面积 0.9 平方千米，其中耕地面积为 0.511 平方千米，山场面积为 0.023 平方千米，主要农作物为小麦、水稻。村委会现有工作人员 4 名。

大董垮[Dà dǒng wān]　“大”指的是面积大人口多，“董”指的是董姓居民，“垮”指的是村庄。以居民姓氏命名，因该地为董姓聚居地且面积大人口多故而得名。该居民点位于连棚村中部偏北，为丘陵山地地形，聚落呈块状分布，东接连家垮，南邻上秦垮，西连李店镇坦塘村上周垮，北靠连家棚。主要以董、汪姓为主，均为汉族。全垮 110 户，380 人，总面积为 0.4 平方千米，其中有耕地面积 0.22 平方千米，主要农作物为小麦、水稻，主要经济来源以外地务工为主。

连家棚[Lián jiā péng]　“连家”指的是连姓居民，“棚”指的是最早民居为草棚。以居民姓氏和经济活动综合命名，因当地早期曾有一个姓连的人在这里开茶棚迎接南来北往的商人而得名。该居民点位于连棚村北部，为丘陵地形，聚落呈条状分布，东接连家塆，西邻中桥村余家塆，南连大董塆，北靠双河村郑家塆。主要以董、方、冯、郑姓为主，均为汉族。全塆28户，110人，总面积为0.06平方千米，其中有耕地面积0.033平方千米，主要农作物为小麦、水稻，主要经济来源以外地务工为主。

连家塆[Lián jiā wān]　“连家”指的是连姓居民，“塆”指的是村庄。以居民姓氏命名，因该地为连姓聚居地而得名。该居民点位于连棚村东部，为丘陵山地地形，呈块状分布，东接岳董村许家塆，西邻大董塆，南连李店镇七汪村段家塆，北靠王陈村周家塆。主要以连姓为主，均为汉族。全塆50户，150人，总面积为0.18平方千米，其中有耕地面积0.093平方千米，主要农作物为小麦、水稻，主要经济来源以外地务工为主。

下秦塆[Xià qín wān]　“下”指的是方位，“秦”指的是秦姓居民，“塆”指的是村庄。以方位和居民姓氏综合命名，相传明洪武年间，秦姓居民从江西麻城移民到此建房居住，后繁衍较快，成为较大的塆，原塆分成两个塆，此塆位于南边而得名。该居民点位于连棚村西南部，为丘陵山地地形，聚落呈块状分布，东接小董塆，西邻李店镇坦塘村上周塆，南连小董塆，北靠上秦塆。主要以秦姓为主，均为汉族。全塆10户，50人，总面积为0.04平方千米，其中有耕地面积0.017平方千米，主要农作物为小麦、水稻，主要经济来源以外地务工为主。

小董塆[Xiǎo dǒng wān]　“小”指的是面积小人口少，“董”指的是董姓居民，“塆”指的是村庄。以居民姓氏命名，因该地为董姓聚居地且面积较小人口较少而得名。相传明洪武年间，董姓居民从江西麻城移民到此建房居住，后繁衍较快，成为较大的塆，原塆分成两个塆，此塆较小而得名“小董塆”。该居民点位于连棚村南部，为丘陵山地地形，聚落呈条状分布，东接大董塆，西邻下秦塆，南连李店镇坦塘村上周塆，北靠大董塆。主要以董姓为主，均为汉族。全塆3户，20人，总面积为0.03千米，其中有耕地面积0.013平方千米，主要农作物为小麦、水稻，主要经济来源以外地务工为主。

长兴店[Cháng xīng diàn]　“长兴”指的是人民美好愿望，“店”指的是商店。以美好愿望和经济活动综合命名，因当地早期来往行人较多而逐渐形成集镇，当地许多居民在此开店经商并希望自己的店铺能够一直长久地兴旺下去而得名。该居民点位于连棚村南部，为丘陵山地地形，聚落呈条状分布，东接李店镇七汪村段家塆，西邻下秦塆，南连李店镇坦塘村上周塆，北靠大董塆。主要以秦、董二姓为主，均为汉族。全塆30户，110人，总面积为0.16平方千米，其中有耕地面积0.085平方千米，主要农作物为小麦、水稻，主要经济来源以外地务工为主。

二十一、松林村[Sōnglín Cūn]

“松林”指村中有居民点“王家松林”，“村”指群众自治组织。

1949年10月松林属安陆县陈家店区(亦称赵家棚区)辖。1952年10月，属第七区刘兴乡辖。1954年8月属第一区刘兴乡辖。1956年4月，属第一指导小组刘兴乡辖。1958年9月，松林村改为松林大队，属卫星人民公社刘兴管理区辖。1961年4月属赵棚区刘兴人民公社辖。1975年2月，属陈店人民公社刘兴管理区辖。1983年12月，松林大队改为松林村，属赵棚区刘兴乡辖。1987年9月，属陈店乡辖，沿用至今。

该村位于陈店乡西北部，距政府所在地约5.5千米，为丘陵山地地形，东接九冲村，西邻洑水镇牌楼村，南连高岗村，北靠赵棚镇中塆村。现有14个自然塆：陈家独屋、丁家塆、高家塆、高家西塆、姜家独屋、李家凹、汪家塆、王家松林、王家塆、谢家大塆、谢家新塆、严家塆、张家陡坡、刘家塆，全村有297户，共1133人，均为汉族，总面积1.563平方千米，其中耕地面积0.4884平方千米，主要农作物为小麦、水稻，主要经济来源以外地务工为主。村委会现有工作人员4人，村内主要驻区单位有松林村村民委员会等。

陈家独屋[Chén jiā dú wū] “陈家”指的是陈姓居民，“独屋”指的是居住人口较少的村庄。以居民为陈姓为主，居住人口较少而命名。该居民点位于松林村北部，为丘陵山地地形，呈块状分布，东接刘家塆，西邻小张塆，南连李家凹，北靠姜王塆。全塆共有7户，共32人，主要以陈姓为主，均为汉族。总面积0.08147平方千米，其中耕地面积0.02546平方千米，主要农作物为小麦、水稻，主要经济来源为外地务工。

丁家塆[Dīng jiā wān] “丁家”指的是丁姓居民，“塆”指的是村庄。以居民姓氏为主而命名。该居民点位于松林村西部，为丘陵山地地形，呈块状分布，东接谢家大塆，西邻隔三合水库与洑水镇牌楼村戴家塆相望，南连谢家新塆，北小张家塆。全塆共有26户，共128人，主要以丁姓为主，均为汉族，总面积0.1222平方千米，其中耕地面积0.0509平方千米，主要农作物为小麦、水稻，主要经济来源为外地务工。

高家塆[Gāo jiā wān] “高家”指的是高姓居民，“塆”指的是村庄。以居民姓氏而命名。该居民点位于松林村东南部，为丘陵山地地形，呈块状分布，东接严家塆，西邻牌楼村，南连张家陡坡，北靠中塆村。全塆共8户，有36人，主要以高姓为主，均为汉族，总面积0.0937平方千米，其中耕地面积0.03015平方千米，主要农作物为小麦、水稻，主要经济来源为外地务工。

高家西塆[Gāo jiā xī wān] “高家”指的是高姓居民，“西”指的是东部还有同姓氏村落，“塆”指的是村庄。以居民姓氏与地理位置综合命名。该居民点位于松林村东南部，为丘陵山地地形，呈块状分布，东接九冲村八组，西邻谢家大塆，南连高岗村蒋家凹，北靠李家凹。全塆有29户，共136人，主要以高姓为主，均为汉族，总面积0.0872平方千米，其中耕地面积0.02814平方千米，主要农作物为小麦、水稻，主要经济来源为外地务工。

姜家独屋[Jiāng jiā dú wū] “姜家”指的是姜姓居民，“独屋”指的是居住人口较少的村庄。以居民为姜姓，居住人口较少而命名。该居民点位于松林村北部，为丘陵山地地形，呈块状分布，东接汪家塆，西邻王家塆，南连李家凹，北靠中塆村。全塆有9户，共46人，主要以姜姓为主，均为汉族，总面积0.0997平方千米，其中耕地面积0.03216平方千米，主要农作物为小麦、水稻，主要经济来源为外地务工。

李家凹[Lǐ jiā wā] “李家”指的是李姓居民，“凹”指的是村落地处山谷。以居民为李姓为主地处山谷而命名。该居民点位于松林村中部，为丘陵山地地形，呈块状分布，东接汪家塆，西邻王家松林，南连高家西塆，北靠王家塆。全塆有 38 户，共 142 人，主要以李姓为主，均为汉族，总面积 0.307 平方千米，其中耕地面积 0.1059 平方千米，主要农作物为小麦、水稻，主要经济来源为外地务工。

刘家塆[Liú jiā wān]　“刘家”指的是刘姓居民，“塆”指的是村庄。以居民姓氏以刘姓为主而命名。相传明初由江西麻城移民到此，一位刘姓人到此居住，后繁衍成塆，故名“刘家塆”。该居民点位于松林村东北部，为丘陵山地地形，呈块状分布，东接九冲村上破堰，西邻陈家独屋，南连汪家塆，北靠赵棚镇金塘村(现中塆村)施家独屋。全塆有 11 户，共 55 人，主要以刘姓为主，均为汉族，总面积 0.1038 平方千米，其中耕地面积 0.0335 平方千米，主要农作物为小麦、水稻，主要经济来源为外地务工。

汪家塆[Wāng jiā wān]　“汪家”指的是汪姓居民，“塆”指的是村庄。以居民姓氏以汪姓为主而命名。该居民点位于松林村东北部，为丘陵山地地形，呈块状分布，东接九冲村上破堰，西邻李家凹，南连刘家塆，北靠姜家独屋。全塆有 8 户，共 38 人，主要以汪姓为主，均为汉族，总面积 0.0959 平方千米，其中耕地面积 0.0355 平方千米，主要农作物为小麦、水稻，主要经济来源为外地务工。

王家松林[Wáng jiā sōng lín]　“王家”指的是王姓居民，“松林”指的是松树林。以居民姓氏以王姓为主，塆前有一片松树林而命名。该居民点位于松林村西北部，为丘陵山地地形，呈块状分布，东接李家凹，西邻隔三合水库与洑水镇牌楼村戴家塆相望，南连谢家新塆，北靠张家陡坡。全塆有 38 户，共 64 人，主要以王姓为主，均为汉族，总面积 0.1817 平方千米，其中耕地面积 0.0757 平方千米，主要农作物为小麦、水稻，主要经济来源为外地务工。

王家塆[Wáng jiā wān]　“王家”指的是王姓居民，“塆”指的是村庄。以居民姓氏为王姓为主而命名。该居民点位于松林村西北部，为丘陵山地地形，呈块状分布，东接姜家独屋，西邻陈家独屋，南连李家凹，北靠赵棚镇金塘村(现中塆村)陈家燕窝。全塆有 9 户，共 45 人，主要以王姓为主，均为汉族，总面积 0.0697 平方千米，其中耕地面积 0.0268 平方千米，主要农作物为小麦、水稻，主要经济来源为外地务工。

谢家大塆[Xiè jiā dà wān]　“谢家”指的是谢姓居民，“大”指的是附近还有同姓较小村落，“塆”指的是村庄。以居民为谢姓为主居住人口较多而命名。该居民点位于松林村东南部，为丘陵山地地形，呈块状分布，东接谢家大塆、九冲村秦家塆，西邻谢家新塆，南连高家西塆，北靠王家松林。全塆有 8 户，共 32 人，主要以谢姓为主，均为汉族，总面积 0.05012 平方千米，其中耕地面积 0.01474 平方千米，主要农作物为小麦、水稻，主要经济来源为外地务工。

谢家新塆[Xiè jiā xīn wān]　“谢家”指的是谢姓居民，“新”指的是村落建成年代较早，“塆”指的是村庄。以居民为谢姓为主是新建成的村庄而命名。该居民点位于松林村西南部，为丘陵山地地形，呈块状分布，东接高家西塆，西隔三合水库与洑水镇牌楼村曾彭家塆相望，南连刘家塆，北靠王家松林。全塆有 36 户，共 178 人，主要以谢姓为主，均为汉族，总面积 0.1206 平方千米，其中耕地面积 0.0402 平方千米，主要农作物为小麦、水稻，主要经济来源为外地务工。

严家塆[Yán jiā wān]　“严家”指的是严姓居民，“塆”指的是村庄。以居民姓氏为严姓为主而命名。该居民点位于松林村北部，为丘陵山地地形，呈块状分布，东接陈家独屋，西邻洑水镇牌楼村戴家塆，南连张家陡坡，北靠赵棚镇金塘村(现中塆村)李家塆。全塆有11户，共58人，主要以严姓为主，均为汉族，总面积0.1288平方千米，其中耕地面积0.04154平方千米，主要农作物为小麦、水稻，主要经济来源为外地务工。

张家陡坡[Zhāng jiā dǒu pō]　“张家”指的是张姓居民，“陡坡”指的是陡山坡。以居民以张姓为主地处陡山坡上而命名。该居民点位于松林村西北部，为丘陵山地地形，呈块状分布，东接李家凹，西隔三合水库与洑水镇，南连王家松林，北靠严家塆。全塆有40户，共198人，主要以张姓为主，均为汉族，总面积0.134平方千米，其中耕地面积0.03082平方千米，主要农作物为小麦、水稻，主要经济来源为外地务工。

二十二、双河村[Shuānghé Cūn]

“双河”指村中有两条小河，“村”指群众自治组织。

1949年10月，双河属安陆县长兴区。1952年10月属第一区陈店乡辖。1954年8月，属李店区陈店乡辖。1956年4月，属第二指导小组陈店乡辖。1958年9月，双河村改为双河大队，属上游人民公社连棚管理区辖。1961年4月属李店区连棚人民公社辖。1975年2月属陈店人民公社连棚管理区辖。1984年1月，双河大队改为双河村，属李店区陈店乡辖。1987年10月，属陈店乡辖，沿用至今。

该村位于陈店乡西南部，距政府所在地2.5千米，属于丘陵地区，东接王陈村，西邻双泉村，南连中桥村，北靠双泉村。截至2014年年末，辖区内共有6个自然塆：上吴塆、下吴塆、中吴塆、胡家坳、沈家山坡、叶家堰。常住居民239户，共1066人、辖区总面积1.5平方千米，耕地面积0.737平方千米，主要农作物有水稻、小麦、油菜。村委会办公地址设在双河村，现有工作人员4名，村内主要驻区单位有双河村村民委员会等。

胡家坳[Hú jiā ào]　“胡家”指的是胡姓居民，“坳”指的是地理特征。以居民姓氏与地理位置综合命名。相传明初由江西麻城移民到此，一位沈姓人到此居住，后繁衍成塆，因塆地处山坳处，故名“胡家坳”。该居民点位于双河村中部偏西，属于丘陵地区，呈块状分布，东接吴家塆，西邻殷家花园，南连叶家堰，北靠沈家山坡。全塆有42户，共146人，主要以胡姓为主，均为汉族。总面积0.15平方千米，其中耕地面积0.098平方千米，主要农作物为小麦、水稻、油菜，主要经济来源以外地务工为主。

上吴塆[Shàng wú wān]　“上”指的是南部还有同姓氏村落，“吴家”指的是吴姓居民，“塆”指的是村庄。以居民姓氏与地理位置综合命名。相传明初由江西麻城移民到此，一位吴姓人到此居住，后繁衍成塆，分成3个塆，此塆处北部，故名“上吴塆”。该居民点位于双河村中部偏北，属于丘陵地区，呈块状分布，东接王陈村王陈塆，西邻叶家堰，南连中吴塆，北靠双泉村陈家塆。全塆有10户，共41人，主要以吴姓为主，均为汉族。总面积0.18平方千米，其中耕地面积0.103平方千米，主要农作物为小麦、水稻、油菜，主要经济来源以外地务工为主。

沈家山坡[Shěn jiā shān pō]　“沈家”指的是沈姓居民，“山坡”指的是村落位于山坡上。居民以沈姓为主，地处于山坡上而命名。相传明初由江西麻城移民到此，一位沈姓人到此居住，后繁衍成塆，因塆地处山坡边，故名“沈家山坡”。该居民点位于双河村中部偏西，属于丘陵地区，呈块状分布，东接胡家坳，西邻许家塆，南连萧家塆，北靠殷家巷子。全塆有48户，共170人，主要以沈姓为主，均为汉族。总面积0.2平方千米，其中耕地面积0.11平方千米，主要农作物为小麦、水稻、油菜，主要经济来源以外地务工为主。

下吴塆[Xià wú wān]　“下”指的是北部还有同姓氏村落，“吴家”指的是吴姓居民，“塆”指的是村庄。以居民姓氏与地理位置综合命名。相传明初由江西麻城移民到此，一位吴姓人到此居住，后繁衍成塆，分成3个塆，此塆处南部，故名“下吴塆”。该居民点位于双河村东南部，属于丘陵地区，呈块状分布，东接王陈村下王家塆，西邻叶家堰，南连周家塆，北靠中吴塆。全塆有50户，共250人，主要以吴姓为主，均为汉族。总面积0.3平方千米，其中耕地面积0.16平方千米，主要农作物为小麦、水稻、油菜，主要经济来源以外地务工为主。

叶家堰[Yè jiā yàn]　“叶家”指的是叶姓居民，“堰”指的是较大池塘。以居民为叶姓为主，村边有较大池塘而命名。相传明初由江西麻城移民到此，一位叶姓人到此居住，后繁衍成塆，并在塆边开挖一口较大塘堰，故名“叶家堰”。该居民点位于双河村西南部，属于丘陵地区，呈块状分布，东接下吴塆，西邻桥头沈，南连郑家塆，北靠胡家坳。全塆有92户，共290人，主要以叶姓为主，均为汉族。总面积0.35平方千米，其中耕地面积0.195平方千米，主要农作物为小麦、水稻、油菜，主要经济来源以外地务工为主。

中吴塆[Zhōng wú wān]　“中”指的是南北还有2个同姓氏村落，“吴家”指的是吴姓居民，“塆”指的是村庄。以居民姓氏与地理位置综合命名。相传明初由江西麻城移民到此，一位吴姓人到此居住，后繁衍成塆，分成3个塆，此塆处中部，故名“中吴塆”。该居民点位于双河村东北部，属于丘陵地区，呈块状分布，东接王陈村王陈塆，西邻胡家坳，南连下吴塆，北靠上吴塆。全塆有29户，共90人，主要以吴姓为主，均为汉族。总面积0.2平方千米，其中耕地面积0.103平方千米，主要农作物为小麦、水稻、油菜，主要经济来源以外地务工为主。

二十三、双泉村[Shuāngquán Cūn]

“双泉”指村中传说原有两眼泉水，“村”指群众自治组织。1949年10月，双泉属安陆县长兴区。1952年10月属第一区陈店乡辖。1954年8月，属李店区陈店乡辖。1956年4月，属第二指导小组陈店乡辖。1958年9月，双泉村改为双泉大队，属上游人民公社连棚管理区辖。1961年4月属李店区连棚人民公社辖。1975年2月属陈店人民公社连棚管理区辖。1984年1月，双泉大队改为双泉村，属李店区陈店乡辖。1987年10月，属陈店乡辖，沿用至今。

该村位于陈店乡西南部，距政府所在地3.5千米，属于丘陵地区，东接王陈村，西邻中桥村，南连双河村，北靠同兴村。下辖殷家塆、邹家塆、邱家榨、邱家小塆、邹家小塆5个自然塆，全村有216户，共840人，辖区总占地面积3.5平方千米，其中有耕地面积0.65平方千米，山场面积0.16平方千米。主要农作物为水稻、小麦村委会现有工作人员4人，村内主要驻区单位有双泉村村民委员会等。

邱家小塆[Qiū jiā xiǎo wān]　“邱家”指的是邱姓居民，“小塆”指的是附近还有同姓氏较大村落。以居民为邱姓为主居住人口较少而命名。相传明洪武年间，邱姓居民从江西麻城移民到此建房居住，因居民较少，故名“邱家小塆”。该居民点位于双泉村西南部，为丘陵地区，呈条状分布，东接邱家榨，西邻邹家塆，南连双河村沈家山坡，北靠同兴村方家塆。全塆有30户，共130人，主要以邱姓为主，均为汉族。总面积0.15平方千米，其中有耕地面积0.086平方千米，主要农作物为小麦、水稻，主要经济来源以外地务工为主。

邱家榨[Qiū jiā zhà]　“邱家”指的是邱姓居民，“榨”指的是榨油作坊。以居民为邱姓为主，村中原有榨油作坊而命名。该居民点位于双泉村东南部，为丘陵地区，呈条状分布，东接王陈村上王家塆，北接同兴村方家松林，西邻邱家小塆，南连双河村上吴家塆。全塆有50户，共180人，主要以邱姓为主，均为汉族。总面积0.26平方千米，其中有耕地面积0.147平方千米，山场面积0.06平方千米，主要农作物为小麦、水稻，主要经济来源以外地务工为主。

殷家塆[Yīn jiā wān]　“殷家”指的是殷姓居民，“塆”指的是村庄。以所住居民主要以殷姓为主而命名。相传明初由江西麻城移民到此，一位殷姓人到此居住，后繁衍成塆，故名“殷家塆”。该居民点位于双泉村西南部，为丘陵地区，呈条状分布，东接邱家小塆，西邻李店镇方岗村邱家塆，南连双河村许家塆，北靠邹家塆。主要以殷姓为主，均为汉族。全塆有50户，共180人，总面积0.25平方千米，其中有耕地面积0.113平方千米，山场面积0.026平方千米，主要农作物为小麦、水稻，主要经济来源以外地务工为主。

邹家塆[Zōu jiā wān]　“邹家”指的是邹姓居民，“塆”指的是村庄。以当地居民为邹姓为主而命名。相传明初由江西麻城移民到此，一位邹姓人到此居住，后繁衍成塆，故名“邹家塆”。该居民点位于双泉村西部，为丘陵地区，呈条状分布，东接邱家小塆、殷家塆，西邻李店镇方岗村邱家塆，南连殷家塆，北靠同兴村蒋家塆。全塆有86户，共350人，主要以邹姓为主，均为汉族。总面积0.34平方千米，其中有耕地面积0.173平方千米，山场面积0.047平方千米，主要农作物为小麦、水稻，主要经济来源以外地务工为主。

邹家小塆[Zōu jiā xiǎo wān]　“邹家”指的是邹姓居民，“小”指的是附近还有同姓氏较大村落，“塆”指的是村庄。以居民为邹姓且居住人口较少而命名。相传明洪武年间，邹姓居民从江西麻城移民到此建房居住，因居民较少，故名“邹家小塆”。该居民点位于双泉村南部，为丘陵地区，呈条状分布，东接村级公路，西邻李店镇方岗村邱家塆，南连殷家塆，北靠邹家塆。全塆有23户，共110人，主要以邹姓为主，均为汉族。总面积0.21平方千米，其中有耕地面积0.146平方千米，山场面积0.036平方千米，主要农作物为小麦、水稻，主要经济来源以外地务工为主。

二十四、沈畈村[Shěnfàn Cūn]

“沈畈”指该村有居民点“沈家畈塆”，“村”指群众自治组织。

1949年10月，沈畈属安陆县长兴区辖。1952年10月属第一区陈店乡辖。1954年8月，属李店区陈店乡辖。1956年4月，属第二指导小组陈店乡辖。1958年9月，沈畈村改为沈畈大队，属上游人民公社陈店管理区辖。1961 年 4 月属李店区陈店人民公社辖。1975 年 2 月属陈店人民公社陈店管理区辖。1984 年 1 月，沈畈大队改为沈畈村，属李店区陈店乡辖。1987 年 10 月，属陈店乡辖，沿用至今。

该村位于陈店乡中部偏南，距政府所在地约 3.5 千米，为丘陵山地地形。东接胡祠村，西邻同兴村，南连黄巷村、王陈村，北靠何胡村。主要以沈、孙、万、方、蒋、武、严、谭、刘、陈姓为主，均为汉族。截至 2014 年 9 月，辖区内共有 12 个村民小组，13 个自然塆：孙家大塆、万家塆、方黄塆、谭蒋塆、沈家畈塆、刘陈塆、武家塆、严家塆、沈家河塆、沈家西塆、孙家老塆、孙家西塆、陈家独屋。村内有常住居民 393 户，共 1583 人，辖区总占地面积 1.6 平方千米，其中耕地面积为 1.106 平方千米，山场面积为 0.313 平方千米，主要农作物为小麦、水稻。村委会现有工作人员 4 名，村内主要驻区单位有沈畈村村民委员会等。

陈家独屋[Chén jiā dú wū]　“陈家”指的是陈姓居民，“独屋”指的是居住人口较少的村庄。以居民姓氏而命名。相传明洪武年间，陈姓居民从江西麻城移民到此建房居住，因最初只建一栋房屋，故名“陈家独屋”。该居民点位于沈畈村东部，为丘陵山地地形，呈块状分布，东接胡祠村胡家新塆，西邻沈家畈，南连谭蒋塆，北靠沈家河塆。全塆有 10 户，共 49 人，主要以陈姓为主，均为汉族。总面积为 0.0469 平方千米，其中有耕地面积 0.03417 平方千米，主要农作物为小麦、水稻，主要经济来源以外地务工为主。

方黄塆[Fāng huáng wān]　“方黄”指的是方姓、黄姓居民，“塆”指的是村庄。以居民姓氏为方、黄而姓为主而命名。相传明洪武年间，方姓居民从江西麻城移民到此建房居住，不久黄姓居民也来居住，后繁衍成为塆，以“先到为大”惯例，故名“方黄塆”。该居民点位于沈畈村南部，为丘陵山地地形，呈块状分布，东接万家塆，西邻同兴村王家独屋，南连王陈村周陈塆，北靠谭蒋塆。全塆有 36 户，共 156 人，主要以方、黄、蒋姓为主，均为汉族。总面积为 0.15 平方千米，其中有耕地面积 0.105 平方千米，主要农作物为小麦、水稻，主要经济来源以外地务工为主。

刘陈塆[Liú chén wān]　“刘陈”指的是刘姓、陈姓居民，“塆”指的是村庄。以居民为刘、陈二姓为主而命名。相传明洪武年间，刘姓居民从江西麻城移民到此建房居住，不久陈姓居民也来居住，后繁衍成为塆，以“先到为大”惯例，故名“刘陈塆”。该居民点位于沈畈村西南部，为丘陵山地地形，呈条状分布，东接沈家畈，西邻武家塆，南连谭蒋塆，北靠沈家西塆。全塆有 12 户，共 98 人，主要以刘、陈二姓为主，均为汉族。总面积为 0.09 平方千米，其中有耕地面积 0.066 平方千米，主要农作物为小麦、水稻，主要经济来源以外地务工为主。

沈家畈塆[Shěn jiā fàn wān]　“沈家”指的是沈姓居民，“畈”指的是平原田地，“塆”指的是村庄。沈家畈塆简称沈家畈。相传明洪武年间，沈姓居民从江西麻城移民到此，发现此地有片小平畈，就在此建房居住，故名“沈家畈塆”。该居民点位于沈畈村中部偏南，为丘陵山地地形，呈块状分布，东接孙家西塆，西邻刘陈塆，南连谭蒋塆，北靠沈家河塆。全塆有 52 户，共 243 人，主要以沈、陈二姓为主，均为汉族。总面积为 0.3 平方千米，其中有耕地面积 0.151 平方千米，主要农作物为小麦、水稻，主要经济来源以外地务工为主。

沈家河塆[Shěn jiā hé wān]　又名沈家巷子。“沈家”指的是姓氏，“河”指的是河流，“塆”指的是村庄。相传明洪武年间，沈姓居民从江西麻城移民到此，看到此地有条小河，便建房居住，后繁衍成为塆(因塆中有道巷子，又名“沈家巷子”），故名“沈家河塆”。该居民点位于沈畈村西北部，呈块状分布，东接何胡村许家大塆，西邻沈家西塆，南连沈家畈塆，北靠何胡村刘家院墙塆。主要以沈姓为主，均为汉族。全塆145人，49户，总面积为0.18平方千米，占地面积0.02平方千米，有耕地面积0.128平方千米，主要农作物为水稻、小麦，主要经济来源为外地务工与种植。

沈家西塆[Shěn jiā xī wān]　“沈家”指的是姓氏，“西塆”指的是村落东部还有同姓氏村落。相传明洪武年间，沈姓居民从江西麻城移民到此，看到此地有条小河，便建房居住，后繁衍成为塆(因塆中有道巷子，又名“沈家巷子”)，故名“沈家河塆”。清代时，因原塆住不下，部分村民迁到此地居住，因地处原塆西部，故名“沈家西塆”。该居民点位于沈畈村西北部，呈条状分布，东接沈家河塆，西邻严家塆，南连刘陈塆，北靠何胡村黄家岗塆。主要以沈、万、高、李姓为主，均为汉族。全塆97人，36户，总面积为0.13平方千米，占地面积0.02平方千米，耕地面积0.091平方千米，主要农作物为水稻、小麦，主要经济来源为外地务工与种植。

孙家大塆[Sūn jiā dà wān]　“孙家”指的是孙姓居民，“大塆“指的是居住人口较多的村庄。以孙姓居住人口较多而命名。相传明洪武年间，孙姓居民从江西麻城移民到此建房居住，因居民较多，故名“孙家大塆”。该居民点位于沈畈村东南部，为丘陵山地地形，呈块状分布，东接胡祠村胡家大塆，西邻万家塆，南连孙家老塆，北靠孙家西塆。全塆有32户，共138人，主要以孙姓为主，均为汉族。总面积为0.16平方千米，其中有耕地面积0.091平方千米，主要农作物为小麦、水稻，主要经济来源以外地务工为主。

孙家老塆[Sūn jiā lǎo wān]　“孙家”指的是孙姓居民，“老”指的是时间悠久，“塆”指的是村庄。以孙姓居民较多，建成时间较长而命名。相传明洪武年间，孙姓居民从江西麻城移民到此建房居住，到清代时此塆住不下，部分村民迁到别处居住，故名“孙家老塆”。该居民点位于沈畈村东南部，为丘陵山地地形，呈条状分布，东接胡祠村胡家中塆，西邻万家塆，南连黄巷村，北靠孙家大塆。全塆有36户，共132人，主要以孙姓为主，均为汉族。总面积为0.16平方千米，其中有耕地面积0.087平方千米，主要农作物为小麦、水稻，主要经济来源以外地务工为主。

孙家西塆[Sūn jiā xī wān]　“孙家”指的是孙姓居民，“西”指的是地理位置，“塆”指的是村庄。相传明洪武年间，孙姓居民从江西麻城移民到此建房居住，到清代时原塆住不下，部分村民迁到此居住，因在原塆西部，故名“孙家西塆”。该居民点位于沈畈村东南部，为丘陵山地地形，呈条状分布，东接孙家大塆，西邻谭蒋塆，南连万家塆，北靠沈家畈。全塆有12户，共39人，主要以孙姓为主，均为汉族。总面积为0.06平方千米，其中有耕地面积0.036平方千米，主要农作物为小麦、水稻，主要经济来源以外地务工为主。

谭蒋塆[Tán jiǎng wān]　“谭蒋”指的是姓氏，“塆”指的是村庄。相传明洪武年间，谭姓居民从江西麻城移民到此建房居住，不久蒋姓居民也来居住，后繁衍成为塆，以“先到为大”惯例，故名“谭蒋塆”。该居民点位于沈畈村南部，呈块状分布，东接万家塆、孙家西塆，西邻同兴村邹家大堰，南连方黄塆，北靠沈家畈塆。主要以谭、蒋、方姓为主，均为汉族。全塆143人，26户，总面积为0.18平方千米，占地面积0.02平方千米，耕地面积0.095平方千米，主要农作物为水稻、小麦，主要经济来源为外地务工与种植。

万家塆[Wàn jiā wān]　“万家”指的是姓氏，“塆”指的是村庄。相传明洪武年间，万姓居民从江西麻城移民到现云梦伍洛一带居住，到清康熙年间，兄弟间分家，其中一户因分到房屋太少，一气之下带全家到此地居住，以姓为塆名，故名“万家塆”。该居民点位于沈畈村东南部，村委会所在地在其中，呈块状分布，东接孙家塆，西邻方黄塆、谭蒋塆，南连黄巷村西傅家塆，北靠孙家西塆。主要以万姓为主，均为汉族。全塆 154 人，35 户，总面积为 0. 16 平方千米，占地面积 0. 02 平方千米，耕地面积 0. 084 平方千米，主要农作物为水稻、小麦，主要经济来源为外地务工与种植。

武家塆[Wǔ jiā wān]　又名严武塆。“武家”指的是姓氏，“塆”指的是村庄。相传明洪武年间，严姓居民从江西麻城移民到此建房居住，不久武姓居民也来居住，后繁衍成为塆，以“先到为大”惯例，故名“严武塆”，后武姓人家增多，人们称为“武家塆”。该居民点位于沈畈村西北部，呈块状分布，东接刘陈塆，西邻同兴村蒋家独屋，南连同兴村邹家大堰，北靠严家塆。主要以武、蒋二姓为主，均为汉族。全塆 126 人，42 户，总面积为 0. 12 平方千米，占地面积 0. 02 平方千米，耕地面积 0. 084 平方千米，主要农作物为水稻、小麦，主要经济来源为外地务工与种植。

严家塆[Yán jiā wān]　“严家”指的是严姓居民，“塆”指的是村庄。以居民姓氏多为严姓而命名。相传明洪武年间，严姓居民从江西麻城移民到此建房居住，后繁衍成塆，故名“严家塆”。该居民点位于沈畈村西北部，为丘陵山地地形，呈条状分布，东接刘陈塆，西邻高岗村郭家塆，南连武家塆，北靠何胡村黄家岗。全塆有 29 户，共 112 人，主要以严姓为主，均为汉族。总面积为 0. 15 平方千米，其中有耕地面积 0. 091 平方千米，主要农作物为小麦、水稻，主要经济来源以外地务工为主。

二十五、殷陈村[Yīnchéncūn]

“殷陈”指该村“殷、陈”姓居民较多，“村”指群众自治组织。相传该村自明洪武年间起，为殷姓与陈姓两大姓，到明嘉靖年间，殷家没有儿子，但家产较丰，就把陈家儿子过继给殷家，因而古代此地殷陈两姓从不通婚。

清朝时属三板桥会，民国时属两鹤乡。1949 年 10 月殷陈属安陆县陈家店区(亦称赵家棚区)。1952 年 10 月，属第七区刘兴乡辖。1954 年 8 月属第一区刘兴乡辖。1956 年 4 月，属第一指导小组刘兴乡辖。1958 年 9 月，殷陈村改为殷陈大队，属卫星人民公社刘兴管理区辖。1961 年 4 月属赵棚区刘兴人民公社辖。1975 年 2 月，属陈店人民公社刘兴管理区辖。1983 年 12 月，殷陈大队改为殷陈村，属赵棚区刘兴乡辖。1987 年 9 月，属陈店乡辖，沿用至今。

殷陈村位于陈店乡西北部，距政府所在地 11 千米。为丘陵山地地形。东接孝昌县季店乡厉店村，西邻饶塆村，南连东罗村，北靠赵棚村。主要以殷、陈、熊姓为主，均为汉族。截至 2014 年 9 月，辖区内共有 5 个村民小组，5 个自然塆：殷家大塆、陈家幺塆、陈家大塆、陈家上屋、熊家大塆。村内有常住居民 245 户，共 800 人，辖区占地面积 1. 2 平方千米，其中耕地面积为 0. 67 平方千米，主要农作物为小麦、水稻。村委会现有工作人员 3 名，村内主要驻区单位有殷陈村村民委员会等。

陈家大塆[Chén jiā dà wān] “陈家”指的是姓氏，“大”指的是附近还是同姓氏“小”村落，“塆”指的是村庄。相传明洪武年间，陈姓居民从江西麻城移民到此建房居住，后繁衍较快，成为较大的塆，故名“陈家大塆”。该居民点位于殷陈村西北部，呈块状分布，东接陈家幺塆，西邻饶塆村饶家下塆，南连饶塆村徐杨塆，北靠赵棚镇兴农村程家畈。主要以陈姓为主，均为汉族。全塆209人，53户，总面积为0.24平方千米，占地面积0.02平方千米，耕地面积0.137平方千米，主要农作物为小麦、水稻，主要经济来源以外地务工与种植。

陈家上屋[Chén jiā shàng wū] “陈家”指的是姓氏，“上屋”指的是居民辈分较长及村庄建在地势较高处。相传明洪武年间，陈姓居民从江西麻城移民到陈家大塆居住，清康熙年间，从陈家大塆分出部分村民到此居住，因辈分较长，又处在高处，故名“陈家上屋”。该居民点位于殷陈村东南部，呈条状分布，东接孝昌季店乡厉店村河边雷，西邻殷陈塆，南连熊家大塆，北靠殷家大塆。主要以陈姓为主，均为汉族。全塆190人，48户，总面积为0.3平方千米，占地面积0.02平方千米，耕地面积0.157平方千米，主要农作物为小麦、水稻，主要经济来源以外地务工与种植。

陈家幺塆[Chén jiā yāo wān] 又名幺塆陈。“陈家”指的是姓氏，“幺塆”指的是村落居民在宗族中排在最小房头。相传明洪武年间，陈姓居民从江西麻城移民到陈家大塆居住，清康熙年间，从陈家大塆分出部分村民到此居住，因在房头中最小，故名“陈家幺塆”。该居民点位于殷陈村东北部，呈块状分布，东接殷家大塆，西邻陈家大塆，南连殷家大塆，北靠陈家独屋。主要以陈姓为主，均为汉族。全塆145人，36户，总面积为0.21平方千米，占地面积0.02平方千米，耕地面积0.112平方千米，主要农作物为小麦、水稻，主要经济来源以外地务工与种植。

熊家大塆[Xióng jiā dà wān] “熊家”指的是姓氏，“大”指村落中居民较多，“塆”指的是村落。相传明洪武年间，熊姓居民从江西麻城移民到此建房居住，后繁衍较快，成为较大的塆，故名“熊家大塆”。该居民点位于殷陈村东南部，呈条状分布，东接孝昌县季店乡厉店村熊家新塆，西邻饶湾村杨家新塆，南连东罗村张熊村，北靠陈家上塆。主要以熊姓为主，均为汉族。全塆144人，36户，总面积为0.16平方千米，占地面积0.02平方千米，耕地面积0.11平方千米，主要农作物为小麦、水稻，主要经济来源以外地务工与种植。

殷家大塆[Yī jiā dà wān] “殷家”指的是姓氏，“大”指的是附近还有同姓氏“小”村落，“塆”指的是村庄。相传明洪武年间，殷姓居民从江西麻城移民到此建房居住，后繁衍较快，成为较大的塆，故名“殷家大塆”。该居民点位于殷陈村东部，村委会所在地在其中，呈块状分布，东接孝昌县季店乡厉店村新村，西邻赵棚镇兴农村殷家小塆，南连陈家上屋，北靠陈家大塆。主要以殷姓为主，均为汉族。全塆121人，35户，总面积为0.16平方千米，占地面积0.02平方千米，耕地面积0.081平方千米，主要农作物为小麦、水稻，主要经济来源以外地务工与种植。

二十六、同兴社区[Tóngxìng Shèqū]

“同兴”指社区内有居民点“同兴店”，“社区”指群众自治组织。清朝时属陈家庙会，民国时属迎宾乡。

1949 年 10 月，同兴属安陆县长兴区。1952 年 10 月属第一区陈店乡辖。1954 年 8 月，属李店区陈店乡辖。1956 年 4 月，属第二指导小组陈店乡辖。1958 年 9 月，同兴村改为同兴大队，属上游人民公社陈店管理区辖。1961 年 4 月属李店区陈店人民公社辖。1975 年 2 月属陈店人民公社陈店管理区辖。1984 年 1 月，同兴大队改为同兴村，属李店区陈店乡辖。1987 年 10 月，属陈店乡辖。2001 年改为同兴社区，属陈店乡辖，沿用至今。

同兴社区位于陈店乡中部偏南，距政府所在地 3. 5 千米，属于丘陵地区，东接沈畈村，西邻洑水镇熊岗村，南连双泉村，北靠高岗村。下辖方家塆、蒋家塆、老黄家塆、刘家塆、方家松林塆、上蒋塆、石塘塆、同兴店、同兴集镇、万家塆、王家独塆、武家塆、小黄家塆、熊米塆、叶家塆、邹家大堰塆 16 个自然塆，全社区 405 户，1570 人，辖区占地面积 10 平方千米，其中有耕地面积 1. 179 平方千米，山场面积 0. 08 平方千米。主要农作物为水稻、小麦，主要经济来源以外地务工为主。居委会现有工作人员 5 人，社区内主要驻区单位有同兴社区居民委员会等。

方家松林塆[Fāng jiā sōng lín wān]　“方家”指的是姓氏，“松林”指的是村落边有一片松林，“塆”指的是村庄。相传明洪武年间，方姓居民从江西麻城移民到此，请风水先生相中一片山坡居住，塆里人多在塆周围植树，后形成一片松树林。故名“方家松林塆”。该居民点位于同兴社区西南部，呈条状分布，东接方黄塆，西邻蒋家塆，南连双泉村邱家榨，北靠方家塆。主要以方姓为主，均为汉族。全塆 85 人，25 户，总面积 0. 12 平方千米，占地面积 0. 03 平方千米，耕地面积 0. 074 平方千米，主要农作物为小麦、水稻、油菜，主要经济来源为外地务工与种植。

方家塆[Fāng jiā wān]　“方家”指的是姓氏，“塆”指的是村庄。相传明洪武年间，方姓居民从江西麻城移民到方家松林塆居住，清康熙年间从该塆迁出部分居民到此居住，故名“方家塆”。该居民点位于同兴社区西北部，呈条状分布，东接邹家咀，西接蒋家塆，北接石塘塆，南连方家松林。主要以方姓为主，均为汉族，全塆 91 人，28 户，总面积 0. 1 平方千米，占地面积 0. 02 平方千米，耕地面积 0. 063 平方千米。主要农作物为小麦、水稻、油菜，主要经济来源为外地务工与种植。

蒋家塆[Jiǎng jiā wān]　“蒋家”指的是姓氏，“塆”指的是村庄。相传明洪武年间，蒋姓居民从江西麻城移民到上蒋家塆居住，清康熙年间，从上蒋塆迁出部分居民到此居住，故名“蒋家塆”。该居民点位于同兴社区西南部，呈条状分布，东连方家塆，西接黄家塆，南连双泉村邹家塆，北靠黄家塆。主要以蒋姓为主，均为汉族，全塆 115 人，30 户，总面积 0. 14 平方千米，占地面积 0. 03 平方千米，耕地面积 0. 073 平方千米。主要农作物为小麦、水稻、油菜，主要经济来源为外地务工与种植。

老黄家塆[Lǎo huáng jiā wān]　“老”指的是村落建成年代较早，“黄家”指的是姓氏，“塆”指的是村庄。相传明洪武年间，黄姓居民从江西麻城移民到此建房居住，后繁衍成塆，附近黄姓多为此塆迁出，故名“老黄家塆”。该居民点位于同兴社区西南部，呈条状分布，东接蒋家塆，西接洑水镇熊岗村萧家塆，北接方家塆，南接双泉村殷家巷子。主要以黄姓为主，均为汉族，全塆 120 人 32 户，总面积 1. 18456 平方千米，占地面积 0. 03 平方千米，耕地面积 0. 8621 平方千米。主要农作物为小麦、水稻、油菜，主要经济来源为外地务工与种植。

刘家塆[Liú jiā wān] “刘家”指的是姓氏，“塆”指的是村庄。相传明洪武年间，刘姓居民从江西麻城移民到此，繁衍成塆，故名“刘家塆”。该居民点位于同兴社区西部，呈条状分布，东接同兴店，西邻洑水镇熊岗村萧家塆，南连小黄家塆，北靠高岗村方家塆。主要以刘姓为主，均为汉族。全塆 151 人，36 户，总面积 0. 24 平方千米，占地面积 0. 02 平方千米，有耕地面积 0. 124 平方千米，主要农作物为小麦、水稻、油菜，主要经济来源为外地务工与种植。

上蒋塆[Shàng jiǎng wān] “上”指的是南部还有同姓氏村落，“蒋”指的是姓氏，“塆”指的是村庄。相传明洪武年间，蒋姓居民从江西麻城移民到此，繁衍成塆，至清康熙年间，部分居民迁出，长房留在此地居住，故名“上蒋塆”。该居民点位于同兴社区东北部，呈条状分布，东接武家塆，西邻同兴店，南连石塘塆，北靠熊米塆。主要以蒋姓为主，均为汉族。全塆 42 人，13 户，总面积 0. 14 平方千米，占地面积 0. 02 平方千米，耕地面积 0. 027 平方千米，山场面积 0. 017 平方千米。主要农作物为小麦、水稻、油菜，主要经济来源为外地务工与种植。

石塘塆[Shí táng wān] 又名石塘邹。“石塘”指的是村落边有一口在石山上开出来的池塘，“塆”指的是村庄。相传明洪武年间，邹姓居民从江西麻城移民到此，相中一处地方建房，繁衍成塆后，举全塆人之力，从山边开挖出一口池塘，开挖中，因出现石头，工程进展缓慢，好几年后，池塘才建成。塆里人们觉得应记住此事，故名“石塘塆”。该居民点位于同兴社区西部，呈条状分布，东接邹家大堰塆，西邻小黄家塆，南连方家塆，北靠同兴店。均为汉族，全塆 135 人，26 户，总面积 0. 27 平方千米，占地面积 0. 03 平方千米，耕地面积 0. 127 平方千米，山场面积 0. 013 平方千米。主要农作物为小麦、水稻、油菜，主要经济来源为外地务工与种植。

同兴店[Tóng xìng diàn] “同兴”指的是当初在此开店人家都希望生意好，“店”指的是集镇。相传清乾隆年间，附近几位商家相约到此开集经商，故名“同兴店”。该居民点位于同兴社区西北部，呈条状分布，东接沈畈村刘陈塆，西邻刘家塆，南连石塘塆，北靠上蒋塆。均为汉族，全塆 115 人，27 户，总面积 0. 16 平方千米，占地面积 0. 03 平方千米，耕地面积 0. 076 平方千米。主要农作物为小麦、水稻、油菜，主要经济来源为外地务工与种植。

同兴集镇[Tóng xìng jí zhèn] 又名 黄家塆。“同兴”指的是地理位置，“集镇”指的是集贸交易中心。因当地居民点人口较多，且位于同兴社区中心地带，是该地主要的集贸交易中心而命名。该居民点位于同兴社区西北部，居委会所在地在其中，呈条状分布，东接方黄塆，西邻洑水熊岗村方家松林，南连双泉村上王家塆，北靠邹家咀。均为汉族，全镇 5000 人，1300 户，总面积 7 平方千米，其中有耕地面积 6. 67 平方千米。主要农作物为小麦、水稻、油菜，主要经济来源为外地务工与种植。

万家塆[Wàn jiā wān] “万家”指的是姓氏，“塆”指的是村庄。相传明洪武年间，万姓居民从江西麻城移民到此，繁衍成塆，故名“万家塆”。该居民点位于同兴社区西北部，居民点呈条状分布，东接上蒋塆，西邻方家塆，南连夏家塆，北靠高岗村杨家塆。主要以万姓为主，均为汉族，全塆 135 人，28 户，总面积 0. 19 平方千米，占地面积 0. 03 平方千米，耕地面积 0. 103 平方千米，山场面积 0. 013 平方千米。主要农作物为小麦、水稻、油菜，主要经济来源为外地务工与种植。

王家独屋[Wáng jiā dú wū]　“王家”指的是姓氏，“独屋”指的是居住人口较少的村庄。相传清康熙年间，王姓居民从外地逃荒到此，选址居住，后繁衍成垸，因起初只有一栋房屋，故名“王家独屋”。该居民点位于同兴社区西南部，呈条状分布，东接沈畈村谭蒋垸，西邻小黄家垸，南连方家松林。主要以王姓为主，均为汉族，全垸 82 人，28 户，总面积 0.12 平方千米，占地面积 0.02 平方千米，耕地面积 0.059 平方千米，山场面积 0.0067 平方千米。主要农作物为小麦、水稻、油菜，主要经济来源为外地务工与种植。

武家垸[Wǔ jiā wān]　“武家”指的是姓氏，“垸”指的是村庄。相传明洪武年间，武姓居民从江西麻城移民到此，请风水先生相中一片山坡居住，繁衍成垸后，故名“武家垸”。该居民点位于同兴社区东北部，呈条状分布，东接沈畈村沈家垸，西邻上蒋垸，南连邹家大堰，北靠严家垸。主要以武姓为主，均为汉族，全垸 65 人，21 户，总面积 0.09 平方千米，占地面积 0.02 平方千米，耕地面积 0.045 平方千米。主要农作物为小麦、水稻、油菜，主要经济来源为外地务工与种植。

小黄家垸[Xiǎo huáng jiā wān]　“小”指的是面积，“黄家”指的是姓氏，“垸”指的是村庄。相传明洪武年间，黄姓居民从江西麻城移民到老黄家垸建房居住，后繁衍成垸，清康熙年间，从老黄家垸迁出部分居民来此居住，故名“小黄家垸”。位于同兴社区，为丘陵地区，呈条状分布，东至石塘垸，南至蒋家垸，西至老黄家垸，北至刘家垸。主要以黄姓为主，均为汉族，全垸 35 人，8 户，总面积 0.07 平方千米，其中有耕地面积 0.027 平方千米。主要农作物为小麦、水稻，主要经济来源以外地务工为主。

熊米垸[Xióng mǐ wān]　“熊米”指的是姓氏，“垸”指的是村庄。相传明洪武年间，熊姓居民从江西麻城移民到此，请风水先生相中一片山坡居住，后有米姓居民来此居住，繁衍成垸后，故名“熊米垸”。该居民点位于同兴社区西北部，呈条状分布，东接武家垸，南连叶家垸，西接高岗村龙家垸，北靠高岗村熊家独屋。主要以熊姓和米姓为主，均为汉族，全垸 18 人，6 户，总面积 0.08 平方千米，占地面积 0.01 平方千米，有耕地面积 0.04 平方千米。主要农作物为小麦、水稻、油菜，主要经济来源为外地务工与种植。

叶家垸[Yè jiā wān]　“叶家”指的是姓氏，“垸”指的是村庄。相传明洪武年间，叶姓居民从江西麻城移民到此，繁衍成垸，故名“叶家垸”。该居民点位于同兴社区西北部，呈条状分布，东接沈畈村刘陈垸，西邻夏家垸，南连同兴店，北靠上蒋垸。主要以叶姓为主，均为汉族，全垸 120 人，26 户，总面积 1.2 平方千米，占地面积 0.03 平方千米，耕地面积 0.615 平方千米。主要农作物为小麦、水稻、油菜，主要经济来源为外地务工与种植。

邹家大堰垸[Zōu jiā dà yàn wān]　“邹家”指的是姓氏，“大堰”指的是村落边有一口大池塘，“垸”指的是村庄。相传明洪武年间，邹姓居民从江西麻城移民到此，相中一处可挖成池塘的地方建房，繁衍成垸后，举全垸人之力，开挖出一口大池塘(方言称“堰”)，故名“邹家大堰”。该居民点位于同兴社区东北部，居民点呈条状分布，东接沈畈村谭蒋垸，西邻石塘垸，北靠沈畈村刘陈垸，南连王家垸。主要以邹姓为主，均为汉族，全垸 132 人，38 户，总面积 0.26 平方千米，占地面积 0.03 平方千米，耕地面积 0.127 平方千米。主要农作物为小麦、水稻、油菜，主要经济来源为外地务工与种植。

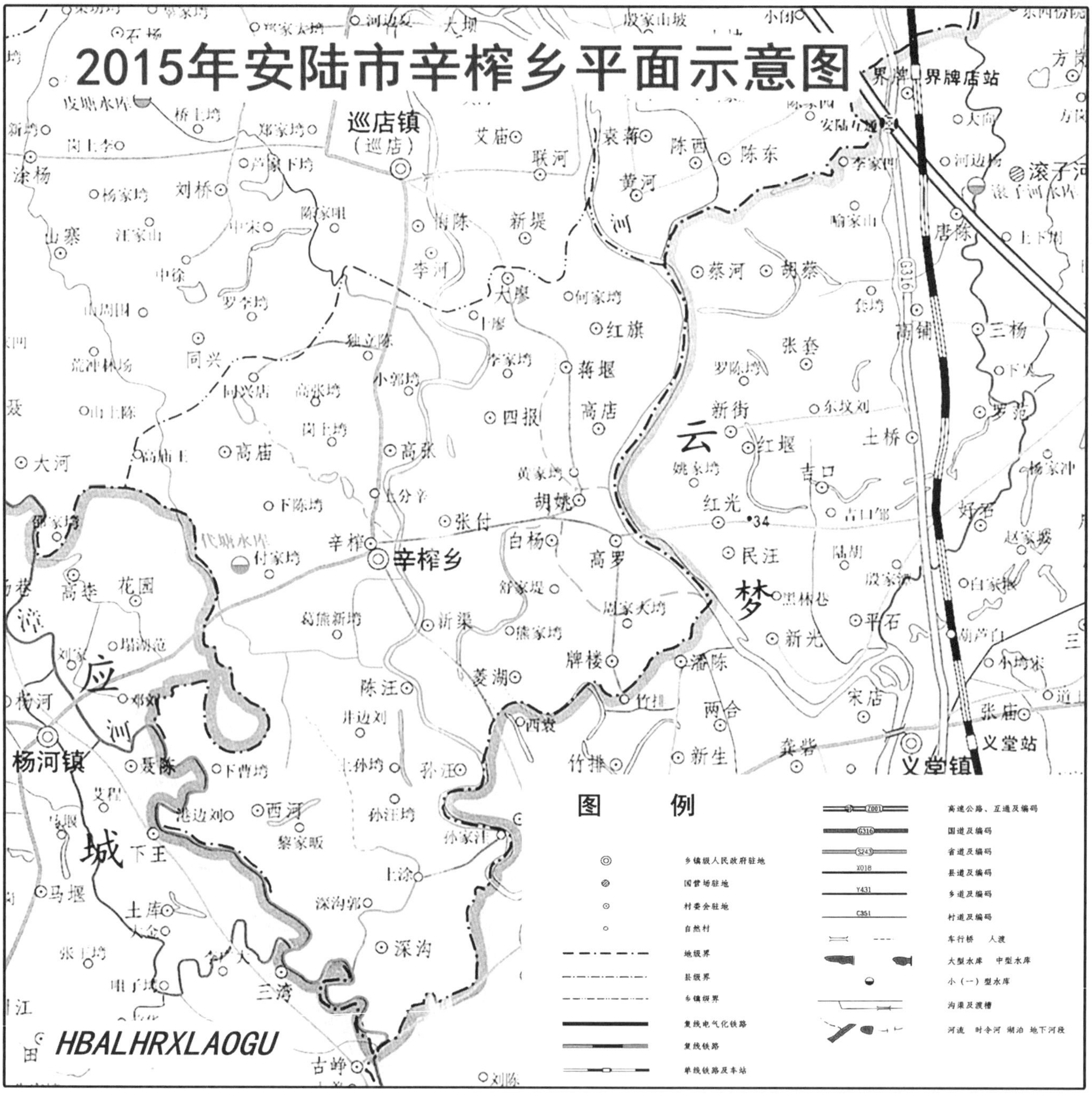
2015年安陆市辛榨乡平面示意图
巡店镇
（巡店）
界牌店站
滚子河
艾庙
联河
袁畈
陈西
陈东
黄河
河
街陈
新堤
李河
大廖
红旗
蒋堰
四报
高店
高张
高庙
同兴
大河
胡姚
张付
辛榨
辛榨乡
白杨
高罗
新渠
菱湖
牌楼
陈汪
孙汪
西河
深沟
三湾
古峥
杨河镇
应
城
下王
马堰
土库
云
梦
新街
红堰
吉口
红光
民汪
新光
平石
两合
宋店
新生
龚岩
义堂镇
义堂站
张店
高铺
三杨
土桥
蔡河
胡蔡
张垄
唐陈
代塘水库
付家垸
花园
高巷
竹排
HBALHRXLAOGU
图例
乡镇级人民政府驻地
国营场驻地
村委会驻地
自然村
地级界
县级界
乡镇级界
复线电气化铁路
复线铁路
单线铁路及车站
高速公路、互通及编码
国道及编码
省道及编码
县道及编码
乡道及编码
村道及编码
车行桥
人渡
大型水库
中型水库
小（一）型水库
沟渠及渡槽
河流
时令河
湖泊
地下河段

第十四章　辛榨乡

第一节　概　　况

辛榨乡[Xīnzhà Xiāng]，“辛榨”原是名为“辛家渡”的渡口，清同治年间，由中份辛的辛继贞、辛继祖姐弟开榨坊兴起。相传辛家渡的芝麻油香飘十里，后改名辛家榨，简称“辛榨”。榨坊一开，生意源源不断，连隔壁左右的杂货铺，疋头店、饭馆的生意也跟着兴旺起来了，于是人们就商量在这里开集。取集镇名字的时候，大家说这个镇是辛家的榨坊先起来的，就把名字叫作“辛家榨”。

1949年10月属巡店区，1952年10月属第二区辛榨乡。1956年4月属第三指导小组辛榨乡，1958年9月为幸福人民公社辛榨管理区，同年底为巡店人民公社辛榨管理区。1961年4月为巡店区辛榨人民公社。1975年2月为巡店人民公社辛榨管理区。1984年1月为巡店镇辛榨乡。1987年9月撤区并乡，将原属巡店镇的辛榨乡、高店乡合并为辛榨乡，沿用至今。

辛榨乡地处安陆市南部，北距安陆市区25千米，东接南城街道、云梦县义堂镇，西邻应城市杨河镇，南连云梦县胡金店镇，北靠安陆巡店镇。辖区东西最大距离6千米，南北最大距离8千米，总面积45.6平方千米，其中陆地面积42.1平方千米，水域面积3.5平方千米。全乡辖辛榨、红旗、大廖、蒋堰、高店、胡姚、高罗、牌楼、四报、白杨、菱湖、新渠、张付、高张、高庙、陈汪、孙汪、西河、深沟19个行政村（社区），161个村民小组，120个自然垮，11669户，38266人，以汉族为主，其他少数民族有土家族。

辛榨乡属于北亚热带季风气候区，其气候特点是四季分明，雨热同季，光照充足，无霜期长，常年平均气温15.3℃，无霜期年平均240天，年平均降水量1068毫米。境内大部分为府河冲积平原，地势东南平坦，西北略高为浅丘，地面高程海拔31~108米。主要河流有外府河、内府河，属府河水系，一般只有灌溉之功，却无航运之利。境内沟、湖港、汊密布，河道总长22.5千米。

辛榨乡冬季寒冷，夏季炎热多雨。年平均气温为15.9℃，极端最高气温为40.5℃，极端最低气温为-15.3风光秀丽，气候宜人，为发展农业生产提供了良好的条件，适宜种植小麦、水稻、油料作物和棉花。

耕地面积41245亩，以种植水稻、小麦、棉花、蔬菜为主，蔬菜的主要品种有白花菜、白萝卜、白菜等，畜牧业以猪、牛、羊、家禽为主。辛榨乡主产水稻、小麦和棉花，经济作物有花生、芝麻、油菜、红薯、莲藕、南乡萝卜等。

辛榨社区是辛榨乡政府所在地，集镇面积1.5平方千米，总人口5862人，其中非农人口4651人，常住人口5399人；集镇有4条街道，分别为：烟应大道，长2.2千米，宽20米；府河街，长1千米，宽18米；南街长0.8千米，宽18米；西街，长1.2千米，宽20米。

集镇道路长度4.2千米，人行道2米，总面积35200平方米；下水道4800米；绿化带3600平方米；1996年，建立了辛榨集镇自来水厂，铺设自来水管道6000米，日供水460吨，供水2320户，供水普及率72.8%；开挖下水道6000米；液化气站1个；园林绿化1处，面积达4000平方米；安装街道照明路灯172盏；配置垃圾桶212个，垃圾处理场1个。辛榨乡基础设施日臻完善。截至2015年年末，已建有乡文化站1个，村级文化活动中心136处，幼儿园4所，小学3所，各级医疗机构12个。辛榨乡现拥有35千瓦变电站1座，八里水厂供水已覆盖全境。境内有孝洪高速、烟应线、辛胡线过境，东距汉十高速公路、汉丹铁路分别为10千米、6千米，南距天河机场70千米，邮电通讯设备十分完备，中信宽带、无线网络等业务得到广泛应用。

第二节 社区(村)、居民点

一、辛榨社区[Xīnzhà Shèqū]

“辛榨”系指位于集镇“辛家榨”，“社区”是自治组织，以地理位置和工作职能综合命名。

清代为陆陂铺会，民国属廉让乡。1949年10月属巡店区辖。1952年10月属第二区辛榨乡辛榨村辖。1954年8月属巡店区辛榨乡辛榨村辖。1956年3月属第三指导小组辛榨乡辛榨村辖。1958年9月，属幸福人民公社辛榨管理区辛榨大队辖。同年底属巡店人民公社辛榨管理区辛榨大队辖。1961年4月属巡店区辛榨人民公社辛榨大队辖。1975年2月属巡店人民公社辛榨管理区辛榨大队辖。1984年1月属巡店镇辛榨乡辛榨村辖。1987年10月属辛榨乡辛榨村村民委员会辖。2014年属辛榨乡辛榨社区辖，沿用至今。

该社区位于辛榨乡西南部，政府所在地在其中。东接张付村，西邻应城市杨河镇高李村，南连陈汪村，北靠高张村。该社区共有12个居民点：冯家塆、傅家塆、葛熊塆、街道、毛刘寨、南刘家塆、山上辛、塆上刘、下陈塆、下份辛、辛新塆、中份辛。社区常住居民738户，共3102人，辖区内总面积5.8平方千米，其中耕地面积2.01平方千米，主要农作物有水稻、小麦、油菜。居委会办公地址设在辛榨社区，居民委员会有工作人员5名。

冯家塆[Féng jiā wān]　“冯家”指的是冯姓居民，“塆”指的是村庄。相传明洪武年间，一位姓冯居民从麻城迁至此地居住，繁衍成塆，故名“冯家塆”。该居民点位于辛榨社区西部，呈条状分布，东接山上辛，西邻应城市杨河镇高李村邓家山坡，南连陈汪村上曹塆，北靠傅家塆。主要以冯姓为主，均为汉族。全塆40户，260人，总面积0.35平方千米，占地面积0.12平方千米，耕地面积0.18平方千米，主要农作物为小麦、水稻、油菜，主要经济来源为外地务工与种植。

傅家塆[Fù jiā wān]　“傅家”指的是姓氏，“塆”指的是村庄。相传明洪武年间，一位姓傅居民从麻城迁至离此不远的傅家塆居住，清康熙年间，原傅家塆部分居民因与老傅家塆居民生矛盾，便迁到此地居住，繁衍成塆，也名“傅家塆”。该居民点位于辛榨社区西北部，呈条状分布。东接辛新塆，西邻应城杨河镇高李村邓家山坡，南连山上辛，北靠刘家塆。主要以傅姓为主，均为汉族。全塆46户，230人，总面积0.35平方千米，占地面积0.12平方千米，耕地面积0.18平方千米，主要农作物为小麦、水稻、油菜，主要经济来源为外地务工与种植。

葛熊塆[Gě xióng wān]　“葛熊”指的是葛姓和熊姓居民，“塆”指的是村庄。相传明洪武年间，一位姓葛居民从麻城迁至此地，起初繁衍不快，后熊姓人家女儿嫁到葛家，家人随后迁来居住，两姓均繁衍成塆，因葛姓先到，故名“葛熊塆”。该居民点位于辛榨社区南部，呈条状分布，东至塆上刘，西邻山上辛，南连陈汪村陈汪塆，北靠毛刘塆。主要以葛、熊姓为主，均为汉族。全塆123户，1100人，总面积2平方千米，占地面积0.12平方千米，耕地面积0.5平方千米，主要农作物为小麦、水稻、油菜，主要经济来源以外地务工为主。

毛刘寨[Máo liú zhài]　“毛刘”指的是毛姓和刘姓居民，“寨”指的是该村落古时曾修有围墙，形同寨子。相传明洪武年间，一位毛姓居民从麻城迁至此地，因此地土地肥沃，后有刘姓女儿嫁到毛家，刘家也迁到此塆居住，此塆得名“毛刘塆”。到清朝晚期，太平军、捻军与清军经常在这一带打仗，毛刘塆居民修筑寨子以防战乱，故名“毛刘寨”。该居民点位于辛榨社区东部，呈条状分布，东接隔内府河与新渠村涂徐塆想望，西邻山上辛，南连葛熊塆，北靠辛榨街道。主要以毛、刘姓为主，均为汉族。全塆49户，380人，总面积0.8平方千米，占地面积0.12平方千米，耕地面积0.25平方千米，主要农作物为小麦、水稻、油菜，主要经济来源为外地务工与种植。

南刘家塆[Nán liú jiā wān]　“南刘家”用来区分两个刘姓塆，“塆”指村庄。以居民姓氏和位置而命名，因该村最初以刘姓居民居多，故名。该居民点位于辛榨乡辛榨社区西部，东接中份辛，西邻下陈塆，南连辛榨西街，北靠高庙村下陈塆。主要民族为汉族。占地面积约0.94平方千米，居民点面积约0.6平方千米，共有居民28户，109人。耕地面积约0.34平方千米，主要经济来源以务工为主。

山上辛[Shān shàng xīn]　“山上”指的是位于小山冈，“辛”指的是辛姓居民。相传明朝洪武年间，辛氏先祖从江西省麻城迁居至此，辛氏养有3个儿子，二儿子住中份辛，三儿子住下份辛。清康熙年间，从中份辛与下份辛各迁出的部分居民，到一处小山边居住，故名“山上辛”。该居民点位于辛榨社区西南部，呈条状分布，东接葛熊塆，西邻应城杨河镇高李村，南连陈汪村上曹塆，北靠易家塆。主要以辛姓为主，均为汉族。全塆90户，790人，总面积0.82平方千米，占地面积0.12平方千米，耕地面积0.41平方千米，主要农作物为小麦、水稻、油菜，主要经济来源为外地务工与种植。

湾上刘[Wān shàng liú]　“湾上”指的是处于涢水故道转弯处，“刘”指的是刘姓居民。相传明洪武年间，一位姓冯居民从麻城迁至云梦刘家堰，明崇祯年间部分居民迁至此地定居，原叫刘家塆。由于躲避清末年间的战争，因塆南有一条二米宽的沟渠，整体环绕塆周围，形如河湾，后定住的族长决定取名“湾上刘”。该居民点位于辛榨社区南部，呈条状分布，东接内府河，西邻山上辛，南连葛熊塆，北靠毛刘寨。主要以刘姓为主，均为汉族。全塆41户，350人，总面积0.35平方千米，占地面积0.11平方千米，耕地面积0.17平方千米，主要农作物为小麦、水稻、油菜，主要经济来源为外地务工与种植。

下陈塆[Xià chén wān]　“下”指的是宗族房头属末房，“陈”指的是陈姓居民，“塆”指的是村落。相传明洪武年间，陈端一、陈端二兄弟俩从麻城筷子街迁到现高庙村，陈端一选择此地居住，后繁衍成塆。陈端一家族后人于清朝康熙年间，集资开挖了一口能灌溉数百亩农田的池塘，故得名“大塘陈”。1928年8月，陈氏后人由陈家大塘迁至此地，故名“下陈塆”。该居民点位于辛榨社区西部，呈条状分布，东接中份辛，西邻高庙村，南连刘家塆，北靠高张村徐家坝子。主要以陈姓为主，均为汉族。全塆120户，1000人，总面积1平方千米，占地面积0.12平方千米，其中耕地面积0.5平方千米，主要农作物为小麦、水稻、油菜，主要经济来源为外地务工与种植。

下份辛[Xià fèn xīn]　“下份”指的是居民在周围辛姓居民所处宗族中，位居第三个房头，“辛”指的是辛姓居民。该地名以姓氏命名，明朝中叶、万历年间大移民，有辛姓人家由麻城移来，在安陆城南三里，应城杨河的东八里，云梦金店北十里定住，后来传了三个支宗，才分上、中、下份，三份全都是辛姓宗族。下份辛位于辛榨社区北部，呈条状分布，东隔内府河与新渠村五份刘相望，西邻山上辛，南连毛刘寨，北靠上份辛。主要以辛姓为主，均为汉族。全塆35户，205人，总面积0.26平方千米，占地面积0.12平方千米，耕地面积0.13平方千米，主要农作物为小麦、水稻、油菜，主要经济来源为外地务工与种植。

辛新塆[Xīn xīn wān]　“辛”指的是辛姓居民，“新塆”指的是新形成的村庄。以姓氏命名，辛新塆是由中份辛搬迁居住。1912年7月因洪涝灾害，中份辛几家人口原住地地形低洼，为农耕方便，搬迁至此处，取名辛新塆。该居民点位于辛榨社区东北部，距社区居委会所在地0.5千米。居民点呈条状分布，东接中份塆，西邻刘家塆，南连街道，北靠中份辛。主要以辛姓为主，均为汉族。全塆26户，104人，总面积0.12平方千米，占地面积0.04平方千米，耕地面积0.067平方千米，主要农作物为小麦、水稻、油菜，主要经济来源为外地务工与种植。

辛榨街道[Xīn zhà jiē dào]　本居民点位于辛榨社区中部，社区居委会所在地在其中。居民点呈条状分布，东接内府河，西邻傅家塆，南连毛刘塆，北靠中份辛。所住居民均为汉族。总面积0.26平方千米，占地面积0.12平方千米，耕地面积0.13平方千米，主要农作物为小麦、水稻、油菜，主要经济来源以外地务工为主。

中份辛[Zhōng fèn xīn]　“中份”指的是周围辛姓居民所处宗族中，位居第二个房头，“辛”指的是辛姓居民。该地名以姓氏命名。该居民点位于辛榨社区东北部，呈条状分布，东隔内府河与张付村傅家塆相望，西邻下陈塆，南连辛榨街道，北靠高张村上份辛塆。主要以辛姓为主，均为汉族。全塆 81 户，402 人，总面积 0.35 平方千米，占地面积 0.12 平方千米，耕地面积 0.18 平方千米，主要农作物为小麦、水稻、油菜，主要经济来源为外地务工与种植。

二、红旗社区[Hóngqí Shèqū]

“红旗”指的是红色锦旗，“社区”指的是群众自治组织。

据当地传说，明朝皇帝叫朱洪武，下令大杀此地居民，不留一个，最后碰到一位土神之后，才停止杀生。一位名叫董中时的人，带领自族人从麻城过籍到此地，觉得此地生活居住比较适宜，便划清疆界，居住此地，繁衍生息至今，其余何姓、汪姓、潘姓也是迁徙到此。新中国成立初名为大董村，后更名辛民十二社。1958 年全村在上级下达的各项农业基础建设及村务中获得上级表彰，第一完成任务，很多次被上级奖励红旗，挂在村务办公室四面都是，巡店区区长张胜杰在村考察时发现村办公室挂的很多红旗，便说这个村得到过这么多的红旗，看来这个村实在是很优秀，干脆取名叫红旗大队。这个名字便叫出来。辛榨乡成立乡政府后，改名叫红旗村。2009 年，社区经济飞速发展，多方面取得好的成绩，上级领导批准成立红旗社区，后又在此地设立了群众自治组织而命名。

清为冯家滩会，民国时属廉让乡。1949 年 10 月，辛民十二社属巡店区高店乡管辖。1952 年 10 月属第二区高店乡辖；1956 年 3 月为第三指导小组高店乡辖，1958 年 9 月，辛民十二社改为红旗大队，属幸福人民公社高店管理区辖，同年底属巡店区高店人民公社辖。1975 年 2 月属巡店人民公社高店管理区辖。1984 年 1 月，红旗大队改为红旗村，属巡店镇高店乡辖。1987 年 10 月属辛榨乡辖。2009 年，红旗村改名为红旗社区，属辛榨乡辖，沿用至今。

该社区位于辛榨乡东北部，距政府所在地约 6 千米。呈块状分布。东接府河，西邻大廖村，南连蒋堰村，北靠巡店镇新堤村。截至 2014 年年末，辖区内共有 9 个居民小组，5 个自然塆：汪家洲、何家塆、大董塆、小董塆、大董南塆。村内有常住居民 409 户，共 2043 人，辖区占地面积 2.52 平方千米，其中耕地面积为 1.8 平方千米，主要农作物为小麦、水稻、油菜。村委会现有工作人员 5 名，村内主要驻区单位有红旗社区居民委员会等。

大董南塆[Dà dǒng nán wān]　1957 年设立，位于辛榨乡红旗社区居委会所在地中南部，为丘陵山地地形，呈块状分布，东接府河堤，西邻社区五组，南连蒋堰村，北靠社区四组。所住居民均为汉族。全塆 523 人，131 户，总面积为 0.62 平方千米，其中有耕地面积 0.3 平方千米，主要农作物为小麦、水稻、油菜，主要经济来源以外地务工为主。

大董塆[Dà dǒng wān]　“大”指居民在宗族房头属最大，“董”指的是董姓居民，“塆”指的是村庄。相传明洪武年间，一位名叫董中时的人从江西麻城迁至此地居住，他养育了几个儿子，后来几个儿子分别到周围居住，大儿子住在此地，故名“大董塆”。该居民点位于辛榨乡红旗社区中南部，呈块状分布，东接涢水，西邻彭家塆，南连蒋家堰，北靠何家塆。所住居民均为汉族。全塆 131 户，共 523 人，总面积为 0. 62 平方千米，其中有耕地面积 0. 3 平方千米，主要农作物为小麦、水稻、油菜，主要经济来源以外地务工为主。

何家塆[Hé jiā wān]　“何家”指的是何姓居民，“塆”指的是村庄。相传明洪武年间，一位何姓居民从江西麻城迁至此地居住，繁衍成塆，故名“何家塆”。该居民点位于红旗社区西北部，呈块状分布，东、南接大董塆，西、北靠大廖村彭家塆。所住居民均为汉族。全塆 79 户，共 316 人，总面积为 0. 3 平方千米，其中有耕地面积 0. 15 平方千米，主要农作物为小麦、水稻、油菜，主要经济来源以外地务工为主。

汪家洲[Wāng jiā zhōu]　“汪家”指的是汪姓居民，“洲”指的是当地位于涢水边的一片沙滩(当地方言称“洲”)上。相传明洪武年间，一位汪姓居民从江西麻城迁至此地居住，繁衍成塆，因此地正处一片沙滩上，故名“汪家洲”。该居民点位于红旗社区北部，呈条状分布，东接涢水，西邻何家塆，南连大董塆，北靠巡店镇新堤村萧家塆、刘家台子。所住居民均为汉族。全塆 116 户，共 462 人，总面积为 0. 4 平方千米，其中有耕地面积 0. 15 平方千米，主要农作物为小麦、水稻、油菜，主要经济来源以外地务工为主。

小董塆[Xiǎo dǒng wān]　“小”指居民在宗族房头属最小，“董”指的是董姓居民，“塆”指的是村庄。相传明洪武年间，一位名叫董中时的人，从江西麻城迁至此地居住，他养育了几个儿子，后来几个儿子分别到周围居住，小儿子住在此地，故名“小董塆”。该居民点位于红旗社区居民委员会东北部，呈块状分布，东、北邻涢水，西邻汪家洲，南连大董塆。所住居民均为汉族。全塆 70 户，共 282 人，总面积为 0. 4 平方千米，其中有耕地面积 0. 2 平方千米，主要农作物为小麦、水稻、油菜，主要经济来源以外地务工为主。

三、高庙村[Gāomiào Cūn]

“高庙”指的是地理位置，“村”指自治组织。

清代为陆陂铺会，民国属廉让乡。1949 年 10 月为高庙村，属巡店区。1952 年 10 月属第二区辛榨乡辖。1956 年 4 月属第三指导小组辛榨乡辖。1958 年 9 月，高庙村改为高庙大队，属幸福人民公社辛榨管理区辖。同年底属巡店人民公社辛榨管理区辖。1975 年 2 月属巡店镇辛榨管理区辖。1984 年 1 月，高庙大队改为高庙村，属巡店镇辛榨乡辖。1987 年 9 月属辛榨乡管辖，沿用至今。

高庙村位于辛榨乡西北部，距政府所在地约 3 千米。为浅岗丘陵地形，东接高张村，西邻巡店镇同兴村，南连辛榨村，北靠巡店镇同兴村。截至 2015 年 4 月，辖区内共有 5 个自然塆：大塘陈、大陶塆、高庙王、小陶塆、新塆。常住居民 271 户，1234 人。辖区总面积 4. 3294 平方千米，耕地面积 2. 0294 平方千米，山地面积 0. 455 平方千米，主要农作物有水稻、小麦。村内主要驻区单位有高庙村村民委员会，村委会办公地址设在高庙村，村委会工作人数 4 人。

大塘陈[Dà táng chén]　“大塘”指的是当地有一口较大的池塘，“陈”指的是陈姓居民。相传明洪武年间，朝廷从江西麻城筷子街迁入一批居民到此，有陈端一、陈端二俩兄弟来此，陈端一选择此地居住，后繁衍成塆。陈端二到湖北枣阳。陈端一家族后人于清朝康熙年间，集资开挖能灌溉数百亩农田的池塘，故得名“大塘陈”。居民点位于该村中部，呈条状分布，东接高张村高张塆，西邻大陶塆，南连小陶塆，北靠巡店镇同兴村陈家台子。主要以陈姓为主，均为汉族。全塆146户，共665人，总面积2.182平方千米，占地面积0.1平方千米，耕地面积0.982平方千米，主要农作物为小麦、水稻、油菜，主要经济来源为外地务工与种植。

大陶塆[Dà táo wān]　“大”指的是居民人数，“陶”指的是陶姓居民，“塆”指的是村庄。以姓氏命名。相传明洪武年间，朝廷从江西麻城筷子街迁入一批居民到此，一位陶姓居民在此居住，因繁衍较快，使该塆较大，种地面积也广，故名“大陶塆”。居民点位于该村西部，呈条状分布，东接大塘陈，西邻高庙王，南连小陶塆，北靠新塆。主要以陶姓为主，均为汉族。全塆42户，共182人，总面积0.649平方千米，占地面积0.1平方千米，耕地面积0.349平方千米，主要农作物为小麦、水稻、油菜，主要经济来源为外地务工与种植。

高庙王[Gāo miào wáng]　“高庙”指的是当地一座相对较高的山上，古时建有一座庙，“王”指的是王姓居民。以姓氏与地理特征综合命名。相传清康熙年间，一王姓居民迁到此居住，因附近有山名高庙山，山上有庙，故得名“高庙王”。居民点位于该村西部，呈条状分布，东接大陶塆，西邻巡店镇甘聂村上段塆，南连应城市杨河镇高李村范家塆，北靠巡店镇同兴村姚家塆。主要以王姓为主，均为汉族。全塆36户，共163人，总面积0.7482平方千米，占地面积0.4平方千米，耕地面积0.3482平方千米，主要农作物为小麦、水稻、油菜，主要经济来源为外地务工与种植。

小陶塆[Xiǎo táo wān]　“小”指的是居民人数与占地面积相对附近大陶塆均少，“陶”指的是陶姓居民，“塆”指的是村庄。以姓氏命名。相传明洪武年间，朝廷从江西麻城筷子街迁入一批居民到此，一位陶姓居民在此居住，因繁衍较快，使该塆较大，故名“大陶塆”。清康熙年间，从大陶塆分出部分居民来此居住，故得名“小陶塆”。居民点位于该村南部，呈条状分布，东接辛榨乡辛榨村下陈塆，西邻高庙王，南连应城市杨河镇高李村范家塆，北靠大陶塆。主要以陶姓为主，均为汉族。全塆22户，共104人，总面积0.391平方千米，占地面积0.1平方千米，其中耕地面积0.191平方千米，主要农作物为小麦、水稻、油菜，主要经济来源为外地务工与种植。

新塆[Xīn wān]　“新”指的是建立时间，“塆”指的是村庄。新塆原是大塘陈塆部分居民，于1977年搬迁至此故名新塆。居民点位于该村西部，呈条状分布，东接大塘陈，西邻大陶塆，南连大陶塆，北靠高张村陈家台子。所住居民均为汉族。全塆25户，共121人，总面积0.3592平方千米，占地面积0.1平方千米，耕地面积0.1592平方千米，主要农作物为小麦、水稻、油菜，主要经济来源为外地务工与种植。

四、蒋堰村[Jiǎngyàn Cūn]

“蒋堰”指的是地理位置，“村”指自治组织。

自明至清为蒋家寨，民国时属廉让乡辖。1949 年 10 月蒋堰村属巡店区。1952 年 10 月属第二区高店乡辖。1956 年 3 月属第三指导小组高店乡辖。1958 年 9 月，蒋堰村改为蒋堰大队，属幸福人民公社高店管理区辖；同年底属巡店人民公社高店管理区辖。1961 年 4 月属巡店区高店人民公社辖。1975 年 2 月属巡店人民公社高店管理区辖。1984 年 1 月，蒋堰大队改为蒋堰村，属巡店镇高店乡辖。1987 年 10 月属辛榨乡辖，沿用至今。

该村位于辛榨乡东北部，距政府所在地约 3.5 千米。属平原地区，东接涢水，西邻四报村，南连高店村，北靠红旗社区。截至 2015 年 4 月，辖区内 1 个居民点蒋家堰，全村 278 户，1118 人，辖区占地面积 1.27 平方千米，其中有耕地面积 0.35 平方千米。主要农作物为水稻、小麦、油菜。村委会共有工作人员 4 人。

蒋家堰[Jiǎng jiā yàn]　“蒋家”指居民多姓蒋，“堰”指村庄边有一口较大的池塘。村民委员会在其中，东至涢水，西至四报村李家塆，南连四报村梁家塆，北至红旗社区何家塆，全塆 278 户，1118 人，辖区占地面积 1.27 平方千米，其中有耕地面积 0.35 平方千米。主要农作物为水稻、小麦、油菜。

五、牌楼村[Páilóu Cūn]

相传此地原名鲤鱼洲，明洪武年间，周氏先祖迁居此地，明万历年间，周家富户有位名叫芙蓉的女儿，爱上了邻村一位高姓寒门书生，遭到父母反对，父母执意要把芙蓉许给另一田姓家，芙蓉在田家迎娶前一日自尽。高姓书生后来中了进士，为感芙蓉真情，终身未娶，并用尽钱财，为芙蓉立了烈女牌坊(当地人称为“牌楼”)，故该塆得名“牌楼周”，村名也称为牌楼村。到“文革”时牌坊被毁，但地名依然保留。

清为冯家滩会，民国时属廉让乡。1949 年 7 月设巡店区，牌楼村系巡店区管辖；1952 年 10 月巡店区调整为第二区，牌楼村系第二区管辖；1956 年 3 月为第三指导组，牌楼村系第三指导组管辖；1958 年巡店区命名幸福人民公社，牌楼村改为牌楼大队，系幸福人民公社管辖；同年底恢复原区名，牌楼大队系巡店区管辖；1975 年撤区并社为巡店人民公社，牌楼大队属巡店人民公社管辖；1987 年巡店撤区建镇，析原巡店区的辛榨乡、高店乡合并为辛榨乡。牌楼大队改名为牌楼村，属辛榨乡管辖。

牌楼村位于辛榨乡东南部，距政府所在地约 2 千米。东接涢水，西邻菱湖村，南连云梦县胡金店镇潘陈村，北靠高罗村。辖祠堂塆、四份塆、调理塆、台子塆、牌楼街三屋塆、周家大塆、连份塆、新屋塆 8 个自然塆，全村 582 户，2130 人，辖区占地面积 2.94 平方千米，其中有耕地面积 0.94 平方千米。村内农作物为水稻、小麦。村民委员会办公地址所住牌楼街，村委会共有工作人员 5 人。

祠堂塆[Cí táng wān]　“祠堂”指的建筑物，“塆”指的是村庄。相传明洪武年间，一位周陈居民从江西麻城迁至此地居住，后繁衍成塆，周姓家族便在此塆边修建周氏祠堂，故名“祠堂塆”。该居民点位于牌楼村西北部，呈条状分布，东接府河，西邻白杨村熊家塆，南连周家台子塆，北靠白杨村舒家堤。均为汉族，全塆 29 户，97 人，总面积 0.17 平方千米，占地面积 0.05 平方千米，耕地面积 0.1 平方千米，农作物以水稻、小麦、油菜为主，主要经济来源为外出务工与种植。

连份塆[Lián fèn wān] “连份”指的是几个份连在一起，“塆”指的是村庄。相传明洪武年间，一位周陈居民从江西麻城迁至此地居住，后繁衍成塆，周氏家族按房头各自选择地方居住，此地因有几个房头(当地称“份”)居住，故名“连份塆”。该居民点位于牌楼村中部，居民点呈条状分布，东接新屋塆，西邻祠堂塆，南连云梦县胡金店镇潘陈村潘家塆，北靠周家大塆。均为汉族，全塆共69户，220人，总面积0.3平方千米，占地面积0.12平方千米，耕地面积0.078平方千米，农作物以水稻、小麦、油菜为主，主要经济来源为务工务农。

三屋塆[Sān wū wān] “三屋”指的是三兄弟的房屋，“塆”指的是村庄。该村庄由三兄弟大房，二房，三房发展起来。本居民点位于牌楼村中部，呈条状分布，东接周家大塆，西邻祠堂塆，南连集贸市场，北靠高罗村罗家塆。主要以周姓为主，均为汉族，全塆共116户，403人，总面积0.54平方千米，其中有耕地面积0.139平方千米，农作物以水稻、小麦、油菜为主，主要经济来源为外出务工与种植。

四份塆[Sì fèn wān] “四份”指的是宗族房头，“塆”指的是村庄。当地居民在周围周姓居民所处宗族中，位居第四个房头。本居民点位于牌楼村西南部，呈条状分布，东接云梦县胡金店镇竹排村上汪塆，西邻三大二屋塆，南连云梦县胡金店镇竹排村下汪塆，北靠连份塆。主要以周姓为主，均为汉族，全塆共85户，312人，总面积0.41平方千米，其中有耕地面积0.15平方千米，农作物以水稻、小麦、油菜为主，主要经济来源为外出务工与种植。

台子塆[Tái zǐ wān] 别名：周家台子。“台子”指的是地貌，“塆”指的是村庄。台子塆曾名“乌龟地”，南边尖嘴，北边尾巴，后一绅士看中，台子塆当初中间有一台子，地势较高，此人觉得此处既能高显，又能防水，故在此安居，取名台子塆。本居民点位于牌楼村西部，呈条状分布，东接三屋塆，西邻调理塆，南连四份塆，北靠祠堂塆。均为汉族，全塆共46户，159人，总面积0.26平方千米，其中有耕地面积0.089平方千米，农作物以水稻、小麦、油菜为主，主要经济来源为务工务农。

调理塆[Tiào lǐ wān] “调理”指调解矛盾，“塆”指的是村庄。相传明洪武年间，有居民从江西麻城迁至此地居住，后繁衍成塆，其中一房居住此地。清康熙年间，该塆出了一位明白事理、见多识广、处事公正的人。附近村塆各类纠纷常需他来调解(当地人称为“调理”)，因而得名“调理塆”。该居民点位于牌楼村西部，呈条状分布，东接周家台子，西邻菱湖村小田塆，南连四份塆，北靠白杨村舒家堤。均为汉族，全塆共56户，181人，总面积0.27平方千米，其中有耕地面积0.12平方千米，农作物以水稻、小麦、油菜为主，主要经济来源为务工务农。

新屋塆[Xīn wū wān] “新屋”指的是新建的房屋，“塆”指的是村庄。以地理特征命名。相传明洪武年间，从江西麻城迁至此地居住，后繁衍成塆。清康熙年间，因原居住地拥挤，分出部分居民来此建房居住，因所建房较老塆新，故名“新屋塆”。该居民点位于牌楼村东北部，呈条状分布，东接涢水，西邻连份塆，南连云梦县胡金店镇潘陈村西袁家塆，北靠高罗村高家塆。均为汉族，全塆共113户，398人，总面积0.49平方千米，占地面积0.2平方千米，其中有耕地面积0.29平方千米，农作物以水稻、小麦、油菜为主，主要经济来源为务工务农。

周家大塆[Zhōu jiā dà wān] “周家”指的是周姓居民，“大塆”指的是大的村庄。以姓氏命名。相传明洪武年间，一位周姓居民从江西麻城迁至此地居住，后繁衍成塆。因此地土地肥沃，适宜居住，居民较多，村庄较大，故名“周家大塆”。该居民点位于牌楼村东南部，居民点呈条状分布，东接连份塆，西邻祠堂塆，南连三大二屋塆，北靠高罗村高家塆。主要以周姓为主，均为汉族，全塆共121户，412人，总面积0.56平方千米，占地面积0.2平方千米，有耕地面积0.16平方千米，农作物以水稻、小麦、油菜为主，主要经济来源为外出务工及种植。

六、四报村[Sìbào Cūn]

相传明万历年间，有辞职官员毛幻，在此建“四报寺”(报天、报地、报祖宗德、报父母恩)，后来村、大队及群众自治组织依此命名。

自明至清为周围农田为四报寺庙产，周围居民为其耕种，土改后庙产土地分给了居民。此地民国时属廉让乡辖。1949年10月四报村属巡店区。1952年10月属第二区高店乡辖。1956年3月属第三指导小组高店乡辖。1958年9月，四报村改为四报大队，属幸福人民公社高店管理区辖；同年底属巡店人民公社高店管理区辖。1961年4月属巡店区高店人民公社辖。1975年2月属巡店人民公社高店管理区辖。1984年1月，四报大队改为四报村，属巡店镇高店乡辖。1987年10月属辛榨乡辖，沿用至今。

四报村位于辛榨乡东北部，距政府所在地约3千米。属平原地区，东接高店村，西邻高张村，南连白杨村，北靠大廖村。截至2015年4月，辖区内共有8个自然塆：梁家塆、李家塆、上份徐、中份徐、下份徐、冯家塆、大钟塆、小钟塆。常住居民685户、2785人。辖区总面积2.1平方千米，耕地面积1平方千米，主要农作物有水稻、小麦、油菜。村内主要驻区单位有四报村村民委员会，工作人数5人。

大钟塆[Dà zhōng wān] “大”指的是该塆居民在宗族中属长房，“钟”指的是姓氏，“塆”指的是村庄。以姓氏命名。钟氏居民明正统十年(公元1445年)自江西迁至湖北，清康熙年间，钟氏先祖钟世宗，由孝感陡岗埠逆乌江(府河)而上，迁居此地。钟世宗育有3子，成家立业后，长子在此居住，得名“大钟塆”。居民点位于四报村南部，呈块状分布，东接高店村魏家塆，西邻中份徐，南连小钟塆，北靠李家塆。主要以钟姓为主，均为汉族。全塆106户，447人，总面积0.301平方千米，占地面积0.09平方千米，耕地面积0.19平方千米，主要农作物为小麦、水稻、油菜，主要经济来源以外地务工为主。

冯家塆[Féng jiā wān] “冯家”指的是冯姓居民，“塆”指的是村庄。以姓氏命名。相传明洪武年间，冯姓居民从江西麻城迁到此地，繁衍成塆后得名“冯家塆”。居民点位于四报村东南部，呈块状分布，东接胡姚村，西邻张付村陈徐塆，南连白杨村上朱塆，北靠小钟塆。主要以冯姓为主，均为汉族。全塆80户，320人，总面积0.3平方千米，占地面积0.1平方千米，耕地面积0.19平方千米，主要农作物为小麦、水稻、油菜，主要经济来源以外地务工为主。

李家塆[Lǐ jiā wān] 曾用名：金藏寺李家塆。“李家”指的是姓氏，“塆”指的是村庄。以姓氏命名。相传，明洪武年间，李姓居民由江西麻城迁此，清末民初，名为“金藏寺李家塆”，新中国成立后名为李家塆。居民点位于四报村北部，呈块状分布，东接梁家塆，西邻高张村高家塆，南连大钟塆，北靠大廖村四份塆。主要以李姓为主，均为汉族。全塆 150 户，610 人，总面积 0.39 平方千米，占地面积 0.12 平方千米，耕地面积 0.26 平方千米，主要农作物为小麦、水稻、油菜，主要经济来源以外地务工为主。

梁家塆[Liáng jiā wān]　“梁家”指的是梁姓居民，“塆”指的是村庄。以姓氏命名。相传，明洪武年间，梁姓居民由江西麻城迁此，繁衍成塆，得名“梁家塆”。居民点位于四报村东北部，呈块状分布，东接蒋堰村蒋家堰，西邻李家塆，南连大钟塆，北靠大廖村四份塆。主要以梁姓为主，均为汉族。全塆 75 户，335 人，总面积 0.253 平方千米，占地面积 0.09 平方千米，耕地面积 0.166 平方千米，主要农作物为小麦、水稻、油菜，主要经济来源以外地务工为主。

上份徐[Shàng fèn xú]　“上份”指的是当地在徐姓居民所处宗族中，位居第一个房头，“徐”指的是徐姓居民。以姓氏命名。明洪武年间，麻城籍人徐寻七带领家人来到了这一带，见此地适宜居住，让大儿子徐祖荣在此建房，后繁衍成塆，故村落得名为“上份徐”。居民点位于四报村西北部，点呈块状分布，东接中份徐，西邻张付村杨畈塆，南连中份徐，北靠高张村高家塆。主要以徐姓为主，均为汉族。全塆 72 户，295 人，总面积 0.212 平方千米，占地面积 0.09 平方千米，耕地面积 0.13 平方千米，主要农作物为小麦、水稻、油菜，主要经济来源以外地务工为主。

下份徐[Xià fèn xú]　“下份”指的是当地在周围徐姓居民所处宗族中，位居最末房头，“徐”指的是徐姓居民。以姓氏命名。明洪武年间，麻城籍人徐寻七带领家人来到了这一带，见此地适宜居住，让幺儿子徐祖辉在此建房，后繁衍成塆，故村落得名为“下份徐”。居民点位于四报村西南部，点呈块状分布，东接小钟塆，西邻张付村幺塆徐，南连冯家塆，北靠中份徐。主要以徐姓为主，均为汉族。全塆 77 户，335 人，总面积 0.29 平方千米，占地面积 0.13 平方千米，耕地面积 0.16 平方千米，主要农作物为小麦、水稻、油菜，主要经济来源以外地务工为主。

小钟塆[Xiǎo zhōng wān]　“小”指居民在宗族中位居最末房头，“钟”指的是钟姓居民，“塆”指的是村庄。以姓氏与地理特征综合命名。钟氏居民明正统十年(公元 1445 年)自江西迁至湖北，清康熙年间，钟氏先祖钟世宗，由孝感陡岗埠朔於江(涢水)迁居此地。钟世宗育有 3 子，成家立业后，三子在此居住，故名“小钟塆”。居民点位于四报村东部，呈块状分布，东接高店村魏家塆，西邻下份徐，北靠大钟塆，南连冯家塆。主要以钟姓为主，均为汉族。全塆 35 户，138 人，总面积 0.12 平方千米，占地面积 0.04 平方千米，其中耕地面积 0.07 平方千米，主要农作物为小麦、水稻、油菜，主要经济来源以外地务工为主。

中份徐[Zhōng fèn xú]　“中份”指的是当地在周围徐姓居民所处宗族中，位居第二个房头，“徐”指的是徐姓居民。以姓氏与地理特征综合命名。明洪武年间，麻城籍人徐寻七带领家人来到了这一带，见此地适宜居住，让二儿子徐祖光在此建房，后繁衍成塆，故村落得名为“中份徐”。居民点位于四报村西南部，呈块状分布，东接大钟塆，西邻高张村大郭塆，北靠上份徐，南连下份徐。主要以徐姓为主，均为汉族。全塆 68 户，305 人，总面积 0.2 平方千米，占地面积 0.09 平方千米，耕地面积 0.1 平方千米，主要农作物为小麦、水稻、油菜，主要经济来源以外地务工为主。

七、孙汪村[Sūnwāng Cūn]

“孙汪”指的是孙姓和汪姓居民，“村”指自治组织。以居民点派生而来。

清为两河口会。民国时属廉让乡。1949年7月设巡店区，孙汪村系巡店区管辖；1952年10月巡店区调整为第二区，孙汪村系第二区管辖；1956年3月为第三指导组，孙汪村系第三指导组管辖；1958年巡店区命名幸福人民公社，孙汪村改为孙汪大队，系幸福人民公社管辖；同年底恢复原区名，孙汪大队系巡店区管辖；1975年撤区并社为巡店人民公社，孙汪大队属巡店人民公社管辖；1987年巡店撤区建镇，析原巡店区的辛榨乡、高店乡合并为辛榨乡。孙汪大队改名为孙汪村，属辛榨乡管辖。

孙汪村位于辛榨乡东南部，距政府所在地约4.8千米。东接云梦县胡金店镇竹排村，西邻西河村，南连深沟村，北靠陈汪村。截至2015年4月，辖区内共有11个自然塆：上孙塆、下孙塆、塆塘汪、中塆汪、李家刺林、朱家畈、艾家塆、朱家炉中份，朱家炉幺份、朱家炉上份、孙汪中心村。常住居民540户、2135人。辖区总面积2.6平方千米，耕地面积1.5平方千米，村农作物有水稻、小麦、油菜。村委会办公地址设在孙汪村，村委会工作人数5人。

艾家塆[Ài jiā wān]　“艾家”指的是姓氏，“塆”指的是村庄。以姓氏命名。相传明洪武年间，一位艾姓居民从江西麻城迁至此地居住，当时此地为河码头。先有李姓老板在此开树行。艾姓居民善于经营，在河码头上经营有方，后艾姓居民繁衍成塆，李姓少于艾姓居民，故名“艾家塆”。该居民点位于孙汪村东南部。居民点呈条状分布，东隔内府河与云梦县胡金店镇李庵村李庵塆相望，西邻西河村王家塆，南连下孙塆，北靠台子汪。主要以艾姓为主，均为汉族。全塆110户，480人，总面积0.6平方千米，其中耕地面积0.32平方千米，农作物以水稻、小麦、油菜为主，主要经济来源为务工务农。

李家刺林[Lǐ jiā cì lín]　“李家”指的是李姓居民，“刺林”指的是带刺树林。以姓氏与植物特征命名。相传明洪武年间，一位李姓居民从江西麻城迁至此地居住，到此地时，天色已晚，无处安身，只好在一处长有刺的小树林边过夜。李姓后来繁衍成塆，为了让后人记住当年到此地的艰辛，故给塆取名“李家刺林”。该居民点位于孙汪村东部，居民点呈条状分布，东接中心村，西邻上孙塆，南连弯塘汪，北靠上孙塆。主要以李姓为主，均为汉族。全塆17户，共48人，总面积0.1平方千米，其中耕地面积0.064平方千米，主要农作物为小麦、水稻、油菜，主要经济来源以外地务工为主。1986年5月整塆移至中心村。

上孙塆[Shàng sūn wān]　“上”指的是居民在宗族中属大房，“孙”指的是孙姓居民，“塆”指的是村庄。相传明洪武年间，一位孙姓居民从江西麻城迁至此地居住，孙姓人家养有两个儿子，大儿子选择此地居住，故名“上孙塆”。该居民点位于孙汪村东部，居民点呈条状分布，东接中心村，西邻西河村大塘汪，南连孙汪塆，北靠陈汪村陈汪塆。主要以孙姓为主，均为汉族。全塆67户，351人，总面积0.4平方千米，其中耕地面积0.235平方千米，农作物以水稻、小麦、油菜为主，主要经济来源为务工务农。

孙汪中心村[Sūn wāng zhōng xīn cūn]　“孙汪”指的是孙姓和汪姓居民，也是村名。“中心村”指的是位于全村中部。该地于20世纪80年代以后，由孙、汪两姓迁至此地居住，且居住于全村中部。故名“中心村”。该居民点位于孙汪村中部，呈条状分布，东接内府河，西邻上孙塆，南连云梦村胡金店镇万明村万家塆，北靠陈汪村中塆汪。主要以艾姓为主，均为汉族。全塆195户，720人，总面积0.9平方千米，其中耕地面积0.48平方千米，农作物以水稻、小麦、油菜为主，主要经济来源为外出务工、种植。

台子汪[Tái zǐ wāng]　本居民点位于孙汪村东部，距村委会所在地0.4千米，居民点呈条状分布，东接内府河，西邻井边刘，南连杜汪塆，北靠陈汪塆。主要以汪姓为主，均为汉族。全塆48户，195人，总面积0.26平方千米，其中耕地面积0.13平方千米，农作物以水稻、小麦、油菜为主，主要经济来源为务工务农。

弯塘汪[Wān táng wāng]　本居民点位于孙汪村南部，呈条状分布，东接中心村，西邻西河村张家山，南连上孙塆，北靠李家刺林。主要以汪姓为主，均为汉族。全塆82户，370人，总面积0.35平方千米，其中耕地面积0.25平方千米，农作物以水稻、小麦、油菜为主，主要经济来源为务工务农。1988年10月整塆移至中心村。

下孙塆[Xià sūn wān]　“下”指的是下方，“孙”指的是姓氏，“塆”指的是村庄。以姓氏与地理特征命名。相传明洪武年间，一位孙姓居民从江西麻城迁至此地居住，孙姓人家养有两个儿子，小儿子选择此地居住，故名“下孙塆”。该居民点位于孙汪村南部，居民点呈条状分布，东接内府河，西邻深沟村，南连深沟村陈汪塆，北靠艾家塆。主要以孙姓为主，均为汉族。全塆52户，230人，总面积0.2平方千米，其中耕地面积0.15平方千米，农作物以水稻、小麦、油菜为主，主要经济来源为务工务农。

朱家畈[Zhū jiā]　曾用名：朱家畈上。“朱家”指姓氏，“畈”指平原，相传明洪武年间，一位朱姓居民从江西麻城迁至此地居住，选择在平原上建房，故名朱家畈。本居民点位于孙汪村东南部，呈条状分布，东隔内府河与新渠村芦洪塆相望，西邻上孙塆，南连朱家炉，北靠陈汪村杜汪塆。主要以朱姓为主，均为汉族。全塆21户，69人，总面积0.1平方千米，其中耕地面积0.05平方千米，农作物以水稻、小麦、油菜为主，主要经济来源为务工务农。2005年4月整塆移至中心村。

朱家炉上份[Zhū jiā lú shàng fèn]　“朱家”指的是朱姓居民，“炉”指的是古代曾有冶炼金属的炉，“上份”指的是居民在宗族房头属第一。该地名以姓氏、物体和宗族房头特征综合命名。因当地为朱姓聚居地，且居民在宗族房头属第一。本居民点位于孙汪村东部，呈条状分布，东接新渠村院子塆，西邻上孙塆，南连台子汪，北靠中塆汪。以朱姓为主，均为汉族。全塆57户，284人，总面积0.3平方千米，其中耕地面积0.15平方千米，农作物以水稻、小麦、油菜为主，主要经济来源为务工务农。2007年3月整塆移至中心村。

朱家炉幺份[Zhū jiā lú yāo fèn]　“朱家”指的是朱姓居民，“炉”指的是古代曾有冶炼金属的炉，“幺份”指的是居民在宗族房头最小。该地名以姓氏、物体和宗族房头特征综合命名。因当地为朱姓聚居地，且居民在宗族房头属最小。该居民点位于孙汪村东部，呈条状分布，东接内府河，西邻中心村，南连内府河，北靠内府河。主要以朱姓为主，均为汉族。全塆70户，335人，总面积0.4平方千米，其中耕地面积0.2平方千米，农作物以水稻、小麦、油菜为主，主要经济来源为务工务农。

朱家炉中份[Zhū jiā lú zhōng fèn]　“朱家”指的是朱姓居民，“炉”指的是古代曾有冶炼金属的炉，“中份”指的是居民在宗族房头属第二。该地名以姓氏、物体和宗族房头特征综合命名。因当地为朱姓聚居地，且居民在宗族房头属第二。该居民点位于孙汪村东南部，呈条状分布，东接内府河，西邻中心村，南连内府河，北靠内府河。主要以朱姓为主，均为汉族。全塆 70 户，335 人，总面积 0.4 平方千米，其中耕地面积 0.2 平方千米，农作物以水稻、小麦、油菜为主，主要经济来源为务工务农。

八、西河村[Xīhé Cūn]

“西河村”指的是地理位置，“村”指自治组织。

清为两河口会，民国时属廉让乡。1949 年 7 月设巡店区，西河村系巡店区管辖；1952 年 10 月巡店区调整为第二区，西河村系第二区管辖；1956 年 3 月为第三指导组，西河村系第三指导组管辖；1958 年巡店区命名幸福人民公社，西河村改为西河大队，系幸福人民公社管辖；同年底系巡店人民公社管辖；1975 年撤区并社为巡店人民公社，西河大队属巡店人民公社管辖；1987 年巡店撤区建镇，析原巡店区的辛榨乡、高店乡合并为辛榨乡。西河村属辛榨乡管辖。

西河村位于辛榨乡西南部，距政府所在地约 6 千米。东接孙汪村，西邻漳河，南连深沟村，北靠陈汪村。截至 2014 年年底，辖区内共有 10 个自然塆：大塘汪、大张、小张、下曹、徐家台子、梁家河、黎家五份、黎家大七份、黎家二塆、团山，全村 610 户，2640 人，辖区占地面积 3.3 平方千米，其中有耕地面积 1.89 平方千米。主要农作物为水稻、小麦。该村主要驻区单位有西河村村民委员会，村委会共有工作人员 6 人。

大塘汪[Dà táng wāng]　曾用名：汪家山。“大塘”指的是池塘，“汪”指的是汪姓居民。以姓氏与地理特征命名。在明朝洪武年间，汪氏先祖汪泽文率其家由江西省麻城县筷子街迁入此地，人们依山而居，繁衍生息，取名汪家山，由于家族人丁兴旺，发展较快，门前的吃水塘较小，故而发动全塆的青壮劳力挖塘扩堰，将原有的塘堰扩大成现在有 9000 平方米的大塘，从而解决了家族的人、畜用水。人们依塘修建房居住，在清代时更名为“大塘汪”。该居民点位于西河村北部，呈块状分布，东接孙汪村井边刘，西邻大张塆，南连小张塆，北靠陈汪村中塆汪。主要以汪姓为主，均为汉族，全塆 66 户，共 282 人，总面积 0.35 平方千米，占地面积 0.1 平方千米，耕地面积 0.24 平方千米，主要农作物为小麦、水稻，主要经济来源以外地务工为主。

大张塆[Dà zhāng wān]　曾用名：张家山。“大”指的是居民宗族房头，“张”指的是张姓居民，“塆”指村落。以姓氏与历史文化综合命名。明朝洪武年间，张氏先祖张永和、张永兴兄弟二人率家族成员由江西省麻城县筷子街道迁入此地，依山而居，取名张家山，由于兄弟二人的子孙发展较快，原来的张家山也容纳不下两大家族成员的居住，在清康熙年间，留在原张家山的张永和一脉子孙更名为“大张”。该居民点位于西河村北部，呈块状分布，东接小张塆，西邻团山塆，南连公路，北靠应城市杨河镇高李村。主要以张姓为主，均为汉族，全塆 50 户，共 256 人，总面积 0.32 平方千米，占地面积 0.1 平方千米，耕地面积 0.2 平方千米，主要农作物为小麦、水稻，主要经济来源以外地务工为主。

黎家大七份[Lí jiā dà qī fèn] “黎家”指的是黎姓居民，“大”“七份”指的是当地居民在宗族房头中排为最大和第七。以姓氏与历史文化综合命名。以迁居始祖的子孙在兄弟辈的排序而得名，在明朝洪武年间，黎氏家族始祖黎黑宝及其子孙由江西麻城筷子街迁入此地居住，黎黑宝有九个儿子，各自成家后，因人丁兴旺，分家而居，老大老七留在原地居住，因此取名大七份。该居民点位于西河村东北部，呈块状分布，东接孙汪村孙汪塆，西邻黎家五份，南连二塘，北靠黎家港。主要以黎姓为主，均为汉族，全塆96户，共409人，总面积0.48平方千米，占地面积0.14平方千米，耕地面积0.3平方千米，主要农作物为小麦、水稻，主要经济来源以外地务工为主。

黎家二塆[Lí jiā 'èr wān] “黎家”指的是黎姓居民，“二塆”指的是居民在宗族房头中排为第二。以姓氏与历史文化综合命名。在明朝洪武年间，黎氏家族始祖黎黑宝及其子孙由江西麻城筷子街迁入此地居住，黎黑宝有九个儿子，各种成家后，因人丁兴旺，分家而居，老二一脉子孙在祖屋的前面集中居住，取名“黎家二塆”。该居民点位于西河村东北部，呈块状分布，东接深沟村深沟周，西邻黎家五份，南连深沟村王家塆，北靠黎家大七份。主要以黎姓为主，均为汉族，全塆90户，共377人，总面积0.46平方千米，占地面积0.1平方千米，耕地面积0.35平方千米，主要农作物为小麦、水稻，主要经济来源以外地务工为主。

黎家五份[Lí jiā wǔ fèn] “黎家”指的是黎姓居民，“五份”指的是居民在宗族房头中排为第五。以姓氏与历史文化综合命名。在明朝洪武年间，黎氏家族始祖黎黑宝及其子孙由江西麻城筷子街迁入此地居住，黎黑宝有九个儿子，各种成家后，因人丁兴旺，分家而居，老五在祖屋的西边居住取名“黎家五份”。该居民点位于西河村东南部，呈块状分布，东接黎家大七份塆，西邻梁家河，南连漳河，北靠团山塆。主要以黎姓为主，均为汉族，全塆59户，共270人，总面积0.45平方千米，占地面积0.15平方千米，耕地面积0.28平方千米，主要农作物为小麦、水稻，主要经济来源以外地务工为主。

梁家河[Liáng jiā hé] “梁家”指的是梁姓居民，“河”指的是河流。以姓氏与地理特征命名。在明朝洪武年间，梁氏家族始祖梁文秀率家族成员由江西省麻城县筷子街迁入高店黑龙山居住，因家族发展较快，而黑龙山土地贫瘠养活不了家族成员，在清康熙年间时整个家族迁往漳河边的一处高地上居住，人们依河而居，故取名梁家河。该居民点位于西河村西南部，呈块状分布，东接团山，西南皆连漳河，北靠下曹。主要以梁姓为主，均为汉族，全塆84户，共364人，总面积0.34平方千米，占地面积0.12平方千米，耕地面积0.21平方千米，主要农作物为小麦、水稻，主要经济来源以外地务工为主。

团山[Tuán shān] “团山”指的是山峰。以自然地理特征命名。1980年代以后，周围黎、张等姓居民来此建房，形成塆。该居民点位于西河村中部，呈块状分布，东接大张塆，西邻梁家河，南连黎家五份，北靠下曹塆。均为汉族，全塆50户，共230人，总面积0.023平方千米，占地面积0.01平方千米，其中有耕地面积0.013平方千米，主要农作物为小麦、水稻，主要经济来源以外地务工为主。

下曹塆[Xià cáo wān] “下”指的是居民宗族房头居第二，“曹”指的是曹姓居民，塆指村落。以姓氏与历史文化综合命名。明代时，曹氏家族先祖曹应龙率二弟曹应虎、三弟曹应彪及家庭成员由江西省麻城县筷子街迁入上曹(陈汪村)居住，由于家庭人员发展较快，种植的田地较远，兄弟分家，各承一脉，二弟曹应虎率子孙迁往漳河边居住取名“下曹”。该居民点位于西河村西北部，呈块状分布，东接团山塆，西邻徐家台子，南连梁家河，北靠应城市杨河镇高李村。主要以曹姓为主，均为汉族，全塆 82 户，共 359 人，总面积 0.46 平方千米，占地面积 0.18 平方千米，耕地面积 0.27 平方千米，主要农作物为小麦、水稻，主要经济来源以外地务工为主。

小张塆[Xiǎo zhāng wān] 曾用名：南边塆。“小”指的是兄弟辈年龄大小，“张”指的是张姓居民，“塆”指村落。以姓氏与历史文化综合命名。明朝洪武年间，张氏先祖张永和、张永兴兄弟二人率家族成员由江西省麻城县筷子街道迁入此地，依山而居，取名张家山，由于兄弟二人的子孙发展较快，原来的张家山也容纳不下两大家族成员的居住，因此，张永兴一脉子孙迁往山的南边居住，取名南边塆，在清康熙年间，在南边塆居住的张永兴一脉子孙更名为“小张塆”。该居民点位于西河村东北部，呈块状分布，东接大塘汪，西邻大张家山，南连黎家畈，北靠大塘汪。主要以张姓为主，均为汉族，全塆 27 户，共 97 人，总面积 0.12 平方千米，占地面积 0.03 平方千米，其中有耕地面积 0.09 平方千米，主要农作物为小麦、水稻，主要经济来源以外地务工为主。

徐家台子[Xú jiā tái zǐ] “徐家”指的是徐姓居民，“台子”指的是该村落建在一个土台子上。以姓氏与地理特征命名。在明朝洪武年间，徐氏始祖徐志武率其家族五户人家由江西麻城筷子街迁入此地，在漳河的河东边有处地势很高的土台子上建房居住，十几年后相继从汉川迁来汪姓、黎姓两姓居民集中居住，因居住的场所高出别处二米，又像一个长方形的台子，因此而取名“徐家台子”。该居民点位于西河村西部，呈块状分布，东接大塘汪，西接应城市杨河镇聂程村聂家塆、南连下曹塆，北靠应城市杨河镇高李村邹徐塆。主要以徐姓为主，均为汉族，全塆 56 户，共 226 人，总面积 0.32 平方千米，占地面积 0.1 平方千米，耕地面积 0.2 平方千米，主要农作物为小麦、水稻，主要经济来源以外地务工为主。

九、陈汪村[Chénwāng Cūn]

清代为两河口会，民国属廉让乡。1949 年 7 月，陈汪村系巡店区管辖；1952 年 10 月巡店区调整为第二区，陈汪村系第二区辖；1956 年 3 月陈汪村系第三指导组辖；1958 年巡店区命名幸福人民公社，陈汪村改为陈汪大队，系幸福人民公社辛榨管理区辖；同年底属巡店区辛榨人民公社辖；1975 年撤区并社为巡店人民公社，陈汪大队属巡店人民公社辛榨管理区管辖；1987 年巡店撤区建镇，辛榨乡、高店乡合并为辛榨乡，陈汪村属辛榨乡管辖。陈汪村位于辛榨乡西南部，距政府所在地约 2 千米。东接内府河，西邻应城市杨河镇高李村，南连孙汪村，北靠辛榨村。截至 2014 年年末，辖区内共有 3 个自然塆：陈杜汪、上曹塆、井边刘。常住居民 386 户，共 1340 人。辖区总面积 2 平方千米，耕地面积 1.1 平方千米，农作物以水稻、小麦为主。村委会办公地址设在陈汪村，村委会工作人数 4 人。

陈杜汪[Chén dù wāng] “陈杜汪”指的是陈姓居民、杜姓居民、汪姓居民。以姓氏命名。相传明洪武年间，朝廷从江西麻城筷子街迁入一批居民到此，有陈姓、杜姓、汪姓居民先后选择在此居住，繁衍成 3 个自然垮。3姓居民字派一致，逐步融合成一个较大垮，以姓氏取名为“陈、杜、汪”。该居民点位于陈汪村东北部，呈条状分布，东接内府河，西邻井边刘，南连中垮汪，北靠辛榨村葛熊垮。主要以汪姓为主，均为汉族。全垮115户，573人，总面积0.7平方千米，占地面积0.3平方千米，耕地面积0.35平方千米，农作物以小麦、水稻为主，主要经济来源为外地务工与种植。

井边刘[Jǐng biān liú]　“井边”指的是水井旁边，“刘”指的是刘姓居民。以姓氏与地理特征综合命名。相传明洪武年间，朝廷从江西麻城筷子街迁入一批居民到此，有几家姓刘居民选择此地居住，繁衍较快，至清康熙年间发展成10个自然垮，名为“十屋”。后从中迁出一屋、二屋、五屋、七屋、九屋到云梦刘家堰一带，留下的有三屋、八屋、十屋。清代时这里有48口水井，故取名为“井边刘”。该居民点位于陈汪村西南部，点呈块状。东接中垮汪，西邻上曹垮，南连大塘汪，北靠陈杜汪。主要以刘姓为主，均为汉族。全垮127户，635人，总面积0.9平方千米，占地面积0.3平方千米，耕地面积0.45平方千米，农作物以小麦、水稻为主，主要经济来源为外地务工与种植。

上曹垮[Shàng cáo wān]　“上”指的是方位，“曹”指的是曹姓居民，“垮”指的是村庄。以姓氏与历史文化综合命名。相传明洪武年间，朝廷从江西麻城筷子街迁入一批居民到此，其中几户曹姓居民来此居住。由于繁衍较快，在清康熙年间，从这里又迁徙居民到安陆下曹垮、应城和宝曹垮、云梦河口曹垮，同族同宗，字派一致，此垮为发源地，故名“上曹垮”。该居名点位于陈汪村西部，呈条状分布，东接中垮汪，西邻应城市杨河镇高李村，南连井边刘，北靠陈汪垮。主要以汪姓为主，均为汉族。全垮38户，132人，总面积0.1956平方千米，占地面积0.1平方千米，耕地面积0.0978平方千米，农作物以小麦、水稻为主，主要经济来源为外地务工与种植。

十、高罗村[Gāoluó Cūn]

清代为冯家滩会，民国属廉让乡。1949年10月高罗村属巡店区。1952年10月属第二区高店乡辖。1956年3月属第三指导组高店乡辖。1958年9月，高罗村改为高罗大队，属幸福人民公社高店管理区辖；同年底属巡店人民公社高店管理区辖。1961年4月属巡店区高店人民公社辖。1975年2月属巡店人民公社高店管理区辖。1984年1月，高罗大队改为高罗村，属巡店镇高店乡辖。1987年10月属辛榨乡辖，沿用至今。

高罗村位于辛榨乡东南部，距政府所在地约3.8千米。属平原地区，东接涢水，西邻白杨村，南连牌楼村，北靠胡姚村。截至2015年4月，辖区内共有3个自然垮：高家垮、罗家垮、中心村，全村205户，共805人，辖区占地面积1.15平方千米，其中有耕地面积0.241平方千米。主要农作物为水稻、小麦。该村主要驻区单位有高罗村村民委员会，村委会共有工作人员3人。

高家垮[Gāo jiā wān]　“高家”指的是高姓居民，“垮”指的是村庄。以姓氏命名。相传明洪武年间，一位姓高居民从江西麻城迁至此地居住，后繁衍成垮，故名“高家垮”。该居名点位于高罗村南部，呈条状分布，东接府河，西邻白杨村，南连中心村，北靠府河。主要以高姓为主，均为汉族，全塆65户，共255人，总面积0.19平方千米，其中有耕地面积0.123平方千米，主要农作物为小麦、水稻，主要经济来源以外地务工为主。

罗家塆[Luó jiā wān]　“罗家”指的是罗姓居民，“塆”指的是村庄。以姓氏命名。相传清康熙年间，江西麻城迁出罗姓居民到云梦县罗店村，数年后，有兄弟三人搬到此地居住，繁衍成塆，得名“罗家塆”。该居民点位于高罗村北部，呈条状分布，东接高家塆，西邻白杨村白杨塆，南连中心村，北靠涢水。主要以罗姓为主，均为汉族，全塆60户，共230人，总面积0.22平方千米，其中有耕地面积0.118平方千米，主要农作物为小麦、水稻，主要经济来源以外地务工为主。

中心村[Zhōng xīn cūn]　“中心”指的是中间位置，“塆”指的是村庄。以方位命名。1980年代以后，由原高家塆及附近村落居民迁到此地，逐步形成村落。该居民点位于高罗村中部，东接罗家塆，西邻白杨村白杨塆，南连牌楼村周家大塆，北靠罗家塆。均为汉族，全塆80户，共320人，总面积0.56平方千米，其中有耕地面积0.402平方千米，主要农作物为小麦、水稻，主要经济来源以外地务工为主。

十一、深沟村[Shēngōu Cūn]

“深”指的是深度，“沟”指的是水沟，“村”指自治组织，以地理位置和工作职能综合命名。相传古代此地夹在云梦泽北於江(涢水)与漳水入泽之处，两水回旋，形成很多沙洲。沙洲之间往往有很深的水底沟槽和深潭，故名此地为“深沟”，涢水在这一带及周边称为“於江兜”或“乌江底儿”。

清为两河口会，民国时属廉让乡。1949年7月设巡店区，深沟村系巡店区管辖；1952年10月巡店区调整为第二区，深沟村系第二区管辖；1956年3月为第三指导组，深沟村系第三指导组管辖；1958年巡店区命名为幸福人民公社，深沟村改为深沟大队，系幸福人民公社管辖；同年底恢复原区名，深沟大队系巡店区管辖；1975年撤区并社为巡店人民公社，深沟大队属巡店人民公社管辖；1987年巡店撤区建镇，辛榨乡、高店乡合并为辛榨乡，深沟村属辛榨乡管辖。

该村位于辛榨乡南部距政府所在地约3.5千米，东接府河，西邻漳河，南连云梦县胡金店镇万明村、北靠孙汪村。截至2014年年末，辖区内共有10个自然塆：陈家塆、郭家塆、黄家塆、深沟周、潭坡周、王家塆、吴家塆、小李塆、古周塆、袁家塆，全村870户，3555人，辖区占地面积4.31平方千米，其中有耕地面积2.45平方千米。村内农作物为水稻、小麦。

陈家塆[Chén jiā wān]　“陈家”指的是陈姓居民，“塆”指的是村庄。以姓氏命名。相传明洪武年间，一位陈姓居民从江西麻城迁至此地居住，后繁衍成一个塆，故名“陈家塆”。该居民点 位于深沟村东北部，呈块状分布，东接金店，西邻郭家塆，南连古周塆，北靠周塆。主要以陈姓为主，均为汉族，全塆共42户，199人，总面积0.25平方千米，其中有耕地面积0.117平方千米，农作物以水稻、小麦、油菜为主，主要经济来源为务工务农。

古周塆[Gǔ zhōu wān]　“古周”指的是古姓和周姓居民，“塆”指的是村庄。以姓氏命名。相传明洪武年间，一位古姓居民从江西麻城迁至此地居住，后繁衍成一个小塆，清康熙年间，部分周姓居民迁到此塆，因古姓先到，故名“古周塆”。该居民点位于深沟村南部，呈块状分布，东接云梦县胡金店镇万民村沱湖陈，西邻云梦县胡金店镇古峰村郝家大塆，南连云梦县胡金店镇万民村万家庙，北靠吴家塆。主要以古姓和周姓为主，均为汉族，全塆共 72 户，332 人，总面积 0.43 平方千米，其中有耕地面积 0.122 平方千米，农作物以水稻、小麦、油菜为主，主要经济来源为务工务农。

郭家塆[Guō jiā wān]　曾用名：深沟郭。“郭家”指的是郭姓居民，“塆”指的是村庄。相传明洪武年间，一位郭姓居民从江西麻城迁至此地居住，后繁衍成一个塆，故名“郭家塆”。该居民点 位于深沟村西部，呈块状分布，东接深沟周，西邻小李塆，南连吴家塆，北靠深沟周。主要以郭姓为主，均为汉族，全塆共 73 户，292 人，总面积 0.43 平方千米，其中有耕地面积 0.159 平方千米，农作物以水稻、小麦、油菜为主，主要经济来源为务工务农。

黄家塆[Huáng jiā wān]　曾用名：黄家巷子。“黄家”指的是黄姓居民，“塆”指的是村庄。相传此塆黄姓居民始祖可上溯到战国时期。明洪武年间黄姓居民迁到此地，起初建房就建有一条巷子，取名“黄家巷子”，1966 年，将附近另一黄姓小塆合并为黄家塆。该居民点位于深沟村南部，呈块状分布，东接深沟周，西邻应城，南连古周塆，北靠吴沟。主要以黄姓为主，均为汉族，全塆共 99 户，387 人，总面积 0.59 平方千米，其中有耕地面积 0.195 平方千米，农作物以水稻、小麦为主，主要经济来源为务工务农。

深沟周[Shēn gōu zhōu]　“深”指的是深度，“沟”指的是水沟，“周”指的是周姓居民。以姓氏与地理特征综合命名。相传明洪武年间，一位周姓居民从江西麻城迁至此地居住，后繁衍成一个塆，因塆附近有一道较深水沟。故名“深沟周”。该居民点位于深沟村北部，呈块状分布，东接云梦县胡金店镇长李村陈家塆，西邻西河村王家塆，南连吴沟，北靠孙汪村孙汪塆。主要以周姓为主，均为汉族，全塆共 74 户，322 人，总面积 0.44 平方千米，其中有耕地面积 0.244 平方千米，农作物以水稻、小麦为主，主要经济来源为务工务农。

潭坡周[Tán pō zhōu]　“潭坡”指的是当地有一口深潭，民居建在深潭的边(坡)上，“周”指的是周姓居民。以姓氏与地理特征综合命名。相传明洪武年间，一位周姓居民从江西麻城迁至此地居住，后繁衍成一个塆，因塆边有一口深潭，民居建在深潭的边(坡)上，故名“潭坡周”。该居民点位于深沟村东南部，呈块状分布，东接金店，西邻吴家塆，南连金店，北靠陈汪村。主要以周姓为主，均为汉族，全塆共 74 户，303 人，总面积 0.44 平方千米，其中有耕地面积 0.229 平方千米，农作物以水稻、小麦为主，主要经济来源为务工务农。

王家塆[Wáng jiā wān]　“王家”指的是王姓居民，“塆”指的是村庄。以姓氏命名。相传明洪武年间，一位王姓居民从江西麻城迁至此地居住，后繁衍成一个塆，故名“王家塆”。该居民点位于深沟村东北部，呈块状分布，东接金店，西邻郭家塆，南连古周塆，北靠深沟周。主要以王姓为主，均为汉族，全塆共 41 户，219 人，总面积 0.24 平方千米，其中有耕地面积 0.139 平方千米，农作物以水稻、小麦、油菜为主，主要经济来源为务工务农。

吴家塆[Wú jiā wān]　曾用名：吴家沟。“吴家”指的是吴姓居民，“塆”指的是村庄。以姓氏命名。相传明洪武年间，一位吴姓居民从江西麻城迁至汉川麻胡头，后繁衍成一个塆，明崇祯时期，从汉川麻胡头吴家门部分子孙迁入此地居住，故名“吴家塆”。该居民点位于深沟村中部，呈块状分布，东接陈王塆，西邻袁家洲，南连黄家塆，北靠深沟周。主要以吴姓为主，均为汉族，全塆共64户，338人，总面积0.38平方千米，其中有耕地面积0.122平方千米，农作物以水稻、小麦为主，主要经济来源为务工务农。

小李塆[Xiǎo lǐ wān]　“小”指的是占地面积，“李”指的是李姓居民，“塆”指的是村庄。以姓氏与村庄规模命名。相传明洪武年间，一位李姓居民从江西麻城迁至此地居住，先在河边地势较低地方建房，得名“上李塆”。后来遇上洪水，全塆迁到堤防保护的地方，取名“小李塆”。该居民点位于深沟村西部，呈块状分布，东接袁李塆，西邻西河村，南连漳河，北靠西河村。主要以李姓为主，均为汉族，全塆共73户，320人，总面积0.43平方千米，其中有耕地面积0.089平方千米，农作物以水稻、小麦为主，主要经济来源为务工务农。

袁家塆[Yuáu jiā wān]　“袁家”指的是袁姓居民，“塆”指的是村庄，以姓氏命名，相传明洪武年间，有一个洲子用于运木材卸货之地，改名“袁家洲子”，村庄呈长方形分布，东接吴家塆，西邻小李塆，南接漳河，北邻郭家塆，全塆共137户574人，总面积0.46平方千米，其中耕地面积0.244平方千米，农作物以棉花、小麦、水稻为主，主要经济来源为务工务农。

十二、高张村[Gāozhāng Cūn]

清代为陆陂铺会，民国属廉让乡。1949年10月为高张村，属巡店区。1952年10月属第二区辛榨乡辖。1956年4月属第三指导小组辛榨乡辖。1958年9月，高张村改为高张大队，属幸福人民公社辛榨管理区辖。同年底属巡店人民公社辛榨管理区辖。1975年2月属巡店镇辛榨管理区辖。1984年1月，高张大队改为高张村，属巡店镇辛榨乡辖。1987年9月属辛榨乡管辖，沿用至今。

高张村位于辛榨乡北部，距政府所在地约0.3千米。为丘陵山地地形，呈块状分布，东接内府河，西邻高庙村，南连辛榨居委会，北靠巡店镇李河村。全村主要以高姓、张姓为主，均为汉族，有11个自然塆：独立陈、高家岗、高家坡、高张塆、九份高、碾盘高、上份辛、舒郭塆、徐家坝子、学府小区、鲁班新区。共有538户，共2377人，总面积3.473平方千米，其中耕地面积1.5229平方千米，主要农作物为小麦、水稻，主要经济来源为外地务工，主要驻区单位：高张村村民委员会、初级中学、高张小学。

独立陈[Dú lì chén]　“独立”指的是附近只有这一个村落为此姓氏，“陈”指的是陈姓居民。以姓氏与地理特征综合命名。相传明朝洪武年间，陈氏先祖从江西省麻城迁居至此，初住陈氏一户繁衍生息，后陈氏养三子。各居住一个塆(称三房)，三房一直在此居住繁衍，无一户外姓，故名“独立陈”。该居民点位于高张村北部，呈块状分布，东接高家坡，西邻碾盘高，南连九分高，北靠高家岗。全塆主要以陈姓为主，均为汉族，共有25户，共127人，总面积0.185平方千米，其中耕地面积0.08375平方千米，主要农作物为小麦、水稻，主要经济来源为外地务工。

高家岗[Gāo jiā gàng]　“高家”指的是高姓居民，“岗”指的是居住最高点。以居民姓氏命名，因该居民点以高姓居民居多，故名。该居民点位于高张村北部，东接高家坡，西邻碾盘高，南连独立陈，北靠李河村。居民主要姓氏为高姓，主要民族为汉族。面积约 0.61 平方千米，居民点面积约 0.29 平方千米，共有居民 45 户，215 人。耕地面积约 0.32 平方千米，主要经济来源以农业为主。

高家坡[Gāo jiā pō]　“高家”指的是高姓居民，“坡”指的是山坡。以姓氏与地理特征综合命名。相传明洪武年间，高氏祖先高德明从江西省麻城县迁居高家岗居住，高德明后代发展到十几户，分居在高家岗、高家坡、上屋基塘、下屋基塘、九坟高和碾盘高等十大份。至清宣统年间，因私造铜钱和其他钱币被列为国家钦犯，于是高氏一族一夜之间搬走，最后只剩高家岗、高家坡、九坟高和碾盘高四地有高氏后人居住。这一支选择在小山坡上居住，故名“高家坡”。该居民点位于高张村东北部，距村委会所在地 1.5 千米，居民点呈块状分布，东接四廖，西邻独立陈，南连小郭塆，北靠巡店镇李河村下塆。全塆主要以高姓为主，均为汉族，共有 93 户，共 360 人，总面积 0.52 平方千米，其中耕地面积 0.2144 平方千米，主要农作物为小麦、水稻，主要经济来源为外地务工。

高张塆[Gāo zhāng wān]　“高张”指的是高姓和张姓居民，“塆”指的是村庄。相传明洪武年间，张应裕从江西麻城迁居安陆城南开了个饭馆，生意红火。明崇祯年间，高家岗高姓居民因打官司常常到张氏饭馆吃饭喝酒，经过交谈，相处得很投缘，高氏将幺姑娘嫁与张氏小儿子，两人结为夫妻后移居此地，因此地原有高姓居民，又增加了张姓居民，故名“高张塆”。该居民点位于高张村南部，呈块状分布，东接小郭塆，西邻陈家大塆，南连岗上塆，北靠碾盘高。全塆主要以高姓、张姓为主，均为汉族，共有 78 户，共 356 人，总面积 0.543 平方千米，其中耕地面积 0.2298 平方千米，主要农作物为小麦、水稻，主要经济来源为外地务工。

九份高[Jiǔ fèn gāo]　“九份”指该村先祖在宗族中属第九个宗族房头，”高”指姓氏。相传明朝洪武年间，高氏先祖高德明从江西省麻城迁居至此，高德明后代发展到十几户，随之分居在高家岗、高家坡、上屋基塘、下屋基塘、九坟高和碾盘高等十大份，九份居此地，故名“九份高”。该居民点位于高张村中部偏北，呈块状分布，东接独立陈，北连碾盘高，西邻陈家台子，南连高张塆。居民以高姓为主，均为汉族，共有 27 户，123 人，总面积 0.465 平方千米，其中耕地面积 0.1908 平方千米，主要农作物为小麦、水稻，主要经济来源为外地务工。

鲁班新区[Lǔ bān xīn qū]　“鲁班”指的是历史人物，“新区”指的是新建小区。因紧挨巡店镇鲁班桥，以地理位置而得名。该居民点位于高张村北部，呈块状分布，东接高家坡，西邻高岗塆，南连独立陈，北靠鲁班桥。全区均为汉族，共有 55 户，共 312 人，总面积 0.0402 平方千米，主要经济来源为外地务工。

碾盘高[Niǎn pán gāo]　“碾盘”指的是一种粮食加工工具，“高”指的是高姓居民。以姓氏与物品综合命名。相传明朝洪武年间，高氏先祖高德明从江西省麻城迁居至此，高德明后代发展到十几户，随之分居在高家岗、高家坡、上屋基塘、下屋基塘、九坟高和碾盘高等十大份。清宣统年间，高家私造铜钱，被列为国家钦犯，高氏一族闻讯一夜搬走，只剩高家岗、高家坡、九坟高和碾盘高四地有高氏后人居住。因这一支选择在此居住，繁衍成塆，塆边清代建有一座加工粮食用的碾盘，故名“碾盘高”。该居民点位于高张村西北部，呈块状分布，东接九份高，西邻陈家台子，南连高张塆，北靠袁家畈。全塆主要以高姓为主，均为汉族，共有 38 户，共 197 人，总面积 0.277 平方千米，其中耕地面积 0.1286 平方千米，主要农作物为小麦、水稻，主要经济来源为外地务工。

上份辛[Shàng fèn xīn] “上份”指该村先祖在宗族中属第一个宗族房头，“辛”指姓氏。相传明洪武年间，辛姓居民迁至此地，后来繁衍成大族，长房居民居住此地，故名“上份辛”。该居民点位于高张村东南部，呈块状分布，东接内府河，西邻下陈塆，南连中分辛，北靠舒郭塆。全塆主要以辛姓为主，均为汉族，共有 78 户，共 330 人，总面积 0.513 平方千米，其中耕地面积 0.2432 平方千米，主要农作物为小麦、水稻，主要经济来源为外地务工。

舒郭塆[Shū guō wān] 曾用名：舒家埠。“舒郭”指的是舒姓和郭姓的居民，“塆”指的是村庄。以姓氏命名。相传明朝洪武年间，舒氏祖先从江西省麻城迁居至此，附近还有董氏、郭氏家族。后来董氏子女不兴旺，董氏祖先为传后接代，将舒氏外孙郭氏招为上门女婿，后郭氏人丁兴旺，取代董氏，从此舒家埠只居住舒郭二姓，舒姓和郭姓两大家族合称为“舒郭塆”。该居民点位于高张村南部，呈块状分布，东接内府河，西邻大郭塆，南连上分辛，北靠高家坡。全塆主要以舒姓、郭姓为主，均为汉族，共有 94 户，共 515 人，总面积 0.669 平方千米，其中耕地面积 0.2908 平方千米，主要农作物为小麦、水稻，主要经济来源为外地务工。

徐家坝子[Xú jiā bà zǐ] “徐家”指的是徐姓居民，“坝子”指的是该村落边筑拦水堤坝(方言称“坝子”)。以姓氏与地理特征综合命名。相传明朝洪武年间，徐氏先祖从江西省麻城迁居至此，因看中此处地处河边，便在河支流上筑一道拦水堤坝(方言称“坝子”)，繁衍成塆后，故名“徐家坝子”。该居民点位于高张村西部，呈块状分布，东接舒郭塆，西邻高庙村陈家大塘，南连下陈塆，北靠高张塆。全塆主要以辛姓为主，均为汉族，共有 28 户，共 117 人，总面积 0.204 平方千米，其中耕地面积 0.06968 平方千米，主要农作物为小麦、水稻，主要经济来源为外地务工。

学府小区[Xué fǔ xiǎo qū] “学府”指该小区地处辛榨中学边，“小区”指居民区。该小区居民多为 2000 年后逐步迁来。本居民点位于高张村南部，为丘陵山地地形，呈块状分布，东接内府河，西邻烟应线，南连辛榨中学，北靠棉站。全区均为汉族，共有 86 人，23 户，总面积 0.0268 平方千米，主要农作物为小麦、水稻，主要经济来源为外地务工。

十三、胡姚村[Húyáo Cūn]

清代为冯家滩会，民国属廉让乡。1949 年 7 月设巡店区，胡姚村系巡店区管辖；1952 年 10 月巡店区调整为第二区，胡姚村系第二区管辖；1956 年 3 月为第三指导组，胡姚村系第三指导组管辖；1958 年巡店区命名为幸福人民公社，胡姚村改为胡姚大队，系幸福人民公社管辖；同年底恢复原区名，胡姚大队系巡店区管辖；1975年撤区并社为巡店人民公社，胡姚大队属巡店人民公社管辖；1987年巡店撤区建镇，辛榨乡、高店乡合并，胡姚村属辛榨乡管辖。

胡姚村位于辛榨乡东部，距政府所在地约1.7千米。为涢水冲积平原，呈条状分布，东接高罗村，西邻冯家塆，南连杨家塆，北靠黄家塆。全塆主要以胡姓、姚姓为主，均为汉族，有6个居民点：刘家塆、黄家塆、陈家塆、胡家槽坊塆、胡家塆、姚家塆，共有401户，共1369人，总面积1.29平方千米，其中耕地面积0.577平方千米，主要农作物为小麦、水稻，主要经济来源为外地务工，主要驻区单位：胡姚村村民委员会。

陈家塆[Chén jiā wān] “陈家”指的是陈姓居民，“塆”指的是村庄。以姓氏命名。相传明洪武年间，一位姓陈居民从江西麻城迁至此地居住，清康熙年间，从陈家沟又迁来一陈姓居民，两户陈姓居民均繁衍成多户人家，故得名“陈家塆”。该居民点位于胡姚村东部，呈块状分布，东接涢水，西邻四报村冯家塆，南近槽坊湾，北接姚家湾。全塆主要以陈姓为主，均为汉族，共有58户，共227人，总面积0.1531平方千米，占地面积0.08平方千米，耕地面积0.1213平方千米，主要农作物为小麦、水稻，主要经济来源为外地务工与种植。

胡家槽坊塆[Hú jiā cáo fāng wān] 曾用名：胡家寨。“胡家”指的是胡姓居民，“槽坊”指的是以前有居民开槽坊以酿酒为业，“塆”指的是村庄。以姓氏与职业综合命名。清康熙年间，湖北孝感人胡仁寿迁来此地，繁衍成塆，至清道光年间，胡家有一人开槽坊以酿酒为业，生意较好，便得名“胡家槽坊塆”。该居民点位于胡姚村南部，呈块状分布，东接府河，西邻白杨村，南近刘家塆，北靠陈家塆。全塆主要以胡姓为主，均为汉族，共有112户，共346人，总面积0.286平方千米，占地面积0.195平方千米，耕地面积0.085平方千米，主要农作物为小麦、水稻，主要经济来源为外地务工与种植。

胡家塆[Hú jiā wān] 该居民点位于胡姚村南部，居民点呈块状分布，东靠府河涢水，西邻白杨村舒家河，南近高罗村，北连刘家湾。全塆主要以胡姓为主，均为汉族，64户，254人，总面积0.195平方千米，占地面积0.08平方千米，耕地面积0.0835平方千米，主要农作物为小麦、水稻，主要经济来源为外地务工与种植。

黄家塆[Huáng jiā wān] 曾用名：土地堂黄家塆。“黄家”指的是黄姓居民，“塆”指的是村庄。以姓氏与历史文化综合命名。相传此地以前叫宋家塆，元末时因兵灾，宋姓居民全被杀死，一黄姓居民来此居住，繁衍成塆，在塆南建有土地堂，塆北建观灯阁，故得名“土地堂黄家塆”。后简称为“黄家塆”。该居民点位于胡姚村北部，呈块状分布，东接涢水，西部魏家湾，南连姚家湾，北靠高店村。全塆主要以黄姓为主，均为汉族，共有60户，共206人，总面积0.182平方千米，占地面积0.1平方千米，耕地面积0.0991平方千米，主要农作物为小麦、水稻，主要经济来源为外地务工与种植。

刘家塆[Liú jiā wān] “刘家”指的是刘姓居民，“塆”指的是村庄。以姓氏命名。相传清康熙年间，一位名叫刘磉墩居民，迁到此地居住，后繁衍成塆，得名“刘家塆”。该居民点位于胡姚村东南部，呈块状分布，东接府河涢水，西邻白杨村白家湾，南连胡家湾，北近槽坊湾。全塆主要以刘姓为主，均为汉族，共有48户，共150人，总面积0.182平方千米，占地面积0.08平方千米，耕地面积0.095平方千米，主要农作物为小麦、水稻，主要经济来源为外地务工与种植。

姚家塆[Yáo jiā wān]　曾用名：姚家桥。“姚家”指的是姚姓居民，“塆”指的是村庄。以姓氏命名。相传此地以前叫李家桥，元末时因兵灾，李姓居民全被杀死，明洪武年间，一位名叫姚义龙的居民来此居住，繁衍成塆，得名“姚家桥”，后简称为“姚家塆”。该居民点位于胡姚村北部，居民点呈块状分布，东靠涢水河畔，西邻四报钟家湾，南近陈家湾，北接黄家湾。全塆主要以姚姓为主，均为汉族，共有 59 户，共 186 人，总面积 0.184 平方千米，占地面积 0.08 平方千米，耕地面积 0.1 平方千米，主要农作物为小麦、水稻，主要经济来源为外地务工与种植。

十四、张付村[Zhāngfù Cūn]

清代为安陆咀会，民国属廉让乡。1949 年 10 月张傅村属巡店区。1952 年 10 月属第二区高店乡辖。1956 年 3 月属第二指导小组高店乡辖。1958 年 9 月，张傅村改为张傅大队，属幸福人民公社高店管理区辖；同年底属巡店人民公社高店管理区辖。1961 年 4 月属巡店区高店人民公社辖。1975 年 2 月属巡店人民公社高店管理区辖。1984 年 1 月，张傅大队改为张付村，属巡店镇高店乡辖。1987 年 10 月属辛榨乡辖，沿用至今。

张付村位于辛榨乡东部，距政府所在地约 1.5 千米。地处涢水冲积平原，地形平坦，呈块状分布。东接白杨村、四报村，西邻辛榨社区，南连新渠村，北靠内府河。截至 2014 年 9 月，辖区内共有 4 个自然塆：张家塆、傅家塆、陈徐塆、杨家塆。村内有常住居民 403 户，共 1696 人，辖区占地面积 1.3 平方千米，其中耕地面积为 0.08 平方千米，主要农作物为小麦、水稻、油菜。村委会办公楼总建筑面积达 650 平方米，楼层高 11.2 米，为三层建筑，一楼设办公室及群众服务中心，二楼设有图书室及各类独立办公设施，三楼设有大会厅及网络电视等。村委会现有工作人员 4 名。

陈徐塆[Chén xú wān]　该居民点位于张付村西北部，呈块状分布，东接四报村下徐塆，西邻高张村舒家埠，南连张家塆，北靠杨畈塆。主要以陈、徐两姓为主，均为汉族。全塆 98 户，439 人，总面积为 0.371 平方千米，其中有耕地面积 0.19 平方千米，主要农作物为小麦、水稻、油菜，主要经济来源以外地务工为主。

傅家塆[Fù jiā wān]　该居民点位于张付村西南部，呈块状分布，东接张家塆，西邻内府河，南连新渠村五份刘，北靠张家塆。主要以傅姓为主，均为汉族。全塆 127 户，492 人，总面积为 0.352 平方千米，其中有耕地面积 0.18 平方千米，主要农作物为小麦、水稻、油菜，主要经济来源以外地务工为主。

杨家塆[Yáng jiā wān]　“杨家”指的是杨姓居民，“塆”指的是村庄。相传明洪武年间，有一位杨姓居民由江西麻城迁至此地建房，后繁衍成一个塆，故名“杨家塆”。该居民点位于张付村东南部，呈块状分布，东接四报村上份徐，西邻高张村，南连陈徐塆，北靠内府河。主要以杨姓为主，均为汉族。全塆 48 户，221 人，总面积为 0.21 平方千米，其中有耕地面积 0.1 平方千米，主要农作物为小麦、水稻、油菜，主要经济来源以外地务工为主。

张家塆[Zhāng jiā wān]　“张家”指的是张姓居民，“塆”指的是村庄。以姓氏命名。相传明洪武年间，有位张姓居民由江西麻城迁至此地建房，后繁衍成一个塆，故名“张家塆”。该居民点位于张付村东北部，呈块状分布，东接白杨村上朱塆，西邻傅家塆，南连新渠村涂家塆，北靠陈徐塆。主要以张姓为主，均为汉族。全塆130户，544人，总面积为0.311平方千米，其中有耕地面积0.15平方千米，主要农作物为小麦、水稻、油菜，主要经济来源以外地务工为主。

十五、白杨村[Báiyáng Cūn]

清代为冯家滩会，民国属廉让乡。1949年7月设巡店区，白杨村系巡店区管辖；1952年10月巡店区调整为第二区，白杨村系第二区管辖；1956年3月为第三指导组，白杨村系第三指导组管辖；1958年巡店区命名幸福人民公社，白杨村改为白杨大队，系幸福人民公社管辖；同年属巡店区辛榨人民公社辖；1975年撤区并社为巡店人民公社，白杨大队属巡店人民公社辛榨管理区辖；1987年巡店撤区建镇，辛榨乡、高店乡合并，白杨村属辛榨乡管辖。

该村位于辛榨乡东南部，距政府所在地约3.5千米。为涢水冲积平原，地形平坦，呈块状分布，东接高罗村，西邻新渠村，南连菱湖村，北靠四报村。全村均为汉族，截至2015年4月，全村共有5个自然塆：白家塆、上朱塆、舒堤塆、下朱塆、杨家塆，共有259户，1123人，总面积0.77平方千米，其中耕地面积0.5293平方千米，农作物以小麦、水稻为主，主要经济来源为外地务工。

白家塆[Bái jiā wān]　“白家”指的是白姓居民，“塆”指的是村庄。以姓氏命名。相传明洪武年间，朝廷从江西麻城筷子街迁入一批居民，白姓居民迁至义堂白家堰，清康熙年间，从义堂白家堰迁居民到此，繁衍成塆，故取名“白家塆”。该居民点位于白杨村东北部，呈块状分布，东接胡姚村罗家塆，西接上朱塆，南连杨家塆，北靠胡姚村胡姚塆。主要以白姓为主，均为汉族，共有17户，67人，总面积0.051平方千米，占地面积0.015平方千米，其中耕地面积0.03752平方千米，农作物以小麦、水稻为主，主要经济来源为外地务工。

上朱塆[Shàng zhū wān]　“上”指在宗族中属长房，“朱”指的是朱姓居民，“塆”指的是村庄。相传明洪武年间，朝廷从江西麻城筷子街迁入一批居民到此，朱姓兄弟二人来此居住，兄长家庭繁衍成此塆，故名上朱塆。该居民点位于白杨村西北部，呈块状分布，东接白家塆、杨家塆，西邻张付村张家塆，南连下朱塆，北靠四报村冯家塆。全塆主要以朱姓为主，均为汉族，共有48户，203人，总面积0.144平方千米，占地面积0.02平方千米，耕地面积0.1228平方千米，农作物以小麦、水稻为主，主要经济来源为外地务工。

舒堤塆[Shū dī wān]　曾用名：舒家堤。“舒”指的是舒姓居民，“堤”指的是防洪堤坝，“塆”指的是村庄。以姓氏与自然地理特征命名。相传明洪武年间，朝廷从江西麻城筷子街迁入一批居民到此，一舒姓居民居住，繁衍成塆，因住房依堤而建，故名“舒堤塆”。该居民点位于白杨村南部，呈块状分布，东接高罗村罗家塆，西邻下朱塆，南连牌楼村祠堂塆，北靠杨家塆。全塆主要以舒姓为主，均为汉族，共有 103 户，445 人，总面积 0.309 平方千米，占地面积 0.1 平方千米，耕地面积 0.1863 平方千米，农作物以小麦、水稻为主，主要经济来源为外地务工。

下朱塆[Xià zhū wān]　“下”指在宗族中属最小房头，“朱”指的是朱姓居民，“塆”指的是村庄。以姓氏与宗族排序命名。相传明洪武年间，朝廷从江西麻城筷子街迁入一批居民到此，朱姓兄弟二人来此居住，弟弟家庭繁衍成此塆，故名“下朱塆”。该居民点位于白杨村西南部，呈块状分布，东接舒家堤塆，西邻新渠涂家塆，南连涂徐塆菱湖村，北靠上朱塆。全塆以朱姓为主，均为汉族，共有 46 户，210 人，总面积 0.138 平方千米，占地面积 0.03 平方千米，耕地面积 0.0985 平方千米，农作物以小麦、水稻为主，主要经济来源为外地务工。

杨家塆[Yáng jiā wān]　“杨家”指的是杨姓居民，“塆”指的是村庄。相传明洪武年间，朝廷从江西麻城筷子街迁入一批居民到此，后繁衍成塆，居民以杨姓为主，另有胡姓、罗姓、刘姓，都是女婿户，故仍称为“杨家塆”。该居民点位于白杨村北部，呈块状分布，东接高罗村高家塆，西邻下朱塆，南连舒家堤塆，北靠白家塆。全塆主要以杨姓为主，均为汉族，共有 45 户，202 人，总面积 0.135 平方千米，占地面积 0.04 平方千米，耕地面积 0.0844 平方千米，农作物以小麦、水稻为主，主要经济来源为外地务工。

十六、大廖村[Dàliào Cūn]

“大廖”即居民点大廖塆，以前为村部所在地，“村”指自治组织。以境内居民点名称派生得名。清康熙年间，廖家先祖从江西省麻城迁徙到这一带，育有 10 子。后来长大各自成家立业，每个儿子各选一个地方建房，称为“廖家十大份”，后来因各种原因只剩下了大份塆、三份塆、十份塆、四份塆。以大份塆最大，故名“大廖”，村名依此改成。

清代为冯家滩会，民国属廉让乡。1949 年 10 月大廖村属巡店区。1952 年 10 月属第二区高店乡辖。1956 年 3 月属第三指导组高店乡辖。1958 年 9 月，大廖村改为大廖大队，属幸福人民公社高店管理区辖；同年底属巡店人民公社高店管理区辖。1961 年 4 月属巡店区高店人民公社辖。1975 年 2 月属巡店人民公社高店管理区辖。1984 年 1 月，大廖大队改为大廖村，属巡店镇高店乡辖。1987 年 10 月属辛榨乡辖，沿用至今。

大廖村位于辛榨乡东北部，距政府所在地约 4 千米。为涢水冲积平原，地形平坦，呈块状分布。东接红旗村，西邻李河村，南连蒋堰村，北靠巡店镇新堤村。截至 2014 年 9 月，辖区内共有 7 个村民小组，5 个自然塆：十份塆、四份塆、大份塆、三份塆、彭家塆。村内有常住居民 326 户，共 1488 人。辖区占地面积 1.35 平方千米，其中耕地面积为 0.939 平方千米，农作物以小麦、水稻、油菜为主。村委会现有工作人员 4 名。被省人民政府评为“新农村建设示范村”，“文明村”，“卫生村”。2014 年度被省林业厅评为“绿色示范村”。全村环境幽静，风景悠然，村民居住环境优美。

大份塆[Dà fèn wān] “大份”指的是该村落居民在周围廖姓居民所处宗族中，位居第一个房头，“塆”指的是村庄。以历史文化命名。清康熙年间，廖家先祖从江西省麻城迁徙到这一带，育有 10 子。后来长大各自成家立业，每个儿子各选一个地方建房，称为“廖家十大份”，后来因各种原因只剩下了大份塆、三份塆、十份塆、四份塆等。长房在此繁衍成塆，故名为“大份塆”。该居民点位于大廖村西北，呈块状分布，东接三份塆，西邻十份塆，南连大廖村广场，北靠巡店镇新堤村萧家塆。均为汉族。全塆 75 户，438 人，总面积为 0. 237 平方千米，占地面积 0. 09 平方千米，耕地面积 0. 26 平方千米，农作物以小麦、水稻、油菜为主，主要经济来源为外地务工。

彭家塆[Péng jiā wān] “彭家”指的是彭姓居民，“塆”指的是村庄。以姓氏命名。清康熙年间，一彭姓居民来此居住，后繁衍成塆，故名彭家塆。该居民点位于大廖村村东北部，呈块状分布，东接红旗社区何家塆，西邻三份塆，南连四份塆，北靠巡店镇新堤村萧家塆。均为汉族。全塆 33 户，179 人，总面积为 0. 114 平方千米，占地面积 0. 03 平方千米，耕地面积 0. 059 平方千米，农作物以小麦、水稻、油菜为主，主要经济来源为外地务工。

三份塆[Sān fèn wān] “三份”指的是该村落居民在周围廖姓居民所处宗族中，位居第三个房头，“塆”指的是村庄。以姓氏与历史文化综合命名。清康熙年间，廖家先祖从江西省麻城迁徙到这一带，育有 10 子。后来长大各自成家立业，每个儿子各选一个地方建房，称为“廖家十大份”，后来因各种原因只剩下了大份塆、三份塆、十份塆、四份塆等。第三房在此繁衍成塆，故名为“三份塆”。该居名点位于大廖村北部，呈块状分布，东接彭家塆，西邻大份塆，南连四份塆，北靠巡店镇新堤村萧家塆。均为汉族。全塆 29 户，128 人，总面积为 0. 067 平方千米，占地面积 0. 04 平方千米，耕地面积 0. 04 平方千米，农作物以小麦、水稻、油菜为主，主要经济来源为外地务工。

十份塆[Shí fèn wān] “十份”指的是该村落居民在周围廖姓居民所处宗族中，位居第十个房头，“塆”指的是村庄。以姓氏与历史文化综合命名。清康熙年间，廖家先祖从江西省麻城迁徙到这一带，育有 10 子。后来长大各自成家立业，每个儿子各选一个地方建房，称为“廖家十大份”，后来因各种原因只剩下了大份塆、三份塆、十份塆、四份塆。第十房在此繁衍成塆，故名为“十份塆”。该居民点位于大廖村西部，呈块状分布，东接大廖村广场，西邻内府河，南连李家塆，北靠大份塆。均为汉族。全塆 71 户，278 人，总面积为 0. 195 平方千米，占地面积 0. 09 平方千米，有耕地面积 0. 22 平方千米，农作物以小麦、水稻、油菜为主，主要经济来源为外地务工。

四份塆[Sì fèn wān] “四份”指的是该村落居民在周围廖姓居民所处宗族中，位居第四个房头，“塆”指的是村庄。以姓氏与宗族排序综合命名。清康熙年间，廖家先祖从江西省麻城迁徙到这一带，育有 10 子。后来长大各自成家立业，每个儿子各选一个地方建房，称为“廖家十大份”，后来因各种原因只剩下了大份塆、三份塆、十份塆、四份塆等。四房在此繁衍成塆，故名为“四份塆”。该居名点位于大廖村东南部，呈条状分布，东接红旗村大董塆，西邻十份塆，南连四报村李家塆，北靠三份塆和彭家塆。均为汉族。全塆 113 户，465 人，总面积为 0. 195 平方千米，占地面积 0. 12 平方千米，耕地面积 0. 293 平方千米，农作物以小麦、水稻、油菜为主，主要经济来源为外地务工。

十七、高店社区[Gāodiàn Shèqū]

新改社区，原名高店村，清代为冯家滩会，民国属廉让乡。1949 年 10 月高店村属巡店区。1952 年 10 月属第二区高店乡辖。1956 年 3 月属第三指导小组高店乡辖。1958 年 9 月，高店村改为高店大队，属幸福人民公社高店管理区辖；同年底属巡店人民公社高店管理区辖。1961 年 4 月属巡店区高店人民公社辖。1975 年 2 月属巡店人民公社高店管理区辖。1984 年 1 月，高店大队改为高店村，属巡店镇高店乡辖。1987 年 10 月属辛榨乡辖。

该村民委员会位于辛榨乡东北部，距政府所在地约 3 千米。呈块状分布，东接涢水，西邻四报村，南连胡姚村，北靠蒋堰村。全村主要以高姓为主，均为汉族，有 5 个居民点：高店集镇、高家塆、魏家塆、上曾家塆、下曾家塆，共有 333 户，1300 人，总面积 0. 825 平方千米，其中耕地面积 0. 404 平方千米，主要农作物为小麦、水稻，主要经济来源为外地务工。

高家店[Gāo jiā diàn]　“高家”指的是高姓居民，“店”指的是店铺与集镇。相传明洪武年间，高姓人从江西省麻城县过籍来到此地，见此地东靠涢水，过往商船客人繁多，来往客商需靠岸上坡住宿、就餐、货物交换等交易，于是看到了商机，开设交易场所，名叫高家店。后来异姓人租摊位、摆摊设点或迁移到高家店做起生意，久而久之，发展成现在的高家店。该居名点位于高店村中心地区，呈条状分布，东接上曾塆、下曾塆，西邻高家塆，南连胡姚塆，北靠蒋家堰。主要以高姓为主，均为汉族，共有 73 户，275 人，总面积 0. 1521 平方千米，其中耕地面积 0. 0784 平方千米，农作物以小麦、水稻为主，主要经济来源为外地务工。

高家塆[Gāo jiā wān]　“高家”指的是高姓居民，“塆”指的是村庄。以姓氏命名。元末明初，本地人几乎全部死于战乱，明洪武年间，朝廷从江西迁来一批居民，一位高姓居民来此居住，由于土地肥沃，交通方便，很快繁衍成一个塆，得名“高家塆”。该居民点位于高店村西部，呈块状分布，东接高店集镇，西邻魏家塆，南连胡姚塆，北靠蒋家堰。主要以高姓为主，均为汉族，共有 56 户，249 人，总面积 0. 178 平方千米，其中耕地面积 0. 1246 平方千米，农作物以小麦、水稻为主，主要经济来源为外地务工。

上曾家塆[Shàng zēng jiā wān]　“上”指的是宗族房头，“曾”指的是曾姓居民，“塆”指的是村庄。据高姓先祖传承，族谱记载，明洪武年间由江西省麻城县筷子街迁到云梦县新街村，后来曾姓兄弟二人迁到此地，兄长住在此地，繁衍成塆，得名“上曾塆”。该居名点位于高店村东北侧，呈块状分布，东接涢水，西邻高店集镇，南连下曾塆，北靠蒋家堰。主要以曾姓为主，均为汉族，共有 79 户，297 人，总面积 0. 186 平方千米，其中耕地面积 0. 073 平方千米，农作物以小麦、水稻为主，主要经济来源为外地务工。

魏家塆[Wèi jiā wān]　曾用名：魏家台子塆。“魏家”指的是魏姓居民，“塆”指的是村庄。以姓氏命名。据先祖传承，族谱记载，明洪武年代魏氏先祖由江西省麻城县筷子街迁到此地，魏姓居民选择一处较高地方居住，故得名“魏家台子”，后来逐步演变为“魏家塆”。该居名点位于高店村西南部，呈块状分布，东接高家塆，西邻四报村大钟塆，南连胡姚村黄家塆，北靠高家塆。主要以魏姓为主，均为汉族，共有 81 户，

299 人，总面积 0.191 平方千米，其中耕地面积 0.1367 平方千米，农作物以小麦、水稻为主，主要经济来源为外地务工。

下曾家垮[Xià zēng jiā wān]　“下”指的是方位，“曾”指的是曾姓居民，“垮”指的是村庄。据先祖传承，族谱记载，明洪武年代由曾姓祖上从江西省麻城县筷子街，迁到云梦县新街村，后来曾姓兄弟二人迁到此地，弟弟住在此地，繁衍成垮，得名“下曾垮”。该居民点位于高店村东南侧，呈块状分布，东接涢水，西邻高店集镇，南连胡姚村黄家垮，北靠上曾垮。主要以曾姓为主，均为汉族，共有 44 户，180 人，总面积 0.141 平方千米，其中耕地面积 0.0657 平方千米，农作物以小麦、水稻为主，主要经济来源为外地务工。

十八、菱湖村[Línghú Cūn]

“菱湖”指的是地理位置，“村”指的是群众自治组织，以所在地名称与工作职能综合命名。

清为菱角湖会，民国时属廉让乡。1949 年 7 月设巡店区，菱湖村系巡店区管辖；1952 年 10 月巡店区调整为第二区，菱湖村系第二区管辖；1956 年 3 月为第三指导组，菱湖村系第三指导组管辖；1958 年巡店区命名为幸福人民公社，菱湖村改为菱湖大队，系幸福人民公社管辖；同年底为巡店区辛榨人民公社辖；1975 年撤区并社为巡店人民公社，菱湖大队属巡店人民公社辛榨管理区辖；1987 年巡店撤区建镇，辛榨乡、高店乡合并为辛榨乡，菱湖村，属辛榨乡管辖。

菱湖村位于辛榨乡东南部，距政府所在地约 4.5 千米。为平原地形，呈块状分布。东接牌楼村，西邻新渠村，南连云梦县胡金店镇竹排村，北靠白杨村。截至 2014 年 9 月，辖区内共有 6 个村民小组，5 个自然垮：熊家垮、大田垮、小田垮、木桥垮、染房垮。村内有常住居民 217 户，共 996 人，辖区占地面积 0.85 平方千米，其中耕地面积为 0.57 平方千米，农作物以小麦、水稻、油菜为主。村委会现有工作人员 4 名。

大田垮[Dà tián wān]　“大”指居民在宗族中属大房，“田”指的是田姓居民，“垮”指的是村庄。以地理特征命名。相传明洪武年间，一位田姓居民从江西麻城迁至此地居住，他养育了几个儿子，后来几个儿子分别到周围居住，大儿子住在此地，故名“大田垮”。该居民点位于菱湖村北部，呈块状分布，东接小田垮，西邻新渠村，南连云梦县胡金店镇竹排村，北靠熊家垮。主要以田姓为主，所住居民均为汉族。全垮 78 户，367 人，总面积为 0.23 平方千米，占地面积 0.04 平方千米，有耕地面积 0.18 平方千米，农作物以水稻、小麦、油菜为主，主要经济来源为外出务工与种植。

木桥垮[Mù qiáo wān]　“木”指的是材质，“桥”指的是桥梁，“垮”指的是村庄。以地理特征命名。相传明洪武年间，一位田姓居民从江西麻城迁至此地居住，他养育了几个儿子，后来几个儿子分别到周围居住，一个儿子住在此地，在周围开挖壕沟，自己出入则通过一道木桥，因而得名“木桥垮”。该居民点位于菱湖村东部，呈块状分布，东接牌楼村牌楼周，西邻大田垮，南连云梦县胡金店镇竹排村上袁垮、西袁垮，北靠熊家垮。所住居民均为汉族。全垮 40 户，180 人，总面积为 0.13 平方千米，占地面积 0.03 平方千米，其中有耕地面积 0.098 平方千米，农作物以水稻、小麦、油菜为主，主要经济来源为外出务工与种植。

染房塆[Rǎn fáng wān] “染房”指的是建筑物，“塆”指的是村庄。相传明洪武年间，一位周姓居民从江西麻城迁至此地居住，他养育了几个儿子，后来几个儿子分别到周围居住，一个儿子住到此地，后来开了一家染布的作坊(当地称染房)，故名“染坊塆”。该居民点位于菱湖村东南部，呈块状分布，东接牌楼村调理塆，西邻小田塆，南连木桥塆，北靠熊家塆。所住居民均为汉族。全塆 43 户，215 人，总面积为 0.15 平方千米，占地面积 0.03 平方千米，有耕地面积 0.107 平方千米，农作物以水稻、小麦、油菜为主，主要经济来源为外出务工与种植。

小田塆[Xiǎo tián wān] “小”指居民宗族房头为最小房头，“田”指的是田姓居民，“塆”指的是村庄。以姓氏与历史文化综合命名。相传明洪武年间，一位田姓居民从江西麻城迁至此地居住，他养育了几个儿子，后来几个儿子分别到周围居住，小儿子住在此地，故名“小田塆”。该居民点位于菱湖村南部，呈条状分布，东接染房塆，西邻大田塆，南连木桥塆，北靠熊家塆。主要以田姓为主，所住居民均为汉族。全塆 20 户，80 人，总面积为 0.11 平方千米，占地面积 0.02 平方千米，其中有耕地面积 0.081 平方千米，农作物以水稻、小麦、油菜为主，主要经济来源为外出务工与种植。

熊家塆[Xióng jiā wān] “熊家”指的是熊姓居民，“塆”指的是村庄。以姓氏命名。相传明洪武年间，一位熊姓居民从江西麻城迁至此地居住，繁衍成塆，故名“熊家塆”。该居民点位于菱湖村北部，呈块状分布，东接牌楼村调理塆，西邻大田塆，南连小田塆，北靠白杨村舒家堤。所住居民均为汉族。全塆 36 户，154 人，总面积为 0.12 平方千米，占地面积 0.03 平方千米，有耕地面积 0.081 平方千米，农作物以水稻、小麦、油菜为主，主要经济来源为外出务工与种植。

十九、新渠村[Xīnqú Cūn]

“新渠”指的是地理位置，“村”指自治组织。以所在地名称与工作职能综合命名。

清为安陆咀会，民国时属廉让乡。1949 年 7 月设巡店区，新渠村系巡店区管辖；1952 年 10 月巡店区调整为第二区，新渠村系第二区管辖；1956 年 3 月为第三指导组，新渠村系第三指导组管辖；1958 年巡店区命名为幸福人民公社，新渠村改为新渠大队，系幸福人民公社管辖；同年底恢复原区名，新渠大队系巡店区管辖；1975 年撤区并社为巡店人民公社，新渠大队属巡店人民公社管辖；1987 年巡店撤区建镇，辛榨乡、高店乡合并为辛榨乡，新渠村属辛榨乡管辖。

新渠村位于辛榨乡东南部，距政府所在地 4 千米。呈块状分布，东接牌楼村，西邻陈汪村，南连孙汪村，北靠张付村。截至 2015 年 4 月，辖区内共有 9 个自然塆：吊刘大塆、吊刘小塆、郭家塆、卢洪塆、塘元徐、涂家东塆、涂家西塆、土库冯、院子塆，共有 664 户，共 2371 人，总面积 2.8 平方千米，其中耕地面积 1.005 平方千米，主要农作物为小麦、水稻，主要经济来源为外地务工。

吊刘大塆[Diào liú dà wān] 又名钓鱼刘。“吊”指离别的刘姓大塆较远，(当地方言称“吊住”)，“刘”指的是刘姓居民，“大塆”指的是大的村庄。以姓氏与历史文化命名。相传明洪武年间，一位刘姓居民从江西麻城迁至此地居住，繁衍成塆，到清康熙年间，族中各家分别到别处居住，其中一个房头搬到离本族较远的地方(当地人叫“吊住”)，且塆较大，故而叫“吊刘大塆”。该居民点位于新渠村北部，呈块状分布，东接菱湖村涂徐塆，西邻葛熊塆，南连土库冯，北靠毛刘塆。全塆主要以刘姓为主，均为汉族，共有 134 户，481 人，总面积 0.4 平方千米，占地面积 0.12 平方千米，耕地面积 0.201 平方千米，主要农作物为小麦、水稻，主要经济来源为外地务工与种植。

吊刘小塆[Diào liú xiǎo wān] “吊”指的是离本族刘姓大塆较远，(当地方言称“吊住”)，“刘”指的是刘姓居民，“小塆”指的是小的村庄。以姓氏与历史文化命名。相传明洪武年间，一位刘姓居民从江西麻城迁至此地居住，繁衍成塆，到清康熙年间，族中各家分别到别处居住，其中一个房头搬到离本族较远的地方(当地人叫“吊住”)，但塆子较小，故而叫“吊刘小塆”。该居民点位于新渠村北部，呈块状分布，东接菱湖村涂徐塆，西邻葛熊塆，南连土库冯，北靠吊刘大塆。全塆主要以刘姓为主，均为汉族，共有 42 户，170 人，总面积 0.3 平方千米，占地面积 0.11 平方千米，耕地面积 0.1174 平方千米，主要农作物为小麦、水稻，主要经济来源为外地务工与种植。

郭家塆[Guō jiā wān] “郭家”指的是郭姓村民，“塆”指的是村庄。以姓氏命名。相传明洪武年间，一位郭姓居民从江西麻城迁至此地居住，繁衍成塆，故名“郭家塆”。该居民点位于新渠村北部，呈块状分布，东接菱湖村熊家塆，西邻塆上刘，南连土库冯，北靠吊刘塆。全塆主要以郭姓为主，均为汉族，共有 66 户，238 人，总面积 0.3 平方千米，占地面积 0.08 平方千米，耕地面积 0.1673 平方千米，主要农作物为小麦、水稻，主要经济来源为外地务工与种植。

卢洪塆[Lú hóng wān] “卢洪”指的是卢姓和洪姓居民，“塆”指的是村庄。相传明洪武年间，一位卢姓居民从江西麻城迁至此地居住，繁衍成塆。到清康熙年间，有洪姓居民女儿嫁给卢姓人家，后全家迁来居住，也繁衍起来，故名“卢洪塆”。该居民点位于新渠村南部，呈块状分布，东接西袁，西邻杜汪，南连朱家炉，北靠洪家潭。全塆以卢姓、洪姓为主，均为汉族，共有 42 户，151 人，总面积 0.2 平方千米，占地面积 0.08 平方千米，耕地面积 0.1124 平方千米，主要农作物为小麦、水稻，主要经济来源为外地务工与种植。

塘圆徐[Táng yuán xú] 又名汤圆徐。“塘圆”指村落内有一个圆形的池塘，“徐”指的是徐姓村民。相传明洪武年间，一位徐姓居民从江西麻城迁至此地，看上一口圆形池塘，在此居住。繁衍成塆后名“圆塘徐”，因当地有食品“汤圆”，有人便以此与塆玩笑说称“汤圆徐”，此名反而叫响。该居民点位于新渠村东北部，呈块状分布，东接涂徐塆，西邻毛刘塆，南连熊家塆，北靠下朱塆。全塆主要以徐姓为主，均为汉族，共有 34 户，101 人，总面积 0.2 平方千米，占地面积 0.1 平方千米，耕地面积 0.0804 平方千米，主要农作物为小麦、水稻，主要经济来源为外地务工与种植。

涂家东塆[Tú jiā dōng wān] “涂家”指的是涂姓居民，“东”指的是方位，“塆”指的是村庄。相传明洪武年间，一位涂姓居民从江西麻城迁至此地居住，育两个儿子，繁衍成塆，到清康熙年间，族中两房以一池塘为界，自然分成两个塆，此塆在池塘东，故名“涂家东塆”。该居民点位于新渠村北部，呈块状分布，东接菱角湖，西邻涂家西塆，南连塘圆徐，北靠白杨村下朱塆。全塆主要以涂姓为主，均为汉族，共有 61 户，

221 人，总面积 0. 3 平方千米，占地面积 0. 11 平方千米，耕地面积 0. 16 平方千米，主要农作物为小麦、水稻，主要经济来源为外地务工与种植。

涂家西塆[Tú jiā xī wān]　“涂家”指的是涂姓居民，“西”指的是方位，“塆”指的是村庄。相传明洪武年间，一位涂姓居民从江西麻城迁至此地居住，育两个儿子，繁衍成塆，到清康熙年间，族中两房以一池塘为界，自然分成两个塆，此塆在池塘西，故名“涂家西塆”。该居民点位于新渠村北部，呈块状分布，东接涂家东塆，西邻吊刘小塆，南连塘圆徐，北靠白杨村下朱塆。全塆主要以涂姓为主，均为汉族，共有 47 户，170 人，总面积 0. 3 平方千米，占地面积 0. 12 平方千米，耕地面积 0. 1025 平方千米，主要农作物为小麦、水稻，主要经济来源为外地务工与种植。

土库冯[Tǔ kù féng]　“土库”指的是古时有一个土筑的仓库，“冯”指的是冯姓村民。相传明洪武年间，一位冯姓居民从江西麻城迁至此地居住。冯姓后人中，有一位手艺高的匠人，他用土做了个仓库，远近闻名，故名“土库冯”。该居民点位于新渠村北部，呈块状分布，东接大田塆，西邻葛熊新塆，南连芦洪塆，北靠塆上刘。全塆以冯姓为主，均为汉族，共有 131 户，464 人，总面积 0. 4 平方千米，占地面积 0. 12 平方千米，耕地面积 0. 27 平方千米，主要农作物为小麦、水稻，主要经济来源为外地务工与种植。

院子塆[Yuàn zǐ wān]　曾用名：垸子塆。“院子”指的是建筑物，“塆”指的是村庄。相传明洪武年间，一位洪姓居民从江西麻城迁至此地居住，此人在老家曾遭匪患，到此地后，建房后设计建造了一圈围墙，外地人称此塆为“院子塆”。该居民点位于新渠村南部，呈块状分布，东接云梦县胡金店镇竹排村上汪家塆，西邻内府河，南连云梦县胡金店镇李庵村李家庵，北靠卢洪塆。全塆主要以洪姓为主，均为汉族，共有 107 户，375 人，总面积 0. 4 平方千米，占地面积 0. 12 平方千米，耕地面积 0. 26 平方千米，主要农作物为小麦、水稻，主要经济来源为外地务工与种植。

2015年安陆市木梓乡平面示意图
雷公镇
汤寨
烟店
省金银花基地
棠棣镇
木梓乡
（木梓）
雷
公
棠
棣
漳
河
巡
店
图例
乡镇级人民政府驻地
国营场驻地
村委会驻地
自然村
地级界
县级界
乡镇界
复线电气化铁路
复线铁路
单线铁路及车站
高速公路、互通及编码
国道及编码
省道及编码
县道及编码
乡道及编码
村道及编码
车行桥　人渡
大型水库　中型水库
小（一）型水库
沟渠及渡槽
河流　时令河　湖泊　地下河段
HBALHRXLAOGU

第十五章　木梓乡

第一节　概　　况

木梓乡[Mùzǐ Xiāng]，位于安陆西部偏南15千米，西南与京山县交界，西北接雷公镇，东邻棠棣镇，南濒临漳河，隔水与巡店镇相望，全乡全境东宽10千米，南北长13千米，总面积86平方千米，耕地面积29.23平方千米，其中水田面积27.19平方千米；水面面积3.3333平方千米。这里区位优越，交通便捷，连通安陆与京山的周天公路贯穿全境。

木梓乡以地处木梓树镇而得名。木梓树本来是一种树，传说木梓镇开集的时候，镇上有邓，李两个大姓。姓李的做生意，买田置地的人家较多，姓邓的读书人多，邓、李两家都想用自己的姓氏作为集镇的名字，但两家势力都差不多，争了好长时间也没有结果，最后两家人家为此打起了官司。姓李的人家用银子买通了县官和师爷。县官大人受理此案时，把惊堂木一拍，要两姓代表各述理由，两姓代表又在公堂上争了起来，最后县大老爷一笑说："两家争执不下，不如以镇上的木梓树作为镇名。"当下两姓只好服判，待镇名定了以后，姓邓的才发现上了当，因为"木梓"和"木子"同音，那"木子"竖着写就是"李"字。但也无奈，最后该镇就命名为木梓。

1949年10月为安陆县木梓区。1952年10月为第三区木梓乡。1954年8月为木梓区木梓乡。1956年4月为第四指导小组木梓乡。1958年为先锋人民公社木梓管理区。同年底为棠棣人民公社木梓乡。1961年4月为棠棣区木梓人民公社。1966年9月棠棣改为先锋，为先锋区木梓人民公社。1975年2月为棠棣区木梓人民公社。1979年为木梓人民公社，辖木梓，王店，轭头管理区。1984年1月为棠棣区木梓乡。1987年10月由小王店乡、木梓乡合并为安陆市王店乡。1996年12月为安陆市木梓乡，辖23个行政村、1个茶场，沿用至今。

全乡下辖漳河村、雷畈村、张寨村、东山村、金垱村、王店村、方河村、建新村、夏桥村、天然村、戴河村、泰山村、王河村、向店村、木梓村、曾毛村、黄冲村、群力村、江河村、杜垱村、汤冲村、双杨村、新店村等23个行政村(社区)和1个茶场，共255个自然塆，204个村民小组，5338户、23420人，均为汉族。

木梓乡属丘陵平原地带，北高南低，漳河沿岸的雷畈、漳河、张寨、戴河、东山、天然、黄冲一带为平畈。最高点是汤冲汤家寨，紧连白兆山，位于乡政府北部边沿，海拔193米；最低点位于南部边沿的滚子河（黄冲村），海拔40米。北部的汤冲村紧靠白兆山，拥有大量的石灰山和陶土，为安陆及周边县市建设提供大量的原材料。

木梓乡属于亚热带季风气候区，春、夏两季长，四季分明，气候宜人。年平均气温15.8℃，历年平均降水1117毫米，春夏多，秋冬少，夏季盛行东南风，冬季多西北风。年平均日照时数2172.7小时。土壤中酸碱度大部分呈弱酸到中性反映，pH值5.6至8.5之间，水田、旱地以中性和弱酸性土壤为主，土壤中有机质的含量为中等，均高于2%，保肥性较强。

全乡现有小学2所，即木梓小学、王店小学；初中1所，即木梓初级中学；幼儿园3所，全乡学生877人，其中初中225余人，小学652人。共有教师134人，随着经济的发展，全乡教育投资逐年加大，1988年改建木梓初中，修建教学楼1栋（12个教室），1995年修建教学楼1栋（24个教室），1996年修建教师宿舍1栋（16个单元），1998年购置蒸饭锅炉，1999年新建标准化实验室2个，2000年装备微机室1个。1999年木梓小学新建教学楼1栋，同年装备多媒体教室1个，2000年修建教师宿舍2栋。1999年王店小学修建教学楼、教师宿舍各1栋，极大地改善了师生教学条件。

木梓乡卫生院位于木梓乡中心，全乡共有卫生院1个（木梓卫生院），卫生所1个（王店卫生所），卫生室9个，医疗点3个。固定资产540万元，流动资产150万元，医生70人，共有病床位30个；全年完成诊疗2万人次；参加新型农村合作医疗20660人，参合率87%。

1979年，乡成立广播站。1997年，木梓乡安装有线电视差转台，投资16万元通过卫星接收模拟信号收看到中央和地方播出的14套电视节目，入户200余户。到1999年又投资3万多元改造为数字信号接收，电视节目增至18套，有线电视用户600户。目前，全乡有线电视入户5023户，入户率97%，活跃了广大人民群众的文化生活。

第二节　社区（村）、居民点

一、木梓社区[Mùzǐ Shèqū]

“木梓”指木梓镇，“社区”指群众自治组织。

清康熙年间，当地因生意渐好，形成集镇，镇上居民商议为集镇取名。当时居民中邓、李二姓相持不下，邓姓要求取名“邓家店”，李姓要求取名“李家店”。李姓有人提议，该镇北部有一棵较大的木梓树，就以这棵树为集镇名。双方都同意。后来邓姓才发现上了当。因以前文字竖写，又有人图简便，把“木梓”写成“木子”，很多时候就写成了上“木”下“子”，成了个“李”字，还是李姓占了便宜。

1949年10月木梓村属安陆县木梓区辖。1952年10月属第三区木梓乡辖。1954年8月属木梓区木梓乡辖。1956年4月属第四指导小组木梓乡辖。1958年9月木梓村改名为木梓大队，属先锋人民公社木梓管理区辖。同年底属棠棣人民公社木梓乡辖。1964年9月属棠棣区木梓人民公社辖。1975年属木梓人民公社木梓管理区辖。1984年1月木梓大队改名为木梓村，属棠棣区木梓乡管辖。1987年10月属王店乡管辖。1996年12月属木梓乡管辖，沿用至今。

该社区位于安陆市木梓乡政府所在地。东接曾毛村，南连夏桥村，西邻建新村，北靠泰山村。全村2850人，共255户，辖管邓家塆、宋家藕塘、学府街、太阳街、梓兴街5个居民点，4个小组。均为汉族。总面积5平方千米，耕地面积1.206平方千米，省二级公路安陆通京山纵横其境，交通便利，居民委员会共有工作人员4人。

邓家塆[Dèng jiā wān]　“邓家”指的是姓氏，“塆”指的是村落。相传明洪武年间，邓姓居民从江西麻城移民到此建房居住，后陆续繁衍成塆，故名“邓家塆”。该居民点在木梓村最北侧，东接李家独塆，西邻曾毛村熊家塆，南连木梓街，北靠群力村六份塆，呈条状分布。全塆12户、110人，均为汉族。总面积1.02平方千米，占地面积0.02平方千米，耕地面积0.187平方千米，主要农作物为水稻、小麦。主要经济来源为种植农作物及外出打工。

宋家藕塘[Sòng jiā ǒu táng]　“宋家”指姓氏，“藕塘”指该村落边有一口藕塘。该居民点位于木梓村最东侧，东接曾毛村栗树塆，西邻邓家塆，南连曾毛村熊家塆，北靠邓家塆，有30户、185人，均为汉族。总面积1.02平方千米，占地面积0.06平方千米，耕地面积0.187平方千米，主要农作物为水稻、小麦。主要经济来源为种植农作物及外出打工。

太阳街[Tài yáng jiē]　“太阳”指的是太阳水库。太阳街位于木梓村东部，是安陆到木梓的一条主干道，东接枣树塆，西邻夏桥村周家大塆，南连张家塆，北靠邓家塆。全长1000米，宽18米，居民共42户、280人，均为汉族。总面积0.3平方千米，以商业为主。

学府街[Xué fǔ jiē]　“学府”指的是居民点靠近木梓中学。学府街位于木梓乡政府到木梓中学的一条街道，全长800米，宽16米。东、南连熊家塆，西邻木梓派出所，北靠宋家藕塘，呈条状分布。全塆280人，共75户，均为汉族。总面积0.0134平方千米，主要经济来源为个体经营及外出打工。

梓兴街[Zǐ xìng jiē]　“梓兴”指的是人们希望木梓兴旺，“街”指的是街道。梓兴街位于木梓村正中心，集贸市场所在地，长600米，宽20米，住户50户、580人，做生意固定摊位200多个，以农历双日为开集日。

二、东山村[Dōngshān Cūn]

“东山”指地理位置，“村”指群众自治组织。

1949 年 10 月东山村属安陆县木梓区辖。1952 年 10 月属第三区天然乡辖。1954 年 8 月属木梓区天然乡辖。1956 年 4 月属第四指导小组天然乡辖。1958 年 9 月东山村改名为东山大队，属先锋人民公社天然管理区辖。同年底属棠棣人民公社天然乡辖。1964 年 9 月属棠棣区天然人民公社辖。1975 年属木梓人民公社王店管理区辖。1984 年 1 月东山大队改名为东山村，属棠棣区天然乡管辖。1987 年 10 月属王店乡管辖。1996 年 12 月属木梓乡管辖，沿用至今。

此村位于木梓乡西南部，距政府所在地约 3. 5 千米，东接张寨村，西邻王店村，南连刘河村，北靠建新村。截至 2014 年年末，辖区内有 5 个自然塆：官塆、军张塆、三彭塆、沈家大塆、彭家稻场。常住居民 191 户、890 人，辖区占地面积 3. 2 平方千米，耕地面积 0. 88 平方千米，以种植水稻，小麦为主。村民委员会办公地址设在东山村。

官塆[Guān wān]　“官”指的是职位，“塆”指的是村落，“彭”指的是彭姓居民。相传明洪武年间，彭姓居民从江西麻城移民到此建房居住，后陆续繁衍成塆，其中有一人在朝廷当官，故名“官塆”。本居民点位于东山村西部，呈块状分部，东接军张塆，西邻王店村沈家垅，南连彭家稻场，北靠三塆彭。主要以彭姓为主，均为汉族。有住户 33 户、150 人，总面积 0. 23 平方千米，耕地面积 0. 12 平方千米，农作物以水稻、小麦、油菜为主，主要经济来源为务工务农。

军张塆[Jūn zhāng wān]　“军”指的是村落古代曾在此屯兵，“张”指姓氏，“塆”指村落。因姓氏与军事综合命名。相传明洪武年间，张姓居民从江西麻城移民到此建房居住，后陆续繁衍成塆。清代此地曾驻过军队，故名“军张塆”。该居民点位于东山村南部，呈块状分部，东接黄鹤冲茶场，西邻彭家稻场，南连张寨村艾家塆、北靠本村艾家塆。主要以张姓氏为主，均为汉族。该塆有 65 户、200 人，总面积 0. 43 平方千米，占地面积 0. 15 平方千米，耕地面积 0. 27 平方千米，以种植水稻、小麦、油菜为主，主要经济来源为外出务工与种植。

彭家稻场[Péng jiā dào chǎng]　“彭家”指的是彭姓居民，“稻场”指的是翻晒、碾轧稻谷的场地。相传明洪武年间，彭姓居民从江西麻城移民到此建房居住，后陆续繁衍成塆，因塆头有一较大稻场，故名“彭家稻场”。本居民点位于东山村南侧，呈块状分部，东接张寨村艾家塆，西邻雷畈村小雷家塆，南连漳河，北靠官塆。主要以彭姓为主，均为汉族。有 44 户、260 人，总面积 0. 3 平方千米，耕地面积 0. 18 平方千米，农作物以水稻、小麦、油菜为主，主要经济来源为务工务农。

三彭塆[Sān péng wān]　“三”指的是数量，“彭”指的是彭姓居民，“塆”指的是村落。相传明洪武年间，彭姓居民从江西麻城移民到此建房居住，后陆续繁衍成塆，此塆在族中排行为三房，故名“三彭塆”。本居民点位于东山村中部，呈块状分部，东接军张塆，西邻王店村沈家垅，南连艾家塆，北靠沈家大塆。主要以彭姓为主，均为汉族。有住户 17 户、70 人，总面积 0. 12 平方千米，耕地面积 0. 09 平方千米，农作物以水稻、小麦、油菜为主，主要经济来源为务工务农。

沈家大塆[Shěn jiā dà wān]　“沈家”指的是沈姓居民，“大”指的是规模，“塆”指的是村落。相传明洪武年间，沈姓居民从江西麻城移民到此建房居住，后陆续繁衍成较大的塆，故名“沈家大塆”。本居民点位于东山村北部，呈块状分部，东接建新村雷家院墙，西邻王店村沈家垅，南连三塆彭，北靠建新村罗家榨。

主要以沈姓为主，均为汉族。有55户、210人，总面积0.37平方千米，耕地面积0.22平方千米，农作物以水稻、小麦、油菜为主，主要经济来源为务工务农。

三、杜垱村[Dùdàng Cūn]

“杜垱”指村中有居民点“杜家垱”，“村”指自治组织。

1949年10月杜垱村属安陆县木梓区辖。1952年10月属第三区木梓乡辖。1954年8月属木梓区木梓乡辖。1956年4月属第四指导小组木梓乡辖。1958年9月杜垱村改名为杜垱大队，属先锋人民公社木梓管理区辖。同年底属棠棣人民公社木梓乡辖。1964年9月属棠棣区木梓人民公社辖。1975年属木梓人民公社木梓管理区辖。1984年1月杜垱大队改名为杜垱村，属棠棣区木梓乡管辖。1987年10月属王店乡管辖。1996年12月属木梓乡管辖，沿用至今。

杜垱村位于木梓乡北部，距政府所在地约8千米，东接汤冲村，西邻双杨村，南连江河村，北靠烟店镇杜棚村。截至2014年年末，辖区内共有9个自然塆：陈家塆、杜家垱、胡家独塆、简家塆、刘家塆、毛家塆、乔家塆、下姚岗、赵家塆。常住居民216户、830人，辖区占地面积1.3平方千米，耕地0.7平方千米，委员4人，以种植水稻，小麦为主。村内主要驻区单位有木梓乡杜垱村村民委员会，村民委员会办公地址设在杜垱村。

陈家塆[Chén jiā wān]　“陈家”指的是姓氏，“塆”指的是村落。相传明洪武年间，陈姓居民从麻城移民到此建房居住，后陆续有刘、梅姓居民迁入，因陈姓居民到此最早，故得名“陈家塆”。该居民点位于杜垱村南部，呈条状分布，东接汤冲村下汤冲塆，西邻简家塆，南连杜家垱，北靠雷公镇杜棚村杜家棚。主要以陈姓氏为主，均为汉族。该塆有27户、91人，总面积0.08平方千米，占地面积0.03平方千米，耕地面积0.04平方千米，以种植水稻、小麦、油菜为主，主要经济来源为外出务工与种植。

杜家垱[Dù jiā dàng]　“杜家”指姓氏，“垱”指人工小湖。相传明洪武年间，一杜姓居民从江西麻城迁至此地依小河而居，这户人家在小河上筑坝蓄水，形成人工小湖(当地方言称“垱”)灌溉庄稼，后发展成村落，故得名“杜家垱”。该居民点位于杜垱村中部，呈条状分布，东接汤冲村曾家稻场，南连胡家塆，北靠陈家塆，西邻刘家塆。主要以杜姓氏为主，均为汉族。有23户、83人，总面积0.5平方千米，占地面积0.02平方千米，耕地面积0.3平方千米，以种植水稻、小麦、油菜为主，主要经济来源为外出务工与种植。

胡家独塆[Hú jiā dú wān]　“胡家”指姓氏，“独塆”指最初只有一栋房。胡姓居民从江西麻城迁至附近居住，至清康熙年间，3户胡姓居民从别处来此建房，因家贫，房子建得小，3户居民住房看上去只有一栋房，后来发展成村落，便得名“胡家独塆”。该居民点位于杜垱村西北部，呈条状分布，东接汤冲村上曾家稻场，西邻刘家塆，南连毛家塆，北靠杜家垱。主要以胡姓氏为主，均为汉族。有16户、67人，总面积0.4平方千米，占地面积0.02平方千米，耕地面积0.2平方千米，以种植水稻、小麦、油菜为主，主要经济来源为外出务工与种植。

简家塆[Jiǎn jiā wān]　因当地姓氏而命名。隶属于木梓乡杜垱村，位于杜垱村西部，呈条状分布，东接下姚岗，西邻幸福水库，南连双杨村，北靠安京公路。均为汉族。全塆有 8 户人口 32 人，耕地面积 0.02 平方千米，总面积 0.07 平方千米，以种植水稻、小麦、油菜为主，主要经济来源为外出务工为主。

刘家塆[Liú jiā wān]　“刘家”指的是姓氏，“塆”指的是村落。明洪武年间，刘姓居民从麻城移民到此建房居住，后繁衍成塆，到清康熙年间，时曾有小集市，得名“刘家集”，后集市逐渐消失，得名“刘家塆”。该居民点位于杜垱村西北部，呈条状分布，东接杜家垱，西邻吴家凹，南连双杨村徐家岗，北靠简家塆。主要是以刘姓氏为主，均为汉族。有 20 户、178 人，总面积 1 平方千米，占地面积 0.02 平方千米，耕地面积 0.1578 平方千米，以种植水稻、小麦、油菜为主，主要经济来源为外出务工与种植。

毛家塆[Máo jiā wān]　“毛家”指的是姓氏，“塆”指的是村落。明洪武年间，毛姓两兄弟从江西麻城移民到此建房居住，后繁衍成塆，因人口太多，老大家族迁到现曾毛村，老二家族仍在此地，故名“毛家塆”。该居民点位于杜垱村南部，呈条状分布，东接汤冲村王家塆，西邻双扬村唐家塆，南连赵家塆，北靠胡家塆。主要以毛姓氏为主，均为汉族。有 18 户、65 人，总面积 0.09 平方千米，占地面积 0.02 平方千米，耕地面积有 0.06 平方千米，以种植水稻、小麦、油菜为主，主要经济来源为外出务工与种植。

乔家塆[Qiáo jiā wān]　“乔家”指的是姓氏，“塆”指的是村落。相传明洪武年间，乔姓居民从江西麻城迁至此地，后繁衍、发展成村落，故得名“乔家塆”。该居民点位于杜垱村东南部，呈条状分布，东接新店村谭家塆，西邻赵家塆，南连江河村萧家塆，北靠汤冲村王家塆。主要以乔姓氏为主，均为汉族。有 34 户、153 人，总面积 0.28 平方千米，占地面积 0.04 平方千米，耕地面积 0.14 平方千米，以种植水稻、小麦、油菜为主，主要经济来源为外出务工与种植。

下姚岗[Xià yáo gǎng]　“下”指方位，“姚”指姓氏，“岗”指村落处小山顶。清康熙年间，有姚姓居民在此建房，还在小山坡上建有一座烧瓦的窑，后发展成村落，故得名“姚岗”。后在此塆北部不远处又建有一个村落，也称为“姚岗”，为区分两个塆，两塆名称前冠以“上”“下”，此塆为“下姚岗”。该居民点位于杜垱村北部，呈条状分布，东接陈家塆，西邻雷公镇新桥村樊家塆，南连简家塆，北靠雷公镇王祠村窑岗。主要以姚姓为主，均为汉族。有 32 户、123 人，总面积 0.3 平方千米，占地面积 0.03 平方千米，耕地面积 0.15 平方千米，以种植水稻、小麦、油菜为主，主要经济来源为外出务工与种植。

赵家塆[Zhào jiā wān]　“赵家”指的是姓氏，“塆”指的是村落。相传明洪武年间，一赵姓居民从江西麻城迁至离此地不远的赵家冲居住，清康熙年间，赵家冲人口太多，一个赵氏家族从赵家冲迁到此建房居住，后发展成村故名“赵家塆”。该居民点位于杜垱村南部，呈条状分布，东接乔家塆，西邻双杨村唐家塆，南连江河村萧家塆，北靠毛家塆。主要以赵姓氏为主，均为汉族。有 11 户、35 人，总面积 0.05 平方千米，占地面积 0.015 平方千米，耕地面积有 0.04 平方千米，以种植水稻、小麦、油菜为主，主要经济来源为外出务工与种植。

四、曾毛村[Zēngmáo Cūn]

“曾毛”指村中有居民点曾、毛两姓，“村”指群众自治组织。

清为江家垱会，民国时属碧东乡。1949 年 10 月曾毛村属安陆县木梓区辖。1952 年 10 月属第三区木梓乡辖。1954 年 8 月属木梓区木梓乡辖。1956 年 4 月属第四指导小组木梓乡辖。1958 年 9 月曾毛村改名为曾毛大队，属先锋人民公社木梓管理区辖。同年底属棠棣人民公社木梓乡辖。1964 年 9 月属棠棣区木梓人民公社辖。1975 年属木梓人民公社木梓管理区辖。1984 年 1 月曾毛大队改名为曾毛村，属棠棣区木梓乡管辖。1987 年 10 月属王店乡管辖。1996 年 12 月属木梓乡管辖，沿用至今。

曾毛村位于木梓乡东部，距政府所在地约 3 千米。东接棠棣镇棠棣村，西邻木梓居委会，南连天然村，北靠群力村。截至 2014 年年末，全村共有 15 个自然塆：杨家塆、文家草塘、周家塆、陈家塆、刘家埂、曾家小塆、梅家塆、柏树塆(曾毛新村)、甘家塆、栗树塆、万家塆、熊家塆、梁家岗、毛家上塆、毛家下塆。全村共有 256 户、1082 人，辖区内总面积为 2 平方千米，耕地总面积 1.269 平方千米，以种植水稻、小麦为主。村民委员会共有工作人员 4 人。该村主要驻区单位曾毛村村民委员会，村委会办公室地址设在曾毛村。

柏树塆[Bǎi shù wān] “柏树”指的是该村落边有较大的柏树，“塆”指的是村落。以植物命名。相传明洪武年间，有张、易、余等姓居民从麻城移民到此建房居住，繁衍成塆，因村边有一棵古柏树，故名“柏树塆”。该居民点位于曾毛村北部，呈块状分布，东接棠棣镇棠棣村均芦塆，西邻木梓居委会王家塆，南连甘家塆，北靠木梓居委会李家独塆。均为汉族。有 21 户、124 人，总面积为 0.2412 平方千米，占地面积 0.02 平方千米，耕地面积为 0.2012 平方千米，以种植水稻、小麦、油菜为主，主要经济来源为外出务工与种植。

曾家小塆[Zēng jiā xiǎo wān] “曾家”指的是姓氏，“小”指的是宗族房头最小，“塆”指的是村落。因姓氏命名。相传明代洪武年间，从江西麻城筷子街迁来曾姓人家至此，养有 2 个儿子，各自繁衍成塆。老二一族居住此地，“小曾家塆”。该居民点位于曾毛村东部，呈块状分布，东接棠棣镇何家大塆，西邻栗树塆，南连毛家塆，北靠梁家岗。均为汉族。有 14 户、49 人，总面积为 0.18 平方千米，占地面积 0.02 平方千米，耕地面积为 0.1 平方千米，以种植水稻、小麦、油菜为主，主要经济来源为外出务工与种植。

陈家塆[Chén jiā wān] “陈家”指的是姓氏，“塆”指的是村落。因姓氏命名。相传明洪武年间，陈姓居民从江西麻城移民到此建房居住，后陆续繁衍成塆，故名“陈家塆”。该居民点位于曾毛村西南部，呈块状分布，东接邱家塆，西邻天然村文家草塘，南连天然村刘家坡，北靠刘家塆，主要以陈姓为主，均为汉族。有 11 户、55 人，总面积为 0.1 平方千米，占地面积 0.015 平方千米，耕地面积为 0.06 平方千米，以种植水稻、小麦、油菜为主，主要经济来源为外出务工。

甘家塆[Gān jiā wān] “甘家”指的是姓氏，“塆”指的是村落。因姓氏命名。相传明洪武年间，甘姓居民从江西麻城移民到此建房居住，后陆续繁衍成塆，故名“甘家塆”。该居民点位于曾毛村北部，呈块状分布，东接曾家小塆，西邻木梓村董家塆，南连栗树塆，北靠群力村杨家塆。主要以甘姓为主，均为汉族。有 12 户、65 人，总面积为 0.1152 平方千米，占地面积 0.01 平方千米，耕地面积为 0.0752 平方千米，以种植水稻、小麦、油菜为主，主要经济来源为外出务工与种植。

栗树塆[Lì shù wān] “栗树”指的是一种树木，“塆”指的是村落。相传明洪武年间，甘姓居民从江西麻城迁至此，见此地小山冈适合居住，便在此建房，后有陈姓、史姓等姓居民迁来此地，后因山上长有一棵大栗树，故名“栗树塆”。该居民点位于曾毛村中部，呈块状分布，东接曾家小塆，西邻熊家塆，南连万家塆，北靠甘家塆。均为汉族。有9户、40人，总面积为0.1072平方千米，占地面积0.01平方千米，耕地面积为0.772平方千米，以种植水稻、小麦、油菜为主，主要经济来源为外出务工与种植。

梁家岗[Liáng jiā gǎng]　“梁家”指的是姓氏，“岗”指的是山冈。以姓氏与地理特征综合命名。相传明洪武年间，梁姓居民从江西麻城迁至此，见此地小山冈适合居住、种植，便在此建房，后繁衍成塆，故名“梁家岗塆”。该居民点位于曾毛村北部，呈块状分布，东接棠棣镇均芦塆，西邻柏树塆，南连甘家塆，北靠梅家塆。主要以梁姓为主，均为汉族。有42户、164人，总面积为0.1635平方千米，占地面积0.04平方千米，耕地面积为0.1235平方千米，以种植水稻、小麦、油菜为主，主要经济来源为外出务工。

刘家埂[Liú jiā gěng]　曾用名：刘家塆。“刘家”指的是姓氏，“埂”指的是小山冈。以姓氏与地理特征综合命名。相传明洪武年间，王姓居民从江西麻城迁至此，见此地小山冈(当地方言称“山埂”，简称“埂”)适合居住、种植，便在此建房，后繁衍成塆，故名“刘家埂”。该居民点位于曾毛村南部，呈块状分布，东接毛家下塆，西邻刘家塆，南连陈家塆，北靠文家草塘。主要以刘姓氏为主，均为汉族。有17户、79人，总面积为0.1675平方千米，占地面积0.02平方千米，耕地面积为0.1275平方千米，以种植水稻、小麦、油菜为主，主要经济来源为外出务工与种植。

毛家上塆[Máo jiā shàng wān]　毛家”指的是姓氏，“上”指的是居民在宗族上居长房，“塆”指村落。相传明代洪武年间，从江西麻城筷子街迁来毛姓人家至此，养有几个儿子，各自繁衍成塆。老大一族居住此地，故名“毛家上塆”。该居民点位于曾毛村东部，呈块状分布，东接棠棣镇蒋梅村彭家桥，西邻万家塆，南连毛家下塆，北靠曾家小塆，主要以毛姓为主，均为汉族。有32户、128人，总面积为0.3578平方千米，占地面积0.03平方千米，耕地面积为0.2578平方千米，以种植水稻、小麦、油菜为主，主要经济来源为外出务工与种植。

毛家下塆[Máo jiā xià wān]　“毛家”指的是姓氏，“下”指的是居民在宗族中居较小房，“塆”指的是村落。相传明代洪武年间，从江西麻城筷子街迁来毛姓人家至此，养有几个儿子，各自繁衍成塆。老二一族居住此地，故名“毛家下塆”。该居民点位于曾毛村南部，呈块状分布，东接棠棣镇蒋梅村蔡家塆，西邻刘家塆，南连邱家塆，北靠毛家上塆，主要以毛姓为主，均为汉族。有31户、118人，总面积为0.3565平方千米，占地面积0.03平方千米，耕地面积为0.2065平方千米，以种植水稻、小麦、油菜为主，主要经济来源为外出务工与种植。

梅家塆[Méi jiā wān]　“梅家”指的是姓氏，“塆”指的是村落。因姓氏命名。相传明洪武年间，梅姓居民从江西麻城移民到此建房居住，后陆续繁衍成塆，故名“梅家塆”。该居民点位于曾毛村东北部，呈块状分布，东接棠棣镇棠棣村响堂塆，西邻群力村杨家塆，南连梁家岗，北靠棠棣镇石河村新村。主要以梅姓为主，均为汉族。有22户、85人，总面积为0.1635平方千米，占地面积0.04平方千米，耕地面积为0.1235平方千米，以种植水稻、小麦、油菜为主，主要经济来源为外出务工与种植。

万家塆[Wàn jiā wān]　“万家”指的是姓氏，“塆”指的是村落。因姓氏命名。相传明洪武年间，万姓居民从江西麻城移民到此建房居住，后陆续繁衍成塆，故名“万家塆”。该居民点位于曾毛村中部，呈块状分布，东接曾家小塆，西邻熊家塆，南连文家草塘，北靠栗树塆。主要以万姓为主，均为汉族。有18户、56

人，总面积为 0.1876 平方千米，占地面积 0.02 平方千米，耕地面积为 0.12 平方千米，以种植水稻、小麦、油菜为主，主要经济来源为外出务工与种植。

文家草塘[Wén jiā cǎo táng] “文家”指的是姓氏，“草塘”指的是有较多水草的池塘。因姓氏与地理特征命名。相传明代洪武年间，从江西麻城筷子街迁来文姓人家至此，见此地适合开挖池塘，便在此居住，后开挖一口较大池塘，塘中较浅地方长有很多水草，故名“文家草塘”。该居民点位于曾毛村西南部，呈块状分布，东接毛家上塆，西邻周家塆，南连刘家塆，北靠万家塆，居民主要以文姓为主，均为汉族。有 27 户、142 人，总面积 0.2626 平方千米，占地面积 0.02 平方千米，耕地面积 0.1313 平方千米，以种植水稻、小麦、油菜为主，主要经济来源为外出务工与种植。

熊家塆[Xióng jiā wān] “熊家”指的是姓氏，“塆”指的是村落。因姓氏命名。相传明洪武年间，熊姓居民从江西麻城移民到此建房居住，后陆续繁衍成塆，故名“熊家塆”。该居民点位于曾毛村中部，呈块状分布，东接万家塆，西邻周家塆，南连文家草塘，北靠甘家塆。主要以熊姓为主，均为汉族。该塆有 12 户、50 人，总面积为 0.1072 平方千米，占地面积 0.02 平方千米，耕地面积为 0.0536 平方千米，以种植水稻、小麦、油菜为主，主要经济来源为外出务工与种植。

杨家塆[Yáng jiā wān] 相传明洪武年间，杨姓居民从江西麻城移民到此建房居住，后陆续繁衍成塆，故名“杨家塆”。该居民点位于曾毛村西部，呈块状分布，东接梅家塆，西邻木梓村周家小塆，南连刘家塆，北靠木梓村甘家塆。主要以杨姓为主，均为汉族。有 14 户、57 人，总面积为 0.0764 平方千米，占地面积 0.02 平方千米，耕地面积为 0.0582 平方千米，以种植水稻、小麦、油菜为主，主要经济来源为外出务工与种植。按发展规划，杨家塆即将消失。

周家塆[Zhōu jiā wān] “周家”指的是姓氏，“塆”指的是村落。因姓氏命名。相传明洪武年间，周姓居民从江西麻城移民到此建房居住，后陆续繁衍成塆，故名“周家塆”。该居民点位于曾毛村西南部，呈块状分布，东接邱家塆，西邻张家塆，南连陈家塆，北靠文家草塘。主要以周姓氏为主，均为汉族。有 8 户、34 人，总面积为 0.0804 平方千米，占地面积 0.01 平方千米，耕地面积为 0.0602 平方千米，以种植水稻、小麦、油菜为主，主要经济来源为外出务工与种植。

五、向店村[Xiàngdiàn Cūn]

“向店”指村中有居民点“向家店”，“村”指群众自治组织。

清为江家垱会，民国时属碧东乡。1949 年 10 月向店村属安陆县木梓区辖。1952 年 10 月属第三区天然乡辖。1954 年 8 月属木梓区天然乡辖。1956 年 4 月属第四指导小组天然乡辖。1958 年 9 月向店村改名为向店大队，属先锋人民公社天然管理区辖。同年底属棠棣人民公社天然乡辖。1964 年 9 月属棠棣区天然人民公社辖。1975 年属木梓人民公社王店管理区辖。1984 年 1 月向店大队改名为向店村，属棠棣区天然乡管辖。1987 年 10 月属王店乡管辖。1996 年 12 月属木梓乡管辖，沿用至今。

向店村位于木梓乡西部，距政府所在地约 11 千米，处丘陵地带，呈条状分布，东接王河村，南连建新村，西邻雷公镇柳林村，南连建新村，北靠雷公镇观音村。全村均为汉族，共有 230 户、1022 人，总面积 2.043 平方千米，耕地面积 1.0157 平方千米，18 个自然塆：上周家塆、周家塆、周家二塆、汪家独塆、王家岗塆、周家独塆、彭家巷塆、晏家塆、黄家坳、程家独塆、李家塆、邹家塆、剅堰角、彭家垱口、彭家咀、彭家独塆、向店街、毕家塆，主要农作物为水稻、小麦。主要驻区单位有向店村村民委员会。

毕家塆[Bì jiā wān] “毕家”指的是姓氏，“塆”指的是村落。相传明洪武年间，毕姓居民从江西麻城移民到此建房居住，后陆续有邹姓、邓姓居民迁入，定塆名时，以“先到为大”，取名“毕家塆”。该居民点位于向店村中部偏北，处丘陵地带，呈条状分布，东接上周家塆，西邻彭家咀，南连周家二塆，北靠黄家旮。全塆以毕姓为主，均为汉族，共有 80 人，13 户，总面积 0.8 平方千米，占地面积 0.02 平方千米，耕地面积 0.7 平方千米，主要农作物为水稻、小麦，主要经济收入为外出务工与种植。

程家独塆[Chéng jiā dú wān] “程家”指的是姓氏，“独塆”指的是最初仅一间房屋。因姓氏与村庄规模综合命名。相传清康熙年间，程姓居民从外地逃荒到此，建房居住，最初仅有一间草房，故名“程家独塆”。清为江家垱会，民国时属碧东乡。该居民点位于向店村北部，呈条状分布，东接毕家塆，西邻方家塆，南连向店街，北靠向家塆。全塆以程姓为主，均为汉族，共有 6 户、32 人，总面积 0.3 平方千米，占地面积 0.01 平方千米，耕地面积 0.22 平方千米，主要农作物为水稻、小麦，主要经济收入为外出务工与种植。

剅堰角[Dōu yàn jiǎo] “剅”为池塘放水设施，“堰”为池塘，“角”村落处在池塘一角。相传明洪武年间，几户居民从江西麻城迁至此地，其中有一位懂水利的人，他与众人一起开挖了一口池塘，并在池塘上安装了可放水灌溉的剅，远近人们称这口池塘为“剅堰”，此塆地处池塘一角，因而得名“剅堰角”。该居民点位于向店村西北部，呈条状分布，东接王河村晏家塆，西邻本村垱沟，南连黄家旮，北靠雷公镇柳林村张家塆。全塆均为汉族，共有 38 人，4 户，总面积 0.6 平方千米，占地面积 0.02 平方千米，耕地面积 0.0334 平方千米，主要农作物为水稻、小麦，主要经济收入为外出务工与种植。

黄家坳[Huáng jiā ào] 曾用名：黄家旯。“黄家”指的是姓氏，“凹”指的是村落地处低洼处，“塆”指的是村落。以姓氏与地理特征综合命名。相传明洪武年间，黄姓居民从江西麻城迁至此，见此地小山低洼处适合居住、种植，便在此建房，后繁衍成塆，故名“黄家坳”。该居民点位于向店村西南部，呈条状分布，东接晏家塆，西邻雷公镇柳林村中徐塆，南连彭家咀，北靠垱沟。全塆以黄姓为主，均为汉族，共有 23 户、110 人，总面积 0.8 平方千米，占地面积 0.02 平方千米，耕地面积 0.68 平方千米，主要农作物为水稻、小麦，主要经济收入为外出务工与种植。

李家塆[Lǐ jiā wān] “李家”指的是姓氏，“塆”指的是村庄。相传明洪武年间，李姓居民从江西麻城移民到此建房居住，后陆续繁衍成塆，故名“李家塆”。该居民点位于向店村中部，居民点呈条状分布，东接上周家塆，西连向店街，北靠雷公镇柳林中徐塆村，南连方河村黄家畈。全塆以李姓为主，均为汉族，共有 15 户、105 人，总面积 0.9 平方千米，占地面积 0.01 平方千米，耕地面积 0.79 平方千米，主要农作物为水稻、小麦，主要经济收入为外出务工与种植。

彭家垱口[Péng jiā dàng kǒu] “彭家”指的是姓氏，“大”指的是指附近还有同姓“小”村落，“塆”指的是村落。相传明洪武年间，彭姓居民从江西麻城移民到此建房居住，后繁衍较快，成为较大的塆，故名“彭家垱口”。位于向店村北部，呈条状分布，东接黄家坳，西邻雷公镇柳林村张家塆，南连毕家塆，北靠雷公镇白鹤村谢家塆。全塆以彭姓为主，均为汉族，共有100人，20户，总面积1.1平方千米，占地面积0.02平方千米，耕地面积0.0938平方千米，主要农作物为水稻、小麦，主要经济收入为外出务工与种植。

彭家独塆[Péng jiā dú wān] “彭家”指的是姓氏，“独塆”指的是最初只一栋房。相传清康熙年间，彭姓居民迁来居住，最初仅建一栋房，故名“彭家独塆”。该居民点位于向店村西部，处丘陵地带，呈条状分布，东接毕家塆，西邻雷公镇柳林村谢家塆，南连方河村李家畈，北靠黄家塆。全塆以彭姓为主，均为汉族，共有57人，12户，总面积0.3平方千米，占地面积0.02平方千米，耕地面积0.0402平方千米，主要农作物为水稻、小麦，主要经济收入为外出务工与种植。

彭家咀[Péng jiā jǔ] “彭家”指的是姓氏，“咀”指的是该村落所在地形如鹤嘴。相传清康熙年间，彭姓居民迁来居住，一位懂风水的人选择在一道小山冈上建房，此山冈形如鹤嘴(当地方言称“咀”)，故名“彭家咀”。该居民点位于向店村西北部，呈条状分布，东接毕家塆，西邻雷公镇柳林村郭家塆，南连向家塆，北靠雷公镇柳林村中徐塆。全塆以彭姓为主，均为汉族，共有135人，24户，总面积0.9平方千米，占地面积0.02平方千米，耕地面积0.78平方千米，主要农作物为水稻、小麦，主要经济收入为外出务工与种植。

彭家巷塆[Péng jiā xiàng wān] “彭家”指的是姓氏，“巷”指的是村落建筑形成小巷，“塆”指的是村落。因姓氏与建筑特征命名。相传明洪武年间，朝廷动员江西麻城一带百姓移民到此地，一位姓彭的居民选择此地建房，后来逐渐发展成村落，因建房时两户相邻民居当中留了道小巷。故名“彭家巷塆”。该居民点位于向店村北部，呈条状分布，东接建新村袁家塆，西邻黄家旮，南连方河村赵家巷，北靠王河村下王家河。全塆以彭姓为主，均为汉族，共有14户、91人，总面积0.6平方千米，占地面积0.012平方千米，耕地面积0.48平方千米，主要农作物为水稻、小麦，主要经济收入为外出务工与种植。

上周家塆[Shàng zhōu jiā wān] “上”指的是居民在宗族中居较长房，“周家”指的是姓氏，“塆”指的是村落。因姓氏与地理特征命名。相传明代洪武年间，从江西麻城筷子街迁来周姓人家至此，养有3个儿子，各自繁衍成塆。老二一族居住此地，老大一族迁往外地，故名“上周家塆”。上周家塆位于向店村东部，呈条状分布，东接建新村赵家巷，西邻向家塆，南连周家二塆，北靠毕家塆。全塆以向姓为主，均为汉族，共有20户、70人，总面积0.3551平方千米，占地面积0.02平方千米，耕地面积0.134平方千米，主要农作物为水稻、小麦，主要经济收入为外出务工与种植。

汪家独塆[Wāng jiā dú wān] “汪家”指的是姓氏，“独塆”指的是最初仅一栋房。因姓氏与村庄规模命名。相传明代洪武年间，从江西麻城筷子街迁来汪姓人家至此，因最初仅建有一栋房，故名“汪家独塆”。该居民点位于向店村北部，呈条状分布，东接建新村晏家塆，西邻方河村李家畈，南连方河村黄家畈，北靠王河村上王家河。全塆以汪姓为主，均为汉族，共有9户、80人，总面积0.3平方千米，耕地面积0.01平方千米，耕地面积0.18平方千米，主要经济收入为外出务工与种植。

王家岗塆[Wáng jiā gǎng wān] “王家”指的是姓氏，“岗”指的是该村落地处小山冈，“塆”指的是村落。以姓氏与地理特征综合命名。相传明洪武年间，王姓居民从江西麻城迁至此，见此地小山冈适合居住、种植，便在此建房，后繁衍成塆，故名“王家岗塆”。该居民点位于向店村西部，呈条状分布，东接周家二塆，西邻方河村张家冲，南连方河村李家畈，北靠向店街。全塆以王姓为主，均为汉族，共有 11 户、62 人，总面积 0.5 平方千米，占地面积 0.02 平方千米，耕地面积 0.42 平方千米，主要农作物为水稻、小麦，主要经济收入为外出务工与种植农作物。

向店街[Xiàng diàn jiē] “向”指的是姓氏，“店”指集镇，“街”指的是街道。相传明洪武年间，向姓人从江西省麻城县过籍来到此地，后繁衍发展，形成集镇，故名“向店街”。该居民点位于向店村中部偏南，呈条状分布，东接上周家塆，西邻万家塆，南连方河村李家畈，北靠向家塆。全塆均为汉族，共有 150 人，45 户，总面积 1.1 平方千米，占地面积 0.04 平方千米，耕地面积 0.9 平方千米，主要农作物为水稻、小麦，主要经济收入为外出务工与种植农作物。

晏家塆[Yàn jiā wān] “晏家”指的是姓氏，“塆”指的是村落。相传明洪武年间，晏姓居民从江西麻城移民到此建房居住，后陆续繁衍成塆，故名“晏家塆”。该居民点位于向店村东北部，呈条状分布，东邻泰山村下王家河，西邻刘堰角，南连泰山村下王家榨塆，北靠王河村栗林塆。全塆以晏姓为主，均为汉族，共有 12 户、80 人，总面积 0.7 平方千米，占地面积 0.01 平方千米，耕地面积 0.58 平方千米，主要农作物为水稻、小麦，主要经济收入为外出务工与种植农作物。

周家独塆[Zhōu jiā dú wān] “周家”指的是姓氏，“独塆”指的是居住人口较少的村庄。相传清康熙年间，周姓居民迁来居住，最初仅建一栋房，故名“周家独塆”。该居民点位于向店村西南部，呈条状分布，东接建新村杨家塆，西邻方河村李家畈，南连方河村八屋塆，北靠上周家塆。全塆以周姓为主，均为汉族，共有 5 户、18 人，总面积 0.3 平方千米，占地面积 0.01 平方千米，耕地面积 0.26 平方千米，主要农作物为水稻、小麦，主要经济收入为外出务工与种植农作物。

周家二塆[Zhōu jiā 'èr wān] “周家”指的是姓氏，“二”指的是该村落居民在宗族属最小房，“塆”指的是村落。因姓氏与地理特征命名。相传明代洪武年间，从江西麻城筷子街迁来周姓人家至此，养有 3 个儿子，各自繁衍成塆。老三一族居住此地，相对附近上周家塆，故名“周家二塆”。该居民点位于向店村西南部，呈条状分布，东接建新村张家塆，西邻方河村李家畈，南连方河村杨家塆，北靠上周家塆。全塆以周姓为主，均为汉族，共有 10 户、65 人，总面积 0.5 平方千米，占地面积 0.01 平方千米，耕地面积 0.38 平方千米，主要农作物为水稻、小麦，主要经济收入为外出务工与种植农作物。

周家塆[Zhōu jiā wān] “周家”指的是姓氏，“塆”指的是村落。以姓氏命名。相传明朝初年，朝廷动员江西麻城一带百姓移民到此地，一位姓周的居民选择此地建房，后来逐渐发展成村落，故名“周家塆”。该居民点位于向店村西南部，呈条状分布，东接上周家塆，南连方河村李家畈，北靠向店街。全塆以周姓为主，均为汉族，共有 41 户、142 人，总面积 0.13 平方千米，占地面积 0.04 平方千米，耕地面积 0.08 平方千米，主要农作物为水稻、小麦，主要经济收入为外出务工与种植农作物。

邹家塆[Zōu jiā wān] “邹家”指的是姓氏，“塆”指的是村落。相传明朝初年，朝廷动员江西麻城一带百姓移民到此地，一位姓邹的居民选择此地建房，后来逐渐发展成村落，故名“邹家塆”。该居民点位于向店村西南部，居民点呈条状分布，东接向家塆，西邻吴家岗，南连张家冲，北靠向家塆。全塆以邹姓为主，均为汉族，共有4户、21人，总面积0.4平方千米，占地面积0.01平方千米，耕地面积0.36平方千米，主要农作物为水稻、小麦，主要经济收入为外出务工与种植农作物。

六、群力村[Qúnlì Cūn]

曾用名：双桥大队。“群力”从原名“双桥”改来，“村”指群众自治组织。该村解放初期名为双桥村，因附近清朝初年有一大户人家，婚后几年无子，后求神拜佛，生了双胞胎儿子，取名石桥、映桥，这户人家又出钱建了两座桥，因此得名“双桥村”。1958年改为双桥大队。“文革”初“破四旧”，改为群力村，因该村委会位于群力村及群众自治组织名称综合命名。

1949年10月为双桥村，属安陆县木梓区辖。1952年10月属第三区木梓乡辖。1954年8月属木梓区木梓乡辖。1956年4月属第四指导小组木梓乡辖。1958年9月双桥村改名为双桥大队，属先锋人民公社木梓管理区辖。同年底属棠棣人民公社木梓乡辖。1964年9月属棠棣区木梓人民公社辖。1966年改为群力大队，属棠棣区木梓人民公社辖。1975年属木梓人民公社木梓管理区辖。1984年1月群力大队改名为群力村，属棠棣区木梓乡管辖。1987年10月属王店乡管辖。1996年12月属木梓乡管辖，沿用至今。

群力村位于木梓乡东北部，距政府所在地约2.3千米，属丘陵地区，东接棠棣镇石河村、杨巷村，西邻泰山村、木梓村，南连曾毛村，北靠新店村。截至2015年5月，该村共有9个自然塆：祠堂塆、矶子塆、栗树塆、李家大塆、李家榨、六份塆、宋家洼、徐家畈、张家岗。全村有住户172户，人口720人，总面积2.7平方千米，耕地面积1.1平方千米，主要农作物为水稻、小麦、油菜。村民委员会共有工作人员3人。该村主要驻区单位是木梓乡群力村村民委员会。

祠堂塆[Cí táng wān]　“祠堂”指的是村落内建有李姓祠堂，“塆”指的是村落。因建筑命名。相传明洪武年间，一位名叫李万银的男子带全家从江西移民至李家大塆，后李姓大房从李家大塆迁到此，便在塆南建起李氏祠堂，故得名“祠堂塆”。该居民点位于群力村中部偏西，呈块状分布，东接徐家塆，西邻杨林塆，南连李家大塆，北靠宋家洼。住有8户，共50人，均为汉族。总面积0.134平方千米，占地面积0.01平方千米，耕地面积0.087平方千米，主要农作物有水稻和小麦、油菜。主要经济来源为外出务工与种植农作物。

矶子塆[Jī zǐ wān]　“矶子”是当地方言对码头的别称，意为码头，“塆”指的是村落。相传明洪武年间，一位男子带全家从江西移民至此，看到此地可为河码头(当地方言称“矶子”)，便在此居住，故名“矶子塆”。该居民点位于群力村南部，呈块状分布，东接大李家塆，西邻六份塆，南连栗树塆，北靠李家大塆。住有8户，共有30人，均为汉族。总面积0.1平方千米，占地面积0.01平方千米，耕地面积0.05平方千米，以种植水稻、小麦、油菜为主，主要经济来源为外出务工与种植农作物。

李家大塆[Lǐ jiā dà wān]　“李家”指的是姓氏，“大”指的是附近还有同姓“小”村落，“塆”指的是村落。因姓氏与地理特征命名。相传明洪武年间，一位名叫李万银的男子带全家从江西移民至此，后繁衍成较大的塆，一度在塆周围建有围墙、护塆河，附近李姓塆均由此塆分出居民而成，故名“李家大塆”。该居民点位于群力村中部，呈块状分布，东接棠棣镇石河村徐家畈，西邻杨林塆，南连咀子塆，北靠祠堂塆。主要以李姓氏为主，均为汉族。住有23户，共有102人，总面积0.205平方千米，占地面积0.03平方千米，耕地面积0.1025平方千米，以种植水稻、小麦、油菜为主，主要经济来源为外出务工与种植农作物。

李家榨[Lǐ jiā zhà]　“李家”指的是姓氏，“榨”指的是村落中原有榨油作坊。相传明洪武年间，一位名叫李万银的男子带全家从江西移民至李家大塆，后李姓一支从李家大塆迁到此，并在塆里开起榨油的作坊，方言称“榨屋”“榨坊”，故得名“李家榨”。该居民点位于群力村西北部，呈块状分布，东接宋家塆，西邻张家岗，南连杨林塆，北靠黄家桥。主要以李姓氏为主，均为汉族。全塆住有15户，共90人，总面积0.24平方千米，占地面积0.02平方千米，耕地面积0.12平方千米，以种植水稻、小麦、油菜为主，主要经济来源为外出务工与种植农作物。

栗树塆[Lì shù wān]　“栗树”指的是村落边有较大栗树，“塆”指的是村落。相传明洪武年间，有几姓居民从麻城移民到此建房居住，繁衍成塆，因此塆对面小山上，长有一棵树干需2个成年人合抱的栗树，树龄有200年以上，因而得名“栗树塆”。该居民点位于群力村西南部，呈块状分布，东接杨家塆，西邻木梓居委会木梓街，南连木梓居委会枣树塆，北靠六份塆，住有11户，共有50人，均为汉族。总面积0.134平方千米，占地面积0.02平方千米，耕地面积0.067平方千米，以种植水稻、小麦、油菜为主，主要经济来源为外出务工与种植农作物。

六份塆[Liù fèn wān]　“六份”指的是该村落居民在周围李姓居民所处宗族中，位居第六个房头，“塆”指的是村落。因历史文化命名。相传明洪武年间，一位名叫李万银的男子从处地迁到不远处的李家大塆，繁衍成塆后，宗族中的第六房迁到此，因此得名“六份塆”。该居民点位于群力村西南部，呈块状分布，东接咀子塆，西邻刘家岗，南连栗树塆，北靠杨林塆。主要以李姓氏为主，均为汉族。住有30户，共有146人，总面积0.3平方千米，占地面积0.03平方千米，耕地面积0.1467平方千米，以种植水稻、小麦、油菜为主，主要经济来源为外出务工与种植农作物。

宋家洼[Sòng jiā wā]　曾用名：宋家塆。“宋家”指的是姓氏，“洼”指的是村落地处低洼处。因姓氏与地理特征命名。相传明洪武年间，一宋姓居民从处地迁到此，选择在低洼地居住，后繁衍成塆，故名“宋家洼”。该居民点位于群力村西南部，呈块状分布，东接河东塆，西邻杨林塆，南连六份塆，北靠黄家桥。主要以宋姓氏为主，均为汉族。住有12户，共有70人，总面积0.15平方千米，占地面积0.015平方千米，耕地面积0.07平方千米，以种植水稻、小麦、油菜为主，主要经济来源为外出务工与种植农作物。

徐家畈[Xú jiā fàn]　“徐家”指的是姓氏，“畈”指的是村落地处平原上。因姓氏与地理特征命名。相传明洪武年间，一徐姓居民从处地迁到此，选择在一片平地(当地方言称“畈”)上居住，后繁衍成塆，故名“徐家畈”。该居民点位于群力村东南部，呈块状分布。东接棠棣镇石河村新村，西连李家大塆，南邻大李家塆，北连徐家塆。主要以徐姓氏为主，均为汉族。住有22户，共115人，总面积0.28平方千米，占地面积

0.02 平方千米，耕地面积 0.14 平方千米，农作物以水稻、小麦、油菜为主，主要经济来源为外出务工与种植农作物。

张家岗[Zhāng jiā gǎng]　“张家”指的是姓氏，“岗”指的是村落地处小山冈上。因姓氏与地理特征命名。相传明洪武年间，一张姓居民从处地迁到此，选择在小山冈上居住，后繁衍成塆，故名“张家岗”。该居民点位于群力村西北部，居民点呈块状分布，东接李家榨，西邻刘家岗，南连泰山村王家塆，北靠新店村江家凹。主要以张姓氏为主，均为汉族。住有 9 户，共 70 人，总面积 0.16 平方千米，占地面积 0.01 平方千米，耕地面积 0.08 平方千米，以种植水稻、小麦、油菜为主，主要经济来源为外出务工与种植农作物。

七、双杨村[Shuāngyáng Cūn]

“双杨”指村中有居民点名“双杨塆”，“村”指群众自治组织。1949 年 10 月双杨村属安陆县木梓区辖。1952 年 10 月属第三区木梓乡辖。1954 年 8 月属木梓区木梓乡辖。1956 年 4 月属第四指导小组木梓乡辖。1958 年 9 月双杨村改名为双杨大队，属先锋人民公社木梓管理区辖。同年底属棠棣人民公社木梓乡辖。1964 年 9 月属棠棣区木梓人民公社辖。1975 年属木梓人民公社木梓管理区辖。1984 年 1 月双杨大队改名为双杨村，属棠棣区木梓乡管辖。1987 年 10 月属王店乡管辖。1996 年 12 月属木梓乡管辖，沿用至今。

双杨村位于木梓乡西北部，距政府所在地约 3 千米，东接江河村，西邻雷公镇观音村，南连泰山村，北靠杜垱村。截至 2015 年 10 月，辖区内共有 11 个自然塆：上彭家塆、吴家岗、徐家岗、王家岗、万家岗、肖家棚子、双杨塆、吴家凹、魏家河、汪家独屋、下彭家塆。常住居民 224 户、1078 人，辖区占地面积 1.4 平方千米，耕地 0.95 平方千米，委员 4 人，以种植水稻、小麦为主。村内主要驻区单位有木梓乡双杨村村民委员会。

上彭家塆[Shàng péng jiā wān]　“上”指的是居民在宗族中属长房，“彭家”指的是姓氏，“塆”指的是村落。因姓氏命名。相传明代洪武年间，从江西麻城筷子街迁来彭姓人家至此，养有几个儿子，各自繁衍成塆。老大一族居住此地，故名“上彭家塆”。该居民点位于双杨村西北部，呈块状分布，东接万家岗，西邻雷公镇观音村杨家板桥，南连李家塆，北靠幸福水库。主要以彭姓氏为主，均为汉族。有住户 47 户，人口 153 人，总面积 0.28 平方千米，占地面积 0.05 平方千米，耕地面积 0.14 平方千米，以种植水稻、小麦、油菜为主，主要经济来源为外出务工与种植农作物。

双杨塆[Shuāng yáng wān]　“双杨”指的是村落由两个杨姓小村落组成，“塆”指的是村落。以姓氏命名。相传明洪武年间，杨姓居民从江西麻城迁至此，见此地小山冈适合居住、种植，便在此建房。不久又来一户杨姓居民居住，两户后来繁衍成塆，故名“双杨塆”。该居民点位于双杨村南部，呈块状分布，东接江河村江家河，西邻杨家祠堂，南连王河村榨屋塆，北靠肖家棚子。主要以杨姓氏为主，均为汉族。有住户 26 户，人口 127 人，总面积 0.4 平方千米，占地面积 0.03 平方千米，耕地面积 0.2 平方千米，以种植水稻、小麦、油菜为主，主要经济来源为外出务工与种植农作物。

万家岗[Wàn jiā gǎng] “万家”指的是姓氏，“岗”指的是村落地处小山冈。以姓氏与地理特征综合命名。相传明洪武年间，万姓居民从江西麻城迁至此，见此地小山冈适合居住、种植，便在此建房，后繁衍成垸，故名“万家岗”。该居民点位于双杨村北部，呈块状分布，东接江河村唐家垸，西邻李家垸，南连肖家棚子，北靠杜垱村唐家垸。主要以万姓氏为主，均为汉族。有住户 16 户，人口 81 人，总面积 0. 16 平方千米，占地面积 0. 02 平方千米，耕地面积 0. 08 平方千米，以种植水稻、小麦、油菜为主，主要经济来源为外出务工与种植农作物。

汪家独屋[Wāng jiā dú wū] “汪家”指的是姓氏，“独屋”指的是村落最早只有一栋民居。以姓氏与村庄规模综合命名。相传明洪武年间，汪姓居民从江西麻城迁至此，见此地小山冈适合居住、种植，便在此建房，因最早建成一栋房，故名“汪家独屋”。位于双杨村西部，呈块状分布，东接江河村江家河，西邻魏家河，南连双杨垸，北靠肖家棚子。主要以汪姓氏为主，均为汉族。有住户 16 户，人口 85 人，总面积 0. 14 平方千米，占地面积 0. 02 平方千米，耕地面积 0. 07 平方千米，以种植水稻、小麦、油菜为主，主要经济来源为外出务工与种植农作物。

王家岗[Wáng jiā gǎng] “王家”指的是姓氏，“岗”指的是村落地处小山冈。以姓氏与地理特征综合命名。相传明洪武年间，王姓居民从江西麻城迁至此，见此地小山冈适合居住、种植，便在此建房，后繁衍成垸，故名“王家岗”。该居民点位于双杨村北部，呈块状分布，东接江河村唐家垸，西邻李家垸，南连万家岗，北靠杜垱村刘家垸。主要以王姓氏为主，有住户 12 户，人口 42 人，总面积 0. 12 平方千米，占地面积 0. 015 平方千米，耕地面积 0. 067 平方千米，以种植水稻、小麦、油菜为主。主要经济来源为外出务工与种植农作物。

魏家河[Wèi jiā hé] “魏家”指的是姓氏，“河”指的是村落边有小河。以姓氏与地理特征综合命名。相传明洪武年间，魏姓居民从江西麻城迁至此，见此地小河适合居住、种植，便在此建房，后繁衍成垸，故名“魏家河”。该居民点位于双杨村西南部，呈块状分布，东接双杨垸，西邻雷公镇观音村侯家垸，南连王河村杨家祠堂，北靠下彭家垸。主要以魏姓为主，均为汉族。全垸有住户 30 户，人口 96 人，总面积 0. 3 平方千米，占地面积 0. 03 平方千米，耕地面积 0. 12 平方千米，以种植水稻、小麦、油菜为主，主要经济来源为外出务工与种植农作物。

吴家凹[Wú jiā wā] “吴家”指的是姓氏，“凹”指的是村落地处山凹。以姓氏与地理特征综合命名。相传明洪武年间，吴姓居民从江西麻城迁至此，见此地小山谷适合居住、种植，便在此建房，后繁衍成垸，故名“吴家凹”。该居民点位于双杨村北部，呈块状分布，东接杜垱村刘家垸，西隔幸福水库与雷公镇新桥村樊家垸、南隔幸福水库与肖家棚子相望，北靠杜垱村简家垸。主要以吴姓氏为主，均为汉族。有住户 19 户，人口 65 人，总面积 0. 15 平方千米，占地面积 0. 02 平方千米，耕地面积 0. 05 平方千米，以种植水稻、小麦、油菜为主，主要经济来源为外出务工与种植农作物。

吴家岗[Wú jiā gǎng] 曾用名：新吴岗。“吴家”指的是姓氏，“岗”指的是村落地处小山冈。以姓氏与地理特征综合命名。相传明洪武年间，吴姓居民从江西麻城迁至此，见此地小山冈适合居住、种植，便在此建房，后繁衍成垸，故名“吴家岗”。该居民点位于双杨村北部，呈块状分布，东连杜档村毛家垸，西邻上彭家塆，北接徐家岗，南连唐家畈。主要以吴姓氏为主，均为汉族。有住户 10 户，人口 48 人，总面积 0.1 平方千米，占地面积 0.015 平方千米，耕地面积 0.049 平方千米，以种植水稻、小麦、油菜为主，主要经济来源为外出务工与种植农作物。

下彭家塆[Xià péng jiā wān] “下”指居民在宗族中属次房头，“彭家”指的是姓氏，“塆”指的是村落。因姓氏与地理位置命名。相传明代洪武年间，从江西麻城筷子街迁来彭姓人家至此，养有几个儿子，各自繁衍成塆。老大一族居住上彭家塆，老二一族居住此地，故名“下彭家塆”。该居民点位于双杨村西部，呈块状分布，东接肖家棚子，西邻雷公镇观音村侯家塆，南连王河村上王家河，北靠李家塆。主要以彭姓氏为主，均为汉族。有住户 46 户，人口 153 人，总面积 0.28 平方千米，占地面积 0.04 平方千米，耕地面积 0.14 平方千米，以种植水稻、小麦、油菜为主，主要经济来源为外出务工与种植农作物。

肖家棚子[Xiāo jiā péng zi] “萧家”指的是姓氏，“棚”指的是村落最早民居为草棚。以姓氏与建筑特征综合命名。相传明洪武年间，萧姓居民从江西麻城迁至此，见此地适合居住、种植，便在此居住，因最早仅搭成一间草棚，故名“肖家棚子”。该居民点位于双杨村中部，呈块状分布，东接江河村萧家塆，西邻下彭家塆，南连双杨塆，北靠赵家塆。主要以萧姓氏为主，均为汉族。有住户 32 户，人口 133 人，总面积 0.24 平方千米，占地面积 0.03 平方千米，耕地面积 0.12 平方千米，以种植水稻、小麦、油菜为主，主要经济来源为外出务工与种植农作物。

徐家岗[Xú jiā gǎng] “徐家”指的是姓氏，“岗”指的是村落地处小山冈。以姓氏与地理特征综合命名。相传明洪武年间，徐姓居民从江西麻城迁至此，见此地小山冈适合居住、种植，便在此建房，后繁衍成塆，故名“徐家岗”。该居民点位于双杨村北部，呈块状分布，东接杜垱村胡家塆，西隔幸福水库与雷公镇新桥村樊家塆相望，南连双唐家畈，北靠杜垱村刘家塆。主要以徐姓氏为主，均为汉族。有住户 15 户，人口 83 人，总面积 0.2 平方千米，占地面积 0.02 平方千米，耕地面积 0.097 平方千米，以种植水稻、小麦、油菜为主，主要经济来源为外出务工与种植农作物。

八、雷畈村[Léifàn Cūn]

“雷畈”指村中有居民点“雷家畈”，“村”指的是群众自治组织。

清为江家垱会，民国时属碧东乡。1949 年 10 月雷畈村属安陆县木梓区辖。1952 年 10 月属第三区天然乡辖。1954 年 8 月属木梓区天然乡辖。1956 年 4 月属第四指导小组天然乡辖。1958 年 9 月雷畈村改名为雷畈大队，属先锋人民公社天然管理区辖。同年底属棠棣人民公社天然乡辖。1964 年 9 月属棠棣区天然人民公社辖。1975 年属木梓人民公社王店管理区辖。1984 年 1 月雷畈大队改名为雷畈村，属棠棣区天然乡管辖。1987 年 10 月属王店乡管辖。1996 年 12 月属木梓乡管辖，沿用至今。

雷畈村位于木梓乡西部，距政府距地约 16 千米。属丘陵地区，东接刘河村，西邻漳河，南连巡店镇洪山村，北靠漳河村。截至 2015 年 5 月，全村共有 5 个自然塆：雷家独屋、雷家畈、小雷家塆、易家咀、邹家大塆。全村有住户人口 1053 人，耕地面积 1. 1 平方千米，山场面积 0. 04 平方千米，占地总面积 1. 14 平方千米，村民主要种植小麦，水稻。村民委员会共有工作人员 4 人，主要驻区单位有木梓乡雷畈村村民委员会，村委会办公室地址设在雷畈村。

雷家独屋[Léi jiā dú wū]　“雷家”指的是姓氏，“独屋”指的是村落最早只有一栋民居。因姓氏与村庄规模命名。相传明洪武年间，朝廷动员江西麻城一带百姓移民到雷家畈，至清康熙年间，因人口太多，迁移一个小家族来此居住，因最初只有一栋房屋，故名“雷家独屋”。雷家独屋位于雷畈村西部，呈块条状分布，东接蔡家咀，北邻雷家河，南邻张家塆，西邻邹家大塆。主要以雷姓氏为主，均为汉族。住有户数 3 户，总人口 22 人，总面积 0. 0. 109 平方千米，占地面积 0. 006 平方千米，耕地面积 0. 094 平方千米，主要农作物有水稻和小麦、油菜。主要经济来源为外出务工、种植农作物。

雷家畈[Léi jiā fàn]　“雷家”指的是姓氏，“畈”指的是村落地处平原。相传明洪武年间，朝廷动员江西麻城一带百姓移民到此地，几位姓雷的居民见此地平坦(方言称“畈”)，适宜开垦，便在此建房，后来逐渐发展成村落，故名“雷家畈”。该居民点位于雷畈村东部，呈块条状分布，东接漳河，西邻邹家大塆，南连雷家塆，北靠小雷家塆。主要以雷姓氏为主，均为汉族。有住户 86 户，总人口 430 人，总面积 0. 8 平方千米，占地面积 0. 1 平方千米，耕地面积有 0. 6 平方千米，以种植水稻、小麦、油菜为主，主要经济来源为外出务工、种植农作物。

小雷家塆[Xiǎo léi jiā wān]　“小”指的是附近还有较大同姓村落，“雷家”指的是姓氏，“塆”指的是村落。因姓氏与村庄规模命名。相传明洪武年间，朝廷动员江西麻城一带百姓移民到雷家畈，至清康熙年间，因人口太多，迁移部分居民到此居住，故名“小雷家塆”。该居民点位于雷畈村北部，呈块条状分布，东接东山村彭家稻场，西邻黄家巷子，南接雷家畈，北接李家塆。主要以雷姓氏为主，均为汉族。有住户 24 户，人口 121 人，总面积 0. 2 平方千米，占地面积 0. 03 平方千米，耕地面积有 0. 12 平方千米，以种植水稻、小麦、油菜为主，主要经济来源为外出务工、种植农作物。

易家咀[Yì jiā zuǐ]　“易家”指的是姓氏，“咀”指的是村落形如鹤嘴。因姓氏与地理特征命名。相传明洪武年间，易姓居民迁来居住，一位懂风水的人选择在一道小山冈上建房，此山冈形如鹤嘴(当地方言称“咀”)，故名“易家咀”。该居民点位于雷畈村西南部，呈块条状分布，东接邹家大塆，西、南邻漳河，北靠雷家河。主要以雷姓氏为主，均为汉族。有住户 13 户，总人口 63 人，总面积 0. 4 平方千米，占地面积 0. 015 平方千米，耕地面积 0. 2 平方千米，以种植水稻、小麦、油菜为主，主要经济来源为外出务工、种植农作物。

邹家大塆[Zōu jiā dà wān]　“邹家”指的是姓氏，“大”指的是村落居民较多，“塆”指的是村落。因姓氏与村庄规模命名。相传明洪武年间，邹姓居民从江西麻城移民到此建房居住，后繁衍较快，成为较大的塆，故名“邹家大塆”。该居民点位于雷畈村西南部，呈块条状分布，东接雷家河，南连易家咀，北接漳河村陈家塆。西邻漳河。主要以邹姓氏为主，均为汉族。有住户 96 户，总人口 478 人，总面积 0. 8 平方千米，占地面积 0. 1 平方千米，耕地面积有 0. 4 平方千米，以种植水稻、小麦、油菜为主，主要经济来源为外出务工、种植农作物。

九、泰山村[Tàishān Cūn]

“泰山”指村中有小山名“泰山”，“村”指群众自治组织。

清为江家垱会，民国时属碧东乡。1949年10月泰山村属安陆县木梓区辖。1952年10月属第三区木梓乡辖。1954年8月属木梓区木梓乡辖。1956年4月属第四指导小组木梓乡辖。1958年9月泰山村改名为泰山大队，属先锋人民公社木梓管理区辖。同年底属棠棣人民公社木梓乡辖。1964年9月属棠棣区木梓人民公社辖。1975年属木梓人民公社木梓管理区辖。1984年1月泰山大队改名为泰山村，属棠棣区木梓乡管辖。1987年10月属王店乡管辖。1996年12月属木梓乡管辖，沿用至今。

泰山村位于木梓乡西北部，距政府所在地约2.2千米，呈条状分布，东接群力村，西邻王河村，南连夏桥村，北靠江河村。全村7个自然村：胡家大塆北、胡家大塆南、叶万家塆、袁家塆、张家岗、张万家塆北、张万家塆南，151户，657人，均为汉族，占地总面积1.29平方千米，耕地面积0.85平方千米，山场面积0.44平方千米，主要经济来源为种植农作物和外出务工。村民委员会在职员工3人，主要驻区单位：泰山村村民委员会。

胡家大塆北[Hú jiā dà wān běi]　“胡家”指的是姓氏，“大”指的是宗族长房且居民较多，“塆”指的是村落，“北”指的是附近还有同姓村落“南”。相传明代洪武年间，从江西麻城筷子街迁来胡姓人家至此，养有2个儿子，各自繁衍成塆。老大一族居住此地，故名“胡家大塆”，因后来迁出部分居民在南边又形成一塆，此处便名“胡家大塆北”。该居民点位于泰山村中部偏北，呈条状分布。东接刘家岗，西邻袁家塆，南连张万家塆，北靠江河村刘家大塆。全塆以胡姓为主，均为汉族，住有38户，共136人，总面积0.3平方千米，占地面积0.04平方千米，耕地面积有0.18平方千米，主要农作物有水稻和小麦、油菜，主要经济来源为种植农作物和外出务工。

胡家大塆南[Hú jiā dà wān nán]　“胡家”指的是姓氏，“大”指的是村落居民较多，“塆”指的是村落，“南”指的是附近还有同姓村落“北”。相传明代洪武年间，从江西麻城筷子街迁来胡姓人家至此，养有2个儿子，各自繁衍成塆。老大一族居住胡家大塆，清康熙年间后迁出部分居民在此地居住，因地处原塆南，故名“胡家大塆南”。该居民点位于泰山村中部偏北，呈条状分布。东接刘家岗，西邻袁家塆，南连张万家塆，北靠江河村刘家大塆。全塆以胡姓为主，均为汉族，住有22户，共87人，总面积0.26平方千米，占地面积0.02平方千米，耕地面积0.15平方千米，主要农作物有水稻和小麦、油菜，主要经济来源为种植农作物和外出务工。

叶万家塆[Yè wàn jiā wān]　“叶万家”指的是姓氏，“塆”指的是村落。因姓氏命名。相传明代洪武年间，从江西麻城筷子街迁来叶姓人家至此，后又有万姓人家至此，各自繁衍成塆。因“先来为大”，故名“叶万家塆”。该居民点位于泰山村西北部，呈条状分布。东接刘家大塆，西邻下王家河，南连袁家塆，北靠刘家大塆。全塆以叶姓和万姓为主，均为汉族，住有15户，共89人，总面积0.29平方千米，占地面积0.02

平方千米，耕地面积 0.13 平方千米，主要农作物有水稻和小麦、油菜，主要经济来源为农作物种植和外出务工。

袁家塆[Yuán jiā wān]　“袁家”指的是姓氏，“塆”指的是村落。相传明洪武年间，袁姓居民从江西麻城移民到此建房居住，后陆续繁衍成塆，故名“袁家塆”。该居民点位于泰山村南部，呈条状分布，东接木梓村刘家岗，西邻下王家河，南连张万家塆，北靠胡家大塆。全塆以袁姓为主，均为汉族，住有 18 户，共 96 人，总面积 0.29 平方千米，占地面积 0.015 平方千米，耕地面积有 0.16 平方千米，主要农作物有水稻和小麦、油菜，主要经济来源为种植农作物和外出务工。

张家岗[Zhāng jiā gǎng]　“张家”指的是姓氏，“岗”指的是村落地处小山冈上。因姓氏与地理特征命名。相传清康熙年间，张姓居民迁来居住，一位懂风水的人选择在一道小山冈上建房，故名“张家岗”。该居民点位于泰山村东北部，呈条状分布。东接李家榨，西邻王家塆，南连杨林，北靠毛家塆。全塆以张姓为主，均为汉族，住有 19 户，共 65 人，总面积 0.24 平方千米，占地面积 0.02 平方千米，耕地面积 0.14 平方千米，主要农作物有水稻和小麦、油菜，主要经济来源为种植农作物和外出务工。

张万家塆北[Zhāng wàn jiā wān běi]　“张万家”指的是姓氏，“塆”指的是村落，“北”指的是附近还有同姓“南”村落。因姓氏与地理方位命名。相传明代洪武年间，从江西麻城筷子街迁来张姓人家至此，后又有万姓人家至此，各自繁衍成塆。因“先来为大”，故名“张万家塆”。因后来迁出部分居民在南边又形成一塆，此处便名“张万家塆北”。该居民点位于泰山村南部，呈条状分布。东接夏家塆，西邻袁家塆，南连张万家塆南，北靠袁家塆。全塆以张姓和万姓为主，均为汉族，住有 15 户，共 85 人，总面积 0.26 平方千米，占地面积 0.02 平方千米，耕地面积 0.12 平方千米，主要农作物有水稻和小麦、油菜，主要经济来源为种植农作物和外出务工。

张万家塆南[Zhāng wàn jiā wān nán]　“张万家”指姓氏，“塆”指村落，“南”指附近还有同姓“北”村落。因姓氏与地理方位命名。相传明代洪武年间，从江西麻城筷子街迁来张姓人家至此，后又有万姓人家至此，繁衍成塆。因“先来为大”，故名“张万家塆”。清康熙年间，迁出部分居民在原塆南边又形成一塆，便名“张万家塆南”。该居民点位于泰山村南部，呈条状分布。东接夏家塆，西邻袁家塆，南连熊家塆，北靠张万家塆北。全塆以张姓和万姓为主，均为汉族，住有 21 户，共 95 人，总面积 0.26 平方千米，占地面积 0.02 平方千米，耕地面积 0.16 平方千米，主要农作物有水稻和小麦、油菜，主要经济来源为种植农作物和外出务工。

十、建新村[Jiànxīn Cūn]

“建新”指村中有居民点“建新街”，“村”指群众自治组织。

清为江家垱会，民国时属碧东乡。1949 年 10 月建新村属安陆县木梓区辖。1952 年 10 月属第三区天然乡辖。1954 年 8 月属木梓区天然乡辖。1956 年 4 月属第四指导小组天然乡辖。1958 年 9 月建新村改名为建新大队，属先锋人民公社天然管理区辖。同年底属棠棣人民公社天然乡辖。1964 年 9 月属棠棣区天然人民公社辖。1975 年属木梓人民公社王店管理区辖。1984 年 1 月建新大队改名为建新村，属棠棣区天然乡管辖。1987 年 10 月属王店乡管辖。1996 年 12 月属木梓乡管辖，沿用至今。

建新村位于木梓乡西南部，距政府所在地约 4 千米。东接天然村，西邻方河村，南连东山村，北靠泰山村。辖区总面积 4.166 平方千米，全村 1722 人、共 388 户，有耕地面积 2.022 平方千米，山场面积 2.144 平方千米。主要农作物为水稻、小麦、油菜。辖管陈家冲、程家塆、傅家塆、建新街、雷家院墙、罗家榨、上易家岗、双龙塆、王家塆、邬家榨、王家院墙、下易家岗、中易家岗、肖家凹、徐家塆、杨家田、易家小塆、张家凹、小张家塆、张家塆、赵家巷、周家墩、黄鹤冲茶场、黄鹤冲茶场塆等 24 个自然塆和居民点。周天公路穿村而过，属亚热带常绿阔叶林地带。村民委员会有职工 5 人。

陈家冲[Chén jiā chōng] “陈家”指的是姓氏，“冲”指的是地理特征。因姓氏与地理特征命名。相传清康熙年间，陈姓居民迁来居住，一位懂风水的人选择在一条小山谷(当地方言称“冲”)中建房，故名“陈家冲”。该居民点位于建新村东南部，呈条状分布。东接双龙塆，西邻徐家塆，南连雷家院墙，北靠张家塆。全塆 117 人，共 27 户，均为汉族。总面积 0.15 平方千米，占地面积 0.027 平方千米，占地面积 0.03 平方千米，耕地面积 0.023 平方千米，主要农作物为水稻、小麦。主要经济来源为种植农作物及外出打工。

程家塆[Chéng jiā wān] “程家”指的是姓氏，“塆”指的是村落。相传明洪武年间，程姓居民从江西麻城移民到此建房居住，后陆续繁衍成塆，故名“程家塆”。该居民点位于建新村北部，呈条状分布。东接周家墩，西邻张家塆，南连邬家榨，北靠小王家塆。全塆 192 人，共 48 户，均为汉族。总面积 0.22 平方千米，占地面积 0.04 平方千米，耕地面积 0.177 平方千米，主要农作物为水稻、小麦。主要经济来源为种植农作物及外出打工。

傅家塆[Fù jiā wān] “傅家”指的是姓氏，“塆”指的是村落。相传明洪武年间，傅姓居民从江西麻城移民到此建房居住，后陆续繁衍成塆，故名“傅家塆”。该居民点位于建新村西部，呈条状分布。东接邬家榨，北邻杨家田，南连易家小塆，西靠方河村黄家畈。全塆 40 人，共 10 户，均为汉族。总面积 0.08 平方千米，占地面积 0.01 平方千米，耕地面积 0.053 平方千米，主要农作物为水稻、小麦。主要经济来源为种植农作物及外出打工。

建新街[Jiàn xīn jiē] “建新”指的是村落新建，“街”指的是村落形如街道。自民国后，附近居民从各个塆迁来建房，形成街道，故名“建新街”。该居民点位于建新村中部，呈条状分布。东接徐家塆，西邻邬家榨，南连中易家岗，北靠周家墩，呈条状分布。全塆 485 人，共 95 户，均为汉族。总面积 0.2345 平方千米，占地面积 0.1 平方千米，耕地面积 0.12 平方千米，主要农作物为水稻、小麦。主要经济来源为种植农作物及外出打工。

雷家院墙[Léi jiā yuàn qiáng] “雷家”指的是姓氏，“院墙”指的是村落周围建有围墙。因姓氏与建筑命名。相传明洪武年间，朝廷动员江西麻城一带百姓移民到此地，一位姓雷的居民选择此地建房，后来逐渐发展成村落，此人祖上曾遭匪患，便在塆周围建起围墙，故名“雷家院墙”。该居民点位于建新村南部，呈条状分布。东接陈家冲，西邻罗家榨，南连东山村东山坡，北靠张家塆。全塆 103 人，共 22 户，均为汉族。

总面积 0. 18 平方千米，占地面积 0. 03 平方千米，耕地面积 0. 14 平方千米，主要农作物为水稻、小麦。主要经济来源为种植农作物及外出打工。

罗家榨[Luó jiā zhà]　“罗家”指的是姓氏，“榨”指的是村落内原有榨油作坊。因姓氏与经济活动命名。相传明洪武年间，朝廷动员江西麻城一带百姓移民到此地，几位姓罗的居民选择此地建房，后来逐渐发展成村落，至清乾隆年间，一位罗姓居民会做生意，在塆里开了间榨油作坊，故名“罗家榨”。该居民点位于建新村西南侧，东接雷家院墙，西邻下易家岗，南连东山村沈家大塆，北靠中易家岗，呈条状分布。全塆 116 人，共 27 户，均为汉族。总面积 0. 25 平方千米，占地面积 0. 02 平方千米，耕地面积 0. 12 平方千米，主要农作物为水稻、小麦。主要经济来源为种植农作物及外出打工。

上易家岗[Shàng yì jiā gǎng]　“上”指的是居民在宗族中居长房，“易家”指的是姓氏，“岗”指的是村落地处小山冈。因姓氏与地理特征命名。相传明代洪武年间，从江西麻城筷子街迁来易姓人家至此，养有几个儿子，各自繁衍成塆。老大一族建房在小山冈上，故名“上易家岗”。该居民点位于建新村西部，呈条状分布。东接邬家榨，西邻金垱村，南连中易家岗，北靠杨家田。全塆 45 人，共 10 户，均为汉族。总面积 0. 11 平方千米，占地面积 0. 01 平方千米，耕地面积 0. 093 平方千米，主要农作物为水稻、小麦。主要经济来源为种植农作物及外出打工。

双龙塆[Shuāng lóng wān]　“双龙”指的是村落原建有“双龙寺”，“塆”指的是村落。因宗教信仰得名。相传清康熙年间，此地建有双龙寺，后来在寺四周迁来一些居民种庙田，逐渐形成塆，故名“双龙塆”。该居民点位于建新村东南部，呈条状分布。东连王家塆，南连郭家塆，西邻陈家冲，北靠张家塆。全塆 125 人，共 28 户，均为汉族。总面积 0. 25 平方千米，占地面积 0. 03 平方千米，耕地面积 0. 2 平方千米，主要农作物为水稻、小麦。主要经济来源为种植农作物及外出打工。

王家塆[Wáng jiā wān]　“王家”指的是姓氏，“塆”指的是村落。相传明洪武年间，王姓居民从江西麻城移民到此建房居住，后陆续繁衍成塆，故名“王家塆”。该居民点位于建新村中部，呈条状分布。东接张家塆，西邻陈家塆，南连双龙塆，北靠赵家巷。全塆 192 人，共 48 户，均为汉族。总面积 0. 21 平方千米，占地面积 0. 04 平方千米，耕地面积 0. 167 平方千米，主要农作物为水稻、小麦。主要经济来源为种植农作物及外出打工。

王家院墙[Wáng jiā yuàn qiáng]　“王家”指的是姓氏，“院墙”指的是村落以前建有围墙。因姓氏与建筑命名。相传明洪武年间，朝廷动员江西麻城一带百姓移民到此地，一位姓王的居民选择此地建房，族中有一人在外做生意赚了钱，便出钱在塆周围建起围墙，故名“王家院墙”。该居民点位于建新村东北部，呈条状分布。位于建新村东侧，东接夏桥村赵李家畈，西邻徐家塆，南连双龙塆，北靠张家塆。全塆 98 人，共 18 户，均为汉族。总面积 0. 15 平方千米，占地面积 0. 02 平方千米，耕地面积 0. 103 平方千米，主要农作物为水稻、小麦。主要经济来源为种植农作物及外出打工。

邬家榨[Wū jiā zhà]　“邬家”指的是姓氏，“榨”指的是村落内原有榨油作坊。因姓氏与经济活动命名。相传明洪武年间，朝廷动员江西麻城一带百姓移民到此地，几位姓邬的居民选择此地建房，后来逐渐发展成村落，至清乾隆年间，一位邬姓居民会做生意，在塆里开了间榨油作坊，故名“邬家榨”。该居民点位于建新村中部，呈条状分布。东接邬家大堰，西邻傅家塆，南连中易家岗，北靠张家塆。全塆178人，共42户，均为汉族。总面积0.25平方千米，占地面积0.04平方千米，耕地面积0.18平方千米，主要农作物为水稻、小麦。主要经济来源为种植农作物及外出打工。

下易家岗[Xià yì jiā gǎng]　“下”指的是居民在宗族中居末房，“易家”指的是姓氏，“岗”指的是村落地处小山冈。因姓氏与地理特征命名。相传明代洪武年间，从江西麻城筷子街迁来易姓人家至此，养有几个儿子，各自繁衍成塆。老二一族建房在小山冈上，故名“下易家岗”。该居民点位于建新村西南部，呈条状分布。东接罗家榨，西邻金垱村孙家畈，南连徐家塆，北靠中易家岗。全塆30人，共5户，均为汉族。总面积0.06平方千米，占地面积0.01平方千米，耕地面积0.047平方千米，主要农作物为水稻、小麦。主要经济来源为种植农作物及外出打工。

萧家凹[Xiāo jiā wā]　“萧家”指的是姓氏，“凹”指的是村落建在低洼处。以姓氏与地理特征综合命名。相传明洪武年间，萧姓居民从江西麻城迁至此，见此地小山低洼处适合居住、种植，便在此建房，后繁衍成塆，故名“萧家凹”。该居民点位于建新村北部，呈条状分布。东接张家凹，西邻赵家巷，南连王家塆，北靠赵家巷。全塆141人，共34户，均为汉族。总面积0.2平方千米，占地面积0.03平方千米，耕地面积0.163平方千米，主要农作物为水稻、小麦。主要经济来源为种植农作物及外出打工。

小张家塆[Xiǎo zhāng jiā wān]　“小”指的是规模较小，“张家”指的是姓氏，“塆”指的是村落。因姓氏命名。相传明洪武年间，张姓居民从江西麻城移民到张家塆建房居住，清康熙年间，从张家塆迁出部分居民来此居住，因比原塆小，故名“小张家塆”。该居民点位于建新村中部偏北，呈条状分布，东接王家塆，西邻张家塆，南连陈家冲，北靠赵李家畈。全塆87人，共16户，均为汉族。总面积0.09平方千米，占地面积0.015平方千米，耕地面积0.077平方千米，主要农作物为水稻、小麦。主要经济来源为种植农作物及外出打工。

徐家塆[Xú jiā wān]　“徐家”指的是姓氏，“塆”指的是村庄。相传明洪武年间，徐姓居民从江西麻城移民到此建房居住，后陆续繁衍成塆，故名“徐家塆”。该居民点位于建新村西部，呈条状分布，东接陈家冲，西邻建新街村委会，南连王店村沈家垅，北靠建新街。全塆51人，共12户，均为汉族。总面积0.09平方千米，占地面积0.015平方千米，耕地面积0.063平方千米，主要农作物为水稻、小麦。主要经济来源为种植农作物及外出打工。

杨家田[Yáng jiā tián]　“杨家”指的是姓氏，“田”指的是村落建在农田间。以姓氏与地理特征综合命名。相传明洪武年间，杨姓居民从江西麻城迁至此，见此地平坦适合种植，便在此建房，后繁衍成塆，故名“杨家田”。该居民点位于建新村西北部，呈条状分布，东接程家塆，南连上易家巷，西邻向店村黄家畈，北靠杨家塆。全塆142人，共31户，均为汉族。总面积0.24平方千米，占地面积0.03平方千米，耕地面积0.173平方千米，主要农作物为水稻、小麦。主要经济来源为种植农作物及外出打工。

易家小塆[Yì jiā xiǎo wān]　“易家”指的是姓氏，“小”指的是规模较小，“塆”指的是村落。因当地姓氏与居民人数而命名。该居民点位于建新村西部，呈条状分布，东接邬家榨，西邻上易家岗，南连中易家岗，北靠付家塆。全塆30人，共8户，均为汉族。总面积0.07平方千米，占地面积0.01平方千米，耕地面积 0. 04 平方千米，主要农作物为水稻、小麦。主要经济来源为种植农作物及外出打工。

张家凹[Zhāng jiā wā]　“张家”指的是姓氏，“凹”指的是小山谷。因姓氏与地理特征命名。相传明代洪武年间，从江西麻城筷子街迁来张姓人家至此，请风水先生看出小山谷中适宜居住，便在此建房，故名“张家凹”。该居民点位于建新村北部，呈条状分布，东接程家塆，西邻肖家凹，南连王家塆，北靠张家塆。全塆 141 人，共 34 户，均为汉族。总面积 0. 26 平方千米，占地面积 0. 035 平方千米，耕地面积 0. 173 平方千米，主要农作物为水稻、小麦。主要经济来源为种植农作物及外出打工。

张家塆[Zhāng jiā wān]　“张家”指的是姓氏，“塆”指的是村落。相传明洪武年间，张姓居民从江西麻城移民到此建房居住，后陆续繁衍成塆，故名“张家塆”。该居民点位于建新村中部，呈条状分布，东接建新街，西邻邬家榨，南连陈家冲，北靠王家塆。全塆 178 人，共 42 户，均为汉族。总面积 0. 25 平方千米，占地面积 0. 04 平方千米，耕地面积 0. 18 平方千米，主要农作物为水稻、小麦。主要经济来源为种植农作物及外出打工。

赵家巷[Zhào jiā xiàng]　“赵家”指的是姓氏，“巷”指的是村落原建有小巷。因姓氏与建筑特征命名。相传明洪武年间，朝廷动员江西麻城一带百姓移民到此地，几位姓赵的居民选择此地建房，后来逐渐发展成村落，因建房时两户相邻民居当中留了道小巷。故名“赵家巷”。该居民点位于建新村北部，呈条状分布，东接萧家凹，西汪家独塆，南连程家塆，北靠下王家河。全塆 118 人，共 22 户，均为汉族。总面积 0. 21 平方千米，占地面积 0. 02 平方千米，耕地面积 0. 11 平方千米，主要农作物为水稻、小麦。主要经济来源为种植农作物及外出打工。

中易家岗[Zhōng yì jiā gǎng]　“中”指的是方位，“易家”指的是姓氏，“岗”指的是村落地处小山冈。因姓氏与地理特征命名。相传明代洪武年间，从江西麻城筷子街迁来易姓人家至此，养有几个儿子，各自繁衍成塆。老二一族建房在此小山冈上，故名“中易家岗”。该居民点位于建新村西南部，呈条状分布，东接徐家塆，西邻金垱村孙家畈，南连下易家岗，北靠上易家岗。全塆 109 人，共 28 户，均为汉族。总面积 0. 18 平方千米，占地面积 0. 06 平方千米，耕地面积 0. 03 平方千米，主要农作物为水稻、小麦。主要经济来源为种植农作物及外出打工。

周家墩[Zhōu jiā dūn]　“周家”指的是姓氏，“墩”指的是村落边有小山。因姓氏与地理特征命名。相传明代洪武年间，从江西麻城筷子街迁来周姓人家至此，建房时风水先生看到此地小山(当地人叫“墩”)风水好，就在此建房故名“周家墩”。该居民点位于建新村北部，呈条状分布，西邻张家塆，南邬家榨，北靠程家塆。全塆 192 人，共 48 户，均为汉族。总面积 0. 26 平方千米，占地面积 0. 05 平方千米，耕地面积 0. 187 平方千米，主要农作物为水稻、小麦。主要经济来源为种植农作物及外出打工。

黄鹤冲茶场[Huáng hè chōng chá chǎng]　“黄鹤”指的是历史传说，“冲”指的是地理特征，“茶场”指的是企业。因传说当地自然塆早前长时间有黄鹤在此栖身而命名。1970 年建成命名沿用至今。黄鹤冲茶场位于木梓乡西南部，距乡政府所在地约 4. 5 千米，居丘陵地带，东接建新村，西邻东山村，南连戴河村，北靠建新村。全场 320 人，均为汉族，耕地面积 0. 3183 平方千米，茶园面积 0. 067 平方千米，山林面积 0. 536 平方千米，总面积 1. 1977 平方千米，主要农作物为茶叶、水稻，小麦。

黄鹤冲茶场塆[Huáng hè chōng chá chǎng wān]　“黄鹤”指的是历史传说，“冲”指的是地势特征，“茶场”指的是企业名称，“塆”指的是村庄。1970年建成命名沿用至今。黄鹤冲茶场塆隶属于木梓乡管辖，位于木梓乡，居丘陵地带，呈块状分布，东接天然村戴家山坡，西邻东山村东山坡，南连张寨村叶家花园，北靠建新村雷家院墙。全塆56人，均为汉族，耕地面积0.069平方千米，茶园面积0.067平方千米，山林面积0.5695平方千米，总面积0.9832平方千米，主要农作物为茶叶、水稻，小麦。

十一、黄冲村[Huángchōng Cūn]

“黄冲”指村中有居民点“黄家冲”，“村”指群众自治组织。

1949年10月黄冲村属安陆县木梓区辖。1952年10月属第三区木梓乡辖。1954年8月属木梓区木梓乡辖。1956年4月属第四指导小组木梓乡辖。1958年9月黄冲村改名为黄冲大队，属先锋人民公社木梓管理区辖。同年底属棠棣人民公社木梓乡辖。1964年9月属棠棣区木梓人民公社辖。1975年属木梓人民公社木梓管理区辖。1984年1月黄冲大队改名为黄冲村，属棠棣区木梓乡管辖。1987年10月属王店乡管辖。1996年12月属木梓乡管辖，沿用至今。

黄冲村位于木梓乡东南部，距政府所在地约8千米，东接棠棣镇胡巷村，西邻戴河村，南连巡店镇桃李村，北靠天然村。截至2014年年底，全村共有7个自然塆：滚子河、黄家冲、黄家台子、黄家榨塆、张家稻场、张家下塆、先生塆。全村有250户，共895人，耕地面积1.14平方千米，山地面积1平方米千米，占地总面积2.5平方千米。主要驻区单位有木梓乡黄冲村村民委员会，村委会办公地址设在黄家台子，工作人员4人。

滚子河[Gǔn zǐ hé]　“滚子”指的是村落中可观河水滚滚而下，“河”指的是河流。以自然地理实体特征综合命名。相传明洪武年间，几户居民从江西麻城迁至此地，一位懂风水的人，看到此地位于河边，河中水流翻滚，适宜居住、种植，便在此居住，故名“滚子河”。该居民点位于黄冲村最南端，居民点呈条状分布，东接巡店镇石场村港边塆，西、南接漳河，北连先生塆。该塆共有居户56户，人口230人，均为汉族。总面积0.8平方千米，占地面积0.06平方千米，耕地面积0.39平方千米，主要作物为水稻、小麦、油菜，主要经济来源为外出务工与种植农作物。

黄家冲[Huáng jiā chōng]　“黄家”指的是姓氏，“冲”指的是村落地处小山谷。以姓氏与地理特征综合命名。相传明洪武年间，黄姓居民从江西麻城迁至此，见此地小山谷适合居住、种植，便在此建房，后繁衍成塆，故名“黄家冲”。该居民点位于黄冲村中部偏北，呈条状分布。东接棠棣镇长岗村黄家塆，西接天然村新塆，南连张家稻场，北接黄家榨。主要以黄姓为主，均为汉族。全塆有住户23户，人口103人。总面积0.65平方千米，占地面积0.025平方千米，耕地面积0.22平方千米。以种植水稻、小麦、油菜为主，主要经济来源为外出务工与种植农作物。

黄家台子[Huáng jiā tái zǐ]　“黄家”指的是姓氏，“台子”指的是村落地处较高台子上。以姓氏与地理特征综合命名。相传明洪武年间，黄姓居民从江西麻城迁至此，见此地小山谷适合居住、种植，便在黄家冲居住。清康熙年间，黄家冲部分居民来此居住，因选择较高土台上建房，故名“黄家台子”。该居民点位于黄冲村西南部，呈条状分布，东接棠棣镇长岗村黄家塆。主要以黄姓氏为主，均为汉族。全塆住有 18 户，共 74 人，总面积 0. 29 平方千米，占地面积 0. 02 平方千米，耕地面积 0. 17 平方千米。主要作物为水稻、小麦、油菜，主要经济来源为外出务工与种植农作物。

黄家榨塆[Huáng jiā zhà wān]　曾用名：黄家榨。“黄家”指的是姓氏，“榨”指的是村落以前有黄姓人家开的榨油作坊，“塆”指的是村落。以姓氏与经济活动综合命名。相传明洪武年间，黄姓居民从江西麻城迁至此，见此地小山谷适合居住、种植，便在黄家冲居住，清康熙年间，黄家冲部分居民来此居住，其中一人会做生意，便在塆里开了榨坊，故名“黄家榨塆”。该居民点位于黄冲村西北部，呈条状分布，东接棠棣镇胡巷村周家大塘，西连天然村郭家塆，北接徐家独屋，南连黄家冲。主要以黄姓氏为主，均为汉族。该塆有住户 22 户，人口 150 人，总面积 0. 52 平方千米，占地面积 0. 02 平方千米，耕地面积 0. 22 平方千米。主要作物为水稻、小麦、油菜，主要经济来源为外出务工与种植农作物。

先生塆[Xiān shēng wān]　“先生”指的是该村以前出过有名教书先生，“塆”指的是村落。因历史文化命名。相传明洪武年间，有周、罗、冯姓居民从江西麻城迁至此，其中有一位读书人，在塆里开了学堂，到清康熙年间，远近学堂都有本塆人教书，故名“先生塆”。该居民点位于黄冲村东南部，呈条状分布。东接棠棣镇胡巷村操家冲，西邻黄家台子，北接棠棣镇长岗村黄家塆，南接磙子河。均为汉族，住有 10 户、30 人，总面积 0. 12 平方千米，占地面积 0. 01 平方千米，耕地面积 0. 08 平方千米，主要作物为水稻、小麦、油菜，主要经济来源为外出务工与种植农作物。

张家稻场[Zhāng jiā dào chǎng]　曾用名：张家寨。“张家”指的是姓氏，“稻场”指的是村落边有打场用的稻场。因姓氏与地理特征命名。相传明代洪武年间，从江西麻城筷子街迁来张姓人家至此居住，后来繁衍较多人口，民国时期为防土匪和旧军阀当时建有很高的寨墙，当时名为张家寨，1958 年人民公社时改名“张家稻场”。在塆边建一大稻场。故名“张家稻场”。该居民点位于黄冲村西部，呈条状分布。东接先生塆，西接下张家塆，南连黄家台子，北连黄家冲。主要以张姓为主，均为汉族。住有 15 户，共 98 人，总面积 0. 25 平方千米，占地面积 0. 02 平方千米，耕地面积 0. 12 平方千米，以种植水稻、小麦、油菜为主，主要经济来源为外出务工与种植农作物。

张家下塆[Zhāng jiā xià wān]　曾用名：染行张。“张家”指的是姓氏，“下”指的是居民在宗族中房头较低，“塆”指村落。因姓氏与地理方位命名。相传明代洪武年间，从江西麻城筷子街迁来张姓人家至此居住，后来繁衍较多人口，民国时期为防土匪和旧军阀当时建有很高的寨墙，当时名为张家寨。清康熙年间，从张家寨迁出部分居民来此居住，故名“张家下塆”。因曾有居民开过染行，故又名染行张。该居民点位于黄冲村西部，呈条状分布。东接张家稻场，西接天然村汤家塆，南接黄家台子，北接天然村新塆。主要以张姓氏为主，均为汉族。全塆 6 户、34 人，总面积 0. 15 平方千米，占地面积 0. 01 平方千米，耕地面积 0. 07 平方千米，以种植水稻、小麦、油菜为主，主要经济来源为外出务工与种植农作物。

十二、金垱村[Jīndàng Cūn]

“金垱”指村中一口名为“金垱”的人工湖，“村”指群众自治组织。

相传古代，一位妇女在人工小湖(当地方言称“垱”)边农田劳作，忽然天起乌云，霎时电闪雷鸣，妇女在垱边看到1只金母鸡带着4只金小鸡在叫，从此人们把这里叫“金垱”。

清为黄兴港会，民国时属碧东乡。1949年10月金垱村属安陆县木梓区辖。1952年10月属第三区天然乡辖。1954年8月属木梓区天然乡辖。1956年4月属第四指导小组天然乡辖。1958年9月金垱村改名为金垱大队，属先锋人民公社天然管理区辖。同年底属棠棣人民公社天然管理区辖。1964年9月属棠棣区天然人民公社辖。1975年属木梓人民公社王店管理区辖。1984年1月金垱大队改名为金垱村，属棠棣区天然乡管辖。1987年10月属王店乡管辖。1996年12月属木梓乡管辖，沿用至今。

金垱村位于木梓乡西部，距政府所在地约11千米。东接建新村，西邻京山县罗店镇刘程庙村，南连东山村，北靠方河村。截至2015年9月，全村共有7个自然塆：徐家塆、孙家大塆、山坡塆、郭家河、张家塆、黄家新塆、黄家坡塆。全村有住户228户，人口880人，有耕地面积0.96平方千米，山地面积0.29平方千米，总面积2.3平方千米。主要农作物为水稻、小麦、油菜。村民委员会共有工作人员3人。该村主要驻区单位是木梓乡金垱村村民委员会。

郭家河[Guō jiā hé]　曾用名：桥头塆。“郭家”指的是姓氏，“河”指的是村落地处小河边。清朝初年，几户郭姓居民来此居住，因前面有条小河，故名“郭家河”。该居民点位于金垱村东部，呈块状分布，东接黄家坡塆，西邻山坡塆，南连孙家大塆，北靠新黄家塆。主要以郭姓氏为主，均为汉族。有22户、80人，总面积0.178平方千米，占地面积0.02平方千米，耕地面积0.118平方千米，以种植水稻、小麦、油菜为主，主要经济来源为外出务工及种植农作物。

郭家山坡塆[Guō jiā shān pō wān]　“郭家”指姓氏，“山坡”指村落地处小山坡上，“塆”指村落。相传明洪武年间，郭姓居民从江西麻城移民到此建房居住，后陆续繁衍成塆，居民选择此地小山边建房，后来繁衍成一个塆，故名“郭家山坡塆”。该居民点位于金垱村西北部，呈块状分布，东接郭家河，西邻方河村陈家塆，南连孙家大塆，北靠方河村八屋塆。均为汉族。有36户、120人，总面积0.26平方千米，占地面积0.04平方千米，耕地面积0.15平方千米，以种植水稻、小麦、油菜为主，主要经济来源为外出务工及种植农作物。

黄家坡塆[Huáng jiā pō wān]　“黄家”指的是姓氏，“坡”指的是村落建在山坡上，“塆”指村落。因姓氏与地理特征命名。相传明洪武年间，朝廷动员江西麻城一带百姓移民到此地，一位姓黄的居民选择此地建房，后来逐渐发展成村落，居民建房沿小山冈南北向建成一排，故名“黄家坡塆”。该居民点位于金垱村东部，呈块状分布，东接建新村中易家岗，西邻郭家河，南连建新村下易家岗，北靠黄家新塆。主要以黄姓氏为主，均为汉族。有住户23户、90人，总面积0.15平方千米，占地面积0.03平方千米，耕地面积0.098

平方千米，以种植水稻、小麦、油菜为主，主要经济来源为外出务工及种植农作物。

黄家新塆[Huáng jiā xīn wān] 曾用名：翁家塆。“黄家”指姓氏，“新塆”指村落新建不久。以姓氏与历史文化命名。相传明洪武年间，翁姓居民从江西麻城移民到此建房居住，清道光年间暴发传染病，翁姓人家全部病死。约50年后，附近黄姓居民迁至此居住，故名“黄家新塆”。该居民点位于金垱村东部，呈块状分布，东接方河村张家塆，西邻郭家山坡，南连黄家坡塆，北靠农田。主要以黄姓氏为主，均为汉族。有住户20户、84人，总面积0.3平方千米，占地面积0.02平方千米，耕地面积0.18平方千米，以种植水稻、小麦、油菜为主，主要经济来源为外出务工及种植农作物。

孙家大塆[Sūn jiā dà wān] “孙家”指的是姓氏，“大”指的是附近还有同姓“小”村落，“塆”指的是村落。因姓氏与村庄规模命名。相传明洪武年间，孙姓居民从江西麻城移民到此建房居住，后繁衍较快，成为较大的塆，故名“孙家大塆”。该居民点位于金垱村南部，呈块状分布，东接徐家塆，西邻王店村吴家桥，南连王店村李家坡，北靠山坡塆。主要以孙姓氏为主，均为汉族。该塆有住户51户、176人，总面积0.4平方千米，占地面积0.05平方千米，耕地面积0.22平方千米，以种植水稻、小麦、油菜为主，主要经济来源为外出务工及种植农作物。

徐家塆[Xú jiā wān] “徐家”指的是姓氏，“塆”指的是村落。因姓氏命名。相传明洪武年间，徐姓居民从江西麻城移民到此建房居住，后陆续繁衍成塆，故名“徐家塆”。清道光年间当地暴发传染病，徐姓几家男子全部病死，后由孙、周二姓居民来此居住，仍用最早至此居民姓氏给塆命名。该居民点位于金垱村南部，呈块状分布，东接东山村罗家榨，西邻孙家畈，南接沈家垅。均为汉族。该塆有住户20户、88人，总面积0.11平方千米，占地面积0.02平方千米，耕地面积0.069平方千米，以种植水稻、小麦、油菜为主，主要经济来源为外出务工及种植农作物。

张家塆[Zhāng jiā wān] “张家”指的是姓氏，“塆”指的是村落。因姓氏命名。相传明洪武年间，张姓居民从江西麻城移民到此建房居住，后陆续繁衍成塆，故名“张家塆”。该居民点位于金垱村北部，呈块状分布，东接建新村上易家岗，西邻方河村郭家河，北接新黄家塆，南接黄家坡塆。主要以张姓氏为主，均为汉族。该塆有住户23户、112人，总面积0.28平方千米，占地面积0.02平方千米，耕地面积0.135平方千米，以种植水稻、小麦、油菜为主，主要经济来源为外出务工及种植农作物。

十三、方河村[Fānghé Cūn]

“方河”指的是村内有一居民点名“方家河”，“村”指群众自治组织。

清为夏家店会，民国属碧东乡。1949年10月方河村属安陆县木梓区辖。1952年10月属第三区天然乡辖。1954年8月属木梓区天然乡辖。1956年4月属第四指导小组天然乡辖。1958年9月方河村改名为方河大队，属先锋人民公社天然管理区辖。同年底属棠棣人民公社天然乡辖。1964年9月属棠棣区天然人民公社辖。1975年属木梓人民公社王店管理区辖。1984年1月方河大队改名为方河村，属棠棣区天然乡管辖。

1987 年 10 月属王店乡管辖。1996 年 12 月属木梓乡管辖，沿用至今。

方河村位于木梓乡西部，距政府所在地约 8 千米。东接向店村，西邻田地，南连金垱村，北靠柳林村。截至 2015 年 9 月，该村共有 10 个居民点：八屋塆、方河街、方家塆、岗上塆、黄家畈、夹巷、李家畈、叶家塆、张家冲、吴家岭。全村有住户 287 户，人口 1267 人。总面积 1.9 平方千米，有耕地面积 1.2 平方千米，山地面积 0.36 平方千米。主要农作物为水稻、小麦、油菜。村民委员会共有员工 4 人。主要驻区单位有方河村村民委员会。

八屋塆[Bā wū wān]　“八屋”指的是村落最早有八栋房屋，“塆”指的是村落。因当地村落早期民居数量而命名。该居民点位于方河村中部，呈块状分布，东接黄家畈，西邻陈家塆，南连岗上塆，北靠李家畈。均为汉族。有 30 户、130 人，总面积 0.24 平方千米，占地面积 0.03 平方千米，耕地面积 0.13 平方千米，以种植水稻、小麦、油菜为主，主要经济来源为外出务工与种植。

方河街[Fāng hé jiē]　“方河”指的是地理位置，“街”指的是街道。相传明洪武年间，方姓人从江西省麻城县过籍来到此地，后繁衍发展，建成街道样，故名“方河街”。该居民点位于方河村西部，距村委会所在地 1.2 千米，居民点呈条状，东接黄家畈，西接叶家塆，南连八屋塆，北邻李家畈，总面积 0.2 平方千米，占地面积 0.08 平方千米，耕地面积 0.12 平方千米。主要作物有小麦、水稻等，主要经济来源为外出务工与种植。

方家塆[Fāng jiā wān]　“方家”指的是姓氏，“塆”指的是村落。因姓氏命名。从江西麻城移民到此建房居住，后陆续繁衍成塆，故名“方家塆”。该居民点位于方河村西北部，呈块三角状分布，东接向家店，西邻郭家岗，南连李家畈，北接郭家塆。主要以方姓氏为主，均为汉族。该塆有住户 32 户，人口 136 人，总面积 0.4 平方千米，占地面积 0.03 平方千米，耕地面积 0.25 平方千米，以种植水稻、小麦为主，主要经济来源为外出务工与种植农作物。

岗上塆[Gǎng shàng wān]　“岗上”指村落地处小山冈上，“塆”指的是村落。因地理特征命名。相传明洪武年间，朝廷动员江西麻城一带百姓移民到此地，居民请风水先生看中此地，决定在小山冈上建房，故名“岗上塆”。该居民点位于方河村东南部，呈块状分布，东接黄家畈，西邻方家河，南连金垱村新黄家塆，北靠八屋塆。均为汉族。有 34 户、40 人，总面积 0.25 平方千米，占地面积 0.04 平方千米，耕地面积 0.14 平方千米，以种植水稻、小麦、油菜为主，主要经济来源为外出务工与种植农作物。

黄家畈[Huáng jiā fàn]　“黄家”指的是姓氏，“畈”指的是村落地处平原。因姓氏与地理特征命名。相传清康熙年间，黄姓居民迁来居住，看中一片平坦地方(方言叫“畈”)，就在此居住，故名“黄家畈”。该居民点位于方河村东南部，呈块状分布，东接木梓乡向店村傅家塆，西邻八屋塆，南连岗上塆，北靠方河街。主要是以黄姓氏为主，均为汉族。有住户 35 户、188 人，总面积 0.2 平方千米，占地面积 0.04 平方千米，耕地面积 0.13 平方千米，以种植水稻、小麦、油菜为主，主要经济来源为外出务工与种植农作物。

夹巷[Jiá xiàng]　“夹巷”指的是该村落以前有一条长巷。因建筑特征命名。相传明洪武年间，朝廷动员江西麻城一带百姓移民到此地，建房时建有一道较窄的巷子，故名“夹巷”。该居民点位于方河村西部，呈块状分布，东接八屋塆，西邻陈家塆，南接郭家山坡，北接李家畈。均为汉族。有住户 22 户、89 人，总面积 0. 2 平方千米，占地面积 0. 1 平方千米，耕地面积 0. 02 平方千米，以种植水稻、小麦、油菜为主，主要经济来源为外出务工与种植农作物。

李家畈[Lǐ jiā fàn] “李家”指的是姓氏，“畈”指的是村落地处平原。因姓氏与地理特征命名。相传清康熙年间，李姓居民迁来居住，原本准备在小山边建房，但风水先生看中一片平坦地方(方言叫“畈”)，就在此居住，故名“李家畈”。该居民点位于方河村西部，呈块状分布，北接向店村向家店，南接八屋塆，东连泰山村周家二塆，西连叶家塆。主要以李姓为主，均为汉族。有 42 户、182 人，总面积 0. 32 平方千米，占地面积 0. 04 平方千米，耕地面积 0. 18 平方千米，以种植水稻、小麦、油菜为主，主要经济来源为外出务工与种植农作物。

叶家塆[Yè jiā wān] “叶家”指的是姓氏，“塆”指的是村庄。因姓氏命名。相传明洪武年间，叶姓居民从江西麻城移民到此建房居住，后陆续繁衍成塆，故名“叶家塆”。该居民点位于方河村西部，呈块状分布，东接李家畈，西接张家冲，南接金垱村陈家塆，北接方家塆。主要以叶姓为主，均为汉族。有 11 户、65 人，总面积 0. 16 平方千米，占地面积 0. 012 平方千米，有耕地面积 0. 08 平方千米，以种植水稻、小麦、油菜为主，主要经济来源为外出务工与种植农作物。

张家冲[Zhāng jiā chōng] “张家”指的是姓氏，“冲”指的是村落地处山谷。以姓氏与地理特征综合命名。相传明洪武年间，张姓居民从江西麻城迁至此，见此地小山谷(方言叫“冲”)适合居住、种植，便在此建房，后繁衍成塆，故名“张家冲”。该居民点位于方河村西部，呈块状分布，东接叶家塆，西邻京山县罗店镇刘庙村汤家畈，南连周家冲，北靠吴家岗。主要以张姓为主，均为汉族。全塆有住户 48 户，人口 184 人，总面积 0. 3 平方千米，占地面积 0. 04 平方千米，耕地面积 0. 19 平方千米，以种植水稻、小麦、油菜为主，主要经济来源为外出务工与种植农作物。

吴家岭[Wú jiā lǐng] 因当地吴姓人家居住山岭上而命名。位于木梓乡方河村中西部。东接机耕路，西、南、北皆至农田。全塆住 2 户 12 人，总面积 0. 1 平方千米，耕地面积 0. 05 平方千米，鱼塘面积 0. 03 平方千米。是方河村开发的养鱼基地。

十四、江河村[Jiānghé Cūn]

“江河”指村内有一居民点名“江家河”，“村”指群众自治组织。

清为江家垱会，民国属碧东乡。1949 年 10 月江河村属安陆县木梓区辖。1952 年 10 月属第三区木梓乡辖。1954 年 8 月属木梓区木梓乡辖。1956 年 4 月属第四指导小组木梓乡辖。1958 年 9 月江河村改名为江河大队，属先锋人民公社木梓管理区辖。同年底属棠棣人民公社木梓乡辖。1964 年 9 月属棠棣区木梓人民公社辖。1975 年属木梓人民公社木梓管理区辖。1984 年 1 月江河大队改名为江河村，属棠棣区木梓乡管辖。1987 年 10 月属王店乡管辖。1996 年 12 月属木梓乡管辖，沿用至今。

江河村位于木梓乡北部，距政府所在地约 6 千米。东接新店村，西邻双杨村，南连泰山村，北靠杜垱村。截至2014年年末，全村共有11个自然塆：曾家塆、傅家塆、江家河、粮食寨、刘家大塆、卢家塆、彭家塆、唐家畈、王家空、下赵家塆、孙家独屋。全村有住户247户，人口1085人，有耕地面积1.3平方千米，山场面积0.13平方千米，总面积1.43平方千米。主要农作物为水稻、小麦、油菜。村民委员会共有工作人员4人。该村主要驻区单位是木梓乡江河村村民委员会，村委会办公室地址设在木梓乡江河村1组。

曾家塆[Zēng jiā wān] “曾家”指姓氏，“塆”指村落。因姓氏命名。相传明洪武年间，曾姓居民从江西麻城移民到此建房居住，后陆续繁衍成塆，故名“曾家塆”。该居民点位于江河村东南部，呈块状分布，东接江家凹，西邻双杨村双杨塆，北接杂塆，南连傅家塆。主要以曾姓为主，均为汉族。全塆有住户19户，人口95人，总面积0.2平方千米，占地面积0.02平方千米，耕地面积0.1平方千米。以种植水稻、小麦、油菜为主，主要经济来源为外出务工与种植农作物。

傅家塆[Fù jiā wān] “傅家”指姓氏，“塆”指村落。相传明洪武年间，傅姓居民从江西麻城移民到此建房居住，后陆续繁衍成塆，故名“傅家塆”。该居民点位于江河村南部，呈块状分布，东接曾家塆，西邻彭家塆，北接江家河，南接刘家岗。主要以傅姓氏为主，均为汉族。全塆有住户26户，人口126人，总面积0.3平方千米，占地面积0.03平方千米，耕地面积0.19平方千米。以种植水稻、小麦、油菜为主，主要经济来源为外出务工与种植农作物。

江家河[Jiāng jiā hé] “江家”指姓氏，“河”指村落边有小河。以姓氏与地理特征综合命名。相传明洪武年间，江姓居民从江西麻城迁至此，见此地小河适合居住、种植，便在此建房，后繁衍成塆，故名“江家河”。该居民点位于江河村中部，呈块状分布，东接新店村杂塆，西邻肖家棚子，北邻萧家塆，南连彭家塆。主要以江姓氏为主，均为汉族。全塆有住户28户，人口78人，总面积0.15平方千米，占地面积0.03平方千米，耕地面积0.1平方千米。以种植水稻、小麦、油菜为主，主要经济来源为外出务工与种植农作物。

粮食寨[Liáng shí zhài] “粮食”指古时曾有军队在此屯粮，“寨”指原村落建有围墙。相传清道光年间，一支军队在此屯粮，并建有围墙，后在此居住百姓，繁衍成塆，故名“粮食寨”。该居民点位于江河村东北部，呈块状分布，东接新店村李家独屋，西接萧家塆，北邻杜垱村赵家塆，南接刘家塆。均为汉族。全塆有住户6户，人口16人，总面积0.1平方千米，占地面积0.01平方千米，耕地面积0.06平方千米。以种植水稻、小麦、油菜为主，主要经济来源为外出务工与种植农作物。

刘家大塆[Liú jiā dà wān] “刘家”指姓氏，“大”指居民较多，“塆”指村落。相传明洪武年间，刘姓居民从江西麻城移民到此建房居住，后繁衍较快，成为较大的塆，故名“刘家大塆”。该居民点位于江河村东部，呈块状分布，东通王家空，南连泰山村，两面环山。主要以刘姓氏为主，均为汉族。全塆有住户28户，人口136人，总面积0.35平方千米，占地面积0.03平方千米，耕地面积0.26平方千米。以种植水稻、小麦、油菜为主，主要经济来源为外出务工与种植农作物。

卢家塆[Lú jiā wān] “卢家”指姓氏，“塆”指村落。因姓氏命名。相传明洪武年间，卢姓居民从江西麻城移民到此建房居住，后陆续繁衍成塆，故名“卢家塆”。该居民点位于江河村西北部，呈块状分布，东邻萧家塆，西接肖家棚子，北接万家岗，南连双杨村双杨塆。主要以卢姓氏为主，均为汉族。全塆有住户31

户，人口139人，总面积0.26平方千米，占地面积0.03平方千米，耕地面积0.16平方千米。以种植水稻、小麦、油菜为主，主要经济来源为外出务工与种植农作物。

彭家塆[Péng jiā wān]　“彭家”指姓氏，“塆”指村落。因姓氏命名。相传明洪武年间，彭姓居民从江西麻城移民到此建房居住，后陆续繁衍成塆，故名“彭家塆”。该居民点位于江河村西南部，呈块状分布，东接傅家垱，西邻王河村榨屋塆，北邻双杨村双杨塆，南接刘家岗。主要以彭姓氏为主，均为汉族。全塆有住户11户，人口67人，总面积0.1平方千米，占地面积0.02平方千米，耕地面积0.06平方千米。以种植水稻、小麦、油菜为主，主要经济来源为外出务工与种植农作物。

唐家畈[Táng jiā fàn]　“唐家”指姓氏，“畈”指村落地处平原上。以姓氏与地理特征综合命名。相传明洪武年间，唐姓居民从江西麻城迁至此，见此地平坦(方言称“畈”)，适合居住、种植，便在此建房，后繁衍成塆，故名“唐家畈”。该居民点位于江河村西北部，呈块状分布，东接杜垱村毛家塆，西接上彭家塆，北靠新吴岗，南接万家岗。主要以唐姓氏为主，均为汉族。全塆有住户16户，人口64人，总面积0.1平方千米，占地面积0.02平方千米，耕地面积0.05平方千米。以种植水稻、小麦、油菜为主，主要经济来源为外出务工与种植农作物。

王家空[Wáng jiā kōng]　“王家”指姓氏，“塆”指村落。因姓氏命名。相传明洪武年间，王姓居民从江西麻城移民到此建房居住，后陆续繁衍成塆，故名“王家空”。该居民点位于江河村南部，呈块状分布，东接群力村杨林塆，西邻刘家大塆，南连泰山村刘家岗，北靠张家岗。主要以王姓氏为主，均为汉族。全塆有住户36户，人口176人，总面积0.35平方千米，占地面积0.03平方千米，耕地面积0.22平方千米。以种植水稻、小麦、油菜为主，主要经济来源为外出务工。

下赵家塆[Xià zhào jiā wān]　“下”指居民在宗族中居第二房头，“赵家”指姓氏，“塆”指村落。因姓氏命名。相传明代洪武年间，从江西麻城筷子街迁来赵姓人家至此，养有2个儿子，各自繁衍成塆。老二一族居住此地，老大一族迁往外地，故名“下赵家塆”。该居民点位于江河村北部，呈块状分布，东接乔家塆，西接万家岗，北连毛家塆，南接萧家塆。主要以赵姓为主，均为汉族。全塆有住户15户，人口45人，总面积0.05平方千米，占地面积0.02平方千米，耕地面积0.03平方千米。以种植水稻、小麦、油菜为主，主要经济来源为外出务工。

孙家独屋[Sūn jiā dú wū]　该塆地处江河村东北角，东临新店村北临杜挡村，改革开放前是我村一处农场，改革开放后无人种植，村委会找到一孙姓居民来种地，故名“孙家独屋”。该塆有住户7户，人口26人。总面积0.13平方千米，占地面积0.007平方千米，耕地面积0.08平方千米，以种植水稻、小麦为主，主要经济来源为外出务工与种植。

十五、汤冲村[Tāngchōng Cūn]

“汤冲”指村中有居民点名“汤家冲”，“村”指群众自治组织。

清为江家垱会，民国属碧东乡。1949 年 10 月汤冲村属安陆县木梓区辖。1952 年 10 月属第三区木梓乡辖。1954 年 8 月属木梓区木梓乡辖。1956 年 4 月属第四指导小组木梓乡辖。1958 年 9 月汤冲村改名为汤冲大队，属先锋人民公社木梓管理区辖。同年底属棠棣人民公社木梓乡辖。1964 年 9 月属棠棣区木梓人民公社辖。1975 年属木梓人民公社木梓管理区辖。1984 年 1 月汤冲大队改名为汤冲村，属棠棣区木梓乡管辖。1987 年 10 月属王店乡管辖。1996 年 12 月属木梓乡管辖，沿用至今。

汤冲村位于木梓乡北部，距政府所在地约 8.5 千米，属丘陵地带，呈块状分布。东接烟店镇姜王村，西邻杜垱村，北靠烟店镇邓河村，南连新店村。全村共有 14 个自然塆：徐家塆、韩家塆、周家塆、姜王塆、彭家塆、高家塆、邓家塆、吴家塆、汤家冲、上汤家冲、刘家岗、上曾家稻场、下曾家稻场、王家塆。安京公路东西横穿该村，以汤姓为主，均为汉族，辖区总面积 2 平方千米。全村 1180 人、296 户，耕地面积 1.1 平方千米。主要农作物为水稻、小麦、油菜。村民委员会有工作人员 4 人，编外人员 1 人，主要驻区单位：汤冲村村民委员会。

邓家塆[Dèng jiā wān] “邓家”指的是姓氏，“塆”指的是村落。相传明洪武年间，邓姓居民从江西麻城移民到此建房居住，后陆续繁衍成塆，故名“邓家塆”。该居民点位于汤冲村中部，呈块状分布，东接姜王塆，西邻上曾家稻场，南连彭家塆，北靠周家塆。全塆 53 人、16 户，以邓姓为主，均为汉族。总面积 0.15 平方千米，占地面积 0.02 平方千米，耕地面积 0.1 平方千米，主要农作物为水稻、小麦、油菜，主要经济来源为农作物种植和外出务工。

高家塆[Gāo jiā wān] “高家”指的是高姓居民，“塆”指的是村庄。以居民姓氏而命名，因该居民点以高姓居民居多，故而命名。2014 年 12 月该村消失。

韩家塆[Hán jiā wān] 曾用名：韩家独屋。“韩家”指的是姓氏，“塆”指的是村落。相传明洪武年间，韩姓居民从江西麻城移民到此建房居住，后陆续繁衍成塆，故名“韩家塆”。该居民点位于汤冲村东部，呈块状分布。东接棠棣镇轭头村周家独屋，南连棠棣镇杨巷村徐家独屋，北靠姜王塆。以韩姓为主，均为汉族，全塆 38 人、6 户，总面积 0.04 平方千米，占地面积 0.01 平方千米，耕地面积 0.034 平方千米。主要农作物为水稻、小麦、油菜，主要经济来源为农作物种植和外出务工。

姜王塆[Jiāng wáng wān] “姜王”指的是姓氏，“塆”指的是村落。相传明洪武年间，姜姓居民从江西麻城移民到此建房居住，不久王姓居民来此居住，给塆取名时，按“先来为大”原则，取名“姜王塆”。该居民点位于汤冲村东部，呈块状分布。东接韩家独屋，西邻邓家塆，南连徐家塆，北靠周家塆。全塆 60 人、18 户，以姜姓、王姓为主，均为汉族。总面积 0.1 平方千米，占地面积 0.02 平方千米，耕地面积 0.08 平方千米。主要农作物为水稻、小麦、油菜主要经济来源为农作物种植和外出务工。

刘家岗[Liú jiā gǎng] “刘家”指的是姓氏，“岗”指的是村落地处小山冈上。相传清康熙年间，刘姓居民迁来居住，一位懂风水的人选择在一条小山冈上建房，故名“刘家岗”。该居民点位于汤冲村北部，呈块状分布。东接汤家冲，西邻雷公镇杜棚村，南连新塆，北靠雷公镇白兆村喻家凹。全塆 89 人，20 户，以刘姓为主，均为汉族。总面积 0.08 平方千米，占地面积 0.02 平方千米，耕地面积 0.05 平方千米。主要农作物为水稻、小麦、油菜，主要经济来源为农作物种植和外出务工。

彭家塆[Péng jiā wān]　“彭家”指的是姓氏，“塆”指的是村落。相传明洪武年间，彭姓居民从江西麻城移民到此建房居住，后陆续繁衍成塆，故名“彭家塆”。该居民点位于汤冲村东南部，呈块状分布。东接姜王塆，西邻吴家塆，南连高家塆，北靠邓家塆。全塆 82 人、22 户，以彭姓为主，均为汉族，总面积 0.1 平方千米，占地面积 0.02 平方千米，耕地面积 0.08 平方千米。主要农作物为水稻、小麦、油菜，主要经济来源为农作物种植和外出务工。

上曾家稻场[Shàng zēng jiā dào chǎng]　“上”指的是居民在宗族中居长房，“曾家”指的是姓氏，“稻场”指的是该村落有大片用于打场的稻场。相传明代洪武年间，从江西麻城筷子街迁来曾姓人家至此居住，后来繁衍较多人口，在塆边建一大稻场。老大一房居住此地，故名“上曾家稻场”。该居民点位于汤冲村西南部，居丘陵地带，呈块状分布。东接邓家塆，西邻杜垱村杜家垱，南连下曾家稻场，北靠新塆。以曾姓为主，均为汉族，总面积 0.14 平方千米，全塆 140 人、36 户，占地面积 0.4 平方千米，耕地面积 0.11 平方千米。主要农作物为水稻、小麦、油菜，主要经济来源为农作物种植和外出务工。

上汤家冲[Shàng tāng jiā chōng]　“上”指的是居民在宗族中属长房，“汤家”指的是姓氏，“冲”指的是村落地处小山谷中。相传明代洪武年间，从江西麻城筷子街迁来汤姓人家至附近汤家冲居住，后来繁衍较多人口，老大一房迁到此地，仍用原地名，但前面加一“上”字，故名“上汤家冲”。该居民点位于汤冲村北部，呈块状分布。东接周家塆，西邻刘家岗，南连下汤家冲，北靠雷公镇杜棚村喻家凹。以汤姓为主，均为汉族，全塆 98 人、25 户，总面积 0.08 平方千米，占地面积 0.02 平方千米，耕地面积 0.05 平方千米。主要农作物为水稻、小麦、油菜，主要经济来源为农作物种植和外出务工。

汤家冲[Tāng jiā chōng]　“汤家”指的是姓氏，“冲”指的是村落地处小山谷中。相传明代洪武年间，从江西麻城筷子街迁来汤姓人家至此，风水先生说这条山谷(方言称“冲”)适宜居住，后来果然养有几个儿子，繁衍成塆。故名“汤家冲”。该居民点位于汤冲村中部，居丘陵地带，呈块状分布。东接烟店镇邓河村阚家塆，西邻杜垱村陈家塆，南接邓家塆，北靠上汤家冲。以汤姓为主，均为汉族，总面积 0.2 平方千米，全塆 117 人、31 户，占地面积 0.03 平方千米，耕地面积 0.12 平方千米。主要农作物为水稻、小麦、油菜，主要经济来源为农作物种植和外出务工。

王家塆[Wáng jiā wān]　“王家”指的是姓氏，“塆”指的是村落。因姓氏命名。相传明洪武年间，王姓居民从江西麻城移民到此建房居住，后陆续繁衍成塆，故名“王家塆”。该居民点位于汤冲村西南部，呈块状分布。东接谭家塆，西邻杜垱村赵家塆，南连新店村李家独屋，北靠小曾家塆。全塆 96 人、23 户，以王姓为主，均为汉族。总面积 0.14 平方千米，占地面积 0.02 平方千米，耕地面积 0.1 平方千米。主要农作物为水稻、小麦、油菜，主要经济来源为农作物种植和外出务工。

吴家塆[Wú jiā wān]　“吴家”指的是姓氏，“塆”指的是村落。因姓氏命名。相传明洪武年间，吴姓居民从江西麻城移民到此建房居住，后陆续繁衍成塆，故名“吴家塆”。该居民点位于汤冲村东南部，呈块状分布。东接彭家塆，西邻小曾家塆，南连高家塆，北靠邓家塆。以吴姓为主，均为汉族，总面积 0.1 平方千米，全塆 62 人、14 户，占地面积 0.02 平方千米，耕地面积 0.07 平方千米。主要农作物为水稻、小麦、油菜，主要经济来源为农作物种植和外出务工。

下曾家稻场[Xià céng jiā dào chǎng]　“下”指的是附近还有同姓“上”村落，“曾家”指的是姓氏，“稻场”指的是该村落有大片用于打场的稻场。相传明代洪武年间，从江西麻城筷子街迁来曾姓人家至此居住，后来繁衍较多人口，在塆边建一大稻场。老大一房居住“上曾家稻场”，老二一房迁居此地，故名“下曾家稻场”。该居民点位于汤冲村北部，呈块状分布。东接吴家塆，西邻小曾家塆，南连新店村王家塆，北靠上曾家稻场。全塆 87 人、21 户，以曾姓为主，均为汉族。总面积 0.14 平方千米，占地面积 0.03 平方千米，耕地面积 0.1 平方千米。主要农作物为水稻、小麦、油菜，主要经济来源为农作物种植和外出务工。

徐家塆[Xú jiā wān]　“徐家”指的是姓氏，“塆”指的是村落。因姓氏命名。相传明洪武年间，徐姓居民从江西麻城移民到此建房居住，后陆续繁衍成塆，故名“徐家塆”。该居民点位于汤冲村东部，呈块状分布。东接棠棣镇轭头村周家独屋，西邻高家塆，南连棠棣镇杨巷村张家塆，北靠棠棣镇轭头村韩家独屋。以徐姓为主，均为汉族，全塆 45 人，8 户，总面积 0.04 平方千米，占地面积 0.01 平方千米，耕地面积 0.02 平方千米。主要农作物为水稻、小麦、油菜，主要经济来源为农作物种植和外出务工。

周家塆[Zhōu jiā wān]　曾用名：周家小塆。“周家”指的是姓氏，“塆”指的是村庄。因姓氏命名。相传明洪武年间，周姓居民从江西麻城移民到此建房居住，后陆续繁衍成塆，故名“周家塆”。该居民点位于汤冲村东北部，呈块状分布。东接棠棣镇轭头村轭头店，西邻下汤冲，南连姜王塆，北靠雷公镇邓岗村王家凹。全塆 58 人、12 户，以周姓为主，均为汉族，总面积 0.06 平方千米，占地面积 0.01 平方千米，耕地面积 0.04 平方千米。主要农作物为水稻、小麦、油菜，主要经济来源为农作物种植和外出务工。

十六、天然村[Tiānrán Cūn]

“天然村”指村内有居民点名为“天然堂”，“村”指群众自治组织。

1949 年 10 月天然村属安陆县木梓区辖。1952 年 10 月属第三区天然乡辖。1954 年 8 月属木梓区天然乡辖。1956 年 4 月属第四指导小组天然乡辖。1958 年 9 月天然村改名为天然大队，属先锋人民公社天然管理区辖。同年底属棠棣人民公社天然乡辖。1964 年 9 月属棠棣区天然人民公社辖。1975 年属木梓人民公社天然管理区辖。1984 年 1 月天然大队改名为天然村，属棠棣区木梓乡管辖。1987 年 10 月属王店乡管辖。1996 年 12 月属木梓乡管辖，沿用至今。

天然村位于木梓乡东南部，距政府所在地约 3 千米，属丘陵地区，东接棠棣镇杨巷村，西邻建新村，南连戴河村，北靠夏桥村。全村 11 个自然塆：戴家山坡、高家垱塆、高家塆、郭家塆、天然堂、汪家塆、王家塆、文家塆、先生塆、叶家塆、原种场。全村住有 268 户，共 1221 人，占地总面积 2.2 平方千米，耕地面积 1.75 平方千米，山地面积 0.07 平方千米。村民委员会有工作人员 4 名，主要驻区单位：天然村村民委员会。

戴家山坡[Dài jiā shān pō]　“戴家”指的是姓氏，“山坡”指的是村落处在小山坡上。相传明洪武年间，朝廷动员江西麻城一带百姓移民到此地，一位姓戴的居民见此地小山坡适宜居住，便在此建房，后来逐渐发展成村落，故名“戴家山坡”。该居民点位于天然村西南部，呈条状分布。东接高家塆，西邻戴河村下王家凹，南连戴河村宋家塆，北靠叶家塆。全塆以戴姓为主，均为汉族，住有38户，共194人，总面积0.27平方千米，占地面积0.04平方千米，耕地面积0.22平方千米，占地主要农作物有水稻和小麦、油菜，主要经济收入为外出务工与种植农作物。

高家垱塆[Gāo jiā dàng wān]　“高家”指的是姓氏，“垱”指的是村落边有小人工湖，“塆”指的是村落。相传明洪武年间，朝廷动员江西麻城一带百姓移民到此，一位高姓居民见此地位于小河边，可筑坝(当地称“垱”)挡水灌溉，故名“高家垱塆”。该居民点位于天然村南部，呈条状分布，东接黄冲村黄家榨，西邻戴家山坡，南连新塆，北靠郭家塆。全塆以高姓为主，均为汉族，住有55户，共243人，总面积0.38平方千米，占地面积0.06平方千米，耕地面积0.31平方千米，主要农作物有水稻和小麦、油菜。

高家塆[Gāo jiā wān]　“高家”指的是姓氏，“塆”指的是村落。因姓氏命名。相传明洪武年间，朝廷动员江西麻城一带百姓移民小河边，可筑坝(当地称“垱”)挡水灌溉，故名“高家垱塆”。到清康熙年间，高家垱塆部分居民迁到此地，故名高家塆。该居民点位于天然村西南部，呈条状分布，东接黄冲村徐家独屋，西邻原种场，南连郭家塆，北靠天然堂。全塆以高姓为主，均为汉族，住有21户，共90人，总面积0.13平方千米，占地面积0.02平方千米，耕地面积0.1平方千米，主要农作物有水稻和小麦、油菜，主要经济收入为外出务工与种植农作物。

郭家塆[Guō jiā wān]　“郭家”指的是姓氏，“塆”指的是村落。因姓氏命名。相传明洪武年间，郭姓居民从江西麻城移民到此建房居住，后陆续繁衍成塆，故名“郭家塆”。该居民点位于天然村南部，呈条状分布，东接黄冲村黄家榨，西邻叶家塆，北靠高家塆，南连原种场。全塆以郭姓为主，均为汉族，住有29户，共139人，总面积0.19平方千米，占地面积0.03平方千米，耕地面积0.15平方千米，主要农作物有水稻和小麦、油菜，主要经济收入为外出务工与种植农作物。

天然堂[Tiān rán táng]　“天然堂”指的是清末民初有传教士在此设立教堂名，后在周围发展成村落。民国时期，有外国传教士在此建有天主教堂，名“天然堂”。该居民点位于天然村中部，呈条状分布，东接汪家塆，西邻原种场，南连高家塆，北靠张家塆。全塆住有32户，共147人，均为汉族，面积0.24平方千米，占地面积0.025平方千米，耕地面积有0.2平方千米，主要农作物有水稻和小麦、油菜，主要经济收入为外出务工与种植农作物。

汪家塆[Wāng jiā wān]　“汪家”指的是姓氏，“塆”指的是村落。因姓氏命名。相传明洪武年间，汪姓居民从江西麻城移民到此建房居住，后陆续繁衍成塆，故名“汪家塆”。该居民点位于天然村东部，呈条状分布，东接曾毛村刘家塆，西邻陈家塆，南连黄冲村，北靠曾毛村周家小塆。全塆以汪姓为主，均为汉族，住有21户，共92人，总面积0.19平方千米，占地面积0.02平方千米，耕地面积0.16平方千米，占地主要农作物有水稻和小麦、油菜，主要经济收入为外出务工与种植农作物。

王家塆[Wáng jiā wān]　“王家”指的是姓氏，“塆”指的是村落。因姓氏命名。相传明洪武年间，王姓居民从江西麻城移民到此建房居住，后陆续繁衍成塆，故名“王家塆”。该居民点位于天然村北部，呈条状分布，东接刘家塆，西邻建新村张家塆，南连建新村陈家冲，北靠宋家塆。全塆以王姓为主，均为汉族，住有 21 户，共 126 人，总面积 0. 19 平方千米，占地面积 0. 02 平方千米，耕地面积 0. 17 平方千米，主要农作物有水稻和小麦、油菜，主要经济收入为外出务工与种植农作物。

文家塆[Wén jiā wān]　“文家”指的是姓氏，“塆”指的是村落。相传明洪武年间，文姓居民从江西麻城移民到此建房居住，后陆续繁衍成塆，故名“文家塆”。该居民点位于天然村北部，呈条状分布，东接张家塆，西邻建新村陈家冲，南连原种场，北靠王家塆。全塆以文姓居多，均为汉族，住有 35 户，共 159 人，总面积 0. 3 平方千米，占地面积 0. 03 平方千米，耕地面积 0. 27 平方千米，主要农作物有水稻和小麦、油菜，主要经济收入为外出务工与种植农作物。

先生塆[Xiān shēng wān]　“先生”指的是村落一直出教书先生，“塆”指的是村落。自清康熙年间，该塆形成读书风气，周围学堂多有此塆人任先生，民国时期，该村出过一位名张梓庭的大学生。该居民点位于天然村北部，呈条状分布，东接郭家塆，西邻建新村陈家冲，南连王家塆，北靠夏桥村陈家塆。全塆住有 23 户，共 97 人，均为汉族，总面积 0. 16 平方千米，占地面积 0. 02 平方千米，耕地面积 0. 13 平方千米，占地主要农作物有水稻和小麦、油菜，主要经济收入为外出务工与种植。

叶家塆[Yè jiā wān]　“叶家”指的是姓氏，“塆”指的是村落。因姓氏与命名。相传明洪武年间，朝廷动员江西麻城一带百姓移民到戴家山坡，清康熙年间，住在戴家山坡的叶姓人家觉得此地适合居住，就迁到此地，繁衍成塆，故名“叶家塆”。该居民点位于天然村西南部，呈条状分布，东接郭家塆，西邻上王家凹，南连戴家山坡，北靠原种场。全塆以叶姓为主，均为汉族，住有 7 户，共 22 人，总面积 0. 09 平方千米，占地面积 0. 01 平方千米，耕地面积 0. 08 平方千米，主要农作物有水稻和小麦、油菜，主要经济收入为外出务工与种植农作物。

原种场[Yuán zhǒng chǎng]　“原种场”指的是制作优良原种的地方，新中国成立后，政府在此设专门用于制作良种的机构，后发展成塆。该居民点位于天然村东南部，呈条状分布，东接天然堂，西邻建新村雷家院墙塆，北靠郭家塆。全塆住有 11 户，共 40 人，均为汉族，耕地面积 0. 08 平方千米，占地面积 0. 09 平方千米，主要农作物有水稻和小麦、油菜，主要经济收入为外出务工与种植农作物。

十七、戴河村[Dàihé Cūn]

“戴河”指境内有居民点名为“戴家河”，“村”指群众自治组织。

1949 年 10 月戴河村属安陆县木梓区辖。1952 年 10 月属第三区天然乡辖。1954 年 8 月属木梓区天然乡辖。1956 年 4 月属第四指导小组天然乡辖。1958 年 9 月戴河村改名为戴河大队，属先锋人民公社天然管理区辖。同年底属棠棣人民公社天然乡辖。1964 年 9 月属棠棣区天然人民公社辖。1975 年属木梓人民公社王店管理区辖。1984 年 1 月戴河大队改名为戴河村，属棠棣区天然乡管辖。1987 年 10 月属王店乡管辖。1996 年 12 月属木梓乡管辖，沿用至今。

戴河村位于木梓乡东南部，东接黄冲村，西邻张寨村，南连巡店镇刘河村，北靠天然村。截至 2015 年

5月，辖区内共有8个自然塆：颜家塆，叶家畈，张家塆，梨树塆，宋家塆，七屋塆，塝上塆，汤家塆。常住居民230户、1115人，辖区占地面积1.6平方千米，耕地1平方千米，委员4人，以种植水稻，小麦为主。村内主要驻区单位有木梓乡戴河村村民委员会。

塝上塆[Bàng shàng wān] “塝上”指的是村落地处山坡上，“塆”指的是村落。以地理实体特征综合命名。相传明洪武年间，一戴姓居民从江西麻城迁至此附近八屋场，清康熙年间，部分居民迁至此地居住，因住房建在小山坡(方言为“塝”)，故名“塝上塆”。该居民点位于戴河村中部，居民点呈块状分布，东接叶家畈，西邻七屋塆，南连漳河，北靠戴家河。均为汉族。该塆有住户29户，人口200人，总面积0.17平方千米，占地面积0.03平方千米，耕地面积0.16平方千米，以种植水稻、小麦为主，主要经济来源以外出务工为主。

新塆[Xīn wān] 该居民点是在新中国成立后期由七屋湾迁移至此地居住取名新湾形成的居民点，南连漳河，北与榜上湾连接；该塆有住户39户，人口150人，总面积0.35平方千米，占地面积0.04平方千米，耕地面积0.17平方千米，以农业种植为主要经济来源。

梨树塆[Lì shù wān] “梨树”指的是一种果树，“塆”指的是村落。相传明洪武年间，戴姓居民从麻城移民到此建房居住，繁衍成塆，因村边有一棵古梨树，故名“梨树塆”。该居民点位于戴河村西南，呈块状分布，东接叶家畈，西邻张寨村叶家花园，南连漳河，北靠宋家塆。均为汉族。该塆有住户10户，人口55人，总面积0.9平方千米，占地面积0.01平方千米，耕地面积0.14平方千米，以种植水稻、小麦为主，主要经济来源为外出务工为主与种植农作物。

七屋塆[Qī wū wān] “七屋”指的是戴氏七房，“塆”指的是村落。相传明洪武年间，一戴姓居民从江西麻城迁至此附近八屋场，清康熙年间，部分居民迁至此地居住，后繁衍成7个门头，其中第七房迁至此地居住，故名“七屋塆”。该居民点位于戴河村西部，居民点呈块状分布，东接戴家河，西邻漳河，南连漳河，北靠梨树塆。均为汉族。该塆有住户58户，人口268人，总面积1.5平方千米，占地面积0.06平方千米，耕地面积0.26平方千米，以种植水稻、小麦为主，主要经济来源为外出务工与种植农作物。

宋家塆[Sòng jiā wān] “宋家”指的是姓氏，“塆”指的是村落。因姓氏命名。相传明洪武年间，宋姓居民从江西麻城移民到此建房居住，后陆续繁衍成塆，故名“宋家塆”。该居民点位于戴河村西北，居民点呈块状分布，东接叶家畈，西邻张寨村叶家花园，南连梨树塆，北靠天然村下王家凹。主要以宋姓氏为主，均为汉族。该塆有住户18户，人口62人，总面积0.75平方千米，占地面积0.02平方千米，耕地面积0.14平方千米，以种植水稻、小麦为主，主要经济来源为外出务工与种植。

汤家塆[Tāng jiā wān] “汤家”指的是姓氏，“塆”指的是村落。以姓氏与历史事件综合命名。相传元末时，朱元璋与陈友谅的军队在这一带打仗，本地居民几乎杀绝，汤姓祖上在一次打仗时，自己所在队伍失败，他躲在本地一口藕塘里，逃得性命，便在此地居住。后繁衍成塆，故名“汤家塆”。该居民点位于戴河村东部，距村委会所在地0.8千米，居民点呈块状分布，东接张家塆，西邻戴家河，南连漳河，北靠叶家畈。主要以汤姓氏为主，均为汉族。该塆有住户19户，人口95人，总面积0.5平方千米，占地面积0.02平方千米，耕地面积0.08平方千米，以种植水稻、小麦为主，主要经济来源为外出务工与种植农作物。

颜家塆[Yán jiā wān]　“颜家”指的是姓氏，“塆”指的是村落。以姓氏命名。相传明洪武年间，一颜姓居民从江西麻城迁至现张家塆，清康熙年间，颜姓后人看到此地适宜居住，便迁至此地居住，故名“颜家塆”。该居民点位于戴河村东南，呈块状分布，东接汤家塆，西邻戴家河，南连漳河，北靠叶家畈。主要以颜姓氏为主，均为汉族。该塆有住户2户，人口8人，总面积0.1平方千米，占地面积0.002平方千米，耕地面积0.01平方千米，以种植水稻、小麦为主，主要经济来源为外出务工与种植农作物。

叶家畈[Yè jiā fàn]　曾用名：叶家塆。“叶家”指的是姓氏，“畈”指的是村落地处平原。以姓氏与地理特征综合命名。相传明洪武年间，叶姓居民从江西麻城迁至此，见此地平坦适宜开垦，便在一片平地(当地方言称“畈”)上建房，后繁衍成塆，故名“叶家畈”。该居民点位于戴河村东北，呈块状分布，东接黄冲村张家稻场，西邻家河，南连汤家塆，北靠高家塆。主要以叶姓氏为主，均为汉族。该塆有住户38户，人口159人，总面积1.2平方千米，占地面积0.04平方千米，耕地面积0.19平方千米，以种植水稻、小麦为主，主要经济来源为外出务工与种植农作物。

张家塆[Zhāng jiā wān]　曾用名：桥头张。“张家”指的姓氏，“塆”指的是村落。以姓氏与地理特征及历史事件综合命名。相传明洪武年间，张姓居民从江西麻城迁至此，在一条小河边居住，张家居民在河上建了一座木桥供出入，故名桥头张，后改为张家塆。该居民点位于戴河村东南，呈块状分布，东接黄冲村染行张，西邻颜家塆，南连漳河，北靠漳河。主要以张姓氏为主，均为汉族。该塆有住户17户，人口60人，总面积0.5平方千米，占地面积0.02平方千米，耕地面积0.06平方千米，以种植水稻、小麦为主，主要经济来源为外出务工与种植农作物。

十八、夏桥村[Xiàqiáo Cūn]

“夏桥”指村中有居民点原名“夏家桥”，“村”指群众自治组织。清为黄兴港会，民国时属碧东乡。1949年10月夏桥村属安陆县木梓区辖。1952年10月属第三区木梓乡辖。1954年8月属木梓区木梓乡辖。1956年4月属第四指导小组木梓乡辖。1958年9月夏桥村改名为夏桥大队，属先锋人民公社木梓管理区辖。同年底属棠棣人民公社木梓乡辖。1964年9月属棠棣区木梓人民公社辖。1975年属木梓人民公社木梓管理区辖。1984年1月夏桥大队改名为夏桥村，属棠棣区木梓乡管辖。1987年10月属王店乡管辖。1996年12月属木梓乡管辖，沿用至今。

夏桥村位于木梓乡东部，村委会所在地与政府所在地同在木梓街，属丘陵地区，东接曾毛村，西邻建新村，南连天然村，北靠泰山村，地处243路纵横全境。全村共10个自然塆：陈家塆、程家塆、刘家塆、夏家大塆、熊家独屋、张家塆、赵李塆、周家大塆、周家下塆、周家小塆，村民委员会工作人员4名，主要驻区单位：夏桥村村民委员会。

陈家塆[Chén jiā wān]　“陈家”指的是姓氏，“塆”指的是村庄。因姓氏命名。相传明洪武年间，陈姓居民从江西麻城移民到此附近程家塆，民国时期，一们壮实的陈姓居民见此地适宜居住，便来此地建房，后陆续繁衍成塆，初名“陈家壮子”，后改名“陈家塆”。该居民点位于夏桥村南部，呈块状分布。东接曾毛村刘家塆，西邻赵李家畈，南连天然村文家戴桥，北靠刘家塆。全塆以陈姓为主，均为汉族，住有 15 户，共 90 人，总面积 0.09 平方千米，占地面积 0.02 平方千米，耕地面积 0.07 平方千米，主要农作物有水稻和小麦、油菜，主要经济收入为外出务工与种植农作物。

程家塆[Chéng jiā wān]　“程家”指的是姓氏，“塆”指的是村落。因姓氏命名。相传明洪武年间，程姓居民从江西麻城移民到此建房居住，起初只有 6 户，因此地土地肥沃，后引进外地程姓来此塆，后经繁衍成塆，故名“程家塆”。该居民点位于夏桥村南部，呈块状分布。东、北接周家下塆，西邻建新村张家塆，南连建新村宋家板桥。全塆以程姓为主，均为汉族，32 户，共 120 人，总面积 0.31 平方千米，占地面积 0.03 平方千米，耕地面积 0.13 平方千米，主要农作物有水稻和小麦、油菜，主要经济收入为外出务工与种植农作物。

刘家塆[Liú jiā wān]　“刘家”指的是姓氏，“塆”指的是村落。因姓氏命名。相传明洪武年间，刘姓居民从江西麻城移民到天然村刘家坡居住，清康熙年间由刘家坡迁到此，故名“刘家塆”。该居民点位于夏桥村南部，呈块状分布，东接曾毛村熊家塆，西邻张家塆，南连陈家塆，北靠周家小塆。全塆以刘姓为主，均为汉族，住有 10 户，共 40 人，总面积 0.14 平方千米，占地面积 0.01 平方千米，耕地面积 0.12 平方千米，主要农作物有水稻和小麦、油菜，主要经济收入为外出务工与种植农作物。

夏家大塆[Xià jiā dà wān]　“夏家”指姓氏，“塆”指的是村落。相传明代洪武年间，从江西麻城筷子街迁来夏姓人家至此，见此地土地肥沃且多，住处平坦，就采取男娶女招方式，使人口迅速繁衍，成为较大塆，故名“夏家大塆”。该居民点位于夏桥村南部，呈块状分布，东接木梓村熊家塆，南连周家下塆，西邻泰山村萧家凹子，北靠泰山村张万家塆。全塆以夏姓为主，均为汉族，住有 42 户，共 160 人，总面积 0.45 平方千米，占地面积 0.04 平方千米，耕地面积 0.19 平方千米，主要农作物有水稻和小麦、油菜，主要经济收入为外出务工与种植农作物。

熊家独屋[Xióng jiā dú wū]　“熊家”指的是姓氏，“独屋”指的是居住人数较少的村庄。因姓氏与建筑特征命名。相传明代洪武年间，从江西麻城筷子街迁来熊姓人家至附近居住。清康熙年间，有两户人家见此地适宜居住，就迁至此，起初仅合建一栋屋，故名“熊家”独屋。该居民点位于夏桥村北部，呈块状分布，东接建新村张万家塆，西邻萧家凹子，南连夏家塆，北靠泰山村袁家塆。全塆以熊姓为主，均为汉族，住有 18 户，共 86 人，总面积 0.5 平方千米，占地面积 0.02 平方千米，耕地面积 0.16 平方千米，主要农作物有水稻和小麦、油菜，主要经济收入为外出务工与种植农作物。

张家塆[Zhāng jiā wān]　“张家”指的是姓氏，“塆”指的是村落。相传明洪武年间，张姓居民从江西麻城移民到此建房居住，因此地土地肥沃，人们迅速致富，人丁也兴旺起来，故名“张家塆”。该居民点位于夏桥村东南部，呈块状分布，东接周家小塆，西邻周家墩，南连刘家塆，北靠程家塆。全塆以张姓为主，均为汉族，住有 25 户，共 120 人，总面积 0.16 平方千米，占地面积 0.03 平方千米，耕地面积 0.13 平方千米，主要农作物有水稻和小麦、油菜，主要经济收入为外出务工与种植农作物。

赵李塆[Zhào lǐ wān]　“赵李”指的是姓氏，“塆”指的是村落。相传明洪武年间，赵姓居民从江西麻城移民到此建房居住，因地处平原，土地宽广，不久李姓居民也来此居住，两姓居民和睦相处，起名时以先到者姓放在前，故名“赵李塆”。该居民点位于夏桥村南部，呈块状分布，东接陈家塆，西邻建新村张家塆，南连天然村王家塆，北靠张家塆，全塆以赵姓、李姓为主，均为汉族，住有 36 户，共 186 人，总面积 0.25 平方千米，占地面积 0.04 平方千米，耕地面积 0.2 平方千米，主要农作物有水稻、小麦和油菜，主要经济收入为外出务工与种植农作物。

周家大塆[Zhōu jiā dà wān]　“周家”指的是姓氏，“大”指的是附近还有同姓较小村落，“塆”指的是村落。因姓氏与村庄规模命名。相传明洪武年间，周姓居民从江西麻城移民到此建房居住，后繁衍较快，成为较大的塆，故名“周家大塆”。周家大塆位于夏桥村中部，居丘陵地带，呈块状分布，东接曾毛村熊家塆，西邻夏桥村张家塆，南连周家下塆，北靠夏家塆。全塆以周姓为主，均为汉族，住有 40 户，共 210 人，总面积 0.2 平方千米，占地面积 0.04 平方千米，耕地面积 0.15 平方千米，占地主要农作物有水稻和小麦、油菜，主要经济收入为外出务工与种植农作物。

周家下塆[Zhōu jiā wān]　“周家”指的是姓氏，“下”指的是附位置处在周家大塆南部，“塆”指的是村落。相传明洪武年间，周姓居民从江西麻城移民到周家大塆。清康熙年间，因塆里人太多，分出一部分到此地居住，故名“周家下塆”。周家下塆位于夏桥村西南部，属丘陵地带，呈块状分布，东接周家小塆，西邻建新村张家塆，南连程家塆，北靠周家大塆。全塆以周姓为主，均为汉族，住有 17 户，共有 80 人，总面积 0.09 平方千米，占地面积 0.02 平方千米，耕地面积 0.07 平方千米，主要农作物有水稻和小麦、油菜，主要经济收入为外出务工与种植农作物。

周家小塆[Zhōu jiā wān]　“周家”指的是姓氏，“小”指的是附近还有同姓较大村落，“塆”指的是村落。相传明洪武年间，周姓居民从江西麻城移民到周家大塆。清康熙年间，因塆里人太多，3 户居民到此地居住，故名“周家小塆”。该居民点位于夏桥村北部，东接曾毛村文家草塘，西邻程家塆，南连张家塆，北靠木梓村周家下塆。全塆以周姓为主，均为汉族，住有 20 户，共 90 人，总面积 0.2 平方千米，占地面积 0.02 平方千米，耕地面积 0.1 平方千米，主要农作物水稻和小麦、油菜，主要经济收入为外出务工与种植农作物。

十九、新店村[Xīndiàn Cūn]

“新店”指村中的居民点“新店”，“村”指群众自治组织。清为江家垱会，民国属碧东乡。1949 年 10 月新店村属安陆县木梓区辖。1952 年 10 月属第三区木梓乡辖。1954 年 8 月属木梓区木梓乡辖。1956 年 4 月属第四指导小组木梓乡辖。1958 年 9 月新店村改名为新店大队，属先锋人民公社木梓管理区辖。同年底属棠棣人民公社木梓乡辖。1964 年 9 月属棠棣区木梓人民公社辖。1975 年属木梓人民公社木梓管理区辖。1984 年 1 月新店大队改名为新店村，属棠棣区木梓乡管辖。1987 年 10 月属王店乡管辖。1996 年 12 月属木梓乡管辖，沿用至今。

新店村位于木梓乡北部，距政府所在地约 4.5 千米。属丘陵地区，东接棠棣镇翻身村(张家塆)，西邻江河村，南连群力村，北靠汤冲村，全村 8 个自然村：曾家塆、何家塆、江家凹、毛家塆、宋家塆、谭家塆、新店街、杂塆。全村住有 104 户，共 512 人，耕地面积 0.5 平方千米，山场面积 0.52 平方千米，总占地面积 1.2 平方千米。村民委员会共有工作人员 3 人，主要驻区单位：新店村村民委员会。

曾家塆[Zēng jiā wān]　“曾家”指的是姓氏，“塆”指的是村庄。因姓氏命名。相传明洪武年间，曾姓居民从江西麻城移民到此建房居住，后陆续繁衍成塆，故名“曾家塆”。该居民点位于新店村西南部，呈块状分布，东接江家凹，西邻江河村傅家垱，南连张家岗，北靠杂塆。全塆以曾姓为主，均为汉族，住有 13 户，共 58 人，总面积 0.13 平方千米，占地面积 0.01 平方千米，耕地面积 0.06 平方千米，主要农作物有水稻和小麦、油菜。主要经济收入为外出务工与种植农作物。

何家塆[Hé jiā wān]　“何家”指的是姓氏，“塆”指的是村落。因姓氏命名。相传明洪武年间，何姓居民从江西麻城移民到此建房居住，后陆续繁衍成塆，故名“何家塆”。该居民点位于新店村东南部，呈块状分布，东接棠棣镇杨巷村何家东塆，西邻杂塆，南连毛家塆，北靠新店街。全塆以何姓为主，均为汉族，住有 9 户，总面积 0.12 平方千米，占地面积 0.01 平方千米，耕地面积 0.08 平方千米，主要农作物有水稻和小麦、油菜。主要经济收入为外出务工与种植农作物。

江家凹[Jiāng ji āo]　“江家”指的是姓氏，“凹“指的是该村落地势周围高，中间低。相传明洪武年间，江姓居民从江西麻城迁至此，见此地小山低洼处适合居住、种植，便在此建房，后繁衍成塆，故名“江家凹”。该居民点位于新店村西南部，呈块状分布，东接毛家塆，西邻江河村曾家塆，南连江河村张家岗，北靠杂塆。全塆以江姓为主，均为汉族，住有 14 户，共 70 人，占地面积 0.09 平方千米，占地面积 0.02 平方千米，耕地面积 0.06 平方千米，主要农作物有水稻和小麦、油菜。主要经济收入为外出务工与种植农作物。

毛家塆[Máo jiā wān]　“毛家”指的是姓氏，“塆”指的是村落。因姓氏命名。相传明洪武年间，毛姓居民从江西麻城移民到此建房居住，后陆续繁衍成塆，故名“毛家塆”。该居民点位于新店村东南部，呈块状分布，东接棠棣镇杨巷村吴家巷子，西邻江家凹，南连群力村黄家桥，北靠何家塆。全塆以毛姓居多，均为汉族，住有 24 户，共 130 人，总面积 0.13 平方千米，占地面积 0.02 平方千米，耕地面积 0.1 平方千米，主要农作物有水稻和小麦、油菜。主要经济收入为外出务工与种植农作物。

宋家塆[Sòng jiā wān]　“宋家”指的是姓氏，“塆”指的是村落。因姓氏命名。相传明洪武年间，宋姓居民从江西麻城移民到此建房居住，后陆续繁衍成塆，故名“宋家塆”。该居民点位于新店村中部，呈块状分布，东接新店街，西邻杜垱村萧家塆，南连杂塆，北靠汤冲村李家独屋。全塆以宋姓居多，住有 19 户，共 110 人，总面积 0.25 平方千米，占地面积 0.02 平方千米，耕地面积 0.11 平方千米，主要农作物有水稻和小麦、油菜。主要经济收入为外出务工与种植农作物。

谭家塆[Tán jiā wān]　“谭家”指的是姓氏，“塆”指的是村落。相传明洪武年间，谭姓居民从江西麻城移民到此建房居住，后陆续繁衍成塆，故名“谭家塆”。该居民点位于新店村东北部，呈块状分布，东接新店街，西邻杜垱村乔家塆，南连李家独屋，北靠汤冲村王家塆。全塆以谭姓为主，均为汉族，住有 22 户，共 290 人，总面积 0.12 平方千米，占地面积 0.02 平方千米，耕地面积 0.08 平方千米，主要农作物有水稻和小麦、油菜。主要经济收入为外出务工与种植农作物。

新店街[Xīn diàn jiē]　“新店”指的是该集镇比周围集镇建筑时间短，“街”指的是村落似街道。据当地老年人曾庆发讲述，明洪武年间，曾姓人从江西省麻城县过籍来到此地，后繁衍发展，形成集镇，新店名为“中元店”。后来木梓来人偷了这里的集，木梓街才兴旺起来，新店的集就没有了，连“中元店”也被木梓叫走了，这里只好叫个“新店”。该居民点位于新店村东部，呈块状分布，东接棠棣镇杨巷村张家塆，西邻杜垱村乔家塆，南连何家塆，北靠汤冲村高家塆。全塆住有 17 户，共 110 人，均为汉族，总面积 0.1 平方千米，占地面积 0.02 平方千米，耕地面积 0.078 平方千米，主要农作物水稻和小麦、油菜。主要经济收入为外出务工与种植农作物。

杂塆[Zá wān]　“杂”指的是该村落姓氏较多，“塆”指的是村落。相传明洪武年间，江、曾、徐等几姓居民从江西麻城移民到此建房居住，后陆续繁衍成塆，因各姓人数差不多，故名“杂塆”。该居民点位于新店村西南部，呈块状分布，东接何家塆，西邻江河村江家河，南连江河村傅家垱，北靠何家塆。全塆住有 11 户，共 50 人，均为汉族，总面积 0.05 平方千米，占地面积 0.018 平方千米，耕地面积 0.03 平方千米，主要农作物有水稻和小麦、油菜。主要经济收入为外出务工与种植农作物。

二十、漳河村[Zhānghé Cūn]

“漳河”指的是该村地处漳河边，“村”指群众自治组织。

清为黄兴港会，民国时属碧东乡。1949 年 10 月漳河村属安陆县木梓区辖。1952 年 10 月属第三区天然乡辖。1954 年 8 月属木梓区天然乡辖。1956 年 4 月属第四指导小组天然乡辖。1958 年 9 月漳河村改名为漳河大队，属先锋人民公社天然管理区辖。同年底属棠棣人民公社天然乡辖。1964 年 9 月属棠棣区天然人民公社辖。1975 年属木梓人民公社王店管理区辖。1984 年 1 月漳河大队改名为漳河村，属棠棣区天然乡管辖。1987 年 10 月属王店乡管辖。1996 年 12 月属木梓乡管辖，沿用至今。

漳河村位于木梓乡西部，距政府所在地约 12 千米。属半丘陵地区。东接东山村，西邻漳河，南连雷畈村，北靠王店村。周天公路直达该村，交通便利。辖区占地面积 1.7 平方千米，耕地面积 1.13 平方千米，山场面积 0.57 平方千米。全村有 11 个自然塆：上周家河、鄢家塆、下周家河、小黄家巷子、陈家塆、黄家巷子、二屋黄、李家塆、油榨塆、岗上塆、漳河新村。342 户、1468 人。主要农作物为水稻、小麦、油菜。村民委员会共有 4 名工作人员，主要驻区单位：漳河村村民委员会。

陈家塆[Chén jiā wān]　“陈家”指的是姓氏，“塆”指的是村落。因姓氏命名。相传明洪武年间，陈姓居民从江西麻城移民到此建房居住，后陆续繁衍成塆，故名“陈家塆”。该居民点位于漳河村南部，呈条状分布，北接黄家巷子，西邻小黄家巷子，南连雷畈村邹家大塆，总面积 0.9 平方千米，全塆以陈姓为主，均为汉族，110 人，26 户，占地面积 0.4 平方千米，有耕地面积 0.03 平方千米，主要农作物为水稻、小麦、油菜。主要经济来源为外出务工、种植农作物。

二屋黄[Er wū huáng]　“二屋”指的是该村落最早建筑为两所房屋，“黄”指的是姓氏。相传明洪武年间，朝廷动员江西麻城一带百姓移民到此地，几位姓黄的居民选择附近黄家巷子居住，清康熙年间，部分居民等来此地，最初只建有两栋房，故名“二屋黄”。该居民点位于漳河村中部偏东，呈条状分布，北连王店村王店集镇、东接王店村王店集镇，西邻岗上塆，南连黄家巷子。总面积 1.2 平方千米，全塆以黄姓为主，均为汉族，132 人、32 户，占地面积 0.03 平方千米，有耕地面积 0.7 平方千米，主要农作物为水稻、小麦、油菜。主要经济来源为外出务工、种植农作物。

岗上塆[Gǎng shàng wān]　“岗上”指的是房屋建造在小山冈上，“塆”指的是村落。因地理特征命名。相传明洪武年间，朝廷动员江西麻城一带百姓移民到此地，一位懂风水的人看中此地，决定在小山冈上建房，故名“岗上塆”。该居民点位于漳河村北部，呈条状分布，北靠王店村西七屋塆、东接王店村王店集镇，西邻上周家河，南连二屋黄。总面积 0.6 平方千米，全塆 32 人、7 户，占地面积 0.2 平方千米，有耕地面积 0.01 平方千米，主要农作物为水稻、小麦、油菜。主要经济来源为外出务工、种植农作物。

黄家巷子[Huáng jiā xiàng zǐ]　“黄家”指的是姓氏，“巷子”指的是早期民居建筑形成一条小巷。因姓氏与建筑特征命名。相传明洪武年间，朝廷动员江西麻城一带百姓移民到此地，几位姓黄的居民选择此地建房，后来逐渐发展成村落，因建房时两户相邻民居当中留了道小巷。故名“黄家巷子”。该居民点位于漳河村南部，呈条状分布，东接雷畈村小雷家畈、南接雷畈村雷家畈，西邻鄢家塆，北靠李家塆。总面积 1 平方千米，全塆以黄姓为主，均为汉族，131 人、25 户，占地面积 0.03 平方千米，有耕地面积 0.6 平方千米，主要农作物为水稻、小麦、油菜。主要经济来源为外出务工、种植农作物。

李家塆[Lǐ jiā wān]　“李家”指的是姓氏，“塆”指的是村落。因姓氏命名。相传明洪武年间，李姓居民从江西麻城移民到此建房居住，后陆续繁衍成塆，故名“李家塆”。该居民点位于漳河村东部，呈条状分布，东接东山村彭家稻场，西邻二屋黄，南连雷畈村，北靠王店村。总面积 0.8 平方千米，全塆 88 人、16 户，占地面积 0.02 平方千米，耕地面积 0.4 平方千米，主要农作物为水稻、小麦、油菜。

上周家河[Shàng zhōu jiā hé]　“上”指的是居民在宗族中属长房，“周家”指的是姓氏，“河”指的是该村紧靠漳河。相传明洪武年间，朝廷动员江西麻城一带百姓移民到此地，一位姓周的居民选择小河边建房，后养了几个儿子，长房住在此塆，故名“上周家河”。该居民点位于漳河村西部，呈条状分布，东接岗山塆，西邻漳河，南连下周家河，北靠岗上塆。总面积 1 平方千米，全塆 138 人、28 户，占地面积 0.03 平方千米。有耕地面积 0.6 平方千米，主要农作物为水稻、小麦、油菜。主要经济来源为外出务工、种植农作物。

下周家河[Xià zhōu jiā hé]　“下”指的是居民在宗族中属最小房，“周家”指的是姓氏，“河”指的是该村紧靠漳河。相传明洪武年间，朝廷动员江西麻城一带百姓移民到此地，一位姓周的居民选择小河边建房，后养了几个儿子，最小一房住在此塆，故名“下周家河”。该居民点位于漳河村西部，呈条状分布，东接小雷家塆，西邻漳河，南连雷畈村鄢家塆，北靠上周家河。总面积 1.1 平方千米，全塆以周姓为主，均为汉族，125 人、30 户，占地面积 0.03 平方千米，耕地面积 0.6 平方千米，主要农作物为水稻、小麦、油菜。主要经济来源为外出务工、种植农作物。

小黄家巷子[Xiǎo huáng jiā xiàng zǐ]　“小”指的是附近还有同姓“大”村落，“黄家”指的是姓氏，“巷子”指的是早期民居建筑形成一条小巷。相传明洪武年间，朝廷动员江西麻城一带百姓移民到此地，几位姓黄的居民选择附近黄家巷子居住，清康熙年间，部分居民等来此地，建筑仿原村落，故名“小黄家巷子”。该居民点位于漳河村中部，居丘陵地带，呈条状分布，东接黄家巷子，西邻鄢家塆，南连雷畈村，北靠下周家河。总面积 0.5 平方千米，全塆以黄姓为主，均为汉族，共 34 人、8 户，占地 0.01 平方千米，耕地面积 0.3 平方千米，主要农作物为水稻、小麦、油菜。主要经济来源为外出务工、种植农作物。

鄢家塆[Yān jiā wān]　“鄢家”指的是姓氏，“塆”指的是村庄。相传明洪武年间，鄢姓居民从江西麻城移民到此建房居住，后陆续繁衍成塆，故名“鄢家塆”。该居民点位于漳河村西南部，呈条状分布，东接下周家河，西邻漳河，南连雷畈村，北靠上周家河。总面积 1.2 平方千米，全塆以鄢姓为主，均为汉族，共 128 人、22 户，占地 0.02 平方千米，耕地面积 0.7 平方千米，主要农作物为水稻、小麦、油菜。主要经济来源为外出务工、种植农作物。

油榨塆[Yóu zhà wān]　“油榨”指的是该村落以前开有榨坊，“塆”指的是村落。相传明洪武年间，朝廷动员江西麻城一带百姓移民到此地，几位姓黄的居民选择此地建房，后来逐渐发展成村落，至清乾隆年间，一位名叫黄代秀的居民会做生意，在塆里开了间榨油作坊，故名“油榨塆”。该居民点位于漳河村西南部，呈条状分布，东接东山村官塆，西邻李家塆，南连雷畈村雷家畈，北靠王店村王店集镇。总面积 0.5 平方千米，全塆 36 人，8 户，均为汉族，占地面积 0.01 平方千米，耕地面积 0.05 平方千米，主要农作物为水稻、小麦、油菜。主要经济来源为外出务工、种植农作物。

漳河新村[Zhāng hé xīn cūn]　漳河”指的是村落地处漳河边，“新村”指的是该村落建成不久。2006 年，部分居民从各塆迁到此地，属木梓乡漳河村村民委员会管辖，沿用至今。该居民点位于漳河村中部，呈条状分布，东接东山村彭家稻场，西邻二屋坡，南连小雷家塆，北靠王店村王店集镇。全塆以李姓为主，均为汉族，共 700 人，150 户，总面积 0.6 平方千米，其中有耕地面积 0.3 平方千米。主要农作物为水稻、小麦、油菜。主要经济来源为外出务工、种植农作物。

二十一、张寨村[Zhāngzhài Cūn]

“张寨”指村内有个居民点名“张家寨”，“村”指群众自治组织。

清为江家垱会，民国时属碧东乡。1949 年 10 月张寨村属安陆县木梓区辖。1952 年 10 月属第三区天然乡辖。1954 年 8 月属木梓区天然乡辖。1956 年 4 月属第四指导小组天然乡辖。1958 年 9 月张寨村改名为张寨大队，属先锋人民公社天然管理区辖。同年底属棠棣人民公社天然乡辖。1964 年 9 月属棠棣区天然人民公社辖。1975 年属木梓人民公社王店管理区辖。1984 年 1 月张寨大队改名为张寨村，属棠棣区天然乡管辖。1987 年 10 月属王店乡管辖。1996 年 12 月属木梓乡管辖，沿用至今。

张寨村位于木梓乡西南部，距政府所在地约 12 千米，属丘陵地区，北接东山村，东、西、南靠漳河。全村住有 179 户，共 878 人，均为汉族，耕地面积 0.9 平方千米，山场面积 0.4 平方千米，占地总面积 1.53

平方千米，全村6个自然村：艾家塆、三张塆、四张塆、五张塆、叶家花园、张家寨，村民委员会共有工作人员3人，主要驻区单位：张寨村村民委员会。

艾家塆[Ài jiā wān]　“艾家”指的是姓氏，“塆”指的是村落。因姓氏命名。相传明洪武年间，艾姓居民从江西麻城移民到此建房居住，后陆续繁衍成塆，故名“艾家塆”。该居民点位于张寨村北部，呈条状分布，东接叶家花园，北邻军张塆，西靠漳河。全塆以艾姓为主，均为汉族，住有24户，共132人，总面积0.12平方千米，占地面积0.02平方千米，耕地面积0.09平方千米，主要农作物有水稻、小麦和油菜。主要经济来源为外出务工、种植农作物。

三张塆[Sān zhāng wān]　“三”指的是该村落居民在附近同姓居民所处宗族中，位居第三个房头，“张”指的是姓氏，“塆”指的是村落。相传明洪武年间，张姓居民从江西麻城移民到张家寨，到清康熙年间，张家寨因有围墙，塆子不好扩展，就从张氏三房中分出居民来此居住，故名“三张”。三张塆位于张寨村东侧，居丘陵地带，呈条状分布，东临漳河，西邻四张，南连刘家河，北靠叶家花园。全塆以张姓为主，均为汉族，住有23户，共103人，总面积0.2平方千米，占地面积0.02平方千米，耕地面积0.1平方千米，主要农作物有水稻、小麦和油菜。主要经济来源为外出务工、种植农作物。

四张塆[Sì zhāng wān]　“四”指的是该村落居民在附近同姓居民所处宗族中，位居第四个房头，“张”指的是姓氏，“塆”指的是村落。相传明洪武年间，张姓居民从江西麻城移民到张家寨，到清康熙年间，张家寨因有围墙，塆子不好扩展，就从张氏四房中分出居民来此居住，故名“四张”。该居民点位于漳河村南部，呈条状分布，东、南接漳河，西邻五张，北靠张家寨。全塆以张姓为主，均为汉族，住有22户，共110人，总面积0.19平方千米，占地面积0.03平方千米，耕地面积0.16平方千米，主要农作物有水稻、小麦和油菜。主要经济来源为外出务工、种植农作物。

五张塆[Wǔ zhāng wān]　“五”指的是该村落居民在附近同姓居民所处宗族中，位居第五个房头，“张”指的是姓氏，“塆”指的是村落。相传明洪武年间，张姓居民从江西麻城移民到张家寨，到清康熙年间，张家寨因有围墙，塆子不好扩展，就从张氏五房中分出居民来此居住，故名“五张”。该居民点位于漳河村西南部，呈条状分布，东接张寨村四张，西邻巡店刘家河，南连苏家塆，北靠张寨村。全塆以张姓为主，均为汉族，住有22户，共102人，总面积0.13平方千米，占地面积0.03平方千米，耕地面积0.1平方千米，占地主要农作物有水稻、小麦和油菜。主要经济来源为外出务工、种植农作物。

叶家花园[Yè jiā huā yuán]　“叶家”指的是姓氏，“花园”指的是该村落以前曾有一所花园。相传明洪武年间，叶姓居民从江西麻城移民到此建房居住，叶氏中有一人心灵手巧，从村庄布局到绿化美化，全是他设计并指挥建成，使全塆像花园，故名“叶家花园”。该居民点位于张寨村东部，呈条状分布，东接戴河村宋家塆，南接三张塆，西靠艾家塆，北连东山村下王家凹。全塆以叶姓为主，均为汉族，住有38户，共178人，总面积0.73平方千米，占地面积0.03平方千米，耕地面积0.43平方千米，主要农作物有水稻和小麦、油菜。主要经济来源为外出务工、种植农作物。

张家寨[Zhāng jiā zhài]　“张家”指的是姓氏，“寨”指的是该村落四周建有围墙。相传明洪武年间，张姓居民从江西麻城移民到此建房居住，因张氏祖上曾遭匪祸，繁衍成塆后，在塆周围筑起围墙，故名“张家寨”。该居民点位于张寨村偏北部，距村委会所在地0.8千米，居民点呈条状分布，东接三张，西邻漳河，南连五张、四张，北靠艾家塆。全塆以张姓为主，均为汉族，住有52户，共206人，总面积0.68平方千米，占地面积0.05平方千米，耕地面积0.28平方千米，主要农作物有水稻、小麦和油菜。主要经济来源为外出务工、种植农作物。

二十二、王店村[Wángdiàn Cūn]

“王店”指村中的居民点名“王家店”，“村”指群众自治组织。

清为黄兴港会，民国时属碧东乡。1949年10月王店村属安陆县木梓区辖。1952年10月属第三区天然乡辖。1954年8月属木梓区天然乡辖。1956年4月属第四指导小组天然乡辖。1958年9月王店村改名为王店大队，属先锋人民公社天然管理区辖。同年底属棠棣人民公社天然乡辖。1964年9月属棠棣区天然人民公社辖。1975年属木梓人民公社王店管理区辖。1984年1月王店大队改名为王店村，属棠棣区天然乡管辖。1987年10月属王店乡管辖。1996年12月属木梓乡管辖，沿用至今。

王店村位于木梓乡西部，距政府所在地9千米。属丘陵地区，东接东山村，南连漳河村，西邻京山县罗店镇卢家山坡村，北靠雷公镇柳林村，全村9个自然塆：成家塆、东七屋、李家坡、李家塆、沈家垅、王家店、吴家桥、西七屋、周家冲。244户，1234人，耕地面积0.78平方千米，山场面积0.34平方千米，占地总面积1.4平方千米，地处周天线终点站。主要驻区单位：王店村村民委员会，村民委员会共有工作人员4人。

成家塆[Chéng jiā wān] 曾用名：虾扒成家塆。“成家”指的是姓氏，“塆”指的是村落。相传明洪武年间，成姓居民从江西麻城移民到此建房居住，后陆续繁衍成塆，故名“成家塆”。该居民点位于王店村北部，呈条状分布，东接李家坡，西邻京山县罗店镇桥头塆村刘家河塆，南连西七屋，北靠吴家桥。全塆以成姓为主，均为汉族，住有120人，共20户，总面积0.21平方千米，占地面积0.02平方千米，耕地面积0.09平方千米，主要农作物有水稻、小麦和油菜，主要经济收入为外出务工与种植农作物。

东七屋[Dōng qī wū] “东”指的是附近还有相近的“西”村落，“七屋”指的是古时民居数量。相传明洪武年间，黄姓居民从江西麻城迁至此，在此建房，后繁衍成塆。至清康熙年间，形成14户人家，为了能耕种更多农田，故分开成两个塆，各为7栋房，此塆居东边，故名“东七屋”。该居民点位于王店村西南部，呈条状分布，东接沈家垅，西邻西七屋，南连漳河村岗上塆，北靠李家坡。全塆以黄姓为主，均为汉族，住有13户，共有78人，总面积0.15平方千米，占地面积0.02平方千米，耕地面积0.09平方千米，主要农作物有水稻、小麦和油菜，主要经济收入为外出务工与种植农作物。

李家坡[Lǐ jiā pō] “李家”指的是姓氏，“坡”指的是村落位于小山坡上。相传明洪武年间，李姓居民从江西麻城迁至此，见此地小山坡适合居住、种植，便在此建房，后繁衍成塆，故名“李家坡”。该居民点位于王店村西北部，呈条状分布，东接沈家垅，西邻成家塆，南连东七屋，北靠金垱村孙家畈。全塆以李姓为主，均为汉族，住有 48 户，共 240 人，总面积 0.5 平方千米，占地面积 0.05 平方千米，耕地面积 0.28 平方千米，主要农作物有水稻和小麦、油菜，主要经济收入为外出务工与种植农作物。

李家塆[Lǐ jiā wān]　“李家”指的是李姓居民，“塆”指的是村庄。以居民姓氏而命名。民国属团山庙乡，1949 年 10 月属安陆县天然人民公社王店大队管辖，1984 年属小王店乡王店村辖，1988 年属木梓乡王店管理区王店村辖，1946 年 12 月属木梓乡王店村村民委员会管辖，沿用至今。该居民点位于王店村北部，东接周家冲，西邻京山县，南连吴家桥，北靠柳林村。居民主要姓氏为李姓，主要民族为汉族。面积约 1.2 平方千米，居民点面积约 0.3 平方千米，共有居民 16 户，80 人。耕地面积约 0.9 平方千米，主要经济来源以农业为主。

沈家垅[Shěn jiā lǒng]　“沈家”指的是姓氏，“垅”指的是小山冲。相传明洪武年间，沈姓居民从江西麻城迁至此，见此地小山冈(方言称“垅”)适合居住、种植，便在此建房，后繁衍成塆，故名“沈家垅”。该居民点位于王店村东部，呈条状分布，东接东山村，西邻王家店，南连东山村官塆，北靠徐家塆。全塆以沈姓为主，均为汉族，住有 24 户，共 76 人，总面积 0.17 平方千米，占地面积 0.03 平方千米，耕地面积 0.09 平方千米，主要农作物有水稻和小麦、油菜，主要经济收入为外出务工与种植农作物。

王家店[Wáng jiā diàn]　“王家”指的是姓氏，“店”指的是小集镇。相传明洪武年间，王姓人从江西省麻城县过籍来到此地，后繁衍发展，几位王姓人善经商，就在驿站边建房经商。至清康熙年间，逐步形成集镇，故名“王家店”。该居民点位于王店村南部，呈条状分布。东接东山村，西邻京山县刘程庙村刘家塆，南连漳河村，北靠雷公镇柳林村。全塆以王姓为主，均为汉族，住有 215 户、1500 人，其中外地暂住人口有 700 人，总面积 0.4 平方千米，占地面积 0.2 平方千米，耕地面积有 0.14 平方千米，主要农作物有水稻和小麦、油菜，主要经济收入为外出务工与种植农作物。

吴家桥[Wú jiā qiáo]　“吴家”指的是姓氏，“桥”指的是村落边建有一座桥。相传明洪武年间，吴姓居民从江西麻城迁至此，见此地有条小河，适合居住、种植，便在此建房，为方便出行，在小河上建一座桥，后繁衍成塆，故名“吴家桥”。该居民点位于王店村西北部，呈条状分布，东接孙家畈，西邻京山县罗店镇卢家山坡村刘家河，南连成家塆，北靠李家塆。全塆以吴姓为主，均为汉族，住有 11 户，共 69 人，总面积 0.13 平方千米，占地面积 0.02 平方千米，耕地面积有 0.1 平方千米，主要农作物有水稻和小麦、油菜，主要经济收入为外出务工与种植农作物。

西七屋[Xī qī wū]　“西”指的是附近还有相近的“东”村落，“七屋”指的是古时民居数量。相传明洪武年间，黄姓居民从江西麻城迁至此，在此建房，后繁衍成塆。至清康熙年间，形成 14 户人家，为了能耕种更多农田，故分开成两个塆，各为 7 栋房，此塆居西边，故名“西七屋”。该居民点位于王店村西部，呈条状分布，东接王店街，西邻京山县罗店镇卢家山坡村谢家塆，南连漳河村岗上塆，北靠东七屋。全塆住有 13 户，共 82 人，均为汉族，总面积 0.08 平方千米，占地面积 0.02 平方千米，耕地面积 0.06 平方千米，主要农作物有水稻和小麦、油菜，主要经济收入为外出务工与种植农作物。

周家冲[Zhōu jiā chōng]　“周家”指的是姓氏，“冲”指的是村落地处小山谷中。相传明洪武年间，周姓居民从江西麻城迁至此，见此地小山谷(方言称“冲”)适合居住、种植，便在此建房，后繁衍成塆，故名“周家冲”。该居民点位于王店村北部，呈条状分布，东接金垱村八家塘塆，西邻京山县罗店镇卢家山坡村中坟塆，南连李家塆，北靠吴家松林。全塆以周姓为主，均为汉族，住有31户，共190人，总面积0.17平方千米，占地面积0.04平方千米，耕地面积0.13平方千米，主要农作物水稻和小麦、油菜，主要经济收入为外出务工与种植农作物。

二十三、王河村[Wánghé Cūn]

“王河”指村中有居民点名“王家河”，“村”指自治组织。

清为甘家畈会，民国时属碧东乡。1949年10月王河村属安陆县木梓区辖。1952年10月属第三区木梓乡辖。1954年8月属木梓区木梓乡辖。1956年4月属第四指导小组木梓乡辖。1958年9月王河村改名为王河大队，属先锋人民公社木梓管理区辖。同年底属棠棣人民公社木梓乡辖。1964年9月属棠棣区木梓人民公社辖。1975年属木梓人民公社王店管理区辖。1984年1月王河大队改名为王河村，属棠棣区木梓乡管辖。1987年10月属王店乡管辖。1996年12月属木梓乡管辖，沿用至今。

王河村位于木梓乡西北部，距政府所在地约6千米。东接泰山村、西邻雷公镇观音村、北靠双杨村、南连向店村。全村745人、181户，均为汉族，共有7个自然塆：寨塆王、上河、杨家祠堂、榨屋塆、栗林塆、下王家河、上王家河。辖区占地面积3.8平方千米，耕地面积0.95平方千米。主要农作物为水稻、小麦、油菜。主要驻区单位：王河村村民委员会。

栗林塆[Lì lín wān]　“栗林”指的是村落边有一片栗树林，“塆”指的是村落。以姓氏方位及植物综合命名。相传明洪武年间，王姓居民从麻城移民到此建房居住，因塆边有一片栗树林，故名“栗林塆”。该居民点位于王河村东部，呈条状分布。东接下王家河，西邻上王家河，南连晏家塆，北靠榨屋塆。全塆70人，18户，均为汉族，总面积0.082平方千米，占地面积0.02平方千米，耕地面积0.05平方千米，主要农作物为水稻、小麦、油菜，主要经济收入为外出务工与种植农作物。

上河[Shàng hé]　“上”指的是村落在小河流源头，“河”指的是河流。该居民点位于王河村西北部，呈条状分布。东接双杨村双杨塆，西邻雷公镇观音村张家塆，南连杨家祠堂，北靠榨屋塆。全塆105人，25户，均为汉族，总面积0.12平方千米，占地面积0.02平方千米，耕地面积0.1平方千米，主要农作物为水稻、小麦、油菜，主要经济收入为外出务工与种植农作物。

上王家河[Shàng wáng jiā hé]　“上王河”指的是村落居于河上游，“王家”指姓氏，“河”指河流。明洪武年间，王姓居民从麻城移民到此，见此地有一条小河，适宜居住种植，便在小河上游居住，后繁衍成塆，故名“上王河”。该居民点位于王河村西南部，村委会所在地在其中。居民点呈条状分布。东接栗林塆，西邻雷公镇观音村张家塆，南连向店村刭堰角，北靠杨家祠堂。全塆116人、25户，均为汉族，总面积0.143平方千米，占地面积0.03平方千米，耕地面积0.11平方千米，主要农作物为水稻、小麦、油菜，主要经济收入为外出务工与种植农作物。

下王家河[Xià wáng jiā hé]　“下王河”指的是村落位于河下游，“王家”指姓氏，“河”指河流。相传明洪武年间，王姓居民从麻城移民到此，见此地有一条小河，适宜居住种植，便在小河下游居住，后繁衍成塆，故名“下王河”。该居民点位于王河村东南部，呈条状分布。东接泰山村胡家大塆、西邻晏家塆、南连寨塆王、北靠泰山村叶万家塆。全塆 115 人，26 户，均为汉族，总面积 0.24 平方千米，占地面积 0.03 平方千米，耕地面积 0.19 平方千米，主要农作物为水稻、小麦、油菜，主要经济收入为外出务工与种植农作物。

杨家祠堂[Yáng jiā cí táng]　“杨家”指的是姓氏，“祠堂”指的是该村落内原建有宗族祠堂。相传明洪武年间，杨姓居民从麻城移民到此居住，后繁衍成塆，清康熙年间，在此修建杨氏祠堂，故名“杨家祠堂”。该居民点位于王河村西北部，呈条状分布。东接双杨村双杨塆、西邻雷公镇观音村汪家塆、南连榨塆、北靠双杨村魏家河。全塆 75 人、18 户，均为汉族，总面积 0.095 平方千米，占地面积 0.02 平方千米，有耕地面积 0.073 平方千米，主要农作物为水稻、小麦、油菜，主要经济收入为外出务工与种植农作物。

榨屋塆[Zhà wū wān]　“榨屋”指的是该村落原有一座榨油作坊，“塆”指的是村落。相传明洪武年间，王姓居民从麻城移民到此，见此地适宜开榨坊，便筹资开了家榨油作坊，故名“榨塆”。该居民点位于王河村西北部，呈条状分布。东接彭家塆、西邻杨家祠堂、南连栗林塆、北靠双杨村双杨塆。全塆 119 人、26 户，均为汉族，总面积 0.12 平方千米，占地面积 0.02 平方千米，耕地面积 0.094 平方千米，主要农作物为水稻、小麦、油菜，主要经济收入为外出务工与种植农作物。

寨塆王[Zhài wān wáng]　“寨”指的是原村落周围建有围墙，“塆”指的是村落。“王“指姓氏。相传明洪武年间，王姓居民从麻城移民到此居住，后繁衍成塆，此人祖上曾遭匪患，便在塆周围筑墙成寨，故名“寨塆王”。该居民点位于王河村东南部，呈条状分布。东接泰山村王家塆、西邻晏家塆、南连向店村彭家巷、北靠下王家河。全塆 145 人、43 户，均为汉族，总面积 0.2 平方千米，占地面积 0.04 平方千米，耕地面积 0.13 平方千米，主要农作物为水稻、小麦、油菜，主要经济收入为外出务工与种植农作物。

2015年安陆市接官乡平面示意图

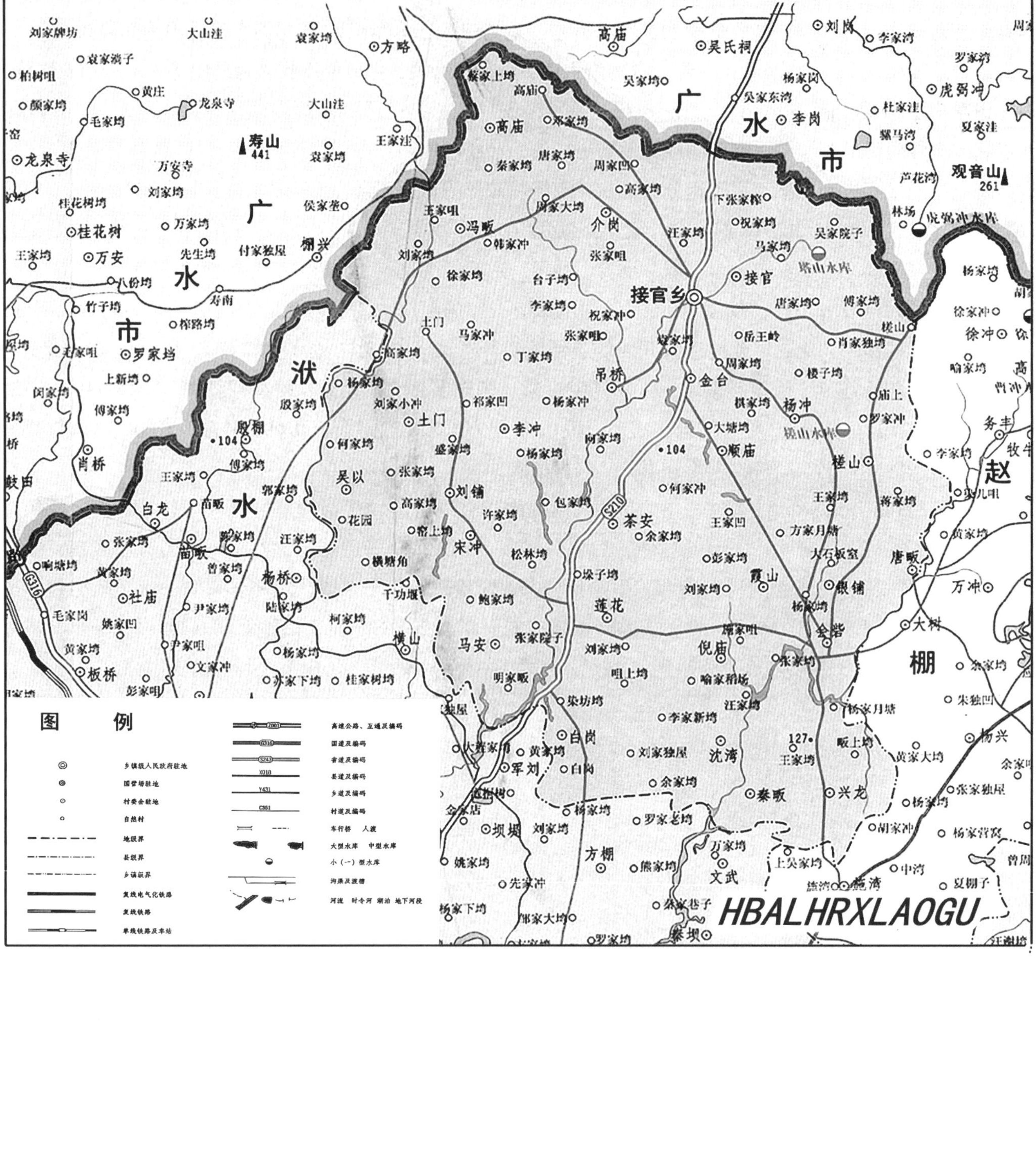

第十六章　接官乡

第一节　概　　况

接官乡[Jiēguān Xiāng]地处安陆市东北部，距安陆市人民政府所在地20千米。东接赵棚镇，西邻洑水镇，南接洑水镇，北连随州市的广水陈巷镇。接官乡政府所在地接官街1号，在金台村辖区。

接官乡国土面积102平方千米，其中耕地面积22.333平方千米，林地面积58平方千米，水面4.667平方千米。辖26个行政村，164个村民小组，农户6644户，人口2.9人。

接官乡古时为贯穿南北的驿道经过之地。传说历史可追溯到周代的郧子国或春秋战国时期的楚国。楚国令尹斗子文经常到贰国(今广水市)办事，来去必经楼山西麓的大桑树。郧国乡民总是到两国交界的一棵大桑树下迎接令尹回故里。斗子文称见到桑树就见到了父老乡亲。汉代官吏在此建凉亭，称为"接官亭""接官厅"，宋元明清时，在此迎接从京城北来的朝廷官员。

晚清时期，安陆分两乡、十里、64会，接官属太平乡接官厅会辖。民国时期先后属仁寿(北二)乡、会接乡、双泉乡辖。1949年10月为楼山区，1952年10月为第六区接官乡。1954年8月为洑水区接官乡。1956年3月为第六区接官乡。1956年4月为第七指导组接官乡。1958年9月为东风人民公社接官管理区。1961年4月属洑水区接官人民公社。1966年9月为向阳区(今洑水镇)接官人民公社。1975年2月为接官人民公社，辖接官、莲花、会寨3个管理区。1979年撤会寨管理区并入赵棚人民公社，接官、莲花管理区并入洑水人民公社。1984年1月，属洑水区接官乡。1987年10月，撤区并乡，原接官、莲花、会寨3乡并成接官乡，辖26个村(社区)。

接官乡历史悠久，文化底蕴深厚，是安陆市的革命老区之一和重点扶贫插花乡镇，曾是李先念战斗过的地方。人文资源丰富，名人有张国藩、辜达岸、盛辅卿等。境内楼山，海拔302.1米，属桐柏山脉的延伸，多怪石。古时山顶建有双泉禅院，"响石如钟，枯树无影，双泉灌顶，塌沟双泉"等自然名胜和世代相袭的民间传说，让楼山风景区的一山一水、一草一木，都染上了神奇的色彩。道光年间编纂的《安陆县志》对楼山双泉寺有着比较详细的描写："顶有双井，大旱不涸，一井中有石鱼一枚，长三尺许，鳞鬣宛然，叩之其声清越……双泉禅院，有古桂二株，又有古柳一株大数围，已枯。山下尤多桂，馨逸异常，卜居者称乐土焉。"

全乡围绕"农业稳乡、项目富乡、工业强乡、科教兴乡"的发展思路，逐步形成了以林业、畜牧业、水产业、无籽西瓜、优质稻为主的五大农业产业。

接官乡是个生态林业大乡，六分山三分田一分水。山场面积达 9 万多亩，森林覆盖率达 70%。境内有远近闻名的槎山，连绵山脉 4 万多亩，原始森林、生态植被丰富。利用荒山荒岗引进昊洋农林、馨宇果蔬等龙头企业；建成千亩意杨基地 5 个，百亩林果基地 18 个，建设各类林果产业基地 1.5 万余亩。种植山东寿光红桃、油茶、黑霸王李等，林果业年纯收入 3000 万元。

接官乡建成万亩优质稻基地 2 个。百头养殖场 22 个，千只养禽场 12 个，百亩水产基地 41 个。能繁母猪全面实行人工授精，商品肉猪全部托佩克化，母牛全部实行冻精配种，每年要新增 1000 头优质小牛，每头小牛的市场价要高出普通牛的 500 元以上。全乡综合配套养殖基地达到 60 个，年饲养猪 100 头以上的 30 户，年饲养猪 50 头以上的 100 户，年饲养家禽 5000 只的大户 10 个，养牛 10 头以上的户 20 户，年饲养羊 100 只以上的户达到 10 户。

境内盛产无籽西瓜，素有"无籽西瓜之乡"的美称。无籽西瓜年均种植面积在 10000 亩以上，年产量在 3000 万斤以上。注重提高西瓜生产的科技含量，做大做强西瓜产业。不断进行品种改良；由一年种植一季改为一年种植多季；由常规种植方法改为地膜覆盖种植；由施用化肥为主改为施农家有机肥，提高西瓜品味；由零星分散种植改为集中规模种植；变荒山荒岗种植为主为正田种植为主；改农户自产自销为统一技术指导生产。

境内有小一(二)型水库 20 座，水系完善，沟渠配套。接官颛庙工业园区水、电、路基础设施配套，创业环境优美。省道 210 平洑线南北纵穿全境。

村镇建设不断提升。大力改造升级西南公路、西北公路等。打造南大街 210 省道两侧绿色示范街道，栽植银杏、桂花等绿化树木 1500 株、修建绿化花坛 5000 平方米、人行道 2 千米。投入资金 155 万元，完成排水管网、文体广场、垃圾中转站建设。境内通乡通村公路全面改造，村村通柏油(水泥)路，公路四通八达，晴雨通车。电力整改全面完成，移动机站全方位覆盖，固定电话大幅度扩容，全乡电力充足，通信发达。

修复重建了槎山双泉寺，重点保护了风景区生态环境，着力改善了景区公路，形成了四通八达的旅游线路。主要旅游路线有 4 条：接官西大街至塘冲水库到槎山风景区，全长 7 千米；接官南大街至金台岳岭到槎山风景区，全长 4 千米；中接公路双塘水库经杨冲到槎山风景区，全长 3 千米；中接公路会砦街至槎山风景区，全长 6 千米。景区旅游循环公路已全部硬化到位。

社会事业统筹推进。有中学 1 所，小学 4 所，医院、卫生所 11 家，福利院 1 所。引入 100 多万元民营资本投资有线电视村村通工程，加快了新农村基础设施建设步伐。全乡 26 个村场都接通了有线电视，入户率达到 30%以上，丰富了农民的文化生活。争取上级支持完成了乡政府行政服务中心、福利院、幼儿园、中学教师中转房、卫生院住院综合楼等一大批民生工程建设。抓好畜禽污染整治工作，2015 年整改畜禽污染企业 61 家，关停了在水源地附近和不符合区域规划的养殖企业 5 家，有效解决了畜禽污染问题，保护了接官的碧水蓝天。教育工作保持先进，计划生育、民政残联工作连续多年受上级表彰。新农合、新农保工作得到上级肯定。社会保持稳定，刑事案件发案率全市最低，社会大局和谐稳定。

第二节　社区(村)、居民点

一、白岗村[Báigǎng Cūn]

隶属于接官乡。以辖区内较大的居民点命名。清朝年间白姓始祖在此山冈建房居住，得名白岗。该村位于接官乡中南部，村委会所在地张家塆与袁家塆之间的通村公路上，距接官乡政府所在地 6 千米。东接沈塆村、洑水镇方棚村，西邻马鞍村，南连洑水镇军刘村，北靠莲花、倪庙村。截至 2015 年 1 月，辖区内共有 13 个自然塆：张家塆、染坊塆、河塆、枫蕉树塆、李家塆、李家新塆、倪家塆、袁家塆、孙塆、院子塆、下白岗、上白岗、余家塆。全村共 332 户，总人口 1208 人，劳动力 576 人，其中党员 28 人，流动党员 9 人。辖区占地面积 4. 5 平方千米，耕地 1. 3727 平方千米。以种植水稻、小麦为主，主要经济来源以外出务工为主。

清属湖北省德安府安陆县大花店，民国期间属安陆县大花店，1949 年 10 月白岗村属洑水区辖，1952 年 10 月属原第六区莲花乡辖。1954 年 8 月属洑水区莲花乡辖。1956 年 3 月属第六区洑水乡辖。1958 年 9 月白岗村更名为白岗大队属东风人民公社莲花管理区辖。1958 年 12 月属洑水人民公社莲花管理区管辖。1961 年 4 月属洑水区莲花人民公社辖。1966 年 9 月属向阳区莲花人民公社辖。1975 年 2 月属接官(莲花)人民公社莲花管理区辖。1979 年 2 月撤销接官(莲花)人民公社，1984 年 1 月白岗大队更名白岗村属洑水区莲花乡辖，1987 年 10 月白岗村属安陆市接官乡辖，沿用至今。

枫蕉树塆[Fēng jiāo shù wān]　隶属于接官乡白岗村。相传此处有很大的枫树和蕉树，因此得名。该居民点位于白岗村西南部，聚落呈块状分布。东接上白岗，西邻洑水镇军刘村，南连洑水镇军刘村，北靠莲花村陡山。居民以王、曾姓居多，均为汉族。总面积 0. 1667 平方千米，耕地面积 0. 12 平方千米。全塆 34 户，118 人。主要农作物为水稻、小麦，主要经济来源以外出务工为主。

河家塆[Hé jiā wān]　隶属于接官乡白岗村。该地名以居民居住在河流两边而命名。该居民点位于白岗村西部，聚落呈条状分布。东接陡山，西邻染坊塆，南连通村公路，北靠莲花村明家塆。居民以孙姓居多，均为汉族。总面积 0. 1467 平方千米，耕地面积 0. 0827 平方千米。全塆 26 户，95 人。主要农作物为水稻、小麦，主要经济来源以外出务工为主。

李家塆[Lǐ jiā wān]　隶属于接官乡白岗村。以姓氏命名。该居民点位于白岗村东北部，聚落呈条状分布。东接沈塆村，西邻倪家塆，南连沈塆村卢家咀，北靠倪庙村喻家塆。以徐姓居多，均为汉族。总面积0.1平方千米，耕地面积0.0580平方千米。全塆24户，70人。主要农作物为水稻、小麦，主要经济来源以外出务工为主。

李家新塆[Lǐ jiā xīn wān]　隶属于接官乡白岗村。因原李家塆人口发达，后部分人迁居至此，故称新塆。该居民点位于白岗村北部，聚落呈条状分布。东接李家塆，西邻徐家大山，南连倪家塆，北靠倪庙村。以李姓为主，均为汉族。总面积0.1533平方千米，耕地面积0.0733平方千米。全塆28户，116人。主要农作物为水稻、小麦，主要经济来源以外出务工为主。

倪家塆[Ní jiā wān]　隶属于接官乡白岗村。以姓氏命名，清朝年间有一财主游看风水，在此落户建房居住，得名倪家塆。该居民点位于白岗村东北部，聚落呈块状分布。东接沈塆村杨家塆，西邻到白岗村1组公路、张家塆，南连袁家塆，北靠李家新塆。以倪姓为主，均为汉族。总面积0.1平方千米，耕地面积0.0467平方千米。全塆17户，55人。主要农作物为水稻、小麦，主要经济来源以外出务工为主。

染坊塆[Rǎn fāng wān]　隶属于接官乡白岗村。因该塆以染坊生意而得名。该居民点位于白岗村西部，聚落呈条状分布。东接河家塆，西邻马鞍村，南连当地公路、马鞍村，北靠莲花村。居民以秦姓居多，均为汉族。总面积0.1667平方千米，耕地面积0.0800平方千米。全塆25户，120人。主要农作物为水稻、小麦，主要经济来源以外出务工为主。

上白岗[Shàng bái gǎng]　隶属于接官乡白岗村。清朝年间有一白姓人看中此处为回龙脉，故而在此建房居住。后因家族发展迅速，在一冲之隔的对面又建一居民点。为区分两处，按南北方位分为上白岗和下白岗，因此塆位于南边而得名上白岗。该居民点位于白岗村西南部，聚落呈块状分布。三面环山，北靠赵家独屋。以刘姓为主，均为汉族。总面积0.1平方千米，耕地面积0.04平方千米。全塆15户，72人。主要农作物为水稻、小麦，主要经济来源以外出务工为主。

孙塆[Sūn wān]　隶属于接官乡白岗村。以姓氏命名。该居民点位于白岗村南部，聚落呈条状分布。东接袁家塆，西邻上白岗，南连院子塆，北靠张家塆。以孙、黄、陈姓为主，均为汉族。总面积0.1667平方千米，耕地面积0.0853平方千米。全塆28户，82人。主要农作物为水稻、小麦，主要经济来源以外出务工为主。

下白岗[Xià bái gǎng]　隶属于接官乡白岗村。清朝年间有一白姓人看中此处为回龙脉，故而在此建房居住。后因家族发展迅速，在一冲之隔的对面又建一居民点。为区分两处，按南北方位分为上白岗和下白岗，因此塆位于北边而得名下白岗。该居民点位于白岗村西南部，聚落呈条状分布。东接罗家山，西邻洑水镇军刘村，南连军刘村钱家塆，北靠院子塆。以刘、李姓为主，均为汉族。总面积0.18平方千米，耕地面积0.0787平方千米。全塆27户，131人。主要农作物为水稻、小麦，主要经济来源以外出务工为主。

余家塆[Yú jiā wān]　隶属于接官乡白岗村。前清时期安陆县城内余姓财主下乡买田做屋出租，形成村落。该居民点位于白岗村东南部，聚落呈条状分布。东接洑水镇文武村，西邻洑水镇方棚村，南连洑水镇方棚村，北靠袁家独屋。以卢姓为主，均为汉族。总面积 0.16 平方千米，耕地面积 0.078 平方千米。全塆 21 户，81 人。主要农作物为水稻、小麦，主要经济来源以外出务工为主。

袁家塆[Yuán jiā wān]　隶属于接官乡白岗村。以姓氏命名，亦称袁家独屋。该居民点位于白岗村东部，聚落呈块状分布。东接沈塆村卢家咀冲，西邻当地学校，南连余家塆，北靠李家新塆。以袁姓为主，均为汉族。总面积 0.1667 平方千米，耕地面积 0.08 平方千米。全塆 29 户，112 人。主要农作物为水稻、小麦，主要经济来源以外出务工为主。

院子塆[Yuàn zi wān]　隶属于接官乡白岗村。该塆前后都有院子把塆围住，清末民初该塆出了一个人物，原名辜仁发，字达岸，日本陆军士官学校第 11 期炮科毕业，先后出任武汉革命军战时总司令部参谋，1915 年任中华革命军炮兵团长，1917 年跟随阎锡山在山西开办军事学校，1931 年 11 月任国民政府参军处中将参军，1933 年 10 月调任江苏省民政厅厅长，1946 年任重庆市政府秘书长兼设计委员会副主任，1948 年 4 月任湖北省政府委员兼武昌市市长，为武汉和平解放做出有益工作，5 月在武汉迎接解放。后任湖北省人民政府参事，民革湖北省委委员，中苏友协武汉分会副会长，故该塆又故名辜家院子。该居民点位于白岗村西部，聚落呈块状分布。东接尹家塆，西邻尹庙，南连文庙塆，北靠查家塆。以辜、陈、孙、张姓为主，均为汉族。总面积 0.16 平方千米，耕地面积 0.078 平方千米。全塆 21 户，81 人。主要农作物为水稻、小麦，主要经济来源以外出务工为主。

张家塆[Zhāng jiā wān]　隶属于接官乡白岗村。以姓氏命名，清道光年间住着 4 户人家，其中一人做了随州知州，号名“张眼镜”，远近闻名，故而称此塆为张家塆。该居民点位于白岗村西北部，聚落呈块状分布。东接白岗村村委会办公室，西邻辜家陡山，南连孙家塆，北靠莲花村。以张姓为主，均为汉族。总面积 0.1333 平方千米，耕地面积 0.06 平方千米。全塆 28 户，95 人。主要农作物为水稻、小麦，主要经济来源以外出务工为主。

二、茶庵村[Chá’ān Cūn]

隶属于接官乡。以建筑物命名，该地早年建有一座茶庵寺而命名。该村位于接官乡南部，村委会所在地杨树塆与余家桥头之间，距接官乡政府所在地 2500 米。东接莲花村，西邻当地河流，南连莲花村，北靠金台村。截至 2015 年 1 月，辖区内共有 7 个自然塆：茶庵、杨树塆、余冲桥头、代家塆、向家塆、黄家冲、何家塆。常住居民 242 户、888 人，辖区占地面积 2.786 平方千米，建筑面积 0.1007 平方千米，耕地 0.5433 平方千米，主要农作物为水稻、小麦。

1949 年 10 月，茶庵隶属于洑水区管辖。1952 年 10 月第六区莲花乡辖。1954 年 8 月属洑水区莲花乡辖。1956 年 3 月属第六区洑水乡辖。1958 年 9 月茶庵村改名为茶庵大队，属东风人民公社洑水乡辖。1958 年 12 月属洑水人民公社莲花管理区辖。1961 年 4 月属洑水区莲花人民公社辖。1966 年 9 月洑水改为向阳，属向阳区莲花人民公社辖。1975 年 2 月属接官(莲花)人民公社莲花管理区辖。1979 年 2 月撤接官(莲花)人民公社，属洑水人民公社莲花管理区辖。1984 年 1 月茶庵大队更名为茶庵村，属洑水区莲花乡辖。1987 年 10 月属安陆市接官乡管辖，名称沿用至今。

代家塆[Dài jiā wān]　隶属于接官乡茶庵村。以姓氏命名。该居民点位于茶庵村西部，聚落呈条状分布。东接何家冲，西邻洪卫河，南连余家冲，北靠茶庵塆。以代姓为主，均为汉族。总面积 0.1731 平方千米，耕地面积 0.0507 平方千米。全塆 51 户，198 人。主要农作物为水稻、小麦，主要经济来源以外出打工和种植农作物为主。

何家冲[Hé jiā chōng]　隶属于接官乡茶庵村。以姓氏和地理特征综合命名，亦称何家塆。该居民点位于茶庵村东北部，聚落呈块状分布。东接寺庙，西邻代家塆，南连余冲桥头，北靠黄家冲。以何姓为主，均为汉族。总面积 0.073 平方千米，耕地面积 0.033 平方千米。全塆 29 户，123 人。主要农作物为水稻、小麦，主要经济来源以外出务工为主。

黄家冲[Huáng jiā chōng]　隶属于接官乡茶庵村。以姓氏和地理特征综合命名。该居民点位于茶庵村北部，聚落呈块状分布。东接何家冲，西邻洪卫河，南连代家塆，北靠金台村。以黄姓为主，均为汉族。总面积 0.0153 平方千米，耕地面积 0.0017 平方千米。全塆 29 户，101 人。主要农作物为水稻、小麦，主要经济来源以外出务工为主。

杨树塆[Yáng shù wān]　隶属于接官乡茶庵村。以物产而命名，此塆有一颗古杨树，后发展至一大片杨树林，故名。杨家塆并入杨树塆。该居民点位于茶庵村南部，聚落呈条状分布。东接莲花街，西邻洪卫河，南连莲花街，北靠余冲桥头。以杨姓为主，均为汉族。总建筑面积 0.0147 平方千米，耕地面积 0.106 平方千米。全塆 53 户，168 人。主要农作物为水稻、小麦，主要经济来源以外出务工为主。

余冲桥头[Yú chōng qiáo tóu]　隶属于接官乡茶庵村。该处有一桥梁名普乐桥，后余姓先人路过此地，依桥建房，就此落户，故而得名。该居民点位于茶庵村东部，聚落呈条状分布。东接莲花村祝家洼，西邻洪卫河，南连杨树塆，北靠代家塆。以余姓为主，均为汉族。总建筑面积 0.0127 平方千米，耕地面积 0.0883 平方千米。全塆 41 户，136 人。主要农作物为水稻、小麦，主要经济来源以外出务工为主。

向家塆[Xiàng jiā wān]　隶属于接官乡茶庵村。以姓氏命名。该塆昔时出了个向姓道士很有名气。该居民点位于茶庵村西北部，聚落呈块状分布。东接代家塆，西邻洪卫河，南连代家塆，北靠黄家冲。以李姓为主，均为汉族。全塆 15 户，66 人。

茶庵[Chá ān]　隶属于接官乡茶庵村。昔时当地有一座寺庙名茶庵。该居民点位于茶庵村北部，聚落呈块状分布。东接何家冲、颛庙村，西邻黄家冲，南连代家塆，北靠金台村、颛庙村。以黄、李姓为主，均为汉族。全塆共 27 户，101 人。

三、樝山村[Zhāshān Cūn]

隶属于接官乡。以境内樝山取名。该村位于接官乡东北部，村委会所在地樝山新村 6~10 号，距接官乡政府所在地 4 千米。东接赵棚镇长龙村、务丰村、唐畈村，西邻杨家冲、接官村，南连唐畈村、银铺村，北靠广水市陈巷镇。截至 2015 年 1 月，辖区内共有 13 个自然塆：上唐家塆、明家塆、庙洼塆、徐家塆、王家塆、罗家冲、槎山新村、唐家院子、蒋家龙、李家塆、张家塆、小张家塆、下唐家塆。常住居民 971 人，辖区占地面积 9 平方千米，耕地面积 1.005 平方千米，以种植水稻、小麦、油菜、棉花为主。

民国时期属泰和(北三)乡、会接乡辖。1949 年 10 月属槎山区辖。1952 年 10 月属第七区会砦乡辖。1954 年 8 月属赵棚区会砦乡辖。1956 年 3 月属第一区会砦乡辖。1956 年 4 月属第一指导小组会砦乡辖。1958 年 9 月槎山村更名为槎山大队属赵棚人民公社会砦乡辖。1958 年 12 月属赵棚人民公社会砦管理区辖。1961 年 4 月属赵棚区会砦人民公社辖。1966 年 9 月属红卫区会砦人民公社辖。1975 年 2 月属接官(莲花)人民公社会砦管理区辖。1984 年 1 月槎山大队更名为槎山村属赵棚区会砦乡辖。1987 年 10 月，槎山村属接官乡辖，沿用至今。

槎山新村[Zhā shān xīn cūn]　隶属于接官乡槎山村。该地名以村民沿公路建房居住形成的新村而命名。该居民点位于槎山村中部，槎山村与银铺村 9 组艾家塆、银桌子塆、柿子树塆山脉交接处，聚落呈条状分布。东接 3 组蒋家垅，西邻上唐家塆、明家塆，南连银铺村 9 组山脉，北靠罗家冲。主要以胡、王、刘姓为主，均为汉族。该塆有住户 28 户，人口 128 人。总面积 0.65 平方千米，耕地面积 0.1106 平方千米。以种植水稻，小麦，油菜、棉花为主，主要经济来源以外出务工为主。1972 年在此建小学、代销店、医疗室、加工厂、村办公室。从 2005 年起，村民因房屋改造而迁建到此，形成槎山新村，属槎山村 6 组，名称沿用至今。

蒋家龙[Jiǎng jiā lóng]　隶属于接官乡槎山村。该地名以蒋姓居多，相传清朝末年蒋氏人家，看中此处风水，认为此处是龙脉所在处而命名。亦称蒋家垅、蒋家塆。该居民点位于槎山村东南部，聚落呈块状分布。东接李家塆、唐畈村胡家塆，西邻小张家塆，南连唐家院子，北靠李家塆、唐畈村胡家塆。以蒋姓为主，均为汉族。该塆 26 户，136 人。总面积 0.4 平方千米，耕地面积 0.1072 平方千米。以种植水稻、小麦、油菜、棉花为主，主要经济来源以外出务工为主。

李家塆[Lǐ jiā wān]　隶属于接官乡槎山村。此处山水田地被一李姓富人购买并在此居住而得名。该居民点位于槎山村东北部，聚落呈条状分布。东接赵棚镇务丰村徐桥，西邻蒋家龙，南连唐畈村胡家塆，北靠槎山尖山山脉。以李姓为主，均为汉族。该塆 22 户，107 人。总面积 0.4 平方千米，耕地面积 0.1133 平方千米。以种植水稻、小麦、油菜、棉花为主，主要经济来源以外出务工为主。

罗家冲[Luó jiā chōng]　隶属于接官乡槎山村。以姓氏和地理特征综合命名。该居民点位于槎山村北部，聚落呈条状分布。东接李家塆，西邻槎山水库，南连小张家塆田地，北靠槎山。以罗姓为主，均为汉族。该塆 36 户，167 人。总面积 0.7 平方千米，耕地面积 0.1173 平方千米。以种植水稻、小麦、油菜、棉花为主，主要经济来源以外出务工为主。

庙凹塆[Miào wā wān]　隶属于接官乡槎山村。以建筑物和地理特征综合命名。该居民点位于槎山村西部，聚落呈条状分布。东接明家塆，西邻杨冲村王家台子，南连银铺村藕塘咀，北靠杨冲村。以王姓为主，均为汉族。该塆 7 户，33 人。总面积 0.2 平方千米，耕地面积 0.0667 平方千米。以种植水稻、小麦、油菜、棉花为主，主要经济来源以外出务工为主。

明家塆[Míng jiā wān]　隶属于接官乡槎山村。以姓氏命名。该居民点位于槎山村中部，聚落呈条状分布。东接槎山新村，西邻庙凹塆，南连徐家塆，北靠上唐家塆。以明姓为主，均为汉族。该塆 12 户，71 人。总面积 0.4 平方千米，耕地面积 0.0804 平方千米。以种植水稻、小麦、油菜、棉花为主，主要经济来源以外出务工为主。

上唐家塆[Shàng táng jiā wān]　隶属于接官乡槎山村。此居民点一里外也有一唐家塆，为区分两地，因此塆比另一唐家塆地势高些，故取名上唐家塆。该居民点位于槎山村西北部，聚落呈块状分布。东接罗家冲，西邻杨冲村，南连明家塆，北靠槎山水库。以唐姓为主，均为汉族。该塆 14 户，73 人。总面积 0.4 平方千米，耕地面积 0.0871 平方千米。以种植水稻、小麦、油菜、棉花为主，主要经济来源以外出务工为主。

唐家院子[Táng jiā yuàn zi]　隶属于接官乡槎山村。清朝末年，因唐畈一家兄弟分家，请阴阳先生寻找兴旺发达之地，相中此地，名为傍王地，在此建房居住。后为防盗而在住居四周打院墙，故而得名。该居民点位于槎山村西南部，聚落呈块状分布。东接蒋家龙，西邻银铺村艾家塆，南连银铺村山水田地，北靠小张家塆。以唐姓为主，均为汉族。该塆 13 户，63 人。总面积 0.3 平方千米，耕地面积 0.0603 平方千米。以种植水稻、小麦、油菜、棉花为主，主要经济来源以外出务工为主。

王家塆[Wáng jiā wān]　隶属于接官乡槎山村。以姓氏命名。该居民点位于槎山村西南部，聚落呈块状分布。东接银铺村艾家塆，西邻银铺村藕塘咀，南连唐家塆山脉，北靠明家塆、徐家塆。以王姓为主，均为汉族。该塆 13 户，73 人。总面积 0.4 平方千米，耕地面积 0.0667 平方千米。以种植水稻、小麦、油菜、棉花为主，主要经济来源以外出务工为主。

徐家塆[Xú jiā wān]　隶属于接官乡槎山村。以姓氏命名。该居民点位于槎山村西部，聚落呈块状分布。东接明家塆，西邻银铺村藕塘咀，南连下唐家塆，北靠明家塆。以徐姓为主，均为汉族。该塆 13 户，57 人。总面积 0.35 平方千米，耕地面积 0.0757 平方千米。以种植水稻、小麦、油菜、棉花为主，主要经济来源以外出务工为主。

张家塆[Zhāng jiā wān]　隶属于接官乡槎山村。20 世纪 30 年代末张姓财主由赵棚四张塆迁来此地居住，后又迁来徐姓、王姓、万姓居民来此居住，期初为张家独屋，后改名为张家塆。亦称大张家塆。该居民点位于槎山村东部，东接李家塆，西邻小张家塆，南连唐家院子、蒋家龙，北靠罗家冲。现无人居住。

小张家塆[Xiǎo zhāng jiā wān]　隶属于接官乡槎山村。以姓氏和村庄规模综合命名。该居民点位于槎山村东北部，聚落呈块状分布。东接李家塆，西邻罗家冲，南连小张家塆，北靠槎山。

下唐家塆[Xià táng jiā wān]　隶属于接官乡槎山村。以姓氏和方位综合命名。该居民点位于槎山村西南部，聚落呈块状分布。东接银铺村艾家塆，西邻银铺村方家月塘，南连银铺村石板池，北靠王家塆。有住户 7 户，32 人。居民以唐、杨姓居多。

四、吊桥村[Diàoqiáo Cūn]

隶属于接官乡。该村以境内秦家吊桥塆取名。吊桥古称秦家吊桥。当地居民绕袁家山居住，袁家山有吊桥河水环抱。为防匪患，保护当地百姓安全，方便百姓出行，便在吊桥河中的木墩上，白天放下吊桥，夜晚收起吊桥。该村位于接官乡西南部，村委会所在地撮箕塆公路边，距接官乡政府所在地1千米。东接金台村河边，西邻李冲村，南连茶庵村，北靠界岗村。全村830人，225户。共有10个自然塆：撮箕塆、吊桥塆、方家冲、刘家塆、倪家嘴、王家塆、徐家塆、仰家塆、姚家塆、张家嘴。总面积3.03平方千米，耕地面积0.6平方千米。主要农作物为水稻、小麦、油菜，主要经济来源以外出务工为主。

晚清时期属“接官厅会”辖。民国时期属仁寿(北二)乡、会接乡辖。1949年10月吊桥村属洑水区辖。1952年10月属第六区接官乡辖。1954年8月属洑水区接官乡辖。1956年3月属第六区接官乡辖，4月属第七指导小组接官乡辖。1958年9月东风人民公社接官乡辖。1958年12月吊桥村更名为吊桥大队属洑水人民公社接官管理区辖。1961年4月属洑水区接官人民公社辖。1966年9月属向阳区接官人民公社辖。1975年2月属接官(莲花)人民公社接官管理区辖。1979年春撤接官(莲花)公社，接官管理区、莲花管理区并入洑水人民公社。1984年1月吊桥大队更名为吊桥村属洑水区接官乡管辖。1987年10月吊桥村属接官乡辖，名称沿用至今。

撮箕塆[Cuō jī wān]　隶属于接官乡吊桥村。因该居民点形状像撮箕而得名。该居民点位于吊桥村南部，聚落呈块状分布。东接吊桥塆，西邻姚家塆，南连茶庵村，北靠方家冲。杂姓，秦姓稍多，均为汉族，全塆77人，26户。总面积0.3平方千米，耕地面积0.08平方千米。主要农作物为水稻、小麦、油菜，主要经济来源以外出务工为主。

吊桥塆[Diào qiáo wān]　隶属于接官乡吊桥村。秦氏祖先为了防火防盗，前方环水，后方围墙。抗日战争时期，为防止日军进攻，用木板铺成小桥吊在河边，俗称吊桥，也叫秦家吊桥。该居民点位于吊桥村东南部，聚落呈块状分布。东接倪家嘴，南连茶庵村，西邻撮箕塆，北靠张家嘴。居民以秦姓居多，均为汉族。全塆28户，113人。总面积0.6平方千米，耕地面积0.3平方千米。主要农作物为水稻、小麦、油菜，主要经济来源以外出务工为主。

方家冲[Fāng jiā chōng]　隶属于接官乡吊桥村。以姓氏和地理特征综合命名。该居民点位于吊桥村西部，聚落呈块状分布。东接张家嘴，南连姚家塆，西邻李冲村，北靠徐家塆。以方姓为主，均为汉族。全塆26户，103人。总面积0.4平方千米，耕地面积0.09平方千米。主要农作物为水稻、小麦、油菜，主要经济来源以外出务工为主。

刘家塆[Liú jiā wān]　隶属于接官乡吊桥村。以姓氏命名。该居民点位于吊桥村东部，聚落呈块状分布。东接金台村，南连倪家嘴，西邻仰家塆，北靠金台村。以刘姓为主，均为汉族，全塆46人，12户。总面积0.15平方千米，耕地面积0.033平方千米。主要农作物为水稻、小麦、油菜，主要经济来源以外出务工为主。

倪家嘴[Ní jiā zuǐ]　隶属于接官乡吊桥村。以姓氏和地理特征综合命名。该居民点位于吊桥村东部，聚落呈块状分布。东接金台村，南连茶庵村，西邻吊桥塆，北靠金台村刘家塆。以余、秦姓为主，均为汉族。全塆136人，12户。总面积0.13平方千米，耕地面积0.03平方千米。主要农作物为水稻、小麦、油菜，主要经济来源以外出务工为主。

王家塆[Wáng jiā wān]　隶属于接官乡吊桥村。以姓氏命名。该居民点位于吊桥村北部，聚落呈块状分布。东接金台村，南连吊桥塆，西邻方家冲。以王姓为主，均为汉族。全塆 22 户，80 人。总面积 0.2 平方千米，耕地面积 0.04 平方千米。主要农作物为水稻、小麦、油菜，主要经济来源以外出务工为主。

徐家塆[Xú jiā wān]　隶属于接官乡吊桥村。以姓氏命名。该居民点位于吊桥村西北部，聚落呈块状分布。东接张家嘴，南连吊桥村委会，西邻李冲村，北靠界岗村。以徐姓为主，均为汉族。全塆 21 户，73 人。总面积 0.2 平方千米，耕地面积 0.053 平方千米。主要农作物为水稻、小麦、油菜，主要经济来源以外出务工为主。

仰家塆[Yǎng jiā wān]　隶属于接官乡吊桥村。以姓氏命名。该居民点位于吊桥村东部，聚落呈块状分布。东接刘家塆，南连村公路，西邻吊桥塆，北靠金台村梅家塆。以仰姓为主，均为汉族。全塆 12 户，50 人。总面积 0.15 平方千米，耕地面积 0.033 平方千米。主要农作物为水稻、小麦、油菜，主要经济来源以外出务工为主。

姚家塆[Yáo jiā wān]　隶属于接官乡吊桥村。以姓氏命名。该居民点位于吊桥村西南部，聚落呈块状分布。东接撮箕塆，南连茶庵村，西邻李冲村，北靠方家冲。以李、姚姓为主，均为汉族。全塆 172 人，44 户。总面积 0.7 平方千米，耕地面积 0.16 平方千米。主要农作物为水稻、小麦、油菜，主要经济来源以外出务工为主。

张家嘴[Zhāng jiā zuǐ]　隶属于接官乡吊桥村。以姓氏和地理特征综合命名。该居民点位于吊桥村北部，聚落呈块状分布。东接金台村，南连吊桥塆，西邻方家冲，北靠王家塆。以高姓为主，均为汉族。全塆 22 户，76 人。总面积 0.2 平方千米，耕地面积 0.053 平方千米。主要农作物为水稻、小麦、油菜，主要经济来源以外出务工为主。

五、冯畈村[Féngfàn Cūn]

隶属于接官乡。以境内居民点命名。昔时该村畈上塆称为冯家畈，后冯姓迁往广水市平岭。该村位于接官乡东部，村委会所在地畈上塆，距接官乡政府所在地 12 千米。东接高庙村，南连土门村、洑水镇白龙村，西邻广水市陈巷镇棚兴村，北靠广水市陈巷镇兴河村。辖区 15 个自然塆：畈上塆、冯家咀、刘家冲、刘家塆、王家咀、徐家塆、艾家塆、陈家塆、栗树塆、邓家塆、南山独屋、学堂独屋、陡坡岩、桃园独屋、刘仙独屋。共有 613 人，157 户，总占地面积 2.3 平方千米，耕地面积 0.4666 平方千米，主要经济收入为种植、养殖，外出务工。

晚清时期属“接官厅会”辖。民国时期属仁寿(北二)乡、会接乡辖。1949 年 10 月冯畈村属洑水区辖。1952 年 10 月属第六区接官乡辖。1954 年属洑水区接官乡辖。1956 年 3 月属第六区接官乡辖。1956 年 4 月属第七指导小组接官乡辖。1958 年 9 月冯畈村更名为冯畈大队属东风大队人民公社接官乡辖。1958 年 12 月属洑水人民公社接官管理区辖。1961 年 4 月属洑水区接官人民公社辖。1966 年 9 月属向阳区接官人民公社辖。1975 年 2 月属接官（莲花）人民公社接官管理区辖。1979 年 2 月撤销接官（莲花）人民公社，属洑水人民公社接官管理区辖。1984 年 1 月冯畈大队更名为冯畈村属洑水区接官乡辖。1987 年 10 月冯畈村属接官乡辖，沿用至今。

畈上塆[Fàn shàng wān]　隶属于接官乡冯畈村。以地理位置命名，该塆位于田畈上而得名。该居民点位于冯畈村中部，聚落呈块状分布。东接刘家冲，西邻刘家塆，南连徐家塆，北靠王家咀。姓氏主要有张、秦、金、夏、徐姓。全村 17 户，50 人。总面积 0.12 平方千米，耕地面积 0.04 平方千米。主要农作物为水稻、小麦，主要经济来源为种植农作物及外出打工。

冯家咀[Féng jiā zuǐ]　隶属于接官乡冯畈村。以姓氏和地理特征综合命名。该居民点位于冯畈村南部，聚落呈块状分布。东接陈家塆，南连土门村，西邻洑水白龙村，北靠畈上塆。以张、杨姓为主，均为汉族。共有 20 户，60 人。总面积 0.16 平方千米，耕地面积 0.047 平方千米。主要农作物为水稻、小麦、油菜，主要经济来源为种植农作物及外出打工。

刘家冲[Liú jiā chōng]　隶属于接官乡冯畈村。以姓氏和地理特征综合命名。该居民点位于冯畈村东部，聚落呈块状分布。东接高庙村，西邻畈上塆，南连李冲村，北靠高庙村张家塆。以刘、周、董、林姓为主，均为汉族。全村 22 户，80 人。总面积 0.211 平方千米，耕地面积 0.1 平方千米。主要农作物为水稻、小麦，主要经济来源为种植农作物及外出打工。

刘家塆[Liú jiā wān]　隶属于接官乡冯畈村。以姓氏命名。该居民点位于冯畈村西部，聚落呈块状分布。东接畈上塆，西邻广水市陈巷镇棚兴村，南连洑水镇白龙村，北靠艾家塆。以刘姓为主，均为汉族。全湾 12 户，40 人。总占地面积 0.143 平方千米，耕地面积 0.033 平方千米。主要农作物为水稻、小麦、油菜，主要经济来源为种植农作物及外出打工。

王家咀[Wáng jiā zuǐ]　隶属于接官乡冯畈村。以姓氏和地理特征综合命名。该居民点位于冯畈村北部，聚落呈块状分布。东接高庙村，西邻邓家塆，南连栗树塆，北靠高庙村。以王姓为主，均为汉族。全塆 18 户，70 人。总面积 0.213 平方千米，耕地面积 0.063 平方千米。主要农作物为水稻、小麦，主要经济来源为种植农作物及外出打工。

徐家塆[Xú jiā wān]　隶属于接官乡冯畈村。以姓氏命名。该居民点位于冯畈村南部，聚落呈块状分布。东接李冲村，西邻南山独屋，南连冯家咀、陈家塆，北靠畈上塆。以徐、秦、金姓为主，全塆 15 户，45 人。总面积 0.221 平方千米，耕地面积 0.033 平方千米。主要农作物为水稻、小麦，主要经济来源为种植农作物及外出打工。

艾家塆[Ài jiā wān]　隶属于接官乡冯畈村。以姓氏命名。该居民点位于冯畈村西部，聚落呈块状分布。东接栗树塆，西邻广水市陈巷镇棚兴村，南连南山独屋、学堂独屋，北靠邓家塆。以艾、刘姓为主，全塆 9 户，37 人。

陈家塆[Chén jiā wān]　隶属于接官乡冯畈村。以姓氏命名。该居民点位于冯畈村南部，聚落呈块状分布。东接李冲村，西邻冯家咀，南连土门村，北靠畈上塆、徐家塆。以杨姓为主，全塆 10 户，40 人。

栗树塆[Lì shù wān]　隶属于接官乡冯畈村。以物产命名。该居民点位于冯畈村北部，聚落呈块状分布布。东接桃园塆，西邻艾家塆，南连畈上塆，北靠王家咀。以张姓为主，全塆4户，20人。

邓家塆[Dèng jiā wān] 隶属于接官乡冯畈村。以姓氏命名。该居民点位于冯畈村西北部，聚落呈块状分布。东接王家咀，西邻广水市陈巷镇兴河村，南连艾家塆，北靠广水市陈巷镇兴河村。以王姓为主，全塆6户，30人。

南山独屋[Nán shān dú wū] 隶属于接官乡冯畈村。该居民点位于冯畈村西南部，聚落呈块状分布。东接畈上塆，西邻伏水镇白龙村，南连白龙村潘家塆，北靠学堂独屋。以张姓为主，全塆7户，30人。

学堂独屋[Xué táng dú wū] 隶属于接官乡冯畈村。该居民点位于冯畈村西部，聚落呈块状分布。东接畈上塆，西邻广水市陈巷镇棚兴村，南连南山独屋，北靠刘家塆。以刘姓为主，全塆6户，30人。

陡坡岩[Dǒu pō yán] 隶属于接官乡冯畈村。以地理特征命名。该居民点位于冯畈村西南部，聚落呈块状分布。东接长塘塆山，西邻伏水镇白龙村，南连土门村，北靠冯家咀。以张姓为主，全塆2户，10人。

桃园独屋[Táo yuán dú wū] 隶属于接官乡冯畈村。该居民点位于冯畈村东北部，聚落呈块状分布。东接刘家塆，西邻栗树塆，南连畈上塆，北靠刘仙独屋。以夏姓为主，全塆5户，27人。

刘仙独屋[Liú xiān dú wū] 隶属于接官乡冯畈村。该居民点位于冯畈村东北部，聚落呈块状分布。东接高庙山，西邻王家咀，南连桃园独屋，北靠高庙山。以唐、王姓为主，全塆4户，20人。

六、高庙村[Gāomiào Cūn]

隶属于接官乡，因早年一座寺庙建在高山之上而得名。该村位于接官乡政府所在地西部，村委会所在地独桥塆，距接官乡政府所在地5千米。东接界岗村，南连李冲村，西邻广水市陈巷镇兴河村，北靠广水市陈巷镇高庙村。管辖陈家塆、大蔡家塆、独桥、姜家塆、毛家塆、桥上塆、秦塆、上塆、宋家塆、唐家塆、王塆、小蔡家塆、周家大塆、白家独屋、邓家独屋、张家塆、张家塆、董家塆、艾家独屋19个自然塆。共有1517人，306户，总占地面积2.221平方千米，主要经济收入为种植、养殖、外出务工。

晚清时期属"接官厅会"辖。民国时期属仁寿(北二)乡、会接乡辖。1949年10月高庙村属洑水区辖。1952年10月第六区接官乡辖。1954年属洑水区接官乡辖。1956年3月属第六区接官乡辖。1956年4月属第七指导小组接官乡辖。1958年9月高庙村更名为高庙大队属东风人民公社接官乡辖。1958年12月属洑水人民公社接官管理区辖。1961年4月属洑水接官人民公社辖。1966年9月属向阳区接官人民公社辖。1975年2月属接官(莲花)人民公社接官管理区辖。1979年2月撤销接官(莲花)人民公社，属洑水人民公社接官管理区辖。1984年1月高庙大队更名为高庙村属洑水区接官乡辖。1987年10月高庙村属接官乡辖，名称沿用至今。

陈家塆[Chén jiā wān] 隶属于接官乡高庙村。以姓氏命名。该居民点位于高庙村北部，聚落呈块状分布。东接白家独屋，西邻张家塆，南连大蔡家塆，北靠广水市陈巷镇高庙村。全塆8户，50人。主要姓氏为陈，均为汉族。总面积0.06平方千米，耕地面积0.033平方千米。主要农作物为水稻、小麦，主要经济来源为种植农作物及外出打工。

大蔡家垮[Dà cài jiā wān]　隶属于接官乡高庙村。以姓氏和村庄规模综合命名。该居民点位于高庙村东部，聚落呈块状分布。东接独桥，西邻广水市陈巷镇兴河村、毛家垮，南连秦家垮，北靠毛家垮。全垮10户，100人。主要姓氏为蔡，均为汉族。总面积0.133平方千米，耕地面积0.08平方千米。主要农作物为水稻、小麦，主要经济来源为种植农作物及外出打工。

独桥[Dú qiáo]　隶属于接官乡高庙村。以建筑物命名。宋代，人们推车过河，由于没有桥，就用木板过河，过了几年一个石匠看过桥困难，就用石条和糯米造成一个桥，故名独桥。该居民点位于高庙村中东部，聚落呈块状分布。东接小蔡家垮、界岗村，西邻大蔡家垮，南连董家垮，北靠小蔡家垮。全垮17户，70人。居民以周姓居多，均为汉族。总面积0.06平方千米，耕地面积0.046平方千米。主要农作物为水稻、小麦，主要经济来源为种植农作物及外出打工。

姜家垮[Jiāng jiā wān]　隶属于接官乡高庙村。以姓氏命名。该居民点位于高庙村南部，聚落呈块状分布。东接桥上垮，西邻冯畈，南连李冲村，北靠王家垮。全垮12户，120人，主要姓氏为付、姜，均为汉族。总面积0.16平方千米，耕地面积0.08平方千米。主要农作物为水稻、小麦，主要经济来源为种植农作物及外出打工。

毛家垮[Máo jiā wān]　隶属于接官乡高庙村。以姓氏命名。该居民点位于高庙村西部，聚落呈块状分布。东接大蔡家垮，西邻广水市陈巷镇兴河村，南连大蔡家垮，北靠陈家垮。全垮50人，7户。主要姓氏为毛，均为汉族。总面积0.067平方千米，耕地面积0.04平方千米。主要农作物为水稻、小麦，主要经济来源为种植农作物及外出打工。

桥上垮[Qiáo shàng wān]　隶属于接官乡高庙村。以地理位置命名。该垮门前有一条小河，将垮与对面大冲隔离开来，唯有一座小桥供全垮出行，故名桥上垮。该居民点位于高庙村南部，聚落呈块状分布。东接界岗村，西邻李冲村，南连李冲村，北靠姜家垮。全垮30户，120人，均为汉族。总面积0.16平方千米，耕地面积0.08平方千米。主要农作物为水稻、小麦，主要经济来源为种植农作物及外出打工。

秦垮[Qín wān]　隶属于接官乡高庙村。以姓氏命名。该居民点位于高庙村西部，聚落呈块状分布。东接秦家独屋，西邻秦冲水库，南连艾家独屋，北靠秦冲水库。全垮25户，190人。主要姓氏为秦，均为汉族。总面积0.18平方千米，耕地面积0.06平方千米。主要农作物为水稻、小麦，主要经济来源为种植农作物及外出打工。

上垮[Shàng wān]　隶属于接官乡高庙村。以方位命名。地主蔡四方以此垮为界，朝南都是他的田地，为了方便收租他住在此照看，取名上垮。该居民点位于高庙村西北部，聚落呈块状分布。东接张家垮，西邻广水陈巷镇东风村，南连毛家垮，北靠广水市陈巷镇东风村。全垮15户，60人，均为汉族。总面积0.12平方千米，耕地面积0.04平方千米。主要农作物为水稻、小麦，主要经济来源为种植农作物及外出打工。

宋家垮[Sòng jiā wān]　隶属于接官乡高庙村。以姓氏命名。该居民点位于高庙村西北部，聚落呈块状分布。东接向家独屋，西邻上垮，南连陈家垮，北靠广水市陈巷镇东风村。全垮10户，100人。主要姓氏为蔡，均为汉族。总面积0.1平方千米，耕地面积0.067平方千米。主要农作物为水稻、小麦，主要经济来源为种植农作物及外出打工。

唐家塆[Táng jiā wān] 隶属于接官乡高庙村。以姓氏命名。该居民点位于高庙村东部，聚落呈块状分布。东接张氏水库，西邻秦家塆，南连付家淌山，北靠村委会办公室。全塆 8 户，30 人。主要姓氏为秦、张姓，均为汉族。总面积 0.06 平方千米，耕地面积 0.02 平方千米。主要农作物为水稻、小麦，主要经济来源为种植农作物及外出打工。

王塆[Wáng wān] 隶属于接官乡高庙村。以姓氏命名。该居民点位于高庙村南部，聚落呈块状分布。东接方家河，西邻秦家塆，南连姜家塆，北靠村委会办公室。全塆 40 户，100 人。主要姓氏为王，均为汉族。总面积 0.2 平方千米，耕地面积 0.067 平方千米。主要农作物为水稻、小麦，山地资源丰富，主要经济来源为种植农作物及外出打工。

小蔡家塆[Xiǎo cài jiā wān] 隶属于接官乡高庙村。以村庄规模和姓氏综合命名。该居民点位于高庙村北部，聚落状分布。东接界岗村，西邻大蔡家塆，南连蔡冲水库，北靠邓家独屋。全塆 19 户，60 人。主要姓氏为蔡，均为汉族。总面积 0.19 平方千米，耕地面积 0.053 平方千米。主要农作物为水稻、小麦，主要经济来源为种植农作物及外出打工。

周家大塆[Zhōu jiā dà wān] 隶属于接官乡高庙村。以姓氏和村庄规模综合命名，亦称周家塆。该居民点位于高庙村东部，聚落呈块状分布。东接界岗村，西邻方家河，南连桥上塆，北靠邓塆。全塆 20 户，137 人。以周姓为主，均为汉族。总面积 0.158 平方千米，耕地面积 0.091 平方千米。主要农作物为水稻、小麦，主要经济来源为种植农作物及外出打工。

白家独屋[Bái jiā dú wū] 隶属于接官乡高庙村。以姓氏和村庄规模综合命名。该居民点位于高庙村北部，聚落呈块状分布。东接邓家独屋，西邻宋家塆，南连肖家大塘，北靠广水市陈巷镇高庙村。全塆 8 户，34 人，以孙、毛姓为主，均为汉族。

邓家独屋[Dèng jiā dú wū] 隶属于接官乡高庙村。以姓氏和村庄规模综合命名。该居民点位于高庙北部，聚落呈块状分布。东接烈士碑，西邻白家独屋，南连小蔡家塆，北靠广水市陈巷镇烈士村。全塆 6 户，40 人，以邓姓为主，均为汉族。

张家塆[Zhāng jiā wān] 隶属于接官乡高庙村。以姓氏命名。该居民点位于高庙村西南部，聚落呈块状分布。东接母女桥，西邻姜家塆，南连冯畈村，北靠王家塆。全塆 8 户，32 人。以张姓为主，均为汉族。

张家塆[Zhāng jiā wān] 隶属于接官乡高庙村。以姓氏命名。该居民点位于高庙村北部，聚落呈块状分布。东接陈家塆，西邻上塆，南连大蔡家塆，北靠广水市陈巷镇东风村。全塆 8 户，30 人，以蔡、唐姓为主，均为汉族。

董家塆[Dǒng jiā wān] 隶属于接官乡高庙村。以姓氏和命名。该居民点位于高庙村南部，聚落呈块状分布。东接方家河，西邻王家塆，南连张家塆，北靠村委会办公室。全塆 4 户，30 人，以周、张姓为主，均为汉族。

艾家独屋[Ài jiā dú wū] 隶属于接官乡高庙村。以姓氏和村庄规模综合命名。该居民点位于高庙村西南部，聚落呈块状分布。东接吕祥水库，西邻新河村，南连新河村，北靠尖山。全塆 3 户，15 人，以艾姓为主，均为汉族。

七、会砦村[Huìzhài Cūn]

隶属于接官乡。亦写作会寨。以辖区内会寨山命名。该村位于接官乡东南部，村委会所在地下费家畈会砦至安陆公路边，坐西朝东，距接官乡政府所在地 6 千米。东北靠银铺村和唐畈村，西南连新龙村和秦畈村，有曹家塆、会家砦、清水堰、上费家畈、汪家塆、张家塆、下费家畈、张家独屋 8 个自然塆。共有 205 户，681 人。总占地面积 2.2 平方千米，耕地面积 0.54 平方千米。主要经济收入为种植、养殖、外出务工。

民国时期属泰和乡、会接乡辖。1949 年 10 月会砦村属槎山区辖。1952 年 10 月为会砦乡会砦村。1954 年 8 月属赵棚区会砦乡辖。1956 年 3 月属第一区第一指导小组会砦乡辖。1958 年 9 月会砦村更名为会砦大队属卫星人民公社会砦乡辖。1958 年 12 月属赵棚人民公社会砦管理区辖。1961 年 4 月属赵棚区会砦人民公社辖。1966 年 9 月属红卫区会砦人民公社辖。1975 年 2 月属接官(莲花)人民公社会砦管理区辖。1979 年春，会砦管理区属赵棚人民公社辖。1984 年 1 月会砦大队更名为会砦村属会砦乡辖。1987 年 10 月属接官乡辖，会砦村名称沿用至今。

曹家塆[Cáo jiā wān]　隶属于接官乡会砦村。以姓氏命名。该居民点位于会砦村北部，聚落呈块状分布。东、南接清水堰，西北邻汪家塆。该塆主要姓氏为费、张姓，均为汉族。共有 3 户，8 人。总面积 0.033 平方千米，耕地面积 0.013 平方千米。主要农作物为水稻、小麦，主要经济来源为种植及外出打工。

会家砦[Huì jiā zhài]　隶属于接官乡会砦村。以地理特征和传说故事综合命名，该地名以西北角山顶上有一个寨子，四面八方的人每年都到这里来集会而命名。该居民点位于会砦村中部，聚落呈块状分布。东接曹家塆、清水堰，南连下费家畈，西邻银铺村张家独屋，北靠会砦小学。居民以费、王、张、李姓居多，均为汉族。共有 60 户，180 人。总面积 0.3 平方千米，耕地面积 0.063 平方千米。主要农作物为水稻、小麦，主要经济来源为种植、养殖及外出打工。

清水堰[Qīng shuǐ yàn]　隶属于接官乡会砦村。此塆门口畈上有一口小塘在正中间，南边有一口大堰，北边有一口小堰，水质很清，故名清水堰。该居民点位于会砦村东北部，聚落呈块状分布。东接唐畈村刘家轭头塆，南连上费家畈，西邻曹家塆，北靠张家塆。共有 51 户，153 人。居民以张、李姓居多，均为汉族。总面积 0.4 平方千米，耕地面积 0.118 平方千米。主要农作物为水稻、小麦，主要经济来源为种植及外出打工。

上费家畈[Shàng fèi jiā fàn]　隶属于接官乡会砦村。以姓氏和方位综合命名。清朝晚期，麻城过籍费氏人到此落脚，由于发展较快，人口较多，分居两处，按所处地理位置分上费家畈和下费家畈。该居民点位于会砦村东部，聚落呈条状分布。东接河流，西邻农田，南连本村 6 组，北靠会砦 4 组。主要姓氏为费，均为汉族。共有 32 户，112 人。总面积 0.3 平方千米，耕地面积 0.084 平方千米。主要农作物为水稻、小麦，主要经济来源为种植及外出打工。

汪家塆[Wāng jiā wān]　隶属于接官乡会砦村。以姓氏命名。该居民点位于会砦村北部，聚落呈条状分布。东接曹家塆、张家塆，西邻银铺村2组胡家月塘，南连会家寨，北靠会砦至槎山公路。该塆主要姓氏为胡、唐、李，均为汉族。共有25户，88人。总面积0.3平方千米，耕地面积0.067平方千米。主要农作物为水稻、小麦，主要经济来源为种植及外出打工。

下费家畈[Xià fèi jiā fàn]　隶属于接官乡会砦村。以姓氏和方位综合命名。清朝晚期，麻城过籍费氏人到此落脚，由于发展较快，人口较多，分居两处，按所处地理位置分上费家畈和下费家畈。该居民点位于会砦村南部，聚落呈条状分布。东接杨家河，西邻张家独屋，南连新龙村，北靠上费家畈。该塆主要姓氏为费，均为汉族。共有41户，144人。总面积0.3平方千米，耕地面积0.106平方千米。主要农作物为水稻、小麦，主要经济来源为种植及外出打工。

张家独屋[Zhāng jiā dú wū]　隶属于接官乡会砦村。以姓氏和村庄规模综合命名。该居民点位于会砦村西南部，聚落呈条状分布。东接秦家河，西邻银铺村龙堰头，南连秦畈村，北靠银铺村照壁塆。该塆姓氏为张、姜，均为汉族。共有2户，5人。总面积0.033平方千米，耕地面积0.013平方千米。主要农作物为水稻、小麦，主要经济来源为种植及外出打工。

张家塆[Zhāng jiā wān]　隶属于接官乡会砦村。以姓氏命名。该居民点位于会砦村东北部，聚落呈块状分布。东北边皆靠唐畈村刘家轭头塆，西邻汪家塆，南连清水堰，北靠张家大塘。该塆主要姓氏为张，均为汉族。共有21户，75人。总面积0.3平方千米，耕地面积0.062平方千米。主要农作物为水稻、小麦，主要经济来源为种植及外出打工。

八、接官社区[Jiēguān Shèqū]

新改社区，原名接官村，隶属于接官乡。以境内接官厅得名。该村位于接官乡北部，村委会所在地官亭街农技站北部，距接官乡政府所在地1500米。东接槎山村，西邻界岗村，南连金台村，北靠广水市陈巷镇李岗村。截至2015年1月，辖区内共有13个自然塆：大邓家塆、丁家塆、马家塆、苏家塆、吴家院子、小邓家塆、竹林塆、祝家冲、上张家榨、下张家榨、老独屋、高家塆、窑独屋，6条街道：北大街、官亭街、惠民路、正亭路、正兴街、观音路。常住居民1894人，辖区占地面积2.3618平方千米，以种植小麦、水稻为主，主要经济来源为务农务工。

1949年10月，接官隶属于洑水区管辖。1958年建立人民公社，接官大队隶属于东风人民公社管辖。1975年2月，撤区并社，接官大队隶属于接官人民公社接官管理区管辖。1984年5月，复置区(镇)、乡(镇)、村，接官大队改名为接官村，隶属于洑水区公所接官乡管辖。1987年10月，撤区并乡，原会寨乡、莲花乡、接官乡合并为接官乡，接官村隶属于接官乡管辖，沿用至今。

大邓家塆[Dà dèng jiā wān]　隶属于接官乡接官村。以姓氏和村庄规模综合命名，明朝后期邓氏先祖带家人为躲避战乱迁来此处，在此落户居住形成一个塆落，后因发展较快，人数太多，一些族人另觅地而居。为区分两居民点，邓氏居民将先祖居住地称为大邓家塆，新居民点称为小邓家塆。该居民点位于接官村北部，聚落呈块状分布。东接老独屋、南邻小邓家塆，西连210省道，北靠观音坡。以邓姓为主，均为汉族。全塆53户，289人。总面积0.7平方千米，耕地面积0.1327平方千米。主要农作物为水稻、小麦，主要经济来源以外出务工为主。

丁家塆[Dīng jiā wān]　隶属于接官乡接官村。以姓氏命名。该居民点位于接官村中东部，聚落呈块状分布。东接唐冲水库，西邻苏家塆，南连金台村，北靠马家塆。以丁姓为主，均为汉族，全塆42户，212人。总面积0.4平方千米，耕地面积0.0938平方千米，主要农作物为水稻、小麦，主要经济来源以外出务工为主。

马家塆[Mǎ jiā wān]　隶属于接官乡接官村。以姓氏命名，亦称大马家塆。清朝末年，马姓家人正字辈先人和张姓人家在此居住，当时马家人数较多，且家境殷实，故将此地称为马家塆以彰显其地位、财富。该居民点位于接官村东北部，聚落呈块状分布。东接高家塆，西邻下张家榨，南连丁家塆，北靠下张家榨。以马姓为主，均为汉族，全塆28户，109人。总面积0.21平方千米，耕地面积0.061平方千米。主要农作物为水稻、小麦，主要经济来源以外出务工为主。

苏家塆[Sū jiā wān]　隶属于接官乡接官村。以姓氏命名。该居民点位于接官村东南部，聚落呈块状分布。东接苏家寨山，西邻接官厅，南连金台村，北靠丁家塆。以苏姓为主，均为汉族，全塆36户，150人。总面积0.5平方千米，耕地面积0.1508平方千米。主要农作物为水稻、小麦，主要经济来源以外出务工为主。

吴家院子[Wú jiā yuàn zi]　隶属于接官乡接官村。1750年左右吴氏先祖在进贝山南面建房而居，当时为避匪患而建立了一人多高的石墙，故名。该居民点位于接官村东北部，聚落呈块状分布。东接天子岗，西邻高家塆，南连塔山水库，北靠背山。以吴姓为主，均为汉族，全塆24户，124人。总面积0.8平方千米，耕地面积0.055平方千米。主要农作物为水稻、小麦，主要经济来源以外出务工为主。

小邓家塆[Xiǎo dèng jiā wān]　隶属于接官乡接官村。以姓氏和面积大小综合命名，明朝后期邓氏先祖带家人为躲避战乱而迁来此处，并在此落户居住形成一个塆落。后因发展较快，人数太多，一些族人另觅地而居，为区分两居民点，邓氏居民将先祖居住地称为大邓家塆，新居民点称为小邓家塆。该居民点位于接官村北部，聚落呈块状分布。东接窑独屋(祝家塆)，西邻210省道，南连福利院，北靠大邓家塆。以邓姓为主，均为汉族。全塆22户，203人。总面积0.4平方千米，耕地面积0.0402平方千米。主要农作物为水稻、小麦，主要经济来源以外出务工为主。

竹林塆[Zhú lín wān]　隶属于接官乡接官村。以物产命名，亦称竹李塆。该居民点位于接官村中部，聚落呈块状分布。东接观音河，西邻接官医院，南连金台小学，北靠观音路。以李、张姓为主，均为汉族，全塆31户，58人。总面积0.08平方千米，耕地面积0.0442平方千米。主要农作物为水稻、小麦，主要经济来源以外出务工为主。

祝家冲[Zhù jiā chōng]　隶属于接官乡接官村。以姓氏命名。该居民点位于接官村西部，聚落呈块状分布。东接雷公河，西邻界岗村，南连吊桥村，北靠界岗水库。以祝姓为主，均为汉族。全塆38户，188

人。总面积 0.4 平方千米，耕地面积 0.0831 平方千米。主要农作物为水稻、小麦，主要经济来源以外出务工为主。

上张家榨[Shàng zhāng jiā zhà] 隶属于接官乡接官村。以方位、姓氏和经济活动综合命名。该居民点位于接官村东北部，聚落呈块状分布。东接广水市陈巷镇李岗村，西邻大邓家塆、老独屋，南连下张家榨，北靠广水市陈巷镇李岗村。以张姓为主，均为汉族，全塆 32 户，140 人。

老独屋[Lǎo dú wū] 隶属于接官乡接官村。以村庄规模与历史综合命名。该居民点位于接官村北部，聚落呈块状分布。东接上张家榨，西邻大邓家塆，南连上张家榨，北靠广水市陈巷镇李岗村。以幸姓为主，均为汉族，全塆 5 户，25 人。

下张家榨[Xià zhāng jiā zhà] 隶属于接官乡接官村。以方位、姓氏和经济活动综合命名。该居民点位于接官村中北部，聚落呈块状分布。东接马家塆，西邻大邓家塆，南连窑独屋，北靠上张家榨。以张姓为主，均为汉族，全塆 33 户，135 人。

高家塆[Gāo jiā wān] 隶属于接官乡接官村。以姓氏命名，亦称高家畈。该居民点位于接官村中东部，聚落呈块状分布。东接槎山水库，西邻马家塆，南连丁家塆，北靠广水市陈巷镇李岗村。以吴、苏姓为主，均为汉族，全塆 28 户，110 人。

祝家塆[Zhù jiā wān] 隶属于接官乡接官村。以姓氏命名，亦称窑独屋。该居民点位于接官村中部，聚落呈块状分布。东接马家塆，西邻小邓家塆，南连丁家塆，北靠下张家榨。杂姓，均为汉族，全塆 30 户，120 人。

九、界岗村[Jiègǎng Cūn]

隶属于接官乡。因位于安陆与广水交界处而得名。该村位于接官乡西北部，村委会所在地汪家塆南部，距接官乡政府所在地 1500 米。东接平洑线，西邻高庙村，南连吊桥村，北靠广水市陈巷镇高庙村烈士塔。截至 2015 年 1 月，辖区内共有 47 个自然塆：董家塆、高家塆、郭家独屋、黄家塆、苏家咀、合子塆、凹家塆、汪家塆、杨家塆、张家新屋、张家院墙、赵家凹、邓家独屋、艾家独屋、周家凹塆、曾家独屋、陈家独屋、陈家塆、邓家塆、辜家独屋、郭家独屋、后塆、胡家独屋、花园、黄家独屋、姜家独屋、蒋家塆、李家塆、李家塆、刘家独屋、孟家塆、南塆、前塆、盛家塆、唐家塆、唐家塆、唐家独屋、王家独屋、旺泉塆、谢家独屋、徐家塆、杨树独屋、窑独屋、袁家塆、张家独屋、张家塆、张家竹林。常住居民人口 1900 人，辖区占地面积 13.236 平方千米，耕地面积 6.231 平方千米，以种植水稻、小麦，为主，主要经济来源为务农务工。

1949 年 10 月，界岗隶属于洑水区管辖。1952 年 10 月界岗属第六区接官乡辖。1958 年 9 月建立人民公社，界岗大队隶属于东风人民公社管辖。1958 年 12 月，界岗大队属洑水人民公社接官管理区辖。1961 年 4 月，界岗大队属洑水区接官人民公社辖。1966 年“文革”初期，由当时的界岗村、汪冲村、园墙村合并为界岗村，1975 年 2 月，撤区并社，界岗大队隶属于接官人民公社接官管理区管辖。1984 年 1 月，复置区(镇)、乡(镇)、村，界岗大队改名为界岗村，隶属于洑水区公所接官乡管辖。1987 年 10 月，撤区并乡，原会寨乡、莲花乡、接官乡合并为接官乡，界岗村隶属于接官乡管辖，沿用至今。

董家塆[Dǒng jiā wān]　隶属于接官乡界岗村。以姓氏命名。该居民点位于界岗村西部，聚落呈块状分布。东接村级公路，南连张家院墙，西邻高庙村周家大塆，北靠陈家独屋。以刘姓为主，均为汉族。全塆 12 户，52 人。总面积 1.3 平方千米，耕地面积 0.036 平方千米。主要农作物为水稻、小麦、油菜，主要经济来源以外出务工为主。

高家塆[Gāo jiā wān]　隶属于接官乡界岗村。以姓氏命名。该居民点位于界岗村东北部，聚落呈块状分布。东接李家塆，西邻旺泉塆，南连陈家塆，北靠盛家塆。以高、唐姓为主，均为汉族。全塆 11 户，62 人。总面积 1.1 平方千米，耕地面积 0.042 平方千米。主要农作物为水稻、小麦、油菜，主要经济来源以外出务工为主。

郭家独屋[Guō jiā dú wū]　隶属于接官乡界岗村。以姓氏和村庄规模综合命名。该居民点位于界岗村西北部，聚落呈块状分布。东接胡家独屋，西邻唐家塆，南连陈家独屋，北靠袁家塆。以郭姓为主，均为汉族。全塆 2 户，12 人。

黄家塆[Huáng jiā wān]　隶属于接官乡界岗村。以姓氏命名，又称旺家塆。该居民点位于界岗村中部，聚落呈块状分布。东接艾家独屋，南连张家院墙，西邻高庙村，北靠刘家独屋。以黄、李、张姓为主，均为汉族。全塆 12 户，52 人。总面积 1.3 平方千米，耕地面积 0.036 平方千米。主要农作物为水稻、小麦、油菜，主要经济来源以外出务工为主。

苏家咀[Sū jiā zuǐ]　隶属于接官乡界岗村。以姓氏和地理特征综合命名。该居民点位于界岗村东部，聚落呈块状分布。东接接官亭，南连雷河，西邻凹塆，北靠杨家塆。以苏姓为主，均为汉族。全塆 50 户，200 人。总面积 6.5 平方千米，耕地面积 0.13 平方千米。主要农作物为水稻、小麦、油菜，主要经济来源以外出务工为主。

台子塆[Tái zi wān]　隶属于接官乡界岗村。以地理特征命名，因四周是田、塘、河、山，中间一个台子，后建房住人取名为台子塆。该居民点位于界岗村南部，聚落呈块状分布。东接张家竹林，西邻李家塆，南连吊桥村，北靠张家院墙。居民以高姓居多，均为汉族。全塆 18 户，90 人。总面积 1.3 平方千米，耕地面积 0.073 平方千米。主要农作物为水稻、小麦、油菜，主要经济来源以外出务工为主。

洼家塆[Wā jiā wān]　隶属于接官乡界岗村。以地理特征命名，该居民点前有一条小河一下大雨就涨水，塆门前全部都被淹没了，因此而得名。又称洼上塆。该居民点位于界岗村东南部，聚落呈块状分布。东接苏家嘴，南连雷河，西邻曾家独屋，北靠唐家塆。以张姓为主，均为汉族。全塆 11 户，45 人。总面积 1.1 平方千米，耕地面积 0.035 平方千米。主要农作物为水稻、小麦、油菜，主要经济来源以外出务工为主。

汪家塆[Wāng jiā wān]　隶属于接官乡界岗村。以姓氏命名。该居民点位于界岗村东北部，聚落呈块状分布。东接 210 省道，南连杨家塆，西邻杨家塆，北靠赵家凹。以徐姓为主，均为汉族。全塆 20 户，84

人。总面积 1. 8 平方千米，耕地面积 0. 056 平方千米。主要农作物为水稻、小麦、油菜，主要经济来源以外出务工为主。

杨家塆[Yáng jiā wān]　隶属于接官乡界岗村。以姓氏命名。该居民点位于界岗村东部，聚落呈块状分布。东接 210 省道，南连接官村，西邻窑独屋，北靠汪家塆。主要以张、李、姚姓为主，均为汉族。全塆 11 户，45 人。总面积 1. 2 平方千米，耕地面积 0. 028 平方千米。主要农作物为水稻、小麦、油菜，主要经济来源以外出务工为主。

张家新屋[Zhāng jiā xīn wū]　隶属于接官乡界岗村。以姓氏和村庄历史综合命名。该居民点位于界岗村南部，聚落呈块状分布。东接曾家独屋，南连前塆，西邻张家竹林，北靠唐家塆。以刘、甘姓为主，均为汉族。全塆 20 户，76 人。总面积 1. 1 平方千米，耕地面积 0. 025 平方千米。主要农作物为水稻、小麦、油菜，主要经济来源以外出务工为主。

张家院墙[Zhāng jiā yuàn qiáng]　隶属于接官乡界岗村。以居民姓氏和建筑物综合命名。昔时此塆有三道院墙，第一道是土墙，第二道和第三道是石头墙，墙内有两个炮楼，分南北各一个，共三处大门，分东南北门，因此而得名。该居民点位于界岗村西南部，聚落呈块状分布。东接前塆，南连台子塆，西邻高庙村，北靠黄家塆。以张姓为主，均为汉族。全塆 14 户，58 人。总面积 0. 046 平方千米，耕地面积 0. 04 平方千米。主要农作物为水稻、小麦、油菜，主要经济来源以外出务工为主。

赵家凹[Zhào jiā āo]　隶属于接官乡界岗村。以姓氏和地理特征综合命名。该居民点位于界岗村北部，聚落呈块状分布。东接汪家上冲，西邻广水市陈巷镇八一村，南连周家洼，北靠广水市陈巷镇八一村。以赵姓为主，均为汉族。全塆 12 户，53 人。总面积 0. 9 平方千米，耕地面积 0. 035 平方千米。主要农作物为水稻、小麦、油菜，主要经济来源以外出务工为主。

邓家独屋[Dèng jiā dú wū]　隶属于接官乡界岗村。以居民姓氏和村庄规模综合命名。该居民点位于界岗村西部，聚落呈块状分布。东接孟家塆，西邻邓家塆，南连高庙村，北靠董家塆。居民以邓姓居多，均为汉族，全塆 1 户，8 人。

艾家独屋[Ài jiā dú wū]　隶属于接官乡界岗村。以居民姓氏和村庄规模综合命名。该居民点位于界岗村中西部，聚落呈块状分布。东接张家塆，西邻黄家塆，南连张家院墙塆，北靠陈家塆。居民以赵、艾姓居多，均为汉族，全塆 7 户，33 人。

周家凹[Zhōu jiā wā]　隶属于接官乡界岗村。以居民姓氏和地理特征综合命名。该居民点位于界岗村北部。东接赵家凹，西邻高家塆，南连李家塆，北靠广水市陈巷镇八一村。现无人居住。

曾家独屋[Zēng jiā dú wū]　隶属于接官乡界岗村。以居民姓氏和村庄规模综合命名。该居民点位于界岗村东部，聚落呈块状分布。东接凹家塆，西邻新屋，南连界岗水库，北靠唐家塆。居民以曾姓居多，均为汉族，全塆 4 户，20 人。

陈家独屋[Chén jiā dú wū]　隶属于接官乡界岗村。以居民姓氏和村庄规模综合命名。该居民点位于界岗村西部，聚落呈块状分布。东接胡家独屋，西邻西唐家塆，南连董家塆，北靠袁家塆。居民以陈姓居多，均为汉族，全塆 3 户，14 人。

陈家塆[Chén jiā wān]　隶属于接官乡界岗村。以居民姓氏命名。该居民点位于界岗村中部，聚落呈块状分布。东接界岗小学，西邻蒋家独屋，南连艾家塆，北靠高家塆。居民以张姓居多，均为汉族，全塆7户，40人。

邓家塆[Dèng jiā wān]　隶属于接官乡界岗村。以居民姓氏命名，亦称邓家独屋。该居民点位于界岗村西部，聚落呈块状分布。东接董家塆，西邻高庙村，南连高庙村，北靠西唐家塆。居民以邓姓居多，均为汉族，全塆6户，40人。

辜家独屋[Gū jiā dú wū]　隶属于接官乡界岗村。以居民姓氏和村庄规模综合命名。该居民点位于界岗村东部，聚落呈块状分布。东接艾家独屋，西邻黄家塆，南连张家院墙，北靠山冈。居民以李、张、艾姓居多，均为汉族，全塆4户，20人。

郭家独屋[Guō jiā dú wū]　隶属于接官乡界岗村。以居民姓氏和村庄规模综合命名。该居民点位于界岗村中部，聚落呈块状分布。东接东唐家塆，西邻高家塆、陈家塆之间，南连界岗小学，北靠李家塆。居民以郭姓居多，均为汉族，全塆2户，10人。

后塆[Hòu wān]　隶属于接官乡界岗村。以方位命名。该居民点位于界岗村南部，聚落呈块状分布。东接前塆，西邻台子塆，南连吊桥村，北靠张家竹林。居民以张姓居多，均为汉族，全塆9户，40人。

胡家独屋[Hú jiā dú wū]　隶属于接官乡界岗村。以居民姓氏和村庄规模综合命名。该居民点位于界岗村中西部，聚落呈块状分布。东接旺泉塆，西邻陈家独屋，南连董家塆，北靠袁家塆。居民以乐姓居多，均为汉族，全塆4户，20人。

花园[Huā yuán]　隶属于接官乡界岗村。该居民点位于界岗村中部，聚落呈块状分布。东接东唐家塆，西邻郭家独屋，南连到界岗小学道路，北靠北李家塆。居民以张、谢姓居多，均为汉族，全塆6户，30人。

黄家独屋[Huáng jiā dú wū]　隶属于接官乡界岗村。以居民姓氏和村庄规模综合命名。该居民点位于界岗村中部，聚落呈块状分布。东接东唐家塆，西邻界岗小学，南连曾家独屋，北靠花园。居民以黄姓居多，均为汉族，全塆2户，11人。

姜家独屋[Jiāng jiā dú wū]　隶属于接官乡界岗村。以居民姓氏和村庄规模综合命名。该居民点位于界岗村北部，聚落呈块状分布。东接山冈，西邻高家塆，南连界岗小学，北靠广水市陈巷镇八一村。居民以盛姓居多，均为汉族，全塆10户，55人。

蒋家塆[Jiǎng jiā wān]　隶属于接官乡界岗村。以居民姓氏命名。该居民点位于界岗村中西部，聚落呈块状分布。东接王家独屋，西邻刘家独屋，南连黄家塆，北靠旺泉塆。居民以蒋姓居多，均为汉族，全塆3户，15人。

李家塆[Lǐ jiā wān]　隶属于接官乡界岗村。以居民姓氏命名。该居民点位于界岗村北部，聚落呈块状分布。东接赵家凹，西邻姜家独屋，南连花园，北靠广水市陈巷镇八一村。居民以张姓居多，均为汉族，全塆7户，40人。

李家塆[Lǐ jiā wān]　隶属于接官乡界岗村。以居民姓氏命名。该居民点位于界岗村南部，聚落呈块状分布。东接前塆的一条冲，西邻高庙村，南连吊桥村，北靠台子塆。居民以张姓居多，均为汉族，全塆13

户，60人。

刘家独屋[Liú jiā dú wū]　隶属于接官乡界岗村。以居民姓氏和村庄规模综合命名。该居民点位于界岗村东部，聚落呈块状分布。东接蒋家塆，西邻董家塆，南连黄家塆，北靠旺泉塆。居民以刘姓居多，均为汉族，全塆5户，30人。

孟家塆[Mèng jiā wān]　隶属于接官乡界岗村。以居民姓氏命名。该居民点位于界岗村西部，聚落呈块状分布。东接刘家独屋，西邻董家塆，南连高庙村、南塆，北靠胡家独屋。居民以孟姓居多，均为汉族，全塆6户，43人。

南塆[Nán wān]　隶属于接官乡界岗村。以方位命名。该居民点位于界岗村南部。东接黄家塆，西邻高庙村，南连张家院墙，北靠孟家塆。居民以李姓居多，均为汉族，全塆3户，14人。

前塆[Qián wān]　隶属于接官乡界岗村。以方位命名。该居民点位于界岗村南部，聚落呈块状分布。东接接官村周家冲，西邻后塆，南连吊桥村，北靠新屋塆。居民以张姓居多，均为汉族，全塆10户，50人。

盛家塆[Shèng jiā wān]　隶属于接官乡界岗村。以居民姓氏命名。该居民点位于界岗村北部，聚落呈块状分布。东接李家塆后面，西邻袁家塆，南连高家塆，北靠广水市陈巷镇八一村。居民以盛姓居多，均为汉族，全塆10户，50人。

唐家塆[Táng jiā wān]　隶属于接官乡界岗村。以居民姓氏命名，亦称西唐家塆。该居民点位于界岗村西部，聚落呈块状分布。东接郭家独屋，西邻高庙村蔡家塆，南连邓家塆，北靠广水烈士塔。居民以陈姓居多，均为汉族，全塆8户，40人。

唐家塆[Táng jiā wān]　隶属于接官乡界岗村。以居民姓氏命名，亦称东唐家塆。该居民点位于界岗村东部，聚落呈块状分布。东接唐家独屋，西邻谢家独屋，南连界岗水库，北靠北李家塆。居民以唐姓居多，均为汉族，全塆11户，60人。

唐家独屋[Táng jiā dú wū]　隶属于接官乡界岗村。以居民姓氏和村庄规模综合命名。该居民点位于界岗村东部，聚落呈块状分布。东接汪家塆，西邻唐家塆，南连苏家咀，北靠山冈、赵家洼。居民以张、姚姓居多，均为汉族，全塆9户，40人。

王家独屋[Wáng jiā dú wū]　隶属于接官乡界岗村。以居民姓氏和村庄规模综合命名。该居民点位于界岗村东部。东接高家塆，西邻旺泉塆，南连蒋家塆，北靠盛家塆。居民以刘姓居多，均为汉族，全塆1户，10人。

旺泉塆[Wàng quán wān]　隶属于接官乡界岗村。此居民点原称称马槽塆，因盛姓雇人在此喂马而得名。后被徐贵旺买下。徐贵旺之孙徐大海为纪念祖父徐贵旺和父亲徐正泉，将该居民点命名为旺泉塆。该居民点位于界岗村西北部。东接高家塆，西邻胡家独屋，南连蒋家塆，北靠盛家塆。居民以徐姓居多，均为汉族，全塆2户，12人。

谢家独屋[Xiè jiā dú wū]　隶属于接官乡界岗村。以居民姓氏命名。该居民点位于界岗村东部。东接东唐家塆，西邻花园，南连至界岗小学道路，北靠周家洼。居民以谢姓居多，均为汉族，全塆1户，4人。

徐家塆[Xú jiā wān] 隶属于接官乡界岗村。以居民姓氏命名。该居民点位于界岗村北部，聚落呈块状分布。东接接官村，西邻赵家洼，南连汪家塆，北靠广水市陈巷镇八一村。居民以徐姓居多，均为汉族，全塆 7 户，30 人。

杨树独屋[Yáng shù dú wū] 隶属于接官乡界岗村。以植被特征和村庄规模综合命名，亦称梅家独屋。该居民点位于界岗村中南部，聚落呈块状分布。东接张家竹林，西邻郑家独屋，南连张家院墙，北靠艾家独屋。居民以梅、张姓居多，均为汉族，全塆 4 户，20 人。

窑独屋[Yáo dú wū] 隶属于接官乡界岗村。以经济活动和村庄规模综合命名。该居民点位于界岗村北部。东接北李家塆，西邻郑家塆，南连姜家塆，北靠广水市陈巷镇八一村。现无人居住。

袁家塆[Yuán jiā wān] 隶属于接官乡界岗村。以居民姓氏命名。该居民点位于界岗村西北部，聚落呈块状分布。东接盛家塆，西邻唐家塆，南连郭家独屋，北靠广水市陈巷镇高庙村。居民以唐、盛姓居多，均为汉族，全塆 7 户，30 人。

张家独屋[Zhāng jiā dú wū] 隶属于接官乡界岗村。以居民姓氏和村庄规模综合命名。该居民点位于界岗村北部。东接盛家塆，西邻袁家塆，南连胡家独屋，北靠张冲村。居民以盛姓居多，均为汉族，全塆 3 户，17 人。

张家塆[Zhāng jiā wān] 隶属于接官乡界岗村。以居民姓氏命名。该居民点位于界岗村东部，聚落呈块状分布。东接曾家独屋，西邻艾家独屋，南连杨树独屋，北靠界岗小学。居民以张姓居多，均为汉族，全塆 6 户，30 人。

张家竹林[Zhāng jiā zhú lín] 隶属于接官乡界岗村。以居民姓氏和植被特征综合命名。该居民点位于界岗村中南部。东接新屋塆，西邻杨树塆，南连前塆，北靠界岗小学南边。居民以张姓居多，均为汉族，全塆 3 户，18 人。

十、金台村[Jīntái Cūn]

隶属于接官乡。以辖区内居民点命名。该村位于接官乡中部，村委会所在地南大街，距接官乡政府所在地 1 千米。东接杨冲村、颛庙村，西邻吊桥村、接官村，南连茶庵村，北靠接官街道。截至 2015 年 1 月，辖区内共有 24 个自然塆：接官南大街、辜家塆、万家塆、张家塆、周家塆、吴家塆、曹家洼、金家洼、杨家独屋、秦家咀、岳王林、田家独屋、王家独屋、高家塆、金家台子、小袁家塆、大袁家塆、杨家塆、幸家独屋、岗上独屋、金家独屋、邹家独屋、祠堂独屋、梅家塆。常住居民 270 户、1280 人。辖区占地面积 3.6667 平方千米，耕地 0.6447 平方千米，以种植水稻、小麦为主。

晚清时期金台属“接官厅会”辖。民国时期属仁寿(北二)乡、会接乡辖。1949 年 10 月金台村属洑水区辖。1952 年 10 月属第六区接官乡。1954 年 8 月属洑水区接官乡辖。1958 年 9 月属东风人民公社接官乡辖。1958 年 12 月属洑水人民公社接官管理区辖。1961 年 4 月属洑水区接官人民公社辖。1975 年 2 月属接官人民公社接官管理区辖。1984年1月属洑水区接官乡辖。1987年10月属接官乡辖，沿用至今。

接官南大街[Jiē guān nán dà jiē]　隶属于接官乡金台村。1998年接官乡政府组织全乡劳力贯通万家塆至横山坡一条直线，沿路有政府机构和村民在此建房，因当时政府在老街，由此方位而得名。该居民点位于金台村西南部，呈条状分布。东接高家塆、万家塆、张家塆、周家塆、辜家塆、田家独屋，西邻台子塆、大袁家塆、小袁家塆，南连颛庙村，北靠接官村。居民为杂姓，均为汉族。总面积0.12平方千米，共285户，1285人。主要农作物为水稻，小麦。主要经济来源以经商和种植农作物为主。1998年开发建设，命名后沿用至今。

辜家塆[Gū jiā wān]　隶属于接官乡金台村。因辜家祖先居住此地，故名。清末，叶姓投军，从李店镇迁入此地，王姓在1958年建塔山水库，从王家塆迁入此地。该居民点位于金台村东部，聚落呈块状分布。东接秦家咀，西邻高家塆，南连周家塆，北靠岳王林。以辜、叶姓为主，均为汉族。总面积0.03平方千米，耕地面积0.00693平方千米。全塆14户，62人。主要农作物为水稻、小麦，主要经济来源以外出务工为主。

万家塆[Wàn jiā wān]　隶属于接官乡金台村。以姓氏命名。该居民点位于金台村北部，聚落呈块状分布。东接金台小学，西邻观音河，南连张家塆，北靠接官村。以万姓为主，均为汉族。总面积0.014平方千米，耕地面积0.00433平方千米。全塆12户，43人。主要农作物为水稻、小麦，主要经济来源以外出务工为主。

张家塆[Zhāng jiā wān]　隶属于接官乡金台村。以姓氏命名。该居民点位于金台村北部，聚落呈块状分布。东接金台小学，西邻祠堂独屋，南连金家台子，北靠万家塆。以张、万姓为主，均为汉族。总面积0.015平方千米，耕地面积0.00268平方千米。全塆17户，66人。主要农作物为水稻、小麦，主要经济来源以外出务工为主。

周家塆[Zhōu jiā wān]　隶属于接官乡金台村。明初，周姓由外地迁入居住，故名。该居民点位于金台村南部，聚落呈块状分布。东接吴家塆，西邻农田，南连曹家凹，北靠金家凹。以周姓为主，均为汉族。总面积0.121平方千米，耕地面积0.0367平方千米。全塆13户，46人。主要农作物为水稻、小麦，主要经济来源以外出务工为主。

吴家塆[Wú jiā wān]　隶属于接官乡金台村。以姓氏命名。该居民点位于金台村东南部，聚落呈块状分布。东接山咀，西邻周家塆，南连水塘，北靠山冈。居民以吴、方姓居多，8户66人。

曹家洼[Cáo jiā wā]　隶属于接官乡金台村。以姓氏与地理特征综合命名。该居民点位于金台村东南部，聚落呈块状分布。东接山咀，西邻山咀，南连水塘，北靠周家塆。居民以袁、米姓居多，共6户53人。

金家洼[Jīn jiā wā]　隶属于接官乡金台村。以姓氏和地理特征综合命名。该居民点位于金台村东南部。东接水塘，西邻南大街，南连周家塆，北靠山冈。居民以田姓居多，共4户16人。

杨家独屋[Yáng jiā dú wū]　隶属于接官乡金台村。以姓氏和村庄规模综合命名。该居民点位于金台村东部，聚落呈块状分布。东接山冈，西邻山冈，南连山冲，北靠水塘。居民以辜姓居多，共6户26人。

秦家咀[Qín jiā zuǐ]　隶属于接官乡金台村。以姓氏和地理特征综合命名。该居民点位于金台村东部，聚落呈块状分布。东接水塘，西邻辜家塆，南连水塘，北靠山冈。居民以唐、叶姓居多，共14户83人。

岳王林[Yuè wáng lín]　隶属于接官乡金台村。以姓氏命名。该居民点位于金台村东北部，聚落呈块状分布。东接山冈，西邻山冈，南连辜家塆，北靠山冈。居民以王姓居多，共10户38人。

田家独屋[Tián jiā dú wū]　隶属于接官乡金台村。以姓氏和村庄规模综合命名。该居民点位于金台村东北部，聚落呈块状分布。东接水塘，西邻山咀，南连水塘，北靠吴家寨。居民以田、王姓居多，共13户47人。

王家独屋[Wáng jiā dú wū]　隶属于接官乡金台村。以姓氏和村庄规模综合命名。该居民点位于金台村东北部，聚落呈块状分布。东接光伏电站，西邻山咀，南连山冈，北靠水塘。居民以王姓居多，共9户37人。

高家塆[Gāo jiā wān]　隶属于接官乡金台村。以姓氏命名。该居民点位于金台村东部，聚落呈块状分布。东接辜家塆，西邻幼儿园，南连水塘，北靠山冈。居民以田、唐姓居多，共11户48人。

金家台子[Jīn jiā tái zi]　隶属于接官乡金台村。以姓氏和地理特征综合命名。该居民点位于金台村西部，聚落呈块状分布。东接稻田，西邻稻田，南连水塘，北靠张家塆。居民以张、万、余姓居多，共21户125人。

小袁家塆[Xiǎo yuán jiā wān]　隶属于接官乡金台村。以村庄规模和姓氏综合命名。该居民点位于金台村西南部，聚落呈块状分布。东接210省道，西邻水塘，南连水塘，北靠田地。居民以袁、余姓居多，共13户76人。

大袁家塆[Dà yuán jiā wān]　隶属于接官乡金台村。以村庄规模和姓氏综合命名。该居民点位于金台村西南部，聚落呈块状分布。东接水塘，西邻山咀，南连稻田，北靠山冈。居民以袁、李姓居多，共17户73人。

杨家塆[Yáng jiā wān]　隶属于接官乡金台村。以姓氏命名。该居民点位于金台村西南部，聚落呈块状分布。东接210省道，西邻小河，南连稻田，北靠稻田。居民以杨姓居多，共12户58人。

幸家独屋[Xìng jiā dú wū]　隶属于接官乡金台村。以姓氏和村庄规模综合命名。该居民点位于金台村南部，聚落呈块状分布。东接210省道，西邻山，南连山，北靠小河。居民以幸姓居多，共7户31人。

岗上独屋[Gǎng shàng dú wū]　隶属于接官乡金台村。以地理特征与村庄规模综合命名。该居民点位于金台村南部。东接稻田，西邻210省道，南连水塘，北靠山冈。居民以丁姓居多，共3户5人。

金家独屋[Jīn jiā dú wū]　隶属于接官乡金台村。以姓氏和村庄规模综合命名。该居民点位于金台村西部。东接稻田，西邻山冈，南连田地，北靠邹家独屋。居民以金、丁姓居多，共4户21人。

邹家独屋[Zōu jiā dú wū]　隶属于接官乡金台村。以姓氏和村庄规模综合命名。该居民点位于金台村西部，聚落呈块状分布。东接稻田，西邻山冈，南连金家独屋，北靠祠堂独屋。居民以邹、苏姓居多，共8户57人。

祠堂独屋[Cí táng dú wū]　隶属于接官乡金台村。该居民点位于金台村西部。东接张家塆，西邻山冈，南连田地，北靠田地。居民以丁、苏姓居多，共4户12人。

梅家塆[Yáng jiā wān]　隶属于接官乡金台村。以姓氏命名。该居民点位于金台村西部，聚落呈块状分布。东接水塘，西邻吊桥村，南连山冈，北靠山冈。居民以金、丁姓居多，共 8 户 29 人。

十一、李冲村[Lǐchōng Cūn]

隶属于接官乡。因辖区内李家冲而得名。该村位于接官乡中部，村委会所在地林家凹东侧，距接官乡政府所在地 4 千米。东接吊桥村，西邻土门村，南连刘铺村，北靠冯畈村、高庙村。全村 965 人，237 户，共有 18 个自然垮：程家垮、丁家垮、岗上独屋、李家垮、碾棚垮、盛家老垮、万家独屋、许家垮、杨家垮、许家独屋、程冲独屋、河边垮、咀上垮、林家洼、马家冲、米家独屋、南冲独屋、染房独屋。总面积 1. 23 平方千米，耕地面积 0. 03 平方千米。主要农作物为水稻、小麦、油菜，主要经济来源以外出务工为主。

1949 年 10 月，李冲隶属于安陆县洑水区辖。1952 年 10 月属第一区莲花乡。1954 年 8 月属洑水莲花乡辖。1956 年 4 月属第七指导小组洑水辖。1958 年 9 月李冲村更名为李冲大队属东风人民公社辖。1958 年 12 月属洑水区莲花管理区辖。1961 年 4 月属洑水区莲花人民公社辖。1966 年 9 月属向阳区莲花人民公社辖。1975 年 2 月属接官(莲花)人民公社莲花管理区辖。1979 年 2 月撤接官(莲花)人民公社，属洑水人民公社莲花管理区辖。1984 年 1 月李冲大队更名李冲村属洑水区莲花乡辖。1987 年 10 月属安陆市接官乡辖，沿用至今。

程家垮[Chéng jiā wān]　隶属于接官乡李冲村。17 世纪年间，有一程姓人家从应山县程家梨园搬迁此地，他们找到风水先生查看此地，由于程家大垮有一口水塘，塘外有一畈好田地用于耕种，因而兄弟俩便在这里定居下来，后来程家垮发展到 42 户人家，故名。该居民点位于李冲村中部，聚落呈块状分布。东接吊桥村，西邻土门村，南连盛家老垮，北靠丁家垮。以程姓为主，均为汉族。全垮 114 人，26 户。总面积 0. 133 平方千米，耕地面积 0. 052 平方千米。主要农作物为水稻、小麦、油菜，主要经济来源以外出务工为主。

丁家垮[Dīng jiā wān]　隶属于接官乡李冲村。该居民点属李冲最上端为 1 组，麻城过籍祖辈来到这里，看准这块风水宝地，当时就在现丁家垮落户，开始只有兄弟两人来这里，故名。该居民点位于李冲村北部，聚落呈块状分布。东接骆汉山，南连程家垮，西邻许家垮，北靠高庙。以丁姓为主，均为汉族。全垮 142 人，32 户。总面积 0. 04 平方千米，耕地面积 0. 003 平方千米。主要农作物为水稻、小麦、油菜，主要经济来源以外出务工为主。

岗上独屋[Gǎng shàng dú wū]　隶属于接官乡李冲村。该居民点由于地形险峻，这个独屋在李冲村跑马岭的下端，地形像一条长长的山冈，因而叫岗上独屋。该居民点位于李冲村中部，聚落呈块状分布。东接盛家老垮，南连盛家棚子，西邻林家凹，北靠程家垮。居民以盛、金姓居多，均为汉族。全垮 45 人，15 户。总面积 0. 04 平方千米，耕地面积 0. 02 平方千米。主要农作物为水稻、小麦、油菜，主要经济来源以外出务工为主。

李家垮[Lǐ jiā wān]　隶属于接官乡李冲村。该居民点是本村最大的村落，位于李冲村正中部，门前有一口大水塘，塘外是一平整的田地，原有一户李姓的人家看中此地段便在这里定居，后来发展到 50 多户，故名。该居民点位于李冲村东南部，聚落呈块状分布。东接米家独屋，西邻杨家塆，南连余家塆，北靠盛家老塆。以李、盛姓为主，均为汉族。全塆 38 人，12 户。总面积 0.026 平方千米，耕地面积 0.018 平方千米。主要农作物为水稻、小麦、油菜，主要经济来源以外出务工为主。

碾棚塆[Niǎn péng wān]　隶属于接官乡李冲村。该居民点有一户金姓人家门前有一棚碾槽，附近的人碾米都来这里，久而久之人们习惯把这里叫碾棚店，新中国成立后由于在这里定居的人口较多，慢慢变成了碾棚塆。该居民点位于李冲村西南部，聚落呈块状分布。东接染坊独屋，南连宋冲村，西邻土门村，北靠跑马岭、土门村。居民以金、郑姓居多，均为汉族。全塆 55 人，15 户。总面积 0.2 平方千米，耕地面积 0.026 平方千米。主要农作物为水稻、小麦、油菜，主要经济来源以外出务工为主。

盛家老塆[Shèng jiā lǎo wān]　隶属于接官乡李冲村。以姓氏和村庄历史命名。该居民点位于李冲村东部，聚落呈块状分布。东接吊桥村，南连染坊塆，西邻岗上独屋，北靠程家塆。以盛、岳、程姓为主，均为汉族，全塆 68 人，14 户。总面积 0.1 平方千米，耕地面积 0.053 平方千米。主要农作物为水稻、小麦、油菜，主要经济来源以外出务工为主。

万家独屋[Wàn jiā dú wū]　隶属于接官乡李冲村。清朝年间，一名万姓人家来这里独居，故名。该居民点位于李冲村西北部，聚落呈块状分布。东接许家塆，南连跑马岭，西邻土门村岳家独屋，北靠马家冲。以万姓为主，均为汉族，全塆 142 人，32 户。总面积 1.14 平方千米，耕地面积 0.03 平方千米。主要农作物为水稻、小麦、油菜，主要经济来源以外出务工为主。

许家塆[Xǔ jiā wān]　隶属于接官乡李冲村。原有一户许姓人家在这里定居，故名。后期由于各种缘故搬迁后由胡姓人家在这里居住，原有两家，后发展到 24 户人家。该居民点位于李冲村北部，聚落呈块状分布。东接丁家塆，南连程家塆，西邻许家独屋，北靠马家冲。以胡姓为主，均为汉族。全塆 62 人，19 户。总面积 0.233 平方千米，耕地面积 0.029 平方千米。主要农作物为水稻、小麦、油菜，主要经济来源以外出务工为主。

杨家塆[Yáng jiā wān]　隶属于接官乡李冲村。以姓氏命名，亦称盛家棚子。该居民点位于李冲村南部，聚落呈块状分布。东接李家塆，西邻咀上塆，南连刘铺村余家塆，北靠林家洼。以杨、金姓为主，均为汉族。全塆 76 人，20 户。总面积 0.133 平方千米，耕地面积 0.033 平方千米。主要农作物为水稻、小麦、油菜，主要经济来源以外出务工为主。

许家独屋[Xǔ jiā dú wū]　隶属于接官乡李冲村。以姓氏与村庄规模综合命名。该居民点位于李冲村西北部。东接许家塆，西邻万家独屋，南连徐家大凹，北靠许家大凹。以程姓为主，均为汉族，全塆 11 人，2 户。

程冲独屋[Chéng chōng dú wū]　隶属于接官乡李冲村。以姓氏与村庄规模综合命名，亦称程家冲。该居民点位于李冲村中西部。东接盛家老塆，西邻咀上塆，南连盛家棚子，北靠跑马岭。以程姓为主，均为汉族，全塆 10 人，2 户。

河边塆[Hé biān wān]　隶属于接官乡李冲村。以地理位置命名。该居民点位于李冲村南部。东、北均接李家塆，西邻杨家塆，南连刘铺村余家塆。以金姓为主，均为汉族，全塆 22 人，3 户。

咀上塆[Zuǐ shàng wān] 隶属于接官乡李冲村。以地理位置命名。该居民点位于李冲村西南部，聚落呈块状分布。东接杨家塆，西邻碾棚塆，南连刘铺村，北靠跑马岭。以金、杨姓为主，均为汉族，全塆 37 人，8 户。

林家凹[Lín jiā wā] 隶属于接官乡李冲村。以姓氏与地理特征综合命名。该居民点位于李冲村中西部，聚落呈块状分布。东接村委会办公室，西邻程家冲独屋，南连北畈，北靠鸽凹。以盛、金姓为主，均为汉族，全塆 60 人，11 户。

马家冲[Mǎ jiā chōng] 隶属于接官乡李冲村。以姓氏与地理特征综合命名。该居民点位于李冲村西北部，聚落呈块状分布。东接李冲大水库，西邻土门村，南连许家塆，北靠冯畈村。以张姓为主，均为汉族，全塆 50 人，9 户。

米家独屋[Mǐ jiā dú wū] 隶属于接官乡李冲村。以姓氏与村庄规模综合命名，亦称米家塆。该居民点位于李冲村东南部，聚落呈块状分布。东接吊桥村，西邻李家塆，南连刘铺村，北靠盛家老塆。以金姓为主，均为汉族，全塆 30 人，6 户。

南冲独屋[Nán chōng dú wū] 隶属于接官乡李冲村。以方位与村庄规模综合命名。该居民点位于李冲村西南部。东接碾棚塆，西邻土门村会晤口，南连宋冲村，北靠跑马岭。以金姓为主，均为汉族，全塆 10 人，2 户。

染坊塆[Rǎn fáng wān] 隶属于接官乡李冲村。以经济活动命名，亦称染坊独屋。该居民点位于李冲村东南部，聚落呈块状分布。东接米家独屋，西邻北畈，南连李家塆，北靠盛家老塆。以盛、金姓为主，均为汉族，全塆 80 人，18 户。

十二、莲花社区[Liánhuā Shèqū]

新改社区，原名莲花村，隶属于接官乡。以辖区内的山名而命名。此处有座山，名为莲花山，后人见此山风景宜人，是一处风水极佳的宝地，就在此修建一座庙宇，名为莲花庵。莲花村因莲花山而得名。该村位于接官乡南部，村委会所在地莲花街，距接官乡政府所在地 3 千米。东接霞山村和倪庙村，西邻刘铺村，南连白岗村，北靠茶庵村，中间有省道穿过。截至 2015 年 10 月，辖区内共有 15 个自然塆：坡西塆、下张家塆、陈家塆、辜家陡山、刘家塆、刘咀、龙屋、梅家塆、坡东、上张家塆、轭头塆、垛子塆、赵家塆、祝家洼、学堂塆。常住居民 318 户、1248 人。辖区占地面积 3.042 平方千米，以种植小麦、水稻为主。

民国时期属福寿(北一)乡，金洑乡辖，莲花在建国初期称莲花小公社。1949 年 10 月莲花村属安陆县洑水区辖。1952 年属第六区莲花乡辖。1954 年 8 月属洑水区莲花乡辖。1956 年 4 月属第七指导小组莲花乡辖。1958 年 9 月莲花村更名为莲花大队属东风人民公社辖。1958 年 12 月属洑水人民公社莲花管理区辖。1961 年 4 月属洑水区莲花人民公社辖。1966 年 9 月属向阳区莲花人民公社辖。1975 年 2 月属接官人民公社莲花管理区辖。1979年2月撤销接官(莲花)人民公社，莲花管理区并入洑水人民公社辖。1984年1月莲花大队更名莲花村，属洑水区莲花乡辖。1987年10月莲花村属安陆市接官乡辖，沿用至今。

坡西塆[Pō xī wān]　隶属于接官乡莲花村。当地居民居住在莲花集镇公路的西坡，也是古时的坡西，在过去人们称之榔树岗，供南来北往赶集的人歇脚，故名。该居民点位于莲花村西部，聚落呈块状分布。东接坡东，西邻明家河，南连桥北，北靠茶庵村。以姜姓、侯姓为主，均为汉族。全塆118人，28户。总面积0.1421平方千米，耕地面积0.0667平方千米。主要农作物为水稻、小麦，主要经济来源以外出务工为主。

下张家塆[Xià zhāng jiā wān]　隶属于接官乡莲花村。以方位和姓氏综合命名。该居民点位于莲花村东北部，聚落呈块状分布。东接倪庙村，西邻垛子塆，南连陈家塆，北靠上张家塆。以张姓为主，均为汉族。全塆108人，25户。总面积0.121平方千米，耕地面积0.0657平方千米。主要农作物为水稻、小麦，主要经济来源以外出务工为主。

陈家塆[Chén jiā wān]　隶属于接官乡莲花村。以姓氏命名。过去住有陈氏人家是由河南讨米路过此地，当年有一口水塘在山边，水边伴有一块平地，讨米人借此搭建草棚作为住房，后生子、发财，就把耕地租给张氏耕种，至现在陈家塆又参入张氏家族居住。该居民点位于莲花村东部，聚落呈块状分布。东接倪庙村，西邻石咀，南连刘家塆，北靠下张家塆。以陈、张姓为主，均为汉族。全塆108人，24户。总面积0.112平方千米，耕地面积0.067平方千米。主要农作物为水稻、小麦，主要经济来源以外出务工为主。

轭头塆[È tóu wān]　隶属于接官乡莲花村。以地理特征命名。石咀由龙屋一条山脉南下至堰口，正处堰口又称龙头喝水，山脉中东洼住有梅姓大户，与陈、胡两家在20世纪50年代初居住在这里。住房有三层院子，且形状像轭头，故名。该居民点位于莲花村西部，聚落呈块状分布。东接陈家塆，西邻坡东，南连赵家塆，北靠龙屋。以梅、陈、胡姓为主，均为汉族。全塆65人，15户。总面积0.097平方千米，耕地面积0.04平方千米。主要农作物为水稻、小麦，主要经济来源以外出务工为主。

辜家陡山[Gū jiā dǒu shān]　隶属于接官乡莲花村。以姓氏和地理特征综合命名。该居民点曾有一辜姓财主在这里居住，且门前有一座很陡的山，故名。该居民点位于莲花村东南部，聚落呈块状分布。东接倪庙村，西邻白岗村，南连白岗村，北靠刘咀。以辜姓为主，均为汉族。全塆95人，25户。总面积0.1148平方千米，耕地面积0.0536平方千米。主要农作物为水稻、小麦，主要经济来源以外出务工为主。

刘家塆[Liú jiā wān]　隶属于接官乡莲花村。以姓氏命名。该居民点位于莲花村东部，聚落呈块状分布。东接倪庙村，西邻陈家塆，南连刘咀，北靠陈家塆。以刘姓为主，均为汉族。全塆210人，30户。总面积0.1463平方千米，耕地面积0.0824平方千米。主要农作物为水稻、小麦，主要经济来源以外出务工为主。

刘咀[Liú zuǐ]　隶属于接官乡莲花村。以姓氏和地理特征综合命名。20世纪30年代只有一刘姓人家在一条山岭的挂坡山边居住，后发展到10多户都是刘族人员，现还未过五代。该居民点位于莲花村东部，聚落呈块状分布。东接倪庙村，西邻刘家塆，南连陡山，北靠刘家塆。以刘姓为主，均为汉族。全塆82人，19户。总面积0.1106平方千米，耕地面积0.0523平方千米。主要农作物为水稻、小麦，主要经济来源以外出务工为主。

龙屋[Lóng wū]　隶属于接官乡莲花村。亦写作“龙窝”。“龙”指的是有一座山脉形状像龙。该居民点亦称胡家独屋。位于莲花村东部，聚落呈块状分布。东接陈家塆，西邻坡东，南连石咀，北靠殷冲水库。以胡姓、陈姓、张姓为主，均为汉族。全塆 58 人，15 户。总面积 0.0983 平方千米，耕地面积 0.0402 平方千米。主要农作物为水稻、小麦，主要经济来源以外出务工为主。

梅家塆[Méi jiā wān]　隶属于接官乡莲花村。该居民点亦称桥北，居住着胡、操、梅三姓人家。梅姓在 1920 年就在这里耕耘劳作，买田地，慢慢积攒后成了当地有名的财主，请雇工、租田地在当地很有名望，故名。该居民点位于莲花村西南部，聚落呈块状分布。东接刘家塆，西邻明家河，南连白岗村，北靠赵家塆。以梅姓为主，均为汉族。全塆 108 人，20 户。总面积 0.0958 平方千米，耕地面积 0.0603 平方千米。主要农作物为水稻、小麦，主要经济来源以外出务工为主。

坡东[Pō dōng]　隶属于接官乡莲花村。以地理方位命名。该居民点位于莲花村西部，聚落呈块状分布。东接龙屋，西邻坡西，南连赵家塆，北靠阴冲、垛子塆。以姜姓、胡姓为主，均为汉族。全塆 120 人，28 户。总面积 0.1521 平方千米，耕地面积 0.0724 平方千米。主要农作物为水稻、小麦，主要经济来源以外出务工为主。

上张家塆[Shàng zhāng jiā wān]　隶属于接官乡莲花村。清末有一财主张子成在这里居住，非常有名望，后在 20 世纪 30 年代听说迁至安陆城，但现在张姓仍占多数。该地有两个张家塆，该塆居北，故名。该居民点位于莲花村东北部，聚落呈块状分布。东接霞山村，西邻阴冲，南连下张家塆，北靠祝家洼。以张姓为主，均为汉族。全塆 99 人，25 户。总面积 0.1313 平方千米，耕地面积 0.0657 平方千米。主要农作物为水稻、小麦，主要经济来源以外出务工为主。

垛子塆[Duǒ zi wān]　隶属于接官乡莲花村。以地理特征命名，又称殷冲。该居民点位于莲花村西北部，聚落呈块状分布。东接下张家塆，西邻红卫河，南连坡东，北靠茶庵村。主要姓氏为包，均为汉族。全塆 80 人，20 户。总面积 0.1082 平方千米，耕地面积 0.0536 平方千米。主要农作物为水稻、小麦，主要经济来源以外出务工为主。

赵家塆[Zhào jiā wān]　隶属于接官乡莲花村。以姓氏命名。20 世纪 30 年代初期该居民点赵姓从沈塆搬迁此地居住，但在这里基本只够吃，没发什么财富。30 年代末一梅姓人家在这里买田地、开作坊，小有名气，但此地仍称赵家塆。该居民点位于莲花村西南部，聚落呈块状分布。东接刘家塆，西邻坡东，南连梅家塆，北靠石咀。以梅、胡、操姓为主，均为汉族。全塆 86 人，22 户。总面积 0.0972 平方千米，耕地面积 0.0536 平方千米。主要农作物为水稻、小麦，主要经济来源以外出务工为主。

祝家洼[Zhù jiā wā]　隶属于接官乡莲花村。以姓氏与地理特征综合命名。该居民点位于莲花村东北部，聚落呈块状分布。东接颛庙村，西邻殷冲，南连上张家塆，北靠茶庵村。以祝、张姓为主，均为汉族。全塆 70 人，12 户。总面积 0.0804 平方千米，耕地面积 0.0402 平方千米。主要农作物为水稻、小麦，主要经济来源以外出务工为主。

学堂塆[Xué táng wān]　隶属于接官乡莲花村。昔时该地办过学堂。该居民点位于莲花村北部，聚落呈块状分布。东接霞山村、颛庙村，西邻茶庵村，南连上张家塆，北靠颛庙村。以祝姓为主，均为汉族。全塆50人，8户。

十三、刘铺村[Liúpù Cūn]

隶属于接官乡。以辖区内居民点名称命名。该村位于接官乡西南部，村委会所在地洪卫河坝通往莲花街公路上，郑家塆后面，距接官乡政府所在地3千米。东接莲花村、茶庵村，南连马鞍村，西邻宋冲村，北靠吊桥村。有包家大塆、鲍家塆、林家塆、铺子塆、深塘塆、松林塆、宋家独屋、台子塆、余家塆、院子塆、郑家塆、刘家独屋、荞麦冲13个自然塆。共有815人，234户。总占地面积3.5平方千米，主要种植水稻、小麦，主要经济收入为养殖、外出务工。

1949年10月刘铺村属洑水区。1952年属第六区莲花乡辖。1954年8月属洑水区莲花乡辖，1956年3月属第六区莲花乡辖。1956年4月属第七指导小组洑水乡辖。1958年9月刘铺村更名为刘铺大队属东风人民公社接官乡辖。1958年12月属洑水人民公社莲花管理区辖。1961年4月属洑水区莲花乡辖。1975年2月属接官(莲花)人民公社莲花管理区辖。1979年2月撤销接官(莲花)人民公社，刘铺大队属莲花管理区辖。1984年1月刘铺大队更名为刘铺村属洑水区莲花乡辖。1987年10月刘铺村属接官乡辖，沿用至今。

包家大塆[Bāo jiā dà wān]　隶属于接官乡刘铺村。以姓氏和村庄规模综合命名。该居民点位于刘铺村北部，聚落呈块状分布。东接茶庵村，西邻李冲村，南连台子塆，北靠吊桥村。全塆120人，35户。以包姓为主，均为汉族。总面积0.133平方千米，耕地面积0.073平方千米。主要农作物为水稻、小麦，主要经济来源为种植农作物及外出打工。

鲍家塆[Bào jiā wān]　隶属于接官乡刘铺村。以姓氏命名。该居民点位于刘铺村东北部，聚落呈块状分布。东接台子塆，西邻小河边，南连石岩口，北靠荞麦冲。全塆100人，25户，以李姓为主，均为汉族。总面积0.1平方千米，耕地面积0.066平方千米。主要农作物为水稻、小麦，主要经济来源为种植农作物及外出打工。

林家塆[Lín jiā wān]　隶属于接官乡刘铺村。以姓氏命名。很早只住着一户林姓人家，故名。新中国成立后跟林姓住在一块的有杨姓和刘姓，1980年后林姓搬走，但名称未变。该居民点位于刘铺村中部，聚落呈块状分布。东接小河边，西邻宋冲村，南连深塘塆，北靠铺子塆。全塆40人，12户。以林、杨、刘姓为主，均为汉族。总面积0.026平方千米，耕地面积0.02平方千米。主要农作物为水稻、小麦，主要经济来源为种植农作物及外出打工。

铺子塆[Pù zi wān]　隶属于接官乡刘铺村。以经济活动命名。很早以前从南方逃荒到刘铺现铺子塆的刘姓两兄弟，从要饭到帮别人打工劳务，慢慢积累成家立业，做起铺子生意，当时经营的有布匹和当铺生意。通过自身努力和不断发展，生意渐渐壮大，是当时远近闻名的铺子店铺，故名。该居民点位于刘铺村北部，聚落呈块状分布。东接小河边，西邻刘家塆，南连林家塆，北靠余家塆。全塆50人，11户。居民以金、刘姓居多，均为汉族。总面积 0. 033 平方千米，耕地面积 0. 026 平方千米。主要农作物为水稻、小麦，主要经济来源为种植农作物及外出打工。

深塘塆[Shēn táng wān] 隶属于接官乡刘铺村。以地理特征命名。该居民点附近有一口深塘，故名。该居民点位于刘铺村西南部，聚落呈块状分布。东接小河边，西邻宋冲村，南连松林塆，北靠林家塆。全塆 70 人，13 户，均为汉族。总面积 0. 053 平方千米，耕地面积 0. 046 平方千米。主要农作物为水稻、小麦，主要经济来源为种植农作物及外出打工。

松林塆[Sōng lín wān] 隶属于接官乡刘铺村。以物产命名。该居民点早期住着一户张姓人家，后增加了几户包姓人家，由于他们的住宅依山而立，且周围有许多松树和杂木丛生，故名。该居民点位于刘铺村南部，聚落呈块状分布。东接刘铺村办公室，西邻马鞍村，南连院子塆，北靠深塘塆。全塆 60 人，11 户。居民以张、明、包姓居多，均为汉族。总面积 0. 07 平方千米，耕地面积 0. 023 平方千米。主要农作物为水稻、小麦，主要经济来源为种植农作物及外出打工。

宋家独屋[Sòng jiā dú wū] 隶属于接官乡刘铺村。以姓氏与村庄规模综合命名。该居民点位于刘铺村东部，聚落呈块状分布。东北是台子塆，西邻林家塆、松林塆，南连郑家塆。居民以刘、李姓居多，因搬迁或自然环境原因，现无人居住此地。

台子塆[Tái zi wān] 隶属于接官乡刘铺村。以地理特征命名。很早以前此地就住着几户人家，大都是姓陈，他们都是从现在洑水镇苗畈村移住过来的，由于他们的住所位置较突出，地理位置较高，像个台子，故名。该居民点位于刘铺村东北部，聚落呈块状分布。东接茶庵村，西邻鲍家塆，南连郑家塆，北靠包家大塆田地。全塆 120 人，33 户。居民以陈姓居多，均为汉族。总面积 0. 086 平方千米，耕地面积 0. 05 平方千米。主要农作物为水稻、小麦，主要经济来源为种植农作物及外出打工。

余家塆[Yú jiā wān] 隶属于接官乡刘铺村。以姓氏命名。该居民点位于刘铺村北部，聚落呈块状分布。东接荞麦冲、李冲村，西邻宋冲村，南连铺子塆，北靠李冲村。全塆 40 人，10 户。以余姓为主，均为汉族。总面积 0. 1 平方千米，耕地面积 0. 033 平方千米。主要农作物为水稻、小麦，主要经济来源为种植农作物及外出打工。

院子塆[Yuàn zi wān] 隶属于接官乡刘铺村。该居民点属刘铺村 2 组(郑家塆、院子塆、松林塆)与马鞍山交界处，居住 20 多户人家，杂姓。新中国成立前此地住着一户张姓人家，主人叫张寿锋。此人很有经济头脑，以耕地为主，不断发展壮大。为了保住家业，严防偷盗，便借用住宅周边自然条件，住宅一面环水，三面环山，在宅子后打了一道高而厚的十分坚固的围墙，该处南北开有大门。1958 年北围墙被毁。该居民点位于刘铺村南部，聚落呈块状分布。东接莲花村，西邻马鞍村，南连马鞍村，北靠郑家塆。全塆 120 人，30 户。居民以陈、刘、明、胡姓居多，均为汉族。总面积 0. 166 平方千米，耕地面积 0. 066 平方千米。主要农作物为水稻、小麦，主要经济来源为种植农作物及外出打工。

郑家塆[Zhèng jiā wān] 隶属于接官乡刘铺村。以姓氏命名。原来此塆只住着一郑姓居民，故名。后郑姓消失，郑姓居民的场地被张、程、赵姓所用，但名称并未更改。该居民点位于刘铺村东部，聚落呈块状分布。东接红卫河坝，西邻松林塆，南连院子塆，北靠石岩口。全塆 80 人，16 户。以张、程、赵姓为主，均为汉族。总面积0.1平方千米，耕地面积0.073平方千米。主要农作物为水稻、小麦，主要经济来源为种植农作物及外出打工。

刘家独屋[Liú jiā dú wū]　隶属于接官乡刘铺村。以姓氏和村庄规模综合命名。该居民点位于刘铺村西部。东接铺子塆，西邻宋冲村，南连深塘塆与宋冲村交界处，北靠庙鼠岗。全塆18户80人，居民以刘、杨姓居多。

荞麦冲[Qiáo mài chōng]　隶属于接官乡刘铺村。该居民点位于刘铺村北部。东接黑凹，西邻铺子塆，南连山冈，北靠李冲村。全塆4户23人，居民以林、胡姓居多。

十四、马鞍村[Mǎ'ān Cūn]

隶属于接官乡。传说村境内一山冈形状似马鞍而得名马鞍村。据考证，元代周边驻扎过蒙古骑兵，该村村民善于制作马鞍而得名，山也因此得名。驿道上的骡马客都知道到马鞍山能买到好马鞍。到了清代，安陆城的马鞍铺还以这一方人居多。该村位于接官乡西南部，村委会所在地明家畈，距接官乡政府所在地4千米。东接白岗村、莲花村，西邻洑水镇横山村、刘畈村，南连洑水镇军刘村，北靠刘铺村、宋冲村。总面积7.36平方千米，其中耕地面积1.0278平方千米，山林面积1.675平方千米。全村13个自然塆：鲍家塆、操家塆、冯家塆、胡家凹、李家塆、刘家塆、明家畈、上张家塆、陶家塆、王家塆、下张家塆、寨坡塆、倪家独屋。共有318户，1170人，本村主要以种植粮食为主兼养殖和外出务工。

1949年10月马鞍村属洑水区辖。1952年10月属第六区马鞍乡辖。1954年8月属洑水区莲花乡辖。1956年4月属第七指导小组洑水乡辖。1958年9月马鞍村更名马鞍大队属东风人民公社接官乡辖，同年12月属洑水人民公社莲花管理区辖。1961年4月属洑水区莲花人民公社辖。1979年2月撤销接官(莲花)人民公社，属洑水人民公社莲花管理区辖。1984年1月马鞍大队更名马鞍村属洑水区莲花乡辖。1987年10月属接官乡辖，沿用至今。

鲍家塆[Bào jiā wān]　隶属于接官乡马鞍村。以姓氏命名。该居民点位于马鞍村西部，聚落呈块状分布。东接上张家塆，西邻刘家塆，南连冯家塆，北靠寨坡塆。以胡、许姓为主，均为汉族，共有43人，15户。总面积0.0804平方千米，其中耕地面积0.0503平方千米。主要农作物：水稻、小麦，主要经济来源为外地务工。

操家塆[Cāo jiā wān]　隶属于接官乡马鞍村。以姓氏命名。该居民点位于马鞍村东部，聚落呈块状分布。东接陶家塆，西邻王家塆，南连明家畈，北靠马鞍山。以操姓为主，均为汉族，共有96人，25户。总面积0.1206平方千米，其中耕地面积0.0804平方千米。主要农作物：水稻、小麦，主要经济来源为外地务工。

冯家塆[Féng jiā wān]　隶属于接官乡马鞍村。以姓氏命名。该居民点位于马鞍村西南部，聚落呈块状分布。东接上张家塆和下张家塆，西邻李家塆，南连下张家塆和李家塆，北靠鲍家塆。以冯、王姓为主，均为汉族。共有 80 人，25 户。总面积 0. 1273 平方千米，其中耕地面积 0. 08375 平方千米。主要农作物：水稻、小麦，主要经济来源为外地务工。

胡家凹[Hú jiā wā] 隶属于接官乡马鞍村。以姓氏和地理特征综合命名。该居民点位于马鞍村东北部，聚落呈块状分布。东接操家塆，西邻上张家塆，南连王家塆，北靠马鞍山。以胡姓为主，均为汉族。共有 75 人，20 户。总面积 0. 1005 平方千米，耕地面积 0. 067 平方千米。主要农作物：水稻、小麦，主要经济来源为外地务工。

李家塆[Lǐ jiā wān] 隶属于接官乡马鞍村。以姓氏命名。该居民点位于马鞍村西部，聚落呈块状分布。东接冯家塆，西邻洑水镇横山村，南连洑水镇刘畈村，北靠刘家塆。以姜、胡、鲍姓为主，均为汉族。共有 130 人，45 户。总面积 0. 1675 平方千米，耕地面积 0. 1159 平方千米。主要农作物：水稻、小麦，主要经济来源为外地务工。

刘家塆[Liú jiā wān] 隶属于接官乡马鞍村。以姓氏命名。该居民点位于马鞍村西部，聚落呈块状分布。东接鲍家塆，西邻宋冲村，南连李家塆，北靠宋冲村许家塆。以王、姜姓为主，均为汉族。共有 80 人，18 户。总面积 0. 1508 平方千米，其中耕地面积 0. 0603 平方千米。主要农作物：水稻、小麦，主要经济来源为外地务工。

明家畈[Míng jiā fàn] 隶属于接官乡马鞍村。以姓氏和地理特征综合命名。该居民点位于马鞍村东南部，聚落呈块状分布。东接 210 省道，西邻下张家塆，南连 210 省道，北靠王家塆。以明姓为主，均为汉族。共有 261 人，75 户。总面积 0. 2278 平方千米，其中耕地面积 0. 1608 平方千米。主要农作物：水稻、小麦，主要经济来源为外地务工。

上张家塆[Shàng zhāng jiā wān] 隶属于接官乡马鞍村。以方位和姓氏综合命名。该居民点位于马鞍村西部，聚落呈块状分布。东接马鞍村村办公室，西邻鲍家塆，南连下张家塆，北靠寨坡塆。以张姓为主，均为汉族。共有 60 人，20 户。总面积 0. 1005 平方千米，耕地面积 0. 0667 平方千米。主要农作物：水稻、小麦，主要经济来源为外地务工。

陶家塆[Táo jiā wān] 隶属于接官乡马鞍村。以姓氏命名。该居民点位于马鞍村东部，聚落呈块状分布。东与莲花村隔河，西邻操家塆，南连明家畈，北靠刘铺村。以王、赵姓为主，均为汉族。共有 130 人，35 户。总面积 0. 1206 平方千米，其中耕地面积 0. 0938 平方千米。主要农作物：水稻、小麦，主要经济来源为外地务工。

王家塆[Wáng jiā wān] 隶属于接官乡马鞍村。以姓氏命名。该居民点位于马鞍村东部，聚落呈块状分布。东接操家塆，西邻下张家塆，南连明家畈，北靠马鞍山。以王、明、赵姓为主，均为汉族。共有 95 人，30 户。总面积 0. 1072 平方千米，其中耕地面积 0. 0737 平方千米。主要农作物：水稻、小麦，主要经济来源为外地务工。

下张家塆[Xià zhāng jiā wān] 隶属于接官乡马鞍村。以方位和姓氏综合命名。该居民点位于马鞍村西南部，聚落呈块状分布。东接王家塆和明家畈，西邻冯家塆，南连洑水镇刘畈村，北靠上张家塆。以张、李姓为主，均为汉族。共有 130 人，50 户。总面积 0. 1876 平方千米，耕地面积 0. 1273 平方千米。主要农作物：水稻、小麦，主要经济来源为外地务工。

寨坡塆[Zhài pō wān]　隶属于接官乡马鞍村。以建筑特征和地理特征综合命名。该居民点背靠马鞍山，因山高坡陡，形似山寨，故名。该居民点位于马鞍村北部，聚落呈块状分布。东接马鞍山，西邻刘家塆，南连上张家塆，北靠刘铺村。以姜、张姓居多，均为汉族。共有 57 人，18 户。总面积 0.1005 平方千米，其中耕地面积 0.0536 平方千米。主要农作物：水稻、小麦，主要经济来源为外地务工。

倪家独屋[Ní jiā dú wū]　隶属于接官乡马鞍村。以姓氏和村庄规模综合命名。该居民点位于马鞍村西部。东接鲍家塆，西邻洑水镇横山村，南连李家塆，北靠刘家塆。全塆以倪、鲍姓为主，均为汉族，共有 20 人，4 户。

十五、倪庙村[Nímiào Cūn]

隶属于接官乡。该居民点以前是一座较大型的古庙，历史上的这座庙又是从别处移过来的，因此移庙经过谐音演变成“倪庙”。该村位于接官乡南部，村委会所在地喻家前塆东北方向，距接官乡政府所在地 3 千米。东接银铺村，南连沈湾村，西邻莲花村，北靠霞山村。全村 558 人，147 户，共有 12 个自然塆：李家月塘塆、卢家月塘塆、明家独屋、南山独屋、斜门楼、施家塆、杨家塆、喻家垴、喻家后塆、喻家前塆、喻家独屋、卢家独屋。总面积 3.8 平方千米，耕地面积 0.42 平方千米。主要农作物为水稻、小麦、油菜，主要经济来源以外出务工为主。

民国时期属泰和(北三)乡、会接乡辖。1949 年 10 月倪庙村属槎山区辖。1952 年 10 月属第七区会砦乡辖。1954 年 8 月属赵棚区会砦乡辖。1956 年 3 月属第一区、第一指导小组会砦乡辖。1958 年 9 月倪庙村更名为倪庙大队属卫星人民公社会砦乡辖。1958 年 12 月属赵棚人民公社会砦管理区辖。1961 年 4 月属赵棚区会砦人民公社辖。1975 年 2 月属接官(莲花)人民公社会砦管理区辖。1984 年 1 月倪庙大队更名为倪庙村属赵棚区公所会寨乡管辖。1987 年 10 月撤区并乡，原会寨乡、莲花乡、接官乡合并为接官乡，倪庙村属接官乡辖，沿用至今。

李家月塘塆[Lǐ jiā yuè táng wān]　隶属于接官乡倪庙村。新中国成立初期一直以李姓为主，后搬来两户皮姓，因李家塆坐北朝南，门前正好有一口塘像弯弯的月亮，故名。该居民点位于倪庙村中北部，聚落呈块状分布。东接卢家月塘塆，西邻杨家塆，南连喻家前塆，北靠施家塆。以李、皮姓为主，均为汉族。全塆 29 人，10 户。总面积 0.32 平方千米，耕地面积 0.018 平方千米。主要农作物为水稻、小麦、油菜，主要经济来源以外出务工为主。

卢家月塘塆[Lú jiā yuè táng wān]　隶属于接官乡倪庙村。该居民点坐南朝北，向南门前正好有一口塘像弯弯的一轮月亮环抱，故名。该居民点位于倪庙村东北部，聚落呈块状分布。东接霞山村、银铺村，西邻李家月塘塆，南连斜门楼，北靠霞山村黄家塆。以卢、边姓为主，均为汉族。全塆 88 人，16 户。总面积 0.44 平方千米，耕地面积 0.065 平方千米。主要农作物为水稻、小麦、油菜，主要经济来源以外出务工为主。

明家独屋[Míng jiā dú wū] 隶属于接官乡倪庙村。以姓氏和村庄规模综合命名。该居民点位于倪庙村西南部，聚落呈块状分布。东接南山独屋，西邻莲花村，南连白岗村李家塆，北靠喻家垴。以明、李姓为主，均为汉族。全塆 64 人，10 户。总面积 0.31 平方千米，耕地面积 0.022 平方千米。主要农作物为水稻、小麦、油菜，主要经济来源以外出务工为主。

南山独屋[Nán shān dú wū] 隶属于接官乡倪庙村。以姓氏和村庄规模综合命名。坐落在喻家垴山冈的南边而命名。该居民点位于倪庙村西南部，聚落呈块状分布。东接喻家前塆，西邻明家独屋，南连白岗村徐家塆，北靠喻家垴。居民以喻姓居多，均为汉族。全塆 64 人，10 户。总面积 0.32 平方千米，耕地面积 0.026 平方千米。主要农作物为水稻、小麦、油菜，主要经济来源以外出务工为主。

施家塆[Shī jiā wān] 隶属于接官乡倪庙村。以姓氏命名。该居民点在水库北面山坡下，西临莲花大山，东北与霞山大山相连，1975 年在莲花公社施家塆门前修建了倪庙水库，该居民点全部搬迁至现施家塆老塆南边 400 米处，故名。该居民点位于倪庙村北部，聚落呈块状分布。东接卢家月塘塆，南连李家塆，西邻杨家塆，北靠卢家独屋。以施姓为主，均为汉族。全塆 48 人，11 户。总面积 0.41 平方千米，耕地面积 0.02 平方千米。主要农作物为水稻、小麦、油菜，主要经济来源以外出务工为主。

斜门楼[Xié mén lóu] 隶属于接官乡倪庙村。以建筑特征命名。又名楼子塆，是由大塆、铺子独屋和胡家独屋组成，铺子独屋清末民初由莲花村陈家塆搬入，一户陈姓居民以开豆腐铺子为生，胡家独屋从现赵棚镇邱塆村胡家大塆搬迁至此，而斜门楼是 1916 年卢氏有个卢员外在大塆建有一个大型四合院并有一楼子屋，而大门和楼子的方向不一致，屋和门楼斜对着凤凰山，故名。该居民点位于倪庙村东部，聚落呈块状分布。东接沈塆村汪家塆，西邻喻家独屋，南连沈塆村袁家塆，北靠卢家月塘塆。居民以卢、陈、胡姓居多，均为汉族。全塆 71 人，14 户。总面积 0.45 平方千米，耕地面积 0.082 平方千米。主要农作物为水稻、小麦、油菜，主要经济来源以外出务工为主。

杨家塆[Yáng jiā wān] 隶属于接官乡倪庙村。以姓氏命名。1911 年杨氏后代没有儿子，就在对面喻姓招女婿，发展到目前 9 户人家，因该处以杨姓为主，故名。该居民点位于倪庙村中部，聚落呈块状分布。东接李家月塘塆、卢家月塘塆，西邻莲花村，南连喻家后塆，北靠莲花村。以杨姓为主，均为汉族。全塆 50 人，12 户。总面积 0.3 平方千米，耕地面积 0.022 平方千米。主要农作物为水稻、小麦、油菜，主要经济来源以外出务工为主。

喻家垴[Yù jiā nǎo] 隶属于接官乡倪庙村。以姓氏和地理特征综合命名，亦称喻家凹、喻家大塆。洪武年代后由麻城过籍到槎山原喻家独屋，人口逐渐发展后搬迁到一大山凹居住，此凹与莲花相接，为喻姓居住，故名。该居民点位于倪庙村西部，聚落呈块状分布。东接喻家后塆，南连明家独屋，西邻莲花村，北靠莲花村。以喻姓为主，均为汉族。全塆 62 人，12 户。总面积 0.4 平方千米，耕地面积 0.041 平方千米。主要农作物为水稻、小麦、油菜，主要经济来源以外出务工为主。

喻家后塆[Yù jiā hòu wān] 隶属于接官乡倪庙村。以姓氏和方位综合命名，亦称喻家中塆。洪武年间由麻城过籍到槎山原喻家独屋，人口逐渐发展后搬迁到此，此处在后面一排，且以喻姓为主，故名。该居民点位于倪庙村中部，聚落呈块状分布。东接喻家前塆，西邻喻家垴，南连南山独屋，北靠杨家塆。以喻姓为主，均为汉族。全塆 48 人，10 户。总面积 0.42 平方千米，耕地面积 0.023 平方千米。主要农作物为水稻、小麦、油菜，主要经济来源以外出务工为主。

喻家前塆[Yù jiā qián wān]　隶属于接官乡倪庙村。以姓氏和方位综合命名，原名喻家稻场。洪武年间由麻城过籍到槎山原喻家独屋，人口逐渐发展后搬迁到此，在 3 组(喻家前塆、喻家后塆、喻家独屋)最前面一排，又都为喻姓，故名。该居民点位于倪庙村中部，聚落呈块状分布。东接双塘，南连南山独屋，西邻喻家后塆，北靠李家月塘塆。以喻姓为主，均为汉族。全塆 72 人，13 户。总面积 2.66 平方千米，耕地面积 0.059 平方千米。主要农作物为水稻、小麦、油菜，主要经济来源以外出务工为主。

喻家独屋[Yù jiā dú wū]　隶属于接官乡倪庙村。以姓氏和村庄规模综合命名。该居民点位于倪庙村东南部，聚落呈块状分布。东接斜门楼，西邻喻家前塆，南连沈塆村，北靠徐家凹梨园。以喻姓为主，均为汉族，全塆 32 人，共 6 户。

卢家独屋[Lú jiā dú wū]　隶属于接官乡倪庙村。以姓氏和村庄规模综合命名。该居民点位于倪庙村北部，聚落呈块状分布。东接霞山村黄家塆与卢家月塘塆之间，西邻杨家塆，南连施家塆，北靠倪庙水库。以卢、陈姓为主，均为汉族，全塆 36 人，8 户。

十六、秦畈村[Qínfàn Cūn]

隶属于接官乡。以辖区内较大的居民点命名。因秦氏人口众多又以河边平畈为基础，大地主秦笃拥有大部分土地，又远近闻名故起名秦畈。该村位于接官乡南部，村委会所在地秦家畈，距接官乡政府所在地 7 千米。东接赵棚镇中塆村，西邻沈塆村，南连文武村，北靠会砦村。截至 2015 年 1 月，辖区内共 8 个自然塆：东王家塆、李家塆、七里长冲棚子塆、上秦畈塆、山边塆、西王家塆、新村、下秦畈塆。常住居民 648 人，辖区占地面积 2.412 平方千米，以种植小麦、水稻为主。

民国时期属泰和(北三)乡、会接乡辖。1949 年 10 月秦畈村属槎山区辖。1952 年 10 月属第七区会砦乡辖。1954 年 8 月属赵棚区会砦乡辖。1958 年 9 月秦畈村更名为秦畈大队属卫星人民公社会砦乡辖。1958 年 12 月属赵棚人民公社会砦管理区辖。1961 年 4 月属赵棚区会砦人民公社辖。1966 年 9 月属红卫区会砦人民公社辖。1975 年 2 月属接官人民公社会砦管理区辖。1984 年 1 月秦畈大队更名为秦畈村属赵棚区会砦乡辖。1987 年 10 月属接官乡辖，沿用至今。

东王家塆[Dōng wáng jiā wān]　隶属于接官乡秦畈村。以方位和姓氏综合命名。该居民点处于七里长冲下中游，以王姓为主，故名。该居民点位于秦畈村东部，聚落呈块状分布。东接凤凰山，西邻秦家畈，南连七里长冲棚子塆，北靠山边塆。以王姓为主，均为汉族。全塆 54 人，16 户。总面积 0.1072 平方千米，耕地面积 0.0466 平方千米。主要农作物为水稻、小麦，主要经济来源以外出务工为主。

李家塆[Lǐ jiā wān]　隶属于接官乡秦畈村。以姓氏命名。该居民点位于秦畈村西部，聚落呈块状分布。

东接下秦家畈，西邻秦河，南连秦畈新村，北靠秦家河。以李姓为主，均为汉族。全塆 145 人，36 户。总面积 0.258 平方千米，耕地面积 0.1032 平方千米。主要农作物为水稻、小麦，主要经济来源以外出务工为主。

七里长冲棚子塆[Qī lǐ chǎng chōng Péng zi wān]　隶属于接官乡秦畈村。以地理位置与建筑特征综合命名。地处七里长冲中游，昔时人们上安陆城在此歇息，为了歇息方便人们在此搭建草棚歇息亭，故名。该居民点位于秦畈东南部，聚落呈块状分布。东接中(塆)接(官)公路，西邻燕山，南连新龙村，北靠东王家塆。居民以施、李、何、吴姓居多，均为汉族。全塆 67 人，18 户。总面积 0.1804 平方千米，耕地面积 0.0794 平方千米。主要农作物为水稻、小麦，主要经济来源以外出务工为主。

秦畈塆[Qín fàn wān]　隶属于接官乡秦畈村。以姓氏与地理特征综合命名，亦称上秦家畈。该居民点位于秦畈村中部，聚落呈块状分布。东接凤凰山，西邻李家塆，南连新村，北靠山边塆。以秦姓为主，均为汉族。全塆 69 人，16 户。总面积 0.1634 平方千米，耕地面积 0.0737 平方千米。主要农作物为水稻、小麦，主要经济来源以外出务工为主。

山边塆[Shān biān wān]　隶属于接官乡秦畈村。以地理位置命名。因北靠凤凰山，坐落于原新庙寺西坡，故名。该居民点位于秦畈村北部，聚落呈块状分布。东接会砦山，西邻沈塆村汪家塆，南连是秦家畈，北靠会砦村张家塆。居民以徐、杨、肖姓居多，均为汉族。全塆 113 人，26 户。总面积 0.1758 平方千米，耕地面积 0.0764 平方千米。主要农作物为水稻、小麦，主要经济来源以外出务工为主。

西王家塆[Xī wáng jiā wān]　隶属于接官乡秦畈村。以方位与姓氏综合命名。该居民点以王姓人口为主，地处偏西，中共“九大”代表王家玉从小生活在这里。该居民点位于秦畈村西部，聚落呈块状分布。东接新龙村咀上塆，西邻新村，南连文武村吴家塆，北靠大山。以王姓为主，均为汉族。全塆 84 人，21 户。总面积 0.2194 平方千米，耕地面积 0.0878 平方千米。主要农作物为水稻、小麦，主要经济来源以外出务工为主。

新村[Xīn cūn]　隶属于接官乡秦畈村。以居民点形成时间命名。该居民点由原彭家塆、施家塆、岗上独屋、卢家独屋、刘家塆集中整体迁移建设，故名。1974 年开始建设，1976 年完工。该居民点位于秦畈村南部，聚落呈块状分布。东接西王家塆，西邻沈塆村卢家大塆，南连文武村施家塆，北靠李家塆。全塆均为汉族，115 人，32 户。总面积 0.209 平方千米，耕地面积 0.0871 平方千米。主要农作物为水稻、小麦，主要经济来源以外出务工为主。

下秦家畈[Qín fàn wān]　隶属于接官乡秦畈村。以方位、姓氏与地理特征综合命名。该居民点位于秦畈村西部，聚落呈块状分布。东接上秦家畈，西邻李家塆，南连新村，北靠秦家河。以秦姓为主，均为汉族。全塆 66 人，共 12 户。

十七、沈塆村[Shěnwān Cūn]

隶属于接官乡。以辖区内的居民点命名。该村位于接官乡东南部，村委会所在地沈塆新村，距接官乡政府所在地 7 千米。东接秦畈村，西邻白岗村，南连洑水镇文武村，北靠倪庙村。截至 2015 年 1 月，辖区内共有 7 个自然垮：卢家大垮、秦家咀、秦家垮、沈垮新村、汪家垮、杨家垮、徐家垮。常住居民 182 户，人口 686 人。辖区占地面积 3.8 平方千米，耕地面积 1.003 平方千米，以种植水稻、小麦、油菜、棉花为主。

民国时期属泰和(北三)乡、会接乡辖。1949 年 10 月属槎山区辖。1952 年 10 月属第七区会寨乡辖。1954 年 8 月属赵棚区会寨乡辖。1956 年 3 月属第一区、第一指导小组会寨乡辖。1958 年 9 月沈垮村更名沈垮大队属卫星人民公社会寨乡辖。1958 年 12 月属赵棚人民公社会寨管理区辖。1961 年 4 月属赵棚区会寨人民公社辖。1966 年 9 月属红卫区会寨人民公社辖。1975 年 2 月属接官(莲花)人民公社会砦管理区辖。1979 年会砦管理区属赵棚人民公社辖。1984 年 1 月沈垮大队更名沈垮村属赵棚区会寨乡辖。1987 年 10 月，沈垮村属接官乡辖，沿用至今。

卢家大垮[Lú jiā dà wān]　隶属于接官乡沈垮村。以姓氏和村庄规模综合命名。清朝时期属梅家畈，末期由于梅姓的大户人家因不断搬出此地，回到了他们的族人处，解放初期，卢姓住进了此地，且规模较大。故名。该居民点位于沈垮村南部，聚落呈块状分布。东接秦畈村，西邻沈垮杨家垮，南连洑水镇文武村，北靠沈垮新村。以卢姓为主，均为汉族。该垮 39 户，170 人。总面积 0.32 平方千米，耕地面积 0.15 平方千米。以种植水稻、小麦、油菜为主，主要经济来源以外出务工为主。

秦家咀[Qín jiā zuǐ]　隶属于接官乡沈垮村。以姓氏和地理位置综合命名。民国时期此地为秦姓大户居住，故名。后灭绝，现在是一个杂姓垮，此地 12 个姓，现为沈垮村 4 组。该居民点位于沈垮村西部，聚落呈块状分布。东接杨家垮，西邻白岗村，南连洑水镇文武村，北靠白岗村。以秦、徐、付、卢、陈姓为主，均为汉族。该垮 34 户，162 人。总面积 0.41 平方千米，耕地面积 0.1608 平方千米。以种植水稻、小麦、油菜为主，主要经济来源以种植业、养殖业、外出务工为主。

秦家垮[Qín jiā wān]　隶属于接官乡沈垮村。以姓氏命名。该居民点位于沈垮村中部，聚落呈块状分布。东接秦河，西邻沈垮街，南连卢家大垮，北靠倪庙村楼子垮。以秦姓为主，均为汉族。该垮 34 户，150 人。总面积 0.46 平方千米，耕地面积 0.134 平方千米。以种植水稻、小麦、油菜为主，主要经济来源以种植业、养殖业、外出务工为主。

沈垮新村[Shěn wān xīn cūn]　隶属于接官乡沈垮村。以姓氏和村庄形成时间综合命名。该居民点由 6 个组大部分村民到集镇做的房子，故名。该居民点位于沈垮村秦家垮，聚落呈块状分布。东接秦家河，西邻徐家垮，南连卢家大垮，北靠徐家垮。居民以冯、秦、卢、陈、徐姓居多，均为汉族。该垮 24 户，100 人。总面积 0.3 平方千米，耕地面积 0.067 平方千米。以种植水稻、小麦、油菜为主，主要经济来源以种植业、外出务工为主。

汪家垮[Wāng jiā wān]　隶属于接官乡沈垮村。以姓氏命名。该居民点位于沈垮村北部，聚落呈块状分布。东接秦河，西邻徐家垮，南连沈垮 2 组彭大塘，北靠倪庙村楼子垮。以秦、卢、孙姓为主，均为汉族。该垮 25 户，71 人。总面积 0.45 平方千米，耕地面积 0.0596 平方千米。以种植水稻、小麦、油菜为主，主要经济来源以外出务工为主。

徐家垮[Xú jiā wān]　隶属于接官乡沈垮村。以姓氏命名。清朝年间，徐家垮出了一个文秀才，叫徐善甫，世世代代受到了众人的称赞，目前发展到几十户人家。该居民点位于沈塆村西部，聚落呈块状分布。东接沈塆街，西邻白岗村倪家塆，南连杨家塆，北靠白岗村李家塆。以徐姓为主，均为汉族。该塆 20 户，68 人。总面积 0.39 平方千米，耕地面积 0.0804 平方千米。以种植水稻、小麦、油菜为主，主要经济来源以外出务工为主。

杨家塆[Yáng jiā wān] 隶属于接官乡沈塆村。以姓氏命名。该居民点位于沈塆村西南部，聚落呈块状分布。东接卢家大塆，西邻秦家咀，南连秦家咀，北靠徐家塆。以杨、徐姓为主，均为汉族。该塆 19 户，65 人。总面积 0.31 平方千米，耕地面积 0.0804 平方千米。以种植水稻、小麦、油菜为主，主要经济来源以种植业、外出务工为主。

十八、宋冲村[Sòngchōng Cūn]

隶属于接官乡。以村内一条大冲命名。该村位于接官乡西南部，村委会所在地大堰东部，距接官乡政府所在地 6 千米。东接刘铺村，西邻吴畈村，南连洑水镇横山村，北靠土门村。截至 2015 年 1 月，辖区内共有 22 个自然塆：方家塆、高家塆、金家大塆、孔家塆、庙后塆、藕塘塆、曲坊塆、涂家塆、许家塆、窑上塆、岳家塆、王家塆、金家小塆、陈家塆、下刘家塆、上刘家塆、谢家独屋、姚家塆、肖家凹、姜家独屋、朱家独屋、朱家陡山。常住居民 255 户、1035 人。辖区占地面积 4.5 平方千米，以种植小麦，水稻为主，主要经济来源为务农务工。

1949 年 10 月宋冲村属安陆县洑水区辖。1952 年 10 月属第六区莲花乡辖。1954 年 8 月属洑水区莲花乡辖。1956 年 4 月属第七指导小组洑水乡辖。1958 年 9 月宋冲村更名宋冲大队属东风人民接官乡辖。1958 年 12 月属洑水人民公社莲花管理区辖。1961 年 4 月属洑水区莲花人民公社辖。1966 年 9 月洑水改为向阳，宋冲属向阳区莲花人民公社辖。1975 年 2 月属接官(莲花)人民公社莲花管理区辖。1979 年 2 月撤销接官(莲花)人民公社，莲花管理区并入洑水人民公社，宋冲大队属洑水人民公社莲花管理区辖。1984 年 1 月宋冲大队更名为宋冲村属洑水区莲花乡辖。1987 年 10 月，宋冲村属接官乡辖，沿用至今。

方家塆[Fāng jiā wān] 隶属于接官乡宋冲村。传说该居民点形状方正，故名。该居民点位于宋冲村西部，聚落呈块状分布。清初，有两位方姓兄弟，在此定居，繁衍生息，人口规模越来与大，得名。多年后由于方姓家族人口衰落，便有其他姓氏的村民陆续迁入此居民点居住，现在此居民点无方姓居民。东接孔家塆，西邻窑上塆，南连王家塆，北靠村级公路。以金、刘姓为主，均为汉族。全塆 56 人，共 10 户。总面积 0.4 平方千米，耕地面积 0.05 平方千米。主要农作物为水稻、小麦，主要经济来源以外出务工为主。

高家塆[Gāo jiā wān] 隶属于接官乡宋冲村。以姓氏命名。该居民点位于宋冲村西部，聚落呈块状分布。东接窑上塆，西邻吴畈村，南连庙后塆，北靠曲坊塆。以高、喻姓为主，均为汉族。全塆 92 人，16 户。总面积 0.3 平方千米，耕地面积 0.07 平方千米。主要农作物为水稻、小麦，主要经济来源以外出务工为主。

金家大垮[Jīn jiā dà wān]　隶属于接官乡宋冲村。以姓氏和村庄规模综合命名。清朝初期，有兄弟两人在此居住而且还身怀一身好武功，当时在民间用武功来表演节目，相传有一次表演失误，据说当时兄弟二人在表演脚踢大刀时未成功，当地居民很是失望，但兄弟二人并未放弃，失败之后兄弟二人刻苦练习，在后面的表演中成功的用脚踢起 90 斤大刀，当地居民为此甚为感动，便为兄弟二人表演的这个节目取了个“浪子回头，金不换”这样的名字。此后兄弟二人便在此繁衍生息，并将金姓定为姓氏，故名，该居民点位于宋冲村北部，聚落呈块状分布。东接金家小垮，西邻曲坊垮，南连村公路，北靠岳家垮。以金姓为主，均为汉族。全垮 95 人，23 户。总面积 0. 7 平方千米，耕地面积 0. 06 平方千米。主要农作物为水稻、小麦，主要经济来源以外出务工为主。

孔家垮[Kǒng jiā wān]　隶属于接官乡宋冲村。以姓氏命名。早期孔姓居民的先祖大迁徙的时候途经此处，见此地水源充沛，直至现在孔家垮门前还有一个大水塘围着垮子，地势相对平坦，便决意在此居住，渐渐地人口规模越来越大，成为当地大姓。该居民点位于宋冲村南部，聚落呈块状分布。东接下刘家垮，西邻方家垮，南连朱家陡坡，北靠村级公路。以孔、姜、万姓为主，均为汉族。全垮 42 人，10 户。总面积 0. 5 平方千米，耕地面积 0. 06 平方千米。主要农作物为水稻、小麦，主要经济来源以外出务工为主。

庙后垮[Miào hòu wān]　隶属于接官乡宋冲村。该居民点南方有一座山，昔时山顶有一座寺庙，由于该居民点位于寺庙附近，人们命名为“庙后垮”。该居民点位于宋冲村部，聚落呈块状分布。东接谢家独屋，西邻吴畈村，南连洑水镇横山村，北靠窑上垮。居民以熊、谢、汤、朱姓居多，均为汉族。全垮 70 人，13 户。总面积 0. 0804 平方千米，耕地面积 0. 0536 平方千米。主要农作物为水稻、小麦，主要经济来源以外出务工为主。

藕塘垮[Ǒu táng wān]　隶属于接官乡宋冲村。以地理位置命名。早期该居民点正前方有一口水塘，池塘里常年生长莲藕，故名。该居民点位于宋冲村部，聚落呈块状分布。东接岳家垮，西邻刘家垮，南连金家大垮，北靠土门村。居民以金姓居多，均为汉族。全垮 35 人，10 户。总面积 0. 0436 平方千米，耕地面积 0. 027 平方千米。主要农作物为水稻、小麦，主要经济来源以外出务工为主。

粬坊垮[Qū fāng wān]　隶属于接官乡宋冲村。以经济活动命名。相传早期本居民点有一户人家开了一间小作坊，自创酒粬，做出来的米酒香醇扑鼻，四面八方的村民都喜欢用这小作坊制造的酒粬，慢慢地这小作坊就有了一定名气，故名。该居民点位于宋冲村北部，聚落呈块状分布。东接金家大垮，西邻土门村，南连高家垮，北靠土门村。居民以陈、金、高姓居多，均为汉族，全垮 55 人，11 户。总面积 0. 5 平方千米，耕地面积 0. 04 平方千米。主要农作物为水稻、小麦，主要经济来源以外出务工为主。

涂家垮[Tú jiā wān]　隶属于接官乡宋冲村。以姓氏命名。早期当地有两户涂姓居民，后期有外姓居民陆续迁入此处居住，人们仍然称本居民点为涂家垮。该居民点位于宋冲村东部，聚落呈块状分布。东接马鞍村，西邻下刘家垮，南连马鞍村，北靠许家垮。以涂、刘、金、姜姓为主，均为汉族。全垮 54 人，12 户。总面积 0. 3 平方千米，耕地面积 0. 005 平方千米。主要农作物为水稻、小麦，主要经济来源以外出务工为主。

许家垮[Xǔ jiā wān]　隶属于接官乡宋冲村。以姓氏命名。该居民点位于宋冲村东部，聚落呈块状分布。东接刘铺村，西邻金家小塆，南连涂家塆，北靠刘铺村。以许、鲍姓为主，均为汉族。全塆 80 人，12 户。总面积 0.9 平方千米，耕地面积 0.04 平方千米。主要农作物为水稻、小麦，主要经济来源以外出务工为主。

窑上塆[Yáo jiā wān]　隶属于接官乡宋冲村。以经济活动命名。清朝初期，此地有一户人家手工烧窑维持生计，后期便有外来人士陆续迁入此地生活居住，人们便以这烧窑手艺命名。该居民点位于宋冲村西部，聚落呈块状分布。东接肖家洼，西邻高家塆，南连庙后塆，北靠曲坊塆。居民以谢、刘、叶姓居多，均为汉族。全村 81 人，13 户。总面积 0.8 平方千米，耕地面积 0.005 平方千米。主要农作物为水稻、小麦，主要经济来源以外出务工为主。

岳家塆[Yuè jiā wān]　隶属于接官乡宋冲村。以姓氏命名。早期有两家岳姓住户，在此繁衍生息而命名。后因岳姓衰落，便有外姓在此居住，现当地岳姓居民已绝户，但地名沿用至今。该居民点位于宋冲村北部，聚落呈块状分布。东接藕塘塆，西邻土门村，南连金家大塆，北靠土门村。以刘、金姓为主，均为汉族。全村 52 人，11 户。总面积 0.6 平方千米，耕地面积 0.04 平方千米。主要农作物为水稻、小麦，主要经济来源以外出务工为主。

王家塆[Wáng jiā wān]　隶属于接官乡宋冲村。以姓氏命名。该居民点位于宋冲村西南部，聚落呈块状分布。东接朱家独屋，西邻谢家凹，南连山冈，北靠茅草凹。居民以姜、包、李姓居多，均为汉族，全村 20 人，5 户。

金家小塆[Jīn jiā xiǎo wān]　隶属于接官乡宋冲村。以姓氏与村庄规模综合命名。该居民点位于宋冲村东北部。东接窑家独屋，西邻金家大塆，南连关山泵站，北靠上刘家塆。居民以金姓居多，均为汉族，全村 20 人，4 户。

陈家塆[Chén jiā wān]　隶属于接官乡宋冲村。以姓氏命名。该居民点位于宋冲村北部，聚落呈块状分布。东接金家大塆，西邻曲坊塆，南连窑上塆，北靠土门村旺家冲。居民以陈、金姓居多，均为汉族，全村 30 人共 6 户。

下刘家塆[Xià liú jiā wān]　隶属于接官乡宋冲村。以方位和姓氏综合命名。该居民点位于宋冲村东南部。东接马鞍水库，西邻涂家塆，南连马鞍村，北靠窑家独屋。居民以金姓居多，均为汉族，全村 12 人，3 户。

上刘家塆[Shàng liú jiā wān]　隶属于接官乡宋冲村。以方位和姓氏综合命名。该居民点位于宋冲村东北部，聚落呈块状分布。东接刘铺村，西邻金家大塆，南连金家小塆，北靠土门村。居民以谢、金、刘姓居多，均为汉族，全村 25 人，5 户。

谢家独屋[Xiè jiā dú wū]　隶属于接官乡宋冲村。以姓氏与村庄规模综合命名。该居民点位于宋冲村西南部。东接王家塆，西邻庙后塆，南连洑水镇横山村，北靠渠道路。居民以谢姓居多，均为汉族，全村 8 人，1 户。

姚家塆[Yáo jiā wān]　隶属于接官乡宋冲村。亦称姚家独屋。该居民点位于宋冲村东部。东接涂家塆，西邻金家小塆，南连涂家塆，北靠姜家独屋。居民以姚、姜姓居多，均为汉族，全村 10 人，3 户。

肖家凹[Xiāo jiā wā]　隶属于接官乡宋冲村。以姓氏与地理特征综合命名。该居民点位于宋冲村西部。东接痒凹山，西邻窑上塆，南连山冈，北黄水塘。居民以金姓居多，均为汉族，全村 12 人，3 户。

姜家独屋[Jiāng jiā dú wū]　隶属于接官乡宋冲村。以姓氏和村庄规模综合命名。该居民点位于宋冲村东北部。东接窑家独屋，西邻金家小塆，南连关山泵站，北靠上刘家塆。居民以姜姓居多，均为汉族，全村 10 人，3 户。

朱家独屋[Zhū jiā dú wū]　隶属于接官乡宋冲村。以姓氏和村庄规模综合命名。该居民点位于宋冲村西南部。东接朱家陡坡，西邻王家塆，南连洑水镇横山村，北靠孔家塆。居民以朱、孔姓居多，均为汉族，全村 12 人，3 户。

朱家陡坡[Zhū jiā dǒu pō]　隶属于接官乡宋冲村。以姓氏和地理特征综合命名。该居民点位于宋冲村东南部。东接马鞍村，西邻朱家独屋，南连马鞍村、洑水镇横山村，北靠孔家塆。居民以姜、孔、朱姓居多，均为汉族，全村 30 人，5 户。

十九、唐畈村[Tángfàn Cūn]

隶属于接官乡。以辖区内较大的居民点命名。该村位于接官乡东部，村委会所在地上唐家畈，距接官乡政府所在地 10 千米。东接赵棚镇联星村，西邻银铺村，南连会砦村，北靠赵棚镇务丰村、接官乡槎山村。截至 2015 年 1 月，辖区内共有 11 个自然塆：胡家塆、黄家塆、刘家塆、咀上独屋、上唐畈、汪家独屋、下唐畈、深茅独屋、学庭独屋、竹林塆、遵家楼。常住居民 257 户、共 1148 人。辖区占地面积 2. 6947 平方千米，以种植小麦、水稻为主。

民国时期属泰和(北三)乡、会接乡辖。1949 年 10 月唐畈村属槎山区辖。1952 年 10 月属第七区会砦乡辖。1954 年 8 月属赵棚区会砦乡辖。1956 年 3 月属第一区、第一指导小组会砦乡辖。1958 年 9 月属卫星人民公社会砦乡辖。1958 年 12 月唐畈村更名唐畈大队属赵棚人民公社会砦管理区辖。1961 年 4 月属赵棚区会砦人民公社辖。1966 年 9 月属红卫区(即赵棚区)会寨人民公社辖。1975 年 2 月属接官(莲花)人民公社会砦管理区辖。1979 年春，会砦管理区改属赵棚人民公社辖。1984 年 1 月唐畈大队更名唐畈村属赵棚区会寨乡辖。1987 年 10 月唐畈村属接官乡辖，沿用至今。

胡家塆[Hú jiā wān]　隶属于接官乡唐畈村。以姓氏命名。清朝中期，有一位胡姓居民在此处独自居住落籍，经过多年的发展人口规模不断增加，山林、田地百余亩，后出租给外姓氏耕种，外族李姓在此租地耕种，李姓为了耕种方便，迁入此处落户居住，因胡姓是当地大姓，自始至终叫“胡家塆”。该居民点位于唐畈村东北部，聚落呈块状分布。东接赵棚镇务丰村牛车塆，西邻槎山村蒋家垅，南连学庭独屋，北靠李家塆。以胡、李、唐姓为主，均为汉族。全塆 149 人，30 户。总面积 0. 3015 平方千米，耕地面积 0. 1005 平方千米。主要农作物为水稻、小麦，主要经济来源以外出务工为主。

黄家塆[Huáng jiā wān]　隶属于接官乡唐畈村。以姓氏命名。在战乱时期有黄姓在此处独屋居住，后不知什么原因黄姓消失，再后来便有唐姓迁居到此，由于本居民点坐落于四面环山之处，交通不便，随着形势的发展，大多数人都搬至城镇居住，少数仍然居住在此处，至今仍称“黄家塆”。该居民点位于唐畈村东北部，聚落呈块状分布。东接咀上塆，西邻学庭塆，南连遵家楼，北靠赵棚镇务丰村。以唐姓为主，均为汉族。全塆 86 人，25 户。总面积 0. 2425 平方千米，耕地面积 0. 0804 平方千米。主要农作物为水稻、小麦，主要经济来源以外出务工为主。

咀上独屋[Zuǐ shàng dú wū]　隶属于接官乡唐畈村。以地理特征和姓氏综合命名。清朝初期，唐姓分家到此，在位于一处河边咀上居住落籍，因人口规模较小所以称为独屋。改革开放后此处因交通出行不便，人们的经济收入不断增加，有些居民迁出村庄，但地名仍沿用至今。该居民点位于唐畈村东北部，聚落呈块状分布。东、北皆临遵家楼，西邻汪家独屋、竹林塆，南连竹林塆。居民以唐姓居多，均为汉族。全塆 68 人，10 户。总面积 0. 1407 平方千米，耕地面积 0. 0603 平方千米。主要农作物为水稻、小麦，主要经济来源以外出务工为主。

刘家塆[Liú jiā wān]　隶属于接官乡唐畈村。以姓氏命名，亦称刘家轭头塆。明朝中期由麻城过籍而来，在此处居住落籍，因所居住地后山像轭头便叫刘家轭头塆，经过祖辈多年的发展，人丁兴旺。改革开放后房屋不断改建，居民点面貌焕然一新，后更名叫刘家塆。该居民点位于唐畈村东南部，聚落呈块状分布。东接赵棚镇联星村大树塆，西邻小河，南连联星村池家塆，北靠竹林塆。以刘姓为主，均为汉族。全塆 238 人，56 户。总面积 0. 5226 平方千米，耕地面积 0. 1742 平方千米。主要农作物为水稻、小麦，主要经济来源以外出务工为主。

上唐畈[Shàng táng fàn]　隶属于接官乡唐畈村。以方位、姓氏和地理特征综合命名。该居民点位于唐畈村中部，聚落呈块状分布。东接小河，西邻深茅独屋，南连下唐畈，北靠学庭独屋。以唐姓为主，均为汉族。全塆 210 人，55 户。总面积 0. 4824 平方千米，耕地面积 0. 1407 平方千米。主要农作物为水稻、小麦，主要经济来源以外出务工为主。

深茅独屋[Shēn máo dú wū]　隶属于接官乡唐畈村。以当地产茅草而命名。在抗日战争时期人们逃难，邓姓居民在茅草山凹搓草棚居住，因而得名。该居民点位于唐畈村西部，聚落呈块状分布。东接上唐家畈，西邻银铺村，南连张家塆水库，北靠西边山。居民以唐姓居多，均为汉族，全塆 14 人，4 户。总面积 0. 075 平方千米，其中耕地面积 0. 0281 平方千米，主要农作物为水稻、小麦。

汪家独屋[Wāng jiā dú wū]　隶属于接官乡唐畈村。以姓氏和村庄规模综合命名。抗日战争期间，逃避战乱时有一位汪姓居民在此处落户居住，因人口较少故而得名为“汪家独屋”。该居民点位于唐畈村东部，聚落呈块状分布。东接赵棚镇联星村，西邻上唐家畈，南连竹林塆，北靠赵棚镇务丰村。以汪姓为主，均为汉族。全塆 34 人，7 户。总面积 0. 1085 平方千米，耕地面积 0. 0375 平方千米。主要农作物为水稻、小麦，主要经济来源以外出务工为主。

下唐畈[Xià táng fàn]　隶属于接官乡唐畈村。以方位、姓氏和地理特征综合命名。明朝初期，唐姓兄弟二人请来阴阳先生看风水，因前面一条河水环抱像极了乌龟的形态，认定是一处风水宝地，兄弟二人便在此居住落籍。因屋前有一片良田，取名叫唐畈。清朝中期唐畈出了一文一武两位官员，唐畈两兄弟向来不和，武官当时横行霸道，把文官唐美仁的家分到离唐畈一里的山坡上居住，由原唐畈分为上唐畈、下唐畈。此处名为“下唐畈”。该居民点位于唐畈村西南部，聚落呈块状分布。东接刘家塆，西邻银铺村，南连会寨村张家塆，北靠上唐畈。以唐姓为主，均为汉族。全塆 118 人，19 户。总面积 0.3484 平方千米，耕地面积 0.0871 平方千米。主要农作物为水稻，小麦，主要经济来源以外出务工为主。

学庭独屋[Xué tíng dú wū]　隶属于接官乡唐畈村。当地曾有一所私塾而命名。该居民点位于唐畈村中部，聚落呈块状分布。东接槎山村唐家院子，西邻咀上独屋，南连上唐家畈，北靠胡家塆。居民以刘、邓、陈姓居多，均为汉族。全塆 96 人，21 户。总面积 0.1809 平方千米，耕地面积 0.0576 平方千米。主要农作物为水稻、小麦，主要经济来源以外出务工为主。

竹林塆[Zhú lín wān]　隶属于接官乡唐畈村。当地盛产竹子而命名。该居民点位于唐畈村东部，聚落呈块状分布。东接赵棚镇联星村胡家塆，西邻上唐家畈，南连刘家塆，北靠咀上独屋。居民以唐姓居多，均为汉族。全塆 86 人，17 户。总面积 0.2077 平方千米，耕地面积 0.0657 平方千米。主要农作物为水稻、小麦，主要经济来源以外出务工为主。

遵家楼[Zūn jiā lóu]　隶属于接官乡唐畈村。清朝初期，由曾姓在此做独屋，经过多年的发展曾姓在此做了一栋木楼，得名曾家楼。后曾姓迁出，唐姓迁入，唐姓将曾家楼改为遵家楼，用于提醒族人遵守唐氏家训，故名。该居民点位于唐畈村东北部，聚落呈块状分布。东接赵棚镇联星村邓家院子，西邻黄家塆，南连咀上独屋，北靠邓家院子。以唐姓为主，均为汉族。全塆 35 人，9 户。总面积 0.0844 平方千米，耕地面积 0.0281 平方千米。主要农作物为水稻、小麦，主要经济来源以外出务工为主。

二十、土门村[Tǔmén Cūn]

隶属于接官乡。以辖区内居民点命名。该村位于接官乡西南部，村委会所在地猎洼水库东部，距接官乡政府所在地 9 千米。东接李冲村，西邻吴畈村和洑水镇白龙村，南连宋冲村，北靠冯畈村。截至 2015 年 1 月，辖区内共有 23 个自然塆：大塘洼、粉铺塆、会晤口、金家洼、老上塆、刘家塆、刘家小冲、盛家塆、土门、万家塘角、万家纸棚、新独洼、熊家老塆、熊家染行塆、喻家洼、喻家塆、岳家独洼、张家河、张家塆、张塆、竹林、岳家塆、小冲。常住居民 987 人，辖区占地面积 3.5 平方千米，耕地 1.316 平方千米，主要农作物为水稻、小麦。

1949 年 10 月土门村属洑水区。1952 年 10 月属洑水区莲花乡辖。1954 年属洑水区莲花乡辖。1956 年 3 月属第六区洑水乡辖。1958 年 9 月属东风人民公社接官乡辖。1958 年 12 月土门村更名土门大队属洑水人民公社莲花管理区辖。1975 年 2 月属接官(莲花)人民公社莲花管理区辖。1961 年 4 月属洑水区莲花人民公社辖。1984 年 1 月土门大队更名为土门村属洑水区莲花乡辖。1987 年 10 月土门村属接官乡辖，沿用至今。

大塘洼[Dà táng wā]　隶属于接官乡土门村。以地理位置命名。该居民点位于土门村东北部，聚落呈块状分布。东接李冲村，西邻刘家小冲，南连土门塆，北靠冯畈村。居民以万姓居多，均为汉族。总面积

0.80平方千米，耕地面积0.036平方千米。全塆共5户，27人。主要农作物为水稻、小麦，主要经济来源以外出务工为主。

粉铺塆[Fěn pù wān]　隶属于接官乡土门村。以经济活动命名。该地名以当地加工制作粉面食品而命名。该居民点位于土门村东南部，聚落呈块状分布。东接张家塆，西邻乌兔山，南连宋冲村，北靠老上塆。居民以万姓居多，均为汉族。总面积0.0380平方千米，耕地面积0.0333平方千米。全塆6户，49人。主要农作物为水稻、小麦，主要经济来源以外出务工为主。

会晤口[Huì wù kǒu]　隶属于接官乡土门村。以历史故事命名。当地为民国时期共产党会晤地，后来村支部在此开办工厂、代销部，取名会晤口。该居民点位于土门村东部，聚落呈块状分布。东接李冲村，西邻宋冲村，南连宋冲村，北靠喻家塆。居民以万、杨姓居多，均为汉族。总面积0.0320平方千米，耕地面积0.0287平方千米。全塆12户，40人。主要农作物为水稻、小麦，主要经济来源以外出务工为主。

金家洼[Jīn jiā wā]　隶属于接官乡土门村。以姓氏和地理特征综合命名。原有一金姓居民在此耕田种地，在一个大山洼里落籍，故名。该居民点位于土门村东部，聚落呈块状分布。东接宋冲村和岳家塆，西邻熊家老屋，南连宋冲村，北靠喻家塆。以金姓为主，均为汉族。总面积0.0313平方千米，耕地面积0.0267平方千米。全塆10户，35人。主要农作物为水稻、小麦，主要经济来源以外出务工为主。

老上塆[Lǎo shàng wān]　隶属于接官乡土门村。该地名以当地处在土门村最高点而命名。该居民点位于土门村东部，聚落呈块状分布。东接金家洼，西邻乌兔山，南连宋冲村，北靠刘家小冲。居民以金姓居多，均为汉族。总面积0.1200平方千米，耕地面积0.0600平方千米。全塆10户，45人。主要农作物为水稻、小麦，主要经济来源以外出务工为主。

刘家塆[Liú jiā wān]　隶属于接官乡土门村。以姓氏命名。该居民点位于土门村东北部，聚落呈块状分布。东接竹林塆，西邻干塘凹，南连当地竹林，北靠万家纸棚。以刘姓为主，均为汉族。总面积0.0280平方千米，耕地面积0.0253平方千米。全塆10户，40人。主要农作物为水稻、小麦，主要经济来源以外出务工为主。

刘家小冲[Liú jiā xiǎo chōng]　隶属于接官乡土门村。以姓氏和地理特征综合命名。该居民点位于土门村东北部，聚落呈块状分布。东接八斗冲，西邻金家河，南连八斗冲，北靠金家河。以刘、张姓为主，均为汉族。总面积0.0420平方千米，耕地面积0.0367平方千米。全塆11户，53人。主要农作物为水稻、小麦，主要经济来源以外出务工为主。

盛家塆[Shèng jiā wān]　隶属于接官乡土门村。以姓氏命名。该居民点位于土门村东部，聚落呈块状分布。东接李冲村，西邻对面山，南连喻家塆，北靠张家塆。以万姓为主，均为汉族。总面积0.0533平方千米，耕地面积0.0213平方千米。全塆3户，16人。主要农作物为水稻、小麦，主要经济来源以外出务工为主。

土门[Tǔ mén]　隶属于接官乡土门村。该自然塆地处山区，在山的交界处有条深沟，人们在此通过时修建了一座土门，因此而得名。该居民点位于土门村中部，聚落呈块状分布。东接李冲村，西邻八斗冲，南连喻家塆，北靠大塘凹。居民以万姓居多，均为汉族。总面积1.2平方千米，耕地面积0.0493平方千米。

全塆 8 户，37 人。主要农作物为水稻、小麦，主要经济来源以外出务工为主。

万家塘角[Wàn jiā táng jiǎo] 隶属于接官乡土门村。以姓氏和地理位置综合命名。该居民点位于土门村东南部，聚落呈块状分布。东接宋冲村和岳家塆，西邻熊家老塆，南连宋冲村，北靠粉铺塆。以万姓为主，均为汉族。总面积 0.1067 平方千米，耕地面积 0.0533 平方千米。全塆 4 户，40 人。主要农作物为水稻、小麦，主要经济来源以外出务工为主。

万家纸棚[Wàn jiā zhǐ péng] 隶属于接官乡土门村。以姓氏和经济活动命名。因万姓人家在此开办造纸作坊而得名。该居民点位于土门村东部，聚落呈块状分布。东接李冲村，西邻筲箕塆，南连刘家塆，北靠岳家凹。以万姓为主，均为汉族。总面积 0.0533 平方千米，耕地面积 0.0267 平方千米。全塆 11 户，42 人。主要农作物为水稻、小麦，主要经济来源以外出务工为主。

新独洼[Xīn dú wā] 隶属于接官乡土门村。以姓氏命名。新中国成立后有位姓万的人家迁徙到这大山洼里来耕种，繁衍生息。相对于其他村落的形成，他算比较新的村庄，故名。该居民点位于土门村东北部，聚落呈块状分布。东接喻家凹，西邻老上塆，南连金家凹，北靠刘家小冲。以万姓为主，均为汉族。总面积 0.0200 平方千米，耕地面积 0.0120 平方千米。全塆 2 户，9 人。主要农作物为水稻、小麦，主要经济来源以外出务工为主。

熊家老塆[Xióng jiā lǎo wān] 隶属于接官乡土门村。以姓氏与村庄历史综合命名。居民的主要姓氏为熊，新中国成立前熊姓居民在此处居住落籍，人口规模慢慢发展起来，后有熊姓迁出，故而人们取名为“熊家老屋”。该居民点位于土门村西南部，聚落呈块状分布。东接宋冲村，西邻吴畈村，南连吴畈村，北靠张家塆。以熊姓为主，均为汉族。总面积 0.0300 平方千米，耕地面积 0.0267 平方千米。全塆 11 户，40 人。主要农作物为水稻、小麦，主要经济来源以外出务工为主。

熊家染行塆[Xióng jiā rǎn háng wān] 隶属于接官乡土门村。以姓氏和经济活动综合命名。新中国成立以前，当地开设染坊，织布和染布，且在抗战时期为八路军提供后方补给而命名。该居民点位于土门村西南部，聚落呈块状分布。东接熊家老塆，西邻吴畈村，南连宋冲村，北靠张家塆。以熊姓为主，均为汉族。总面积 0.0487 平方千米，耕地面积 0.0420 平方千米。全塆 15 户，62 人。主要农作物为水稻、小麦，主要经济来源以外出务工为主。

喻家洼[Yù jiā wā] 隶属于接官乡土门村。以姓氏和地理特征综合命名。该居民点位于土门村东北部。东接竹林塆，西邻新独屋，南连金家凹，北靠筲箕凹。以喻姓为主，均为汉族。总面积 0.0133 平方千米，耕地面积 0.0100 平方千米。全塆 1 户，15 人。主要农作物为水稻、小麦，主要经济来源以外出务工为主。

喻塆[Yù wān] 隶属于接官乡土门村。以姓氏命名。该居民点位于土门村东南部，聚落呈块状分布。东接李冲村，西邻对面山，南连金家塆，北靠盛家塆。以喻姓为主，均为汉族。总面积 0.0313 平方千米，耕地面积 0.0267 平方千米。全塆 12 户，38 人。主要农作物为水稻、小麦，主要经济来源以外出务工为主。

岳家独洼[Yuè jiā dú wā] 隶属于接官乡土门村。以姓氏和地理特征综合命名。该居民点位于土门村东北部，聚落呈块状分布。东接李冲村，西邻万家纸棚，南连大山，北靠大塘凹。以岳姓为主，均为汉族。总面积 0.0267 平方千米，耕地面积 0.0200 平方千米。全塆 6 户，15 人。主要农作物为水稻、小麦，主要经济来源以外出务工为主。

张家河[Zhāng jiā hé] 隶属于接官乡土门村。以姓氏和地理位置综合命名。该居民点位于土门村北部，聚落呈块状分布。东接土门村村委会办公室，西邻白龙村，南连刘家小冲，北靠八斗冲。以张姓为主，均为汉族。总面积0.0800平方千米，耕地面积0.0427平方千米。全垮7户，32人。主要农作物为水稻、小麦，主要经济来源以外出务工为主。

张家垮[Zhāng jiā wān] 隶属于接官乡土门村。以姓氏命名。该居民点位于土门村南部，聚落呈块状分布。东接万家塘角，西邻吴畈村，南连熊家老垮，北靠土门村村委会办公室。以张姓为主，均为汉族。总面积0.0480平方千米，耕地面积0.0413平方千米。全垮15户，60人。主要农作物为水稻、小麦，主要经济来源以外出务工为主。

张垮[Zhāng wān] 隶属于接官乡土门村。以姓氏命名。该居民点位于土门村东部，聚落呈块状分布。东接跑马岭，西邻九斗洼，南连盛家垮，北靠金家洼。以金姓为主，均为汉族。总面积0.1333平方千米，耕地面积0.0413平方千米。全垮6户，31人。主要农作物为水稻、小麦，主要经济来源以外出务工为主。

竹林[Zhú lín] 隶属于接官乡土门村。以物产命名。该居民点位于土门村东北部，聚落呈块状分布。东接李冲村，西邻喻家凹，南连坳口，北靠刘家垮。居民以喻姓居多，均为汉族。总面积0.0267平方千米，耕地面积0.0247平方千米。全垮11户，36人。主要农作物为水稻、小麦，主要经济来源以外出务工为主。

岳家垮[Yuè jiā wān] 隶属于接官乡土门村。以姓氏命名。该居民点位于土门村东北部，聚落呈块状分布。东接龙凹水库，西邻筲箕洼，南连万家纸棚，北靠八斗冲。居民以岳姓居多，8户36人。

小冲[Xiǎo chōng] 隶属于接官乡土门村。该居民点位于土门村东北部，聚落呈块状分布。东接刘家垮，西邻金家河，南连干塘凹，刘靠刘家小冲。居民以万、杨、张姓居多，7户35人。

二十一、吴畈村[Wúfàn Cūn]

隶属于接官乡。以辖区内较大的居民点命名。该村位于接官乡北部，村委会所在地秦家垮西南公路边，距接官乡政府所在地13千米。东接宋冲村，西邻洑水镇杨桥村，南连洑水镇横山村，北靠土门村。截至2015年1月，辖区内共有13个自然垮：蔡家垮、何家垮、横塘角、胡家垮、金家垮、阙家垮、秦家垮、饶家垮、吴家上畈、吴家下畈、熊家嫩垮、熊家烈凹、张家垮。常住居民196户，人口893人。辖区占地面积4平方千米，耕地面积0.78平方千米。以种植水稻、小麦、油菜、棉花为主。

1949年10月属洑水区辖。吴畈村1950年10月属第六区莲花乡辖。1954年8月属洑水莲花乡辖。1956年3月属第六区洑水乡辖。1958年9月吴畈村更名吴畈大队属东风人民公社莲花管理区辖。1958年12月属洑水人民公社莲花管理区辖。1961年4月属洑水区莲花人民公社辖。1966年9月属向阳区莲花人民公社辖。1975年2月属接官(莲花)人民公社莲花管理区辖。1979年2月撤销接官(莲花)人民公社，吴畈大队属洑水人民公社莲花管理区辖。1984年1月吴畈大队更名吴畈村属洑水区莲花乡辖。1987年10月，吴畈村属安陆市接官乡辖，沿用至今。

蔡家塆[Cài jiā wān]　隶属于接官乡吴畈村。以姓氏命名。该居民点位于吴畈村西北部，聚落呈块状分布。东接清水塘水库，西邻何家塆，南连吴家上畈，北靠乌兔山。以秦、熊姓为主，均为汉族。该塆 10 户，72 人。总面积 0.2 平方千米，耕地面积 0.0483 平方千米。农作物以水稻、小麦、油菜为主，主要经济来源为务工务农。

何家塆[Hé jiā wān]　隶属于接官乡吴畈村。以姓氏命名。原名何家庙后塆，更名何家塆。该居民点位于吴畈村西南部，聚落呈块状分布。东接金家塆，西邻伏水镇陡坡村，南连吴家上畈，北靠乌兔山。以何姓为主，均为汉族。该塆 13 户，67 人。总面积 0.2 平方千米，耕地面积 0.0415 平方千米。农作物以水稻、小麦、油菜为主，主要经济来源为务工务农。

横塘角[Héng táng jiǎo]　隶属于接官乡吴畈村。以地理位置命名。因当地面向横山脚下的三角形横塘一角。该居民点位于吴畈村西南部，聚落呈块状分布。东接宋冲村，西邻饶家塆，南连横山村，北靠张家塆。以朱姓为主，均为汉族。该塆 23 户，132 人。总面积 1.2 平方千米，耕地面积 0.0884 平方千米。农作物以水稻、小麦、油菜为主，主要经济来源为务工务农。

胡家塆[Hú jiā wān]　隶属于接官乡吴畈村。以姓氏命名。该居民点位于吴畈村东部，聚落呈块状分布。东接宋冲村，西邻村委会办公室，南连张家塆，北靠土门村。以胡姓为主，均为汉族。该塆 4 户，22 人。总面积 0.15 平方千米，耕地面积 0.0268 平方千米。农作物以水稻、小麦、油菜为主，主要经济来源为务工务农。

金家塆[Jīn jiā wān]　隶属于接官乡吴畈村。以姓氏命名。该居民点位于吴畈村西北部，聚落呈块状分布。东接熊家嫩塆，西邻无名山，南连吴家下畈，北靠何家塆。以金姓为主，均为汉族。该塆 7 户，35 人。总面积 0.15 平方千米，耕地面积 0.0402 平方千米。以种植水稻、小麦、油菜为主，主要经济来源以外出务工为主。

阚家塆[Kàn jiā wān]　隶属于接官乡吴畈村。以姓氏命名。该居民点位于吴畈村南部，聚落呈块状分布。东接张家塆，西邻杨桥村，南连饶家塆，北靠秦家塆。以舒姓为主，均为汉族。该塆 8 户，36 人。总面积 0.15 平方千米，耕地面积 0.0268 平方千米。农作物以水稻、小麦、油菜为主，主要经济来源为务工务农。

秦家塆[Qín jiā wān]　隶属于接官乡吴畈村。以姓氏命名。该居民点位于吴畈村中部，聚落呈块状分布。东接宋冲村高家塆，西邻吴家下畈，南连张家塆，北靠吴家下畈。以秦姓为主，均为汉族。该塆 26 户，112 人。总面积 1 平方千米，耕地面积 0.075 平方千米。农作物以水稻、小麦、油菜为主，主要经济来源为务工务农。

饶家塆[Ráo jiā wān]　隶属于接官乡吴畈村。以姓氏命名。该居民点位于吴畈村西南部，聚落呈块状分布。东接横塘角，西邻杨桥村，南连横山村，北靠阚家塆。以饶、胡、王姓为主，均为汉族。该塆 23 户，142 人。总面积 1.5 平方千米，耕地面积 0.0737 平方千米。农作物以水稻、小麦、油菜为主，主要经济来源为务工务农。

吴家上畈[Wú jiā shàng fàn] 隶属于接官乡吴畈村。以姓氏和方位综合命名。当地早年是一大户吴姓人家的大儿子分得家产上畈 100 多亩土地。该居民点位于吴畈村西部，聚落呈块状分布。东接村委会办公室，西邻陡坡村，南连吴家下畈，北靠何家塆。以吴姓为主，均为汉族。该塆 33 户，127 人。总面积 1. 2 平方千米，耕地面积 0. 085 平方千米。农作物以水稻、小麦、油菜为主，主要经济来源为务工务农。

吴家下畈[Wú jiā xià fàn] 隶属于接官乡吴畈村。以姓氏和方位综合命名。因当地最早是一大户吴姓人家的小儿子分得下畈 100 多亩土地而命名。该居民点位于吴畈村西部，聚落呈块状分布。东接村委会办公室，西邻杨桥村，南连陡岩河，北靠吴家上畈。以吴姓为主，均为汉族。该塆 22 户，112 人。总面积 1 平方千米，耕地面积 0. 075 平方千米。农作物以水稻、小麦、油菜为主，主要经济来源为务工务农。

熊家烈凹[Xióng jiā liè wā] 隶属于接官乡吴畈村。以姓氏和地理特征综合命名。本居民点梨树较多，原名叫“熊家梨凹”后演变为“熊家烈凹”。该居民点位于吴畈村东部，聚落呈块状分布。东接土门村，西邻清水塘水库，南连土门村，北靠巫兔山。现无人居住。

熊家嫩塆[Xióng jiā nèn wān] 隶属于接官乡吴畈村。以姓氏和村庄形成时间命名。熊姓村庄形成世间较短，故名。该居民点位于吴畈村东北部，聚落呈块状分布。东接土门村，西邻蔡家塆，南连秦家塆，北靠乌兔山。以熊姓为主，均为汉族。该塆 32 户，130 人。总面积 1. 5 平方千米，耕地面积 0. 059 平方千米。农作物以水稻、小麦、油菜为主，主要经济来源为务工务农。

张家塆[Zhāng jiā wān] 隶属于接官乡吴畈村。以姓氏命名。该居民点位于吴畈村西南部，聚落呈块状分布。东接宋冲村，西邻阙家塆，南连横塘角，北靠村委会办公室。以张姓为主，均为汉族。该塆 12 户，74 人。总面积 0. 2 平方千米，耕地面积 0. 0502 平方千米。农作物以水稻、小麦、油菜为主，主要经济来源为务工务农。

二十二、霞山村[Xiáshān Cūn]

隶属于接官乡。该村位于接官乡南部，村委会所在地中接公路杨家塆东，距接官乡政府所在地 4 千米。东接银铺村，西邻莲花村，南连倪庙村，北靠颛庙村。截至 2015 年 1 月，辖区内共有 14 个自然塆：黄家塆、金家塆、刘家塆、沈家塆、施家大塆、施家咀、孙家独屋、孙家塆、杨家塆、赵家塆、卓家塆、雷家塆、楼子塆、喻家凹。常住居民 112 户，451 人。辖区占地面积 1. 876 平方千米，耕地 0. 3283 平方千米，以种植水稻为主。

民国时期属泰和乡、会接乡辖。1949 年 10 月霞山村属槎山区辖。1952 年 10 月属第七区会呰乡辖。1954 年 8 月属赵棚区会呰乡辖。1956 年 3 月属第一区会呰乡辖。1958 年 9 月属卫星人民公社会呰乡辖。1958 年 12 月霞山村更名霞山大队属赵棚人民公社会呰管理区辖。1961 年 4 月属赵棚区会呰人民公社辖。1966 年 9 月属红卫区会呰人民公社辖。1975 年 2 月属接官人民公社会呰管理区辖。1984 年 1 月霞山大队更名霞山村属赵棚区会呰乡辖。1987 年 10 月霞山村属接官乡辖，沿用至今。

黄家塆[Huáng jiā wān]　隶属于接官乡霞山村。以姓氏命名。该居民点位于霞山村西南部，聚落呈块状分布。东接黄塆水库，西邻倪庙村，南连倪庙村，北靠施家塆。以胡、金姓为主，均为汉族。该塆5户，25人。总面积0.1平方千米，其中耕地面积0.0188平方千米。农作物以水稻、小麦为主，主要经济来源为务工务农。

金家塆[Jīn jiā wān]　隶属于接官乡霞山村。以姓氏命名。该居民点位于霞山村东北部，聚落呈块状分布。东接银铺村田家塆，西邻金塆水库，南连孙家塆，北靠银铺村方家月塘。以胡、方、邓姓为主，均为汉族。该塆7户，24人。总面积0.15平方千米，耕地面积0.022平方千米。农作物以水稻、小麦为主，主要经济来源为务工务农。

刘家塆[Liú jiā wān]　隶属于接官乡霞山村。以姓氏命名。该居民点位于霞山村西部，聚落呈块状分布。东接公路、刘家塆大冲，西邻沈家塆，南连榔树堰，北靠长山冈。以张、彭姓为主，均为汉族。该塆18户，63人。总面积0.2平方千米，耕地面积0.0382平方千米。农作物以水稻、小麦为主，主要经济来源为务工务农。

沈家塆[Shěn jiā wān]　隶属于接官乡霞山村。以姓氏命名。相传在150年前有位姓沈的人家搬迁入住此地，有一手做豆腐的好手艺，方圆几里称赞他“沈豆腐”的好名气，后更改为沈家塆。该居民点位于霞山村西部，聚落呈块状分布。东接刘家塆，西邻彭家大山，南连施家塆，北靠卓家塆。以邓、张、艾姓为主，均为汉族。该塆6户，23人。总面积0.15平方千米，耕地面积0.0168平方千米。农作物以水稻、小麦为主，主要经济来源为务工务农。

施家大塆[Shī jiā dà wān]　隶属于接官乡霞山村。以姓氏和村庄规模综合命名。据说施姓祖辈在此居住有150年的历史，施姓祖辈有位郎中是开药铺的，此地原叫药铺塆。该居民点位于霞山村西南部，聚落呈块状分布。东接施家畈，西邻莲花村，南连黄家塆，北靠沈家塆。以施姓为主，均为汉族。该塆13户，51人。总面积0.2平方千米，耕地面积0.0408平方千米。农作物以水稻、小麦为主，主要经济来源为务工务农。

施家咀[Shī jiā zuǐ]　隶属于接官乡霞山村。以姓氏和地理位置综合命名。该居民点位于霞山村南部，聚落呈块状分布。东接银铺村，西邻施家畈，南连倪庙村汪家塆，北靠赵家塆。以卢、杨姓为主，均为汉族。该塆7户，29人。总面积0.18平方千米，耕地面积0.0174平方千米。农作物以水稻、小麦为主，主要经济来源为务工务农。

孙家独屋[Sūn jiā dú wū]　隶属于接官乡霞山村。以姓氏和村庄规模综合命名。该居民点位于霞山村东南部，聚落呈块状分布。东接中接公路，西邻大塘、山冈，南连银铺村，北靠村委会办公室。以孙、艾姓为主，均为汉族。该塆6户，26人。总面积0.1平方千米，耕地面积0.0181平方千米，农作物以水稻、小麦为主，主要经济来源为务工务农。

孙家塆[Sūn jiā wān]　隶属于接官乡霞山村。以姓氏命名。该居民点位于霞山村东部，聚落呈块状分布。东接银铺村，西邻中(塆)接(官)公路，南连霞山冈，北靠雷家塆。以胡、方姓为主，均为汉族。该塆8户，32人。总面积0.15平方千米，耕地面积0.021平方千米。农作物以水稻、小麦为主，主要经济来源为务工务农。

杨家塆[Yáng jiā wān] 隶属于接官乡霞山村。以姓氏命名。当地流传这样的传说，清朝年间该居民点有位女人长得非常漂亮，朝廷选秀选中这个女人，入宫后尊为娘娘，这位女人姓氏为杨。该居民点位于霞山村中西部，聚落呈块状分布。东接村委会办公室，西邻公路、银铺村刘家塆，南连赵家塆，北靠金家塆。以金姓为主，均为汉族。该塆 9 户，30 人。总面积 0.15 平方千米，耕地面积 0.0275 平方千米。农作物以水稻、小麦为主，主要经济来源为务工务农。

赵家塆[Zhào jiā wān] 隶属于接官乡霞山村。以姓氏命名。该居民点位于霞山村南部，聚落呈块状分布。东接中接公路，西邻施家畈田地，南连施家咀，北靠村委会办公室。以喻、杨、张姓为主，均为汉族。该塆 9 户，34 人。总面积 0.15 平方千米，耕地面积 0.0261 平方千米。农作物以水稻、小麦为主，主要经济来源为务工务农。

卓家塆[Zhuó jiā wān] 隶属于接官乡霞山村。以姓氏命名。该居民点位于霞山村西北部，聚落呈块状分布。东接长山冈，西邻莲花村，南连沈家塆，北靠卓家塆水库。以邓、艾、张姓为主，均为汉族。该塆 11 户，人口 50 人。总面积 0.2 平方千米，耕地面积 0.0369 平方千米。农作物以水稻、小麦为主，主要经济来源为务工务农。

雷家塆[Léi jiā wān] 隶属于接官乡霞山村。以姓氏命名。该居民点位于霞山村东北部。东接银铺村，西邻中接公路，南连梨园山，北靠银铺村方家月塘塆。居民以王、罗姓居多，均为汉族，共 2 户、12 人。

楼子塆[Lóu zi wān] 隶属于接官乡霞山村。以姓氏命名。该居民点位于霞山村东部，聚落呈块状分布。东接银铺村付家塆，西邻孙家塆，南连中接公路，北靠黄土洼。居民以盛、张姓居多，均为汉族，共 5 户、22 人。

喻家凹[Yù jiā wā] 隶属于接官乡霞山村。以姓氏命名。该居民点位于霞山村西北部。东接刘家塆大冲，西邻长山冈，南连小喻家凹，北靠罗家凹。

二十三、新龙村[Xīnlóng Cūn]

隶属于接官乡。昔时境内有一山名凤凰山，一寺名新龙寺。新龙村原名凤凰村，20 世纪 70 年代更名为新龙村。该村位于接官乡东南部，村委会所在地新龙街，距接官乡政府所在地 15 千米。东接赵棚镇杨兴村，西邻秦畈村，南连赵棚镇中塆村，北靠何家凹、会砦村和周家河。截至 2015 年 1 月，辖区内共有 1 个街区：新龙街，7 个自然塆：百果园、畈上塆、费家塆、河边塆、老杨家塆、吴家独屋、杨家月塘塆，1 个消失居民点：楼上塆。常住居民 545 人，辖区占地面积 1.742 平方千米，以种植小麦、水稻为主。

民国时期属泰和(北三)乡、会接乡辖。1949 年 10 月凤凰村属槎山区辖。1952 年 10 月是第七区会砦乡辖。1954 年 8 月属赵棚区会砦乡辖。1956 年 3 月属第一区、第一指导小组会砦乡辖。1958 年 9 月凤凰村更名凤凰大队属卫星人民公社会砦乡辖。1958 年 12 月属赵棚人民公社会砦管理区辖。1961 年 4 月属赵棚区会砦人民公社辖。1966 年 9 月属红卫区会砦人民公社辖。1975 年 2 月属接官(莲花)人民公社辖。1984 年 1 月新龙大队更名新龙村属赵棚区会砦乡辖。1987 年 10 月，新龙村属接官乡辖，沿用至今。

新龙街[Xīn lóng jiē]　隶属于接官乡新龙村。因当地新农村建设，新龙村村民搬迁于此新建的一条街道。该居民点位于新龙村中部，聚落呈条状分布。该街呈南、北走向，起于费家塆后山，止于凤凰山尾，全长 1200 米左右，宽度 20 米。面积 0. 1608 平方千米，是改革开放自然形成小型人居小街，入驻农户 70 余家，242 人，街道设有便民经营点 2 家，村级医疗室、老年人互助照料活动中心，白肉屠宰户 2 家，粮食加工经营部、农资经营部、水电安装经营户，街道开通了有线电视，宽带网线，并用上了自来水，沼气做饭。80%的用户用上了太阳能和热水器。1988 年建成命名新龙街。

白果园[Bái guǒ yuán]　隶属于接官乡新龙村。该塆种植多种果树。历史上因白果树而得名，居民杂姓，几经轮转白果树早已不见了踪迹，入住人家也是出出进进，但名称一直沿用至今。该居民点位于新龙村东南部，聚落呈块状分布。东接杨兴村，西邻老杨家塆，南连赵棚镇金塘村(现中塆村)胡家冲，北靠河边塆。以杨姓、夏姓、胡姓为主，均为汉族。全塆 5 户，18 人。总面积 2 平方千米，耕地面积 0. 0362 平方千米。农作物以水稻、小麦为主，主要经济来源为务工务农。

畈上塆[Fàn shàng wān]　隶属于接官乡新龙村。以地理位置命名。该居民点位于新龙村中部，聚落呈块状分布。东接河边塆，西邻老杨家塆，南连大堰，北靠杨兴村周家河咀。以杨姓为主，均为汉族，全村 38 人。总面积 0. 0935 平方千米，耕地面积 0. 0402 平方千米，农作物以水稻、小麦为主，主要经济来源为务工务农。

费家塆[Fèi jiā wān]　隶属于接官乡新龙村。以姓氏命名。因居民由费姓、杨姓、卢姓、卓姓、李姓户主组成，其中费姓、杨姓为大姓，费姓为主要姓氏，杨姓为客姓，故称之为“费家塆”。该居民点位于新龙村南部，聚落呈块状分布。东接中塆村胡家冲，西邻仰家塆、陡岩河渠道，南连陡山，北靠楼上塆。以费姓、杨姓为主，均为汉族，全村 27 户，115 人。总面积 0. 3015 平方千米，耕地面积 0. 1541 平方千米。农作物以水稻、小麦为主，主要经济来源为务工务农。

河边塆[Hé biān wān]　隶属于接官乡新龙村。以地理位置命名。该居民点位于新龙村东部，聚落呈块状分布。东接赵棚镇杨兴村严家塆，西邻畈上塆，南连白果园，北靠杨兴村杨家中塆。以胡姓为主，均为汉族，全村 7 户，32 人。总面积 0. 0892 平方千米，耕地面积 0. 0429 平方千米。农作物以水稻、小麦为主，主要经济来源为务工务农。

老杨家塆[Lǎo yáng jiā wān]　隶属于接官乡新龙村。以村庄历史和姓氏综合命名。该居民点位于新龙村中部，聚落呈块状分布。东接百果园，西邻中接公路，南连费家塆，北靠畈上塆。以杨姓为主，均为汉族。全村 7 户，26 人。总面积 0. 2814 平方千米，耕地面积 0. 0348 平方千米。农作物以水稻、小麦为主，主要经济来源为务工务农。

吴家独屋[Wú jiā dú wū]　隶属于接官乡新龙村。以姓氏和村庄规模综合命名。该居民点位于新龙村西部。东接卓家独屋，西邻秦畈村，南连长冲，北靠秦畈村下秦家畈。以吴姓为主，均为汉族，全村 1 户，4 人。总面积 0. 0268 平方千米，耕地面积 0. 0054 平方千米。农作物以水稻、小麦为主，主要经济来源为务工务农。

杨家月塘塆[Yáng jiā yuè táng wān]　隶属于接官乡新龙村。以姓氏和地理特征综合命名。当地以杨姓村民为主，居民点门前有一口形似月亮的池塘，从东到西全长近200米，宽20余米，呈半圆形形似初八月亮的塘，包围着整个村庄，人们习惯称之为月亮塆。民国时期安陆县伪县长、民团团长胡超武就出生在此处，当时称胡家月塘塆。后由于杨氏人口超过胡氏人口，而胡家月塘塆又与多地重名，便于区别故称"杨家月塘塆"。该居民点位于新龙村北部，聚落呈块状分布。东接楼子塆，西邻凤凰山，南连赵棚镇杨兴村杨家中塆，北靠会寨村费家畈。以杨姓为主，均为汉族。全村26户，115人。总面积0.3484平方千米，耕地面积0.1541平方千米。农作物以水稻、小麦为主，主要经济来源为务工务农。

楼上塆[Lóu shàng wān]　隶属于接官乡新龙村。该居民点位于新龙村东南部，聚落呈块状分布。东接白果园，西邻中接公路，南连费家塆，北靠老杨家塆。现无人居住。

二十四、杨冲村[Yángchōng Cūn]

隶属于接官乡。昔时杨姓居住在一条大冲边，得名杨家冲。该村位于接官乡东南部，村委会所在地王家台子西北侧，距接官乡政府所在地3.5千米。东接槎山村，南连银铺村，西邻颛庙村，北靠接官村。主要姓氏有艾、杨、肖、熊、陈、罗、王、谢等，均为汉族。辖区共有艾家塆、陈家咀、楼子塆、罗家独屋、罗家畈、塌沟、王家台子塆、王家榨、杨家塆、杨家独屋、肖家塆、熊家塆、谢家畈等13个自然塆。共有152户，650人。总面积2.91平方千米，耕地面积0.647平方千米。主要农作物为水稻、小麦，主要经济来源为种植、养殖及外出打工。

民国时期属泰和乡、会接乡辖。1949年10月杨冲村属槎山区辖。1952年10月属第七区会砦乡辖。1954年8月属赵棚区会砦乡辖。1956年3月属第一区会砦乡。1958年9月杨冲村更名为杨冲大队属卫星人民公社会砦乡辖。1958年12月属赵棚人民公社会砦管理区辖。1961年4月属赵棚区会砦人民公社辖。1966年9月属红卫区会砦人民公社辖。1975年2月属接官人民公社会砦管理区辖。1984年1月杨冲大队更名杨冲村属赵棚区会砦乡辖。1987年10月，杨冲村属安陆市接官乡辖，沿用至今。

艾家塆[Ài jiā wān]　隶属于接官乡杨冲村。以姓氏命名。清朝时艾氏先祖搬迁到此地，房子周围都是院子，取名为艾家院子，土地改革的时候更名为艾家塆。该居民点位于杨冲村北部，聚落呈块状分布。东接塌沟，西邻金台村罗家独屋，南连楼子塆，北靠接官村付家冲。以艾姓为主，均为汉族。共有13户，50人。总面积0.173平方千米，耕地面积0.033平方千米。农作物以水稻、小麦、油菜为主，主要经济来源为务工务农。

陈家咀[Chén jiā zuǐ]　隶属于接官乡杨冲村。以姓氏和地理特征综合命名。因该塆以陈姓村民居多，麻城过籍后，有两户陈氏家族的成员在此居住，居住的地方位于山咀上，此后陈姓人家世代在此居住。故名。该居民点位于杨冲村中部，聚落呈块状分布。东接槎山水库，西邻肖家塆，南连王家台子塆，北靠熊家塆。以陈姓为主，均为汉族。共有 16 户，66 人。总面积 0. 2 平方千米，耕地面积 0. 037 平方千米。农作物以水稻、小麦、油菜为主，主要经济来源为务工务农。

楼子塆[Lóu zi wān] 隶属于接官乡杨冲村。以建筑特征命名。很早以前村庄后山太高，居民住的不是很顺利，就在北边做了一个一层的楼房，南边做了一个两层的楼房，故而取名“楼子塆”。该居民点位于杨冲村北部，聚落呈块状分布。东接熊家塆，西邻艾家塆，南连杨家塆，北靠塌沟。以肖姓为主，均为汉族。该塆 15 户，80 人。总面积 0. 2 平方千米，耕地面积 0. 047 平方千米。农作物以水稻、小麦、油菜为主，主要经济来源为务工务农。

罗家独屋[Luó jiā dú wū] 隶属于接官乡杨冲村。以姓氏和村庄规模综合命名。该居民点位于杨冲村东南部。东接槎山村，西邻陈家咀，南连王家台子，北靠槎山水库。以罗姓为主，均为汉族。该塆 2 户，18 人。总面积 0. 133 平方千米，耕地面积 0. 02 平方千米。农作物以水稻、小麦、油菜为主，主要经济来源为务工务农。

罗家畈[Luó jiā fàn] 隶属于接官乡杨冲村。以姓氏和地理位置综合命名。该居民点位于杨冲村西南部，聚落呈条状分布。东接银铺村梅家独屋，西邻颛庙村院子塆，南连颛庙村黄家独屋，北靠谢家畈。以李、罗姓为主，均为汉族。该塆 19 户，79 人。总面积 0. 2 平方千米，耕地面积 0. 053 平方千米。农作物以水稻、小麦、油菜为主，主要经济来源为务工务农。

塌沟[Tā gōu] 隶属于接官乡杨冲村。以地理特征命名。该居名点村民很早以前途径槎山西南方，一眼望去东是山，西也是山，但中间是一个山沟，故而取名为塌沟。该居民点位于杨冲村西北部，聚落呈块状分布。东接槎山村槎山双井寺，西邻艾家塆，南连楼子塆，北靠接官村付家冲。以肖姓为主，均为汉族。共有 10 户，40 人。总面积 0. 33 平方千米，耕地面积 0. 023 平方千米。农作物以水稻、小麦、油菜为主，主要经济来源为务工务农。

王家台子塆[Wáng jiā tái zi wān] 隶属于接官乡杨冲村。以姓氏和地理特征综合命名。该自然塆以王姓村民为主，清朝末期，王氏家族有 3 户人家搬迁到此处居住，分为上台子湾、下台子塆，上面的只居住这一户人家，下方却居住着两户人家，大家在此繁衍生息，故取名“王家台子塆”。该居民点位于杨冲村西南部，聚落呈块状分布。东接槎山村庙凹，西邻王家榨，南连银铺村藕塘咀，北靠陈家咀、杨家畈。以王姓为主，均为汉族。共有 14 户，61 人。总面积 0. 2 平方千米，耕地面积 0. 053 平方千米。农作物以水稻、小麦、油菜为主，主要经济来源为务工务农。

王家榨[Wáng jiā zhà] 隶属于接官乡杨冲村。以姓氏和经济活动综合命名。该居名点村民的主要姓氏为王姓，据说清末民初王长栋的父亲王叔芬在王家台子塆河西边建了一个榨房，故名。该居民点位于杨冲村西南部，聚落呈块状分布。东接王家台子塆，西邻颛庙村，南连罗堰河西，北靠颛庙村旗杆塆、杨家独屋。以王、高、黄姓为主，均为汉族。共有 16 户，63 人。总面积 0. 1 平方千米，耕地面积 0. 027 平方千米。农作物以水稻、小麦、油菜为主，主要经济来源为务工务农。

肖家塆[Xiāo jiā wān] 隶属于接官乡杨冲村。以姓氏命名。该居民点位于杨冲村西北部，聚落呈块状分布。东接杨家塆，西邻颛庙村周家塆，南连王家台子塆，北靠楼子塆。以黄姓为主，均为汉族。共有 11

户，45 人。总面积 0. 133 平方千米，耕地面积 0. 043 平方千米。农作物以水稻、小麦、油菜为主，主要经济来源为务工务农。

谢家畈[Xiè jiā fàn]　隶属于接官乡杨冲村。以姓氏和地理特征综合命名。该居民点位于杨冲村西南部，聚落呈块状分布。东接银铺村梅家独屋，西邻颛庙村艾家院子 2 组，南连颛庙村罗家畈，北靠王家台子塆。以王、肖、李姓为主，均为汉族。共有 18 户，67 人。总面积 0. 173 平方千米，耕地面积 0. 047 平方千米。农作物以水稻、小麦、油菜为主，主要经济来源为务工务农。

熊家塆[Xióng jiā wān]　隶属于接官乡杨冲村。以姓氏命名。清朝末期，熊姓家族有一户搬入此处繁衍生息，故名，但后期熊姓衰落，其他姓氏开始陆续搬入，最后熊姓居民已绝户，但名称仍为“熊家塆”。该居民点位于杨冲村东北部，聚落呈块状分布。东接槎山村罗冲塆，南连陈家咀，西邻杨家塆，北靠接官村付家冲。以罗姓为主，均为汉族。共有 14 户，66 人。总面积 0. 267 平方千米，耕地面积 0. 033 平方千米。农作物以水稻、小麦、油菜为主，主要经济来源为务工务农。

杨家塆[Yáng jiā wān]　隶属于接官乡杨冲村。以姓氏命名。该居民点位于杨冲村东北部，聚落呈块状分布。东接熊家塆，西邻肖家塆，南连陈家咀，北靠楼子塆。以杨姓为主，均为汉族。共有 14 户，55 人。总面积 0. 2 平方千米，耕地面积 0. 047 平方千米。农作物以水稻、小麦、油菜为主，主要经济来源为务工务农。

杨家独屋[Yáng jiā dú wū]　隶属于接官乡杨冲村。以姓氏与村庄规模综合命名。该居民点位于杨冲村西南部。东接村委会办公室，西、北皆邻颛庙村旗杆塆，南连王家榨。主要以高姓为主，均为汉族。共有 2 户，9 人。

二十五、银铺村[Yínpù Cūn]

隶属于接官乡。以辖区内的居民点命名。该村位于接官乡东南部，村委会所在地照壁塆中接公路边，距接官乡政府所在地 5 千米。东接会砦村，西邻霞山村，南连沈塆村，北靠杨冲村。截至 2015 年 1 月，辖区内共有 13 个自然塆：艾家塆、陈家咀、渡槽塆、方家月塘、付家塆、胡家月塘、龙堰头、石板池、田家塆、杨家塆、银铺塆、银桌子塆、照壁塆。常住居民 240 户，890 人。辖区占地面积 3 平方千米，耕地 1. 002 平方千米，以种植水稻、小麦、油菜为主。

民国时期属秦和(北三)乡、会接乡辖。1949 年 10 月银铺村属槎山区管辖。1952 年 10 月属第七区会寨乡管辖。1954 年 8 月属赵棚区会寨乡管辖。1958 年 9 月银铺村更名银铺大队属卫星人民公社会寨乡管辖。1958 年 12 月属赵棚人民公社会砦管区辖。1961 年 4 月属赵棚区会砦人民公社辖。1966 年 9 月属红卫区会砦人民公社管辖。1975 年 2 月属接官人民公社会砦管理区辖。1984 年 1 月银铺大队更名为银铺村属赵棚区会砦乡辖。1987 年 10 月银铺村属安陆市接官乡辖，沿用至今。

艾家塆[Ài jiā wān]　隶属于接官乡银铺村。以姓氏命名。该居民点位于银铺村东北部，距村委会办公楼3千米，聚落呈块状分布。东接会砦至槎山公路，西邻槎山村王家塆，南连石板池，北靠槎山村唐家塆。以孙姓为主，均为汉族。该塆14户，人口45人。面积0.12平方千米，耕地面积0.0647平方千米。农作物以水稻、小麦、油菜为主，主要经济来源为务工务农。

陈家咀[Chén jiā zuǐ] 隶属于接官乡银铺村。以姓氏和地理特征综合命名，与陈家独屋为同一个塆。该居民点位于银铺村南部，距村委会办公楼0.4千米，聚落呈块状分布。东接秦家河，西邻龙堰头，南连沈塆村，北靠陈家山。以陈姓为主，均为汉族。该塆6户，22人。面积0.1平方千米，耕地面积0.0417平方千米。农作物以水稻、小麦、油菜为主，主要经济来源为务工务农。

渡槽塆[Dù cáo wān] 隶属于接官乡银铺村。新中国成立初期，银铺、霞山、倪庙在槎山水库放水时，在此修建渡槽从槎山水库引水到霞山村、倪庙村。故塆名为渡槽塆。该居民点位于银铺村西北部，距村委会办公楼3千米，聚落呈块状分布。东接石板池，西邻颛庙村，南连方家月塘，北靠杨冲村与槎山村交界处。以肖、田、王姓为主，均为汉族。该塆18户，84人。面积0.5平方千米，耕地面积0.0713平方千米。农作物以水稻、小麦、油菜为主，主要经济来源为务工务农。

方家月塘[Fāng jiā yuè táng] 隶属于接官乡银铺村。以姓氏和地理特征综合命名。当地方姓村民在此居住，且该自然塆前有一口塘形似月亮。该居民点位于银铺村西北部，聚落呈块状分布。东接石板池，西邻颛庙村，南连田家塆，北靠渡槽塆。以郑、罗、肖、席姓为主，均为汉族。该塆23户，89人。面积0.3平方千米，耕地面积0.0733平方千米。农作物以水稻、小麦、油菜为主，主要经济来源为务工务农。

付家塆[Fù jiā wān] 隶属于接官乡银铺村。以姓氏命名。清朝时期有大户付家荣在此购田置地，繁衍生息，后因变故搬迁至英山居住，但地名却沿用至今。该居民点位于银铺村西南部，聚落呈块状分布。东接杨家塆，西邻霞山村，南连秦家河，北靠霞山村卢子塆。以盛姓为主，均为汉族。该塆23户，80人。总面积0.3平方千米，耕地面积0.082平方千米。农作物以水稻、小麦、油菜为主，主要经济来源为务工务农。

胡家月塘[Hú jiā yuè táng] 隶属于接官乡银铺村。以姓氏和地理特征综合命名。当地胡姓居民早年在此居住，且该自然塆前有一口塘形似月亮。该居民点位于银铺村村委会办公楼北2千米，聚落呈块状分布。东接会砦至槎山公路，西邻银铺小学，南连照壁塘，北靠银铺塆。以胡姓为主，均为汉族。该塆40户，160人。总面积0.5平方千米，耕地面积0.088平方千米。农作物以水稻、小麦、油菜为主，主要经济来源为务工务农。

龙堰头[Lóng yàn tóu] 隶属于接官乡银铺村。当地有一口塘堰形似龙头，该居民点在龙头部位，故名。该居民点位于银铺村村委会办公楼南0.4千米，聚落呈块状分布。东接陈家独屋(陈家咀)，西邻沈塆村，南连秦家河，北靠长山，以姜、方、陈姓为主，均为汉族。该塆6户，26人。总面积0.2平方千米，耕地面积0.041667平方千米。农作物以水稻、小麦、油菜为主，主要经济来源为务工务农。

石板池[Shí bǎn chí] 隶属于接官乡银铺村。池：当地念“chí”，指塘堰、水库泄洪的设施。该居名点旁边有一块重达万斤的石板铺设的一座简易桥，故名。该居民点位于银铺村委会办公室北2千米，聚落呈块状分布。东接银铺塆，西邻方家月塘，南连胡家月塘，北靠槎山村唐家塆。以胡姓为主，均为汉族。该塆9户，47人。面积0.1平方千米，耕地面积0.065平方千米。农作物以水稻、小麦、油菜为主，主要经济来源为务工务农。

田家塆[Tián jiā wān]　隶属于接官乡银铺村。以姓氏命名。清朝年间，田姓大户人家看中此处土地肥沃，是种植的好地方，在此置田买地安居乐业。后因别的原因搬迁，地名仍沿用至今。该居民点位于银铺村村委会办公楼北 1.7 千米，聚落呈块状分布。东接银铺小学，西邻霞山村，南连村委会办公室，北靠方家月塘。以杨姓为主，均为汉族。该塆 30 户，127 人。总面积 0.4 平方千米，耕地面积 0.086 平方千米。农作物以水稻、小麦、油菜为主，主要经济来源为务工务农。

杨家塆[Yáng jiā wān]　隶属于接官乡银铺村。以姓氏命名。该居民点位于银铺村村委会办公楼南 0.5 千米，聚落呈块状分布。东接银铺小学，西邻门前大塘，南连付家塆，北靠田家塆。以喻姓为主，均为汉族。该塆 12 户，44 人。总面积 0.2 平方千米，耕地面积 0.043 平方千米。农作物以水稻、小麦、油菜为主，主要经济来源为务工务农。

银铺塆[Yín pù wān]　隶属于接官乡银铺村。以经济活动命名。该居民点开设店铺较多，有粉铺、香铺、药铺、槽坊、金银铺，因金银铺的价值最大的，故取名“银铺塆”。该居民点位于银铺村村委会办公楼北 2.5 千米，聚落呈块状分布。东接会砦至槎山公路，西邻门前大塘，南连胡家月塘，北靠艾家塆。以胡、艾、卢姓为主，均为汉族。该塆 9 户，40 人。总面积 0.3 平方千米，耕地面积 0.065 平方千米。农作物以水稻、小麦、油菜为主，主要经济来源为务工务农。

银桌子塆[Yín zhuō zi wān]　隶属于接官乡银铺村。传说很早以前有人在此居民点开荒掘地时挖出一个银桌子(注：疑为“镯子”)来，故此塆从此以后为“银桌子塆”。该居民点位于银铺村村委会办公室北 3 千米，聚落呈块状分布。东接唐畈村，西邻艾家塆，南连银铺塆，北靠槎山村。以黄、李、邓姓为主，均为汉族。该塆 14 户，45 人。总面积 0.1 平方千米，耕地面积 0.0647 平方千米。农作物以水稻、小麦、油菜为主，主要经济来源为务工务农。

照壁塆[Zhào bì wān]　隶属于接官乡银铺村。以建筑特征命名。以前秦家河没有修建坝堤，因而修建两座墙壁在此以利风水吉祥。该居民点位于银铺村东南部，聚落呈块状分布。东接会砦村，西邻霞山村，南连秦家河，北靠付家塆。以郑姓为主，均为汉族。该塆 23 户，81 人。总面积 0.4 平方千米，耕地面积 0.082 平方千米。农作物以水稻、小麦、油菜为主，主要经济来源为务工务农。

二十六、颛庙村[Zhuānmiào Cūn]

隶属于接官乡。当地在古代建有颛顼帝庙，故名。该村位于接官乡政府所在地东南部，村委会所在地双塘角中接公路上，距接官乡政府所在地 1 千米。东接杨冲村，西邻茶庵村、金台村，靠近 210 省道，南连霞山村，北靠乡政府和金台村。中(塆)接(官)公路贯过 3.2 千米，5 个小组交通方便。有艾家院子塆、敖家塆、曹家咀、邓家塆、何家塆、黄家独屋、黄家塆、姜家塆、米家独屋、旗杆塆、双塘角、唐家塆、下家塆、小邓家塆、周家塆、祝家塆、王家凹、曹家塆、小唐家塆 19 个自然塆。共有 1097 人，403 户。总占地面积4.044平方千米，主要收入为种植、养殖，主要经济来源为务工务农。

民国时期属仁寿(北二)乡、会接乡辖。1949年10月颛庙村属安陆县洑水区辖。1952年10月属第六区颛庙乡辖。1954年8月属洑水区颛庙乡辖，1956年3月属第六区接官乡辖。1958年9月颛庙村更名颛庙大队属东风人民公社接官乡辖。1958年12月属洑水人民公社接官管理区辖。1961年4月属洑水区接官乡人民公社辖。1966年9月属向阳区接官人民公社辖。1975年2月属接官(莲花)人民公社接官管理区辖。1979年春撤销接官(莲花)人民公社，接官管理区、莲花管理区并入洑水人民公社辖。1984年1月颛庙大队更名颛庙村属洑水区接官乡辖。1987年10月，颛庙村属安陆市接官乡辖，沿用至今。

艾家院子[Ài jiā yuàn zi] 隶属于接官乡颛庙村。该地名以姓氏和地理实体特征综合命名。清朝道光年间，艾姓4兄弟门房前后都是两层，房屋显耀，房屋有院子，地势也好，两头有山咀，门口有一个地势很好的水塘，人们叫"院子塆"。后因当地居民的姓氏为艾便更名为艾家院子。该居民点位于颛庙村东南部，聚落呈块状分布。东接杨冲村，西邻周家塆，南连混水坝、隔河接夏家塆，北靠胡椒塝。全塆25户，110人。主要姓氏为田、艾，均为汉族。总面积0.33平方千米，耕地面积0.077平方千米。农作物以水稻、小麦为主，主要经济来源为务工务农。

敖家塆[Áo jiā wān] 隶属于接官乡颛庙村。以姓氏命名。清朝时期，敖姓居民流落到此居住，耕种田地，发展很快，修建房屋，人们称之为敖家塆。后由于人口发展较慢，清朝末年被喻姓买走了房屋和田地，敖家衰落，直至后面慢慢绝户。但仍叫"敖家塆"。该居民点位于颛庙村西南部，聚落呈块状分布。东接王家凹，西邻茶庵村侯家冲，南连莲花村祝家凹，北靠祝家塆。主要姓氏有喻、黄、杨、唐和侯，均为汉族。全塆20户，98人。总面积0.026平方千米，耕地面积0.02平方千米。农作物以水稻、小麦为主，主要经济来源为务工务农。

曹家咀[Cáo jiā zuǐ] 隶属于接官乡颛庙村。以姓氏和地理特征综合命名。清末曹姓艺人居住此地，此地是一座山咀，易粘黄土，不长庄稼和植物，泥土又粘人，这个咀很有名气，人们便以曹族的姓氏称为"曹家咀"。该居民点位于颛庙村西北部，聚落呈块状分布。东接唐家塆，西邻210省道和接官乡人民政府办公楼，南连中接公路，北靠金台村。主要姓氏为曹，均为汉族。共32户，135人。总面积0.33平方千米，耕地面积0.087平方千米。农作物以水稻、小麦为主，主要经济来源为务工务农。

邓家塆[Dèng jiā wān] 隶属于接官乡颛庙村。以姓氏命名。该居民点位于颛庙村西南部，聚落呈块状分布。东接周家塆，西邻大凹山冈，南连祝家塆，北靠何家塆、唐家塆之间。主要姓氏为何、吕，均为汉族。全塆40人，9户。总面积0.1平方千米，耕地面积0.033平方千米。主要农作物为水稻、小麦，主要经济来源为种植农作物及外出打工。

何家塆[Hé jiā wān] 隶属于接官乡颛庙村。以姓氏命名。该居民点位于颛庙村西部，聚落呈块状分布。东接村委会办公室，西邻扁子山，南连邓家塆，北靠唐家塆、河流。主要姓氏为何，均为汉族。共10户，55人。总面积0.093平方千米，耕地面积0.027平方千米。农作物以水稻、小麦为主，主要经济来源为务工务农。

黄家独屋[Huáng jiā dú wū] 隶属于接官乡颛庙村。以姓氏和村庄规模综合命名。该居民点位于颛庙村东南部，聚落呈块状分布。东接银铺村和杨冲村，西邻中接公路、祝家塆，南连原古庙，北靠杨冲村罗家畈。主要姓氏为黄、祝，均为汉族。共 5 户，27 人。总面积 0.12 平方千米，耕地面积 0.02 平方千米。农作物以水稻、小麦为主，主要经济来源为务工务农。

黄家塆[Huáng jiā wān]　隶属于接官乡颛庙村。以姓氏命名。该居民点位于颛庙村北部，聚落呈块状分布。东接旗杆塆，西邻乌石岗，南连山冈，北靠雷凹岗。主要姓氏为黄、邓、姜，均为汉族。全塆共 13 户，50 人。总面积 0.107 平方千米，耕地面积 0.027 平方千米。农作物以水稻、小麦为主，主要经济来源为务工务农。

姜家塆[Jiāng jiā wān]　隶属于接官乡颛庙村。以姓氏命名。该居民点位于颛庙村东北部，聚落呈块状分布。东接杨冲村肖家塆，西邻金台村关家塆，南连旗杆塆，北靠金台竹林塆。主要姓氏为姜，均为汉族。全塆 15 户，68 人。总面积 0.133 平方千米，耕地面积 0.033 平方千米。农作物以水稻、小麦为主，主要经济来源为务工务农。

米家独屋[Mǐ jiā dú wū]　隶属于接官乡颛庙村。以姓氏和村庄规模综合命名。该居民点位于颛庙村中部，聚落呈块状分布。东接双塘角，西邻何家塆，南与邓家塆隔河相望，北靠中接公路。主要姓氏为吕，均为汉族。全塆 7 户，有 30 人。总面积 0.083 平方千米，耕地面积 0.017 平方千米。农作物以水稻、小麦为主，主要经济来源为务工务农。

旗杆塆[Qí gān wān]　隶属于接官乡颛庙村。清朝年间，王氏家族发展很快，到处买山、买地做房子和祠堂，朝中出官，请阴阳先生看中了此地，建造了封山的墙壁，修建了房屋和禅房，并在前排的房屋门前安放石狮，树立了旗杆，故名。该居民点位于颛庙村北部，聚落呈块状分布。东接杨冲村山地，西邻黄家塆，南连双塘角，北靠姜家塆。以周、杨姓为主，均为汉族。全塆 38 户，150 人。总面积 0.37 平方千米，耕地面积 0.12 平方千米。农作物以水稻、小麦为主，主要经济来源为务工务农。

双塘角[Shuāng táng jiǎo]　隶属于接官乡颛庙村。以地理位置命名。该居民点东边有一双塘，居民住在堤坝西侧一角，故名。清朝年间，冲的中间本来有一口池塘，阴阳先生为讨好王氏，假说王氏将来还会有更大的发展，但是要对原来的那口池塘进行治理，并称需要在旁边另挖一口池塘，即为双塘。该居民点位于颛庙村中部，聚落呈块状分布。东接双塘水库，西邻小唐家塆，南连米家独屋，贯穿中接公路，北靠旗杆塆。以秦、张、刘姓为主，均为汉族。共 14 户，60 人。总面积 0.183 平方千米，耕地面积 0.05 平方千米。农作物以水稻、小麦为主，主要经济来源为务工务农。

唐家塆[Táng jiā wān]　隶属于接官乡颛庙村。以姓氏命名，亦称大唐家塆。清朝末，唐氏请阴阳先生选中此地，流经此地门口塘的水清澈透底，此时唐姓发展很快，建造列架前后两层的房屋，出官出人才，后又发展到唐家畈(唐畈村)。后又被阴阳先生统治，将其山脉挖了 7 口塘，此后塘内都是锈水。该居民点位于颛庙村西北部，聚落呈块状分布。东接政华砖厂，西邻曹家咀，南连中接公路，北靠曹家塆。主要姓氏为唐，均为汉族。全塆 20 户，80 人。总面积 0.187 平方千米，耕地面积 0.053 平方千米。农作物以水稻、小麦为主，主要经济来源为务工务农。

下家塆[Xià jiā wān]　隶属于接官乡颛庙村。当地有一座 20 世纪 70 年代已废除的古庙在此塆北高山冈上，该自然塆在山冈下，故名。该居民点位于颛庙村南部，聚落呈块状分布。东接中接公路、银铺村和霞山村，西邻长岭岗顶端，南连霞山村，北靠古庙。以李姓为主，均为汉族。全塆 12 户，59 人。总面积 0.012 平方千米，耕地面积 0.043 平方千米。农作物以水稻、小麦为主，主要经济来源为务工务农。

小邓家塆[Xiǎo dèng jiā wān] 隶属于接官乡颛庙村。以姓氏和村庄规模综合命名。该居民点位于颛庙村南部，聚落呈条状分布。东接黄家独屋，西邻祝家塆，南连王家凹山凹，北靠邓家塆。主要姓氏为邓，均为汉族。全塆 7 户，20 人。总面积 0.16 平方千米，耕地面积 0.02 平方千米。农作物以水稻、小麦为主，主要经济来源为务工务农。

周家塆[Zhōu jiā wān] 隶属于接官乡颛庙村。以姓氏命名。清朝周姓居民以唱戏为生流落到此，因往会寨的小道从此经过，人们都知道这唱戏的人是周姓居民，便称之为“周家塆”。该居民点位于颛庙村东南部，聚落呈块状分布。东接艾家院子，西邻中接公路，南连混水坝，北靠魏家冲。主要姓氏为周、邓，均为汉族。全塆 29 户，128 人。总面积 0.33 平方千米，耕地面积 0.072 平方千米。农作物以水稻、小麦为主，主要经济来源为务工务农。

祝家塆[Zhù jiā wān] 隶属于接官乡颛庙村。以姓氏命名。该居民点位于颛庙村西南部，聚落呈块状分布。东接小邓家塆，西邻山冈、茶庵村，南连敖家塆，北靠邓家塆。主要姓氏为邓姓、祝，均为汉族。全塆 10 户，40 人。总面积 0.16 平方千米，耕地面积 0.027 平方千米。农作物以水稻、小麦为主，主要经济来源为务工务农。

曹家塆[Cáo jiā wān] 隶属于接官乡颛庙村。以姓氏命名。该居民点位于颛庙村北部，聚落呈块状分布。东接旗杆塆，西邻曹家咀，南连唐家塆，北靠金台村曹家洼。主要姓氏为朱、唐，均为汉族。全塆 11 户，50 人。

小唐家塆[Xiǎo táng jiā wān] 隶属于接官乡颛庙村。以村庄规模与姓氏综合命名。该居民点位于颛庙村中部。东接双塘角，西邻唐家塆，南连米家独屋，北靠曹家塆。主要姓氏为方，均为汉族。全塆 2 户，共 10 人。

王家凹[Wáng jiā wā] 隶属于接官乡颛庙村。以姓氏和地理特征综合命名。该居民点位于颛庙村南部。东接下家塆，西邻敖家塆，南连长岭岗顶端，北靠小邓家塆。现无人居住。

第三篇

DÌ SĀN PIĀN

城镇街巷

CHÉNGZHÈNJIĒXIÀNG

ANLUSHI

DIMINGZHI

第一章　城区街巷

解放大道[Jiěfàng Dàdào]　在安陆古城北。起点为河滨路，终点为金秋大道。主要相交街路有河滨路、德安北路、太白大道。长3.6千米，宽40米，路面性质为沥青，东西走向。此道路最早形成的一段在安陆县城最早解放的地方，故名解放路。沿途重要地物有安陆市博物馆、市自来水公司、安陆市广播电视局、安陆经信局、安陆市发展改革局、安陆市解放路中学、安陆市人民法院等。通多路公交车。

太白大道[Tàibái Dàdào]　在市境东城区。起点为南城汉十高速入口，终点为洑水镇岔路口。主要相交路有银杏大道、解放大道、碧涢路、江夏大道。长17.2千米，宽60米。路面性质为沥青，南北走向，城区主干道。该街道于1980年建成使用，属原316国道安陆境内的一段。沿途重要地物有、府城工业园、威娜酒店、府城办事处、肖台环岛绿化广场(大转盘)、安陆市职业高中、普爱医院、安陆市交通运输局、安陆市第一高级中学、安陆市长途汽车站、名门国际大酒店、南城办事处等。

碧涢路[Bìyǔn Lù]　在城区中心。起点为府河大桥，终点为发展二路。主要相交街路有涢水大道、德安路、汉丹路、太白大道、金秋大道。长5.4千米，宽25米。路面性质为沥青，东西走向，道路等级为2级以下。老城区段古代为西道街、东道街，20世纪60年代初西段扩建为新大街，1987年起更名碧涢路，以碧山、涢水而得名。沿途重要地物有商业大楼、市人民政府、中百购物广场、安陆市汽车站、安陆市国家税务局、安陆市民政局、安陆市国土资源局。通多路公交车。

汉丹北路[Hàndān Běi Lù]　原为汉丹公路(汉孟公路)城区的一段，于1992年改建。位于安陆市府城办事处儒学社区的一段，南北走向，南起于铁路天桥，北止于杨家山，全长800米，宽12米。路面性质为沥青路面。道路等级为次干道。沿途重要地物有孝武电器城、物资小区、粮油工业公司宿舍区、鼓楼佳园、杨家山国家粮食储备库、粮贸小区、市农机局、杨家山老居民区、公路小区等。

民福路[Mínfú Lù]　此地古时为府河西边的荒沙滩，2009年扩建。位于蒿桥社区，南北走向，南起于安陆市福利院，北止于解放大道河西加油站，全长1千米，宽6米，路面质地为混凝土，道路等级为次干道。沿途重要地物为中共安陆市委党校、湖北省孝感市第二技工学校、安陆市府城涢西小学。

碧山路[Bìshān Lù]　2001年以前，此处为汉丹铁路东边的荒地，安陆粮机厂柯定成在附近建成私人企业碧山粮食机械制造厂，加之城区扩建，民居增多，慢慢形成街道。2011年起，取名为“碧山路”。街道东西走向，西边起于铁路天桥，东边止于太白大道，全长1300米，宽20米，路面性质为沥青。道路等级为次干道。

毛家路[Máojiā Lù] 1989年建成。街道东西走向，东起于太白大道，西止于汉丹北路，全长1000米，宽2.5米，路面性质为水泥。道路等级为次干道。

德安北路[Déān Běi Lù] 该道路南段明清以前叫北正街，沿用到1952年改为解放街。1982年恢复古名。1994年新命名德安北路。南北走向，南起于安陆市楚剧团，与德安南路相接，北止于解放大道，全长1500米，宽15至40米。路面性质为水泥柏油路面。道路等级为次干道。沿途重要地物有安陆市公安局、公安局居民区、银河小区、工商管理局、物价局、劳动局、德邻花园小区等。

德安中路[Déān Zhōng Lù] 安陆城古代有一条南北走向的古街叫考棚街，1948年改为南大街，1952年改为前进街，1982年又复用南大街。1994年，拓宽道路，贯通南北，因在德安路中段，故改名德安中路。该道路南北走向，南起碧涢路，北止于儒学路。全长600米，宽15米，路面性质为水泥路柏油路面。沿途主要建筑有银杏大厦、蜘蛛王鞋城、太白广场、安陆市图书馆、德安中学、安陆楚剧院。

德安南路[Déān Nán Lù] 位于德安路南而命名。该道路南段明清以前叫南门城门洞，沿用到1948年叫南大街，1952年改为前进街，1982年复名南大街。1994年加工改造，拓宽路面，新命名德安南路。该街道位于南大社区的一段南北走向，北起于碧涢路，南止于凤凰路，全长500米，宽10米。路面性质为水泥柏油路面。沿路主要建筑有商业大楼、市政府信访局、春晖商场。20世纪80年代初，德安中路和德安南路短期叫过凤凰路。现在的凤凰路其时叫环城路。

儒学路[Rúxué Lù] 1966年起形成规模。东西走向，东起于火车站立交天桥，西止于安陆市楚剧团，全长600米，宽15米。路面性质为沥青路面。道路等级为次干道。沿途重要地物有五七棉纺厂、粮食局、安陆市幼妇保健医院。

府河北街[Fǔhé Běi Jiē] 民间叫沿河大道，老城区段古名叫码头街。1949年属劳动街，1952年属和平街。南北走向，南起于碧涢路，北止于解放大道，全长1450米，宽12米，路面性质为泥混土，道路等级次干道。

府河南街[Fǔhé Nán Jiē] 即涢水路的一段。南北走向，北起碧涢路，从碧涢路到凤凰路一段古为西门河街；南止于梅家桥全长1750米。涢水路总长11300米，宽12至30米，路面性质为泥混土，道路等级次干道。

府河大道[Fǔhé Dàdào] 古代此处为府河东岸沙滩和田地，1998年建成。该大道位于护国社区，南北走向，南起于自来水公司，与解放大道相接；北止于府河二桥，全长2千米，宽8米，车道为3车道，路面性质为沥青路面，沿途重要地物有自来水公司、永祥粮机、建筑管理处等。

汉丹东路[Hàndān Dōng Lù] 在汉丹公路的东支而命名。1978年建成街道。位于府城凤凰社区，起于汉丹路，止于凤凰城小区，全长350米，宽7米。路面性质为沥青路面。道路等级为次干道。沿途重要地物有安陆市府城凤凰路小学等。

龙门路[Lóngmén Lù] 位于古代德安府儒学以南。儒学前有“泮池桥”，路旁水渠北高南低，鱼群溯流而上，形成鲤鱼跳龙门之势。1949年起，沿水渠建房渐多，形成街道，故名龙门路。该道路位于中山社区，南北走向，全长460米，宽25米，路面性质为沥青。道路等级为次干道。

文昌路[Wénchāng Lù]　1989 年建成。位于中山社区和南大社区，北起儒学路，南通铁路货场。全长 1000 米，宽 20 米，路面性质为沥青。道路等级为次干道。

金泉北路[Jīnquán Běi Lù]　“金泉”指金泉寺，该路位于金泉寺之北而得名。因漼水相隔，古代此处无路。1981 年，此处建金泉泵站，修泵站桥一座运送物资形成道路。1988 年，扩建命名金泉北路。此道路位于蒿桥社区，起于棠棣镇金泉村，止于河西社区解放山发电站，全长 2000 米，宽 6 米，路面质地为混凝土，道路等级为次干道。沿途重要地物有金泉寺、午时药业、安陆市中医院等。

府东北路[Fǔdōng Běi Lù]　以碧涢路为中心交叉点，北边的一条主街叫府东北路。2003 年建成。南北走向，南起于碧涢路，北止于碧山路，全长 600 米，宽 5 米，路面性质为水泥。道路等级为次干道。

府东南路[Fǔdōng Nán Lù]　以碧涢路为中心交叉点，南边的一条主街叫府东南路，其中分为一、二、三巷。古代这里是海子(沼泽地)边缘，20 世纪 60 年代，建粮机厂和五七棉纺织厂，老城区的部分居民点搬迁至此，形成街巷。2003 年经过改造，取名府东南路。街道南北走向，北起于碧涢路，南止于凤凰村，全长 200 米，宽 4 米，路面性质为水泥。道路等级为次干道。

张家巷[Zhāngjiā Xiàng]　2010 年建成，走向为西北至东南，西北起于碧涢路，东南止于太白大道，全长 600 米，宽 5 米，路面性质为水泥。道路等级为次干道。

紫金路[Zǐjīn Lù]　北段古名为“府弯街”，东是民居区，南是石灰街。明代更名为“四状元里”。1987 年改名紫金路。紫金路现为“T”形，东头连接德安北路，西头连接沿河大道；南通碧涢路。全长 900 米，宽 20 米。路面性质为沥青路面。道路等级次干道。沿途标志有西亚丽宝广场、中百仓储、粮机医院、礼堂影院等。

凤凰路[Fènghuáng Lù]　古为凤凰山北麓的荒野。1962 年城区扩大，居民搬迁到此，形成道路。因环绕古城，故名为环城路。2005 年改名凤凰路。凤凰路位于南大社区、五一社区和迎春社区。东西走向，东起文昌路，西止于涢水路，全长 1500 米，宽 15 米，路面性质为水泥，道路等级为次干道。

北河街[Běihé Jiē]　位于安陆古城拱辰门外槎山河(潮金涧)南岸，形成于哪个朝代史载不详。民国时期改名碧霞街。1952 年改名解放街。20 世纪 80 年代恢复古名。街道东西走向，西高东低，西起于起于德安北路，东止于槎山河，全街用紫石铺成，全长 200 米，宽 3 米。路面性质为水泥路面。

北后街[Běihòujiē]　位于德安北路东与五七棉纺厂之间。起于德安北路，止于五七棉纺厂，全长 300 米，宽 3 米。路面性质为水泥路面。道路等级为支路。古代这里无街道，20 世纪 50 年代北城墙被毁成为荒地。60 年代建安陆五七棉纺织厂，有居民迁居于此，形成街道。其命名一是在北横街后面，二是在德安北路后面，三是在古城北门，所以叫北门后街，即北后街。

玉石街[Yùshí Jiē]　安陆最古老的街道之一，全长约 600 米，宽 4 米左右，分上下两段，上段叫上玉石街，也叫“白石头”；下段叫下玉石街。这里的古代建筑因为汉白玉较多而叫“玉石街”。清朝叫“白玉石街”，也叫“白石头”，1952 年曾改名胜利街(北段)和前进街(南段)，20 世纪 80 年代恢复古名，分别属北正社区和南大社区。

鲜鱼巷[Xiānyú Xiàng]　北接四状元里(今紫金路)，南连犁辕街(今中山街)，全长约 250 米，宽 2.5

米左右。古代打鱼人进城卖鱼多在此地，以鱼集而得名。鲜鱼巷新中国成立后曾叫解放街，20 世纪 80 年代恢复古名。

上埠口[Shàngbùkǒu] 古代名字玉带街，东西走向，东起于古城阜成门，西止于府河上埠口码头。古街全长约 400 米，宽 4~5 米，2002 年改名上埠口。上埠口码头往东因建沿河大道和绿化带，古街西段缩短约 100 米。现上埠口(街)东起紫金路，西至沿河大道。

报恩寺东巷[Bào'ēnsì Dōngxiàng] 明清两代是南门城墙与护城河之间的一条小街，是“府布”的交易市场，故称“下布市口”。20 世纪 50 年代，城墙拆毁，集市也废。70 年代，城基上建成一排民房又形成沿河小街，因位置在古代报恩寺以东，故称报恩寺东巷。报恩寺东巷位于府城办事处南大社区，呈“∟”形，北起于碧涢路，南止于德安南路，全长 400 米，宽 2 米，路面性质为水泥，道路等级为支路。

报恩寺西巷[Bào'ēnsì Xīxiàng] 报恩寺在老安陆城内西南城墙脚下，始建于梁朝天监年中期，西南城墙外是“下布市口”集市。20 世纪 50 年代，城墙被毁，护城河被填，成了荒地，只有西端有一二十户人家。20 世纪 60 年代，附近建化肥厂，这里开发出化肥厂宿舍区，形成小巷。因在报恩寺西南，故名报恩寺西巷。全长 300 米，宽 6 米，东起报恩寺东巷，南拐有一出口到凤凰路，西拐有一出口到西门河街南端涢水路。

马坊街[Mǎfāng Jiē] 南北走向，北接犁辕街的双眼井，南连碧涢路，全长约 300 米，宽窄不一，古代主要是驴马交易集市而得名。马坊街在新中国成立后曾叫前进街，现恢复古名。马坊街北的双眼井也叫“两宋井”，为纪念宋庠、宋祁兄弟同中状元开凿于宋代。陈家祠堂南边有一口三眼井，附近有麒麟阁和安陆古县衙。此井兴建于唐代，南来北往的各种人住宿安陆时都把马匹寄养在旁边的骡马交易市场。为了防止骡马污秽井水，井周围建有护栏，称之为“井床”。李白初到安陆，从寿山到县城时，曾寄寓麒麟阁附近，晚上坐在井床上，自己举目无亲，形影孤单，于是吟出了《静夜思》：“床前明月光，疑是地上霜。举头看明月，低头思故乡”。

铁西巷[Tiěxī Xiàng] 古代是沼泽湿地，元朝时称海子，1959 年修汉丹铁路抬高路基，西边开始形成聚落，路旁建有铁塔厂和民政局，因在铁路以西，故取名铁西巷。铁西巷位于南大社区，南北走向，南起于海子河，北止于碧涢路，全长 200 米，宽 5 米，路面性质为水泥，道路等级为支路。

中山街[Zhōngshān Jiē] 中山街是安陆古街之一，古代各段各有街名，自东向西主要有：东门外正街(现东城一巷)、东正街(易家街)、东十字街、西十字街、西正街、犁辕街等。1937 年，民国政府将安陆古城命名城关镇，为纪念孙中山，将此街从东至西合名中山街。1948 年安陆解放，东段命名生产街，西段命名胜利街。1952 年，生产街与胜利街合用胜利街之名。20 世纪 80 年代，安陆台胞联络会成立，复用“中山街”之名。中山街全长约 1500 米，宽窄 4 至 5 米，用青石铺成。

府河正街[Fǔhé Zhèngjiē] 古叫西门河街。西门河街的形成，在古安陆建城之后随航运而兴起。全长约 1500 米，宽窄 4 至 5 米，用青砖铺成。1949 年北段叫劳动街，中段叫和平街，南段叫太和街。1952 年全部叫和平街。20 世纪 80 年代恢复古名叫府河正街。

蒿桥路[Hāoqiáo Lù] 20 世纪 50 年代还是沙滩和农田。1956 年修建安陆至平坝、安陆至应城的县道公路，这里是公路西渡口的一段。1971 年府河大桥修建成功，汽渡废止，这里成了一条便道。2001 年扩建改造，取名“蒿桥路”。蒿桥路东西走向，起于府河边金泉大道原毛织厂，止于蒿桥社区安三公路，全长 1.5 千米，宽 6 米，路面质地为混凝土，道路等级为次干道。

高家巷[Gāojiā Xiàng]　2006 年新建。位于肖台社区辖区内，东接太白大道(老 316 国道)，西邻槎山河，南连江家巷，北靠圆通社区，全长 300 米，宽 5.4 米，路面质地为水泥，道路等级为次干道。

江家巷[Jiāngjiā Xiàng]　2010 年扩建。此地原名江家口，江姓居民居多，且在槎山河河口和汉孟公路公路路口，故名江家口。街道位于安陆市肖台社区，起于太白大道，止于解放大道，全长 480 米，宽 6 米，路面质地为水泥，道路等级为次干道。

仙居巷[Xiānjū Xiàng]　位于肖台社区，于 2005 年建成，全长 250 米，宽 6 米，路面质地为水泥，道路等级为次干道。

肖台巷[Xiāotái Xiàng]　位于肖台社区，西起于汉丹北路，东止于太白大道(老 316 国道)，2008 年建成，全长 350 米，宽 7 米，路面质地为水泥，道路等级为次干道。

罗家塆路[Luó jiā wān Lù]　这是一条古老的道路，一直是应山县及安陆赵棚、接官、洑水等地通往德安府城的必经之地。20 世纪 70 年代末，随着机械化交通工具的普及，此路开始闭塞。2002 年重新修缮、硬化、拓宽。罗家塆路位于圆通寺社区。起于圆通寺路，止于圆通寺社区 6 组，全长 350 米，宽 3 米。道路等级为次干道，路面质地为水泥，沿途重要地物有武襄铁路，途经刘家饭铺、金元小区、金家槽坊、周家河、老关庙等居民点。

圆通寺路[Yuántōngsì Lù]　建于民国时期，属汉孟公路的一段。汉孟公路改 316 国道后东移，此段于 2002 年重新修缮、硬化，因在古圆通寺附近命名圆通寺路。该路南北走向，南起于肖台社区，北止于金元小区，全长 560 米，宽 4.5 米。道路等级为次干道，路面质地为柏油沥青。

周家河路[Zhōujiāhé Lù]　周家河路古代是安陆北乡通往县城的一条重要通道，途径圆通寺社区周家河而得名。2008 年重新修缮、硬化、拓宽。南北走向，起于罗家湾路，止于圆通寺社区 5 组陈家塆，全长 810 米，宽 2 米。道路等级为次干道。

德安东巷[Dé'ān Dōngxiàng]　位于德安中路东。1981 年，古老的南大街改造成德安中路，高楼大厦建成后，楼后面留下的小巷，1982 年建成命名。该街道南北走向，与德安中路平行。北起儒学路，南止于太白广场，全长 1200 米，宽 5 米，路面性质为泥混。道路等级为支路。

东城一巷[Dōngchéng Yīxiàng]　此街位于东城门外，历史上叫“东门外正街”。1937 年属于中山街东段。1949 年改名生产街。1952 年属于胜利街东段。1987 年安陆撤县建市，定名“东城一巷”。该街道位于中山社区，呈“∟”形，北接儒学路，南东转连接汉丹路。全长 2000 米，宽 10 米，路面性质为水泥。道路等级为支路。

东城二巷[Dōngchéng Èrxiàng]　东城二巷因地理位置命名。由东城一巷排序而来。古代这里是安陆县城东城墙，城内有南北走向的大坊岳街。20 世纪 50 年代至 60 年代，安陆城墙被毁挖平，城市扩建，大坊岳街被单位建筑阻断，迁居居民在城墙遗址上建房较多，形成街巷。1987 年排名东城二巷。该街道位于中山社区，起于汉丹路 322 号，止于龙门路 27 号，全长 1800 米，宽 7 米，路面性质为水泥。道路等级为次干道。

付家巷[Fùjiā Xiàng]　付家巷是安陆古城的一条小街，北接东门正街(中山街)，南通农田(今太白广场)。最早因付姓而得名，后发展为杂姓。20 世纪 50 年代末，东边居民逐渐增多，形成三条小巷。1949 年改名生产街。1952 年改名前进街。20 世纪 80 年代分别命名为付家一巷、付家二巷、付家三巷。

梅园巷[Méiyuán Xiàng]　1959 年，安陆建汉丹铁路火车站，人们出东门外正街到火车站的一条便道。20 世纪 60 年代，铁路货站到楚剧团建成了当今的儒学路，后来从铁路货站往南建成了文昌路，这条便道成了三角形的斜边便道。1997 年，附近建梅园小区，便道就命名梅园巷。该道路位于中山社区，全长 120 米，宽 5 米，路面性质为水泥。道路等级为支路。

乾丰商业步行街[Qiánfēng Shāngyè Bùxíng Jiē]　古为大坊岳街的一段和东城墙，1956 年建安陆二中(雷公中学前身)，1957 年改为安陆县人民武装部，大坊岳街被拦腰截断。部分居民东迁至城墙和护城河遗址。2006 年武装部搬迁。2007 年，“乾丰”开发商建商业步行街。该步行街位于中山社区，西起于龙门路，东止于汉丹路，全长 280 米，宽 10 米，路面性质为沥青。道路等级为支路。是一条集购物、美食、娱乐等的商业街道。

胜利巷[Shènglì Xiàng]　古代这里是农田，1959 年建设汉丹铁路，周围居民逐渐增多。20 世纪 70 年代，附近建胜利旅社，有一些小巷可通火车站。2005 年将小巷扩建，取名胜利巷。该道路位于中山社区，西起于汉丹路，东止于文昌路，全长 80 米，宽 5 米，路面性质为水泥。道路等级为次干道。

布市口[BùshìKǒu]　南门城外与海子河之间的街道，也叫南门河街，即当今报恩寺东巷的一段。

碧山路[Bìshān Lù]　曾用名“儒学东路,”起于铁路天桥，止于太白大道，全长 657 米，宽 15 米，路面性质为沥青。道路等级为次干道。沿途主要建筑有：安陆特校、太白大道交叉口 2011 年改名碧山路。

金秋大道[Jīnqiū Dàdào]　2001 年开始建设，城区段已经完工，其他段尚在逐步改建与完善之中。该道路南北走向，北起于银杏大道，南止于古老的海子湿地，全长 4.8 千米，宽 40 米，路面性质为混凝土，道路等级次干道。道路自北向南经过的主要建筑和交叉口有：金台路交叉口、宝迪冷鲜肉直营店、粮机南路交叉口、243 省道交叉口、德安公园、金榜大酒店、香格里拉花园酒店、碧山路交叉口、碧涢东路交叉口。

紫石路[Zǐshí Lù]　原为紫石桥南北弯曲断续的土路，改建于 21 世纪初，取名“发展二路”。经多方提议，以古老的紫石桥和当地土质“紫石”的特征，改名“紫石路”。该道路位于经济开发区，起于银杏大道，止于碧涢路，全长 5200 米，宽 30 米，路面性质为混凝土，道路等级次干道。紫石路自北向南沿途交叉主要路口和主要建筑有：金台路、安广公路、紫石桥、粮机南路、243 省道、碧霞路、碧山路。

碧霞路[Bìxiá Lù]　建于 21 世纪初，位于经济开发区，起于安陆市气象局，止于金秋大道，全长 2100 米，宽 15 米，路面性质为混凝土，道路等级次干道；沿途主要交叉路口有：太白大道、富强街、富安街。

水岸路[Shuǐàn Lù]　位于水岸星城住宅小区，故得名。该道路 2009 年建成，位于经济开发区水岸星城小区，长 1.2 千米，宽 6 米，路面性质为水泥混凝土，道路等级为支路。

林语路[Línyù Lù]　位于林语花都住宅小区东部。2008 年建成，位于经济开发区林语花都住宅小区，长 1 千米，宽 6 米，路面性质为水泥混凝土，道路等级为支路。

富春街[Fùchūn Jiē]　位于富丽社区，建于 20 世纪 90 年代，起于碧山路，止于金秋大道。全长为 700 米，宽 6 米。路面性质为水泥混凝土。道路等级为支路。

富国街[Fùguó Jiē]　位于富丽社区，建于 1994 年，起于碧山路，止于福瑞路。全长 500 米，宽 6 米。道路性质为水泥混凝土。道路等级为支路。

富民街[Fùmín Jiē]　1994 年由富丽社区居委会规划命名，位于富丽社区，起于碧山路，止于福瑞路。全长 500 米，宽 6 米。道路性质为水泥混凝土。道路等级为支路。

富强街[Fùqiáng Jiē]　1994 年由富丽社区居委会规划命名，位于富丽社区，起于碧霞路，止于碧涢东路。全长 1200 米，宽 6 米。路面性质为水泥混凝土，道路性质为支路。自北向南沿途主要建筑和交叉路口有：城东小学、碧山路、安陆供电公司。

富安街[Fù'ān Jiē]　位于富丽社区故得名。1994 年后城市东扩，建立富丽小区。富国街由原西街演变而来。起于碧霞路，至于碧涢东路，全长 1300 米，宽 6 米，路面性质为水泥混凝土，道路性质为支路。自北向南沿途主要交叉路口有：碧山路、楚涢路。

富华街[Fùhuá Jiē]　1994 年建成。富华街由原东 1 街演变而来，呈南北走向。北起富安街街西的居民点，南止于碧山路，全长 230 米，宽 6 米。路面性质为水泥混凝土，道路性质为支路。

楚风路[Chǔfēng Lù]　位于楚跃社区。21 世纪初建小区开始修路。该路段西东走向，西起于金秋大道，东止于楚涢路，全长 310 米，宽 6 米。路面性质为水泥混凝土，道路性质为支路。

楚涢路[Chǔyún Lù]　位于楚跃社区，呈“┘”形。21 世纪初建小区开始修路。该路段西至东再转北走向，西起于金秋大道，东至一小区再向北止于一条没命名的土路，全长 500 米，宽 6 米。路面性质为水泥混凝土，道路性质为支路。

第二章　乡镇街巷

孛畈市场街[Bèifàn Shìchǎng Jiē]　孛畈街与随州府河镇朱河街邻河而建，自然形成。位于孛畈社区东部，距居委会所在地 0.02 千米。南北向，与南大街成“丁”字形，宽 20 米，长约 100 米，与孝襄街东邻并行。

德政街[Dézhèng Jiē]　初建于 1994 年，位于孛畈镇孛畈社区居委会东北 200 米，孛家塆东 300 米。东接孛畈镇人民政府机关单位，西邻货棚街，南连安三路，北靠朱家河。长 300 米，宽 40 米。

南大街[Nándà Jiē]　1994 年建成，位于孛畈镇孛畈社区南部，与德政大街大体呈“丁”，字形，宽 40 米，长 500 余米，为安三公路路段。东接德政街，西邻孝襄街，南连安三路，北靠跃进路。

青龙上街[Qīnglóng Shàngjiē]　隶属于青龙潭社区。青龙上街因地处青龙街上段而得名。青龙上街从李安喜旧居拾石阶而上，转折向西，到西门城边为止，全长 300 余米。

旧时航运业发达，府河上连随州下通武汉，青龙码头地处府河的上游中段，周边的农林特产十分丰富，青龙街因此成为农林特产的积散地和中转站。河中船只平均每天达 100 多艘，多时达 200 余艘，河道为之堵塞。船民因等候货物的装卸，便在此停靠并上街补给生活用品，其吃喝用度均须在青龙街花费，因此青龙街经营日夜不息，十分红火。为便利船民的食、用、玩、住，青龙街多以小食店、饭馆和杂货铺为主。上街居民多从事柴木交易、粮食及土特产品收购存转等业，并有副食品行业，百业杂陈。每天自早到晚，从京山、随州、应山等地的粮食、木材，用车推马驮，源源不断地运至青龙，在此由各商行吸进囤积，再陆续发往云梦、应城、汉川、武汉等地，生意的辐射达几百千米之遥，青龙街被称为小汉口、不夜城，极有声誉。

青龙下街[Qīnglóng Xiàjiē]　从东门城门洞起向西蜿蜒而上 220 米左右，至李安喜旧居止。为便利船民的食、用、玩、住，青龙街多以小食店、饭馆和杂货铺为主。青龙上下两街都从事商业，但两街的侧重点不同。上街以收购、囤积各类农林特产为主，下街则以饮食、茶楼为主，同时上下街还兼营各行各业，服务不同类型的对象，虽各有侧重，但都互为依托，商号之间精诚合作，经营风生水起，享誉安陆及邻县。新中国成立后，随着国家交通运输事业的发展和徐家河水利工程的兴建，府河逐渐失去其航运价值，青龙街也慢慢淡出人们的视野。

孝襄街[Xiàoxiāng Jiē]　2002 年兴建，位于孛畈镇孝襄公路旁，南北向，与南大街呈“丁”字形，宽 60 米长百米。东接德政街，西邻安三路，南连安三路，北靠跃进路。

北大街[Běidà Jiē]　位于洑水镇涢港社区北部，距居委会所在地 1200 米。起于中心转盘家万福，止于镇中心小学，全长260米，宽4米。

东大街[Dōngdà Jiē] 起于洑水中心转盘，止于卫生院，全长500米，宽20米。路面性质为沥青路面。道路等级为主干道。

宏学街[Hóngxué Jiē] 亦名黉学街。北起高杆灯广场，南至洑水镇中心小学大门。全长220米，宽20米。

南大街[Nándà Jiē] 起于邮电支局，止于洑水中心转盘，全长500米，宽20米。路面性质为柏油路面。道路等级为主干道。

南后街[Nánhòu Jiē] 起于商贸北路，止于中心小区，全长190米，宽8米。路面性质为水泥路面。道路等级为次干道。

双龙街[Shuānglóng Jiē] 起于东大街，止于商贸北路，全长210米，宽10米。路面性质为柏油路面。道路等级为次干道。

天亭街[Tiāntíng Jiē] 位于洑水镇涢港社区北边，距居委会所在地1200米。当地曾有一个名为天亭墩的红石结构的墩子，后因集镇规划，此地平整后建成街道，位于天亭街与天亭巷交会处而命名。起于洑水转盘，止于中心小学，全长200米，宽8米。路面性质为水泥路面。道路等级为次干道。

余岗街[Yúgǎng Jiē] 起于316国道，止于居委会2组，全长500米，宽12米。路面性质为水泥路面。道路等级为主干道。沿途重要地物有中国石化加油站等。余岗街位于洑水镇涢港社区余岗村4组，于1988年因村镇建设将金牛沟至3组的道路开发建成街道，先后从属于余岗村、洑水村，自命名开始沿用至今。

中心街[Zhōngxīn Jiē] 位于雷公集镇中心位置，由集镇规划1986年征地拆四五组建成。南邻安京线，直穿民营街连接北正街，1988年命名为新大街，2013年为规范街道名称更名为中心街，街面宽30米左右。

海棠北街[Hǎitáng Běijiē] 起于镇十字路口，止于兽医站，全长1000米，宽6米，路面性质为沥青。道路等级为乡镇道路。自2001年建成命名起，沿用至今。

胡棚街[Húpéng Jiē] 位于棠棣镇胡棚村。此地昔时为交通要道，现为安(陆)京(山)公路和烟(店)应(城)公路交叉处。明末清初一胡姓人家在此搭棚卖茶，后生意越做越大，名气也越来越大，时人称之为胡家棚子。后发展成一条街道。全长800米，宽5米，路面性质为沥青，道路等级为次干道。

黄荆山街道[Huángjīngshān Jiēdào] 起于棠棣镇胡棚村，止于烟店镇横路村，全长3000米，宽8米，路面性质为沥青。道路等级为次干道。自1992年建成起，沿用至今。

海棠南路[Hǎitáng Nánlù] 该街道位于棠棣村十字路口以南。北起顺民路口，南到周天线，全长600米，两边是棠棣村居民，隶属棠棣村。曾为棠棣树老街，2001年改名为海棠南路，沿用至今。

双塘街[Shuāngtáng Jiē] 该街道位于棠棣镇长岗村双塘水库南边。起于双塘，止于梅家山，全长500米，宽20米，路面性质为沥青，道路等级为主干道，2005年建成。

汝南路[Rǔnán Lù] 汝南路位于王义贞镇王店社区。起点王义贞农商银行，止点汝南村，长1090米，宽20米，总面积0.04平方千米，道路等级为次干道。建于1987年。

唐僧路[Tángsēng Lù] 位于王义贞镇王店社区，起点人行便桥，止点唐僧村，长1010米，宽20米，总面积 0.03 平方千米，道路等级为次干道。建于 1987 年。

义贞路[Yìzhēn Lù] 义贞路位于王义贞镇王店社区，起点为南至中心小学，北至石门村，长 840 米，宽 20 米，总面积 0.02 平方千米，门牌号范围 1-43 号，道路等级为次干道。王义贞路位于王义贞镇集镇中心，最早的商业中心，唯一的一条街道。义贞路现为王义贞中心街，建于 1982 年，沿用至今。

天府路[Tiānfǔ Lù] 天府街位于王义贞镇王店社区，南接汝南路，止于唐僧路，门牌号 1-62 号，长 840 米，宽 20 米，范围总面积 0.02 平方千米，道路等级为次干道。天府街建于 1982 年，沿用至今。

王吉路[Wángjí Lù] 王吉街位于王义贞镇王店社区，起点为义贞路，止点为吉庙村，长 1500 米，宽 20 米，门牌号 1-99 号，总面积 0.03 平方千米。王吉街建于 1987 年，沿用至今。

初中路[Chūzhōng Lù] 初中路所属巡店镇巡店社区，起至金墩广，止于烟应公路，全长 690 米，宽 29 米，路面性质为水泥，道路等级为四级。

吊桥街[Diàoqiáo Jiē] 因街道最南边古代有一吊桥而得名。属巡店社区，起于河边，止于吊桥，全长 420 米，宽 4 米，路面性质为水泥，道路等级为四级。

金墩街[Jīndūn Jiē] 属巡店社区，起于东方红超市，止于烟应公路，全长 780 米，宽 45 米，路面性质为沥青，道路等级为三级。

鲁班街[Lǔbān Jiē] 鲁班街所属巡店社区，起于三岔路口，止于梅陈村，全长 330 米，宽 20 米，路面性质为沥青，道路等级为三级。

唐宋大道[Tángsòng Dàdào] 属巡店社区，起至金色小区，止于烟应公路，全长 1024 米，宽 50 米，路面性质为水泥，道路等级为四级，现正在建设中。

文昌街[Wénchāng Jiē] 因该街道边有著名建筑文昌阁命名。属巡店社区，起于三岔路口，止于内府河边，全长 450 米，宽 5 米，路面性质为水泥，道路等级为三级。

中心广场街[Zhōngxīn Guǎngchǎng Jiē] 属巡店社区，起于金墩广场，止于农田，全长 450 米，宽 13 米，路面性质为水泥，道路等级为四级。

孙店街[sūndiàn Jiē] 位于赵棚镇孙店村，东接孝昌县安界村，西邻老邱塆村，南连孙店村 17 组杨家塆，北靠老汤家沟。起于基站，止于曹家岗，全长 500 米，宽 5 米。路面性质为水泥混凝土。

新崔兴街[Xīn Cuīxīng Jiē] 位于赵棚镇团山村东部。东接胡家独塆，西邻崔大塆，南连巷子塆，北靠横山。起于东北方向冯彦成家，止于西南方向崔家伟家，全街长 800 米，宽 9 米，道路等级为支路，路面质地为水泥。2011 年形成。

北大街[Běidà Jiē] 起于接官乡养老院，止于接官烟草公司，全长 800 米，宽 15 米，路面性质(沥混，泥混，沥青，碎石，石块，加固土等)为泥混，道路等级次干道。2000 年建成命名。

官亭街[Guāntíng Jiē] 位于接官乡接官街道中部。起于接官乡信用合作社，止于接官乡福利院，全长 1000 米，宽 20 米，路面性质为泥混。道路等级次干道。1998 年建成。

惠民路[Huìmín Lù] 位于接官村中西部，起于雷河街，止于观音河，全长 400 米，宽 15 米，路面性质为泥混。道路等级次干道。2014 年建成。

戏河路[Xìhé Lù]　位于接官村东部，邻近戏河，起于正兴街，止于接官乡水厂，全长 300 米，宽 15 米，路面性质为泥混。道路等级次干道。2009 年建成。

正亭路[Zhèngtíng Lù]　位于接官乡接官街道中东部。起于观音路，止于戏河路，全长 300 米，宽 10 米，路面性质为泥混。道路等级次干道。

正兴街[Zhèngxīng Jiē]　隶属于接官乡接官村。北接戏河路，南连观音路。长 150 米，宽 8 米，水泥地面。

观音路[Guānyīn Lù]　隶属于接官乡接官村。东接接官中学，西接官亭街，长 150 米，宽 5 米，水泥地面。

新龙街[Xīnlóng Jiē]　隶属于接官乡新龙村。起于费家塆后山，止于凤凰山尾，全长 1200 米左右，宽度 20 米。1988 年建成。

夏桥新街[Xiàqiáo Xīnjiē]　位于木梓乡夏桥村中心，处丘陵地带，总长 300 米。

方河街[Fānghé Jiē]　位于木梓乡，1955 年兴建，起于方河村 4 组，止于原 10 组，全长 500 米，宽 70 米。路面质地为水泥路面，为次干道。

太阳街[Tàiyáng Jiē]　位于木梓村东部，是安陆到木梓的一条主干道。全长 1000 米，宽 18 米。

学府街[Xuéfǔ Jiē]　学府街位于木梓乡政府到木梓中学的一条街道，全长 800 米，宽 16 米。

梓兴街[Zǐxìng Jiē]　梓兴街位于木梓社区正中心，集贸市场所在地，长 600 米，宽 20 米。

辛榨乡街道[Xīnzhà Xiāng Jiēdào]　烟应大道，长 2. 2 千米，宽 20 米。府河街，长 1 千米，宽 18 米。南街长 0. 8 千米，宽 18 米。西街，长 1. 2 千米，宽 20 米。

第四篇

DÌ SÌ PIĀN

交通运输类地名

JIĀOTŌNGYÙNSHŪLÈIDÌMÍNG

ANLUSHI
DIMINGZHI

第一章　道路运输

第一节　公路运输

安桃线[Āntáo Xiàn]　起于安陆市区，止于与随州市交界的桃源河桥。1958 年开工建设，1970 年建成通车，达到三级公路标准，2000 年改路面为沥青碎石混凝土路面。安陆段全长 34.21 千米，路面宽 4.4 至 5.8 米，路基宽 6.8 至 7.5 米，最小半径为 23 米，道路类型为县道，道路等级为三级，路面质地为沥青，沿途重要地物有 11 座小桥及 165 个涵洞，途经安陆市府城街道、烟店镇、孛畈镇等行政区域。

大宋线[Dàsòng Xiàn]　即 243 省道。“大”指大悟县，“宋”指京山县宋河镇，以公路起止点命名。2006 年 10 月 08 日建成，安陆境内一段起点为孝昌县安陆市界点安陆界，止于安陆市京山县界点袁家河。该公路全长 49.7 千米，路基宽度 15 米，12 米。道路类型为省道，等级为二级，路面性质为沥青混凝土。途经行政区有安陆陈店乡、洑水镇、经济开发区、府城街道、棠棣镇。

独天线[Dútiān Xiàn]　2007 年 11 月 3 日建成，起点为雷公镇独子树，止于木梓乡周天线。全长 11.7 千米，路基宽度 4.5 米，道路宽度 3.5 米。道路类型为乡道，等级为四级，路面性质为水泥混凝土。

軛河线[Èhé Xiàn]　2006 年 10 月 8 日建成，起点为棠棣镇軛头，止于棠棣镇河德。全长 10.6 千米，路基宽度 8 米，道路宽度 7 米。道路类型为乡道，等级为四级，路面性质为水泥混凝土。

福兰线[Fúlán Xiàn]　“福”指的是福州，“兰”指兰州市。2006 年 10 月建成。该公路在安陆境内起点为云梦县安陆市界点界牌，止于安陆市广水市交界点毛庙。该公路在安陆境内全长 26.6 千米，路基宽度 15 米，道路宽度 12 米。道路类型为国道，等级为二级，路面性质为沥青混凝土。途经行政区有南城、李店镇、府城、洑水镇。

福银高速公路[Fúyín Gāosù Gōnglù]　“福”指福州市，“银”指银川。该公路安陆境内起点为南城陈沟东村，止于孛畈镇杨堰村。安陆境内全长 38 千米，道路宽度 12 米。道路类型为国道，等级为一级，路面性质为沥青混凝土。途经行政区有安陆南城街道、烟店镇、棠棣镇、孛畈镇。

广仙线[Guǎngxiān Xiàn] “广”指广水市，“仙”指仙桃市。2005 年 10 月建成。该公路安陆境内一段起点为广水市安陆市交界点赵冲，止于云梦县安陆市交界点。该公路全长 39.1 千米，路基宽度 7 米，5 米。道路类型为省道，等级为三级，路面性质为沥青贯入式。途经行政区有安陆赵棚镇、经济开发区、李店镇。

广应线[Guǎngyīng Xiàn] “广”指广水市，“应”指应城市。2006 年 10 月建成。该公路安陆段起点为广水市安陆市交界点观音坡，止于安陆市应城市交界点付家塆，全长 49.1 千米，路基宽度 15 米，12 米。道路类型为省道，等级为二级，路面性质为沥青混凝土。途经行政区有安陆洑水镇、府城街道、棠棣镇、巡店镇、辛榨乡。

河棠线[Hétáng Xiàn] 2006 年 10 月建成。起点为棠棣镇河德村，止于棠棣镇棠棣政府。该公路全长 10.4 千米，路基宽度 8 米，道路宽度 7 米。道路类型为乡道，等级为四级，路面性质为沥青贯入式。

胡五线[Húwǔ Xiàn] 2000 年 12 月 10 日建成，使用至今。起点云梦县胡金店，止于安陆府城办事处五一村。该公路全长 22 千米，路基宽度 8 米，道路宽度 6 米。道路类型为乡道，等级为三级，路面性质为沥青贯入式。途经行政区有安陆市辛榨乡。

雷云线[Léiyún Xiàn] 2006 年 10 月建成，起点为雷公镇，止于雷公镇云岭村。该公路全长 11.2 千米，路基宽度 4.5 米，道路宽度 3.5 米。道路类型为乡道，等级为四级，路面性质为水泥混凝土。

三双线[Sānshuāng Xiàn] 1991 年 12 月 10 日建成，2011 年 11 月 1 日返修，起点为孛畈镇三里村，止于孛畈镇双河口。该公路全长 13.3 千米，路基宽度 6 米，道路宽度 4 米。道路类型为乡道，等级为四级，路面性质为水泥混凝土。途经行政区有孛畈镇、王义贞镇。

水青线[Shuǐqīng Xiàn] 2005 年 10 月 8 日建成，起点为烟店镇水寨，止于孛畈镇青龙。全长 14.7 千米，路基宽度 7 米，道路宽度 6 米。道路类型为乡道，等级为四级，路面性质为水泥混凝土。

万肖线[Wànxiāo Xiàn] 2005 年 10 月建成。安陆段起点为曾都区安陆市交界点三里，止于安陆市京山县界点交木梓。全长 50.9 千米，路基宽度 7 米，道路宽度 5 米。道路类型为省道，等级为三级，路面性质为沥青混凝土。途经行政区有安陆孛畈镇、烟店镇、雷公镇、棠棣镇、木梓乡。

王三线[Wángsān Xiàn] 1999 年 12 月 10 日建成，起点为王义贞镇袁河村，止于孛畈镇三里村。全长 25.3 千米，路基宽度 9 米，道路宽度 7 米。道路类型为乡道，等级为三级，路面性质为沥青贯入式。

五黄线[Wǔhuáng Xiàn] 即涢水路出府城后的一段。2005 年 10 月建成，起点为府城五一社区，止于南城黄河村。长 10.4 千米，路基宽度 8 米，道路宽度 6 至 20 米。道路类型为乡道，等级为三级，路面性质为水泥混凝土。

徐专线[Xúzhuān Xiàn] 1958 年开挖徐家河渠道时修建，大部分路段顺渠道而建，属安陆市公路管理段管理。徐专线位于安陆市洑水镇境内，起于徐家河水库大坝，止于竹林塆，途径张家塆、潭铺、湖塘塆。全长 24.5 千米，宽 8 米，共有涵洞 35 道 138.5 米，属水利专用线。路面质地为水泥混凝土，道路等级为四级一下。

巡洪线[Xúnhóng Xiàn] 始建于 1969 年，路面宽 3.8 米，全长 11.7 千米，为四级沙石公路。路面宽度 4.5 米、路基宽度 6 米的四级沥青碎石混凝土公路，全长 12.054 千米，路面宽 4.6 米，路基宽 5.1 到 6.3

米，为四级沥青混凝土公路。类型为县道，等级三级，路面性质为沥青。

烟应公路[Yānyìng Gōnglù]　安陆市烟店镇通往应城市的公路。宽 12 米。类型为省道，等级二级，路面性质为沥青。于 2006 年 10 月开工建设，同年被命名并投入使用。

赵会线[Zhàohuì Xiàn]　1998 年 12 月 10 日建成。起点为赵棚镇赵棚街，止于赵棚镇会呰。全长 13.1 千米，路基宽度 4.5 米，道路宽度 3.5 米。道路类型为乡道，等级为四级，路面性质为沥青贯入式。

专施线[Zhuānshī Xiàn]　2006 年 10 月 8 日建成，起点为接官乡 S210 平洑线接官乡岔口，止于赵棚镇施埫。该公路全长 10.7 千米，路基宽度 9 米道路宽度，7 米。道路类型为乡道，等级为四级，路面性质为沥青贯入式。

安京公路[Ānjīng Gōnglù]　起点安陆市，止点京山县。1956 年始建，1992 年 11 月，被纳入为省道，改名安京公路。

汉十高速[Hànshí Gāosù]　起于汉口，止于十堰。从安陆南城收费站进入安陆境，经过棠棣镇、烟店镇、孛畈镇进入随州境内。安陆境内全长 42 千米，类型为国道，等级一级，路面性质为沥青。2003 年建成。

周天公路[Zhōutiān Gōnglù]　起于百花村周家独屋，止于天然，全长 16.2 千米，宽 7 米。类型为乡道，等级四级，路面性质为沥青。始建于 1959 年，1995 年起逐步改建为四级油路。

210 省道[210 Shěngdào]　该公路称为平洑公路(平顶山—洑水)。该公路贯穿接官乡，类型为省道，道路等级为二级，路面性质(沥青，泥混，沥混，碎石，石块，加固土等)为水泥混凝土。1990 年 10 月完工。

中接公路[Zhōngjiē Gōnglù]　起点为赵棚镇中埫村，终点为接官乡接官街，全长 10 千米，宽 7 米。类型为乡道，等级为四级公路，路面性质为沥青路面。途径行政区有中埫村、会呰村、银铺村、霞山村、颛庙村。1994 年建成。

接官赵棚通村公路[Jiēguān Zhàopéng Tōngcūn Gōnglù]　起点为接官颛庙村，止于赵棚镇街，公路境内长 10 千米，宽 7 米，路面质地为沥青。道路等级为四级及以下。2008 年建成。

第二节　铁路运输

汉丹铁路[Hàndān Tiělù]　起于湖北省武汉市汉西站，止于湖北省丹江口市丹江站。其中武汉至襄阳段于 2005 年开始改为复线，叫“武襄铁路”。

汉丹铁路于 1958 年 10 月开工，1966 年通车，1967 年交付运营，2001 年 10 月时速由 120 千米提升到 140 千米，此段的电气化改造于 2010 年启动。

该铁路自湖北省武汉市汉西站北咽喉引出，向西经孝感长江埠、云梦、安陆、随州、襄阳、老河口至湖北省丹江口市丹江站，全长412千米。其中襄阳北站至老河口东站与襄渝铁路共轨。它南接京广、武九铁路，在厉山站接出小厉线通向宁西铁路小林站，在襄阳与焦柳、襄渝二铁路交会，是湖北省中部与西北部联系的交通干线。该线东南区段主要在江汉平原，地势低平，河网密集；西北区段在鄂西北丘陵谷地延伸。它在修筑对丹江口水利枢纽工程和发展鄂西北工业方面发挥了积极的作用。该线路老河口东至汉西段开通客货运输，西段丹江口至老河口东已停办客运业务，仅办理少量货运业务。

第二章　水上运输

黄寨渡口[Huángzhài Dùkǒu]　位于孛畈镇张畈村1组，明清始便盛行。张、黄两姓共同管理。原来一直使用木船，1996年改为铁船轮渡，可渡小型车辆。1998年又改为浮桥。2012年国家投资兴造了连通316国道的公路后，渡船便不复存在。现新修公路桥。桥长220米，宽7米。水面高度为8米，为钢筋混凝土结构。可与316国道连通，十分结实。

竹箩村渡口[Zhúluó Cūn Dùkǒu]　以所在地理位置命名，自古就有。1997年国家投入配备30个座位的铁皮机动船。在渡口两岸修有候船亭，硬化公路500米。2015年国家投入进行维修改造，配备功力更大，座位更多的铁皮机动船。渡口位于烟店镇竹箩村3组卢家塆的东方向0.6千米处，属竹箩村管辖，年客运量4万人次，年货运量0.75万吨，渡程100米，平均水深6米，最大水深10米，主要经营航线竹箩村至洑水镇三陂村，与之相连的主要道路和交通线有316国道、汉丹铁路。

毛家墩渡口[Máojiādūn Dùkǒu]　府河东位于洑水毛庙村，过府河到西岸桃园村王家畈。渡程300米。

青龙渡[Qīnglóng Dù]　位于涢水，东岸为洑水镇傅家咀，西岸是安陆古镇青龙潭。渡程380米。

上埠口[Shàngbù Kǒu]　位于涢水安陆古城，东岸到达当今的望云亭，西岸到达当今的蒿桥路。渡程380米。

下埠口[Xiàbù Kǒu]　跨府河，位于安陆古城，渡程300米。古为木船渡，20世纪50年代末改为拉索汽渡。1971年建府河大桥而废渡。

樱桃渡[Yīngtáo Dù]　位于安陆古城南，跨府河，东达晏公庙，西至金泉山，渡程350米。

於江渡[Wūjiāng Dù]　古代云梦泽北河湖港汊太多，府河曾名"於江(乌江)"，其中最有名的渡口有三处，一是毓秀阁渡河到金泉山，也叫樱桃下渡，渡程800米；一是虎乳岩渡河到李园村的曾家塆，渡程950米；一是虎乳岩渡河到晒书台，渡程2500米。随着冲积平原的形成，港沟和沙洲不断出现，小渡口也多起来，於江渡是港汊各渡口的统称。

顾李渡[Gùlǐ Dù]　随着云梦泽水的消退，当今的巡店夹河形成涢水中的一大片沙洲。顾李渡是夹河洲东出的通道之一，跨府河到达东岸的大塆村，渡程700米。

黄河渡[Huánghé Dù]　位于黄河村之南而得名。北岸从府河黄河村出发，跨府河到达南岸的汪家洲，渡程700米。

第三章　桥梁与涵洞

第一节　水上桥梁

府河大桥[Fǔhé Dàqiáo]　位于府城碧涢路，横跨涢水，东连府河社区，西接蒿桥社区，是鄂中地区连接东西的重要桥梁之一。1970 年 11 月破土动工。1971 年 9 月正式竣工，定名“府河大桥”。10 月 1 日，府河大桥正式通车，建设工期仅 10 个月，总投资 200 万元。大桥建成后原府河汽渡终止。2004 年，这座府河大桥被鉴定为危桥。2008 年 8 月拆除危桥，在旧桥原址再建新桥，并改建成平梁桥，2010 年 1 月 1 日剪彩通车。

府河二桥[Fǔhé Èr Qiáo]　位于银杏大道，东接府城赵河、张巷 2 社区，西连河西、蒿桥 2 社区。全长 546 米，11 孔；桥面宽 15 米，2006 年 9 月开工建设，2009 年正式通车。

大坝桥[Dàbà Qiáo]　即解放山拦洪大坝，桥面是公路，通车辆行人，桥下泄洪。大坝桥所跨河流为府河，全长 159.04 米，全宽 11 米，其中行车道 9 米，人行道各 1 米，净空 12.5 米，跨径组合 13 孔×10 米，其中一孔为船闸，可通航。桥面公路 2 级，上部结构为预应力空心板梁。

电站桥[Diànzhàn Qiáo]　东接解放山大坝，西连河西社区，所跨流域为发电渠道，全长 66 米，全宽 10.2 米，其中行车道 7.2 米，人行道各 1.5 米，净空 6.25 米，跨径组合 4 孔×15 米，不通航，公路 2 级，上部结构为预应力空心板梁。

双龙桥[Shuānglóng Qiáo]　亦名广济桥、潮金桥，双龙桥，位于拱辰门(北门)护城河上。古桥长约 30 米，宽约 2 米，高约 3 米，桥下可行小舟。桥中间有 2 个桥墩，桥墩迎水的两面分别雕有龙头。整座桥属红石垒砌的平面石梁桥。20 世纪 60 年代，安陆建纺织部五七棉纺织厂，此桥被废。2012 年，一座钢筋水泥桥在古桥东一百余米的地方诞生，沿用双龙桥之名，桥梁总长 50 米，两墩三孔平梁，孔距最大跨度为 7 米，高 7 米，桥面总宽 7 米，主桥结构为钢筋混凝土，桥梁类型为公路桥梁，主要用于车辆通行，最大载重量为 15 吨。

护国桥[Hùguó Qiáo]　1969年，安陆建纺织部五七棉纺织厂，古双龙桥被毁。为贯通北正街至城北的道路，政府在护城河北岸的沙地上用人工填土20米高，形成一条既是护堤又是大道的土路(德安北路)，在两岸之间建高20米、宽7米、长50米的水泥双曲单孔拱桥，名工农桥。1995年6月加宽成19米，因在德安路，暂定名德安桥。护国村菜农进城方便，习惯称护国桥，桥梁类型为公路、人行桥梁，最大载重量15吨。2015年全国开展第二次地名普查，因为此桥正在古安陆城拱辰门北，为传承文化记忆，地名专家建议定名为"拱辰桥"。

御龙桥[Yùlóng Qiáo]　位于㵐山河城区双龙桥广场，2012年建成，东西向公路桥。桥东属肖台社区，桥西属解放社区。桥长50米，高8米，宽7米，两旁人行道各宽1米，两墩三孔平梁，孔距最大跨度为7米。

赵家桥[Zhàojiā Qiáo]　亦名赵河桥，位于解放路江家巷(江家口)南端㵐山河上。此处古代无路无桥，1987年兴建解放大道在此建钢筋水泥桥，取名赵家桥。桥长15米左右，高7米，宽20米，最大载重15吨。

北七里桥[BěiQīlǐ Qiáo]　此处古代为驿道桥，明代闫应元修。桥位于县城北七里，故命名北七里桥。20世纪50年代末改为钢筋水泥桥。1990年316国道(今太白大道)拓宽拉直，在老桥东建新桥，形成两桥并列。新桥所跨河流为府河支流㵐山河，全长42.5米，全宽15米，其中行车道12米，人行道各1.5米，跨径组合3孔×13米，净空1.5米，属公路桥，下不通航，公路三级，上部结构预应力空心板梁。

圆通桥[Yuántōng Qiáo]　也叫独木桥，位于圆通社区。最早只有一座独木桥。光绪十四年《德安府志》津梁卷记载："独木桥，府北三里，今改石桥。前署参将孙衡倡修未及，去任。光绪十年，安陆绅首张永达、应山乐永盛合同劝捐落成。"圆通桥宽约3米，高约5米，6墩7孔，墩厚约1米，孔距约4米，桥全长约40余米，全部由数百斤乃至上千斤的红石条垒砌而成。1977年，因桥面条石断裂，当地村民对桥面用水泥进行过维修。圆通桥西边是2008年新建的高速复线铁路桥，东边是钢筋水泥公路桥。三座桥紧紧相排，实属罕见。它们见证了我国桥梁史的发展，也成了当地的一处景观。

一号桥[Yīhào Qiáo]　位于安陆市府城办事处圆通寺社区6、7组，2005年建成。桥梁总长50米，高8米，桥面总宽6米，其中行车道4米，人行道各1米，主桥结构为钢混，跨径组合为2孔×25米，其类型为2车道2级公路桥梁，标准荷载公路2级，最大载重量30吨。

通济桥[Tōngjì Qiáo]　位于来薰门(南门)海子河上的一座水上桥梁，南北走向。出南门是南门河街，西边是布市口和蔬菜集散地，东边通涢川阁和城南三洲(采芳洲、辛夷洲、薜荔洲)。原桥无存，现桥沿用古名。

凤凰桥[Fènghuáng Qiáo]　位于老安陆城外南门河街靠西头，桥南北走向横跨海子河。桥北翻城墙是报恩寺，桥南对着当今的大唐会馆，直通凤凰山西麓。属木桥，二十世纪五十年代末还残存，可走人，现不存。七十年代末建环城路，重修简易的凤凰桥，后经两次翻建，才有当今二医院附近的凤凰桥。

虹桥[Hóng Qiáo]　城西南一里，即当今古天符庵南的倒水桥。

海子河桥[Hǎizihé Qiáo]　位于五一社区，1969年建成。跨海子河，长22米，宽15.1米，其中行车道12.1米，人行道各1.5米，跨径组合1孔×8米钢筋水泥，不通航，标准荷载公路2级，上部结构空心板梁。

朝宗桥[Cháozōng Qiáo]　因位于江(江家口)四(四里棚)公路线，在朝宗村而得名。1969 年 10 月建成。该桥梁位于汉丹铁路旁，所跨河流为护城河(海子河)，全长 36 米，全宽 13 米，其中行车道 10 米，人行道各 1.5 米，净空 5.8 米，跨径组合 1 孔×21.6 米，不通航，荷载汽—15，挂—80，上部结构双曲拱桥。

海子一桥[HǎiziYī Qiáo]　位于汉丹路，跨海子河。20 世纪 50 年代为安(安陆)长(长江埠)公路上的一座木桥，60 年代末改为钢筋水泥桥。桥长 25 米，宽 25 米。

海子二桥[Hǎizi Èr Qiáo]　位于文昌路，跨海子河。1982 年建，桥长 22 米，宽 18 米，钢筋水泥结构。

玉皇桥[Yùhuáng Qiáo]　位于肖台社区汉丹路，古名赵家桥，是几块木板小桥。1932 年国民党政府扩建维修襄花公路，决定延长建设安(安陆)长(长江埠)公路，修建公路木桥一座，沿用赵家桥之名。20 世纪 60 年代，该桥改建为水泥桥。2007 年拆建重修，因原名被解放路赵家桥占用，附近有玉皇阁而改名“玉皇桥”。该桥全长 15 米，宽 7 米，高 6 米，最大跨度 15 米，所跨河流为毛河，主桥结构为钢混结构，所在路线为汉丹北路。桥梁类型为公路、人行桥梁，最大载重量 15 吨。

毛河桥(西)[Máohé Qiáo]　位于太白大道德安公园附近。1990 年 8 月建成。长 57.04 米，宽 35.5 米(其中行车道 32.5 米，人行道各宽 1.5 米)，跨径组合 4 孔×13 米，净空 3.27 米，不通航，公路三级，上部结构预应力空心板梁。

蒿桥[Hāo Qiáo]　位于蒿桥山东麓，清朝时为独木桥，水位高涨时不能行人，1910 年，当地几户富裕人家集资重修石头桥，桥名以蒿桥山命名。1938 年日军占领安陆，企图打通安陆至京山的交通，修建简易公路，在此建公路木桥。20 世纪 50 年代末改建水泥钢筋桥。1993 年扩建，长 30 米，高 10 米，桥面总宽 15 米，行车宽度为 10 米，跨度组合为 30 米，为 4 车道，主桥结构钢筋混凝土。

金泉桥[Jīnquán Qiáo]　1981 年金泉泵站，同时建造此桥，命名为泵站桥。桥长 50 米，宽 6 米，属钢精水泥结构的拱形桥，于 1982 年 5 月竣工。2014 年，因泵站桥老化危险，拆毁重修。重建的桥全长 52 米，宽 9 米，两边望柱和栏杆为汉白玉石质。

周公桥[Zhōugōng Qiáo]　也叫周文桥、周桥，位于府城街道办事处河西社区和周桥村交界处。2011 年改建，桥梁总长 10 米，高 4.5 米，桥面总宽 6 米，行车宽度为 5.5 米，主桥结构钢筋混凝土，最大载重量 20 吨。

秦家桥[Qínjiā Qiáo]　位于赵河社区秦家垱。1989 年 6 月建成。所跨河流为府河支流，全长 44 米，高 4.5 米，全宽 17.6 米，其中行车道 12.6 米，人行道各 2.5 米，净空 3.5 米，跨径组合 1 孔×26 米，不通航，公路 2 级，上部结构为木行架拱。桥梁类型为公路、人行桥梁，最大载重量 20 吨。

梅家桥[Méijiā Qiáo]　位于府城办事处五一社区海子河上，东西走向。桥宽 6 米，高 5 米，长 15 米。最大载重 15 吨，为钢筋混凝土结构。

汉十高速仰家凹桥梁[Hànshígāosù Yǎngjiāāo Qiáoliáng]　2002 年建成。位于大塘村仰家凹，所跨河流(道路)为冷水港，长 120 米，宽 12 米，高 10 米，最大跨度为 18 米，结构为钢筋混凝土结构，为 4 车道，最大载重量为 15 吨，类型为公路。

仰家石桥[Yǎngjiā Shíqiáo]　本名通济桥，由红石砌成，属两墩三孔拱形桥。桥宽约 2 米，正桥长 10

余米，两端有土填引桥，引桥四面石砌驳岸。清朝乾隆四十年把府城南壕城门桥改名通济桥。仰家石桥也就成了正名。现在古桥还在，旁边建起了一座水泥公路桥。

仰家石桥公路桥[Yǎngjiāshíqiáo Gōnglùqiáo]　此桥就在古老的仰家石桥旁边，20 世纪 80 年代，扩建拉直古道路时建在涢水路上，位于南城办事处石桥村与仰棚村之间的涢水支流上。这座公路桥长约 30 米，宽约 9 米，离水面高约 5 米，为钢筋混凝土结构 2 级公路桥梁。

滚子河桥[Gǔnzǐhé Qiáo]　即铁板桥，又叫蟉子庙桥，位于安陆、云梦之间的界河上。界河上游叫“龙头河”，下游叫“滚子河”。这座桥最晚是明清遗物，桥中间的石板上，独轮车压出的痕迹成了深深的沟槽。桥的做工精美，都是条形砾岩和糯米加生石灰砌成的，桥长 24 米，中间高 4 米，宽 4 米。属四墩五孔石拱桥。桥面南高北低，落差近一米。

毛河桥(东)[Máohé Qiáo]　跨越府河支流毛河，位于安广线公路，2007 年建成，长 55 米，宽 26 米，其中行车道 24 米，人行道各 1 米，净空 3.2 米，跨径组合 1 孔×48 米，不通航，标准荷载公路 2 级，上部结构下承式系杆拱桥。

双路渠道桥[Shuānglù Qúdào Qiáo]　位于经济开发区双路村。2007 年建成，所跨河流为徐家河渠道，长 32.04 米，宽 11 米，其中行车道 9 米，人行道各 1 米，净空 5.6 米，跨径组合 1 孔×20 米，不通航，标准荷载公路 2 级，上部结构空心板梁。

紫石桥[Zǐshí Qiáo]　位于安广线公路经济开发区紫石村。1978 年建成，所跨河流(道路)为徐家河渠道，长 16.5 米，宽 8 米，其中行车道 7 米，人行道各 0.5 米，净空 3.13 米，跨径组合 1 孔×8.5 米，不通航，荷载汽—15，挂—80，上部结构双曲拱桥。

蔡家桥[Càijiā Qiáo]　位于经济开发区十塘社区蔡家塆。2013 年建成，长 40 米，高 3 米，宽 15 米，其中行车道为 2 车道，主桥结构为钢混。所跨河流为蔡家河。

243 省道桥[243 Shěngdào Qiáo]　位于安陆市经济开发区新河社区，地处 243 省道旁。2005 年建成通车，桥梁总长 50 米，高 7 米，桥面总宽 10 米，其中行车道 8 米，人行道各 1 米，主桥结构为砖混，跨径组合为 1 孔×40 米，其类型为公路桥梁，标准荷载公路 2 级，设计速度 60 千米/小时，最大载重量 30 吨。

板金桥[Bǎnjīn Qiáo]　位于孛畈镇板金村板金坡附近，长 18.04 米，高 5.99 米，桥面总宽 10 米，其中行车道 9 米，防撞墙各 0.5 米，上部结构为空心板梁，跨径组合为 1 孔×13 米，其类型为公路桥梁，标准荷载公路 2 级。

碑基桥[Bēijī Qiáo]　曾用名：孙家塆桥。位于安陆市孛畈镇三里社区碑基河，地处安桃线公路旁。1984 年建成。长 23.85 米，高 3.3 米，桥面总宽 8.1 米，其中行车道 7.1 米，人行道各 0.5 米，净空 2.3 米，上部结构为整体现浇板，跨径组合为 3 孔×5.7 米，其类型为公路桥梁，标准荷载公路 2 级。

孛畈桥[Bèifàn Qiáo]　1970 年前，此处仅有一木板桥，连接马畈，方便清水河方向的人们到孛畈赶集来往。1970 年建此桥取代木板桥。桥长 12 米，宽约 6 米，高 4 米，是孛畈接连接马畈、清水河方向的必经要道。桥长 10 米，类型为公路，最大载重 10 吨，为钢筋混凝土结构。

孛塆桥[Bèiwān Qiáo]　1949 年建成，位于孛畈镇孛畈社区孛家塆，跨下狮子头河。长 50 米，高 5 米，宽3.5米，主桥结构为土石结构，最大跨度为50米，其类型为人行桥梁，最大载重量10吨。

刘家畈桥[Liú jiā fàn Qiáo] 1976年建成，位于孛畈镇板金村刘家畈，长21.8米，宽8.4米，其中行车道7.4米，人行道各0.5米，净空1.7米，跨径组合1孔×13米，不通航，标准荷载公路2级，上部结构为空心板梁，最大载重量30吨。

孟古桥[Mènggǔ Qiáo] 1960年前小河之上有一木板桥方便行人过往，1960年，建砖混泥沙小桥。长15米，类型为公路桥，最大载重量为5吨。

三里桥[Sānlǐ Qiáo] 位于安陆市孛畈镇三里社区三里店，1975年建成。长12.6米，高4.4米，桥面总宽8米，其中行车道7米，人行道各0.5米，上部结构为板拱，跨径组合为1孔×7.3米，其类型为公路桥梁，标准荷载公路2级。

随安桥[Suíān Qiáo] 位于安陆市孛畈镇与随州随县交界处，长160米，高8米，桥面总宽14米，其中行车道10米，人行道各0.5米，主桥结构为砖混，跨径组合为15米，其类型为公路桥梁，标准荷载公路3级，设计速度40千米/小时。1985年建成。

桃园河桥[Táoyuánhé Qiáo] 位于安陆市孛畈镇三里社区桃园河安桃线公路旁，1984年建成，长20米，高4米，桥面总宽8米，其中行车道7米，人行道各0.5米，净空3米，上部结构为整体现浇板，跨径组合为3孔×6米，其类型为公路桥梁，标准荷载公路2级。

同兴大桥[Tóngxīng Dà Qiáo] 2013年建成，位于孛畈镇同兴村与广水市交界处，地处黄寨河街附近，横跨府河。长200米，高20米，桥面总宽7米，行车宽度为5米，主桥结构为钢混结构，跨度组合为150米，其类型为公路桥梁。

杨家桥[Yángjiā Qiáo] 1925年建成，位于安陆市孛畈镇杜庙村三组，所跨河流为杜庙河，长10米，高5米，桥面总宽3米，行车宽度为3米，最大跨度为4米，主桥结构为石拱桥，类型为人行桥梁，桥梁最大载重量为5吨，标准荷载公路2级。

杨家小桥[Yángjiā Xiǎoqiáo] 1996年建成，位于孛畈镇同兴村杨家塆，所跨河流为杨家河，长14米，宽12米，其中行车道9米，人行道各1.5米净空2.66米，跨径组合2孔×4米，不通航，标准荷载公路2级，上部结构板拱。

月岭桥[Yuèlǐng Qiáo] 位于孛畈镇月岭村，长23米，宽8.5米，其中行车道7.5米，人行道各0.5米，跨径组合1孔×13米，不通航，标准荷载公路2级，上部结构预应力空心板梁。2011年建成。

周家桥[zhōujiā Qiáo] 位于孛畈镇周家塆，长11米，宽8.05米，其中行车道7.5米，人行道各0.5米，跨径组合1孔×5米，不通航，标准荷载公路2级，上部结构板拱。2011年建成。

朱家桥[Zhūjiā Qiáo] 原为龙嵩村潘家畈与黄棚村连接处的红石拱桥。1970年倒塌后修建了一座钢筋混凝土桥。2014年又修建了一座现代化的桥梁。长200米，高8米。最大载重50吨，为钢筋混凝土结构。

游家塆桥[Yóu jiā wān Qiáo] 位于洑水镇横山村游家塆，长24米，高4米，桥面总宽3.5米，行车宽度为3.1米，主桥结构为钢混，跨度组合为2节。2014年建。

红石桥[Hóngshí Qiáo] 位于洑水镇红桥村，长60米，宽4.5米，高8米，钢混墩柱结构。自2008年扩建成起沿用至今。

方棚路拱桥[Fāngpénglù Gǒngqiáo]　位于洑水镇军刘村的方棚路，长 40 米，宽 4 米，高 3.5 米，行车宽度 3.5 米。主桥结构为青石混凝土，跨度 35 米，设计载荷公路 20 吨。自 2003 年建成。

军刘垮拱桥[Jūnliúwān Gǒngqiáo]　位于洑水镇军刘村的军刘垮，长 28 米，宽 12 米(其中行车道 9 米，人行道 1.5 米)净空 4.7 米，跨径组合 3 孔×8 米，公路 2 级，上部结构空心板梁。2000 年建成。

熊岗一桥[Xiónggǎng Yīqiáo]　位于洑水镇熊岗村竹林垮与肖家垮之间。长 25 米，高 6 米，宽 3 米，其中行车道 2.5 米，人行道各 0.25 米，上部结构为板拱，跨径组合为 3 孔×8 米，其类型为公路桥梁，标准荷载公路 2 级。1997 年建成。

洑水桥[Fùshuǐ Qiáo]　位于洑水镇福兰线公路，1990 年建成。所跨河流为洑水河，长 42.5 米，宽 15.2 米(其中行车道 12.2 米，人行道 1.5 米)净空 4.4 米，跨径组合 3 孔×13 米，不通航，公路三级，上部结构预应力空心板梁。

轭头桥[Ètóu Qiáo]　1971 年建成。位于大天线公路，在轭头村，中心桩号 K79+826，长 10.5 米，宽 12 米，其中行车道 9 米，人行道各 1.5 米，净空 1.5 米，跨径组合 1 孔×6 米，不通航，公路 2 级，上部结构板拱。

雷公桥[Léigōng Qiáo]　建成年代为新中国成立前，后多次翻建，最近一次于 2005 年改建。位于雷公镇，中心桩号 K85+062，长 36 米，宽 12 米，其中行车道 9 米，人行道各 1.5 米，净空 6.05 米，跨径组合 2 孔×15.8 米，不通航，公路 2 级，上部结构预应力空心板梁。

平桥[Píng Qiáo]　1997 年建成。位于雷公平桥垮，中心桩号 K83+225，长 15 米，宽 11 米，其中行车道 9 米，人行道各 1 米，净空 2.55 米，跨径组合 2 孔×4 米，不通航，公路 2 级，上部结构整体现浇板。

沙河桥[Shāhé Qiáo]　位于雷公沙河之上。2005 年建成。中心桩号 K92+401，长 26.7 米，宽 12 米，其中行车道 9 米，人行道各 1.5 米，净空 3.25 米，跨径组合 1 孔×15.8 米，不通航，标准荷载公路 2 级，上部结构预应力空心板梁。

沈家桥[Shěnjiā Qiáo]　1994 年建成，位于雷公镇沈家河，中心桩号 K87+967，长 22 米，宽 9.5 米，其中行车道 8.5 米，人行道各 0.5 米，净空 2.66 米，跨径组合 1 孔×13.5 米，不通航，标准荷载公路 2 级，上部结构双曲拱桥。

魏桥[Wèi Qiáo]　2005 年，位于雷公魏桥村，中心桩号 K90+581，全长：20 米，全宽：12 米，其中行车道 9 米，人行道各 1.5 米，净空 2.95 米，跨径组合 1 孔×10 米，不通航，标准荷载公路 2 级，上部结构空心板梁。

杨棚桥[Yángpéng Qiáo]　位于李店杨棚村，2014 年建成，所跨河流(道路)为徐家河渠道，长 31.04 米，宽 9 米，其中行车道 8 米，防撞墙各 0.5 米，净空 4.07 米，跨径组合 1 孔×20 米，不通航，标准荷载公路 2 级，上部结构预应力空心板梁。

紫石桥[Zǐshí Qiáo]　清光绪年修建石桥，1972 年改建为钢混结构桥。位于李店镇紫石村，所跨河流(道路)为渠道，长 27 米，宽 10 米，其中行车道 7 米，人行道各 1.5 米，净空 5.5 米，跨径组合 1 孔×12.5

米，不通航，标准荷载公路 2 级，上部结构双曲拱桥。

百花桥[Bǎihuā Qiáo]　1965 年建成。位于棠棣镇百花村，所跨流域为百花水库，长 20 米，宽 7 米，其中行车道 6 米，人行道各 0.5 米，净空 2.3 米，跨径组合 2 孔×6.5 米，不通航，标准荷载公路 2 级，上部结构下型梁板。

河德桥[Hédé Qiáo]　位于棠棣镇河德村南部。古代也叫河坝桥、江东桥，位于棠棣镇河德村。2009 年安陆市人民政府发文，把古河德桥定为重点保护遗址。1983 年冬，政府投资在古桥之西又建造了一座钢筋水泥结构的大桥。长 56 米，宽 8.5 米，其中行车道 7.5 米，人行道各 0.5 米，净空 6.5 米，跨径组合 3 孔×13 米，不通航，标准荷载公路 2 级，上部结构预应力空心板梁。

石河桥[Shíhé Qiáo]　位于棠棣镇石河村，长 19 米，宽 7 米，其中行车道 6 米，人行道各 0.5 米，净空 1.4 米，跨径组合 2 孔×6.5 米，不通航，荷载汽—15，挂—80，上部结构整体现板。1970 年建成。

史家桥[Shǐjiā Qiáo]　位于棠棣镇。长 18 米，宽 8.2 米，其中行车道 6.2 米，人行道各 1 米，净空 2 米，跨径组合 1 孔×7.5 米，不通航，荷载汽—15，挂—80，上部结构板拱。1973 年建成。

蒙家桥[Méngjiā Qiáo]　位于棠棣镇黎龙村，长 10.5 米，宽 4 米、高 5 米，为钢筋混凝土结构，不通航，最大载重 10 吨。

松林桥[Sōnglín Qiáo]　民国初建成，2002 年扩建，位于棠棣镇松林村，所跨直径为阎家破塘流域，长 25 米，宽 5 米，净高 3.5 米，跨径组合 3 孔×6.5 米，最大载重 20 吨，不通航，为钢筋混凝土结构。

大桥河桥[Dàqiáohé Qiáo]　1938 年，修建安坪公路时在河流上架设了一座在当地规模较大的桥梁，当地人便以大桥命名。1986 年重新翻新。位于王义贞镇吉庙村西，长 20 米，高 4 米，宽 8 米，行车宽度为 6 米，主桥结构为混凝土结构，最大载重量 10 吨，跨度组合为 19 米，其类型为公路桥梁。

高家凹桥[Gāo jiā wā Qiáo]　2005 年建成。位于王义贞镇朱桥村高家凹，所跨河流为郑家河，长 34.5 米，宽 12 米，高 4.4 米，其中行车道 9 米，人行道各 1.5 米，净空 3.3 米，跨径组合 3 孔×10 米，不通航，标准荷载公路 2 级，上部结构空心板梁，最大载重量 30 吨。

吉庙桥[Jímiào Qiáo]　1960 年建成，1984 年翻新，1999 年扩建。位于王义贞镇吉庙村吉庙街东，跨安袁公路。长 15 米，高 4 米，桥面总宽 8 米，行车宽度为 6 米，主桥结构为混凝土结构，最大载重量 10 吨，跨度组合为 13 米，其类型为公路桥梁。

双河口桥[Shuānghékǒu Qiáo]　位于大天线，在王义贞镇双河村，1994 年建成。中心桩号 K94+398，长 27 米，宽 9.6 米，其中行车道 8.6 米，防撞墙各 0.5 米，净空 3.2 米，跨径组合 1 孔×17 米，不通航，标准荷载公路 2 级，上部结构双曲拱桥。

袁河桥[Yuánhé Qiáo]　位于王义贞镇朱桥村，长 30 米，高 6 米，桥面总宽 10 米，其中行车道 9 米，人行道各 0.5 米，主桥结构为钢筋混凝土，跨径组合为 1 孔×8 米，其类型为公路桥梁，标准荷载公路 2 级。2004 年修建。

朱家桥[Zhūjiā Qiáo]　位于王义贞镇朱桥村，长 11 米，高 4 米，桥面总宽 11.3 米，其中行车宽度为 8.3 米，人行道各 1.5 米，净空 1.3 米，上部结构为整体现浇板，跨径组合为 1 孔×7.4 米，其类型为公路桥梁，标准荷载公路 2 级。2004 年修建。

渠道桥[Qúdào Qiáo]　“渠道桥”指的是在郑家河东干渠太平村境内架起的桥梁。1966 年建，位于太平九组。长 20 米，宽 4.8 米，高 4.5 米，最大载重 15 吨，为钢筋混凝土结构。

李家塆渠道桥[Lǐ jiā wān Qúdàoqiáo]　位于王义贞镇石塘村李家塆附近，1996 年建成通车。长 25 米，高 8 米，桥面总宽 8 米，主桥结构为石质结构，跨度组合为 25 米，最大载重量 15 吨。

银桥[Yín Qiáo]　位于王义贞镇刘岗村西北部。因街南有一座金桥，故当地人就把此桥命名为银桥。长 10 米，宽 7 米，高 5 米。2012 年建成。

太平桥[Tàipíng Qiáo]　位于王义贞镇太平村大天线公路上，长 20 米，宽 12 米，其中行车道 9 米，人行道各 1.5 米，净空 5.1 米，跨径组合 1 孔×10 米，不通航，标准荷载公路 2 级，上部结构空心板梁。由安陆市公路局承建，2005 年建成。

磙子河桥[Gǔnzihé Qiáo]　位于安陆市王义贞镇太平村磙子河上。长 10 米，高 8 米，桥面总宽 9 米，其中行车道 8 米，人行道各 0.5 米，主桥结构为钢筋混凝土，跨径组合为 1 孔×7 米，其类型为公路桥梁，标准荷载公路 2 级。2005 年修建。

大顺桥[Dàshùn Qiáo]　位于巡店镇，所跨河流(道路)为内府河支流，长 19 米，宽 12 米，其中行车道 9 米，人行道各 1.5 米，净空 1.8 米，跨径组合 1 孔×13 米，不通航，标准荷载公路 2 级，上部结构预应力空心板梁。2004 年 10 月建成。

鲁板桥[Lǔbǎn Qiáo]　位于巡店镇，所跨河流为府河支流，长 20 米，宽 11.2 米，其中行车道 11.2 米，净空 5 米，跨径组合 1 孔×8 米，不通航，标准荷载公路 2 级，上部结构空心板。2004 年 10 月建成。

桑树大桥[Sāngshù Dàqiáo]　1970 年建。当时是世界最大单孔跨度达 60 米的双曲双拱大桥。现桥 2012 年改建。位于桑树村。长 50 米，高 7 米，桥面总宽 6 米，主桥结构为钢筋混凝土结构，主要是通车，最大载重量为 50 吨。

巡店桥[Xúndiàn Qiáo]　1981 年建成。位于巡店镇东。长 10 米，高 4 米，桥面总宽 6 米，主桥结构为钢筋混凝土结构，最大载重量为 50 吨。

刘家寨桥[Liújiāzhài Qiáo]　2002 年建成，位于烟店镇董桥村 4 组，长 25 米，高 3 米，桥面总宽 14 米。主桥结构为：水泥，钢筋。最大载重量为 30 吨。

水寨渠道桥[Shuǐzhàiqúdào Qiáo]　1966 年建。长 80 米，最大载重 10 吨，类型为公路桥。

万家桥[Wànjiā Qiáo]　清朝为独木小桥，80 年代修建为石桥。2000 年重修成钢筋混凝土结构。位于烟店镇万桥村，长 15 米，宽 8 米，高 6 米，最大载重 10 吨，为钢筋混凝土结构。

砦河桥[Zhàihé Qiáo]　1970 年 10 月建成。位于赵棚镇，所跨河流(道路)为徐家河渠道，长 15.9 米，宽 7.4 米，其中行车道 6.4 米，人行道各 0.5 米，净空 1.67 米，跨径组合 1 孔×10.6 米，不通航，荷载汽—15，挂—80，上部结构双曲拱桥。

紫石桥[Zǐshí Qiáo]　明清古桥。建桥材料全部用深红紫石条搭建。1960 年建起两孔宽 4 米的石板桥，整桥长 20 米，高 2 米，不通行载重车辆。1977 年重建水泥钢筋桥，长 30 米，宽 5 米，可通行载重大型车辆。位于赵棚镇合山村南部，长 30 米，宽 5 米，桥面距水面高 2 米，类型为公路，最大载重量为 15 吨。

架子桥[Jiàzǐ Qiáo] 原为古石板桥。2011 年修建成钢筋混凝桥。位于陈店乡伍店村，长 24 米，宽 4 米，高 5 米，为钢筋混凝土结构，两边有人行护栏，设计荷载汽—15 挂—80。

坟山坡公路桥[Fénshānpō Gōnglù Qiáo] 位于接官乡金台村，长 20 米，高 8 米，桥面总宽 12 米，行车宽度为 10 米，主桥结构为钢筋混凝土结构，跨度组合为 30 米。为双向车道二级主桥梁，设计载荷公路一级，设计速度 110 千米/小时，最大载重量 50 吨。1999 年建。

明家河桥[Míngjiāhé Qiáo] 位于接官乡马鞍村明家畈，长 100 米，高 3 米，桥面总宽 2 米，行车宽度为 2 米，主桥结构为钢筋混凝土，跨度组合为 100 米。最大载重量(吨)2 吨。建于 1990 年。

杨家桥[Yángjiā Qiáo] 位于接官乡新龙村北部杨家河上，长 25 米，高 5 米，桥面总宽 6 米，主桥结构钢筋混凝土。1970 年建成。

接官小桥[Jiēguān Xiǎoqiáo] 2000 年 10 月建成。位于接官乡，跨渠道，长 18 米，宽 12 米(其中行车道 9 米，人行道各 1.5 米)，净空 2 米，跨径组合 1 孔×8 米，不通航，公路 2 级，上部结构双曲拱桥。

木梓桥[Mùzǐ Qiáo] 1966 年建成。位于木梓乡，长 18 米，宽 8 米，其中行车道 7 米，人行道各 0.5 米，净空 1.8 米，跨径组合 3 孔×5.5 米，不通航，荷载汽—15，挂—80，上部结构整体现浇板。

天然桥[Tiānrán Qiáo] 位于木梓乡天然村境内周天线公路上，1973 年建成。长 31 米，全宽 8.2 米，其中行车道 7.2 米，人行道各 0.5 米，净空 4.5 米，跨径组合 2 孔×9.5 米，不通航，荷载汽—15，挂—80，上部结构双曲拱桥。

夏家桥[Xiàjiā Qiáo] 位于木梓乡夏家塆境内周天线公路上，1973 年建成。长 24 米，宽 7.5 米，其中行车道 6.5 米，人行道各 0.5 米，净空 2.5 米，跨径组合 1 孔×13 米，不通航，荷载汽—15，挂—80，上部结构双曲拱桥。

天然水库中桥[Tiānránshuǐkùzhōng Qiáo] 2014 年建成，位于木梓乡东山村 2 组。钢混结构，长 51 米，高 7.8 米，宽 13 米，最大跨度 13 米，桥梁结构为钢筋混凝土，跨周天线，桥梁最大载重 15 吨。

李家大桥[Lǐjiādà Qiáo] 1975 年前为木桥，1975 年重修，以水泥、钢混结构形成的桥梁，位于方河村 5 组，总长 15 米，高 7 米。桥面总宽 7 米，行车宽度为 5 米，主桥结构为钢筋混凝土。跨度组合为 17 米，为双车道，所跨河流为方家河，桥梁最大载重量为 5 吨。

艾家桥[Aijiā Qiáo] 2013 年前，曾修过二块水泥板并排的简易小桥。2013 年重修了一座混凝土大桥。位于木梓乡张寨村二组北侧，长 30 米，宽 6 米，高 4 米，钢混结构，可通行大型收割机。

花园桥[Huāyuán Qiáo] 以前曾为木结构简易桥，2009 年重修钢筋混凝土大桥，东接木梓乡戴河村，西邻叶家花园。长 40 米，宽 6 米，高 5 米，现为钢筋混凝土结构，可通行大型车辆。

新店一、二号涵洞[Xīndiànyī、èrhào Hándòng] 1979 年建成，位于新店村，在郑家河水渠上，总长 150 米，顶宽 3.5 米，高 20 米，灌溉农田面积 0.5 平方千米。

辛榨桥[Xīnzhà Qiáo] 2013 年重新修建。位于辛榨乡辛榨社区，长 18 米，宽 6 米，高 4 米，最大载重量 10 吨，为钢筋混凝土结构。

徐家桥[Xújiā Qiáo]　2004 年建成。位于辛榨乡，长 20 米，宽 11.2 米，其中行车道 11.2 米，净空 5 米，跨径组合 1 孔×8 米，不通航，标准荷载公路 2 级，上部结构空心板梁。

辛榨小桥[Xīnzhàxiǎo Qiáo]　2004 年建成。位于辛榨乡，长 25 米，宽 12 米，其中行车道 9 米，人行道各 1.5 米，净空 5 米，跨径组合 1 孔×13 米，不通航，标准荷载公路 2 级，上部结构预应力空心板梁。

第二节　著名古桥

芳洲桥[Fāngzhōu Qiáo]　也叫采芳桥。安陆古城“城南三洲”是一片水草茂盛、松柏遒劲、风景秀丽的湿地，东连海子河上游数十万平方米的沼泽湿地。明朝江西漕运总督何迁曾在采芳洲建别墅，杨锡亿曾写《采芳洲》诗曰：“郧城背枕大河流，一夕惊涛送箬舟。官舍晚凉来鹤梦，村庄睡稳暗更筹。秋成禾黍牛羊夕，春到蘼芜林若洲。𣵀水只今添几尺，东郊云外看泉流。郊原秋事起荒畴，乔木阴森望里收。鸟雀既驯田垄静，花根种就晚香柔。民风似草添新乐，帝德无私到古邱。村巷欣欣闻好语，良农谷贱未全优。”从陆路进采芳洲只有一座小石桥，而到其他两州则要坐船，这座桥就是芳洲桥。城南三洲的遗址即现在的府城办事处安陆宾馆以南、汉丹路以西、凤凰山以北，通济桥以东的一片，现代无存，明代的芳洲桥更无踪迹。

迎春桥[Yíngchūn Qiáo]　是安陆城资生门(东门)护城河上的一座桥梁，位于当今府城街道东城一巷中段。古人认为东方滋生万物，每年春节(立春)，都要到东岳观举行盛大的祭春大典，然后迎春而归，故而叫迎春桥。二十世纪五十年代和六十年代，拆东城墙填护城河，建五七棉纺厂与汉丹路西边的单位和民居，于是桥埋土里，河道尽毁。

泮池桥[Pànchí Qiáo]　水上人行桥梁，即龙门桥，古代称学校为“泮池”，所以取名泮池桥。此桥位于德安府儒学前，即当今的好多多超市附近，是一座汉白玉单孔拱桥，做工精美，每根望柱上有一个龙头，称之为“云龙望柱”。桥两边荷青花红，碧波荡漾；桥南面地势开阔，绿草茵茵。此桥南通现在的龙门路，水塘、沟渠直下海子河。每逢下雨，鱼群逆流而上，形成“鲤鱼跳龙门”之势，所以也叫龙门桥。此桥不存，水也不再。

易家桥[Yìjiā Qiáo]　水上人行桥梁，位于府城东正街(中山街)东段，是一座拱形单孔木桥，后为单孔石板桥。民国时期修整街道，两边民居加多，废桥为路，下建暗渠放水。

罗家桥[Luójiā Qiáo]　古代安陆城马坊街、下玉石街和当今玉石小区的水汇入罗家桥流进南门藕塘。此桥东西走向，位于当今碧涢路(新大街)邮电局铁塔东南的街面上。20 世纪 60 年代建新大街、邮电局和蔬菜公司，桥梁拆毁，小河被堵。一遇大雨，水漫大街，城中看海，水的最深处达成人腰部。街南房屋全部进水。九十年代多次改造，建大型下水道才基本解决漫水现象。

玉带桥[Yùdài Qiáo]　古代安陆城阜成门(西门)护城河上的桥，明代以前是木质吊桥。涢水舟樯太多，西门河街鱼龙混居，帮派林立，为城内安全，夜晚拉起吊桥，白天放下。康熙年间建造石拱桥。护城河的水东门向南流进海子河，转西再转北，经响水桥流进府河，像一条清澈的“U”形玉带系在安陆城的腰上，所以叫玉带桥。20世纪五六十年代建大礼堂和压缩机厂，平城墙填城河，如今桥掩埋在街道下面，西护城河成了礼堂电影院后面的一条小排水沟。

响水桥[Xiǎngshuǐ Qiáo]　单孔石桥，即元朝天顺七年建造的老通济桥。此桥连引桥长约“十寻有二(32米)”，宽约“寻有七尺(5米)”，高约“视广加三尺(6米)”，位于西门河街最北下坡的最低处。明《张瓒纪略》载：“城西坝口旧为壕，堤东北山涧之水合流冲决为大坎。水流西南入于涢川，两岸陡峻，行者病焉。郡守周君铎有建桥之意，吴商张循道愿输三十金。于是府所僚属各捐俸及郡中好事者欣助。有差，以邑民邓昺等董其事，市材伐石凡十有一，月而桥成，时天顺七年六月也。”桥下不远有宋代蔡确诗中的车盖亭遗迹。过桥之后，拾级而上，到达安陆城的最顶端石柱山，那儿有著名的碧霞台、司马书室和唐宋时期全国闻名的浮云楼。由于西壕到府河地势陡峭，壕水急流之下，好远都听得到雷鸣般的响声，清朝乾隆四十年，德安知府罗暹春重新命四壕之名时改为响水桥，以免和南门的通济桥混名。此桥基本完好，被填埋在当今府城办事处紫金路西出口与沿河大道的交界口以北。

金堤桥[Jīndī Qiáo]　也叫徐公堤桥、高公桥，大约在涢水东岸当今府河大桥北百米左右。明朝嘉靖年间，德安知府徐贡元为阻止涢水侵吞东岸，组织全城百姓出钱出力在涢水东岸筑堤防洪。百姓把这段堤坝称为“徐公堤”。堤的北段比较坚固，正对河水，南段涢水直流而下，再加上财力不足，有一段土堤。西门河街靠西的水南流，会同太和宫一带的水向西流入府河。天长日久，土堤冲出豁口，形成沟渠。人们就在豁口上随意搭上木板通行，非常危险。到了清朝，德安知府高翔捐资在豁口两边砌墙，上面用巨型条石铺设，人们说当官惠民“前有金堤，后有石桥”，就把这座桥称为金堤桥或高公桥。斗转星移，水流冲刷，战乱频繁，桥还是毁了，豁口也越冲越大。20世纪五十年代，安陆通了公路，人们就地势修公路，在桥的遗址旁建了汽渡码头，运用钢缆拉船，以运送两岸的各种车辆。

铁板桥[Tiěbǎn Qiáo]　铁板桥，又叫螺子庙桥，位于安陆南城高庙村与云梦县之间的界河上。界河上游叫“龙头河”，下游叫“滚子河”。河上的这座桥，因为桥里埋有铁板剑，云梦人叫它铁板桥，安陆人却叫它螺子庙桥。螺子庙也应该是“龙子庙”，螺子是古郧国的方言，即龙也，“螺”是龙翻滚蜿蜒前行的意思。

三板桥[Sānbǎn Qiáo]　东五里，位于现今经济开发区新河村何家湾东北，为一墩两孔红石桥，长约7米，宽约3米。此桥在康熙《安陆县志》有记载，由此推测，至迟建于明朝。2005年在附近新修243省道桥。

段家桥[Duànjiā Qiáo]　段家桥在城东经济开发区新河社区。出安陆城向东，过大转盘直奔原309地质大队驻地，到新316国道十字路口，左转弯下坡就到了段家桥。康熙年间《德安府安陆郡县志》载有段家桥这个名称，但无具体内容，说明段家桥至迟修于明朝。

永安桥[Yǒngān Qiáo]　又名汪家桥，东二十里，汪渊修。古桥四墩五孔，长约25米，宽约2米，离水面高约8米，由本地沉积砾岩(麻固石)垒砌。1970年兴修农田水利，当地人在原桥面加注水泥钢筋方形管状结构，使原桥成了一座双层渡槽桥。上层是水泥桥面，两侧各有21根柱栏保障行人安全；中层渡槽通渠放水，渡槽南墙有“毛主席万岁”几个字，还有“汪家渡槽”和1970年修建的落款，北墙有“抓革命促生产备战备荒为人民”几个字；桥下四墩五孔修水泥坻口流放河水，河面南北落差约6米，气势恢宏。

河德桥[Hédé Qiáo]　位于棠棣镇河德村南部。河德桥，也叫河坝桥、江东桥，位于安陆城西南十八里棠棣镇河德村，在石河(下石河)入涢水的交汇处横跨下石河。与古文化遗址晒书台相邻。古代当地人叫涢水为乌江而名“江东桥”，意为乌江就在东边的桥。江东桥在明代以前的维修情况不明，据说是木结构，屡坏屡修。到了明代，本邑人闫应元承接修造现在的河坝桥。明代维修改造的河坝桥正桥长25米、宽4.5米，桥两端有4米长的八字形驳岸连接引桥和道路。桥墩桥面均为红石条平砌，五墩六孔。每个桥墩高8米、长6米、宽1.2米，呈梭形。墩腰有椭圆形或方形孔洞，是修桥时运用斜面原理，搭缓坡往上运送石条遗留的。桥上游百米处有一座河床变迁天然形成的石坝，所以也叫河坝桥。遇洪涝，石坝拦住石河上游的河水，溢出的河水形成壮观的瀑布，减缓了河水直泄冲桥的压力；遇干旱，石坝上游的河水灌溉两岸良田，人们都说河坝有德，于是又叫河德桥。清朝末年，桥面磨损毁坏，一个姓张的道士再次承修，桥面加高了一米，加高的痕迹清晰可见。1954年，当地村民在桥面的石条上加固浇灌水泥桥面，承载20吨重的车辆可从桥上安全通过。

周桥[zhōu Qiáo]　位于烟店镇周桥村与府城河西社区交界的一条小河上，也叫周文桥、周桥，是古代安陆通往随州的要道。古桥名无记载，屡坏屡修，维修者不止一人。道光版《安陆县志》记载，明朝善人李成龙家不富，好善事，越好施越穷也不顾，建新木桥一座。清康熙四十八年，周德从雁门关调到德安府任安陆守备，其军驻在河西。周德治军有方，深得将士和地方百姓爱戴。当时有人提议重修李成龙所建但已腐朽的危桥。周德觉得责无旁贷，但苦于资金。杨太守、马令尹、彭经厅、余县尉、牛镇台、李守御等人捐资，地方绅士和百姓就地取材，出钱出力重建木桥一座，取名周公桥。该桥梁2011年扩建。建设单位为安陆市水利局，施工单位为解放山电站。桥梁总长10米，高4.5米，桥面总宽6米，行车宽度为5.5米，主桥结构钢筋混凝土，最大载重量20吨。

第三节　立交桥

安卫立交桥[Ānwèi Lìjiāo Qiáo]　位于府城八角楼社区太白大道安一中附近。1988年8月建成，横跨安卫铁路，上行车马人群，下过火车。长42.6米，宽12.2米，路径组合(孔×米)3×13，上部结构预应力空心板梁，净空5.9米，荷载标准公路2级(其中行车道10.2米，防撞墙各1米)。

汉丹路铁路天桥[Hàndānlù Tiělù Tiānqiáo]　西起府城儒学社区，东至府城府东社区，安陆人习惯称其为“老铁路天桥”。1990年8月13日开工兴建，次年竣工，由于两端是阶梯式，故只能走人不能通汽车。2011年重新修建为公路桥，上通公路下通铁路。桥梁总长500米，高25米，桥面总宽13米，其中行车道12米，人行道各0.5米，主桥结构为钢混结构，跨径组合为1孔×500米，为2车道2级公路桥梁，设计载荷公路 4 级，设计速度每小时 40 千米，最大载重量 5 吨。

孝襄棠棣立交桥[Xiàoxiāng Lìjiāoqiáo]　位于棠棣镇周天线公路，跨越孝襄高速。全长 54 米，全宽 11 米，其中行车道 9 米，防撞墙各 1 米，净空 5 米，跨径组合 2 孔×20 米，不通航，标准荷载公路 2 级，上部结构预应力空心板梁。2004 年建成。

铝厂跨线桥　[Kuàxiàn Qiáo]　1976 年 10 月建成。位于汉丹路湖北铝厂北，横跨水泥厂专用铁路，全长 36. 6 米，全宽 10. 6 米，其中行车道 8. 6 米，人行道各 1 米，净空 6. 3 米，跨径组合 1 孔×15 米，标准荷载公路 2 级，上部结构双曲拱桥。

解放大道立交桥[Jiěfàngdàdào Lìjiāo qiáo]　1990 年 8 月，解放大道立交桥(汉丹铁路安陆段 K115+424)动工，两台两墩三孔，钢筋混凝土结构，1991 年 3 月竣工。

汉丹路立交桥[Hàndānlù Lìjiāo qiáo]　1991 年 1 月，汉丹路立交桥(汉丹铁路安陆段 K114+702)动工，两台一孔，钢筋混凝土现浇结构，5 月竣工。

碧涢路立交桥[Bìyúnlù Lìjiāo qiáo]　1991 年 1 月，碧涢路立交挢(汉丹铁路安陆段 K113+496)动工，两台一墩两孔，钢筋混凝土箱式预制结构，12 月竣工。

孝襄雷公立交桥[Xiàoxiāng Lìjiāoqiáo]　位于大天线公路，2003 年建成。位于雷公镇，所跨道路为孝襄高速，全长 54 米，全宽 10. 9 米，其中行车道 8. 9 米，防撞墙各 1 米，净空 5 米，跨径组合 2 孔×20 米，不通航，公路 2 级，上部结构预应力空心板梁，最大载重量为 5 吨。

肖扬八组天桥[Bāzǔ Tiānqiáo]　该天桥自 2007 年建成，位于南城办事处肖杨村八组，跨越武襄铁路，长 60 米，宽 7 米，高 40 米，最大跨度为 50 米。结构为钢筋混凝土，最大载重量为 13 吨，类型为公路、人行。

三陂港立交桥[Sānpígǎng Lìjiāoqiáo]　位于福兰线公路洑水镇三陂港段。全长 118 米，全宽 15，5 米(其中行车道 14. 5 米，防撞墙各 0. 5 米)，跨径组合 2 孔×20 米+1 孔×32 米+2 孔×23 米)，净空 6 米，不通航，公路 2 级，上部结构预应力钢筋砼空心板梁，预应力钢筋砼连续梁结构。2007 年建成。

第四节　涵　　洞

702 涵洞[702 Hándòng]　俗称杨家山涵洞，亦名汉丹路涵洞。位于杨家山。1990 年开始施工，打通铁路下的涵洞，形成上通火车，下走车马人群的交通分行。该工程全长 300 米，涵洞封闭部分高约 2. 5 米，长约 20 米，宽 5 米。

府河大桥涵洞[Fǔhé Dàqiáo Hándòng]　2008 年建成。位于安陆市府河社区府河大桥之下，长 16 米，宽 10 米，高 3 米。

汉丹铁路涵洞[Hàndān Tiělù Hándòng]　位于洑水镇车站村，长 20 米，宽 3 米，高 2.2 米。2005 年建成。

汉丹线 5、7 组交界涵洞[Hàndānxiàn 5、7 zǔ Jiāojiè Hándòng]　2006 年建成。位于光明社区汉丹线 5、7 组交界处，长 9 米，宽 15 米，高 3.5 米。

汉十高速二涵洞[Hànshígāosù Èr Hándòng]　2002 年建成。位于南城大塘村五组，全长 20 米，宽 8 米，高 3.8 米，有 1 孔，洞身形状为箱涵。

汉十高速一涵洞[Hànshígāosù Yī Hándòng]　2002 年建成。位于南城大塘村五组，全长 20 米，宽 8 米，高 2.2 米，有 1 孔，洞身形状为箱涵。

黄巷涵洞[Huángxiàng Hándòng]　2000 年建成，位于陈店乡黄巷村，长 40 米，宽 7 米，高 5 米，有 1 孔，呈拱涵状，主要功能为通车。

武襄铁路草庙六组涵洞[Wǔxiāngtiělù Cǎomiàoliùzǔ Hándòng]　位于南城草庙村六组。2006 年因武襄铁路扩建而修建，全长 24 米，宽 4 米，高 4 米，有一孔，主要功能为车行。

武襄铁路草庙七组涵洞[wǔxiāngtiělù Cǎomiàoqīzǔ Hándòng]　位于南城草庙村七组。2006 年因武襄铁路扩建而修建，全长 24 米，宽 16 米，高 5 米，有 3 孔，呈方形状，主要功能为车行。

武襄铁路草庙五组涵洞[Wǔxiāngtiělù Cǎomiàowǔzǔ Hándòng]　位于草庙村五组。2006 年因武襄铁路扩建而修建，全长 24 米，宽 4 米，高 3.5 米，有一孔为钢混结构，主要功能为车行。

武襄铁路张巷段三孔隧道[Wǔxiāngtiělù Zhāngxiàngduàn Sānkǒngsuìdào]　“2008 年建成。位于武襄铁路与光明南路交叉口，长 20 米，宽 30 米，高 4 米。主要用途供车马人群安全穿越铁路。

武襄铁路张巷段一孔隧道[Wǔxiāngtiělù Zhāngxiàngduàn Yīkǒngsuìdào]　2008 年建成。位于武襄铁路与光明南路交叉口，长 10 米，宽 6 米，高 4 米。主要用途供车马人群安全穿越铁路。

新 316 涵洞[Xīn 316 Hándòng]　位于洑水镇车站村一组，长 30 米，宽 3 米，高 2.2 米。主要用于车辆穿行和人行。2015 年建成。

圆通寺五组铁路涵洞[Yuántōngsì Wǔzǔ Tiělù Hándòng]　2005 年建成。位于府城圆通寺社区五组。全长 22 米，宽 3.5 米，高 2.5 米，有 1 孔，洞身呈拱涵状。该铁路涵洞主要用于武襄铁路的运行通车及便利市民的出行。

第四章　车站　收费站　加油站

第一节　火车站

安陆火车站[Ānlù Huǒchē Zhàn]　1959年建成，隶属于武汉铁路局汉西车务段，三等站。位于安陆市文昌路29号，地处汉丹线，为客运、货运运输，属于客运，年客运量为30万人，占地面积约26800.00平方米，管理单位为武汉铁路局，主要运营路线为汉丹线。为适应汉丹铁路复线建设需要，经市委、市政府积极争取，铁路部门多方努力，在武汉铁路局“两整一建设”(整合客运站、货运站，建设舵落口站)中，安陆站予以保留并加以扩建。改造工程计划总投资4500万元，分两个步骤已经圆满完成：首先进行儒学路跨铁路公路立交桥改造，社会车辆可以跨越汉丹铁路直接从汉丹路到碧山路，行人可直接从天桥到达站场；然后进行站场改造，站场增设2个股道，修建钢架候车棚及地下人行通道，已于2011年7月20日竣工。改造后，通过本站列车的时速可达到200千米。

三陂港站[Sānpígǎng Zhàn]　以汉丹铁路定点站而命名。1962年建，主要以长途短途客运，以当地货运、物资、河沙为主，于2009年取消。

第二节　汽车站

安陆市汽车运输公司循环班车管理分公司[Ānlù Shì Qìchēyùnshūgōngsī Xúnhuánbānchē Guǎnlǐ Fēngōngsī]　20世纪50年代，叫“安陆汽车站”位于当今汉丹路铁路天桥西南角，由一所地主老宅改建。20世纪80年代末改名“安陆市汽运公司”，迁到新大街(碧涢路)汉孟公路与汉丹铁路之间，主要工作是安陆市各种长短途汽车运输及管理。1994 年，太白大道(原 316 国道小转盘)新建了“安陆市长途汽车客运站”，这里的运输改成了市内各乡镇循环车辆。1998 年，改名为安陆市汽车运输公司循环班车管理分公司，位于府城碧涢路 170 号，占地面积 10000 平方米，在职员工 35 人，主要负责安陆市的循环班车和汽车运输管理。

安陆市汽车运输总公司长途客运站[Ānlù Shì Qìchēyùnshūzǒnggōngsī Chángtú Kèyùn Zhàn] 1994 年从安陆汽车站分出。省内县、市级以上营运车辆对接运营，属安陆市长途汽车客运站公路客运二级企业，1994 年由原来安陆市汽运公司迁至此地，正式命名为安陆市长途汽车客运站。位于府城府东社区，东临原 316 国道，南面碧涢路，西挨碧涢大酒店，北靠安陆第二高级中学。公司占地面积 9990 平方米，建筑面积 5000 平方米，设有办公室，财务室，售票厅等部门。共有职工 80 人，泊车位 100 个，年客运量达 95 万人次。

第三节 收费站

汉十高速安陆收费站[Hànshígāosù Ānlù Shōufèi Zhàn] 2005 年建成，位于南城刘庙社区 3 组胡蒋塆，东接太白大道(原 316 国道)，西邻汉十高速公路，南连中汽零项目，主要业务范围为对进入安陆的外地车辆进行收费。

白兆山收费站[BáizhàoshānShōufèi Zhàn] 位于安陆市白兆山脚下烟店镇袁畈村东部。2000 年兴建汉十高速，确立在烟店设立汉十高速出入口而兴建“白兆山收费站”，所在道路为汉十高速。

第四节 加油站

安达加油站[Āndá Jiāyóu Zhàn] 2013 年建立，位于接官乡金台村八组，注册资金 300 万元，拥有加油机四台和办公楼一栋，占地面积 3300 平方米，职工人数 3 人，主要业务范围为当地机动车供油。

安陆市孛畈镇孛畈加油站[Ānlùshì Bèifànzhèn Bèifàn Jiāyóuzhàn] 1999 年建成，位于安陆市孛畈镇孛畈街，地处安三公路与孛畈街交口处，地址是孝感安陆市 G70 福银高速。加油站占地面积为 1000 平方米，拥有加油机 2 台、服务室 3 间，主要经营汽油、柴油、煤油、机油的零售，现有在职员工 6 名。

安陆市加气站[Ānlù Shì Jiāqì Zhàn] 2007 年命名。位于安陆市南城办事处四里村境内，占地面积 240 平方米，建筑面积 130 平方米。

百花加油站[Bǎihuā Jiāyóu Zhàn] 位于棠棣镇百花村3组花子店，占地面积0.0033平方千米。1993年建成。

凤凰加油站[Fènghuáng Jiāyóu Zhàn] 2004年建成。位于南城街道办事处草庙村7组，处太白大道(原316国道)边上，占地面积约2680平方米，拥有加油机2台、服务室3间，主要经营汽油、柴油、煤油、机油的零售，除日常加油外，站内有栋二层小楼。

湖北安陆市石油分公司涢水路加油站[Húběi Ānlù Shì Shíyóufēngōngsī Yúnshuǐlù Jiāyóu Zhàn] 2013年成立，位于府城办事处五一社区五一工业园区，占地面积约3500平方米，在职员工3人，主要经营乙醇汽油，柴油零售，化纤，化服，润滑油及其他化工产品，汽车美容装饰用品零售。

清林加油站[Qīnglín Jiāyóu Zhàn] 2005年建成，位于安陆市陈店乡大安线南，距陈店集镇0.5千米。占地面积为2000平方米，拥有加油机2台、服务室3间，主要经营汽油、柴油、煤油、机油等成品油的零售。现有在职员工6名。

汤冲加油站[Tāngchōng Jiāyóu Zhàn] 位于汤冲村安京线旁边，占地面积0.002平方千米，共有工作人员5名。

万顺加油站[Wànshùn Jiāyóu Zhàn] 2005年建成。位于刘庙社区3组胡蒋塆原316国道西边，占地面积约2000平方米，有工作人员6人。主要经营汽油、柴油、煤油、机油的零售。

徐岗加油站[Xúgǎng Jiāyóu zhàn] 2011年建成，位于经济开发区徐岗社区太白大道北边，占地面积3000平方米。主要经营汽油、柴油、煤油、机油的零售。

杨坡加油站[Yángpō Jiāyóu Zhàn] 2003年建成。位于巡店镇杨坡村三组，占地面积10000平方米，销售汽、柴油。

中国石化北城加油站[Zhōngguóshíhuà Běichéng Jiāyóu Zhàn] 1998年建成。位于府城圆通寺社区八组，地处太白大道(原316国道)旁。占地面积约5733平方米，拥有加油机2台、服务室3间，现有在职员工6名，其主要经营汽油、柴油、机油等石油制品的零售。

中国石化张岗加油站[Zhōngguó Shíhuà Zhānggǎng Jiāyóu Zhàn] 2012年建成，位于烟店镇张岗村，占地面积2680平方米，在职员工6人，从事石油产品出售。

中国石化中心加油站[Zhōngguóshíhuà Zhōngxīn Jiāyóu Zhàn] 1994年建成，位于府城中山社区文昌路与碧涢路交会处，占地面积约3000.00平方米。有4台加油机，有在职员工10人。

中国石油河西加油站[Zhōngguóshíyóu Héxī Jiāyóu Zhàn] 2003年建成，位于安陆市府城河西社区，占地面积1000余平方米，现有工作人员8人，主要经营汽油、柴油、机油等石油制品的零售。

中国石油化工股份有限公司湖北孝感安陆东大加油站[Zhōngguóshíyóuhuàgōnggǔfènyǒuxiàngōngsī Húběi Xiàogǎn Ānlù Dōngdà Jiāyóu Zhàn] 2008年建成，位于安陆市府城太白大道65号，占地面积300平方米，所在路线为福兰线。主要业务活动为成品油销售。

中国石油化工股份有限公司湖北孝感安陆石油分公司东大加油站[zhōngguó shíyóuhuàgōng gǔfèn yǒuxiàn gōngsī húběi xiàogǎn Ānlù shíyóu fēngōngsī dōngdà jiāyóu Zhàn] 1998年建成，位于安陆市经济

开发区富丽社区东大市场附近，地处 316 国道以东。加油站占地面积为 500 平方米，拥有加油机 2 台、服务室 3 间，主要经营汽油、柴油、煤油、机油的零售。

中国石油棠棣加油站[Zhōngguóshíyóu Tángdì Jiāyóu Zhàn]　2003 年建成，该加油站所在线路安京线，烟应线，占地面积 5328 平方米。主要为汽车和其他机动车辆服务、零售汽油和机油的补充。

中石化安陆宏达加油站[Zhōngshíhuà Ānlù hóngdá jiāyóu Zhàn]　1997 年建成，位于安陆市太白大道南 29 号，占地面积为 800 平方米，拥有加油机 4 台、服务室 3 间，现有在职员工 4 名。主要经营汽油、柴油、煤油、机油的零售。

中石化蒿桥加油站[Zhōngshíhuà Hāoqiáo Jiāyóu Zhàn]　1995 年建成，2001 年命名为花子加油站，2003 年更为现名。位于府城蒿桥社区，占地面积 1000 余平方米，现有工作人员 5 人。拥有加油机 2 台、服务室 3 间，主要经营汽油、柴油、机油等石油制品的零售。

第五篇

DÌ WǓ PIĀN

自然地理实体

ZÌRÁNDÌLǏSHÍTǏ

ANLUSHI

DIMINGZHI

第一章　山　丘

峒山[Dòng Shān]　位于府城北正社区。在紫金山西北，竹坞山之西。按风水之说，竹坞山是滚钟塘跃起的一条龙，龙尾在滚钟塘，龙头在峒山，所以峒山应该是竹坞山最西的山峰，且止于涢水。道光版《安陆县志》记载山中有洞，系“乡人避黄巢乱所凿”。山洞一端直通府衙，一端直通城外崖下，即可做下水通道又可藏人避兵，故名峒山。

《水经注》载安陆城“因冈为墉，峻不假筑”。峒山南麓平缓延续到古安陆城内。三山之中峒山海拔最高，北西两面落差数十米，悬崖峭壁直上直下，最为险峻。悬崖峭壁的西边是水流湍急的涢水，北边是槎山河、毛河汇集的潮金涧。

当今城市建设，崖下北、西两面筑堤防洪，抬高了数十米，山峰削低了10余米，仍然可见峭立的石壁挺立在潮金涧(当今叫护国河)南岸。

凤凰山[Fènghuáng Shān]　在古安陆县城南，《方舆记》载：“晋永和中，凤将九子翔集安州之域。”《德安府志》载：“穆帝永和四年戊申，凤产江夏。”古传山有凤凰来栖，故名凤凰山。凤凰山东麓是数十万平方米的海子地，海子河自东向西从凤凰山北麓流入涢水；西麓也有涢水支流环山而过；只有东、南方向与浅丘相连，再南过虎乳岩、刘庙、陈沟等地就是古代千里泽地“云梦泽”。

凤凰山按峰峡地貌成“品”字形，可以分为三个地域，是安陆“三台八景”中有名的凤凰台、高岗梧雨和凤山春晓的风景名胜之地。现成民居区，位于府城迎春社区、五一社区和凤凰社区。

蒿桥山[Hāoqiáo Shān]　坐落在涢水以西。府城以西的丘陵为大洪山余脉，在安陆境内从西北向南、东两个方向延伸。南向雷公、桑树、辛榨延伸。东向延伸的尾巴便是蒿桥山、大凹山和金泉山。大凹山在蒿桥山与金泉山之间的山坳中。蒿桥山、大凹山和金泉山似一弯新月，漼水(俗称蒿桥河)从新月的怀抱里流过。蒿桥山上至民国还无人居住，漫山遍野长满艾蒿和其他蒿草，故名蒿山。从安陆城到雷公方向，必经蒿山，漼水上搭有一座木桥，人称蒿桥，蒿山也就演绎成了“蒿桥山”。

江家山[Jiāngjiā Shān]　营盘山之西，凤凰山之南。

蒋家山[Jiǎngjiā Shān]　位于府城街道和经济开发区，属塔耳岗北部的一部分，墓葬较多，西对杨家山。

解放山[jiěfàng Shān]　清代叫祭坛山，现在叫解放山，位于府城河西社区。解放山最初叫乌龟嘴(jì)。当地遗老讲，涢水古代叫於江(乌江)。大禹治水时丢了一顶帽子在西岸，“轰”的一声，帽子变成了现在的白兆山。江心一只千年老龟听到这“轰”的一声，吓得向东潜水而逃，定在了水中，成了江中的一座孤岛。岛形就像一只乌龟浮在水面，头伸得老长，张着嘴歪吐着舌头，人们就叫这座岛为“乌龟嘴”。日月变幻，沧海桑田，江底淤塞。乌龟嘴再也不是岛，而是方圆几十里沉积平原中的一座小山。1948 年 2 月，解放军在此搭浮桥解放安陆城，后改名解放山。

梅家山[Méijiā Shān]　江家山之南。

塔耳岗[Tǎěr Gǎng]　又叫凤鸣岗。康熙年间《德安安陆郡县志》记载：“顺帝至正元年，凤见于东郊三里岗。”《德安安陆郡县志》还记载：“凤鸣岗，治东三里，旧名塔尔岗。”塔尔岗位于府城东，东到古城岗的一条小河，北靠毛河，西临安陆古城，南瞰海子。“海子”在蒙古语中是大片沼泽的意思。塔耳岗一名来自元朝。端平二年(1235 年)，元太子孛儿只斤·阔端率蒙古大军延随枣大走廊南下，扎大本营于大洪山南麓的浅丘地带，“孛”字帅旗飘扬在那里，有了孛畈地名。孛儿只斤·阔端破德安府周边安陆、京山、应城、钟祥数县，俘杀十余万人。随后元朝准备攻占江南，把大洪山到木兰山一带设了几个军事补给点和军寨。元太子孛儿只斤·阔端和其他元军将领率蒙古大军在江北占领战略要地，于是有了安陆塔耳岗、海子、海子河和黄陂木兰山塔耳岗等地名。

安陆塔耳岗处于浅丘，丘缓坡平，植被茂盛，没有荆棘刺林，南边的沼泽地水草茂密，水清见底，非常适宜放牧和骑兵活动。现在此地高楼大厦鳞次栉比，部分地区被经济开发区和府城的中山社区、府东社区、肖台社区分辖。元朝遗存的地名“塔耳岗”“海子”不复存在，只有海子中的一条河流称为海子河，和府东社区的魏家庄一起承载着零星破碎的一点儿元代印记。

杨家山[Yángjiā Shān]　属于塔耳岗西的一部分，北有毛河，西南是安陆城，现为民居区，位于府城儒学社区。

营盘山[Yíngpán Shān]　凤凰山按峰峡地貌成“品”字形，营盘山实际上是凤凰山靠东的一个“口”，是府城的最高海拔点。自古以来此山驻扎军队拱卫安陆城，人们俗称营盘山。它是古安陆城南边的一道天然屏障。

竹坞山[Zhúwù Shān]　在杨家山西，与杨家山一脉相连，中间隔一条冲地。冲地中有大塘，名曰“滚钟塘”，从冲地攀爬而上是安陆古城的东北城墙。毛河和槎山河在此交汇，流入府河。1959 年，滚钟塘和冲地被填成汉丹铁路路基。1969 年，竹坞山靠东大部分建成了纺织工业部五七棉纺织厂，2005 年五七棉纺厂改制，现属府城儒学社区居民点。

紫金山[Zǐjīn Shān]　在竹坞山南，与北边的竹坞山一街(北横街)相隔。西边有一片凹地，德安府府衙坐落在竹坞山、紫金山、峒山之间的一片凹地上。紫金山上古代有紫金寺，寺前三皇台(紫金台)高约 5 米，广约 100 平方米，站在台上可以俯瞰全城。

紫金山南麓有宋朝淳熙元年(1174 年)从南门迁建到此的德安府儒学；明代有明宪宗之子歧惠王朱佑榆，寿定王朱佑楮，世宗之子朱载圳的三个藩王宫殿。古安陆著名的三台八景，紫金台为其中一台。

练马山[Liànmǎ Shān]　也叫晏马山，因历史传说命名。该山山顶比较平缓，周边并无晏姓或马姓。传说殷(阴)兵在此做过练马场，故叫“练马山”。还有一个传说是当年晏子使楚时，率随从在此过涢水而歇马，所以叫“晏马山”。该山位于南城郑家大湾，长50米，宽33米。

马拉古山[Mălāgŭ Shān]　因石头命名，安陆将一种古代的河床砾石叫“马拉古”。该山上有很多马拉古石子，应该是地壳变动形成的山。马拉古山位于南城金钩村九组，为南北走向，长400米，宽200米，占地面积0.079平方千米。

石头山[Shítóu Shān]　石头山位于南城金钩村1组，为东西走向，长200米，宽100米，占地面积0.134平方千米。

乌龟背[Wūguībèi]　因形状命名。该山形似一只乌龟。乌龟背位于金钩村7、8组，为东西走向，长1000米，宽200米，占地面积0.201平方千米。

肖家山[Xiāojiā Shān]　位于南城金钩村1组，为南北走向，长300米，宽200米，占地面积0.039平方千米。

大坳山[Dàào Shān]　位于南城四里村，南北走向，面积5万平方米，长度500米，宽度100米，主峰名称大坳山。

毛子山[Máozĭ Shān]　因山上杂草命名。该山地漫山遍野长满毛(茅)草、杂树。位于四里村一组，南北走向，面积10万平方米，长度1000米，宽度100米，主峰名称毛子山。

万福山[Wànfú Shān]　位于南城万庙村，东接刘庙村八组，西邻本村五组，南连刘庙村月亮山，北靠刘庙村一组，全长503米，宽200米。

虎乳岩[Hŭrŭyán]　虎乳岩，也叫虎子岩。位于南城肖万村南边，占地面积0.067平方千米，长350米，宽190米，高100米。属于清源山。

《左传·宣公四年》记载了3000年前发生在安陆的一件非常神奇的故事：楚国的国君若敖娶郧国国君的女儿，生了一个儿子叫斗伯比，不久若敖逝世，斗伯比就跟母亲在郧国舅舅家生活，正好舅舅郧君有一个女儿，年龄与斗伯比不相上下，表兄妹青梅竹马，两下相好，生下一个男孩。郧夫人派心腹将小男孩抛弃于城南的“梦中”。

“梦”是方言，指草泽，即季节湖，每到夏秋丰水季节，则湖网相连，烟波浩渺；冬春枯水季节，则水退陆出，草木茂盛，成为理想的猎场。一天，郧君到云梦泽中打猎，见山冈上一只雌虎正在给一个弃婴喂奶，天上凤凰展翅为弃婴遮阴，不禁大惊失色，罢猎而归。郧君把所见奇闻告诉了郧夫人，郧夫人心知肚明，便将女儿的隐私如实告知丈夫，郧君惊诧不已，立即派人到云梦泽，把他的亲外甥抱了回来，并给这个孩子取了个名鬭穀於菟(Dǒu gǒu wū tóu)，字“子文”。郧国方言中“穀”是喂奶的意思；“於菟”(wū tóu)是老虎；“穀於菟”意为老虎喂奶；“子文”在郧国方言中是老虎的花纹。

还有一个传说是：虎乳岩是一座西北两面陡峭，东南两面平坦的小山峰，古崖高80米左右，位于清源山。清源山也叫泉山。泉山之名因山上泉水多、水质好而来。而在众多泉眼中，要数“虎乳泉”最负盛名。虎乳泉泉眼位于天湖旁的一块大岩石上，因母虎喂养子文而得名“虎乳泉”。

古代虎乳岩西是於江(乌江)的东渡口，渡口的江面上有一对金鸭子，人们乘船过江总能看见金鸭子。有一年发大水，从乌江上游漂来一只木盆，盆里有一个未满月的婴儿，木盆刚好漂靠在虎乳岩边。这时从虎乳岩上跑来一只觅食的母虎发现盆中的婴儿，一口衔到虎乳岩下准备美餐一顿。当母虎张开血盆大口准备吃掉婴儿时，婴儿大声哭了起来，此时不知是母爱的本性还是什么原因，母虎像人一样发觉婴儿是由于饥饿而哭，便让婴儿吮吸自己的乳汁。

这个弃婴被狩猎的郧国国君发现后抱走，故此地称为虎乳岩。中国人的“班”姓，就是因虎乳子文，楚方言称虎为“斑斓”而取其为姓氏。

后来，秦始皇赶山塞海，从泰山顶上赶来一堆土把乌江渡口填平了，乌江面上的那对金鸭子和渡船被深深埋在虎乳岩旁，附近的居民每逢下雨前的夜里总能听到金鸭子的叫声和渡船划水的声音。

虎乳岩自古为水陆交通要道。明正德四年(1509年)，时任南京兵部尚书的王守仁从外地返京，道经安陆虎乳岩，即兴吟诗《过子文故里有感》，诗曰：“胜地传於菟，名声爵里存。神灵腓异物，忠孝锡贤孙。岩石蔚然古，风流遐不喧。谁人任刚武，乳虎在方言。”

堰旁山[Yànpáng Shān]　位于南城仰棚村六组，东西走向，面积1500平方米，长度40米，宽度20米，主峰名称堰旁山。

清源山[Qīngyuán Shān]　古代山名，安陆之南一片泽国，城南七里过一条小河可到清源山。清源山北起当今的安棉纺织有限公司附近的南七里河，南到陈沟东村河和扬叉河；东起滚子河，西到虎乳岩；南北长4.5千米，东西宽4.1千米，其主峰在当今的凤凰湖一带。

清源山上天然池塘较多，山坡上好多地方有泉水涌出，水质甜美。特别是夏天的水质，沁人肺腑，所以也叫“泉山”。泉山之西是虎乳岩。泉山沁出的泉水一年四季冰冷刺骨，在山北麓汇成一条小河，当地人称其为“冷水港”。

虎乳岩附近有“虎乳泉”。相传孔子周游列国，从虎乳岩过“於江渡”到楚国，曾在虎乳泉取水备粮，乘渡到达对岸的晒书台，所以虎乳泉也叫“孔泉”。岁月沧桑，孔泉和其他泉眼的具体方位难以确定，但夏日冰冷刺骨的冷水港还在流淌。

按当今山名，马拉古山、石头山、乌龟背、肖家山、万福山和月亮山都属清源山的分支山脉。

高庙山[Gāomiào Shān]　位于南城高庙村。

李家兆山[Lǐjiāzhào Shān]　位于南城虎乳岩附近。

月亮山[Yuèliàng Shān]　位于南城虎乳岩附近。

大凹山[Dàwāshān]　位于安陆市孛畈镇杜庙村，山脉呈南北走向，地形连绵起伏，中间低、周围高。总占地面积为0.3平方千米，所属山系为白兆山系，全长为2.5千米，宽100米。主峰名为回头岩。

龙王城山[Lóngwángchéng Shān]　位于孛畈镇三里社区西南部，“龙王城”指所在区域内有一座名为龙王寺的寺庙，在其周围建有城墙，现仅存城墙残迹。地处三里社区龙王寺水库大坝西端，呈西北-东南走向，总面积为0.15平方千米，属大洪山系。该山全长500米，宽300米，主峰名为龙王城山，所在行政区为孛畈镇三里社区。抗日战争时期，该山曾为国民党县政府的驻地。

牛角山尖[Niújiǎoshānjiān]　位于安陆市孛畈镇柳林村2组范家冲，是太平寨山脉中自然形成的三个小尖，形状酷似牛角尖。牛角山尖全长约500米，宽300米。

偏倒岩[Piāndǎoyán]　位于孛畈镇三里社区西南部，呈西南走向，总面积为0.01平方千米，属大洪山系。该山全长500米，宽200米，主峰名为偏倒岩。

太平寨[Tàipíng Zhài]　原名太平山，因两山对峙，又名“石门山”，位于孛畈镇柳林村境内，是大洪山余脉，它是安陆的四大名胜之一。《安陆县志》里记载说：“太平山，距县城九十里，由石门入涧，缘马鬃岭而南，险峻不可方轨”。其美丽的自然景观和悠久的人文历史极具旅游价值：太平寨有极具旅游和考古价值的古老寨堡，距今已有1600多年历史的太平寨山顶还保留有西晋张昌举兵时所修建的古寨、石屋、古堡，古建筑不下百间，规模极其庞大。太平寨有奇险秀丽自然景观，如“飞泉迎阳”“水帘罗汉”“金庭玉洞”“鹧鸪钻天”“鹞子翻身”“狮子岩”“龙头岩”“牛角山”“九个弯岭”“映花尖山”“蛮王寨”“英王寨”等，还有太平寨下那充满灵气的龙王寺水库。太平寨东面山谷中有面积大约100亩的原始森林，林内古木参天，生长着马尾松等奇树异木，灌木丛中还夹杂着柴胡、葛根、紫素、二花、茯苓等百种异草奇药，植被极其茂盛，四季郁郁葱葱。听说太平寨原始森林至今还没有人能从其中穿过。

太平寨有中国内陆罕见的古长城，太平寨的古长城连绵10余华里，气势雄伟壮观，修在与太平山相毗邻的群山顶部，全部用石料砌成，高约2米，宽约1.5米。太平寨有曲径通幽的“龙王城”堡古地道，在太平寨山麓、龙王寺水库南岸，有一座山叫作“龙王城”，其顶部碉堡内有循环地道，地道宽约1米，高约1.6米，人在其内可弯腰行走，现大部分保存完好。太平寨有神奇的九龙泉，九龙泉眼相传是居住在的太平寨九条龙的住所，九龙泉一年四季都有泉水从石缝中流出，泉水纯净甘冽、清澈甘甜、沁人心肺，最为神奇的是九龙泉泉水从来都不曾结过冰。太平寨有深不见底的溶洞——梅花洞，梅花洞在石岩山山南，由梅花洞折而南行，高山屏立，中间仅容一涧流水。据《德安府志》记载：“梅花洞在府西八十里太平寨校马场南，洞深里许，高如厦屋，石壁仿佛有弥勒像，再进则水声如崩涛怒瀑，从山顶四注而不见水，又进则一池似为龙蛰，常有误惊者，自觉四冲，炬火尽灭，自后无敢探其幽者”。

太平寨有年代久远的清朝古宅建筑群——邓家湾民居，邓家湾建于清朝同治年间，距今有140多年，邓家湾有保存比较完整的古村舍60余间，占地面积3000余平方米。村舍坐北朝南，有两院三层。门前有下马石，有嵌着浮雕衔环的红底黑漆大门，大门口有粉红照壁，照壁左右两边有一对石狮，大门内有一石铺甬道直达二门，内有左右厢房，正中就是二层青砖木楼的主建筑。邓家湾古建筑总体清秀娟雅，古朴自然，宛如清新可人的小家碧玉。

乌羊山[Wūyáng Shān]　位于孛畈镇与随州市分界处。相传，山洼住着一位白发老翁，精心养护着一群羊。不知道过了多少年，突然有一天一只乌色的老羊不见了。老翁寻着去向，询问了很多人，最后在后面的大山上才把羊逮住。但从此再也没有见到老翁和那只乌羊。原来，那只老乌羊本是精灵，有意度化老翁成仙去了。人们怀念这件事，从此便把羊失踪的地方叫失羊口，路人指引羊去过的地方叫指羊冲，路人见羊放牧过的地方叫放过冲，路人见羊去过的地方叫羊过冲，逮住羊的地方叫乌羊冲，那个洼就叫麻羊洼(乌色与麻色，本地人认为近同)。山呈西北向东南走向，总面积为0.4平方千米，属大洪山系。该山全长1000米，宽400米，主峰名为乌羊山，所跨行政区为孛畈镇、随州市。乌羊山古称巫阳山，又名龙窠山，后更名为乌羊山。

映花尖山[Yìnghuājiān Shān]　位于孛畈镇三里社区西南部。地处老虎冲山顶，呈西南走向，总面积为0.06平方千米，属大洪山系。该山全长300米，宽200米，主峰名为映花尖，所在行政区为孛畈镇三里社区。

庙屋山[Miàowū Shān]　位于洑水镇白龙村北部。主山脉连接广水市寿山，长2千米，宽度2千米，高80米。

乌兔山[Wūtù Shān]　古名“於菟山”，於菟为郧国方言，即老虎。位于洑水镇白龙村、横山村。所属桐柏山脉的延伸，南北走向。据传昔时林木葱郁，曾有老虎出没，故名。土壤类型为第四纪黏土黄宗壤，岩石种类为石灰岩，以沉积岩为主。植被覆盖率41%，植被种类有乔木、灌木，以灌木为主，动物古时有虎、豹、狼等，现已灭绝，仍有野兔、多种鸟类。主要矿藏石灰石。历史上自然形成。

徐家大山[Xújiā Dàshān]　位于洑水村徐家塆，山地面积30多公顷，东接平洑线、古门关，西邻红桥村，南连徐家塆，北靠金店村。该山长300米，宽300米。明末清初，在洑水村徐家塆居住有徐姓居民而得此山名。

横山[Héngshān]　古名“陪尾山”。位于洑水镇横山村北部，该山因东西走向而命名。山冈长约500米，东接小张家塆，西邻杨桥山，南连游家塆，北靠接官吴畈村，面积大约0.2平方千米。《禹贡》记载：“熊耳、外方、桐柏，至于陪尾”。《史记·夏本纪》记载：“陪尾在江夏安陆县东北。”《史记·夏本纪》蔡注：“江夏郡安陆县东北有横尾山，古文以为陪尾，今安州安陆也。”《德安安陆郡县志》记载一段传说：鄳阨关古称“大龟山”，首昂义阳，尾掉安陆，折横此地，故名“横尾山”。年复一年人们就叫横山。

半仙山[Bànxiānshān]　位于洑水镇秦坝村东部，曾传说“七仙女”葬于此山而命名。东接牌楼村、三合村，西邻本村严家塆、邹家塆，南连双路村，北至文武村、牌楼村，山地全覆盖绿化。面积约0.33平方千米。该山全长500余米，宽60米，主峰名为半仙山，所在行政区为洑水镇秦坝村。

时家大山[Shíjiādàshān]　位于洑水镇杨桥村。

长安岗[Cháng'ān Gǎng]　位于雷公镇。20世纪70年代是积石岗至双河店乡级公路必经之地。

包尔尖[Bāoěrjiān]　位于雷公镇北部，东瞰易家陡坡水库，北靠望河村，西望兔子坡水库，南有黄家大冲。

云岭[Yún Lǐng]　位于雷公镇北部。

庙岗[Miào Gǎng]　位于雷公镇西部。

米家大山[Mǐjiādàshān]　位于李店镇大棚村。

方家岗[Fāngjiā Gǎng]　位于李店镇方岗村。

黄家岗[Huángjiā Gǎng]　位于李店镇严祠村。

金泉山[Jīnquán Shān]　位于金泉村，东瞰府河，西连大凹山。

大凹山[Dàāoshān]　东接金泉山，西连蒿桥山。

云雾山[Yúnwù Shān]　位于大洪山东部，南北走向，面积3平方千米，所属山系为大洪山，长度2000米，宽度1500米，主峰名称云雾山，所在(跨)行政区王义贞镇。

远脚岭[Yuǎnjiǎo Lǐng] 位于王义贞镇最北部。

九个垮岭[Jiǔgèwān Lǐng] 位于王义贞镇北部，南有梅花洞，东有映花尖，北连牛角山尖，西邻寨凹垮。

映花尖[Yìnghuā Jiān] 位于王义贞镇北部，西有梅花洞，南有响水塘水库。

月落岭[Yuèluò Lǐng] 位于王义贞镇东北部。

分水岭[Fēnshuǐ Lǐng] 位于王义贞镇东部，西靠桐岭。

团山坡[Tuánshān Pō] 位于王义贞镇中部，东瞰观音冲水库和滑石坡水库，南有唐僧村，北靠观音村，西有博士洼。

泉水庙片子山[Quánshuǐ Miào Piànzi Shān] 位于王义贞镇中部，东有大石板水库。

城隍岭[Chénghuáng Lǐng] 位于王义贞镇中部，东有蜂龙冲，西靠梅花村谢家垮。

罗家岗[Luójiā Gǎng] 位于王义贞镇南部，东连太平铜门，西靠朱桥村。

帝庙山[Dìmiào Shān] 位于巡店镇大柯村小柯垮北部，为南北走向，面积为 0.0134 平方千米，所属山系为大洪山围山山系，长度 400 米，宽度 200 米，主峰名帝庙山。

红山坡[Hóngshān Pō] 位于巡店镇大柯村小柯垮东部，为南北走向，面积为 0.0134 平方千米，所属山系为大洪山围山山系，长度 1500 米，宽度 200 米，主峰名称洪山坡。

架子山[Jiàzǐ Shān] 以早期有部队在山上搭设雷达架子命名，位于巡店镇甘聂村北部，南北走向，面积 0.067 平方千米，长度 300 米，宽度 15 米。

孙家山[Sūnjiā Shān] 位于巡店镇甘聂村一组，东西走向，面积 0.02 平方千米，长度 600 米，宽度 450 米，主峰名称孙家山。

水库山[Shuǐkù Shān] 位于巡店镇武马村，南北走向，面积 0.0603 平方千米，所属山系大洪山围山山系，长 400 米，宽 260 米主峰名称水库山。

杨堰山[Yángyàn Shān] 位于巡店镇武马村，南北走向，面积 0.9045 平方千米，所属山系大洪山围山山系，长 300 米，宽 204 米，主峰名称杨堰山。

白兆山[Báizhào Shān] 又名碧山，位于烟店镇和雷公镇交界处，属大洪山余脉，地处大洪山余脉和江汉平原的交会地带，安陆城西 15 千米处。北靠烟店镇，西邻雷公镇，南连棠棣镇。山脉呈南北走向，总面积 804 公顷，全长约 4.5 千米，宽约 1.8 千米，山体面积约 8 平方千米，主峰海拔 379.1 米，其附属山脉有太白峰，钵盂峰，长老山。此山为石灰岩，是优质的建材工业原料，山上树木马尾松占 70%，杉树占 20%，柏树点 10%，森林覆盖面积达 75%，风景秀丽，属于 4A 级景区。白兆山属北亚热带常绿落叶阔叶的混交地带，十分适宜森林植被的恢复、发育和演替，自古森林茂密，种类繁多。新中国成立后大力植树造林，种植大面积的马尾松、杉木、川柏纯林。

白兆山得名，当地有很多民间传说。第一个传说：古代白兆山至三陂港汪洋一片，史称於江（乌江）。有一天大禹治水很累，在江边一坐，随手将头上的斗笠往旁边一丢，斗笠立刻变成了一座大山，这就是白兆山。现在白兆山中还有“斗笠崖”。第二个传说：秦始皇五十一岁时，来到安陆地界，准备赶山填云梦泽。

观音菩萨掐指一算，秦始皇的阳寿已满，于是令善财童子变作放牛娃，趁秦始皇睡觉时用放牛鞭换走了神鞭。秦始皇到了寿山，拿出“神鞭”赶寿山，怎么赶也赶不动，于是自己下台阶说：“这座山太㤘(音 zhou)了，就叫㤘山吧。”秦始皇没赶动寿山，看见西南不远的地方还有一座碧山，便带人又去驱赶。秦始皇在寿山丢了丑，心想再不能掉面子了，就拿起“神鞭”使劲地抽下去。一鞭下去，树木没了，山上留下了一道白色的痕迹，但山没动。秦始皇恼怒了，一鞭比一鞭抽得重，一连抽了九十九鞭。山被抽出九十九道沟，出现九十九道裂痕，映出九十九道白迹，变成了一百架山头，就是不动。秦始皇又累又气，再次自下台阶说：“算了吧，此山无用，只有烧灰。”秦始皇从来没这么丢过面子，心里一气，急火攻心，“至平原津而病。始皇恶言死，群臣莫敢言死事……七月丙寅，始皇崩于沙丘平台”。秦始皇死后，寿山郁郁葱葱。当地人觉得“㤘山”不好听，按照谐音就把㤘山改为了寿山。秦始皇死后，人们见碧山上布满了白色的痕迹，一座大山被抽成了一百个山头，就把碧山叫“百架山、百迹山、白记山、白迹山”。后来，此山又应了秦始皇“只有烧灰”的一句话，盛产石灰，人们就叫它白兆山。第三个传说：玉皇大帝手下有一位专司起草圣旨，发布圣谕的官儿太白金星。这太白金星姓李名长庚，文思敏捷，才华横溢，是天廷难得的文官。但他嗜酒如命，常常喝得酩酊大醉。一天，玉皇大帝令太白金星向人间下旨，三天吃一餐饭。谁知他接过圣旨后，见天色尚早，就跑到广寒宫里同吴刚一边饮酒一边下棋。俩人一局棋没下完，酒却喝了一壶又一壶，都不知不觉地有些醉意了。蒙眬醉意中，太白金星的衣袖拂掉了棋盘上的一枚棋子。这枚棋子自天而降，“轰隆”一声巨响，落在了安陆西北三十里外的地方，变成了白兆山。

白兆山这一名称何时产生，无据可考，但《北周书》有一段记载证明，远在唐代甚至北周以前就有白兆山的名称，而且安陆官民有“每逢亢阳，祷白兆山祈雨”的民风民俗。建德二年(573 年)，宇文邕确定解决三教，以儒为先，道次之，佛教最后。建德三年五月十五日，周武帝不怕死后下地狱的威胁，下诏“禁道、佛二教，经书、佛像尽毁，令沙门、道士还俗为民。并禁诸淫祀，礼典所不载者，尽除之。”凭此记载，我们可以推测白兆山之名应该是随着更早的祭祀就产生了。因为郧国是楚文化的发祥地，《汉书·地理志》说：“楚人信巫鬼，重淫祀。”

安陆自古信奉道教。白兆山曾是道教圣地之一。相传真武神(道教祖师爷)到处寻找修炼之所，他不远千里来到安陆白兆山时，被这里秀丽山水所吸引，就在白兆山上建了修炼的道场。道光版《安陆县志》载，白兆山山顶有庙宇，是当地百姓祭祀真武神的地方。真武神即玄武神。传说他为古代净乐国太子，生而神猛，越东海来游，遇天神授以宝剑，自白兆山入湖北武当山修炼，经 42 年而功成，白日飞升，威镇北方，号玄武君。《德安府志》也载有武当派开山祖师张三丰驻留安陆期间的逸闻趣事。白兆山上曾经有祖师殿房舍 100 余间，大多毁于火灾。

唐玄宗开元十五年，李白“仗剑去国，辞亲远游”，来到安州(今安陆)，同唐高宗朝宰相许圉师孙女许紫烟结婚后即居住于此，开始“酒隐安陆”十年的生活。白兆山距大安山(许圉师旧宅)仅 5 千米，其间李白以安陆白兆山为活动中心，以文会友，发奋创作，写下了《山中问答》《蜀道难》《送孟浩然之广陵》《安陆白兆山桃花岩寄刘侍御绾》等百余篇著名诗文。白兆山留有白兆寺、桃花岩、李白读书台、太白堂、太白林、绀珠泉、洗脚塘、洗笔池等与李白相关的遗址遗迹。

白兆山太白峰西麓斗笠崖。历代文人墨客，多在此岩壁题刻，或赞此处山水风光之美，或抒景仰李白之情。现存较完整的有三处，以北宋熙宁戊申(1068)一处为最早："郑獬、张偓、僧文莹同游。熙宁戊申九月六日"；明代正德十二年(1517年)马龠题刻"德安知府马龠游，教授林琨、千户吴经、赵琼，生员韩曙、汝莹、胡东阳、赵玺、僧续灯、宗睿从。明正德十二年八月二十五日。"年代居中；清代"白云泉"题刻："白云泉。山人程健斋引逸灵太守至此品泉，时光绪戊申四月十五日。"书法多为行楷，结体疏朗，笔力刚劲，刻工精细，字迹清晰可辨。1992年上述题刻被列为省级重点文物保护。历代文人墨客凭吊李白，先后涉足古城安陆，如韩愈、杜牧、刘长卿、欧阳修、曾巩、秦观等，一大批在中国文学史上享负盛名的文坛巨匠都曾览胜题咏。如宋代河南洛阳人范雍《桃花岩》："涢水梦泽地，古迹洵堪求。白兆桃花岩，翰林栖此邱。"吴之彦《春日登白兆山》："春放桃源可半开，寻幽不为武陵来。峯高俯瞰谪迁洞，野阔平吞宋玉台。飞瀑溅珠花带雨，断碑脱字石衣苔。何当闲结云间社，笑倚天风坐丝莓。"明代河北卢龙人王玺《谪仙桃岩》："桃花开处山悠悠，闲道青莲此卧游。径仄补藤残欲没，瀑高触石断还流。雨催新蕨猿声急，风拂寒林草色秋。今日偶来寻往迹，人间谁道少丹邱。"四川安岳人汤绍恩《登白兆有感》："地僻青林霭，天开白兆雄。一江来汉外，万象落空中。云雨蛟龙窟，乾坤草木功。夜分呼吸近，长啸问苍穹。"

抗日战争时期，在李先念、陈少敏、汪立波的带领下，以白兆山为根据地，创建了新四军第五师，进行了七年艰苦卓绝的抗日战争，留下来很多红色遗址和脍炙人口的经典故事。白兆山以其秀丽的山川景色，厚重的人文历史，承载了五大文化，即安陆民间传说文化、安陆古代祭祀文化、安陆本土道教文化、十年蹉跎李白文化、文人骚客旅游文化、抗日战争红色文化，每年吸引数以万计的海内外游客前来观光游览。这里峰回路转，山峦叠翠，常年鸟语花香，甘泉流长，是寻幽览胜的好地方。1992年，白兆山被原国家林业部批准为国家森林公园。

大安山[Dàānshān]　位于烟店镇柏树村，东接白兆山，西邻双岭村，南连大安村，北靠柏树三组。总面积为2平方千米，该山全长1500米，宽150米，主峰名为大安山，平均海拔355米，所在行政区为烟店镇柏树村。

斗笠崖[Dǒulì Yá]　位于白兆山西侧，东接尖山村，西邻走低顶，南连李白纪念馆，北靠大安寨。主峰海拔360米，海拔高度250米，占地面积0.1平方千米。

关于斗笠崖的形成，有两个传说，一个传说与大禹治水有关。第二个传说是：一日，李白登至平顶崖上游览，见一头戴斗笠，神态飘逸，颇具仙风道骨的老翁在一块岩石上摆棋局，要与李白决一高下，分出胜负。两人沉稳谨慎地下了大约一个时辰，就下起了瓢泼大雨，老翁说："相公，天不作美，今天这局棋就暂且下到这里，待明日天晴后咱俩再接着下吧!"说着就摘下头上的斗笠盖在棋子上，也不待李白发话就走了。第二天李白一大早就到山崖上，准备与老翁下完那盘棋，结果发现平顶崖不知什么时候变成了形如斗笠的山崖。李白做梦也没想到昨日同他下棋之人是太上老君。太上老君故意呼风唤雨，把斗笠盖在棋子上，如此才有了斗笠崖。

架子山[Jiàzi Shān]　架子山位于烟店镇周冲村东北部，南北走向，面积有154100平方米，长300米，宽150米，主峰名称架子山。

青龙山[Qīnglóng Shān]　传说此山有一条青龙出现而命名。位于烟店镇周冲村中部，东西走向，面积有53600平方米，长200米，宽180米。

狮子山[Shīzi Shān]　地形酷似狮子，地处烟店镇黄榨村一、四、五组，呈西南走向，总面积为0.037平方千米，属大洪山系。该山全长250米，宽150米。

狮子头山[Shīzitóu Shān]　山的整体形状酷似狮子的头。狮子头山位于烟店镇横路村，东接罗家塆，西邻槽坊湾，南连横路村3组，北靠咀上湾。呈西南走向，总面积为0.035平方千米，属大洪山系。该山全长200米，宽175米。

十八里陶许岗[Shíbālǐ Táoxǔ Gǎng]　早期曾有陶姓、许姓人士在此居住开荒，距安陆县城9千米处而命名。十八里陶许岗位于烟店镇横路村5组，东接横路4组，西邻轭头村，南连安津公路，北靠双庙村。总面积为0.3平方千米，由陶家岗，许家岗组成。该山全长600米，宽500米，主峰名为十八里。

石场山[Shíchǎng Shān]　位于烟店镇横路村，东接石河村，西邻横路2组，南连横路3组，北靠三里湾。呈南北走向，总面积为0.027平方千米，属大洪山系。该山全长200米，宽135米。

松林山[Sōnglín Shān]　位于烟店镇周冲村东部，东西走向，面积有58000平方米，长250米，宽210米。

汤家寨山[Tāngjiāzhài Shān]　位于烟店镇邓岗村二组，东接邓河水库，西邻辛榨村汤冲村山脉交界处，南连邓岗村三组，北靠邓岗水库，呈西南走向，总面积为0.2平方千米，属大洪山系。该山全长500米，宽400米。

座山[Zuò Shān]　位于烟店镇邓河村，南北走向，面积0.12平方千米，长1000米，高220米，宽145米。

大鹤山[Dàhè Shān]　清朝康熙年间《安陆县志》记载："大鹤山，治东北四十五里"。道光二十三年《安陆县志》记载了大、小鹤山的来历：大鹤山上有一石碑，记载着后周时，吉阳山附近有户人家开辟自家旧基地时，挖得一个尺余长的石盒子。打开一看，里面有两只石鹤。过了一会儿，两只石鹤冲天而起，在天上盘旋。大石鹤落下来就成了大鹤山，自吉阳山蜿蜒而南，四十余仞，如鹤展翅，首属孝感(今孝昌)，尾曳应山(今广水)，岭有佛宇，清池湛然。小石鹤落下来就是小鹤山，高不十仞，寿藤古木，烟去滃郁。其脉南出孝感县(今孝昌)为三山，团山隐隐赈赈，尽之于云梦县之西。

六家山[Liùjiā Shān]　位于赵棚镇原陶庙村南部，东接张凹，西邻柏树塆，南连崔大塆，北靠章家塆。此山峰高100米，占地面积0.02平方千米，主要以植树为主。

铁石山[Tiěshí Shān]　位于赵棚镇原陶庙村南部。因山上遍地铁石而得名。东接砖厂，西临黄刘岗，南连应山，北靠黄咀子。此山地高为90米，占地面积0.134平方千米，主要以种树为主。

关山[Guān Shān]　位于赵棚镇陶庙村南方。"关"在当地有公共的含义。东接六家山，西邻崔家下冲，南连崔大塆，北靠柏树塆，占地面积0.21平方千米，主要以种树为主。

寨山[zhài Shān]　位于赵棚镇土桥村侯家冲。寨山山顶修有用石头垒起的寨墙。据传是太平天国将领李玉成(应该是陈玉成)率部抗击清军围剿而建。南北走向，长度1500米，宽度1000米，面积0.536平方千米。

鸡公山[Jīgōng Shān]　位于赵棚镇杨兴村6组黄家冲塆。山地地形像鸡公，东接安广公路，西邻郭家独屋，南连安广线路边，北靠杨兴小学(老小学)。南北走向，面积0.067平方千米，长400米，宽250米。

槎山[chá Shān]　安陆读zhā shān。位于赵棚镇长龙村。东接赵棚镇长龙村，务丰村，南连接官乡槎山村，杨冲村，西邻接官乡接官村，广水市陈巷镇，北靠陈巷镇观音村。长度4千米，宽3米。主峰海拔332米。《湖北通志》载：此山"蔚然特起，上多怪石，望之青翠可爱。"槎山在地质上属四望山余脉，山上怪石林立，自古树木繁茂，加之山坡平缓，为历代游憩胜地，每逢夏历三月初三，游人更是络绎不绝。

"三月三上槎山"的来历比秦始皇赶山填海早得多。相传春秋时期，安陆隶属于郧国。楚国的野心很大，一心要吞并周围的国家。有一回，楚国西边的巴国，请楚国出兵帮了一回忙，楚国就提出，要巴国割让三座城池给楚国。三座城池中的一座，是巴曼子将军在镇守，他听说楚国要把自己守的城池夺走，坚决不同意。巴国国王派使臣到楚国，愿意尽全国的财宝奉献楚王，只要留下三座城，楚王怎么也不答应。巴国使臣到郧国求援，郧国也想不出法子对付楚国。到了那年的三月初三，楚国的大军开到了巴国，打算武力夺取三座城。巴曼子从容不迫地去见楚国大将。楚将要巴曼子开城门，巴曼子说："城里的百姓都不愿归顺楚国，所以城门不能开，将军要是不好回复王命，就把我的头带回去献给楚王。"说完，巴曼子拔出佩剑，砍下了自己的头。楚国将军惊得目瞪口呆，只好带着巴曼子的头去见楚王，楚王叹息一声后说："巴曼子连头都舍得割下来，老百姓更不会怕死，百姓不愿归楚国，占了三城有什么用呢?"当即决定不取巴国的城池。巴曼子用头保城的事，震撼了周围的小国。郧国国王命令全国第二年"三月三，上槎山"为巴曼子超度亡灵，以后每年的三月初三，郧国百姓都到槎山来，纪念舍头保城的巴曼子，这个风俗一直传到现在，而且愈传愈远。

关于"三月三，上槎山"还有一个说法就是夏历三月三日，是道教真武大帝(祖师爷)的寿诞。真武大帝全称"北镇天真武玄天大帝"，又称玄天上帝，玄武，真武真君，是道教中主管军事与战争的正神。三月初三也是天神下凡的日子，所以凡人郊游还想遇到神仙的点化。嘉庆年间，德安府安陆县上玉石街寇纶就遇吕洞宾点化，放弃高官不做，捐祖宅基地于汉东书院而名留青史的传说。

观音山[Guānyīn Shān]　位于赵棚镇长龙村，东接赵棚镇长龙村，南连槎山，西邻广水市陈巷镇，北靠观音村。南北走向，山上耕地面积0.78平方千米。长度6000米，宽500米。

吉阳山[Jíyáng Shān]　位于安陆市东北部，为安陆市、广水市(原应山县)的界山，距安陆市区30千米，其地理坐标为东经113°10′，北纬31°33′，海拔高度为328.4米，该山地理位置独特，山南地势平坦，环境优美，有很高的政治经济、军事、宗教文化地位。

古代，这里曾设过县，《舆地纪胜》载："吉阳县城，本名董城，因孝子董黯得名。"董黯，汉代孝子，迁徙到此，死后葬于此。《太平浣宇记》记载："吉阳梁置。曰，'平阳(县)'。及立汝南郡，西魏改郡为'董城'，改县曰'京池'。后周置澴州郡，隋大业(606年)改县曰'吉阳'，北宋开宝二年(909年)废。"这里在历史上有着重要的战略意义，清末在安陆、应山(广水)、孝感(孝昌)三县的交界处，还有故城遗址，即董城。

清道光二十三《安陆县志》记载："吉阳山，在安陆郡东北六十里，群峰叠峙，涧水潆旋，其间有南北二吉，故云。隋置吉阳县，其阳平壤可城。旧志云：县在山南是矣……山有南吉峰北吉峰，唯南吉一峰属安陆。自郾陑而南，山势自太平镇而止，有石脉伏溪中，凡九，俗称九龙河。又南则连峰突起，南拱大鹤，西接槎山，前有庙祀天符神，后一峰锐如插篸，祀真武神，俗名朝阳观，明何侍郎迁吉阳书院在山西麓。山童而多石，其兽多狼。惟北峯之界应山者，樾荫竹箭，中一禅院在绝壁下，前有一池，涧瀑潨注，望之蔚然，下有迴龙、圆通二寺。"

吉阳山在应山一侧还有个名字叫"长盐罐"，谐音成了"长盐观"。其实这里没有这么一个道观，倒是传说古代山中有一股泉水能晒出盐来，所以叫长盐罐。

赵棚镇在吉阳山开辟了林场，发展特色林果苗莆 1000 余亩，种植杉树 5000 余亩，油茶 1000 余亩，引进栽培油橄榄 20 余亩。吉阳山气候环境独特，适合生长一种药食两用的大蒜，这种大蒜个大，风味独特，享誉海外，因山得名"吉阳蒜"。

仙人垴[Xiānrén Nǎo]　赵棚镇北部。

横山[Héng Shān]　位于赵棚镇东北部，北有五口堰水库，西接团山村，南有北冲水库，东连孝昌县。

尖山[Jiān Shān]　位于赵棚镇东部，北靠东山村，西连横山，南东两面接孝昌县。

刘家山[Lliújiā Shān]　位于陈店乡同兴社区，呈坐北朝南走向，总面积 0.07504 平方千米，长度 300 米，宽度 250 米。

凤凰山[Fènghuáng Shān]　位于接官乡新龙村，东接新龙村 2 组，西邻秦畈村 1 组，南连秦畈村 5 组，北靠新龙村 4 组。呈南北走向，长 1200 米，宽 250 米，面积约 0.201 平方千米，所跨行政区为接官乡新龙村。

蔽山[Bì Shān]　位于接官乡东北部，东与广水接界，西有接官乡塔山水库南与槎山相连。

尖山[Jiān Shān]　北有大李冲水库，南连李冲村丁家塆，东有小李冲水库，西有母猪峡水库。

马鞍山[Mǎān Shān]　位于接官乡马鞍村，西有马鞍水库，东有刘铺村。其山名详见本志第二篇第十四章《接官乡·马鞍村》。

红毛山[Hóngmáo Shān]　位于接官乡东南部，北靠凤凰山，南是新龙村，西邻秦畈村。

踢脚山[Tījiǎo Shān]　位于木梓乡。因相传两个仙人在一起下棋，一个输了。气极之下，连棋带地一把抓起用脚踢走，被抓的地方形成了一个大坑。这个坑就叫做抓皮堰，扔出去的土堆形成了一座山而命名踢脚山。该山位于漳河村漳河边。南北走向，山上耕地面积 0.67 平方千米。长 2000 米，宽 300 米。主峰海拔 60 米，平均海拔 55 米。

杨家大山[Yángjiā Dà Shān]　位于木梓乡新店村。

高庙山[Gāo miào Shān]　据说古代叫云山(图山)，为云梦泽北第一山。山上建有抗日烈士陵园，位于辛榨乡高庙村。

第二章　河　　流

涢水[Yúnshuǐ]　涢水主河道全长385千米，发源于湖北省随州大洪山，流经随州、安陆、云梦，至应城与云梦交界的虾咀分流，西支经汉川北部至新沟注入汉水，东支由云梦到孝感市支流澴河、沦河至武汉市黄陂区纳滠水注入长江。

涢水古名很多，《水经注》载："涢水出(蔡阳)县东南大洪山。"是否因这条水在古代郧国而定名"涢水"不得而知。除涢水这个名称之外，已考证确定的还有八个别名。

涢水名称之二：清发水。《左传》记载："吴从楚师，及清发，将击之。"西晋的杜预注："清发，水名。"清初顾祖禹《读史方舆纪要》也载："涢水，亦名清发水。"

涢水名称之三：府河。民国时期编纂的《清史稿·地理志》也说："涢水亦曰府河，即清发水。"因在德安府境内而得名。

涢水名称之四：石潼(石漴)。《读史方舆纪要》载："涢水……俗称府河，亦名石潼。"。

涢水名称之五：涢江。《旧唐书·卷165·列卷115》载："九年……公绰自鄂济涢江，直抵安州。"涢水被称为涢江。安陆状元郑獬在《晚闷》中就有"何人归楚国，竟日忆涢江"的诗句。范雍也有诗曰："安陆号方镇，江边无事州。民淳讼词少，务简官政优。"

涢水名称之六：涢川。《晋书·文苑列传》中的"赵至，字景真……至诣魏兴见太守张嗣宗，甚被优遇。嗣宗迁江夏，相随到涢川。"宋代曾贬任安州知州的范雍也有"日下涢川暮，烟横梦泽秋"的诗句。《中国古今地名大辞典》亦载："涢水，亦曰郧川。"

涢水名称之七：沧浪水。《德安府志》载述："沧浪水，斯河(府河)，汉东别流。计随至安陆，河行百里。"北宋蔡确《夏日登车盖亭绝句十首》之中就有"数声渔笛在沧浪"之说。清代德安知府周启运在《题樱船渡》中也有"楚豫临要津，迢递沧江路。衣带瞩盈盈，立马招前渡。"的诗句。沧浪水溯源是因为涢水发源地有支流浪河而得名。战国之后沧浪水被演变，泛指汉江流域水系。

涢水名称之八、之九：乌江、蒙水。《山海经·海内东经》记载了黄河以南、汉水以东、广东以北的河流，其中记载："汉水出鲋鱼之山，帝颛顼葬于阳，九嫔葬于阴，四蛇卫之。蒙水出汉阳西，入江聂阳西。"这段话写的就是汉水流域，意思是：汉水从鲋鱼山发源，颛顼葬在鲋鱼山的南面，他的九个嫔妃葬在鲋鱼山的北面，有四条巨蛇卫护着。蒙水从汉阳(随国为首的"汉阳诸姬")西面发源，最终注入长江，入江处在聂阳的西面。《彩色图解山海经》注："蒙水，濛水也，一名乌江。"《康熙字典》注："《山海经》蒙水出汉阳西，入江聂阳西。〖注〗聂阳，水经注引此作滠阳。”《孝感市概况》载：“孝感朱湖附近的沦河，历称乌江。”孝感市孝南区《夏氏族谱》记载，洪武二年，先祖“沿乌江船行、溯流而上”到当今的地点(孝感西北30里，澴河的西岸)。安陆洑水以南一直到孝感以南，民间好多地方叫府河为“乌江、乌江底、乌江兜”。

涢水全长385千米，流经安陆段长49.7千米，流经府城约16千米，河床宽500~600米。过境年均径流量18，04亿立方米，平均流量60立方米/秒。径流量年内分配是：丰水期占89.4%，枯水期占10.6%。季节分配是：春季占16.8%；夏费占70.9%；秋季占7.3%；冬季占5%。过县城最大流量7570立方米/秒，最高水位44.29米/秒(1954年7月10日)；最枯流量2.5立方米/秒，最低水位35.35米/秒(1957年10月22日)。安陆洑水水文站水文资料显示，涢水从20世纪50年代起，每年带入河谷泥土5.2万吨；60年代每年带入6.2万吨；70年带入12.2万吨，80年代每年为10.6万吨。故涢水河道淤塞严重，河床升高，水土不保。涢水级别为中型河流，河流类别为外流河，地上河和常年河。1958年以前，府河木船可直航随州环潭、安居，通航里程达249千米。此后，由于上游水库的陆续修建，涢水锐减，加上20世纪五六十年代汉丹铁路的通车，铁路、公路运输的便利与快捷，使涢水水路失去市场。木帆船仅能通航下游的安陆、云梦境内部分航道。进入21世纪，涢水再无船舶航行。

涢水是安陆府城城区工业和生活供水的主要来源，工业年取水量达1400万吨。市自来水二厂年取水量就达400万吨。

槎山河[Cháshān Hé]　起于接官乡罗家塆槎山，“槎山”安陆方音读“Zháshān”，流经接官乡、洑水镇，从经济开发区流进府城。经赵河社区、圆通寺社区、肖台社区、护国社区、解放社区，北正社区，最终汇入府河，全长29.5千米，河平均宽20米，深8.5米，流域面积114.25平方千米。河流级别为小型河流。河流类别为内流河、地上河和季节河，径流量为1000立方米/秒。

毛河[Máo Hé]　发源于李店镇舒家塆西，由经济开发区流入府城肖台社区，到解放社区与槎山河汇合流入府河，全长4.8千米，流经府城一段1.1千米，平均宽度36米，流域面积0.01512平方千米，径流量13立方米/秒，河流类别为外流河、地上河和常流河，河流级别为小型河流。外流河地上河常年河。

周桥河[Zhōuqiáo Hé]　发源于烟店镇黄榨村和邓冲村，全长11.5千米，宽3至15米不等。属地上常流河，从烟店镇流入府城，经河西社区流入府河。因河流入涢口在周桥村，故名周桥河。

濩水[Huòshuǐ]　俗称蒿桥河、上石河，发源于太平寨，全长约40千米，平均宽40米，流域面积60.5平方千米，径流量为12立方米/秒，河流级别为小型河流，河流类别为外流河、地上河和常年河，途径府城蒿桥社区，至金泉山入府河。

海子河[Hǎizi Hé]　古安陆城东南有一大片沼泽湿地，东起红石坡，西到府河，长约7.2千米；北起当今火车站以南，南到四里乡，宽约2千米，面积约一千万平方米。沼泽湿地靠西部只有一座凤凰山，与安陆城南北对峙，形成窄谷锁住沼泽湿地的出路。沼泽湿地中间有一条河道，叫海子河，自东向西冲破窄谷，到达安陆城南，然后一分为三，一支与城西护城河汇合，向北“经上埠口，形家曰‘逆水’，由徐公堤以注于涢”；一支南下西拐从虹桥入涢水；还有一支继续南下经五一社区到梅家桥入涢水。由于海子湿地被毁，海子河长度缩短到4.5千米。

滚子河[Gǔnzihé]　发源于陈店丘家榨，流经河边董、汪桥村、李店的紫石村、紫石桥，进入南城高庙村，然后流入云梦境内，从云梦的平石村附近流进涢水。全长27千米，宽50米，水深3米，流域面积135平方千米，河流级别小型河流，河流类别为地上河、常年河，径流量13立方米/秒。

冷水港[Lěngshuǐgǎng]　发源于清源山北麓，全长7千米，流经南城肖万村，从仰棚村进入涢水。长3.9千米，宽6.5米，水深0.9米，流域面积0.00195平方千米，径流量为11.5立方米/秒，河流级别小型河流，河流类别为地上河，常年河。

杜庙河[Dùmiàohé]　位于安陆市孛畈镇杜庙村，全长6千米，流域面积0.12平方千米，河流级别为小型河流，河流类别为外流河、地上河和常年河，河流径流量为20立方米/秒。

清水河[Qīngshuǐhé]　位于安陆市与随州市交界处，也是随州市与安陆市的分界河。全长约10千米，流域面积0.2平方千米，主要支流有朱家河、桃园河，最终汇入府河。河流级别为小型河流，河流类别为地上河和季节河，径流量1.5亿立方米/秒。

倒水河[Dàoshuǐhé]　从接官村流向洑水镇刘畈村。自东向西流入府河，至刘畈村时，河水转向由南向北流(大部分小河向南流)，故名。

毛河新河[Máohé Xīnhé]　毛河新河位于王义贞镇彭畈村，在原毛河的基础上扩挖的一条新河。长5千米，流域面积92亩，类别为地上河，常年河，径流量11立方米/秒。自2014年挖成。

杨家冲河[Yáng jiā chōnghé]　位于王义贞镇钱冲村杨家冲，地处王义贞镇西北部，长8千米，流域面积5平方千米，河流级别为小型河流，河流类别为外流河、地上河和季节河，河流径流量15立方米/秒。

漳河[Zhānghé]　亦称漳水，俗称杨家河。据沈括《梦溪笔谈》："水清浊相揉者为漳，漳交也，与涢合流色如螮，数十里方混"，故名。是涢水水系最大的支流。流经铜门村。村内长2.6千米，宽30~50米，流域面积0.013平方千米，漳河属季节性河流，河床为石板、砂卵石，汛期可通行中小型船只。漳水发源于随州大洪山东麓，上游称桥河，流经随州古城畈，进入郑河水库，再流经京山平坝、晏店、罗店等地，经安陆王义贞、雷公店、木梓、桑树、辛榨等地进入应城境内，然后到云梦汇入涢水，全长约116千米。漳河历史上水量很大，可以通航。漳水河畔的云梦胡金店、安陆双河、京山平坝被称为"小汉口"，是重要的物资集散地。

内府河[Nèifǔhé]　原为涢水河道，民国时一度淤塞，1942年由巡店街富户熊家出资，将河道疏通，使河道从巡店镇边过，一时巡店凭河道经济繁荣。1958年，人民政府组织让涢水改道，在巡店杨坡村、大坝村，筑起高坝，从高坝南经辛榨乡至应城杨河镇，形成12千米长、100至300米宽河道型湖泊。因涢水别名府河，人们习惯称此湖泊为内府河。

黄棚村1组大桥港[Huángpéng Gūn 1 zǔ Dàqiáogǎng]　位于烟店镇黄棚村1组，长5千米，流域面积0.01平方千米，河流级别为小型河流，河流类别为外流河、地上河和常年河，径流量为800立方米/秒。

九冲河[Jiǔchōng Hé]　因流经陈店九冲村得名，起于上破堰，止于花塆，长8千米，宽6米，流域面积0.048平方千米，河流级别为小型河流，河流类别为外流河、地上河、常年河，径流量13立方米/秒。

风芦坝[Fēnglúbà]　因多长"风芦"得名，起于赵棚镇，止于孝昌县，流经饶湾村，东接殷陈泵站，西邻赵棚镇双桥村农田，南连饶家下湾、徐杨湾，北靠孙畈村。全长 5 千米，宽 30 米，流域面积 0.15 平方千米，级别为小型河流，河流类别为外流河、地上河和常年河，无主要水文站，径流量为 8 立方米/秒。

秦家河[Qínjiāhé] 该河流流经接官乡秦畈村东北部，东接王家塆，西邻沈塆村，南连洑水镇，北靠银铺村。长 20 千米，宽 15 米，水深 1.5 米，流域面积 0.3 平方千米。河流级别为小型河流，河流类别为外流河、地上河、常年河，径流量 11.32 立方米/秒。历史名称，沿用至今。

杨家河[Yángjiā Hé] 流经接官乡新龙村，长 8 千米，宽 20 米，流域面积 0.16 平方千米，河流级别为四级河流，河流类别为外流河、地上河、常年河，径流量 9.65 立方米/秒。历史上为小河，1952 年挖建。

方家河[Fāngjiā Hé] 流经木梓方河村。长 23 千米，宽 12 米，深 1.5 米。流域面积 0.276 平方千米，径流量 13 立方米/秒。河流级别为四级。河流类别为外流河、地上河、常年河。

破垱[Pòdàng] 流经木梓杜垱村，河长 0.23 千米，宽 4 米，水深 2 米，径流量 8 立方米/秒，流域面积 2.16 平方千米，河流级别为四级。河流类别为外流河、地上河、常年河。

吴家河①[Wújiā Hé] 1972 年修整，流过木梓新店村，长 5 千米，流域面积 0.33 平方千米，属于外流河、地上河、常年河。径流量 1.8 立方米/秒。

吴家河②[Wújiāhé] 流经木梓乡夏桥村。长 8000 米，宽约 10 米。流域面积 110 平方千米，主要支流有洪湖支流。河流类别为外流河、地上河、常年河。径流量 2.5 立方米/秒。

周冲河[Zhōuchōnghé] 流经木梓乡王店村。长达 6500 米，宽约 12 米。流域面积 30 平方千米。河流类别为外流河、地上河、常年河。径流量 2.5 立方米/秒。

第六篇

DÌ LIÙ PIĀN

纪念地、名胜古迹类地名

JÌNIÀNDÌ MÍNGSHÈNGGǓJÌLÈI DÌMÍNG

ANLUSHI

DIMINGZHI

第一章 文物遗址古迹

汉水是中国最古老的大河，比长江黄河的形成还要早七亿多年。这里拥有世界上规模最大、数量最多、分布最广、龙蛋共生的恐龙蛋化石群，还是距今200万年到五万年前的古人类演变完整链条化石群的所在地。汉水流域是亚洲人类当之无愧的摇篮，可以说，因汉水才有了当今的汉民族。

涢水是汉水以东最大的一条支流，也是汉水流域古人类发祥地之一，当地古人类的图腾是天上的云，故名䢵国(郧国)。郧国是荆楚文化的重要发祥地，也是汉文化的重要发祥地之一。了解过去，才知道根之所在。在文物普查中，涢水流域的安陆就发现古遗址近40处，其中新石器时代遗址13处，商、周、战国时期遗址近20处。

第一节 省级文物保护单位

德安府儒学[Dé'ān Fǔ Rúxué] 儒学，又称学宫、圣庙、文庙、孔庙，既是主管教育的行政机关和学校，也是祭祀孔子和先贤的场所。德安府儒学设在府邑安陆县城，主管所辖州县的教育行政。

清道光版《安陆县志》记载："德安府儒学，宋庆历六年(1046年)，郡守孙甫建而未就。"嘉祐元年(1056年)，郡守魏炎主持将府儒学建于南门外东偏，计"夫子殿及东西二堂八斋室"。

熙宁元年(1068年)，"虞部郎中司马君旦又绝濠为梁，通朔望厅入于学，彻其旧讲堂而新之，挟以两廊，门之右为藏书之室，其左为钱谷之府，庖厨沐浴皆具焉，凡增七十五楹。"淳熙元年(1174年)德安府儒学迁到三皇台(今北正社区紫金路小学北)。

明洪武三年(1370年)，通判安桓、教授胡连、训导何信将府儒学迁徙到安陆城东北隅(今儒学社区粮食局)。七年(1374年)，同知罗子理复徙三皇台旧址。十六年(1383年)，知府张宽、教授李文重修府儒学，中为大成殿，东西为庑，戟门、泮池如制。正德三十一年(1537年)，三皇台扩建岐惠王朱佑榆、寿定王朱佑樘、景恭王朱载圳三个藩王的府邸，知府徐贡元将府儒学徙建治东，即当今儒学社区粮食局一带。

安陆县人民政府于1982年1月将大成殿定为县级重点文物保护单位。1984年5月，大成殿移交安陆县文化局管理，作为博物馆使用。2002 年大成殿被列为省级重点文物保护单位，2010 年迁建于河西蒿桥社区。

夏家寨遗址[Xiàjiāzhài Yízhǐ]　位于李店镇杨棚村夏家寨塆，地处鹿河、汉河交界处，东西长约 600 米，南北宽约 500 米，总面积约 30 万平方米，1958 年发现。徐家河渠道将其分为两半。夏家寨塆北边有 800 米长的半圆形土寨，当地人叫“古城岗”。城东北土墩，传说是烟火台，现名烟墩塆，也叫胭脂塆。道光《安陆县志》载：“桓温城，亦曰新城，治东十八里紫石村”。光绪《德安府志》载：“《晋穆帝纪》：永和五年六月，桓温屯安陆……则城为是时所筑”。1958 年、1979 年、1981 年、2009 年，各级文物考古人员多次来此考察。1981 年北京大学历史系考古专业部分师生，在此进行了 13 天的断面试掘，发现两个文化层，厚达 2 米。其文化特点是：.上层陶片以泥质和夹砂灰陶最多，次为磨光黑陶，最少为红陶。纹饰除素面外，最多的是篮纹，次为方格纹、划纹、镂孔、按窝纹、压印纹、附加堆纹和鸡冠耳等。下层出土较多的彩陶片。

器物分为石器和陶器两类，石器有斧、凿、锛，均为磨制，制作精致。陶器有鼎、罐、圈足盘、盆、鬶、红陶杯、纺轮等。鼎足以宽扁足和鸭嘴形足为多，宽扁鼎足近铲或梯形，足的正面中凹，四周凸高，足上部饰按窝纹；有些饰有网格纹和圆圈纹。罐有折沿罐和有领罐之分。折沿罐又有两种，一种折沿较宽，敛口素面，有的饰横篮纹；另一种为小折沿，口部突出，上部饰数道弦纹。有领罐敞口短颈，泥质灰陶。喇叭杯为泥质红陶，底较厚，底向上凸。鬶足呈尖锥形，泥质灰褐陶，外表饰黑衣。陶纺轮呈扁圆形，分灰、黑陶两种。夏家寨遗址是一处屈家岭至龙山时期的文化遗址，晋桓温城建在龙山文化层之上。1981 年 12 月，被列为省级重点文物保护单位。

晒书台遗址[Shàishūtái Yízhǐ]　位于巡店镇肖堰村，是一处高出四周平地 4 米的方圆形土台，面积约 6000 平方米。相传孔子周游列国，途经此地，载书的车侧翻，浸得透湿，孔子就忙把书物捞起来，放在此地晒干，人们就称此地为晒书台。1958 年发现了晒书台遗址，1979—2000 年，地、县考古人员和北京大学、武汉大学考古专业部分师生，先后 3 次试掘调查，采集到石、陶、骨、铜及卜甲等器物。文化层厚 4 米左右，可分上、中、下三层。下层：出土有灰陶矮足长方形鬲、圆足盆、簋的圈足、长颈大口尊、高颈罐等，属商文化晚期。中层：出土有鬲、甗、盆、钵、罍、豆、瓿等陶器残部，属西周早期文化。上层：出土有红陶柱状鬲足、耸肩鬲、敛口豆、方肩罐等，属西周中期。此遗址，陶质以泥质为主，少量夹砂陶；陶色上层以红陶、下层以灰陶为主，少量红陶；纹饰有弦纹、附加堆纹、划纹、绳纹等。文化性质属商代晚期和西周早期。晒书台遗址的发现对研究商、周疆域及政治、经济、文化在江汉平原一带的影响提供了实物资料。1981 年 12 月，被为省级重点文物保护单位。

王古溜遗址[Wánggǔliū Yízhǐ]　位于烟店双庙王古墩，大李塆在遗址之上。遗址东西长约 1000 米，南北宽约 900 米，总面积约 90 万平方米。1981 年文物普查时，在此采集到石斧、石刀、、单孔石铲及大量的陶片。陶片以灰陶为主，黑陶、红陶次之，多为素面，可辨器形有鼎、杯、碗、罐等，属屈家岭文化和龙山文化。1982 年 1 月，安陆县人民政府公布为县级重点文物保护对象。2005 年，湖北省人民政府将其定为第六批省级文物重点保护对象。

第二节　市级保护单位

汉东书院校政厅[Hàndōngshūyuàn Xiàozhèng Tīng]　汉东书院校政厅，位于安陆市府城德安北路34号紫金路小学，坐落在安陆城的中心地带。1981年，汉东书院校政厅被定为安陆县第一批县级文物保护单位。《汉东书院的传说》2009年列入孝感市非物质文化遗产第三批保护名录，2013年列入湖北省非物质文化遗产第四批保护名录。

汉东书院创建于清朝乾隆三十二年(1767年)，1901年改名德安府中学堂。1912年，中华民国政府接管，先后改名湖北省第五区汉东中学、省立第八中学、省立第十中学、省立安陆初级中学、安陆县德安镇中心国民学校、安陆县吉阳镇中心国民学校。1948年由中国共产党京安应县人民政府接管，先后改名安陆城关区完全小学、安陆县立第一小学、安陆县城关小学，并接受基督教会私立进文小学和四所私塾学校共设五个分部。1962年，改名安陆县城关第二小学。1988年改名紫金路小学，隶属于安陆市教育局，是一所全日制完全小学。

汉东书院自创办以来，“忠信立本、明廉笃志、精韧不怠、厚德泽人”的教育理念就十分明确，且代代传承。学校秉承弘扬中华民族的传统文化精髓，积淀了丰厚的校园文化底蕴，培养了大量人才。如清朝工部尚书陈学棻，陕西兵备道、按察使、西北大学创始人李绍棻；民国爱国外交家蒋作宾，台湾地区外交家周书楷，和周恩来一起创建黄埔军校的中共早期军事家郭俊；共和国卫生部副部长殷大奎，著名教育家、哲学家、武汉大学创始人之一黄健中，著名文史学家、教育家胡鸣盛，温家宝总理的老师池际尚，古典文学家顾学颉，著名构造地质学家郭令智，著名的教育家、力学家和物理学家张国藩，国画家、美术教育家方康直，武汉军区空军副司令员肖建章……都是这所学校的学生。

1926年9月13日，北伐军鄂军第一师第四团占领安陆。10月，中国国民党在省立第八中学校政厅(汉东书院前厅)成立了中国国民党安陆县党部执行委员会。1926年10月，周继英以国民党安陆县党部常务委员的合法身份，召集工人部部长盛辅卿、农民部部长侯润生、宣传部部长明玉书等人，在省立第八中学校政厅正式成立了中共安陆县委秘密支部。

书报合作社旧址[Shūbàohézuòshè Jiùzhǐ]　书报合作社旧址位于府城办事处北正社区德安北路71号，1981年被列入安陆第一批县级重点文物保护单位。

1938年4月，应城汤池第三期学员肖依黎、王环、童世用、陈琳川、杨伯业、罗守增在肖松年的率领下到安陆接办安陆县农村合作事业办事处，开展抗日宣传。一时间，安陆城内发动知识青年和各界进步人士，运用演讲会、文艺演出、诗歌朗诵、墙报等形式向广大民众进行宣传，为全民抗战做舆论准备。

6月，在陶铸的指示下，中共在安陆县城北正街(现德安北路71号)陈姓家里开办了书报合作社，占领思想文化阵地。书报合作社大量购销毛泽东、朱德、鲁迅、邹韬奋、郭沫若等领袖和名人的《反对日本侵攻的方针、办法和前途》《铁流》《萍踪寄语》和共产党的《新华日报》《抗战三日刊》等书刊，以启迪民众激发其抗战热情。书报社经费主要靠肖松年解决，他家在河南博爱开烟厂，从其家拿钱捐给书报社。同时，争取安陆城乡关心书报社的人士，以入股(一人一元)的方式予以资助。

书报社设立了大众阅览室免费向读者开放。肖松年经常主持召开座谈会，邀请社会各方面的热心读者谈读书心得；肖依黎等还教唱《大刀进行曲》等抗日歌曲，读者自带乐器伴奏。这块阵地深深地吸引了广大读者尤其是知识青年，扩大了抗日宣传效果。许多优秀青年如吴华琬、张霖、程超明等省立十中的学生从这里受到教育，找到了救国救民的方向，奔赴各乡组织武装力量开展抗战。

江家竹林遗址[Jiāngjiāzhúlín Yízhǐ]　“江家竹林”指地名，以所在地理位置命名。因该遗址位于府城光明社区原七组江家竹林塆而得名。

该遗址东接汉丹铁路，西邻涢水，地属平畈。南北长1000米，东西宽200米，1980年9月文物普查时发现。采集的陶片，泥质灰陶居多，红陶次之，纹饰除绳纹外，多为素面。器物有鬲、盆、豆、网坠等。此遗址属东周至东汉时期。1982年1月，被县政府公布为县级重点文物保护单位。

庙墩遗址[Miàodūn Yízhǐ]　位于府城光明社区张巷村，1978年发现，因在寺庙基地之上，故而得名。遗址呈长方形，高出地面约3米，南北长约150米 东西宽约130米，总面积约19000平方米。1979年和1981年，孝感市、安陆市两级文物单位对遗址进行了重点考察，发现了大片的烧红土，遗物十分丰富，时空跨度从龙山文化时期到西周时期。

龙山文化时期遗物有石器和陶器。石器有石斧、石锛、刮削器等。石斧：青石制成，两面弧刃，较锋利；石锛：青灰石，锛身粗糙，刃部锐利；刮削器：整体呈长方形，两端有刃，器中部对应成凹面，两边各有一不穿透的圆窝。陶器以泥质灰陶为主，夹砂灰陶次之，有少量的红陶、黑陶；纹饰除素面外，有按窝纹、附加堆纹、划纹和叶脉纹。器物有杯、鼎、罐、圈足盘、纺轮等。杯：一为高把杯，腹较深，把细高，泥质红陶，素面；一为喇叭形杯，杯底上凹，泥质红陶，素面。鼎：仅见口沿和足部。口沿外折、侈口、折腹，灰陶黑衣；足有三种，第一种为宽扁足，正面中间凸出，夹砂红陶，素面，有的在足正面中饰附加堆纹和按窝纹；第二种为不规则形鼎足，足上部有一按窝纹，夹砂灰陶，素面；第三种为凿形，夹砂灰陶，足上有一按窝纹。罐：敛口，宽唇，有颈，广肩，泥质灰陶，唇部饰数道弦纹，颈以下饰叶脉纹。圈足盘，圈足近似喇叭形，灰陶、素面。纺轮：均为扁圆形，有直边和圆边之分，素面和一面饰四组平行红彩两种。

西周时期的遗物以夹砂灰陶为主，有少量黑衣灰陶；纹饰有绳纹、弦纹、附加堆纹和按窝纹等，绳纹最多。器物有鬲、南瓦等。鬲足：圆柱形，夹砂褐灰陶，足底平面饰绳纹，足上通饰绳纹；南瓦腰：夹砂灰陶，饰绳纹和附加堆纹，其上饰按窝纹。

1982年1月，被县政府公布为全县重点文物保护单位。

熊家咀遗址[Xióng jiā zuǐ Yízhǐ]　位于雷公镇曹岗村熊家咀塆，1981年发现，遗址上有村庄。遗址南北长约300米，东西宽约80米，总面积约2.4万平方米，上下分为两层。地表土下有一层是红烧土，下面一层是黑灰土。在此采集到石斧、石铲和陶片。陶质灰陶夹砂为主。陶器有纺轮、陶球、鼎足、罐等，属屈家岭时期文化遗址。1982 年 1 月，安陆县人民政府将其定为重点文物保护遗址。

女儿台遗址[Nǚértái Yízhǐ] 位于雷公镇刘坡村，呈椭圆形土台，高出地面 3 至 6 米，南北长约 100 米东西宽约 60 米，总面积约 6000 平方米。1981 年在此采集到石器和陶器。石器有斧，陶器有鬲、钵、罐等。有红陶灰陶等。陶质为夹砂。纹饰有绳纹、附加堆纹。属龙山文化至西周文化。1982 年 1 月安陆县人民政府定其为重点文物保护。

汉堰台遗址[Chàyàntái Yízhǐ] 位于王义贞镇六益村，呈椭圆形土台，高出地面 2 至 6 米，南北长约 150 米，东西宽约 40 米，总面积约 6000 平方米。在此采集到石斧、石锥和一些陶片。陶质、陶色有泥质灰陶、夹砂灰陶和少量黑陶。纹饰除素面外，有条纹、篮纹、弦纹、方格纹、附加堆纹等。器具有鼎、罐、杯、豆、澄滤器等。属屈家岭文化。1982 年安陆县人民政府定其为县级重点文物保护对象。

胡家山遗址[Hújiāshān Yízhǐ] 位于巡店镇程畈胡家山塆漳水岸边，东西长约 500 米，南北宽约 140 米，总面积约 7 万平方米。20 世纪村民经常捡到石器引起文物部门注意，1978 年考察时采集到灰陶、黑陶等碎片。纹饰有绳纹、圈点纹或素面。陶器有鼎、豆、纺轮、喇叭杯、网坠、器盖、坩埚片等。石器有打磨精致的石斧。大片烧红土还夹杂着稻谷壳，说明当时就有种稻的主要农耕经济。此遗址是屈家岭文化，对研究漳河两岸的屈家岭文化分布有重要意义。1982 年 1 月，安陆县人民政府将其定为重点文物保护对象。

神墩遗址[Shéndūn Yízhǐ] 因遗址位于周胡村名为神墩的土堆边得名。位于周胡村。东临漳河，南距壕沟张 200 米，西距周胡塆 100 米，北距巡店镇 600 米。东西长 100 米，南北宽 40 米。呈圆形土墩，高出周围平地 3~4 米。1978 年 1 月文物普查时发现。采集的标本多为陶片，以泥质灰陶为主，少量夹砂红陶。纹饰有绳纹、篮纹、弦纹、附加堆纹等。可看出器形的有鬲、罐、豆等。文化性质约属龙山至西周时期。1982 年 1 月，被县政府公布为县级重点文物保护单位。

第三节 未设保护级别的古文化遗址

孛家湾遗址[Bèi jiā wān Yízhǐ] 1981 年 5 月文物普查时发现，位于孛畈镇孛家塆，清水河从遗址穿过。遗址东西长约 400 米，南北宽约 300 米。总面积约 12 万平方米。在此采集到的遗物多为陶片。陶色以红陶为主，灰陶次之。除素面陶外，纹饰还有绳纹、弦纹等。器形有鬲、豆等，多为手工轮制，此遗址属东周时期。

姚家塆遗址[Yáo jiā wān Yízhǐ] 1981 年 5 月文物普查时发现，位于涢水边的洑水镇板桥村姚家塆，呈长方形，南北长约 190 米，东西宽约 200 米，总面积约 3. 8 万平方米，在此发现一些陶片和一把石斧。陶片以灰陶为主，红陶次之。纹形多为绳形。出土的器具有钵、豆等。遗址属东周早期。

德安府府城遗址[Déānfǔ Fǔchéng Yízhǐ] 三国时期就有安陆古城城市建设的记载，唐代为安州城。北宋宣和元年(公元1119年)，升为德安府，治所在今安陆城。城址呈方圆形，涢水环抱，地形险要，城高墙厚，水陆两路畅通。随后历代相继修建加固。至清朝，《安陆县志》记载，城有四门，东南西北分别叫资生门、来熏门、阜成门和拱辰门。城门上有城楼，东西各三层；南北各两层。城的环围1314丈，合7里3分，垛口1132个。城内亭、台、楼、阁、寺、庙、庵、堂、殿、碑、坊、牌等古建筑林立其间，引来文人墨客，观览题咏。其人文底蕴相当雄厚。老城历经沧桑，面目全非。

余岗塆遗址[Yúgǎngwān Yízhǐ] 位于洑水镇洑水村余家港湾，呈长方形土台，高出地面约3米，有农户居住。遗址南北长约500米，东西宽约400米，总面积约20万平方米。在此采集到石斧及陶片。陶质夹砂或细泥，以灰陶为主，黑陶次之。纹饰有弦纹、附加堆纹等。器形有鼎、盆、杯、钵、纺轮等，属龙山文化时期。

解放山遗址[Jiěfàngshān Yízhǐ] 位于安陆府城河西社区。解放山最初叫乌龟嘴，就像一只乌龟浮在水面，头伸得老长，张着嘴歪吐着舌头，人们就叫这座岛山为“乌龟嘴”。1948年地方游击队和当地百姓在附近架浮桥运物资，有力地支援了解放军解放安陆城。1977年，一项重大的水利工程设施在古老的乌龟嘴及上游动工。这项工程定名“解放山水利枢纽工程”。解放山施工中发现灰褐色陶片甚多，红陶和黑衣夹砂陶为次。器形有鼎、杯、罐、碗、纺轮等。器形的纹饰有篮纹、绳纹、弦纹等。经考古鉴定，属龙山文化时期的文物，遗址严重破坏。

古城遗址[Gǔchéng Yízhǐ] 位于经济开发区新河村，1958年发现。遗址呈方圆形，高出地面2至11米，东、南、西三面有夯筑土垣残存，东西长约80米，南北宽约70米，有四门，总面积约5500平方米。在此采集到的陶片多为泥质灰陶和夹砂灰陶。器物有的有盆、瓮、釜、罐、豆、筒板瓦、铁矍及铜镞(890件)等。盆：卷折沿，方唇，敞口、夹砂灰陶；豆：浅盘，细把，泥质灰陶，素面；筒形板瓦：残，面饰绳纹；铁矍：下部残，有方形銎，中有一圆形插孔；铜镞：有三棱形和扁叶形两种。为战国时期遗址。该遗址属战国晚期，当地人称其为安陆古城，清道光《安陆县志》地舆图在此标有“古城”字样，尚不明确是什么城池。

瓦子地遗址[Wǎzidì Yízhǐ] 位于雷公镇罗庙白鹤村，1981年发现。遗址高出地面1米左右，东西长约90米，南北宽约70米。在此采集到的遗物多为陶片，以夹砂灰陶为主，红陶次之。纹饰有弦纹、绳纹及素面。器形有鼎、坩埚等。属龙山文化遗址。

大台子遗址[Dàtáizi Yízhǐ] 位于雷公刘坡村，是正方形土台，长宽各约80米，总面积约6400平方米。上层为地表层，有少量陶片；中层为红烧土层；下层为灰黑土层，含陶片较多。陶质有灰陶和黑陶。纹饰多绳纹。器形有纺轮、澄滤器、罐、碗、盆、盘、鼎足等。属屈家岭文化遗址。

八字坡遗址[Bāzìpō Yízhǐ] 位于雷公镇王榨村八字坡，高出平地约2.5米，东西长约120米南北宽约150米，总面积约1.8万平方米。1981年采集到石镰及陶片，有灰陶和红陶。纹饰多素面，有的有绳纹。形器有鼎、罐、钵等。属屈家岭文化。

张家畈遗址[Zhāng jiā fàn Yízhǐ] 位于木梓乡天然村张家畈，1981年发现，现成农田，总面积约6000平方米。采集到的标本多为陶片。陶质以夹砂为主泥质次之。陶色以灰褐色为主，还有灰陶和红陶。纹饰有绳纹、附加堆纹等。时空跨越龙山文化和商周文化。器物有鼎、鬲、罐、盆等。

花园遗址[Huāyuán Yízhǐ] 位于棠棣镇花园村上王家河塆。呈不规则长条形，高出地面约 2 米左右，南北长约 120 米，东西宽约 2 米，总面积约 3600 平方米。1981 年 5 月发现。由于长期农作，遗址被破坏。从发掘的断面看，文化层分三层，第一层为表土；第二层是黑土，含木炭及陶片；第三层红烧土。采集到的陶片主要在二、三层。有灰陶和红陶，纹饰有粗绳纹、凹弦纹、附加堆纹等。器物有鼎、鬲、罐、豆、等。属东周时期。

高家畈遗址[Gāo jiā fàn Yízhǐ] 位于王义贞镇彭畈村，东西长约 100 米，南北宽约 80 米，总面积约 8000 平方米。在此采集到一件石斧和一些陶片。能看出的器物有鬲、盆、钵、罐、豆等。属东周时期文化。

四股台遗址[Sìgǔtái Yízhǐ] 位于王义贞如南村四姑台，呈长方形土台，高出地面 2 至 6 米，南北长约 60 米，东西宽约 40 米，总面积约 2400 平方米。在此采集到石斧和陶片。属龙山文化至西周文化。

小郭塆遗址[Xiǎoguōwān Yízhǐ] 1981 年 5 月发现，位于辛榨乡高张村小郭塆。调查一些陶片，以灰陶为主，红陶次之，多为素面，有少量的绳纹、弦纹。器物有豆：灰陶、细柄；鼎足：细泥灰陶，短曲。为战国时期文化遗址。

高家坡遗址[Gāojiāpō Yízhǐ] 位于安陆市辛榨乡高张村高家坡塆南端而命名 1981 年 5 月普查时发现。东临涢水，西临安(陆)辛(榨)公路，今为墓地，东高西低。1981 年 5 月普查时，在一条南北向的田埂下水沟内，发现灰坑。同时，采集石斧 1 件，上窄下宽，磨制，刃稍残；采集的陶片以灰陶为主，红陶次之，粗、细绳纹均有。器物有盆：灰陶、夹砂、斜壁；鼎：褐陶、黑底，圆唇，深腹，素面。属西周时期文化遗存。

牌楼周遗址[Páilóuzhōu Yízhǐ] 位于辛榨乡牌楼周村。表土层 30 厘米，文化层厚约 40 厘米，南北长 100 米，东西宽 80 米。1979 年 5 月发现。采集的标本有：夹砂红陶和细泥灰陶陶片、器物口沿、足等。纹饰有篮纹、绳纹及素面。器物有盆、豆、红陶杯、网坠、鼎足、鬲足、陶狗等，属龙山及西周文化。

下坝电站遗址[Xiàbàdiànzhàn Yízhǐ] 位于辛榨乡下坝电站，因修电站遭到破坏。在此采集到一些陶片，有夹砂灰陶、夹砂灰陶和少量泥质灰陶，器形有鬲、罐、盆等。属西周文化。

刘家坟遗址[Liújiāfén Yízhǐ] 位于辛榨村四组，呈不规则方形，高出地面 2 至 3 米，边长约 150 米，总面积约 2.25 万平方米。从被挖的剖面看，遗址文化层约 2 米。在此采集到石斧、陶片等。属新石器时代晚期的古文化遗址。

陈徐塆遗址[Chénxúwān Yízhǐ] 位于辛榨乡张付村陈徐塆，上有村庄，总面积约 2.4 万平方米。挖开地表 30 厘米的沉积泥沙土，就有大量陶片，文化层厚约 1.5 米。在此采集到有使用痕迹的石斧两件及陶片，有灰陶、黑陶，多为素面，还有红衣陶、彩绘陶等。属屈家岭文化遗址。

黄家凹遗址[Huángjiāwā Yízhǐ] 位于巡店镇刘河村黄家凹，北邻漳水，东西长约 50 米，南北宽约 30 米，总面积约 1500 平方米，从采集到的陶片看，属西周文化。

刘家塆遗址[Liú jiā wān Yízhǐ] 位于烟店镇白店刘家塆，南北长约 250 米，东西宽约 200 米总面积约 5 万平方米，从采集到的标本看，属汉代文化。

肖家塆遗址[Xiāo jiā wān Yízhǐ]　位于烟店镇白店肖家塆，呈长方形，南北长约 500 米，东西宽约 200 米，总面积约 10 万平方米。在此采集到的标本都是陶片，以夹砂灰陶为主，红陶次之，属东周时期文化。

花台遗址[Huātái Yízhǐ]　位于烟店冯庙村的花台，呈不规则长方形，高出地面 1.5 至 3 米，东西宽约 150 米，南北长约 200 米，总面积约 3 万平方米，文化层厚约 2 米。1988 年采集到石斧和陶片。属商周时期文化。

陈家墩遗址[Chénjiādūn Yízhǐ]　位于烟店关堰村陈家墩村庄之下，呈长方形，南北宽约 300 米，东西长约 400 米，总面积约 12 万平方米。1981 年在此采集到陶片，有灰陶和褐陶，从纹饰及器形看，属龙山文化时期。

王家庙遗址[Wángjiāmiào Yízhǐ]　位于烟店周祠村王家庙，呈不规则方形土台，高出地面约 1.5 米，长宽各约 80 米，总面积约 6400 平方米，采集到的文物属西周时期文化。

第四节　古墓葬

一、已发掘的古墓葬

王子山唐吴王妃杨氏墓[Wángzǐshān Táng Wúwángfēi Yángshì Mù]　位于木梓乡曾毛村王子山。西距木梓树集镇 1 千米，北距安(陆)天(然)公路 200 米。1979 年 4 月，当地农民打井发现墓砖。同年 12 至翌年 1 月，地、县文博单位进行清理。此墓南北向，属大型砖室墓。由墓道、甬道、前室、耳室及主室组成，全长 34.4 米，宽 6~8 米、深 4.5 米。出土有瓷器、陶俑、陶禽畜、石鞋、金头饰、波斯银币、铜器、珠玉器、墓志等 300 余件。据“大唐吴国妃杨氏之志”墓志文字考证，墓主人是唐太宗三子吴王李恪的妃子。李恪于贞观十一年(637 年)在安州任都督时，其妃杨氏死后葬此。墓志刻在长宽各 0.77 米，厚 0.20 米的方形石头上。从上而下直书、阴刻、篆字，时为贞观十一年(637 年)。

梁家山南北朝墓[Liángjiāshān Nánběicháo Mù]　位于棠棣镇罗港村梁家山，西距棠棣树集镇 1.5 千米。1976 年 4 月上旬植树挖垱时发现墓砖，地、县文化部门组织棠棣高中师生进行了清理。墓为砖室墓，东西向，长 7 米、宽 3.5 米，曾被盗过，不见墓顶，由甬道、前室、后室组成。墓室壁下部四周有深、宽各 4 厘米的排水道，填土中砖块零碎，出土有陶马、陶牛、陶井、陶灶、陶车轮、陶镇墓兽、陶骑马俑等。墓主不明，属南北朝时期。

陈家山东晋墓[Chénjiāshān Dōngjìn Mù]　位于棠棣镇罗港村陈家山，西距棠棣树集镇 2 千米，北距安

(陆)天(然)公路0.5千米。1976年冬开渠时发现墓砖，次年5月，地、县文化部门联合清理了4座古墓。墓均为长方形，南北向。曾被盗过。第三号墓保存较好，单室夯顶，长3.11米，墓砖按三顺一丁砌起。均错缝平砌，用泥浆填抹，墓顶为楔形砖。墓砖长方形，一面平整，一面粗绳纹，有纪年砖、花纹砖、文字砖3种。纪年砖分别在侧面和一端印阳反文隶书“义熙八年”和阳正文隶书“义熙七年”。花纹砖分别在侧面和两端印斜十字纹、草茎纹、波浪花、三角纹等。因被盗过，仅出土青瓷四系钵、青瓷碗各一件。“义熙”是东晋安帝司马德宗的年号，“义熙八年”即公元412年。

安师东汉墓[Ānshī Dōnghàn Mù]　位于棠棣镇轭头店北原安陆县师范学校。1977年春平整操场时发现。地、县文物考古人员于同年5月对其进行清理，确认是两座并列的古墓。原有封土堆，东西向，南距轭头店1千米。一号墓长8.7米，残高1米，墓顶早塌，墓壁用长方形花纹砖三横一丁为一组，依次相间砌起。二号墓的形制、规格、砌法与一号墓相同。两墓室均呈“凸”字形，有甬道。人骨架无存，曾被盗过，残存铜砝码、瓷碗、陶钵、陶盆、陶甑、陶罐、陶狗、陶磨、陶仓盖、陶碓、瓦当、五铢钱等文物。墓主不明，时属东汉。

摇宝山东汉墓[Yáobǎoshān Dōnghàn Mù]　位于王义贞镇桃园村摇宝山，东距同兴店600米，地临小学操场。1976年3月8日平整土地时发现。此墓有两座，砖室结构，南北向，呈“十”字形。两墓东、西相隔7.4米，曾被盗过，不见墓顶，残存墓壁高处仅1米。东边墓长5.5米、宽2.6米，出土文物有陶碗、陶马、陶象、陶鸡、陶桌等。西边墓长？米，宽3米，出土文物有陶鸟、陶灶、陶猪、陶碗等。墓主不明，时属东汉。

坡台山宋墓[Pōtáishān Sòng Mù]　位于烟店镇徐庙村，1982年3月27日农民开荒时发现石条。此墓位于坡台山东麓，东西向，坐西朝东，墓顶、墓壁均用红石条砌筑，底砖用青方砖平铺，木棺腐烂。在墓室中出土铜镜(残)一件，时属宋代。

营盘山明董仪夫妇合葬墓[Yíngpánshān Míng DǒngYí Fūfù Hézàng Mù]　位于府城南郊营盘山北麓。1976年8月，湖北铝厂子弟学校在此兴建校舍时发现。此墓南北向，用石膏、沙石、糯米浆合成构筑。内有双棺，为夫妻合葬墓，男西女东。西棺长2.2米，宽0.68米，深0.53米，棺板厚0.12米。内有男尸一具，身长1.67米，由绛红色棺液浸泡。头南足北，发、须、齿、甲皆全，肤有弹性。东棺略小，尸体无存。在男棺内发现铜镜、木梳、草席、布枕、布娃、棉絮、棉布、被单、布裙、墓志等18件。墓主董仪，字克慎，号养中(1539—1597)，墓志记载了董仪的生平及其后妻余氏的生卒年月。立碑时在崇祯六年(1633年)。男尸出土后放存孝感卫校。

毛家山宋时知默墓[Máojiāshān Sòng ShíZhīmò Mù]　位于府城南郊毛家山东麓。1982年6月，安一中在此扩建操场时发现墓砖。此墓东西向，长方形，墓顶用红石条横铺，墓壁用素面青砖平砌，长2.64米，宽0.84米。东西两壁下面各有一壁龛，内置铁牛，棺木无存，人骨腐烂。出土铁牛、陶罐、铜镜、铜钱、石刻墓志等13件。墓志刻在方形石条上，楷字、直书；阴刻“宋时知默墓志”共154字，记载墓主人时知默的曾祖父、祖父、父亲的姓名、官职和他于崇宁二年(1103年)43岁卒于江陵，崇宁四年(1105年)迁葬于安陆县太平乡进贤里，以及其妻朱氏、其弟诚等家庭史实。

蒋家山宋墓群[Jiǎngjiāshān Sòng Mùqún]　位于府城东郊的蒋家山。1983 年 10 月，粮食局在此兴建东观粮库时发现。有砖室木椁墓和土坑竖穴墓。多数为长方形，还有刀形、弧形等。墓有单室、双室，部分墓有墓道和壁龛，墓道一 般长 2. 5 ~ 1. 2 米。出土一批陶、瓷、铜、铁、珠玉、金银等器物。至 1984 年 7 月，共清理不同时期古墓葬 221 座，其中多数为宋代。此墓群的发现，对研究德安府的历史有重要作用。

黄荆山墓地[Huángjīngshān Mùdì]　位于棠棣镇胡棚村五组与烟店镇宋垄村一组之间。地理坐标为东经 113°39′北纬 31°15′。丘陵地带，海拔高程为 50 米。共发掘墓葬 35 座：A 区 5 座，B 区 30 座。墓坑开口均在表土层下。墓葬形制有土坑竖穴墓与砖室墓两种。出土瓷器、陶器等文物 127 件，属隋至宋代。

二、挖毁的古墓葬

何家享堂明何迁墓[Héjiā Xiǎngtáng Míng HéQiān Mù]　何迁，字益之，号吉阳，明嘉靖辛丑(公元 1541 年)进士。其墓位于李店镇紫石村何家享堂。东距游家塆 200 米，西距享堂陈塆 100 米，北距紫石桥 200 米。1958 年 10 月，省文物考古训练班学员来县调查时发现。此墓为土坑木椁，东西向，长 3 米，宽 1. 37 米。墓前有石柱、石狮、石马等建筑物。桥头塆有残红石碑两截，长 1. 3 米，宽 0. 7 米。可见“何公神道”，“司中侍郎”等残破字迹。墓于 1970 年挖毁，木棺板四块做了农具，还出土银器(环、笄)及铜镜等，下落不明。墓地今残存石柱及石狮等地面建筑物。

仰家园元杨宜中墓[Yǎngjiāyuán Yuán YángYízhōng Mù]　位于南城四里村仰家园，东距汉孟公路 600 米，西距涢水 500 米，北距四 里棚 1000 米。1984 年 12 月，县压缩机厂工人刘国楚回家挖粪窖时发现。此墓为土坑木椁，南北向，距地表 1 米，无封土堆，木棺被挖碎，人骨架已腐烂。棺南端外 0. 2 米处，竖立石碑一方，高 0. 72 米，宽 0. 23 米，厚 0. 04 米，碑上端阴刻隶书“大元故杨公宜中之墓志”10 字。志文记载墓主人生于至元二十一年五月五日，卒于至正八年五月二十五日，时年 65 岁。

金沟古墓[Jīngōu Gǔmù]　位于南城金沟村金沟塆后。1976 年 3 月平整土地时发现。墓为砖室结构，长方形，南北向。墓被挖毁，长、宽不明。出土玉佩、铜镜、陶釉碗共 4 件文物。墓主不明，时属明清。

小合山明墓[Xiǎohéshān Míng Mù]　位于巡店镇同兴村小合山，东北距巡店镇 2 千米。1974 年 3 月开荒时发现。此墓东西向。系用糯米、沙、石膏拌合密封。墓中有黑漆木棺两副，大棺在北，盖长 2. 2 米，厚 0. 10 米，棺内积满清水，棺板未烂，出土海马葡萄铜镜、木梳、木篦、竹筒、陶罐等 5 件器物；小棺在南，已腐烂。随葬物镜属唐代，其他遗物及墓葬时代为明代，墓主不明。

王家山东周墓[Wángjiāshān Dōngzhōu Mù]　位于桑树乡何陈村王家山，短港水库北岸。南临应城县的大港河，西 2 千米与京山县刘家港集镇相连，北距桑树店 8 千米。1978 年 2 月，兴修短港泵站取土时发现。此墓为土坑木椁，棺板无存，南北向，无封土。当挖到距地表 3 米深处，出土铜簠、铜鼎、铜戈及铜车马器等，今藏市博物馆。墓的规模、形制不详。

胡家山宋墓[Hújiāshān Sòng Mù]　地处桑树乡程畈村胡家山塆北头，东临漳河，南距伊家港 0. 5 千米，北距桑树店 2 千米，位于胡家山新石器时代古遗址上。1983 年 3 月，该塆农民做屋挖地基时发现。此墓为砖室墓，东西向，砖为错缝平砌，因挖毁，形制数据不清。出土瓷碗、瓷杯、瓷瓶、陶罐、石砚、银钗共 11 件。出土文物今藏市博物馆。

黄荆山宋墓[Huángjīngshān Sòng Mù]　位于棠棣镇胡棚村黄荆山上，东距府城 4 千米，安(陆)坪(坝)公路从墓地北 200 米处经过。1980 年 4 月开管道时发现。此墓为砖室墓，青砖错缝平砌，呈“凸”形。南为墓道，北为墓室。墓道长 1.8 米、宽 1 米，墓室东西宽 4.5 米、南北长 8 米。南北向。出土银钵、银盒、铜镜、瓷唾盂等文物，出土文物藏市博物馆。墓主不明。

驴子沟唐墓[Lǘzigōu Táng Mù]　位于王店乡汤冲村，东距軏头店 1 千米，安(陆)平(坝)公路从墓北 130 米处经过。1983 年 1 月，农民挖树垱时发现。此墓为砖室结构，墓壁的砌法“三横一竖”。南北向，属长方形单耳室墓，有墓道。挖约 1 米深，未至墓底即回填。

双庙古墓[Shuāngmiào Gǔmù]　位于烟店镇双庙村，1980 年农民挖南瓜垱时发现。墓为东西向，墓室顶部被毁，墓门、墓道积满淤土，墓道长约 2 米，出土唐代铜镜 1 件，藏市博物馆。墓生不明，时属唐代。

聂寨宋故王夫人孔氏墓[Nièzhài Sòng Gù Wángfūrén Kǒngshì Mù]　位于洑水镇聂寨村。南距双路口集镇 1 千米，西有徐家河东干渠经过。1972 年 4 月开荒时发现。为砖室墓，南北向，墓口用 10 根长方形红石条横铺在平砌的青砖上。出土 4 件铁牛，1 件铜镜，2 件陶罐。墓志刻在 1 块长、宽各 0.73. 米，厚 0.07 米的石块上，志铭为“宋故王夫人孔氏墓志”，正楷、直书、阴刻 432 字。墓主人孔氏，卒于熙宁十年(1077 年)五月二十一日，时年 39 岁。元祐七年(1092 年)八月初九日葬于安陆县西罗陂。墓被挖毁，资料不全。墓志及出土文物藏市博物馆。

死土岗东周墓群[Sǐtǔgǎng Dōngzhōu Mùqún]　位于洑水镇车站村死土岗上镇办砖瓦厂内，东距洑水港集镇 1 千米，西距汉丹铁路 200 米，涢水从墓西边 400 米处流过。1981—1985 年，该地取土做砖时，先后出土鼎、簠、壶、剑、戈、軎等 50 余件铜器。文物由市博物馆保存收藏。

府城东汉黄香墓[Fǔchéng Dōnghàn Huángxiāng Mù]　位于府城碧霞路(德安北路)西侧，圆形，封土堆高约 5 米，底径 20 余米。1966 年兴建“粮食部东方红粮机厂”时平毁。黄香，又名文强。东汉时江夏安陆人。九岁死母，勤于攻读，博学经典，会写文章。当时太守刘护赞其：“天下无双，江夏黄童。”著有《九宫赋》《天子冠颂》。

三、发现并保存的古墓葬

羊子山清墓[Yángzishān Qīng Mù]　位于赵棚镇中塆村胡家冲塆南部羊子山西麓，面积约 1 万平方米。封土已不存，墓室位置不清。现仅见神道两边保存有石望柱 1 个、石羊 1 对、石猪 1 对、石狮 1 对，墓碑基 1 个。其中，1 块残碑被搬至北麓的水塘边作石桥。残碑石上仅存“光绪六年七月”“皇清浩封通奉大夫、太夫人显考妣、李、朱……”等(阴刻文)。属县级文物保护单位。原公布为明墓，经对残存的墓碑文及结合清光绪十四年版《德安府志》考证，推断羊子山明墓应为清光绪六年(1880年)诰封的通奉大夫李廷珏与妻朱氏合葬墓。该墓载入《中国文物地图集湖北分册》中。

魏塆古墓[Wèiwān Gǔmù]　位于赵棚镇魏塆村，1982年4月发现。墓为东西向，青砖平砌，券顶，长2.8米，宽1米。墓顶全部暴露于外，人们从墓顶上来往行走。墓主时代不明。

半仙山七姑娘墓[Bànxiānshān Qīgūniáng Mù]　位于洑水镇秦坝村半仙山南麓，东距牌楼岗集镇1千米。1958年10月，省文物考古训练班学员来此调查时发现。此墓为砖室墓，长15米，宽7.5米，深9米。村民介绍1952年曾挖出墓室6间，前后两排，在第二排中间室内发现铁棺钉、开元通宝铜钱等，墓后段还未挖完，被区、乡领导发现后即停挖。此墓为南北向，墓地低凹，墓主及时代不清。

金家大塆宋墓[Jīn jiā dà wān Sòng Mù]　位于南城高庙村金家大塆。1980年12月农民挖牛栏时发现。墓为南北向，在牛栏下发现墓门和甬道，青砖平砌，甬道宽1.8米，甬道至墓后室约4.5米，墓室为圆形券顶，保存较好。

许家大塆明墓[Xǔ jiā dà wān Míng Mù]　位于雷公镇许棚村许家大塆，1983年4月发现。此墓为东西向，墓壁四周均用石膏、沙、糯米浆拌成的三合土凝固，外面封土已去掉，有2个墓门露在外面，长4.4米，宽3.6米。保存完整，是一座合葬墓。

万福塆明墓[Wànfúwān Míng Mù]　俗称天子坟。位于雷公镇万福村，南距雷公店5千米，北临大路，1983年4月发现。墓为东西向，上有封土，墓壁用石膏、细沙糯米浆拌筑，墓门现出在田坡上。人们可进墓室内观看，有泥土，不见棺木。当地群众反映，原有青石雕刻的墓门，已被毁坏，今仅存外表。

芦家山唐墓[Lújiāshān Táng Mù]　位于烟店镇邓岗村芦家山，1974年5月发现。墓为南北向，墓砖为错缝平砌，无顶，约1米深，出土铜镜、铜盘(残片)、陶盏等文物3件。墓主不明。

白家塆墓[Bái jiā wān Mù]　位于棠棣镇十里村二组白家塆南高岗地，东西残长70米，南北宽40米。1972年改田时在砖墓中出土一方石刻墓志，被刘家塆村民收藏。墓志石平面呈削角方形，质地为灰青石。志石四边下凹，中间竖镌八行共110字志文，内容为“皇清敕封安人李母池太安人基”以及墓主人父名、住地、生死时辰、下葬时间、子孙名字等内容。

第二章　纪念地

第一节　人物纪念地

黄香祠[HuángXiāng Cí]　清代《德安府志》记载，“尚书令黄文强公墓，‘在府署东十数武。旧为杨姓园，掘地见其碑，秘之。道光二十四年，知府易容之复建碑碣。光绪五年，知府黄式度建祠于墓东。’”黄香墓位于安陆涢水东岸，槎山河南岸两水交界的竹坞山，黄香祠位于墓东，为纪念黄香而建。20 世纪 50 年代，黄香祠在破除迷信时被毁。1966 年粮食部在安陆建粮机厂，黄香墓被毁，当时正值“文化大革命”时期，文物全被破坏，无一幸存。

四状元里[Sìzhuàngyuán Lǐ]　又名府弯街，即当今的紫金路北段永安广场(新中百仓储)附近。宋代的安陆经济繁荣，教育发达，文风昌盛，先后出了四个状元，成了名副其实的状元之乡。道光版《安陆县志》载：“四状元坊，为宋王世则、宋郊、宋祁、郑獬建，在府署西。”明朝嘉靖丙辰年(1556 年)，人们为了纪念四状元，弘扬勤学精神，在四状元居住过的府弯街修建了一座牌坊。知府陈甘雨为牌坊题字“四状元坊”，“府弯街”改名“四状元里”。清朝顺治年间的德安知府高翔对四状元坊进行过一次维修，康熙年间的安陆知县高联捷对四状元坊也进行过维修。再后来长时间的风雨侵蚀，致使风化残缺，汉东书院贡生吴希曾对四状元坊还进行过一次大规模的补修重建。咸丰五年(1855 年)二月十九日，太平天国英王陈玉成攻克德安。德安城付之一炬，浮云楼、四状元坊、明朝三个藩王宫殿等名胜古迹尽毁于熊熊战火之中。四状元里在碧霞台靠南，于是碧霞台也叫状元台。

七相堂[Qīxiāng Táng]　为纪念古代在安陆工作过的七位宰相级人物而建。康熙年间《安陆县志》载：“七相堂，府署东，知府陆世良建。七相者：唐郝处俊、宋张齐贤、寇准、宋庠、吕大防、范纯仁、蔡确也。”七相堂毁于战火。

毓秀阁[Yùxiùgé]　明代建。清代文人舒正载在他的《竹根斋诗草》中，作《毓秀阁》诗，并注：“宋季赵复，安陆人，为元所迫，入京师，不仕，主讲太极书院，称江汉先生，邑人祀于此。‘闻说先生后，曾无著述传。应由韬晦意，况值乱离年。槛外浮妘(涢)水，沙边附郭田。碧山霞际峙，夕照下金泉’。毓秀阁主祀元代大儒赵复。该阁位于南城杨林村八组，东接四里村，西邻涢水大道，南连本村七组，北靠五一村，占地面积0.01005平方千米。1938年，毓秀阁毁于侵华日军战火。

陈焕烈士纪念地[Chén Huàn Lièshì Jìniàndì] 为了纪念陈焕烈士得名，1954年建成。位于巡店镇洪山村六组正中心，保护级别二级，占地面积5平方米，标志性建筑有陈焕烈士墓与纪念碑。

李白纪念馆[Lǐbái Jìniàn Guǎn] 1984年组织筹建李白纪念馆，1985年3月，孝感行署拨款15万元，修建李白纪念馆，1985年8月，安陆县政府拨款3万元，进行遗址遗迹的后续工作，1986年1月，完成部分计划。后迁至烟店镇。位于烟店镇的李白纪念馆，东接森林公园停车场，西邻祖师顶好汉坡，南连杨家冲山洼，北靠白兆山宾馆。李白纪念馆先后收藏中国当代名人字画近200幅，收集明清时期李白全集近20种，计7种清代木刻板，2种影印本，5种民国版本，1种珂珞版本及1种近代日本人翻译的英文版本，其中，收藏有中华人民共和国成立以来的李白诗选和论文集200余种，与李白有关的参考资料1000种，较珍贵的有明万历年间刘世教校刊本《李翰林全集》和瑞桃堂刊本《重刊分类编次李太白文集》。李白纪念馆占地面积0.03平方千米，馆内管理工作人员有5名。

第二节　宗教纪念地

德慧寺[Déhuì Sì] 位于安陆市府城河西社区，占地面积约2000平方米，现有教职人员、居士等共7人。

德慧寺原址位于解放山电站院内。唐朝叫“救苦寺”李白曾赋诗《春游救苦寺》。五代十国的周世宗也在乌龟头上洗过脚，于是寺旁乌龟嘴的“嘴”也叫洗脚石。

元末明初，和尚出身的放牛娃皇帝朱元璋与湖北打鱼郎出身割据一方的汉皇帝陈友谅争夺天下。朱元璋最恨别人说他“和尚”，于是烧寺庙，杀僧人，救苦寺毁于元末的战火之中。至正二十三年(1363年)陈友谅阵亡之后，朱元璋“九剿湖广”“三洗德安”，实行了惨绝人寰的大屠杀，《安陆县志资料》载：“洪武初，大索安陆祖居之人……土著几尽，维山寨之数十家及乌兔山西面山洞里数人，于是徙黄麻人以充实之，合老妇小孩仅二千余口”。德安府降为州。洪武十三年(1376年)，德安复为府，所属各州县得以恢复建制(见《明史·地理志》)。在臣子冒死劝谏下，朱元璋才下旨，在德安府(今安陆市)修建德慧寺以超度战乱中阵亡的将士和惨遭屠杀的亡灵。

1933年，德慧寺东昌、本材等僧人到应城化缘，结识了应城士绅蒋雨山，并率众僧拜见了应城佛教分会会长王尔藩，赠送了“焰口佛事”。蒋、王拜东昌为寿宁寺方丈，本材为主持，并向商民及县城矿商募化，修复了应城寿宁寺。后来请回藏经，正式命名为寿宁禅寺。1936年，德安汉东书院的学子，蒋雨山的胞兄蒋雨岩(蒋作宾)，笃信佛教，时任国民政府内政部长，从浙江舟山岛为应城的寿宁禅寺请了藏经整套(约180箱)，由“内政部”封缮签章，运回应城，交寿宁寺收藏。世界佛学院、汉藏教理院院长太虚法师来到应城寿宁禅寺和安陆德慧寺宣讲佛学经典。1938年，侵华日军的飞机轰炸安陆德慧寺和应城寿宁寺，德慧寺尚有残存。1961年，安陆理发师丁大林的母亲去世，在德慧寺举行火化，这是古德慧寺最后一场法事。德慧寺的和尚后来相继还俗，古老的德慧寺不复存在。

2004年，当家师曾常德重建寺院。新建的德慧寺占地2000平方米，墙垣环绕，寺门朝南。黄墙绿瓦、红柱飞檐、香烟袅绕、磬钟佛韵。

古天符庵[Gǔ Tiānfú Ān]　天符庵始建于什么时期，史书上仅有其名，无建造时间，原址位于中心城区三隍庙附近，靠近当今的德安中学。《安陆县志》记载，从南北朝周武帝天和五年(570年)起，卓锡主持安陆佛教事务的高僧73人。从1884年起，主持安陆佛教事务的僧尼就是天符庵的延惠。安陆九庵十八庙，天符庵成为城区规模最大香火最旺的二众道场。

20世纪50年代，国家宣传破除封建迷信，天符庵香火渐渐稀疏。“文化大革命”开始，庵堂被毁，尼僧强令还俗。时有一余姓青年尼姑，幼时是应山县遗弃幼女，被天符庵师太捡回养大，还俗安排在安陆农机修造厂工作，终生未嫁。

20世纪80年代，该尼姑从农机修造厂退休，在原址一间民房重续天符庵香火。

1997年，古天符庵迁建于安陆市府城五一社区涢水路84号，有大雄宝殿，弥勒殿，药师殿，观音殿及各配属建筑约1400平方米。庵内常住戒律精严，佛法深广，善信居士众等护法勤勉，守律奉法为济世毒人，宣法利生，致全力构建和谐社会。

护国寺[Hùguó Sì]　1920年修建护国寺庙，1966年拆除。

卫庙[Wèimiào]　卫庙，即德安府城隍庙。光绪《德安府志・寺观篇》载：“府城隍庙，在府城东南隅。”道光版《安陆县志・庙坛篇》则记载：“安陆县城隍庙，祠旧在府城隍庙大门内。”可见，安陆的德安府城隍庙和县城隍庙同在一地，即古城的东南隅，当今安陆宾馆北的老普安医院住院部。

安陆的城隍庙最初建于何时难以考证，传说最初建于汉代，《安陆郡县志》记载，宋咸淳年间迁至城头山，元时复还，后屡次迁徙才至三皇台，“宏治辛亥年(由三皇台)徙居于城东南隅，岁久倾坏……明嘉靖七年寿藩捐金更新之”。嘉靖七年的“更新”规模空前，堂室寝殿，厨库香亭，钟鼓楼，左右廊，内外门，凡六十楹。周缭以垣。之后又屡次维修，达二百三十余楹。

德安府城隍庙除了供奉城隍大神(即城隍爷)之外，还有一些配神的塑像，城隍爷两旁一般分列八大将、判官、牛头、马面、黑白无常以及十殿阎王等塑像。把城隍信仰推上高潮的是明代开国皇帝朱元璋，他登上皇帝宝座后，于洪武元年(1368年)下旨封京都城隍为监察显佑王，职位正一品；封各府城隍为监察司民城隍威灵公，职位正二品；封各州城隍为监察司民城隍显佑侯，职位正三品；封各县城隍为监察司民城隍显佑伯，职位正四品。明洪武三年(1370年)，朝廷颁布了专门祭祀城隍的典章制度，并下诏去除城隍封号，封京都城隍庙为“都城隍”，其他城隍只称某府某州或某县城隍。德安府“北控三关”，战略地理位置特别重要，知府一般为四品，德安府城隍爷的品位则是三品以上，宝座两旁还有德安府各州县的城隍爷作陪。城隍文化深入人心。

到了清朝，高翔、杨国琳、罗暹春等府县地方官又多次组织维修并扩大德安府城隍庙的规模。

《安陆县志》载："嘉庆二十四年……德安所改卫。德安卫守备一人。"德安府城隍庙改称"德安卫城隍庙"。德安府府城即安陆县城，府县两级城隍庙又在一个地方，于是人们称之为"安陆卫庙"。《通志》记载："随州守御千户所在州治东，隶安陆卫。"这儿的"安陆卫"，应该理解为"安陆的德安卫"，因为随州隶属于德安府。《安陆县志》也记载"卫城隍庙，在安陆城东南隅"。"安陆卫庙"这个简称，与钟祥安陆府的安陆卫在后世产生了时空跨越的歧义，也有人认为是卫姓宗庙。

咸丰、同治年间，战乱不断，安陆的卫庙毁于战火。在周炳鑑、振麟、陈建侯、陈汝蕃等历任知府的倡导下，光绪六年赓音布知府主持续修，安陆卫庙重建告成。

安陆卫庙除供奉城隍爷外，还祭有一些爱国牺牲的将领，以激发戍军守土卫国的精神和斗志。

德安府报恩寺[Déān Fǔ Bàoēnsì]　报恩寺，在城内西南的城墙脚下，当今的大红鹰超市和废品收购站就建在报恩寺遗址上。康熙《安陆县志》载，报恩寺始建于梁朝天监年中期。天监年从公元502年至520年，天监中期则在公元510年左右，也就是说，安陆报恩寺的兴建，距今有1500多年了。

道光《安陆县志·庙坛卷》记载："报恩寺，城南，梁天监中建。为安陆诸寺之冠。明置僧纲司于内。"报恩寺院门坐西朝东，进院后各正殿坐北朝南，偏殿分列两厢。寺北边是县弯街，东北面二百米左右是罗家桥，出寺门是路，东面有一大片菜田，过菜田不远就是风景秀丽的南门藕塘。报恩寺既是寺庙，又是德安府僧官行政部门。它气势雄伟、厅堂遍布、僧佛众多、朝圣若鹜；僧官繁忙出入、公文各处快递……不光是安陆县的诸寺之冠，也是德安府及周边县市寺庙之首。朱元璋死后，从他孙子辈明成祖朱棣以后，政令渐弛，僧官制度渐行废弛。德安府报恩寺也就日渐没落，最后成了一片废墟。

东岳观[Dōngyuèguàn]　东岳观是安陆古代规模庞大，香火鼎盛的道观之一，兴建于宋徽宗时期，供奉东岳大帝。东岳大帝是我国民众普遍信奉的神通广大的一位尊神，据东方朔《神异经》所言：盘古终世之时，其子名赫天氏。时有三皇代出，赫天乃人居一山，于此代代相传，故其山名岱宗泰山。赫天有子前勃氏，胥勃子玄莫氏生二子，长名金轮王，次子少海氏。少海氏妻弥轮仙女夜梦吞二日入腹，觉而有娠。生二子，长子金蝉氏，后称东华帝君；次子金虹氏（安陆方言读 jīn gáng shǐ）。后称东岳帝君。金虹氏积德之初，因在长白山中佑民有功，伏费氏时被封为太岁，掌天仙六籍，遂以岁为姓，以崇为名，先被尊称为太华真人。据说神农时，泰山神被赐天符都官，名号府君。

宋代以后，《封神演义》开始广泛流传，有传说安陆的东岳观供奉的是黄飞虎。到了明清，就只知道供奉的是东岳大帝，东岳大帝是谁到不重要了。安陆自古信奉道教，从安陆历代县志中看，安陆非常强调"旧制"，多处写祭祀远在千里之外的东岳是因为"旧制如此"。由此可以推测，安陆东岳观应该供奉的是宋徽宗以前"金虹氏"。

明代德安知府范理曾作《东岳观诗》曰："久为职务羁，暂此一登历。古殿据崇岗，深沉恣游息。嘉木落疏阴，幽禽响泉石。烦抱忽然舒，清谭竟终日。转念民未康，忝兹牧人责。归来入山城，复与仙都隔。"正德年间，知府马龠维修过东岳观，并撰有《东岳观记》。明末诗人杨一复多次游东岳观，有《东岳观诗》云：

“避俗寻真境，重来静院游。庭梧迎旧客，涧水净新秋。残署林中散，闲心磬外幽。洞天身世远，潇洒一丹丘。”

安陆东岳观还有一个有趣的现象有别于外地东岳观。其他地方的东岳观历代最隆重的祭祀在夏历三月廿八日，传说三月廿八日是东岳大帝的生辰。祭祀他的目的是祈求他早放死者灵魂转世投生。游行时除抬东岳大帝塑像外，还用人装扮成各种传说中的鬼神形象，组成宗教游行队伍，到大街小巷游行。善男信女向游行队伍烧纸钱、点香烛、叩头，以祈求东岳大帝保佑冥间亲属免受折磨。而德安府一带，特别是安陆，东岳观最隆重的祭祀活动则在二十四节气的首节“立春”的头一天，活动的内容则是古郧子国本土积极向上、充满希望和喜庆的农事活动——祭春劝农。《安陆县志》记载：每年立春的头一天，人们组成最隆重的仪仗队，鼓号铓锣开道，瓜戟斧戈相随，旌伞旗幡飞舞，抬着句芒土牛，舞着龙灯狮猊，由知府带领府县文武众官到东岳观举行祭春大典。而且这个活动历朝历代历年如此，直到民国才消失。

中华人民共和国成立以后，东岳观仍保存完整。整体建筑雄伟壮丽，布局齐整，前殿、中殿、后殿之间廊庑连接，石柱间立，浑然一体，显得古朴而典雅。前殿为主体建筑，单檐歇山构造，面阔五间，殿顶龙脊凤檐。中殿、后殿、十王殿、拜亭、报功祠、两庑等建筑物均保持清代特色。

东岳观在新中国成立后改建成安陆国营渔场，人们习惯叫“东观渔场”。二十世纪八十年代初，东观渔场改制撤销，此地成为民居区。世纪末，毛河北岸兴建了“金榜名城小区”，东岳观靠西随后开发成“府城明珠小区”。

安陆市基督教福音堂[Ānsù Shì Jīdūjiào Fúyīn Táng]　“基督教福音堂”指教堂的名称，2009 年被定为安陆市文物保护建筑。该教堂隶属于安陆市民族宗教事务，位于安陆市龙门路，西邻龙门路，南连乾丰商业步行街，北靠安陆市疾病预防控制中心。占地面积约 840 平方米，现有牧师 3 人。

1881 年，江西卫理公会售经员胡德林来到德安府安陆城，并请求武汉循道会派传教士到安陆传教。武汉循道公会派了一个卫姓差遣员作为牧师到了安陆，寄住江西会馆。随后又有罗修忠来到安陆，卫牧师就在附近租了一间屋子，又有刘牧师和米先生(没有教会圣职)加入，渐渐成了一个小教会，在北门购置房屋，开礼拜堂。1885 年，新教堂福音堂建成开堂，正式成立德安联区，李修善升为湖北教区长。

1927 年，国民党政府要求教会、医院、学校的负责人，不能任用外国人，必须由中国人担任，并且要成立董事会，负责经济和人事。

1938 年 10 月，日军侵占安陆城，循道公会中国牧师金化民、英国牧师欧卓志，在教堂上挂起米字旗，向日军表示中立。1945 年 8 月，侵华日军无条件投降，英国差会才遣员和中国牧师辛明琼管理安陆联区。

循道公会的主要目的是在中国传布基督教，要人信耶稣，潜移默化扩大西方宗教文化和道德价值观在安陆的影响。

1950 年，安陆基督教联区牧师杨辅仁颠覆新政权，被人民政府镇压。湖北教区派安陆牧师张心斋回安陆整顿教会。9 月，中国基督教徒和中国基督教团体发起“三自”爱国运动。11 月张心斋在安陆城举行教会革新签名运动，基督教徒签名，表示和帝国主义割断一切关系，实行“三自”。所谓三自，就是“自治、自养、自传”。意思是中国教会由本国基督徒自己管理，自己供养，自己传福音，不受国外教会的差派、管理。

1951年湖北教区响应以吴耀宗为首的爱国爱教的老一辈兴起的三自爱国运动，毅然决然通过决议，向英国循道公会差会宣告割断一切组织、人事、经济关系，独立自主，自办教会，并且将一切属于人民事业的大学、中学、小学、医院等交由各地人民政府接办。安陆的所有宗教，先后由民政、县人委办公室、县统战部兼管。

2009年，龙门路东原普爱医院福音堂被定为安陆市重点保护文物。2013年3月18日，教会开工维修福音堂，7月18日完工，11月9日举行复堂典礼。

德国基督教堂[Déguó Jīdūjiào Táng]　德国基督教堂也叫天主教堂，1886年由德国传教士修建，位于碧涢路210号安陆市人民政府院内。教堂宽约25米，长约35米，占地面积约870平方米。教堂属长方体砖木结构，外墙属清水墙，全用青砖平铺绵压而成；房上中式歇山单檐盖顶，铺绿色琉璃瓦。教堂上下两层，内部和窗子木质结构，整个格局形成中西合璧。

20世纪90年代，教堂经过一次大修，窗户全部换为钢铁框架，屋顶加固，绿色琉璃瓦换成铁灰色机制瓦。2009年8月，教堂被定为安陆市重点文物保护单位。

宝莲禅寺[Bǎolián Chánsì]　位于安陆市孛畈镇龙王湖水库旁，东接指羊冲，西邻随州市洛阳镇邱畈村马家凹，南连刘家冲，北靠钟家咀、失羊口。该寺庙总占地面积为0.2平方千米，其标志性建筑为大雄宝殿及宿舍楼，其中大雄宝殿总建筑面积为1100平方米，住宿楼总占地面积为400平方米，宝莲禅寺管理单位为安陆市文宗局。宝莲禅寺于2014年建成完工。

静福寺[Jìngfú Sì]　该寺庙位于棠棣镇李园社区胡家塆。静福为"安静福寿"之意。占地面积7000平方米，教职人员8人，保护级别为市级。2009年建成。

金泉禅寺[Jīnquán Chánsì]　位于安陆市古城西两里左右，宋代王象之《舆地碑目·德安军碑记》载："金泉寺唐碑，有石浮屠九级，上镌数百字。周武帝延载元年安陆县阚达等所建。"也就是说，在武则天延载元年(694年)就有金泉寺。

涢水古代又名乌江，水面非常宽阔。西面有一座山插入江中，与江东的凤凰山对峙，锁住了江面。两座山上古木参天，风景秀美。由于这里江面较窄，有两个渡口同时摆渡。上渡口由凤凰山北麓通西面的山脚，叫乌江上渡口。下渡口由凤凰山南麓(后来的毓秀阁)通西面山脚，叫乌江下渡口。江东两个渡口相距五里，而江西的两个渡口不到50米，这两个渡口就是后来的樱桃渡。因为西面渡口人气更旺，不知何时起山顶建了一座小庙，庙里修了一口水井。"北周建德二年，天下大旱，涢水绝流"，民不聊生，虽然塘干堰涸，连涢水也绝了流，但庙里水井总有泉水。周围数十里的乡民全靠这口水井维持生命，水井四周日夜排成几里路的长队，由庙里的主持发水维持秩序。一天，不知从哪里来了一个游方和尚讨水喝。主持说服乡民，打了一桶水给和尚，和尚竟一桶接一桶喝得乡民目瞪口呆，但谁也没有斥责和尚。和尚走时对主持说："我也不白喝，给你一枚钱吧。"主持说："如此大旱，一枚钱能有何用?"和尚说："你不要就丢在井里。"说完把钱丢在井里就走了。人们接着打水，看见井底一枚磨盘大的金钱闪闪发光，井水越涨越高，汩汩越过井口，流向四面八方。从此，小庙有了"金钱寺"之名。唐朝僖宗乾符年间，因"钱"字太俗，庙名改为"金泉寺"。金泉寺屡坏屡修，到了元朝至正年间，寺庙扩建，修了一座石塔。

20世纪80年代初，安陆政府在此建太白公园。1999年在广大居士、信众的集资倡导下，安陆市人民政府决定恢复金泉寺的原貌，并定名金泉禅寺。

2001年佛门泰斗本焕老和尚应安陆市人民政府邀请，亲临安陆指导金泉禅寺的发展建设。2002年3月台湾南投彭昭阳居士慕名捐赠财神菩萨像三尊，广受十方信众的好评。金泉禅寺已恢复建有金泉古井及放生池、侧山门、天王殿、大雄宝殿、药师殿、客堂、地藏殿、财神殿、祖师殿、三圣殿、千手观音殿、伽蓝殿、念佛堂、居士楼、香积厨等；正在恢复正山门、钟鼓楼、法堂、塔楼、藏经楼、僧寮、禅房、闭关房、讲经堂等配套设施。

关帝庙[Guāndì Miào]　关帝庙位于王义贞镇钱冲村，保护级别4级，占地面积0.002平方千米，标志性建筑为关帝庙，管辖单位为湖北三冲旅游开发公司。关帝庙是为了供奉三国时期蜀国的大将关羽的。2010年在当地银杏广场重建。

白兆山玄武宫[Báizhàoshān Xuánwǔ Gōng]　位于烟店镇白兆山景区内白兆山主峰，由祖师殿、玄武宫两座道观组成，占地面积1200平方米，现有教职人员3人。

双鹤寺[Shuānghèsì]　位于赵棚镇孙店村。在双鹤山之间。相传有两个仙人骑着仙鹤游玩在此下棋，对奕竟忘记了时间，两只仙鹤贪玩忘了伺候主人。两仙人下完棋不见仙鹤，一怒之下唤回训斥后各打了一鞭，此地立刻就变成了两座山峰，故名大鹤山、小鹤山。唐代寺庙建在两山之间的地方，故名双鹤寺。占地面积1500平方米。自山顶而下，内、中、外三层城墙均两丈余高，房屋数百间。有佛教文化内涵，保护级别为四级。始建于唐初显庆年间，在五代、宋、元、明、清，进行过大规模的扩建和改善，唐代武成二年起到元代至元元年，道观多次毁于战火。到了明末，李自成的部将白旺盘踞安陆，又一次烧毁道观，清朝中叶，道观复修，21世纪初，赵棚镇引进资金修建双鹤寺。

双泉寺[Shuāngquánsì]　地处安陆市东部最高山脉槎山，海拔高度303米，是本地历史庙宇。以寺庙内有两泉而命名，“双泉”指的七宝泉和珊瑚泉。东接赵棚镇长龙村，西邻接官村，南连槎山村罗家冲，北靠广水市陈巷镇。占地面积约0.4平方千米，是当地的旅游胜地。暂无教职人员。据史料记载：唐朝大将尉迟恭奉长生娘娘之命寻找风水宝地至此建庙。

黎云寺[Líyúnsì]　2013年建成，位于辛榨乡西河村黎家大七份，占地面积500平方米，教职人员2人。

第三节　事件纪念地

汉东书院校政厅[Hàndōngshūyuàn Xiàozhèng Tīng]　详见第六篇第一章第二节《汉东书院校政厅》。

书报合作社旧址[Shūbàohézuòshè Jiùzhǐ]　详见第六篇第一章第二节《书报合作社旧址》。

杨威烈士纪念地[YángWēi Lièshì Jìniàn Dì]　位于雷公镇罗庙村。1939年11月中旬，杨威等人跟随陈大姐(陈少敏)挺进鄂中敌后，到安陆开展抗日。1941 年夏历 8 月 16 日晚被伪军晏永宽的手下逮捕。杨威被带到雷公罗家庙敌人据点，丁启国将杨威他们绑在庙里的中殿柱子上审讯，杨威坚贞不屈。第二天上午 11 时许，丁启国一帮匪徒将杨威绑赴刑场，杨威在刑场上再次痛斥匪徒们的卖国嘴脸。丁启国恼羞成怒，极其下流，先残忍地割下了杨威的双乳和大腿的肉，接着采用“拌豆腐”的毒辣手段，刀刀刺下去，挑起来，将杨威折磨死。这一年，杨威才 21 岁。

1951 年，李先念亲自颁发了中南区革命军人牺牲证明书，确定杨威为革命烈士，并称赞她是“中国人民的英雄、共产党的好儿女”。但杨威参加革命后，多次改换姓名，确认原籍困难，烈士证难以发给家属。1962 年，陈少敏专程从北京来到湖北，领着杨威的老战友胡山等同志，到杨威就义地，挖出遗骸，亲自安葬在红色老区白兆山麓纪念地，墓碑上书“抗日战争时期烈士杨威之墓”。

钱冲村新四军第五师医院旧址[Qiánchōng Cūn Xīnsìjūn Dìwǔ Shī Yīyuàn Jiùzhǐ] 位于安陆市王义贞镇钱冲村，保护级别为四级，其占地面积 900 平方米，标志性建筑为医院旧址房屋，管辖单位为湖北三冲旅游开发有限公司。该遗址原为清朝一位孙姓人士的民居，1939 年至 1941 年被李先念部队征用改为新四军的医疗场所，后成为新四军第五师医院旧址。

钱冲村新四军豫鄂纵队司令部旧址[Qiánchōng Cūn Xīnsìjūn Yù'è Zòngduì Sīlìngbù Jiùzhǐ] 位于安陆市王义贞镇钱冲村东响堂塆。坐西朝东，房屋为砖木结构，青砖竖砌，顶盖布瓦，原系民房。1939 年至 1941 年，新四军豫鄂纵队首长李先念根据中原局指示，率领部队在此战斗了三个春秋，并率领新四军豫鄂纵队司令部、政治部多次进驻此地，在此指挥和布置战斗。该旧址于 2009 年复修，将其列为重点文物保护单位，保护级别为四级。其占地面积为 0.0006 平方千米，标志性建筑为新四军司令部旧址房屋，管辖单位为湖北三冲旅游开发有限公司。

新四军第五师建军纪念碑[Xīnsìjūn Dìwǔshī Jiànjūn Jì'niàn Bēi] 新四军第五师建军纪念碑位于唐僧村彭家祠堂遗址上，坐北朝南。1983 年新建，占地面积 1500 平方米，碑呈正方形，大门两侧为展厅，碑在场内正中，高约 9 米。1941 年 4 月 5 日，新四军第五师师长兼政委李先烈通电就职。在此召开统一大会，宣布五师成立。2003-2007 年，在此重建新四军和五师建军广场。保护级别为一级，标志性建筑物为新四军第五军师建军纪念碑，1983 年修建。

柏树黄烈士纪念地[Bǎishùhuáng Lièshì Jìniàndì] 初建于 1977 年，后多次重修。位于巡店镇桃李村，1940 年 9 月 9 日，日寇在此杀害我新四军被服厂军民 38 人，经孝感地委批准，在此建立纪念碑。

赵家棚抗日烈士陵园[Zhàojiāpéng Kàngrì Lièshì Língyuán] 位于赵棚镇北部薛家山，占地 180 亩。陵园于 1984 年 3 月动工，1985 年 10 月竣工。其时主体建筑有由国家主席李先念题写碑名的赵家棚抗日烈士纪念碑和文物陈列室。2010 年至 2013 年，安陆市委市政府又对陵园进行重新规划和改建、扩建：维修纪念碑；重建纪念馆；新建浮雕墙、烈士广场、烈士墓群和怀念亭；拓宽、拉直道路，翻修台阶，并进行全面的绿化、美化和亮化。此外还成立了烈士陵园管理处。

陵园建成后，先后被湖北省人民政府命名为省级爱国主义教育基地、省级爱国主义教育示范基地、湖北省重点烈士纪念建筑物保护单位、湖北省国防教育基地。

沿着陵园通向纪念碑的台阶共有3层，107级。第一层21级，象征着中国共产党在1921年成立；第二层37级，表示1937年“七七事变”后中国全面抗战的开始；第三层49级，寓示经过28年的艰苦斗争，终于在1949年10月赢得了新中国的成立。

拾级而上，矗立于山顶的赵家棚抗日烈士纪念碑，在苍松翠柏的掩映下，庄严肃穆。纪念碑的碑体正面上方，镌刻着原国家主席李先念亲笔题写的“赵家棚抗日烈士纪念碑”十个金色大字。正面碑座上是由当时安陆县委、县政府撰文，著名书法家陈义经书写的碑文。碑座的东西两侧，是再现闻名安应地区的“千塘百坝运动”和“十四神枪手大战会家砦”的两块浮雕。碑前的西南、东南两角，有用护栏围着的两棵郁郁葱葱的松柏，其中一棵是1988年4月23日，李先念及夫人林佳楣重返赵家棚时亲手种植的。

纪念碑后侧的烈士墓群，是2012年迁建的。已建造烈士墓100座，用来安葬安陆各个历史时期的革命烈士。这些为缔造新中国而牺牲的革命烈士，年龄最大的32岁，最年轻的仅17岁。

顺着陵园东侧的林荫小道下来，来到赵家棚抗战历史题材大型浮雕墙面前，“张家冲会师”“伏击憨山寺”“劳军双鹤乡”和“抗战结同盟”，这四幅浮雕画，从武装斗争、群众路线、统一战线等方面，深刻体现了李先念等老一辈无产阶级革命家在创建赵家棚抗日革命根据地过程中高超的领导才能和斗争艺术，成为整座陵园的显著标志。

在浮雕墙左前方，陵园的东南，还建有“怀英亭”，喻意怀念英烈，供人小憩。

跨过中轴线，来到陵园西侧的广场和烈士墙前。广场面积5442平方米，既是开展纪念先烈活动的场地，也是居民休闲娱乐的场所。烈士墙上镌刻着606名为中华人民共和国诞生而捐躯的烈士英名。

位于烈士墙的西侧是赵家棚抗日纪念馆。纪念馆坐北朝南，呈矩形结构，占地500余平方米，建筑面积1050平方米。纪念馆竣工于2011年，2013年完成布展。馆名由李先念的女婿、中国人民解放军上将刘亚洲题写。馆内由中厅和四大展室组成。进入中厅，映入眼帘的是背倚青山，掩映在松柏丛中的李先念、陈少敏两位革命家的塑像。抗日战争时期，他们领导赵家棚人民同敌人展开了艰苦卓绝的斗争，和赵家棚人民结下了深厚革命情谊。

纪念馆展厅内，5个展室分为九个部分。馆内以翔实的历史图片和实物，从军事斗争、政权建设、财经建设、文化教育卫生、烈士英名录等系统展示了老区人民为争取民族独立和革命事业所走过的光辉历程，生动诠释了老区人民不畏艰难、顽强拼搏、艰苦创业的优良革命传统。

赵家棚抗日民主根据地是李先念亲自开创的一块根据地。它以位于安陆、应山、孝感接壤区的赵家棚为中心，东接大别山，西靠大洪山，北依桐柏山，南临江汉平原，方圆百余里，人口二十余万。是豫鄂边区抗日民主根据地的重要组成部分；是边区和新四军第五师(包括其前身豫鄂独立游击支队、挺进纵队)的战略指挥中心和后勤保障基地；是边区连接豫南、襄西、鄂东的枢纽。从1939年春初创，到1945年8月抗战胜利，它经历了曲折艰难而又波澜壮阔的历程，为抗日战争的胜利做出了重大贡献，在民族解放史上写下了光辉灿烂的一页。

赵家棚具有创建抗日根据地的得天独厚条件。境内丘陵起伏连绵，寿山、槎山、吉阳山、大小鹤山自西至东成弧形展开，能攻能守；又位于桐柏山、大洪山、大别山之间，便于迂回。同时，这里是安陆最早创建党组织地方之一，大革命时期农民运动如火如荼；土地革命战争时期，又是安北起义的中心区域和鄂豫皖苏区的一部分，具有良好的群众基础。

1938 年，武汉会战前后，汤池训练班学员、各种抗日救亡宣传队在安陆、应山的宣传发动；洪深剧团到赵家棚、双鹤桥一带的救亡演出；老红军汪立波在应南、安北的秘密建党，奠定了创建根据地的思想和组织基础。

1939 年初，李先念受中共中央和中原局派遣，贯彻中共六届六中全会精神，率新四军豫鄂独立游击大队，挺进武汉外围。他从河南竹沟达到赵家棚后，发动“联曹打胡”战斗，召开安陆、应山、孝感三县国民党党、政、军代表人物和地方著名绅士联席会议，成立新四军挺进团，主持建立赵家棚区委，支持建立“抗日十人团”及各级基层党组织。1939 年秋，赵家棚根据地具备雏形。

此后，主力部队和地方部队相配合，通过三打胡翼武、憨山寺伏击、赵家棚反“扫荡”、同心店伏击、白兆山战役、营盘山伏击、粉碎日伪的“铁壁合围”、保卫会家砦等几十次战斗战役；通过智除为虎作伥的王家店维持会长王端阶、安陆城宣抚司令梁叔河；通过开展对安应、襄花公路的破路运动，根据地不断地得到发展。各级党组织、政权组织、群众团体纷纷建立；根据地的经济建设全面开展，特别是千塘百坝运动声名远播，《解放日报》和延安广播电台都向全国抗日根据地做了报道和推介。

1942 年 8 月，安应县委、县政府、县指挥部在黄家柏树垮成立。这样，东靠平汉铁路，西邻府河天堑，北起广水、应山、马坪一线，南至襄花公路的赵家棚根据地正式形成。1942 年以后，随着对日战争转入局部反攻阶段，赵家棚根据地乘势得到发展和扩大：巩固了槎山区、孙厉区、接官中心乡、崔吉区等基本区，开辟了特一区、特二区、特三区、特四区、特七区。这一阶段，通过开展“组织人民的大多数运动”，安应县成为边区第一县，槎山乡成为边区第一乡；通过粉碎日伪对赵家棚、孙家店、寿山的“扫荡”，智袭王家店车站，拔掉双路口据点等一系列战斗，保卫和巩固了根据地。1945 年 8 月，赵家棚终于迎来了抗战的胜利。

赵家棚根据地自建立起，便成为豫鄂边区和新四军第五师的战略指挥基地和后勤保障基地。在这里，边区和五师的机关、部队得到休整和供给；边区重大会议安全召开；重大决策和计划得以筹谋；边区和五师被服厂、兵工厂、军用地图绘制所、报社印刷厂、敌后医院、学校、榨油厂、手工卷烟厂等相继创办或长期坚持。

为了抗日战争的胜利，赵家棚根据地的人民作出了巨大的贡献和牺牲，真正做到了有人出人，有钱出钱，有力出力，有物出物。正如新四军五师老战士所言：赵家棚人民“在抗战期间有‘四多’(出的钱多、粮多、参军人多、牺牲的也多)”。据不完全统计，赵家棚根据地提供兵员 4000 余人，有姓名可录的抗日烈士 800 余人。尚有在侵华日军制造的土桥等多起血案中，被无辜杀害百余名百姓。

赵家棚抗日民主根据以其波澜壮阔的光辉历史和在民族解放事业中的伟大贡献，名垂丹青，彪炳千秋！

高庙山纪念地[Gāomiàoshān Jìniàndì]　2013 年建成，为纪念在抗日战争中牺牲的新四军五师十三旅三十八团革命烈士，位于辛榨乡西部，主体碑建立在高庙山山顶，纪念地还建 80 个烈士纪念碑，总共占地面积 0.0027 平方千米。

接官厅[Jiēguāntīng]　接官厅，又名接官亭，接官乡政府所在地。这里地处安陆市东北部，北抵随州的广水市，东连本县赵棚，交通便利，商贸活跃，省道210平伏线纵穿全境。

公元前701年郧国并于楚后，斗子文经常到贰国(今广水)办事，来去必经槎山，总到路边农户家里的厅堂里唠唠家常。郧国乡民总是到两国交界的一棵大桑树下迎接令尹子文回故里，子文也称见到桑树就见到了故乡和父老，于是桑梓成了故乡和父老乡亲的代名词。《诗·小雅·小弁》中即有句云："维桑与梓，必恭敬止；靡瞻匪父，靡依匪母。"后来，人们在此地盖了凉亭，形成集镇，称之为"接官亭"。

大凹山寨遗址[Dàwāshānzhài Yízhǐ]　位于安陆市孛畈镇杜庙村大凹山西北部，是一个历史遗寨，曾经该山土匪为患，居民便建寨以御匪。遗址总占地面积为0.013平方千米，其标志性建筑为山寨整体建筑及寨外围墙，其中墙高约10米，宽1米。

桓温古城[Huánwēn Gǔchéng]　位于夏家寨遗址北边，塆北原有约800米长的半圆形土寨，尚有残存，当地人称古城岗。《安陆县志》(道光二十三年)载："桓温城，亦曰新城，治东十八里紫石村。"1981年10月，北京大学历史系考古专业78级部分师生，在此进行了为期13天的断面调查，晋桓温城建在夏家寨遗址龙山文化层之上。

晒书台[Shàishūtái]　位于巡店镇肖堰村，是一处高出四周平地4米的方圆形土台，面积约6000平方米。相传孔子周游列国，途经此地，载书简的车侧翻，浸得透湿，孔子就忙把书简等物捞起来，放在此地晒干，人们就称此地为晒书台。

蜜蜂寨[Mìfēngzhài]　亦称寨洼。地处钱冲村腊树塆对面山峰，海拔487米，是钱冲村最高点。因其石岩缝隙历年都有野生蜜蜂筑巢，蜂蜜常从石缝流出，又因地势险峻，当地人为躲避战乱，依山建寨，至今有寨墙留存，所以叫"蜜蜂寨"。位于安陆市王义贞镇钱冲村北部，占地面积2平方千米。

太平寨[Tàipíngzhài]　(详见《山丘·太平寨》词条)

第三章　旅游景区

第一节　公　园

安陆市河滨公园[Ānlù Shì Hébīn Gōngyuán]　该公园历史上是一片荒滩，于2006年7月投资兴建，2008年完成河滨公园一期工程，2009年完成了二期工程。位于安陆市府城解放社区府河边上，东接解放社区，西邻府河，南连龙头寺小区，北靠解放大道。总占地面积约0.77平方千米，公园内的主要建筑有文化广场、儿童广场、碧霞映天、风清明月等，公园规划设计采用现代理念，追求现代、自然、新颖，河滨公园种树丰富，绿量充分，设施齐全，为广大市民提供了一个良好的休闲娱乐场所。

双龙桥公园[Shuānglóngqiáo Gōngyuán]　元明清时期，这里是德安府教军场的一部分，民国时期是一片荒凉的沙地，如今是一座美丽的公园。

双龙桥公园2012年建成，位于府城解放社区，北临车水马龙的解放大道。㵲山河自东北进入公园，缓缓流向西南，河上一座钢筋水泥造的“御龙桥”横跨两岸，使广场与肖台社区隔河相通。广场之南，㵲山河与东来的毛河之水交汇于潮金涧向西流淌，经过古今闻名的双龙桥、拱辰桥(亦名工农桥、德安桥)奔向府河。潮金涧北岸垂柳婆娑，鸟语花香，称之为“景观路”。

双龙桥公园占地总面积26000平方米，其中绿化面积19000平方米，绿化率达73.3%。道路、广场铺装7000余平方米，绿林之中曲径互绕，经中有场，场周有经。整个景区由扇形广场、廊架、园路、景观灯饰及绿化带等组成，配套设置了公厕、休闲座椅、垃圾桶。为了突出夜间灯饰景观效果，全园区规划布置LED型的流星灯、灯圈、地砖灯、景观灯树、洗墙灯、照树灯、护栏管等多种灯饰，营造出“火树银花不夜天”夜间景观效果。

更有意思的是，武襄双线高速铁路从广场上空凌天飞架。广场上空南北火车飞驰，立交桥下四季绿树红花，琴瑟笛箫，人舞鸟鸣，形成了水陆空景区立体效果，完全看不到20世纪80年代初那种孤零零一架铁路桥，阴森森两条无情水，荒漠漠三片黄沙滩，凄惨惨四处不见人的凋零景象。

安陆市德安公园[Ānlù Shì Déān Gōngyuán]　元代属塔尔岗的北部地区，明清叫凤鸣岗，民国时期为少量村落和荒野。2012年底开发建设，取名“德安植物园”。2017年改名“德安公园”，位于市中心城区东侧经济开发区，北临毛家河，南接普爱医院，西挨太白大道，东靠金秋大道总投资5500万元，用地面积24公顷。该公园由中国园林风景规划设计中心武汉分院设计，依水而建。规划目标是通过以植物造景为主，充分利用地形地貌，彰显“林、水”两大主题，恢复与重建植被系统，为安陆居民提供一个自然山水与历史文化相结合，与自然生态过程相和谐的游览、休憩、教育、实践等活动的开放式城市公园。

第二节　风景点

车盖亭[Chēgàitíng]　安陆曾有三个车盖亭。这个车盖亭位于孛畈镇原黄寨村骆家塆境内，立于内府河畔，与广水市平岭镇隔河相望。石头为红色，上下两层呈伞状叠在一起，犹如硕大的蘑菇、凉亭、车盖，故名“车盖名亭”，亦为“车盖云亭”，俗称凉伞石。据《安陆县志》记载：“(车盖亭)址逸在治西北三十里。考青龙潭有石可亭，盖取魏文帝诗，西北有浮云，亭亭如车盖，似为近之。”其实，车盖亭是人们在红砂石的基础上凿成的两层方形石亭，状似古代车盖，亭顶为近方形的平面，亭顶边长约6米，上下两层间高1.2米；腰周凹进约1米，高0.8米；亭底边长8米，高2米，造型奇特古雅，碧波半绕，别具一色。是孛畈镇的旅游胜地。

车盖亭占地面积为3000平方米，又称“太白棋”“太白亭”，这个叫法传说和唐代大诗人李白有关。一天李白和他的好友元丹丘外出游玩，行经此地，突然两人棋兴大发，却无下棋之所，纵目四望，见涢水西岸上有一块平坦的大石，于是两人便上岸对弈起来。两人一直下到日落西山，仍难分胜负。之后李白随手捡了一块石头把棋盘压住，俩人飘然而去，再也没有回来。这块小石头慢慢和底盘上的大石头长在一起，便成了当今车盖亭的模样。清代陈作辅的《安陆八景调寄浪淘沙》咏孛畈车盖名亭：“远势望亭亭，半敞疏棂。乱山合沓锁空青。收拾烟峦齐入画，四面云扃。隔岸尽渔汀，蟹舍零星。风来檐铎响冬丁。静对沧浪歌一曲，幽梦初醒。”等。有关部门初步判定为北魏时期遗物，名称沿用至今。1982年县政府将孛畈车盖亭列为重点文物保护单位。

安陆古城还有一个车盖亭，位于涢水与槎山河相交的半岛上，为历代到此访古探幽的文人所倾倒，留下了许多传名篇佳句，如宋代蔡确的《夏日登车盖亭》：“纸屏石枕竹方床，手倦抛书午梦长。睡起莞然成独笑，数声渔笛在沧浪。”这个车盖亭和另一个车盖亭无存。

钱冲古银杏国家森林公园[Qiánchōng Gǔyínxìng Guójiā Sēnlín Gōngyuán]　位于王义贞镇钱冲村，主要是以古银杏为特色而开发修建的国家森林公园而命名。距安陆市区约50千米，地处大洪山南麓，与随州市交界，属亚热带常绿落叶阔叶混交林地带。自然资源丰富，景色优美，参天的古银杏树绵延不绝。与浙江的天姥山齐名，是我国两大自然状态古银杏群落之一。也是中原地区罕见天然古银杏群落，我国设立的“大洪山银杏资源自然保护区”的重点地域之一。

钱冲古银杏生态旅游区占地面积60平方千米，有千年以上古银杏48株，500年以上1486株，100年以上4368株，同时还拥有天女金桂、状元古柏、桂竹园、兰草路、桃花溪等天然园林群5处，连片25株以上千年古银杏景点36处。拥有梅花洞、哪吒洞等两处天然溶洞。钱冲古银杏群落不但数量之多，年代之古老为全国罕见，且树形各异，有夫妻树、情侣树、子孙树、母子树，极具观赏和研究价值。钱冲古银杏生态旅游区已新开发银杏基地38000亩，定植银杏240万株。钱冲古银杏生态旅游区不仅自然风光堪称一绝，而且文化资源也十分丰富。1939年至1941年，李先念曾率部在此战斗，“新四军五师”旧址、“五师司令部”旧址、“五师政治部”旧址、“五师医院”旧址、“七七报馆”等一大批革命文物至今保存完好。2009年国家正式命名为钱冲古银杏国家森林公园。

白果树[Báiguǒshù] 因李白将玉皇大帝所赐一颗白果种在山顶上的传说而命名。位于烟店镇白兆山上，东接围墙，西邻围墙，南连三清殿，北靠祖师殿。高5米，宽4.5米，树龄1200年。

传说唐朝开元年间，安州地区突发一种疾病，住在白兆山的李白看此情形十分难过，于是在白兆山顶上焚香烧表，祈求神灵降下灵丹妙药能够医治百姓，玉帝见此情形深受感动，命“百果神童”向白兆山丢下一枚白果和“医方”，正好落于李白手中，他亲自将白果种于白兆山顶上，三日后竟冒出树苗，接下来很快长成大树并结果，李白将白果分发给百姓，救治好了百姓，百姓为感恩，将此果取名“太白果”。

白云泉[Báiyúnquán] 位于烟店镇白兆山，东接祖师顶，西邻大塘洼，南连拖刀岭，北靠旅游人行道。占地面积0.000015平方千米。

传说一日，李白一如既往地在白兆山顶舞剑练功，突然瓢泼大雨，李白就急急忙忙往山下跑，情急之下滑到，幸亏其用宝剑当作拐杖往岩石上一拄，免去危险，谁知宝剑插入了岩石里，他使劲把宝剑往上一拔，竟渐渐变成了脸盆大的泉眼，一股泉水潺潺不断流出，山下农家用这股泉水灌溉饮用，生活变得富足，人们为纪念李白，故将该山泉取名白云泉。

白兆山[Báizhàoshān] 白兆山何时得名无准确记载，最早文字记载出现在北周年间。白兆山又名碧山，位于湖北省安陆市西北的烟店镇，距市区14千米，属大洪山余脉，山上树林多为柏树，林密但无高大乔木。安陆市开辟了以白兆山为主的游览线，著名景点有白兆寺、桃花岩(桃花岩下有个桃花洞，可容人攀越)、李白读书台、太白堂、太白林、绀珠泉、洗脚池、且每个景点都是一个美丽的传说。

“山不在高，有仙则名”。白兆山主峰海拔380米左右，与名山大川相比不算雄伟，但是白兆山山峦叠翠，常年鸟语花香，甘泉流长，与李白有关的传说印布与白兆山角角落落。以及作为具有二千多年历史底蕴的古城安陆，在白兆山亦留有痕迹。

白兆山自古林木繁茂，地势险峻，层岚叠翠，岩壑幽深。道家名人张三丰仙踪遗踪仍可闻，明代何迁建长庚书院于此，白兆寺至民国时期尚存。

现今白兆山“高二百余丈，有三门层递而上。”经绿化整饰，锦峰秀岭，苍翠如绘。其太白峰、钵孟山、写经岭，弥望烟云，缥涉天半，擅安陆白兆山之胜。白兆山南麓有与李白相关的太白峰、桃花岩、太白读书台、太白堂、绀珠泉、洗脚塘、洗笔池，传说李白亲手所植千年老树——白果树(银杏)等。

白兆山距市区 14 千米，诗仙李白“酒隐安陆，蹉跎十年”，留下了大量的诗篇和诸多遗址。历代文人墨客凭吊李白，先后涉足古城安陆，如韩烈、杜牧、刘长卿、欧阳修、曾巩、秦观等，一大批在中国文学史上享负盛名的文坛巨匠曾览胜提咏。

白兆山绵峰秀岭，苍翠如绘。其太白峰、钵盂体、写经岭弥望烟云，缥缈天半，擅安陆之胜，1986 年 9 月，日本早稻田大学中国古典诗歌研究坊华团访问安陆时，游览了白兆山于李白有关的遗址、遗迹。

白兆山是文化之山，同时还是一道教圣地。

笔架山[Bǐjiàshān]　此山形似搁笔的“笔架”。位于烟店镇，东接写经岭，西邻白兆村，南连汤冲村，北靠走低顶。主峰海拔 150 米，占地面积 0. 134 平方千米。

相传李白在白兆寺苦读诗书，练习剑技。他的诗越写越精深，剑技越练越娴熟，不久他就名扬四海，誉满天下了。有一天早晨，几个文人墨客，远道而来求李白写诗。携带着最好的笔墨纸砚，还特意拿来西域产的葡萄酒，以示敬意。李白十分高兴，马上把客人请到白兆寺西边一座小山顶上，席地而坐。这里风光如画，景物宜人，见客人赞赏白兆山的景致，李白更加欢喜，便放开海量与客人们轮杯换盏，一直喝到日上中天。座中有一客人，向李白说明了求诗的来意，并提议让李白即兴赋诗，以开眼界。李白也不客套，站起身，手拿巨笔，在画纸上飞龙走凤，“嚓嚓”几下，一挥而就，然后喊声：“好嘞!”把手往后一扬，那支笔便离弦箭似地飞走了。这笔飞走不要紧，客人们可就要忙着去寻笔了。他们四处找了许久，仍没找着，只好一个个失望地回到了李白跟前。李白却哈哈大笑，手指着西边的两座山峰说：“笔搁在那上面了。”众人顺着李白的手望去，两个山峰之间果然架着一支大笔。客人们都看傻了眼，半天才回过神来，齐声说“李学士不光诗文盖世，臂力也如此过人，莫非是天上下凡的神仙?”从这以后，笔架山这个名字，就一传十，十传百地传开了。

绀珠亭[Gànzhūtíng]　位于烟店镇，东接走私村，西邻曹程村，南连汤冲村，北靠祖师顶。此亭长 20 米，宽 10 米，水深 5 米，占地面积 0. 013 平方千米。

传说李白与许小姐结为伉俪后，虽琴瑟和谐，恩爱有加，但是结婚两三年未生得一男半女，许夫人每天烧香敬佛，可是送子娘娘仍然没有让她有求必应。转眼到了春天，一日，李白醉卧在菜花地里，朦胧之中，送子娘娘来到李白面前，道：“我乃送子娘娘是也，知仙兄盼子心切，特来点化于你。仙兄可将酒坛埋于菜花地，上面盖上桃花枝，再焚香三日，便可见珍珠般的泉水涌现，仙嫂饮之即可有喜。”李白酒醒后，按照梦中送子娘娘所示去做，果然在第三日，埋酒坛的地方出现一座花亭，亭内一水池潺潺冒着珍珠般的泉水，许夫人喝下泉水便结“珠胎”。绀珠亭便由此而来。

南天门[Nántiānmén]　原南天门在解放初期被毁，今南天门为 1996 年重建。位于烟店镇百兆山顶，南天门高 15 米，海拔高度 360 米。

传说，太白金星因误传圣旨被玉帝贬至凡间，需经历 61 年的磨难方能重返天庭官复原职。太白金星投胎至四川李家取名李白，一生怀才不遇！一日太上老君向玉帝启奏太白金星受难劫数已满，玉帝听了太上老君的启奏后，便道：“朕念他被贬凡间以后，能够‘济苍生’、‘安社稷’，可召他速返天庭。”俗话说“下地容易上天难”，太白金星须得再寻一条“通天路”，方可回到天宫。然而，此时正在“舍身崖”上饮酒的李白并不知自己的前世，太上老君为了帮助老友重归仙班，便用“拂尘”向“舍身崖”下的长江水面上一点，江底的石头就化为琼台楼阁的幻景，李白见眼前如此美妙的景致，便兴奋不已的扑去，李白脱了肉身凡胎已明了自己的前世，魂魄便向西边安州白兆山游去，他在山顶峰的南边一块巨大的岩石上向天上一纵身，便飘飘悠悠回到了天宫。后来安陆人就在李白升天的白兆山南边修了一座有九十九级台阶的陡峭、雄伟的“南天门”。

神仙灶[Shénxiānzào]　位于祖师顶的山顶上，高 360 米，长 1.2 米，宽 1 米。传说李白怀才不遇回到白兆山，感到惆怅满怀。一天晚上，李白独自一人坐在白兆山顶上的一块大石头上，面对秋风寒月饮酒消愁。不一会儿就把酒壶喝了个底朝天。他仍未尽兴，让仆童去买又不放心，不由得仰天一声长叹，刚好被酒神杜康听到了。杜康知道李白就是当年被贬下凡间的太白金星，就化为一老翁，抱着一坛酒来到白兆山顶同李白对饮。时值深秋，杜康担心李白喝凉酒伤胃，于是用食指往岩石上一戳，就戳出了灶门和灶口，又吹上一口气，灶顿时就燃起火来，很快就把酒温热了。不知不觉两人喝酒谈心到了公鸡打鸣的时候，杜康担心玉帝发现其同谪仙饮酒而怪罪，双手一揖，道了声“仙兄保重”，便化作一道红光冲天离去。李白这时才知道陪自己喝了一夜酒的老翁是酒神杜康，便向着东方顶礼膜拜。因这座石灶是酒神和酒仙温酒用过的，所以后人就把他叫作“神仙灶”。

太白湖[Tàibáihú]　1999 年改建，取名“太白湖”，位于烟店镇，东接烟店镇，西邻白兆山旅客宾馆，南连张家洼，北靠尖山三组，占地面积 0.1 平方千米，长 330 米，宽 300，水深 3 米。

传说，一日李白在山上独酌独饮，不知不觉把一壶酒喝了个精光！可是诗兴仍没有给激发起来，就将酒杯往山下一扔，感叹道：“唉，这里如果有一座喝不完饮不尽的酒湖就好了。”李白这一叹被酒神杜康听见了，他见嗜酒如命的太白金星为没有酒喝而犯愁，就偷偷把为玉帝特意酿造的玉液寿酒往白兆山倒了一滴，恰好滴在李白扔掉的那个酒杯里，刹那间酒杯变成了一座湖泊！李白见山间突然冒出一个湖泊，感到非常奇怪，就到湖边掬起一捧水尝了一口，竟然香醇似酒！李白见这里果然有座喝不完饮不尽的“酒湖”，就常常在这里饮酒作诗。后来，一贪官知晓白兆山的湖水可以当酒饮，就到湖边装了几坛酒回去准备进献给皇帝，回到家却发现“酒”色又浑又黄，味道又苦又涩，根本没有酒味，于是又回到白兆山，发现那里只有一口塘堰。

1999 年，安陆市政府决定在李白当年饮“酒”的地方，建造一座人工湖，并取名为“太白湖”，一是纪念这位诗圣酒仙，二是供中外游客欣赏。

桃花洞[Táohuādòng]　位于烟店镇，东接祖师顶，西邻曹程村，南连汤冲村，北靠拖到岭。高 30 米，长 15 米，宽 1.5 米，占地面积 0.02 平方千米。

传说，很久很久以前，桃花洞里住着一位婀娜多姿，美如桃花的仙女。她常在洞中清澈甘洌的桃花河畔一边浣纱洗衣一边等着如意郎君前来求婚。那是桃花洞的门是常年开着的，但是里面黑咕隆咚，深不可测。若要进洞去，必须一根接一根地点完九十九根蜡烛，才能到达桃花河畔见到桃花仙子。来向桃花仙子求婚的人不计其数，但是一个个都高兴而来败兴而归，因为他们都是表里不一、口是心非的伪君子。一天京中来了一位书生，在洞口遇到一位白胡子老大爷。老大爷对他说一定要诚心，一定要真情，不能有丝毫虚假情意，不然婚事就会告吹。书生来到洞内果然见到一位美如桃花的仙女，就向她表白心迹。桃花仙子在听他说完“一生一世对你忠贞不渝、绝不三心二意、如果有负于你就变成狗”等等山盟海誓后，对他说：“你再顺着河边往前走，有一位比我还漂亮百倍的仙女在等着你去挑选。”那书生十分高兴就走了。他见到的哪里是什么美女，而是一个满脸污秽的秃头女。书生又来到桃花仙子面前，一遍又一遍地重复着那些山盟海誓，可是桃花仙子直接给了半截蜡烛让他回去，这书生却担心半截蜡烛不够点回去，桃花仙子说保证能到达洞口，就去河畔浣纱洗衣了。书生刚出洞口，手上半截蜡烛就燃尽了。接着就听到“轰隆”一声，山洞就被一块巨大的石头封死了，再也无法打开了。转眼间，书生也变成了一块狗头石蹲在洞边。至于那位白胡子老大爷则是太白金星变的，有意来点化人们的。无奈人们听不进忠告，所以个个高兴而来，败兴而归。

关于桃花洞，还有一个传说。乾隆末年，汉东书院有个学子独自一人去游白兆山，结果迷了路下不了山。晚上，他只好找了个山洞躲进去。半夜，他懵懵胧胧中走进了一户人家。这户人家只有一个老奶奶和一个年轻女子。老奶奶告诉他，年轻女子就是桃花女。

老奶奶还告诉他，桃花女不仅美貌绝伦，而且双手奇巧，她绣的小鸟会飞翔，绣的公鸡会报晓；绣的桃花会喷香，绣的鱼儿会游水。桃花女有一副菩萨心肠，常常济贫救穷。还教姑娘、媳妇织布绣花。若是碰上无赖欺侮良家女子，她就施展法术，打抱不平。轻佻的公子哥儿对妩媚的桃花女真是又爱又恨，可又无可奈何。白兆山的百姓却谁都喜欢她。

有一年，白兆山来了一个修炼千年的柳树精。长得青面獠牙欺太岁，暴睛圆眼赛丧门。鬓边蓬发如杂草，颔下黄须似插针。这柳树精貌丑心更坏，只要见到花容月貌的姑娘便垂涎三尺，仗着千年法力，千方百计抢到手，吓得白兆山的村姑们魂飞魄散，夜不寐，食不香，只得终日闭门不出。

有一天，柳树精听到村中笙簧杂奏，箫笛频吹，就使了个隐身法躲在屋隅偷看，原来是一对新郎新娘在拜堂呢。柳树精暗惊白兆山竟有此绝美女子，化作一团旋风，揪住新娘往外就跑，惊得新娘高呼救命。待众人醒悟追出门外，哪里还有新娘的踪迹？

巧逢桃花女路经村口，忽听人声嘈杂，急声呼救，放眼一望，只见远处有团旋风渐行渐近，料想定是柳树精在作怪。她忙拔下发上的桃花簪，轻轻一吹，叫声“变”，散开的花瓣立时变作无数桃枝，如一支支利箭直刺向旋风。只听得“啊”的一声怪叫，柳树精从旋风中跌落在地，不见了抢来的新娘，只见桃花中闪出个女子来，柳眉倒竖，杏眼圆睁，嗔斥道：“孽障柳树精，竟敢抢夺民女，看剑！”柳树精连忙一个急转，避过迎面一剑，见敌手是个貌若王嫱，颜如楚女的美姣娘，不由转怒为喜，上前去捉桃花女。桃花女一惊，幻作一枚轻盈的桃花飞走了。柳树精岂肯善罢甘休，呼啸着直追不舍……

正在危急关头，忽从云端飘来一位白发老翁，见一团黑色妖雾紧追一个女子不放，心知不妙。老翁从怀里取出一枚黄印交给桃花女，并附在她耳畔如此这般地交代了一番，转身就不见了。

桃花女情知遇上了大仙，正想着，柳树精已扑到了眼前。桃花女忙举黄印朝东亮了三下，妖雾立刻就消散了，柳树精便显出了原形。桃花女又将黄印猛地摔掷过去，只听得柳树精一声惨叫，头被砸裂了，散尽了全身精气，变作一棵歪斜的柳树，瘫在那里再也动不了了。黄印变成了一座山崖压住了柳树精。这座山崖就是桃花岩。

洗笔池[Xǐbǐchí] 洗笔池又名洗墨池，位于烟店镇，东接白兆村，西邻曹程村，南连白兆村，北靠祖师顶。3米见方，深2米许，池底有泉眼。

传说李白未来白兆山之前住在白兆山脚下的人吃水都要到白兆山半山腰的龙泉寺去挑，上下七八里，山高路险，吃水非常困难。李白来到白兆山后，住在白兆寺读书赋诗做文章，每天光磨墨就得一桶水，要是洗笔那就得用更多的水了。李白不愿麻烦别人，总是到桃花岩前的一个小苦水泉边磨墨做文章。一天，一个上山挑水的老人路过苦水泉，见李白在那里洗笔，便问道："李相公，看你天天在这里做文章，什么时候才算做好了呢?"李白微微一笑说："什么时候把这泉水染黑了，我的文章就算做好了。"老人又说："这泉水没完没了，到牛年马月才能染黑呢?""只要功夫深，铁棒磨成针。池子的水总有染黑的那一天。"李白说着把笔插进水里涮了一下。这一涮涮出了奇迹，只听得泉水底下的岩石"啪"的一声裂开了一道缝隙，清水象喷泉一样直往上冒。又涮了一下笔，听见"嚓啦"一声响，眨眼间裂隙扩展成了一个池子。满池子的水清澈见底。老人像旱天的鸭子，忙跑到池边，捧起水喝了一口。高兴得像小孩一样地叫道："李相公这水真甜哪，快喝一口。"李白捧饮一口，果然很甜。老人感激地说："李相公，你为我们这里的人造了福哇，今后吃水再也不犯难了。"老人正在道谢，李白不觉地又涮了一下笔，哪知池子里的水突然间变得墨黑如染，深不见底。这一下可把老人急坏了。他不管水黑不黑，又用手捧起一捧水，一看捧起的水仍然是晶莹清亮，喝了一口还是那样甜，只是在池里看起来像墨一样黑。从此以后人们都到这里来挑水，说这是圣贤水，用这池子的水做饭不糊汤，烧茶不留垢，大人吃了延年益寿，小孩吃了读书分外聪明。就在这一年，李白的文章传到了长安，轰动了京城。这个池子，因为李白在这里洗过笔，人们称这个池子为洗笔池。

写经岭[Xiějīnglǐng] 位于烟店镇，东接烟店镇，西邻白兆村，南连汤冲村，北靠祖师顶。主峰海拔高度150米，占地面积0.0033平方千米。

传说一个月白风清的晚上，李白外出归来，走到般若寺门前，只见寺内和尚们盘腿打坐，闭目默经，无一抬头。李白平日里视书如命，眼下见到这光景，牵动了他的好奇心，猜想这一定是一部什么奇书。他忙向前拱手打了一措，叫了声"师父"。众和尚吃了一惊，见是李白，不好生气，便都停下默经，问他有什么事情。李白说："诸位师父如此聚精会神，看的是什么好书？我今日有幸到此，可将那书借给我看一下吗?"和尚们听了有些为难，可又奈面子不可，挨着李白的一个和尚便将手中的经书递给了李白。李白接过经书，全神贯注的从头到尾看了一遍，谁知书中所载经文他都读过。他感到很失望，因刚刚借来，不好转手交还，只得佯装看着。此时更深夜静。李白游玩了一天，感到很是疲劳，不觉地打起盹来。没料想手中经书掉至膝下的火盆里烧了。众和尚见此情景，慌乱起来，嚷道："此经书是我们出家人修行之本，烧成这个样子，如何是好?"李白睁眼一看也慌了，忙赔礼道歉。和尚说："宽大为怀，出家人之本，只是把经书烧毁了，罪孽，阿弥陀佛。"李白想了想说："这里可有笔墨纸砚?""有又如何?"李白说："我趁月明之夜把经书默写出来。"正在怄气的和尚们听了此话，心想，这部经书我们诵了几年都不曾记熟，他看了一遍竟说要默写出来。不妨取过笔墨纸砚，看他如何默出。李白接过文房四宝，叫众和尚和他一起登上寺西边的一条山岭，在一块石板上放好墨砚，铺展纸张。只见他下笔如江水奔流，片刻工夫，把经书一字不漏，一笔不少地写了出来。众和尚看了，个个目瞪口呆，在他们的眼中，李白简直成了仙人，便把他写过经的山岭取名"写经岭"。

槎山[Chá Shān]　安陆方言读Zhā shān，位于安陆市接官乡与赵棚镇交界，离城区约20千米，为安陆东部主峰，海拔332米。相传秦始皇把它从陕西挥鞭抽到此地而“槎”开得名。《湖北通志》载：此山“蔚然特起，上多怪石，望之青翠可爱。”槎山在地质上属四望山余脉，山上怪石林立，自古树木繁茂，加之山坡平缓，为历代游憩胜地，每逢夏历三月初三，游人络绎不绝。

农历三月三，人们往往举家郊游，登山极目，尽情赏春，历代文人雅士览胜寻幽、观光吟咏，留下精彩诗文作品。元代诗人成廷珪有诗《槎山歌为胡云夫作》校引：广西宪史云夫，家于德安之槎山累世矣。至正十二年秋，中台计事，回至广陵，闻汉上兵后，山居亦荡然已，慨然思亲而不可归，冯太守书‘槎山’二字为赠，朝夕展玩，姑慰其心，因题卷后：

淮水源出桐柏山，东流入海何时还？
胡君引水种秋秫，筑室正在槎山间。
槎山青空白日静，胡君意与云俱闲。
汉东一夕风尘起，云亦高飞几千里。
山间有家不得归，却过扬州饮淮水。
饮之为洗冰雪肠，今我不乐思故乡。
驱车明发度远道，广海又在天一方。
思亲恨不归来早，梦中只说槎山好。
他年归隐奉亲欢，白头同向槎山老。

明代学者，刑部侍郎何迁《游槎山》诗曰：

长夏三花静，青山五蕴空。
揽衣向仙侣，歌若月明中。

清康熙《德安安陆郡县志》纂修者沈会霖《咏槎山》曰：

萧萧古木万峰巅，二鹤云浮宛宛连。
自吐紫烟生石壁，谁怜青嶂老芝田。
钟声夜渡霜前月，谷响时鸣雨后天。
碧落远依仙掌下，好从银汉问张骞。

槎山名人还有清乾隆年间的胡绍鼎，胡绍鼎字雨芳，号牧堂、牧亭，乾隆十九年甲戌科(1754年)会元，后中进士，任散馆授编修，升浙江道御史；乾隆三十三年充云南副考官。胡绍鼎是乾隆皇帝宠臣之一。乾隆二十七年，“圣驾南巡，进献诗册之胡绍鼎……各赏大荷包一对，小荷包两个。”清同治年间陈廷钧编纂的《安陆县志补正》，记载了胡绍鼎所作的《槎山石泉序略》：“山中泉最甘美，煮以茗，投以果筍益清。一泉在山壁落下，有石池承之，冬夏不竭，亦曰珍珠泉，谓其滴碎也。汲以饮，可供数人。一山岭有石池，常注清泉，亦曰云濑。今土人无知其名者。”

双泉寺是槎山有名的禅寺，其建筑年代远在唐朝以前。人们往往说“先有槎山，后有德安”，其实应该是“先有双泉寺，后有德安府”。德安府这个名称宋朝才有。

相传李世民当了皇帝不久，要襄州都督尉迟恭寻找一处风水宝地，建一座寺庙。尉迟恭到襄州上任后，经常骑马四处游寻，但一直没找到最满意的地方。一天，他索性让马自己走，看那匹跟随自己多年的战马走到哪儿去。尉迟恭的坐骑见尉迟恭丢了缰绳，竟一路飞跑，直跑过武胜关，奔到了槎山顶上停住脚步。

尉迟恭见马突然止步，不觉心中诧异，定睛朝四处一望，只见山上林木葱茏，百鸟飞旋，再看脚下，只见两只泉眼，一东一西。东边的泉眼，隐隐有水雾生起，清水潺湲；西边的泉眼，泉底不时冒出气泡，似珍珠隐显。

尉迟恭问一位砍柴的人，此山叫什么山。砍柴人回答说叫槎山。再问这两眼泉水有没有名字，砍柴人说，东边的泉眼叫云濑泉，西边的泉眼叫珍珠泉。

尉迟恭见砍柴人对答如流，惊奇这里连樵夫也如此风雅，当即决定在此处修建寺庙。不久，槎山顶上就建起了一座气势不凡的寺庙，并取名为“双泉寺”。

消息传到长安，李世民越发敬重尉迟恭，原来李世民的父亲李渊小时候在安陆读过书，尉迟恭把寺庙修在安陆风景绝佳的地方，也了却了李世民的一个心愿。

清同治年间陈廷钧编纂的《安陆县志补正》记载，双泉寺始建于南北朝梁武帝时期。槎山双泉寺是古代安陆、应山、孝昌一带颇具影响的古寺，历史上信众络绎，香火鼎盛，佛事兴旺。

槎山寺源流属禅宗的一支曹洞宗，从德字起号派三十二字：“兴振家业，钦遵佛崇，禅中静智，寂照双融。真谛现前，绍隆洞宗，阐演圆教，济度无穷。”槎山双泉寺由眉山需祖庆字下另续派三十二字：“法源广昌，妙觉禅定，智德普宏，慧朗祥顺；心珠晃耀，性天莹净，嘉谟人猷，积通律论。”

古双泉寺门前及庭中各有一眼深井，常年碧水盈盈，甘甜可口。传说井水沾染了佛门清净之气，因此特别清澈，喝了有延年益寿之效。最奇妙的是，两口古井之中，井底岩石天然形成石鱼造型。石鱼合成阴阳双鱼，暗合太极八卦之象。信众、游客争相围观。这就是“井底双鱼”的景观。

清道光《安陆县志》记载，明英宗天顺四年（1460年），人们在槎山双泉寺铸有大铁钟。“响石如钟”这一景观与井底双鱼相辅相成。石鱼在井中鳞须可见；轻轻叩击井岩，岩石的轰鸣与洪钟产生共鸣，阵阵清脆，悦耳动听。

槎山当地还传说，陕西一富贵人家的水井里总显现两棵枝繁叶茂的桂花树，主家遍寻天下才把这两棵显灵的桂花树找到。原来秦始皇把槎山从陕西赶到安陆时，这两棵桂花树的影子留在了陕西。所以双泉寺山门前，两株枝繁叶茂的桂花树挺拔并峙，粗需数人合抱，太阳照着此树还无影子。“桂树无影”便成为历史上的一绝。桂花树老死后，久而久之，民间以讹传讹，说是“枯树无影”。

1946 年，由于战乱，双泉寺毁圮。1992 年，当地在原寺旧址上重修双泉寺。修复后的双泉寺有砖木结构正屋 5 间，膳房和管理人员住宅 3 间，占地约 1600 余平方米。寺门的墙壁上悬挂着历代名人题咏槎山的诗作。寺院内著名景观正在规划修复。原已湮灭干涸的“双泉”已凿穿复流。“响石”和“枯树”也除去了上面的污渍。今日的双泉寺森林环绕，茶园吐绿，百鸟欢鸣，是人们理想的休憩游览之所。

“三月三，上槎山。”每至农历“三月三”，槎山便车水马龙，双泉寺人头攒动，又呈现游客蜂拥、旅游繁荣的壮观场面。

第七篇

DÌ QĪ PIĀN

专业部门类地名

ZHUĀNYÈBÙMÉNLÈIDÌMÍNG

ANLUSHI
DIMINGZHI

第一章　党政机关　事业单位

第一节　府城街道

中国共产党安陆市委员会[Zhōngguó Gòngchǎndǎng Ānlù Shì Wěiyuánhuì]　1949年5月成立安陆县委员会，1987年改为中国共产党安陆市委员会。位于碧涢路210号。其职责是中国共产党在安陆市的领导核心，由中国共产党安陆市代表大会选举产生，并在代表大会闭会期间，执行上级党组织的指示和中国共产党安陆市代表大会的决议，全面领导安陆市的工作，定期向上级党组织报告工作。

中国共产党安陆市委员会办公室[Zhōngguó Gòngchǎndǎng Ānlù Shì Wěiyuánhuì Bàngōng Shì]　1949年5月成立，1987年改为中国共产党安陆市委员会办公室，位于碧涢路210号，主要负责协助市委日常工作及市委各种会议会务安排。

中国共产党安陆市纪律检查委员会[Zhōngguó Gòngchǎndǎng Ānlù Shì Jìlǜjiǎnchá wěiyuánhuì]　1978年建成，位于碧涢路210号，主管全市党的纪律检查工作，主管全市行政监察工作。

中国共产党安陆市委员会宣传部[Zhōngguó Gòngchǎndǎng Ānlù Shì Wěi-yuánhuì Xuānchuán Bù]　1949年建成，位于碧涢路210号。主要负责各种政策、法规的宣传、指导和管理。

中国共产党安陆市委员会组织部[Zhōngguó Gòngchǎndǎng Ānlù Shì Wěi-Yuánhuì Zǔzhī Bù]　1949年建成，位于碧涢路210号。主要负责全市基层党组织建设，全市领导班子和干部队伍建设以及全市人才队伍建设。

中共安陆市委对台工作小组办公室[Zhōnggòng Ānlùshìwěi Duìtáigōngzuò xiǎozǔ Bàngōng Shì]　成立于1983年，位于凤凰路5号。该单位占地面积782平方米，拥有砖混结构的办公室15间，共有工作人员25人。主要负责宣传贯彻执行中央、自治区对台工作方针政策，负责组织、指导、管理、协调全市对台工作及督促各县区、市直部门贯彻执行对台方针政策。包括负责全市对台交往、经贸交流工作，组织台胞来市考察、台湾媒体来市采访接待服务工作；协调做好因公赴台参访交流工作；负责全市对台招商联络服务工作；

协调组织全市涉台重大活动、重大事项及负责台胞台属信访诉求协调处理工作等。

中共安陆市委农村工作领导小组办公室[Zhōnggòng Ānlùshìwěi Nóngcūn gōngzuòlǐngdǎoxiǎozǔ Bàngōng Shì] 1999年设立安陆市农业委员会，2002年4月机构改革后，将农业委员会调整为市委办公室的内设机构，称为农业工作科，对外挂"中共安陆市委农村工作领导小组办公室"(简称"农办")的牌子，位于碧涢路210号，占地面积1172平方米，建筑面积918平方米，内设机构有人事秘书科、综合科、农业产业化经营指导科、政策法规调研科及农村改革发展战略研究科，现共有在职工作人员22人，其中领导职数4名，人员编制14名，主要负责全市农村相关事务的处理与指导。

中共安陆市委统一战线工作部[Zhōnggòng Ānlùshìwěi Tǒngyīzhànxiàn Gōngzuò Bù] 1957年建成，位于碧涢路210号，占地面积721平方米，建筑面积473平方米，现共有在职工作人员11人，主要负责调查研究统一工作战线方针、政策的制定和贯彻执行情况。

中国共产党安陆市委党史办公室[Zhōngguó Gòngchǎndǎng Ānlùshìwěi Dǎngshǐ Bàngōng Shì] 1984年建成，位于碧涢路210号，主要负责规划部署全市的党史、历史研究和全市党史地方党资料的征集、整理。

安陆市人民政府[Ānlù Shì Rénmínzhèngfǔ] 位于安陆市府城碧涢路210号。其工作职责是依照法律规定的权限，管理本行政区域内的经济、教育、科学、文化、卫生、体育事业、城乡建设事业和财政、民政、公安、民族事务、司法行政、计划生育等行政工作，发布决定和命令，任免、培训、考核和奖惩行政工作人员；领导所属各工作部门和下级人民政府的工作，有权改变或者撤销所属各工作部门和下级人民政府的不适当的决定；设立审计机关，依照法律规定独立行使审计监督权，对本级人民政府和上一级审计机关负责。

安陆市人民政府办公室[Ānlù Shì Rénmínzhèngfǔ Bàngōng Shì] 1949年5月设立，1987年撤县，改为安陆市人民政府办公室，位于碧涢路210号，人数60人，其主要负责组织和管理安陆市的各项行政事务。

安陆市人民政府机关行政事务管理局[Ānlù Shì Rénmínzhèngfǔ Jīguān Xíngzhèngshìwùguǎnlǐ Jú] 1949年建成，位于碧涢路210号，主要负责安陆市人民政府机关的行政事务管理。

安陆市人民政府府城街道办事处[Ānlù Shì Rénmínzhèngfǔ Fǔchéng Jiēdào Bànshìchù] 位于太白大道218号。该办事处占地面积约9086平方米，拥有砖混结构5层楼房1栋，设有党工委办公室、政务办公室、城市管理科、社会事务管理科、经济发展科及计划生育办公室等部门。共有在职员工96人。主要负责安陆市府城辖区内的政府事务管理。

安陆市人民代表大会常务委员会[Ānlù Shì Rénmíndàibiǎodàhuì Chángwùwěiyuánhuì] 位于安陆市府城碧涢路210号。在本行政区域内，保证宪法、法律、行政法规和上级人民代表大会及其常委会决议的遵守和执行；领导、主持安陆市人民代表大会代表的选举；召集安陆市人民代表大会会议；讨论、决定本市内的政治、经济、教育、科学、文化、卫生、环境和资源保护、民政、民族等工作的重大事项；根据市人民政府的建议，决定对本市内的国民经济和社会发展计划、预算的部分变更；监督市人民政府、人民法院和人民检察院的工作，联系市人民代表大会代表，受理人民群众对上述机关和国家工作人员的申诉和意见；撤销乡镇人民代表大会及人大主席团的不适当的决议；撤销市人民政府的不适当的决议和命令；在市人民代表大会闭会期间，决定副市长的个别任免；在市长和人民法院院长、人民检察院检察长因故不能担任职务的时候，从市人民政府、人民法院、人民检察院副职领导人员中决定代理的人选。决定代理检察长，并报上级人民检察院和人大常委会备案；根据市长的提名，决定市人民政府办公室主任、各序列局局长的任免；按照人民法院组织法和人民检察院组织法的规定，任免人民法院副院长、庭长、副庭长、审判委员会委员、审判员，任免人民检察院副检察长、检察委员会委员、检察员；在市人民代表大会闭会期间，决定撤销个别副市长；决定撤销由它任命的市人民政府其他组成人员和人民法院副院长、庭长、副庭长、审判委员会委员、审判员，人民检察院副检察长、检察委员会委员、检察员；在市人民代表大会闭会期间，补选市人民代表大会出缺的代表和罢免个别代表；决定授予地方的荣誉称号等。

安陆市人民政治协商委员会［Ānlù Shì Rénmín Zhèngzhì Xiéshāng Wěiyuánhuì］　位于碧涢路210号，主要工作职能为政治协商、民主监督和参政议政。

安陆市司法局［Ānlù Shì Sīfǎ Jú］　1980年5月成立，1992年由海子河搬迁至碧涢路88号，设立办公室等八个工作室，占地面积1900平方米，房屋建筑面积610平方米，现有在职人员62人，其中干部44人，职工18人，党员55人。主要职责：贯彻落实国家关于司法行政方面的法律、法规、规章和政策；编制司法行政工作的中长期发展规划、年度工作要点，并监督实施；制定全市法制宣传教育和普及法律常识规划，并组织实施；指导各乡镇办事处和各行业的法制宣传、依法治理工作；监督管理全市的法律援助工作；指导并监督全市的律师、公证、法律顾问工作，综合管理社会法律服务机构并承担相应责任；指导管理全市基层司法所建设、人民调解和基层法律服务工作；参与社会治安综合治理工作。指导管理全市社区矫正、刑释解教人员安置帮教工作；指导管理全市司法行政系统的法制工作；负责司法行政规范性文件的起草、备案、清理、汇编工作；指导面向社会服务的司法鉴定工作；组织实施全市司法考试的报考、授予、撤销的审查工作；负责全市司法行政系统的思想政治工作和干警队伍建设；管理局机关和直属单位的干部人事工作；指导、管理全市司法行政系统的警务、警衔评授工作。

安陆市森林公安局［Ānlù Shì Sēnlín Gōngān Jú］　2008年12月24日，由市编委批复设立，位于汉丹路148号，占地面积7800平方米，建筑面积13400平方米，为砖混结构三层楼房，设有办公室1980平方米。主要职责：(1)指导全市森林公安机关森林及野生动植物案件的刑事执法、治安行政执法和林业行政执法工作，督查督办重特大森林案件。(2)掌握全市林区治安动态，指导加强林区治安防范工作，组织开展全市林业严打活动和区域性的严打整治，指导林区禁毒工作，负责信息情况的统计、报告。(3)指导全市森林公安基层基础建设，指导全市森林公安派出所工作。组织指导基层森林公安机关装备建设，负责全市森林公安警用装备计划的审核、申报和物资配发。(4)负责全市森林公安队伍管理，指导队伍建设；协助省森林公安局管理全市森林公安民警警籍，承担全市森林公安民警授衔、晋衔的审核呈报；负责基层民警实战演练及业务培训的组织协调工作；协管县、市、区森林公安机关领导班子成员。(5)组织、协调、指导全市森林防火工作，掌握全市森林火灾预防和扑救情况，负责信息情况的上报下达；开展防火宣传教育，指导防火队伍建设。督察、督办重点火险区治理、生物防火工程建设、装备和基础设施建设。

安陆市公安局［Ānlù Shì Gōngān Jú］　1946年成立，其主要负责预防、制止和侦察违法犯罪活动；防范、打击恐怖活动；维护社会治安秩序，管理交通、消防、户籍，指导治安保卫委员会等群众性治安保卫的治安防范工作。位于德安北路35号。

安陆市公安局刑事警察大队[Ānlù Shì Gōngānjú Xíngshìjǐngchá Dàduì]　1973年2月，撤销安陆县公安机关军事管制小组以及政法组，恢复原公安局建制，下设刑侦股、预审股、秘书股等机构。1985年10月，刑侦股更名为刑警队，并增设特警队。1990年4月，刑警队更名为刑事警察大队，下设一、二、三共3个中队。位于解放大道5号。主要职责是指导、协调全市刑侦部门及其他有侦破刑事案件任务的单位的刑事侦查工作，提供必要刑事技术、犯罪信息资料等服务；分析、研究全市刑事犯罪和刑侦工作情况，供市局领导和各刑侦单位领导参考；负责侦办部分重大刑事案件；协助对全市刑侦警察进行培训。

安陆市看守所[Ānlù Shì Kānshǒu Suǒ]　1950年成立的县公安局收审所、拘役所；2000年改名为"第一看守所""第二看守所"，2011年后合并为"第一看守所"；2013年更名为"安陆市看守所"。位于银杏大道10号，其主要任务是依据国家法律对被羁押的犯罪嫌疑人实行武装警戒看守，保障安全；对犯罪嫌疑人进行教育；管理犯罪嫌疑人的生活和卫生；保障侦查、起诉和审判工作的顺利进行。

中国人民武装警察部队孝感市支队安陆中队[Zhōngguó Rénmín Wǔzhuāng Jǐngchá Bùduì Xiàogǎn Shì Zhīduì Ānlù Zhōngduì]　成立于1983年，2011年8月搬迁至安陆市北城赵河村，更名为"中国人民武装警察部队孝感市支队安陆中队"，主要业务为维护安陆市社会全面安全稳定，处置突发事件，抢险救灾等。

安陆市公安局府城派出所[Ānlù Shì Gōngānjú Fǔchéng Pàichūsuǒ]　1949年为"城关派出所"，1952年改为"城关水陆派出所"，1987年更名为"安陆市公安局府城派出所"。位于府东社区张家巷72号，设有办公室、财务室。其主要职能为预防、制止和侦察违法犯罪活动；防范、打击恐怖活动；维护社会治安秩序，管理交通、消防、户籍，指导治安保卫委员会等群众性治安保卫的治安防范工作。

安陆市人民检察院[Ānlù Shì Rénmín Jiǎncháyuàn]　1951年设立，1988年改为安陆市人民检察院，位于解放大道117号，内设机构16个：办公室、政治处、反渎职侵权检察、公诉科、监察室、民事行政检察科、侦查监督科、行政财务装备科、预防职务犯罪科、控告申诉检察科、监所检察科、检察技术科、反贪污贿赂局、检察委员会办公室、人民监督员办公室、法警大队。共有干警105人，主要负责维护社会政治稳定、预防犯罪、查办职务犯罪及诉讼监督等。

安陆市人民法院城区法庭[Ānlù Shì Rénmínfǎyuàn Chéngqū Fǎtíng]　建于1977年，原址位于龙门路36号，2015年搬迁至现址，位于府城圆通寺社区八组。该法庭占地面积为5533平方米，建有综合办公大楼1栋，共有4名职工人员。其主要业务范围是解决纠纷、维护稳定、守护法律规范、保卫法律秩序等。

安陆市对外工作联络处[Ānlù Shì Duìwàigōngzuò Liánluò Chù]　成立于2012年，位于碧涢路210号。主要负责为安陆发展提供对外工作联系协调服务。

安陆市信访局[Ānlù Shì Xìnfǎng Jú]　1986年建成，位于德安南路119号，占地面积5000平方米，职工8人，主要负责接待群众来信来访。

安陆市档案局[Ānlù Shì Dàngàn Jú]　位于安陆市碧涢路210号。1959年1月22日安陆设立党政合一的档案馆，曾一度中断。1979年5月恢复档案馆，1980年5月设立档案局，档案馆和档案局一套班子，两块牌子。1987 年 4 月 6 日，安陆县编制委员会安编【1987】17 号《关于内设股的批复》，同意档案局(馆)设置秘书股、业务指导股、保管利用股。1993 年 4 月 10 日撤销档案局，保留档案馆。1993 年 6 月，档案馆内设办公室、业务指导科、保管利用科、法制监督科 4 个科室。2002 年，设置安陆市档案局(馆)。2010 年 10 月，内设办公室、业务指导股、管理利用股、法制股。主要业务范围为主管本行政区域内档案事业，对本行政区域内的机关、团体、企业事业单位和其他组织的档案工作指导和收集整理。

安陆市地方志编纂委员会办公室[Ānlù Shì Dìfāngzhì Biānzuǎnwěiyuánhuì Bàngōng Shì]　1979 年 12 月，县革命斗争史编写领导小组办公室成立。1981 年 11 月，县委撤销县革命斗争史编写领导小组，成立县征集党史资料、编纂安陆县志领导小组，下设办公室。1982 年 2 月，党史、县志分开，成立县委党史资料征集领导小组办公室。1983 年 2 月，成立县党史资料征集、县志编纂、李太白在安陆经历考证领导小组，下设党史资料征集、县志编纂、李太白在安陆经历考证 3 个办公室。1984 年 5 月，县委成立党史资料征集编研委员会，下设办公室，定为正科级单位，作为县委的正式工作机构，由县委办公室代管。1987 年 9 月，县委党史资料征集编研办公室更名为市委党史资料征集编研办公室。1992 年 5 月 3 日，改名为市委党史办公室，同时增设市委党史研究室，实行“两块牌子、一套班子”体制。2000 年 9 月 14 日，市委党史办公室与市地方志编纂委员会办公室合并为市党史方志办公室，为正科级事业单位，归属市委办公室管理。2012 年 6 月，恢复两块牌子，实行“两块牌子，一套班子”，位于安陆市碧涢路 210 号。其主要负责宣传贯彻执行中共中央、国务院和湖北省、孝感市、安陆市关于党史、地方志工作的方针、政策，制定全市党史、地方志工作长远规划和年度计划并组织实施；组织编纂、出版本行政区党史书籍、地方志书、地方综合年鉴，评审各乡、镇、办事处、开发区及市直部门编纂成稿的各类史志书籍；征集、整理、研究、保存安陆党史和地方志资料，开展党史、地方志学术研究和交流，搞好史志资源开发利用工作；负责培训乡、镇、办事处、开发区和市直各部门的党史、地方志编写人员，指导督办其编史修志工作；运用党史、地方志的编研成果，配合有关部门，开发红色旅游资源，对广大党员、干部、群众特别是青少年进行爱国主义和革命传统宣传教育，发挥资政育人作用等。

安陆市发展和改革局[Ānlù Shì Fāzhǎnhégǎigé Jú]　1956 年 6 月成立“安陆县计划委员会”；1993 年 3 月“安陆市计划委员会”与“安陆市土地局”合并为“安陆市计划与土地局”；1996 年 3 月更名为“安陆市计划委员会”；2002 年 5 月更名为“安陆市发展计划局”；2005 年 12 月更名为“安陆市发展和改革局”。位于解放大道 76 号，设有办公室、经济体制综合改革股、固定资产投资股、工业交通能源股、农村经济股、社会发展股、移民股等内设机构，管理部门有市能源办(节能监察中心)、市信息中心 2 个事业单位。主要负责拟定经济发展战略，监测经济发展态势，汇总各方面情况，规划重大建设项目和生产力布局，研究提出有利于经济发展的政策建议等。

安陆市发展和改革局信息中心[Ānlù Shì Fāzhǎnhégǎigé Jú Xìnxī Zhōngxīn]　成立于 1980 年，位于解放大道 152 号。主要业务范围为收集经济发展信息，监测经济发展态势，汇总各方面情况，对于发改局规划重大建设项目和生产力布局的信息的存档等。

安陆市安全生产监督管理局[Ānlù Shì Ānquánshēngchǎnjiāndūguǎnlǐ Jú]　2002 年建成。位于汉丹路

129 号，主要负责监督安陆市安全生产管理。

安陆市公共资源交易监督管理局[Ānlù Shì Gōnggòngzīyuánjiāoyì JiānDū Guǎnlǐ Jú]　成立于 2007 年，原名为“安陆市招投标局”，2013 年底更名为现名，位于建设街 16 号，内设办公室、政策法规处、业务处、督查处、市场管理处，共有工作人员 8 人。主要负责全市建设项目交易、土地交易、产权交易和政府采购等各类交易活动的监督、指导、管理和组织实施。

安陆市公共资源交易中心[Ānlù Shì Gōnggòngzīyuán Jiāoyì zhōngxīn]　成立于 2005 年，原名为“安陆市综合招投标交易中心”，2013 年底更名为现名，位于建设街 16 号。该交易中心是安陆市统一的招标投标交易平台，由市招投标局领导，主要负责承办招投标的事务性工作，办理建设项目招投标、政府采购、产权交易、土地交易的具体业务。

安陆市机构编制委员会办公室[Ānlù Shì Jīgòubiānzhì Wěiyuánhuì Bàn-gōng Shì]　1998 年建成，位于凤凰路 5 号，主要负责协助领导组织协调编委工作，拟定全市行政管理体制和机构改革方案等。

安陆市劳动就业管理局[Ānlù Shì Láodòngjiùyè Guǎnlǐ Jú]　1981 年设立，位于德安北路 60 号，内设职能科室有办公室、财务科、监察室、失业保险科、城镇就业科、农村就业科、职业介绍科、创业指导科、培训科、劳动力市场管理科和劳动保障事务代理科，其主要工作职能为职业介绍、失业保险、就业培训、劳服企业下岗职工基本生活保障及再就业。

安陆市老龄工作委员会办公室[Ānlù Shì Lǎolínggōngzuò Wěiyuánhuì Bàngōngshì]　成立于 1986 年，位于建设街 10 号。主要负责贯彻落实上级有关老龄工作的方针、政策，开展对老龄问题的调查研究、组织协调、统筹规划、综合治理，实现老有所养、老有所医、老有所教、老有所为、老有所学、老有所乐。

安陆市政府采购中心[Ānlù Shì Zhèngfǔ Cǎigòu Zhōngxīn]　2008 年成立，位于建设街 10 号，承担负责组织实施市级使用财政性资金、属于年度集中采购目录以内通用项目的政府采购活动；接受市直各部门委托，组织集中采购目录以外的政府采购项目；接受市直部门的委托，组织政府采购项目的招标活动；办理市财政局交办的其他政府采购项目；发布市级政府采购招标信息、编制采购文件、组织评标活动；根据市直部门委托的权限签订或组织签订采购合同并督促履行；管理市级政府采购项目文件档案和“供应商库”；制定集中采购内部操作规程。

安陆市政务服务中心[Ānlùshì Zhèngwù Fúwù Zhōngxīn]　成立于 2006 年，位于解放大道 1 号。占地面积 670 平方米，建筑面积 670 平方米，拥有砖混结构 1 层楼房 1 栋，设有办公室、业务室、督查室 3 个部门。该服务中心是市委、市政府的工作机构和派出机构，主要负责对行政审批、审核、许可和办证、办照事项的组织、协调、管理和监督，为公民、法人和其他组织提供规范、公开、便捷、高效的行政服务。

孝感恒兴联合会计事务所[Xiàogǎn Héngxīng Liánhé Kuàijìshìwù Suǒ]　2002 年建成，位于文昌路 30 号，拥有办公室 1 间，占地面积 40 平方米，有职工人数 3 人，其主要业务为会计、审计等工作。

孝感住房公积金管理中心安陆办事处[Xiàogǎn ZhùfángGōngjījīn Guǎnlǐ- zhōngxīn Ānlù Bànshì Chù]　2014 年建成，位于安陆市碧涢路 254 号，占地面积约 50 平方米，建筑面积 40 平方米。其主要业务范围为负责安陆市住房公积金管理，贯彻执行国家和省有关住房公积金管理的法律、法规和规章；编制、执行住房公积金的归集、使用计划，并负责核算；建立和记载职工住房公积金的缴存、提取、使用等个人明细账；依法依规审批住房公积金的提取、使用(贷款)，保障住房公积金的保值和归还；编制住房公积金归集、使用计划执行情况的报告；对违反国务院《住房公积金管理条例》的单位或个人，实施行政处罚；承办市政府和市住房公积金管理委员会决定的其他事项。

安陆市城乡建设局[Ānlù Shì chéngxiāng Jiànshè Jú]　1998年成立，位于解放大道121号。主要负责全市城乡建设管理，包括贯彻执行国家、省有关城乡建设的方针、政策、法律、法规，依法履行行政监管职责，结合我市实际，拟订规范性文件和实施办法；根据国家和省、市国民经济和社会发展战略目标，组织或会同有关部门研究拟订我市城市建设、工程建设、村镇建设、建筑业、房地产业、市政公用事业和勘察设计咨询业的发展战略、中长期规划并组织实施；参与城市地铁、轨道交通的规划工作，负责城市地铁及轨道交通的建设工作；参与审议城市总体规划、分区规划和相关专业规划；参与建设项目审查；参与审议建成区主次干道临街、高层、大型群体建筑设计方案；参与土地批租方案的审查；负责市区城市建设相关规费的征收；负责市区市政公用基础设施项目的建设管理等。

安陆市规划局[Ānlù Shì Guīhuà Jú]　2001年经市政府批复成立，位于安陆市汉丹路71号，占地面积200平方米，建筑面积600平方米，拥有建筑1栋3层。其主要业务范围为贯彻执行国家、省、市关于城乡规划的法律、规章、方针、政策，拟订安陆市城乡规划工作的政策、规定并组织实施；组织县域城镇体系规划、城市总体规划、分区规划、详细规划的编制、报批和实施管理工作；负责组织城乡年度和近期建设规划的编制工作等。

安陆市城市规划监察大队[Ānlù Shì Chéngshìguīhuà Jiānchá Dàduì]　2008年建成，位于安陆市碧涢路铁西巷2号，目前主要经营做好《中华人民共和国城乡规划法》及其相关法等产品和服务，主要业务范围为法律法规宣传及培训、查处建设工程违法案件、搞好建设工程批后管理及信访工作。

安陆市城市规划设计研究院[Ānlù Shì Chéngshìguīhuà Shèjìyánjiū Yuàn]　成立于1988年11月，原名为安陆市城市规划室；1991年8月变更为安陆市城镇规划管理研究所；1996年1月起正式更名为安陆市城市规划设计研究院，位于铁西巷2号。该研究院占地面积1210平方米，建筑面积888平方米，为砖混结构三层楼房。设有办公室、工程测绘室、规划设计室、市政工程市、财务室等部门。其主要业务范围为安陆市的城市规划、设计和测量。

安陆市城市建设档案馆[Ānlù Shì Chéngshìjiànshè Dàngàn Guǎn]　1988年9月成立“安陆市基本建设档案馆”，1996年改称“安陆市城市建设档案馆”，位于解放大道建设街1号，占地面积2000平方米，建筑面积1024.11平方米，为砖混结构的3层楼房，设有办公室、财务室、工程科、档案室、档案库房等，主要负责城建档案的收集、保管和利用，组织城市地下管线普查、编绘、跟踪管理，对城建档案的形成、移交、管理工作进行指导。

安陆市城建执法大队[Ānlù Shì Chéngjiàn Zhífǎ Dàduì]　1988年11月，设立安陆市城市管理监察队；2002年8月，市城建监察大队更名为市城建执法大队，位于紫金路6号，占地面积5587.03平方米，为砖混结构三层楼房。设有办公室、财务室、督查室五个中队及违章处理中心部门。主要职能职责：保障城市建设和管理依法进行，保证城建行政执法规范化。业务范围：实施城市规划方面的监察；实施城市市政工程设施方面的监察；实施城市公用事业方面的监察；实施城镇住宅建设和房地产方面的监察；实施建筑市场和工程质量方面的监察；实施建筑施工安全方面的监察；法律法规规章规定的其他方面的城建监察。

安陆市建筑行业管理处[Ānlù Shì Jiànzhùhángyè Guǎnlǐ Chù] 2011 年建成，位于太白大道 222 号，内设办公室、管理股、财务室等，占地面积 2038 平方米，其中建筑面积 1183 平方米，主要负责全市建筑行业的管理与监督，包括负责全市建筑业和建筑市场管理工作，指导规范建筑市场；负责全市建筑施工安全监督管理；负责建筑工程劳保费收缴、拨付的管理工作；负责建筑施工队伍、建筑装饰装修队伍的资质管理、等级审定及人员的培训工作。

安陆市园林绿化管理局[Ānlù Shì Yuánlín Lǜhuà Guǎnlǐ Jú] 2011 年成立，位于建设街 2 号，办公楼坐北朝南，共 2 层，占地面积 1026 平方米，主要负责安陆城区公共绿化的规划、建设和养护管理。现设置有综合办公室、施工管理科、绿化管理科、城市绿化监察大队、技术服务部共五个科室。

安陆市墙体材料革新与建筑节能办公室[Ānlù Shì Qiángtǐcáiliào Géxīnyǔjiànzhùjiénéng Bàngōng Shì] 2008 年根据安陆市机构编制委员会《关于同意设立安陆市墙体材料革新与建筑节能办公室》的批复(安编发【2008】32 号)设立安陆市墙体革新与建筑节能办公室，位于安陆市解放大道 127 号，占地面积约 140 平方米，办公地点设在安陆市城乡建设局办公大楼，拥有砖混结构的办公室 7 间，其主要职能为承担全市墙体材料革新与新型墙体材料的推广应用与管理；承担全市民用建筑节能监督管理工作；承担散装水泥管理工作。

安陆市住房保障和房屋管理局[Ānlù Shì Zhùfángbǎozhànghéfángwū Guǎnlǐ Jú] 1993 年成立房地产管理总公司；1997 年成立市房地产管理局；2007 年与市住房制度改革办公室合并成立市房地产管理局；2010 年政府机构改革更名为市住房保障和房屋管理局，位于文昌路 94 号，办公楼占地面积 600 平方米，职工人数 113 人，主要负责住房保障，房地产开发，房地产市场监督，以及房地产行业管理的相关政策等。

安陆市房地产估价事务所[Ānlù Sshì Fángdìchǎn Gūjià Shìwù Suǒ] 1995 年命名成立，位于文昌路 94 号，占地面积 200 平方米，拥有建筑楼房 1 栋 6 层，主要业务范围为安陆市房地产价格评估。

安陆市房屋安全鉴定所[Ānlù Shì Fángwūānquán Jiàndìng Suǒ] 1997 年命名成立，位于文昌路 94 号，占地面积 200 平方米，拥有建筑楼房 1 栋 6 层，其主要业务范围为安陆市的房屋安全鉴定。

安陆市白蚁防治管理所[Ānlù Shì Báiyǐfángzhì Guǎnlǐ Suǒ] 1995 年成立，位于文昌路 94 号，拥有建筑楼房 1 栋 6 层，占地面积 250 平方米，主要业务范围为全市白蚁防治行业的指导，白蚁防治市场的监督和管理；起草全市白蚁防治相关规定，并组织全市白蚁防治专业人员的培训工作；全市新建房屋白蚁预防费的征收、监督后备基金的使用和管理；全市白蚁防治工程质量监督管理；组织检测和鉴定白蚁防治药物质量；组织开展白蚁防治的行政执法工作；组织开展白蚁防治行业的诚信服务工作；全市白蚁防治工程档案管理工作。

安陆市国土资源局府城分局[Ānlù Shì Guótǔzīyuán Jú Fǔchéng Fēnjú] 1986 年建成，原名为“安陆县府城土管所”，2005 年改为“安陆市国土资源局府城分局”，位于安陆市碧涢路 81 号，占地面积 1580 平方米，建筑面积 978 平方米，拥有砖混结构二层楼房一栋，设有办公室、服务大厅、党员活动室、年租金办公室、食堂等部门。主要业务为安陆市国土资源管理。

安陆市自来水公司[Ānlù Shì Zìláishuǐ Gōngsī]　1989年成立命名，位于解放大道133号，占地面积0.0653平方米，注册资金3258.7万元，主要经营自来水供应，自来水管道安装，水暖器材、水暖管道、五金工具、建筑五金零售兼批发以及建材、家具、电工器材零售兼批发等。

安陆市工商行政管理局[Ānlù Shì Gōngshāngxíngzheng Guǎnlǐ Jú]　1979年成立"安陆县革命委员会工商行政管理局"；1987年安陆撤县建市，更名为"安陆市工商行政管理局"；1993年机构改革，市工商局与物价局合并为"安陆市工商物价局"；1996年"安陆市工商物价局"分开，分别设立为"安陆市工商行政管理局"和"安陆市物价局"；1998年，工商行政管理机构实行省以下垂直管理，为孝感市工商行政管理局的直属机构，位于德安北路133号(护国桥头北边)，占地面积约600平方米，为砖混结构的五层楼房。内设办公室，人事股、法规股、市场规范管理股、商标广告监管股、财备审计股、机关党办、工商工会、监察呈、离退休干部股等10个股室，主要负责全市的市场监督管理和行政执法，包括规范和维护各类市场经营秩序，监督管理流通领域商品质量，查处违法直销和传销案件，依法监督管理经纪人、经纪机构及经纪活动等。

安陆市工商行政管理局城北工商所[Ānlù Shì Gōngshāngxíngzhèngguǎnlǐ Jú Chéngběi Gōngshāng Suǒ]　1987年设立，位于汉丹路123号，拥有办公楼一栋，占地面积800平方米，职工人数10人，主要业务范围为市场监管和行政执法。

安陆市工商行政管理局城南工商所[Ānlù Shì Gōngshāngxíngzhèngguǎnlǐjú Chéngnán Gōngshāng Suǒ]　2012年，原安陆市工商行政管理局城南分局改名为安陆市工商行政管理局城南工商所。位于德安南路43号，建有一栋7层大楼，除一、二层用于办公外，三至七楼均用作家居住房。主要分管安陆市城南工商行业的主体发展及市场监督管理。

安陆商业总公司[Ānlù Shāngyè Zǒnggōngsī]　1952年设立安陆县商业局，1987年改为安陆市商业局，位于汉丹路318号，拥有1栋3层楼房，占地面积900平方米，主要业务为酒类专卖管理、化学危险物品管理、饮食服务业管理、生猪定点屠宰管理。

安陆市经济商务信息局[Ānlù Shì Jīngjì Shāngwù Xìnxī Jú]　2011年建成，位于安陆市解放大道123号，办公楼坐北朝南，共六层，占地面积463平方米，主要负责全市经济商务信息的收集、处理与传播。主要职责为：监测分析工业经济运行态势，进行预测预警和信息化引导；协调解决日常经济运行中的突出和重大问题，并向市政府提出意见和建议；贯彻执行国家关于国民经济、中小企业发展及对外开放，国内贸易、利用外资和国际经济合作的发展战略、方针、政策，制定发展规划、具体政策措施和实施办法；负责全市经济信息及国内外贸易、国际经济合作、外商投资统计及相关信息的收集、整理、分析和发布；组织拟订市经济发展规划和政策，培育发展特色产业和产业集群；指导相关的行政执法活动和减轻企业负担工作，提出整顿和规范市场经济秩序的工作建议；负责提出工业和信息化固定资产投资规模和方向的意见，按市政府规定权限审批、核准市政府规划内和年度计划内工业固定资产投资项目等。

安陆市酒类专卖管理局[Ānlù Shì Jiǔlèizhuānmài Guǎnlǐ Jú]　1998年批准成立。位于解放大道123号，占地面积232平方米，主要负责酒类流通登记备案，对酒类市场进行监督、维权、打假，发展酒类行业协会职能。

安陆市生猪定点屠宰管理办公室[Ānlù Shì Shēngzhū Dìngdiǎntúzǎi Guǎnlǐ Bàngōng Shì] 2011年成立，位于安陆市解放大道123号，占地面积256平方米，主要负责全市牲畜定点屠宰场和牲畜交易市场的规划和布局，并组织实施，对全市牲畜定点屠宰场依法监督管理和对牲畜交易市场进行组织管理。

安陆市市场开发服务中心[Ānlù Shì Shìchǎngkāifā fúwù Zhōng xīn] 2001年12月根据国办发(2001)83号、鄂政发(2001)72号文件，按市场管办脱钩精神从市工商局分离出来的自收自支的副局级事业单位，位处安陆市汉丹村市场二楼，占地面积800平方米，其中建筑面积700平方米。主要职能为搞好市场，活跃本地经济，服务社会摊位经营，门面出租，搞好市场开发性经营以及履行区域内市场规划、培育、建设、开发及市场物业管理等相关市场体系建设职能。

安陆市烟草专卖局城区专卖管理所[Ānlù Shì Yāncǎozhuānmàijú Chéngqū Zhuānmài Guǎnlǐ Suǒ] 2008年建成，位于凤凰路4号，总面积300平方米，主要职责为城区卷烟市场监管，所属市场管理员6名。

安陆市商务综合执法大队[Ānlù Shì Shāngwùzōnghé Zhífǎ Dàduì] 成立于2015年，位于安陆市解放大道123号。该单位占地面积100平方米，建筑面积100平方米，拥有砖混结构的办公室5间，设有秘书股、业务股、执法股及商务投诉中心4个部门。主要负责对全市生猪定点屠宰、酒类流通、拍卖、典当、报废汽车回收、二手车交易、再生资源回收、旧货流通、洗染业、美容美发业、酒店餐饮业、零售企业促销行为、零售商供应商公平交易、商业特许经营、外资、外贸、外经等违法经营行为的查处。

安陆市公安局交通警察大队[Ānlù Shì Gōngān Jú Jiāotōng Jǐngchá Dàduì] 1987年7月国务院实行城乡道路交通管理，由公安部门管理，成立“安陆县公安局交通警察队”，1989年7月更名为“安陆市公安局交通警察大队”，位于安陆市解放大道13号，占地面积6600平方米，建筑面积1200平方米，为砖混结构的四层楼房。设有办公室1000平方米，办公楼南北朝向，总面积8200平方米，宿舍楼2栋50户共7000平方米。主要负责维护道路交通秩序，疏导指挥交通，查处交通违法行为，排查道路交通安全隐患，宣传交通法规。

安陆市公安局交通警察大队三中队[Ānlù Shì Gōngān Jú jiāotōng Jǐngchá Dàduì Sān Zhōngduì] 1990年7月成立安陆市公安局交通警察大队三中队，位于安陆市府城蒿桥社区解放大道延长线西段，占地面积0.0031平方千米，其中建筑面积0.0008平方千米，为砖混结构三层楼房，设有办公室800平米，主要维护道路交通秩序，疏导指挥交通，查处交通违法行为，排查道路交通安全隐患及宣传交通法规。

安陆市公安局交通警察大队汤家垮中队[Ānlù Shì Gōngān Jú Jiāotōng Jǐngchá Dàduì Tāngjiā wān Zhōngduì] 1990年7月成立，位于太白大道(原316国道1215KM+300米处)。占地面积4100平方，建筑面积1200平方米，为砖混结构三层楼房，设有办公室1200平方米。主要维护道路交通秩序，疏导指挥交通，查处交通违法行为，排查道路交通安全隐患及宣传交通法规。

湖北公路管理站[Húběi Gōnglù Guǎnlǐ Zhàn] 1968年建成，位于安陆市洪庙社区太白大道，占地面积6000平方米，建筑面积8000平方米，现有职工人数31人，主要业务为公路养护与管理。

安陆市公路管理局[Ānlù Shì Gōnglù Guǎnlǐ Jú] 1969年“安陆县公路段”正式成立，1988年更名为“安陆市公路管理段"，2009年更名为"安陆市公路管理局"，位于安陆市府城太白大道62号，占地面积6667平方米，建筑面积2199.58平方米(老办公楼1599.58平方米，新办公楼600平方米)，老办公楼为砖混结构五层楼房，新办公楼为砖混结构三层楼房。单位内设办公室、财务室、审计股、总工办、工会、人事教育股、安全应急股、法制监察股等8个股室。下设安陆市通联公路工程有限公司、安陆市涢通养护公司。主要业务范围为公路畅通提供养护与路政管理保障，包括公路养护、路政管理、收费公路管理及公路行业信息管理等。

安陆市交通运输局[Ānlù Shì Jiāotōng Yùnshū Jú] 1957年由原县政府交通科设为交通运输管理局，1961年变更为"安陆市交通局"，2010年6月变更为"安陆市交通运输局"，位于太白大道20号，占地面积3300平方米，建筑面积2491.5平方米，拥有框架结构六层楼房1栋。内设办公室、计划股、审批服务股、人事股等7个服务室，下辖公路管理局、道路运输管理局、物流发展局、港航管理局、汽运总公司、农村公路管理局。主要负责安陆市的交通运输管理。

安陆市物流发展局[Ānlù Shì Wùliú Fāzhǎn Jú] 1990年设立"安陆市养路费征收稽查所"，后更名为"安陆市公路规费征收稽查所"，2009年费改税后成立"安陆市物流发展局"，位于碧涢路89号，占地面积1592.28平方米，建筑面积1557.9平方米，为混机构四层楼房。设有办公室、财务室、会议室等部门。主要负责安陆市物流发展情况的监督和管理。

安陆市渔政船检港监管理站[Ānlù Shì Yúzhèng Chuánjiǎn Gǎngjiān Guǎnlǐ Zhàn] 2013年建成，位于凤凰路28号，设有办公室、财务室和执法室等部门，主要负责安陆市渔港船运管理监督。

湖北省安陆市道路运输管理所[Húběi Shěng Ānlù Shì Dàolùyùnshū Guǎnlǐ Suǒ] 1985年成立"安陆县公路运输管理所"，2003年更名为"安陆市道路运输管理所"，位于碧涢路82号，占地面积1000平方米，建筑面积630平方米。为砖混结构三层楼房，设有财务股、办公室、出租车管理服务部门。主要业务范围为安陆市交通返改执行工作。

安陆市最低生活保障管理局[Ānlù Shì Zuìdīshēnghuóbǎozhàn Gguǎnlǐ Jú] 2008年建成，位于碧涢路铁西巷特8号，主要负责城乡低保资金的分配、指导、监督及检查城乡低保制度的实施。

安陆市府城办事处民政办公室[Ānlù Shì Fǔchéng Bànshì Chù Mínzhèng Bàngōng Shì] 2010年建成命名，位于安陆市肖台社区汉丹路301号，占地面积273平方米，其中建筑面积1620平方米，主要职能为救灾救济、双拥优抚安置、基层政权、社区建设、行政规划、地名管理、殡葬管理、老龄工作、民间组织以及残联工作和民政信访工作等。

府城便民服务中心[Fǔchéng Biànmín Fúwù Zhōngxīn] 2015年建成，位于汉丹路301号，占地面积273平方米，其中建筑面积160平方米，工作职能为处理民众日常各类琐碎的事物，服务民众。服务项目有：家电下乡补贴、支农惠农资金补贴、残疾证申领、社会救助、技能培训、办理独生子女、计划生育服务、流动人口婚育等证明、就业援助、求职介绍、招聘推荐、失业保险金申领、小额贷款担保、创业培训、党员服务、农业科技推广、申请定期抚恤金、定期补助金、办理老人优待证、退休老人社会化管理等。

安陆市军队离休退休干部管理所[Ānlù Shì Jūnduì Líxiū Tuìxiū Gànbù Guǎnlǐ Suǒ] 1989年建成，位于

安陆市碧涢路63号，主要负责办理军队离休退休干部相关事务，为军队离退休干部提供服务。

安陆市流浪乞讨人员救助站[Ānlù Shì Liúlàngqǐtǎorényuánjiùzhù Zhàn]　2009年建成，位于碧涢路325号，主要是对城市生活无着落及流浪未成年人员实施救助保护。

安陆市民政局婚姻登记处[Ānlù Shì Mínzhèng Jú Hūnyīn Dēngjì Chù]　2010年建成，位于安陆市府城南大社区铁西巷6号，主要负责办理结(离)婚证、无婚姻登记记录证明。

安陆市社会福利院[Ānlù Shì Shèhuìfúlì Yuàn]　20世纪60年代为安陆县城关养老院，位于府城下玉石街。2012年在河西建新院，命名安陆市社会福利院。新院坐落府河大桥西端碧涢路325号，占地面积0.01608平方千米，建筑面积0.01平方千米，主要职能是为社会困难人士和疾病患者提供衣、食、住、行、医疗、丧葬等全方位供养服务。

安陆市气象局[Ānlù Shì Qìxiàng Jú]　1956年成立，原名为"安陆县气象站"，1988年改名安陆市气象局，坐落于汉丹北路16号，内设气象台、综合管理科、防灾减灾科、人工影响天气办公室、防雷中心等五个科室。其主要业务为综合气象观测、防灾减灾、防雷行政审批、人工影响天气作业及气象服务等。

安陆市环境保护局[Ānlù Shì Huánjìngbǎohù Jú]　2000年成立，位于文昌路31号，注册资金800万元，拥有楼栋2栋6层，占地面积2010平方米，其主要业务范围为负责重大环境问题的统筹协调和监督管理。带头协调环境污染事故和生态破坏事件的调查处理，指导协调突发环境事件的应急、预警工作和处理工作；监督落实全市重点流域、区域污染防治工作。

安陆市环境监测站[Ānlù Shì Huánjìngjiāncè Zhàn]　1984年建成，位于府东南路190号，占地面积2017平方米，拥有砖混结构的楼房1栋，设有办公室、会议室等部门。其主要业务为化验、分析水质及大气噪声等。

安陆市环境卫生管理局[Ānlù Shì Huánjìngwèishēng Guǎnlǐ Jú]　1966年6月26日，"安陆市城关镇环境卫生管理所"正式成立。1992年市机构编制委员会安机编办[1992]27号文件核定为市环卫所；1998年12月16日，根据安陆环卫事业的发展需要，安陆市机构编制委员会以安机编[1998]38号文件批复同意在原安陆市环境卫生管理所的基础上成立副局级事业单位——安陆市环境卫生管理局。位于德安北路178号，占地面积3444.3平方米，建筑面积1010.42平方米，为砖混结构的二层楼房，设有办公室、财务股、人事股、收费办公室、生产调度股及人访接待部门，在护国社区设有环卫局机务队，在南城高庙设有安陆市城区垃圾处理厂。其主要负责城市环境卫生设施建设、设施运营与维护、环境卫生监督及环境卫生作业管理等。

安陆市财政局[Ānlù Shì Cáizhèng Jú]　1949年至1956年县人民政府设财政科；1958年成立县财税局；1973年县财政局、税务局合并成立县革命委员会财政科；1982年成立县财政局、税务局，为一个单位两块牌子；1989年成立安陆市财政局。位于德安中路37号，占地面积800平方米，建筑面积700平方米，为砖混结构五层综合办公楼房。现设有21个股室，13个局直二级单位，16个乡镇(办事处、开发区)财经所。主要承担全市各项财政收支管理，负责编制年度市级预决算草案并组织执行；负责政府非税收入和政府性基金的管理，按规定管理行政事业性收费，负责全市行政事业单位国有资产管理，防止国有资产流失；负责管理和指导全市的会计工作，监督和规范会计行为，执行国家会计法律、法规、会计准则和会计制度；负责市级财政投资评审工作，为生点企业提供“直通车”服务；负责指导、组织、协调全市农村集体经济承包合同管理工作，调解承包合同纠纷、研究、制定、规范农村承包土地经营流转的措施和办法，指导全市农村集体资产与财务的管理工作，推进农村财务公开与民主管理，落实各项惠农政策。

安陆市财政局府城财政分局[Ānlù Shì Cáizhèng Jú Fǔchéng Cáizhèng Fēnjú]　1987年10月至1999年成立“安陆市北城财税分局”，1988年至1999年成立“安陆市府城财政分局”；1999年至2010年由北城财税分局合并入安陆市府城财政分局；2010年更名为安陆市府城财政分局，位于汉丹北路301号。占地面积1620平方米，主要负责全处行政事业单位的财政收支管理，包括负责乡镇惠农、落实兑现各级惠农补助资金，对农民负担和农村政策实施监管；围绕乡镇财源建设搞好服务；农村财务管理指导、监督和审计，依法代理村级财务，财政项目资金管理和乡镇政府机关财务代理；乡镇公有资产管理利用及村集体资产监督管理。

安陆市国税局府城分局[Ānlù Shì Guóshuì Jú Fǔchéng Fēnjú]　该分局于1990年设立，位于德安北路99号，占地面积800平方米左右，建有7层办公楼1栋，坐南朝北，为砖混结构的综合办公楼。主要负责地方政府委托征收的各项地方税、基金和专项收入的征收管理工作和稽查工作；负责增值税专用发票、普通发票和其他税收票证的管理工作；组织实施注册税务师的管理，规范税务代理行为；监督检查各纳税单位贯彻执行国家税收法律法规、方针政策情况，严肃查处偷骗税等。

安陆市地方税务局[Ānlù Shì Dìfāngshuìwù Jú]　1994年建成，位于解放大道159号，机关内设办公室、监察室、人事教育科、政策法规科、征管信息科、规划财务科6个科室，占地面积9990平方米，主要负责安陆市地方税务事务管理。

安陆市地税一分局[Ānlù Shì Dìshuì Yīfēnjú]　2004年成立，位于凤凰路18号，主要负责安陆市税务的征收与管理。

中国工商银行安陆支行[Zhōngguó Gōngshāngyínháng Ānlù Zhīháng]　位于碧涢路63号，于1986年建成并投入使用，占地面积2673平方米，该支行是中国工商银行下属安陆市的分支银行，主要经营人民币存贷款、外币信贷、代理保险及各种结算等，包括吸收公众存款；发放短期、中期、长期贷款；办理国内外结算；发行、代理及买卖政府债券、金融债券、外汇等。

中国农业发展银行安陆市支行[Zhōngguó Nóngyèfāzhǎn Yínháng Ānlù Shì Zhīháng]　1996年成立，位于碧涢路114号，占地面积2700平方米，建筑面积900平方米，为砖混结构，设有办公室、劳资、财务等部门。该支行是中国农业发展银行下属安陆市的分支银行，主要办理金融业务。

中国农业银行安陆支行[Zhōngguó Nóngyèyínháng Ālù Zhīháng]　位于解放大道1号大转盘，于1979年建成并投入使用，占地面积534平方米。该支行是中国农业银行下属安陆市的分支银行，主要经营人民币存贷款、外币信贷、代理保险及各种结算等，包括吸收公众存款；发放短期、中期、长期贷款；办理国内外结算；发行、代理及买卖政府债券、金融债券、外汇等。

中国农业银行股份有限公司安陆市支行社区分行[Zhōngguó Nóngyèyínháng Gǔfènyǒuxiàngōngsī Ānlù Shì Zhīháng Shèqū Fēnháng]　1987年建成，位于涢水路248号，占地面积约2000平方米。主要业务范围

为办理存取款、代理业务。

中国银行股份有限公司安陆支行[Zhōngguó Yínháng Gǔfènyǒuxiàngōngsī Ānlù Zhīháng]　1989年建成，位于安陆市府城文昌路35号，主要业务范围为办理存取款业务和借贷、代理业务。

中国银行股份有限公司安陆府东支行[Zhōngguó Yínháng Gǔfèn Yǒuxiàn Gōngsī Ānlù Fǔdōng Zhīháng]　1988年成立"中国银行安陆市行分理处"，2010年更名为"中国银行安陆市府东支行"。位于碧涢路116号，占地面积230平方米，拥有综合服务大厅1间。其主要经营商业银行业务，包括公司金融业务、个人金融业务和金融市场业务等多项业务。

中国邮政储蓄银行股份有限公司安陆支行[Zhōngguó Yóuzhèng Chǔxù Yínháng Gǔfèn Yǒuxiàngōngsī Ānlù Zhīháng]　原为邮电局邮政储蓄所，2009年从邮电局分出建立，位于汉丹路159号，主要业务范围为办理存取款业务和借贷、代理业务。

中国建设银行股份有限公司安陆市支行[Zhōngguó Jiànshèyínháng Gǔfèn Yǒuxiàn Gōngsī Ānlù Shì Zhīháng]　1990年建成，位于安陆市府城汉丹路188号。主要办理存取款及信贷业务。

孝感银监分局安陆监管办事处[Xiàogǎn Yínjiān Fēnjú Ānlù Jiānguǎn-Bànshì Chù]　2004年建成，位于报恩寺西巷1号，主要负责对安陆市银行业金融机构及其业务活动进行监督管理。

安陆市农村社会养老保险管理局[Ānlù Shì Nóngcūnshèhuì Yǎnglǎobǎoxiǎn Guǎnlǐ Jú]　1981年建成，位于德安北路143号，拥有砖混结构的建筑楼房1栋4层，占地面积1852平方米，设有财务股、征收股、办公室、退管股。其主要业务范围为农村社会养老保险事业的管理。业务开展主要依托乡(镇)社区就业和社会保障服务中心人员办理。在县人民政府、县城乡居民社会养老保险领导小组、县人力资源和社会保障局的领导之下开展工作。根据2014年国务院建立统一的城乡居民基本养老保险制度的意见，新农保和城居保两项制度合并实施，建立全国统一的乡居民养老保险制度。

安陆市农业综合开发办公室[Ānlù Shì Nóngyèzōnghékāifā Bàngōng Shì]　1991年12月成立"安陆市农业综合开发领导小组办公室"；1997年2月成立"安陆市农业综合开发办公室"作为常设机构。位于府东北路63号，现有3股室，占地面积80平方米。主要业务为执行上级管理部门制定的开发计划，对农业综合开发的任务目标认真安排、组织实施，并做好检查监督工作，集指挥监督、计划决策、反馈信息、解决问题、调整计划等功能于一体。

安陆市农机局[Ānlù Shì Nóngjī Jú]　前身为20世纪60年代初安陆县农机公司，1995年设立农机局，位于汉丹北路241号，建有5层办公楼1栋，坐北朝南，占地面积达1000平方米。主要职责是负责农机新机具推广、农机购置补贴政策实施的监督管理；负责农机跨区作业的组织、协调和监督管理；负责农机维修经营、报废农机回收经营的监督管理；受理对农机产品质量、维修质量的投诉并进行调解；负责农业机械安全技术检验、登记备案、核发牌证及驾驶操作人员考试、发证、审验和农机事故调查处理的监督管理；组织开展农机职业技能培训与鉴定工作等。

安陆市农业局[Ānlù Shì Nóngyè Jú]　1988年成立，位于金泉南路4号，原为安陆县农业局。占地面积0.011725平方千米，建筑面积0.005平方千米。主要从事农业、蔬菜技术研究。主要工作职能：研究拟定农业产业化经营的政策与发展规划，促进农业产前、产中、产后一体化发展，组织协调农业生产资料市场体系建设，负责农药、化肥、种子等农业投入品的市场监管和农业行政执法工作；组织农业资源区划、生态农业和农业可持续发展工作，指导农用地、宜农荒滩、宜农湿地、农村可再生资源的开发利用以及农业生物种源的保护和管理，开展测土配方施肥和农业生态环境保护工作；拟定农业科研、科普教育、技术推广及队伍建设的发展规划和有关政策，实施科教兴农战略，组织重大科研和技术推广项目的遴选及实施，指导农业教育和农业技能开发工作，大力开展农技推广和技术服务工作；组织实施农业品牌发展战略及无公害、绿色有机食品的质量监控、认证和农业植物新品种的保护工作。

安陆市东观养殖场[Ānlù Shì Dōngguān Yǎngzhí Chǎng] 成立于1979年，位于汉丹北路25号，占地面积2150平方米，拥有楼房建筑1栋2层，共有工作人员27人。主要业务范围为淡水养殖。

安陆市农产品质量安全监督检查站[Ānlù Shì Nóngchǎnpǐnzhìliàng Ān-quánjiāndūjiǎnchá Zhàn] 2010年成立，位于金泉南路4号，注册资金4万元，占地面积363平方米，拥有2层8间办公室，主要负责农产品质量安全的监督检查。

安陆市农村能源办公室[Ānlù Shì Nóngcūnnéngyuán Bàngōng Shì] 1977年成立安陆县沼气办公室，1989年改为安陆市农村能源办公室，位于金泉南路4号，占地面积126平方米，拥有4间办公室、1间仓库。主要负责农村能源及其新技术的引进、试验、示范和推广管理等工作，贯穿执行国家农村能源发展的政策法规，制定本市农村能源发展规划。

安陆市农机安全监理站[Ānlù Shì Nóngjīānquán Jiānlǐ Zhàn] 1984年成立，位于汉丹路241号，占地面积1800平方米，拥有建筑房屋1栋4层，主要业务范围为安陆市农业机械安全监督管理。

安陆市农业环境保护监测站[Ānlù Shì Nóngyèhuánjìng Bǎohùjiāncè Zhàn] 1990年建立，位于金泉南路4号，注册资金20万元，占地面积56平方米，拥有2间办公室。主要从事组织开展农业环境保护，建立生态农业保护开发区，开展农业环境综合整治工作，开发管理绿色食品及发展农业环境保护产业。

安陆市农业技术推广中心[Ānlù Shì Nóngyèjìshù Tuīguǎng Zhōngxīn] 1985年成立，位于金泉南路4号，注册资金110万元，占地面积90平方米，拥有4间办公室，主要从事农业技术推广、培训。

安陆市农业经销公司[Ānlù Shì Nóngyè Jīngxiāo Gōngsī] 1986年建成，位于安陆市蒿桥社区碧涢路，占地面积60平方米，拥有4间砖混结构的办公室，现有职工25人，主要从事农产品收购与销售。

安陆市土壤肥料站[Ānlù Shì Tǔrǎngféiliào Zhàn] 1977年成立，位于金泉南路4号，占地面积80平方米，拥有4间办公室，主要负责肥料市场监管，土壤肥料技术的推广及生产监管。

安陆市植物保护站[Ānlùshì Zhíwù Bǎohù Zhàn] 1968年由原安陆县病虫害预测预防站更名而成，1983年改建为安陆县植物服务公司，1985年分设安陆市植物保护站。位于金泉南路4号，注册资金5万元，办公地点建于1985年，占地面积80平方米，拥有4间办公室。主要负责农作物疾病预防、治疗及植物检疫等。

安陆市种子公司[Ānlù Shì Zhǒngzǐ Gōngsī] 1978年成立，位于汉丹路261号，占地面积72平方米，拥有办公室4间。主要负责为种植业发展提供技术开发和质量管理服务，种植业新品种开发、新技术开发及种植业生产与加工设备开发。

安陆市种子管理局[Ānlù Shì Zhǒngzi Guǎnlǐ Jú]　1995 年成立安陆市种子管理站，2008 年更名为安陆市种子管理局。位于金泉南路 4 号，占地面积 150 平方米，拥有 5 间办公室。主要从事农业种子科学技术，提高农民种田水平，提高农产品质量。

安陆市防汛抗旱指挥部办公室[Ānlù Shì Fángxùn Kànghàn Zhǐhuī Bù Bàngōng Shì]　成立于 1980 年 10 月，位于汉丹路 150 号。占地面积 300 平方米，拥有砖混结构 6 层楼房 1 栋，设有政秘科、水情通讯科、水库科、河道科、城区防汛科及抗旱科等 6 个内设机构。主要承担全市防汛抗旱指挥部的日常工作，包括对河道、水库和重要水利工程实施防汛抗旱调度和应急水量调度；编制全市防汛抗旱应急预案并组织实施；负责全市汛情、旱情及灾情的发布，指导监督重要河道防汛演练和抗洪抢险工作；负责防汛抗旱资金管理的有关工作，指导防汛抗旱物资的储备和管理、防汛抢险和抗旱服务组织的建设与管理；负责水利设施、水域及其岸线的管理和保护；指导水库、河道、大坝的治理和开发；组织实施河道管理范围内工程建设方案审查；负责河道采砂管理；指导水域的综合治理、开发利用以及水利旅游、水库养殖和水利行业的供水工作等。

安陆市林业局[Ānlù Shì Línyè Jú]　1960 年 2 月成立安陆县林业局，1962 年 6 月与农业、畜牧合并为农林局，1963 年 2 月重设林业局，1971 年 11 月改为林特科，1987 年 6 月更名为安陆市林业局，1992 年 12 月转体为林业总公司，1996 年 7 月，恢复为安陆市林业局。位于汉丹路 148 号，占地面积 3350 平方米，建筑面积 560 平方米，办公楼为 7 间 4 层，主要负责森林生态，森林资源建设，国土绿化方针政策，法律法规的规划并组织实施。

安陆市林业技术推广中心[Ānlù Shì línyèjìshù Tuīguǎng Zhōngxīn]　1994 年 3 月 12 日设立，位于汉丹路 148 号，占地面积约 500 平方米。主要业务范围为林业技术培育和推广，主要职责为宣传林业方面的法律、法规和各项方针、政策；制定林业发展规划，组织和指导林业生产经营活动；开展林业资源调查，掌握动植物种变化情况；协助林业主管部门管理林木采伐工作；做好森林防火、病虫害防治工作；推广林业科学技术，开展林业技术培训。

安陆市野生动物和森林植物保护站[Ānlù Shì Yěshēngdòngwùhésēnlín Zhíwù Bǎohù Zhàn]　2001 年 1 月 2 日设立，位于汉丹路 148 号，占地面积约 1500 平方米。主要业务为林业有害生物监测预报、防治，野生动植物保护。

湖北省安陆古银杏国家森林公园管理局[Húběi Shěng Ānlù Gǔyínxìng Guójiā Sēnlín Gōngyuán Guǎnlǐ Jú]　2012 年 6 月 11 日设立。位于汉丹路 148 号。占地面积约 1000 平方千米。主要业务范围为古银杏森林公园管理及发展。

湖北省林业科学研究院安陆银杏研究所[Húběi Shěng LínyèkēxuéyánjiūYuàn Āānlù Yínxìng Yánjiū Suǒ]　1998 年 11 月 24 日设立，由湖北省鄂中银杏研究所更名为湖北省林业科学研究院安陆银杏研究所，位于十里社区附近。该研究所占地面积 600 平方米，主要业务范围为本市银杏研究工作。

安陆市水文监测站[Ānlù Shì Shuǐwénjiāncè Zhàn]　2015 年建成，位于安陆市府河大道，拥有一栋 3 层办公楼，单层 6 间办公室，为砖瓦混凝土结构，占地面积 0.01005 平方米，主要负责全市水文监测、数据整理。

安陆市水利局[Ānlù Shì Shuǐlì Jú] 1956年2月8日成立安陆县水利局，1987年改为安陆市水利局，位于汉丹路150号，除一栋办公大楼外，还建有5栋家属楼及一些老式瓦房。主要负责贯彻执行关于水利方针的政策和法规，编制安陆市水利、防汛抗旱、渔业政策。

安陆市水利建筑工程勘察设计院[Ānlù Shì Shuǐlìjiànzhù Gōngchéng KānCháshèjì Yuàn] 1983年建成，位于汉丹路150号，单位注册资本38万元，占地面积为400平方米，拥有办公楼1栋4间办公室，主要经营建筑工程勘察设计、水利水电工程设计测量及桩基工程等。

安陆市水利局工程队[Ānlù Shì Shuǐlìjú Gōngchéng Duì] 2001年建成，位于涢西街6号，单位注册资本71万元，占地面积为400平方米，拥有办公楼1栋2间办公室，主要经营500万元以下的小型水利水电工程建筑(包括勘测、爆破和设备安装)施工。

解放山水库管理处[Jiěfàngshān Shuǐkù Guǎnlǐ Chù] 20世纪80年代成立，原名解放山水利枢纽工程管理处，于2015年5月改制后上报政府批准更名。位于解放大道146号，占地面积1400平方米，主要业务范围为解放山水库相关事务管理。

安陆市水产局[Ānlù Shì Shuǐchǎn Jú] 1979年成立安陆县水产局，1987年改为安陆市水产局，位于德安南路80号，注册资金45万元，拥有五层楼8间办公室、2个会议室，占地面积903.29平方米。主要负责贯彻执行渔业方针，指导全市水产生产。

安陆市水产技术推广中心[Ānlù Shì Shuǐchǎnjìshùtuīguǎng Zhōngxīn] 1980年成立，位于德安南路80号，注册资金10万元，拥有一间办公室、三间实验室，占地面积100平方米，主要业务范围为水产技术推广、示范、培训。

安陆市军粮供应站[Ānlù Shì Jūnliáng Gōngyìng Zhàn] 2000年建成，位于涢水路11号，占地面积约70平方米，建筑面积50平方米。主要业务范围为承担安陆市驻军和武警部队军粮供应任务。

中央储备粮孝感直属库[Zhōngyāng Chǔbèiliáng Xiàogǎn Zhíshǔkù] 始建于1983年，2002年3月上收为中央储备粮直属库。2013年4月更名为"中央储备粮孝感直属库"。坐落于太白大道58号。内设综合人事科、财务审计科、业务科、仓储检验科、监管办、安全保卫科等6个科室。其主要业务为粮油收购、储存、监管与调运。

安陆市粮食局[Ānlù Shì Liángshí Jú] 1952年设立，位于儒学路45号，建有5层办公楼1栋，坐北朝南，占地面积达900平方米。其主要职责是贯彻执行国家和省有关粮食流通和粮油储备的法律法规和政策规定；承担全市粮食监测预警和应急责任；建立和完善地方粮食储备制度，承担地方储备粮油管理工作；负责全市粮食流通的行业管理，审批并核查粮食收购资格；健全和完善全市粮食流通市场体系；指导和推进全市粮食流通的科技进步、技术改造和新技术推广；指导和监督从事粮食收购、销售、储存、加工的粮食经营者以及饲料、工业用粮企业；加强粮食质量管理和检测体系建设等。

安陆市粮食执法大队[Ānlù Shì Liángshí Zhífǎ Dàduì] 成立于2011年，位城儒学路45号，占地面积12000平方米，拥有楼房建筑1栋4层。主要业务范围为负责全市粮食经营者从事粮食收购、储存、运输活动以及政策性用粮的购销活动监督检查；执行国家粮食流通统计制度情况监督检查职责；执行上级粮食行政主管部门下达的粮食流通监督检查任务；行政复议、行政诉讼案件的具体组织办理工作；行政执法信息统计工作；办理案件的立案归档以及执法文书的管理工作。

安陆市粮油食品质检中心[Ānlù Shì Liángyóushípǐn Zhìjiǎn Zhōngxīn] 成立于1998年，位于安陆市杨家山。占地面积300平方米，建筑面积400平方米，拥有楼房1栋3层。主要业务范围为安陆市粮油食品质量检测，根据现行的有关规定和制度，按时完成质量检查与把关工作，及时完成原始报表的整理、验收工作；参与各种粮油食品生产的检查、验收工作，并对质量评定提出切合实际的意见。

安陆市会计局[Ānlù Shì Kuàijì Jú] 1984年至1989年成立安陆市会计事务管理所；1989年改名为安陆市会计局。位于汉丹路265号，占地面积1340平方米，主要负责管理和指导全市会计工作，监督和规范会计行为，执行国家会计法律、法规、会计准则和会计制度；管理会计从业资格，承担会计专业技术资格管理工作，组织和管理会计人员的业务培训。

安陆市物价局[Ānlù Shì Wùjià Jú] 1976年建成，位于德安北路156号，占地面积924平方米，建筑面积813平方米，单位下设机构有安陆市价格认定分局，主要负责全市物价调查、监督与调控，包括贯彻执行国家、省、孝感市价格法律、法规、方针和政策；研究拟定本市价格、收费以及规范政府价格行为和反价格垄断等市场价格行为的规范性文件；组织纳入市级政府定价目录的价格听证工作；负责全市价格工作的宏观管理和综合平衡；指导行业组织的价格自律工作；组织开展全市价格和收费的监督检查工作，查处价格垄断、价格欺诈等各种价格违法和乱收费行为；健全价格举报制度；推行明码标价；指导价格社会监督工作；指导并承担价格公共服务工作；负责全市农产品、工业品、公用事业、公益性服务价格及国家机关收费的成本调查和监审工作；负责全市涉案财产的价格鉴证工作；承担全市价格评估机构及人员的双认定工作；指导中介机构的价格鉴证工作；负责全市价格调节基金的征收、管理工作等。

安陆市价格认定分局[Ānlù Shì Jiàgérèndìng Fēnjú] 成立于2001年，位于德安北路156号。占地面积752平方米，建筑面积614平方米，拥有砖混结构3层楼房1栋。主要负责为财物资产提供认证和鉴定服务，协调、处理价格纠纷；对司法、行政执法领域价格不明或者价格有争议的事项进行行政裁定；对行政机关公务活动中价格不明或者价格有争议的各类有形产品、无形产品、有偿服务收费进行价格认定；为社会提供价格水平合理性、价格行为合法性公正性认定及开展对价格评估机构资质和价格评估人员执业资格两项行政许可的初审工作等。

安陆市审计局[Ānlù Shì Shěnjì Jú] 1984年建成，位于安陆市德安北路护国小区，占地面积1750平方米，建筑面积1344平方米，设立6个内设机构：办公室、财政金融审计股、固定资产投资审计股、行政事业审计股、农林水审计股、经贸审计股。主要负责组织协调全市审计业务工作，贯彻执行审计工作方针政策，提交年度本级预算执行和其他财政收支情况的审计结果报告，法定职权范围内作出审计决定、向有关主管机关提出处理处罚的建议或移送有关部门追究相应责任。

安陆市经济责任审计局[Ānlù Shì Jīngjìzérèn Shěnjì Jú] 成立于1986年，位于德安北路185号。占地面积98平方米，拥有砖混结构的3层楼房1栋。其主要业务范围为组织实施省辖市党委、政府、市直党政机关及依法属于市审计厅审计监督对象的其他单位主要负责人的经济责任审计；承担安陆市纪检、监察、司法机关要求协助配合的经济案件查证等工作；承担安陆市经济责任审计领导小组办公室日常工作及指导全市经济责任审计工作。

安陆市固定资产投资审计局[Ānlù Shì Gùdìngzīchǎn Tóuzī Shěnjì Jú] 成立于1984年，位于德安北路，占地面积984平方米，建筑面积807平方米，拥有砖混结构的5层办公楼1栋。其主要工作职能是受市审计局委托依法对行政区内国家、政府投资建设项目的概预算执行、竣工决结算、建设资金收支的真实性、合法性、项目实施程序的合规性、投资效益及政府投资项目招标控制价与合同签订等进行审计监督，承办上级审计机关委托项目的审计、专项审计和审计调查等。

安陆市统计局[Ānlù Shì Tǒngjì Jú] 1979年9月成立，位于建设街10号，办公楼坐北朝南，占地面积277.5平方米。主要负责组织、领导、协调全市统计工作，开展统计调查和大型普查活动。

安陆市统计局普查中心[Ānlù Shì Tǒngjìjú Pǔchá Zhōngxīn] 成立于2013年12月，位于安陆市解放大道建设路10号。其主要负责国家部署的重大国情国力统计普查方案的拟定和组织实施，承担统计普查体系和专业技术标准制定等工作。

中共安陆市委党校[Zhōnggòng Ānlùshìwěi Dǎngxiào] 1989年建成，原址在汉丹铁路东，即当今的府东名城。20世纪90年代迁到安陆市河西新区民福路8号，校园占地面积0.01876平方千米，建筑面积0.0052平方千米，主要负责培训党员干部，宣传党的路线、方针、政策等。

安陆市党员电化教育中心[Ānlù Shì Dǎngyuán Diànhuàjiàoyù Zhōngxīn] 1987年成立，位于安陆市蒿桥社区。占地面积12000平方米，拥有砖混结构5层楼房3栋。主要负责指导、管理全市党员电化教育工作和党员教育音像教材的引进和复制工作，承担党员电化教育的技术培训和服务任务，制作党员电教片及承办领导交办的其他工作等。

安陆市教育局[Ānlù Shì Jiàoyù Jú] 原为安陆县文教局，曾改为安陆县革命委员会教育局。1981年3月改称“安陆县教育局”；1986年4月撤销“安陆县教育局”，成立“安陆县教育委员会”；1993年3月31日改名为“安陆市教育局”；1996年4月15日“安陆市教育局”又更名为“安陆市教育委员会”；2002年市政府实行机构改革，由“安陆市教育委员会”再次改为“安陆市教育局”。位于龙门路48号。占地面积800平方米，其中建筑面积700平方米，为砖混结构五层综合办公楼房。现设有行政办公室、基础教育室、党群工作室、人事职改室、安全监察室、财务统计室等部门。主要负责主管全县的教育工作，包括管理当地的教师队伍建设、学校基建、校舍和校产及教育用地等。

安陆市教育技术装备站[Ānlù Shì Jiàoyùjìshù Zhuāngbèi Zhàn] 1983年组建。原址在凤凰高中院内，现位于护国西区西二路80号，占地面积634平方米。主要工作职能为保障实践教学和教育现代化的技术装备；制定全市教育技术装备发展规划；开展实验教学、电化教学、远程教育和信息技术教学研究、培训及考核等。

安陆市教育教学研究室[Ānlù Shì Jiàoyùjiàoxué Yánjiū Shì] 1960年7月成立。原址在凤凰高中院内，现位于解放社区双龙桥西二路80号。该单位占地面积3960平方米。主要负责全市的教育教学研究与管理，是市教育局主管全市教学研究工作的直属事业单位，承担着安陆市中小学、学前、中等职业、成人、特殊教育课程与教学研究、指导、服务工作。

安陆市中等职业技术学校[Ānlùshì Zhōngděng Zhíyè Jìshù Xuéxiào] 创办于1972年，1986年更名为“安陆市职业高中”，1999年将“安陆职业高中”与“成教中心”合并设立为“安陆市中等职业技术学校”。位于太白大道111号，占地面积约8000平方米。学校招生对象是初中毕业生和具有与初中同等学力的人员，基本学制为三年，学生毕业属中专学历。主要业务为中专教育，是在义务教育的基础上培养大量技能型人才与高素质劳动者。

湖北省安陆市凤凰寄宿学校[Húběi Shěng Ānlù Shì Fènghuáng Jìsù Xuéxiào] 原为安陆市第一中学。2000年安一中迁到316国道边，这里为分校。2006年改为民办公助命名凤凰寄宿学校，位于德安南路10号，总占地面积12000平方米，设有实验楼1栋，物理实验室2个，化学实验室2个，生物实验室1个，每个面积为75平方米，硬件投资100多万元。实验器材齐备，分类装柜保存，还建有2个学生微机室，每间面积约75平方米，共有微机100台，生机比为4/1。建有2个多媒体教室。所有办公室都配有微机供教师办公使用。主要实施高中阶段文化、体育、艺术教育。

安陆市第二高级中学[Ānlù Shì Dìèr Gāojí Zhōngxué] 1987年创办，原名“安陆县府城高级中学”。1996年更名为“安陆市第二高级中学”，位于府城府东社区太白大道西侧，拥有教学楼4栋，教职工及学生宿舍楼5栋。学校占地面积40020平方米，分为教学区、运动区、生活区三大部分。教学区由东楼、西楼、南楼、北楼和连廊组成，区内各功能室200多间，设有教室、画室、琴房、实验室、多媒体教室、微机室、图书室、档案室、办公室、文印中心、信息中心等。主要业务为实施高中教育。

湖北省孝感市第二技工学校[Húběi Shěng Xiàogǎn Shì Dìèr Jìgōng Xuéxiào] 1991年建成，位于民福路10号，校园占地面积0.0067平方千米。学校主要培养中级技术人才，提高社会职业素质，机械数控加工电子电工、机电一体化、办公自动化及技术工人培训等相关技能培训。

安陆市农经函校[Ānlù Shì Nóngjīng Hánxiào] 成立于2002年，位于碧涢路210号。占地面积120平方米，建筑面积135平方米。主要负责培养农村经济管理人才。

安陆市财校[Ānlù Shì Cáixiào] 1987年成立中华会计函授学校安陆函授站，简称“安陆市财校”，位于汉丹路265号。学校占地面积590平方米，建筑面积300平方米，拥有教学楼、宿舍楼各1栋，是安陆市财政局主管会计教育培训的职能部门，主要负责全市函授中专学历教育、招生、注册、毕业证书发放等一系列教学及管理工作；负责省财经等高等院校在本站进行本科和大专函授的招生、组织管理工作；负责全市会计人员继续教育和学历教育各个环节的组织协调工作。

安陆市解放路初级中学[Ānlù Shì Jiěfàng Lù Chūjí Zhōngxué] 建于1992年11月，位于解放大道40号。占地面积达46900平方米，建筑面积20686平方米，建有教学楼、实验楼、综合楼、公寓楼、学生食堂、学生浴室等主体建筑，设施齐备，拥有微机室、语音室、理化生实验室、阅览室、多媒体教室以及校园网络、教育闭路电视系统，馆藏图书4万余册，在校学生3300余人。主要职能是初中教育。

安陆市德安初级中学[Ānlù Shì Déān Chūjí Zhōngxué] 创建于1958年，原名安陆民办中学，1965年

更名为安陆县城关镇东方红中学，1981 年更名为城关镇中学，1987 年撤县建市后更名为德安中学，位于德安中路 32 号，占地面积 10660 平方米，建筑面积 9828 平方米。为砖混结构 4 层楼房，设有办公室、教务处、各学科组、多功能电教室、计算机教室、实验室、图书阅览室、食堂及财务等部门。主要负责初级中学阶段文化、体育、品德等方面的教育。

安陆市府城实验初级中学[Ānlù Shì Fǔchéng Shíyàn Chūjí Zhōngxué]　创办于 1980 年，原名环城中学，1987 年更名为文昌中学，1991 年经省地两级教委考核，被命名为全省首批“教育教学改革实验初中”之一，故名实验中学。位于文昌路 39 号，占地面积 2 万平方米。服务半径 2 千米。校舍七栋，建筑面积 6792 平方米，有一栋 5 层 20 个教室的现代化教学大楼和电教大楼。建有微机室、语音室、多媒体电教室、CAI 课件制作中心、生物标本室、理化生物实验室、图书阅览室、电子阅览室等。主要实施初中教育。

安陆市太白初级中学[Ānlù Shì Tàibái Chūjí Zhōngxué]　创办于 1972 年，原名北城七里中学，2003 年更名为太白初级中学。位于安陆市城区北郊，距市中心约 3.5 千米的七里河边。拥有校舍五栋。学校占地面积 31349 平方米，建筑面积 45600 平方米。主要任务是实施初中义务教育，促进基础教育发展。

安陆市按摩职业学校[Ānlù Shì Ànmózhíyè xuéxiào]　1989 年建成，位于碧涢路铁西巷 10 号。学校占地面积 1200 平方米，建筑面积 1000 平方米。设有学生宿舍、食堂，实行封闭式管理，教师 24 小时值班，负责学生的安全和学习辅导。多年来一直从事按摩职业教学工作，学校现使用全国盲人按摩中等专业统编教材，开设了《实用正常人体学》《触诊诊断学》《中医学基础》《经络腧穴学》《伤科按摩学》《内科按摩学》《妇科按摩学》《儿科按摩学》等课程。建校 22 年，共培养按摩毕业生 700 多人。

安陆市府城紫金路小学[Ānlù Shì Fǔchéng Zǐjīn Uù Xiǎoxué]　创建于清朝乾隆三十二年(1767 年)，最初为汉东书院，光绪二十二年(1901 年)改为德安府中学堂，1912 年更名为湖北省第五区汉东中学，1923 年更名为湖北省第八中学，1928 年更名为省立第十中学，1935 年更名为省立安陆初级中学，1945 年更名为德安镇中心国民学校，1946 年更名为安陆县吉阳镇中心国民学校，1948 年改名为安陆县城关区完全小学，1949 年更名为安陆县立第一小学，1962 年更名为安陆县城关镇第二小学，“文革”中更名为解放小学，1976 年恢复名称为安陆县城关镇第二完全小学，1988 年更名为安陆市府城紫金路小学。位于安陆市德安北路 34 号，现有教学楼三栋，宿舍楼三栋，建筑面积 11128 平方米，校园绿化面积 3681 平方米。承担义务教育小学阶段的教学和管理。

安陆市实验小学[Ānlù Shì Shíyàn Xiǎoxué]　原为教会进文小学，后为安陆县城关一小，1987 年 7 月更名为安陆县实验小学。1988 年 1 月，安陆撤县建市，定名为安陆市实验小学。位于安陆市龙门路 31 号，占地面积 20657 平方米，建筑面积 22077 平方米，主要业务为小学教育。

安陆市实验小学儒学校区[Ānlù Shì Shíyànxiǎoxué Rúxué Xiàoqū]　1970 年，为安棉子弟学校，后因企业改制，划归安陆市教育局主管，并命名为安陆市儒学初中，2010 年 8 月，初中撤销，更名为安陆市实验小学儒学校区，位于安陆市儒学路安棉社区内。占地面积为 16037 平方米，建有教学办公楼 1 栋、宿舍楼 1 栋，设有小学一至六年级。主要业务为小学教育。

安陆市府城办事处城东小学[Ānlù Shì Fǔchéng Bànshì Chù Chéngdōng Xiǎoxué]　创办于 1956 年，原

名“城东村小学”，位于安陆市富丽社区富强街156号，拥有校舍四栋，为砖混结构的三层楼房。校园占地面积13340平方米，建筑面积4134平方米，校园绿化面积3600平方米。主要业务为本区的小学义务教育和促进基础教育发展。

安陆市府城办事处光明小学[Ānlù Shì Fǔchéng Bànshì Chù Guāngmíng Xiǎoxué] 创办于1954年，原名安陆市北城十里小学，2004年更名为安陆市府城办事处光明小学，位于太白大道西侧，现有教学楼一栋，宿舍楼一栋，建筑面积1160平方米。主要业务为小学九年义务教育的实施。

安陆市府城办事处泰合小学[Ānlù Shì Fǔchéng Bànshì Chù Tàihé Xiǎoxué] 2008年建成，位于市经济开发区泰合乐园内，拥有校舍两栋，学校占地面积12000平方米，建筑面积5500平方米，绿化面积2000平方米。主要业务为小学义务教育的实施与基础教育发展。

安陆市府城凤凰路小学[Ānlù Shì Fǔchéng Fènghuáng Lù Xiǎoxué] 创办于1969年，原名“湖北铝厂子弟学校”，2006年更名为“安陆市府城凤凰路小学”。位于安陆市汉丹东路28号，占地面积为7967平方米，建筑面积达3577平方米，建有校舍3栋，设有现代化的多媒体教室、计算机教室、音乐教室、美术教室、图书阅览室、科学实验室、标准化食堂等。其主要业务范围是义务教育小学阶段的教学和管理。

安陆市府城涢西小学[Ānlù Shì Fǔchéng Yúnxī Xiǎoxué] 1990年建成，位于蒿桥路3号，占地面积0.0067平方千米，使用面积0.001999平方千米，主要负责小学义务教育。

光明联合小学[Guāngmíng Liánhé Xiǎoxué] 1986年建成，位于府城光明社区3、4组交界，占地面积4000平方米，建筑面积800平方米，拥有教学楼一栋，主要业务为小学教育。

安陆市解放路中学附属小学[Ānlù Shì Jiěfànglùzhōngxué Fùshǔ Xiǎoxué] 20世纪60年代为北城护国村小学，位于护国村。20世纪80年代收编为国有，迁建于现址，位于安陆市府城德安北路。1994年划归解放路初中先代管后正式管理。占地面积达6172平方米，主要承担义务教育小学阶段的教学和管理。

太和宫培训学校[Tàihégōng Péixùn Xuéxiào] 20世纪50年代为阜城民办小学，60年代因建压缩机厂迁到太和宫，改名安陆县城关镇第四小学，80年代改名太和宫小学，2010年改为“太和宫培训学校”，位于安陆市涢水路39号，拥有教学楼1栋，占地面积约1000平方米，主要业务为小学学前培训。

安陆市少年儿童业余体育学校[Ānlù Shì Shàoniánértóng Yèyútǐyù Xuéxiào] 1963年设立。1977年11月成立“安陆县体委业余体校”，1987年改为安陆市少年儿童业余体育学校。位于安陆市解放大道152号，设在安陆市文体局内办公教学。校园占地面积140平方米，主要职责是培养、输送体育后备人才。

安陆市特殊教育学校[Ānlù Shì Tèshūjiàoyù Xuéxiào] 1996年建立，位于安陆市碧山路东侧，拥有砖混结构的教学楼2栋，学校占地面积4000平方米。主要业务是为残疾儿童提供教育教学。

安陆市科学技术局[Ānlù Shì Kēxuéjìshù Jú] 1985年建成，位于安陆市解放大道20号，下设机构有安陆市科技馆、安陆市科技情报所和安陆市微生物所，占地面积1630平方米，建筑面积827平方米，主要负责科学技术管理、研究、推广和科学技术信息收集处理等。

安陆市科技馆[Ānlù Shì Kējì Guǎn] 成立于2002年3月，位于安陆市解放大道20号占地面积1200平方米左右，建筑面积1115平方米，拥有砖混结构5层楼房1栋，设有自然博物馆等几个主要展区和临展馆、多功能厅等配套设施。以科普教育为主。

安陆市科学技术情报研究所[Ānlù Shì Kēxuéjìshù Qíngbàoyánjiū Suǒ]　成立于2002年，位于安陆市解放大道20号。占地面积1200平方米，建筑面积207平方米，拥有砖混结构5层楼房1栋，下设办公室、科技信息部、生产力促进部、工业技术服务部。主要工作职能包括为科研立项和科技成果鉴定、评估、验收、奖励及转化提供科技信息查新服务；为新产品、新工艺、新技术及专利申请提供文献检索服务；根据全市工业经济发展需求，研发、引进和推广工业新产品、新成果，负责市级民营科技企业的认定、登记、管理工作等。

安陆市文化体育新闻出版局[Ānlù Shì Wénhuà Tǐyù Xīnwén Chūbǎn Jú]　1949年4月，安陆县人民政府设立文教科，1970年2月，安陆县革命委员会政治工作站下设文教科，1973年3月，设立文化科，1975年11月，改名文化局。1984年3月，广播事业局并入文化局，11月24日，广播事业局又分出单设。1989年10月，成立安陆市新闻出版局，与文化局合署，1993年3月机构改革，文化局、新闻出版局、体育运动委员会撤销，合并为安陆市文化体育新闻出版局。位于蒿桥社区，占地面积0.010005平方千米，下辖文化馆、图书馆、博物馆、李白纪念馆、楚剧团、少年儿童业余体校、体育场管理处、文化市场综合执法大队8个基层单位。全市共建成16个乡镇(街道)综合文化站、402农家书屋和322文化信息资源共享工程基层服务点。初步形成了以乡镇综合文化站为龙头，以农家书屋为主体，以文化科技中心为纽带的多层次，多体制的基层文化建设网络。

安陆市博物馆[Ānlù Shì Bówù Guǎn]　1984年5月设立，馆址设于儒学路原粮食局院内"德安府儒学大成殿"，1986年馆址迁建于河西太白公园，1999年馆址迁建于蒿桥社区解放大道210号，占地面积2450平方米，主要负责收藏、展览文物、弘扬民族文化及开展文物保护等工作。

安陆市场管处[Ānlù Shì Chǎngguǎn Chù]　成立于1988年，位于安陆市蒿桥社区。占地面积3000平方米，建筑面积1000平方米，拥有砖混结构5层楼房1栋，内设办公室、业务部、设备部等8个部门。主要职能是管理维护市属体育场馆，为安陆市竞技体育提供训练、竞赛基地及配套服务；提供全民健身活动场所，组织社会体育活动，推动全民健身运动开展；提供各级体育活动、文艺演出场所及组织、策划、制作等专业服务，发展体育经济；实施安全管理，确保所辖体育场馆安全有序开放。

安陆市文化市场综合执法大队[Ānlù Shì Wénhuàshìchǎng Zōnghézhífǎ Dàduì]　2013年设立，位于安陆市解放大道152号。拥有办公楼一栋，占地面积1000平方米，共设有十间办公室，为砖混结构的二层楼房。其主要业务范围为依法对文化、新闻出版等经营单位和经营活动进行监督和检查，规范日常经营，查处违法行为，保护合法经营，繁荣文化市场。

安陆市广播电影电视局[Ānlù Shì Guǎngbō Diànyǐng Diànshì Jú]　2010年原安陆市电影公司合并到安陆市广电局，更名为"安陆广播电影电视局"，位于安陆市解放大道125号，办公楼坐北朝南，共七层，占地面积3551平方米，主要负责监督全市电视发射台、联转台、微波站和有线广播电视专用网，包括指导和协调全市广播电影电视宣传和创作；起草本系统行业规范性文件草案，依法开展广播电影电视执法业务；推进全市广播电影电视领域的体制机制改革；组织推进全市广播电影电视领域的公共服务，指导、监督管理全市广播电影电视基础设施建设；制定全市广播电影电视事业和产业发展规划；指导、协调全市广播电影电视事业、产业发展，监督管理全市性重大广播电影电视活动；负责全市广播电影电视、信息网络视听节目服务机构和业务的监管，监督管理广播电影电视节目制作民办机构；监督管理全市广播电影电视节目、信息网络视听节目和公共视听载体播放的视听节目，审查其内容和质量；指导和实施全市广播电影电视和信息网络视听节目服务的科技管理，监督管理全市广播电影电视节目传输、监测和安全播出；负责审核全市广播电视制作、播出机构、转播台(有线广播电视站)的建立和撤销；负责全市卫星电视地面接收设施监管和接收境外卫星电视节目许可证的审核等。

安陆市广播电视台[Ānlù Shì Guǎngbō Diànshì Tái]　成立于1995年2月10日，原址在碧涢路政府院内，现位于安陆市解放大道125号，占地面积3577.1平方米，建筑面积3528平方米，拥有砖混结构7层楼房1栋。主要经营电视转播及新闻制作等，以同步传递与人们生活息息相关的经济信息、流行时尚、生活资讯、最新流行动态为主要内容，每日坚持连续播出精彩的电视剧及电影。

安陆市卫生和计划生育局[Ānlù Shì Wèishēnghéjìhuàshēngyù Jú]　2013年建成，位于安陆市解放大道78号，占地面积1200平方米，建筑面积980平方米，主要负责制定全市疾病预防控制规划、免疫规划、严重危害人民健康的公共卫生问题的干预措施并组织落实，组织开展卫生相关监测、调查、评估和监督，组织拟订并实施基层卫生和计划生育服务、妇幼卫生发展规划和政策措施，组织推进全市公立医院改革等。

安陆市医疗保险局[Ānlù Shì Yīliáo Bǎoxiǎn Jú]　1998年成立，位于安陆市府城碧山路97号，该建筑物为五层结构，建筑面积1157.41平方米。设有办公室、财务股、医管股、工伤生育股、医审股、结算股等10个股室。主要负责安陆市城镇职工、居民基本医疗保险及工伤和生育保险的审核、报销等。

安陆市疾病预防控制中心[Ānlù Shì Jíbìng Yùfán Kòngzhì Zhōngxīn]　于2002年8月在原市卫生防疫站基础上组建而成，位于安陆市金泉路3号，占地面积0.02077平方千米，建筑面积0.005平方千米，主要负责疾病预防宣传与控制相关工作。

安陆市爱国卫生运动委员会[Ānlù Shì Àiguówèishēngyùndòng Wěiyuánhuì]　成立于2011年，位于解放大道78号。占地面积1072平方米，建筑面积915平方米，拥有砖混结构的5层楼房2栋。主要工作职能包括拟订全市爱国卫生工作计划，创建国家卫生区的规划并组织实施；负责组织、协调各委员部门共同履行社会卫生工作职责的任务，开展爱国卫生工作；动员组织群众，除四害、讲卫生，开展普及卫生知识活动，组织检查和进行社会卫生整体效果评价；负责农村改水、改厕，开展健康教育和创建卫生村镇工作；负责公共场所禁止吸烟监督检查和执法工作；负责除四害监督检查和执法工作及除四害服务机构备案；负责审批消毒、杀虫、灭鼠服务单位卫生许可等。

安陆疾病预防控制中心[Ānlù Jíbìngyùfángkòngzhì Zhōngxīn]　1951年建成，位于安陆市中山社区，拥有楼房4栋，占地面积510平方米，主要业务为负责本市民疾病的预防与控制。

安陆市地方病防治领导小组办公室[Ānlù Shì Dìfāngbìngfángzhì Lǐngdǎoxiǎozǔ Bàngōng Shì]　成立于2014年，位于解放大道78号。占地面积1072平方米，建筑面积915平方米，拥有砖混结构5层楼房2栋。主要负责安陆市地方病领导小组的日常工作及地方病防治工作的组织协调。包括依法制定全市地方病(血吸虫病、碘缺乏病和地方性氟中毒，下同）防治工作的政策、策略和计划并组织实施；承担地方病防治工作的组织协调，指导地方各级政府及有关部门开展地方病防治工作并进行监督检查和评价；负责组织对地方病的疫、病情调查和对重大疫、病情进行调查处理；负责全市地方病防治的业务技术管理；协助规划和指导地方病防治机构的建设与管理工作等。

安陆市人口和计划生育行政执法大队[Ānlù Shì Rénkǒuhéjìhuàshēngyù Xíngzhèng Zhífǎ Dàduì] 成立于1999年，位于安陆市解放大道78号。占地面积1072平方米，建筑面积915平方米，拥有砖混结构5层楼房2栋。主要负责配合职能部门搞好计划生育政策及授权执行计划生育法律法规等。

安陆市计划生育科技药具站[Ānlù Shì Jìhuàshēngyù Kējì Yàojù Zhàn] 成立于1991年12月23日，位于安陆市解放大道78号。占地面积82平方米，建筑面积75平方米，内设办公室、药具科和财务科，并设有药具仓库、急救室、实验室等配套设施。主要负责组织实施本级计划生育药具的计划统计、采购、发放服务和经费管理、质量管理、监督管理等，承担本级计划生育药具的采购、储运和调拨以及计划生育药具业务培训和宣传教育。

安陆市新型农村合作医疗管理委员会[Ānlù Shì Xīnxíng Nóngcūn HézuòYīliáo Guǎnlǐ Wěiyuánhuì] 1997年建成，位于安陆市府城凤凰路55号，办公楼为砖混结构五层，设有办公室、财务等科室。主要负责农村户口合作医疗业务的办理及管理。

安陆市流管办[Ānlù Shì Liúguǎnbàn] 成立于2011年，位于安陆市汉丹路301号。占地面积273平方米，建筑面积160平方米，拥有砖混结构4层楼房1栋。主要职责是组织研究并整合全市流动人口和出租房屋管理与服务的相关政策，统一指导并综合协调各区、各部门有关流动人口和出租房屋的管理与计划生育等相关服务工作。

安陆市动物卫生监督局[Ānlù Shì Dòngwùwèishēng Jiāndū Jú] 1986年建成，位于安陆市凤凰路39号，办公楼为砖混结构五层，设有办公室、财务等科室，主要负责控制畜禽疫病流行，杜绝畜禽疫病传播，促进畜牧业发展等。

安陆市动物疫病预防控制中心[Ānlù Shì Dòngwùyìbìng Yùfáng Kòngzhì Zhōngxīn] 1972年1月注册成立安陆县畜牧兽医站，2010年11月更名为安陆市动物疫病预防控制中心。位于安陆市碧涢路243号，注册资金6万元，拥有7间办公室，占地面积300平方米，主要业务范围为动物疫病防控、动物疫情测报，促进畜牧业发展及相关社会服务。

安陆市畜牧兽医局[Ānlù Shì Xùmù Shòuyī Jú] 20世纪五六十年代为安陆县兽医站，1972年升级为安陆县畜牧兽医局，隶属安陆市卫生局，位于安陆市碧涢路243号，主要负责贯彻执行上级有关畜牧业的方针政策，研究提出全市畜牧生产管理政策及服务等。

安陆市第二人民医院[Ānlù Shì dìèr Rénmín Yīyuàn] 原为安陆县城关镇卫生院，1988年安陆建市时成立，位于安陆市区凤凰路6号，是一所融医疗、预防，保健、康复、教学为一体的二级综合医院，占地面积900平方米，总建筑面积940平方米，定编床位300张。主要业务为医疗护理。

安陆市妇幼保健医院[Ānlù Shì Fùyòu Bǎojiàn Yīyuàn] 始建于1952年1月1日，位于安陆市儒学路

27号。占地面积达3500平方米，开放病床126张。建有4层医院门诊大楼1栋，坐南朝北。主要业务范围为妇幼保健、婚检及医疗卫生护理服务等。

安陆市计划生育服务站[Ānlù Shì Jìhuàshēngyù Fúwù Zhàn] 2012年成立，位于安陆市解放大道154号，占地面积0.00335平方米，主要负责宣传教育、技术服务、药具发放、人员培训、信息咨询、随访服务、优生指导、生殖保健的“八项职能”开展技术服务，集计划生育技术服务、医疗、教学、科研为一体。

安陆市府城办事处卫生院[Ānlù Shì Fǔchéng Bànshì Chù Wèishēng Yuàn] 2004年建成，位于安陆市府城府东社区，拥有砖混结构的办公楼1栋，占地面积821平方米。主要工作职能为提供公共卫生服务、基本医疗服务和承担公共卫生管理。

安陆市粮机医院[Ānlù Shì Liángjī Yīyuàn] 1966年建成，属于国企粮食工业部东方红粮油机械制造厂，故名粮机医院。20世纪90年代末，粮机厂改制，医院交地方办，隶属于安陆市卫生局。位于安陆市紫金路7号，占地面积462平方米，房屋建筑面积1614平方米，建有5层医院门诊大楼1栋，坐南朝北，医院科室齐全，设有内科、外科、妇产科、儿科、眼科、耳鼻咽喉科、急诊医学科、麻醉科、医学检验科、病理科、医学影像科。主要业务范围是为当地居民提供医疗卫生及护理服务。

安陆市棉纺医院[Ānlù Shì Miánfǎng Yīyuàn] 始建于1969年10月，原名为“五七职工医院”，2006年改制后更名为“安陆市棉纺医院”，位于安陆市儒学路47号。该医院占地面积达3500平方米，总建筑面积为3170平方米，开放病床100张。设内、外、妇、儿、肛肠、五官、口腔、眼科、中医、碎石等临床科室，另设放射、检验、病理、超声、胃镜、心电图、乳扫、中西药房等医技科室，拥有美国产彩色多普勒B超诊断仪、心电监护仪、全身麻醉呼吸机、数控颈椎牵引椅、电动腰椎牵引床等高科技设备。主要业务范围是为当地居民提供医疗卫生及护理服务。

安陆市皮肤病防治所[Ānlù Shì Pífūbìngfángzhì Suǒ] 2002年建成，位于安陆市文昌路38号，占地面积160平方米，拥有1栋2间4层楼房，主要业务为皮肤疾病防治与治疗。

安陆市中医院[Ānlù Shì Zhōngyīyuàn] 1979年成立，原址在府河大桥东，现址1989年建成，位于安陆市府城河西金泉路8号，占地面积0.1005平方千米，主要职能为提供公共卫生服务、基本医疗服务和承担公共卫生管理。

安陆市中医院太和宫门诊部[Ānlù Shì Zhōngyīyuàn Tàihégōng Ménzhěnbù] 1984年建成，位于安陆市碧涢路269号，占地面积180平方米，建筑面积300平方米，设有药房、诊室、化验室、B超室、注射室等，主要功能是为本市居民提供医疗服务。

府城妇幼保健计划生育服务站[Fǔchéng Fùyòubǎojiàn Jìhuàshēngyù Fúwù Zhàn] 2002年建成，位于安陆市凤凰路27号，占地面积210平方米，主要负责府城计划生育管理工作。

安陆市食品药品监督管理局[Ānlù Shì Shípǐn Yàopǐn Jiāndūguǎnlǐ Jú] 原为安陆市药品监督管理局，2004年5月更名为“安陆市食品药品监督管理局”，位于安陆市碧山路29号，为砖混结构六层楼房。设有办公室、人事教育股、食品药品安全综合协调股、药品器械化妆品监管股、食品生产监管股、食品经营监管股、财务股等部门，占地面积178.09平方米，建筑面积960平方米。主要业务为履行食品药品安全监管职能。

安陆市食品药品稽查局[Ānlù Shì Shípǐn Yàopǐn Jīchá Jú] 2004 年成立，位于安陆市府东北路，占地面积 178 平方米，建筑面积 960 平方米，拥有建筑 1 栋 6 层。主要职能为组织拟订食品药品稽查工作制度并监督实施；协调指导食品药品安全投诉举报工作；指导监督地方稽查工作，规范行政执法行为；组织查处重大食品药品安全违法案件，组织开展相关的执法检验等。

安陆市微生物研究所[Ānlù Shì Wēishēngwù Yánjiū Suǒ] 1987 年建成，位于安陆市德安南路 30 号，主要经营微生物研究，食用菌研究，试验，生产服务，技术培训。

第二节 南城街道

南城街道办事处[Nánchéng Jiēdào Bànshì Chù] 1988 年春，安陆市人民政府划出安陆城南一片成立南城办事处，2001 年改名南城街道办事处。南城街道办事处隶属于安陆市人民政府，位于安陆市太白大道 523 号，设有党工委办公室、政务办公室、城市管理科、社会事务管理科、经济发展科及计划生育办公室等部门，主要负责安陆市南城辖区内的政府事务管理。

安陆市公安局南城派出所[Ānlù Shì Gōngān Jú Nánchéng Pàichū Suǒ] 1987 年成立，所属行业为公共管理、社会保障和社会组织，主要业务范围为南城户籍管理，维护社会治安秩序，打击违法犯罪。位于安陆市南城草庙村二组，太白大道以东，汉丹铁路以西。占地面积约 1800 平方米。

安陆市司法局南城司法所[Ānlù Shì Sīfǎ Jú Nánchéng Sīfǎ Suǒ] 2010 年设立，位于 316 国道东侧南城金沟村 3 组。办公室设在南城办事处一楼，办公室面积 18 平方米。

安陆市财政局南城财政分局[Ānlù Shì Cáizhèng Jú Nánchéng Cáizhèng Fēnjú] 1987 年建立，主要业务范围为负责南城财政资金的监督管理，编制乡镇年度预决算和农村集体“三资”管理。位于南城刘庙村 2 组郑家塆，占地面积约 1800 平方米，建筑面积约 580 平方米。

安陆市地方税务局税源管理三分局[Ānlù Shì Dìfāng Shuìwù Jú Shuìyuán Guǎnlǐ Sān Fēnjú] 成立于 2009 年，主要业务范围为地方税费征收管理。位于南城太白大道 490 号，占地面积约 600 平方米，共有三层。

安陆市国土资源局南城分局[Ānlù Shì Guótǔzīyuán Jú Nánchéng Fēnjú] 1987 年 9 月设立安陆市南城办事处土地管理所属办事处行政职能部门；1998 年 4 月 25 日更名为安陆市土地管理局南城土地管理所；2005 年 5 月更名为安陆市国土资源局南城分局。主要业务范围为编制与实施国土资源政策与管理制度。位于安陆市太白大道 362 号，占地面积约 350 平方米，建筑面积约 180 平方米。

安陆市海事局[Ānlù Shì Hǎishì Jú] 主要负责府河安陆境内航道的使用维护管理、港口建设管理、水上运输的海事安全管理、水路客货运输管理和水路交通规费征收。2015 年之前此地原为安陆市公路段南城道班，2015 年改为安陆市海事局，位于安陆市南城草庙村，占地面积下设办公室、财务、航政船检、费收、运输安全、港口航道等股室。

安陆市环卫局垃圾处理厂[Ānlù Shì Huánwèi Jú Lājī Chǔlǐ Chǎng]　位于安陆市南城高庙村，于 2008 年建成，占地面积 0. 2345 平方千米。主要负责垃圾集中回收与处理。

安陆市南城办事处村镇建设环境保护服务中心[Ānlù Shì Nánchéng Bànshì Chù Cūnzhèn-Jiànshè Huánjìng Bǎohù Fúwù Zhōngxīn]　2003 年成立。主要业务范围为服务村镇建设、环境保护、整治。位于 316 国道东侧南城办事处，办公室设在便民服务中心 2 楼 207、208 室，办公室面积约 45 平方米。

安陆市南城办事处计划生育办公室[Ānlù Shì Nánchéng Bànshì Chù Jìhuàshēngyù Bàngōng Shì]　1987 年成立计划生育办公室，2015 年迁入南城街道办事处行政服务中心三楼。主要业务范围为贯彻实施计划生育管理政策。位于南城刘庙村 316 国道西侧。

安陆市南城办事处农业水产服务中心[Ānlù Shì Nánchéng Bànshì Chù Nóngyè Shuǐchǎn Fúwù Zhōngxīn]　1987 年为南城农技站。2003 年更名为安陆市南城办事处农业水产服务中心。主要业务范围为农业水产技术推广与服务管理。位于 316 国道东侧南城金沟村 3 组，办公室设在农业综合服务中心 2 楼，有办公室 2 间，办公室面积约 40 平方米。

安陆市南城办事处人力资源和社会保障服务中心[Ānlù Shì Nánchéng Bànshì Chù Rénlìzīyuán Hé Shèhuìbǎozhàng Fúwù Zhōngxīn]　1987 年为南城办事处经管站，2010 年改名安陆市南城办事处人力资源和社会保障服务中心。主要业务范围为负责南城人力资源管理和社会保障工作。位于 316 国道南城金沟村，建筑面积约 100 平方米，占地面积约 800 平方米。

安陆市南城办事处统计办公室[Ānlù Shì Nánchéng Bànshì Chù Tǒngjì Bàngōng Shì]　1987 年建成，位于 316 国道东侧南城街道办事处，主要业务范围为承担组织领导和协调统计工作，确保统计数据真、准确、及时的责任，组织实施全国人口、经济、农业等重大国情国力普查，汇总整理和提供有关国性国力方面的统计数据。

安陆市南城办事处卫生服务中心[Ānlù Shì Nánchéng Bànshì Chù Wèishēng Fúwù Zhōngxīn]　2000 年由南城四里搬迁至此，命名为南城卫生院，2015 年 8 月命名为南城街道办事处社区卫生服务中心，位于安陆市南城太白大道 635 号。主要业务范围为医疗、预防保健、公共卫生服务。占地面积约 2664 平方米，建筑面积约 1662 平方米，为砖混结构三层楼房，设有办公室、住院部、急救、治疗、门诊、公卫科等部门。

安陆市南城办事处文化体育服务中心[Ānlù Shì Nánchéng Bànshì Chù Wénhuà Tǐyù Fúwù Zhōngxīn]　1987 年建立，命名为南城广播文化站，2003 年更名为南城街道办事处文化体育服务中心。位于南城金沟村三组，占地面积约 100 平方米。

安陆市南城办事处乡镇企业服务中心[Ānlù Shì Nánchéng Bànshì Chù Xiāngzhèn Qǐyè Fúwù Zhōngxīn]　1987 年成立安陆市南城办事处企业管理委员会，2003 年更名为安陆市南城街道办事处乡镇企业服务中心。位于 316 国道东侧南城街道办事处，主要业务范围为乡镇企业相关事务的管理服务工作。

安陆市南城畜牧兽医技术服务中心[Ānlù Shì Nánchéng Xùmù ShòuyīJìshù Fúwù Zhōngxīn]　2003年成立，位于南城316国道边肖杨村，占地面积约800平方米，共有三层，主要业务范围为畜禽防疫、阉割治疗、畜禽品改改良、大产管理。

安陆市食品药品监督管理局南城监管所[Ānlù Shì Shípǐn Yàopǐn JiāndūGuǎnlǐ Jú Nánchéng Jiānguǎn Suǒ]　2014年6月设立于太白大道158号，2014年12月迁至太白大道490号，占地面积180平方米，共有三层，主体高度12米。

安陆市南城办事处中心小学[Ānlù Shì Nánchéng Bànshì Chù Zhōngxīn Xiǎoxué]　原名"刘庙小学"，始建于20世纪50年代，2000年更名为南城中心小学。主要业务范围为小学义务教育。位于南城刘庙社区，东邻316国道，南接汉十高速入口。占地面积约8000平方米，有教学楼和综合楼各一栋，有标准的实验室、美术室、音乐室、阅览室、网控教室、多媒体教室等各功能室、标准的篮球场、排球场等体育场地。

安陆市南城初级中学[Ānlù Shì Nánchéng Chūjí Zhōngxué]　始建于1974年，命名为安陆县城关二中，1976年更名为安陆县刘庙高中，1980年更名为安陆县李店区刘庙高中，1986年，改名为安陆市南城初级中学。主要业务范围为实施初中阶段教育教学。位于安陆市南城刘庙社区。校园占地面积约22110平方米，建筑面积约6850平方米。

安陆市南城联村小学[Ānlù Shì Nánchéng Liáncūn Xiǎoxué]　1994年9月，将原有的黄河村小学、袁蒋小学撤并择址在袁蒋村兴建。主要业务范围为负责实施小学阶段业务教学。位于安陆市刘庙社区涢水古道与黄闭公路交会处，服务半径1.5千米，有黄河村、袁蒋村、陈西村、陈东村、山坡村的学生到此校入学。占地面积约2000平方米。

安陆市南城石桥小学[Ānlù Shì Nánchéng Shíqiáo Xiǎoxué]　1967年建成，主要业务范围为实施小学阶段教育教学。位于安陆市南城刘庙社区，校园占地面积约9000平方米，建筑面积约900平方米。

安陆市南城四里小学[Ānlù Shì Nánchéng Sìlǐ Xiǎoxué]　土地改革前，叫安陆县草庙乡草庙小学。1962年改名为南城小学。1968年更名为安陆市南城四里小学。主要业务范围为实施小学阶段教育教学。位于316国道旁，城南工业园区中心地带，入校学生来自四里村、杨林村、草庙村、高庙村及周边企业务工人员的孩子。学校配备了图书馆、科学实验室、多媒体教室、音乐美术专用教室、电子备课室等功能室。

第三节　经济开发区

湖北省安陆市经济开发区管理委员会[Húběi Shěng Ānlù Shì Jīngjì Kāifā Qū Guǎnlǐ Wěiyuán Huì]　安陆开发区创办于1992年，1995年列为省管开发区，1996年3月设管理委员会，2004年晋升为省级开发区，现有区划面积32平方千米，下辖15个社区，总人口5.2万人，工业园区已建成15平方千米。湖北省安陆市经济技术开发区自2012年起得名。机关地址位于太白大道56号。占地面积800余平方米，建筑面积900余平方米，拥有砖混结构5层楼房1栋，设有办公室、服务大厅、党员活动室、食堂等部门。主要业务为安陆市开发区招商引进及开发区事务管理等。

安陆市民政局[Ānlù Shì Mínzhèng Jú]　位于碧涢路15号，主要担负社会救助和社会福利、基层民主政治建设、服务军队和国防建设、管理专项社会事务、社会组织等职能。具体负责城乡最低生活保障、救灾救济、城市社区建设、优待抚恤、退伍安置、婚姻登记、殡葬管理、行政区划、收养登记、社会组织管理、社会福利事业、军队离退休干部管理服务和基层政权建设等职责。

安陆市东城派出所[Ānlù Shì Dōngchéng Pàichū Suǒ]　2004年建成，位于解放大道东路18号，占地面积1520平方米。主要职责管理辖区内的实有人口；收集、掌握、报告影响社会政治稳定和治安稳定的情报信息；管理辖区内的重点行业、公共娱乐场所和枪支、弹药、爆炸、剧毒等危险物品；指导、监督辖区内的机关、团体、企业、事业单位的内部治安保卫工作。

安陆市人民法院[Ānlù Shì Rénmín Fǎyuàn]　20世纪50年代建立安陆县人民法院，2010年迁建于解放大道东路38号，占地面积4200平方米，拥有17个人民法庭。主要职责是通过审判活动，惩治一切犯罪分子，解决各类矛盾纠纷，维护社会主义法治和社会经济秩序，保卫社会主义全民所有制财产、劳动群众集体所有制财产，保护公民私人所有的合法财产，保护公民的人身权利、民主权利和其他权利，保障国家社会主义建设事业顺利进行。

安陆市残疾人联合会[Ānlù Shì Cánjírén Liánhéhuì]　1990年成立，位于安陆市金秋南路19号，总占地面积1100平方米，主要业务范围为调查安陆市残疾人的状况，统计残疾人的数据，分析残疾人成因，为残疾人开展康复、预防等方面的技术服务。在优生、上学、生产、生活、征婚、康复、预防等方面开展活动，切实改善残疾人生产、生活状况。其宗旨是：弘扬人道主义思想，发展残疾人事业，促进残疾人平等、充分参与社会生活，共享社会物质文化成果。残疾人联合会具有代表、服务、管理三种职能：代表残疾人共同利益，维护残疾人合法权益；团结教育残疾人，为残疾人服务；履行法律赋予的职责，承担政府委托的任务，管理和发展残疾人事业。

安陆市工商行政管理局开发区工商所[Ānlù Shì Gōngshāng Xíngzhèng Guǎnlǐ Jú Kāifā Qū Gōngshāng Suǒ]　2006年设立，位于富丽社区富丽花园西北部。占地面积为816平方米，建有砖混结构的3层办公楼一栋。其主要业务范围为安陆市经济开发区的市场监督管理和行政执法的有关工作，包括起草有关法律法规草案，制定工商行政管理规章和政策以及依法查处不正当竞争、商业贿赂、走私贩私等经济违法行为等。

安陆市矿产资源管理中心[Ānlù Shì Kuàngchǎnzīyuán Guǎnlǐ Zhōngxīn]　1994年1月成立安陆市矿产资源管理所；1997年8月成立安陆市地质矿产局；2002年8月将安陆市地质矿产局更名为安陆市矿产资源管理中心，位于安陆市碧涢路81号，拥有房屋4间，房屋面积共96平方米，可用面积96平方米。其主要业务范围为负责全市矿产资源经营活动的监督管理，及时、准确掌握全市矿产资源产销量，为相关部门依法征缴税费提供可靠依据。对在本市境内开采、加工、经营矿产资源的单位和个人进行规范和管理。依据相关法律法规，预收矿产资源税费保证金。

红石社区便民服务站[Hóngshí Shèqū Biànmín Fúwù Zhàn]　2013年建成，位于安陆市经济开发区红石社区，现在拥有办公房屋等7间，占地面积280平方米。主要负责解决社区居民的日常问题，维护社区和谐稳定的生活，引进便民利民的社区家庭服务、商业服务，完善社区便民服务网络，向社区居民提供快捷、全面、优质的各类生活服务。

安陆市公安局交通大队车管所驾驶人考试中心[Ānlù Shì Gōngān Jú Jiāotōng Dàduì Chēguǎnsuǒ Jiàshǐ Rén Kǎoshì Zhōngxīn]　建于2014年5月，位于安陆市经济开发区十里社区，注册资金为800万元，占地面积9240平方米，拥有900平方米的办公大楼一栋，设有办公厅、服务厅及考试专用场地和考试车辆30辆。其主要负责安陆市机动车驾驶证的学习、培训、考核及证书发放。

安陆市公安局交通警察大队车辆管理所[Ānlù Shì Gōngān Jú Jiāotōngjǐngchá Dàduì Chēliàng Guǎnlǐ Suǒ]　建于2015年3月，位于安陆市经济开发区十里社区，占地面积19333平方米，拥有900平方米的车管业务服务大楼。主要负责安陆市机动车辆的管理和服务。

安陆市公安局交通警察大队一中队[Ānlù Shì Gōngān Jú Jiāotōngjǐngchá Dàduì Yīzhōngduì]　1990年7月成立，位于安陆市碧涢东路50号，占地面积3100平方米，建筑面积4500平方米，为砖混结构三层楼房，设有办公室900平方米。其主要业务为依法查处道路交通违法行为和交通事故；维护城乡道路交通秩序和公路治安秩序；开展机动车辆安全检验、牌证发放和驾驶员考核发证工作；开展道路交通安全宣传教育活动；道路交通管理科研工作；参与城市建设、道路交通和安全设施的规划。

湖北省安陆市公安消防大队[Húběi Shěng Ānlù Shì Gōngān Xiāofáng Dàduì]　2009年之前该地为安陆市金秋大道农田，同年政府征用此地建立并命名为湖北省安陆市公安消防大队。位于安陆市金秋大道，营区面积3759.8平方米，建筑面积8462.1平方米，砖混结构，建筑层数4层。主要负责辖区内机关、团体、企事业单位的防火监督、建筑工程消防审核验收、开业前消防检查、消防知识普及、消防业务培训和对所属中队的管理等业务，所属的消防中队主要担负辖区内的灭火救援、社会救助等任务。

经济开发区人力资源和社会保障服务中心[Jīngjìkāifā Qū Rénlìzīyuán Hé Shèhuì Bǎozhàng Fúwù Zhōngxīn]　2010年建立，位于安陆市太白大道67号，占地面积130平方米，建筑面积200平方米。为砖混结构两层楼房。主要业务范围为宣传人社法律、法规和政策，社会保险经办服务，主要有城镇职工养老、医疗保险，城乡居民养老、医疗保险，灵活就业人员养老保险，以及工伤、失业、生育保险。农村劳动力资源调查及转移培训就业，城乡就业失业登记，维护劳动者合法权益，调解劳动、人事争议。

安陆市土地工作储备中心[Ānlù Shì Tǔdì Gōngzuò Chǔbèi Zhōngxīn]　2011年建成，位于安陆市碧涢路22号，占地面积48平方米，拥有办公室2间，主要业务范围根据土地利用总体规划和城市建设规划以及市场需求，制定土地储备计划，建立政府土地储备库。落实土地储备年度工作计划，按照县政府要求和县国土资源主管部门的具体安排，对机关、企事业单位的保量土地和其他需调整的城市存量土地适时回收、收购，进入政府土地储备库。制定规划，收回、收购、征用、委托交易储备土地工作程序，严格依法按程序开展土地储备工作。在财政、国土资源主管部门的监管下，管理运作好土地储备资金，发挥资金效益，缩短周转周期，规范资金运作，避免资金风险。组织对储备土地实施前期开发整理，做好土地交易前期储备土地的

"熟化"工作。做好土地市场交易的事务性工作。

安陆市土地开发复垦整理中心[Ānlù Shì Tǔdì Kāifā Fùkěn Zhěnglǐ Zhōngxīn] 1989年建成，隶属于安陆市国土资源局辖，位于安陆市碧涢路81号，拥有办公室3间，占地面积78平方米，现有职工人数14人，主要业务范围为开展全市土地开发、复垦、整理工作。

安陆市土地勘测规划院[Ānlù Shì Tǔdì Kāncè Guīhuà Yuàn] 1987年9月成立"安陆县土地勘测规划队"。1996年1月更名为"市土地勘测规划院"，位于安陆市碧涢大道81号，拥有建筑物2栋5层，占地面积620平方米，主要业务范围为丙级内的地籍测绘。

安陆市国土资源监测中心[Ānlù Shì Guótǔzīyuán Jiāncè Zhōngxīn] 2002年建成，位于安陆市碧涢路56号。拥有办公室3间，占地面积78平方米，主要业务为负责全市国土资源变化监测、市场监测、价格监测为主的国土资源动态监测工作和以全市基准地价，出让底价、标定地价测算为主的公益性，政府职能性，技术性地价技术工作。

安陆市国土资源局[Ānlù Shì Guótǔzīyuán Jú] 安陆市国土资源局前称为安陆县土地管理局，成立于1984年7月。1993年10月，土地局与计划局合并为安陆市计划与土地局。1996年4月，撤销安陆县计划与土地局，成立安陆市土地管理局。2001年10月，市地质矿产局合并到土地管理局，市土地管理局更名为国土资源局，位于安陆市碧涢东路20号，占地面积6666平方米，建筑面积2700平方千米，为砖混结构五层楼房，设有办公室、人事股、财务股、规划管理股、土地利用股、耕地保护股、地籍管理股、审批服务股等8个股室，下设执法股、监测中心、勘测规划院、整理中心、交易中心、矿管中心、信息中心等7个二级单位。

安陆市国土资源局开发区分局[Ānlù Shì Guótǔzīyuán Jú Kāifā Qū Fēnjú] 2005年设立，位于安陆市太白大道6号。该分局占地面积达200平方米，拥有砖混结构的办公室4间，设有办公室、党员活动室、档案室等。主要工作是保护和合理利用土地、提供土地总体规划及村镇建设用地服务等。

安陆市国土资源局信息中心[Ānlù Shì Guótǔzīyuán Jú Xìnxī Zhōngxīn] 2012年成立，位于安陆市碧涢东路20号，拥有办公室2间，占地面积48平方米，主要业务范围负责国土资源数据中心基础数据库的建设、管理和维护，负责国土范围内国土政务系统的计算机应用和现代化管理工作，制定国土信息系统信息化建设与发展、工作计划并组织实施，负责计算机硬件配备和维修，软件维护与二次开发，软件推广应用和技术培训。

安陆市国土资源执法监察局[Ānlù Shì Guótǔzīyuán Zhífǎ Jiānchá Jú] 1995年建成，位于安陆市碧涢东路20号。拥有办公室4间，占地面积96平方米，主要业务范围拟订土地、矿产执法监督和违法案件查处的法规、规章和规范性文件并指导实施。组织对执行和遵守国家土地资源、矿产资源、海洋资源法律法规情况的监督检查。组织查处重大土地、矿产违法案件；指导地方国土资源行政主管部门土地、矿产违法案件的查处工作。负责重大土地、矿产违法案件处理情况的审核、复核工作。负责各类违法案件案源的归口收集、整理及违法案件的统计、分析和通报工作。指导地方国土资源执法监察机构和队伍建设，组织国土资源执法监察系统人员的业务培训。负责管理执法监察标志、证件的统一制作和发放工作。负责国家特邀国土资源监察专员办公室的工作。

安陆市经济开发区管理委员会财税分局[Ānlùshì Jīngjì Kāifā Qū Guǎnlǐ Wěiyuánhuì Cáishuì Fēnjú] 2002年5月设置，地址为安陆市经济开发区卓塆社区。占地面积达3467平方米，建筑面积为2800多平方米，主体建筑为砖混结构，有二层办公楼一栋，四层宿舍楼一栋，办公楼设有服务大厅、办公室、多功能办公室、接待室、档案室。主要负责开发区惠农、落实兑现各级惠农补助资金，对农民负担和农村政策实施监管，围绕开发区经济建设搞好服务；农村、社区财务管理指导、监督、审计，依法代理村级和社区财务，财政项目核实、资金兑付、安置房结算等；开发区国有资产管理利用和村级集体资产监督管理等。

安陆市经济开发区建设管理中心[Ānlù Shì Jīngjì Kāifā Qū Jiànshè Guǎnlǐ Zhōngxīn] 2006年设立，位于安陆市太白大道67号。占地面积达50平方米，拥有砖混结构的办公室1间，主要负责安陆市经济开发区的城市总体规划、土地利用总体规划及管理等。

安陆市农村公路管理局[Āānlù Shì Nóngcūn Gōnglù Guǎnlǐ Jú] 2010年4月成立交管总站，2014年10月更为农村公路管理局，位于安陆市太白大道62号。主要职能是负责全市公路的建设、养护与管理，包括全市农村公路的养护、建设、乡村公路运输安全等，同时协助市运管所做好客运、货运市场管理等公路行政执法工作。

安陆市农村商业银行[Ānlù Shì Nóngcūn Shāngyè Yínháng] 原为信用联社，1996年建成命名“安陆市农村商业银行”，位于安陆市碧涢路78号，占地面积8500平方米，建筑面积570平方米，为砖混结构七层，设有办公室、人教科、信贷科、财务科、保卫科、营业大厅、大小会议室等。主要负责存贷款业务，银行业中间业务。

安陆市人民防空办公室[Ānlù Shì Rénmín Fángkōng Bàngōng Shì] 1997年建成，位于安陆市碧涢东路18号，占地面积1800平方米，建筑面积2000平方米，主要负责人民防空法律、法规的组织实施和监督检查，根据全省国民经济和社会发展计划以及国防建设需要，拟定人民防空建设中长期发展规划，编制人民防空工作年度计划，根据国家确定的人民防空重点城市防护类别、防护标准和城市发展情况，及时上报城市防护类别调整方案，经批准后组织实施。组织开展人民防空组织指挥工作，组织管理人民防空通信警报建设，组织管理人民防空工程建设，组织开展人民防空宣传教育，管理人民防空经费和资产，组织人民防空科学技术研究，推广应用科研成果，组织人民防空干部教育培训，战时组织指挥城市人民开展防空袭斗争。

安陆市普爱医院[Ānlù Shì Pǔài Yīyuàn] 安陆市人民医院暨安陆市普爱医院创建于1886年，最初在龙门路，20世纪60年代迁建于安陆市碧涢路197号。2009年2月18日搬迁至太白大道99号，挂“安陆市人民医院”和“普爱医院”两块牌子。医院总占地面积89.1亩，建筑面积38000平方米，拥有主楼带裙楼式门诊综合楼10层，住院综合楼12层；配备有电梯、中央空调、中心供氧、中心负压、中心呼叫、层流洁净手术系统、消防系统、监控系统、HIS、PACS网络系统、远程医疗等先进设施。开设病床600张，设有24个临床科室和8个医技科室；拥有磁共振成像系统、高清腹腔镜、血液透析仪、全自动生化分析仪、电子胃镜系统、手术显微镜、电子结肠镜、12导心电图机、体外碎石机、宫腔镜等国内外先进仪器设备，是集医疗、预防、保健、教学、科研于一体的二级甲等综合医院、爱婴医院，是湖北省二级优秀医院、省人民医院技术协作医院、武汉科技大学和湖北省职业技术学院教学基地、孝感市医疗集团理事单位、孝感市十佳平安医院、安陆市医保定点医院、安陆市新型农村合作医疗AAA级定点医疗机构。

安陆市食品药品监督管理局开发区监管所[Ānlù Shì Shípǐn Yàopǐn Jiān-dū Guǎnlǐ Jú Kāifā Qū Jiānguǎn Suǒ] 2014年建成，位于安陆市太白大道，占地面积200平方米，主要负责各类食品药品的卫生安全监督与管理工作。

安陆市第一高级中学[Ānlù Shì Dìyī Gāojí Zhōngxué] 1942年创办，名为安陆县初级中学，1956年改名为安陆县第一中学，1969年改名为安陆县城关人民公社一中，1978年改名为安陆县城关镇中学，同年年10月恢复为安陆县第一中学，1984年为安陆县第一高级中学，1987年改为安陆市第一高级中学，位于湖北省安陆市太白大道南65号，拥有综合科技大楼1栋，行政综合大楼1栋，教学楼3栋，图书综合大楼1栋，学生公寓4栋，学生普通宿舍楼4栋，教师宿舍楼4栋，学校现有66个教学班，在校学生4472人，校园占地22.93万平方米，建筑面积达9万平方米，主要业务范围为高中教育。

安陆市开发区三〇九小学[Ānlù Shì Kāifā Qū Sānlíngjiǔ Xiǎoxué] 原为核工业部中南地质局三〇九地质大队子弟学校，创办于1978年9月，2000年9月更名为安陆市开发区三〇九小学，位于安花公路新河街道南侧约100米处，拥有一栋3层12个教室的教学大楼和一栋两层食堂及住宿楼，占地面积8500平方米，建筑面积2500平方米。主要实施小学义务教育，促进基础教育发展。

安陆市开发区十里初级中学[Ānlù Shì Kāifā Qū Shílǐ Chūjí Zhōngxué] 建于1970年，原名安陆县李店公社十里初级中学，1987年更名为安陆市李店镇十里初级中学，2012年更名为安陆市开发区十里初级中学，位于安陆市碧涢东路60号。学校占地面积23090平方米，其中建筑面积为1504平方米，拥有三层教学办公大楼1栋、宿舍楼1栋，现有在读学生300余人。

安陆市开发区十里小学[Ānlù Shì Kāifā Qū Shílǐ Xiǎoxué] 创办于1957年，原名李店镇十里中心小学，2010年更名为安陆市开发区十里小学，位于安陆市碧涢东路52号。占地面积25256平方米，其中建筑面积为2821平方米，拥有教学办公楼、宿舍楼各3栋，现有在读学生400人左右。

第四节　乡镇党政机关　事业单位

一、赵棚镇

安陆市赵棚镇人民政府[Ānlù Shì Zhàopéng Zhèn Rénmín Zhèngfǔ] 位于安陆市赵棚镇赵棚村振兴街

1 号。该人民政府占地面积为 5200 平方米，拥有办公楼 2 栋、宿舍楼 1 栋，共有 52 名职工人员。所属行业为公共管理、社会保障和社会组织，其主要负责组织和管理安陆市赵棚镇的各项行政事务。

1949 年 7 月设安陆县赵棚区人民政府，1952 年改为第一区，1956 年 3 月改为第一指导组，1958 年初恢复区建制，1958 年 9 月改为卫星人民公社，1966 年 9 月改为红卫区，1975 年 2 月改为赵棚人民公社，1984 年改为赵棚区，1987 年 9 月改为赵棚镇，辖 40 个村 307 个村民小组，2005 年合并大村，全镇 40 个村合并为 16 个村，301 个村民小组。

安陆市公安局赵棚派出所[Ānlù Shì Gōngān Jú Zhàopéng Pàichū Suǒ]　位于安陆市赵棚镇东大街 158 号。占地面积 1890 平方米，建筑面积 1300 平方米，为砖混结构三层楼房。设有办公室、劳资、财务、刑侦、大案办、服务大厅、网络等部门，在职员工 5 名，注册资金 60 万元，所属行业为公共管理、社会保障和社会组织，主要业务范围为保障民众安全，治安管理。1982 年以前设公安特派员，1982 年至今设赵棚派出所，隶属安陆市公安局管辖，沿用至今。

安陆市司法局赵棚司法所[Ānlù Shì Sīfǎ Jú Zhàopéng Sīfǎ Suǒ]　位于赵棚镇人民政府院内，在职员工人数 2 名，占地面积 0.0018 平方千米，所属行业为公共管理、社会保障和社会组织，主要服务范围：普法宣传、社区矫正、人民调解、法律援助等。1982 年建立。

安陆市国土资源局赵棚国土资源所[Ānlù Shì Guótǔzīyuán Jú Zhàopéng Guótǔzīyuán Suǒ]　位于赵棚镇东大街 199 号。在职员工人数 2 名，占地面积 0.007 平方千米，所属行业为公共管理、社会保障和社会组织，主要业务范围有土地整理、土地使用、土地规划、地基管理。1986 年 5 月成立赵棚区土地管理站，1988 年 7 月土地管理所和城建正式分家，2002 年土管所更名为安陆市国土资源局赵棚国土资源所。

安陆市林业局赵棚林业站[Ānlù Shì Línyè Jú Zhàopéng Línyè Zhàn]　位于赵棚镇百步街，占地面积 300 平方米，建筑面积 0.002 平方千米，砖混两层结构。该单位注册资金 20 万元，在职员工 4 名，所属行业为公共管理、社会保障和社会组织，主要业务范围有林政管理、林业病虫防治、野生动植物保护、森林防火、林业技术服务等。2008 年 6 月成立隶属赵棚镇人民政府管辖，2008 年 6 月以后隶属市林业局管辖。

安陆市食品药品监督管理局赵棚监管所[Ānlù Shì Shípǐn Yàopǐn Jiāndū Guǎnlǐ Jú Zhàopéng Jiāngguǎn Suǒ]　位于赵棚中心集镇综合服务大楼，在职员工 3 名，所属行业为公共管理、社会保障和社会组织，主要负责全镇食品、药品、保健品、化妆品、医疗器械监管。2014 年 7 月建立。

安陆市赵棚镇财经所[Ānlù Shì Zhàopéng Zhèn Cáijīng Suǒ]　位于赵棚镇吉阳街 36 号。该单位注册资金为 50 万元，在职员工 7 名，所属行业为公共管理、社会保障和社会组织，主要业务范围为负责赵棚镇国有资产管理，监管赵棚镇各单位财务。1987 年至 1991 年成立安陆市赵棚镇财税所，1991 年至 2010 年由“安陆市赵棚镇财税所”改名为“安陆市赵棚镇财政所”，2010 年至 2011 年由“安陆市赵棚镇财政所”改为“安陆市赵棚镇财经所。

安陆市赵棚镇村镇建设环境保护服务中心[Ānlù Shì Zhàopéng Zhèn Cūnzhèn Jiànshè Huánjìngbǎohù Fúwù Zhōngxīn]　地址在赵棚镇政府院内，在职员工 4 名，所属行业为公共管理、社会保障和社会组织，主要服务范围有村镇建设、环境保护。2001 年建立。

安陆市赵棚镇民政办公室[Ānlù Shì Zhàopéng Zhèn Mínzhèng Bàngōng Shì] 位于赵棚中心集镇振兴横街6号，占地面积900平方米，建筑面积700平方米，为砖混结构2层楼房。该单位注册资金200万元，职工人数5人，所属行业为公共管理、社会保障和社会组织，主要业务范围：协助政府搞好扶贫、救灾工作。1986年以前设立民政助理，1986年建立赵棚镇民政办公室。

安陆市赵棚镇农业水产服务中心[Ānlù Shì Zhàopéng Zhèn Nóngyè Shuǐchǎn Fúwù Zhōngxīn] 位于赵棚镇东大街201号。该单位注册资金20万元，员工3名，占地面积0.0015平方千米，所属行业为农、林、牧、渔业，主要业务范围为农业水产技术推广。1979年至1986年名称为赵棚农技站，2005年农技站和水产站更名为农业水产服务中心。

安陆市赵棚镇人民政府计划生育办公室[Ānlù Shì Zhàopéng Zhèn Rénmín Zhèngfǔ Jìhuàshēngyù Bàngōng Shì] 位于赵棚中心集镇振兴街十字路口北50米处。该单位注册资金为30万元，职工人数为6人，占地面积0.15平方千米，所属行业为公共管理、社会保障和社会组织，主要业务范围为计划生育工作。自1991年建立。

安陆市赵棚镇文化体育服务中心[Ānlù Shì Zhàopéng Zhèn Wénhuà Tǐyù Fúwù Zhōngxīn] 位于安陆市赵棚镇南1000米处。该单位注册资金60万元，在职员工3名，占地面积0.03平方千米，所属行业为文化、体育和娱乐业，主要业务范围有开展当地的文体活动及宣传、文化科技服务。1978年至1999年名称赵棚镇文化站，1999年至2003年名称为赵棚镇文化电影广播站，2003年更名为赵棚镇文化体育服务中心。

安陆市赵棚镇乡镇企业服务中心[Ānlù Shì Zhàopéng Zhèn Xiāngzhèn Qǐyè Fúwù Zhōngxīn] 位于赵棚至安陆沿线公路2千米处，北靠赵棚镇卫生院，西邻赵棚镇财经所。所属行业为公共管理、社会保障和社会组织，主要业务范围为负责全镇企业服务及企业安全。1980年成立。

大合中心小学[Dàhé Zhōngxīn Xiǎoxué] 该小学位于赵棚镇双桥街。占地面积0.006平方千米，共有教职工28人，学生47人，所属行业为教育业，主要业务范围为九年义务教育中的1~6年级的教育机构。1997年建成。

东方红希望小学[Dōngfānghóng Xīwàng Xiǎoxué] 位于赵棚镇崔兴街北部。东接横山，西邻粮管所，南连崔兴街，北靠五口堰水库。此校师生共180人，总面积0.0053平方千米，注册资金60万元。所属行业为教育业，主要业务范围为义务教育中的1~6年级的教育机构，一般6~12岁为小学适龄儿童，现阶段小学阶段教育的年限是6年。“文革”期间设崔兴中学，1979年至1998年崔兴中学改为崔兴小学，2000年由成功人士捐款重新建校，更名为东方红希望小学。

杨兴村中心小学[Yángxīng Cūn Zhōngxīn Xiǎoxué] 位于赵棚镇杨兴村，东接梅家小垮，西邻安(陆)广(水)公路，南连梅家小垮，北靠杨家大垮。全校共有学生200人，老师26人。所属行业为教育业，主要业务范围为实施小学阶段义务教育。1988年建成。

赵棚镇人力资源和社会保障服务中心[Zhàopéng Zhèn Rénlìzīyuánhéshèhuìbǎozhàng Fúwù Zhōngxīn] 位于赵棚镇振兴街，十字路口北50米处，实体结构为上下两层共6间为砖混结构。该单位注册资金为12万元，在职员工4名，占地面积0.0015平方千米，所属行业为公共管理、社会保障和社会组织，业务范围为赵棚镇养老服务以及为全镇居民提供人力资源管理和社会保障服务。2010 年 6 月建立。

赵棚镇水利农机服务中心[Zhàopéng Zhèn Shuǐlì Nóngjī Fúwù Zhōngxīn] 位于吉阳街，建筑面积 60 平方米，职工人数 2 人。所属行业为公共管理、社会保障和社会组织主要业务范围为研究拟定全镇水利发展战略、中长期规划、年度计划，经批准后组织实施；监督全镇范围内的水资源管理(含地表水、地下水)，做好计划用水，节约用水。1986 年至 1999 年，名称为赵棚镇水管站。1991 年原水管站、农机站合并，更名赵棚镇水利农机服务中心。

赵棚镇卫生院[Zhàopéng Zhèn Wèishēng Yuàn] 所属行业为卫生和社会工作，主要业务范围为医疗与护理、保健与健康。位于赵棚镇南大街 51 号，占地面积 660 平方米，其中建筑面积 4000 平方米，房屋为砖混 3 层，主体高度 22 米。卫生院设有诊断室、治疗室、药方、观察室、公共卫生服务室等，有职工人数 42 名。

二、李店镇

李店镇人民政府[Lǐdiàn Zhèn Rénmín Zhèngfǔ] 位于安陆市李店镇紫石村，占地面积约为 1200 平方米，拥有砖混结构的 3 层办公楼 1 栋、宿舍楼 1 栋，主要负责组织和管理本行政区域的各项行政事务。

安陆市公安局李店派出所[Ānlù Shì Gōngān Jú Lǐdiàn Pàichū Suǒ] 1949 年至 1982 年，由安陆县公安局指派一名特派员负责当地的社会治安管理。1982 年成立安陆县公安局李店人民公社派出所。1984 年 1 月更名为李店区派出所。1987 年 9 月更名为李店镇派出所。位于李店镇长安路南 2 号。占地面积约 2000 平方米左右，建筑面积 600 平方米，主体建筑为砖混结构的 4 层楼房，设有办公室 110 平方米。

安陆市人民法院李店人民法庭[Ānlù Shì Rénmín Fǎyuàn Lǐdiàn Rénmín Fǎtíng] 1979 年 12 月成立，1987 年更名为安陆市人民法庭李店法庭。位于安陆市李店镇长安南路，辖管李店、陈店、南城办事处民事案件审理及执行。占地面积约 1100 平方米，主体建筑为砖混结构的 3 层楼房，拥有办公楼 1 栋，主要负责审判各类民事纠纷案件等。

李店镇司法所[Lǐdiàn Zhèn Sīfǎ Suǒ] 成立于 1993 年。地处李店镇新大街。占地面积 1000 平方米，办公用地面积 450 平方米，设有人民调解中心、社区矫正命教安置中心及法律救助中心。主要负责人民调解、社区矫正、法制宣传、法律援助、处理社会矛盾纠纷及社会管理工作等。

安陆市国土资源局李店国土资源所[Ānlù Shì Guótǔ Zīyuán Jú Lǐdiàn Guótǔ Zīyuán Suǒ] 1986 年 6 月设置李店区土地管理所，2005 年更名为安陆市李店国土资源所。位于李店紫阳街西 104 号，占地面积 938 平方米，所内建有办公楼 1 栋，主要负责安陆市李店镇的国土资源管理。

安陆市林业局李店林业站[Ānlù Shì Línyè Jú Lǐdiàn Línyè Zhàn] 1993 年成立，2003 年与农技服务中心合并。位于安陆市李店镇紫阳西路，占地面积 800 平方米，主要负责李店镇的林业管理与监察工作。

李店镇财经所[Lǐdiàn Zhèn Cáijīng Suǒ] 1950 年设置长兴区财税所，1952 年更名为子石乡财税所，

1958年更名为上游人民公社财税所，1966年更名为东风公社财税所，1975年更名为李店人民公社财税所，1984年更名为李店区财税所，1987年更名为李店镇财税所，1991年3月更名为李店镇财政所，2010年财政和经管站合并，更名为李店镇财经所。地处李店镇李店街新大街，占地面积3283平方米，其中建筑面积200平方米，绿化植被面积500平方米。主要负责管理李店镇各单位及各村委会财务。

李店镇畜牧技术服务中心[Lǐdiàn Zhèn Chùmù Jìshù Fúwù Zhōngxīn]　1966年成立李店区兽医站，2003年更名为李店镇畜牧服务中心，地处李店镇街道东，建筑面积为1020平方米，拥有2层3间办公楼1栋，主要负责畜牧技术指导服务及动物检疫等。

李店镇村镇建设环境保护服务中心[Lǐdiàn Zhèn Cūnzhèn Jiànshè Huánjìng Bǎohù Fúwù Zhōngxīn] 2003年前为村管站，2003年机构改革更名为现名，沿用至今。地处李店紫阳二街89号，东接紫石村老办公大楼，西邻安陆公路，南连李店人民政府，北靠李店镇二街。该服务中心占地面积600平方米，建筑面积240平方米，主体建筑为砖混结构的3层楼房，拥有办公楼1栋，现有职工4人，主要负责村镇建设管理和环境保护。

李店镇民政办公室[Lǐdiàn Zhèn Mínzhèng Bàngōng Shì]　中华人民共和国成立初期，由政府指定一人负责民政工作，其职务称民政助理。1987年9月正式成立了“李店镇民政办公室”。2003年9月更名为“李店镇社会事务服务中心”，位于李店镇东部。该办公室占地面积1480平方米，建筑面积760平方米，主体建筑为砖混结构的3层楼房，拥有砖混结构的办公楼1栋，主要负责办理李店镇辖区内24个村委会的民政工作和李店镇福利院的管理及服务工作，主要有最低生活保障、农村五保供养、贫困群众医疗救助、救灾救济、抚恤优待、退伍军人安置、村民自治、社区建设、民间组织管理、行政区划、地名管理、行政区域界线管理、流浪乞讨人员救助管理、社会福利、殉葬管理等工作。

李店镇农机水利服务中心[Lǐdiàn Zhèn Nóngjī Shuǐlì Fúwù Zhōngxīn]　李店镇水管站成立于1983年，2003年更名李店镇农机水利服务中心。位于安陆市李店镇政府院内，占地面积80平方米，主要负责研究拟定全镇水利发展战略、中长期规划、年度计划，经批准后组织实施；监督全镇范围内的水资源管理(含地表水、地下水)，做好计划用水，节约用水。

李店镇农业水产服务中心[lǐdiàn Zhèn Nóngyè Shuǐchǎn Fúwù Zhōngxīn]　1984年为李店农技站，2003年改称为李店镇农业水产服务中心。位于李店镇政府西侧，建筑面积为1026平方米，拥有砖混结构的办公楼1栋。主要负责农技术推广、病虫防治、鱼技推广及鱼病防治等。

李店镇人口与发展服务中心[Lǐdiàn Zhèn Rénkǒu Yǔ Fāzhǎn Fúwù Zhōngxīn]　2003年前为李店镇计划生育办公室，2003年改为李店镇人口与发展服务中心。位于李店镇新大街，占地面积为1376平方米，主体建筑为砖混结构三层楼房，拥有办公楼1栋。主要负责全镇人口计划生育管理。

李店镇人力资源和社会保障服务中心[Lǐdiàn Zhèn Rénlì Zīyuán Hé Shèhuì Bǎozhàng Fúwù Zhōngxīn] 2009年成立。位于李店镇紫阳一街西101号，占地面积约100平方米，主体建筑为砖混结构的3层楼房，拥有办公楼1栋，主要负责城乡居民社会养老保险、劳动就业及劳动维权等。

李店镇食品药品监管所[lǐdiàn Zhèn Shípǐn Yàopǐn Jiānguǎn Suǒ]　2014年设立。位于李店人口与发展

服务中心一楼，占地面积约 1100 平方米，主体建筑为砖混结构的 3 层楼房，拥有办公楼 1 栋，主要负责食品药品安全监管。

李店镇水利农机服务中心[Lǐdiàn Zhèn Shuǐlì Nóngjī Fúwù Zhōngxīn] 新中国成立后成立李店水利站，2003 年改为安陆市李店镇水利农机服务中心。位于李店镇人民政府办公楼西侧，与李店镇农业水利服务中心同处办公。占地面积约 700 平方米，建筑面积为 1026 平方米，主体建筑为砖混结构的 5 层楼房，拥有办公楼 1 栋，主要负责农田水利基本建设和设计规划、防汛抗旱及农业服务等。

李店镇卫生院[Lǐdiàn zhèn wèishēng yuàn] 建立于 1950 年，称李店联合诊所，1956 年更名为李店乡卫生院。1958 年更名为上游人民公社卫生院。1966 年更名为东风人民公社卫生院。1975 年 2 月更名为李店人民公社卫生院。1984 年 1 月更名为李店区卫生院，1987 年 9 月更名为李店镇卫生院。地处李店镇镇政府东 0. 5 千米，占地面积为 0. 0023 平方千米，为砖混结构的三层楼房。设有办公室、住院部、急救、治疗、门诊等部门。其主要负责安陆市李店镇内的医疗卫生工作、组织领导群众卫生运动及培养卫生技术人员。

李店镇文化体育服务中心[Lǐdiàn Zhèn Wénhuà Tǐyù Fúwù Zhōngxīn] 原为李店镇文化站和李店镇广播站，2003 年更名为李店镇文化体育服务中心。占地面积约 1200 平方米，主体建筑为砖混结构的 5 层楼房，拥有办公楼 1 栋，主要服务于农村文化体育工作。

李店镇乡镇企业服务中心[Lǐdiàn Zhèn Xiāngzhèn Qǐyè Fúwù Zhōngxīn] 1975 年建成使用，1989 年更名为安陆市李店镇乡镇企业服务中心。位于李店镇平安路紫石村居民区。占地面积约为 1334 平方米，拥有砖混结构的三层楼房 1 栋，主要业务范围为李店镇乡镇企业的财务管理及生产经营指导、服务和招商引进。

中国邮政集团公司湖北省安陆市李店邮政支局[Zhōngguó yYuzhèng Jítuán Gōngsī Húběi Shěng Ānlù Shì Lǐdiàn Yóuzhèng Zhījú] 1949 年成立李店邮政所，后几经变动，改为现名。位于李店镇紫阳一街西 100 号，占地面积 670 平方米，建筑面积 240 平方米，拥有邮政综合服务大厅 1 间，主要负责邮政基础业务、邮政附属业务以及国家邮政局金融业务。

李店镇中心学校[Lǐdiàn zhèn zhōngxīn xuéxiào] 1968 年名为李店文教组，1987 年改名为李店教育站，2012 年更名为李店学区，2006 年 8 月正式命名为李店镇中心学校。位于安陆市李店镇市场路南 7 号。占地面积 4000 平方米，主体建筑为砖混结构的 3 层楼房，拥有综合办公大楼 1 栋，主管李店镇地方教育。

李店镇初级中学[Lǐdiàn Zhèn Chūjí Zhōngxué] 1970 年 2 月撤销李店公社小学建立李店公社初级中学(两年制)，1987 年 9 月更名为李店镇初级中学。位于李店镇西南部，占地面积约 2700 平方米，主体建筑为砖混结构的 3 层楼房，拥有综合教学楼 2 栋，主要业务为从事初级中学义务教育。

李店镇中心小学[Lǐdiàn zhèn zhōngxīn xiǎoxué] 建立于 1989 年，由本镇汪桥村、子石村、大李村、王店村、施棚村五个村合并组建。地址为安陆市李店镇文化路南 47 号。占地面积 12624 方米，建筑面积 5325 平方米，标准教室 22 个，多媒体的多功能教室一个，办公室 3 个，教职工宿舍 42 间，标准化的食堂近 400 平方米，学生宿舍 7 间；学校拥有二类标准的仪器室、实验室及藏书 6000 多册的图书室、阅览室，以及档案室、广播室、陈列室和体、音、美、劳等活动室。教学班 17 个，在校学生近 866 人，学前班 3 个，幼儿近 182 人。主要承担义务教育小学阶段的教学和管理。

高砦小学[Gāozhài Xiǎoxué] 位于高砦村，主要承担高寨村、肖徐村、长严村、茶堰村、新店村六个村 1~2 年级小学生义务教育，占地面积为 0.03 平方千米，建有教学办公楼 2 栋，食堂、宿舍楼各 1 栋。

三、巡店镇

安陆市巡店镇人民政府[Ānlù Shì Xúndiàn Zhèn Rénmín Zhèngfǔ] 1949 年 7 月设巡店区，1952 年 10 月调整为第二区，1956 年 3 月为第三指导组，1958 年命名幸福人民公社，同年底恢复原区名，1975 年撤区并社为巡店公社，1979 年 2 月桑树人民公社并入，1987 年撤区建镇并分离辛榨、高店管理区，设立辛榨乡；分离桑树、洪山管理区，设立桑树乡。2001 年 4 月桑树乡并入巡店镇，下辖 33 个行政村、1 个社区及 2 个村级林场。该单位地址为安陆市巡店镇文昌街 13 号。占地面积为 5200 平方米，拥有办公楼 2 栋、宿舍楼 1 栋，共有 36 名职工人员。

安陆市公安局巡店派出所[Ānlù Shì Gōngān Jú Xúndiàn Pàichū Suǒ] 1949 年安陆建县时，安陆县公安局巡店有特派员；1987 年安陆改市后，设立安陆市公安局巡店派出所。位于安陆市巡店镇金墩街 117 号。占地面积达 2680 平方米，其中建筑面积为 900 平方米，主体建筑为砖混结构的 3 层楼房，设有办公室 500 平方米，办公楼南北朝向，共有 6 名职工人员。

安陆市人民法院巡店人民法庭[Ānlù Shì Rénmín Fǎyuàn Xúndiàn Rénmín Fǎtíng] 位于安陆市巡店镇，其主要业务范围是解决纠纷、维护稳定、守护法律规范、保卫法律秩序等。安陆市人民法院巡店人民法庭建于 1991 年，位于安陆市巡店镇金墩街 143 号。占地面积为 220 平方米，拥有砖混结构的 7 间 3 层综合办公大楼 1 栋，共有 4 名职工人员。其主要业务范围是解决纠纷、维护稳定、守护法律规范、保卫法律秩序等。

安陆市司法局巡店司法所[Ānlù Shì Sīfǎ Jú Xúndiàn Sīfǎ Suǒ] 2005 年 8 月成立。位于安陆市巡店镇金墩街。该司法所占地面积达 84 平方米，拥有砖混结构的办公室 1 间，共有工作人员 1 人。其主要以法制教育的宣传、民间纠纷的调解、社区矫正、刑释解教人员的安置和帮教以及法律援助服务为主。

安陆市地方税务局税源管理四分局[Ānlù Shì Dìfāng Shuìwù Jú Shuìyuán Guǎnlǐ Sìfènjú] 1998 年成立。位于安陆市巡店镇金墩街。该税务局占地面积 1200 平方米，拥有砖混结构的 4 层 40 间办公楼一栋，现有工作人员 9 人。其主要负责安陆市巡店镇地方上的税务事物处理。

安陆市工商行政管理局巡店工商所[Ānlù Shì Gōngshāng Xíngzhèng Guǎnlǐ Jú Xúndiàn Gōngshāng Suǒ] 1987 年设立。地址为安陆市巡店镇金墩街。占地面积为 669.6 平方米，所内建有砖混结构的 3 层办公楼一栋，共有工作人员 6 人。其主要业务范围为安陆市巡店镇的市场监督管理和行政执法的有关工作，包括起草有关法律法规草案，制定工商行政管理规章和政策以及依法查处不正当竞争、商业贿赂、走私贩私等经济违法行为等。

安陆市工商行政管理局巡店经济检查中队[Ānlù Shì Gōngshāng Xíngzhèng Guǎnlǐ Jú Xúndiàn Jīngjì Jiǎnchá Zhōngduì] 1987 年设立。地址为安陆市巡店镇金墩街。占地面积为 669.6 平方米，所内建有砖混结构的 3 层办公楼一栋，共有工作人员 6 人。其主要业务范围为安陆市巡店镇的市场监督管理和行政执法的有关工作，包括起草有关法律法规草案，制定工商行政管理规章和政策以及依法查处不正当竞争、商业贿赂、走私贩私等经济违法行为等。

安陆市国土资源局巡店国土资源所[Ānlù Shì Guótǔ Zīyuán Jú Xúndiàn Guótǔ Zīyuán Suǒ]　1986 年设立巡店镇土地管理所，2005 年更名为安陆市国土资源局巡店国土资源所。位于安陆市巡店镇。地址为安陆市巡店镇鲁班街 81 号。占地面积达 1100 平方米，其中建筑面积为 821 平方米，所内建有砖混结构的 2 层办公楼一栋，设有服务大厅、办公室、党员活动室、档案室、食堂等部门。共有在编工作人员 4 人，其中在岗职工 3 人。其主要负责安陆市巡店镇的国土资源管理，包括保护和合理利用土地、提供土地总体规划及农村村镇建设用地服务。

安陆市林业局巡店林业站[Ānlù Shì Línyè Jú Xúndiàn Línyè Zhàn]　位于巡店镇鲁班街政府大院内，占地面积 30 平方米，职工人数 1 人，主要负责巡店的林业管理与监察工作。

安陆市食品药品监督管理局巡店监管所[Ānlù Shì Shípǐn Yàopǐn Jiāndū Guǎnlǐ Jú Xúndiàn Jiānguǎn Suǒ]　2014 年 6 月设立。位于安陆市巡店镇金墩街。该监管所占地面积达 75 平方米，拥有砖混结构的办公室 1 间，共有办公人员 3 人。其主要业务范围为食品药品、医疗器械及化妆品等产品的监督和管理。

安陆市巡店邮政支局[Ānlù Shì Xúndiàn Yóuzhèng Zhījú]　该支局前身为新中国成立后成立的巡店邮政所，现支局于 1999 年 3 月成立。位于安陆市巡店镇金墩街 21 号，占地面积为 260 平方米，建有砖混结构的 6 间 4 层办公楼 1 栋，办公楼设备齐全，包含现金区、营业区、VIP 区及住宿区，现共有工作人员 8 人。其主要业务范围为邮政基础业务及国家邮政局批准开办的其他业务和代理金融业务。

明德小学[Míngdé Xiǎoxué]　始建于 1950 年 10 月，原名砂子小学，经四次搬迁至现今地址，于 1986 年开始动工，1987 年建成，1988 年投入使用，后于 2006 年由希望工程及个人捐赠投资扩建，改名明德小学。位于砂子村 5 组，拥有教学楼、食堂 4 栋，占地面积 5000 平方米，职工人数 14 人，所属行业为教育业，主要业务范围为小学阶段义务教育。

桑树村邮政储蓄[Sāngshù Cūn Yóuzhèng Chǔxù]　2000 年建立，位于桑树村西部，拥有一间营业厅，占地面积 400 平方米，职工人数 5 人，所属行业为金融业，主要业务为处理本村的金融业务。

桑树小学[Sāngshù Xiǎoxué]　2005 年建成。位于桑树村 4、5 组，拥有教学楼 2 栋，宿舍楼 1 栋，校园占地面积 1300 平方米，有职工人数 23 人。所属行业为教育业，主要业务为本村的小学义务教育、基础教育发展。

晒书台小学[Shàishū Tái Xiǎoxué]　开办于 1949 年，当时借用民房教学，学生自备凳子，开设 1~4 年级四个教学班，教师 6 人。1958 年，三里、肖堰、彭河、沙洲四村联办共建校舍 8 间 168 平方米。1976 年至 1988 年，该小学改为和平初级中学，开设初一、初二、初三共三个年级，每级两个教学班，师资从全县各中学抽调而组成，少部分教师从周边小学选拔。后初中并入巡店初中，该校回复为小学，仍称晒书台小学。1991 年，发动群众集资修成现在规模的学校。

巡店镇财经所[Xúndiàn Zhèn Cáijīng Suǒ]　1987 年 10 月设立“安陆市巡店区巡店财税所”；1988 年由

“安陆市巡店区巡店财税所”改名为“安陆市巡店镇财税所”；1998年因财政税务分家，由“安陆市巡店镇财税所”改名为“安陆市巡店镇财政所”；2010年乡镇经管站和财政所合并，“安陆市巡店镇财政所”正式更名为“安陆市巡店镇财经所”。地址为安陆市巡店镇金墩街96号。于1992年10月竣工投入使用，新建的财经所占地面积达3467平方米，建筑面积为2800多平方米，主体建筑为砖混结构，现有二层办公楼一栋，四层宿舍楼一栋，办公楼设有服务大厅、办公室、多功能办公室、接待室、档案室。财经所现有工作人员7人，党员6人，大专以上7人。其主要负责落实兑现各级惠农补助资金，对农民负担和农村政策实施监管；围绕乡镇财源建设搞好服务；对农村财务管理指导、监督和审计，依法代理村级财务，财政项目资金管理和乡镇政府机关财务代理；乡镇公有资产管理利用及村级集体资产监督管理；负责财政预算编制、执行及管理。

巡店镇初级中学[Xúndiàn Zhèn Chūjí Zhōngxué]　巡店镇中的前身为巡店小学，始建于1931年(民国二十年)，时称安陆县立第八初级小学，1937年更名为安陆县巡店初级小学，1949年3月，由中共巡店区接管，名为巡店小学。1956年，增设初中三个班，名为“巡店六三制中学”。同年8月，小学部和初中部分开，小学部沿用原名；初中部改名“安陆县第三中学”。1967年9月，安陆将小学下压到各大队办，该校便成为巡店初中。学校经过三次搬迁，成为现在粗具规模的一所乡镇级初级中学。地址为安陆市巡店镇初中路3号。该学校注册资金为160万元，占地面积达32150平方米，学校建有教学楼一栋，综合楼一栋，学生公寓三栋，教师住宿楼三栋。建有篮球场、足球场、250米环形跑道等体育设施。具有现代化的实验室、多媒体教室、网络教室、远程教育接收服务站、微机室、电子阅览室等。学校现有教职工53人，其主要业务范围是义务教育中学阶段的教学和管理。

巡店镇村镇建设环境保护服务中心[Xúndiàn Zhèn Cūnzhèn Jiànshè Huánjìng Bǎohù Fúwù Zhōngxīn]　1987年4月建成，称建管站，1989年更名为巡店镇村镇建设环境保护服务中心。地址为安陆市巡店镇金墩街。该服务中心占地面积约为100平方米，拥有砖混结构的办公楼1栋，共有工作人员6人。单位主要业务范围为安陆市巡店镇的村镇建设管理、房产服务及环境保护和污染治理等。

巡店镇集贸市场管理办公室[XúndiànZhèn Jímào Shìchǎng Guǎnlǐ Bàngōng Shì]　1998年成立，位处安陆市巡店镇金墩街，该办公室占地面积96平方米，拥有砖混结构的办公室1间，共有办公人员6人。其主要负责搞好辖区内的农贸市场经营和管理，维持其正常运营。

巡店镇民政办公室[Xúndiàn Zhèn Mínzhèng Bàngōng Shì]　1987年设立，地址为安陆市巡店镇金墩街。该办公室占地面积为1300平方米，拥有砖混结构的办公楼1栋，还设有食堂、院民宿舍等，共有工作人员7人。其主要负责安陆市巡店镇内的安置、福利、救灾救济、殡葬等社会民政服务。

巡店镇农业技术服务中心[Xúndiàn Zhèn Nóngyè Jìshù Fúwù Zhōngxīn]　建于1981年，位于安陆市巡店镇金墩街，占地面积810平方米，拥有砖混结构的3层27间办公楼一栋，共有工作人员3人。其主要从事农业技术服务、农资经营及种子、农药、肥料等产品的销售。

巡店镇人力资源和社会保障服务中心[Xúndiàn Zhèn Rénlì Zīyuán Hé Shèhuì Bǎozhàng Fúwù Zhōngxīn]　2010年7月成立，位于安陆市巡店镇金墩街。该服务中心占地面积为405平方米，拥有三层办公楼1栋，共有工作人员4人。其主要业务范围是为乡镇人力资源提供保障服务及承担农民社会保障、劳动力培训、劳动维权及就业等服务。

巡店镇水利农机服务中心[Xúndiàn Zhèn Shuǐlì Nóngjī Fúwù Zhōngxīn]　1986 年 7 月设巡店镇水利管理站，2003 年更名为安陆市巡店镇水利农机服务中心，位于安陆市巡店镇金墩街。占地面积为 280 平方米，拥有砖混结构的 7 间 2 层办公楼 1 栋，共有工作人员 6 人。其主要业务范围为水利农田基础设施规划、防汛抗旱技术指导服务及农机技术服务等。

巡店镇文化站[Xúndiàn Zhèn Wénhuà Zhàn]　1999 年 3 月成立，2004 年改称巡店文体服务中心，2010 年起更名为安陆市巡店镇文化站。位于安陆市巡店镇文昌街。占地面积为 450 平方米，主体建筑为 1 栋砖混结构的 5 间三层办公楼，设有办公室、多功能会议室、展览室、图书室及活动室，一楼设便民服务大厅，共有工作人员 3 人。其主要业务范围为提供公共文化服务、指导基层文化工作和协助管理农村文化市场。

巡店镇小学[Xúndiàn Zhèn Xiǎoxué]　巡店镇小原为巡店村办小学，开办于 1967 年，1985 年改为巡店镇中心小学，地址为安陆市巡店镇金墩街 60 号。该小学占地面积为 24000 平方米左右，现有校舍 140 余间，教学办公楼、宿舍楼、食堂及其他建筑物共 5 栋，其中有一栋三层 60 间的教学楼，一栋四层 80 间的住宿楼，学校建有足球场、篮球场及 250 米环形跑道等体育设施，配有实验室、图书室、微机室等。现开设 1～6 年级共 12 个教学班，共有 54 名教职工人员，在读学生 800 多人。其主要业务范围是义务教育小学阶段的教学和管理。

巡店镇中心卫生院[Xúndiàn Zhèn Zhōngxīn Wèishēng Yuàn]　该卫生院新中国成立后设立，原在巡店镇老街，1970 年迁入现址，地址为安陆市巡店镇鲁班街。该卫生院占地面积为 2400 平方米，拥有砖混结构的办公楼 1 栋，设有公共卫生部、住院部、门诊部及内、外、妇、计划生育服务及相关辅助科室。现有工作人员 57 人。其主要负责安陆市巡店镇内的医疗卫生工作、组织领导群众卫生运动及培养卫生技术人员。

四、棠棣镇

安陆市棠棣镇人民政府[Ānlù Shì Tángdì Zhèn Rénmín Zhèngfǔ]　1949 年 10 月属木梓区。1952 年 10 月分属第 3 区。1954 年 8 月属巡店区辖。1956 年 3 月属安陆县第三区公所。1956 年 4 月属第四指导小组辖。1958 年 9 月改称先锋人民公社，同年底更名为棠棣人民公社。1961 年更名为棠棣区。1966 年 9 月改为先锋区。1975 年 2 月改为棠棣人民公社。1984 年元月为棠棣区。1987 年设立安陆市棠棣镇人民政府。所在地址为安陆市棠棣镇南大街 1 号。占地面积为 5200 平方米，拥有办公楼 2 栋、宿舍楼 1 栋，主要业务范围为负责组织和管理安陆市棠棣镇的各项行政事务。2015 年年末辖联合、轭头、杨巷、石河、董塆、新塆、棠棣、桃园、方卢、花园、蒋梅、松林、长岗、胡巷、务丰、河德、金龙、回龙、李园、陈河、张陈、天灯、墩塘、金泉、黎龙、十里、胡棚、百花、三冲、董榨 30 个村(社区)。

安陆市公安局棠棣派出所[Ānlù Shì Gōngān Jú Tángdì Pàichū Suǒ]　1982 年 10 月，建立安陆县公安局棠棣派出所；1987 年更名安陆市公安局棠棣派出所。位于棠棣镇顺民东路 99 号，占地面积 900 平方米，其中建筑面积为600平方米，主体建筑为砖混结构的3层楼房，设有办公室8间共200平方米，宿舍楼1栋7户共250平方米，办公楼南北朝向。主要业务范围为预防、制止和侦察违法犯罪活动；防范、打击恐怖活动；维护社会治安秩序。

安陆市司法局棠棣司法所[Ānlù Shì Sīfǎ Jú Tángdì Sīfǎ Suǒ] 1993年设棠棣镇司法所、法律服务所；2006年1月更名为“安陆市司法局棠棣司法所”。位于安陆市棠棣镇南大街1号，占地面积30平方米，房屋主体结构为砖混结构。主要业务范围为法制教育的宣传、民间纠纷的调解、社区矫正、刑释解教人员的安置和帮教以及法律援助服务为主。

安陆市工商行政管理局棠棣工商所[Ānlù Shì Gōngshāngxíngzhèng Guǎnlǐ Jú Tángdì Gōngshāng Suǒ] 主要业务范围为安陆市棠棣镇的市场监督管理和行政执法的有关工作，包括起草有关法律法规草案，制定工商行政管理规章和政策以及依法查处不正当竞争、商业贿赂、走私贩私等经济违法行为，地址为安陆市棠棣镇海棠南街12号。占地面积为264平方米，建有砖混结构的7间2层办公楼一栋。1987年设立。

安陆市国土资源局棠棣国土资源所[Ānlù Shì Guótǔzīyuán Jú Tángdì Guótǔzīyuán Suǒ] 主要业务范围为负责安陆市棠棣镇的国土资源管理，包括保护和合理利用土地、提供土地总体规划及农村村镇建设用地服务，位于安陆市棠棣镇顺民东路58号。占地面积1333.3平方米，其中建筑面积为320平方米，所内建有砖混结构的3层8间办公楼一栋。1987年设立棠棣镇土地管理所，2005年更名为安陆市国土资源局棠棣国土资源所。

安陆市林业局棠棣林业站[Ānlù Shì Línyè Jú Tángdì Línyè Zhàn] 位于棠棣北街农机站院内，注册资金350万元，占地面积150平方米，主要业务范围为负责全镇林业政策法规宣传，贯彻执行《森林法》，查处各种林政案件，负责全镇造林绿化，认真完成上级下达各项任务，负责全镇森林防火工作。1987年设立棠棣林业站，2008年更名安陆市林业局棠棣林业站。

安陆市棠棣镇财经所[Ānlù Shì Tángdì Zhèn Cáijīng Suǒ] 位于安陆市棠棣镇顺民东路121号。占地面积达650平方米，建筑面积为400平方米，主体建筑为砖混结构，现有四层办公楼一栋，设有服务大厅、办公室、会议室、档案室、接待室及厨房等。主要负责落实兑现各级惠农补助资金，对农民负担和农村政策实施监管；围绕乡镇财源建设搞好服务；对农村财务管理指导、监督和审计，依法代理村级财务，财政项目资金管理和乡镇政府机关财务代理；乡镇公有资产管理利用及村级集体资产监督管理；负责财政预算编制、执行及管理。1987年10月设立“安陆市棠棣镇财税所”；1991年4月因财政税务分家，改名为“安陆市棠棣镇财政所”；2010年7月更名为“安陆市棠棣镇财经所”。

安陆市棠棣镇动物卫生监督站[Ānlù Shì Tángdì Zhèn Dòngwù Wèishēng Jiāndū Zhàn] 主要业务范围为负责安陆市棠棣镇内动物的防疫、检疫及品改，地址在安陆市棠棣镇董塆村。占地面积405平方米，建有3层办公楼1栋，设有办公室、财务室、电脑室、品陈室、冷藏室、化验室及无害化处理冷库等。1989年建成，原位于棠棣镇棠棣村，2014年搬迁至棠棣镇董塆村。

安陆市棠棣镇民政办公室[Ānlù Shì Tángdì Zhèn Mínzhèng Bàngōng Shì] 1949年设立。主要业务范围为负责安陆市棠棣镇内的安置、福利、救灾救济、殡葬等社会民政服务，地址在安陆市棠棣镇海棠北街9

号。占地面积200平方米，建筑面积600平方米，拥有1楼3层办公楼。

安陆市棠棣镇农业水产服务中心[Ānlù Shì Tángdì Zhèn Nóngyè Shuǐchǎn Fúwù Zhōngxīn] 主要业务范围为负责农业技术推广(农作物病虫防治、测土配方施肥、农业技术培训等)及能源建设等，所在地址为安陆市棠棣镇北街66号。占地面积3000平方米，建筑面积为450平方米，房屋主体建筑为砖木结构，建有办公楼1栋，设有办公室和仓库。1979年设立棠棣镇农业技术推广站，1989年更名为安陆市棠棣镇农业水产服务中心。

安陆市棠棣镇人口与发展服务中心[Ānlù Shì Tángdì Zhèn Rénkǒuyǔfāzhǎn Fúwù Zhōngxīn] 1979年设立棠棣镇计生办，1989年更名为安陆市棠棣镇人口与发展服务中心。主要业务范围为人口与发展政策的规划、普及和指导，计划生育咨询服务等，地址在安陆市棠棣镇北街31号。占地面积3667平方米，建筑面积达636平方米，建有10间三层办公楼1栋，为砖混结构，办公楼设有办公室、微机室、流动办公室、政绩办公室。

安陆市棠棣镇人力资源和社会保障服务中心[Ānlù Shì Tángdì Zhèn Rénlìzīyuánhéshèhuìbǎozhàng Fúwù Zhōngxīn] 位于安陆市棠棣镇顺民东路66号。占地面积405平方米，拥有三层办公楼1栋。主要业务范围是为乡镇人力资源提供保障服务及承担农民社会保障、劳动等产品和服务。2010年7月设立。

安陆市棠棣镇委员会党校[Ānlù Shì Tángdì Zhèn Wěiyuánhuì Dǎngxiào] 地址为安陆市棠棣镇顺民东路68号。占地面积为12000平方米，拥有三层办公楼1栋。主要业务范围为党员培训及党建组织等。2000年9月成立。

安陆市棠棣镇卫生院[Ānlù Shì Tángdì Zhèn Wèishēng Yuàn] 主要业务范围为负责安陆市棠棣镇内的医疗卫生工作、组织领导群众卫生运动及培养卫生技术人员，地址为安陆市棠棣镇顺民路西路18号。占地面积6980平方米，建筑面积达4260平方米，主体建筑为砖瓦结构三层楼房。设有公共卫生部、住院部门诊部及内、外、妇、计划生育服务及相关辅助科室。1952年建成。

安陆市棠棣镇乡镇企业服务中心[Ānlù Shì Tángdì Zhèn Xiāngzhènqǐyè Fúwù Zhōngxīn] 位于棠棣镇海棠南街39号，占地面积约为30平方米，拥有一层3间办公室，房屋主体建筑为砖混结构。主要业务范围为棠棣镇乡镇企业的财务管理及生产经营指导、服务和招商引进等。1980年设立棠棣镇企管会，1989年更名为安陆市棠棣镇乡镇企业服务中心。

公路养护中心[Gōnglù Yǎnghù Zhōngxīn] 位于棠棣镇董榨村，拥有一栋办公楼，占地面积200平方米，主要业务范围为道路养护。2002年建成。

棠棣镇村镇建设环境保护服务中心[Tángdì Zhèn Cūnzhènjiànshè Huánjìngbǎohù Fúwù Zhōngxīn] 主要业务范围为安陆市棠棣镇的村镇建设管理、房产服务及环境保护和污染治理等，地址为安陆市棠棣镇海棠南街13号。占地面积约为100平方米，拥有一层5间办公楼1栋。1980年建成建管站，1989年更名为棠棣镇村镇建设环境保护服务中心。

棠棣镇社会管理综合服务中心[Tángdìzhèn Shèhuìguǎnlǐ Zōnghé Fúwùzhōngxīn] 地址在安陆市棠棣镇北街9号。占地面积280平方米左右，主体建筑为1栋砖混结构的三层办公楼，设有6间办公室。主要业务范围为组织、协调和指导各村(居)委会开展社会管理创新工作及解决辖区内突出的社会管理问题；集中办理与群众生产生活密切相关的行政审批事项和其他服务事项；负责做好乡镇社会管理服务中心的信息台账建立、日常运行及村(居委会)社会管理服务站日常运行的考核、监督、业务指导等工作。1982 年设立棠棣民政办，2003 年更名为棠棣镇社会管理综合服务中心。

棠棣镇水管站[Tángdì Zhèn Shuǐguǎn Zhàn]　位于棠棣北街 68 号，注册资金 1000 万，占地面积 2000 平方米。主要业务范围为研究拟定全镇水利发展战略、中长期规划、年度计划，经批准后组织实施；监督全镇范围内的水资源管理(含地表水、地下水)，做好计划用水，节约用水。1978 年设立棠棣人民公社水管站，1984 年元月更名为棠棣区水管站。1987 年 10 月更名棠棣镇水管站，2003 年加挂水利农机服务中心牌子。

安陆市棠棣镇初级中学[Ānlù Shì Tángdì Zhèn Chūjí Zhōngxué]　主要业务范围为义务教育中学阶段的教学和管理，地址安陆市棠棣镇海棠北街 3 号学。占地面积达 19278 平方米，其中建筑面积为 5308 平方米，包括能满足 800 人同时进餐的 600 平方米的大食堂，可供 300 人住宿的学生公寓以及新建的两个标准理化生实验室、教学大楼和洗浴澡堂，同时还建有信息技术网络教室、多媒体教室、电子阅览室、图书室和两个标准篮球场。设有 5 个教学班，在读学生 140 人，其中寄宿学生 104 人。成立于 1956 年，最初称为“安陆县第八中学”，简称“八中”，直至 1968 年停办初中，成立棠棣高中。1989 年停办高中，成立初中，并更名为“安陆市棠棣镇初级中学”。

百花初级中学[Bǎihuā Chūjí Zhōngxué]　位于棠棣镇百花村 5 组 28 号，拥有教学楼 2 栋、宿舍楼 1 栋，占地面积 1.2 平方千米。主要业务为负责实施初中阶段义务教育。1972 年建成。

安陆市棠棣镇中心小学[Ānlù Shì Tángdì Zhèn Zhōngxīn Xiǎoxué]　地址安陆市棠棣镇海棠南街 106 号。占地面积为 5000 平方米左右，建有教学办公楼 2 栋、宿舍楼 1 栋，在读学生近 400 人。主要业务范围是义务教育小学阶段的教学和管理。建于 1956 年，1993 年以前称为棠棣小学，1993 年更名为棠棣镇中心小学。

安陆市四联小学[Ānlù Shì Sìlián Xiǎoxué]　位于棠棣镇张陈村，由张陈村、天灯村、陈河村、回龙村四个村联合筹建而成，承担义务教育小学阶段的教学和管理。主要业务范围为义务教育小学阶段的教学和管理。占地面积为 5000 平方米左右，建有教学办公楼 2 栋、宿舍楼 1 栋，在读学生 85 人。建于 1995 年。

棠棣镇李园小学[Tángdì Zhèn Lǐyuán Xiǎoxué]　主要业务范围为小学教育，位于棠棣镇李园村，注册资金 120 万元，拥有教学楼一栋。占地面积 15000 平方米，学生 220 人。1956 年建成。

五、雷公镇

雷公镇人民政府[Léigōng Zhèn Rénmín Zhèngfǔ]　1952 年 10 月属第四区，1954 年 8 月设雷公区，1958 年 9 月更名为英雄人民公社，1961 年复置雷公区，1966 年 9 月更名为建新区，1975 年 2 月为雷公人民公社。1987 年撤区合乡属雷公镇，2001 年 4 月后双河镇并入雷公镇。位于雷公镇安坪村与南大街交汇处东南侧。占地面积8000平方千米，建筑面积9600平方千米，主楼为砖混结构，三层楼房，有办公楼、宿舍楼、餐厅。主要业务范围为贯彻实施安陆市政府相关工作，协助政府各部门工作。

安陆市公安局雷公派出所[Ānlù Shì Gōngān Jú Léigōng Pàichū Suǒ]　1982年成立。业务范围为预防、制止和侦察违法犯罪活动；防范、打击恐怖活动；维护社会治安秩序，管理交通、消防、户籍。指导治安保卫委员会等群众性治安保卫的治安防范工作。位于安陆市雷公镇安坪街68号，占地面积5350平方米，其中建筑面积385平方米，为砖混结构2层楼房，设有办公室385平方米，总面积770平方米。

雷公镇人民法庭[Léigōng Zhèn Rénmín Fǎtíng]　1992年建立。主要业务范围为当地居民的民事纠纷，司法审判调解，位于安京街38号，占地面积0.38平方千米。

安陆市工商行政管理局雷公工商所[ĀnlùShì Gōngshāng Xíngzhèng Guǎnlǐ Jú Léigōng Gōngshāng Suǒ]　1987年设立，位于安陆市雷公镇彭桥村，建筑面积476平方米。主要业务范围为市场监管和行政执法。

安陆市国土资源局雷公国土资源所[Ānlù Shì Guótǔ Zīyuán Jú Léigōng Guótǔ Zīyuán Suǒ]　1986建成雷公镇土地管理所，2005年改名国土资源局雷公国土资源所。主要业务范围为国土资源管理。位于安陆市雷公镇南大街，占地面积1135平方米，建筑面积560平方米，为砖混结构三层楼房，设有办公室，服务大厅，党员活动室，档案室，食堂等部门。

安陆市林业局雷公林业站[Ānlù Shì Línyè Jú Léigōng Línyè Zhàn]　2004年10月8日设立，主要业务范围为森林管护、林业执法、病虫害防治、林业技术推广。坐落安陆市雷公镇居委会一组，安京公路南，占地面积980平方米，2008年建成四间三层。

安陆市烟草专卖局雷公管理所[Ānlù Shì Yāncǎozhuānmài Jú Léigōng Guǎnlǐ Suǒ]　1984年10月建立。主要业务范围烟草管理，位于安京街4号，占地面积0.015平方千米。

雷公食品药品监管所[Léigōng Shípǐn Yàopǐn Jiānguǎn Suǒ]　2014年7月15日建立。主要业务范围以食品药业监督管理为主，位于安京街2号，占地面积0.018平方千米。

雷公水管站[Léigōng Shuǐguǎn Zhàn]　1987年建立。主要服务范围水产、水利、农机管理与服务，位于安坪街，占地面积0.01平方千米，建筑面积0.005平方千米，砖混结构，两层楼房。

雷公镇财经所[Léigōng Zhèn Cáijīng Suǒ]　1987—1997年，由"安陆市雷公区雷公财税所"改名为"安陆市雷公镇财税所"。1998—2010年，由"安陆市雷公镇财税所"改名为"安陆市雷公镇财政所"。2010年乡镇经管站和财政所合并，"安陆市雷公镇财政所"正式更名为"安陆市雷公镇财经所"。主要业务范围为落实兑现各级惠农补助资金，对农民负担和农村政策实施监管；围绕乡镇财源建设搞好服务；农村财务管理指导、监督和审计，依法代理村级财务，财政项目资金管理和乡镇政府机关财务代理。位于安陆市雷公镇南大街3号。占地面积1500平方米，主体办公楼3层，建筑面积2500多平方米。

雷公镇动物卫生监督站[Léigōng Zhèn Dòngwù Wèishēng Jiāndū Zhàn]　1968年至2003年为雷公畜牧兽检站，2004年至今为雷公动物卫生监督站。业务范围为动物防疫、检疫、畜产品安全。位于雷公镇集镇东部安坪街1号，占地面积0.0469平方千米，建筑面积1500平方米，二层楼房。

雷公镇计划生育办公室[Léigōng zhèn Jìhuáshēngyù Bàngōng Shì]　1988年设立。主要业务为计划生育行政管理、技术服务。位于雷公镇东安京街2号，占地面积500平方千米。

雷公镇建设环境保护服务中心[Léigōng Zhèn Jiànshè Huánjìng Bǎohù Fúwù Zhōngxīn]　1988年成立村管站，1996年更名为村镇建设环境保护所，2004年更名为村镇建设环境保护服务中心。主要业务为村镇建设、规划管理、环境保护、房地产管理。位于雷公镇南大街。占地面积500平方千米，其中建筑面积660平方千米，砖混结构。

雷公镇农村公路管理站[Léigōng Zhèn Nóngcūn Gōnglù Guǎnlǐ Zhàn]　2014年10月，由前雷公交管站改制而成。主要工作为指导全镇农村公路的建设、养护、监督检查及其行业管理工作；制定全区农村公路发展政策和规划；指导各地农村公路规划的编制，编报、下达农村公路年度计划；承办上级交办的其他工作而命名。主要业务范围为雷公镇农村公路建养管理。

雷公镇农业技术服务中心[Léigōng Zhèn Nóngyè Jìshù Fúwù Zhōngxīn]　1988年成立，注册资金300万元，主要业务范围为农业技术推广服务。

雷公镇人力资源和社会保障服务中心[Léigōng Zhèn Rénlì Zīyuán Hé Shèhuì Bǎozhàng Fúwù Zhōngxīn]　1987年10月至2010年5月为雷公镇经管站，2010年5月更名为安陆市雷公镇人力资源和社会保障服务中心。位于南大街28号，占地面积0.06平方千米。主要业务范围为负责人力资源和社会保障的相关工作。

雷公镇文化体育服务中心[Léigōng Zhèn Wénhuà Tǐyù Fúwù Zhōngxīn]　1988年成立。业务范围为文化宣传、体育指导。位于雷公镇集镇北正街64号。占地1700平方千米，其中建筑面积2750平方千米，砖混结构。

雷公镇乡镇企业服务中心[Léigōng Zhèn Xiāngzhèn Qǐyè Fúwù Zhōngxīn]　1975年成立。主要业务范围为乡镇企业服务。位于雷公镇北正街，建筑面积600平方千米，砖混结构，二层楼房。

雷公镇初级中学[Léigōng Zhèn Chūjí Zhōngxué]　1996年7月建立。业务范围以中学教育为主，位于长安街27号，占地面积0.32平方千米。

雷公镇六合小学[Léigōng Zhèn Liùhé Xiǎoxué]　2000年建成。位于雷公镇六合村东北角，主要从事小学教育。占地面积约6000平方米，有学生410人。

雷公镇罗庙小学[Léigōng Zhèn Luómiào Xiǎoxué]　1993年建成。主要业务范围为小学教育，注册资金为30万元，占地面积5平方千米，学生200人。

雷公镇双河小学[Léigōng Zhèn Shuānghé Xiǎoxué]　1997年建成，位于村委会东部，距村委会驻地0.1千米。占地面积约0.125平方千米，主要业务为本村的小学教育。

雷公镇中心小学[Léigōng Zhèn Zhōngxīn Xiǎoxué]　1958年至2000年名为雷公初中，2000年9月更名安陆市雷公镇中心小学。主要从事小学教育，位于雷公镇王祠村，占地面积0.18平方千米。

六、王义贞镇

王义贞镇人民政府[Wángyìzhēn Zhèn Rénmín Zhèngfǔ]　位于王吉大道89号，拥有1070平方米的办公大楼，920平方米的宿舍楼，其他配套设施房屋10间共300平方米，总占地面积5000平方米，现有职工38人。其主要职能为处理、协调及管理王义贞镇当地的社会事务。1984年元月河水人民公社更名为河水区，设立河水区人民政府。1987年10月更名为王义贞镇。

王义贞镇司法所[Wángyìzhēn Zhèn Sīfǎ Suǒ]　位于王义贞镇王吉街44号，拥有综合办公楼一栋，占地面积100平方米。主要业务范围为处理当地的民事诉讼及民事纠纷。1980年10月成立。

王义贞派出所[Wángyìzhēn Pàichū Suǒ]　拥有1栋3层办公楼，占地面积53333平方米，主要业务范围为当地社会治安和公共秩序的日常监督管理工作。1982年9月设立安陆市公安局河水派出所，1987年更名为安陆市公安局王义贞派出所。原住王义贞镇王店街道，于1996年迁入王义贞镇吉庙村王吉街。

王义贞派出所[Wángyìzhēn Pàichū Suǒ]　拥有1栋3层办公楼，占地面积53333平方米，主要业务范围为当地社会治安和公共秩序的日常监督管理工作。1982年9月设立安陆市公安局河水派出所，1987年更名为安陆市公安局王义贞派出所。原住王义贞镇王店街道，于1996年迁入王义贞镇吉庙村王吉街。

安陆市工商行政管理局王义贞工商所[Ānlù Shì Gōngshāng Xíngzhèng Guǎnlǐ Jú Wángyìzhēn Gōngshāng Suǒ]　位于安陆市王义贞镇吉庙北街50号，拥有一栋办公楼，占地面积678平方米。主要业务范围为市场监管和行政执法。1987年设立。

安陆市国土资源局王义贞镇国土资源所[Ānlù Shì Guótǔzīyuán Jú Wángyìzhēn Zhèn Guótǔzīyuán Suǒ]　位于王义贞镇王店街，注册资金15万元，拥有综合办公楼一栋，所内建有庭院、食堂等建筑，总占地面积3400平方米。其主要业务为王义贞当地国土资源的管理及利用。1987年成立王义贞镇土地管理所，2005年更为现名。

安陆市林业局王义贞镇林业站[Ānlù Shì Línyè Jú Wángyìzhēn Zhèn Línyè Zhàn]　位于王义贞镇王店街146号，注册资金150万元，拥有一栋三间三层的综合办公楼，占地面积1200平方米。主要业务范围为王义贞当地的林业资源管理、林业防火及当地珍稀动植物的保护、林业病虫的防治和林业技术推广等。1979年设立，2008年变更现名。

安陆市邮政局王义贞邮政支局[Ānlù Shì Yóuzhèng Jú Wángyìzhēn Yóuzhèng Zhījú]　位于王义贞镇王店街唐僧东路8号，拥有营业厅、办公室、食堂、住宿楼各1栋。主要业务范围为邮政基础业务及国家邮政局批准开办的其他业务和代理金融业务。1978年名为王义贞镇河水邮政支局，1998年更名为王义贞邮政支局。

河水公路管理站[Héshuǐ Gōnglù Guǎnlǐ Zhàn]　位于吉庙村，拥有1栋3层办公楼，占地面积33333平方米，主要业务范围为公路养护。1975年建成。

王义贞国土资源所[Wángyìzhēn Guótǔzīyuán Suǒ]　拥有1栋2层办公楼，占地面积6666平方米，主要业务范围为当地国土资源的管理和规划工作。1987年9月成立王义贞镇土地管理所，2002年更名为安陆市国土资源局王义贞国土资源所。原址在王义贞镇王店街，于2012年迁至吉庙村王吉街。

王义贞食品与药品监管所[Wángyìzhēn Shípǐnyǔyàopǐn Jiānguǎn Suǒ]　拥有1栋3层办公楼，占地面积200000平方米，主要业务范围为当地食品、药品的日常监督管理工作。1998年设立在王义贞镇王吉街。

王义贞镇财经所[Wángyìzhēn Zhèn Cáijīng Suǒ]　位于王义贞镇王店街99号，注册资金100万人民币，拥有办公楼、宿舍楼各1栋，占地面积4.28平方米。主要负责全镇行政事业单位的财政收支管理，主要包括乡镇惠农、落实兑现各级惠农补助资金，对农民负担和农村政策实施监管；围绕乡镇财源建设搞好服务；农村财务管理指导、监督和审计，依法代理村级财务，财政项目资金管理和乡镇政府机关财务代理；乡镇公有资产管理利用及村集体资产监督管理。1979年设立财经所，1992年改名财政所，2008年变更为财经所。

王义贞镇畜牧兽医技术服务中心[Wángyìzhēn Zhèn Xùmù Shòuyī Jìshù Fúwù Zhōngxīn]　位于王义贞镇王店街54号，拥有办公楼一栋，占地面积1500平方米。主要从事畜牧技术的推广、服务以及动物疾病的检疫和畜牧产品的质量监管。1979年设立，2004年变更为安陆市王义贞镇畜牧兽医技术服务中心。

王义贞镇村镇建设环境保护服务中心[Wángyìzhēn Zhèn Cūnzhèn Jiànshè Huánjìng Bǎohù Fúwù Zhōngxīn]　位于王义贞镇王店街汝南东路2号，拥有办公楼、住宿楼、综合楼各1栋，占地面积518平方米。主要从事村镇规划建设、环境保护、环境卫生及村镇绿化。1984年设立村镇建设开发公司，1985年更名为河水公社（王义贞镇）村镇建设管理站，1987年更名为王义贞镇村镇建设（管理站）环境保护所，2004年更为现名。

王义贞镇党校[Wángyìzhēn Zhèn Dǎngxiào]　位于王义贞镇王吉街，拥有办公楼1栋，占地面积500平方米。主要业务范围为当地党员教育培训及入党积极分子的培训。1988年成立。

王义贞镇民政办公室[Wángyìzhēn Zhèn Mínzhèng Bàngōng Shì]　位于王义贞镇王店街97号，拥有综合办公楼一栋，占地面积1400平方米，建筑面积4200平方米。主要业务范围为当地社会事务政务管理、基层政权建设、社会服务及救助等。1987年设立，2004年更名为王义贞镇社会事务服务中心，2007年恢复现名。

王义贞镇农技推广中心[Wángyìzhēn Zhèn Nóngjì Tuīguǎng Zhōngxīn]　位于王义贞镇汝南东路25号，拥有一栋综合办公楼，占地面积100平方米。主要业务范围为农业技术推广及服务和农村能源推广及服务。1979年设立，2014年改为现名。

王义贞镇人口与计划生育服务中心[Wángyìzhēn Zhèn Rénkǒuyǔjìhuàshēngyù Fúwù Zhōngxīn]　位于王义贞镇王店街义贞北路100号，占地面积650平方米。主要业务范围为当地人口的控制、计划生育服务及育龄妇女的保健等。1987年设立王义贞镇计划生育机构，2004年更为现名。

王义贞镇人力资源和社会保障服务中心[Wángyìzhēn Zhèn Rénlìzīyuánhéshèhuìbǎozhàng Fúwù Zhōngxīn]　位于王义贞镇王店街92号，占地面积260平方米。主要业务范围为当地的就业管理、社会保险经办、职业培训及劳动者权益的维护。2010 年前名为农村经济经营管理站，2010 年更为现名。

王义贞镇水产水利农机服务中心[Wángyìzhēn Zhèn Shuǐchǎn Shuǐlì Nóngjī Fúwù Zhōngxīn]　位于王义贞镇王店街义贞路 23 号，占地面积 960 平方米。主要业务范围为当地水产、水利设施的规划及防汛抗旱技术的指导。1979 年设立，2004 年更为现名。

王义贞镇水管站[Wángyìzhēn Zhèn Shuǐguǎn Zhàn]　位于王义贞街道，占地面积 960 平方米，其中建筑面积 680 平方米，主要职能为防汛抗旱。1975 年设立。

王义贞镇卫生院[Wángyìzhēn Zhèn Wèishēng Yuàn]　位于王义贞镇王店街义贞南路 1 号，占地面积 2420 平方米，建筑面积 5405 平方米，为砖瓦混凝土结构的三层楼房，其中医疗用房建筑面积 3960 平方千米，设有办公室、门诊部、住院部、急救、治疗、公共卫生服务等部门。主要业务范围是为当地人民身体健康提供医疗与预防保健服务、常见病多发病的诊治、巡回医疗、卫生防疫、妇幼保健、健康教育、计划免疫、卫生技术人员培训、合作医疗组织与管理及卫生监督与卫生信息管理。1965 年设立雷公卫生院河水分院，1987 年更名为王义贞镇卫生院。

王义贞镇成人文化技术学校[Wángyìzhēn Zhèn Chéngrén Wénhuà Jìshù Xuéxiào]　位于王义贞镇吉庙街，拥有一层办公楼 1 栋，占地面积 500 平方米，业务范围为当地成人技术培训及技术指导。1989 年成立。

王义贞镇综合文化站[Wángyìzhēn Zhèn Zōnghé Wénhuà Zhàn]　位于王义贞镇王店街 66 号，拥有综合办公楼 1 栋，广场面积 4600 平方米，建筑面积为 500 平方米。主要业务范围为当地的文化建设、新闻传播广播影视、体育建设及报刊的发行等。1979 年设立安陆市王义贞镇文化体育服务中心，2004 年更为现名。

王义贞镇初级中学[Wángyìzhēn Zhèn Chūjí Zhōngxué]　位于王义贞镇唐僧西路 79 号，规划面积 56000 平方米，建筑面积 12000 平方米，教学楼、教师公寓、学生公寓、学生食堂、标准篮球场已全部新建；微机室、多媒体教室、电子备课室、理化生学生实验室、仪器室、图书室等一应俱全。学校设有 14 个教学班，在校学生 607 人。1971 年建立王店初中，1974 年更名为河水高中，1984 年变更为河水初级中学，后改名王义贞镇初级中学。

王义贞镇中心小学[Wángyìzhēn Zhèn Zhōngxīn Xiǎoxué]　原名为王义贞镇汝南小学，始建于 1954 年。2005 年 5 月 18 日更名为王义贞镇中心小学。占地面积 16800 平方米，总建筑面积 5880 平方米，生源覆盖 7 个村(居委会)。学校现有 16 个教学班，有实验室、电子备课室、多媒体室、学生网络教室、健康教室、运动场、学生食堂以及校园文化长廊等设施。

花园小学[Huāyuán Xiǎoxué]　位于王义贞镇花园村花园街道，注册资金 220 万，占地面积 17500 平方米，主要业务范围为小学义务教育。始建于 1975 年。

王义贞镇大桥小学[Wángyìzhēn Zhèn Dàqiáo Xiǎoxué]　位于王义贞镇吉庙村南部。1958 年为王义贞镇大桥大队建立的一所小学。注册资金 200 万元，拥有 2 栋 3 层教学楼，占地面积 66666 平方米，主要业务范围为当地的教育教学工作。

星火小学[Xīnghuǒ Xiǎoxué]　位于王义贞镇星火村。注册资金为 320 万元，占地面积 0.0066 平方千米，主要业务范围为教学工作。1959 年建成。

七、孛畈镇

安陆市孛畈镇人民政府[Ānlùshì Bèifànzhèn Rénmínzhèngfǔ]　位于安陆市孛畈镇德政街48号。占地面积为6000平方米，拥有办公楼2栋、宿舍楼1栋，主要业务范围为组织和管理安陆市孛畈镇的各项行政事务。

安陆市公安局孛畈派出所[Ānlùshì Gōngānjú Bèifàn Pàichūsuǒ]　1987年成立，位于安陆市孛畈镇德政街40号，占地面积约1467平方米，主体建筑为砖混结构的3层楼房，拥有办公楼1栋。主要业务范围为打击违法犯罪活动及维护社会秩序稳定。

安陆市司法局孛畈司法所[Ānlùshì Sīfǎjú Bèifàn Sīfǎsuǒ]　设立于1996年，位于孛畈镇安三路87号。占地面积为80平方米，拥有办公室4间。主要业务范围为法制教育的宣传、民间纠纷的调解、社区矫正、刑释解教人员的安置和帮教以及法律援助服务。

安陆市孛畈国土资源所[Ānlù Shì Bófàn Guótǔzīyuán Suǒ]　1986年设立孛畈公社土地管理所，1987年更名为孛畈镇土地管理所，2002年3月更名为"安陆市国土局孛畈国土资源所"，位于安陆市孛畈镇安三路185号。该资源所占地面积为1000平方米，所内建有办公楼1栋。

安陆市孛畈镇财经所[Ānlùshì Bófànzhèn Cáijīngsuǒ]　1987年设立"安陆市孛畈镇财税所"，1991财政税务分家，由"安陆市孛畈镇财税所"改名为"安陆市孛畈镇财政所"，2010年更名为"安陆市孛畈镇财经所"。位于孛畈镇德政街48号，占地面积2400平方米，有办公楼一栋，占地面积180平方米，建筑面积540平方米。住宿楼一栋，占地面积160平方米，建筑面积480平方米。服务大厅一栋，占地面积70平方米，建筑面积140平方米，附属建筑面积65平方米。主要业务范围为负责全镇行政事业单位的财政收支管理，主要负责乡镇惠农、落实兑现各级惠农补助资金，对农民负担和农村政策实施监管；围绕乡镇财源建设搞好服务；农村财务管理指导、监督和审计，依法代理村级财务，财政项目资金管理和乡镇政府机关财务代理；乡镇公有资产管理利用及村集体资产监督管理。

安陆市孛畈镇村镇建设环境保护服务中心[Ānlùshì Bófànzhèn Cūnzhènjiànshè Huánjìngbǎohù Fúwùzhōngxīn]　1989年设孛畈村管所，与土管所联合办公。1997年3月改名为孛畈镇村镇建设环境保护站，2003年10月更名为安陆市孛畈镇村镇建设环境保护服务中心。位于安陆市孛畈镇德政街84号。占地面积为1000平方米，建筑面积480平方米，为砖混结构三层楼房，拥有住宿办公楼1栋，主要业务范围为孛畈镇的村镇规划、建设及房产服务。

安陆市孛畈镇动物卫生监督站[Ānlùshì Bófànzhèn Dòngwù Wèishēng Jiāndūzhàn]　2005年成立动物卫生监督分站，2010年更名为孛畈镇动物卫生监督站。位于安陆市孛畈镇安三路。占地面积为1665平方米，建有3层办公楼5栋和1间地下室，主要业务范围为孛畈镇内动物的防疫、检疫及品改。

安陆市孛畈镇农业技术服务中心[Ānlùshì Bófànzhèn Nóngyèjìshù Fúwùzhōngxīn]　1987年设立孛畈镇

农业技术推广站，2003年更名为安陆市孛畈镇农业技术服务中心。位于安陆市孛畈镇安三路178号。占地面积为1330平方米，拥有住宿办公楼1栋。主要业务范围为农业技术的推广及咨询服务。

安陆市孛畈镇人口与发展服务中心[Ānlùshì Bófànzhèn Rénkǒuyǔfāzhǎn Fúwùzhōngxīn]　1987年设立孛畈镇计划生育办公室，2003年更名为安陆市孛畈镇人口与发展服务中心。位于安陆市孛畈镇安三路178号。占地面积为1376平方米，主体建筑为砖混结构三层楼房，拥有办公楼1栋，主要业务范围为人口与发展政策的普及和咨询服务。

安陆市孛畈镇人力资源和社会保障服务中心[Ānlùshì Bófànzhèn Rénlìzīyuánhéshèhuìbǎozhàng Fúwùzhōngxīn]　1989年设立孛畈镇经管站，2010年6月更名为安陆市孛畈镇人力资源和社会保障服务中心。位于安陆市孛畈镇德政街84号。占地面积为1200平方米，拥有住宿办公楼1栋，主要业务范围为为乡镇人力资源提供保障服务及承担农民社会保障、劳动等产品和服务。

安陆市孛畈镇水利水产农机服务中心[Ānlùshì Bófànzhèn Shuǐlì Shuǐchǎn Nóngjī Fúwùzhōngxīn]　1987年设立孛畈镇水利管理站，2003年更名为安陆市孛畈镇水利水产农机服务中心。位于安陆市孛畈镇安三路。占地面积为1230平方米，拥有办公楼1栋，主要业务范围为水利技术、水产养殖技术及农机技术服务。

安陆市孛畈镇综合文化站[Ānlùshì Bófànzhèn Zōnghé Wénhuàzhàn]　1987年设立孛畈镇综合文化站，2003年改为安陆市孛畈镇文体服务中心，2008年更名为安陆市孛畈镇综合文化站。位于安陆市孛畈镇孛畈街。占地面积为800平方米，建有办公楼1栋，主要业务范围为提供公共文化服务、指导基层文化工作和协助管理农村文化市场。

安陆市国土资源局孛畈国土资源所[Ānlùshì Guótǔzīyuánjú Bófàn Guótǔzīyuánsuǒ]　位于安陆市孛畈镇安三路185号。占地面积为1000平方米，所内建有办公楼1栋。1986年设立孛畈公社土地管理所，1987年更名为孛畈镇土地管理所，2002年3月更名为"安陆市国土资源局孛畈国土资源所"。主要业务范围为宣传、贯彻执行国家和省(直辖市、自治区)有关国土资源管理法律法规，方针政策，以及市、县依据国家法律法规作出的有关国土资源管理的决定和措施。

安陆市林业局孛畈林业站[Ānlùshì Línyèjú Bófàn Línyèzhàn]　位于安陆市孛畈镇杜庙村。占地面积2000平方米，建有办公楼1栋。1976年为孛畈公社林业站，1983年更名为安陆县林业局孛畈林业站，1987年更名为安陆市林业局孛畈林业站。主要业务范围为孛畈镇的林业资源管理。

孛畈镇民政办公室[Bófànzhèn Mínzhèng Bàngōngshì]　位于安陆市孛畈镇安三路183号。占地面积为2000平方米，建有办公楼1栋。1987年成立，2000年为社会事务服务站，2003年改为社会事务服务中心，2009年更名为孛畈镇民政办公室。主要业务范围为孛畈镇内的安置、福利、救灾救济、殡葬等社会民政服务。

孛畈镇水管站[Bófànzhèn Shuǐguǎnzhàn]　位于安陆市孛畈镇安三路。占地面积为1230平方米，拥有办公楼1栋。1987年设立孛畈水管站，2003年更名为水利水产农机服务中心。主要业务范围为研究拟定全镇水利发展战略、中长期规划、年度计划，经批准后组织实施；监督全镇范围内的水资源管理(含地表水、地下水)，做好计划用水，节约用水。

孛畈镇卫生院[Bófànzhèn Wèishēngyuàn] 位于安陆市孛畈镇德政街 18 号。占地面积为 2291.2 平方米，建筑面积 1480 平方米，为砖混结构三层楼房。设有办公室、住院部、急救、治疗、门诊等部门。1976 年建成孛畈公社卫生院，1987 年更名为孛畈镇卫生院。主要业务范围为孛畈镇内的医疗卫生工作、组织领导群众卫生运动及培养卫生技术人员。

安陆市孛畈镇初级中学[Ānlùshì Bófànzhèn chūjí Zhōngxué] 位于安陆市孛畈镇安三路 186 号。占地面积 35450 平方米，建筑面积 11066 平方米，校舍面积 11517 平方米，拥有教学楼、综合楼、学生公寓、学生浴室、教师宿舍楼各 1 栋，学生食堂 2 栋，拥有标准化运动场、KU 波段室、微机室、标准化实验室、图书室、多媒体教室。学校现有学生 700 余人，其中寄宿生 600 余人。1978 年设立孛畈镇杜庙中学，1994 年与青龙中学合并后命名为安陆市孛畈镇初级中学。主要业务范围是义务教育中学阶段的教学和管理。

安陆市孛畈镇樊李淑贞小学[Ānlùshì Bófànzhèn fánlǐshūzhēn Xiǎoxué] 位于安陆市孛畈镇安三路 186 号。占地面积为 9030 平方米，建有教学楼 1 栋、宿舍楼 2 栋。1992 年，原孛畈镇罗畈小学更名为“孛畈镇中心小学”，2009 年更名为“安陆市孛畈镇樊李淑贞小学”。该小学是由广东省佛山市统战部原副部长樊坤先生牵头捐赠新建而成，以其祖母的名字“樊李淑贞”命名。主要业务范围为小学教育教学。

安陆市孛畈镇青龙中心小学[Ānlùshì Bófànzhèn Qīnglóng Zhōngxīn Xiǎoxué] 1999 年建成，位于安陆市孛畈镇青龙潭社区青龙街。拥有各种基础教育设施及设备，占地面积 1300 平方米，主要业务范围为小学教育教学。

安陆市孛畈镇中心学校[Ānlùshì Bófànzhèn Zhōngxīnxuéxiào] 位于安陆市孛畈镇安三路 186 号。占地面积为 150 平方米，建有教学楼 1 栋。1987 年设立“孛畈镇教育工作站”，2002 年更名为“安陆市孛畈镇中心学校”。主要业务范围为管理孛畈镇中小学教育。

横山小学[Héngshānxiǎoxué] 1966 年建成，位于安陆市孛畈镇横山村。注册资金 20 万元，占地面积 3500 平方米，建有教学楼 1 栋、宿舍楼 2 栋。其主要业务范围是义务教育小学阶段的教学和管理。

张畈爱仕达小学[Zhāngfàn Àishìdá Xiǎoxué] 1996 年由安陆市爱仕达有限公司捐款建成，位于安陆市孛畈镇张畈村，注册资金为 70 万元，占地面积 0.0167 平方千米，建有教学办公楼 1 栋、宿舍楼 1 栋。主要业务范围是义务教育小学阶段的教学和管理。

中国邮政集团公司湖北省安陆市孛畈邮电支局[Zhōngguó Yóuzhèngjítuán Gōngsī Húběishěng Ānlùshì Bófàn Yóudiànzhījú] 位于安陆市孛畈镇德政街 19 号。占地面积为 1950 平方米，建有办公楼及营业厅 1 栋。设立于 1991 年。1998 年邮政、电信分设以前为安陆市邮电局孛畈支局，1998 年分设后为中国邮政集团公司湖北省安陆市孛畈邮电支局。主要业务范围为邮政基础业务及国家邮政局批准开办的其他业务和代理金融业务。

八、烟店镇

烟店镇人民政府[Yāndiàn Zhèn Rénmín Zhèngfǔ] 1987 年建成，位于烟店太白街，占地面积 20100 平

方米，其中建筑面积6500平方米，拥有四栋楼房，主体高度13.5米，有职工人数45人，其主要业务范围为宣传贯彻党和国家的有关法律、法规及方针、政策；负责本镇农业新技术、新成果、新品种、新机具的引进、试验、示范和推广、病虫害的防治、土壤肥料和农药监测。

林业派出所[Línyè Pàichū Suǒ]　2008年建，位于烟店镇安三公路万桥段，占地面积1500平方米，其中建筑面积1000平方米，拥有房屋1栋4层，主体高度16米，有职工人数10人。主要业务为负责本镇林业案件。

烟店镇人民法庭[Yāndiàn Zhèn Rénmín Fǎtíng]　1980年建成，位于烟店南街，占地面积4690平方米，其中建筑面积1300平方米，拥有两栋两层楼房，有职工人数4人，其主要业务范围为处理烟店镇的各种法律纠纷。

安陆市国土资源局烟店国土资源所[Ānlù Shì Guótǔzīyuán Jú Yāndiàn Guótǔzīyuán Suǒ]　1986年建成，位于烟店镇通明街。该资源所占地面积达0.02平方米，其中建筑面积为300平方米，所内建有2栋2层建筑，共有工作人员3人。其主要负责安陆市烟店镇的国土资源管理，包括保护和合理利用土地、提供土地总体规划及农村村镇建设用地服务。

安陆市林业局烟店林业站[Ānlù Shì Línyè Jú Yāndiàn Línyè Zhàn]　1984年设立，注册资金21万元，占地面积300平方米，职工人数3人，主要业务范围为林业管理。

安陆市林业科学研究所[Ānlù Shì Línyè Kēxué Yánjiū Suǒ]　1992年12月12日设，位于烟店镇十八里大庙处，占地面积1.34平方千米。有职工人数13人，主要业务范围为林业技术研究，保护培育森林资源。

安陆市烟店镇财经所[Ānlù Shì Yāndiàn Zhèn Cáijīng Suǒ]　1949年建，地址为安陆市烟店镇孝襄街。该财经所占地面积0.003平方米，主体建筑为砖混结构，现有3栋4层建筑，设有服务大厅、办公室、会议室、档案室、接待室及厨房等，共有工作人员10人。其主要负责落实兑现各级惠农补助资金，对农民负担和农村政策实施监管；围绕乡镇财源建设搞好服务；对农村财务管理指导、监督和审计，依法代理村级财务，财政项目资金管理和乡镇政府机关财务代理；乡镇公有资产管理利用及村级集体资产监督管理；负责财政预算编制、执行及管理。

安陆市烟店镇成人文化技术学校[Ānlù Shì Yāndiàn Zhèn Chéngrén Wénhuà Jìshù Xuéxiào]　1985年建，位于烟店镇尖山村6组，占地面积约40200平方米，其中建筑面积2000平方米，拥有教学楼5栋，有教职工人数9人。主要业务为成人教育。

安陆市烟店镇地税局[Ānlù Shì Yāndiàn Zhèn Dìshuì Jú]　1976年建成，位于烟店村4组，东接街道，南连乾坤小区，西邻王红平，北靠烟店镇镇小。由职工人数4人。主要业务为收取该镇税收费用。

安陆市烟店镇人力资源和社会保障服务中心[Ānlù Shì Yāndiàn Zhèn Rénlìzīyuánhéshèhuìbǎozhàng Fúwùzhōng Xīn]　2010年建成，位于安陆市烟店镇镇政府。该服务中心占地面积为400平方米，拥有1栋3层建筑，共有工作人员4人。其主要业务范围是为乡镇人力资源提供保障服务及承担农民社会保障、劳动等产品和服务。

安陆市烟店镇水寨小学[Ānlù Shì Yāndiàn Zhèn Shuǐzhài Xiǎoxué]　1999年建成，位于烟店镇水寨村，

占地面积约1000平方米，其中建筑面积500平方米，拥有教学楼1栋三层，有学生20人，教职工人数10人。主要业务为小学教育。

白店小学[Báidiàn Xiǎoxué]　2005年前为白店初中，经教育体制改革后正式更名为白店小学。学校位于安陆市烟店镇白店村十二组，东接老包清公路，西邻十二组，南连白店镇集镇，北靠十二组农田。学校注册资金为100万元左右，占地面积为0.02平方千米，建有教学办公楼1栋、宿舍楼1栋，共有33名教职工人员，250名在读学生。其主要业务范围是义务教育小学阶段的教学和管理。

白兆山管委会[Báizhàoshān Guǎnwěihuì]　1999年建，位于烟店镇，占地面积800平方米，拥有一栋两层楼房，有职工人数8人，其主要业务范围为负责白兆山旅游风景区的管理。

程巷小学[Chéngxiàng Xiǎoxué]　1990年建成，位于烟店镇程巷村，占地面积约20100平方米，其中建筑面积3000平方米，拥有教学楼1栋三层，有学生130人，教职工人数26人。主要业务为义务教育小学阶段的教学和管理。

烟店镇初级中学[Yāndiàn Zhèn Chūjí Zhōngxué]　1970年建成，位于烟店镇西街，东接安三公路，占地面积约46900平方米，其中建筑面积7000平方米，拥有教学楼3栋，建有现代化的语音室、微机室、标准的实验室、多媒体教室，藏书达2万余册的图书室、阅览室，以及标准的运动场和体育设施。有学生600人，教职工人数64人。主要业务为义务教育初中阶段的教学和管理。

烟店镇村管站[Yāndiàn Zhèn Cūnguǎn Zhàn]　1949年建成，位于烟店镇，占地面积1500平方米，其中建筑面积1000平方米，拥有一栋两层楼房，有职工人数6人，其主要业务范围为指导并监督检查村镇的房屋、公共设施、村容镇貌的管理工作。

烟店镇地税局[Yāndiàn Zhèn Dìshuì Jú]　1980年建成，位于烟店镇，占地面积2090平方米，其中建筑面积1300平方米，拥有一栋两层楼房，有职工人数8人，其主要业务范围为收取本镇营业税、城建税、教育费附加等税费。

烟店镇食品与药品监管所[Yāndiàn Zhèn Shípǐnyǔyàopǐn Jiānguǎn Suǒ]　2014年建成，位于烟店镇计生办街，占地面积180平方米，职工人数3人。主要业务位烟店镇当地的食品、药品的日常监管工作。

烟店镇水管站[Yāndiàn Zhèn Shuǐguǎn Zhàn]　1973年建成，位于烟店镇烟店街，占地面积180平方米，职工人数4人。主要业务范围为研究拟定全镇水利发展战略、中长期规划、年度计划，经批准后组织实施；监督全镇范围内的水资源管理(含地表水、地下水)，做好计划用水，节约用水。

烟店镇镇小[Yāndiàn Zhèn Zhènxiǎo]　1963年建成，位于烟店村4组，占地面积1.3平方千米，其中建筑面积5000平方米。东接街道，南连烟店镇地税局，西邻烟店村四组，北靠老街。教职工46人。主要业务是实施小学义务教育，促进基础教育发展，小学学历教育。

烟店镇中心卫生院[Yāndiàn Zhèn Zhōngxīn Wèishēng Yuàn]　1999年建成，位于烟店叉街西端，汉十高速公路旁，占地面积12000平方米，其中建筑面积6000平方米，房屋为一栋三层现浇填充结构，主体高度12米。卫生院设有诊断室、治疗室、药方、观察室、公共卫生服务室等，有职工人数49名。

张岗超限站[Zhānggāng Chāoxiàn Zhàn]　2011年建立，位于张岗村一组，东接大天线公路，西临张岗村一组，南连安桃线公路，北靠张岗村一组。此超限站建立于2011年，为安陆市公路管理局下设立的单位，占地面积0.033平方千米。

九、洑水镇

洑水镇人民政府[Fúshuǐ Zhèn Rénmín Zhèngfǔ] 1952年10月设第六区，区公所治新为洑水集镇。1954年10月至1958年9月设洑水区，1986年设为区级县辖镇。位于洑水镇东大街。占地面积2000平方米。主要业务范围为负责贯彻实施安陆市政府相关工作，协助政府各部工作，依法行政，为人民服务。

安陆市公安局洑水派出所[Ānlù Shì Gōngān Jú Fúshuǐ Pàichū Suǒ] 位于洑水镇发展大道北路92号，占地面积4.5平方千米，建筑面积1.3平方千米，为砖混结构三层楼房。设有办公室、户籍室、档案室、办案功能室、会议室、寝室。1987年撤区并乡后成立洑水镇派出所，原址位于洑水镇政府后院，于2000年搬迁到现址。主要业务范围为预防、制止、侦察、打击犯罪、治安管理、户籍管理。

洑水镇财经所[Fúshuǐ Zhèn Cáijīng Suǒ] 成立于1990年，原名洑水区财政所，2010年更名为财经所。位于洑水镇商贸北路。占地面积5.8亩，拥有主体办公楼4层，建筑面积2000多平方米。主要业务范围为贯彻财税政策，组织财政收入，管理财政支出等。

洑水镇便民服务中心[Fúshuǐ Zhèn Biànmín Fúwù Zhōngxīn] 2014年8月建，位于洑水镇涢港社区商贸北路，占地面积2558平方米，主体大楼建筑面积2534平方米，附属设施建筑面积640平方米，设立便民服务中心、综治维稳中心、矛盾调处中心、信息管理中心四大中心以及配套会议室、食堂等。大楼内设置民政残联、公共资源交易、老龄、广播电视、农业综合、卫生计生、工商药监、村镇建设、户籍管理、综治信访、人力资源和社会保障11个服务窗口。主要负责转变政府职能，提供优质服务，发展镇域经济，维护社会稳定相关工作。

洑水镇国土资源所[Fúshuǐ Zhèn Guótǔ Zīyuán Suǒ] 成立于1990年，占地面积420平方米，拥有建筑楼房1栋3层4间640平方米。主要负责洑水镇国土的管理与整治工作。

安陆市工商行政管理局洑水工商所[Ānlù Shì Gōngshāng Xíngzhèng Guǎnlǐ Jú Fúshuǐ Gōngshāng Suǒ] 1987年设立，位于洑水镇天亭巷19号，占地面积1725平方米，建筑面积600平方米，为砖混结构的三层楼房。设有综合室、办公大厅、市场监管队、经济检查队。主要业务范围为市场主体发展、网格式管理、市场监督管理、消费者权益保护等。

安陆市林业局洑水林业站[Ānlù Shì Línyè Jú Fúshuǐ Línyè Zhàn] 1998年为安陆市林业局银杏研究所，2012年改为安陆市林业局洑水林业站，位于市区雷庵社区八组316国道边，占地面积670平方米，主要负责洑水的林业管理与监查工作，核定并落实农村集体和个人年度采伐指标，经上级林业主管部门授权发放林木采伐许可证，依照有关规定检查、监督本区、乡镇的林木采伐、木、竹运输和销售。协助有关部门调处山林纠纷，查处毁林案件，维护森林资源的安全。传播林业科学技术，总结和推广林业先进经验，开展林业技术培训技术咨询和技术服务。

地税二分局[Dìshuì èr fēnjú] 成立于1990年，占地面积4000平方米，拥有办公楼1栋3层18间，建筑面积500平方米。主要负责贯彻实施税务的征收政策与管理相关政策。

洑水镇水管站[Fúshuǐ Zhèn Shuǐguǎn Zhàn] 1986年建成，2003年更名为“农机水利服务中心”，2014年恢复现名，位于洑水镇便民服务中心四楼，主要业务范围为研究拟定全镇水利发展战略中长期规划、年度计划，经批准后组织实施；监督全镇范围内的水资源管理(含地表水、地下水)，做好计划用水，节约用水。

徐家河水库管理洑水管理段[Xújiāhé Shuǐkù Guǎnlǐ Fúshuǐ Guǎnlǐ Duàn] 1960年建成，占地面积4700平方米，建筑面积500平方米，拥有房屋18间。位于徐家河水库，主要负责徐家河水库洑水段的管理工作。

洑水镇中心小学[Fúshuǐ Zhèn Zhōngxīn Xiǎoxué] 创建于1982年，位于洑水镇宏学街63号，占地面积15181平方米，建筑面积6501平方米。绿化用地面积4555平方米，运动场地面积1920平方米，有KU波段室、电子备课室、图书阅览室、实验室、多媒体教室以及“三合一”校园网络系统和校园智能广播音乐系统。18个教学班，在校生909人。主要负责小学阶段教育教学相关工作。

洑水镇三陂中心小学[Fúshuǐ Zhèn Sānpí Zhōngxīn Xiǎoxué] 创办于1955年，位于洑水镇文桥村，占地24000平方米，总建筑面积3617平方米。绿化面积7200平方米，运动场面积700平方米，有音乐室，美术室，体育器材室，多功能教室和仪器保管室，现有学生256人，有一到六年级6个教学班级。主要业务范围为小学阶段的教育教学。

洑水镇双路小学[Fúshuǐ Zhèn Shuānglù Xiǎoxué] 1955年创办，2011年搬入现址，位于洑水镇双路村6组，占地面积53800平方米，建筑面积10522平方米，建有普通教室10个，微机室1个，多功能教室1个，实验室1个，仪器保管室1个，图书室1个，音乐室1个，美术室1个，体育器材室一个，办公室3个。有1~6年级6个教学班，学生270人。主要业务范围为小学阶段教育教学。

洑水镇初级中学[Fúshuǐ Zhèn Chūjí Zhōngxué] 位于洑水镇东大街东北端，1945年建于洑水港西南，前身为洑水小学，1976年改办三年制初中，1992年迁至现址，占地面积0.092平方千米，建筑面积58630平方米，教学班24个，在校学生1160名。主要业务范围为实施全镇初中阶段教育教学。

双路村小学[Shuānglùcūn Xiǎoxué] 位于安陆市洑水镇双路村西部，距村委会驻地300米。注册资金100万元，占地面积约0.02平方千米，建有教学办公楼2栋、宿舍楼、食堂各1栋，拥有各类体育教学设施等。主要业务范围是义务教育小学阶段的教学和管理。

十、陈店乡

陈店乡人民政府[Chéndiàn Xiāng Rénmín Zhèngfǔ] 1949年8月为安陆县陈家店区，亦称赵家棚区。

1949 年 11 月，刘兴归会寨区，连棚、陈店归长兴区。1951 年 9 月，刘兴归第七区，连棚、陈店归第一区。1954 年 8 月刘兴归第一区，连棚、陈店归第二区。1956 年 4 月，刘兴归第一指导小组，连棚、陈店归第二指导小组。1958 年 9 月，刘兴归卫星人民公社，连棚、陈店归上游人民公社。同年底刘兴归赵棚人民公社，连棚、陈店归李店人民公社。1961 年 4 月刘兴归赵棚区，连棚、陈店归李店区。1975 年 2 月，将刘兴与连棚、陈店合并，设立陈店人民公社。1983 年 12 月，撤销陈店人民公社，设刘兴、连棚、陈店乡，刘兴归赵棚区，连棚、陈店归李店区。1987 年 9 月，设立陈店乡，仍辖刘兴、连棚、陈店。该单位位于陈店乡陈店街，占地面积 3000 平方米，建筑面积 1800 平方米，拥有砖混结构的综合办公楼 1 栋，共有工作人员 31 人，所属行业为公共管理、社会保障和社会组织，其主要负责组织和管理安陆市陈店乡的各项行政事务。

安陆市公安局陈店派出所[Ānlù Shì Gōngān Jú Chéndiàn Pàichū Suǒ]　1982 年设立安陆县公安局陈店派出所，1987 年改成安陆市公安局陈店派出所。地址为安陆市陈店乡安花大道西街 71 号。该派出所占地面积 1718 平方米，建筑面积 776 平方米，为砖混结构 2 层楼房，设有办公室 100 平方米，办公楼东西朝向，东邻民房，西邻农田。建有宿舍楼 2 栋 7 户 210 平方米，总面积 217.5 平方米。共有工作人员 6 人，所属行业为公共管理、社会保障和社会组织，主要业务范围为预防、制止和侦察违法犯罪活动；防范、打击恐怖活动；维护社会治安秩序，管理交通、消防、户籍；指导治安保卫委员会等群众性治安保卫的治安防范工作。

安陆市司法局陈店司法所[Ānlù Shì Sīfǎ Jú Chéndiàn Sīfǎ Suǒ]　1987 年李店区撤区建陈店乡人民政府，设立陈店司法所。位于陈店乡陈店村陈店街，总占地面积 120 平方米，拥有砖混结构的办公用房三间半，现共有办公人员 1 人，所属行业为公共管理、社会保障和社会组织，其业务范围是法制教育的宣传、民间纠纷的调解、社区矫正、刑释解教人员的安置和帮教以及法律援助服务。

安陆市陈店乡财经所[Ānlù Shì Chéndiàn Xiāng Cáijīng Suǒ]　1988 年由“安陆市李店区陈店财税所”改名为“安陆市陈店乡财税所”；1998 年财政税务分家，由“安陆市陈店乡财税所”改名为“安陆市陈店乡财政所”；2010 年乡镇经管站和财政所合并，“安陆市陈店乡财政所”正式更名为“安陆市陈店乡财经所”。该单位位于陈店乡陈店街，东接陈店村八组民居，西邻陈店村八组民居，南连陈店村农田，北靠陈店村民居，占地面积 2400 平方米，拥有砖混结构的办公大楼一栋，住宿楼建有两个单元、12 套住房，其中 2 套改建成服务大厅，现有工作人员 8 人，40 岁以上 3 人，40 岁以下 5 人，大专文化程度 7 人，中共党员 8 人。所属行业为公共管理、社会保障和社会组织，主要业务范围为负责全乡行政事业单位的财政收支管理，主要包括乡镇惠农、落实兑现各级惠农补助资金，对农民负担和农村政策实施监管；围绕乡镇财源建设搞好服务；农村财务管理指导、监督和审计，依法代理村级财务，财政项目资金管理和乡镇政府机关财务代理；乡镇公有资产管理利用及村集体资产监督管理。

安陆市陈店乡中心学校[Ānlù Shì Chéndiàn Xiāng Zhōngxīn Xuéxiào]　1987 年李店撤区建陈店乡，成立陈店乡中心学校。该单位东接陈店村六组，西邻陈店乡初级中学，南连陈店乡中心幼儿园，北靠陈店乡初级中学校，办公地点在陈店乡陈店村陈店街，拥有办公楼一栋，办公面积 600 平方米，下设初级中学一所，完全小学三所，教学点两所，公办幼儿园一所，民办幼儿园三所，现有办公人员 5 人。所属行业为教育业，主要负责当地的中学教育。

安陆市国土资源局陈店国土资源所[Ānlù Shì Guótǔ Zīyuán Jú Chéndiàn Guótǔ Zīyuán Suǒ] 1986年成立安陆县土地管理局陈店土地管理所。2000年元月，更名为安陆市国土资源局陈店国土资源所。位于陈店乡安花大道西街88号，拥有砖混结构的办公楼一栋，办公面积330平方米，现共有办公人员4人。所属行业为公共管理、社会保障和社会组织，主要职责为保护和合理利用土地，提供土地总体规划及农村村镇建设服务。

安陆市食品药品监督管理局陈店监管所[Ānlù Shì Shípǐn Yàopǐn Jiāndū Guǎnlǐ Jú Chéndiàn Jiānguǎn Suǒ] 2014年6月设立。位于安陆市陈店乡陈店街，拥有砖混结构的办公楼一栋，办公面积75平方米，现共有办公人员3人。所属行业为公共管理、社会保障和社会组织，主要业务范围为食品、药品监督管理。

陈店乡安全生产监督管理站[Chéndiàn Xiāng Ānquán Shēngchǎn Jiāndū Guǎnlǐ Zhàn] 1987年建成。位于安陆市陈店乡安花大道西街71号，占地面积120平方米，其中建筑面积80平方米，拥有砖混结构的2层办公楼1栋，现共有工作人员4人。所属行业为公共管理、社会保障和社会组织，主要负责生产安全的宣传与监督等。

陈店乡成人文化技术学校[Chéndiàn Xiāng Chéngrén Wénhuà Jìshù Xuéxiào] 1987年建。位于安陆市陈店乡，占地面积600平方米，其中建筑面积200平方米，拥有砖混结构的办公楼一栋，现有职工5人，在校学生60人。所属行业为教育业，主要从事文化教育与传播等。

陈店乡初级中学[Chéndiàn Xiāng Chūjí Zhōngxué] 该中学始建于1973年春，1982年与原陈店高中合并，1995年10月、2005年2月原刘兴初级中学、连棚初级中学又分别并入。位于陈店乡陈店村教育街94号，占地面积36018平方米，建筑面积15740平方米，拥有砖混结构的办公楼一栋、教学楼两栋、教师宿舍楼三栋、学生宿舍楼两栋及学校食堂2个，并配有操场和各种多功能教室等，学校现有教职工84人。主要实施初中义务教育、促进基础教育发展，所属行业为教育业，主要业务范围为实施初中义务教育、促进基础教育发展。

陈店乡村镇建设环境服务中心[Chéndiàn Xiāng Cūnzhè Jiànshè Huán Jìng Fúwù Zhōngxīn] 1987年建成。位于陈店乡陈店街，占地面积400平方米，其中建筑面积260平方米，拥有砖混结构的办公楼1栋，现有职工3人，所属行业为公共管理、社会保障和社会组织，其主要业务范围为安陆市陈店乡的村镇规划、建设及房产服务和管理。

陈店乡动物卫生监督站[Chéndiàn Xiāng Dòngwù Wèishēng Jiāndū Zhàn] 1987年建成。位于陈店乡陈店街，占地面积120平方米，建筑面积120平方米，拥有砖混结构的办公楼1栋，现有职工2人。所属行业为卫生和社会工作，主要从事动物卫生宣传与保护工作。

陈店乡林业工作站[Chéndiàn Xiāng Línyè Gōngzuò Zhàn] 1987年李店撤区建陈店乡人民政府，设立陈店乡林业站；2003年，陈店乡林业站纳入赵棚林业站。位于陈店乡陈店村，东接陈店村陈塆，北靠乡政府，拥有砖混结构的办公楼一栋，办公面积300平方米左右，现有办公人员10人。所属行业为公共管理、社会保障和社会组织，主要负责陈店乡的林业管理。

陈店乡民政办公室[Chéndiàn Xiāng Mínzhèng Bàngōng Shì] 1987年李店撤区建陈店乡人民政府，设

立陈店乡民政办公室。位于安陆市陈店乡，东接陈店村，西邻沈畈，南连黄巷，北靠胡祠中塆，办公地点设在陈店乡胡祠村，拥有砖混结构的办公楼一栋，办公面积 750 平方米，下设福利院 1 座，共有办公人员 4 人。所属行业为公共管理、社会保障和社会组织，主要负责安陆市陈店乡内的安置、福利、救灾救济、殡葬等社会民政服务。

陈店乡农机水产水利服务中心[Chéndiàn Xiāng Nóngjī Shuǐchǎn Shuǐlì Fúwù Zhōngxīn]　1987 年李店撤区建陈店乡人民政府，设立陈店乡农机推广站，后更名为陈店乡农机水产水利服务中心。位于陈店乡人民政府院内，占地面积 132 平方米，拥有砖混结构的办公室 1 间，现有职工 2 人。所属行业为科学研究和技术服务业，主要从事水产技术推广服务。

陈店乡农业技术服务中心[Chéndiàn Xiāng Nóngyè Jìshù Fúwù Zhōngxīn]　1987 年建成，位于安陆市陈店乡，占地面积 300 平方米，建筑面积 200 平方米，拥有砖混结构的办公楼 1 栋，共有工作人员 2 人。所属行业为科学研究和技术服务业，主要从事农技服务和农资经营。

陈店乡人口与发展服务中心[Chéndiàn Xiāng Rénkǒu Yǔ Fāzhǎn Fúwù Zhōngxīn]　1987 年设立，位于陈店乡陈店集镇大安线上 78 号。拥有砖混结构的办公楼一栋、住宿楼一栋，占地面积 1750 平方米，现有办公人员 5 人。所属行业为公共管理、社会保障和社会组织，其主要业务范围为人口与发展政策的普及、管理和咨询服务。

陈店乡人力资源和社会保障服务中心[Chéndiàn Xiāng Rénlì Zīyuán Hé Shèhuì Bǎozhàng Fúwù Zhōngxīn]　1987 年设立陈店乡经营管理站，2010 年设立陈店乡人力资源和社会保障服务中心。位于陈店乡陈店村安花大道西街 57 号，拥有砖混结构的办公楼一栋，办公面积 320 平方米，共有办公人员 4 人。所属行业为公共管理、社会保障和社会组织，其主要业务范围为农民社会保障、劳动力培训、依法维权、职业鉴定及劳动争议调解等。

陈店乡水利农机服务中心[Chéndiàn Xiāng Shuǐlì Nóngjī Fúwù Zhōngxīn]　1987 年设立。位于安陆市陈店乡民主街，现有办公人员 5 人，借住在原民政办公大楼三楼，本单位目前无办公房屋，无固定电话。所属行业为水利、环境和公共设施管理业，主要负责防灾抗旱及水利管理等。

陈店乡同兴小学[Chéndiàn Xiāng Tóngxìng Xiǎoxué]　1970 年建成，地处陈店乡同兴社区，校园面积 5889 平方米，建筑面积 1636 平方米，现开设有教学班 3 个，共有教职工 7 人，在读学生 48 人。主要业务范围为九年义务教育中的小学教育。

陈店乡卫生院[Chéndiàn Xiāng Wèishēng Yuàn]　1987 年设立。位于陈店乡陈店街，东接陈店村，西邻乡文化站，南连陈家塆，北靠陈家塆。拥有办公大楼一栋，业务楼一栋，住宿楼一栋，办公、业务用房面积 3850 平方米，现有办公人员 34 人，所属行业为卫生和社会工作，主要职能为提供公共卫生服务、基本医疗服务和承担公共卫生管理。

陈店乡文化体育服务中心[Chéndiàn Xiāng Wénhuà Tǐyù Fúwù Zhōngxīn]　1987 年设立。位于陈店乡陈店村，建有办公大楼一栋，建筑面积 600 平方米，占地面积 200 平方米，拥有独立文化广场一处，文化站现有办公人员 2 人。所属行业为文化、体育和娱乐业，主要从事文化保护与传播工作。

陈店乡乡镇企业服务中心[Chéndiàn Xiāng Xiāngzhèn Qǐyè Fúwù Zhōngxīn] 1987年设立，2003年更名为陈店乡乡镇企业服务中心。位于安陆市陈店乡陈店街，拥有砖混结构的办公楼一栋，办公面积70平方米左右，现有办公人员4人。主要从事企业经营服务相关工作。

陈店乡中心小学[Chéndiàn Xiāng Zhōngxīn Xiǎoxué] 1990年由陈店村小改建为陈店乡中心小学。位于陈店乡陈店村，拥有教学楼两栋，综合楼一栋，教师住宿楼两栋，校园面积21300平方米，现共有教职工50人，所属行业为教育业，主要从事小学义务教育。

陈店乡综治维稳信访办公室[Chéndiàn Xiāng Zōngzhì Wéiwěn Xìnfǎng Bàngōng Shì] 1987年建成。位于安陆市陈店乡，总占地面积200平方米，其中建筑面积85平方米，拥有办公室3间，现有职工3人，所属行业为公共管理、社会保障和社会组织，主要从事社会治安综合治理、维护稳定、信访、司法、流动人员和出租屋管理等工作职能。

中国邮政储蓄银行陈店支行[Zhōngguó Yóuzhèng Chǔxù Yínháng Chéndiàn Zhīháng] 1987年设立陈店乡邮政支局，后更名为中国邮政储蓄银行陈店支行。位于陈店乡陈店村梨园街52号，东接陈店乡政府，西邻陈店乡电信支局，南连陈店村7组，北靠陈店小学。现拥有砖混结构的办公楼一栋，办公面积242平方米，建有职工住宿楼一栋，共有办公人员9人。所属行业为金融业，主要业务范围为报刊发行、商业信函、广告、电子汇款、特快专递、邮政储蓄、代理保险、集邮、代办电信、邮政物流、185客户服务中心等方面的工作。

十一、辛榨乡

辛榨乡人民政府[Xīnzhà Xiāng Rénmín Zhèngfǔ] 1949年属巡店区，1958年9月设立辛榨人民公社，1975年2月为辛榨管理区。1984年为辛榨乡。1987年9月撤区并乡，将辛榨乡、高店乡合并为辛榨乡，并在此处设立了安陆市辛榨乡人民政府，辖辛榨、大廖、红旗、蒋堰、高店、胡姚、高罗、牌楼、四报、白杨、菱湖、新渠、张付、高张、高庙、陈汪、孙汪、西河、深沟19个村(社区)。该单位位于安陆市辛榨乡辛榨村一组，地址为安陆市府河西路1号。所属行业为公共管理、社会保障和社会组织，其主要负责组织和管理安陆市辛榨乡的各项行政事务。该人民政府占地面积为6000平方米，拥有办公楼2栋、宿舍楼、食堂各1栋，共有35名工作人员。

安陆市公安局辛榨乡派出所[Ānlù Shì Gōng'ān Jú Xīnzhà Xiāng Pàichū Suǒ] 1987年成立，位于安陆市辛榨乡府河西路5号。所属行业为公共管理、社会保障和社会组织，其主要业务范围为预防、制止和侦察违法犯罪活动，防范、打击恐怖活动，维护社会治安秩序，管理交通、消防、户籍以及指导治安保卫委员会等群众性治安保卫的治安防范工作，该派出所占地面积达600平方米，建筑面积为290平方米，主体建筑为砖混结构2层办公楼2栋，南北朝向，设有河东警务区，河西警务区，户籍室，财务，刑侦等部门，共有工作人员5人。

安陆市司法局辛榨司法所[Ānlù Shì Sīfǎ Jú Xīnzhà Sīfǎ Suǒ]　设立于2011年，地址在辛榨乡西街烟应公路南侧，大门朝西。所属行业为公共管理、社会保障和社会组织，其主要以法制教育的宣传、民间纠纷的调解、社区矫正、刑释解教人员的安置和帮教以及法律援助服务为主，该司法所办公地点位于一栋四层大楼的二楼，占地面积达150平方米，房屋主体结构为砖混结构，共有工作人员2人。

安陆市国土资源局辛榨国土资源所[Ānlù Shì Guótǔ Zīyuán Jú Xīnzhà Guótǔ Zīyuán Suǒ]　1986年成立辛榨乡土地管理所，2005年改制后更名为安陆市国土资源局辛榨国土资源所。该单位位于辛榨乡西大街烟应公路南侧，大门朝北，地址为安陆市辛榨乡辛榨社区2组。所属行业为公共管理、社会保障和社会组织，其主要负责安陆市辛榨乡的国土资源管理，包括保护和合理利用土地、提供土地总体规划及农村村镇建设用地服务，该资源所占地面积为540平方米，所内建有320平方米的砖混结构的办公楼一栋，共有工作人员4人。

高店小学[Gāodiàn Xiǎoxué]　1953年9月利用高家祠堂做教室，1963年改为公办小学，1970年-1984年12月设为村办高店小学，1985年2月-2000年9月实行村小合并，由红旗小学、郑坎小学、大廖小学，四报小学、坊姚小学合并改为公办高店小学，2007年7月将高店小学四至六年级被撤并入四报高小，现在的高店小学只有学前班、1至3年级适龄儿童入学，高店小学自1953年创办至今，不论怎么改、撤、并的过程中，都沿用高店小学的校名。所属行业为教育业，主要业务范围为小学义务教育，位于高店村，东接高家塆，西邻农田，南连乡村道路，北靠农田，现有学生126人，职工人数10人，占地面积0.0032平方千米。主要业务范围为实施小学阶段义务教育。

四报小学[Sìbào Xiǎoxué]　因位于四报寺原址得名，1953年建，一度改建成四报中学，后改为小学。位于四报村6组，所属行业为教育业，主要实施小学义务教育，促进基础教育发展，小学学历教育，共有教职工24人，学生人数270人，占地面积0.01平方千米。

辛榨乡财经所[Xīnzhà Xiāng Cáijīng Suǒ]　1987年8月以前，巡店区设财政所；1987年8月成立辛榨乡，安陆市财政局下设辛榨乡财政所；2003年辛榨乡财政所更名为辛榨乡财经所。地址为安陆市辛榨乡辛榨街西侧。所属行业为公共管理、社会保障和社会组织，其主要负责全乡行政事业单位的财政收支管理，主要包括乡镇惠农、落实兑现各级惠农补助资金，对农民负担和农村政策实施监管；围绕乡镇财源建设搞好服务；农村财务管理指导、监督和审计，依法代理村级财务，财政项目资金管理和乡镇政府机关财务代理；乡镇公有资产管理利用及村集体资产监督管理。该财经所占地面积达650平方米，建筑面积为400平方米，主体建筑为砖混结构，现有四层办公楼一栋，设有服务大厅、办公室、会议室、档案室、接待室及厨房等，共有工作人员8人。

辛榨乡初级中学[Xīnzhà Xiāng Chūjí Zhōngxué]　原建于1942年，位于烟应公路以西，后于1993年迁址现址。所属行业为教育业，其主要业务范围是义务教育中学阶段的教学和管理，地址为安陆市辛榨乡辛榨街北，烟应线东侧，大门朝西。学校总占地面积约42686平方米，总建筑面积达12000多平方米，学校教学楼、综合楼、师生住宿楼及各类功能室和配套场地一应俱全。2002年被评为"孝感市花园式学校""孝感市农村中小学示范学校"。截至2010年，学校共有13个教学班，570多名在读学生，80余名教职员工，其中高级教师12人，中级教师32人，本科以上学历达48人。

辛榨乡畜牧兽医服务中心[Xīnzhà Xiāng Xùmù Shòuyī Fúwù Zhōngxīn] 1987年10月成立辛榨乡畜牧兽医站；2004年4月更名为辛榨乡畜牧兽医服务中心。地址为安陆市辛榨乡张傅村。所属行业为公共管理、社会保障和社会组织，其主要负责安陆市辛榨乡内动物的防疫、检疫及品改，该服务中心占地面积为700平方米，建筑面积为420平方米，建有3层办公楼1栋，办公楼设有办公室、财务室、电脑室、品陈室、冷藏室、化验室及无害化处理冷库等，现共有工作人员9人。

辛榨乡村镇建设环境保护服务中心[Xīnzhà Xiāng Cūnzhèn Jiànshè Huánjìng Bǎohù Fúwù Zhōngxīn] 1987年以前称建管站，1987年改为辛榨村管站，2003年更名为辛榨乡村镇建设环境服务中心。位于辛榨乡集镇街道西侧乡政府院内。所属行业为公共管理、社会保障和社会组织，其主要业务范围为安陆市辛榨乡的村镇建设管理、房产服务及环境保护和污染治理等，该服务中心占地面积为250平方米，房屋主体建筑为砖混结构，拥有办公室3间，大门朝西，共有工作人员4人。

辛榨乡民政办公室[Xīnzhà Xiāng Mínzhèng Bàngōng Shì] 1987年成立安陆市辛榨乡民政办公室，2003年称为辛榨乡社会事务服务中心，现又更名为辛榨乡民政办公室。地址为安陆市辛榨乡辛榨西街烟应公路南侧。所属行业为公共管理、社会保障和社会组织，其主要负责安陆市辛榨乡内的安置、福利、救灾救济、殡葬等社会民政服务，该办公室办公地点设在辛榨乡便民服务大厅，占地面积为150平方米，共有工作人员3人。

辛榨乡农业水产服务中心[Xīnzhà Xiāng Nóngyè Shuǐchǎn Fúwù Zhōngxīn] 1987年成立辛榨乡农业技术推广中心，2003年组建辛榨乡农业水产服务中心。位于安陆市辛榨乡西街烟应公路南侧。所属行业为公共管理、社会保障和社会组织，其主要业务范围为农业技术推广(农作物病虫防治、测土配方施肥、农业技术培训等)及能源建设，该服务中心占地面积为150平方米，房屋主体建筑为砖混结构，在一栋四层大楼的一楼办公，共有工作人员1人。

辛榨乡人口与发展服务中心[Xīnzhà Xiāng Rénkǒu Yǔ Fāzhǎn Fúwù Zhōngxīn] 1994年组建安陆市辛榨计划生育办公室，2003年更名为辛榨乡人口与发展服务中心。地址为安陆市辛榨乡中兴街，所属行业为公共管理、社会保障和社会组织，其主要业务范围为人口与发展政策的规划、普及和指导、咨询服务，该服务中心占地面积为1100平方米，建筑面积达950平方米，拥有办公楼1栋，办公楼设有办公室、微机室、流动办公室、政绩办公室、及家属宿舍等，共有工作人员9人。

辛榨乡水利农机服务中心[Xīnzhà Xiāng Shuǐlì Nóngjī Fúwù Zhōngxīn] 1987年8月以前在巡店区设水利管理站，1987年8月下设辛榨乡水利管理站，2003年辛榨乡水利管理站更名为辛榨乡水利农机服务中心。位于安陆市辛榨乡辛榨街，所属行业为公共管理、社会保障和社会组织，其主要业务范围为水利技术、水产养殖技术及农机技术服务。该服务中心占地面积达750平方米，建筑面积为225平方米，主体建筑为1栋砖混结构三层办公楼，设有办公室、会议室、档案室等，共有工作人员3人。

辛榨乡卫生院[Xīnzhà Xiāng Wèishēng Yuàn] 1972年建成，1994年更名为辛榨乡卫生院。地址为安陆市辛榨乡辛榨街。所属行业为卫生和社会工作，其主要负责安陆市辛榨乡内的医疗卫生工作、组织领导群众卫生运动及培养卫生技术人员，该卫生院占地面积为5630平方米，建筑面积达1580平方米，为砖混结构三层楼房。设有办公室、公共卫生部、住院部、急救、治疗、门诊等部门，共有工作人员36人，其中医生12人，护士14人。

辛榨乡乡镇企业服务中心[Xīnzhà Xiāng Xiāngzhèn Qǐyè Fúwù Zhōngxīn]　1987年7月前称社办企业，1987年改为辛榨乡工业委员会，后来又改为辛榨乡企业管理委员会(简称企管会)，2003年更名为辛榨乡乡镇企业服务中心。位于安陆市辛榨乡辛榨街政府院内。所属行业为公共管理、社会保障和社会组织，其主要业务范围为辛榨乡乡镇企业的财务管理及生产经营指导、服务和招商引进等，该服务中心占地面积约为60平方米，共有工作人员4人。

辛榨乡综合文化站[Xīnzhà Xiāng Zōnghé Wénhuà Zhàn]　1987年成立辛榨乡文化站，2004年机构改革后改称辛榨乡文体服务中心，2010年更名为辛榨乡综合文化站。位于安陆市辛榨乡政府后面，地址为安陆市辛榨乡望湖小区。所属行业为公共管理、社会保障和社会组织，其主要业务范围为提供公共文化服务、指导基层文化工作和协助管理农村文化市场，该文化站占地面积为280平方米，建筑面积为180平方米，主体建筑为1栋砖混结构三层办公楼，设有办公室、多功能会议室、展览室、图书室及活动室，一楼设便民服务大厅，共有工作人员2人。

中国邮政储蓄银行安陆市辛榨乡营业所[Zhōngguó Yóuzhèng Chǔxù Yínháng Ānlù Shì Xīnzhà Xiāng Yíngyè Suǒ]　1998年建成使用，2007年更名为中国邮政储蓄银行安陆市辛榨乡营业所。位于安陆市辛榨乡金山路48号。所属行业为金融业，其主要业务范围为邮政基础业务及国家邮政局批准开办的其他业务和代理金融业务，该营业所占地面积为900平方米，总建筑面积为850平方米，建有办公楼及营业厅1栋，办公楼设备齐全，包含现金区、营业区、VIP区及住宿区，现共有工作人员8人。

十二、木梓乡

木梓乡人民政府[Mùzǐ Xiāng Rénmín Zhèngfǔ]　1949年10月为安陆县木梓区。1952年10月为第三区木梓乡。1954年8月为木梓区木梓乡。1956年4月为第四指导小组木梓乡。1958年为先锋人民公社木梓管理区。同年底为棠棣人民公社木梓乡。1961年4月为棠棣区木梓人民公社。1966年9月棠棣改为先锋，为先锋区木梓人民公社。1975年2月为棠棣区木梓人民公社。1979年为木梓人民公社，辖木梓，王店，轭头管理区。1984年1月为棠棣区木梓乡。1987年10月由小王店乡，木梓乡合并为安陆市王店乡。1996年12月为安陆市木梓乡，辖23个行政村、1个茶场。该单位位于木梓乡木梓街，占地面积2100平方米，建筑面积1200平方米，设有党政办公室，组织办等机构，人员共37人。

安陆市公安局木梓乡派出所[Ānlù Shì Gōngān Jú Mùzǐ Xiāng Pàichū Suǒ]　1987年安陆撤区并乡时成立的安陆县公安局王店派出所，1997年建市后改为安陆市公安局木梓派出所。该单位位于安陆市木梓乡镇兴街1号，占地面积2000平方米。建筑面积800平方米，为砖混结构二层楼房，设有办公室100平方米，工作人员5人，办公楼坐西朝东，南连电信，北靠民房。总面积800平方米，宿舍楼九间180平方米。主要职能为管理户口和居民身份证，指导治保会工作；管理公共场所、特种行业；依法实施治安管理处罚条例。

安陆市司法局木梓乡司法所[Ānlù Shì Sīfǎ Jú Mùzǐ Xiāng Sīfǎ Suǒ] 2010年建成。位于木梓乡，工作人员3人，占地面积0.000021平方千米。主要从事基层司法行政工作，业务范围包括人民调解、法制宣传、社区矫正、安置帮教、法律援助。

安陆市国土资源局木梓国土资源所[Ānlù Shì Guótǔ Zīyuán Jú Mùzǐ Guótǔ Zīyuán Suǒ] 1987年8月成立安陆县土地管理局王店乡土地管理所，1993年1月更名为王店乡村镇建设与土地管理所，1996年6月又更名为木梓乡土地管理所，2000年1月更名为安陆市国土资源局木梓国土资源所。该单位位于木梓乡木梓村2组，占地面积667平方米，建筑面积330平方米，工作人员4人，主要职责为保护和合理利用土地，提供土地总体规划及农村村镇建设服务。

安陆市林业局雷公林业站木梓分站[Ānlù Shì Línyè Jú Léigōng Línyè Zhàn Mùzǐ Fènzhàn] 2007年设立，位于木梓乡，占地面积约60平方米，有职工人数1人。其主要业务范围为负责本乡镇森林管护、林业执法、病虫害防治，林业技术推广。

安陆市邮政局木梓分局[Ānlù Shì Yóuzhèng Jú Mùzǐ Fènjú] 建国初期为邮政所，后改为邮政分局。该单位位于梓兴街1号，占地面积300平方米，建筑面积239平方米，工作人员4人，主要从事报刊发行、商业信函、广告、电子汇款、特快专递、邮政储蓄、代理保险、集邮、代办电信、邮政物流、185客户服务中心等方面的工作。

木梓乡财经所[Mùzǐ Xiāng Cáijīng Suǒ] 1987年成立安陆市棠棣区木梓财税所，1988—1997年由“安陆市棠棣区木梓财税所”改名为“安陆市王店乡财税所”，1998—2010年由“安陆市王店乡财税所”改名为“安陆市木梓乡财政所”，2010年乡镇经管站和财政所合并，“安陆市木梓乡财政所”正式更名为“安陆市木梓乡财经所”。该单位位于木梓乡木梓街，占地面积1200平方米，建筑面积800平方米，设有财经所办公室，在职人员共7人，主要经营贯彻财税政策、组织财政收入、管理财政支出、实施财政等。

木梓乡初级中学[Mùzǐ Xiāng Chūjí Zhōngxué] 始建于1974年，先是初中，后来办高中，称为木梓高中，后布局调整后，更改为木梓乡初级中学。位于木梓乡学府街北，占地面积31980平方米，校舍面积8402平方米，多为装混结构房屋，用于教室、实验室、多功能室、食堂、办公室等，全校教师42人，在校学生217人。

木梓乡村镇建设环境保护服务中心[Mùzǐ Xiāng Cūnzhèn Jiànshè Huánjìng Bǎohù Fúwù Zhōngxīn] 1997年设立。该单位位于木梓乡木梓二组，占地面积150平方米，设立于2001年，现有职工2人，主要业务范围：村镇环境卫生保护与建设。

木梓乡定点屠宰和运销管理办公室[Mùzǐ Xiāng Dìngdiǎn Túzǎi Hé Yùnxiāo Guǎnlǐ Bàngōng Shì] 2001年设立。该单位位于木梓乡，占地面积2000平方米，建筑面积1600平方米，工作人员3人，主要职能为依法监督、检查全市牲畜屠宰行业生产经营活动；指导审批定点屠宰厂的设置，组织对牲畜产品市场的监督管理，打击私屠滥宰等违法行为；指导县市区定点屠宰管理工作，负责管辖范围内牲畜定点屠宰执法监督管理；承担牲畜定点屠宰管理领导小组的日常工作。

木梓乡动物卫生监督站[Mùzǐ Xiāng Dòngwù Wèishēng Jiāndū Zhàn]　1997年设立。位于木梓乡木梓街，占地面积580平方米，建筑面积270平方米，设有三层办公楼，现有工作人员共7人，其中干部两人，主要工作职能为畜禽防疫、检疫、无害化处理等。

木梓乡民政办公室[Mùzǐ Xiāng Mínzhèng Bàngōng Shì]　1949年设立民政助理，后改为民政办公室。位于安陆市木梓乡，拥有办公楼一栋一层，占地面积约100平方米，有职工人数4人，其主要业务范围为负责救灾救济，双拥优抚安置，基层政权和社区建设，行政规划，地名管理，殡葬管理，老龄工作、民间组织，残联工作，民政信访工作。

木梓乡农业水产服务中心[Mùzǐ Xiāng Nóngyè Shuǐchǎn Fúwù Zhōngxīn]　2004年设立。该单位位于木梓乡木梓村木梓街，占地面积700平方米，建筑面积300平方米，工作人员3人，主要从事水产技术推广服务。

木梓乡人口与发展服务中心[Mùzǐ Xiāng Rénkǒu Yǔ Fāzhǎn Fúwù Zhōngxīn]　1992年设立。该单位位于木梓乡木梓3组，占地面积200平方米，建筑面积180平方米，现有工作人员3人，主要职能为计划生育管理与服务。

木梓乡人力资源和社会保障服务中心[Mùzǐ Xiāng Rénlì Zīyuán Hé Shèhuì Bǎozhàng Fúwù Zhōngxīn]　2010年设立。位于木梓乡政府办公楼一楼，坐北朝南，长8米，宽8米，占地面积64平方米，建筑面积一层，在职员工5人。业务范围为农民社会保障，劳动力培训，依法维权，职业鉴定，劳动争议调解等。

木梓乡食品药品监管所[Mùzǐ Xiāng Shípǐn Yàopǐn Jiānguǎn Suǒ]　2014年设立。该单位位于木梓乡木梓街，占地面积80平方米，建筑面积80平方米，在职员工3人，主要从事食品药品，医疗器械，化妆品监管。

木梓乡双杨小学[Mùzǐ Xiāng Shuāngyáng Xiǎoxué]　1970年代建成。位于木梓乡双杨4组，处丘陵地带，占地面积约1500平方米。拥有教学楼1栋，现有教职人员18人。主要从事小学义务教育。

木梓乡水管站[Mùzǐ Xiāng Shuǐguǎn Zhàn]　1949年建成。该单位位于木梓乡木梓街，占地面积320平方米，有职工人数4人，其主要业务为负责本乡的水利管理。

木梓乡水利农机服务中心[Mùzǐ Xiāng Shuǐlì Nóngjī Fúwù Zhōngxīn]　1989年设立。该单位位于梓兴街60号，占地面积300平方米，建筑面积240平方米，工作人员4人，主要职能为农业机械的管理，推广，农业机械的生产安全。

木梓乡王店小学[Mùzǐ Xiāng Wángdiàn Xiǎoxué]　所在地为木梓乡王店村王店街，占地面积6000平方米，校舍面积3526平方米，全校有房屋6栋，分别用于教室、实验室、多功能室、学生食堂、办公室、教师宿舍等，全校教师26人，在校学生299人。

木梓乡卫生院[Mùzǐ Xiāng Wèishēng Yuàn]　1997年建成。位于木梓乡木梓村木梓街，占地面积4500平方米，医疗用房2200平方米，在编职工36人，床位20张，医院开设5个临床科室和3个医疗科室，临床科室有：内科、儿科、外科、妇产科、中医内科，医技科室有化验室、B超室、放射科等。

木梓乡文化体育服务中心[Mùzǐ Xiāng Wénhuà Tǐyù Fúwù Zhōngxīn]　1997年以前为木梓乡文化站，1997年更用现名。位于木梓乡木梓1组，占地面积1000平方米，建筑面积1000平方米，现有职工3人，主要从事文化体育服务方面的工作。

木梓乡乡镇企业服务中心[Mùzǐ Xiāng Xiāngzhèn Qǐyè Fúwù Zhōngxīn]　2004年设立。位于木梓乡，注册资金600万元，拥有办公楼一栋，占地面积2100平方米，职工人数4人。主要职能是在主管部门领导下，为中小企业发展提供技术，信息咨询和培训服务。业务主要包括信息采集，经济分析，技术开发与交流，投资项目中介，转让，管理人才与业务培训。

木梓乡中心小学[Mùzǐ Xiāng Zhōngxīn Xiǎoxué]　始建于1948年，当时属木梓村管学校，曾用名木梓小学，后学校撤并后，其名称改为木梓中心小学。主要职能为从事普通小学教育教学。位于木梓乡梓兴街76号，占地面积12541平方米，校舍面积3946平方米，全校有房屋6栋，分别用于教室、实验室、多功能室、学生食堂、办公室等，全校教师45人，在校学生453人。

十三、接官乡

安陆市接官乡人民政府[Ānlù Shì Jiēguān Xiāng Rénmín Zhèngfǔ]　该党政机关属安陆市人民政府辖，所属行业为公共管理、社会保障和社会组织，主要业务范围为负责组织和管理安陆市接官乡的各项行政事务，所在地址为安陆市接官亭集镇。晚清时期，安陆分两乡、十里、64会，接管属“接管厅会”。民国时期属仁寿(北二)乡、会接乡、双泉乡辖。1949年10月属搓山区，1952年10月属第六区接管乡。1954年8月属洑水区接管乡。1956年3月属第六区接管乡。1956年4月为第七区指导组接管乡。1958年9月为东风人们公社接管管理区。1961年4月属伏水区接管人民公社。1966年9月为向阳区(今洑水镇)接官人们公社。1975年2月为接管人民公社，辖接管、莲花、会寨3个管理区。1979年撤会寨管理区并入赵棚人民公社，接管、莲花管理区并入洑水人民公社。1984年1月，属洑水区接管乡。1987年10月，安陆撤区并乡，原接管、莲花、会寨3乡并成接管乡。2015年底，接官乡人民政府辖接官、界岗、高庙、冯畈、吊桥、金台、颛庙、莲花、茶安、刘铺、李冲、宋冲、土门、马鞍、白岗、吴畈，会砦、唐畈，银铺，槎山、杨冲、霞山、倪庙、沈湾、秦畈、新龙，共26个村民委员会。

接官派出所[Jiēguān Pàichū Suǒ]　位于接官乡金台村，注册资金300万元，拥有办公楼1栋，占地面积1980平方米，职工人数5人，主要业务范围为：负责管理维护当地社会秩序稳定，打击当地违法犯罪。自2008年建立沿用至今。

接官乡司法所[Jiēguān Xiāng Sīfǎ Suǒ]　1987年设司法助理，2005年设立司法所，所属行业为公共管理、社会保障和社会组织，主要业务范围为法制教育的宣传、民间纠纷的调解、社区矫正、刑释解教人员的安置和帮教以及法律援助服务。位于安陆市接官乡金台村接官乡政府院内，地址为安陆市接官乡接官街1号。该司法所拥有办公室1间，工作人员1名。

安陆市国土资源局接官国土资源所[Ānlù Shì Guótǔ Zīyuán Jú Jiēguān Guótǔ Zīyuán Suǒ]　位于接官乡接官南大街，所属行业为公共管理、社会保障和社会组织，负责管理全乡 26 个村国土资源管理工作。占地 0.00096 平方千米，为三间三层砖混结构，设有服务大厅、办公室、会议厅、档案室。工作人员 3 人。1987 年 10 月成立接官国土资源所，2000 年称安陆市国土资源局接官国土资源所。

接官林业站[Jiēguān Línyè Zhàn]　位于接官乡金台村，注册资金 300 万元，拥有办公楼 1 栋，占地面积 1980 平方米，职工人数 4 人，主要业务范围为：林业资源管理、林业病虫害防治、森林防火。自 2008 年建立沿用至今。

接官乡财经所[Jiēguān Xiāng Cáijīng Suǒ]　所属行业为公共管理、社会保障和社会组织，主要业务范围为贯彻财税政策，组织财政收入，管理财政支出，实施财政等产品和服务。位于接官乡街道，占地面积 1500 平方米。主体办公楼 3 层，建筑面积 2000 多平方米，现有职工人数 10 人。

接官乡初级中学[Jiēguān Xiāng Chūjí Zhōngxué]　所属行业为教育业，主要业务范围为实施初中义务教育促进基础教育发展。位于接官乡东部观音河畔，东接观音河，西邻 210 省道，北靠安应公路。学校占地面积 21000 平方米，建筑面积 6522 平方米。现有教职工 65 人，专任教师 44 人，党员 21 人，10 个教学班，500 多名在校生。1950 年建成。

接官乡村镇建设环境保护服务中心[Jiēguān Xiāng Cūnzhèn Jiànshè Huánjìng Bǎohù Fúwù Zhōngxīn]　所属行业为公共管理、社会保障和社会组织，主要业务范围为辖区内村镇建设、规划、管理及环境保护等各项相关中心工作。注册资金 450 万元，拥有办公楼 1 栋，办公面积 15 平方米，职工人数 3 人。1987 年 10 月成立。

接官乡会砦小学[Jiēguān Xiāng Huìzhài Xiǎoxué]　接官乡会砦小学主要业务范围为小学义务教育相关工作，学校占地 12750 平方米。学校有教学楼 1 栋，房屋坐北朝南，建筑面积 900 平方米；学生公寓 1 栋，建筑面积 500 平方米；教工宿舍 1 栋，其他建筑面积 871 平方米；食堂 1 栋建筑面积 250 平方米；公共厕所建筑面积 60 平方米；门卫室建筑面积 60 平方米；学生宿舍 320 平方米，学校操场 4000 平方米；校园绿化面积 1200 平方米。会砦学校始建于 1952 年，1952 年至 1964 年为完全小学，1965 年至 1974 年会砦小学改制为会砦初中；1975 年至 1979 年会砦初中又改制为会砦高中；1980 年至 2003 年会砦高中又改回初中建制——会砦初中；2003 年秋全乡学校布局调整，合并会砦所辖 10 个村级小学，将会砦初中改为会砦小学。

接官乡计划生育办公室[Jiēguān Xiāng Jìhuà Shēngyù Bàngōng Shì]　所属行业为公共管理、社会保障和社会组织，主要业务范围为接官乡计划生育工作管理、生育证的申报管理工作。位于接官乡官亭街 126 号，占地面积 0.0005 平方千米，房屋结构为砖混结构，共设 4 科室，工作人员 5 名。1987 年 10 月成立。

接官乡莲花小学[Jiēguān Xiāng Liánhuā Xiǎoxué]　位于安陆市接官乡莲花街，学校占地 10324 平方米，建筑面积 3224 平方米。接官乡莲花小学房屋坐北朝南，西与安应公路相距约 100 米。1956 年以来，莲花小学前身是莲花高中，80 年代末期改为莲花初中，2009 年改为莲花小学。

接官乡人力资源和社会保障服务中心[Jiēguān Xiāng Rénlìzīyuánhéshèhuìbǎozhàng fúwù Zhōngxīn]　所属行业为公共管理、社会保障和社会组织，主要业务范围为负责接官乡社会养老保险、人力资源开发。位于接官乡接官街雷河路 3 号，占地面积 0.5 平方千米，建筑面积 0.8 平方千米。为砖混结构两层楼房，现有工作人员 8 人。2010 年成立。

接官乡兽医站[Jiēguān Xiāng Shòuyī Zhàn]　位于接官乡接官街道平洑线路东边，注册资金 200 万元，拥有 5 间办公室，占地面积 500 平方米，职工人数 10 人。主要业务范围为当地畜牧业发展事务。2001 年建立。

接官乡水利农机服务中心[Jiēguān Xiāng Shuǐlì Nóngjī Fúwù Zhōngxīn]　位于金台村南街，注册资金 500 万元，拥有办公楼 1 栋，占地面积 660 平方米，职工人数 2 人主要业务范围当地水利资源利用等。2012 年建立。

接官乡卫生院[Jiēguān Xiāng Wèishēng Yuàn]　位于接官乡金台村，注册资金 300 万元，拥有办公楼 1 栋，占地面积 2540 平方米，职工人数 14 人，主要业务范围为：日常疾病的治疗、医疗救助、卫生防疫。2010 年建立。

接官乡乡镇企业服务中心[Jiēguān Xiāng Xiāngzhèn Qǐyè Fúwù Zhōngxīn]　该单位位于接官乡颛庙村，所属行业为公共管理、社会保障和社会组织，主要职能是在主管部门领导下，为中小企业发展提供技术、信息咨询和培训服务。业务主要包括信息采集、经济分析、技术开发与交流、投资项目中介、转让、管理、人才与业务培训。注册资金 550 万元，拥有办公楼 1 栋，占地面积 1100 平方米，职工人数 3 人。1996 年 3 月建立。

接官乡邮政银行[Jiēguān Xiāng Yóuzhèng Yínháng]　位于接官乡金台村，注册资金 300 万元，拥有办公楼 1 栋，占地面积 1320 平方米，职工人数 7 人，主要业务范围：现金的存储信贷，网上银行交易等。自 1998 年建立名为邮政所，2013 年更名为邮政银行。

接官乡中心学校[Jiēguān Xiāng Zhōngxīn Xuéxiào]　位于安陆市接官乡金台南街，所属行业为教育业，主要业务范围为义务教育教学管理。注册资金 1000 万元，拥有教学楼两栋、食堂一栋、职工宿舍一栋，占地面积 2119 平方米，职工人数 80 人。始建于 2001 年 10 月，原名为接官乡教育工作站。2002 年撤销教育工作站归并于接官乡初级中学，同时更名为接官乡教育学区，2003 年又更名为接官乡中心学校。

接官中心小学[Jiēguān Zhōngxīn Xiǎoxué]　坐北朝南，东与接官乡中心幼儿园相距约 120 米，西与安应公路相距 30 米。始建于 1984 年，位于接官乡校园路 77 号，占地面积 17000 平方米，建筑占地面积 4300 平方米。原名为接官乡金台小学，2003 年更名为安陆市接官乡中心小学。

第二章　企业单位

第一节　府城街道

安陆成鑫制造机械有限公司[Ānlù Chéngxīnzhìzàojīxiè Yǒuxiàn Gōngsī]　2013年建成，位于安陆市府城工业园内，占地面积14000平方米，建筑面积3000平方米，拥有楼房1层，主体高度13米。现有职工人数34人，主要业务为机械配件制造。

安陆农村商业银行[Ānlù Nóngcūn Shāngyè Yínháng]　原为农村信用社，经改制，2015年成立安陆农村商业银行，位于中山社区德安中路，注册资金48亿元拥有楼房1栋4间，下设机构网点22个。占地面积120平方米，有职工人数6人，其主要业务范围为市民提供存取款及办理各种金融业务。

安陆市安迅针纺服饰有限公司[Ānlù Shì Ānxùnzhēnfǎngfúshì Yǒuxiàn Gōngsī]　2012年11月14日注册成立，位于安陆市汉丹东路3号，注册资金50万元，占地面积达2500平方米左右，公司建有食堂、宿舍楼各一栋，拥有一间现代化大型仓库、多间生产车间及先进的服装生产设备。现有职工人数120人左右，其主要业务范围为服装的制造、销售，服装面料的生产、销售及纺织原料的购销等。

安陆市赐梦服饰制品有限公司[Ānlù Shì Cìmèngfúshìzhìpǐn Yǒuxiàn Gōngsī]　该公司于2004年8月注册成立，位于安陆市太白大道南95号，316国道东侧，公司注册资金301万元，总占地面积0.02平方千米，生产建筑面积12500平方米，生产营业、生活宿舍区建筑面积6500平方米，资产投资总额3000万元，公司拥有自己的生产场地及各种设备，现有进口电动缝纫机520台套以及配套设备，年可生产出口各式梭织服装500万件的生产能力，年可创汇800万元(美元)，产品行销南美洲各国、澳大利亚、丹麦等国。公司现有员工348人，具有专业技术职称的专业技术人员35人，其中高级技师2人，中级4人，助级技工19人，已具备进出口贸易经营管理人员和服装专业生产技术人员。公司下属有六个部(业务部、生产部、技术部、财务部、人事部、后勤保卫部)，12条生产流水线等15个生产单位。

安陆市大唐商务会馆[Ānlù Shì Dàtáng Shāngwù Huìguǎn]　2006年建成，位于安陆市府城凤凰路20

号，建筑面积3000平方米，资产总计1340万元，职工人数40人，主要经营餐饮、住宿、娱乐项目。

安陆市德安建材有限公司[Ānlù Shì Déān Jiàncái Yǒuxiàn Gōngsī] 以前是安陆河沙厂，2007年成立。位于安陆市府城五一社区涢水河畔，占地100亩，拥有园林式生产及办公场所5000平方米，拥有建筑物1栋1层，在职员工26人，主要经营轻质建筑材料，建筑砌块制造，销售，建筑材料销售。

安陆市鼎鑫印务有限责任公司[Ānlù Shì Dǐngxīnyìnwù Yǒuxiàn Zérèn Gōngsī] 1992年建成，位于安陆市府城德安南路62号，办公楼为砖混结构厂房，设有办公室、财务等科室，主要经营出版物印刷、包装装潢印刷品印刷、商标印刷及其他印刷品印刷、打字复印服务、印刷油墨、纸张、纸制品及印刷器材销售等，员工人数为52人，注册资本318万元。

安陆市飞龙汽车有限公司[Ānlù Shì Fēilóngqìchē Yǒuxiàn Gōngsī] 1999年建成，位于安陆市太白大道71号，占地面积4700平方米，建筑面积6800平方米，拥有楼房1栋6层，主体高度22米。现有职工人数17人，主要业务为农用机械、汽车销售。

安陆市凤祥环保设备有限公司[Ānlù Shì Fèngxiánghuánbǎoshèbèi Yǒuxiàn Gōngsī] 位于安陆市五一工业园区涢水路110号，于2008年建成投产，公司占地3600平方米，拥有厂房1间，在职员工15人，主要经营环保设备，通用设备制造销售。

安陆市福祥机械有限公司[Ānlù Shì Fúxiángjīxiè Yǒuxiàn Gōngsī] 2010年建成，位于安陆市府城工业园，注册资金500万元，占地面积20100平方米，建筑面积12730平方米。现有职工人数29人，主要业务为汽车销售、配件服务。

安陆市供销合作社联合社[Ānlù Shì Gōngxiāohézuòshè Liánhéshè] 20世纪60年代初成立安陆县供销社，2002年改制成立安陆市供销合作社联合社，位于安陆市府城紫金路75号，单位注册资本33万元，在职员工26名，主要经营农业生产资料、农产品及其他产品的生产、销售及服务。

安陆市光能电力有限责任公司[Ānlù Shì Guāngnéngdiànlì Yǒuxiàn Zérèn Gōngsī] 1993年建成，位于安陆市凤凰路104号，办公楼为砖混结构六层，设有办公室、财务、服务站等部门，职工人数60人，公司注册资本270(万元)，主要经营110千伏电力线路安装；输变电设备安装及维修；电能表校验；仪器仪表、电工器材、纺织品、百货汽车配件、家用电器批发零售及YPJS600型电能计量仪生产销售等。

安陆市和谐物流有限公司[Ānlù Shì Héxiéwùliú Yǒuxiàn Gōngsī] 2012年2月29日在孝感工商局登记注册，位于安陆市府城圆通寺社区，地址为安陆市太白大道252号。公司注册资金为500万元，占地面积为0.02233平方千米，建有仓库、停车场等配套设施，共有20名职工。其主要业务范围为商品的运输、配送、仓储、包装、搬运装卸及流通制作等。

安陆市宏泰工业气体有限公司[Ānlù Shì Hóngtài Gōngyèqìtǐ Yǒuxiàn Gōngsī] 2005年成立，位于安陆市府城五一社区涢水路西巷18号，主营项目：易燃气，经营面积5000平方米以上，拥有建筑物1栋2层，职工人数16人，主要业务范围是乙炔、氧气、氮气、二氧化碳等工业气体的制造。

安陆市华鑫化工有限公司[Ānlù Shì Huáxīnhuàgōng Yǒuxiàn Gōngsī] 1998年建成，位于安陆市府城五一社区涢水路西巷15号，占地面积16600平方米，建筑面积18628平方米，拥有建筑物1栋1层，公司注册资金 1000 万元，职工人数 42 人，主要生产三氯化磷、三氯氧磷、苯氧乙酸钠、抗氧剂、阻燃剂、乙一甲基苯酚、水处理剂等产品。

安陆市华源电气成套设备制造有限公司[Ānlù Shì Huáyuándiànqì Chéngtàoshèbèizhìzào Yǒuxiàn Gōngsī] 1990 年建成，位于安陆市府城五一工业区，占地面积 6000 多平方米，拥有建筑物 1 栋 1 层，固定资产 500 多万元，职工人数 8 人，环境优美，交通便利，主要经营电气成套设备及配件制造销售，机械配件黑色金属建筑材料零售。

安陆市佳福门业有限公司[Ānlù Shì Jiāfúményè Yǒuxiàn Gōngsī] 位于府城五一工业园涢水河畔，于 2004 年建成投产，占地面积 40000 平方米，拥有建筑物 1 栋 4 层，厂房 2 间，在职员工 50 人，主要经营金属门窗栅栏制品销售安装，门窗附属金属制品，普通货运服务。

安陆市简欧美家具有限公司[Ānlù Shì Jiǎnōuměijiājù Yǒuxiàn Gōngsī] 以前名为简美沙发厂，2014 年 7 月 18 日更名简欧美家具有限公司，位于安陆市府城五一社区涢水路西巷 1 号，占地面积 1000 平方米，拥有建筑物 1 栋 3 层，职工人数 8 人，主要经营家具的生产与销售。

安陆市建设开发投资有限公司[Ānlù Shì Jiànshèkāifātóuzī Yǒuxiàn Gōngsī] 2006 年 04 月 12 日成立，位于安陆市解放大道建设大街十号，注册资本 45000 万元，办公楼坐北朝南，占地面积 760 平方米，现有职工 36 人，主要经营全市商住用地收购、出让和城市运营、融资。经营范围包括根据国家经济发展战略、产业政策和区域规划的要求，对基础性、资源性和高新技术项目进行投资；对城市土地进行收购、储备、出让经营；市政府授权的公共资源特许经营权经营；中小企业融资、农业产业化融资、农村建设融资、公用事业融资。

安陆市金丰置业有限公司[Ānlù Shì Jīnfēngzhìyè Yǒuxiàn Gōngsī] 2009 年成立，是湖北省禾丰粮油集团有限公司的子公司，位于安陆市解放大道 190 号，注册资金 1000 万元，在职员工 50 人，高级职称以上人员 15 人，其中建筑、结构、规划中级职称管理人员 9 人，年开发能力 5 万平方米以上，主要从事房地产经营。

安陆嘉旭天然气有限公司[Ānlù Jjiāxù Tiānránqì Yǒuxiàn Gōngsī] 2003 年注册成立，位于解放大道 136 号。公司拥有总面积 850 余平方米的五层办公楼一栋，所属门站及 CNG 加气站各一座。公司内设管输分公司(主要负责管道及加气站的安全运营)、销售分公司(主要负责市场开发与客户服务)、工程部(主要负责输控管网建设与安装)、综合部等几个部门，现有在编员工 54 人。

安陆市科威铝业有限公司[Ānlù Shì Kēwēilǚyè YǒuxiànGōngsī] 2002 年建成命名，位于安陆市肖台社区解放大道 10 号，占地面积 13400 平方米，其中建筑面积 9810 平方米，现有工作人员 156 人，主要经营有色金属压延加工、销售，金属材料销售等产品和服务。

安陆市龙门商场[Ānlù Shì Lóngmén Shāngchǎng] 1993 年建成，位于安陆市府城南大社区碧涢路 213 号，注册资金 155 万元，占地面积 1000 平方米，职工人数 19 人，主要经营农副产品、食品、日杂及百货零售等。

安陆市汽车运输公司循环班车管理分公司[Ānlù Shì Qìchēyùnshū Gōngsī Xúnhuánbānchēguǎnlǐ

Fēngōngsī] 1998年建成，位于府城碧涢路170号，占地面积10000平方米，在职员工35人，主要负责安陆市的循环班车和汽车运输管理。

安陆市瑞康食品有限公司[Ānlù Shì Ruìkāngshípǐn Yǒuxiàn Gōngsī] 2005年成立，位于安陆市府城解放大道，占地面积0.01608平方千米，现有职工16人，主要从事畜禽屠宰及肉加工。

安陆市瑞源建材有限公司[Ānlù Shì Ruìyuánjiàncái Yǒuxiàn Gōngsī] 该公司于2011年3月12日注册成立，位于安陆市汉丹南路138号，316国道旁边。公司注册资金为1000万元，占地面积为8667平方千米，建有双向四层室内装饰展厅，设有各类家居建材高档次产品，共有13名职工人员。其主要经营范围包括建筑材料(涉及许可的项目除外)、装饰装修材料、家具、五金交电、家用电器及化工产品(不含危险化学品)。

安陆市生猪定点屠宰管理办公室[Ānlù Shì Shēngzhūdìngdiǎntúzǎiguǎnlǐ Bàngōng Shì] 2000年成立，位于安陆市府城南大社区解放大道123号，拥有7间办公室，占地面积150平方米，职工人数14人，主要经营生猪定点屠宰管理，猪产品加工，猪产品分割、销售等。

安陆市盛鑫风机有限公司[Ānlù Shì Shèngxīnfēngjī Yǒuxiàn Gōngsī] 2013年建成，位于安陆市府城工业园内，占地面积16000平方米，建筑面积7000平方米，拥有楼房1栋4层，主体高度15米。现有职工人数32人，主要业务为分类风机制造。

安陆市顺昌粮机设备有限责任公司[Ānlù Shì Shùnchāngliángjīshèbèi Yǒuxiàn Zérèn Gōngsī] 2001年成立，位于文昌路8号，拥有平房5间和楼栋1栋7层，占地面积3350平方米，其中建筑面积1340平方米。有职工人数2人，其主要业务范围为粮机设备的设计、制造及销售。

安陆市泰安燃气有限公司[Ānlù Shì Tàiānránqì Yǒuxiàn Gōngsī] 位于安陆市五一工业园区涢水路108号，于2011年建成投产，注册资金100万，占地面积1630平方米，拥有建筑物一栋2层，在职人员9人，主要经营瓶装液化气销售，钢瓶灶具销售。

安陆市天丰粮机有限公司[Ānlù Shì Tiānfēngliángjī Yǒuxiàn Gōngsī] 2013年建成，位于安陆市府城工业园内，占地面积14000平方米，建筑面积600平方米，拥有楼房1栋4层，主体高度15米。现有职工人数42人，主要业务为粮机制造。

安陆市通用网机制造有限公司[Ānlù Shì Tōngyòngwǎngjīzhìzào Yǒuxiàn Gōngsī] 20世纪50年代末成立安陆农机厂，60年代改为安陆县压缩机厂，80年代改为安陆市通用机械厂，2002年改为安陆市通用网机制造有限公司。位于安陆市府城紫金路26号，注册资金55万元，占地面积15000余平方米，拥有金属铸造、加工、产品总装等五个车间，员工200人，其中具有中级以上职称职工20人。业务范围是冲剪机系列产品及配件、粮食加工机械、毛纺专用设备、脱扬机及其他农机产品、汽车配件的制造、维修和销售，在生产以上产品的同时，承接各种专业网类设备的开发、设计、制造。

安陆市万豪云水大酒店有限公司[Ānlù Shì Wànháoyúnshuǐdàjiǔdiàn Yǒuxiàn Gōngsī] 原为五一大酒店，2013年改成万豪云水大酒店，位于安陆市府城五一社区凤凰路2号，本酒店式一家商务性质宾馆，成立2013年9月，总建筑面积2000平方米，现有客房41间，单间21间，标间8间，棋牌室8间，套房4间，套房4间，现有员工13人。

安陆市伟鹏针纺制衣有限公司[Ānlù Shì Wěipéngzhēnfǎngzhìyī Yǒuxiàn Gōngsī]　位于安陆市五一工业园区涢水路143号，成立于2006年6月，占地面积0.02546平方千米，拥有建筑物2栋，住宿楼4层，办公楼3层，厂房4间，在职员工260人，主要经营纺织服装制造，化钱纺织加工，棉花纤针织品及编织品制造，针纺织品服装销售。

安陆市文明粮油机械设备制造有限公司[Ānlù Shì Wénmíngliángyóujīxiè Shèbèizhìzào Yǒuxiàn Gōngsī]　位于安陆市府城办事处五一社区涢水路118号，于2005年成立，公司占地6700平方米，拥有建筑物1栋2层，在职员工14人，主要经营粮油加工机械及配件制造销售，五金交电销售。

安陆市五金厂[Ānlù Shì Wǔjīn Chǎng]　该五金厂于1987年注册成立，位于安陆市府城北正社区德安北路与儒学路交会处，地址为安陆市德安北路15号。该五金厂注册资金为100万元，占地面积达1100平方米，建有4层办公楼1栋，现只留守3人，另发7人生活费，原厂地出租作为费用来源。其主要业务范围为建筑类小五金的生产和销售。

安陆市祥安物业管理公司[Ānlù Shì Xiángānwùyèguǎnlǐ Gōngsī]　2010年建成，位于安陆市府城府河社区佳禾小区西大门北侧，主要负责佳禾花园小区的物业管理工作，占地面积约400平方米，现有职工人数12人。主要职责为：按照国家对物业管理的标准，对其经营管理的物业进行维修和技术管理，包括对房屋安全与质量的管理、对房屋维修技术的管理以及对房屋维修施工的管理；物业设备的管理，需要管理的物业设备主要有给排水设备、燃气设备、供暖设备和通风设备、电气设备等；物业环境管理，对住宅小区的环境进行管理，使其达到国家规定的标准，具体包括污染防治、环境保洁、环境绿化等；物业管理安全，采取各种措施，保障业主和房屋使用者的人身财产安全，对小区的治安进行管理，对小区的消防安全进行管理以及对出入小区的车辆与人员进行管理。

安陆市昕晨工贸有限公司[Ānlù Shì Xīnchéngōngmào Yǒuxiàn Gōngsī]　1993年成立，原名为“祥达服务公司”，1998年更名为“禹隆服务公司”，又更名为“昕晨服务公司”，2005年更名为现在的“安陆市昕晨工贸有限公司”，位于安陆市府城五一社区涢水路70号，占地面积6100平方米，总建筑面积9300平方米，拥有建筑物一栋两层，其中办公及生活用户300平方米，生产区域1700平方米，仓储300平方米。水电路配套设施齐全。现有固定员工15人，灵活就业机动突出人员8人，主要经营粮油机械制造销售，防盗生产销售，电线器材加工销售。

安陆市鑫顺源汽车驾驶员技术培训有限公司[Ānlù Shì Xīnshùnyuánqìchējiàshǐyuán Jìshùpéixùn Yǒuxiàn Gōngsī]　2014年成立，位于安陆市府城五一社区涢水路155号，是经湖北省交通厅验收合格的安陆市最大的国家二级驾校，是安陆市最大的民营驾校，有37亩大型训练场地，拥有建筑物1栋2层，及大面积的恒温训练场，注册资本500万元，职工人数33人。

安陆市鑫鑫机械设备有限公司[Ānlù Shì Xīnxīnjīxièshèbèi Yǒuxiàn Gōngsī]　1998年建成，位于安陆市府城碧涢路铁西巷12号，主要从事碾米机械单机及成套设备的研发、生产、销售和安装，占地40多亩，注册资金480万元，资产1800万元，在职员工28人，拥有先进的数字化加工设备和研发团队。

安陆市烟草专卖局[Ānlù Shì Yāncǎozhuānmài Jú]　1984年建成，改安陆县烟草公司为烟草专卖局。

1988年改名安陆市烟草专卖局，位于安陆市紫金路53号，占地面积1000平方米，职工人数70人，主要从事烟草零售与批发。

安陆市义泰粮油机械有限公司[Ānlù Shì Yìtàiliángyóujīxiè Yǒuxiàn Gōngsī]　位于安陆市五一工业园区涢水路139号，于2010年建成，占地面积4680平方米，拥有厂房一间，在职员工7人，主要经营粮油机械，农业机械，机械配件制造，销售。

安陆市永乐铸造有限公司[Ānlù Shì Yǒnglèzhùzào Yǒuxiàn Gōngsī]　2004年成立，位于安陆市五一社区碧涢路，占地3000平方米，拥有建筑物一栋2层，职工人数26人，主要经营钢铁铸件制造与销售。

安陆市涢河酒业有限公司[Ānlù Shì Yúnhéjiǔyè Yǒuxiàn Gōngsī]　原为安陆县酒厂，20世纪80年代改为安陆市涢酒厂，2007年改为安陆市涢河酒业有限公司。位于安陆市碧涢路250号，占地面积约为1000平方米，其主要业务为白酒酿造与销售，共有职工人数31人。

安陆市振威投资开发有限公司[Ānlù Shì Zhènwēitóuzīkāifā Yǒuxiàn Gōngsī]　该公司于2010年11月16日注册成立，位于安陆市太白大道南50号，是孝感市一家具有雄厚实力的综合性开发公司。公司注册资金5000万元，占地面积为15333平方千米，建有综合办公大楼、食堂、会议室等，公司现有职工18人，其中高级职称2人，中级职称4人，初级职称5人。公司尊崇“踏实、拼搏、责任”的企业精神，并以诚信、共赢、开创经营理念，创造良好的企业环境，以全新的管理模式，完善的技术，周到的服务，卓越的品质为生存根本，我们始终坚持用户至上用心服务于客户，坚持用自己的服务去打动客户。

安陆市振兴农业机械厂[Ānlù Shì Zhènxīng Nóngyèjīxiè Chǎng]　位于安陆市五一工业园区涢水路西巷21号，于2008年建成投产，占地6600平方米，拥有建筑物1栋2层，在职员工18人，主要经营农副加工机械铸铁件及有色金属铸造件生产，销售。

安陆市中力家居建材有限公司[Ānlù Shì Zhōnglìjiājūjiàncái Yǒuxiàn Gōngsī]　该公司于2010年注册成立，位于安陆市新一中南侧家居建材市场，公司注册资金为1000万元，占地面积为80000平方米，建筑面积达17000平方米，公司拥有先进的生产设备、优美的环境和便捷的交通，共有7名职工人员。其主要业务范围为建材材料的加工、制作和销售。

安陆天成橡塑有限公司[Ānlù Tiānchéngxiàngsù Yǒuxiàn Gōngsī]　位于安陆市府城区五一工业园区涢小路，成立于2007年，占地面积146668平方米，拥有建筑物两栋，办公楼1层，住宿楼2层，在职员工46人，主要经营橡塑制品，塑料制品，销售，金属制品制造销售。

安陆小微企业孵化园[Ānlù Xiǎowēiqǐyè Fūhuà Yuán]　2012年建成，位于府城工业园。拥有办公楼1栋3层，厂房6间。占地面积8000平方米，建筑面积8600平方米。现有职工人数120人，主要业务为扶持中小型企业等产品。

安陆新景化工有限公司[Ānlù Xīnjǐnghuàgōng Yǒuxiàn Gōngsī]　2004年建成，位于安陆市府城五一社区涢水路85号，占地面积3000平方米，注册资本2000万元人民币，拥有建筑物1栋2层，职工人数80人，主要经营生产和销售乙烯基异丁醚、乙烯基甲醚化学品。

德安中路城区供电所[Déān Zhōnglù Chéngqū Gōngdiàn Suǒ]　2002年成立，位于中山社区，注册资

金2000亿元，拥有楼栋1栋7层，占地面积300平方米，有职工人数8人，其主要业务范围为电力购销业务、国内外投资融资业务。

府城工业园[Fǔchéng Gōngyè Yuán]　2012年建成，位于安陆市洪庙社区汤家塆。占地面积63000平方米，建筑面积40500平方米。现有职工人数700人，主要业务为工业产业园建立一块固定地域上的由制造企业和服务企业形成的企业社区。

湖北安陆市金谷粮食机械设备有限公司[Húběi Ānlù Shì Jīngǔliángshíjīxièshèbèi Yǒuxiàn Gōngsī]　2013年建成，位于安陆市府城汉丹路195号，注册资金140.1万元，年可创产值1500余万元，占地面积6000平方米，建筑面积3500平方米，拥有机械设备50多台套，楼房1层，主体高度15米。现有职工人数60人。产品销售覆盖17个省市，取得了较好的经济、社会效益。根据现有设备、技术条件，结合市场需求，公司产品分为三个系列，一是碾米系列设备，主要是市场需求大，利润空间大的碾米机、抛光机；二是榨油机；三是大米、油料、饲料、矿山、面粉等输送设备。特别是输送设备为公司的拳头产品，具有品种繁多，规格齐全，市场应变能力快，质量可靠等特点，仅此一项每年可创产值500多万元。

湖北奥蓝达汽车配件有限公司[Húběi Àolándáqìchēpèijiàn Yǒuxiàn Gōngsī]　2013年建成，位于安陆市府城工业园内，固定资产投资2000万元，注册资本1000万元，总投资达3000万元人民币。占地面积30000平方米，生产厂房15000平方米，拥有楼房1栋6层，主体高度21米，现有职工人数60人，主要业务为主要经营汽车、摩托车铝合金压铸配件加工和汽油通用机曲轴箱体业务。湖北奥蓝达汽车配件有限公司是安陆首家集压铸和精加工一体的现代化生产企业，是湖北省专业生产汽油机箱体及电机、汽、摩配压铸件的大规模生产厂家，同时也是湖北省重点项目单位。公司成立以来始终注重产品质量和新工艺、新技术的设计和研发，现已成为一个综合实力雄厚，管理体系成熟，市场营销顺畅的铝合金压铸件产业公司，为全国电机企业和汽车、摩托车等上市企业提供优良品质产品，为电机电器产品更新换代和走向国际市场起到了积极作用。公司现拥有美国哈斯加工中心(CNC)等国内外先进的数控、铣、车、切割高精度设备及相配套的生产线，同时成立了以英国的阿朗光谱分析仪、瑞典的海克斯康三坐标检测仪为主的国内外一流检测设备的压铸件检测中心，220吨至800吨位系列压铸机5台，形成了年生产1000吨铝合金压铸件产品的规模。且汽油机箱体等产品在生产规模、技术设备、产品质量等方面都居湖北省领先地位，产值产量、市场占有率和品牌知名度在全省同行业中名列前十。

湖北白涢商品砼有限公司[Húběi Báiyúnshāngpǐntóng Yǒuxiàn Gōngsī]　2001年成立，位于安陆市府城五一社区涢水路151号，占地面积33500平方米，拥有建筑物1栋，办公楼4层，厂房3间，职工人数20人，主要经营商品混凝土生产销售，水泥构件制造销售，机械设备租赁。

湖北白涢石油化工有限公司[Húběi Báiyúnshíyóuhuàgōng Yǒuxiàn Gōngsī]　位于安陆市五一工业园涢水路151号，于1998年建成投产，占地面积0.0335平方千米，拥有办公楼一栋4层，厂房3间，在职员工21人，主要经营润滑脂润滑油，二硫化钼制造销售，石油化工添加剂等产品的生产和销售。

湖北德安府糖业有限责任公司[Húběi Déān Fǔ Tángyè Yǒuxiàn Zérèn Gōngsī]　2008年成立，是湖北禾丰有限公司的控股分公司，是湖北省内唯一一家拥有三条生产线的糖浆专用生产企业，每年实现销售收入

11亿元。位于安陆市五一社区南，占地面积80400平方千米，建筑面积54090平方米，拥有建筑物一栋4层，注册资本2000万元，现有资产1.2亿元，员工218人，可生产果糖浆和高麦芽糖各10万吨，主要经营淀粉糖生产，淀粉糖制品销售，货物进出口。公司以质量求生存，以信誉求发展，秉承“拼搏、创新、求实、文明、奉献”的企业精神，坚持“开发一流产品、打造一流品牌”的企业目标。

湖北多科能源有限公司[Húběi Duōkēnéngyuán Yǒuxiàn Gōngsī] 位于安陆市五一工业园区涢水路112号，于2012年成立，占地面积2300平方米，拥有办公楼一栋一层，在职员工8人，主要经营煤炭批发，经营，电站产品的技术开发销售，家具塑料制品，纺织品服饰鞋及五金化工产品。

湖北恒鑫饮料制品有限责任公司[Húběi Héngxīnyǐnliàozhìpǐn Yǒuxiàn Zérèn Gōngsī] 位于府城五一社区涢水路139号，于2004年建成投产，占地面积0.0402平方千米，拥有办公楼一栋三层，厂房三间一层，现有职工40人，主要经营饮料(其他饮料)生产，销售，服装加工销售，厂房出售。

湖北金厦建筑工程有限公司[Húběi Jīnshàjiànzhùgōngchéng Yǒuxiàn Gōngsī] 2001年建成，位于安陆市府城区德安中路三皇庙14号，职工人数125人，主要业务是房地产开发。主要经营工程、商铺等。

湖北康正药业有限公司[Húběi Kāngzhèngyàoyè Yǒuxiàn Gōngsī] 2000年成立，位于安陆市府城河西金泉路88号，于2001年成立，占地面积0.067平方千米，现有职工76人，主要生产外用药，年产值2000多万元。

湖北省安棉置业有限公司[Húběi Shěng Ānmiánzhìyè Yǒuxiàn Gōngsī] 于2013年12月在原五七棉纺厂成立，用于房地产开发，改名为“安棉家园”。注册资金1000万元，占地面积2500平方米，建有办公大楼1栋，职工人数28人，其中高级职称的有2人，中级职称的有8人，初级职称的有5人。

湖北午时药业股份有限公司[Húběi Wǔshíyàoyè Gǔfèn Yǒuxiàn Gōngsī] 1987年成立，原为安陆县制药厂，位于上玉石街，20世纪90年代迁进河西体育馆，改制名为湖北午时药业股份有限公司。该公司位于安陆市碧涢路137号，占地面积14万平方米，拥有资产3.1亿元，注册资本5200万元，设备860台套，员工1200余人，主要以研发、生产、营销、物流为一体。

湖北欣华生态畜禽开发有限公司[Húběi Xīnhuáshēngtàichùqínkāifā Yǒuxiàn Gōngsī] 2006年前为轧钢厂，2006年后取名湖北欣华生态畜禽开发有限公司。位于安陆市府城五一工业园区，拥有办公楼一栋5层，占地面积0.062平方千米，在职员工72人，公司资产近5000万元，主要经营牲畜家禽饲养及其产品采集。淡水养殖，家禽孵化，有机肥料及微生物肥料制造，经济林木种植。

湖北兴民置业有限公司[Húběi Xīngmínzhìyè Yǒuxiàn Gōngsī] 2011年建成，位于文昌路8号，占地面积60平方米，拥有办公室2间，现有职工人数2人，主要业务为商品房销售。

湖北盐业有限公司安陆分公司[Húběi Yányè Yǒuxiàn Gōngsī Ānlù Fēngōngsī] 原为安陆县盐业公司，2005年改为湖北盐业有限公司安陆分公司，位于中山社区，注册资金1000万元。拥有1栋7层楼房，占地面积10050平方米，现有职工人数100人，主要业务为食盐批发与零售。

湖北永祥粮食机械股份有限公司[Húběi Yǒngxiángliángshíjīxiè Gǔfèn Yǒuxiàn Gōngsī] 1998年成立，位于安陆市府城护国社区府河大道2号，公司注册资金3300万元，资产总额2.7亿元，现有职工828人，办公楼坐西朝东，共五层，为混凝土砖混结构，占地面积 0.18 平方千米，拥有代表国际先进水平的数字化加工设备和研发中心，是中国碾米机械制造行业标准化委员会的唯一企业会员，也是目前国内规模最大的专业设计、制造和销售碾米机械产品的股份制高新技术企业。永祥公司主要生产碾米机械(包括成套设备和配套单机)，产品涵盖从稻谷清理、去石、砻谷、分离到大米碾白、抛光、分级和色选的全部工艺过程，是国内生产碾米机械及配套设备最齐全的厂家。永祥公司遵循“创新、求精、追求第一、永远让用户满意”的质量方针，通过了 ISO9001：2008 国际质量管理体系认证和复审。在坚持技术引进、消化吸收和自主创新并举的研发战略指引下，瞄准国际粮机生产巨头和世界粮机发展趋势，持续加大产品研发力度，形成了具有自主知识产权的产品系列，获得了 33 项国家专利，产品种类达到 7 大系列、130 多个品种，技术和质量水平处于国内领先地位，达到国际先进水平，可以满足不同层次用户的需要，产品畅销全国 30 个省市，远销拉美、非洲和东南亚等 30 多个国家和地区，深受广大用户喜爱。“永祥”牌成套碾米设备连续多年被评为“湖北省消费者满意商品”。

湖北中天恒瑞建筑工程有限公司[Húběi Zhōngtiānhéngruìjiànzhùgōngchéng Yǒuxiàn Gōngsī]　2005 年建成，位于安陆市府城凤凰路 30 号，共有 3 栋房屋，职工人数 16 人，主要经营土木建筑工程、建筑装饰装修工程。

老屋柴坊[Lǎowūcháifāng]　2014 年建成，位于安陆市府城河西社区解放大道 157 号，占地面积 0.0066 平方千米，建筑面积 0.0026 平方千米，设有两个用餐大厅和 40 个单间，现共有工作人员 70 人，主要经营餐饮。

胜利宾馆[Shènglì Bīnguǎn]　20 世纪 70 年代为胜利旅社，2005 年改建成胜利宾馆，位于汉丹路 185 号，拥有楼栋 4 栋，层数有 2、3、4 层不等，占地面积 2680 平方米。有职工人数 2 人，其主要业务范围为市民提供住宿。

孝感易达钢铁炉料有限公司[Xiàogǎn Yìdágāngtiělúliào Yǒuxiàn Gōngsī]　位于安陆市府城五一工业园区涢水路，成立于 2010 年 3 月，占地面积 0.10184 平方千米，拥有建筑物两栋，办公楼 5 层，住宿楼 3 层，在职员工 25 人，主要经营废旧物资收购加工，销售，钢材，民用建材，五金交点批发兼零售，货购进出口。

益智泉饮料有限公司[Yìzhìquányǐnliào Yǒuxiàn Gōngsī]　创业于 20 世纪 90 年代初，原址在府城办事处护国村。2004 年建成新厂，位于安陆市洪庙社区汤家垮，拥有办公楼 1 栋 5 层，厂房 6 间，占地面积 18000 平方米，建筑面积 10100 平方米。现有职工人数 20 人，主要业务为益智泉饮料的批发与零售。

中百仓储购物广场有限公司[Zhōngbǎicāngchǔ Gòuwùguǎngchǎng Yǒuxiàn Gōngsī]　2005 年建成，位于安陆市府城碧涢路 170 号，在职员工 165 人，主要业务范围为日用百货零售及商铺租赁。

中国电信股份有限公司安陆分公司[Zhōngguó Diànxìn Gǔfèn Yǒuxiàn Gōngsī Ānlù Fēngōngsī]　从原邮电局分出，2013 年建成。位于安陆市碧涢路 241 号，办公楼为砖混结构五层，设有办公室、财务室、营业大厅等部门，职工人数 25 人，主要负责安陆市电信通信。

中国工商银行股份有限公司安陆支行[Zhōngguó Gōngshāngyínháng Gǔfèn Yǒuxiàn Gōngsī Ānlù Zhīháng]　1990 年建成，位于安陆市府城碧涢路 208 号，职工人数 83 人，主要办理存取款及信贷业务。

中国建设银行股份有限公司安陆市支行［Zhōngguó Jiànshèyínháng Gǔfèn Yǒuxiàn Gōngsī Ānlù Shì Zhīháng］ 1990年建成，位于安陆市府城汉丹路188号。职工人数有50人，主要办理存取款及信贷业务。

中国人民财产保险股份有限公司安陆支公司［Zhōngguó Rénmín Cáichǎnbǎoxiǎn Gǔfèn Yǒuxiàn Gōngsī Ānlù Zhīgōngsī］ 1983年成立"中国人民保险公司安陆市分公司"，1997年改为"中国人民财产保险股份有限公司安陆支公司"，位于安陆市府东社区碧涢路86号，占地面积1556平方米。建筑面积1283平方米。设有办公室、财务室、理赔部等部门，现有工作人员30人。主要业务为保险管理。

中国人寿保险股份有限公司安陆市分公司［Zhōngguó Rénshòubǎoxiǎn Gǔfèn Yǒuxiàn Gōngsī Ānlù Shì Fēngōngsī］ 1983年成立"中国人民保险公司安陆市分公司"，2003年底成立"中国人寿保险股份有限公司安陆市分公司"。位于府东社区碧涢路86号，占地面积1556平方米，建筑面积1283平方米。设有办公室、财务室、理赔部等部门，现有工作人员31人。主要业务范围为保险业务的代理。

中国移动通信集团湖北有限公司安陆分公司［Zhōngguó Yídòngtōngxìnjítuán Húběi Yǒuxiàn Gōngsī Ānlù Fēngōngsī］ 20世纪90年代末由邮电局分出，2000年建成，位于安陆市太白大道10号，占地面积840平方米，拥有楼层6层，现有职工人数74人，主要业务范围为移动通信业务(语音、数据、多媒体等)及出售移动电话终端设备、宽带等。

中国邮政汉丹路储蓄所［Zhōngguó Yóuzhèng Hàndān Lù Chǔxù Suǒ］ 原为邮电局，20世纪90年代分出，2007年成立，位于中山社区汉丹路220号，拥有办公室2间，占地面积300平方米，有职工人数10人，其主要业务范围为市民提供存取款及办理各种金融业务。

中国邮政集团公司湖北省安陆市分公司［Zhōngguó Yóuzhèngjítuán Gōngsī Húběi Shěng Ānlù Shì Fēngōngsī］ 20世纪90年代由邮电局分出，1999年建成安陆市邮政局，随即改为中国邮政集团公司湖北省安陆市分公司。坐落于安陆市太白大道54号。孝感直属现有员工58人，其中党员39人，大专以上文化程度50人，高级职称5人，中级职称18人。内设综合办公室、市场部、公会，一部一室一工会。该分公司是中国邮政集团公司孝感分公司下属单位，主要负责邮政的各类工作。

第二节 南城街道

安陆市南乡萝卜产销专业合作社［Ānlù Shì Nánxiāng Luóbo Chǎnxiāozhuānyè Hézuò Shè］ 2009年成立命名，位于南城肖万村，注册资金10万，拥有办公室1间，占地面积30平方米，现有职工3人。

安源生态农业开发有限公司［Ānyuán Shēngtài Nóngyè Kāifā Yǒuxiàn Gōngsī］ 2005年6月建立，位于南城肖杨村长架山，所属行业为农、林、牧、渔业，主要业务范围为经营种猪繁育、生猪水产养殖、饲料加工、再生能源开发、有机果蔬种植加工及农业观光餐饮服务。占地面积约15.28万平方米，其中水池面积

3.22万平方米，水库面积7.37万平方米，荒地面积约4.69万平方米，建筑面积约1000平方米，共一层，主体高度3米，职工人数8人。

鼎烽食品有限公司[Dǐngfēng Shípǐn Yǒuxiàn Gōngsī]　2005年注册建立，位于南城万石路2号，所属行业为制造业，主要业务范围为经营以银杏源和金银花露为主等食品、饮料的生产制造与销售。是生产食品、饮料的专业厂家，公司占地面积30000平方米，厂房及配套设施建筑面积约15000平方米，拥有1栋5层办公楼、1层厂房，1栋7层宿舍楼和1栋7层仓库，主体高度20米，现有员工350人，其中各类技术人员25人；为AAA级信用企业；建有现代化自动生产线5条，拥有各种检验、检测设备15台(套)，目前产品已辐射到全国各地。目前公司续征地500亩，即将建成一个集科研、生产、观赏于一体的大型银杏生态园。

东岳琉璃瓦公司[Dōngyuè Liúlíwǎ Gōngsī]　2006年新建成，位于安陆市南城闭刘村316国道边，注册资金300万元，拥有三个车间，占地面积0.01平方千米，有职工人数54人。

凤凰湖旅游度假公司[Fènghuáng Hú Lǚyóu Dùjià Gōngsī]　2008年8月登记注册，位于南城刘庙村太白大道458号，所属行业为文化、体育和娱乐业，主要业务范围为经营休闲娱乐、餐饮及度假户外项目。设有凤凰湖旅游度假酒店，酒店是斥巨资兴建的一家集餐饮、客房、娱乐、水疗、户外拓展运动为一体的度假型四星级酒店，职工人数120人，酒店主体建筑共3栋，建筑面积达约2.5万平方米，拥有雅致精美的园景房、菜式丰富的中西餐、豪华KTV、时尚水疗会所，配备健身房、自然采摘园、水上游艇、卡丁车、滑索等户外项目，是目前安陆地区规模最大、配置最高的四星级酒店。

虹彩缘养殖场[Hóngcǎiyuán Yǎngzhí Chǎng]　2005年建成，位于南城大塘村3组，拥有6栋一层厂房，占地面积9000平方米，职工人员10人。

鸿丰新型墙体材料厂[Hóngfēng Xīnxíng Qiángtǐ Cáiliào Chǎng]　2005年建成，位于南城刘庙7组，拥有一栋厂房，宿舍楼两栋，占地面积0.013平方千米，有职工人数20人。

湖北安棉纺织有限公司[Húběi Ānmián Fǎngzhī Yǒuxiàn Gōngsī]　2005年12月由原国有企业变更为私人企业，收购湖北安陆棉纺织集团有限公司资产组建的一家民营纺织企业，位于南城四里村。公司注册资金11500万元，现有员工1900多人，年产纱1.3万吨，坯布4800万米，年总产值约3亿元。公司占地260多亩，拥有5万枚环锭纺、1200头气流纺、870台织机(其中日产喷气织机104台、国产剑杆织机96台)。公司采用国产先进清钢联、并粗、精梳纺纱设备和DTM129型细纱机，引进日本村田自动络筒机、德国祖克尔浆纱机和日本津田驹喷气织机。主要生产"如意"牌全棉、涤棉纱卡、府绸、弹力布、提花布以及各种规格的中高档纯棉纱、涤棉纱。公司在广东、福建、浙江、江苏等地设立直销点，营销网络遍及省内外20多个地区，部分产品已进入国际市场，远销港澳、欧美、日本、东南亚等国家和地区。

湖北佳美建筑装饰工程有限公司[Húběi Jiāměi Jiànzhù Zhuāngshì Gōngchéng Yǒuxiàn Gōngsī]　2006年11月登记注册成立投入运营，主要经营建筑幕墙工程、采光天棚、门窗工程设计及施工等。位于南城三环路特1号，占地面积1500平方米，注册资金1500万元，职工人数45人。

湖北金鸿兴包装实业有限公司[Húběi Jīnhóngxīng Bāozhuāng Shíyè Yǒuxiàn Gōngsī]　2008年2月登

记注册成立，主要经营包装材料、包装制品制造与销售，项目投资及投资咨询服务。位于南城刘庙村太白大道340号，注册资金5000万元，拥有7栋厂房和1栋3层办公楼，占地面积14700平方米，职工人数23人。

湖北隆发包装制品有限公司[Húběi Lóngfā Bāozhuān Zhìpǐn Yǒuxiàn Gōngsī] 2001年注册成立，同年10月收购安陆市金属压延厂，主要生产与销售医用铝塑组合盖系列，口服液瓶易刺铝盖系列、口服液瓶用铝塑组合盖系列产品。位于安陆市南城工业园278号，是专业生产医用包装产品及部分食用产品包装的企业，有近二十年生产历史，积累了丰富的技术经验，产品质量达到国内同类产品的先进水平。公司注册资本600万元，企业总资产3000万元，职工人数118人，占地面积26800平方米，建筑面积4500平方米，拥有办公楼1栋2层和5栋厂房，主体高度8米。

湖北明妮服饰有限公司[Húběi Míngnī Fúshì Yǒuxiàn Gōngsī] 2009年8月登记注册成立，主要经营纺织服装、鞋、帽制造与销售。位于南城汉丹路，占地面积1500平方米，建筑面积750平方米，职工人数40人。

湖北永捷粮油机械有限公司[Húběi Yǒngjié Liángyóu Jīxiè Yǒuxiàn Gōngsī] 2015年1月登记注册成立，主要生产粮油成套加工设备、烘干设备及各种输送设备。位于南城四里村太白大道260号，占地面积15410平方米，注册资金1000万元，职工人数45人。公司生产各种碾米机械，对外承接大型成套碾米设备的制造和安装工程。产品涵盖从稻谷清理、去石、砻石、分离到大米的碾白、抛光、分级和色选的全部工艺流程，共有19大系列，150多个品种，是全国生产粮油机械及成套工程设备最齐全的厂家之一。

湖北正浩制管有限公司[Húběi Zhènghào Zhìguǎn Yǒuxiàn Gōngsī] 2014年1月登记注册成立，主要经营金属镀锌线管及配件、镀锌方管、电缆桥架及配件、轻钢龙骨及配件的制造、销售等。位于南城刘庙村，公司注册资金100万元，占地面积1200平方米，建筑面积850平方米，职工人数55人。

湖北正辉玻璃有限公司[Húběi Zhènghuī Bōlí Yǒuxiàn Gōngsī] 2013年12月20日登记注册成立，主要生产多品种、多规格的钢化玻璃、中空玻璃、夹胶玻璃、热弯玻璃、防弹玻璃、防火玻璃、家具家电玻璃、磨砂喷砂玻璃、幕墙玻璃、LOW-E镀膜玻璃、艺术玻璃等系列产品。位于南城万庙316国道旁，注册资金100万元，占地面积1200平方米，建筑面积500平方米，职工人数60人。

湖北中昌粮食机械有限公司[Húběi Zhōngchāng Liángshí Jīxiè Yǒuxiàn Gōngsī] 2007年4月27日登记注册成立，主要经营粮油加工机械，通用零部件制造、销售及安装服务。位于南城太白大道360号，毗邻316国道，福(福州)银(银川)高速和汉(汉口)十(十堰)铁路，产业基础雄厚，地理位置优越，交通便捷，是一家专业生产粮食加工设备的新兴企业，注册资金300万元，占地面积6000平方米，建筑面积2000平方米，拥有1栋3层办公楼和3栋厂房，主体高度12米，职工人数30人。

湖北中电铁塔公司[Húběi Zhōngdiàn Tiětǎ Gōngsī] 2008年建成命名，位于南城办事处草庙村7组，注册资金2000万，拥有5栋厂房，占地面积0.04422平方米，职工人数160人。

湖北中电铁塔有限公司[Húběi Zhōngdiàn Tiětǎ Yǒuxiàn Gōngsī] 1985年登记表注册成立，主要产品有输变电线路铁塔、钢管杆塔、变电构件、标准紧固件等和大、中型热浸镀锌工艺。位于安陆市南城太白大道城南工业园239号，占地面积5万平方米，现有员工180人。其中技术人员38人，工程师6人，助理工程师10人。拥有固定资产5000万元，各种机械设备310台(套)，是湖北省电力工业生产输变电线路铁塔重点生产企业，为三峡工程、国家电网工程制作输电线路工程的配套公司之一。生产35KV、110KV、220KV输变电线路铁塔产品已有三十来年的历史。

湖北中台光源科技有限公司[Húběi Zhōngtái Guāngyuán Kējì Yǒuxiàn Gōngsī] 2013年4月24日登记注册成立，主要生产环保节能型光源产品钢壳及电子高科技产品。位于南城四里村太白大道特288号，注册资本6000万元，占地面积20000平方米，建筑面积18000平方米，职工人数50人。

嘉旭天然气有限公司CNG加气站[Jiāxù Tiānránqì Yǒuxiàn Gōngsī CNG Jiāqì Zhàn] 因工作职能命名，主要销售天燃气。2005年建成，位于南城四里村，占地面积3000平方米，有工作人员15名。

金鼎琉璃瓦公司[Jīndǐng Liúlíwǎ Gōngsī] 2007年建成，位于南城原316国道边，注册资金500万元，拥有三个车间，占地面积300平方米，职工人数40人。

金銮建材公司[Jīnluán Jiàncái Gōngsī] 2007年建成，位于南城原316国道边，注册资金400万元，拥有三个车间，占地面积300平方米，职工人数43人。

利平养殖场[Lìpíng Yǎngzhí Chǎng] 2012年建成，位于南城大塘村4组，拥有2栋一层厂房，占地面积420平方米，职工人数3人。

名枫气化有限公司[Míngfēng Qìhuà Yǒuxiàn Gōngsī] 2013年建立，位于南城四里村，所属行业为制造业，主要业务范围为工业用纯氧、医用氧气制造和化工原材料销售。占地面积约1500平方米，建筑面积约600平方米，共有三层，主体高度12米，职工人数20人。

南城办事处定点屠宰场[Nánchéng Bànshìchù Dìngdiǎn Túzǎi Chǎng] 2000年注册成立，主要负责南城区生猪的屠宰管理与销售。位于南城太白大道250号，占地面积151平方米，建筑面积50平方米，拥有1栋两层办公楼，主体高度6.5米，职工人数7人。

齐骏页岩砖厂[Qíjùn Yèyán Zhuānchǎng] 2010年注册投入生产，位于南城万庙村万石路168号，占地面积20100平方米，建筑面积5000平方米，拥有厂房3间，窑体2间，主体高度11米，职工人数30人。

瑞祥琉璃瓦有限公司[Ruìxiáng Liúlíwǎ Yǒuxiàn Gōngsī] 2003年注册成立，位于南城草庙村太白大道221号，所属行业为制造业，主要业务范围为各种琉璃瓦相关产品的制造与销售。占地面积约20100平方米，建筑面积约10000平方米，拥有8间厂房，主体高度6米，职工人数165人。

四季鲜冰库有限公司[Sìjìxiān Bīngkù Yǒuxiàn Gōngsī] 2011年注册成立投入运营，主要经营时蔬、瓜果、肉类等的冷冻储存与销售。位于南城四里村太白大道，占地面积11390平方米，建筑面积3600平方米，其中冷库面积3000平方米，拥有1栋一层办公楼和1栋冰库，冷库装货3000吨，冷库高12米，职工人数5人。

天然米业有限公司[Tiānrán Mǐyè Yǒuxiàn Gōngsī] 2008年注册成立投入生产，主要经营大米等粮食的加工生产、存储与销售。位于南城四里村太白大道185号，占地面积6782平方米，建筑面积6000平方米，拥有厂房3栋，办公楼1栋3层，仓库3栋，主体高11米，职工人数25人。

天意电气成套设备有限公司[Tiānyì Diànqì Chéngtào Shèbèi Yǒuxiàn Gōngsī] 该企业主要经营范围包

括电气成套设备及配件制造、销售，粮油机械及配件制造、销售。2006 年 11 月 22 日注册成立投入生产，位于南城刘庙村太白大道 360 号，注册资金 30 万元，占地面积 5000 平方米，建筑面积 1500 平方米，拥有 1 栋办公楼和 3 间车间，主体高度 7 米，职工人数 14 人。

正亮电子有限公司[Zhèngliàng Diànzǐ Yǒuxiàn Gōngsī]　2013 年注册成立投入生产，主要经营电子器件、电子元件的研发、制造、销售等产品和服务。公司位于南城万庙村万石路 88 号，占地面积 13400 平方米，建筑面积 1500 平方米，拥有 5 栋一层办公楼和厂房，主要高度 5 米，职工人数 30 人。

中伟机械厂[Zhōngwěi Jīxiè Chǎng]　2003 年建成命名，位于南城草庙村 5 组，注册资金 1000 万，拥有 3 栋厂房，占地面积 0.00804 平方米，职工人数 30 人。

第三节　经济开发区

安陆火凤凰铝材有限责任公司[Ānlù Huǒfènghuáng Lǚcái Yǒuxiàn Zérèn Gōngsī]　1996 年，该公司前身为湖北铝业集团(原湖北铝厂)下辖核心控股公司。2001 年成功改制为民营股份制公司，并更名为安陆火凤凰铝材有限责任公司，位于经济开发区碧涢东路 168 号。公司注册资金 530 万元，占地面积 45000 平方米，企业性质为民营股份制企业。主要产品为汽车用镁合金型材、各种精拉无缝铝镁合金管材、铝镁合金锭/铸件等。是孝感市唯一的铝镁合金复合深加工企业。公司拥有较先进的铝管坯三辊斜轧机组及相配套的大、中、小型拉伸机和熔炼、铸造、热处理等其他环保节能高效的生产设备，同时还配备了进口光电直读光谱仪、金相显微镜、直流双臂电桥、管材涡流操作仪等各种检测设备，各种软、硬件设施在同行业居领先地位。公司现有职工 82 人，其中大专以上 23 人，专业研发人员 8 人。公司“楚凤”牌商标为湖北省著名商标，铝及铝合金管材/导电管母线为湖北省精品名牌产品。2006 年被国内行业权威网中铝网评为中国铝行业十佳铝管生产。其经营范围主要包括铝压延加工销售，金属材料销售，汽车零部件的制造销售，劳保用品制造销售，铝材制作安装以及包装纸加工销售等。

安陆龙意机械制造有限公司[Ānlù Lóngyì Jīxiè Zhìzào Yǒuxiàn Gōngsī]　2013 年 7 月成立，位于安陆市经济开发区十里社区，注册资金 300 万元，拥有厂房、办公楼各一栋，占地面积 0.012 平方千米，职工人数 18 人，其主要经营便捷式生物质发电成套设备及家用取暖设备等机械产品的制造、加工和销售。

安陆市碧山机械股份有限公司[Ānlù shì Bìshān Jīxiè Gǔfèn Yǒuxiàn Gōngsī]　成立于 1996 年，原名称为“湖北碧山粮油机械设备有限公司”，位于中国楚文化发祥地湖北省安陆市碧山路 89 号。主要生产系列成套碾米设备和大型制油机械设备，是全国粮油机械生产企业龙头之一。该公司注册资金为 3000 万元，现占地面积 90000 平方米，拥有各种机械设备 300 台/套，员工 120 余人，年生产各种型号碾米及制油设备 2000 台/套。

安陆市东方红粮机公司[Ānlù Shì Dōngfānghóng Liángjī Gōngsī]　2007年建成，位于安陆市经济开发区金台社区二桥连线与粮北路之间，注册资本50万元人民币，职工人数320人，占地总面积18090平方米，内设有办公楼、职工宿舍楼、厂房。主要业务范围粮油、饲料工业专用设备制造、销售。

安陆市汉水化工有限公司[Ānlù Shì Hànshuǐ Huàgōng Yǒuxiàn Gōngsī]　2001年成立，位于安陆市经济开发区碧涢东路32号，注册资金150万元，拥有5套先进的机械生产设备，占地面积21333平方米，其中建筑面积为1.8万平方米，共有职工人数120人，其主要从事气体助焊剂等化工产品的生产、制造和销售。

安陆市合顺琉璃瓦有限公司[Ānlù Shì Héshùn Liúlíwǎ Yǒuxiàn Gōngsī]　2005年兴建，位于安陆市经济开发区新河社区发展二路东侧，注册资金300万元，拥有各类大型砖瓦制造设备，占地面积0.0167平方千米，共有职工人数100人。主要经营琉璃瓦的生产、制造和销售。

安陆市恒升水泥制品有限公司[Ānlù Shì Héngshēng Shuǐní Zhìpǐn Yǒuxiàn Gōngsī]　2008年注册成立，位于安陆市经济开发区席棚社区十组，注册资金3000万元，拥有砖混结构的办公楼2栋，占地面积2300平方米，职工人数70人。主要进行全市水泥制品及商品混凝土的加工、制造和销售。

安陆市华誉金属网机械制造有限公司[Ānlù Shì Huáyù Jīnshǔwǎng Jīxiè Zhìzào Yǒuxiàn Gōngsī]　2011年5月成立，位于安陆市经济开发区十里社区，注册资金700万元，拥有厂房2栋、办公楼1栋及生产设备5套，占地面积0.0067平方千米，职工人数52人，其主要经营钢板网机、冲孔机、编织机、冲网机及零配件的制造和销售。

安陆市济民医院[Ānlù Shì Jìmín Yīyuàn]　2014年建成，地处安陆市经济开发区太白大道与银杏大道交汇处，注册资金3000万元，拥有一栋办公楼和住院部2栋，占地面积10公顷，使用面积近20000平方米。职工人数76人，一期设置床位99张。医院设立了内科、外科、妇产科、儿科、耳鼻喉科、口腔科、皮肤科、检验、病理、影像等30多个临床和医技科室。医院重点发展具有专业水准的妇产科、口腔科、皮肤科、男性科、肝病科，体检中心等龙头科室。

安陆市捷达汽车出租有限责任公司[Ānlù Shì Jiédá Qìchē Chūzū Yǒuxiàn Zérèn Gōngsī]　2003年11月11日成立，位于安陆市经济开发区碧涢东路91号，注册资金50万元，拥有完善的汽修设备，占地面积12000平方米，建筑面积为1200平方米，职工人数10人，其主要经营出租客运服务，汽车零配件销售，汽车大修及维护。

安陆市金伟门业[Ānlù Shì Jīnwěi Ményè]　2006年注册成立，位于安陆市经济开发区碧涢大道南30米，注册资金30万元，占地面积1335.6平方米，建筑面积为1200平方米，拥有2个彩钢结构的生产车间、1栋砖混结构的三层办公楼，设有厂长办公室、财务科、供销科、食堂等。共有干部员工46人，其主要经营金属门窗制造、销售及建筑材料销售等。

安陆市锦绣园林绿化工程有限公司[Ānlù Shì Jǐnxiù Yuánlín Lǜhuà Gōngchéng Yǒuxiàn Gōngsī]　2006年成立，位于安陆市经济开发区碧涢东路219号，注册资金150万元，拥有办公楼1栋，占地面积0.012平方千米，职工人数15人，其主要经营范围为园林绿化，市政绿化工程施工及观赏树木、盆景、花卉等产品的种植和销售。

安陆市丽锦玻璃制品有限公司[Ānlù Shì Lìjǐn Bōlí Zhìpǐn Yǒuxiàn Gōngsī] 2011 年 3 月 12 日成立，位于安陆市经济开发区十里社区，注册资金 30 万元，拥有厂房、办公楼各 1 栋，占地面积 0.011 平方千米，职工人数 15 人，主要工艺是玻璃制品、水泥制品、亮化工程材料的加工、销售等。

安陆市联强瓦业有限公司[Ānlù Shì Liánqiáng Wǎyè Yǒuxiàn Gōngsī] 2012 年兴建，位于安陆市经济开发区新河社区发展二路，地址为安陆市解放大道东路 64 号，注册资金 3150 万元，拥有各类大型砖瓦制造设备，占地面积 0.033 平方千米，共有职工人数 30 人。主要经营砖瓦的生产、制造和销售。

安陆市龙阳机电设备有限责任公司[Ānlù Shì Lóngyáng Jīdiàn Shèbèi Yǒuxiàn Zérèn Gōngsī] 2008 年 3 月在安陆市工商局注册成立，位于安陆市文昌路 110 号，注册资金 400 万元，拥有厂房、办公楼各 1 栋，占地面积 0.012 平方千米，建筑面积为 2100 平方米，职工人数 30 人，主要进行通用机械、农业机械等机械设备的来料加工、制造和销售。

安陆市耐力液化气站[Ānlù Shì Nàilì Yèhuàqì Zhàn] 2009 年建成，位于安陆市经济开发区解放大道东路 25 号，占地面积 3000 平方米。设有办公室、充气室、食堂等，共有职工 18 人，主要经营液化气钢瓶充装，积极发展生产，研发高新科技项目，减少对环境的污染。

安陆市双友服饰有限公司[Ānlù Shì Shuāngyǒu Fúshì Yǒuxiàn Gōngsī] 创建于 2013 年，位于湖北省安陆市经济开发区十里社区，注册资金 500 万元，占地面积 18667 平方米，建筑面积 1400 平方米。公司建有厂房、办公楼各一栋，拥有服装生产设备 110 套。共有职工人数 180 人，主要进行服装、纺织品、鞋帽等的生产、制造和销售。

安陆市天星粮油机械设备有限公司[Ānlù Shì Tiānxīng Liángyóujīxiè Shèbèi Yǒuxiàn Gōngsī] 2001 年 5 月 9 日注册成立，位于安陆市经济开发区新河社区，地址为安陆市解放大道东路 66 号，是一家油脂工程设计、设备制造、安装调试、培训服务集科、工、贸于一体的油脂设备专业生产企业；是国家高新技术企业、国家星火计划龙头企业技术创新中心、国家火炬计划湖北安陆粮食机械特色产业基地、湖北省粮油机械设备校企共建研发中心。公司注册资金 918 万元，占地面积 8 万余平方米，厂房面积 13000 平方米，拥有各种生产设备 260 余台/套，固定资产 4200 万元。公司下设天星粮机制造厂、天星粮机实验油厂、天星粮机销售公司。现有员工 260 人，其中具有大中专以上学历的员工 75 人。公司拥有一批长期从事油脂工程、机械设计、机械制造、设备自动化等专业的高级人才及具有丰富实践经验的设备制造、安装、调试和油厂生产管理的工程技术队伍。主要工作是各类油脂机械产品及配套设备的设计研发、制造和销售。

安陆市新晟驾校[Ānlù Shì Xīnshèng Jiàxiào] 2014 年建成，位于安陆市经济开发区时庙社区银杏大道，注册资金 1000 万元，拥有一栋办公楼和训练场，占地面积 30150 平方米。职工人数 18 人，主要进行驾驶员技术培训与驾驶员证书陪考。

安陆市鑫阳塑料有限公司[Ānlù Shì Xīnyáng Sùliào Yǒuxiàn Gōngsī] 2008 年建成，位于经济开发区徐岗社区，拥有房屋一层，占地面积 0.001 平方千米，有职工人数 9 人。主要业务范围为塑料破碎的加工，塑料制品制造等产品和服务。

安陆市知明实业有限公司[Ānlù Shì Zhīmíng Shíyè Yǒuxiàn Gōngsī]　2012年7月12日成立，位于安陆市碧涢路佳禾花园，注册资金5000万元，拥有厂房、办公楼各一栋，占地面积0.012平方千米，职工人数50人，主要为中小企业提供技术培训、技术咨询，凭资质证从事商品混凝土制造、销售等工作。

安陆智祥箱包制造有限公司[Ānlù Zhìxiáng Xiāngbāo Zhìzào Yǒuxiàn Gōngsī]　2011年7月12日成立，位于安陆市经济开发区十里社区，注册资金100万元，拥有厂房、办公楼及5套先进的机械生产设备，占地面积0.02平方千米，其中建筑面积为1.3万平方米，职工人数55人，主要经营箱包及手袋系列产品的生产和销售等。

安能生物质热电有限公司[Ānnéng Shēngwùzhì Rèdiàn Yǒuxiàn Gōngsī]　2009年建成，位于安陆市经济开发区金秋大道95号，注册资金5000万，占地面积30000平方米，有职工人数35人。主要业务范围为热电、水电、生物质能、生物碳、沼气综合利用、工业污水治理等建设和经营。

福建工业园[Fújiàn Gōngyè Yuán]　开发商的籍贯为福建省，故名"福建工业园"。2011年福建商家在新河村3组、8组、7组、6组、5组、13组征地900亩，兴建福建工业园，目前正在建设中。位于安陆市经济开发区新河社区，东接316国道，西邻发展二路，南连龙王水库，北靠碧霞路，占地面积达0.653平方千米，拥有砖混结构的二层8间办公楼1栋，该单位共有工作人员30人，主要经营商品房的建造、出租及销售。

红石坡22万变电站[Hóngshípō 22 Wàn Biàndiàn Zhàn]　"红石坡"指地名，"22万"指电压即22万伏，"变电站"指改变电压的场所。1989年建成命名，位于安陆市碧涢东路28号，占地面积0.0201平方千米，现有职工人数17人，主要业务范围为辖区内供电服务和公共供电设备管理与维修。

湖北爱仕达电器有限公司[Húběi Àishìdá Diànqì Yǒuxiàn Gōngsī]　2002年建成，位于安陆市经济开发区太白大道588号，注册资本1030万元人民币，职工人数500人，占地总面积53600平方米，建筑面积46900平方米，内设有办公楼、职工宿舍楼、厂房。主要业务范围为厨房用品、家用电器、不锈钢产品的制造、销售。

湖北安丰达集团有限公司[Húběi Ānfēngdá Jítuán Yǒuxiàn Gōngsī]　1984年建德安棉纺厂，1998年工厂改制名为湖北安丰达集团有限公司，位于安陆市经济开发区解放大道1号，占地面积2000平方米。设有办公室、车间、员工宿舍等。共有职工258人，主要经营医用棉纱制造销，公司拥有先进的精梳机、并条机、细纱机、冷冻、滤尘等设备，开发生产的产品有40多种，主要产品有医药用纱、机织用纱、针织用纱、精梳纱等，其中医药用纱以其稳定的质量和产品美誉度赢得了广大用户的一致好评，在市场上享有很高的声誉，具有很强的市场竞争力。

湖北宝迪农业科技有限公司[Húběi Bǎodí Nóngyè Kējì Yǒuxiàn Gōngsī]　2009年建成，位于经济开发区徐岗社区南部，注册资金80万元，占地面积0.01平方千米，有职工人数60人。主要业务范围涵盖饲料、畜禽养殖、生猪屠宰、低温肉食品、生物制品、禽类加工、农副产品物流、旅游地产、金融等产业。

湖北福尔达厨具有限公司[Húběi Fúěrdá Chújù Yǒuxiàn Gōngsī]　2004年建成，位于安陆市经济开发区金秋大道14号，占地面积8000平方米，设有办公室、车间、食堂数间，共有职工528人，主要经营铝制品、不锈钢制品、厨房及炊事金属用具制造销售。

湖北格奥欣医药物流有限公司[Húběi Géàoxīn Yīyào Wùliú Yǒuxiàn Gōngsī] “格奥欣”指品牌名称，2012年04月12日注册成立，位于安陆市经济开发区新河社区，地址为安陆市金秋大道132号，注册资金3000万元，占地面积0.207平方千米，拥有大型仓库、配送中心、科研楼、办公楼等，共有职工人数85人。主要经营医药产品的制造、批发及销售物流。

湖北海王医药有限公司安陆分公司[Húběi Hǎiwáng Yīyào Yǒuxiàn Gōngsī Ānlù Fēngōngsī] 原名为湖北泰朋医药有限公司，于2003年5月成立，后于2013年更名为湖北海王医药有限公司安陆分公司，位于安陆市碧涢东路95号，注册资金800万元，拥有办公楼1栋，占地面积0.02平方千米，其中建筑面积为1200平方米，职工人数52人，主营化学药制剂、抗生素制剂、生化药品、生物制品、中药材、中药饮片、中成药、二类精神药品；二、三类医疗器械；兼营保健食品、日用品；货物进出口等医药产品的批发、配送。

湖北瀚思生物科技有限公司[Húběi Hànsī Shēngwù Kējì Yǒuxiàn Gōngsī] 2010年4月30日注册成立，“瀚思”指浩瀚广阔聪慧美好之意。位于安陆市经济开发区时庙社区银杏大道西8号，现有员工236人，其中管理人员18人。公司注册资金为1460万元，投资金额1亿元人民币，目前已经完成投资7000万元，建筑面积2万平方米，现拥有固定资产3500万元，中药材种植基地5000亩。公司目前拥有“花醇”“瀚氏”两大品牌，易拉罐、玻瓶和PET塑瓶八大系列的三条生产线，年产1500万标准箱(24瓶装)。主要进行金银花醇、沙棘汁、苹果醋等生物保健品为主的功能性饮料生产及中草药种植、种苗繁殖和深加工等产品研发和生产。

湖北禾丰粮油集团有限公司四分厂[Húběi Héfēng Liángyóu Jítuán Yǒuxiàn Gōngsī Sìfēnchǎng] 2013年6月成立，位于安陆市经济开发区十里社区，注册资金180万元，拥有厂房、办公楼及各类先进的机械生产设备，占地面积13333平方千米，建筑面积为1500平方米，职工人数30人，主要经营大米加工、粮油制品销售及化肥零售等。

湖北华方医药有限公司[Húběi Huáfāng Yīyào Yǒuxiàn Gōngsī] 2011年兴建，位于安陆市经济开发区新河社区，东接发展二路国道，西邻发展一路，南连龙意工业园，北靠李白宴酒厂，注册资金300万元，拥有砖混结构的4层办公楼1栋，占地面积0.267平方千米，其中建筑面积3000平方米，共有职工人数60人，主要经营医药产品的生产、制造和销售。

湖北金日生态能源有限公司[Húběi Jīnrì ShēngtàiNéngyuán Yǒuxiàn Gōngsī] 2009年建成，位于安陆市经济开发区工业园粮机南路，注册资金1000万元，是一家从事绿色、环保的集研发、生产、销售、服务为一体的生物科技企业。占地面积9000平方米。设有办公室、车间、食堂等。公司现有员工86人，其中管理人员12人，技术人员18人。公司内设：研发中心、生产部、质管部、供应部、销售部、财务部、人力资源部，公司建立和完善了各项管理制度，部门各司其职、相互协调配合，形成了科学、规范、高效的运营机制。主要经营生物质固化成型燃料生产；农村新能源技术开发、利用；再生能源利用、技术开发；再生能源设备、炊具制造；沼气技术服务及产品销售。

湖北金润佳精密模具制品有限公司[Húběi Jīnrùnjiā Jīngmì Mújù Zhìpǐn Yǒuxiàn Gōngsī] 2012年建成，

位于安陆市经济开发区金秋大道85号东，占地面积3000平方米。设有办公室、车间、食堂、员工宿舍，共有职工20人。主要从事五金零件模具设计及加工制作，产品冲压及后工序加工。自动、版自动化机构及专用来夹具的设计制作。

湖北力山塑胶有限公司[Húběi Lìshān Sùjiāo Yǒuxiàn Gōngsī]　2009年成立，位于安陆市经济开发区十里社区四组，注册资金300万元，拥有2套先进的机械设备，占地面积0.011平方千米，其中建筑面积为2300平方米，共有职工人数20人，主要经营塑料管及塑料管配件的制造和销售。

湖北美时园食品股份有限公司[Húběi Měishíyuán Shípǐn Gǔfèn Yǒuxiàn Gōngsī]　2012年建成，位于经济开发区徐岗社区西部，注册资金1000万元，拥有生产车间3座、办公楼1栋、原料仓库、成品仓库各2座，公司占地面积91575m^2，建筑总面积20000m^2，有职工人数68人。主要业务范围为方便食品生产与销售。

湖北农腾饲料有限责任公司[Húběi Nóngténg Sìliào Yǒuxiàn Zérèn Gōngsī]　1996年建成，位于安陆市经济开发区金秋大道146号，占地面积10000平方米。设有办公室、车间、食堂、员工宿舍等。共有职工252人。主要经营饲料、饲料添加剂制造、销售；畜、禽饲养；畜牧机械设备制造销售。

湖北神丹健康食品有限公司[Húběi Shéndān Jiànkāng Shípǐn Yǒuxiàn Gōngsī]　1999年建成，位于安陆市经济开发区解放大道东3号，占地面积20万平方米。设有办公室、车间、食堂、员工宿舍等。共有职工1600人。该公司主要经营含碘鹌鹑蛋及其他蛋制品加工、销售、蛋制品技术服务，蛋制品技术开发、蛋制品及相关技术进出口。

湖北省新华书店(集团)有限公司安陆市分公司[Húběi Shěng Xīnhuáshūdiàn(Jítuán) Yǒuxiàn Gōngsī Ānlù Shì Fēngōngsī]　20世纪50年代，安陆创建新华书店，2006年9月，改为湖北省新华书店(集团)有限公司安陆市分公司，位于湖北省安陆市碧山路102号。该公司注册资金为130万元人民币，现占地面积1400平方米，拥有砖混结构的图书营业厅1间，现有在职员工29人。其主要业务范围为书籍、课本、图书等文化用品的批发及零售。

湖北硕康医疗器械有限公司[Húběi Shuòkāng Yīliáoqìxiè Yǒuxiàn Gōngsī]　创建于2011年，“硕康”指经营商希望顾客健康之意，位于湖北省安陆市经济开发区十里社区，注册资金600万元，占地面积3.3万平方米，建筑面积1.4万平方米，是一家专业从事医疗器械制造的骨干企业。公司建有厂房、办公楼各一栋，拥有OTC电脑自控焊接机器人、数控车床、自动化喷涂生产线等各类设备80余台套。共有职工人数30人，主要进行医疗器械产品的生产、制造和销售。

湖北天力达环保包装有限公司[Húběi Tiānlìdá Huánbǎo Bāozhuāng Yǒuxiàn Gōngsī]　2009年建成，位于安陆市经济开发区金秋大道83号，占地面积共5000平方米。设有办公室、车间、食堂、员工宿舍等，共有职工210人。该公司主要经营缓冲纸浆模塑托盘、环保包装、纸浆包装等。

湖北天明粮油设备有限公司[Húběi Tiānmíng Liángyóu Shèbèi Yǒuxiàn Gōngsī]　于2000年初组建而成，位于安陆市经济开发区十里社区，注册资金360万元，固定资产投入达到1500余万元，是集研发、生产和销售于一体的现代标准化工业基地的高科技企业。公司拥有一批高级、中级技术人员和管理人员及科学的管理理念、完备的检测手段、先进的技术标准和优良的加工装备。占地面积0.008平方千米，其中建筑面积为760平方米，职工人数80人，其主要从事粮食加工机械设备的研发、生产和销售。

湖北途革五金塑料制品有限公司[Húběi Túgé Wǔjīn Sùliào Zhìpǐn Yǒuxiàn Gōngsī] 2012年7月成立，“途革”指该产品经济实用。位于安陆市经济开发区十里社区，注册资金500万元，拥有厂房、办公楼各1栋，占地面积0.008平方千米，职工人数20人，主要进行五金、塑料、复合材料制品及汽车零配件等产品的设计、生产和销售。

湖北悟缘工艺有限责任公司[Húběi Wùyuán Gōngyì Yǒuxiàn Zérèn Gōngsī] 2009年建成，位于湖北省安陆市经济开发区雷庵社区，316国道旁，厂房占地面积35亩，环境优雅，交通便捷。公司注册资金300万，拥有台资企业的管理模式及专业雕塑师和设计人员，生产工艺先进、生产能力强，主营产品或服务：树脂马桶盖，密度板马桶盖及模压马桶盖，佛像系列。

湖北亚钢金属制造有限公司[Húběi Yàgāng Jīnshǔ Zhìzào Yǒuxiàn Gōngsī] 2009年建成，位于安陆市经济开发区工业园粮机南路，占地面积共133333平方米。设有办公室、车间、食堂等，共有职工285人。主要经营金属制品、通用设备制造销售、汽车零部件及配件制造、销售。

湖北永祥粮机有限公司[Húběi Yǒngxiáng Liángjī Yǒuxiàn Gōngsī] 创建于1998年，于2014年重新扩建，位于安陆市经济开发区席棚社区，公司注册资金3300万元，资产总额2.7亿元，占地18万平方米，员工800余人。主要开展碾米机械产品及配套设备的设计研发、制造和销售。

湖北源盛钢构有限公司[Húběi Yuánshèng Gānggòu Yǒuxiàn Gōngsī] 2007年建成，位于安陆市经济开发区金秋大道148号，占地面积120000平方米。设有办公室、车间、食堂、员工宿舍等。共有职工52人。该公司主要经营设计、制作、安装钢结构、钢材、建筑材料、消防材料销售。

湖北智丰数控机械有限公司[Húběi Zhìfēng Shùkòng Jīxiè Yǒuxiàn Gōngsī] 2005年建成，位于安陆市经济开发区金秋大道150号，占地面积9000平方米。设有办公室，车间、食堂、员工宿舍等。共有职工48人。主要经营生产、加工电脑数控制刷机械及其他电脑数控机械。

湖北中科铜箔科技有限公司[Húběi Zhōngkē Tóngbó Kējì Yǒuxiàn Gōngsī] 2004年4月16号登记注册成立，位于安陆市经济开发区金台社区中科路6号，是以研制、开发、生产高性能电子级铜箔为主的国内唯一一家内资高科技民营企业，注册资本10000万元人民币，占地面积14.07万平方米，内设有办公楼、职工宿舍楼、厂房，职工人数138人。主要经营电子专用铜箔的开发、生产、销售，水力发电，货物进出口、技术进出口。

湖北珠穆朗玛食品有限公司[húběi zhūmùlǎngmǎ shípǐn yǒuxiàn gōngsī] 2012年8月成立，位于安陆市经济开发区十里社区，注册资金3000万元，拥有厂房10栋、办公楼2栋及宿舍楼3栋，占地面积0.333平方千米，职工人数300人，主要生产、加工休闲食品、饮料等。

匯吉化工[Huìjí Huàgōng] 始建于2007年，2008年建成投产，位于安陆市经济开发区卓堮社区，注册资金150万元，占地面积6700平方米，建筑面积为2000平方米，拥有2个生产车间、1栋砖混结构的三层办公楼，内设滑天夹心板厂一个。共有干部员工9人，其主要从事化工产品的生产、加工和销售。

佳洁食品有限公司[Jiājié Shípǐn Yǒuxiàn Gōngsī]　2009年注册成立，位于安陆市经济开发区卓塆社区，注册资金500万元，占地面积2000平方米，拥有2个生产车间、1栋砖混结构的六层办公楼，设有办公室、财务室、食堂等。共有干部员工9人，其主要经营饮料、冷饮制品的生产、制造和销售。

建筑设备租赁有限公司[Jiànzhù Shèbèi Zūlìn Yǒuxiàn Gōngsī]　2003年注册成立，位于安陆市经济开发区卓塆社区，注册资金150万元，占地面积3300平方米，拥有1个大型仓库和1个简要的院子，共有职工人员16人。其主要提供建筑设备租赁和大型工具租赁服务。

金龙鱼油场[Jīnlóngyú Yóuchǎng]　"金龙鱼"指产品代号，2006年建成，位于安陆市经济开发区时庙社区，注册资金1000万元，拥有一栋办公楼，占地面积600平方米。职工人数35人，主要经营粮油的生产加工与销售。

康洁服务有限公司[Kāngjié Fúwù Yǒuxiàn Gōngsī]　始建于2007年，于2008年建成使用，位于安陆市经济开发区卓塆社区，注册资金30万元，占地面积6770平方米，建筑面积为4200平方米，拥有1个车间、1栋砖混结构的六层楼房，设有办公室、财务室、食堂等，共有干部员工13人。其主要经营纺织品洗涤服务。

老战服务有限公司[Lǎozhàn Fúwù Yǒuxiàn Gōngsī]　该公司最早是在护国社区，"老战"表示对护国社区的老战士的一种敬仰崇敬之情。该公司于2007年由护国社区搬迁至卓塆社区，注册资金30万元，占地面积6700平方米，建筑面积为4000平方米，拥有2个简单的生产车间、1栋砖混结构的4层办公楼，设有支部委员会、厂长办公室、会议室、财务室、锅炉房、食堂等，共有干部员工15人。其主要经营纺织品洗涤服务。

李白宴酒厂[LǐBáiyàn Jiǔchǎng]　2011年李白宴集团公司新建李白宴酒厂，位于安陆市经济开发区新河社区，东接发展二路，西邻发展一路，南连华方医药公司，北靠碧山路，整体工程总投资5亿元，年产中高端白酒5000吨，年产值突破5亿元，年税过亿元。拥有砖混结构的4层办公楼1栋，占地面积0.285平方千米，其中建筑面积3000平方米，共有职工人数76人，主要进行白酒的酿造、包装、销售及研发，以传承千年酿酒配方加以现代化科学酿酒技术，酿造出浓郁的地方特色李白宴酒，打造出中国第一酒仙文化品牌。

路通建筑劳务有限公司[Lùtōng Jiànzhù Láowù Yǒuxiàn Gōngsī]　始建于2011年，2012年建成完工，位于安陆市经济开发区碧涢东路58号，注册资金500万元，占地面积15100平方米，建筑面积为17000平方米，拥有1栋砖混结构的六层楼房的2个半单元，设有办公室、财务室、会议室、接待室等，共有职工人员450人。其主要经营凭资质证从事建筑劳务服务。

十塘砖瓦厂[Shítáng Zhuānwǎ Chǎng]　1984年建成，位于十塘社区，拥有砖混结构办公楼、宿舍楼，生产车间以钢结构为主。占地面积130000平方米，建筑面积33500平方米。有职工人数32人。主要业务范围为砖瓦的烧制及销售。

武汉航达航空科技发展有限公司安陆分公司[Wǔhàn Hángdá Hángkōng Kējì Fāzhǎn Yǒuxiàn Gōngsī Ānlù Fēngōngsī]　2008年12月11号登记注册成立，位于安陆市经济开发区金台社区金秋大道158号，注册资金 2300 万元人民币，拥有厂房 3 栋，占地面积 99072 平方米，职工人数 156 人。主要从事飞机附件维修、开发、生产、测试设备及机场加油设备研发、生产。

新型隆基墙体有限公司[Xīnxíng Lóngjī Qiángtǐ Yǒuxiàn Gōngsī]　始建于 2008 年，2011 年建成完工，位于安陆市经济开发区卓塆社区，注册资金 150 万元，占地面积 27335 平方米，建筑面积 12142 平方米，拥有 7 栋砖混结构的楼房，设有办公室、财务室、仓库、接待室、门房、食堂等，共有工作人员 15 人。其主要经营各类建筑墙体材料的生产、加工和销售。

正兴铝业[Zhèngxīng Lǚyè]　始建于 2007 年，2008 年建成使用，位于安陆市经济开发区卓塆社区，注册资金 150 万元，占地面积 11000 平方米，建筑面积为 4000 平方米，拥有 1 个生产车间、1 栋砖混结构的六层办公楼，设有办公室、财务室、接待室等，共有干部员工 15 人。其主要经营铝料的制造、加工和销售。

中国电网安陆市供电公司[Zhōngguó Diànwǎng Ānlù shì Gōngdiàn Gōngsī]　20 世纪 50 年代建安陆发电厂，1968 年 8 月，成立安陆县供电所革命委员会；1976 年 3 月，成立安陆县电力局革命委员会；1979 年 6 月，安陆县电力局革命委员会更名为安陆县电力局；2003 年 12 月，安陆市电力局更名为安陆市供电公司；2013 年 7 月，安陆市供电公司正式更名为国网安陆市供电公司，隶属于国网孝感市供电公司，位于安陆市碧涢路 57 号。该供电公司注册资金 12160 万元，占地面积为 8651.66 平方米，建有砖混结构的 6 层综合办公大楼 1 栋，现共有工作人员 213 人。其主要业务为进行电力线路、设施及电力工程的设计、安装、建设和维护服务，停、送电服务，抄表、电费收取等工作。

中国电信孝感传输局安陆传输分局[Zhōngguó Diànxìn Xiàogǎn Chuánshū Jú Ānlù Chuánshū Fēnjú]　20 世纪 50 年代起为邮电系统安陆传输站，1995 年 6 月成立中国电信孝感传输局安陆传输分局，隶属于中国电信孝感传输局，位于安陆市经济开发区富丽社区富民街 107 号。该传输分局占地面积为 800 平方米，建有砖混结构的 3 层综合办公大楼 1 栋，现共有工作人员 12 人。其主要业务为长途传输管理，包括电力干线线路的维护及本地网接入网的抢修等工作。

第四节　乡镇企业

一、赵棚镇

湖北安陆农村商业银行股份有限公司赵棚支行[Húběi Ānlù Nóngcūnshāngyèyínháng Gǔfèn Yǒuxiàngōngsī Zhàopéng Zhīháng]　隶属湖北安陆农村商业银行股份有限公司。位于安陆市赵棚镇东大街 186 号，占地面积1000余平方米，建筑面积0.08平方千米，为砖混5层楼房，在职员工10名，所属行业为金融业，主要业务范围有存取款、贷款及代理业务。1986年建立赵棚镇农村信用社，2015年更名为安陆农商银行赵棚支行。

二、李店镇

安陆市明祥铸造有限公司[Ānlù Shì Míngxiáng Zhùzào Yǒuxiàn Gōngsī] 1984年建立，当时厂名叫安陆县李店区铸造厂。1988年更名为安陆市李店镇“明祥铸造有限公司”。该公司位于湖北省安陆市李店街道新大街19号，注册资金98万元，拥有各种大型机械生产设备，主要生产工业机械配件，占地面积2500平方米，职工人数23人。

安陆市农村商业银行李店支行[Ānlù Shì Nóngcūn Shāngyè Yínháng Lǐdiàn Zhīháng] 2015年在孝感工商局注册挂牌成立，由原安陆市农村信用合作联社李店信用社改制并更名为安陆市农村商业银行李店支行，位于李店镇紫阳街西110号，东接李店电信，西邻紫石村委会，南连李店财经所，北靠李店镇人民政府。该行注册资金为177万元人民币，占地面积为1500平方米，拥有四层办公楼1栋，共有10名职工人员。其主要业务范围为经营存款、贷款、结算等金融服务。

安陆市泉源粮油有限公司[Anlù Shì Quányuán Liángyóu Yǒuxiàn Gōngsī] 2009年设立，位于李店镇大李村九组周家院墙西。该公司占地面积0.0134平方千米，主体建筑为砖混结构的3层楼房，拥有仓库3座，现有职工人数25人。主要经营粮食收购、加工、储存及销售，可储存粮食3000万斤。

达银铸造厂[Dáyín Zhùzào Chǎng] 因老板名萧达银得名，位于石井村六组，拥有各类模具生产设备及车间，占地面积0.012平方千米，职工人数43人。其主要业务范围为模具的加工、铸造和销售。

富山生态农业开发有限公司[Fùshān Shēngtài Nóngyè Kāifā Yǒuxiàn Gōngsī] 创建于2012年10月份，位于新建村，东接孔家湾边堰，西邻新建村3~5组农田，南连新建村三组农田，北靠新建村5组农田，创建于2012年10月，占地面积0.1018平方千米。职工人数28人。

湖北金皇冠金银珠宝有限公司[Húběi Jīnhuángguàn Jīnyín Zhūbǎo Yǒuxiàn Gōngsī] 2012年建成。该公司位于安陆市李店镇杨棚村四组，注册资金50万元，拥有大型珠宝营业厅一间，占地面积约250平方米左右，共有职工人数25人，其主要业务范围包括金银珠宝、工艺品、首饰包装的生产和销售等。

万益自来水厂[Wànyì Zìláishuǐ Chǎng] 位于紫石桥塆路北，于2009年10月成立，占地面积0.00335平方千米，在职员工3人，主要负责李店镇及所辖村生活供水。

中国电信李店营业厅[Zhōngguó Diànxìn Lǐdiàn Yíngyè Tīng] 2000年邮政电信分家后，更名为中国电信李店营业厅。隶属于安陆市电信公司，地处李店镇紫阳西街，北与镇政府相邻，东近国土资源所，西与农商银行相连，占地面积136平方米，拥有电信营业大厅1间，现有职工4人，主要负责电话通信、话费缴纳及电信手机市场买卖等。

三、巡店镇

安陆市唐宋食品有限公司[Ānlù Shì Tángsòng Shípǐn Yǒuxiàn Gōngsī] 巡店镇唐宋食品有限公司巡店白花菜股份有限公司(原名巡店镇白花菜厂)，创建于1991年，其主要业务范围为唐宋白花菜、萝卜等酱腌制品的加工生产和销售。该公司位于安陆市巡店镇金墩街，该公司注册资金为10万元，占地面积约5000平方米，建筑面积达4200平方米，建有厂房10间及砖混结构的办公楼1栋，拥有固定资产300万元，有大型腌制池30口，具有国内最新水平的真空封装机、切割机、打条机，主要加工白花菜、南乡萝卜、大蒜砣等10余个菜种。近段时间来，公司不断实施技改扩能，扩大销售市场，走公司+基地+农户的产业化之路，企业呈规模发展，经济效益成倍增长，年加工产量2000吨，2006上实现产值300万元，创利税60万元。公司生产的白花菜风味独特，享有“巡店白花菜，饮誉海内外”的美名，含有17种氨基酸和多种对人体有益的微量元素，具有平胃、健脾、补肾及防癌之功能。“唐宋白花菜”已注册绿色食品商标，产品行销国内20多个大中城市，摆上了中百仓储大型超市的货架，走上了都市人的餐桌，成为受人青睐的绿色食品。现共有职工人员20人，其中各类专业技术人员6人。

宝迪公司砂子养殖场[Bǎodí Gōngsī Shāzǐ Yǎngzhí Chǎng] 2010年建立，位于砂子村，拥有房屋11栋，占地面积90余亩，建筑面积9600平方米，职工人数40人，年产值650万元。所属行业为农、林、牧、渔业，业务范围为主要生产养殖牲畜等产品。

国网安陆市供电公司巡店供电营业所[Guówǎng Ānlù Shì Gòngdiàn GōngsīXúndiàn Gòngdiàn Yíngyè Suǒ] 1971年5月设立35KV巡店变电站，1981年改名为巡店供电营业所，2010年再次更名为国网安陆市供电公司巡店供电所。该单位隶属于国网安陆市供电公司，位于安陆市巡店镇刘桥村1组，占地面积达1100平方米，拥有砖混结构的20间2层楼房2栋，共有职工人员12人，其主要业务范围为进行线路的维护服务、停、送电服务、抄表、电费收取等工作。

湖北安陆农村商业银行股份有限公司巡店支行[Húběi Ānlù Nóngcūn Shāngyè Yínháng Gǔfèn Yǒuxiàn Gōngsī Xúndiàn Zhīháng] 2015年4月17日在孝感工商局注册挂牌成立，2015年以前为湖北省安陆市农村信用合作联社巡店信用社，2015年更名为湖北安陆农村商业银行股份有限公司巡店支行。该单位隶属湖北安陆农村商业银行股份有限公司，地址为安陆市巡店镇金墩街197号。该行注册资金为50万元人民币，占地面积为150平方米，拥有砖混结构的5间3层办公楼一栋，共有10名职工人员。其主要业务范围为经营存款、贷款、结算等金融服务。

湖北省烟草公司安陆市公司巡店批发站[Húběi Shěng Yāncǎo Gōngsī Ānlù Shì Gōngsī Xúndiàn Pīfā Zhàn] 1989年6月28日在孝感工商局登记注册。该单位隶属湖北省烟草公司安陆市分公司，地址为安陆市巡店镇巡店街。该批发站占地面积80平方米，拥有砖混结构的烟草营业厅1间，共有5名职工人员。其主要经营卷烟、雪茄烟的零售及批发等。

金大地农机专业合作社[Jīndàdì Nóngjī Zhuānyè Hézuò Shè]　2014年建立，位于甘聂村三组，拥有房屋一层三间，占地面积340平方米，职工人数20人，主要业务为各种农业机器的销售与维修。

桑树村人民保险[Sāngshù Cūn Rénmín Bǎoxiǎn]　2005年建立，位于桑树村西部，拥有营业厅一间，占地面积500平方米，有职工人数2人。所属行业为金融业，主要业务为本村人民办理保险业务。

杨坡粮站[Yángpō Liáng Zhàn]　建于1965年。位于杨坡村，拥有房屋一层，占地面积800平方米，注册资金10万元，职工人数17人，所属行业为交通运输、仓储和邮政业，主要业务为经营粮食、食用油脂、油料收购、储存。

杨坡棉站[Yángpō Mián Zhàn]　建于1965年。位于杨坡村，拥有房屋一层，占地面积500平方米，职工人数8人，主要业务为棉花收购、销售。

元畈辣业[Yuánfàn Làyè]　2010年建成。位于巡店杨坡村七组，拥有房屋一层，占地面积14000平方米，职工人数30人，所属行业为制造业，主要业务为辣椒及相关食品加工。

中国联通巡店办事处[Zhōngguó Liántōng Xúndiàn Bànshì Chù]　该办事处位于安陆市巡店镇，主要业务范围是为联通客户提供充值缴费、费用查询、业务办理、投诉咨询等全方位的服务和办理。该单位隶属中国联通集团湖北省联通公司安陆市分公司，地址为安陆市巡店镇金墩街财政所96号对面。占地面积为200平方米左右，拥有砖混结构的联通营业厅1间，共有5名职工人员。

中国移动巡店营业厅[Zhōngguó Yídòng Xúndiàn Yíngyè Tīng]　中国移动巡店营业厅成立于2008年9月10日。该公司地址为安陆市巡店镇金墩街，民政局旁。该营业厅占地面积为80平方米，拥有砖混结构的3层综合大楼一栋，共有5名职工人员。主要业务范围是为移动客户提供充值缴费、费用查询、业务办理、投诉咨询等全方位的服务和办理。

四、棠棣镇

安陆市百花养殖场[Ānlù Shì Bǎihuā Yǎngzhí Chǎng]　该养殖场位于百花村，注册资金50万元，拥有办公楼一栋，占地面积约700平方米，职工人数10人，主要业务为淡水养殖。1986年建成。

安陆市大北农饲料科技有限公司[Ānlù Shì Dàběinóng Sìliào Kējì Yǒuxiàngōngsī]　位于棠棣镇胡棚村4组上胡家塆，所属行业为制造业，主要业务范围为饲料加工及销售。占地面积16750平方米，公司总投资5000余万元，员工队伍200多人，可年产配合猪饲料24万吨，现营销网络服务孝感、随州、襄阳、天门、京山等市场。2013年5月建成。

安陆市禾丰实业有限责任公司[Ānlù Shì Héfēng Shíyè Yǒuxiànzérèngōngsī]　位于棠棣镇胡棚村太白大道，所属行业为制造业，主要业务范围为粮油加工，银杏种植，茶叶加工。占地面积10050平方米，最初的员工人数为20人，注册资本160万元人民币。2011年建成。

安陆市鸿兴达包装厂[Ānlù Shì Hóngxīngdá Bāozhuāng Chǎng]　位于棠棣镇十里村白家塆二桥连接线

北部，所属行业为制造业，主要业务范围为从事包装产品的生产与销售，占地面积 7300 平方米，建筑面积 2000 平方米，有职工人数 15 人。2013 年建成。

安陆市金枝建材有限公司彩钢瓦厂[Ānlù Shì Jīnzhī Jiàncái Yǒuxiàngōngsī Cǎigāngwǎ Chǎng]　位于棠棣镇十里村郑家塆，所属行业为制造业，主要业务为彩钢瓦的生产与销售，占地面积 20000 平方米，建筑面积 3000 平方米，职工人数 20 人。2013 年建成。

安陆市林鑫食品有限公司[Ānlù Shì Línxīn Shípǐn Yǒuxiàngōngsī]　位于棠棣镇金泉村，所属行业为加工业，主要业务范围是生产水饺、馒头、南瓜饼等。占地面积 25000 平方米，建筑面积 3000 平方米，房屋为砖混结构，现有工作人员 30 名。2011 年建成。

安陆市穗丰米业有限公司[Ānlù Shì Suìfēng Mǐyè Yǒuxiàngōngsī]　位于棠棣镇胡棚村，所属行业为制造业，主要业务范围为经营稻谷、小麦购销、油菜籽购销等产品和服务。占地面积 26800 平方米，员工队伍 30 人。2006 年建成。

安陆市午盛贸易有限公司[Ānlù Shì Wǔshèng Màoyì Yǒuxiàngōngsī]　位于棠棣镇胡棚村，所属行业为批发和零售业，主要从事贸易活动。占地面积 24120 平方米，有工作人员 20 人。2013 年建成。

安陆市翔信米业有限公司[Ānlù Shì Xiángxìn Mǐyè Yǒuxiàngōngsī]　位于棠棣镇十里村杨家塆，所属行业为加工业，主要业务范围为经营粮食加工与购销，占地面积 6600 平方米，建筑面积 1500 平方米，职工人数 10 人。1999 年建成。

安陆市新源包装有限公司[Ānlù Shì Xīnyuán Bāozhuāng Yǒuxiàngōngsī]　位于安陆市棠棣镇张陈村，所属行业为制造业，主要业务范围为环保包装、纸塑、纸托、环保餐具等环保纸塑产品的加工和销售，是一家专业生产纸托的生产厂家，厂房占地面积 0.02 平方千米，注册资金 500 万元人民币，是专门生产可降解环保型纸浆模塑(环保纸塑纸托)产品的企业，在同行中居领先地位。其产品完全符合 ISO14000 国际环保体系标准，用途广泛，特别是在手机、电话机、收录机、马达、计算机、音响、影碟机、计算机接口设备等家电产品、汽车配件、陶瓷、PCB 板(电路板)、工艺品、鞋衬、家具护角、餐具、炊具等内包装方面被广泛采用。共有职工 23 人。2006 年注册挂牌。

百花渔场[Bǎihuā Yúchǎng]　该渔场位于棠棣镇百花村，占地面积约 0.12 平方千米，有职工人数 3 人，只要用于鱼种养殖，养殖条数约 20000 条。1986 年建成。

国网湖北省电力公司安陆市供电公司百花供电所[Guówǎng Húběi Shěng Diànlì Gōngsī Ānlù Shì Gōngdiàn Gōngsī Bǎihuā Gōngdiàn Suǒ]　该供电所隶属国网湖北省电力公司安陆市供电公司，地址为安陆市棠棣镇百花村。该供电所占地面积为 2400 平方米，建有办公大楼 3 栋，其中变电运行 1 栋，办公楼 1 栋，职工宿舍楼 1 栋，现共有工作人员 35 人。所属行业为电力、热力、燃气及水生产和供应业，其主要业务范围为供电及其相关服务。

航宇养殖场[Hángyǔ Yǎngzhí Chǎng]　位于棠棣镇联合村，所属行业为农、林、牧、渔业，主要业务范围为各类生禽养殖和销售。注册资金 100 万，拥有养殖房 50 间，占地面积 20000 平方米，职工人数 50 人。2012 年建成。

禾丰集团[Héfēng Jítuán] 2003年建成，位于棠棣镇黎龙村时家独屋，注册资金10万，拥有楼房一栋，占地面积0.025平方千米，职工人数30人，所属行业为收储加工业，其主要业务范围为粮食加工。

恒富养殖有限公司[Héngfù Yǎngzhí Yǒuxiàngōngsī] 位于棠棣镇李园社区办公楼东南部600米处，占地面积550平方米，职工人数42人，所属行业为农、林、牧、渔业，其主要业务范围为鸡的养殖、销售。2010年建成。

宏伟禽业养殖场[Hóngwěi Qínyè Yǎngzhí Chǎng] 位于棠棣镇联合村，所属行业为农、林、牧、渔业，主要业务范围为各类牲畜的养殖和销售，注册资金300万，拥有养殖厂房50套，占地面积20000平方米，职工人数50人。2011年建成。

湖北龙韵养殖公司[Húběi Lóngyùn Yǎngzhí Gōngsī] 位于棠棣镇黎龙村管事塆对面，注册资金500万，拥有200万，占地面积0.033平方千米，职工人数25人，所属行业为农、林、牧、渔业，其主要业务范围为生禽养殖。2005年成立。

湖北省林业厅银杏中心苗圃[Húběi Shěng Línyè Tīng Yínxìng Zhōngxīn Miáopǔ] 位于安陆市棠棣镇李园村。所属行业为农、林、牧、渔业，主要业务范围为银杏培育、推广，占地面积980平方米，拥有楼房四间三层。有职工人数2人。1997年8月8日，由市编委批复设置。

景丰粮油公司[Jǐngfēng Liángyóu Gōngsī] 该粮油公司位于棠棣镇百花村3组(花子店)102号，有1个粮库，1栋2层楼房，占地面积约0.0067平方千米，所属行业为批发和零售业，主要业务范围为粮油的加工与销售，就业人员3人。2009年建成。

明星工贸有限责任公司[Míngxīng Gōngmào Yǒuxiànzérèngōngsī] 位于棠棣镇李园社区中心，距社区办公楼500米。占地面积600平方米，职工人数28人，所属行业为制造业，主要业务范围为制作水泥制品和销售。1992年成立。

太白园食品有限责任公司[Tàibáiyuán Sahípǐn Yǒuxiànzérèngōngsī] 位于棠棣镇李园社区，所属行业为批发和零售业，主要业务范围为销售各类食品，占地面积约500平方米，就业人员33人。2008年建成。

天宇银杏保健品有限公司[Tiānyǔ Yínxìng Bǎojiànpǐn Yǒuxiàngōngsī] 位于黎龙村管事塆，注册资金1000万元，拥有400万，占地面积0.013平方千米，职工人数35人，所属行业为批发和零售业，其主要业务范围为销售保健品。2005年成立。

长生树保健品有限公司[Chángshēngshù Bǎojiànpǐn Yǒuxiàngōngsī] 位于棠棣镇李园社区西部。以物产和业务范围综合命名。所属行业为批发和零售业，主要业务范围为保健品销售为主。占地面积450平方米，职工人数38人。1997年建成。

五、雷公镇

雷公变电所[Léigōng Biàndiàn Suǒ] 1974年至1998年名为雷公变电站，1998年至今更名为雷公变电

所。该变电所隶属于安陆市供电局，所属行业为电力、热力、燃气及水生产和供应业，主要业务范围：农村供电服务，位于雷公集镇南大街，占地面积 0.35 平方千米，职工人数 41 人。

雷公镇金运石材有限公司[Léigōng Zhèn Jīnyùn Shícái Yǒuxiàn Gōngsī] 2009 年注册成立，位于大安村张家佬。距村委会驻地约 1 千米，注册资金 50 万元，拥有各类大型采石设备，占地面积约 0.027 平方千米，职工人数 20 人，所属行业为采矿业，其主要业务范围为当地石材的生产和销售。

六、王义贞镇

安陆辅朝米业[Ānlù fǔcháo Mǐyè] 位于安陆王义贞镇吉庙街西，注册资金 1000 万，拥有日本技术的光电色选机及自动包装的生产流水线等高科技生产设备，占地面积 3689 平方米，职工人数 13 人。其主要业务范围为稻谷的生产加工和大米的销售。1995 年建成，1998 年扩建。

安陆市白果林农场[Ānlù Shì Báiguǒlín Nóngchǎng] 位于安陆王义贞镇汝南村 3 组银杏基地，东接江家潭，西邻郑家塆，南连汝南鱼池，北靠汝南松林坡。注册资金 10 万元，主体建筑由 20 间普通农房构成，拥有部分农用设施，占地面积 600 平方米，职工人数 5 人，其主要业务范围为林木、花卉、水果的种植和销售。2013 年 6 月建成。

安陆市陈氏中药材种植有限公司[Ānlùshì chénshì Zhōngyàocái Zhòngzhí Yǒuxiàngōngsī] 该公司位于王义贞镇柏杨村，注册资金 100 万，占地面积 400 平方米，职工人数 10 人，主要业务范围为药材的买卖。公司具体的地址是：安陆市双龙桥西区 7 排 19 号。2011 年建立。

安陆市供电公司王义贞河水供电所[Ānlù Shì Gōngdiàn Gōngsī Wángyìzhēn Héshuǐ Gōngdiàn Suǒ] 位于王义贞镇王店街，拥有办公楼、住宿楼各一栋，变电站一座，总占地面积 0.01 平方千米，现有职工 26 人。其业务范围是为王义贞当地居民提供用电服务、电费收缴及用电管制。1983 年成立河水交电站，1986 年变更为现名。

安陆市农村商业银行王义贞支行[Ānlù Shì Nóngcūn Shāngyè Yínháng Wángyìzhēn Zhīháng] 位于王义贞镇石峰南街 8 号，拥有营业厅、办公室、食堂、住宿楼各 1 栋，总占地面积 525 平方米，现有职工人数 9 人。其主要业务范围为存取款业务、贷款收放及金融投资等。1979 年成设立，2015 年更为现名。

东岳农庄[Dōngyuè Nóngzhuāng] 位于安陆王义贞镇汝南村，坐西朝东，东接劳名坡，西邻松林坡，南连东岳庙水库，北靠赵家塆。注册资金 100 万元，主体为一座四合院建筑，拥有台球桌等娱乐设施，占地面积 20000 平方米，职工人数 23 人，其主要业务范围为以花卉、盆景、垂钓、“农家乐”、土菜馆为主体的休闲农业。2007 年 10 月建成。

国家电网河水供电所[Guójiā Diànwǎng Héshuǐ Gōngdiàn Suǒ] 位于吉庙村王吉公路西，拥有 2 栋 3 层办公楼，占地面积 46666 平方米，职工人数 18 人，其主要业务范围为线路维护服务、停、送电服务、抄表、电费收取等。1983 年在吉庙村建立河水变电站，1987 年 10 月更名为安陆市电力局河水供电所，2010

年更名为国网安陆市供电公司河水供电所。

吉庙粮库[Jímiào Liángkù]　位于吉庙中心，注册资金1000万元，拥有5栋1层的粮仓，占地面积6000平方米，职工人数6人，其主要业务范围为当地大米的加工和稻谷、小麦的收购。1984年建成，位于王义贞镇吉庙村，由此得名吉庙粮站，2013年更名为吉庙粮库。

群聘页岩砖厂[Qúnpìn Yèyánzhuān Chǎng]　群聘页岩砖厂位于王义贞镇星火村。注册资金为160万元，占地面积0.011平方千米，有职工35人，主要业务范围为制作砖瓦。2006年建成。

王家小院[Wángjiā Xiǎoyuàn]　位于安陆王义贞镇汝南村，东接镇中心小学，西邻汝南河，南连汝南尧河，北靠乡村公路。注册资金10万元，主体建筑由三排普通的一层农房构成，拥有部分娱乐休闲设施，占地面积20000平方米，职工人数20人，其主要业务范围为餐饮、娱乐、垂钓、休闲。原为汝南村的一方河滩，住有一户郑姓农家。后办酱油厂、造纸厂、粮食加工厂。2015年开发建成。

王义贞镇自来水厂[Wángyìzhēn Zhèn Zìláishuǐ Chǎng]　位于王义贞镇王义贞镇路13号，注册资金2300万，拥有办公楼1栋，建有生产基地及沉淀基地，现有职工3人。其主要业务范围为当地人民自来水入户的报装、水费缴纳、故障报修及维护。1985年建成。

杏田饮品水厂[Xìngtián Yǐnpǐnshuǐ Chǎng]　位于安陆王义贞镇汝南村银杏基地，注册资金10万元，拥有一栋综合办公大楼，占地面积1700平方米，职工人数7人，其主要业务范围为饮用水的制造与销售。2014年9月1日建成。

中国电信股份有限公司安陆分公司王义贞综合机房[Zhōngguó Diànxìn Gǔfèn Yǒuxiàn Gōngsī Ānlù Fēngōngsī Wángyìzhēn Zōnghé Jīfáng]　位于王义贞镇唐僧东路6号，拥有机房1栋，占地面积70平方米，现有职工人数为3人。其主要业务范围为当地电信设备的管理及维修。1995年建立。

中国电信王义贞营业厅[Zhōngguó Diànxìn Wángyìzhēn Yíngyè Tīng]　位于王义贞镇王店街唐僧东路6号，拥有营业厅综合办公楼1栋，占地面积70平方米，建筑面积为210平方米，职工人数3人。其主要业务范围为手机的交易及话费缴纳、宽带安装等业务。1978年名为王义贞河水邮政支局，1998年机构改革，更名为中国电信有限分公司王义贞营业厅。

七、孛畈镇

安陆市孛畈镇板金碎石厂[Ānlùshì Bófànzhèn bǎnjīn Suìshíchǎng]　位于安陆市孛畈镇板金村板金坡，注册资金700万元，拥有挖掘机、破碎机、粉碎机等各种大型采石设备，占地面积2500平方米，职工人数43人，所属行业为制造业，其主要业务范围为碎石的加工和销售。1999年3月成立。

安陆市孛畈镇强力砖厂[Ānlùshì Bófànzhèn Qiánglì Zhuānchǎng]　位于安陆市孛畈镇初级中学北200米，所属行业为制造业，主要业务范围为砖块的制造和销售。地址为安陆市孛畈镇南大街1号。该砖厂注册资金为100万，占地面积为3800平方米，拥有生产流水线等各种高科技生产设备，共有12名职工人员。该砖厂成立于2006年，是安陆市孛畈镇第一家响应国务院颁发《严格限制毁田烧砖积极推动墙体改革的意见》之号召，由孛畈镇罗畈村招商引资投产的专业生产免烧砖的新型建材企业。

孛畈油茶基地[Bófàn Yóuchá Jīdì] 位于安陆市孛畈镇青龙潭社区，东接黄家塆，西邻曹棚村，南连王家塆，北靠松岗老村。注册资金1200万元，拥有各种基础种植设施及加工设备，占地面积0.47平方千米，职工人数8人，所属行业为制造业，主要业务范围为油茶的种植、加工和销售。2013年成立湖北省益建生态林业有限公司孛畈油茶基地，2014年更名为孛畈油茶基地。

湖北安陆农村商业银行股份有限公司孛畈支行[Húběi Ānlù Nóngcūn Shāngyèyínháng Gǔfènyǒuxiàngōngsī Bófàn Zhīháng] 隶属于湖北安陆农村商业银行股份有限公司，所属行业为金融业，主要业务范围为经营存款、贷款、结算等金融业务。位于安陆市孛畈镇孛畈社区，地址为安陆市孛畈镇安三路145号。该行注册资金为177万元人民币，占地面积为1500平方米，拥有四层办公楼1栋，共有10名职工人员。1996年与孛畈农行营业部分家后成立湖北省安陆市农村信用合作联社孛畈信用社，2015年更名为湖北安陆农村商业银行股份有限公司孛畈支行。

湖北白兆山水泥有限公司[Húběi Báizhàoshān Shuǐní Yǒuxiàngōngsī] 位于安陆市孛畈镇杜庙村朱家凹，公司注册资金为2.5亿元，占地面积为0.23平方千米，拥有大型设备若干，住宿楼两栋，办公楼一栋，职工人数100多人。湖北白兆山水泥有限公司是由市政府引进的规模企业。在安陆市政府大力支持和孛畈镇的全力协调下，厂方投资近3亿元，经过三年的建设，于2009年9月正式投入生产运营。该企业是湖北省乃至中南地区的大型水泥厂家之一，是采用干烧转窑生产法的环保型水泥厂。目前水泥厂生产正常，日产3200吨水泥熟料。随着粉磨站的配套上马，其主要业务范围为水泥的生产、加工及销售，水泥成品及水泥熟料供不应求，生产、销售形势大好，年产值在2.5亿元以上，年创利税800万元。该公司于2007年开始建设，2009年投入使用。

牌坊岗园林基地[Páifānggǎng Yuánlín Jīdì] 位于安陆市孛畈镇同兴村牌坊岗西，地处黄寨。东接黄寨二级站，西邻青庙中学，南连檀岗，北靠黄寨。注册资金800万元，拥有各类基础种植设备和部分员工宿舍，占地面积达200000平方米，有工作人员5名，其主要业务范围为园林绿化树的种植和销售。该种园林基地于2015年建成使用。

青龙潭林木专业合作社[Qīnglóngtán Línmù Zhuānyè Hézuòshè] 位于安陆市孛畈镇青龙潭社区北部，东接黄家凹，西邻檀山，南连黄家塆，北靠宋家塆。注册资金800万元，拥有各类基础种植设施及设备，占地面积0.53平方千米，职工人数3人，所属行业为制造业，其主要业务范围为林木的种植和销售。2013年命名。

神州种猪二厂[Shénzhōuzhǒngzhū Èrchǎng] 该种猪厂为湖北神州种猪有限公司在安陆创办的第二家种猪厂，种猪一厂在安陆接官。位于安陆市孛畈镇同兴村骆家塆北。注册资金2000万元，拥有各类基础养殖设备和众多猪舍，占地面积达73333平方米，有工作人员40名，其主要业务范围为种猪的养殖、加工和销售。该种猪厂于2012年建成使用。

同兴生态农业观光园[Tóngxīng Shēngtài Nóngyè Guānguāngyuán] 位于安陆市孛畈镇同兴村黄寨河

畈。注册资金500万元，拥有各类基础种植设备和娱乐设施，建有一栋综合楼，占地面积达400平方米，有工作人员30名，其主要业务范围为蔬菜的种植及生态农业的观光。该观光园于2013年建成使用。

中国电信孛畈营业厅[Zhōngguódiànxìn Bófàn Yíngyètīng]　隶属于中国电信集团湖北省电信公司安陆市电信局，所属行业为信息传输、软件和信息技术服务业，主要业务范围为电信客户提供充值缴费、费用查询、业务办理、投诉咨询等全方位的服务和办理。位于安陆市孛畈镇孛畈社区，地址为安陆市孛畈镇孝襄街。营业厅占地面积为700平方米，拥有办公楼和营业厅1栋，共有4名职工人员。1991年设立安陆市邮电局孛畈支局，1998年邮政、电信分设，设立中国电信孛畈营业厅。

八、烟店镇

安陆坤兴实业有限公司[Ānlù Kūnxīng Shíyè Yǒuxiàn Gōngsī]　2012年建，位于烟店镇彭桥村，注册资金3000万元，拥有2栋1~3层楼房及数台商混机械，占地面积0.062平方千米，有职工人数50人，其主要业务为商混生产。

安陆市白云商混河西分公司[Ānlù Shì Báiyúnshānghùn Héxī Fēngōngsī]　该公司位于安陆市烟店镇，是混凝土制造商而命名。2011年建立为安陆市坤兴商混有限公司，2015年改为安陆市白云商混河西分公司，位于彭桥村二组地界，东接银杏大道，南连花中花农业发展公司，西邻村级鱼池，北靠安东印务。公司占地面积0.027平方千米，在职员工30人，主要营销模式为机械加工混凝土。

安陆市凤祥禽业养殖场[Ānlù Shì Fèngxiángqínyè Yǎngzhí Chǎng]　经营商自行命名。“凤祥禽业养殖场”指的是公司名称和工作职能。2008年建成，位于烟店镇姚榨村，注册资金40万元，拥有2栋1层房屋，占地面积0.0067平方千米，有职工人数2人，其主要业务为种鸡养殖。

安陆市南山禽业养殖场[Ānlù Shì Nánshānqínyè Yǎngzhí Chǎng]　该公司经营商自行命名，“南山禽业养殖场”指的是工作职能。2008年建成，位于烟店镇横路村，注册资金100万元，拥有2栋1层房屋，占地面积0.0067平方千米，有职工人数2人，其主要业务为种鸡养殖。

白兆宾馆[Báizhào Bīnguǎn]　1999年建成，位于烟店镇尖山村，注册资金2000万元，拥有6栋3层的楼房，占地面积0.33平方千米，有职工人数50人，其主要业务为市民提供宾馆住宿。

宝迪种猪厂[Bǎodí Zhǒngzhū Chǎng]　2010年建成，位于张岗村四组以北，东接周冲村，西连龚岗村，南连张岗村，北靠李塆村。职工人数6人，占地面积0.1平方千米。公司主要从事种猪养殖，现养猪数量在2~4万头。

湖北宝迪李塆村养殖场[Húběi Bǎodí Lǐwāncūn Yǎngzhí Chǎng]　2013年建成，位于烟店镇李塆村，注册资金2亿元，拥有10栋1~3层不等房屋，占地面积0.33平方千米，有职工人数30人，其主要业务为种猪养殖。

湖北洪发饲料科技有限责任公司[Húběi Hóngfāsìliào Kējì Yǒuxiànzérèn Gōngsī]　2009年建，位于烟

店镇万桥村，注册资金1000万元，拥有2栋1~3层楼房及数台饲料机械，占地面积0.02平方千米，有职工人数20人，其主要业务为饲料加工与销售。

湖北花中花农业发展有限公司[Húběi Huāzhōnghuā Nóngyèfāzhǎn Yǒuxiàn Gōngsī] 2012年建成，位于烟店镇张岗村，注册资金2000万元，拥有6栋1~3层不等楼房和粮食机械90套，占地面积0.033平方千米，有职工人数80人，其主要业务为粮食加工。

湖北花中花农业股份有限公司[Húběi Huāzhōnghuā Nóngyè Gǔfèn Yǒuxiàn Gōngsī] 2004年成立安陆市花中花米业有限责任公司，2012年更名为安陆市花中花工业股份有限公司。坐落于烟店镇张岗村，府河二桥西800米处，占地面积0.046平方千米，所处地理位置优越，交通便利。作为安陆市农产品加工园区项目实施单位，安陆市粮食加工和粮食收购龙头骨干企业，花中花现有资产总额1.2亿元，员工180人，2012年实现销售收入121582元，利税1250万元。下辖两个粮食收购站，有年处理22万吨的粮食烘干塔，另拥有一家4S店标准的全资子公司：湖北花中花汽车销售服务有限公司，注册资本418万元。

湖北康迪种猪科技有限公司[Húběi Kāngdí Zhǒngzhū Kējì Yǒuxiàn Gōngsī] 2013年建成，位于烟店镇李塆村，注册资金2亿元，拥有10栋1~3层不等房屋，占地面积0.33平方千米，有职工人数30人，其主要业务为种猪养殖。

湖北凌丰农业科技有限公司1[Húběi Língfēng Nóngyè Kējì Yǒuxiàn Gōngsī] 2012年建成，位于烟店镇安三公路张岗路段南部，注册资金180万元，拥有1栋2层营销中心，占地面积0.1平方千米，有职工人数12人，其主要业务为种子化肥的销售及农业方面的研究。

湖北凌丰农业科技有限公司2[Húběi Língfēng Nóngyè Kējì Yǒuxiàn Gōngsī] 2013年建立，位于公司位于安桃线公路南边，东接新村，西临赵家塆，南连张岗村二组，北靠陈家塆。于2013年3月成在张岗村三组流转耕地0.09平方千米，职工人数8人，主要从事葡萄生产。

湖北朴泥高科技农业发展有限公司[Húběi Pǔní Gāokējì Nóngyè Fāzhǎn Yǒuxiàn Gōngsī] 2012年建成，位于烟店镇董桥村，注册资金1000万元，拥有3栋2层房屋，占地面积0.53平方千米，有职工人数30人，其主要业务为各类蔬菜的批发销售。

湖北神丹健康食品有限公司[Húběi Shéndān Jiànkāng Shípǐn Yǒuxiàn Gōngsī] 2012年建成，位于烟店镇邓河村，注册资金500万元，拥有3栋3层楼房，占地面积0.033平方千米，有职工人数110人，其主要业务为健康食品销售。

湖北省安陆市安东印务有限公司[Húběi Shěng Ānlù Shì Āndōng Yìnwù Yǒuxiàn Gōngsī] 2011年建成，位于烟店镇彭桥村，注册资金5000万元，拥有10栋1至3层不等的楼房，占地面积0.019平方千米，有职工人数100人，其主要业务为印刷产品。

捷诚驾校[Jiéchéng Jiàxiào] 该驾校遵守以便捷诚信为主的原则而命名。2014年建立，位于烟店镇彭桥村，东接银杏大道，南连白云商混，西邻农田，北靠安东印务，有2栋5层楼房。占地面积0.033平方千米，在职员工60名。主要业务范围为对驾驶人按照机动车驾驶员素质教育大纲进行培训。

金川页岩砖厂[Jīnchuān Yèyán Zhuān Chǎng] 2010年建成使用，老板姓“金”，主要从事建筑砖块的生产和销售。金川页岩砖厂位于安陆市烟店镇邓岗村三组，东接邓岗村四组，西邻邓河水库，南连 243 省道，北靠邓河水库。注册资金 700 万元，拥有生产流水线等各种大型采石及加工设备，占地面积 0.0333 平方千米，职工人数 36 人。其主要业务范围为当地建筑砖块的生产和销售，年盈利近百万。

烟店 35kv 变电站[Yāndiàn 35 kv Biàndiàn Zhàn]　1973 年建成，位于烟店镇东西街安三线西边，占地面积 13400 平方米，其中建筑面积 2500 平方米，拥有房屋 2 栋 3 层，主体高度 20 米，有职工人数 5 人。主要业务为负责管理本镇用电情况及处理相关突发事件。

烟店镇禾丰长松粮站[Yāndiàn Zhèn Héfēng Chángsōng Liáng Zhàn]　2008 年建立，位于烟店村 3 组，占地面积 2 平方千米，东接砖厂，南连烟店镇电影院，西邻街道，北靠兽医站。职工 2 人。主要业务是经营粮食收购和存储。

烟店镇农村商业银行[Yāndiàn Zhèn Nóngcūn Shāngyè Yínháng]　2015 年建成，位于烟店村 2 组，东接街道，南连发英屋，西邻乾坤小区，北靠长平房屋。占地面积 0.06 平方千米，职工人数 5 人，主要业务是经营各种存款，取款业务。

振坤琉璃瓦场[Zhènkūn Liúlíwǎ Chǎng]　2007 年建成，位于烟店镇董桥村，注册资金 800 万元，拥有 2 栋 1 层楼房及数台砖瓦机械，占地面积 0.033 平方千米，有职工人数 60 人，其主要业务为琉璃瓦制造与销售。

自来水厂[Zìláishuǐ Chǎng]　1985 年建成，位于烟店镇碧山村 1 组，注册资金 30 万元，拥有集中供水设备。占地面积 1000 平方米，有职工人数 3 人。主要业务为负责本镇自来水的供应。

九、洑水镇

洑水镇农商银行[Fúshuǐ Zhèn Nóngshāng Yínháng]　隶属于安陆市农商银行所辖，所属行业为金融业，业务范围有存取款、转账汇款、缴费、贷款、信用卡办理、网银、手机银行、电话银行服务、代买基金保险等，位于洑水镇东大街 7 号，现有职工人数 8 人。2011 年成立。

安陆市瑞星制衣有限公司[Ānlù Shì Ruìxīng Zhìyī Yǒuxiàn Gōngsī]　位于安陆市洑水镇，所属行业为制造业，主要经营服饰的加工生产与销售相关工作，占地面积 11022 平方米，建筑面积 400 平方米，拥有一栋厂房 12 间，职工人数 110 人。

安陆市盛尔邦粮油工贸有限公司[Ānlù Shì Shèngěrbāng Liángyóu Gōngmào Yǒuxiàn Gōngsī]　位于安陆市洑水镇居委会 69 号，所属行业为制造业，主要从事粮食加工、粮食仓储、粮油贸易相关工作。东接平洑线，西邻 316 国道，南连居委会，北靠涢港小区，交通便利。公司总占地面积 6 万余平方米，注册资本金 1080 万元，建有标准化、具有良好储粮条件的仓库 7 栋，拥有 7 万吨的储粮能力。美观、大气、布局合理的 5000 平方米的生产车间里安装着全自动化、日处理原料 600 吨的大米生产线，年粮食加工能力 20 万吨以上。生产设备引进当今世界最先进的流水生产线，具有产品加工精度高、自动化程度高、能耗低的优势，保证了产品在市场中拥有强有力的竞争力。2009 年成立。

湖北强云宏建筑工程有限公司[Húběi Qiángyúnhóng Jiànzhù Gōngchéng Yǒuxiàn Gōngsī] 位于安陆市洑水镇洑水街 8 号，所属行业为建筑业，主要业务范围为建筑材料产品的生产与销售，职工人数 12 人，占地面积 600 平方米。

洑水镇人力资源和社会保障服务中心[Fúshuǐ Zhèn Rénlì Zīyuán Hé Shèhuì Bǎozhàng Fúwù Zhōngxīn] 隶属于安陆市人力资源和社会保障局，所属行业为公共管理、社会保障和社会组织，主要业务范围为人力资源开发、社会养老保险，位于洑水镇发展大道南路 2 号。占地面积 0.8 平方千米，建筑面积 0.5 平方千米，为砖混结构两层楼房。工作人员 6 人。2010 年成立。

安陆市友谊粮机厂[Ānlù Shì Yǒuyì Liángjī Chǎng] 位于安陆市洑水镇，所属行业为制造业，主要经营粮机加工生产与销售。占地面积 0.01 平方千米，职工人数 28 人，拥有 3 栋楼，前面办公楼 5 层 4000 平方米，中间厂房一层 6 间 600 平方米，后面住宅楼 2 层 6 间。2002 年建厂。

强新建材[Qiángxīn Jiàncái] 位于洑水镇车站村，东接老 316 国道，南连车站村居民区，西邻汉丹铁路，北靠安太饲料。面积约 0.021 平方千米。有职工 60 人。主要业务范围为生产、销售建筑材料。2006 年建成。

安太饲料有限公司[Āntài Sìliào Yǒuxiàn Gōngsī] 位于洑水镇车站村，东接老 316 国道，西邻汉丹铁路，南连强新建材，北靠松源木业，面积约 0.013 平方千米。职工人数 10 人。主要业务范围为饲料销售与加工。2010 年建成。

俊德化工涂料有限公司[Jùndé Huàgōng Túliào Yǒuxiàn Gōngsī] 位于洑水镇车站村，东接山林，西邻老 316 国道，南北皆靠居民区，面积约 0.003 平方千米。主要销售油漆涂料。有职工 12 人。2005 年建成。

松源木业[Sōngyuán Mùyè] 位于洑水镇车站村，东接老 316 国道，南连安太饲料，西邻汉丹铁路，北靠车站村居民区。面积约 0.011 平方千米。有职工 5 人。主要业务范围为生产、销售木材。自 2013 年建成。

中天石化销售有限公司[Zhōngtiān Shíhuà Xiāoshòu Yǒuxiàn Gōngsī] 位于洑水镇车站村老 316 国西侧，东接老 316 国道，南连车站村 4 组，西邻汉丹铁路，北靠三陂村，面积约 0.012 平方千米。主要业务范围为石油销售。2006 年建成。

方棚村永为养殖场[Fāngpéngcūn Yǒngwéi Yǎngzhíchǎng] 位于洑水镇方棚村 7 组罗家老塆，注册资金 10 万元，拥有 3 栋楼房 1 至 2 层不等，占地 0.0026 平方千米，主要以养殖为主。四面环田。现有职工人数为 4 人。2011 年建成。

油茶场[Yóuchá Chǎng] 位于洑水镇横山村。东接横山村 8 组柯家塆，西邻横山村 7 组的关山，南连刘畈村，北靠横山村张家塆，面积 0.2345 平方千米，现以种植观赏树为主。1978 年至 1980 年属洑水区直辖，1980 年后交洑水镇横山村管辖。

安陆市工业学校[Ānlù Shì Gōngyè Xuéxiào] 坐落于洑水镇红桥村村民委员会办公室的东北边，距村委会驻地 200 米，东接段家塆，西邻乐家塆，南连红桥村委会，北靠盛家塆。学校占地面积约 0.005 平方千米。现有教职工人数 80 人。20 世纪 60 年代，安陆县在此建立洑水高中，1995 年，改名为“安陆市工业学校”。

烟波台生态旅游庄园[Yānbōtái Shēngtài Lǚyóu Zhuāngyuán]　位于洑水镇三陂村 316 国道西。于 2012 年建成投产，占地面积 0.402 平方千米，现有职工人数 16 人，拥有楼房两栋，房屋 20 间，主要经营游客旅游、生态种植等业务。2012 年建成。

文桥村集贸市场[Wénqiáo Cūn Jímào Shìchǎng]　位于洑水镇文桥村南部，距村委会驻地 300 米，东接关塘嘴，西邻文桥村下河，南连府河，北靠中心小学。坐北朝南，总占地面积约 0.02 平方千米，建筑面积约 0.01 平方千米，场内共有摊位和铺面 200 多个，摊位摆设有序，主要以个体营业及小商品商贩为主，营业时间为 6 点至 18 点。民国时期，府河两岸群众以渡口互相往来，逐渐形成上畈店集市。新中国成立后迁到三陂港。1995 年又从三陂港迁至文桥村，命名为文桥集贸市场。

十、陈店乡

安陆市农村商业银行陈店支行[Anlù Shì Nóngcūn Shāngyè Yínháng Chéndiàn Zhīháng]　1987 年李店撤区建陈店乡人民政府，设立陈店乡农村信用合作社，2014 年更名为安陆市农村商业银行陈店支行。该单位隶属于安陆市农村商业银行，所属行业为金融业，主要业务范围为提供支付结算服务、融通资金、降低交易成本并提供便利的金融服务等。位于陈店乡陈店村，东接陈店村陈塆，北靠乡政府，拥有砖混结构的办公楼一栋，办公面积 300 平方米，现共有工作人员 10 人。

陈店(苏州)科技创业园[Chéndiàn(Sūzhōu)Kējì Chuàngyè Yuán]　该企业自 2013 年建成，位于陈店乡双泉村大安线北，注册资金 5000 万，现有职工 200 人，占地 0.28877 平方千米，可容纳 20 到 30 家企业，着重引进资源节约型、无污染环保型、科技管理型企业。

十一、辛榨乡

安陆农村商业银行辛榨支行[Ānlù Nóngcūn Shāngyè Yínháng Xīnzhà Zhīháng]　2015 年 4 月 17 日在孝感工商局注册挂牌成立，2015 年以前为湖北省安陆市农村信用合作联社辛榨信用社，2015 年更名为安陆农村商业银行辛榨支行。该单位隶属安陆农村商业银行辖，位于安陆市辛榨乡辛榨街。所属行业为金融业，其主要业务范围为经营存款、贷款、结算、融资等金融业务，该支行占地面积达 727 平方米，建筑面积为 650 平方米，主体建筑为砖混结构，拥有 1 栋三层办公楼，设有办公室、营业厅、员工宿舍、食堂、机房等。共有工作人员 9 人，其中行长 1 人，副行长 1 人，员工 7 人。

十二、木梓乡

木梓农村商业银行[Mùzǐ Nóngcūn Shāngyè Yínháng] 1976年建成。该单位位于木梓乡学府街，占地面积550平方米，建筑面积480平方米，为砖混结构2层楼房，另加5间平房，设有营业大厅，信贷办公室，职工宿舍，食堂，共有职工9人。

木梓乡梓昌自来水厂[Mùzǐ Xiāng Zǐchāng Zìláishuǐ Chǎng] 2008年建，位于木梓乡东山村。占地面积4200平方米，有职工人数4人，其业务范围为负责城乡企事业单位及居民生产、生活用水的生产和供应；承担用户的接水工作；承担供水设施的建设改造、维护和管理工作。

瑞祥陶瓷有限公司[Ruìxiáng Táocí Yǒuxiàn Gōngsī] 位于安陆市木梓乡汤冲村，处丘陵地带，在老厂的基础上扩建新厂，老产品主要生产各式平板瓦，釉面光滑，品种齐全、配件齐全，还可为用户定制加工。新产品自动线以陶瓷瓦为主导。产品有直角瓦、AB瓦，釉面色彩艳丽，品种齐全。现有职工人数10人。

中国电信安陆分公司木梓综合机房[Zhōngguó Diànxìn Ānlù Fèngōngsī Mùzǐ Zōnghé Jīfáng] 位于中国电信股份有限公司安陆分公司府城综合机楼木梓镇区，处丘陵地带。占地面积80平方米，有职工人数3人，其主要业务范围为木梓乡电信用户的服务及宣传。

十三、接官乡

电信营业厅[Diànxìn Yíngyè Tīng] 位于接官乡金台村，注册资金200万元，拥有办公楼1栋，占地面积1980平方米，职工人数3人，主要业务范围为电话通信、网络宽带服务。1998年建立。

接官农村信用社[Jiēguān Nóngcūn Xìnyòng Shè] 位于接官乡金台村，注册资金300万元，拥有办公楼1栋，占地面积1980平方米，职工人数10人。主要业务范围：金融服务。1995年建立。

接官烟草公司[Jiēguān Yāncǎo Gōngsī] 位于接官乡接官街道平洑线路东边，注册资金500万元，拥有4间办公室，占地面积200平方米，职工人数8人，主要业务范围为经营烟草专卖事务。1998年以烟草公司名字命名。

第三章 民间服务性组织

第一节 城区民间服务性组织

一、府城街道

安陆市楚剧团[Ānlù Shì Chǔjù Tuán] 以行政区域和戏剧类别命名。1955年，安陆县委、县政府对两个业余楚剧团进行重组，成立安陆县楚剧团；另一个是巡店业余楚剧团。1966年，楚剧团改为安陆县工农兵楚剧团。1969年剧团转为全民所有制，改称为毛泽东思想文艺宣传队，1973年安陆县毛泽东思想文艺宣传队改称为安陆县楚剧团。1987年安陆县建市成立安陆市楚剧团至今。该剧团位于安陆府城办事处德安北路与儒学路交叉路口，其主要职能有编创、整理排练演出楚剧及各类综艺节目表演；大型文化活动组织、策划；演出设备、剧场、流动舞台车的出租。弘扬优秀传统文化，深入基层开展文化惠民演出活动。人员编制70人，现有工作人员67人。

安陆市府城五一社区居家养老服务中心[Ānlù Shì Fǔchéng Wǔyī Shèqū Jūjiāyǎnglǎofúwù Zhōngxīn] 2012年开工建设，于2014年8月正式登记成立，位于安陆市府城五一社区，总建筑面积2200平方米，分为活动室，医疗室、阅览室、休息室等，场地，总投资450万元，共有80张床位，职工人数11人。目前已入住，社会集中养老人员62人，日间照料，居家养老，服务人次达600余人次。

安陆市府城紫金幼儿园[Ānlù Shì Fǔchéng Zǐjīn Yòuér Yuán] 原为紫金路小学学前班，2007年7月更名为紫金幼儿园。位于安陆市府城北正社区玉石街23号，紫金路小学西校区内，占地面积1900平方米，现有四层教学楼一栋，户外活动厂地占地面积1000平方米，共有教职工52名。

安陆市红十字会[Ānlù Shì Hóngshízìhuì] 成立于1991年，位于安陆市府城凤凰路3号。该单位占地面积1072平方米，建筑面积918平方米，拥有砖混结构的5层楼房2栋，共有工作人员10人。安陆市红十字会是中国红十字会的地方分会，是从事人道主义工作的社会救助团体。该团体以弘扬“人道、博爱、奉献”的红十字精神，保护人的生命和健康，促进人类和平进步事业为宗旨，以救助易受损害群体为己任，突出备灾救灾、人道救助为重点，当好政府人道主义领域的助手，积极开展赈灾募捐和人道救助工作，始终遵循国际红十字与红新月运动的七项基本原则，积极履行《中华人民共和国红十字会法》赋予的各项职责，突出抓好备灾救灾、应急救护培训、社区服务、传播国际人道法及红十字运动基础知识、推动无偿献血和红十字青少年道德教育、造血干细胞捐献、预防艾滋病等方面主要工作。

安陆市佳禾幼儿园[Ānlù Shì Jiāhé Yòuér Yuán]　2013年建成，位于佳禾花园小区中部十一号楼一楼，建筑面积1374平方米，拥有教学楼1栋，共有学生238人，教职工15名。主要业务为该小区儿童的学前教育。

安陆市困难职工帮扶中心[Ānlù Shì Kùnnánzhígōng Bāngfú Zhōngxīn]　1993年建成，位于安陆市太白大道120号，拥有砖混结构的楼栋1栋。占地面积2760平方米，建筑面积1980平方米，现共有职工13人，其主要职能是帮助解决困难职工在就业、医疗、生活、子女上学等方面遇到的困难和问题，依法保障职工合法权益。帮扶重点是下岗失业人员和老、弱、伤、病、残职工及因遭受意外灾害、本人或家庭成员患大(重)病等原因造成的困难职工群体。

安陆市民福宾馆[Ānlù Shì Mínfú Bīnguǎn]　2012年建成，位于府城蒿桥社区安陆市社会福利院隔壁，地址为安陆市碧涢路325号，占地面积约0.0015平方千米，现共有工作人员10人，主要经营住宿及餐饮。

安陆市同心幼儿园[Ānlù Shì Tóngxīn Yòuér Yuán]　2004年建成，位于安陆市府城五一社区涢水路62号，占地面积600平方米，总建筑面积为400平方米，拥有建筑物一栋3层，其中设有幼儿活动室，卫生间、厨房、隔离室、办公室、门卫室，职工人数13人，主要业务范围为负责实施幼儿学前教育。

安陆市小叮当幼儿园[Ānlù Shì Xiǎodīngdāng Yòuér Yuán]　2010年建成，位于安陆市府河西区民福街11号，占地面积0.0012平方千米，现有职工14人，主要从事幼儿教育与保育工作。

安陆市总工会[Ānlù Shì Zǒnggōnghuì]　原为安陆县总工会，1987年改为安陆市总工会，位于府城中山社区龙门路。2002年搬到现址，位于安陆市肖台社区太白大道120号，现有工作人员13人，占地面积2760平方米，其中建筑面积1980平方米，主要工作职能为负责全市工会经费的管理、审查和审计工作，研究制定工会兴办企事业的有关规划，负责工会企事业发展的指导等。

金豆豆幼儿园[Jīndòudòu Yòuér Yuán]　2014年成立，位于安陆市德安北路248号，占地面积2000平方米，现有教职工12人，学生160人。主要负责幼儿教育与保育。

金凤凰幼儿园[Jīnfènghuáng Yòuér Yuán]　原为湖北铝厂的子弟幼儿园，2009年被人买断并更名为“金凤凰幼儿园”，位于安陆市汉丹东路特6号。该幼儿园占地面积为0.0015平方千米，建有教学办公楼1栋、食堂1栋，现有30名教职工人员，320名在读学生。其业务范围主要以幼儿教育为主。

普济老年人养老中心[Pǔjì Lǎoniánrén Yǎnglǎo Zhōngxīn]　2008年10月设立，位于安陆市府城儒学社区。该养老中心注册资金为80万元，占地面积达2680平方米，建有健康康复中心及老人休闲娱乐活动区等，可供老年人康复锻炼及娱乐。现有职工人数 28 人，护理对象共 103 人。

新世纪幼儿园[Xīnshìjì Yòuér Yuán] 2003 年成立命名，位于安陆市德安北路 286 号。该幼儿园占地面积为 2000 平方米，设有标准幼儿教室、教师活动室和标准化的幼儿食堂。主要负责幼儿教育与保育。

阳光幼儿园[Yángguāng Yòuér Yuán] 1999 年建成，位于安陆市府东北路 2 号三楼。占地面积 1000 平方米，现有学生 148 名，教职工人数 15 人。主要业务为儿童学前教育。

二、南城街道

安陆市南城中心幼儿园[Ānlùshì Nánchéngzhōngxīnyòuéryuán] 2014 年 9 月建立，主要业务范围为实施幼儿学前教育相关工作。位于学府水岸小区，毗邻凤凰湖，南城初中、南城中心小学，总占地面积约为 6000 平方米。

新原幼儿园[Xīnyuán Yòuér Yuán] 2007 年成立命名，位于南城石桥村石桥街道，注册资金 20 万元，占地面积 400 平方米，拥有 2 层 6 间教室，现有职工人数 6 人，主要负责幼儿教育与保育。

袁蒋村爱心幼儿园[Yuánjiǎng Cūn Àixīn Yòuér Yuán] 2009 年建成，位于南城袁蒋村，注册资金 10 万元，拥有两层两间楼房，占地面积 150 平方米，职工人数 8 人，主要业务范围为实施幼儿学前教育指导。

三、经济开发区

166 快捷宾馆[166 Kuàijié Bīnguǎn] 2014 年建成，位于安陆市金秋大道，注册资金 150 万元，现拥有资金 200 万元，占地面积 950 平方米，现有在职员工 6 人，主要为旅客提供吃、住、购、旅游、交通、邮电、银行、娱乐、贸易、文化、信息交流等服务，客房设计做到了安静、舒适、安全、设施齐全。

安陆市府城泰合幼儿园[Ānlù Shì Fǔchéng Tàihé Yòuér Yuán] 2009 年建成，位于太白大道 27 号泰合乐园内。拥有一栋三层教学楼，建筑面积 1139 平方米。现有 9 个教学班，教职人数 40 人，服务于泰合乐园及周边学龄前儿童。

安陆市红苹果幼儿园[Ānlù Shì Hóngpíngguǒ Yòuér Yuán] 1992 年注册成立，位于安陆市富丽社区碧山路 102 号。该幼儿园占地面积为 600 平方米，设有 14 个标准幼儿教室、一个教师活动室和一个标准化的幼儿食堂。其业务范围主要以幼儿教育为主。

安陆市起跑线幼儿园[Ānlù Shì Qǐpǎoxiàn Yòuér Yuán] 成立于 2010 年，位于安陆市富丽社区碧霞路 6 号，东接金秋大道，西临富安街，南连楚雄小区，北靠碧霞路。该幼儿园占地面积为 5000 多平方米，建筑面积 2200 平方米，其中户外活动面积 3000 平方米。其业务范围主要以幼儿教育为主。

安陆市小百灵幼儿园[Ānlù Shì Xiǎobǎilíng Yòuér Yuán] 1998 年 7 月注册成立，位于安陆市富安街

248号。该幼儿园占地面积为1000平方米，设有八个标准幼儿教室、一个教师活动室和一个标准化的幼儿食堂。现有15名教职工人员，150名在读学生。

安陆市小太阳幼儿园[Ānlù Shì Xiǎotàiyáng Yòuér Yuán]　2000年成立，位于安陆市富丽社区市场路80号。该幼儿园占地面积为3000平方米，建有教学办公楼1栋、食堂1栋，设有16个标准幼儿教室、一个教师活动室和一个标准化的幼儿食堂等。现有55名教职工人员，640名在读学生。

大拇指幼儿园[Dàmǔzhǐ Yòuér Yuán]　该幼儿园于2004年搬迁至安陆市经济开发区卓垮社区发展一路，占地面积为1000平方米，设有标准幼儿教室、教师活动室和标准化的幼儿食堂。现有9名教职工人员，120名在读学生。其业务范围主要以幼儿教育为主。

第二节　乡镇民间服务性组织

一、赵棚镇

孙店幼儿园[Sūndiànyòuéryuán]　该单位位于赵棚镇孙店村街道。东接孙店村老街道，北、南皆连住户，西邻孙店村街道。注册资金25万元，占地面积200平方米，职工8人。所属行业为教育业，主要业务范围为3~6岁儿童的学前教育。2008年建成。

赵棚镇福利院[Zhàopéng Zhèn Fúlì Yuàn]　位于赵棚镇赵棚街东大街185号。东边接山，南连东大街，西临吉阳街，北靠赵棚水库。占地面积0.0335平方千米，建筑面积1.02平方千米。在职员工4名，注册资金50万元，所属行业为卫生和社会工作，主要业务范围有安顿孤寡老人的衣食住行以及安葬。1982年建成吉阳小学，1999年改成赵棚镇委党校，2003年改为赵棚镇第二福利院，2010年并为赵棚镇福利院。

二、李店镇

方岗村启航之星幼儿园[fānggǎng Cūn Qǐháng Zhī Xīng Yòuér Yuán]　2013年建成，位于方岗村三组。该幼儿园注册资金为10万元，占地面积为300平方米，园内有大型游乐玩具，建有2层教学楼1栋，共有6名教职工人员，主要从事幼儿教育。

李店镇福利院[Lǐdiàn Zhèn Fúlìyuàn]　建立于1987年9月，是将原李店区高寨乡、李店乡两个福利院合组建的福利院。2003 年乡镇机构改革后，李店镇福利院更名为李店镇社会福利院。2014 年又更名为李店镇福利院，现占地面积 0.02 平方千米，其中建筑面积 4240 平方米，主体建筑为砖混结构的 3 层楼房，拥有办公楼 1 栋，共有工作人员 3 人，现集中供养无保对象 50 人。主要负责农村五保对象的集中供养。

李店镇中心幼儿园[Lǐdiàn Zhèn Zhōngxīn Yòuér Yuán]　建立于 2009 年 11 月，地处李店镇新二街，东与大李村相邻，南与镇卫生院接壤，西与了石村交界，北近新安云公路。该幼儿园占地面积约为 1600 平方米，主体建筑为砖混结构的 3 层楼房，拥有教学楼 2 栋，设有多功能操场，共有 32 名教职工人员，现有在读学生 300 人左右。该幼儿园主要从事幼儿教育。

三、巡店镇

中心福利院[Zhōngxīn Fúlì Yuàn]　1998 年建成，位于本村中心地段，拥有楼房 2 栋，占地面积 500 平方米，有职工人数 4 人。所属行业为卫生和社会工作，主要业务为负责本村孤寡老人的赡养工作。

小天使幼儿园[Xiǎotiānshǐ Yòuéryuán]　位于鲁班北街 33 号。

四、棠棣镇

安陆市棠棣镇社会福利院[Ānlù Shì Tángdì Zhèn Shèhuì Fúlì Yuàn]　主要业务范围是为社会困难人士和疾病患者提供衣、食、住、行、医疗、丧葬等全方位供养服务，地址为安陆市棠棣镇北街 9 号。该福利院占地面积为 0.08 平方千米，建筑面积达 1000 平方米，主体建筑为砖混结构，院内设有院民一区至四区，有食堂、娱乐室、康复室和工作人员办公室等，共有工作人员 6 人。1986 年建成。

棠棣镇幼儿园[Tángdì Zhèn Yòuér Yuán]　地址为安陆市棠棣镇棠棣街永昌路 52 号。该幼儿园占地面积约为 800 平方米，拥有教学楼 1 栋，共有 11 名教职工人，在读学生 289 人左右。其主要业务范围为学前教育。2007 年成立。

五、雷公镇

雷公镇福利院[Léigōng Zhè Fúlì Yuàn]　1985 年建立。该福利院所属行业为公共管理、社会组织和社会保障，主要从事当地孤寡老人日常生活及丧葬管理，位于民营街 12 号，占面积 0.016 平方千米，职工 3 名。

雷公镇中心幼儿园[Léigōng Zhènzhōngxīn Yòuéryuán]　位于南大街西段。

六、王义贞镇

王义贞镇福利院[Wángyìzhēn Zhèn Fúlì Yuàn]　位于王义贞镇王店街97号，现已形成集住宿、办公、医疗为一体的福利中心，全院占地面积为666平方米，建筑面积5750平方米。其主要业务范围为集中供养孤寡老人，为孤寡老人、五保老人服务。1983年设立，1987年机构改革后变更为现名。

新世纪幼儿园[Xīnshìjì Yòuér Yuán]　该幼儿园位于王义贞镇花园村花园小区，注册资金180万，占地面积1500平方米，职工人数6人，主要业务范围为当地幼儿教育。2014年建设完工。

王义贞镇中心幼儿园[Wángyìzhēn Zhèn Zhōngxīn Yòuér Yuán]　位于王义贞镇王吉街，注册资金200万元，拥有教学楼1栋，食堂1间，门卫室1间，总占地面积4000平方米，现有职工14人。其主要业务范围为当地的幼儿教育工作。2006年8月份建成。

七、孛畈镇

安陆市孛畈镇福利院[Ānlùshì Bòfànzhèn Fúlìyuàn]　位于安陆市孛畈镇杜庙村，地址为安陆市孛畈镇安三路183号。该福利院占地面积为33300平方米，院内建有住房9栋、食堂1栋、办公楼1栋，共有工作人员6人。1978年设立孛畈公社福利院，1979年建成使用，1987年更名为孛畈镇福利院。

安陆市孛畈镇幼儿园[Ānlùshì Bòfànzhèn Yòuéryuán]　位于安陆市孛畈镇孛畈社区，所属行业为教育业，主要业务范围为幼儿学前教育。地址为安陆市孛畈镇安三路186号。幼儿园占地面积为3600平方米，拥有教学楼1栋，食堂1栋，共有17名教职工人。该幼儿园成立于2014年。

八、烟店镇

烟店镇社会福利院[Yāndiànzhèn Shèhuìfúlì Yuàn]　2002年建成，位于烟店安三公路费岗段。占地面积60000平方米，其中建筑面积3800平方米，拥有房屋一栋三层，主体高度12米。有职工人数8名。其主要业务范围为救助本镇困难人士、疾病患者并为他们提供衣食住宿或医疗条件。

烟店镇中心幼儿园[Yāndiànzhèn Zhōngxīn Yòuér Yuán]　1996年建成，位于烟店镇南街，拥有房屋2栋3层，占地面积6700平方米，其中有建筑面积2700平方米，有学生200名，教职工人数17人。主要业务为儿童学前教育。

九、洑水镇

洑水镇双路中心幼儿园[Fúshuǐ Zhèn Shuānglù Zhōngxīn Yòuér Yuán]　位于双路村西北500米处，交通便利，幼儿园占地面积10600平方米，其中建筑面积680平方米，2011年暑期原双路小学搬迁至原双路中学，随即在此创办双路中心幼儿园。

洑水镇中心幼儿园[Fúshuǐ Zhèn Zhōngxīn Yòuér Yuán]　位于洑水镇红桥村1组，占地0.007333平方千米，北边建有2层教学楼1栋，共12个教学班，南边建有10间功能房和幼儿园活动区，2014年成立。

洑水镇社会福利院[Fúshuǐ Zhèn Shèhuì fúlì Yuàn]　位于316国道西200米、居委会6组，东接瑞星制衣厂，西邻汉丹铁路，南连雷庵村，北靠余岗街。福利院新建于2013年，占地16750平方米，建筑规模：公寓5栋(1036.35平方米)、院门食堂一栋(229.87平方米)、院民活动室一栋(173.21平方米)、门房一栋(37.4平方米)、附属屋5间(400平方米)，建筑面积共计约1900平方米。目前院内供养集中五保老人30人，院内环境优美，设施配套齐全。1986年开始建洑水福利院，2012年选现址新建。

双路村幼儿园[Shuānglùcūn Yòuéryuán]　位于洑水镇双路小学后面，2011年9月由原双路小学改建而成。东接双路街，西邻戴家独屋，南连双路小学，北靠蔡家塆。幼儿园占地面积10600平方米，其中建筑面积680平方米。园内设大、中、小三个班，共计幼儿100人左右。教师11人。主体教学楼一栋三层共计30间。一至二楼为幼儿教室、寝室、盥洗室。教室宽敞明亮、室内外环境布置适合幼儿年龄特点。其主要业务范围以幼儿教育为主。

十、陈店乡

安陆市陈店乡福利院[Ānlù Shì Chéndiàn Xiāng Fúlì Yuàn]　1995年6月建成使用。位于安陆市陈店乡陈店街。该福利院注册资金325万元，占地面积为33300平方米，院内建有住房9栋、食堂、办公楼各1栋，共有工作人员6人，所属行业为卫生和社会工作，其主要业务范围是为社会困难人士和疾病患者提供衣、食、住、行、医疗、丧葬等全方位供养服务。

陈店乡中心幼儿园[Chéndiàn Xiāng Zhōngxīn Yòuér Yuán]　1995年建成。该单位所属行业为教育业，主要业务范围为幼儿学前教育。位于陈店乡教育街92号，东接教育街大道，西邻中学，南连居民区，北靠中心广场。学校拥有教育楼一栋，配套用房一栋，教育楼面积1200平方米，配套用房面积400平方米，橡胶操场面积700平方米，水泥操场面积1200平方米，教职工总数21人。

居家养老服务中心[Jūjiā Yǎnglǎo Fúwù Zhōngxīn]　2013年建成，位于陈店乡同兴集镇，占地面积0.00667平方千米，其中建筑面积0.00536平方千米，全为一层平房，主体高度4米，职工人数12人，主要职能是本社区的养老服务管理。

十一、辛榨乡

高店幼儿园[Gāodiàn Yòuér Yuán] 2003年建成，该幼儿园所属行业为教育业，主要业务范围为实施学前幼儿教育。位于辛榨乡高店村，东接农田，西邻高店集镇，南连高店集镇，北靠农田，现有学生206人，职工人数10人，占地面积0.0023平方千米。

牌楼村小灵童幼儿园[Páilóucūn Xiǎolíngtóng Yòuér Yuán] 2010年位于辛榨乡牌楼村，职工人数10，占地面积150平方米。所属行业为教育，主要业务范围为实施学前幼儿教育。

辛榨乡福利院[Xīnzhà Xiāng Fúlì Yuàn] 1992年建成使用，2013年重新修建。该单位所属行业为公共管理、社会保障和社会组织，其主要业务范围是为社会困难人士和疾病患者提供衣、食、住、行、医疗、丧葬等全方位供养服务，地址为安陆市辛榨乡西街，位于烟应公路南侧，北与付家湾相望。该福利院占地面积达18000平方米，建筑面积为3200平方米，共建有8栋楼房，楼房为砖混结构，设有办公楼、院民住宿楼、院民食堂、院民活动室、临终关怀室、绿化园地、种植菜地及池塘等，现共有工作人员4人，在住院民31人。

十二、木梓乡

木梓乡福利院[Mùzǐ Xiāng Fúlì Yuàn] 2000年建成。位于安陆市木梓乡，东、南连农田，西邻木梓乡电管所、财管所北靠周天线。民政办和福利院建设规模为1栋2层老年公寓，一栋一层综合楼，一栋3层办公楼，占地面积0.01675平方千米，建筑面积2587平方米，主要负责农村五保户集中供养工作，为集中供养人员提供衣、食、住、医、葬等方面服务。

木梓乡中心幼儿园[Mùzǐ Xiāng Zhōngxīn Yòuér Yuán] 建于2009年7月，起初由木梓小学所辖，2015年3月改为木梓中心学校所管。位于木梓乡梓兴街76号南，坐北朝南，占地面积5000平方米，校舍面积1121平方米，共有8个教室，在校幼儿120人，职工10人，主要职能为从事幼儿教学。

十三、接官乡

接官乡福利院[Jiēguān Xiāng Fúlì Yuàn] 所属行业为卫生和社会工作，主要业务范围为救助社会困难人士、疾病患者，为他们提供衣食住宿和医疗条件。位于接官乡秦畈村4组，东邻新龙村，原新秦联小，占地面积5000平方米，房屋结构为11间2层。有职工100人。1987年10月成立。

接官乡幼儿园[Jiēguān Xiāng Yòuér Yuán] 位于接官乡接官街，注册资金7万元，拥有教学楼1层，占地面积200平方米，主要业务范围为幼儿学前教育。1989年建成。

第四章 水利、电力设施

第一节 堤坝 闸

一、府城街道

解放山大坝[Jiěfàng Shān Dàbà] 解放山在安陆古城西北1000米左右，最初叫乌龟嘴(jì)。1977年动工，定名“解放山水利枢纽工程”。解放山拦河闸位于乌龟背东，拦河闸的东边紧接着船闸。再靠东是拦河大坝。大坝位于拦河闸和船闸东端，全长250米，坝下基岩面平均高25.3米，河床平均高32.3米，坝顶高46.5米，坝面宽10米，可以抗御200年一遇的洪水。

河道拦截以后，水位升高，工程在府河东、西两岸建起大堤。东堤全长4950米。西岸河堤全长6000米。

西岸河堤上游建有长20千米长的西干渠，可以灌溉棠棣镇、巡店镇、辛榨乡、木梓乡、府城、烟店镇230平方千米的土地面积。

除上述工程外，在乌龟脖子处再修水力发电站一座。1988年，解放山水利枢纽兼有防洪、城市供水、农业灌溉、发电、航运、水产养殖、跨河交通等综合效益的主体工程完工。

解放山拦河闸[Jiěfàngshān Lánhé Zhá] 位于涢水中游安陆府城，系开敞式钢筋水泥结构，由12孔组成，全长148米，装有露顶式钢结构弧形闸门12扇，配卷扬启闭机12台和钢结构平板检修门2扇，行走龙门吊车一部。闸上设有8米宽的钢筋水泥公路桥一道及宽6米的工作桥一道，闸后设有宽30米，深1.8米消力池一个，闸底板高程33.5米，设计(50年一遇)泄洪能力5150立方米每秒，校核(200年一遇)泄洪能力6520立方米每秒(船闸参与泄洪)。

拦河闸的东边紧接着船闸。船闸按50T级设计，宽8米，长98米，上首安装两节式钢结构平板门一扇，下首安装整体式钢结构平板门一扇，右侧上、下游安装输水门各一扇，闸室底部高32.3米，顶部高45.5米，上、下游均设有导航柱。

安陆城涢水东岸钢筋水泥大堤[Ānlù Chéng Yúnshuǐ Dōngàn Gāngjīnshuǐní Dàdī]　涢水养育了无数代的安陆人，但也无数次地给人们带来深重的灾难。有记载显示，从大禹时期，人们就开始驯服涢水，但古老的原始作业根本解决不了洪水的泛滥。涢水的堤岸屡圮屡修，屡修屡圮。每发一次大水，涢水就吞噬一次东岸，以至于河西和城北是茫茫数十里沙滩，水向东南直杀郧城。

《郡国利病书》记载："(堤)在县西涢水左。正德年间知府李重修，故以名堤。先是涢涨，民多垫溺，至是获免。"这是记载明代正德年间涢水暴涨，溺毙民众后在东岸修建了河堤，民众感谢知府李重，将堤命名"李公堤"。

道光版《安陆县志》记载："(堤)在城西。嘉靖间知府徐贡元修，名徐公救荒堤。"这是记叙嘉靖年间知府徐贡元在东岸筑堤救荒，民众感称"徐公堤"。

万年观《傅公泉记》载："云水绕祭坛(解放山)，先辈虑其久坏城脚，故于土潭南数十武营立驳岸，抵西关，杀水势，名曰徐公堤。继以巡方白公重修，又曰白公堤。"这是记载徐公堤毁圮后知府白公重修的堤岸"白公堤"。

清光绪版《德安府志》记载："(康熙)二十二年西北城圮于水，付鹤翔甃砖为脚，置闸以司泄。""二十四年，东城亦圮，知县刘世英捐修。"

道光版《安陆县志》记载："乾隆三十九年知府罗暹春修"罗公堤。

民国时期，战乱频繁。1925年，安陆府河堤防定位一般民堤，治理经费由收益田亩、人丁摊派。安陆政府无财力修筑县城段堤防。民国政府1942年颁布《水利法》，行政院颁布《水利法实施细则》《水权登记规则》和《水权登记履勘费征收办法》，在法规上肯定了水利的社会重要性。然而抗日战争吃紧，安陆县城沦陷，民国政府力不从心。

1954年，大洪山一带普降暴雨，一夜间涢水猛涨，上游冲下来的猪牛马羊、房屋列架、木料家具、死人尸体等满河漂流，涢水带着黄沙凶猛地扑向两岸，堤岸和民居不断垮塌。西门河街南北各淹了半截，南街可以行船，北街的响水桥淹没在河底无影无踪。北门河街淹了2/3，低处的房屋只见屋顶。站在城墙上四望，严家洲、护国寺、双龙桥、肖台、圆通、河西、凤凰山下一片汪洋，安陆县城成了汪洋中的一座孤岛。

洪涝过后，东岸龙头寺红石驳岸部分坍塌，1956年至1957年，安陆地方财政投入29293元，由城关镇组织修复响水桥至龙头寺、上埠口至天符殿的两段驳岸。

1998年夏天，江淮流域又遭百年不遇的特大洪水，涢水在解放山上游一段被控制。解放山大坝受省统一调度开闸泄洪，洪水如脱缰野马奔腾直下扑向县城龙头寺。龙头寺一带虽是巨大红条石垒成，但地基下陷，崩塌声震耳欲聋，险象环生。涢水下游已经埋好炸药，准备炸堤泄洪，保护孝感市。安陆水文站监控得力，数据准确，将随州至安陆段的水文变化及时反馈给指挥部。省市指挥部按照安陆水文站的建议，调度涢水各段堤坝闸门的开闭时间和控制流量，让每段都实时避过洪流高峰，使孝感各县市有惊无险。

这次洪灾过后，国务院下决心整治大江大河，安陆抓住机遇，编制《利用日本国际协力银行贷款安陆市防洪项目建议书》，争取贷款。

1997年10月18日，府城办事处下发【1997】14号文件，决定对位于城区的龙头寺长800米的河岸分三期整治。

1999年5月，湖北省计委、水利厅审查通过《建议书》，确定按50年一遇的防洪标准设计实施。10月，日本国际协力银行海外课课长渡边一行来安陆考察。

2000年4月，安陆市政府召开专题会议，经过设计、预算、招标、签约等一系列步骤后，2003年3月1日中国葛洲坝集团奠基开工。截至2003年底，府河东岸和槎山河北岸开挖土方23.328万方，回填土方39.227万方，砂石垫层1.227万方，砌石0.32万方，浇筑混凝土5.693万方，使用钢筋651吨，抛石0.602万方，完成主体工程。从槎山河涢口龙头桥至上埠口500米坚固的钢筋水泥大堤稳固地屹立于涢水东岸。

2006年开始，府河东岸又开始延长重建上埠口至府河大桥一段。2011年，涢水东岸安陆县城一段堤坝全部用钢筋水泥建成，全长2300米。

2012年，堤上配套建造望云亭，绿化园林，供休闲娱乐于一体，涢水按人类的意志沿涢水大堤顺流南下，再也无法吞噬郧城。

灌水东堤[Huòshuǐ Dōngdī]　灌水西岸是蒿桥山和金泉山，灌水流经金泉山北麓汇入涢水。灌水东堤位于府城蒿桥社区的灌水(蒿桥河)东岸和北岸。

1954年山洪过后，安陆政府组织劳力，全面整修大堤，河西一带在灌水(蒿桥河)东岸、北岸和涢水西岸修筑"凵"形护堤4500米，其中府河西岸大堤1400米。

1971年，府河大桥通车，从府河大桥到河西村周桥一段的涢水护堤再次加宽加固，形成金泉北路。

涢水东西岸土堤[Yúnshuǐ Dōngxīàn Hǔdī]　1954年洪水过后，安陆修筑灌水东堤，其中1400米属涢水西堤。

1971年冬，涢水东岸城北民堤动工兴建，1973年完工。北起光明社区江家竹林南至护国河(槎山河)，再东折止于汉丹铁路，全长6600米，其中江家竹林至护国河入涢水处5100米。大堤底部宽7米，顶宽3米，平均高度3米，内外坡比例1∶1左右。堤内保护面积0.4万亩。此堤南段在20世纪80年代加高加宽改造成当今的解放社区沿河大道和德安北路，东段改造成景观路。

1977年，解放山水利枢纽工程动工，重新加筑西、东堤北段，高度增加至4.5米至8.5米，顶宽5米，迎水面中间设2米平台缓冲，库区东堤全长4950米。西堤高度也是4.5米至8.5米，顶宽7米，库区全长6000米。在府河西岸还兴建了西干渠。西干渠属解放山水利枢纽配套工程，位于府城河西、蒿桥社区。西干渠灌溉区南北全长20.5千米，东西最宽处14千米，覆盖面积225.38平方千米，含盖棠棣、巡店、辛榨、木梓、府城、烟店的106个村委会，800村民组，31789户96243人。灌区耕地16.71万亩。解放山水利枢纽工程于1988年竣工。

二、南城街道

民堤[Míndī]　1962年建成，1989年改建，位于南城陈沟西村一组，长1.5千米，顶宽4米，高7.5米，主要用于府河防洪抗涝。

黄河村黄河闸坝[Huánghécūn Huánghézhábà]　1963 年建成。黄河村黄河闸坝位于南城黄河村一组，类别为闸坝。总长 45 米，顶宽 3 米，高 6 米，建筑结构为水泥钢筋，主要职能为引水。

石桥闸[Shíqiáozhá]　1968 年建成，位于南城石桥村高彭塆，类别为闸坝，总长 20 米，顶宽 1.5 米，高 2 米，主要职能为引水。

肖万闸[Xiāowànzhá]　1969 年建成，位于南城肖万村，类别为闸坝，总长 13 米，顶宽 1.2 米，高 2.5 米，主要职能为引水。

府河橡胶坝[Fǔhéxiàngjiāobà]　2011 年建。位于南城杨林村七组，类别为河坝，总长 2000 米，顶宽 4 米，高 3.5 米，建筑结构为橡胶做坝，混凝土合成。

跃进大闸[Yuèjìndàzhá]　1968 年建成，位于南城大湾村，类别为闸坝，总长 70 米，顶宽 1.5 米，高 3 米，主要职能为引水。

跃进小闸[Yuèjìnxiǎozhá]　1968 年建成，位于南城大湾村，类别为闸坝，总长 70 米，顶宽 1.5 米，高 3 米，主要职能为引水。

三、赵棚镇

店上塆水库水闸[Diànshàngwān Shuǐkù Shuǐzhá]　隶属于赵棚镇联星村村民委员会辖。因水闸位于店上塆，故名。该水库水闸位于赵棚镇联星村四组，属于闸坝类，受益面积 0.134 平方千米，主要职能为控制水源。2013 年建成。

五冲水库水闸工程[Wǔchōng Shuǐkù Shuǐzhá Gōngchéng]　隶属于赵棚镇联星村村民委员会辖，位于五冲水库。2013 年建成。

五口堰水库水闸工程[Wǔkǒuyàn Shuǐkù Shuǐzhá Gōngchéng]　位于赵棚镇团山村五口堰水库，类别名称为闸坝。总长 200 米，顶宽 4 米，高 10 米，受益面积 0.67 平方千米，其主要职能为灌溉农田。2000 年建立。

新独屋水库水闸工程[Xīndúwū Shuǐkù Shuǐzhá Gōngchéng]　位于赵棚镇长龙村新独屋水库。总长 3 米，顶宽 3 米，高 7 米，收益面积 0.13 平方千米，其主要职能为灌溉。2013 年建成。

徐冲水库水闸工程[Xúchōng Shuǐkù Shuǐzhá Gōngchéng]　位于赵棚镇长龙村徐冲水库。总长 3 米，顶宽 3 米，高 6 米，收益面积 0.69 平方千米，其主要职能为灌溉。2012 年建成。

赵冲水库东输水闸[Zhàochōng Shuǐkù Dōng Shūshuǐzhá]　位于赵棚镇赵棚村，总长 250 米，顶宽 3.5 米，高 20 米，受益面积 1.2 平方千米，起主要职能为农田灌溉。1959 年建。

四、巡店镇

甘聂拦水坝[Gānnièlánshuǐbà]　2014 年建成，位于甘聂村西南部，总面积 0.06 平方千米，长 100 米，宽3米，高1.5米，容量80万立方米。主要用途为拦水。

大堰滚水坝[Dàyàngǔnshuǐbà]　1998年建成，位于三里村大堰塘坝上。该拦河坝总长度约为30米，顶宽4米，高约3米，质地为黏土。该堤堰属于拦河坝类，主要用于当地的蓄水及农田灌溉，农田受益面积为0.435平方千米。

五、棠棣镇

黄家坝[Huángjiābà]　位于棠棣镇方卢村，总长1000米，宽100米，平均水深2米，蓄水面积0.1平方千米，总库容量20万立方米。1952年建成。

梅家坝[Méijiābà]　位于棠棣镇蒋梅村梅家大塆，占地面积0.00018平方千米，长30米，宽6米，高5米，粘土结构，主要功能控水。1955年建成。

吴家坝[Wújiābà]　该闸坝位于棠棣镇蒋梅村吴家小塆，占地面积0.0078平方千米，长300米，宽26米，高7米，水深3米，主要功能控水。历史地名，沿用至今。

老坝[Lǎobà]　位于棠棣镇张陈村，该池塘所在区域内早期曾建有一座港坝。总面积0.016平方千米，长200米，宽80米，水深3米。主要用于当地村民、畜饮水及农田的灌溉，农田受益面积为0.1333平方千米。2012年建成。

六、雷公镇

西支渠闸[Xīzhīqúzhá]　1961年建成。位于雷公镇罗庙村西部，类别为闸坝。总长5000米，顶宽3米，高2米，农田受益面积为2.01平方千米，主要用于农业蓄水，灌溉。

七、王义贞镇

杜档水库水闸[Dùdàng Shuǐkù Shuǐzhá]　位于王义贞镇花园村杜档水库。东接徐家坡，西邻桥瓦岗，南连仁和店，北靠涂家塆。长250米，宽50米，高50米，受益面积0.8平方千米，主要职能用于农田灌溉。该闸坝建于1974年。

刘家岩节制闸[Liújiāyán Jiézhì Zhá]　位于王义贞镇罗垅村刘家岩，类别为闸坝。总长3米，顶宽2.5米，高2.6米，受益面积400亩，其主要职能为拦水。1967年修建，1997年改建。

刘家岩泄洪闸[Liújiāyán Xièhóng Zhá]　位于王义贞镇罗垅村刘家岩，类别为闸坝。总长3米，顶宽

2.5 米，高 2.6 米，受益面积 400 亩，其主要职能为泄洪。1996 年修建。

六益河水库—水闸工程[Liùyìhé Shuǐkù—Shuǐzhá Gōngchéng] 位于王义贞镇梅花村，类别为闸坝，总长 136 米，顶宽 6 米，高 70 米，农田受益面积 816 平方米，主要职能为灌溉。1957 年建成。

观音冲水库-水闸工程[Guānyīnchōng Shuǐkù-shuǐzhá Gōngchéng] 位于安陆市王义贞镇石门村观音冲水库附近，总长度约 140 米，顶宽 4 米，高约 31 米，质地为钢筋混凝土。主要功能为当地农田的灌溉，农田受益面积为 0.27 平方千米。1973 年建成。

松林泄洪闸[Sōnglín Xièhóng Zhá] 位于王义贞镇太平村。该泄洪闸总长度约为 3000 米，顶宽 5 米，高约 2 米，质地为钢筋混凝土。主要作用是泄洪、防涝、防旱及蓄水灌溉，农田受益面积为 0.133 平方千米。2009 年修建完工。

同兴水库-水闸工程[Tóngxīng shuǐkù-Shuǐzhá Gōngchéng] 位于王义贞镇同兴村北部。总长 150 米，顶宽 2 米，高 18 米，受益面积 1.19 平方千米，主要职能为载水、排水。2011 年建成。

松林节制闸[Sōnglín Jiézhì Zhá] 位于王义贞镇星火村。所在河流为张家河，所在灌区为郑家河灌区，闸孔数量为两孔，闸孔总净宽为 4 米，类别为节制闸，节制闸过闸流量 10 立方米/秒，节制闸设计洪水标准为 10 年，节制闸校核洪水标准为 20 年，总长 8 米，顶宽 4 米，高 3.5 米，受益面积为 5.69 平方千米，主要用于农田灌溉。2012 年建成。

八、孛畈镇

曹棚 2 组挡坝[Cáopéng 2Zǔ Dǎngbà] 位于孛畈镇曹棚村 2 组杨家岗塆门口的大冲中间，总面积 0.0024 平方千米，长 60 米，宽 40 米，水深 1.4 米。主要用于当地的农田灌溉和取水抗旱，农田受益面积为 0.0333 平方千米。2005 年建成，主要用于当地的农田灌溉和取水抗旱，2013 年又在原基础上扩大挖深至现在规模，2005 年命名。

清水河河堤[Qīngshuǐhé Hédī] 位于孛畈镇天子岗村清水河河边，地处孛畈镇西部。该河堤总长度约为 4000 米，顶宽 10 米，高约 1 米，质地为水泥。该堤堰属于河堤类，河堤的主要功能为该村农田的灌溉，农田受益面积为 0.04 平方千米。2015 年建成。

九、烟店镇

府河右岸堤[Fǔhé Yòuàn Dī] 1995 年建成，位于安陆市烟店镇白店村，跨白店村一、二、四、五、六、七、八组。该堤堰总长度约为 10.67 千米，堤高 2 至 7 米，堤顶高程 41 米，面宽 2 至 4 米，底宽平均 37 米，内坡 1∶2.5，外坡 1∶3，沿堤剅闸 5 处，堤内农田保护面积为 0.5 万亩，人口 0.3 万人，可防御 10

年一遇洪水。

姚榨 1 节制闸[Yáozhà 1 Jiézhì Zhá]　1963 年建，位于烟店镇姚榨村一组，东接冯庙村，南连姚榨村，西临黄榨村，北靠黄榨村，水闸类型为节制闸，闸孔数量 2 个，灌溉面积 0.2 平方千米。

姚榨村 2 节制闸[Yáozhàcūn 2 Jiézhì Zhá]　1963 年建，位于姚榨村四组，灌溉面积 0.13 平方千米。东接姚榨村四组，南连姚榨村四、五组，西临四组，北靠姚榨村三组。水闸类型为节制闸，闸孔数量 2 个。

冯庙节制闸[Féngmiào Jiézhì Zhá]　1990 年建，位于烟店镇冯庙村 1 组民主渠上，长 10 米，顶宽 3 米，高 6 米，受益面积 0.4 平方千米，主要用于小家洼水库的水源控制。

竹罗节制闸[Zhúluó Jiézhì Zhá]　1994 年建，位于烟店镇竹罗村 7 组民主渠上。长 5 米，顶宽 4 米，高 2 米，受益面积邓冲村、竹罗村两村。受益面积为 0.11 平方千米，主要用于蓄水。

十、洑水镇

秦家河坝[Qínjiāhébà]　位于洑水镇秦坝村秦家巷子。东接文武村及秦坝村严家塆，西邻秦坝村秦家塆，南连秦河大坝，北靠沈塆村。该拦河坝全长 1000 余米，总占地面积为 0.33 平方千米，质地为钢筋混凝土。总蓄水量达 40 万立方米，主要作用是泄洪、排涝、抗旱，农田受益面积为 2 平方千米。拦河坝 1952 年前为秦家沟子，1952 年元月由牌楼乡政府组织在秦家沟子筑起一座大坝，更名为秦家河坝。

十一、陈店乡

蒋家大桥节制闸[Jiǎngjiādàqiáo Jiēzhì Zhá]　1976 年建成，位于双泉村。总长 4 米，顶宽 3.5 米，高 6 米，主要职能为控水。

蒋家大桥泄洪闸[Jiǎngjiādàqiáo Xièhóng Zhá]　1949 年建成，位于双泉村。总长 3.8 米，顶宽 3 米，高 7 米，主要职能为控水。

十二、辛榨乡

新渠闸[Xīnqúzhá]　建成于解放初，位于新渠村，类别为闸坝，长 10 米，宽 5 米，高 3 米，其主要职能为防洪、抗旱。

十三、木梓乡

白马堰[Báimǎyàn]　古时有部队经过此处时，一匹白马死后葬于此。位于木梓乡群力三组，东西两边为山脉，正坝东西向，长400米，高10米，底宽15米，面宽5米，村水泥公路经过坝面，面积0.0201平方千米。堤坝质地为土质。

陈家大堰[Chénjiādàyàn]　1972年建成，位于木梓乡建新村三组北边，长150米，顶宽5米，高6米，受益面积0.2平方千米。主要职能为防水，质地为黏土。

程家大堰[Chéngjiādàyàn]　1975年建成，位于木梓乡建新村6组北边，长220米，顶宽4米，高3米，受益面积100亩。主要职能为防水和农田灌溉，质地为黏土。

大桥军垱[Dàqiáo jūn dàng]　1949年人工开河，1976年建天然大桥扩建，位于木梓乡天然村1，2，3，5组，东接天然村五组，西邻夏桥村，南连黄冲村，北靠天然村三组。长1000米，宽30米，平均水深2.5米，主要用于农田灌溉。

高家垱[Gāojiādàng]　1949年建成，位于木梓乡天然村八组，东接高家塆，西邻天然四组，南连天然八组，北靠天然六组，此堤坝长500米，宽75米，平均水深3米，占地面积0.04平方千米，承雨面积21000平方米，总库容60000立方米，主要用于农田灌溉和生活用水。

胡家垱[Hújiādàng]　1949年在胡家湾处开工兴建河坝，1949年底建成蓄水，位于木梓乡，原江河流域下游，水库承雨面积8.5平方千米，总容量8.5万方，大坝均为土质，坝长150米. 最大顶高4.5米，顶宽4米。

金鸡垱[Jīnjīdàng]　位于木梓乡。相传在元朝时期，炎热夏天的中午，热得农户的人们喘不过气来，突然乌云翻滚，伴随响雷，大风暴雨倾泻而下，有一个农民在田地干活回家经过此地，雨雾中看到一只金鸡咯咯的引一群小鸡在河边喝水，因得其名。以前是一条山边小河，1965年10月，在原河边用山庙处开工兴建金鸡垱堤，并同年建成，1993年因洪水冲毁堤坝，在原地续建扩大蓄水。

彭家垱[Péngjiādàng]　1972年建成，位于木梓乡王店村东北，总库容为20万立方米，堤坝长150米，宽3米，顶高5米。主要用于农田灌溉。

团堰[Tuányàn]　1978年建成，位于木梓乡建新村八组、九组、六组交界处，长200米，顶宽5米，高6米，受益面积0.23平方千米。主要职能为防水，质地为黏土。

万扒家垱[Wànbājiādàng]　1956年元月建成蓄水，位于木梓乡泰山村，原洪河中游名“万扒家垱”，承雨面积6平方千米，水容量8万立方米，原设计标准为30年，大坝均为土坝，坝长100米，最大坝高5米，顶宽2米。

王河闸坝[Wánghézhábà]　2009年开挖兴建，位于木梓乡王河村1组。长85米、宽5米、水深3米、受益面积0.33平方千米。主要用于挡水、灌溉。

新马塘[Xīnmătáng]　1952 年张寨大队在上垱口兴建蓄水大坝，位于木梓乡张寨村 8 组境内，面积 20 余亩，蓄水 4 万方，主坝长 100 米，高 5 米，宽 4 米，可供张寨村 3 个村民小组 300 余亩农田抗旱，上游水源来自木梓乡东山村彭家垱。

徐家大堰[Xújiādàyàn]　1975 年建成，长 200 米，顶宽 4 米，高 3 米，主要职能为防水，主要功能为灌溉，受益面积 120 亩，质地为黏土。

叶家垱[Yèjiādàng]　1949 年曾修一条土坝，形成大坝蓄水，位于木梓乡张寨村一、七组境内，受益面积 0. 201 平方千米，主坝长 40 余米，宽 10 米，高 6 米，蓄水量 6 万立方米，上游水源来自张寨村新马塘，垱口水流经戴河村境内汇入漳河。

江河分流闸[Jiānghéfènliúzhá]　1966 年建成，位于木梓乡江河村 4 组，于 1966 年建成，长 6 米，宽 4 米，高 4 米，平均水深 3 米，质地为黏土。

江河泄洪闸[Jiānghéxièhóngzhá]　1966 年始建，1968 年建成，位于木梓乡江河村 4 组，长 9 米、宽 6 米，高 4 米，平均水深 4 米，质地为黏土，主要功能为引水灌溉。

李埼水库东输水闸[Lĭwānshuĭkùdōngshūshuĭzhá]　1971 年兴建，1972 年建成，位于木梓乡汤冲村 10 组。全长 5 米、顶宽 2 米，高 6 米。灌溉面积为 0. 025 平方千米。

李埼水库西输水闸[Lĭwānshuĭkù Xīshūshuĭzhá]　1971 年兴建，1972 年建成，位于木梓乡汤冲村 10 组，处丘陵地带。全长 5 米、顶宽 2 米，高 6 米，灌溉面积为 0. 03 平方千米。

幸福水库东输水闸[Xìngfúshuĭkùdōngshūshuĭzhá]　始建于 1977 年，位于木梓乡双杨村 10 组，类别为闸坝。总长 1. 2 米，顶宽 1. 2 米，高 1. 2 米，受益面积 1 平方千米。主要功能为农业灌溉。

幸福水库西输水闸[Xìngfúshuĭkùxīshūshuĭzhá]　始建于 1977 年，位于木梓乡双杨村 4 组，类别为闸坝。总长 2. 2 米，顶宽 2. 2 米，高 2 米，受益面积 0. 067 平方千米。主要功能为农业灌溉。

中堰水库水闸[Zhōngyànshuĭkùshuĭzhá]　建成于 1959 年，位于木梓乡夏桥村八组，处丘陵地带，总长 100 米，宽 5 米，高 8 米，受益面积 0. 5 平方千米，主要作用于农田灌溉。

十四、接官乡

方冲水库水闸工程[Fāngchōng Shuĭkù Shuĭzhá Gōngchéng]　位于接官乡吊桥村方冲水库，总长 80 米，顶宽 3 米，高 17 米，受益面积 0. 2 平方千米，其主要职能为灌溉。1973 年 12 月建成。

接官秦冲水库闸取水口[Jiēguān Qínchōng Shuĭkù Zhá Qŭshuĭ Kŏu]　位于接官乡高庙村秦冲水库。东接农田，西临秦冲水库，南连农田，北靠山。全长 15 米，宽 4 米，高 4 米，有 1 孔，为圆管涵，涵洞功能为排水。

塔山水库水闸[Tăshān Shuĭkù Shuĭzhá]　位于接官乡接官村，长 4 米，宽 4 米，高 12 米，其主要职能为：灌溉。1973 年建成。

大李冲水库闸坝[Dà Lǐchōng Shuǐkù Zhábà]　位于接官乡李冲村1组丁家塆，总长30米，顶宽2米，高15米，受益面积0.47平方千米，其主要职能为灌溉。1977年建成。

小李冲水库闸坝[Xiǎo Lǐchōng Shuǐkù Zhábà]　位于接官乡李冲村1组丁家塆，总长30米，顶宽2米，高5米，受益面积0.2平方千米，其主要职能为灌溉。1972年建成。

殷冲水库水闸工程[Yīnchōng Shuǐkù Shuǐzhá Gōngchéng]　位于接官乡莲花村殷冲，闸坝长度约10米，顶宽3米，高10米，受益面积0.134平方千米，质地为钢筋混凝土，主要作用为农业灌溉、防旱。1952年11月建成。

第二节　水　库

一、府城街道

解放山水库[Jiěfàngshān Shuǐkù]　位于涢水中游安陆市府城，于1977年开工建设，1988年竣工，是一座以防洪、灌溉、供水为主，兼有航运、发电等综合利用的河道型水利枢纽。工程规模中型，工程等别III等，主要建筑物级别3级，防洪标准为50年一遇洪水设计、200年一遇洪水校核。

1977年12月25日，解放山水利枢纽工程破土动工。1988年11月23日落闸蓄水，除去1981至1983停建的2年，历时9年。工程共完成土石241.2立方米，浇灌钢筋混凝土6.56万立方米，砌石2.57万立方米，投标工2568.8万个。工程投资2027.6万元，其中国家投资1435万元，银行贷款360万元，地方自筹134.9万元，群众集资97.7万元。竣工后水库库容4630万立方米，雨水承受面积7531平方千米。

二、南城街道

白龙池水库[Báilóngchíshuǐkù]　此地原为汗(旱)泥冲，天旱之时冲里尽是淤泥；每逢大雨，冲里大水直泄，似白龙奔腾。1957年，在冲里的出口处筑起大坝，形成水库。因历史传说该地曾有一条白龙，保佑人们生活风调雨顺，故取名白龙池。该水库位于南城草庙村五组，长500米，宽150米，水深3.5米，占地面积0.07035平方千米，总库容量50万立方米，主要水源为雨水。

进家塆水库[Jìn jiā wānshuǐkù]　该水库位于进家塆，1949自建成命名后沿用至今。位于南城万庙村一组，占地面积0.039平方千米，长160米，宽150米，水深3米，总库容量3.9万立方米。

陈家园水库[Chénjiāyuánshuǐkù]　该水库位于南城陈沟东村陈家园，自1957年建成起沿用至今。陈家园水库长300米，宽200米，平均水深4米，蓄水面积0.06平方千米，总库容24万立方米，灌溉面积0.3平方千米。

黄家坝水库[Huángjiābàshuǐkù]　建于1971年10月，建成于1972年1月，并投入使用。黄家坝水库位于南城肖杨村黄家塆，长300米，宽85米，平均水深2米，蓄水面积0.0255平方千米，总库容5.1万立方米，主要用于农业灌溉和安淮生态农场养鱼。

南沿沟水库[Nányángōushuǐkù]　水库是由肖杨村南边一水沟扩建而成。2008年建成。南沿沟水库位于南城肖杨村9组，长90米，宽80米，平均水深2米，蓄水面积0.0072平方千米，总库容1.42万立方米，主要用于农业灌溉。

陶熊坝水库[Táoxióngbàshuǐkù]　该水库陶、熊两姓居民共有，2008年建成。陶熊坝水库位于南城肖杨村1、2组，长600米，宽110米，平均水深3米，蓄水面积0.066平方千米，总库容19.8万立方米，主要用于农业灌溉和养殖。

南杨沟水库[Nányánggōushuǐkù]　该水库由一杨姓居民在南边水沟修建。2010年建成。南杨沟水库位于南城肖杨村8组，长85米，宽92米，平均水深4米，蓄水面积0.0078平方千米，总库容3.128万立方米，主要用于农业灌溉和养殖。

三、赵棚镇

北冲水库[Běichōng Shuǐkù]　该水库位于赵棚镇团山村叶寨北冲。三面环山，西邻团山村水田。始建于1970年3月，竣工于1971年3月，水库承雨面积0.64平方千米，总库容为11.5万立方米，兴利库容9.5万立方米，死库容0.5万立方米，水库的河床高程79.283米，大坝坝顶高程82.786米，坝顶长度98米，最大坝高3.5米，大坝内坡比为1∶2，外坡比1∶1.5。水库设计灌溉面积160米，实际最大灌溉面积150亩，水库按20年一遇洪水标准设计，200年一遇洪水标准校核，是一座以农业生产灌溉为主的小(二)型水库。北冲水库自蓄水运行以来，没有发生重大险情。

曹冲水库[Cáochōng Shuǐkù]　该水库位于赵棚镇务丰村，东接王家西塆，西邻为水田，南连通村公路，北靠水田，距安陆城区25千米，承雨面积0.81平方千米，属府河流域，水库河库高程为92.655米，大坝坝顶高程为109.19米，坝顶长度128米，最大坝高16.5米，平均水深6米；水库总库容104万立方米，兴利库容74万立方米，死库容15万立方米，设计灌溉面积为2.34平方千米，实际最大灌溉面积1.67平方千米。水库按50年一遇洪水标准设计，500年一遇标准校核，是一座以农业生产灌溉为主且兼顾防洪，水产养殖等综合利用的小(一)型水库。1972年10月建成。

大合山水库[Dàhéshān　Shuǐkù]　位于赵棚镇合山村邱家塆。东、北接连大合山，西邻合山村4组，南连合山村农田。面积0.03平方千米，长250米，宽130米，深4.5米，主要水源为刘家河，总库容量为14.6万立方米。主要用于农业灌溉、鱼类养殖。2005年建成。

冬梅水库[Dōngméi Shuǐkù] 该水库位于赵棚镇腊梅村北部吉阳山脚下，距村委会驻地3千米。东接寨冲塆，西邻广水陈巷建岭陈家塆，南连董家上塆，北靠吉阳山。修建于1957年，其承雨面积为0.41平方千米，总库容12.3万立方米，兴利库容9.0万立方米，死库容0.5万立方米，水库的河床高程为114.64米，大坝坝顶高程125.28米，坝顶长度128米，最大坝高10.6米，其设计灌溉面积390亩，实际最大灌溉面积为300亩，水库按20年一遇洪水标准设计，200年一遇洪水标准校核，是一座以农业生产灌溉为主的小(二)型水库。冬梅水库建设年代久远，水库淤积到输水管以上，输水邛管已经不能起到调蓄作用。1957年建成。

合心水库[Héxīn Shuǐkù] 寓意同心协力，因水库由几户村民共同合力完成及水利设施名称综合命名。该水库位于赵棚镇合山村竹林塆。东、西至山坡，北、南至合山村水田。面积0.03平方千米，长170米，宽90米，深4.5米，容量为30万立方米。主要水源为刘家河，主要用于农业灌溉。2008年建成。

胡冲水库[Húchōng Shuǐkù] 该水库位于赵棚镇团山村团山附近。东接崔兴街小集镇，三面环山。该水库建设于1963年10月8日，竣工于1964年3月18日，水库承雨面积0.84平方千米，总库容11万立方米，兴利库容9.7立方米，死库容0.3万立方米，水库河床高程73.74米，大坝坝顶高程79.982米，坝顶长度114米，最大坝高6.3米，平均水深5米。大坝内坡比1∶2。其顶设计灌溉面积600亩，实际最大灌溉面积600亩，水库按20年一遇洪水标准设计，200年一遇洪水标准校核，是一座以农业生产灌溉面积为主且兼顾防洪，水产养殖等综合利用的小(二)型水库。该水库在30多年的运行过程中，没有发生重大的险情，但是在1996年由于输水刯管帮助泄洪，输水管出口八字干墙垮塌，导致大坝局部塌方，经过全力抢救，没有生命财产受到损失。在1996年底镇人民政府组织劳力填土还坡，完善输水管出口八字墙，使水库在1998年特大暴雨中安全度汛。

葫芦包水库[Húlúbāo Shuǐkù] 该水库位于赵棚镇土桥村，东接仰山，西邻葫芦包塆，南连北上独屋，北靠赵崔公路。该水库建设于1971年12月，水库承雨面积0.27平方千米，水库河床高程82.937米，大坝坝顶高程892.89米，坝顶长度280米，最大坝高10米，水库总库容22万立方米，兴利库容16.4万立方米，死库容0.6万立方米。设计灌溉面积800亩，实际最大灌溉面积600亩，水库按20年一遇洪水标准设计，200年一遇洪水标准校核，是一座以农业生产灌溉面积为主且兼顾防洪，水产养殖等综合利用的小(二)型水库。

金家大塘水库[Jīnjiādàtáng Shuǐkù] 位于赵棚镇中塆村。东边靠山，北西邻水田。水库承雨面积0.54平方千米，水库河床高程9.8939米，大坝坝顶高程104.6米，坝顶长度108米，最大坝高5.6米；水库总库容11.5万立方米，兴利库容9.5万立方米。设计灌溉面积400平方千米，实际最大灌溉面积300平方千米，水库按20年一遇洪水标准设计，200年一遇洪水标准校核，是一座以农业生产灌溉面积为主且兼顾防洪，水产养殖等综合利用的小(二)型水库。1957年10月10日开始兴建，1964年11月20日建成。

军杨水库[Jūnyáng Shuǐkù] 位于赵棚镇赵棚村。因位于原军杨村而得名。东接前塆山，西邻南大街，南连军阳塆冲，北靠东大街。该水库长 200 米，宽 180 米，深 5 米，容量为 13 万立方米，蓄水面积为 0.18 平方千米，占地面积 0.02 平方千米，总库容为 0.036 万立方米。1998 年建成。

腊梅水库[Làméi Shuǐkù]　位于赵棚镇腊梅村北部，距村委会驻地 3 千米。该水库三面环山，东接寨冲塆，西邻周家塆，南连方家塆，北靠吉阳山。承雨面积为 0.54 平方千米，总库容 34.7 万立方米，兴利库容 28.2 万立方米，死水库为 3.8 万立方米，水库河床高程为 122.874 米，大坝坝顶高程为 143.31 米，坝顶长度 183 米，最大坝高 20.9 米，其设计灌溉面积为 800 亩，实际最大灌溉面积为 600 亩，水库按 20 年一遇洪水标准设计，200 年一遇洪水标准设计，是一座以农业生产灌溉为主的小(二)型水库。腊梅水库始建于 1957 年，由于坝基地质条件不好，水库建成后大坝渗漏严重，到 1970 年大坝渗漏越来越大危及大坝安全，当时地区人民政府根据县水利局的设计要求，在原大坝下游 50 米处重新做一个大坝将原大坝废弃，水库大坝移位后运行状况良好。经过三十多年的运行后，由于水库常年得不到很好的维修，在 2000 年 5 月鉴定为 III 类病险水库，2002 年赵棚镇人民政府多方筹措资金 15 万元，用于水库除险加固，使水库基本脱险。由于资金不足，水库依然存在问题。2015 年加固堤坝硬化。

龙窝水库[Lóngwō　Shuǐkù]　该水库位于赵棚镇合山村 11 组龙窝。东接水塘，西邻合山村农田，南连合山村龙窝，北靠合山村龙窝。面积 0.01 平方千米，长 120 米，宽 95 米，深 5 米，容量为 5.7 万立方米。主要水源为刘家河，主要用于农业灌溉。1955 年建成。

楼子塆水库[Lóuziwān Shuǐkù]　该水库位于赵棚镇兴农村楼子塆附近，东接吴家凹，南连楼子塆，西邻蔡家岭，北靠大合山。该水库始建于 1957 年，竣工于 1964 年，水库承雨面积 0.41 平方千米，水库河床高程 87.359 米，大坝坝顶高程 95.502 米，坝顶长度 118 米，最大坝高 8.1 米；水库总库容 14 万立方米，兴利库容 101 万立方米，死库容 0.3 万立方米。其顶设计灌溉面积 500 亩，实际最大灌溉面积 500 亩，水库按 20 年一遇洪水标准设计，200 年一遇洪水标准校核，是一座以农业生产灌溉面积为主且兼顾防洪，水产养殖等综合利用的小(二)型水库。该水库工程于 1957 年 10 月开工新建，在建设过程中一度被迫停建，1964 年 10 月续建，12 月底建成蓄水。由于两次建设大坝核心墙结合部处理不好，水库渗漏，大坝外坡没有反虑坝，在 1997 年 7 月由于连降大雨，水位急剧升高，大坝局部滑坡，所幸没有造成人员伤亡。1997 年底镇人民政府筹资 6 万元，用于恢复大坝，并做反虑坝，保证了水库安全运行。

乱泥冲水库[Luànníchōng Shuǐkù]　该水库位于赵棚镇陶庙、团山两村交界。因水库是在一处淤泥地的冲口基础上建成而得名。东接柏树塆水田，南连砖厂，西靠为水田，北靠黄家咀。该水库建设于 1957 年，水库承雨面积 0.64 平方千米，总库容 54.0 万立方米，兴利库容 39.6 万立方米，死库容 11.4 万立方米，其河床高程为 73.014 米，大坝坝顶高程 84.164 米，坝顶长度 146 米，最大坝高 11.0 米，平均水深 4 米，大坝内、外坡比均为 1∶15，水库设计灌溉面积为 2000 亩，实际最大灌溉面积 1500 亩。水库按 20 年一遇洪水标准设计，200 年一遇洪水标准校核，是一座以农业生产灌溉面积为主且兼顾防洪，水产养殖等综合利用的小(二)型水库。乱泥冲水库运行四十多年来，没有发生重大险情，在 1993 年由于大坝坡比小，坝体单薄，赵棚镇人民政府组织劳力对大坝进行了加培加高，内坡进行了干砌护砌，共投入资金 10 万元。

汤沟水库[Tānggōu Shuǐkù]　该水库位于赵棚镇孙店村，东接老汤沟村，南连老汤沟村水田，西邻大合山。水库承雨面积 0. 17 平方千米，水库河床高程 86. 40 米，大坝坝顶高程 97. 10 米，坝顶长度 96. 0 米，最大坝高 10. 7 米；水库总库容 19. 0 万立方米，兴利库容 16. 0 万立方米。其顶设计灌溉面积 300 亩，实际最大灌溉面积 150 亩，水库按 20 年一遇洪水标准设计，200 年一遇洪水标准校核，是一座以农业生产灌溉面积为主且兼顾防洪，水产养殖等综合利用的小(二)型水库。1972 年建。

王家冲水库[Wáng jiā chōng Shuǐkù]　该水库位于赵棚镇杨兴村 9 组王家冲。东接杨兴村山边，南连杨兴村农田，西邻杨兴村房屋，北靠杨兴村公路边。蓄水面积 0. 03 平方千米，长 280 米，宽 120 米，深 2. 3 米，总库容 2. 2 万立方米。水源主要来自自然降水，主要用于农业灌溉。1962 年建成。

王家塆水库[Wáng jiā wān Shuǐkù]　该水库位于赵棚镇孙店村王家湾附近，东接村公路，南连水田，西邻楼子湾，北靠陈家楼。该水库始建于 1957 年 9 月，竣工于 1964 年 4 年。水库承雨面积 0. 46 平方千米，水库河床高程 73. 40 米，大坝坝顶高程 80. 436 米，坝顶长度 106 米，最大坝高 4. 0 米；水库总库容 14. 3 万立方米，兴利库容 9. 5 万立方米，死库容 0. 5 万立方米。其顶设计灌溉面积 800 亩，实际最大灌溉面积 300 亩，水库按 20 年一遇洪水标准设计，200 年一遇洪水标准校核，是一座以农业生产灌溉面积为主且兼顾防洪，水产养殖等综合利用的小(二)型水库。

五口堰水库[Wǔkǒuyàn Shuǐkù]　该水库位于赵棚镇团山村横山旁。“五口堰”指由五口小塘堰组成。东接横山，西邻大山，南连崔兴集镇，北靠东升村。该水库始建于 1957 年，年底竣工蓄水，根据运行 10 多年的实践经验，水库大坝高度不够，一遇丰水多余的水量下河白白流失，一遇干旱又不能大面积抗旱。赵棚区人民政府根据实际需要，在 1970 年对水库进行了扩建，加高加宽了大坝，拓宽了溢洪道，使水库变成了调节性水库。水库承雨面积 0. 8 平方千米，总库容 63 万立方米，兴利库容 46. 8 立方米，死库容 4. 2 万立方米，水库河床高程 70. 876 米，大坝坝顶高程 84. 789 米，坝顶长度 136 米，最大坝高 13. 7 米，平均水深 5 米。大坝内坡比 1 : 2，外坡比 1 : 1. 5。其顶设计灌溉面积 1600 亩，实际最大灌溉面积 1000 亩，水库按 20 年一遇洪水标准设计，200 年一遇洪水标准校核，是一座以农业生产灌溉面积为主且兼顾防洪，水产养殖等综合利用的小(二)型水库。该水库在运行的 40 多年中没有出现严重的险情，但由于坝体单薄，在 1997 年镇人民政府组织千余名劳力对大坝进行了加培，使外坡坡比达到 1 : 2。

响塘水库[Xiǎngtáng Shuǐkù]　位于赵棚镇赵棚村黑凹山下，三面环山，汤家塆附近。该水库建于 1972 年，水库承雨面积 0. 3 平方千米，水库河床高程 90. 391 米，大坝坝顶高程 101. 19 米，坝顶长 136 度米，最大坝高 10. 8 米，水库总库容 18. 5 万立方米，兴利库容 15. 0 万立方米，死库容 3. 0 万立方米。其顶设计灌溉面积 400 亩，实际最大灌溉面积 150 亩，水库按 20 年一遇洪水标准设计，200 年一遇洪水标准校核，是一座以农业生产灌溉面积为主且兼顾防洪，水产养殖等综合利用的小(二)型水库。

新独屋水库[Xīndúwū Shuǐkù]　该水库位于槎山东边山脚下，三面环山。水库由一口小塘扩建而成，当时小塘边新搬来一户人家，故名。始建于 1977 年，水库承雨面积 0. 35 平方千米，水库河床高程 97. 425 米，大坝坝顶高程 112. 847 米，坝顶长度 153 米，坝顶宽度 4. 5 米，最大坝高 15. 4 米；水库总库容 31. 5 万立方米，兴利库容 27 万立方米，死库容 3 万立方米。设计灌溉面积 1000 亩，实际最大灌溉面积 800 亩，水库按 20 年一遇洪水标准设计，200 年一遇洪水标准校核，是一座以农业生产灌溉面积为主且兼顾防洪，水产养殖等综合利用的小(二)型水库。

新塘水库[Xīntáng　Shuǐkù]　该水库位于赵棚镇合山村杨家塆。东接小山坡，西邻合山村1组，南连合山村农田，北靠村级公路。面积0.017平方千米，长150米，宽110米，深4.5米，容量为7.4万立方米。主要水源为刘家河，主要用于农业灌溉。2008年建成。

徐冲水库[Xúchōng Shuǐkù]　该水库位于赵棚镇长龙村。因水库位于原徐冲村，故名。东接徐家塆，南连大胡塆，西，北与槎山相邻。兴建于1959年10月，竣工于1960年12月，其承雨面积2.0平方千米，总库容132万立方米，兴利库容60万立方米，死库容41万立方米，大坝坝顶高程为108.45米，河床高程为92.259米，大坝坝顶长度172米，最大坝高16.0米。水库设计灌溉面积2800亩，实际最大灌溉面积2780亩，水库按50年一遇洪水标准设计，水产养殖等综合利用的小(一)型库。水库运行十多年后在1974年水库抗旱时，库水位下降引起大坝内坡严重脱坡，同年底，将水库水放干后，对内坡进行彻底处理，在大坝迎水面坡脚重新抽槽下脚，填土还坡对大坝进行加培并用干砌石护坡，使水库基本脱险。

杨兴街水库[Yángxīngjiē Shuǐkù]　该水库位于赵棚镇杨兴村1组杨兴街。东、西皆邻杨兴村山边、南、北皆靠杨兴村农田，蓄水面积0.03平方千米，长265米，宽100米，深2米，总库容为2万立方米，水源主要来自自然降水，主要用于农田灌溉。1950年建成。

余家沟水库[Yújiāgōu　Shuǐkù]　该水库位于赵棚镇合山村邱家塆。东至大合山，西至榨塘水库，南至大合山，北至大合山。面积0.02平方千米，长200米，宽100米，深4.5米，容量为6.5万立方米。主要水源为刘家河，主要用于农业灌溉。1965年建成。

榨塘水库[Zhàtáng　Shuǐkù]　“榨塘”指的是历史原址建筑，该地名以历史建筑物和水利设施名称综合命名。该水库位于赵棚镇合山村邱家塆。东、西、北皆至大合山，南至水塘。面积0.01平方千米，长110米，宽95米，深4.5米，容量为10万立方米。主要水源为刘家河，主要用于农业灌溉。1954年建成。

寨冲水库[Zhàichōng Shuǐkù]　该水库位于赵棚镇腊梅村北部，距村委会2千米。该地名以地理位置和水利设施名称综合命名。寨冲水库位于腊梅村寨冲塆西南侧。东接寨冲塆，西为周家塆，北邻广水市，南连陈家塆。蓄水面积0.033平方千米，长80米，宽40米，深5米，总库容为13万立方米。水源主要为吉阳山山泉水，主要用于农业灌溉。1965年修建后，2015年修整。

张冲水库[Zhāngchōng Shuǐkù]　位于赵棚镇赵棚村张冲。东接安广公路，南连张家塆，西邻赵冲水库，北靠张家六塆。兴建于1972年10月，竣工于1973年5月，水库河床高程87.395，其承雨在积1.1平方千米，总库容111万立方米，兴利库容87万立方米，死库容7.0立方米。大坝坝顶高程106.37米，坝顶长度191米，最大坝高19.0米，赵棚镇由于受地形限制，不宜修建大中型蓄水工程，小(一)型水利设施没有调节余地，不能蓄丰补缺。因此张冲水库是按50年一遇洪水标准设计，500年一遇洪水标准校核，是一座以农业灌溉为主且兼顾防洪，水产养殖等综合利用的小(一)型水库，其设计灌溉面积为3780亩，实际最大灌溉面积2000亩。张冲水库运行40多年来，没有出现重大的险情，且保存比较完善。

赵冲水库[Zhàochōng Shuǐkù]　位于赵棚镇腊梅村东、赵棚村北，赵棚自来水附近。东邻陈家独屋，南边下游为赵棚村水田，西邻赵家独屋，北靠赵家上塆。该水库枢纽由大坝、溢洪道输水建筑物等组成，始建于1958年10月，为小(二)型水库，根据灌溉需要，1971年12月扩建为小(一)型，其承雨面积为1.67平方千米，总库容为325万立方米，兴利库容为221万立方米，死库容59万立方米，大坝坝顶高程100.63米，坝顶长度为525米，坝顶宽度6米，最大坝高18.5米，水库的河床高程82.328米，起设计灌溉面积5300亩，实际最大灌溉面积5000亩。水库按50年一遇洪水标准设计，500年一遇洪水标准校核，是一座以农业生产灌溉为主且兼顾防洪，乡镇供水等综合效益的小(一)型水库。赵冲水库在1971年扩建为小(一)型水库后，不断地得到完善配套，到1974年水库基本达到设计要求，经过20年多年的运行，在1995年输水到建筑物闸门老化变形，丝杆弯曲，启闭设备失灵，同年底放干水后更换新闸们和拉杆，对启闭设备进行配套。

竹林塆水库[zhúlínwān Shuǐkù] 该水库位于赵棚镇陶庙村竹林塆附近，东接竹林塆，西邻公路，南连广水市村庄，北靠楼子塆、岗上塆。该水库建设于1952年，水库承雨面积0.84平方千米，总库容12.0万立方米，兴利库容8.5万立方米，死库容0.4万立方米。水库河床高程70.452米，大坝坝顶高程77.04米，大坝坝顶长117米，最大坝顶6.6米，大坝内坡比1∶2，外坡比为1∶1.5。水库设计灌溉面积600亩，实际最大灌溉面积600亩，水库按20年一遇洪水标准设计，200年一遇洪水标准校核，是一座以农业生产灌溉面积为主且兼顾防洪，水产养殖等综合利用的小(二)型水库。该水库的外坡坡比小、在运行的50多年中，水库大坝不断得到加培，由于在加培时，对输水刓管接长处理得不够好，导致刓管接头处漏水，渗水对大坝外坡有冲刷，1995年赵棚镇人民政府自筹资金5万元，重新安装刓管，并且处理刓管出水，使水库基本脱险。

四、李店镇

茶堰水库[Cháyàn Shuǐkù] 因水库形状似茶壶，1957年开始兴建，1958年修建成功，位于李店镇茶堰村北侧，水库占地面积0.02平方千米，长180米，宽150米，深5米，主要用于灌溉农田，可供四个村农业用水，灌溉面积约2700亩。

陈庙水库[Chénmiào Shuǐkù] 1995年陈庙村组织村民开挖，得名陈庙水库，地处陈庙村松岭塆，长1000米，宽300米，平均水深4米，水库面积0.56平方千米，总库容120万立方米。主要用于农业抗旱和发展养殖，抗旱面积2000余亩，年产鲜鱼10万余斤。

方石水库[Fāngshí Shuǐkù] 因地处方岗并有石姓居民得名，1949年建成，位于方岗村十组，占地面积0.047平方千米，长250米，宽60米，平均水深3米，总库容约15立方米。灌溉范围涉及1、2、3、10组。灌溉面积约1500亩。

方石水库[Fāngshí Shuǐkù] 因方岗村与石井村共建的水库得名，1999年建成。位于方岗村与石井村之间，坝址控制流域面积1.5平方千米，坝址多年平均径流量61.58万立方米，主坝尺寸坝高7米，主坝尺寸坝长223米，最大泄洪量11立方米/秒，坝顶高程61.7米，正常蓄水位58.9米，总库容28万立方米，正常蓄水位相应水面面积 0.02 平方千米，设计年供水量 9 万立方米，主要用于农业灌溉。

郭吉刘水库[Guōjíliú Shuǐkù]　因地处郭家塆、吉家塆、刘家塆间得名，地处肖徐村北部，1996 年修建，东邻郭家塆，占地面积 0.07 平方千米，长 215 米，宽 98 米，水深 4.5 米，蓄水量为 10 万立方水。供三个村民小组农业抗旱用水，灌溉面积 320 亩。

何塘水库[Hétáng Shuǐkù]　原名"何塘"的池塘，1995 经改建，改称何塘水库。位于陈庙村陈家大塆北部，长 600 米，宽 300 米，平均水深 4 米，水库面积 0.18 平方千米，主要用于灌溉，灌溉面积约 2500 亩。

九斗丘水库[Jiǔdòuqiū Shuǐkù]　因原址为农田"九斗丘"得名，2009 年将小池塘扩建成，位于大赵村小赵塘北边，长约 220 米，宽约 180 米，平均水深 4 米，总蓄水量 150 万立方米。承雨面积约 0.264 平方千米，设计灌溉面积为 1 平方千米，水源主要来自自然降水，该水库主要用于当地的农业灌溉及城乡生活用水。

梨子园水库[Lízǐyuán Shuǐkù]　因库边过去该塆栽的梨树较多得名，2010 年建成，地处大棚村郑家塆，占地面积 0.087 平方千米。主坝高 13.8 米，长 120 米，宽 12 米，水深约 9 米，蓄水 60 万立方米，灌溉面积约 700 亩。

李家坝水库[Lǐjiābà Shuǐkù]　因大坝在李姓居民旁边得名，位于李店镇两合村 7 组，长 1000 米，宽 90 米，水深 2.5 米，蓄水面积 0.0536 平方千米，总库容 22.5 万立方米。

七汪大堰[Qīwāngdàyàn]　因地处位于七汪塆南侧得名，1945 年建成，面积 0.0036 平方千米，长 300 米，宽 120 米，水深 3 米，总容量 10.8 万立方米，主要用于当地的农业灌溉。

三汪水库[Sānwāng Shuǐkù]　因位于七汪村三汪塆得名。1954 年建成，占地面积达 0.027 平方千米，长 200 米，宽 99 米，平均水深 2 米，总库容为 3.96 万立方米，设计灌溉面积为 0.08 平方千米，主要用于当地的农业灌溉及城乡生活用水，有效灌溉区域主要为七汪村三汪塆。

寿冲水库[Shòuchōng Shuǐkù]　因由一口名为寿塘的池塘扩建得名，1999 年建成。位于七汪村段严塆北侧，长 200 米，宽 120 米，水深 3 米，蓄水面积 0.0536 平方千米，总库容 712 万立方米。水源主要来自自然降水，该水库主要用于当地的农业灌溉及城乡生活用水。

王店水库[Wángdiàn Shuǐkù]　因位于王店村得名，1999 年建成。坝址控制流域面积 1.47 平方千米，坝址多年平均径流量 60.35 万立方米，主坝尺寸坝高 9.8 米，主坝尺寸坝长 600 米，最大泄洪量 16.69 立方米/秒，坝顶高程 60.7 米，正常蓄水位 57.9 米，总库容 145.45 万立方米，正常蓄水位相应水面面积 0.06 平方千米，设计年供水量 51 万立方米，主要用于农业灌溉。

新塘水库[Xīntáng Shuǐkù]　因原址为池塘"新塘"得名，位于大赵村赵家大塘西部，四周 2、3 组农田，长约 320 米，宽 193 米，深 5 米，总蓄水量 300 万立方米。承雨面积约 0.41 平方千米，设计灌溉面积为 2 平方千米，水源主要来自自然降水，该水库主要用于当地的农业灌溉及城乡生活用水。

正广水库[Zhèngguǎng Shuǐkù]　因呈正方形、供水范围较广达四个组得名，2008 年建成，位于大李村，占地面积约 0.06 平方千米，主要供本村 4、6、7、11 组用水，也用于鱼类养殖，年收益 15 万。长 230 米，宽 150 米，平均水深 2.3 米，总库容 76350 立方米。

五、巡店镇

草塘水库[Cǎotáng Shuǐkù] 以原有池塘名得名，1959 年建成，2012 年扩建。位于涂杨村涂杨新塆，蓄水面积 0.045 平方千米，长 300 米，宽 150 米，水深 5 米，总库容 22.5 万立方米，水源主要来自自然降水，主要用于灌溉。

陈冲水库[Chénchōng Shuǐkù] 以水库附近山冲多是陈姓居民得名，1970 年建成。位于大柯村小柯塆，蓄水面积 0.03 平方千米，坝长 150 米，坝宽 200 米，水深 2 米，总库容 6 万立方米，主要作用灌溉。

川堰水库[Chuānyàn Shuǐkù] 位于名川堰池塘得名，1975 年建成。位于洪山村三组，蓄水面积 0.023 平方千米，长 210 米，宽 110 米，水深约 4 米，总库容 9.24 万立方米。水源主要来自自然降水，主要用途为灌溉。

大塘堰水库[Dàtángyàn Shuǐkù] 以原两口池塘并成大塘得名，1985 年建成。位于武马村，蓄水面积 0.0154 平方千米，长 140 米，宽 110 米，水深 2.5 米，总库容 6 万立方米，水源主要来自自然降水，主要用于农田灌溉。

丁家桥水库[Dīngjiāqiáo Shuǐkù] 以附近丁家桥得名，1970 年建成。位于何程村五组，蓄水面积 0.4 平方千米，长 1000 米，宽 700 米，水深约 5 米，总库容 350 万立方米。水源主要来自自然降水，主要用途为灌溉。

豪沟大坝水库[Háogōudàbà Shuǐkù] 以新建大坝整齐得名，1980 年在原小塘上扩建。位于武马村，蓄水面积 0.0504 平方千米，长 240 米，宽 210 米，水深 2 米，总库容 15 万立方米，水源主要来自自然降水，主要用于农田灌溉。

合力水库[Hélì Shuǐkù] 以群众齐出力建成得名，1958 年建成。位于武马岭林果场，蓄水面积 0.17286 平方千米，长 1500 米，宽 500 米，水深 10 米，总库容 750 万立方米，水源主要来自于自然降水，主要用于农田灌溉。

合力水库[Hélì Shuǐkù] 因全村群众共同出力而得名，1958 年建成。位于洪山村二组与六组之间，蓄水面积 0.19 平方千米，长 700 米，宽 270 米，水深约 8 米，总库容 151 万立方米。主要水源为郑河水库，主要用途为灌溉。

何程四组水库[Héchéngsìzǔ Shuǐkù] 2011 年建成，位于何程村四组，蓄水面积 0.027 平方千米，长 500 米，宽 350 米，水深约 4 米，总库容 70 万立方米。主要用途为灌溉。

黑凹水库[Hēiāo Shuǐkù] 因原址黑凹山得名，1975 年建成。位于洪山村一组，蓄水面积 0.02 平方千米，长 200 米，宽 90 米，水深约 5 米，总库容 9 万立方米。主要水源为合力水库，主要用途为灌溉。

洪山水库[Hóngshān Shuǐkù] 1975 年 11 月建成蓄水。该水库位于安陆市巡店镇洪山村与刘河村的交界处。占地面积达 0.15 平方千米，长 1000 米，宽 150 米，平均水深 10 米，总库容为 383.7 万立方米，设计灌溉面积为4.2平方千米，主要用于当地的农业灌溉及生活用水，有效灌溉区域主要为巡店镇洪山村、刘河村。

浑水大堰水库[Húnshuǐdàyàn Shuǐkù]　以水较浑得名，新中国成立前即有。位于武马村，蓄水面积0.018平方千米，长150米，宽120米，水深1.5米，总库容5.5万立方米，主要水源来自雨水，主要用于农田灌溉。

节约水库[Jiēyuē Shuǐkù]　该水库刚建时村民希望能节约水资源得名，1958年建成。位于何程村一组，蓄水面积0.17平方千米，长700米，宽400米，水深约4米，总库容90万立方米。主要用途为灌溉。

九五水库[Jiǔwǔ Shuǐkù]　水库于一九九五年建成，位于山寨村操家塆，蓄水面积0.02211平方千米，长200米，宽100米，水深5米，总库容1.6万立方米，主要用于农田灌溉。

老水库[Lǎo Shuǐkù]　以年代较久得名，新中国成立前即有。位于武马村，蓄水面积0.0494平方千米，长260米，宽190米，水深2米，总库容14万立方米，主要用于农田灌溉。

刘桥藕塘凹水库[Liúqiáoǒutángāo Shuǐkù]　因在原藕塘扩建得名，1949年建成蓄水，1958年重新修建，位于刘桥村汪帅湾。该水库占地面积达0.055平方千米，长350米，宽105米，平均水深4.5米，总库容为24.75万立方米，设计灌溉面积为0.038平方千米，该水库主要用于该地的农田灌溉、蓄水及养殖，有效灌溉区域主要为刘桥村汪帅湾。

陪嫁大塘水库[Péijiàdàtáng Shuǐkù]　以原址陪嫁大塘得名，1970年扩建。蓄水面积2.6平方千米，长500米，宽150米，总库容130万立方米，水源主要来自自然降水，主要用于灌溉。

上军塘水库[Shàngjun táng Shuǐkù]　1959年建成。位于桃李村北部，占地面积0.0536平方千米，长600米，宽400米，水深6米，总库容量144万立方米，主要用于农田灌溉。

苏炳塘水库 [Sūbǐngtáng Shuǐkù]　因原有苏炳塘得名，多次扩建，最近一次1994年。位于刘桥村宋万湾。该水库占地面积达0.023平方千米，长520米，宽350米，平均水深2.5米，总库容为5.75万立方米，设计灌溉面积为0.05平方千米，主要用于灌溉及蓄水，有效灌溉区域主要为刘桥村宋万湾七、八、九组。

团山水库[Tuánshān Shuǐkù]　以附近山形较圆得名，1975年建成。位于武马岭林果场，蓄水面积0.01206平方千米，长500米，宽400米，水深5米，总库容100万立方米，主要用于农田灌溉。

王塘水库[Wángtáng Shuǐkù]　以水库位于王姓居民点得名，1949年建成，位于程畈村，蓄水面积0.054平方千米，长250米，宽210米，水深约2米，容量12万立方米，总库容12万立方米。主要用途为灌溉。

王意港水库[Wángyìgǎng Shuǐkù]　因水库附近地名“王意港”而得名，1995年建成。位于肖杨村，蓄水面积0.067平方千米，长750米，宽90米，水深约4米，总库容8万立方米。主要用途为灌溉。

五星坝水库[Wǔxīngbà Shuǐkù]　以水库位于五星坝得名，1959年建成。位于甘聂村，蓄水面积0.12平方千米，长300米，宽25米，水深约3米，总容量17万立方米。主要水源为雨水，主要用途为灌溉。

五星坝水库[Wǔxīngbà Shuǐkù]　以原址有小坝名五星坝得名，1966年建成。位于荒冲林果场西南部，蓄水面积 0.0335 平方千米，长 80 米，宽 40 米，水深 3 米，总库容 1.5 万立方米，水源主要来自自然降水，主要用于农田灌溉。

肖堰水库[Xiāoyàn Shuǐkù]　1958 年建成，位于牌坊村与肖堰村交界处，蓄水面积 0.46 平方千米，长 400 米，宽 115 米，水深 5 米，总库容 95 万立方米，主要用于灌溉。

新塘水库[Xīntáng Shuǐkù]　以位于名"新塘"的池塘附近得名，1961 年建成。位于砂子村 3、4、5 组，长 180 米，宽 150 米，水深 3.5 米，面积 0.027 平方千米，总库容 9.45 万立方米，水源主要来自自然降水，受益面积 0.871 平方千米。

杨堰水库[Yángyàn Shuǐkù]　以水库位于杨姓居民点得名，1954 年建成。位于何程村十组，蓄水面积 0.21 平方千米，长 1000 米，宽 800 米，水深约 4 米，总库容 120 万立方米。主要用途为灌溉。

六、棠棣镇

百花水库[Bǎihuā Shuǐkù]　位于百花村、三冲村、胡棚村三村交会处，承雨面积 5.3 平方千米，长 1000 米，宽 670 米，深 4 米，容量 360 万立方米。主要用于灌溉，灌溉面积约 0.53 平方千米。1974 年建成。

碧塘水库[Bìtáng Shuǐkù]　位于棠棣镇胡巷村 4 组操家塆，因水清澈透明而命名。水库长 300 米，宽 150 米，平均水深 3 米，水库面积 0.045 平方千米，总库容 13.5 万立方米，灌溉面积 0.268 平方千米。1977 年由胡巷大队建成为碧塘，2009 年由胡巷村扩建，改名为碧塘水库。

翻身水库[Fānshēn Shuǐkù]　位于棠棣镇轭头村，属国家二类水库，主坝尺寸高 7 米，主坝尺寸坝长 300 米，最大泄洪量 84 立方米/秒，正常蓄水位 77.37 米，总库容 10 万立方米，正常蓄水位相应水面面积 0.05 平方千米，设计灌溉面积 0.804 平方千米。主要用于农业灌溉、防洪。1958 年建成。

翻身水库[Fānshēn Shuǐkù]　位于棠棣镇杨巷村北部。杨巷村的前身为翻身村，翻身水库以翻身村而得名。该水库占地面积达 0.05 平方千米，长 500 米，宽 100 米，平均水深 8 米，总库容为 18 万立方米，设计灌溉面积为 0.8 平方千米，主要用于当地的农业灌溉，有效灌溉区域主要为棠棣镇杨巷村。1958 年 12 月建成。

方园水库[Fāngyuán Shuǐkù]　位于棠棣镇方卢村以东，桃园村以西，属两村交界处。因位于方卢村与桃园村两村之间而得名。水库长 1000 米，宽 300 米，蓄水面积 0.3 平方千米，总库容量 60 万立方米，平均水深 2 米，主要用于农田灌溉。始建于 1993 年，建成于 1994 年。

防修水库[Fángxiū Shuǐkù]　位于棠棣镇杨巷村李家巷子北部。总面积 0.01334 平方千米，长 133 米，宽 100 米，平均水深 2.5 米。该水库主要用于当地村民、畜饮水及农田的灌溉，农田受益面积为 0.067 平方千米。1959 年开挖成塘。

高岗水库[Gāogǎng Shuǐkù]　位于棠棣镇轭头村 5 组杨家塆，面积 0.007 平方千米，长 120 米，宽 60

米，平均水深 3 米，容量 2. 16 万立方米。主要用于农业灌溉。2013 年建成。

姑三秋水库[Gūsānqiū Shuǐkù]　位于棠棣镇联合村，承雨面积 0. 027 平方千米，长 90 米，宽 4. 5 米，深 3 米，容量 4. 4 万立方米。主要用于农田灌溉。历史地名，沿用至今。

官塘水库[Guāntáng Shuǐkù]　位于百花村 4 组下薛家岗，占地面积约 0. 023 平方千米，长 170 米，宽 140 米，水深 4 米。蓄水量约为 12 万立方。主要用于农田灌溉。2010 年在原官塘基础上建成。

黄家冲水库[Huáng jiā chōng Shuǐkù]　位于棠棣镇河德村与黄家冲交界处，水库长 75 米，宽 75 米，平均水深 3 米，蓄水面积 0. 036 平方千米，总库容量 10. 8 万立方米。2014 年建成。

黄荆水库[Huángjīng Shuǐkù]　位于黄荆山边，距安京线北 100 米，长 600 米，宽 320 米，水深 2. 5 米，面积 0. 192 平方千米，蓄水容量约 48 万立方米。1998 年建成。

联合水库[Liánhé Shuǐkù]　位于棠棣镇联合村境内，面积 1. 5 平方千米，长 1500 米，宽 1000 米，水深约 4 米，容量 720 万立方米。主要用途为灌溉。1959 年建成。

联合水库[Liánhé Shuǐkù]　位于棠棣镇新垮村徐家垮东北部。该水库由新垮村、董垮村和联合村三个村联合修建而成，占地面积达 0. 15 平方千米，长 1000 米，宽 150 米，平均水深 4 米，总库容为 471. 41 万立方米，设计灌溉面积为 4. 7333 平方千米，主要用于当地的农业灌溉，有效灌溉区域主要为棠棣镇新垮村、董垮村、联合村等。1958 年 12 月建成蓄水。

马家冲水库[Mǎjiāchōng Shuǐkù]　位于轭头村 7 组马家冲、罗家独屋，面积 0. 016 平方千米，长 124 米，宽 135 米，平均水深 1. 2 米，容量 1. 92 万立方米。主要用于农业灌溉。1974 年建成。

毛家官塘二型水库[Máojiāguāntáng Èrxíng Shuǐkù]　位于棠棣镇务丰村，占地面积 0. 05749 平方千米，长 800 米，宽 200 米，水深 2 米，总库容量 15 万立方米，主要用于农田灌溉，受益面积 800 余亩。1958 年建成命名。

庙堰水库[Miàoyàn Shuǐkù]　位于轭头村 2 组庙垮，面积 0. 0146 平方千米，长 120 米，宽 122 米，平均水深 1. 2 米，容量 1. 76 万立方米，灌溉面积 300 余亩。主要用于农业灌溉。1958 年建成命名。

七斗丘水库[Qīdǒuqiū Shuǐkù]　位于棠棣镇长岗村 7 组杨家林。该水库边上有一个七斗丘农田。占地面积 0. 0603 平方千米，长 200 米，宽 150 米，水深 3. 5 米，总库容量 50 万立方米，主要用于农田灌溉。2009 年建成命名。

十里水库[Shílǐ Shuǐkù]　位于棠棣镇十里村黎家垮，长 370 米，宽 150 米，水深 2. 5 米，蓄水面积 0. 0536 平方千米，总库容 13. 4 万立方米，主要用于农田灌溉。1973 年建成。

双塘水库[Shuāngtáng Shuǐkù]　位于棠棣镇蒋梅村。由两口塘改建而成的水库，故名。占地面积 0. 134 平方千米，长 500 米，宽 300 米，水深 12 米，总库容量 50 万立方米，主要用于农田灌溉。1973 年建成。

双塘水库[Shuāngtáng Shuǐkù]　位于棠棣镇三冲村。该水库由三冲村 2 组李家大垮上下两个塘合并而成命名。承雨面积 0. 027 平方千米，长 205 米，宽 130 米，深 3 米，容量 6. 67 万立方米。主要用于农田灌溉。1997 年建成。

双塘水库[Shuāngtáng Shuǐkù] 位于棠棣镇石河村刘家塆、胡家大塆、河东塆交界处，该水库是石河村刘家塆和胡家大塆两个塘合并建成。长150米，宽150米，水深2米，蓄水面积0.0225平方千米，总库容4.5万立方米，主要用于农业灌溉。始建于1972年，1973年建成。

双塘水库[Shuāngtáng Shuǐkù] 位于棠棣镇棠棣村北边，长2000米，宽500米，平均水深4米，蓄水面积为1平方千米，总库容为400万立方米，水源为上游联合水库，主要用于农业灌溉。1977年建成。

双塘水库[Shuāngtáng Shuǐkù] 位于棠棣镇长岗村西北方，该水库位置过去是两口塘。占地面积0.201平方千米，长200米，宽100米，水深5米，总库容量500万立方米，主要用于农田灌溉。1973年建成。

棠棣水库[Tángdì Shuǐkù] 位于棠棣村北边，主坝尺寸长350米，高8米，最大泄洪量20立方米/秒，坝顶高程60米，正常蓄水位58.39米，蓄水面积为0.06平方千米，总库容为27万立方米，主要用于农业灌溉。1977年建成。

新塘水库[Xīntáng Shuǐkù] 位于棠棣镇黎龙村7组时家独屋，面积0.017平方千米，长160米，宽120米，水深约3米，容量4万立方米。主要用途为灌溉。1978年建成。

杨家水库[yángjiā Shuǐkù] 该水库位于董榨村徐杨家塆，面积0.0384平方千米，长240米，宽160米，水深约2.5米，容量8万立方米。主要用途为灌溉。2005年建成。

迎水寺水库[Yíngshuǐsì Shuǐkù] 位于棠棣镇石河村东边和董塆、杨巷交界，长200米，宽140米，水深4.5米，蓄水面积0.028平方千米，总库容12.6万立方米，主要用于农业灌溉。1980年建成。

黏米水库[Niánmǐ Shuǐkù] 该地主要种植黏米而得名。该池塘位于棠棣镇董榨村8组下周家塆，面积0.0049平方千米，全长70米，宽70米，水深约2米。主要用于农田灌溉。历史地名，沿用至今。

周家水库[zhōujiā Shuǐkù] 位于棠棣镇胡巷村1组原周家大塘塆，以附近居民姓氏命名。坝长300米，坝高4米，顶宽5米，水深2米，面积0.087平方千米，水库正常蓄水20万立方米，大坝为土坝。1977年以前叫周家大塘，1977年将塘改为田，后因用水困难，于2005年将田又新建成塘，改名为周家水库。

七、雷公镇

聂家坳水库[Nièjiāào Shuǐkù] 因原址名聂家坳得名，1974年建成。位于白兆村3组至4组之间。东至寺白兆村三组塆，南至曹家冲，西至曹程村，北至白兆山林场。蓄水面积为0.05平方千米，长280米，宽150米，深20米，总容量为84万立方米。水源主要来自河水，主要用于农业灌溉。

曹岗水库[Cáogǎng Shuǐkù] 因原址名曹家岗得名，1984年建成蓄水。位于曹岗村8组，该水库蓄水面积约0.038平方千米，长500米，宽77米，平均水深5米，总库容约19.25万立方米，设计灌溉面积约0.4平方千米，主要用于当地的农业灌溉，有效灌溉区域主要为曹岗村8组。

易家陡坡水库[Yìjiādǒupō Shuǐkù] 因当地最初由易家独塆居民点与陡坡村合并而成，该水库建在此地，并且为两村所用而命名，2009 年建成。位于侯家凹，蓄水面积约 60000 平方米，长 200 米，宽 300 米，深 15 米，总库容约 900000 平方米，水源主要来自山水和雨水，主要用于农业灌溉。

桃子凹水库[Táozĭāo Shuĭkù]　因原址名“桃子凹”得名，1972 年建成。位于九峰村二组内，长 270 米，宽 127 米，深 20 米，占地面积 0.058 平方千米，总容量 27 万立方米/秒，水源主要来自雨水、山泉水，主要用于农业灌溉，农田受益面积：560 亩。

双堰水库[Shuāngyàn Shuĭkù]　“双堰”是指两个取水堰口，1971 年建成。位于王榨村。蓄水面积 0.052 平方千米，长 500 米，宽 100 米，深 5 米，总库容为 25 万立方米，水源主要来自雨水、山泉水，主要用于灌溉。

曹家洼水库[Cáo jiā wā Shuĭkù]　“曹家洼”指水库所在地原名曹家洼，位于许棚村 2 组，面积 0.026 平方千米，长 500 米，宽 55 米，水深 5 米，水源主要来自雨水、山泉水，主要用于农业灌溉，灌溉面积约 400 亩。总库容为 13 万立方米。1976 年建成。

友冲水库[Yǒuchōng Shuĭkù]　因指水库所在地原名友冲得名，位于许棚村 5 组。蓄水面积 0.01 平方千米，长 200 米，宽 50 米，水深 6 米，水源主要来自雨水、山泉水，主要用于农业灌溉、鱼类养殖。总库容为 6 万立方米。2013 年建成。

叶家洼水库[Cáo jiā wā Shuĭkù]　因指水库所在地原名叶家洼得名，1970 年建成。位于许棚村 5 组，蓄水面积 0.05 平方千米，长 1000 米，宽 55 米，水深 8 米，水源主要来自雨水、山泉水，主要用于农业灌溉，集镇饮水。总库容为 44 万立方米。

兔子坡水库[Tùzĭpō Shuĭkù]　因附近有一座山名为“兔子山”得名，1957 年 1 月 1 日开始动工，多次扩容，1975 年 10 月 30 日竣工。兔子坡水库位于祖寺村三、五组北面。该水库面积 0.6 平方千米，长 3 千米，宽 500 米，深 10 米，总容量 1022 万立方米，主坝类型为黏土心墙坝，水源主要来自雨水、山泉水，主要用于灌溉。

八、王义贞镇

杜垱水库[Dùdàng Shuĭkù]　位于王义贞镇花园村，东接徐家坡，西邻桥瓦岗，南连仁和店，北靠涂家塆。面积 0.1333 平方千米，长 800 米，宽 180 米，深 8 米，容量 0.24 万立方米。建于 1974 年。

陈家冲水库[Chénjiāchōng Shuĭkù]　位于王义贞镇花园村陈家冲，东接徐家坡，西邻桥瓦岗，南连仁和店，北靠涂家塆。占地面积 0.16 平方千米，长 2000 米，宽 80 米，深 8 米，容量 1500 万立方米，主要功能为蓄水、灌溉。建于 1958 年。

高山凹水库[Gāoshānwā Shuĭkù]　位于王义贞镇花园村。东接山峰，西邻碾子塆，南连高家凹，北靠农田。面积 0.0133 平方千米，长 200 米，宽 150 米，深 6 米，容量 13 万立方米。建于 1979 年。

二联水库[Èrlián Shuĭkù]　位于王义贞镇刘岗村西北部。因修建此水库时，少年、老年人两个年龄段的人联手修建而命名。一说是连续修建了两年而得名。东接危家塆，西邻沙子岗，南连刘岗村 8 组农田，北靠横穿公路。面积 0.016 平方千米，长 125 米，宽 130 米，深 4.5 米，容量 5 万立方米，主要用于农业灌溉。1969 年建成。

六益河[Liùyìhé] 该水库位于王义贞镇梅花村出口，面积 140000 平方米，长 700 米，宽 200 米，蓄水量 100 万立方米。修建该水库可以让下游六个村居民受益，故名六益河(六个村为六益村、石门村、刘岗村、吉庙村、太平村、柏杨村)。

响水塘水库[Xiǎngshuǐtáng Shuǐkù] 位于王义贞镇梅花村。该水库位于梅花洞的下方，梅花洞里的山泉水会流入该水库，发出响声而得名。东接龙王泉，西邻山脉，南连农田，北靠梅花涧，面积 10000 平方米，长 500 米，宽 20 米，深 15 米，容量为 150000 立方米，主要用农田灌溉。1979 年建。

妇女塘[Fùnǚtáng] 隶属于王义贞镇梅花村。修建该水库时，由于当时男性劳动力全部外出支援“三线”建设，由村内留守女性劳动力修建，故名妇女塘。

胜利垱水库[Shènglìdàng Shuǐkù] 位于王义贞镇钱冲村。此水库修建地曾是新四军打过胜仗的地方，现主要用于该地农田的灌溉及蓄水而命名。东接吴家凹，西邻村际公路，南连八卦山，北靠钱冲森林公园。该水库长 500 米，宽 200 米，平均水深 18 米，总库容为 180 万立方米，设计灌溉面积为 1.667 平方千米。主要用于当地村民、畜饮水及农田的灌溉，有效灌溉区域主要为钱冲村老屋塆、八卦山、田家塆、肖家畈、庙嘴塆、西边塆、杨家塆。1976 年建成。

石板岩水库[Shíbǎnyán Shuǐkù] 位于王义贞镇汝南村石板岩山冈附近。东接唐僧村农田，西邻石板岩山冈，南连小李家塆，北靠唐僧村。该水库占地面积 60000 平方米，长 300 米，宽 200 米，平均水深 4 米，总库容为 31.73 万立方米，设计灌溉面积为 0.267 平方千米。主要用于当地村民、畜饮水及农田的灌溉，有效灌溉区域主要为汝南村李家塆、小李家塆、李家坡大塆。1954 年 4 月建成使用，1998 年扩建。

龙王冲水库[Lóngwángchōng Shuǐkù] 位于王义贞镇三合村龙王冲附近，东接三里岗，西邻西岸，南连新屋塆，北靠大队场。该水库占地面积达 0.061 平方千米，长 1500 米，宽 200 米，平均水深 15 米，总库容为 915 万立方米，设计灌溉面积为 8 平方千米，主要用于农业灌溉及鱼类养殖，有效灌溉区域主要为三合村西岸、新屋塆、万家河。建于 2010 年。

观音冲水库[Guānyīnchōng Shuǐkù] 位于王义贞镇石门村原观音寺旧址。东接太阳凹，西邻通村公路，北靠张家塆。该水库占地面积 3000 平方米，长 100 米，宽 30 米，平均水深 16 米，总库容为 4.8 万立方米，设计灌溉面积为 0.4 平方千米，主要用于农业灌溉及居民生活用水，有效灌溉区域主要为王义贞镇石门村。1972 年建成。

恒水垱水库[Héngshuǐdàng Shuǐkù] 位于安陆市王义贞镇石塘村赵家塆西部，水库水量始终保持在均衡水平，恒久不减而得名。水库面积 16667 平方米，长 150 米，宽 110 米，深 3 米，水库总容量为 49950 立方米。该水库主要用途为当地农田的灌溉。农田受益面积为 0.4 平方千米，有效灌溉区域主要为石塘村赵家塆、张家独屋。1964 年建成。

院子垱水库[Yuànzidàng Shuǐkù] 位于王义贞镇石塘村，此水库四周由渠道包围，酷似院子而得名。

东接李家塆，西邻太平村，南连九里岗陈家塆，北靠星火村。水库面积 26667 平方米，长 250 米，宽 105 米，深 3 米，水库总容量为 78750 立方米。该水库主要用途为当地农田的灌溉。1964 年建成。

太平垱水库［Tàipíngdàng Shuǐkù］　位于王义贞镇太平村内一个老水垱附近。东接郑家河渠道，西邻该村柿子凹山冈，南连晏家河，北靠老垱。该水库占地面积达 0.2 平方千米，长 600 米，宽 300 米，平均水深 7.5 米，总库容为 150 万立方米，设计灌溉面积为 0.6 平方千米，主要用于农业灌溉及鱼类养殖，有效灌溉区域主要为太平村。1974 年修建。

滑石板水库［Huáshíbǎn Shuǐkù］　滑石板水库位于王义贞镇唐僧村院子塆西部，因当地水库周围多有光滑的石板而命名。四面环山。流域面积 2.45 平方千米，坝址多年平均径流量 100.59 万立方米，主坝尺寸高 19.1 米，长 85 米，最大泄洪流量 77.86 立方米/秒，坝顶高程 195.20 米，正常蓄水位 155.80 米，正常蓄水位相应水面面积 0.08 平方千米，总库容 31.73 万立方米，主要用于农田灌溉。1957 年修建，2013 年进行除险加固。

柱子冲水库［Zhùzichōng Shuǐkù］　柱子冲位于王义贞镇桃园村，昔时当地的树木比较粗、比较直，能制作房梁、柱子而命名。东接坡上赵家沟，西邻团山寨，南连道士河，北靠同兴苹果园。所在河流为张家河，水库类型为山丘水库，坝址控制流域面积 0.78 平方千米，坝址多年平均径流量 32.15 万立方米，主坝尺寸高 16.05 米，长 100 米，最大泄洪流量 13.83 立方米/秒，坝顶高程 125.30 米，设计洪水标准 20 年，校核洪水标准 200 年，校核洪水位 124.71 米，设计洪水位 124.33 米，正常蓄水位 123.43 米，死水位 112.70 米，总库容 53.98 万立方米，调洪库容 10.98 万立方米，正常蓄水位相应水面面积 0.08 平方千米，主要用于农业灌溉。1959 年开始修建，1960 年建成。

同兴水库［Tóngxīng Shuǐkù］　位于王义贞镇同兴村北部。东接雷公镇祖寺村，西邻桃园村，南连陈家凹子，北靠黄金村。面积 0.3 平方千米，长 1500 米，宽 200 米，深 8 米，容量 240 万立方米。主要用于农田灌溉。1972 年建成。

太阳寺水库［Tàiyángsì Shuǐkù］　位于王义贞镇团山村太阳寺旁边。东接桃园村，西邻李家独屋，南连团山寨，北靠马槽冲。面积 0.134 平方千米，长 800 米，宽 400 米，深 5 米，主要用途有农田灌溉。建于 1989 年，收益面积 800 亩。

大石板水库［Dàshíbǎn Shuǐkù］　大石板水库位于王义贞镇团山村，东接大石板山场，西邻小石板山场，南连太阳寺、徐家河，北靠大石板冲。面积 0.7 平方千米，长 320 米，宽 200 米，深 10 米，容量 17 万方。排水为管涵，涵洞功能为排水、灌溉。建于 20 世纪 70 年代初期，1987 年重修，灌溉面积达 600 亩。

八一水库［Bāyī Shuǐkù］　位于王义贞镇杨港村 5 组草堰冲。当时毛河片丁岗大队（第八大队）与杨港大队（第一大队）共同建设而成，称之为“八一水库”。东接草堰冲山场，西邻草堰冲，南连草堰冲，北靠草堰冲农田。该水库占地面积 0.26 平方千米，长 129 米，宽 68 米，平均水深 12 米，总库容为 26 万立方米，设计灌溉面积为 0.6 平方千米。主要用于当地的农业灌溉及城乡生活用水，有效灌溉区域主要为杨港村 5 组草堰冲。1959 年建成使用。

九、孛畈镇

龙冲水库[Lóngchōng Shuǐkù]　位于孛畈镇孛畈社区10组龙冲塆南部、夏家凹北部。该水库占地面积达3.15平方千米，长1500米，宽100米，平均水深6米，总库容为263万立方米，设计灌溉面积为3.667平方千米，养殖面积为0.1933平方千米，主要灌溉区域为孛畈村10组龙冲塆。水源主要来自自然降水。该水库主要用于当地的鱼类养殖及农田灌溉。该水库始建于1973年，1978年建成使用。

大凹水库[Dàwā Shuǐkù]　位于孛畈镇曹棚村大凹冲中部，东接张黄线，西邻徐氏小屋，南北两面均为该村农田环绕。该水库占地面积达6600平方米，长110米，宽60米，平均水深2.5米，总库容为1.65万立方米，设计灌溉面积为0.03平方千米，主要灌溉区域为曹棚村徐家凹、夏家塆、程家独屋、程家凹。水源主要来自自然降水。该水库主要用于当地的鱼类养殖及农田灌溉。该水库最初仅为两口小塘，后于2009年由徐氏出资修建，主要用于当地的鱼类养殖。

董家冲水库[Dǒngjiāchōng Shuǐkù]　位于安陆市孛畈镇杜庙村董家冲。该水库占地面积达0.2平方千米，长200米，宽100米，平均水深8米，总库容为20万立方米，设计灌溉面积为0.667平方千米，主要用于农业灌溉及排水，有效灌溉区域主要为杜庙村董家冲等地。1957年建成使用。

黑冲水库[Hēichōng Shuǐkù]　位于安陆市孛畈镇杜庙村董家冲西部。该水库占地面积达0.167平方千米，长135米，宽50米，平均水深5.5米，总库容为4万立方米，设计灌溉面积为0.4平方千米，该水库主要用于农业灌溉及排水，有效灌溉区域主要为杜庙村陈家塆。1959年建成使用。

潘冲水库[Pānchōng Shuǐkù]　位于安陆市孛畈镇杜庙村朱家凹附近。曾用名朱家凹水库。东接长松村，西邻本村10组朱家凹，南连长松村，北靠朱家凹。该水库占地面积达0.2平方千米，长700米，宽70米，平均水深10米，总库容为93万立方米，设计灌溉面积为1平方千米，主要用于农业灌溉及排水，有效灌溉区域主要为杜庙村朱家凹。1959年建成使用。

井堰水库[Jǐngyàn Shuǐkù]　位于安陆市孛畈镇横山村，该水库占地面积达0.1平方千米，长200米，宽100米，平均水深5米，总库容为26万立方米，设计灌溉面积为0.333平方千米，主要用于农业灌溉及城乡生活用水，有效灌溉区域主要为横山村。1979年建成使用。

刘家河水库[Liújiāhé Shuǐkù]　位于安陆市孛畈镇龙窝村刘家河。占地面积0.02平方千米，长1500米，宽100米，平均水深8米，总库容为12万立方米，设计灌溉面积为0.1平方千米，主要用于当地的农业灌溉和养殖，有效灌溉区域主要为龙窝村刘家河。于1958年建成使用。

母猪河水库[Mǔzhūhé Shuǐkù]　位于安陆市孛畈镇龙窝村母猪河附近。占地面积0.013平方千米，长140米，宽110米，平均水深4米，总库容为6.16万立方米，设计灌溉面积为0.04平方千米，主要用于当地的农业灌溉和养殖，有效灌溉区域主要为龙窝村。1949年建成使用。

沙子岗水库[Shāzigǎng Shuǐkù]　位于安陆市孛畈镇龙窝村沙子岗。占地面积0.01平方千米，长80

米，宽 110 米，平均水深 3.5 米，总库容为 3.08 万立方米，设计灌溉面积为 0.02 平方千米，主要用于当地的农业灌溉和养殖，有效灌溉区域主要为龙窝村沙子岗。1958 年建成使用。

中畈水库[Zhōngfàn Shuǐkù]　位于安陆市孛畈镇龙窝村中畈。占地面积 0.01 平方千米，长 70 米，宽 60 米，平均水深 4 米，总库容为 1.68 万立方米，设计灌溉面积为 0.02 平方千米，主要用于当地的农业灌溉和养殖，有效灌溉区域主要为龙窝村中畈。1958 年建成使用。

龙王寺水库[Lóngwángsì Shuǐkù]　位于安陆市孛畈镇三里社区龙王寺附近。东接三里社区，西邻柳林村，南连三里社区，北靠随州市。该水库占地面积达 0.2 平方千米，长 218 米，宽 123 米，平均水深 4 米，总库容为 830.49 万立方米，设计灌溉面积为 6.6667 平方千米，主要用于农业灌溉及城乡生活用水。1977 年 10 月开工修建，1983 年建成蓄水，2010 年在原基础上进行了加固和修整。

龙门沟水库[Lóngméngōu Shuǐkù]　位于孛畈东部天子岗村，东接横山村，西邻曹畈村，南连横山村，北靠守台，三面均为农田环绕。该水库占地面积达 0.05 平方千米，长 170 米，宽 140 米，平均水深 5 米，总库容为 0.016 万立方米，设计灌溉面积为 0.1 平方千米，有效灌溉区域主要为天子岗村。主要用于当地的农田灌溉。1955 年建成使用。

天子岗水渠[Tiānzǐgǎng Shuǐqú]　位于安陆市孛畈镇天子岗村周埂东部，取水口位于周埂一级泵站附近，水渠全长约 0.55 千米，宽 1.5 米，高 0.7 米，平均流量 0.7 立方米/秒，最大水深 1 米。该渠道的水源主要来自龙门沟水库，流经天子岗村周埂，止于该村 6 组李家洼。该渠系属于灌溉渠，主要解决当地的农田灌溉用水问题。1972 年建成使用。

草堰冲水库[Cǎoyànchōng Shuǐkù]　位于安陆市孛畈镇同兴村草堰冲，地处府河流域。该水库占地面积达 0.05 平方千米，长 300 米，宽 167 米，平均水深 3 米，总库容为 13.85 万立方米，设计灌溉面积为 0.4 平方千米，主要用于该村农田的灌溉及鱼类的养殖，有效灌溉区域主要为清水河水库灌区。草堰冲水库于 1977 年建成蓄水。

绝谷冲水库[Juégǔchōng Shuǐkù]　位于安陆市孛畈镇同兴村绝谷冲，地处府河流域。该水库占地面积达 0.04 平方千米，长 300 米，宽 135 米，平均水深 3 米，总库容为 12 万立方米，设计灌溉面积为 0.2 平方千米，主要用于该村农田的灌溉及鱼类的养殖，有效灌溉区域主要为清水河水库灌区。1974 年建成蓄水。

龙门冲水库[Lóngménchōng Shuǐkù]　位于安陆市孛畈镇同兴村龙门冲，地处府河流域。该水库占地面积达 0.03 平方千米，长 300 米，宽 100 米，平均水深 3 米，总库容为 24 万立方米，设计灌溉面积为 0.4 平方千米，主要用于该村农田的灌溉及鱼类的养殖，有效灌溉区域主要为清水河水库灌区。2010 年建成蓄水。

清水河水库[Qīngshuǐhé Shuǐkù]　位于孛畈镇杨堰村，地处随州市和安陆市两市交界，与洛阳镇、府河镇、孛畈镇三镇相邻，东接狮子头渡槽，西邻随州市，南连仙人脑，北靠东方村。该水库占地面积达 117.83 平方千米，长 380 米，宽 240 米，平均水深 15 米，总库容为 4406 万立方米，设计承雨面积 117.83 平方千米，是一座以灌溉为主、兼有防洪、养殖等综合效益的中型水库。清水河水库属饮用水源地，水源主要来自清水河。枢纽工程由大坝、溢洪道和灌溉提水泵站等建筑物组成。1959 年 10 月开工兴建，工程一度被迫停建，1960 年 10 月至 1962 年 3 月续建，1964 年建成蓄水。

子石堰水库[Zǐshíyàn Shuǐkù]　位于孛畈镇杨堰村，东接东庙，西邻三里村，南连变冲，北靠通村公路。该水库占地面积达 6600 平方米，长 110 米，宽 60 米，平均水深 2.5 米，总库容为 10 万立方米，设计灌溉面积为 0.03 平方千米，有效灌溉区域主要为孛畈镇杨堰村。主要用于该村村民的生产生活用水及农田灌溉。该水库主要用于解决当地村民生产生活用水问题，于 2007 年扩建至现在的规模。

侯冲水库[Hóuchōng Shuǐkù]　位于孛畈镇张畈村西部，该水库占地面积 0.0333 平方千米，长 220 米，宽 153 米，平均水深 3.5 米，总库容为 11.781 万立方米，设计灌溉面积为 0.1 平方千米，有效灌溉区域主要为张畈村部分土地。主要用于当地的农田灌溉。于 1959 年建成使用。

秦家冲水库[Qín jiā chōng Shuǐkù]　位于孛畈镇张畈村秦家冲，该水库占地面积 0.0133 平方千米，长 180 米，宽 60 米，平均水深 4 米，总库容为 4.32 万立方米，设计灌溉面积为 0.04 平方千米，有效灌溉区域主要为张畈村秦家冲及其附近田地。主要用于当地的农田灌溉。秦家冲水库于 1960 年建成使用。

潘冲水库[Pānchōng Shuǐkù]　位于安陆市孛畈镇长松村，地处府河流域。该水库占地面积 0.04 平方千米，长 1000 米，宽 800 米，平均水深 3.5 米，总库容为 79 万立方米，设计灌溉面积为 0.6067 平方千米，主要用于该村村民、畜饮水及农田灌溉，有效灌溉区域主要为清水河水库灌区。于 1953 年建成蓄水。

十、烟店镇

大洼水库[Dàwā Shuǐkù]　1976 年建成蓄水，位于安陆市烟店镇柏树村三组。东西南三面均为该村山冈环绕，北靠堤坝。该水库占地面积达 3.3 平方千米，长 60 米，宽 55 米，平均水深 3 米，总库容为 0.0003 万立方米，设计灌溉面积为 0.06 平方千米，主要用于当地的农业灌溉，有效灌溉区域主要为柏树村三组。

坳口水库[Àokǒu Shuǐkù]　建于 2012 年，位于安陆市烟店镇熊家杨林南端冲下的坳口。地处烟店镇碧山村熊家杨林以南、龙泉观冲下坳口。东接水田，西邻水田，南连山林，北靠熊家杨林塆。该水库占地面积达 0.008 平方千米，长 100 米，宽 80 米，平均水深 4 米，总库容为 3.2 万立方米，设计灌溉面积为 0.1333 平方千米，水源主要来自于山水、雨水，该水库主要用于当地的农业灌溉，有效灌溉区域主要为碧山村。

龙泉观水库[Lóng quán guàn Shuǐkù]　1973 年建，位于安陆市烟店镇碧山村，地处龙泉观石灰厂下方，四周均为该村农田、山冈环绕。该水库占地面积达 0.03 平方千米，长 300 米，宽 100 米，平均水深 2.5 米，总库容为 11 万立方米，设计灌溉面积为 0.267 平方千米，水源主要来自山泉水、雨水，该水库主要用于当地的农业灌溉，有效灌溉区域主要为碧山村。

熊家冲水库[Xióng jiā chōng Shuǐkù]　1973 年建成，位于安陆市烟店镇碧山村 2 组，地处碧山村白兆山脚下。东接耕地，西南北三面均为当地山林环绕。该水库占地面积达 0.003 平方千米，长 100 米，宽 30 米，平均水深 2.5 米，总库容为 0.75 万立方米，设计灌溉面积为 0.053 平方千米，水源主要来自山泉水、雨水，该水库主要用于当地的农业灌溉，有效灌溉区域主要为碧山村 2 组。

张家冲水库[Zhāng jiā chōng Shuǐkù]　1973年建成，位于安陆市烟店镇碧山村1组，地处白兆山景区内。四周均为当地山林环绕。该水库占地面积达0.009平方千米，长100米，宽90米，平均水深3米，总库容为2.7万立方米，设计灌溉面积为0.11平方千米，水源主要来自山水、雨水，该水库主要用于当地的农业灌溉，有效灌溉区域主要为碧山村1组。

安冲水库[Ānchōng Shuǐkù]　1970年修建，位于烟店镇长岗村，长200米、宽80米、水深2.5米，蓄水面积0.016平方千米，总库容4万立方米。主要用于农业生产、生活用水。

白马堰水库[Báimǎyàn Shuǐkù]　1970年修建，位于烟店镇长岗村，长270米、宽100米、水深3米，蓄水面积0.027平方千米、总库容8.1平方千米。主要水源为山水、雨水。

塔塘水库[Tǎtáng Shuǐkù]　原为一口大塘，形状酷似塔，1976年兴修小河时扩大为水库而命名。位于安陆市烟店镇程巷村。东接该村农田，西邻余寨村，南连程巷村，北靠李湾村。该水库占地面积达0.1333平方千米，长500米，宽260米，平均水深5米，总库容为65万立方米，设计灌溉面积为0.02平方千米，水源主要来自自然降水，该水库主要用于当地的农业灌溉，有效灌溉区域主要为程巷村。

邓冲水库[Dèngchōng Shuǐkù]　1957年建成蓄水，位于安陆市烟店镇邓冲村3组邓家塆北边。东接黄家塆，西邻2组居民点，南连邓家塆，北靠吴家山坡。该水库占地面积达0.043平方千米，长250米，宽153米，平均水深5米，总库容为19万立方米，设计灌溉面积为0.4平方千米，水源主要来自山泉水、雨水，该水库主要用于当地的农业灌溉，有效灌溉区域主要为邓冲村3组邓家塆。

邓河水库[Dènghé Shuǐkù]　1971年建成蓄水，位于安陆市烟店镇邓岗村邓家桥园附近，四周均为该村农田、山冈环绕。该水库占地面积达0.14平方千米，长米，宽米，平均水深5米，总库容为303.15万立方米，设计灌溉面积为2.93平方千米，水源主要来自自然降水，该水库主要用于当地的农业灌溉及城乡生活用水，有效灌溉区域主要为烟店镇邓岗村。

龙冲水库[Lóngchōng Shuǐkù]　1957年建立，1973年加高修建一次，1975年再次进行整修，加高3~5米，宽至7米。位于邓河一租，长60米，宽180米，水深8米，占地面积480平方米，蓄水面积0.06平方千米，总库容0.01万立方米，主要用途为农田灌溉，农田受益面积0.16平方千米。

黄金水库[Huángjīn Shuǐkù]　1959年修建使用，位于烟店镇董桥村，东接库堤，南连黄荆山部队，西北皆至宋垅村。长200米、宽78米、水深3米，总库容4.68万立方米，主要用于农田灌溉。

望城水库[Wàngchéng Shuǐkù]　1973年修建并投入使用，位于烟店镇董桥村，东、北至董桥村2组，西、南皆至董桥村1组。长100米、宽70米、水深6米。主要用于农田灌溉。

官堰水库[Guānyàn Shuǐkù]　1953年建成，位于烟店镇官堰村。东、西、北皆至官堰村3组，南至肖塆村。面积0.05平方千米，长1000米、宽500米、水深3米，库容18万立方米。主要用于农田灌溉。

库子湖水库[Kùzihú Shuǐkù]　1967年建成，位于烟店镇官堰村，东至官堰村6组，南至官堰村5组，西至官堰村3组，北至黄棚村。面积0.012平方千米，长200米、宽100米、水深2米，库容2.2万立方米。蓄水面积1.1平方千米，主要用于农田灌溉。

横路水库[Hénglù Shuǐkù]　建于1992年，位于安陆市烟店镇横路村。东接上罗湾，西邻横路4组，南连潘家独屋，北靠蒲塘村。该水库占地面积达0.04平方千米，长270米，宽150米，平均水深5米，总库容为11万立方米，设计灌溉面积为0.27平方千米，水源主要来自自然降水，该水库主要用于当地的农业灌溉及城乡生活用水，有效灌溉区域主要为横路村。

三组水库[Sānzǔ Shuǐkù] 1967年建成，位于安陆市烟店镇黄棚村3组，东接邓冲村，西邻黄棚村1组，南连官堰村6组，北靠黄棚村3组。该水库占地面积达0.019平方千米，长600米，宽350米，平均水深3米，总库容为0.6万立方米，设计灌溉面积为0.4平方千米，水源主要来自于自然降水，该水库主要用于当地的农业灌溉及城乡生活用水，有效灌溉区域主要为黄棚村3组。

朱家凹水库[Zhūjiāāo Shuǐkù] 1962年建成蓄水，位于安陆市烟店镇黄榨村朱家洼，地处黄榨村四、八组。东接冯庙村一组，西邻黄榨村四组，南连姚榨村一组，北靠黄榨村五组。该水库占地面积达0.16平方千米，长600米，宽230米，平均水深15米，总库容为0.138万立方米，设计灌溉面积为0.4平方千米，水源主要来自自然降水，该水库主要用于当地的农业灌溉，有效灌溉区域主要为黄榨村朱家洼四、八组。

尖山水库[Jiānshān Shuǐkù] 1978年建成蓄水，位于安陆市烟店镇尖山村，四周均为该村农田、山冈环绕。该水库占地面积达0.02平方千米，长200米，宽100米，平均水深5米，总库容为17万立方米，设计灌溉面积为0.3333平方千米，水源主要来自自然降水，该水库主要用于当地的农业灌溉及城乡生活用水，有效灌溉区域主要为烟店镇尖山村。

塔塘水库[Tǎtáng Shuǐkù] 建于1973年，位于烟店镇李塆村，北靠陈巷村，南连吴家塆，东接董家塆，西邻四组董家塆。宽约200米，长约1000米，平均水深5米，占有面积0.19平方千米。

乌龟咀水库[Wūguījǔ Shuǐkù] 1975年建，位于烟店镇李塆村，东临李家塆，西临刘家湾，南临白家塆，北至陈巷村面积约0.2平方千米，宽约0.3千米，长0.7千米，水深8米，水容量200多万立方米。

梅子塘水库[Méizitáng Shuǐkù] 1949年建成，位于石河村，东接烟应公路，西邻刘家湾，南连四组鱼池，北靠雷家塆。总面积0.23平方千米，长638米，宽140米，深8米，容量714000立方米。主要用于农业灌溉。

黎严冲水库[Líyánchōng Shuǐkù] 1957年建成，位于双岭村，东接孙家塆，西邻杨家凹，南连白马冲，北靠黎家塆，水库面积0.2平方千米。水深20米，长560米，宽800米。蓄水面积为0.448平方千米，总库容为896万立方米。

王四塘水库[Wángsìtáng Shuǐkù] 1968年建成，位于烟店镇双庙村西部，占地0.05平方千米，东接村4组王家塆，西邻邓河村，南连大李塆，北靠毛家塆。长400米，宽60米，深8米，容量20万立方。主要用于抗旱，灌溉，养鱼。

翻身水库[Fānshēn Shuǐkù] 1972年干旱无雨，石河公社领导号召，三个村社员于当年秋冬在宋垅村二组与横路村三组修建该水库。翻身水库位于烟店镇宋垅村二组，双塘上游与横路三组交界处。东至汉十高速，西至横路村，南至宋垅村一组，北至黄家大塘。长400米，宽250米，水深3.5米，蓄水面积0.1平方千米，受益面积0.147平方千米。

粮站水库[Liángzhàn Shuǐkù] 1976年开凿，位于粮站附近而命名。粮站水库位于石河粮站南10米处，属烟店镇宋垅村四组，东接四组夏凹冲，西邻汉十高速，南连本村三组，北靠石河粮站。长 250 米，宽 120 米，水深 3 米，蓄水面积 0. 03 平方千米，受益面积 0. 4 平方千米。

王冲水库[Wángchōng Shuǐkù]　1970 年后连年干旱，石河公社号召杨岗公社社员，筑堤蓄水，于 1977 年建成，位于“安京”公路北 300 米、宋家垅以西，属烟店镇宋垅村一组。东接村公路，西邻“神丹”养殖场，南连黄金山集镇，北靠本村二组。长 320 米，宽 250 米，蓄水面积 0. 08 平方千米，灌溉面积 0. 11 平方千米，水深 3 米。

新华水库[Xīnhuá Shuǐkù]　1954 年新华七社全体社员共同兴修，后经多次维修扩建。地处宋垅村与石河村二组交界处，在双塘下游，属烟店镇宋垅村五组。东接本村宋家独湾，西邻本村四组，南连双塘，北靠石河村。长 700 米，宽 300 米，水深 2. 5 米，蓄水面积 0. 21 平方千米，受益面积 0. 08 平方千米。

白鱼塘水库[Báiyútáng Shuǐkù]　原名白鱼塘，又名白鱼大塘。2013 年改建为白鱼塘水库，位于烟店镇万桥村五组。长 200 米，宽 60 米，塘深 5 米，现有库容 1. 2 万立方米。主要用于农田灌溉。

朱凹水库[Zhūāo Shuǐkù]　1972 年建，位于烟店镇姚榨村一、二组和黄榨村之间，东接冯庙村一组，南连姚榨村二组，西邻姚榨一组，北靠黄榨村，面积 0. 33 平方千米，宽 0. 2 千米，平均长 0. 2 千米，水深 3 米，灌溉面积 0. 45 平方千米。

余寨水库[Yúzhài Shuǐkù]　1965 年建，位于烟店镇余榨社区，东接程巷中心河、南连红石山、西、北皆靠余榨村水田，面积 0. 01 平方千米、深约 4 米、长 0. 1 平方千米、宽 0. 1 平方千米、总库容 4 万立方米、蓄水面积 0. 01 平方千米。

赵榨水库[Zhàozhà Shuǐkù]　1957 年建，位于烟店镇余寨社区赵榨，东接李塆村 6 组、南连余寨村水田、西邻余寨道路、北靠李塆村 6 组。蓄水面积 0. 02 平方千米。水深约 4 米、长 200 米、宽 100 米、总库容 8 万立方米，主要水源为山水，雨水，主要用于农业灌溉。

梨树河水库[Líshùhé Shuǐkù]　1972 年建，地处烟店镇袁畈村梨树河塆，水库面积 0. 067 平方千米，长 500 米，宽 90 米，总库容 12 万立方米，是当地农业灌溉的主要库存区。

三组水库[Sānzǔ Shuǐkù]　2014 年建，位于烟店镇袁畈村 3 组，长 100 米，宽 110 米，深 4. 5 米，面积 0. 011 平方千米，蓄水量 4 万立方米，主要作用为蓄水，用于农业灌溉。

二组水库[Èrzǔ Shuǐkù]　原建时间不清楚，2013 年整理翻修扩建，位于烟店镇周冲村二组，全长 120 米，宽 180 米，水深 2. 5 米。总库容 12 万立方米。主要水源为山水，雨水，主要用于农业灌溉。

十一、洑水镇

陡坡水库[Dǒupō Shuǐkù]　陡坡水库位于洑水镇白龙村潘家塆东北部，距村委会驻地 2000 米。该水库修建时位于白龙、殷棚合并成的陡坡大队。面积有 0. 02 平方千米，长 1 千米，宽 0. 5 千米，储水量 2 万立方米。主要功能为灌溉，灌溉受益 3 个村民小组，灌溉面积约 0. 4 平方千米。主坝坝型为黏土心墙坝，属

"小二型"水库。1972年建成，沿用至今。

三合水库[Sānhé Shuǐkù] 该水库位于赵棚镇、洑水镇、陈店乡三地交界处。东连陈店乡高岗村，西邻三合村，南连毕家陆塆，北靠竹林塆。承雨面积0.5平方千米，长3千米，宽400米，总库容1149万立方米。主要功能为灌溉，共灌溉三个乡镇，灌溉面积2.333333平方千米。1957年建成，1976年扩建。

刘堰水库[Liúyàn Shuǐkù] 位于洑水镇车站村刘家堰，东北皆靠农田，西南皆靠山坡。面积0.013平方千米，平均水深2.5米。主要功能为灌溉。灌溉面积约0.04平方千米，主坝坝型为黏土心墙坝。1958年建成。

詹陆胡水库[Zhānlùhú Shuǐkù] 位于洑水镇车站村詹家塆、陆家塆、胡家塆交界处。东接新316国道，南连农田，西邻石家大山，北靠文桥村。面积0.013平方千米，平均水深1.5米。主要功能为灌溉。主坝坝型为黏土心墙坝。1956年建成。

柏树咀水库[Bǎishùzuǐ Shuǐkù] 位于洑水镇军刘村西部，处丘陵地带，呈块状分布，东面接山，西邻刘家大山，南连农田，北靠农田。占地面积0.01474平方千米，长200米，宽90米，水深3米，蓄水量4.5万立方米，主要功能为灌溉，受益面积0.063333平方千米。1957年建成。

黄家塆水库[Huáng jiā wān Shuǐkù] 位于洑水镇军刘村黄家塆南部。长130米，宽100米，水深2.5米，蓄水量3.25万立方米。主要用于农田灌溉。

河冲水库[Héchōng Shuǐkù] 该水库位于安陆市洑水镇苗畈村北部小河冲上。距村委会驻地2.5千米。东接王家塆，西邻广水市，南连周家大塆，北至殷棚村。该水库占地面积0.048平方千米，长300米，宽160米，平均水深4米，总库容为19.2万立方米，设计灌溉面积为0.4平方千米，主要用于当地的农业灌溉及生活用水，有效灌溉区域主要为苗畈村王家塆、陈家大塆、周家大塆、尹家塆。1976年建成蓄水，2013年加固维修。

月塘水库[yuètángshuǐkù] 位于安陆市洑水镇秦坝村聂家独屋东边。该水库占地面积0.015平方千米，长500米，宽300米，平均水深3米，总库容为45万立方米，设计灌溉面积为0.67平方千米，主要用于当地的农业灌溉，有效灌溉区域主要为三合村、秦坝村及双路村。

三河水库[Sānhé Shuǐkù] 位于洑水镇三合村东部，处丘陵地带，东接高岗村，西邻三合村，南连陈店乡，北靠竹林塆。面积约为2.5平方千米，长2500米，宽1000米，水深10米，主要功能为灌溉和养殖。历史地名，沿用至今。

楼子塆水库[Lóuziwān Shuǐkù] 位于安陆市洑水镇双路村楼子塆。四周均为该村农田环绕。该水库占地面积0.02平方千米，长200米，宽100米，平均水深10米，总库容为20万立方米，设计灌溉面积为0.2平方千米，主要用于当地的农业灌溉及居民生活用水，水库可供200余人常年饮用水，也可供养水产养殖，年产5吨以上，可创经济收入5万余元。1995年建成蓄水。

吴家大塘水库[Wújiādàtáng Shuǐkù] 位于洑水镇文武村吴家塆。该水库占地面积0.0225平方千米，长150米，宽150米，平均水深3米，总库容为6.75万立方米，设计灌溉面积为0.2平方千米，主要用于当地的农业灌溉，有效灌溉区域主要为文武村吴家塆。该水库1952年前为吴家塘，1952年10月扩建为吴家大塘水库。

卢咀水库[Lúzuǐ Shuǐkù]　位于洑水镇文武村卢家咀。该水库占地面积 0.015 平方千米，长 150 米，宽 100 米，平均水深 2 米，设计灌溉面积为 0.12 平方千米，主要用于当地的农业灌溉，有效灌溉区域为卢家咀田地。

毛家冲水库[Máo jiā chōng Shuǐkù]　位于洑水镇殷棚村毛家冲附近。该水库占地面积 0.0128 平方千米，长 160 米，宽 80 米，平均水深 3 米，总库容为 3.84 万立方米，设计灌溉面积为 0.04 平方千米，主要用于农业灌溉及城乡生活用水，有效灌溉区域主要为殷棚村毛家冲。该水库于 1975 年建成蓄水。

方家塆水库[Fāng jiā wān Shuǐkù]　位于洑水镇殷棚村方家塆附近。该水库占地面积 0.015 平方千米，长 150 米，宽 100 米，平均水深 3 米，总库容为 4.5 万立方米，设计灌溉面积为 0.04 平方千米，主要用于农业灌溉及居民生活用水，有效灌溉区域主要为殷棚村方家塆。该水库于 1962 年建成蓄水。

十二、陈店乡

陈店村五七水库[Chéndiàncūn Wǔqī Shuǐkù]　该水库于 1957 年建成蓄水，位于陈店村陈店街北。该水库占地面积达 0.02 平方千米，长 1200 米，宽 4 米，平均水深 2 米，总库容为 11 万立方米，设计灌溉面积为 1.07 平方千米，该水库主要用于农业灌溉及城乡生活用水，有效灌溉区域主要为陈店村陈店街。

庙塘水库[Miàotáng Shuǐkù]　该水库于 1965 年建成蓄水，该水库位于陈店乡东罗村 4 组。该水库占地面积达 0.007 平方千米，长 100 米，宽 70 米，平均水深 2 米，总库容为 1.4 万立方米，设计灌溉面积为 0.014 平方千米，该水库主要用于当地的农业灌溉及生活用水，有效灌溉区域主要为陈店乡东罗村 4 组。

双梅寺水库[Shuāngméisì Shuǐkù]　该水库于 1957 年 6 月建成，位于陈店乡甘涂村 3 组双梅寺附近。该水库占地面积达 0.02 平方千米，长 200 米，宽 100 米，平均水深 4 米，总库容为 12 万立方米，设计灌溉面积为 0.667 平方千米，该水库主要用于当地的农业灌溉及生活用水，有效灌溉区域主要为甘涂村 3 组。

双塘水库[Shuāngtáng Shuǐkù]　该水库位于陈店乡甘涂村小合山的西北部，1963 年建成。该水库占地面积达 0.047 平方千米，长 700 米，宽 100 米，平均水深 4 米，总库容为 18.8 万立方米，设计灌溉面积为 0.16 平方千米，水源主要来自自然降水，该水库主要用于当地的农业灌溉及城乡生活用水，有效灌溉区域主要为陈店乡甘涂村一、二组。

吴家大塘水库[Wújiādàtáng Shuǐkù]　该水库 1932 年为一吴姓人家所挖的池塘，后由此塘扩建成水库。位于甘涂村 9 组。占地面积达 0.033 平方千米，长 200 米，宽 170 米，平均水深 4 米，总库容为 13.2 万立方米，设计灌溉面积为 0.12 平方千米，该水库主要用于当地的农业灌溉及城乡生活用水，有效灌溉区域主要为陈店乡甘涂村 6、7、8、9 组。

三合水库[Sānhé Shuǐkù]　该水库于 1973 年 11 月建成，位于高岗村三河附近。该水库占地面积达 1.2 平方千米，长 1200 米，宽 1000 米，平均水深 4 米，总库容为 1108 万立方米，设计灌溉面积为 8 平方千米，水源主要来自自然降水，该水库主要用于当地的农业灌溉及城乡生活用水，有效灌溉区域主要为陈店乡高岗村。

小三合水库[Xiǎosānhé Shuǐkù] 该水库位于黄巷村，2014 年建成，占地面积 0. 01206 平方千米，长 120 米，宽 100 米，水深 5 米，总库容量 6. 03 万立方米，主要用于农田灌溉。

茶堰水库[Cháyàn Shuǐkù] 该水库位于金龙村，1958 年建成，占地面积 0. 201 平方千米，长 1200 米，宽 800 米，水深 5 米，总库容量 30 万立方米，主要用于农田灌溉。

九冲水库[Jiǔchōng Shuǐkù] 该水库位于九冲村，1958 年建成，占地面积 0. 067 平方千米，长 320 米，宽 210 米，水深 6 米，总库容量 40. 2 万立方米，主要用于农田灌溉。

袁子水库[Yuánzǐ Shuǐkù] 该水库位于彭畈村七、八组，1972 至 1973 年建成，占地面积 0. 32 平方千米，长 800 米，宽 400 米，平均水深 10 米，蓄水面积达 0. 32 平方千米，总库容为 320 万立方米，水源主要来自自然降水，主要用于农业灌溉，有效灌溉区域主要为彭畈村七、八组。

双梅水库[Shuāngméi Shuǐkù] 该水库位于陈店乡刘店村，1950 年建成，占地面积 0. 03335 平方千米，长 500 米，宽 500 米，平均水深 7 米，总库容 175 万立方米，主要用于农田灌溉。

大山洼水库[Dàshānwā Shuǐkù] 该水库位于陈店乡上周村 2 组，1996 年建成，占地面积达 0. 08 平方千米，长 400 米，宽 200 米，平均水深 4 米，总库容 32 万立方米，设计灌溉面积为 0. 32 平方千米，水源主要来自自然降水，主要用于农业灌溉，有效灌溉区域主要为陈店乡上周村。

王家水库[Wáng jiā Shuǐkù] 该水库位于双河村，1958 年建成，占地面积 0. 0134 平方千米，长 200 米，宽 67 米，平均水深 4 米，蓄水面积为 0. 0134 平方千米，总库容为 5. 36 万立方米，水源主要来自自然降水，该水库主要用于农业灌溉，有效灌溉区域主要为双河村。

中心水库[Zhōngxīn Shuǐkù] 该水库位于同兴社区，1952 年建成，总面积 0. 033 平方千米，长 2000 米，宽 1000 米，平均水深约 3. 5 米，总库容量 22 万立方米。水源主要来自自然降水，主要用途为农田灌溉及蓄水，设计灌溉面积为 0. 4 平方千米。

大山洼水库[Dàshānwā Shuǐkù] 该水库 1975 年建成，位于枣林村，总面积 0. 31 平方千米，长 130 米，宽 100 米，平均水深约 12 米，总库容量 13 万立方米。水源主要来自自然降水，主要用途为农田灌溉，设计灌溉面积为 1 平方千米。

小九冲水库[Xiǎojiǔchōng Shuǐkù] 该水库 1952 年建成，位于枣林村，总面积 0. 68 平方千米，长 120 米，宽 80 米，平均水深约 4 米，总库容量 11 万立方米。水源主要来自自然降水，主要用途为农田灌溉，设计灌溉面积为 0. 4666 平方千米。

十三、辛榨乡

岱塘水库[Dàitáng Shuǐkù] 1971 年建成，因水库原址池塘名而得名，位于辛榨乡高庙村，长 630 米，宽 255 米，水深 11 米，蓄水面积 0.16 平方千米，总库容 176 万立方米，主要用于农业灌溉。

菱角湖水库[Língjiǎohú Shuǐkù]　1973 年建成，位于安陆市辛榨乡菱湖村附近。长 1500 米，宽 40 米，平均水深 2.5 米，蓄水面积达 0.06 平方千米，总库容为 15 万立方米，设计灌溉面积为 1 平方千米，水源主要来自于自然降水，该水库主要用于当地的农业灌溉及城乡生活用水，有效灌溉区域主要为辛榨乡菱湖村。

十四、木梓乡

大洼水库[Dàwā Shuǐkù]　1974 年建成，位于木梓乡黄冲村 1 组北 500 米，与木梓乡、曾毛村相邻，坝长 120 米，坝高 6 米，坝宽 100 米，水深 4 米，总库容量 15 万立方米，蓄水面积 0.1 平方千米。主要用于农业灌溉用水，主要水源为郑家河水渠来水。

东山水库[Dōngshānshuǐkù]　1965 年修建，2005 年扩建加固堤坝，命名为东山水库，沿用至今。该水库位于黄鹤冲茶场附近，处丘陵地带，坝长 1010 米，宽 25 米，占地面积 0.0536 平方千米，蓄水总量 40 万立方米，主要用途为灌溉。

公坪洼水库[Gōngpíngwā Shuǐkù]　于 1963 年 9 月份至 11 月份建成蓄水，1963 年 11 月份建成取名公坪洼水库，位于金垱村内。长 110 米，高 14.5 米，宽 10 米，平均水深 5 米。总库容 4 万立方米，蓄水面积 0.1 平方千米，水库正常蓄水控制在 3.6 万立方米。

黄鹤冲水库[Huánghèchōngshuǐkù]　1975 年修建命名，2006 年扩建加固堤坝，位于黄鹤冲茶场附近，处丘陵地带，坝长 80 米，宽 15 米，平均水深 3 米，占地面积 0.0168 平方千米，蓄水总量 10 万立方米，主要用途为灌溉。

裤子塘水库[Kùzǐtáng Shuǐkù]　以形如裤子得名，2011 年建成，位于夏桥村一组西。占地面积 0.03 平方千米，长 200 米，宽 100 米，水深 3.5 米，水位最深处为 7 米，呈反 L 形，最大蓄水面积 3500 平方米，蓄水量为 10 万立方米。

劳洼水库[Láowā Shuǐkù]　1967 年建造，位于王河村，面积 0.044 平方千米。长 150 米、宽 45 米、深 7.5 米，总容量为 11 万立方米。

雷家大堰水库[Léi jiādàyàn Shuǐkù]　1962 年建成。位于戴河村，水库正常蓄水水位控制在 5.1 米，上游为浅滩，两面环山，正南库堤，堤高 9 米，宽 8 米，长 200 米，蓄水面积 0.0075 平方千米，蓄水量 75 万立方米，草皮护堤，可灌溉良田 0.75 平方千米。

李塆水库[Lǐwān Shuǐkù]　1971 年 10 月开工兴建水库大坝，1972 年 10 月建成蓄水，位于汤冲村 10 组。面积 0.267 平方千米，长 600 米、宽 445 米、平均水深 5 米。主要农于农田灌溉。

彭家垱水库[Péngjiādàng Shuǐkù]　1960 年 9 月建大坝，1963 年开始蓄水，位于东山村。蓄水面积 0.05 平方千米。长 220 米，宽 6 米，水深 8 米。总库容 40 万立方米，蓄水面积 0.05 平方千米，主要用于灌溉泵站。

群力水库[Qúnlì Shuǐkù]　1962年前名为“小惨塘”，1962年后修建后仍用其名，1978年在原址加高后，改名为群力水库，2014年市水利局大修。位于群力村1组，坝高20米，面宽20米，坝长2000米，平均水深6米，库容面积80亩，蓄水量40万方，蓄水面积0.2平方千米，总库容0.05万立方米。主要水源为雨水。

群堰水库[Qúnyàn Shuǐkù]　1968年建成，位于木梓乡江河村4组。长1500米，宽350米，水深7米，蓄水面积1平方千米。总库容50万立方米，主要用于灌溉。

双塘水库[Shuāngtáng Shuǐkù]　因原址有相连两口塘得名，1983年建成。位于曾毛村八组边，经过几次改扩挖，初见小库雏形，2013年经过再次扩挖加固，并在堤面修建水泥路。长1.5千米，高10米，面宽0.05千米，总库容7.5万立方米，蓄水面积为0.075平方千米，主要水源为雨水。

汤冲水库[Tāngchōng Shuǐkù]　因原址名汤家冲得名，1960年建成，位于汤冲村8组，面积0.044平方千米，长400米、宽110米、平均水深3米，总库容13.2万立方米，主要农于农田灌溉。

天然村水库[Tiānráncūn Shuǐkù]　1976年为解决村水源在蒯家河支流兴建成水库，2013年根据国家防洪标准，进行水库脱险。位于天然村，坝长2000米，最大坝高15米，坝顶宽4.5米，上游设有砼框架干砌块，石护坡，下游为草皮护坡，溢洪道位于距大坝右侧150米处，东西走向，水库正常蓄水水位控制在12.1米。

天堂水库[Tiāntáng Shuǐkù]　“天堂”指居民希望此水库能带来好运，1973年由杨垱水库扩建成，位于建新村境内，长15千米，宽1千米，平均水深12米，养殖面积290亩，灌溉面积1000亩。总库容量180万立方米，蓄水面积15平方千米。主坝坝型为黏土心墙坝，主要水源为郑河水库，主要用于灌溉和养殖。

新村水库[Xīncūn Shuǐkù]　1974年建成，位于木梓乡江河村9组。蓄水面积0.03平方千米。长500米，宽60米，高15米，水深10米。蓄水面积0.03平方千米，总库容30万立方米，主要用途用于农业灌溉。

幸福水库[Xìngfú Shuǐkù]　以前是一条山涧小河，1959年在吴家河处开工兴建，1977年以幸福水库续建并建成，位于双杨村4、5、9、10组交界处。蓄水面积0.95平方千米，长2.5千米，宽630米，深8米，总库容1117万立方米，蓄水面积0.95平方千米。主要水源为水库上游河流及雨水。

叶家冲水库[Yè jiā chōng Shuǐkù]　因原址名叶家冲得名，2014年建成蓄水，水库面积0.086平方千米，坝长80米，高8米，宽10米，蓄水量80万立方米。

中堰水库[Zhōngyàn Shuǐkù]　1949年刚解放，即兴建此水库，群众为纪念中国共产党领导而取名“中堰”，1991年扩建。位于夏桥村境内，总库容为30万立方米　水库正常蓄水水位在3.8米，坝长130米，最大坝高6米，顶宽4米，上游为钢筋混凝土框格干砌块石护坡，下坡为草皮护坡，承雨面积为7.9万平方米，为生产生活用水。

周冲水库[Zhōuchōng Shuǐkù]　1972年兴建大坝，因大坝紧靠周家冲得名，1973年建成蓄水，位于王店村，坝长200米，最大坝高12米，顶宽3米，总库容量400万立方米，大坝为均质土坝，有混凝土护坡与草皮护坡，灌溉水闸位于大坝中段，水渠为南北走向。

抓皮堰[Zhuāpíyàn]　位于雷畈村七组，长300米，宽210米，水深3米，占地面积0.063平方千米，总库容量20万立方米，河堤质地为黏土，主要功能为灌溉。

十五、接官乡

槎山水库[Zháshān Shuǐkù]　位于接官乡槎山村上唐家塆北部。该水库多年平均径流量64.05万立方米，承雨面积1.56平方千米，长178米，宽100米，最大泄洪量10.81立方米/秒，坝顶高程100.74米，总库容158.69万立方米，主要作用是泄洪、防涝、防旱。槎山水库建于1957年建成。

方冲水库[Fāngchōng Shuǐkù]　位于接官乡吊桥村方家冲。东接吊桥塆农田，西邻罗汉山，南连司马山，北靠官山。面积0.033平方千米，长500米，宽66.6米，深8米，容量26.4万立方米。主要用途有灌溉，主坝坝型为黏土心墙坝。1973年11月1建成。

母猪峡水库[Mǔzhūxiá Shuǐkù]　该水库位于接官乡冯畈村母猪峡山下，三面环山，北连农田。长500米，宽230米，平均水深8米，承雨面积0.24平方千米，最大坝高11.7米，坝顶长度89米，总库容量37万立方米，农田灌溉面积0.33平方千米，主要用于农田灌溉。1976年10月1日起建，1976年11月28日建成。

蔡冲水库[Càichōng Shuǐkù]　位于接官乡高庙村。东靠山，西邻独桥塆，南部北部均连农田。面积0.03平方千米，长300米，宽15米，平均水深4米，总库容量8万立方米。主坝坝型为黏土心墙坝，主要水源为天然雨水，主要用于农田灌溉。2014年建成。

秦冲水库[Qínchōng Shuǐkù]　位于接官乡高庙村。东接秦家塆，南连农田，西部北部均靠山。面积0.067平方千米，长500米，宽250米，平均水深5米，总库容量11万立方米。主坝坝型为黏土心墙坝，主要水源为天然雨水，主要用于农田灌溉。1975年10月兴建，同年12月竣工。

塔山水库[Tǎshān Shuǐkù]　位于接官乡接官村东北部塔山旁。该水库多年平均径流量116.6万立方米，面积2.84平方千米，最大泄洪量25.36立方米/秒，库容306万立方米，为小Ⅱ型水库，灌溉面积2.881平方千米，主要用于灌溉、泄洪、防涝、生活用水。塔山水库建于1973年。

唐冲水库[Tángchōng Shuǐkù]　位于接官乡接官村东部。该水库多年平均径流量18.48万立方米，控制流域面积0.45平方千米，坝长172米，最大泄洪量7.52立方米/秒，库容45.9万立方米，灌溉面积0.3685平方千米，主要作用灌溉、泄洪、防涝。唐冲水库建于1974年。

界岗水库[Jiègǎng Shuǐkù]　位于接官乡界岗村，占地面积0.028平方千米，长240米，宽120米，深8米，容量16万立方米。水源主要来自山泉水，主要用途有灌溉，主坝坝型为黏土心墙坝。1998年建成。

碾子冲水库[Niǎnzichōng Shuǐkù]　位于接官乡界岗村姜家独屋。面积0.02平方千米，长200米，宽100米，深8米，容量20万立方米。主要用途有灌溉，主坝坝型为黏土心墙坝。1976年建成。

张冲水库[Zhāngchōng Shuǐkù]　位于接官乡界岗村张家塆。面积0.023平方千米，长200米，宽100

米，深5米，容量11万立方米。主要用途有灌溉，主坝坝型为黏土心墙坝。1968年初建，1978年扩建，2012年除险加固加高一米，属小二型水库。

大李冲水库[DàLǐchōng Shuǐkù]　该水库位于接官乡李冲村1组丁家塆。该地名以水库位于李冲村，且容量较大而命名。面积0.469平方千米，长200米，宽90米，深8米，容量14万立方米。水源主要来自于山泉水，主要用途有灌溉，主坝坝型为黏土心墙坝。1976年建成。

殷冲水库[Yīnchōng Shuǐkù]　位于接官乡莲花村殷冲，占地面积0.0104平方千米，长130米，宽80米，水深5米，总库容量12万立方米，坝型为黏土心墙类，水源主要来自自然降水，主要用于农田灌溉。1952年11月建成。

马鞍水库[Mǎān Shuǐkù]　位于接官乡马鞍村西部马鞍山下，长500米，宽300米。总库容70万立方米，蓄水面积0.1005平方千米。最深水位20米，平均水深10米，主要水源：徐家河水。建于1975年，2015年维修加固。

倪庙水库[Nímiào Shuǐkù]　位于接官乡倪庙村北部，面积0.0088平方千米，长110米，宽80米，深6米，容量5.2万立方米。主要用途有灌溉，主坝坝型为黏土心墙坝。1971年建成。

六斗冲水库[Liùdǒuchōng Shuǐkù]　位于接官乡宋冲村六斗冲，占地面积0.0235平方千米，长170米，宽120米，水深5米，总库容10.2万立方米，水源主要来自于自然降水，主要用于农田灌溉。1962年建成。

猎洼水库[Lièwā Shuǐkù]　位于接官乡土门村，占地面积0.0060平方千米，长100米，宽60米，水深15米，总库容量9万立方米，主坝材料为土坝，水源主要来自湫水，主要用于农田灌溉。1974年建成。

清水塘水库[Qīngshuǐtáng Shuǐkù]　位于接官乡吴畈村。该水库多年平均径流量20.53万立方米，承雨面积0.603平方千米，坝长130米，坝宽40米，蓄水面积0.06平方千米，最大泄洪量8.42立方米/秒，库容25.81万立方米，灌溉面积1.072平方千米，主要作用灌溉、泄洪、防涝。在原清水塘的基础上修建为水库，建于1957年。

金塆水库[Jīnwān Shuǐkù]　位于接官乡霞山村金塆，西北两面环山，东接金塆，南连农田。该水库承雨面积0.012平方千米，坝长150米，坝宽110米，库容7万立方米，水源主要来自于自然降水，主要作用是农业灌溉。建于1972年。

卓塆水库[Zhuówān Shuǐkù]　位于接官乡霞山村卓家塆。坝长150米，坝宽100米，库容1.05万立方米，该水库承雨面积0.016平方千米，水源主要来自自然降水，主要作用是农业灌溉。建于1977年。

杨冲水库[Yángchōng Shuǐkù]　位于接官乡杨冲村1组塌沟，又称塌沟水库。长300米，宽200米，平均水深8米，总库容量15万立方米。蓄水面积0.033平方千米，主要水源为自然降水，主要用于农田灌溉。1973年修建。

双塘水库[Shuāngtáng Shuǐkù]　位于接官乡颛庙村双塘角。长250米，宽130米，平均水深4米，面积0.032平方千米，总库容量13万立方米。主坝坝型为黏土心墙坝，主要水源为天然雨水，主要用于农田灌溉。1978年建成。

颛庙水库[Zhuānmiào Shuǐkù]　位于接官乡颛庙村曹家塆与小唐家塆之间。长150米，宽100米，平均水深8米，总库容量12万立方米，蓄水面积0.26平方千米。主坝坝型为黏土心墙坝，主要水源为天然雨水，主要用于农田灌溉。1976年建成。

第四节　泵站　渠道　渡槽

一、府城街道

金泉泵站[Jīnquán Bèngzhàn]　位于蒿桥社区南部灌水(蒿桥河)入涢口。1959至1961年，安陆遭受特大自然灾害，特别是1959年的干旱，招致田间颗粒无收，青龙区饿殍事件发生，安陆总人口由317613人锐减至310646人。1962年为解决河西大片耕地灌溉水源，安陆县政府报请省水利厅同意，从汉川调来1台300马力的美制船用旧柴油机，始建金泉一级泵站。1963年春，由武汉江岸区起重队协助，将柴油机运送到位。10月份机站竣工。

1965年6月，省长张体学到安陆视察旱情，发现金泉泵站柴油机老化，灌溉效率低，难以适应需要，当即决定从华中工学院调来1台215千瓦的电动机，从方岗变电站架专线，将金泉机泵站改为电泵站。

1975年11月，县政府决定将金泉泵站升级。1976年9月，泵房、渠道等主体工程完工，装机3台，每台115千瓦，但还是难以解决河西5万亩耕地的抗旱所需。1978至1980年，安陆县政府连续3年向上级打报告申请再扩建，却未能如愿。

1981年11月，省长韩宁夫决定暂停解放山水利枢纽的建设，安陆力陈建议，将解放山工程的技术力量、设备、资金、民工调集到金泉泵站。韩宁夫经过思考，决定从解放山工程调拨49万元扩建金泉泵站，停建解放山工程。

扩建选址时，孝感市水利局技术人员主张南移50米，更接近涢水。安陆认为，南移会多挖土石2万多立方，多投工8万个，且工期后移，预期不能竣工。最终达成共识，在原址扩建。

扩建是建渡槽还是建台渠，也有不同意见。省地水利部门从节约投资出发，要求建台渠，可节约资金20万元。安陆认为建台渠弊大于利，一是需土石方17万立方米，损失1000多亩耕地；二是泵站在城郊，建台渠严重影响交通。如果建渡槽既可避免上述弊端，还可增加一处景点。经省水利厅同意，建设了渡槽。

扩建泵站原设计投资16万元，安装2台直配变压器。经过反复研究和测算，如采用直配方案，城关任何一条线路都承受不了泵站的负荷。电力部门建议，从长远利益和发展大局着想，投资30万元建一座3.5万伏的变电站，既解决泵站用电，也解决河西工业和居民用电。

府河大桥虽然于1971年通车，但泵站工程在灌水之南，物资只能到达灌水北岸，指挥部决定，同时新建泵站桥，既解决眼前物资运输问题，也解决以后南北交通问题。

1981年11月，金泉泵站扩建工程全面动工。隆冬季节，雪雨交加，指挥部下令要在腊月二十四日之前完成泵房和泵站桥的基脚钢筋水泥浇灌。民工们冒着凛冽的寒风，跳进刺骨的冰水，筑围堰，掏淤泥，挑灯夜战。原以为砂石层只有三四米深，民工们挖到7米还不见岩石。围堰是草包装的砂石，往下挖得越深，渗水、流沙越厉害。指挥部动员人力通宵达旦抢险奋战，泵房的基脚终于牢固地坐落在灌水北岸。长50米，宽6米，高60米，承重10吨以上的泵站桥在5月1日也顺利通车。

金泉泵站泵房建筑面积643平方米，安装630千瓦机组4台，总容量2520千瓦，扬程26米，设计流量每秒6.4立方米。泵房进出水管道4条，直径1米，计长350米。渡槽长250米，设计流量每秒8立方米。变电站专供变压器2台1800千伏安，总容量3600千伏安，线路长365千米。金泉泵站工程主体工程量，计划土石方8.44万立方，实际完成1079万立方，计划砌石3000方，实际完成3824方，计划混凝土2388方，实际完成2652方。使用钢材、木材、水泥分别为114.78吨、390.14立方和1187.5吨。耗工达13.81万个，其中投入民工13.01万个。

江家竹林泵站[Jiāngjiāzhúlín Bèngzhàn]　位于光明社区7组，该泵站位于光明社区江家竹林塆得名。1980年建成，装机溶质1台30千瓦，扬程10米，流量0.5立方米/秒。泵站功能为灌溉，受益面积约500亩，渠道长度1.7千米。

洪庙3组泵站[Hóngmiào 3 Zǔ Bèngzhàn]　位于洪庙社区3组。1985年建成，装机溶质1台17千瓦，扬程20米，流量0.5立方米/秒。泵站功能为灌溉，受益面积约75亩，渠道长度0.8千米。

洪庙1组泵站[Hóngmiào 1 Zǔ Bèngzhàn]　位于洪庙社区1组。1988年建成。装机溶质1台17千瓦，扬程30米，流量0.5立方米/秒。泵站功能为灌溉，受益面积约121亩，渠道长度1.2千米。

黄家河泵站[Huángjiā Hé Bèngzhàn]　位于洪庙社区五组东部。1989年建成，装机溶质1台17千瓦，扬程30米，流量0.5立方米/秒。泵站功能为灌溉，受益面积约248亩，渠道长度3千米。

下堰泵站[Xiàyàn Bèngzhàn]　位于张巷社区下堰旁。1990年建成，装机溶质1台45千瓦，扬程12米，流量0.35立方米/秒。泵站功能为灌溉，受益面积约60亩，渠道长度1.5千米。

安陆市西干渠[Ānlù Shì Xīgànqú]　2003年建成。该水渠位于黄巷村，全长40千米，宽50米，水深6米，平均流量0.5立方米/秒，总面积0.1541平方千米，主要用于农田灌溉，受益面积1500亩。

支一干渠[ZhīYīGànQú]　1949年建成。该水渠位于洪庙社区，起点为雷庵社区，止点为洪庙3组。全长1500米，底宽2米，顶宽3.5米，水深1.5米，类别为灌溉渠，主要用于农田灌溉。

二、南城街道

陈沟东村泵站[Chéngōudōngcūnbèngzhàn]　2012年建成，位于南城陈沟东村11组，装机溶质1台，

25千瓦，扬程25米，流量0.5立方米/秒，受益面积300亩，渠道长度2千米，水源为雨水，泵站功能为灌溉。

虎乳岩泵站[Hǔrǔyánbèngzhàn]　1976年建成，位于南城大塘村1组，装机溶质为1台，功率50千瓦，扬程60米，流量0.3立方米/秒，受益面积800亩，渠道长度2.6千米，主要用于农业灌溉。

高庙村泵站[Gāomiàocūnbèngzhàn]　1975年建成，位于南城高庙村，处丘陵地带，装机溶质为2台，功率55千瓦，装机流量0.9立方米/秒，扬程30米，渠道长度200米，泵站功能为灌溉。

三、赵棚镇

李咀泵站[Lǐzuǐ Bèngzhàn]　因泵站位于赵棚镇合山村李咀，故名。装机容量为1台40千瓦，扬程15~20米，泵站功能为灌溉、排水。水源为刘家河，受益面积0.4平方千米。渠道长度为0.09千米。1960年建成。

燕子山泵站[Yànzishān Bèngzhàn]　因泵站位于燕子山，故名。该泵站位于赵棚镇合山村。装机容量为1台40千瓦，扬程15-20米，泵站功能为灌溉、排水。受益面积0.4平方千米。渠道长度为0.06千米。1963年建。

民主泵站[Mínzhǔ Bèngzhàn]　位于赵棚镇和顺村。一说因泵站建立时通过投票而修建及抽水设施名称综合命名；一说是建在原民主村的泵站。该泵站装机容量为1台55千瓦，扬程32米，流量为0.11立方米/秒，受益面积0.08平方千米，渠道长0.07米，主要用于农田灌溉，取水于刘家河。1982年建。

双桥二号泵站[Shuāngqiáo Èrhào Bèngzhàn]　该泵站位于赵棚镇双桥村双桥街。装机容量为1台11千瓦，扬程30米，流量0.001立方米/秒，泵站功能为农业灌溉。水源为王家河，受益面积0.03平方千米。渠道长度为100米。1980年建。

涂畈泵站[Túfàn Bèngzhàn]　该泵站位于赵棚镇双桥村涂家畈。装机容量为1台22千瓦，扬程40米，流量0.05立方米/秒，泵站功能为农业灌溉。水源为井边河，受益面积0.18平方千米。渠道长度为200米。2014年建。

涂畈二级泵站[Túfàn Èrjí Bèngzhàn]　该泵站位于赵棚镇双桥村涂家畈。装机容量为1台114千瓦，扬12米，流量0.001立方米/秒，泵站功能为农业灌溉。水源为一级起水到二级，受益面积0.08平方千米。渠道长度为60米。1995年建。

河西塆泵站[Héxīwān Bèngzhàn]　该泵站位于赵棚镇双桥村河西塆。装机容量为1台154千瓦，扬程20米，流量0.002立方米/秒，泵站功能为农业灌溉。水源为井面河，受益面积0.2平方千米。渠道长度为120米。1980建。

刘家河泵站[Liújiāhé Bèngzhàn]　该泵站位于赵棚镇双桥村刘家河塆。装机容量为1台11千瓦，扬程8米，流量0.06立方米/秒，泵站功能为农业灌溉。水源为小河，受益面积0.06平方千米。渠道长度为50

米。1987 年建。

刘家河二号泵站[Liújiāhé Èrhào Bèngzhàn]　该泵站位于赵棚镇双桥村刘家河塆。装机容量为 1 台 11 千瓦，扬程 50 米，流量 0.0001 立方米/秒，泵站功能为农业灌溉。水源为刘家小河，受益面积 0.06 平方千米。渠道长度为 100 米。2014 建。

双桥泵站[Shuāngqiáo Bèngzhàn]　该泵站位于赵棚镇双桥街。装机容量为 1 台 11 千瓦，扬程 8 米，流量 0.06 立方米/秒，泵站功能为农业灌溉。水源为门口河，受益面积 0.04 平方千米。渠道长度为 5 米。1987 年建。

双桥三号泵站[shuāngqiáo Sānhào Bèngzhàn]　该泵站位于赵棚镇双桥村双桥街。装机容量为 1 台 11 千瓦，扬程 20 米，流量 0.0001 立方米/秒，泵站功能为农业灌溉。水源为双桥小河，受益面积 0.03 平方千米。渠道长度为 50 米。

梅畈一级泵站[Méifàn Yījí Bèngzhàn]　该泵站位于赵棚镇双桥村艾三家塆。装机容量为 1 台 40 千瓦，扬程 20 米，流量 0.1 立方米/秒，泵站功能为农业灌溉。水源为安丰坝，受益面积 0.2 平方千米。渠道长度为 300 米。1958 年修建，1980 年修整。

梅畈二级泵站[Méifàn Èrjí Bèngzhàn]　又名黑石坡泵站。该泵站位于赵棚镇双桥村梅家大塆。装机容量为 1 台 11 千瓦，扬程 20 米，流量 0.001m^2/s，泵站功能为农业灌溉。水源由一级泵站提供，受益面积 0.1 平方千米。渠道长度为 200 米。1980 年建。

孙店 2 组泵站[Sūndiàn 2Zǔ Bèngzhàn]　该泵站位于赵棚镇孙店村 2 组上八里岔。东接孙店村上八里岔，南连大合山，北靠孙店村 1 组钱家垅。装机容量为 1 台 20 千瓦，扬程 10 米，流量 0.6 立方米/秒，泵站功能为农业灌溉。水源为雨水，受益面积 0.03 平方千米。渠道长度为 13 米。2011 年建。

孙店 9 组泵站[Sūndiàn 9Zǔ Bèngzhàn]　位于赵棚镇孙店村 9 组戚家大塆。东接孝昌县，西邻公路，北靠孙店村 8 组戚家大塆(戚家大塆分为 2 个组)，南连孝昌县。装机容量为 1 台 20 千瓦，扬程 10 米，流量 0.6 立方米/秒，泵站功能为农业灌溉。水源为雨水，受益面积 0.04 平方千米。渠道长度为 14 米。2012 年建。

孙店 14 组泵站[Sūndiàn 14Zǔ Bèngzhàn]　该泵站位于赵棚镇孙店村 14 组孙店街。东接孝昌县，西邻余家大塘，北靠孙店村公路，南连孙店村农田。装机容量为 1 台 20 千瓦，扬程 8 米，流量 0.5 立方米/秒，泵站功能为农业灌溉。水源为雨水，受益面积 0.1 平方千米。渠道长度为 16 米。2010 年建。

孙店泵站[Sūndiàn Bèngzhàn]　该泵站位于赵棚镇孙店村。东接孙店村 18 组松林塆，西邻兴农村，北靠曹家岗，南连响水坝。装机容量为 1 台 40 千瓦，扬程 30 米，流量 0.8 立方米/秒，泵站功能为农业灌溉。水源为雨水，受益面积 0.53 平方千米。渠道长度为 17 米。1962 年建。

王塆水库泵站[Wángwān Shuǐkù Bèngzhàn]　东接王家塆水库，西邻嫩楼子塆、北靠孙店村农田。装机容量为 1 台 20 千瓦，扬程 10 米，流量 0.6 立方米/秒，泵站功能为农业灌溉。水源为王家塆水库，受益面积 0.26 平方千米。渠道长度为 17 米。2008 年建。

陶庙泵站[Táomiào Bèngzhàn]　该泵站位于赵棚镇陶庙村四组黄家院子，装机容量为 2 台 24 千瓦，扬程 13 米，流量为 0.6 立方米/秒，受益面积 200 亩，渠道长 430 米，主要用于农田灌溉。2001 年建。

陶庙二组泵站[Táomiào Èrzǔ Bèngzhàn] 位于赵棚镇陶庙村二组周家田，装机容量为 1 台，功率为 20 千瓦，扬 30 米，流量为 0.6 立方米/秒，受益面积 500 亩，渠道长 500 米，主要用于农田灌溉。2011 年建。

土桥泵站[Tǔqiáo Bèngzhàn] 该泵站位于赵棚镇土桥村 12 组土桥街，装机容量为 1 台 30 千瓦，扬程 15 米，受益面积 0.0536 平方千米，渠道长 0.08 千米，泵站主要功能用于农田灌溉，水源为四张河。2010 年建。

余畈泵站[Yúfàn Bèngzhàn] 位于赵棚镇土桥村 7 组余家畈，装机容量为 1 台 30 千瓦，扬程 15 米，受益面积 0.053 平方千米，渠道长度 0.08 千米，泵站主要功能用于农田灌溉。2010 年建。

环家坝泵站[Huánjiābà Bèngzhàn] 该泵站位于赵棚镇土桥村 8 组余家畈，装机容量为一台 15 千瓦，扬程 9 米，受益面积 0.1 平方千米，没有修建渠道，直接注水灌溉农田，泵站主要功能用于农田灌溉。2010 年建。

清水塘泵站[Qīngshuǐtáng Bèngzhàn] 该泵站位于赵棚镇土桥村 7 组余家畈，装机容量为 1 台 10 千瓦，扬程 10 米，受益面积 100 亩，渠道长 0.15 千米，泵站主要功能用于农田灌溉，水源为清水塘。2010 年建。

宋楼泵站[Sònglóu Bèngzhàn] 又称四张泵站。该泵站位于赵棚镇土桥村四张河上，装机容量为 1 台 15 千瓦，扬程 9 米，受益面积 0.0335 平方千米，渠道长 0.05 千米，泵站主要功能用于农田灌溉，水源为草塘。2010 年建。

宋楼草塘泵站[Sònglóu Cǎotáng Bèngzhàn] 该泵站位于赵棚镇土桥村 3 组熊家西塆，装机容量为一台 15 千瓦，扬程 9 米，受益面积 80 亩，渠道长 0.1 千米，泵站主要功能用于农田灌溉。2010 年建。

宋楼宋沟泵站[Sònglóu Sònggōu Bèngzhàn] 该泵站位于赵棚镇土桥村 4 组宋家沟，装机容量为 1 台 15 千瓦，扬程 9 米，受益面积 0.0201 平方千米，渠道长 0.05 千米，泵站主要功能用于农田灌溉，水源为河沟水。2010 年建。

余家畈泵站[Yú jiā fàn Bèngzhàn] 该泵站位于赵棚镇土桥村 8 组余家畈，装机容量为 1 台 15 千瓦，扬程 15 米，受益面积 0.033 平方千米，渠道长 0.05 千米，泵站主要功能用于农田灌溉，水源为四张河。2010 年建。

砣子堰泵站[Tuóziyàn Bèngzhàn] 该泵站位于赵棚镇赵棚村。装机容量为一台 22 千瓦，扬程 11 米，流量为 0.001 立方米/秒，受益面积 80 亩，渠道长 80.2 千米，主要用于农田灌溉，取水自李家大塘。2015 年建。

陡岩河老二级站[Dǒuyánhé Lǎoèrjí Zhàn] 位于中塆村王家塆。装机容量为 1 台 15 千瓦，扬程 50 米，流量为 0.6 立方米/秒，受益面积 800 亩，渠道长 2 千米，主要用于农田灌溉，取水徐家河水库。1993 年建。

军阳水库副取水口[Jūnyáng Shuǐkù Fù Qǔshuǐkǒu] 该水口位于赵棚镇赵棚村，东接凡前塆山，西邻南大街，南连军阳水库，北靠东大街。该涵洞全长 200 米，宽 180 米，深 5 米，洞身形状为圆管，涵洞主要功能排水。1998 年建。

四、李店镇

茶堰泵站[Cháyàn Bèngzhàn] 因位于茶壶堰水库旁得名，1962 年原为茶堰机站，1988 年更改为茶堰泵站，位于李店镇茶堰村北部，装机容量 1 台 30 千瓦电动机，扬程 15 米，水源来自茶壶堰水库，受益面积约 2700 亩。

大赵村中心泵站[Dà zhàocūn Zhōngxīn Bèngzhàn] 建于 1993 年，1994 年建成，位于大赵村 5 组，装机功率 1 台 25 千瓦电动机，扬程 10 米，泵站高 6 米，长 400 米，水源主要来自中心水库，主要用于农田灌溉，受益面积约 2000 亩。

方岗泵站[Fānggǎng Bèngzhàn] 因位于方岗村得名，1962 年建成。装机功率 1 台 50 千瓦电动机，扬程 75 米，流量 0. 24 立方米/秒。水源主要来自熊岗村徐河，农田受益面积 285 亩，渠道长度 1. 5 千米。

黄岗泵站[Huánggǎng Bèngzhàn] 因位于黄家岗而得名，始建于 1963 年，为柴油机，1974 年改成电动机，位于李店镇严祠村 2 组，泵站高 5. 8 米，长 600 米，装机功率 1 台 30 千瓦电动机，装机流量 0. 34 立方米/秒，扬程 20 米。

王店泵站[Wángdiànshuǐkù Bèngzhàn] 1965 年建成，位于王店村，装机功率 1 台 55 千瓦电动机，扬程 18 米，流量 0. 3 立方米/秒。

王店水库泵站[Wángdiàn Shuǐkù Bèngzhàn] 位于王店村，1978 年建成。装机功率 1 台 55 千瓦电动机，扬程 7 米，流量 0. 6 立方米/秒，水源王店水库，收益面积 800 亩，渠道长度 0. 6 千米，主要用于农业灌溉。

肖徐村一级泵站[Xiāoxúcūn Yījí Bèngzhàn] 位于肖徐村 4 组，1976 年建成。装机功率 1 台 75 千瓦电动机，装机流量 0. 4 立方米/秒，扬程 20 米，受益面积 0. 1342 平方千米，泵站功能为灌溉。

长严村一级泵站[Chǎngyáncūn Yījí Bèngzhàn] 因位于长严村得名，装机功率 1 台 37 千瓦电动机，装机流量 0. 41 立方米/秒，扬程 8 米，受益面积 550 亩，台渠长 0. 54 千米。

杨棚村分水渠[Yángpéng Cūn Fènshuǐ Qú] 因位于杨棚村得名，全长约 2 千米，起于李店镇杨棚村徐家河总干渠，止于杨棚村杨家塆，平均流量 20 立方米/秒，最大水深 1 米，主要解决当地的排灌问题，沿途沟道建筑物有农桥 1 座，途经李店镇杨棚村 4、3、7 组。

五、巡店镇

八里泵站[Bālǐ Bèngzhàn] 以泵站位于八里村得名，位于八里村，装机功率为 1 台 40 千瓦电动机，装机流量 0. 13 立方米/秒，扬程 15 米，渠道长度 15 米，受益面积 400 多亩。

段家窑泵站[Duànjiāyáo Bèngzhàn]　以位于下段垮且烧过窑得名，1967 年 8 月 5 日建成。位于大柯村下段垮，装机功率为 1 台 15 千瓦电动机，扬程 15 米，流量 0. 5 立方米/秒，水源为河水，受益面积 0. 4422 平方千米，渠道长度 2 千米，主要用于灌溉。

满天星泵站[Mǎntiānxīng Bèngzhàn]　因完工时值晴天夜，村民玩笑得名，2008 年建成，位于甘聂村三组，装机功率为 1 台 17 千瓦电动机，扬程 15 米，流量 0. 13 立方米/秒。泵站功能为灌溉。水源来自漳河，受益面积 300 亩，渠道长度 1 千米。

杨林泵站[YánglínBèngzhàn]　以位于杨姓和林姓居民点处得名，1985 年建成，位于甘聂村二组，装机功率为 1 台 18 千瓦电动机，扬程 22 米，流量 0. 15 立方米/秒。泵站功能为灌溉。水源来自漳河，受益面积 400 亩，渠道长度 1. 5 千米。

短港泵站[duǎn gǎng Bèngzhàn]　以位于短港水库得名，1985 年建成。位于何程村七组，装机功率为 1 台 60 千瓦电动机，扬程 30 米，流量 0. 45 立方米/秒。泵站功能为灌溉。水源来自短港水库，受益面积约 600 亩，渠道长度 1 千米。

何程泵站[Héchéng Bèngzhàn]　以位于何程村得名，1949 年建成，装机功率为 1 台 60 千瓦电动机，扬程 30 米，流量 0. 45 立方米/秒。泵站功能为灌溉。水源来自短港水库，受益面积约 600 亩，渠道长度 1. 5 千米。

李河泵站[Lǐhé Bèngzhàn]　以位于李河村得名，1949 年建成。位于安陆市李河村二组。泵站装有专用 75 千瓦变压器与 75 千瓦电动机各 1 台，扬程为 10 米，流量 0. 8 立方米/秒，泵站的主要功能为当地农田的灌溉。水源主要来自内府河，农田受益面积为 0. 4 平方千米，灌溉渠道长 0. 13 千米，有效灌溉区域主要为李河村。

蔡家咀泵站[Càijiājǔ Bèngzhàn]　以位于蔡家咀得名，1976 年建成。位于刘河村 9 组。泵站装有专用 23 千瓦变压器 23 与千瓦电动机各 1 台，扬程为 18 米，流量 0. 3 立方米/秒，泵站的主要功能为当地农田的灌溉。水源主要来自漳河，农田受益面积为 0. 2 平方千米，灌溉渠道长 2 千米，有效灌溉区域主要为刘河村 9 组。

傅家湾泵站[Fù jiā wān Bèngzhàn]　以位于傅家湾得名，1980 年建成。位于刘河村，泵站功率为 1 台 13 千瓦电动机，扬程为 12 米，流量 0. 15 立方米/秒，泵站的主要功能为当地农田的灌溉。水源主要来自自然降水，农田受益面积为 0. 1 平方千米，灌溉渠道长 1 千米，有效灌溉区域主要为刘河村 5 组。

苏湾泵站[Sūwān Bèngzhàn]　以位于苏家湾得名，1976 年建成。位于刘河村，泵站功率为 1 台 23 千瓦电动机，扬程为 18 米，流量 0. 25 立方米/秒，泵站的主要功能为当地农田的灌溉。水源主要来自自然降水，农田受益面积为 0. 13 平方千米，灌溉渠道长 1 千米，有效灌溉区域主要为刘河村 6 组。

小张湾泵站[Xiǎozhāngwān Bèngzhàn]　以位于小张家湾得名，1980 年建成。泵站功率为 1 台 17 千瓦电动机，扬程为 18 米，流量 0. 3 立方米/秒，泵站的主要功能为当地农田的灌溉。水源主要来自自然降水，农田受益面积为 0. 213 平方千米，灌溉渠道长 1. 5 千米，有效灌溉区域主要为刘河村 3 组。

刘河泵站[Liúhé Bèngzhàn] 以位于刘河村得名，建成于1986年。位于刘河村4组，泵站功率为1台13千瓦电动机，扬程为12米，流量0.15立方米/秒，泵站的主要功能为当地农田的灌溉。水源主要来自漳河，农田受益面积为0.1平方千米，灌溉渠道长1千米，有效灌溉区域主要为刘河村4组。

严刘泵站[Yánliú Bèngzhàn] 以位于严刘湾得名，建成于1976年。泵站功率为1台23千瓦电动机，扬程为18米，流量0.2立方米/秒，泵站的主要功能为当地农田的灌溉。水源主要来自漳河，农田受益面积为0.2平方千米，灌溉渠道长1千米，有效灌溉区域主要为刘河村7组。

刘桥藕塘泵站[Liúqiáoǒutáng Bèngzhàn] 以泵站位于藕塘凹水库附近得名，建成于2001年。位于刘桥村汪家山藕塘凹水库附近。泵站功率为1台10千瓦电动机，扬程为6米，流量0.2立方米/秒，泵站的主要功能为当地农田的灌溉。水源主要来自于自然降水，农田受益面积为0.233平方千米，灌溉渠道长0.15千米，有效灌溉区域主要为巡店镇刘桥村汪家山上湾。

皮塘泵站[Pítáng Bèngzhàn] 因位于刘桥村皮塘水库得名，1949年开始兴建，1950年建成使用。泵站功率为1台30千瓦电动机，扬程为8米，流量0.25立方米/秒，泵站的主要功能为当地农田的灌溉。水源主要来自自然降水，农田受益面积为0.213平方千米，灌溉渠道长0.45千米，有效灌溉区域主要为刘桥村。

苏炳塘泵站[Sūbǐngtáng Bèng zhàn] 因位于苏炳塘得名，1958年开始兴建，1959年建成使用，位于刘桥村宋万湾。泵站功率为2台10千瓦电动机，扬程为8米，流量0.12立方米/秒，泵站的主要功能为当地农田的灌溉。水源主要来自自然降水，农田受益面积为0.185平方千米，灌溉渠道长0.18千米，有效灌溉区域主要为刘桥村宋万湾。

梅陈泵站[Méichén Bèngzhàn] 因位于梅陈村得名，1968年开始兴建。泵站功率为1台75千瓦电动机，扬程为16米，流量0.3立方米/秒，泵站的主要功能为当地农田的灌溉。水源主要来自内府河水，农田受益面积为0.253平方千米，灌溉渠道长0.8千米，有效灌溉区域主要为梅陈村1组。

肖堰泵站[Xiāoyàn Bèngzhàn] 因位于肖堰水库得名，位于肖堰水库西部，处丘陵地带，泵站功率为1台25千瓦电动机，装机流量0.23立方米/秒，扬程23米，渠道长度为0.85千米，泵站功能为灌溉，受益面积1501亩。

八里泵站[Bālǐ Bèngzhàn] 因离八里岔较近得名，1977年开始兴建，1978年6月建成使用，位安陆市巡店镇彭河村北部、八里河坝处。泵站功率为3台280千瓦电动机，扬程27米，流量2.2立方米/秒，泵站的主要功能为当地农田的灌溉。水源主要来自吴家河，农田受益面积为6.667平方千米，灌溉渠道长6.1千米，有效灌溉区域主要有彭河村、三里村、肖堰村、牌坊村、八里村等。

外堰泵站[Wàiyàn Bèngzhàn] 以在河堤外取水得名，2011年开始兴建，2012年建成。位于三里村1组。泵站功率为1台18千瓦电动机，扬程为15米，流量0.3立方米/秒，泵站的主要功能为当地农田的灌溉。水源主要来自内府河，农田受益面积为0.375平方千米，灌溉渠道长0.8千米，有效灌溉区域主要为三里村1组。

园子塆泵站[Yuánzǐwān Bèngzhàn] 以位于园子塆得名，2011年开始兴建，2012年建成。泵站功率为

1台18千瓦电动机，扬程为10米，流量0.2立方米/秒，泵站的主要功能为当地农田的灌溉。水源主要来自园子港，农田受益面积为0.1平方千米，灌溉渠道长2千米，有效灌溉区域主要为三里村6组。

南河泵站[Nánhé Bèngzhàn]　以位于桑树村南部得名，1973年建成。位于桑树村南部，泵站功率为1台40千瓦电动机，扬程20米，流量0.23立方米/秒。泵站功能为灌溉。水源来自漳河，受益面积约320亩，渠道长度1.5千米。

甘家垮泵站[Gān jiā wān Bèngzhàn]　以位于砂子村甘家垮得名，1976年建成。泵站功率为1台40千瓦电动机，扬程4.5米，流量0.6立方米/秒，受益面积1200亩，渠道长度0.5千米，水源为洪山水库，泵站功能为农业灌溉。

槽坊泵站[Cáofāng Bèngzhàn]　以位于砂子村槽坊垮得名，1976年建成。泵站功率为1台25千瓦电动机，扬程3.5米，流量0.5立方米/秒，受益面积400亩，渠道长度0.2千米，水源为水库，泵站功能为农业灌溉。

刘桥泵站[Liúqiáo Bèngzhàn]　因本村与刘桥村合建得名，2014年建成。于石场岗上垮，泵站功率为1台25千瓦电动机，扬程10米，流量0.13立方米/秒。泵站功能为灌溉。水源来自陪嫁塘，受益面积80亩，渠道长度0.02千米。

黄泥沟泵站[Huángnígōu Bèngzhàn]　以所在地水沟得名，1960年建成。位于同兴村东，泵站功率为1台55千瓦电动机，扬程50米，流量0.6立方米/秒，受益面积550亩，渠道长度1千米，水源为内府河，主要用于灌溉。

陆丙塘泵站[Lùbǐngtáng Bèngzhàn]　以提水处地名得名，2009年建成。位于同兴村1组，泵站功率为1台7.5千瓦电动机，扬程10米，流量0.4立方米/秒，受益面积130亩，渠道长度1.5千米，水源为雨水，主要用于农业灌溉。

宋家院子泵站[Sòngjiāyuànzǐ Bèngzhàn]　以附近村庄名得名，2009年建成。位于同兴村宋家院子，泵站功率为1台7.5千瓦电动机，扬程10米，流量0.4立方米/秒，受益面积140亩，渠道长度2千米，水源为雨水，主要用于农业灌溉。

皮塘二级泵站[Pítángèrjí Bèngzhàn]　以取水地得名，1976年建成。位于涂杨村，泵站功率为2台75千瓦电动机，扬程30米，流量0.35立方米/秒，受益面积500亩，渠道长度4.8千米，水源为皮塘水库，泵站功能为农业灌溉。

武马泵站[Wǔmǎ Bèngzhàn]　以位于武马村得名，2010年建成。处丘陵地带，泵站功率为1台35千瓦电动机，装机流量0.21立方米/秒，扬程30米，渠道长度30米，泵站功能为灌溉，受益面积190亩。

胡家垮泵站[Hú jiā wān Bèngzhàn]　以位于胡家垮得名，1984年建成。位于肖杨村漳河边，泵站功率为1台13千瓦电动机，扬程7米，流量0.03立方米/秒。泵站功能为灌溉。水源来自漳河，受益面积388亩，渠道长度2千米。

卢家垮泵站[Lú jiā wān Bèngzhàn]　以位于卢家垮得名，1957年建成，动力初为柴油机，后改为电动机。位于肖杨村卢家垮漳河边，泵站功率为1台17千瓦电动机，扬程12米，流量0.03立方米/秒。泵站功能为灌溉。水源来自漳河，受益面积 165 亩，渠道长度 2 千米。

徐家垮泵站[Xú jiā wān Bèngzhàn] 以位于徐家垮得名，1950 年建成，动力初为柴油机，后改为电动机。位于肖杨村徐家垮漳河边，泵站功率为 1 台 17 千瓦电动机，扬程 9 米，流量 0. 03 立方米/秒。泵站功能为灌溉。水源来自漳河，受益面积 160 亩，渠道长度 2 千米。

张家垮 1 号泵站[Zhāng jiā wān 1 hào Bèngzhàn] 以位于张家垮得名，1950 年建成，动力初为柴油机，后改为电动机。位于肖杨村漳河边，装机容量 1 台 13 千瓦，扬程 10 米，流量 0. 03 立方米/秒。泵站功能为灌溉。水源来自漳河，受益面积 100 亩，渠道长度 1 千米。

张家垮 2 号泵站[Zhāng jiā wān 2 hào Bèngzhàn] 以位于张家垮得名，1991 年建成，位于肖杨村漳河边，泵站功率为 1 台 13 千瓦电动机，扬程 10 米，流量 0. 03 立方米/秒。泵站功能为灌溉。水源来自漳河，受益面积 150 亩，渠道长度 1 千米。

周杨垮泵站[Zhōuyángwān Bèngzhàn] 以位于周杨垮得名，1953 年建成，动力初为柴油机，后改为电动机。位于肖杨村周杨垮漳河边，泵站功率为 1 台 15 千瓦电动机，扬程 10 米，流量 0. 03 立方米/秒。泵站功能为灌溉。水源来自漳河，受益面积 150 亩，渠道长度 1. 5 千米。

杨坡泵站[Yángpō Bèngzhàn] 以位于杨坡村得名，1962 年建成。位于杨坡村二组，动力初为柴油机，后改为电动机。泵站功率为 1 台 75 千瓦电动机，扬程 25 米，流量 0. 35 立方米/秒。泵站功能为灌溉。水源来自内府河，受益面积 1500 亩，渠道长度 2 千米。

壕沟泵站[Háogōu Bèngzhàn] 以取水地得名，1976 年建成。位于巡店镇周胡村六组。泵站功率为 1 台 40 千瓦电动机，扬程为 15 米，流量 1. 5 立方米/秒，泵站的主要功能为当地农田的灌溉。水源主要来自漳河水，农田受益面积为 0. 087 平方千米，灌溉渠道长 0. 2 千米，有效灌溉区域主要为周胡村六组。

岩子山泵站[Yánzǐshān Bèngzhàn] 以所在地名得名，1976 年建成。位于周胡村 2 组。泵站功率为 1 台 135 千瓦电动机，扬程为 45 米，流量 1 立方米/秒，泵站的主要功能为当地农田的灌溉。水源主要来自漳河水，农田受益面积为 1 平方千米，灌溉渠道长 1 千米，有效灌溉区域主要为周胡村 2 组。

周胡泵站[Zhōuhú Bèngzhàn] 以位于周胡村得名，1976 年建成。位于周胡村四组。泵站装有专用 40 千瓦变压器 1 台，扬程为 16 米，流量 1. 5 立方米/秒，泵站的主要功能为当地农田的灌溉。水源主要来自漳河水，农田受益面积为 0. 2 平方千米，灌溉渠道长 0. 4 千米，有效灌溉区域主要为周胡村四组。

大畈排水沟[Dàfàn Páishuǐ Gōu] 以位于大柯垮后面田地畈得名，1985 年建成。位于大柯村小柯垮，自上而下，上起大柯村四组，下至大柯村二组，水流向漳河，总长约 1. 5 千米，平均流量为 0. 5 立方米/秒，水深 0. 6 米，主要用于防涝。

岗上垮干渠[Gǎngshàngwāngànqú] 以位于岗上垮得名，2014 年建成。位于石场村岗上垮，全长 24 米，宽 1 米，平均水深 0. 5 米，类别为灌溉渠，主要用于农田灌溉。

壕沟[Háogōu] 民国时即有，位于桑树村 4、5 组，全长 800 米，宽 8 米，平均水深 4 米，类别为排水沟，主要用于排水和农田灌溉。

节约渡槽[Jiēyuē Dùcáo] 该渡槽刚建时村民希望能节约水资源得名，1981 年建成。位于何程村，长

800 米，宽 4 米，主要用于引水。

解放山西干渠[Jiěfàngshān Xīgàn Qú]　因取水处得名，2002 年开挖，2003 年建成。位于安陆市巡店镇肖堰村岗上湾以西，起于解放山水利工程，止于内府河。水渠全长约 1.2 千米，底宽 1.5 米，面宽 3 米，平均流量 0.6 立方米/秒，最大水深 1 米。该水渠属于灌溉渠，主要解决当地的农田灌溉用水问题，农田受益面积为 0.4 平方千米，途径府城办事处、棠棣镇、巡店镇多个村。

砂子支渠[Shāzǐ Zhīqú]　以位于砂子村得名，1960 年建成，系郑家河水库西支渠。全长 5.5 千米，宽 2 米，水深 1.5 米，流量 0.6 立方米/秒，主要用于农业灌溉。

社庙桥沟[Shèmiàoqiáo Gōu]　因位于社庙桥而得名，1965 年开挖。位于杨坡村，全长 3500 米，宽 40 米，平均水深 4 米，类别为灌溉渠，主要用于农田灌溉。

外堰泵站台渠[Wàiyàn Bèngzhàn Táiqú]　2012 年建成，位于三里村 1 组，地处内府河附近。全长约 0.8 千米，底宽 0.5 米，面宽 1 米，平均流量 0.3 立方米/秒，最大水深 0.4 米。该水渠属于灌溉渠，主要解决当地的农田灌溉用水问题，农田受益面积为 0.375 平方千米。

五星坝水库闸取水口[Wǔxīngbà Shuǐkùzhá Qǔshuǐkǒu]　1959 年建成，位于甘聂村五星坝闸口，涵洞宽 2 米，高 1 米，只有一孔，主要用来引水。

杨堰水库闸取水口[Yángyàn Shuǐkùzhá Qǔshuǐkǒu]　1954 年建成，位于何程村，全长 3 米，宽 2 米，高 2 米，有 2 孔，洞身形状为圆管涵，涵洞功能为排水。

六、棠棣镇

对面山水泵[Duìmiànshān Shuǐbèng]　该泵站位于棠棣镇百花村 1 组天主堂，装机容量为 1 台 185 千瓦。扬程 18 米，流量 0.5 立方米/秒。泵站功能为农田灌溉，水源为吴家河，受益面积约 1500 亩，渠道长度 1 千米。2012 年建成。

上港泵站 1[Shànggǎng Bèngzhàn1]　位于棠棣镇陈河村。装机容量为 1 台 10 千瓦。扬程 4 米，流量 0.3 立方米/秒。泵站功能为农田灌溉，水源为陈河上港，受益面积约 50 亩，渠道长度 12 米。2010 年建成。

上港泵站 2[shànggǎng Bèngzhàn2]　位于棠棣镇陈河村。装机容量为 1 台 10 千瓦。扬程 5 米，流量 0.3 立方米/秒。泵站功能为农田灌溉，水源为陈河上港，受益面积约 50 亩，渠道长度 13 米。2010 年建成。

下港泵站 1[Xiàgǎng Bèngzhàn1]　位于棠棣镇陈河村。装机容量为 1 台 10 千瓦。扬程 6 米，流量 0.3 立方米/秒。泵站功能为农田灌溉，水源为陈河下港，受益面积约 150 亩，渠道长度 14 米。1993 年建成。

下港泵站 2[Xiàgǎng Bèngzhàn2]　位于棠棣镇陈河村。装机容量为 1 台 10 千瓦。扬程 7 米，流量 0.3 立方米/秒。泵站功能为农田灌溉，水源为陈河下港，受益面积约 100 亩，渠道长度 15 米。2010 年建成。

大山头泵站[Dàshāntóu Bèngzhàn]　位于棠棣镇董榨村大山头，装机容量 1 台 11.5 千瓦，扬程 8 米，流量 0.039 立方米/秒。泵站功能为灌溉。受益面积约 150 亩，渠道长度 600 米。2013 年建成。

董家塆泵站[Dǒng jiā wān Bèngzhàn]　位于棠棣镇董榨村董家塆，装机容量1台7.5千瓦，扬程6米，流量0.035立方米/秒。泵站功能为灌溉。受益面积约70亩，渠道长度450米。2013年建成。

河底泵站[Hédǐ Bèngzhàn]　位于棠棣镇董榨村2组罗家港河底，装机容量1台11.5千瓦，扬程7米，流量0.039立方米/秒。泵站功能为灌溉。受益面积约150亩，渠道长度500米。2013年建成。

罗家泵站[Luójiā Bèngzhàn]　位于棠棣镇董榨村2组东罗家港，装机容量1台11.5千瓦，扬程7米，流量0.78立方米/秒。泵站功能为灌溉。受益面积约90亩，渠道长度100米。2013年建成。

石河泵站[Shíhé Bèngzhàn]　位于棠棣镇董榨村6组董家塆石河边，装机容量1台13.5千瓦，扬程10米，流量0.049立方米/秒。泵站功能为灌溉。受益面积约200亩，渠道长度1500米。2013年建成。

五组石河泵站[Wǔzǔ Shíhé Bèngzhàn]　位于棠棣镇董榨村5组李家榨石河边，装机容量1台11.5千瓦，扬程4米，流量0.039立方米/秒。泵站功能为灌溉。受益面积约170亩，渠道长度200米。2014年建成。

杨家泵站[Yángjiā Bèngzhàn]　位于棠棣镇董榨村7组杨家塆，装机容量1台11.5千瓦，扬程4米，流量0.036立方米/秒。泵站功能为灌溉。受益面积约160亩，渠道长度150米。2013年建成。

窑塆泵站[Yáowān Bèngzhàn]　位于棠棣镇董榨村3组窑塆，装机容量1台11.5千瓦，扬程7米，流量0.039立方米/秒。泵站功能为灌溉。受益面积约150亩，渠道长度180米。2013年建成。

哑巴坝泵站[Yǎbābà Bèngzhàn]　该泵站位于董榨村哑巴山南底下河边，装机溶质1台22千瓦，扬程8.5米，流量0.061立方米/秒。泵站功能为灌溉。受益面积约400亩，渠道长度200米。2013年建成。

康家塆泵站[Kāng jiā wān Bèngzhàn]　位于棠棣镇轭头村康家塆，装机容量2台，功率430千瓦，扬程28米，装机流量1.6立方米/秒。水源为联合水库。泵站功能为灌溉、供水。1978年12月建成。

方园水库一号泵站[Fāngyuán Shuǐkù Yīhào Bèngzhàn]　位于棠棣镇方卢村方园水库西北角，装机容量1台功率13千瓦，扬程12米，流量0.11立方米/秒。主要用于解决方家上塆、方家下塆抗旱用水。1995年建成命名。

方园水库二号泵站[Fāngyuán Shuǐkù Èrhào Bèngzhàn]　位于棠棣镇方卢村，装机容量1台功率13千瓦，扬程13米，流量0.11立方米/秒，主要用于解决卢家榨组和何家小塆部分抗旱用水。2014年建成。

黄家坝泵站[Huángjiābà Bèngzhàn]　位于棠棣镇方卢村黄家坝水库东南角，装机容量1台功率17千瓦，扬程15米，流量0.14立方米/秒，主要用于解决军卢家塆、何家大塆抗旱用水。1956年建成，当时功率为13千瓦，2002年修整，功率改为17千瓦。

辜家塆泵站[Gū jiā wān Bèngzhàn]　该泵站位于棠棣镇胡巷村3组辜张塆，装机容量为1台功率17千瓦，扬程6米，流量为0.2立方米/秒，涵管长度为15米，灌溉面积0.201平方千米，主要用于农业灌溉。2012年胡巷村的土地实施土地平整，由国家投资兴建。

杨家咀泵站[Yáng jiā zuǐ Bèngzhàn]　位于棠棣镇花园村6组杨家店，装机容量为1台，功率25千瓦，装机流量0.6立方米/秒，扬程15米，受益面积0.2平方千米，泵站功能为灌溉。2004年建站。

高台渠泵站[Gāotáiqú Bèngzhàn]　位于棠棣镇回龙村4组陈家塆。因位于地势较高的地方而得名。处丘陵地带，装机容量为1台功率11千瓦，扬程12米，涵管长度18米，泵站功能为灌溉。2011年建成。

石堰泵站［Shíyàn Bèngzhàn］　位于棠棣镇回龙村孙家塆，处丘陵地带，装机容量为1台功率10千瓦，装机流量0.0013立方米/秒，扬程3米，涵管长度8米，泵站功能为灌溉。2011年建成。

新坝泵站［Xīnbà Bèngzhàn］　位于棠棣镇回龙村4组陈家塆，处丘陵地带，装机容量为1台功率10千瓦，扬程4米，涵管长度11米，泵站功能为灌溉。2011年建成。

八组升垱泵站［Bāzǔ Shēngdàng Bèngzhàn］　位于棠棣镇金泉村魏家洼东北部，装机容量为1台功率22千瓦，装机流量0.2立方米/秒，扬程15米，涵管长度50米，泵站功能为灌溉。2008年建成。

三组泵站［Sānzǔ Bèngzhàn］　位于棠棣镇金泉村小王家塆、上四塆之间，装机容量为1台功率11千瓦，装机流量0.12立方米/秒，扬程13米，涵管长度150米，泵站功能为灌溉。2011年建成。

十组岗边泵站［Shízǔ Gǎngbiān Bèngzhàn］　位于棠棣镇金泉村架子山塆，装机容量为1台功率10千瓦，装机流量0.11立方米/秒，扬程12米，涵管长度30米，泵站功能为灌溉。2002年建成。

一组泵站［Yīzǔ Bèngzhàn］　位于棠棣镇金泉村河边塆、孙家大屋塆东部，装机容量为1台功率37千瓦，装机流量0.2立方米/秒，扬程20米，涵管长度200米，泵站功能为灌溉。2003年建成。

徐家泵站［Xújiā Bèngzhàn］　位于棠棣镇黎龙村徐家大塆，装机容量为1台13千瓦。扬程13米，流量0.5立方米/秒。泵站功能为农田灌溉，水源为门口桥河，受益面积约1500亩，渠道长度1千米。1975年建成。

徐家泵站1［Xújiā Bèngzhàn1］　位于棠棣镇黎龙村徐家大塆，为二级泵站，装机容量为1台10千瓦。扬程12米，流量0.4立方米/秒。泵站功能为农田灌溉，水源为门口桥河，受益面积约1000亩，渠道长度0.9千米。1975年建成。

三冲村二级泵站［Sānchōng Cūn Èrjí Bèngzhàn］　位于棠棣镇三冲村2组李家大塆，装机容量1台17.5千瓦，扬程12米，流量0.11立方米/秒。泵站功能为灌溉。水源来自三冲二井，受益面积约250亩，渠道长度0.8千米。1980年建成。

三冲村一级泵站［Sānchōng Cūn Yījí Bèngzhàn］　位于棠棣镇三冲村，装机容量1台55千瓦，扬程20米，流量0.25立方米/秒。泵站功能为灌溉。水源来自三冲一井，受益面积约900亩，渠道长度1千米。1980年建成。

十里泵站［Shílǐ Bèngzhàn］　位于棠棣镇十里村，装机容量1台功率17.5千瓦，扬程30米，流量0.5立方米/秒，涵管长800米，主要用于农业灌溉。2013年建成。

撮箕口泵站［Cuōjīkǒu Bèngzhàn］　位于棠棣镇石河村撮箕口河边，装机容量1台功率13千瓦，扬程13米，流量0.3立方米/秒，受益面积0.1206平方千米，渠道长度为0.5千米，水源为撮箕口河，主要用于农业灌溉。1973年建成。

胡家大塆泵站［Hú jiā dà wān Bèngzhàn］　位于棠棣镇石河村胡家大塆，装机容量1台功率13千瓦，扬程15米，流量0.5立方米/秒，涵管长26米，主要用于农业灌溉。1976年建成。

刘家塆泵站［Liú jiā wān Bèngzhàn］　位于棠棣镇石河村刘家塆，装机容量1台功率18千瓦，扬程15

米，流量0.5立方米/秒，涵管长35米，主要用于农业灌溉。1973年建成。

史家中塆泵站[Shǐjiāzhōngwān Bèngzhàn] 位于棠棣镇石河村史家中塆，装机容量1台功率13千瓦，扬程15米，流量0.4立方米/秒，涵管长15米，主要用于农业灌溉。1980年建成。

一级泵站[Yījí Bèngzhàn] 位于棠棣镇桃园村石河边，装机容量为1台功率55千瓦，装机流量0.11立方米/秒，扬程13米，泵站功能为灌溉。1968年建成。

二级泵站[Èrjí Bèngzhàn] 位于棠棣镇桃园村万家塆，装机容量为1台功率18.5千瓦，装机流量0.11立方米/秒，扬程10米，泵站功能为灌溉。1970年建成。

府河泵站[Fǔhébèngzhàn] 位于棠棣镇天灯村冉家塆府河边上，装机容量为1台功率40千瓦，装机流量0.13立方米/秒，扬程20米，受泵站功能为灌溉。1988年建成。

务丰村55千瓦泵站[Wùfēng Cūn 55Qiānwǎ Bèngzhàn] 位于棠棣镇务丰村5组夏家凹，装机容量为1台功率55千瓦，装机流量0.02立方米/秒，扬程15米，涵管长度50米，泵站功能为灌溉。1978年建成。

务丰村七组35千瓦泵站[Wùfēng Cūn Qīzǔ 35Qiānwǎ Bèngzhàn] 位于棠棣镇务丰村土库塆，装机容量为1台功率35千瓦，装机流量0.03立方米/秒，扬程10米，泵站功能为灌溉。2012年建成。

务丰村八组35千瓦泵站[Wùfēng Cūn Bāzǔ 35Qiānwǎ Bèngzhàn] 位于棠棣镇务丰村高家都堂，装机容量为1台功率35千瓦，装机流量0.02立方米/秒，扬程10米，泵站功能为灌溉。2012年建成。

务丰村六组22千瓦泵站[Wùfēng Cūn Liùzǔ 22Qiānwǎ Bèngzhàn] 位于棠棣镇务丰村周家大塆，装机容量为1台功率22千瓦，装机流量0.02立方米/秒，扬程7米，泵站功能为灌溉。2012年建成。

务丰村九组35千瓦泵站[Wùfēng Cūn Jiǔzǔ 35Qiānwǎ Bèngzhàn] 位于棠棣镇务丰村艾家池口，装机容量为1台功率35千瓦，装机流量0.01立方米/秒，扬程15米，泵站功能为灌溉。2012年建成。

红石沟泵站[Hóngshígōu Bèngzhàn] 位于棠棣镇新塆村五分岗红石河的河沟边。泵站装有专用17千瓦变压器1台，扬程为18米，流量0.3立方米/秒，泵站的主要功能为当地农田的灌溉。水源主要来自自然降水，农田受益面积为0.2平方千米，灌溉渠道长0.06千米，有效灌溉区域主要为新塆村五分岗。

红石坡泵站[Hóngshípō Bèngzhàn] 位于棠棣镇新塆村1组董家塆红石坡附近。泵站装有专用17千瓦变压器1台，扬程为15米，流量0.3立方米/秒，泵站的主要功能为当地农田的灌溉。水源主要来自自然降水，农田受益面积为0.2667平方千米，灌溉渠道长0.05千米，有效灌溉区域主要为董家塆、寨坡。

上家塘泵站[Shàngjiātáng Bèngzhàn] 位于棠棣镇新塆村二塆上家大塘附近。泵站装有专用17千瓦变压器1台，扬程为12米，流量0.2立方米/秒，泵站的主要功能为当地农田的灌溉。水源主要来自自然降水，农田受益面积为0.2平方千米，灌溉渠道长0.04千米，有效灌溉区域主要为棠棣镇新塆村。该泵站建于2013年，2014年正式用于农业灌溉。

六组新修凼泵站[Liùzǔ Xīnxiūdàng Bèngzhàn] 位于棠棣镇杨巷村6组杨家巷子新修凼。泵站装有专用11千瓦变压器1台，扬程为22米，流量170立方米/秒，泵站的主要功能为当地农田的灌溉。水源主要来自自然降水，农田受益面积为0.067平方千米，灌溉渠道长0.2千米，有效灌溉区域主要为杨巷村杨家巷子。该泵站于2013年5月建成。

茅草山泵站[Máocǎoshān Bèngzhàn]　位于棠棣镇杨巷村茅草山附近。泵站装有专用22千瓦变压器1台，扬程为18米，流量220立方米/秒，泵站的主要功能为当地农田的灌溉。水源主要来自董堰河水，农田受益面积为0.333平方千米，灌溉渠道长0.3千米，有效灌溉区域主要为杨巷村杨家巷子、吴家巷子、曾沈塆。该泵站于2013年5月建成。

张家塆拱桥泵站[Zhāng jiā wān Gǒngqiáo Bèngzhàn]　位于棠棣镇杨巷村10组张家塆河道与杨家巷子交界处的石拱桥边。泵站装有专用10千瓦变压器1台，扬程为12米，流量150立方米/秒，泵站的主要功能为当地农田的灌溉。水源主要来自自然降水，农田受益面积为0.067平方千米，灌溉渠道长0.25千米，有效灌溉区域主要为杨巷村10组张家塆。该泵站于2013年5月建成。

黄家桥泵站[Huángjiāqiáo Bèngzhàn]　位于棠棣镇杨巷村8组黄家桥西、曾沈塆南。泵站装有专用10千瓦变压器1台，扬程为12米，流量150立方米/秒，泵站的主要功能为当地农田的灌溉。水源主要来自自然降水，农田受益面积为0.067平方千米，灌溉渠道长0.2千米，有效灌溉区域主要为杨巷村黄家桥。

金银花泵站[jīnyínhuā Bèngzhàn]　位于棠棣镇杨巷村甘家竹林东部联合水库及金银花基地附近，取水位置处于棠棣镇联合水库附近。泵站装有专用28千瓦变压器1台，扬程为30米，流量250立方米/秒，泵站的主要功能为当地农田的灌溉。水源主要来自自然降水，农田受益面积为0.3333平方千米，灌溉渠道长0.5千米，有效灌溉区域主要为杨巷村甘家竹林、李家巷子和杨家巷子。该泵站于2005年8月建成。

九组董堰河泵站[Jiǔzǔ Dǒngyànhé Bèngzhàn]　位于棠棣镇杨巷村9组董堰河。泵站装有专用10千瓦变压器1台，扬程为20米，流量180立方米/秒，泵站的主要功能为当地农田的灌溉。水源主要来自自然降水，农田受益面积为0.1333平方千米，灌溉渠道长0.07千米，有效灌溉区域主要为杨巷村李家巷子、杨家巷子。该泵站于2013年5月建成。

三组刘家河泵站[Sānzǔ Liújiāhé Bèngzhàn]　位于棠棣镇杨巷村3组吴家巷子南部刘家河边。泵站装有专用17千瓦变压器1台，扬程为20米，流量220立方米/秒，泵站的主要功能为当地农田的灌溉。水源主要来自于自然降水，农田受益面积为0.067平方千米，灌溉渠道长0.1千米，有效灌溉区域主要为杨巷村吴家巷子。该泵站于2013年5月建成使用。

十一组余家河泵站[Shíyīzǔ Yújiāhé Bèngzhàn]　位于棠棣镇杨巷村11组余家河附近。泵站装有专用10千瓦变压器1台，扬程为20米，流量150立方米/秒，泵站的主要功能为当地农田的灌溉。水源主要来自自然降水，农田受益面积为0.1平方千米，灌溉渠道长0.5千米，有效灌溉区域主要为杨巷村余刘塆。该泵站于2013年建成使用。

王家凼泵站[Wángjiādàng Bèngzhàn]　位于棠棣镇杨巷村火石塆王家凼西。泵站装有专用10千瓦变压器1台，扬程为12米，流量150立方米/秒，泵站的主要功能为当地农田的灌溉。水源主要来自自然降水，农田受益面积为0.067平方千米，灌溉渠道长0.1千米，有效灌溉区域主要为杨巷村火盛塆。该泵站于2013年5月建成使用。

吴家巷子泵站[Wújiāxiàngzi Bèngzhàn]　位于棠棣镇杨巷村7组吴家巷子南。泵站装有专用13千瓦变压器1台，扬程为12米，流量180立方米/秒，泵站的主要功能为当地农田的灌溉。水源主要来自自然降水，农田受益面积为0.067平方千米，灌溉渠道长0.03千米，有效灌溉区域主要为杨巷村吴家巷子。该泵站于2005年8月建成使用。

吴家巷子腰塘泵站[Wújiāxiàngzi Yāotáng Bèngzhàn]　位于棠棣镇杨巷村7组吴家巷子腰塘东部。泵站装有专用10千瓦变压器1台，扬程为12米，流量150立方米/秒，泵站的主要功能为当地农田的灌溉。水源主要来自自然降水，农田受益面积为0.067平方千米，灌溉渠道长0.07千米，有效灌溉区域主要为杨巷村吴家巷子、杨家巷子。该泵站于2013年5月建成使用。

一组翻身水库泵站[Yīzǔ Fānshēn Shuǐkù Bèngzhàn]　位于棠棣镇杨巷村1组邓家塆翻身水库堤坝西段。泵站装有专用22千瓦变压器1台，扬程为18米，流量230立方米/秒，泵站的主要功能为当地农田的灌溉。水源主要来自自然降水，农田受益面积为0.333平方千米，灌溉渠道长1千米，有效灌溉区域主要为杨巷村邓家塆、张家塆、杨家巷子等。该泵站于2013年5月建成使用。

陈家桥泵站[Chénjiāqiáo Bèngzhàn]　位于棠棣镇张陈村陈家桥旁。泵站装有专用11千瓦变压器1台，扬程为4米，流量0.1立方米/秒，泵站的主要功能为当地农田的灌溉。水源主要来自自然降水，农田受益面积为0.2平方千米，灌溉渠道长0.3千米，有效灌溉区域主要为张陈村陈家塆。该泵站建于1994年。

山坡泵站[Shānpō Bèngzhàn]　位于棠棣镇张陈村钟家塆的山坡旁。泵站装有专用30千瓦变压器1台，扬程为30米，流量0.15立方米/秒，泵站的主要功能为当地农田的灌溉。水源主要来自自然降水，农田受益面积为0.313平方千米，灌溉渠道长0.3千米，有效灌溉区域主要为张陈村钟家塆。建于1977年。

张家塝泵站[Zhāngjiābàng Bèngzhàn]　位于棠棣镇张陈村张家塝附近。泵站装有专用11千瓦变压器1台，扬程为8米，流量0.1立方米/秒，泵站的主要功能为当地农田的灌溉。水源主要来自自然降水，农田受益面积为0.1867平方千米，灌溉渠道长0.2千米，有效灌溉区域主要为张陈村张家塝附近。建于2012年。

双塘水库泵站[Shuāngtáng Shuǐkù Bèngzhàn]　位于棠棣镇长岗村军张塆北，装机容量为1台功率22千瓦，装机流量0.055立方米/秒，扬程3.8米，泵站功能为灌溉。2012年建成。

百花灌溉金泉渠道[Bǎihuā Guàngài Jīnquán Qúdào]　位于棠棣镇百花村，全渠道贯穿金泉、百花、十里、胡棚、联合5个村，该渠道是棠棣镇上10个村抗旱的主要保障。最大水深2米，平均流量0.23立方米/秒。1990年建成。

一分干分渠[Yīfēngān Fēnqú]　该分渠棠棣镇轭头村段，全长800米，宽5米，平均水深1.2米。类别灌溉渠，主要用于农业灌溉。受益村有：烟店镇横路村、双庙村，棠棣镇联合村、胡棚村等。1958年西水东调而兴建。

西干渠[Xīgànqú]　位于棠棣镇回龙村，处丘陵地带，起于张陈塆，止于西港，平均流量0.002立方米/秒，水深0.8米，主要功能为灌溉。1998年开挖建成。

二级泵站渠[Èrjí Bèngzhàn Qú]　位于棠棣镇联合村，全长6千米，宽5米，深3米，类别为灌溉渠，主要用于农田灌溉。1992年建成。

金泉二级渠[Jīnquán Èrjí Qú]　该水渠是由金泉村一级水渠府河起水送往到联合村二级而命名。由金泉一级到联合二级，全长 6 千米，联合村段 2 千米，宽 8 米，深 2 米，类别为灌溉渠，主要用于农田灌溉。1995 年建成。

泵站迁出水渠[Bèngzhàn Qiānchū Shuǐqú]　位于棠棣镇三冲村，全长 3000 米，宽 2 米，平均水深 0.8 米，类别为水渠，主要用于农田灌溉。1980 年建成。

十里村水渠[Shílǐ Cūn Shuǐqú]　位于棠棣镇十里村，全长 1500 米，宽 6 米，水深 2.5 米，平均流量 5 立方米/秒。类别为灌溉渠，主要用于农业灌溉。1973 年开挖和扩建。

45 台渠[45 Táiqú]　“45”指发动机功率为 45 匹，“台渠”指灌溉设施。该水渠东起石河村史家垱，西至程家塆塆塘，全长 680 米，水深 0.3 米，流量 5 立方米/秒，主要用于农业灌溉。1958 年建成，2013 年扩建成 U 型槽台沟。

四组水渠[Sìzǔ Shuǐqú]　该水渠北至棠棣镇棠棣村喻家塆、袁家独屋双塘泵站，南到袁家独屋，流量为 5 立方米/秒，全长 2000 米，水深 0.3 米，灌溉面积 0.015 平方千米，主要用于农田灌溉。1972 年因大旱修建水渠一条，2013 土地整改成 U 型槽水渠。

一组水渠[Yīzǔ Shuǐqú]　该水渠起于棠棣镇黑屁股河，止于卢家塆，流量为 5 立方米/秒，长 1500 米，水深 0.3 米，灌溉面积 0.1 平方千米，主要用于农田灌溉。1962 年冬修建成，2010 年清淤。

联合渠道[Liánhé Qúdào]　该水渠水源来源于联合水库。起于新塆村，止于本村黄家塆，全长 3 米，宽 5 米，平均水深 3 米，类别为灌溉渠。1980 年建成。

长渠[Chángqú]　该水渠位于棠棣镇天灯村，起于李家塆，止于台子塆，全长 6000 米，宽 1 米，平均水深 0.5 米，类别为灌溉渠。1997 年建成。

联合低渠[Liánhé Dīqú]　位于棠棣镇新塆村联合水库附近，起于联合水库泵站，止于新塆村甘家道场。水渠全长约 2.5 千米，宽 3 米，平均流量 0.3 立方米/秒，最大水深 2 米。该水渠属于灌溉渠，主要解决当地的农田灌溉用水问题，农田受益面积为 0.467 平方千米，有效灌溉区域主要为新塆村董家塆、喻家塆、宋家塆、五分岗、甘家道场、榨塆、二塆、丁家塆、徐家塆。该水渠于 1978 年建成使用。

联合高渠[Liánhé Gāoqú]　位于棠棣镇新塆村联合水库附近，起于联合水库泵站，止于新塆村新桃小区。水渠全长约 1.5 千米，宽 3 米，平均流量 0.7 立方米/秒，最大水深 2 米。该水渠属于灌溉渠，主要解决当地的农田灌溉用水问题，农田受益面积为 0.673 平方千米，有效灌溉区域主要为新塆村甘家道场、新塆、黄家独屋、二塆、徐家塆。该水渠于 1978 年建成使用。

郑河干渠石河支毛渠[Zhènghé Gànqú Shíhé Zhīmáo Qú]　该水渠棠棣镇杨巷段，北起轭头村周家独屋，南至董塆村。该水渠全长约 4.5 千米，底宽 1 米，面宽 2.5 米，平均流量 0.2 立方米/秒，最大水深 0.5 米，为水泥硬化渠。该水渠属于灌溉渠，主要解决当地的农田灌溉用水问题，农田受益面积为 0.1 平方千米。该水渠于 1959 年建成使用，后经多次清淤，并于 2012 年土地整理后硬化了该支主渠。

郑河干渠一分干西干渠[Zhènghé Gànqú Yīfēngān Xīgàn Qú]　棠棣镇杨巷段西起杨巷村火盛塆，东至轭头街涵洞口。该段水渠全长约 3 千米，底宽 2 米，面宽 5 米，平均流量 0.9 立方米/秒，最大水深 1.2 米。该水渠属于灌溉渠，主要解决当地的农田灌溉用水问题，农田受益面积为 0.3 平方千米。该水渠于 1959 年建成使用，后经多次清淤整理后，保证了该渠系正常使用。

翻身水库泄洪区[Fānshēn Shuǐkù Xièhóng Qū] 位于翻身水库坝东段、溢洪道南，该泄洪区占地面积为0.1平方千米，宽50米，长2千米，贯穿杨巷村邓家塆至余刘塆，最大泄洪量为50立方米/秒，平均水深1米，主要用于泄洪、防洪。该泄洪区建于1998年。

西干渠[xīgànqú] 棠棣镇张陈村段全长约1.5千米，底宽6米，面宽12米，平均流量0.8立方米/秒，最大水深3米。该水渠属于灌溉渠，主要解决当地的农田灌溉用水问题，农田受益面积为0.3平方千米。该水渠于2002年建成使用。

长丰支渠[Chángfēng Zhīqú] 位于棠棣镇长岗村北部，起于长岗村，止于务丰村，是郑河渠道的分支。全长1.5千米，宽4米，水深1.5米，平均流量0.5立方米/秒，流域面积0.006平方千米，类别为灌溉渠，主要用于农田灌溉。1970年建成。

郑河支干渠[Zhènghé Zhīgàn Qú] 位于棠棣镇长岗村，全长2千米，宽5.5米，水深2米，平均流量1.5立方米/秒，流域面积0.011平方千米，类别为灌溉渠，主要用于农田灌溉。1968年建成。

七、雷公镇

白毛岗泵站[Báimáogǎngbèngzhàn] 位于曹程村一组白毛岗，建成于1997年。泵站装有专用80千瓦变压器与80千瓦电动机各1台，扬程为30米，流量0.001立方米/秒，泵站的主要功能为当地农田的灌溉。水源主要来自自然降水，农田受益面积为0.053平方千米，灌溉渠道长0.5千米，有效灌溉区域主要为曹程村一组。

柏桥泵站[Bǎiqiáobèngzhàn] 该泵站位于雷公镇柏桥村，于1978年建成，2015年翻建，泵站装有专用37千瓦变压器与37千瓦电动机各1台，扬程为21米，流量0.001立方米/秒，泵站的主要功能为当地农田的灌溉。水源主要来自兔子坡水库，农田受益面积为0.4平方千米，灌溉渠道长0.5千米。

包罗山泵站[Bāoluóshānbèngzhàn] 该泵站位于姚河村包罗山，2007年建成。装机功率1台80千瓦电动机，杨程30米，渠道长125米。

陈家塆泵站[Chén jiā wānbèngzhàn] 该泵站位于祖寺村陈家塆，装机功率为一台37千瓦电动机，扬程10米，流量为0.11立方米/秒，农田受益面积380亩，渠道长5.5千米，主要用于农田灌溉，取水自兔子坡水库。1980年建成。

火焰山泵站[Huǒyànshānbèngzhàn] 该泵站位于柳林村二组火焰山，1972年建成，装机功率1台37千瓦电动机，扬程15米，流量0.0002立方米/秒，主要用于农业灌溉，农田受益面积290亩，渠道长度1200米。

老人咀泵站[Lǎorénjǔbèngzhàn] 该泵站1980年建成，位于罗庙村13组与10组之间。装机功率1台58千瓦电动机，杨程21米，泵站功能为灌溉。水源为郑家河东干渠，农田受益面积0.26平方千米，渠道长 2200 米.

雷公自来水厂泵站[Léigōngzìláishuǐchǎngbèngzhàn] “雷公自来水厂”指所在居民点，“泵站”指抽水设施。2006 年建成。位于雷公镇彭桥村。装机功率 1 台 40 千瓦电动机，杨程 20 米。泵站功能为排水。受益面积约 0.2 平方千米，渠道长约 200 米。

林家塆泵站[Lín jiā wānbèngzhàn] 该泵站位于王台村五组林家塆，装机功率为 1 台 80 千瓦电动机，扬程 60 米，受益面积 50 亩，渠道长度 80 千米。泵站功能为灌溉，水源为渠道水，1990 年建成。

六合泵站[Liùhébèngzhàn] 该泵站位于长安村六合店。装机功率为 1 台 100 千瓦电动机，扬程 35 米，流量为 0.37 立方米/秒，泵站功能为灌溉。受益面积 0.34 平方千米，涵管长度为 35 米。1972 年建成。

盛泉泵站[Shèngquánbèngzhàn] “盛泉”指所在区域内泉水盛多，位于雷公镇曹岗村，建于 1984 年。泵站装有专用 50 千瓦变压器与 50 千瓦电动机各 2 台，扬程为 80 米，流量 0.15 立方米/秒，泵站的主要功能为当地农田的灌溉。水源主要来自陡坡水库，农田受益面积为 0.57 平方千米，灌溉渠道长 3 千米，有效灌溉区域主要为雷公镇曹岗村。

石板堰泵站[Shíbǎnyànbèngzhàn] 该泵站位于祖寺村三组石板堰，1970 年建成，装机功率为一台 37 千瓦电动机，扬程 10 米，流量为 0.11 立方米/秒，收益面积 240 亩，渠道长 2 千米，主要用于农田灌溉，取水自兔子坡水库。

汤阳泵站[Tāngyángbèngzhàn] 该泵站 1990 年建成。位于汤阳村肖家凹。装机功率 1 台 50 千瓦电动机，扬程 15 米。泵站功能为灌溉。受益面积为 0.47 平方千米，渠道长 1 千米。

桃子凹泵站[Táozǐwābèngzhàn] 该泵站位于九峰村桃子凹，1972 年建成，装机功率为 1 台 37 千瓦电动机，扬程 22 米，流量为 0.0001 立方米/秒，受益面积 200 亩，渠道长 20 米，主要用于农田灌溉。

万家岗泵站[Wànjiāgǎngbèngzhàn] 该泵站位于雷公镇罗庙村 5 组万家岗，2007 年建成。装机功率 1 台 37 千瓦电动机，杨程 3.5 米。水源为 2 级，农田受益面积 0.67 平方千米，渠道长 280 米。

望河泵站[Wànghébèngzhàn] 该泵站位于望河村望河拦坝东部，装机功率为一台 30 千瓦电动机，扬程 60 米，流量为 0.002 立方米/秒，渠道长 26 千米，主要用于农田灌溉，农田受益面积 70 亩，取水自朱家凹水库。2000 年 10 月竣工。

熊家塆泵站[Xióng jiā wānbèngzhàn] 该泵站位于雷公镇柏桥村熊家塆，1999 年建成使用，2005 年重新整修更换设备。泵站装有专用 30 千瓦变压器与 30 千瓦电动机各 1 台，扬程为 21 米，流量 0.001 立方米/秒，泵站的主要功能为当地农田的灌溉。水源主要来自自然降水，农田受益面积为 0.187 平方千米，灌溉渠道长 0.44 千米，有效灌溉区域主要为柏桥村熊家塆。

易家陡坡水库高渠[Yìjiādǒupō Shuǐkù Gāoqú] 因位于易家陡坡水库，渠道所在地地势较高而命名。2009 年建成后，使用至今。该水渠位于易家陡坡水库，全长约 2800 米，宽约 3 米，平均水深约 1.5 米，类别为灌溉渠，主要用于灌溉农田，。

易家陡坡水库东渠[Yìjiādǒupō Shuǐkù Dōngqú] 因修在易家陡坡水库东边，水渠水源发源于易家陡坡水库而命名。2009 年建成。该水渠位于易家陡坡水库，全长约 4000 米，宽约 3 米，平均水深约 2 米，类别为灌溉渠，主要用于灌溉农田。

长安排水渠[Chǎng'ānpáishuǐqú] 该水渠位于雷公镇长安村。起于长安村4组、流至长安村1组，止于马庙村。水渠全长4000米，底宽1米，面宽3米，主要功能为灌溉，农田收益面积为0.23平方千米。1976年建成。

八、王义贞镇

梁家垱泵站[Liángjiādàng Bèngzhàn] 梁家垱泵站位于王义贞镇花园村梁家垱水库，装机容量1台功率20千瓦，扬程30米，渠道长600米，主要用途农田灌溉。建于2012年。

吉庙村1组泵站[Jímiàocūn 1Zǔ Bèngzhàn] 位于王义贞镇吉庙村郑家塆，泵站装有专用10千瓦变压器1台。扬程为20米，流量0.11立方米/秒，泵站功能为灌溉。水源来自郑河东干渠道水，农田受益面积为0.1平方千米，灌溉渠道长0.15千米。1982年建成。

吉庙村2组泵站[Jímiàocūn 2Zǔ Bèngzhàn] 位于王义贞镇吉庙村院子塆东部，泵站装有专用10千瓦变压器1台。扬程为30米，流量0.11立方米/秒，泵站功能为灌溉。水源来自自然水，农田受益面积为0.53平方千米，灌溉渠道长0.1千米。1998年建成。

吉庙村4组泵站[Jímiàocūn 4Zǔ Bèngzhàn] 位于王义贞镇吉庙村王家坡北、朱家坡田边，泵站装有专用55千瓦变压器1台。扬程为30米，流量0.11立方米/秒，泵站功能为灌溉。水源来自郑河东干渠和大桥河水，农田受益面积为0.1平方千米，灌溉渠道长0.7千米。1987年建成。

神庵府泵站[Shénānfǔ Bèngzhàn] 位于王义贞镇吉庙村原神安府寨，泵站装有专用45千瓦变压器1台，扬程为40米，流量0.2立方米/秒，泵站功能为灌溉。水源来自大桥河水，农田受益面积为300亩，灌溉渠道长0.3千米。1984年建成。

踏渍堰泵站[Tàzìyàn Bèngzhàn] 位于王义贞镇刘岗村东北部。装机容量为1台功率55千瓦。扬程46米，泵站功能为灌溉，水源为六益河，受益面积0.26平方千米，渠道长度2千米。2011年建成。

银桥泵站[Yínqiáo Bèngzhàn] 位于王义贞镇刘岗村西北角王店街石峰北路银桥东侧。装机容量为1台功率55千瓦，扬程46米，泵站功能为灌溉，水源为观音水库，受益面积0.33平方千米，渠道长度2千米。2006年建成。

大洪山泵站[Dàhóngshān Bèngzhàn] 位于王义贞镇罗垅村11组毛家河，装机量为1台功率30千瓦，扬程33米，泵站功能为灌溉，流量300立方米/秒。水源为毛家河流，受益面积0.1平方千米，渠道长600米。2006年修建，2007年完工。

刘家岩泵站[Liújiāyán bèngzhàn] 位于王义贞镇罗垅村刘家岩，装机容量为1台功率为30千瓦，扬程16米，泵站功能为灌溉，流量300立方米/秒，水源为漳河，受益面积300亩，渠道长2000米。2015年5月开始修建，8月完工。

罗垅3组泵站[Luólǒng 3Zǔ Bèngzhàn]　位于王义贞镇罗垅村3组罗家垅，装机容量为1台功率55千瓦，扬程32米，泵站功能为灌溉，流量500立方米/秒，水源为河流，受益面积300亩，渠道长2000米。1968年建立，2011年变更为55千瓦。

罗垅7组泵站[Luólǒng 7Zǔ Bèngzhàn]　位于王义贞镇罗垅村7组丁家椏，装机容量为1台功率为37千瓦，扬程30米，泵站功能为灌溉，流量360立方米/秒。水源为河流，受益面积360亩，渠道长1200米。1968年建成90马力柴油机抽水，1991年变更75千瓦泵站，2011年变更37千瓦泵站。

大堰垅泵站[dàyànlǒng Bèngzhàn]　位于王义贞镇彭畈村横塆、大柳树塆，装机容量为1台功率22千瓦。扬程15米，泵站功能为灌溉，水源为河流，受益面积0.32平方千米，渠道长730米。2014年建成。

九里垅泵站[Jiǔlǐlǒng Bèngzhàn]　位于王义贞镇彭畈村九里垅塘，装机容量为1台功率22千瓦。扬程20米，泵站功能为灌溉，水源为河流，受益面积0.47平方千米，渠道长1100米。2014建成。

磨石坡泵站[Móshípō Bèngzhàn]　位于安陆市王义贞镇三合村磨石坡，常年有人值守。泵站装有专用25千瓦变压器1台。扬程为20米，流量0.11立方米/秒，泵站的主要功能为当地农田的灌溉。水源来自自然降水，农田受益面积为0.2333平方千米，灌溉渠道长2千米，有效灌溉区域主要为三合村榨屋塆、前段岩。建于2007年。

恒水垱泵站[Héngshuǐdàng Bèngzhàn]　位于安陆市王义贞镇石塘村恒水垱水库旁，常年有人值守。东西南北四面均为该村农田环绕。泵站装有专用18千瓦变压器1台。扬程为22米，流量0.25立方米/秒，泵站的主要功能为当地农田的灌溉。水源主要来自自然降水，农田受益面积为0.1平方千米，灌溉渠道长0.12千米，有效灌溉区域主要为石塘村赵家塆、张家独屋。2011年建成。

石塘五组泵站[Shítáng Wǔzǔ Bèngzhàn]　位于安陆市王义贞镇石塘村十口塘，常年有人值守。东西南北四面均为该村农田环绕。泵站装有专用22千瓦变压器1台。扬程为12米，流量0.2立方米/秒，泵站的主要功能为当地农田的灌溉。水源主要来自自然降水，农田受益面积为0.08平方千米，灌溉渠道长0.2千米，有效灌溉区域主要为石塘村十口塘。

义子塆泵站[Yìzǐwān Bèngzhàn]　位于王义贞镇太平村义子塆，常年有人值守，四周均为该村农田环绕。泵站装有专用22千瓦变压器1台。扬程为15米，流量0.11立方米/秒，泵站的主要功能为当地农田的灌溉。水源主要来自自然降水，农田受益面积为0.2333平方千米，灌溉渠道长0.4千米，有效灌溉区域主要为太平村义子塆。1985年修建。

甘家畈六组泵站[Gān jiā fàn Liùzǔ Bèngzhàn]　甘家畈泵站位于王义贞镇唐僧村甘家畈，装机容量为1台功率为55千瓦，扬程150米，受益面积170亩，渠道长3千米，主要用于农田灌溉，取水自双河口水库。1995年修建而成，2014年村内进行翻修改建。

灯笼坡泵站[Dēnglóngpō Bèngzhàn]　位于王义贞镇汝南村劳名坡，常年有人值守。泵站装有专用37千瓦变压器1台，占地面积50平方米。扬程为60米，流量0.13立方米/秒，泵站功能为当地农田的灌溉。水源主要来自自然降水，农田受益面积为0.14平方千米，有效灌溉区域主要为汝南村赵家塆、汪家塆、廖家巷子、徐家塆、窑凹子、郑家塆。2015年8月建成使用。

江家潭泵站[Jiāngjiātán Bèngzhàn] 位于王义贞镇汝南村汝南坡，常年有人值守。泵站装有专用45千瓦变压器1台，占地面积程为45米，流量0.13立方米/秒，泵站功能为当地农田的灌溉。水源主要来自自然降水，农田受益面积为0.12平方千米，有效灌溉区域主要为汝南村老虎塆、董家塆、四股台大塆、郑家塆。1989年12月建成，2015年8月进行了翻修。

七组泵站[7Zǔ Bèngzhàn] 位于王义贞镇汝南村石板岩水库，泵站东南北三面均为该组农田环绕，西邻石板岩小学。泵站装有专用55千瓦变压器1台，占地面积30平方米。扬程为21米，装机流量0.2立方米/秒，泵站功能为当地农田的灌溉。水源主要来自自然降水，农田受益面积为0.08平方千米，有效灌溉区域主要为汝南村李家塆。

汝南9组泵站[Rǔ'nán 9Zǔ Bèngzhàn] 位于王义贞镇汝南村徐家塆，常年有人值守。泵站装有专用17千瓦变压器1台，占地面积为18平方米，流量0.15立方米/秒，泵站功能为当地农田的灌溉。水源主要来自自然降水，农田受益面积为0.07平方千米，有效灌溉区域主要为汝南村徐家塆，约25户人家。

尼姑潭泵站[Nígūtán Bèngzhàn] 位于王义贞镇铜门村尼姑潭旁，以尼姑潭作为取水源，故名。装机1台37千瓦，扬程48米，主要用于农业灌溉，水源为漳河，受益面积为0.36平方千米，渠道长1千米。1985年建成。

铜门1组泵站[Tóngmén 1Zǔ Bèngzhàn] 位于王义贞镇铜门村1组陈家塆南部。装机1台22千瓦，扬程20米，主要用于农业灌溉，水源为郑河东干渠，受益面积为0.12平方千米，渠道长1千米。1989年建成。

星火村2组泵站[Xīnghuǒ Cūn 2Zǔ Bèngzhàn] 位于王义贞镇星火村松林塆。泵站功能为农田灌溉、人畜饮水。水源为张家河，受益面积0.2平方千米。装机流量0.15立方米/秒，装机功率55千瓦，扬程20米。1986年建成。

星火村4组泵站[Xīnghuǒ Cūn 4Zǔ Bèngzhàn] 位于王义贞镇星火村蔡家塆。装机容量为55千瓦，扬程13米，装机流量0.15立方米/秒，泵站功能为农田灌溉、人畜饮水。水源为漳河，受益面积0.13平方千米。1987年建成。

星火村7组泵站[Xīnghuǒ Cūn 7Zǔ Bèngzhàn] 位于王义贞镇星火村余家坡南部，装机流量0.13立方米/秒，装机功率55千瓦，扬程20米，受益面积0.16平方千米。泵站功能为农田灌溉、人畜饮水。水源为张家河。1987年建成。

星火村9组泵站[Xīnghuǒ Cūn 9zǔ Bèngzhàn] 位于王义贞镇星火村檀树塆与张家塆交界处。装机容量为55千瓦，扬程18米，装机流量0.25立方米/秒，受益面积0.53平方千米。泵站功能为农田灌溉、人畜饮水。水源为漳河。1993年建成。

椏子山泵站[Yāzishān Bèngzhàn] 位于王义贞镇星火村椏子山。装机容量为1台75千瓦，扬程23米，泵站功能为农田灌溉。水源为漳河，受益面积0.33平方千米。1984年建成。

杨港1组泵站[Yánggǎng 1Zǔ Bèngzhàn] 位于王义贞镇杨港村杨树港，常年有人值守。泵站装有专用35千瓦变压器1台，扬程为50米，流量0.03立方米/秒，泵站的主要功能为当地农田的灌溉。水源主要来自自然降水，农田受益面积为 0. 2 平方千米，灌溉渠道长 0. 56 千米，有效灌溉区域主要为杨港村王家坡、毛家凹、下边凹。

高家寨泵站[Gāojiāzhài Bèngzhàn]　位于王义贞镇朱桥村高家凹的一座山寨附近，常年有人值守，所在线路为朱桥村高家凹。泵站装有专用 35 千瓦变压器 1 台。扬程为 30 米，流量 0. 15 立方米/秒，泵站的主要功能为当地农田的灌溉。水源主要来自自然降水，农田受益面积为 0. 1333 平方千米，灌溉渠道长 1. 4 千米，有效灌溉区域主要为朱桥村高家凹。该泵站建于 2015 年。

朱桥 3 组 1 号泵站[Zhūqiáo 3Zǔ 1Hào Bèngzhàn]　位于王义贞镇朱桥村张家凹，常年有人值守。泵站装有专用 75 千瓦变压器 1 台，扬程为 30 米，流量 0. 15 立方米/秒，泵站的主要功能为当地农田的灌溉。水源主要来自自然降水，农田受益面积为 0. 4 平方千米，灌溉渠道长 1. 6 千米，有效灌溉区域主要为朱桥村大部分农田。该泵站于 1976 年建成使用，最早为柴油机，1992 年改用电动。

朱桥 6 组泵站[Zhūqiáo 6Zǔ Bèngzhàn]　位于王义贞镇朱桥村聂家塆，常年有人值守。泵站装有专用 22 千瓦变压器 1 台，扬程为 14 米，流量 0. 11 立方米/秒。泵站的主要功能为当地农田的灌溉，水源主要来自于自然降水，农田受益面积为 0. 047 平方千米，灌溉渠道长 0. 3 千米，有效灌溉区域主要为朱桥村彭家凹、聂家凹。该泵站于 2007 年建成使用。

朱桥 7 组泵站[Zhūqiáo 7Zǔ Bèngzhàn]　位于王义贞镇朱桥村上方家塆，常年有人值守。泵站装有专用 35 千瓦变压器 1 台，扬程为 20 米，流量 0. 15 立方米/秒。泵站的主要功能为当地农田的灌溉，水源主要来自自然降水，农田受益面积为 0. 2 平方千米，灌溉渠道长 0. 6 千米，有效灌溉区域主要为朱桥村上方家塆。该泵站于 1991 年建成使用。

杜档水库取水口[Dùdàng Shuǐkù Qǔshuǐ Kǒu]　杜档水库取水口位于王义贞镇花园村杜档水库，东接徐家坡，西邻桥瓦岗，南连仁和店，北靠涂家湾。长 800 米，宽 25 米，高 6 米，有 3 孔，涵洞功能为排水。建于 1974 年。

六益河水库闸取水口[Liùyìhé Shuǐkùzhá Qǔshuǐ Kǒu]　位于王义贞镇梅花村六益河水库，东接山林，西邻偏子山，南连梅花村农田，北靠何家祠堂。全长 130 米，宽 0. 5 米，高 1. 5 米，有一孔，洞身形状为圆管涵，涵管功能为排水。1957 年建成。

胜利垱水渠[Shènglìdàng Shuǐqú]　位于王义贞镇钱冲村 12 组胜利垱水库旁，起点为钱冲村，止点为三合村，流经王义贞镇钱冲村、彭畈村、三合村、罗垅村、花园村等行政区。水渠全长 6. 5 千米，途经该村渠段长 3. 5 千米，渠道宽 1. 5 米，平均流量 0. 1 立方米/秒，最大水深 1 米。该水渠属于灌溉渠，水源主要来自胜利垱水库，农田受益面积为 1. 667 平方千米，主要解决当地的农田灌溉用水问题。1976 年建成使用。

观音冲水库闸取水口[Guānyīnchōng Shuǐkùzhá Qǔshuǐ Kǒu]　位于王义贞镇石门村观音冲水库附近。东接太阳凹，西邻公路，北靠张家塆。该取水口全长 100 米，宽 3 米，高 16 米，有 1 孔，洞身呈拱涵状。该取水口的水源主要来自观音冲水库，主要解决当地的农田灌溉及排水问题。1972 年建成使用。

滑石板水库闸取水口[Huáshíbǎn Shuǐkùzhá Qǔshuǐ Kǒu]　滑石板水库闸取水口位于王义贞镇唐僧村滑石板水库，四面环山。洞身形状为拱形，高 3 米，宽 8 米取水口河床式取水构筑物的进水部分。取水口是输水管线的重要组成部分，是水力发电站及引水管线的取水源头。常建在河岸和水库岸边，一般设有闸门用于水流节制。取水口的选择：应遵照“当水位最低时，也能使水源水进入取水口泵房”的原则。原水的取水口可建在水库的岸边。原水通过一个在最低水位的管道流入取水泵房。1957 年修建，2013 年进行除险加固。

柱子冲水库取水口[Zhùzichōng Shuǐkù Qǔshuǐ Kǒu]　位于王义贞镇桃园村，北靠同兴苹果园，南连道士河，西邻团山寨，东接赵家沟，宽 1.5 米，高 3 米，洞身形状为圆管涵，涵洞功能为排水。1959 年建立，1960 年建成。

同兴水库闸取水口[Tóngxīng Shuǐkùzhá Qǔshuǐ Kǒu]　位于王义贞镇同兴村北部。东接雷公镇祖寺村，西邻祠堂塆，南连王家坡，北靠水库。全长 20 米，宽 1 米，高 1.5 米，有 3 孔。洞身形状为拱涵，涵洞功能为排水。

同兴水库泄洪道[Tóngxīng Shuǐkù Xièhóng Dào]　位于王义贞镇同兴村同兴水库。高 1.5 米，宽 8 米，水深 0~1.2 米。坡长 80 米。径流量为 600 立方米/秒。1972 年始建、1973 年建成，2011 年翻建。

同兴村渠道[Tóngxīng Cūn Qúdào]　位于王义贞镇同兴村北部。全长 5000 米，宽 0.8 米，平均水深 1 米，类别为灌溉，主要用于农田灌溉。起于同兴水库涵洞，止于同兴村农田。2011 年建成。

郑河东干渠[Zhènghé Dōnggàn Qú]　郑家河水库有两条水渠，流向京山方向的称西干渠，流向安陆的称东干渠。郑河东干渠经过王义贞镇铜门村。村内全长 2.5 千米，底宽 6 米，面宽 9 米，高 4 米，深 2.8 米，径流量为 12 立方米/秒，主要农业灌溉。1971 年建成横贯铜门村，而且很多农户沿渠修建住房便以干渠命名。

涵洞泵站[Hándòng Bèngzhàn]　位于王义贞镇铜门村郑河东干渠松林山涵洞处，故命此名。装机 1 台 30 千瓦，扬程 46 米，主要用于农业灌溉，水源为郑河水库，受益面积为 0.13 平方千米，渠道长 0.6 千米。1986 年郑河东干渠过松林山时开挖的涵洞。2009 年在此筑抽水泵站。

太阳寺水库取水口[Tàiyángsì Shuǐkù Qǔshuǐ Kǒu]　位于王义贞镇团山村，东接桃园村，西邻太阳寺农田，南连团山寨，北靠马槽冲。全长 80 米，宽 40 米，高 25 米，有 1 孔，受益面积 800 亩。洞身形状为圆管涵，涵洞功能为排水。建于 20 世纪 90 年代。

大石板水库取水口[Dàshíbǎn Shuǐkù Qǔshuǐ Kǒu]　位于王义贞镇团山村，东接桃园村，西邻农田，南连小石板冲，北靠大石板冲。全长 60 米，宽 4 米，高 25 米，有 1 孔，灌溉面积达 600 亩。洞身形状为圆管涵，涵洞功能为排水。建于 20 世纪 70 年代初期，1987 年重修。

八一水库闸取水口[Bāyī Shuǐkù Zhá Qǔshuǐ Kǒu]　位于王义贞镇杨港村八一水库旁。该取水口全长 8 米，宽 5 米，高 4 米，有 1 孔。洞身形状为方型。该取水口的水源主要来自八一水库，主要解决当地的居民用水及农田灌溉、排水的问题。2012 年建成使用。

九、孛畈镇

曹畈北塝泵站[Cáofàn Běibàng Bèngzhàn]　位于孛畈镇曹畈村湘臣河曹畈大塆处。泵站装有专用 50

千瓦变压器 1 台。扬程为 24 米，流量 0. 3 立方米/秒，泵站功能为当地农田的灌溉。水源主要来自自然降水，农田受益面积为 0. 2667 平方千米，灌溉渠道长 3 千米，灌溉区域主要为曹畈村曹畈大塆。该泵站于 1978 年建成，装有柴油发电机 1 台，后于 2014 年改为电机。

曹畈泵站[Cáofàn Bèngzhàn]　位于孛畈镇曹畈村湘臣凹，泵站装有专用 30 千瓦变压器 1 台。扬程为 70 米，流量 0. 3 立方米/秒，泵站功能为当地农田的灌溉。水源主要来自于自然降水，农田受益面积为 0. 1067 平方千米，灌溉渠道长 2 千米，灌溉区域主要为曹畈村湘臣凹及周边田地。该泵站于 1978 年建成，装有柴油发电机 1 台，1997 年改为电机。

曹棚 5 组泵站[cáopéng 5Zǔ Bèngzhàn]　位于孛畈镇曹棚村 5 组陈家塆挡坝附近，泵站装有专用 17. 5 千瓦变压器 1 台。扬程为 20 米，流量 0. 48 立方米/秒，泵站的主要功能为当地农田的灌溉。水源主要来自自然降水，农田受益面积为 0. 06 平方千米，灌溉渠道长 0. 3 千米，有效灌溉区域主要为曹棚村 5 组陈家塆。该泵站于 2013 年建成使用。

程家独塆泵站[Chéngjiādúwān Bèngzhàn]　位于孛畈镇曹棚村程家独塆附近，泵站装有专用 32. 5 千瓦变压器 1 台。扬程为 50 米，流量 0. 3 立方米/秒，泵站的主要功能为当地农田的灌溉。水源主要来自自然降水，农田受益面积为 0. 0533 平方千米，灌溉渠道长 0. 32 千米，有效灌溉区域主要为曹棚村徐家凹、夏家塆、程家独屋、程家凹。该泵站于 2013 年建成使用。

木鱼嘴泵站[Mùyúzuǐ Bèngzhàn]　位于孛畈镇曹棚村长青公路边、木鱼嘴附近，泵站装有专用 18. 5 千瓦变压器 1 台。扬程为 30 米，流量 0. 48 立方米/秒，泵站的主要功能为当地农田的灌溉。水源主要来自自然降水，农田受益面积为 0. 2667 平方千米，灌溉渠道长 0. 15 千米，有效灌溉区域主要为曹棚村程家塆、道士塆、曹家塆。该泵站于 2006 年建成使用。

石档泵站[Shídàng Bèngzhàn]　位于孛畈镇曹棚村杨家岗塆石场口，泵站装有专用 13. 5 千瓦变压器 1 台。扬程为 20 米，流量 0. 4 立方米/秒，泵站的主要功能为当地农田的灌溉。水源主要来自自然降水，农田受益面积为 0. 2667 平方千米，灌溉渠道长 0. 23 千米，有效灌溉区域主要为曹棚村竹林塆、杨家岗。该泵站于 1979 年为了抗旱而修建，当时因无电力、只能靠油机动力而造成成本高、效率低的现象而被废除、停用，后于 2013 年重新修建完工。

窑凹大塘泵站[Yáoāodàtáng Bèngzhàn]　位于孛畈镇曹棚村窑凹大塘以西，泵站装有专用 13. 5 千瓦变压器 1 台。扬程为 30 米，流量 0. 3 立方米/秒，泵站功能为当地农田的灌溉。水源主要来自自然降水，农田受益面积为 0. 0467 平方千米，灌溉渠道长 0. 5 千米，有效灌溉区域主要为曹棚村徐家凹、夏家塆、程家独屋、程家凹。该泵站于 1978 年开始修建，当时由于没有安装机械设备而停止修建，后于 2013 年重新修建完工。

大凹泵站[Dàwā Bèngzhàn]　位于孛畈镇陈河村大凹榜一大凹处。泵站装有专用 15 千瓦变压器 1 台。扬程为 13 米，流量 0. 15 立方米/秒，泵站的主要功能为当地农田的灌溉。水源主要来自自然降水，农田受益面积为 0. 0533 平方千米，灌溉渠道长 0. 4 千米，有效灌溉区域主要为陈河村大凹、前马塆、后马塆、郭家凹、万家冲。该泵站于 1985 年建成。

上畈泵站[Shàngfàn Bèngzhàn]　位于孛畈镇陈河村马家畈上方，泵站装有专用15千瓦变压器1台。扬程为6米，流量0.15立方米/秒，泵站的主要功能为当地农田的灌溉。水源主要来自自然降水，农田受益面积为0.0667平方千米，灌溉渠道长0.6千米，有效灌溉区域主要为陈河村大凹、前马塆、后马塆、郭家凹、万家冲。该泵站于2003年建成。

王河泵站[Wánghé Bèngzhàn]　位于孛畈镇陈河村3组孙家塆，泵站装有专用15千瓦变压器1台。扬程为15米，流量0.15立方米/秒，泵站的主要功能为当地农田的灌溉。水源主要来自王家河，农田受益面积为0.0667平方千米，灌溉渠道长0.5千米，有效灌溉区域主要为陈河村孙家塆、王家河。该泵站于2003年建成使用。

二岭泵站[Èrlǐng Bèngzhàn]　位于安陆市孛畈镇杜庙村刘家塆。因位于安陆市孛畈镇原二岭村而得名。泵站装有专用50千瓦变压器1台。扬程为30米，流量0.15立方米/秒，泵站的主要功能为当地农田的灌溉。水源主要来自自然降水，农田受益面积为0.373平方千米，灌溉渠道长1千米，有效灌溉区域主要为杜庙村罗家凹、邓家凹。该泵站于1972年建成使用。

杨冲泵站[Yángchōng Bèngzhàn]　位于安陆市孛畈镇杜庙村杨家冲，泵站装有专用100千瓦变压器1台。扬程为25米，流量0.15立方米/秒，泵站的主要功能为当地农田的灌溉。水源主要来自自然降水，农田受益面积为0.178平方千米，灌溉渠道长2千米，有效灌溉区域主要为杜庙村杨家冲。该泵站于2015年建成使用。

刘桥二泵站[Liúqiáo Èr Bèngzhàn]　位于孛畈镇龙窝村沙子岗与黑虎冲之间。泵站装有专用100千瓦变压器1台。扬程为25米，流量1.5立方米/秒，泵站的主要功能为当地农田的灌溉。水源主要来自自然降水，农田受益面积为0.8平方千米，灌溉渠道长1.2千米，有效灌溉区域主要为龙窝村全村。刘桥二泵站于1982年建成使用。

龙窝一泵站[Lóngwō yī Bèngzhàn]　位于孛畈镇龙窝村龙窝。泵站装有专用100千瓦变压器1台。扬程为25米，流量0.15立方米/秒，泵站的主要功能为当地农田的灌溉。水源主要来自自然降水，农田受益面积为1.2平方千米，灌溉渠道长0.8千米，有效灌溉区域主要为龙窝村中畈耕地的一部分和龙窝耕地的一部分。龙窝一泵站于1976年建成使用。

杨家二级站[Yángjiā Èrjí Zhàn]　位于孛畈镇青龙潭社区杨家大塆，泵站装有专用55千瓦变压器1台。扬程为15米，流量0.3立方米/秒，泵站功能为当地村民、畜饮水及农田的灌溉。水源主要来自自然降水，农田受益面积为0.4平方千米，灌溉渠道长0.8千米，有效灌溉区域主要为杨家大塆。该泵站于2013年建成使用。

杨家一级站[Yángjiā Yījí Zhàn]　位于孛畈镇青龙潭社区杨家大塆，泵站装有专用75千瓦变压器1台。扬程为18米，流量0.3立方米/秒，泵站功能为当地村民、畜饮水及农田的灌溉。水源主要来自自然降水，农田受益面积为0.6667平方千米，灌溉渠道长0.5千米，有效灌溉区域主要为杨家大塆。该泵站于2013年建成使用。

梁畈泵站[Liángfàn Bèngzhàn]　位于孛畈镇三里社区梁畈，泵站装有专用7.5千瓦变压器1台。扬程为 7 米，流量 0.001 立方米/秒，泵站的主要功能为当地农田的灌溉。水源主要来自自然降水，农田受益面积为 0.0733 平方千米，灌溉渠道长 0.4 千米。梁畈泵站于 1982 年建成使用。

三里岗泵站[Sānlǐgǎng Bèngzhàn]　位于孛畈镇三里社区，泵站装有专用 55 千瓦变压器 1 台。扬程为 30 米，流量 0.11 立方米/秒，泵站的主要功能为当地农田的灌溉。水源主要来自自然降水，农田受益面积为 0.0667 平方千米，灌溉渠道长 2 千米。

周埂二级站[Zhōugěng Èrjí Zhàn]　位于安陆市孛畈镇天子岗村周埂，地处孛畈镇东部。泵站装有专用 20 千瓦变压器 1 台。扬程为 25 米，流量 0.1 立方米/秒，泵站的主要功能为当地农田的灌溉。水源主要来自自然降水，农田受益面积为 0.073 平方千米，灌溉渠道长 4 千米，有效灌溉区域主要为天子岗村周埂。周埂二级站于 1972 年建成使用。

周埂一级站[Zhōugěng Yījí Zhàn]　位于安陆市孛畈镇天子岗村周埂，地处孛畈镇东部。泵站装有专用 50 千瓦变压器 1 台。扬程为 28 米，流量 0.2 立方米/秒，泵站的主要功能为当地农田的灌溉。水源主要来自自然降水，农田受益面积为 0.12 平方千米，灌溉渠道长 1 千米，有效灌溉区域主要为天子岗村周埂。周埂一级站于 1968 年建成使用。

黄寨二级泵站[Huángzhài Èrjí Bèngzhàn]　位于孛畈镇同兴村黄寨旱堰，泵站装有专用 50 千瓦变压器 1 台。扬程为 22 米，流量 0.3 立方米/秒，泵站的主要功能为当地农田的灌溉。水源主要来自自然降水，农田受益面积为 0.3333 平方千米，灌溉渠道长 2 千米，有效灌溉区域主要为同兴村 9 个村民小组。该泵站于 1970 年建成使用。

李家坝泵站[Lǐjiābà Bèngzhàn]　位于孛畈镇同兴村李家坝，泵站装有专用 21 千瓦变压器 1 台。扬程为 18 米，流量 0.15 立方米/秒，泵站的主要功能为当地农田的灌溉。水源主要来自自然降水，农田受益面积为 0.04 平方千米，灌溉渠道长 0.5 千米，有效灌溉区域主要为同兴村李家坝。李家坝泵站于 2013 年建成使用。

凉伞石泵站[Liángsǎnshí Bèngzhàn]　位于孛畈镇同兴村凉伞石附近，泵站装有专用 200 千瓦变压器 1 台。扬程为 25 米，流量 0.3 立方米/秒，泵站的主要功能为当地农田的灌溉。水源主要来自自然降水，农田受益面积为 0.6667 平方千米，灌溉渠道长 1 千米，有效灌溉区域主要为同兴村。凉伞石泵站于 1970 年建成使用。

三岔湖泵站[Sānchàhú Bèngzhàn]　位于孛畈镇同兴村三岔湖，泵站装有专用 21 千瓦变压器 1 台。扬程为 18 米，流量 0.15 立方米/秒，泵站的主要功能为当地农田的灌溉。水源主要来自自然降水，农田受益面积为 0.0533 平方千米，灌溉渠道长 0.4 千米，有效灌溉区域主要为同兴村。三岔湖泵站于 2013 年建成使用。

同兴村二号泵站[TóngxīngCūn Èrhào Bèngzhàn]　位于孛畈镇同兴村府河边，泵站装有专用 20 千瓦变压器 1 台。扬程为 8 米，流量 0.15 立方米/秒，泵站的主要功能为当地农田的灌溉。水源主要来自自然降水，农田受益面积为 0.2 平方千米，灌溉渠道长 0.3 千米，有效灌溉区域主要为同兴村。同兴村二号泵站于 2014 年建成使用。

甘家塆泵站[Gān jiā wān Bèngzhàn]　隶属于孛畈镇杨堰村。位于孛畈镇杨堰村甘家塆，泵站装有专用15千瓦变压器1台。扬程为15米，流量0.4立方米/秒，泵站的主要功能为该村农田的灌溉。水源主要来自自然降水，农田受益面积为0.0533平方千米，灌溉渠道长0.5千米，有效灌溉区域主要为孛畈镇杨堰村甘家塆及周边田地。甘家塆泵站于1983年建成使用。

清水河泵站[Qīngshuǐhé Bèngzhàn]　位于孛畈镇杨堰村，泵站装有专用180千瓦变压器3台。扬程为8米，流量1.35立方米/秒，泵站的主要功能为当地农田的灌溉。水源主要来自自然降水，农田受益面积为6.6667平方千米，灌溉渠道长1000千米，有效灌溉区域主要为孛畈镇杨堰村。清水河泵站于1983年建成使用。

杨堰泵站[Yángyàn Bèngzhàn]　位于孛畈镇杨堰村，泵站装有专用55千瓦变压器1台。扬程为20米，流量0.4立方米/秒，泵站的主要功能为当地农田的灌溉。水源主要来自自然降水，农田受益面积为0.04平方千米，灌溉渠道长4000千米，有效灌溉区域主要为孛畈镇杨堰村。杨堰泵站于1987年建成使用。

姚家嘴泵站[Yáo jiā zuǐ Bèngzhàn]　位于孛畈镇杨堰村姚家凹，泵站装有专用15千瓦变压器1台。扬程为10米，流量0.4立方米/秒，泵站的主要功能为该村农田的灌溉。水源主要来自自然降水，农田受益面积为0.04平方千米，灌溉渠道长0.4千米，有效灌溉区域主要为孛畈镇杨堰村姚家凹。姚家嘴泵站于1983年建成使用。

钟家嘴泵站[Zhōng jiā zuǐ Bèngzhàn]　位于孛畈镇杨堰村钟家咀，泵站装有专用15千瓦变压器1台。扬程为10米，流量0.4立方米/秒，泵站的主要功能为该村农田的灌溉。水源主要来自自然降水，农田受益面积为0.0467平方千米，灌溉渠道长0.5千米，有效灌溉区域主要为孛畈镇杨堰村钟家咀。钟家嘴泵站于1987年建。

子石堰泵站[Zǐshíyàn Bèngzhàn]　位于孛畈镇杨堰村子石堰水库附近，泵站装有专用25千瓦变压器1台。扬程为10米，流量0.4立方米/秒，泵站的主要功能为该村农田的灌溉。水源主要来自自然降水，农田受益面积为0.0533，灌溉渠道长0.5千米，有效灌溉区域主要为孛畈镇杨堰村。子石堰泵站于2008年建成。

李寨泵站[Lǐzhài Bèngzhàn]　位于安陆市孛畈镇张畈村李寨堵山崖，泵站装有专用25千瓦变压器1台。扬程为30米，流量0.15立方米/秒，泵站的主要功能为当地农田的灌溉。水源主要来自自然降水，农田受益面积为0.2平方千米，灌溉渠道长2.5千米，有效灌溉区域主要为张畈村李寨等地。该泵站于1969年建成使用。

张畈泵站[Zhāngfàn Bèngzhàn]　位于安陆市孛畈镇张畈村，泵站装有专用40千瓦变压器1台。扬程为18米，流量0.1立方米/秒，泵站的主要功能为当地农田的灌溉。水源主要来自自然降水，农田受益面积为0.3667平方千米，灌溉渠道长2.8千米，有效灌溉区域主要为张畈村。该泵站于1959年建成使用。

7组泵站[7Zǔ Bèngzhàn]　位于孛畈镇长松村原福德4组董家塆，泵站装有专用12千瓦变压器1台。扬程为10米，流量0.15立方米/秒，泵站的主要功能为当地农田的灌溉。水源主要来自自然降水，农田受益面积为0.067平方千米，灌溉渠道长1千米，有效灌溉区域主要为长松村7组董家塆及周边地田地。7组泵站于1960年建成，2014年重新修建。

8组泵站[8Zǔ Bèngzhàn] 位于孛畈镇长松村8组王家凹，泵站装有专用12千瓦变压器1台。扬程为10米，流量0.15立方米/秒，泵站的主要功能为当地农田的灌溉。水源主要来自自然降水，农田受益面积为0.1333平方千米，灌溉渠道长1千米，有效灌溉区域主要为长松村8组王家凹及周边田地。该泵站于2013年建成。

大程家塆泵站[Dàchéng jiā wān Bèngzhàn] 位于孛畈镇长松村1组大程家塆，泵站装有专用12千瓦变压器1台。扬程为10米，流量0.15立方米/秒，泵站的主要功能为当地农田的灌溉。水源主要来自自然降水，农田受益面积为0.067平方千米，灌溉渠道长1千米，有效灌溉区域主要为长松村大程家塆及周边田地。大程家塆泵站于2013年建成使用。

潘冲沁水堰泵站[Pānchōng Qìnshuǐyàn Bèngzhàn] 位于孛畈镇长松村5组范家冲，原潘冲村沁水堰附近，泵站装有专用12千瓦变压器1台。扬程为10米，流量0.15立方米/秒，泵站的主要功能为当地农田的灌溉。水源主要来自自然降水，农田受益面积为0.04平方千米，灌溉渠道长0.7千米，有效灌溉区域主要为长松村5组范家冲及周边田地。潘冲沁水堰泵站于2013年建成使用。

潘家塆泵站[Pān jiā wān Bèngzhàn] 位于孛畈镇长松村5组潘家塆，泵站装有专用12千瓦变压器1台。扬程为10米，流量0.1立方米/秒，泵站的主要功能为当地农田的灌溉。水源主要来自自然降水，农田受益面积为0.067平方千米，灌溉渠道长0.6千米，有效灌溉区域主要为长松村潘家塆及周边田地。潘家塆泵站于2014年建成使用。

松林埂泵站[sōnglín'gěng Bèngzhàn] 位于孛畈镇长松村4组松林埂，泵站装有专用12千瓦变压器1台。扬程为10米，流量0.15立方米/秒，泵站主要解决该村村民生活用水及农田灌溉的问题。水源主要来自自然降水，农田受益面积为0.1平方千米，灌溉渠道长1.5千米，有效灌溉区域主要为长松村4组松林埂及周边田地。

万家凹泵站[Wàn jiā wā Bèngzhàn] 位于孛畈镇长松村3组万家塆，泵站装有专用12千瓦变压器1台。扬程为10米，流量0.12立方米/秒，泵站的主要功能为该村村民、畜饮水及农田的灌溉。水源主要来自自然降水，农田受益面积为0.0467平方千米，灌溉渠道长0.5千米，有效灌溉区域主要为长松村3组万家塆。万家凹泵站于2013年建成使用。

王家凹泵站[Wáng jiā wā Bèngzhàn] 位于孛畈镇长松村2组王家凹，泵站装有专用12千瓦变压器1台。扬程为10米，流量0.13立方米/秒，泵站的主要功能为该村村民、畜饮水及农田的灌溉。水源主要来自自然降水，农田受益面积为0.0467平方千米，灌溉渠道长0.7千米，有效灌溉区域主要为长松村2组王家凹及周边田地。王家凹泵站于2014年建成使用。

小陈家塆泵站[Xiǎochéng jiā wān Bèngzhàn] 位于孛畈镇长松村1组小陈家塆，泵站装有专用12千瓦变压器1台。扬程为12米，流量0.15立方米/秒，泵站的主要功能为当地农田的灌溉。水源主要来自自然降水，农田受益面积为0.1平方千米，灌溉渠道长1.5千米，有效灌溉区域主要为长松村1组小程家塆。小陈家塆泵站于1958年建成使用。

纸棚泵站[Zhǐpéng Bèngzhàn] 位于孛畈镇长松村3组范家纸棚，泵站装有专用12千瓦变压器1台。

扬程为 10 米，流量 0.13 立方米/秒，泵站的主要功能为该村村民、畜饮水及农田的灌溉。水源主要来自自然降水，农田受益面积为 0.04 平方千米，灌溉渠道长 0.3 千米，有效灌溉区域主要为长松村 3 组范家纸棚及周边田地。纸棚泵站于 2002 年建成使用。

十、烟店镇

八里村 7 组泵站[Bālǐcūn 7 zǔ Bèngzhàn]　建于 2013 年，位于安陆市烟店镇八里村七组。泵站占地面积为 20 平方千米，装有专用 30 千瓦变压器 1 台。扬程为 20 米，流量 0.15 立方米/秒，泵站的主要功能为当地农田的灌溉。水源主要来自自然降水，农田受益面积为 0.02 平方千米，灌溉渠道长 0.3 千米，有效灌溉区域主要为八里村七组。

蔡家塆四组泵站[Cài jiā wān Sìzǔ Bèngzhàn]　建于 1997 年，位于安陆市烟店镇白店村四组蔡家塆，四周均为该村农田环绕。泵站装有专用 27 千瓦变压器 1 台。扬程为 15 米，流量 0.1 立方米/秒，泵站的主要功能为当地农田的灌溉。水源主要来自自然降水，农田受益面积为 0.1333 平方千米，灌溉渠道长 0.3 千米，有效灌溉区域主要为白店村四组蔡家塆。

李家塆一组泵站[Lǐ jiā wān Yīzǔ Bèngzhàn]　建于 1968 年，位于安陆市烟店镇白店村一组李家塆，四周均为该村农田环绕。泵站装有专用 30 千瓦变压器 1 台。扬程为 20 米，流量 0.15 立方米/秒，泵站的主要功能为当地农田的灌溉。水源主要来自自然降水，农田受益面积为 0.333 平方千米，灌溉渠道长 0.6 千米，有效灌溉区域主要为白店村一组李家塆。

白店村六组泵站[Báidiàncūn Liùzǔ Bèngzhàn]　建于 2002 年，位于安陆市烟店镇白店村六组，四周均为该村农田环绕。泵站装有专用 30 千瓦变压器 1 台。扬程为 20 米，流量 0.15 立方米/秒，泵站的主要功能为当地农田的灌溉。水源主要来自自然降水，农田受益面积为 0.1333 平方千米，灌溉渠道长 0.3 千米，有效灌溉区域主要为白店村六组。

鲁家塆七组泵站[Lǔ jiā wān Qīzǔ Bèngzhàn]　建于 1997 年，位于安陆市烟店镇白店村七组鲁家塆，东接府河，西邻七组农田，南连农田，北靠本组农田。泵站装有专用 35 千瓦变压器 1 台。扬程为 25 米，流量 0.18 立方米/秒，泵站的主要功能为当地农田的灌溉。水源主要来自自然降水，农田受益面积为 0.1333 平方千米，灌溉渠道长 0.3 千米，有效灌溉区域主要为白店村七组鲁家塆。

王家塆九组泵站[Wáng jiā wān Jiǔzǔ Bèngzhàn]　建于 2012 年，位于安陆市烟店镇白店村九组王家塆，四周均为该村农田环绕。泵站装有专用 30 千瓦变压器 1 台。扬程为 22 米，流量 0.11 立方米/秒，泵站的主要功能为当地农田的灌溉。水源主要来自自然降水，农田受益面积为 0.1333 平方千米，灌溉渠道长 0.3 千米，有效灌溉区域主要为白店村九组王家塆。

肖家独屋八组泵站[Xiāo jiā dú wū Bāzǔ Bèngzhàn]　建于 1997 年，位于安陆市烟店镇白店村八组，四周均为该村农田环绕。泵站装有专用 35 千瓦变压器 1 台。扬程为 18 米，流量 0.12 立方米/秒，泵站的主要功能为当地农田的灌溉。水源主要来自自然降水，农田受益面积为 0.1333 平方千米，灌溉渠道长 0.3 千米，有效灌溉区域主要为白店村八组。

殷家塆五组泵站[Yīn jiā wān Wǔzǔ Bèngzhàn] 建于 1968 年，位于安陆市烟店镇白店村五组殷家塆，四周均为该村农田环绕。泵站装有专用 30 千瓦变压器 1 台。扬程为 20 米，流量 0.15 立方米/秒，泵站的主要功能为当地农田的灌溉。水源主要来自自然降水，农田受益面积为 0.333 平方千米，灌溉渠道长 0.6 千米，有效灌溉区域主要为白店村五组殷家塆。

蔡家塆二号泵站[Cài jiā wān Èrhào Bèngzhàn] 建于 2013 年，位于安陆市烟店镇邓冲村，四周均为该村农田环绕，所在线路为本村蔡家塆。泵站装有专用 45 千瓦变压器 2 台。扬程为 19 米，流量 0.9 立方米/秒，泵站的主要功能为当地农田的灌溉。水源主要来自一号泵站，农田受益面积为 0.67 平方千米，灌溉渠道长 0.3 千米，有效灌溉区域主要为邓冲村蔡家塆。

邓冲水库三号泵站[Dèngchōngshuǐkù Sānhào Bèngzhàn] 建于 2013 年，位于安陆市烟店镇邓冲村邓冲水库旁，四周均为该村农田环绕，所在线路为本村邓冲水库旁。泵站装有专用 11 千瓦变压器 1 台。扬程为 10 米，流量 0.7 立方米/秒，泵站的主要功能为当地农田的灌溉。水源主要来自邓冲水库，农田受益面积为 0.23 平方千米，灌溉渠道长 0.09 千米，有效灌溉区域主要为邓冲村。

府河边一号泵站[Fǔhébiān Yīhào Bèngzhàn] 建于 2013 年，位于烟店镇邓冲村府河边，四周均为该村农田环绕，所在线路为本村府河边。泵站装有专用 45 千瓦变压器 3 台。扬程为 15 米，流量 1.2 立方米/秒，泵站的主要功能为当地农田的灌溉。水源主要来自府河，农田受益面积为 0.67 平方千米，灌溉渠道长 0.236 千米，有效灌溉区域主要为邓冲村。

黄家山四号泵站[Huángjiāshān Sìhào Bèngzhàn] 建于 2013 年，位于烟店镇邓冲村黄家山脚下，四周均为该村农田环绕，所在线路为本村黄家塆。泵站装有专用 11 千瓦变压器 1 台。扬程为 15 米，流量 0.7 立方米/秒，泵站的主要功能为当地农田的灌溉。水源主要来自府河，农田受益面积为 0.33 平方千米，灌溉渠道长 0.01 千米，有效灌溉区域主要为邓冲村黄家塆。

吴坳东二级泵站[Wúào Dōng Èrjí Bèngzhàn] 建于 1976 年，位于烟店镇邓冲村，四周均为该村农田环绕，所在线路为邓冲村吴家坳。泵站装有专用 215 千瓦变压器 2 台。扬程为 22 米，流量 1.2 立方米/秒，泵站的主要功能为当地农田的灌溉。水源主要来自吴家坳一级泵站，农田受益面积为 2.3 平方千米，灌溉渠道长 2 千米，有效灌溉区域主要为邓冲村吴家坳。

熊家塆五号泵站[Xióng jiā wān Wǔhào Bèngzhàn] 建于 2014 年，位于烟店镇邓冲村熊家塆，四周均为该村农田环绕，所在线路为本村熊家塆。泵站装有专用 11 千瓦变压器 1 台。扬程为 15 米，流量 0.9 立方米/秒，泵站的主要功能为当地农田的灌溉。水源主要来自四号泵站，农田受益面积为 0.67 平方千米，灌溉渠道长 0.3 千米，有效灌溉区域主要为邓冲村熊家塆。

段家塆泵站[Duàn jiā wān Bèngzhàn] 2013 年建，位于邓河村一组，装机溶质 1 台，功率为 7.5 千瓦，扬程 16 米，流量为 0.001，渠道长 20 米，主要用于农田灌溉，农田受益面积 0.02 平方千米。

邓家塆泵站[Dèng jiā wān Bèngzhàn] 2000 年建，位于邓河村一组，装机溶质 1 台，功率为 22 千瓦，扬程 15 米，流量为 0. 0001 立方米/秒，受益面积 0. 04 平方千米，渠道长 18 米，主要用于邓河村农田灌溉。

陡坡山五组泵站[Dǒupōshān Wǔzǔ Bèngzhàn] 1998 年建，位于邓河村五组，装机溶质 1 台，功率为 17 千瓦，扬程 20 米，流量为 0. 001 立方米/秒，受益面积 0. 32 平方千米，渠道长 22 米，主要用于邓河村农田灌溉，取水自邓家塆河。

陡山塆泵站[Dǒushānwān Bèngzhàn] 1998 年建立至 2012 年修建，位于邓河村，装机溶质 1 台，功率为 37 千瓦，扬程 22 米，流量为 0. 002，受益面积 0. 13 平方千米。，渠道长 22 米，主要用于邓河村农田灌溉，取水自邓家塆河。

龙冲水库泵站[Lóngchōngshuǐkù Bèngzhàn] 2000 年建，位于邓河村一组，装机溶质 1 台，功率为 11 千瓦，扬程 18 米，流量为 0. 0001 立方米/秒，受益面积 0. 08 平方千米，渠道长 20 米，主要用于邓河村农田灌溉，自龙冲水库取水。

万家塆泵站[Wàn jiā wān Bèngzhàn] 2000 年修建，2012 年改建，位于邓河村，装机溶质 1 台，功率为 7. 5 千瓦，扬程 12 米，流量为 0. 0001 立方米/每小时。受益面积 0. 032 平方千米，渠道长 18 米，负责农田灌溉，自邓家塆河取水。

叶家塆泵站[Yè jiā wān Bèngzhàn] 2012 年建，位于邓河村，装机溶质 1 台，功率为 18. 5 千瓦，扬程 30 米，流量为 0. 0012 立方米/秒，受益面积 0. 133 平方千米，渠道长 28 米，主要用于邓河村农田灌溉，取水来自雨水。

冯庙上泵站[Féngmiào Shàng Bèngzhàn] 1965 年建，位于烟店镇冯庙村。装机溶质 1 台，功率 55 千瓦，扬程 12 米，流量 0. 3 立方米/秒。泵站功能为抽水、抗旱。受益面积 0. 33 平方千米。渠道长 25 米。

胡家塆冯庙下泵站[Hú jiā wān Féngmiào Xià Bèngzhàn] 1970 年建成，位于烟店镇冯庙村胡家塆府河西岸。装机溶质 1 台 40 千瓦，扬程 12 米，流量 0. 15 立方米/秒。泵站功能为抽水、抗旱。受益面积 0. 4 平方千米。渠道长 25 米。

官堰村泵站[Guānyàncūn Bèngzhàn] 2006 年建成，位于烟店镇官堰村 1 组。东至官堰村 1 组，北至龙窝村，南至肖塆村，西至肖塆村。装机溶质 1 台 18. 5 千瓦，扬程 16 米，流量 0. 067 立方米/秒。泵站功能为灌溉。受益面积 400 亩。渠道长 200 米。

横路泵站[Hénglù Bèngzhàn] 建于 1995 年，位于安陆市烟店镇横路村，四周均为该村农田环绕。泵站装有专用 45 千瓦变压器 1 台。扬程为 13. 5 米，流量 0. 15 立方米/秒，泵站的主要功能为当地农田的灌溉。水源主要来自联合水库，农田受益面积为 0. 5333 平方千米，灌溉渠道长 1. 5 千米，有效灌溉区域主要为横路村。

刀砍山泵站[Dāokǎnshān Bèngzhàn] 1978 年建于大凹山，于 2011 年移至刀砍山，位于安陆市烟店镇黄棚村 2 组，四周均为该村农田环绕。泵站装有专用 22 千瓦变压器 1 台。扬程为 16 米，流量 0. 111 立方米/秒，泵站的主要功能为当地农田的灌溉。水源主要来自府河，农田受益面积为 0. 05 平方千米，灌溉渠道长 2. 1 千米，有效灌溉区域主要为黄棚村 2 组。

二组前面泵站[Èrzǔ Qiánmiàn Bèngzhàn] 1978 年始建，2011 年重建，位于安陆市烟店镇黄棚村 2

组，四周均为该村农田环绕。泵站装有专用 13 千瓦变压器 1 台。扬程为 9 米，流量 0.1 立方米/秒，泵站的主要功能为当地农田的灌溉。水源主要来自大桥港，农田受益面积为 0.067 平方千米，灌溉渠道长 1.3 千米，有效灌溉区域主要为黄棚村 2 组。

吴坳一级泵站[Wúào Yījí Bèngzhàn] 建于 1978 年，位于安陆市烟店镇黄棚村 3 组，四周均为该村农田环绕。泵站装有专用 1200 千瓦变压器 5 台。扬程为 40 米，流量 0.22 立方米/秒，泵站的主要功能为当地农田的灌溉。水源主要来自府河，农田受益面积为 10 平方千米，灌溉渠道长 5 千米，有效灌溉区域主要为黄棚村 3 组。

一组北泵站[Yīzǔ Běi Bèngzhàn] 建于 1978 年，位于安陆市烟店镇黄棚村 1 组北边，四周均为该村农田环绕。泵站装有专用 22 千瓦变压器 1 台。扬程为 6 米，流量 0.15 立方米/秒，泵站的主要功能为当地农田的灌溉。水源主要来自大桥港，农田受益面积为 0.15 平方千米，灌溉渠道长 2.6 千米，有效灌溉区域主要为黄棚村 1 组。

一组南泵站[Yīzǔ Nán Bèngzhàn] 建于 1978 年，位于安陆市烟店镇黄棚村 1 组南边，四周均为该村农田环绕。泵站装有专用 13 千瓦变压器 1 台。扬程为 3 米，流量 0.01 立方米/秒，泵站的主要功能为当地农田的灌溉。水源主要来自南坝，农田受益面积为 0.12 平方千米，灌溉渠道长 15 千米，有效灌溉区域主要为黄棚村 1 组。

李塆 2 组泵站[Lǐwān 2 zǔ Bèngzhàn] 2010 年建，位于烟店镇李塆村 2 组，至邻乌龟水库，南至白家塆，装机溶质 1 台 30 千瓦，扬程 12 米，径流量 0.23 立方米/秒，主要用于农田灌溉，灌溉面积 150 亩。

李塆六组新塘泵站[Lǐwān Liùzǔ Xīntáng Bèngzhàn] 2011 年建，位于烟店镇李塆村，东至董家塆新塘边。装机溶质 1 台 17 千瓦，扬程 15 米，流量 0.13 立方米/秒。泵站功能为灌溉。受益面积 0.2 平方千米，渠道长度 1 千米。

李塆三组新塘泵站[Lǐwān Sānzǔ Xīntáng Bèngzhàn] 修建于 2011 年，位于烟店镇李塆村三组，南至李塆新村。装机溶质 1 台 25 千瓦，扬程 12 米，径流量 0.23 立方米/秒，主要用于农田灌溉，灌溉面积 0.2 平方千米。

李湾四组塔塘泵站[Lǐwān Sìzǔ Tǎtáng Bèngzhàn] 建于 2011 年，位于烟店镇李塆村四组，西至董家塆。装机溶质 1 台 45 千瓦，扬程 15 米，径流量 0.26 立方米/秒，主要用于农田灌溉，灌溉面积 0.53 平方千米。

李塆五组大冲塘泵站[Lǐwān Wǔzǔ Dàchōngtáng Bèngzhàn] 2011 年建，位于李塆五组大冲塘，南至吴家塆，北至大冲塘。装机溶质 1 台 55 千瓦，扬程 15 米，径流量 0.25 立方米/秒，主要用于农田灌溉，灌溉面积 0.43 平方千米。

李塆一组翻身堰泵站[Lǐwān Yīzǔ Fānshēnyàn Bèngzhàn] 建于 2009 年，位于烟店镇李塆村一组，西至刘家湾。装机溶质 1 台 15 千瓦，扬程 8 米，径流量 0.25 立方米/秒，主要用于农田灌溉，灌溉面积 0.43 平方千米。

付家独屋四组泵站[Fù jiā dú wū Sìzǔ Bèngzhàn] 2005 年建，位于烟店镇田塆村三组，装机溶质为 1

台15千瓦，扬程22米，流量160立方米/秒，渠道长400米，受益面积0.14平方千米，泵站功能主要用于农田灌溉，水源来自雨水。

田塆村泵站[Tiánwāncūn Bèngzhàn] 2005年建，位于田塆村四组，装机溶质为1台30千瓦，扬程10米，流量310立方米/秒，主渠道长1750米，分渠道1600米，受益面积0.53平方千米，泵站功能主要用农田灌溉，水源一级主渠。

李家大塘泵站[Lǐjiādàtáng Bèngzhàn] 建于2012年，位于安陆市烟店镇王岗村二组，四周均为该村农田环绕。泵站装有专用5.5千瓦变压器1台。扬程为8米，流量125立方米/秒，泵站的主要功能为当地农田的灌溉。水源主要来自于李家大塘，农田受益面积为0.021平方千米，灌溉渠道长0.8千米，有效灌溉区域主要为王岗村二组。

万桥河一级泵站[Wànqiáohé Yījí Bèngzhàn] 建于2012年，位于安陆市烟店镇王岗村五组，四周均为该村农田环绕。泵站装有专用15千瓦变压器1台。扬程为6米，流量440立方米/秒，泵站的主要功能为当地农田的灌溉。水源主要来自万桥河，农田受益面积为0.573平方千米，灌溉渠道长0.3千米，有效灌溉区域主要为王岗村2、3、4、5组。

小凹山二级泵站[Xiǎoāoshān Èrjí Bèngzhàn] 建于2012年，位于安陆市烟店镇王岗村五组，四周均为该村农田环绕。泵站装有专用37千瓦变压器1台。扬程为20米，流量440立方米/秒，泵站的主要功能为当地农田的灌溉。水源主要来自于万桥河，农田受益面积为0.41平方千米，灌溉渠道长0.6千米，有效灌溉区域主要为王岗村2、3组。

刘桥河三组泵站[Liúqiáohé Sānzǔ Bèngzhàn] 2012年建成，位于烟店镇肖塆村五组，装机溶质为1台11千瓦，扬程15米，流量162立方米/秒，渠道0.013千米，受益面积0.13平方千米，泵站功能主要用于农田灌溉，水源为刘桥河。

刘桥河五组泵站[Liúqiáohé Wǔzǔ Bèngzhàn] 2012年建，位于肖塆村五组，装机溶质为1台11千瓦，扬程15米，流量0.045立方米/秒，泵渠道长度0.13千米，受益面积0.13平方千米，泵站功能用于农田灌溉，水源为刘桥河。

肖塆村泵站[Xiāowāncūn Bèngzhàn] 2012年建，位于肖塆村九组，装机溶质为一台75千瓦，扬程17米，流量1100立方米/秒，渠道长度1.9千米，受益面积0.93平方千米，主要用于农田灌溉，水源来自府河。

肖塆九组泵站[Xiāowān Jiǔzǔ Bèngzhàn] 2012年建，位于烟店镇肖塆村九组，装机溶质为一台11千瓦，扬程6米，流量1.62立方米/秒，管道长150米，受益面积0.17平方千米，主要用于农田灌溉，水源来自府河。

祠堂塆泵站[Cítángwān Bèngzhàn] 2013年建成，位于烟店镇长岗村5组，泵站溶质为一台，功率为30千瓦，扬程6米，渠道长300米，泵站功能为灌溉，受益面积为0.0.367平方千米，水源为附近河流。

莲花堰泵站[Liánhuāyàn Bèngzhàn] 1988年始建，2013年翻新，位于烟店镇长岗村3组，泵站溶质为一台，功率为11千瓦，扬程为3米，流量162立方米/秒，渠道长70米，受益面积为0.4平方千米，主要功能为灌溉，主要水源，雨水。

张家塝二级泵站[Zhāngjiābàng Èrjí Bèngzhàn]　2013 年建成并投入使用。泵站位于烟店镇长岗村、泵站溶质为一台，功率为 18 千瓦，扬程 4 米，受益面积 0.73 平方千米，渠道长 160 米，负责全村水利灌溉，泵站水源取自河水。

张家塝一级泵站[Zhāngjiābàng Yījí Bèngzhàn]　2013 年建成并投入使用。泵站位于烟店镇长岗村一组，泵站溶质为一台，功率为 10 千瓦，扬程 4 米，流量 150 立方米/秒，渠道长 200 米，主要用于灌溉，收益面积为 0.33 平方千米，取自张家塝河水。

周冲泵站[Zhōuchōng Bèngzhàn]　1972 年建，位于烟店镇周冲村，装机溶质 1 台 215 千瓦，流量 0.52 立方米/秒，扬程 29 米，涵管长度 20 米，主要用于农田灌溉，灌溉面积约 0.4 平方千米。

周祠村二级泵站[Zhōucícūn Èrjí Bèngzhàn]　2006 年建成，位于烟店镇周祠村 4 组。装机溶质为 1 台 11 千瓦，扬程 6 米，流量 0.045 立方米/秒。泵站功能为灌溉。水源为一级渠，受益面积 0.242 平方千米，渠道长度 0.6 千米。

周祠村一级泵站[Zhōucícūn Yījí Bèngzhàn]　2004 年建成，位于烟店镇周祠村 7 组。装机溶质为 1 台 30 千瓦，扬程 8 米，流量 0.072 立方米/秒。泵站功能为灌溉。水源为一级渠，受益面积 0.449 平方千米，渠道长度 0.6 千米。

竹罗村泵站 1 号[Zhúluócūn Bèngzhàn 1 Hào]　1958 年安装，最早从苏联购进的柴碳动力抽水站，后改为 80 马力的柴油动力，1973 年后改为电动机。位于烟店镇竹罗村 1 组府河边上。装机溶质为 1 台 30 千瓦，扬程 10 米，流量 0.8 立方米/秒。泵站功能为灌溉，水源为府河。受益面积为 0.37 平方千米，渠道长 1600 米左右。

竹罗泵站 2 号[Zhúluó Bèngzhàn 2 Hào]　1996 年土地整理时申报安装，位于烟店镇竹罗村 2 组府河边。装机溶质 1 台 22 千瓦，扬程 8 米，流量 0.3 立方米/秒。泵功能为灌溉，水源为府河，受益面积 0.33 平方千米，渠道长度 1.5 平方千米。

邓河低剖水渠[Dènghédīpōushuǐqú]　1972 年建，长 3500 米，口面 2 米，地宽 0.8 米，面宽 1.5 米，水深 1 米。主要用于农田灌溉。

邓河高剖水渠[Dènghégāopōushuǐqú]　1972 年建，长 3500 米，口面 2.5 米，地宽 0.8 米，面宽 1.5 米，水深 2 米。主要用于农田灌溉。

龚家水渠[Gōngjiāshuǐqú]　2010 年修建使用，位于烟店镇龚岗村。全长 1000 米，宽 3 米，灌溉面积 0.31 平方千米，主要灌溉龚岗村 1、2、3 组。

吴家坳一级渠道[Wújiāàoyījíqúdào]　1976 年建成，位于烟店镇官堰村 5、6 组。东至黄榨村，西至官堰村 5、6 组，北至吴家凹泵站，南至银子窝。全长 8 千米，宽 7.5 米，水深 2 米，平均流量 5 立方米/秒。主要用于农业灌溉、排水。

李岗村长渠[Lǐgǎngcūnchángqú]　1976 年建成使用，2012 年重新修建，位于烟店镇李岗村，属清水河渠系。该水渠起于李岗村 5 组，止于李岗村 1 组，流经本村 1、2、4、5 组。水渠全长约 2.8 千米，底宽 3.5

米，面宽 7 米，平均流量 2 立方米/秒，最大水深 4 米。该水渠属于灌溉渠，主要解决当地的农田灌溉用水问题，农田受益面积为 0.6 平方千米。

民主渠[Mínzhǔqú]　1994 年在原有沟渠的基础上整修重建。“民主”指的是人民自主进行劳动。该渠道位于烟店镇竹罗村 6、7 组。全长 1300 米、宽 20 米、平均水深 2 米。流经竹罗村、冯庙村、白店村、姚寨村、八里村、彭桥村、水寨村等。全长 13 千米，类别为排水，主要用途为排水，次要用途为灌溉。

朱家凹水库闸坝[Zhūjiāāo Shuǐkù Zhábà]　1962 年建成，2002 年将闸坝由北边转为南边，位于烟店镇黄榨村，四周均为该村农田环绕。该闸坝总长度约为 50 米，顶宽 20 米，高约 18 米，质地为钢筋混凝土。该闸属于闸坝类，主要作用是泄洪、防涝、防旱，农田受益面积为 0.06 平方千米。

周祠水闸[Zhōucí Shuǐ Zhá]　2012 年建成，位于烟店镇周祠村一组，类别为闸坝。总长 20 米，顶宽 8 米，高 1.5 米，受益面积 0.73 平方千米，其主要职能为农业用水。

十一、洑水镇

白龙村泵站[Báilóng Cūn Bèngzhàn]　位于洑水镇白龙村。东接河流，西邻台渠，南连变压器，北靠山坡。装机容量 1 台 29.4 千瓦，扬程 18 米，受益面积 0.2 平方千米，水源来自张河，主要用于灌溉。1982 建成，2010 年扩建。

古陂泵站[gǔpíbèngzhàn]　位于洑水镇白庙村徐家独屋，1984 年建成。装机 1 台 220 千瓦，扬程 28 米，流量 0.2 立方米/秒，受益于白庙村和熊岗村，主要用于灌溉，灌溉面积共 2 平方千米。

五组泵站[Wǔzǔbèngzhàn]　位于洑水镇车站村。装机容量为 1 台 30 千瓦，扬程 8 米，流量每秒 0.5 立方米。泵站功能为农田灌溉，水源为吴家河，受益面积 1500 亩，渠道长度 20 米。1981 年建成。

红石山泵站[Hóngshíshān Bèngzhàn]　位于洑水镇红桥村红石桥旁。1 台功率 2.8 千瓦，管长 180 米，径流量 0.5 立方米/秒。主要用于农田灌溉。

军刘泵站[Jūnliú Bèngzhàn]　位于军刘村刘家塆东。现有 1 台水泵，装机功率为 135 千瓦，装机流量 0.8 立方米/秒，扬程 50 米，涵管长度 50 米，主要任务为灌溉。1972 年建成。

毛庙“135”泵站[Máomiào“135” Bèngzhàn]　位于洑水镇毛庙村府河东岸，地处毛庙村 4 组陈家塆。早期曾是一座以 135 型柴油机为动力的抽水泵站，故名。泵站装有专用 100 千瓦变压器 1 台，扬程为 35 米，流量 0.3 立方米/秒，泵站的主要功能为当地农田的灌溉。水源主要来自自然降水，农田受益面积为 0.4 平方千米，灌溉渠道长 0.6 千米，有效灌溉区域主要为毛庙村陈家塆、毛家墩、西塆。该泵站建于 1980 年，最早是一座以 135 马力柴油机为动力的抽水泵站，后于 1988 年改为以 100 千瓦时电动机为动力的电动泵站。

毕塘泵站[Bìtáng Bèngzhàn]　位于洑水镇牌楼村毕家塘境内，处丘陵地带，东接三合水库，西邻毕家塘，南连三合村，北靠毕家塘。水泵 2 台，装机功率 130 千瓦，装机流量 0.6 立方米/秒，设计扬程 19 米，主要功能为灌溉。1968 年建成。

沈塆泵站[Shěnwān Bèngzhàn]　位于洑水镇牌楼村 1 组沈家塆，沈家塆因 1957 年修建三合水库而拆迁。东接三合水库，西邻肖家大塘，南连村级鱼池，北靠粉铺独屋。水泵 2 台，装机功率 90 千瓦，装机流量 0.57 立方米/秒，设计扬程 20 米，主要功能为灌溉。1973 年建成。

黄家岭泵站[Huángjiālǐng Bèngzhàn]　位于洑水镇社庙村黄家岭附近。泵站占地面积 50 平方米，装有专用 55 千瓦变压器 1 台，扬程为 22.5 米，流量 0.2 立方米/秒，泵站的主要功能为当地农田的灌溉。水源主要来自自然降水，农田受益面积为 0.4 平方千米，灌溉渠道长 0.6 千米，有效灌溉区域主要为社庙村贝家塆、栗林塆、张家塆、上郭家独屋。建于 1982 年。

老虎坡泵站[Lǎohǔpō Bèngzhàn]　位于洑水镇文武村赵家畈。泵站装有专用 55 千瓦变压器 1 台，扬程为 20 米，流量 0.15 立方米/秒，泵站的主要功能为当地的农业灌溉。水源主要来自自然降水，农田受益面积为 2.13 平方千米，灌溉渠道长 1 千米，有效灌溉区域主要为文武村、牌楼村张家塆及秦坝村 4 组。该泵站建于 1960 年，最早为 12 匹马力的电泵站，1997 年 6 月改为 55 匹电泵站。

南干泵站[Nángān Bèngzhàn]　位于洑水镇熊岗村徐家河南干渠，四周均为农田环绕。泵站装有专用 495 千瓦变压器 2 台。扬程为 23 米，流量 1.5 立方米/秒，泵站的主要功能为当地农田的灌溉。水源主要来自自然降水，农田受益面积为 1.467 平方千米，灌溉渠道长 1.5 千米，有效灌溉区域主要为洑水镇熊岗村。管理单位为安陆市洑水镇水利农机服务中心。该泵站建于 1973 年。

古陂泵站[Gǔpí Bèngzhàn]　位于洑水镇熊岗村古陂，四周均为该村农田环绕。泵站装有专用 75 千瓦变压器 1 台。扬程为 28 米，流量 0.2 立方米/秒，泵站的主要功能为当地农田的灌溉。水源主要来自自然降水，农田受益面积为 0.8 平方千米，灌溉渠道长 0.6 千米，有效灌溉区域主要为熊岗村。管理单位为安陆市洑水镇水利农机服务中心。该泵站建于 1974 年。

殷家大塆泵站[Yīn jiā dà wān Bèngzhàn]　位于安陆市洑水镇殷棚村殷家大塆北河边上。泵站装有专用 14 千瓦变压器 1 台，扬程为 13 米，流量 0.15 立方米/秒，泵站的主要功能为当地农田的灌溉。水源主要来自自 4 然降水，农田受益面积为 0.08 平方千米，灌溉渠道，0.02 千米，有效灌溉区域主要为殷棚村殷家大塆。该泵站建于 2012 年 11 月。

分十六渠道[Fēnshíliù Qúdào]　位于洑水镇方棚村，因该水渠是总渠第十六分渠而命名。东接秦坝村，西邻坝堤村，南连罗家塆，北靠方家塆。深 2 米，宽 4 米。主要用于抗旱、灌溉。1986 年建成。

军刘泵站渠[Jūnliú Bèngzhàn Qú]　起于洑水镇军刘村，止于方棚村 7 组。东接汪家独屋，西邻军刘村，南连孙家塆，北靠丁家冲。水深 2 米，宽 4 米。主要用于农田灌溉。

徐家河渠道[Xújiāhé Qúdào]　洑水镇军刘村徐家塆段长 40 米，宽 4 米，径流量 0.13 立方米/秒。主要功能为灌溉。1987 年建成。

15 匹台渠[15pǐ Táiqú]　位于洑水镇军刘村军刘塆与敖家独屋之间。传说古时候该水渠边有一户人家养马 15 匹，在此饮水。该台渠长 700 米，宽 1.5 米，水深 0.8 米，径流量 0.2 立方米/秒。主要功能为灌溉。

程家河渡槽[Chéngjiāhé Dùcáo]　位于洑水镇军刘村西北角，东接军刘村方家塆大凹塘，西邻刘畈 3

组程家塆渠道，南连程河下河，北靠上程河。渡槽全长 60 米，宽 6 米，高度 3.5 米，全部钢筋水泥结构，主要是用徐家河水库向下游地区放水。1958 年动工兴建，1960 年竣工。

尹家塆渡槽[Yǐn jiā wān Dùcáo]　位于洑水镇苗畈村尹家塆附近。此渡槽长度约为 35 米，宽 4 米，高约 2 米，质地为砖石。该渡槽主要用于当地农田的输水灌溉，主要灌溉区域为苗畈村尹家塆。于 1958 年修建徐家河水库时修建而成。

方家塆渡槽[Fāng jiā wān Dùcáo]　方家塆渡槽贯穿洑水镇坝堤村方家塆，全长 220 米，宽度 20 米，由北向南，南连望城村，北靠军刘村，主要功能为灌溉，灌溉面积约 160 亩。1961 年建成。

徐家河渠道陆家塆渡槽[Xújiāhé Qúdào Lù jiā wān Dùcáo]　位于洑水镇杨桥村中部陆家塆附近，此渡槽长度约为 110 米，宽 4 米，高约 18 米，渡槽内深 3.5 米，放水流量 28 立方米/秒，质地为水泥混凝土。该渡槽主要用于当地农田的输水灌溉，有效灌溉区域主要为杨桥村陆家塆。1969 年修建徐家河渠道时所建。

十二、陈店乡

陈店村五七泵站[Chéndiàncūn Wǔqī Bèngzhàn]　该泵站建于 1957 年，位于陈店乡陈店村陈店街北侧。泵站装有专用 55 千瓦变压器 1 台，扬程为 12 米，流量 0.2 立方米/秒，泵站的主要功能为当地农田的灌溉。水源主要来自自然降水，农田受益面积为 0.1 平方千米，灌溉渠道长 1 千米，有效灌溉区域主要为陈店村陈店街。

东罗泵站[Dōngluó Bèngzhàn]　该泵站建于 1960 年，位于陈店乡东罗村架子桥河的中部。泵站装有专用 40 千瓦变压器 1 台，扬程为 12 米，流量 0.2 立方米/秒，泵站的主要功能为当地农田的灌溉。水源主要来自自然降水，农田受益面积为 0.8 平方千米，灌溉渠道长 2.5 千米，有效灌溉区域主要为陈店乡东罗村。

方家田泵站[Fāngjiātián Bèngzhàn]　该泵站建于 2005 年，位于陈店乡甘涂村艾家冲下塆与方家田之间，泵站装有专用 75 千瓦变压器 1 台，扬程为 18 米，流量 0.4 立方米/秒，泵站的主要功能为当地农田的灌溉。水源主要来自自然降水，农田受益面积为 0.1 平方千米，灌溉渠道长 1.5 千米，有效灌溉区域主要为甘涂村方家田。

甘家坡泵站[Gānjiāpō Bèngzhàn]　该泵站建于 2013 年，位于陈店乡甘涂村甘家坡北边河流处，泵站装有专用 55 千瓦变压器 1 台，扬程为 12 米，流量 0.3 立方米/秒，泵站的主要功能为当地农田的灌溉。水源主要来自自然降水，农田受益面积为 0.2 平方千米，灌溉渠道长 1 千米，有效灌溉区域主要为甘涂村甘家坡附近。

涂家前院泵站[Tújiāqiányuàn Bèngzhàn]　该泵站建于 2013 年，位于陈店乡甘涂村涂家前院与杨家湾之间，泵站装有专用 55 千瓦变压器 1 台，扬程为 16 米，流量 0.3 立方米/秒，泵站的主要功能为当地农田的灌溉。水源主要来自自然降水，农田受益面积为 0.2 平方千米，灌溉渠道长 1.5 千米，有效灌溉区域主要为甘涂村涂家前院附近。

丁家湾泵站[Dīng jiā wān Bèngzhàn]　该泵站于2009年建成，位于陈店乡高岗村丁家湾。泵站装有专用30千瓦变压器1台，扬程为20米，流量0.3立方米/秒，泵站的主要功能为当地农田的灌溉。水源主要来自三河水库，农田受益面积为0.04平方千米，灌溉渠道长0.25千米，有效灌溉区域主要为高岗村丁家湾。

高岗泵站[Gāogǎng Bèngzhàn]　该泵站于1969年7月建成，位于陈店乡高岗村。泵站装有专用75千瓦变压器1台，扬程为16.5米，流量0.28立方米/秒，泵站的主要功能为当地农田的灌溉。水源主要来自自然降水，农田受益面积为4平方千米，灌溉渠道长2.5千米，有效灌溉区域主要为高岗村。

龙河泵站[Lónghé Bèngzhàn]　该泵站于1976年4月建成，位于陈店乡高岗村龙河附近。泵站装有专用380千瓦变压器1台，扬程为24米，流量1立方米/秒，泵站的主要功能为当地农田的灌溉。水源主要来自自然降水，农田受益面积为0.08平方千米，灌溉渠道长1千米，有效灌溉区域主要为高岗村。

夏家湾泵站[Xià jiā wān Bèngzhàn]　该泵站于1976年4月建成使用，位于陈店乡高岗村夏家湾。泵站装有专用380千瓦变压器1台，扬程为24米，流量1立方米/秒，泵站的主要功能为当地的农田灌溉。水源主要来自自然降水，农田受益面积为0.08平方千米，灌溉渠道长1千米，有效灌溉区域主要为高岗村夏家湾。

范庙泵站[Fànmiào Bèngzhàn]　该泵站建于1962年，最初动力为40马力柴油机，1972年通电配30千瓦电动机，位处陈店乡何胡村沈家岗岗上湾山脚下，泵站装有专用30千瓦变压器1台，扬程为8米，流量0.15立方米/秒，泵站的主要功能为当地农田的灌溉。水源主要来自自然降水，农田受益面积为0.507平方千米，灌溉渠道长2.5千米，有效灌溉区域主要为陈店乡何胡村。

东傅泵站[Dōngfù Bèngzhàn]　该泵站2004年建成，位于陈店乡黄巷村，地处丘陵地带，装机溶质为1台，功率15千瓦，装机流量0.5立方米/秒，扬程16米，受益面积70亩，泵站功能为灌溉，渠道长度300米。

涵洞泵站[Hándòng Bèngzhàn]　该泵站1980年建成，位于陈店乡黄巷村，地处丘陵地带，装机溶质为1台11千瓦，装机流量0.3立方米/秒，扬程20米，渠道长度200米，受益面积100亩，泵站功能为灌溉。

西傅泵站[Xīfù Bèngzhàn]　该泵站1978年建成，位于陈店乡黄巷村，地处丘陵地带，装机溶质为1台，功率11千瓦，装机流量0.3立方米/秒，扬程15米，渠道长度240米，农田受益面积为170亩，泵站主要功能为灌溉。

小三合泵站[Xiǎosānhé Bèngzhàn]　该泵站1973年建成，位于陈店乡黄巷村，地处丘陵地带，装机容量为1台，功率10千瓦，装机流量0.3立方米/秒，扬程15米，渠道长度200米，农田受益面积为100亩，泵站主要功能为灌溉。

茶堰泵站[Cháyàn Bèngzhàn]　该泵站位于陈店乡金龙村，于1974年建成，地处丘陵地带，装机溶质为1台，功率15千瓦，装机流量0.0015立方米/秒，扬程8米，农田受益面积0.48平方千米，泵站主要功能为灌溉。

青年坝泵站[Qīngniánbà Bèngzhàn] 该泵站1967年建成，位于陈店乡金龙村，地处丘陵地带，装机溶质为1台，功率17.5千瓦，装机流量0.35立方米/秒，扬程100米，渠道长度60米，农田受益面积为0.2平方千米，泵站主要功能为灌溉。

九冲泵站[Jiǔchōng Bèngzhàn] 该泵站1968年建成，位于陈店乡九冲村，处丘陵地带，装机溶质为1台，功率15千瓦，装机流量0.2立方米/秒，扬程10米，渠道长度8000米，水源为山河水库，受益面积4.66平方千米，泵站功能为灌溉。

刘兴泵站[Liúxìng Bèngzhàn] 该泵站1961年建成，位于陈店乡九冲村，处丘陵地带，装机溶质为1台，功率280千瓦，装机流量0.7立方米/秒，扬程24米，受益面积4平方千米，泵站功能为灌溉。

连家湾泵站[Lián jiā wān Bèngzhàn] 该泵站2015年建成，位于陈店乡连棚村连家湾。泵站装有专用11千瓦变压器1台，扬程为20米，流量0.1立方米/秒，泵站的主要功能为当地农田的灌溉。水源主要来自自然降水，农田受益面积为0.1平方千米，灌溉渠道长0.15千米，有效灌溉区域主要为连棚村连家湾。

刘店泵站[Liú diàn Bèngzhàn] 该泵站2013年建成，位于陈店乡刘店村，装机溶质1台，功率7.5千瓦，扬程7米，流量0.3立方米/秒，受益面积0.033平方千米，渠道长度250千米，水源为雨水，泵站功能为灌溉、供水。

大山洼泵站[Dàshānwā Bèngzhàn] 该泵站1997年建成，位于陈店乡上周村大山洼水库上，装机溶质1台，功率35千瓦，扬程16米，流量0.51立方米/秒，受益面积0.356平方千米，渠道长度1.5千米。水源为雨水。泵站功能为灌溉、供水。

方黄泵站[Fānghuáng Bèngzhàn] 该泵站于1988年5月建成，位于陈店乡沈畈村方黄塆。泵站装有专用15千瓦变压器1台，扬程为8米，流量0.15立方米/秒，泵站的主要功能为农田灌溉。水源主要来自自然降水，农田受益面积为0.2平方千米，灌溉渠道长0.3千米，有效灌溉区域主要为沈畈村方黄塆。

双河泵站[Shuānghé Bèngzhàn] 该泵站1990年建成，位于陈店乡双河村，装机溶质为1台，功率55千瓦，设计扬程12米，装机流量为0.2立方米/秒，主要用于农田灌溉。

胡家塆泵站[Hú jiā wān Bèngzhàn] 该泵站2010年建成，位于陈店乡双河村胡家坳，装机容量为1台55千瓦电动机，设计扬程12米，装机流量为0.2立方米/秒，主要用于农田灌溉。

叶堰泵站[Yèyàn Bèngzhàn] 该泵站2010年建成，位于陈店乡双河村，装机容量为1台33千瓦电动机，扬程20米，流量0.05立方米/秒，受益面积220亩，渠道长度0.3千米，水源主要来自徐家河，泵站功能为灌溉、供水。

河家山泵站[Héjiāshān Bèngzhàn] 该泵站1979年建成，位于陈店乡双河村4组，装机容量1台14千瓦电动机，扬程10米，流量0.05立方米/秒，受益面积0.133平方千米，渠道长度0.3千米，水源主要来自徐家河，泵站功能为灌溉、供水。

沈家山坡泵站[Shěnjiāshānpō Bèngzhàn] 该泵站1988年建成，位于陈店乡双河村沈家山坡，装机容量1台14千瓦电动机，扬程10米，流量0.05立方米/秒，受益面积0.166平方千米，渠道长度0.15千米，水源主要来自徐家河，泵站功能为灌溉、供水。

沈家山坡二级提水泵站[Shěnjiāshānpō Èrjítíshuǐ Bèngzhàn]　该泵站1988年建成，位于陈店乡双河村，装机容量1台14千瓦电动机，扬程10米，流量0.05立方米/秒，受益面积0.1平方千米，渠道长度0.1千米，水源主要来自徐家河，泵站功能为灌溉、供水。

双河坝泵站[Shuānghébà Bèngzhàn]　该泵站1988年建成，位于陈店乡双河村，装机容量1台55千瓦电动机，设计扬程12米，装机流量为0.3立方米/秒，灌溉面积0.133平方千米，水源主要来自徐家河，泵站功能为灌溉、供水，主要供本村5、6组农田灌溉。

邱家塆泵站[Qiū jiā wān Bèngzhàn]　该泵站2015年建成，位于陈店乡双泉村，装机容量1台18千瓦电动机，扬程18米，流量0.27立方米/秒，水源主要来自北干支渠，泵站功能为灌溉。

小塆泵站[Xiǎowānbèngzhàn]　该泵站2015年建成，位于陈店乡双泉村，装机容量1台18千瓦电动机，扬程18米，流量0.37立方米/秒，水源主要来自于雨水，泵站功能为灌溉。

小殷家塆泵站[Xiǎoyīn jiā wān Bèngzhàn]　该泵站2015年建成，位于陈店乡双泉村，装机容量1台25千瓦电动机，扬程20米，流量0.31立方米/秒。水源主要来自雨水，泵站功能为灌溉。

邱家榨泵站[Qiūjiāzhà Bèngzhàn]　该泵站1975年建成，位于陈店乡双泉村邱家榨，装机容量1台18千瓦电动机，扬程20米，流量0.12立方米/秒。泵站功能为灌溉。水源主要来自北干渠，受益面积约0.14平方千米，渠道长度0.7千米。

双泉泵站[Shuāngquán Bèngzhàn]　该泵站1976年建成，位于陈店乡双泉村，装机容量1台50千瓦电动机，扬程20米，流量0.33立方米/秒。泵站功能为灌溉。水源主要来自北干渠，受益面积约0.6平方千米，渠道长度1千米。

松林村一级泵站[Sōnglíncūn Yījí Bèngzhàn]　该泵站1985年建成，位于陈店乡松林村，处丘陵地带，装机容量1台100千瓦电动机，装机流量　0.3立方米/秒，扬程22米，泵站功能为灌溉。

松林村二级泵站[Sōnglíncūn Èrjí Bèngzhàn]　该泵站1985年建成，位于陈店乡松林村，处丘陵地带，装机容量1台100千瓦电动机，装机流量0.18立方米/秒，扬程20米，泵站功能为灌溉。

同兴6组泵站[Tóngxìng6zǔ Bèngzhàn]　该泵站1975年建成，位于陈店乡同兴社区6组，装机容量1台15千瓦电动机，扬程20米，流量0.15立方米/秒。灌溉渠道长度30米，水源主要来自徐河，泵站功能为灌溉，农田受益面积0.086平方千米。

蒋家塆泵站[Jiǎng jiā wān Bèngzhàn]　该泵站1985年建成，位于陈店乡同兴社区，装机容量1台22千瓦电动机，扬程25米，流量0.12立方米/秒。灌溉渠道长度为50米，水源主要来自自然河，泵站功能为灌溉，受益面积0.106平方千米。

刘家塆泵站[Liú jiā wān Bèngzhàn]　该泵站1976年建成，位于陈店乡同兴社区10组，装机容量1台15千瓦电动机，扬程25米，流量0.15立方米/秒。灌溉渠道长度为200米，水源主要来自徐河，泵站功能为灌溉，受益面积0.166平方千米。

同兴村泵站[Tóngxìngcūn Bèngzhàn]　该泵站1976年建成，位于陈店乡同兴社区，装机容量1台55

千瓦电动机，扬程45米，流量0.33立方米/秒。泵站功能为灌溉。水源主要来自徐家河，受益面积约0.733平方千米，渠道长度200米。

北干泵站[Běigàn Bèngzhàn] 该泵站1962年建成，位于陈店乡王陈村1组，装机容量5台30千瓦电动机，扬程40米，流量4立方米/秒，泵站功能为灌溉。水源主要来自徐家河，受益面积约666.666平方千米，渠道长度30千米。

北干泵站二级站[Běigàn Bèngzhàn Èrjí Zhàn] 该泵站1965年建成，位于陈店乡王陈村，装机容量1台80千瓦电动机，扬程20米，流量0.5立方米/秒。泵站功能为灌溉。水源主要来自北干渠，受益面积约10平方千米，渠道长度8千米。

陈家二级泵站[Chénjiā Èrjí Bèngzhàn] 该泵站1965年建成，位于陈店乡王陈村陈家垮，装机容量3台50千瓦电动机，扬程30米，流量1立方米/秒。泵站功能为灌溉。水源主要来自北干渠，受益面积约13.333平方千米，渠道长度12千米。

杨湾泵站[Yángwān Bèngzhàn] 该泵站建于1958年，最初配柴油动力25马力，1978年通电配载电动机22千瓦，该泵站位于陈店乡何胡村杨家湾，泵站装有专用22千瓦变压器1台，扬程为8米，流量0.15立方米/秒，泵站的主要功能为当地农田的灌溉。水源主要来自于自然降水，农田受益面积为0.327平方千米，灌溉渠道长1.5千米，有效灌溉区域主要为何胡村杨家湾。

伍店泵站[Wǔdiàn Bèngzhàn] 该泵站1965年建成，位于陈店乡伍店村，装机容量1台55千瓦电动机，扬程35米，流量0.5立方米/秒。泵站功能为灌溉。水源主要来自河流，受益面积为1.4333平方千米，渠道长度3千米。

伍家堰泵站[Wǔjiāyàn Bèngzhàn] 该泵站1990年建成，位于陈店乡伍店村，装机容量1台55千瓦电动机，扬程30米，流量0.5立方米/秒。泵站功能为灌溉。水源主要来自水库，受益面积约1平方千米，渠道长度2.5千米。

砦坡泵站[Zhàipō Bèngzhàn] 该泵站1990年建成，位于陈店乡伍店村砦坡垮，装机容量1台55千瓦电动机，扬程35米，流量0.5立方米/秒。泵站功能为灌溉。水源主要来自河流，受益面积约0.8333平方千米，渠道长度0.25千米。

殷陈泵站[Yīnchén Bèngzhàn] 该泵站1973年建成，位于陈店乡殷陈村西北部，地处丰龙坝下游。该泵站装有装机容量1台100千瓦电动机，专用100千瓦变压器1台，扬程为18米，流量0.3立方米/秒，泵站的主要功能为农田灌溉。水源主要来自自然降水，农田受益面积为3平方千米，灌溉渠道长5千米，有效灌溉区域主要为陈店乡殷陈村、东罗村、陈谢村及饶湾村。

大山洼泵站[Dàshānwā Bèngzhàn] 该泵站2014年建成，位于陈店乡枣林村，装机容量1台18千瓦电动机，扬程10米，流量0.3立方米/秒。泵站功能为灌溉。水源主要来自大山洼水库，受益面积约0.1333平方千米，渠道长度0.5千米。

大山洼水库泵站[Dàshānwāshuǐkù Bèngzhàn] 该泵站2007年建成，位于陈店乡枣林村，装机容量1台18千瓦电动机，扬程5米，流量0.1立方米/秒。泵站功能为灌溉。水源主要来自大山洼水库，受益面积约 0. 3333 平方千米，渠道长度 0. 53 千米。

小九冲水库北泵站[Xiǎojiǔchōngshuǐkù Běi Bèngzhàn]　该泵站 2013 年建成，位于陈店乡枣林村小九冲水库北部，装机容量 1 台 30 千瓦电动机，扬程 10 米，流量 0. 1 立方米/秒。泵站功能为灌溉。水源主要来自小九冲水库，受益面积约 0. 3333 平方千米，渠道长度 1. 3 千米。

董家塆泵站[Dǒng jiā wān Bèngzhàn]　董家塆泵站 1978 年建成，位于陈店乡中桥村董家塆，装机容量 1 台 21 千瓦电动机，扬程 15 米，装机流量 0. 1 立方米/秒，渠道长度 1000 米，主要用于农田灌溉，受益面积 0. 2666 平方千米。

中桥村泵站[Zhōngqiáocūn Bèngzhàn]　中桥村泵站 2011 年建成，位于陈店乡中桥村，装机容量 1 台 55 千瓦电动机，扬程 16 米，装机流量 0. 3 立方米/秒，主要用于农田灌溉，灌溉面积达 0. 1244 平方千米，主要灌溉 1~8 组。

双泉引水闸[Shuāngquán Yǐnshuǐzhá]　该闸坝 1972 年建成，位于双泉村。总长 3. 5 米，顶宽 3. 5 米，高 7 米，主要职能为引水灌溉。

内引水闸[Nèiyǐnshuǐzhá]　该水闸 1965 年建成，位于双泉村，类别为闸坝。总长 8 米，顶宽 8 米，高 3. 5 米，质地为黏土，主要职能为引水。

三合水库东输水闸[Sānhéshuǐkù Dōng Shūshuǐzhá]　该输水闸 2008 年建成，位于高岗村三合水库附近，类别为闸坝。该输水闸总长度约为 50 米，顶宽 1 米，高 2 米，质地为砖混结构，其主要职能为引水灌溉。

北干二分干分水闸[Běigànèrfèngàn Fènshuǐzhá]　该水闸 1962 年建成，位于王陈村，类别为闸坝。总长为 15000 米，顶宽 5 米，高 3 米，为土梁结构，主要职能为引水。

北干三分干分水闸[Běigànsānfèngàn Fènshuǐzhá]　该水闸 1963 年建成，位于王陈村，类别为闸坝。总长 3000 米，顶宽 3. 5 米，高 2 米，主要职能为引水。

北干一分干分水闸[Běigànyīfèngàn Fènshuǐzhá]　该水闸 1962 年建成，位于王陈村，类别为闸坝。总长 1500 米，顶宽 5 米，高 3 米，为混凝土结构，主要职能为引水。

北干出水渠[Běigàn Chūshuǐ Qú]　该水渠 1962 年建成，位于王陈村，起于北干泵站，止于分闸，全长 4500 米，宽 7 米，平均水深 4 米，平均流量 4 立方米/秒，类别为灌溉渠，主要用于农田灌溉。

枣林分渠[Zǎolín Fèn Qú]　该水渠 1964 年建成，位于枣林村，起于胡祠分水闸，止于大山洼水库，全长 20500 米，宽 1. 3 米，平均水深 1. 5 米，平均流量 1 立方米/秒，类别为灌溉渠，主要用于农田灌溉。

枣林支渠[Zǎolín Zhī Qú]　该水渠 1965 年建成，位于枣林村，起于枣林水库，止于枣林 3 组，全长 2100 米，宽 1 米，平均水深 1 米，平均流量 0. 5 立方米/秒，类别为灌溉渠，主要用于农田灌溉。

北干三分干渠[Běigàn Sānfèngàn Qú]　该渠 1979 年建成，位于黄巷村，起点为黄巷村 1 组，止于黄巷村 4 组，全长 4. 4 千米，宽 8 米，水深 2 米，平均流量 0. 41 立方米/秒，主要用于农田灌溉，受益面积为 1500 亩。

北干一分干渠 [Běigàn Yīfèngàn Qú]　该渠 1978 年建成，起于汪桥河，止于中桥村董家大塘，全长

1900米，水深2米，设计流量0.7立方米/秒，实际流量0.7立方米/秒，类别为灌溉渠，主要用于农田灌溉。

小二级站干渠[Xiǎoèrjízhàngànqú]　该渠位于黄巷村，1966年建成，起于金龙村11组，止于金龙村，全长3千米，宽2米，水深1米，平均流量0.33立方米/秒，主要用于农田灌溉。

刘兴泵站出水渠[Liúxìng Bèngzhàn Chūshuǐ Qú]　该泵站出水渠1978年建成，位于九冲村，起于三河渠头，止于彭畈村，全长8千米，宽4米，水深2米，平均流量0.2立方米/秒，主要用于农田灌溉。

长兴分渠[Chǎngxìng Fèn Qú]　该渠于1942年建成使用，位于连棚村长兴店，起于连棚粮站，止于长兴店，水渠全长约1.5千米，底宽0.5米，面宽0.5米，平均流量0.7立方米/秒，最大水深0.8米。该水渠属于灌溉渠，主要解决当地的农田灌溉用水问题。

彭畈支渠[Péngfàn Zhī Qú]　该渠1951年建成，位于彭畈村，全长3000米，宽2米，平均水深2.5米，流量0.6立方米/秒，类别为灌溉渠，主要用于农田灌溉。

北干二级站出水渠[Běigànèrjízhàn Chūshuǐ Qú]　该水渠1966年建成，位于陈店乡北干二级站附近，起于沈畈村2组，止于沈畈村11组。水渠全长约11.6千米，宽12米，平均流量0.66立方米/秒，最大水深1.5米。该水渠属于灌溉渠，主要解决当地的农田灌溉用水问题。

三河干渠[Sānhégànqú]　该水渠1962年建成，位于陈店乡三河泵站附近，起于三河泵站，止于刘陈村、严武村。水渠全长约4千米，底宽0.8米，面宽1.5米，平均流量2立方米/秒，最大水深1米。该水渠属于灌溉渠，主要解决当地的农田灌溉用水问题，农田受益面积为4平方千米。

北干进水渠[běigàn Jìnshuǐ Qú]　该水渠1979年建成，位于双泉村，全长4500米，宽50米，平均水深3.5米，平均流量0.23立方米/秒，类别为灌溉渠，主要用于农田灌溉。

同双沟渠[Tóngshuānggōuqú]　该沟渠1976年建成，位于同兴社区，起于双泉河，止于同兴泵站，全长180米，宽20米，平均水深3米，平均流量15立方米/秒，类别为灌溉渠，主要用于农田灌溉。

十三、辛榨乡

北口泵站[Běikǒu Bèngzhàn]　因位于孙汪村北边口得名，建于1983年，位于辛榨乡孙汪村，装机功率为1台75千瓦电动机，扬程6.5米，流量0.71立方米/秒，水源为涢水。泵站功能为灌溉、供水。

陈徐泵站[Chénxú Bèngzhàn]　以位于陈徐塆得名，建于1978年，1985年改为陈徐泵站，位于辛榨乡张付村。泵站装有专用30千瓦变压器与30千瓦电动机各1台，扬程为12米，流量0.25立方米/秒，泵站的主要功能为当地农田的灌溉。水源主要来自自然降水，农田受益面积为0.2平方千米，灌溉渠道长3.4千米，有效灌溉区域主要为张傅村陈徐塆。

大廖泵站[Dàliào Bèngzhàn]　建于1976年，位于大廖村。泵站装有专用55千瓦变压器1台，50千瓦电动机一台，扬程为8米，流量0.34立方米/秒，泵站的主要功能为当地农田的灌溉。水源主要来自自然降水，农田受益面积为 0.4 平方千米，灌溉渠道长 0.6 千米，有效灌溉区域主要为大廖村。

高店村自来水泵[Gāodiàncūn Zìláishuǐbèng]　建于 2000 年，位于高店村，装机功率为 1 台 25 千瓦电动机，装机流量 0.1 立方米/秒，扬程 20 米，功能为自来水抽水。

高罗 1、2、5 组泵站[Gāoluó 1、2、5zǔ Bèngzhàn]　建于 2010 年，位于高罗村一、二、五组，装机功率为 2 台 5 千瓦电动机，扬程 17 米，流量 0.1 立方米/秒。泵站功能为农田灌溉，水源为雨水。

高罗 3、4 组泵站[Gāoluó 3、4zǔ Bèngzhàn]　建于 2010 年，位于高罗村三、四组，装机功率为 2 台 5 千瓦电动机，扬程 17 米，流量 0.1 立方米/秒。水源为雨水。

高坡泵站[Gāopō Bèngzhàn]　建于 2013 年，位于高张村，装机功率为 1 台 40 千瓦电动机，装机流量 0.17 立方米/秒，扬程 17 米，受益面积 0.804 平方千米。

古周泵站[Gǔzhōu Bèngzhàn]　建于 2006 年，位于深沟村古周塆，装机功率为 1 台 55 千瓦电动机，扬程 9 米，流量 0.23 立方米/秒。泵站功能为灌溉。水源来漳河，受益面积约 0.67 平方千米，渠道长度 2 千米。

郭舒泵站[Guōshū Bèngzhàn]　建于 2013 年，位于高张村舒郭塆，装机功率为 1 台 40 千瓦电动机，装机流量 0.17 立方米/秒，扬程 17 米，受益面积 0.804 平方千米。

红旗泵站[Hóngqíbèngzhàn]　建于 2001 年，位于红旗社区。泵站装有专用 75 千瓦变压器 1 台，装机功率为 1 台 65 千瓦电动机。扬程为 11.6 米，流量 0.27 立方米/秒，泵站的主要功能为当地农田的灌溉。水源主要来自自然降水，农田受益面积为 0.6 平方千米，灌溉渠道长 1 千米，有效灌溉区域主要为辛榨乡红旗社区。

胡姚闸泵站[Húyáozhá Bèngzhàn]　建于 1967 年，位于胡姚村，处丘陵地带，装机功率为 1 台 75 千瓦电动机，装机流量 0.27 立方米/秒，扬程 10.5 米，受益面积 0.132 平方千米。

老窑泵站[Lǎoyáobèngzhàn]　以泵站附近曾有一口老窑得名，建于 2007 年，位于西河村，占地面积 16 平方米，装机功率为 1 台 22 千瓦电动机，扬程 21 米，流量 0.07 立方米/秒。泵站功能为农田灌溉，水源为漳河，受益面积约 0.13 平方千米，渠道长度 0.18 千米。

黎畈泵站[Lífàn Bèngzhàn]　以位于黎畈得名，建于 1996 年，位于西河村西南部，占地面积 20 平方米，装机功率为 1 台 38 千瓦电动机，扬程 11 米，流量 0.2 立方米/秒。泵站功能为农田灌溉，水源为漳河，受益面积约 0.4 平方千米，渠道长度 2.5 千米。

梁河泵站[Liánghé Bèngzhàn]　以位于梁家河得名，建于 2008 年，位于西河村西部，占地面积 20 平方米，装机功率为 1 台 55 千瓦电动机，扬程 17 米，流量 0.27 立方米/秒。泵站功能为农田灌溉，水源为漳河，受益面积约 0.4 平方千米，渠道长度 2.5 千米。

小李泵站[Xiǎolǐ Bèngzhàn]　建于 1972 年，位于深沟村小李塆，装机功率为 1 台 55 千瓦电动机，扬程 7 米，流量 0.48 立方米/秒。泵站功能为灌溉。水源来漳水，受益面积约 1100 亩，渠道长度 1.5 千米。

徐俭情泵站[Xújiǎnqíng Bèngzhàn]　建于 1981 年，“徐俭情”指的是所属人，位于四报村 4 组，装机功率为 1 台 30 千瓦电动机，扬程 11 米，流量 0.12 立方米/秒，受益面积 0.27 平方千米，渠道长度 1.5 千米。

水源为雨水。泵站功能为灌溉、供水。

杨湾泵站[Yángwān Bèngzhàn]　以位于杨家塆得名，建于 1958 年，最初配柴油动力，1978 年通电配载电机 22 千瓦电动机，位于张傅村杨家湾。泵站装有专用 22 千瓦变压器 1 台，扬程为 8 米，流量 0.15 立方米/秒，泵站的主要功能为当地农田的灌溉。水源主要来自自然降水，农田受益面积为 0.33 平方千米，灌溉渠道长 0.3 千米，有效灌溉区域主要为张傅村杨家湾。

朱家炉泵站[Zhūjiālú Bèngzhàn]　因位于孙汪村朱家炉得名，建于 2005 年，装机功率为 1 台 30 千瓦电动机，扬程 18 米，流量 0.6 立方米/秒，水源为雨水。泵站功能为灌溉、供水。

胡姚上字渠[Húyáoshàngzìqú]　以水渠的形状像一个“上”字得名。1985 年，农业开发时开挖的一条渠道，原来从姚家沟到菱角湖，菱角湖至冯洪卢到内府河，1985 年农业开发时将菱角湖开挖成一条直线，再从胡姚闸泵站出口，姚家大塘转弯沟向白杨沟到余家闸，宽 2.5 米，深 2 米，形成一条上字渠。

蒋堰壕沟[Jiǎngyànháogōu]　2008 年建成，位于蒋堰村，全长 150 米，宽 8 米，平均水深 4 米，主要用于排水和灌溉。

梁家河灌溉渠[Liángjiāhéguàngàiqú]　以位于西河村梁家河得名，1988 年建成，全长 3000 米，宽 5 米，平均水深 0.6 米，主要用于灌溉。

上下渠[Shàngxiàqú]　1981 年建成，位于四报村 4 组，长 500 米，口面 2 米，地宽 3 米，面宽 2 米，水深 1.5 米，灌溉面积 0.47 平方千米。

十字渠[Shízìqú]　以水渠呈十字状得名，1977 年建成，位于西河村，全长 1500 米，宽 7 米，平均水深 0.7 米，主要用于排灌。

十四、木梓乡

戴河 3 号泵站[Dàihé 3 hào Bèngzhàn]　1990 年建，初名宋家港泵站，2008 年改建更现名，位于木梓乡戴河村 3 组，装机容量 1 台 44 千瓦电动机，扬程 7 米，泵站的主要功能为灌溉，水源为漳河流域，收益面积 0.05 平方千米。

东山泵站[Dōngshān Bèngzhàn]　1964 年动工修建，1965 年 5 月改名为西山坡泵站，权属东山村委会故更名为东山泵站，位于木梓乡东山村的西山、背面环山。装机容量 1 台 75 千瓦电动机，扬程 60 米，受益面积 0.53 平方千米，渠道长 1500 米。

方河村二组泵站[Fānghécūnèrzǔ Bèngzhàn]　建成于 2004 年，位于方河村二组杨树河边地段。装机容量 1 台 18.5 千瓦电动机，扬程 14 米，流量 0.23 立方米/秒，受益面积 0.16 平方千米。功能为灌溉。水源为雨水。

方河村九组泵站[Fānghécūnjiǔzǔ Bèngzhàn]　建成于 2014 年，位于方河村九组。装机容量 1 台 18.5 千瓦电动机，扬程 13 米，流量 0.25 立方米/秒，受益面积 0.13 平方千米。泵站功能为灌溉。水源为雨水。

方河村七组泵站[Fānghécūnqīzǔ Bèngzhàn]　建成于 2012 年，位于方河村七组。取水点为方家河，装机容量 1 台 18.5 千瓦电动机，扬程 20 米，流量 0.32 立方米/秒，受益面积 0.2 平方千米。泵站功能为灌溉。水源为雨水。

方河村十组泵站[Fānghécūnshízǔ Bèngzhàn]　建成于 2012 年，位于方河村十组胡子碑池塘边。装机容量 1 台 18.5 千瓦电动机，扬程 18 米，流量 0.4 立方米/秒，受益面积 0.13 平方千米。泵站功能为灌溉。水源为雨水。

方河村四组泵站[Fānghécūnsìzǔ Bèngzhàn]　建成于 2014 年，位于方河村四组。装机容量 1 台 18.5 千瓦电动机，扬程 16 米，流量 0.43 立方米/秒，受益面积 0.2 平方千米。泵站功能为灌溉。水源为雨水。

方河村一组泵站[Fānghécūnyīzǔ Bèngzhàn]　建成于 2014 年，位于方河村一组。装机容量 1 台 18.5 千瓦电动机，扬程 15 米，流量 0.3 立方米/秒，受益面积 0.13 平方千米。泵站功能为灌溉，水源为雨水。

沟堰泵站[Gōuyàn Bèngzhàn]　1974 年兴建，位于金档村 8 组。装机容量为 1 台 22 千瓦电动机，渠道长度为 0.34 千米，扬程 38 米，受益面积 0.11 平方千米。水源为河流。

黄冲泵站[Huángchōng Bèngzhàn]　建成于 2008 年，位于黄冲村四组，装机容量 1 台 115 千瓦电动机，扬程 23 米，流量为 0.25 立方米/秒，受益面积 0.268 平方千米，主要用于农田灌溉。

黄梅泵站[Huángméi Bèngzhàn]　初为 1985 年集全村劳力，修建台堤，并于当年安装，2011 年对原机进行全面换机。地处黄家河和本村八组，与棠棣镇隔河相望，装机容量 1 台 45 千瓦电动机，扬程 20 米，渠道长度 20 米，闲时提河内闲水，抗旱时搬河内大水，主要用于农业灌溉，灌溉 7、8、9、11、6 五个小组，灌溉面积 1000 亩。

建新 135 泵站[Jiànxīn 135 Bèngzhàn]　1973 年兴建，使用柴油机动力，1980 年改换为电动机，位于建新村七组，装机功率 1 台 135 千瓦电动机，扬程 30 米，径流量 0.67 立方米/秒，泵站功能为灌溉。

江河泵站[Jiānghé Bèngzhàn]　1973 年兴建，位于江河村 3、4、6 组。装机容质为 4 台 18 千瓦电动机，扬程 17 米，流量 0.5 立方米/秒，受益面积 0.53 平方千米。泵站功能为灌溉，水源为郑家河水库渠道。

江河泵站 1 号[Jiānghé Bèngzhàn 1 hào]　1973 年兴建，位于木梓乡江河村 3 组。装机容量为 1 台 18 千瓦电动机，扬程 17 米，流量 0.5 立方米/秒，受益面积 0.13 平方千米。泵站功能为灌溉，水源为郑家河水库渠道。

江河泵站 2 号[jiānghé Bèngzhàn 2 hào]　1973 年兴建，位于木梓乡江河村 4 组。装机容量为 1 台 18 千瓦电动机，扬程 17 米，流量 0.5 立方米/秒，受益面积 0.2 平方千米。泵站功能为灌溉，水源为郑家河水库渠道。

江河泵站 3 号[jiānghé Bèngzhàn 3 hào]　1973 年兴建，位于木梓乡江河村 2 组。装机容量为 1 台 18 千瓦电动机，扬程 17 米，流量 0.5 立方米/秒，受益面积 0.2 平方千米。泵站功能为灌溉，水源为郑家河水库渠道。

江河泵站 4 号[jiānghé Bèngzhàn 4 hào]　1973 年兴建，位于木梓乡江河村 6 组。装机容量为 1 台 18 千瓦电动机，扬程 17 米，流量 0.5 立方米/秒，受益面积 0.2 平方千米。泵站功能为灌溉，水源为郑家河水库渠道。

江河公路桥泵站[jiānghé Gōnglùqiáo Bèngzhàn]　1973年兴建，位于木梓乡江河村4组。装机容量为2台18千瓦电动机，渠道长200米。扬程15米，流量0.05立方米/秒，受益面积0.2平方千米。泵站功能为灌溉，水源为郑家河水库渠道。

雷畈四组泵站[Léifànsìzǔ Bèngzhàn]　1985年兴建，位于木梓乡雷畈村四组，装机容量为1台13千瓦电动机，渠道长1.5千米，扬程8米，受益面积0.201平方千米，主要用于农田灌溉。

雷畈五组泵站[Léifànwǔzǔ Bèngzhàn]　1978年兴建，位于雷畈村五组，装机容量为1台13千瓦电动机，渠道长1.5千米，扬程8米，受益面积0.201平方千米，主要用于农田灌溉。

梨树塆泵站[Líshùwān Bèngzhàn]　2008年建成，位于木梓乡戴河村西南侧，装机容量1台30千瓦电动机，引排力为0.1立方米/秒，主要水源为漳河流域，10进8出的水管可灌溉良田0.5平方千米。

李塆泵站[Lǐwān Bèngzhàn]　建立于2013年，位于李塆水库西，装机容量1台37千瓦电动机，扬程7米，受益面积510亩，渠道长2.6千米，主要用于农田灌溉，取水自幸福水库。

彭家垱泵站[Péngjiādàng Bèngzhàn]　2013年建成，位于王店村彭家垱，装机容量为1台15千瓦电动机，扬程25米，流量为125立方米/秒，受益面积600亩，渠道长500m。

彭家稻场泵站[Péngjiādàochǎng Bèngzhàn]　2009年土地平整时安装，2015年3月加固，位于东山村1组。装机容量1台22千瓦电动机，扬程16米，受益面积0.33平方千米。

前河泵站[Qiánhé Bèngzhàn]　1973年兴建，位于木梓乡金档村1组。装机容量为1台11千瓦电动机，渠道长度为0.8千米。扬程20米，受益面积0.31平方千米。

桥潭泵站[Qiáotán Bèngzhàn]　1974年兴建，位于金档村5组。装机容量为1台11千瓦电动机，渠道长度为0.37千米，扬程20米，受益面积0.15平方千米。

双杨6组泵站[Shuāngyáng 6 zǔ Bèngzhàn]　1978年兴建，位于双杨村6组。装机容量为1台13千瓦电动机，扬程8米，流量0.2立方米/秒。水源为幸福水库，受益面积0.2平方千米。

双杨9组泵站[Shuāngyáng 9 zǔ Bèngzhàn]　1992年兴建，位于木梓乡双杨村9组。装机容量为1台11千瓦电动机，扬程10米，流量0.1立方米/秒。水源为幸福水库，受益面积0.067平方千米，渠道长度为0.1千米。

双杨泵站[Shuāngyáng Bèngzhàn]　2012年兴建，位于双杨村10组。装机容量为1台20千瓦电动机，扬程8米，流量0.4立方米/秒。水源为幸福水库，受益面积0.26平方千米，渠道长度为0.1千米。

孙仁发屋泵站[Sūnrénfāwū Bèngzhàn]　1974年兴建，位于金档村2组。装机容量为1台15千瓦电动机，渠道长度为0.46千米，扬程25米，受益面积0.14平方千米。水源为二级提水。

踢脚山泵站[Tījiǎoshān Bèngzhàn]　因所处地方名“踢脚山”得名，1977年由木梓人民公社修建，2014年由木梓乡人民政府重新修建，位于漳河村，处丘陵地带，装机溶质为1台135千瓦电动机，扬程22米，流量0.3立方米/秒，水源为漳河支流蒯家河。

天然6组泵站[Tiānrán 6 zǔ Bèngzhàn]　1976年建成，位于天然村六组，装机容量为1台40千瓦电动机，扬程20米，流量为0.34立方米/秒，受益面积600亩，渠道长30米，主要用于农田灌溉。

天然村3组泵站[Tiānrán 3 zǔ Bèngzhàn] 1976年修建电机泵站，2007年由天然村修建，位于天然村三组，装机容量为1台40千瓦电动机，扬程10米，流量为0.4立方米/秒，受益面积300亩，渠道长15米，主要用于农田灌溉。

王店三组泵站[Wángdiànsānzǔ Bèngzhàn] 2013年建成，位于王店村三组，装机容量为1台15千瓦电动机，扬程30米，流量为125立方米/秒，受益面积800亩，渠道长1000米，主要用于农田灌溉。

王河六组泵站[Wánghéliùzǔ Bèngzhàn] 1992年建成，位于木梓乡王河村。装机容量为1台22千瓦电动机，扬程18米、流量0.6立方米/秒，功能为灌溉、水源为王河，受益面积0.2平方千米、渠道长800米。

魏家河泵站[Wèijiāhé Bèngzhàn] 因取水处名魏家河得名，1968年兴建，位于双杨村1组。装机容量为1台13千瓦电动机，扬程8米，流量0.2立方米/秒。水源为幸福水库，受益面积0.067平方千米，渠道长度为0.1千米。

下河泵站[Xiàhé Bèngzhàn] 1990年建，2008年改建，位于木梓乡戴河村南侧，装机容量1台30千瓦电动机，引排力0.1立方米/秒，主要水源为漳河流域，可灌溉良田百亩。

肖家大堰泵站[Xiāojiādàyàn Bèngzhàn] 1968年建成，2012年后重建，位于木梓乡双杨村8组。装机容量为1台11千瓦电动机，扬程5米，渠道长度为0.5千米，受益面积0.1平方千米。流量0.1立方米/秒。水源为幸福水库。

新店2号泵站[Xīndiàn 2 hào Bèngzhàn] 1993年建成，位于新店村二组，装机容量为1台13千瓦电动机，扬程20米，受益面积0.1平方千米，主要用于农田灌溉。

新店3号泵站[Xīndiàn 3 hào Bèngzhàn] 2013年建成，位于新店村五组，装机容量为1台17千瓦电动机，扬程25米，受益面积0.1平方千米，主要用于农田灌溉。

新店5号泵站[Xīndiàn 5 hào Bèngzhàn] 2013年建成，位于新店村五组，装机容量为1台17千瓦电动机，扬程25米，受益面积0.13平方千米，主要用于农田灌溉。

新店6号泵站[Xīndiàn 6 hào Bèngzhàn] 2013年建成，位于新店村五组，装机容量为1台17千瓦电动机，扬程20米，受益面积0.09平方千米，主要用于农田灌溉。

幸福水库泵站[Xìngfúshuǐkù Bèngzhàn] 建成于2012年3月，位于幸福水库旁，装机容量1台22千瓦电动机，扬程6米，受益面积460亩，渠道长2.1千米，主要用于农田灌溉，取水自幸福水库。

徐岗泵站[Xúgǎng Bèngzhàn] 2005年建成，位于双杨村9组。装机容量为1台17千瓦电动机，扬程10米，渠道长度为0.1千米。受益面积0.067平方千米，流量0.3立方米/秒。水库为幸福水库。

杨林巷泵站[Yánglínxiàng Bèngzhàn] 因泵站河流边有杨树得名，1949年建成。位于雷畈村1组河流边，装机容量为1台13千瓦电动机，渠道2千米，扬程10米，受益面积300亩，主要用于农田灌溉。

易家咀泵站[Yìjiājǔ Bèngzhàn] 1949年建成，经过1958年翻修整改，于2008年土地整改新建泵站房，占地30平方米，位于雷畈村6组，装机容量为1台37千瓦电动机，扬程8米，受益面积0.5025平方千米，渠道长 83 米，渠道长 4 千米，主要用于农田灌溉。

张寨 3 组泵站［Zhāngzhài 3 zǔ Bèngzhàn］ 1995 年建成，位于张寨村三组漳河边，装机容量为 1 台 11 千瓦电动机，扬程 15 米，流量为 0.25 立方米/秒，受益面积 100 亩，渠道长 23 米，主要用于农田灌溉。

张寨 4 组泵站［Zhāngzhài 4 zǔ Bèngzhàn］ 1995 年建成，位于张寨村四组漳河边，装机容量为 1 台 17 千瓦电动机，扬程 16 米，流量为 0.31 立方米/秒，受益面积 200 亩，渠道长 28 米，主要用于农田灌溉。

张寨 5 组泵站［Zhāngzhài 5 zǔ Bèngzhàn］ 1980 年建成以前使用 60 马力柴油机，后通电改用 13 千瓦电机，2009 年土地平整后配 22 千瓦电机，位于张寨村五组漳河边，扬程 19 米，流量为 0.36 立方米/秒，受益面积 200 亩，渠道长 37 米，主要用于农田灌溉。

张寨 6 组泵站［Zhāngzhài 6 zǔ Bèngzhàn］ 1995 年建成，位于张寨村六组漳河边，装机容量为 1 台 10 千瓦电动机，扬程 20 米，受益面积 100 亩，渠道长 0.6 千米，主要用于农田灌溉，取水自漳河。

张寨 7 组泵站［Zhāngzhài 7 zǔ Bèngzhàn］ 2009 年建成，位于张寨村七组漳河边，装机容量为 1 台 11 千瓦电动机，扬程 25 米，流量为 0.34 立方米/秒，受益面积 300 亩，渠道长 50 米，主要用于七组灌溉。

漳河村泵站［Zhānghécūn Bèngzhàn］ 因属漳河村得名，1960 年由漳河大队修建的柴油机提水站，1978 年改建为电力泵站，2009 年由漳河村重新修建，位于漳河村。装机容量为 1 台 55 千瓦电动机，扬程 8 米，流量 12.6 立方米/秒，泵站功能为灌溉。水源为漳河，受益面积 600 亩。渠道长度为 0.02 千米。

漳河村踢脚山泵站［Zhānghécūn Tījiǎoshān Bèngzhàn］ 因所处地方为漳河村“踢脚山”得名，1995 年建成，位于漳河村，装机容量为 1 台 185 千瓦电动机，扬程 40 米，泵站功能为灌溉。水源为漳河，受益面积 2 平方千米。渠道长度为 4 平方千米。

曾毛中渠［Zéngmáozhōngqú］ 1965 年修成。位于木梓乡曾毛村中部，起于郑河主渠，止于曾毛 5 组。负责从郑河主渠到村各组的灌溉，全长 3000 米，宽 2.5 米，水深 1.5 米，平均流量 0.5 立方米/秒，共灌溉 1、12、10、5、2、6 六个小组。

戴河水库水闸［Dàihéshuǐkù Shuǐzhá］ 此水闸 1989 年建成，位于戴河村北部，闸坝高 1.2 米，宽 1.2 米，受益面积为 0.75 平方千米。主要用于灌溉。

杜家垱水渠［Dùjiādàng Shuǐqú］ 1970 年杜垱大队组织劳动力开挖杜家垱至乔湾近 2 千米渠边，2012 年土地平整时进行硬化，位于杜垱村境内，起于杜家垱，途径毛家湾、胡家独湾、乔家湾，止于曾家大堰。全长近 2 千米，最大水深 1.5 米，平均流量 6 立方米/秒，用于一组、二组，六组、八组灌溉。

方河垱［Fānghédàng］ 1957 年修建此坝，1995 年重建，沿用至今。位于方河村。长 250 米，宽 4.5 米，高 6 米，受益面积 0.7 平方千米。蓄水量 15 万立方米。河堤质地为黏土，其主要职能为农业灌溉。

红旗渠［Hóngqíqú］ 始建于 1975 年，于 1998 年续建，位于双杨村幸福水库下游。起于幸福水库东，止于泰山村。长 2 千米，底宽 2 米，面宽 5 米，最大水深 1.5 米，平均流量 5 立方米/秒，类别为灌溉渠，主要用于农业灌溉，由幸福水库东途经双杨村、江河村、王河村、泰山村。

建新 135 泵站渠［Jiànxīn 135 bèngzhànqú］ 位于建新村，起于建新村 7 组，止于建新村 3 组，渠道长度 1800 米，宽 3 米，水深 2.5 米，平均径流量为 0.47 立方米/秒，主要功能为灌溉。

金鸡垱水渠沟[Jīnjīdàng Shuǐqúgōu]　1986年兴建，位于木梓乡金垱村原名金鸡垱处，北南走向，起于金垱村北，止于金垱村南。土质结构，全长2.5千米，水深10米，灌溉面积1.3平方千米，平均流量0.056立方米/秒。主要用于农田灌溉。

刘家垮水渠[Liú jiā wānshuǐqú]　1970年杜垱大队组织劳动力开挖刘家湾至姚岗渠道，2012年土地平整时进行硬化，位于木梓乡杜垱境内，起于刘家垮，止于下姚岗。全长1.5千米，最大水深2米，平均流量5立方米/秒，主要作用为3个组灌溉。

木梓支渠[Mùzǐzhīqú]　自2000年建成起，沿用至今。该渠位于木梓乡木梓村，处丘陵地带。起点为木梓2组，止点为木梓3组，全长1.3千米，实际流量为1立方米/秒，类别为灌溉，灌溉面积约500亩。

彭家独垮渡槽[Péngjiādúwān Dùcáo]　1991年建成，位于向店村彭家独垮，处丘陵地带，长500米，宽1.5米，高2.5米。

天然支渠[Tiānránzhīqú]　自2007年建成起，沿用至今。该水渠位于木梓乡天然村，起点为曾毛村跌水闸，止点为天然水库。处丘陵地带，渠长1.1千米，实际流量为0.5立方米/秒，主要功能为灌溉。

五一支渠[Wǔyīzhīqú]　该灌溉渠于1958年5月1日竣工，起于群力6组，止于群力四组。全长216千米，经过1、5、6、4、2共五个村民小组，平均流量5立方米/秒。

幸福水库东闸取水口[Xìngfúshuǐkù Dōngzháqǔshuǐkǒu]　始建于1959年，位于双杨村10组。东接双杨村10组，西邻西闸取水口，南连双杨村10组，北靠幸福水库。全长50米，宽1米，高1米，有1孔、洞身形状为圆管函，涵洞功能为排水。

幸福水库西闸取水口[Xìngfúshuǐkù Xīzháqǔshuǐkǒu]　始建于1959年，位于双杨村4组。东接东闸取水口，西邻双杨村幸福水库管理处，南连双杨村4组，北靠幸福水库。全长50米，宽2米，高1.8米，有1孔、洞身形状为箱函，涵洞功能为排水。

易家咀泵站水渠[Yìjiājǔbèngzhàn Shuǐqú]　位于雷畈村，起于易家咀泵站，止于雷家畈，流经村6组，5组，4组，7组至本村3组，2组，全长约4千米，受益面积0.67平方千米，平均流量0.51立方米/秒。

长黄支渠[Chánghuángzhīqú]　"长黄"指的是渠道长度和水源颜色，自1977年建成起，沿用至今。该渠位于木梓乡，处丘陵地带，起点为棠棣镇长岗村，止点为黄冲村，渠长1.5千米，最大水深3米。实际流量为0.45立方米/秒，主要功能为灌溉。

中畈新渠[Lǐwānshuǐkùxīshūshuǐzhá]　2014年开挖兴建全部硬化成新渠，因地处畈中间得名。位于木梓乡王店村沈家垅与李家坡交间的畈中间，水渠地宽1.2米，高1.6米，水深3米，平均径流量2.4立方米/秒，南北走向，最北端街金垱村水渠，最南端至于周天线公路。

周冲水库东闸取水口[Zhōuchōngshuǐkù Dōngzháqǔshuǐkǒu]　2014年开挖兴建，位于王店村周冲水库旁，长20米，宽5米，高2米，取水量3立方米/秒，主要用于村民取水。

周冲水库西闸取水口[Zhōuchōngshuǐkù Xīzháqǔshuǐkǒu]　2014年开挖兴建，位于王店村周冲水库，高3米，宽6米，长20米，取水量3立方米/秒，主要用于农村居民取水。

十五、接官乡

白岗泵站[Báigǎng Bèngzhàn]　位于接官乡白岗村染坊塆。东接白岗村枫蕉树塆，西邻马鞍村，南连当地公路，北靠莲花村，装机容量为1台功率80千瓦。扬程25米，流量0.5立方米/秒。泵站功能(灌溉、排涝、排污、供水等)为灌溉。水源为明家河，受益面积0.1333平方千米，渠道长度1千米。1985年修建。

桥间泵站[Qiáojiān Bèngzhàn]　位于接官乡吊桥村2组吊桥塆，装机容量为1台10千瓦。扬程10米，流量0.01立方米/秒。泵站功能为灌溉。水源为吊桥门口河，受益面积0.08平方千米，渠道长度0.2千米。

清水堰一级泵站[Qīngshuǐyàn Yījí Bèngzhàn]　位于接官乡会砦村清水堰，装机容量为1台30千瓦，扬程15米，流量0.25立方米/秒。泵站功能为灌溉。水源为河流水源，受益面积0.187平方千米，渠道长度0.2千米。1974年建成。

清水堰二级泵站[Qīngshuǐyàn Èrjí Bèngzhàn]　位于接官乡会砦村，装机容量为1台7.5千瓦，扬程18米，流量0.25立方米/秒。泵站功能为灌溉。水源为一级泵站水源，受益面积0.087平方千米，渠道长度0.5千米。1985年建成。

接官泵站[Jiēguān Bèngzhàn]　位于接官乡接官村小邓家塆，装机容量为1台功率17千瓦，扬程15米。泵站功能为灌溉，受益面积0.0603平方千米，渠道长度1.5千米，主要用于农田灌溉。2009年建成。

界岗泵站[Jiègǎng Bèngzhàn]　位于界岗村凹家塆，装机容量为1台17.5千瓦。扬程7米，流量0.1立方米/秒。泵站功能为灌溉。水源为界岗水库，受益面积0.053平方千米，渠道长度1千米。2009年3月建成。

台子塆泵站[Táiziwān Bèngzhàn]　该泵站位于接官乡金台村金家台子塆，装机为1台功率25千瓦。扬程10米，流量0.1立方米/秒。泵站功能为灌溉。水源为大堰堤，受益面积0.33平方千米，渠道长度0.4千米。2012年修建。

莲花一级泵站[Liánhuā Yījí Bèngzhàn]　位于接官乡莲花村桥北，装机容量为1台功率40千瓦，扬程30米，泵站功能为灌溉，水源为明家河，受益面积0.536平方千米，渠道长度2500米。1986年建成。

坡西泵站[Pōxī Bèngzhàn]　位于接官乡莲花村坡西，装机容量为1台功率22千瓦，扬程15米，泵站功能为灌溉，水源为明家河，受益面积0.134平方千米，渠道长度500米。2010年建成。

茅草山泵站[Máocǎoshān Bèngzhàn]　位于接官乡刘铺村，装机容量为1台30千瓦，扬程70米，流量0.13立方米/秒。泵站功能为灌溉。水源为红卫河水源，受益面积0.06平方千米，渠道长度0.4千米。1990年10月建成。

千口堰泵站[Qiānkǒuyàn Bèngzhàn]　位于接官乡刘铺村，装机容量1台37千瓦，扬程18米，流量0.1立方米/秒。泵站功能为灌溉。水源红卫河，受益面积0.086平方千米，渠道长度40千米。2011年建成。

石岩口泵站[Shíyánkǒu Bèngzhàn]　位于接官乡刘铺村，装机容量1台30千瓦，扬程50米，流量0.15立方米/秒。泵站功能为灌溉。水源为红卫河水源，受益面积0.13平方千米，渠道长度0.3千米。2005年11月建成。

明家河泵站[Míngjiāhé Bèngzhàn]　位于接官乡马鞍村明家河，装机容量为一台40千瓦。扬程15米，流量5立方米/秒。泵站功能为灌溉。水源为明家河，受益面积：600亩，渠道长度0.3千米。1985年建成，1999年改建。

倪庙二级泵站[Nímiào Èrjí Bèngzhàn]　位于接官乡倪庙村斜门楼，装机容量为1台55千瓦。扬程19米，流量0.005立方米/秒。泵站功能为灌溉。水源为秦家河，受益面积0.23平方千米，渠道长度1.1千米。2012年建成。

陡岩河一级站[Dǒuyánhé Yījí Zhàn]　该站位于接官乡秦畈村，装机容量为5台，功率为320千瓦，流量为4立方米/秒。扬程35米，泵站功能为灌溉，水源为徐家河，受益面积0.536平方千米，渠道长度4千米。1975年建成，置3台装容机，135千瓦/台，1999年改建，置5台装容机，320千瓦/台。

沈塆泵站[Shěnwān Bèngzhàn]　位于接官乡沈塆村1组沈家塆，装机容量为1台功率75千瓦，扬程15.3米。泵站功能为灌溉，水源为秦家河，受益面积1.34平方千米，渠道长度4.5千米。始建于1961年，改建于1985年，1986年建成。

关山泵站[Guānshān Bèngzhàn]　位于接官乡宋冲村1组金家大塆，装机容量为1台，功率为55千瓦，装机流量为0.24立方米/秒。扬程15米，泵站功能为灌溉，水源为破堰，受益面积0.1平方千米，渠道长度800米。1994年建成。

土门泵站[Tǔmén Bèngzhàn]　该泵站位于接官乡土门村，装机容量为1台，功率37千瓦。扬程15米，流量0.1立方米/秒。泵站功能(灌溉、排涝、排污、供水等)为灌溉。水源为土门水库，受益面积0.08平方千米，渠道长度0.3千米。2009年修建。

第五节　发电站　变电站

一、发电站

解放山电站[Jiěfàngshān Diànzhàn]　解放山电站是解放山水利枢纽工程的一部分，位于府城解放山大坝西部，总装机6台机组5350千瓦，年平均发电1534万千瓦时。

二、变电站

方岗变电站[Fānggǎng Biàndiànzhàn]　1974年建成，占地面积8250平方米，位于李店镇方岗村，东近方岗粮站、西靠石井村农田、南连方石水库、北临方岗幼儿园。总容量6919.9千瓦，年供电量116万度，主要供应吴家坳、凉伞石等较大电泵站的电源。

孝感供电公司安陆河水35KV变电站[Xiàogǎn Gōngdiàn Gōngsī Ānlù Héshuǐ 35KV Biàndiàn Zhàn]　位于王吉公路西，占地面积20000平方米，建有主控楼一栋，设备小室若干间，职工人数7人，其主要业务范围为当地电能的变换、集中和分配等工作。1983年建成。

国网安陆市供电公司巡店供电营业所[Guówǎng Ānlù Shì Gòngdiàn GōngsīXúndiàn Gòngdiàn Yíngyè Suǒ]　"国网安陆市供电公司巡店"指的是所处地理位置，"供电营业所"指的是工作职能。该供电所位于安陆市巡店镇，其主要业务为进行线路的维护服务、停、送电服务、抄表、电费收取等工作。1971年5月设立35千伏巡店变电站，1981年改名为巡店供电营业所，2010年再次更名为国网安陆市供电公司巡店供电所，自此开始沿用至今。该单位隶属于国网安陆市供电公司，位于安陆市巡店镇刘桥村1组，占地面积达1100平方米，拥有砖混结构的20间2层楼房2栋，共有职工人员12人，其主要业务范围为进行线路的维护服务、停、送电服务、抄表、电费收取等工作。

烟店银子锅54线[Yāndiàn Yínziguō 54 Xiàn]　该电力设施位于安陆市烟店镇邓岗中线银子锅地线，以编号顺排为54号而命名。1970年建成使用，位于安陆市烟店镇邓岗中线银子锅地线。此线牵于邓岗村2组，途径3、4组，止于该村5组，共设有3个变压器及4个泵站，供电覆盖区域达0.667平方千米，主要用于当地的抗旱及供电，可满足当地80余户居民的日常照明，是该村主要的电力设施。

第五章　标志性建筑物

第一节　亭台碑塔

望云亭[Wàngyún Tíng]　位于涢水东岸安陆古城。2012年在沿河大道古上埠口遗址附近新建，2013年元月竣工。该亭占地约400平方米，底座高约60厘米，为花岗岩基座。基座上八根红柱，红柱间以雕栏和座椅相连，东西各有一个门，拾级而上。红柱上端以万字格相连，上面雕梁画栋。亭顶有两层，每层飞脊射天，脊上立有祥瑞之兽。该亭落成之后，孝感槐荫论坛李白故里版(安陆版)版主老古作《望云亭》诗一首：

古有郧子国，图腾系祥云。因云而有员，加水而得涢；
涢城筑高岗，加邑才有郧。女子织云锦，男子勤耕耘，
蓼六之乱后，楚国安六城。涢人败北走，才有郧西城[①]。
人间美向往，也随郧西行。至今郧西传：织女牛郎星[②]。
延绵至唐代，涢为安州城。涢水城下过，高建楼浮云[③]。
历代大文豪，楼上赞涢城：舟樯南北往，商贾聚于涢。
浮云楼上客，宛若入云境。琴棋书画美，辞赋诗文吟。
西门商贸金，北门店铺银。南门五谷丰，东门粮草行[④]。

今人上埠口，又筑望云亭：远看展美景，近赏有古韵。
占地约半亩，周边空地平。平地起两尺，上面立凉亭。
亭高十余米，亭身共两层。亭有八个角，角上立柱楹。
八柱红彤彤，柱径略尺盈。柱间有座椅，东西两个门。

游人仰头望，柱柱绕祥云。柱间楹梁画，四角亦嵌云。
花草鸟兽美，蝙蝠戏流云。蝠福成一统，八面皆绕云。
中有万字格，托出亭两层。双层皆八脊，飞脊射天云。
脊上有瑞兽，张口吞天云。藻井盘一龙，飞舞腾烟云⑤。

茶余饭后闲，漫步涢水滨。游人亭上坐，宛若置仙境。
早看起朝霞，暮观归山云。涢水脚下流，落霞映云亭。
河滨群舞劲，亭周太极频。吹拉弹奏唱，笑语乐胸襟。
公园鲜花盛，水边垂柳阴。华灯放彩霞，星月来相映。
置身天地间，涢水起氤氲。山雨风满楼，日沉溪映云。
行到水穷处，坐看气幻云。北忆浮云楼，南叙望云亭。
古今相呼应，历史现涢城。国泰民安康，平步起飞云。
河滨胜仙境，宜居在涢城。经济大发展，安陆驾祥云。

诗中典故：①古代《安陆县志》所记"蓼六之乱"即蒲骚之战。"六、陆"通用。楚国平息安定蓼六之乱的"安六"也许是安陆之名的真正起源。②《牛郎织女的传说》诞生地在郧西县，有史料记载，蒲骚之战后，涢国人迁至鄂西北山区，才有了现在的郧西县和郧县。牛郎织女的传说最早载于《诗经·周南》，依此之推，牛郎织女传说的雏形应该与郧楚联姻有关。③安陆古城西北角的峒山上建有全国闻名的浮云楼。浮云楼的得名与汉代诗"西北有高楼，上与浮云齐"的典故有关。④安陆古代西门为商贸区，北门为手工业区和小吃区，南门是农业区，东门有大军草料场，故安陆城古代有"金西门、银北门、草东门、菜南门"一说。⑤"藻井"，建筑物名称。即站在亭中往上看到的亭顶圆形或多边形的内顶部分。

2015年，老古应有关单位邀约，为望云亭西东两门各做一副对联，并附解读。

望云亭 望云飞 望云飞扮云亭美
兴郧城 兴郧秀 兴郧秀助郧城丽

解读：上联道出坐在亭里，置天水之间，抬头观云，怡然乐陶，欣然自得的韵味；下联写站在兴旺发达的郧城岸上，回顾郧城发展，一天天兴旺秀丽，今后会更加兴旺繁荣，富饶美丽的自信。

信步登亭 望云亭赏涢 得益旺郧
畅怀道古 阜成门赞宸 获利福成

解读：上联踌躇满志，心情畅快，望白云，赏涢波，得益于郧城兴旺发达；下联忆古抚今，抒发感慨，古阜成，换新颜，大厦鳞次栉比，获利于幸福而成。阜成门：安陆西门。《康熙字典》释："宸：帝居曰宸，宸宫。今人言宸极，与泛言屋梠别，宸棖合为一，消雰埃于中宸，天地交会之处。"

栖凤亭[Qīfèng Tíng]　栖凤亭位于经济开发区德安公园中心最高处。2011 年，安陆市在古城之东塔尔岗破土兴建"德安植物园"。

2012 年，德安植物园基本建设成功，改名"德安公园"，在公园中心最高点建有地标式的建筑物"栖凤亭"。从太白大道进入德安公园，顺曲径向东走进公园中心，就能见到小山丘上建的栖凤亭。到达丘顶共有 46 级台阶，每上 5 级就有一个约 18 平方米的平台供游人歇脚，上完 9 个平台 46 级台阶，就到达了丘顶。丘顶平坦，约 3600 平方米，再上 4 级台阶就是栖凤亭的亭座，占地约 80 平方米，四周以汉白玉雕栏环绕。望柱之间镶嵌的栏板雕刻着竹菊松梅、水仙莲荷等植物图案。汉白玉围栏中间，就是古朴淡雅的栖凤亭。栖凤亭高约 9 米，八角八柱，八脊重檐攒顶，重檐之间镶嵌镂空花栏。整个凉亭以古色红土粉刷装，显得古朴典雅。亭下四周径曲廊回，泽地芦深，银杏披金，青竹吐翠，一到晚上华灯放彩，凉亭生辉，让人流连忘返。

栖凤亭周边历史地貌简介：古代安陆有一个美丽的地方，其地貌类似于蒙古草原的浅丘地貌。北边有一条弯弯的小河(毛家河)。南边有一大片沼泽湿地，沼泽湿地中间一条明如玻璃的飘带是海子河。东边还有一条小河独自南下汇入涢水。西边是千年郧城的东门护城河。这四条河流之间的浅丘在道光年间的《安陆县志》舆图上标注为"塔尔岗"。

"塔尔岗"和"海子"都是蒙古语，得名于元朝。"塔尔岗"的意思是水美草肥适合放牧的地方；"海子"则是水草茂密鸟类天堂的沼泽湿地。这里牛羊遍野，特别是蒙、满战马的天然牧场，天上蓝天白云，百鸟呈祥。春秋两季大雁过境，鸣声萦绕。

明代，这里改名"凤鸣岗"，也是因百鸟呈祥，凤仪百鸟之意。从元朝一直到清代，这里都是驻军的牧马场和大军草料场(包括城内的小教场)，所以安陆有"金西门、草东门"的说法。清末至民国，频繁的战乱使这片土地荒芜，塔尔岗再也无牧，凤鸣岗成了人们对美好生活的期盼。人们只知道在这片土地上有"红石坡""火葬场"和荒芜的农田。

德安公园就是这片土地的一部分。20 世纪改革开放之后，普爱医院、邮电局、东大市场、电力公司、德安公园争先恐后出现在这片土地上，古老的凤鸣岗再也不是一种吉祥的期盼，而是史无前例，大开大阖的迅猛发展。

德安公园的凉亭"栖凤亭"的凤是荆楚大地的吉祥之鸟，是幸福美好的化身。《德安府志》记载："穆帝永和四年戊申，凤产江夏。"康熙年间《德安安陆郡县志》记载："顺帝至正元年，凤见于东郊三里岗。"《德安安陆郡县志》还记载："凤鸣岗，治东三里，旧名塔尔岗。"

"栖凤亭"具有美好的象征意义。德安公园的兴建，是安陆政府"建造园林城市"的一项工程，筑巢引凤，给安陆市民带来幸福吉祥。休闲的凉亭中俊男靓女相依相偎，鹤发童颜的老年人吹拉弹唱、翩翩起舞，正是凤凰栖于凉亭。

2015 年，应安陆文化馆徐庆雄馆长邀约，槐荫论坛李白故里(安陆版)版主老古解读了当地沿革，并附两幅楹联。其一：

(上联)塔尔岗 凤鸣岗 属元属明 皆为郧地
(下联)毛家河 海子河 似汉似蒙 尽在楚天

解读：这儿元朝叫塔尔岗，明朝叫凤鸣岗，都在郧国故地；北边是汉族命名的毛家河，南边是蒙古族命名的海子河，尽在荆楚之中。“栖凤亭”之名与楹联互补，能激起游人兴趣，传承地域文化，突出安陆海纳百川的广阔胸怀。《左传·昭公十七年》载：“庚午(公元前531年)，遂灭陆浑，数之以其贰于楚也。陆浑子奔楚，其众奔甘鹿”。所以何光岳在《楚国灭国与移民》一文中说，公元前525年，晋国灭了陆浑这个地方，陆浑的移民逃奔楚国，被安置在郧国故地，于是这里便叫“安陆”，意为“安置陆人”的地方。这说明安陆人民自古就有海纳百川的广阔胸怀。全联突出了安陆包容天下的大气，也道出了历史的沧桑。

其二：

(上联)郧城凤栖 气吞霓虹 控山川开阖
(下联)德安鹤鸣 胸怀寰宇 任天地纵横

解读：郧城：安陆因郧国、涢水而有的别名。凤栖：广进人才，留住吉祥；德安：安陆是德安府邑的别名。鹤鸣：来自荆楚郧地的典故“不鸣则已，一鸣惊人”。《韩非子·喻老》记载：“楚庄王莅政三年，无令发，无政为也。右司马御座，而与王隐，曰‘有鸟止南方之阜，三年不翅，不飞不鸣，默然无声，此为何名？王曰：‘三年不翅，将以长羽翼；不飞不鸣，将以观民则。虽无飞，飞必冲天；虽无鸣，鸣必惊人。

全联回顾历史，既写了德安公园和栖凤亭，又展示了改革开放以来，安陆人民在安陆政府的带领下，大手笔改造城东，创建经济开发区，纵横天地山川的成果，还表现出安陆人民一飞冲天，纵横天地之间的豪气和决心。

唐僧村村碑[Tángsēng Cūn Cūn Bēi]　唐僧村村碑位于王义贞镇唐僧村陈家塆，此碑主体高2.3米，宽1.5米，为花岩石，管辖单位为唐僧村村民委员会，占地面积100平方米。自2008年建立起，沿用至今。

明朗路石碑[Mínglǎnglù Shíbēi]　该纪念碑位于安陆市孛畈镇杜庙村朱家凹，该碑于2007年修建，是朱明朗先生的子女为了纪念他而捐款修建。石碑占地面积为1平方米，主体层数仅为1层，石碑高度约为1.5米，整体建筑结构为大理石，管理单位为杜庙村村民委员会。

冷木山亭[Lěngmùshān Tíng]　该亭2014年建成位于陈店乡黄巷村冷木山，占地100平方米，主体高度7米，建筑结构为一层角亭，管理单位为黄巷村村民委员会。

第二节　广　场

太白广场[Tàibái Guǎngchǎng]　太白广场，位于安陆城中心地带，地属府城中山社区。它东连龙门路，南靠碧涢路，西挨德安南路，北边是古城区的民居群宅和安陆市工会。

太白广场占地约1.2万平方米。20世纪60年代以前，这里是冷兵器时代古安陆城防备敌人围城，用于备战的自救农田之一，数千年来一直种植着旱地农作物。中华人民共和国成立后，国家逐渐安定富强，人民开始安居乐业，城市建设步伐加快。60年代初，人民政府将这片农田开辟成了体育场。场地中间是一个东西向的足球场，足球场南有两个南北向的简易篮球场。古老的南大街(现德安中路)东边有一些民房背对体育场。体育部门在龙门路西新建了一带平房，中间作为体育场象征性的大门。说它是象征性的大门，是因为它毫无院墙而言，南、西民房的每家后门都通体育场；北面各里巷直通体育场。足球场因践踏厉害，寸草不生，晴天灰扑扑，雨天满脚泥。

体育场是综合性的公众场所，北边有一座观礼台，安陆的各种重大活动都在体育场举行。安陆人民法院在这儿举行过公审、公判大会；体育委员会在这儿主办过各种体育竞赛；学校把这儿作为体育课的活动场所；政府经常在这儿召开“万人大会”……

1971年至1982年，安陆县体育委员会改造体育场，在足球场的东、北、西三个方向用水泥板搭了三级台阶，即作为体育场的围墙，又方便观众观看各种体育活动。同时，将东边的篮球场四周围了一圈半米高、30厘米宽的水泥“座凳”。最值得人们乐道的是1971年至1972年，西边的篮球场改建成了灯光球场。灯光球场四周的看台用青石块砌成，高约四米，里面有12级台阶供观众居高临下观看篮球场上的活动。篮球场两端各立四根水泥柱，24盏明灯悬挂在8根水泥柱之间。每逢晚上有赛事或其他活动，灯光球场灯火通明，胜过白昼。1964年至1984年，安陆的体育活动蓬勃发展，单位组织的、学生自发的、外地来访的体育盛事层出不穷。

1983年，体育场东边的简易篮球场改建成了现在的广场电影院。1997年香港回归，安陆各单位在西边的灯光球场参加过歌咏比赛，后来灯光球场租给私人开办露天舞池，继而租给外县人办了昌隆超市。

1995年，全市召开“两会”，部分市人大代表、政协委员提议在安陆建一座大型广场。这时，古老的南大街被拆毁改建德安中路快要成功，只剩下原体育场西边少数住户没有搬迁。安陆政府决定将原体育场改建成现在的太白广场。

1999年元月，市政府组建了广场建设工程指挥部。3月3日(农历正月十六)，广场拆迁工作正式启动。此次拆迁了市工会、体委的平房和西边的19户居民。4月中旬，广场拆迁工作基本完成。1999年5月20日，太白广场在阵阵鞭炮声中破土动工。经过近180天的紧张施工，太白广场终于在11月18日竣工，并正式对广大市民开放。广场内绿化率达 36.5%，铺设火烧花岗岩道路 4073 平方米。广场分三块组成，中间是主场，中间设有灯光喷泉。主场东、西两端各有一个分场。太白广场的建成当时在全省县级市中尚属首例，是安陆城市建设中一道亮丽的风景线。现在太白广场是广大市民休闲、娱乐、纳凉、晨练的重要场所。

肖台环交绿化广场[Xiāotái Huánjiāo Lǜhuà Guǎngchǎng] 肖台环交绿化广场，人们通俗称谓的“金钥匙”“大转盘”，是安陆城太白大道、汉丹路、解放大道等五条路口的交汇处，而且是 316 国道和信(信阳)应(应山)公路的必经之地，交通特别繁忙。20 世纪 80 年代，安陆政府在这数条路口的交汇中心修建一座直径近 60 米的环形绿化广场，一是美化城市，二是引导各种机动车辆按交通规则有序行驶，缓解交通压力，保证交通安全。环形广场位于府城肖台村(今肖台社区)，故名肖台环交绿化广场。肖台环交绿化广场最初在外围建有环形花岗岩道路，中间广种观赏性的红梅、看桃、蔷薇等植物，成了“路中绿洲”，非常美丽，游人纷至沓来争相拍照留影。

肖台环交绿化广场改建于 20 世纪 90 年代。1992 年和 1993 年安陆市人大代表议案、政协委员提案多次提出要建立安陆市市标。市委、市政府曾安排文化、宣传部门负责进行市标规划设计方案的征选工作，但事经一年有余也未征集到较好的方案。有人提出建一棵大的银杏树，但认为没有多大的含义。有人还提出搞一座李白塑像，但地处环交中心，李白的屁股坐哪方？都定不下来。

1994 年 4 月，市标的规划方案设计工作又提到了市政府的议事日程。市建设环保局向规划院下达了迅速拿出市标规划设计方案的任务。经过近一个月的努力，5 套市标规划设计方案铺在城建局会议桌上，请参加会议的领导选定。对每个方案的构思、含义、手法等做了详细的审核后，最后一致选定其中的第一方案。

8 月初，建设环保局公开向各建筑企业招标。根据市标工程招标文件要求，安陆市一建、二建、市政公司经过认真研究，于 8 月 13 日正式提出投标申请。8 月 22 日在城建局举行唱标，由一建公司中标。9 月 30 日，正式签订市标工程承包合同。市建设环保局成立市标工程建设领导小组。

9 月 1 日和 2 日，工程施工放线。参加单位有市政府、建设环保局、建筑勘测设计院、质检站的领导和技术人员。经现场勘测协商，确定柱腿朝东，金钥匙的匙头指向东方。

这里古代是云梦泽北的於江(乌江)沉积滩，施工开始后，桩打到 7 米深时，发现里面全是沙层，水大、流沙也大。一建公司请三 O 九地质队工程师到现场勘测，决定将原设计的混凝土护壁，改为用 1.4 米外径、1.2 米内径的水泥涵管做柱基。每个柱基用两台潜水泵抽水，集中力量搅拌混凝土 30 分钟，一次性浇入柱基逐层往下压沉。

主体工程施工时，一建公司遇到并解决了以下技术难题：为增强整个构筑物的稳定性，公司建议设计院加一道 600×300 承台梁，由设计院变更保护施工。浇灌 9.5 米处的束腰时，为顶心子，防止混凝土下沉，用 800×800 见方的座子顶住束腰下部。混凝土振捣遇到困难，采用平板振动器和 2.5 厘米的振动棒。为保证拆模后表面无气泡，在三夹板上打油后钉在模板上。为保证混凝土不露浆，安装模板采用对夹螺丝定位。为了保证建筑物尺寸准确无误，每段浇灌混凝土不超过 3 米高，扎钢筋，立模，检查合格后继续下一段施工。为保证整个建筑物的平稳性，施工过程中始终保证三点合一。在浇灌圆球时，为达到设计上“圆”“准”的要求，在圆形模板上外包 2.5 厘米宽 5 毫米厚的杉树条子。

结构主体施工完后，表面均用1：1水泥砂浆逐步找平至所需曲线，验收达到标准后，再饰表面材料。球体及圆柱体粉刷达到标准后，分别饰不锈钢和铜皮，不锈钢裁成六边形，经特制模板压制成形后用射钉锚固。

1995年1月1日，市标工程竣工，工程总造价60万元。

市标自1994年建设以来，受到了社会的普遍关注，从不同的角度，不同的距离观察，其象征意义均有所不同。

一是远看。从远处看市标，每两片组成一个“A”字，单独看右边一片是“L”字，即汉语拼音“安陆”两字的音序，代表“安陆”。从整体看三片与上部结构形成了三把步枪的形状，象征着安陆是一个革命根据地。上部不同颜色的“阶梯圆环”示意安陆是第三级人民政府。三种颜色“红、绿、蓝”分别代表太阳、地球、月亮。三个圆环从上到下围绕着中间的轴心，象征着“团结在党中央周围”。最顶部的圆球，代表科技，示意“科技兴市”。上部“古老钥匙”外轮廓与下部“城市门”，寓示“用现代科技打开安陆古城改革开放之门”。

二是近看。从近处看市标，每两片形似一个“H”字，单独一片仍像“L”字，“H”和“L”，分别是英语“High”(高)和“Long”(长)两字的缩写，代表安陆市的白兆山高，府河水长，山高水长，自然资源丰富。

肖台环交绿化广场中心，占地672平方米，市标高41米。最初市标外围建环形“城墙”，与每两片中间形成的“城门洞”的造型，代表安陆市是一座古城，象征安陆的人文沉积、历史悠久。

双龙桥广场[Shuānglóngqiáo Guǎngchǎng]　该广场于2011年开始筹建，2012年竣工，自建成命名起沿用至今。双龙桥广场位于安陆市解放大道南建设路2号，总占地面积26000平方米，其中道路、广场铺装7000余平方米，绿化面积19000平方米，项目总投资500万元。整个景区由扇形广场、廊架、园路、景观灯饰及绿化等组成，配套设置了公厕、休闲座椅、垃圾桶。为了突出夜间灯饰景观效果，全园区规划布置LED型的流星灯、灯圈、地砖灯、景观灯树、洗墙灯、照树灯、护栏管等多种灯饰，营造出“火树银花不夜天“夜间景观效果。

金元广场[Jīnyuán Guǎngchǎng]　金元广场于2010年建成使用。位于安陆市圆通寺社区金元小区内。该广场占地面积为3610平方米，其中建筑面积达3426平方米，设有中心活动区域、功能健身区以及各类小型景观区，其中绿化面积184平方米，栽种了数种花草树木，是该社区居民文化休闲娱乐的重要场所。

余寨社区广场[Yúzhàishèqū Guǎngchǎng]　2012年修建，位于烟店镇余寨村居民委员会门前，拥有篮球场与健身器材若干、占地面积0.1平方千米。是社区群众娱乐健身的地方。

远教广场[Yuǎnjiào Guǎngchǎng]　因广场距离本村的学校较远而命名。2013年建成，位于烟店镇袁畈村4组，占地面积510平方米，设有篮球场。是袁畈村居民娱乐健身的场所。

第三节　通信基站

府城城东电信基站[Fǔchéng Chéngdōng Diànxìn Jīzhàn]　“城东”是指府城东部，“电信”是指电信局，

“基站”是指在一定的无线电覆盖区中，通过移动通信交换中心，与移动电话终端之间进行信息传递的无线电收发信电台。该基站位于安陆市府城城东社区电信局 9 楼顶，2008 年建立。基站发射功率为 34 瓦，占地面积 30 平方米左右，天线高度 4 米。基站信号覆盖区域主要为安陆市府东社区。

府东街口基站[Fǔdōng Jiēkǒu Jīzhàn]　2014 年建成。该基站位于安陆市府城府东街口，基站发射功率为 34 瓦，占地面积 100 平方米左右，天线高度 45 米。基站信号覆盖区域主要为安陆市府东社区。

府城瑞康食品基站[Fǔchéng Ruìkāngshípǐn Jīzhàn]　2008 年建成。该基站位于安陆市府城瑞康食品办公楼三楼顶，基站发射功率 34 瓦，占地面积 30 平方米，天线高度约 18 米。基站信号覆盖区域主要为安陆市府城瑞康食品办公楼。

河西二技校 4G 基站[Héxīèrjìxiào 4G Jīzhàn]　2015 年建成。该基站位于安陆市市区蒿桥社区河西二技校，基站发射功率 20 瓦，占地面积 30 平方米，天线高度约 4 米。基站信号覆盖区域主要为安陆市市区河西二技校。

安陆市珠穆朗玛基站[Ānlù Shì Zhūmùlǎngmǎ Jīzhàn]　2014 年建成。“珠穆朗玛峰”是指山的名称，寓意此基站天线较高，该基站位于府城五一社区福利院内美化塔，发射功率 34 瓦，天线高度 45 米。主要用于信号的收集与发射。

农行基站[Nóngháng Jīzhàn]　2008 年建成。该基站位于安陆城北农行支行楼顶，基站发射功率为 34 瓦，天线高度 50 米。基站信号覆盖区域主要为安陆城北肖台社区。

恒坤大酒店基站[Héngkūndàjiǔdiàn Jīzhàn]　2009 年建成。该基站位于安陆肖台社区恒坤大酒店附近，基站发射功率为 12.5 瓦，天线高度 35 米。基站信号覆盖区域主要为安陆城北肖台社区。

安陆一中基站[Ānlù Yīzhōng Jīzhàn]　2008 年建成。该基站位于府城迎春社区安陆市安陆一中科技楼五楼，发射功率 34 瓦，天线高度 4 米。

安陆市市区广场工会 4G 基站[Ānlù Shì Shìqū Guǎngchǎng Gōnghuì 4G Jīzhàn]　2015 年建成。位于安陆市市区太白广场工会楼顶，发射功率 20 瓦，天线高度 3 米。

安陆市孛畈镇孛畈基站[Ānlù Shì Bèifàn Zhèn Bèifàn Jīzhàn]　位于安陆市孛畈镇孛畈社区。基站发射功率为 30 千瓦，占地面积 100 平方米，天线高度约 30 米。基站信号覆盖区域主要为孛畈镇孛畈社区。该基站于 2000 年建成使用。

横山村基站[Héngshān Cūn Jīzhàn]　位于安陆市孛畈镇横山村，东西南北四面均为该村山冈环绕。基站发射功率为 30 瓦，占地面积 25 平方米，天线高度约 30 米。基站信号覆盖区域主要为孛畈镇横山村。该基站于 2006 年建成使用。

孛畈镇青龙基站[Bèifàn Zhèn Qīnglóng Jīzhàn]　位于安陆市孛畈镇青龙潭社区，东接青龙潭社区居委会，西南北三面均为该村农田环绕。基站发射功率为 5000 瓦，占地面积 100 平方米，天线高度约 30 米。基站信号覆盖区域主要为青龙潭社区。该基站于 2007 年建成使用。

同兴基站[Tóngxīng Jīzhàn]　位于安陆市孛畈镇同兴村檀岗绝谷冲，东接绝谷冲水库，西邻该村山场，南、北两面均为本组农田环绕。基站发射功率为 30 瓦，占地面积 20 平方米，天线高度约 30 米。基站信号覆盖区域主要为孛畈镇同兴村及周边。该基站于 1997 年建成使用。

月落岭基站[Yuèluòlǐng Jīzhàn] 位于安陆市孛畈镇月岭村斋家塆。基站发射功率为 17.5 瓦，基站天线高度约 20 米，占地面积 25 平方米。基站信号覆盖区域主要为孛畈镇月岭村及周边地区。该基站于 2008 年建成使用。

中国移动通信基站[Zhōngguó Yídòng Tōngxìn Jīzhàn] 位于洑水镇横山村。功率 12.5 瓦，天线高度为 40 米。2005 年建成。

三陂古街信号塔[Sānpí Gǔjiē Xìnhàotǎ] 位于洑水镇三陂村三陂古街上。发射功率 12.5 瓦，天线高度 35 米。2015 年建成。

雷公镇基站[Léigōng Zhèn Jīzhàn] 该基站位于雷公集镇，发射功率 34 瓦，此基站高度 45 米，2005 年建。

雷公镇双河基站[Léigōng Zhèn Shuānghé Jīzhàn] 该基站位于雷公镇双河村王家塆，发射功率 34 瓦，此基站高度 45 米，2005 年建。

大棚村移动通信基站[Dàpéng Cūn Yídòng Tōngxìn Jīzhàn] 2007 年建成，位于李店镇大棚村二组，占地面积 0.00017 平方千米。发射功率 12.5 瓦，天线高度 40 米。

高砦村联通基站[Gāozhài Cūn Liántōng Jīzhàn] 2010 年建成，位于李店镇高砦村。基站发射功率为 30 千瓦，占地面积 30 平方米，天线高度约 30 米，建有机类配套设施。基站信号覆盖区域主要为李店镇高砦村。肖徐、长严、大赵、茶堰等村。

高砦移动基站[Gāozhài Yídòng Jīzhàn] 2010 年建成，位于李店镇高砦村。基站发射功率为 30 千瓦，占地面积 30 平方米，天线高度约 30 米，建有机类配套设施。基站信号覆盖区域主要为李店镇高砦村，肖徐、长严、大赵、茶堰等村。

李店基站[Lǐdiàn Jīzhàn] 该基站位于李店镇李店社区，东西南北四面均为农田环绕。基站于 2002 年建成使用，基站发射功率为 30 瓦，占地面积 100 平方米，天线高度约 45 米。基站信号覆盖区域主要为李店镇。

李店联通基站[Lǐdiànliántōngjīzhàn] 2002 年建成，坐落于李店集镇，发射功率 12.5 瓦，天线高度 35 米。

李店移动基站[Lǐdiàn Yídòng Jīzhàn] 2001 年建成，坐落于李店集镇，发射功率 30 瓦，天线高度 45 米。

两合移动通信基站[Liǎnghé Yídòng Tōngxìn Jīzhàn] 2008 年建成，位于李店镇两合村，基站发射功率为 12.5 千瓦，占地面积 30 平方米，天线高度约 40 米，建有机类配套设施。基站信号覆盖区域主要为李店镇两合村。

石井联通通信基站[Shíjǐng Liántōng Tōngxìn Jīzhàn] 2010 年建成，坐落于李店镇石井村，占地面积 0.0001 平方千米。天线高度为 35 米，发射功率 12.5 瓦。

新店移动通信塔[Xīndiàn Yídòng Tōngxìn Tǎ] 2010 年 8 月建成，位于李店镇新店村，发射功率 35 瓦，基站天线高度 45 米。

新添村联通基站[Xīntiān Cūn Liántōng Jīzhàn] 2010 年建成，位于李店镇新添村预制厂附近，发射功率 14 瓦，基站天线高度 38 米，受益人口近 3000 人。

新添村移动基站[Xīntiān Cūn Yídòng Jīzhàn] 2010 年建成，位于李店镇新添村新添铺，发射功率 12.5 瓦，天线高度 35 米。

严祠联通基站[Yáncí Liántōng Jīzhàn] 2012 年建成，位于李店镇严祠村 5 组，发射功率 14 瓦，天线高度 38 米，塔高 30 多米，占地 60 平方米，建有机房及配套实施。

严祠移动基站[Yáncí Yídòng Jīzhàn] 2010 年建成，位于李店镇严祠村 5 组，发射功率 12.5 瓦，天线高度 38 米，占地 60 平方米，建有机房及配套设施。

移动轭头基站[Yídòng Ětóu Jīzhàn] 位于棠棣镇轭头村，基站功率为 12.5 千瓦，高度 40 米。2008 年建成。

联通胡棚基站[Liántōng Húpéng Jīzhàn] 位于棠棣镇胡棚村，基站功率为 14 瓦，高度 35 米。2006 年建成。

移动胡棚基站 1[Yídòng Húpéng Jīzhàn1] 位于棠棣镇胡棚村，基站功率为 12.5 瓦，高度 40 米。2012 年建成。

移动胡棚基站 2[Yídòng Húpéng Jīzhàn2] 位于棠棣镇胡棚村，基站功率为 12.5 千瓦，高度 40 米。2015 年建成。

联通花园基站[Liántōng Huāyuán Jīzhàn] 位于棠棣镇花园村内，四周距离房屋 100 米，发射功率 12.5 瓦，基站天线高度 35 米。2010 年安装。

联通金龙基站[Liántōng Jīnlóng Jīzhàn] 位于棠棣镇金龙村，处丘陵地带，发射功率为 14.5 瓦，天线高度 35 米。2012 年建成。

电信金泉通信基站[Diànxìn Jīnquán Tōngxìn Jīzhàn] 位于棠棣镇金泉村。基站于 2008 年建成使用，发射功率为 15 瓦，天线高度 35 米。2008 年建成。

三冲一组联通通信基站[Sānchōng Yīzǔ Liántōng Tōngxìn Jīzhàn] 位于棠棣镇三冲村 1 组黄家大塆，发射功率 20 瓦，天线高度 35 米。2015 年建成。

三冲四组移动通信基站[Sānchōng Sìzǔ Yídòng Tōngxìn Jīzhàn] 位于棠棣镇三冲村 4 组周家大塆，发射功率 12.5 瓦，天线高度 40 米。2010 年建成。

联通棠棣村基站[Liántōng Tángdì Cūn Jīzhàn] 该基站位于棠棣镇棠棣村 2 组周天线边，基站功率为 12.5 瓦，高度 40 米。2003 年建成。

山坡基站[Shānpō Jīzhàn] 位于棠棣镇张陈村钟家湾的山坡上。基站发射功率为 30 瓦，占地面积 100 平方米，天线高度约 65 米。该基站属移动公司，信号覆盖区域以为张陈村钟家塆为中心。该基站于 2003 年建成使用。

张家塝基站[Zhāngjiābàng Jīzhàn] 位于棠棣镇张陈村 7 组张家塆张家塝东侧。基站发射功率为 30 瓦，占地面积 100 平方米，天线高度约 60 米。2011 年建成使用。

安陆市王义贞镇移动通信基站[Ānlù Shì Wángyìzhēn Zhèn Yídòng Tōngxìn Jīzhàn]　该通信基站位于王义贞镇花园村，天线高度 30 米。发射功率 17. 5(瓦)。该通信基站建于 2006 年。

联通基站[Liántōng Jīzhàn]　位于王义贞镇刘岗村。东接何董平荒山，南连王义贞镇政府，西邻步行街，北靠山峰。发射功率 12. 5 瓦，基站天线高度 53 米。1998 年建成。

安陆市王义贞镇汝南基站[Ānlù Shì Wángyìzhēn Zhèn Rǔ'nán Jīzhàn]　位于安陆市王义贞镇汝南村李家坡大塆北，东南西北均为该组农田、山冈环绕。基站发射功率为 34 瓦，占地面积 100 平方米，天线高度约 50 米。基站信号覆盖区域主要为汝南村。2000 年 10 月建成使用。

三合村通信基站[Sānhé Cūn Tōngxìn Jīzhàn]　位于安陆市王义贞镇三合村龙王冲岗上，基站发射功率为 50 瓦，占地面积 100 平方米，天线高度约 15 米。基站信号覆盖区域主要为王义贞镇三合村及周边乡村。建于 2010 年。

甘聂移动基站[Gānniè Yídòng Jīzhàn]　2010 年建成，位于巡店镇甘聂村东部，发射功率 12. 5 瓦，天线高度 20 米。

砂子联通基站[Shāzǐ Liántōng Jīzhàn]　2006 年建成，位于巡店镇砂子村，发射功率 15 瓦，天线高度 35 米。

砂子移动基站[Shāzǐ Yídòng Jīzhàn]　2006 年建成，位于巡店镇砂子村，发射功率 12. 5 瓦，天线高度 40 米。

武马移动基站[Wǔmǎ Yídòng Jīzhàn]　2009 年建成，位于巡店镇武马村，发射功率为 12. 5 瓦，天线高度 40 米。

巡店镇新堤基站[Xúndiàn Zhèn Xīndī Jīzhàn]　2008 年建成。该基站位于巡店镇新堤村中部，处平原地带，发射功率为 34 瓦，天线高度 45 米。

巡店镇巡店基站[Xúndiàn Zhèn Xúndiàn Jīzhàn]　2008 年建成。该基站位于巡店镇街道西北端，处丘陵地带，发射功率为 34 瓦，天线高度 45 米。

宋垅村移动基站[Sònglǒngcūn Yídòng Jīzhàn]　2002 年建成，位于烟店镇宋垅村一组，覆盖范围宋垅村，联合村，横路村。该基站发射功率为 12. 5 瓦，基站天线高度为 40 米。

孙店基站[Sūndiàn Jīzhàn]　该基站位于赵棚镇孙店村。东接庙家山，南连孙店老粮站，西邻孙店至土桥公路，北靠连心塘。基站发射功率为 34 瓦，高 36 米。2014 年建成。

中国联通杨兴基站[Zhōngguóliántōng Yángxīng Jīzhàn]　该基站位于赵棚镇杨兴村杨兴街。东接杨兴村山坡，南连杨兴村变电站，西邻杨兴村变电站路，北靠杨兴村移动基站。发射功率为 15 瓦，天线高度 35 米。2008 年建成。

中国移动杨兴基站[Zhōngguóyídòng Yángxīng Jīzhàn]　该基站位于赵棚镇杨兴村杨兴街。东至杨兴村山坡，南至杨兴村联通基站，西至杨兴村变电站路，北至杨兴村山地。发射功率为 12. 5 瓦，天线高度 40 米。2000 年建成。

陈店基站[Chéndiàn Jīzhàn]　该基站位于陈店乡陈店社区，东西南北四面均为农田环绕。基站于2002年建成使用，基站发射功率为30瓦，占地面积100平方米，天线高度约45米。基站信号覆盖区域主要为陈店乡。

高岗村基站[Gāogǎngcūn Jīzhàn]　2000年建成，位于高岗村。基站发射功率为30千瓦，占地面积100平方米，天线高度约30米。基站信号覆盖区域主要为陈店乡高岗村。

双泉基站[Shuāngquán Jīzhàn]　2012年建成，位于双泉村，发射功率12.5瓦，占地面积100平方米，天线高度35米。基站信号覆盖区域主要为双泉村。

同兴移动基站[Tóngxìng Yídòng Jīzhàn]　2012年建成，位于同兴社区，基站发射功率12.5瓦，占地面积100平方米，天线高度35米。基站信号覆盖区域主要为同兴社区。

木梓基站[Mùzǐ Jīzhàn]　"木梓乡木梓"指的是地理位置，"基站"指的是通信设施。自2008年建成起，沿用至今。该基站位于木梓乡街道北端，处丘陵地带，基站于2008年建成使用，发射功率为34瓦，天线高度45米。

天然基站[Tiānrán Jīzhàn]　"木梓乡天然"指的是地理位置，"基站"指的是通信设施。该基站位于木梓乡天然村，处丘陵地带，基站于2008年建成使用，发射功率为34瓦，天线高度45米。

天主基站[Tiānzhǔ Jīzhàn]　"木梓乡"指的是地理位置，"基站"指的是通信设施。该基站位于木梓乡天然村村委会旁，处丘陵地带，基站于2009年建成使用，发射功率为34瓦，天线高度38米。

辛榨基站[Xīnzhà Jīzhàn]　"辛榨乡辛榨"指的是地理位置，"基站"指的是通信设施。自2008年建成起，沿用至今。该基站位于辛榨乡烟应公路北侧，处丘陵地带，基站于2008年建成使用，发射功率为34瓦，天线高度45米，信号覆盖范围为整个辛榨乡。

菱湖通信基站[Línghú Tōngxìn Jīzhàn]　2012年5月18日建成，位于辛榨乡菱湖村中心，东西南北四面均为该村农田环绕。基站发射功率为30瓦，占地面积达100平方米，天线高度约40米。基站信号覆盖区域主要为菱湖村。

第八篇

DÌ BĀ PIĀN

地域特色品牌

DÌYÙTÈSÈPǏNPÁI

ANLUSHI

DIMINGZHI

第一章　农林业品牌

第一节　钱冲银杏

钱冲位于湖北省安陆市西部的王义贞镇，地处荆门、孝感、随州三市“金三角”腹地，306 国道与汉十高速公路纵横其境，属亚热带常绿落叶阔叶混交林地带，环境幽静，风景悠然。钱冲的银杏树为当地的特色林木。

银杏素有“活化石”之称，最早出现于 3.45 亿年前的石炭纪。曾广泛分布于北半球的欧、亚、美洲，中生代侏罗纪银杏曾广泛分布于北半球，白垩纪晚期开始衰退。至 50 万年前，在欧洲、北美和亚洲绝大部分地区灭绝，只有中国的保存下来。后来法国和美国南卡罗来纳州的银杏分布大都属于人工栽培区域，毫无疑问，国外的银杏都是直接或间接从中国传入的。

银杏为银杏科、银杏属落叶乔木。其胸径可达 4 米，幼树树皮近平滑，浅灰色，大树之皮灰褐色，不规则纵裂，粗糙；有长枝与生长缓慢的距状短枝。幼年及壮年树冠圆锥形，老则广卵形；枝近轮生，斜上伸展(雌株的大枝常较雄株开展)。叶互生，在长枝上辐射状散生，有细长的叶柄，扇形，两面淡绿色，无毛。在长枝上散生，在短枝上簇生。它的叶脉形式为“二歧状分叉叶脉”。在长枝上常 2 裂，基部宽楔形。球花雌雄异株，单性，生于短枝顶端的鳞片状叶的腋内，呈簇生状。4 月开花，10 月成熟，种子具长梗，下垂，常为椭圆形、长倒卵形、卵圆形或近圆球形。外种皮肉质，被白粉，外种皮肉质，熟时黄色或橙黄色。

安陆钱冲村有华中地区最大的古银杏群落：千年以上的古银杏 59 株，500 年以上的 1468 株，百年以上的达 4683 株，20 世纪 80 年代以来，新开发银杏基地 28 万亩，定植银杏 3800 万株，连片 25 株以上千年古银杏景点 36 处，银杏树王、天女金桂、状元柏、桂竹园等园林群 4 处。钱冲古银杏群落不但数量之多、年代之古老为世所罕见，而且树形各异，有夫妻树、情侣树、子孙树、母子树，极具观赏价值和情趣。

银杏树高大挺拔，叶似扇形。冠大荫状，具有降温作用。叶形古雅，寿命绵长。无病虫害，不污染环境，树干光洁，是著名的无公害树种、有利于银杏的繁殖和增添风景。适应性强，银杏对气候土壤要求都很宽泛。抗烟尘、抗火灾、抗有毒气体。银杏树体高大，树干通直，姿态优美，春夏翠绿，深秋金黄，是理想的园林绿化、行道树种。

钱冲的银杏树形态多姿，有夫妻树、情侣树、母子树；有的笔直如桦，直插云霄；有的张开似伞，荫及千余平方米。其中一棵“银杏王”历经3000多年风雨，仍然枝繁叶茂，巨冠参天，虬枝繁多，树干需六个人合抱。它每年产果近500公斤，价值1万多元，是钱冲当之无愧的镇山之宝。

银杏树的种子俗称白果，因此银杏又名白果树。银杏树生长较慢，寿命极长，自然条件下从栽种到结银杏果要二十多年，四十年后才能大量结果，因此又有人把它称作“公孙树”，有“公种树而孙得食”的含义。

钱冲银杏的药用价值极高。肉质外种皮含白果酸、白果醇及白果酚，有微毒。银杏果营养丰富，含粗脂肪2.16%，淀粉62.4%，蔗糖5.2%，还原糖1.1%，核蛋白0.26%，矿物质3%，粗纤维1.2%。以及维生素C 66.8~129.2毫克/100克、维生素E 6.17~8.05毫克/100克、核黄素、胡萝卜素、类胡萝卜素、花青素，另外含有17种氨基酸、白果醇(10-廿九烷醇)、白果酮、廿八醇、B-谷甾醇、豆甾醇、生物碱等。微量元素有Fe、Cu、Mn、Zn及常量元素Ca、Mg等。

王义贞镇与华中农业大学等大专院校联合，相继开发了银杏叶茶、银杏香枕、银杏食品等系列产品，取得了良好效益。以银杏果、木耳、香菇、油茶为主的旅游商品也从无到有，逐渐兴起。旅游业直接带动解决钱冲村200余人就业，年均创造旅游收入近300万元，显示出良好的经济效益和生态效益。

2008年底，钱冲村古银杏风景区获批省级森林公园。目前，钱冲村已形成银杏生态游、历史遗迹和红色旅游相结合的复合型产品格局，能较好地满足各类游客的需求。

第二节　红梗白花菜

白花菜分红梗和绿梗两种。红梗白花菜是湖北省安陆市独特的地方蔬菜品种，栽培历史悠久。康熙《安陆县志》记载：“白花菜，夏月开小白花，可为齑，香味绝佳，有红梗白梗两种。红梗尤美，他处皆不及，亦土性异也。”安陆全市各地均产，但以府河、漳水两岸味道最为纯正。1958年董必武来安陆品尝后倍加赞赏。

白花菜，又名羊角花，一年生直立分枝草本。无刺。叶为3~7小叶的掌状复叶，边缘有细锯齿或有腺纤毛；叶柄长2~7厘米；无托叶。总状花序长15~30厘米，花苞片由3枚小叶组成；花梗长约1.5厘米；萼片披腺毛；花瓣白色，少有淡黄色或淡紫色，有爪；花盘圆锥状；雄蕊伸出花冠外。果圆柱形；长3~8厘米。种子近扁球形，黑褐色。不具假种皮。花期与果期在7~10月。

白花菜花姿似蝴蝶飞舞，优美别致，又叫醉蝶花。既可做优良蜜源植物，又可入药。《本草纲目》记载：“主治下气，煎水洗痔；捣烂敷风湿痹痛；擂酒饮，止疟。”

白花菜含有特殊的白花菜素。《本草纲目》载：菜气膻臭，惟宜盐菹食之。经腌制具有特殊香味。白花菜含有丰富的营养，经测定富含氨基酸(酸菜含 15%，腌菜含 12%)，比常用蔬菜高十倍，比一般腌菜高 3~6 倍，磷、铁、钙等矿物质的含量比一般蔬菜高数倍，其综合营养成分可与豆类相比美。

安陆白花菜品种独特，不同于中国其他地方白花菜，目前只有安陆白花菜可以食用，主要是用作腌菜。周边县市虽然也产白花菜，但口感远远不及安陆白花菜，所以 1958 年董必武来安陆品尝后倍加赞赏。安陆是劳务输出大市，外出的游子总忘不了要家里多寄家乡腌制后的白花菜。

近年来应用立体栽培技术，发挥白花菜性喜向阳温暖，较耐旱，生长季节短，且再生能力强的特点，将白花菜与其他农作物间作套种，一年可播种 3~4 次，每种一次可采摘数次。

安陆人还根据安陆白花菜优良特点，将腌制的白花菜供应市场，改传统腌制为现代方法腌制，机械化生产成罐头和软包装产品，销售省内外。

安陆的红梗白花菜不仅酸甜可口，风味独特，而且与唐朝诗人李白有着一段美妙而又辛酸的传说。

安州府城西南涢水边有一个天灯村，村里有一位姓白的私塾先生，他的独生女儿“白花”是一位诗词歌赋皆能成章，琴棋书画无不通晓，且又生得眉清目秀，婀娜多姿的才女。别看这位才貌双全的姑娘生在穷家小户，可她却是一位不贪富贵，不图虚荣，很有骨气的女子。远近不知有多少富家子弟，官宦少爷带着绫罗绸缎、金银珠宝前来提亲，她就是不答应。就连有权有钱有势的州官裴长史(唐朝长史职位相当于地级官员)的儿子也遭到她的拒绝。

一天，李白郊游河西天灯村，同白小姐邂逅，言谈中都倾慕对方的才情，一见钟情，并私订终身。临别时，李白送给白小姐一块白玉环佩作为信物。白小姐则送给李白一块绣着绿叶白花菜的绫罗手帕。正当李白同白花小姐双双憧憬着夫唱妇随、琴瑟和鸣的美好未来时，当朝皇帝下诏要在天下大选妃子。白花小姐因为得罪过裴长史，裴长史就将白花的名字写进了入选名单。白花小姐知道自己逃不脱劫难，纵身跳进了波涛滚滚的涢水。

白花小姐死后，托梦给李白，说她已位列仙班，成了白花仙女。她安慰李白，不要因为思恋她而过度悲伤，并且告诉李白，如果想念她，就将她的那块手帕摊开在她坟前的地面上，可以看到地里会长出一种红梗绿叶的白花菜。

李白将白花小姐送给他的那块手帕摊开在地上，那手帕转眼间就变成了一块田地，地里长满了红梗绿叶的白花菜。人们发现，这种红梗白花菜无比芬芳，吃起来比绿梗白花菜口感强得多，就将它切碎用盐腌制放在坛子里保存起来。谁知两三天后开坛，一股香味扑鼻而来。将这种腌菜与鸡蛋同煎，或加以肉丝烩炒，吃起来酸中带甜，且再无苦涩之味，别有一番妙不可言的味道。后来，有人将红梗白花菜的种子拿到外地播种，结果都是绿梗，即使有红梗也无安陆白花菜的味道。人们都说这是白花小姐依恋故土的缘故。

第三节　南乡萝卜

安陆流传一句民谚："南乡萝卜进了城，药铺医生要关门"。这句民谚是极言安陆南乡萝卜的药用价值。

据史料记载，我国是萝卜的原产地，上古时叫芦葩，中古称莱菔。有人说："萝卜赛过梨"，实不为过。从其清甜爽苹果高 8~10 倍。

安陆栽培萝卜历史悠久，其中以"南乡萝卜"(秋萝卜)著名。"南乡"指涢水东岸，安陆老城区以南万家畈一带。这里土质多为油沙土和潮泥土。适合于萝卜生产。南乡萝卜按形状有两种：一种是长萝卜，上绿下奶黄，个重 0.35~0.4 公斤；另一种是扁圆形，似柿子，也似苹果，上绿下奶白，个重 0.25~0.5 公斤。圆萝卜皮薄肉脆，味甜多汁，生吃赛过雪梨，煨汤可口生津。早在光绪二十八年(1902 年)日本学者美代清彦考察鄂西北后写道："试举小地方之名物，则有安陆萝卜。"清朝光绪十四年(1888 年)，《德安府志》就有"南乡萝卜，具有顺气消食、止咳化痰、除燥生津"的记载。

安陆南乡萝卜除作蔬菜外，还有药用作用，具有顺气消食、止咳化痰、除燥生津、散瘀毒、清凉止渴、利大小便等功效。相传唐明皇曾途经安陆，偶有小恙，食过南乡萝卜后，小恙即除，御医惊诧不已。1992 年安陆南乡萝卜节有人作诗曰："唐王偶恙惊朝臣，御医失魂祈鬼神。南乡萝卜神力到，登朝体爽诏涢城。"

据报道，近年来用萝卜片配药可治滴虫阴道炎、硅肺、降压降脂，还楞戒烟、醒酒、防癌。

安陆南乡萝卜年产 500 万公斤，且以其特有资质，享誉全国。

2009 年，安陆市南城街道办事处成立了南乡萝卜产销专业合作社。

2014 年 1 月 14 日安陆市南乡萝卜技术协会成功注册"南乡萝卜"地理标志商标。

2017 年 11 月，原国家质检总局批准对"南乡萝卜"实施地理标志产品保护。

第四节　袁畈莲藕和辣椒

袁畈村，位于烟店镇的中西部，距离烟店镇约 1.7 千米。

袁畈村有两种植物闻名周边县市，一是"袁畈辣椒"，二是"袁畈莲藕"。袁畈辣椒皮薄肉厚，甜而微辣，做菜色艳味佳，老少咸宜，经检验，所含蛋白质、胡萝卜素、维生素 C 和钙磷铁均高于其他地区的辣椒；袁畈莲藕色白味甜，皮薄节粗，入口爽脆，最有意思的是，其他地区的莲藕，横截面看到的是七八个藕眼，袁畈莲藕却又九个藕眼。

第五节　吉阳蒜坨

大蒜据说是汉代张骞从西域引入内地。安陆盛产吉阳大蒜，其蒜坨色白如雪，个大瓣肥，汁多肉脆，辛辣味浓，其中含有大蒜素，食之可降脂、降血压、降血糖等，不仅是餐桌上的美食，而且兼有防病、治病功效。其中有一种没有蒜瓣的大蒜，人们称为“独蒜”，更是蒜中极品。早在1700年前，南北朝东阳无疑的《齐谐记》即有安陆大蒜治病的记载：“江夏安陆郭坦儿忽病，日食斛余米，五年遂至磬贫，后食蒜坨愈”。

第二章　传统食品品牌

第一节　菜肴类

春卷　春卷的做法发源于西周时期的古郧国（安陆）。郧国人信奉春神句芒。为了让春神了解农人的不易，早日卷“春”重来，把新的农作物赐给黎民百姓，人们在立春前后采挖越冬的野菜和着面粉吃。汉崔寔《四民月令》记载，“立春日食生菜，取迎新之意”。到了汉代人们把面粉做成薄片，把野菜卷在其中，炸成或蒸成一寸长的卷菜筒，意为春神一年一度卷“春”重来、卷“财”重来，这就是春卷。春卷是安陆周边地区春节的必备菜肴。

滑肉　安陆人招待宾客极重席面，婚丧喜庆，常用“滑肉”。滑肉是用肥瘦适宜的五花肉，在外面裹以鸡蛋调淀粉，经油炸而成，可干吃也可烩汤，香酥滑软，鲜嫩爽口，被称为“汉东风味，楚北名肴”。滑肉为筵席首菜。

白花菜　白花菜是安陆独特的地方蔬菜品种，栽培历史悠久。康熙《安陆县志》记载：白花菜，夏月开小白花，香味绝佳，有红梗白梗二种，红梗尤美，他处皆不及，亦土性异也。白花菜主产于府河两岸。1958年董必武来安陆品尝后备加赞赏。白花菜腌制后才能吃，不能像白菜一样摘下来炒熟了吃。

南乡萝卜　府城萝卜栽培历史悠久，其中以“南乡萝卜”著名。“南乡”指城区以南，府河东岸地域。土质多为油沙土和潮泥土。适于萝卜生产。萝卜皮薄肉脆，生吃赛鸭梨，味甜多汁，煨汤可口生津。南乡萝卜除作蔬菜外，还有药用作用，具有顺气消食、止咳化痰、除燥生津、散瘀解毒、清凉止渴、利大小便等功效。近年来用萝卜片配药可治滴虫阴道炎、硅肺、降压降脂，还可以戒烟、醒酒、防癌。安陆流传有一句民谚：“南乡萝卜进了城，药铺医生要关门”。这句民谚是极言安陆南乡萝卜的药用价值。光绪二十八年（1902年）日本学者美代清彦考察鄂西北后写道：“试举小地方之名物，则有安陆萝卜。”

太白豆腐　主料是豆腐，配以熟花生仁、虾米、胡椒、姜末、花椒、淀粉糊等。豆腐炒至八成熟，然后下调料，略炒即成。吃起来软中有硬，鲜而不腻，柔滑可口。太白豆腐不麻不辣，清香扑鼻，咸甜适中，适合男女老幼各种人群口感。

翰林鸡　“翰林鸡”，是安陆市太白酒楼烹制的系列菜肴之一，此肴得名，是取李白曾供翰林职之意。其制作系用整鸡首先腌渍入味蒸至七成熟，然后去骨切块，上盘整理成原鸡形。另以蛋黄糕雕刻“翰林鸡”三字，置鸡首前，并以鸡汤、蘑菇入味和以若干小虾球点缀，经复蒸烹制而成。可谓制工精细，造型生动，形神兼备，质佳味美。

据有关史籍记载，唐代浪漫主义诗人李白，26岁出川入楚，于唐玄宗开元十五年(公元727年)春来到安陆。他在《上安州裴长史书》中写道：“见乡人相如大夸云梦之事，云梦有七泽，遂来观焉。”李白寓居安陆时，结交了不少名人，并以“酒隐安陆，蹉跎十年”而著名。传说他饱览古泽楚风后，常豪饮高歌，语惊四座，其才华深受唐高宗时的宰相许圉师(安陆人)的赏识，次年并将自己的孙女嫁给李白。

李白十年酒隐安陆，留下了许多脍炙人口的佳作名篇，以及关于李白活动的不少珍贵遗迹。经安陆研究太白办公室考证，诗人当年的饮食生活表明李白平素嗜酒佐食之物，最喜食鸡、鸭、鹅、鱼及蔬果菜肴，也吃牛、羊肉和野味，唯独不食猪肉。友人素知诗人生活癖好，故常以鸡、鸭、鹅等作菜佐酒助兴。在众多酒肴中，李白对“烹鸡”最感兴趣，曾作诗曰：“白酒新熟山中归，黄鸡啄黍秋正肥，呼童烹鸡酌白酒，儿童嬉笑牵人衣”。

传说“翰林鸡”一菜，是友人钦佩诗人李白才华而精心制作的佐酒佳肴之一。因诗人李白喜食这种烹鸡，故后人便呼之为“翰林鸡”。

翰林鸡属湖北菜，简称楚菜，荆楚风味，选料严格，制作精细，注重刀工火候，讲究配色和造型。以“咸、鲜”味为本，讲究嫩、柔、滑、爽，富有浓厚的江南水乡特色。

翰林鸡多以土鸡制作而成，菜品造型美观，色泽金黄，皮厚油亮，食之，味道鲜醇。鸡肉含有维生素、蛋白质、脂肪、钙、磷、铁等营养物质，易被人体吸收利用，有增强体力、强壮身体的作用。其中，鸡肉中的磷脂类物质，对人体生长发育很重要，是中国人膳食结构中脂肪和磷脂的重要来源之一。翰林鸡肉质细嫩，滋味鲜美，是一道老少皆宜的菜品。但因鸡肉性温，多食容易生热动风。有外感发热、内热亢盛者；肝火旺盛或肝阳上亢者慎食。

第二节　糕点类

状元油　用上好板油(生猪油)作皮，豆沙、枣仁、桂花、橘饼、冰糖、蜂蜜、白糖作馅，用面粉、生粉、蛋清调成糊状，裹以状元油坯，再用糖炙。食用时备凉开水一碗，先将状元油在凉水中略蘸，然后进食。外酥内软，香甜爽口。相传北宋时，宋郊、宋祁嗜爱此菜，中状元后携厨师入京常作此菜，故名状元油。

活油包子 将猪油切成细丁，配以作料相拌，作为馅包进发酵后的面团中，放在蒸笼里用大火蒸熟。蒸熟后包子肉馅呈半透明的胶冻状，香气扑鼻，松软可口，汁浓味甜。1959年以后做法失传。

九一酥饼 玉石街徐家传承手艺，清朝时10文钱一个。主家忌讳“十、失、屎”谐音，也忌讳“烧、吹(炊)”谐音，还忌讳“酥、馊”谐音，只要有人买酥饼，就根据顾客要买的数量吆喝“九一×个”，以示生意“天长地久、九九归一”，于是人们约定俗成，称谓酥饼为“九一酥饼”。这种炊饼和面时渗入芝麻油，发酵后中间放置葱油肉馅，放置烤炉中烘烤。烘烤过程中香气外溢，半条街上都能闻到。烤熟的炊饼层次清晰，油黄如金，落口即化。其制作工艺“文化大革命”中失传，现在仿制的“九一烧饼”工艺与普通工艺无异，色香味无法与老手艺九一酥饼媲美。

云糕与麻叶 四千年前涢水流域就有先进的农耕技术，安陆美食云糕与麻叶随着农耕祭祀而产生。

涢水流域的祭春活动始于炎帝时期，最初是一种祈祷。每到春季来临之际，人们就将年前留下的稻子进行精选，一部分作为稻种下秧，剩下的一部分去壳成米再碾细，压成薄片，蒸熟而成食品。涢水流域图腾是云，方言把“皞”读成gāo，这种食品因涢人祈祷太皞而得名，称为“澐皞”，也叫“云皞”，吃下去的目的是让太皞了解涢人惜粮的苦衷，祈求五谷丰登。到了汉代，“糕”字正式出现，《说文解字》释：“糕，饵属。”一般来说，软胎的点心称之为“糕”，带有馅料的点心称之为“点”，外包糖、蜜的点心称之为“裹”；内无馅料、外无包料的点心称之为“食”。涢水流域的这种云皞就被统称为“云糕”或“云片糕”。随着饮食文化的丰富，制糕技艺的加强，云糕成了安陆的美食而传遍各地。

安陆还有一味美食就是“麻叶”。汉代以前，人们把往日采摘的芝麻叶子晒干，到了立春前后用水发泡做成菜吃，这种菜肴如今还吃。随着演变，人们把面粉擀成薄片，用刀切得同芝麻叶大小，放在油锅里炸熟吃，期盼生活像芝麻生长一样节节升高，也叫吃麻叶。做麻叶的程序是，先在面粉里放进生鸡蛋或植物油，再按口味加入喜爱的佐料，然后和面。面团和好后擀成薄片，用刀切得同芝麻叶大小，放在油锅里炸熟，即成美味食品。炸熟的麻叶味美可口，焦脆香酥。

第三节 安陆涢酒

涢酒是湖北安陆市的特产，特别是封缸涢酒芳香浓郁，醇和甘甜，清洌净爽，余味悠长，先后荣获首届中国食品博览会银奖、湖北省首届白酒大赛银钟奖。

安陆古为郧国，安陆城亦名郧城，涢水自北向南贯穿全境。安陆有一种酒因郧城涢水得名“涢酒”。涢酒酿造工艺起于何时没有准确记载，但《安陆县志》记载，唐代即有涢酒。

涢酒是采用高粱、玉米、小麦、糯米、大米五种粮食为原料酿造而成的浓香型白酒。酒体芳香浓郁，醇和甘甜，清洌净爽，余味悠长。涢酒发酵采用介于酱香型酒曲和清香型酒曲之香的纯小麦制成的中温曲。中温曲中微生物群体种类繁多，加上安陆山清水秀，自然菌种多，品种优良。因此，发酵产生的酒类微量成份甚多，成分间比例关系协调，导致涢酒口感丰富、醇和。涢酒在酿造过程中特别强调：混蒸混糟，陈曲发酵. 陈年老窖，长年酵期. 分层蒸酒，量质兑酒，地下藏酒。

封缸涢酒采用独特的地下埋藏工艺，在常年封闭恒温的状态下让酒继续发酵，使酒里的甲醇继续发生酯化反应，转变成乙醇，具有喝后不上头的特点。

唐开元十六年早春(727年)，李白来到湖北安陆。在这里，他和唐高宗时期做过宰相的许国师的孙女结婚，开始了“酒隐安陆，蹉跎十年”的生活。此间，他特别喜欢涢酒，曾赋诗曰：“涢水浓于酒，碧山峭似诗”

1972年中日邦交时，日本前首相田中角荣访华时指名要饮安陆涢酒。2017年9月8日，他女儿田中真纪子在人民大会堂“纪念中日两国恢复邦交正常化45周年”招待会上回忆，父亲最感到欣慰的是“没有杀过一名中国人”。她还回忆，她父亲和周恩来总理的谈判一度陷入僵局，当时日本代表团有人想放弃，对父亲说，谈不下来了，我们回国吧，等下次再谈。她父亲当天下午喝了不少中国不知名的白酒，说“睡一觉，第二天醒来一定会有智慧。”最终中日邦交成功。《中日联合声明》中，日本政府作出了“承认中华人民共和国是唯一代表中国的合法政府”的承诺。这个“中国不知名的白酒”就是1972年田中要的那个涢酒。

安陆的涢酒，还有两个美丽的传说。

很久以前，安陆城有两家酿酒漕坊。一家是东门的黄金贵，一家是西门的何二两。黄金贵为人奸狡，唯利是图，经常往酒里掺水，因此生意十分清淡。何二两为人忠厚，重义轻财，无论你有钱无钱，只要想喝酒他都可以让你高兴而来满意而归。何老汉还特别喜欢搜集酒方和酒谱，把酒酿造得特别香醇。因此每天前来买酒品喝、定酿喜酒、邀购寿酒的人络绎不绝，生意十分红火。

一天，何老汉发现存放在酒坊里的陈酒一天比一天少，而门窗完好无损，便决定半夜悄悄到酒坊查看个究竟。这天半夜时分，何老汉蹑手蹑脚来到酒坊门外，只见一个人枕着大酒坛酣醉在地上，于是一把扯住他的衣领喝道：“好个偷酒贼，快赔酒来！”那个人被何老汉一惊，酒醒了一大半，对何老汉说道：“我乃四处漂泊之人，身上实无分文，倒有一《酒方》不知可作酒钱否？”何老汉听他说愿意用《酒方》作赔，忙说：“多谢多谢！”那人从怀里掏出一条黄绸帕交给何老汉。何老汉双手接过黄绸帕一看，只见上面写着当归、天麻、海马、肉桂等中草药各多少，捣碎作曲，加以稻米、高粱、大豆为料，用涢水蒸馏，即可酿成芬芳甜绵，回味无穷的美酒。

“酒酿好以后，可放在地窖内储藏，三年后必有大用。”那人还对何老汉道，“有一句话请您千万记住，心正酒则醇，心邪酒则酸”。后来，何老汉依照酒方果然酿出了开坛十里飘香，饮后三天口里还留香味的美酒，并取名“涢酒”。

三年后，安陆城突然发生一种怪病，患者不是四肢麻木，就是腰部疼痛。患者无论请郎中医治，或是求神灵保佑，都无济于事。这时何老汉突然想起“偷酒人”说的三年后必有大用的话。于是打开地窖，把酒施舍给患者饮用。说来也怪，患者饮用后不仅疾患痊愈，而且身体比以前还要强壮。何老汉也因此名播四方，生意越来越兴旺。

还有一个传说与李白有渊源。李白生性豪放，酷爱饮酒，到安陆后，恋上安陆的涢酒，每天随身背一罐重达五斤的涢酒，每走十步必饮一口。一天下来，多数时间所剩无几，偶尔也有少许剩余，随手丢弃，且不许次日重喝剩酒。李白夫人许氏（大宰相许圉师的孙女）看到后，觉得可惜，总是把李白罐里剩下的酒倒出来，集在一个罐里，偷偷埋藏在后院树下，想等到家中缸里的酒喝完后应急。就这样，几天就埋藏一罐。一日，许夫人再次到后院埋酒时，发现埋过酒的土层颜色变黄，许氏以为是酒罐破了，酒泄漏出来了，就随手挖了一罐，拧开酒罐一看，不仅酒没有泄漏，还闻到一种独特的酒香。她叫来李白，让李白品尝，其味果然比缸里没有埋藏的酒大不一样，芳香浓烈，入口平和，全然没有刚出坊的刺喉之感。

于是，李白命家丁把缸里的酒分批埋藏在地下，再分批挖出来喝，就成了封缸涢酒。封缸涢酒的独特风味，更加上许夫人的别出心裁的才能，吸引这个放荡不羁、喜爱周游四海的大诗人“酒隐安陆，蹉跎十年”，以至于达到“李白斗酒诗百篇”的地步。

第三章　非物质品牌

第一节　湖北省非物质文化遗产“麒狮舞”

“麒狮舞”是湖北省以至全国独具特色的民间舞蹈形式，流传于安陆市涢水西岸至烟店镇白兆山脚下方圆二十千米一带。它是一种古老的民间祭祀舞蹈，由当地人民世代沿袭、传承、演变而来，和其他吉祥祈福、求雨祭祀、劳作助兴等民间舞蹈一样，属于民间广场艺术。

清道光年间撰修的《安陆县志》中有一段关于狮舞的记载：“或聚族为龙灯，或报锦为狮猊，咸鼓吹道之。”据当地烟店镇流传的故事讲述：“从前，一个老窑匠有三个儿子，只有老三忠厚老实，孝敬父母。老窑匠死后，三兄弟分家，老三只分了一个有麒麟图案的瘪瓦盆。谁知到了八月十五中秋节，老三正在用瓦盆装供品祭拜亡父时，忽然有一头金狮子从天而降，瓦盆上的麒麟也同时跳了下来，高兴地和金狮子跳起舞来。快到天亮时，麒麟和狮子一起飞上了天，老三回头再看自己住的茅屋棚子，上面的草都变成了金条，瓦盆变成了乌金盆，他因此而发了财。”自古以来，当地人们视麒麟、狮子为吉祥瑞兽，它们能祈福祛灾，送子发财，因而产生了带有浓厚宗教色彩的“麒狮舞”，通过隆重欢庆的麒狮共舞，祈盼年成风调雨顺，保一家老少平安，保一方弭灾太平。1969 年，安陆市曾出土了一尊明代鎏金麒麟铜像，说明这一带历来有视麒麟为吉祥物进行供奉的习俗，同时也说明这一带麒麟文化历史悠久，源远流长。同样，从古至今，安陆私宅、衙门、单位、政府历来将狮子视作镇宅聚宝、辟邪显威的瑞兽，分置大门两旁，英姿飒爽，威风凛凛。

我国素有南狮、北狮之分，在广场表演时，他们要么是狮子跟狮子相互逗玩，要么是单个狮子顽皮耍闹。唯独安陆这一带是麒狮共舞，形式独到，别具特色，同时还伴有相应的武术表演，如玩碗、玩刀、玩桌椅板凳、打拳、翻飞筋斗、倒立行走等。

麒狮舞不分白天、晚上，亦不择广场、舞台，均可表演。表演时由五人参加，二人扮麒麟，二人扮狮子，一个舞绣球，主要表现麒麟与狮子相互逗趣的各种形态，具有憨厚、活泼、稳健的表演风格。麒狮的基本体态是四肢稍蹲，昂首摇尾，“抖”和“沉”是该舞的基本动作特点。双手碎抖使麒麟头、狮头活摇活动，显得特别生动可爱；双腿稍屈，身体下沉，使麒狮步伐稳健，形态憨厚。伴奏乐器有大鼓、大锣、小锣、大钹、马锣等，根据舞蹈表演需要而变化，口合钹响，脚落锣响，突出地强调以锣、钹为主打击乐与麒麟狮子动作和谐配合的关系和烘托气氛。当麒、狮睡觉时，运用闷锣、闷鼓和滚奏的演奏方法，表现出动中有静、静中有动的意境。

“麒狮舞”是炎黄时代以来狮舞的一脉相承，又是和谐融合的推陈出新，人民群众在劳动生活中创造了它，体现了人民群众精神文化的集体智慧，自古传袭以来，一直秉承全员男丁参与传统的集体性民间舞蹈。据现有可考的资料，麒狮舞在安陆沿袭了至少200多年，最根本的原因在于它集中体现了中华文明的思想核心“和”的精神内涵，集中体现了广大人民群众孜孜以求的和谐、和平、长治久安、国富民强的繁荣盛世、幸福生活。烧香叩拜，麒狮共舞，武术相庆，止戈为“武”，无忧起“舞”，武舞——相生相伴，相辅相成，既反映了人们敬畏天地、天人合一的古老古朴的社会思想，也反映了强身健体、保家卫国、相信自己、团结和平的主动追求心理的流变过程。

在历史的长河中人们耳濡目染、代代相传，随着时代的发展，麒狮舞逐渐形成了自己独到的风格特色，成为当地人们喜闻乐见的一种民间传统文化娱乐艺术形式。目前，由于历史和社会的原因，麒狮舞只在春节和部分庆典之际偶一为之，且后继乏人，若再缺乏保护措施，将面临失传的危险。

2010年8月，“麒狮舞”录入孝感市第二批非物质文化遗产保护名录。2011年6月，录入湖北省第三批非物质文化遗产保护名录。

第二节　湖北省非物质文化遗产“大唐竹马”

“大唐竹马”俗称“跑竹马”，流行于安陆市雷公镇一带，外传于木梓、京山等，是春节期间或婚丧嫁娶在地坪上进行表演的一种民间舞蹈艺术形式。

“大唐竹马”是一种民间舞蹈艺术，基本内容包括：

(1)开光仪式。竹马制成后不能轻易点睛，必须举行盛重的开光(点睛)仪式，相邻男女老少必须沐浴更新衣，到祠堂参加点睛仪式，由头人点蜡、烧香、烧纸钱，并带领众乡邻顶礼膜拜，行三叩九拜大礼，鼓乐齐奏，鞭炮齐鸣，礼毕，由头人给竹马点睛。

(2)竹马。用竹篾编织成内空外园的两节竹筒，前节和头、颈联在一起，后节与尾联在一起，马身用纸糊后再用彩纸制成白马、黄马、花马、红马、黑马。

(3)鼓乐。由五人组成，其中司鼓一人，大锣一人，铃子一人，镊子一人，马锣一人，主要曲谱有“走板”“乱劈柴”“煞板”“掉三锤”等。

(4)歌唱。一领众和，歌词临场发挥，视情景作词，曲调为《沿门花鼓调》。

（5）表演。由 6 人组成，有丑角（徐茂公）、白马（秦叔宝）、黄马（尉迟恭）、花马（白玫瑰）、红马（黑牡丹）、黑马（程咬金），表演动作有“发马”“走马换将”“四门将”“转龙头”“烈马回头”“穿花”“鹞子翻身”“收马”等，每跑完一个场面（即队形）都在原地歌唱一次，旋律优美，有浓郁的乡土气息，表演动作除丑角外，其他均为“跑跳步”，步伐潇洒流畅。整个舞蹈从头至尾以跑队形为主，每个队形的上、下、左右都要绕到，这种独特的表演形式，在我市民间舞蹈中很少出现，充分体现出该舞队形方面的灵活多变、流光溢彩的艺术特色。

“大唐竹马”始创于盛唐时期，相传诗仙李白隐居碧山，武师谢龙武经常到碧山与李白对饮，畅谈国事。当谈到唐朝建立时，瓦岗寨英雄为唐朝的建立不怕流血牺牲、功不可没时，谢龙武决定自创民间舞蹈，以歌颂瓦岗寨英雄事迹并世代相传，于是创造了“大唐竹马”。由于受封建思想的影响，“大唐竹马”地域不外传，外姓人不传，只传嫡亲长子，导致“大唐竹马”1000 多年只在安陆市罗庙村方园十千米以内流传，且传承人只有谢同启一家世代传承。“大唐竹马”始创时有三十多匹马，有赤橙黄绿青蓝紫五光十色，逐步失传为十三匹马，十一匹马，九匹马，七匹马，五匹马，非常遗憾的是至今只有五匹马的表演形式保留至今，其他表演方法已经失传。因种种原因“大唐竹马”已有近几十年没有表演如不及时抢救，此项民间舞蹈精粹不久将濒临灭绝。

“大唐竹马”在安陆市雷公镇罗庙村一带沿袭了 1000 多年，最根本的原因是它突出了保家卫国、不怕牺牲的奉献精神和听从指挥、步调一致、协调配合的集体主义精神。“大唐竹马”从盛唐流传至今总是随着时代的变迁而演变，其唱词时代感、群众性很强，从追求吉利、祈福祛灾、行善积德到“三纲五常”“三从四德”，从中华人民共和国成立、人民当家作主到改革开放、人民生活幸福安康，无不反映出人民社会心理随时代变迁而变动的历史轨迹。

“大唐竹马”融美术、音乐、文学、舞蹈、武术、杂技等多种艺术于一体，人们既可以从中享受打击乐的节奏快感，也可以欣赏优美的民间音乐，惊叹表演者的精湛技艺，还可以强身健体，是不可多得的艺术精粹。

2010 年 8 月，“大唐竹马”录入孝感市第二批非物质文化遗产保护名录。2013 年 10 月，录入湖北省第四批非物质文化遗产保护名录。

第三节　湖北省非物质文化遗产“松花皮蛋”

我国制作皮蛋的历史久远，北魏贾思勰《齐民要术》中记载，农人能将不易保存的新鲜鸭蛋制作成久放不坏、味道鲜嫩、颜色各异、晶莹剔透的美食。在这些各色各样的皮蛋中，湖北安陆的“松花蛋”最受食者欢迎和赞美。所谓“松花蛋”，就是在制作皮蛋时，工艺上经过特殊处理，让鲜鸭蛋的蛋清逐渐凝化成胶体，透明的胶体里包裹着一朵朵松针似的花瓣，而蛋黄外成青色，内成黄色的一种皮蛋。元代鲁明善撰《农桑衣食撮要》中“松花蛋”的制作内容，被专家认为是我国最早将鲜鸭蛋制作成皮蛋的记述。到了清代，有关皮蛋制作配方及技艺的描述已相当详尽。

汉水是中国最古老的大河，比长江黄河的形成要早七亿多年。这里是距今200万年到五万年的古人类演变完整链条化石群的所在地。涢水也叫府河，是汉水以东最大的一条支流，也是汉水流域古人类的发祥地之一，当地古人类的图腾是天上的云，故名澐(yún)国，国都就在当今的湖北安陆。汉水流域是亚洲人类当之无愧的摇篮，因汉水流域才有了今天的汉民族。澐国(郧国)是荆楚文化的重要发祥地，也是汉文化的重要发祥地之一。

湖北素有“千湖之省”的美称，古代郧国蕴藏着极为丰富的水产资源和优质蛋禽资源，拥有悠久的家禽养殖历史。湖北气候四季分明，夏日赤地千里，鲜蛋隔日可以发臭，冬日滴水成冰，鲜蛋隔日可成冰石。保存完好的禽蛋，考验着人类的智慧，为了使鲜鸭蛋能保存较长时间，就采取各种方法把鲜鸭蛋加工成能较长时间存放的蛋品，于是有了咸蛋和皮蛋的制作，特别是湖北安陆制作的皮蛋更是享誉四方。

皮蛋的制作技艺，虽然最早的记载出于北魏贾思勰的《齐民要术》，但可以肯定地说，人类在驯化野禽的同时，也就在探索和研究禽蛋的保鲜、利用和开发。人们把鲜蛋经加工处理后，使鲜蛋的储存时间较长，营养和风味也发生了很大变化。据史志记载，到了明清，农户就已经广泛加工皮蛋。安陆是皮蛋加工的主要地区，其影响范围极广，这里的农户能根据不同地区的要求调出不同的皮蛋口味，卖给北方以砂心皮蛋为主，行销南方以溏心皮蛋为多，当然更多的还是形如琥珀，适宜于各种人群、各地口味的“松花”皮蛋。共和国成立后，安陆“公私合营”，改制后的安陆蛋品公司曾经有过辉煌的历史，制作生产的鸭禽皮蛋，成为国宴专供品。

皮蛋入口爽滑、口感醇香、回味绵长，深受人们喜爱，在中国及世界各地有二十亿消费者，诞生了皮蛋瘦肉粥、皮蛋拌豆腐、皮蛋鱼片汤等经典皮蛋名菜。皮蛋还是具有食疗功能的食品，中国的传统医学认为，皮蛋性凉、味辛，有解热、去肠火、治牙疼、去痘等功效。

松花皮蛋的制作工艺复杂，蕴含着久远而朴素的民间科技智慧。传统加工原料有新鲜鸭蛋、生石灰、草木灰、茶叶等，一般经过精选鸭蛋、恰当配液、按比配料、入缸泡制、包裹稻壳、糊泥腌制、两次密封等制作过程和三次计时皮蛋验质，60天后，味美可口的松花皮蛋就可出缸食用了。皮蛋工艺“配比“和“火候”掌握较为复杂，若一道工序出现一点纰漏，一缸一缸的鸭蛋就会变为臭蛋，辛劳的结果付之东流。皮蛋制作工艺体现了我国古代民间饮食文化的历史变化和社会节序习俗的变迁，具有典型的环境特征、原材料特征、工艺特征和重要的历史、文化、经济及社会生态价值。

古代的皮蛋制作工艺，除了公开的配料和步骤外，也有相当多的农户还有自己的“绝招”不会公开。这些绝招，能使表面看起来毫无两样的皮蛋有黄心黑心之分，有花无花之分，溏心实心之分……由于这些诀窍不传外人，保守秘密的小农思想意识，使一些精湛的皮蛋制作工艺失传严重。再加上快节奏的现代生活方式，科技保鲜家庭电器的使用，方便高速的交通运输等等，制作皮蛋的人越来越少，其技艺有失传的危险。保护几千年来人类保存禽蛋的智慧结晶已刻不容缓。

2006年，湖北神丹健康食品有限公司落户安陆。这是一家专业从事蛋品加工的农业产业化国家重点龙头企业，国家高新技术企业，湖北省创新试点企业，具有年加工饲料18万吨，回收加工各类蛋品10万吨的生产能力。据商务部中国商业联合会的监测数据显示，神丹蛋品2009年度同类产品市场综合占有率为第一名，2010年实现销售收入8亿元。神丹公司在全国各省市建有蛋品销售网络，产品进入了家乐福、麦德龙、沃尔玛、万佳、中百、大润发等10000多家超市，是唯一与世界三大零售巨头家乐福、麦德龙、沃尔玛签订全国合作协议的蛋品企业，产品还出口到日本、韩国、美国、澳大利亚等国家。是麦当劳、肯德基的保洁鸡蛋和鸭皮蛋供应商，是家乐福、沃尔玛“全国最佳供应商”，是湖北省进入上海世博园销售的4家食品生产企业之一，也是中国驰名商标。当皮蛋进入美国市场后，完全不懂皮蛋的美国人认为是“恶魔煮的蛋”，皮蛋登上了美国有线电视新闻网(CNN)评选的“全球十大最恶心食物”榜首，引起了我国国民及企业的强烈抗议。当美国知道了皮蛋是中国人民的伟大发明，是中华民族的饮食奇葩，鲜鸭蛋腌制成皮蛋后，胆固醇含量下降20%以上，蛋白质与脂质被分解，更容易被人体吸收以及皮蛋的药用价值后，不得不惊叹中国人民的智慧，于2011年7月6日用中文、英文两个版本作出官方回应，向中国道歉。

松花皮蛋的制作工艺，是中国人民几千年劳动实践的总结，是中国劳动人民智慧的结晶，是中华民族特有的劳动技艺。为了保护这项遗产，开发我国的禽蛋工业市场和商业市场，2012年，安陆市人民政府授权湖北神丹健康食品有限公司，将安陆松花皮蛋制作工艺逐级申报非物质文化遗产。2013年10月22日，湖北省人民政府发布鄂政发〔2013〕49号文件，确定安陆市松花皮蛋制作工艺为湖北省第四批省级非物质文化遗产保护名录。

第四节　湖北省非物质文化遗产《李白在安陆的传说》

白兆山与李白的传说诞生于湖北省安陆市，至今已有1200多年的历史。坐落在安陆城区西部20余千米的白兆山，又名碧山。相传唐代大诗人李白系太白金星转世，白兆山系李白在天庭与吴刚饮酒下棋时碰落的一颗棋子。由于李白醉酒将玉皇大帝命其传旨的“人间三天吃一餐饭”误传为“人间一天吃三餐饭”而被贬人间。公元727年，李白仗剑出游，来到安陆，见碧山有如一枚巨大的棋子，顿有所悟，感慨道：“山名曰白兆，始知李白来!”

李白在白兆山居住十年，不仅以诗言志，以文会友，写下了《山中问答》《安陆白兆山桃花岩刘侍御绾》等100余篇灿烂诗章，而且与故相许圉师之孙女许氏结为夫妻，生下一女一男，使安陆白兆山成为他人生的“第二故乡”。民间更是将李白在白兆山读书、写诗、会友的地方演绎成动人的传说而激励后人。如桃花岩、白兆寺、太白堂、读书台、绀珠泉、斗笠岩、洗脚塘、洗笔池、古银杏树、长庚书院、太白林、笔架山、下马桩、龙泉观、“月夜写经”“金牛石门”等。这些遗迹和故事分布于白兆山周围，流传于安陆百里，使李白的“诗言志”“济苍生”的伟大抱负光照人间。同时，对安陆人民乃至中华民族崇尚诗文，忠诚报国的精神产生了广泛而深远的影响。

白兆山与李白的传说，主要价值有二：一是这个故事的历史文化底蕴深厚，既有鲜明的地方色彩，又有鲜活的人文景观。为中华民族灿烂的古代文明增添了夺目的光彩；二是这个故事颂扬的是“诗言志”“济苍生”不畏艰难、勇于进取的人文精神。

当今时代，李白在安陆的传说逐渐面临失传的严峻挑战。传承后继乏人，传播范围萎缩，故事数量减少。李白遗址遗迹受损，民间传说生态环境受到破坏。受外来文化和不良风气影响，故事质量受到冲击，对李白在安陆的传说挖掘、整理和保护已刻不容缓。

2008 年 11 月，安陆市文体局、安陆李白纪念馆、安陆市非物质文化遗产保护中心开始着手《李白在安陆的传说》申报省级非物质文化遗产名录的筹备工作。专门成立了筹备工作小组，先后十余次进白兆山拍摄专题片、走访当地群众。2009 年 3 月，全部申报资料送交湖北省非物质文化遗产保护中心评审，6 月初，通过初审、复审、公示等程序，《李白在安陆的传说》列入第二批省级非物质文化遗产保护名录。

第五节　湖北省非物质文化遗产《汉东书院的传说》

德安府汉东书院即当今的紫金路小学，创建于清朝乾隆三十二年，与明朝安陆的碧霞书院有一定的渊源关系。汉东书院连续数百年办学不断，这在湖北屈指可数，它成了鄂中乃至湖北教育的一块活化石，也是中国古代教育到现代教育的一个里程碑。

汉东书院在 250 余年的办学历史中，衍生了大量的传说故事。这些传说，在中国大陆十几个省和台湾、香港等地广为流传，甚至传播到日本、韩国、新加坡、加拿大、印度尼西亚等国家。

汉东书院的传说起源有内在的特定要素。一是物品的神秘性引发传说。二是对人物景仰引发传说。三是对神灵敬畏引发传说。四是对现实的讽刺与举善引发传说。五是休闲娱乐引发的传说。六是各种书刊的记载传承。

汉东书院的传说具有较高的本真性，从已经搜集到的七十多篇故事传说看，大致分为四个类型。

第一种类型是以书院实物为基础引发的传说故事。汉东书院的晚香亭，因寇纶自诩“晚香先生”，捐宅基给汉东书院而得名。人们以实物晚香亭为话题的传说得以传承至今。

汉东书院的大门口，有一对石鼓，至今完好无损，石鼓的正面图案是麒麟飞天，背面图案是紫荆花。奇怪的是，一个石鼓背面的紫荆花是八瓣，一个石鼓背面的紫荆花是九瓣。把圆分成六等份最容易，分成十二等份也不难，然而当时的石匠一般没有文化，把圆分成八等份和九等份就不容易了。于是，为何分八等份和九等份成了历代的话题，也就演绎出了传说故事《汉东书院的石鼓》。

像这样以实物为基础的传说还有《李道平与赵复祠》《汉东书院的周公井》等。

第二种类型是书院真人真事的加工。汉东书院学子无数，其中不乏知名人士。这些知名人士当时及后世在国内外有很大的影响。如《李绍棻护驾把官丢》，讲的是八国联军进攻北京，慈禧太后逃往陕西，李绍棻竭尽全力，护驾有功，却因送礼得罪了道光的五皇子惇亲王奕琮，最后升迁不成反而丢官的事。这段传说故事却是真人实事。再例如《易学大师李道平》，李道平当时的影响并不大，但他对易学的研究对后世影响极大，以致闻名日本、新加坡、加拿大、印度尼西亚等国家，中国台湾、香港等地区，现在被世界联合国组织录入中华易经非遗人物。

还有《史青》《耿伯钊二三事》，主要记叙了辛亥革命时期的真人实事。像这样的传说故事比较多，还有《罗暹春与汉东书院》《何天衢与茹棻》《王华封荐官》等三十余篇。

第三种类型是由书院人物的轶事引发出的民俗典故。汉东书院名扬鄂东北是因为它是德安府官学，是因为它培养出来的人才一流，是因为它的教育思想得到社会的认可。由汉东书院的故事引发出现代大范围的典故，是我们开始也没有料到的。

至20世纪末，鄂东北的各县市，吃饭时还爱和文化人开玩笑，说文化人“吃饭只吃一笔竿”。这个典故就出自乾隆年间汉东书院一个学子赴京赶考，途中遇到强盗，后得仙人相救的故事。鄂东北的方言中，人们总是把磨墨写字的砚池叫“砚王”或“砚碗”。人们为什么这么叫？此典故也出自这个故事。

还有，自古以来，各地都把秀才写成手无缚鸡之力，任人欺凌宰割的对象。但在鄂东北，有一句歇后语“秀才走夜路——不怕鬼”。秀才为何不怕鬼？后来又为何说木匠走夜路也不怕鬼？为何后来湖北的好多人都把“不怕事”说成“不怕鬼”？这些民俗典故，也和汉东书院的两个传说故事有关。这两个传说是《砚池为何叫“砚碗”》《读书人为何不怕鬼》。

第四种类型是经过人们艺术加工，借用鬼狐神妖，增加神秘性和趣味性，宣传书院的育人思想。人们对汉东书院的故事很感兴趣，在茶余饭后，酒肆茶楼通过言谈口授，得以承传。由于清朝科技的落后，由于言传的失误，由于情节的加工，由于主观意识的推断等等，汉东书院的传说被蒙上了神秘的色彩。例如《陈宧求学记》，主人翁陈宧是清末的知名人士，曾在朝阳门抗击八国联军进攻北京，后任四川总督，被授“成武将军”。他家境贫寒，曾在汉东书院寄宿五年，传说他有一次夜读遇到了女鬼，女鬼以金钗调戏于他，他用“砚王”压住了金钗，女鬼悄然而退。很明显，这段真实的故事在传说中被野史化了。

像这样的例子还有《慈泽放赈斗知府，云台义召浪子回》，李慈泽是安陆名人李廷锡的儿子，曾获刑部山东司郎中知府衔，传说中的李慈泽，是一个不学无术、游手好闲的赌徒。很明显也被野史化。

至于《盛鹏程面馆巧遇铁拐李》，是讲书院学子盛鹏程，父亲早死，爷爷哭瞎了眼睛，母亲急成了痴呆。他不得不辍学挑起了家庭重担。但他秉承父志，乐善好施，以致后来越发穷困。在他家面临彻底破产的时候，门口只剩一个老叫花子丢下的一堆纸扎的破船。老叫花子离开的当晚，府河洪水暴涨，纸船变成了真船，救出了洪灾中的百姓。盛鹏程爷爷的眼睛重见光明，妈妈的痴呆病也好了。盛鹏程重返书院学习，考取了功名。曾经被盛鹏程施舍的老叫花子，竟是仙人铁拐李。

汉东书院的传说口语性强，雅俗共赏，二百五十年来，一直呈活态流传。

汉东书院的传说具有极高的教科研价值、历史传承价值、文学欣赏价值。汉东书院东接孝昌观音湖，南傍孝感双峰山，西连京山鸳鸯溪，北靠随州神农顶，安陆本市有李白居住过十年的白兆山，所以传承汉东书院的传说，对推动安陆及鄂北的经济还有不可忽视的旅游价值。

从2008年起，紫金路小学原教导主任胡日新深入挖掘搜集安陆历代教育资料，撰写了《紫金路小学校史》。在整理校史的同时，发现了汉东书院大量的传说，并整理了七十余篇报安陆、孝感、省非物质文化遗产保护中心。

各级保护中心非常重视汉东书院的传说，逐级发文录入保护名录。2013年10月22日，湖北省人民政府发布鄂政发〔2013〕49号文件，确定汉东书院的传说为湖北省第四批省级非物质文化遗产保护名录。

第九篇

DÌ JIǓ PIĀN

地名艺文选

DÌMÍNGYÌWÉNXUǍN

ANLUSHI

DIMINGZHI

第一章　县域城池相关的诗文

将入关安陆遇兵寇

唐　杜荀鹤

家贫无计早离家，离得家来蹇滞多。

已是数程行雨雪，更堪中路阻兵戈。

几州户口看成血，一旦天心却许和。

四面烟尘少无处，不知吾土自如何。

自袁州还京行次安陆先寄随州周员外

唐　韩愈

行行指汉东，暂喜笑言同。

雨雪离江上，蒹葭出梦中。

面犹含瘴色，眼已见华风。

岁暮难相值，酣歌未可终。

送友人南归

唐　王维

万里春应尽，三江雁亦稀。连天汉水广，孤客郢城归。

郧国稻苗秀，楚人菰米肥。悬知倚门望，遥识老莱衣。

送薛大赴安陆

唐　王昌龄

津头云雨暗湘山，迁客离忧楚地颜。

遥送扁舟安陆郡，天边何处穆陵关。

送郑务拜伯父

唐　綦毋潜

名公作逐臣，驱马拂行尘。旧国问郧子，劳歌过郢人。
一川花送客，二月柳宜春。奉料竹林兴，宽怀此别晨。

使次安陆寄友人

唐　刘长卿

新年草色远萋萋，久客将归失路蹊。
暮雨不知涢口处，春风只到穆陵西。
孤城尽日空花落，三户无人自鸟啼。
君在江南相忆否，门前五柳几枝低。

郧上送韦思士归上都旧业

唐　刘长卿

前朝旧业想遗尘，今日他乡独尔身。
郧国地除为过客，杜陵家在有何人。
苍苔白露生三径，古木寒蝉满四邻。
西去茫茫问归路，关河渐近泪盈巾。

送别

唐　郎士元

穆陵关上秋云起，安陆城边远行子。
薄暮寒蝉三两声，回头故乡千万里。

安陆赠徐砺

唐　罗隐

灵蛇桥下水声声，曾向桥边话别情。
一榻偶依陈太守，三年深忆祢先生。
尘欺鬓色非前事，火爇蓬根有去程。
还把馀杯重相劝，不堪秋色背郧城。

寄安陆友人

唐 姚合

别路在春色，故人云梦中。鸟啼三月雨，蝶舞百花风。
烟束远山碧，霞欹落照红。想君登此兴，回首念飘蓬。

少将

唐 李商隐

族亚齐安陆，风高汉武威。烟波别墅醉，花月后门归。
青海闻传箭，天山报合围。一朝携剑起，上马即如飞。

时平后送范伦归安州

唐 刘长卿

昨闻战罢图麟阁，破虏收兵卷戎幕。
沧海初看汉月明，紫微已见胡星落。
忆昔扁舟此南渡，荆棘烟尘满归路。
与君携手姑苏台，望乡一日登几回。
白云飞鸟去寂寞，吴山楚岫空崔嵬。
事往时平还旧丘，青青春草近家愁。
洛阳举目今谁在，颍水无情应自流。
吴苑西人去欲稀，流连一日空知非。
江潭岁尽愁不尽，鸿雁春归身未归。
万里遥悬帝乡忆，五年空带风尘色。
却到长安逢故人，不道姓名应不识。

安陆

宋 范雍

安陆号方镇，江边无事州。
民淳讼词少，务简官政优。

安陆

宋 陈师道

澜涢双水绕城隅，高义曾闻季大夫。

九十九冈风俗厚，人人况已握灵珠。

安州老人食蜜歌

宋　苏轼

安州老人心似铁，老人心肝小儿舌。
不食五谷惟食蜜，笑指蜜蜂作檀越。
蜜中有诗人不知，千花百草争含姿。
老人咀嚼时一吐，还引世间痴小儿。
小儿得诗如得蜜，蜜中有药治百疾。
东坡先生取人廉，几人相欢几人嫌。
恰似饮茶甘苦杂，不如食蜜中边甜。
因君寄与双龙饼，镜空一照双龙影。
三吴六月水如汤，老人心似双龙井。

城西晚眺

宋　宋祁

北榭风轻爽醉襟，天涯摇落对登临。
一篙寒浪船移浦，千尾残阳鸟赴林。
倦客亭皋时远笛，早寒墟里渐疏碪。
凭栏不觉休边角，暝气苍茫失半岑。

春尽

宋　郑獬

（一）

春尽行人未到家，春风应怪在天涯。
夜来过岭忽闻雨，今日满溪俱是花。
前树未回疑路断，后山才转便云遮。
夜间绝少尘埃污，惟有清泉漾白沙。

（二）

禁御平明帐殿开，华芝初下未央来。
人间彩凤仪韶曲，天上流霞满御杯。

花近赭袍偏灿烂，鱼窥仙仗亦徘徊。
蓬莱绝景何曾到，自愧尘踪此一陪。

答安陆庞掾

宋　宋祁

囊文尝奏御，军事此参卿。
座隘升堂友，乡荣乞墅甥。
清言飘麈毳，慎疾搴芝英。
谈幄尸官久，烦襟怯报琼。

答安陆王工部早春郡园见寄次韵

宋　宋祁

五马新回金络头，方春稀讼释南囚。
荆岑汉浒联形胜，渚月台风递宴游。
自许良辰偏有感，不知清唱遂无俦。
比来酒所闻相忆，对倚层城近此楼。

蝶恋花

宋　宋祁

绣幕茫茫罗帐卷。春睡腾腾，困入娇波慢。隐隐枕痕留玉脸。腻云斜溜钗头燕。
远梦无端欢又散。泪落胭脂，界破蜂黄浅。整了翠鬟匀了面。芳心一寸情何限。

过安陆旧居邻里相送

宋　宋祁

绿杨枝外斗阑干，出客鸡鸣过近关。
岂有车徒休汝上，暂同邻里到方山。
离魂正对春波苦，羁思犹随倦鸟还。
多谢沧浪送征棹，更沾馀沫洗衰颜。

好事近

宋　宋祁

睡起玉屏风，吹去乱红犹落。天气骤生轻暖，衬沈香帷箔。

珠帘约住海棠风，愁拖两眉角。昨夜一庭明月，冷秋千红索。

舅氏自寿阳由京师归安陆

宋　宋祁

道旧欣来驾，销魂遽远离。颠毛同白日，俗眼暂青时。
客饭稽留数，斋醪酩酊迟。风波须畏险，老大共馀悲。
楚莽先春动，梁云向雪垂。还家存别墅，他会看围棋。

浪淘沙近·浪淘沙

宋　宋祁

少年不管。流光如箭。因循不觉韶光换。至如今，始惜月满、花满、酒满。　扁舟欲解垂杨岸。尚同欢宴。日斜歌阕将分散。倚兰桡，望水远、天远、人远。

木兰花·和孙公素别安陆·般涉调

宋　张先

相离徒有相逢梦。门外马蹄尘已动。怨歌留待醉时听，远目不堪空际送。
今宵风月知谁共。声咽琵琶槽上凤。人生无物比多情，江水不深山不重。

遣兴安州九首

宋　曾巩

遣兴

青灯斗鼠窥寒砚，落月啼乌送迥笳。
江汉置身贫作客，溪山合眼梦还家。
百忧忽忽丹心破，万事悠悠两鬓华。
谁与健帆先度鸟，更无留滞向天涯。

楚泽

楚泽荒凉白露根，盈虚无处问乾坤。
虫虫旱气连年有，寂寂遗人几户存。
盗贼恐多从此始，经纶空健与谁论。
诸公日议云台上，忍使忧民独至尊。

西亭

团扇频挥到此亭，他乡愁坐思冥冥。
空羞避俗无高节，转觉逢人恶独醒。
岁月淹留随日老，乾坤狼狈几时宁。
欲知事事今何似，万里波涛一点萍。

盆池

环环清　旱犹深，炳炳芙蓉近可寻。
苍壁巧藏天影入，翠奁微带藓痕侵。
能供水石三秋兴，不负江湖万里心。
照影独怜身老去，日添华发已盈簪。

羁游

粗饭寒齑且自如，欲将吾道付樵渔。
羁游事事情怀恶，贫病年年故旧疏。
自古幸容元亮醉，凡今谁喜子云书。
何由得洗尘埃尽，恣买沧洲结草庐。

南轩竹

密竹娟娟数十茎，旱天萧洒有高情。
风吹已送烦心醒，雨洗还供远眼清。
新笋巧穿苔石去，碎阴微破粉墙生。
应须万物冰霜后，来看琅　色转明。

照影亭

河流萦槛色辉辉，无数幽禽入镜飞。
已映渚花红四出，更涵沙柳翠相围。
不欺毫发公虽有，太尽妍媸道恐非。
自笑病容随步见，未衰华发满缁衣。

晚望

蛮荆人事几推移，旧国兴亡欲问谁。
郑袖风流今已尽，屈原辞赋世空悲。

深山大泽成千古，暮雨朝云又一时。
落日西楼凭槛久，闲愁唯有此心知。

书阁

自怜野性生来拙，谁许交情晚最亲。
世路因仍忧槛阱，他乡衰暮傍风尘。
惟将菽藿还求志，未有丝毫可为人。
一亩萧然须暂得，欲偷闲日长精神。

送樊秀才归安州

宋　梅尧臣

开元有谪仙，酒隐向安陆。
子尝慕其人，文字不拘束。
月下每醉吟，落纸辄数幅。
今当安陆归，白酒村中熟。
一名犹未成，双亲泪盈目。
切莫苦衔杯，无心不择禄。
去去烟水间，野禽嗥古木。
闻声不得名，将投山舍宿。
此趣自可嘉，非口走尘毂。

依韵和安陆孙司谏见寄

宋　范仲淹

穰下故都今善藩，沃衍千里多丰年。
孙公顷以清净化，我来代之惭二天。
人物高传卧龙里，神仙近接弄珠川。
汉光旧烈山河在，徘徊吊古良依然。
二十八将固不朽，风云一代皆忠贤。
我亦明时得君者，出处十载功不前。
尚得州麾养衰疾，优游岂减居林泉。
因逢故人作宴喜，琴樽风月夕不眠。
之翰诗来若金石，重于我辈何其偏。
相其直道了无悔，宁争蠖屈与鹏骞。

留题安州朱氏草堂

宋　欧阳修

俯槛临流蕙径深，平泉花木绕阴森。
蛙鸣鼓吹春喧耳，草暖池塘梦费吟。
赌墅乞甥宾对弈，惊鸿送目手挥琴。
嗟予远捧从军檄，不得披裘五月寻。

发安州

宋　张耒

积雨陂塘秀，南风蒿艾肥。乌犍立横陇，白马下深畦。
云木叫杜宇，晓林啼竹鸡。平生倦游兴，赖有浊醪携。

赠邹谦

明　杨士奇

赠尔淇园绿竹竿，临歧浩叹别离难。
郧城风俗从来厚，但守清风到岁寒。

西畈麦收(安陆八景之一)

清　高联捷

薰风嘘拂遍西畴，泛泛黄云五月收。
四境稻粮鸡犬散，千家桑柘雨烟浮。
村童拾穗声相应，野老含哺意更悠。
会见农功歌大有，披襟遥倚夕阳楼。

咏郡署黄孝子墓

清　周启运

郧城彦硕古名贤，叶令箕裘至性全。
夏清冬温非异事，独难竭力在童年。
博通经史擅文章，江夏声传姓字香。
要识无双仍孝谊，非关征拜尚书郎。
指陈得失一诚通，忧国如家笃匪躬。

全活株连敷帝泽，始知移 孝可为忠。
还将锡类证渊源，有谷堪贻子若孙。
太尉乞休司隶死，从教绝诣萃名门。
原前封树惯摩娑，片石模糊字欲磨。
我欲移风惭表率，愿彰盛德挽颓波。

傅公城诗序

清　杨自辉

郧城西隅，悬岩峙痒，下临深渊莫测。其际，壬戌春雨溢，蛟腾城圮数十丈成蛟窟。郡伯傅捐俸任劳，八阅月而告成。郡人感被之切，爰名傅公城，以志遗爱云。

望里炊烟几万家，年来阡陌富桑麻。半帘皓月双溪水，一带丹枫两岸花。

远近舟帆摇瘦柳，高低雁字落平沙。金泉留得余晖在，返照层台映彩霞。

重修城垣记

清　赵铭

德安郡绾南北之衢，图经所谓中络，其壮屏藩而固封守者，城尤是赖。安陆乃附郭邑，为宰者与资保障，故修葺之事专责焉。考郡治，明洪武二年始筑今城，厥后增崇。式廓计周七里三分，凡四门，门各建层楼，为登陴眺远之助。郧山郧水，环拱襟带，形胜之镇摄汉东也，亦壮矣哉。岁月积久，颓坏相仍。国朝康熙以来，司土者间营版筑，着有碑记，然亦惟是权一时物力之宜，黾勉从事，因仍补苴而已，欲悉臻完固，工巨费烦。前尹高安丁公尝以其事上大府，欲兴工而未果。辛未岁，予承乏兹邑，迭奉台檄，督促估修。予不善度材，且此事体大，仔肩匪易，顾又不敢以不敏谢而畏难苟安也。爰始爰谋，周阅揆度，或更或补，撙节估用，图册上大宪，勘核允行。前太守介休刘公、今太守汜水周公先后指示方略，制节谨度。余因得以禀承，率作兴事，经始于甲戌嘉平四日。凡瓦砖、灰石、材木之属，土产者不足用，则购诸武汉下游各邑间。先是府河频苦水浅，今年春夏之交，大雨时行，河流畅达，料物络绎而来，夫匠乐运转之通，而兼获挹注之便，于是各工踊跃，百尔器备，并手偕作，不逾年而功告成。计动用帑银七万一千两有奇，其不在原估之数者，则予捐资，务完善焉。夫兴废举坠，以卫民图安堵者，有司之职也，何庸记？然是役也，仰赖皇仁宁德，发帑济需，而天协其时，物适其用，人效其动，俾仡仡言言，通观厥成。愿与郡人士无忘斯弗坏之基，而共觇此作兴之象也。爰识之俾刻于石。

（摘自道光《安陆县志》）

重修德安郡城记

清　梅体宣

城于都邑中为事最巨，自薄海内外，各资保障。考于楚北而汉东，城垣最重在豫楚犬牙交错之地，号为扼要，城之广可七里，崇百尺，东南北三隅环列民舍，西郭滨大河。嘉庆中，赵大令葺而新之，粤今屹立者夷，岳峙者圮，盖又数十斗回矣。癸卯予以虞曹改知，安陆于德安为附郭邑，有治城之责，即欲以劝修为下车一事，窃虑民之未信而劳也。其冬乃以其事达上游，得如所请，而景垣观察复捐廉以倡，予亦竭棉之力，遂与邑人谋醵金从事，垒土迭石，咸汲汲然思相与以有成也。明年，予以故左迁。及瓜期，邑人士虑予之去而斯城或隳于一篑也，竞匍匐于中丞之庭，乞所以止余者，以格于成例不果准。会景垣观察据情上达，留予于卸篆后，仍一手经理，得饬知曰‘可’。计自兴工以来，已六匝月矣。乃复督工亟事，又踰月而成，费千万钱有奇。崇墉在望，坚劲依然，东城楼增而三之里，谚所谓‘东西三滴水’，仍旧制也。其西对峙碧山，碧山者，太白读书之地也，因西城为椽三间，颜之曰‘太白楼’，仰前贤，策后进也。增设木栅者四重，守御也；附城林木斧而尽之者，杜攀援且防更蔓而裂也。襄其事者，陈君廷懋、李君阶平、刘君大章、徐君墐、李君方、陆君兆璜、吴君从善、程君云鸿、蔡君旅平、王君道森也；捐金多而始其事者李封翁承壂、汪学博兆麟也；其它城乡劝捐出力并出金助工者，尚伙不备书，不书亦传也。工既竣，爰述其本末而为之志。

（摘自道光《安陆县志》）

第二章　水桥渡相关的诗文

第一节　沧浪涢水

涢水晴波

清　高联捷

泛泛城西水，泱泱日夜流。波清时见底，风正促行舟。
野旷天容瘦，云空月色遒。朝光生潋滟，相对一闲鸥。

季冬晦日泊涢口

明　何迁

涢水下何处，滩声来尔迟。沙寒凫雁起，江转斗牛移。
吹笛非仙子，纫兰自楚累。王孙归未晚，芳草正离离。

涢水晚眺

明　秦敦厚

遥山青壁隐，近水赤霞开。岸隔重阳断，林喧古渡回。
归云催乌入，新月挂帆来。从此趋江上，烟波共溯洄。

楚山涢水

唐　佚名

楚山青，涢水绿。春风沧浪看不足。草芊芊，花簇簇。渔艇酌，歌相续。

信浮尘，无管束。钓回乘月归湾曲。酒盈樽，云满屋，不见人间荣辱。

涢水晴波（安陆八景之一）

明　王宗孔

渺渺晴波细，盈盈叠玉来。柴皇收入览，司马俯为台。

日霁轻帆过，风和远鹭回。枕流岩上客，青眼若为开。

涢水晴波

清　董章

银河素浦接长空，触石回澜点玉虹。掬月笑看天在水，轻移小艇漾东风。

重阳发德安雨中返云梦

清　吴其睿

一鞭瘦马又重阳，细雨云中赶路忙。聪眼分明竹叶绿，沾衣数点菊花黄。

楚城不见催租吏，涢水初浮送客航。记起陵阳台上望，荞花菘菜晚秋香。

第二节　古　渡

殷船渡

明　王玺

树里人家半掩扉，风光仿佛武陵溪。

行人欲渡傍花语，乳燕飞来隔叶啼。

两岸暝烟分夜色，半蒿春水乱云泥。

渔翁向晚醉春酒，弄笛一声归路迷。

樱桃古渡诗

明　张瓒

郧子城西涢水湄，橹声咿哑浪漪漪。

下春连石黄昏后，真是归人唤渡时。

前题次大用先生韵

清 高联捷

荒村犬吠露荆扉，草满平芜水满溪。
隔岸绿杨小艇集，傍檐红树乱莺啼。
疎花带雨流香液，落瓣随风舞锦泥。
归岫闲云来觅渡，一声欸乃暮烟迷。

题樱船渡

清 周启运

楚豫临要津，迢递沧江路。
衣带瞩盈盈，立马招前渡。
柳丝曳晴烟，梅蕊对寒秀。
半篙春水生，一桁夕阳驻。
南北君何之，邂逅或相遇。
渔歌起遥汀，逸情为谁诉。
冠盖往复来，轮蹄驰客骛。
奚为个中人，沙边盟鸥鹭。
韶光剧堪怜，愁怅樱桃树。

第三节 古 桥

重建河西北紫石桥记

明 熊应元

梁曰紫石桥者，距郧治西北三十五里，距随治南九十里，故志载郧梁称紫石有三，兹不与焉。地原官道四达，下有港，两岸险峻，径寿山之水，淙涌逶迤入涢。会毛家冈之水，涧渠潀潗，每霪潦涨溢，若隔云汉。旧有梁，岁深倾圮，几五年所。况值寇氛抢攘，楚王所问君子之富宁几也，抑杠梁王政久湮，司险过而不问久矣。毂击肩摩，往往病之。里人张光辉雅知，乐善愿捐，独力庀材伐石，自经自董，费凡盈三百金，创垂诚不朽矣，功巨矣。杜工部所赞“日落青龙见水中”非耶？夫苍昊原爱利济乐施，自然者不言报果，若修堰得铜龙，编竹获状元，往事昭彰，何俟赘哉。梁近通平林，先子丘墓在焉，经道乐观碑成，丐余为记，因质言摭述，不掩其德，以风来祼之慕义者。

通济桥纪略

明　张瓒

城西坝口，旧为濠堤，东北山涧之水合流冲决为大坎，水流西南入于涢川，两岸陡峻，行者病焉。郡守周君铎有建桥之意，吴商张循道愿输三十金，于是府所僚属各捐俸，及郡中好事者欣助有差，以邑民邓昺等董其事，市材伐石，凡十有一月而桥成。时天顺七年六月也。桥长金堤横亘十有二寻，广寻有七尺，深视广加三尺，虚其中为瓮门以通水，名通济桥。

金堤桥记

清　杨绍光

涢水出太湖之山，或曰即太狐也，自随而郧，行数百里入于汉。其上流所从来者高而下行，平地殊激湍。郧因山为城，涢水绕其下，下故多浮沙，善崩圮，时时溃且淤，不易防。明太守紫岩徐公始筑堤障之，水不复为害。民思之不忘，称徐公金堤云。岁久堤渐坼，其后复增治之，然坚完不逮前远甚，十余年辄复坏，水浸逼城下，民架木为桥以通来往。太守高公见而忧之曰："涢之滨北走随唐，南通夏鄂，郡孔道也。晨起望之，辚辚萧萧，络绎不绝，此羸者材何以胜任?"亟下令撤而新之，易以石，众唯唯，趋事恐后。不踰月告成，众举手加额曰："是不减昔日金堤也。"父老请勒石以志不朽，公曰："拳石勺水，何与功德？为谢椽笔，诸君子无劳也。"父老闻之益感且嘅曰："公之不矜不伐也如此乎？虽然此譬之甘棠也，吾侪小人，其何能已?"则又以其事属之予，予曰：若之欲志公不朽也，若知之乎？公无庸志也。公廉直有声震天下，于汉则长孺，唐则元成，宋则希仁、阅道，国史书之矣，无庸志。莅政七年，百度俱举，数十年未兴未革者，公一旦兴之革之，若转圜也，循吏传书之矣，无庸志。是役也，予又何以志之。闻之召信臣守南阳，理陂塘，资灌溉，民利赖之，杜诗继之，民曰："前有召父，后有杜母。"今兹之役，将无同耶。金堤在前，石梁在后，亦南阳之召父、杜母也，可以志矣。明二百余年，郡太守未有祠之者，祠之，自徐公始，徐公其古之遗爱欤？公紫岩以来一人而已。后之视今，犹今之视昔也。公之大有造于涢，百世犹将思之，能禁舆人之诵哉？公不以此一事传，此一事足以传公矣，爰纪其事勒于石。

周文桥记

清　沈会霖

溯胜业院而西，为汉东孔道，当白兆山之阴，支流屈曲，而俱汇于周文桥以入于涢，旧固有梁，余马首数数过之，或心豁渟澜，或目回柳岸，亦或纵骑飞越，笑指吟鞭于所谓梁者，直周道视之，并亦步履而忘之矣。越数年而潦，潦而梁，复一水盈盈，非褰裳莫渡，且寒则徒跣者龟，暑则凭河者濡，土人架一木支之，而患未止也。经涂四达，车盖如鳞，山涨怒飞，奔流倒壑，始逥念昔之巍然而梁，梁而为功，于利涉不小也。余心恻焉，间与李善人成龙谋之，明年甲午桥成，余承乏塞上，得成龙一笺，丐余言为宿海而属记其事，以寿贞岷。余惟善人贫而好施，以好施故而家益贫，而卒无所捐于善人，视世之过自封殖，究不知为谁氏物者，孰得孰失乎？嗟乎，狂泉胥溺，攘攘未休，而成龙不以彼易此，以称善人也固宜。且世所云善人者，吾知之矣。饰褎荣众，日侫浮图不去口，太行在其心，瞿塘、剑阁在其眉宇，是犹不霪雨而涨，不江湖而波涛，不可泳游也。孟子言性善，善者生生之理，而莫不本于不忍人之心。昔人处则为麦舟，出则为常平，大且为已饥已溺，皆是也。彼乘舆济人，不可谓非仁，以力可为其大而不为，故姑少之耳。成龙力不克为而毅然为之，其为惠也何如乎？古有以桥名刺史者，清俸之余犹然声施不朽，而况家鲜斗筲，匹夫好义，闻其风者？其亦知所兴起矣。

郡西周公桥记(碑文)

清　杨自辉

桥以周公名，志作者之旧也。夫桥之修也久矣，其间作者是不一姓，而人犹临流兴叹者，其桥之终有待于周乎？郡守城周公讳德，字素丰，来自雁门，以三代将家子守戎十年，两护将符，恤兵整伍，素被于军士者甚深且久，如捐粢赈荒，祷雨济民，施药活人，以及延师设立义馆，令仲子卜年，与兵请业。凡此教养数事，尤啧啧郧人之口，共称周公周公云。郡人因以鼎修周桥请之，周公亦毅然任曰：“桥不当修，虽周不修也。桥而当修，虽不周亦修也。事诚在我。”然非一手足以成功，因同太守杨公、令尹马公、经厅彭公、县尉余公、镇台牛公、守御李公相与捐金于槖，劝募于郡之缙绅士庶，凿石于山，取材于林，运石运木，运灰运土，捄筑甃砌之工，昼夜交作，计费百五十金，阅年阅月而功乃告成。舆马通行，冠盖相望，颂荡平者，驰襄郧而达江黄矣。感激之众，相与祀公录位于庙，勒公功德于石，乃题其名曰周公桥，谓鼎修者今之周公，而创修之周公亦藉以不忘矣。

第三章　山　　岭

第一节　白兆山

山中问答

唐　李白

问余何事栖碧山，笑而不答心自闲。

桃花流水窅然去，别有天地非人间。

安陆白兆山桃花岩寄刘侍御绾

唐　李白

云卧三十年，好闲复爱仙。

蓬壶虽冥绝，鸾鹤心悠然。

归来桃花岩，得憩云窗眠。

对岭人共语，饮潭猿相连。

时升翠微上，邈若罗浮巅。

两岑抱东壑，一嶂横西天。

树杂日易隐，崖倾月难圆。

芳草换野色，飞萝摇春烟。

入远构石室，选幽开山田。

独此林下意，杳无区中缘。

永辞霜台客，千载方来旋。

桃花岩

宋　范雍

涢水梦泽地，古迹洵堪求。

白兆桃花岩，翰林栖此邱。

白兆山

宋　范雍

车盖聊引步，浮云镇消忧。

郧川梦泽地，古迹堪询求。

白兆桃花岩，翰林栖此邱。

白兆山桥亭

宋　宋祁

千尺虹泉界道飞，阴虬横绝负云楣。

浮梁跨岸神移石，劫烬翻波地献池。

度日衔花翔翠鸟，经年支榻养灵龟。

披襟便可祛烦愫，不独东京叔度陂。

桃花岩

元　贯云石

自序：白兆山桃花岩，太白有诗，近人建「长庚书院」。来京师时，同中书平章白云相其成，求诗于词林臣李秋谷、程雪楼、陈北山、元复初、赵子昂、张希孟，与仆同赋。

美人一别三千年，思美人兮在我前。桃花染雨入白兆，信知尘世逃神仙。

空山亭亭伴朝暮，老树悲秋发红雾。为谁化作神仙区，十丈风烟隔淮浦。

暖翠流香春自活，手捻残霞此细末。几回云外落清啸，美人天上骑丹鹤。

神游八极栖此山，流水杳然心自闲。解剑长歌一壶外，知有洞府无人间。

酒酣仰天呼太白，眼空四海无纤物。明月满山招断魂，春风何处求颜色。

白兆山

元　郝经

旗尾拖涧云，鼓行断横谷。敌人隔林望，坐甲不敢出。

白兆有居民，烟萝敝乔木。负担来迎降，马首争蒲伏。
为闻不杀令，又复治安陆。万死乞余生，焦土觅旧屋。
老人翻白发，南望吞声哭。松楸却成林，到此死亦足。
载说桃花岩，醉墨苔藓绿。毋于秋月下，似有飞仙读。
邃今巾其巅，重为赐米肉。偏裨好护送，纵归不令宿。
喜气动江山，迢遥肆遐瞩。安得与李白，云窗对修竹。

桃花岩

宋　李通儒

地势下临郧子国，山光遥射楚王城，
惟有桃花岩上月，曾闻李白读书声。

谪仙桃岩

明　张瓒

谪仙逸兴寄层台，云外荒山一快哉。
岩畔桃花应念客，泉声日日唤重来。

谪仙桃岩

明　王玺

桃花开处山悠悠，闲道青莲此卧游，径仄补藤残欲没，瀑高触石断还流。
雨催新蕨猿声急，风拂寒林草色秋。今日偶来寻往迹，人间谁道少丹邱。

桃花洞

明　韦商臣

跻石攀罗上翠微，桃花洞在昔人非。
山僧解说蒲团理，惭愧风尘未拂衣。

秋日游白兆山

明　何迁

秋日带秋山，驰车野筱间。乾坤吾道在，酒赋此身闲。
失路虚回首，逃名欲闭关。郝公余钓石，许可一跻攀。

杪秋白兆山观桃花岩绛珠泉

明　何迁

古桂故含秋色，石泉自远秋山。

野老已忘津处，桃花莫到人间。

桃花岩

明　何迁

屋上开岩洞，床头滴涧泉。

流云常到户，纤月半垂帘。

绛珠泉

明　高翀

移席寻佳胜，珠泉寒且清。玉波翻蝌眼，银海照蝉缨。

洗盏醉还酌，临流坐独醒。苏门何处是，一笑沧州情。

登白兆有感

明　汤绍恩

地僻青林霭，天开白兆雄。一江来汉外，万象落空中。

云雨蛟龙窟，乾坤草木功。夜分呼吸近，长啸问苍穹。

三月三日同施逵亭长游白兆山

明　蔡可教

雨霁红尘远，山迴白兆雄。诸天罗象外，五马度云中。

祓禊临涢水，游观颂禹功。非君能载酒，乐事与谁同。

游白兆山同甘鸣阳廷谏(二首)

明　杨芷

(一)

望望仙岩逼，轻轻拂袖过。春风来秀霭，旭日接晴和。

翘首青云落，开襟白兆多。何当谋小筑，静听楚狂歌。

（二）

江国闲游意已长，寻求还宿远公房。山迴大界空余色，月到中天自上方。
几载踪尘沧海畔，一宵清榻白云乡。从今谁辨松花屐，踏遍祇林兴未央。

桃花岩

明　刘绍恤

灵岩俯幽壑，传似武陵源。津远谁堪渡，蹊成自不言。
径纡苍藓合，石险白云屯。未见开花日，千秋名独存。

重游白兆

明　刘绍恤

不觏山房三十年，重来情思总堪怜。峰头树色浑非旧，洞口桃花别有天。
一代风流凌白社，千秋云卧忆青莲。逢僧语罢寻初服，出世终归半指禅。

偕雷筠倩登白兆最高处

明　刘绍恤

着屐攀跻万仞余，香烟袅袅袭人裾。
依微丹嶂题仙迹，徒倚青云赋子虚。
禅室青齐曾结社，洞天深处好藏书。
篮舆最好偕高士，一度言诗一起予。

白兆山寻李白读书处

清　许兆椿

名山如幽人，相招兴不恶。飘然苍翠来，冉冉度林薄。
我行无远近，小径得略约。石濑惊鸣猿，初霞媚晴壑。
松风为我至，一一清音作。谪仙古仙人，遨游寄云屩。
永怀山水趣，发此读书乐。峨眉半轮月，时时入罗幕。
迄今桃花岩，岩存花不落。大雅多流风，仙才未敢托。
山灵笑我顽，晚烟忽漠漠。径将明月归，弹琴啸孤鹤。

九日同人小饮酒登郡城望白兆山

清　许秋岩

秋山爽气与人殊，树杪烟浮若有无。

但使黄花留客笑，未妨侧帽倩君扶。
城头落叶堆寒涧，郇外渔舟摘晚菰。
醉后好期明日约，携将襆被访匡庐。

偶游白兆小憩桃花洞

清　张擢士

山情到我即云眠，石老苔斑锁旧烟。
雾色深深藏碧岫，桃花片片落珠泉。
洞闲自许邀孤月，谷响犹疑醉百篇。
只有清狂黄鲁直，不将胜事让青莲。

桃花岩

清　潘岭

桃花岩上桃花浮，花落岩荒水自流。
泉得花神凝绀色，僧依岩隙结丹邱。
天留一线私云窦，月满千峯到客楼。
把酒醉歌呼太白，名山岂为一人留。

眺白龙洞

清　潘岭

乘闲聊寄碧云宫，翠浪晴霞隐玉虹。
一烛天门毫影灿，自将法雨洒虚空。

春日登白兆山

清　吴之彦

春放桃源可半开，寻幽不为武陵来。
峯高俯瞰谪迁洞，野阔平吞宋玉台。
飞瀑溅珠花带雨，断碑脱字石衣苔。
何当闲结云间社，笑倚天风坐丝莓。

桃花岩

清　程大吕

岩静万山古，桃花去水平。临溪天倒见，绝地草能生。

只许闲僧住，时闻野鹤鸣。扪萝坐清浅，惭愧濯吾缨。

中秋诸子登白兆峯予未得往

清　程大吕

夜来阛阓度笙歌，声散琅玕滴露多。
有客闭门闲蜡屐，何人当月袅烟萝。
亭边铁笛愁相负，溪畔桃花梦里过。
此夕山中追盛会，林光洒色定如何。

读贯酸斋题白兆桃花岩

清　柯一元

因念昔日避乱于此，回首二十年，今又是一番太平景色矣：

长庚书院迷遗址，仿佛题名四十年。六七词臣空有赋，桃花何处伴游仙。
春来风落桃花片，灌水悠悠人不见。古往今来事几非，青山惟识诗人面。
隐隐烟霞洞口横，琤琤滴翠响綦声。壶中日月灵光迴，千树梅英敛素魂。
月明幽谷寒香动，紫雾纷纷腾彩凤。白云芳草旧宜人，眼前去住为谁恸。
人言天宝乱非常，不见从前古战场。马蹄踏处深如井，六月人过彻骨凉。
二十年来一回首，风平浪静销刁斗。牧童骑犊放歌行，钓叟求鱼呼旧友。
不图今日见西周，未审青莲何处游。一拳岩谷苍松隐，还似当年寄纵不?

望白兆山

清　程正度

西郭晴郊外，春风古渡头。平沙低落日，曲水抱孤舟。
云拥碧霞寺，烟寒太白楼。桃花迷去路，咄咄对沧州。

游白兆山桃花岩和太白韵

清　陈浩

步月寻太白，把酒问谪仙。
想公云卧时，逸兴何飘然。
落红满芳径，醉藉花阴眠。
榇药逐韩康，弹琴对成连。
手执绿玉杖，足蹑青云巅。
高盼邈八极，歌声落遥天。

古人不可见，清光为谁圆。
萧萧风林影，渺渺寒溪烟。
渔灯照野水，猎火烧山田。
永夜默惆怅，绝径穷攀缘。
僧窗展遗编，幽梦还周旋。

桃花岩怀李太白

清　董旦

岩高悬百尺，人去隔千年。吟泣此山鬼，醉逃何处禅。
桃花春暮矣，流水窅依然。待呼斯人出，白云共往还。

登太白楼望桃花岩值雨

清　程大中

今日杯中酒，凭谁问谪仙。千年花已萎，一片雨如悬。
虚阁生凉气，山城带野烟。布衫容易湿，怅望独悠然。

白兆山桃花岩怀古（二首）

清　孙甡

（一）

郡西三十里，重迭画屏开。昔有读书客，桃花照酒杯。
岩留白兆寺，天老谪仙才。采石矶头月，精灵此往来。

（二）

屏开白兆郡城西，三月桃花红欲齐。
醉把一编相对读，照人山色满涢溪。

珠泉

清　陈中龙

长啸下云根，振响云生舄。
一泓何澄莹，洼然贮山脉。
岂有灵蛇蟠，亦非蛟人宅。
脱手牟尼珠，累累浸寒碧。
空中幻泡影，俯仰思往迹。

无乃谪仙人，欬唾留精液。
为我濯尘缨，流连日将夕。

登郡城望白兆山

清　许秋岩

秋山爽气与人殊，树杪烟浮若有无。但使黄花留客笑，未妨侧帽倩君扶。
城头落叶堆寒涧，郇外渔舟摘晚菰。醉后好期明日约，携将补被访匡庐。

登安州城望白兆山

清　周小庄

涢水淙淙下汉东，碧山遥望气青葱。群峰隐约寒烟外，远树依微夕照中。
玉涧桃花空暮雨，金泉松子落秋风。登临意煞青莲客，樽酒风期可许同。

登西城望白兆山怀古

清　董缃

散步西城阴，好风吹我襟。倏与井嚣绝，悠然瞻高岑。
遥天展夕嶂，爽气宵转深。桃花渺不见，流水几时临。
远浦下孤鹤，如送山人音。我欲生羽翼，神交商古今。
饮君一斗酒，为诵百篇吟。海客跨鳌去，碧峯思莫禁。
谪仙自不死，风月千载心。涢水泻江汉，梅花无处寻。

桃花岩

清　王琉

几回立马望清晖，绕得攀萝入翠微。千载客随流水去，三春梦逐落花飞。
云山西拥峰峦尽，烟壑东开草树稀。我欲诛茅分片石，蹉跎不觉素心违。

雨中登白兆山绝顶

清　刘增

前山后山日色昏，上寺下寺雨翻盆。寺门壁立俯万仞，坐见云气山中翻。
山僧煮茶留客住，转瞬已失门前树。也知身亦在云中，却指层云问山处。
鸟飞绝迹人不来，四望浩渺烟涛堆。惟闻雨声飘涧谷，响落林业喧如雷。
我畏薄寒不能寐，黄昏肩舆下平地。回头却忆山中僧，挑灯夜宿云端寺。

偕钱柳汀黄啸岩游万氏山亭循径登白兆读太白题诗

清　詹应甲

（一）

卧云只有碧山知，谁见先生问答时。
今日并无鸾鹤梦，岩花落尽不题诗。

（二）

小有茆堂隐竹扉，洞天拳石绣苔衣。
山人道我寻山区，遥指钟声认翠微。

（三）

同披残碣翦蒿莱，老桂槎枒手自栽。
一样康山风雨夜，白头抛却读书台。

（四）

记游诗咏玉泉香，流贬何年到夜郎。
老我抛书尘扑面，居停愧领谪仙乡。

游白兆山（二首）

清　钱清履

（一）

钓鳌客已白云游，南国名山迹旧留。
齐赘漂流曾坦腹，楚狂笑傲又扶头。
长江明夜袁宏舫，两水双桥谢朓楼。
落落青天搔首问，不妨终老此糟邱。

（二）

历落嵚崎千古名，星精堕地梦长庚。
令公释系免冠见，天子惊才降辇迎。
甫也山头逢戴笠，仙乎海上遁骑鲸。
只今岩畔桃花发，如见宫袍吟啸情。

登城望桃花岩

清　刘光书

谪仙仙去已千秋，想堂遗迹此倚楼。
酒友尚余明月在，诗情应倩碧山留。
东岑西嶂环僧院，流水桃花隐钓舟。
更上一层堪极目，关河清晏不须愁。

第二节　槎山、寿山、陪尾山

槎山歌为胡云夫作

元　成廷珪

校引：槎山歌为胡云夫作，广西宪史云夫家于德安之槎山累世矣，至正十二年秋，中台计事回，至广陵，闻汉上兵后，山居亦荡然已，慨然思亲而不可归。冯太守书“槎山”二字为赠，朝夕展玩，姑慰其心，因题卷后：

淮水源出桐柏山，东流入海何时还？
胡君引水种秋秫，筑室正在槎山间。
槎山青空白日静，胡君意与云俱闲。
汉东一夕风尘起，云亦高飞几千里。
山间有家不得归，却过扬州饮淮水。
饮之为洗冰雪肠，今我不乐思故乡。
驱车明发度远道，广海又在天一方。
思亲恨不归来早，梦中只说槎山好。
他年归隐奉亲欢，白头同向槎山老。

游槎山

明　何迁

长夏三花静，春山五蕴空。
揽衣向仙侣，歌苦月明中。

槎山

清　沈会霖

萧萧古木万峯巅，二鹤云浮宛宛连。
自吐紫烟生石壁，谁怜青嶂老芝田。
钟声夜度霜前月，谷响时鸣雨后天。
碧落远依仙掌下，好从银汉问张骞。

寻寿峤

明　刘伯燮

山从人寿锡嘉名，杖策呼童踏雪行。
月碍高峯流雾影，风过曲涧渡钟声。
千秋龙蛰传深渚，一塔僧归拥化城。
石上片云闲挂笏，可知静穆即无生。

陪尾山

宋　杨绘

寿山北耸侵隋碧，涢水南流接汉清。
宋玉阳台犹暮雨，子虚梦泽半春耕。

第三节　虎乳岩、凤凰山

虎乳岩

虎乳岩，也叫虎子岩。该山位于安陆南城办事处肖万村南边，占地面积 0.067 平方千米，长 350 米，宽 190 米，高 100 米。属于清源山，即《左传》记叙的郧国国君狩猎发现斗榖於菟（斗子文）“龙生虎养凤遮阴”的地方。

过子文故里有感

明　王守仁

胜地传於菟，声名爵里存。神灵腓异物，忠孝锡贤孔。

岩石蔚然古，风流遐不暄。谁人任刚武，虎乳在方言。

令尹子文

清　魏文徽

虎乳可以生，豺声不能馁。

至今云楚间，犹祀神明宰。

子文墓

清　胡为

不须虎乳侈非常，剩有英灵瓦砾场。

霸业消沉磷火碧，残碑姓字土花香。

若敖俭著缯裘久，令尹官能喜愠忘。

好筑忠坟辉社祭，首邱犹是古贤香。

凤凰山

凤凰山位于古安陆县城南，《方舆记》载："晋永和中，凤将九子翔集安州之域。"《德安府志》载："穆帝永和四年戊申，凤产江夏。"古传山有凤凰来栖，故名凤凰山。

经安州感故郑郎中二首

唐　黄滔

（一）

云梦江头见故城，人间四十载垂名。

马蹄践处东风急，鸡舌销时北阙惊。

岳客出来寻古剑，野猿相聚叫孤茔。

腾身飞上凤凰阁，惆怅终乖吾党情。

（二）

锦帐先生作牧州，干戈缺后见荒丘。

兼无姓贾儿童在，空有还珠烟水流。

江句行人吟刻石，月肠是处象登楼。

旅魂频此归来否，千载云山属一游。

郧上谣四首（其三）

宋　秦观

凤山何嵯峨，春风艳桃李。

花开连理枝，翩翩映罗绮。

凤凰山

清　高联捷

楚水莺啼淑景移，凤山凝望日迟迟。

桃花夜曲烟似绣，杨柳春风露欲稀。

雨中过凤岭

清　李世治

沿山色色雨中花，藤葛盘空鸟道斜。

不是一声鸡唱处，哪知云底有人家。

第四节　石门山、观音岩

石门山

清康熙《德安安陆郡县志》：“石门山，治西八十里，即石岩山。”清道光《安陆县志》：“西山以石门为最奇，凡二重，右有三锁，左作二锁，奇石如笋如钟簴，如插屏，如兔颖，雪瀑喷涌而出。其前巨石扼之，进可数十武，又有二石峡束之……石门寺正在太平砦下，进此则烟霏雾结，窅然无路，游者迷离，不知所往矣。”清光绪《德安府志》：“（离城）八十里曰石门山，即石岩山，巉岩高峙，上列怪石，状如狮象。循涧而入，为门者三。门前有巨石。”

驯虎岩（游安州石门山作）

唐　白元鉴

外身道不远，异类自能驯。尚有相亲兽，应无可弃人。

溪边同饮水，林下共栖真。寂寂空岩畔，千秋迹已陈。

石门

唐 白元鉴

灵关非世力，造化创元功。屈曲穿丹壑，峥嵘倚碧空。
烟萝常蔽日，松竹自吟风。除却幽人到，尘凡路不通。

题石门山泉

唐 郑谷

一脉清冷何所之，萦莎漱藓入僧池。云边野客穷来处，石上寒猿见落时。
聚沫绕崖残雪在，迸流穿树堕花随。烟春雨晚闲吟去，不复远寻皇子陂。

安州石门山

元 郝径

霜风赭诸山，重崦黄槲映。东南汉川尽，万叠复岭亘。
甲士斫前路，呀转冈贩競。登天忽落井，急注缭一径。
翻身伏马鬣，植立上石砾。复地露叶滑，摔面树枝迸。
断水馀高盘，蹶步复拉胫。楂竹礫青耳，刿刺蹄血凝。
石梁仅尺许，绝涧陡色冥。万众急相挤，失脚如墜甑。
前抵双石门，扼塞两窟竑。不虞为申惊，传呼空谷应。
大洪宿重兵，杆栲栳相瞠。木兰与白兆，左控复前营。
汉淮此要害，敌人必来侦。部伍各整顿，介胄听将令。
遇敌勿妄动，涉险更安静。如律以次发，不鼓气盈盛。
崎岖得隙地，稻塍土脊硬。匍匐扳剑刃，澒洞下泥穽。
回看半天乾，卻欲上危□。日斜布营垒，烟起众已定。
反思中原好，桑麻展平镜。沃野少岩邑，生民乐王政。
鬻熊文王师，南服始数乘。后来为霸国，春秋□讥评。
一州七千里，盖亦赖形胜。六朝据上流，踵武反朝廷。
吾欲问楚人，于今更几姓？

游石门深处

清 沈会霖

郧西九十里，由梅花洞折而南，崇山如屏立，中容涧水，怪石森森，屹如龙象，俗曰浊潭，今称清水潭。又两山对峙，亦曰石门：

偶逢山缺入，霜气暗回川。林锁四时雾，渠流万古烟。
重岩碍白日，乱石饮清泉。过夜方生月，当空始有天。
牵萝补仄径，挥杖慑深渊。四望峯峯合，回看趾趾偏。
钟从荒屿出，晴听外人传。隔竹藏鸡犬，因溪启宅田。
云闲容鹤卧，佛冷爱僧眠。鸟道双峯矗，蜂窠一线悬。
嵚崎通十里，开辟自何年。耕凿羲皇后，衣冠汉魏前。
峥嵘孤峡里，不复受渔船。

石门

清　沈会霖

忽从绝壁漏潺湲，就水寻源踏暮烟。
狮象惊风如跃地，乾坤入涧自为天。
祇疑积雾晴犹雨，莫辨居人隐与仙。
曾笑迷津秦太守，桃花开后问渔船。

石门

清　董章

何年云畔削芙蓉，一窍中通万仞峯。天为化城镂雉堞，石依法海峙蛟龙。
谷传梵呗千山语，风引溪声五夜钟。锁钥自应三啸启，祖庭未敢一丸封。

石门

清　甘和森

坐卧山光里，溪溪长杜蘅。孤藤添径稳，千峤入云平。
泉瀑沾衣湿，松篁过耳轻。与君闲领略，倘莫即无生。

石门

清　宣珏

洞云密密锁香台，谁启石门放客来。笑问周秦僧不识，桃花就水至今开。
古寺荒苔老碧烟，当门龙象锁诸天。小桥深处春如许，不放桃花到客船。

石门山人

清　李世治

言寻流水去，何处武陵源？空谷疑无侣，好山全到门。

时还倾竹叶，偶尔住云根。人世那须避，桃花自有村。

观音岩听泉和壁间韵

清　程大中

孤岫抱迴溪，突兀众山断。绀壁妙庄严，青林接飞观。
滚滚落幽泉，历历转欹岸。初疑急雨鸣，渐觉回涛乱。
繁响变朝昏，端倪不可按。虚涧客衣凉，暮烟人影散。
秉烛信为达，逝波长足叹。愿言涤烦襟，日夕展清玩。

第五节　其他的山

九日城北柴山登高（二首）

明　何迁

（一）

常年好逐登高侣，每在他乡忆故乡。野寺不迷还倚杖，菊花何意故含香。
紫萸缀席秋将暮，早帽随风鬓已苍。自笑归来多逸兴，只疑身世傍柴桑。

（二）

登高忽复傍藤萝，隔岁风烟奈尔何。古寺盘餐元有分，故乡朋旧本无多。
江天日上千峯出，沙径云回一雁过。莫道野人都不染，也从黄菊到微酡。

大鹤山问鹤

清　沈会霖

揭来翔集自三关，宿雾窠风尽日闲。谁挟龟螭曾裂石，终腾蝌蚪各名山。
碧霞笋落朝暾出，赤壁江横夜雨还，欲觅故函招旧物，飞鸣应在五云间。

过横山程氏庄对酒

明　何迁

西山西望日霏微，载酒驱车暮不归。云物可怜垂老对，风尘应恨赏心违。

郝公钓石此悲愤，李白书台谁是非。但是逌然能自适，眼前五岳未云稀。
（何迁自注：甑山钓石、李白读书台俱在白兆山中）

横尾山庄

清　寇鑰

寂寂多无事，朝朝独掩扉。里淳人讼少，地僻客来稀。
短笠冲烟出，长镵荷月归。飘然何所似，与世定无违。
涧水东西合，幽禽旦暮啼。剪蔬冲细雨，寻菌踏新泥。
石窦看云起，寒林待鸟栖。归来每独晚，秋径暮烟迷。
一夜山中雨，溪流欲到门。松花开五粒，竹笋迸千根。
乐岁乡风厚，深山古道存。床头新酿熟，客至便开尊。
山径修如蟒，溪声壮似蛙。闲携秋雨屐，来过野人家。
水落鱼登俎，年丰酒不赊，欣然拚一醉，睡到夕阳斜。

石梁山

王松岩华封为寇仲浑鑰绘石梁山屋图，刘益仲增题其幅云：

几人在山出山去，几人怀山入山住。入山人少出山多，山色空蒙自朝暮。寇郎清癖绝可怜，爱山入骨人笑颠。里中年少君与我，沽酒日向城西偏。城西山色古来好，君梦片片落飞鸟。飞鸟已倦梦不还，长逐闲云栖树杪。归来写出山色奇，山亦笑君情太痴。君言无计买山住，此意空与山灵期。前年指我石梁路，只在白云最深处。今年示我石梁图，悬岩峭壁交萦纡。图中风物分明在，一角孱颜青不改。只缘结宅有前盟，故令猿鹤先相待。我亦看山日往来，问君茅屋何时开。山中之居比画好，只恐尘辙无由回。君不见画中有山看亦得，如君岂是山中客。

第四章　庙观楼台

第一节　白兆寺

白兆山寺值雨呈同坐

宋　宋祁

飞轩凭望俯丹梯，星雨囊风暝夕曦。翠阜天遥云待簇，绀园花老树低枝。
巾车预畏烟畴迥，蜡屐先忧磴道危。未似庾公年最少，桑郊盘马帽檐攲。

游白兆山寺

明　程福生

白兆城西近，驱车此暂留。芙蓉平地矗，花萼倚云稠。
风细钟声杳，烟和树色幽。遥看谷鸟没，坐见晚虹收。
莲雨尘常净，桃花水自流。昔贤遗胜迹，我辈续名游。
盘石堪逃暑，凉飙俨是秋。一觞情未极，归兴便悠悠。

重寻白兆山寺同王子梦弼陈子石潭杨子凤和诗

清　沈会霖

十年风雨暗禅关，云碓无声夕照间。岂藉浮图沿胜迹，只留壑室老烟鬟。
洞中细数绀珠落，天外如呼太白还。林谷苍茫人迹冷，桃花岁岁自空山。
天然石隙抱山根，阅尽沧桑古迹存。阴谷照人浑雾影，残碑过字半苔痕。
侧寻断岸云生路，弥望荒烟月护门。尝笑武陵春易老，秋风秋雨亦花源。

宿白兆山寺

明　刘伯燮

名山寂寞昔人开，李白招呼野客来。
石室嵯峨香雾杳，山僧指点读书台。

白兆山房（四首）

明　刘绍恤

（一）

平生抱微尚，终岁栖禅林。
远彼尘市諠，眷此山水清。
钟磬一已寂，有鸟嘤嘤鸣。
乍听似弦歌，兴阑激哀音。
出谷定何日，怆焉摧我心。

（二）

琴书有余暇，僧侣相因依。
陟彼桃花岩，胡然歇芳菲。
春花浓且灼，一往宁复归。
片石空嶙峋，日夕牛羊腓。
陵谷不自保，浮荣安所希。

（三）

涓涓万珠泉，闲步行且至。
忆彼沧浪儿，片言寓风刺。
唱歌向山谷，胡用理繁吹。
歌竟无复言，冥然有深契。
饮水可乐饥，何必富与贵。

（四）

猗猗谷中兰，馥馥日以芬。
亭亭山上松，郁郁日以青。
高台望何极，荒草相侵寻。

云卧人已往，独留身后名。
感兹长太息，陶陶自沉冥。

宿白兆山寺

明　刘伯生

岩草萋萋桃花稀，仙人一谪何时归。
千载风尘重回首，空山惟复白云飞。

游白兆山寺

清　沈际定

（一）

跐跐山无尽，相循发胜情。乱流杂梵响，野唱答书声。
谷冷浑无夏，岩深不放晴。老僧闲复懒，引涧入茶铛。

（二）

亦任谪仙去，名山自可传。岩巉尝碍日，洞老欲藏烟。
岚气深青壁，桃花染碧泉。奚囊云冉冉，满贮入孤眠。

又游白兆山寺

清　沈际定

地枕层岑面势斜，蔽亏原隰任烟霞。
璇题衔目三休阁，宝树沿霞四照花。
结社高风思惠远，忘言真理寄毗邪。
铜莲漏永螟风细，不觉西陂转若华。

第二节　太白楼

重修西城楼记

清　熊赐瓒

粤稽郡治，介陪尾、云梦间，即古郧子国江夏郡也。自华以东，熊耳南转，外方桐柏，其于陪尾连蜷千余里，络绎不绝。山阴诸水，汇为巨泽，所谓云梦，八九百里者，与衡嶷诸派相首尾，是为山水幅凑之区，于东有碧霞台，南有凤凰山，西则晒书台，而北则石柱峯也。郡岿然依山为城，城之昉也，盖自宋绍熙三年创之，咸淳七年徙之，至元十三年，仍复旧制，暨明季分封，曾三建宗藩焉。歷今数百年，所日往月来，期间台榭楼宇渐为风雨所飘摇，蠹蚀而坠者过半，每登眺于斯者，靡不触目而心伤之。虽间有整饬，究未能久也。欣逢郡伯傅公政成事举，有废毕兴，怃然于隍堞，尤属意于郡西楼。金汤环峙，西瞻李供奉桃岩之盛，即所谓太白楼也，厥久颓废。公乃捐俸鼎建，鸠工庀材，抡员督理，刻期告竣。飞甍隆耸，周宇三垂，革故鼎新，倍加壮丽，抑亦修养以来熙皞太平之象，又若为郡增一旷然也。工既竣，梓里诸同仁不忍泯其德，欲即事以记之，置邮属予序。予景仰循良治化，敬而服之，匪朝伊夕，是何可以鄙陋无文辞矣。人臣表率羣吏，留心疆域，固循良所有事也，惟是军兴旁午之后，物力匮乏之际，毅然已任而不惮其劳，矧以之动巨工，兴大役，而民弗知焉者，求之古今殆未易覯也。日者黉宫巍然改观矣，文昌楼重建矣，碧霞台培补矣，境内风水刹宇顿觉焕然咸兴矣。凡此者，皆我公八载抚绥，心劳之余而征诸设施者，业已载在颂声，间兹俸满，伊迩上擢在即，但得再借寇君少留车辙，诸楼次第修葺，涢人士殷殷厚望，正未有已也。予将拭目俟之，以乐观金汤之盛概。云是为记。

（摘自《德安府志》）

重修太白楼记

清　傅鹤祥

德安，古郧子国也。地为数省上冲，山连襄、郢灌莽。西城一带又涢漳澴灌之所自汇，贾簇旅攒，帆云毂雷。易曰：“王公设险，以守其国”，又曰：“君子以除戎器，戒不虞。”则稽查捍卫，不于城是赖哉。然城之有楼，匪第供登眺，博游览已，盖将瞻云物之丰凶，望田畴之荒辟，察远近之出舍，以勤政事尔。余以戊午奉简命来守郧邦，登陴周览，四城谯楼楹壁檈题，零落陁陊，岌岌坠势，而西楼为尤甚。昔人西望李供奉白兆之胜，楼因以太白名，奈何鞠焉弗治也。余虽有意重构，然羽檄遄飞，蕴隆继祟，军需奔驰，议赈议捐之，未暇，读元结静以安人之句，岂入官而忘之耶。修养三载，废坠渐举，于是贮竹木，进陶梓，而谓之曰“匠役”也。各予以赀畚鐇也，各佣其直，抡照磨熊尚高以董厥事。规模宏敞，八窗明幌，视昔有加。无何民作不谨，丁女飞焰，虽曰数焉，余滋咎矣。越一载，余损之又损，敝服笨车不计也，得始于今春再行庀材，百工亦素谅余志，咸踊跃趋事，六阅月而告成功。嗟乎，凡人室不肃则洁之，庭不整则理之，别馆不治则忧之，独至于官家之物，阙则置之。王制分官建土之谓，何而忍令其瓦砾为哉？考《月令》之书“天子迎秋西郊，命百官完堤防，补城郭”，《书》曰“平秩西成”，甚矣。西之为义，在五行为金，在生人为义。义成则仁盛，仁盛则义熟。仁义之道，涢之父老固习之久矣，而父老欢呼，贺且谢曰：“楼之不治也，久矣。居者惧坠，行者畏颓，望之疾趋，如岩墙者比比也。惟公能去危即安，是公之有益于民也。任邱在中郎，首缮城池，邑人享其利，外患不能侵。惟公勤守望而消伏戎，是公之有补于国也。先是官辄役民闲，行修葺，东涂西抹，旋则朽焉。今者易腐椽以嘉木，改赤剥为丹雘，不伤财，不害民，是公之则效于后也，请勒诸石。”予曰：“兴利除弊，举废补阙，郡长则也。予忝表率兹土，藉手一二，父老好义有成，亦何必丰碑以自诩耶?”顾予重有感焉，举事不关乎国计者，不可以垂久；动念不系乎民生者，不可以经远。西楼者，万物之所成，终而成始也。故事不患为之之弗成，而患为之之后易坏；不患为之之后易坏，而患坏之之后不治。方今圣天子在御，出日入月，罔不率俾，英贤蔚起，吏治维新，后之君子果能考《月令》而加谨，读《大易》而弥坚，以永利于吾国吾民，则予之受赐良多矣。若曰望白兆之烟光，支西山之爽气，而因以博游览、供登眺，则非予初志也。

（摘自《德安府志》）

太白楼赋

清　李　璟

皇帝十七载，以前尚书郎、兖州牧、汝阳傅公来守郧郡。时三逆梗化，方在用兵，而郧独当西南之冲，羽檄交驰，军供取给，王师经由，粮饷运递，皆于郧焉出之。于是郧之民不堪命矣，壮逃弱毙，郊邑萧条，学废教弛，田荒草茂。凡公私舍宇，城隍观游之所，一切颓坏而勿治，虚若无人境。及公之至，即恍惚之际与以休息，吏民不知其所以然，而诸已安。理未期月，而贡有所出，生有所资，次第设施，众废毕兴，默运潜移。行其无事，公乃诣西城，眺诸川原，独得异慨焉，欲更登其上旧太白楼，岁久败落，不可以登。前之守土者以工大莫举，咸委弃。公慨然有建置意，遂储材鸠工、罄俸不惮。既成，旋毁。凡郧人士无不嗟回禄之不仁，而废我公后日之遗爱也。往往流连瓦砾之场，徘徊不能去，或至有涕出者。公于是重有感，终不以既毁废初心，更痛自节俭，省服用为积俸者，二年复使采办而重建之。吏民喜公之再举也，不待召至趋役若狂，春作夏成，壮丽逾旧楼。适完而余至，因得登览焉，竟忘愚陋且为之赋曰：

览百雉之岩郡，升西门而目降；眺太白之遗迹，俯郧子之旧邦。楼峥嵘以高耸，城逶迤而临江。云飞雨卷，胜气宵笼；窗虚四受，烟霁山空。高峰下列，远浦斜通；疏林点翠，落日缀红。起伏森灭，原野青蒙。碧霞台馆，画荻贤风；金泉前涌，石柱后崇。若乃阳春初转，淑气呈祥；奇葩吐艳，众卉齐芳。攒锦铺绣，心荡神扬。及夫青黄欲返，赤帝将临。卿云变态，好鸟啼晨。雨零雾坠，弥漫江濆。秋风乍起，川岭萧条。鸿来塞北，木落远皋。月明万里，良夜迢遥。林无存叶，目数秋毫。潇湘神往，云梦心劳。空明四望，肃寂层宵。迨夫广莫既至，昏见天根。两间凝闭，雪霰连旬。山饥于兔，水冻潜鳞。琼飞岩谷，冰结千门。登斯楼而延伫，御狐貉而不温。感江山之辽阔，仰北极而思君。忆穷檐之妇子，沛挟纩之深仁。备四时之佳气，任晦明之盘桓。同民乐以登眺，纵羁旅之游观，又何羡夫腾王之高阁与夫黄鹤之巍然，乱曰：

丹槛飞空兮彩云垂，危楼缥缈兮作者谁，太守傅公兮实所为。前横白兆兮临江湄，位列金方兮太白随。人家百万兮下所窥，涢水汤汤兮遶城基，亿万斯年兮公之贻。

（摘自《安陆县志》）

太白楼赋

清　郭更名

缅元勲于四序兮，仰造物之能全。履辟凿于五土兮，俯鳌立之隆坚。溯寰篱于垂今兮，海岱薄阔而凌牵方兮。俗脱而络众域兮，拱邦畿尔弥边。咨岳牧以绩熙兮，念民物而劳专。栽培兴革兮，重神君之敷宣。维金汤而礼乐兮，灿人文而山川。乃掀错之悉备兮，临风景而欲僊。欣沐福于中天兮，德星降而翩翩。秉世阀而莅政兮，试良弼于涢偏。阅兵戈而淼漠兮，任艰巨而躬先。节炊服而捐葺兮，匪征给夫氓编。抚城西之楼角兮，嗟停云之凄旋。感一隅之零落兮，易嘉木于榱椽。方巍巍而成功兮，计夙兴而夜连。何离威之肆虐兮，雠雕朽而灰眠。岂丁女之敢祟兮，致飞灼而祟煎。抑民望而示畏兮，勖刑格于朱烟。足余烬而凭荒兮，楼鸟避而丹霞燃。载新载鼎兮，纷凝盼而伫鲜。乃今也撤五马于庭阶兮，再颁六秩之官钱。更方圆而规矩兮，程斤柄而陶甄。饬穹窿之不足兮，笑灵娲之补天。理少阴于充阳兮，布调燮于坤干。万物告成于迁方兮，金母铄宝瑞于珠钿。济华宝之兼收兮，祀白帝而铺筵。斗杓澈河汉以移秋兮，泰风起而禾木田田。应斯楼之即成兮，咸讴烈之无前。举欣欣而相告兮，闻里巷之幽弦。远人目而怀讶兮，齿碑播于八埏。砌陶公之柳坡兮，带濠曲甘泉。搴云梦之涛汤兮，归旅筏其飞鸢。峯岚面而闾阎迭兮，奇秀出而人民譞。变化角而风云生兮，日月下而鸑鷟沿。逼胜宵于翠釜兮，通神灵而齐肩。接霓裳而羽衣兮，饮玉露之溅溅。纳名园之松竹兮，含草色之芊芊。襟园驿之台沼兮，激水石之喧磌。洗尘氛于靡觉兮，触雅象而寘。销烽烟于万里兮，攒晨豁之便联。光烛藜于天禄兮，礼太乙之蹁跹。对长庚而焜耀兮，索佳句于青莲。酌旨酒而偕乐兮，普沛泽于梧桊。招葱岭于爽郁兮，牛羊下山而膏牷。靖升平之银漏兮，听钟鼓于遥禅。祝鸿功于硕锡兮，勒鼎石以刊镌。念樗材之散属兮，赧彩笔之长笺。惟奎壁之流光兮，鉴朝宗之微涓。

（摘自《德安府志》）

太白楼记（碑文）

清　罗暹春

德安府城之门四，东曰资生，南曰来薰，西曰阜成，北曰共辰，从其方也。西之门上，楼飞甍三迭，他皆二。西之楼可登，长衢俯瞰，远墅平临，清发之水，白兆之山，云影天光，与目无极，名之曰其雨。其雨者，望岁之情也。凡德安所部，山多泽少，故恒忧旱而不忧涝。岁且祷雨，雨来必云起白兆，而山之麓有龙潭，祷亦辄应。守之为此者五年，三熟而一稍歉，一则雨意愆期，一州四县皆告灾，告而得振民饥，如忘其自今无所用祷。登斯楼以望其雨，其雨不崇，朝而遍汉东。岁每有秋，岂非守土者之情与士民之情也哉。初，楼之颓自北，次在西，东稍完，南材亦渐朽。安陆之宰韩军营资新其北，力告竭。守为倡于其同官，各输金以助，四楼咸新。夫新亦非能尽撤其旧材也，第一补苴涂泽之工趋于义，直廉而作勤，幸而有成，亦已难矣。后三十二年，抑五六十年，当必重新，其又将先南次西次东而北乎。东门老人言："西之楼三迭，势凌东，向者东亦三。嗣修于绅士，迭二。形家者谓'不如法'，守颔之念，欲复其旧，而守与宰力不及此矣，其以俟诸后贤。"于是乾隆四十年十二月之上浣，其雨楼成。守适又捧檄权知汉阳府，乃与寮属诸君子言别，燕饮于楼也。而落之是岁十月，闰冬多雨雪，明年大有征也。岂直朝来爽气，兴复不浅，亦聊以志。瞻云望雨，守土者忧乐之与民同情也云尔。守酣倚楼而歌曰：

凌烟云兮面嵯峨，龙之灵兮山之阿。泽上升兮眄滂沱，夏润我麦兮秋膏我禾。丰乐兮俗醇和，楼一成兮名不磨，乐民之乐兮苍颜酡。

在燕诸君子和歌曰：

乐民乐兮忧民忧，其雨时兮又奚求。肤寸合兮起农湫，三农慰满兮万井秋，普庆穗兮迓天庥。白兆山高兮涢水长流，杂管弦兮来歌讴。

（摘自《碑文》）

登安陆西楼

唐　赵嘏

楼上华筵日日开，眼前人事只堪哀。
征车自入红尘去，远水长穿绿树来。
云雨暗更歌舞伴，山川不尽别离杯。
无由并写春风恨，欲下郧城首重回。

太白西楼

明　杨一复

秋到江边万木雕，登楼凝望雨萧萧。
三朝带砺虚龙殿，千载词华剩蚁桥。
郭外青山常自拥，尊前白堕好相邀。
临风莫漫生悲慨，千古浮沉一梦消。

朱无易郡伯邀饮太白楼

明　傅叔训

乱山横拥大江来，楼俯飞流亦快哉。
南面专城雄百雉，西偏拔地起层台。
殊无叹息安田里，亦有登临命酒杯。
更是彩毫工掞藻，不须追羡谪仙才。

登太白楼次杨一复先生韵

清　高联捷

枫染新霜叶半雕，疎林如画草萧萧。
千村日暮凝秋色，万里虹飞跨锦桥。
山迴晴云时在望，天空明月可相邀。
登楼漫忆当年事，几曲清平对酒消。

太白楼同高赉公

清　程大吕

黄草暝烟太白楼，五千玉笈驻青牛。
柝传聊睨三更露，月傍星河一片秋。
石柱旧残霞未落，金泉新霁水还流。
谪仙缥缈藤萝外，把酒西风记胜游。

郡西城太白楼捐俸重构厥功告成秋日登眺(四首)

清　傅鹤翔

(一)

清秋新爽彻高天，杰构崔巍霄汉边。涢水盈前环玉液，碧山一派响金泉。
关门锁钥南疆固，梦泽汪洋千顷连。觌面朝晖入座里，桃岩仿佛有青莲。

(二)

楚北汉东形胜嵬，台联雉堞画图开。晴晖晻映河山色，彩笔纷披梁栋材。
七泽歌吟牧唱远，八窗明秀好风来。凭高徙倚情无限，阁上何人作赋才。

(三)

南天烟景望中收，冉冉长空影自流。江汉无涯日泛宅，乾坤有地此登楼。
秋风夜月庾开府，潇雨衡云元道州。井里熙熙鸥卧稳，不知威凤莅城头。

(四)

四野田畴十万家，青青满目徧桑麻。窗虚时挹千峯翠，林晚遥看二月花。
几片白云归远岫，半江帆影落平沙。岿然此日金城壮，灏淼葱茏绕碧霞。

太白楼

清　夏启桢

楼飞云汉势崔嵬，三楚雄风此地开。永奠金汤夸巨镇，长培屏翰羡良材。
山横秀气连四望，水涌文澜自北来。昌炽文风添起色，千秋羣颂汝阳才。

秋日登太白楼和郡伯傅公韵

清　梁延年

(一)

重楼迭翠楚江天，倚望登临近月边。流自碧霞环玉带，山从白兆锁金泉。

清风绿野荒烟断，秋水白沙远浦连。昔日丹阳今梦泽，两邀福地共青莲。

（二）

山城楼宇自葳嵬，西爽临窗气象开。太守俭留钟鼎俸，天官庀节梓楠材。物华六邑金鳞涌，人杰三台彩凤来。胜地清思难着句，忝陪阁上有仙才。

（三）

远山近水目中收，万壑波涛入汉流。翼轸北躔经楚甸，潇湘南去此涢楼。岩疆松茂开坤轴，泽国金汤壮帝州。倚槛空青遥碧里，登临人在彩云头。

（四）

丽谯雉堞绕千家，槛外讴歌绩枲麻。业柱凌云飘月影，芙蓉带露绚江花。无边秋色横高岭，满目风光媚锦沙。乘兴自来多韵致，吟成况复带烟霞。

太白楼新成和前守绣水傅公韵（四首）

清　周开谟

（一）

谪仙何事谪从天，徙倚飞楼涢水边。紫嶂风清迎碧嶂，金泉韵袅和珠泉。樯帆隐约云烟渺，户牖高寒星斗连。记得嵩阳留月处，峯头耸峙几茎莲。

（二）

言言雉堞锁层嵬，供俸当年逸兴开。橘柚梧桐诗内料，楩楠杞梓座中材。西山爽气萦栏出，南浦飞云入户来。画里江城逢岛景，搂头百尺驻仙才。

（三）

一嶂双岑入望收，芳踪自古重名流。清词应过庾开府，妙句曾题赵倚楼。富贵何人付汉水，知交此地即荆州。郑疆楚甸长天阔，极目还须最上头。

（四）

汝水风流名士家，公余此际课桑麻。高楹旧委城上土，明府新添锦上花。树色四围拖翠嶂，波光一带漾金沙。凭栏试望骑鲸客，万里云霄御彩霞。

第三节　浮云楼、般若寺

浮云楼大约建于唐代元和年间，因建在浮云寺原址，又名浮云寺楼，是唐诗宋词中的名楼之一，它气势磅礴，俯瞰奔腾不息的涢水，与岳州岳阳楼、鄂州黄鹤楼、洪州滕王阁堪可一比，声名显赫。宋人郑樵《通志・艺文略八》著录有"《浮云楼诗》一卷"，此书与宋代书志著录的《岳阳楼诗》一卷、《浔阳庾楼题咏》一卷、《滕王阁诗》一卷，都是唐人楼观题诗的重要作品。

登安陆西楼

唐　赵嘏

楼上华筵日日开，眼前人事只堪哀。征车自入红尘去，远水长穿绿树来。

云雨暗更歌舞伴，山川不尽别离杯。无由并写春风恨，欲下郧城首重回。

安州浮云寺楼寄湖州张郎中

唐　杜牧

去夏疏雨余，同倚朱阑语。当时楼下水，今日到何处。

恨如春草多，事与孤鸿去。楚岸柳何穷，别愁纷若絮。

次韵和安陆王工部郡圃早春

宋　宋祁

郧波翻縠抱城流，梦比春风第一州。槁质枉陪温树密，胜襟还负岘亭游。

风英百种纷如绣，溪羽千声巧命俦。遥识使臣兴感地，浮云长映最高楼。

游浮云楼

宋　滕元发

举头便是长安日，弄袖时飘梦泽风。

茂苑久抛飞鸟外，楚台遥在碧云中。

浮云楼

宋　郑獬

楼在浮云缥缈间，浮云破处见朱栏。
山光对入郧城紫，溪影横飞梦泽寒。

浮云楼和赵嘏

宋　曾巩

万里聊供远眼开，檐前不尽水声哀。
朝云尚拂阳台去，羽猎曾围梦泽来。
解带欲留长日坐，倾壶难饮故人杯。
遭穷万里飘萍内，到此登临更几回。

烛影摇红・浮云楼

宋　廖世美

霭霭春空，画楼森耸凌云渚。紫薇登览最关情，绝妙夸能赋。惆怅相思迟暮。记当日、朱阑共语。塞鸿难问，岸柳何穷，别愁纷絮。

催促年光，旧来流水知何处？断肠何必更残阳，极目伤平楚。晚霁波声带雨，悄无人，舟横野渡。数峰江上，芳草天涯，参差烟村。

惜春

明　高启

春过一半未能知，此后还愁不肯迟。
斜日浮云楼上醉，更无言语嗅花枝。

浮云楼

清　高联捷

山亭漠漠随车雨，楚水泱泱大国风。
茅屋微存衰柳外，孤鸿叙度夕阳中。

西江月・安陆浮云楼

清　舒梦兰

雕栋紫微登览，浮云世美曾夸。画楼安陆渚流霞，共语朱阑碧瓦。

春水东流何处，秋山西月年华。人生一梦日光斜，惟有断肠情话。

安州般若寺水阁纳凉喜遇薛员外乂

唐　李白

翛然金园赏，远近含晴光。
楼台成海气，草木皆天香。
忽逢青云士，共解丹霞裳。
水退池上热，风生松下凉。
吞讨破万象，搴窥临众芳。
而我遗有漏，与君用无方。
心垢都已灭，永言题禅房。

第四节　金泉寺、甘露园

金泉寺，原名金钱寺，位于安陆市古城西两里左右，何朝何人所建无从考证。唐僖宗乾符年间，因“钱”字太俗，庙名改为“金泉寺”。元至正年间，寺庙扩建，修有石塔。

金泉寺

明　何迁

招携不厌论文地，为尔来寻江苑秋。
对酒已拚连夜醉，相思无那来年愁。
帘开疎豁鸟窥户，林薄翠微人倚楼。
把臂法筵应有伴，行藏一笑共虚舟。

金泉寺

明　刘绍恤

林空俯瞰大江流，河上风烟正暮秋。山色总怜苍翠改，旅情偏被白云留。
孤帆远浦樱桃渡，落日寒潭芦荻秋。所谓伊人独不见，顿令归思晚悠悠。

九日金泉寺

清　李士杰

古寺寻秋至，尘心了不关。石粼寒野水，木落澹空山。

纔觉人天寂，并将钟磬闲。坐看云外影，鸟倦夕阳还。

又后九日金泉寺

清　李士杰

携笻两度拨苍烟，九日重逢闰九年。转眼流光消岁月，到头秋色老林泉。
晚枫叶落纷花雨，古渡人稀断野船。唯爱蒲团僧自在，磬声敲破白云天。

金泉寺招饮

清　董旦

尘埃无地话离衷，载酒来游访古风。水寺流云苔引绿，山亭日落树摇红。
莺声易老长为别，鸿迹难留暂许同。归去一钩新月冷，隔江严漏响丁冬。

游金泉寺

清　王旒

涢川藏古寺，视听隔尘寰。霜叶沉人语，晴云醒佛颜。
渔歌入浦远，帆影过窗闲。欲赠重来者，清苍满碧山。

金泉寺和罗旗山韵

清　茹敦和

（一）

天风乍起吹素沙，黄菊未绽桂有华。
登山遥见山势长，共指一带山城斜。

（二）

南山北山互宾主，东涢西涢自今古。
桑经杜传久纷拏，槠下空间葬楚武。

（三）

群公载酒成斯游，屐齿相接才相犹。
而我两眼生眵泪，苍茫不辨云烟差。

（四）

座中昭谏足文雅，醉后乘船不骑马。

早有名字传诸侯，八十容颜渥如赭。

（五）

旁灯属草有意夫，故将白鸥配黑鹕。

恨出险字作排奡，欲使枉矢碍哨壶。

（六）

深杯有影不成照，醉墨倾来翻一笑。

铜弦铁板夸豪矗，那似帘中夏侯调。

（七）

举头问月圆未园，木瘿石晕各斗妍。

如此江山本诗窟，渔歌遥彻沧浪天。

壬戌冬夜望甘露园

明　何迁

得归乍见东林月，犹忆他年倚柱看。清夜悲秋时自惜，故乡投老古皆难。

萤光照席心无競，河色低空意更宽。何处和歌能共赏，朋游应喜挂朝冠。

第五节　文昌阁、东岳观

潘岭重修文昌阁落成诗并序

阁建于崇祯辛巳，补巽峯也，壬午应焉，岁久渐圮。郡伯高云旗先生再新之，丙午又应焉，地之灵乎，厥惟人哉，喜成而赋诗云：

杰阁晨熹内，亭亭接紫宸。烟云增地轴，人力辟天津。

文宿原归翼，奎光近指辰。潇湘今气色，不独把钓陈。

重修文昌阁

清　付鹤翔

杰阁晨熹内，亭亭接紫宸；烟云增地轴，大力僻天津。

文宿原归翼，奎光近指辰；潇湘今气色，不独把钓陈。

高鬓庵使君招饮文昌楼，适夜雨，同樊念庵、李柯仙限韵(二首)

清　姚维邦

(一)

高阁临城起，披襟亦快哉。八窗当五夜，一水逼三台。
云气丹霞合，峯阴白兆来。使君多逸兴，归骑莫频催。

(二)

太守循良着，明公扬历优。七星临北极，五纬接南楼。
照夜灯无定，停杯雨更留。明朝传盛事，当不负闲游。

文昌阁域前题(二首)

清　樊维

(一)

晚凉登此阁，抚景思悠哉。佳气腾南浦，清光映上台。
观澜犹未已，霖雨突如来。且尽杯中酒，无烦玉漏催。

(二)

尽此登临况，知君意正优。但存山简兴，不减仲宣楼。
雨过一灯寂，情深五夜留。更阑万籁泯，疑共赤松游。

王君皋扬过访登文昌楼眺望

清　陈中龙

秋净山城西望通，倚栏共啸一楼风。白华篱落荒烟里，红柿园林夕照中。
日月蹉跎羁客老，乾坤漂泊故人穷。菰蒌何处犹堪给，影逐云间接翅鸿。

登文昌楼赏月

清　董旦

城上高楼俯碧波，赏心良夜客初过。一天风露月如此，千里关山人奈何。
流水声中杂犬吠，垂杨烟里起渔歌。独无功可登功格，检点来年过已多。

东岳观

清道光二十三年《安陆县志》记载："东岳观，治东二里。"其遗址在毛河南岸"府城明珠小区"东北的最高处。东岳观是安陆古代规模庞大，香火鼎盛的道观之一，兴建于宋徽宗时期，供奉东岳大帝。

东岳观

明　杨一复

避俗寻真境，重来静院游。庭梧迎旧客，涧水淨新秋。
残暑林中散，闲心磬外幽。洞天身世远，潇洒一丹邱。

东岳观

明　范理

久为职务羁，暂此一登歷。古殿据崇冈，深沉恣游息。
嘉木落疏阴，幽禽响泉石。烦抱忽然舒，清谭竟终日。
转念民未康，忝兹牧人责。归来入山城，复与仙都隔。

第六节　石门寺、碧霞寺

秋杪游石门山寺

清　王旒

忽忽秋已晚，寻幽践僧约。长风开疎林，苍然露岩崿。
浩荡何年启，神工自铲削。怪石不一状，双岑势参错。
突兀依人立，纷拏向空攫。仄径逐云开，飞泉抱石跃。
俯疑绝壁崩，仰愁微峰落。山鼠避人影，鸟翔失所托。
险尽日易午，峦回地转绰。朱蔓缀苍岩，绿苔滑行屩。
清溪客屡渡，山梁翳积萚。古寺寒云里，钟声破寂寞。
引涧入斋厨，开轩面林壑。灵境不在远，即目多可乐。
为訊牧牛图，浮生浑无着。

石门寺

明　陈嘉庆

冒暑驱车亦胜游，禅关高耸揖清流。松悬绝壁晴如画，雨过虚堂夜似秋。
古洞梅花生如霭，石桥龙影卧灵湫。僧鸣钟罢月初起，共对孤光万籁头。

石门寺

清　沈会霖

巨灵砍地工疏凿，或狮或象相盘礴。
瞷水临风欲动摇，怪石虬松穴虎落。
蒙茸亘古无人迹，一线奔流昏下壑。
尼子冬寻不敢入，倚石诛茅采山药。
十年受记歇修畚，钟磬庵前生杜若。
豫章老人踏云来，一盂一锡欣栖托。
土人聚族疑且叱，何处得此痴行脚。
鸣金举火结戎装，送却狂夫供鬼嚼。
曳藤绕涧地渐舒，趺坐无言众错愕。
三日只疑人已朽，寂寂蒲团铺绿蒻。
或曰山魅岂偶亡，自有传餐私裙幕。
尼子微指浊潭笑，元守山灵待白鹤。
谓君不信有如水，投已澄潭映金络。
是时大众始归依，一人布地千人诺。
高下亭台结上方，桥栏曲曲通高阁。
天风一啸梵音谐，竹籁梧声喧铃索。
尚云有待塑天王，自听茅君轮佣作。
僧雏道上扳行乞，肩头竹杖束金错。
中余一像手自成，目光左右如腾跃。
年来贼马惟却视，清流绀殿辉神雀。
石门复嶂至今开，谁向空中司锁钥。

游石门寺

清　董旦

久谢软红道上尘，真成无事看山人。

望疑四面蟠龙虎，过诧双门画鬼神。
绝涧缘矶声永夜，茂林篏石色长春。
转怜未辟祖庭日，荒远谁从一问津。

碧霞台寻状元故址

明　万之奇

重寻往迹意迟迟，化鹤城头望转迷。
漫向米家呼旧石，还披宋史拜先祠。
霞残灵签花愁客，碧冷荒苔月共谁?
指顾鸣冈青未改，梧桐可发去年枝。

碧霞台

明　杨著

当年楼阁剩莓苔，弥望晴空面面开。
几片征帆浮远渚，五更潮汛落荒台。
霞从竹坞城头出，云白桃花洞口来。
炼石未能伤往来，梦依灵谶首重回。

秋日过状元台

明　刘绍恤

涢河水绕状元台，台上祠堂背水开。
门经几年苔自满，庭皋终日鹤空来。
松荫历历谁家物，风色萧萧异代才。
总是浮名容易尽，不缘秋兴亦堪哀。
注：状元台亦名碧霞台

碧霞台送杨掌院

明　甘箒

破帽青衫赴北征，一天风雨暗山城。
得全忠孝原无死，漫比龙逢浪掷生。
唐相笑谈藏利器，汉家党锢坐虚名。
伤心不为孤城别，念到同文泣五更。

至碧霞台下

清　沈宜

城郭都疑劫后灰，千秋愁自望中来。
凤凰岭断云还续，蝌蚪岩深月未开。
寂寞山川郧子宅，飘零花片莒公才。
怒涛声带当年恨，触石独惊战马徊。

第七节　紫金台、车盖亭、碧山寺

甄别汉东书院生童，时值劝捐修城兼缮紫金台遗趾，宣示诸士子(四首)

清　周启运

(一)

古郡巍然踞郢东，楚梁门户剧称雄。重关丕着屏藩力，层堞犹资保障功。
平揖三台音起凤，违临七泽气如虹。坏残筑缺伊谁责，敢忘泱泱有大风。

(二)

百雉凋零几岁更，冬官欲补事非轻。斯谋要在前能继，有力还凭众易擎。
鹤俸义从宗子倡，鸠工志望哲夫成。韩侯中伯今犹昔，莫问千秋让令名。

(三)

报国当思裕国储，况兼修举念权舆。诸生各有干城望，几辈都会负郭居。
但使输将裨守土，自邀奖厉及旌闾。由来为善原称乐，保艾身家乐有余。

(四)

城中高矗紫金台，废坠仍应一例培。两宋科名前度盛，二连节义此中来。
须将地脉还元气，竚见文光射斗魁。今日谈经人士集，先将经始喻羣才。

车盖亭

碧霞台西麓顺山势延伸在涢水之中有一块三面环水的小岛，岛上有一小亭，形似古车盖，亭匾书有“车盖亭”三字。宋丞相蔡确因支持王安石变法被贬到安州(安陆)。他见此处离州衙不远，依山傍水，很有世外桃源之美，非常喜欢，每逢夏日，游亭之后，便躺在亭中纸屏遮挡的石枕和竹床上美美地睡了一觉。一次，他看了一会儿陶渊明的“卧展柴桑处士诗”，一时兴起，便随手抛书，写下了《夏日登车盖亭》十首七言绝句。不料有人告他诽谤朝廷，宣仁太后说蔡确于社稷不利，将其贬斥到荒蛮的岭南新州。此后不久，蔡确郁郁成疾，殒命岭南。

夏日游车盖亭十首

宋　蔡确

(一)

公事无多客亦稀，朱衣小吏不须随。
溪潭直上虚亭表，卧展柴桑处士诗。

(二)

纸屏石枕竹方床，手倦抛书午梦长。
睡起莞然成独笑，数声渔笛在沧浪。

(三)

满川佳境疏帘外，四面凉风曲槛头。
绿野平流来远棹，青天白雨起灵湫。

(四)

静中自足胜炎蒸，入眼兼无俗态憎。
何处机心惊白鸟，谁能怒剑逐青蝇。

(五)

风摇熟果时闻落，雨滴余花亦自香。
叶底出巢黄口闹，波间逐队小鱼忙。

(六)

来结芳庐向翠微，自持杯酒对清晖。
水趋梦泽悠然过，云抱西山冉冉飞。

（七）

溪中自有戈船士，溪上今无佩犊人。

病守翛然唯坐啸，白鸥红鹤伴闲身。

（八）

喧飐六月浩无津，行见沙洲冻雨滨。

如带溪流何足道，沉沉沧海会扬尘。

（九）

西山仿佛见松筠，日日来看色转新。

闻说桃花岩畔石，读书曾有谪仙人。

（十）

矫矫名臣郝甑山，忠言直节上元间。

钓台芜没知何处，叹息思公俯碧湾。

游碧山寺

明　罗敬叔

桃花流水迥前春，胜地堪怜迹又陈。

路僻虎狼稀到客，山中魑魅喜亲人。

林边市酒荒村暮，石缝炊烟远树新。

漫向青莲悲旧隐，即今诗赋总沉沦。

游碧山寺和罗敬叔

明　何宇度

四望郁苍苍，名山意每长。知君携蜡屐，先我醉斜阳。

细草微含雨，幽林静作香。桃花开未落，片片点匡床。

宿碧山寺

明　聂玠

此日松林卧，疎钟出晓晴。昙花慧雨落，贝叶法云轻。

醉着山前色，吟传谷里声。醒来时一笑，兀坐证无生。

第八节　黄香墓、横山庙

黄香墓

清康熙《德安安陆郡县志》记载："汉尚书令黄香墓在城内府署东，同知署后。"即在安陆老城竹坞山以西，槎山河入涢口的南岸。黄香墓在20世纪50年代初仍然保存完好，牌坊、石人、庙宇掩映在丛林幽树之中，俯瞰奔流不息的槎山河和涢水。1992年版《安陆县志》记载，20世纪60年代中期，国家粮食部东方红粮机厂选址在安陆城西北紫金山和竹坞山一带，黄香墓被平毁。记载的封土堆圆拱形，墓内出土过很多珍贵的文物和墓葬品。当时正值"文化大革命"，无人理会管理此事，造成了文物全部被毁，损失难以估量。

詠郡署黄孝子暮

清　周启运

郧城彦硕古名贤，叶令箕裘至性全。夏清冬温非异事，独难竭力在童年。

过黄香墓

清　张开东

汉代黄香葬此邦，北南孺子亦心降。尚书千古传安陆，乡祀如今遍楚江。

高冢路旁仍自并，令名天下本无双。我来凭吊停车望，细雨斜阳度野冈。

谒黄香墓

清　蔡振中

南国无双士，东京第一流。风霜余孝魄，爵铁贲荒丘。

姓字樵人识，笺书国史留。更寻琼葬处，千载哭忠侯。

横山庙

宋　宋祁

碧山千迭隐招提，净刹岧亭拂彩蜺。月涧溜琴喧菌阁，雨天云叶晦璇题。

寒销炉篆蟆风细，密亚岩烟凤竹低。病久毗邪真得赏，迷津一滴恋曹溪。

第九节　报恩寺、晚香亭

报恩寺

道光《安陆县志》庙坛卷也记载："报恩寺，城南，梁天监中建。为安陆诸寺之冠。明置僧纲司于内。"

报恩寺

明　范理

幽行何必远，投足得佳致。梵呗在林薄，白云趁行骑。
缁俦候前阶，一鸟鸣苍翠。殿制已凌虚，长廊转深邃。
朝斋折露葵，茗碗祛烦累。心境湛以寂，便欲黜机智。
转盼尘世界，身迹祇如寄。役役以终朝，令人发长喟。

晚香亭

清代嘉庆年间，寇纶两兄弟为感汉东书院培育之恩，将宅基地捐给汉东书院。为弘扬寇家助学之精神，汉东书院建晚香亭纪念寇家兄弟。晚香亭位于德安府汉东书院(今紫金路小学)院内。

饮梅花树下

清　李世治

几生修到合相亲，携酒花前慰苦辛。
一树多年亭子北，迎风冒雪伴诗人。

郡中汉东书院纪事

清末民初　陈宧

缊袍衣敝已经年，十日无炊一粲然。
最是家家除夕夜，晚香亭畔枕书眠。

第十节 其他庙宇亭台

护国寺

明 杨一复

忆昔山中寺，曾为半榻留。孤踪怜荏苒，一别重彝游。
蹊径仍青草，山僧尽白头。不妨元亮饮，还卧最高楼。

华严寺

明 陈嘉庆

郁台丛翠气萧森，积雨初晴惬赏心。霜叶随阶风自扫，溪云过院月还临。
谈禅未碍趋莲社，避俗何妨醉竹林。一望江天秋色暮，闲听万户起寒碪。

华严寺

明 杨一复

郊寺秋深紫翠封，一尊何异郢歌同。迭花低迷香烟静，慧日斜连塔影重。
试向空门舒啸傲，暂随仙侣托疎慵。醉来不觉城钟动，月上前溪度远峯。

讲堂寺

明 何迁

长日招寻病不休，美人遗我思悠悠。佛香出径夜开阁，仙笛过林秋满楼。
双牖故悬天地画，孤琴欲尽古今愁。却怜野寺论心好，为到城隅聊可留。

晚眺龙泉寺

明 费尚伊

平生禽向心，瞩目恣遐想。侧闻龙泉胜，深怀慰畴曩。
赤日下崦嵫，薄暮披林莽。山僧解迎客，扫径供幽赏。
阴雾障层岩，白云荡虚滉。龙潜碧涧深，鹤唳青林朗。
楼阁洞参差，檐廊递轩敞。扪萝信跻扳，宵钟动清响。

纤纤东林月，委照蒲团上。因之万念空，超然谢尘网。

寓竹坞寺

清　杨锡亿

仓卒入城市，行行避就难。卖文供酒债，洗砚足鱼飧。
闭户思长策，摊书获小安。劳劳春可惜，都付一江寒。

第五章　地名掌故

第一节　地名史迹

孛畈镇

孛畈镇，也叫孛家畈、跛脚畈，地处大洪山余脉延伸的低山丘陵地带，位于安陆西北约 25 千米处，隔清水河与随州市相邻，面积 118 平方千米。

孛畈的“孛”读什么？安陆古代方言读“pu”，例如渤海安陆人读作“pu hai”；男人的阳物勃起来了，安陆读“勃(pu)起来了”；朝气蓬勃安陆读“朝气蓬勃(pu)”；荸荠在安陆读“荸荠(pu ji)”。《新华字典》上把“孛”注音为“bèi”，而安陆也仅仅读孛畈这个地名时读“孛(bo)畈”，因此好多人觉得孛畈这个地名太生僻。其实这个地名和蒙古族有关系。

孛儿只斤(bò er jī jīn)是蒙古族的黄金之姓，《元朝秘史》和康熙《德安安陆郡县志》记载：“端平二年乙未，元以太子阔帅师破德安郡县俘戮人十余万。”这段历史是：端平二年(1235 年)，孛儿只斤·阔端率蒙古军顺随枣大走廊南下，破德安府周边安陆、京山、应城、钟祥数县，俘杀十余万人。元太子孛儿只斤·阔端率蒙古大军扎大本营于大洪山南麓的浅丘地带，这一片土地都属于孛儿只斤，“孛”字帅旗到处飘扬，这里就是“孛家畈”，战斗中蒙古骑兵腿部受伤的人多，当地人见跛子多就叫“跛脚畈”。为攻占江南，蒙古大军把大洪山到木兰山一带设了几个军事补给点和军寨，于是有了安陆塔耳岗和海子河和黄陂木兰山塔耳岗等地名。

元朝的安抚政策，召唤了很多无田无地的难民到大洪山南麓的浅丘地带垦田种地，蒙古语叫无田无地的难民为“孛兰奚”，于是这一片土地有了“孛畈”“跛脚畈”“孛家畈”这些名称。元明之争，特别是朱元璋“九剿湖广三洗德安”之后，这些姓孛的蒙古老兵有的惨遭杀戮，有的迁往异地，有的改名换姓潜伏山林成为当地百姓。孛姓虽然慢慢消失了，但地名留至今日。

塔尔岗和海子河

古代安陆城东有一个美丽的地方，其地貌类似于蒙古草原的浅丘地貌。北边有一条弯弯的小河(毛家河)。南边有一大片沼泽湿地，沼泽湿地中间一条明如玻璃的飘带是海子河。东边一条小河独自南下汇入涢水。西边是千年郧城的东门护城河。这四条河流之间的浅丘在道光年间的《安陆县志》舆图上标注为“塔尔岗”。

“塔尔岗”和“海子”都是蒙古语，得名于元朝。“塔尔岗”的意思是水美草肥适合放牧的地方；“海子”则是水草茂密鸟类天堂的沼泽湿地。这里牛羊遍野，是蒙、满战马的天然牧场。天上蓝天白云，百鸟呈祥春秋两季大雁过境，鸣声萦绕。

元朝灭亡后，这里改名“凤鸣岗”，也是因百鸟呈祥，凤仪百鸟之意。到了清代，人们干脆叫“牧马场”。从元朝一直到清代，这里都是驻军的牧马场和大军草料场(包括城内的小教场)，所以安陆有“金西门、草东门”的说法。从清末起，频繁的战乱使这片岗地荒芜，人们只知道在这片土地上有“红石坡”“火葬场”和农田，但海子河的名称一直在沿用。当今，塔尔岗上高楼林立，公园曲径通幽，登亭台观四周令人心旷神怡。胡日新曾作两副对联纪念这片地貌的历史发展，

对联一：塔尔岗 凤鸣岗 属元属明 皆为郧地
毛家河 海子河 似汉似蒙 尽在楚天

对联二：郧城凤栖 气吞霓虹 控山川开阖
德安鹤鸣 胸怀寰宇 任天地纵横

魏家庄

魏家庄，简称魏庄，位于安陆古城东三里路左右，是一个不大的村庄。20 世纪初，安陆付家巷魏道生和甘学章讲，这一支魏姓不是安陆本地的魏姓。这一支魏姓是元朝时来到安陆的，蒙古军队统治安陆时，驻扎在安陆的辎重部队里有几个姓魏的北方汉人。他们趁陈友谅和元军交战时开小差隐匿下来，后来在安陆城东落籍，繁衍生息，建成了一个小村庄，保留了北方叫“庄”不叫“塆”的地名，这个村庄就是“魏家庄”。当今，魏家庄是府城府东社区的一片居民区，名称一直沿用。

唐僧村

唐代的统一与繁荣，使南北分流、众师异说的佛教有了交流融会的基础，虽然没有大一统的局面出现，但各宗各派都力图融会全部佛法，以使自己登于顶峰。把顿悟法门提到尊崇的首要地位并大力提倡的，是六祖慧能大师。六祖慧能大师座下有五大弟子，即南阳慧中、永嘉玄觉、菏泽神会、南岳怀让、青原行思。青原行思继承了六祖慧能的衣钵，被称为“七世”。七世青原行思圆寂后传衣钵八世石头希迁，后人称之为“石头宗”。石头宗又分出曹洞宗、云门宗和法眼宗。

在激烈的融合竞争中，四祖传下的牛头宗历经七世传承后断了法脉。六祖传下的南阳慧中与永嘉玄觉圆寂后在竞争中断了法脉。菏泽神会发展为“菏泽宗”，传承五世，唐武宗灭佛运动中也断了法脉。南岳怀让传衣钵马祖道一，马祖道一发扬光大为“洪州宗”，后分为“临济宗”和“沩仰宗”。

青原行思传法第二世时，安州九嵕山和尚是其弟子；传到第六世时，安州白兆山志圆禅师是其弟子。作为青原行思在白兆山的开山弟子，志圆禅师在竺乾院(旧通慧寺)传法十三人，分别是朗州大龙山智洪禅师、襄州白马山行霭禅师、郢州大阳山行冲禅师、安州白兆山怀楚禅师、蕲州四祖山清皎禅师、蕲州三角山志操禅师、晋州兴教师普禅师、蕲州三角山真鉴禅师、郢州兴阳山和尚、郴州东禅玄偕禅师、新罗国慧云禅师、安州慧日院玄谔禅师、京兆大秦寺彦宾禅师。其中怀楚禅师传法三人：唐州保寿匡祐禅师、蕲州自南禅师、果州永庆院继勋禅师。

青原行思传法第六世时，弟子有安州大安山省禅师、安州大安山传性大师、安州大安山省禅师。

那段时间，青原行思师兄弟怀让禅师的第四世也传法安州大安山清干禅师。

青原行思传法第七世时传法八人，其中有安州大安山能和尚崇教大师、安州大安山兴古禅师。

青原行思的传人遍布安州大地，沩仰宗、临济宗、曹洞宗、云门宗在安州共生。佛教北派退出安州舞台。

到了宋初，蕲州四祖山清皎禅师，福州人，姓王氏，是沩仰宗的传人。初住郢州大阳山，后迁住安州慧日院。年七十时偈云：“吾年八十八，满头垂白发。颙颙镇双峰，明明千江月。黄梅扬祖教，白兆承宗诀。日日告儿孙，勿令有断绝。”淳化四年癸巳八月二十三日圆寂，年八十八。青原行思师兄弟怀让禅师分支的沩仰宗延续大约一百五十年左右，至北宋初年也断了法脉。

安州大安山兴古禅师的生活年代，与清皎禅师基本相同，虽不同门，但同出南派大系，见沩仰宗面临断法，想重振宗法，准备在石门山附近重修禅寺。无奈年事已高，力不从心，一次化缘时圆寂。当地人认识他是白兆山附近唐代僧人中最后圆寂的一个，于是把兴古禅师圆寂的地方改名唐僧村，并建唐僧庙以纪念他。当今，唐僧庙不在，唐僧村名一直在沿用。

第二节　古街风采

中山街

中山街取名于民国时期，中华人民共和国成立后叫胜利街，20世纪80年代恢复中山街之名。街道全长约2000米，宽窄4至5米，用青石铺成，形成街道的时间应比玉石街晚。它是一条东西向的街道，把古城分为南北两半。北边属北正社区，南边自东到西分别属中山社区和南大社区。古代安陆的街道以标志性建筑物或形状命名较多，这条街古代各段有各段的街名。

根据道光版《安陆县志》记载，中山街古代各段的街名自东向西主要有：东门正街(现东城一巷)、易家街、东十字街、西十字街、犁辕街等。东十字街北通江西会馆、鑱头咀、北正街到达拱辰门；南经南大街直达来薰门。

中山街是一条综合性的街道，农产品交易、手工业店铺、副食品商号、小百货门店应有尽有。

马坊街

北接犁辕街的双眼井，南连县弯街(碧涢路一部分)，全长约300米，宽窄不一，古代主要是驴马交易集市而得名。进入明清时期街东建有气势宏伟的山陕会馆，街西有唐僖宗赐封的义门陈，宋仁宗下旨分庄天下的安陆陈家祠堂。安陆陈氏家族的陈学棻求学汉东书院，官至清朝工部尚书；陈宧幼年在汉东书院几乎靠乞讨苦学，后成清朝四川督军和民国初期的陆军部部长(上将)、军备厅厅长。陈家祠堂南边有一口三眼井，再南就是安陆古县衙，县衙门前弯弯的街就叫县弯街。马坊街解放后曾叫前进街，现恢复古名，属南大社区。

玉石街

这是安陆最古老的街道之一，全长约1200米，宽4米左右，分上下两段，上段叫上玉石街，也叫“白石头”；下段叫下玉石街。

玉石街最北头是紫金台，对应天上的三颗帝星，于是紫金台也叫三皇台。三颗帝星最中间的是帝星紫薇(北极星)，一年四季的晴天，不论站在玉石街的什么位置，只要往紫金台的方向望，就能望见北极星。紫金台上建紫金寺，寺南的广场供古代安陆重大活动所用。这里的建筑因为汉白玉较多而叫“玉石街”。不知什么时候，这些建筑毁了，到处是散落的大大小小的白石头，安陆人把这些石头铺成了街道或移作他用，所以上玉石街也叫“白石头”，清朝叫“白玉石街”。

自古以来安州或德安府衙门就在紫金台以西百米的地方(当今的毛泽东主席铜像处)。紫金台周边还有四状元里纪念安陆四状元；七相堂纪念七个宰相级的人物；汉代孝子黄香的墓葬。宋淳熙年间(1174年)虞部郎中司马君旦将德安府儒学迁到紫金台南。明朝岐惠王朱佑棆、寿定王朱佑榰、景恭王朱载圳三个藩王选中此地扩建府邸，德安知府徐贡元将府儒学徙建治东。清朝汉东书院建造于此……上玉石街是安陆古代的政治文化中心。新中国成立后上玉石街曾叫胜利街，下玉石街曾叫前进街，现恢复古名，分别属北正社区和南大社区。

西门河街和北门河街

这两条街道的形成，应在建城之后随航运而兴起。

西门河街在西门城外紧靠府河，从北边的响水桥到南边的晏公庙，全长约3000米，宽窄4至5米，用青砖铺成。响水桥边有上渡码头通府河西岸的乌龟咀(解放山)。响水桥南的高埠上有龙头寺。再南是上埠口，有渡口通对岸的涢西村；再南又一渡口通河西蒿桥方向，新中国成立后曾建汽渡渡汽车。西门河街最南端的渡口就是古今闻名的樱桃渡。

北门河街也是城外的一条街道，从潮金涧双龙桥起坡，拾级而上到拱辰门。全街用紫石铺成，长约150米，宽约3.5米。

古代交通运输主要靠水路，安陆处于府河的中游，北接随枣大走廊，南连江汉水域，起着承上启下的作用，地理位置相当重要，故航运兴盛。河道里舟楫竞渡，帆樯穿梭；每逢夜晚，渔火闪亮，连接星空，倒映水面，互为呼应，异常优雅；河岸上驴嘶马叫，人声鼎沸，叫货报签，号子吆喝，犹如壮伟的交响乐不绝于耳。西门河街商号林立，仓廪皆满，日夜喧闹不停。这是古代安陆最大的航运中心和商贸中心。

劳累了一天的船民，除了在自己的船上过夜准备第二天远航外，休息时最喜欢将船停在拱辰门外的潮金港(现护国河)，然后由双龙桥拾级而上，在北门河街的小吃店里炒几个家常便菜，猜拳行令，不醉不归；或到茶肆小楼，细品香茗，观赏皮影，沉醉于千年历史，为古人担忧。北门河街是船民休闲的理想处所。北门河街的繁荣仅次于西门河街，故安陆有“金西门、银北门”之说。

解放军攻打安陆城时，西门河街和平解放，一度改名和平街，现叫“府河正街”。20世纪末，西门河街的街西全部拆毁搬迁，兴建了“嘉禾小区”，西门河街只剩东边半条老街。

北门河街也因北正街的改造和古老的双龙桥倒塌，而成了一条非常封闭的小巷，只有街上一步步被磨光的台阶，记忆着昔日的辉煌。

鲜鱼巷

北接四状元里，南连犁辕街，全长约250米，宽2.5米左右。古代打鱼人进城卖鱼多在此地，以鱼集而得名。二十世纪六十年代末，因落实国家“备战备荒”的指示，粮食部东方红粮机厂迁到安陆，在王府井、紫金台、北横街、四状元里(府弯)、王府巷、浮云楼、响水桥一带的遗址上建设了厂区，鲜鱼巷北段也被征用。征用后鲜鱼巷北边转弯由紫金路进出，南边民宅太密集从未改造，成了一条小巷而得以保存。巷内古风古朴，有一栋民房保存完好，青砖灌斗，木楼木栏，画梁雕栋，防火墙耸立。鲜鱼巷新中国成立后曾叫解放街，现恢复古名，属北正社区。

三陂老街

三陂港，当地人简称三陂，位于市区以北12千米处，西依府河，东靠汉丹铁路，与之平行的还有316国道。

《三国志·魏书·王基传》载：“安陆左右，陂池沃衍”。大概三陂附近有数条小河汇入府河，三陂处于河汊交汇之处而得名。清《一统志》记载三陂是古安陆64会之一。

三陂港兴于水运，何时成集不得而知，在明代得到了长足进展。明代中后叶，商业经济开始繁荣，府河水运开始兴旺。尤其是清中叶武汉开埠以后，三陂港成为武汉至随州之间重要的商品集散地和中转站。

三陂港衰于陆运。民国时期，襄樊到武汉的公路开始冲击府河水运，但1958年以前，府河木船还可直航随州，环潭，安居，通航里程 249 千米。此后，由于上游水库的陆续修建，河水锐减，木帆船仅能通航下游的云梦，安陆境内只能部分通航了。1964 年第一次修筑汉丹铁路，三陂老街的北段被拆迁，此地建了一个四等火车站。再后 316 国道的开通，致使老街完全衰败。21 世纪初武襄铁路增建二线，又一次进行了征拆。所剩无几的南段，因被阻隔在铁路与府河之间，交通十分不便，年轻人陆续搬离，在 316 国道边的文桥村新建了三陂新镇。三陂老街渐成人去楼空之势，只剩下残垣破壁，守望着黄昏中的故园，守望着一段历史，守望成一道飘摇的风景。

这个至今还保留着大量明清和民国风格的集镇，有着不可多得的港口特色民居文化，当地政府正在把它开发成旅游胜地。

第三节　地名传说

王华封求下联

清朝，德安府汉东书院出了个学子王华封，乾隆年间拔贡进国子监学习，后来效力于四书馆。当时乾隆下圣旨皇太子永瑢和大学士于敏中为总裁，大学士纪晓岚、陆锡等人为总纂，到民间收集天下藏书，编纂《四库全书》，于是王华封领旨回湖北寻找民间藏书。

一天，王华封带人到孝感(今孝昌县)找书后回德安府，路过安陆城东，对手下人说："大伙先回府城吧，我到岳父家去看看，稍后便回。"说完，只带了一个随从向魏家庄走去。王华封的老婆是魏庄人，娘家父母都健在，靠打豆腐为生。王华封此次回德安府找书因公务缠身还没去过，再说，岳父也托人捎信，想见见女婿，所以王华封趁此机会去看看。

到了魏庄，王华封拜见了岳父母，在堂屋聊着家常，庄里的乡亲们也都来看望京城的高官。人们都在叙家常，天气突然走暴，满天乌云随着狂风压过来，门外忽然有人高喊："要下大雨了——下大雨了——"由于屋内嘈杂，再加上王华封整日集中精力找书，突然之间听成了"夏大禹"。

王华封的随从是山东人，见要下雨，就对王华封说："大人，要下雨，要不您在这儿住一晚？我先走，不然恐中泥。"王华封刚从"夏大禹"中回过神，又突然听见"不然恐中泥"，于是一下子又联想到"孔仲尼"，自嘲地一笑说："我还以为是夏大禹、孔仲尼的什么书呢。"

魏老汉怕女婿走了，就对随从说："都别走。今天就在这儿住一晚。晚饭没有别的好菜，千张豆腐让你们吃够……"魏老汉的话还没说完，旁边的岳母接过话说："亏你说得出，只晓得豆腐留女婿，还不快点杀只鸡，光豆腐留女婿，也不怕别人笑话。"王华封一听，妙，"杜甫、刘禹锡"也出来了，于是吟出了一幅上联：

下大雨 恐中泥 魏庄 豆腐 留女婿

在安陆话中，“下、夏”两字同音；“雨、女、禹”三字同音；“豆腐”与“杜甫”同音；“婿、锡”同音；“魏庄”和“韦庄”虽不同音但是近音，这幅上联就成了：

夏大禹 孔仲尼 韦庄 杜甫 刘禹锡

上联出来了，王华封自己却对不出下联。开始他还不在意，以为想想能对出，可晚饭后一直到熄灯睡觉，他想了好多下联，自己又一一推翻。就这样，他整整一晚上像煎饼一样翻过去翻过来也对不出下联。

第二天，他回到安陆城，请知府对。知府想来想去，最后说：“难对、难对。理由有三：一是都用了古人名的谐音；二是从古到今按朝代顺序仅点了一个‘夏’字，其余没有直说，但知道是从春秋顺到唐朝；三是上联暗含了大人您拜访岳父母的经过，有天气、时间、地点、人物、事件。大人都对不出，下官哪儿对得出？不过我可以让书院的才子们试试。”安陆城的才子们一传十十传百，对的下联不少，但没有一幅下联与上联的三个条件吻合。王华封在寻找藏书的过程中，处处找人对下联，竟无人能对。回京城后，王华封在四库馆的同僚中谈及此联，大家也觉得为难，就连总纂大学士纪晓岚和总裁大学士于敏中也没对出来。

没想到，王华封的上联越传越广，不光湖北知道，甚至全国好多地方都知道，有的上联成了“下大雨，恐中泥，鸡蛋豆腐留女婿”，也有很多人对了下联。朝代顺序打乱了，难度小了许多，但没有暗含的天气、时间、地点、故事经过，仅仅只凑了几个人物。两百多年过去了，还是无人能对出让大家满意的下联。

20 世纪末，安陆的经济迅猛发展，城市建设日新月异，古老的魏庄发展成了一条街道，东连太白大道（老 316 国道），西接府东北路，当年的魏家庄人非村无，但地名没变，仍用魏家庄。

王华封曾是汉东书院（现紫金路小学）的学子，这段王华封求下联的传说，是紫金路小学申报非物质文化遗产《汉东书院的传说》之一。2013 年 10 月，《汉东书院的传说》被录入湖北省第四批非物质文化遗产保护名录。

寿山与白兆山

《史记》记载，秦始皇从四十二岁到五十一岁的十年中，多次出游，伐湘山、赭其山、筑长城、建南越、抵云阳、堙（yīn）堑谷、至云梦……至少动用了上百万人“移山填海”。

关于秦始皇移山填云梦泽，安陆有这样一个传说。秦始皇修长城时，观音菩萨见黎民百姓实在可怜，就剪下自己的一缕头发发给每一个劳工。劳工们把头发系在劳动工具上，干起活来特别轻松，几千斤重的石头也能轻松抬上城墙。一次秦始皇到工地视察，见劳工干活如此轻松是因为头发的缘故，就下令把所有的头发收起来编成了一根鞭子。他拿在手中一试，一座山头就不翼而飞，再一试，把一堆山石赶进了一个湖泊。秦始皇大喜，就用神鞭赶山填海。

秦始皇五十一岁时，来到了安陆地界，准备赶山填云梦泽。观音菩萨掐指一算，秦始皇的阳寿已满，决定收回神鞭。那时观音菩萨是男的，他令善财童子变作放牛娃，趁秦始皇睡觉时用放牛鞭换走了神鞭。

秦始皇到了安陆的寿山，拿出“神鞭”赶寿山，怎么赶也赶不动，于是自己下台阶说：“这座山太㤞了，就叫㤞山吧。”秦始皇死后，寿山郁郁葱葱。当地人觉得“㤞山”不好听，按照谐音就把㤞山改为了寿山。

白兆山的得名，当地有很多民间传说。第一个传说：古代白兆山至三陂汪洋一片，史称乌江。有一天大禹治水很累，在江边一坐，随手将头上的斗笠往旁边一丢，斗笠立刻变成了一座大山，这就是白兆山。现在白兆山中还有“斗笠岭”。第二个传说：秦始皇五十一岁时，来到安陆地界，准备赶山填云梦泽。拿出“神鞭”赶寿山，怎么赶也赶不动，于是自己下台阶说：“这座山太怡了，就叫怡山吧。”秦始皇没赶动寿山，看见西南不远的地方还有一座碧山，便带人又去驱赶。秦始皇在寿山丢了丑，心想再不能掉面子了，就拿起“神鞭”使劲地抽下去。一鞭下去，树木没了，山上留下了一道白色的痕迹，但山没动。秦始皇恼怒了，一鞭比一鞭抽得重，一连抽了九十九鞭。山被抽出九十九道沟，出现九十九道裂痕，映出九十九道白迹，变成了一百架山头，就是不动。秦始皇又累又气，再次自下台阶说：“算了吧，此山无用，只有烧灰。”秦始皇死后，人们见碧山上布满了白色的痕迹，一座大山被抽成了一百个山头，就把碧山叫“百架山、百迹山、白记山、白迹山”。后来，此山又应了秦始皇“只有烧灰”的一句话，盛产石灰，人们就叫它白兆山。第三个传说：玉皇大帝手下有一位专司起草圣旨，发布圣谕的官儿太白金星。这太白金星姓李名长庚，文思敏捷，才华横溢，是天庭难得的文官。但他嗜酒如命，常常喝得酩酊大醉。一天，玉皇大帝令太白金星向人间下旨，三天吃一餐饭。谁知他接过圣旨后，见天色尚早，就跑到广寒宫里同吴刚一边饮酒一边下起棋来。两人一局棋没下完，酒却喝了一壶又一壶，都不知不觉的有些醉意了。朦胧醉意中，太白金星的衣袖拂掉了棋盘上的一枚棋子。这枚棋子自天而降，“轰隆”一声巨响，落在了安陆西北三十里外的地方，变成了白兆山。

汉东书院的石鼓

乾隆三十三年(1768年)四月，汉东书院即将竣工。一天，监工找到安陆县丞，说：“大人，书院不久就要落成，只是大门前的青石狮兽高大巍峨，胜过府衙，恐有不妥。”县丞说：“书院不是德安府与本县合办的贡院吗？为朝廷选送人才，有何不妥？”

监工说：“大人想法没错，只是……”

县丞见监工欲说又止，便说：“有话直说，不要吞吞吐吐。”

监工说：“书院虽为府、县合建，但具体筹划是前任知府保成大人，只是兴建由我县负责。前任知府保成大人已调离。已建的部分新任知府不会说什么，但没有建成的部分新知府会有什么筹划呢?”县丞觉得有理，决定请示知府再定。

时任知府嘉谟，姓赫舍里氏，属满洲镶蓝旗，是和珅的外祖父，到任才几个月，正忙于政务，熟悉辖内民情。书院即将竣工，又有县衙督建，虽说他去看过几次，但从来没有细想什么。听完县丞的禀告后，他说：“如果觉得石狮不妥，就把它搁在书院内的园林中吧?”

县丞说：“那大门两侧岂不空空荡荡?”

嘉谟性情豪放，处事果断，因此说话也很随便，他说：“那就搁两个石鼓吧，雕起来也容易些。”

县丞说：“已到农忙季节，再到西边深山采集青石，恐怕劳民伤财，耽误农事。”

嘉谟喝了口茶，说：“哎呀，城周边遍地红石，就地取材嘛，正面雕麒麟飞天，背面刻上一朵花，八个瓣，九个瓣都行。”按清朝礼仪，主人自顾喝茶就是送客的意思，县丞急忙告退。

县丞回衙让监工招来了工匠，把知府的意思传达给了他们。石匠在府河防汛的石料中采集了两块高五尺，宽三尺，厚一尺半的上好材石运回书院，拿不准到底掉几个花瓣，就一个调九瓣一个雕八瓣立于大门两侧。

农历四月十八，是碧霞元君的生日，据说汉东书院的前身是碧霞书院，所以选在碧霞元君生日的那天知府嘉谟亲自为书院剪彩，并将此事奏报朝廷。

不久，有人就汉东书院的石鼓弹劾了嘉谟，说石鼓背面的花瓣一个是八瓣，一个是九瓣，嘉谟存有反心。一天乾隆问纪晓岚："你知不知道德安府汉东书院竣工时知府是谁？"

和珅此时二十岁左右，已是乾隆身边正五品三等贴身侍卫，能够随时和皇上对话，其机灵能干的英俊模样深得乾隆喜欢。他见皇上问纪晓岚，插嘴道："皇上，那是奴才的外祖父嘉谟。"

"哦？"乾隆不喜欢奴才随意插嘴，应了一声，又转过头望着纪晓岚。

纪晓岚答道："嘉谟，镶蓝旗人，三十二年任德安府知府，汉东书院是府县合办的贡院，在他任上竣工。"

"有人弹劾他有谋反之心，你是怎么看的？"乾隆说着把奏折递给了纪晓岚，又转头问和珅："你说你外祖父有反心吗？"

乾隆不问，和珅就已经吓得不敢出一口大气，但他乖巧聪明，善于应变，连忙答道："奴才的外祖父对皇上只有忠心，绝无反心。奴才对皇上忠心耿耿，也是和外祖父的教诲分不开的。"

纪晓岚对汉东书院的事原先就知，见奏折上弹劾的是汉东书院石鼓上"九朵花瓣"的事，觉得谋反之心是无稽之谈，但又不能直截了当表明观点，便转了个弯说："皇上，麒麟为我国古代送子神兽，孔子即麒麟所送。汉东书院为贡院，选用麒麟图案，喻示人才济济。石鼓背面的花朵，乃湖北的一种植物，曰紫荆条，其花朵一般为五瓣。工匠将其雕为八瓣和九瓣，不合常理，肯定另有心意。八瓣可寓为八旗，九瓣可寓为九州，不正说明八旗九州成一统，汉东书院聚人才吗？"

乾隆是何等精明之人，刚才的一招是借奏本敲击和珅，培养和珅的奴性和忠心。纪晓岚的观点他也认同，便说："如此忠心，何来反心？用心良苦，升迁才对啊。"

结果，嘉谟升任漕运总督，一年后转任东陵总管，四月卒于任上。后来，汉东书院迁建了几次，其他砖瓦可丢，但石鼓却因这段轶事每次都迁到新址。

龙生虎养凤遮阴

《左传·宣公四年》记载了3000年前发生在安陆的一件非常神奇的故事：楚国的国君若敖娶了郧国国君的女儿，生了一个儿子叫斗伯比，不久若敖逝世，斗伯比就跟母亲在郧国舅舅家生活，正好舅舅郧君有一个女儿，年龄与斗伯比不相上下，表兄妹青梅竹马，两下相好，生下了一个男孩。郧夫人派心腹将小男孩抛弃于城南的"梦中"。

"梦"是方言，指草泽，即季节湖，每到夏秋丰水季节，则湖网相连，烟波浩渺；冬春枯水季节，则水退陆进，草木茂盛，成为理想的猎场。一天，郧君到云梦泽打猎，见山冈上一只雌虎正在给一个弃婴喂奶，天上凤凰展翅为弃婴遮阴，不禁大惊失色，罢猎而归。郧君把所见奇闻告诉了郧夫人，郧夫人心知肚明，便将女儿的隐私如实告知丈夫，郧君惊诧不已，立即派人到云梦泽，把他的亲外甥抱了回来，并给这个孩子取了个名鬬穀於菟(Dǒu gǒu wū tóu)，字“子文”。郧国方言中“穀”是喂奶的意思；“於菟”(wū tóu)是老虎；“穀於菟”意为老虎喂奶；“子文”在郧国方言中是老虎的花纹。

这个弃婴被狩猎的郧国国君发现后抱走，人们把此地称为虎乳岩。中国人的“班”姓，就是因虎乳子文，楚方言称虎为“斑斓”而取其“斑(班)”为姓氏。

虎乳岩自古为水陆交通要道。明正德四年(1509年)，时任南京兵部尚书的王守仁从外地返京，道经安陆虎乳岩，即兴吟诗《过子文故里有感》，诗曰：“胜地传於菟，名声爵里存。神灵腓异物，忠孝锡贤孙。岩石蔚然古，风流遐不喧。谁人任刚武，乳虎在方言。”

洑水港和莲花村

洑水，位于府城北面7千米，原名洑水港店，当地简称为“洑水港”。

相传很久以前，槎山脚下住着一户勤劳节俭，心地善良，助人为乐的母子俩。儿子春禾每天上山砍柴，母亲终日在家纺纱，母子相依为命。那时，从槎山至洑水港的三十多里的路段，方圆都是山岭、丘陵地带，根本没有河流、港汊。风水先生说这里是“伏牛”之地，五行缺水。农民种下庄稼，全靠老天爷发善心赐一个风调雨顺的好年景。可是老天爷却偏偏不随人愿，常常是“赤日炎炎似火烧，野田禾苗半枯焦”，粮食颗粒无收，吃水要到十里外的府河边上去挑。人们期盼有水，就把“伏”字加水成了“洑”。后来，这里还是无水，“洑”字倒成了方言，好多字典里都无此字。

有一年，又是地皮龟裂，庄稼无收，人们只得出外乞讨度日。春禾是个孝子，他让老母坐在家里，自己走村串户讨一口半碗带回家供养母亲。

一日，春禾出门乞讨一整天只讨到一个菜饼子，自己又累又饿，怎么也舍不得吃，准备带回家给老母亲充饥。当他走到槎山脚下时，发现路边有一位因饥渴而晕倒的白胡子爷爷，就把菜饼子给了他。老爷爷吃了菜饼子后，渐渐地有了精神，对春禾说：“槎山西边有一颗龙泉珠，你挖出来可以卖得万两金子，你和母亲一辈子吃穿不愁。但要切记，千万不能把龙珠含在嘴里，不然你就会变成一条行云吐雨的蛟龙，凡是途经之地就会辟出一条河流。从此你再也变不回人的模样了。”说完，白胡子老爷爷化作一道银光冲天而去。

春禾将龙泉宝珠挖出来后带回家中。老母亲问他怎样处理这颗宝珠？春禾回答说：“如果吞下宝珠后，真的能够变成辟河引水的蛟龙，孩儿我愿意牺牲自己为民造福。”老母亲说：“我儿此言正合娘的心意……”春禾不等母亲把话说完，就一口将龙泉宝珠吞进了肚子里。

霎时间春禾就变成了一条蛟龙，贴着地面往前爬行，随他身后就出现一条涓涓河流。恰逢观音老母和百花仙子西巡，见春禾如此牺牲自己为民造福，观音就为他撒下片片莲花，百花仙子也撒下大朵花瓣增添异彩。

春禾的母亲见儿子变成了开辟河流的蛟龙向东南方游去，一时难舍骨肉之情，就跟在他身后“儿啊！儿啊！”地追着哭喊。当她老人家追出离家门三十多里的时候，就再也跑不动了，倒在了地上。儿子见老娘倒在地上，心痛地扭转身拐了一个弯，回头看了母亲一眼，便又依依不舍地沿途而下，直至行到滔滔府河后，才又顺流而下入东海。后来，人们为感谢为民辟河造福的春禾，就把观音老母为他撒莲花瓣的地方叫作“莲花村”；把百花仙子为他抛撒大丽花的地方叫作“大花村”；把他转身回头看母亲时，河水回流的地方叫“洑水”。再后来，人们在这里建港泊船经商，就叫它“洑水港”。

吉阳山

吉阳山属大别山余脉，位于安陆市东北部，为安陆市、广水市(原应山县)的界山，距安陆市区 30 千米，属安陆市北部边缘重镇赵棚管辖，其地理坐标为东经 113°10′，北纬 31°33′，海拔高度为 328.4 米，该山地理位置独特，山南地势平坦，环境优美，有很高的政治经济、军事、宗教文化地位。

古代，这里曾设过县，《舆地纪胜》载：“吉阳县城，本名董城，因孝子董黯得名。”董黯，汉代孝子，迁徙到此，死后葬于此。据《太平寰宇记》记载：“吉阳梁置。曰，‘平阳(县)’。及立汝南郡，西魏改郡为‘董城’，改县曰‘京池’。后周置澴州郡，隋大业(606 年)改县曰‘吉阳’，北宋开宝二年(909 年)废。”这里在历史上有着重要的战略意义，清末在安陆、应山(广水)、孝感(孝昌)三县的交界处，还有故城遗址，即董城。

吉阳山得名，有一段传说：很久以前，当地住着百十户人家，其中有一家高财主，仗着财势，在湾间横行霸道，欺压穷人。财主家有一个三代单传的儿子，名叫高暴，老爷子把他当作掌上珠，含在口里怕化了，放在手上怕飞了。高暴自己更是轻狂得要上天。平时见了鸡、鸭、牛、羊伸手就打，拿刀就砍；对乡里的大人、小孩也是百般欺侮。

湾间有一个老实农民，养了两个儿子，老大叫秦群，老二叫秦强，那高暴从不把他兄弟当人看，每日把他们二人当马骑。一天，高暴正得意地骑在秦强背上，秦强爬到一条塘埂上，脚手一伸，头向上一仰一顶，把高暴顶到塘里喝了几口水，好半天才爬起来。不想这下闯下了大祸，老财主硬要秦强的父亲给高暴烧香磕头，高暴还是不依，拿起一把斧头，把秦强活活劈死了。

乡亲们看不过眼，凑了几两银子叫秦群到县衙去告状。县衙判秦强有错在先，还把秦群重打了几十大板，险些儿送了性命。

打那以后，任高财主家怎么作歹，无人敢吭声，秦群急得十天九夜没有睡觉。一天晚上，他刚合上眼，就梦见了一个白须老者对他说：“明日有金鸡收拾高暴。”

第二天，那高暴带着童仆到山上去玩，看见一只大黄母鸡，引着一窝小鸡在放食，他觉得蛮好玩，一伸手捉到一只小鸡，活生生地摔死了。高暴高兴得哈哈大笑，不妨那只黄母鸡突然跳起来，把他的两只眼睛啄瞎了。过了几天，高暴就病死了。乡民过上了安宁的生活，为了纪念这吉祥的日子，就把那山叫作吉祥山，后人念顺了口就成了“吉阳山”。

吉阳山在应山一侧还有个名字叫“长盐罐”，谐音成了“长盐观”。其实这里没有这么一个道观，倒是传说古代山中有一股泉水能晒出盐来，所以叫长盐罐。

第四节 著名历史人物选

鬬穀於菟(斗子文)

鬬穀於菟，芈姓，字子文，斗伯比之子；斗邑人，出生于郧国(今湖北安陆)。春秋时期楚国令尹。他对楚国的强大和北上争霸，作出了突出的贡献。

他的身世，史籍《左传·宣公四年》有详细的记载：“初，若敖娶于妘，生斗伯比。若敖卒，以其母畜于妘，淫于妘子之女，生子文焉。妘夫人使弃诸梦中。虎乳之。妘子田，见之，惧而归。夫人以告，遂使收之。楚人谓喂乳为穀，谓虎於菟，故命之曰鬬穀於菟。”鬬穀於菟的名字，后人误为“斗穀於菟”或“斗谷於菟”。“穀”是喂乳的意思，“穀”是“谷”的繁体字。古代郧国方言称老虎“於菟”。鬬穀於菟的准确读音是“Dou gou Wu tu”.

楚成王八年(公元前664年)，楚成王以鬬穀於菟为令尹，自己亦日渐成长，楚国政局从此稳定，并开始以崭新的面貌北上争霸。

鬬穀於菟任令尹时，正值楚国统治集团内争和子元内乱之后，困难重重，鬬穀於菟能从国家和民族利益出发，毫不犹豫地“自毁其家”，尽力相助效劳，使楚国迅速渡过了难关。

鬬穀於菟协助楚成王大力整顿楚国内政，率军灭了弦国、黄国、英国，压抑了蔡国、随国、徐国、江国等诸侯国，使楚国在长江流域成为无以抗衡的霸主，并有足够的力量对抗晋、齐、宋、秦等中原大国。

鬬穀於菟执政后，留下的历史佳话也很多。史籍《说苑》中记载，鬬穀於菟的族人犯法，被廷理(廷理，楚国执掌刑法之官)拘捕，后听说是鬬穀於菟的族人，立即释放。鬬穀於菟听说后，对廷理批评说：“凡立廷理者，将以司犯王令而触国法也。夫直士持法，柔而不挠，刚而不折，今弃法而背令而释犯法者，是为理不端，怀心不公也，岂吾营私之意也。何廷理之驳于法也。吾在上位以率士民，士民或怨，而吾不能免之于法。今吾族犯法甚明，而使廷理因缘吾心而释之，是吾不公之心明著于国也。执一国之柄，而以私闻，与吾生不以义，不若吾死也。”

史籍《国语·楚语》、史籍《战国策·楚策》等记载，鬬穀於菟又是一位清廉勤政、律己恤民的执政者。如史籍《国语·楚语下》说：“昔斗子文三舍令尹，无一日之积，恤民之故也。成王闻子文之朝不及夕也，于是乎每朝设一脯一束、糗一筐，以羞子文，至于今秩之。成王每出子文之禄，必逃，王止而后复。人谓子文曰：‘人之求富，而子逃之，何也?’对曰：‘夫从政者，以庇民也。民多旷者，而我取富焉，是勤民以自封也，死无日矣。我逃死，非逃富也。’”史籍《战国策·楚策一》中记载莫敖子华之语：“昔令尹子文，缁帛之衣以朝，鹿裘以处，未明而立于朝，日晦而归食，朝不谋夕，无一日之积。故彼廉其爵，贫其身，以忧社稷者。”

从上述记载，可知鬬穀於菟是春秋前期颇为先进开明的思想家和政治家。

鬬穀於菟在任令尹期间，还有一大历史佳语，也是值得注意的。史籍《论语·公冶长》中记载："子张问曰：'令尹子文三仕为令尹，无喜色；三已之，无愠色。旧令尹之政，必以告新令尹。何如？'子曰：'忠矣。'"

从有明确记载看，鬬穀於菟从楚成王八年任令尹后至楚成王二十五年让位子玉，长达二十七年之久。在这二十七年中，他曾"三仕""三已"。这一方面说明其地位之重要，楚成王曾三次请他出任令尹；而另一方面，所谓"三已""三舍"则是鬬穀於菟主动请求的，具有荐贤、任贤的意思。如他让位于子玉，就是在子玉攻陈、取焦、夷，城顿立有大功的情况下提出的。当吕臣反对时，鬬穀於菟理直气壮地说："吾以靖国也。夫有大功而无贵任，其人能靖者与有几？"可见鬬穀於菟的让位，是为了荐贤，是从国家利益出发的，并不计较个人得失。

钟　仪

钟仪（公元前601—公元前560年）楚共王时期楚国设在郧邑（今湖北安陆）的行政长官，称作"郧公"，是有史书记载的最早的古琴演奏家，世代都是宫廷琴师。楚共王七年（公元前584年），随同令尹子重讨伐郑国，为郑所俘，后又被郑人献给晋国。在晋都新田（今山西曲沃西南）过了两年多的囚犯生涯。晋人平时将钟仪囚禁在储藏兵器的仓库里。他在囚禁期间，心系家乡，不忘故土，想到楚国的战败，不免潸然泪下，面壁而泣，爱国之情，溢于言表。晋景公十八年（公元前582年），晋景公视察军事仓库时，看到钟仪仍然戴着楚国的帽子，就问他家世情况，钟仪说自己先辈是乐官。景公就让他操琴，他便弹起楚国的乐曲，景公再问起楚共王的事，他不说任何不利于楚共王的话。

景公佩服他不忘故国、尊重国君的高尚情操，以重礼相待。当时晋国内外矛盾重重，晋景公认为钟仪忘本是仁，不忘旧是信，无私是忠，尊君是敬，他有这四德，给他的大任务必定能办得很好。于是晋景公以对外国使臣的礼待他，为了促进两国和好，叫他回楚国转达和平之意。

钟仪回国后，楚共王很快派公子辰为使臣，与晋国修好。换来了两国黎民百姓祈盼的和平安宁。钟仪便被称为四德公，其后世以其为祭祀祖宗的堂号。成语有"楚囚对泣"，说的就是钟仪的故事。宋代，安州升府，命名为德安府就是"四德而安"的历史典故。

黄　香

黄香（约68—122年），字文强（一作文彊），江夏安陆人，东汉时期官员。

《三字经》中的"香九龄，能温席"说的就是黄香的孝行故事。黄香小时候，家中生活很艰苦，母亲积劳成疾，在黄香九岁时去世。黄香思念至极，致使形容憔悴差点死去。黄香非常孝敬父母，在母亲生病期间，一直守护在妈妈的病床前，母亲去世后，他对父亲更加关心照顾。

冬夜里，天气特别寒冷，很难入睡。一天晚上，黄香读书时，感到特别冷，他想，这么冷的天气，爸爸一定很冷，他老人家白天干了一天的活，晚上还不能好好地睡觉。想到这里，小黄香心里很不安。为让父亲少挨冷受冻，他总是读完书便走进父亲的房里，给他铺好被，然后脱了衣服，钻进父亲的被窝里，用自己的体温，温暖了冰冷的被窝之后，才招呼父亲睡下。黄香用自己的孝敬之心，暖了父亲的心。黄香温席的故事，就这样传开了，街坊邻居人人夸奖黄香。

十二岁时，黄香的事迹被太守刘护知道，刘护即征召他到自己府里做官，代理门下孝子的曹吏，十分喜爱、敬重他。京师的人称赞他说："天下无双，江夏黄童。"他孝敬父母的故事，也千古流传。

许圉师

许圉师(？—679年)，祖籍河南高阳，先祖许弘南北朝由梁迁到北周安陆县城。其父许绍在安陆曾和唐朝开国皇帝李渊同学。

许圉师进士出身，博学多才。显庆二年，累迁黄门侍郎、同中书门下三品，兼修国史。三年，以修实录功封平恩县男，赐物三百段，后于龙朔二年升迁为左相。

龙朔二年(662年)冬十月，其子许自然因猎射杀人，圉师隐而不奏，为李义府举报。唐高宗知情后过问此事，许圉师却顶撞高宗。许敬宗乘机奏说："人臣如此，罪不容诛。"高宗盛怒，将其下狱。次年三月，许圉师贬官虔州(今江西赣州)刺史。后贬为相州刺史(今河南临漳县)。许自然罢官为民。

许圉师在相州时，政存宽惠，尝有官吏犯赃事露，圉师不令推究，但赐《清白诗》以激之，犯者愧惧，遂改节为廉士，离开相州后，当地百姓立碑纪念之。上元中，再迁户部尚书。告老还乡后不愿尘世烦恼，举家西迁，隐居白兆山。许圉师有4个儿子，许圉师的孙女，许文思的女儿许紫烟，经孟浩然撮合，招赘李白为夫。

仪凤四年(679年)，许圉师病逝，赠幽州都督，陪葬恭陵，谥曰"简"，并陪葬乾陵。

许圉师今存诗一首，即《咏牛应制诗》：逸足还同骥，奇毛自偶麟。欲知花迹远，云影入天津。

郝处俊

郝处俊(607—681年)，生于隋炀帝大业三年(607年)，祖籍安徽，七世祖郝回到安州任职时举家迁到安陆县城。其父郝相贵是唐宰相许圉师的外甥，在郝处俊10岁时去世。

贞观年间，郝处俊进士及第，授著作佐郎，后转为滕王友王府官员，做过甑山(今汉川)县令，故时人称其为郝甑山，累迁吏部侍郎。

乾丰元年(666年)12月，李勣为辽东道行军大总管，郝处俊为副总管征讨高丽(朝鲜)，他所率领的将士都叹服他的胆量和谋略。总章元年(668年)9月，郝处俊率军攻破平壤，拜为东台侍郎。

郝处俊是一个很正直的、坚决捍卫李氏唐朝的大臣，李世民当皇帝时，郝处俊袭封父亲的爵位。郝处俊和李治的关系很好，李治当皇帝后，郝处俊官运亨通，最后当上宰相一职。武则天当政时，郝处俊极力反对高宗让位武则天，遭到武则天的忌恨。

开耀元年(681年)，郝处俊病死。李治对郝处俊的死，深表哀叹，赠其开府仪同三司、荆州大都督，并亲自到光顺门举行哀悼，"官庀葬事"，即丧事都是官方出面出钱操办的。死后多年，武则天却把郝处俊墓挖出来，对其尸骨行“尸刑”，遭受“斫棺冢”之罪。

宋 庠

宋庠(996—1066年)，宋庠初名宋郊，后因御史言其“姓符国号，名应郊天”，郊和交同音，交含有交替的意思，宋仁宗命其改名，宋郊因而改名宋庠，更字公序。

宋庠祖籍湖北安陆县城，其高祖宋绅，于唐昭宗时任御史中丞，因言语不当而获罪免职，举家迁于雍丘县双塔乡(现河南杞县)。宋庠、宋祁很小的时候，父母亲就去世了，成了孤儿的兄弟俩，回安陆随继母朱氏在涢水边朱氏草堂生活、求学，多得舅父朱明复进士的关照。

宋仁宗天圣二年(1024年)，宋庠、宋祁两兄弟，同举甲子科进士。礼部奏宋祁第一，宋庠第三，刘太后(章献皇后)不欲以弟先兄，乃擢宋庠第一，而置宋祁第十，故有兄弟“双状元”之称。由此宋庠成乡试、会试、殿试都是第一的“连中三元”之人。

宋庠中状元后，擢大理评事、同判襄州。后被刘太后看中，破格升为太子中允、直史馆，历任三司户部判官，同修起居注，再迁左正言。

仁宗郭皇后被废时，宋庠与御史伏在官署争辩，被处以罚金。许久后，宋庠任知制诰。曾上疏建议科举应文武分试，被采纳。不久，兼任史馆修撰、知审刑院。当时，密州一霸王澥私自造酒，并杀人灭口，宋庠不顾当朝宰相陈尧佐说情，坚决地判王澥死刑，大快民心。

宝元(1038—1040年)，宋庠以右谏议大夫职任参知政事，拜相。宋庠为相儒雅，遇事是非分明，因与宰相吕夷简不和，被排挤，加之弹劾范仲淹，被贬知扬州。范仲淹变法失败，朝廷遂擢宋庠为枢密使。

庆历三年(1043年)，因其子与匪人交结，出知河南府，徙知许州、河阳。

庆历七年(1047年)，春旱，用汉灾异策免三公故事，罢宰相贾昌朝，辅臣皆削一官，宋庠为右谏议大夫。庆历八年(1048年)，除尚书工部侍郎，充枢密使。

皇祐元年(1049年)，拜兵部侍郎、同中书门下平章事，久居相位，终无建树。

皇祐三年(1051年)，又因家法不严，纵容子弟过错，遭包拯弹劾而被罢相，出知河南府，几经迁徙，鬓染秋霜，被仁宗封为莒国公。

治平元年(1064年)，宋庠请求告老还乡，不准，改封郑国公，称镇武宁军，出判亳州。宋庠前后所至，以慎静为治，及再登用，遂沉浮自安。晚年笃爱幼子，带子赴任，至亳州后多次请求告老还乡，最后，以司空身份致仕。

治平三年(1066年)四月，宋庠病故于家，享年七十一岁。朝廷追赠太尉兼侍中，谥元献(一作元宪)。帝撰其碑曰：“忠规德范之碑”。

宋庠与弟宋祁并有文名，时称“二宋”。诗多秾丽之作，著有《宋元宪集》《国语补音》等。

宋 祁

宋祁(998—1061年)，字子京，小字选郎。祖籍湖北安陆县城，其高祖宋绅，于唐昭宗时任御史中丞，因言语不当而获罪免职，举家迁于雍丘县双塔乡(现河南杞县)。宋祁宋庠之弟。

宋祁是北宋官员，著名文学家、史学家、词人。他的诗词语言工丽，因《玉楼春》词中有“红杏枝头春意闹”句，世称“红杏尚书”。范镇为其撰神道碑。

北宋天圣二年(1024 年)，宋祁与其兄宋庠同举进士，礼部本拟定宋祁第一，宋庠第三，但是章献皇后觉得弟弟不能排在哥哥的前面，于是定宋庠为头名状元，而把宋祁放在第十位，人称“二宋”，以大小区别，所以又有“双状元”之称。

宋祁初为复州军事推官，后经孙奭推荐升任大理寺丞、国子监直讲。殿试之后授予直史馆，再升任太常博士，同知礼仪院。又升迁为尚书工部员外郎，修撰《起居注》。

宝元二年(1039 年)宋祁改担任盐铁句院，知制诰，升迁为天章阁侍制，判太常礼院，至国子监。在西北边境战事财政都吃紧的情况下，他写下了关于“三冗三费”的上疏。

庆历元年(1040 年)，因其兄宋庠与宰相吕夷简不合被罢相之事，被贬为知寿州(今安微省凤台县)，后至陈州(今河南淮阳县)。

庆历三年(1043 年)回朝，担任龙图阁学士、史馆修撰，奉皇帝的诏令同欧阳修合修《唐书》，前后历时十七年。

庆历六年(1046 年)，宋祁升为右谏议大夫，出任群牧使。

庆历八年(1048 年)，再次担任翰林学士。

皇祐元年(1049 年)，宋祁因张贵妃册封之事被贬知许州(今河南省许昌市)。数月后又被召回，为侍读学士，史馆修撰，升迁给事中，兼龙图阁学士。

皇祐四年(1052 年)，因其子犯罪之事，被贬知亳州(今属安徽省)兼集贤殿修撰。

皇祐五年(1053 年)，又调知成德军(河北省正定县)升为礼部侍郎。又调到定州(河北省定县)。皇帝加封他为端明殿学士，特地升为吏部侍郎，知益州(今四川省成都市)。

嘉祐四年(1059 年)，从益州回京后被授予三司使，后因包拯等上书说其兄宋庠任宰相，宋祁不宜任三司使，没能上任。之后皇帝加封他为龙图阁学士，知郑州。

嘉祐五年(1060 年)，《唐书》修撰完毕，宋祁被升为左丞、工部尚书。

嘉祐六年(1061 年)，宋祁回到京城拜翰林学士承旨，复任群牧使。

嘉祐六年三月(1061 年)，宋祁卒于东京，卒后谥号景文。

王得臣

王得臣(1036—1116 年)字彦辅，自号凤台子。祖籍安陆西乡人，先祖王昭素是宋代著名经学家，曾被朝廷征召讲授《周易》，深得宋太祖赏识，回安陆后迁居安陆县城。王得臣幼时曾从郑獬为师，志和年间(1049—1054 年)到京城入太学，师从胡媛。

嘉祐四年(1059 年)，王得臣中进士。治平年间任岳州巴陵县令。熙宁初(1068 年)任陕郊御史。熙宁十年(1077 年)任管干京西漕司文字。元丰三年(1080 年)提任开封府界常平等事、开封府判官。元丰五年任京西路监司专题举。元祐二年(1087年)知唐州，元祐八年任福建转运副使。绍圣初(1094年)任金部郎中、军器少监、司农少卿。绍圣四年(1097年)，因目疾管勾崇禧院致仕，赠太中大夫。

王得臣平生著述甚丰，主要有《麈史》《凤台集》《江夏辨疑》《江夏古今纪咏》5卷、《凤台子和杜诗》3卷，其中《麈史》学术价值较高。

赵　复

赵复(约1185—约1260年)宋末元初理学家，湖北德安(今湖北省陆)人。字仁甫，世称"江汉先生"。

《元史列传》记载，太宗乙未岁(1235年)，命太子阔出帅师伐宋，德安以尝逆战，其民数十万，皆俘戮无遗。进杨惟中行中书省军前，姚枢奉诏即军中求儒、道、释、医、卜士，凡儒生挂俘籍者，辄脱之以归，复在其中。枢与之言，信奇士，以九族俱残，不欲北，因与枢诀。枢恐其自裁，留帐中共宿。既觉，月色皓然，惟寝衣在，遽驰马周号积尸间，无有也。行及水际，则见复已被发徒跣，仰天而号，欲投水而未入。枢晓以徒死无益："汝存，则子孙或可以传绪百世；随吾而北，必可无他。"复强从之。先是，南北道绝，载籍不相通；至是，复以所记程、朱所著诸经传注，尽录以付枢。

自复至燕，学子从者百余人。世祖在潜邸，尝召见，问曰："我欲取宋，卿可导之乎?"对曰："宋，吾父母国也，未有引他人以伐吾父母者。"世祖悦，因不强之仕。惟中闻复论议，始嗜其学，乃与枢谋建太极书院，立周子祠，以二程、张、杨、游、朱六君子配食，选取遗书八千余卷，请复讲授其中。复以周、程而后，其书广博，学者未能贯通，乃原羲、农、尧、舜所以继天立极，孔子、颜、孟所以垂世立教，周、程、张、朱氏所以发明绍续者，作《传道图》，而以书目条列于后；别著《伊洛发挥》，以标其宗旨。朱子门人，散在四方，则以见诸登载与得诸传闻者，共五十有三人，作《师友图》，以寓私淑之志。又取伊尹、颜渊言行，作《希贤录》，使学者知所向慕，然后求端用力之方备矣。枢既退隐苏门，乃即复传其学，由是许衡、郝经、刘因，皆得其书而尊信之。北方知有程、朱之学，自复始。

何　迁

何迁(1501—1574年)，字益之，自号吉阳，人称吉阳先生。何迁祖籍安徽和州(安徽和县)，高祖何铭、何英迁居德安府安陆县城，故何迁的父亲何勋为何迁取名"迁"。

嘉靖元年(1522年)，何迁中举，次年会试名落孙山。嘉靖七年，游学南京国子监，七次会试都未能如愿。

嘉靖二十年(1541年)，何迁进士及第，名列第三，因当朝辅相夏言和郭勋互相倾轧，何迁被置于"一边"。进士再考一次可以入选翰林，为庶吉士，但报考有年龄限制。何迁隐瞒年龄考为庶吉士，当了个吏部从事。三年期满，何迁任户部福建司主事。第二年改吏部稽勋。

嘉靖二十五年，御史周冕上书，建议皇太子载壑11岁要读书接受教育了，引起皇上大怒，被贬为通海(云南蒙自)知县，何迁被贬为九江知府。

嘉靖二十七年(1548年)正月，何迁起用为南京吏部文选主事，随后升任考功郎中，并负责寮吏的"大察”。考功郎中的职责之一是考核在任的官员，何迁得罪过一些人，自己一直在夏言、郭勋、严嵩相互倾轧的牙缝中小心翼翼地游移。

嘉靖三十年，何迁晋升为南京光禄少卿。嘉靖三十六年，何迁降为江西巡抚，三十九年升为漕运总督。

嘉靖四十一年(1562年)，何迁被罢官回安陆，先住北河街老屋，后移住凤凰山下采芳洲，欲过世外桃源式的生活。后来在吉阳山创办了吉阳书院。何迁著有《吉阳山房稿》100卷、《易意存疑》《江台政略》《学旨测言》《全楚志》《学庸心开》《友问集》《德安郡志》《世行录》《隐淑集》等，绝大多数未能传世。仅安陆寇氏抄本《何吉阳诗集》四卷存安陆市图书馆。

李道平

李道平(1788—1844年)，字遵王，号远山、蒲眠，又称涢上先生，祖籍四川，落籍安陆县城。李道平出生于安陆中医世家，二十岁考中秀才，二十五岁膺举嘉庆癸酉科拔贡，获候选直隶州州判，三十岁中举，获拣选知县，四十四岁换充国史馆誊录官，不久以教谕衔回家等候实录。李道平一直等到五十五岁才当上嘉鱼县教谕，第二年八月即病死。

李道平一生虽与官场无缘，但学术上取得了不朽的成就。他信守儒家“齐家治国”的思想，在等候实录的几十年中，他做了三件大事，使其名垂青史。

第一件事是李道平积极倡导在汉东书院修建赵复祠，并讲习其中。赵复是安陆人，元朝进士，中国有名之先儒。李道平回安陆后，为发扬儒家思想，觐见知府，游说同仁，动员绅士，招募百姓，在汉东书院修建了赵复祠，并收授生徒，讲习其中。

第二件事是李道平参与纂修《安陆县志》。自康熙以后，安陆经历了一百多年没有修志。嘉庆二十一年(1816年)，德安知府周开谟命德安府儒学训导蒋炯修纂《安陆县志》。蒋炯接受任务后，收集资料，于嘉庆二十二年着手开始修纂。道光十年(1830年)，蒋炯调任孝感县县丞，遂将手稿带至孝感，继续修纂。后蒋炯升任广济知县，任上基本完成《安陆县志》三十卷。谁知在道光十四年(1834年)蒋炯因事丢官，急需一大笔钱才能脱身离任。时逢陕西省督粮道代理按察使李廷锡晚年辞官回到安陆。他捐资使蒋炯顺利离任，并买回了《安陆县志》的所有的手稿，经过勘误补正，纂修成四十卷雕版印刷。此志的纂修历经二十六年，虽为蒋炯，李廷锡合著，但李道平自始至终参与了此项工作，付出了劳动和心血，是一个地地道道的幕后英雄。

第三件事是李道平考据历史，著书立说，研修周易，成绩斐然。他勤于访问，实地调查，身到心到，穷于考据，先后撰写了《云梦考》《陪尾考》，纠正了历史上一些错误的记载。还撰有《安陆文献考》《郧小纪》《安陆县志补刊》《款启余录》《四书外义》《理学正传》《读史款启录》《款启余录》《丧礼从宜》《理学正传》《有获斋文集》《壬辛赋存》《有获斋试律》《四书时文录》《春秋经义》《易筮遗占》《周易集解纂修》等著作。《易筮遗占》和《周易集解纂修》对《周易》的研究尤为深刻，当时轰动全国。李道平死后，其易学著作成为学习周易的必学书籍。20世纪，他的易学著作在加拿大、韩国、日本、中国台湾地区一再出版。2003年，中国史学界《续编四库全书》中，他的易学著作《周易集解纂修》三十六卷编入经部第三十册。在韩国李道平被称为中国的国学大师。联合国将中华易经收录为非物质文化遗产保护名录，李道平为中华易经非遗人物。

陈学棻

陈学棻(1835—1901 年 10 月)，字桂生，号子韬，别号觉分居士，湖北安陆县城人。他在汉东书院读书时特别刻苦勤勉，被引为学子楷模。1859 年乡试中举(咸丰己未恩科)。1862 年，同治壬戌恩科殿试，陈学棻中进士一甲探花，钦点翰林院庶吉士。以后历任国史馆纂修、武英殿纂修、功臣馆纂修、文渊阁校理、本衙门撰文、京察一等，官阶编修加一级。

1875 年，陈学棻调任山东学政，同年恩科山东大主考。

1876 年，任同年会试同考官。后调任詹事府左右春坊、左右赞善、左右中丞，为太子僚属。

1883 年，任翰林院侍讲、日讲起居注官、咸安宫总裁、詹事府少詹事。

1887 年，任福建省学政，为同年福建乡试大主考。

1888 年，为福建乡试监临官，同年，以正三品官升詹事府詹事、提督。

1889 年，任宗人府衙门学士、内阁学士兼礼部侍郎衔。1891 年，兼任江西省学政，为同年江西乡试大主考。

1893 年，任户部右侍郎、署理兵部左侍郎兼礼部左侍郎，兼管钱法堂事务，后又兼任玉牒馆副总裁、铁命提督。

1898 年，任浙江省学政，主持该省乡试。

1900 年，任吏部右侍郎兼户部管理三库衙门事务，接着升任工部尚书。

1901 年 10 月病逝，死后谥封文恪。

李绍棻

李绍棻(1849—1924 年)，原名郁棻，字馥廷，又号石门山人。李绍棻家世清贫，幼年入德安府汉东书院(现紫金路小学)读书，屡试不第，直到 1875 年，湖北乡试才考中举人。1876 年进京朝考，中进士，授翰林院编修。散馆后检放江西省学政。后授陕西兵备道，旋署按察使，任上创办了陕西大学堂(西北大学)。1901 年因得罪道光皇帝的五儿子惇亲王奕琮，丢官回湖北遁世学佛，曾任武昌佛学会会长。

耿　丹

耿丹(1892—1927 年)，字仲钊，安陆城关人，耿伯钊的弟弟。1901 年初，耿丹从汉东书院进入武昌“武普通中学堂”读书，接触反清革命党人、学校教习吴禄贞。1910 年 1 月，考入武昌陆军第三中学，组织革命团体“竟存社”。不久，加入“共进会”。

1911 年 10 月 10 日晚，武昌首义爆发，耿丹被任命为学生军大队长，后升任禁卫军团长。1913 年 4 月，与湖北革命党人秘密组成“改进团”，参加反袁“二次革命”，后因斗争失利，遭到通缉，隐匿北京。1913 年冬，与李四光、赵师梅等 12 人由北洋政府资遣出国，进入英国伦敦大学，学习政治经济，以优异成绩荣获伦敦大学经济科博士学位。1919 年 6 月，耿丹学成回国，任北京大学经济学讲师，结识同校教授陈独秀和李大钊，并在《新青年》杂志上发表《中国与新旧银行团》的长篇论文，科学地阐述帝国主义侵略中国的本质和中国必然爆发革命运动的客观规律，引起社会强烈共鸣。1920 年底，耿丹应辛亥革命友人的邀约，回到湖北，担任武昌高等师范学校教务长和武昌商科大学教授。不久结识共产主义小组创建人李汉俊和董必武，参加武汉马克思学说研究会，针对各种反马克思主义派别展开激烈的辩论。1922 年 1 月，支持武昌高师学运，首开女禁，同年在武昌高师组织学生成立武汉地区第一个学生自治会。1923 年参加“二七”工潮，失败后被通缉。

1924 年 9 月，武昌高师改名武昌大学，耿丹代理武昌大学校长职务。1926 年 7 月 10 日，北伐军攻克湖南长沙，耿丹作为教育界代表，随董必武、李汉俊赴湖南慰问。随即受命回汉策动驻守汉口的鄂军第二师师长刘佐龙倒戈，以配合国民革命军入城。9 月 5 日，刘佐龙率鄂军第二师声明起义，所部扩编为国民革命军第十五军，刘佐龙任军长，耿丹任党代表兼政治部主任。10 月，北伐军光复武昌后，国民党湖北省党部成立，耿丹为执行委员、汉口特别市党部青年部长。同年 11 月，加入中国共产党。

1927 年 4 月 12 日，蒋介石在上海发动政变，刘佐龙暗中与蒋介石联络，伺机倒戈。武汉国民政府为防不测，任命耿丹兼任第十五军副军长，以加强对刘佐龙的控制。后驻防宜昌的夏斗寅独立十四师叛变，并与刘佐龙勾结，要求刘佐龙部在叛师攻抵武汉时响应。耿丹得知此讯后，及时报告军委秘书长林伯渠，武汉政府立即组成中央独立师主动出击，在纸坊与敌激战，将夏斗寅部全线击溃，武汉转危为安。7 月 15 日汪精卫集团在武汉叛变，耿丹遵照中共中央指示，声明辞去所兼各职，与董必武、陈潭秋等商定组织力量到鄂东组织农民举行武装起义。8 月 9 日，蒋介石派遣特务唆使刘佐龙捕杀耿丹。8 月 11 日下午，刘佐龙将耿丹诱至军部查家墩，以“煽动军心”罪，将其杀害，时年 35 岁。

1957 年 5 月 15 日，中央人民政府追认耿丹为革命烈士，并向其亲属颁发由国家领导人毛泽东签署的《革命牺牲军人家属光荣纪念证》，文曰：“耿丹同志在革命斗争中光荣牺牲，丰功伟绩永垂不朽”，给予耿丹以高度评价。

2005 年，北京工业大学以耿丹烈士的名字命名，创办“耿丹学院”，传承耿丹烈士的爱国精神，铸造“耿耿丹心，为国为民”的校魂。

郭　俊

郭俊(1897 年 11 月 10 日—1927 年 1 月 30 日)，字宇安，曾用名俄自、显勋，湖北省安陆县城关人。他是中国共产党早期优秀的军事干部，参加了黄埔军校的创建工作，在东征中荣立战功。1927 年 1 月 30 日，在游埠战斗中光荣牺牲，年仅 29 岁。

郭俊家境不佳，父亲未能读书深造，只在本城一家私人布庄当店员。郭俊幼时在本城杨觉生先生那里搭馆读书，13 岁时到本县北乡接官厅王家台，跟舅父王博泉攻读古文。在乡下，他看到了衣不终身、食不果腹，终日劳碌的农民艰辛，也看到了脑满肠肥，衣食不愁的财主处优。

1912 年，郭俊考入汉东中学(现紫金路小学)读书，受到了新学教育，认识到国家衰弱，受帝国主义的欺凌，是政治腐败、科学落后、工业不发达而造成的。他曾想学习工业，走实业救国的道路。

1917 年，他从汉东中学毕业，第二年就到北京报考北京高等工业学校，被录取。后来因家庭经济拮据，无力支付学习过程中的各项费用，他又重新报考保定陆军军官学校，被录取为第八期步兵科学员。

1920 年。因直皖战争的影响，保定军校停办。郭俊被迫返回安陆。此时正是“五四”爱国运动之后，新思想、新学派风起云涌，他接触到了《新青年》《先驱》《共产党宣言》《唯物史观》等新书刊，并受到了马克思主义的思想影响。

1921 年秋，保定军校复课。郭俊返回学校，有幸结识了进步学生金佛庄，参加了以“探求救国真理，促进中国革命”为宗旨的学生团体“壬戌社”。后来，他们与恽代英在武昌创办的“利群书社”取得了联系。

1922 年，郭俊从河北保定军校毕业，被分配到湖北第一混成旅担任见习排长，随军队驻防在安陆、随县一带。后被提升为学兵连连长，调任孝感训练入伍的新兵。此间，中共组织派共产党员李之龙与他联络，进行革命活动，他用“俄自”的别名与李之龙通信。

1923 年，郭俊加入中国共产党。

1924 年 1 月，国民党第一次全国代表大会在广州召开。一百五十六名代表中，共产党员占了百分之十四。为了实行三民主义，孙中山提出了联俄联共，扶助农工三大政策，整顿改组了国民党。孙中山又重新着手建立革命武装，培养军队的革命干部，郭俊奉中共党组织的指示，参加了国共合作的成果——黄埔陆军军官学校的创建工作。1924 年 5 月，黄埔军校在广州黄埔岛上正式诞生。

1924 年 6 月 16 日，黄埔军校正式开学。第一期学员 500 多人，编为四个区队。郭俊任第一区队队长，带领学员进行艰苦紧张的各科军事训练，并且防止国民党右派的各种阻挠，困难地开展革命活动。后来成为国共名将的徐向前、陈赓、左权、陈明仁、宋希濂、蒋孝先等，都是他的学生。

1924 年 9 月，周恩来到黄埔军校担任政治部主任，郭俊和周恩来成为亲密战友。

同年 10 月，英国汇丰银行买办陈廉伯和佛山大地主陈恭受，组织武装商团，向西欧某国购枪一万余条，子弹 430 余万发，由丹麦轮船“哈佛号”运载来华。孙中山电令黄埔军校协同海军拦截扣留。郭俊率领他的区队，配合海军，把“哈佛号”的枪支弹药运到了黄埔军校，又奉命带区队去虎门沙角炮台守卫，严防武装商团袭击。

后来，孙中山为稳定政局，调黄埔学生军进剿西关武装商团。郭俊带本区队学员和另两队学员组成中央革命委员会的卫队，夜晚展开激烈的巷战，消灭全部敌人。郭俊的区队无一伤亡，胜利返校。

黄埔军校有一个“青年军人联合会”，是政治部主任周恩来发起成立的，由师生共同组成。教师中的主要成员有郭俊、金佛庄、茅延桢、胡公冕等。学生中的主要成员有李之龙、蒋先云、徐向前、陈赓、左权等。青年军人联合会的主要任务是巩固统一战线，执行孙中山的三大政策，围绕学校中心开展革命活动。国民党右派戴季陶和教授部主任王柏龄等人也组织了一个“孙文主义学会”，与“青军会”抗衡，指责“青军会”是共产党的“御用工具”，要清除青军会中的共产党员。郭俊根据周恩来的指示，和其他共产党员一起，团结国民党左派，孤立国民党右派。后来，军青会发展到各兵种，会员二万多人，造成了很大的影响。

1925 年 2 月 1 日，国民政府举行了第一次东征。东征主力是以共产党员为骨干的黄埔学生军两个教导团，共三千多人。郭俊任第一团第三营第七连连长。

2月15日拂晓，黄埔东征军向淡水城洪兆麟旅发起进攻。郭俊所在的团队首先攻破敌军阵地，歼灭了敌旅有生力量。敌人调动一万多援军，疯狂反扑，王柏龄的第二团连连后撤。蒋介石的第一军军指挥部也被迫从城里撤到城外高地。郭俊接到命令，担负右翼掩护，多次打退敌人进攻，保卫了军指挥部的安全。周恩来又派陈赓率学生军阻击反扑的敌人援军，使第一团支持二团控制了局面。

3月12日，第一团在棉湖西北山地与敌人劲旅林虎的部队遭遇，双方轮番冲杀，反复较量，拼死争夺，死伤惨重。郭俊奋不顾身，以一当十，勇猛拼杀，胸部中弹。战后掩埋阵亡将士时，发现他还有气息，被救活。在这次战斗中，陈赓把负伤的蒋介石背着救了出来。

10月上旬，国民革命军第二次东征。郭俊伤愈被编第一军第一师第三团任一营营长。13日，东征部队攻占海陆丰地区。郭俊部在惠州城战绩突出，郭俊升任第三团党代表。第二次东征胜利后，郭俊任第一军第一师第一团团长。

1926年6月，国民政府决定北伐，任命郭俊为第一兵站站监(少将军衔)，主管第一军的后勤保障工作。9月，北伐军进攻江西，郭俊被调任第一军第二师第六团任团长。

1927年1月，北伐军进军衢州，在主攻游埠渡衢江的战斗中，郭俊腰部中弹，在转往衢州抢救的途中牺牲。经国民革命军总司令蒋介石批准，总司令部追授郭俊中将军衔，以彰英烈告慰英灵。

中华人民共和国成立后，安陆县人民政府追认郭俊为革命烈士。

中共中央军委1982年8月6日军办信发字(82)218号复函中，聂荣臻元帅评价说："郭俊是一个好同志。"

周书楷

周书楷(1913年8月—1992年7月)安陆城关人，曾就读于省立第十中学(现紫金路小学)、湖北省立第三高中。1931年考入南京国立中央大学政治系，毕业后开始就业于民间机构中国国际联盟同志会，后赴英国留学，先后毕业于伦敦大学和剑桥大学。

1938年，周书楷进入中华民国外交部，先后任英国伦敦中国大使馆专员、驻曼彻斯特副领事、国民党政府外交秘书、情报司副司长。

1945年12月，周书楷奉调回国，出任美、国、共三人谈判小组美国政府特使马歇尔的翻译。

1949年，周书楷到台湾，历任台湾地区驻马尼拉"总领事"、驻菲律宾代办"侨务委员会委员长"、台湾地区"驻西班牙大使"。

1965年，周书楷任台湾地区驻"美国大使"，是第一个没有博士学位的"驻美大使"。美国纽约圣若望大学给予他荣誉法学博士学位。

1970年，周书楷坚决反对"台独"。为改善台湾同美国的关系，周书楷力促蒋经国防美，和蒋经国一起险遭"台独"分子刺杀。

1971年，周书楷任中国台湾"外交部长"，力保"中华民国"在联合国的席位。10月25日，联大通过联合国2758号决议，认定中华人民共和国是中国唯一合法政府进入联合国前的几个小时，周书楷知道大势已去，与其被联合国驱赶，不如主动退出，遂在大会上宣布“中华民国”退出联合国。1972年，同“中华民国”断交的国家达29个，周书楷在台湾的声誉一落千丈。

1972年5月，周书楷任行政院政务委员，后任驻梵蒂冈大使，1975年出任驻教廷大使16年。

1990年，周书楷受聘台湾“总统府国策顾问”，当选为国民党第十届委员会委员。

1991年，周书楷回台湾，1992年7月病逝，终年79岁。

郭令智

郭令智(1915—2015年8月)号叔明，中国共产党党员，安陆城关人，著名构造地质学家，南京大学地球科学系教授，中华人民共和国首批博士生导师、博士后导师，1993年当选为中科院院士。

郭令智早年就读于安陆省立十中(现紫金路小学)、武昌博文中学。1938年毕业于中央大学地质系。1949年赴英国伦敦大学皇家学院从事英国南部地质和地貌的科研工作。

1951年，郭令智回国任南京大学地质系教授。历任地质系水文工程地质教研室主任、构造地质教研室主任、校学术委员会委员、南京大学副校长、代理校长、校务委员会主席、校顾问、教育部地学学科评价组组长、地学规划组组长、国务院学位委员会学科语言组成员等职。

20世纪50年代到60年代，他从事华南区域地质和大地构造的研究，先后和别人合作撰写了《华南加里东地槽褶皱区发展的基本特征》等十余篇论文，系统全面地论证了华南加里东地褶皱区的构造属性和演化历史。70年代初，他开始了华南板块构造研究。80年代以来，他进一步探索大陆内部震旦纪——早古生代岩石圈的结构形成和演化。90年代，与人合作发表了《印、藏碰撞的两种远距离构造效应》等学术论著。

1986年，他在南京大学主持召开了“国际大陆边缘地质学术讨论会”，作为大会主席作了《华南不同地质时代大陆边缘构造》的学术报告，受到国内外学者的好评。20世纪80年代以来，他多次赴美、日、法、泰等国访问、讲学、参加学术会议和考察，他和他的合作者的科研成果曾多次获国家级和省级奖励。

1990年，郭令智被国家教委授予全国高等院校先进科技工作者的称号。

郭令智发表150余篇论著，其中关于地貌学和工程地质方面的21篇，区域地质构造方面的24篇，板块构造方面的62篇，在国际学术会议和国外刊物上发表的12篇。

郭令智是联合国教科文组织国际对比计划224项和267项负责人。

2015年8月5日郭令智逝世，中共中央总书记、国家主席、中央军委主席习近平，原中共中央总书记、原国家主席、原中央军委主席胡锦涛委托有关方面打电话，对郭令智院士的逝世表示哀悼，对其亲属表示慰问。中共中央政治局常委、国务院总理李克强，中共中央政治局常委、全国人大常委会委员长张德江，中共中央政治局常委刘云山，中央政治局委员、国务院副总理刘延东，中央政治局委员、中央组织部部长赵乐际，原中共中央政治局常委、原国务院总理朱镕基，原中共中央政治局常委、原国务院总理温家宝，原中共中央政治局常委、原国务院副总理李岚清，原中共中央政治局常委、原中纪委书记吴官正，中共中央书记处书记、国务委员杨晶，原全国人大常委会副委员长陈至立，原全国人大常委会副委员长蒋树声也分别委托有关方面打电话，对郭令智院士的逝世表示深切哀悼，对其亲属表示亲切慰问，并委托代送花圈。中共中央组织部、教育部、中国科学院、中共江苏省委、江苏省人民政府、江苏省委组织部、江苏省教育厅、中共南京市委员会、南京市人民政府等单位，以及百余所高校、科研机构发来唁电或送来花圈。

池际尚

池际尚(1917 年 6 月—1994 年 7 月)，我国著名岩石学家、地质学家、中国科学院院士。湖北安陆城关人，四岁随父到北平，七岁上北师大二附小。1930 年考入北师大附中，1935 年因省亲回祖籍在湖北省立第十中学(现紫金路小学)就读。1936 年回北师大附中毕业，以优异的成绩考入清华大学物理系。1938 年，池际尚加入中国共产党，身份暴露后被迫到昆明西南联合大学学地质，1941 年毕业。1946 年到美国深造，1950 年 10 月，池际尚同华罗庚等人一起，克服重重困难，回到祖国，先后任清华大学地质系副教授、北京地质学院教授、武汉地质学院教授、副院长。

1952 年池际尚在北京地质大学，编写了我国第一本《岩浆岩石学》。当时她的学生中，就有担任过共和国总理的温家宝。1965 年她带领金刚石科研队，提出了识别金伯利岩含金刚石的公式。这项成果获 1978 年全国科学大会奖。

1979 至 1982 年，她作为联合国教科文组织和国际地科联国际地质对比计划执行局的中国代表，努力推行我国教育事业的发展和地质科研的对外交流和合作，饮誉国际地学界。

1983 年她退休后，仍尽力研究国际地学和岩石学的发展，除自己获得多项成果奖外，亲自培养了博士生十一人，硕士生十三人，博士后二人。她逝世后，地矿部、全国妇联、中央统战部、中国科学院发出了向池际尚学习的通知。

2005 年 9 月 9 日，时任中华人民共和国总理温家宝在接见第五届高等教育国家级教学成果奖获奖代表时的讲话中，对已故的老师池际尚寄予了深刻的怀念并作出了高度的评价。

附 录 篇

FÙ LÙ PIĀN

ANLUSHI

DIMINGZHI

附录一

国务院关于发布《地名管理条例》的通知

（1986 年 1 月 23 日）

现将《地名管理条例》发给你们，请遵照执行。国务院委托中国地名委员会管理全国地名工作，其办事机构由城乡建设环境保护部代管。县（市）以上地名机构的设置问题，由当地政府根据实际情况决定。

地名管理条例

第一条 为了加强对地名的管理，适应社会主义现代化建设和国际交往的需要，制定本条例。

第二条 本条例所称地名，包括：自然地理实体名称，行政区划名称，居民地名称，各专业部门使用的具有地名意义的台、站、港、场等名称。

第三条 地名管理应当从我国地名的历史和现状出发，保持地名的相对稳定。必须命名和更名时，应当按照本条例规定的原则和审批权限报经批准。未经批准，任何单位和个人不得擅自决定。

第四条 地名的命名应遵循下列规定：

（一）有利于人民团结和社会主义现代化建设，尊重当地群众的愿望，与有关各方协商一致。

（二）一般不以人名作地名。禁止用国家领导人的名字作地名。

（三）全国范围内的县、市以上名称，一个县、市内的乡、镇名称，一个城镇内的街道名称，一个乡内的村庄名称，不应重名，并避免同音。

（四）各专业部门使用的具有地名意义的台、站、港、场等名称，一般应与当地地名统一。

（五）避免使用生僻字。

第五条 地名的更名应遵循下列规定：

(一)凡有损我国领土主权和民族尊严的，带有民族歧视性质和妨碍民族团结的，带有侮辱劳动人民性质和极端庸俗的，以及其他违背国家方针、政策的地名，必须更名。

(二)不符合本条例第四条第三、四、五款规定的地名，在征得有关方面和当地群众同意后，予以更名。

(三)一地多名、一名多写的，应当确定一个统一的名称和用字。

(四)不明显属于上述范围的、可改可不改的和当地群众不同意改的地名，不要更改。

第六条 地名命名、更名的审批权限和程序如下：

(一)行政区划名称的命名、更名，按照国务院《关于行政区划管理的规定》办理。

(二)国内外著名的或涉及两个省(自治区、直辖市)以上的山脉、河流、湖泊等自然地理实体名称，由省、自治区、直辖市人民政府提出意见，报国务院审批。

(三)边境地区涉及国界线走向和海上涉及岛屿归属界线以及载入边界条约和议定书中的自然地理实体名称和居民地名称，由省、自治区、直辖市人民政府提出意见，报国务院审批。

(四)在科学考察中，对国际公有领域新的地理实体命名，由主管部门提出意见，报国务院审批。

(五)各专业部门使用的具有地名意义的台、站、港、场等名称，在征得当地人民政府同意后，由专业主管部门审批。

(六)城镇街道名称，由直辖市、市、县人民政府审批。

(七)其他地名，由省、自治区、直辖市人民政府规定审批程序。

(八)地名的命名、更名工作，可以交地名机构或管理地名工作的单位承办，也可以交其他部门承办；其他部门承办的，应征求地名机构或管理地名工作单位的意见。

第七条 少数民族语地名的汉字译写，外国地名的汉字译写，应当做到规范化。译写规则，由中国地名委员会制定。

第八条 中国地名的罗马字母拼写，以国家公布的“汉语拼音方案”作为统一规范。拼写细则，由中国地名委员会制定。

第九条 经各级人民政府批准和审定的地名，由地名机构负责汇集出版。其中行政区划名称，民政部门可以汇集出版单行本。出版外国地名译名书籍，需经中国地名委员会审定或由中国地名委员会组织编纂。各机关、团体、部队、企业、事业单位使用地名时，都以地名机构或民政部门编辑出版的地名书籍为准。

第十条 地名档案的管理，按照中国地名委员会和国家档案局的有关规定执行。

第十一条 地方人民政府应责成有关部门在必要的地方设置地名标志。

第十二条 本条例在实施中遇到的具体问题，由中国地名委员会研究答复。

第十三条 本条例自发布之日起施行。

附录二

国务院关于开展第二次全国地名普查的通知

国发〔2014〕3 号

各省、自治区、直辖市人民政府，国务院各部委、各直属机构：

为全面掌握地名基本信息，提高我国地名管理和服务水平，定于 2014 年 7 月至 2018 年 6 月开展第二次全国地名普查。现就有关问题通知如下：

一、目的和意义

地名普查的目的是查清地名基本情况，掌握地名基础数据，提高地名标准化水平，加强地名信息化服务建设，为社会提供全面准确的地名信息。

地名是基础地理信息，地名普查是一项公益性、基础性的国情调查。开展地名普查，有利于维护国家主权和领土完整、巩固国防建设，有利于经济社会协调发展，有利于社会交流交往、方便人民群众生产生活，对提高政府管理水平和公共服务能力具有重要意义。

二、范围和内容

普查范围：第二次全国地名普查试点区域以外的全国所有陆地国土（不含香港特别行政区、澳门特别行政区、台湾省）。

普查内容：查清地名及相关属性信息，对有地无名的有地名作用的地理实体进行命名，对不规范地名进行标准化处理，设置标准规范的地名标志，建立、完善各级国家地名和区划数据库，加强地名信息化服务建设，建立地名普查档案。

三、时间安排

此次地名普查从 2014 年 7 月 1 日开始，到 2018 年 6 月 30 日结束，分三个阶段实施。普查标准时点为 2014 年 12 月 31 日。

第一阶段，2014 年 7 月至 12 月，所有普查地区完成组织动员、成立机构、搜集资料、制定方案、人员培训等各项准备工作。

第二阶段，2015 年 1 月至 2017 年 6 月，完成所有地区的普查和各级检查验收工作。各省、自治区、直辖市可结合实际统筹安排所辖相关县(市、区、旗)的普查和检查验收，既可同时开展，也可分期分批进行。具体计划由各省、自治区、直辖市第二次全国地名普查领导小组报国务院第二次全国地名普查领导小组批准后实施。

第三阶段，2017 年 7 月至 2018 年 6 月，完成成果完善、上报、汇总工作，建立档案，开展普查成果转化利用。

四、组织实施

此次地名普查范围大、涉及面广、情况复杂、技术要求高，为加强领导、确保工作顺利开展，成立国务院第二次全国地名普查领导小组，负责制定统一的实施方案、工作规程和普查的组织实施，协调解决工作中的重大问题。领导小组办公室设在民政部，承担领导小组日常工作，负责全国地名普查工作的业务指导和督促检查。领导小组属于阶段性工作机制，不属于新设立的议事协调机构，任务完成后即撤销。

普查工作要按照“统一领导、分工协作、分级负责、共同参与”的原则组织实施。领导小组各成员单位要密切配合、通力协作，各司其职、各负其责，共同做好普查工作。普查涉及的县级以上地方各级人民政府要相应成立地名普查领导小组及其办公室，按照国务院第二次全国地名普查领导小组的规定和要求，负责组织本行政区域地名普查工作。

五、工作要求

各地区、各有关部门要充分认识、广泛宣传第二次全国地名普查的重要意义，加强组织领导，周密部署，统筹协调，确保普查任务顺利完成。普查工作人员要严守工作纪律，按照有关政策规定、工作规程和技术标准认真做好普查工作，确保普查数据真实可靠。

附件：国务院第二次全国地名普查领导小组组成人员名单

国务院

2014 年 1 月 23 日

附：国务院第二次全国地名普查领导小组组成人员名单

组　长：王　勇　国务委员

副组长：李立国　民政部部长

阎京华　国务院机关党组纪检组组长

宫蒲光　民政部副部长

乙晓光　总参谋长助理

成　员：杜　鹰　发展改革委副主任
鲁　昕　教育部副部长
尚　冰　工业和信息化部副部长
陈改户　国家民委副主任
黄　明　公安部副部长
王保安　财政部副部长
胡存智　国土资源部副部长
唐　凯　住房城乡建设部总规划师
翁孟勇　交通运输部副部长
矫　勇　水利部副部长
杨志今　文化部副部长
孙志刚　卫生计生委副主任
刘玉亭　工商总局副局长
李　强　统计局副局长
印　红　林业局副局长
王志发　旅游局副局长
蒋坚永　宗教局副局长
刘　琦　能源局副局长
闵宜仁　测绘地信局副局长
傅选义　铁路局副局长
周来振　民航局副局长
顾玉才　文物局副局长
田　嘉　中国地方志指导小组办公室党组书记
领导小组办公室主任　由民政部副部长宫蒲光兼任

附录三

民政部关于颁发《地名管理条例实施细则》的通知

民行发[1996]17号

各省、自治区、直辖市民政厅(局)、地名委员会：

为了更好地贯彻落实1986年国务院颁发的《地名管理条例》，推进我国地名标准化进程，不断提高地名管理水平，我部制定了《地名管理条例实施细则》。现印发你们，请遵照执行。

民政部

1996年6月18日

第一章　总　　则

第一条　根据《地名管理条例》(以下简称《条例》)的规定，制定本实施细则。

第二条　凡涉及地名的命名与更名、地名的标准化处理、标准地名的使用、地名标志的设置、地名档案的管理等行为，均适用本细则。

第三条　《条例》所称自然地理实体名称，包括山、河、湖、海、岛礁、沙滩、岬角，海湾、水道、地形区等名称；行政区划名称，包括各级行政区域和各级人民政府派出机构所辖区域名称；居民地名称，包括城镇、区片、开发区、自然村、片村、农林牧渔点及街、巷、居民区、楼群(含楼、门号码)、建筑物等名称；各专业部门使用的具有地名意义的台、站、港、场等名称，还包括名胜古迹、纪念地、游览地、企业事业单位等名称。

第四条 地名管理的任务是：依据国家关于地名管理的方针、政策和法规，通过地名管理的各项行政职能和技术手段，逐步实现国家地名标准化和国内外地名译写规范化，为社会主义建设和国际交往服务。

第五条 国家对地名实行统一管理、分级负责制。

第六条 民政部是全国地名的主管部门。其职责是：指导和协调全国地名管理工作；制定全国地名工作规划；审核地名的命名和更名；审定并组织编纂全国性标准地名资料和工具图书；指导、监督标准地名的推广使用；管理地名标志和地名档案；对专业部门使用的地名实行监督和协调管理。

第七条 县级以上民政管理部门（或地名委员会）主管本行政区域的地名工作。其职责是：贯彻执行国家关于地名工作的方针、政策、法律、法规；落实全国地名工作规划；审核、承办本辖区地名的命名、更名；推行地名的标准化、规范化；设置地名标志；管理地名档案；完成国家其它地名工作任务。

第二章　地名的命名与更名

第八条 地名的命名除应遵循《条例》第四条的规定外，还应遵循下列原则：

（一）有利于国家统一、主权和领土完整。

（二）反映当地人文或自然地理特征。

（三）使用规范的汉字或少数民族文字。

（四）不以外国人名、地名命名我国地名。

（五）人民政府不驻在同一城镇的县级以上行政区域名称，其专名不应相同。

一个县（市、区）内的乡、镇、街道办事处名称，一个乡、镇内自然村名称，一个城镇内的街、巷、居民区名称，不应重名；

国内著名的自然地理实体名称不应重名；

一个省、自治区、直辖市行政区域内，较重要的自然地理实体名称不应重名；

上述不应重名范围内的地名避免使用同音字。

（六）不以著名的山脉、河流等自然地理实体名称作行政区域专名；自然地理实体的范围超出本行政区域的，亦不以其名称作本行政区域专名。

（七）县、市、市辖区不以本辖区内人民政府非驻地村镇专名命名。

（八）乡、镇、街道办事处一般应以乡、镇人民政府驻地居民点和街道办事处所在街巷名命名。

（九）新建和改建的城镇街巷、居民区应按照层次化、序列化、规范化的要求予以命名。

第九条 地名的更名除应遵循《条例》第五条的规定外，凡不符合本细则第八条（四）、（五）、（七）、（八）项规定的地名，原则上也应予以更名。需要更改的地名，应随着城乡发展的需要，逐步进行调整。

第十条 地名命名、更名的审批权限按照《地名管理条例》第六条（一）至（七）项规定办理。

第十一条 申报地名的命名、更名时，应将命名、更名的理由及拟废止的旧名、拟采用的新名的含义、来源等一并加以说明。

第十二条 地名的命名、更名由地名管理部门负责承办。行政区域名称的命名、更名，由行政区划和地名管理部门共同协商承办。

专业部门使用的具有地名意义的名称，其命名、更名由该专业部门负责承办，但应事先征得当地地名管理部门的同意。

第三章 地名的标准化处理

第十三条 凡符合《地名管理条例》规定，并经县级以上人民政府或专业主管部门批准的地名为标准地名。

第十四条 标准地名原则上由专名和通名两部分组成。通名用字反映所称地理实体的地理属性(类别)。不单独使用通名词组作地名。具体技术要求，以民政部制定的技术规范为准。

第十五条 汉语地名中的方言俗字，一般用字音(或字义)相同或相近的通用字代替。对原有地名中带有一定区域性或特殊含义的通名俗字，经国家语言文字工作委员会审音定字后，可以保留。

第十六条 少数民族自治区地方及民族乡名称，一般由地域专名、民族全称(包括"族"字)和相应自治区域通名组成。由多个少数民族组成的民族自治地方名称，少数民族的称谓至多列举三个。

第十七条 少数民族语地名的译写

(一)少数民族语地名，在各自民族语言、文字的基础上，按其标准(通用)语言，依据汉语普通话读音进行汉字译写。对约定俗成的汉字译名，一般不更改。

(二)多民族聚居区的地名，如不同民族有不同的称谓并无惯用汉语名称时，经当地地名管理部门征得有关少数民族的意见后，选择当地使用范围较广的某一种称谓进行汉字译写。

(三)少数民族地名的汉字译写，应尽可能采用常用字，避免使用多音、贬义和容易产生歧义的字词。

(四)有文字的少数民族语地名之间的相互译写，以本民族和他民族规范化的语言文字为依据，或者以汉语拼音字母拼写的地名为依据。

(五)少数民族语地名译写的具体技术要求，以民政部商同国务院有关部门制定的或经民政部审定的有关规范为依据。

第十八条 国外地名的汉字译写

(一)国外地名的汉字译写，除少数惯用译名外，以该国官方语言文字和标准音为依据；有两种以上官方语言文字的国家，以该地名所属语区的语言文字为依据。国际公共领域的地理实体名称的汉字译写，以联合国有关组织或国际有关组织颁布的标准名称为依据。

(二)国外地名的汉字译写，以汉语普通话读音为准，不用方言读音。尽量避免使用多音字、生僻字、贬义字。

(三)国外地名专名实行音译，通名一般实行意译。

(四)对国外地名原有的汉译惯用名采取“约定俗成”的原则予以保留。

(五)国外地名译写的具体技术要求，以国家地名管理部门制定的外国地名译名规范为依据。国外地名的译名以国家地名管理部门编纂或审定的地名译名手册中的地名为标准化译名。

第十九条 中国地名的罗马字母拼写

(一)《汉语拼音方案》是使用罗马字母拼写中国地名的统一规范。它不仅适用于汉语和国内其他少数民族语，同时也适用于英语、法语、德语、西班牙语、世界语等罗马字母书写的各种语文。

(二)汉语地名按《中国地名汉字拼音字母拼写规则(汉语地名部分)》拼写。

(三)少数民族的族称按国家技术监督局制定的《中国各民族名称的罗马字母拼写方法和代码》的规定拼写。

(四)蒙、维、藏语地名以及惯用蒙、维、藏语文书写的少数民族地名，按《少数民族语地名汉语拼音字母音译转写法》拼写。

(五)其他少数民族语地名，原则上以汉译名称按《中国地名汉语拼音字母拼写规则(汉语地名部分)》拼写。

(六)台湾省和香港、澳门地区的地名，依据国家有关规定进行拼写。

(七)地名罗马字母拼写具体规范由民政部商同国务院有关部门负责修订。

第四章 标准地名的使用

第二十条 各级地名管理部门和专业主管部门，应当将批准的标准地名及时向社会公布，推广使用。

第二十一条 各级地名管理部门和专业主管部门，负责编纂本行政区域或本系统的各种标准化地名出版物，及进向社会提供法定地名。其他部门不得编纂标准化地名工具图书。

第二十二条 机关、部队、团体、企业、事业单位的公告、文件、证件、影视、商标、广告、牌匾、地图以及出版物等方面所使用的地名，均应以正式公布的标示地名(包括规范化译名)为准，不得擅自更改。

第二十三条 对尚未公布规范汉字译写的外国地名，地名使用单位应根据国家地名管理部门制定的译名规则进行汉字译写。

第五章 地名标志的设置

第二十四条 行政区域界位、城镇街巷、居民区、楼、院、自然村屯、主要道路和桥梁、纪念地、文物古迹、风景名胜、强、站、港、场和重要自然地理实体等地方应当设置地名标志。一定区域内的同类地名标志应当力求统一。

第二十五条 地名标志的主要内容包括：标准地名汉字的规范书写形式；标准地名汉语拼音字母的规范拼写形式。在习惯于用本民族文字书写地名的民族自治区域，可依据民族区域自治法有关文字书写规定，并列该民族文字规范书写形式。

第二十六条 地名标志的设置和管理，由当地地名管理部门负责。其中街、巷、楼、门牌统一由地名主管部门管理，条件尚不成热的地方，地名主管部门应积极取得有关部门的配合，共同做好标志的管理工作，逐步实现统一管理。专业部门使用的具有地名意义的名称标志，由地名管理部门协调有关专业部门设置和管理。

第二十七条 地名标志的设置和管理所需费用，当地人民政府根据具体情况，可由财政拨款，也可采取受益单位出资或工程预算费列支等方式筹措。

第六章　地名档案的管理

第二十八条 全国地名档案工作由民政部统一指导，各级地名档案管理部门分级管理。地名档案工作在业务上接受档案管理部门的指导、监督。

第二十九条 各级地名档案管理部门保管的地名档案资料，应不少于本级人民政府审批权限规定的地名数量。

第三十条 地名档案的管理规范，应执行民政部和国家档案局制定的有关规定。

第三十一条 各级地名档案管理部门，要在遵守国家保密规定原则下，积极开展地名信息咨询服务。

第七章　奖励与惩罚

第三十二条 各级地名管理部门应当加强地名工作的管理、监督和检查。对擅自命名、更名或使用不规范地名的单位和个人，应发送违章使用地名通知书，限期纠正；对逾期不改或情节严重、造成不良后果者，地名管理部门应根据有关规定，对其进行处罚。

第三十三条 地名标志为国家法定的标志物。对损坏地名标志的，地名管理部门应责令其赔偿；对偷窃、故意损毁或擅自移动地名标志的，地名管理部门报请有关部门，依据《中华人民共和国治安管理处罚条例》的规定予以处罚；情节恶劣、后果严重触犯刑律的，依法追究刑事责任。

第三十四条 当地人民政府对推广使用标准地名和保护地名标志作出贡献的单位和个人，应当给予表彰或奖励。

第八章　附　　则

第三十五条　各省、自治区、直辖市人民政府可根据本细则，制定本行政区域的地名管理办法。

第三十六条　本细则由民政部负责解释。

第三十七条　本细则自发布之日起施行。

附录四

湖北省地名管理办法

发文单位：湖北省人民政府

文　　号：湖北省人民政府令第28号

发布日期：1991-12-30

执行日期：1991-12-30

生效日期：1900-1-1

第一条　为了加强地名管理，适应社会主义现代化建设和国际国内交往的需要，根据国务院《地名管理条例》，结合我省实际情况，制定本办法。

第二条　本办法所称地名，包括：

（一）山、河、湖、洲、泉、洞以及地域等自然地理实体名称；

（二）地、市、州、县（含县级市、市辖区、下同）、乡、镇、区公所、街道办事处等行政区划名称及村民委员会、居民委员会名称；

（三）农村的自然村、居民点和城镇的街道、巷里、居民区等居民地名称；

（四）气象台、车站、港口、机场、农场、林场、道路、桥梁、水库、矿山、名胜古迹、纪念地等各专业部门使用的具有地名意义的名称。

第三条　省地名委员会负责全省地名管理工作。各地、市、州、县地名委员会负责本行政区域内的地名管理工作。

各级地名委员会的主要职责是：贯彻执行国家关于地名管理的法律、法规、规章和政策；制定本地区地名管理工作的长远规划和近期计划，并组织实施；负责地名命名、更名的申报、审核；协调有关部门在地名管理中的工作关系；监督、检查地名的使用；调查、搜集地名资料；管理地名档案等。

各级地名委员会办公室设在同级民政部门，负责地名管理的日常工作。

第四条 地名管理应从我省地名的历史和现状出发，保持地名的相对稳定。地名需要命名和更名时，必须按照规定的审批权限、程序，报经批准。

第五条 地名的命名应当遵循下列规定：

(一)尊重当地群众意愿，注意反映当地历史、文化和地理环境特点，有利于人民团结；

(二)一般不以人名作地名，禁止用国家领导人的名字作地名；

(三)地、市、州范围内的乡、镇、街道办事处名称，同一城镇的街巷、居民地名称，同一乡、镇的村庄名称，不应重名，并避免同音。

(四)新建的居民区、城镇街道以及台、站、港、场等，应在施工前按审批权限确定名称。

(五)新勘探、开发的地区使用的临时名称，事后应按规定申报，获得批准确认的，可继续使用；未获批准的应及时换用批准确认的新名称。

(六)派生地名应与主地名统一。

(七)避免使用生僻字和易产生歧义的字、词。

第六条 地名的更名应遵循下列规定：

(一)凡有损民族尊严的，带有侮辱劳动人民或民族歧视性质的和不利于民族团结的、庸俗的，以及其他违背国家有关规定的地名，必须更名。

(二)不符合本办法第五条第(二)、(三)、(六)、(七)款规定的，应在征得有关方面和当地群众同意后予以更名；

(三)一地多名，一地名多种写法的，应当确定一个统一的名称和写法；

(四)对于可改可不改的和当地群众不同意改的地名，不要更改。

第七条 地名命名、更名的审批权限和程序：

(一)本省在国内外著名的山、河、湖等自然地理实体，以及跨省的山、河、湖等自然地理实体名称的命名、更名，由省地名委员会提出意见，经省人民政府审查同意，报国务院审批；省内著名的或跨地区的自然地理实体名称的命名、更名，由有关地、市、州地名委员会提出意见，经行署和市、州人民政府同意，报省人民政府审批；地、市、州内跨县的自然地理实体名称的命名、更名，由有关县地名委员会提出意见，经县人民政府同意，报地区行署和市、州人民政府审批；其他自然地理实体名称的命名、更名，由所在县地名委员会提出意见，报县人民政府审批。

有关单位在野外作业或科学考察中，需对无名自然地理实体命名时，由该单位的主管部门提出意见，交当地地名委员会按上述规定的审批权限和程序办理。

(二)行政区划名称的命名、更名，按《国务院关于行政区划管理的规定》办理。

村民委员会、居民委员会名称的命名、更名，由乡、镇人民政府提出意见，经县地名委员会审核，报县人民政府审批。

（三）农村的自然村、居民点名称的命名、更名，由乡、镇人民政府提出意见，经县地名委员会审核，报县人民政府审批；城镇的街道、巷里、居民区等名称的命名、更名，由市、县地名委员会提出意见，报同级人民政府审批。

（四）有关单位使用的具有地名意义的台、站、港、场等名称，由该单位提出意见，在征得当地人民政府同意后，报上级主管部门审批。

上述各级人民政府和地区行署批准的地名，抄送上级地名委员会备案；各专业部门批准的地名，抄送同级地名委员会备案。

第八条 地名命名、更名向上级人民政府和专业主管部门报告的内容应包括：命名、更名的理由，拟废止的旧名和拟采用的新名的涵义、来源，地理概况以及报告单位的意见等。

第九条 各级人民政府和地区行署以及各专业主管部门批准和审定的地名为标准地名，任何单位和个人在使用地名时，都必须以标准地名为准。

标准地名由各级地名委员会负责公布、汇集出版。

各类地名均应按国家确定的规范汉字书写，不用自造字、已简化的繁体字和已淘汰的异体字。地名的汉字字形，以一九六五年文化部和中国文字改革委员会联合发布的《印刷通用汉字字形表》为准。

第十条 少数民族语地名的汉字译写和外国地名的汉字译写，应遵循中国地名委员会的有关规定。

用汉语拼音字母拼写地名，应按中国地名委员会、中国文字改革委员会、国家测绘局颁发的《中国地名汉语拼音字母拼写规则》拼写。

第十一条 各级地名委员会必须按照中国地名委员会和国家档案局公布的《全国地名档案管理暂行办法》以及国家和省其他有关规定，做好地名档案资料的收集、管理和利用工作，及时向社会提供服务。

向国外团体和个人提供未公开的地名资料，必须向省地名委员会提出申请，由省地名委员会统一报经中国地名委员会批准。

第十二条 各级地名委员会应会同城建、交通、公安等有关部门，在城市街巷、集镇、村庄、交通要道、车站，码头以及其他必要的地方设置地名标志，并做好管理工作。

任何单位和个人，不得擅自移动和损坏地名标志。因施工需要移动地名标志时，须经标志主管部门同意。施工单位应在工程结束时负责修复。

第十三条 违反本办法第五条、第六条和第七条规定的原则和审批权限、程序，擅自对地名命名、更名的，上级地名委员会应提出处理意见，报同级政府或送有关主管部门责成下级政府或部门改正。

对不使用标准地名和不按规定译、拼写地名的，由地名机构给予批评教育，并责其改正。

上述行为引起民族、民事纠纷，造成后果的，应追究有关人员的行政责任。

第十四条 对帮意损坏地名标志，违反《中华人民共和国治安管理处罚条例》的，由公安机关给予适当的处罚。

第十五条 本办法应用中的有关问题，由省地名委员会负责解释。

第十六条 本办法自发布之日起施行。

附录五

湖北省人民政府办公厅
关于开展第二次全国地名普查的通知

各市、州、县人民政府，省政府各部门：

根据《国务院关于开展第二次全国地名普查的通知》(国发〔2014〕3号)要求，为全面掌握我省地名基本信息，提高地名管理和服务水平，定于2014年7月至2018年6月开展第二次全国地名普查。现就有关问题通知如下：

一、目的和意义

地名普查的目的是查清地名基本情况，掌握地名基础数据，提高地名标准化水平，加强地名信息化服务建设，为社会提供全面准确的地名信息。

地名是基础地理信息，地名普查是一项公益性、基础性的国情调查。开展地名普查，有利于维护国家主权和领土完整、巩固国防建设，有利于经济社会协调发展，有利于社会交流交往、方便人民群众生产生活，有利于提高政府管理水平和公共服务能力。

二、范围和内容

第二次全国地名普查覆盖我省全部国土范围。普查内容包括：查清地名及相关属性信息，对有地无名的有地名作用的地理实体进行命名，对不规范地名进行标准化处理，设置标准规范的地名标志，建立、完善各级国家地名和区划数据库，加强地名信息化服务建设，建立地名普查档案。

三、时间安排

此次地名普查从2014年7月1日开始，到2018年6月30日结束，分三个阶段实施。普查标准时点为2014年12月31日。

第一阶段(2014年7月至12月)。完成组织动员、成立机构、搜集资料、制定方案、人员培训等各项准备工作。

第二阶段(2015年1月至2017年6月)。完成全省普查和检查验收工作。各市(州)结合实际统筹安排各县(市、区)的普查和检查验收，既可以同时开展，也可以分期分批进行。具体计划由各市(州)地名普查领导小组报省地名普查领导小组批准后实施。

第三阶段(2017年7月至2018年6月)。完成成果完善、上报、汇总工作，建立档案，开展普查成果转化利用。

四、组织实施

成立湖北省第二次全国地名普查领导小组，负责制定全省统一的实施方案、工作规程和普查的组织实施，协调解决工作中的重大问题。领导小组办公室设在省民政厅，承担领导小组日常工作，负责全省地名普查工作的业务指导和督促检查(普查工作完成后领导小组即撤销)。

普查工作要按照“统一领导、分工协作、分级负责、共同参与”的原则组织实施。领导小组各成员单位要密切配合，共同做好普查工作。各市、州、县要相应成立地名普查领导小组及其办公室，负责组织本行政区域地名普查工作。

五、工作要求

各地、各有关部门要充分认识、广泛宣传第二次全国地名普查的重要意义，加强组织领导，进行周密部署，按照有关政策规定、工作规程和技术标准认真做好普查工作，确保普查数据真实可靠，确保普查任务顺利完成。要坚持边普查、边应用，规范地名命名更名，建立健全城乡地名标志体系，加快推进地名信息化建设，传承弘扬优秀地名文化，不断提高地名管理服务水平。

湖北省人民政府办公厅
2014年6月11日

附件：湖北省第二次全国地名普查领导小组组成人员名单

湖北省第二次全国地名普查领导小组组成人员名单

组　长：甘荣坤　　副省长
副组长：聂昌斌　　省政府副秘书长
　　　　彭　军　　省民政厅厅长
　　　　闵建华　　省民政厅副厅长
　　　　易慧明　　省军区副参谋长
成　员：肖安民　　省发改委副主任

王建民　省经信委副主任
徐雁冰　省教育厅副厅长
邓汉光　省民宗委副主任
郭唐寅　省公安厅副厅长
黄　明　省财政厅副厅长
邹清平　省国土资源厅副厅长
童纯跃　省住建厅总规划师
马立军　省交通运输厅副厅长
周汉奎　省水利厅副厅长
蔡静峰　省林业厅副厅长
李耀华　省文化厅副厅长
张俊超　省卫生计生委副主任
吴中志　省统计局副局长
刘春华　省工商局副局长
李开寿　省旅游局副局长
郭建华　省测绘局总工程师
陈章华　省方志办副主任
王祖祥　武汉铁路局副局长
张志才　民航湖北监管局党委副书记

领导小组办公室主任由省民政厅副厅长闵建华兼任。

附录六

湖北省第二次全国地名普查领导小组文件

鄂地名普查组发〔2017〕1 号

湖北省第二次全国地名普查领导小组
关于公布湖北省首届“最美地名”征集结果的通知

各市、州、县(市、区)第二次全国地名普查领导小组：

2016 年 12 月 29 日，湖北省民政厅联合湖北省政府文史馆 和湖北省地方志编纂委员会办公室开展了湖北首届“最美地名评选和地名故事征集”活动，印发了《湖北省第二次全国地名普查领导小组关于开展最美地名评选和地名故事征集活动的通知》(鄂地名普查组发〔2016〕3 号)。2017 年 1 月 9 日，湖北省第二次全国地名普查领导小组办公室、湖北日报新媒体集团、湖北长江报刊传媒集团、《中国地名》杂志社和《民风》杂志社联合成立评审组委会，并正式启动了征集评选活动。其中，“最美地名”征集活动由湖北省第二次全国地名普查领导小组办公室和湖北日报网(荆楚网)具体承办，通过各市、州、县(市、区)地名普查办的精心收集和择优推荐，并同步开展网上征集，共初选地名 1236 个。经省地名普查办、省评审组委会审核后，征集活动形成网上候选地名 186 个，累计有 881266 人次网民通过“寻根湖北”微信公众号参与投票，真正实现了地名文化走进千家万户，激发了广大人民群众的文化自信，为弘扬中国优秀传统文化贡献了力量，并受到了江作苏、刘玉堂、沈虹光、梁必文、李辉等湖北著名文史专家、学者一致好评。经综合网民投票、专家评分和省地名普查办评审三方面结果，形成了十大类 100 个湖北省首届 “最美地名”，现予公布。

湖北省首届“最美地名”

一、最古老地名(10个)

荆州 Jīngzhōu （荆州市）

襄阳 Xiāngyáng （襄阳市）

荆门 Jīngmén （荆门市）

江陵 Jiānglíng （荆州市江陵县）

江夏 Jiāngxià （武汉市江夏区）

宜城 Yíchéng （襄阳市宜城市）

安陆 Ānlù （孝感市安陆市）

远安 Yuǎnān （宜昌市远安县）

公安 Gōng’ān （荆州市公安县）

建始 Jiànshǐ （恩施自治州建始县）

二、最人文地名(10个)

黄鹤楼 Huánghè Lóu （武汉市武昌区）

武当山 Wǔdāng Shān （十堰市丹江口市）

厉山 Lì Shān （随州市随县）

秭归 Zǐguī （宜昌市秭归县）

赤壁 Chìbì （咸宁市赤壁市）

莫愁湖 Mòchóu Hú （荆门市钟祥市）

古琴台 Gǔqín Tái （武汉市汉阳区）

昙华林 Tánhuá Lín （武汉市武昌区）

米公祠 Mǐgōng Cí （襄阳市樊城区）

长坂坡 Chángbǎn Pō （宜昌市当阳市）

三、最生态地名(10个)

神农架 shénnóngjià （神农架林区）

东湖 Dōng Hú （武汉市武昌区、洪山区）

梁子湖 Liángzǐ Hú （武汉市、鄂州市）

清江画廊 Qīngjiāng Huàláng （宜昌市长阳自治县）

大九湖 Dàjiǔ Hú （神农架林区）

天堂寨 Tiāntáng Zhài （黄冈市罗田县）

神农溪　Shénnóng Xī　（恩施自治州巴东县）

三峡人家　Sānxiá Rénjiā　（宜昌市夷陵区）

木兰山　Mùlán Shān　（武汉市黄陂区）

大洪山　Dàhóng Shān　（随州市随县）

四、最传统地名(10个)

孝感　Xiàogǎn　（孝感市）

明显陵　Míngxiǎnlíng　（荆门市钟祥市）

古隆中　Gǔlóngzhōng　（襄阳市襄城区）

五祖寺　Wǔzǔ Sì　（黄冈市黄梅县）

卓刀泉　Zhuódāo Quán　（武汉市洪山区）

牌坊村　Páifāngcūn　（襄阳市襄城区）

粮道街　Liángdào Jiē　（武汉市武昌区）

百福司　Bǎifú Sī　（恩施自治州来凤县）

梦泽湖　Mèngzé Hú　（孝感市云梦县）

米埠　Mǐ Bù　（咸宁市嘉鱼县）

五、最励志地名(10个)

七里坪　Qīlǐ Píng　（黄冈市红安县）

首义路　Shǒuyì Lù　（武汉市武昌区）

三峡大坝　Sānxiá Dàbà　（宜昌市夷陵区）

汀泗桥　Tīngsì Qiáo　（咸宁市咸安区）

胜利坪　Shènglìpíng　（宜昌市兴山县）

精武路　Jīngwǔ Lù　（武汉市江汉区）

读书台　Dúshū Tái　（荆门市东宝区）

磨针井　Mózhēn Jǐng　（十堰市丹江口市）

得胜寨　Déshèng Zhài　（黄冈市麻城市）

创业垮　Chuàngyèwān　（黄冈市蕲春县）

六、最诗意地名(10个)

鹦鹉洲　Yīngwǔ Zhōu　（武汉市汉阳区）

紫霄宫　Zǐxiāo Gōng　（十堰市丹江口市）

放鹰台　Fàngyīng Tái　（武汉市武昌区）

遗爱湖　Yíài Hú　（黄冈市黄州区）

西塞山　Xīsài Shān　（黄石市西塞山区）

鸣凤山　Míngfèng Shān　（宜昌市远安县）

桃花岛　Táohuā Dǎo　(襄阳市樊城区)

文笔塔　Wénbǐ Tǎ　(十堰市丹江口市)

龙泉山　Lóngquán Shān　(武汉市江夏区)

月亮湾　Yuèliàngwān　(襄阳市南漳县)

七、最乡情地名(10个)

望家　Wàngjiā　(宜昌市远安县)

货郎湾　Huòlángwān　(荆门市沙洋县)

姑嫂树　Gūsǎoshù　(武汉市江汉区)

洗马池　Xǐmǎchí　(荆州市荆州区)

借粮湖　Jièliáng Hú　(荆门市沙洋县)

陪嫁垭　Péijiàyà　(恩施自治州巴东县)

织布街　Zhībù Jiē　(宜昌市猇亭区)

舍米湖　Shèmǐ Hú　(恩施自治州来凤县)

篾匠道子　Mièjiàngdàozi　(襄阳市襄城区)

小叔岗　Xiǎoshūgǎng　(襄阳市襄州区)

八、最形象地名(10个)

牛肝马肺峡　Niúgānmǎfèi Xiá　(宜昌市秭归县)

龟峰山　Guīfēng Shān　(黄冈市麻城市)

薄刀峰　Báodāo Fēng　(黄冈市罗田县)

仙人渡　Xiānrén Dù　(襄阳市老河口)

神笔峰　Shénbǐ Fēng　(宜昌市五峰自治县)

五指山　Wǔzhǐ Shān　(宜昌市秭归县)

蜂笼寨　Fēnglóng Zhài　(宜昌市夷陵区)

睡佛山　Shuìfó Shān　(宜昌市兴山县)

香炉石　Xiānglú Shí　(宜昌市长阳自治县)

锣圈岩　Luóquān Yán　(恩施自治州宣恩县)

九、最生僻地名(10个)

猇亭　Xiāo Tíng　(宜昌市猇亭区)

奓山　Zhā Shān　(武汉市蔡甸区)

垚儿岩　Yáoér Yán　(宜昌市远安县)

乌乇山　Wūdú Shān　(荆门市钟祥市)

奤子岗　Tǎizi Gǎng　(宜昌市猇亭区

礓礤子湾　jiāngcǎziwān　(宜昌市宜都市)

銧潭　Chǒután　（荆州市沙市区）

凵爹陈家　kǎndiēchénjiā　（咸宁市赤壁市）

铁砦　Tiě Zhài　（孝感市大悟县）

溾水　wēi Shuǐ　（荆门市京山县）

十、最幽默地名（10个）

东西湖　Dōngxīhú　（武汉市东西湖区）

三十六把刀　Sānshíliùbǎdāo　（神农架林区）

八卦嘴　Bāguàzuǐ　（黄石市西塞山区）

王四五六塆　Wángsìwǔliùwān　（黄冈市蕲春县）

对我来　Duìwǒlái　（宜昌市秭归县）

钉耙店　Dīngpádiàn　（荆门市掇刀区）

菢鸡母塆　Bàojīmǔwān　（孝感市应城市）

退三步　Tuìsānbù　（神农架林区）

捉鸡城　Zhuōjīchéng　（武汉市黄陂区）

柜门关　Guìménguān　（襄阳市谷城县）

湖北省第二次全国地名普查领导小组
2017年6月14日

附录七

孝感市地名管理实施办法

孝政发〔2001〕35号

第一章　总　　则

第一条　为了加强和规范地名管理，根据国务院《地名管理条例》和《湖北省地名管理办法》，结合本市实际，制定本办法。

第二条　本办法所称地名，包括：

（一）山、河、湖、洲、泉、洞等自然地理实体名称；

（二）市、县（市、区）、乡（镇、街道办事处）等行政区划名称及村民委员会、居民委员会名称；

（三）农村的自然村、居民点和城镇的道路、巷里、居民区和以居住为主的物业管理小区等居民地名称；

（四）台、站、港口、机场、农场、林场、道路、桥梁、水库、矿山、名胜古迹、纪念地等各专业部门使用的具有地名意义的名称。

第三条　本市行政区域内的地名命名、更名，以及地名标志的设置管理，适用本办法。

第四条　地名管理工作应当在各级人民政府领导下，实行统一管理、分级负责制。

第五条　民政部门是同级人民政府主管地名工作的职能部门（以下统称地名管理机构），负责地名管理的日常工作。为加强地名管理工作的领导和协调，市、县（市、区）人民政府应当成立地名委员会，其办公室设在同级民政部门。

地名管理机构的主要职责是：贯彻执行国家关于地名管理的法律、法规、规章和政策；制定本地区地名管理工作的长远规划和近期计划；负责地名命名、更名的申报、审核；指导、监督标准地名的推广使用，组织实施地名标志管理；调查、搜集整理地名资料，管理地名档案等。

第六条 公安、城建、交通、规划和质量技术监督等部门，应当按照各自职责，配合地名管理机构做好地名管理工作。

第七条 各级人民政府对推广使用标准地名和保护地名标志作出显著成绩的单位和个人，应当给予表彰或奖励。

第二章 地名命名与更名

第八条 地名命名应当有利于维护国家尊严，促进民族团结，能够反映当地人文或者自然地理特征，内容健康，方便交往。

第九条 一般不以人名作地名，禁止用国家领导人的名字作地名，不得以外国人名、地名作地名。

第十条 本市行政区域内的乡、镇、场、街道办事处名称，县(市、区)行政区域内的村(居)民委员会名称，同一城镇的路、街、巷、居民地名称，同一乡镇的村庄名称，不得重名，并避免同音。

第十一条 行政机构名称应当与驻地地名统一。具有地名意义的公共设施名称，应当与其所在地的名称统一。

第十二条 地名命名用字应当简明、准确，不得使用繁体字、生僻字、已淘汰的异体字和易产生歧义的字词。

第十三条 新建的居民区、开发区、城镇街道以及站、港、场等，必须在申报项目前确定名称，按规定程序批准后，方可到有关部门办理手续；否则，有关部门不得办理。

第十四条 地名是国家的无形资产，任何单位和个人不得任意无偿占有，区域内的道路和新建的居民综合区，一般不以企事业单位名称作地名；确需以本单位或商标、品牌名称冠名的，可以申请通过拍卖和协商等形式获取有偿冠名权，并报市、县(市、区)人民政府批准后，方可命名。

第十五条 凡有损民族尊严，带有侮辱劳动人民或民族歧视性质，不利于民族团结，以及其他违背国家规定或者痛俗的地名必须更名。

第十六条 不符合本办法第九、十、十一、十二条规定的地名，必须更名。

第十七条 一地多名或者一地名多种写法的，应当确定统一的名称和写法。

第十八条 对于可改可不改或者当地群众不同意更改的地名，不得更改。

第十九条 地名的命名或者更名，应当尊重本行政区域内地名的历史和现状，保持地名的相对稳定。未经批准，任何单位和个人不得擅自决定命名或者更名。

第二十条 地名命名、更名的审批权限和程序：

(一)跨市的自然地理实体名称的命名、更名，由市地名管理机构提出意见，经市人民政府同意，报省人民政府审批；市内跨县(市、区)的自然地理实体名称的命名、更名，由有关县(市、区)地名管理机构提出竞见，经县(市、区)人民政府同意，报市人民政府审批；其它自然地理实体名称的命名、更名，由所在地县(市、区)地名管理机构提出意见，报县(市、区)人民政府审批。

(二)县(市、区)的设立、撤销、命名、更名，经省人民政府审核并上报国务院审批；乡、镇、街道办事处的命名、更名，由县(市、区)地名委员会提出意见，经县(市、区)人民政府同意后，报市人民政府审核，并综合上报省人民政府审批；村民委员会或者居民委员会的设立、撤销、命名、更名，由乡(镇、场、街道办事处)人民政府提出意见，经县(市、区)地名管理机构审核，报同级人民政府审批。

(三)农村的自然村、居民点名称的命名或者更名，由乡(镇、场、街道办事处)人民政府提出意见，经县(市、区)地名委员会审核，报同级人民政府审批；城镇的道路、里巷、居民区等名称的命名或者更名，由市、县(市、区)地名委员会提出意见，报同级人民政府审批。

(四)有关专业部门使用的具有地名意义的台、站、港、场、人工建筑、纪念地、名胜古迹等名称，由该单位提出意见，在征得当地人民政府同意后，报上级主管部门审批。

各级人民政府批准的地名，应当抄送上级地名管理机构备案。

第二十一条 有关单位在上报地名审批前，必须详细填写统一印制的《地名命名、更名申报表》。

第三章 地名标志设置

第二十二条 地名标志为国家法定标志物。各级地名管理机构应当会同公安、城建、交通等部门，在城镇街巷、居民区、集镇、村庄、交通要道、车站、码头、桥梁以及重要自然地理实体设置地名标志，并做好管理工作。任何单位和个人未经地名管现机构同意，不得擅自移动和损坏地名标志。

第二十三条 城乡楼栋牌、单元牌、门牌、户牌等地名标牌的设置，由当地地名管理机构负责。

第二十四条 住户无门牌号码或者原门牌号码发生变动的，应当到当地地名管理机构登记，并及时设置门牌；住户在办理入户手续前，应当先到当地地名管理机构办理门牌登记手续，然后凭当地地名管理机构出具的有关证明到公安机关办理入户手续。

第二十五条 地名书写应当符合国家语言文字规范，各类标牌的大小、颜色、字体、质地等规格，应当按照国家规定的标准设置。

第二十六条 地名标志设置和管理所需费用，实行谁受益谁出资；城镇街巷等公井场所设置标牌和管理所需费用，由当地财政列支。

第二十七条 地名档案是国家档案的重要组成部分，实行统一领导、分级管理的原则。地名档案业务应当接受当地档案管理部门的指导、监督与检查。

第二十八条 各级地名管理机构必须按照《湖北省县(市)地名档案整理办法》和《全国地名档案管理暂行办法》的规定，做好地名档案资料的收集、管理和利用工作。任何单位和个人，未经地名管理机构批准，不得向国外单位或者个人提供地名资料。地名资料的使用，可实行有偿服务。

第二十九条 各级地名管理机构和专业主管部门负责编纂本行政区域内的各种标准化地名出版物。专业主管部门在编纂标准化地名出版物前，须报经当地地名管理机构审批；未经地名管理机构批准，任何单位和个人不得擅自编印。

第四章 法律责任

第三十条 各级地名管现机构应当加强地名工作的管理、监督和检查。对擅自命名、更名或齐使用不规范地名的单位和个人，应当发送违章使用地名通知书，并限期纠正；对逾期不改或者情节严重、造成不良后果的，应当根据有关规定，对其进行行政处罚。

第三十一条 对损坏地名标志的，地名管理机构应当责令其赔偿；对偷窃或者擅自移动地名标志的，由地名管理机构会同有关部门，依据《中华人民共和国治安管项处罚条例》的规定予以处罚；构成犯罪的，移交司法机关依法追究其刑事责任。

第三十二条 违反本办法的规定，对地名命名、更名不当的，由上级地名委员会提出处理意见，并报请同级人民政府或者有关主管部门责成下级人民政府或者有关部门改正。

上述行为引起民族、民事纠纷，造成不良后果的，应当依法追究有关人员的行政责任。

第三十三条 以暴力或者其他方式阻挠、妨碍地名管理执法人员执行公务的，由公安机关依照《中华人民共和国治安管理处罚条例》的规定处理；构成犯罪的，移交司法机关依法追究其刑事责任。

第三十四条 地名管理机构工作人员玩忽职守、滥用职权、徇私舞弊的，由所在单位或者上级主管部门、监察部门给予行政处分；构成犯罪的，移交司法机关依法追究其刑事责任。

第五章 附 则

第三十五条 本办法应用中的具体问题，由孝感市民政部门负责解释。

第三十六条 本办法自 2002 年 1 月 1 日起施行。

附录八

安陆市地名管理实施办法

安政发〔2003〕10 号

第一条　为了加强和规范地名管理，根据国务院《地名管理条例》和《湖北省地名管理办法》，结合本市实际，制定本办法。

第二条　本市行政区域内的地名命名、更名，标准地名使用、地名标志的设置管理、地名档案的管理等行为，均适用本办法。

第三条　本办法所称地名，包括：

(一)市、乡(镇、办事处)等行政区划名称及村民委员会、居民委员会名称；

(二)山、河、泉、溪、洞等自然地理实体名称；

(三)道、路、街、巷、居民区、楼群(门、户)、集镇、自然村等居民地名称；

(四)各专业部门使用的具有地名意义的台、站、港口、道路、桥梁、林场、水库、名胜古迹、纪念地等名称。

第四条　地名管理工作在市人民政府领导下，实行统一管理，分级负责。市民政部门是市政府主管地名工作的职能部门，负责地名管理的日常工作(以下统称地名管理机构)。

地名管理机构的主要职责是：贯彻执行国家关于地名管理的法律、法规、规章和政策；制定本地区地名管理工作的长远规划和近期计划；负责地名命名、更名的申报、审核；指导、监督标准地名的推广使用，组织实施地名标志管理；调查、搜集整理地名资料，管理地名档案等。

公安、建设、交通、规划和质量技术监督等部门，应当按照各自职责，配合地名管理机构做好地名管理工作。

第五条　地名的规划、命名、更名应实行公示，广泛征求当地居民和有关专家的意见。地名设置的密度应适当、合理，尊重历史，保持地名的相对稳定。

第六条 地名的命名应遵循以下原则：

(一)符合城市规划和地名规划要求，反映历史、文化和地理特征，用字规范，内容健康，使用方便；

(二)本市内的行政区划名称及村(居)民委员会的名称，市区内道、路、街、巷、居民区、市内著名和重要的自然地理实体名称，不得重名，并避免同音。

(三)本市内的行政区划名称应参照其所在地地名命名；

(四)新建和改建的城镇道、路、街、巷、居民区，按规范化的要求予以命名。

第七条 地名命名用字应当简明、准确，不得使用繁体字、生僻字、已淘汰的异体字和易产生歧义的字词。

第八条 凡是有损民族尊严，带有侮辱劳动人民或民族歧视性质，不利于民族团结，以及其他违背国这规定或者庸俗的地名，必须更名。

第九条 一地多名或者一地名多种写法的，应当确定统一的名称和写法。

第十条 对于可改可不改或者当地群众不同意更改的地名，不得更改。

第十一条 新建的居民区、开发区、城镇街道以及站、港、场等，必须在申报项目前确定名称，按规定程序批准后，方可到有关部门办理手续；否则，有关部门不得办理。

第十二条 地名是国家的无形资产，任何单位和个人不得任意无偿占有。区域内的道路和新建的居民综合区，一般不以企事业单位名称作地名；确需以本单位或商标、品牌名称冠名的，可以通过拍卖和协商等形式获取有偿冠名权，并报市人民政府批准后，方可命名。

第十三条 地名命名、更名的审批权限和程序：

(一)行政区划名称的命名、更名，按照国务院《关于行政区划管理的规定》办理。

村民委员会、居民委员会名称的命名、变更，由乡(镇、办事处)提出意见，经市民政部门审核，报市人民政府审批。

(二)自然地理实体名称，居民地名称由乡(镇、办事处)及开发区管委会提出意见，经市民政部门审核，报市人民政府审批，并报孝感市民政部门备案；涉及两个(含两个)以上级(镇、办事处)的，由涉及的乡(镇、办事处)联合上报，经市民政部门审核，报市人民政府审批。

(三)专业部门使用的具有地名意义的台、站、港口等名称，由该单位提出意见，经市民政部门审核，并征得市人民政府同意后，报上级主管部门审批。

第十四条 有关单位在地名审批前，必须详细填写统一印制的《地名命名、更名申报表》。

第十五条 机关、团体、企业事业单位在文件、证件、印章、影视、报刊、书籍、商标、广告、牌匾等方面所使用的地名，均应以正式的标准地名为准，不得擅自更改。

第十六条 凡公开出版发行的各类图书(册)，电话号码簿，邮政编码册等地名密集出版物，应当使用标准地名。国家另有规定的，从其规定。

第十七条 地名标志为国家法定标志物，包括大型地名标志牌，交汇路口地名导向牌，道、路、街、巷牌，镇、村牌，居民区指示牌，楼栋牌、门户牌等。地名管理机构应当会同公安、建设、交通等部门，在城镇街巷、居民区、集镇、村庄、交通要道、车站、码头、桥梁以及重要自然地理实体，设置地名标志，做好管理工作。任何单位和个人未经地名管理机构同意，不得擅自移动和损坏地名标志。

第十八条 住户无门牌号码或者原门牌号码发生变动的，应当到地名管理机构登记，并及时设置门牌；住户在办理入户手续前，应当先到地名管理机构办理门牌登记手续，然后凭地名管理机构出具的有关证明，到公安机关办理入户手续。

第十九条 地名书写应符合国家语言文字规范，各类标牌的大小、颜色、字体、质地等规格，应当按照国家规定的标准设置。

第二十条 地名标志设置和管理所需费用，按照谁受益谁出资的原则，由受益单位和个人承担。

第二十一条 地名档案是国家档案的重要组成部分，实行统一领导、分级管理的原则。地名档案业务应当接受档案管理部门的指导、监督与检查。

第二十二条 地名管理机构必须按照《全国地名档案管理暂行办法》等有关规定，做好地名档案资料的收集、管理和利用工作，及时向社会提供服务。任何单位和个人，未经地名管理机构批准，不得向国外单位或者个人提供地名资料。

第二十三条 地名管理机构和专业主管部门负责编纂本行政区域内的各种标准化地名出版物。专业主管部门在编纂标准化地名出版物前，须报经市地名管理机构审批；未经批准，任何单位和个人不得擅自编印。

第二十四条 地名管理机构应当加强地名工作的管理、监督和检查。对擅自命名、更名或者使用不规范地名的单位和个人，应当发送违章使用地名通知书，并限期纠正；对逾期不改或者情节严重、造成不良后果的，应当根据有关规定，对其进行行政处罚。

第二十五条 对损坏地名标志的，地名管理机构应当责令其赔偿；对偷窃或者擅自移动地名标志的，由地名管理机构会同有关部门，依据《中华人民共和国治安管理处罚条例》的规定予以处罚；构成犯罪的，移交司法机关依法追究其刑事责任。

第二十六条 以暴力或者其他方式阻挠、妨碍地名管理执法人员执行公务的，由公安机关依照《中华人民共和国治安管理处罚条例》的规定处理；构成犯罪的，移交司法机关依法追究其刑事责任。

第二十七条 地名管理机构工作人员玩忽职守、滥用职权、徇私舞弊的，由所在单位或者上级主管部门、监察部门给予行政处分；构成犯罪的，移交司法机关依法追究其刑事责任。

第二十八条 本办法应用中的具体问题，由市民政部门负责解释。

第二十九条 本办法自发文起施行。

附录九

安陆消失的地名

一、安陆古城消失的部分街道

属地	名称	地理位置及消失原因
府城街道	北横街	古街名，曾用名解放街，从鏉头咀（公安局北）到紫金台，1966年建东方红粮食机械制造厂消失。
	百岁街	古街名，也叫麒麟街，曾用名前进街，从下玉石街南端穿过马坊街和当今生资宿舍到石灰街南端。解放后建生资仓库西段消失，东段划归下玉石街。
	时忠巷	古巷名，曾用名前进街。在德安中学大门北，20世纪90年代建德安中路时消失。
	玉带街	古街名，曾用名和平街，因阜成门玉带桥而得名，即当今上埠口街。
	码头街	古街名，即当今沿河大道老城区望云亭附近。
	麻线街	古街名，亦称竹子街，曾用名和平街，位于府河大桥北，20世纪60年代城市改造而消失。
	上布市口	古街，曾用名和平街，位于龙头寺附近，即当今的龙头寺居民点。
	下布市口	南门城外与海子河之间的街道，也叫南门河街，曾用名前进街，后消失再恢复成小巷，即当今报恩寺东巷的一段。
	北正街	曾用名解放街，改造成当今的德安北路，即护国桥到公安局一段。
	考棚街	曾用名前进街，改造成德安中路。
	东道街	曾用名前进街，20世纪60年代改造成新大街，现属于碧涢路的一部分。
	西道街	
	东门正街	曾用名生产街、胜利街，即当今的东城一巷。
	东十字街	分属德安中路（北部曾用名解放街，南部曾用名前进街）和中山街（曾用名胜利街）
	西十字街	分属上玉石街（曾用名解放街）下玉石街（曾用名前进街）和中山街（曾用名胜利街）
	犁辕街	曾用名胜利街，今属中山街一段
	上埠口	古码头，在当今沿河大道望云亭旁。

二、安陆消失的部分桥梁

属地	名称	地理位置及消失原因
府城街道	芳洲桥	也叫采芳桥。城南三洲是一片水草茂盛、松柏遒劲、风景秀丽的湿地，东连海子河上游数十万平方米的沼泽湿地，明朝江西漕运总督何迁曾在采芳洲建别墅。即现在的安陆宾馆以南、汉丹路以西、凤凰山以北，通济桥以东的一片，因城市建设而无存。
	迎春桥	老安陆城资生门(东门)护城河上的一座河道桥梁，位于当今东城一巷中段。20 世纪 50 年代和 60 年代，拆东城墙填护城河，建五七棉纺厂与汉丹路西边的单位和民居，于是桥埋土里，河道尽毁。
	泮池桥	即龙门桥，古代称学校为“泮池”，所以取名泮池桥。此桥位于德安府儒学前，即当今的好多多超市附近。毁于日军侵华。
	易家桥	位于中山街付家二巷附近，是一座拱形单孔木桥，后为单孔石板桥。民国时期修整街道，两边民居加多，废桥为路，下建暗渠放水。
	罗家桥	古代下玉石街、马坊街和当今玉石小区的水汇入罗家桥流进南门藕塘上的主要桥梁，位于当今碧涢路(新大街)邮电局铁塔东南的街面上。20 世纪 60 年代建新大街填平做路基，导致下雨时城中看海。
	玉带桥	阜成门(西门)护城河上的桥，明代以前是木质吊桥。康熙年间建造石拱桥。20 世纪五六十年代建大礼堂和压缩机厂，平城墙填城河，如今桥掩埋在街道下面。
	响水桥	元朝天顺七年建造的老通济桥，位于西门河街最北下坡的最低处。清朝乾隆四十年，德安知府罗暹春重新命四壕之名时改为响水桥，以免和南门的通济桥混名。此桥基本完好，被填埋在当今紫金路西出口与沿河大道的交界口以北。
	金堤桥	也叫徐公堤桥、高公桥，大约在涢水东岸当今府河大桥北百米。20 世纪 50 年代，安陆通了公路，在桥旁建了汽渡码头，运用钢缆拉船，以运送两岸的各种车辆。
	古双龙桥	古双龙桥，又名朝金桥、广济桥，位于安陆城北门外的槎山河上。1969 年，纺织部在安陆修建五七棉纺织厂，此桥被废，其残存的巨石一直还在。2012 年，一座钢筋水泥双龙桥在古桥东 30 余米的地方诞生。
	古通济桥	石质拱桥。位于德安南路，是来薰门(南门)海子河上的一座桥，南北走向。原桥无存，现桥沿用古名。
开发区	段家桥	在原址被填埋。
棠棣镇	仰家桥	古桥，位于棠棣镇仰家桥居民点附近，1968 年被洪水冲毁。

三、安陆市各乡镇消失的居民点

属地		名称	消失时间、原因及去向
府城街道	光明社区	辜家塆	2014年村改社区并入光明新村
		大树塆	
	原城北人民公社	金家台子	1975年迁入府城肖台社区
经济开发区	原李店城东	丁家独屋	2013年消失，迁至红石社区安置小区。
		侯家塆	
		周家塆	
		荣家大塆	
		荣家小塆	
孛畈镇	板金村	两山凹	城镇化建设中迁入新居，原址房屋在，无人住。
		刘家冲凹	
		王家凹	
		杨家冲	
		杨家畈	
	陈河村	游冲	
	三里社区	郑家洼	
洑水镇	白龙村	荒冲	城镇化建设中迁入新居，原址房屋在，无人住。
	板桥村	王家塆	城镇化建设中迁入新居，原址房屋在，无人住。
		周家独屋	
		黄家塆	
		姚家洼	
		范家凹	
		南山独屋	
		张家独屋	
		中间凹	
	车站村	朱家塆	城镇化建设中迁入新居，原址房屋在，无人住。
	横山村	姜家塆	城镇化建设中迁入新居，原址房屋在，无人住。
	军刘村	学堂洼	城镇化建设中迁入新居，原址房屋在，无人住。
	刘畈村	陈家独屋	城镇化建设中迁入新居，原址房屋在，无人住。
	三陂村	垰门	城镇化建设中迁入新居，原址房屋在，无人住。

续表

属地		名称	消失时间、原因及去向
洑水镇	社庙村	尹庙	城镇化建设中迁入新居，原址房屋在，无人住。
		文家独屋	
		姚家塆	
		张郭塆	
	双路村	蔡家大塆	城镇化建设中迁入新居，原址房屋在，无人住。
		高家独屋	
		咀上独屋	
	望河村	粉铺凹	城镇化建设中迁入新居，原址房屋在，无人住。
		胡家寨	
	文桥村	陆家塆	城镇化建设中迁入新居，原址房屋在，无人住。
		张家独屋	
	杨桥村	寨山塆	城镇化建设中迁入新居，原址房屋在，无人住。
		郭家塆	
		台子塆	
		下殷家塆	
棠棣镇	金龙村	胡家塆	2014 年实施国家增减挂钩土地平整项目而迁出。
		聂李家塆	
	金泉村	李家独屋	2015 年 9 月修建城际高铁安陆西站而拆迁。
		张家独屋	
	张陈村	聂家畈	2013 年拆除。
王义贞镇	刘岗村	梨林凹	城镇化建设中迁入新居，原址房屋在，无人住。
		申家塆	
	太平村	藕堰角	城镇化建设中迁入新居，原址房屋在，无人住。
		狮子凹	
		吴家独屋	
		安冲	
		高家凹	
		李家凹	
		林家塆	
		聂家凹	
		彭家塆	
		光秃岭	
		前头岗	
		桥塆	
		上周家塆	

续表

属地		名称	消失时间、原因及去向
王义贞镇		团云坡	
		乡头地	
		羊过山	
		张家凹	
		下塆	
		白果树塆	原三冲村，房屋在，无人住。
		博士洼	
		陈冲	
		何塆	
		回子冲	
		姜过淌	
		横冲 1	
		林洼口	
		龙洼	
		叶家冲	
		马安尧	
		庙门口	
		跑马岗	
		上周家塆	
		炮楼下塆	
		横冲 2	原观音村，有的全部搬迁，有的屋还在无人住。
		高家塆	
		古坟咀	
		河塆	
		马安窑	
		孙家凹	
		汪家塆	
		下周家塆	
		月田子坟	
		桃树塆	原桃园村，无人居住。
	同兴村	学堂塆	已无人居住。
	铜门村	槽坊塆	已无人居住。

续表

属地		名称	消失时间、原因及去向
王义贞镇		丁家独屋	
		李家塆	
		罗家岗	
		宋家凹子	
		谭家塆	
		陶家塆	
		王家凹	
		徐家独屋	
		晏家独屋	
		张家凹子	
	团山村	马槽冲	已无人居住。
	朱桥村	聂家塆	已无人居住。
		下严家塆	
		熊家塆	
烟店镇	尖山村	程家塆	2003 年修汉十高速公路征用，迁进烟店新村。
	李塆村	雷家塆	2008 年被湖北康迪种猪有限公司征用。
	袁畈村	前头塆	迁入新村。
		下黄家塆	迁入集镇。
赵棚镇	和顺村	董家独屋	因村规划合并到赵棚镇和顺村李家塆。
		高家独屋	
		饶家独屋	
接官乡	新龙村	楼上塆	房屋在，无人住。
	颛庙村	王家凹	房屋在，无人住。
木梓乡	汤冲村	高家塆	2014 年 12 月该村消失。

四、涢水上消失的主要渡口

<table>
<tr><th>类别</th><th>所跨河流</th><th colspan="2">名　称</th><th>属　　地</th><th>消失时间及原因</th></tr>
<tr><td rowspan="12">渡口</td><td rowspan="10">涢　水</td><td colspan="2">黄寨渡口</td><td>张畈到洑水</td><td>2012 年建桥</td></tr>
<tr><td colspan="2">毛家墩渡口</td><td>桃园村王家畈到洑水毛庙村</td><td></td></tr>
<tr><td colspan="2">青龙渡</td><td>青龙镇到洑水傅家咀</td><td></td></tr>
<tr><td colspan="2">上埠口</td><td rowspan="2">安陆古城到涢水西岸</td><td rowspan="6">20 世纪 70 年代建府河大桥和金泉泵站桥</td></tr>
<tr><td colspan="2">下埠口</td></tr>
<tr><td rowspan="6">於江渡</td><td>樱桃渡</td><td>安陆古城到棠棣金泉</td></tr>
<tr><td>樱桃下渡</td><td>当今南城到棠棣金泉</td></tr>
<tr><td></td><td>南城虎乳岩到棠棣曾家塆</td></tr>
<tr><td></td><td>南城虎乳岩到巡店晒书台</td></tr>
<tr><td></td><td>棠棣河德村到巡店晒书台</td><td>古代建江东桥</td></tr>
<tr><td>涢水支流</td><td>顾李渡</td><td>南城大塆村到巡店顾李村</td><td rowspan="2">21 世纪初建渡改桥</td></tr>
<tr><td>涢　水</td><td colspan="2">黄河渡</td><td>南城黄河村到辛榨汪家洲</td></tr>
</table>

音序检索

数字首

15 匹台渠 …… 1111
166 快捷宾馆 …… 1031
210 省道 …… 845
243 省道桥 …… 851
45 台渠 …… 1091
702 涵洞 …… 860
7 组泵站 …… 1102
8 组泵站 …… 1103

A

艾东塆 …… 113
艾家塝 …… 391
艾家池口 …… 312
艾家冲上塆 …… 653
艾家冲下塆 …… 653
艾家顶塆 …… 304
艾家独屋 …… 141
艾家独屋 …… 778
艾家独屋 …… 784
艾家墩 …… 511
艾家岗 …… 125
艾家楼 …… 125
艾家桥 …… 856
艾家塆 …… 137
艾家塆 …… 235
艾家塆 …… 663
艾家塆 …… 692
艾家塆 …… 759
艾家塆 …… 775
艾家塆 …… 818
艾家塆 …… 820
艾家院子 …… 823
艾家榨塆 …… 305
艾三家 …… 132
艾西塆 …… 113
安冲 …… 420
安冲水库 …… 1065
安达加油站 …… 863
安京公路 …… 845
安京街 …… 325
安陆成鑫制造机械有限公司 …… 993
安陆城涢水东岸钢筋水泥大堤 …… 1038
安陆辅朝米业 …… 1020
安陆火车站 …… 862
安陆火凤凰铝材有限责任公司 …… 1006
安陆疾病预防控制中心 …… 946

安陆嘉旭天然气有限公司 …… 995
安陆坤兴实业有限公司 …… 1023
安陆龙意机械制造有限公司 …… 1006
安陆农村商业银行 …… 993
安陆农村商业银行辛榨支行 …… 1027
安陆商业总公司 …… 931
安陆市爱国卫生运动委员会 …… 946
安陆市安全生产监督管理局 …… 927
安陆市安迅针纺服饰有限公司 …… 993
安陆市按摩职业学校 …… 943
安陆市白果林农场 …… 1020
安陆市白蚁防治管理所 …… 930
安陆市白云商混河西分公司 …… 1023
安陆市百花养殖场 …… 1017
安陆市孛畈国土资源所 …… 974
安陆市孛畈镇板金碎石厂 …… 1021
安陆市孛畈镇孛畈基站 …… 1136
安陆市孛畈镇孛畈加油站 …… 863
安陆市孛畈镇财经所 …… 974
安陆市孛畈镇初级中学 …… 976
安陆市孛畈镇村镇建设环境保护服务中心 …… 974
安陆市孛畈镇动物卫生监督站 …… 974
安陆市孛畈镇樊李淑贞小学 …… 976
安陆市孛畈镇福利院 …… 1034
安陆市孛畈镇农业技术服务中心 …… 974
安陆市孛畈镇强力砖厂 …… 1021
安陆市孛畈镇青龙中心小学 …… 976
安陆市孛畈镇人口与发展服务中心 …… 975
安陆市孛畈镇人力资源和社会保障服务中心 …… 975
安陆市孛畈镇人民政府 …… 974
安陆市孛畈镇水利水产农机服务中心 …… 975
安陆市孛畈镇幼儿园 …… 1034
安陆市孛畈镇中心学校 …… 976
安陆市孛畈镇综合文化站 …… 975
安陆市碧山机械股份有限公司 …… 1006
安陆市博物馆 …… 945
安陆市财校 …… 942
安陆市财政局 …… 934
安陆市财政局府城财政分局 …… 935
安陆市财政局南城财政分局 …… 949
安陆市残疾人联合会 …… 952
安陆市场管处 …… 945
安陆市陈店乡财经所 …… 981
安陆市陈店乡福利院 …… 1035
安陆市陈店乡中心学校 …… 981
安陆市陈氏中药材种植有限公司 …… 1020
安陆市城建执法大队 …… 929
安陆市城市规划监察大队 …… 929
安陆市城市规划设计研究院 …… 929
安陆市城市建设档案馆 …… 929
安陆市城乡建设局 …… 929
安陆市楚剧团 …… 1029
安陆市畜牧兽医局 …… 947
安陆市赐梦服饰制品有限公司 …… 993
安陆市大北农饲料科技有限公司 …… 1017
安陆市大唐商务会馆 …… 993
安陆市档案局 …… 926
安陆市党员电化教育中心 …… 941
安陆市德安初级中学 …… 942
安陆市德安公园 …… 911
安陆市德安建材有限公司 …… 994
安陆市地方病防治领导小组办公室 …… 946
安陆市地方税务局 …… 935
安陆市地方税务局税源管理三分局 …… 949
安陆市地方税务局税源管理四分局 …… 962
安陆市地方志编纂委员会办公室 …… 927

安陆市地税一分局 …………………………… 935
安陆市第二高级中学 ………………………… 942
安陆市第二人民医院 ………………………… 947
安陆市第一高级中学 ………………………… 956
安陆市鼎鑫印务有限责任公司 ……………… 994
安陆市东城派出所 …………………………… 952
安陆市东方红粮机公司………………………… 1007
安陆市东观养殖场 …………………………… 937
安陆市动物卫生监督局 ……………………… 947
安陆市动物疫病预防控制中心 ……………… 947
安陆市对外工作联络处 ……………………… 926
安陆市发展和改革局 ………………………… 927
安陆市发展和改革局信息中心 ……………… 927
安陆市防汛抗旱指挥部办公室 ……………… 938
安陆市房地产估价事务所 …………………… 930
安陆市房屋安全鉴定所 ……………………… 930
安陆市飞龙汽车有限公司 …………………… 994
安陆市凤祥环保设备有限公司 ……………… 994
安陆市凤祥禽业养殖场………………………… 1023
安陆市福祥机械有限公司 …………………… 994
安陆市府城办事处城东小学 ………………… 943
安陆市府城办事处光明小学 ………………… 944
安陆市府城办事处民政办公室 ……………… 933
安陆市府城办事处泰合小学 ………………… 944
安陆市府城办事处卫生院 …………………… 948
安陆市府城凤凰路小学 ……………………… 944
安陆市府城实验初级中学 …………………… 943
安陆市府城泰合幼儿园………………………… 1031
安陆市府城五一社区居家养老服务中心……… 1029
安陆市府城涢西小学 ………………………… 944
安陆市府城紫金路小学 ……………………… 943
安陆市府城紫金幼儿园………………………… 1029
安陆市妇幼保健医院 ………………………… 947
安陆市工商行政管理局 ……………………… 931
安陆市工商行政管理局城北工商所 ………… 931
安陆市工商行政管理局城南工商所 ………… 931
安陆市工商行政管理局洑水工商所 ………… 979
安陆市工商行政管理局开发区工商所 ……… 952
安陆市工商行政管理局雷公工商所 ………… 969
安陆市工商行政管理局棠棣工商所 ………… 966
安陆市工商行政管理局王义贞工商所 ……… 971
安陆市工商行政管理局巡店工商所 ………… 962
安陆市工商行政管理局巡店经济检查中队 …… 962
安陆市工业学校………………………………… 1026
安陆市公安局 ………………………………… 925
安陆市公安局孛畈派出所 …………………… 974
安陆市公安局陈店派出所 …………………… 981
安陆市公安局洑水派出所 …………………… 979
安陆市公安局府城派出所 …………………… 926
安陆市公安局交通大队车管所驾驶人考试中心 ………………………………………… 953
安陆市公安局交通警察大队 ………………… 932
安陆市公安局交通警察大队车辆管理所 …… 953
安陆市公安局交通警察大队三中队 ………… 932
安陆市公安局交通警察大队汤家垱中队 …… 932
安陆市公安局交通警察大队一中队 ………… 953
安陆市公安局雷公派出所 …………………… 969
安陆市公安局李店派出所 …………………… 959
安陆市公安局木梓乡派出所 ………………… 987
安陆市公安局南城派出所 …………………… 949
安陆市公安局棠棣派出所 …………………… 965
安陆市公安局辛榨乡派出所 ………………… 984
安陆市公安局刑事警察大队 ………………… 926
安陆市公安局巡店派出所 …………………… 962
安陆市公安局赵棚派出所 …………………… 957
安陆市公共资源交易监督管理局 …………… 928

安陆市公共资源交易中心 …… 928
安陆市公路管理局 …… 932
安陆市供电公司王义贞河水供电所 …… 1020
安陆市供销合作社联合社 …… 994
安陆市固定资产投资审计局 …… 941
安陆市光能电力有限责任公司 …… 994
安陆市广播电视台 …… 946
安陆市广播电影电视局 …… 945
安陆市规划局 …… 929
安陆市国税局府城分局 …… 935
安陆市国土资源监测中心 …… 954
安陆市国土资源局 …… 954
安陆市国土资源局孛畈国土资源所 …… 975
安陆市国土资源局陈店国土资源所 …… 982
安陆市国土资源局府城分局 …… 930
安陆市国土资源局接官国土资源所 …… 991
安陆市国土资源局开发区分局 …… 954
安陆市国土资源局雷公国土资源所 …… 969
安陆市国土资源局李店国土资源所 …… 959
安陆市国土资源局木梓国土资源所 …… 988
安陆市国土资源局南城分局 …… 949
安陆市国土资源局棠棣国土资源所 …… 966
安陆市国土资源局王义贞镇国土资源所 …… 971
安陆市国土资源局辛榨国土资源所 …… 985
安陆市国土资源局信息中心 …… 954
安陆市国土资源局巡店国土资源所 …… 963
安陆市国土资源局烟店国土资源所 …… 977
安陆市国土资源局赵棚国土资源所 …… 957
安陆市国土资源执法监察局 …… 954
安陆市海事局 …… 949
安陆市汉水化工有限公司 …… 1007
安陆市禾丰实业有限责任公司 …… 1017
安陆市合顺琉璃瓦有限公司 …… 1007
安陆市和谐物流有限公司 …… 994
安陆市河滨公园 …… 910
安陆市恒升水泥制品有限公司 …… 1007
安陆市红苹果幼儿园 …… 1031
安陆市红十字会 …… 1029
安陆市宏泰工业气体有限公司 …… 994
安陆市鸿兴达包装厂 …… 1017
安陆市华鑫化工有限公司 …… 994
安陆市华誉金属网机械制造有限公司 …… 1007
安陆市华源电气成套设备制造有限公司 …… 995
安陆市环境保护局 …… 934
安陆市环境监测站 …… 934
安陆市环境卫生管理局 …… 934
安陆市环卫局垃圾处理厂 …… 950
安陆市会计局 …… 940
安陆市惠民小区 …… 64
安陆市机构编制委员会办公室 …… 928
安陆市基督教福音堂 …… 903
安陆市疾病预防控制中心 …… 946
安陆市计划生育服务站 …… 948
安陆市计划生育科技药具站 …… 947
安陆市济民医院 …… 1007
安陆市加气站 …… 863
安陆市佳福门业有限公司 …… 995
安陆市佳禾幼儿园 …… 1030
安陆市价格认定分局 …… 940
安陆市简欧美家具有限公司 …… 995
安陆市建设开发投资有限公司 …… 995
安陆市建筑行业管理处 …… 930
安陆市交通运输局 …… 933
安陆市教育技术装备站 …… 941
安陆市教育教学研究室 …… 941
安陆市教育局 …… 941

安陆市接官乡人民政府 ………………………… 990
安陆市捷达汽车出租有限责任公司…………… 1007
安陆市解放路初级中学 ………………………… 942
安陆市解放路中学附属小学 …………………… 944
安陆市金丰置业有限公司 ……………………… 995
安陆市金伟门业………………………………… 1007
安陆市金枝建材有限公司彩钢瓦厂…………… 1018
安陆市锦绣园林绿化工程有限公司…………… 1007
安陆市经济开发区管理委员会财税分局 ……… 955
安陆市经济开发区建设管理中心 ……………… 955
安陆市经济商务信息局 ………………………… 931
安陆市经济责任审计局 ………………………… 940
安陆市酒类专卖管理局 ………………………… 931
安陆市军队离休退休干部管理所 ……………… 933
安陆市军粮供应站 ……………………………… 939
安陆市开发区三〇九小学 ……………………… 956
安陆市开发区十里初级中学 …………………… 956
安陆市开发区十里小学 ………………………… 956
安陆市看守所 …………………………………… 926
安陆市科技馆 …………………………………… 944
安陆市科威铝业有限公司 ……………………… 995
安陆市科学技术局 ……………………………… 944
安陆市科学技术情报研究所 …………………… 945
安陆市矿产资源管理中心 ……………………… 952
安陆市困难职工帮扶中心……………………… 1030
安陆市劳动就业管理局 ………………………… 928
安陆市老龄工作委员会办公室 ………………… 928
安陆市丽锦玻璃制品有限公司………………… 1008
安陆市联强瓦业有限公司……………………… 1008
安陆市粮机医院 ………………………………… 948
安陆市粮食局 …………………………………… 939
安陆市粮食执法大队 …………………………… 939
安陆市粮油食品质检中心 ……………………… 940
安陆市林鑫食品有限公司……………………… 1018
安陆市林业技术推广中心 ……………………… 938
安陆市林业局 …………………………………… 938
安陆市林业局孛畈林业站 ……………………… 975
安陆市林业局洑水林业站 ……………………… 979
安陆市林业局雷公林业站 ……………………… 969
安陆市林业局雷公林业站木梓分站 …………… 988
安陆市林业局李店林业站 ……………………… 959
安陆市林业局棠棣林业站 ……………………… 966
安陆市林业局王义贞镇林业站 ………………… 971
安陆市林业局巡店林业站 ……………………… 963
安陆市林业局烟店林业站 ……………………… 977
安陆市林业局赵棚林业站 ……………………… 957
安陆市林业科学研究所 ………………………… 977
安陆市流管办 …………………………………… 947
安陆市流浪乞讨人员救助站 …………………… 934
安陆市龙门商场 ………………………………… 995
安陆市龙阳机电设备有限责任公司…………… 1008
安陆市棉纺医院 ………………………………… 948
安陆市民福宾馆………………………………… 1030
安陆市民政局 …………………………………… 952
安陆市民政局婚姻登记处 ……………………… 934
安陆市明祥铸造有限公司……………………… 1015
安陆市耐力液化气站…………………………… 1008
安陆市南城办事处村镇建设环境保护服务中心 ………………………………… 950
安陆市南城办事处计划生育办公室 …………… 950
安陆市南城办事处农业水产服务中心 ………… 950
安陆市南城办事处人力资源和社会保障服务中心 ………………………………… 950
安陆市南城办事处统计办公室 ………………… 950
安陆市南城办事处卫生服务中心 ……………… 950
安陆市南城办事处文化体育服务中心 ………… 950

安陆市南城办事处乡镇企业服务中心 …………… 950
安陆市南城办事处中心小学 …………………………… 951
安陆市南城初级中学 ………………………………… 951
安陆市南城畜牧兽医技术服务中心 ……………… 951
安陆市南城联村小学 ………………………………… 951
安陆市南城石桥小学 ………………………………… 951
安陆市南城四里小学 ………………………………… 951
安陆市南城中心幼儿园……………………………… 1031
安陆市南山禽业养殖场……………………………… 1023
安陆市南乡萝卜产销专业合作社………………… 1002
安陆市农产品质量安全监督检查站 ……………… 937
安陆市农村公路管理局 ……………………………… 955
安陆市农村能源办公室 ……………………………… 937
安陆市农村商业银行 ………………………………… 955
安陆市农村商业银行陈店支行…………………… 1027
安陆市农村商业银行李店支行…………………… 1015
安陆市农村商业银行王义贞支行………………… 1020
安陆市农村商业银行小区………………………………… 90
安陆市农村社会养老保险管理局 ………………… 936
安陆市农机安全监理站 ……………………………… 937
安陆市农机局 ………………………………………… 936
安陆市农经函校 ……………………………………… 942
安陆市农业环境保护监测站 ……………………… 937
安陆市农业技术推广中心 ………………………… 937
安陆市农业经销公司 ………………………………… 937
安陆市农业局 ………………………………………… 936
安陆市农业综合开发办公室 ……………………… 936
安陆市皮肤病防治所 ………………………………… 948
安陆市普爱医院 ……………………………………… 955
安陆市起跑线幼儿园………………………………… 1031
安陆市气象局 ………………………………………… 934
安陆市汽车运输公司循环班车管理分公司 ……… 862
安陆市汽车运输公司循环班车管理分公司 ……… 995
安陆市汽车运输总公司长途客运站 ……………… 863
安陆市墙体材料革新与建筑节能办公室 ………… 930
安陆市泉源粮油有限公司………………………… 1015
安陆市人口和计划生育行政执法大队 …………… 947
安陆市人民代表大会常务委员会 ………………… 924
安陆市人民法院 ……………………………………… 952
安陆市人民法院城区法庭 ………………………… 926
安陆市人民法院李店人民法庭 …………………… 959
安陆市人民法院巡店人民法庭 …………………… 962
安陆市人民防空办公室 ……………………………… 955
安陆市人民检察院 …………………………………… 926
安陆市人民政府 ……………………………………… 924
安陆市人民政府办公室 ……………………………… 924
安陆市人民政府府城街道办事处 ………………… 924
安陆市人民政府机关行政事务管理局 …………… 924
安陆市人民政治协商委员会 ……………………… 925
安陆市瑞康食品有限公司 ………………………… 996
安陆市瑞星制衣有限公司………………………… 1025
安陆市瑞源建材有限公司 ………………………… 996
安陆市森林公安局 …………………………………… 925
安陆市商务综合执法大队 ………………………… 932
安陆市少年儿童业余体育学校 …………………… 944
安陆市社会福利院 …………………………………… 934
安陆市审计局 ………………………………………… 940
安陆市生猪定点屠宰管理办公室 ………………… 932
安陆市生猪定点屠宰管理办公室 ………………… 996
安陆市盛尔邦粮油工贸有限公司………………… 1025
安陆市盛鑫风机有限公司 ………………………… 996
安陆市实验小学 ……………………………………… 943
安陆市实验小学儒学校区 ………………………… 943
安陆市食品药品稽查局 ……………………………… 949
安陆市食品药品监督管理局 ……………………… 948
安陆市食品药品监督管理局陈店监管所 ………… 982

安陆市食品药品监督管理局开发区监管所 …… 956
安陆市食品药品监督管理局南城监管所 ……… 951
安陆市食品药品监督管理局巡店监管所 ……… 963
安陆市食品药品监督管理局赵棚监管所 ……… 957
安陆市市场开发服务中心 ……………………… 932
安陆市双友服饰有限公司……………………… 1008
安陆市水产技术推广中心 ……………………… 939
安陆市水产局 …………………………………… 939
安陆市水利建筑工程勘察设计院 …………… 939
安陆市水利局 …………………………………… 939
安陆市水利局工程队 …………………………… 939
安陆市水文监测站 ……………………………… 938
安陆市顺昌粮机设备有限责任公司 ………… 996
安陆市司法局 …………………………………… 925
安陆市司法局孛畈司法所 ……………………… 974
安陆市司法局陈店司法所 ……………………… 981
安陆市司法局木梓乡司法所 …………………… 988
安陆市司法局南城司法所 ……………………… 949
安陆市司法局棠棣司法所 ……………………… 966
安陆市司法局辛榨司法所 ……………………… 985
安陆市司法局巡店司法所 ……………………… 962
安陆市司法局赵棚司法所 ……………………… 957
安陆市四联小学 ………………………………… 968
安陆市穗丰米业有限公司……………………… 1018
安陆市太白初级中学 …………………………… 943
安陆市泰安燃气有限公司 ……………………… 996
安陆市唐宋食品有限公司……………………… 1016
安陆市棠棣镇财经所 …………………………… 966
安陆市棠棣镇初级中学 ………………………… 968
安陆市棠棣镇动物卫生监督站 ……………… 966
安陆市棠棣镇民政办公室 ……………………… 966
安陆市棠棣镇农业水产服务中心 …………… 967
安陆市棠棣镇人口与发展服务中心 ………… 967
安陆市棠棣镇人力资源和社会保障服务中心 … 967
安陆市棠棣镇人民政府 ………………………… 965
安陆市棠棣镇社会福利院……………………… 1033
安陆市棠棣镇委员会党校 ……………………… 967
安陆市棠棣镇卫生院 …………………………… 967
安陆市棠棣镇乡镇企业服务中心 …………… 967
安陆市棠棣镇中心小学 ………………………… 968
安陆市特殊教育学校 …………………………… 944
安陆市天丰粮机有限公司 ……………………… 996
安陆市天星粮油机械设备有限公司………… 1008
安陆市通用网机制造有限公司 ……………… 996
安陆市同心幼儿园……………………………… 1030
安陆市统计局 …………………………………… 941
安陆市统计局普查中心 ………………………… 941
安陆市土地工作储备中心 ……………………… 953
安陆市土地开发复垦整理中心 ……………… 954
安陆市土地勘测规划院 ………………………… 954
安陆市土壤肥料站 ……………………………… 937
安陆市万豪云水大酒店有限公司 …………… 996
安陆市王义贞镇汝南基站……………………… 1139
安陆市王义贞镇移动通信基站……………… 1139
安陆市微生物研究所 …………………………… 949
安陆市伟鹏针纺制衣有限公司 ……………… 997
安陆市卫生和计划生育局 ……………………… 946
安陆市文化市场综合执法大队 ……………… 945
安陆市文化体育新闻出版局 …………………… 945
安陆市文明粮油机械设备制造有限公司 …… 997
安陆市五金厂 …………………………………… 997
安陆市午盛贸易有限公司……………………… 1018
安陆市物价局 …………………………………… 940
安陆市物流发展局 ……………………………… 933
安陆市西干渠…………………………………… 1076
安陆市祥安物业管理公司 ……………………… 997

安陆市翔信米业有限公司 …… 1018
安陆市小百灵幼儿园 …… 1031
安陆市小叮当幼儿园 …… 1030
安陆市小太阳幼儿园 …… 1032
安陆市昕晨工贸有限公司 …… 997
安陆市新晟驾校 …… 1008
安陆市新型农村合作医疗管理委员会 …… 947
安陆市新源包装有限公司 …… 1018
安陆市鑫顺源汽车驾驶员技术培训有限公司 …… 997
安陆市鑫鑫机械设备有限公司 …… 997
安陆市鑫阳塑料有限公司 …… 1008
安陆市信访局 …… 926
安陆市巡店邮政支局 …… 963
安陆市巡店镇人民政府 …… 962
安陆市烟草专卖局 …… 997
安陆市烟草专卖局城区专卖管理所 …… 932
安陆市烟草专卖局雷公管理所 …… 969
安陆市烟店镇财经所 …… 977
安陆市烟店镇成人文化技术学校 …… 977
安陆市烟店镇地税局 …… 977
安陆市烟店镇人力资源和社会保障服务中心 …… 977
安陆市烟店镇水寨小学 …… 977
安陆市野生动物和森林植物保护站 …… 938
安陆市医疗保险局 …… 946
安陆市义泰粮油机械有限公司 …… 998
安陆市永乐铸造有限公司 …… 998
安陆市邮政局木梓分局 …… 988
安陆市邮政局王义贞邮政支局 …… 971
安陆市友谊粮机厂 …… 1026
安陆市渔政船检港监管理站 …… 933
安陆市园林绿化管理局 …… 930
安陆市涢河酒业有限公司 …… 998
安陆市赵棚镇财经所 …… 957
安陆市赵棚镇村镇建设环境保护服务中心 …… 957
安陆市赵棚镇民政办公室 …… 958
安陆市赵棚镇农业水产服务中心 …… 958
安陆市赵棚镇人民政府 …… 956
安陆市赵棚镇人民政府计划生育办公室 …… 958
安陆市赵棚镇文化体育服务中心 …… 958
安陆市赵棚镇乡镇企业服务中心 …… 958
安陆市振威投资开发有限公司 …… 998
安陆市振兴农业机械厂 …… 998
安陆市政府采购中心 …… 928
安陆市政务服务中心 …… 928
安陆市知明实业有限公司 …… 1009
安陆市植物保护站 …… 937
安陆市中等职业技术学校 …… 942
安陆市中力家居建材有限公司 …… 998
安陆市中医院 …… 948
安陆市中医院太和宫门诊部 …… 948
安陆市种子公司 …… 937
安陆市种子管理局 …… 938
安陆市珠穆朗玛基站 …… 1136
安陆市住房保障和房屋管理局 …… 930
安陆市砖瓦厂宿舍区 …… 102
安陆市自来水公司 …… 931
安陆市总工会 …… 1030
安陆市最低生活保障管理局 …… 933
安陆天成橡塑有限公司 …… 998
安陆小微企业孵化园 …… 998
安陆新景化工有限公司 …… 998
安陆一中基站 …… 1136
安陆智祥箱包制造有限公司 …… 1009
安棉小区 …… 49
安能生物质热电有限公司 …… 1009
安师东汉墓 …… 895

安太饲料有限公司…… 1026
安桃线 …… 843
安卫立交桥 …… 859
安源生态农业开发有限公司…… 1002
安置区…… 86
安置小区…… 22
凹字垴 …… 281
敖底下垴 …… 611
敖家凹 …… 555
敖家独屋 …… 580
敖家咀 …… 611
敖家垴 …… 589
敖家垴 …… 823
敖家小寨…… 86
敖家寨…… 86
坳口 …… 454
坳口水库…… 1064
傲万方…… 65

B

八凹 …… 441
八家垴 …… 545
八角楼小区…… 35
八里泵站…… 1080
八里泵站…… 1082
八里村 7 组泵站…… 1104
八屋垴 …… 742
八一水库…… 1061
八一水库闸取水口…… 1098
八字坡遗址 …… 892
八组升垱泵站…… 1087
白店村六组泵站…… 1104
白店街 …… 512
白店小学 …… 978
白店新村 …… 513
白岗泵站…… 1126
白果树 …… 912
白果树洼 …… 463
白果树垴 …… 346
白果树垴 …… 385
白果树垴 …… 398
白果树垴 …… 409
白果树垴 …… 420
白果垴 …… 459
白果园 …… 817
白鹤垴 …… 207
白鹤垴 …… 350
白鹤垴 …… 409
白家独屋 …… 778
白家垄 …… 383
白家垴 …… 301
白家垴 …… 536
白家垴 …… 559
白家垴 …… 705
白家垴墓 …… 898
白龙池水库…… 1046
白龙村泵站…… 1110
白龙桥 …… 395
白马冲 …… 539
白马堰…… 1044
白马堰水库…… 1065
白毛岗泵站…… 1092
白屋垴 …… 334
白鱼塘水库…… 1067
白云泉 …… 912

白云小区……25
白兆宾馆……1023
白兆山……875
白兆山……912
白兆山管委会……978
白兆山收费站……863
白兆山玄武宫……905
百步街……168
百花初级中学……968
百花灌溉金泉渠道……1090
百花加油站……864
百花桥……854
百花水库……1056
百花渔场……1018
柏林塆……163
柏桥泵站……1092
柏树冲……364
柏树岗……545
柏树黄……256
柏树黄烈士纪念地……906
柏树金……190
柏树咀……588
柏树咀水库……1068
柏树塆……328
柏树塆……720
柏杨岗……382
板金桥……851
板桥河……399
板桥塆……527
板子桥……151
半边堰……491
半头塆钱……204
半仙山……874
半仙山七姑娘墓……898
塝上塆……125
塝上塆……152
塝上塆……751
包尔尖……874
包家大塆……795
包家墩……543
包家咀……491
包家塆……561
包罗山泵站……1092
包罗塆……651
宝迪公司砂子养殖场……1016
宝迪种猪厂……1023
宝莲禅寺……904
报恩寺东巷……32
报恩寺东巷……832
报恩寺西巷……30
报恩寺西巷……832
鲍家塆……795
鲍家塆……797
碑基河……478
碑基桥……851
北冲水库……1047
北大街……836
北大街……838
北干泵站……1116
北干泵站二级站……1116
北干出水渠……1117
北干二分干分水闸……1117
北干二级站出水渠……1118
北干进水渠……1118
北干三分干分水闸……1117
北干三分干渠……1117

北干一分干分水闸……………………………… 1117
北干一分干渠 ……………………………… 1117
北河街 ………………………………………… 831
北后街 ………………………………………… 831
北口泵站……………………………………… 1118
北岭堡 ………………………………………… 478
北七里桥 ……………………………………… 849
北上独屋 ……………………………………… 141
北塆 …………………………………………… 311
北正街 ………………………………………… 325
贝家塆 ………………………………………… 607
孛畈桥 ………………………………………… 851
孛畈市场街 …………………………………… 445
孛畈市场街 …………………………………… 836
孛畈油茶基地………………………………… 1022
孛畈镇民政办公室 …………………………… 975
孛畈镇青龙基站……………………………… 1136
孛畈镇水管站 ………………………………… 975
孛畈镇卫生院 ………………………………… 976
孛家塆 ………………………………………… 445
孛家湾遗址 …………………………………… 891
孛塆桥 ………………………………………… 851
泵站迁出水渠………………………………… 1091
笔架山 ………………………………………… 913
毕家塘塆 ……………………………………… 599
毕家塆 ………………………………………… 605
毕家塆 ………………………………………… 723
毕塘泵站……………………………………… 1110
闭刘村八组……………………………………… 63
闭刘村七组新村………………………………… 63
闭刘村银杏山庄安置区………………………… 62
碧丹小区 ……………………………………… 515
碧山路 ………………………………………… 829
碧山路 ………………………………………… 834
碧塘水库……………………………………… 1056
碧霞路 ………………………………………… 834
碧涢路 ………………………………………… 829
碧涢路立交桥 ………………………………… 860
碧涢小区………………………………………… 89
蔽山 …………………………………………… 880
滨家塆 ………………………………………… 315
博士洼 ………………………………………… 420
布市口 ………………………………………… 834

C

财政二招宿舍楼………………………………… 52
财政局宿舍……………………………………… 25
财政小区 ……………………………………… 626
菜家塆 ………………………………………… 500
菜园独屋 ……………………………………… 337
蔡冲水库……………………………………… 1073
蔡家凹 ………………………………………… 433
蔡家凹 ………………………………………… 450
蔡家凹子 ……………………………………… 389
蔡家大塆 ……………………………………… 103
蔡家大塆 ……………………………………… 131
蔡家大塆 ……………………………………… 611
蔡家独塆 ……………………………………… 545
蔡家咀 ………………………………………… 238
蔡家咀泵站…………………………………… 1081
蔡家岭 ………………………………………… 153
蔡家桥 ………………………………………… 851
蔡家石板 ……………………………………… 362
蔡家塆 ………………………………………… 218
蔡家塆 ………………………………………… 290

蔡家塆 …… 296
蔡家塆 …… 369
蔡家塆 …… 469
蔡家塆 …… 520
蔡家塆 …… 543
蔡家塆 …… 555
蔡家塆 …… 609
蔡家塆 …… 813
蔡家塆 …… 96
蔡家塆二号泵站 …… 1105
蔡家塆四组泵站 …… 1104
蔡家小塆 …… 99
蔡淌子 …… 153
操家大塆 …… 70
操家塆 …… 222
操家塆 …… 225
操家塆 …… 285
操家塆 …… 797
曹冲水库 …… 1047
曹畈北塝泵站 …… 1098
曹畈泵站 …… 1099
曹畈大塆 …… 448
曹岗水库 …… 1058
曹家凹 …… 346
曹家冲 …… 351
曹家大塆 …… 612
曹家独屋 …… 450
曹家独屋 …… 548
曹家岗 …… 135
曹家岗 …… 375
曹家咀 …… 823
曹家棚子 …… 450
曹家洼 …… 788
曹家洼水库 …… 1059
曹家塆 …… 149
曹家塆 …… 210
曹家塆 …… 223
曹家塆 …… 361
曹家塆 …… 541
曹家塆 …… 557
曹家塆 …… 779
曹家塆 …… 825
曹家下塆 …… 612
曹家中塆 …… 612
曹棚2组挡坝 …… 1042
曹棚5组泵站 …… 1099
漕坊塆 …… 428
槽坊泵站 …… 1083
槽坊塆 …… 223
槽坊塆 …… 251
槽坊塆 …… 529
草庙村众一小区 …… 65
草庙新村 …… 64
草棚子 …… 311
草塘梢 …… 586
草塘水库 …… 1054
草屋 …… 584
草屋塆 …… 574
草堰冲 …… 434
草堰冲水库 …… 1063
曾家独屋 …… 579
曾家独屋 …… 784
曾家河 …… 411
曾家台子 …… 498
曾家塆 …… 229
曾家塆 …… 513

曾家塆 …… 526
曾家塆 …… 537
曾家塆 …… 541
曾家塆 …… 595
曾家塆 …… 744
曾家塆 …… 755
曾家小塆 …… 720
曾毛中渠 …… 1124
曾彭家塆 …… 599
曾沈塆 …… 316
曾周塆 …… 653
叉河塆 …… 207
叉路口 …… 86
茶庵 …… 770
茶堰泵站 …… 1080
茶堰泵站 …… 1113
茶堰水库 …… 1052
茶堰水库 …… 1070
查家凹 …… 607
查家塆 …… 614
槎山 …… 879
槎山 …… 917
槎山河 …… 882
槎山水库 …… 1073
槎山新村 …… 771
汉堰台遗址 …… 891
柴家庙 …… 612
柴家塆 …… 612
朝阳小区 …… 58
朝宗桥 …… 850
长安岗 …… 330
长安岗 …… 874
长安街 …… 362
长安排水渠 …… 1094
长冲口 …… 171
长冲塆 …… 75
长丰支渠 …… 1092
长岗 …… 518
长黄支渠 …… 1125
长岭岗 …… 408
长渠 …… 1091
长生树保健品有限公司 …… 1019
长松街道 …… 506
长塘塆 …… 589
长兴店 …… 667
长兴分渠 …… 1118
长严村一级泵站 …… 1080
长严塆 …… 194
长堰塆 …… 347
长堰塆 …… 457
长岳塆 …… 206
车盖亭 …… 911
车筳塆 …… 251
陈冲 …… 420
陈冲水库 …… 1054
陈店(苏州)科技创业园 …… 1027
陈店村五七泵站 …… 1112
陈店村五七水库 …… 1069
陈店基站 …… 1140
陈店街 …… 631
陈店乡安全生产监督管理站 …… 982
陈店乡成人文化技术学校 …… 982
陈店乡初级中学 …… 982
陈店乡村镇建设环境服务中心 …… 982
陈店乡动物卫生监督站 …… 982
陈店乡林业工作站 …… 982

陈店乡民政办公室 …… 982
陈店乡农机水产水利服务中心 …… 983
陈店乡农业技术服务中心 …… 983
陈店乡人口与发展服务中心 …… 983
陈店乡人力资源和社会保障服务中心 …… 983
陈店乡人民政府 …… 980
陈店乡水利农机服务中心 …… 983
陈店乡同兴小学 …… 983
陈店乡卫生院 …… 983
陈店乡文化体育服务中心 …… 983
陈店乡乡镇企业服务中心 …… 984
陈店乡中心小学 …… 984
陈店乡中心幼儿园 …… 1035
陈店乡综治维稳信访办公室 …… 984
陈杜汪 …… 696
陈沟东村泵站 …… 1076
陈河上塆 …… 272
陈河下塆 …… 272
陈焕烈士纪念地 …… 900
陈家凹 …… 516
陈家凹子 …… 425
陈家冲 …… 358
陈家冲 …… 383
陈家冲 …… 734
陈家冲水库 …… 1059
陈家大塆 …… 196
陈家大塆 …… 376
陈家大塆 …… 595
陈家大塆 …… 631
陈家大塆 …… 676
陈家大堰 …… 1044
陈家独屋 …… 158
陈家独屋 …… 163
陈家独屋 …… 580
陈家独屋 …… 593
陈家独屋 …… 668
陈家独屋 …… 673
陈家独屋 …… 784
陈家墩 …… 528
陈家墩遗址 …… 894
陈家二级泵站 …… 1116
陈家沟 …… 65
陈家河 …… 411
陈家河 …… 454
陈家咀 …… 247
陈家咀 …… 404
陈家咀 …… 818
陈家咀 …… 821
陈家坡 …… 343
陈家坡 …… 391
陈家坡 …… 409
陈家桥 …… 617
陈家桥泵站 …… 1090
陈家山东晋墓 …… 894
陈家上塆 …… 169
陈家上屋 …… 676
陈家淌 …… 499
陈家塆 …… 101
陈家塆 …… 186
陈家塆 …… 191
陈家塆 …… 223
陈家塆 …… 256
陈家塆 …… 272
陈家塆 …… 281
陈家塆 …… 283
陈家塆 …… 288

陈家塆 …… 308
陈家塆 …… 319
陈家塆 …… 336
陈家塆 …… 36
陈家塆 …… 382
陈家塆 …… 383
陈家塆 …… 399
陈家塆 …… 412
陈家塆 …… 417
陈家塆 …… 426
陈家塆 …… 427
陈家塆 …… 451
陈家塆 …… 463
陈家塆 …… 469
陈家塆 …… 556
陈家塆 …… 593
陈家塆 …… 597
陈家塆 …… 619
陈家塆 …… 622
陈家塆 …… 640
陈家塆 …… 644
陈家塆 …… 698
陈家塆 …… 703
陈家塆 …… 718
陈家塆 …… 720
陈家塆 …… 752
陈家塆 …… 756
陈家塆 …… 775
陈家塆 …… 776
陈家塆 …… 785
陈家塆 …… 793
陈家塆 …… 806
陈家塆泵站 …… 1092
陈家巷 …… 382
陈家小塆 …… 196
陈家小塆 …… 631
陈家燕窝 …… 169
陈家幺塆 …… 676
陈家园 …… 310
陈家园 …… 65
陈家园水库 …… 1047
陈梅塆 …… 305
陈庙水库 …… 1052
陈松林 …… 534
陈谢畈 …… 649
陈谢畈大独屋塆 …… 649
陈徐泵站 …… 1118
陈徐塆 …… 704
陈徐塆遗址 …… 893
成家塆 …… 760
城东新村小区 …… 88
城隍岭 …… 875
城南佳苑 …… 73
城洼 …… 478
程冲独屋 …… 791
程家凹 …… 448
程家凹 …… 451
程家大塆 …… 221
程家大塆 …… 359
程家大塆 …… 571
程家大塆 …… 590
程家大堰 …… 1044
程家独塆 …… 723
程家独塆泵站 …… 1099
程家独屋 …… 451
程家独屋 …… 589

程家独屋 …… 595
程家畈 …… 153
程家河渡槽 …… 1111
程家咀 …… 221
程家龙 …… 588
程家楼 …… 135
程家塆 …… 218
程家塆 …… 306
程家塆 …… 463
程家塆 …… 550
程家塆 …… 552
程家塆 …… 734
程家塆 …… 753
程家塆 …… 790
程家榨 …… 375
程巷小学 …… 978
程巷新村 …… 519
池家塆 …… 125
出方塆 …… 555
初中路 …… 216
初中路 …… 838
楚风路 …… 835
楚跃北巷 …… 90
楚跃新区 …… 89
楚涢路 …… 835
畜牧厂 …… 248
川堰水库 …… 1054
传树独屋 …… 625
床单小区 …… 35
床单住宅区 …… 25
椿树独屋 …… 277
淳家巷子 …… 145
祠堂独屋 …… 789
祠堂塆 …… 153
祠堂塆 …… 298
祠堂塆 …… 373
祠堂塆 …… 425
祠堂塆 …… 589
祠堂塆 …… 688
祠堂塆 …… 726
祠堂塆泵站 …… 1108
刺林 …… 338
刺林岗 …… 647
刺林塆 …… 193
崔大塆 …… 145
崔家下冲 …… 145
崔兴街 …… 145
撮箕口泵站 …… 1087
撮箕塆 …… 773

D

达银铸造厂 …… 1015
笪家塆 …… 181
打鹰佬 …… 160
大安山 …… 877
大安寺冲 …… 365
大凹泵站 …… 1099
大凹山 …… 872
大凹山 …… 874
大凹山寨遗址 …… 909
大凹水库 …… 1062
大坳山 …… 871
大坝桥 …… 848
大闭家塆 …… 62
大布街 …… 354

大布街 …… 577
大蔡家塆 …… 777
大曾家塆 …… 427
大程家塆 …… 501
大程家塆泵站 …… 1103
大邓家塆 …… 780
大地家园 …… 54
大董家塆 …… 234
大董南塆 …… 685
大董塆 …… 666
大董塆 …… 685
大畈排水沟 …… 1084
大方家塆 …… 546
大份塆 …… 707
大冯家塆 …… 526
大高家冲 …… 495
大合山水库 …… 1047
大合中心小学 …… 958
大鹤山 …… 878
大洪山泵站 …… 1094
大侯塆 …… 164
大胡塆 …… 160
大黄家塆 …… 513
大柯塆 …… 217
大梨树 …… 411
大梨树塆 …… 463
大李冲水库 …… 1074
大李冲水库闸坝 …… 1046
大李家塆 …… 273
大李塆 …… 541
大廖泵站 …… 1118
大柳树塆 …… 395
大路边周家塆 …… 653
大路王家塆 …… 292
大拇指幼儿园 …… 1032
大碾子河 …… 346
大棚村移动通信基站 …… 1137
大桥岗 …… 470
大桥河居民区 …… 436
大桥河桥 …… 854
大桥军垱 …… 1044
大山凹 …… 586
大山凹 …… 595
大山头泵站 …… 1085
大山洼泵站 …… 1114
大山洼泵站 …… 1116
大山洼水库 …… 1070
大山洼水库 …… 1070
大山洼水库泵站 …… 1116
大山窑 …… 415
大沈塆 …… 619
大石板水库 …… 1061
大石板水库取水口 …… 1098
大树塆 …… 126
大树塆 …… 28
大树塆 …… 581
大顺桥 …… 855
大宋线 …… 843
大台子遗址 …… 892
大唐佳园 …… 35
大塘陈 …… 686
大塘角 …… 164
大塘角 …… 38
大塘咀 …… 67
大塘洼 …… 809
大塘汪 …… 694

大塘堰水库…………………………………… 1054
大塘祝 ………………………………………… 197
大陶塆 ………………………………………… 687
大田塆 ………………………………………… 709
大洼水库…………………………………… 1064
大洼水库…………………………………… 1071
大洼塆………………………………………… 70
大塆 …………………………………………… 385
大塆 …………………………………………… 517
大塆份 ………………………………………… 263
大王家岗 ……………………………………… 138
大邬家垅 ……………………………………… 164
大堰滚水坝………………………………… 1041
大堰垅泵站………………………………… 1095
大杨家塆 ……………………………………… 116
大殷家塆 ……………………………………… 526
大袁家塆 ……………………………………… 789
大张家坡 ……………………………………… 436
大张塆 ………………………………………… 694
大赵村中心泵站…………………………… 1080
大钟塆 ………………………………………… 690
大周塆 ………………………………………… 149
大转塆 ………………………………………… 457
代家壕沟……………………………………… 97
代家坡 ………………………………………… 485
代家塆 ………………………………………… 280
代家塆 ………………………………………… 404
代家塆 ………………………………………… 770
岱塘水库…………………………………… 1070
戴河 3 号泵站……………………………… 1120
戴河水库水闸……………………………… 1124
戴胡塆 ………………………………………… 191
戴家山坡 ……………………………………… 748
戴家塆 ………………………………………… 103
戴家塆 ………………………………………… 393
戴家塆 ………………………………………… 414
戴家塆 ………………………………………… 526
戴家塆 ………………………………………… 596
戴家塆 ………………………………………… 599
戴家塆 ………………………………………… 609
戴家院 ………………………………………… 555
戴李塆 ………………………………………… 641
诞生塆 ………………………………………… 414
蛋品小区……………………………………… 50
凼子塆 ………………………………………… 193
刀砍山泵站………………………………… 1106
倒沟冲 ………………………………………… 364
倒水河 ………………………………………… 883
道士河 ………………………………………… 423
道士塆 ………………………………………… 231
道士塆 ………………………………………… 240
道士塆 ………………………………………… 451
稻场咀 ………………………………………… 111
稻场塆 ………………………………………… 150
稻场塆 ………………………………………… 197
德安北路 ……………………………………… 830
德安东巷 ……………………………………… 833
德安府报恩寺 ………………………………… 902
德安府府城遗址 ……………………………… 891
德安府儒学 …………………………………… 887
德安南路 ……………………………………… 830
德安南路 6 号小区…………………………… 16
德安植物园安置小区………………………… 88
德安中路 ……………………………………… 830
德安中路城区供电所 ………………………… 998
德国基督教堂 ………………………………… 904

德慧寺 …… 900
德邻花园 …… 54
德棉宿舍楼 …… 85
德政街 …… 445
德政街 …… 836
灯辉小区 …… 552
灯笼坡泵站 …… 1095
邓凹 …… 491
邓冲水库 …… 1065
邓冲水库三号泵站 …… 1105
邓河低剖水渠 …… 1109
邓河高剖水渠 …… 1109
邓河水库 …… 1065
邓家凹 …… 459
邓家凹 …… 518
邓家冲 …… 457
邓家冲 …… 495
邓家独屋 …… 116
邓家独屋 …… 151
邓家独屋 …… 778
邓家独屋 …… 784
邓家岗 …… 522
邓家河塆 …… 522
邓家上塆 …… 164
邓家洼 …… 366
邓家塆 …… 156
邓家塆 …… 316
邓家塆 …… 357
邓家塆 …… 466
邓家塆 …… 520
邓家塆 …… 556
邓家塆 …… 562
邓家塆 …… 588
邓家塆 …… 716
邓家塆 …… 746
邓家塆 …… 776
邓家塆 …… 785
邓家塆 …… 823
邓家塆泵站 …… 1106
邓家湾 …… 597
邓家下塆 …… 116
邓家院墙 …… 351
邓家院子 …… 126
邓家中塆 …… 164
地税二分局 …… 980
帝庙山 …… 875
电信金泉通信基站 …… 1138
电信营业厅 …… 1028
电站桥 …… 848
店坡脚 …… 344
店上塆 …… 126
店上塆水库水闸 …… 1040
店子塆 …… 499
靛行塆 …… 653
吊刘大塆 …… 710
吊刘小塆 …… 711
吊桥街 …… 216
吊桥街 …… 838
吊桥塆 …… 773
丁程塆 …… 83
丁家冲 …… 577
丁家独屋 …… 428
丁家独屋 …… 93
丁家岗 …… 391
丁家岗塆 …… 487
丁家桥水库 …… 1054

丁家塆 …… 197
丁家塆 …… 218
丁家塆 …… 243
丁家塆 …… 501
丁家塆 …… 526
丁家塆 …… 655
丁家塆 …… 668
丁家塆 …… 781
丁家塆 …… 790
丁家塆 …… 95
丁家湾泵站 …… 1113
鼎烽食品有限公司 …… 1003
东城二巷 …… 833
东城一巷 …… 833
东大街 …… 168
东大街 …… 837
东方红希望小学 …… 958
东方家园 …… 40
东方世纪城 …… 84
东傅泵站 …… 1113
东傅塆 …… 633
东高塆 …… 304
东卢家塆 …… 433
东罗泵站 …… 1112
东罗新村塆 …… 651
东七屋 …… 760
东山泵站 …… 1120
东山水库 …… 1071
东升小区 …… 89
东王家塆 …… 801
东苑小区 …… 19
东岳观 …… 902
东岳琉璃瓦公司 …… 1003
东岳农庄 …… 1020
东赵 …… 23
冬梅水库 …… 1048
董家冲 …… 459
董家冲水库 …… 1062
董家大塆 …… 632
董家垱 …… 238
董家独塆 …… 632
董家独屋 …… 118
董家垅 …… 119
董家上塆 …… 120
董家塆(清代) …… 501
董家塆(宋代) …… 501
董家塆 …… 120
董家塆 …… 251
董家塆 …… 254
董家塆 …… 272
董家塆 …… 274
董家塆 …… 297
董家塆 …… 309
董家塆 …… 314
董家塆 …… 342
董家塆 …… 366
董家塆 …… 382
董家塆 …… 389
董家塆 …… 404
董家塆 …… 485
董家塆 …… 523
董家塆 …… 550
董家塆 …… 552
董家塆 …… 60
董家塆 …… 646
董家塆 …… 778

董家塆 …… 783
董家塆泵站 …… 1086
董家塆泵站 …… 1117
董家下塆 …… 119
董家小塆 …… 632
董家寨 1 …… 283
董家寨 2 …… 283
董家中塆 …… 120
峒山 …… 869
剅堰角 …… 723
陡坡山五组泵站 …… 1106
陡坡水库 …… 1067
陡坡岩 …… 776
陡山塆泵站 …… 1106
陡岩河老二级站 …… 1079
陡岩河一级站 …… 1127
斗笠崖 …… 877
豆腐店 …… 501
豆腐塆 …… 145
豆渣塆 …… 202
独立陈 …… 700
独桥 …… 777
独天线 …… 843
独屋塆 …… 254
独子树 …… 362
杜档水库取水口 …… 1097
杜档水库水闸 …… 1041
杜垱水库 …… 1059
杜家垱 …… 718
杜家垱水渠 …… 1124
杜家牌坊 …… 283
杜家棚子 …… 369
杜家塆 …… 347
杜庙河 …… 883
渡槽塆 …… 821
短港泵站 …… 1081
段家岗 …… 522
段家桥 …… 858
段家洼 …… 479
段家塆 …… 179
段家塆 …… 584
段家塆泵站 …… 1105
段家窑泵站 …… 1081
对家塆 …… 518
对门塆 …… 183
对面山水泵 …… 1085
墩子港塆 …… 487
垛子塆 …… 794

E

轭河线 …… 843
轭头陈 …… 61
轭头桥 …… 853
轭头塆 …… 148
轭头塆 …… 793
二份塆 …… 290
二股冲 …… 442
二级泵站 …… 1088
二级泵站渠 …… 1090
二家塆 …… 67
二李塆 …… 542
二联水库 …… 1059
二岭泵站 …… 1100
二塆 …… 314
二屋黄 …… 757

二无塆 …… 657
二小居民区 …… 41
二组前面泵站 …… 1107
二组水库 …… 1067

F

发展小区 …… 626
翻身水库 …… 1056
翻身水库 …… 1056
翻身水库 …… 1066
翻身水库泄洪区 …… 1092
凡岗上塆 …… 164
凡家大塆 …… 165
凡家燕屋 …… 165
凡前塆 …… 165
樊家独屋 …… 124
樊家塆 …… 328
樊廖家塆 …… 352
范家凹 …… 574
范家冲 …… 501
范家大塆 …… 502
范家独屋 …… 361
范家塆 …… 251
范家塆 …… 308
范家塆 …… 552
范家下塆 …… 309
范家纸棚 …… 501
范庙泵站 …… 1113
畈坡子胡 …… 221
畈上独屋 …… 162
畈上咀 …… 165
畈上塆 …… 153
畈上塆 …… 260
畈上塆 …… 775
畈上塆 …… 817
畈上湾 …… 570
畈上周 …… 265
方冲水库 …… 1073
方冲水库水闸工程 …… 1045
方岗泵站 …… 1080
方岗变电站 …… 1128
方岗村启航之星幼儿园 …… 1032
方河村二组泵站 …… 1120
方河村九组泵站 …… 1120
方河村七组泵站 …… 1121
方河村十组泵站 …… 1121
方河村四组泵站 …… 1121
方河村一组泵站 …… 1121
方河垱 …… 1124
方河街 …… 742
方河街 …… 839
方黄泵站 …… 1114
方黄塆 …… 673
方家冲 …… 773
方家岗 …… 874
方家河 …… 884
方家棚子 …… 621
方家染行 …… 567
方家上塆 …… 177
方家上塆 …… 280
方家松林塆 …… 677
方家田 …… 653
方家田泵站 …… 1112
方家塆 …… 124
方家塆 …… 169

方家塆 …… 175
方家塆 …… 473
方家塆 …… 534
方家塆 …… 567
方家塆 …… 579
方家塆 …… 588
方家塆 …… 589
方家塆 …… 599
方家塆 …… 624
方家塆 …… 677
方家塆 …… 742
方家塆 …… 804
方家塆渡槽 …… 1112
方家塆水库 …… 1069
方家下塆 …… 280
方家月塘 …… 821
方家中塆 …… 178
方棚村永为养殖场 …… 1026
方棚路拱桥 …… 853
方石水库 …… 1052
方石水库 …… 1052
方园水库 …… 1056
方园水库二号泵站 …… 1086
方园水库一号泵站 …… 1086
方岳塆 …… 197
芳洲桥 …… 857
防修水库 …… 1056
纺织大楼住宅区 …… 25
放羊冲 …… 466
费岗小区 …… 525
费家独屋 …… 277
费家塆 …… 817
分十六渠道 …… 1111
分水岭 …… 875
坟山坡公路桥 …… 856
粉铺凹 …… 615
粉铺独屋 …… 126
粉铺独屋 …… 160
粉铺独屋 …… 600
粉铺塆 …… 810
丰达国际城 …… 85
风包老 …… 345
风芦坝 …… 883
枫蕉树塆 …… 767
封砌塆 …… 202
封余寨 …… 636
峰海天城小区 …… 88
蜂龙冲 …… 430
冯冲大塆 …… 111
冯家咀 …… 775
冯家塆 …… 111
冯家塆 …… 473
冯家塆 …… 530
冯家塆 …… 683
冯家塆 …… 690
冯家塆 …… 797
冯庙节制闸 …… 1043
冯庙上泵站 …… 1106
冯庙新村 …… 526
冯岳塆 …… 206
凤凰城小区 …… 15
凤凰东区 …… 15
凤凰东区 …… 35
凤凰湖旅游度假公司 …… 1003
凤凰加油站 …… 864
凤凰佳园 …… 35

凤凰佳园东区…………………………………………35
凤凰路 ……………………………………………831
凤凰南区……………………………………………34
凤凰桥 ……………………………………………849
凤凰山 ……………………………………………869
凤凰山 ……………………………………………880
凤凰水泥有限公司宿舍区…………………………17
凤凰饲料公司宿舍楼………………………………15
凤凰西区……………………………………………34
伏林窝 ……………………………………………320
扶贫办宿舍楼………………………………………53
洑水桥 ……………………………………………853
洑水镇便民服务中心 ……………………………979
洑水镇财经所 ……………………………………979
洑水镇初级中学 …………………………………980
洑水镇国土资源所 ………………………………979
洑水镇农商银行…………………………………1025
洑水镇人力资源和社会保障服务中心…………1026
洑水镇人民政府 …………………………………979
洑水镇三陂中心小学 ……………………………980
洑水镇社会福利院………………………………1035
洑水镇双路小学 …………………………………980
洑水镇双路中心幼儿园…………………………1035
洑水镇水管站 ……………………………………980
洑水镇中心小学 …………………………………980
洑水镇中心幼儿园………………………………1035
福德桥 ……………………………………………502
福建工业园………………………………………1009
福兰线 ……………………………………………843
福兴公司小区………………………………………89
福银高速公路 ……………………………………843
府城便民服务中心 ………………………………933
府城城东电信基站………………………………1135
府城东汉黄香墓 …………………………………897
府城妇幼保健计划生育服务站 …………………948
府城工业园 ………………………………………999
府城明珠……………………………………………19
府城瑞康食品基站………………………………1136
府东北路 …………………………………………831
府东街口基站……………………………………1136
府东名城……………………………………………18
府东南路 …………………………………………831
府河北街 …………………………………………830
府河泵站…………………………………………1088
府河边一号泵站…………………………………1105
府河大道 …………………………………………830
府河大桥 …………………………………………848
府河大桥涵洞 ……………………………………860
府河二桥 …………………………………………848
府河南街 …………………………………………830
府河南路……………………………………………30
府河橡胶坝………………………………………1040
府河右岸堤………………………………………1042
府河正街……………………………………………30
府河正街 …………………………………………832
付家独塆 …………………………………………546
付家独屋 …………………………………………656
付家独屋四组泵站………………………………1108
付家台子 …………………………………………499
付家塆 ……………………………………………115
付家塆………………………………………………21
付家塆 ……………………………………………502
付家塆 ……………………………………………528
付家塆 ……………………………………………582
付家塆 ……………………………………………821
付家巷 ……………………………………………834

付家嘴 …… 594
妇女塘 …… 1060
傅家塆 …… 578
傅家塆 …… 624
傅家塆 …… 683
傅家塆 …… 704
傅家塆 …… 734
傅家塆 …… 744
傅家湾泵站 …… 1081
傅家榨 …… 238
富安街 …… 835
富安街 …… 92
富春街 …… 835
富春街 …… 92
富国街 …… 835
富国街 …… 91
富华街 …… 835
富华街 …… 92
富康街 …… 92
富民街 …… 835
富民街 …… 91
富强街 …… 835
富强街 …… 91
富山生态农业开发有限公司 …… 1015

G

甘家稻场塆 …… 313
甘家畈 …… 360
甘家畈 …… 417
甘家畈六组泵站 …… 1095
甘家坡 …… 654
甘家坡泵站 …… 1112
甘家塆 …… 251
甘家塆 …… 348
甘家塆 …… 491
甘家塆 …… 602
甘家塆 …… 60
甘家塆 …… 720
甘家塆泵站 …… 1083
甘家塆泵站 …… 1102
甘家竹林 …… 316
甘露庵 …… 274
甘露小区 …… 274
甘聂拦水坝 …… 1040
甘聂移动基站 …… 1139
甘杨家塆 …… 274
绀珠亭 …… 913
缸子窑 …… 404
岗上独屋 …… 789
岗上独屋 …… 790
岗上塆 …… 141
岗上塆 …… 200
岗上塆 …… 254
岗上塆 …… 258
岗上塆 …… 290
岗上塆 …… 530
岗上塆 …… 657
岗上塆 …… 661
岗上塆 …… 742
岗上塆 …… 757
岗上塆干渠 …… 1084
港边程 …… 252
港边塆 …… 254
港福家园 …… 626
港子 …… 388

高店村自来水泵……1119
高店小学……985
高店幼儿园……1036
高东塆……663
高岗……277
高岗泵站……1113
高岗村基站……1140
高岗街……655
高岗棚子……523
高岗水库……1056
高家凹……420
高家凹……420
高家凹……436
高家凹桥……854
高家垱……1044
高家垱塆……749
高家店……708
高家都堂……312
高家独屋……119
高家独屋……611
高家独屋……634
高家畈……396
高家畈遗址……893
高家岗……701
高家坡……701
高家坡遗址……893
高家洼子……362
高家塆……160
高家塆……169
高家塆……191
高家塆……225
高家塆……342
高家塆……370
高家塆……38
高家塆……420
高家塆……525
高家塆……537
高家塆……551
高家塆……569
高家塆……590
高家塆……614
高家塆……668
高家塆……697
高家塆……708
高家塆……746
高家塆……749
高家塆……782
高家塆……783
高家塆……789
高家塆……804
高家塆……84
高家西塆……668
高家巷……52
高家巷……833
高家燕窝……609
高家寨泵站……1097
高家中塆……655
高罗1、2、5组泵站……1119
高罗3、4组泵站……1119
高罗家塆……37
高庙村泵站……1077
高庙山……872
高庙山……880
高庙山纪念地……908
高庙王……687
高彭塆……72

高坡泵站…………………………………………… 1119
高桥塆 …………………………………………… 451
高山凹 …………………………………………… 384
高山凹水库………………………………………… 1059
高树塆 …………………………………………… 283
高台渠泵站………………………………………… 1086
高台寺 …………………………………………… 394
高吴家塆…………………………………………… 97
高杨塆 …………………………………………… 555
高砦村联通基站…………………………………… 1137
高砦小学 ………………………………………… 962
高砦移动基站……………………………………… 1137
高寨街 …………………………………………… 200
高张塆 …………………………………………… 701
格上塆 …………………………………………… 117
葛熊塆 …………………………………………… 683
公安局居民区……………………………………… 40
公路小区…………………………………………… 50
公路养护中心 …………………………………… 967
公坪洼水库………………………………………… 1071
龚家水渠…………………………………………… 1109
龚家塆 …………………………………………… 374
龚家塆 …………………………………………… 528
龚邹塆 …………………………………………… 191
供水人家…………………………………………… 54
供销社小区………………………………………… 32
沟堰泵站…………………………………………… 1121
沟子边塆 ………………………………………… 487
沟子塆 …………………………………………… 590
沟子塆 …………………………………………… 610
姑三秋水库………………………………………… 1057
辜家陡山 ………………………………………… 793
辜家独屋 ………………………………………… 584
辜家独屋 ………………………………………… 785
辜家塆……………………………………………… 20
辜家塆 …………………………………………… 254
辜家塆……………………………………………… 28
辜家塆 …………………………………………… 382
辜家塆 …………………………………………… 788
辜家塆泵站………………………………………… 1086
辜张塆 …………………………………………… 285
古陂泵站…………………………………………… 1110
古陂泵站…………………………………………… 1111
古城遗址 ………………………………………… 892
古坟咀 …………………………………………… 420
古楼佳园…………………………………………… 50
古门关 …………………………………………… 580
古天符庵 ………………………………………… 901
古周泵站…………………………………………… 1119
古周塆 …………………………………………… 699
谷家塆 …………………………………………… 535
牯牛坡 …………………………………………… 145
顾家塆 …………………………………………… 232
顾李渡 …………………………………………… 847
关凹 ……………………………………………… 457
关帝庙 …………………………………………… 905
关山 ……………………………………………… 878
关山泵站…………………………………………… 1127
关塘角 …………………………………………… 616
观音冲 …………………………………………… 420
观音冲水库………………………………………… 1060
观音冲水库-水闸工程 …………………………… 1042
观音冲水库闸取水口……………………………… 1097
观音路 …………………………………………… 839
观音山 …………………………………………… 879
官塘水库…………………………………………… 1057

官亭街 …… 838
官塆 …… 717
官堰村泵站 …… 1106
官堰水库 …… 1065
管事塆 …… 295
贯冲 …… 492
光明联合小学 …… 944
光明巷 …… 48
光明新村 …… 28
光秃岭 …… 420
广仙线 …… 844
广应线 …… 844
贵家庵 …… 570
桂花树 …… 344
桂花树洼 …… 479
桂花树塆 …… 479
桂花树塆 …… 578
滚子河 …… 738
滚子河 …… 883
滚子河桥 …… 851
磙子河 …… 414
磙子河桥 …… 855
郭吉刘水库 …… 1053
郭家凹 …… 455
郭家凹 …… 467
郭家大塆 …… 183
郭家独屋 …… 158
郭家独屋 …… 178
郭家独屋 …… 783
郭家独屋 …… 785
郭家岗 …… 350
郭家河 …… 740
郭家碾盘 …… 655
郭家山坡塆 …… 740
郭家上塆 …… 183
郭家亭子 …… 183
郭家塆 …… 339
郭家塆 …… 354
郭家塆 …… 417
郭家塆 …… 455
郭家塆 …… 479
郭家塆 …… 596
郭家塆 …… 605
郭家塆 …… 610
郭家塆 …… 623
郭家塆 …… 624
郭家塆 …… 64
郭家塆 …… 699
郭家塆 …… 711
郭家塆 …… 749
郭家中塆 …… 183
郭舒泵站 …… 1119
郭周塆 …… 185
国家电网河水供电所 …… 1020
国母河八卦山 …… 399
国税小区 …… 40
国网安陆市供电公司巡店供电营业所 …… 1016
国网安陆市供电公司巡店供电营业所 …… 1128
国网湖北省电力公司安陆市供电公司百花供电所 …… 1018

H

海门冲 …… 486
海棠北街 …… 837
海棠南路 …… 837

海子二桥 …… 850
海子河 …… 882
海子河桥 …… 849
海子一桥 …… 850
涵洞泵站 …… 1098
涵洞泵站 …… 1113
涵家冲 …… 502
韩程塆 …… 409
韩家塆 …… 325
韩家塆 …… 746
汉丹北路 …… 829
汉丹东路 …… 830
汉丹家园 …… 25
汉丹路(居民点) …… 52
汉丹路立交桥 …… 860
汉丹路铁路天桥 …… 859
汉丹铁路 …… 845
汉丹铁路涵洞 …… 861
汉丹线5、7组交界涵洞 …… 861
汉丹小区 …… 25
汉东书院校政厅 …… 889
汉东书院校政厅 …… 905
汉十高速 …… 845
汉十高速安陆收费站 …… 863
汉十高速二涵洞 …… 861
汉十高速仰家凹桥梁 …… 850
汉十高速一涵洞 …… 861
翰林凹 …… 603
航宇养殖场 …… 1018
蒿桥 …… 850
蒿桥岗 …… 295
蒿桥路 …… 832
蒿桥山 …… 869
豪城家园 …… 89
豪沟大坝水库 …… 1054
壕沟 …… 1084
壕沟泵站 …… 1084
壕沟李 …… 246
禾丰集团 …… 1019
禾丰宿舍楼 …… 54
合力水库 …… 1054
合力水库 …… 1054
合心水库 …… 1048
何程泵站 …… 1081
何程四组水库 …… 1054
何程寨 …… 243
何岗小区 …… 84
何家凹 …… 443
何家凹 …… 492
何家冲 …… 770
何家大凹 …… 394
何家大塆 …… 280
何家大塆 …… 657
何家独屋 …… 126
何家畈 …… 243
何家山 …… 67
何家塆 …… 102
何家塆 …… 120
何家塆 …… 181
何家塆 …… 188
何家塆 …… 301
何家塆 …… 327
何家塆 …… 351
何家塆 …… 364
何家塆 …… 387
何家塆 …… 443

何家塆 …… 479
何家塆 …… 562
何家塆 …… 595
何家塆 …… 614
何家塆 …… 66
何家塆 …… 686
何家塆 …… 755
何家塆 …… 813
何家塆 …… 823
何家享堂明何迁墓 …… 896
何家小塆 …… 280
何塘水库 …… 1053
何塆 …… 421
和平里 …… 53
河边独屋 …… 162
河边二组 …… 293
河边罗塆 …… 651
河边沈家塆 …… 646
河边塆 …… 237
河边塆 …… 791
河边塆 …… 817
河边岳 …… 198
河滨二号楼小区 …… 42
河滨小区 …… 29
河冲水库 …… 1068
河德桥 …… 281
河德桥 …… 854
河德桥 …… 859
河底泵站 …… 1086
河东塆 …… 302
河份吴 …… 250
河家山泵站 …… 1114
河家塆 …… 767
河水店 …… 432
河水公路管理站 …… 971
河棠线 …… 844
河塆 …… 421
河西二技校 4G 基站 …… 1136
河西高 …… 200
河西塆 …… 133
河西塆泵站 …… 1077
河西新村 …… 45
河西杨 …… 165
河沿 …… 442
荷叶张 …… 191
黑凹水库 …… 1054
黑冲水库 …… 1062
黑虎冲 …… 471
黑龙凹 …… 295
黑龙岗 …… 502
恒富养殖有限公司 …… 1019
恒坤大酒店基站 …… 1136
恒坤宿舍楼 …… 53
恒水垱泵站 …… 1095
恒水垱水库 …… 1060
横冲 …… 421
横冲 …… 421
横路泵站 …… 1106
横路水库 …… 1065
横路新村 …… 530
横山 …… 874
横山 …… 880
横山村基站 …… 1136
横山头塆 …… 146
横山小学 …… 976
横塘角 …… 813

横塆 …… 367
红毛山 …… 880
红旗泵站 …… 1119
红旗渠 …… 1124
红山独屋 …… 96
红山坡 …… 875
红石沟泵站 …… 1088
红石坡 22 万变电站 …… 1009
红石坡泵站 …… 1088
红石桥 …… 852
红石山泵站 …… 1110
红石社区安置小区 …… 93
红石社区便民服务站 …… 953
红石塆 …… 209
红塆 …… 310
红卫雅居 …… 51
宏伟禽业养殖场 …… 1019
宏学街 …… 837
宏扬大厦小区 …… 89
虹彩缘养殖场 …… 1003
虹桥 …… 849
洪家塆 …… 210
洪庙 1 组泵站 …… 1076
洪庙 3 组泵站 …… 1076
洪庙安置区 …… 19
洪庙新村 …… 20
洪山水库 …… 1054
洪塆 …… 530
鸿丰新型墙体材料厂 …… 1003
侯冲水库 …… 1064
侯大塆上塆 …… 114
侯大塆下塆 …… 114
侯家冲 …… 141
侯家大塆 …… 621
侯家稻场 …… 286
侯家畈 …… 555
侯家坡 …… 549
侯家塆 …… 356
侯家塆 …… 367
侯家塆 …… 596
侯家塆 …… 93
侯家巷子 …… 146
侯家小塆 …… 622
侯家院子 …… 117
后塝塆 …… 396
后岗 …… 111
后阚家塆 …… 571
后马塆 …… 455
后头洼 …… 479
后头塆 …… 158
后头塆 …… 276
后塆 …… 386
后塆 …… 785
后营塆 …… 636
胡蔡塆 …… 73
胡冲 …… 169
胡冲水库 …… 1048
胡家凹 …… 271
胡家凹 …… 798
胡家坳 …… 670
胡家槽坊塆 …… 703
胡家大塆 …… 126
胡家大塆 …… 165
胡家大塆 …… 303
胡家大塆 …… 520
胡家大塆 …… 660

胡家大塆北 …… 732
胡家大塆泵站 …… 1087
胡家大塆南 …… 732
胡家垱 …… 1044
胡家独塆 …… 718
胡家独屋 …… 146
胡家独屋 …… 297
胡家独屋 …… 590
胡家独屋 …… 658
胡家独屋 …… 785
胡家岗 …… 304
胡家桥 …… 660
胡家山 …… 222
胡家山宋墓 …… 896
胡家山遗址 …… 891
胡家上塆 …… 614
胡家塆 …… 138
胡家塆 …… 146
胡家塆 …… 150
胡家塆 …… 153
胡家塆 …… 203
胡家塆 …… 240
胡家塆 …… 252
胡家塆 …… 260
胡家塆 …… 283
胡家塆 …… 292
胡家塆 …… 312
胡家塆 …… 425
胡家塆 …… 513
胡家塆 …… 525
胡家塆 …… 559
胡家塆 …… 562
胡家塆 …… 575
胡家塆 …… 594
胡家塆 …… 607
胡家塆 …… 619
胡家塆 …… 658
胡家塆 …… 703
胡家塆 …… 77
胡家塆 …… 807
胡家塆 …… 813
胡家塆泵站 …… 1083
胡家塆泵站 …… 1114
胡家塆冯庙下泵站 …… 1106
胡家下塆 …… 614
胡家巷 …… 285
胡家小塆 …… 660
胡家新塆 …… 615
胡家新塆 …… 658
胡家新塆 …… 660
胡家月塘 …… 821
胡家榨 …… 371
胡家寨 …… 615
胡家中塆 …… 660
胡蒋塆 …… 59
胡罗陈 …… 304
胡棚街 …… 837
胡五线 …… 844
胡巷林场 …… 285
胡巷新街 …… 285
胡姚上字渠 …… 1120
胡姚闸泵站 …… 1119
胡院墙 …… 170
葫芦包 …… 141
葫芦包水库 …… 1048
湖北爱仕达电器有限公司 …… 1009

湖北安丰达集团有限公司…………………………1009
湖北安陆农村商业银行股份有限公司孛畈支行…………………………1022
湖北安陆农村商业银行股份有限公司巡店支行…………………………1016
湖北安陆农村商业银行股份有限公司赵棚支行…………………………1014
湖北安陆市金谷粮食机械设备有限公司………999
湖北安陆市石油分公司涢水路加油站…………864
湖北安棉纺织有限公司…………………………1003
湖北奥蓝达汽车配件有限公司…………………999
湖北白涢商品砼有限公司………………………999
湖北白涢石油化工有限公司……………………999
湖北白兆山水泥有限公司………………………1022
湖北宝迪李塆村养殖场…………………………1023
湖北宝迪农业科技有限公司……………………1009
湖北德安府糖业有限责任公司…………………999
湖北多科能源有限公司…………………………1000
湖北福尔达厨具有限公司………………………1009
湖北格奥欣医药物流有限公司…………………1010
湖北公路管理站…………………………………932
湖北海王医药有限公司安陆分公司……………1010
湖北瀚思生物科技有限公司……………………1010
湖北禾丰粮油集团有限公司四分厂……………1010
湖北恒鑫饮料制品有限责任公司………………1000
湖北洪发饲料科技有限责任公司………………1023
湖北花中花农业发展有限公司…………………1024
湖北花中花农业股份有限公司…………………1024
湖北华方医药有限公司…………………………1010
湖北佳美建筑装饰工程有限公司………………1003
湖北金鸿兴包装实业有限公司…………………1003
湖北金皇冠金银珠宝有限公司…………………1015
湖北金日生态能源有限公司……………………1010
湖北金润佳精密模具制品有限公司……………1010
湖北金厦建筑工程有限公司……………………1000
湖北康迪种猪科技有限公司……………………1024
湖北康正药业有限公司…………………………1000
湖北力山塑胶有限公司…………………………1011
湖北凌丰农业科技有限公司 1…………………1024
湖北凌丰农业科技有限公司 2…………………1024
湖北龙韵养殖公司………………………………1019
湖北隆发包装制品有限公司……………………1004
湖北美时园食品股份有限公司…………………1011
湖北明妮服饰有限公司…………………………1004
湖北农腾饲料有限责任公司……………………1011
湖北朴泥高科技农业发展有限公司……………1024
湖北强云宏建筑工程有限公司…………………1026
湖北神丹健康食品有限公司……………………1011
湖北神丹健康食品有限公司……………………1024
湖北省安陆古银杏国家森林公园管理局………938
湖北省安陆市安东印务有限公司………………1024
湖北省安陆市道路运输管理所…………………933
湖北省安陆市凤凰寄宿学校……………………942
湖北省安陆市公安消防大队……………………953
湖北省安陆市经济开发区管理委员会…………951
湖北省安棉置业有限公司………………………1000
湖北省林业科学研究院安陆银杏研究所………938
湖北省林业厅银杏中心苗圃……………………1019
湖北省孝感市第二技工学校……………………942
湖北省新华书店(集团)有限公司安陆市分公司…………………………1011
湖北省烟草公司安陆市公司巡店批发站………1016
湖北硕康医疗器械有限公司……………………1011
湖北天力达环保包装有限公司…………………1011
湖北天明粮油设备有限公司……………………1011
湖北途革五金塑料制品有限公司………………1012

湖北午时药业股份有限公司…… 1000
湖北悟缘工艺有限责任公司…… 1012
湖北欣华生态畜禽开发有限公司…… 1000
湖北兴民置业有限公司…… 1000
湖北亚钢金属制造有限公司…… 1012
湖北盐业有限公司安陆分公司…… 1000
湖北永捷粮油机械有限公司…… 1004
湖北永祥粮机有限公司…… 1012
湖北永祥粮食机械股份有限公司…… 1000
湖北源盛钢构有限公司…… 1012
湖北正浩制管有限公司…… 1004
湖北正辉玻璃有限公司…… 1004
湖北智丰数控机械有限公司…… 1012
湖北中昌粮食机械有限公司…… 1004
湖北中电铁塔公司…… 1004
湖北中电铁塔有限公司…… 1004
湖北中科铜箔科技有限公司…… 1012
湖北中台光源科技有限公司…… 1005
湖北中天恒瑞建筑工程有限公司…… 1001
湖北珠穆朗玛食品有限公司…… 1012
糊涂堰…… 492
虎乳岩…… 871
虎乳岩泵站…… 1077
护国桥…… 849
护国寺…… 901
花鼓班董家桥…… 523
花行塆…… 663
花台遗址…… 894
花屋塆…… 417
花屋塆…… 467
花屋塆…… 479
花园…… 785
花园村街道…… 384
花园桥…… 856
花园湾…… 598
花园小学…… 973
花园遗址…… 893
花子店…… 271
华家沟…… 591
滑稽塆…… 189
滑石板水库…… 1061
滑石板水库闸取水口…… 1097
环城小区…… 32
环家坝泵站…… 1079
桓温古城…… 909
荒冲…… 343
荒冲…… 570
荒米冲…… 429
黄冲泵站…… 1121
黄岗泵站…… 1080
黄河村黄河闸坝…… 1040
黄河大塆…… 60
黄河渡…… 847
黄鹤冲茶场…… 737
黄鹤冲茶场塆…… 738
黄鹤冲水库…… 1071
黄家凹…… 239
黄家凹…… 460
黄家凹…… 473
黄家凹…… 488
黄家凹…… 552
黄家凹遗址…… 893
黄家坳…… 723
黄家坝…… 1041
黄家坝泵站…… 1086
黄家坝水库…… 1047

黄家柏树塆 …… 138
黄家堡 …… 543
黄家冲 …… 738
黄家冲 …… 770
黄家冲水库 …… 1057
黄家冲塆 …… 156
黄家大冲 …… 368
黄家大塆 …… 195
黄家大塆 …… 299
黄家大塆 …… 308
黄家稻场 …… 661
黄家独塆 …… 314
黄家独屋 …… 156
黄家独屋 …… 235
黄家独屋 …… 785
黄家独屋 …… 823
黄家墩 …… 532
黄家畈 …… 742
黄家岗 …… 189
黄家岗 …… 525
黄家岗 …… 658
黄家岗 …… 874
黄家河 …… 354
黄家河泵站 …… 1076
黄家咀 …… 144
黄家咀 …… 455
黄家岭泵站 …… 1111
黄家垅 …… 434
黄家坡 …… 354
黄家坡塆 …… 740
黄家桥 …… 316
黄家桥 …… 404
黄家桥泵站 …… 1089
黄家山四号泵站 …… 1105
黄家台子 …… 543
黄家台子 …… 738
黄家洼 …… 539
黄家塆 …… 101
黄家塆 …… 234
黄家塆 …… 332
黄家塆 …… 399
黄家塆 …… 426
黄家塆 …… 474
黄家塆 …… 516
黄家塆 …… 520
黄家塆 …… 545
黄家塆 …… 574
黄家塆 …… 588
黄家塆 …… 605
黄家塆 …… 699
黄家塆 …… 703
黄家塆 …… 77
黄家塆 …… 783
黄家塆 …… 807
黄家塆 …… 815
黄家塆 …… 824
黄家塆 …… 87
黄家塆 …… 97
黄家塆水库 …… 1068
黄家下塆 …… 156
黄家巷子 …… 146
黄家巷子 …… 757
黄家新塆 …… 741
黄家窑塆 …… 309
黄家院子 …… 138
黄家榨塆 …… 739

黄家寨山 …… 532
黄家寨新塆 …… 20
黄家中畈 …… 529
黄家中塆 …… 156
黄家竹林塆 …… 181
黄金水库 …… 1065
黄金塘 …… 445
黄金塆 …… 365
黄荆山 …… 298
黄荆山街道 …… 837
黄荆山墓地 …… 896
黄荆山宋墓 …… 897
黄荆水库 …… 1057
黄李塆 …… 263
黄李塆 …… 320
黄李巷子 …… 633
黄刘岗 …… 138
黄梅泵站 …… 1121
黄泥沟泵站 …… 1083
黄棚村 1 组大桥港 …… 883
黄棚中心街道 …… 532
黄坡塆 …… 423
黄香祠 …… 899
黄巷涵洞 …… 861
黄寨渡口 …… 847
黄寨二级泵站 …… 1101
黄寨河街 …… 488
黄寨寨塆 …… 488
黄自平小区 …… 104
回龙店 …… 442
回子冲 …… 421
会家砦 …… 779
会晤口 …… 810
惠隆综合楼 …… 54
惠民路 …… 838
匯吉化工 …… 1012
浑水大堰水库 …… 1055
火车站宿舍楼 …… 25
火烙窑 …… 548
火胜塆 …… 542
火石塆 …… 318
火焰山泵站 …… 1092
濯水 …… 882
濯水东堤 …… 1039

J

矶子塆 …… 726
鸡公山 …… 879
吉家塆 …… 388
吉庙村 1 组泵站 …… 1094
吉庙村 2 组泵站 …… 1094
吉庙村 4 组泵站 …… 1094
吉庙街 …… 387
吉庙粮库 …… 1021
吉庙桥 …… 854
吉阳街 …… 168
吉阳山 …… 879
己子塆 …… 397
季家独屋 …… 154
季家塆 …… 93
佳禾花园小区 …… 30
佳洁食品有限公司 …… 1013
佳园小区 …… 446
家具厂居民区 …… 41
嘉旭天然气有限公司 CNG 加气站 …… 1005

夹巷 …… 742
贾家畈 …… 396
架上塆 …… 70
架子桥 …… 856
架子山 …… 875
架子山 …… 877
架子山塆 …… 293
尖山 …… 880
尖山 …… 880
尖山独屋 …… 596
尖山水库 …… 1066
简家塆 …… 718
建工小区 …… 89
建新 135 泵站 …… 1121
建新 135 泵站渠 …… 1124
建新街 …… 734
建筑设备租赁有限公司 …… 1013
建总小区 …… 89
江方塆 …… 656
江河泵站 …… 1121
江河泵站 1 号 …… 1121
江河泵站 2 号 …… 1121
江河泵站 3 号 …… 1121
江河泵站 4 号 …… 1121
江河分流闸 …… 1045
江河公路桥泵站 …… 1122
江河泄洪闸 …… 1045
江家凹 …… 755
江家河 …… 744
江家山 …… 869
江家潭泵站 …… 1096
江家洼 …… 498
江家塆 …… 254
江家塆 …… 396
江家塆 …… 399
江家塆 …… 499
江家巷 …… 52
江家巷 …… 833
江家竹林泵站 …… 1076
江家竹林塆 …… 28
江家竹林遗址 …… 890
江石岗 …… 127
姜过淌 …… 421
姜家凹 …… 457
姜家冲 …… 517
姜家大塘 …… 87
姜家独屋 …… 578
姜家独屋 …… 668
姜家独屋 …… 785
姜家独屋 …… 807
姜家垅 …… 480
姜家松林 …… 320
姜家塆 …… 517
姜家塆 …… 582
姜家塆 …… 777
姜家塆 …… 824
姜刘塆 …… 170
姜王塆 …… 746
蒋凹 …… 663
蒋陈家塆 …… 534
蒋家冲 …… 540
蒋家大桥节制闸 …… 1043
蒋家大桥泄洪闸 …… 1043
蒋家大塆 …… 178
蒋家独塆 …… 545
蒋家独屋 …… 656

蒋家龙 …… 771
蒋家山 …… 869
蒋家山宋墓群 …… 896
蒋家塆 …… 101
蒋家塆 …… 193
蒋家塆 …… 333
蒋家塆 …… 432
蒋家塆 …… 534
蒋家塆 …… 63
蒋家塆 …… 677
蒋家塆 …… 71
蒋家塆 …… 785
蒋家塆泵站 …… 1115
蒋家堰 …… 688
蒋堰壕沟 …… 1120
接官泵站 …… 1126
接官林业站 …… 991
接官南大街 …… 788
接官农村信用社 …… 1028
接官派出所 …… 990
接官秦冲水库闸取水口 …… 1045
接官厅 …… 909
接官乡财经所 …… 991
接官乡初级中学 …… 991
接官乡村镇建设环境保护服务中心 …… 991
接官乡福利院 …… 1036
接官乡会砦小学 …… 991
接官乡计划生育办公室 …… 991
接官乡莲花小学 …… 991
接官乡人力资源和社会保障服务中心 …… 991
接官乡兽医站 …… 992
接官乡水利农机服务中心 …… 992
接官乡司法所 …… 990
接官乡卫生院 …… 992
接官乡乡镇企业服务中心 …… 992
接官乡邮政银行 …… 992
接官乡幼儿园 …… 1036
接官乡中心学校 …… 992
接官小桥 …… 856
接官烟草公司 …… 1028
接官赵棚通村公路 …… 845
接官中心小学 …… 992
节约渡槽 …… 1084
节约水库 …… 1055
捷诚驾校 …… 1024
解放大道 …… 829
解放大道立交桥 …… 860
解放山 …… 869
解放山大坝 …… 1037
解放山电站 …… 1127
解放山拦河闸 …… 1037
解放山水库 …… 1046
解放山水库管理处 …… 939
解放山西干渠 …… 1085
解放山遗址 …… 892
界岗泵站 …… 1126
界岗水库 …… 1073
金榜名城小区 …… 52
金川页岩砖厂 …… 1024
金大地农机专业合作社 …… 1017
金堤桥 …… 858
金鼎琉璃瓦公司 …… 1005
金豆豆幼儿园 …… 1030
金墩街 …… 216
金墩街 …… 838
金凤凰幼儿园 …… 1030

金港花园……18
金沟古墓……896
金沟小区……69
金鸡垱……1044
金鸡垱水渠沟……1125
金家槽坊……36
金家冲……70
金家大塘水库……1048
金家大塆……585
金家大塆……61
金家大塆……805
金家大塆宋墓……898
金家店……587
金家独塆……537
金家独屋……585
金家独屋……587
金家独屋……789
金家畈……474
金家畈……480
金家龙……291
金家墙院……543
金家台子……54
金家台子……789
金家洼……788
金家洼……810
金家塆……282
金家塆……451
金家塆……513
金家塆……516
金家塆……570
金家塆……591
金家塆……600
金家塆……813
金家塆……815
金家湾……598
金家小塆……806
金龙港湾……626
金龙新村……662
金龙鱼油场……1013
金銮建材公司……1005
金秋大道……834
金秋花园……69
金秋御园……88
金泉北路……831
金泉泵站……1075
金泉禅寺……904
金泉二级渠……1090
金泉桥……850
金泉山……874
金台小区……85
金塆水库……1074
金鑫楼……52
金银花泵站……1089
金元广场……1135
金元小区……37
金元小区……86
进家塆……75
进家塆水库……1046
经济开发区人力资源和社会保障服务中心……953
井边刘……697
井堰水库……1062
景丰粮油公司……1019
景林寺……604
璟苑华府……34
静福寺……904
九冲泵站……1114

九冲河 …… 883
九冲水库 …… 1070
九斗丘水库 …… 1053
九份高 …… 701
九个塆岭 …… 875
九里岗 …… 412
九里垅泵站 …… 1095
九五水库 …… 1055
九组董堰河泵站 …… 1089
居家养老服务中心 …… 1035
居民新村 …… 297
咀上独屋 …… 611
咀上独屋 …… 808
咀上塆 …… 530
咀上塆 …… 579
咀上塆 …… 792
剧团居民区 …… 41
卷子塆 …… 72
绝谷冲水库 …… 1063
军陈 …… 120
军刘泵站 …… 1110
军刘泵站渠 …… 1111
军刘塆 …… 588
军刘塆拱桥 …… 853
军卢家塆 …… 280
军阳水库副取水口 …… 1079
军杨水库 …… 1048
军杨塆 …… 165
军张塆 …… 321
军张塆 …… 717
俊德化工涂料有限公司 …… 1026

K

垰门 …… 604
凯旋城 …… 90
坎子塆 …… 499
阚家塆 …… 521
阚家塆 …… 528
阚家塆 …… 605
阚家塆 …… 813
康家塆 …… 278
康家塆泵站 …… 1086
康洁服务有限公司 …… 1013
康乐新村 …… 77
柯家塆 …… 582
课铃塆 …… 530
孔家塆 …… 28
孔家塆 …… 805
孔家营 …… 78
库子湖水库 …… 1065
裤子塘水库 …… 1071
蒯家河 …… 372

L

腊梅水库 …… 1049
腊树塆 …… 399
榔树塆 …… 585
劳洼水库 …… 1071
老凹 …… 492
老坝 …… 1041
老程巷 …… 519
老独屋 …… 782

老锅厂 …… 483
老河庙…… 36
老虎冲 …… 480
老虎坡泵站…… 1111
老虎塆 …… 405
老黄家塆 …… 677
老街 …… 325
老街还建房 …… 552
老李家塆 …… 366
老楼子塆 …… 154
老人咀泵站…… 1092
老上塆 …… 400
老上塆 …… 810
老水库…… 1055
老塆 …… 480
老卫生局住宅区…… 25
老屋柴坊…… 1001
老屋东祝 …… 181
老屋山 …… 524
老屋塆 …… 111
老屋塆 …… 237
老屋塆 …… 400
老屋塆 …… 555
老杨家塆 …… 817
老窑泵站…… 1119
老战服务有限公司…… 1013
乐家塆 …… 585
雷畈四组泵站…… 1122
雷畈五组泵站…… 1122
雷公变电所…… 1019
雷公桥 …… 853
雷公食品药品监管所 …… 969
雷公水管站 …… 969
雷公镇财经所 …… 969
雷公镇初级中学 …… 970
雷公镇动物卫生监督站 …… 969
雷公镇福利院…… 1033
雷公镇基站…… 1137
雷公镇计划生育办公室 …… 970
雷公镇建设环境保护服务中心 …… 970
雷公镇金运石材有限公司…… 1020
雷公镇六合小学 …… 970
雷公镇罗庙小学 …… 970
雷公镇农村公路管理站 …… 970
雷公镇农业技术服务中心 …… 970
雷公镇人力资源和社会保障服务中心 …… 970
雷公镇人民法庭 …… 969
雷公镇人民政府 …… 968
雷公镇双河基站…… 1137
雷公镇双河小学 …… 970
雷公镇文化体育服务中心 …… 970
雷公镇乡镇企业服务中心 …… 970
雷公镇中心小学 …… 970
雷公镇中心幼儿园…… 1033
雷公自来水厂泵站…… 1093
雷家大堰水库…… 1071
雷家独屋 …… 160
雷家独屋 …… 731
雷家畈 …… 528
雷家畈 …… 731
雷家塆…… 20
雷家塆 …… 330
雷家塆 …… 335
雷家塆 …… 816
雷家塆…… 87
雷家院墙 …… 734

雷云线 …… 844
冷木山亭…… 1132
冷水港 …… 883
梨林凹 …… 390
梨树河 …… 555
梨树河水库…… 1067
梨树塆 …… 178
梨树塆 …… 189
梨树塆 …… 204
梨树塆 …… 273
梨树塆 …… 314
梨树塆 …… 751
梨树塆泵站…… 1122
梨子园水库…… 1053
黎畈泵站…… 1119
黎家大七份 …… 695
黎家大塆 …… 295
黎家二塆 …… 695
黎家洼 …… 540
黎家塆 …… 301
黎家塆 …… 513
黎家塆 …… 525
黎家塆 …… 540
黎家塆 …… 551
黎家五份 …… 695
黎家小塆 …… 296
黎严冲水库…… 1066
黎云寺 …… 905
礼士小区…… 25
礼堂小区…… 29
李白纪念馆 …… 900
李白宴酒厂…… 1013
李店基站…… 1137
李店联通基站…… 1137
李店移动基站…… 1137
李店镇财经所 …… 959
李店镇初级中学 …… 961
李店镇畜牧技术服务中心 …… 960
李店镇村镇建设环境保护服务中心 …… 960
李店镇福利院…… 1032
李店镇民政办公室 …… 960
李店镇农机水利服务中心 …… 960
李店镇农业水产服务中心 …… 960
李店镇人口与发展服务中心 …… 960
李店镇人力资源和社会保障服务中心 …… 960
李店镇人民政府 …… 959
李店镇食品药品监管所 …… 960
李店镇水利农机服务中心 …… 961
李店镇司法所 …… 959
李店镇卫生院 …… 961
李店镇文化体育服务中心 …… 961
李店镇乡镇企业服务中心 …… 961
李店镇中心小学 …… 961
李店镇中心学校 …… 961
李店镇中心幼儿园…… 1033
李岗村长渠…… 1109
李河泵站…… 1081
李家凹 …… 398
李家凹 …… 421
李家凹 …… 460
李家凹 …… 492
李家凹 …… 522
李家凹 …… 668
李家坝泵站…… 1101
李家坝水库…… 1053
李家柏树塆 …… 117

李家冲 …… 486
李家祠堂 …… 391
李家祠堂 …… 432
李家刺林 …… 692
李家大桥 …… 856
李家大塘泵站 …… 1108
李家大塆 …… 170
李家大塆 …… 198
李家大塆 …… 300
李家大塆 …… 727
李家店 …… 174
李家陡坡 …… 117
李家独屋 …… 158
李家独屋 …… 181
李家独屋 …… 294
李家独屋 …… 622
李家独屋 …… 67
李家墩 …… 529
李家畈 …… 743
李家岗 …… 147
李家岗 …… 293
李家岗 …… 535
李家岗 …… 538
李家港 …… 537
李家河 …… 245
李家河 …… 409
李家咀 …… 218
李家咀 …… 492
李家楼房 …… 514
李家坡 …… 352
李家坡 …… 575
李家坡 …… 760
李家坡大塆 …… 405
李家桥白屋塆 …… 240
李家染坊塆 …… 96
李家上塆 …… 233
李家上塆 …… 240
李家台 …… 23
李家台子 …… 384
李家台子 …… 43
李家淌子 …… 111
李家塆(大) …… 503
李家塆(小) …… 503
李家塆 …… 101
李家塆 …… 117
李家塆 …… 127
李家塆 …… 150
李家塆 …… 184
李家塆 …… 219
李家塆 …… 245
李家塆 …… 256
李家塆 …… 265
李家塆 …… 278
李家塆 …… 305
李家塆 …… 307
李家塆 …… 310
李家塆 …… 317
李家塆 …… 325
李家塆 …… 330
李家塆 …… 364
李家塆 …… 405
李家塆 …… 413
李家塆 …… 428
李家塆 …… 464
李家塆 …… 488
李家塆 …… 513

李家塆 …… 551
李家塆 …… 557
李家塆 …… 559
李家塆 …… 561
李家塆 …… 562
李家塆 …… 582
李家塆 …… 585
李家塆 …… 591
李家塆 …… 596
李家塆 …… 59
李家塆 …… 600
李家塆 …… 607
李家塆 …… 617
李家塆 …… 641
李家塆 …… 690
李家塆 …… 723
李家塆 …… 757
李家塆 …… 761
李家塆 …… 768
李家塆 …… 771
李家塆 …… 785
李家塆 …… 785
李家塆 …… 790
李家塆 …… 798
李家塆 …… 801
李家塆渠道桥 …… 855
李家塆新村 …… 536
李家塆一组泵站 …… 1104
李家西塆新村 …… 575
李家巷子 …… 633
李家新塆 …… 768
李家院子 …… 415
李家月塘塆 …… 799
李家榨 …… 274
李家榨 …… 727
李家寨 …… 499
李家兆山 …… 872
李家中塆 …… 241
李咀 …… 114
李咀泵站 …… 1077
李郎塆 …… 198
李塆 2 组泵站 …… 1107
李塆泵站 …… 1122
李塆六组新塘泵站 …… 1107
李塆三组新塘泵站 …… 1107
李塆水库 …… 1071
李塆水库东输水闸 …… 1045
李塆水库西输水闸 …… 1045
李塆五组大冲塘泵站 …… 1107
李塆一组翻身堰泵站 …… 1107
李湾四组塔塘泵站 …… 1107
李寨泵站 …… 1102
利平养殖场 …… 1005
栗林凹 …… 346
栗林塆 …… 578
栗林塆 …… 607
栗林塆 …… 762
栗岭 …… 141
栗树塆 …… 260
栗树塆 …… 329
栗树塆 …… 574
栗树塆 …… 66
栗树塆 …… 720
栗树塆 …… 727
栗树塆 …… 775
栗塆 …… 533

连份塆 …… 689
连家棚 …… 667
连家塆 …… 131
连家塆 …… 184
连家塆 …… 658
连家塆 …… 664
连家塆 …… 667
连家湾泵站 …… 1114
莲花堰泵站 …… 1108
莲花一级泵站 …… 1126
联合低渠 …… 1091
联合高渠 …… 1091
联合渠道 …… 1091
联合水库 …… 1057
联合水库 …… 1057
联通胡棚基站 …… 1138
联通花园基站 …… 1138
联通基站 …… 1139
联通金龙基站 …… 1138
联通棠棣村基站 …… 1138
练马山 …… 870
凉伞石泵站 …… 1101
梁畈泵站 …… 1100
梁河 …… 23
梁河泵站 …… 1119
梁家大塆 …… 662
梁家垱泵站 …… 1094
梁家畈 …… 384
梁家畈 …… 480
梁家岗 …… 721
梁家河 …… 695
梁家河灌溉渠 …… 1120
梁家山南北朝墓 …… 894
梁家塆 …… 308
梁家塆 …… 691
梁庙 …… 23
梁上塆 …… 127
梁塆 …… 403
粮机居民区 …… 39
粮机小区 …… 40
粮贸公司宿舍 …… 47
粮贸小区 …… 51
粮食局居民区 …… 49
粮食寨 …… 744
粮油工业公司宿舍区 …… 50
粮油供应公司住宅区 …… 25
粮站水库 …… 1066
两合店 …… 202
两合移动通信基站 …… 1137
两山凹 …… 444
两山洼 …… 366
廖家冲 …… 480
廖家冲 …… 638
廖家塆 …… 271
廖家塆 …… 96
廖家巷子 …… 405
猎洼水库 …… 1074
林家凹 …… 792
林家塆 …… 343
林家塆 …… 411
林家塆 …… 421
林家塆 …… 427
林家塆 …… 795
林家塆泵站 …… 1093
林洼口 …… 421
林业派出所 …… 977

林语花都西区……85
林语路……834
菱湖通信基站……1140
菱角湖水库……1071
刘菜塆……75
刘陈塆……673
刘程塆……519
刘冲……664
刘店泵站……1114
刘河泵站……1082
刘家凹……353
刘家凹……369
刘家凹……619
刘家塝……396
刘家冲……488
刘家冲……649
刘家冲……775
刘家冲凹……444
刘家祠堂……175
刘家刺林……425
刘家大塆……744
刘家大塆……94
刘家独塆……94
刘家独屋……160
刘家独屋……634
刘家独屋……786
刘家独屋……797
刘家饭铺……36
刘家畈……442
刘家畈……591
刘家畈桥……852
刘家坟……257
刘家坟遗址……893
刘家岗……637
刘家岗……746
刘家高山……147
刘家埂……721
刘家河……133
刘家河……239
刘家河……381
刘家河泵站……1077
刘家河边……567
刘家河二号泵站……1078
刘家河水库……1062
刘家垅……391
刘家棚子……147
刘家坡……329
刘家坡……331
刘家染坊……350
刘家山……880
刘家山边……474
刘家上塆……117
刘家上塆……634
刘家台子……236
刘家洼……467
刘家洼……483
刘家塆……114
刘家塆……191
刘家塆……203
刘家塆……207
刘家塆……219
刘家塆……228
刘家塆……233
刘家塆……234
刘家塆……243
刘家塆……301

刘家塆 …… 303
刘家塆 …… 330
刘家塆 …… 336
刘家塆 …… 355
刘家塆 …… 374
刘家塆 …… 389
刘家塆 …… 391
刘家塆 …… 396
刘家塆 …… 417
刘家塆 …… 427
刘家塆 …… 452
刘家塆 …… 455
刘家塆 …… 460
刘家塆 …… 470
刘家塆 …… 503
刘家塆 …… 523
刘家塆 …… 534
刘家塆 …… 536
刘家塆 …… 553
刘家塆 …… 557
刘家塆 …… 570
刘家塆 …… 573
刘家塆 …… 575
刘家塆 …… 581
刘家塆 …… 588
刘家塆 …… 591
刘家塆 …… 59
刘家塆 …… 622
刘家塆 …… 664
刘家塆 …… 669
刘家塆 …… 678
刘家塆 …… 703
刘家塆 …… 70
刘家塆 …… 719
刘家塆 …… 753
刘家塆 …… 773
刘家塆 …… 775
刘家塆 …… 793
刘家塆 …… 798
刘家塆 …… 808
刘家塆 …… 810
刘家塆 …… 815
刘家塆 …… 96
刘家塆泵站 …… 1087
刘家塆泵站 …… 1115
刘家塆水渠 …… 1125
刘家塆遗址 …… 893
刘家下塆 …… 117
刘家下塆 …… 634
刘家小冲 …… 810
刘家小塆 …… 118
刘家小塆 …… 94
刘家岩 …… 392
刘家岩泵站 …… 1094
刘家岩节制闸 …… 1041
刘家岩泄洪闸 …… 1041
刘家堰 …… 73
刘家窑 …… 121
刘家院墙 …… 658
刘家寨 …… 353
刘家寨 …… 524
刘家寨桥 …… 855
刘家竹园 …… 503
刘咀 …… 793
刘桥泵站 …… 1083
刘桥二泵站 …… 1100

刘桥河三组泵站…………………………… 1108
刘桥河五组泵站…………………………… 1108
刘桥藕塘凹水库…………………………… 1055
刘桥藕塘泵站……………………………… 1082
刘树塆 ……………………………………… 538
刘仙独屋 …………………………………… 776
刘兴泵站…………………………………… 1114
刘兴泵站出水渠…………………………… 1118
刘兴店 ……………………………………… 634
刘学堂 ……………………………………… 664
刘堰水库…………………………………… 1068
刘羊冲 ……………………………………… 467
柳家冲 ……………………………………… 368
柳桥凹 ……………………………………… 452
柳树塆 ……………………………………… 355
柳树塆 ……………………………………… 400
六斗冲水库………………………………… 1074
六份塆 ……………………………………… 298
六份塆 ……………………………………… 727
六合泵站…………………………………… 1093
六家山 ……………………………………… 878
六间屋 ……………………………………… 448
六益河……………………………………… 1060
六益河水库-水闸工程 …………………… 1042
六益河水库闸取水口……………………… 1097
六组董家塆 ………………………………… 536
六组新修凼泵站…………………………… 1088
龙冲水库…………………………………… 1062
龙冲水库…………………………………… 1065
龙冲水库泵站……………………………… 1106
龙冲塆 ……………………………………… 446
龙河泵站…………………………………… 1113
龙家大塆 …………………………………… 656
龙家河 ……………………………………… 446
龙家塆 ……………………………………… 101
龙门冲水库………………………………… 1063
龙门沟水库………………………………… 1063
龙门路 ……………………………………… 830
龙门商场综合楼……………………………… 25
龙泉观水库………………………………… 1064
龙头寺………………………………………… 30
龙洼 ………………………………………… 421
龙王城山 …………………………………… 872
龙王冲水库………………………………… 1060
龙王寺水库………………………………… 1063
龙窝 ………………………………………… 114
龙窝 ………………………………………… 443
龙窝 ………………………………………… 470
龙窝水库…………………………………… 1049
龙窝一泵站………………………………… 1100
龙屋 ………………………………………… 794
龙堰头 ……………………………………… 821
楼上塆 ……………………………………… 818
楼子塆 ……………………………………… 112
楼子塆 ……………………………………… 127
楼子塆 ……………………………………… 138
楼子塆 ……………………………………… 481
楼子塆 ……………………………………… 607
楼子塆 ……………………………………… 610
楼子塆 ……………………………………… 618
楼子塆 ……………………………………… 816
楼子塆 ……………………………………… 819
楼子塆水库………………………………… 1049
楼子塆水库………………………………… 1068
卢洪塆 ……………………………………… 711
卢家塝大塆 ………………………………… 405

卢家大塆 …… 803
卢家顶塆 …… 241
卢家独屋 …… 801
卢家河 …… 423
卢家咀 …… 455
卢家咀 …… 618
卢家塆 …… 432
卢家塆 …… 526
卢家塆 …… 562
卢家塆 …… 583
卢家塆 …… 744
卢家塆泵站 …… 1083
卢家西塆 …… 241
卢家月塘塆 …… 799
卢家榨 …… 280
卢家寨塆 …… 246
卢家中塆 …… 241
卢咀水库 …… 1069
卢老塆 …… 260
卢新塆 …… 260
芦家山唐墓 …… 898
芦塘角 …… 610
鲁班街 …… 216
鲁班街 …… 838
鲁班新区 …… 701
鲁板桥 …… 855
鲁家塆 …… 186
鲁家塆 …… 512
鲁家塆 …… 513
鲁家塆七组泵站 …… 1104
陆陂塆 …… 257
陆丙塘泵站 …… 1083
陆家独屋 …… 591
陆家塆 …… 225
陆家塆 …… 575
陆家塆 …… 606
陆家塆 …… 617
陆家塆 …… 622
陆家新塆 …… 585
陆塆 …… 293
路边塆 …… 199
路通建筑劳务有限公司 …… 1013
乱泥冲水库 …… 1049
罗家凹 …… 460
罗家泵站 …… 1086
罗家冲 …… 403
罗家冲 …… 495
罗家冲 …… 771
罗家大塆 …… 651
罗家独屋 …… 278
罗家独屋 …… 819
罗家畈 …… 819
罗家岗 …… 428
罗家岗 …… 875
罗家港 …… 275
罗家老塆 …… 578
罗家庙山塆 …… 651
罗家棚子山塆 …… 652
罗家桥 …… 857
罗家山 …… 517
罗家山新区 …… 530
罗家塆 …… 161
罗家塆 …… 298
罗家塆 …… 304
罗家塆 …… 309
罗家塆 …… 327

罗家塆 …… 396
罗家塆 …… 446
罗家塆 …… 474
罗家塆 …… 481
罗家塆 …… 577
罗家塆 …… 583
罗家塆 …… 585
罗家塆 …… 698
罗家塆路 …… 833
罗家榨 …… 735
罗李赵 …… 257
罗垅 3 组泵站 …… 1095
罗垅 7 组泵站 …… 1095
罗垅岗 …… 392
罗塆 …… 530
骡园胡 …… 265
骆家塆 …… 489
落楚塆 …… 211
驴子沟唐墓 …… 897
驴子咀 …… 430
吕家冲 …… 503
吕家畈市场 …… 46
铝厂跨线桥 …… 860
铝合金宿舍楼 …… 53
铝业小区 …… 90

M

麻雀塆 …… 147
麻羊洼 …… 481
麻榨塆李 …… 198
马安尧 …… 421
马安窑 …… 421
马鞍山 …… 166
马鞍山 …… 880
马鞍水库 …… 1074
马槽冲 …… 430
马坊街 …… 832
马家凹 …… 231
马家凹子 …… 374
马家冲 …… 278
马家冲 …… 792
马家冲水库 …… 1057
马家咀 …… 571
马家塆 …… 188
马家塆 …… 333
马家塆 …… 338
马家塆 …… 606
马家塆 …… 781
马家榨 …… 347
马拉古山 …… 871
马堰内李家台 …… 44
马堰外李家台 …… 43
满天星泵站 …… 1081
芒子都 …… 104
猫家塆 …… 68
毛纺厂小区 …… 44
毛河 …… 882
毛河桥(东) …… 851
毛河桥(西) …… 850
毛河新河 …… 883
毛家冲水库 …… 1069
毛家大塆 …… 594
毛家墩 …… 594
毛家墩渡口 …… 847
毛家官塘二型水库 …… 1057

毛家河 …… 373
毛家河 …… 396
毛家楼 …… 612
毛家路 …… 830
毛家山宋时知默墓 …… 895
毛家上塆 …… 721
毛家塆 …… 312
毛家塆 …… 525
毛家塆 …… 542
毛家塆 …… 625
毛家塆 …… 719
毛家塆 …… 755
毛家塆 …… 777
毛家下塆 …… 721
毛刘寨 …… 683
毛庙"135"泵站 …… 1110
毛子山 …… 871
茅草山泵站 …… 1089
茅草山泵站 …… 1126
梅陈泵站 …… 1082
梅畈 …… 131
梅畈二级泵站 …… 1078
梅畈一级泵站 …… 1078
梅花洞 …… 394
梅家凹 …… 158
梅家凹 …… 484
梅家坝 …… 1041
梅家大塆 …… 133
梅家大塆 …… 290
梅家独屋 …… 278
梅家独屋 …… 585
梅家桥 …… 850
梅家三塆 …… 131
梅家山 …… 870
梅家塆 …… 247
梅家塆 …… 319
梅家塆 …… 340
梅家塆 …… 721
梅家塆 …… 789
梅家塆 …… 794
梅家五塆 …… 132
梅家小塆 …… 157
梅岭小区 …… 26
梅园巷 …… 834
梅子塘水库 …… 1066
门楼塆 …… 233
门前塆 …… 353
门业小区 …… 104
蒙家桥 …… 854
孟古桥 …… 852
孟家塆 …… 786
米家大山 …… 175
米家大山 …… 874
米家独屋 …… 792
米家独屋 …… 824
蜜蜂寨 …… 400
蜜蜂寨 …… 909
棉花洼 …… 345
庙凹塆 …… 771
庙墩遗址 …… 890
庙岗 …… 356
庙岗 …… 874
庙后塆 …… 805
庙门口 …… 421
庙坡塆 …… 371
庙塘水库 …… 1069

庙垮 …… 278
庙垮 …… 328
庙垮 …… 358
庙垮 …… 418
庙屋山 …… 874
庙堰水库 …… 1057
庙嘴垮 …… 400
篾匠垮 …… 68
民程家垮 …… 121
民堤 …… 1039
民福路 …… 829
民营街 …… 325
民主泵站 …… 1077
民主渠 …… 1110
闵家畈 …… 618
名都宛小区 …… 34
名枫气化有限公司 …… 1005
明德小学 …… 963
明家独屋 …… 118
明家独屋 …… 800
明家畈 …… 798
明家河泵站 …… 1127
明家河桥 …… 856
明家垮 …… 619
明家垮 …… 772
明朗路石碑 …… 1132
明星工贸有限责任公司 …… 1019
摩托车专业市场 …… 26
磨坊垮 …… 203
磨石坡泵站 …… 1095
莫家垮 …… 489
母猪河水库 …… 1062
母猪峡水库 …… 1073
木材小区 …… 50
木桥垮 …… 709
木鱼嘴泵站 …… 1099
木梓基站 …… 1140
木梓农村商业银行 …… 1028
木梓桥 …… 856
木梓乡财经所 …… 988
木梓乡初级中学 …… 988
木梓乡村镇建设环境保护服务中心 …… 988
木梓乡定点屠宰和运销管理办公室 …… 988
木梓乡动物卫生监督站 …… 989
木梓乡福利院 …… 1036
木梓乡民政办公室 …… 989
木梓乡农业水产服务中心 …… 989
木梓乡人口与发展服务中心 …… 989
木梓乡人力资源和社会保障服务中心 …… 989
木梓乡人民政府 …… 987
木梓乡食品药品监管所 …… 989
木梓乡双杨小学 …… 989
木梓乡水管站 …… 989
木梓乡水利农机服务中心 …… 989
木梓乡王店小学 …… 989
木梓乡卫生院 …… 989
木梓乡文化体育服务中心 …… 990
木梓乡乡镇企业服务中心 …… 990
木梓乡中心小学 …… 990
木梓乡中心幼儿园 …… 1036
木梓乡梓昌自来水厂 …… 1028
木梓支渠 …… 1125

N

南北门 …… 166

南城办事处定点屠宰场…………………………1005
南城街道办事处 ……………………………… 949
南冲独屋 ……………………………………… 792
南大街 ………………………………………… 326
南大街 ………………………………………… 446
南大街 ………………………………………… 836
南大街 ………………………………………… 837
南大商业街 …………………………………… 326
南干泵站……………………………………… 1111
南河泵站……………………………………… 1083
南河新区 ……………………………………… 264
南后街 ………………………………………… 837
南刘家塆 ……………………………………… 683
南山独屋 ……………………………………… 574
南山独屋 ……………………………………… 776
南山独屋 ……………………………………… 800
南山名居………………………………………… 34
南上塆 ………………………………………… 127
南上塆 ………………………………………… 641
南天门 ………………………………………… 913
南塆 …………………………………………… 786
南下塆 ………………………………………… 641
南星花园………………………………………… 69
南沿沟水库…………………………………… 1047
南杨沟水库…………………………………… 1047
内府河 ………………………………………… 883
内引水闸……………………………………… 1117
嫩楼子塆 ……………………………………… 135
尼姑潭泵站…………………………………… 1096
倪家独屋 ……………………………………… 799
倪家塆 ………………………………………… 768
倪家嘴 ………………………………………… 773
倪庙二级泵站………………………………… 1127
倪庙水库……………………………………… 1074
碾盘高 ………………………………………… 701
碾棚塆 ………………………………………… 791
碾子岔 ………………………………………… 598
碾子冲水库…………………………………… 1073
碾子坡 ………………………………………… 503
碾子塆 ………………………………………… 157
碾子塆 ………………………………………… 329
碾子塆 ………………………………………… 569
碾子塆 ………………………………………… 596
碾子塆 ………………………………………… 615
聂家凹 ………………………………………… 421
聂家坳水库…………………………………… 1058
聂家独塆 ……………………………………… 300
聂家独屋 ……………………………………… 372
聂家独屋 ……………………………………… 602
聂家独屋 ……………………………………… 610
聂家畈 ………………………………………… 320
聂家河 ………………………………………… 242
聂家塆 ………………………………………… 289
聂家塆 ………………………………………… 367
聂家塆 ………………………………………… 437
聂家寨 ………………………………………… 598
聂李家塆 ……………………………………… 292
聂寨宋故王夫人孔氏墓 ……………………… 897
宁家塆 ………………………………………… 411
牛车塆 ………………………………………… 150
牛角山尖 ……………………………………… 872
农行基站……………………………………… 1136
农机局小区……………………………………… 49
农腾公司宿舍楼………………………………… 54
农腾里…………………………………………… 53
农业银行宿舍楼………………………………… 54

女儿台遗址 …… 891

O

藕塘塆 …… 805
藕堰角 …… 415

P

牌坊岗 …… 489
牌坊岗园林基地 …… 1022
牌楼村小灵童幼儿园 …… 1036
牌楼岗 …… 600
牌楼周遗址 …… 893
潘冲沁水堰泵站 …… 1103
潘冲水库 …… 1062
潘冲水库 …… 1064
潘畈 …… 470
潘家冲 …… 458
潘家台子 …… 503
潘家塆 …… 302
潘家塆 …… 363
潘家塆 …… 424
潘家塆 …… 464
潘家塆 …… 504
潘家塆 …… 524
潘家塆 …… 548
潘家塆 …… 551
潘家塆 …… 559
潘家塆 …… 561
潘家塆 …… 569
潘家塆 …… 579
潘家塆 …… 638
潘家塆泵站 …… 1103
潘家新寨 …… 544
潘家寨 …… 544
泮池桥 …… 857
跑马岗 …… 421
泡桐树 …… 589
炮楼塆 …… 418
炮楼塆 …… 504
炮楼下塆 …… 422
陪嫁大塘水库 …… 1055
彭畈支渠 …… 1118
彭家凹 …… 437
彭家凹 …… 489
彭家凹 …… 493
彭家坳 …… 481
彭家冲 …… 418
彭家大塆 …… 549
彭家大塆 …… 641
彭家垱 …… 1044
彭家垱 …… 538
彭家垱泵站 …… 1122
彭家垱口 …… 724
彭家垱水库 …… 1071
彭家稻场 …… 717
彭家稻场泵站 …… 1122
彭家独塆 …… 547
彭家独塆 …… 724
彭家独塆渡槽 …… 1125
彭家独屋 …… 294
彭家畈 …… 397
彭家河 …… 248
彭家咀 …… 538
彭家咀 …… 724

彭家桥 …… 290
彭家桥 …… 362
彭家垴 …… 460
彭家洼 …… 613
彭家塆 …… 135
彭家塆 …… 20
彭家塆 …… 422
彭家塆 …… 429
彭家塆 …… 550
彭家塆 …… 557
彭家塆 …… 707
彭家塆 …… 745
彭家塆 …… 747
彭家巷塆 …… 724
彭家嘴 …… 616
棚子 …… 533
棚子塆 …… 224
棚子塆 …… 289
棚子塆 …… 567
皮家塆 …… 504
皮塘泵站 …… 1082
皮塘二级泵站 …… 1083
偏倒岩 …… 873
平虎塆 …… 607
平桥 …… 853
平桥塆 …… 369
坡东 …… 794
坡台山宋墓 …… 895
坡西泵站 …… 1126
坡西塆 …… 793
坡子塆 …… 112
坡子塆 …… 147
婆媳塆 …… 188
破垱 …… 884
破寨山 …… 116
铺子塆 …… 127
铺子塆 …… 795
普安桥 …… 650
普济老年人养老中心 …… 1030
普乐影都住宅楼 …… 26

Q

七斗丘水库 …… 1057
七坟组 …… 602
七户咀 …… 364
七户塆 …… 79
七里长冲棚子塆 …… 802
七汪大堰 …… 1053
七汪塆 …… 179
七屋塆 …… 751
七相堂 …… 899
七组泵站 …… 1096
栖凤亭 …… 1131
戚家大塆 …… 135
戚家小塆 …… 135
齐骏页岩砖厂 …… 1005
旗杆塆 …… 118
旗杆塆 …… 38
旗杆塆 …… 824
企业局小区 …… 32
砌匠塆 …… 185
千工堰 …… 582
千口堰泵站 …… 1126
前河泵站 …… 1122
前阚家塆 …… 571

前马塆 …… 455
前头岗 …… 422
前头塆 …… 276
前头塆 …… 481
前塆 …… 252
前塆 …… 366
前塆 …… 386
前塆 …… 786
前营塆 …… 637
钱冲村新四军第五师医院旧址 …… 906
钱冲村新四军豫鄂纵队司令部旧址 …… 906
钱冲古银杏国家森林公园 …… 911
钱冲移民新村 …… 402
钱家垅 …… 135
钱家桥 …… 205
钱家塆 …… 504
钱家塆 …… 589
乾丰商业步行街 …… 834
乾丰小区 …… 33
乾坤小区 …… 552
强新建材 …… 1026
乔家塆 …… 719
荞麦冲 …… 797
桥凹 …… 460
桥东小区 …… 235
桥间泵站 …… 1126
桥上 …… 339
桥上塆 …… 101
桥上塆 …… 125
桥上塆 …… 346
桥上塆 …… 73
桥上塆 …… 777
桥潭泵站 …… 1122
桥头沈家塆 …… 646
桥头塆 …… 185
桥头塆 …… 211
桥头塆 …… 650
桥塆 …… 422
秦冲水库 …… 1073
秦畈塆 …… 802
秦家冲 …… 499
秦家冲水库 …… 1064
秦家岗 …… 535
秦家河 …… 884
秦家河坝 …… 1043
秦家咀 …… 788
秦家咀 …… 803
秦家桥 …… 850
秦家山 …… 193
秦家上塆 …… 602
秦家台子 …… 500
秦家塆 …… 128
秦家塆 …… 23
秦家塆 …… 531
秦家塆 …… 547
秦家塆 …… 594
秦家塆 …… 803
秦家塆 …… 813
秦家下塆 …… 602
秦家巷子 …… 602
秦塆 …… 547
秦塆 …… 777
秦夏塆 …… 259
沁水冲 …… 150
青龙渡 …… 847
青龙山 …… 878

青龙上街 …… 475
青龙上街 …… 836
青龙潭林木专业合作社 …… 1022
青龙下街 …… 475
青龙下街 …… 836
青年坝泵站 …… 1114
轻工小区 …… 33
轻工业局住宅区 …… 26
清林加油站 …… 864
清水河 …… 883
清水河泵站 …… 1102
清水河河堤 …… 1042
清水河水库 …… 1063
清水塘泵站 …… 1079
清水塘水库 …… 1074
清水堰 …… 779
清水堰二级泵站 …… 1126
清水堰一级泵站 …… 1126
清园丽舍 …… 73
清源山 …… 872
邱家大塆 …… 154
邱家咀 …… 259
邱家塆 …… 115
邱家塆 …… 178
邱家塆 …… 658
邱家塆泵站 …… 1115
邱家小塆 …… 672
邱家榨 …… 672
邱家榨泵站 …… 1115
邱夏塆 …… 209
釉坊塆 …… 805
渠道桥 …… 855
曲坊塆 …… 567
泉水冲 …… 496
泉水庙片子山 …… 875
缺老婆冲 …… 128
阙家凹 …… 434
群力水库 …… 1072
群聘页岩砖厂 …… 1021
群堰水库 …… 1072

R

燃情岁月 …… 26
冉家独屋 …… 294
冉家咀 …… 456
冉家塔 …… 293
冉家塆 …… 279
冉家塆 …… 310
冉家塆 …… 424
染坊塆 …… 202
染坊塆 …… 255
染坊塆 …… 768
染坊塆 …… 792
染房塆 …… 710
染行咀 …… 151
染行塆 …… 112
染行塆 …… 158
染竹塆 …… 223
饶家大塆 …… 647
饶家独屋 …… 119
饶家塆 …… 813
饶家下塆 …… 648
饶家新塆 …… 648
人防安置区 …… 93
人防路 1 号安置区 …… 90

仁和店 …… 383
仁家塆 …… 152
任家塆 …… 361
荣家大塆 …… 93
荣家小塆 …… 93
荣兴小区 …… 90
儒学路 …… 830
汝南9组泵站 …… 1096
汝南街 …… 405
汝南街 …… 431
汝南路 …… 837
阮家塆 …… 358
瑞祥琉璃瓦有限公司 …… 1005
瑞祥陶瓷有限公司 …… 1028

S

三板桥 …… 858
三陂港 …… 604
三陂港立交桥 …… 860
三陂港站 …… 862
三陂古街信号塔 …… 1137
三陂新村 …… 604
三部一店 …… 573
三岔湖泵站 …… 1101
三冲村二级泵站 …… 1087
三冲村一级泵站 …… 1087
三冲四组移动通信基站 …… 1138
三冲一组联通通信基站 …… 1138
三房塆 …… 569
三份塆 …… 290
三份塆 …… 707
三合村通信基站 …… 1139
三合水库 …… 1068
三合水库 …… 1069
三合水库东输水闸 …… 1117
三河干渠 …… 1118
三河水库 …… 1068
三皇庙巷 …… 32
三李塆 …… 531
三里冲 …… 405
三里岗 …… 409
三里岗 …… 496
三里岗泵站 …… 1101
三里街 …… 481
三里桥 …… 852
三里桥吴 …… 226
三彭塆 …… 717
三双线 …… 844
三塆 …… 264
三汪水库 …… 1053
三汪塆 …… 180
三屋塆 …… 689
三姓街 …… 237
三姓街 …… 68
三姓塆 …… 282
三张塆 …… 759
三组泵站 …… 1087
三组菜园子 …… 406
三组刘家河泵站 …… 1089
三组水库 …… 1066
三组水库 …… 1067
桑树村人民保险 …… 1017
桑树村邮政储蓄 …… 963
桑树大桥 …… 855
桑树店 …… 249

桑树小学 …… 963
沙河 …… 348
沙河桥 …… 853
沙洲塆 …… 250
沙子岗 …… 389
沙子岗 …… 471
沙子岗水库 …… 1062
砂子岗新村 …… 521
砂子联通基站 …… 1139
砂子移动基站 …… 1139
砂子支渠 …… 1085
晒书台 …… 909
晒书台小学 …… 963
晒书台遗址 …… 888
山边罗塆 …… 652
山边塆 …… 198
山边塆 …… 202
山边塆 …… 802
山叽头 …… 406
山咀头 …… 406
山坡泵站 …… 1090
山坡基站 …… 1138
山上梅塆 …… 246
山上辛 …… 683
杉树墩 …… 464
上白岗 …… 768
上埠口 …… 30
上埠口 …… 832
上埠口 …… 847
上曹塆 …… 697
上曾家稻场 …… 747
上曾家塆 …… 708
上陈塆 …… 650
上段塆 …… 217
上畈泵站 …… 1100
上方家塆 …… 545
上方塆 …… 436
上费家畈 …… 779
上份辛 …… 702
上份徐 …… 691
上冯家塆 …… 138
上港泵站 1 …… 1085
上港泵站 2 …… 1085
上龚家塆 …… 624
上郭家独屋 …… 608
上河 …… 762
上洪家塆 …… 476
上胡家塆 …… 284
上黄家塆 …… 555
上黄家塆 …… 608
上家塘泵站 …… 1088
上蒋家塆 …… 432
上蒋塆 …… 678
上金塆 …… 418
上军塘水库 …… 1055
上李家塆 …… 284
上栗林岗 …… 337
上刘河 …… 61
上刘家塝 …… 354
上刘家塆 …… 806
上刘塆 …… 181
上刘塆 …… 73
上卢家塆 …… 400
上马榨塆 …… 229
上聂坡 …… 436
上彭家塆 …… 728

上破堰 …… 664
上钱塆 …… 205
上砂子岗 …… 252
上施家塆 …… 181
上四塆 …… 293
上孙塆 …… 692
上汤家冲 …… 747
上唐畈 …… 808
上唐家塆 …… 772
上陶塆 …… 252
上头塆 …… 540
上庹家塆 …… 87
上塆 …… 777
上王家河 …… 762
上王家塆 …… 644
上吴塆 …… 670
上下丁家坡 …… 350
上下渠 …… 1120
上下晏 …… 664
上肖家塆 …… 551
上徐家塆 …… 580
上徐塆 …… 227
上杨家塆 …… 337
上杨家塆 …… 489
上杨家塆 …… 551
上杨塆 …… 200
上叶家小塆 …… 331
上易家岗 …… 735
上张家塆 …… 121
上张家塆 …… 794
上张家塆 …… 798
上张家榨 …… 782
上张熊塆 …… 230
上郑家塆 …… 176
上周家河 …… 757
上周家塆 …… 275
上周家塆 …… 422
上周家塆 …… 422
上周家塆 …… 724
上周塆 …… 205
上周塆 …… 642
上朱塆 …… 705
邵家塆 …… 217
绍家塆 …… 596
社庙桥沟 …… 1085
申家凹子 …… 414
申家咀大塆 …… 406
申家塆 …… 390
申家塆 …… 394
深沟周 …… 699
深茅独屋 …… 808
深塘角 …… 571
深塘塆 …… 796
神庵府凹子 …… 406
神庵府泵站 …… 1094
神墩遗址 …… 891
神仙灶 …… 914
神州种猪二厂 …… 1022
沈家凹 …… 418
沈家凹 …… 639
沈家大塆 …… 717
沈家畈塆 …… 673
沈家岗东塆 …… 659
沈家岗西塆 …… 659
沈家河 …… 360
沈家河塆 …… 673

沈家咀 …… 132
沈家岭 …… 252
沈家垅 …… 761
沈家坡 …… 61
沈家桥 …… 853
沈家山坡 …… 670
沈家山坡泵站 …… 1114
沈家山坡二级提水泵站 …… 1115
沈家塆 …… 170
沈家塆 …… 191
沈家塆 …… 211
沈家塆 …… 562
沈家塆 …… 620
沈家塆 …… 641
沈家塆 …… 664
沈家塆 …… 815
沈家西塆 …… 674
沈塆 …… 665
沈塆泵站 …… 1111
沈塆泵站 …… 1127
沈塆新村 …… 803
沈夏塆 …… 224
生资小区 …… 31
圣旨塆 …… 255
胜利宾馆 …… 1001
胜利垱水库 …… 1060
胜利垱水渠 …… 1097
胜利巷 …… 834
盛家大塆 …… 28
盛家大塆 …… 375
盛家独屋 …… 575
盛家老塆 …… 791
盛家塆 …… 583
盛家塆 …… 586
盛家塆 …… 786
盛家塆 …… 810
盛泉泵站 …… 1093
狮子凹 …… 416
狮子山 …… 878
狮子头山 …… 878
施家大塆 …… 170
施家大塆 …… 815
施家独屋 …… 170
施家咀 …… 815
施家塆 …… 150
施家塆 …… 504
施家塆 …… 618
施家塆 …… 800
施家杨林 …… 182
十八里陶许岗 …… 878
十份塆 …… 707
十口塘 …… 413
十里安置区 …… 94
十里泵站 …… 1087
十里村水渠 …… 1091
十里铺 …… 28
十里铺 …… 94
十里水库 …… 1057
十门塆 …… 264
十塘砖瓦厂 …… 1013
十一组余家河泵站 …… 1089
十字渠 …… 1120
十组岗边泵站 …… 1087
石板陈 …… 61
石板池 …… 821
石板岩水库 …… 1060

石板岩水库南塆 …… 406
石板堰泵站 …… 1093
石场山 …… 878
石场塆 …… 255
石档泵站 …… 1099
石河泵站 …… 1086
石河桥 …… 854
石井联通通信基站 …… 1137
石门口 …… 411
石桥塆 …… 72
石桥小区 …… 72
石桥闸 …… 1040
石塘塆 …… 678
石塘五组泵站 …… 1095
石头山 …… 871
石岩口泵站 …… 1127
石堰泵站 …… 1087
石油集资楼 …… 26
石油小区 …… 26
石柱冲 …… 394
石嘴头 …… 401
时家大山 …… 874
时家独塆 …… 296
时家畈 …… 83
时家塆 …… 622
时家响塘 …… 576
时庙新区 …… 83
食堂洼 …… 484
史家独屋 …… 150
史家港子 …… 436
史家桥 …… 854
史家上塆 …… 303
史家塆 …… 602
史家下塆 …… 303
史家中塆 …… 303
史家中塆泵站 …… 1088
世纪嘉园 …… 34
市场东路 …… 92
市场路 …… 92
市场西路 …… 92
寿冲水库 …… 1053
书报合作社旧址 …… 889
书报合作社旧址 …… 905
舒堤塆 …… 705
舒郭塆 …… 702
舒家塆 …… 184
舒家塆 …… 600
舒家巷 …… 43
双河坝泵站 …… 1115
双河泵站 …… 1114
双河街 …… 374
双河口桥 …… 854
双鹤寺 …… 905
双龙街 …… 837
双龙桥 …… 848
双龙桥公园 …… 910
双龙桥广场 …… 1135
双龙塆 …… 735
双路村小学 …… 980
双路村幼儿园 …… 1035
双路街 …… 610
双路渠道桥 …… 851
双梅水库 …… 1070
双梅寺水库 …… 1069
双庙古墓 …… 897
双枪制衣厂小区 …… 90

双桥 …… 132
双桥泵站 …… 1078
双桥二号泵站 …… 1077
双桥三号泵站 …… 1078
双泉泵站 …… 1115
双泉基站 …… 1140
双泉寺 …… 905
双泉引水闸 …… 1117
双塘角 …… 824
双塘街 …… 837
双塘水库 …… 1057
双塘水库 …… 1057
双塘水库 …… 1058
双塘水库 …… 1058
双塘水库 …… 1058
双塘水库 …… 1069
双塘水库 …… 1072
双塘水库 …… 1074
双塘水库泵站 …… 1090
双堰水库 …… 1059
双杨 6 组泵站 …… 1122
双杨 9 组泵站 …… 1122
双杨泵站 …… 1122
双杨塆 …… 728
水岸路 …… 834
水岸星城小区 …… 88
水产公司宿舍楼 …… 15
水家塆 …… 559
水库山 …… 875
水利机务宿舍楼 …… 53
水牛坡 …… 166
水青线 …… 844
水银冲 …… 426
水寨九组 …… 544
水寨渠道桥 …… 855
死土岗东周墓群 …… 897
四报小学 …… 985
四房塆 …… 255
四份塆 …… 689
四份塆 …… 707
四股台大塆 …… 407
四股台遗址 …… 893
四季鲜冰库有限公司 …… 1005
四里铝厂集贸楼 …… 16
四五冲 …… 484
四张塆 …… 142
四张塆 …… 759
四状元里 …… 899
四组董家塆 …… 536
四组水渠 …… 1091
寺塆 …… 351
松林村二级泵站 …… 1115
松林村一级泵站 …… 1115
松林埂 …… 504
松林埂泵站 …… 1103
松林节制闸 …… 1042
松林桥 …… 854
松林山 …… 878
松林塆 …… 136
松林塆 …… 196
松林塆 …… 275
松林塆 …… 433
松林塆 …… 598
松林塆 …… 796
松林泄洪闸 …… 1042
松源木业 …… 1026

宋家凹子 …… 428
宋家独屋 …… 796
宋家沟 …… 142
宋家垅 …… 433
宋家垅 …… 545
宋家楼 …… 142
宋家庙 …… 327
宋家藕塘 …… 716
宋家洼 …… 727
宋家塆 …… 219
宋家塆 …… 308
宋家塆 …… 412
宋家塆 …… 476
宋家塆 …… 482
宋家塆 …… 517
宋家塆 …… 546
宋家塆 …… 556
宋家塆 …… 559
宋家塆 …… 751
宋家塆 …… 755
宋家塆 …… 777
宋家院子 …… 258
宋家院子泵站 …… 1083
宋垅村移动基站 …… 1139
宋楼泵站 …… 1079
宋楼草塘泵站 …… 1079
宋楼宋沟泵站 …… 1079
宋万塆 …… 246
苏炳塘泵站 …… 1082
苏炳塘水库 …… 1055
苏家咀 …… 624
苏家咀 …… 783
苏家塆 …… 239
苏家塆 …… 594
苏家塆 …… 781
苏家下塆 …… 622
苏湾泵站 …… 1081
随安桥 …… 852
孙店 14 组泵站 …… 1078
孙店 2 组泵站 …… 1078
孙店 9 组泵站 …… 1078
孙店泵站 …… 1078
孙店基站 …… 1139
孙店街 …… 137
孙店街 …… 838
孙店幼儿园 …… 1032
孙独屋 …… 154
孙家凹 …… 422
孙家大塆 …… 674
孙家大塆 …… 741
孙家独屋 …… 154
孙家独屋 …… 157
孙家独屋 …… 641
孙家独屋 …… 745
孙家独屋 …… 815
孙家咀 …… 351
孙家咀 …… 456
孙家老塆 …… 674
孙家山 …… 875
孙家桃园 …… 308
孙家塆 …… 128
孙家塆 …… 151
孙家塆 …… 211
孙家塆 …… 242
孙家塆 …… 260
孙家塆 …… 288

孙家塆 …… 293
孙家塆 …… 310
孙家塆 …… 335
孙家塆 …… 367
孙家塆 …… 369
孙家塆 …… 433
孙家塆 …… 443
孙家塆 …… 456
孙家塆 …… 482
孙家塆 …… 512
孙家塆 …… 540
孙家塆 …… 573
孙家塆 …… 579
孙家塆 …… 815
孙家塆 …… 97
孙家西塆 …… 674
孙家园 …… 84
孙仁发屋泵站 …… 1122
孙上八里岔 …… 136
孙塆 …… 768
孙汪中心村 …… 692
孙下八里岔 …… 136

T

塌沟 …… 819
塔耳岗 …… 870
塔山水库 …… 1073
塔山水库水闸 …… 1045
塔塘水库 …… 1065
塔塘水库 …… 1066
踏渍堰泵站 …… 1094
台子塆 …… 310
台子塆 …… 538
台子塆 …… 623
台子塆 …… 689
台子塆 …… 75
台子塆 …… 783
台子塆 …… 796
台子塆泵站 …… 1126
台子汪 …… 693
太白大道 …… 829
太白广场 …… 1133
太白湖 …… 914
太白小区 …… 31
太白园食品有限责任公司 …… 1019
太柏岗 …… 414
太和宫培训学校 …… 944
太平垱水库 …… 1061
太平桥 …… 855
太平塆 …… 264
太平寨 …… 873
太平寨 …… 909
太阳街 …… 716
太阳街 …… 839
太阳寺水库 …… 1061
太阳寺水库取水口 …… 1098
泰丰花园 …… 41
泰合小区 …… 86
谈家塆 …… 535
谭家冲 …… 515
谭家坡 …… 329
谭家塆 …… 342
谭家塆 …… 428
谭家塆 …… 755
谭蒋塆 …… 674

谭塆 …… 401
潭坡周 …… 699
檀岗街 …… 490
檀家凹 …… 476
檀树塆 …… 433
檀树塆 …… 583
坦塘周 …… 205
汤冲加油站 …… 864
汤冲水库 …… 1072
汤沟水库 …… 1049
汤家冲 …… 747
汤家大塆 …… 166
汤家沟 …… 136
汤家塆 …… 118
汤家塆 …… 248
汤家塆 …… 337
汤家塆 …… 393
汤家塆 …… 622
汤家塆 …… 751
汤家寨山 …… 878
汤阳泵站 …… 1093
唐冲水库 …… 1073
唐家凹 …… 484
唐家独屋 …… 128
唐家独屋 …… 786
唐家畈 …… 745
唐家庙 …… 586
唐家塆 …… 161
唐家塆 …… 446
唐家塆 …… 576
唐家塆 …… 584
唐家塆 …… 606
唐家塆 …… 778
唐家塆 …… 786
唐家塆 …… 786
唐家塆 …… 824
唐家院子 …… 772
唐刘塆 …… 222
唐僧村村碑 …… 1132
唐僧街 …… 431
唐僧路 …… 837
唐宋大道 …… 216
唐宋大道 …… 838
棠棣水库 …… 1058
棠棣镇村镇建设环境保护服务中心 …… 967
棠棣镇李园小学 …… 968
棠棣镇社会管理综合服务中心 …… 967
棠棣镇水管站 …… 968
棠棣镇幼儿园 …… 1033
塘角塆 …… 531
塘圆徐 …… 711
糖坊塆 …… 176
淌坡 …… 518
桃花洞 …… 914
桃树凹 …… 458
桃树塆 …… 422
桃园 …… 370
桃园凹 …… 493
桃园独屋 …… 776
桃园河桥 …… 852
桃园咀 …… 484
桃园巷 …… 47
桃子凹 …… 346
桃子凹泵站 …… 1093
桃子凹水库 …… 1059
陶操塆 …… 77

陶家塆 …… 428
陶家塆 …… 798
陶庙泵站…… 1078
陶庙二组泵站…… 1079
陶庙街 …… 139
陶熊坝水库…… 1047
踢脚山 …… 880
踢脚山泵站…… 1122
天府街 …… 431
天府路 …… 838
天隆机械厂小区…… 90
天桥花园…… 18
天桥佳园…… 18
天桥康城…… 18
天桥小区…… 18
天然 6 组泵站…… 1122
天然村 3 组泵站…… 1123
天然村水库…… 1072
天然基站…… 1140
天然米业有限公司…… 1005
天然桥 …… 856
天然水库中桥 …… 856
天然堂 …… 749
天然支渠…… 1125
天堂水库…… 1072
天亭街 …… 837
天星塆 …… 241
天意电气成套设备有限公司…… 1005
天宇银杏保健品有限公司…… 1019
天主基站…… 1140
天主堂 …… 271
天子岗水渠…… 1063
田家独屋 …… 789
田家塆 …… 219
田家塆 …… 401
田家塆 …… 547
田家塆 …… 822
田塆村泵站…… 1108
调理塆 …… 689
调味品小区…… 42
铁板桥 …… 858
铁石墩 …… 243
铁石山 …… 878
铁西巷 …… 832
铁西小区…… 37
通济桥 …… 849
同双沟渠…… 1118
同兴 6 组泵站…… 1115
同兴村泵站…… 1115
同兴村二号泵站…… 1101
同兴村渠道…… 1098
同兴大桥 …… 852
同兴店 …… 258
同兴店 …… 678
同兴基站…… 1136
同兴集镇 …… 678
同兴生态农业观光园…… 1022
同兴水库…… 1061
同兴水库-水闸工程 …… 1042
同兴水库泄洪道…… 1098
同兴水库闸取水口…… 1098
同兴移动基站…… 1140
铜门 1 组泵站…… 1096
童家塆…… 74
头份塆 …… 291
涂畈泵站…… 1077

涂畈二级泵站…… 1077
涂家凹 …… 430
涂家店…… 94
涂家东塆 …… 711
涂家畈 …… 132
涂家后院 …… 654
涂家坡 …… 336
涂家坡 …… 348
涂家前院 …… 654
涂家前院泵站…… 1112
涂家塆 …… 176
涂家塆 …… 227
涂家塆 …… 231
涂家塆 …… 371
涂家塆 …… 384
涂家塆 …… 524
涂家塆 …… 805
涂家西塆 …… 712
屠杨塆…… 64
土库冯 …… 712
土库塆 …… 312
土门 …… 139
土门 …… 810
土门泵站…… 1127
土门新店 …… 187
土名冲 …… 559
土桥泵站…… 1079
土桥街 …… 142
兔子坡水库…… 1059
团山 …… 695
团山坡 …… 875
团山水库…… 1055
团堰…… 1044
团云坡 …… 422
砣子堰泵站…… 1079
庹家塆…… 28
庹家塆 …… 583

W

洼家塆 …… 783
瓦窑地 …… 394
瓦子地遗址 …… 892
外郎咀 …… 166
外贸小区…… 31
外堰泵站…… 1082
外堰泵站台渠…… 1085
弯塘塆 …… 448
弯塘汪 …… 693
湾上刘 …… 684
万扒家垱…… 1044
万福山 …… 871
万福塆明墓 …… 898
万家凹 …… 496
万家凹泵站…… 1103
万家大塆 …… 334
万家大塆…… 75
万家独屋 …… 791
万家畈…… 79
万家岗 …… 371
万家岗 …… 729
万家岗泵站…… 1093
万家花园 …… 521
万家咀 …… 366
万家咀 …… 496
万家桥 …… 855

万家上塆 …………………………………… 128
万家上塆………………………………………… 76
万家塘角 …………………………………… 811
万家塆 ……………………………………… 176
万家塆 ……………………………………… 308
万家塆 ……………………………………… 363
万家塆 ……………………………………… 366
万家塆 ……………………………………… 409
万家塆 ……………………………………… 452
万家塆 ……………………………………… 505
万家塆 ……………………………………… 526
万家塆 ……………………………………… 538
万家塆 ……………………………………… 548
万家塆 ……………………………………… 618
万家塆 ……………………………………… 674
万家塆 ……………………………………… 678
万家塆 ……………………………………… 721
万家塆………………………………………… 74
万家塆………………………………………… 75
万家塆 ……………………………………… 788
万家塆泵站……………………………………1106
万家下塆 …………………………………… 128
万家下塆……………………………………… 76
万家纸棚 …………………………………… 811
万家中塆 …………………………………… 129
万桥河一级泵站………………………………1108
万桥新村 …………………………………… 548
万三小区 …………………………………… 105
万顺加油站 ………………………………… 864
万肖线 ……………………………………… 844
万益自来水厂…………………………………1015
汪家凹子 …………………………………… 407
汪家独凹……………………………………… 87
汪家独塆 …………………………………… 162
汪家独塆 …………………………………… 724
汪家独屋 …………………………………… 580
汪家独屋 …………………………………… 729
汪家独屋 …………………………………… 808
汪家垅 ……………………………………… 429
汪家山上塆 ………………………………… 247
汪家洼子 …………………………………… 362
汪家塆 ……………………………………… 415
汪家塆 ……………………………………… 422
汪家塆 ……………………………………… 452
汪家塆 ……………………………………… 512
汪家塆 ……………………………………… 522
汪家塆 ……………………………………… 558
汪家塆 ……………………………………… 578
汪家塆 ……………………………………… 580
汪家塆 ……………………………………… 622
汪家塆 ……………………………………… 669
汪家塆 ……………………………………… 749
汪家塆 ……………………………………… 780
汪家塆 ……………………………………… 783
汪家塆 ……………………………………… 803
汪家洲 ……………………………………… 686
汪帅塆 ……………………………………… 247
汪塆 ………………………………………… 665
汪谢塆 ……………………………………… 635
王冲水库………………………………………1067
王店泵站………………………………………1080
王店三组泵站…………………………………1123
王店水库………………………………………1053
王店水库泵站…………………………………1080
王岗新村 …………………………………… 550
王古溜遗址 ………………………………… 888

王河泵站 1100
王河六组泵站 1123
王河闸坝 1044
王吉街 431
王吉路 838
王家凹 428
王家凹 444
王家凹 496
王家凹 505
王家凹 522
王家凹 591
王家凹 825
王家凹泵站 1103
王家凹子 397
王家冲 159
王家冲 456
王家冲水库 1050
王家祠堂 294
王家大塆 121
王家大塆 133
王家大塆 340
王家大塆 550
王家凼泵站 1089
王家店 207
王家店 761
王家独屋 679
王家独屋 786
王家独屋 789
王家畈 336
王家畈 342
王家岗 348
王家岗 729
王家岗塆 725
王家河 410
王家河 662
王家后塆 101
王家咀 775
王家空 745
王家六塆 121
王家庙遗址 894
王家坡 387
王家坡 435
王家前塆 100
王家山 244
王家山东周墓 896
王家水库 1070
王家松林 669
王家台子 343
王家台子塆 819
王家洼 540
王家洼塆 522
王家塆 101
王家塆 124
王家塆 136
王家塆 139
王家塆 170
王家塆 178
王家塆 219
王家塆 252
王家塆 256
王家塆 262
王家塆 298
王家塆 339
王家塆 357
王家塆 370
王家塆 373

王家塆 …… 375
王家塆 …… 401
王家塆 …… 415
王家塆 …… 425
王家塆 …… 470
王家塆 …… 476
王家塆 …… 505
王家塆 …… 512
王家塆 …… 514
王家塆 …… 518
王家塆 …… 527
王家塆 …… 542
王家塆 …… 551
王家塆 …… 558
王家塆 …… 573
王家塆 …… 589
王家塆 …… 591
王家塆 …… 596
王家塆 …… 605
王家塆 …… 63
王家塆 …… 669
王家塆 …… 699
王家塆 …… 71
王家塆 …… 735
王家塆 …… 747
王家塆 …… 749
王家塆 …… 74
王家塆 …… 772
王家塆 …… 774
王家塆 …… 798
王家塆 …… 806
王家塆 …… 97
王家塆 …… 99
王家塆九组泵站 …… 1104
王家塆水库 …… 1050
王家西塆 …… 152
王家巷子 …… 342
王家小塆 …… 122
王家小塆 …… 133
王家小塆 …… 340
王家小院 …… 1021
王家新塆 …… 100
王家院墙 …… 735
王家榨 …… 819
王家榨塆 …… 344
王家嘴 …… 521
王三线 …… 844
王四塘水库 …… 1066
王塘水库 …… 1055
王塆 …… 778
王塆水库泵站 …… 1078
王姓塆 …… 525
王义贞国土资源所 …… 972
王义贞派出所 …… 971
王义贞派出所 …… 971
王义贞食品与药品监管所 …… 972
王义贞镇财经所 …… 972
王义贞镇成人文化技术学校 …… 973
王义贞镇初级中学 …… 973
王义贞镇畜牧兽医技术服务中心 …… 972
王义贞镇村镇建设环境保护服务中心 …… 972
王义贞镇大桥小学 …… 973
王义贞镇党校 …… 972
王义贞镇福利院 …… 1034
王义贞镇民政办公室 …… 972
王义贞镇农技推广中心 …… 972

王义贞镇人口与计划生育服务中心 …………… 972
王义贞镇人力资源和社会保障服务中心 ……… 972
王义贞镇人民政府 ………………………… 971
王义贞镇水产水利农机服务中心 …………… 973
王义贞镇水管站 …………………………… 973
王义贞镇司法所 …………………………… 971
王义贞镇卫生院 …………………………… 973
王义贞镇中心小学 ………………………… 973
王义贞镇中心幼儿园……………………… 1034
王义贞镇自来水厂………………………… 1021
王义贞镇综合文化站 ……………………… 973
王意港水库………………………………… 1055
王榨小区 …………………………………… 345
王子山唐吴王妃杨氏墓 …………………… 894
旺泉塆 ……………………………………… 786
望城岗 ……………………………………… 524
望城岗 ……………………………………… 613
望城水库…………………………………… 1065
望河泵站…………………………………… 1093
望河店 ……………………………………… 614
望家冲 ……………………………………… 456
望家河 ……………………………………… 410
望云亭……………………………………… 1129
危家塆 ……………………………………… 389
危家塆 ……………………………………… 407
危家榨屋塆 ………………………………… 390
伟家独屋 …………………………………… 572
隗家塆 ……………………………………… 193
卫庙 ………………………………………… 901
卫校小区…………………………………… 44
魏家凹 ……………………………………… 294
魏家凹 ……………………………………… 458
魏家大塆 …………………………………… 122
魏家独塆 …………………………………… 314
魏家河 ……………………………………… 729
魏家河泵站………………………………… 1123
魏家咀 ……………………………………… 161
魏家塆 ……………………………………… 104
魏家塆 ……………………………………… 204
魏家塆 ……………………………………… 231
魏家塆 ……………………………………… 333
魏家塆 ……………………………………… 348
魏家塆 ……………………………………… 375
魏家塆 ……………………………………… 600
魏家塆 ……………………………………… 605
魏家塆 ……………………………………… 708
魏家庄……………………………………… 18
魏桥 ………………………………………… 853
魏塆 ………………………………………… 143
魏塆古墓 …………………………………… 898
温家河 ……………………………………… 245
温家塆 ……………………………………… 518
文昌街 ……………………………………… 216
文昌街 ……………………………………… 838
文昌路 ……………………………………… 831
文昌小区…………………………………… 32
文化用品小区……………………………… 42
文家草塘 …………………………………… 722
文家独屋 …………………………………… 608
文家上大塆 ………………………………… 616
文家塆 ……………………………………… 229
文家塆 ……………………………………… 573
文家塆 ……………………………………… 592
文家塆 ……………………………………… 594
文家塆 ……………………………………… 750
文家下大塆 ………………………………… 616

文桥村集贸市场…… 1027
文武店 …… 618
翁家塆 …… 356
乌龟背 …… 871
乌龟咀水库…… 1066
乌家垄 …… 384
乌兔山 …… 874
乌羊山 …… 873
邬家大塆…… 95
邬家独屋 …… 171
邬家棚子 …… 176
邬家墙塆…… 95
邬家上塆…… 95
邬家塆 …… 253
邬家塆 …… 560
邬家榨 …… 735
邬家中塆…… 95
巫家独屋 …… 577
巫家河边 …… 620
巫家塆 …… 572
巫家塆 …… 621
无家冲 …… 496
无线电小区…… 32
吴坳东二级泵站…… 1105
吴坳一级泵站…… 1107
吴家凹 …… 154
吴家凹 …… 729
吴家坳 …… 533
吴家坳一级渠道…… 1109
吴家坝…… 1041
吴家菜园…… 37
吴家冲 …… 515
吴家大塘水库…… 1068
吴家大塘水库…… 1069
吴家稻场 …… 458
吴家独屋 …… 318
吴家独屋 …… 416
吴家独屋 …… 648
吴家独屋 …… 817
吴家岗 …… 729
吴家河 …… 248
吴家河① …… 884
吴家河② …… 884
吴家岭 …… 743
吴家桥 …… 761
吴家上畈 …… 814
吴家塆 …… 171
吴家塆 …… 195
吴家塆 …… 306
吴家塆 …… 308
吴家塆 …… 333
吴家塆 …… 384
吴家塆…… 38
吴家塆 …… 393
吴家塆 …… 447
吴家塆 …… 498
吴家塆 …… 537
吴家塆 …… 544
吴家塆 …… 556
吴家塆 …… 584
吴家塆 …… 618
吴家塆…… 64
吴家塆 …… 700
吴家塆 …… 747
吴家塆 …… 788
吴家下畈 …… 814

吴家巷子 …… 317
吴家巷子泵站…… 1089
吴家巷子腰塘泵站…… 1090
吴家小塆 …… 201
吴家小塆 …… 291
吴家院子 …… 781
五冲水库水闸工程…… 1040
五分岗 …… 314
五黄线 …… 844
五家岗 …… 602
五金公司小区…… 32
五金小区…… 41
五口堰水库…… 1050
五口堰水库水闸工程…… 1040
五星坝水库…… 1055
五星坝水库…… 1055
五星坝水库闸取水口…… 1085
五姓塆 …… 525
五姓塆 …… 560
五姓塆 …… 594
五一社二巷…… 17
五一社三巷…… 17
五一社四巷…… 17
五一社五巷…… 17
五一社一巷…… 17
五一支渠…… 1125
五张塆 …… 759
五组泵站…… 1110
五组石河泵站…… 1086
五组新村…… 64
五组新村…… 77
午时药业小区…… 42
伍店泵站…… 1116
伍家大塆 …… 572
伍家店 …… 636
伍家独屋 …… 142
伍家岗 …… 643
伍家坡 …… 390
伍家堰泵站…… 1116
伍家燕窝 …… 650
伍楼岗 …… 637
武汉航达航空科技发展有限公司安陆分公司 …… 1013
武河…… 23
武家河 …… 418
武家塆 …… 129
武家塆 …… 675
武家塆 …… 679
武马泵站…… 1083
武马移动基站…… 1139
武襄铁路草庙六组涵洞 …… 861
武襄铁路草庙七组涵洞 …… 861
武襄铁路草庙五组涵洞 …… 861
武襄铁路张巷段三孔隧道 …… 861
武襄铁路张巷段一孔隧道 …… 861
务丰村 55 千瓦泵站 …… 1088
务丰村八组 35 千瓦泵站 …… 1088
务丰村九组 35 千瓦泵站 …… 1088
务丰村六组 22 千瓦泵站 …… 1088
务丰村七组 35 千瓦泵站 …… 1088
务丰店 …… 151
物资小区…… 50

X

西边塆 …… 401

西二路……48
西分塆……598
西傅泵站……1113
西傅塆……633
西干渠……1090
西干渠……1092
西七屋……761
西三路……48
西头塆……433
西塆……365
西塆……594
西塆严……189
西塆易……244
西王家塆……802
西杨塆……187
西一路……48
西赵……23
西支渠闸……1041
西祝塆……209
席家大塆……98
席家棚子……98
席家园子……98
席棚社区七组……99
席棚社区四组……99
洗笔池……916
戏河路……839
下坝电站遗址……893
下白店……514
下白岗……768
下边凹……435
下埠口……847
下蔡淌子……155
下曹塆……695
下曾家稻场……748
下曾家塆……709
下陈塆……684
下段塆……217
下方家塆……436
下方家塆……545
下费家畈……780
下费家塆……415
下份夏家塆……286
下份辛……684
下份徐……691
下冯家塆……139
下港泵站1……1085
下港泵站2……1085
下龚家塆……624
下郭家独屋……608
下河泵站……1123
下洪家塆……477
下侯塆……176
下黄家塆……514
下黄家塆……608
下家塆……824
下江家塆……403
下李家塆……284
下刘畈……592
下刘河……61
下刘家塝……354
下刘家塆……806
下刘塆……182
下卢家塆……401
下马榨塆……230
下聂坡……437
下彭畈……650

下彭家塆 …… 730
下破堰 …… 665
下秦家畈 …… 802
下秦塆 …… 667
下砂子岗 …… 253
下四塆 …… 294
下孙塆 …… 693
下唐畈 …… 808
下唐家塆 …… 772
下陶塆 …… 253
下塆 …… 422
下塆 …… 426
下王家河 …… 763
下王家塆 …… 644
下吴塆 …… 671
下肖家塆 …… 551
下谢塆 …… 665
下徐家塆 …… 385
下徐家塆 …… 580
下严家塆 …… 437
下堰泵站 …… 1076
下杨家塆 …… 490
下杨家塆 …… 551
下杨塆 …… 201
下姚岗 …… 719
下叶家小塆 …… 332
下易家岗 …… 736
下殷家塆 …… 623
下玉石街 …… 32
下张家畈 …… 538
下张家塆 …… 122
下张家塆 …… 793
下张家塆 …… 798
下张家榨 …… 782
下张熊塆 …… 230
下赵家塆 …… 745
下周家河 …… 757
下周家塆 …… 275
下周家塆 …… 422
下周塆 …… 643
下朱塆 …… 706
夏家凹 …… 312
夏家凹 …… 447
夏家凹 …… 456
夏家凹 …… 558
夏家大塆 …… 753
夏家独屋 …… 159
夏家坟头 …… 224
夏家桥 …… 856
夏家洼 …… 335
夏家塆 …… 262
夏家塆 …… 309
夏家塆 …… 453
夏家塆 …… 461
夏家塆 …… 549
夏家塆 …… 656
夏家湾泵站 …… 1113
夏家寨 …… 192
夏家寨遗址 …… 888
夏棚子 …… 171
夏桥新街 …… 839
仙府塆 …… 44
仙居巷 …… 53
仙居巷 …… 833
仙人垴 …… 880
先生塆 …… 739

先生塆 …… 750
鲜鱼巷 …… 831
乡头地 …… 422
香格里拉小区 …… 88
湘臣凹 …… 449
祥和小区 …… 48
响水桥 …… 858
响水塘水库 …… 1060
响堂陈 …… 209
响堂塆 …… 401
响塘水库 …… 1050
响塘塆 …… 306
向店街 …… 725
向家大塆 …… 355
向家塆 …… 253
向家塆 …… 355
向家塆 …… 407
向家塆 …… 770
巷子塆 …… 199
肖何塆 …… 100
肖黄家独屋 …… 129
肖家凹 …… 807
肖家冲 …… 490
肖家冲 …… 547
肖家大堰泵站 …… 1123
肖家独屋 …… 129
肖家独屋八组泵站 …… 1104
肖家畈 …… 402
肖家棚子 …… 730
肖家坡 …… 547
肖家桥 …… 286
肖家山 …… 871
肖家谭 …… 427
肖家洼子 …… 337
肖家塆 …… 261
肖家塆 …… 273
肖家塆 …… 528
肖家塆 …… 553
肖家塆 …… 561
肖家塆 …… 563
肖家塆 …… 620
肖家塆 …… 74
肖家塆 …… 77
肖家塆 …… 819
肖家塆遗址 …… 894
肖家寨后寨 …… 287
肖家寨前寨 …… 287
肖台环交绿化广场 …… 1134
肖台巷 …… 53
肖台巷 …… 833
肖台一村 …… 52
肖塆村泵站 …… 1108
肖塆九组泵站 …… 1108
肖万闸 …… 1040
肖徐村一级泵站 …… 1080
肖堰泵站 …… 1082
肖堰水库 …… 1056
肖扬八组天桥 …… 860
肖余沟 …… 529
萧胡塆 …… 639
萧家凹 …… 325
萧家凹 …… 736
萧家大塆 …… 184
萧家塆 …… 185
萧家塆 …… 236
萧家塆 …… 369

萧家塆 …… 646
萧家小塆 …… 184
萧郑塆 …… 176
小凹山二级泵站 …… 1108
小闭家塆 …… 63
小蔡家塆 …… 778
小操家塆 …… 255
小操家塆 …… 70
小曾家塆 …… 427
小陈家塆 …… 273
小陈家塆 …… 505
小陈家塆泵站 …… 1103
小陈塆 …… 223
小陈塆 …… 227
小程家塆 …… 592
小冲 …… 812
小邓家塆 …… 781
小邓家塆 …… 825
小董家塆 …… 234
小董塆 …… 667
小董塆 …… 686
小二级站干渠 …… 1118
小方塆 …… 547
小冯家塆 …… 527
小冯塆 …… 531
小高家冲 …… 497
小郭塆遗址 …… 893
小合山明墓 …… 896
小侯塆 …… 166
小胡家塆 …… 129
小胡塆 …… 161
小胡塆 …… 192
小黄家塆 …… 679
小黄家巷子 …… 757
小金塆 …… 192
小九冲水库 …… 1070
小九冲水库北泵站 …… 1117
小柯塆 …… 217
小雷家塆 …… 731
小李泵站 …… 1119
小李冲水库闸坝 …… 1046
小李家塆 …… 273
小李塆 …… 700
小岭坡 …… 540
小彭家塆 …… 20
小三合泵站 …… 1113
小三合水库 …… 1070
小沈家塆 …… 219
小唐家塆 …… 576
小唐家塆 …… 825
小陶塆 …… 687
小天使幼儿园 …… 1033
小田塆 …… 547
小田塆 …… 710
小童家塆 …… 65
小塆泵站 …… 1115
小王岗 …… 139
小王家凹 …… 505
小王家塆 …… 294
小邬垅 …… 167
小吴家塆 …… 394
小徐家塆 …… 464
小杨家塆 …… 118
小杨家塆 …… 129
小殷家塆 …… 527
小殷家塆泵站 …… 1115

小袁家塆 …………………………………………… 789
小张家塆 …………………………………………… 241
小张家塆 …………………………………………… 582
小张家塆 …………………………………………… 736
小张家塆 …………………………………………… 772
小张塆 ……………………………………………… 239
小张塆 ……………………………………………… 321
小张塆 ……………………………………………… 696
小张湾泵站………………………………………… 1081
小赵塆 ……………………………………………… 195
小赵塆 ……………………………………………… 199
小郑家塆 …………………………………………… 602
小钟塆 ……………………………………………… 691
小周家冲 …………………………………………… 420
小周家塆 …………………………………………… 412
小周塆 ……………………………………………… 151
小朱家塆 …………………………………………… 527
孝感供电公司安陆河水 35KV 变电站 ………… 1128
孝感恒兴联合会计事务所 ……………………… 928
孝感易达钢铁炉料有限公司…………………… 1001
孝感银监分局安陆监管办事处 ………………… 936
孝感住房公积金管理中心安陆办事处 ………… 928
孝襄街 ……………………………………………… 447
孝襄街 ……………………………………………… 516
孝襄街 ……………………………………………… 552
孝襄街 ……………………………………………… 836
孝襄雷公立交桥 …………………………………… 860
孝襄棠棣立交桥 …………………………………… 860
斜门楼 ……………………………………………… 800
写经岭 ……………………………………………… 916
谢家凹子 …………………………………………… 373
谢家岔 ……………………………………………… 635
谢家大塆 …………………………………………… 669
谢家独屋 …………………………………………… 142
谢家独屋 …………………………………………… 650
谢家独屋 …………………………………………… 786
谢家独屋 …………………………………………… 806
谢家畈 ……………………………………………… 820
谢家壕沟 …………………………………………… 354
谢家河 ……………………………………………… 372
谢家花园 …………………………………………… 287
谢家坡 ……………………………………………… 372
谢家土门 …………………………………………… 350
谢家塆 ……………………………………………… 309
谢家塆 ……………………………………………… 499
谢家塆 ……………………………………………… 644
谢家巷 ……………………………………………… 372
谢家新塆 …………………………………………… 669
辛欣小区……………………………………………… 90
辛新塆 ……………………………………………… 684
辛榨基站…………………………………………… 1140
辛榨街道 …………………………………………… 684
辛榨桥 ……………………………………………… 856
辛榨乡财经所 ……………………………………… 985
辛榨乡初级中学 …………………………………… 985
辛榨乡畜牧兽医服务中心 ………………………… 986
辛榨乡村镇建设环境保护服务中心 ……………… 986
辛榨乡福利院……………………………………… 1036
辛榨乡街道 ………………………………………… 839
辛榨乡民政办公室 ………………………………… 986
辛榨乡农业水产服务中心 ………………………… 986
辛榨乡人口与发展服务中心 ……………………… 986
辛榨乡人民政府 …………………………………… 984
辛榨乡水利农机服务中心 ………………………… 986
辛榨乡卫生院 ……………………………………… 986
辛榨乡乡镇企业服务中心 ………………………… 987

辛榨乡综合文化站 …… 987
辛榨小桥 …… 857
新 316 东塆 …… 584
新 316 涵洞 …… 861
新 316 西塆 …… 584
新凹 …… 468
新坝泵站 …… 1087
新崔兴街 …… 838
新村 …… 557
新村 …… 802
新村 1 …… 311
新村 2 …… 311
新村 3 …… 311
新村水库 …… 1072
新大街南路 …… 516
新店 2 号泵站 …… 1123
新店 3 号泵站 …… 1123
新店 5 号泵站 …… 1123
新店 6 号泵站 …… 1123
新店街 …… 756
新店一、二号涵洞 …… 856
新店移动通信塔 …… 1137
新独洼 …… 811
新独屋 …… 161
新独屋 …… 597
新独屋水库 …… 1050
新独屋水库水闸工程 …… 1040
新河安置区 …… 102
新河小区 …… 102
新华水库 …… 1067
新街 …… 298
新龙街 …… 817
新龙街 …… 839
新马塘 …… 1045
新农村 …… 187
新渠闸 …… 1043
新世纪幼儿园 …… 1031
新世纪幼儿园 …… 1034
新四军第五师建军纪念碑 …… 906
新塘水库 …… 1051
新塘水库 …… 1053
新塘水库 …… 1056
新塘水库 …… 1058
新桃小区 …… 314
新添村联通基站 …… 1138
新添村移动基站 …… 1138
新添铺 …… 188
新洼 …… 465
新塆 …… 112
新塆 …… 139
新塆 …… 162
新塆 …… 202
新塆 …… 228
新塆 …… 232
新塆 …… 242
新塆 …… 244
新塆 …… 261
新塆 …… 314
新塆 …… 356
新塆 …… 430
新塆 …… 556
新塆 …… 560
新塆 …… 687
新塆 …… 751
新塆刘 …… 185
新屋塆 …… 360

新屋塆 …………………………………………… 369
新屋塆 …………………………………………… 388
新屋塆 …………………………………………… 397
新屋塆 …………………………………………… 435
新屋塆 …………………………………………… 689
新型隆基墙体有限公司………………………… 1014
新易家塆 ………………………………………… 352
新原幼儿园……………………………………… 1031
馨怡家园…………………………………………… 58
鑫雷步行街 ……………………………………… 326
星火村 2 组泵站………………………………… 1096
星火村 4 组泵站………………………………… 1096
星火村 7 组泵站………………………………… 1096
星火村 9 组泵站………………………………… 1096
星火小学 ………………………………………… 973
星苑小区…………………………………………… 26
兴吴巷 …………………………………………… 249
杏田饮品水厂…………………………………… 1021
幸福家园 ………………………………………… 626
幸福街 …………………………………………… 326
幸福水库………………………………………… 1072
幸福水库泵站…………………………………… 1123
幸福水库东输水闸……………………………… 1045
幸福水库东闸取水口…………………………… 1125
幸福水库西输水闸……………………………… 1045
幸福水库西闸取水口…………………………… 1125
幸福小区…………………………………………… 69
幸家独屋 ………………………………………… 789
幸家塆 …………………………………………… 592
熊岗 ……………………………………………… 112
熊岗 ……………………………………………… 171
熊岗新村 ………………………………………… 620
熊岗一桥 ………………………………………… 853
熊家冲 …………………………………………… 484
熊家冲 …………………………………………… 493
熊家冲 …………………………………………… 600
熊家冲水库……………………………………… 1064
熊家大塆 ………………………………………… 531
熊家大塆 ………………………………………… 676
熊家东塆 ………………………………………… 143
熊家独屋 ………………………………………… 572
熊家独屋 ………………………………………… 635
熊家独屋 ………………………………………… 753
熊家高屋 ………………………………………… 143
熊家咀遗址 ……………………………………… 890
熊家老塆 ………………………………………… 811
熊家烈凹 ………………………………………… 814
熊家嫩塆 ………………………………………… 814
熊家染行塆 ……………………………………… 811
熊家塆 …………………………………………… 220
熊家塆 …………………………………………… 265
熊家塆 …………………………………………… 282
熊家塆 …………………………………………… 368
熊家塆 …………………………………………… 437
熊家塆 …………………………………………… 465
熊家塆 …………………………………………… 486
熊家塆 …………………………………………… 521
熊家塆 …………………………………………… 572
熊家塆 …………………………………………… 578
熊家塆 …………………………………………… 623
熊家塆 …………………………………………… 710
熊家塆 …………………………………………… 722
熊家塆……………………………………………… 77
熊家塆 …………………………………………… 820
熊家塆泵站……………………………………… 1093
熊家塆五号泵站………………………………… 1105

熊家西塆 …… 143
熊家巷子 …… 179
熊家杨林 …… 516
熊米塆 …… 679
熊塆 …… 665
秀才塆 …… 347
徐冲水库…… 1051
徐冲水库水闸工程…… 1040
徐董塆 …… 519
徐岗安置楼二期 …… 103
徐岗安置楼一期 …… 103
徐岗泵站…… 1123
徐岗加油站 …… 864
徐岗小区 …… 103
徐家凹 …… 505
徐家坝子 …… 702
徐家塝 …… 366
徐家泵站…… 1087
徐家泵站 1 …… 1087
徐家冲 …… 162
徐家冲 …… 482
徐家大山 …… 587
徐家大山 …… 874
徐家大塆 …… 275
徐家大塆 …… 296
徐家大塆 …… 303
徐家大塆 …… 493
徐家大塆 …… 637
徐家大堰…… 1045
徐家独屋 …… 426
徐家独屋 …… 428
徐家独屋 …… 517
徐家独屋 …… 571
徐家畈 …… 348
徐家畈 …… 419
徐家畈 …… 727
徐家岗 …… 348
徐家岗 …… 730
徐家河 …… 430
徐家河渠道…… 1111
徐家河渠道陆家塆渡槽…… 1112
徐家河水库管理洑水管理段 …… 980
徐家咀 …… 535
徐家老塆 …… 465
徐家炮楼 …… 415
徐家桥 …… 151
徐家桥 …… 857
徐家上塆 …… 186
徐家台子 …… 498
徐家台子 …… 696
徐家洼 …… 364
徐家洼 …… 465
徐家塆 …… 114
徐家塆 …… 226
徐家塆 …… 261
徐家塆 …… 282
徐家塆 …… 315
徐家塆 …… 335
徐家塆 …… 341
徐家塆 …… 352
徐家塆 …… 361
徐家塆 …… 388
徐家塆 …… 407
徐家塆 …… 411
徐家塆 …… 482
徐家塆 …… 512

徐家塆 …… 558
徐家塆 …… 581
徐家塆 …… 736
徐家塆 …… 741
徐家塆 …… 748
徐家塆 …… 772
徐家塆 …… 774
徐家塆 …… 775
徐家塆 …… 787
徐家塆 …… 803
徐家塆泵站 …… 1084
徐家湾 …… 28
徐家下塆 …… 186
徐家下塆 …… 296
徐家小塆 …… 637
徐家幺塆 …… 477
徐家嘴 …… 477
徐俭情泵站 …… 1119
徐杨东塆 …… 648
徐杨塆 …… 275
徐杨西塆 …… 648
徐杨新塆 …… 648
徐专线 …… 844
许家凹 …… 515
许家大塆 …… 334
许家大塆 …… 646
许家大塆 …… 659
许家大塆明墓 …… 898
许家独洼 …… 345
许家独屋 …… 791
许家棚子 …… 334
许家坡 …… 341
许家坡 …… 397
许家塆 …… 162
许家塆 …… 179
许家塆 …… 358
许家塆 …… 531
许家塆 …… 542
许家塆 …… 662
许家塆 …… 791
许家塆 …… 805
许家营 …… 370
宣家冲 …… 568
薛家岗 …… 271
薛家塆 …… 498
学府家园 …… 91
学府街 …… 716
学府街 …… 839
学府水岸小区 …… 58
学府小区 …… 702
学堂独屋 …… 776
学堂洼 …… 484
学堂洼 …… 589
学堂塆 …… 201
学堂塆 …… 230
学堂塆 …… 363
学堂塆 …… 426
学堂塆 …… 569
学堂塆 …… 576
学堂塆 …… 615
学堂塆 …… 794
学田岗 …… 471
学庭独屋 …… 809
学校塆 …… 217
学校塆 …… 453
学校塆 …… 66

巡店桥 …… 855
巡店镇财经所 …… 963
巡店镇初级中学 …… 964
巡店镇村镇建设环境保护服务中心 …… 964
巡店镇集贸市场管理办公室 …… 964
巡店镇民政办公室 …… 964
巡店镇农业技术服务中心 …… 964
巡店镇人力资源和社会保障服务中心 …… 964
巡店镇水利农机服务中心 …… 965
巡店镇文化站 …… 965
巡店镇小学 …… 965
巡店镇新堤基站 …… 1139
巡店镇巡店基站 …… 1139
巡店镇中心卫生院 …… 965
巡洪线 …… 844

Y

椏子山泵站 …… 1096
哑巴坝泵站 …… 1086
烟波台生态旅游庄园 …… 1027
烟店变电站 …… 1025
烟店银子锅 54 线 …… 1128
烟店镇初级中学 …… 978
烟店镇村管站 …… 978
烟店镇地税局 …… 978
烟店镇禾丰长松粮站 …… 1025
烟店镇农村商业银行 …… 1025
烟店镇人民法庭 …… 977
烟店镇人民政府 …… 976
烟店镇社会福利院 …… 1034
烟店镇食品与药品监管所 …… 978
烟店镇水管站 …… 978
烟店镇镇小 …… 978
烟店镇中心卫生院 …… 978
烟店镇中心幼儿园 …… 1034
烟墩塆 …… 211
烟应公路 …… 845
鄢家塆 …… 758
严祠联通基站 …… 1138
严祠移动基站 …… 1138
严家凹 …… 410
严家凹 …… 419
严家冲 …… 207
严家冲 …… 515
严家店 …… 190
严家垄 …… 279
严家塆 …… 102
严家塆 …… 103
严家塆 …… 159
严家塆 …… 180
严家塆 …… 195
严家塆 …… 234
严家塆 …… 392
严家塆 …… 596
严家塆 …… 603
严家塆 …… 63
严家塆 …… 644
严家塆 …… 669
严家塆 …… 675
严家塆 …… 77
严家小塆 …… 637
严家洲 …… 46
严刘泵站 …… 1082
严刘塆 …… 239
岩脚 …… 444

岩子山泵站…… 1084
盐业小区…… 50
阎家破塘…… 304
颜家塆…… 752
彦家塆…… 346
晏家凹…… 461
晏家独屋…… 429
晏家塆…… 329
晏家塆…… 725
堰边独屋…… 623
堰旁山…… 872
堰塘角…… 643
燕咀塆…… 638
燕塆…… 193
燕子山泵站…… 1077
燕子山咀…… 498
燕子窝…… 490
燕子窝…… 558
羊过冲…… 468
羊过山…… 422
羊子山清墓…… 897
阳光花园…… 626
阳光家园…… 34
阳光家园…… 59
阳光世纪城…… 26
阳光幼儿园…… 1031
杨冲泵站…… 1100
杨冲水库…… 1074
杨港1组泵站…… 1096
杨家凹…… 449
杨家凹…… 461
杨家凹…… 493
杨家泵站…… 1086
杨家冲…… 444
杨家冲…… 482
杨家冲河…… 883
杨家祠堂…… 763
杨家大山…… 880
杨家大塆…… 130
杨家大塆…… 133
杨家大塆…… 157
杨家大塆…… 477
杨家大塆…… 568
杨家大塆…… 622
杨家大塆…… 78
杨家店…… 287
杨家东西塆…… 305
杨家独屋…… 162
杨家独屋…… 317
杨家独屋…… 536
杨家独屋…… 549
杨家独屋…… 603
杨家独屋…… 656
杨家独屋…… 74
杨家独屋…… 788
杨家独屋…… 820
杨家二级站…… 1100
杨家畈…… 20
杨家畈…… 372
杨家畈…… 444
杨家畈…… 561
杨家岗…… 453
杨家岗…… 61
杨家河…… 884
杨家咀…… 493
杨家咀泵站…… 1086

杨家林 …… 321
杨家垅 …… 374
杨家楼 …… 208
杨家棚子 …… 192
杨家桥 …… 852
杨家桥 …… 856
杨家桥塆 …… 461
杨家山 …… 53
杨家山 …… 870
杨家山老居民区 …… 51
杨家上塆 …… 161
杨家上塆 …… 568
杨家水库 …… 1058
杨家田 …… 136
杨家田 …… 736
杨家洼 …… 482
杨家洼 …… 541
杨家塆(3组) …… 301
杨家塆(6组) …… 301
杨家塆 …… 115
杨家塆 …… 161
杨家塆 …… 171
杨家塆 …… 192
杨家塆 …… 220
杨家塆 …… 224
杨家塆 …… 228
杨家塆 …… 279
杨家塆 …… 333
杨家塆 …… 339
杨家塆 …… 341
杨家塆 …… 343
杨家塆 …… 356
杨家塆 …… 358
杨家塆 …… 376
杨家塆 …… 390
杨家塆 …… 395
杨家塆 …… 402
杨家塆 …… 413
杨家塆 …… 419
杨家塆 …… 428
杨家塆 …… 490
杨家塆 …… 521
杨家塆 …… 541
杨家塆 …… 553
杨家塆 …… 570
杨家塆 …… 589
杨家塆 …… 606
杨家塆 …… 625
杨家塆 …… 654
杨家塆 …… 659
杨家塆 …… 704
杨家塆 …… 706
杨家塆 …… 70
杨家塆 …… 722
杨家塆 …… 784
杨家塆 …… 789
杨家塆 …… 791
杨家塆 …… 800
杨家塆 …… 804
杨家塆 …… 816
杨家塆 …… 820
杨家塆 …… 822
杨家塆新村 …… 601
杨家下塆 …… 568
杨家巷子 …… 317
杨家小桥 …… 852

杨家小塆 …… 582
杨家一级站 …… 1100
杨家鹰窝 …… 171
杨家月塘塆 …… 818
杨老屋 …… 167
杨林安置区 …… 79
杨林泵站 …… 1081
杨林巷泵站 …… 1123
杨林小区 …… 79
杨茂楠 …… 157
杨明泉 …… 386
杨棚村分水渠 …… 1080
杨棚桥 …… 853
杨坡泵站 …… 1084
杨坡加油站 …… 864
杨坡粮站 …… 1017
杨坡棉站 …… 1017
杨坡上塆 …… 262
杨坡西塆 …… 262
杨坡下塆 …… 262
杨坡中塆 …… 263
杨树独屋 …… 787
杨树港 …… 435
杨树塆 …… 343
杨树塆 …… 524
杨树塆 …… 770
杨塆 …… 533
杨湾泵站 …… 1116
杨湾泵站 …… 1120
杨威烈士纪念地 …… 905
杨巷新村(10 组) …… 318
杨巷新村(7 组) …… 317
杨兴村中心小学 …… 958
杨兴街 …… 157
杨兴街水库 …… 1051
杨堰泵站 …… 1102
杨堰冲 …… 493
杨堰山 …… 875
杨堰水库 …… 1056
杨堰水库闸取水口 …… 1085
仰家凹 …… 67
仰家棚子 …… 60
仰家石桥 …… 850
仰家石桥公路桥 …… 851
仰家塆 …… 245
仰家塆 …… 38
仰家塆 …… 514
仰家塆 …… 72
仰家塆 …… 74
仰家塆 …… 774
仰家园元杨宜中墓 …… 896
幺塆罗 …… 652
尧凹子 …… 407
姚家凹 …… 494
姚家独屋 …… 582
姚家洼 …… 574
姚家塆 …… 220
姚家塆 …… 226
姚家塆 …… 328
姚家塆 …… 381
姚家塆 …… 573
姚家塆 …… 608
姚家塆 …… 613
姚家塆 …… 704
姚家塆 …… 774
姚家塆 …… 806

姚家塆遗址 …… 891
姚家嘴泵站 …… 1102
姚榨 1 节制闸 …… 1043
姚榨村 2 节制闸 …… 1043
窑凹 …… 604
窑凹大塘泵站 …… 1099
窑独屋 …… 787
窑岗塆 …… 368
窑家塆 …… 587
窑上塆 …… 162
窑上塆 …… 426
窑上塆 …… 520
窑上塆 …… 69
窑上塆 …… 806
窑塆 …… 244
窑塆泵站 …… 1086
摇宝山东汉墓 …… 895
药铺凹 …… 461
叶大塆 …… 147
叶东塆 …… 148
叶侯塆 …… 177
叶家冲 …… 386
叶家冲 …… 422
叶家冲 …… 662
叶家冲水库 …… 1072
叶家大塆 …… 332
叶家大塆 …… 644
叶家垱 …… 1045
叶家独屋 …… 574
叶家畈 …… 752
叶家花园 …… 759
叶家铺子 …… 660
叶家塘角 …… 177
叶家洼 …… 498
叶家洼水库 …… 1059
叶家塆 …… 291
叶家塆 …… 425
叶家塆 …… 494
叶家塆 …… 615
叶家塆 …… 679
叶家塆 …… 743
叶家塆 …… 750
叶家塆泵站 …… 1106
叶家屋角 …… 645
叶家小塆 …… 639
叶家堰 …… 671
叶家寨 …… 148
叶桥 …… 122
叶上塆 …… 148
叶万家塆 …… 732
叶堰泵站 …… 1114
一分干分渠 …… 1090
一号桥 …… 849
一级泵站 …… 1088
一街 88 号 …… 90
一组北泵站 …… 1107
一组泵站 …… 1087
一组翻身水库泵站 …… 1090
一组南泵站 …… 1107
一组水渠 …… 1091
伊家港 …… 222
移动轭头基站 …… 1138
移动胡棚基站 1 …… 1138
移动胡棚基站 2 …… 1138
义贞路 …… 431
义贞路 …… 838

义子塆 …………………………………………… 415
义子塆泵站………………………………………… 1095
易家凹 …………………………………………… 162
易家陡坡水库……………………………………… 1058
易家陡坡水库东渠………………………………… 1093
易家陡坡水库高渠………………………………… 1093
易家咀 …………………………………………… 162
易家咀 …………………………………………… 453
易家咀 …………………………………………… 731
易家咀泵站………………………………………… 1123
易家咀泵站水渠…………………………………… 1125
易家桥 …………………………………………… 857
易家塆 …………………………………………… 122
易家塆 …………………………………………… 139
易家塆 …………………………………………… 220
易家塆 …………………………………………… 230
易家塆 …………………………………………… 335
易家小塆 ………………………………………… 736
益智泉饮料有限公司……………………………… 1001
殷陈泵站…………………………………………… 1116
殷陈家塆…………………………………………… 74
殷冲水库…………………………………………… 1074
殷冲水库水闸工程………………………………… 1046
殷家大塆 ………………………………………… 211
殷家大塆 ………………………………………… 625
殷家大塆 ………………………………………… 676
殷家大塆泵站……………………………………… 1111
殷家畈 …………………………………………… 140
殷家花园 ………………………………………… 646
殷家垄 …………………………………………… 155
殷家塆 …………………………………………… 145
殷家塆 …………………………………………… 148
殷家塆 …………………………………………… 341
殷家塆 …………………………………………… 514
殷家塆 …………………………………………… 672
殷家塆……………………………………………… 71
殷家塆五组泵站…………………………………… 1105
殷家小塆 ………………………………………… 212
殷家小塆 ………………………………………… 625
殷棚 ……………………………………………… 115
银河小区…………………………………………… 39
银河浴池小区……………………………………… 26
银铺塆 …………………………………………… 822
银桥 ……………………………………………… 855
银桥泵站…………………………………………… 1094
银桌子塆 ………………………………………… 822
银子窝 …………………………………………… 549
尹家东岗 ………………………………………… 363
尹家独屋 ………………………………………… 623
尹家上塆 ………………………………………… 616
尹家塆 …………………………………………… 542
尹家塆 …………………………………………… 596
尹家塆渡槽………………………………………… 1112
尹家西岗 ………………………………………… 361
尹家下塆 ………………………………………… 616
尹庙 ……………………………………………… 608
印家塆 …………………………………………… 130
印刷厂宿舍………………………………………… 26
樱桃塝 …………………………………………… 407
樱桃渡 …………………………………………… 847
鹰子窝 …………………………………………… 402
迎春家园…………………………………………… 34
迎春桥 …………………………………………… 857
迎水寺水库………………………………………… 1058
营盘山 …………………………………………… 870
营盘山明董仪夫妇合葬墓 ……………………… 895

映花尖 …… 875
映花尖山 …… 874
永安桥 …… 858
油茶场 …… 1026
油坊塆 …… 430
油榨塆 …… 758
游冲 …… 459
游家塆 …… 209
游家塆 …… 582
游家塆桥 …… 852
友冲水库 …… 1059
佑国凹 …… 394
於江渡 …… 847
余冲桥头 …… 770
余畈泵站 …… 1079
余岗街 …… 837
余岗塆遗址 …… 892
余港佳园 …… 627
余家凹 …… 529
余家大塆 …… 204
余家独凹 …… 87
余家畈 …… 143
余家畈 …… 486
余家畈泵站 …… 1079
余家沟水库 …… 1051
余家河 …… 359
余家咀 …… 134
余家楼 …… 661
余家坡 …… 433
余家塆 …… 130
余家塆 …… 157
余家塆 …… 296
余家塆 …… 333
余家塆 …… 339
余家塆 …… 346
余家塆 …… 359
余家塆 …… 433
余家塆 …… 576
余家塆 …… 579
余家塆 …… 620
余家塆 …… 647
余家塆 …… 768
余家塆 …… 796
余家堰 …… 587
余刘塆 …… 317
余寨 …… 554
余寨社区广场 …… 1135
余寨水库 …… 1067
俞家塆 …… 162
玉带桥 …… 857
玉皇阁 …… 72
玉皇桥 …… 850
玉皇巷 …… 48
玉石街 …… 831
玉石小区 …… 32
玉宛小区 …… 627
育才小区 …… 627
喻凹 …… 443
喻家凹 …… 339
喻家凹 …… 816
喻家独屋 …… 601
喻家独屋 …… 801
喻家河 …… 542
喻家后塆 …… 800
喻家垴 …… 800
喻家坡 …… 330

喻家前塆 …… 801
喻家洼 …… 811
喻家塆 …… 289
喻家塆 …… 307
喻家塆 …… 315
喻家塆 …… 515
喻家塆 …… 71
喻塆 …… 811
喻新塆 …… 443
御龙桥 …… 849
毓秀阁 …… 899
毓秀阁小区 …… 72
元畈辣业 …… 1017
园林冲 …… 419
园林佳苑 …… 46
园子畈 …… 447
园子塆 …… 226
园子塆泵站 …… 1082
袁河桥 …… 854
袁脊岗 …… 517
袁家凹 …… 642
袁家大塆 …… 556
袁家独屋 …… 307
袁家畈 …… 258
袁家洼 …… 482
袁家塆 …… 349
袁家塆 …… 505
袁家塆 …… 523
袁家塆 …… 549
袁家塆 …… 601
袁家塆 …… 700
袁家塆 …… 733
袁家塆 …… 769
袁家塆 …… 787
袁蒋村爱心幼儿园 …… 1031
袁蒋塆 …… 79
袁子水库 …… 1070
原种场 …… 750
圆通桥 …… 849
圆通寺路 …… 833
圆通寺五组铁路涵洞 …… 861
远脚岭 …… 875
远教广场 …… 1135
院墙塆 …… 345
院子凹 …… 449
院子凹 …… 461
院子垱水库 …… 1060
院子塆 …… 387
院子塆 …… 419
院子塆 …… 424
院子塆 …… 569
院子塆 …… 607
院子塆 …… 712
院子塆 …… 769
院子塆 …… 796
月亮凹 …… 426
月亮山 …… 872
月岭桥 …… 852
月落岭 …… 875
月落岭基站 …… 1137
月塘水库 …… 1068
月田子坟 …… 423
岳董新村 …… 632
岳家冲 …… 458
岳家独洼 …… 811
岳家塆 …… 180

岳家塆 …… 806
岳家塆 …… 812
岳王林 …… 789
跃进大闸 …… 1040
跃进塆 …… 199
跃进小闸 …… 1040
云家坡 …… 424
云岭 …… 874
云雾山 …… 874
涢港小区 …… 627
涢河小区 …… 627
涢水 …… 881
涢水东西岸土堤 …… 1039
涢西小区 …… 44

Z

杂塆 …… 756
臧家台子 …… 462
枣林分渠 …… 1117
枣林岗 …… 639
枣林支渠 …… 1117
枣子树塆 …… 435
榨塘水库 …… 1051
榨塆 …… 275
榨塆 …… 315
榨塆 …… 402
榨塆 …… 531
榨屋山 …… 524
榨屋塆 …… 328
榨屋塆 …… 397
榨屋塆 …… 410
榨屋塆 …… 419
榨屋塆 …… 428
榨屋塆 …… 66
榨屋塆 …… 763
榨岳塆 …… 206
砦河桥 …… 855
砦坡泵站 …… 1116
砦坡塆 …… 638
寨凹 …… 635
寨冲 …… 122
寨冲 …… 449
寨冲水库 …… 1051
寨河王 …… 208
寨坡 …… 315
寨坡塆 …… 799
寨山 …… 878
寨山塆 …… 623
寨塆王 …… 763
粘米水库 …… 1058
詹家麻 …… 661
詹家塆 …… 576
詹陆胡水库 …… 1068
湛家塆 …… 603
张冲 …… 167
张冲水库 …… 1051
张冲水库 …… 1073
张畈 …… 155
张畈爱仕达小学 …… 976
张畈泵站 …… 1102
张畈大塆 …… 498
张畈街 …… 498
张岗超限站 …… 978
张郭塆 …… 608
张家凹 …… 167

张家凹 …… 423
张家凹 …… 737
张家凹后院 …… 654
张家凹子 …… 349
张家凹子 …… 425
张家凹子 …… 429
张家塝 …… 182
张家塝泵站 …… 1090
张家塝二级泵站 …… 1109
张家塝基站 …… 1138
张家塝一级泵站 …… 1109
张家冲 …… 483
张家冲 …… 592
张家冲 …… 639
张家冲 …… 743
张家冲水库 …… 1065
张家祠堂塆 …… 167
张家稻场 …… 739
张家陡坡 …… 670
张家独塆 …… 143
张家独塆 …… 305
张家独塆 …… 546
张家独屋 …… 163
张家独屋 …… 294
张家独屋 …… 413
张家独屋 …… 574
张家独屋 …… 617
张家独屋 …… 780
张家独屋 …… 787
张家畈 …… 539
张家畈遗址 …… 892
张家岗 …… 353
张家岗 …… 728
张家岗 …… 733
张家河 …… 349
张家河 …… 812
张家咀 …… 338
张家咀 …… 584
张家咀 …… 592
张家咀子 …… 353
张家卡 …… 425
张家老塆 …… 617
张家佬 …… 359
张家六塆 …… 123
张家南北塆 …… 305
张家前凹 …… 654
张家洼 …… 208
张家塆 …… 130
张家塆 …… 158
张家塆 …… 220
张家塆 …… 239
张家塆 …… 261
张家塆 …… 265
张家塆 …… 273
张家塆 …… 282
张家塆 …… 289
张家塆 …… 318
张家塆 …… 319
张家塆 …… 332
张家塆 …… 341
张家塆 …… 350
张家塆 …… 355
张家塆 …… 358
张家塆 …… 376
张家塆 …… 426
张家塆 …… 433

张家塆 …… 468
张家塆 …… 483
张家塆 …… 506
张家塆 …… 516
张家塆 …… 518
张家塆 …… 518
张家塆 …… 531
张家塆 …… 537
张家塆 …… 558
张家塆 …… 572
张家塆 …… 592
张家塆 …… 594
张家塆 …… 601
张家塆 …… 608
张家塆 …… 620
张家塆 …… 623
张家塆 …… 625
张家塆 …… 705
张家塆 …… 737
张家塆 …… 741
张家塆 …… 752
张家塆 …… 753
张家塆 …… 769
张家塆 …… 772
张家塆 …… 778
张家塆 …… 778
张家塆 …… 780
张家塆 …… 787
张家塆 …… 788
张家塆 …… 78
张家塆 …… 812
张家塆 …… 814
张家塆 …… 97
张家塆 1 号泵站 …… 1084
张家塆 2 号泵站 …… 1084
张家塆拱桥泵站 …… 1089
张家下塆 …… 739
张家巷 …… 831
张家新屋 …… 784
张家院墙 …… 784
张家榨 …… 321
张家榨 …… 569
张家寨 …… 759
张家竹林 …… 592
张家竹林 …… 787
张家嘴 …… 774
张沈塆 …… 208
张塆 …… 665
张塆 …… 812
张万家塆北 …… 733
张万家塆南 …… 733
张巷新村居民小区 …… 21
张熊塆 …… 652
张寨 3 组泵站 …… 1124
张寨 4 组泵站 …… 1124
张寨 5 组泵站 …… 1124
张寨 6 组泵站 …… 1124
张寨 7 组泵站 …… 1124
章家畈 …… 287
章家壕沟 …… 287
章家塆 …… 140
章家塆 …… 148
章家塆 …… 305
漳河 …… 883
漳河村泵站 …… 1124
漳河村踢脚山泵站 …… 1124

漳河新村 …… 758
赵冲水库 …… 1051
赵冲水库东输水闸 …… 1040
赵黄塆 …… 187
赵会线 …… 845
赵家凹 …… 784
赵家凹子 …… 349
赵家大塆 …… 199
赵家大塆 …… 656
赵家独凹 …… 327
赵家独屋 …… 123
赵家独屋 …… 613
赵家畈 …… 576
赵家畈 …… 618
赵家河坡 …… 331
赵家棚抗日烈士陵园 …… 906
赵家桥 …… 849
赵家上塆 …… 123
赵家塆 …… 148
赵家塆 …… 315
赵家塆 …… 330
赵家塆 …… 357
赵家塆 …… 386
赵家塆 …… 392
赵家塆 …… 402
赵家塆 …… 408
赵家塆 …… 413
赵家塆 …… 44
赵家塆 …… 506
赵家塆 …… 557
赵家塆 …… 616
赵家塆 …… 623
赵家塆 …… 662
赵家塆 …… 719
赵家塆 …… 78
赵家塆 …… 794
赵家塆 …… 816
赵家巷 …… 737
赵家窑 …… 123
赵蒋岗 …… 59
赵李塆 …… 753
赵棚镇福利院 …… 1032
赵棚镇人力资源和社会保障服务中心 …… 958
赵棚镇水利农机服务中心 …… 959
赵棚镇卫生院 …… 959
赵桥里 …… 53
赵塆 …… 403
赵塆 …… 666
赵吴塆 …… 657
赵榨 …… 554
赵榨水库 …… 1067
照壁塆 …… 822
振坤琉璃瓦场 …… 1025
振兴街 …… 168
正广水库 …… 1053
正亮电子有限公司 …… 1006
正亭路 …… 839
正兴街 …… 839
正兴铝业 …… 1014
郑河东干渠 …… 1098
郑河干渠石河支毛渠 …… 1091
郑河干渠一分干西干渠 …… 1091
郑河支干渠 …… 1092
郑家凹 …… 593
郑家塝 …… 43
郑家冲 …… 598

郑家大塆 …… 167
郑家大塆 …… 177
郑家大塆 …… 203
郑家大塆 …… 224
郑家大塆 …… 635
郑家大塆 …… 68
郑家独塆 …… 453
郑家独屋 …… 635
郑家咀 …… 457
郑家洼 …… 485
郑家塆 …… 195
郑家塆 …… 232
郑家塆 …… 249
郑家塆 …… 263
郑家塆 …… 265
郑家塆 …… 299
郑家塆 …… 302
郑家塆 …… 330
郑家塆 …… 408
郑家塆 …… 547
郑家塆 …… 589
郑家塆 …… 59
郑家塆 …… 647
郑家塆 …… 796
郑家小塆 …… 68
郑家新塆 …… 224
郑家榨 …… 299
郑磨塆 …… 284
郑谢河沟 …… 636
郑杨畈 …… 155
支一干渠 …… 1076
纸棚泵站 …… 1104
指羊冲 …… 468
制盖厂小区 …… 91
中百仓储购物广场有限公司 …… 1001
中畈 …… 471
中畈水库 …… 1063
中畈新渠 …… 1125
中分 …… 388
中份夏家塆 …… 287
中份辛 …… 684
中份徐 …… 691
中岗 …… 112
中共安陆市委党校 …… 941
中共安陆市委对台工作小组办公室 …… 923
中共安陆市委农村工作领导小组办公室 …… 924
中共安陆市委统一战线工作部 …… 924
中国电网安陆市供电公司 …… 1014
中国电信安陆分公司木梓综合机房 …… 1028
中国电信孛畈营业厅 …… 1023
中国电信股份有限公司安陆分公司 …… 1001
中国电信股份有限公司安陆分公司王义贞综合机房 …… 1021
中国电信李店营业厅 …… 1015
中国电信王义贞营业厅 …… 1021
中国电信孝感传输局安陆传输分局 …… 1014
中国工商银行安陆支行 …… 935
中国工商银行股份有限公司安陆支行 …… 1001
中国共产党安陆市纪律检查委员会 …… 923
中国共产党安陆市委党史办公室 …… 924
中国共产党安陆市委员会 …… 923
中国共产党安陆市委员会办公室 …… 923
中国共产党安陆市委员会宣传部 …… 923
中国共产党安陆市委员会组织部 …… 923
中国建设银行股份有限公司安陆市支行 …… 1002
中国建设银行股份有限公司安陆市支行 …… 936

中国联通巡店办事处…… 1017
中国联通杨兴基站…… 1139
中国农业发展银行安陆市支行 …… 935
中国农业银行安陆支行 …… 935
中国农业银行股份有限公司安陆市支行社区分行 …… 935
中国人民财产保险股份有限公司安陆支公司 …… 1002
中国人民武装警察部队孝感市支队安陆中队 …… 926
中国人寿保险股份有限公司安陆市分公司…… 1002
中国石化北城加油站 …… 864
中国石化张岗加油站 …… 864
中国石化中心加油站 …… 864
中国石油河西加油站 …… 864
中国石油化工股份有限公司湖北孝感安陆东大加油站 …… 864
中国石油化工股份有限公司湖北孝感安陆石油分公司东大加油站 …… 864
中国石油棠棣加油站 …… 865
中国移动通信基站…… 1137
中国移动通信集团湖北有限公司安陆分公司 …… 1002
中国移动巡店营业厅…… 1017
中国移动杨兴基站…… 1139
中国银行股份有限公司安陆府东支行 …… 936
中国银行股份有限公司安陆支行 …… 936
中国邮政储蓄银行安陆市辛榨乡营业所 …… 987
中国邮政储蓄银行陈店支行 …… 984
中国邮政储蓄银行股份有限公司安陆支行 …… 936
中国邮政汉丹路储蓄所…… 1002
中国邮政集团公司湖北省安陆市孛畈邮电支局 …… 976
中国邮政集团公司湖北省安陆市分公司…… 1002
中国邮政集团公司湖北省安陆市李店邮政支局 …… 961
中家塆 …… 339
中间凹 …… 574
中间塆 …… 483
中间塆 …… 662
中接公路 …… 845
中破堰 …… 666
中桥村泵站…… 1117
中山街 …… 832
中施家塆 …… 182
中石化安陆宏达加油站 …… 865
中石化蒿桥加油站 …… 865
中天石化销售有限公司…… 1026
中塆 …… 253
中塆 …… 426
中王家塆 …… 340
中伟机械厂…… 1006
中吴塆 …… 671
中心村 …… 297
中心村 …… 698
中心福利院…… 1033
中心广场街 …… 216
中心广场街 …… 838
中心街 …… 326
中心街 …… 837
中心水库…… 1070
中心小区 …… 627
中堰水库…… 1072
中堰水库水闸…… 1045
中央储备粮孝感直属库 …… 939
中冶华府…… 85
中易家岗 …… 737
钟家咀 …… 494

钟家塆 …………………………………… 319
钟家塆 …………………………………… 458
钟家塆 …………………………………… 538
钟家嘴泵站……………………………… 1102
众一小区………………………………… 91
周陈塆 …………………………………… 645
周冲泵站………………………………… 1109
周冲河 …………………………………… 884
周冲水库………………………………… 1072
周冲水库东闸取水口…………………… 1125
周冲水库西闸取水口…………………… 1125
周冲新村 ………………………………… 558
周祠村 1 组 ……………………………… 560
周祠村 2 组 ……………………………… 560
周祠村 3 组 ……………………………… 560
周祠村 4 组 ……………………………… 560
周祠村 5 组 ……………………………… 560
周祠村 6 组 ……………………………… 560
周祠村 7 组 ……………………………… 560
周祠村二级泵站………………………… 1109
周祠村一级泵站………………………… 1109
周祠水闸………………………………… 1110
周埂 ……………………………………… 486
周埂二级站……………………………… 1101
周埂一级站……………………………… 1101
周公桥 …………………………………… 850
周胡泵站………………………………… 1084
周家凹 …………………………………… 369
周家凹 …………………………………… 784
周家冲 …………………………………… 357
周家冲 …………………………………… 761
周家大塆 ………………………………… 300
周家大塆 ………………………………… 313
周家大塆 ………………………………… 360
周家大塆 ………………………………… 403
周家大塆 ………………………………… 596
周家大塆 ………………………………… 690
周家大塆 ………………………………… 754
周家大塆 ………………………………… 778
周家独塆 ………………………………… 284
周家独塆 ………………………………… 300
周家独塆 ………………………………… 725
周家独屋 ………………………………… 155
周家独屋 ………………………………… 279
周家独屋 ………………………………… 574
周家独屋 ………………………………… 610
周家墩 …………………………………… 737
周家二塆 ………………………………… 725
周家河…………………………………… 36
周家河咀 ………………………………… 158
周家河路 ………………………………… 833
周家碾盘 ………………………………… 300
周家坡 …………………………………… 327
周家桥 …………………………………… 852
周家水库………………………………… 1058
周家台子 ………………………………… 228
周家田 …………………………………… 140
周家塆 …………………………………… 123
周家塆 …………………………………… 143
周家塆 …………………………………… 158
周家塆 …………………………………… 196
周家塆 …………………………………… 279
周家塆 …………………………………… 313
周家塆 …………………………………… 318
周家塆 …………………………………… 330
周家塆 …………………………………… 338

周家塆 …… 352
周家塆 …… 419
周家塆 …… 497
周家塆 …… 506
周家塆 …… 517
周家塆 …… 553
周家塆 …… 557
周家塆 …… 561
周家塆 …… 597
周家塆 …… 608
周家塆 …… 611
周家塆 …… 62
周家塆 …… 645
周家塆 …… 722
周家塆 …… 725
周家塆 …… 748
周家塆 …… 788
周家塆 …… 825
周家塆 …… 93
周家下塆 …… 754
周家小塆 …… 360
周家小塆 …… 754
周家园墙 …… 198
周家榨 …… 276
周家寨 …… 544
周家寨塆 …… 210
周家长塆 …… 597
周蒋塆 …… 69
周桥 …… 859
周桥河 …… 882
周天公路 …… 845
周严塆 …… 194
周杨塆 …… 261
周杨塆泵站 …… 1084
周张塆 …… 196
轴承小区 …… 27
朱凹 …… 462
朱凹 …… 666
朱凹水库 …… 1067
朱家凹 …… 449
朱家凹 …… 462
朱家凹水库 …… 1066
朱家凹水库闸坝 …… 1110
朱家冲生态园 …… 593
朱家大塆 …… 527
朱家东塆 …… 639
朱家陡坡 …… 807
朱家独屋 …… 581
朱家独屋 …… 642
朱家独屋 …… 807
朱家畈 …… 693
朱家岗 …… 643
朱家咀 …… 234
朱家咀 …… 457
朱家咀 …… 497
朱家炉泵站 …… 1120
朱家炉上份 …… 693
朱家炉幺份 …… 693
朱家炉中份 …… 693
朱家坡 …… 388
朱家桥 …… 852
朱家桥 …… 854
朱家桥头 …… 437
朱家塆 …… 134
朱家塆 …… 220
朱家塆 …… 553

朱家垮 …… 561
朱家垮 …… 577
朱家垮 …… 593
朱家垮 …… 608
朱家垮 …… 620
朱家西垮 …… 640
朱家寨 …… 640
朱桥 3 组 1 号泵站 …… 1097
朱桥 6 组泵站 …… 1097
朱桥 7 组泵站 …… 1097
猪行垮 …… 190
竹林 …… 812
竹林垮 …… 115
竹林垮 …… 194
竹林垮 …… 206
竹林垮 …… 231
竹林垮 …… 255
竹林垮 …… 359
竹林垮 …… 392
竹林垮 …… 398
竹林垮 …… 420
竹林垮 …… 454
竹林垮 …… 483
竹林垮 …… 494
竹林垮 …… 499
竹林垮 …… 520
竹林垮 …… 523
竹林垮 …… 551
竹林垮 …… 597
竹林垮 …… 621
竹林垮 …… 642
竹林垮 …… 781
竹林垮 …… 809
竹林垮水库 …… 1052
竹罗泵站 2 号 …… 1109
竹罗村泵站 1 号 …… 1109
竹罗节制闸 …… 1043
竹箩村渡口 …… 847
竹箩铺 …… 563
竹坞山 …… 870
柱头垮 …… 130
柱子冲水库 …… 1061
柱子冲水库取水口 …… 1098
祝家冲 …… 781
祝家大垮 …… 103
祝家独屋 …… 168
祝家洼 …… 794
祝家垮 …… 782
祝家垮 …… 825
祝家垮 …… 98
抓皮堰 …… 1073
专施线 …… 845
颛庙水库 …… 1074
庄子垮 …… 244
卓家大垮 …… 104
卓家上垮 …… 64
卓家垮 …… 59
卓家垮 …… 816
卓家新垮 …… 104
卓垮水库 …… 1074
卓垮新村 …… 105
子石堰泵站 …… 1102
子石堰水库 …… 1064
梓兴街 …… 716
梓兴街 …… 839
紫金佳园 …… 42

紫金路 …… 831
紫金山 …… 870
紫金小区 …… 41
紫金园小区 …… 29
紫石路 …… 834
紫石桥 …… 851
紫石桥 …… 853
紫石桥 …… 855
自来水厂 …… 1025
邹家大塆 …… 578
邹家大塆 …… 731
邹家大堰塆 …… 679
邹家独屋 …… 789
邹家咀子 …… 337
邹家棚子 …… 87
邹家坡 …… 529
邹家塆 …… 123
邹家塆 …… 331
邹家塆 …… 372
邹家塆 …… 533
邹家塆 …… 603
邹家塆 …… 672
邹家塆 …… 725
邹家小塆 …… 672
祖寺庙 …… 336
遵家楼 …… 809
左家塆 …… 563
座山 …… 878
座屋塆 …… 574

编 后 记

《安陆市地名志》在安陆市第二次全国地名普查办公室领导下编印出版了。它是安陆市地名普查文化丛书中的一部重要文献。

此志的编纂，由安陆市府城街道、南城街道、经济开发区、赵棚镇、李店镇、巡店镇、棠棣镇、雷公镇、王义贞镇、孛畈镇、烟店镇、洑水镇、陈店乡、辛榨乡、木梓乡、接官乡16个乡镇(街道)提供资料。编纂组总编由胡日新主持，原安陆市档案局副局长王安林负责完成孛畈镇、洑水镇、接官乡、棠棣镇、王义贞镇、赵棚镇的执笔工作；原党史办主任萧成强负责完成陈店乡、雷公镇、李店镇、木梓乡、辛榨乡、巡店镇的执笔工作；胡日新完成府城、南城、经济开发区和烟店镇的执笔工作。各乡镇地名资料编录后，由安陆市地名普查办公室将编录后的资料返还各乡镇确认盖章，再送交编纂办公室，最后，由胡日新完成全志其他篇卷章节的编辑和总编出版。

随着城镇化进程加快，如不及时将这些地名资料进行整理、记录，有些重要的历史资料将散佚殆尽。这部志书，是对安陆乡土历史文化的保护。编纂组历经艰辛，深入调研，访问耋老，核查史实，对宝贵的历史资料进行了抢救。

编纂《安陆市地名志》，是对安陆乡土意识的传承。最有魅力的是故乡山水的风姿，乡音乡情的记忆，乡土的气息和家乡菜肴的味道，不管走到哪里，总是触动心弦。这部志书记载的是家乡山水，留住的却是乡愁，它能激发远方游子和本地民众的爱乡情怀和爱国意识。

编纂《安陆市地名志》，历史长，时间短；键盘轻，任务重；资料杂，条理简。在浩瀚如烟的历史长河中采珠拮贝，实属不易。它也是一部可读性强，且不失资料性的好书，相信它会在大家的收藏中伫立长久，对传承文化、服务当代、垂鉴后世具有独特的作用。

安陆地名历史悠久，底蕴深厚，编纂本志难免有挂一漏万的现象，在此请读者谅解。

本志提供照片的单位和个人有：安陆市委宣传部、安陆市档案馆、安陆市恒艺文化传媒有限责任公司、朱桂珍、李儒智、易家镜、胡日新等。在此我们表示衷心的感谢。

《安陆市地名志》编纂办公室

2021年6月

离石盆地灰岩 砂岩层间岩溶裂隙孔隙含水组 分布在西属巴、王家沟、城关、田家会、红眼川及交口各乡镇地带，北到方山县，南到中阳县，北窄南宽，加上外县部分，为一封闭的“船形”盆地，盆地内储存浅、中、深三层地下水。

浅层水：含水层为新第三系红黏土砂砾岩孔隙水含水岩系，分布于盆地的各大沟中，埋深2—5米，属上层滞水层泉水，流量小，一般为0.1—0.5吨/日。动态变化大，旱季干涸。砾岩富水性受下伏基岩影响，下伏基岩为灰岩时，含水很小甚至无水；下伏基岩为砂页岩时，含水丰富。泉水多出露侵蚀沟谷底部，流量为10—30吨/日，局部地区为承压水。水化类型为重碳酸钙钠型水，矿化度0.3—0.5克/升。埋深浅，便于利用。

中层水：含水层为石炭二叠系灰岩、砂页岩溶裂隙水含水岩系。主要含水岩为石炭系太原组三层灰岩，为承压地下水。水化类型为重碳酸氯化物型水，水位标高875—962米。其次含水岩系为山西组砂岩和石盒子组砂岩，含水性较差，为承压水。山西组砂岩水位标高为881—1025米，石盒子组砂岩水位标高882—1069米。盆地边缘该层出露处有少数泉水，流量极小。中层水受大气降水直接补给和侧向补给，及河谷地表水间接渗入补给，水量较为丰富，适宜开采利用。

深层水：盆地石炭系下伏O_2灰岩，岩溶发育，为区域岩溶水径流区，埋深大，为承压岩溶水，其运动规律向南及西南排泄，难于利用。

离石盆地地下水天然潜水量为1430万吨/年，大气降水渗入量为1387万吨/年。而该区为全区工农业及城市用水主要开采区，开采量为1500—1700万吨/年，大于天然资源，保证程度较差。但有北川河方山水渗入补给，尚可开采。

阳坡盆地灰岩 砂岩层间岩溶裂隙孔隙含水组 （包括西部2个乡西部的边缘地区）分布于阳坡及信义，为一“蛋形”封闭盆地，该区地下水结构基本与离石盆地相似，也为三层水结构。上层第三系砾石、红土孔隙水其含水性与离石盆地同，红土料姜石较厚，水量稍有充沛，泉水流量3—10吨/日。中层水含水层主要为太原组三层灰岩，其补给因素与离石盆地相同，但盆地面积小。中层水为大气降水补给水。信义48号孔测，流量为27.2吨/时。由于补给面积小，不宜开采。深层灰岩岩溶水为承压水，水位埋深205米，标高868米。西部2个乡西部的边缘地区第三系红土砾岩和二叠石炭系砂岩，地下水成泉出露较多，为该区人畜饮水的重要水源，泉水流量20—60吨/日，最大达86吨/日。石炭二叠系泉水为重碳酸钙镁型水，矿化度较高，为0.5—1克/升；第三系红土砾岩泉水矿化度低，水质好。

西部马头山以西枣林、坪头乡，由于岩层倾斜西北，为单斜地层，地表坡度大，产流大部顺地表流走，补给条件差，因而成为地下贫水区。地下水深164—400米，标高820—880米。据兴隆塬孔揭露，地下水深164米，标高860米，一般流量仅0.6—4吨/日。

新生界河谷松散层孔隙含水岩系

分布在境内各河谷中和部分大沟中，含水层为近代冲洪积沙砾石层，补给条件好。当下伏基岩为砂页岩或变质岩时，含水极为丰富，为全区工农业供水的主要水源。大、小东川的大气降水补给为潜水天然资源的9倍，开采有保证。分三个含水岩组：

下伏砂页岩河谷松散层孔隙富水含水岩组 分布在北川东属巴以南至交口，东川五里铺以西及小东川背石村至信义河谷地带。河谷开阔平坦，河漫滩及1级阶地发育，表层有1—3米亚砂土，其下伏砂砾岩厚3—60米，由上游至下游含水层厚度递减。水位埋深3—10米。民用水井出水量一般为1000—2000吨/日，最大达7000吨/日。由于含水层厚度及粗细结构变化较大，不同地点富水性有较大差异。水化类型为重碳酸钙钠型水，矿化度为0.4—0.7克/升，为河谷丰水区，是全区工农业用水的主要水源。

下伏混合杂岩河谷松散层孔隙中等含水岩组 分布在小东川王村以东，大东川吴城至下四皓段河谷地带，河谷较窄，水位埋深1—7米。地下水受大气降水直接补给和混合杂岩地下水的侧向补给，水量小东川比大东川富集，民用井出水量500—1000吨/日，水质良好。

下伏石灰岩河谷松散层孔隙极贫水含水岩组 分布在北川东属巴以东，大东川五里铺至下四皓段，小东川五里铺至背石村段，信义至王村段等河谷区。因下伏石灰岩，地表水漏水严重，松散层孔隙水也被其疏干，为极贫水区。

第五章　土壤　植被

第一节　亚高山草甸土

1982 年山西省第二次土壤普查（简称“二普”）结果：离石县亚高山草甸土分布在离石县东北部海拔 2200 米以上的南云顶山，四十里跑马墕的山顶平台和缓坡处，是在季风山地高寒湿润气候和高寒草地植被的生物气候条件下，依附于优越的地形条件而产生其成土过程的山地土壤，是天然的夏季优良牧场，总面积 113.33 公顷。该土类在离石境只有亚类 1 个，根据母质类型只划分为土属 1 个和典型土种 1 个，即石灰岩质亚高山草甸土。

第二节　棕　壤

“二普”结果

1982 年山西省第二次土壤普查（简称“二普”）结果：离石县棕壤广泛分布于骨脊山、北海山、云顶山等山地上，海拔大致在 1800—1850 米，阳坡处出现部位略高，沟谷和阴坡处部位较低。属于季风山地高寒湿润气候和针阔叶混交林及相适应草灌植被的生物气候条件下发育的山地土壤，总面积 6433.33 公顷。该土类在该县划分为亚类 3 个，土属 12 个，土种 12 个。

棕壤亚类

棕壤亚类是针叶林或针阔叶混交林植被下发育的土壤，为天然的林木基地，划分为土属 4 个，土种 4 个，总面积 3880 公顷。

花岗片麻岩质棕壤　分布在骨脊山一带。其沙性较强，心土层以下岩石大碎块明显增多。本土属只有典型土种 1 个，面积 1226.67 公顷。

砂页岩质棕壤　主要分布在南海滩一带和与中阳县交界诸山地上，其他山地也有零星分布。砂页岩容易分化，故土壤质地较细。本土属只有典型土种 1 个，面积 433.33 公顷。

石英砂岩质棕壤　在东北部山地广泛分布。母岩硬度大，故土壤质地较粗，心土层以下岩石碎块明显增多，而且不均匀。本土属只有典型土种 1 个，面积 1066.67 公顷。

石灰岩质棕壤　分布在东北部与文水县交界的山地上。其土壤质地较细，母岩内部仍有强烈的石灰反应。本土属只有典型土种 1 个，面积 1153.33 公顷。

生草棕壤亚类

生草棕壤亚类为早年森林破坏后，被草灌植被迅速代替，在茂密的草灌植被下发育的土壤，为良好的牧场。划分为土属 4 个，土种 4 个，总面积 1860 公顷。

花岗片麻岩质生草棕壤 分布在骨脊山山焉的缓坡处。只有典型土种 1 个，面积 40 公顷。

英砂岩质生草棕壤 分布在西华镇一带山地上。只有典型土种 1 个，面积 340 公顷。

石灰岩质生草棕壤 分布在南云顶山及与文水县交界的诸山上部。母岩内部仍有强烈的石灰反应。只有典型土种 1 个，面积 1266.67 公顷。

耕种黄土质生草棕壤 以小面积分布在西华镇一带。是在第四季黄土母质上发育的土壤，其土层较厚，土体中有明显的黏粒淀质，质地偏中，为当地耕作土壤。只有典型土种 1 个，面积 213.33 公顷。

棕壤性土亚类 棕壤性土亚类分布在坡度较陡而植被不良的山地上，与棕壤亚类呈复域分布。该亚类土层瘠薄，土质粗糙，局部地方基岩裸露，养分含量低，无发育层次。划分为土属 4 个，土种 4 个，总面积 693.33 公顷。

花岗片麻岩质棕壤性土 只有典型土种 1 个，面积 220 公顷。

砂页岩质棕壤性土 只有典型土种 1 个，面积 80 公顷。

石英砂岩质棕壤性土 只有典型土种 1 个，面积 186.67 公顷。

石灰岩质棕壤性土 只有典型土种 1 个，面积 206.66 公顷。

第三节 黄绵土

“二普”结果

1982 年山西省第二次土壤普查结果：离石县黄绵土分布遍及全县黄土丘陵及部分低山与川谷地区，海拔大致在 900—1800 米，为离石县重要的农业土壤。该土类划分为亚类 4 个，土属 24 个，土种 61 个，总面积 116510 公顷。

草灌黄绵土亚类

草灌黄绵土亚类分布于海拔 1400—1800 米，有的高达 1850 米的石质山地、土石山地及山麓黄土残丘上，位于壤性下面。划分为土属 11 个，土种 21 个，总面积 49136.67 公顷。

弱石灰性草灌黄绵土 分布在海拔 1600—1700 米以上较茂密的阔叶林和针阔叶混交林植被下，面积 700 公顷。该土属划分为 5 个土种：花岗片麻岩质弱石灰性草灌黄绵土、砂页岩质弱石灰性草灌黄绵土、石英砂页岩质弱石灰性草灌黄绵土、石灰岩质弱石灰性草灌黄绵土、黄土质弱石灰性草灌黄绵土。

花岗片麻岩质草灌黄绵土 主要分布于骨脊山、北海山一带。草灌植被下发育土壤，只有典型土种 1 个，面积 1553.33 公顷。

砂页岩质草灌黄绵土 主要分布在南海滩一带与中阳县交界的石质山地上。草灌植被下发育土壤，只有典型土种 1 个，面积 286.67 公顷。

石英砂岩质草灌黄绵土　主要分布于信义镇一带的石质山地。草灌植被下发育土壤，只有典型土种 1 个，面积 14966.67 公顷。

石灰岩质草灌黄绵土　主要分布于薛公岭、马头山、玉灵山及黄土丘陵区的孤立山地上。草灌植被下发育土壤，只有典型土种 1 个，面积 13260 公顷。

黄土质草灌黄绵土　分布在土石山地，土壤质地通体多为轻壤，有明显的假菌丝体。该土壤较平缓处，多开垦为农田，面积 8386.67 公顷。划分为土种 2 个：黄土质草灌黄绵土、耕种黄土质草灌黄绵土。

粗骨性草灌黄绵土　零星分布于坡度较陡、植被较差、土壤侵蚀较重的地方，面积 8773.33 公顷。本土属划分为土种 4 个：花岗片麻岩质粗骨性黄绵土、砂页岩质粗骨性划灌草灌黄绵土、石英砂岩质粗骨性草灌黄绵土、石灰岩质粗骨性草灌黄绵土。

坡积残积黄土质草灌黄绵土　分布于土石山区的坡地上，面积 273.33 公顷。本土属划分为土种 2 个：耕作坡积残积黄土质草灌黄绵土、耕作少砾石坡积残积黄土质草灌黄绵土。

红黄土质草灌黄绵土　极小面积零星分布于土石山区，侵蚀较为严重的山坡地上。只有典型土种 1 个，面积 26.67 公顷。

埋藏黑垆土型草灌黄绵土　分布于大、小东川河及较大支流两侧的黄土高台地上。多属轻壤质地，所处地势坡度较缓，多开垦为农田。只有典型土种 1 个，面积 86.67 公顷。

沟淤草灌黄绵土　主要分布于大、小东川两侧较大支流的高台地和沟谷中。母质为洪积淤积物，所以为当地较肥沃的农业土壤，面积 823.33 公顷。该土属划分为土种 2 个：耕作厚层沟淤草灌黄绵土，耕作薄层沟淤草灌黄绵土。

黄绵土性土亚类

黄绵土性土广泛分布于海拔 1400 米以下的黄土丘陵地区，水土流失严重，沟壑纵横，支离破碎。大部分为农田占用，耕种历史悠久。该亚类划分为土属 11 个、土种 32 个，总面积 64700 公顷。

黄绵土性土　分布于黄土丘陵区梁、峁、沟壑上。植被稀疏，以旱生草本植物为主。发育于黄土母质上，土层较厚，土性软绵，土体干燥，面积 13316.67 公顷。该土属划分为土种 2 个：黄绵土性土、砂姜黄绵土性土。

耕种黄绵土性土　广泛分布于梁、峁、沟壑上。耕种历史悠久，为黄土母质上直接受人类生产活动影响熟化的土壤。是境内分布最广、面积最大的农业土壤，面积 32020 公顷。本土属划分为土种 4 个：耕种黄绵土性土、耕种少砂姜黄绵土性土、耕种多砂姜黄绵土性土、耕种粘底黄绵土性土。

红黄土质黄绵土性土　分布于侵蚀较严重的黄土丘陵坡地上。质地为中壤—重壤，土体较为紧实，土壤肥力低。只有典型土种 2 个，面积 186.67 公顷。

耕种红黄土质黄绵土性土 分布于侵蚀较为严重的坡耕地上。除耕层较疏松外，其下通体较紧实，土壤肥力低，但保水保肥能力强。面积250公顷。本土属划分为土种3个：耕种红黄土质黄绵土性土、耕种少砂姜红黄土质黄绵土性土、耕种多砂姜红黄土质黄绵土性土。

红黏土质黄绵土性土 分布于黄土丘陵侵蚀严重的切沟底部。质地黏重，为重壤—黏壤，土体结构紧实、严密。只有典型土种1个，面积126.67公顷。

耕种红黏土质黄绵土性土 与红黏土质黄绵土性土处于相同部位，只是在相同母质的基础上加上人为耕作的影响，上部形成明显的耕作层。本土属只有典型土种1个，面积133.33公顷。

粗骨性黄绵土性土 分布于石质丘陵和土石丘陵区。植被极为稀疏，土壤侵蚀严重，土层极薄，养分含量极低。面积17036.67公顷。本土属划分为土种2个：石英砂岩质粗骨性黄绵土性土、石灰岩质粗骨性黄绵土性土。

坡积物黄绵土性土 零星分布于黄土丘陵沟坡下部。是由上部黄土或红黄土崩裂、塌陷堆积而成的一种土壤，质地不均，养分含量很低。面积373.33公顷。本土属划分为土种2个：坡积物黄绵土性土、砂姜坡积物黄绵土性土。

耕种坡积物黄绵土性土 其所处部位和形成过程与坡积物黄绵土性土完全相同，只是受到人为耕作熟化的影响，表层土壤养分略高于坡积物黄绵土性土。本土属面积213.33公顷，划分为土种2个：耕种坡积物黄绵土性土、耕种少砂姜坡积物黄绵土性土。

耕种埋藏黑垆土型黄绵土性土 零星分布于黄土丘陵分水岭部及沟谷两侧的缓坡地上，面积220公顷。本土属划分为4个土种：耕种埋藏黑垆土型黄绵土性土、耕种间砾质埋藏黑垆土型黄绵土性土、耕种厚层黑垆土型黄绵土性土、耕种薄层黑垆土型黄绵土性土。

耕种沟淤黄绵土性土 分布于黄土丘陵地区侵蚀沟谷中。是随土壤侵蚀而形成的土壤类型，一般水分状况良好，有一定的抗旱能力，为当地较良好的农业土壤，面积823.33公顷。本土属划分为土种10个：耕种沟淤黄绵土性土、耕种中层沟淤黄绵土性土、耕种少砾石沟淤黄绵土性土、耕种夹有机物沟淤黄绵土性土、耕种五花沟淤黄绵土性土、耕种黏质五花沟淤黄绵土性土、耕种夹粘五花沟淤黄绵土性土、耕种腰粘五花沟淤黄绵土性土、耕种夹砂姜五花沟淤黄绵土性土、耕种砾石底五花沟淤黄绵土性土。

黄绵土亚类

分布于东、北川河二级阶地上及较大支流两侧的高台地上。地形较平坦，基本上属于上部微受侵蚀，下部不受地下水影响，是较为良好的农业土壤，总面积1686.67公顷。本亚类只有典型土属1个，划分为土种4个：黄绵土、砾石底黄绵土、少砾质黄绵土、埋藏黑垆土型黄绵土。

草甸黄绵土亚类

分布于东、北川河一级阶地与二级阶地的过渡地带及一级阶地的较高处和二级阶地的低洼处。是当地良好的农业土壤，总面积 986.67 公顷。本亚类只有潮黄绵土典型土属 1 个，划分为土种 3 个：潮黄绵土、砾石底潮黄绵土、少砾底潮黄绵土。

附：离石黄土

离石黄土属于中更新世晚期，分布于中国华北、西北、黄河中游等地区，典型剖面在离石原王家沟乡（今城北街道）陈家崖，故名。这一地质概念由中国科学院院士刘东生提出。离石黄土呈浅红黄色，较吴城黄土为浅，较马兰黄土为深，不具层理，含多层棕红色古土壤，其下多有钙质结核，有时成层。离石黄土厚 90—100 米，构成黄土高原的基础。离石黄土被称为“老黄土”。其特点是：富含钙质结核，有时成层分布。粒度成分以粉砂为主，粉砂与黏土含量较马兰黄土为高。其中，发现不少哺乳动物化石。

第四节　褐　土

“二普”结果

1982 年山西省第二次土壤普查结果：离石县褐土在境内小面积分布于吕梁山脊以东的西华镇、庙底、庄儿上一带，海拔约 1690—1850 米之间，呈复域分布着淋溶褐土和草灌褐土 2 个亚类，只有典型土属 2 个，划分为土种 3 个，总面积 442 公顷。

淋溶褐土亚类

淋溶褐土分布在石质山地上，该亚类只有石英砂岩质淋溶褐土土属 1 个和典型土种 1 个，面积 8.67 公顷。

草灌褐土亚类

草灌褐土在境内全部分布于山麓黄土母质上，本亚类只有黄土质草灌褐土土属 1 个，面积 433.33 公顷，划分为土种 2 个：黄土质草灌褐土、耕种黄土质草灌褐土。

第五节　草甸土

“二普”结果

1982 年山西省第二次土壤普查结果：离石县草甸土分布于东、北川河两岸的河漫滩和一级阶地上，是境内优良的农业土壤。本土类划分为黄绵化草甸土、浅色草甸土、盐化浅色草甸土等亚类 3 个，土属 5 个，土种 17 个，总面积 1412.67 公顷。

黄绵化草甸土亚类

黄绵化草甸土主要分布在东川河五里铺至王营庄和石村、北川河上安村至盛地两岸的一级阶地或沿河其他地方的高阶地上，总面积 813.33 公顷。

本亚类划分为土属 2 个：典型黄绵潮土土属和在人为作用具体影响下的人工堆叠黄绵潮土土属。

黄绵潮土　本土属面积 680 公顷，划分为 5 个土种：黄绵潮土、砾石底黄绵潮土、腰砾石黄绵潮土、夹黏黄绵潮土、腰砂黄绵潮土。

人工堆叠黄绵潮土　本土属面积 133.33 公顷，划分为土种 2 个：人工堆叠黄绵潮土、砾石底人工堆叠黄绵潮土。

浅色草甸土亚类

浅色草甸土分布于东、北川河河漫滩和一级阶地上，总面积 472.67 公顷，划分为土属 2 个：潮土、河砂潮土，土种 8 个。

潮土　小面积零星分布在河滩一级阶地上，质地较细，沙粘比较适中，持水量、有效养分含量高于沙质土壤，耕性较好，农作物产量一般高于邻近土壤且较稳定。只有典型土种 1 个，面积 20 公顷。

河砂潮土　除一级阶地分布外，河漫滩部位均有，表层质地为沙土—沙壤，蓄水保肥能力差，面积 452.67 公顷。

本土属划分为土种 7 个：河砂潮土、中层河砂潮土、砾石底河砂潮土、砾石底夹黏河砂潮土、水稻河砂潮土、水稻夹砾石河砂潮土、菜园河砂潮土。

盐化浅色草甸土亚类

盐化浅色草甸土零星分布于北川河两侧的局部洼地。本亚类只有硫酸盐盐化河砂潮土一个土属，面积 126.67 公顷。划分为土种 2 个：硫酸盐浅位砾石底轻度盐化河砂潮土、硫酸盐砾石底轻度盐化河砂潮土。

第六节　植　被

森林植被

主要分布于东北部的基岩山区，以骨脊山、云顶山、尖山、北海山等山脉为主，大部在信义、吴城境内，海拔高度为 1400—2300 米，相对高差 400—600 米，属吕梁山森林草原带。

截至 1990 年底，面积 266.6 平方千米，占全县总面积的 20.14%。海拔 1800 米以上，主要为针叶林覆盖，1400—1800 米，为针、阔叶混交林，以及密灌草丛植被。

灌木草丛植被

境内中西部土石山区马头山、神仙山、玉灵山、双山、乌巖（岩）山及东南部的起云山等石质山区上一部分灌木草丛及疏林草地，形状似馒头、浑圆状起伏梁峁上只覆盖有厚层土，剥蚀严重，下切强烈，基岩裸露，山壁陡直，个别地方断续覆盖一些微积物，多为灌木草丛，大部分被垦作为农田，植被不良。仅在一些沟坡、山洼、深谷、地边及弃耕地上有一些草丛植被。灌丛大部分为荆条、醋柳、胡枝子、达乌里等；草丛为旱生类杂草，有蒿类、芦苇、白羊草、狗尾草等。

零星草灌植被

占全区总面积一半的黄土丘陵区及川谷地带，为全区重点农田耕作区。自然植被仅零星残存于一些不能耕种的沟洼、陡坡、地堎、田畔、河旁、路边及荒坡荒滩，有稀疏灌丛及杂草植被，属典型的旱生植物群落。主要有蒿类、沙蓬、狗尾草、芦苇、白羊草、苋草、苍耳等。悬崖、沟畔、地堎常见灌丛有荆条、枸杞、酸枣、木瓜、胡枝子等。植被覆盖度较小，一般在5%—10%，最高可达20%。

第六章　自然资源

第一节　土　地

面积

1988年,离石县土地管理局对全县土地利用详查: 全县土地总面积为1323.63平方千米，其中耕地28953公顷，占全县辖区面积的21.87%；园地400公顷，占全县辖区面积的0.3%；林地56160公顷，占全县辖区面积的42.43%；牧草地3873公顷，占全县辖区面积的2.93%；居民点及工矿用地3693公顷，占全县辖区面积的2.79%；交通用地260公顷，占全县辖区面积的0.2%；水域用地1300公顷，占全县辖区面积的0.98%；未利用地3772，4公顷，占全县辖区面积的28.5%。

2015年，吕梁市国土资源局离石分局统计：离石区辖区总面积1322.27平方千米，其中耕地21023.98公顷，占辖区面积的15.9%；园地332.51公顷，占辖区面积的0.25%；林地78977.26公顷，占辖区面积的59.73%；牧草地17965.3公顷，占辖区面积的13.59%；城镇村及工矿用地6749.77公顷，占辖区面积的5.1%；交通用地1825.57公顷，占辖区面积的1.38%；水域用地665.06公顷，占辖区面积的0.5%；其他用地4687.08公顷，占辖区面积的3.55%。与1988年相比，境内由于城镇化的迅速发展，植树造林和退耕还林、还草政策的实施，耕地占辖区面积的比例下降5.97%，林地、牧草地占辖区面积的比例分别上升17.3%、10.66%，建设、交通用地占辖区面积的比例分别上升2.31%、1.18%，未利用地占辖区面积的比例下降24.95%。

1988—2015年部分年份离石区（县、市）土地利用情况表

表2-9　　单位：公顷

年份	耕地	园地	林地	牧草地	居民点及工矿用地	交通用地	水域用地	未利用地
1988	28953.0	400.0	56160.0	3873.0	3693.0	260.0	1300.0	37724.0
2000	28068.99	596.06	56042.3	3867.84	4486.66	653.31	1183.71	37432.45
2010	21700.37	334.40	79116.50	18279.28	5875.19	1516.95	647.56	4756.29
2015	21023.98	332.51	78977.26	17965.30	6749.77	1825.57	665.06	4687.08

2015 年离石区分乡镇　街道土地利用情况表

表 2-10

乡镇名称	辖区面积（平方千米）	耕地（公顷）	园地（公顷）	林地（公顷）	牧草地（公顷）	城镇村及工矿用地（公顷）	交通用地（公顷）	水域用地（公顷）	其他土地（公顷）
全区合计	1322.27	21023.98	332.51	78977.26	17965.30	6749.77	1825.57	665.06	4687.08
滨河街道	10.75	242.15	22.58	464.31	130.70	117.06	36.48	0.22	61.79
凤山街道	13.35	218.64	—	632.97	167.27	221.00	34.33	6.39	54.64
莲花池街道	11.90	307.01	5.23	324.24	122.71	316.01	30.11	—	84.45
城北街道	46.03	1057.98	26.36	1289.85	1434.40	418.52	80.26	—	295.97
田家会街道	68.56	1206.53	37.36	3366.44	1221.79	530.69	206.08	48.26	238.36
交口街道	24.80	581.69	—	819.19	548.05	297.81	82.95	8.74	141.27
西属巴街道	61.15	2098.01	—	1143.89	1508.87	751.94	178.39	10.66	423.67
吴城镇	424.80	4566.82	32.43	33849.17	2150.85	386.64	451.67	275.01	767.61
信义镇	428.89	5172.17	8.36	31025.20	4647.76	514.68	320.44	307.49	892.39
红眼川乡	27.32	755.17	23.80	1146.25	395.75	173.37	72.62	—	165.39
枣林乡	109.94	2094.47	82.88	3574.86	3873.39	414.31	185.29	—	768.34
坪头乡	72.78	2723.34	93.51	1340.89	1763.76	407.89	146.93	8.29	793.20
吕梁市城区	22.00	—	—	—	—	2199.85	0.02	—	—

土地评价

土地分级　至 1990 年，按全国土地资源综合评价标准划分，全县土地分级情况：

属二级标准的土地有 3960 公顷，占全县总面积的 2.99%。主要分布于三川河两侧阶地上，一般都有水利灌溉条件，耕作殷盛，肥力较高，一年两作或两年三作，亩产一般在 400 千克左右，是全县的粮菜基地。

属三级标准的土地有 32886.67 公顷，占总面积的 24.87%。主要分布在三川河两岸的川谷地及丘陵区的沟坝地、水平梯田和梁峁平缓的坡耕地。地面平坦，侵蚀较轻，耕作良好，多为两年三作或一年一作，一般亩产达 100—400 千克。

属四级标准的土地有 17406.67 公顷，占总面积的 13.16%。主要分布沟谷、缓坡及弃耕地和部分荒地。土质较好，侵蚀较严重，土地含有砂浆少量或多量，一般亩产在 100 千克左右，为次等农田。

属五级标准的土地有 7853.33 公顷，占总面积的 5.93%。主要分布在土石山区土层深厚的黄土地上，土质较好，但气候条件较差，耕作粗放，易受旱、涝、冻灾害，通常亩产在 50 千克左右。

属六级标准的土地有 37040 公顷，占总面积的 28.01%。主要分布在土石山以及石质山区发育于岩石风化物的土壤。土层较薄，土质偏砂，土体中夹有碎石块屑，且气候高寒多风，多为荒坡，为自然生长各种草类的天然牧坡。

属七级标准的土地有 7409.66 公顷，占总面积的 5.6%。分布于区境东北部的云顶山南及四十里跑马墕一带。有机质含量较多，但气候高寒，只能短期生长牧草，为天然牧场。

属八级标准的土地有 25806.67 公顷，占总面积的 19.5%。分布在石质丘陵区，坡度陡峭，土层浅薄，土体中含有碎石，仅生长稀少杂草。

土体构型　五级标准以下的土壤，大部分属通体型。土体深厚，土性软绵，上下质地均一，无不良层次，物理保、供水肥能力较好，土温变化不大。土壤质地大部分是物理性黏粒（< 0.01 毫米）含量在 20%—30% 左右，属砂壤—中壤之间，多数属轻壤质。耕作土壤各层结构大致是：耕作层（厚 15—20 厘米）多为屑粒碎块状，极少数呈团粒结构；犁底层（厚 6—8 厘米）、心土层（厚 20—40 厘米）和底土层（厚 50—60 厘米）多为块状结构。表层孔隙度一般在 47%—60% 之间。土壤容重为 1.25—1.35 克 / 立方厘米。酸碱度（pH 值）大体为 6.8—8.5 之间，平均为 8.1，属弱碱性。碳酸钙含量较为丰富，平均为 7.8‰，高者可达 15.8‰。土蓄代换量一般为 8—20 毫升 /100 克土，平均为 10.09 毫升 /100 克土，高者可达 34.59 毫升 /100 克土，低者仅 3.35 毫升 /100 克土。

1990 年离石县农耕地表层土壤养分情况表

表 2-11

项目							分级（全国标准）					
	平均	最高	最低	平均	最高	最低		Ⅱ	Ⅲ	Ⅳ	Ⅴ	Ⅵ
有机质	0.73%	12.1%	0.2%	0.59%	2.7%	0.2%	面积（公顷）	—	200	340	7733.33	32460
							占地 %	—	0.49	0.83	18.99	79.69
全氮	0.0575	0.619%	0.02%	0.052%	0.102%	0.02%	面积（公顷）	—	—	1166.67	9433.33	30133.33
							占耕地	—	—	2.86	23.16	73.98
碱解氮	44.8 PPM	90 PPM	0.2 PPM	46.7 PPM	90 PPM	0.2 PPM	样数（个）	—	—	8	86	53
							占样数 %	—	—	5.44	58.5	36.06
全磷量	0.058%	0.146%	0.03%	0.057%	0.146%	0.03%	—	—	—	—	—	—
							—	—	—	—	—	—
速效磷	8.7 PPM	68 PPM	0.5 PPM	—	—	—	面积（万亩）	1720	7273.33	25106.67	4273.33	2360
							占耕地 %	4.22	17.86	61.64	10.49	5.79
速效钾	88.7 PPM	233 PPM	20 PPM	—	—	—	样数（个）	100	50	11	—	—
							占样数 %	62.11	31.06	6.83	—	—

第二节　矿藏资源

煤炭

分布　截至2010年底，境内煤层处于河东煤田东缘，离柳矿区中部。广泛分布于区境西部，北起孙家塔，东经田家会，南达红眼川以东4千米，西与柳林、临县相连，呈近南北向的上窄下宽的葫芦形状。南北长约20千米，东西宽5米—15千米，面积约200平方千米。煤层向轴部倾斜，四周浅，中部深，为向斜构造，是东部煤区开发的中心地带。煤系地层平均总厚度154.37米，共含煤17层，平均总厚度12.66米，含煤系数8.2%。其中10号煤为6米厚的稳定煤层，占总储量的60%左右。主要可采煤层为3、4、5、6、8、9、10号煤层，煤类主要为焦煤和瘦煤，部分为1/3焦煤和贫瘦煤，煤质好。

煤层　截至2010年底，境内煤层主要赋存于石炭系上统太原组和二叠系下统山西组地层中。石炭系中统本溪组顶部及下石盒子组底部偶见薄煤层或煤线，但均无工业价值。

石炭系上统太原组共含煤层7层。基底砂岩与下伏本溪组整合接触。全厚76.86—98.52米，平均86.19米。下部为灰色砂岩、灰黑色砂质泥岩、泥岩，常夹1—3层泥灰岩。其中含煤5层（即8号、9号、10号、11号、12号煤层）。再上为3层石灰岩，间夹黑色砂质泥岩、泥岩及砂岩，其中产6号、7号煤层。太原组在该区域发育良好，呈明显的海陆交替相沉积，煤层厚度较大，为该区域的主要含煤地层。

二叠系下统山西组由一套深灰、灰黑色砂质泥岩、粉砂岩及砂岩组成，全厚54.15—81.78米，平均68.18米。其中含煤10层（即01号、02号、03号、1号、2号、3号、4号、4号下、5号、5号下煤层）。亦为该区域主要含煤地层。

境内地层中共含煤17层，编号自上而下为：01，02，03，1，2，3，4，4下，5，5下，6，7，8，9，10，11，12号，其中01—5下赋存于山西组地层中，亦称上组煤；6—12号煤存于太原组地层中，称下组煤。01，02，1，11，12号煤因厚度小或煤质低劣为不可采煤层，03，2，3，4，4下，5，5下，6，7，8，9号属局部可采煤层。其中4，5，6，9号煤可采面积较大，属比较稳定煤层。10号煤层厚度大，最厚达6米以上，全区域可采，为区境内唯一稳定煤层，占总储煤量的60%左右。

区境内不仅煤层层数多，稳定可采煤层厚度大，储量丰富，煤质优良，而且地质构造简单，埋藏浅，易开采，建井条件好。

煤质　截至2010年底，上组煤（山西组煤层）大部属焦煤，局部见肥煤；下组煤（太原组煤层）以瘦煤为主，兼有少量焦煤。煤层由上而下变质程度加深。

03号煤为低硫高灰分焦煤，2号煤为低硫低灰分焦煤，3号煤为低硫高灰分焦煤，在中部和北部有小片肥煤分布。4 号煤为低硫低灰分焦煤，灰分含量与煤层厚度成反比。5 号煤为低硫高灰分焦煤，灰分水平分布是南部较低（20%±），北部偏高（30%±）。经煤岩显微镜鉴定，主要为半高亮半暗型煤，结构复杂，呈条带—线理状，亮煤上附着丝炭线理及透镜体。煤中含有黏土矿物及硫铁矿、碳酸盐矿物等。

6 号煤以焦煤为主，瘦煤次之，中硫、中灰分，为山西组焦煤向太原组瘦煤变化的过渡带。7 号煤兼有焦、瘦两种牌号，煤质与 6 号煤相近，唯硫分有所增高，属中—高硫。

8 号、9 号煤以瘦煤为主，有少量焦煤，中—高硫，洗后有显著降低。

10 号煤主要为瘦煤，南北两端有部分焦煤分布，中—高硫，中等灰分，洗后显著降低。煤岩特征为半暗及半亮煤型，结构比较复杂，呈条带线理状。显微镜分定定为：凝胶化组：52%—55.4%；半凝胶化组：19.5%—20.8%；半丝炭组：22.5%—25.5%；丝炭化组：1.2%—1.7%；稳定组：0.5%—0.9%。属第Ⅳ变质阶段。各号煤层瓦斯含量均低。

铝土矿

离石区境内铝土矿资源丰富，主要分布在区境中部西属巴—田家会—红眼川和西部坪头乡的池家峁—彩家庄等地，赋存于石炭系中统本溪组中下部层位中。矿体厚度 0.8—5.5 米，矿石自然类型主要为致密状、碎屑状和粗糙状，部分为半粗糙状和鲕状，工业类型为低铁低硫型和中铁低硫型，质量较好。赋存地层分布面积 220 平方千米，占全区总面积的 16.62%。已知有矿产地 2 处，其中大型矿床 1 处，中型矿床 1 处。

寺沟矿段 出露于垣则沟南东 200 米处的沟谷中，矿层沿走向长 270 米，沿倾向出露 300 米，储量计算面积为 0.165 平方千米，约 147.47 万吨，其中一级品 77.14 万吨，二级品和三级品 70.33 万吨。矿层稳定，矿层厚 0.60—4.80 米，平均 3.25 米。主要化学成分：三氧化二铝，占 46.03%—77.50%，平均 66.39%；二氧化硅，占 2.30%—18.18%，平均 8.91%；三氧化二铁，占 1.75%—17.31%；平均 4.33%。铝硅比值 2.97—33.70，平均 7.45。矿段共生有高铝黏土和山西式铁矿。高铝黏土储量约 82.13 万吨，属一级品。

瓷窑沟矿段 矿层分布于该村东南，沿走向长 300 米，沿倾向宽 400 米，储量计算面积 0.27 平方千米，约 174.25 万吨，其中一级品 104.10 万吨，二级品和三级品 70.15 万吨。矿层厚 0.65—4.75 米，平均 2.31 米。成分：三氧化二铝，占 43.93%—73.65%，平均 65%；二氧化硅，占 2.78%—16.62%，平均 8.23%；三氧化二铁，占 1.51%—23.71%，平均 6.63%。铝硅比值 2.64—24.93，平均 7.90。本段共生山西式铁矿，出露范围与铝土矿相同。

铁矿

离石区境内的铁矿主要为“山西式铁矿”，分布在区境内西属巴—田家会—红眼川和西部坪头乡的池家峁—彩家庄等地，赋存于石炭系中统本溪组底部与奥陶系石灰岩之侵蚀面上，矿体呈窝子状，极不稳定，矿点规模一般都较小。有磁窑沟—寺沟、背石沟小型矿床2处，西属巴、田家会矿点、矿化点3处。另外，在区境内东南部王营庄—下四皓—油房坪一带寒武系底部有王营庄、下四皓、油房坪赤铁矿点、矿化点3处。

背石村铁矿 矿体见于沟两侧，产状平缓，呈似层状，长160米，宽70米，厚1—6米。矿石呈块状、胶状、结核状、蜂窝状。成分以赤铁矿为主，其次有褐铁矿、菱铁矿。含铁量为36.66%—58.15%，平均46.29%；二氧化硅9%—12%；硫0.03%—0.12%；磷0.05%—0.16%。

下四皓铁矿点 矿化见于寒武系底石英状砂岩与其下伏地层的不整合面之间，呈不规则透镜状。矿石主要为赤铁矿，厚1米左右，含铁量一般为11%—13%，最高19%。在附近的义居村、上王营村、海则里、兔坪、油房坪一带亦见该类矿化现象，但品位均达不到工业要求，可作为找矿线索。

寺沟瓷窑沟铝土矿共生铁矿 分布范围与铝土矿相同，为山西式铁矿。寺沟共生铁矿厚0.80—1.50米，平均1.06米，成分为三氧化二铁，含量30.68%—56.23%，平均44.06%。瓷窑沟共生铁矿厚0.70—2.85米，平均1.38米，三氧化二铁含量为28.85%—46.44%，平均34.86%。

铅锌矿

区境内铅锌矿主要赋存于寒武系和奥陶系碳酸盐地层的破碎带中，属碳酸盐中—低温热液充填交代型。至2010年底，查明资源储量90吨，保有资源量为90吨。有吴城镇上罗堡小型矿床1处，银洞沟、王治庄、枣林乡马头山下银洞凹、成家山矿点、矿化点4处。

马头山铅矿点 在枣林乡上莞豆耳村东北1.3千米马头山下的铜洞凹、成家山一带。见于奥陶系中统下马家沟组石灰岩地层中，矿化带受近南—北向节理和断裂破碎带控制，长150米，宽40米。矿化以两种形式出现：以细脉状充填于走向南北的垂直裂隙中；以浸染状分布于破碎角砾的胶结物中。含铅量0.01%—0.07%，最高0.4%；含锌量0.01%—0.07%，最高0.1%；含金量最高0.001%。有老洞10余处。

梁家岔铅锌矿点 矿化见于奥陶系中统上马家沟组第一段的似蠕虫状石灰岩中，所见矿化为铁帽，呈似层状，长40米，厚1米。有老洞。

银洞沟铅矿点 在吴城镇王治庄北，矿化见于寒武系上统白云岩中的北西向破碎带中，地表仅见褐铁矿、铁锰质细脉和褐黄色风化物，经化学分析含铅0.24%—1.07%。亦见老洞遗迹。

上罗堡铅矿点 见于吴城逆断层东南向的奥陶系中统下马家沟组底部白云质泥灰岩中，矿化有两处：榆坪里矿化层，长100米，厚0.5—2米，矿石呈细脉状、星点状或团块状，矿石、矿物见有方铅矿，脉石矿物主要为方解石，偶见萤石，含铅1%—2%。银洞洼见星点浸染状方铅矿化现象。截至1990年底，储量约90吨。亦有老洞遗迹。

铜矿

区境内铜矿为石英脉型，分布在区境内东部安家沟一带，赋存于元古界野鸡山群底部变质砾岩石英脉中。截至 2010 年底，有安家沟铜矿点 1 处。

钨矿

区境内钨矿主要赋存于太古界吕梁群赤坚岭组黑云变粒岩地层中的白云母石英脉中，多呈细脉状或网脉状。并伴生有铜、铈、钼、铍等矿化。有王家坪小型矿床 1 处。

耐火黏土（陶瓷黏土）

离石区境内耐火黏土资源丰富，主要分布在区境内中部西属巴—田家会—红眼川和西部坪头乡的池家峁—彩家庄等地，当地称之为“陶瓷黏土”，赋存于石炭系中统本溪组中下部层位中，矿体厚度 0.8—3 米，多与铝土矿伴生，区内以高铝黏土、硬质黏土为主，部分为半软质—软质黏土。赋存地层分布面积 210 平方千米，占全区总面积的 15.86%。已知有小型矿床 3 处。截至 2010 年底，累计查明资源储量 761.6 万吨，保有资源量为 761.6 万吨。全区预测远景储量为 4410 万吨。

铝土矿、铁矿、耐火黏土属共生矿产，其赋存地层层位均为石炭系中统本溪组中下部地层，有利于综合开发利用。

萤石

萤石主要分布于区境内的东部信义镇小神头—吴城镇下罗堡等地。呈脉状、网脉状产于太古代黑云母花岗岩或混合岩化黑云母花岗岩内。民国 33 年（1944）—民国 34 年日军侵占时期曾在吴城一带开采过。1960 年，当地群众也进行过开采。已知有腰庄上砂坪小型矿床 1 处，下罗堡、小神头、砂坪、红疙瘩、柳子掌、大疙瘩峁等矿点、矿化点 6 处。柳子掌矿化带长 400—500 米，宽 0.5—3 米。下罗堡萤石见于混合花岗岩的破碎带中，呈平行脉状产出，单脉、主脉长 20 米，厚 30—40 厘米，萤石含量平均 34.5%。大疙塔峁矿化带长 200 米，宽 40 余米。

石棉

石棉矿赋存于太古界吕梁群宁家湾组蛇纹石化大理岩及花岗岩中，分布于区境内北部与方山县交界处信义镇马家沟一带。面积 0.03 平方千米，出露地层比较简单，主要为吕梁山群宁家湾组蛇纹石化大理岩及花岗岩，石棉矿呈脉状产于蛇纹石化大理岩内，多沿大理岩片理生成，产状北东—南西，倾向北西，倾角 70° 以上，由平行细脉组成脉带，共 4 条，呈北东—南西向延伸，长 54—65 米，厚 0.2—0.3 米，最厚可达 1 米。石棉纤维长 0.2—0.3 厘米，最长 1.2 厘米，呈半透明棕色，抗剪力好。截至 1990 年底，储量 184.66 吨。

石墨

石墨矿主要分布于区境内的东南部吴城镇徐家疙瘩一带。赋存于太古界河口群含石墨大理岩中，厚度达300米以上，呈星点状、浸染状分布，局部富集，品位3%—5%。为鳞片状晶质石墨。截至2010年底，有徐家疙瘩矿点1处。

石膏

区境内石膏矿主要分布在东南部吴城镇石槽沟—崔家峪一带，呈层状赋存于奥陶系中统上马家沟组石灰岩地层中，截至2010年底尚未开发利用。

长石石英

长石石英矿呈脉状赋存于混合岩化花岗岩中的伟晶岩脉中。分布在区境内东南部吴城镇雀儿沟一带。岩脉走向北东，倾向东南，倾角66° 。长石块体带长200米，最宽13米，平均厚5米；石英核心长200米，宽5—10米。截至2010年底，有雀儿沟矿点1处。

白云岩

白云岩呈层状产于寒武系上统风山组地层中，境内共10层，总厚度为30—140米，均厚65米。分3种，一种为浅灰色微晶薄层白云岩；一种为乳白色粗晶厚层白云岩；一种为黄白色粗晶厚层白云岩，矿石全由白云石和方解石组成。品级达2—3级品要求。主要分布在区境内中西部枣林乡刘家峁和中东部信义镇辛家沟及信义镇王营庄—吴城镇孙家庄等地。截至2010年底，有王营庄龙房里白云岩小型矿床1处。查明资源储量冶镁白云岩642.7万吨。

花岗岩

区境内花岗岩矿主要有2种类。一类是产于太古界界河口群和吕梁群片麻状花岗岩、混合岩化花岗岩等老变质花岗岩体和五台期粗粒似斑状（黑云母）花岗岩体；另一类是产于吕梁期中性、中基性北西向岩脉或岩墙中，分布在区境内东部信义镇铁树沟—吴城镇上四皓等地。两者都具有颜色花纹好，有一定的块度或具有一定的成荒率，用于加工饰面石材，尚未被发现开发利用。截至2010年底，区境内花岗岩开采加工主要是用于高速铁路、高速公路铺设路基用石子。有小型矿床4处，累计查明资源储量71.38万吨，保有资源量为71.38万吨。

大理石

区境内大理石矿主要赋存于太古界界河口群和吕梁群沉积变质岩系地层中。分布在区境内西南部枣林乡贺家畔和东部信义镇千树塔—吴城镇上四皓等地，矿体规模一般较小。截至2010年底，总面积约30平方千米，其中淡粉红色硅质大理岩和淡褐黄色、灰白色石墨大理岩，厚度大于300米。许家圪埮西南的大理岩，分4层，第一层为灰白色石墨大理岩，厚250米；第二层为含石墨大理岩，厚20米；第三层厚8米，第四层厚25米。西部枣林乡一带的大理岩，分布面积约300平方千米，呈透镜状零星分布。其中，枣林村北1千米处的白色中、厚层大理岩，厚30米。

石灰岩

石灰岩矿是离石区主要矿产资源之一，广泛分布在区境内西部、中部和东南部等地、赋存于奥陶系中统上、下马家沟组石灰岩地层中，全区分布面积约400平方千米，矿体累计厚达120—350米，资源潜力巨大。经初步调查离石区境内石灰岩矿质量较好，可用做水泥用石灰岩、电石用石灰岩、熔剂用石灰岩、石料用石灰岩等。截至2010年底，有小型矿床23处。累计查明资源储量3242.63万吨，保有资源量为3242.63万吨，主要是开采用作建筑和铺设路基用石子，产品粗放，矿产品价值低。

稀有元素　稀土元素

区境内稀有、稀土元素赋存形式有两种，一种是赋存于石炭系中统本溪组中下部的铝土矿中，与铝土矿伴生，主要为稀有、稀土锶、钛、铌、钽、锂、钪、铈、镧等伴生元素矿化点多处。一种是赋存于混合花岗岩中的石英—燧石脉中，主要为稀有、稀土铈、锶、镧。前者分布在区境内中部西属巴—田家会—红眼川和西部坪头乡的池家峁—彩家庄等地，后者分布在区境内东南部吴城镇张家庄—王治庄一带。截至2010年底，有张家庄、王治庄矿点、矿化点2处。尚未开发利用。

砖瓦用黏土

离石区境内砖瓦用黏土资源丰富，遍布全区，主要分布于区境内低山—黄土丘陵台地第四系发育区，属Ⅰ类黏土，并可用做水泥配料用黏土。矿体厚度10—40米。截至2010年底，有砖瓦用黏土小型矿床6处。累计查明资源储量93.84万吨，保有资源量为93.84万吨。水泥配料用黏土，尚未开发利用。

建筑用砂

离石区境内建筑用砂分布广泛，主要是河砂和风化砂，河砂主要分布在区境内的北川、东川、南川河河床以及区内较大的沟谷中，风化砂则主要分布在区境内东部花岗岩发育区的沟谷中。截至2010年底，有矿点10处。

矿泉水

截至2010年底，区境内矿泉水仅有矿点1处，分布在区境内西南部枣林乡枣林村附近，出水量86米^3/日。

第三节　森林草地

森林

2015年，吕梁市国土资源局离石分局统计：全区林地面积78977.26公顷，占全区总面积的59.73%。其中，关帝山森林局所属的吴城林场、南海滩林场、千年林场林地面积

26355.58 公顷；山西省太岳山国有林管理局信义林场林地面积 6121.69 公顷；离石区国有林场林地面积 1244.33 公顷，共 33721.6 公顷，占全区林地面积的 42.7%。

区境东北部的基岩山区，80% 以上的成林在吴城镇、信义镇境内。信义镇东北部骨脊山、云顶山等诸山，属亚高山森林带。海拔在 1800 米上下，主要是针叶林覆盖，树种以华北落叶松最多。海拔 2000 米以上，主要是云杉分布。海拔在 1800—2500 米间的阳坡、半阳坡，自生青杆分布最多。海拔在 1700—2000 米间，有部分针叶林和阔叶混交林分布，伴生有白桦、山杨等阔叶树种。海拔 1400—1800 米间，主要属松栎林带，多以油松为主的针叶林或油松、白桦、山杨、辽东栎等针阔叶混交林。海拔 1400 米以下分布有以虎榛子、山桃、山杏、沙棘等为主的灌木林。

南海滩和涧沟一带诸山，油松分布较多。吴城以南诸山，主要是山杨、白桦、辽东栎、椴树等混交林。起云山一带以山地灌丛和疏林草地为主。灌丛主要以沙棘、刺槐、虎榛子等为主。

区境中、西部的玉灵山、马头山、神仙山、王老婆山、乌巖（岩）山等诸山的石质山区，分布有少量的疏林、幼林和灌木林丛。

草地

1990 年，离石县共有天然草场 60 块，总面积 47834.93 公顷，占全县总面积的 36.13%。东北部山区占 83.3%，中部及沿川占 10.4%，西部山区占 6.3%。草地质量平均为 3.7 等，4.8 级，属中下等草场。基本没有优等草场。良等草场仅一块，即四十里跑马墕牧场，其面积 1556.27 公顷，属亚高山平苔草地，海拔 2200 米。主要生长着苔草类及老鸽地榆等。全县年产草总量约为 20320.5 万千克，可利用草量为 13283 万千克。经对上三交和千年里两个草场的样种分析，禾本科、豆科草占 15%，杂项草占 30%，沙棘等有刺灌木占 45%，毒草占 10%。全县平均载畜量为 0.787 公顷 / 年羊。

根据山西省天然草地类型及划分标准，1990 年，离石县天然草地可分为 5 类：

山地草原类　主要分布于红眼川、枣林、枣塬、坪头、结绳墕、田家会 6 个乡镇。吴城镇的部分退耕地上也有零星分布。一般在海拔 1300—1600 米之间的山坡上，共 20 块，面积为 6327.8 公顷，占全县草场总面积的 13.23%。植被由温生和冷生禾本科及旱生蒿类等组成，均属于草原类亚类。可分为两个组：针茅 + 蒿组，有 4215.13 公顷，占本类面积的 66.61%；蒿 + 百里香组，有 2112.67 公顷，占本类面积的 33.39%。植被覆盖度为 40%—60%，平均亩产草量为 190 千克左右。

灌木草丛类　主要分布于小神头、吴城、王营庄 3 个乡镇，海拔在 1500—1800 米之间的山坡上，处在林线以下。共有草场 20 块，面积 16086.4 公顷，占全县草场总面积的 33.63%。植被为草丛禾本科草类与温生灌木，杂生、混生和间生。全部系白羊草组。可分为 3 个类型：白羊草 + 沙棘型，面积为 9861 公顷，占本组的 61.3%；白羊草 + 蒿型，面积

5217.87 公顷，占本组的 32.44%；白羊草 + 胡枝子型，面积 1007.53 公顷，占本组的 6.26%。植被覆盖度在 80% 以上。平均亩产草量为 260 千克。

山地灌丛类 分布范围较广，主要分布在吴城、小神头、王营庄 3 个乡镇，是构成这三个乡镇草地的主要成分。分布于海拔 1500—1800 米之间的山坡上，共 12 块，面积 18409.4 公顷，占全县草场总面积的 38.49%。植被覆盖为稀灌丛草地，草丛为禾本科草类与温生灌木，杂生、混生或间生。平均亩产草量为 305 千克，可分为两个组。灌木桦栎组：分布在林线下沿山地，以栎树为主，但多丛生，形成灌木状，草以杂项草为主。面积 4597.53 公顷，占本类草地面积的 24.97%；虎榛子组：分布于林线下沿山地，以虎榛子为优势的间生杂草组。面积 13811.87 公顷，占本类草地面积的 75.03%。

山地草甸类 主要分布在海拔 2000—2300 米之间的山坡上，共 5 块，面积 1556.27 公顷，占全县草场总面积的 3.25%。分布范围在云顶山以南至西华镇一带，以四十里跑马埫牧场为主。地势坡度平缓，气候寒冷多雨，土层厚，草层密度高，覆盖度达 95% 以上，植被属亚高山草甸类，全部为苔草组。可分为两个型：苔草 + 兰花棘豆型，面积 161.27 公顷；苔草 + 杂项草型，面积 1395 公顷。属二等 3 级草场。

疏林类 分布在小神头、吴城、王营庄 3 个乡镇的一些山坡地上，共 3 块，面积 5455.07 公顷，占全县草场总面积的 11.4%。海拔为 1500—1900 米之间，均为落叶阔叶林组。林下草本植物主要有苔草、黄白草、胡枝子、野菊花等，平均亩产草量为 360 千克。

第四节 动植物

野生植物

乔木类 主要有柏、油松、落叶松、白皮松、白杆、白桦、椴、栎（柞）、山杨（小叶杨）、青杨（大叶杨）、国槐（家槐）、刺槐（洋槐）、椿（臭椿多香椿少）、云杉、榆、柳（家柳）、山柳（红柳、水曲柳）、沙柳、山桃、山杏、棠梨、杜梨、樱桃、核桃、枣、杏、桃、李、梨、小果则、大果则、楸楸果、桑、梓（楸）、文冠果（木瓜）、北桐（家杨）等。

灌木类 主要有沙棘（醋柳）、虎榛子、黄刺玫、胡枝子、杠柳、锦鸡儿、紫树槐、荆条、柠条、酸枣、野山楂、黄蔷薇、山枸杞、山葡萄、筐柳等。

花卉类 主要有迎春花、雪梅、白丁香、紫丁香、牡丹、玫瑰、芍药、山丹、什样锦、鸡冠花、合欢花、野菊、马兰、海棠、野罂粟、旱莲等。

药用植物类 主要有党参、黄芪、大黄、黄芩、苍术、地榆、赤芍、柴胡、麻黄、远志、甘草、沙参、冬花、金银花、艾叶、五味子、贯仲、山豆根、知母、蒿苯、百合、栀子、狼毒、连翘、射干、刘寄奴、益母草、白头翁、黄精、金樱子、升麻、木贼、马兜铃（苦瓜蔓）、草蒲黄、旋复花、紫苏、瓦松（瓦塔塔）、秦艽、细辛、荆芥、大小蓟、苍耳子、茵陈、菁蒿、蒲公英、车不钱、薛儿蔓、卜荷、仙鹤草、蒺藜、薤白、车前子、龙葵、洋金花、地锦、败酱草等，达300余种。

真菌植物类 有价值的药用和食用真菌主要有木耳、蘑菇(品种繁多)、地耳(地谷垒)、猪苓、茯苓、马勃等。云顶山有时还偶尔可见到珍贵的猴头。

动物

兽类 主要有金钱豹、狼、狐狸、野猪（山猪）、狍羊（野羊、狍子）、麝（香子）、野兔、松鼠（圪狸）、獾（掏则）、山猫、黄鼬、黄鼠狼、鼢鼠（瞎狯）、蝙蝠、田鼠等。

禽类 主要有褐马鸡、野鸡(雉鸡)、石鸡、沙鸡、老鹰、猫头鹰(信呼)、喜鹊、乌鸦、红嘴鸭、山雀、黄鹂、黄莺、河雀、麻雀（家雀）、鸽子、斑鸠、鹞子、啄木鸟、吃鸽虎（木鸽虎）、野鸭等。候鸟有燕子、布谷鸟、鹳（捞鱼鹳）、黄瓜咾、麻则咾等。

爬行类 主要有蛇、穿山甲、蜥蜴、壁虎、鳖、青蛙、蟾蜍等。

水生动物 主要有泥鳅（蛇鱼）、鲫鱼、鲤鱼、蝌蚪、水马、水蚤、蛤蛎等。

昆虫类 主要有蚕、蜂类（蜜蜂、黄蜂、马蹄蜂、土蜂、细腰蜂、茅蜂等）。蝶类（种类繁多）、蜻蜓、蟋蟀、螳螂、蝎子、蝇类、蝼蛄、蜘蛛类、蚂蚁、蜈蚣、蚰蜒、蝗虫、地老虎、蛴螬（核桃虫）、蚯蚓、龙虱、牛虻、萤火虫、瓢虫、屎壳郎（粪巴牛）、纺织娘、椿象（臭壁虱）、金针虫（圪蹦子、拜拜）、蚂蚱、蝉、毛虫等。

第七章 自然灾害

第一节 气象灾害

旱灾

春旱 4—5月是干旱发生的最频繁时期。以4—5月降水总量大于等于60毫米为轻旱，小于60毫米为干旱，小于30毫米为重旱指标，春旱年占78.7%，其中干旱到重旱年达48.4%，不旱年只有21.2%。以4月雨量小于20毫米，5月雨量小于30毫米为干旱指标，4月干旱概率为9.1%，5月干旱概率为52.1%，4月、5月连续干旱的概率为21.1%。旱年间隔最短1年，最长9年。1957年后，旱情连续日数最长的为83天（1972年4月1日到6月22日）。

伏旱 伏天雨情对生产生活影响最大。农谚云："三伏有雨，仓里有谷。"以降水量小于或等于20毫米、40毫米和30毫米为头伏、中伏和末伏的干旱指标，全区三伏中年年有旱。以末伏的干旱概率最大，为52.1%，最短1年、最长3年一遇。其次是头伏和中伏，最短1年、最长8年一遇。以三伏降雨总量小于150、100、30毫米为轻旱、干旱、重旱的指标，轻旱年占70.8%、干旱年占27.3%、重旱年占6.1%。每3年中有2年就发生伏旱。中伏和末伏连旱的现象时有发生，发生率为21.7%。三伏连旱的概率为4.4%，最短2年一遇，最长12年一遇。头伏旱几乎2年一遇。1987年夏旱和伏天大旱。从6月下旬到8月上旬严重干旱，7月雨量比常年偏少三分之二，头伏至中伏基本无雨，30年罕见。2008年，出现严重伏旱，全区所有大秋作物的生长（当时正值拔节抽穗期）和产量受到影响。

秋旱 以9月降水量小于等于40毫米为干旱指标，其概率为17.5%，重旱一般8年一遇。10月降水量小于等于30毫米为干旱指标，其概率为56.5%，最长4年一遇。9月、10月连旱的概率为17.4%，最长7年一遇。

全年干旱 若一年中有两个季度出现干旱，或有一个季度出现干旱，年干燥度大于1.5，即为全年干旱，境内自1957年后，干旱最严重的为1990年，全年降雨量仅237.9毫米。

干旱分区 区境西部的坪头乡、枣林乡是全区的易旱区或称重旱区域。干旱出现的次数比中部地区多一倍。区境东部地区由于地势较高，植被较好，是全区干旱发生的最少地区，属轻旱区和不旱区。区境中部地区属干旱区。

干旱年谱 唐永徽元年（650）至明成化十三年（1477）年间，共发生较大旱灾59次，平均每14年一次。明洪武元年（1368）至清顺治元年（1644）年间共发生大、中旱灾61次，平均每4.5年发生一次。清宣统三年（1911）至1948年，共发生大中旱灾16次，平均每2.3

年发生一次。受灾周期越来越短。灾情日益严重。如光绪三年（1877）的大旱，前冯家沟村冯树清家族，旱灾前原有83口人，因逃荒与死亡，人口锐减至3口人。

中华人民共和国成立以后至2015年，旱情较重的有20个年度（1955年、1957年、1960年、1965年、1972年、1978年、1980年、1983年、1987年、1989年、1991年、1993年、1995年、1997年、1998年、1999年、2001年、2007年、2008年、2015年）。其中1960年，为多灾并发的重灾年，旱、涝、雹、冻、虫、风6灾俱全，使全县52117.8公顷粮食作物均遭受不同程度的自然灾害。全年每人平均口粮只有98千克。

附：几次严重干旱

1983年的旱灾较为严重，从6月1日至8月31日的92天中，有75天滴雨未降，17天有降雨过程，但雨过地皮干，全县农作物成灾面积为16533.33公顷，粮食总产量为21250吨，只占1982年产量的60.9%，油料减产一半还多。由于降水量少，小溪断流，旱井干枯，历年来依靠旱井饮水的96个大队2.2万人、1100头大牲畜的人畜饮水十分困难，挑1担水要往返行程20余里路。

1987年遭受伏旱，头伏、中伏滴雨未下，使全县秋粮作物都程度不同受灾，全县平均粮食减产47%，油料减产60%。种植业减少收入701万元，林业、牧业减少收入25.24万元，全县有20912户81648口人，缺粮总计达3570吨。旱情最严重的7月，水位普遍下降，大河断流，小泉干枯，有83个行政村5600户20000余口人及1000余头大牲畜出现饮水困难，特别是西山地区尤为突出，有的乡村由于严重缺水，出现卖耕牛的现象。1999年，春季旱情严重，全市粮食产量每公顷499.14千克，为历史最低年。2015年，全区严重干旱，粮食产量每公顷956.48千克，比上年减产57.16%。

洪灾

离石区的气象规律，一般为春旱秋涝，暴雨主要集中在7—8月，暴雨、冰雹往往相伴而来。

清道光二十一年（1841）6月，东川、北川两河同时暴涨。光绪元年（1875）6月，两川河水高达三丈，李家湾村8公顷良田变成卵石河滩，110户农宅被水冲塌。明正德六年（1511）、万历三十年（1602）、民国31年（1942），洪灾均很大。

中华人民共和国成立后，暴雨几乎年年有，损失较大的有30余次。1963年7月上旬，全县连续降雨，最大的1次历时15个小时，降雨123.2毫米。由于降雨量过大过急，有6133公顷农作物受洪涝灾，1000公顷农田被冲毁，133公顷河滩地冲光，水利水保工程设施损失严重，冲毁倒塌房窑2600间孔，因灾死亡11人、羊653只、猪2头，不少输电、通信交通、广播线路被中断。

1979年6月29日，田家会、红眼川一带下特大暴雨，46分钟降雨107毫米，暴雨中心达230毫米，雨区下游两小时后，东川河最大流量为每秒950立方米，淹没农田1667公顷，死亡7人，倒塌房屋136间，七里滩煤矿被水冲毁，经济损失达193.8万元。

2006年7月9日21时至23时，离石城区发生强降雨，降雨量68毫米，农作物受灾265.6公顷，受灾户215户，受灾人口2200人，直接经济损失210万元。

2010年9月19日1时50分左右，坪头乡遭受历时6个多小时的特大暴雨袭击，降雨总量近200毫米，经济损失严重。经统计，受灾户数达97.5%，受灾人数15000余人。洪灾直接损失超过5亿元，其中，三大煤炭企业中锦瑞煤业、西山亚辰煤业全部停产，直接损失超过3.7亿元；其他冲塌冲毁骨干坝11座，损失约420万元；冲毁小型坝224座，损失约492万元；冲毁道路损失5776万元；冲毁经济林损失83.7万元；家禽受灾损失5.5万元；冲塌冲毁房屋损失1582.5万元；粮食受灾面积占秋田面积的51.4%，绝收面积占秋田面积的16%，损失701万元。

2012年7月30日8时至31日8时，全区降雨55.8毫米，部分乡镇（街道）道路冲毁，房屋倒塌，农田被淹，经济损失2560万元。

2013年7月7日下午至27日，全区出现连续降水天气过程。其中，7月9日、18日出现暴雨，10日至14日连续出现中到大雨天气，至27日8时共降水318.5毫米。全区41769人受灾，部分乡镇房屋倒塌损坏、水渠决口、农作物倒伏、蔬菜受淹等，直接经济损失2200万元。由于连日降水，15日16时30分，滨河街道后瓦一巷出现山体崩塌，造成4死2伤。27日凌晨5时，莲花池街道徐家沟发生黄土崩塌，死亡2人。

雹灾

离石区属大陆性气候，夏季天气变化异常，骤热骤冷，易生冰雹灾害。境内冰雹多发生于春末夏初以后，一般为局部性灾害。出现时间，最早在4月中旬，最晚在10月下旬，以6—8月出现最多，占雹年总数的70%。降雹时间多为午后12—17时。

境内冰雹经常出现的路径有3条。第一条路径，主要发源地是马头山麓，向西、向北、向南三路扩展，形成北川河以西的多雹区。几乎年年都有冰雹天气出现。第二条路径，玉灵山为发源地，向小东川河流域入侵。第三条路径，从中阳县南梁山为发源地，向大东川河流域入侵。

冰雹自西向东显著减少。中部地区局部雹灾约5年一遇，严重雹灾10年以上一遇。东部地区发生次数很少，一般10到15年一遇。降水偏多年，冰雹出现少；偏旱年出现多。

根据气象部门统计，1983—2015年，共出现冰雹天气21次，其中冰雹直径3毫米以上9次，给境内人民生产、生活造成巨大破坏。

附：严重雹灾

1984年8月23日下午，离石县大面积遭受特大冰雹和暴风袭击，冰雹呈带状由西部的结绳塌、枣塬、坪头向东移至吴城，雹风交加，连袭两次，共达125分钟，雹粒最大直径达4厘米以上，最重21克，雹层厚达9厘米，同时伴有8级以上大风。高秆秋作物被打成光杆，荞麦、豆类基本绝收。不少树木被狂风吹折，飞鸟野兽死伤路旁。全县253个行政村，有240个村严重受灾，灾害涉及26303户105468人，受灾作物17153公顷，占秋田总面积的92.2%，粮食减产2225万千克。全县因灾经济损失1522.59万元，死亡大牲畜14头、羊150只、猪65头。

1985年，全县先后发生雹灾5次，其中较严重的有4次。6月19日17时，城关、交口、红眼川3个乡镇遭受暴雨和冰雹袭击。历时50分钟，降雨量575毫米，降雨强度为69毫米/小时，暴雨区降雹厚达5厘米，冰雹最大粒径6厘米。灾害涉及3个乡镇的39个村，5238户、22000人，成灾农作物面积1380公顷，直接经济损失1254万元。冲毁道路14条，土坝15座，倒塌房屋23间，畜圈55处，死亡羊、鸡、兔720余只，果园、桑园、苗圃以及建筑材料等损失44万元。7月31日晚，城关、王家沟、西属巴、交口等9个乡镇的129个村再次受到暴雨和冰雹袭击。50余分钟内降雨70毫米，并夹以冰雹，使山洪骤发、洪水泛滥，成灾粮田面积5334公顷，冲毁梯田566.7公顷、沟坝78座、坝地166.7公顷，倒塌房屋27间，398户居民进水，死亡2人，死亡牲畜15头。8月11—13日，西属巴、王家沟、城关、交口、红眼川、田家会、阳坡、信义等8个乡镇的86个村庄遭受雹、洪、风等严重自然灾害，涉及8395户、34670人，因风大、雨急、夹有冰雹，洪水泛滥，使树倒地淹，成灾粮田3333.4公顷，冲毁梯田266.7公顷，冲垮沟坝64条，倒塌房屋184间（孔），死亡大牲畜4头、羊46只、猪135头、鸡千余羽，损坏道路62条、砖坯250余万块，经济损失300余万元。8月13日15时，小东川发生雹、洪、风灾，阳坡乡受灾最重。全乡8个村庄，村村有灾，受灾面积376.7公顷，占总面积的33%，绝收农作物66.67公顷，冲毁石坝1座、土坝8座、梯田35.3公顷、水井24眼、公路35千米、窑洞21孔，经济损失23万元。

1983—2013年离石区（县、市）冰雹发生情况表

表2-12

降雹日期	降雹开始时间	降雹结束时间	降雹持续时间（分钟）	降雹时极大风速（米每秒）	冰雹最大直径（毫米）
1983年4月28日	21：50	21：52	2	12.7	3
1983年8月25日	15：41	15：48	7	6.7	3

续表 2-12

降雹日期	降雹开始时间	降雹结束时间	降雹持续时间（分钟）	降雹时极大风速（米每秒）	冰雹最大直径（毫米）
1984 年 5 月 17 日	17：30	17：32	2	14.3	2
1984 年 8 月 23 日	19：20	19：25	5	4.7	6
1984 年 8 月 24 日	20：28	9：36	12	5.7	18
1985 年 4 月 15 日	14：12	14：14	2	13	2
—	14：50	14：56	6	—	—
1985 年 6 月 19 日	16：56	17：20	24	9	29
1985 年 8 月 1 日	23：27	23：32	5	10.3	2
1985 年 8 月 2 日	7：19	7：20	1	11	2
1985 年 8 月 31 日	15：17	15：21	4	6.7	1
1986 年 5 月 10 日	1：38	1：39	1	7	1
1987 年 4 月 20 日	17：08	17：37	29	9.7	—
1987 年 8 月 18 日	17：56	—	—	11.3	7
1987 年 8 月 29 日	21：33	—	—	10.7	8
1990 年 7 月 9 日	23：15	23：20	5	11	—
1991 年 6 月 23 日	15：46	15：52	6	17	20
1991 年 7 月 9 日	14：45	14：46	1	9.7	10
1998 年 6 月 7 日	13：11	—	—	9	—
2000 年 6 月 16 日	14：08	—	—	6.3	—
2013 年 4 月 19 日	8：36	8：51	15	8.3	—

注：表中数据为离石国家基本气象观测站记录。

霜冻

春霜冻　霜冻致害的主要地区在区境东部，其次是中部。春霜冻发生概率，区境东部地区为 30%，中西部的大部分地区很少受春霜冻危害，一般为 5 年一遇。春霜冻最晚到 5 月中旬。1954 年 4 月 19 日半夜至 20 日黎明，全县普降晚霜，返青小麦和刚出土萌芽的瓜、豆、蔬菜、棉花及开花的果树被冻死、冻伤，仅小麦就冻坏 6933 公顷，后改种其他作物。

1980年5月18日普降晚霜，北川以东地区的豆类和城关一带的蔬菜遭受不同程度冻害，部分死亡。1985年5月14日晚霜，小神头、王营庄、吴城有253公顷豆类遭受不同程度的冻害。该次春霜冻面积大，受灾严重。最低气温：西部为 -1.4℃，中部为 -0.2℃，东部为 -5.0℃。2006年春季，全区出现霜冻灾害。

秋霜冻 发生概率西部为10%，东部为53%，坪头、枣林乡的西部地区，一般不受秋霜冻的危害。秋霜冻最晚为10月26日（出现在1961年）。1978年9月17日霜冻，仅阳坡乡就有147公顷玉米、高粱受冻，减产10万千克。

风灾

离石区6—8级以上大风，多发生于春季4—5月，造成春旱，影响墒情。风向多为西北偏北风。夏秋季出现较少，有时伴随暴风雨而至，树木折断，庄稼倒伏，造成灾害。深秋多为西北风五六级，风力不大，风时长，有时连续几天不停，多在谷子成熟时发生，称“磨谷风”，高山区几乎年年发生。海拔在1100米以上的梁峁上，谷类作物受害最大。冬季多伴随寒流而至。

干热风大部分发生于6月中上旬干旱少雨、高温低湿时。严重时，将庄稼叶部烧枯，似火燎过一般。历年最多日数为12天，最长连续天数为6天。强干热风6年以上发生1次。一般对中部以西地区危害较大，中部以东地区由于气温较低，湿度较大，出现很少。

1978—2015年离石区（县、市）大风日数情况表

表2-13

年份	1月	2月	3月	4月	5月	6月	7月	8月	9月	10月	11月	12月
1978	—	—	—	3	—	2	—	—	—	—	—	—
1979	—	—	—	—	3	3	1	—	—	—	—	—
1980	—	—	1	—	—	—	—	1	—	—	—	—
1981	—	—	1	2	3	—	1	1	2	—	—	—
1982	—	—	—	2	4	2	3	1	—	1	—	1
1983	1	—	1	1	1	1	1	—	—	—	—	—
1984	—	—	—	—	2	2	—	2	—	—	—	—
1985	—	—	—	2	1	3	—	2	—	—	—	—
1986	—	—	1	5	5	2	2	—	—	—	—	—
1987	—	—	—	—	1	1	—	2	—	—	—	—
1988	—	—	—	1	—	1	—	—	2	—	—	—
1989	—	—	—	—	—	—	—	—	—	—	—	—
1990	—	—	—	—	—	2	3	1	—	—	—	1

续表 2-13

年份	1月	2月	3月	4月	5月	6月	7月	8月	9月	10月	11月	12月
1991	—	—	2	2	—	4	2	1	—	—	—	—
1992	—	—	—	—	—	—	1	—	—	—	—	—
1993	—	—	—	2	2	2	2	1	—	—	—	—
1994	—	—	—	—	1	1	2	2	—	—	—	—
1995	—	—	—	2	1	5	2	1	—	1	1	—
1996	—	—	—	1	6	1	—	—	—	—	—	—
1997	—	1	—	2	4	2	2	—	1	—	—	—
1998	—	—	—	—	—	2	—	1	—	—	—	—
1999	—	1	—	—	—	—	—	—	—	—	—	—
2000	—	—	—	2	1	—	—	—	—	—	—	—
2001	—	—	—	1	2	1	1	1	—	—	—	—
2002	—	—	—	—	1	3	—	—	—	—	—	—
2003	—	—	—	—	2	—	—	1	—	1	—	1
2004	—	—	5	1	1	4	2	1	—	1	1	—
2005	—	—	1	6	2	4	1	3	—	—	—	1
2006	—	—	1	3	3	3	3	—	—	—	—	—
2007	—	—	1	1	1	2	—	—	—	—	—	—
2008	—	—	1	—	1	1	—	—	—	—	—	—
2009	—	—	—	—	2	—	—	—	1	1	—	—
2010	—	—	1	2	3	1	3	—	—	—	—	—
2011	—	—	1	1	—	1	3	1	—	—	—	—
2012	—	—	—	3	1	2	1	—	1	—	—	—
2013	—	—	—	1	2	2	—	1	2	—	—	—
2014	—	—	—	—	1	—	—	—	—	1	—	1
2015	—	—	1	5	1	1	1	—	—	—	—	1

第二节　地质灾害

地震

北宋景德元年（1004）11 月 18 日，地震。

北宋建中靖国元年（1102）12 月，地震弥旬，城垣、民居毁坏甚多，死伤人畜无数。

元大德七年（1303）秋，地震。

元至正二十六年（1366）7月，地震。

明嘉靖三十四年（1555）12月，地震，坏城垣、民舍甚多。

清康熙三十四年（1695）四月初六日，地大震，两旬不止。

清道光九年（1829）3月，地大震，庙宇、民居多坍塌。

清光绪十八年（1892）春，地大震。

民国9年（1920）12月，地震，约30分钟。城楼倒塌。

1966年3月8日，在河北隆尧地震波及下，离石城内有些房墙震倒，人感到摇晃，惊逃屋外。

1966年3月22日，在河北宁晋地震波及下，离石有3个公社塌窑4孔，房4间，城关公社一些小学校围墙倒塌，大多数人都感到晃动，听到门环响动。

1967年12月18日，在蒲县地震波及下，离石多数人有感，门窗作响，电灯摇摆，个别破窑掉土。

l979年6月19日，在介休地震波及下，离石有明显的震动感觉。

2008年5月12日，在汶川大地震波及下，离石有明显震感。

2014年11月25日，中阳县发生2.7级地震，离石有轻微震感。

崩塌 滑坡

明隆庆二年（1568）五月初一，山崩。

1959年起，离石区（县、市）发生有记录的造成人员伤亡的地质灾害19起，共造成人员伤亡81人，其中死亡79人。其中：崩塌灾害17起，伤亡人数72人；滑坡灾害2起，伤亡人数10人。伤亡10人以上大型灾害2起，分别为1970年发生在西属巴上则墕村的崩塌（死亡16人）和2008年发生在西属巴上安村久兴砖厂的崩塌（死亡19人）。伤亡3—9人的中型灾害7起，主要为崩塌灾害，其中2003年10月发生的红眼川霍家坡煤矿滑坡死亡9人。其余11起为伤亡1—2人的小型灾害，也主要为崩塌灾害。

1959—2015年离石区（县、市）发生造成人员伤亡的地质灾害情况表

表2-14　　　　单位：人

发生时间	灾种	灾害发生地点	死亡人数	受伤人数
合计	—	—	79	2
1959年	崩塌	枣林十里村	1	—
1965年	崩塌	红眼川殷家山村	3	—
1965年	崩塌	信义砖窑沟村	1	—

续表 2-14

发生时间	灾种	灾害发生地点	死亡人数	受伤人数
1967 年	崩塌	坪头段家墕村	1	—
1967 年	崩塌	莲花池卧牛墕村	4	—
1970 年	崩塌	西属巴上则墕村	16	—
1974 年	崩塌	西属巴上安村	3	—
1975 年	崩塌	枣林三山集村	5	—
1980 年	崩塌	滨河后瓦村	1	—
1989 年	滑坡	田家会村	1	—
1998 年	崩塌	吴城油房坪村庄里	1	—
1998 年	崩塌	吴城李家沟村南山	2	—
1999 年	崩塌	信义马家沟郝家圪垛	1	—
2003 年 10 月 15 日	滑坡	红眼川霍家坡煤矿	9	—
2004 年	崩塌	红眼川水峪里村	4	—
2004 年	崩塌	信义高家庄	1	—
2008 年 6 月 13 日	崩塌	西属巴上安村久兴砖厂	19	—
2013 年 7 月 12 日	崩塌	滨河街道后瓦村	4	2
2013 年 7 月 27 日	崩塌	莲花池街道徐家沟村	2	—

第三编

人　口

人口状况

人口构成

婚姻　家庭

人口控制

老龄人口

境内新石器时代即有人类繁衍生息，古代为游牧民族与汉族接壤地带，战乱较多，人口流动频繁。北朝时期建石州，党项族在此逐渐农业化后，人口相对稳定。唐至清康熙年间，境内人口基本保持在1万—2万人左右。金贞祐三年（1215）12月，金徙朔州民于石州。清光绪十二年（1886），境内人口达117989人。民国34年（1945），离石县城解放，全县总人口12.9万人。1953年第一次全国人口普查，离石境域总人口为77606人。1964年第二次全国人口普查，离石境域总人口92654人。20世纪70年代前，境内人口迁移总趋势为迁出大于迁入。1971年吕梁地区组建，1972年人口迁入率增为52.6‰。1978—1990年，城镇人口迁移变动较大。1990年第四次全国人口普查，全县总人口达176777人。20世纪90年代后，县内农村剩余劳动力大量涌向县外，县外人员也频繁进入离石县。2000年第五次全国人口普查，全市总人口235678人。2000年后，煤炭工业崛起，外地务工、经商人员迁入离石市人口增加。2009年后，全区中、小煤矿改造和关闭，迁入离石区人口减少。2015年底，全区常住人口330764人。

民国4年（1915），男学龄儿童入学率41%，女学龄儿童入学率2.7%，成年人文盲、半文盲较多。民国7年，全县小学及以上文化程度人口4210人，占总人口的4.09%；文盲98721人，占总人口的95.91%。中华人民共和国成立后，发展中小学校教育，扫除文盲、半文盲。20世纪50年代中期起，学龄儿童、青少年有更多的就读机会。1964年第二次全国人口普查统计：全县初小文化程度的49681人，高小文化程度的26769人，初中文化程度的9170人，高中文化程度的1403人，大学文化程度的2257人，文化程度不详的33人，文盲占总人口的39.25%。20世纪70年代中期起，初中教育逐步普及。2008年秋季，全区实施免费九年制义务教育。2010年第六次全国人口普查统计：全区6岁及以上人口295355人，其中研究生文化424人，大学本科14206人，大学专科30941人，高中57637人，初中124971人，小学61386人，未上过学5790人。全区15岁及以上人口253839人，其中文盲人口5008人，占1.97%。

民国时期，战争频繁。境内人民生活贫困，疫病流行，离石县人口自然增长为高出生率、高死亡率、低自然增长率的粗放型。中华人民共和国成立后，20世纪50—60年代，0—14岁少年儿童占总人口的比重逐年上升，人口年龄构成呈年轻型。1974年始，县内实行计划生育，青壮年人口占总人口的比重有所上升，全县人口年龄构成向成年型转变。1982年，第三次全国人口普查统计：全县0—14岁人口占总人口的比重为34.63%，60岁及以上人口占总人口的比重为7.35%。2010年第六次全国人口普查统计：全区0—14岁少年儿童占总人口的20.71%，60岁以上老年人口占总人口的7.07%。

第一章 人口状况

第一节 人口数量

从境内出土的文物证实，离石远在新石器时代就有人类繁衍生息，见于史料的人口记载，始于唐开元元年（713）（据《元和郡县图志》）。根据历代史书所载，离石历代人口数从唐至清康熙年间，基本保持1万—2万人左右；清代初期和中期，县内社会稳定，康熙五十三年（1714），实行“地丁定为常额，续生人丁永不加赋”的政策，刺激永宁州人口增长，光绪十二年（1886）达到117989人，约是康熙三十五年人口的15倍。

永宁州部分朝代人口状况表

表3-1

朝代	年号	公元纪年	户数（户）	人口数（人）	数字来源
唐	开元元年	713	2773	—	《元和郡县图志》
明	洪武十一年	1378	2005	18764	《永乐大典》
明	永乐十年	1412	2152	20598	明成化《山西通志》
明	成化八年	1472	3189	21321	明成化《山西通志》
明	嘉靖元年	1522	5011	24814	《水宁州志》
明	万历三十四年	1606	5011	24814	《永宁州志》
明	崇祯末年	1644	2228	—	《永宁州志》
清	顺治三年	1646	1008	18000	《永宁州志》
清	顺治五年	1648	8997	—	《永宁州志》
清	顺治七年	1650	1008	7827	《永宁州志》
清	顺治十年	1653	—	7940	《永宁州志》
清	康熙三十五年	1696	—	7767	《永宁州志》
清	康熙四十年	1701	—	8473	《永宁州志》
清	乾隆三十四年	1769	15067	74071	乾隆《汾州府志》
清	光绪十年	1884	22151	110391	光绪《山西通志》卷六十五
清	光绪十二年	1886	23078	117989	光绪《山西通志》卷六十五

民国元年（1912），全县（时方山县归离石）人口152166人，其中男87756人、女

64410人。民国7年，全县（时方山县划出）人口减为102931人，其中男55435人、女47496人。民国30年因分设离东县，全县人口比上年净减77638人。1945年底，离石县总人口为12.9万人。1946年，离石县与离东县合并，全县总人口增为19.8万人。1948年，全县总人口为19.9万人。

民国时期部分年份离石县人口情况表

表3-2　　单位：人

年份	总人口			年份	总人口		
	合计	男	女		合计	男	女
民国元年	152166	87756	64410	民国18年	154744	84867	69877
民国2年	152565	87980	64585	民国19年	155519	85100	70419
民国3年	154655	89330	65325	民国20年	161638	91141	70497
民国4年	155505	89820	65685	民国21年	154898	86657	68241
民国5年	157097	89946	67151	民国22年	154917	86667	68251
民国6年	157097	89946	67151	民国23年	154586	86541	68045
民国7年	102931	55435	47496	民国24年	154552	86518	68034
民国8年	135234	74386	60848	民国28年	148000	88000	60000
民国9年	137622	75159	62463	民国29年	70362	40736	29626
民国10年	139187	75882	63305	民国30年	123330	78719	44611
民国11年	139582	76067	63515	民国31年	113102	63089	50013
民国12年	142462	78212	64250	民国33年	144332	—	—
民国13年	144274	79106	65168	民国34年	129556	—	—
民国14年	144332	78940	65392	民国35年	198443	107845	90598
民国15年	147796	78677	69119	民国36年	199546	108865	90681
民国16年	144515	78731	65784	民国37年	199546	108865	90681
民国17年	144297	76626	67671	—	—	—	—

1950年，全县总人口为161740人，其中农业人口153247人；离石部分（按1971年后版图，下同）总人口为74603人。1951年，全县总人口162502人，男性85584人，女性76918人，其中农业人口155979人。离石部分总人口75825人，男性39818人，女性36007人。

1953年第一次全国人口普查时，离石部分总人口为77606人。1957年，离山县总人口223099人，男性117394人，女性105705人，其中离石部分总人口83204人，男性

44394人，女性38810人。

1964年第二次全国人口普查，离石部分总人口92654人。1970年，全县总人口297338人，男性153819人，女性143519人，其中离石部分总人口110748人，男性57876人，女性52872人。1990年第四次全国人口普查，全县总人口达176777人。

2000年11月1日第五次全国人口普查，全市总户数61988户235678人。其中，男性121253人，女性114425人。

2010年11月1日第六次全国人口普查，全区总户数96646户320142人。其中，男性162118人，女性158024人。截至2015年底，全区常住人口110488户330764人。其中，男性167541人，女性163223人。当年，离石区取消农业户口和非农业户口性质区分，统一登记为居民户口。

1954—1970年离石（山）县人口情况表

表3-3

年份	年末总人口（人）			净增人口（人）	增长率（‰）
	合计	男	女		
1954	210386	110843	99543	2834	13.7
1955	215536	113410	102126	5149	24.5
1956	219408	115104	104304	3873	18.0
1957	223099	117394	105705	3691	17.0
1958	227769	119065	108704	4670	20.9
1959	232454	121175	111279	4685	20.6
1960	237098	123371	113781	4644	20.0
1961	239975	123911	116064	2878	12.1
1962	244850	127650	119200	2875	28.6
1963	251383	130156	121227	4533	18.4
1964	254418	132145	122273	3035	12.1
1965	260857	134993	125664	5434	25.3
1966	266059	137476	128583	5202	20.0
1967	273505	143070	103435	7446	28.0
1968	282072	147343	134729	8567	31.0
1969	289291	150601	138690	7219	25.6
1970	297338	153819	143519	8047	27.8

1949—2015 年离石区（县、市）人口情况表

表 3-4

年份	总户数（户）	总人口（人）				
		合计	男	女	农业人口	非农业人口
1949	19596	73422	38829	34593	65005	8417
1950	19663	74603	39342	35261	66187	8416
1951	19920	75825	39818	36007	67177	8648
1952	20155	76513	39657	36856	67757	8756
1953	20599	77604	40406	37198	68497	9107
1949	19596	73422	38829	34593	65005	8417
1950	19663	74603	39342	35261	66187	8416
1951	19920	75825	39818	36007	67177	8648
1952	20155	76513	39657	36856	67757	8756
1953	20599	77604	40406	37198	68497	9107
1954	20381	78794	41113	37681	68980	9814
1955	20664	79969	41838	38131	69898	10071
1956	21169	81491	42915	38576	70967	10524
1957	21731	83204	44394	38810	71840	11364
1958	21049	83301	44413	38888	72066	11235
1959	21895	83418	43924	39494	72332	11086
1960	22898	85318	45063	40255	74464	10854
1961	24380	87301	45794	41507	78938	8363
1962	25119	90462	47570	42892	83784	6678
1963	25169	91959	48227	43732	84442	7517
1964	25220	94149	49468	44681	86397	7752
1965	25298	96245	51027	45218	88352	7893
1966	25780	99109	51687	47422	89913	9196
1967	25965	101401	52999	48402	91630	9771
1968	26920	104532	55021	49511	94627	9905
1969	27997	107562	56688	50874	98300	9262
1970	28405	110748	57876	52872	101564	9184
1971	29070	114512	59925	54596	104131	10381
1972	29318	120235	63396	56839	105809	14426
1973	29912	123804	65199	58605	108020	15784
1974	30248	126683	66443	60240	109601	17082

续表 3-4

年份	总户数（户）	总人口（人）				
		合计	男	女	农业人口	非农业人口
1975	30657	129217	67931	61286	111192	18025
1976	31207	131838	69625	62213	112170	19668
1977	31726	132818	69976	62842	112807	20011
1978	31702	135184	71112	64072	113305	21879
1979	33501	137394	71887	65507	113549	23845
1980	33944	139793	73319	66474	113564	26229
1981	33929	141201	74026	67175	113834	27367
1982	34706	145217	75765	69452	115865	29352
1983	35293	147144	77048	70096	116085	31059
1984	36510	151419	79080	72339	115572	35847
1985	38159	154374	81092	73282	117509	36865
1986	39637	156949	82270	74679	117444	39505
1987	40638	160112	83787	76325	119669	40443
1988	43468	164815	86600	78215	120856	43959
1989	44594	168660	88576	80084	122454	46206
1990	47249	176343	92246	84097	125170	51173
1991	48274	179526	93976	85550	125464	54062
1992	49241	182926	95460	87466	128075	54851
1993	51247	186566	97736	88830	129729	56837
1994	51657	191220	98661	92559	130763	60457
1995	53855	193753	100768	92985	132527	61226
1996	59388	199301	103235	96060	132413	66888
1997	61488	207842	103859	103983	137325	70517
1998	63469	209933	105583	104350	135481	74452
1999	67916	217579	109200	108379	137302	80277
2000	72521	226572	116512	110060	141820	84752
2001	74127	232374	119680	112694	145190	87184
2002	74900	239272	123276	115996	137868	101404
2003	75549	237905	123906	113999	136752	101153
2004	77047	244209	126993	117216	120890	123319
2005	74900	246555	125707	120848	111890	134665

续表 3-4

年份	总户数（户）	总人口（人）				
		合计	男	女	农业人口	非农业人口
2006	93674	257240	130294	126946	114756	142484
2007	99046	266093	134376	131717	116181	149912
2008	101848	270035	136818	133217	117207	152828
2009	104669	274498	139024	135474	118828	155670
2010	106836	320142	162120	158024	70133	250009
2011	109422	322986	164141	158845	65178	257808
2012	112573	322986	164141	158845	65178	257808
2013	111775	326556	168566	157990	60013	266543
2014	—	328752	169719	159033	59628	269124
2015	110488	330764	167541	163223	—	—

注：表中记述 1949—1970 年数字为按 1971 年后版图向上推算的数字。2015 年总户数为公安户籍资料。

第二节 人口密度

离石人民居住受地理条件影响，中部川谷区是人口密集区域；西南丘陵区是人口亚密集地区；东北部高山区是人口稀疏地区。

1949 年，全县人口密度为每平方千米 55.45 人，密度最大的城关镇为 288.73 人 / 平方千米，密度最小的小神头乡为 20.44 人 / 平方千米。

1964 年第二次全国人口普查，全县人口密度为每平方千米 69.98 人，密度最大的城关公社为 350.31 人 / 平方千米，密度最小的王营庄公社为 20.44 人 / 平方千米。1982 年，全县人口密度为每平方千米 109.68 人，密度最大的城关镇为 755.24 人 / 平方千米，密度最小的小神头乡为 24.07 人 / 平方千米。1990 年第四次全国人口普查，全县人口密度为每平方千米 133.19 人，密度最大的城关镇为 1205.62 人 / 平方千米，密度最小的小神头乡为 21.29 人 / 平方千米。

2000 年后，人口城镇化加速，离石区（市）城区人口激增。

2010 年 11 月 1 日第六次全国人口普查，全区人口密度为每平方千米 241.8 人，密度最大的滨河街道达 6184.1 人 / 平方千米，密度最小的吴城镇为 21.45 人 / 平方千米。

2015 年，按照公安户籍统计，全区人口密度为每平方千米 211.76 人，密度最大的滨河街道达 5069.84 人 / 平方千米，密度最小的吴城镇为 27.04 人 / 平方千米。

1949年、1982年、1990年离石县人口密度统计表

表 3-5

乡（镇）	面积（平方千米）	1949年		1982年		1990年	
		人口（人）	人口密度（人/平方千米）	人口（人）	人口密度（人/平方千米）	人口（人）	人口密度（人/平方千米）
总　计	1324	73422	55.45	145217	109.68	176343	133.19
城关镇	63.47	18326	288.73	47935	755.24	76521	1205.62
田家会镇	76.93	6136	79.76	12279	159.61	12079	157.01
红眼川乡	27.35	2355	86.11	3638	133.02	3718	135.94
王营庄乡	175.78	2849	16.21	4952	28.17	5134	29.21
吴城镇	252.53	4112	16.28	6780	26.84	6983	27.64
信义镇	111.86	4195	37.50	7174	64.13	7463	66.72
阳坡乡	112.76	2610	23.15	3829	33.96	3622	32.12
小神头乡	209.74	2896	13.81	5048	24.07	4465	21.29
王家沟乡	31.59	3070	97.18	5896	186.64	5171	163.69
西属巴镇	70.10	6708	95.69	13447	191.83	14917	212.80
坪头乡	45.32	5488	121.09	9494	209.49	10437	230.30
枣堎乡	28	2763	98.68	4588	163.86	4998	178.50
结绳塬乡	26.13	25541	977.46	3769	144.24	3859	147.68
交口镇	25.24	5858	232.09	10904	432.01	11118	440.49
枣林乡	67.20	3515	52.31	5484	81.61	5858	87.17

注：表中乡镇数字按1990年版图向上推算的数字。

2010年离石区第六次全国人口普查人口密度统计表

表 3-6

乡（镇、街道）	总面积（平方千米）	户数（户）	人口（人）	人口密度（人/平方千米）
总　计	1324	96646	320142	241.80
滨河街道	13.33	23847	82434	6184.10
凤山街道	20.03	25561	81907	4089.22
莲花池街道	16	17016	56131	3508.19

续表 3-6

乡（镇、街道）	总面积（平方千米）	户数（户）	人口（人）	人口密度（人/平方千米）
城北街道	47.16	2637	9733	206.38
田家会街道	68.8	4509	14904	216.63
交口街道	25.93	5601	19637	757.31
西属巴街道	68.11	5108	18383	269.90
吴城镇	427	2999	9158	21.45
信义镇	434	3306	9689	22.32
红眼川乡	27.35	691	1745	63.80
枣林乡	98	2386	7774	79.33
坪头乡	72.6	2985	8647	119.10

2015 年离石区人口密度统计表

表 3-7

乡（镇、街道）	总面积（平方千米）	户数（户）	人口（人）	人口密度（人/平方千米）
总　计	1324	110488	280375	211.76
滨河街道	13.33	26055	67581	5069.84
凤山街道	20.03	14579	34998	1747.28
莲花池街道	16	20244	49011	3063.19
城北街道	47.16	5062	13924	295.25
田家会街道	68.8	6122	16803	244.23
交口街道	25.93	6447	15928	614.27
西属巴街道	68.11	7999	21979	322.70
吴城镇	427	5087	11547	27.04
信义镇	434	5888	15519	35.76
红眼川乡	27.35	2201	5918	216.38
枣林乡	98	4158	9875	100.77
坪头乡	72.6	6646	17292	238.18

注：表中人口、户数均为公安户籍资料。

第三节 人口变动

自然增长

民国时期，战争频繁。据《山西历代人口统计》载，离石县的人口自然增长趋于高出生率、高死亡率、低自然增长率的粗放型。民国 13 年（1924）出生率为 16.32‰。死亡率为 10.29‰，自然增长率为 6.03‰，为人口自然增长最多年份。民国 23 年死亡率高于出生率 0.58‰，为自然增长最少年份。一般年度出生、死亡差异不大。

民国 8 年（1919）—民国 24 年部分年份离石县人口自然变动情况表

表 3-8

年份	出生		死亡		自然增长率（‰）
	人数（人）	出生率（‰）	人数（人）	死亡率（‰）	
民国 8 年	1159	9.73	1108	9.3	0.43
民国 9 年	2056	15.0	1239	9.08	5.9
民国 10 年	1749	12.64	1180	7.45	5.19
民国 11 年	2097	13.16	1600	11.48	1.68
民国 12 年	2019	14.32	1681	11.92	2.4
民国 13 年	2340	16.32	1475	10.29	6.03
民国 14 年	1810	12.54	1329	9.21	3.3
民国 15 年	2046	14.06	1371	9.42	4.64
民国 22 年	1056	6.82	856	5.53	1.29
民国 23 年	906	5.86	996	6.44	–0.58
民国 24 年	906	5.86	996	6.44	–0.58

中华人民共和国成立后，离石县医疗卫生条件改善，人口处于高出生、低死亡状态。

1949—1975 年，离石（含离山）县人口维持 20‰以上高出生率、12‰以上高自然增长率状态，死亡率在 7.2‰以上。年均出生人口 2648 人，年均出生率 27.93‰；年均死亡人口 915 人，年均死亡率 9.90‰；年均净增人口 1733 人，年均人口自然增长率 18.03‰。20 世纪 70 年代中期起，国家把计划生育定为基本国策，离石县人口增长初步得到控制。

1976—1995 年，离石县出生人口基本控制在 1800—5000 人之间，年出生率基本控制在 15‰—25‰之间（1982 年出生率最高，为 24.6‰），年均出生人口 2888 人，年均出生率 18.11‰；年死亡人口在 700—990 人之间，年死亡率在 3.9‰—6.7‰之间（1976 年死亡率最高，为 6.7‰），年均死亡人口 815 人，年均死亡率 5.24‰；年净增人口 2073 人，年均人口自然增长率 13‰。

1996—2015 年，离石区（县、市）出生人口基本控制在 460—2000 人之间，年出生率基本控制在 10‰—21‰之间（1997 年出生率最高，为 20.77‰），年均出生人口 3797 人，年均出生率 13.25‰；年死亡人口在 460—1920 人之间，年死亡率在 1.8‰—6‰之间（2006 年死亡率最高，为 5.97‰），年均死亡人口 1245 人，年均死亡率 4.59‰；年净增人口 2552 人，年均人口自然增长率 8.66‰。

1949—2015 年离石区（县、市）人口自然变动情况表

表 3-9

年份	出生人数（人）	出生率（‰）	死亡人数（人）	死亡率（‰）	自然增长率（‰）
1949	1582	21.5	608	8.3	13.2
1950	1804	24.4	777	10.5	13.9
1951	1737	23.1	735	9.8	13.3
1952	1748	22.9	802	10.5	12.4
1953	2037	26.4	845	10.7	15.7
1954	1860	23.8	695	8.9	14.9
1955	1971	24.8	793	9.9	14.9
1956	1905	23.6	763	9.5	14.1
1957	1804	21.9	724	8.8	13.1
1958	2275	27.3	906	10.9	16.4
1959	2482	29.8	1022	12.3	17.5
1960	2113	25.0	1016	12.0	13.0
1961	2426	28.1	1175	13.6	14.5
1962	2857	32.1	1033	11.6	20.5
1963	2973	32.6	937	10.2	22.4
1964	3245	34.9	1228	13.2	21.7
1965	3590	36.9	1165	12.2	24.7
1966	2599	26.6	986	10.1	16.5
1967	2611	26.0	795	7.9	18.1

续表 3-9

年份	出生人数（人）	出生率（‰）	死亡人数（人）	死亡率（‰）	自然增长率（‰）
1968	3136	30.4	787	7.6	22.8
1969	3762	35.1	849	7.9	27.2
1970	3574	32.1	789	7.2	24.9
1971	3704	32.3	923	8.2	24.1
1972	3814	33.3	1188	10.2	23.1
1973	3839	31.5	1153	9.4	22.1
1974	3190	25.5	1000	8.0	17.5
1975	2855	22.3	1002	7.8	14.5
1976	2252	17.2	867	6.7	10.6
1977	2029	15.0	861	6.5	8.5
1978	1888	14.1	727	5.4	8.7
1979	2097	15.4	704	5.2	10.2
1980	2103	15.2	788	5.7	9.5
1981	2263	16.0	831	5.9	10.1
1982	3578	24.6	824	5.7	18.9
1983	2687	18.3	823	5.6	12.7
1984	2958	19.5	796	5.3	14.2
1985	3137	20.3	789	5.1	15.2
1986	3014	19.2	761	4.8	14.4
1987	3057	19.3	732	4.6	14.7
1988	2975	18.3	797	4.9	13.41
1989	3151	17.44	718	4.6	12.84
1990	4834	28.02	985	5.71	22.31
1991	3358	18.7	807	4.49	14.21
1992	2987	16.33	890	4.87	11.46
1993	3034	16.26	1050	5.63	10.63
1994	3323	17.38	756	3.95	13.43
1995	3026	15.62	788	4.07	10.55
1996	2931	15.09	798	4.13	10.86

续表 3-9

年份	出生人数（人）	出生率（‰）	死亡人数（人）	死亡率（‰）	自然增长率（‰）
1997	4316	20.77	608	2.93	18.61
1998	2902	13.9	985	4.69	9.21
1999	3175	14.59	898	4.13	10.46
2000	4080	18.01	797	3.52	14.49
2001	2697	11.61	547	2.35	9.26
2002	3094	12.93	465	1.94	10.99
2003	4196	17.64	1387	5.83	11.81
2004	3243	13.28	461	1.89	11.39
2005	4573	12.58	1502	5.76	6.82
2006	3135	12.25	1536	5.97	6.28
2007	3047	11.45	1445	5.43	6.02
2008	3005	11.13	1393	5.16	5.97
2009	3231	11.77	1658	6.04	5.73
2010	3680	11.45	1695	5.29	6.16
2011	5199	11.2	1667	5.16	6.04
2012	5735	11.0	1618	5.01	5.99
2013	5816	10.43	1770	5.42	5.01
2014	4115	12.52	1919	5.84	6.68
2015	3773	11.44	1761	5.34	6.1

人口流动

离石区（县、市）人口流动主要为境内迁出、境外迁入，境内各乡镇间流动 3 种形式。

境内古代为游牧民族与汉族接壤地带，战乱多，人口流动频繁。北朝时期建石州，党项族逐渐农业化后，人口相对稳定。

金贞祐三年（1215）12 月，金徙朔州民于石州。

民国 23 年（1934）迁入总数 128 人，其中男性为 63 人，女性为 65 人，迁出总数为 369 人，其中男性 181 人、女性 188 人。

1949 年至 20 世纪 70 年代，境内人口正常婚迁外，适龄青年应征入伍迁出，中学生升学迁出。军人转业、复员安置迁入，少数大中专毕业生、城镇户口青年分配工作迁入。境内人口迁移总趋势是 70 年代前迁出大于迁入，其后迁入大于迁出。1971 年，吕梁地区组建，离石为吕梁地区行署所在地。1972年，离石县人口迁入率为52.6‰。1977年恢复高考后，因升学而迁出者增加。中共十一届三中全会后，全县外出经商、务工者及外地到县内经商、务工者逐渐增多。1978—1990年迁入人口为70904人，迁出人口60573人，净迁入10331人。年平均净迁入794人。

20世纪90年代后，离石县农村剩余劳动力县外就业，主要从事制造业、加工业、服务业。县外人员进入县内主要从事煤炭行业和商贸服务行业。2000年第五次全国人口普查，有到离石市居住半年以上外乡人口23396人，其中省内人口10245人，省外人口2990人；外出半年以上人口8667人。2000年后，迁入离石市人口增加。

2009年后，离石区中、小煤矿改造和关闭，迁入离石区人口有所减少。2010年第六次全国人口普查，全区有居住半年以上外乡人口98409人，其中山西省其他县（市、区）到离石区半年以上人口61858人，外省到离石区半年以上人口4553人；离石区外出半年以上人口48780人，占户籍人口的17.81%。来离石区某乡镇、街道半年以上的98409人中：务工经商的28804人，工作调动的4605人，学习培训的13506人，随迁家属38790人，投亲靠友的880人，拆迁搬家的1118人，寄挂户口的122人，婚嫁迁入的3594人（其中女3087人），其他原因迁入的6990人。到离石区半年以上人口中，有大学专科学历的5198人，大学本科学历的2134人，研究生学历的73人。

1971—2015年部分年份离石区（县、市）人口迁移变动情况表

表3-10

年份	迁入人口		迁出人口		净迁移	
	人数（人）	迁入率（‰）	人数（人）	迁出率（‰）	人数（人）	净迁入率(‰)
1971	3636	32.28	2510	22.29	1126	10.00
1972	6177	52.63	3117	18.20	3060	26.07
1973	3622	29.68	2886	23.65	736	6.03
1974	3117	24.89	2430	19.40	687	5.49
1975	3419	26.72	2738	21.40	681	5.32
1976	3695	28.31	2459	18.84	1236	9.47
1977	2804	21.19	3015	22.78	-211	-1.59
1978	4111	30.68	2907	21.69	1204	8.99
1979	6311	46.31	5494	40.31	317	5.99
1980	5262	37.97	4178	30.15	1084	7.82

续表 3-10

年份	迁入人口		迁出人口		净迁移	
	人数（人）	迁入率（‰）	人数（人）	迁出率（‰）	人数（人）	净迁入率(‰)
1981	5187	36.92	5223	37.18	–36	–0.26
1982	6171	43.09	4909	34.28	1262	8.81
1983	4979	34.06	4888	33.44	91	0.62
1984	6023	40.35	3902	26.14	2121	14.21
1985	4629	30.28	3993	26.12	636	4.16
1986	5739	36.87	5352	34.38	387	2.49
1987	4849	30.59	4104	25.89	741	4.70
1988	6648	40.92	4135	25.45	2513	15.47
1989	5549	33.28	4137	24.81	1412	8.47
1990	11185	64.84	7351	42.61	3834	22.23
1998	14991	71.77	14541	69.61	450	2.15
1999	12982	60.73	5917	27.68	7065	33.05
2000	11191	50.39	5481	24.68	5710	25.71
2001	8511	37.09	4861	21.18	3650	15.91
2002	10919	46.30	6650	28.20	4269	18.10
2009	7405	27.20	7037	25.85	368	1.35
2010	6341	21.33	7492	25.20	–1151	–3.87
2011	5986	18.62	6234	19.39	–248	–0.77
2012	4067	12.59	6013	18.62	–1946	–6.03
2013	4029	12.41	10608	32.66	–6579	–20.26
2015	6851	22.49	2268	7.45	4583	15.05

第二章　人口构成

第一节　自然构成

性别构成

中华人民共和国成立前，离石人民普遍存在重男轻女思想，男性在人口中的比例明显高于女性。据《山西历代人口统计》（山西人民出版社）和山西省政府资料统计，离石人口性别比一直比较高。从民国元年（1912）至民国6年性别比在133.76—136.25（以女性为100，下同）之间。民国7至民国29年在120左右。民国30年，性别比高达176.46。民国31年有所降低，性别比为126.16。民国34年至1948年，性别比基本稳定在120左右。

民国元年（1912）—民国31年离石县人口性别构成状况表

表3-11　　单位：%

民国年份	性别比重		性别比（女=100）	民国年份	性别比重		性别比（女=100）
	男	女			男	女	
民国元年	57.67	42.33	136.25	民国15年	53.23	46.77	113.83
民国2年	57.67	42.33	136.22	民国16年	54.48	45.52	119.68
民国3年	57.76	42.24	133.75	民国17年	53.10	46.9	113.23
民国4年	57.76	42.24	133.74	民国18年	54.84	45.16	121.45
民国5年	57.26	42.74	133.95	民国19年	54.72	45.28	120.85
民国6年	57.26	42.74	133.95	民国20年	56.39	43.61	129.28
民国7年	53.86	46.14	116.72	民国21年	55.94	44.06	126.99
民国8年	55.0	45.0	122.25	民国22年	55.94	44.06	126.98
民国9年	54.61	45.39	120.32	民国23年	55.98	44.02	127.18
民国10年	54.52	45.48	119.82	民国24年	55.98	44.02	127.17
民国11年	56.52	43.48	119.76	民国28年	59.46	40.54	146.67
民国12年	54.90	45.1	121.73	民国29年	57.89	42.11	137.50
民国13年	54.83	45.17	121.39	民国30年	63.83	36.17	176.46
民国14年	54.69	45.31	120.72	民国31年	55.78	44.22	126.15

1949年，离石县男女性别比为112.25（以女性为100，下同）。国家出台一系列维护

妇女权益政策，人们重男轻女的思想逐步改变。1949—1990年，离石县性别比在110左右。据1990年第四次全国人口普查，性别比例为107.99%，逐渐趋于合理。1991—2015年，离石区（县、市）男女性别比维持在99.9—110.3之间，平均105.16。

年龄构成

据民国12年（1923）山西省长官公署统计处统计，民国10年，全县死亡人数1180人，平均寿命仅为32岁。中华人民共和国成立后，离石人口发展经历高出生高死亡低增长、高出生低死亡高增长、低出生低死亡低增长阶段，人口年龄构成各个时期表现不同。20世纪50—60年代，0—14岁少年儿童占总人口的比重逐年上升，全县人口年龄构成呈年轻型。70年代后，国家推行计划生育政策，少年儿童占总人口的比重下降，青壮年人口占总人口的比重上升，全县人口年龄构成向成年型转变。

1953年离山县第一次全国人口普查人口年龄构成表

表3-12

年龄段	人口数（人）			占总人口的比重（%）			性别比（女=100）
	合计	男	女	合计	男	女	
总计	207552	109585	97967	100	52.8	47.2	111.86
0—4岁	30924	15754	15170	15.26	7.95	7.31	103.85
5—9岁	20572	10517	10055	9.91	5.07	4.84	104.59
10—14岁	18736	9805	8931	9.02	4.72	4.30	109.79
15—19岁	18597	9382	9215	8.96	4.52	4.44	101.81
20—24岁	16717	7751	8966	8.05	3.73	4.32	86.45
25—29岁	14142	6681	7461	6.79	3.22	3.57	89.55
30—34岁	14179	7103	7076	6.83	3.42	3.41	100.38
35—39岁	14476	7838	6638	6.98	3.78	3.20	118.08
40—44岁	13094	7656	5438	6.31	3.69	2.62	140.79
45—49岁	11801	6745	5056	5.69	3.25	2.44	133.41
50—54岁	8491	5118	3373	4.10	2.47	1.63	151.73
55—59岁	8563	5332	3231	4.13	2.57	1.56	165.03
60—64岁	6759	4128	2631	3.26	1.99	1.27	156.90
65—69岁	5240	3101	2139	2.52	1.49	1.03	144.97
70—74岁	3681	2063	1618	1.69	0.99	0.70	127.50
75—79岁	777	435	342	0.37	0.21	0.16	127.19

续表 3-12

年龄段	人口数（人）			占总人口的比重（%）			性别比（女=100）
	合计	男	女	合计	男	女	
80—84岁	366	177	189	0.17	0.08	0.09	93.65
85—89岁	67	28	39	0.03	0.01	0.02	71.79
90—94岁	7	1	6	—	—	—	16.67
95—99岁	1	—	1	—	—	—	—

1959年离石县人口年龄构成表

表 3-13

年龄段	人口数（人）			占总人口的比重（%）			性别比（女=100）
	合计	男	女	合计	男	女	
总计	232454	121175	111279	100	52.13	47.87	107.90
0—4岁	30380	17131	15249	13.9	7.34	6.56	112.34
5—9岁	27862	14441	13421	11.98	6.21	5.77	100.76
10—14岁	23392	11809	11583	10.06	5.08	4.98	101.95
15—19岁	18081	8682	9399	7.77	3.73	4.04	92.37
20—24岁	14633	7200	7433	7.31	3.11	3.20	96.87
25—29岁	15183	7750	7430	6.53	3.33	3.20	104.31
30—34岁	13374	6738	6636	5.75	2.90	2.85	101.53
35—39岁	13226	6870	6356	5.69	2.96	2.73	108.09
40—44岁	13300	6906	6394	5.73	2.98	2.75	108.0
45—49岁	12672	7144	5428	5.41	3.07	2.34	131.61
50—54岁	11404	6500	4904	4.91	2.80	2.11	132.54
55—59岁	10278	5599	4679	4.42	2.41	2.01	119.66
60—64	8598	4888	3710	3.70	2.10	1.60	131.75
65—69岁	7410	4220	3190	3.19	1.82	1.37	132.29
70—74岁	5332	2650	2682	2.29	1.14	1.15	98.81
75—79岁	3375	1847	1528	1.45	0.79	0.66	120.88
80—84岁	1225	584	641	0.53	0.25	0.28	91.11
85—89岁	232	117	115	0.10	0.05	0.05	101.74

续表 3-13

年龄段	人口数（人）			占总人口的比重（%）			性别比（女=100）
	合计	男	女	合计	男	女	
90—94 岁	35	19	16	0.015	0.008	0.007	118.75
95—99 岁	5	4	1	—	—	—	400

1982 年，第三次全国人口普查，全县 0—14 岁人口占总人口的比重为 34.63%，15—59 岁人口占总人口的比重为 58.02%，60 岁及以上人口占总人口的比重为 7.35%；全县总抚养比为 72.34%，少儿抚养比为 59.68%，老年抚养比为 12.66%。据第三、第四次全国人口普查汇总资料统计，离石县人口年龄结构随社会经济的发展变化。老年人寿命延长，少年儿童占总人口比重相对减少，20 世纪 80 年代初，国家实行晚婚晚育、少生优生政策，少年儿童占总人口的比重有较大幅度降低，青壮年占总人口比重增加，劳动年龄人口相继上升，抚养系数下降。兵源、育龄妇女人口呈增长趋势。少年儿童占总人口比重降低，青壮年占总人口比重增加，人口年龄构成趋于成年型。小儿人口由 1982 年占总人口的 34.63%，1990 年降为 29.63%，降低 5 个百分点；基本劳动力人口由 1982 年占总人口 54.34%，1990 年上升为 60.03%，提高了 5.69 个百分点。老年人口 1990 年比 1982 年比重降低 0.41 个百分点。育龄妇女显著增加，出生婴儿数量有所增加，人口再生产类型基本属于稳定性。

1982 年离石县第三次全国人口普查人口年龄构成表

表 3-14

年龄段	人口数（人）			占总人口数的比重（%）			性别比例（女=100）
	合计	男	女	合计	男	女	
总　计	143714	75542	68172	100.0	52.56	47.44	110.81
0—4 岁	12968	6647	6321	9.02	4.63	4.40	105.16
5—9 岁	16327	8420	7907	11.36	5.86	5.50	106.49
10—14 岁	20469	10552	9917	14.24	7.43	6.90	106.40
15—19 岁	18787	9705	9082	13.07	6.75	6.23	106.86
20—24 岁	12371	6400	5971	8.16	4.45	4.15	107.18
25—29 岁	11786	6268	5518	8.20	4.36	3.84	113.59
30—34 岁	9583	5171	4412	6.67	3.60	3.07	117.20
35—39 岁	7562	4074	3488	5.26	2.83	2.43	116.80

续表 3-14

年龄段	人口数（人）			占总人口数的比重（%）			性别比例（女=100）
	合计	男	女	合计	男	女	
40—44 岁	6773	3599	3174	4.71	2.50	2.21	113.39
45—49 岁	6561	3577	2984	4.57	2.49	2.08	119.87
50—54 岁	5606	2946	2660	3.90	2.05	1.85	110.75
55—59 岁	4361	2301	2060	3.03	1.60	1.43	111.70
60—64 岁	3812	2071	1741	2.65	1.44	1.21	118.95
65—69 岁	3075	1684	1391	2.14	1.17	0.97	121.06
70—74 岁	2135	1269	866	1.49	0.88	0.60	146.54
75—79 岁	1212	672	540	0.84	0.47	0.38	124.44
80—84 岁	240	142	98	0.17	0.10	0.07	144.90
85—89 岁	79	42	37	0.05	0.03	0.02	113.51
90—94 岁	6	2	4	—	—	—	50.0
95—99 岁	1	—	1	—	—	—	—

1990 年离石县第四次全国人口普查人口年龄构成表

表 3-15

年龄段	人口数（人）			占总人口数的比重（%）			性别比例（女=100）
	合计	男	女	合计	男	女	
总　计	176777	91786	84991	100.00	51.92	48.08	107.99
0—4 岁	21939	11369	10570	12.41	6.43	5.98	107.56
5—9 岁	17674	9203	8471	10.00	5.21	4.79	108.64
10—14 岁	12765	6486	6279	7.22	3.67	3.55	103.30
15—19 岁	22123	11069	11054	12.51	6.26	6.25	100.14
20—24 岁	21541	10918	10623	12.19	6.18	6.01	102.78
25—29 岁	16878	8816	8062	9.55	4.99	4.56	109.35
30—34 岁	12320	6517	5803	6.97	3.69	3.28	112.30
35—39 岁	11349	5927	5422	6.42	3.35	3.07	109.31
40—44 岁	8508	4650	3858	4.81	2.63	2.18	120.53
45—49 岁	7315	3788	3527	4.14	2.14	2.00	107.40
50—54 岁	6168	3302	2866	3.49	1.87	1.62	115.21

续表 3-15

年龄段	人口数（人）			占总人口数的比重（%）			性别比例（女=100）
	合计	男	女	合计	男	女	
55—59 岁	5920	3183	2737	3.35	1.80	1.55	116.30
60—64 岁	4201	2214	1987	2.38	1.25	1.13	111.42
65—69 岁	3595	1899	1696	2.03	1.07	0.96	111.97
70—74 岁	2354	1261	1093	1.33	0.71	0.62	115.37
75—79 岁	1402	783	619	0.79	0.44	0.35	126.49
80—84 岁	585	329	256	0.33	0.19	0.14	128.52
85—89 岁	130	64	66	0.07	0.04	0.03	96.97
90—94 岁	9	7	2	—	—	—	350.00
95—99 岁	1	1	—	—	—	—	—

2000 年离石市第五次全国人口普查人口年龄构成表

表 3-16

年龄别	人口数（人）			占总人口数的比重（%）			性别比例（女=100）
	合计	男	女	合计	男	女	
总　计	235678	121253	114425	100.00	51.45	48.55	105.97
0 岁	3474	1916	1558	1.47	0.81	0.66	122.98
1—4 岁	14116	7575	6541	5.99	3.21	2.78	115.81
5—9 岁	25204	13272	11932	10.69	5.63	5.06	111.23
10—14 岁	25753	13171	12582	10.93	5.59	5.34	104.68
15—19 岁	27702	12480	15222	11.75	5.30	6.46	81.99
20—24 岁	16569	8110	8459	7.03	3.44	3.59	95.87
25—29 岁	23133	11937	11196	9.82	5.06	4.75	106.62
30—34 岁	23315	12233	11082	9.89	5.19	4.70	110.39
35—39 岁	19453	10310	9143	8.25	4.37	3.88	112.76
40—44 岁	13409	7231	6178	5.69	3.07	2.62	117.04
45—49 岁	11741	6194	5547	4.98	2.63	2.35	111.66
50—54 岁	8758	4744	4014	3.72	2.01	1.70	118.19
55—59 岁	6967	3607	3360	2.96	1.53	1.43	107.35
60—64 岁	5799	3092	2707	2.46	1.31	1.15	114.22
65—69 岁	4674	2477	2197	1.98	1.05	0.93	112.74
70—74 岁	3017	1562	1455	1.28	0.66	0.62	107.35

续表 3-16

年龄别	人口数（人）			占总人口数的比重（%）			性别比例（女=100）
	合计	男	女	合计	男	女	
75—79 岁	1715	901	814	0.73	0.38	0.35	110.69
80—84 岁	687	351	336	0.29	0.15	0.14	104.46
85—89 岁	165	77	88	0.07	0.03	0.04	87.50
90—94 岁	23	9	14	0.01	0.00	0.01	64.29
95—99 岁	4	4	0	—	—	—	—

2010 年离石区第六次全国人口普查人口年龄构成表

表 3-17

年龄别	人口数（人）			占总人口数的比重（%）			性别比例（女=100）
	合计	男	女	合计	男	女	
总　计	320142	162118	158024	100.00	50.64	49.36	102.59
0 岁	3277	1806	1471	1.02	0.56	0.46	122.77
1—4 岁	17232	9492	7740	5.38	2.96	2.42	122.64
5—9 岁	20697	11239	9458	6.46	3.51	2.95	118.83
10—14 岁	25097	13455	11642	7.84	4.20	3.64	115.57
15—19 岁	44160	20781	23379	13.79	6.49	7.30	88.89
20—24 岁	37191	16565	20626	11.62	5.17	6.44	80.31
25—29 岁	28330	14152	14178	8.85	4.42	4.43	99.82
30—34 岁	21620	10977	10643	6.75	3.43	3.32	103.14
35—39 岁	28694	14781	13913	8.96	4.62	4.35	106.24
40—44 岁	25959	13427	12532	8.11	4.19	3.91	107.14
45—49 岁	20458	10691	9767	6.39	3.34	3.05	109.46
50—54 岁	13538	7171	6367	4.23	2.24	1.99	112.63
55—59 岁	11257	5885	5372	3.52	1.84	1.68	109.55
60—64 岁	8039	4225	3814	2.51	1.32	1.19	110.78
65—69 岁	6012	3034	2978	1.88	0.95	0.93	101.88
70—74 岁	4259	2241	2018	1.33	0.70	0.63	111.05
75—79 岁	2756	1435	1321	0.86	0.45	0.41	108.63
80—84 岁	1115	528	587	0.35	0.16	0.18	89.95

续表 3-17

年龄别	人口数（人）			占总人口数的比重（%）			性别比例（女=100）
	合计	男	女	合计	男	女	
85—89 岁	373	191	182	0.12	0.06	0.06	104.95
90—94 岁	66	38	28	0.02	0.01	0.01	135.71
95—99 岁	12	4	8	—	—	—	50.00

2010 年，离石区第六次全国人口普查，全区总人口 320142 人，其中 0—4 岁 20509 人，占总人口的 6.41%；5—14 岁 45794 人，占总人口的 14.3%；15—34 岁 131301 人，占总人口的41.01%; 35—59 岁 99906 人，占总人口的 31.21%; 60 岁以上 22632 人，占总人口的 7.07%。2010 年第六次全国人口普查，全区 0—14 岁人口占总人口的比重为 20.71%，15—59 岁人口占总人口的比重为 72.22%，60 岁及以上人口占总人口的比重为 7.07%；全区总抚养比为 38.47%，少儿抚养比为 28.68%，老年抚养比为 9.79%；分别比 1982 年第三次全国人口普查降低 33.87%、31%、2.87%。2015 年，全区户籍总人口 280375 人，其中 0—17 岁 68994 人，占总人口的 24.61%；18—34 岁 87714 人，占总人口的 31.28%；35—59 岁 92200 人，占全区总人口的 32.88%；60 岁以上 31467 人，占总人口的 11.23%。

第二节 社会构成

民族构成

据 1958 年人口统计年报载，离山县有民族 4 个，其中离石部分有纳西族 1 人（吴城）。1964 年第二次全国人口普查，离石部分有汉族 92646 人，占总人口的 99.99%；有 4 个少数民族共 8 人，占总人口的 0.01%。其中，回族 2 人，满族 2 人，黎族 1 人，纳西族 3 人。

1982 年第三次全国人口普查，全县有汉族 143689 人，占总人口的 99.98%；有 8 个少数民族共 24 人，占总人口的 0.02%。其中，满族 3 人，回族 11 人，蒙古族 4 人，达斡尔族 2 人，壮族 1 人，朝鲜族 1 人，彝族 1 人，土族 1 人。1990 年第四次全国人口普查，全县有汉族 176727 人，占总人口的 99.97%；有 8 个少数民族共 50 人，占总人口的 0.03%。其中，满族 24 人，蒙古族 8 人，羌族 5 人，回族 3 人，彝族 3 人，壮族 3 人，土家族 3 人，畲族 1 人。少数民族人口全部集中在城关镇。

2000 年，第五次全国人口普查，全市有汉族 235460 人，占总人口的 99.91%；有 12 个少数民族共 218 人，占总人口的 0.09%。其中，蒙古族 51 人，回族 25 人，藏族 6 人，维吾尔族 24 人，苗族 13 人，彝族 24 人，壮族 4 人，布依族 14 人，朝鲜族 11 人，满族 40 人，侗族 2 人，土家族 4 人。2010 年第六次全国人口普查，全区有汉族 320069 人，占总人口的 99.98%；有 12 个少数民族共 73 人，占总人口的 0.02%。其中，蒙古族 14 人，回族 12 人，苗族4人，彝族13人，壮族2人，布依族1人，满族10人，土家族11人，傣族1人，黎族1人，畲族3人，拉祜族1人。少数民族人口主要分布：滨河街道31人，凤山街道19人，莲花池街道12人。全区单一民族家庭户90730户，占家庭户总数的99.98%，两个民族家庭户18户，占家庭户总数的0.02%。

文化构成

民国7年（1918），全县（时方山县划出）小学及以上文化程度的人口4210人，占总人口的4.09%，文盲98721人，占总人口的95.91%。

中华人民共和国成立后，人民政府重视教育，开办夜校教农民识字学文化，努力扫除文盲、半文盲。20世纪50年代中期起，国家发展中小学校教育事业，境内学龄儿童、青少年有机会就读。据1964年第二次人口普查统计：总人口（时包括方山县人口）的文化程度，12岁以下不在校儿童62750人，占总人口的24.95%，其中7—12岁的10956人，不识字的92047人，占总人口的36.6%，初识字的9381人，占总人口的3.73%。全县初小文化程度的49681人，占总人口的19.75%，高小文化程度的26769人，占总人口的10.64%，初中文化程度的9170人，占总人口的3.62%，高中文化程度的1403人，占总人口的0.55%，大学文化程度的257人，占总人口的0.1%，文化程度不详的33人，占总人口的0.06 %，文盲占总人口的39.25%。

20世纪70年代中期起，初中教育逐步普及。1982年第三次全国人口普查，全县6岁及以上人口128341人，其中：大学文化程度1449人，高中文化程度12432人，初中文化程度31336人，小学文化程度53272人。全县15岁及以上人口94050人，其中文盲和半文盲人口29852人，占31.74%。1990年第四次全国人口普查，全县6岁及以上人口171161人，其中：大学本科文化程度1137人，大学专科文化程度4400人，中专文化程度8764人，高中文化程度11384人，初中文化程度49067人，小学文化程度52692人。全县15岁及以上人口124399人，其中文盲和半文盲人口43717人，占34.14%。

2000年第五次全国人口普查，全市6岁及以上人口213046人，其中研究生文化程度33人，大学本科文化程度3251人，大学专科文化程度12935人，中专文化程度18377人，高中文化程度17815人，初中文化程度80941人，小学文化程度69010人，扫盲班2123人，未上过学8501人。全市15岁及以上人口167131人，其中文盲人口7081人，占4.24%。

2010年第六次全国人口普查，全区6岁及以上人口295355人，其中研究生文化程度424人，大学本科文化程度14206人，大学专科文化程度30941人，高中文化程度57637人，初中文化程度124971人，小学文化程度61386人，未上过学5790人。全区15岁及以上人口253839人，其中文盲人口5008人，占1.97%。2010年第六次全国人口普查与1982年第三次全国人口普查相比，离石区（县、市）大学及以上学历占6岁及以上人口比例由1982年的1.13%提高到2010年的15.43%，文盲人口占15岁及以上人口由1982年的31.74%下降到2010年的1.97%。

职业构成

据民国时期统计资料，全县行业划分为20类。民国15年（1926），全县总就业人数为116234人，占总人口的78.6%。就业人口中，从事行业为农、畜、牧、渔业79703人，占就业人口的68.57%；从事工、商、矿业人员9900人，占8.52%；教员、学生、律师、医士、记者人数为5086人，占就业人口的4.38%；议员、官吏、公务员、军人、警士人数为437人，占就业人口的0.37%；其他业21108人，占就业人口的18.16%。

1982年第三次全国人口普查，全县在业人口总数58314人（男性占71.81%、女性占28.19%），其中从事农、林、牧、渔业、水利业38141人，占在业人口（下同）的65.41%；从事工业5159人，占在业人口的8.85%，从事建筑业2293人，占在业人口的3.93%；从事交通运输、邮电通信业1113人，占在业人口的1.91%；从事商业、饮食、物资、供销、仓储业2087人，占在业人口的3.58%；从事房地产、公用服务业353人，占在业人口的0.61%；从事卫生、体育和社会福利业1112人，占在业人口的1.91%；从事教育、文化、艺术和广播电视业3135人，占在业人口的5.38%；从事金融保险业349人，占在业人口的0.60%；从事机关和社会团体4267人，占在业人口的7.32%。

1990年第四次全国人口普查，全县在业人口总数65267人（男性占80.94%、女性占19.06%），其中从事农、林、牧、渔业、水利业32733人，占在业人口的50.15%；从事工业9183人，占在业人口的14.07%，从事建筑业2318人，占在业人口的3.55%；从事交通、运输、邮电通信业2751人，占在业人口的4.21%；从事商业、饮食、物资、供销、仓储业3438人，占在业人口的5.27%；从事房地产、公用服务业756人，占在业人口的1.16%；从事卫生、体育和社会福利业1541人，占在业人口的2.36%；从事教育、文化、艺术和广播电视业4612人，占在业人口的7.07%；从事金融、保险业865人，占在业人口的1.33%；从事机关和社会团体6779人，占在业人口的10.39%。20世纪90年代始，境内农村剩余劳动力外出打工渐多，农民从事的行业、职业种类逐渐丰富；境内国营和集体工商企业进行产权制度改革，大部分中小型国有企业下岗职工从第二产业中退出，从事第三产业。

2010年第六次全国人口普查，对人口的行业、职业进行十分之一抽样调查。共调查全区在业人口11091人，其中从事农、林、牧、渔业1858人，占在业人口的16.75%；从事制造业、采矿业1461人（其中煤炭开采和洗选业795人），占在业人口的13.17%；从事电力、燃气及水的生产和供应业260人，占在业人口的2.34%；从事批发零售、住宿餐饮业的1807人，占在业人口的16.29%；从事建筑业的1121人，占在业人口的10.11%；从事交通运输、邮电通信业1151人，占在业人口的10.38%；从事信息传输、计算机服务业的146人，占在业人口的1.32%；从事文体、教育848人，占在业人口的7.65%；从事卫生社会保障和福利业241人，占在业人口的2.17%；从事居民服务和其他服务业415人，占在业人口的3.74%；从事机关和社会团体1344人，占在业人口的12.12%。与第四次全国人口普查相比，从事农、林、牧、渔业的在业人口比例下降33.4%，从事建筑业的在业人口比例上升 6.56%，从事批发零售、住宿餐饮业的在业人口比例上升 11.02%，从事交通运输、邮电通信业的在业人口比例上升 6.17%。

截至 2015 年底，全区在岗职工 56729 人（国有单位 38577 人，集体单位 1304 人，其他单位 16848 人）。其中，农、林、牧、渔业 36 人，占在岗职工的 0.06%；采矿业 6142 人，占在岗职工的 10.83%；制造业 617 人，占在岗职工的 1.09%；电力、热力、燃气及水生产和供应业 625 人，占在岗职工的 1.1%；建筑业 3936 人，占在岗职工的 6.94%；批发和零售业 3448 人，占在岗职工的 6.08%；住宿餐饮业 1130 人，占在岗职工的 1.99%；交通运输、仓储和邮政业 2032 人，占在岗职工的 3.58%；信息传输、软件和信息技术服务业 3589 人，占在岗职工的 6.33%；金融业 4000 人，占在岗职工的 7.05%；房地产业 322 人，占在岗职工的 0.57%；水利、环境和公共管理设施管理业 1217 人，占在岗职工的 2.15%；教育 7425 人，占在岗职工的 13.09%；卫生和社会工作 2609 人，占在岗职工的 4.6%；文化、体育和娱乐业 1198 人，占在岗职工的 2.11%；公共管理、社会保障和社会组织 17945 人，占在岗职工的 31.63%。

城乡构成

1949 年，全县离石部分总人口 73422 人，其中，城镇人口 8417 人，占总人口的 11.46%；农业人口 65005 人，占总人口的 88.54%。1971—1990 年，全县非农业人口增长 41989 人。1990 年，非农业人口达 51173 人，比 1949 年增长 5.08 倍，年平均递增 4.5%，比吕梁地区组建时的 1971 年增长 3.93 倍，年平均递增 8.76%，农业与非农业人口比例由 1971 年的 90.93：9.07，增长为 1990 年的 70.98：29.02。2000 年后，城镇化加速，离石区（市）城区人口激增。2004 年，离石区城镇人口 123319 人，占总人口的 50.5%；农业人口 120890 人，占总人口的 49.5%。城镇人口比重超过农业人口。2013 年，离石区对涉及吕梁新城建设西属巴街道办的 9 村 4836 户 13782 人实施农转非。2014 年，离石区总人口 328752 人，其中：城镇人口 269124 人，占总人口的 81.86%；农业人口 59628 人，占总人口的 18.14%。城镇人口约是农业人口的 4.5 倍。2015 年，离石区取消城乡户口分别，统一实行居民户口。其中：城镇人口 271433 人，乡村人口 59331 人。

姓氏构成

据第四次全国人口普查，1990 年全县有姓氏 402 个。万人以上的姓氏有王、李、张、刘、薛，4000 人以上的姓氏有高、冯、阎、吴、任、郭、贺。

1990 年离石县第四次全国人口普查姓氏人数统计表

表 3-18　　　　单位：人

姓氏	人口数	姓氏	人口数	姓氏	人口数	姓氏	人口数	姓氏	人口数	姓氏	人口数
王	17814	张	14848	薛	10810	冯	7076	吴	5324	郭	4761
李	15806	刘	11438	高	9309	阎	5768	任	4973	贺	4265

续表 3-18

姓氏	人口数	姓氏	人口数	姓氏	人口数	姓氏	人口数	姓氏	人口数	姓氏	人口数
杨	3828	梵	515	翟	142	屈	42	唐	22	元	12
赵	3577	段	416	孟	139	艾	38	要	21	东	12
崔	3215	霍	385	毛	137	问	38	拓	20	钟	12
白	2811	田	370	邓	136	彭	38	司	20	黎	12
梁	2665	巩	359	常	129	南	37	游	20	姬	11
乔	2591	吕	307	姚	118	解	36	兰	20	关	11
马	2257	达	293	强	118	方	33	芦	19	瓮	11
雒	2248	殷	283	黄	117	米	33	牧	19	房	11
杜	2230	陶	281	史	117	慕	32	邸	18	萧	11
郝	2053	秦	274	耿	109	惠	31	骆	18	章	11
侯	2011	师	267	伍	105	齐	31	和	18	甑	10
陈	1730	严	247	焦	100	付	31	尤	18	薄	10
孙	1549	邢	243	申	100	景	30	甘	17	桑	10
苏	1363	穆	239	延	99	左	30	褚	17	藏	10
武	1321	岳	235	卫	97	云	29	毕	17	费	9
胡	1309	吉	232	程	94	卢	29	那	16	燕	9
傅	1238	周	223	魏	86	余	27	邵	16	曲	9
牛	1211	林	213	党	86	柴	27	宁	15	熊	8
温	1207	弓	209	冀	73	井	27	富	15	陷	8
于	1160	尹	207	蔚	71	向	25	聂	15	果	8
成	924	郑	204	谢	69	祁	25	路	14	续	8
幸	880	董	202	苗	62	鲁	25	施	14	曾	8
车	863	徐	189	孔	61	庞	25	荣	14	暴	8
宋	816	裴	178	丁	61	文	24	叶	14	陆	8
袁	813	石	176	何	59	尚	24	韦	13	洪	8
康	809	雷	172	麻	52	卞	23	童	13	江	8
贾	742	柳	166	肖	51	呼	23	万	13	廖	8
韩	741	蔡	166	罗	51	檀	23	龚	13	寇	8
许	673	姜	165	阴	47	金	22	蒋	13	夏	8
曹	602	朱	159	谭	45	沈	22	龙	13	滑	7
安	546	靳	159	原	44	连	22	钱	13	谷	7
范	520	葛	145	潘	42	权	22	符	13	栾	6

续表 3-18

姓氏	人口数	姓氏	人口数	姓氏	人口数	姓氏	人口数	姓氏	人口数	姓氏	人口数
庄	7	时	5	居	3	继	2	伊	1	华	6
相	7	俞	5	詹	3	勒	2	厉	1	智	6
习	7	窦	5	茹	3	迟	2	幸	1	郜	5
昌	7	郎	4	怀	3	析	2	蒲	1	苑	5
廉	7	汪	4	弘	3	奕	2	蔺	1	卜	5
华	6	母	4	功	3	鹿	2	贡	1	汪	4
由	6	宇文	4	修	3	覃	2	须	1	硕	4
柔	6	独	4	急	3	伟	2	荆	1	池	4
畅	6	同	4	花	2	润	2	汝	1	木	3
奥	6	厚	4	顾	2	冠	2	缑	1	国	3
粟	6	硕	4	平	2	栗	2	佘	1	怀	3
智	6	邱	4	纪	2	邹	1	牟	1	顾	2
冉	6	倪	4	阮	2	禄	1	廷	1	包	2
双	6	缪	4	蓝	2	戚	1	港	1	仲	2
宫	6	莫	4	席	2	鲍	1	维	1	降	2
应	6	单	4	包	2	禹	1	盘	1	迟	2
仇	5	池	4	荀	2	狄	1	焕	1	润	2
郜	5	索	4	养	2	伏	1	宅	1	鲍	1
步	5	自	4	於	2	易	1	村	1	祝	1
赖	5	柏	3	巫	2	季	1	俊	1	裘	1
边	5	闵	3	全	2	祝	1	世	1	厉	1
博	5	爱	3	仲	2	娄	1	引	1	荆	1
浩	5	木	3	瞿	2	虞	1	累	1	港	1
苑	5	代	3	丰	2	支	1	初	1	俊	1
斛	5	仵	3	佟	2	柯	1	豆	1	饶	1
俄	5	行	3	晋	2	昝	1	饶	1	番	1
逯	5	颜	3	盖	2	裘	1	负	1	庆	1
茅	5	凌	3	降	2	宋	1	附	1	丛	1
戴	5	国	3	霞	2	郁	1	韭	1	药	1
卜	5	松	3	攀	2	钮	1	布	1	扣	1
乐	5	韶	3	新	2	郗	1	名	1	凡	1

续表 3-18

姓氏	人口数	姓氏	人口数	姓氏	人口数	姓氏	人口数	姓氏	人口数	姓氏	人口数
乡	1	格	1	敦	1	铁	1	紫	1	菜	1
合甲德刀格尔	1	乌日根夏拉	1	李青格拉图	1	钨恩百己拉	1				

2015 年，区卫生和计划生育局对全区人口姓氏排名进行统计，全区排名前 100 位姓氏人口有 282792 人，占区计生部门统计总人口的 97.7%。全区 1000 人以上的姓氏 44 个，1 万人以上的姓氏 7 个，分别比第四次全国人口普查增加 11 个、2 个。排名前 7 位的姓氏顺序与第四次全国人口普查一致，其后顺序排名稍有变化，体现全区主要姓氏的人口发展大致稳定。

2015 年 3 月离石区排名前 100 位姓氏人口排列表

表 3-19　　单位：人

姓氏	人数	姓氏	人数	姓氏	人数	姓氏	人数	姓氏	人数
王	28926	郝	3339	辛	1225	师	406	常	258
李	26906	雒	3248	袁	1154	殷	403	孟	252
张	24249	陈	2964	樊	1098	徐	398	姜	243
刘	20243	孙	2559	候	1022	翟	373	靳	230
薛	16324	武	2208	许	998	弓	371	魏	221
高	15877	胡	2075	安	902	尹	367	史	220
冯	11325	苏	2044	范	872	周	365	黄	207
任	8069	付	2035	秦	843	吉	359	申	199
郭	7688	侯	1971	田	715	林	342	毛	196
吴	7686	牛	1878	阎	712	柳	326	程	173
闫	7596	于	1715	段	690	董	317	延	169
贺	6592	温	1686	吕	678	雷	312	卫	169
赵	6122	成	1671	霍	599	朱	307	耿	165
杨	5997	渠	1537	巩	510	苗	307	冀	156
白	5056	韩	1527	穆	508	蔡	304	丁	155
崔	4732	康	1470	严	487	裴	288	焦	154
马	3884	车	1434	达	428	郑	282	姚	154
梁	3820	曹	1378	岳	420	葛	275	问	136
乔	3795	宋	1366	邢	411	石	271	党	134
杜	3449	贾	1314	陶	409	邓	261	伍	131

第三章 婚姻 家庭

第一节 婚 姻

清宣统三年（1911）前，境内男女婚姻，大多由父母包办，讲究“门当户对”“嫁鸡随鸡，嫁狗随狗”。

民国期间提倡男女平等，未能真正实行。富豪之家一妻多妾，贫寒者孤身到老。强迫婚姻、买卖婚姻的现象屡见不鲜。据民国 8 年（1919）统计，离石县未婚人口为 48795 人，占全县人口的 36.08%，其中男性未婚人口为 30991 人，女性未婚人口 17804 人，分别占全县男女性别人口的 41.66% 和 29.26%。同期，离石县已婚人口为 86439 人，占全县人口的 63.92%，其中男性已婚人口为 43395 人，女性已婚人口为 43044 人，分别占全县分性别人口的 58.34% 和 70.74%。

1950 年 4 月，政务院颁布《中华人民共和国婚姻法》，废除封建包办、买卖婚姻制度，实行一夫一妻制。法定婚龄男为 20 周岁，女为 18 周岁。离石人开始以自由恋爱作为婚姻基础，并开始实行婚姻登记制度。

1980 年 9 月 10 日国务院重新颁布修订后的《中华人民共和国婚姻法》，法定婚龄改为男 22 周岁，女 20 周岁。

20 世纪 80 年代后，离石人择偶观念发生较大改变：部分人择偶更注重对方经济状况，打破城乡界限结合的伴侣渐多，中老年人丧偶后再婚率提高；农村青年仍有早婚现象。

据第四次全国人口普查资料，1990 年全县 15 岁及 15 岁以上人口中未婚人口 33596 人，占 15 岁及 15 岁以上总人口 27.01%。未婚年龄集中于 15—24 岁，同龄人口共有 31474 人，占总未婚人口的 93.68%，在高龄未婚人口中，50 岁以上未婚人口 146 人，其中女性 7 人。已婚人口 90803 人，占全县 15 岁及 15 岁以上人口的 72.99%。有配偶人口 83386 人，占全县婚龄人口的 67.03%，其中 15—29 岁，女性大于男性。30 岁以后，比例差逐渐缩小，直到平衡，并向男性高于女性发展。60 岁以上人口中，女性有配偶人口比例骤减，男性大于女性。1990 年丧偶人口 6118 人，占全县婚龄人口的 4.92%，丧偶人口中女性大于男性，55 岁以上更为明显。1990 年有离婚人口 1299 人，占婚龄人口的 1.04%。

1990年离石县分年龄婚姻状况表

表3-20 单位：人

年龄组	合计			未婚			有配偶			丧偶			离婚		
	小计	男	女	小计	男	女	小计	男	女	小计	男	女	小计	男	女
总计	124399	64728	59671	33596	19337	14259	83386	41824	41562	6118	2446	3672	1299	1121	178
15—19岁	22123	11069	11054	21071	10887	10184	1037	177	860	6	3	3	9	2	7
20—24岁	21541	10918	10623	10403	6514	3889	11052	4361	6691	14	2	12	72	41	31
25—29岁	16878	8816	8062	1202	1044	158	15485	7639	7846	25	13	12	166	120	46
30—34岁	12320	6517	5803	392	381	11	11747	6002	5745	43	21	22	138	113	25
35—39岁	11349	5927	5422	217	212	5	10886	5532	5354	85	40	45	161	143	18
40—44岁	8508	4650	3858	117	115	2	8114	4325	3789	136	80	56	141	130	11
45—49岁	7315	3788	3527	48	45	3	6917	3512	3405	211	103	108	139	128	11
50—54岁	6168	3302	2866	49	48	1	5600	2934	2666	381	191	190	138	129	9
55—59岁	5920	3183	2737	33	29	4	5006	2706	2300	747	322	425	134	126	8
60—64岁	4201	2214	1987	22	22	—	3251	1803	1448	860	324	536	68	65	3
65—69岁	3595	1899	1696	21	20	1	2344	1419	925	1158	392	766	72	68	4
70—74岁	2354	1261	1093	12	11	1	1176	797	379	1121	413	708	45	40	5
75—79岁	1402	783	619	2	2	—	590	451	139	799	319	480	11	11	—
80—84岁	585	329	256	5	5	—	164	150	14	413	171	242	3	3	—
85—89岁	130	64	66	1	1	—	16	15	1	111	46	65	2	2	—
90—94岁	9	7	2	1	1	—	—	—	—	8	6	2	—	—	—
95—99岁	1	1	—	—	—	—	1	1	—	—	—	—	—	—	—

2010年离石区第六次全国人口普查分年龄婚姻状况表

表3-21 单位：人

年龄段	常住人口														
	15岁及以上人口			未婚			有配偶			离婚			丧偶		
	合计	男	女	小计	男	女	小计	男	女	小计	男	女	小计	男	女
	25645	12754	12891	7754	3849	3905	16964	8550	8414	210	113	97	717	242	475
15—19岁	4377	2100	2277	4314	2080	2234	63	20	43	—	—	—	—	—	—

续表 3-21

年龄段	常住人口														
	15 岁及以上人口			未婚			有配偶			离婚			丧偶		
	合计	男	女	小计	男	女	小计	男	女	小计	男	女	小计	男	女
20—24 岁	3761	1677	2084	2676	1251	1425	1081	423	658	3	2	1	1	1	—
25—29 岁	2834	1423	1411	499	299	200	2321	1118	1203	12	5	7	2	1	1
30—34 岁	2256	1134	1122	72	45	27	2148	1075	1073	34	14	20	2	—	2
35—39 岁	2846	1452	1394	65	54	11	2717	1365	1352	54	32	22	10	1	9
40—44 岁	2680	1389	1291	59	54	5	2563	1309	1254	34	16	18	24	10	14
45—49 岁	1990	1025	965	22	21	1	1909	980	929	28	15	13	31	9	22
50—54 岁	1354	717	637	18	17	1	1289	686	603	10	4	6	37	10	27
55—59 岁	1213	602	611	11	11	—	1104	559	545	15	8	7	83	24	59
60—64 岁	843	438	405	8	8	—	748	404	344	5	4	1	82	22	60
65 岁及以上	1491	797	694	10	9	1	1021	611	410	15	13	2	445	164	281

2000 年第五次全国人口普查，对人口的生育、婚姻情况进行十分之一抽样调查。离石市调查 15 岁以上人口 16324 人，其中未婚 3869 人（男 2039 人、女 1830 人），有配偶 11737 人（男 5867 人、女 5870 人），丧偶 573 人（男 202 人、女 371 人），离婚 145 人（男 105 人、女 40 人）。

2010 年第六次全国人口普查，对人口的生育、婚姻情况进行十分之一抽样调查。离石区调查 15 岁以上人口 25645 人，其中未婚 7754 人（男 3849 人、女 3905 人），占 30.24%。有配偶 16964 人（男 8550 人、女 8414 人），占 66.15%。丧偶 717 人（男 242 人、女 475 人），占 2.8%。离婚 210 人（男 113 人、女 97 人），占 0.81%。与第四次人口普查相比，大龄青年未婚者增多，未婚人口占婚龄人口的比例上升 3.23%，其中：15—24 岁青年占未婚人口的比例下降 3.53%，而 25—29 岁未婚青年占未婚人口的比例上升 2.86%。有配偶人口占全区婚龄人口的比例下降 0.88%，基本持平。

随着人们平均寿命的提高，丧偶人口占婚龄人口的比例下降 2.12%。离婚人口占婚龄人口的比例下降 0.23%。

第二节 家 庭

境内家庭户规模的变化，在唐宋时期，一般为两代核心家庭，平均5人左右。唐贞观十三年（639），石州人口每户平均4.63人，天宝元年（742）每户平均4.68人。北宋崇宁元年（1102），每户平均4.61人。明代为多代复合型家庭，每户平均10—20人。“四世同堂”“五世同堂”的家庭受社会尊崇，众人向往。

明洪武二十四年（1391）每户平均7.58人，永乐十年（1412）每户平均9.47人，成化八年（1472）每户平均18.58人，万历年间（1573—1620）每户平均8.59人。

清代、民国时期，变为两代核心家庭，平均5人左右，清光绪九年（1883）每户平均4.98人，光绪十二年每户平均5.11人；民国8年（1919）每户平均4.61人，民国15年每户平均5人，民国23年每户平均6人。民国34年，户均人口4.35人。

中华人民共和国成立后，以父、母或子、媳为核心，由二代或三代人组成的核心型家庭较多。1949年户均人口3.74人。1954年户均人口3.87人。

20世纪70年代始，境内男女青年结婚后一年内分门另过的较为普遍，家庭规模逐渐转小。1971年，离石户均人口3.92人，1978年户均人口4.26人。80年代计划生育政策实施，离石县家庭两代四人型较多。据1990年人口普查统计，离石县家庭户平均每户3.86人，6个镇家庭户平均每户3.87人，其中城关镇平均每户3.83人，9个乡家庭户平均每户3.99人。一人户占家庭户总数的6.63%，二人户占家庭户总数的12.95%，三人户占家庭户总数的20.94%，四人户占家庭户总数的26.33%，五人户占家庭户总数的20.61%，六人户占家庭户总数的8.07%，七人及以上户占家庭户总数的4.47%。离石县一代户占家庭户总数的14.61%，二代户占家庭户总数的71.80%，三代户占家庭户总数的10.08%，四代以上户占家庭户总数的3.51%。

2000年第5次全国人口普查，离石市家庭户每户3.64人。一人户占家庭户总数的6.66%，二人户占家庭户总数的16.11%，三人户占家庭户总数的24.31%，四人户占家庭户总数的25.54%，五人户占家庭户总数的18.27%，六人户占家庭户总数的6.26%，七人及以上户占家庭户总数的2.85%。全市一代户占家庭户总数的20.43%，二代户占家庭户总数的70.38%，三代户占家庭户总数的8.94%，四代户占家庭户总数的0.25%。2000年后，境内青壮年农民工全家外出打工者渐多，老年型家庭日趋增多。

2010年第六次全国人口普查，离石区家庭户平均每户3.15人。一人户占家庭户总数的10.51%，二人户占家庭户总数的22.76%，三人户占家庭户总数的26.62%，四人户占家庭户总数的26.39%，五人户占家庭户总数的10.02%，六人户占家庭户总数的2.61%，七人及以上户占家庭户总数的 1.09%。离石区一代户占家庭户总数的 26.97%，二代户占家庭户总数的 60.93%，三代户占家庭户总数的 11.73%，四代户占家庭户总数的 0.37%。

1990 年离石县各种规模家庭户所占比例表

表 3-22　　单位：%

地区别	合计	一人户	二人户	三人户	四人户	五人户	六人户	七人户	八人户	九人户	十人及以上户
总计	100	6.63	12.95	20.94	26.33	20.61	8.07	2.88	1.02	0.29	0.27
城关镇	100	5.31	11.32	24.90	18.53	18.53	6.61	2.42	0.92	0.32	0.29
吴城镇	100	8.97	13.43	18.22	20.11	20.11	9.58	3.73	1.84	0.28	0.33
田家会镇	100	5.36	13.26	20.50	21.98	21.98	7.92	2.59	0.89	0.12	0.12
信义镇	100	6.58	13.37	19.91	20.63	20.63	9.57	2.98	1.44	0.57	0.72
西属巴镇	100	7.09	13.72	17.18	24.40	24.40	8.50	3.04	1.01	0.39	0.60
交口镇	100	5.49	14.02	18.34	23.93	23.73	8.74	3.80	0.97	0.14	0.03
王营庄乡	100	6.84	14.52	16.20	24.56	24.56	8.52	3.42	1.44	0.38	0.38
红眼川乡	100	5.56	12.46	17.82	24.82	24.82	7.31	3.19	0.72	0.10	—
阳坡乡	100	11.61	14.23	18.20	17.15	17.15	8.79	3.77	0.94	0.63	0.10
小神头乡	100	10.07	17.97	21.61	17.12	17.12	7.28	1.63	0.46	0.15	0.15
王家沟乡	100	4.09	12.13	16.22	25.67	25.67	8.90	3.31	1.97	0.71	0.55
坪头乡	100	10.26	15.93	15.99	21.57	21.57	11.68	3.42	0.86	0.27	—
枣垴乡	100	6.45	15.18	18.12	20.98	20.98	10.04	4.73	1.55	0.08	0.08
结绳塌乡	100	9.64	13.45	19.48	20.38	20.38	9.94	2.41	0.60	0.10	0.20
枣林乡	100	10.91	13.29	19.19	19.45	19.45	9.44	2.89	0.58	0.13	0.06

1990年离石县不同规模家庭户状况表

表 3-23 单位：户

规模	合计	单身户	一对夫妇户	二代户	三代户	四代户	一代户和其他亲属及非亲属	二代户和其他亲属及非亲属	三代户和其他亲属及非亲属	四代户和其他亲属及非亲属	五代户和其他亲属及非亲属	其他
总计	43300	2402	3924	31089	4366	137	229	530	144	9	1	469
一人户	2871	2402	—	—	—	—	—	—	—	—	—	469
二人户	5607	—	3924	1555	—	—	128	—	—	—	—	—
三人户	9069	—	—	8761	137	—	84	87	—	—	—	—
四人户	11400	—	—	10471	716	3	16	186	8	—	—	—
五人户	8925	—	—	9382	1358	16	—	142	27	—	—	—
六人户	3496	—	—	2295	1060	19	—	77	44	1	—	—
七人户	1248	—	—	520	640	32	1	21	33	1	—	—
八人户	440	—	—	90	289	29	—	10	21	1	—	—
九人户	127	—	—	12	81	17	—	6	7	4	—	—
十人及以上户	117	—	—	3	85	21	—	1	4	2	1	—

第四章 人口控制

第一节 计划生育

晚婚晚育

中华人民共和国成立前，境内人们信奉“早生贵子早得福”“多子多福”“养子防老”，早婚早育普遍存在。一般人家的子女十七八岁结婚，有的富家子女不足十六岁就结婚，女子不足十六岁生儿育女，较贫困人家甚至将十二岁女孩子出嫁。妇女无节制生育，一个妇女平均3—5胎，多则10余胎。当时生存环境差，医疗设施简陋，加之天灾、瘟疫、战乱，造成婴孩夭折、成人暴死较多，人口增长缓慢。

1950年5月1日，国家颁布《中华人民共和国婚姻法》，明确规定男女结婚最低年龄。1953年，卫生部公布《避孕及人工流产的办法》。人们受传统婚育观念影响，加上避孕工具和避孕效果差，收效甚微。

1963年，国家提倡人口控制，宣传“结婚晚一些、生得稀一些、养得好一些”的晚婚晚育婚育新观念。20世纪70年代后，离石县按照国家规定，提倡晚婚晚育。规定农村男25周岁，女23周岁结婚为晚婚；农村妇女24周岁生育为晚育。1982年，全县初婚妇女1612人，晚婚741人，晚婚率45.97%。2000年，全市初婚妇女690人，晚婚450人，晚婚率65.22%。2015年，全区初婚妇女669人，晚婚444人，晚婚率66.37%。

节制生育

节育管理 1956年起，离石（山）县从开始宣传和推行计划生育。20世纪70年代后，除提倡晚婚晚育外，相应实行节育绝育手术，简称为“四术”。1979年，计划生育成为中国的一项基本国策。

20世纪80年代，提倡一对夫妻只生一个孩子，严格控制二胎，杜绝第三胎。离石县为确保长效节育措施统计质量，实行逐户上报、乡镇自查、县计生部门复查的责任追究办法。

2002年，离石市为落实长效节育措施，成立由市委督查室、市政府办、计生局、石州电视台组成的专项督促组，各乡镇每5天上报1次长效节育工作进度。

2010年，离石区进行社区计划生育管理体制改革，将12个居委会划分为31个社区，明确各社区计划生育工作职责。健全企业计划生育工作机构，配齐工作人员，建立健全各项计生工作规章制度。

避孕药具使用 离石避孕药具实行计划免费发放与市场零售相结合的方法，对编制计划内人口实行免费供应；对出差、旅游、经商、探亲的流动人口及未落实计划的县内人口实行零售供应。主要推广使用的药具、药剂有短效18甲、口服避孕药片、探亲速效18甲、外用膜、三相片、宫内节育器、避孕套等。

1992年，离石县整顿避孕药具发放机构和发放网络，开设零售点18个，全年共发放、销售避孕药具4556瓶（盒），有效率99.3%。

2007年，离石区建立避孕药具“一证式、多渠道、全方位、免费开放式”供应模式，在城区、乡镇（街道）、村设立避孕药具发放点214个，全区居民包括流动人口持身份证即可免费领取，当年有4.5万人次免费领取避孕药具。2010年，在社区新设立避孕药具发放点23个。

第二节 计生管理

技术服务

1971—l975年，离石县在县医院和吴城、信义、交口、坪头4个乡镇开展节育手术。l975—1980年，先后举办计生技术人员培训班4次，培训人数120人次。1979年，15个乡镇卫生院妇幼员录转为计生助理员，更新妇幼人员15名，分配一批大中专技术人员。到20世纪80年代后期，基本实现计生工作人员、技术、设备“三配套”。1995年，各乡镇计划生育宣传技术服务所均能够开展孕检和初级生殖保健服务。

1999年，市服务站组织8支服务工作队进行“优质服务进万村”活动，共进行查病、治病、查环、查孕活动3次，共普查5579人次，同时，进一步健全基层服务网络。2002年，离石市进行孕前管理普查3次，共普查30864人次，采取补救措施148人，诊治妇科疾病372人次。2003年5月29日，市计生协会在防治“非典”的同时，组织计生志愿者在世纪广场举行“关爱社会、关爱环境、关爱家庭、关爱自身”的宣传、义诊活动，散发宣传资料6000份，发放避孕药具800余份，义诊143人次。同年，发挥计生流动服务车的综合服务作用，共下乡138天，发放计生宣传品17万份、避孕药具7500余份，诊治妇科病652例。

2005年，全区12个乡镇（街道）更换B超机。2007年，筹资140万元，实施区计生指导站、乡镇（街道）计生服务所、村级计生服务室三级网络建设，区计生指导站通过市计生委评估验收，12个乡镇（街道）计生服务所全部达到“三查两补一治疗”标准。全年开展咨询、义诊活动25次，接受群众咨询1.46万人次，诊治疾病1516人次。2008年，投资70万元开展创建星级计划生育服务站活动，集中力量在吴城镇、红眼川乡、信义镇、交口街道、坪头乡打造示范站所，形成区站为龙头、乡所为依托、村室为基础、流动服务车为纽带的技术服务网络体系。同年，制定《离石区出生缺陷干预工程实施方案》，开展健康教育、孕前准备、遗传咨询、营养素的补充等优生优育科普知识讲座36次；为12名35岁以上准备怀孕妇女进行具体指导，为30%以上怀孕妇女免费提供叶酸、福施福等药物。

2009年，共发放叶酸987份，进行优生四项检测943例，占当年出生人口的84.8%。2010年，区计生服务中心增设优生优育咨询门诊，选派技术人员参加致病致畸微生物感染的检测，对参加优生咨询指导、参加口服叶酸的育龄妇女孕期免费提供B超、检验、产检等全程服务，全年发放叶酸587份，进行优生四项检测543例；为400余名流动人口免费进行B超、血常规检查。

生育指标管理

1977年，离石县委转发县计生领导组《关于开展计生工作的意见》，全县计划生育工作纳入党委议事日程。1985年，县政府印发《关于开展第三次计划生育宣传月活动的具体规定》。1986年12月，离石县委、县政府联合印发《关于执行吕梁地委〔1986〕48号文件精神的七条意见》。1989年4月，县委、县政府联合印发《关于进一步加强经常性计划生育工作的六条意见》。经县委、县政府联席会议讨论决定，县五套班子的领导要结合各自的包点，实行计生蹲点包片责任制，联系一至两个乡镇，重点抓一个大村。系统分管领导，要包本系统计生工作，做到"两种生产"一起抓。

2000年，中共中央、国务院发布《关于加强人口和计划生育稳定低生育水平的决定》。2001年，《中华人民共和国人口与计划生育法》颁布并开始实施。2002年，离石市政府与各单位签订《人口与计划生育目标责任书》时，增设综合治理项目，加大考核力度。

2007年，签约率98%以上，政策生育率由88%提高到90%。2008年《山西省计划生育条例》修订后，区计生部门规范生育调节、节育措施、流动人口综合管理、优待奖励、限制处罚等，计划生育工作步入依法管理新时期。

流动人口生育管理

1992年4月，离石县流动人口计划生育管理协调领导组成立，制定流动人口计划生育管理的具体意见、措施。当年对境内流动人口进行摸底、审查薄卡、措施落实等工作。

1996年，离石市对6200名育龄流动人口进行摸底登记，查验婚育证明310人。1999年，对城区4267名育龄流动人口进行登记、验证，发放流动人口计划生育登记证315本。

2006年，离石区流动人口计划生育清查验证领导组成立，共清查出流入人口36041人，其中育龄流动人口中持婚育证明10981人，持证率82.6%；流出人口10240人，其中已婚育龄妇女311人，发证714人，发证率90.2%。2007年，全区流动人口达4.96万人，是常住人口的1/6。区政府成立城市社区人口和计划生育工作协调领导组，拟定《关于加强城市社区居委会人口和计划生育工作意见》，明确各级政府、有关部门和企事业单位人口和计划生育工作的职责，按照"属地管理、单位负责、居民自治、社区服务"的管理模式和区别"村居合一""村居合并""单设社区居委"的工作思路，由区民政部门牵头，对社区居委会的设置进行统一规划，共规划"村居合一"的社区居委会18个，"村居合并"的3个，"单设社区居委"9个。协调区公安、工商、教育等部门齐抓共管流动人口计划生育工作，在流动人口办理公安、工商证件，租房、子女上学时，先查验婚育证明，共查验1.08万人次，验证率100%；进行流动人口清查中，新登记3691人，办理婚育证明729份，发证率83%，持证率83.3%。2008年，推行社区计划生育工作人员兼任治安管理协警员制度，实现社会治安综合治理和计划生育管理服务工作有机结合。2009年，离石区被确定为山西省流动人口计划生育“一盘棋”工作试点，离石区各级政府成立以党政一把手为组长，分管计划生育工作领导为副组长的流动人口管理领导机构。把全区划定为54个片区，将乡村两级460名工作人员以片区组成54个工作组，实行以组包片区工作责任制。全区“一盘棋”工作领导组13个职能单位根据职能，在流动人口入托入学、经商、办企业、务工、居住时，实行婚育证明一证否办制度，同时向周围30个流动人口相对集中的县（市）发出“双向管理协议书”，形成综合治理、齐抓共管的格局。至2009年9月，共采集、核实登记流动人口个案信息18872人，其中流入17846人、流出1026人。签订管理协议1204份，查、验证8061人。2010年，离石区与吕梁市其他县（市）及流出人口较多的太原等地签订《流动人口双向管理协议书》，对无婚育证明和长效节育措施的流出人口，向流出地发出《信息通报单》212份；印发《离石区关于对乡镇（街道）流动人口信息工作进行专项考核的通知》。

宣传教育

1992年，离石县排练计划生育专题文艺节目，节日期间演出30余场次。共出动宣传车100余车次，印发宣传资料2万份，每星期进行1次计生专题广播，出板报、墙报700期。1994年4月，印发《关于在乡村开展人口基础知识教育活动的通知》，11月，组织副科级以上领导干部和计生专干进行人口与计生基础知识教育考试问答活动，并纳入年度责任制考核目标。1995年，县委党校正式开设人口理论课，各乡镇均成立人口学校；在石州电视台开展“人口与计划生育”专题节目讲座；开展关于《生一个健康聪明的孩子》《计划生育协会工作手册》和《计划生育依法管理指南》的读书竞赛活动。

1999年，离石市进行“婚育新风进万家”计生宣传活动，向已婚育龄妇女印制发放装有计生知识和政策内容书籍的资料袋2.7万份。2002年8月，离石市参加吕梁地区计生委组织的庆祝《中华人民共和国人口与计划生育法》正式实施的系列活动，13个县、市计生宣传队在离石市街头进行大型文艺宣传活动，共书写标语500余条，建黑板报30余块。2003年，离石市动员市、乡镇、村三级计生人员，采取包乡、包村、包人的办法，对确定的600名计生重点对象进行面对面的计生政策宣传、教育。同年9月，离石市同吕梁地区计生局共同组织《中华人民共和国人口与计划生育法》正式实施一周年庆祝活动。

2004年，离石区以实施“关爱女孩行动”为契机，宣传少生优生、男女平等、计划生育丈夫有责、生男生女一样好等新观念。全区创建计划生育文化大院30个、计划生育文化活动室30个、人口和计划生育文艺宣传队13支。把5月确定为“计划生育宣传月”，全年共进行大型宣传活动 3 次，发放宣传资料 6.7 万份，接受咨询 2465 人次。2007 年，石州电视台开设《人口与计划生育信息》专栏，在乡村频道开设《计划生育政策宣传》广播栏目。2010 年，在世纪广场举行流动人口计划生育大规模宣传活动 4 次，发放免费服务卡 2000 余张、避孕药具 30 件、计生小册子 3000 份，出示宣传版面 20 块，受教育人数达 15000 人次。

计生奖励

1994 年，离石县为机关领证独生子女户办理“爱子女年金”保险，当年办理 77 户，累计 238 户；为农村独生子女绝育户和双女绝育户父母免费办理养老保险 224 户。1995 年，印发《关于在全县开展计划生育“三结合”活动的实施意见》。

1996 年，市计生委成立计划生育“三结合”工作办公室，在扶贫开发与计划生育相结合工作中，确定帮扶对象，建立帮扶人档案，签订帮扶协议，规定每户至少落实一项切实可行的致富措施。当年帮扶贫困计生户 970 户。2002 年，离石市转发《吕梁地委、行署关于对独生子女及农村双女绝育家庭实行奖励的决定》。2003 年，离石市各乡镇（街道）制定农村双女绝育优先优惠政策，主要包括：各乡镇（街道）奖励农村双女绝育的家庭 1000—2000 元；在审批宅基地、列为农村低保对象时，双女绝育家庭优先；免去双女绝育家庭子女小学至初中的学杂费、14 年的乡统筹，村提留、审批宅基地费用。

2004 年，离石区奖 9 户农村满 16 周岁领独生子女光荣证家庭各 3000 元，为 63 户农村双女绝育家庭的母亲办理 800 元的养老保险。2006 年，共对全区符合国家计生奖励扶助政策对象的 216 户 262 人奖励 21.84 万元。2008 年，执行《山西省农村计划生育家庭奖励扶助工作实施方案》，主要内容为：发放农村独生子女父母每人每月 50 元至其 60 岁，奖励农村退二孩指标父母一次性每户不低于 5000 元的奖励金，奖励农村双女绝育户家庭一次性每户不低于 3000 元的奖励金。给予农村领证独生子女死亡或伤、病残丧失劳动能力（伤病残达二级以上）的一次性每户 5000 元补助；农村独生子女死亡或伤、病残（伤病残达三级以上）后未再生育的夫妇，从女方 49 周岁起给予每人每月不低于 100 元的扶助金。同年，区教育部门落实独生子女中考加 10 分优惠政策，有 12 名独生子女考生首先享受该政策；对 22 名计划生育家庭子女给予每人每月 50 元的寄宿生活补助。独生子女、双女绝育家庭参加农村合作医疗时，降低 10% 的起付线，提高 20% 的报销比例。区政府落实农村养老保险、城市低保时，优先考虑计划生育家庭，当年对 7 户独生子女户上浮一个档次低保标准。区扶贫办制定《关于实施扶贫移民和整村推进对计划生育家庭给予补助的办法》，有 10 户计划生育户得到 3.4 万元补助。2009 年，共对全区计划生育家庭“4+2”奖励扶助对象 1006 人奖励 54.67 万元。区卫生部门对参加农村合作医疗的计划生育家庭在区医院分娩每例报销 200 元，乡镇医院分娩每例报销 240 元，对 384 户家庭报销医药费；区民政局为 53 户城市计划生育贫困家庭、24 户农村计划生育贫困家庭优先办理低保。

2012 年，离石区执行山西省财政局、计生委转发《关于调整全国农村部分计划生育家庭奖励扶助和计划生育特别家庭工作特别扶助标准的通知》，奖扶标准从每人每月不低于60元提高到不低于80元；特扶标准（独生子女死亡家庭）从每人每月不低于100元提高到不低于135元，特扶标准（独生子女伤残家庭）从每人每月不低于80元提高到不低于110元，山西省特扶标准执行每人每月200元。2015年，离石区执行山西省卫生计生委《关于做好2015年调整计生家庭奖励扶助工作的通知》，将女方满49周岁的独生子女伤残死亡家庭夫妻的特别扶助金标准分别提高到400元、500元，城乡标准统一。

人口目标管理

离石区（县市）委、区（县市）政府对全区（县市）计划生育工作实行目标责任管理制。1995年开始，分管计生副县长与各单位一把手签订计划生育任务书。各乡（镇）政府对所属村委签订计划生育任务书。该任务书包括各单位的计生机构队伍建设、政策兑现、宣传教育、措施落实、制度建设、信访工作、奖惩兑现等。

机构

1972年3月，离石县计划生育领导组成立。1974年1月，县计划生育办公室成立，为县卫生局内设股室，有工作人员4名。1979年，县计划生育办公室成为正科级建制单位，定编8人，各公社成立计划生育办公室。1984年10月，县计划生育宣传指导站成立，为股级全额事业单位，共有职工4人。1985年6月，县计划生育协调委员会成立，同年，全县招聘计划生育专职干部45名，各乡镇成立计划生育服务所。1986年，离石县计划生育办公室被撤销，县计划生育委员会成立。1987年，县计划生育协会成立。1988年，县计划生育服务站成立。1990年，各村始有专职计划生育工作人员。1992年，县计划生育宣传指导站更名为县计划生育宣传技术服务站。1992年9月，县流动人口计划生育办公室设立。1994—1995年，各乡镇计划生育宣传技术服务所成立。

1996年，各乡镇计划生育协会成立。2001年3月，各村建起计划生育服务室，形成较系统的计划生育管理网络。2002年3月，市计划生育委员会更名为离石市计划生育局。2002年6月，市计划生育药具站从市计划生育技术服务站中分立。2003年5月，市计划生育综合执法检查队成立，为市计划生育局直属全额事业单位，共有工作人员3名。

2004年，离石市计划生育局更名为离石区人口和计划生育局。

2015年，区人口和计划生育局内设办公室、财务室、宣教股、协会股、科技股、流动办、统计股、区直股、督调队，下设计生服务站，共有职工56人。同年11月，与区卫生局合并，成立区卫生和计划生育局。截至2015年底，全区共有区级计生管理人员70人、乡（镇、街道）级计生管理人员49人、村级工作人员254人。

第五章　老龄人口

第一节　老龄状况

1982年第三次全国人口普查，离石县总人口143714人，60岁以上10560人，占全县总人口的7.35%。其中，男性5882人，占老年人口的55.7%；女性4678人，占老年人口的44.3%。75岁以上老人1538人，占老年人口总数的14.56%；其中，男性858人，占75岁以上老年人口的55.79%；女性680人，占75岁以上老年人口的44.21%。

1990年第四次全国人口普查，全县总人口176777人，60岁以上12277人，占全县总人口的6.94%。其中，男性6558人，占老年人口的53.42%；女性5719人，占老年人口的46.58%。75岁以上老人2127人，占老年人口总数的17.33%；其中，男性1184人，占75岁以上老年人口的55.67%；女性943人，占75岁以上老年人口的44.33%。

2000年第五次全国人口普查，离石市总人口235678人，60岁以上16084人，占全县总人口的6.82%。其中，男性8473人，占老年人口的52.68%；女性7611人，占老年人口的47.32%。75岁以上老人2594人，占老年人口总数的16.13%；其中，男性1342人，占75岁以上老年人口的51.73%；女性1252人，占75岁以上老年人口的48.27%。全市有65岁及以上老年人的家庭8001户。有一个65岁及以上老年人的家庭5761户，其中单身老人1465户、一个老年人与未成年人的53户；有两个65岁及以上老年人的家庭2230户，其中只有一对老夫妇的1457户，一对老夫妇与未成年人的79户；其他类型10户。

2010年第六次全国人口普查，全区总人口320142人，60岁以上22632人，占全县总人口的7.07%。其中，男性11696人，占老年人口的51.68%；女性10936人，占老年人口的48.32%。75岁以上老人4322人，占老年人口总数的19.1%；其中，男性2196人，占75岁以上老年人口的50.81%；女性2126人，占75岁以上老年人口的49.19%。全区有60岁及以上老年人的家庭15638户。有一个60岁及以上老年人的家庭8783户，其中单身老人3441户、一个老年人与未成年人的87户；有两个60岁及以上老年人的家庭6807户，其中一对老夫妇的4902户，一对老夫妇与未成年人的161户；有三个60岁及以上老年人的家庭48户。全区有65岁及以上老年人的家庭10786户。有一个65岁及以上老年人的家庭7034户，其中单身老人2761户、一个老年人与未成年人的57户；有两个65岁及以上老年人的家庭3740户，其中一对老夫妇的2806户，一对老夫妇与未成年人的81户；有三个65岁及以上老年人的家庭12户。对老年人口的健康、生活来源进行十分之一抽样调查。共调查全区60岁以上2334人，其中，身体健康的976人，基本健康的946人，不健康但生活能自理的337人，生活不能自理的75人。生活来源依靠劳动收入生活的415人，依靠离退休金养老金生活的529人，依靠最低生活保障金生活的166人，依靠财产性收入的48人，家庭其他成员供养的1063人，其他113人。

2015年，全区户籍人口中60岁以上的31467人，占总人口的11.23%。

第二节 老龄工作

2015年，区老龄工作委员会下乡到基层集中办理老年优待证，让老年人足不出户享优惠。全年为3640名老年人办理山西省老年优待证。为4名百岁老人送长寿牌匾以及医疗器械，春节前夕给10位贫困老人发放补助资金5000元。

截至2015年底，离石区集中供养老年人39人，分散供养老年人1432人，并按照集中供养标准不低于5500元，分散供养不低于2800元的标准，对1471名五保老人实施全方位关爱，共发放资金422.41万元。

附：百岁老人

张惠兰，女，民国3年（1914）8月6日生，汉族，莲花池街道办八一社区人。

冯班银，女，民国4年（1915）7月2日生，汉族，莲花池街道办昌宁社区人。

魏年生，女，民国4年（1915）12月21日生，汉族，莲花池街道办八一社区人。

第四编

城乡建设

城乡规划
城市建设
镇村建设
房地产业
建筑业
城市管理
机构

从战国时期赵置离石邑后，离石城历代均为郡州驻地。因战争破坏，至民国34年（1945），城区面积仅0.6平方千米。1970年，城区面积不足1平方千米，人口不足7000人。1971年，离石城成为吕梁行署驻地后，城市建设走上有规划发展之路。1971—1980年，离石县城市发展主要是在老城的基础上向东发展，城区东扩到建设街以东。1980—2003年，以向南发展为主，同时向东、向北发展，中心城区初步呈现沿东、北川河谷轴向发展的态势。至1995年，城区居民发展到6.6万人，城区面积达5.1平方千米，形成新城套旧城的格局。2004年开始，城区在向南、向东发展的基础上，重点向北发展中心城区，基本形成沿河谷轴向发展的形态。2010年第六次全国人口普查，离石区城市家庭户6.82万户21.53万人，平均每户住房1.92间，人均住房建筑面积20.39平方米。截至2015年底，形成南北以龙凤大街、东西以滨河南北路为主干的布局架构。国道307、209线和青银高速公路、太中银铁路纵横交错，机场快速公路贯通南北，环城高速公路连接四面八方。城区面积25.8平方千米，居住人口27万余人。

1977年，离石县开始第一轮城区规划。1982—1983年，县城建局和山西省城市规划设计院共同着手编制完成《离石城区建设规划纲要》初编。1996年4月，为顺应离石撤县设市的发展，在第一轮总体规划和建设的基础上，重新编制城市总体规划。2003年8月，吕梁市委托上海同济市规划研究院编制《吕梁市总体规划（2004-2020）》。

1961年，城区第一座二层楼建成。1986年，开工建设凤山公园。2001年9月，开始向市区居民供应人工煤气。2001年，开工建设世纪广场。2003年，开工建设莲花池公园。2004年启动实施热电联产集中供热。2011年9月，开始供应天然气置换人工煤气。截至2015年底，吕梁市区人均城市道路面积达12.75平方米；城市供水普及率达95.33%，中水回用率达10.05%；集中供热普及率达86.42%，燃气普及率达94.89%；建成区绿化覆盖率达38.37%；生活垃圾无害化处理率达100%。共建成公园5座、广场2个、小游园22个。

1958年，离石县营造厂成立，为全县第一支集体建筑专业队伍。1979年，全县有建筑业社队企业13个。1988年，全县有房地产开发企业13户。2006年，离石区有建筑企业27个，占吕梁市建筑企业的33.33%。截至2015年底，离石区房地产企业45个，占吕梁市房地产企业的36.29%；建筑企业38个，占吕梁市建筑企业的35.19%，总产值15.84亿元，占吕梁市建筑企业总产值的35.31%。

第一章　城乡规划

第一节　城区规划

总体规划

第一轮规划　1971年5月，吕梁地区组建。为加快城市发展，1977年，离石县城市建设局主持启动离石建设规划的设计与编制工作。1982年，县城建局和山西省城市规划设计院共同着手编制，1983年，完成《离石城区建设规划纲要》（以下简称《规划纲要》）初稿。1984年8月31日至9月1日，山西省建设厅召开《离石城区建设规划纲要》审批评议会。1986年5月20日，山西省人民政府批准实施《规划纲要》。规划期限：近期1982—1990年；远期1990—2000年。城市性质：离石县城是吕梁地区的政治、经济、文化和交通中心，将成为以煤炭采掘工业为主的新型工业城市。城市规模：1990年为5.6万人，用地3平方千米，2000年为13万人，用地10平方千米。城市规划区范围：东至七里滩，西至西崖底，北至王家沟，南至交口镇，总面积24平方千米。按照总体规划，陆续完成永宁东路、滨河北路、七里滩小区的详细规划。完成交口工业区、田家会镇和西属巴镇的总体规划。

第二轮规划　1996年4月，离石撤县设市。离石市在第一轮总体规划和建设的基础上，重新编制离石市城市总体规划。规划区范围：东至田家会镇沙会则村，西至交口镇贺家塔村，北至西属巴镇西属巴村，南至交口镇交口村，规划区面积27.24平方千米。城市用地：依托现状集中向城北和西南方向发展，并在城区西南建立交口工业区。城市性质：离石市区是吕梁地区和离石市的政治、经济、文化、交通和科技中心，是山西省中西部新兴煤炭工业城市。到2000年，市区人口规模13万人，城市建设用地9.45平方千米。城市总体布局：为带状组团结构，根据东川河、北川河对城区的分割和地形高差，将市区分割成5个组团，即东城区、北城区、马茂庄区、交口区和河西区。东城区组团是全市商业贸易、金融业、服务业和居住中心，占地4.14平方千米，包括永宁西路、永宁中路、永宁东路、滨河南路、兴隆街等商业服务和金融贸易为主的商务中心。旧城区和东关居住区。北城区组团为全市的行政中心，占地5.06平方千米，分东区和西区。东区为全市文化卫生中心，集中主要的大中专院校和医疗卫生设施；西区为全市行政中心，是市政府所在地，是矿务局和华晋焦煤公司管理中心和居住中心。马茂庄组团占地1.5平方千米，以居住和一、二类工业为主的综合组团，是全市的科研、娱乐中心和商业副中心。交口区组团占地3.18平方千米，是市区的工业中心区、仓储业中心，以洗煤、炼焦、煤气等三类工业为主，配套矿山机械和建材业等。河西区组团占地 2.85 平方千米，为全市对外交通中心和工业副中心，包括火车站、汽车站、赵家庄一、二类工业区和王家塔三类工业区。

第三轮规划 2003 年 8 月，吕梁市委托上海同济城市规划研究院编制《吕梁市城市总体规划（2004—2020）》（以下简称《总体规划》），2004 年 11 月，山西省建设厅组织专家评审通过《总体规划》。2005 年 6 月 23 日，吕梁市第一届人民代表大会常务委员会第六次会议讨论通过《总体规划》。2006 年 3 月 24 日，山西省人民政府批准实施《总体规划》。规划范围：包括离石区莲花池、交口、城北、凤山底、田家会、西属巴、滨河街道及红眼川乡，柳林县李家湾乡，中阳县金罗镇，方山县大武镇，约 576.9 平方千米。人口规划：2003 年人口基数 17.4 万人，到 2010 年发展为 20.5 万人，到 2020 年发展到 25 万人。用地规划：近期 2010 年用地 20.545 平方千米，人均城市建设用地 100.2 平方米。远期 2020 年用地 25.43 平方千米，人均城市建设用地 101.7 平方米。在该轮城市总体规划的指导下，完成桥头街、永宁中路控制性详细规划及货源街改造修建性详细规划。

吕梁新城概念规划

吕梁新城建设，是依据山西省“十二五”规划确定的太原都市圈总体战略和离柳中心城市组群建设做出的一项重要决策。新城位于市区北部片区，霍州煤电集团吕梁山煤电有限公司（属方山县管辖）北界以南，龙凤北大桥以北，东西至两山山脊，规划用地面积约 24.6 平方千米。2012 年 9 月，吕梁市委托上海同济城市规划设计研究院编制吕梁新城概念规划，2012 年底，编制完成并评审通过。

离石东城规划

2008 年 12 月，离石区开展东城新区 14 平方千米的地形测绘工作。2009 年 1 月 20 日，离石东城新区总体规划设计任务招标准备会召开。2009 年 3 月 24 日，离石区规划委员会邀请山西省规划设计专家对总体规划设计成果进行评审，最终确定华南理工大学建筑设计院为中标单位。2009 年 5 月 7—9 日，吕梁市政府组织听取东城新区控制性详细规划全面汇报，一致通过规划方案。东城新区规划，总占地面积约 20.3 平方千米，规划范围为东北至田家会街道办车家湾村，东南至义居村洗煤厂，西南至青银高速离石东出口，西北至高崖湾村，地块呈“Y”字形三叉状，规划区域面积 14.4 平方千米。东城新区规划区域分为：商务文化区、金融商贸区、综合物流区、居住区、生态景观区。新区建成后人口规模达 12 万人，建筑规模 500 万平方米，总投资约 90 亿元。其中商业、居住等民用建筑规模 300 万平方米，投资规模约 60 亿元；公用建筑面积 200 万平方米，基础设施以及公用建筑总投资为 30 亿元。

规划从 2009 年开始实施，2011 年，区城建部门与华南理工大学建筑设计研究院完成东城新区扩展 6 平方千米规划设计，使东城新区规模达 20.3 平方千米。邀请北京建筑设计研究院专家进行东城新区文化商务中心设计，占地 0.23 平方千米，建筑面积 19.28 万平方米，总概算投资约 8.5 亿元。组织编制文化商务中心地源热泵和太阳能应用设计方案。邀请华汇工程设计集团有限公司组织设计东城湿地公园，占地约 0.215 平方千米，总建筑面积达 28 万平方米，投资约 1.1 亿元。

第二节 乡村规划

2013 年，离石区委托山西省城乡规划研究院编制完成离石区城乡一体化规划、东城新区扩展区规划以及吴城、信义、坪头、枣林四个中心集镇规划，邀请北京、上海和西安 3 家设计研究院，通过国防沟门楼、景观区、循环道路的规划设计。邀请上海千年城市规划工程设计股份有限公司完成城区 4 座过街天桥的规划设计。邀请中国中建设计集团有限公司完成离石区民兵训练基地的规划设计。

截至 2015 年底，完成吴城、信义中心集镇规划编制，并通过评审。完成红眼川采煤沉陷区治理迁入地田家会街道办高崖湾村的规划。启动村庄规划编制工作，完成信义镇小神头村规划示范编制 1 项。配合市住建局完成吕梁市总体规划修编和控规修编，聘请山西规划设计院进行枣林乡彩家庄村规划设计。

第二章 城市建设

第一节 城区建设

离石古城

离石城自古就是郡州驻地，战国时期赵置离石邑。《永宁州志》记载，元至元二十一年（1284），州牧尹炳重筑石州城，城垣包含现在的永宁中路（旧称新关）以西至世纪广场一带。明隆庆元年（1567）战火又毁。明万历三年（1575），始筑砖城，经五任知州李春芳、刘祐、高光宗、陈嘉谟、许天球先后经历，明万历六年六月落成（明代改城时截去的新关土城遗址，在20世纪70—80年代大规模建设中全部拆除）。城墙周4.85千米，约1.3平方千米，高16米，底宽11米，顶宽5米，城壕深4米。城垣整齐，南、北开城门3道，西城无门，有“一刀裁就永宁州”之称。墙头四周修筑门楼、角楼、八堞台铺各26座，悬楼62座，马道壕梁若是。此即石州改为永宁州的新城。明万历二十六年，知州夏惟勤重修城垣，改南门于东南角上，并增设台楼。明崇祯十四年（1641），知州仇秉忠凿深城壕。

清顺治十四年（1657），知州胡朝宾补修西城。康熙十二年（1673），知州黄良骥补修东城。以后又多次修缮。清代州城内建筑布局：州署在城中心，西有捕衙，东有玄帝庙。衙前为小西街，后有大西街，大西街直通东门。州署向南通南门为南街。南街东为文庙（今贺昌中学），南角有魁星塔一座，高七层。南街西有药王庙，再西有关帝楼（今烈士楼）。小西街西有三圣阁，再西为西寺。大西街西有萃祥楼，向北直通北门，后为准提庵，再西为东岳庙。玄帝庙东南北大街为正街（今旧城街），与大西街十字相交，称十字街。十字街向北为草场街，通向北街。州署后大西街北侧为城守司（旧称马号里，今吕梁军分区军人服务社）。城守司东有节孝祠，再东为城隍庙，过草场街东为天宁寺（今电线厂）。进东门，南有辛家楼，北有三灵侯庙。城守司背后至天宁寺背后，有一条东西向大街为北街。北街以北由东向西建有马王庙、娘娘庙、三官庙、善济院、观音庙和玉龙庙。玉龙庙向北为北门。城建有外廓，城南为南关，以文昌楼（今存门洞）为界，上为上南关，下为下南关。城墙西南角下有莲花池（温泉），东门外至土城垣为新关。新关大街直通东关，街东北建有关帝庙（今区供销社西）。出新关土城垣为东关，东关最大建筑为李府，乃清代云南总兵李能臣之宅院（今区人民政府招待所）。

因战争破坏，至民国34年（1945），城区面积仅有0.6平方千米，城内仅有1条长300米砌有石块的街道，其余街巷均为土路。城内街道狭窄，居民住宅简陋低矮，全城居民仅有300余人。

图 4-1 清光绪三十二年（1906）的永宁州城局部（今离石城）

图 4-2 民国 27 年（1938）离石城东门

离石城区

离石城地势北高南低，海拔 880—940 米，南靠龙山，北依凤山，西对虎山。东川河、北川河和南川河在该地汇合向西流入黄河。

1961 年，离石县第一座二层楼建成（原离石县文化馆）。1963 年，铺设第一条灰渣路面，县城面貌初步改观。1970 年，城区面积不足 1 平方千米，人口不足 7000 人。1971 年，离石城成为吕梁行署驻地。1972 年开始，省地县各级财政投入资金改善离石县的基础设施。至 1990 年，逐年投资总额累计 2332.97 万元，城区居民达 6.6 万人，城区面积达 5.1 平方千米，形成新城套旧城的格局。陆续兴建东川河大桥、马茂庄大桥（改河工程完工后拆除），七里滩大桥，1 号、2 号吊桥，将新城区、旧城区与新兴的工业区连成一片。东川河两岸，整齐的砌石堤坝锁住昔日的“黄龙”。城区已初步形成滨河北路、滨河南路、永宁路、交通路、桥头街、建设街、兴隆街为主的棋盘式街道格局。干道总长度 22.75 千米，路面总面积 40 万平方米。城区建成日供水能力达 1 万吨的自来水网和功能比较健全的防洪排水设施。建成总面积达16.5公顷的凤山公园、滨河公园和交通公园，人均2.20平方米。1995年，城区居民达6.6万人，城区面积达5.1平方千米。

1997年，马茂庄改河工程完工，新增国有土地0.47平方千米，开启离石城西南区扩城建设。

2004—2015年，城区在向南、向东发展的基础上，重点向北发展中心城区，基本形成沿河谷轴向发展的形态。2011年，开工建设东城新区。至2015年，吕梁市区（2007年离石城区城市规划和建设管理职能上划吕梁市建设部门后，离石城区通常称为吕梁市区，下同）城区面积25.8平方千米，居住人口27万余人。城市道路总长度175.07千米，市区桥梁29座；市区城市房屋面积达1458万平方米；建成公园5座、广场2个、小游园22个；城区年供水量1203万吨，供水普及率95.33%；市区城镇排水管网长度281.03千米；市区集中供热普及率86.42%，城镇燃气普及率94.89%。国道307、209线和青银高速公路、太中银铁路（太原—中卫—银川铁路）纵横交错，机场快速公路贯通南北，环城高速公路连接四面八方。吕梁市区既是吕梁市驻地，又是晋西地区性中心城市和交通枢纽。

重大城建工程

马茂庄改河工程 离石旧城坐落在北川河和东川河汇合之处的东南三角地带。改河前的北川河水流到马茂庄村后，因马茂庄村后山屏障阻挡，河水南折经莲花池一带冲向圪垯上村的龙山脚下，向西转180度，流经马茂庄村西南菜地和岐则沟村，然后向西南与南川河汇合，经柳林县流入黄河。改河成为离石世代人的期盼。民国时期，有人提议在马茂庄处改河。中华人民共和国成立后，离石县多任领导有过改河动议，因多种因素制约，未能如愿。1971年吕梁地区成立后，吕梁地委号召改河，组织地县机关干部、厂矿职工参加义务劳动，干1个冬春。当时施工条件落后，主要靠人力，加之财力有限，工程半途下马。1992年，吕梁地委、行署将改河工程提上议事日程，成立工程建设指挥部，同年12月动工建设，1997年完工。工程主河道北起东川河与北川河汇合处（包括枣林沟河入主河道处），南至刘家湾河入主河道口，将马茂庄村背后的土山拦腰斩断，开凿长1800米、宽100—110米、深10—18米的新河床，钢筋混凝土铺底、石砌护坡，把东、北川河水引入新的河道。工程总投资9048万元，新造地60.87公顷，归还工程占用有关村土地13.74公顷，新增国有土地47.13公顷，开启离石城西南区扩城建设。截至2015年底，城西南区居民达6万余人，同时集中离石城市建筑的精华，如汉画像石博物馆、市民广场、莲花公园、莲花小区、汽车站、龙凤南大街等。马茂庄改河工程奠定城西南区扩城工程的基本格局。

东城新区建设 2009年6月，离石区启动东城新区开发建设，首先建设东城生态公园，当年开展拆迁大会战。2011年，完成东城新区“六纵一横”（六纵指东城新区东川河1—6号桥连接道路建设，一横指高崖湾至后马家村道路建设）8千米支路建设、供水、供热、供气等市政公用基础设施，田家会村民安置工程、红眼川乡移民工程等项目的规划设计任务。投资5亿元，推进“一河两坝三路六桥”（“一河”指东川河西起沙会则、东至车家湾段河道综合整治工程，“两坝”指该河道综合整治 1 号—13 号拦水坝蓄水建设工程，“三路”指东城新区滨河北路、滨河南路、沿山快速路，六桥指东城新区东川河 1 号—6 号桥）等基础设施建设，完成东川河河道综合整治工程，建成 1 号—6 号桥梁，建成江阴高级中学一期工程，建成沿山快速路、东城生态公园。

2012 年，东城新区河道综合整治工程具备蓄水功能。江阴高级中学二期工程 3 号、4 号宿舍楼以及 3 号教学楼竣工投入使用。投资约 9000 万元，完成东城生态公园绿化面积 3.1 万平方米，水系工程 4600 平方米。启动车家湾 220 千伏变电站工程、城东 110 千伏变电工程、天然气利用工程。2013 年，将东城新区的发展定位为数字生态科技城。完成保障性住房 6.38 万平方米，江阴高级中学 10 万平方米的太阳能热水系统全覆盖。截至 2015 年底，建成离石区江阴中学、保障性住房、东川河 6 座桥梁，滨河北路等主干路。

房屋建筑

建筑规模 离石城区的房屋建筑受当地自然环境和文化传统的影响，历来以窑洞与瓦房为主，加之城区地处三川河谷地段，地形起伏较大，多依地势而筑，具有浓郁的黄土高原特色。到 1961 年，城区开始有二层楼房。1971 年吕梁行署驻离石县城后，楼房建筑增多。1974 年，吕梁行署、军分区 2 座 5 层办公大楼首次在离石城建成。至 1985 年，离石城区共建成二层以上的楼房 653 幢，建筑面积达 105.6 万平方米，其中 4 层以上的楼房 12.7 万千方米。民用住宅 34.17 万平方米，工业交通仓库用房 18.66 万平方米，商业服务设施用房 13.32 万平方米，学校医院及科研用房 12.80 万平方米，文化娱乐体育场所 2.46 万平方米，办公及其他用房 19.20 万平方米，城区各类房屋面积达 100.61 万平方米（各类房屋中按建筑年代分：1949 年前建成房屋 1.72 万平方米，20 世纪 50 年代修建房屋 3.51 万平方米，60 年代修建房屋 7.35 万平方米，70 年代修建房屋 46.82 万平方米，80 年代修建房屋 41.20 万平方米。）至 2010 年，吕梁市区 20 层以上楼房有 30 余座，最高的达 33 层。截至 2015 年底，吕梁市区城市房屋面积达 1458 万平方米。

住宅 中华人民共和国成立后，人民政府为医治战争创伤曾组织力量对离石城区破旧房屋进行修缮。1971 年，离石城区成为吕梁地区驻地后，城区人口骤增，居民住房紧张，人民政府投入大量建设资金，城区居民的住房状况得到极大改善。1985 年房屋普查，城区居民 8471 户 35174 人，人均住房面积达到 7.8 平方米。

20 世纪 90 年代后，建起水、暖、电、气、通信、互联网配套齐全的楼房式住宅小区。2000 年，第五次全国人口普查，全市城市家庭户 3.2 万户 10.93 万人，平均每户住房 2.06 间，人均住房建筑面积 17.59 平方米。2010 年，第六次全国人口普查，全区城市家庭户 6.82 万户 21.53 万人，平均每户住房 1.92 间，人均住房建筑面积 20.39 平方米。

住宅小区简介

龙欣小区 位于龙山路南侧（原电石厂旧址），东至吕梁市建安公司家属楼，西至离石运输公司，南至龙山路，北至龙山底，地理位置优越，交通良好，功能齐全。2007 年春，动工修建，2008年10月竣工。小区分为7层南北楼，有大型地下车库。占地面积1.066万平方米，建筑面积3.02万平方米，总投资3999.30万元。由太原时代华瑞建筑设计有限公司设计，吕梁市建筑安装总公司第四工程处、吕梁市亨业建筑工程有限公司、山西宏基建设工程有限公司施工。

北城王府·名苑小区 位于吕梁市区以北中心地带，东至北川河东路，西至王家沟凤山路，南至尉汾路，北至汾东路，交通十分便利。

2013年3月投入使用，总建筑面积12.90万平方米，占地面积1.35万平方米，投资3.74亿元。小区为6幢地上24—30层，地下1层的商住楼。其中，5号楼为24层，2、6、8号楼29层，4、7号楼30层，体结构为混凝土框架，抗震强度为6级，采用永大电梯，两梯四户，上下楼方便快捷。该小区主楼外墙全部采用干挂石材保温装饰，院内绿化优美，文化长廊等内容丰富，各种健身器材配套齐全，设标准足球场1个。小区可安排1258户居民居住，地下车库2.20万余平方米，共有车位1000余个，小区绿化优美，广场靓丽，功能齐全。由北京森磊源建筑规划设计有限公司山西分公司设计，山西六建集团有限公司施工。

罗马世家 位于交口街道高家沟村，周边有蔬菜批发市场、银行、大小超市、市政机关单位、幼儿园、中学等，紧邻汽车站，并与莲花池公园、市民广场、国家一级文物汉画像石博物馆紧紧相连。

2012年3月，该小区动工修建，至2014年10月竣工。小区为6幢33层高层建筑，区内有4800平方米高档会所，1200平方米国际双语幼儿园，地下两层停车场，周边5层商铺，停车位900个。总占地约3.77万平方米，建筑面积约18.5万平方米。共有商品房1227套，临县、柳林、中阳的业主居多。由山西省建筑设计研究院，五峰建设集团开发建设，凯峰物业管理有限公司负责物业管理。

新东城小区 位于田家会街道办田家会村，南至乡村古路、北至田家会商业大街、东至去学校大道、西至吉家村路以东。

2012年6月开工修建，2014年竣工。共修建楼房7幢，层数16层，院内建有地下室。建筑面积8.74万平方米，总占地面积9.07万平方米，总投资2.11亿元，由上海经纬建筑规划设计研究院有限公司山西分公司设计，山西金峰建设工程有限公司施工。

盛地小区城市棚户区改造安置房 位于盛地村规划新安大道与规划纬十九路交叉西南角，交通十分便利，主体结构为框剪，抗震强度为6级。

2013年10月开工建设，2015年7月投入使用。小区总建筑面积5.34万平方米，占地面积1.40万平方米，总投资1.69亿元。小区有1号、2号两幢楼，建筑面积4.36万平方米。1号、2号楼均为地上31层，地下1层，其中地下1层为设备用房，地上1—2层为商业服务网点，地上3—31层为住宅，可容纳住户348户。小区有配套的地下车库、独立商业楼，位于小区内部，地上3层、地下1层。其中主要功能包括：地下1层为车库、人防（采用平战转换设计）、设备用房，地上1、2、3层为商业用房。地下车库、独立商业楼建筑面积9641.91平方米，其中地上建筑面积4277.85平方米，地下建筑面积5364.06平方米（其中人防总面积2788.70平方米），停车位为100辆。小区绿化优美，功能齐全。由上海经纬建筑规划设计研究院股份有限公司设计，山西金峰建设工程有限公司施工。

茂塔坪社区（一期）小区　位于规划新安大道与规划纬二十三路交叉西北角，靠近火车道交通线。选址与用地预审，总用地面积2.31万平方米，原计划分两期筹建完成。

2013年，茂塔坪棚户区改造安置房项目一期工程开工修建，2015年竣工。总用地面积5956.40平方米，总建筑面积2.17万平方米，共计1幢楼，地下1层，地上26层，其中1、2层为商铺，3—26层为住宅；层高3米，1号楼总建筑面积2.18万平方米、商业面积3152.78平方米、住宅1.77万平方米，共计两个单元，两梯3户，项目总投资1.53亿元。上下楼方便快捷，该小区主楼外墙全部采用保温涂料装饰，院内绿化优美，各种健身器材配套齐全。可安排114户居民居住，小区绿化优美，广场靓丽，功能齐全。由上海经纬建筑规划设计研究院股份有限公司设计，吕梁市建筑安装总公司施工。

盛地社区小区　位于西属巴街道盛地村，东至临安路，西至铁路沿线，南至纬十九路，北至盛地村路，交通十分便利。

2013年7月开工建设，2015年竣工。一期为3幢地上28层，1幢地上30层，4幢独立商业楼，编号1、2、3、4号，楼层高3米，体结构为框剪，抗震强度为6级，采用通力电梯，两梯三户，上下楼方便快捷。该小区主楼外墙全部采用保温涂料装饰，商业外墙外围全部采用干挂石材装饰，院内绿化优美，健身器材配套。一期工程总建筑面积12.53万平方米，为4幢商住楼（其中1—2层为商铺）和4幢独立商业楼，建筑面积为2.00万平方米，3到29层为住宅，建筑面积9.21万平方米，安排住户636户。地下车库1.32万平方米，共有车位350个。由上海经纬建筑规划设计研究院股份有限公司设计，山西四建集团有限公司施工。

霜雾都棚户区改造安置房　位于吕梁大道以东，靠近火车轨道交通线。

2013年开工建设，2015年竣工。总建筑面积20.65万平方米，占地面积4.66万平方米。投资4.8亿元。共有5—10号楼6幢32层，其中：1、2层为沿街商铺，3层及以上为住宅。楼房采用梁板式筏板基础，主楼采用纯剪力墙结构，裙房为框架结构。由吕梁市新区建设离石棚户区改造西属巴街道项目部建设。

新安社区小区　位于新安大道以西，靠近火车轨道交通线，交通十分便利。

2013年开工建设，2015年竣工。总用地面积4.67万平方米，总建筑面积17.28万平方米，总投资5.9亿元。2幢地上31层，地下1层的商住楼，编号1、2号楼，层高3米，4幢地上28层，地下1层的商住楼，编号4、5、6、7号楼，层高3米。体结构为框剪，抗震强度为6级，容积率为3.02，两梯4户，上下楼方便快捷。该小区主楼外墙全部采用保温涂料装饰，院内绿化优美，各种健身器材配套齐全。可安排居民住户885户，地下车库1.95万平方米，共有车位406个，小区绿化优美，广场靓丽，功能齐全。由中国中建设计集团有限公司、上海经纬建筑规划设计研究院股份有限公司设计，山西金峰建设工程有限公司、山西建设（集团）有限公司、吕梁市建筑安装总公司施工。

东属巴棚户区改造安置房 位于东属巴村，2013 年 8 月，开工建设。

2015 年未全部完工，总建筑面积 14.48 万平方米，其中 1—4 号楼建筑面积为 11.21 万平方米，幼儿园面积为 4110.29 平方米，地下车库面积为 2.07 万平方米，1 号、2 号、5 号独立商业建筑面积为 7920.78 平方米，住宅套数 840 套。由上海经纬建筑规划设计研究院设计，山西五建集团有限公司施工。

1990 年离石城区主要住宅小区一览表

表 4-1 单位：平方米

小区名称	占地面积	绿地面积	地址
市财政局家属院	5880	1700	新华街
市土地局家属院	4800	2000	新华街
华晋苑	12600	4100	久安路
龙凤安居小区	66670	24000	袁一璐
李家沟河东小区	8000	2100	李家沟
变电二工区家属院	8400	2200	滨河北西路
军缘小区	22300	9000	永宁路
市交警队家属院	3100	900	永宁路
滨东花园	9800	2600	滨河南路
龙腾花园	8400	2200	龙凤南大街
莲花家园	38400	11700	兴南路
幸福家园	45800	14200	兴南路
泰安小区	16200	5200	兴南路
市委家属院	8700	2400	步行街
财政局家属院	18000	5900	呈祥路
市地税局家属院	12000	4100	丽景街
锦绣小区	18500	4800	交通路
气象局家属院	8000	1000	滨河北中路
建设局家属院	6400	800	龙凤南大街
市人行家属院	12560	1600	和平路
市水利局家属院	3500	600	团结路
新华小区	10600	800	新华街
合计	348610	10390	—

1991—2015 年吕梁市区新增主要住宅小区一览表

表 4-2

年份	住宅小区名称	位置	层数	建筑面积（平方米）	占地面积（平方米）	投资（万元）	施工单位	设计单位
1994	交通局家属院	高崖湾村	5	7786	7134	1000	吕梁建筑安装公司	吕梁建筑勘察设计院
1998	吕梁公路分局安居小区	兴盛路	6	15508	62458	—	吕梁建筑安装总公司	吕梁设计院
1998—2002	军缘小区（2、3、4 号楼）	永宁西路	5	3780.48	—	1396.53	吕梁军分区	吕梁军分区
2000—2004	鎏金花园	永宁西路 177 号	6–7	2.3 万	19873.44	22000	吕建总公司	太原理工大学
2005	龙居轩	滨河北东路	7	46620	19980	—	山西六建	—
2006—2014	东城丽景	高崖湾村	6、26	44000	90000	4200	河南省建筑安装工程有限公司	中国中建设计集团有限公司
2006—2010	马茂庄东区 1–8 号楼	马茂庄	5、7	111299	122599	72977	吕建二处、山西祥宏	吕梁经元建筑设计有限公司
2006—2008	秀水苑	滨河西路与八一街交会处	22	20000	2227	10000	山西省第六建筑有限公司	山西省第六建筑有限公司
2006—2008	八一国际公寓	八一街红绿灯口	34	33414	2531	75000	山西省四建有限公司	山西省中方森特设计有限公司

续表 4-2

年份	住宅小区名称	位置	层数	建筑面积（平方米）	占地面积（平方米）	投资（万元）	施工单位	设计单位
2007—2008	龙欣小区	龙山路	7	30153.18	10656	39993017.17	吕梁市建筑总公司、第四工程处、吕梁市亨业建筑工程有限公司、山西宏基建设工程有限公司	太原时代华瑞建筑设计有限公司设计
2007—2010	幸福家园	昌明路 61 号	7	61567.72	40384	—	吕梁华夏建设工程有限公司	太原市时代华瑞建筑设计有限公司
2007—2010	泰安小区	昌明路 31 号	7	65747.2	24642	—	山西宏基建设工程有限公司	太原柱石建筑设计有限公司
2007—2010	嘉园大厦	昌明路北测	27	53370	15000	10000	河南省建筑工程有限公司	北京森磊源建筑规划设计有限公司
2008—2012	今音大厦	八一街 346 号	32	50248.1	40000	12000	山西省宏图建设集团有限公司	山西省建筑设计研究院
2008	龙居轩南区单数 1-15 号	滨河南路	7	4052.4	16200	3240	山西六建	中方森特建筑设计研究院
2008	凤凰宝苑	前进路北	7	15540	6660	—	吕建一队	—

续表 4-2

年份	住宅小区名称	位置	层数	建筑面积（平方米）	占地面积（平方米）	投资（万元）	施工单位	设计单位
2008—2015	新家园小区	沙会则村	7	48000	11800	5000	江苏南通六建	太原理工大设计院
2009	泰化物资城	交通路 1 号	7	200000	133333	—	华达煤机有限公司	—
2009	滨东花园	滨河南路 258	6、24	51293.936	2440.349	10524.81	山西六建	山西省建筑设计院
2010	铁安小区	火车站南	8	56000	36000	11000	—	—
2010	锦绣嘉苑一期	滨河南东路 98 号	34	53000	2650	—	河南林州建总建筑有限公司	山西省建筑设计研究院
2010	大土河热力公司家属院	七里滩村二水厂西侧	7	7780	925	1154	河南林州总建	吕梁建筑勘察设计院
2010	药监局家属院	嘉瑞路	16	12768	1200	—	山西海盛房地产	吕梁建筑勘察设计院
2010	锦绣 9 号楼	商业街	7	12800	978	—	山西永宁集团	—
2010—2012	永宁嘉苑	滨河南东路南侧华达矿机城西侧	11、17、18、24	130000	28666.7	—	山西省四建集团有限公司、太原立诚信建筑工程处、吕梁市建筑安装总公司、山西中长建筑有限公司、山西龙城建筑路桥有限公司	—

续表 4-2

年份	住宅小区名称	位置	层数	建筑面积（平方米）	占地面积（平方米）	投资（万元）	施工单位	设计单位
2011—2013	艺苑华庭	红卫街	29–30	32000	5047	8000	河南省建筑安装公司	山西纵横建筑设计院
2011—2015	滨东学府院	滨河南东路泰瑞路东侧	28	29200	1000	6000	吕梁华夏建筑公司	吕梁建筑设计院
2011—2015	金巢魔码	北川河东路	19	80000	12000	—	河南建筑公司	—
2011—2014	状元城小区	凤山路与文峰路交会处	33	—	—	—	—	—
2011—2013	苏家崖、沙麻沟安置小区	吕梁大道纬三十二路南	28、30	417835.7	66700	90000	山西金峰建设有限公司	—
2011	滨河佳苑北楼	滨河南路 218	21、31	44538.21	1970.9	6905.55	山西六建	山西省建筑设计院
2012—2015	东润华府	交通路	33	—	77275.05	15138.59	山西省建筑设计研究院	河南林州建总建筑有限公司
2012	城市印象小区	龙山路 178 号	16	7100	2400	—	山西恒源泰房地产开发公司	山西恒源泰房地产开发公司

续表 4-2

年份	住宅小区名称	位置	层数	建筑面积（平方米）	占地面积（平方米）	投资（万元）	施工单位	设计单位
2012—2014	新东城小区	田家会村	16	87386.32	90735.41	21055.2	山西金峰建设工程有限公司	上海经纬建筑规划设计研究院有限公司山西分公司
2012	苏家村易地扶贫搬迁安置小区	苏家村、吉家村、五里铺村	6	31297.91	—	2387	—	—
2012—2014	罗马世家	高家沟村	33	185000	37700	—	五峰建设集团	山西省建筑设计研究院
2013	龙湾福邸	田家会街道办高崖湾村	17、26	75448	19656.53	8745.1	中博建设集团有限公司	山西凯的建筑设计规划有限公司
2013	宏泰·御花园	龙凤南大街南侧	—	—	100084	—	江苏省第一建筑安装股份有限公司、南通市常青建筑安装工程有限公司	太原理工大学建筑设计研究院
2013—2015	茂塔坪小区	吕梁新城大道以西，靠近火车道交通线	26	21674.35	5956.4	15251.46	吕梁市建筑安装总公司	上海经纬建筑规划设计研究院股份有限公司

续表 4-2

年份	住宅小区名称	位置	层数	建筑面积（平方米）	占地面积（平方米）	投资（万元）	施工单位	设计单位
2013—2015	霜雾都小区	霜雾都村	32	206530	46605.43	47961.46	山西金峰建设工程有限公司	上海经纬建筑规划设计研究院有限公司
2013—2015	新安小区	吕梁新城大道以西，靠近火车道交通线	28、31	172838.44	46709.09	58920.49	山西金峰建设工程有限公司、山西建设（集团）有限公司、吕梁市建筑安装总公司	中国中建设计集团有限公司、上海经纬建筑规划设计研究院股份有限公司
2013	锦绣嘉苑二期	滨河南东路	31	53000	2000	1700	汇江房地产有限公司	山西建筑设计研究院
2013	泰瑞佳苑 16 号	高速东口	13、17	8038.83	9906.78	—	建筑安装总公司	北京森磊源
2013	泰瑞佳苑 17 号	高速东口	24	16306.44	17863.62	—	建筑安装总公司	北京森磊源
2013	泰化东方苑	高速东口	17	50000	10000	—	华达煤机有限公司	—
2013—2015	盛华苑	离石区盛地村	31	53405.15	13982.1	16926.5	山西金峰建设工程有限公司	上海经纬建筑规划设计研究院股份有限公司

续表 4-2

年份	住宅小区名称	位置	层数	建筑面积（平方米）	占地面积（平方米）	投资（万元）	施工单位	设计单位
2013	下安村安置一区（一期）	电缆厂背后	28、30	176275	25426	51502.75	山西金峰建设工程有限公司	国基建设集团有限公司
2013	北城王府·名苑小区	北川河东路东侧尉汾路北侧	24、29、30	129002.05	135000	37359.35	山西六建集团有限公司	北京森磊源建筑规划设计有限公司山西分公司
2013—2015	盛地小区	盛地村	30	125265.91	32094	—	山西四建集团有限公司	上海经纬建筑规划设计研究院有限公司
2013—2015	东属巴小区	东属巴村	32	144766.5	40762.03	35860	山西五建集团有限公司	上海经纬建筑规划设计研究院
2014	泰化公寓	高速东口	16、17、29、30	59509.34	63575.13	—	山西一一峻建筑有限公司	北京森磊源
2014	御龙湾小区	交通路原木器厂	31	57600	7100	12000	南通六建	中方森特
2014	后马家村易地扶贫搬迁安置小区	后马家村	17	27102	—	7266	—	—
2014	金域蓝湾	北川河西路以东宁安路以北	11、23	87000	12000	23000	山西浩洋建筑工程有限公司	太原市筑博建筑设计院

续表 4-2

年份	住宅小区名称	位置	层数	建筑面积（平方米）	占地面积（平方米）	投资（万元）	施工单位	设计单位
2014	五里铺易地扶贫搬迁安置小区	五里铺村	16	58061	—	25650	—	—
2014	下安安置二区	火车站南	23、30	110000	16000	24000	闫三保工队	—
2014—2015	留子局社区	离石区茂塔坪村	30	53405.15	38667	60242	山西六建集团有限公司	中国中建设计集团有限公司
2014	嘉园大厦	昌明路北測	27	53370	15000	10000	河南省建筑工程有限公司	北京森磊源建筑规划设计有限公司

注：东属巴棚户区改造安置房、茂塔坪社区（一期）、盛地社区、盛地小区城市棚户区改造安置房、留子局社区、霜雾都社区、新安社区、滨东学府院、新家园小区、龙湾小区、东润华府、金巢魔码在2015年未全部完工。

1991—2015 年吕梁市区新增部分公共建筑物一览表

表 4–3

年份	建筑物名称	位置	层数	建筑面积（平方米）	占地面积（平方米）	投资（万元）	施工单位	设计单位
1996	吕梁市国税局	滨河北中路	8	—	8667	—	—	—
1998—2007	离石区龙凤小学	离石区龙凤北大街 23 号	4	10000	9436.17	—	—	吕梁建筑设计院
2003	吕梁市医院	滨河北中路	17	13000	1500	—	—	—
2003	山西省烟草公司吕梁市公司办公大楼（含附属楼、体育馆）	离石区龙凤南大街 122 号	12	31066.09	20032.99	11800	山西六建	山西纺织工业设计院
2005—2007	吕梁市高级实验中学	龙凤南大街	—	68000	130540	—	—	—
2006	昌圆大厦	离石区龙凤南大街 A16	22	22000	3004	—	—	—
2006	明德小学	下安村	4	6000	17000	700	山西吕梁市建筑安装总公司	吕梁设计院

续表 4-3

年份	建筑物名称	位置	层数	建筑面积（平方米）	占地面积（平方米）	投资（万元）	施工单位	设计单位
2008	鑫田写字楼	滨河南路	10	9600	2533	6000	巷众开发公司	吕梁设计院
2010	沙麻沟小学	沙麻沟旧村口	5	3741	—	535.27	吕梁亨业建筑有限公司	—
2010	中国人民银行吕梁市中心支行办公楼	龙凤南大街	8	10861	10656	5379.35	中铁十二局	山西省设计院
2011	吕梁火车站候车室	下安村	—	12994	—	—	中交二公司	天津铁路第三设计院
2014	盛地村小学	盛地村	4	13525.04	22000	6200	山西金峰建设工程有限公司	上海经纬建筑设计规划研究院

注：离石区龙凤小学于 1998 年、2007 年扩建。盛地村小学在 2015 年未全部完工。

公共建筑

行政办公场所 至2010年，吕梁市和离石区所有行政办公占地69.3万平方米，人均2.2平方米。截至2015年底，吕梁市及其所属机关主要集中在永宁中路、滨河南路、滨河北路、龙凤大街、货源街等地。离石区及其所属机关单位办公主要集中在交通路、永宁东路、建设街等街区。行政机构与商业、居民等混杂，发展空间有限，不利于公共资源的集约利用，降低了资源的使用效率。

文化场馆 至2010年，吕梁市和离石区文化场馆占地4.1万平方米。截至2015年底，公共文化场馆主要有汉画像石博物馆、影剧院、市文化馆、区文化馆、离石图书馆、吕梁电视台、离石电视台、新华书店等。主要分布在龙凤大街、滨河南北两路、兴隆街。

体育场馆 至2010年，吕梁市和离石区公共体育场馆占地面积6.3万平方米。截至2015年底，公共体育场馆主要有：位于凤山路与长治路的吕梁市体育馆、游泳馆；位于八一路的体育场。

教育场所 至2010年，市区教育占地232.4万平方米。大专院校5所，中等职业学校6所，特殊教育学校2所，高级中学9所，初级中学18所，小学47所（不包含吴城镇、信义镇、枣林乡、坪头乡，红眼川乡所属的中小学）。分布在市区各个区域。

医疗卫生单位 到2010年，市区医疗卫生单位有16个，总占地面积7.52万平方米。分布在市区各个街道。

金融单位 市区是吕梁市的金融中心。截至2015年底，市区内金融机构有中国人民银行、中国工商银行、中国建设银行、中国农业银行、中国银行、中国农业发展银行、交通银行、晋商银行、光大银行、信用联社、财产保险公司、人寿保险公司、太平洋保险公司驻吕梁的分行，市区有各大银行、保险公司的业务门店和离石分支机构20余家，分布在市区的各条街道。

商铺 2000年后，市区建成各类市场、酒店、宾馆。截至2015年底，形成世纪广场商贸中心、兴隆街商业金融中心，滨河南中路商贸集中区，永宁东路金融商贸集中区，永宁广场商贸集中区，龙凤南街商贸、餐饮集中区，龙凤北街商贸、餐饮集中区，新华街商贸餐饮集中贸区，长治路餐饮集中区，西崖底建材市场，七里滩集中商贸区，南关粮油蔬菜市场，交通路农贸市场等商贸市场。

第二节 市政建设

市区街道

离石城区的街道，东西称路、南北为街。

中华人民共和国成立初期，离石城区仅有正街，东起服务街西至红卫街，长50米，宽4米，土路面。小十字街，南起迎新路，北至永宁西路，长200米，宽5米，土路面。东大街，东起旧城东门，西至城内东巷，长300米，宽5米，砂砾路面，间有石块。有小西街、瑞务街、操场街、娘娘庙街、西寺街等街道。

1971年后，离石县开始突破旧城垣，逐年扩建新城区，形成新城套旧城的格局。1973年，永宁西路、畔沟路、服务街建成。1974年，兴隆街、八一街、南关街建成。1976年，永宁中路建成。1977年，文化路建成。1980年，建设南街、建设北街建成。1981年，货源街建成。1982年，滨河南路（2号吊桥—新建北街段）、五四街、红卫街建成。1983年，迎新路、六一街建成。1987年，新建北街、实验路、菜市街、新华街、团结路建成。1988年，滨河南路（离石师范—2号吊桥）、新建南街、和平街、龙山街、前瓦街、育英街建成。1989年，交通路、桥头街、滨河北路（2号吊桥—技工学校—七里滩大桥）、前进街、五一南路建成。1990年，永宁东路、滨河北路（和平街—2号吊桥）建成。至1990年，离石县共建成街道30条，总长度22.75千米，共40.12万平方米，其中沥青路面26条、17.95千米，共29.33万平方米，道路密度4.8千米/平方千米，人均5平方米。

1998年，建成丽景街。1999年，建成龙凤北大街。2000年，建成龙凤南大街。

至2012年，建成主干路11条，总长度34.2千米；次干路7条，总长度10.6千米；支路20条，总长度17.9千米；小巷63条。市区道路总长度133千米（其中124千米安装路灯）。道路总面积283万平方米，人行道路面积65万平方米。道路密度4.8千米/平方千米，人均10.52平方米。全部为沥青路面。2015年，滨河南路完成路基3200米，主车道铺油2200米，污水处理设施配套管网、雨水管网4000米，完成投资约1.02亿元。滨河北路完成路基及水稳工程2000米，主车道已铺油2000米，污水处理设施配套管网、雨水管网2000米，完成投资约6600万元。国防沟道路改造工程，当年投资1000万元，完成道路改造2.6千米，人行道铺设7800平方米，地下3米×3.9米防洪箱涵2400米，工程采用雨污分流设计，雨水管铺设2200米，雨箅子133块。污水管铺设2000米，污水检查井40个。截至2015年底，吕梁市区城市道路总长度175.07千米，城市道路总面积344.12万平方米，城市人均道路面积12.75平方米。吕梁市住房保障和城乡建设管理局市政工程管理处负责的市区路街85条、小巷120条。

主要街道简介

永宁路 东起前进街，西至离石区人民医院，全路分为3段：永宁西路为城东门至西城墙（旧称城东街和革新街），1973年建成。建有世纪广场等建筑，与兴隆商业街、八一街相通，是市区社会活动与商业金融中心。永宁中路为建设街至兴隆街（旧称新关大街），1976年建成，长530米，有吕梁市人民政府、邮政营业厅、电信营业厅、吕梁饭店、石州百货大楼等，是离石市区最早改造的现代化街道。永宁东路为前进街至建设街（旧称东关大街），1990年建成。1990年，建设世纪广场时，进行永宁西路扩建。截至2015年底，永宁路全长2607米，沥青路面，其中：永宁西路宽43米，永宁中路和永宁东路宽28米。

兴隆街 世纪广场—滨河南西路，1974年建成。为老旧城区的核心路段，为金融商业街区，为吕梁市区最具人气的商业街道。20世纪90年代末，曾开辟为步行街，沿街汇集着工行、建行、农行、新天地购物广场、妇女儿童商场、吕梁影剧院、石洲百货大楼、新华书店吕梁分店、永宁市场等众多金融机构及大型商场。由于周边巨大的车流及物流所限，后改为单向通行线。全长530米，截至2015年底，该街全长530米，机动车道宽14米，人行道宽19米。

滨河南路 原为东起七里滩大桥，西至北川河与东川河交汇处。1982年，滨河南路2号吊桥—新建北街段建成。1988年，该路离石师范—2号吊桥段建成。至1990年，该路全长3972米，其中新建北街口至北川河与东川河交汇处的1650米开通，宽40米。1997年，该路规划为东起高速东出口西至龙凤桥，分为滨河南东路、滨河南中路、滨河南西路，沙会则大桥至永宁桥为滨河南东路，永宁桥至东川河大桥为滨河南中路，东川河大桥至龙凤大桥为滨河南西路。当年滨河南西路建成。2004年，滨河南东路建成，2006年，滨河南中路建成。截至2015年底，滨河南路全长5470米，机动车道24米，左右各3.4米人行道，沿河一侧6—8米绿化带，与滨河北路共同组成城市东西向主要通道，始建和延伸扩建与滨河北路同步。

滨河北路 东起沙会则大桥西至西崖底村。1989年，滨河北路2号吊桥—技工学校—七里滩大桥段建成。1990年，和平街—2号吊桥段建成。至1990年，该路全长4938米，其中沥青路面2420米，其余为砂石路面和土路，宽40米，其中南侧17米为滨河公园林荫带，北侧人行道10米，车行道13米。随着城市规模不断扩大，道路不断延伸。1995年，进行第一次大规模改扩建，并分为滨河北东路、滨河北中路、滨河北西路，沙会则大桥至永宁桥为东路，永宁桥至东川河大桥为中路，东川河大桥至西崖底村为西路。截至2015年底，滨河北路全长5790米，机动车道24米、左右各2.9米人行道，沿河6—8米绿化带，与滨河南路沿（东川河）平行，共同组成横贯核心城区的东西大通道。街道以北分布有众多的党政机关、学校、医院等，为核心城区的核心路段。

龙凤大街 北起龙凤北大桥南至国道304线交叉口，全长7900米，道路红线80米，以东川河龙凤大桥为界，分为龙凤北大街和龙凤南大街。1999年，龙凤北大街建成。龙凤北大街由于地段优越，逐步成为吕梁市区的餐饮服务区。2000年，龙凤南大街建成。截至2015年底，龙凤大街全长7900米，机动车道40米、左右各10米人行道。该路向南段主要是公园、广场、博物馆、汽车站和商业网点。南通中阳，西连柳林，可达陕北。北通方山、临县，是纵贯城区的南北交通大动脉。

滨河东路（北川河东路） 北起李家沟大桥南至西崖底桥，2008年建成。至2015年，道路全长4640米，道路红线32米。路西沿北川河建有蓄水景观及众多小广场及小游园，是新城规划区与旧城区的主要连接通道。

滨河西路（北川河西路） 北起李家沟大桥北（现吕梁火车站），南至王家坡路口，原为国道209线过境路段，后进行市政道路改造。2008年建成。截至2015年底，道路全长6100米，道路红线34米，与滨河东路对称布局，沿河建有大面积的绿地公园。

1990年离石城区街道状况表

表4-4 单位：米

街道名称	起点—终点	路长	路宽		路面结构	建成年份
			合计	车行道宽		
永宁西路	城内小学—交通广场	700	10	7	沥青路面	1973
服务街	迎新路—永宁西路	200	10	7	沥青路面	1973
畔沟路	建设南街南口—南关街	720	6	6	砂石路面	1973
兴隆街	交通广场—滨河南路	530	24	10	沥青路面	1974
八一街	永宁西路—滨河南路	490	12	6	沥青路面	1974
南关街	交通广场—畔沟街西口	652	7	7	沥青路面	1974
永宁中路	交通广场—新关广场	560	30	14	沥青路面	1976
文化路	兴隆街—离石师范	600	15	6.5	沥青路面	1977
建设南街	交通路—新关广场	350	20	10	沥青路面	1980
建设北街	新关广场—滨河南路	430	24	12	沥青路面	1980
货源街	建设南街—交通广场	622	12	7	沥青路面	1981
滨河南路	2号吊桥—新建北街	1420	40	13	沥青路面	1982
	离石师范—2号吊桥	260	30	10	砂石路面	1982
五四街	地区文工团—迎新路	310	6	4	沥青路面	1982
红卫街	迎新路—贺昌中学后门	250	5	4	沥青路面	1982
城内东巷	永宁西路—文化路	340	4.5	3.5	沥青路面	1982
迎新路	服务街—六一街	230	4	3.5	沥青路面	1983
六一街	迎新路西口—永宁西路	240	4.5	3.5	沥青路面	1983
城内西巷	永宁西路—文化路	320	4	3.5	沥青路面	1983
滨河北路	2号吊桥—技工学校	2420	40	13	沥青路面	1989
	技工学校—七里滩大桥	1269	40	—	土路面	1989
	和平街—2号吊桥	500	40	13	砂石路面	1990
	和平街—北川河	650	33	13	土路面	—

续表 4-4

街道名称	起点—终点	路长	路宽		路面结构	建成年份
			合计	车行道宽		
新建北街	县外贸公司—永宁东路	340	10	7	沥青路面	1987
实验路	交通广场一县百货公司	200	5	5	沥青路面	1987
菜市街	八一街—城内东巷	320	3	3	沥青路面	1987
新华街	滨河北路一长治路	560	15	7	沥青路面	1987
团结路	桥头街—新华街	250	12	6	沥青路面	1987
新建南街	永宁东路—交通路	200	10	7	沥青路面	1988
和平街	滨河北路一地电视中学	560	12	7	砂石路面	1988
龙山街	交通路一离石二中	420	4	4	沥青路面	1988
前瓦街	滨河北路一前瓦村	147	5.5	5.5	沥青路面	1988
育英街	滨河北路—地区农校	463	7	5.5	沥青路面	1988
交通路	建设街南口—七里滩村	2797	18	12	沥青路面	1989
桥头街	滨河北路—凤山底信用社	640	24	14	沥青路面	1989
前进街	永宁东路一交通路	110	20	12	砂石路面	1989
五一南路	永宁东路一交通路	180	12	7	砂石路面	1989
永宁东路	新关广场—前进街	1500	30	14	沥青路面	1990

2015 年吕梁市区主要街道一览表

表 4-5 单位：米

街道名称	起止点	方向	断面形式	道路长度	宽度		建成年份
					车行道	人行道	
永宁西路	兴隆大厦—龙凤南大街	东西	1 快板	660	24	19	1973
兴隆街	世纪广场—滨河南西路	南北	1 快板	530	14	15.5	1974
八一街	世纪广场—滨河南西路	南北	1 快板	653	14	10	1974
永宁中路	建设街—兴隆大厦	东西	1 快板	530	20	8	1976
建设街	滨河南东路—龙山路	南北	1 快板	740	30	8.5	1980
货源街	建设街—世纪广场	东西	1 快板	495	7	6	1981
文化街	八一街—离石师范	东西	1 快板	412	7	8.5	1985
永宁东路	前进街—建设街	东西	1 快板	1417	20	8	1990

续表 4-5

街道名称	起止点	方向	断面形式	道路长度	宽度		建成年份
					车行道	人行道	
团结中路	新华街—和平街	东西	1 快板	436	7	4	1991
滨河北东路	沙会则桥—永宁桥	东西	1 块板	2670	24	5.8	1995
滨河北中路	永宁桥—东川桥	东西	1 块板	1940	24	5.8	1995
滨河北西路	东川桥—中国人寿保险公司	东西	1 块板	1180	24	5.8	1995
滨河南西路	永宁桥—龙凤大桥	东西	1 快板	680	24	6.8	1997
丽景街	龙凤南大街—呈祥路	东西	1 快板	590	14	10	1998
龙凤北大街	龙凤大桥—龙凤北桥	南北	3 块板	1600	40	20	1999
前进南街	永宁桥—龙山路	南北南	1 快板	280	12	6	1999
龙凤南大街	龙凤大桥—304 国道交叉口	南北	3 块板	6300	40	20	2000
吉祥路	滨河西北路—北川河东岸	南北西	1 快板	980	27	4.8	2001
凤山南路	永宁桥北口—长治路	南北	1 块板	652	30	8	2001
凤山中路	长治路—兴盛路	南北	1 快板	860	24	5.5	2003
团结西路	和平街—北川河东路	东西	1 快板	580	7	4	2003

注：1990 年后进行改建、扩建的街道，建成时间为改建、扩建时间。

2015 年吕梁市区次要街道一览表

表 4-6　　单位：米

街道名称	起止点	方向	断面形式	道路长度	宽度		建成年份
					车行道	人行道	
滨河南东路	高速东口—永宁桥	东西	1 块板	2808	24	6.8	2004
长治路	凤山路—北川河东路	东西	1 快板	1230	24	7.5	2004
久安路	凤山路—北川河东路	东西	1 快板	890	24	13	2004
龙山路	高速东口—贺昌路（国贸）	东西	1 快板	5020	12	6	2004
五一中街	永宁东路南口—龙山路北口	南北	1 快板	171	7	2	2004
前进北街	永宁桥—东环隧道口	南北	1 快板	1500	15	6	2004
和平街	滨河北西路—生态园	南北	1 快板	871	7.5	9.4	2004

续表 4-6

街道名称	起止点	方向	断面形式	道路长度	宽度		建成年份
					车行道	人行道	
凤山北路	兴盛路—李家沟桥以南	南北	1 块板	2640	31	9.5	2005
兴盛路	凤山路—龙凤北大街	东西	1 快板	613	12	8.5	2005
呈祥路	龙凤南大街—丽景街西口	南北	1 快板	1186	12	10	2005
滨河南中路	永宁桥—东川桥	东西	1 块板	1982	24	6.8	2006
五一北街	滨河南中路以南—永宁东路北南北口	南北	1 快板	245	8	2	2007
北川河西路	临安路南边桥—晋绥路西王家坡	南北	2 块板	6100	24	10	2008
北川河东路	西崖底桥—李家沟桥	南北	2 块板	4640	24	6	2008
晋绥路	离中柳三交点—北川河西路	南北	3 快板	5100	24	10.5	2009
泰瑞路	泰化物资城—龙山路	南北	1 快板	376	18	4	2011
德瑞路	锦绣佳苑路—龙山路（七里滩）	南北	1 快板	326	18	3	2011
团结东路	凤山路—新华街	东西	1 快板	270	7	4	2011
新华街	滨河北西路—北川河东路	南北	1 快板	1404	8	8	2012
五一南街	龙山路南口—高架桥底	南北	1 快板	255	5	2	2014

注：1990 年以后进行改建、扩建的街道，建成时间为改建、扩建。

2015 年吕梁市区其他街巷一览表

表 4-7　　单位：米

街道名称	起止点	方向	道路长度	宽度	
				车行道	人行道
贺昌路	贺昌中学坡底—龙凤南大街	南北	1100	14	10
兴南路	南关交叉口—交口旧桥	南北	5730	9	—
呈祥路南延（二期）	丽景街西口—碧水路	南北	1130	14	6
马茂庄路	龙凤南大街—马茂庄桥	东西	820	14	6
为民路	龙凤南大街西边线—消防支队大门	东西	136	8	2
芙蓉路	昌平路—兴南路	东西	565	12	13
莲池路	莲花公园南门—贺吕路	南北	220	6	—
荷塘北路	莲花公园—城内一小	东西	115	3.5	—
荷塘南路	莲花路—龙凤南大街	东西	260	9	5

续表 4-7

街道名称	起止点	方向	道路长度	宽度	
				车行道	人行道
德盛路	凤山路—北川河东路	东西	310	14	16
长治路	凤山路—北川河东路	东西	1230	24	7.5
文源路	凤山路—北川河东路（袁小学南）	东西	283	21	8
武当路	凤山路—北川河东路（袁中学南）	东西	362	11	5
文祥路	凤山路—北川河东路（文景东路北）	东西	245	7	5
文华路	凤山路—北川河东路（文祥路东北）	东西	245	7	5
文景东路	凤山路东口—廉租房大门	东西	172.5	—	6
文景西路	凤山路—北川河东路（文华路北）	东西	340	11	7
文丰路	凤山路—东过境隧道西口	东西	1900	12	5
文丰路（二期）	凤山路—北川河东路（袁中学北）	东西	309	16	6
滨河东路南延	西崖底桥—北川河桥	南北	512	15	4
临安路	三县交叉口—火车站大交线	南北	10200	26	—
水昌路	龙腾花园南巷	东西	224	7	4
延昌路	民生帝景巷	东西	640	15	—
富昌路	龙凤南大街—兴南路	东西	325	7.3	5.6
兴昌路	龙凤南大街—吕梁执法大队	东西	648	22	15
昌明路	龙凤南大街—泰安装饰城	东西	734	14	8
昌泰路	昌平路—富昌路	南北	846	7	5
昌平路	马茂庄市场—兴南市场	南北	1296	13	10
昌华路	芙蓉路—兴南市场	南北	1100	7	4
昌茂路	龙凤南大街—马茂庄村	东西	93	18	—
嘉瑞路	滨河南东路永宁佳苑—龙山路	南北	363	18	3
庆瑞路	高崖湾大桥—龙山路	南北	247	12	8.7
恒瑞路	泰化物资城—滨河街道办	东西	615	16	7
锦瑞路	滨河南东路—龙山路	南北	292	8	4
龙翔路	龙山路南口—大土河煤矿	南北	6000	21	—
体育路	八一街东口—兴隆街西口	东西	278	9	—
港宁路	龙山路—滨河南东路	南北	268	12	—

续表 4-7

街道名称	起止点	方向	道路长度	宽度	
				车行道	人行道
廷亮路	吕梁高级中学—前进北街西口	南北	1062	18	6
新建北街	永宁东路南口滨河南中路南口	南北	318	6.8	2
园林路	凤山三巷东口—吕梁高级中学	东西	760	8	2
		东西	800	12	3.7
		东西	455	28	3.7
新建南街	龙山路—永宁东路南口	南北	187	7.3	4
新华街北延段	兴盛路—德盛路	南北	336	8	8
龙虎商业街	龙凤南大街客运北侧碧水路南	东南	657	9	6
车站西街	龙凤南大街西口—龙虎商业街东口	东西	390	7	2
城内一巷	永宁西路—文化路	南北	320	6	—
城内二巷	永宁西路—滨河南路	—	330	5	2.5
未命名巷	—	南北	121	12	5.8
城内内东西巷	城内一巷—城内二巷	东西	137	4.5	—
城关派出所巷	永宁中路—货源街	南北	135	3	—
兴隆街后院巷	永宁中路—货源街	南北	125	17	—
永宁东路南一巷	永宁中路—老干局巷	南北	80	3	—
永宁东路南二巷	永宁中路—老干局巷	南北	95	9	—
永宁东路北一巷	临泽园超市西巷	南北	219	4.5	—
永宁东路北二巷	市工行东巷	南北	165	4.5	—
永宁东路北三巷	五小巷	南北	145	6	—
区老干局巷	建设街—武装部大门	东西	296	10	—
贺中街	红卫街—新世纪酒店	南北	510	4	—
菜市街巷	八一街—城内二巷	东西	118	5	—
五四巷	迎新街—红卫街	南北	382	4.5	1
红卫巷	迎新街—豆制品厂	南北	302	4	1
五四巷北	—	南北	125	2	—
五四南一巷	—	南北	40	2	—

续表 4-7

街道名称	起止点	方向	道路长度	宽度	
				车行道	人行道
五四南二巷	六一街—七一街	东西	123	3	—
离石区医院西巷	—	南北	145	6	长 50 x 1.75
环保局西巷	龙山路—滨河南路	南北	265	6	1
区煤炭纠察队巷	龙山路—滨河南路	南北	266	8	—
职业中学巷	龙山路—滨河南路	南北	143	5	—
华谊灯饰巷	龙山路—滨河南路	南北	263	5	—
运输公司巷	龙山路—滨河南路	南北	65	6	—
煤运家属	龙山路—滨河南路	南北	96	2.5	—
汽车站家属	龙山路—滨河南路	南北	131	4	—
区公安局家属巷	—	东西	231	4.8	—
市建设局家属巷	凤山路—城建局家属	南北	62	4	—
财产保险公司巷	新华街—保险公司家属院	南北	52	4	—
南关一巷	南关村—贺昌中学南门	南北	900	6	—
南关二巷	南关村—贺昌中学南门	南北	860	6	—
六一巷	永宁西路—迎新街	南北	212	3.5	1.5
七一巷	永宁西路—迎新街	南北	213	3.5	—
迎新街巷	天益超市—七一街	东西	350	6	—
卫校西侧巷	滨河北路—凤山底脚下	南北	108	4	—
前瓦一巷	滨河北路—前瓦村	南北	130	6.5	—
前瓦二巷	滨河北路—前瓦村	南北	148	7	—
前瓦三巷	滨河北路—前瓦村	南北	132	5	—
前瓦四巷	滨河北路—前瓦村	南北	92	4	—
后瓦一巷	滨河北路—后瓦村	南北	320	9	—
后瓦一巷	滨河北路—后瓦村	南北	484	6	—
后瓦四巷	滨河北路—后瓦村	南北	407	6.5	—
凤山底一巷	凤山路—凤山底村	东西	103	7	—
凤山底二巷	凤山路—凤山底村	东西	175	9.5	—
凤山底三巷	凤山路—凤山底村	东西	210	5.5	—

续表 4-7

街道名称	起止点	方向	道路长度	宽度	
				车行道	人行道
凤山底四巷	凤山路—凤山底村	东西	193	6	—
凤山底小学北巷	凤山路—凤山底村	东西	120	6	—
烟草家属西巷	凤山路—袁家庄村	东西	152	6	—
袁家庄一巷	凤山路—袁家庄村	东西	170	6	—
袁家庄二巷	凤山路—袁家庄村	东西	165	6.5	—
袁家庄三巷	凤山路—袁家庄村	东西	59	6.5	—
袁家庄四巷	凤山路—袁家庄村	东西	58	7	—
袁家庄五巷	凤山路—袁家庄村	东西	60	9	—
袁家庄六巷	凤山路—袁家庄村	东西	242	3	—
袁家庄七巷	凤山路—袁家庄村	东西	223	6	4
西崖底一巷	西崖底村、沿滨河北路，由东向西的各条巷	南北	582	6.6	—
西崖底二巷	—	—	478	5.5	—
西崖底三巷	—	—	268	3.7	—
西崖底路巷	—	—	294	17	3.2
下水小吃一条街	长治路—北川河东路	东西	192	8	4
和平街检察院巷	和平街—检察院家属门口	东西	230	5	—
北川河东路442号巷	和平街—北川河东路	东西	230	5	2
高崖湾一巷	滨河北东路—高崖湾	南北	244	6	—
高崖湾二巷	滨河北东路—高崖湾	南北	299	5.5	—
高崖湾三巷	滨河北东路—高崖湾	南北	343	5.5	—
高崖湾四巷	滨河北东路—高崖湾	南北	404	6	—
高崖湾五巷	滨河北东路—高崖湾	南北	370	12	—
沙会则一巷	滨河北东路—沙会则	南北	216	16.5	—
沙会则二巷	滨河北东路—沙会则	南北	142	4	—
沙会则三巷	滨河北东路—沙会则	南北	118	6	—

续表 4-7

街道名称	起止点	方向	道路长度	宽度	
				车行道	人行道
沙会刚四巷	滨河北东路—沙会则	南北	103	4	—
永宁广场北巷	永宁东路北—五一街西	西北	142	10	—
龙山巷	龙山路，从离石区妇幼站由西向东五条巷	南北	595	5	—
刘家庄巷		南北	2400	5	3.5
兴农巷		南北	245	5	6
幸福巷		南北	362	4	—
王家庄巷		南北	2000	7	—
龙凤南大街电中东门横一巷	龙凤南大街至北川河南坝，电中东门至商业区由北向南的三条巷	南北	380	24	11
交口商业街横二巷		南北	380	13	4
交口商业街横三巷		南北	352	9	4.6
交口高速西口	交口高速西口—龙凤南大街	南北	1030	24	—
张家庄巷	双宇酒店西巷	南北	510	5	—
交口商业街纵一巷	电中东门至交口大桥，由西向东的四条巷	东西	400	24	8.5
交口商业街纵二巷		东西	420	9	10.5
交口商业街纵三巷		东西	384	9	4.6
交口商业街纵四巷		东西	430	9	4.5
新纵十四巷	龙凤南大街—209 国道娘娘庙	东西	180	7	—
新纵十六巷	龙凤南大街—高家沟	东西	328	15	—
昌平路一支巷	昌平路—昌泰路之间的五条巷	东西	136	6	12
昌平路二支巷		东西	131	6.5	5
昌平路三支巷		东西	121	6	—
昌平路四支巷		东西	162	7	5
昌平路五支巷		东西	145	6	4
漂一锅剪刀面	昌明—昌泰	东西	323	6	6

续表 4-7

街道名称	起止点	方向	道路长度	宽度	
				车行道	人行道
昌平支 62 号巷	昌平路 30 巷—62 巷之间的支巷	东西	157	6	—
昌平支 30 号巷		东西	179	7	—
昌平支 44 号巷		南北	120	4	—
大众淋浴巷		南北	130	4	—
新语实验幼儿园巷		东西	130	4	—
离石区助老之家		南北西	87	4	—
昌平支 62 号巷（背后）		南北西	123	4	—
永昌路支巷	莲花东路—永昌路之间的四条小巷 328×4	南北	1312	4	—
昌平支 26 号巷	—	东西	128	3	—
富昌支 22 号巷	—	南北	125	4	—
昌平支 8 号巷	—	东西	128	3	—
昌平支 4 号巷	—	东西	128	3	—
昌平支 12 号巷	—	东西	130	2	—
昌平支 16 号巷	—	东西	130	2	—
昌平支 22 号巷	—	东西	130	2	—
富昌支巷	富昌路—永昌路区域内五条巷（148×5）	东西	740	24	—
延昌路支一巷（横）	富昌路和延昌路之间横巷	南北	142	6	—
延昌路支二巷（横）		南北	142	3	—
延昌路支三巷（横）		南北	南北 150	3	—
延昌路支四巷（横）		南北	162	3	—
延昌路支五巷（纵）	富昌路和延昌路之间的三条纵巷	东西	100	3	—
延昌路支六巷（纵）		东西	110	3	—
延昌路支七巷（纵）		东西	125	3	—
地税西巷	丽景街南口—荣军家属院北口	南北	182	6	2
市防疫站北巷	凤山路—前瓦一巷	东西	630	6	—

市区桥梁

市区地处三川河流域交汇处，桥梁布局相对密集。1972 年，北川河桥和东川河桥修建，至 1990 年，离石城区共建成桥梁 6 座。1995 年，永宁桥建成。

2012 年，市区建有桥梁 20 座，其中：大桥 16 座（龙凤北桥、龙凤桥、北川河桥、东川桥、石州桥、永宁桥、高崖湾大桥、沙会则大桥、马茂庄桥、马茂庄二桥、枣林沟桥、西崖底桥、长治路桥、李家沟桥、交口大桥、碧水路口桥）；人行天桥 2 座（保宝桥、德平桥）；步行吊桥 2 座（东川河东吊桥、西吊桥）。截至 2015 年底，市区桥梁共有 29 座，其中：人行天桥 6 座，吊桥 2 座，拱桥 2 座，钢结构 1 座，步行 2 座，梁板 16 座。桥梁栏杆 15 千米。29 座桥梁中，技术等级为 A 级的有 1 座，为德平桥；技术等级为 B 级的有 5 座，分别为：沙会则大桥、保宝桥、西崖底桥、长治路桥、高速西口桥；技术等级为 C 级的有 13 座，分别为：高崖湾大桥、东吊桥、东川河大桥、西吊桥、龙凤大桥、北川河大桥、枣林沟桥、马茂庄桥、高架桥底桥、南川河大桥、李家沟大桥、龙凤北桥、下水西桥；技术等级为 D 级的有 3 座，分别为：永宁桥、石州桥、马茂庄步行桥。

主要桥梁简介

东川河大桥 位于东川河上兴隆街与桥头街之间，是沟通离石城北区与城中区的重要通道。1972 年建成，1987 年重新加宽为三（交）西（交则）公路桥，至 1990 年，该桥系砼双曲拱桥，桥长 110 米，宽 9 米，单孔跨度 15 米，承载重量 13 吨。2009 年，进行加宽扩建。截至 2015 年底，该桥系双曲拱桥，桥长 100.4 米，宽 45.2 米，主跨跨径 64 米。

东西吊桥 1982 年，西吊桥建成。1996 年，东吊桥建成。均为悬索钢吊桥，桥长 80.8 米，为步行跨越东川河的主要桥梁，承载着离石城区几代人的情感，属地标性建筑，截至 2015 年底，该吊桥完好。

马茂庄大桥 位于离石城南马茂庄附近，离（石）庙（谣）公路与三西公路衔接处的北川河上石拱桥，1987 年建成。至 1990 年，该桥桥长 139 米，宽 9 米，单孔跨径 20 米，限载 16 吨，后在马茂庄改河工程中拆除。1996 年，又建成马茂庄桥，截至 2015 年底，马茂庄桥为砼双面拱桥，桥长 122.4 米，宽 9.12 米，主跨跨径 26 米。

龙凤大桥 南北纵跨东川河，地处东西南北大通道的中心交会点，为城区交通枢纽，1999 年建成。截至 2015 年底，该桥为斜交空心砼结构，全长 96.6 米，宽 34.74 米，主跨跨径 7×20 米。中心绿化花池隔断，带两侧人行道 为四幅桥面。花池内饰有汉代风格的汉阙雕刻，花池外侧装饰以汉画像石车马出行浅浮雕，与桥西北角的车马出行小游园相互呼应。

龙凤北大桥 南北纵跨北川河，属新旧城区连接的骨干通行桥梁，2006 年建成。截至 2015 年底，该桥全长 209.6 米，桥面宽 38 米，主跨跨径 25+5×32+25 米，砼空心板桥，设计载重 55 吨，略带弧背，单跨较大。

沙会则大桥 纵跨东川河，位于高速东出口正对处，2009 年建成。截至 2015 年底，该桥全长88米，桥宽41米，主跨跨径21.4米，设计载重55吨，砼空心板结构，是车辆进入市区南北分流的枢纽性桥梁。

2015年吕梁市区桥梁一览表

表4-8 单位：米

桥梁名称	建设单位	桥梁长度	宽度		桥梁类型	主跨跨径	建成年份
			车行道	人行道			
东川桥	吕梁市水利局	100.4	36.2	4.5×2	双曲拱桥	64	1972年建成，2009年加宽
西吊桥	离石城建局	80.8	—	3.2	悬索钢吊桥	16	1982
高崖湾大桥	吕梁市公路局	88.6	9	1.8×2	石拱桥	20	1995
永宁桥	离石城建局	80.6	15	1.5×2	T型桥梁	64	1995
马茂庄桥	改河局	122.4	7	1.06×2	砼双面拱桥	26	1996
东吊桥	离石城建局	80.8	—	3.2	悬索钢吊桥	16	1996
北川河桥	吕梁市公路局	140.8	21.8	—	空心板梁斜桥	7×20	1972年建公路桥，1996年建市区桥
枣林沟桥	吕梁市公路局	80.6	11.68×2	—	砼空心板桥	40	1996
马茂庄步行桥	改河局	130	4	1×2	桁架式砼曲拱桥	20	1996
石州桥	离石城建局	80.6	36.7	4.5×2	砼空心板桥	16.6	1996年建成，2009年加宽
高速西口桥	交口街道办	117.8	18	—	砼板桥	9×13	1997
下水西桥	下水村委	102.3	—	4.55	砼板桥	7×14.5	1997
龙凤大桥	离石城建局	96.6	15×2	2.37×2	斜交空心板桥	7×20	1999
高架桥底桥	吕梁市公路局	60.6	34	1.36×2	砼空心板桥	13	2000
南川河桥	吕梁市公路局	100.8	34	1.35×2	砼空心板桥	5×20	2000
龙凤北桥	城投公司	209.6	33	2.5×2	砼空心板桥	25+5×32+25	2006
李家沟桥	城投公司	140.8	21.3	1.7×2	砼预应力板	7×20	2007
保宝桥	城投公司	52.1	—	5.4	钢结构	—	2007
德平桥	城投公司	48	—	8	钢结构	—	2008
西崖底桥	城投公司	122.1	7	1×2	砼空心板桥	9×13	2008
沙会则大桥	城投公司	88	31	5×2	砼空心板桥	21.4	2009

续表 4-8

桥梁名称	建设单位	桥梁长度	宽度		桥梁类型	主跨跨径	建成年份
			车行道	人行道			
长治路桥	城投公司	13.1	24.15	4.45×2	钢管拱砼景观桥	20+80+20	2009
龙凤小学天桥	省宏图建设集团	45.7	—	4	钢结构	8.841+25.4+8.759	2014
朝阳小学天桥	省宏图建设集团	32.75	—	4	钢结构	29	2014
东关小学天桥	省工业设备安装有限公司	29.7	—	4	钢结构	27	2014
离石一中天桥	省工业设备安装有限公司	33.9	—	4	钢结构	31.5	2014
纬二十六路桥	吕梁新城市政基础设施建设指挥部	120.21	21.5+4.75x2	3x2	拱式桥	4×30	2015
纬三十路桥	吕梁新城市政基础设施建设指挥部	129.67	21.5+4.75x2	3x2	梁式桥	2×59	2015
纬三十三路桥	吕梁新城市政基础设施建设指挥部	120	21.5+4.75x2	3x2	拱塔斜拉桥	2×60	2015

城市防洪

防洪河坝建设 市区位于离石盆地中南部黄河一级支流三川河两岸的一、二级阶地上，东川河、北川河交汇处的河谷地带。城区内主要的边山支沟有 25 条，其中北川河系 14 条，东川河系 11 条。民国 22 年（1933），洪水淹没至旧离石城北门，城外大片良田受灾，颗粒无收。

1977 年，地、县政府决定，采用地方财政补贴和义务劳动相结合的办法，在东川河两岸逐年建设防洪堤坝。地委书记王国英率领地县机关干部当年建成防洪堤坝 2000 米，防洪堤坝均用片石、水泥砂浆砌成，高 6.4 米，基础以上 3.2 米，底宽 4 米，顶宽 0.6 米，以后逐年续建、整治和加固。至 1990 年底，建成从七里滩大桥至东川河出口河坝 8.9 千米。形成外能御洪、内可排涝、道路贯通、绿荫成带的多功能堤坝。

2002 年 7 月至 2007 年 7 月，离石区（市）在三川河城区段建成橡胶坝 16 座，汛期排放水，冬春蓄水。坝高 3—4 米；坝长 75—89 米。由吕梁市东川河蓄水工程管理站管理。2010 年 9 月，建成橡胶坝 11 座，1 号橡胶坝坝高 3.5 米，其余坝高 2.5 米，坝长 79—99 米，属吕梁市园林绿化管理处管理。

防洪规划 2008年，完成吕梁市区防洪规划，规划范围内北川河北起东属巴，东川河东起马家沟，南川河至金罗镇，三川河至罗家塔，规划区面积160平方千米，全城区规划面积31平方千米，山区规划面积129平方千米，规划期限为2007—2020年。防洪规划以“服从总体、因地制宜、排涝为主、蓄洪为辅、道堤结合、综合治理”为原则。市区的防洪标准采用五十年一遇，排涝标准采用二十年一遇，在防洪规划中，东川河、北川河、南川河以及汇流形成的三川河两岸修筑防洪堤坝，固定河岸，加大泄洪断面，提高泄洪能力。城区内建设区基本高于河道洪水位，多数地段雨水可以自流排出。城区防洪，北川河按50年一遇洪水2100米^3/秒、百年一遇洪水2650米^3/秒、东川河按五十年一遇洪水1870米^3/秒、百年一遇洪水2510米^3/秒设计。

城区防洪 东川河流域面积932平方千米，上游大东川建有吴城水库、小东川千年水库2座，是城市防洪的源头。东、北川河交汇处下游河道约1.8千米，1996年马茂庄改河扩城工程中形成，河道宽100—110米，满足五十年一遇防洪要求。2000年开始建设东川河蓄水防洪工程，改造和新筑两岸河坝，工程东起东城区沙会则大桥，西与北川河汇合口相连，城区段河道宽80—100米。东川河防洪按五十年一遇洪水1870米^3/秒、百年一遇洪水2510米^3/秒设计。

北川河东岸有东属巴沟、霜务都沟、沙麻沟、王家沟、乔家沟、袁家庄沟等，河道断面不能满足防洪标准；北川河西岸有西属巴沟、袁家岭河、上安沟、下安沟、后赵家庄沟、前赵家庄沟、上水西沟、下水西沟等，河道断面均不能满足防洪标准。东川河北岸有马家沟、苏家村沟，沙会则沟、高崖湾沟、后瓦沟等未规范治理，不能满足防洪标准；东川河南岸有王家塔沟，七里滩河，炭窑沟、吆驴沟、王家庄沟、刘家庄沟、张家庄沟一旦出现洪水，下游南关村及城区南部将会造成极大的损失。三川河西岸有枣林沟、岐则沟、乔家塔沟、王家塔沟、贺家塔沟也均不能满足防洪要求。

2008年，实施吆驴沟、张家庄沟、南关、凤山边山排洪4项工程，凤山边山排洪工程西起桥头街，东至高崖湾桥，主要是铺设排水管，路面硬化，解决污泥入市问题。吆驴沟渠道工程，出口滨河南路永宁桥东侧，设明渠、暗涵，解决汛期居民院落进水和污水污染环境的问题。张家庄沟排洪工程，出口位于国贸大酒店对面原暗涵洞口，进口位于沟南自然土坝下游，工程包括管道铺设，高架桥东西支渠等，主要解决路面泥泞，排洪不畅问题。南关排洪工程：起点南关兴南市场，终点刘家湾河道中段，分明渠、暗渠两部分，主要解决城南片区排洪、排水不畅问题。其余沟道还在逐步进行治理。北川河上游建有横泉水库1座，控制流域面积800平方千米。2010年开始对城区北川河城区段进行蓄水防洪整治，新筑两岸河坝，工程北至李家沟大桥，南到东川河汇入处，河道宽80—100米，全长6.2千米。按百年一遇洪水2650米^3/秒设计，千年一遇洪水校核。

截至2015年底，市区形成以北川河、东川河为主要防洪大动脉，边坡为支脉，排水网组成的有效防洪系统。

城市排水

1972年，离石县开始建设排水设施，当年在服务街、永宁西路（原东风街，革新街）铺设陶瓷排水管道825米，采用雨污水合流制。1973—1979年，砌筑排水洞2720米，永宁中路、兴隆街、文化路、八一街、建设街等的污、雨水得到排放。1979年，建成刘家庄沟排水涵洞750米。1980—1983年，陆续在货源街、红卫街、五四街、六一街、城内东巷、西巷、滨河南路、滨河北路安装陶瓷管5682米。1984年后，排水工程和城区道路建设工程同步进行。至1990年底，城区污水排放量达6000—8000吨/日，城区共有各种排水洞管15.33千米，进水口528座，检查井273座。

2004年后，城市排水实行污水、雨水分流，污水排入污水厂处理，雨水排入河道，对原来的排水管网进行调整改造，形成新的排水管网。2009年，吕梁市北川河综合整治工程的分项工程中修建城区东排污工程。

截至2015年底，吕梁市区城镇排水管网长281.03千米。其中，雨水管网长95.01千米，污水管网长115.02千米，雨污合流管网长71千米。市区中部（老城区）排水体制为截流式合流制，沿东川河两岸修建的截流管，旱季污水经截流管汇合排入吕梁市城区污水处理厂，雨季收集雨污水，合流水量超过截流管能力时，通过东川河上的排水口溢流排入水体。北部新城南端建成区排水体制为雨污分流制，管网下游出路接入老城区合流制排水管网。

2013年吕梁市区排水下水道主管网一览表

表4–9

排水管道所在道路名称	管道起止地点	管道长度（米）	断面或管径（毫米）	管道材质	建成年份
滨河南路	高崖湾大桥—龙凤大桥	3905	300×300 400×400 500×500	砼	2006
滨河北路	高崖湾大桥—龙凤大桥	4301	300×300 400×400 500×500	砼管	2006
建设北街	开新宇超市一部—石州桥	436.5	300×300	砖洞	1988
建设南街	区妇幼站—开新宇超市一部	331	300×300	砖拱	1979
东一条	农机供电站—东吊桥	201	300×300	排洪洞瓷管	1989
龙凤大街	久安路—煤气公司	雨：7.48千米 污：14.17千米	300×300 150×150 120×120	砼	1989
桥头街	凤山底小学—东川桥	1450	—	砖拱	1972

续表 4-9

排水管道所在道路名称	管道起止地点	管道长度（米）	断面或管径（毫米）	管道材质	建成年份
畔沟路	区妇幼站—南关口	730	500×500	砼	1972
农校路	农校—永宁桥	460	—	砖拱	1973
老干局路	六小—滨河北路	500	—	砖拱	1983
龙山路	二中口—龙山顶	325	—	砖拱	1975
城内西巷	永宁西路—区防疫站	326	800×1200	砖拱	—
五四街	迎新街口—文工团	231	300×300	砼瓷	—
文化路	永宁市场西口—区防疫站	400	300×300	瓷管	—
城内东巷	永宁路西口—滨河南路口	481	800×1200	砖拱	—
六一街	迎新街口—永宁西路	187	600×900	砖拱	—
团结路	209 国道口—龙凤北大街口	1317	800×1200	砖拱	—
新华街	久安路口—滨河北路	1480	600×1200 500×500 800×800	砖拱	—
和平街	长治路口—滨河北路口	733	600×600	砖拱、砼	—
交通路	七里滩—畔沟口	2182	600×900	砖拱	—
前进街	永宁桥—市交警支队	273	800×1200	砖拱	—
永宁东路	市交警支队—永宁东路西口	1480	600×1200 500×500	砖拱瓷	—
永宁中路	开心宇一部—吕梁饭店	550	800×1200	砖拱	—

2015 年吕梁市区排水管线统计表

表 4-10　　单位：米

道路名称	管线长度	道路名称	管线长度	道路名称	管线长度	道路名称	管线长度
209 国道	73.407	和平街	1011.786	龙山路	12953.140	西崖底一巷	686.042
307 国道	19749.205	荷塘路	474.894	龙山巷	767.153	下水小吃一条街	127.849
八一街	1021.078	贺昌路	1504.864	吕梁大道	67065.697	新城大条道	9060.940
北川河东路	18610.125	恒瑞路	1882.939	马茂庄路	2044.025	新华街	2533.520

续表 4-10

道路名称	管线长度	道路名称	管线长度	道路名称	管线长度	道路名称	管线长度
北川河西路	19177.666	后瓦二巷	646.302	南安东路	1614.176	新建街	969.309
碧水路	1775.593	后瓦四巷	514.769	南安西路	1095.799	兴昌路	1149.943
滨河北路	21663.136	后瓦一巷	396.750	宁安路	929.019	兴隆街	1396.466
滨河南路	17234.492	货源路	582.599	前进北街	8656.298	兴南路	4104.138
昌明路	1644.126	吉祥路	1326.127	前进街	358.145	兴南市场	402.952
昌平路	2344.885	嘉瑞路	853.179	前瓦二巷	119.165	兴盛路	1011.111
昌平路二支巷	176.710	建设街	1260.373	前瓦一巷	171.487	幸福巷	181.189
昌平路三支巷	242.701	交口商业街横二巷	292.175	乔家沟村	1301.758	延昌路	1299.017
昌平路一支巷	225.917	交口商业街横三巷	565.494	庆瑞路	261.495	阳光路	926.642
昌泰路	1039.248	交口商业街纵二巷	735.493	商业街	1026.470	永昌路	237.425
呈祥路	2022.615	交口商业街纵三巷	551.708	泰瑞路	448.679	永宁路	5310.890
德瑞路	1211.958	交口商业街纵四巷	1134.508	团结路	1573.749	袁家庄七巷	246.797
东安路	3930.765	交口商业街纵一巷	1095.046	王家沟路	969.177	袁家庄四巷	812.541
凤山底二巷	190.141	晋绥路	14149.623	王家巷	160.670	袁家庄五巷	72.279
凤山底三巷	2374.625	久安路	1264.882	文丰路	1302.799	袁四路	967.736
凤山底四巷	105.853	丽景街	1699.971	文化街	621.106	张家巷	641.449
凤山底一巷	121.321	临安路	5189.123	文景路	646.043	长治路	2757.644
凤山路	12694.895	刘家巷	296.374	五一街	787.575	—	—
芙蓉路	206.511	龙凤北大街	5122.553	西安路	2225.677	—	—
富昌路	736.020	龙凤南大街	24841.932	西崖底二巷	504.222	—	—
高家沟路	316.790	龙凤南大街电中东门横一巷	1354.387	西崖底三巷	271.817	—	—

污水处理

污水处理量 2000年后，治理河水污染，改善城区景观，陆续实施城区河道景观蓄水改造工程，截断大部分直排入河的排水管网，实施污水、雨水分流，污水全部接入吕梁市城区污水处理厂，雨水排入河道。截至2015年底，全区污水处理量805.45万吨，污水处理率91.32%，日污水处理能力3.5万吨；中水回用量80.95万吨，中水回用率10.05%。

污水处理厂 吕梁市城区污水处理厂位于市区城南碧水路。2002年6月，省发改委批复吕梁市城区污水处理厂项目可研报告。2004年5月，省发改委批复工程初步设计，总设计规模为日处理污水3.5万吨，分两期建成。2006年5月，该项目一期工程开工建设，2007年10月竣工并投入运营，日处理污水1万吨。2009年4月，该项目二期工程开工，2010年6月竣工投入运营。污水经处理后达到《城镇污水处理厂污染物排放标准》（GB 18918—2002）中一级A标准。截至2015年底，该厂设计处理污水能力3.5万吨/日，实际处理量2.58万吨/日，年处理量819.19万吨，处理率88.22%；管网长186.2千米。

污水处理收费 2010年4月26日，吕梁市物价局印发《关于污水处理费标准的通知》，吕梁市区污水处理费征收统一调整为：居民用水0.8元/吨，其他用水1.00元/吨，从2009年12月1日期执行，由吕梁市自来水公司代为收取。

城市照明

1967年，离石县开始在旧城内服务街、迎新路、东风街、革新街陆续安装木质电杆，普通灯泡路灯38盏。1975年，离石县城市照明工作由县电业局移交县城建局管理。同年，将照明路灯改为汞灯。1981年，在主要街道安装白炽灯。1985年，在兴隆街、滨河南东路、建设南北街、新关大街等处安装钠灯81盏。1986年，在新关广场中心安装高16米的钠灯。1990年，在畔沟安装汞灯10盏。至1990年，离石城区共有路灯257盏，其中250瓦钠灯155盏。400瓦钠灯l6盏，玉兰花灯40盏，汞灯46盏，年耗电量13万千瓦时。

1996年撤县设市后，市区路灯改为高杆两臂、高杆单臂高压汞灯、坞灯。2003年，市区路灯达6056盏。

2004年，离石市城建局与吕梁市城建局合并，路灯由吕梁市路灯管理处管理。

2012年，市区路灯达88840盏，总功率6090.1千瓦时。其中功能照明7664盏（亚明高压钠灯路灯7530盏， LED路灯134盏），分布在69条路、38条街、49条巷、总功率2120.5千瓦时，32种灯型。2015年，安装太阳能路灯143盏。截至2015年底，景观照明灯具共81158盏，其中节能灯具LED灯37630盏，占总盏数的46.37%，主要分布在凤山公园、滨河公园、世纪广场、市民广场等处，总功率3969.6千瓦时。

绿化

形式 树种 面积 中华人民共和国建立后，离石城区街道两旁有一部分参差不齐的行道树。1977年始，离石县开始大规模绿化建设、全民义务植树活动。地、县两级政府组织机关干部、厂矿职工、学校师生、居民群众义务植树。首先砍掉城区街道两旁的行道树，栽上统一整齐的树苗。

至 1990 年，离石县城绿化道路 12 条，栽植柳树、国槐、杨树等 9154 株，形成绿地 16.5 公顷，人均 2.20 平方米，绿化覆盖率 4%，形成以公园为点，行道树为线，机关、厂矿、居民区、庭院绿化为面的绿化体系。

2011 年，在城市建成区 2250 公顷的土地上，对 6 个公园、2 个广场、21 个小游园、42 条街道、22 座居民小区、52 个单位、龙凤虎山、东北川河河道进行绿化，建设 11 座苗圃生产基地。建成绿地面积 767.90 公顷，绿化覆盖率 39.1%，绿地率 34.13%，人均公共绿地面积 9.37 平方米。达到山西省省级园林城市标准。截至 2015 年底，全区城镇建成区绿化覆盖面积 989.95 公顷，建成区绿化覆盖率 38.37%；城镇建成区绿地覆盖面积 864.56 公顷，建成区绿地覆盖率 33.51%。

2011 年吕梁市区绿地面积构成情况表

表 4-11

绿地名称	面积（公顷）	占比（%）	备注
公园绿地	246.56	32.11	包括水面面积
道路绿地	83.94	10.93	—
单位绿地	88.05	11.47	—
小区绿地	10.39	1.35	—
生产绿地	77.5	10.09	—
防护绿地	256	33.34	包括三山绿化及河道绿化面积
其他绿地	5.46	0.71	护坡、花卉摆放等
合计	767.9	100.00	—

道路绿化 至 2010 年，市区 30 余条道路绿化，绿化面积共计 83.94 公顷，绿化率为 36.2%。带状绿化道路有滨河北路、滨河南路、滨河西路等；路侧绿化道路有龙凤南大街、龙凤北大街、呈祥路、碧水路等；隔离带绿化道路有凤山路、建设街、永宁路等；行道树绿化道路有文化路、团结路、新华街等。

滨河北路绿化：滨河北路定位为吕梁市休闲观赏的景观大道或带状公园。全长 6285 米，红线宽 50 米，主要植被品种有：白皮松、油松、云杉、银杏、北京桧、国槐、法桐、垂柳、栾树、金叶榆、元宝枫、杏树、紫叶李、金银木、红叶碧桃、木槿、丁香、草坪等，为一板两带式。至 2010 年，绿化面积 5.9 公顷，绿化率 18.76%。

滨河南路绿化：滨河南路是高速东口进入市区的迎宾大道，两侧绿化坚持“安全、协调、永久、经济”的原则设计。至2010年，全长5285米，红线宽50米，绿化面积8.12公顷，绿化率35.87%，为一板两带式。南路带状绿化宽窄不一，最窄处仅为7.5米，最宽处有40余米，设有休闲小广场、假山、长廊等，供市民休闲娱乐。主要栽植有垂柳、白皮松、桧柏、金叶女贞、紫叶小檗、卫矛等树。2013年，在山西省“园林四创建”工作中，被评为省级园林道路。

滨河西路绿化：滨河西路位于吕梁市北川河西岸，北起离石电缆厂，南至马茂庄桥。道路绿化与北川河公园设计浑然一体。至2010年，全长6417米，绿化面积12.8公顷，道路两侧绿带宽度各10米，绿化率39.89%。2012年，在山西省“园林四创建”工作中，被评为省级园林道路。

龙凤大街绿化：龙凤大街贯穿吕梁南北，南起龙山，北接凤山。全路绿化整体设计以“自然和谐、龙凤呈祥”为主题意境，突出“和谐吕梁、开放吕梁、腾飞吕梁、发展吕梁”的人文特色。至2010年，全长7666米，为三板四带式。2011年，“三项整治”期间拆墙透绿、拆违建绿，绿化面积14.5公顷，绿化率32.63%。同年，在山西省“园林四创建”工作中，被评为省级园林道路。

北川河西路绿化：北川河西路位于吕梁市北川河的西岸。至2010年，全长6417米，绿化面积12.8公顷。两侧绿化分隔带宽各3米，道路红线宽60米，两侧各设计绿化带10米。主要栽植油松、云杉、樟子松、白皮松、桧柏、垂柳、国槐、花卉、草坪等。

北川河东路绿化：北川河东路位于吕梁市北川河的东岸。至2010年，全长4500米，绿化面积4.6公顷。道路两侧人行道栽植绦柳、馒头柳，并搭配连翘、红瑞木、琼花和珍珠梅连贯的彩色花灌木。

2010年吕梁市区主要道路绿化情况表

表4-12

街道名称	道路长度（米）	红线（米）	占地面积（平方米）	绿化面积（平方米）	行道主要树种	大树株数（棵）	绿化率（%）
滨河南路	5285	50	226404	81218	柳树　杨树	5495	35.87
滨河北路	6285	50	314250	58955	柳树　杨树	1920	18.76
滨河西路	6417	50	320850	128000	柳树　杨树	8584	39.89
呈祥路	2000	33	31395	11375	杨树　柳树	580	36.23
碧水路	520	44	24510	12960	国槐	1365	52.88
滨河北西路	5300	50	169969	26069	国槐	1214	15.34

续表 4-12

街道名称	道路长度（米）	红线（米）	占地面积（平方米）	绿化面积（平方米）	行道主要树种	大树株数（棵）	绿化率（%）
团结路	1350	12	14850	4050	柳树	39	27.27
长治路	1300	40	46800	3900	樟子松　国槐	183	8.33
久安路	980	32	44000	3300	樟子松	228	7.50
文化路	482	8	5204	1446	国槐	57	27.79
袁一璐	810	22	19600	4200	国槐	82	21.43
龙山路	3500	20	84000	10554	国槐	340	12.56
永宁路	2438	25	41147	4785	国槐	624	11.63
龙凤南大街	6216	60	373004	130580	国槐	18439	35.01
龙凤北大街	1450	60	71550	14500	国槐	417	20.27
凤山路	4050	25	168820	43270	国槐	1257	25.63
丽景街	560	18	13400	3380	樟子松	237	25.22
新华街	1400	15	18200	4200	国槐　柳树	272	23.08
和平街	800	12	10400	2400	柏树	72	23.08
货源街	650	11	7150	1950	国槐　柳树	37	27.27
兴隆街	650	24	22750	425	国槐	17	1.87
建设街	700	30	25060	6300	白蜡　唐槭	16	25.14
农贸市场路	630	20	12600	1890	国槐	222	15.00
晋绥路	6120	40	244800	73440	国槐　桧柏	—	30.00

单位庭院绿化　单位庭院绿化实施见空植树、见缝插绿、拆违建绿、拆墙透绿，适当增加屋顶和垂直绿化等办法。至 2010 年，市区内有新建及改造单位庭院 52 个，总占地面积 206.40 公顷，绿地率合格的单位庭院总占地面积 181.27 公顷，单位庭院绿地达标率 87.82%。

吕梁市委党校绿化：至 2010 年，学校总面积为 2.40 公顷，其中绿地面积为 1 公顷，绿地率为 41.67%，人均绿地面积 100 平方米。绿化区景观乔木、灌木与草坪分布合理。

吕梁市供水服务中心绿化：至 2010 年，位于吕梁市久安路，占地面积 1.31 公顷，绿化覆盖面积达 0.86 公顷，绿化覆盖率达到 65.55%，人均绿地面积 19 平方米。共有 940 株余乔木，971 株花灌木。

山西木枣阳精华有限公司绿化：至2010年，公司占地面积7.11公顷，建筑占地1.38公顷，绿地面积3.53公顷，绿地率达49.65%，绿化覆盖面积4.72公顷，绿化覆盖率66.39%。

吕梁市中医院绿化：至2010年，占地总面积0.13公顷，绿地面积0.085公顷，铺砖及亭铺砖面积140平方米，路牙长235.7米，雨花石拼花面积0.0061公顷。园内有亭台楼阁、长廊等。

居住区绿化　2002年后，本着“以人为本、以绿为主”的原则。2004年，市政府制定《吕梁市单位附属绿地和居住区绿地管理办法》。2012年，市政府下发《关于全面实施市区园林单位园林小区创建工作的通知》。同年，新建、改造居民小区22个，总占地面积34.86公顷，其中绿地率达标的小区占地面积为30.76公顷，新建、改建小区绿地率达标率为88.22%。

机构　1982年，离石县城建局成立绿化队，后更名为园林处，负责城区园林绿化建设和管理。1983年，完成城区园林绿化总体规划。1990年，成立三山绿化领导机构。

1997年，改名为离石市园林处，并成立离石市园林花卉中心，为市园林处内设机构。

2004年，离石市园林局上划为吕梁市园林绿化管理处，分出吕梁市公园管理处作为并列单位，市民广场、莲花池公园归公园管理处管理，离石市园林花木中心改名为吕梁市花卉管理中心。

公园

公园数量　至1990年，离石城区建成公园2座，街心公园1处。

截至2015年底，吕梁市区建成的公园和广场主要有：凤山公园、莲花池公园、水西生态园、北川河公园、东川河带状公园、“车马出行”小游园、世纪广场、市民广场和小游园共21个。

公园简介　滨河公园：1982年，结合滨河南北路和东川河建设，在城区建造公园。园址选在东川河南北两侧，故名滨河公园。滨河公园为一条林荫绿带，宽17米，中间布置了一些园林小品和游乐玩具，靠路一侧修筑金属栏杆和园门。园内绿树成荫，有园有景。至1990年底，建成滨北（地区电业局修试所至地区技工学校）滨南（自来水2号至新建北街）段，长5500米，面积9.35公顷的林荫带。主要园林建筑小品有桥头亭、园林亭、伞形休息亭、休息廊、宣传栏，游乐玩具有滑梯和轮椅。绿化树种主要有柳树、松树、核桃树等。

街心公园：1985年建成，该园直径100米，以大理石雕塑鲤鱼喷水为中心的池里装有各式喷水龙头，周围是花圃，夏季百花争艳、芳香袭人。

凤山公园：1986年始建，位于城北凤山顶上。1989年9月，经县人民政府批准成立凤山公园管理处，负责凤山公园的建设和管理。至1990年底，凤山公园占地1.12公顷，山顶游览区有聚仙山房、超然亭、蓬岛瑶台、凤来阁、翠香亭、长廊、天池、凤凰雕塑等“八景”。游览区内覆盖0.08公顷的山花野草，栽种侧柏、国槐、垂柳、云杉、丁香、野玫瑰、山葡萄、马芋、樱花等树木花草。另外修建有凤山山门、扇形亭、六角亭等，砌筑上山台阶516级，大理石栏杆230跨，引水上山水池2座，安装管道720米。2011年，公园总占地21公顷，山顶浏览区占地2.39公顷，有各类树木20余种，绿化覆盖率达75%；山腰有天贞观和凤山南坡林区。登上山顶，鸟瞰全城区，景色尽收眼底。犹如“山在城中、城在绿中、人在园中”。同年，在山西省“园林四创建”（创建园林小区、单位、公园、道路）工作中，凤山公园被命名为三星级公园。

北川河公园：北川河公园南起王家坡大桥，北至李家沟大桥，东连滨河东路，西接大交线，全长6137米，东西宽165—800米。1997年始建，2010年落成开放，河道治理水域面积58公顷，绿地面积34.8公顷。总投资11.5亿元。是北川河综合整治工程的亮点，形成“一河两岸一岛”和4个主题广场的综合景观。“一河”即北川河城区段河道整治工程；“两岸”即北川河东西两岸上的景观绿化带，河道内共有橡胶坝11个，可蓄水75万立方米；“一岛”即位于长治路大桥以南的柳叶岛。“4个主题广场”分别是城市坐标广场、影动人乐广场、青砖花园广场和城市船头广场。公园出入口17个，设置停车场4个。2011年，在山西省“园林四创建”工作中，被命名为四星级公园。

东川河带状公园：西起龙凤南大街，东至沙会则大桥的东川河两岸，1999年建成，2007年进行提升改造。全长14685米，绿化面积24公顷，清淤蓄水及河坝建设工程宽80米，蓄水长度23千米，蓄水面积50.65公顷。总投资1亿元。

水西生态园：位于龙凤北大街西侧。2002年始建，2005年续建，2012年提升改造。占地8.67公顷。园内栽果树和景观树4000余株和花草、绿篱、草坪等景观。园内建有小广场、人工湖、老年活动室、健身场地、儿童游乐沙地、羽毛球场、乒乓球场、篮球场等。园内终年常绿、鸟语花香，生态主题突出，全天免费对游人开放。2011年，在山西省“园林四创建”工作中，被命名为二星级生态园。

莲花池公园：位于龙凤南大街中段，东依西城墙，西临龙凤大街，北接永宁西路，南至离石第三小学，与市民广场和吕梁博物馆遥相呼应。2003年始建，2011年建成，总面积12.26公顷，总投资1150万元。建有人工湖、园内广场、小桥2座、六角亭4座，各种健身器材和门球场地，绿化草坪0.6公顷，栽种荷花22500株，灌木600余株，景观树1000余株。园内湖中小岛、小桥流水、廊亭水榭、湖畔垂柳相映生辉，全天免费为游人开放。2011年，在山西省“园林四创建”工作中，被命名为三星级公园。

“车马出行”小游园：位于市中医院旁，2007年11月开工建设，2008年4月竣工，总占地0.39公顷，绿化面积约0.37公顷，投资220万元。游园内安放离石区特有的出土文物汉画像石车马出行为素材的雕塑。

泰怡生态公园：位于汾离高速离石东出口东北方向300米处，北依东川河，南临国道307线，是由离石区政府规划、吕梁泰化集团全额捐资承建的离石东城新区标志性工程。2009年，公园开工建设，2013年竣工，总投资约1.1亿元。公园占地面积4.33公顷，其中绿化面积 3.13 公顷，水系面积 0.47 公顷，建筑占地面积 0.73 公顷。公园聘请上海复旦规划建筑设计研究院进行规划设计。公园主体建筑创意以吕梁市花山丹丹花为原型，提炼出生态园建筑形态，打造离石东城地标性建筑；以“山脉”“水脉”“人文脉”从西北主入口引入园区，润养“山丹丹花”植物园，形成三脉润花的格局。公园绿化工程采用以乔、灌、草相结合的种植原则。景区林木带（大型乔木）遮拦高度要求在 6—10 米间，主要采用白皮松和油松，林间植土生野草，坡地采用团块状，乔灌搭配的种植模式，景区行道树采用油松、云杉、塔柏，主道路的行道树选用国槐、栾树，道路两侧间种绿篱和红篱，主要选用胶东卫矛、金叶女贞和紫叶小檗。园区内景观设计有江南园林风格的烟雨画舫、亭台楼阁，有富于时代特色的文化景墙，有晨曦晚练的市民广场，童心闪烁的儿童活动空间。公园集休闲、娱乐、饮食、旅游于一体。

广场

广场数量　截至 2015 年底，吕梁市区有较大广场 2 个。

广场简介　世纪广场：东靠兴隆商厦，西临八一街，北接永宁中路，南至贵都广场，位于市区中心。2001 年建成，总面积 2.38 公顷，绿化面积 1.06 公顷。广场东有北欧风格的罗马柱、张拉膜等公共建筑，广场中心设置音乐喷泉，北部中心建有国旗台。每年节日期间摆放各种花卉，以供市民观赏。广场是市民参加升国旗仪式、各种社会活动的主要场所。可容纳 4 万人集会，可供万人休闲娱乐，是吕梁市区集休闲、娱乐、购物、观光为一体的标志性工程。

市民广场：位于吕梁市汉化像石博物馆南侧，占地面积 6.6 公顷，以吕梁宝鼎为轴心，草坪广场为基的广场式公园。2002 年 9 月开工建设草坪广场，2004 年 8 月，吕梁市宝鼎基座工程建设竣工，总投资 260 万元。园内广场草坪总面积 5.66 公顷，宝鼎总面积 0.6 公顷。宝鼎基大平台总高 2.7 米，分三级，每级六踏，两侧共有图腾柱 36 根，放置一大八小宝鼎 9 座，以吕梁市石楼县出土的殷高“立耳柱足分镗鼎”为原型按比例放大铸造。其中大鼎高 3600 毫米，寓意为吕梁市青铜文化 3600 年的历史，在大鼎浇铸时溶入吕梁市出土的青铜器残片，寓意为传承古代青铜器文化源脉。大鼎重 347 千克，寓意将吕梁市 347 万人民精神凝聚于该鼎。8 个小鼎分置于平台的 4 个入口处，加上大鼎寓意为“一言九鼎”。平台总面积 2109.5 平方米，寓意为吕梁市 21095 平方千米的土地面积，大鼎鼎柱高 2004 毫米，寓意为吕梁地区 2004 年撤地设市。是吕梁市撤地设市的标志性建筑物。2011 年，在山西省“园林四创建”工作中，被命名为二星级广场。

第三节　公共设施

城市供水

供水设施　离石城区地下水源比较丰富。自古城区居民生活用水自凿土井辘轳取水。1958 年，离石电厂、离石蛋厂打成较大口径水井，除自用外向城区部分党政单位供水，城区开始有集中供水。1971年，离石县自来水公司成立，负责城区集中供水工作。

1971年，在城西莲花池打成第一眼大口井，井径4.0米，井深5.1米，日出水量1000吨，建成30米高、容积100立方米的水塔1座，铺设配水管道2235米。1973年7月1日正式投产运行，城区部分居民首次饮上自来水。1974年，开始修建500立方米高位水池、加压站和200立方米水池等，1977年10月投产。1979年7月1日，位于城西的2号大口井建成送水。1982年11月7日，位于城西北的3号大口井竣工。到1982年底，自来水年售水量85.94万吨，供水管道总长11.81千米。1984年，供水一期工程批准计划任务书。1985年通过概算，工程规模1万吨/日，投资377.57万元。1985年4月动工，工程由太原工业大学设计院设计，山西省勘察院、吕梁地区建筑安装总公司等20支工队施工。1986年10月试通水，同年12月竣工验收正式投产。供水一期工程用地2.77公顷，完成投资417.15万元。建成上安水源地1处，凿井5口，铺设输配水管道9.25千米，建成配水厂1座，完成构筑物3560立方米，建筑物2445平方米。城区原3口大口井备用。1987—1989年，省计委批准离石城区供水二期工程的初勘工作，省勘察院施工，投资110万元，完成深度为536—603米的探采结合井3口。至1993年底，城区供水输配管网铺设29.85千米，供水能力1万吨/日，日售水量0.9—1.1万吨（不包括自备水源）。

2002年2月，第二水源地2号深井钻探成功，井深629.99米，日出水量3000吨。同年7月，第二水源地4、6号深井投产，井深579—601米，出水量5958吨/日。同年10月19日，第二水厂成功并网通水，供水能力1万吨。

2004年，离石区建设局整体上划吕梁市，市区供水职能也随之上划市管辖。至2010年，供水中心启动全部水源井，每天有0.5—1万立方米供水缺口，供水采取调节供水措施。到2010年，一、二水厂日供水能力2.8万吨，售水在2.1—2.3万吨/日。排水管网总长约155千米。2011年，对永宁西路、八一街、建设街、滨河南路供水管网改造，八一街、永宁西路管径由DN150毫米扩为DN300—400毫米，总长6.2千米，缓解永宁西路、八一街、红卫街、世纪广场一带的供水；建设南北街管道由DN200毫米扩为DN400毫米，改造后使滨河路直通加压站，提高加压站给水能力，缓解交通路一带居民用水紧张状况；滨河南路管网由DN300毫米扩为DN600毫米，与一、二水厂联网，提高供水保障能力。输配水管道总长达90千米，其中管径100毫米以上输配水干管70.01千米。管网末梢水压由过去的0.11兆帕提高到0.28兆帕，管网漏损率由18.9%下降至12.3%，并实现24小时不间断供水。日供水能力由过去的0.1万余立方米，增加到2.8万立方米。

截至2015年底，形成由吕梁市供水服务中心管理的久安路的一水厂、七里滩的二水厂两个水厂和试运行的新区水厂，上安、七里滩两处水源地和市区1个加压站的供水格局。日供水能力3.5万吨。供水合格率100%。同年，吕梁市区城镇供水管网长度200.5千米，市区用水人口25.74万人，年供水量1203万吨，供水普及率95.33%。

水价管理 1973年1月至1990年，离石县水价一直采用统一价格。1973年，水价确定为每吨 0.30 元，1974 年 1 月，水价调整为每吨 0.33 元，到 1979 年 2 月，水价下调为每吨 0.28 元。1986 年，因物价指数不断上涨，供水亏损严重，经物价部门批准，从 1987 年 4 月 1 日起水价提高为每吨 0.35 元，1988 年 8 月调整至每吨 0.38 元。其后，因电费一再提高，1991 年 2 月 1 日起，水价调整并首次分类定价：居民生活用水每吨 0.38 元保持不变，行政事业用水为每吨 0.42 元，工商企业用水每吨 0.60 元，基建用水每吨 0.80 元。1992 年 1 月起，行政事业用水调整到每吨 0.50 元，基建用水降为每吨 0.60 元。1993 年，水价再次调整：居民生活用水提高到每吨 0.50 元，行政事业用水每吨 0.65 元，工商企业基建用水为每吨 0.80 元。

1999 年 8 月，经山西省物价局批准，离石市开始实行消费性和经营性多元分类水价。消费性水价居民用水每吨 1.1 元，机关团体用水每吨 1.6 元；经营性水价每吨 1.8 元，商业服务类用水每吨 2.2 元，建筑业用水 2.5 元，特殊行业用水每吨 6.7 元。

2010 年 3 月，经省物价局批准，对抄表到户水表出户的用户执行三级阶梯水价。

截至 2015 年底，总表用户每吨水 2.3 元，机关团体用户每吨水 3.7 元，工商业用户每吨水 4.2 元，高档娱乐业用户每吨水 30 元。

水质管理 1982 年设立水质化验室，水质检测项目有 24 项。按照《山西省城市公共供水企业运行考核暂行标准》要求，市级供水公司自检能力必须达到 GB 5749—2006 规定的 42 项，因检测检验仪器有限，不能完成 42 项常规指标的检验，只能委托山西省供水检测网太原检测站进行一年 4 次的全分析化验。出厂水微生物指标和消毒余量符合国家《生活饮用水卫生标准》。根据吕梁市区供水面积、用水量，设立水质采样检测点 13 个，每月进行全分析化验 1 次，水质均符合《生活饮用水卫生标准》。

经营管理 1988 年 3 月，离石县人民政府印发《离石城区供水管理章程》。居民用水实行依表计量收费，对未安装供水管道的城区居民以集中售水方式售水。

1996 年后，对分户计量收费进行大规模改造，至 1999 年底，城区 2500 余个用水户全部在户外安装水表，用户装表率 100%。用户水表档案输入微机，实现营业收费自动化，水费回收率保持在 90% 左右。

2012 年 6 月，借助中国银行缴费一户通平台开通银行代收水费业务，便捷服务用户。

城市节水 1996 年，吕梁地区节约用水办公室成立。

2005 年 1 月，吕梁市委印发《关于加强城市规划区内用水管理的通知》，明确节水工作的职责范围。2007 年，吕梁市建设局印发《关于严格城市用水计划管理制度的通知》，要求凡新建、改建、扩建的工程项目，必须办理城市计划用水证。城市节水工作逐步走上规范化管理的轨道。

城市供热

1970 年，离石城区有条件的部分单位开始使用热水锅炉对生产区和生活区供暖。1983 年以后，城区利用大型锅炉集中供热。1987 年，离石县城区煤气热力公司成立。1987—2003 年，主要采取小片联网的模式进行集中供热，到1990年，供热能力达14万平方米，集中供热面积为7万平方米，供热管网2.5千米，服务人口6500人。至2003年，供热面积发展到70余万平方米，城区热化率达到30%以上。

2004年，热电联产集中供热项目启动。

至2012年12月，共建成热源厂2个，有锅炉6台（150吨、75吨各3台），首站2座，二级换热站61座，铺设DN600—900的一次主管网31.3千米×2，DN200—DN500一次支线管网19千米×2，二次管网170千米×2。热源厂建设累计投资3.4亿元，管网建设累计投资4.3亿元。管网供热能力达765万平方米，热源能力达380万平方米。2014年，新建王文庄供热二次管网1.12千米，改造南关、大七公路一次管网500米，新建吕梁公馆、滨河佳苑等供热站5座，增加供热面积50万平方米。2015年，新建城市供热管网4.06千米，改造城市供热管网34.58千米，新增城市集中供热面积62.728万平方米。截至2015年底，全区城镇供热管网440.77千米，供热面积1260万平方米，集中供热普及率86.42%。

大土河热电联产集中供热 2004年，山西大土河焦化有限责任公司热电厂提供热源，组建吕梁大土河热力有限公司，位于滨河街道杨家掌村。当年一电厂热源项目投运，建成主管网14千米，换热站12座，铺设二次网30千米，完成投资1.1亿元，供热面积为60万平方米。供热区域包括交通路区政府、区交警队、区荣军医院、热电厂家属院、建设北街离石一中、滨河南东路离石第二小学、区教育局家属院等。2008年，市人民政府和区人民政府印发《统一取缔燃煤锅炉的通知》，大土河热力公司迅速扩网建站，先后投资1.82亿元，二电厂热源工程建成，新建一次网管线11.5千米×2，二次网管线30千米×2，换热站5座，新增供热面积80万平方米，供热区域包括六一街、七一街、交通路区煤炭局、龙居轩、保安公司、市交警队、五金厂、市电业局、滨河街道办、离石区公路局、货源街区粮食局、区商业局、区烟草公司、糖烟酒公司等区域。2009年，新建卧龙山庄、旧汽运站、贺昌中学东校区、七里滩矿山救护站一次网管线60千米×2，二次网管线24千米×2，换热站4座。供热面积为248.85万平方米，主要新增用户段家坪村、文联艺术团、黑猫井盖厂、交通路兴农巷、东关新村、王家庄等区域，新增供热面积52.08万平方米。2010年，新建高崖湾、七里滩东、后瓦、凤山中学、七小、市委党校、吕梁技校、吕梁会校、区交通局、市公安局、吕梁国际宾馆北高层、矿机城一次网管线7千米×2，二次网管线42千米×2，换热站12座，新增供热面积70.65万平方米。主要新增供热户包括滨河北东路、前瓦村、后瓦村、高崖湾村、区交通局、吕梁会校、市委党校、吕梁技校、吕梁农校、吕梁学院东校区等区域。2011年，新建建材厂、美特好超市、王家庄、张家庄煤矿、七里滩南、南关45号站、南关46号站、南关48号站一次网管线5.2千米×2，二次网管线51.5千米×2，换热站8座。当年新增供热面积76.5万平方米。主要新增供热户包括滨河南路市委大院北门高层、七里滩泰化物资城、锦绣小区等区域。

2012 年，新建四小、永宁家园、凤山南站、贾家沟、美特好超市 2 号站一次网管线 4 千米 ×2，二次网管线 2 千米 ×2，新建换热站 4 座。当年新增供热面积 64 万平方米。主要新增供热户包括七里滩汇江房地产、永宁嘉园、华泰房地产开发公司、滨河南路和谐佳苑、永宁东路离石大厦等用户。2013 年，投资 5900 余万元，建设余热项目，扩大供热能力。同年，新建七矿家属院、凤山新站、东方苑、刘家湾、锦绣小区换热站，增加供热面积 27.9 万平方米。2014 年，建成滨河家园、吕梁公馆、矿机城西、凯利和小区、大禹沟换热站，增加供热面积 18.7 万平方米。2015 年，建成御龙湾、滨江、王文庄、圪垯上、文工团换热站，增加供热面积 30 万平方米。截至 2015 年底，大土河热电联产集中供热用热单位 600 余户、居民用户 3 万余户，管网长度 472 千米，供热面积 500 余万平方米，城区集中供热实现全自动远程控制。

城北供热站 坐落在离石区城北街道李家沟村。2008 年 11 月 1 日建成投运。供热站主要设备有 4 台 58 兆瓦热水锅炉，供热能力 318 万平方米，供热负荷 198.3 兆瓦，供热一次管网主线 16 千米，换热站 21 座。承载的供热区域为离石区东川河以北到李家沟村，供热面积占离石区集中供热面积的 30% 以上。城北供热站投运后，城区集中供热普及率达 95% 以上，拆除分散采暖锅炉 100 余台，年节省标煤 3.06 万吨，减排烟尘 4500 吨，减排二氧化硫 1310 吨。锅炉除尘设备采用高效环保型脱硫除尘器。

西南供热气站 坐落在龙凤南大街中吕公司旁。供热面积 271 万平方米 。主要供市区龙凤南大街马茂庄村、吕梁市博物馆西、吕梁市烟草公司大院、永宁西路北市纪委院、和平街东市建行院内、新华街东区委宿舍等区域。工程分 3 期建设。2007 年 11 月，一期工程完成，按照热电联产以热定电方式，利用山西中吕焦化有限公司和山西大土河煤焦有限责任公司 60 万吨焦炉剩余煤气，先期用 2×75 蒸吨燃气锅炉供热，项目投入总资金 5320 万元。2008 年 11 月，二期工程完成，建设 2 台 90 蒸吨燃煤热水锅炉，总投资为 4963.32 万元，取代一期工程的 2 台锅炉。2011 年 9 月，三期工程完成，安装 1 台 90 吨燃煤热水锅炉，总投资为 1980 万元。供热面积 220 万平方米。

防震设施

市区影响较大的地震主要来源于汾渭地震带临汾盆地、渭河盆地的 8 级地震和市区附近隆起区的 5 级左右地震。场地 3 次影响烈度为 VII 度的地震均来自上述地区。市区设防要求为 VI 度。

20 世纪 70 年代前，离石城区建设的建筑物基本没有抗震性能。70 年代后，经设计部门设计修建的建筑物，有 95% 的按抗震 6 度进行设计、施工建设，具有防震功能。未经建筑设计部门设计的建筑物，其抗震性能较弱。

2013年吕梁市市区测震仪器分布表

表 4-13

仪器型号名称	台数	安装地点	管理单位
SSQ-21 石英数字水平摆倾斜仪	1	北武当地震观测站	山西省地震局
DSQ 水管倾斜仪	1	北武当地震观测站	山西省地震局
SSY 铟瓦管伸缩仪	1	北武当地震观测站	山西省地震局
BBvs60 宽频带测震仪	1	北武当地震观测站	山西省地震局
ZKGD3000-D 流体观测仪	1	离石区王家坡	吕梁市地震局
SKZ-III 四分量钻孔应变仪	1	离石区枣林乡	离石区地震观测站

城市供气

液化气 20世纪70年代末，城区部分居民开始使用罐装石油液化气。后逐渐发展到乡村。

2008年后，天然气普及，石油液化气用户逐年减少。截至2015年底，市区有石油液化气储备供应站4个，分别是吕梁市气瓶检验服务中心、吕梁晨鑫液化气站、吕梁市离石区长风液化气站、吕梁市离石兴业液化气站，均为民营企业。

人工煤气 1993年，省计委批准吕梁市区煤气工程项目立项，1994年批准可研报告。

1998年8月，国务院办公厅批准工程项目，国家计委将该项目列入“双千亿”城市基础设施建设工程。1999年10月，吕梁地区石州煤气有限公司成立，工程开始建设。气源厂坐落在市区城南，占地面积18公顷，总投资1.66亿元。2001年1月20日，第一期年产10万吨煤气的焦炉试产成功。同年9月17日，正式开始向市区居民送气。2002年8月，吕梁地区石州煤气有限公司改制，山西东义煤电铝集团全资收购吕梁地区石州煤气有限公司，成立吕梁东义集团煤气化有限公司。11月，第二期年产10万吨煤气的焦炉投产运行。2003年起，先后投资近亿元，兴建3号焦炉、自备电站等。

至2010年，形成年产焦炭42万吨、焦油1.3万吨、粗苯3600吨、发电2100万千瓦时、洗原煤60万吨，日外供城市煤气10万立方米的煤焦化企业。建成东起吕梁学院东校区，西至307国道吕梁征费局，北至袁一路，南至段家坪村纵横交错、四通八达的煤气管网。居民用户3万户，学校20余所，宾馆、餐饮业218家等。覆盖率达90%，气化率达80%。

2012年，天然气代替人工煤气，市区结束历时10年的人工煤气供气。

天然气 2009年3月，榆济输气管道工程在吕梁市城区设分输站。2010年，山西省煤层气（天然气）综合开发利用领导组印发《关于吕梁东义煤气化有限公司天然气经营许可有关问题的批复》，批准东义煤气公司经营天然气及相关业务，范围包括：吕梁市城区天然气管道建设、运营、天然气销售等。2011 年 9 月 8 日，省建设厅印发《关于印发吕梁市城市燃气专项规划评审意见的通知》《吕梁市城市燃气专项规划》，经吕梁市政府批准实施。

至 2012 年 9 月底，东义煤气公司气源厂关停人工煤气。供气实行三气源供气模式，与山西国化能源有限责任公司、山西临县国新燃气有限公司、山西燃气产业集团有限公司合作，分别接收来自“榆济线”“临离线”“临临线”气源。2011 年 9 月底，开始天然气置换人工煤气，由东向西、由北向南分期进行置换供气，2013 年 5 月，煤气气源厂停产关闭。截至 2015 年底，吕梁市区城镇燃气管网长 235 千米，城区用气人口 25.62 万人，城镇燃气普及率 94.89%。市区经营天然气企业为吕梁东义集团煤气化有限公司和离石区七里滩 CNG 加气站。

2015 年吕梁市区供气企业一览表

表 4-14

企业名称	企业地址	类型	年供气量	管网长度
吕梁东义集团煤气化有限公司	段家坪	管道燃气	2345 万立方米	101 千米
吕梁市离石区长风液化气站	圪达上村	瓶装燃气	620 吨	—
吕梁市离石兴业液化气有限公司	交通路腰驴沟村	瓶装燃气	120 吨	—
吕梁晨鑫液化气有限公司	乔家沟村	瓶装燃气	254 吨	—
吕梁市气瓶检验服务中心	岐则沟村	瓶装燃气	500 吨	—
离石区七里滩 CNG 加气站	七里滩村	CNG 加气站	—	—

城市公共交通

公交车辆线路 截至 2015 年底，市区公共交通车辆有 96 辆。共有公交线路 7 条，线路总长 129.2 千米，线路主要服务于中心城区。东西向线路主要沿滨河北路、滨河南路、永宁路、龙山路分布，南北向线路主要沿龙凤大街、建设街、北川河西路分布。

公交站专用通道 截至 2015 年底，市区有公交站 57 个，其中港湾式公交站 22 个。有公交专用道 1 条，从世纪广场到永宁中路与建设街交叉口，全长 1500 米，为单项设置，有 6 路车（1、2、3、5、7、8 路）在专用道内运行。

2015年吕梁市区公交线路一览表

表4-15

线路编号	起点站	终点站	线路长（米）	配车数（辆）	运营时间	日运营班次（次）	早高峰发车时间隔（分）	平均线路单程运营时间（分）
1路	市交警支队	纪念碑	9000	12	7:00–19:00	228	10	42
2路	高速东口	世纪广场	16000	18	7:00–19:00	108	6	100
3路	安居小区	世纪广场	7000	12	7:00–19:00	240	7	35
5路	交口商业街口	世纪广场	22000	16	7:00–19:00	144	10	70
6路	万和商贸城	霜雾都	28800	19	7:00–19:00	133	12	48
7路	五里铺	世纪广场	25000	9	7:00–19:00	72	10	80
8路	火车站	汽车站	22000	10	7:00–19:00	70	10	100

出租车

1978年，离石县出租汽车公司（为县城乡建设局下属企业）的出租汽车队开始营业，至1990年，先后开辟吴城、交口、小神头、坪头、结绳塥、临县、太原等线路，拥有上海轿车2辆、客车4辆、吉普和面包各1辆。

1996—2001年，境内陆续组建出租车公司2个，车辆达120辆，主要车型为夏利、捷达等。

2002—2007年，出租车公司达6个，车辆达450辆，单车日载客量为123人次，出租车空驶率17%，出租车收费标准为起步价5元，行驶每千米1.4元。

截至2015年底，全区出租车有450余辆。

第三章　镇村建设

第一节　集镇建设

吴城镇建设

位置　面积　吴城镇位于城区东35千米处的大东川河畔，是离石境内通往太原方向的东大门。街上村为镇人民政府驻地，面积24平方千米。镇区东起水井沟，西至李家湾，南为下罗堡村，北为陈家塔。包括沟门上、街上，居民点呈不规则四边形分布，面积1.5平方千米。

街道房屋　镇区内的街道东西方向二字形分布，主要街道有旧街和过境公路，路面全部为沥青路面和水泥路面。主要的商业网点和建筑均分布在镇区的国道307线过境公路上。至1990年，镇区内房屋建筑共3万平方米，其中，民用住宅2万平方米。2010年第六次全国人口普查，全镇家庭户人均住房间数0.58间，人均住房建筑面积19.84平方米。

供水　有吴城水库1座，水源为泉水和自凿井水，截至2015年底，户户通管道自来水。

排水　利用自然地形明沟排放，沿河有防洪石坝。

信义镇建设

位置　面积　信义镇位于城区东15千米的小东川河畔，是离石小东川区域经济、文化中心。信义村为镇政府驻地，东依小椿树地，西靠大雨梁，南起黄鼬圪扢，北至牛家局，面积2平方千米。

街道房屋　镇区内的街道呈东西向“T”形分布，路面结构为沥青路面，主要的商业网点和公共设施沿五卧过境公路分布。至1990年，镇区内共有各类房屋建筑5.09万平方米，其中住宅2.98万平方米，1012间。

2010年第六次全国人口普查，全镇家庭户人均住房0.56间，人均住房建筑面积18.11平方米。2010年3月，山西新龙重工高分子科技有限公司单身职工公寓楼建成，位于信义工业园区信义村，共6层，建筑面积0.81万平方米，占地面积0.11万平方米，投资1207.8万元。由太原市筑博建筑设计有限公司设计，山西省建筑安装总公司施工。2010年11月，山西新龙重工高分子科技有限公司行政办公楼建成，位于信义工业园区信义村，共7层，建筑面积1.35万平方米，占地面积0.15万平方米，投资1950万元。由山西建筑工程设计有限公司设计，山西省建筑安装总公司施工。

2012年7月，山西新龙重工高分子科技有限公司双职工公寓楼建成，位于信义工业园区信义村，共6层，建筑面积4955.28平方米，投资743.3万元。由山西纵横建筑设计院设计，山西省建筑安装总公司施工。2015 年 7 月，吕梁天源物流中心司乘公寓楼建成，位于信义工业园区背石村，共 6 层，建筑面积 2.50 万平方米，占地面积 3508.72 平方米，投资 3500 万元。由山西建筑工程设计院吕梁分公司设计，南通市常青建筑安装工程有限公司施工。截至 2015 年底，全镇街道道路总长 35 千米，道路铺装面积 140 平方千米。

供水 信义村上游 15 千米处建有千年水库水 1 座，总库容 608 立方米，可供水量为 310 立方米，是工业园区和镇区的主要供水源。水源为小东川河径流和地下水，截至 2015 年底，居民自来水普及率 60%，年人均生活用水 13.6 吨。

园林绿化 截至 2015 年底，有公园 1 个，面积 32 公顷，园林绿地面积 32 公顷。

第二节 农房建设

款式 规模

中华人民共和国成立前，农村居住分散，大部分村庄是不足 200 户的山庄窝铺，沿北川、东川和小东川等较大的沟川中，每隔二三里地便有村庄 1 个。

千百年间，因生产力低下，农村居民多依传统习俗：依山崖挖穴（土窑洞）而居。条件较好的村庄，建有少量的砖石窑洞和泥木结构平房。至 1950 年，全县农村居民人均住房面积仅 8 平方米。

20 世纪 70 年代开始，经济条件较好的农村建设大批公共设施。80 年代，农村出现建房热，但仍以窑洞式建筑为主，但逐步由原来利用地形，依山就势，发展到向交通便利、地势平坦的位置修建。1981—1990 年，全县农村建房户有 7736 户，占地面积 258 万平方米，建砖窑洞 2.3 万孔，农村居民人均居住面积达 12 平方米。90 年代开始，离石乡村住宅建设开始出现部分混合结构的水泥预制构件筑顶板平房、钢筋水泥现浇顶平房和小二楼。房屋的建筑材料由过去的青砖、石灰、木料变为砂、砖、钢筋、水泥、水磨石地板、瓷砖、铝合金门窗等。

2000 年，第五次全国人口普查，全市镇家庭户平均每户住房 2.53 间，人均住房建筑面积 21.52 平方米；全市乡村家庭户平均每户住房 2.58 间，人均住房建筑面积 21.31 平方米。2000 年后，农村大部分青壮年外出打工，农民工收入增加，农村建房逐步放缓，到城区购买商品房逐渐增加。

2010 年，第六次全国人口普查，全区 2 个镇家庭户平均每户住房 1.97 间，人均住房建筑面积 18.9 平方米；全区乡村家庭户平均每户住房 2.12 间，人均住房建筑面积 21.39 平方米。

2014 年，开展传统民居普查上报工作，加强传统村落文化遗产保护，枣林乡彩家庄村入选第三批中国传统村落名录。

农村解困房工程

工程项目资金为省、市、县财政按照 4∶3 ∶3 的比例配套解决。

2009 年，离石区实施解决农村住房解困 65 户（信义镇、城北街道 45 户）。其中，新建住房 27 户，集中解困 25 户，局部维修 13 户。同年，进行农村危房摸底调查工作，共调查危房 2.292 万户，建筑总面积约 191.45 万平方米。其中，结构承载力能满足正常使用要求的房屋有 1.938 万户；结构承载力基本满足正常使用要求的房屋 2581 户；部分承重结构承载力不能满足正常使用要求，局部出现险情的房屋有 666 户；承重结构承载力已不能满足正常使用要求，房屋整体出现险情的房屋有 298 户。2010 年，离石区解决吴城镇 48 户，信义镇 147 户，枣林乡 71 户，西属巴街道 20 户，交口、莲花池、滨河 3 个街道共 14 户的农村危房改造。2011 年，验收 2010 年度确定的 300 户农村困难群众的危房改造情况。同年，省、区、市财政投资 615 万元，完成 152 户农村危房的改造。

2012 年，对 25 个行政村中 116 户农村 C 类、D 类危房户进行实地走访、摸底、核查，对验收合格的 100 户家庭进行一次性危房改造补贴 140 万元。2013 年，省、市、县财政投资 950.45 万元，完成 788 户农村危房的改造，离石区发放资金改造任务和开工率、竣工率均位居全市第一。2014 年，离石区农村危房改造认定标准由 D 级危房为主放宽到以 C、D 级危房为主，改造过程中在满足散户自主改造的基础上，将条件成熟的村落，与美丽乡村、新农村建设、整村移民搬迁、自然风景旅游和古村落保护相结合进行集中改造。全年完成 1490 户危房改造，共改造面积 8.1 万平方米，发放中央、省、市配套资金 1476.5 万元。截至 2015 年底，全区完成农村危房改造 1095 户。主要分布在信义镇、吴城镇、枣林乡、坪头乡 4 个乡镇的 22 个村落。对危房户较多的村落进行相对集中改造，农户自主改造 156 户，相对集中改造 939 户，补助资金约 1233 万元。

第四章 房地产业

第一节 房地产开发

住宅 商品房建设

改革开放初期，城镇住宅是由国家、单位负责建设，然后分配给居民居住，收取租金。至1990年，开发房屋7栋，其中集资建商品楼3栋，面积4000.8平方米，定向开发楼房4栋，面积1.18万平方米，总投资369万元。1990年初，县房屋经营公司组织拆除六一街年久老化无法维修的破房10间，并多方筹集资金30万元，改造成18套功能齐全的3层住宅楼，安排居民16户，并创利5.2万元。同年，该公司在东关大街改造危房18间，建成使用面积1300平方米的4层商业楼1栋。

2001年，离石市房地产企业完成房地产开发投资2989万元，占吕梁地区的42.12%。开发施工面积6.37万平方米，其中住宅面积6.32万平方米。销售商品房1.92万平方米，销售额2578万元。1.92万平方米商品房中住宅1.87万平方米，销售额2503万元。

2006年开始，全区房地产开发力度加大，建设总量位于全省前列，居民居住条件明显改善。2006年，离石区房地产企业完成房地产开发投资2.398亿元，约是2001年的8倍，占吕梁市房地产开发投资的43.67%。开发施工面积34.95万平方米，是2001年的5.49倍，其中住宅面积30.46万平方米。销售商品房7.74万平方米，销售额1.08亿元，全部为住宅。

截至2015年底，离石区房地产企业完成房地产开发投资13.74亿元，是2006年的5.73倍，占吕梁市房地产开发投资的20.34%。房地产开发施工面积252.99万平方米，是2006年的7.24倍，占吕梁市房地产开发施工面积的34.53%，其中住宅面积192.24万平方米。竣工面积15.39万平方米，其中住宅面积10.51万平方米。销售商品房24.37万平方米，销售额8.36亿元，其中销售住宅22.70万平方米，销售额8.15亿元。

拆迁安置

1978年，离石县印发《关于试行拆迁房屋补偿费暂行标准的通知》，1984年印发《离石城区建筑拆迁安置补偿的暂行规定》。建设单位需拆迁房屋者，根据批准的建设项目文件向拆迁主管部门（县城建局、城区建设指挥部、房地产局）提出申请，经批准后方可进行拆迁工作。自行解决住房的拆迁户，由拆迁单位付给拆迁户18个月的同面积房屋公定租金；无条件自行解决住房的拆迁户，由拆迁单位或房产部门提供临时周转房居住。返迁安置户的安置面积以原居住面积为准。对拆迁户房屋的补偿，一般按现行重置价并结合成新折旧率进行计算。各个时期的补偿标准有所不同，无证建筑、构筑物、临时简易设施以及违章建筑不予补偿。

2009年6月，离石区开始东城新区开发建设工作，开展拆迁大会战。2010年，制定《离石区东城新区房屋拆迁安置补偿办法》。对影响滨河两路、桥梁修建、抢占土地的新修房屋进行拆迁，并对高崖湾、沙会则、七里滩、田家会村道路两旁的临时建筑进行拆除。共发放拆迁通知书68户。为保证东城新区江阴中学按时开工，对田家会街道前马家村的居民住宅进行拆迁。

2012年，完成车家湾3万平方米、田家会村5万平方米、高崖湾32万平方米安置房主体工程。2013年，吕梁新城建设完成土地预征收647.13万平方米，征收房屋3506户、64万平方米，开工建设安置楼40栋。完成红眼川整乡移民工程中寺头村居民住房146套、新崖上村居民住房568套的建设工作。2014年，吕梁新城建设完成新征房屋466处18.49万平方米，43栋安置楼主体封顶。2015年，制定《离石区晋能大土河热电联产项目建设房屋征收与补偿实施方案》和《晋能大土河热电联产项目房屋及附属物征收补偿参考价》，用2个月时间完成该项目的征收工作，共征收房屋21处、建筑面积4700余平方米，土地20万平方米。

房地产企业

1988年，离石县房屋建设开发公司（后更名为吕梁市房地产综合开发公司）恢复成立。1993年，离石县城区住宅合作社（后更名为吕梁市住宅合作社）成立，为合作制形式的房地产开发集体企业。

2006年，离石区房地产企业58个，占吕梁市的43.28%。

2013年，第三次全国经济普查，全区房地产开发经营企业法人单位56个，从业人员1028人，资产总计49.98亿元。其中：物业管理企业法人单位103个，从业人员1704人，资产总计50.36亿元。截至2015年底，离石区有房地产企业45个，占吕梁市的36.29%。从业人员808人，固定资产1.48亿元。

2015年离石区房地产企业一览表

表4-16

企业名称	企业性质	企业名称	企业性质
吕梁市住宅合作社	集体控股	吕梁宜安房地产开发有限公司	其他
吕梁市离石区华盛房地产开发有限公司	私人控股	吕梁豫立房地产开发有限公司	私人控股
山西万基房地产开发有限公司	私人控股	山西新佳荣房地产开发有限公司	私人控股
吕梁华阳房地产开发有限公司	私人控股	山西东山君泰房地产开发有限公司	私人控股

续表 4-16

企业名称	企业性质	企业名称	企业性质
吕梁市房地产综合开发公司	国有控股	吕梁市三佳房地产开发有限公司	私人控股
吕梁市锦河房地产开发有限公司	私人控股	吕梁市汇汇房地产开发有限公司	私人控股
吕梁恒信房地产开发有限公司	私人控股	山西华明泰房地产开发有限公司	私人控股
山西荣康房地产开发有限公司	私人控股	山西九洲房地产开发有限公司	私人控股
吕梁泰鑫房地产开发有限公司	私人控股	吕梁中润房地产开发有限公司	私人控股
吕梁远安房地产开发有限公司	私人控股	吕梁市日昇房地产开发有限公司	其他
吕梁楼桥房地产开发有限公司	私人控股	山西呈瑞房地产开发有限公司	私人控股
吕梁泰瑞房地产开发有限公司	私人控股	吕梁顺丰房地产开发有限公司	私人控股
吕梁华达房地产开发有限公司	私人控股	吕梁曙光房地产开发有限公司	私人控股
山西众基房地产开发有限公司	私人控股	吕梁市离石区兴茂房地产开发有限公司	私人控股
吕梁益众房地产开发有限公司	私人控股	吕梁金泽房地产开发有限公司	私人控股
吕梁房地产开发公司	国有控股	吕梁欣杰房地产开发有限公司	私人控股
吕梁海盛房地产开发有限公司	私人控股	山西宁远房地产开发有限公司	私人控股
吕梁市俊汇房地产开发有限公司	私人控股	山西逸邦房地产开发有限公司	私人控股
吕梁恒益房地产开发有限公司	私人控股	吕梁恒升房地产开发有限公司	私人控股
山西泰和丰房地产开发有限公司	私人控股	山西弘建房地产开发有限公司	私人控股
吕梁华苑房地产开发有限公司	其他	吕梁市新平房地产开发有限公司	私人控股
吕梁市欣邦房地产开发有限公司	其他	山西永宁建设集团房地产开发有限公司	私人控股
吕梁市恒驰房地产开发有限公司	私人控股	—	—

城中村改造

2011年，离石区对城区21个片区改造项目进行整体规划和勘测设计，总占地35.44公顷，建设规模达105万平方米。对田家会街道所涉13个行政村实施整体规划，整村拆除、整村改造、整村推进，推进安置房建设工作。同年，车家湾3.01万平方米安置房封顶。龙湾福邸小区高崖湾安置楼占地0.41万平方米、建筑面积3.21万平方米开工建设。完成苏家村、吉家村、前马家村、后马家村、五里铺的安置房，共35栋，总用地面积12.88万平方米，总建筑面积21.24万平方米，总投资为2.77亿元。

2012年，离石区确定城内、马茂庄、南关、圪垯上、前王家坡、交口、高家沟、石盘、枣架、东关、前瓦、后瓦、七里滩、王家沟、李家沟、西属巴、上安共17个重点村进行改造，总占地47.29万平方米、设计建设总面积169.22万平方米，并制定《离石区城中村改造规划》，预计5年内市区范围可全部完成城中村改造。2013年，城中村改造完成土地收储36.73万平方米，办理选址意见书12处。开工7处，完工5处、24万平方米（安置房1480套、商业用房420间）。2014年，开工城中村改造工程9村11处，当年主体封顶7处。

第二节　保障性住房建设

2012年，离石区推进旧区改造提质提速，完成实验幼儿园城市棚户区190套住宅改造项目，电厂工矿棚户区500套改造项目开工建设。2013年，竣工验收公租房和廉租房282套，续建经济适用房1340套，开工率100%，竣工860套，竣工率64%。新建项目总占地约3.13公顷，总建筑面积10万平方米，总投资约2.7亿元。其中，后马家村廉租房512套，五里铺公租房576套、廉租房440套、棚户区改造96套。2014年，新开工建设2327套，基本建成2522套，完成投资4.143亿元。其中新建五里铺公租房317套，完成投资150万元。新建霜雾都和东属巴棚户区改造安置房共2010套，完成投资3.185亿元。续建项目基本建成2324套，完成投资9431万元。其中，续建后马家村廉租房、五里铺廉租房、公租房共计1528套，完成投资6030万元。续建苏家村、后马家村经济适用房项目共计796套，完成投资3401万元。

2015年，离石区续建东城片区保障房2629套，完成投资3306万元。续建公租房893套，分别为五里铺公租房576套，建筑面积3.11万平方米，完成投资943万元。完成五里铺二期公租房317套，建筑面积1.8万平方米。续建廉租房1144套，完成投资1257万元。分别为苏家村、吉家村廉租房192套，完成投资50万元；五里铺廉租房440套，建筑面积2.2万平方米，完成投资931万元；后马家村廉租房512套，建筑面积2.46万平方米，完成投资276万元。续建后马家村经济适用房592套，建筑面积2.46万平方米，完成投资780万元。2015年，吕梁新区新开工棚户区项目建设5367套，基本建成2037套，完成投资20.12亿元，新建项目全部为吕梁新区安置房项目。续建霜雾都和东属巴棚户区改造安置房2010套，完成投资2.78亿元。启动凤山、莲花池、滨河、交口4个街道的棚户区改造，共涉及棚户区29个，完成规划的村共26个。

第五章 建筑业

第一节 建筑队伍

中华人民共和国成立初期，允许私人开设营造厂，允许个体劳动者结伙承揽工程建设。1950年，离石县泥木业合作社成立，主要承揽小型民用建筑和木结构房屋。1958年，离石县营造厂成立，成为离石第一支集体建筑专业队伍。

1979年，离石县社队企业中有建筑业企业13个，全部为大队办企业，从业人数320人，总收入31.2万元。中共十一届三中全会后，境内农村建筑施工队得到发展。一种是社办、村办企业性质，具有一定的技术力量，有一定的管理制度，建立经济核算制，大多数经当地有关部门资质审查合格，并有营业执照，该类企业拥有一定的固定资产。一种是松散型的合作组织，该类队伍多是以少数能工巧匠和有些管理经营经验的人员结伙经营，建队大小和人数多寡，视承揽工程情况而定，其组织机构灵活多变，有活集中干，活完各自散，技术装备简单，管理水平参差不齐。1980年，全县集体建筑企业开展以“人工费预算、包干材料费预算控制、节约奖励、超收分成”的扩大自主权的内部改革，调动企业和职工的积极性。1981年，离石县实行材料、工期和质量及其他各种费用的包干。1982年，推行经营承包责任制，建立岗位经济责任制，层层包干，实行效益工资，打破平均主义。1985年，建筑工程推行招标投标承包制，县集体建筑企业通过划小核算单位承包工程等形式，提高企业的竞争力。1987年，县集体建筑企业引入竞争机制，推行栋号包干、经济技术指标包干。1988年后，县集体建筑企业进一步加强经营管理，深化承包责任制，企业素质逐步提高。1989年，县集体所有制施工企业技术结构有新的改善，各工种趋于配套作业，土建和水暖电安装等基本齐全，多数技术工人经过一定的专业培训。至1990年，离石县主要建筑企业有离石县市政工程公司、离石县建筑安装公司和吕梁地区建筑安装公司3家，全县注册登记的农民建筑工程队22个（其中技术等级为四级的工程队4个），从业人员784人，产值1931万元。1992年后，市场经济快速发展，城市建设日新月异，全国各地的大型建筑企业纷纷进入离石市场。

2000年后，境内农村建筑施工队逐步被建筑业企业取代。2001年，离石市有建筑企业21个，占吕梁地区建筑企业的23.33%。总产值1.505亿元，占吕梁地区建筑企业总产值的37.53%。竣工产值1.104亿元，占吕梁地区建筑企业竣工产值的24.01%。从业人员3127人，资产合计2.01亿元，工程结算收入7651.2万元，利税总额520.2万元。房屋建筑施工面积21.02万平方米，竣工面积17.19万平方米。2006年，离石区有建筑企业27个，占吕梁市建筑企业的33.33%。总产值6.012亿元，占吕梁市建筑企业总产值的40.05%。竣工产值6.336亿元，占吕梁市建筑企业竣工产值的47.67%。从业人员7784人，资产合计5.479亿元，工程结算收入5.976亿元，利税总额1767.8万元。房屋建筑施工面积70.45万平方米，竣工面积39.36万平方米。至2010年，境内部分建筑业企业可承建33层以上高楼。

2012年，规模性建筑施工队伍发展到50个，年建筑能力达百万平方米以上。基本形成以总承包企业为龙头、专业承包为依托、劳务分包为基础，专业配套、门类齐全规模较大建筑业队伍，企业集中度和企业资质水平明显提升。注册地在离石区的建筑业企业共有50户。2013年，第三次全国经济普查，全区建筑业法人企业单位63个，从业人员9441人，资产总计19.84亿元。建筑业法人企业单位中：从事房屋建筑业法人单位23个，从业人数6897人，资产总计13.32亿元；土木工程建筑业法人单位16个，从业人数1937人，资产总计4.27亿元；建筑安装业法人单位13个，从业人数433人，资产总计1.69亿元；建筑装饰和其他建筑业单位11个，从业人数174人，资产总计5600万元。2015年，离石区建筑企业38个，占吕梁市建筑企业的35.19%；总产值15.843亿元，占吕梁市建筑企业总产值的35.31%；竣工产值10.786亿元，占吕梁市建筑企业竣工产值的35.09%；从业人员6603人，资产合计19.122亿元，营业收入18.487亿元，利税总额1.628亿元。房屋建筑施工面积95.95万平方米，竣工面积43.25万平方米。

第二节　建筑施工设备

20世纪50年代，离石县泥木业合作社社员自制泥抹、瓦刀等手工工具，肩背担挑上料，劳动强度大，旺季聚、淡季散，结构松散。

1966年后，施工机械增加钢式龙门架、卷扬机，少数企业有汽车、推土机，能承建一般的楼房和工业设施。

中共十一届三中全会后至20世纪90年代末，境内建筑施工机械有脚手架、架板、搅拌机、打夯机、振捣器、卷扬机、简易龙门吊等轻型机具。大多施工队能承揽低层民用建筑。

2000年后，境内建筑施工机械增加塔吊、升降机、外用吊篮、物料提升机、挖掘机、推土机、装载机、压路机、起重机等大型设备。工地用水泥直接从预拌商品混凝土企业调入，建筑施工速度加快，境内建筑企业均能承揽高层公用、民用建筑。2001年，离石市建筑企业有施工机械设备759台、9955千瓦，施工机械设备净值1346.4万元，占吕梁地区建筑企业施工机械设备净值的15.58%。

2008年，第二次全国经济普查，全区建筑企业有施工机械设备5315台、23.72万千瓦，施工机械设备净值1.221亿元，占吕梁市建筑企业施工机械设备净值的26.86%。

截至2015年底，离石区建筑企业38个，有施工机械设备3670台、12.413万千瓦，施工机械设备净值1.323亿元，占吕梁市建筑企业施工机械设备净值的32.35%。2015年，全区建筑企业施工机械设备净值是2001年的9.82倍。

2015年离石区有资质建筑企业一览表

表4-17

企业名称	企业类型	企业性质
吕梁市离石区宁馨建筑安装有限公司	房屋建筑业	私人控股
山西力通路桥工程有限公司	公路路基	其他
吕梁电力建设承装公司	电力安装	集体控股
吕梁时代昭阳机电设备安装有限公司	机电设备安装	私人控股
吕梁市市政工程公司	其他土木工程	国有控股
吕梁亨昌建筑安装工程有限公司	房屋建筑业	私人控股
山西华泰建筑工程有限公司	房屋建筑业	私人控股
山西海达消防工程有限公司	消防设施工程	其他
吕梁市建筑安装总公司	房屋建筑业	国有控股
山西永宁建设集团有限公司	房屋建筑业	私人控股
山西吕龙建筑工程有限公司	房屋建筑业	私人控股
吕梁市水利工程建筑总队	河道	国有控股
吕梁市交通机械工程处	公路桥梁建筑	国有控股
吕梁市煤炭建井工程有限公司	工矿工程建筑	私人控股
山西海明威建筑工程有限公司	房屋建筑业	私人控股
吕梁市联翔电建有限公司	输送变电工程	私人控股
山西吕梁诚建建筑有限公司	房屋建筑业	私人控股
吕梁市信友电力输变电工程有限公司	输送变电工程	私人控股
山西瑞远水利工程有限公司	工程建筑	私人控股
山西佳城装饰设计工程有限公司	建筑装饰业	私人控股

续表 4-17

企业名称	企业类型	企业性质
山西华北建筑安装有限公司	工程建筑安装	私人控股
山西旭日机电设备安装有限公司	机电设备安装	私人控股
吕梁亨业建筑有限公司	房屋建筑业	私人控股
吕梁广厦源建筑有限公司	房屋建筑工程	私人控股
吕梁华夏建设工程有限公司	房屋建筑业	私人控股
山西玉宇装饰工程有限公司	房屋建筑业	私人控股
山西欣鼎兴建设工程有限公司	建筑工程	私人控股
山西祥宏建筑装潢有限公司	房屋建筑工程	私人控股
吕梁隆厦建筑安装工程有限公司	房屋建筑安装	私人控股
吕梁市栋才建筑设备安装有限公司	设备安装	私人控股
吕梁弘茂建筑安装有限公司	房屋建筑业	私人控股
吕梁永成建筑安装有限公司	房屋建筑业	私人控股
吕梁市德胜建筑安装有限公司	设备安装	私人控股
山西恒业建筑安装有限公司	房屋工程建筑	私人控股
吕梁市亨盛达电力有限公司	送变电工程	私人控股
吕梁市离石区道路桥梁工程有限公司	道路工程建筑	国有控股
山西五峰混凝土有限公司	提供施工设备	私人控股

第六章 城市管理

第一节 规划管理

1984年4月，离石县颁发《违章建筑处理决定》。1986年11月25日，吕梁地区行政公署印发《离石城区城市建设管理暂行规定》，对城市规划征用土地的管理、建筑与拆迁管理、市政设施管理、房产管理、园林绿化、水源与勘察测量管理、名胜古迹管理、市容卫生管理等做出明确规定。1990年1月，县城建局制定《离石城区规划建设管理程序》，实施“一书两证”（建设用地选址意见书、建设用地规划许可证和建设工程规划许可证）制度。

2009年，离石区共接收工程审批31项，涉及用地规模92.47公顷。发放《项目选址意见书》2件、建设用地规划许可证（含临时）3件，用地面积4.16公顷，发放建设工程规划许可证（含临时）3件，共计建筑面积2.648万平方米。编制完成5宗出让国有土地的规划设计，合计规划用地面积6.76公顷。发放建设工程竣工规划认可证2份，对不符合规划的不予加盖验收合格章。对确保东城新区所辖范围（田家会街道办、吴城镇、信义镇、红眼川乡、枣林乡、坪头乡）建设项目严格检查。同年，区城建局执法监察大队在相关部门的配合下，对朝阳小学后瓦一巷违章建筑拆迁，共拆除违法建筑物18户37间，拆除违章建筑面积约865.14平方米。全年共检查违法建设项目146处，总建设面积10.88万平方米。查处各乡镇违法建筑共20处，总建筑面积1.78万平方米。对违法建设项目均下发拆迁通知书和暂停建设通知书。影响总体规划的109处，下发暂停违章建设的通知。2010年，区城建部门共接收审批工程62项，核发《项目选址意见书》42件；核发建设用地规划许可证12件，用地面积19.11公顷；核发建设工程规划许可证25件，建筑面积11.08万平方米；核发乡村建设工程规划许可证10件，建筑面积1.98万平方米；核发建设项目施工许可证19份。2011年，区城建部门对所辖范围内的违章建筑进行整治，共下发停工通知书66份，责令改正通知书22份，拆迁通知书58份，拆除违章建筑面积7743平方米。下发行政处罚决定书62份，罚款20.663万元。

2013年，共办理“一书三证”50份，出具“一书三证”相关地形测绘工程 附图42份。配合西属巴街道办、城北街道办对重点工程及安置楼范围内的建筑拆除1460户，总面积40余万平方米。汛期针对市区、各乡镇削坡建房等违法建筑进行安全隐患排查和大面积拆除，共排查违章建筑119栋，总面积80万平方米，拆除违法建筑3万平方米。2014年，将“一书三证”行政审批及公共服务事项全部划归行政审批股，行政审批股入驻区政务大厅，共办理行政审批事项26件。2015年，共办理选址意见书、建设工程规划许可证、施工许可证20件。

第二节 建筑市场管理

施工管理

20世纪70年代前，离石县建筑业发展规模小、基础差，建筑队多由境内农民自发组成，因没有专业建筑设计单位，工程建设大多是自行设计，自行施工。70年代后，大多采取由建设单位筹料，由施工单位包工承建的办法，在确保工程质量、控制投资规模和促进安全生产等方面存在很多弊端。1978年以后，工程施工管理逐步走向正规。

1999年，建设部出台《建筑工程施工许可管理办法》后，市建设局制定详细的施工许可证办理流程和所需材料目录，施工许可管理进一步规范。

2009年，区城建部门强化建设项目施工许可证的发放管理工作，从源头上制止违法建设行为。对手续不全的房屋建设和施工企业发放停工通知书，部分在建工程发放责令改正通知书，责令其限期整改，补办手续。共发放停工通知书71份，责令改正通知书9份。共收到安全监督备案登记表6份；共办理建筑工程施工许可证6份。

2013年，开展对建筑中介机构乱办、乱收、乱执业等突出问题专项检查。共检查单位9家，抽查建设项目14处，针对手续不齐全的4处项目，下发整改意见书，当年全部完成整改。开展吕梁新城建设及辖区的执法监察，共下发停工通知书、责令改正通知书、责令限期拆除通知书700余份。2014年，推进工程建设领域专项治理，重点查处肢解发包和违法分包、围标串标、资质挂靠、“阴阳合同”等不法行为。2015年，开展全区施工现场文明标准化管理；进行建筑工程远程视频监控，实现运用现代科技手段实施施工现场的动态监管。

工程监理管理

1990年前，离石县内工程质量监理业务由县标准计量局技术人员与施工甲乙方双方共同负责，互相制约。1990年，离石县建筑工程质量监督站成立，专门负责建筑工程的施工指导和质量监督，并设立专业档案室。按照要求监督检查施工甲方应具备的国家计划部门的项目批复文件，土地征用文件和各种凭证票据，地质勘探资料，工程设计资料、预算、图纸、工程建设说明书、施工组织设置、施工方案等，施工乙方的营业执照，技术认证等，有效控制计划外项目的上马和无证工程队的承建。在施工的过程中随时检查施工质量、工程进度等，完工后组织验收。验收合格后，收回工程档案，整理成册。20世纪90年代中期，市建设行政主管部门围绕着贯彻《中华人民共和国建筑法》《中华人民共和国招标投标法》《中华人民共和国合同法》《建设工程质量管理条例》《建设工程监理规范》等法律法规抓监理工作，监理工作的规范化和监理人员水平不断提高。

2009年，制定《离石区建设监理服务专户的实施办法》《关于离石区建设工程项目建立工程资金专户管理制度的通知》。

2013年，离石区共受理在建工程项目13项，总建筑面积22万平方米，工程监督覆盖率达到100%。推行保障性住房分户验收制度、联合检查制度。实现连续5年安全生产零事故、无人员伤亡的良好局面。截至2015年底，全区有监理公司6户，分别为吕梁晋源建设监理有限公司、山西腾跃建设工程监理有限公司、山西省吕梁山建设工程监理咨询有限公司、山西恒通建设工程监理有限公司、吕梁中诚建设监理有限公司、吕梁电通监理有限公司。

安全生产管理

1999年，建设部《建筑施工安全检查评分标准》颁布。

2009年，全区共检查建筑项目12处，需停工整改项目3处，应全面停工项目7处，处于停工项目1处。并下发通告，责令所有在建工程，规范相关手续，排除安全隐患，减少事故发生。2010年，离石区对辖区范围内东城新区在建项目，田家会街道、吴城镇、信义镇、枣林乡、坪头乡、红眼川乡的所有在建项目、建成项目、村级活动场所、校舍抗震加固工程、工程防洪防汛情况进行安全质量大检查。其中检查正在建设的项目16处，建筑面积17.43公顷；建成项目16处，建筑面积1.602公顷；村级活动场所项目10处，建筑面积1101.2平方米；校舍抗震加固工程9处。严查51处建设项目资质证件、施工现场安全、雨季防洪措施、机械安全使用、工程质量等情况。对手续不全的房屋建设和施工企业共发放停工通知书114份，责令改正通知书20份，对不符合要求的施工单位全部下发处罚决定书，对查出的问题现场下达整改通知书25份。区城建部门全年办理建筑工程安全监督备案19份。2011年，住房和城乡建设部《建筑施工安全检查评分标准》颁布后，全区开展施工现场安全达标、文明工地、标准化工地创建活动，城市施工现场安全防护设施、安全用品逐步实现工具化、定型化和标准化，施工企业安全生产意识得到强化。8月，开展安全生产百日大检查，出动执法队员40余人次，对吴城镇、信义镇、枣林乡、坪头乡、红眼川乡及田家会街道的17处在建工程进行全面检查，总建筑面积达20万平方米，在建道路约7.2千米。共下发整改通知书11份，对无任何建设审批手续的7处工地做出上锁停工处罚；对各乡镇、街道办共24处建筑工程进行专项安全大检查，下发整改通知单22份，向全区进行安全通报5次，确保全年无一起安全事故发生。

2012年，离石区开展安全生产年活动和打非治违专项行动，联合纪检部门对辖区内建筑集中检查。共出动执法检查220余次，近2500余人次，共下发停工通知书129份，责令改正通知书10份，拆除通知书67份，下发行政处罚决定书8份，罚款152万元。2014年，开展质量安全执法大检查6次，日常监督巡查60余次，及时纠正检查中发现的质量安全隐患100余项。2015年，进行质量安全执法大检查5次，日常监督巡查40余次，及时纠正检查中发现的质量安全隐患80余项。

招投标管理

2002年，吕梁市建设工程交易中心成立，全市所有房屋建筑和市政工程项目招投标，全部在交易中心集中进行。

2009年，离石区对建设工程进行招投标监管。其中，枣林中学初中校舍改造工程建筑面积3000平方米，中标价331.82万元；田家会中学校舍改造工程建筑面积1630平方米，中标价232.92万元；坪头中学校舍改造工程建筑面积1220平方米，中标价96.69万元。2010年，离石区对东城新区各安置小区的规划设计方案进行招标；对东城新区文化商务中心设计方案进行邀请招标；对村级组织活动场所建设进行评审招标监管；对信义寄宿制小学综合楼进行公开招标，总投资约815万元；对东城新区5个建设项目进行公开招标，包括：江阴高级中学、东川河河道综合整治1—13号拦水坝蓄水工程、东城新区东川河1—6号桥梁工程、东城新区滨河南北道路建设工程、东城新区沿山路建设工程。当年所有工程投标总额约9.9亿元。2011年，完成田家会街道办车家湾拆迁安置小区工程、江阴高级中学附属工程、江阴高级中学体育馆建设项目、离石区东城新区廉租住房项目、离石区公租房项目、经济适用房项目、离石区信义镇回龙塔村、千年村、丰义村移民安置工程等9个项目的招投标工作，中标金额达5.9亿元。

工程节能

2010年，离石区城乡建设管理局推广新型节能技术。对新建、改建、扩建和实施节能改造的民用建筑是否按照文件设计施工图、执行节能设计标准进行检查，并鼓励民用建筑节能科学技术研究和产品开发，推广使用民用建筑节能新技术。全年共审查办理建筑节能设计认定书8份，共检查新建和在建的建筑项目节能工作6次。东城新区建设计划中，采用太阳能、地源能等一些新型再生能源，利用光伏发电、光热利用、透水地面、屋顶绿化、水源热泵、呼吸幕墙、排风余热回收等众多环保技术，将东城新区打造为建筑节能的示范城区。

2012年，对滨东花园、区环保局家属院、乔家沟区政府小区等5万平方米的建筑进行节能改造。2013年，完成16万平方米节能改造。改造范围包括吕梁市设计院、区委、贺昌中学、前王家坡村委家属院等共12个单位29栋楼，总外墙保温8.83万平方米，节煤、节电效果显著。2015年，进行旧住宅小区建筑节能改造，实施鎏金花园广场家属楼、区教育局家属院、3923项目家属楼共计4.8万平方米节能改造。全年节能验收五里铺经济适用房、前马家村公租房等保障房6个项目，开展建筑节能集中检查5次。

第三节　房地产管理

房屋中介服务管理

清代，境内房地产交易由永宁州署主理。民国期间，房地产交易由县财政局（科）主管，加盖“山西省财政厅”印。

离石县解放后，房地产交易由县政府财政科（局）主管，先由当事双方到当地乡、镇人民政府（公社）填写草契约，交纸张费5分（旧币单位为5元），然后到县财政局投税。1988年6月，离石县房地产交易所成立，实施《离石县房地产交易暂行办法》，办理税契手续。1989年，县政府印发《离石县房屋评估暂行细则》，由县房地局按不同结构标准、用料情况计算重置完全价值，然后根据使用年限的不同进行折旧。至1990年，为183个单位及个人进行房屋评估，总价值179万元。

2008年11月，吕梁信得过房屋中介有限公司成立。

2013年，第三次全国经济普查，全区房地产中介服务企业法人单位1个，从业人员15人，资产总计100万元。2014年11月，吕梁中正房屋中介有限公司成立。

公房管理

公房管护 离石县的公房多属中华人民共和国成立初期没收和接管的房屋。20世纪50年代，通过公私合营、私房改造等共有公房4620平方米。公房构成中比重最大的是国家在历年投资所建造的房屋。1970—1990年，国家投资1亿元，用于离石城区公房建设，年均476万元。1985年，全县公房面积为100余万平方米。当年全民单位建成其住宅354套，建筑面积2.7万平方米，户均76平方米。1990年，全县公房面积达127万平方米，房地局直管公房87幢，建筑面积1.5万平方米，安排住户320户，1148人，户均47平方米。

公房租金 全县所建公房一直实行着低租金的福利住房制度，单位自管房租金在0.03—0.05元/平方米。直管公房的租金稍高，分别为：20世纪50年代，小房每间1元，中等房每间1.5元，大房每间2元。1972年起，房屋租金按房子的大小、好坏分成每平方米0.05元、0.06元、0.07元三等。1989年6月1日起，重新调整房屋租金价格，一般房屋0.18元/平方米，平房0.20元/平方米，混合房屋0.23元/平方米。至1990年，直管公房出现空锁多占、私下出让和出租公房的现象，使有限的公房不能更好地服务于社会。县房屋经营公司查出空锁房户20户、私自转让者8户，私下出租者3户，并做出严肃处理。

1990年离石县直管公房及租金情况表

表4-18

街名	窑（孔）	建设面积（平方米）	使用面积（平方米）	房（间）	建设面积（平方米）	使用面积（平方米）	年租金（元）
人武部	50	600	480	—	—	—	1152
团结路	—	668	—	—	—	—	—
服务街	—	—	—	3	27.4	21	45.6
迎新街	2	38	29.2	2	34	25	123.6
红卫街	1.5	47.1	37.3	2.5	40.5	31	157.2

续表 4-18

街名	窑（孔）	建设面积（平方米）	使用面积（平方米）	房（间）	建设面积（平方米）	使用面积（平方米）	年租金（元）
五四街	10.5	296.3	228.5	25.5	280.2	214.8	1030.8
革新街	10	297.5	235.6	5.5	65.3	51	643.2
八一街	17.5	495.7	416.6	—	—	—	446.4
六一街	37	1022.9	804.2	7	71	60.7	2334
南　关	4.5	106.7	82.1	17.5	191.4	147.3	459.6
东　关	3	35.6	27.4	61	610	468.8	1044
新建沟	14	476.6	373.8	—	—	—	890.4
合　计	120	4084.4	2715.1	125	1322.8	1019.6	16340.9

住房制度改革

中华人民共和国成立后，离石县实行福利性、低租赁的住房制度。

20 世纪 80 年代起，根据中央提出的“住房商品化，居者有其屋”的思路，开始对住房制度进行改革。1988 年，离石县被省人民政府确定为全省县镇房改 8 个试点县之一。组建县住房制度改革领导组。县住房制度改革领导组对全县城区的公有住房以及居住公房职工的工资情况、家庭收入、住房面积进行调查。城区公有住房共 31 万平方米，使用面积 21 万平方米，户均使用面积 45 平方米。同年，县政府制定《离石县城区公有住房出售暂行办法》，并完善实施细则。1990 年，离石县在离石电缆厂等 4 个单位试行出售公房，交易数 83 户，成交面积 3980 平方米，为国家回收资金 31 万元。

20 世纪 90 年代，县政府提高住房租金，开始优惠出售公房。同时推行集资统一开发建房，加强产权产籍管理，开展房地产仲裁和交易。1995 年，离石县住房基金管理中心开始归集缴存公积金，1997 年后断缴停顿，到 1998 年，住房公积金管理工作冻结。至 90 年代末，离石市城区公有住房全部出售给职工。

2000 年，第五次全国人口普查，离石市抽选填报长表调查住房来源的 5952 户中，购买原公有住房的 409 户，占 6.87%。

2011 年，吕梁市住房公积金管理中心离石区管理部对全区历史归集的住房公积金进行清算接管，共接管缴存单位 21 个、职工 1619 人，接管资金 47 万余元。

2013 年 4 月，区政府印发《离石区住房公积金管理实施方案》，由吕梁市住房公积金管理中心离石区管理部实施全区住房公积金归集工作。同年，全区缴纳住房公积金单位 164 个，缴存职工 8627 人，归集住房公积金 5642.5 万余元；职工提取公积金 132 人、

7.15万元。2014年，缴纳住房公积金单位293个，缴存职工15464人，归集住房公积金7641.4余万元；职工提取住房公积金121人、9.46万元。截至2015年底，缴纳住房公积金单位162个，缴存人数8624人，归集住房公积金7116.74余万元；职工提取公积金8089人、1.729亿元，共向81户发放公积金贷款1998万元。

房屋权属登记管理

1988年，由县房产局牵头，进行登记的先期准备工作。1989年，开展全县城镇公私房屋登记。至1990年，共登记发放私人房产证400处，公产房产证201处。在登记发证后，所有的房籍资料全部移交档案室，建立永久性档案。

物业管理

2004年1月，山西鑫东大物业管理股份有限公司成立。2006年，吕梁市万宁物业管理有限公司、吕梁市永宁广场物业管理有限公司、吕梁市瑞都物业管理有限公司、吕梁市马茂庄物业管理有限公司、吕梁市华祥物业管理有限公司、吕梁市离石区奇勤物业管理有限公司成立。2007年，吕梁市华祥物业管理有限公司、吕梁四鑫物业管理有限公司、吕梁市碧宁物业管理有限公司、吕梁温馨家园物业管理有限公司、吕梁悦尔物业管理有限公司、吕梁市东欣物业管理有限公司、吕梁市延增物业管理有限公司、吕梁市离石区久安物业管理有限公司成立。

2013年，第三次全国经济普查，全区物业管理企业法人单位46个，从业人员661人，资产总计3700万元。截至2015年底，全区注册的物业管理公司有吕梁神州物业服务有限公司、吕梁市离石区盛安物业管理有限公司、山西鑫东大物业管理股份有限公司、山西元彤物业服务有限责任公司、吕梁市华辰物业服务有限公司、吕梁青青草物业管理有限公司等129户。

第四节 环境卫生管理

城市道路清扫保洁

清扫保洁 吕梁市区城市清扫保洁一直以政府投入为主，由政府设立的环境卫生管理部门负责城市道路清扫保洁作业。

1999年，离石市市容环境卫生管理局负责城区市容和环境卫生管理，城区道路清扫面积达80万平方米，日垃圾清运量达120吨，有环卫工人170人，其中清扫工110人，清扫工平均月工资150元。

2004年，吕梁市市容环卫管理处负责市区市容和环境卫生管理，城区清扫面积达138万平方米，日清运垃圾量达到150吨，有环卫工人240人，其中清扫工170人，清扫工人均月工资300元。2008年，吕梁市区城市道路清扫保洁面积达270万平方米，日清运垃圾量200余吨，吕梁市市容环卫管理处有环卫工人770人，其中清扫工584人，人均月工资550元。2011年，离石区城乡环境卫生管理中心负责吕梁市区城市市容和环境卫生管理，清扫保洁面积760余万平方米，是吕梁市市容环卫管理处管理时240万平方米的3.17倍；清扫保洁区域划分为特级，一级，二级A、B区，三级4个级别。按照国家级卫生城市要求，对特级区、一级区实行一扫全保，对其他级区实行一扫两保。将清扫保洁人员工作时间变二班制为三班制，由过去最晚保洁到晚上7时延长到晚上10时30分。同年，市区滨河南路、建设街、永宁中路、八一街、兴隆街被山西省住房和城乡建设厅与省城市环境卫生协会命名为山西省保洁示范街道。

2012年，按照创建国家级卫生城市的标准，吕梁市区主要街道实行机械化清扫，机械清扫时间1天不低于12小时，机械清扫率（含高压冲水）超过20%，达到国家级卫生城市要求。永宁中路、滨河南路被山西省住房和城乡建设厅与省城市环境卫生协会命名为山西省容貌示范街道。2013年，印发《机械清扫人员管理制度》，吕梁市区道路机扫面积达175万平方米，机扫率达23%。对“三街两路”（建设街、八一街、兴隆街、永宁中路、滨河南路）全天24小时不间断机械洗扫。龙凤南大街被山西省住房和城乡建设厅与省城市环境卫生协会命名为山西省保洁示范街道；建设北街被命名为山西省容貌示范街道。2014年，加大对城乡清扫保洁工作的督查力度，加强对背街小巷，老旧社区、集贸市场、城乡接合部等区域清扫保洁工作的督查力度，做好街道保洁防尘的管理与控制。机械清扫工作做到市区全覆盖，并逐步向乡镇扩展，全区道路机械化清扫面积为266.65万平方米，机械化清扫率达49.84%。滨河北西路被山西省住房和城乡建设厅与省城市环境卫生协会命名为山西省保洁示范街道。2015年，离石区城乡环境卫生管理中心进行清扫督查，共处罚违规人员7662人次，下浮工资16.65万元，共处理解决民生诉求69条、群众反映问题11条，处理解决督查人员反映情况79条、社情民意服务热线反映问题28条。新增机械化清扫车辆16台，新增大交线全段、吕梁大道、信大路、交通路延伸线、恒瑞路等14条道路的洗扫作业，新增凤山路全段、吕梁大道等5条道路人行道的机扫作业，共新增洗扫面积104.85万平方米。截至2015年底，城市道路机扫面积为259.15万平方米，占城市建成区道路清扫总面积377.75万平方米的68.6%。滨河北中路被山西省住房和城乡建设厅与省城市环境卫生协会命名为山西省保洁示范街道。

环卫设施　设备　2012年，离石区城乡环境卫生管理中心有各类车辆53辆。其中，清扫车6辆、吸粪车6辆、洒水车1辆、摆臂车8辆、垃圾压缩车1辆、吊筒车3辆、吸尘车1辆、撒盐应急车1辆、翻斗车4辆、业务车11辆。雇佣社会垃圾运输车11辆。同年，吕梁市区设有果皮箱336个、垃圾桶544个、明箱72个，分布于滨河南北路、永宁路、步行街等市区主要交通道路。垃圾收集点560余个。地箱25个，分布于滨河南北两路。2013年，新购各类机扫车辆16辆。其中，多功能污迹清除车3辆、洗扫车7辆、道路养护车5辆。

共配备50升垃圾桶4276个、240升塑料垃圾桶2571个、240升铁制垃圾桶1430个、密闭式垃圾箱89个，其中为乡村配备50升垃圾桶2272个、240升塑料垃圾桶365个、240升铁制垃圾桶1430个、密闭式垃圾箱89个。共配备脚蹬三轮垃圾收集车1958辆、手推两轮垃圾收集车180辆，其中为乡村配备脚蹬三轮垃圾收集车956辆、手推两轮垃圾收集车180辆。全区共有垃圾清运车辆112辆，其中为乡村配备垃圾清运车辆73辆，包括：垃圾收集车43辆、垃圾中转压缩车8辆、餐厨垃圾车3辆、摆臂车12辆、翻斗车4辆、吊桶车3辆。2014年，在公共区域补充果皮箱198个；在上水、西崖底、张家庄、王家庄等6个城中村新配备铁垃圾桶180个。新增家属小区及单位垃圾收集点46个。截至2015年底，新增下安村小区、交通路泰裕市场、建设街凯利和小区等垃圾收集点41个。同年，有各类环卫车辆77辆。

垃圾收集处理

凤山垃圾简易填埋场　位于凤山公园后山，1990年投入使用。垃圾处理方式为简易填埋。2007年12月，实施封场，结束其使命。2009年5月，对该场进行封场整治绿化。

吕梁市生活垃圾填埋场　位于市区西南贺家山村，2004年开始修建，投资4309万元，2007年10月建成并投入运行。同年，建设部委托全国环境卫生协会对全国垃圾场进行等级评定，该场获一级，名列山西省第一。2009年5月，山西省环境保护局通过环境保护竣工验收。处理方式为综合卫生填埋，日处理垃圾400余吨；渗滤液处理包括渗滤液车间处理和DTRO两级反渗透处理，设计处理垃圾能力100吨/日。进场垃圾电子计量，资料完整，各种运行管理、安全管理、环境管理的规章制度健全，达到无害化处理标准。2010年，该场获山西省住房和城乡建设局全省垃圾处理场等级一级。

截至2015年底，该场设计无害化处理垃圾能力230吨/日，实际平均处理量520吨/日。

垃圾收费　根据吕梁市人民政府《关于征收城市生活垃圾处理费的通知》规定，2005年1月1日起，全面开征吕梁市区垃圾处理费。

2012年，区环卫中心垃圾管理办公室征收生活垃圾处理费200万元，比市管时增收60余万元。2014年，共征收垃圾处理费230余万元。2015年，共征收垃圾处理费262.6万元。

垃圾清运　2012年1月，离石区城乡环境卫生管理中心专业清运督查队成立，共有18人。全年共倾倒生活垃圾13万吨。2013年，共收集清运生活垃圾17.38万吨（其中餐厨垃圾0.7万吨）。2013年，开展乡村清洁工程，共清运农村垃圾14.2万吨（其中清运农村生活垃圾7万吨，清运农村陈年垃圾、建筑垃圾7.2万吨）。2014年，全区新增家属小区及单位垃圾收集点46个，清理垃圾死角堆积的垃圾200余吨。实现垃圾日产日清，生活垃圾无害化处理率90%以上。共清运农村陈年垃圾、建筑垃圾2.5万吨，收集、清运生活垃圾16.6万吨。2015年，将城区垃圾收集车的服务区域延伸到六一街、七一街等小巷。组织清理上水、西崖底、张家庄、王家庄等6个城中村水源地周边的垃圾。同年，全区生活垃圾清运量 14.6 万吨，生活垃圾无害化处理率 100%。

公共厕所

2006年前，离石城区有公厕9座。2006年，开始加大公厕建设和改造力度，到2009年初，吕梁市区有完成改造、建成外观漂亮、内部装饰高档的高标准公厕43座。公厕配备清洁工人，免费提供手纸，全天对市民免费开放。

2013 年，吉祥路公厕被山西省住房和城乡建设厅命名为四星级公厕。截至 2015 年底，吕梁市区有水冲式公厕 68 座，移动环保公厕 1 辆。全部按一类公厕标准设计、建设，全天开放免费服务。市民广场公厕被山西省住房和城乡建设厅命名为四星级公厕。

城乡环境卫生管理

2011 年 3 月 23 日，区城乡环境卫生管理中心在滨河南路离石师范—永宁桥路段开始试行“垃圾不落地”定时定点上门收集模式。4 月 26 日，在永宁路试行餐厨垃圾定时定点收集模式。城区 3 个街道基本实现“垃圾不落地”上门收集模式。同时，将 3 个街道移出的垃圾箱油漆后送到西属巴、田家会两个街道的背街或背巷，并在城北、交口街道办实行三轮车收集、大型压缩车对接转运的“垃圾不落地”收集清运模式。8 月 1 日开始，每年投资 870 余万元，在城区三个街道设置环卫工人集中就餐点，解决城区 1600 名环卫人员的早、晚餐吃熟、吃热、吃饱问题，伙食标准为每人每天 15 元。9 月 20 日，《一周环卫》工作简报创办，把各项政策、规定及环卫制度传递到每位环卫人员。向广大环卫人员提出旮里旮旯捡垃圾的要求。同时，将环境卫生整治工作向乡镇村推进，在城郊 59 个村以外的其他行政村配备保洁员 416 人，其中，500 人以下的村庄配备 1 名，500—1000 人的村庄配备 2 名，1000 人以上的村庄配备 3 名。在乡村两级就近建立简易垃圾填埋场，全区共选定简易垃圾填埋场 62 个，购买 86 辆三轮清运车清运垃圾，就近对垃圾进行填埋处理。同年，区城建部门印发《美丽家园需要广大市民共同维护—离石区创建国家级卫生城市倡议书》《关于推行“垃圾不落地”定时定点上门收集模式的通知书》等宣传资料 10 余万份，向区域内各宾馆、饭店、门店及家属院等市民进行广泛宣传，提高广大市民环卫意识。

2012 年，印发《离石区关于推进城乡环卫一体化的实施意见》，全区清扫保洁责任区域由原来的 7 个街道 59 个行政村延伸到全区 12 个乡镇、街道的行政村。2013 年，区财政投资 4195.65 万元，乡镇、街道投资 200 万元，在全区 12 个乡镇（街道）的 193 个行政村开展以“四有”（有清洁队、有垃圾处置队、有垃圾收运设备、有垃圾处置设施）、“四无”（无抛洒物、无存量垃圾、无乱堆乱放、无残垣断壁）、“三净”（大街小巷净、房前屋后净、村庄周围净）为主要内容的乡村清洁工程。各乡镇、街道共清理农村“四堆”（生活垃圾堆、树枝柴草堆、畜禽废物堆、建筑废料堆）2.4 万堆，清理水渠 53.1 千米，改修水道砖砌 18.66 千米，整理残垣断壁 2.26 万平方米，粉刷立体墙面 13.50 万平方米，整修路面

25.58万平方米，铲除杂草30.94万平方米，清理树池7.43万平方米，整治乱搭乱建1575处，清理淤泥1.59万吨。同年，处理解决垃圾清运存在问题384件、市委书记市长热线24件，处罚违规人员2039人次，下浮工资3.93万元。2014年，围绕城乡一体化目标，投入资金3153.77万元，在全区194个行政村按照城区三级区标准配足清扫保洁人员和垃圾收运设施设备，共有156个行政村达到达标村验收标准。全年共解决清扫保洁问题80余起，处理市委书记市长公开电话反映问题25起、群众反映问题30起；共处罚违规人员1665人次、下浮工资44.23万元。离石区被国家城市环境卫生协会授予全国环卫文化建设先进单位称号；被吕梁市乡村清洁工程领导组办公室评为吕梁市乡村清洁工程先进县（市、区）。离石区实施的“垃圾不落地”管理模式在全省推广。滨河北西路被评为山西省保洁示范街道。2015年，区环卫中心开展的城乡环境卫生整治工作创五个“全国一流”：推行“垃圾不落地”模式，创全国一流；以大型压缩车替代垃圾中转站，创全国一流；为城区1600名环卫工人免费提供早、晚餐，创全国一流；实行环卫工作四级督查机制并对相关人员实行连带责任，创全国一流；创办《一周环卫》工作简报加大“安全、卫生”宣传力度，创全国一流。同年，印发《离石区东四义式卫生示范村建设标准》。9月，离石区开展以学习东四义模式、建设美丽乡村为主题的卫生示范村建设工作，共清理农村“四堆”1.34万堆，清理河道3.5万米，铲除杂草14万平方米，清理树池16万平方米，整治乱搭乱建1340处，清理淤泥4.2万吨。同年，全区环境卫生达标村共176个，占全区行政村总数的90.7%。

第七章 机 构

第一节 城乡建设管理机构

中华人民共和国成立初期，县人民政府设立建设科，统一管理城镇建设工作。

20 世纪 60 年代，县计划委员会代管城乡建设工作。1971 年 5 月，县革命委员会工交建组管理城乡建设工作。1972 年，专设基本建设办公室，主管城区建设。1973 年 2 月，离石县城市建设局设立。1977 年，改名为离石县建设局。1980 年，更名为离石县城市建设管理局。1984 年，改称离石县城乡建设环境保护局。1986 年，房产股分出，与离石县房屋建设开发公司合并成立离石县房地产管理局。1989 年 7 月，环保监测股分出，成立离石县环境保护局，城乡建设环境保护局更名为离石县城乡建设局。至 1990 年，离石县城乡建设局内设办公室、计划财务股、城市建设股、施工队伍管理股、市政规划设计室、城市监察大队、城建档案室、路灯管理所、质量监督站、劳动服务公司和幼儿园，下辖的单位有自来水公司、出租汽车公司、市政工程公司、建筑安装公司、园林处、环卫队、凤山公园管理处，全系统共计有正式职工 197 人，计划内临时工 130 人。

2004 年，吕梁辙地设市，离石撤市设区，离石区城乡建设局整体上划，与吕梁市建设局合并。根据吕梁市政府 2007 年第 35 次常务会议纪要，市区城市规划和建设管理职能由吕梁市建设局负责，市政工程由吕梁市建设局市政工程管理处负责。2008 年 7 月，离石区将原土地储备中心整体转变为离石区乡村建设管理中心。2008 年 12 月，离石区乡村建设管理中心更名为离石区城乡建设管理中心。2010 年 1 月，更名为离石区城乡建设管理局。

截至 2015 年底，区城乡建设管理局主要负责拟定辖区内（汾离高速东出口以东纳入市区范围的和所有未纳入市区规划范围内的，以及田家会街道办所有行政村）村镇的规划、建设和管理工作；负责全区的保障性住房的建设管理，全区的廉租租金补贴发放、农村危房改造以及大土河热力公司集中供热的管理工作。内设办公室、计划财务股、城乡规划股、市政建设股、建筑工程管理股、住房保障股、环卫绿化股、房地产管理股，下设建筑工程招标管理办公室、建筑工程质量监督站、建筑安全管理站、城乡建设档案馆、城乡建设测量测绘站、建筑设计室，有职工 55 人。

第二节 环境卫生管理机构

1988 年前，离石县城的环境卫生工作由离石县爱卫会负责，爱卫会下设城区清洁队具体负责县城环境卫生的作业和管理。1988 年，离石县政府将县城的环境卫生管理职能划归县城建局，并组建离石县环卫处。

1999年，离石市环卫处和离石市市容办合并，成立离石市市容环境卫生管理局，为离石市建设局下设二级局。

2004年吕梁撤地设市，吕梁市建设局与离石市建设局整合，成立吕梁市市容环卫管理处，负责市区市容和环境卫生管理工作。2009年4月，吕梁市城市管理服务中心成立，市容和环境卫生管理职能全部由该单位负责。2011年3月1日，城市市容和环境卫生管理工作职能下放至离石区政府管理，离石区城乡环境卫生管理中心成立。

2012年，该中心设有办公室、人事劳资室、财务室、督查室、清运处、机扫处、垃圾办、综合执法大队8个重点科室，同时在全区7个街道和各乡镇成立专职环卫处。有管理、执法及清扫、清运、收费人员3000余名。2013年，全区环卫人员共有3120人，其中，清扫保洁人员共有2581人，清运作业人员198人，机扫作业人员54人，管理人员287人。配备农村保洁员共1335人（城中村配备512人、城郊村配备316人、山区村配备507人），每村至少配备保洁员2名。配备乡村清洁工程清运人员105人、乡村环卫监督管理人员66人。各乡镇（街道）设环卫处专职副处长1名。各村党支部或村委会有1名成员专管环卫工作，并由1名保洁员担任组长。截至2015年年底，该中心内设综合办公室、人事劳资室、财务室、督查处、清运处、机扫处、《一周环卫》编辑部、数字化监控室、食品安全管理办公室、保卫室、保管室、维修室12个股室，下设离石区垃圾管理办公室。在全区12个乡镇（街道）都设环卫处，接受环卫中心和乡镇（街道）双重管理。区域乡环境卫生管理中心有全额事业编制人员5名，自收自支事业编制人员22名（离石区垃圾管理办公室），参照事业无编制人员10名。全区环卫人员达2392人。

第三节 房地产机构

管理机构

1986年5月，离石县房地产管理局成立。1998年，离石市房地产管理局内设办公室、财务股、房管股、危房鉴定所、房地产价格评估事务所、城镇房屋拆迁管理办公室。2004年，离石区房管部门上划吕梁市房管部门。

事业单位

1994年，离石县住房基金管理中心成立，隶属县经济体制改革委员会，人员系由县体改委、县房产局职工兼职。2002年1月，住房基金管理工作由离石市体改委移交到离石市房产局管理，并更名为离石市房地产开发管理中心。2005年3月，住房基金管理工作由区房地产开发管理中心移交到区发展计划局接管。2011年，该机构调整上划到吕梁市住房公积金管理中心垂直管理，更名为吕梁市住房公积金管理中心离石区管理部。截至2015年底，该管理部内设部门有办公室、缴存组、提取组、贷款组，有正式职工4人。

第五编

环境保护

环境污染

污染治理

环境管理

20世纪80年代后期，离石县乡镇企业、个体企业快速发展，环境污染日趋加剧。1990年，全县废水年排放量为26万吨，废水处理率和达标率均为零；废气年排放量为25104万标立方米，废气处理率约为零；固体废物年排放量为9.7万吨；城区的等效声级达91分贝，超过国家标准（白天不超过55分贝，夜晚不超过45分贝）。通过多年采取环保宣传、环境监测、生态辐射环境监督、建设项目审批管理、排污征收、信访案件查处、环保执法等手段，区内环境污染得到有效控制。2013年，区环保局被山西省人力资源和社会保障厅、山西省发展和改革委员会、山西省财政厅、山西省经济和信息委员会、山西省环境保护局评为山西省减排先进集体。截至2015年底，全区集中式饮用水源地水质全部达标；市区环境空气质量二级以上天数290天，其中一级天数30天；污染减排监督性监测结果公布率达100%；城区噪声达到国家规定标准。

第一章　环境污染

第一节　废水污染

三川河废水污染严重，1987年夏季，离柳地区天旱少雨，三川河地面流量减少，河两岸农民引河水浇地，受污染面积达200公顷，造成直接经济损失150万元。1990年，全县废水排放总量为26万吨。按经济类型划分，乡镇以上企业21万吨，村以下企业5万吨。全县按5000万元工业产值估计，每万元产值废水排放量52吨。废水处理率和达标率均为零。废水中污染物主要有4种，即化学耗氧量（COD），生化需氧量（BOD），悬浮物（SS）及氰化物，全县总计COD 141.57吨，BOD 171.94吨，SS 137.59吨，氰化物0.002吨。

2003年，三川河西崖底监测断面污染指数为62.129，薛村监测断面污染指数为79.158。特别是地表水流经城市后，因排入城市生活污水，污染程度有所增加。

2004年，三川河西崖底断面污染指数为67.602。地下饮用水，原一厂水质污染停用，对部分村民饮用的南关泉水井进行监测，氨氮、氟化物、总大肠菌群、硝酸盐氮、细菌总数等指标超过三类标准，污染严重，不宜饮用。2005年，全区地表水监测断面水质污染严重的有三川河西崖底、马茂庄、交口镇断面三个。2006年，全区地表水监测断面中，水质严重污染的有三川河、西崖底、马茂庄、交口镇断面4个，西崖底断面污染综合指数为122.6、马茂庄断面污染综合指数为174、交口镇断面污染综合指数为81.2。2007年，省控断面中，水质有所恶化的有三川河交口镇、沙会则、西崖底断面三个。沙会则断面污染综合指数为70.4、西崖底断面污染综合指数为162.3、马茂庄断面污染综合指数为156。2008年上半年，省控断面水质重度污染的有沙会则、西崖底、马茂庄、交口镇断面，沙会则断面综合污染指数为25.3，西崖底断面综合污染指数为1.56，马茂庄断面综合污染指数为7.18，交口镇断面综合污染指数为2.67。污染物COD平均浓度值超V类标准的有马茂庄断面；污染物氨氮平均浓度值超V类标准的有马茂庄断面。2009年，地表水省控断面中重度污染的有断面7个，其中东川河、沙会则断面污染综合指数为3.39，北川河、西崖底断面污染指数为6.18，东川河、北川河汇合的马茂庄断面污染指数为10.7，南川河交口镇断面污染综合指数为1.59。2010年，地表水省控断面中重度污染（劣V类）的断面有北川河西崖底断面，综合污染指数为5.06，东川河、北川河汇合处的马茂庄断面综合污染指数为3.24，南川河交口镇断面综合污染指数为1.13。2011年，地表水原省控断面中马茂庄断面降为市控断面，东川河沙会则、北川河西崖底、南川河交口镇、三川河西河仍为省控断面。监测结果表明马茂庄氨氮不达功能区标准要求。

2012年，国控断面为西崖底1个（2012年5月升为国控断面），省控断面为沙会则断面、交口镇断面，当年重度污染的是交口镇断面。2013—2014年，全区省控监测断面中，重度污染断面有交口镇。2015年，全区地表水国、省监测断面中重度污染的断面有交口镇，中度污染的断面是西崖底。

第二节　废气污染

1990年，全县废气排放总量25104万标立方米。其中燃料燃烧废气11814万标立方米，占总排量的47.06%。生产工艺废气13290万标立方米，占废气排放总量的52.94%，废气的消烟及净化处理量约为零。重点排放废气的企业是电厂、铁厂和炼焦业。废气中污染物主要有二氧化硫663.65吨、氮氧化物105.25吨、氟化物16.19吨、一氧化碳1386.78吨、烟尘523.42吨、粉尘145.26吨，总计2840.55吨。污染物种类有硫化氢、苯、苯酚、氢化物及苯并（α）。

2006年，离石区环境空气质量二级以上的天数182天，比上年减少了43天，减少19.11%。在全省排名倒数第一。2008年上半年，离石城区二氧化硫污染指数为1.25，占综合污染指数的51.9%。二氧化氮污染指数为0.36，占综合污染指数的14.9%。PM10污染指数为0.8，占综合污染指数的333.2%。2009年，离石区在全市城区环境空气综合污染指数排名中排名第四。环境空气污染仍以二氧化硫和可吸入颗粒为主要污染物。二氧化硫占54.3%；可吸入颗粒物占31.7%；二氧化氮占14%。2010年，离石区在全市城区环境空气综合污染指数排名中排名第一。

2015年，离石区在全市城区环境空气综合污染指数排名第二，空气中三项主要污染物二氧化硫占60.28%，可吸入颗粒物占30.02%，二氧化氮占9.7%。

第三节　固体废弃物污染

1990年，固体废物的年排放量为9.7万吨，其中工业废渣约7.5万吨，生活和建筑垃圾0.56万吨，其他废物1.54万吨。东川河沿岸堆放的大量焦渣、煤矸石、炉灰日积月累，受自然风化，使有毒害物排入大气、水和渗透到陆基环境中，形成污染。

2010年后，离石城区固体废弃物污染主要是废渣，含有矸石、炉渣粉、煤灰、化工废渣等。白水泥厂、发电厂、七里滩煤矿、电线厂、地区医院、电业局、行署大院排放废渣15.43万吨。颗粒物污染浓度是0.686毫克/立方米，高于国家规定二级0.15标准的4.57倍；二氧化碳浓度是0.132毫克/立方米，低于国家规定0.15；氮气化物浓度是0.0358毫克/立方米，低于国家二级标准0.15。离石城区大气污染主要是降尘、飘尘所致，属燃煤污染。

第四节 噪声污染

离石县城区最大的工业噪声源是铁厂和发电厂。交通噪声主要出现在新关大街、解放路、建设路，其次是滨河两路。生活噪声也十分严重。

1990年监测，地区影剧院前、东门交通广场、东关广场的平均值为91分贝，影响人们的正常活动。城区主要繁华道路两侧、机关、单位、住户一般时期每天将近18个小时要生活在噪声干扰环境中。

2005年，离石城区环境噪声有效监测平均等效声级53.7分贝。城市公路监测总长度31.4千米，有效监测段41个，平均等效声级64.7分贝，没有超过标准（70分贝的路段）。2009年，离石城区市区环境噪声和交通噪声各监测1次，分别监测点位269个和41个，城区区域环境噪声平均等效声级55.6分贝，质量等级为轻度污染。

2013年，离石市区环境噪声平均等效声级为53.2分贝。城区道路交通噪声平均等效声级为67.9分贝。2015年，离石城区环境噪声平均等效声级为55.5分贝，声环境质量等级为轻度污染。等效声级值超过55分贝的网格覆盖面积为5.77平方千米，占总覆盖面积的54.2%。城区道路交通噪声平均等效声级为63.1分贝，声环境质量等级为好。

第二章 污染治理

第一节 废水治理

1984—1989 年，离石县重点对县发电厂进行治理。县发电厂位于城区东侧，年耗煤在 2.4 万吨至 3 万吨之间，烟尘大量扩散，成为离石城区最大的污染源之一。县环保局先后给该厂解决治理资金 6.6 万元，建成水膜除尘设备、澄清池等，使废水得到重复利用。1992 年，离石县环保局给县发电厂投资 1.6 万元，帮助建起水膜麻石除尘设备，净化后的水达农田灌溉标准。1994 年，县环保局确定七里滩矿井水的处理为重点治理项目，治理工程共投资 145.2 万元，其中土建工程 38.55 万元，设备购置 90.4 万元，其他 16.25 万元。工程治理完工后，年处理废水 175 万吨，日处理达 4800 吨，供给县发电厂工业用水 75 万吨 / 年，并与自来水公司并网，年供给量为 100 万吨。

1998 年，全市有完成废水设备改造任务企业 18 户。2000 年，离石市对一些老式的洗煤企业责令其停产治理改造，淘汰 75 型、89 型炼焦炉。

2006 年，区环保局针对二级保护区内的 8 户排污企业，做出处罚决定，下发行政处罚通知书，其中上安村水源地 5 户，七里滩水源地 3 户（1 户停产）。2007 年，茂源洗煤厂、金鑫洗煤厂、致富洗煤厂、田东洗煤厂、振东洗煤厂、金海湾洗煤厂、创业洗煤厂、勒业达洗煤厂、华建洗煤厂、创亿洗煤厂、旭辉煤业有限公司、精达洗煤厂 12 户企业污水处理设备通过吕梁市环保局验收。同年，离石致富洗煤厂、离石区高崖湾联营煤矿、离石区七里滩村煤矿、离石神州煤业有限责任公司、离石聚富焦化有限公司完成污水治理，离石区经宏洗煤厂、离石兴茂洗煤厂、离石天运泉洗煤厂因公路拓宽拆迁。同年，离石区环保局对辖区 4 户企业下达停户治理通知，2 户企业下达延期治理通知，6 户企业安装污染源在线监控设备。对死灰复燃的 24 户燃煤茶炉强制拔掉烟囱。2008 年，离石区环保局对符合产业政策暂无环保手续的 16 户企业，限期补办环评手续。对 16 户制砖企业限期治理。对 6 户砖厂因环保设施不达标实施关停。对在市区敏感区域经限期治理不达标的 3 户洗煤企业实施关停。对信义工业园区的 3 户洗煤企业因其既未办理环评手续又与工业园区的整体开发要求不符，实施关停取缔。对已完成治理的 21 户企业限期申请环境监测验收，对还在治理的 10 户企业，下达停产治理决定，对未开展治理的 30 户小型洗煤企业实施“零点关停行动”。对 6 户国控、省控重点企业和污水处理厂全部安装在线监控设施。对敏感区域的 4 户重点企业，全部安装视频监控系统。对 10 家医疗单位安装污水处理设施。全区 137 户工业企业污水实施分类处置。2009 年，三川河马茂庄断面 COD 浓度为 244 毫克 / 升，氨氮浓度 33.0 毫克 / 升，水质出现明显好转。2011 年，离石区环保局先后对全区涉水企业督查4次。共督查涉水企业71户，其中包括未批先建的26户，未办理环评、未领排污许可证和取水许可证的21户，违反“三同时”（新建、扩建、改建工程与主体工程，环保治理设施同时设计，同时建设，同时验收）的15户。5户煤矿安装污水处理设施，32户洗煤企业办理排污许可证，12个医疗机构安装污水处理设施。

2012年，全年共处理生活污水872.4万吨，COD平均进水浓度316.8毫克/升，平均出水浓度为44.57毫克/升，氨氮平均进水浓度30.08毫克/升，平均出水浓度5.36毫克/升，新增削减量COD 683.01吨，氨氮207.41吨。煤矿污水处理站除西山煤业、贺家塔煤业外，其余12户煤矿污水处理站基本建成。东川河沙会则断面达地表水3类标准，西崖底断面达地表水5类标准。2013年，建成煤矿矿井水处理设施11个。吕梁市城区污水处理厂生活污水处理量821.7万吨，城市生活污水处理率为73%。2014年，离石区完成20个粪便收集处理池。区政府拨付50万元用于屠宰厂污水防治工程。完成集中式饮用水源保护地的环境整治工作，设置标志牌和道路警示牌8块，设置物理隔离防护1.2千米，上安饮用水源保护地6号范围内清拆违章建筑600平方米。2015年，区环保局完成农村污染收集管网工程3个。三川河沙会则断面地表水稳定达3类标准，西崖底断面地表水稳定达4类标准，贺家塔出境断面地表水COD平均浓度43毫克/升，氨氮平均浓度12.1毫克/升。集中式饮用水源地水质达标率为100%。辖区内国控污染源（大土河热电厂、吕梁市城区污水处理厂）自动监控数据传输有效率为99.7%，企业自行监测公布率达100%，监督性监测结果公布率达到100%。

第二节　废气治理

1990年，离石县环保局会同法院、工商、税务等部门，集中时间20天，取缔全县公路沿线10个乡镇、18个村委的63户的土焦炉312个。对县发电厂的烟尘排放进行治理，2号、3号发电机组锅炉的排烟系统，均加水膜除尘。1992年，对全县机动车辆尾气进行整治，合格者发放合格证。不合格者安装节油净化器。

1997年，市环保局关停小造纸1家、小炼油户及小土焦炉300座、小石灰窑9户、耐火窑28户、改造焦炉279座。1998年，指导市热电厂的烟尘治理工程，市热电厂配置高效静电除尘装置。2001年，离石市环保局对市区198台燃煤锅炉进行治理，改善能源结构，推广清洁能源和低硫煤的使用。2003年，城区内煤气管道进入地段的营业性炉灶由燃煤变成燃气的炉灶有19家（职工灶7家、饭店12家）、茶炉由燃煤变成燃气的2家（贵都商场、万和商贸城），有2万余户居民生活用气得到解决。

2005年，离石区环保局共取缔200户土焦企业的土焦炉2150支、135户改良焦企业的烟囱287支和焦炉1963支，关停小洗煤厂21户，取缔拆除小洗煤厂11户。对10户重点工业污染企业下达限期治理通知，同时对7户企业进行挂牌督办。该年度Ⅱ级天气达

225天，出现Ⅰ级天气4天。2007年，离石区环保局集中取缔全区范围内37座“仿三佳”焦炉共1249支，炸毁烟囱68支。整治燃煤茶炉254户268台，营业性炉灶465户981台，削减二氧化硫8636.37吨，烟尘4529.82吨，氮氧化物936.42吨。2007年，空气质量Ⅱ级以上天数达322天，其中有33天达Ⅰ级标准。市区Ⅱ级以上天气全省第一。2008年，对全区1249台燃煤茶炉、营业性炉灶、新增饭店及市区大中专院校的201台炉灶进行整治，对市区3个大型夜市烧烤摊点及零散户共59户燃煤、木炭摊点进行整治，引导其使用清洁能源。2008年，城区新增供热面积达350万平方米。除特殊地段无供热站及个别燃煤供暖锅炉因特殊情况外，其余锅炉在12月12日前全部拆除；对高速沿线32户小石灰窑进行关闭，对无环评的4户化工企业实施断电停产；城区空气质量Ⅱ级以上天数达354天，其中Ⅰ级天数达到17天。Ⅱ级以上天数继续保持全省第一。污染物综合指数由2.78下降为2.04，首次达到国家Ⅱ级标准要求。2009年，区环保局整治城区燃煤茶炉，组织拆除大小供暖锅炉1502台，市区空气质量Ⅱ级以上天数达359天，其中Ⅰ级天数76天；大气综合污染指数由2.04下降到1.86，空气环境质量达国家Ⅱ级标准。2010年，区环保局对“城中村”123户127台燃煤茶炉、锅炉进行整治，改电、改太阳能14户，新建太阳能3户，取缔11户的锅炉。居民新增供暖面积160万平方米，实现城区烟尘控制区覆盖率100%，集中供热率91%，供气覆盖率95%以上。2010年，市区空气质量Ⅱ级以上天数358天，其中Ⅰ级天数119天。连续四年名列全省前茅。综合污染指数1.47，二氧化硫污染指数为0.61。2011年，离石区环保局对23户工业企业废气进行整治。其中6户工业企业全面达标排放，8户工业企业燃煤锅炉关停。对74户机关和企事业单位采暖锅炉进行整治。其中15户加油站锅炉关停，59户行政事业单位采暖锅炉改造完成50户，完成率为88%。对277户营业性燃煤炉灶整治，其中4户达标排放，273户全部改造为燃气或用电设施。整治商业区、住宅小区、集中供暖区内25户供暖锅炉，其中关停4户，取缔5户，改用电取暖2户，其余14户全部完成。对11户加油站的采暖锅炉实施关停。2011年，市区Ⅱ级以上天数达到356天，其中Ⅰ级天数96天，空气优良率为97.5%，综合污染指数为1.45，同比下降1.4%，继续达国家环境空气质量Ⅱ级标准。

2012年，共拆除燃煤锅炉97户97台，整治燃煤锅炉359户373台，削减烟尘1479吨。2013年，全年二氧化硫排放量8054.81吨，氮排放量4900.62吨，烟尘排放量5208.46吨，粉尘排放量1102.10吨，COD排放量3816.09吨。2014年，离石城区12户燃煤锅炉7户完成清洁能源替代工作，38户加油站已完成油气回收改造，10户餐饮业完成油烟治理。机动车尾气检测率39%，环保发标率94%，淘汰黄标车和老旧车4795辆；新增集中供热面积31.3万平方米，天然气普及率达86.7%；城区环境空气质量按新的考核标准达标天数266天，重污染天气减少7天，综合污染指数6.76。PM10平均浓度为97微克/立方米，PM2.5平均浓度为51微克/立方米，市区空气质量名列全省前列。2015年，区环保局组织落实6项污染物（二氧化硫、化学需氧量、氨氮、氮氧化物，烟尘和工业粉尘）减排任务。

完成工业减排项目2个、农业养殖减排项目11个；全区化学需氧量下降3%，氨氮下降3%，二氧化硫下降1.0%，氮氧化物下降1%，烟尘下降0.5%。

第三节　固体废弃物治理

1993年，取缔田家会镇、王营庄乡等地的土焦炉460座。

1996年，市环保局拆除土焦炉600座。1997年，市环保局关停小造纸、小炼油户、小土焦炉300座，石灰窟9户、耐火窑28炉。2000年，离石市环保局对死灰复燃的22种土小企业和设施进行取缔。2001年，市环保局取缔焦化厂7户，小灰窑32户，对市发电厂粉煤灰乱倒现象加以治理。2002年，强制取缔萍乡炉56支，彻底铲除其生产设施。对全市范围内38户41座小石灰窑进行彻底铲除。2003年，对田家会、城关、枣林、坪头等乡镇232户企业757支土焦炉强制取缔。彻底铲除其生产设施，并恢复地貌。

2005年，区环保局联合纪检、电力、公安、工商等部门，对群众反映强烈的5户石料厂、48座石灰窑、4个石灰加工厂等企业断水断电，吊销营业执照，清除原料，拆除设备恢复地貌。2007年，离石区环保局关停小石灰厂11户、倒烟窑12户。2008年，关停砖厂6户。关停洗煤企业3户，关闭高速沿线小石灰窑32户，关停小型洗煤企业30户，对无环评的4户化工企业实施断电停产。2010年，对辖区内李家沟修理厂等13户环境违法的企业关停取缔，取缔石灰窑12支、铝矾土窑4支、淋石灰窑1支、土焦炉1支，对全区23户石料厂和9户实心黏土砖厂进行停产整治。2011年，离石区环保局关停砖厂9户，取缔非法采洗煤企业3户。

2012年，全区工业固体废物综合利用率为83.51%，工业危险废物全部综合利用，利用率为100%；医疗废物全部由吕梁市医疗废物集中处置中心处置，集中处置率为100%。2014—2015年，全区工业固体废物综合利用率为81.2%。工业企业危险废物〔主要是精（蒸）馏残渣合酚废物〕56.39%，简易填埋处置率为100%；区环保局取缔不符合产业政策的非法土小石灰窑3家；减排畜禽养殖项目14个；关闭粉条小作坊7户、小石灰窑3户。

第四节　噪声治理

1998年，离石市环保局与交警、工商、文化等部门配合，集中整治商业噪声、娱乐业噪声和交通噪声。2002年中高考前夕，取缔露天卡拉OK娱乐场12户，关停露天舞场3家，暂停群众性娱乐活动场所3家。

2005年，离石区环保局开展查处夜间环境噪声扰民专项执法行动7次，对17家单位进行现场检查和夜间监测，对4家单位下发《环境监测现场处理建议书》。2010年，抽调20余人成立环境噪声污染监察巡查队。噪声污染监察巡查队统一持证上岗，特别是对5个考点周边环境 24 小时不间断监管、巡查，保证考试期间周边环境噪声零污染。2011 年，离石区环保局在中、高考期间，制定《中高考期间防治噪声污染实施方案》和《2011 年中高考期间城区噪声污染突发事件工作应急预案》，出动环保执法人员 42 人次，对考点周边环境不间断监管巡查。

2012 年，公开办理各类噪声扰民案件 47 件。2014 年，对城区永宁中路、滨河南中路、兴隆街、建设北街、世纪广场周边的所有固定场所经营户、流动商贩、机动车和流动广告宣传车使用高音广播喇叭或者采用其他音响器材发出噪声招揽顾客从事商业经营活动行为进行整治使这些地段环境噪声基本达到零污染。2015 年，完成《离石区城市区域声环境功能区划》编制工作。同时，会同公安等部门对主城区环境噪声责成专人负责，中心城区环境噪声得到有效控制。

第五节 达标验收

1999 年，离石市洗煤企业 19 户、煤矿 11 座完成环境治理，并经山西省、吕梁市环保局验收。2001 年，离石市 67 户焦化厂完成达标验收。

2007 年，5 户企业补办环评手续，其中 2 户企业通过验收。竣工的 12 户企业通过吕梁市环保局验收。2008 年，对符合产业政策暂无环评手续的 16 户企业限期补办环评手续，对已完成治理的 21 户企业限期申请环境监测验收。对 10 家医疗单位安装污水处理设施，其中 2 户经市环保局验收。2009 年，对城区 110 户企业进行排污申报登记，责令限期补办环评手续，对符合条件的发放临时排污许可证。2009 年，区环保局完成 13 个项目企业竣工验收，对符合条件的 9 户企业发放排污许可证，对 2 户企业核辐射环境竣工验收。2010 年，办结环评审批项目 29 个。办结建设项目环境影响登记 62 个，完成竣工验收项目 3 个。2011 年，区环保局完成工业企业治理 23 户，其中 6 户企业全面达标排放；区环保局完成竣工项目验收 2 个，办结建设项目环境影响登记 16 个。

2012 年，竣工的 5 户企业通过环评达标验收。放射源在线的 5 户企业领取辐射许可证并通过竣工验收。同年，吕梁市环保局批复办结离石区环保局上报的环评审批项目 33 个，上报试生产项目 16 个，已全部批复，上报竣工验收企业 5 户全部通过验收。2013 年，区环保局投资 47 万元对环境检测站进行改扩建，扩建实验室 6 间共 156 平方米，新增监测项目 50 多项。该检测站通过省环保厅和省质监局验收。同年，离石区国控企业 2 户和省控企业 1 户通过环评验收。2013 年，区环保局共上报吕梁市环保局环评审批项目 44 个，市环保局办结 42 个（其中有 2012 年上报的 7 个）环评审批项目。2014 年，区环保局共办理市重点环评项目 13 个，办结环评项目 55 个（市环保局 39 个、区局 16 个），完成试生产批复 11 户，竣工验收 9 户。截至 2015 年底，省重点工程项目 6 户办理环评 4 户，市重点工程 14 户。办理环评 10 户，其他重点工程项目 67 户已办理环评 43 户（无需办理环评的 4 户）。

第三章　环境管理

第一节　排污费征收

1984—1988年，离石县共征收排污费76万元。1989年，征缴集体企业排污费4万元，乡镇企业排污费5.5万元，个体营业性锅灶排污费1.5万元。1991年，共征缴排污费14万多元，超额完成任务40%。

2000年，共征缴排污费80万元。

2005年，区环保局推行征收排污费政务公开，在石州电视台公开征收焦炭排污费的收费产量、收费标准、收费款额，排污收费工作走向规范化、制度化。同年，共征收排污费2013.99万元。2006年共征缴排污费317.07万元。2007年共征缴排污费5000余万元。2008年共征缴排污费6614万元，罚没款78万元，可为财政提供专项资金4600余万元。2009年征缴排污费2699万元，其中包含非焦炭排污费151.6万元。可为财政提供环保专项治理资金1619万元。2010年共征缴排污费2095.8万元，其中焦炭排污费1057.7万元，一般排污费1038.1万元。可为财政提供环保专项资金1257.5万元。2011年，共征缴排污费2717.98万元，其中焦炭排污费1979.8万元，其他排污费738.18万元。可为区财政提供环保专项资金l630.79万元。共依法处罚征收行政罚款41万元。

2012年，共征缴排污费398.73万元，其中焦炭排污费108万元，其他排污费290.73万元。可为财政提供环保专项资金239.24万元。2013年，征缴排污费1136.45万元，其中一般排污费658.48万元，焦炭排污费477.97万元。全年依法收取行政处罚款103.5万元。2014年，共征缴排污费645.84万元，依法收取行政处罚款52.79万元。2015年，共征缴排污费1374.27万元，对40户环境违法企业行政处罚1002.19万元，已入库171.33万元。依法移送法院2014年未结案行政处罚案件17件，申请执行排污费297.86万元，行政处罚566.87万元。

第二节　环境监测

1989年，离石县环保局监测站成立后，完成交口镇焦化厂、潘家沟焦化厂的大气监测和噪声监测，提供原始数据400余个。监测站设计绘制“离石城区噪声污染示意图”和“离石城区大气污染示意图”。1990年，对全县170余台锅炉烟尘进行监测。对煤矿、焦化厂等11家单位进行大气环境监测，提供有关数据2200余个。1991年，离石县环保局完成对离石县七里滩煤矿、七里滩焦化厂等9家大气监测。同年，开始汽车尾气的监测，并对全县部分萍乡炉进行改造。1993年，开展业务性监测3次，取得数据820个，对2800部汽车进行尾气监测，对140台锅炉进行监测。1994年，对58户企业进行监测，取得数据873个。

1999年，对全市污染源进行逐户监测，完成监测30户，收费服务性监测102户，监测废水15户，监测噪声102户，共获得数据300多个。

2005年，区环保局对焦化厂、洗煤厂、煤矿企业进行监测，共取得常规监测数据1456个。区内污染源监测，取得污染源监测数据1858个。2006年，完成空气质量连续采样监测，共取得常规检测数据1548个，取得污染源监测数据1256个。2006年，完成废水污染监测146家次，噪声污染源监测52家次，污染事故调查及群众投诉监测5宗。2007年共取得常规监测数据1548个，取得污染源监测数据12486个。2008年，离石区环保局编制监测报告20份，上传市站监测数据20次，采集化验分析数据4548次，监测噪声380次。完成马茂庄断面地表水采集和分析任务24次。对城区76台采暖锅炉进行例行监测。对土壤普查采集数据进行分析，上报数据44个点位。全面达标验收监测8户。2009年，完成出境断面地表水采集和分析任务12次，开展污染源总量监测任务33家次，例行监测14家次，建设项目竣工验收监测16家次，省控监测3家12次，取得基础性数据1056个。区环保局共检测机动车辆5532辆，其中检测环保合格的机动车有4432辆，环保贴标率为80.1%。机动车环保年检率20.2%。2010年，完成出境断面地表水采集和分析3个点位，分析样品267个。完成监督性监测32家次，建设项目竣工验收监测1家次，全面达标验收监测2家，省控监测3家12次。出具检测报告41份，其中监督监测16份，委托性监测5份，地表水、污水排查监测报告20份。2011年，地表水质量监测：在全区3条主要河流（地表水）设3个监测断面主要监测项目2个，全年监测12次，共获得有效数据268个；区域环境噪声和道路交通噪声监测：设区域噪声监测点位269个、道路交通噪声监测点位41个，共获得有效监测数据310个。2011年，共出具监测报告96份。其中：地表水监测11份、监督性监测50份、锅炉监测14份、工业企业污水监测10份、噪声监测6份、大土河机修厂除尘器监测1份、验收监测4份。

2012年，完成三河跨界断面3个地表水样监测216个、企业污水排查水样分析1500个。共出具监测报告42份。其中：企业监督性监测报告12份、委托性噪声监测报告3份、建设项目竣工验收监测报告8份、企业排查水监测报告19份。2012年，完成国控企业监督性监测共4次、锅炉达标验收监测45户。设区域噪声监测点201个、交通噪声监测点41个。2013年，离石区环保局坚持一月两次对三川河水质监管。对3个跨界断面每月至少排查监测2次以上，共监测36次，采集水样分析150个。对排污企业点位进行排查监测1864次。2014年，对3个跨界断面共监测72次。对1户省控企业进行一季度一次的监督性监测，共监测 4 次。完成竣工验收监测 12 户。截至 2015 年底，区环保局对 3 个跨界断面共监测 60 次。

第三节 环评审批

1989 年，离石县制定《离石县建设项目环境保护管理办法》《离石县三川河流域防治条例》《关于加强企业环境保护审批程序的通知》。

1992 年，离石县环保局对所有办理“三同时”手续的 64 户企业作详细检查，对未办理“三同时”手续的 28 户企业补办手续。1993 年，完善建设项目“三同时”制度，并向社会公开各项办事制度。建设项目“三同时”审批手续做到从选址、签订协议、研究审批到检查验收均由集体组织进行，堵塞和避免各种漏洞和不正之风。

1998 年，市环保局对符合环保要求但未办手续的 14 户企业完善手续。2000 年，离石市经省、地验收达到环保标准的洗煤企业 19 户、煤矿 11 座。

2006 年，离石区环保局在审批其环境影响报告过程中以听证会的形式征求项目周围单位和居民的意见。

2013 年，离石区环保局上报吕梁市环保局环评审批项目 44 个，吕梁市环保局办结环评审批项目 42 个（其中含 2012 年上报的 7 个）。离石区环保局办结区级环评审批项目 14 个。2014 年，离石区环保局行政审批项目全部入驻行政审批服务中心，实行一站式服务。全年共办理市重点环评项目 13 个，办结环评项目 125 个（吕梁市环保局办结 109 个、离石区环保局办结 16 个），完成试生产批复 11 户，竣工验收 9 户。截至 2015 年底，为 6 户省重点工程项目办理环评手续 4 户，市重点工程项目 14 户办理环评手续 10 户，其他重点性项目 67 户办理环评手续 43 户（其中无需办理环评 4 户）。

第四节 环保宣传

1989 年，离石县环保局在凤山公园聚仙房举办为期一周多的环保书法邀请展，先后收到参展作品 124 件，数万人次观展。在城区和乡镇各企业在交通要道、人口密集的地方书写环保宣传标语 43 条。向各报刊、电台、电视台投稿 30 余篇。1990 年，离石县环保局借“世界环境日”之际，与吕梁地区环保局、汾阳县环委共同举办 40 余人的“环保杯”文艺巡回演出，吕梁地区 13 个县演出 27 场次，观众达 4.5 万余名；全县订阅《中国环境报》227 份、《山西环境报》442 份。1991 年，印发宣传资料 5000 余份，与县体委联合举办“离石城区环保杯篮球等级赛”，在赛场上，张贴环保标语，印发环保宣传资料 1 万余份。1992 年 6 月 5

日世界环境日，县环保局同县科协、县教育局、团县委和县青少年科技活动中心联合举办“首届青少年环保知识竞赛活动”，离石一中、二中、三中，离石高级中学和职业中学5个代表队参赛。赴七里滩、田家会、交口等乡镇宣传环保法规，印发资料3000余份。1995年，离石县环保局在东关小学、离石一中两所学校开设环境教育课程，结合“6·5”世界环境日，组织中小学生开展“环保有奖征文”活动，收到征文1000余篇。

1996年，离石市环保局组织“石州环保行”活动，活动历时10天，对28个企业和部分群众进行现场采访，并进行专题报道。“6·5”世界环境日期间，组织队伍上街游行、表演，将环保知识融于小品、短剧等文艺活动中，并印发宣传资料1000余份。2001年，离石市环保局组织人员走上街头，到乡镇，到企业，散发宣传单5000余份，发送环保书籍1000余本。召开排污企业会议5次，培训环保专业人员1次。2002年，组织人员进驻污染企业蹲点核查，以追踪报道形式向社会公布企业污染及治理情况，并创办严查信息专刊，共印发信息专刊16期。

2005年6月4日，区环保局在世纪广场组织以“6·5”世界环境日为主题的环保宣传晚会。6月5日，发放《绿色健康生活指南》环保知识小册子1万册。2006年，离石区环保局共发放环保知识小册子5000余册。2007年，围绕“生态安全与环境友好型社会”这一主题，散发传单5000余份。2008年6月初，区环保局开展“以保护环境”为主题的进企业宣传活动，将600余条绿色标语发放到排污企业。同年，散发环保知识宣传手册、污染源普查知识和法规等资料1.5万余份（册），在主要街道路口悬挂环保宣传条幅4条。把《保护环境可做100件小事》2000册送到离石区第二小学和第五小学学生手中。2009年，开展以“减少污染行动起来”为主题的多种大型环境宣传活动，共发放资料2万余份。2010年，散发环保知识、节能减排等宣传资料1万余份（册），向群众、学校、社区散发印有环保宣传知识的购物袋3000个，在主要城区街道悬挂环保宣传条幅3条。2011年，离石区环保局开展大型环境宣传活动7次，散发《环保知识宣传手册》《保护环境可做的100件小事》、节能减排等宣传资料1万余份（册），向群众、学校及社区散发印有环保宣传知识的购物袋3000个，接待群众现场咨询300余人次。全年共报送环保工作信息51期，“三项整治”工作简报30期；共征订《中国环境报》168份，《山西画报—绿色印象》118份。

2012年，共举办大型环境宣传活动5次，并在市区范围内散发《环保知识宣传手册》《保护环境可做的100件小事》，节能减排、机动车尾气定期检验便民服务手册等宣传资料1万余份（册），向群众、学校、社区散发印有环保宣传知识的购物袋3000余个，接待群众现场咨询500余人次。“6·5”世界环境日期间，举办“神州杯”大型环保书画展，共展出书画作品近百幅。共报送环保工作信息85期，“专项整治”工作简报20期，“整治吃拿卡要”简报18期。征订《中国环境报》146份、《山西画报—绿色印象》110份。

2014年，离石区环保局开展大型环境宣传活动6次，散发《环保知识宣传手册》《保护环境可做的100件小事》、节能减排、机动车尾气定期检验便民服务手册、黄标车及老旧车淘汰、工作政策解读等宣传资料1万余份（册），向群众、学校、社区散发印有环保宣传知识的购物袋2000余个，接收群众现场咨询600人次。截至2015年底，开展大型环境宣传活动5次，散发《环保知识宣传手册》《保护环境可做的100件小事》、节能减排、机动车尾气定期检验全民服务手册、黄标车及老旧车淘汰工作政策解读等宣传资料5000余份(册)，接待群众现场咨询500余人次；组织环保业务培训29次，报送环保工作信息20期，《今日离石》和《吕梁日报》发表环保工作信息3次。

第五节 污染源调查

1990年8月，离石县环保局开始对全县的污染源进行调查，其中调查单位36个，普查单位10个。1991年，对205台锅炉进行普查摸底，并建立锅炉档案。

2000年，离石市环保局对全市范围内130多家单位的锅炉、茶炉情况进行调查摸底，普查率达90%。

2007年，离石区环保局与区纪检部门组成联合调查组，对辖区内进行拉网式大排查，查出小石灰厂11户，倒烟窑12户15座，主要集中在田家会镇、信义镇。2008年，组织人员完成生活源普查762户，工业源普查194户，农业源普查597户，集中式治理设施普查2户。2010年，区环保局确定全区2010年动态更新调查工业中重点污染源50户，农业源4户，生活源1户，集中式污染治理设施2户，共计57户。

第六节 环保执法

1990年，县环保局会同法院、工商、税务等部门，取缔全县公路沿线涉及有10个乡镇、18个村委的63户企业土焦炉312个。1993年，会同城建、工商、公安、检察院、法院等部门，先后取缔田家会镇、城关镇、王营庄乡等地的土焦炉460座，其中自行拆除170座，强制拆除200座，对不合格的90座让其限期改造。1994年，集中2个月时间对全县所有企业，特别是炼焦户逐一进行执法大检查。对没有环保手续，或有“三同时”手续和环保设施，但只是做样子，摆架子给人看的企业，分类进行处罚。

1996年，离石市环保局先后4次拆除100户企业土焦炉600座。举办排污申报培训活动3次，共培训企业60多户。1997年，全年关停小造纸厂1家、小炼油户及小土焦300座、石灰窑9户、耐火窑28炉、改造焦炉279户。1998年，组织大规模集中取缔行动3次，共取缔土法炼焦炉328支，关停企业16户。全市新上马达标焦炉58座，改造焦炉68座。2000年，组织环保人员分别向60户倒焰型焦炉企业发出关停令，并于6月15日至20日组织推倒60户倒焰炉及烟囱67支。向52户连体炉焦化企业发出限期整改令。2001年，离石市环保局取缔焦化厂7户，小石灰窑32户。2002年，对分布在阳坡、小神头等生态农业重点保护区内的15户企业56支萍乡炉实施强制取缔。同年，执法人员深入田家会、交口、信义一带，对38户41座小石灰窑进行铲除。2002年，对2户重污染企业生产设施彻底铲除，并恢复地貌。2003年，在市公安局和所属乡镇的配合下，对分布在田家会、城关、枣林、坪头等乡镇的232户企业的757支土焦炉强制取缔，其中企业自行拆除焦炉140余支。同年，取缔改良焦9户企业焦炉120支。

2004年，离石区环保局取缔土焦企业195户，焦炉903支，改良焦企业135户，焦炉1963支。2005年，离石区环保局开展各项环境执法检查99次，出动环境监察人员415人次，检查单位274家次，发出《环境监察现场处理建议书》27份、《责令限期整改通知书》50份，发出行政处罚决定书24份、关停令35份、行政处罚告知书2份，申请法院强制执行2宗。2006年，针对夜间噪声扰民及中、高考期间噪声污染投诉，成立巡视组，开展查处夜间环境噪声扰民专项执法行动，对3家单位发出《环境监察现场处理建议书》。2006年，开展环境执法检查56次，共出动环境监察人员211人次，检查单位21家次，发出《环境监察现场处理建议书》3份、《责令限期整改通知书》5份，发出行政处罚决定书2份、关停令7份。2007年，对辖区内的5户企业补办环评手续。2009年，离石区环保局关闭小洗煤厂3户，小砖厂1户。取缔石灰窑47座，拆除工业废弃烟囱9支。2010年，对13户环境违法企业依法实施关停。取缔石灰窑12支、铝矾土窑4支、淋石灰窑1支、土焦炉1支。对全区23户石料厂和9户实心黏土砖厂进行停产整治。2011年，离石区环保局出动执法人员164人次，检查企业78次，对24户企业停户治理，34户企业限期整改或限期治理，20户企业限期办理竣工验收手续。

2012年，对63户违法排污企业依法实施分类处置，共出动执法检查人员172人次，执法车辆32车次，排查企业91户，形成现场检查笔录138份，关停建材企业9户。2013年，对有环境风险隐患问题的9户企业进行整治。2014年，离石区环保局共取缔不符合产业政策的非法土小石灰窑3家，对枣林乡区域7户违法企业进行分类处置，对超标排放的28户企业进行行政处罚。截至2015年底，对未评先建（投产）的18户企业发出限期补办环境影响评价手续的通知，13户未办理环评审批手续企业停产。对未进行竣工验收的40户企业发出限期补办竣工验收的通知，14户企业办理竣工验收审批手续，6户企业上报省环保局审批。对17户污染物超标排放的企业发出立即改正违法行为决定书，6户已整改，11户全部停产。对14户污染防治设施运行不正常企业发出限期整改通知书，3户企业整改，10户企业全部停产，1户煤炭企业进行按日连续处罚210万元。关闭粉条小作坊7户，小石灰窑3户。

第七节　环境信访案件查处

2006年，离石区环保局查处吕梁市环保局转办的环境违法案件3件。2007年，共处理群众来信来访案件百余份，答复议案2份，环保案件移送率、执行率均100%，处罚金额50万元。2008年，共处理举报案件96件，自查违法案件29起，结案率100%。2009年，共接到来信、来访及上级转送案件58件，全部结案上报。行政罚款25.5万元。2010年，共接到来信、来访及上级转送案件28件，全部结案上报。行政罚款45.2万元。2011年，离石区环保局受理吕梁市环保局转办信访案件24件，全部结案。接到市委书记、市长公开电话办理卡301份，区委书记、区长公开电话办理卡14份，全部办理答复。

2012年，行政罚款120.5万元。受理吕梁市环保局转办信访案件23件，全部结案上报。接到市委书记、市长公开电话办理卡83份，接到区委书记、区长公开电话办理卡3份，全部办结并予以答复。2013年，离石区环保局共办理市委书记、市长公开电话办理卡78份。查处举报案件33件。办理电话接访15件，结案率100%。2014年，办理答复市委书记、市长公开电话办理卡45份，查处举报案件55件，结案率100%。截至2015年底，办理市委书记、市长公开电话办理卡44份，查处举报案件84件，结案率100%。

第八节　生态辐射环境监督

2008年，离石区环保局开展煤炭生产企业生态环境现状调查，对13家从业单位的20余人进行射线装置工作人员上岗资质培训，对10户正规装置使用单位和17户个体牙科的44台射线装置各进行例行监管检查1次。2009年，完成2户企业的辐射环境竣工验收，完成7户涉源单位的放射源远程实时监控系统，上缴废旧放射源1户。全区共有涉源企业7户19枚，射线装置29户44台。2010年，继续与各涉源单位法人签订《辐射安全管理责任承诺书》。全区共涉及户数6户，涉源17枚。2011年，离石区环保局完成6户企业土壤污染现场采样调查工作和消耗臭氧层物质摸底排查工作，办理辐射安全许可证4户。

2013年，坚持密封放射源月检查制度。全区10户36台射线装置和6户19枚放射源安全无隐患。2014年，全区完成3户选煤行业辐射安全许可证换发工作，上缴原山西中吕焦化有限公司的两枚闲置4类放射源。完成4户企业放射源实时在线监控系统升级工作。全区10户36台X射线装置和5户17枚放射源安全无隐患。截至2015年底，上缴山西大土河焦化有限公司的3枚闲置4类放射源。全区10户36台X射线装置和5户14枚放射源安全无隐患。

第九节 机构 设备

机构

1984年，离石县城乡建设环境保护局内设环保监测股，有人员10人。1989年7月独立设局，名称为离石县环境保护局。主管环境监测和污染治理。局内设办公室、档案室、收费所、宣传股、环保技术设备服务部和监测站，编制34名（局机关19名、监测站15名）。

1998年，离石市环境保护局内设办公室、管理股、乡镇排污收费管理所、城区排污收费管理所、宣传教育股、计划财务股、监督检查股、稽查股、法制股等工作机构9个。

截至2015年底，离石区环境保护局机关内设职能股室14个：综合办公室、财务资金管理股、行政审批股、法制股、宣教股、妇工组、大气污染防治股、水污染防治股、土壤污染防治股、城区环境监测中心、城东环境监测中心、城北环境监测中心、城南环境监测中心、机动车尾气监测中心。下设事业单位3个：环境监测站、环境监察大队、生态辐射监督站。有在职职工177人，男102人，女75人。科级干部3名，股级干部51名。专业技术人员59人。

设备

1984年，离石县城乡建设环境保护局购置大气采样器、空气采样泵、恒温干燥箱、分光光度计、分析天平等监测仪器14台，开始对城区污染状况进行科学监测。

截至2015年底，离石区环境保护局环保设备有：智能中流量总悬浮物颗粒物采样器20台，微电脑烟尘平衡采样仪4台、多功能噪声分析仪3台、环境振级分析仪2台、烟气黑度仪（林格曼）1台、红外测油仪1台、生化培养箱1台、721分光光度计2台、硫化物吹气装置1台、分析天平2台、一氧化碳便携式红外线气体分析仪5台、大气与颗粒物组合采样器6台、便携式pH测量仪2台、便携式气象仪1台、测距仪2台、水质流量计2台、PH笔式酸度计2台。

第六编

交通　邮电

- 道路
- 公路桥梁　涵洞　隧道
- 公路运输
- 交通管理
- 管理机构
- 邮政
- 电信　联通　移动

离石地区山多川少，中华人民共和国成立前，交通长期闭塞，道路建设发展很慢。明清以前仅有少量的驼道、驼运路。明清时期，才修筑有官道4条，乡村道路可随河岸走，或穿行于陇亩之间。清光绪七年（1881）重修的《永宁州志》记载，州治境内有古桥8座，均为砖石结构单孔桥，桥长不过10米，桥高不足5米。因年久失修，有的早被洪水冲光，有的因遭战火而毁。只有“灵济桥”尚存，其余均无迹。民国10年（1921），汾阳至军渡公路离石段修通，成为该地区近代公路之首。民国25年（1946），修建“离临”等公路3条，因当时规划测量设计不到位，线路千疮百孔，大部分路段没有通车。

中华人民共和国成立后，离石县曾多次发动群众义务修路，同时利用“国家补一些、政府出一些、集体拿一些、群众捐一些”的筹资方式，公路建设有了新的发展，到1978年底，全县公路通车里程达732千米，其中国道78千米，县道87千米，乡镇道14千米，村道520千米，专用公路33千米，15个乡镇通公路，209个行政村通汽车。至1979年底，境内共建成公路桥10座，总长534.7米。其中，干线公路桥2座，总长275.2米；县公路桥8座，总长259.5米。

20世纪90年代以后，离石区的公路建设速度加快，数量增加，质量和等级提升。2003年开始，县政府提出“修好农村路、服务城镇化、让农民兄弟走上油路和水泥路”的公路发展规划，开展以“村村通”为发展目标的公路路网改革，到2010年底，完成全区农村公路“村村通”。2011年开始，开展全县街巷硬化全覆盖的“户户通”。到2012年底，共完成街巷硬化工程1195.58千米，全县街巷硬化户户通覆盖率达100%。

截至2015年底，离石全区境内公路通车里程达980.25千米，其中高速公路3条计96.05千米，国道2条计71.86千米，省道3条计14.67千米，县道6条计119.14千米，乡（镇）道20条计166.40千米，村道370条计512.13千米。太中银铁路和吕临支线铁路穿境而过，共计里程59.4千米，建有公路桥梁166座，其中特大桥2座、大桥50座、中桥47座、小桥67座；公路涵洞554道；公路隧道19座；铁路桥梁22座；铁路隧道14座。全区形成“两条铁路穿境而过，以干线公路为骨架，县乡公路为纽带，村村都通公路、户户街巷硬化”的交通网络。

民国12年（1923），离石邮政站成立。截至2015年底，离石有中转太原、临县、兴县、岚县、石楼、柳林、交口、中阳8条干线，乡邮路有65条，长约3860千米。

主要业务有投递、包裹、汇兑、报刊发行、电报、函件、集邮、代理保险、电子商务。截至2015年底，有电信、联通等公司在境内开展工作。

第一章 道 路

第一节 古 道

驿道

驿道，又称官道，是古代用于传递公文、官吏往来的通邑大道，由朝廷划定并组织修筑。驿道相对宽阔且平坦，可供行人和小型车辆通行。

离石区历史悠久，据考查可追溯到战国时期。当时境内水无舟利，地无坦途、交通闭塞、出入不便。货物运输全靠人担、肩扛和畜力驮运。到明清时期有官道，只能通乘骑。据《吕梁地区交通志》记载，当时永宁州（今离石区）境内有官道 4 条：

永宁州至岚县道，是由永宁州城出发至大武铺而北，经峪口镇、方山堡至赤坚岭，通岚县。

永宁州至交城县道，由永宁州城出发，至峪口镇东北行至吕梁山通交城县。同时自永宁州城向东，经卢桥迤北循溪涧越刘王峄（山）通交城县。

永宁州至陕西吴堡道，由永宁州城向西，经梁家岔、迤北至碛口黄河岸，通临县。由梁家岔断道塌至孟门镇黄河岸，过孟门渡口，出吕梁地区界通吴堡县。同时自永宁州城向西，经马茂庄、白霜铺、青龙镇、柳林镇、后河底，越青龙渡口，出吕梁地区界，通吴堡县。

永宁州至宁乡县道，自永宁州城向南，经交口、郝村、金罗镇至朱家店通宁乡县。

驿站递铺

驿道沿途设置有若干站点，称之为驿站或递铺，专供往来官吏和朝廷信使停留歇息或食宿。据（光绪）《永宁州志》记载，州境设有驿站 3 处，即吴城驿、玉亭驿、青龙驿。吴城驿设在（永宁州）东 80 华里的吴城镇，初设驿丞，清雍正十年（1732）裁。夫马归永宁州管辖。设额马 6 匹，马夫 3 名。又西 80 华里为玉亭驿。玉亭驿设在永宁州治东（今离石城区），初设驿丞，雍正六年裁。夫马归永宁州管辖。额马 7 匹、马夫 3 名半。向西 60 华里为青龙驿。青龙驿设在州西 60 华里的青龙镇，初设驿丞，清雍正十年裁。夫马归永宁州管辖。设额马 5 匹、马夫 2 名。

《永宁州志》同时记载，永宁州境东、西、北三路共设递铺 21 铺。其中东路 6 铺，经马家村铺、义居铺、北寒沟铺、西皓铺、石窑铺（据考为石槽沟村）、三交铺至汾阳县界。西路 3 铺、经贺家塔铺、白霜铺、薛村铺至黄河东岸。北路 12 铺，经下安铺、漫塌铺、大武铺、唐家铺（据考为杨家会）、峪口铺、横泉铺、监军铺、麻底铺、方山铺、王庄铺（马坊附近）、仁村铺（据考在开府乡任村沟）、石佛铺（据考在开府乡进佛沟）至岚县界。

驮运路

古时亦称“官脚路”，是人步行和骆驼、马、牛、驴驮运货物的羊肠小道。清代至民国初年，境内东、西、北三川都有驮运路。当时的吴城镇是东通汾阳县城、西达碛口镇的交通枢纽。东经三交、九里湾、石槽沟、翻黄芦岭直抵汾阳，全程57.5千米。西经四皓、北寒沟、义居、离石城、十里村、枣林村、梁家岔等村，越过王老婆山，直达碛口，全程90千米。民国初年，该路昼夜驴、骡、马、骆驼等川流不息，是境内延续时间最长，驮运量最大的一条驮运路。当时有“驮不尽的碛口，填不满的吴城”之说。西川的驮运路起于离石东关，途经马茂庄、贺家塔、王家会、寨东、薛村、跨清河川的石西、后河底村，渡船过黄河至陕北吴堡县境，全程55千米。北川的驮运路起于离石东关，经下安、茂塔坪、大武、峪口、圪洞、马坊等村镇，越赤尖岭至岚县界，全程110千米。

第二节　公　路

高速公路

高速公路数量　里程　截至2015年底，经离石区境内的高速公路有3条，分别是青岛至银川高速、临县至离石高速、吕梁环城高速，共计通车里程96.05千米。

青银高速公路离石段　青银高速汾阳—离石—柳林段，是山西省“十五”期间安排的重点前期工程项目。2003年1月，公路工程开工，2007年12月建成通车。该高速公路离石境内全长56.2千米，从汾阳市入境越吕梁山，进入离石区，经薛公岭、吴城、离石城交口镇（乔家塔）等。路面采用双向四车道高速公路标准建设，设计行车速度80千米/小时，路基宽度24.5米，桥涵车辆荷载采用汽—超20、挂—120级。有互通式立交3处，分别为吴城、离石东、离石西，互通连接线采用二级公路标准。其他技术指标符合交通部颁发的《公路工程技术标准》（JTJ001—97）中的规定。路面采用沥青混凝土路面，最小弯道平曲线为500米，最大纵坡5%。该公路由山西省交通勘测设计院设计，吕梁地区汾柳高速公路建设有限公司施工承建，由吕梁高速公路有限责任公司养护管理。

临离高速公路离石段　临县至离石高速公路是山西省高速公路网规划中西纵高速的重要组成部分。起点位于临县陈家庄以北1千米处，与在建的岢岚至临县高速公路相接，与太佳高速公路立体交叉，设临县枢纽，途经临县三交、方山大武，与吕梁环城高速公路相连，横跨青银高速，终点位于柳林县郭家山村南，接拟建的离石至隰县高速公路。2011年2月开工，2014年12月基本完工，2015年5月9日全线通车。该路线全长72.91千米，全线采用双向四车道高速公路标准建设，设计行车速度为80千米/小时，路基宽度24.5米，桥涵设计汽车荷载等级为公路—Ⅰ级。离石境内起点在坪头乡寺沟村，终点在交口街道办贺家塔村。全长19.86千米，有主线桥13座、匝道桥16座、天桥3座、隧道11座（左线

9073 米、右线 8911 米），线路涉及离石区 4 个乡镇（街道）14 个村（其中坪头 1 个村、西属巴 3 个村、枣林 6 个村、交口 4 个村）。公路由临离高速公路建设管理处养护管理。

吕梁环城高速公路　是山西省“三纵十一横十一环”高速公路网的重要组成部分，是山西省吕梁市重点工程建设项目。起点位于方山县大武镇阎家山村附近，与临离高速公路相接，终点位于离石区田家会街道办上楼桥村，与青银高速公路汾阳至离石段相接。2011 年 4 月开工建设，2015 年 11 月 10 日竣工通车。主线全长 38.19 千米。全线按双向四车道高速公路标准建设，设计行车速度 80 千米 / 小时。路基宽度为 24.5 米，概算投资为 407834 万元。离石段全长 19.99 千米，有隧道 6 座（左线 3744 米、右线 4092 米）、桥梁 14 座（左线 3855 米、右线 3940 米）；同时设信义互通、田家会枢纽。该公路涉及信义镇 10 个村、田家会街道办 2 个村。共征地 1932.40 亩（不含国有土地），公路由吕梁环城高速公路建设管理处养护管理。

国道

国道数量　里程　截至 2015 年底，离石区境内共有国道 2 条，即国道 307 线和国道 209 线，共计通车里程 71.86 千米。

国道 307 线离石段　国道 307 线起至河北省黄骅港，途经河北、山西、陕西、宁夏 4 省区，全线长 1351 千米。其中吕梁境内 199 千米，离石境内 51.26 千米。公路线形穿越薛公岭进入离石区内，经吴城镇、王营庄乡、田家会镇进入离石城区，再经交口镇出离石区进入柳林县境内。

公路原是民国年间修筑的太原至军渡公路中的一段，民国 10 年（1921），建成通车。因当时测设不周、施工不善，每年即有多处路段遭水毁。民国 12 年，重新修建后，勉强维持通车。直到中华人民共和国成立之前，道路状况时通时阻。

中华人民共和国成立后，国家出资并组织发动沿途乡村民工，利用春秋两季农闲时间，对该路段进行季节性整修改造，路况大有好转。1950 年 8 月，山西省交通局设立汾阳公路管理段，对包括离石县在内的汾阳至离石公路进行扩建、养护和管理，离石县人民用铁锹、箩筐、扁担等最简单的工具，对辖区内公路进行维护管理，保证道路正常通车。

1958 年，山西省公路局拨出专款，对包括离石段在内的太军公路进行大规模扩建和改造。主要对弯度大的路段进行裁弯取直、降坡及路基加高加宽，使道路技术等级有所提高。1972—1973 年，山西省公路局工程第三大队对线路中离石段公路进行技术改造，并将路面铺设为沥青渣油路面。1990—1995 年，国家投资，对线路中离石县境内 695 千米 +700 米至 706 千米路段、712 千米至 722 千米路段、726 千米至 732 千米路段和 735 千米至 741 千米路段进行拓宽改造并重新铺设沥青路面。改建后离石段公路大部分达二级公路标准。

2008 年，离石公路段将离石段路面一次性铺为沥青混凝土路面。

截至 2015 年底，国道 307 线离石段从薛公岭山顶（697 千米 +106 米）处入离石区境内，至离石区交口镇与柳林县交接处（748 千米 +365 米）出境，全长 51.26 千米，其中一级公路 5 千米、二级公路 40.59 千米、三级公路 5.67 千米。由离石公路管理段养护管理。

国道 209 线离石段 是国道内蒙古呼和浩特市至广西北海市路线中的一段，起自离石区西属巴镇盛地村 497 千米 +433 米处，讫于离石区交口镇 519 千米 +33 米处，全长 21.6 千米。原为三交西交则公路盛地至交口村路段。其中盛地至离石城区路段是古代永宁州通往北川地区的官道，离石城至交口村路段为永宁州通往宁乡县和黄河东岸地区的官道。民国 33 年（1944），沿途村庄村民整修为大车路。1959 年，改建成简易公路，并铺设砂粒料成为低等级路面。1971 年 5 月，吕梁地区成立后，开始对该路进行改造。1973—1975 年，由吕梁地区革命委员会交通办公室组织离石、临县两县联合成立公路建设指挥部，调集两县民工以“民工建勤”的方式，对该路段进行全面改造，一次性铺设为沥青渣油路面。1992—1993 年，该路段划入国道 209 线后，由离石公路养护段再度组织测设施工，将该路段改造为二级公路。

离石城区至交口镇路段 是国道 209 线和国道 307 线并行的路段，重复里程 6.4 千米。1981 年，吕梁地区公路管理段工程一队负责施工，将该路段改建为三级公路。1995 年，国道 307 线新线建设，将该路段与国道 307 新线并行路段改建至东川河和北川河以西，与国道 307 新线至离石城区的衔接线并行。新建成的路段为双车道上下行两块板结构的汽车专用公路，中间没有绿化隔离带。2003 年，山西省公路局补助 20 万元，对其中 6 千米路面进行修补。

大武至交口路段 2003 年，由吕梁地区财政统筹资金 1 亿元，对国道 209 线大武至交口路段，按照一级公路技术标准进行大规模改建，2004 年 10 月，改建完工。2006 年，将路面全部铺为沥青混凝土路面。

截至 2015 年底，国道 209 线离石段全长 21.6 千米，全部为一级公路，路面为沥青混凝土路面，全部是晴雨通车里程。由离石公路管理段养护管理。

省道

省道数量　里程 截至 2015 年底，离石区境内共有省道 3 条，分别是省道 219 线、省道 340 线、国道 209 线和省道 340 线连接线。共计里程 14.67 千米。

省道 219 线离石段 是省道古交至吴城公路中的一段，起自离石区菜籽掌山山顶，即桩号为 107 千米 +626 米处，讫于离石区吴城镇九里湾，桩号为 119 千米 +836 米处，全长 12.21 千米。该路原为吕梁山区乡村马车道路，1966 年，国家投入 18 万元，动工修建东塔至西社路段，到 1967 年完成 60% 后停建。1969—1970 年，列入山西省战备工程项目，山西省公路局投资，由沿线村组织民工拓宽新建。后又将路面铺为简易砂砾石路面。2005 年，由国家投资，将该路段一次性铺为沥青混凝土路面。

截至 2015 年底，省道 219 线离石路段全长 12.21 千米，为三级公路，全部为晴雨通车里程。由离石公路管理段养护管理。

省道340线离石段 是汾阳至柳林汽车专用公路中的一段，起自离石区交口镇王家塔村，桩号为89千米+71米，止点为离石区交口镇贺家塔村，桩号为90千米+449米，全长1.38千米。

省道340线离石段是山西省“八五”计划期间的重点公路工程建设项目，1993年7月28日开工，1995年10月完成路基和人工构筑物工程并铺设路面底层，1996年9月29日竣工通车。设计为平微区和山丘区二级汽车专用公路，全线采用沥青渣油路面。2011—2012年，将路面铺设为沥青混凝土路面。

截至2015年底，省道340线离石段全长1.38千米，其中一级公路0.43千米、二级公路为0.95千米，全部为沥青混凝土路面，全部为晴雨通车里程。由离石公路管理段养护管理。

国道209线和省道340线连接线 是将离石区域内的国道209线和省道340线相连贯通的一段。截至2015年底，路线总长1.08千米，全部为沥青混凝土路面，全部为晴雨通车里程。由离石公路管理段养护管理。

县道

县道数量 里程 截至2015年底，离石区共有县级公路6条，共计里程119.14千米。其中，二级公路44.49千米、三级公路73.69千米、四级公路1.04千米；有沥青混凝土路面44.49千米、水泥混凝土路面3.84千米、次高级沥青碎石路面52.57千米、中低级砂砾路面18.28千米；晴雨通车里程119.14千米；可绿化里程117.92千米，完成绿化里程62.66千米；日常养护里程119.14千米；完成公路标准化美化里程69.5千米。县级公路全部由离石区交通运输局养护与管理。

米家庄至五里铺公路（X469141102） 简称米五公路或米五线。位于山岭区域，起点在离石县与交城县交界处米家庄，止点在五里铺。公路原为大车道，1956年建成简易公路，1966年进行技术改造，1993年将部分路段铺为沥青渣油路和砂石路，2005年将大部分路面铺为沥青碎石路面。全长35.73千米，其中35.07千米为次高级沥青碎石路面、0.65千米为砂石路，全部为三级公路。路基宽7.5—10米，路面宽6.5—9米，双车道，设计行车速度30千米/小时。晴雨通车里程35.73千米；日常养护里程35.73千米；完成公路标准化和美化里程34千米。

曹家塔至刘家山公路（X449141102） 简称曹刘公路或曹刘线。位于山岭区域，起点在结绳塌，止点在庙塌。1970年建成通车，2008年进行改建。全长2.38千米，为二级公路，路基宽8.5米，路面宽8.5米，沥青混凝土路面，双车道，设计行车速度60千米/小时。晴雨通车里程2.38千米；可绿化里程2.38千米，完成绿化里程2.38千米；日常养护里程2.38千米。

店坪至梁家岔公路（X462141102） 简称店梁公路或店梁线。位于山岭区域，起点在滴水崖，止点与县道离柳线相接。1974—1980年分两段修建，1983—1987年进行技术改造为四级砂砾石路，2009 年进行路面改建。全长 27.74 千米，其中三级公路 26.70 千米、四级公路 1.04 千米。路基宽 6.5—8.5 米，路面宽 5—7 米。有沥青碎石路面 10.12 千米，剩余 16.58 千米为砂砾石路面。其中 1.04 千米为单车道，其余为双车道。设计行车速度 20—30 千米 / 小时。晴雨通车里程 27.74 千米；可绿化里程 27.62 千米，完成绿化里程 6.76 千米；日常养护里程 27.74 千米；完成公路标准化美化里程 25 千米。

七里滩至刘家湾公路（X482141102） 简称七刘公路或七刘线。位于山岭区域，起点在七里滩，止点在刘家湾。1987 年建成通车，2003 年进行改建。全长 16.34 千米，其中二级公路 5.13 千米，三级公路 11.21 千米。路基宽 7.5—12 米，路面宽 6—12 米。有水泥混凝土路面 3.84 千米、沥青混凝土路面 5.29 千米，剩余 7.38 千米为沥青碎石路面。双车道，设计行车速度 30 千米 / 小时。晴雨通车里程 16.34 千米；可绿化里程 16.27 千米，无绿化；日常养护里程 16.34 千米。

离石至柳林公路（X446141102） 简称离柳公路或离柳线。位于山岭区域，起点在国道 209 线上，止点在枣林乡。1997 年建成通车，2004 年和 2008 年分两次进行改建。全长 23.02 千米，为二级公路，路基宽 8.5—12 米，路面宽 8.5—12 米，沥青混凝土路面，双车道，设计行车速度 60 千米 / 小时。晴雨通车里程 23.02 千米；可绿化里程 22.31 千米，完成绿化里程 18.09 千米；日常养护里程 23.02 千米；完成公路标准化美化里程 10.5 千米。

滴水崖至瓦窑间公路（X514141102） 简称滴瓦公路或滴瓦线。位于山岭区域，起点在滴水崖，止点在瓦窑间。2004 年建成通车，2010 年进行改建。全长 13.93 千米，为二级公路，路基宽 10 米，路面宽 8.5 米，沥青混凝土路面，双车道，设计行车速度 60 千米 / 小时。晴雨通车里程 13.93 千米；可绿化里程 13.93 千米，无绿化；日常养护里程 13.93 千米。

乡（镇）道

乡（镇）道数量 里程 中华人民共和国成立初，离石县乡（镇）公路发展很慢，截至 1987 年，离石县有乡（镇）公路 2 条，即七（里滩）红（眼川）公路和信（义）磨（湾村）公路，总长 14 千米。到 1998 年，离石市共有乡镇公路 14 条（段）。截至 2003 年底，离石市共有乡（镇）公路 18 条（段），通车里程 145.19 千米。截至 2015 年底，离石区共有乡（镇）公路 20 条（段），通车里程 166.40 千米。其中，一级公路 6.55 千米、三级公路 30.22 千米、四级公路 121.15 千米、等外公路 8.48 千米；有沥青混凝土路面 13.75 千米、水泥混凝土路面 73.30 千米、简易铺装次高级沥青碎石路面 59.38 千米、中低级砂砾路面 19.97 千米。晴雨通车里程 158.17 千米；可绿化里程 166.40 千米，完成绿化里程 40.23 千米；季节性养护里程 166.40 千米。乡（镇）公路全部由离石区交通运输局养护管理。

任家山至结绳墕公路（Y002141102） 简称任结公路或任结线。位于重丘区域，起点在任家山，止点在结绳墕。1970 年建成通车，2009 年进行改建。全长 8.50 千米，全部为四级公路，路基宽 5—7 米，路面宽 4—5 米，水泥混凝土路面，单车道，设计行车速度

20 千米 / 小时。晴雨通车里程 8.50 千米；可绿化里程 8.50 千米，无绿化；季节性养护里程 8.50 千米。

霍家坡至大土河公路（Y003141102） 简称霍大公路或霍大线。位于山岭区域，起点在霍家坡，止点在大土河。1982—1983 年建成通车，2004 年、2008 年进行两次改建。全长 5.35 千米，其中三级公路 3.43 千米、四级公路 1.92 千米，路基宽 5—8 米，路面宽 4—8 米，简易铺装次高级沥青碎石路面 3.43 千米、水泥混凝土路面 1.92 千米。其中 3.43 千米为双车道、1.92 千米为单车道，设计行车速度 20—40 千米 / 小时。晴雨通车里程 5.35 千米；可绿化里程 5.35 千米，无绿化；季节性养护里程 5.35 千米。

高家庄至信义公路（Y001141102） 简称高信公路或高信线。位于山岭区域，起点在高家庄，止点在信义镇与县道米五线相接。1983 年与 1998 年分两段建成，2004 年进行改建。全长 12.40 千米，其中三级公路 5 千米、四级公路 7.4 千米，路基宽 6—8 米，路面宽 5—6 米，全部为简易铺装次高级沥青碎石路面，有单、双车道两段，设计行车速度 20—40 千米 / 小时。晴雨通车里程 12.40 千米；可绿化里程 12.40 千米，完成绿化里程 12.18 千米；季节性养护里程 12.40 千米。

西坝至里营坡公路（Y007141102） 简称西里公路或西里线。位于重丘区域，起点在西坝，止点在里营坡。1984 年建成通车，2004 年进行改建。全长 6 千米，全部为四级公路，路基宽 7 米，路面宽 5 米，简易铺装次高级沥青碎石路面，单车道，设计行车速度 20 千米 / 小时。晴雨通车里程 6 千米；可绿化里程 6 千米，无绿化；季节性养护里程 6 千米。

归化至宝峰山公路（Y013141102） 简称归宝公路或归宝线。位于重丘区域，起点在归化，止点在宝峰山。1984 年建成通车。全长 6.41 千米，全部为等外公路，路基宽 5 米，低级砂砾石路面，单车道，设计行车速度 20 千米 / 小时。晴雨通车里程 6.41 千米；可绿化里程 6.41 千米，无绿化；季节性养护里程 6.41 千米。

墕口至杨树岭公路（Y019141102） 简称墕杨公路或墕杨线。位于山岭区域，起点在墕口，止点在杨树岭。1986 年建成通车，2004 年进行改建。全长 6.02 千米，全部为三级公路，路基宽 8 米，路面宽 7 米，简易铺装次高级沥青碎石路面，双车道，设计行车速度 40 千米 / 小时。晴雨通车里程 6.02 千米；可绿化里程 6.02 千米，无绿化；季节性养护里程 6.02 千米。

西属巴至茂塔坪公路（Y012141102） 简称西茂公路或西茂线。位于山岭区域，起点在西属巴，止点在茂塔坪。1987 年建成通车，2004 年进行改建。全长 10.67 千米，其中三级公路 4.88 千米、四级公路 5.78 千米，路基宽 7—8 米，路面宽 5—6 米，全部为简易铺装次高级沥青碎石路面。4.88 千米为双车道、5.78 千米为单车道，设计行车速度 20—40 千米 / 小时。晴雨通车里程 10.67 千米；可绿化里程 10.67 千米，无绿化；季节性养护里程 10.67 千米。

丰义村至马家沟公路（Y015141102） 简称丰马公路或丰马线。位于山岭区域，起点在丰义村与乡（镇）道高信线相接，止点在王家山马家沟。1991 年建成通车，2004 年进行改建。全长 6.78 千米，全部为四级公路，路基宽 7 米，路面宽 4 米，水泥混凝土路面，单车道，设计行车速度 20 千米 / 小时。晴雨通车里程 6.78 千米；可绿化里程 6.78 千米，无绿化；季节性养护里程 6.78 千米。

小神头至西华镇公路（Y009141102） 简称小西公路或小西线。位于山岭区域，起点在小神头，止点在西华镇。1995 年建成通车，2009 年进行改建。全长 12.48 千米，全部为四级公路，路基宽 5—7 米，路面宽 4—5 米。其中 0.99 千米为水泥混凝土路面、11.49 千米为中级砂砾石路面，单车道，设计行车速度 20 千米 / 小时。晴雨通车里程 12.48 千米；可绿化里程 12.48 千米，无绿化；季节性养护里程 12.48 千米。

阳坡至梨树塔公路（Y006141102） 简称阳梨公路或阳梨线。位于重丘区域，起点在阳坡与乡（镇）道高信线相连，止点在梨树塔。1998 年建成通车，2004 年进行改建。全长 8.36 千米。其中四级公路 6.48 千米、等外公路 1.88 千米，路基宽 5—7 米，路面宽 5 米。6.48 千米为简易铺装次高级沥青碎石路面、1.88 千米为低级砂砾石路面，单车道，设计行车速度 20 千米 / 小时。晴雨通车里程 6.48 千米；可绿化里程 8.36 千米，无绿化；季节性养护里程 8.36 千米。

蒿圪垯至枣洼公路（Y018141102） 简称蒿枣公路或蒿枣线。位于山岭区域，起点在县公路滴瓦线上，止点在枣洼。1998 年建成通车，2012 年进行改建。全长 8 千米，全部为四级公路，路基宽 5 米，路面宽 4 米，水泥混凝土路面，单车道，设计行车速度 20 千米 / 小时。晴雨通车里程 8 千米；可绿化里程 8 千米，无绿化；季节性养护里程 8 千米。

后庄至墕口公路（Y005141102） 简称后墕公路或后墕线。位于重丘区域，起点在后庄，止点在墕口。1999 年建成通车，2007 年进行改建。全长 5.07 千米，全部为四级公路，路基宽 5 米，路面宽 4 米。其中 2.41 千米为水泥混凝土路面、2.65 千米为简易铺装次高级沥青碎石路面，单车道，设计行车速度 20 千米 / 小时。晴雨通车里程 5.07 千米；可绿化里程 5.07 千米，无绿化；季节性养护里程 5.07 千米。

沟门上至白马仙洞公路（Y010141102） 简称沟白公路或沟白线。位于山岭区域，起点在沟门上，止点在白马仙洞。2000 年建成通车。全长 9.19 千米，其中三级公路 7.2 千米、四级公路 1.8 千米、等外公路 0.19 千米，路基宽 5—8 米，路面宽 4—6 米。其中 7.2 千米为沥青混凝土路面、1.8 千米为水泥混凝土路面、0.19 千米为中级砂砾石路面。1.99 千米为单车道、7.2 千米为双车道，设计行车速度 20 千米 / 小时。晴雨通车里程 9.19 千米；可绿化里程 9.19 千米，完成绿化里程 6 千米；季节性养护里程 9.19 千米。

安国寺至王家塔公路（Y004141102） 简称安王公路或安王线。位于山岭区域，起点在安国寺，止点在王家塔。2004年、2010年分两次新建和改建。全长6.48千米，其中三级公路3.69千米、四级公路2.79千米，路基宽6—8米，路面宽5—7米，简易铺装次高级沥青碎石路面。其中3.69千米为双车道、2.79千米为单车道，设计行车速度20—40千米/小时。晴雨通车里程6.48千米；可绿化里程6.48千米，完成绿化里程1.5千米；季节性养护里程6.48千米。

石柜沟至麦局则峁公路（Y016141102） 简称石麦公路或石麦线。位于山岭区域，起点在石柜沟，止点在麦局则峁。2004年、2007年、2010年新建和改建。全长8.41千米，全部为四级公路，路基宽5—6米，路面宽4—5米，水泥混凝土路面，单车道，设计行车速度20千米/小时。晴雨通车里程8.41千米；可绿化里程8.41千米，无绿化；季节性养护里程8.41千米。

青蒿塌至209国道公路（Y017141102） 简称青蒿209公路或青蒿209线。位于山岭区域，起点在城北街道办事处，止点在青蒿塌村。2004年、2010年分两次建成。全长6.06千米，全部为四级公路，路基宽5米，路面宽4米，水泥混凝土路面，单车道，设计行车速度20千米/小时。晴雨通车里程6.06千米；可绿化里程6.06千米，无绿化；季节性养护里程6.06千米。

留子局至沙麻沟公路（Y020141102） 简称留沙公路或留沙线。位于山岭区域，起点在留子局，止点在沙麻沟。2004年建成通车。全长5.26千米，全部为四级公路，路基宽6米，路面宽5米，简易铺装次高级沥青碎石路面，单车道，设计行车速度20千米/小时。晴雨通车里程5.26千米；可绿化里程5.26千米，无绿化；季节性养护里程5.26千米。

车家湾至信义公路（Y011141102） 简称车信公路或车信线。位于微丘区域，起点在车家湾，止点与乡（镇）道高信线相接。2008年建成通车。全长6.55千米，全部为一级公路，路基宽40米，路面宽23米，沥青混凝土路面，四车道，设计行车速度80千米/小时。晴雨通车里程6.55千米；可绿化里程6.55千米，完成绿化里程6.55千米；季节性养护里程6.55千米。

西属巴至回龙塔公路（Y021141102） 简称西回公路或西回线。位于山岭区域，起点在西属巴，止点在回龙塔。2008年建成通车，2009年进行改建。全长19.61千米，全部为四级公路，路基宽6米，路面宽5米，水泥混凝土路面，单车道，设计行车速度20千米/小时。晴雨通车里程19.61千米；可绿化里程19.61千米，完成绿化里程10千米；季节性养护里程19.61千米。

前马家村至双山公路（Y022141102） 简称前双公路或前双线。位于山岭区域，起点在前马家村，止点在双山。2008年建成通车，2009年进行改建。全长8.81千米，全部为四级公路，路基宽6米，路面宽5米，水泥混凝土路面，单车道，设计行车速度20千米/小时。

晴雨通车里程 8.81 千米；可绿化里程 8.81 千米，完成绿化里程 4 千米；季节性养护里程 8.81 千米。

专用公路

离石县专用公路全部为煤运专用线，1965 年始建。截至 1990 年底，共建成运煤专线 9 条，总长 33 千米。分别是：刘家湾村至新崖村，长 10 千米；上水西村至铨则墕村，长 3 千米；王家庄村至新舍窠村，长 6 千米；交口镇至渠家山村，长 8 千米；西坝村至里营坡，长 6 千米。所有专用公路经整修、改建、整合后，1998 年，山西省县乡公路路网普查调整中，均被列为乡村级公路。截至 2015 年底，离石区没有被省市交通部门注册的专用公路。

村道

中华人民共和国成立前，离石县村与村之间只有羊肠小道可通，无 1 条等级公路。1975 年开始，各乡村逐年开始修建和改建村公路，组织村民对原道路进行裁弯、降坡、加宽等整修，至 1990 年，共建成农村简易公路 60 余条，总长达 354 千米。其中，吴城镇 3 条 28 千米，王营庄乡 2 条 21 千米，田家会镇 5 条 20 千米，信义镇 2 条 21 千米，小神头乡 4 条 33 千米，阳坡乡 4 条 31 千米，王家沟乡 4 条 20 千米，西属巴镇 2 条 11 千米，城关镇 6 条 36 千米，红眼川乡 4 条 26 千米，交口镇 1 条 6 千米，结绳墕乡 7 条 27 千米，枣林乡 6 条 29 千米，坪头乡 7 条 29 千米，枣掠乡 4 条 16 千米。所有简易公路大多晴通雨阻，晴天尘土飞扬、雨天路滑难行，严重制约着当地的经济发展。1991 年开始，离石县各乡村根据各自实际的财力物力，对部分村公路进行改扩建。2003 年，离石市铺开农村公路“村村通”建设工程。

至 2005 年，共完成村村通硬化工程 500 余千米，受到省、市政府的表彰奖励。

截至 2012 年底，全区共完成街巷硬化工程建设 908.6 千米，累计完成投资 19014.06 万元。全区 193 个行政村全部街巷硬化。截至 2015 年底，离石区共有省市交通部门注册的村级公路 512.13 千米。

2015 年离石区村公路通车里程　路面情况统计表

表 6-1　　　　　　　　　　　　　　　　单位：千米

路线编号	路线名称或单位	起讫地点	里程	等级公路					等外里程	有铺装路面			简易铺装路面（次高级）	未铺装路面（中级、低级、无路面）	晴雨通车里程	可绿化里程	绿化里程	养护里程
				合计	一级	二级	三级	四级		合计	沥青混凝土	水泥混凝土						
	合计		512.13	475.66	5.72	12.64	17.75	439.56	36.47	463.93	17.87	446.06	31.13	17.07	512.13	512.13	3.18	512.13
C001141102	米五—千年里	米五—千年里	0.39	0.39	0	0	0	0.39	0	0.39	0	0.39	0	0	0.39	0.39	0	0.39
C002141102	米五—小神头	X469141102—小神头村	0.22	0.22	0	0	0	0.22	0	0	0	0	0.22	0	0.22	0.22	0	0.22
C003141102	米五—马寨	米五—马寨	0.55	0.55	0	0	0	0.55	0	0.55	0	0.55	0	0	0.55	0.55	0	0.55
C004141102	米五—归化	米五—米五	0.52	0	0	0	0	0	0.52	0.52	0	0.52	0	0	0.52	0.52	0	0.52
C005141102	米五—永红	X469141102—永红村出口	0.82	0	0	0	0	0	0.82	0	0	0	0	0.82	0.82	0.82	0	0.82
C006141102	米五—严村	米五—严村	0.46	0	0	0	0	0	0.46	0	0	0	0	0.46	0.46	0.46	0	0.46
C007141102	米五—德岗	米五—德岗	0.25	0	0	0	0	0	0.25	0.25	0	0.25	0	0	0.25	0.25	0	0.25
C008141102	回龙塔—高信	回龙塔—高信	0.36	0	0	0	0	0	0.36	0.36	0	0.36	0	0	0.36	0.36	0	0.36
C009141102	阳梨—任家沟	阳梨—任家沟	0.21	0.21	0	0	0	0.21	0	0.21	0	0.21	0	0	0.21	0.21	0	0.21

续表 6-1

路线编号	路线名称或单位	起讫地点	里程	等级公路					等外里程	有铺装路面			简易铺装路面（次高级）	未铺装路面（中级、低级、无路面）	晴雨通车里程	可绿化里程	绿化里程	养护里程
				合计	一级	二级	三级	四级		合计	沥青混凝土	水泥混凝土						
C010141102	米五—砖窑沟	米五—砖窑沟	0.44	0.44	0	0	0	0.44	0	0	0	0	0.44	0	0.44	0.44	0	0.44
C011141102	米五—阳石	米五—阳石	1.56	0	0	0	0	0	1.56	1.56	0	1.56	0	0	1.56	1.56	0	1.56
C012141102	黄银—寺头	黄银—寺头	4.59	4.59	0	0	0	4.59	0	4.59	0	4.59	0	0	4.59	4.591	0	4.59
C013141102	殷家山—红眼川	殷家山—红眼川	2.78	2.78	0	0	0	2.78	0	2.78	0	2.78	0	0	2.78	2.78	0	2.78
C014141102	红眼川—七刘	红眼川—七刘	1.15	1.15	0	0	0	1.15	0	0	0	0	1.15	0	1.15	1.15	0	1.15
C015141102	车家梁—水裕里	车家梁—水裕里	0.52	0	0	0	0	0	0.52	0.52	0	0.52	0	0	0.52	0.52	0	0.52
C016141102	水裕里—黄银	水裕里—黄银	4.70	3.47	0	0	0	3.47	1.23	1.23	0	1.23	3.47	0	4.70	4.70	0	4.70
C017141102	西茂—金阁寺	西茂—金阁寺	3.79	3.79	0	0	0	3.79	0	3.79	0	3.79	0	0	3.79	3.79	0	3.79
C018141102	七刘—红眼川	七刘—红眼川	1.43	1.43	0	0	0	1.43	0	0	0	0	1.43	0	1.43	1.43	0	1.43

续表 6-1

路线编号	路线名称或单位	起讫地点	里程	等级公路					等外里程	有铺装路面			简易铺装路面（次高级）	未铺装路面（中级、低级、无路面）	晴雨通车里程	可绿化里程	绿化里程	养护里程
				合计	一级	二级	三级	四级		合计	沥青混凝土	水泥混凝土						
C019141102	红眼川—新舍科	红眼川—车家梁	2.37	2.37	0	0	0	2.37	0	2.37	0	2.37	0	0	2.37	2.37	0	2.37
C020141102	贾北里—唐则焉	贾北里—唐则焉	3.36	3.36	0	0	0	3.36	0	3.36	0	3.36	0	0	3.36	3.36	0	3.36
C021141102	新崖上—霍家坡	新崖上—霍家坡	0.35	0.35	0	0	0	0.35	0	0.35	0	0.35	0	0	0.35	0.35	0	0.35
C022141102	七刘—徐家沟	七刘线—徐家沟村外	1.23	1.23	0	0	0	1.23	0	1.23	0	1.23	0	0	1.23	1.23	1.23	1.23
C023141102	黄银—高涯湾	黄银—高崖湾	1.02	1.02	0	0	1.017	0	0	1.02	0	1.02	0	0	1.02	1.02	0	1.02
C024141102	滨河南路—沙会则	滨河南路—沙会则	0.86	0.86	0	0	0	0.86	0	0.86	0	0.86	0	0	0.86	0.86	0	0.86
C025141102	呼北—凤山	呼北—凤山	2.31	2.31	0	0	0	2.31	0	0	0	0	2.31	0	2.31	2.31	0	2.31
C026141102	黄银—苏家	黄银—苏家	0.73	0	0	0	0	0	0.731	0	0	0	0	0.73	0.73	0.73	0	0.73
C027141102	黄银—吉家	黄银—吉家	0.83	0.83	0	0	0	0.83	0	0	0	0	0.83	0	0.83	0.83	0	0.83

续表 6-1

路线编号	路线名称或单位	起讫地点	里程	等级公路					等外里程	有铺装路面			简易铺装路面（次高级）	未铺装路面（中级、低级、无路面）	晴雨通车里程	可绿化里程	绿化里程	养护里程
				合计	一级	二级	三级	四级		合计	沥青混凝土	水泥混凝土						
C028141102	黄银—马家	黄银—马家	0.91	0.91	0	0	0	0.91	0	0.91	0	0.91	0	0	0.91	0.91	0	0.91
C029141102	黄银—后马家	黄银—后马家	2.05	2.05	0	0	0	2.05	0	2.05	0	2.05	0	0	2.05	2.05	0	2.05
C030141102	五里铺—下楼桥	五里铺—下楼桥	0.74	0.74	0	0	0	0.74	0	0.74	0	0.74	0	0	0.74	0.74	0	0.74
C031141102	下楼桥—界峁	C030141102—界峁	3.85	3.85	0	0	0	3.85	0	3.85	0	3.85	0	0	3.85	3.85	0	3.85
C032141102	黄银—穆问	黄银—穆问	2.55	2.55	0	0	0	2.55	0	2.55	0	2.55	0	0	2.55	2.55	0	2.55
C033141102	黄银—卧牛焉	黄银—卧牛焉	1.02	1.02	0	0	0	1.02	0	1.02	0	1.02	0	0	1.02	1.02	0	1.02
C034141102	黄银—刘家湾	G307141102—刘家湾	1.19	1.19	0	0	0.64	0.55	0	0.58	0	0.58	0.61	0	1.19	1.19	0	1.19
C035141102	黄银—段家坪	黄银—段家坪	0.49	0.49	0	0	0.49	0	0	0.49	0	0.49	0	0	0.49	0.49	0	0.49
C036141102	黄银—张家庄	黄银—张家庄	0.99	0	0	0	0	0	0.99	0.99	0	0.99	0	0	0.99	0.99	0	0.99

续表 6-1

路线编号	路线名称或单位	起讫地点	里程	等级公路					等外里程	有铺装路面			简易铺装路面（次高级）	未铺装路面（中级、低级、无路面）	晴雨通车里程	可绿化里程	绿化里程	养护里程
				合计	一级	二级	三级	四级		合计	沥青混凝土	水泥混凝土						
C037141102	黄银—刘家庄	黄银—刘家庄	1.75	1.75	0	0	0	1.75	0	0	0	0	1.75	0	1.75	1.75	0	1.75
C038141102	刘家庄—杨家掌	刘家庄—杨家掌	2.55	0	0	0	0	0	2.55	2.55	0	2.55	0	0	2.55	2.55	0	2.55
C039141102	307—王家庄	区交警队—王家庄	2.89	2.89	0	0	0	2.89	0	0	0	0	2.89	0	2.89	2.89	0	2.89
C040141102	滨河北路—后瓦窑坡	滨河北路—后瓦窑坡	0.38	0.38	0	0	0	0.38	0	0	0	0	0.38	0	0.38	0.38	0	0.38
C042141102	店梁线—赵家山	店梁—坪头中学	0.37	0.37	0	0	0	0.37	0	0.37	0	0.37	0	0	0.37	0.37	0	0.37
C043141102	呼家山—店梁线	呼家山—店梁	3.03	3.03	0	0	0	3.03	0	3.03	0	3.03	0	0	3.03	3.03	0	3.03
C044141102	店梁线—李家山	店梁—李家山	1.15	0	0	0	0	0	1.15	1.15	0	1.15	0	0	1.15	1.15	0	1.15
C045141102	店梁线—鹏凤山	店梁—鹏凤山	1.00	1.00	0	0	0	1.00	0	0	0	0	1.00	0	1.00	1.00	0	1.00
C046141102	闫家坡—雒家庄	闫家坡—雒家庄	1.82	1.82	0	0	0	1.82	0	1.82	0	1.82	0	0	1.82	1.82	0	1.82

续表 6-1

路线编号	路线名称或单位	起讫地点	里程	等级公路					等外里程	有铺装路面			简易铺装路面（次高级）	未铺装路面（中级、低级、无路面）	晴雨通车里程	可绿化里程	绿化里程	养护里程
				合计	一级	二级	三级	四级		合计	沥青混凝土	水泥混凝土						
C047141102	焉口—闫家坡	焉口—闫家坡	1.16	1.16	0	0	0	1.16	0	1.16	0	1.16	0	0	1.16	1.16	0	1.16
C048141102	吴城—通村路	C124141102—C307141102	2.23	2.23	0	0	0	2.23	0	2.23	0	2.23	0	0	2.23	2.23	0	2.23
C049141102	闫家坡—凤凰峁	焉杨线—凤凰峁	3.06	3.06	0	0	0	3.06	0	3.06	0	3.06	0	0	3.06	3.06	0	3.06
C050141102	坪头乡镇府—坪头	坪头乡镇府—坪头	1.22	0	0	0	0	0	1.22	1.22	0	1.22	0	0	1.22	1.22	0	1.22
C051141102	店梁—虎山	店梁—虎山	1.39	1.39	0	0	0	1.39	0	1.39	0	1.39	0	0	1.39	1.39	0	1.39
C052141102	店梁—樊包头	坪沟—樊包头村委会	1.11	1.11	0	0	0	1.11	0	1.11	0	1.11	0	0	1.11	1.11	0	1.11
C053141102	店梁—薛家坡	店梁—薛家坡	1.62	1.62	0	0	0	1.62	0	1.62	0	1.62	0	0	1.62	1.62	0	1.62
C054141102	店梁—西圳	店梁—西圳	0.41	0	0	0	0	0	0.41	0.41	0	0.41	0	0	0.41	0.41	0	0.41
C055141102	店梁—段家焉	店梁—段家焉	3.88	0	0	0	0	0	3.88	3.88	0	3.88	0	0	3.88	3.88	0	3.88

续表 6-1

路线编号	路线名称或单位	起讫地点	里程	等级公路					等外里程	有铺装路面			简易铺装路面（次高级）	未铺装路面（中级、低级、无路面）	晴雨通车里程	可绿化里程	绿化里程	养护里程
				合计	一级	二级	三级	四级		合计	沥青混凝土	水泥混凝土						
C056141102	西里—大西局	西里—大西局	0.32	0	0	0	0	0	0.32	0.1	0	0.1	0	0.22	0.32	0.32	0	0.32
C057141102	西里—崇里	Y007141102—X462141102	1.88	1.88	0	0	0	1.88	0	1.88	0	1.88	0	0	1.88	1.88	0	1.88
C058141102	西里—垣上	西里—垣上	1.20	1.20	0	0	0	1.20	0	1.20	0	1.20	0	0	1.20	1.20	0	1.20
C059141102	店梁—彩树局	店梁—彩树局	1.20	1.20	0	0	0	1.20	0	1.20	0	1.20	0	0	1.20	1.20	0	1.20
C060141102	店梁—刘家舍科	店梁—刘家舍科	0.41	0.41	0	0	0	0.41	0	0.41	0	0.41	0	0	0.41	0.41	0	0.41
C061141102	石麦—柏局上	石麦—柏局上	3.97	3.97	0	0	0	3.97	0	3.97	0	3.97	0	0	3.97	3.97	0	3.97
C062141102	柏局上—椿树岇	C061141102—椿树岇	1.56	1.56	0	0	0	1.56	0	1.56	0	1.56	0	0	1.56	1.56	0	1.56
C063141102	任结—场焉	Y002141102—1.261	1.26	1.26	0	0	0	1.26	0	1.26	0	1.26	0	0	1.26	1.26	0	1.26
C064141102	场焉—孙家岇	C063141102—孙家岇	1.87	1.87	0	0	0	1.87	0	1.87	0	1.87	0	0	1.87	1.87	0	1.87

续表 6-1

路线编号	路线名称或单位	起讫地点	里程	等级公路					等外里程	有铺装路面			简易铺装路面（次高级）	未铺装路面（中级、低级、无路面）	晴雨通车里程	可绿化里程	绿化里程	养护里程
				合计	一级	二级	三级	四级		合计	沥青混凝土	水泥混凝土						
C065141102	离石—柳树局	离石—柳树局	0.78	0.78	0	0	0	0.78	0	0.78	0	0.78	0	0	0.78	0.78	0	0.78
C066141102	安王—葫芦把	Y004141102—葫芦把	4.51	4.51	0	0	0	4.51	0	4.51	0	4.51	0	0	4.51	4.51	0	4.51
C067141102	安王—芦则峁	安王—芦则峁	0.88	0.88	0	0	0	0.88	0	0.88	0	0.88	0	0	0.88	0.88	0	0.88
C068141102	黄银—渠家山	黄银—渠家山	1.96	1.96	0	0	0	1.96	0	0	0	0	1.96	0	1.96	1.96	0	1.96
C069141102	渠家山—梁家焉	渠家山—梁家焉	2.55	2.55	0	0	0	2.55	0	2.55	0	2.55	0	0	2.55	2.55	0	2.55
C070141102	呼北—交口	呼北—交口村	1.05	1.05	1.05	0	0	0	0	1.05	1.05	0	0	0	1.05	1.05	0	1.05
C071141102	呼北—枣架	呼北—枣架	0.54	0	0	0	0	0	0.54	0.54	0	0.54	0	0	0.54	0.54	0	0.54
C072141102	呼北—石盘	呼北—石盘	0.4	0	0	0	0	0	0.4	0.4	0	0.4	0	0	0.4	0.4	0	0.4
C073141102	结刘—彩家庄	结刘—彩家庄	0.41	0	0	0	0	0	0.41	0	0	0	0	0.41	0.41	0.41	0	0.41

续表 6-1

路线编号	路线名称或单位	起讫地点	里程	等级公路					等外里程	有铺装路面			简易铺装路面（次高级）	未铺装路面（中级、低级、无路面）	晴雨通车里程	可绿化里程	绿化里程	养护里程
				合计	一级	二级	三级	四级		合计	沥青混凝土	水泥混凝土						
C074141102	离石—结绳焉	离石线—结绳焉	0.8	0.8	0	0	0	0.8	0	0.8	0	0.8	0	0	0.8	0.8	0	0.8
C075141102	离石—霍家塔	离石—霍家塔	1.61	1.61	0	0	0	1.61	0	1.61	0	1.613	0	0	1.61	1.61	0	1.61
C076141102	离石—山底沟	X446141102—山底沟村村委	0.29	0.29	0	0	0	0.29	0	0.29	0	0.29	0	0	0.29	0.29	0	0.29
C077141102	店梁—闫家峁	店梁线—闫家峁	4.31	4.31	0	0	0	4.31	0	4.31	0	4.31	0	0	4.31	4.31	0	4.31
C078141102	离石—梁家岔	离石—梁家岔	0.32	0.32	0	0	0	0.32	0	0.32	0	0.32	0	0	0.32	0.32	0	0.32
C079141102	离石—石桥	离石—石桥	1.36	1.36	0	0	0	1.36	0	1.36	0	1.36	0	0	1.36	1.36	0	1.36
C080141102	离石—陶家庄	离石—陶家庄	0.43	0.43	0	0	0	0.43	0	0.43	0	0.43	0	0	0.43	0.43	0	0.43
C081141102	枣林—十里村	枣林—十里村	3.86	1.85	0	0	0	1.85	2.01	2.01	0	2.01	1.85	0	3.86	3.86	0	3.86
C082141102	枣林—贺家畔	枣林—贺家畔	0.81	0	0	0	0	0	0.81	0.81	0	0.81	0	0	0.81	0.81	0	0.81

续表 6-1

路线编号	路线名称或单位	起讫地点	里程	等级公路					等外里程	有铺装路面			简易铺装路面（次高级）	未铺装路面（中级、低级、无路面）	晴雨通车里程	可绿化里程	绿化里程	养护里程
				合计	一级	二级	三级	四级		合计	沥青混凝土	水泥混凝土						
C083141102	李家沟通村路	G307141102—李家沟	0.83	0.83	0	0	0	0.83	0	0	0	0	0	0.83	0.83	0.83	0	0.83
C084141102	离石—马家塔	离石—马家塔	0.57	0.57	0	0	0	0.57	0	0.57	0	0.57	0	0	0.57	0.57	0	0.57
C085141102	离石—崔家崖	离石—崔家崖	0.74	0	0	0	0	0	0.74	0.74	0	0.74	0	0	0.74	0.74	0	0.74
C086141102	呼北—前王家坡	呼北—前王家坡	0.22	0	0	0	0	0	0.22	0	0	0	0	0.219	0.22	0.22	0	0.22
C087141102	呼北—上安	呼北—上安	0.36	0	0	0	0	0	0.36	0.36	0	0.36	0	0	0.36	0.36	0	0.36
C088141102	西茂—袁家岭	西茂—袁家岭	0.6	0.6	0	0	0	0.6	0	0.6	0	0.6	0	0	0.6	0.6	0	0.6
C089141102	西茂—缩缩岭	西茂—缩缩岭	1.52	0	0	0	0	0	1.52	1.52	0	1.52	0	0	1.52	1.52	0	1.52
C090141102	西茂—上则焉	西茂—上则焉	2.06	2.06	0	0	0	2.06	0	2.06	0	2.06	0	0	2.06	2.06	0	2.06
C091141102	上则焉—宋家焉	C090141102—宋家湾	2.75	2.75	0	0	0	2.75	0	2.75	0	2.75	0	0	2.75	2.75	0	2.75

续表 6-1

路线编号	路线名称或单位	起讫地点	里程	等级公路					等外里程	有铺装路面			简易铺装路面（次高级）	未铺装路面（中级、低级、无路面）	晴雨通车里程	可绿化里程	绿化里程	养护里程
				合计	一级	二级	三级	四级		合计	沥青混凝土	水泥混凝土						
C092141102	瓦窑间—大中咀	瓦窑间—大中咀	6.00	6.00	0	0	0.22	5.79	0	5.79	0	5.79	0.22	0	6.00	6.00	0	6.00
C093141102	西茂—许家山	西茂—许家山	2.65	2.65	0	0	0	2.65	0	2.65	0	2.65	0	0	2.65	2.65	0	2.65
C094141102	西茂—茂塔沟	西茂—茂塔沟	0.8	0.8	0	0	0	0.8	0	0.8	0	0.8	0	0	0.8	0.8	0	0.8
C095141102	西茂—畔沟	西茂—畔沟村	0.11	0.11	0	0	0	0.11	0	0.11	0	0.11	0	0	0.11	0.11	0	0.11
C096141102	呼北—盛地	呼北—盛地	1.44	0	0	0	0	0	1.44	1.44	0	1.44	0	0	1.44	1.44	0	1.44
C097141102	呼北—盛地沟	呼北—盛地沟	3.11	0	0	0	0	0	3.11	3.11	0	3.11	0	0	3.11	3.11	0	3.11
C098141102	呼北—留子局	呼北—留子局	1.50	1.50	0	0	0	1.50	0	1.50	0	1.50	0	0	1.50	1.50	0	1.50
C099141102	留子局—横梁	留子局—横梁村	2.98	2.98	0	0	0	2.98	0	2.98	0	2.98	0	0	2.98	2.98	0	2.98
C100141102	高信线—东红	高信线—东红	0.77	0.77	0	0	0	0.77	0	0.77	0	0.77	0	0	0.77	0.77	0	0.77

续表 6-1

路线编号	路线名称或单位	起讫地点	里程	等级公路					等外里程	有铺装路面			简易铺装路面（次高级）	未铺装路面（中级、低级、无路面）	晴雨通车里程	可绿化里程	绿化里程	养护里程
				合计	一级	二级	三级	四级		合计	沥青混凝土	水泥混凝土						
C101141102	东属巴—高梨峁	留沙线—高梨峁	1.65	1.65	0	0	0	1.65	0	1.65	0	1.65	0	0	1.65	1.65	0	1.65
C102141102	留沙—苏家崖	C100141102—苏家崖	0.47	0.47	0	0	0.47	0	0	0.47	0	0.47	0	0	0.47	0.47	0	0.47
C103141102	呼北—王家沟	呼北—王家沟	2.02	2.02	0	0	2.02	0	0	0	0	0	2.02	0	2.02	2.02	0	2.02
C104141102	王家沟—长大局	王家沟—长大局	1.32	1.32	0	0	0	1.32	0	1.32	0	1.32	0	0	1.32	1.32	0	1.32
C105141102	长大局—娘娘庙	长大局—娘娘庙	2.46	2.46	0	0	0	2.46	0	2.46	0	2.46	0	0	2.46	2.46	0	2.46
C106141102	后瓦—乔家沟	后瓦村—乔家沟村	3.33	3.33	0	3.33	0	0	0	3.33	3.33	0	0	0	3.33	3.33	0	3.33
C107141102	李家沟—呼北	李家沟—呼北	0.85	0.85	0	0	0	0.85	0	0.85	0	0.85	0	0	0.85	0.85	0	0.85
C108141102	呼北—双务都	呼北—双务都	0.81	0.81	0	0	0.81	0	0	0	0	0	0.81	0	0.81	0.81	0	0.81
C109141102	呼北—茂塔坪	G209141102—呼北	0.71	0.71	0	0	0	0.71	0	0.52	0	0.52	0.18	0	0.71	0.71	0	0.71

续表 6-1

路线编号	路线名称或单位	起讫地点	里程	等级公路					等外里程	有铺装路面			简易铺装路面（次高级）	未铺装路面（中级、低级、无路面）	晴雨通车里程	可绿化里程	绿化里程	养护里程
				合计	一级	二级	三级	四级		合计	沥青混凝土	水泥混凝土						
C110141102	呼北—西属巴	呼北—西属巴	0.52	0	0	0	0	0	0.52	0.52	0	0.52	0	0	0.52	0.52	0	0.52
C111141102	呼北—东属巴	呼北—C100141102	0.53	0.53	0	0	0	0.53	0	0	0	0	0.53	0	0.53	0.53	0	0.53
C112141102	留沙—中则坪	C100141102—中则坪	2.07	2.07	0	0	0	2.07	0	2.07	0	2.07	0	0	2.07	2.07	0	2.07
C113141102	中则坪—石门咀	中则坪—石门咀	0.96	0.96	0	0	0	0.96	0	0.96	0	0.96	0	0	0.96	0.96	0	0.96
C114141102	中则坪—白草焉	C113141102—白草焉	2.72	2.75	0	0	0	2.72	0	2.72	0	2.72	0	0	2.72	2.72	0	2.72
C115141102	呼北—下安	呼北—下安	1.67	1.27	0	0	0	1.27	0.40	0	0	0	1.27	0.399	1.67	1.67	0	1.67
C116141102	下安—大中局	下安—神仙山	6.95	6.95	0	0	0	6.95	0	6.95	0	6.95	0	0	6.95	6.95	0	6.95
C117141102	大中局—牛家山	C116141102—牛家山	3.59	3.59	0	0	0	3.59	0	3.59	0	3.59	0	0	3.59	3.59	0	3.59
C118141102	呼北—后赵家庄	呼北—后赵家庄	0.51	0.51	0	0	0.51	0	0	0.51	0	0.51	0	0	0.51	0.51	0	0.51

续表 6-1

路线编号	路线名称或单位	起讫地点	里程	等级公路					等外里程	有铺装路面			简易铺装路面（次高级）	未铺装路面（中级、低级、无路面）	晴雨通车里程	可绿化里程	绿化里程	养护里程
				合计	一级	二级	三级	四级		合计	沥青混凝土	水泥混凝土						
C119141102	呼北—前赵家庄	G209141102—前赵家庄	0.39	0	0	0	0	0	0.39	0.39	0	0.39	0	0	0.39	0.39	0	0.39
120141102	呼北—上水	呼北—上水	0.89	0	0	0	0	0	0.89	0.89	0	0.89	0	0	0.89	0.89	0	0.89
C121141102	上水—铨则焉	上水—铨则焉	1.72	0	0	0	0	0	1.72	1.72	0	1.72	0	0	1.72	1.72	0	1.72
C123141102	古吴—上三交	古吴—上三交	3.12	3.12	0	0	0	3.12	0	3.12	0	3.12	0	0	3.12	3.12	0	3.12
C124141102	黄银—街上	黄银—街上	0.59	0.59	0	0	0	0.59	0	0.59	0	0.59	0	0	0.59	0.59	0	0.59
C125141102	黄银—下罗卜	黄银—下罗卜	1.36	1.36	0	0	0	1.36	0	1.36	0	1.36	0	0	1.36	1.36	0	1.36
C126141102	下罗卜—上罗卜	下罗卜—上罗卜	4.07	4.07	0	0	0	4.07	0	4.07	0	4.07	0	0	4.07	4.07	0	4.07
C127141102	黄银—李家湾	黄银—李家湾	0.54	0.54	0	0	0	0.54	0	0	0	0	0	0.54	0.54	0.54	0	0.54
C128141102	李家湾—陈家塔	李家湾—陈家塔	2.94	0	0	0	0	0	2.94	1.06	0	1.06	0	1.89	2.94	2.94	0	2.94

续表 6-1

路线编号	路线名称或单位	起讫地点	里程	等级公路					等外里程	有铺装路面			简易铺装路面（次高级）	未铺装路面（中级、低级、无路面）	晴雨通车里程	可绿化里程	绿化里程	养护里程
				合计	一级	二级	三级	四级		合计	沥青混凝土	水泥混凝土						
C129141102	陈家塔—上丰村	C128141102—上丰	4.40	4.40	0	0	0	4.40	0	4.40	0	4.40	0	0	4.40	4.40	0	4.40
C130141102	黄银—李家沟	黄银—李家沟	0.38	0	0	0	0	0	0.38	0	0	0	0	0.38	0.38	0.38	0	0.38
C131141102	黄银—上四皓	黄银—上四皓	0.41	0.41	0	0	0	0.41	0	0.41	0	0.41	0	0	0.41	0.41	0	0.41
C132141102	黄银—上王营庄	黄银—上王营庄	0.58	0.58	0	0	0	0.58	0	0.58	0	0.58	0	0	0.58	0.58	0	0.58
C133141102	黄银—油坊坪	黄银—油坊坪	0.87	0.87	0	0	0	0.87	0	0.87	0	0.87	0	0	0.87	0.87	0	0.87
C134141102	黄银—下王营庄	黄银—下王营庄	0.76	0	0	0	0	0	0.76	0.76	0	0.76	0	0	0.76	0.76	0	0.76
C135141102	小神头通村路	米五线—马寨村	1.71	1.71	0	0	0	1.71	0	1.71	0	1.71	0	0	1.71	1.71	0	1.71
C136141102	店梁—坪头乡	X462141102—X462141102	0.65	0.65	0	0	0	0.65	0	0.65	0	0.65	0	0	0.65	0.65	0	0.65
C137141102	呼北—西属巴村	呼北—C110141102	0.62	0.62	0	0	0	0.62	0	0	0	0	0	0.62	0.62	0.62	0	0.62

续表 6-1

路线编号	路线名称或单位	起讫地点	里程	等级公路					等外里程	有铺装路面			简易铺装路面（次高级）	未铺装路面（中级、低级、无路面）	晴雨通车里程	可绿化里程	绿化里程	养护里程
				合计	一级	二级	三级	四级		合计	沥青混凝土	水泥混凝土						
C138141102	上安通村路	C087141102—G209141102	0.67	0.67	0	0	0.36	0.31	0	0.67	0	0.67	0	0	0.67	0.67	0	0.67
C139141102	小西局通村路	Y007141102—小西局	0.28	0.28	0	0	0	0.28	0	0.28	0	0.28	0	0	0.28	0.28	0	0.28
C140141102	樊包头通村路	X462141102—樊包头沟	1.78	1.78	0	0	1.78	0	0	1.78	1.78	0	0	0	1.78	1.78	0	1.78
C141141102	三山集旧村路	Y002141102—Y002141102	0.8	0.8	0	0	0	0.8	0	0.8	0	0.8	0	0	0.8	0.8	0	0.8
C142141102	三山集新村路	X446141102—X446141102	0.70	0.70	0	0	0	0.70	0	0.70	0	0.70	0	0	0.70	0.70	0	0.70
C143141102	柳树局通村路	C065141102—X446141102	0.55	0.55	0	0	0	0.55	0	0.55	0	0.55	0	0	0.55	0.55	0	0.55
C144141102	山底沟通村路	X446141102—山底沟村	0.16	0.16	0	0	0	0.16	0	0.16	0	0.16	0	0	0.16	0.16	0	0.16
C145141102	离石线—安家沟	X446141102—安家沟	0.25	0.25	0	0	0	0.25	0	0	0	0	0	0.25	0.25	0.25	0	0.25
C146141102	枣十线—贺家畔	枣十线—贺家畔村顶	1.66	1.66	0	0	0	1.66	0	1.47	0	1.47	0	0.18	1.66	1.66	1.66	1.66

续表 6-1

路线编号	路线名称或单位	起讫地点	里程	等级公路					等外里程	有铺装路面			简易铺装路面（次高级）	未铺装路面（中级、低级、无路面）	晴雨通车里程	可绿化里程	绿化里程	养护里程
				合计	一级	二级	三级	四级		合计	沥青混凝土	水泥混凝土						
C147141102	离石线—郝家沟	离石线—郝家沟	3.13	3.13	0	0	0	3.13	0	3.13	0	3.13	0	0	3.13	3.13	0	3.13
C148141102	离石线—渠家山	离石线—渠家山	2.84	2.84	0	0	0	2.84	0	1.61	0	1.61	0	1.23	2.84	2.84	0	2.84
C149141102	高家沟通村路	龙凤街—高家沟	0.33	0.33	0	0.33	0	0	0	0.33	0	0.33	0	0	0.33	0.33	0.30	0.33
C150141102	马茂庄通村路	龙凤街西侧—马茂庄村	0.99	0.99	0	0	0	0.99	0	0.99	0	0.99	0	0	0.99	0.99	0	0.99
C151141102	后瓦—凤山底	滨河北路—凤山底	2.12	2.12	0	0	0	2.12	0	2.12	0	2.12	0	0	2.12	2.12	0	2.12
C152141102	上水西—前赵家庄	上水西—呼北线	1.68	1.68	0	0	0	1.68	0	1.68	1.68	0	0	0	1.68	1.68	0	1.68
C153141102	上水西通村路	呼北线—上水西村	0.36	0.36	0	0	0	0.36	0	0.36	0	0.36	0	0	0.36	0.36	0	0.36
C154141102	上水西—西崖底	上水西村—西崖底	3.33	3.33	0	0	0	3.33	0	3.33	0	3.33	0	0	3.33	3.33	0	3.33
C155141102	七徐线—徐家沟村西	七徐线—徐家沟村西	1.30	1.30	0	0	0	1.30	0	1.30	0	1.30	0	0	1.30	1.30	0	1.30

续表 6-1

路线编号	路线名称或单位	起讫地点	里程	等级公路					等外里程	有铺装路面			简易铺装路面（次高级）	未铺装路面（中级、低级、无路面）	晴雨通车里程	可绿化里程	绿化里程	养护里程
				合计	一级	二级	三级	四级		合计	沥青混凝土	水泥混凝土						
C156141102	七刘线—炸药库坡上	七刘线—炸药库坡上	0.55	0.55	0	0	0	0.55	0	0.55	0	0.55	0	0	0.55	0.55	0	0.55
C157141102	严村—郭家庄	严村—郭家庄	1.97	1.97	0	0	0	1.97	0	0	0	0	0	1.97	1.97	1.97	0	1.97
C158141102	田家会—垣上	黄银—垣上	2.91	2.91	0	0	0	2.91	0	2.91	0	2.91	0	0	2.91	2.91	0	2.91
C159141102	后赵家庄—后赵家庄村南	后赵家庄—后赵家庄村南	0.46	0.46	0	0	0	0.46	0	0.46	0	0.46	0	0	0.46	0.46	0	0.46
C160141102	307 线—田家会	307 线—田家会	1.39	1.39	1.39	0	0	0	0	1.39	1.39	0	0	0	1.39	1.39	0	1.39
C161141102	白草焉—西回线	白草焉—西回	2.79	2.79	0	0	0	2.79	0	2.79	0	2.79	0	0	2.79	2.79	0	2.79
C162141102	七里滩—大土河	七里滩—大土河	5.95	5.95	0	0	0	5.95	0	0	0	0	0	5.95	5.95	5.95	0	5.95
C163141102	卧牛焉—南关	卧牛焉村村委背后—南关	2.38	2.38	0	0	0.13	2.24	0	2.38	0	2.38	0	0	2.38	2.38	0	2.38
C164141102	圪达上村北—村南	圪达上村北—村南	0.43	0.43	0	0	0	0.43	0	0.43	0	0.43	0	0	0.43	0.43	0	0.43

续表 6-1

路线编号	路线名称或单位	起讫地点	里程	等级公路					等外里程	有铺装路面			简易铺装路面（次高级）	未铺装路面（中级、低级、无路面）	晴雨通车里程	可绿化里程	绿化里程	养护里程
				合计	一级	二级	三级	四级		合计	沥青混凝土	水泥混凝土						
C165141102	上后线—后赵家庄	上后线—后赵家庄	0.33	0.33	0	0	0	0.33	0	0.33	0	0.33	0	0	0.33	0.33	0	0.33
C166141102	黄刘线—后崖上	黄刘线—后崖上	0.36	0.36	0	0	0	0.36	0	0.359	0	0.36	0	0	0.36	0.36	0	0.36
C184141102	白家山—东社	白家山—东社	2.76	2.76	0	0	0	2.76	0	0	0	0	2.76	0	2.76	2.76	0	2.76
C187141102	人民路—交口旧小学	人民路—交口旧小学	0.43	0.43	0	0	0	0.43	0	0.43	0	0.43	0	0	0.43	0.43	0	0.43
C188141102	留东线—东属巴	留东线—东属巴	0.32	0.32	0	0	0	0.32	0	0.32	0	0.32	0	0	0.32	0.32	0	0.32
C190141102	安王线–芦则峁–十里村	安王线—十里村	7.73	7.73	0	0	0	7.73	0	7.73	0	7.73	0	0	7.73	7.73	0	7.73
C191141102	芦则村—芦则峁村顶	芦则峁村—芦则峁村顶	0.33	0.33	0	0	0	0.33	0	0.33	0	0.33	0	0	0.33	0.33	0	0.33
C192141102	芦芦洼—安国寺沟底	芦芦洼—安国寺沟底	0.54	0.54	0	0	0	0.54	0	0.54	0	0.54	0	0	0.54	0.54	0	0.54

续表 6-1

路线编号	路线名称或单位	起讫地点	里程	等级公路					等外里程	有铺装路面			简易铺装路面（次高级）	未铺装路面（中级、低级、无路面）	晴雨通车里程	可绿化里程	绿化里程	养护里程
				合计	一级	二级	三级	四级		合计	沥青混凝土	水泥混凝土						
C193141102	米五线—王村上村	米五线—王村上村	0.33	0.33	0	0	0	0.33	0	0.33	0	0.33	0	0	0.33	0.33	0	0.33
C194141102	梁家焉村顶—贺家山	梁家焉村顶—贺家山	2.78	2.78	0	0	0	2.78	0	2.78	0	2.78	0	0	2.78	2.78	0	2.78
C195141102	307 线—梁家焉村顶	307 线—梁家焉村顶	4.50	4.50	0	0	0	4.50	0	4.50	0	4.50	0	0	4.50	4.50	0	4.50
C196141102	蔬菜棚—铁路	蔬菜大棚—铁路	0.79	0.79	0	0	0	0.79	0	0.79	0	0.79	0	0	0.79	0.79	0	0.79
C197141102	龙凤街—高家沟	龙凤街—高家沟	3.91	3.91	0	0.18	0	3.74	0	3.91	0	3.91	0	0	3.91	3.91	0	3.91
C198141102	旧 307 线—新农村小区	旧 307 线—新农村小区	0.37	0.37	0	0	0.37	0	0	0.37	0	0.37	0	0	0.37	0.37	0	0.37
C199141102	三神庙沟前—沟后	三神庙沟前—沟后	1.6	1.6	0	0	0	1.6	0	1.6	0	1.6	0	0	1.6	1.6	0	1.6
C200141102	刘家舍科沟底—郭家梁	刘家舍科沟底—郭家梁	0.48	0.48	0	0	0	0.48	0	0.48	0	0.48	0	0	0.48	0.48	0	0.48

续表 6-1

路线编号	路线名称或单位	起讫地点	里程	等级公路					等外里程	有铺装路面			简易铺装路面（次高级）	未铺装路面（中级、低级、无路面）	晴雨通车里程	可绿化里程	绿化里程	养护里程
				合计	一级	二级	三级	四级		合计	沥青混凝土	水泥混凝土						
C201141102	大交线—山神庙沟	大交线—制药厂坡上	7.87	7.87	0	0	0	7.87	0	7.87	0	7.87	0	0	7.87	7.87	0	7.87
C202141102	下水西村—北村	下水西村—北村	0.4	0.4	0	0	0	0.4	0	0.4	0	0.4	0	0	0.4	0.4	0	0.4
C203141102	回高线—回龙塔村西	回高线—回龙塔村西	0.33	0.33	0	0	0	0.33	0	0.33	0	0.33	0	0	0.33	0.33	0	0.33
C204141102	米五线—崖窑湾村西	米五线—崖窑湾村西	0.38	0.38	0	0	0	0.38	0	0.38	0	0.38	0	0	0.38	0.38	0	0.38
C205141102	凤山路—凤山上	凤山路—凤山上	0.79	0.79	0	0.79	0	0	0	0.79	0.79	0	0	0	0.79	0.79	0	0.79
C206141102	凤山上—旅游区	凤山上—旅游区	0.5	0.5	0	0	0	0.5	0	0.5	0	0.5	0	0	0.5	0.5	0	0.5
C207141102	高信线—高家庄	高信线—高家庄	0.36	0.36	0	0	0	0.36	0	0.36	0	0.36	0	0	0.36	0.36	0	0.36
C208141102	离石线—后王家坡居民区	离石线—后王家坡居民区	0.43	0.43	0	0	0	0.43	0	0.43	0	0.43	0	0	0.43	0.43	0	0.43

续表 6-1

路线编号	路线名称或单位	起讫地点	里程	等级公路					等外里程	有铺装路面			简易铺装路面（次高级）	未铺装路面（中级、低级、无路面）	晴雨通车里程	可绿化里程	绿化里程	养护里程
				合计	一级	二级	三级	四级		合计	沥青混凝土	水泥混凝土						
C209141102	离石线—制药厂	离石线—制药厂	1.09	1.09	0	0	0.48	0.61	0	0.61	0	0.61	0.48	0	1.09	1.09	0	1.09
C210141102	王家山—陈家焉	王家山—陈家焉	0.77	0.77	0	0	0	0.77	0	0.77	0	0.77	0	0	0.77	0.77	0	0.77
C211141102	离石线—崔老虎地房	离石线—崔老虎地房	0.35	0.35	0	0	0	0.35	0	0.35	0	0.35	0	0	0.35	0.35	0	0.35
C214141102	大交线—西崖底村西	大交线—西崖底村西	0.57	0.57	0	0	0	0.57	0	0.57	0	0.57	0	0	0.57	0.57	0	0.57
C215141102	店梁线—刘家舍科	店梁线—刘家舍科	0.63	0.63	0	0	0	0.63	0	0.63	0	0.63	0	0	0.63	0.63	0	0.63
C216141102	北川路—龙凤大桥	北川路—龙凤大桥	0.96	0.96	0	0.96	0	0	0	0.96	0.96	0	0	0	0.96	0.96	0	0.96
C217141102	长大局—王家山—娘娘庙	长大局—娘娘庙	4.99	4.99	0	0	0	4.99	0	4.99	0	4.99	0	0	4.99	4.99	0	4.99
C218141102	大局沟—大局村	大局沟—大局村	0.42	0.42	0	0	0	0.42	0	0.42	0	0.42	0	0	0.42	0.42	0	0.42
C220141102	菁蒿焉—永驻煤业	菁蒿焉—永驻煤业	0.48	0.48	0	0	0	0.48	0	0.48	0	0.48	0	0	0.48	0.48	0	0.48

续表 6-1

路线编号	路线名称或单位	起讫地点	里程	等级公路					等外里程	有铺装路面			简易铺装路面（次高级）	未铺装路面（中级、低级、无路面）	晴雨通车里程	可绿化里程	绿化里程	养护里程
				合计	一级	二级	三级	四级		合计	沥青混凝土	水泥混凝土						
C221141102	上前线—后赵家庄	上前线—后赵家庄	0.49	0.49	0	0	0	0.49	0	0.49	0	0.49	0	0	0.49	0.49	0	0.49
C222141102	张家庄—龙山电视台	张家庄—龙山电视台	0.96	0.96	0	0	0	0.96	0	0.96	0	0.96	0	0	0.96	0.96	0	0.96
C223141102	龙山电视台—采摘园区	龙山电视台—采摘园区	1.41	1.41	0	0	0	1.41	0	1.41	0	1.41	0	0	1.41	1.41	0	1.41
C224141102	采摘路—山神庙	采摘路—山神庙	0.40	0.40	0	0	0	0.40	0	0.40	0	0.40	0	0	0.40	0.40	0	0.40
C225141102	北遮沟—北遮沟背村	北遮沟—北遮沟背村	0.58	0.58	0	0	0	0.58	0	0.58	0	0.58	0	0	0.58	0.58	0	0.58
C226141102	免坪阳村—北遮沟	免坪阳村—北遮沟	1.72	1.72	0	0	0	1.72	0	1.72	0	1.72	0	0	1.72	1.72	0	1.72
C227141102	交通路—王家庄煤矿	交通路—王家庄煤矿	1.78	1.78	0	0	0	1.78	0	1.78	0	1.78	0	0	1.78	1.78	0	1.78
C228141102	交通路—兴农街	交通路—兴农街	0.79	0.79	0	0	0	0.79	0	0.79	0	0.79	0	0	0.79	0.79	0	0.79
C229141102	交通路—木器厂	交通路—木器厂	0.30	0.30	0	0	0	0.30	0	0.30	0	0.30	0	0	0.30	0.30	0	0.30

续表 6-1

路线编号	路线名称或单位	起讫地点	里程	等级公路					等外里程	有铺装路面			简易铺装路面（次高级）	未铺装路面（中级、低级、无路面）	晴雨通车里程	可绿化里程	绿化里程	养护里程
				合计	一级	二级	三级	四级		合计	沥青混凝土	水泥混凝土						
C230141102	交通路—滨河路	交通路—滨河路	0.31	0.31	0	0	0	0.31	0	0.31	0	0.31	0	0	0.31	0.31	0	0.31
C231141102	南焉沟—菁家洼	南焉沟—菁家洼	0.31	0.31	0	0	0	0.31	0	0.31	0	0.31	0	0	0.31	0.31	0	0.31
C232141102	兴隆焉西—兴隆焉学	兴隆焉村西—兴隆焉小学	0.43	0.43	0	0	0	0.43	0	0.43	0	0.43	0	0	0.43	0.43	0	0.43
C233141102	离石线—扑牛岭	离石线—扑牛岭	1.68	1.68	0	0	0	1.68	0	1.68	0	1.68	0	0	1.68	1.68	0	1.68
C234141102	交通路—高速底	交通路—高速底	0.42	0.42	0	0	0	0.42	0	0.42	0	0.42	0	0	0.42	0.42	0	0.42
C235141102	交通路—高速桥底	交通路—高速桥底	0.56	0.56	0	0	0	0.56	0	0.56	0	0.56	0	0	0.56	0.56	0	0.56
C236141102	苦梅则焉—大树焉西头	苦梅则焉—大树焉西头	0.31	0.31	0	0	0	0.31	0	0.31	0	0.31	0	0	0.31	0.31	0	0.31
C237141102	石柜沟—椿树峁	石柜沟—椿树峁	0.69	0.69	0	0	0	0.69	0	0.69	0	0.69	0	0	0.69	0.69	0	0.69
C238141102	离霍线—斗尔村	离霍线—斗尔村	0.63	0.63	0	0	0	0.63	0	0.63	0	0.63	0	0	0.63	0.63	0	0.63

续表 6-1

路线编号	路线名称或单位	起讫地点	里程	等级公路					等外里程	有铺装路面			简易铺装路面（次高级）	未铺装路面（中级、低级、无路面）	晴雨通车里程	可绿化里程	绿化里程	养护里程
				合计	一级	二级	三级	四级		合计	沥青混凝土	水泥混凝土						
C239141102	滨河南路—滨河南东路	滨河南路—滨河南东路	0.54	0.54	0	0	0	0.54	0	0.54	0	0.54	0	0	0.54	0.54	0	0.54
C240141102	滨河北路—后瓦	滨河北路—后瓦	0.75	0.75	0	0	0	0.75	0	0.75	0	0.75	0	0	0.75	0.75	0	0.75
C241141102	后瓦村—高崖湾	后瓦村—滨河北路	0.95	0.95	0	0	0	0.95	0	0.95	0	0.95	0	0	0.95	0.95	0	0.95
C242141102	后瓦村—吕梁高级中学	后瓦村—吕梁高级中学	1.11	1.11	1.11	0	0	0	0	1.11	1.11	0	0	0	1.11	1.11	0	1.11
C243141102	马家塔—陈家庄	马家塔—陈家庄	2.15	2.15	0	0	0	2.15	0	2.15	0	2.15	0	0	2.15	2.15	0	2.15
C244141102	滨河街道办—泰化矿机城	滨河街道办—泰化矿机城	1.07	1.07	0	1.07	0	0	0	1.07	1.07	0	0	0	1.07	1.07	0	1.07
C245141102	七里村楼门—红眼川半沟	七里村楼门—红眼川半沟	0.60	0.60	0	0	0.60	0	0	0	0	0	0.60	0	0.60	0.60	0	0.60
C246141102	铨则焉村—村沟底	铨则焉村—村沟底	0.61	0.61	0	0	0	0.61	0	0.61	0	0.61	0	0	0.61	0.61	0	0.61
C247141102	滨河南东路—交通路	滨河南东路—交通路	0.38	0.38	0.38	0	0	0	0	0.38	0.38	0	0	0	0.38	0.38	0	0.38

续表 6-1

路线编号	路线名称或单位	起讫地点	里程	等级公路					等外里程	有铺装路面			简易铺装路面（次高级）	未铺装路面（中级、低级、无路面）	晴雨通车里程	可绿化里程	绿化里程	养护里程
				合计	一级	二级	三级	四级		合计	沥青混凝土	水泥混凝土						
C248141102	交通路—滨河南东路	交通路—滨河南东路	0.32	0.32	0	0.32	0	0	0	0.32	0.32	0	0	0	0.32	0.32	0	0.32
C249141102	高岭上坡上—高岭上村	高岭上坡上—高岭上村	0.49	0.49	0	0	0	0.49	0	0.49	0	0.49	0	0	0.49	0.49	0	0.49
C250141102	老爷庙—高道路豪	老爷庙—高道路豪	0.50	0.50	0	0	0	0.50	0	0.50	0	0.50	0	0	0.50	0.50	0	0.50
C251141102	交通路—滨河南路一	交通路—滨河南路一	0.32	0.32	0	0.32	0	0	0	0.32	0.32	0	0	0	0.32	0.32	0	0.32
C252141102	交通路—滨河南路二	交通路—滨河南路二	0.32	0.32	0	0	0	0.32	0	0.32	0	0.32	0	0	0.32	0.32	0	0.32
C253141102	交通路—滨河南路	交通路—滨河南路	0.31	0.31	0	0	0	0.31	0	0.31	0	0.31	0	0	0.31	0.31	0	0.31
C254141102	离石线—马家塔	离石线—马家塔	0.71	0.71	0	0	0	0.71	0	0.71	0	0.71	0	0	0.71	0.71	0	0.71
C255141102	旧 307 线—北圪垛	旧 307 线—北圪垛	3.70	3.70	0	0	3.70	0	0	3.70	3.70	0	0	0	3.70	3.70	0	3.70
C256141102	下王营庄—兔坪	下王营庄—兔坪	1.56	1.56	0	0	0	1.56	0	1.56	0	1.56	0	0	1.56	1.56	0	1.56

续表 6-1

路线编号	路线名称或单位	起讫地点	里程	等级公路					等外里程	有铺装路面			简易铺装路面（次高级）	未铺装路面（中级、低级、无路面）	晴雨通车里程	可绿化里程	绿化里程	养护里程
				合计	一级	二级	三级	四级		合计	沥青混凝土	水泥混凝土						
C257141102	307 线—义居	307 线—义居	0.32	0.32	0	0	0	0.32	0	0.32	0	0.32	0	0	0.32	0.32	0	0.32
C258141102	后瓦窑坡—高崖湾村	后瓦窑坡—高崖湾村	1.09	1.09	0	0	0	1.09	0	1.09	0	1.09	0	0	1.09	1.09	0	1.09
C259141102	高崖湾—吉家村	高崖湾—吉家村	1.80	1.80	0	0	0	1.80	0	1.80	0	1.80	0	0	1.80	1.80	0	1.80
C260141102	大穆问—大穆问后村	大穆问—大穆问后村	0.88	0.88	0	0	0	0.88	0	0.88	0	0.88	0	0	0.88	0.88	0	0.88
C261141102	大穆问村—小穆问村	大穆问村—小穆问村	0.56	0.56	0	0	0	0.56	0	0.56	0	0.56	0	0	0.56	0.56	0	0.56
C262141102	穆问村—大穆问村	穆问村—大穆问村	0.40	0.40	0	0	0	0.40	0	0.40	0	0.40	0	0	0.40	0.40	0	0.40
C263141102	米五线—义居	米五线—义居	4.15	4.15	0	0	0	4.15	0	4.15	0	4.15	0	0	4.15	4.15	0	4.15
C264141102	旧 307 线—上楼桥砖厂	旧 307 线—上楼桥砖厂	0.64	0.64	0	0	0	0.64	0	0	0	0	0.64	0	0.64	0.64	0	0.64
C265141102	黄上线—上王营庄	黄上线—上王营庄	1.14	1.14	0	0	0	1.14	0	1.14	0	1.14	0	0	1.14	1.14	0	1.14

续表 6-1

路线编号	路线名称或单位	起讫地点	里程	等级公路					等外里程	有铺装路面			简易铺装路面（次高级）	未铺装路面（中级、低级、无路面）	晴雨通车里程	可绿化里程	绿化里程	养护里程
				合计	一级	二级	三级	四级		合计	沥青混凝土	水泥混凝土						
C266141102	油房坪—龙房里	油房坪—龙房里	1.13	1.13	0	0	0	1.13	0	1.13	0	1.13	0	0	1.13	1.13	0	1.13
C267141102	黄油线—海则里	黄油线—海则里	0.57	0.57	0	0	0	0.57	0	0.57	0	0.57	0	0	0.57	0.57	0	0.57
C268141102	盛地沟—许家山	盛地沟—许家山	1.52	1.52	0	0	0	1.52	0	1.52	0	1.52	0	0	1.52	1.52	0	1.52
C269141102	许家山—许家山村西	许家山—许家山村西	0.32	0.32	0	0	0	0.32	0	0.32	0	0.32	0	0	0.32	0.32	0	0.32
C270141102	高岭上煤矿—高岭上	高岭上煤矿—高岭上	1.18	1.18	0	0	0	1.18	0	1.18	0	1.18	0	0	1.18	1.18	0	1.18
C271141102	瓦大线—大中咀	瓦大线—大中咀	0.21	0.21	0	0	0	0.21	0	0.21	0	0.21	0	0	0.21	0.21	0	0.21
C272141102	307 线—海则里	307 线—海则里	0.87	0.88	0	0	0	0.87	0	0.87	0	0.87	0	0	0.87	0.87	0	0.87
C273141102	西茂线—茂塔沟	西茂线—茂塔沟	0.58	0.58	0	0	0	0.58	0	0.58	0	0.58	0	0	0.58	0.58	0	0.58
C274141102	碳窑里煤矿—碳窑里村	碳窑里煤矿—碳窑里村	0.87	0.87	0	0	0	0.87	0	0.87	0	0.87	0	0	0.87	0.87	0	0.87

续表 6-1

路线编号	路线名称或单位	起讫地点	里程	等级公路					等外里程	有铺装路面			简易铺装路面（次高级）	未铺装路面（中级、低级、无路面）	晴雨通车里程	可绿化里程	绿化里程	养护里程
				合计	一级	二级	三级	四级		合计	沥青混凝土	水泥混凝土						
C275141102	307 线—任家塔村北	307 线—任家塔村北	0.42	0.42	0	0	0	0.42	0	0.42	0	0.42	0	0	0.42	0.42	0	0.42
C276141102	307 线—大象养鸡厂	307 线—大象养鸡厂	2.14	2.14	0	0	0	2.14	0	2.14	0	2.14	0	0	2.14	2.14	0	2.14
C277141102	宋家焉—缩缩岭	宋家焉—缩缩岭	2.55	2.55	0	0	0	2.55	0	2.55	0	2.55	0	0	2.55	2.55	0	2.55
C278141102	307 线—南海滩村南	307 线—南海滩村南	0.62	0.62	0	0	0	0.62	0	0.62	0	0.62	0	0	0.62	0.62	0	0.62
C279141102	大交线—上安	大交线—上安	1.78	1.78	0.84	0	0.93	0	0	1.77	0	1.77	0	0	1.77	1.77	0	1.77
C280141102	上安小学—上安前村	上安小学—上安前村	0.42	0.42	0	0	0	0.42	0	0.42	0	0.42	0	0	0.42	0.42	0	0.42
C281141102	留沙线—东属巴村东	留沙线—东属巴村东	0.45	0.45	0	0	0	0.45	0	0.45	0	0.45	0	0	0.45	0.45	0	0.45
C282141102	大交线—上安真武庙	大交线—上安真武庙	0.94	0.94	0	0	0	0.94	0	0.94	0	0.94	0	0	0.94	0.94	0	0.94
C283141102	大交线—上安北村头	大交线—上安北村头	0.34	0.34	0	0	0	0.34	0	0.34	0	0.34	0	0	0.34	0.34	0	0.34

续表 6-1

路线编号	路线名称或单位	起讫地点	里程	等级公路					等外里程	有铺装路面			简易铺装路面（次高级）	未铺装路面（中级、低级、无路面）	晴雨通车里程	可绿化里程	绿化里程	养护里程
				合计	一级	二级	三级	四级		合计	沥青混凝土	水泥混凝土						
C284141102	霜雾都旧村委—留沙线	霜雾都旧村委—留沙线	1.51	1.51	0	0	0	1.51	0	1.51	0	1.51	0	0	1.51	1.51	0	1.51
C285141102	霜雾都旧村—双留线	霜雾都旧村—双留线	0.41	0.41	0	0	0	0.41	0	0.41	0	0.41	0	0	0.41	0.41	0	0.41
C286141102	留沙线—东属巴	留沙线—东属巴	0.58	0.58	0	0	0	0.58	0	0.58	0	0.58	0	0	0.58	0.58	0	0.58
C287141102	留沙线—留子局	留沙线—留子局	0.73	0.73	0	0	0	0.73	0	0.73	0	0.73	0	0	0.73	0.73	0	0.73
C288141102	留沙线—留子局村南	留沙线—留子局村南	0.72	0.72	0	0	0	0.72	0	0.72	0	0.72	0	0	0.72	0.72	0	0.72
C289141102	307 线—下四皓	307 线—下四皓	1.11	1.11	0	0	0	1.11	0	1.11	0	1.11	0	0	1.11	1.11	0	1.11
C290141102	阳石村大桥—阳石村庙沟	阳石村大桥—阳石村庙沟	0.95	0.95	0	0	0.95	0	0	0.95	0	0.95	0	0	0.95	0.95	0	0.95
C291141102	阳石村介则沟—河畔	阳石村介则沟—河畔	0.33	0.33	0	0	0	0.33	0	0.33	0	0.33	0	0	0.33	0.33	0	0.33
C292141102	大信线—后石村	大信线—后石村	0.80	0.80	0	0	0	0.80	0	0.80	0	0.80	0	0	0.80	0.80	0	0.80

续表 6-1

路线编号	路线名称或单位	起讫地点	里程	等级公路					等外里程	有铺装路面			简易铺装路面（次高级）	未铺装路面（中级、低级、无路面）	晴雨通车里程	可绿化里程	绿化里程	养护里程
				合计	一级	二级	三级	四级		合计	沥青混凝土	水泥混凝土						
C293141102	米五线—后石东村	米五线—后石东村	0.88	0.88	0	0	0	0.88	0	0.88	0	0.88	0	0	0.88	0.88	0	0.88
C294141102	米五线—后石村西	米五线—后石村西	0.69	0.69	0	0	0	0.69	0	0.69	0	0.69	0	0	0.69	0.69	0	0.69
C295141102	米砖线—砖窑沟	米砖线—砖窑沟	0.85	0.85	0	0	0	0.85	0	0.85	0	0.85	0	0	0.85	0.85	0	0.85
C296141102	307 线—上四皓北村	307 线—上四皓北村	0.75	0.75	0	0	0	0.75	0	0.75	0	0.75	0	0	0.75	0.75	0	0.75
C297141102	307 线—李家沟	307 线—李家沟	0.34	0.34	0	0	0	0.34	0	0.34	0	0.34	0	0	0.34	0.34	0	0.34
C298141102	307 线—新隆	307 线—新隆	0.39	0.39	0	0	0	0.39	0	0.39	0	0.39	0	0	0.39	0.39	0	0.39
C299141102	米五线—信义东村	米五线—信义东村	0.36	0.36	0	0	0	0.36	0	0.36	0	0.36	0	0	0.36	0.36	0	0.36
C300141102	街上线—乔沟	街上线—乔沟	2.54	2.54	0	0	0	2.54	0	2.54	0	2.54	0	0	2.54	2.54	0	2.54
C301141102	米五线—信义小寺沟	米五线—信义小寺沟	0.43	0.43	0	0	0	0.43	0	0.43	0	0.43	0	0	0.43	0.43	0	0.43

续表 6-1

路线编号	路线名称或单位	起讫地点	里程	等级公路					等外里程	有铺装路面			简易铺装路面（次高级）	未铺装路面（中级、低级、无路面）	晴雨通车里程	可绿化里程	绿化里程	养护里程
				合计	一级	二级	三级	四级		合计	沥青混凝土	水泥混凝土						
C302141102	米五线—信义中学	米五线—信义中学	0.39	0.39	0	0	0	0.39	0	0.39	0	0.39	0	0	0.39	0.39	0	0.39
C303141102	米五线—贾沟里	米五线—贾沟里	0.34	0.34	0	0	0	0.34	0	0.34	0	0.34	0	0	0.34	0.34	0	0.34
C304141102	米五线—五道庙沟	米五线—五道庙沟	0.39	0.39	0	0	0	0.39	0	0.39	0	0.39	0	0	0.39	0.39	0	0.39
C305141102	米五线—信义村西	米五线—信义村西	0.35	0.35	0	0	0	0.35	0	0.35	0	0.35	0	0	0.35	0.35	0	0.35
C306141102	米五线—信义镇门前	米五线—信义镇门前	0.32	0.32	0	0	0	0.32	0	0.32	0	0.32	0	0	0.32	0.32	0	0.32
C307141102	信阳线—回龙塔	信阳线—回龙塔	0.35	0.35	0	0	0	0.35	0	0.35	0	0.35	0	0	0.35	0.35	0	0.35
C308141102	上丰村沟底—上丰村	上丰村沟底—上丰村	0.39	0.39	0	0	0	0.39	0	0.39	0	0.39	0	0	0.39	0.39	0	0.39
C309141102	米五线—德岗村	米五线—德岗村	0.64	0.64	0	0	0	0.64	0	0.64	0	0.64	0	0	0.64	0.64	0	0.64
C310141102	米五线—德岗村西	米五线—德岗村西	0.67	0.67	0	0	0	0.67	0	0.67	0	0.67	0	0	0.67	0.67	0	0.67

续表 6-1

路线编号	路线名称或单位	起讫地点	里程	等级公路					等外里程	有铺装路面			简易铺装路面（次高级）	未铺装路面（中级、低级、无路面）	晴雨通车里程	可绿化里程	绿化里程	养护里程
				合计	一级	二级	三级	四级		合计	沥青混凝土	水泥混凝土						
C311141102	米五线—德岗新建沟	米五线—德岗新建沟	0.33	0.33	0	0	0	0.33	0	0.33	0	0.33	0	0	0.33	0.33	0	0.33
C312141102	分水岭—歧则沟	分水岭—歧则沟	0.55	0.55	0	0	0	0.55	0	0.55	0	0.55	0	0	0.55	0.55	0	0.55
C313141102	米五线—王村	米五线—王村	0.4	0.4	0	0	0	0.4	0	0.4	0	0.4	0	0	0.4	0.4	0	0.4
C314141102	米五线–崖湾里	米五线—崖湾里	0.36	0.36	0	0	0	0.36	0	0.36	0	0.36	0	0	0.36	0.36	0	0.36
C315141102	307线—陈家塔前沟口	307线—陈家塔前沟口	1.28	1.28	0	0	0	1.28	0	1.28	0	1.28	0	0	1.28	1.28	0	1.28
C316141102	米五线—王村村北	米五线—王村村北	0.45	0.45	0	0	0	0.45	0	0.45	0	0.45	0	0	0.45	0.45	0	0.45
C317141102	街上—李家湾	街上—李家湾	0.96	0.96	0	0	0	0.96	0	0.96	0	0.96	0	0	0.96	0.96	0	0.96
C318141102	米五线—永红拔头岭	米五线—永红拔头岭	0.37	0.37	0	0	0	0.37	0	0.37	0	0.37	0	0	0.37	0.37	0	0.37
C319141102	永红村—宝峰山新路	永红村—宝峰山新路	4.64	4.64	0	0	0	4.64	0	4.64	0	4.64	0	0	4.64	4.64	0	4.64

续表 6-1

路线编号	路线名称或单位	起讫地点	里程	等级公路					等外里程	有铺装路面			简易铺装路面(次高级)	未铺装路面(中级、低级、无路面)	晴雨通车里程	可绿化里程	绿化里程	养护里程
				合计	一级	二级	三级	四级		合计	沥青混凝土	水泥混凝土						
C320141102	米五线—永红村小学	米五线—永红村小学	0.37	0.37	0	0	0	0.37	0	0.37	0	0.37	0	0	0.37	0.37	0	0.37
C321141102	307 线—古道	307 线—古道	0.32	0.32	0	0	0	0.32	0	0.32	0	0.32	0	0	0.32	0.32	0	0.32
C322141102	307 线—李家湾	307 线—李家湾	1.00	1.00	0	0	0	1.00	0	1.00	0	1.00	0	0	1.00	1.00	0	1.00
C323141102	上马赛—下马赛	上马赛—下马赛	2.42	2.42	0	0	0	2.42	0	2.42	0	2.42	0	0	2.42	2.42	0	2.42
C324141102	米五线—下马赛村	米五线—下马赛村	0.46	0.46	0	0	0	0.46	0	0.46	0	0.46	0	0	0.46	0.46	0	0.46
C325141102	河畔—沟门上	河畔—沟门上	0.64	0.64	0	0	0	0.64	0	0.64	0	0.64	0	0	0.64	0.64	0	0.64
C326141102	河畔—下萝卜	河畔—下萝卜	0.84	0.84	0	0	0	0.84	0	0.84	0	0.84	0	0	0.84	0.84	0	0.84
C327141102	307 线—街上村西	307 线—街上村西	0.30	0.30	0	0	0	0.30	0	0.30	0	0.30	0	0	0.30	0.30	0	0.30
C328141102	小神头孙家山—小神头当村	小神头孙家山—小神头当村	0.32	0.32	0	0	0	0.32	0	0.32	0	0.32	0	0	0.32	0.32	0	0.32

续表 6-1

路线编号	路线名称或单位	起讫地点	里程	等级公路					等外里程	有铺装路面			简易铺装路面（次高级）	未铺装路面（中级、低级、无路面）	晴雨通车里程	可绿化里程	绿化里程	养护里程
				合计	一级	二级	三级	四级		合计	沥青混凝土	水泥混凝土						
C329141102	米五线—崖窑湾	米五线—崖窑湾	0.42	0.42	0	0	0	0.42	0	0.42	0	0.42	0	0	0.42	0.42	0	0.42
C330141102	古吴线—下三交	古吴线—下三交	1.01	1.01	0	0	0	1.01	0	1.01	0	1.01	0	0	1.01	1.01	0	1.01
C331141102	高信线—磨湾	高信线—磨湾	0.35	0.35	0	0	0	0.35	0	0.35	0	0.35	0	0	0.35	0.35	0	0.35
C332141102	高信线—贾悟村东	高信线—贾悟村东	0.47	0.47	0	0	0	0.47	0	0.47	0	0.47	0	0	0.47	0.47	0	0.47
C333141102	贾悟村—新盛村	贾悟村—新盛村	0.52	0.52	0	0	0	0.52	0	0.52	0	0.52	0	0	0.52	0.52	0	0.52
C334141102	贾悟村东—贾悟村西	贾悟村东—贾悟村西	0.37	0.37	0	0	0	0.37	0	0.37	0	0.37	0	0	0.37	0.37	0	0.37
C339141102	米五线—新窑上	米五线—新窑上	1.62	1.62	0	0	0	1.62	0	1.62	0	1.62	0	0	1.62	1.62	0	1.62
C340141102	三四零—贺家塔西头沟	三四零—西头沟大桥上	0.55	0.55	0	0	0	0.55	0	0.55	0	0.55	0	0	0.55	0.55	0	0.55
C341141102	米五线—吴家庄	米五线—吴家庄	0.86	0.86	0	0	0	0.86	0	0.86	0	0.86	0	0	0.86	0.86	0	0.86

续表 6-1

路线编号	路线名称或单位	起讫地点	里程	等级公路					等外里程	有铺装路面			简易铺装路面（次高级）	未铺装路面（中级、低级、无路面）	晴雨通车里程	可绿化里程	绿化里程	养护里程
				合计	一级	二级	三级	四级		合计	沥青混凝土	水泥混凝土						
C342141102	康家岭—牛家里	康家岭—牛家里	2.81	2.81	0	0	0	2.81	0	2.81	0	2.81	0	0	2.81	2.81	0	2.81
C344141102	牛家里—上丰村	牛家里—上丰村	11.17	11.17	0	0	0	11.17	0	11.17	0	11.17	0	0	11.17	11.17	0	11.17
C345141102	小西线—新山湾	小西线—新山湾	0.47	0.47	0	0	0	0.47	0	0.47	0	0.47	0	0	0.47	0.47	0	0.47
C346141102	米五线—尹家庄	米五线—尹家庄	0.71	0.71	0	0	0	0.71	0	0.71	0	0.71	0	0	0.71	0.71	0	0.71
C347141102	米五线—尹家庄村南	米五线—尹家庄村南	0.43	0.43	0	0	0	0.43	0	0.43	0	0.43	0	0	0.43	0.43	0	0.43
C348141102	陈上线—陈家塔村西	陈上线—陈家塔村西	0.83	0.83	0	0	0	0.83	0	0.83	0	0.83	0	0	0.83	0.83	0	0.83
C349141102	米五线—严村	米五线—严村	0.53	0.53	0	0	0	0.53	0	0.53	0	0.53	0	0	0.53	0.53	0	0.53
C350141102	米五线—团结路	米五线—团结路	0.54	0.54	0	0	0	0.54	0	0.54	0	0.54	0	0	0.54	0.54	0	0.54
C351141102	米五线—归化	米五线—归化	0.76	0.76	0	0	0	0.76	0	0.76	0	0.76	0	0	0.76	0.76	0	0.76

续表 6-1

路线编号	路线名称或单位	起讫地点	里程	等级公路					等外里程	有铺装路面			简易铺装路面（次高级）	未铺装路面（中级、低级、无路面）	晴雨通车里程	可绿化里程	绿化里程	养护里程
				合计	一级	二级	三级	四级		合计	沥青混凝土	水泥混凝土						
C352141102	米五线—邢家庄	米五线—邢家庄	0.34	0.34	0	0	0	0.34	0	0.34	0	0.34	0	0	0.34	0.34	0	0.34
C353141102	归宝线—塔则沟	归宝线—塔则沟	0.62	0.62	0	0	0	0.62	0	0.62	0	0.62	0	0	0.62	0.62	0	0.62
C354141102	米五线—秦家崖	米五线—秦家崖	0.60	0.60	0	0	0	0.60	0	0.60	0	0.60	0	0	0.60	0.60	0	0.60
C355141102	陈上线—陈家塔村北	陈上线—陈家塔村北	0.43	0.43	0	0	0	0.43	0	0.43	0	0.43	0	0	0.43	0.43	0	0.43
C356141102	米五线—宝峰山	米五线—宝峰山	2.02	2.02	0	0	0	2.02	0	2.02	0	2.02	0	0	2.02	2.02	0	2.02
C357141102	307 线—薛公沟	307 线—薛公沟	0.42	0.42	0	0	0	0.42	0	0.42	0	0.42	0	0	0.42	0.42	0	0.42
C358141102	307 线—牛尾沟	307 线—牛尾沟	0.77	0.77	0	0	0	0.77	0	0.77	0	0.77	0	0	0.77	0.77	0	0.77
C359141102	水井沟村东—水井沟村西	水井沟村东—水井沟村西	0.363	0.36	0	0	0	0.36	0	0.36	0	0.36	0	0	0.36	0.36	0	0.36
C360141102	307 线—前薛公沟	307 线—前薛公沟	0.40	0.40	0	0	0	0.40	0	0.40	0	0.40	0	0	0.40	0.40	0	0.40

续表 6-1

路线编号	路线名称或单位	起讫地点	里程	等级公路					等外里程	有铺装路面			简易铺装路面（次高级）	未铺装路面（中级、低级、无路面）	晴雨通车里程	可绿化里程	绿化里程	养护里程
				合计	一级	二级	三级	四级		合计	沥青混凝土	水泥混凝土						
C361141102	古吴线—九里湾村东	古吴线—九里湾村东	0.69	0.69	0	0	0	0.69	0	0.69	0	0.69	0	0	0.69	0.69	0	0.69
C362141102	陈上线—陈家塔	陈上线—陈家塔	0.83	0.83	0	0	0	0.83	0	0.83	0	0.83	0	0	0.83	0.83	0	0.83
C363141102	古吴线—九里湾村西	古吴线—九里湾村西	0.62	0.62	0	0	0	0.62	0	0.62	0	0.62	0	0	0.62	0.62	0	0.62
C373141102	307 线—水井沟	307 线—水井沟	0.35	0.35	0	0	0	0.35	0	0.35	0	0.35	0	0	0.35	0.35	0	0.35
C375141102	段家焉—滴瓦线	段家焉村—滴瓦线	3.89	3.89	0	0	0	3.89	0	3.89	0	3.89	0	0	3.89	3.89	0	3.89
C376141102	店梁线—赵呼线	店梁线—呼家山	4.79	4.79	0	0	0	4.79	0	4.79	0	4.79	0	0	4.79	4.79	0	4.79
C378141102	赵家山—卧龙焉	赵家山—卧龙焉	3.88	3.88	0	0	0	3.88	0	3.88	0	3.88	0	0	3.88	3.88	0	3.88
C380141102	店梁线—俭崖局村路	店梁线—俭崖局	0.53	0.53	0	0	0	0.53	0	0.53	0	0.53	0	0	0.53	0.53	0	0.53

续表 6-1

路线编号	路线名称或单位	起讫地点	里程	等级公路					等外里程	有铺装路面			简易铺装路面（次高级）	未铺装路面（中级、低级、无路面）	晴雨通车里程	可绿化里程	绿化里程	养护里程
				合计	一级	二级	三级	四级		合计	沥青混凝土	水泥混凝土						
C382141102	店梁线—山焉	店梁线—山焉	8.02	8.02	0	0	0	8.02	0	8.02	0	8.02	0	0	8.02	8.02	0	8.02
C385141102	呼北线—盛地村	呼北线—盛地村	1.32	1.32	0	0	0	1.32	0	1.32	0	1.32	0	0	1.32	1.32	0	1.32
C387141102	盛地西—盛地南	盛地西—盛地南	0.56	0.56	0	0	0	0.56	0	0.56	0	0.56	0	0	0.56	0.56	0	0.56
C388141102	盛地村—盛地西	盛地村—盛地西	1.76	1.76	0	0	0	1.76	0	1.76	0	1.76	0	0	1.76	1.76	0	1.76
C389141102	呼北线—缩缩里新村后	呼北线—缩缩里新村后	0.74	0.74	0	0	0	0.74	0	0.74	0	0.74	0	0	0.74	0.74	0	0.74
C390141102	呼北线—西属巴村西	呼北线—西属巴村西	0.77	0.77	0	0	0	0.77	0	0.77	0	0.77	0	0	0.77	0.77	0	0.77
C392141102	呼北线—西属巴村东	呼北线—西属巴村东	0.50	0.50	0	0	0	0.50	0	0.50	0	0.50	0	0	0.50	0.50	0	0.50
C393141102	呼北线—西属巴村南	呼北线—洼里	0.61	0.61	0	0	0	0.61	0	0.61	0	0.61	0	0	0.61	0.61	0	0.61

续表 6-1

路线编号	路线名称或单位	起讫地点	里程	等级公路					等外里程	有铺装路面			简易铺装路面（次高级）	未铺装路面（中级、低级、无路面）	晴雨通车里程	可绿化里程	绿化里程	养护里程
				合计	一级	二级	三级	四级		合计	沥青混凝土	水泥混凝土						
C394141102	呼北线—上安新区	呼北线—呼北线	1.42	1.42	0	0	1.42	0	0	1.42	0	1.42	0	0	1.42	1.42	0	1.42
C396141102	呼北线—霜雾都	呼北线—花果山	2.58	2.58	0	0	0	2.58	0	2.58	0	2.58	0	0	2.58	2.58	0	2.58
C397141102	东属巴—高梨峁	东属巴—高梨峁	2.31	2.31	0	0	0	2.31	0	2.31	0	2.31	0	0	2.31	2.31	0	2.31
C398141102	留子局—留横线	留子局—留子局村东	4.04	4.04	0	0	0	4.04	0	4.04	0	4.04	0	0	4.04	4.04	0	4.04
C400141102	呼北线—枣架	呼北线—西塔梁	0.87	0.87	0	0	0	0.87	0	0.87	0	0.87	0	0	0.87	0.87	0	0.87
C402141102	歧则沟新农村—贺家山村	歧则沟新农村—贺家山村	4.01	4.01	0	0	0	4.01	0	4.01	0	4.01	0	0	4.01	4.01	0	4.01
C403141102	呼北线—歧则沟东塔山	呼北线—歧则沟东塔山	0.79	0.79	0	0	0	0.79	0	0.79	0	0.79	0	0	0.79	0.79	0	0.79
C407141102	呼北线—交口村路	呼北线—交口村	0.94	0.94	0.94	0	0	0	0	0	0	0	0.94	0	0.94	0.94	0	0.94

续表 6-1

路线编号	路线名称或单位	起讫地点	里程	等级公路					等外里程	有铺装路面			简易铺装路面（次高级）	未铺装路面（中级、低级、无路面）	晴雨通车里程	可绿化里程	绿化里程	养护里程
				合计	一级	二级	三级	四级		合计	沥青混凝土	水泥混凝土						
C408141102	汾柳线—贺家塔村路	汾柳线—鑫富制管厂	0.70	0.70	0	0	0	0.70	0	0.70	0	0.70	0	0	0.70	0.70	0	0.70
C410141102	三梁线—梁家焉村北路	三梁线—明星	1.05	1.05	0	0	0	1.05	0	1.05	0	1.05	0	0	1.05	1.05	0	1.05
C412141102	后乔线—园圪蛋	后乔线—园圪蛋	1.13	1.13	0	0	0	1.13	0	1.13	0	1.13	0	0	1.13	1.13	0	1.13
C413141102	大交线—西崖底村路	大交线—赵三孩	0.60	0.60	0	0	0	0.60	0	0.60	0	0.60	0	0	0.60	0.60	0	0.60
C416141102	呼后线—后赵家庄	呼后线—兴务收购站	0.74	0.74	0	0	0	0.74	0	0.74	0	0.74	0	0	0.74	0.74	0	0.74
C419141102	七里滩—水峪里	七里滩—水峪里	1.75	1.75	0	0	0	1.75	0	1.75	0	1.75	0	0	1.75	1.75	0	1.75
C420141102	红眼川乡—师家峁煤矿	红眼川乡—师家峁煤矿	1.10	1.10	0	0	0	1.10	0	1.10	0	1.10	0	0	1.10	1.10	0	1.10
C423141102	红眼川乡—大七线	红眼川乡—大七线	1.40	1.40	0	0	0	1.40	0	1.40	0	1.40	0	0	1.40	1.40	0	1.40

续表 6-1

路线编号	路线名称或单位	起讫地点	里程	等级公路 合计	等级公路 一级	等级公路 二级	等级公路 三级	等级公路 四级	等外里程	有铺装路面 合计	有铺装路面 沥青混凝土	有铺装路面 水泥混凝土	简易铺装路面（次高级）	未铺装路面（中级、低级、无路面）	晴雨通车里程	可绿化里程	绿化里程	养护里程
C424141102	殷家山—唐则焉	殷家山—唐则焉	2.03	2.03	0	0	0	2.03	0	2.03	0	2.03	0	0	2.03	2.03	0	2.03
C425141102	唐则焉前村—后村	唐则焉—后村	1.10	1.10	0	0	0	1.10	0	1.10	0	1.10	0	0	1.10	1.10	0	1.10
C427141102	新崖上—七刘线	新崖上—七刘线	2.61	2.61	0	0	0	2.61	0	2.61	0	2.61	0	0	2.61	2.61	0	2.61
C428141102	黄银线—卧牛焉山顶	黄银线—卧牛焉山顶	1.71	1.71	0	1.71	0	0	0	1.71	0	1.71	0	0	1.71	1.71	0	1.71
C429141102	张家庄观察台—卧牛焉山顶东	张家庄观察台—卧牛焉山顶东	0.84	0.84	0	0	0	0.84	0	0.84	0	0.84	0	0	0.84	0.84	0	0.84
C430141102	卧牛焉—刘家湾	卧牛焉—刘家湾	1.91	1.91	0	0	0	1.91	0	1.91	0	1.91	0	0	1.91	1.91	0	1.91

第三节 铁 路

太中银铁路离石段

太中银铁路离石段简介 太原至中卫（银川）铁路，简称太中银铁路，是国家“十一五”时期工程建设重点项目。线路东起太原市榆次编组站，西达包兰线迎水桥编组站（支线至银川站），跨越山西省西南部、陕西省北部、宁夏回族自治区北部地区，横穿23个县市区，三跨黄河。线路全长944千米，设计行车速度160千米/小时，预留提速200千米/小时条件。吕梁市境内从汾阳市入境，穿越吕梁山，沿东川河进入离石区内吴城镇，终点在离石区王家塔村出境进入柳林县。离石区境内全长45千米，并设吕梁火车站1处。2004年，太中银铁路离石段测设、放线，2005年开工建设，2010年底建成，2011年1月11日正式通车运营。离石区境内沿线有桥梁12座、大小隧道11处。

太中银铁路吕梁火车站简介 火车站位于离石区境内太中银铁路中心桩号1128千米216米处，即离石区上安村和下安村之间，2006年4月开工建设，2009年竣工，2011年1月1日正式运营。火车站是太中银铁路太原站到银川站区段上的一个段管二等站，隶属太原车务段管辖，技术性质为中间站，业务性质为客货运站，截至2015年底，火车站只办理客运业务。车站有正线2条、到发线4条；到发线有效长度最短为1080米（3道）、最长1138米（4道）；有机待线1条、安全线2条、牵出线1条、货物线1条。车站客运站房占地面积约5930平方米，其中候车大厅面积约1941平方米，有座椅800个，能容纳旅客3000人；售票大厅面积187平方米，设售票窗口12个（其中1个为残疾人售票窗口）、自动取票机3台，能容纳旅客200人。该站设站长1名、党支部书记1名、副站长3名、技术人员2名。有客运班组3个、行车班组1个，共有干部职工104名，其中党员24名。截至2015年底，车站有始发、通过旅客列车对数39列；发送旅客153万人，日均发送旅客4100人，客运收入8253万元。

吕梁山隧道简介 吕梁山隧道为太中银铁路重点控制工程，穿越汾阳至离石间的吕梁山脉，为两条单线单向坡隧道，2006年4月开工建设，2009年竣工，2011年1月11日开通运营。各长20.7千米。隧道东进口位于汾阳市栗家庄上林舍村西北侧，西出口位于离石区吴城镇西南侧的吴城水库库区边缘。汾阳进口高程1105米，离石出口高程1330米，高差225米。从东向西隧道以11‰坡度连续上坡。吕梁山隧道为亚洲铁路隧道第三长、中国铁路隧道第三长，工程总投资为4.6亿元。

吕临支线离石段

吕梁至临县（孟门）铁路支线从太中银铁路吕梁站引出，经大武镇到达三交，途经吕梁市的离石区、方山县、临县，线路全长48.11千米，铁路等级为II级，速度目标值

100千米/小时，是1条煤运专线。

吕临线路离石段自上安村上清观（吕梁火车站出站端）起，至盛地沟红花梁止，于2010年4月1日开工，2014年12月30日竣工通车。正线全长14.4千米。沿线有桥梁10座，其中特大桥2530.6米/2座、大桥1156.45米/5座、中桥304.19米/3座。有各类涵洞21座，总长340.14米；有隧道3座，总长2590米，其中西属巴隧道1579米、盛地沟隧道453米、红花梁隧道558米。在西属巴建有货物车站1处。

2015年太中银铁路离石区桥梁情况统计表

表6-2

桥号	桥名	行别	中心里程桩号	所在区间	股道数	桥全长（米）	桥头里程桩号	桥尾里程桩号
116	北川河特大桥	双	1125.699	吴城—吕梁	2	1892.92	1124.75	1126.65
117	下安Ⅰ、3线中桥	双	1127.702	吴城—吕梁	2	70.42	1127.67	1127.74
117A	下安Ⅱ、4线中桥	双	1127.705	吴城—吕梁	2	70.42	1127.67	1127.74
117B	下安6、8线中桥	双	1127.709	吴城—吕梁	2	71.41	1127.67	1127.75
119	赵家庄特大桥	双	1130.158	吕梁—柳林南	2	1650.88	1129.33	1130.98
120	西崖底特大桥	双	1132.926	吕梁—柳林南	2	1289.31	1132.28	1133.57
121	王家坡大桥	双	1134.555	吕梁—柳林南	2	306.17	1134.40	1137.71
122	乔家塔大桥	双	1136.633	吕梁—柳林南	2	352.84	1136.46	1136.81
123	王家塔大桥	双	1137.902	吕梁—柳林南	2	131.93	1137.84	1137.97
124	贺家塔中桥	双	1138.523	吕梁—柳林南	2	108.68	1138.47	1138.58
125	贺家塔大桥	双	1138.726	吕梁—柳林南	2	205.71	1138.62	1138.83
126	贺家塔三川河特大桥	双	1139.3	吕梁—柳林南	2	690.48	1138.96	1139.65

2015年太中银铁路离石区境内隧道明细表

表6-3

隧道号	隧道名	行别	中心里程桩号	全长（米）	所在区间	进口里程桩号	出口里程桩号
038	赵家庄1号隧道	双	1131.397	768	吕梁—柳林南	1131.01	1131.78
039	赵家庄2号隧道	双	1134.929	188	吕梁—柳林南	1131.84	1132.02

续表 6-3

隧道号	隧道名	行别	中心里程桩号	全长（米）	所在区间	进口里程桩号	出口里程桩号
040	王家坡隧道	双	1133.975	807	吕梁—柳林南	1133.57	1134.38
041	石盘村 1 号隧道	双	1135.061	700	吕梁—柳林南	1134.71	1135.41
042	石盘村 2 号隧道	双	1135.64	301	吕梁—柳林南	1135.49	1135.79
043	石盘村 3 号隧道	双	1135.136	619	吕梁—柳林南	1135.83	1136.45
044	石盘村 4 号隧道	双	1137.016	387	吕梁—柳林南	1136.82	1137.21
045	乔家塔隧道	双	1137.535	566	吕梁—柳林南	1137.25	1137.82
046	贺家塔隧道	双	1138.17	375	吕梁—柳林南	1137.98	1137.36
047	梁家会 1 号隧道	双	1139.848	210	吕梁—柳林南	1139.74	1139.95
048	梁家会 2 号隧道	双	1140.21	442	吕梁—柳林南	1140.00	1140.43

注：表中不包括吕梁山隧道。

第二章 公路桥梁 涵洞 隧道

第一节 公路桥梁

高速公路桥梁

高速公路桥梁数量 截至2015年底，离石区境内高速公路上共有各种桥梁76座，其中青银高速公路离石境内有桥梁49座，包括特大桥梁1座，大桥21座，中桥11座，小桥16座；临离高速离石境内有桥梁13座，包括大桥10座，中桥3座；吕梁环城高速离石境内有桥梁14座，包括特大桥1座，大桥10座，中桥3座。

青银高速公路特大桥 大桥

离石高架桥（G20141102L0400） 位于青银高速公路中心桩号1007千米+905米处。2005年10月28日建成通车。由中铁十二局集团第四工程公司和沈阳铁路工程建设集团公司联合施工承建。为跨越离石城龙凤大街和国道209线的永久性特大桥、政府收费还贷桥、上行桥，非互通。桥梁长度2946.5米，跨径总长2940米，主桥主跨135米，主桥孔数78孔，跨径组合53孔35米+1孔85米+1孔135米+1孔85米+5孔35米+2孔30米+4孔35米+2孔30米+3孔35米+1孔30米+1孔37.5米+1孔65米+1孔37.5米+2孔35米，设计荷载等级公路I级。上部结构为斜拉桥，材料为钢筋混凝土，桥面铺装沥青混凝土路面，桥面全宽25米，净宽22米，桥下净空25米，抗震等级0.05或6度，不通航，为弯坡桥。截至2015年底，该桥技术状况评定为一类，通行能力和宣泄能力均正常。

牛尾沟大桥（G20141102L0060） 位于青银高速公路中心桩号966千米+571米处。2005年10月28日建成通车。由中国港湾建设集团总公司施工承建。为跨越沟壑的永久性大桥、政府收费还贷桥、上行桥，非互通。桥梁长度230米，跨径总长225米，主桥主跨25米，主桥孔数9孔，跨径组合9孔25米，设计荷载等级公路I级。上部结构为箱形梁，材料为钢筋混凝土，桥面铺装沥青混凝土路面，桥面全宽24.6米，净宽22米，桥下净空18米，抗震等级0.05或6度，不通航，为弯坡桥。截至2015年底，该桥技术状况评定为一类，通行能力和宣泄能力均正常。

罗卜沟大桥（G20141102L0120） 位于青银高速公路中心桩号972千米+391米处。2005年10月28日建成通车。由山西运城路桥有限公司施工承建。为跨越沟壑的永久性大桥、政府收费还贷桥、上行桥，非互通。桥梁长度367米，跨径总长360米，主桥主跨40米，主桥孔数9孔，跨径组合9孔40米，设计荷载等级公路I级。上部结构为T形梁，材料为钢筋混凝土，桥面铺装沥青混凝土路面，桥面全宽24.5米，净宽22米，桥下净空30米，抗震等级 0.05 或 6 度，不通航，为弯桥。截至 2015 年底，该桥技术状况评定为一类，通行能力和宣泄能力均正常。

南山沟大桥（G20141102L0130）　位于青银高速公路中心桩号 974 千米 +127 米处。2005 年 10 月 28 日建成通车。由山西运城路桥有限公司施工承建。为跨越沟壑的永久性大桥、政府收费还贷桥、上行桥，一般互通，互通形式为苜蓿叶式，互通交叉方式为上跨。桥梁长度 155.79 米，跨径总长 150 米，主桥主跨 25 米，主桥孔数 6 孔，跨径组合 6 孔 25 米，设计荷载等级公路Ⅰ级。上部结构为箱形梁，材料为钢筋混凝土，桥面铺装沥青混凝土路面，桥面全宽 24.5 米，净宽 22 米，桥下净空 23 米，抗震等级 0.05 或 6 度，不通航，为弯坡桥。截至 2015 年底，该桥技术状况评定为一类，通行能力和宣泄能力均正常。

于家沟大桥（G20141102L0160）　位于青银高速公路中心桩号 976 千米 +331 米处。2005 年 10 月 28 日建成通车。由中铁十四局集团第二工程有限公司施工承建。为跨越沟壑的永久性大桥、政府收费还贷桥、上行桥，非互通。桥梁长度 207 米，跨径总长 200 米，主桥主跨 50 米，主桥孔数 4 孔，跨径组合 4 孔 50 米，设计荷载等级公路Ⅰ级。上部结构为 T 形梁，材料为钢筋混凝土，桥面铺装沥青混凝土路面，桥面全宽 24.5 米，净宽 22 米，桥下净空 32 米，抗震等级 0.05 或 6 度，不通航，为弯坡桥。截至 2015 年底，该桥技术状况评定为一类，通行能力和宣泄能力均正常。

南海滩大桥（G20141102L0200）　位于青银高速公路中心桩号 982 千米 +726 米处。2005 年 10 月 28 日建成通车。由北京城建集团有限责任公司施工承建。为跨越沟壑的永久性大桥、政府收费还贷桥、上行桥，非互通。桥梁长度 277.5 米，跨径总长 270 米，主桥主跨 30 米，主桥孔数 9 孔，跨径组合 9 孔 30 米，设计荷载等级公路Ⅰ级。上部结构为箱形梁，材料为钢筋混凝土，桥面铺装沥青混凝土路面，桥面全宽 24.5 米，净宽 22 米，桥下净空 30 米，抗震等级 0.05 或 6 度，不通航，为弯坡桥。截至 2015 年底，该桥技术状况评定为一类，通行能力和宣泄能力均正常。

洞沟大桥（G20141102L0210）　位于青银高速公路中心桩号 987 千米 +416 米处。2005 年 10 月 28 日建成通车。由山西省临汾路桥有限公司施工承建。为跨越沟壑的永久性大桥、政府收费还贷桥、上行桥，非互通。桥梁长度 247.04 米，跨径总长 240 米，主桥主跨 40 米，主桥孔数 6 孔，跨径组合 6 孔 40 米，设计荷载等级公路Ⅰ级。上部结构为 T 形梁，材料为钢筋混凝土，桥面铺装沥青混凝土路面，桥面全宽 24.5 米，净宽 22 米，桥下净空 28 米，抗震等级 0.05 或 6 度，不通航，为弯坡桥。截至 2015 年底，该桥技术状况评定为一类，通行能力和宣泄能力均正常。

北遮沟大桥（G20141102L0220）　位于青银高速公路中心桩号 991 千米 +21 米处。2005 年 10 月 28 日建成通车。由山西省临汾路桥有限公司施工承建。为跨越沟壑的永久性大桥、政府收费还贷桥、上行桥，非互通。桥梁长度 287.04 米，跨径总长 280 米，主桥主跨 40 米，主桥孔数 7 孔，跨径组合 7 孔 40 米，设计荷载等级公路 I 级。上部结构为 T 形梁，材料为钢筋混凝土，桥面铺装沥青混凝土路面，桥面全宽 24.5 米，净宽 21 米，桥下净空 25 米，抗震等级 0.05 或 6 度，不通航，为弯坡桥。截至 2015 年底，该桥技术状况评定为一类，通行能力和宣泄能力均正常。

铁炉沟大桥（G20141102L0230） 位于青银高速公路中心桩号 992 千米 +976 米处。2005 年 10 月 28 日建成通车。由山西省临汾路桥有限公司施工承建。为跨越沟壑的永久性大桥、政府收费还贷桥、上行桥，非互通。桥梁长度 125 米，跨径总长 120 米，主桥主跨 30 米，主桥孔数 4 孔，跨径组合 4 孔 30 米，设计荷载等级公路 I 级。上部结构为箱形梁，材料为钢筋混凝土，桥面铺装沥青混凝土路面，桥面全宽 24.5 米，净宽 22 米，桥下净空 23 米，抗震等级 0.05 或 6 度，不通航，为坡桥。截至 2015 年底，该桥技术状况评定为一类，通行能力和宣泄能力均正常。

上楼桥 1 号大桥（G20141102L0260） 位于青银高速公路中心桩号 994 千米 +636 米处。2005 年 10 月 28 日建成通车。由山西省运城路桥有限公司施工承建。为跨越上楼桥村村道的永久性大桥、政府收费还贷桥、上行桥，非互通。桥梁长度 187.5 米，跨径总长 180 米，主桥主跨 30 米，主桥孔数 6 孔，跨径组合 6 孔 30 米，设计荷载等级公路 I 级。上部结构为箱形梁，材料为钢筋混凝土，桥面铺装沥青混凝土路面，桥面全宽 24.5 米，净宽 22 米，桥下净空 20 米，抗震等级 0.05 或 6 度，不通航，为常规桥。截至 2015 年底，该桥技术状况评定为一类，通行能力和宣泄能力均正常。

上楼桥 2 号大桥（G20141102L0270） 位于青银高速公路中心桩号 995 千米 +546 米处。2005 年 10 月 28 日建成通车。由山西省运城路桥有限公司施工承建。为跨越上楼桥村村道的永久性大桥、政府收费还贷桥、上行桥，非互通。桥梁长度 215.04 米，跨径总长 210 米，主桥主跨 30 米，主桥孔数 7 孔，跨径组合 7 孔 30 米，设计荷载等级公路 I 级。上部结构为箱形梁，材料为钢筋混凝土，桥面铺装沥青混凝土路面，桥面全宽 24.5 米，净宽 22 米，桥下净空 30 米，抗震等级 0.05 或 6 度，不通航，为弯坡桥。截至 2015 年底，该桥技术状况评定为一类，通行能力和宣泄能力均正常。

火石沟大桥（G20141102L0320） 位于青银高速公路中心桩号 1000 千米 +540 米处。2005 年 10 月 28 日建成通车。由太原路桥建设有限公司施工承建。为跨越离石东匝道的永久性大桥、政府收费还贷桥、上行桥，互通类型为一般互通，互通形式为其他型，互通交叉方式为上跨。桥梁长度 287 米，跨径总长 280 米，主桥主跨 40 米，主桥孔数 7 孔，跨径组合 7 孔 40 米，设计荷载等级公路 I 级。上部结构为 T 形梁，材料为钢筋混凝土，桥面铺装沥青混凝土路面，桥面全宽 24.5 米，净宽 22 米，桥下净空 30 米，抗震等级 0.05 或 6 度，不通航，为弯坡桥。截至 2015 年底，该桥技术状况评定为一类，通行能力和宣泄能力均正常。

七里滩大桥（G20141102L0330） 位于青银高速公路中心桩号 1001 千米 +784 米处。

2005 年 10 月 28 日建成通车。由中铁四局集团有限公司施工承建。为跨越七里滩河的永久性大桥、政府收费还贷桥、上行桥，非互通。桥梁长度 217.5 米，跨径总长 210 米，主桥主跨 30 米，主桥孔数 7 孔，跨径组合 7 孔 30 米，设计荷载等级公路 I 级。上部结构为箱形梁，材料为钢筋混凝土，桥面铺装沥青混凝土路面，桥面全宽 24.5 米，净宽 22 米，桥下净空 24 米，抗震等级 0.05 或 6 度，不通航，为弯桥。截至 2015 年底，该桥技术状况评定为一类，通行能力和宣泄能力均正常。

炭窑沟大桥（G20141102L0340） 位于青银高速公路中心桩号 1002 千米 +744 米处。2005 年 10 月 28 日建成通车。由中铁四局集团有限公司施工承建。为跨越沟壑的永久性大桥、政府收费还贷桥、上行桥，非互通。桥梁长度 207 米，跨径总长 200 米，主桥主跨 90 米，主桥孔数 3 孔，跨径组合 1 孔 55 米 +1 孔 90 米 +1 孔 55 米，设计荷载等级公路 I 级。上部结构为连续刚构桥，材料为钢筋混凝土，桥面铺装沥青混凝土路面，桥面全宽 24.5 米，净宽 22 米，桥下净空 30 米，抗震等级 0.05 或 6 度，不通航，为弯坡桥。截至 2015 年底，该桥技术状况评定为一类，通行能力和宣泄能力均正常。

吆驴沟大桥（G20141102L0350） 位于青银高速公路中心桩号 1003 千米 +414 米处。2005 年 10 月 28 日建成通车。由中铁四局集团有限公司施工承建。为跨越沟壑的永久性大桥、政府收费还贷桥、上行桥，非互通。桥梁长度 207.04 米，跨径总长 200 米，主桥主跨 40 米，主桥孔数 5 孔，跨径组合 5 孔 40 米，设计荷载等级公路 I 级。上部结构为 T 形梁，材料为钢筋混凝土，桥面铺装沥青混凝土路面，桥面全宽 24.5 米，净宽 22 米，桥下净空 8 米，抗震等级 0.05 或 6 度，不通航，为弯坡桥。截至 2015 年底，该桥技术状况评定为一类，通行能力和宣泄能力均正常。

王家庄沟大桥（G20141102L0370） 位于青银高速公路中心桩号 1004 千米 +534 米处。2005 年 10 月 28 日建成通车。由中铁四局集团有限公司施工承建。为跨越沟壑的永久性大桥、政府收费还贷桥、上行桥，非互通。桥梁长度 207.04 米，跨径总长 200 米，主桥主跨 40 米，主桥孔数 5 孔，跨径组合 5 孔 40 米，设计荷载等级公路 I 级。上部结构为 T 形梁，材料为钢筋混凝土，桥面铺装沥青混凝土路面，桥面全宽 24.5 米，净宽 22 米，桥下净空 32 米，抗震等级 0.05 或 6 度，不通航，为弯坡桥。截至 2015 年底，该桥技术状况评定为一类，通行能力和宣泄能力均正常。

刘家庄沟大桥（G20141102L0380） 位于青银高速公路中心桩号 1005 千米 +199 米处。2005 年 10 月 28 日建成通车。由中铁四局集团有限公司施工承建。为跨越刘家庄沟村道的永久性大桥、政府收费还贷桥、上行桥，非互通。桥梁长度 207 米，跨径总长 200 米，主桥主跨 40 米，主桥孔数 5 孔，跨径组合 5 孔 40 米，设计荷载等级公路 I 级。上部结构为 T 形梁，材料为钢筋混凝土，桥面铺装沥青混凝土路面，桥面全宽 24.5 米，净宽 22 米，桥下净空 30 米，抗震等级 0.05 或 6 度，不通航，为坡桥。截至 2015 年底，该桥技术状况评定为一类，通行能力和宣泄能力均正常。

张家庄大桥（G20141102L0390） 位于青银高速公路中心桩号1005千米+824米处。2005年10月28日建成通车。由中铁四局集团有限公司施工承建。为跨越沟壑的永久性大桥、政府收费还贷桥、上行桥，非互通。桥梁长度127米，跨径总长120米，主桥主跨40米，主桥孔数3孔，跨径组合3孔40米，设计荷载等级公路I级。上部结构为T形梁，材料为钢筋混凝土，桥面铺装沥青混凝土路面，桥面全宽24.5米，净宽22米，桥下净空25米，抗震等级0.05或6度，不通航，为弯坡桥。截至2015年底，该桥技术状况评定为一类，通行能力和宣泄能力均正常。

歧则沟大桥（G20141102L0410） 位于青银高速公路中心桩号1009千米+953米处。2005年10月28日建成通车。由唐山公路建设总公司施工承建。为跨越沟壑的永久性大桥、政府收费还贷桥、上行桥，非互通。桥梁长度127米，跨径总长120米，主桥主跨30米，主桥孔数4孔，跨径组合4孔30米，设计荷载等级公路I级。上部结构为箱形梁，材料为钢筋混凝土，桥面铺装沥青混凝土路面，桥面全宽24.5米，净宽24米，桥下净空25米，抗震等级0.05或6度，不通航，为弯斜桥。截至2015年底，该桥技术状况评定为一类，通行能力和宣泄能力均正常。

乔家塔大桥（G20141102L0430） 位于青银高速公路中心桩号1011千米+178米处。2005年10月28日建成通车。由唐山公路建设总公司施工承建。为跨越乔家塔村村道的永久性大桥、政府收费还贷桥、上行桥，非互通。桥梁长度217米，跨径总长210米，主桥主跨30米，主桥孔数7孔，跨径组合7孔30米，设计荷载等级公路I级。上部结构为箱形梁，材料为钢筋混凝土，桥面铺装沥青混凝土路面，桥面全宽24.5米，净宽24米，桥下净空40米，抗震等级0.05或6度，不通航，为弯坡桥。截至2015年底，该桥技术状况评定为一类，通行能力和宣泄能力均正常。

芦则峁大桥（G20141102L0480） 位于青银高速公路中心桩号1012千米+507米处。2007年6月建成，2008年1月19日通车。由山西路桥集团第二公路工程局第六工程处施工承建。为跨越村镇道路的永久性大桥。为政府收费还贷桥、上行桥，非互通。桥梁长度156米，跨径总长150米，主桥主跨30米，主桥孔数5孔，跨径组合5孔30米，设计荷载等级公路I级。上部结构为连续箱形梁，材料为钢筋混凝土，桥面铺装沥青混凝土路面，桥面全宽24.5米，净宽22米，桥下净空31.8米，抗震等级0.10、0.15或7度，不通航，为斜桥。截至2015年底，该桥技术状况评定为一类，各部件完好，通行能力和宣泄能力均正常。

西头沟大桥（G20141102L0460） 位于青银高速公路中心桩号1013千米+371米处。2007年6月建成，2009年1月19日通车。由山西路桥集团第二公路工程局第六工程处施工承建。为跨越村镇道路的永久性大桥、政府收费还贷桥、上行桥，非互通。桥梁长度181米，跨径总长 175 米，主桥主跨 35 米，主桥孔数 5 孔，跨径组合 5 孔 35 米，设计荷载等级公路Ⅰ级。上部结构为连续箱形梁，材料为钢筋混凝土，桥面铺装沥青混凝土路面，桥面全宽 24.5 米，净宽 22 米，桥下净空 38.44 米，抗震等级 0.10、0.15 或 7 度，不通航，为斜桥。截至 2015 年底，该桥技术状况评定为一类，通行能力和宣泄能力均正常。

青银高速公路中桥

薛东沟中桥（G20141102L0010）　位于青银高速公路中心桩号 964 千米 +79 米处。2005 年 10 月 28 日建成通车。由中铁一局集团第一工程有限公司施工承建。为跨越服务区行车道路的永久性中桥、政府还贷收费桥、上行桥，非互通。桥梁长度 71.18 米，跨径总长 48 米，主桥主跨 16 米，主桥孔数 3 孔，跨径组合 3 孔 16 米，设计荷载等级公路Ⅰ级。上部结构为空心板梁，材料为钢筋混凝土，桥面铺装沥青混凝土路面，桥面全宽 12.5 米，净宽 11.5 米，桥下净空 15 米，抗震等级 0.10、0.15 或 7 度，不通航，为弯桥。截至 2015 年底，该桥技术状况评定为一类，通行能力和宣泄能力均正常。

薛公沟中桥（G20141102L0070）　位于青银高速公路中心桩号 967 千米 +506 米处。2005 年 10 月 28 日建成通车。由中国港湾建设集团总公司施工承建。为跨越沟壑的永久性中桥、政府收费还贷桥、上行桥，非互通。桥梁长度 65.5 米，跨径总长 60 米，主桥主跨 20 米，主桥孔数 3 孔，跨径组合 3 孔 20 米，设计荷载等级公路Ⅰ级。上部结构为箱形梁，材料为钢筋混凝土，桥面铺装沥青混凝土路面，桥面全宽 24.5 米，净宽 22 米，桥下净空 12 米，抗震等级 0.05 或 6 度，不通航，为常规桥。截至 2015 年底，该桥技术状况评定为一类，通行能力和宣泄能力均正常。

大铺沟中桥（G20141102L0190）　位于青银高速公路中心桩号 979 千米 +134 米处。2005 年 10 月 28 日建成通车。由中铁十四局集团第二工程有限公司施工承建。为跨越沟壑的永久性中桥、政府收费还贷桥、上行桥，非互通。桥梁长度 80 米，跨径总长 75 米，主桥主跨 25 米，主桥孔数 3 孔，跨径组合 3 孔 25 米，设计荷载等级公路Ⅰ级。上部结构为箱形梁，材料为钢筋混凝土，桥面铺装沥青混凝土路面，桥面全宽 24.5 米，净宽 22 米，桥下净空 13 米，抗震等级 0.05 或 6 度，不通航，为弯坡桥。截至 2015 年底，该桥技术状况评定为一类，通行能力和宣泄能力均正常。

狼尾沟中桥（G20141102L0290）　位于青银高速公路中心桩号 998 千米 +461 米处。2005 年 10 月 28 日建成通车。由太原路桥建设有限公司施工承建。为跨越沟壑的永久性中桥、政府收费还贷桥、上行桥，非互通。桥梁长度 95 米，跨径总长 90 米，主桥主跨 30 米，主桥孔数 3 孔，跨径组合 3 孔 30 米，设计荷载等级公路Ⅰ级。上部结构为箱形梁，材料为钢筋混凝土，桥面铺装沥青混凝土路面，桥面全宽 24.5 米，净宽 22 米，桥下净空 24 米，抗震等级 0.05 或 6 度，不通航，为弯坡桥。截至 2015 年底，该桥技术状况评定为一类，通行能力和宣泄能力均正常。

田家会中桥（G20141102L0300） 位于青银高速公路中心桩号999千米+499米处，2005年10月28日建成通车，由太原路桥建设有限公司施工承建。为跨越田家会村村道的永久性中桥、政府收费还贷桥、上行桥，非互通。桥梁长度80米，跨径总长75米，主桥主跨25米，主桥孔数3孔，跨径组合3孔25米，设计荷载等级公路I级。上部结构为箱形梁，材料为钢筋混凝土，桥面铺装沥青混凝土路面，桥面全宽24.5米，净宽22米，桥下净空20米，抗震等级0.05或6度，不通航，为弯桥。截至2015年底，该桥技术状况评定为一类，通行能力和宣泄能力均正常。

瓦窑沟中桥（G20141102L0310） 位于青银高速公路中心桩号999千米+751米处，2005年10月28日建成通车，由太原路桥建设有限公司施工承建。为跨越瓦窑沟村道的永久性中桥、政府收费还贷桥、上行桥，非互通。桥梁长度97.5米，跨径总长90米，主桥主跨30米，主桥孔数3孔，跨径组合3孔30米，设计荷载等级公路I级。上部结构为箱形梁，材料为钢筋混凝土，桥面铺装沥青混凝土路面，桥面全宽24.5米，净宽22米，桥下净空12米，抗震等级0.05或6度，不通航，为弯坡桥。截至2015年底，该桥技术状况评定为一类，通行能力和宣泄能力均正常。

枣架沟中桥（G20141102L0420） 位于青银高速公路中心桩号1010千米+590米处，2005年10月28日建成通车，由唐山公路建设总公司施工承建。为跨越沟壑的永久性中桥、政府收费还贷桥、上行桥，非互通。桥梁长度80米，跨径总长75米，主桥主跨25米，主桥孔数3孔，跨径组合3孔25米，设计荷载等级公路I级。上部结构为箱形梁，材料为钢筋混凝土，桥面铺装沥青混凝土路面，桥面全宽24.5米，净宽24米，桥下净空15米，抗震等级0.05或6度，不通航，为常规桥。截至2015年底，该桥技术状况评定为一类，通行能力和宣泄能力均正常。

离石西互通立交桥（G20141102L0440） 位于青银高速公路中心桩号1011千米+691米处，2005年10月28日建成通车，由唐山公路建设总公司施工承建。为跨越离石西匝道的永久性中桥、政府收费还贷桥、上行桥，一般互通，互通形式为单喇叭，互通交叉方式为上跨。桥梁长度65米，跨径总长60米，主桥主跨20米，主桥孔数3孔，跨径组合3孔20米，设计荷载等级公路I级。上部结构为箱形梁，材料为钢筋混凝土，桥面铺装沥青混凝土路面，桥面全宽26.5米，净宽24.5米，桥下净空7米，抗震等级0.05或6度，不通航，为常规桥。截至2015年底，该桥技术状况评定为一类，通行能力和宣泄能力均正常。

薛公沟东中桥（下行）（G20141102L0450） 位于青银高速公路中心桩号964千米+78米处，2005年10月28日建成通车，由中铁一局集团第一工程有限公司施工承建。为跨越服务区行车道的永久性中桥、政府收费还贷桥、下行桥，非互通。桥梁长度73.47米，跨径总长48米，主桥主跨16米，主桥孔数3孔，跨径组合3孔16米，设计荷载等级公路I级。上部结构为空心板梁，材料为钢筋混凝土，桥面铺装沥青混凝土路面，桥面全宽12.5米，净宽 11.5 米，桥下净空 5 米，抗震等级 0.05 或 6 度，不通航，为弯桥。截至 2015 年底，该桥技术状况评定为一类，通行能力和宣泄能力均正常。

狼尾沟中桥（下行）（G20141102L0490） 位于青银高速公路中心桩号 998 千米 +460 米处，2005 年 10 月 28 日建成通车，由太原路桥建设有限公司施工承建。为跨越狼尾沟的永久性中桥、政府收费还贷桥、下行桥，非互通。桥梁长度 95 米，跨径总长 90 米，主桥主跨 30 米，主桥孔数 3 孔，跨径组合 3 孔 30 米，设计荷载等级公路 I 级。上部结构为箱形梁，材料为钢筋混凝土，桥面铺装沥青混凝土路面，桥面全宽 24.5 米，净宽 22 米，桥下净空 24 米，抗震等级 0.05 或 6 度，不通航，为弯坡桥。截至 2015 年底，该桥技术状况评定为一类，通行能力和宣泄能力均正常。

田家会中桥（下行）（G20141102L0500） 位于青银高速公路中心桩号 999 千米 +498 米处，2005 年 10 月 28 日建成通车，由太原路桥建设有限公司施工承建。为跨越田家会村村道的永久性中桥、政府收费还贷桥、下行桥，非互通。桥梁长度 80 米，跨径总长 75 米，主桥主跨 25 米，主桥孔数 3 孔，跨径组合 3 孔 25 米，设计荷载等级公路 I 级。上部结构为箱形梁，材料为钢筋混凝土，桥面铺装沥青混凝土路面，桥面全宽 24.5 米，净宽 22 米，桥下净空 20 米，抗震等级 0.05 或 6 度，不通航，为弯桥。截至 2015 年底，该桥技术状况评定为一类，通行能力和宣泄能力均正常。

临离高速公路大桥

东沟大桥（S85141102L0010） 位于临离高速公路中心桩号 282 千米 +321 米处，2012 年 10 月建成，同年 11 月 28 日通车，由山西平阳路桥有限公司施工承建，总造价 1392 万元。为跨越东沟的永久性大桥、政府收费还贷桥、上行桥，非互通。桥梁长度 473.58 米，跨径总长 450 米，主桥主跨 30 米，主桥孔数 15 孔，跨径组合 15 孔 30 米，设计荷载等级公路 I 级。上部结构为箱形梁，材料为预应力钢筋混凝土，桥面铺装水泥混凝土路面，桥面全宽 24 米，净宽 11 米，桥梁高度 16 米，桥下净空 14 米，抗震等级 0.05 或 6 度，不通航，为弯桥。截至 2015 年底，该桥技术状况评定为一类，通行能力和宣泄能力均正常。

东沟大桥（下行）（S85141102L0020） 位于临离高速公路中心桩号 282 千米 +319 米处，2012 年 10 月建成，同年 11 月 28 日通车，由山西平阳路桥有限公司施工承建，总造价 742 万元。为跨越东沟的永久性大桥、政府收费还贷桥、下行桥，非互通。桥梁长度 241.98 米，跨径总长 240 米，主桥主跨 30 米，主桥孔数 8 孔，跨径组合 8 孔 30 米，设计荷载等级公路 I 级。上部结构为箱形梁，材料为预应力钢筋混凝土，桥面铺装水泥混凝土路面，桥面全宽 24 米，净宽 11 米，桥梁高度 16 米，桥下净空 14 米，抗震等级 0.05 或 6 度，不通航，为弯桥。截至 2015 年底，该桥技术状况评定为一类，通行能力和宣泄能力均正常。

安家沟大桥（下行）（S85141102L0030） 位于临离高速公路中心桩号 284 千米 +125 米处，2012 年 10 月建成，同年 11 月 28 日通车，由山西路桥第二工程有限公司施工承建，总造价965万元。为跨越安家沟的永久性大桥、政府收费还贷桥、下行桥，非互通。桥梁长度305.87米，跨径总长300米，主桥主跨30米，主桥孔数10孔，跨径组合10孔30米，设计荷载等级公路I级。上部结构为箱形梁，材料为预应力钢筋混凝土，桥面铺装水泥混凝土路面，桥面全宽24米，净宽11米，桥梁高度34米，桥下净空32米，抗震等级0.05或6度，不通航，为弯桥。截至2015年底，该桥技术状况评定为一类，通行能力和宣泄能力均正常。

安家沟大桥（S85141102L0040） 位于临离高速公路中心桩号284千米+115米处，2012年10月建成，同年11月28日通车，由山西路桥第二工程有限公司施工承建，总造价965万元。为跨越安家沟的永久性大桥、政府收费还贷桥、上行桥，非互通。桥梁长度308.31米，跨径总长300米，主桥主跨30米，主桥孔数10孔，跨径组合10孔30米，设计荷载等级公路I级。上部结构为箱形梁，材料为预应力钢筋混凝土，桥面铺装水泥混凝土路面，桥面全宽24米，净宽11米，桥梁高度34米，桥下净空32米，抗震等级0.05或6度，不通航，为弯桥。截至2015年底，该桥技术状况评定为一类，通行能力和宣泄能力均正常。

陶家庄一号大桥（S85141102L0050） 位于临离高速公路中心桩号284千米+729米处，2012年10月建成，同年11月28日通车，由山西路桥第二工程有限公司施工承建，总造价8458万元。为跨越枣林沟的永久性大桥、政府收费还贷桥、上行桥，非互通。桥梁长度773.95米，跨径总长760米，主桥主跨40米，主桥孔数19孔，跨径组合19孔40米，设计荷载等级公路I级。上部结构为T形梁，材料为预应力钢筋混凝土，桥面铺装水泥混凝土路面，桥面全宽24米，净宽22米，桥梁高度48米，桥下净空45米，抗震等级0.05或6度，不通航，为弯桥。截至2015年底，该桥技术状况评定为一类，通行能力和宣泄能力均正常。

郝家沟大桥（S85141102L0070） 位于临离高速公路中心桩号286千米+412米处，2012年10月建成，同年11月28日通车，由山西路桥第二工程有限公司施工承建，总造价695万元。为跨越鑫瑞洗煤厂的永久性大桥、政府收费还贷桥、上行桥，非互通。桥梁长度308.28米，跨径总长300米，主桥主跨30米，主桥孔数10孔，跨径组合10孔30米，设计荷载等级公路I级。上部结构为箱形梁，材料为预应力钢筋混凝土，桥面铺装水泥混凝土路面，桥面全宽24米，净宽22米，桥梁高度42米，桥下净空40米，抗震等级0.05或6度，不通航，为弯桥。截至2015年底，该桥技术状况评定为一类，通行能力和宣泄能力均正常。

枣林互通主线跨线桥（S85141102L0080） 位于临离高速公路中心桩号286千米+867米处，2012年10月建成，同年11月28日通车，由山西路桥第二工程有限公司施工承建，总造价1117万元。为跨越匝道的永久性大桥、政府收费还贷桥、上行桥，一般互通，互通方式为苜蓿叶式，互通交叉方式为上跨。桥梁长度127米，跨径总长120米，主桥主跨30米，主桥孔数4孔，跨径组合4孔30米，设计荷载等级公路I级。上部结构为箱形梁，材料为预应力钢筋混凝土，桥面铺装水泥混凝土路面，桥面全宽32.77米，净宽30.77米。桥梁高度27米，桥下净空25米，抗震等级0.05或6度，不通航，为常规桥。截至2015年底，该桥技术状况评定为一类，通行能力和宣泄能力均正常。

马家梁二号大桥（S85141102L0090） 位于临离高速公路中心桩号288千米+38米处，2012年10月建成，同年11月28日通车，由吕梁公路建设有限公司施工承建，总造价583万元。为跨越炼油厂的永久性大桥、政府收费还贷桥、上行桥，非互通。桥梁长度127.67米，跨径总长120米，主桥主跨30米，主桥孔数4孔，跨径组合4孔30米，设计荷载等级公路I级。上部结构为箱形梁，材料为预应力钢筋混凝土，桥面铺装水泥混凝土路面，桥面全宽24.5米，净宽11.25米，桥梁高度25米，桥下净空20米，抗震等级0.05或6度，不通航，为常规桥。截至2015年底，该桥技术状况评定为一类，通行能力和宣泄能力均正常。

马家梁一号大桥（S85141102L0100） 位于临离高速公路中心桩号288千米+74米处，2012年10月建成，同年11月28日通车，由吕梁公路建设有限公司施工承建，总造价583万元。为跨越炼油厂的永久性大桥、政府收费还贷桥、下行桥，非互通。桥梁长度126.32米，跨径总长120米，主桥主跨30米，主桥孔数4孔，跨径组合4孔30米，设计荷载等级公路I级。上部结构为箱形梁，材料为预应力钢筋混凝土，桥面铺装水泥混凝土路面，桥面全宽24.5米，净宽11.25米，桥梁高度25米，桥下净空20米，抗震等级0.05或6度，不通航，为弯桥。截至2015年底，该桥技术状况评定为一类，通行能力和宣泄能力均正常。

马家梁一号桥（下行）（S85141102L0480） 位于临离高速公路中心桩号287千米+779米处，2012年10月建成，同年11月28日通车，由吕梁公路建设有限公司施工承建，总造价736万元。为跨越沟壑的永久性大桥、政府收费还贷桥、下行桥，非互通。桥梁长度215.81米，跨径总长210米，主桥主跨30米，主桥孔数7孔，跨径组合7孔30米，设计荷载等级公路I级。上部结构为箱形梁，材料为预应力钢筋混凝土，桥面铺装水泥混凝土路面，桥面全宽12.25米，净宽11.25米，桥梁高度14米，桥下净空9.8米，抗震等级0.05或6度，不通航，为弯桥。截至2015年底，该桥技术状况评定为一类，通行能力和宣泄能力均正常。

离临高速公路中桥

陶家庄二号中桥（S85141102L0060） 位于临离高速公路中心桩号285千米+500米处，2012年10月建成，同年11月28日通车。由山西路桥第二工程有限公司施工承建，总造价554万元。为跨越冲沟的永久性中桥、政府收费还贷桥、上行桥，非互通。桥梁长度97米，跨径总长90米，主桥主跨30米，主桥孔数3孔，跨径组合3孔30米，设计荷载等级公路I级。上部结构为箱形梁，材料为预应力钢筋混凝土，桥面铺装水泥混凝土路面，桥面全宽24米，净宽 22 米，桥梁高度 24 米，桥下净空 22 米，抗震等级 0.05 或 6 度，不通航，为常规桥。截至 2015 年底，该桥技术状况评定为一类，通行能力和宣泄能力均正常。

安国寺桥（S85141102L0110） 位于临离高速公路中心桩号 291 千米 +55 米处，2012 年 10 月建成，同年 11 月 28 日通车。由吕梁公路建设有限公司施工承建，总造价 338 万元。为跨越冲沟的永久性中桥、政府收费还贷桥、上行桥，非互通。桥梁长度 53 米，跨径总长 40 米，主桥主跨 20 米，主桥孔数 2 孔，跨径组合 2 孔 20 米，设计荷载等级公路 I 级。上部结构为箱形梁，材料为预应力钢筋混凝土，桥面铺装水泥混凝土路面，桥面全宽 24.5 米，净宽 11.25 米，桥梁高度 13 米，桥下净空 11 米，抗震等级 0.05 或 6 度，不通航，为常规桥。截至 2015 年底，该桥技术状况评定为一类，通行能力和宣泄能力均正常。

安国寺桥（下行）（S85141102L0120） 位于临离高速公路中心桩号 291 千米 +103 米处，2012 年 10 月建成，同年 11 月 28 日通车，由吕梁公路建设有限公司施工承建，总造价 338 万元。为跨越冲沟的永久性中桥、政府收费还贷桥、下行桥，非互通。桥梁长度 56 米，跨径总长 40 米，主桥主跨 20 米，主桥孔数 2 孔，跨径组合 2 孔 20 米，设计荷载等级公路 I 级。上部结构为箱形梁，材料为预应力钢筋混凝土，桥面铺装水泥混凝土路面，桥面全宽 24.5 米，净宽 11.25 米，桥梁高度 13 米，桥下净空 11 米，抗震等级 0.05 或 6 度，不通航，为常规桥。截至 2015 年底，该桥技术状况评定为一类，通行能力和宣泄能力均正常。

吕梁环城高速公路特大桥大桥

小东川河特大桥（S2003141102L0090） 位于吕梁环城高速公路中心桩号 31 千米 +800 米处，2013 年 11 月 23 日建成通车，由江苏省交通工程集团有限公司施工承建。为跨越信义小东川河的永久性特大桥、政府收费还贷桥、上行桥，非互通。桥梁长度 1092.5 米，跨径总长 1080 米，主桥主跨 40 米，主桥孔数 27 孔，跨径组合 27 孔 40 米，设计荷载等级公路 I 级。上部结构为组合式梁，材料为预应力钢筋混凝土，桥面铺装沥青混凝土路面，桥面全宽 12.25 米，净宽 11.25 米，桥梁高度 55.3 米，桥下净空 52.8 米，抗震等级 0.05 或 6 度，不通航，为弯坡桥。截至 2015 年底，该桥技术状况评定为一类，通行能力和宣泄能力均正常。

东义沟大桥（上行）（S2003141102L0010） 位于吕梁环城高速公路中心桩号 21 千米 +129 米处，2013 年 11 月 23 日建成通车，由福建省交建集团工程有限公司施工承建。为跨越东义沟的永久性大桥、政府收费还贷桥、上行桥，非互通。桥梁长度 517 米，跨径总长 510 米，主桥主跨 30 米，主桥孔数 17 孔，跨径组合 17 孔 30 米，设计荷载等级公路 I 级。上部结构为箱形梁，材料为预应力钢筋混凝土，桥面铺装沥青混凝土路面，桥面全宽 12.25 米，净宽 11.25 米，桥梁高度 35.6 米，桥下净空 34 米，抗震等级 0.05 或 6 度，不通航，为弯坡桥。截至 2015 年底，该桥技术状况评定为一类，通行能力和宣泄能力均正常。

东义沟大桥（下行）（S2003141102L0020） 位于吕梁环城高速公路中心桩号 21 千米 +248 米处，2013 年 11 月 23 日建成通车，由福建省交建集团工程有限公司施工承建。为跨越东义沟的永久性大桥、政府收费还贷桥、下行桥，非互通。桥梁长度 547 米，跨径总长 540 米，主桥主跨 30 米，主桥孔数 18 孔，跨径组合 18 孔 30 米，设计荷载等级公路 I 级。上部结构为箱形梁，材料为预应力钢筋混凝土，桥面铺装沥青混凝土路面，桥面全宽 12.25 米，净宽 11.25 米，桥梁高度 35.6 米，桥下净空 34 米，抗震等级 0.05 或 6 度，不通航，为弯坡桥。截至 2015 年底，该桥技术状况评定为一类，通行能力和宣泄能力均正常。

磨湾 1 号大桥（上行）（S2003141102L0030） 位于吕梁环城高速公路中心桩号 23 千米 +755 米处，2013 年 11 月 23 日建成通车。由中铁十四局集团第四工程有限公司施工承建。为跨越无名沟的永久性大桥、政府收费还贷桥、上行桥，非互通。桥梁长度 484 米，跨径总长 480 米，主桥主跨 40 米，主桥孔数 12 孔，跨径组合 12 孔 40 米，设计荷载等级公路 I 级。上部结构为 T 形梁，材料为预应力钢筋混凝土，桥面铺装水泥混凝土路面，桥面全宽 12.25 米，净宽 11.25 米，桥梁高度 49.5 米，桥下净空 47 米，抗震等级 0.05 或 6 度，不通航，为弯坡桥。截至 2015 年底，该桥技术状况评定为一类，通行能力和宣泄能力均正常。

磨湾 1 号大桥（下行）（S2003141102L0040） 位于吕梁环城高速公路中心桩号 23 千米 +755 米处，2013 年 11 月 23 日建成通车。由中铁十四局集团第四工程有限公司施工承建。为跨越无名沟的永久性大桥、政府收费还贷桥、上行桥，非互通。桥梁长度 484 米，跨径总长 480 米，主桥主跨 40 米，主桥孔数 12 孔，跨径组合 12 孔 40 米，设计荷载等级公路 I 级。上部结构为 T 形梁，材料为预应力钢筋混凝土，桥面铺装水泥混凝土路面，桥面全宽 12.25 米，净宽 11.25 米，桥梁高度 49.5 米，桥下净空 47 米，抗震等级 0.05 或 6 度，不通航，为弯坡桥。截至 2015 年底，该桥技术状况评定为一类，通行能力和宣泄能力均正常。

磨湾 2 号大桥（上行）（S2003141102L0050） 位于吕梁环城高速公路中心桩号 24 千米 +749 米处，2013 年 11 月 23 日建成通车，由中铁十四局集团第四工程有限公司施工承建。为跨越阳坡沟的永久性大桥、政府收费还贷桥、上行桥，非互通。桥梁长度 648 米，跨径总长 640 米，主桥主跨 40 米，主桥孔数 16 孔，跨径组合 16 孔 40 米，设计荷载等级公路 I 级。上部结构为 T 形梁，材料为预应力钢筋混凝土，桥面铺装水泥混凝土路面，桥面全宽 12.25 米，净宽 11.25 米，桥梁高度 54.5 米，桥下净空 52 米，抗震等级 0.05 或 6 度，不通航，为弯坡桥。截至 2015 年底，该桥技术状况评定为一类，通行能力和宣泄能力均正常。

磨湾 2 号大桥（下行）（S2003141102L0060） 位于吕梁环城高速公路中心桩号 24 千米 +834 米处，2013 年 11 月 23 日建成通车。由中铁十四局集团第四工程有限公司施工承建，为跨越阳坡沟的永久性大桥、政府收费还贷桥、下行桥，非互通。桥梁长度 688 米，跨径总长 680 米，主桥主跨 40 米，主桥孔数 17 孔，跨径组合 17 孔 40 米，设计荷载等级公路 I 级。上部结构为 T 形梁，材料为预应力钢筋混凝土，桥面铺装水泥混凝土路面，桥面全宽 12.25 米，净宽 11.25 米，桥梁高度 54.5 米，桥下净空 52 米，抗震等级 0.05 或 6 度，不通航，为弯坡桥。

截至 2015 年底，该桥技术状况评定为一类，通行能力和宣泄能力均正常。

新建 1 号大桥（S2003141102L0070） 位于吕梁环城高速公路中心桩号 28 千米 +696 米处，2013 年 11 月 23 日建成通车。由德州市公路工程总公司施工承建，为跨越新建村的永久性大桥、政府收费还贷桥、上行桥，非互通。桥梁长度 367 米，跨径总长 360 米，主桥主跨 30 米，主桥孔数 12 孔，跨径组合 12 孔 30 米，设计荷载等级公路Ⅰ级。上部结构为箱形梁，材料为预应力钢筋混凝土，桥面铺装沥青混凝土路面，桥面全宽 12.25 米，净宽 11.25 米，桥梁高度 32.6 米，桥下净空 31 米，抗震等级 0.05 或 6 度，不通航，为弯斜桥。截至 2015 年底，该桥技术状况评定为一类，通行能力和宣泄能力均正常。

新建 2 号大桥（S2003141102L0080） 位于吕梁环城高速公路中心桩号 29 千米 +668 米处，2013 年 11 月 23 日建成通车。由德州市公路工程总公司施工承建，为跨越新建村的永久性大桥、政府收费还贷桥、上行桥，非互通。桥梁长度 337 米，跨径总长 330 米，主桥主跨 30 米，主桥孔数 11 孔，跨径组合 11 孔 30 米，设计荷载等级公路Ⅰ级。上部结构为箱形梁，材料为预应力钢筋混凝土，桥面铺装沥青混凝土路面，桥面全宽 12.25 米，净宽 11.25 米，桥梁高度 33.6 米，桥下净空 32 米，抗震等级 0.05 或 6 度，不通航，为弯坡桥。截至 2015 年底，该桥技术状况评定为一类，通行能力和宣泄能力均正常。

后石大桥（S2003141102L0110） 位于吕梁环城高速公路中心桩号 34 千米 +797 米处，2013 年 11 月 23 日建成通车。由江苏省交通工程集团有限公司施工承建，为跨越无名沟的永久性大桥、政府收费还贷桥、上行桥，非互通。桥梁长度 146.08 米，跨径总长 140 米，主桥主跨 20 米，主桥孔数 7 孔，跨径组合 7 孔 20 米，设计荷载等级公路Ⅰ级。上部结构为箱形梁，材料为预应力钢筋混凝土，桥面铺装沥青混凝土路面，桥面全宽 12.25 米，净宽 11.25 米，桥梁高度 51.76 米，桥下净空 50.56 米，抗震等级 0.05 或 6 度，不通航，为弯坡桥。截至 2015 年底，该桥技术状况评定为一类，通行能力和宣泄能力均正常。

阳石大桥（S2003141102L0120） 位于吕梁环城高速公路中心桩号 35 千米 +346 米处，2013 年 11 月 23 日建成通车。由江苏省交通工程集团有限公司施工承建，为跨越无名沟的永久性大桥、政府收费还贷桥、上行桥，非互通。桥梁长度 106.08 米，跨径总长 100 米，主桥主跨 20 米，主桥孔数 5 孔，跨径组合 5 孔 20 米，设计荷载等级公路Ⅰ级。上部结构为箱形梁，材料为预应力钢筋混凝土，桥面铺装沥青混凝土路面，桥面全宽 12.25 米，净宽 11.25 米，桥梁高度 48 米，桥下净空 46.8 米，抗震等级 0.05 或 6 度，不通航，为弯坡桥。截至 2015 年底，该桥技术状况评定为一类，通行能力和宣泄能力均正常。

吕梁环城高速公路中桥

A 匝道跨线桥（S2003141102L0100） 位于吕梁环城高速公路中心桩号 33 千米 +915 米处，2013 年 11 月 23 日建成通车。由江苏省交通工程集团有限公司施工承建，为跨越吕梁绕城高速公路 A 匝道的永久性中桥、政府收费还贷桥、上行桥，非互通。桥梁长度 67 米，跨径总长60米，主桥主跨20米，主桥孔数3孔，跨径组合3孔20米，设计荷载等级公路I级。上部结构为箱形梁，材料为预应力钢筋混凝土，桥面铺装沥青混凝土路面，桥面全宽15.5米，净宽14.5米，桥梁高度8.2米，桥下净空7米，抗震等级0.05或6度，不通航，为常规桥。截至2015年底，该桥技术状况评定为一类，通行能力和宣泄能力均正常。

车家湾中桥（S2003141102L0130） 位于吕梁环城高速公路中心桩号36千米+814米处，2013年11月23日建成通车。由北京市公路桥梁建设集团有限公司施工承建，为跨越无名沟的永久性中桥、政府收费还贷桥，上行桥，非互通。桥梁长度86米，跨径总长80米，主桥主跨20米，主桥孔数4孔，跨径组合4孔20米，设计荷载等级公路I级。上部结构为箱形梁，材料为预应力钢筋混凝土，桥面铺装沥青混凝土路面，桥面全宽12.25米，净宽11.25米，桥梁高度14.48米，桥下净空13.28米，抗震等级0.05或6度，不通航，为弯坡桥。截至2015年底，该桥技术状况评定为一类，通行能力和宣泄能力均正常。

车家湾2号中桥（S2003141102L0140） 位于吕梁环城高速公路中心桩号37千米+426米处，2013年11月23日建成通车。由北京市公路桥梁建设集团有限公司施工承建，为跨越无名沟的永久性中桥、政府收费还贷桥、上行桥，非互通。桥梁长度66米，跨径总长60米，主桥主跨20米，主桥孔数3孔，跨径组合3孔20米，设计荷载等级公路I级。上部结构为箱形梁，材料为预应力钢筋混凝土，桥面铺装沥青混凝土路面，桥面全宽12.25米，净宽11.25米，桥梁高度8.29米，桥下净空7.09米，抗震等级0.05或6度，不通航，为弯坡桥。截至2015年底，该桥技术状况评定为一类，通行能力和宣泄能力均正常。

国 省道桥梁

国 省道桥梁数量 截至2015年底，离石区境内国省道上共有桥梁35座，其中大桥4座、中桥5座、小桥26座。分别是国道209线有桥梁20座，包括大桥4座、中桥2座、小桥14座；国道307线有桥梁12座，包括中桥2座、小桥10座；省道219线有中桥1座；省道340线有桥梁2座，全部为小桥。

国道209线大桥

王家塔三川河桥（左）（G209141102L0100） 位于国道209线中心桩号515千米+839米处。1996年10月1日建成通车。由汾柳公路建设指挥部施工承建，总投资562万元，是跨越王家塔河的永久性大桥、政府收费还贷桥、下行桥，非互通。桥梁长度244米，跨径总长240米，主桥主跨20米，孔数12孔，跨径组合为12孔20米，设计荷载汽车—20级。上部结构为空心板梁，材料为预应力钢筋混凝土，桥面铺装为沥青混凝土路面，桥面全宽12.5米，净宽11.5米，桥下净空6.8米，抗震等级0.10、0.15或7度，不通航，为常规桥。截至2015年底，该桥技术评定等级为三类，通行能力和宣泄能力均正常。

交口南川河桥（左）（G209141102L0110） 位于国道209线中心桩号517千米+676米处。1996年10月1日建成通车，2013年进行改建。由汾柳公路建设指挥部施工承建，总投资710万元。是跨越南川河的永久性大桥、政府收费还贷桥、下行桥，非互通。桥梁长度256.45米，跨径总长240米，主桥主跨20米，孔数12孔，跨径组合为12孔20米，设计荷载汽车—20级。上部结构为连续箱形梁，材料为预应力钢筋混凝土，桥面铺装为沥青混凝土路面，桥面全宽11米，净宽10.5米，桥下净空8.5米，抗震等级0.10、0.15或7度，不通航，为常规桥。截至2015年底，该桥技术评定等级为一类，通行能力和宣泄能力均正常。

交口南川河桥（右）（G209141102L0075） 位于国道209线中心桩号517千米+675米处，2010年10月1日建成通车。由吕梁公路建设有限公司施工承建。是跨越南川河的永久性大桥、政府收费还贷桥、上行桥，非互通。桥梁长度256.45米，跨径总长240米，主桥主跨20米，孔数12孔，跨径组合为12孔20米，设计荷载等级公路Ⅰ级。上部结构为连续箱形梁，材料为预应力钢筋混凝土，桥面铺装为沥青混凝土路面，桥面全宽11.05米，净宽10.05米，桥梁高度为9米，桥下净空8.5米，抗震等级0.10、0.15或7度，不通航，为常规桥。截至2015年底，该桥技术评定等级为一类，通行能力和宣泄能力均正常。

王家塔三川河桥（右）（G209141102L0095） 位于国道209线中心桩号515千米+838米处。2010年10月1日建成通车。由离石公路管理段施工承建，是跨越王家塔河的永久性大桥、政府收费还贷桥、上行桥，非互通。桥梁长度247.2米，跨径总长240米，主桥主跨20米，孔数12孔，跨径组合为12孔20米，设计荷载等级公路Ⅰ级。上部结构为连续箱形梁，材料为预应力钢筋混凝土，桥面铺装为沥青混凝土路面，桥面全宽12.5米，净宽10.25米，桥梁高度为8.6米，桥下净空5.9米，抗震等级0.10、0.15或7度，不通航，为常规桥。截至2015年底，该桥技术评定等级为一类，通行能力和宣泄能力均正常。

国道209线中桥

枣林沟桥（右）（G209141102L0090） 位于国道209线中心桩号511千米+499米处，1996年10月1日建成通车，2009年进行改建。由离石公路管理段施工承建，总投资90万元，是跨越三川河的永久性中桥、政府收费还贷桥、上行桥，非互通。桥梁长度86米，跨径总长80米，主桥主跨20米，孔数4孔，跨径组合为4孔20米，设计荷载汽车—超20级。上部结构为连续箱形梁，材料为预应力钢筋混凝土，桥面铺装为沥青混凝土路面，桥面全宽11.5米，净宽11米，桥下净空7.2米，抗震等级0.10、0.15或7度，不通航，为斜桥。截至2015年底，该桥技术评定等级为一类，通行能力和宣泄能力均正常。

枣林沟桥（左）（G209141102L0180） 位于国道209线中心桩号511千米+500米处，1996年10月1日建成通车，2009年进行改建，是跨越三川河的永久性中桥、政府收费还贷桥、下行桥，非互通。桥梁长度86米，跨径总长80米，主桥主跨20米，孔数4孔，跨径组合为4孔20米，设计荷载汽车—超20级。上部结构为连续箱形梁，材料为预应力钢筋混凝土，桥面铺装为沥青混凝土路面，桥面全宽13.25米，净宽11米，桥下净空7.2米，抗震等级0.10、0.15或7度，不通航，为斜桥。截至2015年底，该桥技术评定等级为一类，通行能力和宣泄能力均正常。

国道307线中桥

交口桥（G307141102L0120） 位于国道307线中心桩号748千米+167米处，1960年1月1日建成通车。由晋中公路总段施工承建，总投资10万元，是跨越县河的永久性中桥。桥梁长度106.7米，跨径总长84米，主桥主跨12米，孔数7孔，跨径组合为7孔12米，设计荷载等级汽车—15级。上部结构为拱桥，材料为片石，桥面铺装为沥青混凝土路面，桥面全宽8.5米，净宽7.5米，桥下净空5米，抗震等级0.10、0.15或7度，不通航，为常规桥。截至2015年底，该桥技术评定等级为一类，通行能力和宣泄能力均正常。

刘家湾桥（G307141102L0110） 位于国道307线中心桩号743千米+972米处。1967年建成通车，2009年进行改建。总投资256万元，是跨越刘家湾河的永久性中桥。桥梁长度38米，跨径总长32米，主桥主跨16米，孔数2孔，跨径组合为2孔16米，设计荷载等级公路Ⅰ级。上部结构为空心板梁，材料为预应力钢筋混凝土，桥面铺装为水泥混凝土路面，桥面全宽12米，净宽11米，桥下净空5米，抗震等级0.10、0.15或7度，不通航，为常规桥。截至2015年底，该桥技术评定等级为一类，通行能力和宣泄能力均正常。

省道219线中桥

九里湾桥（S219141102L0010） 位于省道219线中心桩号119千米+689米处。1974年9月1日建成通车，2007年进行改建。由离石公路管理段施工承建，总投资5万元，是跨越九里湾河的永久性中桥。桥梁长度46.5米，跨径总长35.2米，主桥主跨17.6米，孔数2孔，跨径组合为2孔17.6米，设计荷载等级公路Ⅰ级。上部结构为空心板梁，材料为预应力钢筋混凝土，桥面铺装为水泥混凝土路面，桥面全宽8米，净宽7米，桥下净空4.4米，抗震等级0.10、0.15或7度，不通航，为常规桥。截至2015年底，该桥技术评定等级为一类，通行能力和宣泄能力均正常。

县 乡 村道桥梁

县 乡 村道桥梁数量 里程 截至2015年底，离石区境内县、乡、村公路中，共有桥梁55座计2346.7米。其中，县公路有桥梁22座计903.8米，乡公路有桥梁7座计256.9米，村公路有桥梁26座计1186米。所有县、乡、村公路桥梁均为永久性桥梁，按跨径分，共有大桥5座计480.5米，中桥25座计1360.2米，小桥25座计506米。

县道大桥

王家坡桥（X446141102L0010） 位于县公路离柳线中心桩号0千米+88米处，跨越王家坡河。1997年新建，1998年1月1日通车，2008年进行改建加固。为永久性大桥，技术等级为二级，设计荷载等级为公路—Ⅰ级，双向通行。桥梁全长109米，跨径总长102米，主桥主跨17米，主桥孔数6孔，跨径组合为6孔17米。上部结构为拱桥，材料为其他材料。桥面铺设沥青混凝土路面，桥面宽11米，桥面净宽11米，桥下净空8米，抗震等级 0.05 或 6 度，为常规桥。截至 2015 年底，该桥技术状况评定为三类，通行能力和宣泄能力均正常。

枣林桥（X446141102L0020） 位于县公路离柳线中心桩号 8 千米 +498 米处，跨越枣林河。1997 年新建，同年 9 月 1 日通车，2008 年进行改建加固。为永久性大桥，技术等级为二级，设计荷载等级为公路—Ⅰ级，双向通行。桥梁全长 102 米，跨径总长 60 米，主桥主跨 60 米，主桥孔数 1 孔，跨径组合为 1 孔 60 米。上部构造为拱桥，桥面铺设沥青混凝土路面，桥面宽 8.5 米，桥面净宽 8.5 米，桥下净空 17 米，抗震等级 0.05 或 6 度，为常规桥。截至 2015 年底，该桥技术状况评定为三类，通行能力和宣泄能力均正常。

七里滩桥（X482141102L0010） 位于县公路七刘线中心桩号 0 千米 +766 米处，跨越高速公路。2005 年建成通车，2010 年进行改建加固，总造价 208 万元。为永久性大桥，设计荷载等级为公路Ⅱ级，双向通行。桥梁全长 49.5 米，跨径总长 42 米，主桥主跨 42 米，主桥孔数 1 孔，跨径组合为 1 孔 42 米。上部构造为肋拱桥，材料为钢筋混凝土，桥面铺设水泥混凝土路面，桥面宽 7.5 米，桥面净宽 6.5 米，桥下净空 10 米，抗震等级 0.05 或 6 度，为常规桥。截至 2015 年底，该桥技术状况评定为一类，通行能力和宣泄能力均正常。

县道中桥

王家峁新桥（X462141102L0020） 位于县公路店梁线中心桩号 29 千米 +786 米处，跨越王家峁沟。1965 年修建，2003 年重建，2011 年改建。为永久性中桥，技术等级为三级，设计荷载等级为公路Ⅱ级，双向通行。桥梁全长 37 米，跨径总长 20 米，主桥主跨 20 米，主桥孔数 1 孔，跨径组合为 1 孔 20 米。上部构造为拱桥，材料为其他材料，桥面铺设沥青碎石路面，桥面宽 8.5 米，桥面净宽 7 米，桥下净空 15 米，抗震等级 0.05 或 6 度，为常规桥。截至 2015 年底，该桥技术状况评定为三类，基础设施出现病害，通行能力和宣泄能力均正常。

小神头桥（X469141102L0030） 位于县公路米五线中心桩号 25 千米 +787 米处，跨越小东川河。1978 年建成通车，2005 年进行改建，总造价 136 万元，为永久性中桥，设计荷载等级为公路Ⅱ级，双向通行。桥梁全长 41.5 米，跨径总长 33 米，主桥主跨 8.25 米，主桥孔数 4 孔，跨径组合为 4 孔 8.25 米。上部构造为拱桥，材料为其他材料，桥面铺设沥青碎石路面，桥面宽 6 米，桥面净宽 6 米，桥下净空 6 米，抗震等级 0.10、0.15 或 7 度，为常规桥。截至 2015 年底，该桥技术状况评定为三类，通行能力和宣泄能力均正常。

五里铺桥（X469141102L0080） 位于县公路米五线中心桩号 46 千米 +16 米处，跨越小东川河。1978 年建成通车，2005 年进行改建，总造价 198 万元，为永久性中桥，设计荷载等级为公路Ⅱ级，双向通行。桥梁全长 60 米，跨径总长 39 米，主桥主跨 13 米，主桥孔数 3 孔，跨径组合为 3 孔 13 米。上部构造为拱桥，材料为其他材料，桥面铺设沥青碎石路面，桥面宽 8.5 米，桥面净宽 7 米，桥下净空 6.4 米，抗震等级 0.10、0.15 或 7 度，为常规桥。截至 2015 年底，该桥技术状况评定为二类，通行能力和宣泄能力均正常。

信义桥（X469141102L0070）　位于县公路米五线中心桩号40千米+438米处，跨越小东川河。1979年建成通车，2009年进行改建，总造价189万元，为永久性中桥，设计荷载等级为公路Ⅱ级，双向通行。桥梁全长63.4米，跨径总长39米，主桥主跨13米，主桥孔数3孔，跨径组合为3孔13米。上部构造为拱桥，材料为其他材料，桥面铺设沥青碎石路面，桥面宽8.5米，桥面净宽8.5米，桥下净空9.4米，抗震等级0.10、0.15或7度，为常规桥。截至2015年底，该桥技术状况评定为二类，通行能力和宣泄能力均正常。

永红桥（X469141102L0050）　位于县公路米五线中心桩号32千米+550米处，跨越小东川河。1983年建成通车，2005年进行改建，总造价118万元，为永久性中桥，设计荷载等级为公路Ⅱ级，双向通行。桥梁全长60米，跨径总长33米，主桥主跨16.5米，主桥孔数2孔，跨径组合为2孔16.5米。上部构造为拱桥，材料为其他材料，桥面铺设沥青碎石路面，桥面宽8.5米，桥面净宽7米，桥下净空6米，抗震等级0.10、0.15或7度，为常规桥。截至2015年底，该桥技术状况评定为二类，通行能力和宣泄能力均正常。

陶家庄桥（X446141102L0030）　位于县公路离柳线中心桩号9千米+982米处，跨越枣林河。1997年9月1日建成通车，2008年又进行改建加固，为永久性中桥，技术等级为二级，设计荷载等级为公路—Ⅰ级，双向通行。桥梁全长45.2米，跨径总长20米，主桥主跨20米，主桥孔数1孔，跨径组合为1孔20米。上部构造为拱桥，材料为其他材料，桥面铺设沥青混凝土路面，桥面宽8.5米，桥面净宽7米，桥下净空11.5米，抗震等级0.05或6度，为常规桥。截至2015年底，该桥技术状况评定为三类，通行能力和宣泄能力均正常。

安家沟一号桥（X446141102L0040）　位于县公路离柳线中心桩号10千米+317米处，跨越枣林河，1997年9月1日建成通车，为永久性中桥，设计荷载等级为公路Ⅱ级，双向通行。桥梁全长49米，跨径总长20米，主桥主跨20米，主桥孔数1孔，跨径组合为1孔20米。上部构造为拱桥，材料为其他材料，桥面铺设沥青混凝土路面，桥面宽8.5米，桥面净宽7米，桥下净空9米，抗震等级0.05或6度，为常规桥。截至2015年底，该桥技术状况评定为二类，通行能力和宣泄能力均正常。

安家沟二号桥（X446141102L0050）　位于县公路离柳线中心桩号10千米+553米处，跨越枣林河，1997年9月1日建成通车，为永久性中桥，技术等级为一级，设计荷载等级为公路Ⅱ级，双向通行。桥梁全长33米，跨径总长20米，主桥主跨20米，主桥孔数1孔，跨径组合为1孔20米。上部构造为拱桥，材料为其他材料，桥面铺设沥青混凝土路面，桥面宽8.5米，桥面净宽7.5米，桥下净空7米，抗震等级0.05或6度，为常规桥。截至2015年底，该桥技术状况评定为二类，通行能力和宣泄能力均正常。

山底沟桥（X446141102L0070）　位于县公路离柳线中心桩号14千米+669米处，跨越山底沟，1997年9月1日建成通车，2011年进行改造，总造价138万元。为永久性中桥，技术等级为二级，设计荷载等级为公路Ⅰ级，双向通行。桥梁全长34米，跨径总长20米，主桥主跨20米，主桥孔数1孔，跨径组合为1孔20米。上部构造为拱桥，材料为其他材料，桥面铺设沥青混凝土路面，桥面宽8.5米，桥面净宽7米，桥下净空10米，抗震等级0.05或6度，为常规桥。截至2015年底，该桥技术状况评定为三类，基础上出现病害，通行能力和宣泄能力均正常。

坪沟桥（X462141102L0010） 位于县公路店梁线中心桩号20千米+725米处，跨越磁窑沟，1997年9月1日建成通车，为永久性中桥，技术等级为三级，设计荷载等级为公路Ⅱ级，双向通行。桥梁全长70米，跨径总长25米，主桥主跨25米，主桥孔数1孔，跨径组合为1孔25米。上部构造为拱桥，材料为钢筋混凝土，桥面铺设沥青碎石路面，桥面宽7.5米，桥面净宽7米，桥下净空10米，抗震等级0.05或6度，为常规桥。截至2015年底，该桥技术状况评定为三类，通行能力和宣泄能力均正常。

乡道中桥

袁家岭桥（Y012141102L0020） 位于乡公路西茂线中心桩号3千米+367米处，跨越袁家岭沟。1998年建成通车，2008年进行改建，总造价98万元。为永久性中桥，技术等级为四级，设计荷载等级为公路Ⅰ级，双向通行。桥梁全长40.1米，跨径总长20米，主桥主跨20米，主桥孔数1孔，跨径组合为1孔20米。上部构造为拱桥，材料为其他材料，桥面铺设沥青碎石路面，桥面宽6.2米，桥面净宽4.5米，桥下净空10米，抗震等级0.10、0.15或7度，为常规桥。截至2015年底，该桥技术状况评定为二类，通行能力和宣泄能力均正常。

车家湾桥（Y011141102L0010） 位于乡公路车信线中心桩号0千米+534米处，跨越小东川河，2008年建成通车，为永久性中桥，技术等级为一级，设计荷载等级为公路Ⅰ级，上行桥，非互通。桥梁全长66米，跨径总长60米，主桥主跨20米，主桥孔数3孔，跨径组合为3孔20米。上部结构为空心板梁，材料为钢筋混凝土，桥面铺设沥青混凝土路面，桥面宽24米，桥面净宽23米，桥下净空6米，抗震等级0.10、0.15或7度。截至2015年底，该桥技术状况评定为一类，通行能力和宣泄能力均正常。

信义新桥（Y011141102L0020） 位于乡公路车信线中心桩号5千米+872米处，跨越小东川河，2008年建成通车，为永久性中桥，技术等级为一级，设计荷载等级为公路Ⅰ级，上行桥，非互通。桥梁全长69米，跨径总长60米，主桥主跨20米，主桥孔数3孔，跨径组合为3孔20米。上部结构为空心板梁，材料为钢筋混凝土，桥面铺设沥青混凝土路面，桥面宽24米，桥面净宽23米，桥下净空6米，抗震等级0.10、0.15或7度，为常规桥。截至2015年底，该桥技术状况评定为一类，通行能力和宣泄能力均正常。

村道大桥

霜务都村桥（C108141102L0010） 位于村公路呼双线中心桩号0千米+494米处，跨越北川河，1996年建成通车，2004年进行改建，总造价356万元。为永久性大桥，技术等级为三级，设计荷载等级为公路Ⅱ级，双向通行。桥梁全长100米，跨径总长100米，主桥主跨12.5米，主桥孔数8孔，跨径组合为8孔12.5米。上部构造为拱桥，材料为其他材料，桥面铺设沥青碎石路面，桥面宽6米，桥面净宽5米，桥下净空8米，抗震等级0.10、0.15或7度，为常规桥。截至2015年底，该桥技术状况评定为二类，通行能力和宣泄能力均正常。

交口人民桥（C070141102L0010）　位于村公路呼交线中心桩号0千米+388米处，跨越滨河。2004年建成通车，总造价380万元。为永久性大桥，技术等级为一级，设计荷载等级为公路Ⅰ级，上行桥，非互通。桥梁全长120米，跨径总长108米，主桥主跨12米，主桥孔数9孔，跨径组合为9孔12米。上部构造为T形板梁，材料为钢筋混凝土，桥面铺设沥青混凝土路面，桥面宽19米，桥面净宽18米，桥下净空6米，抗震等级0.10、0.15或7度，为常规桥。截至2015年底，该桥技术状况评定为一类，通行能力和宣泄能力均正常。

村道中桥

枣林村桥（C081141102L0010）　位于村公路枣十线中心桩号1千米+110米处，跨越枣林沟，1976年建成通车，2012年进行改建。为永久性中桥，技术等级为四级，设计荷载等级为公路Ⅱ级，双向通行。桥梁全长32米，跨径总长32米，主桥主跨32米，主桥孔数1孔，跨径组合为1孔32米。上部构造为拱桥，材料为其他材料，桥面铺设沥青碎石路面，桥面宽6.5米，桥面净宽5米，桥下净空6米，抗震等级0.05或6度，为常规桥。截至2015年底，该桥技术状况评定为三类，通行能力和宣泄能力均正常。

王营庄桥（C132141102L0010）　位于村公路黄上线中心桩号0千米+95米处，跨越东川河，1979年建成通车，2004年进行改建，总造价165万元。为永久性中桥，技术等级为四级，设计荷载等级为公路Ⅱ级，双向通行。桥梁全长31米，跨径总长31米，主桥主跨6.2米，主桥孔数5孔，跨径组合为5孔6.2米。上部构造为拱桥，材料为其他材料，桥面铺设沥青碎石路面，桥面宽6.5米，桥面净宽5米，桥下净空6米，抗震等级0.10、0.15或7度，为常规桥。截至2015年底，该桥技术状况评定为二类，通行能力和宣泄能力均正常。

前马家村桥（C028141102L0010）　位于村公路黄马线中心桩号0千米+267米处，跨越滨河。1992年建成通车，总造价248万元。为永久性中桥，技术等级为四级，设计荷载等级为公路Ⅰ级，双向通行。桥梁全长93米，跨径总长80米，主桥主跨10米，主桥孔数8孔，跨径组合为8孔10米。上部构造为拱桥，材料为其他材料，桥面铺设沥青碎石路面，桥面宽6米，桥面净宽5米，桥下净空5米，抗震等级0.10、0.15或7度，为常规桥。截至2015年底，该桥技术状况评定为二类，通行能力和宣泄能力均正常。

归化村桥（C004141102L0010）　位于村公路米归线中心桩号0千米+58米处，跨越东川河。1994年建成通车，总造价128万元。为永久性中桥，技术等级为等外桥，设计荷载等级为公路Ⅱ级，双向通行。桥梁全长38米，跨径总长38米，主桥主跨7.6米，主桥孔数5孔，跨径组合为5孔7.6米。上部构造为拱桥，材料为其他材料，桥面铺设沥青碎石路面，桥面宽6.5米，桥面净宽5米，桥下净空10米，抗震等级0.10、0.15或7度，为常规桥。截至2015年底，该桥技术状况评定为二类，通行能力和宣泄能力均正常。

后马家村桥（C029141102L0010） 位于村公路黄后线中心桩号0千米+332米处，跨越滨河。1994年建成通车，2004年进行改建，总造价260万元。为永久性中桥，技术等级为四级，设计荷载等级为公路Ⅰ级，双向通行。桥梁全长86米，跨径总长78米，主桥主跨13米，主桥孔数6孔，跨径组合为6孔13米。上部构造为拱桥，材料为其他材料，桥面铺设水泥混凝土路面，桥面宽5米，桥面净宽5米，桥下净空5米，抗震等级0.10、0.15或7度，为常规桥。截至2015年底，该桥技术状况评定为二类，通行能力和宣泄能力均正常。

下楼桥村桥（C030141102L0010） 位于村公路五下线中心桩号0千米+317米处，跨越东川河。1995年建成通车，2004年进行改建加固，总造价220万元。为永久性中桥，技术等级为四级，设计荷载等级为公路Ⅱ级，双向通行。桥梁全长49米，跨径总长45米，主桥主跨9米，主桥孔数5孔，跨径组合为5孔9米。上部构造为拱桥，材料为其他材料，桥面铺设水泥混凝土路面，桥面宽7米，桥面净宽5米，桥下净空3米，抗震等级0.10、0.15或7度，为常规桥。截至2015年底，该桥技术状况评定为二类，通行能力和宣泄能力均正常。

李家湾村桥（C127141102L0010） 位于村公路黄李线中心桩号0千米+254米处，跨越李家湾河。1997年建成通车，2012年进行改建，总造价156万元。为永久性中桥，技术等级为四级，设计荷载等级为公路Ⅱ级，双向通行。桥梁全长60米，跨径总长35米，主桥主跨7米，主桥孔数5孔，跨径组合为5孔7米。上部构造为拱桥，材料为其他材料，桥面铺设沥青碎石路面，桥面宽6米，桥面净宽5米，桥下净空6米，抗震等级0.10、0.15或7度，为常规桥。截至2015年底，该桥技术状况评定为三类，桥面有病害出现，通行能力和宣泄能力均正常。

阳石村桥（C011141102L0010） 位于村公路米阳线中心桩号0千米+296米处，跨越小东川河。1999年建成通车，总造价180万元。为永久性中桥，技术等级为等外桥，设计荷载等级为公路Ⅱ级，双向通行。桥梁全长76米，跨径总长52米，主桥主跨13米，主桥孔数4孔，跨径组合为4孔13米。上部构造为拱桥，材料为其他材料，桥面铺设水泥混凝土路面，桥面宽7米，桥面净宽5米，桥下净空7米，抗震等级0.10、0.15或7度，为常规桥。截至2015年底，该桥技术状况评定为二类，通行能力和宣泄能力均正常。

东属巴村桥（C111141102L0010） 位于村公路呼东线中心桩号0千米+323米处，跨越北川河。1999年建成通车，2007年进行改建，总造价240万元。为永久性中桥，技术等级为四级，设计荷载等级为公路Ⅱ级，双向通行。桥梁全长66米，跨径总长60米，主桥主跨10米，主桥孔数6孔，跨径组合为6孔10米。上部构造为板梁形桥，材料为钢筋混凝土，桥面铺设沥青碎石路面，桥面宽7.5米，桥面净宽6米，桥下净空8米，抗震等级0.10、0.15或7度，为常规桥。截至2015年底，该桥技术状况评定为二类，通行能力和宣泄能力均正常。

新家庄村桥（C036141102L0010） 位于村公路黄新线中心桩号0千米+564米处，跨越高速公路。2004年建成通车，总造价330万元。为永久性中桥，技术等级为等外桥，设计荷载等级为公路Ⅱ级，双向通行。桥梁全长60米，跨径总长39米，主桥主跨39米，主桥孔数1孔，跨径组合为1孔39米。上部构造为板梁形桥，材料为钢筋混凝土，桥面铺设水泥混凝土路面，桥面宽7.6米，桥面净宽6米，桥下净空10米，抗震等级0.10、0.15或7度。截至2015年底，该桥技术状况评定为一类，通行能力和宣泄能力均正常。

留子局村桥（C098141102L0010） 位于村公路呼留线中心桩号1千米+395米处，跨越北川河。2004年建成通车，总造价146万元。为永久性中桥，技术等级为四级，设计荷载等级为公路Ⅱ级，双向通行。桥梁全长50米，跨径总长39米，主桥主跨13米，主桥孔数3孔，跨径组合为3孔13米。上部构造为拱桥，材料为其他材料，桥面铺设沥青碎石路面，桥面宽5米，桥面净宽5米，桥下净空7米，抗震等级0.10、0.15或7度，为常规桥。截至2015年底，该桥技术状况评定为二类，通行能力和宣泄能力均正常。

李家沟桥（C083141102L0010） 位于村公路李家沟通村路中心桩号0千米+170米处，跨越李家沟。2007年建成通车，总造价126万元。为永久性中桥，技术等级为四级，设计荷载等级为公路Ⅱ级，双向通行。桥梁全长51米，跨径总长40米，主桥主跨10米，主桥孔数4孔，跨径组合为4孔10米。上部构造为拱桥，材料为其他材料，桥面铺设水泥混凝土路面，桥面宽5.2米，桥面净宽4.6米，桥下净空4.5米，抗震等级0.10、0.15或7度，为常规桥。截至2015年底，该桥技术状况评定为二类，通行能力和宣泄能力均正常。

第二节 公路涵洞

国 省 道涵洞

截至2015年底，离石区境内国道209线、307线及省道219线、340线有涵洞269道。其中：国道209线有涵洞73道，国道307线有涵洞157道，省道219线有涵洞32道，省道340线有涵洞7道。涵洞大多是拱涵、板涵和管涵，长度均为15米，跨径4米以下，净高2.5米以下。

县 乡 村道涵洞

截至2015年底，离石区境内县、乡、村公路有涵洞285道，均在县道。其中离柳线有涵洞85道，曹刘线有涵洞4道，店梁线有涵洞98道，米五线有涵洞98道，大多是管涵和拱涵，长度均在18米以下，跨径2.5米以下，净高4.5米以下。

第三节 公路隧道

公路隧道数量

截至2015年底，离石区境内共有公路隧道19座，其中青银高速公路有隧道1座、临离高速公路有隧道 11 座、吕梁环城高速公路有隧道 6 座、县级公路离柳线上有隧道 1 座。

青银高速公路薛公岭隧道

青银高速公路薛公岭隧道位于青银高速公路汾阳至柳林段离石区境内，2005 年建成通车。该隧道全长 4175 米，分左右两线，其中左线 2140 米、右线 2035 米。由中铁十二局二公司和中铁一局一公司共同承建。由吕梁高速公路管理公司养护管理。

山底沟隧道

山底沟隧道位于县级公路离柳线，1997 年 9 月 1 日建成，1998 年 1 月 1 日通车。穿越山底沟，双向通行。总长 320 米，宽 7.5 米，净高 6.7 米，属短隧道。洞口为端墙式洞口，断面形式为直墙式单心圆。路面铺装沥青混凝土，无消防设施，自然通风。无电子设备，无照明，排水为路侧自然排水，无人行通道，无安全通道，技术等级为二级。由吕梁市交通局设计建设和监理，由离石区交通局养护管理。

第三章　公路运输

第一节　运输方式

人力运输

人体背负　一般成年男子一次背负重量可达30—50千克。一些以驮运为业的赶脚夫，为了追求较高的经济收入，在驱赶牲畜的过程中，往往自己也经常背负10—25千克的货物。直到20世纪50年代末，山区这种人体背负的方式还在持续。常见有些男女身背树枝编造的箩筐行走，箩筐内盛有货物。也有一些妇女将婴幼儿用布包裹于背上，既不影响行走，又能干简单的活儿。中共十一届三中全会后，交通运输事业发展，人体背负的方式在离石境内逐年减少，截至2015年底很少见到。

肩挑　也称肩担，是用长约7尺左右的扁担和两头各有1个的筐栏为工具，压在肩上进行担挑。也就是人们常说的“一根扁担两只筐，运货方便又简单”。古代劳苦大众迫于生计，常用的生产生活物资以及农副产品全靠它来运输，长途可负重40千克左右，短途可负重60千克，一日之内往返百余华里习以为常。中华人民共和国成立后，这种运输方式逐年减少，截至2015年底，境内有些偏僻山区的农民，在日常农事和生产活动中偶尔用这种方式进行短途运输。

肩舆　俗称“轿子”，人抬轿子是人力运客的一种方式。轿子有官轿和民轿之分，均以4人抬为常见。官轿轿形精美，设备豪华，乘坐合适，离石县城未曾见过。民轿制作简便，设备较差，用于民间结婚之用，一般平民百姓一生只在结婚的大喜日子里才有机会乘坐1次。清末民国初年，离石境内出现结婚用花轿娶亲的现象。中华人民共和国成立后，轿子逐渐被淘汰、消失。20世纪80年代，离石地区又出现有人以出租轿子为业，但为数很少，进入21世纪后，轿子在离石境内基本绝迹。

黄包车　又称“东洋车”，是人力车的一种，清朝光绪年间，由日本传入中国，称之为“东洋车”，主要供城市的达官显贵乘坐。一般平民受经济收入所限，根本无力享受。民国年间，在离石地区的车站、旅店、剧院门口曾出现过专业的黄包车夫，专为旅客或商客拉运服务。每辆车可乘坐2人，并可兼拉货物，中华人民共和国成立后，黄包车在离石境内基本消失。

独轮车　又称手推车，为木树制作。车轮安装在车体中央下面前端，两车把上有一条带子斜挎在推车人的肩上，两手把住方向把，在人力的推动下前行。该种车稳定性差，在狭窄道路上均能通行，可载物可坐人，一般可承载100千克左右。清朝、民国时期，在离石境内独轮车很稀少。中华人民共和国成立后，独轮车在离石境内基本绝迹。

小平车 车架原为木架，中华人民共和国成立后出现铁架。车架两旁各装车轮 1 个（铁制圈，充气胶轮带），既能推又能拉，也可两人一前一后又推又拉，轻巧灵活，使用方便，一般承载 250—500 千克。50 年代末，离石地区曾陆续出现过集体性质的小平车搬运队、搬运社，有专人组织小平车户专门承揽短途运输业务，到 1959 年，全县有小平车 731 辆。20 世纪 80 年代初开始，一般家庭都陆续置办小平车。据有关部门统计，1990 年，离石县有小平车 5000 余辆。2000 年，离石市有小平车 8000 余辆。进入 21 世纪后，人民生产条件和生活水平提高，小平车在离石农村逐年渐少。截至 2015 年底，离石区境内有各类小平车 4000 余辆。

畜力驮运

骆驼驮运 骆驼是一种耐饥渴、易饲养、力气大、耐久性强的畜种，被人们誉为“沙漠之舟”。12 头为一槽，6 头为一把，每峰可驮 200 千克左右的货物。骆驼驮运是中华人民共和国成立前离石地区远距离运输的一种常见方式。分布在离石县的沿川村镇，原境内峪口、马坊、下白霜、西合、金罗等村镇最多，下安、信义、楼桥、田家会村次之。直至 1951 年，离石境内有骆驼 360 峰，20 世纪 60 年代初开始骆驼驮运逐年减少，到 70 年代基本绝迹。

骡马驮运 骡马、驴是离石平川与山区的一种主要运输畜力，特别是驴，成本低、好驯服、易饲养，部分用户多者可达 2—3 头。这些牲畜农忙时多用于田间耕作、肥料运送、粮食收运等。农闲时节用于驮运煤炭、农副产品等。离石最早出现骡马驮运是在明清时期，当时由于碛口水旱码头的繁荣和晋商的崛起，形成西至碛口、东经吴城过黄芦岭经汾阳到太原，辐射京津、华东等地，和南起军渡、北经大武越赤坚岭至岚、娄等地的两条重要交通线路。离石作为这两条运输线路的必经之地，曾为繁忙一时的交通枢纽，每天有上千的骡马驮运队昼夜从离石经过。时有“驮不完的碛口，填不满的吴城”民谣流传。直到中华人民共和国成立后的三四十年间，个别地方还经常出现骡马驴驮运物资的现象。随着公路交通事业的发展、各类运输机械的出现，畜力驮运逐年减少。截至 2015 年底，骡马驮运基本绝迹。

架窝子 架窝子是两头骡马一前一后，骡马背上绑扎两条丈二长的粗杆，前骡前身占 3 尺，后骡前身占 4 尺，中间留 5 尺，两杆之间用麻绳交叉缠成床式样，上铺青毡、马褥之类，供人乘坐或载货物，适用于半山区或平川区域长途乘客或载货。清朝、民国时期，架窝子在离石地区偶然有见，中华人民共和国成立后，基本绝迹。

畜力车运

铁木轮大车 是一种以牲畜为动力，载重量达 500—1000 千克左右的一种双轮运输工具。其车架是木材制作，两侧车轮木制定型后，车轮外围用厚铁皮包裹，再用大铁圆钉钉死。

该种车常见有牛拉为多，骡马拉的少见。清代，离石境内出现该车。民国初期，该车发展到 300 余辆，多为农活所用。中华人民共和国成立后，该车逐年渐少，到 20 世纪 50 年代末基本绝迹。

胶轮大车　车型与铁轮大车基本相似，所不同的就是以充气的橡胶轮胎代替原来的铁木轮。在离石境内的胶轮大车有两种，一种是轮胎直径较大，称之为胶轮大车或胶轮马车，一般为双套和三套，多用于骡马拉车（一前一后或两前一后），其载重为 2.5—3 吨，适用于平川区域。另一种是轮胎直径较小，车架也随之较小，一般载重 1 吨至 1.5 吨，多用于牛、马拉车，一般为单套。20 世纪 40 年代后期，离石境内出现胶轮大车。中华人民共和国成立初期，离石县有胶轮大车 40 多辆，80 年代中期发展到 500 余辆，到 2000 年底发展到 900 余辆。进入 21 世纪后，该车逐年减少，到 2015 年底不常见，个别地方偶尔可见。

轿车　轿车主要是用马匹拖拉装有轿棚的车辆，是专供城乡大户和有钱人家外出乘坐的一种高级车辆，棚围装饰高级，并配有玻璃窗罩。每车可乘坐 3 人，可用于远行。据调查，民国时期，离石境内有轿车 30 余辆。20 世纪 60 年代末离石境内轿车基本绝迹。

代步交通工具

自行车　是用人力脚踏转轮前行，前后两个轮子同时转动向前的一种交通工具，简单轻便、易操作、速度快。既能带人、又能带货。民国初期，自行车从外地传入离石境内，因为制造商为德国和日本，所以人们也叫“洋车则”。当时的品种有“兰花”“狮马”“富士”“铁僧帽”等，只有富家等少数人才有自行车。20 世纪 50 年代初，离石县只有公用单位有自行车。1951 年，全县有自行车 3 辆。到 50 年代后期，自行车逐渐进入百姓家庭。当时城乡居民以拥有一辆自行车为荣。1959 年，离石县有自行车 347 辆。70 年代开始，自行车在全县普及，1978 年，全县有自行车 5101 辆，1987 年增加到 56850 辆，截至 1990 年底，经离石县公安部门登记发证，在大架上打过钢印的自行车有 71965 辆，几乎家家都有自行车 1—2 辆。当时自行车市场需求饱和，出现供大于求的现象，曾出现市场滞销局面。进入 21 世纪后，自行车市场出现变速车、山地车和赛车，年轻人争相购买。普通自行车成为农民下地干农活、工人上班、学生上下学、居民短途运输和出行代步走亲戚的最佳选择。截至 2015 年底，离石区部分普通居民家里仍购买和保留自行车 1 辆。

摩托车　是一种以燃油为动力的机械，停放方便、轻便、易学、速度快，分二轮和三轮两种。20 世纪 70 年代中期，离石境内始见邮电部门有摩托车，专用于投递员投递电报、信件等公用。随后公安部门、交通部门、供电部门及政法部门开始购买使用摩托车。截至 1978 年底，离石县已有摩托车 28 辆。1987 年后，离石县交通监理部门登记发证在册的摩托车已达到 221 辆。1990 年离石县有摩托车 619 辆，2000 年，离石市有摩托车 1 万余辆，主要型号有 70 型、80 型、100 型和 250 型，有“幸福”“南方”“嘉陵”等国产品牌车和日本进口的“本田”“铃木”品牌等。进入 21 世纪后，摩托车成为城乡居民最普通的代步交通工具。随着电动自行车的出现，不少家庭以电动自行车代替了摩托车，使摩托车逐年减少，但也有部分家庭还保留1辆摩托车。截至2015年底，全区尚有注册登记的摩托车465辆。

电动车 一种是仿照轻便摩托车和脚踏自行车架，并配有充电电池的代步交通工具。分摩托车样不能脚蹬走和自行车样没电能脚蹬走两种，它们的特点是轻便、快捷、方便、环保。20世纪末，离石县有少数人乘骑电动车。进入21世纪后，电动车逐年销量增加，主要有“爱玛”“新日”“绿源”“小鸟”“雅迪”等10余种品牌。截至2015年底，离石地区城乡居民几乎家家有1辆电动车，有的大家庭有电动车2—3辆，成为群众短途出行的主要交通工具。另一种是老年代步车，这种车仿照轿车制造，体积小、轻便、易学，以电瓶充电助推行驶，时速在40千米+以下，这种车不能跑长途，一般都是老年人购买，为短途交通运输工具。截至2015年底，在离石交警部门注册登记的老年代步车有20辆。

机动车辆

汽车（包括客货汽车与小轿车、面包车） 民国11年（1922），太原至军渡公路建成后，出现山西省国民政府官办“学兵团汽车队”，每周从太原发2辆卡车至离石。为离石境内最早出现的汽车运输业务。民国14年初，山西省国民政府允许商人经营汽车运输业务，在太军公路离石段曾出现过客货混装的汽车运输，有的下层装货上层坐人，有的客货混装用载货汽车代替，但数量不多，其中相当一部分车辆以木炭作燃料。民国20年，太原至军渡公路上有“大陆”“交通”“御风”3家运输公司开办汽车运输业务，太原发往离石的车次增加到每隔两日发2—3辆。

中华人民共和国成立初，汾阳汽车站经营着客货运输，在太军公路上有8辆载货汽车经离石运行，并开通离石至柳林和离石至太原的客运班线。离石站每日各有2次班车分别发往柳林和太原。

1959年，离石国有运输公司（离石县第一运输公司的前身）成立，公司购进货车4辆、客车1辆。20世纪70年代初，离石县各机关、厂矿大都配备吉普车和小轿车，卫生部门配备消防车和救护车。截至1978年底，离石县有客货汽车401辆，吉普车、小轿车98辆，消防、救护车6辆，工具车、面包车12辆，邮政车2辆，旅行车2辆。至1987年底，全县有客货汽车921辆，吉普车、小轿车333辆，工具车、面包车266辆。

截至2015年底，全区有各种注册的营运汽车3998辆，其中客运班车194辆、货运车辆3804辆。各类小轿车、工具车、面包车1万余辆。

胶轮式运输拖拉机（包括农用三轮车、四轮车） 1958年，离山县最早购进苏制“的特”20型拖拉机3台，农忙时耕地，农闲时跑运输。

1978年，离石县胶轮式运输拖拉机发展到46台。1987年，离石县拥有胶轮式运输拖拉机（包括小四轮及手扶）728辆。1990年，离石县有胶轮式运输拖拉机1081辆。进入

21世纪后，各种胶轮式拖拉机逐年减少，而农用三轮、四轮运输车逐年增多。

截至2015年底，离石区有各种胶轮式运输拖拉机200余台，而农用三轮、四轮运输车已增加到1万余辆。

第二节 运输企业

客运企业

公路客运运输企业概况 1978年前，离石县共有公路客运运输企业5个，即离石汽车站、山西省汾阳汽车运输公司离石分公司、离石第一运输公司、离石第二运输公司和离石第三运输公司（3家公司同时兼营货运），均为国有和集体企业。改革开放后，民营客运业兴起。

2001年后，民营客运经过整合，离石区便民城乡公交公司、离石区东盛联营服务中心、吕梁顺达运业有限公司和吕梁顺泰旅游客运有限公司先后成立。山西省汾阳汽车运输公司离石分公司经过改制重组，成立山西汽运集团吕梁汽车运输有限公司，加上原有的山西汽运集团汾阳汽车运输有限公司客车三队。

截至2015年底，离石区的道路客运市场形成四大民营客运公司与两大省属公司共存的局面。

离石汽车站 其初创可追溯至民国时期。民国12年（1923），太军公路通车运营，直属于晋绥军总司令部管辖的“学兵团汽车队”开始在太军线上经营客运，每周发往离石汽车2辆，在离石东关设有2人组成的简易汽车站。中华人民共和国成立后，太原运输公司和汾阳运输公司也先后投入太原至离石的客运经营。

1965年，离石县汽车站正式建成，位于离石县城永宁中路东端北侧，当时占地面积16987平方米，内设有候车厅、售票厅、行包房、问事处、办公室、旅馆、停车场等服务设施，其中候车厅面积达960平方米。全站有职工37人，其中站务员19人。该站当时是通往山西省会太原、晋中地区，西达柳林、临县、方山、中阳以及陕北榆林、绥德、延安的中转站。1988年开始，离石汽车站实行对外开放，日进站车辆猛增到100余部，日客流量猛增至3000余人。这样，原有的汽车站设施远远不适应形势发展的需要。1991年，离石汽车站进行大规模改扩建。建筑面积达到7711.98平方米，其中候车厅2091.9平方米，售票厅625.79平方米，站务用房1280.39平方米，综合服务楼3713.9平方米，停车场4500平方米，达到一级客运站标准。截至1999年底，离石汽车站有职工90人，其中站务人员45人，主要承担离石市社会客车和公司客车接发业务。进站车辆达140余部，其中公司客车13部，始发太原、临汾、运城、石家庄、柳林、临县、方山、岚县、兴县、石楼、交口、介休及陕西榆林等地班车，是吕梁地区客运枢纽站。年运送旅客97.8万人次以上，旅客周转量达到7600万人千米，营业收入达640万元。2011年4月，离石汽车站迁往离石区龙凤南大街209号，更名为吕梁汽车客运总站，隶属山西汽运集团吕梁汽车运输有限公司。该站占地面积56031.24平方米，建筑面积13413.96平方米，按一级汽车站标准设计，设施齐全、设备完善，装有自动化、智能化监控、查询、检票结算系统，实行现代化管理和服务。同年，吕梁汽车客运总站有干部职工120余人。内设职能部门5个，即办公室、结算室、安全管理办公室、档案室、党支部办公室；服务岗位16个，即值班站长室、综合服务台、广播室、三品检查室、车辆安全例检室、小件寄存处、小件快运中心、公安值勤室、进出站登记室、车辆管理室等。截至2015年12月底，吕梁汽车客运总站有干部职工85人，有营运客车286辆，营运班线75条，其中省际班线13条，市际班线18条，县际班线40条，区内班线4条，营运网点辐射晋、冀、豫等省市，日均发班次188个，日均迎送旅客1300余人。

吕梁顺达运业有限公司 2001年4月组建，为道路旅客运输二级企业。2012年，公司有管理人员69名，共设客运车队13个，有客车472辆，营运线路203条，其中省际9条、市际80条、县际90条、县内24条。

山西汽运集团汾阳运业有限公司客车三队 2002年成立，是汾阳运业有限公司长驻离石的一个客运车队。截至2015年底，车队有正式职工10人，大、中型客运班车42辆，其中省际班车13辆、市际班车16辆、县际班车13辆。

吕梁市离石区东盛客运联营服务中心 2005年6月成立，地址离石区信义镇后石村，注册资金217万元，客运车辆31辆，座位589个。2012年4月，离石东盛客运联营服务中心注销，重新设立吕梁东鑫运业有限公司。投入营运客车31辆，从事离石区境内道路客运经营，并从事离石区境内四类客运班线道路运输经营。

离石区便民城乡公交公司 2005年5月成立，有客车19辆。2005年4月，离石区新增农村客运班线4条，便民城乡公交公司客运车辆开始在离石—留子局、离石—瓦窑间、离石—田家会等农村班线上运营。2009年，城市公交、出租车划归交通部门管理，便民城乡公交公司并入吕梁市城市公交公司，其客运车辆先后改造为7路和8路公交车。

山西汽运集团吕梁汽车运输有限公司 2005年组建，其前身是山西省汾阳汽车运输有限责任公司离石分公司，2010年4月经山西汽运集团批准重组。公司注册资金1000万元，固定资产2300万元，职工216人。公司下设旅游客运分公司、汾阳货运分公司、危货分公司、物流中心、客运站等7个经营实体。山西汽运集团吕梁汽车运输有限公司旅游客运分公司是经省运输管理局许可成立的旅游公司，其前身为吕梁顺泰旅游客运有限公司，公司原驻离石区交通路51号（原离石二运公司院内），2011年迁入永宁中路3号（原离石汽车站）。2012年，公司拥有旅游客车24辆，经营范围包括县内、县际、市际、省际客运和省际非定线旅游客运，以及市内临县碛口古镇一日游、方山真武山一日游、石楼黄河第一弯一日游、柳林三交黄河一日游、中阳柏洼山一日游、文水武则天纪念馆和刘胡兰纪念馆一日游、交城卦山一日游等旅游服务。

吕梁顺泰旅游客运有限公司　2006年4月成立，注册资金100万元。公司位于离石区龙凤北大街，有旅游客车20辆，开设有临县、方山、石楼、柳林、文水、交城等地旅游服务。2009年5月，吕梁顺泰旅游客运有限公司被山西汽运集团吕梁汽车运输有限公司兼并，成为其所属旅游客运分公司。

货运企业

公路货运运输企业概况　1978年前，离石县共有货物运输企业3个，即离石县第一运输公司、离石县第二运输公司和离石县第三运输公司（三家公司同时兼营客运）。1978年后，民营货运企业崛起，国有货运企业先后退出运输市场。截至2012年，全区共有货运企业23个，其中普通货物运输企业18个、危险货物运输企业5个。其中，拥有10辆车以上总载重量300吨以上的普通货运企业12个。全区共有道路运输业户2844户，货物运输车辆4135辆，总载质量达57646吨。其中从事普通货物运输业户2839户，载质量54807吨；从事危险货物运输业户5户，载质量13712吨。其中，拥有8辆车以下总载质量300吨以下的普通货运业户1462户。

离石县第一运输公司　位于离石县交通路，1959年成立。1971年5月吕梁地区建立时，该公司人员及车辆、财产全部转移到新组建的柳林县。1973年恢复离石县后重新组建，是离石县国有县营运输企业。当时有货车1辆，职工26人。1980年，货车增到8辆，职工增至30人，年营运里程为27万千米，货运量达4699吨。1981年始，原载货汽车全部迫卖，由原来的客货运输兼运逐步变为单纯经营公路客运业务。1987年，职工增加到49人，其中司机12人，保修工10人，拥有载客汽车8辆计365个座位。年客运量达11.79万人次，旅客周转量达1989.3万人千米，年营运收入达50多万元，创利润1.61万元，年末固定资产原值57.32万元。1988年，全年营运收入为38.2万元，固定资产原值63.7万元。1989年，营运收入为63.4万元，收支相抵后亏损3.5万元，固定资产原值66.8万元。1990年，营运收入71.2万元，创利润2.5万元，固定资产原值78.3万元。1996年7月，离石撤县设市后，改名为离石市第一汽车运输公司。20世纪90年代末，随着市场经济的逐步建立，因公司不适应市场经济发展形势，逐步退出运输市场。

离石县第二运输公司　是离石县交通局所属的县营集体交通运输企业。其前身是1956年成立的离石县运输合作社。当时有82名个体搬运工人自愿组织成立离石县城关运输合作社。入社的有马车36辆、骡马78头、驴拉平车12辆、骆驼52峰，共折股金4.29万元，担负着离石县主要短途运输和搬运业务。几年后，增加驴拉平车10余辆和骆驼100余峰。1964年后，公司先后购回汽车3辆。到1981年，公司拥有载货汽车10辆，畜力运输全部淘汰。1982年，改名为离石县第二运输公司。1985年，该公司拥有载货汽车14辆，载客汽车4辆。1987年，拥有载货汽车16辆100个吨位，载客汽车4辆200个客位，有职工76人，载客汽车日平均营运里程达245千米，载货汽车日平均营运里程达250千米。年营运总收入60万元，亏损4.47万元，年末拥有固定资产原值97.8万元。1987年后，逐步转向货运业务，改换为大吨位汽车，以经营省区外的长途货运为主，并开始兼营机械和机械施工。到1990年，该公司拥有载客汽车4辆，载货汽车22辆，有职工275人。年营运总收入达300余万元，创利润10余万元，年末拥有固定资产原值100余万元。20世纪90年代末，随着市场经济的逐步建立，因公司不适应市场经济发展形势，逐步退出运输市场。

离石县第三运输公司 在汽车、拖拉机配件公司车队的基础上，1988年8月成立离石县第三运输公司，是离石县交通局所属的县营集体交通运输企业。至1990年，有固定资产40万元，有客车4辆、货车3辆，有职工45人。1988—1990年，货运量达783.5吨，货物周转量达705899吨千米，运输旅客121225人次，旅客周转量达2599725人千米。1995年后，该公司以经营离石至河北石家庄的长途卧铺汽车客运业务为主，兼营汽车保修及汽车、拖拉机配件销售业务。20世纪90年代末，随着市场经济的逐步建立，因公司不适应市场经济发展形势，逐步退出运输市场。

2012年离石区普通货物运输企业统计表

表6-4

企业名称	成立时间	车辆总数（辆）	总载质量数（吨）	企业负责人	地址
山西大土河焦化有限公司	2006年7月	212	5377.96	王锁兰	离石区大土河村
吕梁市通程运销有限责任公司	2006年7月	150	2855	贾国安	离石区大土河村
吕梁市离石通达运输有限公司	2006年7月	37	399	马学行	离石区盘龙焦化厂
山西兰田汽车运输有限公司离石分公司	2007年1月	38	627	鹿补山	离石区交口
吕梁市离石区亨丰运业有限公司	2007年9月	23	286	刘如亮	离石区久安路
吕梁龙东运业有限公司	2008年1月	37	538	李勤照	离石区龙凤街
吉运集团山西吕梁汽车租赁服务有限公司	2008年5月	118	1639	王东辉	离石区歧则沟村
吕梁世捷开元汽车运输服务有限公司	2008年9月	92	1072	杨旭	离石区歧则沟村

续表 6-4

企业名称	成立时间	车辆总数（辆）	总载质量数（吨）	企业负责人	地址
山西煤炭运销集团 吕梁离石有限公司物流分公司	2010 年 3 月	78	1774	李建军	离石区枣林
吕梁鸿飞运业有限公司	2010 年 6 月	15	375	贺根应	离石区久安路
吕梁川东运业有限公司	2010 年 8 月	21	593	王志强	离石区义居村
吕梁市离石区泰金运业有限公司	2011 年 10 月	35	582	李完庆	离石区乔家塔村

注：表中收录总载质量 300 吨以上普通货物企业情况。

2012 年离石区危险货物运输企业统计表

表 6-5

企业名称	成立时间	车辆总数（辆）	总载质量数（吨）	企业负责人	地址
吕梁升晖运业有限公司	2002 年 10 月	40	612	宋乃福	孝义市新建街
山西汽运集团吕梁 汽车运输有限公司危货分公司	2002 年 10 月	17	269	王建军	离石区永宁中路
吕梁通豪运业有限公司	2002 年 10 月	5	82	刘子清	离石区王家塔村
山西大土河焦化有限公司	2008 年 9 月	16	382	王锁兰	离石区大土河村
吕梁市民用爆破器材专营总公司	2011 年 6 月	9	26	王建国	离石区永宁东路

第四章 交通管理

第一节 公路养护管理

民国11年（1922），山西省国民政府设立专门养路机构，并颁发《山西省公路管理简章》，将过去单纯依靠民众养路，改为专门机构与地方机构共同管理的体制。当时太军公路在离石境内按每10—15千米配置筑路夫1人，具体负责境内公路的日常养护，主要是阻止大尖轮车在公路上行驶，发现严重路损，报请省管理机关雇用民工抢修，养护经费由地方拨款支付。

1951—1955年，离石（山）县公路实行“道群共养”，即：公路日常维修和补修工程，由公路养护段下设的道班负责；路损严重，由当地人民政府组织民工建勤整修。1955年11月，政务院颁布《关于改进民工建勤养护公路和修建地方道路的指示》，规定公路沿线15千米以内，农村劳动力每年投入义务工5个，专门用于公路养护和维修。并将“民工建勤”这一办法作为一项制度固定下来。1956年始，离山县公路沿线的农业合作社选派一定数量的社员，常年从事公路建勤养护任务，被称为“公路养护建勤代表工”。其劳动报酬按照出勤工日，每日发给生活补助费0.2元，集体食宿者每工日发给0.4元。代表工所在的农业合作社、生产队按出勤给其记工分，参加所在农业合作社、生产队的经济收益分配。

1963年2月，山西省人民委员会第九次会议通过《山西省公路养护和管理办法》，该办法规定在太军公路沿线成立公路养护段、站和道班，以优、良、次、差四个等级考核各路段的好路率；将公路分为干线公路、县公路、乡公路和专用公路，并实行分级管理。离石县实行公路分级管理与分级养护。其中干线公路国道、省道（太军公路离石段）由离石公路养护段招收固定道工和协议工组成的公路养护道班进行专业养护。在管养中，对沥青路面由道班或工区逐年实行巡回养护，对砂砾路面设道班养护，一般10—15千米设1个班。县公路则由沿线群众以民工建勤方式进行养护。1971年吕梁地区成立前，大部分公路只进行季节性养护，即每年春秋两季进行大整修，平时无专人养护和管理。1971年吕梁地区成立后，各县开始组织代表工建勤养路队，对县公路由建勤代表工养路队负责养护。乡公路由所属乡镇（原人民公社）、村委会（原生产大队）负责自养、自管，县交通部门在业务技术上进行指导。干线公路上的协议工和县公路上的建勤代表工的定员指标，原则上以每千米1人计算，但在具体规划使用上则根据每条（段）交通量的大小和养护的易难程度，在全县范围内综合平衡使用。在公路建设和养护资金的投资上，干线公路原则上由国家投资，按基建程序进行建设。县乡公路由地方自建自养，交通部门提供技术力量，对困难大、投资多的重点项目，国家和交通部门适当给予一定经济补助。1979年，离石县公路段在干线公路沿线的蔡子掌、九里湾、吴城、南海滩、义居、城关、西属巴、交口等村镇共设养护道班 8 处，养护里程 78 千米。离石县交通局在县乡公路沿线的田家会、信义、小神头、阳坡、城关、结绳堝、枣琮、枣林、坪头、红眼川等村镇共设养路道班 8 处，计窑洞 43 孔、派代表工 121 人，养护县乡公路 101 千米。1984 年始，离石县交通部门对全县所有汽车、拖拉机等运输车辆征收公路养路费，到 1990 年共征收 77.97 万元，专项用于公路养护支出达 41.10 万元。同时，各乡（镇）专门增设公路管理员 1 名，成立乡村公路养护管理站，专门负责本乡（镇）区域内的县乡公路养管工作。1990 年，全县各道班有水平仪、经纬仪等测设器械 22 件，养护专用汽车 2 辆、5 吨洒水车 1 辆、10—12 吨压路机 1 台、平路机 1 台、四轮拖拉机 7 辆，基本实现公路测设、养护机械化。

2008 年，吕梁市人民政府规定“全市的县公路养护资金每年每千米不得低于 1 万元，乡（镇）公路每年每千米不得低于 7000 元，村公路每年每千米不得低于 2000 元。其中省市每年对县公路每千米补助 7000 元，乡（镇）公路每年每千米补助 3500 元，村公路每年每千米补助 1000 元，其余不足部分由各县财政补足”。

2012 年，离石区公路养护完成投资 520 余万元，完成水毁恢复工程 870 余万元。2014 年，离石区公路日常养护完成投资 814 万元。2015 年，离石区公路日常养护完成投资 932.1 万元。

第二节　公路路政管理

中华人民共和国成立前，离石无专门公路路政管理机构，公路维护靠公路沿线人民群众自觉进行。

1950 年，离石县公路交通管理站成立，主要任务是负责境内干线公路养护和交通监理。1956 年，离石（山）县交通科成立，路政管理工作也未能提上议事日程。

1971 年吕梁地区成立后，全区的路政管理工作开始起步。1975 年，国家出台《公路养护暂行规定》（以下简称《规定》）文件后，离石县交通和公路管理部门组织有关人员对《规定》文件进行翻印，张贴，在全县各公社生产大队和公路要道口进行广泛宣传。1979 年，山西省革命委员会颁发《山西省公路管理保护奖惩办法》。离石县交通部门组织学习、宣传，并配备一定数量的路政管理人员上路稽查，严查占路、毁路现象。同时公路养护人员开始清除路面和路肩堆放杂物，对干线公路旁埋置里程碑、弯道、鸣号、危险等标志标牌。20 世纪 80 年代，公路实行分级管理。其中，国、省道由离石公路管理段内设的路政管理股进行管理；县、乡、村道则由离石县交通局的路政管理股管理。并配有专职的路政管理人员。除上路巡查执勤外，还对公路上的限速、限停、限超、警告、禁令等标志牌逐年进行增添完善，确保公路安全、畅通。1982 年，山西省人民政府发出《关于禁止在公路上打场、晒粮，确保交通安全的通知》，离石公路管理段及离石县交通局均将该通知翻印若干份散发、张贴。1987 年 5 月，《山西省公路管理条例（试行）》下发，同年

10月13日，国务院发布《中华人民共和国公路管理条例》，交通部相继下发《中华人民共和国公路管理条例实施细则》。离石县公路段及离石县交通局开展学习宣传，在各城镇、村庄张贴标语，在公路交通道口、县城内设立咨询台，对过往车辆和行人进行宣传讲解。1992年，离石县公路段路政管理中队成立，1994年改为路政管理所，继续对辖区内的国、省道干线依法进行路政管理，对有关公路案件进行查处、复议和处罚。

1996年，吕梁行署印发《关于建设文明公路保障交通安全的通知》。随后，行署物价局、财政局、公路分局印发《关于治理公路污染、创建文明公路有关规定的通知》。离石县公路段和交警队配合，组织路政和交警执法人员对全县境内国、省道进行检查，对在干线公路上拉运易撒、易爆物品的车辆说服其采取有关防漏等安全措施，对超载、超限运输的车辆进行严格管理，对不听劝阻的依法进行罚款处理。1998年，离石市公路段路政管理所改为离石市路政执法大队，继续对离石市境内干线公路开展路政监察管理。2003年离石市交通局路政执法大队成立，专门负责境内县乡公路的路政管理工作。在市政府统一协调下，与公安、交警、城建监察、公路段等单位密切配合，联合组成综合稽查队伍，上路检查车辆，制止非法占路、毁路和损坏标志牌等现象。进入21世纪后，离石境内煤焦生产企业增多，公路运输超载现象日趋严重，甚至出现50—100吨大马力牵引车上路行驶，县乡公路不堪重负。

2004年，离石区交通部门开展公路路面治超治限执法。2007年12月，山西省政府连续下发《山西省人民政府关于治理非法超限超载车辆确保道路安全的意见》《山西省道路货物运输源头治理超限超载暂行办法》《山西省治理车辆非法超限超载工作责任追究办法》等文件。离石区组织开展“无缝隙、拉网式、地毯式查堵”治超工作。2008年1月，离石区治超工作领导组成立，出台《离石区治超保畅通实施方案》。公路运管部门购置摄像机、照相机、电脑、传真机、录音笔等治超设备，配备治超执法专用车。交通路政大队开展路面专项巡查，严厉打击上路行驶的超载超限车辆；运管所抽调专人组建路面巡查队，派人进驻区政府公示的84个货运源头企业开展监管，其中煤业、焦化的企业44个，砖、石料等建材厂40个，督促每个企业相继建立健全《源头企业承诺制度》《源头登记统计制度》《源头治超责任追究制度》《源头治超从业人员岗位责任制》《源头治超执法制度》《源头治超保证金制度》等一系列治超约束制度。举办源头企业负责人和从业人员培训班20余期，受训人员达2600多人次。对经政府公示的货运源头企业，全部安装源头治超管理系统，对这些企业的装载、过磅实施24小时远程监控，建立货运车辆IC卡道路运输源头治超“一卡通”。

2015年，离石区交通部门坚持源头监管和路面治理相结合，重点治理和长效治理相结合，对车、货、路全方位实施监管。共巡查货运源头企业2238次，总里程31275千米，出动执法人员1299人次，将27辆货运车辆、27名货运驾驶人和3家货运企业列入非法超限超载“黑名单”。

第三节　公路运输管理

中华人民共和国成立前，离石县无专门的道路运输管理机构，由工商、税务部门兼管。中华人民共和国成立后，离石县设立专门的交通运输管理机构，对交通运输市场实行监督管理。

1956—1966 年，国家实行计划经济管理方针，即“统一货源、统一调度、统一运行”的“三统”政策。离石（山）县交通部门根据县计划部门做出的运输计划，结合货物需求轻重缓急和数量多少，统一调度全县专业运输单位的车辆进行运输。并统一运价。当时规定货物运输价为：干线公路、县乡公路每吨千米 0.22 元；矿区道路、山区道路每吨千米 0.29 元。同时规定，凡在离石县范围内 20 千米以内的短途运输，每吨千米加收 0.5 元。客运价以车型区别，大体上每人 0.03 元 / 千米，卡车代客车的每人 0.028 元 / 千米。1965 年底，离石县共有专业的运输汽车 8 辆，专业运输小平车 30 辆。1966 年“文化大革命”运动开始，“三统”政策停止执行。

1972 年，离石县道路运输管理站成立，当时只有职工 2 人，仅负责收缴车辆运输管理费。运管人员手持“山西省公路交通运输检查证”，手执红绿旗，随时上路稽查，纠正违章，检查车辆缴费情况，维护运输市场秩序。1973 年，吕梁地区革命委员会印发《关于贯彻省革委关于加强运输市场管理的通告》。离石县“三统”办公室成立，专门负责离石县境内所有社会流通物资、运力、运价的管理。1978 年，依据吕梁地区《公路运输市场管理实施办法》，离石县道路运输管理站对全县运输市场实施监督管理。凡属客货交通运输和搬运、装卸业务，均遵守“统一货源、统一调度、统一运价”的新“三统”管理。1987 年开始，根据交通部《公路运输管理部门工作条例（试行）》有关规定，运管部门对营运车辆实行全方位监管，汽车维修业务统一由县运输管理站进行管理。1987—1989 年，离石县两次调整运价，并按山区和平川区别划价，其中 1987 年客运平川每人每千米 0.02 元，山区客运每人每千米 0.03 元；平川货运每吨千米 0.18 元，山区货运每吨千米 0.2 元；1989 年，普通大客车一等营运线路（干线及与铁路并行的路线）每人千米 0.04 元，二等营运线路（山区干线公路及县乡公路）每人千米 0.04 元，三等营运线路（特偏僻山区和经营困难的路段）每人千米 0.05 元。同年，离石县运管站的工作人员增加至 19 人，并配备嘉陵牌摩托车、侧三轮摩托车、金杯牌工具车各 1 辆。主要针对无牌无证营运、经营证照不全、不使用同一票据、偷税漏税、倒卖票据，不按线路营运，不执行统一运价和统一结算凭证等问题进行治理整顿。1990 年 10 月 1 日，交通部发布《道路运输违章处罚规定》，明确各级道路运输管理机关违章处罚决定权限，第一次明确提出运管部门有监督检查和处理违章行为的职责。离石县成立由交通、运管、工商、税务等部门人员组成的联合检查组进驻交通要道吴城，对过往车辆监督检查，并负责运输规费征收工作。离石运管站改运管所，人员增至 26 人，添置南方牌 125 摩托车 2 辆。

20 世纪 90 年代后，市场经济逐步建立，“三统”管理逐渐结束。国家提倡多家经营、鼓励竞争，在保持各部门、团体和企事业单位参加营运性运输的前提下，支持个体、联户发展运输业。离石县第一、第二、第三运输公司先后退出运输市场。到 2000 年初，离石市成立有顺达、东盛、便民、顺泰四大民营客运公司，民营客运公司占到客运市场份额的三分之二以上。2001 年 4 月，离石市运政稽查队成立，给每一位队员配发“中华人民共和国道路运输检查证”和胸徽、肩章，配备有统一编号的新的交通制服，实现政令统一、执法证件和着装警示等统一标志。当时有稽查队员 5 名，配备专用稽查车、摄像机、照相机、录音笔等设备。进入 21 世纪后，离石市先后建立东、南、西、北 4 个城郊短途站，建成以长途汽车站为主，城郊短途站为辅的客运管理体系。

2004 年 7 月 1 日，《中华人民共和国道路运输条例》颁布实施。赋予运管部门依法行政、自主执法的地位，标志着运管机构“受委托执法”的历史宣告结束。同年 8 月，离石区运管所稽查队更名为离石区运政稽查大队，人员 16 人。2007 年，离石区运管所展开整治“晋车外挂”行动，稽查队员西上榆林，北达内蒙古，实现 900 余辆外挂货运车“转户回家”，回流规费 500 余万元。2009 年，离石区运管所决定取消马路停车点，撤销所有城郊短途站，实现所有县际班车和农村客运班车全部进站管理。离石运管所派监管人员常驻汽车站，对汽车站实行业务管理。

截至 2012 年底，离石区道路运输管理所有干部职工 106 人，其中正式职工 62 人，非正式职工 36 人，37 人有交通运输行政执法证。有办公大楼一幢，专用执法车 17 部。同年，全区共有客运企业 4 个，客运车辆 205 辆。其中省际 22 辆、市际 35 辆、县际 82 辆、县内 42 辆、旅游 24 辆；车辆营运线路共 79 条，其中省际 15 条、市际 11 条、县际 31 条、县内农村班线 22 条；有汽车客运站 1 个，建有农村客运候车亭 48 个、旅客招呼站 133 个。全区 193 个行政村，已通客车 189 个，通车率达 97.9%。辖区内共有 2844 户从事道路运输业，货物运输车辆 4135 辆，总载质量 57646 吨。其中，2839 户从事普通货物运输业，载质量 54807 吨；5 户从事危险货物运输业，载质量 13712 吨。拥有 100 辆以上从事普通货物运输的企业 6 户；拥有 10 辆以上从事普通货物运输的企业 17 户；拥有 5 辆以上从事普通货物运输业的有 24 户；从事危险货物运输的 5 户企业均有 5 辆以上的运输车辆。2015 年，离石区运输管理所春运期间日出动执法人员 123 人次，夜间突查企业 GPS 监控平台 2 次，进行督导检查 16 次，检查疏导客运车 6532 辆，安全运送旅客 51686 人次。完成 68 部全区境内和毗邻县间固定行驶的农村客运班车燃油消耗申报工作。开展“走基层、送平安”宣传和走访活动，给每一位客运驾驶人家属送上 1 封公开信和 1 张事故警示光盘，其中直接家访 6 家，邮寄 30 家，覆盖率达 100%。对 2612 辆货运车完成年审，对不按规定二级维护和检测或超期年审的罚款 482000 元。同时深入企业外检服务 18 次，外检车 380 车辆。开展普通货物运输企业质量信誉考核，评出 AAA 级企业 27 家、AA 级企业 5 家、A 级企业 1 家。

推动重型货车动态监督管理，共有1128部营运货车纳入《全国道路货物车辆公共监管与服务平台》。淘汰黄标货车184台，老旧挂车24台。全年对4家危货企业不定期检查50余次，对普货企业不定期检查68次，下达安全监督检查记录67份，发现安全隐患19次，责令全部整改。截至2015年底，离石区共有客运车194辆、出租车450余辆、货运车3715辆。

1949—2008年离石区（县、市）客货运输量情况表

表6-6

年份	客运量（万人次）	旅客周转量（万人千米）	货运量（万吨）	货物周转量（万吨千米）
1949	—	—	8.24	247.41
1950	—	—	9.44	282.57
1951	—	—	10.83	324.94
1952	—	—	13.21	593.93
1953	—	—	16.67	496.93
1954	—	—	28.18	593.93
1955	—	—	24.84	721.2
1956	—	—	27.66	814.53
1957	—	—	31.47	914.85
1958	0.11	16.43	50.04	1282.05
1959	0.11	16.43	11.13	213.30
1960	0.21	32.87	38.88	98.19
1961	0.21	32.87	21.88	105.9
1962	0.21	32.87	2.5	79.15
1963	0.21	32.87	6.81	126.58
1964	0.21	32.87	3	53.61
1965	0.21	32.87	1.85	82.85
1966	0.21	32.87	6.81	126.58
1967	0.21	32.87	7.27	98.84
1968	0.21	32.87	4.21	61.64
1969	0.21	32.87	2.68	59.68
1970	0.21	32.87	3.86	61.17
1971	0.21	32.87	3.16	51.5
1972	0.21	32.87	3.57	51.5
1973	0.21	32.87	3.65	62.84

续表 6-6

年份	客运量（万人次）	旅客周转量（万人千米）	货运量（万吨）	货物周转量（万吨千米）
1974	0.21	32.87	4.76	107.36
1975	0.38	84.76	8.23	162.18
1976	0.26	53.26	7.71	193.76
1977	0.27	61.7	20.87	695.97
1978	0.31	66.68	82.35	1140.17
1979	0.35	47.83	36.55	1173.51
1980	0.5	63.74	24.86	627.96
1981	1.72	351.93	16.33	463.03
1982	9.22	1221.67	16.25	501.92
1983	0.84	1527.54	17.5	426.78
1984	13.84	2234.26	16.15	384.58
1985	23.2	2236.75	26.7	1437.24
1986	24.42	4294.2	25.56	1509.88
1987	29.1	4920.86	36.67	4460.83
1988	46.93	7429.86	63.2	9513.91
1989	60.27	9615.44	77.34	8688.8
1990	57	7471.6	83.4	—
1991	40.76	4348.61	66.92	7564.63
1992	59	5774.40	70.43	7684.55
1993	68.25	6137.86	72.01	8631.65
1994	68.25	6137.86	72.01	8631.65
1995	77.1	7183	76.5	9882
1996	90.9	8014	86	11843
1997	111.5	8730	144.8	13893
1998	137	9833	144.1	15924
1999	136.5	9737	142.9	16787
2000	151.9	11061	149.5	17616
2001	173.7	20644	161	11715
2002	183	14241	175.4	20850
2003	175.5	14104	180.5	21312
2004	123.7	10909	105.7	22870

续表 6-6

年份	客运量（万人次）	旅客周转量（万人千米）	货运量（万吨）	货物周转量（万吨千米）
2005	199.5	17110	219.4	25434
2006	224	19490	241.4	28147
2007	253.3	20866	254	26571
2008	272.2	20256	310.6	31963

2009—2015 年离石区客车、货车数量情况表

表 6-7　　单位：辆

年份	客车	货车
2009	279	5310
2010	267	5489
2011	219	5816
2012	204	5973
2013	203	5734
2014	210	5734
2015	194	3715

第四节　车辆维修管理

1980 年 5 月，离石县第一家汽车修配企业成立。该厂位于交口镇段家坪村，为国有企业，主营业务为汽车、拖拉机、摩托车修理，生意一直兴旺。到 1987 年，吕梁地区试行行业管理，将汽车维修业务也归入交通运输管理的范围之内。1992 年，离石县交通道路运管所按照《中华人民共和国国家标准》（GB/T 16739.1—2004）汽车维修业开业条件的第 1 部分、第 2 部分对全区维修单位分为一类、二类、三类企业，并实施行政许可。

2002 年 11 月 24 日，离石市道路运输管理所在全县首次举办全市汽车修理岗位技能知识竞赛。

2004 年 12 月 12 日，举办全区机动车维修行业职业技能培训及考核，全区 14 家维修企业的 80 名技术人员获得了高级工、中级工、初级工的职业上岗证和资格证。2005 年 3 月 15 日，离石区运管所组织金运汽修厂、通达汽修厂、旭阳运业有限公司和交运汽修厂等汽车维修企业的 24 名技术人员，开展汽车维修质量咨询服务活动。2009 年 9 月 12 日，车辆二级维护电子监控中心在离石区维修行业正式投入使用。对二级维护企业实行 24 小时射频监控，强制车辆实施二级保养。2010 年 10 月 27 日，

在吕梁市首届二级维修企业职工技能比赛中，离石区维修企业山西大土河焦化有限公司、吕梁顺达汽贸有限公司和吕梁顺安汽修厂分别获得全市一、二、三等奖，离石区运管所获得组织奖。2011 年 12 月 6 日，离石区道路运输管理所组织全区维修企业的 36 名工作人员参加吕梁市首届机动车维修从业人员资格培训。

2012 年 11 月 16 日，离石区举办首届汽车维修服务技能大赛，来自全区 22 家维修企业的 44 名选手参加业务技能接待、理论知识考试、故障设置、实际操作等项目的技能比赛。2012 年底，离石区共有机动车辆维修企业 72 个，其中一类企业 18 个（其中 7 户为二级维护企业）、二类企业 17 个（其中 1 户为二级维护企业）、三类企业 37 个。72 户企业中有 4S 店 23 个。截至 2015 年底，离石区共有机动车辆维修企业 67 户。运管部门与 67 户维修企业签订安全承诺书。定期不定期地对维修企业的生产经营场所、技术状况、从业人员和经营行为等进行全面检查，发现问题，责令限期改正。对一类二类维修企业进行年度质量信誉考核，并建立完整的信誉考核档案。对 30 名未取得机动车维修从业资格证的一、二类企业从业人员进行维修技术、电器维修、车辆评比等工作培训。

第五节　机动车驾驶员培训管理

中华人民共和国成立后至 1983 年期间，对机动车辆驾驶员的培养一般采取师傅带徒弟的办法。驾驶员为师傅，徒弟为助手，助手一般需跟师傅 2—3 年。再由监理部门的管理人员对其进行严格的书面（或口头）考试和桩考、路考，合格者发给“实习驾驶证”，经半年实习期后，没有发生过交通事故，由单位做政治技术鉴定，报送监理部门，经监理部门审查，发给正式驾驶执照后，方可单独驾驶车辆。

1984 年后，运输市场开放，运输车辆急剧增多，车辆驾驶员供不应求，一些只持有拖拉机或货车驾驶执照的驾驶员也驾驶汽车或载客汽车。离石县交通监理部门采取短期培训班和严格考试的方法，1984—1985 年，离石县交通监理所举办汽车驾驶员培训班 5 期，以师带徒改为专职培训，培训期满，发给正式驾驶执照，考试不合格者，转入下一期继续培训。直至 1987 年，将机动车驾驶员管理工作移交给吕梁地区交警支队负责。离石县交通监理所前后共培训汽车驾驶员 300 余名。

1988 年后，离石县境内先后成立吕梁公安驾校、吕梁驾校吴城考试中心、吕梁交警汽校、吕梁武警驾校、吕梁振兴驾校、吕梁粮运驾校。要获得机动车辆驾驶证，需个人报名申请，经机动车驾驶员培训学校进行培训学习，然后由交警支队负责理论与实践考试，学员考试合格后，发给实习驾驶证，一年后换发正式驾驶执照。截至 1996 年，上述 6 所机动车驾驶员培训学校陆续停办，共培训机动车驾驶员 4000 余名。

1996 年后，离石市只剩有吕梁驾校 1 所机动车驾驶员培训学校，它的前身是吕梁交警汽校。截至 2015 年底，该驾校发展成为四星级驾驶员培训学校，每年培训驾驶员约4000余人。

2015年，离石区共完成3432人次诚信考核，换发新版从业资格证307个，同时取缔未经许可从事驾驶员培训活动窝点2家，对驾培学校擅自设立分支机构和培训点进行专项整治，查扣教练车11辆。

第六节 公路规费征收

养路费

1952年，离石县公路站承担全县范围内养路费征收工作。1979年1月，离石县公路养路费征收工作移交到离石交通监理站，交通监理站设立征费股，交通监理工作和征收养路费工作合为一体。

1984年，离石县拖拉机养路费年度征收总金额9.80万元。1985年1月，根据山西省交通厅关于拖拉机及畜力车辆养路费由各地、市、县交通局征收，并由各乡镇配备1名交通管理员的精神，离石县拖拉机及畜力车养路费的征收业务从交通监理部门分离，归交通部门负责征收管理。离石县交通局成立交通管理队，负责全离石城区内的交通管理，维持交通秩序和承担离石县范围内的拖拉机及畜力车养路费征收工作。

1985年10月1日后，按照山西省交通厅《关于设立公路养路费征收机构的通知》精神，吕梁地区设立公路养路费征收分所，与交通监理机构合并办公，并直接领导各县市的公路养路费征收工作。同年，全县征收拖拉机养路费10.20万元。1986年，全县征收拖拉机养路费11万元。1987年6月，按照山西省人民政府要求，养路费征收机构与交通监理部门正式分开，称离石县交通征费稽查所。

1988年1月，离石县交通局内成立拖拉机养路费征费站，主要负责拖拉机与农用三轮车养路费的征收。汽车、摩托车的养路费仍由离石县交通征费稽查所负责。1995年，全县征收拖拉机养路费106万元，征收汽车养路费1822.17万元。1996年，全县征收拖拉机养路费110万元，征收汽车养路费2015.78万元。2001年，全县征收拖拉机养路费148万元，征收汽车养路费2552.8万元。2005年，全县征收拖拉机养路费341万元，征收汽车养路费4098.18万元。2008年，全县征收拖拉机养路费360万元，征收汽车养路费6384.47万元。至2008年12月底，国家出台费改税政策，养路费改为燃油税。2009年1月1日起，养路费征收工作停止。离石区的征费稽查所与养路费征费站全部撤销，人员全部分流。

附：养路费征收标准

1950年初，运输车辆缴纳养路费以小米计算，按当时小米价格折款，《山西日报》每月公布一次小米价格。1950年12月起，公路养路费改为现金交纳，规定每辆机动车每月缴养路费10元。

1956年，公路养路费的征收标准为以吨计算，每个吨位缴纳养路费32元。同时增加畜力车征收，即单套马车每月征收养路费4元，双套马车每月征收养路费6元、三套马车每月征收养路费8元。

1960年，山西省调整公路养路费征收标准。即：汽车每吨每月征收养路费56元。胶轮马车单套每月征收养路费4元、双套每月征收养路费6元、三套每月征收养路费8元、多套征每月收养路费10元，毛驴车每月征收养路费3元。对专门运输部门的营运车辆，汽车按营运收入的7%计算征收养路费；畜力车以实际营业额收入的3%计征养路费。凡军用车辆以及机关团体的非营运车辆，须持单位证照，经审核领取免费通行证，否则一经查出，处以罚款。1965年，按营业额征收的费率调整为：汽车按收入的10%计征，畜力车按收入的4%计征。按吨位征收的汽车每月每吨为80元，畜力车单套为6元，每增加一套增收3元。1970年，山西省调整养路费征收标准，汽车每月每吨位征收养路费80元，畜力车每月每套征收养路费9元，营运胶轮拖拉机每马力每月征收养路费1.4元，专业运输部门的营运车辆仍按营运收入的10%计征。1978年7月19日，国家计委、交通部、财政部调整养路费标准：汽车每吨每月征收养路费70元，拖拉机每月每马力征收养路费3.5元，专业运输部门的营运车辆以收入的10%计征。1983年5月28日，山西省计划委员会、财政厅、交通厅联合发文规定：凡农村社队从事营业性运输的车辆（包括集体和个人）除汽车按全资计征外，拖拉机（包括手扶和小四轮）按汽车费额的40%计征，畜力车按营运额征收的按营运收入的4%计征，畜力车按费额征收的改为一律按每月10元征收。1985年2月，山西省人民政府印发《关于提高养路费征收标准的通知》指出，凡交通部门专业营运车辆，由营运总额的10%计征提高到12%计征；其他企事业单位的社会车辆由每月每吨收养路费70元提高到每月每吨收养路费100元。从事营业性运输的胶轮式拖拉机按照汽车费额的40%征收。1986年12月31日，山西省人民政府出台新规定，决定从1987年2月1日起，凡交通部门公路运输企业的营运车辆及专业出租汽车企业的车辆按营运收入总额的14%征收养路费。其他企事业单位和运输专业户等社会车辆，按每月每吨110元征收养路费；从事营业性运输的拖拉机按汽车调整后费额的40%征收养路费。并要求各地增收的养路费上缴省财政75%，地（市）留25%，省计委集中调配，全部用于公路建设。

1987—2008年部分年份离石区（县、市）拖拉机及农用三轮车养路费征收情况表

表6-8　　单位：万元

年份	金额	年份	金额
1987	9.57	1989	17.1
1988	9.57	1990	20.06

续表 6-8

年份	金额	年份	金额
1991	27.77	2000	112.96
1992	26.78	2004	372
1993	23.75	2005	342
1994	16.88	2006	298
1997	51.99	2007	356
1998	95.52	2008	364
1999	95.44	—	—

1991—2008 年离石区（县、市）汽车养路费征收情况表

表 6-9　　单位：万元

年份	总额	年份	总额
1991	572.16	2000	1975.50
1992	604.79	2001	2552.80
1993	989.70	2002	2622.00
1994	1315.42	2003	3472.91
1995	1822.17	2004	3764.90
1996	2015.78	2005	4098.18
1997	1963.77	2006	4552.12
1998	2060.10	2007	5331.87
1999	1906.61	2008	6384.47

注：2008 年年底燃油费税改革，汽车养路费停收。

养路费附加费

1991 年 9 月，山西省交通厅印发《关于车辆养路费附加费征收管理细则》，规定养路附加费由各级交通部门负责征收。征收标准是：各种汽车和后三轮摩托车（包括简易后三轮、柴油后三轮），按规定吨位折合吨位，每吨每月征收养路费附加费 40 元。两轮摩托车（包括轻骑）每辆每月征收养路费附加费 5 元。侧三轮摩托车每辆每月征收养路费附加费 10 元。对常年从事运输的拖拉机征收养路费的标准，改按吨位全额征收，增调的 60%，作为车辆养路附加费。大客车比照同类型载重汽车的核定吨位征收。小客车（包括吉普车、小卧、旅行车、面包车）核实座位。五座及以下按半吨征收养路费附加费，6—10 座按 1 吨征收养路费附加费，11—15 座按 1.5 吨征收养路费附加费，16—20 座按 2 吨征收养路费附加费。客货两用汽车，客座 10 座以内按 1 吨征收养路费附加费，载货重量按核实吨位，客货合

并计征。小型载货汽车和三轮摩托车，凡载重在500千克以下者，按半吨征收养路费附加费，500—1000千克者按1吨征收养路费附加费，以此类推，直到2吨为止。其他机动车辆，有明确核定吨位的，按核定吨位征收，没有明确核定吨位数的，按发动机功率，每20马力折合1吨征收养路费附加费（不足10马力的按半吨），每超10马力折1吨，该费征收工作由养路费征收单位一并征收，2009年费改税政策实施后停征。

1992—2008年离石区（县、市）拖拉机养路费附加费征收情况表

表6-10 单位：万元

年份	总额	年份	总额
1992	12.73	2001	148
1993	12.61	2002	220
1994	14.9	2003	340
1995	1.84	2004	371
1996	4.47	2005	341
1997	4.66	2006	340
1998	6.94	2007	350
1999	75	2008	360
2000	78	—	—

注：表中1995—1998年为货补费，其余年份均为附加费。

运输管理费

1974年，离石县开始征收运输管理费。1974年7月27日，山西省交通厅、财政厅、商业厅发出通知，要求各地收取运输管理费，简称“运管费”。规定：凡经交通运输部门组织参加社会流通过程中，进行物资运输的社会车辆及农副业车辆，所收运费归各单位，交通部门从各单位总营运收入中提取2%的运管费。县运管部门每月从所收运管费总数中提取5%上缴地区。1978年，山西省财政厅和山西省交通厅联合发文，对运管费提取的范围和费率作新的规定。即机关、厂矿、企事业单位的车辆，农村各种运输工具搬运装卸劳力，凡参加物资运输和搬运装卸发生运费结算或变相运费结算的（包括以销带运，产品运费混合计算的），一律按规定收取运管费。经批准自办调度拉运物资的，按营业收入的0.5%提取运管费，但承运本部门以外的物资仍按2%提取。1985年6月20日，山西省交通厅印发《山西省公路运输管理费征收办法》，对费率作了调整，规定对可以考核营运收入的企业和车辆，运管费按最多不超过营业额的1%计征。对难以按营业额考核计算的，按车辆吨位折算征收，折算征费标准限于当年正常营运收入总额的1%以内，每月每吨位以5—7元计征。1986年11月，交通部、财政部印发《公路运输管理费征收和使用规定》，规定运管费征收标准按经营者营业收入的最高不超过1%计征。征收范围包括，凡是从事营业性公路客货运输、搬运装卸、运输服务的单位和个人以及部队车辆参加地方营业性运输的，均需交纳运管费。1990 年 11 月，山西省物价局、财政厅、交通厅联合印发《公路运输管理费定额计征费率标准的通知》，规定运输车辆按运输营业额百分比征收的仍按 1% 计征。按吨位征收的标准为：载货汽车（包括挂车）8 元—11 元 /（月・吨）；拖拉机（按核定挂车吨位计）7 元—9 元 /（月・吨）；客车：大型 1 元—1.4 元 /（月・座）、中型 1.4 元—1.6 元 /（月・座）、小型 1.6 元—2 元 /（月・座）。1994 年 1 月，山西省交通运输管理局根据国家计划委员会、财政部、农业部《关于涉及农民负担部分收费项目修改意见的通知》，对山西省从事运输的农业拖拉机和农用汽车，征收运管费的标准由当时执行的按营业额的 1% 计征调整为按 0.7% 计征。

1996 年 4 月，山西省财政厅、物价局、交通厅联合发出《关于驾驶员培训及驾校管理费立项有关问题的通知》，规定收费项目：学员培训费、管理费、证件工本费，运管费收费标准为按培训费总额的 4% 计征。1997 年 12 月 15 日，国家计划委员会和财政部下发《关于第一批降低 22 项收费标准的通知》，其中公路运输管理费收费标准，从最高不超过营运收入的 1% 降低到最高不超过 0.8%。

2005 年，山西省物价局发文，把运管费定额计征费率调整为每月每吨不超过 23 元。离石区的运输管理费一直由交通运输管理部门征收，而且随着车辆的不断增加，运管费征收数量也在随之增加，2005 年，离石区运输管理费达 500 万元。2007 年，离石区运输管理费达 1000 万元。2008 年，离石区运输管理费达 1657 万元。2009 年始，国家实施费改税政策，运管费停止征收。

客运附加费（站场建设费）

1988 年 9 月 1 日起，全省范围内开征公路客运附加费。同年 10 月，山西省交通厅制定公路客运附加费的具体实施办法。规定凡在山西省境内经营公路旅客运输业务的单位和个人，都需向当地运管部门交纳客运附加费。该费由客运经营者向旅客代征，每人每千米为 0.003 元。并入客票票面金额内。在售票时一次核收，不另发行票据，并在客票票面上注明“含客运附加费”字样。运管部门向代征单位的个人征收客运附加费，一律按车座定额计收。标准为：离石县境内运行的客车每月每座 9 元，跨县、市、省运行的客车每月每座 10 元，计时包车每座每小时 0.05 元。同年，离石县征收客运附加费 2.8 万元。

1992 年，国家将燃油价格放开，使汽车运输成本增加。山西省物价局和省交通厅在调整物价的同时增收客运附加费，将征收费率增加到每人千米 0.005 元。同年 7 月 22 日，山西省交通厅规定，对从事公路客运业务的国营集体专业运输企业及统计资料完整的代征单位，其计征标准按客票总收入的 9.19% 征收。代征单位须按时、按标准上交征收部门。对定额结算计征的单位，按行车执照核实的车座定额征收，代征单位和个人向运管部门交纳的附加费为：离石县境内营运车每座每月 15 元，跨省、市、县营运的车辆每座每月 17 元，计时包车每座每小时 0.08 元。对已办理全年包缴客运附加费的经营户按规定外交 7—12 月增加的客运附加费。

1993 年 9 月，客运附加费更名为站场建设费，并将费率提高到每人千米 0.015 元。代征单位和个人向运管部门交纳的费用为：本县境内运行的车辆每月每座 45 元，跨省、市、县运行的车辆每月每座 50 元，城市公共汽车、旅游车及出租车跨出市政道路 10 千米以内的每月每座 10 元，20 千米以内的每月每座 20 元，超出 20 千米的每月每座 50 元。同月，山西省交通厅决定将客运站场建设费的征收标准分两步到位。第一步先从 10 月 1 日起，按每人每千米 0.01 元计征，上交运管部门的按《山西省征收公路客运附加费的具体实施办法》原定费额的三分之二计征。其标准是，离石县境内运输的 30 元 /（座・月），跨省、市、县运输的 33 元 /（座・月），城市公共汽车、旅游车及出租车跨出市政道路 10 千米以内的 7 元 /（座・月），20 千米以上的 33 元 /（座・月）。

2000 年 12 月，山西省人民政府批转省物价局、省财政厅和省交通厅《关于规范公路客运附加费增加公路建设资金的意见的通知》，确定公路客运站场建设费规范为公路客运附加费，征收标准为：按乘车里程，在公路客票价外每人每千米加收 0.025 元，并入客票金额核收。客运附加费中，每人千米 1 分钱继续用于全省客运站场建设，其余部分用于公路建设。同年，离石市征收客运附加费 76.7 万元。

2001 年 2 月 7 日，《山西省公路客运附加费征收管理办法》印发，确定征收客运附加费一律按车座定额计征。征收的标准为：在离石县境内营运的客运车辆每月每座 70 元，跨省、市、县客运的每月每座 82 元，城市公共汽车、旅游车、出租车等跨出市政道路 10 千米以内的每月每座 17 元，跨出市政道路 10—20 千米的每月每座 32 元，跨出市政道路 20 千米以上的每月每座 82 元，计时包车，按核定座位征收，每座每小时 0.4 元。同年，离石市征收客运附加费 164 万元。2008 年，离石区征收客运附加费 285 万元。2009 年初，国家实施费改税政策，该费停止征收。

1972—2008 年离石区（县、市）运输管理费　客运附加费征收情况表

表 6-11　　单元：万元

年份	运输管理费	客运附加费
1972—1983	18.51	—
1984	5.03	—
1985	9.22	—
1986	3.25	—
1987	8.42	—
1988	6.6	2.89
1989	25.97	11.98

续表 6-11

年份	运输管理费	客运附加费
1990	42.82	16.34
1991	40.71	10.15
1992	36.49	13.08
1993	48.57	13.92
1994	76.43	19.74
1995	85.86	7.79
1996	124.29	13.93
1997	99.01	24.17
1998	93.43	24.84
1999	73.59	24.42
2000	76.7	76.7
2001	160.23	164.08
2002	214.6	201.57
2003	262.56	125.65（非典免征 93）
2004	392.19	228.95
2005	510.34	25.74
2006	727.1	258.66
2007	1035.4	283.59
2008	1657.31	285.77

车辆购置附加费（税）

1985 年 5 月 1 日，开始征收车辆购置附加费（税）。离石县的车购费由离石县交通监理机构征收。1987 年 7 月，交通监理移交公安交警后，离石县的车辆购置附加费（税）由离石县交通征费稽查所负责征收。征收标准为国内生产或组装车辆厂的车辆实际销售价格的 10%，国外进口车辆以计算增值税后的组合价格（即到岸价 + 关税 + 增值税）为计费依据，费率为 15%。1994 年 1 月 1 日起，改变车购费征收环节，将征收标准统一。由车辆落籍地的交通征稽部门直接向购车人征收。进口车、国产车费率一律改为购车费的 10%。

2001 年 1 月 1 日起，车辆购置附加费改为车辆购置附加税。车辆购置附加税的纳税人为《中华人民共和国境内购置附加税条例》规定的车辆购置单位和个人。征收的范围包括汽车、摩托车、电车、挂车、农用运输车等，税率仍为购车费的 10%。

2009 年初，国家实施费改税政策后，车辆购置附加税转交离石区税务部门征收。

第五章 管理机构

第一节 离石区交通局

离石区交通局是离石区人民政府的职能部门。1946年，离石县民主政府设立建设科，负责全县交通事业的行政领导和业务管理工作。

1956年2月，离山县人民委员会交通科成立。

1962年，离石县人民委员会交通科改为离石县人民政府交通局。“文化大革命”期间，离石县交通局的正常工作被迫中断。1967年，离石县革命委员会成立后，先后在业务组内设立工交组、工交办公室、工交建组和交通办公室，负责离石县境内交通运输事业。1973年2月，县交通办公室改名为离石县革命委员会交通局。1980年又改为离石县人民政府交通局。

截至2015年底，离石区交通运输局内设办公室、人事法规股、财务股、安全股、规划股、建管股、审计股7个股室。下设农村公路养护管理科、道路运输管理科、地方海事处、交通路政大队、交通建设工程质量监督站、县乡公路改造工程项目部6个单位。全局共有职工208人，其中正式职工102人、临时工106人；有党员79人；大专以上文化程度者130人。同时，有压路机43吨/3台、推土机440马力/4台、平路机1台、沥青洒布机1台、石料烘干机1台、装载机5立方/2台、洒水车10吨/2辆、自卸车31吨/5辆、拖拉机55马力/1台、抽水机4台、发电机140千瓦/2台。

第二节 离石公路管理段

离石公路管理段是山西省公路局吕梁分局设立在离石区的干线公路建养管理事业单位，其前身是1950年建立的离石公路养护工区。1953年改组为离石公路站。当时仅有职工3人、毛驴1头。属于榆次（晋中）专区公路段管辖。

1971年吕梁地区成立后，离石公路站改属吕梁地区公路段直管，并改称为离石公路管理站。内设股室3个，主要负责离石县境内的公路建养、交通管理和交通规费征收工作。1980年，离石交通监理站分设后，改为离石公路养护段，主要负责离石县境内的干线公路建设和养护工作。1987年，改称离石公路管理段。2003年底，共有干部职工228名，其中干部22名、职工206名。内设职能股室5个和工程队、机械班及交口、西属巴、义居、南海滩、薛公岭等道班8个。

截至2015年底，离石公路管理段内设两股一室一大队。即：财务股、生产经营股、办公室、路政大队。下辖义居、交口、南海滩、牛尾沟4个道班。下设机械化养护中心、后勤服务中心、工程公司3个经济实体。有在职职工169人、离退休人员50人，其中有党员36人，各级专业技术人员76人，大专以上学历人员占职工总数的69.7%。有各类筑路机械16台（件），固定资产总值达到1281.95万元，资产净值达748.92万元。

第三节　吕梁交通运输执法局离石区分局

吕梁交通运输执法局离石区分局的前身是离石区交通征费稽查所，1987年成立，担负离石区域内汽车、摩托车等机动车辆的规费征收工作。有干部职工22人，其中正式职工12人、临时人员10人；中共党员14人。内设办公室、业务室、稽查队。

2009年1月1日，国家实施费改税政策，交通规费停止征收。原征费所人员分流安置。2010年，吕梁市交通运输执法局离石区分局挂牌成立。负责对辖区内公路路政、道路运政、水路运政和地方海事处执法工作开展执法监督。负责对辖区内交通运输行业治超工作政策、制度和标准执行情况以及路面治超、道路货物运输源头治超工作实施监督等。

截至2015年底，内设为综合办公室。有正式职工4人。

第六章 邮 政

第一节 邮 路

中转邮路

民国12年(1923)离石邮政站成立后，离石作为中转站，从太原至汾阳用汽车拉运往返，邮差步行从离石到汾阳、离石到柳林、离石到圪洞、离石到临县4条干线往返。

1949年12月改用畜驮。1958年9月，太原至离石自办汽车邮路。

1972年，省邮政离石汽车分站成立。1973年秋，太原至离石汽车邮路延到临县。邮运分站承担离石中转站至方山、临县、兴县、军渡4条干线的邮件接送。1980年秋，邮运分站与县局合并后，离石只中转中阳、柳林、方山3县。

2007年，离石区共有邮路10条，邮路总长度(单程)1098千米。其中自办汽车邮路(单程)5条724千米，其他邮路(单程)5条374千米。

2015年，离石区共有邮路11条，邮路总长度(不含单独机要)(单程)1156千米。其中自办汽车邮路(单程)950千米，其他邮路(单程)206千米。

乡邮路

民国35年(1946)，乡邮路通达各区公所。

1952年，有乡邮路11条，长819.9千米，驮班路4条，步班路7条。当时全县10个区，33个乡普遍通邮。

1958年，离山县(区划将离石县与方山县合并称离山县)有乡邮路30条，长6207千米，除普遍通往各公社外，全县710个生产队有615个通邮，占82%。另有95个捎投。至1963年，实现队队通邮。其中汽车路69千米，自行车路2610千米，步班路3528千米。1971年，区划变动后，有乡邮路22条，长2321千米。其中，摩托车路80千米，自行车路1600千米，步行班路641千米。1985年，有乡邮路26条，长1313千米。1990年，乡邮路缩短为21条，里程缩短为1098.6千米。其中，摩托路3条，306千米；自行车路l8条，792.6千米；步班路1条(结绳堳乡)28千米。全县有行政村252个，通邮251个，捎转1个(小神头乡西华镇)。

2007年，离石区农村投递路线(单程)24条686千米。

2015年，离石区农村邮路(单程)362千米，农村投递路线(单程)22条591千米。

第二节 主要业务

投递

人员 方式 中华人民共和国成立前，投递工具是几条扁担、麻绳和几只邮袋。民国35年（1946），县局有邮工14人，隔日步行到区邮政代办所。民国37年，区设交通员1名，向村投递或捎转，村设兼职发行员接收。

1952年，逐日投递的乡达近三分之一。

1958年，乡邮员达30人，全县34个公社，逐日投递19个，隔日15个；710个生产大队，逐日投递45个，隔日投递370个，三日投递295个。1976年后，逐步以车代步，实现社社逐日投递。234个生产大队，逐日投递75个，隔日投递131个，三日投递35个。1990年有城乡投递员35人，全县有251个行政村，逐日投送131个，隔日119个，捎转1个。

至2015年，全区国内平函投递量1358870件，国内给据函件投递量73902件，无名址函件投递量89712件。

工具 设施 中华人民共和国成立后，投递业务、投递工具和设施逐年增长和扩大。1949年购平车1辆。1950年购驴3头，1956年购马车1辆，1972年购摩托车1辆和两吨半汽车1辆。1990年，有汽车1辆、摩托车4辆、自行车34辆、邮件升降机1部、电子秤2台、除尘器1部。截至2015年，离石区有邮政汽车44辆、生产用汽车29辆；投递用摩托车14辆、电动车17辆；邮资机1台、过戳机1台、邮政信筒信箱10台、邮政智能包裹柜1台。

包裹

民国36年（1947）起，离石办理包裹业务。

1952年2月，开始办理保价包裹。1953年前出口包裹200—2000件，收入70—2000元。1954—1970年，出口2300—10000件，进口近3万件，收入2000—10000元。1971—1990年，出口近万件（1986年最高为1.5万件），进口8000—13000件，转口19000件，收入1万—4.5万元。1980年1月，划分甲、乙两类保价（最高保价为5000元）。1986年，分民用和商品两类。

2007年，离石区收寄国内包裹16277件，其中国内普通包裹6010件，国内快递包裹10267件；国际包裹合计38件。2015年，离石区收寄国内普通包裹8406件，国际及港澳台普通包裹9件。

汇兑

汇兑的前身是托人捎转或经商行转兑。民国年间，离石的“祥芳成”“源成儒”“恒输丰”“天德厚”“广和长”等商行在陕甘宁及汾阳、平阳(今临汾)均设有分店，为离石县在外地经商做工者转兑，或自取或“托驮脚”人捎办。清末民初正式有邮局后，采用汇票(持汇票人自行挂号邮寄)形式汇兑。

1949年后，汇款由邮局直接信汇或电汇。1953年，曾实行小额(20元以下)现金信寄(于1959年取消)。1953年前出口汇票2000—5151张，收入100—116元。1954—1970年，出口汇票5800—10000张，收入1277—3100元，1971—1990年，出口汇票1万—2.4万张(1985年前为2.1万张以下)，收入3000—35000元(1985年前为12000元以下)。

2007年，离石区办理国内汇票88002张，开发汇票金额30492.13万元；兑付汇票19765张，兑付汇票金额6049.2万元。2015年，离石区办理国内汇票2392笔，开发汇票金额294.68万元。

报刊发行

民国年间，发送(不管收订)大公报、益世报、晨报、申报等报刊六七种。民国29年(1940)后，代办中共党报党刊的发行工作。

1952年，发行《山西日报》等报刊十四五种。1953年，加发杂志30余种。

1958年，报纸、杂志期发1.4万份。发行收入3.4万元。1971—1980年报纸、杂志种类由200种增长近300种，期发由1.2万份增至5.3万份。到20世纪80年代中期，全县报刊发行量保持7万余份以上。1985年，全县报刊发行量为79604份。1987年，全县报刊发行量为77149份。1989年全县报刊发行量为71377份。1990年，全县报刊发行量41442份，平均4.26人1份，发行收入达24万元。

2007年，离石区报纸发行量累计6378798份，其中订阅报纸累计6372156份，零售邮发报纸累计6642份；杂志发行量累计202562份，其中订阅杂志累计197911份，零售邮发杂志4651份。

2015年，全区报纸发行量累计10892132份，其中订阅报纸累计10727063份，零售邮发报纸累计24589份，零售特发报纸累计140480份；杂志发行量累计979354份，其中订阅杂志累计297591份，零售邮发杂志累计27758份，零售特发杂志累计654005份。同年，离石区报刊流转额1331.43万元，其中订阅报纸流转额955.8万元，报纸零售邮发流转额2.66万元，报纸零售特发流转额3.04万元，杂志订阅流转额234.68万元，杂志零售邮发流转额26.82万元，杂志零售特发流转额108.43万元。

函件

1953年前，离石县出口函件5万—11万件。1951—1970年，离石(山)县出口函件16万件，1971—1990年，新划离石县出口函件38万—113万件，进口45万—96万件，转口40万—166万件，收入2.8万—12.7万元。

2007年，离石区办理中邮专送广告853640件；办理国内邮资件函件246680件，其中账单类函件118431件，协议信函件63943件，协议刷函件27026件，其他函件37280件。

同年办理国际平常函件51件，台湾给据函件1件，港澳给据函件3件，国际给据函件12件。

2015年，离石区办理国际平常函件19件，国际给据函件136件，台湾给据函件167件，港澳给据函件8件；办理国内平常函件1358870件，国内给据函件73902件，国内小包60671件。国内函件（不含无名址函件）业务量603138件，国际函件业务量达330件。同年，全区函件业务收入95万元。

集邮

1983年1月，离石县开始办理集邮业务。1984年底，实行集邮票预订制度。1990年发放预订证283个，年收入达8万元。

2005年8月30日，山西省“纪念抗日战争暨世界反法西斯战争胜利60周年集邮巡回展”在离石区汉画像石博物馆举行。2008年11月10日上午，全国第一套雕刻版特种邮资明信片《古镇碛口》首发仪式暨“山西省庆祝改革开放三十周年”集邮展览在离石区汉画像石博物馆隆重举行。2010年，离石区集邮量达87561枚，集邮品册数16977册。全年完成集邮业务收入153.56万元，位全省第一。

2015年，全区集邮邮票达796251枚，集邮品册数有18470册。全年完成集邮业务收入315.39万元。

代理保险

1999年冬，吕梁市邮政局离石营业部开办代理保险业务。

2004—2010年，年均保费达8000万元以上。

2015年，全年代理保险12246.6万元，完成保险业务收入438.77万元。

电子商务

2004—2005年，全区代理信息业务停留在代放号、代收话费、代售卡等小范围经营阶段，年收入仅20万—40余万元。2007年，代理信息业务收入达252万元。2010年，新增邮储短信9.13万户，在网户数累计达到28.84万户，绝对数列全省第四，完成电子商务业务收入570.52万元。

2015年，离石区代收话费23088笔，代收话费金额118.65万元，储蓄短信户数达15682户。完成电子商务业务收入190.55万元，全市排名第三。

快递

20世纪90年代中期，吕梁地区邮政局离石营业部开办快递业务。

2007年，吕梁市邮政局离石营业部完成国内异地快递专递信件31362件，国内同城特快专递信件3065件，国际特快专递信件55件；国内异地快递专递物品14678件，国内同城特快专递物品13810件，国际特快专递物品10件。

2015年，完成标准快递7601件，其中同城标准快递327件，异地标准快递7274件；快递包裹4918件，其中同城快递包裹3件，异地快递包裹4915件；国际标准快递6件。

邮政（邮电）业务总量 收入

1978年，离石县邮电业务总量41.6万元，收入35.4万元。1985年，业务总量105.8万元，收入90.8万元，实现利润1.7万元。1990年，业务总量233万元，收入320万元，实现利润17万元。

2007年，离石区邮政业务总量2625.64万元。2015年，离石区邮政业务总量3541.92万元。

第三节 机 构

明代永乐年间建立民信局。

据清光绪《永宁州志》记载，离石有驿站3处，驿铺21处，共养马30匹，驻有驿夫10人，专为官府传送文书。光绪二十九年（1903）在柳林镇设立大清邮政代办所。

民国2年（1913），设军用电信局，有离石经汾阳至太原报路1条。民国12年，中华邮局在离石设立邮政站，后改为邮政代办所。有巡员、信差3人。民国20年，增设电报营业处，办理民用电报业务。日本侵略军侵占离石后，设电报电话所。民国29年，离石抗日民主政府在碛口设交通站，交通站内设电话班。民国30年3月，改称通讯站，5月又称交通局，11月与书店合并，复称交通站。民国35年2月，改称邮政局，内设电话班，专为党政机关使用。同年8月，吕梁军邮办事处成立。1949年，地方电话通信站设立。

1950年，县邮政局设立，并设柳林、圪洞邮电所。1953年3月，邮政局与通信站合并为邮电局。

1955年，增设大武、军渡两个邮电所。1956年，增设坪头、马坊、峪口、成家庄、吴城、孟门、信义邮电所。1957年4月，机要通信局并入，开始办理机要业务。1958年增设方山、穆村、薛村、吉家塔、交口、田家会、横泉等7个邮电所。

1961年12月撤销交口、田家会邮电所。1963年增设刘家山所。1970年1月，邮政、电信分设。1971年恢复交口、田家会邮电所。1971年5月，离石县电信局改为吕梁地区电信局，归军分区管辖。同年，离石县有邮电职工241人。1973年9月，吕梁地区邮电局和离石县邮电局并为离石县邮电局。1974年3月，新关邮政所设立，1976年春撤销。1985年底，吕梁地区邮电办事处与离石县邮电局合并为吕梁地区邮电局。1990年，离石县有邮电职工403人。

1998年10月，实施邮电分营，离石市邮电局改设为吕梁地区邮政局离石营业部。

2015年，吕梁市邮政局离石营业部有邮政支局所12所，其中邮政支局5所，代办邮政所7所；其他营业网点（不含机要网点）44所。

第七章 电信 联通 移动

第一节 电 信

设施

长话设施 民国2年(1913),离石军用电信局有磁式西门子挂机2部,有通中阳、汾阳、碛口、军渡线路4路。民国29年,离石与邻近县通话。

1950年,有长途磁式交换机1部,架空明线电路5路。

1959年9月,建载波增音站,装用l2路载波,有增音机2部,接通北京至西安一级电路,开通至临县、中阳长话。1980年,拆除磁式交换机,换为供电式交换机。当年有电路45路,其中载波31路,出租2路。1987年,新装长途电话全自动交换机1部,当年长途自动电话有65部。1990年,长途电话交换机增为14台,28席,装有载波终端机(3路至12路)32部,增音机2部,载波端机总容量3125路,实占240路;电路l55路,其中载波146路,出租29路。同年,可与全国900多个地、县、市直拨通话。

2005年,交换机端口总容量达10990Gbps,实占用户数为352户。2010年,交换机端口总容量达40701Gbps,实占用户数为1166户。

截至2015年底,交换机端口总容量达29317Gbps,实占用户数为9699户。

农话设施 1954年,离山县电信局架设县城至大武、柳林、成家庄、吴城等4个区公所驻地线路,电话杆路长(全为木杆)340杆千米,有话机42部。1958年,与各公社全部架线通话,杆路长1271杆千米,明线线条长l564对千米(有一杆架多条线的),有话机281部。

1971年,有话机359部。1981年,开始装水泥杆路78杆千米,新架电缆1.5皮长千米,有话机358部。1990年,杆路长988杆千米,其中水泥杆l49杆千米,木杆839杆千米,电缆长6.9皮长千米,话机减为169部。1990年,农话杆路长988杆千米,明线线路有750对千米,有238千米有杆无线。

2005年,主干电缆125千米,配线电缆83千米。2010年,主干电缆345千米,配线电缆382千米。

截至2015年底,主干电缆有364千米,配线电缆164千米。

市话设施 1950年,局设1部30门磁式交换机,有用户84户,话机12部。

1971年,交换机容量300门,实占267门,接入局交换机话机140部。1978年,交换机容量达600门,实占438门,接入局交换机话机366部。1978年,建自动电话工程,安装HT921纵横制自动交换机1000门，1984年又增装1000门，1989年扩容500门，达2500门。

2003年起，至2005年交换机端口总容量达10990Gbps，实占用户数为352户。至2010年交换机端口总容量达40701Gbps，实占用户数为1166户。

截至2015年交换机端口总容量达29317Gbps，实占用户数为9699户。

电报设施 民国2年（1913），军电局有莫尔斯报机1部，有线电路2路（通碛口、汾阳）。

1949年，有振荡人工收发报机1部，幻线电路1路。

1958年，有莫尔斯报机1部，幻线电路3路。1963年，新装短波收、发报机各1部，有线电路3路。1971年，有短波发报机5部，收报机4部，电传打字机6部；有线电路7路，无线电路14路，共21路。1975年，新增载波电报机1部。1986年，新增传真机1部。1989年，电报新增微机1部。至1990年，有载波电报机7部、电传打字机18部，短波发报机8部，短波收报机4部，发报机13部，微机1部，传真机1部；电路24路，其中有线电路11路，无线电路13路。

移动业务

经过由基站子系统和移动交换子系统等设备组成的蜂窝移动通信网，为用户提供话音、数据、视频图像等信息传递的业务，包括2G与3G业务。2008年，离石区营运中心完成移动业务为18075万元。

截至2015年底，离石区营运中心完成移动业务为20649万元。

机构

1998年10月，实施邮电分营，吕梁市邮政局离石营业部、吕梁市电信局离石营业部成立。2002年11月28日，中国电信股份有限公司吕梁分公司成立，2003年3月30日，在吕梁市工商局注册登记正式运营。

2015年，离石区城市地网营销服务中心有离石永宁西路区域营销服务中心、离石龙凤街区域营销服务中心、离石永宁东路区域营销服务中心、离石区区域营销服务中心、离石莲花池区域营销服务中心、离石交通路区域营销服务中心、离石凤山底区域营销服务中心、离石货源街区域营销服务中心；农村营销服务中心有：离石西属巴区域营销服务中心、离石西崖底区域营销服务中心、离石滨河区域营销服务中心、离石交口镇区域营销服务中心、离石田家会区域营销服务中心，有从业人员46人。

第二节 联 通

基站 网点

2012年，离石区有3G WCDMA基站数264个、2G GSM基站数243个。

同年，离石区有中国联合网络通信有限公司吕梁市分公司离石交口营业厅、中国联合网络通信有限公司吕梁市分公司离石西属巴营业厅、中国联合网络通信有限公司吕梁市分公司离石永宁西路营业厅。

业务

固网业务　固网业务是通信终端设备与网络设备之间主要通过电缆或光缆等线路固定连接起来，为用户提供话音、数据、视频图像等信息传递的业务。2008 年，离石区营运中心完成固网业务收入 521 万元。截至 2015 年底，离石区营运中心完成固网业务收入 112.7 万元。

移动业务　经过由基站子系统和移动交换子系统等设备组成的蜂窝移动通信网，为用户提供话音、数据、视频图像等信息传递的业务，包括 2G 与 3G 业务。2008 年，离石区营运中心完成移动业务为 18075 万元。截至 2015 年底，离石区营运中心完成移动业务为 20649 万元。

宽带业务　2012 年，离石区普通宽带总容量 39056 兆，光纤高速宽带总容量 40568 兆。2015 年 10 月 29 日，离石区建成全光网络。离石中心局运行 23 年的 S1240 程控交换机退网。

机构

2001 年 11 月，中国联合通信有限公司吕梁分公司成立。2009 年 1 月 6 日，由中国网通（集团）有限公司吕梁市分公司、中国联合通信有限公司吕梁分公司融合重组为新联通，成立中国联合网络通信有限公司吕梁市分公司，离石区设立区域运营中心——离石运营中心。

第三节　移　动

基站　网点

截至 2015 年底，离石营业部共有基站 865 个，其中宏站 639 个、室分 226 个。光缆杆公里 1468 千米，管道公里 263 千米；共有 5 个自办厅，分别为吕梁离石中心营业厅移动商城、吕梁离石高专动感地带移动商城、吕梁离石袁一路移动商城、吕梁离石龙凤北大街专卖店、吕梁离石龙凤南大街专卖店。

移动业务

中国移动离石营业部移动用户逐年稳步提升，从 2005 年 7.8 万户，提升到 2015 年 30.5 万户。

中国移动离石区运营收入高速发展到 2013 年达到顶峰，达 22606 万元，之后持续维持在 20000 万元水平。

宽带业务

离石区移动从 2007 年开始发展宽带业务，业务发展较慢，主要用户集中在偏远农村，2012 年，宽带业务有 5183 户，2014 年，受其他运营商业务拓展影响和自身业务转型影响，移动宽带用户降为4425户。截至2015年底，出口带宽20G，在网宽带用户数7617户，宽带业务收入365万元。

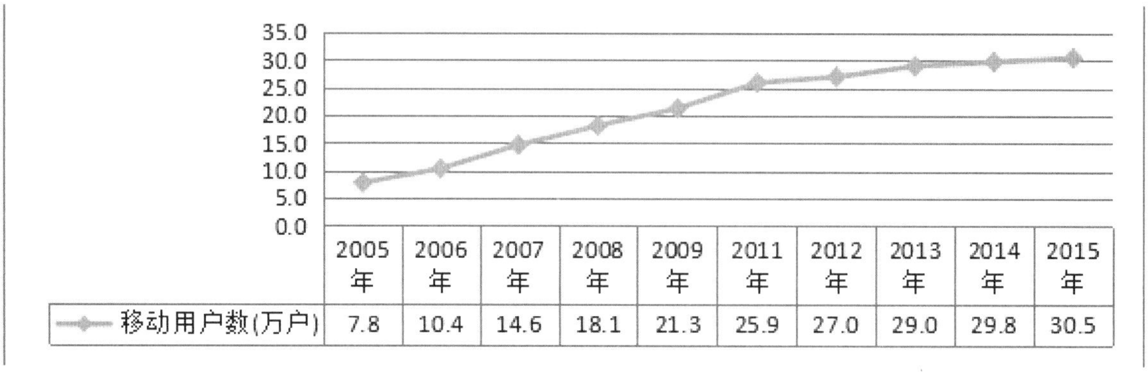

图6-1 中国移动离石营业部移动用户数示意图

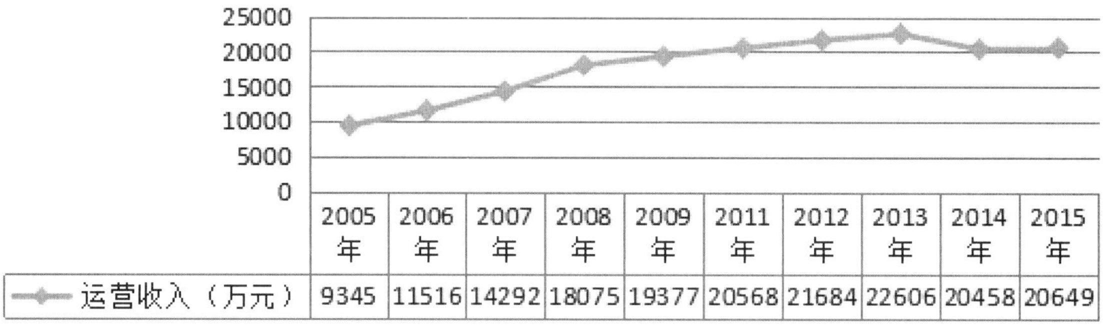

图6-2 中国移动离石营业部运营收入示意图

机构

1999年9月，中国移动通信集团山西有限公司吕梁分公司成立，设立中国移动通信集团山西有限公司离石营业部。

第七编

经济综述

经济发展水平

经济结构

体制改革

人民生活

中华人民共和国成立前，离石境内经济是自给自足的农耕经济，城区有少量作坊式小手工业和规模很小的商贸流通业。1953—1980 年，离石县经过社会主义改造时期和全面建设社会主义时期，完成 5 个“五年计划”和调整时期，地区生产总值在曲折中增长。“四五”时期，年均递增速度达 10.84%，为计划经济时代发展最快的时期。1981—2015 年，离石区（县、市）完成 7 个“五年计划”，国民经济保持平稳快速增长，地区生产总值快速提升。“七五”“八五”“十五”时期，年均递增速度超过 18%，是境内经济发展的黄金时期。2015 年，全区地区生产总值 679132 万元，吕梁市各县（市、区）排名第四位。

1949 年，全县固定资产投资额为 0.29 万元。1972 年，全县完成基本建设投资 171 万元，在吕梁地区各县排名第九位。20 世纪 90 年代后，国家放开生产领域的投资限制，投资规模迅速扩大，境内固定资产投资年增速以两位数的速度增长。1995 年，全县完成基本建设投资 12107 万元。截至 2015 年底，全区施工项目 155 个，固定资产投资达 1184018 万元，在吕梁市各县（市、区）排名第三位。

1949 年，全县财政收入为 18 万元。1971 年，全县财政收入 254.6 万元，在吕梁地区各县排名第九位。改革开放后，境内财政收入稳步、快速增长，为改善人民生活及提高全社会各项事业的发展提供了雄厚的基础。2000 年，全市财政收入为 8865 万元，在吕梁地区各县（市）排名第四位。2015 年，全区财政收入为 186737 万元，在吕梁市各县（市、区）排名第三位。

1958 年，全县实行人民公社体制，农民收入主要是集体分红。全县农村年人均收入 42 元，职工年人均工资 427.5 元。1978 年，全县职工年人均工资 586.7 元；农村年人均收入 53 元，居吕梁地区各县第七位。2000 年，全市城镇居民人均年可支配收入 3750.2 元；农村居民年人均收入 812 元，居吕梁地区各县第六位。2015 年，全区居民年人均可支配收入 21400 元，居吕梁市县（市、区）第二位；其中城镇居民年人均可支配收入 24975 元，居吕梁市县（市、区）第二位；农民年人均可支配收入 5135 元，居吕梁市县（市、区）第八位。

第一章 经济发展水平

第一节 经济运行

社会主义改造时期经济运行

1949年，全县农业产值694万元，工业产值99万元。1950年，离石第一座现代企业—国营离石蛋厂建成投产。至1955年底，基本完成社会主义改造时期。经济活动主要经历：医治战争创伤，恢复国民经济，实行土地改革，进行工商业改造，实施第一个五年计划前3年，建立社会主义所有制基本经济结构。至1955年底，全县农业产值617万元，比1949年下降11.1%；工业产值116万元，比1949年增长17.17%。

社会主义建设时期经济运行

1956年，开始全面建设社会主义时期，全县农业产值719万元，工业产值326万元。经济活动主要经历："一五"时期（1953—1957年）后2年、"二五"时期（1958—1962年）和"调整"时期（1963—1965年），生产关系变革主要经历：农村建立互助组、初级社、高级社和农村人民公社；经历"大跃进"，三年困难时期，国民经济调整时期。该时期，在农业合作化运动的推动下，依靠集体经济的优越性，因地制宜开展治山、治水、治沟，修梯田、打坝堰等农田水利基础建设，大搞水土保持，促进农业生产发展。全县出现王家沟村等一批治山治水的先进典型。1956年，全国水土保持工作会议在离石县城举行，与会领导和专家参观王家沟流域水土流失治理工程。同年，中共离山县委总结《依靠合作化开展大规模的水土保持工作是完全可能的》的经验文章，入选《中国农村的社会主义高潮》一书，毛泽东主席的按语"这是一篇好文章"给予充分肯定，此经验在全国推广。1957年，开始陆续投资建设离石面粉加工厂、机械厂、发电厂、炼铁厂等现代工业企业，国民经济进入稳定健康发展时期。1958年开始的人民公社化和"大跃进"运动，出现"共产风"、浮夸风，广大群众生产积极性受到挫伤，生产水平下降。

1962年，贯彻执行"调整、巩固、充实、提高"的方针，调整人民公社体制，开放农村市场，发放社员自留地，给国民经济和人民生活带来新的转机。1965年，全县农业产值569万元，比1956年下降20.86%；工业产值273万元，比1956年下降16.26%。

"文化大革命"时期经济运行

1966年5月开始，进入"文化大革命"时期。同年，全县农业产值799万元，工业产值300万元。该时期，经济活动主要经历：第三和第四两个五年计划的实施。全县经济受"文化大革命"影响，进入全面混乱时期，工厂处于半停工状态。农业生产主要开展以治山治水、改变生产条件为主的“农业学大寨”运动，“农业学大寨”后期，受“文化大革命”极“左”路线影响，变成以突出政治为主的政治运动。1969年，全县工业总产值275万元，为1959年的47.17%。1971年，“9・13”事件后，开始纠正“左”的错误，恢复和发展国民经济，经济形势日益好转。全县工农业生产和建设也迅速发展。至1976年，全县工业总产值1668万元，是1969年的5.56倍；农业产值852万元，比1966年增长6.63%。

改革开放和经济高速发展时期经济运行

1978年，中共十一届三中全会后，进入全面改革开放和经济高速发展时期。1978年，全县地区生产总值3788万元。20世纪70年代末期，境内主导产品焦炭从天津港出口到东亚、南亚、西亚、美洲和欧洲等地。这一时期，经历全县农村实行家庭联产承包责任制，调整农林牧副业结构比例，大力发展乡镇企业，社会主义新农村建设；经历国有、集体工商企业体制改革和大力发展民营企业。经历第五到第十二个五年计划的发展。到20世纪末期，基本完成全县资本原始积累，资本投资急剧膨胀，规模性工商企业迅速成长。2000年，离石市地区生产总值102791万元，约是1978年的27倍。2008年，离石区出口额达人民币3.8亿元。并有大土河集团、泰化集团、永宁集团、开心宇集团、同仁康集团等一批年生产能力超亿元的大型工商企业。截至2015年底，全区通过海关出口商品563万美元，全区地区生产总值679132万元，约是2000年的6.6倍。

第二节 地区生产总值

产业发展速度

中华人民共和国成立后，特别是改革开放后，离石区（县、市）第一、二、三产业均大幅增长，尤其以煤炭为主的工业增幅最大。

第一产业 即农业。境内地处山区，水浇地面积极少，有效灌溉面积则更低，抵御自然灾害能力较差，农作物产量低而不稳。1952年，全县第一产业增加值1217万元。1976年，第一产业增加值1424万元。改革开放后，县农业部门通过推广农业新品种、新技术，鼓励农民发展畜牧业、桑蚕业，栽植红枣、核桃等经济林以增收致富。1981年，全县第一产业增加值2555万元。2000年，全市第一产业增加值3470万元，是1981年的1.36倍。随着国家大批惠农政策的出台和农牧业产品价格的提升，第一产业增加值快速增长。2010年，全区第一产业增加值14335万元。截至2015年底，全区第一产业增加值18751万元，是2000年的5.4倍。

第二产业 即工业及建筑业，煤炭、焦化工业和机电、建材工业是境内工业中的支柱产业。1952年，全县第二产业增加值105万元，1976年，第二产业增加值952万元。改革开放后，全县乡镇煤矿数量增长，煤炭工业快速发展，带动第二产业、第三产业的其他行业快速发展。1981 年，全县第二产业增加值 1796 万元。1989 年，全县第二产业增加值 4672 万元，其中，工业增加值 3976 万元，占第二产业的 85.1%；建筑业增加值 696 万元，占第二产业的 14.9%。2000 年，第二产业增加值 50717 万元，是 1981 年的 28.24 倍，其中，工业增加值 30665 万元，占第二产业的 60.46%；建筑业增加值 20052 万元，占第二产业的 39.54%。2001 年，随着煤炭价格持续稳定上涨，境内煤炭工业进入快速发展的“十年黄金期”；同时期，随着房地产业的升温，建筑业也进入快速发展的轨道。2011 年，全区第二产业增加值 480103 万元，是 2000 年的 9.47 倍，达到历史最高峰。截至 2015 年底，全区第二产业实现增加值 185030 万元，其中，工业实现增加值 141393 万元，占第二产业的 76.42%；建筑业实现增加值 43637 万元，占第二产业的 23.58%。

第三产业 即交通运输业、商业、服务业等。1952 年，全县第三产业增加值 74 万元。1962 年，第三产业增加值 188 万元。1971 年，离石城成为吕梁行署驻地后，城市建设的发展和人口增加，拉动商业、交通运输业、住宿餐饮业等服务业的发展。1973 年，全县第三产业增加值 1023 万元，是 1962 年的 5.44 倍。改革开放后，1983 年，全县第三产业增加值 1973 万元。20 世纪 90 年代，工业快速发展，城镇建设加快，第三产业增加值提高。1993 年，突破 1 亿元，其后每 2 年均有突破。2000 年，全市第三产业增加值 48604 万元，是 1983 年的 24.63 倍。随着煤炭工业经济的迅速崛起，涌入、迁入境内外地务工、经商人员急剧增加，拉动商业、交通运输业、住宿餐饮业等服务业的发展。同时，政府进行经济结构调整，大力发展商贸业，整合开发旅游资源，第三产业稳步、快速发展。2010 年，全区第三产业增加值 292031 万元，约是 2000 年的 6 倍。截至 2015 年底，全区第三产业增加值 475351 万元，是 2010 年的 1.63 倍。

1952—2015 年离石区（县、市）地区生产总值构成表

表 7-1

时期	年份	绝对数（万元）				年均递增减率	构成（%）			
		地区生产总值	第一产业	第二产业	第三产业		地区生产总值	第一产业	第二产业	第三产业
“一五”时期	1952	1398	1219	105	74	—	100	87.20	7.51	5.29
	1953	1613	1407	114	92	–2.33	100	87.23	7.07	5.70
	1954	1552	1302	166	84		100	83.89	10.70	5.41
	1955	1323	1133	102	88		100	85.64	7.71	6.65
	1956	1788	1323	289	176		100	73.99	16.16	9.84
	1957	1598	1090	320	188		100	68.21	20.03	11.76

续表 7-1

时期	年份	绝对数（万元）				年均递增减率	构成（%）			
		地区生产总值	第一产业	第二产业	第三产业		地区生产总值	第一产业	第二产业	第三产业
“二五”时期	1958	1876	1313	284	279	-3.96	100	69.99	15.14	14.87
	1959	2051	1240	504	307		100	60.46	24.57	14.97
	1960	2178	996	770	412		100	45.73	35.35	18.92
	1961	1661	1117	341	203		100	67.25	20.53	12.22
	1962	1600	1176	236	188		100	73.50	14.75	11.75
调整期	1963	1377	1119	154	104	-2.76	100	81.26	11.18	7.55
	1964	1407	1164	110	133		100	82.73	7.82	9.45
	1965	1302	1016	94	192		100	78.03	7.22	14.75
“三五”时期	1966	1704	1395	101	208	6.11	100	81.87	5.93	12.21
	1967	1556	1056	106	394		100	67.87	6.81	25.32
	1968	1280	884	194	202		100	69.06	15.16	15.78
	1969	1842	1045	314	483		100	56.73	17.05	26.22
	1970	2160	1264	312	584		100	58.52	14.44	27.04
“四五”时期	1971	2754	1413	549	792	10.84	100	51.31	19.93	28.76
	1972	2743	1070	765	908		100	39.01	27.89	33.10
	1973	3303	1532	826	945		100	46.38	25.01	28.61
	1974	3713	1633	1057	1023		100	43.98	28.47	27.55
	1975	4157	1902	1266	989		100	45.75	30.45	23.79
“五五”时期	1976	3572	1424	952	1196	4.61	100	39.87	26.65	33.48
	1977	5062	2120	1658	1284		100	41.88	32.75	25.37
	1978	3788	1756	1278	754		100	46.36	33.74	19.90
	1979	5672	2562	1976	1134		100	45.17	34.84	19.99
	1980	4277	1768	1209	1300		100	41.34	28.27	30.40
“六五”时期	1981	5934	2555	1796	1583	10.84	100	43.06	30.27	26.68
	1982	6793	3036	1951	1842		100	44.69	28.72	27.12
	1983	7217	3028	2216	1973		100	41.96	30.71	27.34
	1984	8289	3217	2580	2492		100	38.81	31.13	30.06
	1985	8957	3565	2754	2638		100	39.80	30.75	29.45

续表 7-1

时期	年份	绝对数（万元）				年均递增减率	构成（%）			
		地区生产总值	第一产业	第二产业	第三产业		地区生产总值	第一产业	第二产业	第三产业
“七五”时期	1986	9468	3572	3125	2771	18.61	100	37.73	33.01	29.27
	1987	11741	3848	4600	3293		100	32.77	39.18	28.05
	1988	14728	4612	4573	5543		100	31.31	31.05	37.64
	1989	15140	4793	4672	5676		100	31.66	30.86	37.49
	1990	18741	8379	4326	6036		100	44.71	23.08	32.21
“八五”时期	1991	16192	5234	4295	6663	35.44	100	32.32	26.53	41.15
	1992	18357	2262	6757	9338		100	12.32	36.81	50.87
	1993	32468	3456	16931	12081		100	10.64	52.15	37.21
	1994	46339	6779	19807	19753		100	14.63	42.74	42.63
	1995	54486	4537	24173	25776		100	8.33	44.37	47.31
“九五”时期	1996	58654	7908	24394	26352	15.06	100	13.48	41.59	44.93
	1997	61623	3259	25907	32457		100	5.29	42.04	52.67
	1998	78702	3372	38804	36526		100	4.28	49.30	46.41
	1999	89625	1037	43458	45130		100	1.16	48.49	50.35
	2000	102791	3470	50717	48604		100	3.38	49.34	47.28
“十五”时期	2001	115924	2439	62881	50604	23.85	100.00	2.11	54.24	43.65
	2002	147699	4994	87445	55260		100.00	3.38	59.20	37.41
	2003	175672	4953	92648	78071		100.00	2.82	52.74	44.44
	2004	222905	5622	120607	96676		100.00	2.52	54.11	43.37
	2005	272710	5637	163630	103443		100.00	2.07	60.00	37.93
“十一五”时期	2006	313058	7328	186111	119619	18.44	100.00	2.34	59.45	38.21
	2007	372016	7394	217484	147138		100.00	1.99	58.46	39.55
	2008	536116	7660	281254	247202		100.00	1.43	52.46	46.11
	2009	476865	11734	203689	261442		100.00	2.46	42.71	54.83
	2010	615946	14335	309580	292031		100.00	2.33	50.26	47.41

续表 7-1

时期	年份	绝对数（万元）				年均递增减率	构成（%）			
		地区生产总值	第一产业	第二产业	第三产业		地区生产总值	第一产业	第二产业	第三产业
“十二五”时期	2011	816176	15214	480103	320859	4.49	100.00	1.86	58.82	39.31
	2012	797066	16227	430143	350696		100.00	2.04	53.97	44.00
	2013	730253	18349	255225	456679		100.00	2.51	34.95	62.54
	2014	699081	20292	217238	461551		100.00	2.90	31.07	66.02
	2015	679132	18751	185030	475351		100.00	2.76	27.25	69.99

注：地区生产总值中，剔除了曾经并入离石又分出去的归柳林、方山、中阳管辖的乡镇村的地区生产总值，“-”表示递减。

第三节 工农业生产总值

民国时期，离石境内有少量煤矿业、陶瓷业、纺纱织布业，均为家庭作坊式手工业，对离石经济没有足够的影响力和拉动力。1949 年，离石工农业总产值为 793 万元，其中，农业产值 694 万元，工业产值 99 万元，分别占全县工农业总产值的 87.52% 和 12.48%。

1950—1952 年国民经济恢复时期，国营离石蛋厂兴建，由手工业作坊开始向现代企业迈进，国民经济得到恢复性发展。1953 年，离石县工农业总产值为 894 万元，其中，农业产值 765 万元，工业产值 129 万元，分别占全县工农业总产值的 85.57% 和 14.43%。

经过 1953—1962 年第一、第二两个五年计划的实施，工农业生产进入稳定发展时期，十年中，农业方面大搞以水土保持为主的小流域治理，因地制宜开展治山、治水、治沟，修梯田、打坝堰等农田水利基础建设，改善农业生产条件。工业方面有较大发展，先后建立离石国营蛋厂、发电厂、炼铁厂、七里滩煤矿、通用机械厂、副食加工厂、药材加工厂、计量修配厂、服装厂、鞋帽厂、针织厂、综合加工厂、砖瓦厂、陶瓷厂、沙麻沟耐火厂、粮油加工厂和各公社建的农修厂。1958 年“大跃进”，开始以大炼钢铁为主的盲目冒进发展，全县工农业生产受到极大的影响。1962 年，全县工农业总产值下降到 918 万元，农业产值 634 万元，工业产值 284 万元，分别占全县工农业总产值的 69.06% 和 30.94%。

经过 1963—1965 年三年困难时期的国民经济调整恢复，全县工农业生产得到恢复和发展。

1966 年，全县工农业生产总值恢复到 1028 万元。1966 年下半年“文化大革命”开始，全县工农业生产受到严重冲击。特别是 1967—1969 年三年时间，工农业生产连续停滞不前。

至 1969 年底，全县工农业生产总值下降到 884 万元。1969 年后，社会逐步稳定，工农业生产得到恢复和发展，到第五个五年计划结束的 1980 年底，工农业生产总值 4225 万元，其中，农业产值 1584 万元，工业产值 2641 万元，分别占全县工农业总产值的 37.49% 和 62.51%。1978 年，中共十一届三中全会后，全国实行改革开放，离石经济发展进入一个新的发展时期。经过第六至第十二，七个五年计划的发展，工农业生产成倍增长。

1993—1996 年，离石县（市）委提出“项目中心论”“中心成熟，分层扩展，区位推进”“建设区域性中心城市”的发展战略构想并付诸实施。1996 年，全市工农业总产值 68312 万元，其中，农业总产值仅占 9.6%，工业总产值占到 90.4%。

1997—2002 年，离石市委提出“确立大离石观，把离石建成晋西地区区域性中心城市”的发展战略，离石社会由农业经济为主导的经济格局进入城市经济为主导的发展时期。到第十二个五年计划初（2011 年），工农业生产总值达 1210027 万元，其中，农业产值 28532 万元，工业产值 1181495 万元，分别占全区工农业总产值的 2.36% 和 97.64%。

截至 2015 年底，全区工农业生产总值 407610.33 万元，其中，农业产值 33528 万元，工业产值 374082.33 万元，分别占全区工农业总产值的 8.23% 和 91.77%。

第四节　固定资产投资

1949 年，离石基本建设投资额为 0.29 万元，全部投资用于农业方面建设。

1952 年，全县基本建设投资额为 0.38 万元，全部投资于农业方面建设。

“一五”时期开始，全县固定资产投资主要集中在工业化建设上，重点依靠国家投资兴建国营离石蛋厂、发电厂、炼铁厂、七里滩煤矿、通用机械厂、副食品加工厂、药材加工厂、计量修配厂、服装厂、鞋帽厂、针织厂、综合加工厂、砖瓦厂、陶瓷厂、沙麻沟耐火厂、粮油加工厂和各公社建的农修厂，奠定离石工业基础。1958 年，全县基本建设投资额为 166.25 万元。其中，农业投资 17.27 万元、工业投资 96.1 万元、商业投资 21.97 万元、运输邮电投资 11.9 万元、文化教育卫生投资 5.57 万元，其他公共设施投资 13.44 万元。1960 年后三年困难时期，国家投资紧缩。1962 年，离石固定资产投资由 1960 年的 279.92 万元下降到的 3.08 万元。1968 年，全县基本建设投资额为 17.86 万元。其中，农业投资 7.87 万元，工业投资 6.49 万元，文化教育卫生投资 3.5 万元。直到第四个五年计划期的 1972 年，离石的固定资产投资恢复到 100 万元以上，以后逐年增长。

改革开放时期，1978 年，全县完成固定资产投资 853.6 万元。其中：计划内项目投资 821 万元、计划外集体所有制企业投资 9 万元、工业挖潜革新改造措施费项目投资 23.6 万元。计划内项目投资中，工业投资 457 万元，占计划内项目投资的 55.66%；农业投资 56 万元，占 6.82%；运输邮电投资 43 万元，占 5.24%；文化教育投资 96 万元，占 11.69%；城市建设投资 30 万元，占 3.65%，商贸服务与医疗卫生体育等公共设施投资 139 万元，占 16.94%。

1982年，全县固定资产投资达1008万元。20世纪90年代后，国家放开生产领域的投资限制，允许民间资本、社会资本投资兴办各类经济实体，投资规模迅速扩大，年增速以两位数的速度发展，投资领域涉及工业、农业、交通、通信、城市建设、文化、教育、医卫、体育各个方面，有力地拉动离石经济高速发展。1993年，离石县固定资产投资除国家投资外，开始有自筹及其他方面投资。同年，完成固定资产投资3617万元。其中，建筑安装工程投资3207万元，设备工具器具购置投资410万元。

2003年，全市施工项目36个，完成固定资产投资198190万元。其中，建筑工程投资143580万元，占72.45%；安装工程投资12861万元，占6.49%，其他工程投资41749万元，占21.06%。固定资产投资中，住宅投资8117万元。

2009年，全区完成固定资产投资256416万元。其中，建筑工程投资180613万元、安装工程投资46137万元、设备工具器具购置投资20187万元，其他固定资产投资9479万元。截至2015年底，全区施工项目155个，完成固定资产投资1184018万元。其中，建筑工程投资826835万元，占69.83%；安装工程投资137338万元，占11.6%；设备工具器具购置投资193424万元，占16.34%。固定资产投资中住宅投资267668万元。

第五节 财政实力

1949年，离石县财政收入为18万元。

1957年，全县财政收入为238.3万元。1971年，全县财政收入为254.6万元，在吕梁地区各县排名第九位。

改革开放后，随着经济快速发展，境内财政收入稳步增长。1984年，财政收入突破千万元大关，达到1343.9万元。2000年，全市财政收入8865万元，是1984年的近6.6倍，在吕梁地区各县（市）排名第四位。

2012年，全区财政收入292428万元，为历史最高，是2000年的近33倍。截至2015年底，全区财政收入为186737万元，在吕梁地区各县（市、区）排名第三位。

第六节 社会消费品零售总额

1949年，境内社会消费品零售总额145万元。

1971年，离石城成为吕梁行署驻地后，全县社会消费品零售总额迅速增长。1972年，全县社会消费品零售总额突破1000万元。改革开放后，随着人民生活水平快速提高，境内社会消费品零售总额每三四年上一个新台阶。1990年，全县社会消费品零售总额突破1亿元。

2004年，全区社会消费品零售总额突破10亿元。截至2015年底，全区社会消费品零售总额629783.1万元。

第二章　经济结构

第一节　综合经济结构

中华人民共和国成立后，离石的经济结构大体经历以第一产业为主导的发展时期和以第二产业、第三产业并驾齐驱，以城市经济为主导的发展时期的转换。该转换是一个较长的历史过程。主要是生产力的发展和经济体制的变革导致产业结构的差异。

1949—1952 年，主要是恢复国民经济。1952 年底，国民经济综合水平已超过战争结束时期的 1948 年。1953 年，开始实施第一个和第二个五年计划的过程中，国家建立起比较完善的社会主义计划经济体制。之后 20 余年中，从城市到农村基本实现国有化和集体化的经济所有制结构。中华人民共和国成立初期，由于工农业经济基础薄弱，经济运行完全实行计划经济的模式。农业以粮为纲，严格控制畜牧副业生产。工业利润和固定资产折旧全部上交国家，企业无权投资扩大再生产。消费品靠国家凭证分配，经济发展是简单重复再生产。中共十一届三中全会后，国家实行改革开放政策，经济体制由计划经济过渡到有计划的商品经济，再到计划经济与商品经济相结合，再到社会主义的市场经济。通过大力发展民营经济，加大城市建设力度，加强基础设施建设，投资建设一大批重点工程项目，离石的宏观经济结构趋于协调，三个产业的结构比例由第一个五年计划初 1953 年的 87.23∶7.07∶5.7，发展到十一届三中全会前 1978 年的 46.36∶33.74∶19.9，1992 年开始，第二产业、第三产业在三个产业的结构中所占的比例超过第一产业，进入以第二产业、第三产业并驾齐驱发展的以城市经济为主导的发展时期。到 2005 年，三个产业的结构比例为 2.07∶60∶37.93，区域经济由农业为主、工业为辅逐步改变为以工业为主、商贸服务业为辅。

截至 2015 年底，三个产业的结构比例成为 2.76∶27.25∶69.99，区域经济实现以工业为主、商贸服务业为辅改变为以商贸服务业为主、工业为辅的发展格局。在整体产业结构变化的同时，各产业内部的结构也有较大的变化。农林牧副业总产值中，纯农业产值比重下降，林牧副业比重上升。工业内部，以煤焦为主的单一重工业结构十分明显；第三产业内部，交通运输业、商业等传统产业比重下降，房地产业、金融保险业、电信业等迅速发展。

第二节　工业生产结构

工业企业所有制结构

1949 年，离石县有工业企业 4 家，工业总产值 98.56 万元。其中，全民所有制工业企业总产值1.34万元，占全部工业总产值的1.36%；私营企业总产值97.22万元，占全部工业总产值的98.64%。1955年，开始有集体所有制企业4家，全部为手工业社组。1956年，实行公私合营，全县工业企业24家，工业总产值326.29万元。其中，全民所有制工业企业4家，总产值196.34万元，占全部工业总产值的60.17%；集体所有者企业20家，总产值129.95万元，占全部工业总产值的39.83%。1978年，全县工业企业56家，工业总产值2488.1万元。其中，全民所有制工业企业16家，总产值1941.67万元，占全部工业总产值的78.04%；集体所有者企业40家，总产值546.43万元，占全部工业总产值的21.96%。1978年，改革开放后，全县乡镇集体工业企业和私营企业迅速发展。1998年，离石市规模以上工业企业工业完成总产值31469.9万元。其中，国有控股企业完成17755.6万元，占56.42%；非公有制企业完成13714.3万元，占43.58%。截至2015年底，离石区规模以上工业企业完成工业总产值374082.33万元。其中，国有控股企业完成77787.82万元，占20.79%；非公有制企业完成296294.51万元，占79.21%。

工业企业规模结构

1978年，全县工业企业56家，全部为小型企业。1985年，全县工业企业78家，全部为小型企业。据吕梁统计年鉴资料，2001年，全市有大中型企业2家，工业总产值11691万元，工业销售产值14978万元，资产合计112430万元，固定资产95639万元，主营业务收入16159万元，利税总额9039万元，从业人员2533人。大中型企业工业总产值占全部工业总产值的28.99%。2006年，全区有大中型企业4家，工业总产值210924万元，工业销售产值198100万元，资产合计497270万元，固定资产251768万元，主营业务收入197272万元，利税总额31511万元，从业人员11231人。大中型企业工业总产值占全部工业总产值的65.65%。2015年，全区有大中型企业11家，工业总产值285611万元，工业销售产值271212万元，资产合计3579593万元，固定资产636471万元，主营业务收入247414万元，利税总额-41900万元，从业人员12227人。大中型企业工业总产值占全部工业总产值的69.43%，占规模以上企业工业总产值的76.35%。

工业产业结构

1949—1957年，离石县重工业累计产值占工业总产值的10.6%，轻工业累计产值占工业总产值的89.4%。1958年后，开始兴建较大的重工企业，1958—1973年，重工业累计产值占工业总产值的52.4%，轻工业累计产值占工业总产值的47.6%。到1990年，重工业产值占工业总产值的84.1%，轻工业产值占工业总产值的15.9%。20世纪90年代开始，随着境内煤炭工业的迅速发展，导致重工业产值在工业总产值所占比例越来越高，出现轻、重工业比例严重失衡现象。2010年，离石区重工业产值占工业总产值的99.8%，轻工业产值占工业总产值的0.2%。截至2015年底，重工业产值占工业总产值的98.77%，轻工业产值占工业总产值的1.23%。

第三节　农村产业结构

以粮为纲时期

1958 年，全县建立人民公社后，农村实行三级所有，以队（生产大队）为基础的政社合一经济管理模式，农村经济形成以粮为纲的单一生产结构，一直到 1981 年推行家庭联产承包责任制，打破以粮为纲的农村产业结构。这一时期的基本特征是：以粮食亩产达纲要（400 斤）、过黄河（600 斤）、跨长江（800 斤）为主攻方向，林牧副渔业严格控制，农民长期处于温饱的状况。特别是“文化大革命”期间，全县“农业学大寨”偏离正确的方向，把“农业学大寨”变成一种政治运动，不切实际的一味强调粮食产量，必须种植高产作物，全县所有水浇地、梯田地基本都种植高粱和玉米等高产作物，少量旱地种植谷子和薯类作物。全县粮食产量长期徘徊在 2000 万—2500 万千克，而林牧副业没有得到应有的发展。在农业总产值中农、林、牧、副的结构比例由 1953 年的 75.36∶5.07∶16.5∶2.94，经过 30 年的艰苦奋斗，到 1980 年，只达到 60.29∶5.93∶13.32∶20.39，种植业、林业和畜牧业的结构比几乎是 30 年一贯制，没有明显的变化，仍然没有解决农民吃饭的问题，直到 1981 年还要吃国家返销的救济粮。

规模化　专业化发展时期

1979 年，离石县开始在赵家山搞家庭联产承包责任制试点，1980 年，试点获得成功，得到中央、省、地区领导的肯定。到 1982 年底，离石农村有秩序地过渡到土地公有、家庭联产承包为主的新的经营体制，交足国家和集体的公粮，剩余全部留给自己，农村产业结构发生较大的变化，农、林、牧、副不断调整，种植业比例逐年下降，林、牧、副的比重逐年提高。

进入 21 世纪后，国家推进农业现代化的步伐加快，随着农村专业合作社的出现和“一乡一业，一村一品”规模化发展，产业化经营模式的推进，要求土地相对集中使用。2006 年，区委、区政府提出建设“小杂粮基地”“绿色无公害基地”“规模养殖基地”“农业科技示范园”“核桃林全覆盖”“观光旅游采摘农业园区”的农业产业化发展部署。至 2010 年，核桃林实现全覆盖；信义、吴城农业科技示范园区投入使用；各乡镇、街道的规模养鸡、养猪、养牛、养羊和特种养殖快速发展。2011 年，区政府以调整产业结构，增加农民收入为目标，规范土地流转，鼓励农民规模经营。全区农业总产值中，种植业、林业、畜牧业的结构比由 1981 年的 64.19∶8.8∶12.07 发展到 2015 年的 39.11∶8.9∶48.92。实现农林牧副结构比较合理全面均衡发展。

第三章 体制改革

第一节 农村经营管理体制变革

土地改革

1947年6月，晋绥三地委组织部部长宋英带领土改工作团在离石县的西属巴、东属巴、茂塔坪3个行政村搞土地改革试点。10月，中共晋绥分局决定离石县普遍进行土地改革，而后组织近千名干部到全县农村“满面开花”搞土地改革。经过发动群众，划分阶级成分，组织贫农团，斗争地主、富农、恶霸、汉奸，平分土地的土地改革运动。土地改革消灭地主、富农经济，使地主、富农保留略低于中等户的土地，满足贫雇农土地要求，在中农中进行少量的抽肥补瘦，农民实现“平均地权”和“耕者有其田”的愿望。1948年，土改复查、纠偏、土改工作结束。全县划分贫农27410户，占农村总户数45687户的60%；中农14649户，占32.5%；富农1483户，占3.3%；地主（含破产地主）1950户，占4.2%。从地主、富农手中平分土地8566.93公顷。

家庭联产承包责任制

1978年12月，中国共产党十一届三中全会通过《关于加快农业发展若干问题的决定（草案）》后，离石开始探索农村发展的新路。1979年秋季，县委书记郭裕怀在坪头公社调查研究中，公社干部提出，实行包产到户的建议，得到郭裕怀的认可，同意先搞试点。之后，坪头公社领导召集各生产大队党支部书记、大队长会议，提出包产到户设想，征求大家意见，有7个生产大队的党支部书记、大队长表示愿意搞包产到户。一周后，吕梁地委书记王国英再次去坪头公社调研包产到户工作，书记王国英支持包产到户的试点工作，同意把赵家山大队作为试点大队。1980年夏，山西省副省长霍泛、山西省人大常委会副主任焦国鼐、农业部部长何康、国务院政策研究室主任杜润生等领导先后到赵家山调研指导总结工作。在各级领导和专家学者的提议下，把赵家山的农业改革形式称之为“家庭联产承包责任制”。1980年，赵家山大队粮食产量（除土豆和蔬菜）突破25万千克，比1979年的15万千克增产10万千克。一年包产到户，就彻底解决30年难以解决的吃饭问题。之后，赵家山的成功经验很快在全县推开。至1982年底，离石农村有秩序地过渡到土地公有，家庭联产承包为主的新的经营体制。

多种形式的经济合作发展

1980年，以武玉根为首的几户农民投资3000余元购买1台55马力的拖拉机起步，后陆续投资购买7台4吨汾河牌大卡车，主要往河北、天津、北京、江苏等地发运焦炭，回程以拉运白面、大米为主。1984 年，撤销三级所有，以队为基础的人民公社体制，实行乡镇村管理制。家庭联产承包责任制的普遍实行，广大农民获得一定的生产资料占有权或使用权，成为农村生产经营的主体，进入商品生产者行列。同年，中共中央 1 号文件《中共中央关于农村工作的通知》下发后，农村经济合作与联合组织迅速发展，逐步形成统分结合的“双层经营”体制。一种是由过去人民公社体制中各级集体经济组织演变而来的以乡集体经济组织和以村为单位的合作经济组织，这种经济组织是以原公社各级集体兴办的企业和集体财产为基础形成的，是以农民的家庭经营和集体的统一经营为特征的经济合作。一种是广大农民根据自愿互利的原则自发组建的各种经济联合体，这种经济组织遍及农、林、牧、工业、建筑业、运输业、商业和饮食服务业等各行各业，其中以工业居多，特别是沿大小东川、北川河和矿山集中的乡镇村这种经济组织更多，较为典型的有田家会运输队。至 1984 年，田家会运输队运输车辆近百辆，年运输量达 10 万吨，年收入近千万元，年利税近百万元，带动离石商品经济的发展。1984 年 12 月，武玉根被团中央授予“全国新长征突击手”称号，1985 年，被中共山西省委、山西省政府授予“百业科学致富王”称号。

1992 年，邓小平南方谈话后，全县农村各种经济合作组织迅猛发展，特别是农村个体企业发展更快，到 1996 年离石县撤县建市时，乡镇企业（含：乡镇集体、个体、联合兴办的各类工业、建筑业、运输业、商业和餐饮服务业）遍布全县所有的乡镇和 60% 以上的村。乡镇企业产值占据全县产值的一半以上，实现税收占到全县财政收入的三分之一以上。

农村税费改革

2000 年，中共中央、国务院下发《关于进行农村税费改革试点工作的通知》。2001 年，离石市出台《2001 年农民负担监督管理实施方案》《关于取消农村招待费的通知》《关于禁止农村乱订报纸书刊的通知》。

2004 年，国家实施“粮食直补”政策，全区农民种植粮食可得到政府补贴。实施农机购置补贴，补贴机具有耕地整地机械、种植施肥机械、收获机械、农产品初加工机械、农田基本建设机械等 12 大类 46 个小类 180 个品目。2006 年 1 月 1 日，国家废止《中华人民共和国农业税条例》，全区农民结束几千年缴纳“皇粮国税”的历史。“十一五”时期，全区发放粮食直补资金 2903.58 万元，发放农机购置补贴资金 237.21 万元。2007 年，国家出台能繁母猪补贴与保险的惠农政策，2007—2008 年，对 1440 头能繁母猪补贴与保险，共补贴 10.8 万元。2009 年，实施玉米良种补贴政策。2010 年，印发《离石区关于加快发展规模健康养殖的实施意见》，规定规模养殖补贴政策：每头出栏肉猪补助 200 元；能繁母猪年存栏达 500 头以上，每头种猪补贴 500 元。

截至 2015 年底，发放粮食直补资金 2419.73 万元，发放农机购置补贴资金 76.45 万元，补贴农机具 403 台（件）。

专业合作经济组织

2006年，区政府坚持“民办、民管、民受益”的原则，树立典型以带动全局，引导建立农民专业合作社2家。2007年，印发《关于加快发展农民专业合作社的若干意见》。2010年，全区共发展农民专业合作社125家。2013年，争取到市级“8+2”项目资金21万元，培育发展“8+2”农业产业化重点实施区域服务农业产业化合作社15家。截至2015年底，全区有农民合作社333家，经营收入达1974.42万元。

土地流转

2011年，离石区农村土地流转服务中心设立，各乡镇（街道）分别设立乡镇农村土地流转服务中心和农村土地承包经营纠纷调解庭。2013年，印发《关于加快推进农村土地承包经营权流转工作正确引导发展适度规模经营的意见》。2014年，全区土地流转面积1220公顷，占承包耕地面积的7.6%。

第二节　工商企业体制改革

改制前企业状况

全民所有制工业企业　1951年，国营离石蛋厂建立。1958年后，电厂、铁厂、七里滩煤矿、通用机械厂、副食加工厂、药材加工厂、计量修配厂先后建立。1966—1978年，在全国大办“五小工业”（即电力、钢铁、化肥、水泥、农机）的热潮中，恢复铁厂，改造扩建电厂，在蛋厂的基础上改建成电线厂，新建化肥厂、水泥厂和综合食品厂（地营）、钢木机具加工厂和砖厂（地营）、大修厂（省营）等全民所有制企业。至1990年，在国营工业企业中，省营企业1家：离石汽车修理厂；地营企业7家：吕梁地区钢铁厂、吕梁地区制药厂、吕梁地区砖厂、吕梁地区印刷厂、吕梁地区食品厂、吕梁地区豆制品厂、吕梁地区电业局；县营企业15家：县电业局、发电厂、七里滩煤矿、电缆厂、印刷厂、水泥厂、化工厂、纤维厂、服装厂、副食加工厂、益民糖果厂、粮油加工厂、饲料厂、洗煤厂、自来水公司。

全民所有制商业企业　1990年，离石县营商业企业有48家，从业职工1248人。其中有地营企业16家，县属企业32家。32家县属企业中，粮食企业19家、商业企业8家、物资企业3家、农机企业2家。商业企业有：百货纺织品公司、石州百货大楼、糖酒副食公司、食品公司、五金交电化工公司、蔬菜公司、饮食服务公司、副食品公司；物资企业有：物资公司、木材公司、物资贸易中心。农机企业有：农业机械公司、农机供应站。粮食企业有：基层粮站、点14家和县营粮油总店、粮油议价公司、面粉加工厂、粮食车队。

县营集体所有制工业企业　1958年后，在大办五小工业的热潮中，建立起“建筑工会”（经济实体，后改名为离石建筑社）、铁业社、木业社、麻业社、副食加工厂以及私营联办印刷厂等，扩建向阳农具厂。1990年，乡以上独立核算工业企业中，县营集体10家，乡镇营集体45家。在县营集体工业企业中，县二轻局所属企业9家：向阳农机厂、五金厂、建新木器厂、针织地毯厂、鞋帽服装厂、陶瓷厂、塑料美术厂、玻璃厂、建筑公司；县供销社所属企业1家：钢木厂。

县营集体商业企业 到1990年，经营商业和服务业的集体企业达54家。供销社系统下设单位20家，知青门市部28家，其他6家，即：第二综合百货公司、第二综合副食公司，县商业局管辖的盐业公司、棉麻公司，妇幼商店和县二轻经理部。从业人数843人。

企业自主权改革

1981年后，离石县工业企业陆续开始实行税后利润中提取奖金、计件工资、功效挂钩等打破企业内部大锅饭的企业内部改革。1983年开始，对国有企业全部实行利改税。1984年5月10日，国务院下发《关于进一步扩大国营工业企业自治权的暂行规定》。1984年后，国家实行价格双轨制，政府开始区分指令性任务和指导性任务，指令性任务是由国家下达指标，组织产需衔接，所需原材料由国家分配供应。指导性任务是企业自行组织原材料生产，自行寻找市场销售，以后逐步取消国家对地方国营企业的原材料供应和产品收购，把企业逐步推向市场。1985年，山西省下发《以增强企业活力为中心的经济体制改革实施方案》（简称三十五条），进一步扩大企业自主权。1985年，离石县委进一步赋予企业权利：企业有权选定经营方式，有权联合经营，有权自行招工，有权发放奖金，企业获得空前的自我发展空间。1985年后，在全县国营和集体企业推行企业厂长负责制。

厂长承包经营责任制改革

企业扩大自主权改革之后，离石的国营和集体所有制工商企业适应市场的能力有所提高，但是还没有将企业推向市场，企业吃国家和集体的“大锅饭”，职工吃企业的“大锅饭”问题仍然严重地阻碍着企业发展。1987年9月，离石县选择吕梁地区食品厂（该企业是地县共同管理）作为第一户开始推行厂长承包经营责任制的改革企业，通过竞争，确定承包人。由于承包人未能履行承包义务和责任，企业始终处于停产状态，职工处于半失业状态，企业很不稳定。半年后，县委、县政府撤销承包人的承包资格，重新选派厂长，但是企业再也没有恢复过生产，一直到被新成立的制药厂兼并。在之后的推行承包责任制中，县委、县政府领导和主管部门领导注重承包指标的可靠性和承包人经营管理能力的可行性，逐步打破“三铁”（铁饭碗、铁工资、铁交椅）。至1997年，离石市所属的国营、集体工商企业全部通过公开竞选厂长、经理岗位，厂长、经理聘任副职和车间主任等中层干部，厂长、经理与县经济主管局签订承包经营责任书等方式，实行承包经营责任制。

企业产权制度改革

企业扩大自主权的改革和承包经营责任制的实行，给企业适当松绑，但企业并没有成为真正独立的市场主体。1997年后，离石市陆续开始对国营和县营集体工商企业进行产权制度改革。主要推行“国退民进，资产重组”“职工股份合作制”“破产拍卖，职工安置”

的改革模式。通过产权制度改革，国营和集体工商企业由原来的生产产品（或服务）的工厂（公司）转化为产权与生产经营一体化的现代企业有限公司，成为依法自主经营、自负盈亏、自我发展、自我约束的市场主体。在改制中，坚持一企一策的改革措施，成熟一户改革一户。2001—2003 年，离石市推进企业产权制度改革。

至 2010 年，全区有 39 家全民所有制企业完成改革，其中，工业系统企业 7 家、商业系统企业 4 家、交通系统企业 1 家、物资系统企业 4 家、粮食系统企业 20 家、农机系统企业 3 家；有 23 家集体所有制企业完成改革，其中二轻系统企业 11 家、供销系统企业 12 家。累计破产企业 33 家，产权拍卖企业 15 家，“退二进三”（指在产业结构调整中，缩小第二产业，发展第三产业，即鼓励濒于破产的中小型国有企业从第二产业中退出来，从事第三产业）重组企业 14 家，全部按照公开、公平、竞价原则实现产权置换，盘活闲置资产 3.4 亿元，国有资产基本实现保值、增值。

至 2015 年底，还有第一运输公司（国有）、第三运输公司（集体）、农机公司（国有）、农机供应站（国有）、饮食服务公司（国有）、糖酒公司（国有）、兴隆商厦（国有）、建材厂（集体）、物资公司（国有）、食品公司（国有）10 家企业尚未完成产权改革。离石区未改制企业中，除农机公司、饮食服务公司和兴隆商厦正常运行外，其余均停产、破产或倒闭。全区改制企业 62 家，企业共安置职工 3700 人，内部退养 1500 人，置换身份 630 人，再就业 870 人，安置总费用 2.3 亿元。

机构

1986 年，离石县经济体制改革委员会办公室成立（简称体改办），正科级单位。

1993 年，县体改办改称离石县经济体制改革委员会。

2002 年，离石市体改委改为离石市体改中心。

至 2015 年底，体改中心内设科室 4 个，分别为办公室、清产核资股、职工安置费用测算股、宣教信访股，有在职人员 8 人。

第四章　人民生活

第一节　居民收入

城镇居民收入

中华人民共和国成立前，离石县工业只有个体私营的纺织、印染、铁木加工和小煤窑之类的小型手工业，工人年收入甚少。民国 28 年（1939），境内煤矿工人的日工资，上手为 1.2 元，可买小米 1.6 千克；下手为 0.8 元，可买小米 1 千克。民国 30 年，曹家坡村 12 户工人，49 口人，人均食白面 12 千克、小米 80 千克、杂粮 80 千克、糖 5 千克、油 1.05 千克、肉 0.25 千克、酒 8 钱。年穿鞋 2 双，单衣 1 套，夹棉衣 3 年 1 套。

中华人民共和国成立初期，国家实行高就业，低工资，低物价政策。1953 年，国家对城镇职工实行统一的工资制。第一个五年计划实施的第一年 1953 年，全县有职工 1232 人，工资总额 43.43 万元，年人均工资 352.5 元。第二个五年计划的第一年 1958 年，全县有职工 2724 人，工资总额为 116.45 万元，年人均工资 427.49 元。第三个五年计划的第一年 1966 年，全县有职工 2965 人，工资总额为 154 万元，年人均工资 519.39 元。第四个五年计划的第一年 1971 年，全县有职工 5196 人，工资总额为 225.68 万元，年人均工资 434.88 元。第五个五年计划的第一年 1976 年，全县有职工 10950 人，工资总额为 600.63 万元，年人均工资 548.52 元。

改革开放后，国家对职工工资多次调整并恢复奖金制度，职工收入较大增长。随着离石市场开放，城镇居民的收入多样化，既有工资收入，也有资本收益等多种收入。1999 年，全市城镇居民人均年可支配收入 3546.8 元。2000 年后，全市城镇居民收入继续增加。2010 年，城镇居民人均可支配收入为 15278 元。

截至 2015 年底，全区居民人均可支配收入 21400 元，在吕梁市县（市、区）排名第二位；城镇居民人均可支配收入 24975 元，在吕梁市县（市、区）排名第二位。

农民收入

中华人民共和国成立前，离石县农民的生活贫困，绝大多数人家无产无田。多数人靠耕种地主土地，为地主打长工为生，加之地处黄土高原，自然条件制约，广种薄收，靠天吃饭，如遇灾年更是收成无几，除交纳地租外无有所剩。平常则糠菜度日，穿的是烂衣衫。《永宁州志》中曾记录一首《穷民叹》云："贫人屋上非无日，贫人骨中髓已竭。种蚕全家无一丝，种谷终年无米炊。得钱数缗遣一女，得粟数斛卖一子。子女皆离肠已绝，吏逼债乎心滴血。"

中华人民共和国成立后，农民翻身，生活得到保障，生活逐步提高。1952年，县境实行农业合作化。1958年后，实行人民公社体制，农村居民收入主要是集体分红。同年，离石县农村人均收入42元。1959—1961年，自然灾害使广大农民的生活跌入低谷。1963年，调整国民经济，全县农民生活日趋好转。1966年，全县人均收入46元。1976年，全县农村人均收入38.1元。1978年，全县农民人均收入53元，在吕梁地区各县排名第七位。1984年，全县农民人均收入219元。1985年，农村全面实行承包经营责任制，多种经营快速发展，收入渠道增多，农村居民收入提高。1990年，全县农民人均收入437元。2000年，全市农村居民人均收入812元，在吕梁地区各县排名第六位。2010年，全区农民人均纯收入2412元。2015年，全区农民人均可支配收入5135元。在吕梁市县（市、区）排名第七位。

第二节　居民消费

改革开放前，城镇居民各类消费品主要是定量凭证购买消费，包括粮、油、棉、布、糖等凭证定量供应，农村居民主要是集体分配消费。

1976年，全县居民消费支出1264万元，人均消费支出115元。1980年，全县居民消费支出1684万元，人均消费支出121元。1985年，全县居民消费支出3850万元，人均消费支出250元。根据县统计局的抽样调查，1985年，离石县农民人均生活消费支出188.09元。1990年，全县居民消费提高到3940万元，人均消费263元。

1997年，全市农民人均生活消费支出779.6元。

2010年，全区农村居民人均生活消费支出1820元，城镇居民人均消费性支出8144.7元。

截至2015年底，全区城乡居民最终消费总支出348485万元，人均当年价格最终消费水平为10536元，其中农村居民价格最终消费水平为7738元，城镇居民价格最终消费水平为11147元。

食品消费

1960年，全县农民年人均口粮104.5千克，人均收入31.5元，有的乡村农民只好以瓜菜代食，很多人营养不良，身体浮肿。1965年后，县内粮食严重不足，以调入为主。1965年，离石县调入粮食650万千克，开始吃返销救济粮。居民主要粮食品种以玉米、高粱为主。“农业学大寨”期间，要求粮食达纲要（亩产200千克），一味追求粮食高产，只允许种高产作物玉米和高粱，当时有少数生产队种一点谷物、豆类、土豆等。当地流传“吃不吃金黄后（玉米），够不够三百六”、“手中拿着红宝书，口中吃的红高粱”的顺口溜。1980年，离石县调出粮食5000千克，调入粮食507万千克。1982年，境内实行家庭承包经营责任制后，基本解决温饱问题。县人由以食粗粮为主转变为以食细粮为主，讲究多副食、少主食、高蛋白、低脂肪、多维生素等。1985年，离石县农民人均食品消费支出114.41元。

1997年，全市农民人均食品消费支出327.56元。2010年，全区农村居民食品消费人均支出775元，城镇居民食品消费人均支出3011.8元。截至2015年底，全区农村居民食品最终消费人均支出3190.74元，城镇居民食品最终消费人均支出2686.19元。

衣着消费

中华人民共和国成立初期，最时新的衣着布料是一种叫“英淡蓝”的平纹布料和苏联产的花花布料。20世纪60年代前，境内居民一衣多季，衣着多以棉布面料为主，棉布凭证购买。60年代末期，开始有化纤布料，最早流行的是一种叫“的确良”的平纹化纤布料。1985年，离石县农民人均衣着消费支出30.16元。80年代后期，居民衣着以中高档针织服装为主。90年代，境内居民穿西装、羽绒服、T恤衫等。1997年，全市农民人均衣着消费支出150.15元。进入21世纪，居民的衣着形式多样化，基本是流行什么穿什么，追求美观舒适。2010年，全区城镇居民衣着消费人均支出1253.5元，农村居民衣着消费人均支出217元。截至2015年底，全区城镇居民衣着最终消费人均支出1898.26元，农村居民衣着最终消费人均支出1389.66元。

居住消费

境内居民住房农村多以土窑洞为主，家境较好的用青砖接口。城区居民多以砖瓦平房为主。20世纪70年代后期，城市居民开始兴建私人住宅，告别砖木结构平房。80年代，农村居民开始建设新型住房，告别土窑洞。1981年，全县农村居民兴建砖木结构的家庭住宅4133间。1985年，全县农民人均住房消费支出23.4元。90年代，境内兴起商品住宅开发，居住消费除购房和建房外，室内装修费用也逐年增长。1997年，全市农民人均居住消费支出27.9元。2010年，全区城镇居民居住消费人均支出1111元，农村居民居住消费人均支出169元。截至2015年底，全区城镇居民居住最终消费人均支出1323.86元，农村居民居住最终消费人均支出461.98元。

家庭设备　用品及服务类消费

20世纪70年代至80年代，境内自行车、手表、缝纫机基本得到普及。80年代至90年代，境内居民家中电视机、洗衣机、电冰箱、摩托车等普及。1985年，离石县农民人均家庭设备用品及服务支出17.07元。1997年，离石市农民人均家庭设备用品及服务支出62.46元。进入21世纪，电脑、手机、小汽车等高档消费品基本普及城乡居民。2010年，全区城镇居民家庭设备用品及服务消费人均支出744.66元，农村居民家庭设备用品及服务消费人均支出75元。截至2015年底，全区城镇居民生活用品及服务最终消费人均支出826.1元，农村居民生活用品及服务最终消费人均支出728.12元。

医疗保健 教育文化　娱乐　交通通信消费

中华人民共和国成立后，随着国家经济的不断发展提高，城乡居民医疗保健、教育文化和娱乐、交通通信消费质量、消费水平不断提高。1949—1980年，医疗保健、教育文化和娱乐、交通通信消费水平提高很慢。改革开放后，城乡居民收入不断增长，生活方式的现代化程度和文明程度不断提高。1985年，全县农民人均教育、文化娱乐用品及服务支出3.05元。1997年，全市农民人均教育、文化娱乐用品及服务支出54.78元，农民人均医疗保健消费支出121.89元，农民人均交通和通信消费支出18.98元。2000年开始，境内城乡居民逐步推行医疗保险、体育健身、文化下乡、乡村通公共汽车、使用固定电话和移动电话等，医疗保健、教育文化和娱乐、交通通信消费大幅提高。2010年，全区城镇居民医疗保健消费人均支出351.27元，交通和通信消费人均支出855.55元，教育文化娱乐服务消费人均支出590.58元；农村居民医疗保健消费人均支出63元，交通和通信消费人均支出174元，教育文化娱乐服务消费人均支出124元。截至2015年底，全区城镇居民医疗保健最终消费人均支出500.12元，交通和通信最终消费人均支出187.08元，教育文化娱乐服务最终消费人均支出2417.65元；农村居民医疗保健最终消费人均支出420.52元，交通和通信最终消费人均支出98.94元，教育文化娱乐服务最终消费人均支出770.76元。

第三节　居民储蓄

1949年，离石县银行储蓄存款余额0.2万元，全县城乡居民人均储蓄存款余额0.027元，全部为城镇居民储蓄存款。随着城乡居民收入提高，居民储蓄存款相应增长。

到国民经济恢复期的1952年底，全县城乡居民人均储蓄存款余额0.25元，是1949年的9.26倍，其中城镇居民人均储蓄存款余额1.94元，农村社员人均储蓄存款余额0.03元。“一五”期末的1957年，全县城乡居民人均储蓄存款余额3.29元，是1952年的13.16倍，其中，城镇居民人均储蓄存款余额17.25元，农村社员人均储蓄存款余额1.09元。

1975年，全县城乡居民人均储蓄存款余额14.39元，是1957年的4.37倍，其中，城镇居民人均储蓄存款余额77.84元，农村社员人均储蓄存款余额4.11元。

改革开放后，境内经济快速发展，居民储蓄存款余额快速增长。1990年，全县城乡居民人均储蓄存款余额664.3元，是1975年的46.16倍，其中，城镇居民人均储蓄存款余额1884.57元，农村居民人均储蓄存款余额165.42元。

2000年，离石市城乡居民人均储蓄存款余额4943.2元，是1990年的7.44倍。

2011年，全区城乡居民人均储蓄存款余额45100元。

截至2015年底，全区城乡居民人均储蓄存款余额65015元，是2000年的13.15倍。

第四节　居住条件

中华人民共和国成立前，境内人民依山崖挖穴（土窑洞）而居，条件较好的村庄建有少量的砖石窑洞和泥木结构平房。中华人民共和国成立后，境内人民居住条件得到改善。

1971 年，离石成为吕梁行署驻地后，城市建设蓬勃发展。

20 世纪 80 年代，农村出现“建房热”，但仍以窑洞式建筑为主。1985 年，全县城区居民人均住房面积达到 7.8 平方米。1990 年，农村居民人均居住面积达 12 平方米。90 年代后，城市拆迁改造规模不断扩大，建起水、暖、电、气、通信、互联网配套齐全的楼房式住宅小区，乡村住宅建设开始出现部分混合结构的水泥预制构件筑顶板平房、钢筋水泥现浇顶平房和小二楼。

2000 年，第五次全国人口普查，离石市家庭户平均每户住房 2.3 间，人均住房建筑面积 19.45 平方米，人均住房建筑面积在吕梁市各县（市）排名第四位。抽选填报生活用房的 5952 户中，居住平房的 4519 户，6 层以下楼房的 1414 户，7 层以上楼房的 19 户；住宅为钢筋混凝土材料的 1214 户，砖石的 4427 户。炊事燃料使用燃气的 1125 户，使用电的 41 户，使用煤炭的 4345 户，使用柴草的 427 户；饮用自来水的 2182 户；有洗澡设施的 856 户；使用抽水式厕所的 974 户。住房来源中，自建住房的 3684 户，购买商品房的 230 户，购买经济适用房的 320 户，购买原公有住房的 409 户，租房户 803 户。2000 年后，农村青壮年大部分外出打工，农民工收入增加，农村建房逐步放缓，到城区购买商品房逐渐增加。

2010 年，第六次全国人口普查，全区家庭户平均每户住房 1.97 间，人均住房建筑面积 20.61 平方米，人均住房建筑面积在吕梁市各县（市、区）排名第六位。抽选填报有住房的 9113 户中，居住平房的 4264 户，6 层以下楼房的 4388 户，7 层以上楼房的 461 户；住宅承重类型为钢筋混凝土结构的 2484 户，混合结构的 4343 户，砖木结构的 1397 户；炊事燃料使用燃气的 2046 户，使用电的 3535 户，使用煤炭的 3084 户，使用柴草的 382 户；有管道自来水的 6127 户；有洗澡设施的 2756 户；使用抽水式厕所的 2570 户。住房来源中，自建住房的 3728 户，购买商品房的 672 户，购买经济适用房的 846 户，购买原公有住房的 432 户，租房户 2953 户（其中租赁廉租房 298 户）。十年间，离石区（市）人民居住楼房户的比重由 24.08% 提高到 53.21%，居住钢筋混凝土结构住宅的比重由 20.4% 提高到 27.26%；家庭户炊事燃料使用燃气和电的比重由 19.59% 提高到 61.24%，有洗澡设施的比重由 14.38% 提高到 30.24%，使用抽水式厕所的比重由 16.36% 提高到 28.2%。

2000 年第五次全国人口普查离石市家庭户住房建成情况表

表 7-2

建成时间	户数（户）	间数（间）	面积（平方米）
合计	5939	14088	437976
1949 年前	359	558	16416

续表 7-2

建成时间	户数（户）	间数（间）	面积（平方米）
1950—1959 年	175	297	8790
1960—1969 年	220	389	11219
1970—1979 年	752	1438	43426
1980—1989 年	2484	6064	189316
1990—2000 年	1949	5342	168809

2010 年第六次全国人口普查离石区家庭户住房建成时间表

表 7-3

建成时间	户数（户）	间数（间）	面积（平方米）
合计	9113	18416	613914
1949 年前	142	190	5420
1949—1959 年	106	156	5061
1960—1969 年	203	294	8582
1970—1979 年	666	1175	34805
1980—1989 年	2421	4832	149809
1990—1999 年	2415	5240	175120
2000—2010 年	3160	6529	235117

第八编

农　业

生产条件

农业经济制度　经济效益

种植业

养殖业

农　机

机　构

魏晋时期，境域为农耕与游牧业的分界。北朝时期，党项族在石州依山而居，逐渐农业化。唐代开始以农为主，牧业衰退。

离石区（县、市）农业区划分为西南丘陵蚕桑干果杂粮区、三川河中游沿川粮菜水果区、东山林牧畜类油料区。畜牧业区划分东山为羊、牛放牧型畜牧业生产区，中部沿川为猪、禽、奶畜、肉畜牧区，西山为兔、羊舍饲型畜牧业生产区。农机区划分为三川河平原小麦谷子高粱玉米机械化区、黄土丘陵农牧机械化区、土石山林牧机械化区。境内一级耕地占总耕地面积的11.8%，二级耕地占总耕地面积的19.1%。水浇地面积占耕地面积的比例不足15%，有效灌溉面积更低。种植业生产基础条件一般，林牧条件较好。

1949年，境内有耕地24450.2公顷，粮食总产量20400.5吨，油料总产量212.05吨，棉花总产量29.95吨，蔬菜总产量7209.5吨；大牲畜存栏5583头，猪3399头，羊存栏49881只。土地改革完成后，人民政府提倡科学施肥，使用优种，改革作物栽培和耕作技术，鼓励养殖。20世纪80年代，全县推行农村家庭承包经营责任制后，农业产业结构不断优化，专业户、重点户快速发展。90年代，县政府开展农业项目建设，对农民进行农业技术培训。2000年后，全市进行农业科技园区建设，加强新农村建设，开展农产品质量安全工作，境内农业生产逐步由传统生产方式向现代化生产方式迈进。2010年，全区推进规模化健康养殖，引进山西大象禽业有限公司投资离石区畜禽规模化建设。截至2015年底，全区有耕地21092.59公顷，粮食总产量13939.6吨，油料总产量357.2吨，蔬菜总产量2957.8吨，栽培食用菌150万棒；有劳力78183人；大牲畜存栏6388头，猪34457头，羊存栏63298只，家禽存栏675600羽。

20世纪50年代后期，境内始出现农业机械。1958年，全县农业机械总动力10千瓦。1978年，全县农业机械总动力发展到29072千瓦。80年代后，农用机械逐渐进入民营，农业机械化程度全面提高。90年代中期开始，全县农民小型拖拉机、机动三轮车的购买量迅速增加。截至2015年底，全区农业机械总动力249378千瓦，机耕面积7980公顷，机播面积8200公顷，机电灌溉面积4560公顷，机收面积2480公顷，机械秸秆还田3100公顷，机械铺膜面积2500公顷。

第一章　生产条件

第一节　农业资源区划

综合农业区划

1980年，离石县农业自然资源调查和农业区划委员会根据境内自然生态条件及农业的基础条件，编制《离石县综合农业区划报告》。

西南丘陵蚕桑干果杂粮区（简称西山区）　位于县境西部，东侧为马头山、王老婆山，地势向西倾斜，山脊多为石灰岩组成，山坡为典型黄土丘陵沟谷区。该区完全为梁峁地形，黄土覆盖较厚，国土面积227.89平方千米，占全县总面积的17.21%，人口28986人，其中，农业人口28441人，平均每平方千米127人，劳力8399人。农耕地11530.14公顷，耕垦指数达50.59，人均耕地0.405公顷。土壤有黄绵土性土、草灌黄绵土亚类，年平均气温9.4℃，无霜期170天左右，年均降水450—500毫米。坪头、西垧、结绳墕公社属湫水河流域，其余红眼川、枣林等公社属三川河流域，水土流失严重。该区划分为蚕桑干果亚区、高山林牧亚区，蚕桑干果亚区适宜利用梯田埂坝和一切可利用荒坡，栽植桑树，发展蚕茧业，同时发展红枣、花椒等干果。高山林牧亚区适宜营造速生乔木林或油松等常绿树防护林带。

三川河中游沿川粮菜水果区（简称沿川区）　位于县城周围，东川河的上王营庄以下，小东川的新建、德岗以下和北川河的沿河两侧。该区辖区面积263.16平方千米，占全县总面积的19.88%，人口84940人，其中，农业人口62720人，平均每平方千米323人，劳力18992人。农耕地14428.53公顷，耕垦指数达54.83，人均耕地0.23公顷。土壤有浅色草甸土、盐化浅色草甸土、草甸土黄绵土、黄绵土及黄绵土性土亚类，年平均气温8℃-9℃，无霜期140—165天，年均降水500毫米左右。沿川区为全县农业生产条件较好，经济发达的区域，适宜逐步建设粮食高产基地和城镇居民蔬菜水果供应基地。该区划分为2个沿川粮菜亚区和边山粮果亚区。

东山林牧畜类油料区（简称东山区）　位于大、小东川河上游，辖区面积832.85平方千米，占全县总面积的62.91%，人口23468人，其中，农业人口22388人，平均每平方千米28人，劳力6496人。农耕地13810.16公顷，耕垦指数达16.58，人均耕地0.617公顷，荒山荒坡28253.33公顷，人均1.262公顷。土壤有棕壤、棕壤性土、草灌黄绵土、黄绵性土，黄绵土亚类等，年平均气温6℃，无霜期130天左右，年均降水550毫米。东山区为全县地多人少，气候高寒，植被较好的林牧区，适宜建立用材林基地、畜牧业基地。粮食作物适宜种植谷子、莜麦等，油料作物适宜种植胡麻、芥子、小麻子等。该区又划分为薯类杂粮亚区、林牧薯类油料亚区、西华镇畜牧油料亚区。

畜牧业区划

1980年，离石县农业自然资源调查和农业区划委员会编制《离石县畜牧业资源调查及区划》。

东山羊 牛放牧型畜牧业生产区 包括小神头、吴城、阳坡、王营庄、信义公社的59个大队。该区拥有广阔的天然草场，草质好，产量高，适宜发展以养羊、养牛为主的放牧型畜牧业。该区又划分为西华镇羊、牛专业化生产亚区，大、小东川河谷地带牛、羊、猪、兔、禽亚区和偏远山区羊、牛亚区。

中部沿川猪 禽 奶畜肉畜牧区 位于东川、北川及南川河汇流区域，包括城关、西属巴、田家会、信义、王家沟、阳坡、交口等公社95个大队。该区缺乏天然草场，但农副产品丰富，畜产品消费量大，适宜发展养猪、养禽、饲养奶畜、肉畜为主的畜牧业。该区又划分为城郊工矿区养猪、养禽、奶畜、肉畜牧亚区，边缘地带猪、牛、羊、禽、兔亚区。

西山兔 羊舍饲型畜牧业生产区 位于境域西部，水土流失严重，植被稀疏，草质差，属劣质草场，适宜实行封山育林育草，可利用秸秆等适当舍饲兔、羊，量力发展养牛。

农机区划

1980年，离石县农业自然资源调查和农业区划委员会编制《离石县农机区划报告》。

三川河平原小麦谷子高粱玉米机械化区 包括城关、西属巴、王家沟、交口、田家会、信义公社沿川河谷川地，该区地势平坦，地块连片，耕地和道路的坡度一般小于15°，相邻地块的高差在0.5米以内，是离石县实现农业机械化的重点区。该区又划分为城关平原小麦谷子高粱玉米机械化作业区和信义平原谷子高粱玉米机械化两个二级区。

黄土丘陵农牧机械化区 包括坪头、西坰、结绳墕、红眼川、枣林公社的全部和城关、西属巴、王家沟、交口、田家会公社的山上大队，该区沟深坡陡，水土流失严重，广种薄收，农机化应围绕农林牧有选择、有重点地逐步发展。

土石山林牧机械化区 包括小神头、吴城、阳坡、王营庄公社的全部和信义公社的4个大队。该区耕地坡地有一半在10°以下，分布在大小东川河谷地带和支沟。两山较高坡陡，山上道路崎岖，交通不便，自然坡度一般在15°以上，河谷川地海拔1000—1500米，山地1500—2535米，山上有天然林和天然牧坡，农机化应重点发展林牧机械。

第二节 耕 地

耕地拓展

《史记·货殖列传》记载“龙门、竭石北，多马、牛、羊、旃裘、筋角”，北事游牧，离石是农业拓展，牧业北移。

北朝时期建石州，党项族在石州依山而居，逐渐农业化。

唐以后以农为主，牧业衰退。

金元时期，战争连绵，耕地荒芜。

明清时期，社会安定，人口繁盛，耕地增加。据《永宁州志》记载：明洪武年间（1368—1398）石州（领宁乡县），有耕地 17066.67 公顷，如按离石、方山、柳林和中阳 4 个县（区）均分，每县 4266.67 公顷，大离石 3 个县为 12666.67 公顷至 13333.33 公顷。到清代，永宁州为散州，不领县，耕地 27066.67 公顷，历经 200 余年，耕地增加 1 倍，按离、方、柳 3 个县（区）平均为 9022.22 公顷。又 300 余年。

截至 1980 年底，离石耕地普查数为 39766.67 公顷，耕地增加 3 倍余。高产水浇地和沟坝地有 3133.33 公顷，全县农业人口 12.52 万人，人均有高产水浇地和沟坝地 0.025 公顷。

2008 年，离石区为促进全区经济的稳定发展，提高土地的有效利用率，做到耕地占补平衡，在全区 60% 以上的乡镇（街道）铺开造地工程，规模创历史之最。共造地 310.67 公顷，其中，吴城镇驿沟造地 130.67 公顷，田家会街道狼尾沟造地 66.67 公顷，坪头乡造地 53.33 公顷，西属巴街道缩缩岭造地 10 公顷，交口街道歧则沟造地 8.67 公顷，莲花池街道圪垯上造地 5.33 公顷，其他乡镇（街道）相关村造地 36 公顷。2009 年，共完成造地 14.76 公顷，其中，红眼川乡造地 0.81 公顷，吴城镇驿沟造地 1.41 公顷，信义镇造地 12.54 公顷。2010 年，出台《吕梁市离石区 2010 年农田水利基本建设实施方案》，共完成造地 26.67 公顷。其中，吴城镇李家沟村填滩造地 13.33 公顷，坪头乡坪头村造地 13.34 公顷。

耕地质量

1980 年，离石县对全县土壤进行普查。普查结果显示：离石土壤侵蚀严重，耕作层浅薄，养分收支失调，在土壤表层 (20 厘米以上) 有机质和氮、磷含量低。按全养分分析标准，离石县耕地土壤达三级（有机质含量在 2%—3% 之间）标准的有 200 公顷，占耕地总面积 39766.67 公顷的 0.5%；达四级（有机质含量 1%—2%）标准的有 340 公顷，占耕地总面积的 0.85%；达五级（有机质含量 0.6%—1%）标准的有 7733.33 公顷，占耕地总面积的 19.45%；达六级（有机质含量小于 0.6%）标准的有 31493.34 公顷，占耕地总面积的 79.2%。有机质含量的加权平均值为 0.59%，而土壤有机质含量低的，含氮、磷也低，全氮的加权平均值为 0.052%，磷为 8.7 毫克 / 千克。可见，离石县施用氮肥、磷肥能起到增产的效果。而含钾量基本能满足作物生产需要，含量为 89 毫克 / 千克。

1990 年，离石县进行农业后备资源评价，全县耕地地下水埋深均大于 1 米，抗旱能力较差，其中：抗旱能力大于 50 天的面积占总耕地面积的 0.37%，抗旱能力在 30—50 天的面积占总耕地面积的 29.73%，抗旱能力小于 30 天的面积占总耕地面积的 69.9%。排涝能力中，正常年景无涝害面积占总耕地面积的 87.75%，受季节性涝害面积占总耕地面积的 12.25%。

2004 年，离石区在吴城镇街上村实施肥田沃土工程，把 66.67 公顷机修梯田作为重点示范区，每公顷施入农家肥6万千克、氮肥750千克、磷肥600千克、钾肥300千克作为底肥，在农作物生长过程中合理追肥，并适当施用微肥，以改善土壤结构，增加土壤有机质。

耕地地力评价

2009年3月至2012年9月，区农业部门对全区12个乡镇（街道）193个行政村的25104.73公顷耕地地力进行调查与综合评价。

耕地土壤养分状况 根据对离石区土壤元素分类检测，离石区耕地土壤有机质含量为4.25克—15.95克/千克、平均值8.27克/千克；全氮含量为0.31克—0.95克/千克、平均值0.55克/千克；有效磷含量为1.54毫克—28.63毫克/千克、平均值5.67毫克/千克；速效钾含量为60.8毫克—265.42毫克/千克、平均值100.72毫克/千克；缓效钾含量为204.07毫克—1061.44毫克/千克、平均值754.37毫克/千克；有效硫含量为8.19毫克—80.02毫克/千克、平均值28.89毫克/千克；有效铜含量为0.44毫克—2.22毫克/千克、平均值0.87毫克/千克；有效锌含量为0.14毫克—3.06毫克/千克、平均值1.15毫克/千克；有效铁含量为2.05毫克—8.67毫克/千克、平均值4.98毫克/千克；有效硼含量为0.29毫克—0.81毫克/千克、平均值0.25毫克/千克。

耕地地力分级 按照地力等级的划分指标，全区耕地共划分5个等级，最高等级一级，相当于国家标准三级水平；二级，相当于国家标准三至五级水平；三级，相当于国家标准五至六级水平；四级，相当于国家标准六至八级水平；最低等级五级，相当于国家标准八级水平。

离石区一级地主要分布在各乡镇（街道）的川地，各乡镇（街道）地势平坦的耕地也有零星分布，面积为2953.81公顷，占总耕地面积的11.77%。该级耕地地形坡度2°—3°，耕层质地适中，多为壤土，土体构型良好，托水保肥。有效土层厚度130—170厘米，平均为150厘米，耕层厚度为19.52厘米。pH值的变化范围7.8—8.4，平均值8.2，地势平缓，无侵蚀，保水，地下水位浅且水质良好，灌溉保证率为充分满足，地面平坦，田园化水平高。农作物生产水平较高，玉米亩产500千克以上，蔬菜产量占全区的2.2%以上。

二级地面积为4782.21公顷，占总耕地面积的19.05%。质地多为壤土，地面平坦，坡度小于3°，园田化水平高。有效土层厚度150厘米，耕层厚度平均为19.1厘米。pH值的变化范围7.92—8.47，本级所在的区域是离石区的主要粮食、瓜果、蔬菜生产区，粮食生产处于全区上游水平，是离石区重要的粮、菜、果生产基地。

三级地面积为7270.87公顷，占总耕地面积的28.96%。耕层质地为中壤、轻壤，土层深厚，有效土层厚度150厘米以上，耕层厚度为19.18厘米。土体构型为通体壤，地面基本平坦，坡度2°—5°，园田化水平较高。pH值的变化范围7.92—8.47，平均值8.21。主要种植粮食作物，粮食生产水平较高，玉米平均亩产400千克，杂粮平均亩产100千克以上，效益较好。

四级地面积为7932.93公顷，占总耕地面积的31.6%。该级耕地分布范围较大，土壤类型复杂，耕层土壤质地差异较大，为中壤、重壤。有效土层厚度150厘米以上，耕层厚度平均为19.27厘米。土体构型为通体壤、夹黏、深黏，地面基本平坦，坡度3°—10°，园田化水平较差。pH值的变化范围7.89—8.43，平均值8.2。主要种植作物以玉米、小杂粮为主。

五级地面积为2164.91公顷，占总耕地面积的8.62%。土壤耕层质地为中壤、重壤，有效土层厚度平均为150厘米，耕层厚度为19.6厘米。土体构型为深黏、夹黏，地势较平坦，地下水位深，干旱、瘠薄，保水保肥性差。pH值的变化范围7.9—8.47，平均值8.23。

2012年离石区各乡镇（街道）不同等级耕地数量统计表

表8-1　　　　单位：公顷

乡（镇、街道）	一级地	二级地	三级地	四级地	五级地
合计	2953.81	4782.21	7270.87	7932.93	2164.91
滨河街道	9.41	27.70	112.61	116.52	15.15
凤山街道	25.51	31.11	105.20	58.29	48.51
莲花池街道	32.60	36.56	112.83	159.26	30.26
城北街道	119.53	77.88	855.59	195.21	68.36
田家会街道	282.20	303.45	419.06	457.49	110.84
交口街道	75.67	98.37	134.30	241.71	153.04
西属巴街道	492.50	281.98	773.61	926.29	314.57
吴城镇	728.46	1632.70	1359.97	806.03	620.96
信义镇	1160.09	2034.16	1408.52	1317.70	45.12
红眼川乡	14.80	63.21	333.05	357.19	129.14
枣林乡	11.94	115.97	575.90	1335.20	472.86
坪头乡	1.10	79.12	1080.23	1962.04	156.10

耕地面积

1949年，全县总耕地24450.2公顷，其中，水浇地1491.3公顷。

1970年，全县总耕地20006.73公顷，其中，水浇地1392.8公顷。1980年土地资源普查，全县有农耕地39733.33公顷，占总面积的30.04%。其中，水浇地1884公顷，占耕地的4.74%；沟坝地1158公顷，占耕地的2.91%；梯田5274.67公顷，占耕地的13.28%。15°以下的坡耕地16285.33公顷，占耕地的40.99%；15°以上的坡耕地15131.33公顷，占耕地的38.08%。1990年，全县总耕地18015公顷，其中水浇地2464.87公顷。

2000年，全市总耕地28157公顷，其中水浇地1990.01公顷。

2010年，全区总耕地21749.03公顷，其中水浇地1731公顷。

2015年，全区总耕地21092.59公顷，其中水浇地21.19公顷。

1949—1995年部分年份离石区（县、市）耕地统计表

表8-2　　单位：公顷

年份	总耕地	水浇地	滩地	梯田	沟坝地
1949	24450.2	1491.13	100.67	—	—
1950	24469.53	1498.87	101.67	—	—
1955	24011.53	1505.47	100.67	24.47	
1965	21492.2	1464.2	146.07	504.13	24.87
1970	20006.73	1392.8	120.53	2885.2	—
1975	19801.87	2616	—	—	—
1985	18540.87	2239.27	—	—	—
1990	18015	2464.87	—	—	—
1995	17646	2710	—	—	—

注：该表数据主要依据统计局资料。

2000—2015年部分年份离石区（县、市）耕地统计表

表8-3　　单位：公顷

年份	总耕地	水浇地	旱地	菜地
2000	28068.99	1990.01	26077.64	1.34
2005	26114.44	1815.0	24297.27	2.17
2010	21749.03	27.31	21721.72	—
2015	21092.9	21.19	21071.71	—

注：该表数据主要依据国土资源部门的资料。

第三节　劳动力

劳动力平均耕地

中华人民共和国成立前，离石县生产方式主要为男耕女织，男丁为农业生产主要劳力，妇女为家庭生产的主要劳力。中华人民共和国成立后，随着妇女地位的提高，大部分中青

年妇女参加农业生产劳动，特别是农业合作化后，男女劳力同工同酬，女劳力成为农业生产劳力的一部分，劳动力数量大增。

1949 年，离石县有劳力 22875 人，其中男劳力 13607 人，每个劳力负担耕地 1.07 公顷。随着农村人口和劳动力增加与耕地逐步减少，每个劳力拥有耕地也逐步减少。1979 年，离石县有劳力 33887 人，其中男劳力 19975 人，每个劳力负担耕地 0.59 公顷。

2000 年后，随着离石城区的快速扩张，每个劳力拥有耕地更加减少。

2015 年，离石区有劳力 78183 人，每个劳力负担耕地 0.27 公顷。

1949—2015 年部分年份离石区（县、市）农村劳动力平均耕地统计表

表 8-4

年份	农业人口（人）	劳动力		其中男劳动力（人）	耕地（公顷）	全部劳力人均耕地（公顷）	男劳力人均耕地（公顷）
		人数（人）	占农业人口比重（%）				
1949	65005	22875	35.19	13607	24450.20	1.07	1.80
1959	72332	22120	30.58	11502	20451.60	0.93	1.78
1969	98300	32911	33.48	20162	20225.07	0.61	1.00
1979	113549	33887	29.84	19975	19844.60	0.59	0.99
1990	124620	47090	37.79	27281	18015	0.38	0.66
2000	141820	53698	37.86	30927	28157	0.52	0.91
2010	70133	61299	87.4	36230	26006	0.42	0.72
2015	—	78183	—	44891	21092.59	0.27	0.47

农村劳动力从业结构

1978 年前，离石县 94% 农村劳动力从事农业（包括农田基本建设专业队）。进入 20 世纪 80 年代中期，农业机械的普及、农业科技的推广和乡镇企业的崛起，离石县农村富余劳力越来越多，中青年劳力外出打工和到境内务工人员逐渐增加，农村劳力从事农业以外行业逐步增多。1990 年，全县农村从业劳力 47090 人。其中，从事农林牧渔业者 30239 人，占劳力总数的 64.22%；从事工业者 3709 人，占全县农村从业劳力总数的 7.88%；从事商业、饮食服务、物资供销业者 928 人，占全县农村从业劳力总数的 1.97%；从事建筑业者 3026 人，占全县农村从业劳力总数的 6.43%；从事交通、运输业者 2167 人，占全县农村从业劳力总数的 4.60%；从事其他不便分类职业有 7021 人。在农村从业劳动中，外出合同工和临时工 1388 人，占劳力总数的 2.95%。

2000年，全市农村从业劳力53698人。其中，从事农林牧渔业者29235人，占全市农村从业劳力总数的54.44%；从事工业者6246人，占全市农村从业劳力总数的11.63%；从事商业、饮食服务、物资供销业者3167人，占全市农村从业劳力总数的5.90%；从事建筑业者3738人，占全市农村从业劳力总数的6.96%；从事交通运输、邮电业者3364人，占全市农村从业劳力总数的6.26%；从事其他不便分类职业有7948人，占全市农村从业劳动力总数的14.81%。在农村从业劳动力中，外出从业者192人，占全市农村从业劳力总数的0.36%。

2015年，全区农村从业劳力78183人。其中，从事农林牧渔业者33828人，占全区农村从业劳力总数的43.27%；从事工业者7209人，占全区农村从业劳力总数的9.22%；从事商业者7212人，占全区农村从业劳力总数的9.22%；从事住宿餐饮业3478人，占全区农村从业劳力总数的4.45%；从事建筑业者10428人，占全区农村从业劳力总数的13.34%；从事交通运输、邮电业者5694人，占全区农村从业劳力总数的7.28%；从事信息传输、计算机服务与软件业者1386人，占全区农村从业劳力总数的1.77%。从事其他不便分类职业有8948人，占全区农村从业劳动力总数的11.45%。在农村从业劳力中，外出务工劳动力24968人，占全区农村从业劳力总数的31.94%。其中，县外省内2469人，省外836人。

第二章　农业经济制度　经济效益

第一节　土地所有制

封建私有制

土地改革前，离石农村为封建和半封建的土地私有制。地主、富农掌握着土地、耕畜等农业生产资料的主要部分，依靠雇工耕种或出租土地以及高利贷剥削过着寄生生活；广大中农则依靠土地自食其力，他们中间的一部分受地主、富农不同程度剥削；贫农和雇农则只有少量土地或全无土地，常年依靠租佃地主、富农土地或打长工、打短工过活。据《中国实业志》（山西省）统计，民国17年（1928），离石人口为144297人，有土地33351.87公顷，户均1.61公顷。其中自耕农占57.38%，半自耕农占30.62%，佃农占5%，雇农占7%（自耕农是土改时划分的地主、富农和中农；半自耕农、佃农和雇农均为贫农）。离石老区或半老区，民国29年起陆续建立抗日民主政权，进行减租减息、清算回赎等斗争，地主、富农势力有较大的削弱，但封建的土地私有制依然存在，约占农村7%左右的户数，8%左右的人口，却占据着12%左右的土地。在新区，中华人民共和国成立前，地主阶级依靠敌顽势力，骑在人民头上，凶狠异常。大武24家地主中，真正与日本侵略军无关系的只有2家，其余22家，有的当伪区长、伪村长、村副，有的当特务，有的则依靠敌伪势力，倒贩料子、大烟、黄金，讹诈人民，大发其财，人称“昭和财主”。大武十三辈地主张殿枫家，拥有完整的地主庄园，占有大量土地。据传，清代张家兴盛时期，在山西各地开设有杂货铺（每县1座）108座和当铺7座，家资40万两白银。到民国年间家道中落，张殿枫之父张永济仍为大武镇村主任，把持村政，靠出租、放债剥削人民，欺压百姓。西属巴村王族大户，土地遍布30余个村庄，王延杰、王延俊、王延柞、王保祚4家，每户都有土地33.33—46.67公顷，终年雇工、出租、包税，大发横财；从王保祚清末任方山巡检司到王延俊任日伪村长，称霸一方，鱼肉乡里。严村地主王之维，有良田千余亩，雇工二三十人，开设字号长盛茂，酿酒、制粉，经营粮食、杂货。其剥削手段有长年雇工，出租土地，放高利贷，低价收粮高价售，附近农民无不受他的剥削压迫。在沿川村镇和山庄小村也有为首的一两户财主。离石县之权势长期把持在薛、郝两家和刘敬镌、任培厚两派手里。民国34年8月，离石县中华人民共和国成立后，曾进行过反奸清算、调剂土地的斗争，地主阶级的土地转移到农民中一部分，有些奸伪人员的财产也清算出一些，并没有真正解决贫苦农民的土地问题，土改前有1/10户数基本没有土地，靠出卖劳动力生活。如上安、西属巴等6个自然村共有1408户，雇农有128户，占总户数的9.1%，清算出的一部分财物为少数人享受。地主阶级的经济、政治势力并没有受到彻底打击。该区地主富农占总户数的6.1%、总人口的8.2%，占据11%的土地。而且地主富农多占着肥地好地，有的则不事经营，完全靠出租土地生活。如离石城内地主贺永春，占据着土地7.43公顷，其中有水浇地5.23公顷，平地1.4公顷，山地0.8公顷，而且多数地远在外乡，完全出租。

农民私有制

离石县的土地改革，经过试点，“满面开花”，扫尾和复查纠偏等阶段。每一个村约三四个月的时间。土改的结果是消灭地主、富农经济，使地主、富农保留略低于中等户的土地，满足贫雇农的土地要求，在中农中进行少量的抽肥补瘦，农民暂时实现“平均地权”和“耕者有其田”的愿望。1948年4月人民政府土改前后各阶级土地占有情况统计资料，西属巴行政村，土改前地主、富农人均占有土地0.75公顷，土改中抽去地主、富农土地的43.6%，人均留存土地0.43公顷；中农，土改前人均土地0.59公顷，土改中抽出土地9.1%，土改后为人均土地0.54公顷；贫雇农，土改前人均土地0.28公顷，土改中分得地主、富农抽地的90%，土改后人均土地0.54公顷。

土地改革前后西属巴村各阶级土地占有情况表

表8-5

项目		地主富农	中农	贫雇农	合计
户	数量（户）	36	301	270	607
	占比（%）	5.93	49.59	44.48	100
人口	数量（人）	157	1365	904	2426
	占比（%）	6.47	56.27	37.26	100
土改前	土地（亩）	1731.1	12170.9	4351.1	18253.1
	占比（%）	9.48	66.68	23.84	100
	人均（亩）	11.03	8.92	4.81	7.52
土改变动	抽地（亩）	755.3	1194.2	—	1949.5
	补地（亩）	—	—	1949.5	1949.5
	占比（%）	43.6	9.1	—	52.7
	水地（亩）	114.3	40.2	154.5	309
	平地（亩）	140.3	4.6	144.9	289.8
	山地（亩）	500.7	1149.4	1650.1	3300.2
土改结束	土地（亩）	975.5	10976.6	6300.8	18253.1
	人均（亩）	6.21	8.04	6.97	7.52

续表 8-5

项目		地主富农	中农	贫雇农	合计
土改结束	水地（亩）	83.5	661.5	488	1233
	平地（亩）	119.9	910.5	541.8	1572.2
	山地（亩）	772.3	9404.6	5271	15447.9

说明：该表依 1948 年 4 月 16 日统计表，略有调整。

根据 1948 年 6 月人民政府土改前后各阶级土地、粮产占有情况统计资料，田家会行政村，包括田家会、上楼桥和王家塔 3 个自然村，人均土地 0.292 公顷。其中，地主，离石县 1945 年 9 月前人均土地 1.25 公顷，土改前人均土地 1.053 公顷，土改后人均土地 0.207 公顷；富农，离石县 1945 年 9 月前人均土地 0.629 公顷，土改前人均土地 0.62 公顷，土改后人均土地 0.313 公顷；中农，离石县 1945 年 9 月前人均土地 0.387 公顷，土改前人均土地 0.4 公顷，土改后人均土地 0.367 公顷；贫雇农，离石县 1945 年 9 月前人均土地 0.047 公顷，土改前人均土地 0.114 公顷，土改后人均土地 0.325 公顷。

至 1948 年，全县划贫农 27410 户，约占农村总户数 45687 户的 60%；中农 14848 户，约占农村总户数的 32.5%；富农 1483 户，约占农村总户数的 3.3%；地主（含破产地主）1950 户，占农村总户数的 4.2%。从地主、富农手中平分土地 8566.93 公顷，据典型调查，分地户约占 55%，抽地户占 35%，未动户占 10%。

土改前后田家会行政村各阶级土地　粮产占有情况表

表 8-6

项目		地主	破产地主	富农	小计	中农	贫雇农	商贫人民	合计
1945年9月9日前土地	户数（户）	9	4	18	31	148	151	44	374
	人口（人）	24	10	96	130	617	436	147	1330
	水地（亩）	153.1	40.3	228	421.4	405.5	35.45	45.1	907.45
	平地（亩）	37.6	4	72.5	114.1	455.4	93	27.3	689.8
	山地（亩）	259.1	18	605.2	882.3	2707.1	598.2	34.7	4222.3
	合计亩数（亩）	449.8	62.3	905.7	1417.8	3568	726.65	107.1	5819.55
	合计产量（石）	155.92	22.21	269.542	447.672	797.811	126.653	48.215	1420.351
	人均亩数（亩）	18.74	6.23	9.43	10.9	5.78	1.67	0.73	4.38
	人均产量（石）	6.497	2.221	2.808	3.444	1.293	0.291	0.326	1.068

续表 8-6

项目		地主	破产地主	富农	小计	中农	贫雇农	商贫人民	合计
土改前情况	水地（亩）	123.8	28.3	214	366.1	481.9	55.4	56.1	959.5
	平地（亩）	37.6	4	72.5	114.1	455.4	93	27.3	689.8
	山地（亩）	217.5	18	605.2	840.7	2822.7	598.2	34.7	4296.3
	合计亩数（亩）	378.9	50.3	891.7	1320.9	3760	746.6	118.1	5945.6
	合计产量（石）	127.639	17.01	258.742	403.391	865.881	138.573	58.515	1466.51
	人均亩数（亩）	15.8	5.03	9.29	10.16	6.039	1.71	0.8	4.44
	人均产量（石）	5.318	1.701	2.695	3.103	1.403	0.318	0.4	1.103
土改后情况	水地（亩）	19.3	13.3	80.9	113.5	483.4	436.3	49.2	1082.4
	平地（亩）	10.9	5.4	29.4	45.7	371.7	278.8	16.1	712.3
	山地（亩）	44	30.5	343.1	417.6	2529.2	1411.7	40.5	4399
	合计亩数（亩）	74.2	49.2	453.4	576.8	3384.3	2126.8	105.8	6193.7
	合计产量（石）	23.241	15.77	109.615	148.626	793.417	601.719	48.18	1592.59
	人均亩数（亩）	3.09	4.92	4.72	4.44	5.48	4.88	0.72	4.65
	人均产量（石）	0.968	1.577	1.142	1.143	1.283	1.38	0.33	1.198
损益情况	+-	-	-	-	-	-	+	-	-
	亩数（亩）	304.3	11	438.3	753.6	343.1	1380.5	12.3	-
	%	80.4	2.2	49.2	57.1	9.2	184.9	10.4	-
	产量（石）	104.4	1.24	149.12	254.76	72.263	463.37	9.755	-
	%	81.8	7.2	59.6	63.1	8.4	334.3	16.7	-

注：损为“-”、益为“+”，1948年6月3日制表，田家会行政村包括田家会、上楼桥、王家塔3个自然村。

集体所有制

土地改革消灭封建地主占有制，但仍是土地私有制，为了避免发生两极分化，中国共产党领导农民走农业合作化道路。土地改革后，先办临时互助组，后办常年互助组。

1952年，离石县试办以土地入股分红和共同耕作为特征的初级农业生产合作社。1956年，办起土地归集体、取消土地分红、实行共同耕作、按劳分配的高级农业合作社。1958年，实行三级所有、队为基础的人民公社。1978年后，实行土地集体所有，农民家庭承包和集体经济结合的“双层经营”。1998年，离石市开展第二轮农村土地延包工作。截至2015年底，全区土地除全民所有制外，其他为农村集体所有。

全民所有制

民国29年（1940）抗日民主政府在离石县建立后，宣布森林矿山为全民所有。1945年9月后，全县把被地主、豪绅霸占的森林矿山收归国有，并建立管理机构。

中华人民共和国成立后，森林、矿山、河流等为全民所有。20世纪50年代，离石县境内关帝山等国营林场建立，占有土地34200公顷，为全县总土地面积的25.6%；占林地面积56153.33公顷的60.9%。随着经济建设的发展，陆续建立国营牧场、苗圃、良种场、奶牛场、水保所等农牧业全民企业。1951年，全民企业占有耕地0.53公顷。

1958年，全民企业占有耕地2公顷。1962年，全民企业占有耕地23.93公顷。1978年，全民企业占有耕地45.2公顷。1990年，全民企业占有耕地23.67公顷，占总耕地面积的0.13%。截至2015年底，全区全民所有制占有情况为：关帝山森林局吴城林场占有土地11582.73公顷，其中，耕地6.7公顷；关帝山森林局南海滩林场占有土地6042.04公顷；关帝山森林局千年林场占有土地8883.84公顷，其中，耕地0.51公顷；山西省太岳山国有林管理局信义林场占有土地6154.26公顷；离石区国有林场占有土地2244.94公顷，其中，耕地30.46公顷；离石区牧场占有土地16.13公顷，其中，耕地7.3公顷。全区共占有土地34923.94公顷，占全县总土地面积的26.38%；占有耕地44.97公顷，占总耕地面积的0.21%。

第二节 经营体制

互助组

离石县农民在土地改革分到土地后逐步开始组织互助组。1949年，全县参加互助组的农户占全部农户的5%左右。

1950年，该比例达到10%左右。1951年，全县有互助组1800个，参加互助组的户占总户数的43%。1952年，全县有互助组4988个，入组劳力21237人，占全县劳力总数的59.5%（其中10%为形式上加入）。1953年，全县组织起来的农户（指加入互助组或初级社的农户）20019户，占农村总户38189户的52.42%；组织起来的劳力32332人，占男女总劳力59680人的54.18%，其中，常年互助组987个，入组7734户，占组织起来户数的38.63%，劳力13446个，占组织起来劳力的41.59%；临时互助组1202个，参加临时互助组的人数占组织起来人数的57.84%。到1954年，常年互助组发展为1950个，入组15019户，占总农户的39.3%。

初级农业生产合作社

1952年，离石县试办初级合作社8个，如五区小神头村薛满泰社，有社员9户，25口人，劳力16个，共有土地19.94公顷，其中，入社的土地19.08公顷，自种土地的0.86公顷。有牛3头、羊16只、猪2头。1953年，全县初级社发展到35个，706户，1338个劳力，占组织起来农户的3.53%，占组织起来劳力的4.14%。同年，初级社全部增产，比上年增产56.43%，其中，94.3%的社亩产量超过互助组的27.79%，超过个体户亩产量的69.69%。到1954年2月，全县新建社81个，加老社35个，计116个，2774户，占全县总农户的7.26%；劳力5423个，占全县总劳力的9.09%，分布在63个乡，占全县89乡的70.79%。

到1955年底，入社农户已达95%，实现初级合作化。

高级农业生产合作社

1954下半年，离山县开始试办高级农业合作社。到1956年1月底，入高级社的农户占总农户的94%，其中，30%的社按照高级社章程，整顿劳动组织；50%的社处理由初级社转高级社的农具作价等具体问题，土地无代价归集体，农具耕畜作价，由老社存的公积金和新入社的农民新交的公积金兑现，或者记账逐年偿还；20%的社宣布成立。社外，有在初级社的农户，占2.8%；有个体户农户，占2.7%。

人民公社

1956年，离山县全面实现合作化，在此基础上，1958年实现公社化，实行“三级所有，队为基础”的体制，以生产队为基本核算单位。

家庭联产承包责任制

中共十一届三中全会后，离石县农村内部进行调整改革，建立各种形式的联产承包责任制，小段作业，定额计酬，包工包产，联产计酬，使集体经济的优越性和农户个人的积极性同时得到发挥。1983年，出现新经济联合体，县内商品经济开始发展。1994年，离石县出台“两田（永久田、期租田）分流延长包期，一次到位，百年不变”政策，并发放农耕地使用证。

1999年，根据中共中央《进一步稳定和完善农村土地承包关系的通知》，离石市各村委与村民签订《农村土地承包合同》，延长承包期，稳定民心。

2004年，国家实施“粮食直补”政策，全区农民种植粮食可得到每亩8元的补贴。2006年1月1日，国家废止《中华人民共和国农业税条例》，离石区农民结束几千年缴纳“皇粮国税”的历史。

2013年，离石区开始农村土地承包经营权确权登记颁证试点工作，确定农村集体土地所有权主体遵循“主体平等”和“村民自治”的原则，按照乡（镇）、村和村民小组农民集体三类所有权主体，将农村集体土地所有权确认到每个具有所有权的农民集体。在尊重农民意愿基础上，稳步推进农村土地使用权流转，依法维护农民权益，对土地流转形成的规模经营业主，开展土地整理、农田基础设施、现代设施农业、特色农产品基地等建设，享受相关优惠政策，并给予财政扶持。

第三节 农业总产值

增长速度

中华人民共和国成立后至2005年底，离石的农业总产值均按1990年不变价换算。

1949年，离石县农业总产值为2101万元。1949—1959年，离石（山）县农业总产值降为2068万元，其中超过1949年的共7年，最高1953年为2346万元。

1959—1969年，离石县农业总产值降为1743万元，超过1959年的只有1年，即1966年为2326万元。

1969—1979年，农业总产值增为4270万元，比前十年增1.5倍。

1978—1989年，农业总产值除1980年、1981年两年下降外，其余年份连续增长，1989年达4384万元，比上年增长6%，1990年达5378万元，比上年增长19%。比1949年增长1.56倍。

1996年，离石市农业总产值突破6000万元。

2006年，离石区农业总产值（同年始农业总产值以可比价计）突破1亿元。2010年，农业总产值突破2亿元。

2015年，农业总产值达38674万元。但因境内地处山区，种植业产值受气候影响不稳定，有些年份产值相差很大。

产业结构

中华人民共和国成立后10年间，离石（山）县农、林、牧、副协调发展，种植业产值占农业总产值的72%左右，林业产值占农业总产值的9.3%—11%，牧业产值占农业总产值的16.4%—20%，副业产值占农业总产值的0.5%—1.3%。

1958—1978年，离石县种植业产值比重上升为72%—82%，林业产值比重维持10%左右，牧业产值比重降为10%—15%，副业产值比重降为0.14%—0.5%。1979—1990年，工副业产值比重（不包括村以上工业）增为2%—10%左右，种植业产值比重调整为43%—65%。1991—2000年，离石市（县）种植业产值比重除个别年份外维持40%— 50%，牧业产值比重上升为21%—35%。

2001—2015年，离石区（市）种植业产值比重平均占农业总产值的41.3%，牧业产值比重平均占农业总产值的39.8%，林业产值比重平均占农业总产值的12.8%。

1949—1997年部分年份离石市（县）农业总产值结构表

表 8-7

年份	农业总产值（万元）		其中										
			种植业产值			林业产值			牧业产值			副业产值	
	现价	不变价	现价（万元）	不变价（万元）	占总值（%）	现价（万元）	不变价（万元）	占总值（%）	现价（万元）	不变价（万元）	占总值（%）	不变价（万元）	占总值（%）
1949	693.95	2101	533.82	1450	69	32.02	195	9.3	106.76	429	20.4	27.3	1.3
1952	662.66	2029	499.38	1356	66.8	34.45	210	10.3	109.36	438	21.6	26.3	1.3
1957	594.12	1817	447.72	1215	66.87	30.89	188	10.3	98.05	393	21.63	21.8	1.12
1962	633.79	1960	439.11	1193	60.86	31.08	188	9.6	141.43	568	29	10.6	0.54
1965	569.61	1694	463.30	1259	74.3	36.73	222	13.1	50.27	203	12	10.1	0.6
1970	742.54	2108	637.14	1731	82.1	23.55	143	6.8	55.38	224	10.6	10.5	0.5
1971	822.32	2355	680.19	1846	78.4	35.79	218	9.2	69.86	281	11.9	11.77	0.5
1975	1154.79	3171	972.69	2641	83.3	39.42	239	7.53	70.18	281	8.86	9.83	0.31
1980	1584	4040	955	2593	64.2	94	579	14.3	241	849	21	20.2	0.5
1981	2170	3691	1393	2408	65.2	191	426	11.5	262	774	20.97	82.3	2.33
1982	2486	4338	1637	2874	66.25	262	686	15.8	229	698	16.04	82.8	1.91
1983	2238	4327	1045	1960	45.3	555	1527	35.3	240	716	16.54	123.7	2.86
1984	2286	4596	1168	2065	45	509	1296	28.2	415	1004	21.87	226.3	4.93
1985	3041	5649	1602	2754	48.75	523	1403	24.83	460	949	16.8	543.4	9.62
1986	2286	4673	1316	2621	56.09	279	597	12.78	345	1043	22.3	412.6	8.83
1987	2956	3978	1755	2133	53.02	436	650	16.34	587	1010	25.39	184.97	4.65
1988	4696	4919	3057	3162	64.28	401	468	9.5	963	995	20.23	294.6	5.99
1989	4425	4516	2478	2529	56	672.6	686	15.19	956	976	21.6	325.6	7.21
1990	5329	5378	3235.4	3258	60.6	520.74	526	9.78	1047.4	1058	19.67	535.0	9.95

续表 8-7

年份	农业总产值（万元）		其中										
			种植业产值			林业产值			牧业产值			副业产值	
	现价	不变价	现价（万元）	不变价（万元）	占总值（%）	现价（万元）	不变价（万元）	占总值（%）	现价（万元）	不变价（万元）	占总值（%）	不变价（万元）	占总值（%）
1991	3590	3574	1615	1490	41.69	611	608	17.01	935	1047	29.29	165	4.62
1992	4453	4076	2395	1942	47.64	604	588	14.43	978	1070	26.25	475	11.65
1993	5763	4703	3738	2836	60.30	726	682	14.50	1296	1183	25.15	—	—
1994	10711	5941	7335	3934	66.22	993	728	12.25	2375	1275	21.46	—	—
1995	8402	4643	4175	2232	48.07	1206	884	19.04	3008	1522	32.78	5	0.11
1996	12441	6557	8314	4113	62.73	1062	763	11.64	3055	1677	25.58	4	0.06
1997	7795	3847	4141	1804	46.89	1225	841	21.86	2030	1196	31.09	6	0.16

1998—2015 年部分年份离石区（市）农业总产值结构表

表 8-8 单位：万元

年份	农林牧渔业总产值		其中									
	现价	不变价（可比价）	农业总产值		林业总产值		牧业总产值		渔业总产值		农林牧渔服务业总产值	
			现价	不变价（可比价）	现价	不变价（可比价）	现价	不变价（可比价）	现价	不变价（可比价）	现价	不变价（可比价）
1998	7353	—	4469	—	865	—	2009	—	10	—	—	—
1999	4941	—	1928	—	732	—	2269	—	12	—	—	—
2000	7858	4347	4206	2094	1097	761	2544	1487	11	5	—	—
2001	6417	3998	2182	1225	1103	758	3114	1977	18	8	—	—
2002	9131	5029	4642	2156	1404	930	2969	1840	23	10	93	93
2003	8927	4104	3610	1434	2224	800	2985	1774	24	12	84	84
2004	10326	4210	4467	1558	2316	771	3412	1829	28	9	103	43

续表 8-8

年份	农林牧渔业总产值		其中									
			农业总产值		林业总产值		牧业总产值		渔业总产值		农林牧渔服务业总产值	
	现价	不变价（可比价）	现价	不变价（可比价）	现价	不变价（可比价）	现价	不变价（可比价）	现价	不变价（可比价）	现价	不变价（可比价）
2005	10344	3981	4783	1416	1891	596	3534	1863	46	16	90	90
2006	14148	13641	7655	7378	2708	2584	3586	3486	59	58	140	135
2007	12029	9174	4024	2981	3035	2317	4739	3688	112	98	119	91
2008	13667	13301	5911	5182	3287	3746	4298	4200	36	41	135	132
2009	20578.1	18693.1	7130.4	7121.5	4897.8	2924.5	8317.7	8414.9	73.2	73.2	159	159
2010	25856.7	21467.8	11192.6	9701.5	5298.8	4979.3	9081.7	6503.4	39.6	39.6	244	244
2011	28532	—	13681	—	3653	—	10306	—	64	—	828	—
2012	31703.54	29808.6	14860.43	14040.9	3543.3	3459.2	12374.09	11414.4	69.58	63.7	856.15	830.4
2013	32493.3	33199.4	16167.1	15520.6	2891.6	2882.8	12467.4	13839.1	71.1	69.6	896.2	887.3
2014	35753	35118	17217	16978	2760	2678	14795	14499	84	81	897	882
2015	33528	38674	13112	17604	2983	2965	16400	17089	83	83	950	933

第四节 收益分配

中华人民共和国成立前，阶级剥削严重，经济收入分配两极分化，贫富悬殊。中华人民共和国成立后，先后成立高级社、人民公社，人民政府直接管理经济。按照统一计划组织社会生产外，经济收入分配按“按劳分配”的原则，合理照顾国家、集体、个人三者之间的利益，安排积累与消费比例，促进了生产建设，提高了人民生活。人民公社时期，以生产队为核算单位进行分配，总收入扣除各项生产费用、国家税收和一定比例的提留外，其余按社员实做劳动日分配，这一时期，农民收入基本来自集体。1958 年，全县农村经济总收入 517.85 万元，其中，农业收入 452.01 万元，占总收入的 87.29%；总费用 154.59 万元，社员所得 313.22 万元，人均纯收入 42 元。1978 年，全县农村经济总收入 1195.45 万元，约是 1958 年的 2.3 倍，其中，农业收入 865.14 万元，占总收入的 72.37%；总费用 474.36 万元，约是 1958 年的 3 倍，社员所得 599.36 万元，比 1958 年增长 91.35%；人均纯收入 53 元，比 1958 年增长 26.19%。

20 世纪 80 年代，农村经过经济体制改革，乡镇企业发展迅速。农村收入增加了多种经济成分，农业收入在总收入中所占比例开始越来越低。1985 年，来自农民家庭经营收入占总收入的 85.6%。90 年代起，农民外出打工收入越来越多，纯收入为总收入扣除总费用后再加外出打工收入带回。1998 年，离石市农村经济总收入 56786 万元，其中，农业收入 7280 万元，占总收入的 12.82%；总费用 36451 万元，农村居民纯收入 16784 万元，人均纯收入 1273 元。2004 年起，国家实行粮食直补政策，农民收入增加。2006 年起，国家取消农业税，更增加农民收入。2008 年，离石区农村经济总收入 127839 万元，约是 1998 年的 2.25 倍，其中，农业收入 5148 万元，占总收入的 4.03%；总费用 98856 万元，是 1998 年的 2.71 倍，农村居民纯收入 24416 万元，比 1998 年增长 45.47%；人均纯收入 1618 元，比 1998 年增长 27.1%。截至 2015 年底，全区农民人均可支配收入 5135 元。

第五节　农村粮食分配

1949年前，境内粮食占有很不均衡。贫苦农民有少数贫瘠土地，所产粮食丰年仅够度日，灾年颗粒无收。地主、富农占有大量好田，相应有大量粮食。土地改革后，实行耕者有其田，离石县农民基本实现自耕自给。初级社时期粮食按劳动分配，保留土地分红，扣除种子、饲料、征购粮，按土地和劳力三七分配。高级社后，取消土地分红，以人均口粮和劳力按比例分配，对烈军属和“五保户”(即无劳动能力又无亲属抚养的鳏寡孤独户，集体保吃、穿、烧、子女上学和丧葬)给予适当照顾。社员口粮一般按人口和劳动日比例分配，人口比例为主。按人口分配的口粮称基本口粮，按劳动日分配的粮食称工分粮，平均口粮是基本口粮和工分粮总和的人均数。1958 年，人均口粮 l92 千克。1960 年，人均口粮最低为 104.5 千克。1968 年人均口粮为 113 千克。1972 年人均口粮为 115 千克。1976 年人均口粮为 139 千克。1978 年人均口粮为 207 千克，提高到 200 千克以上。

农村实行联产承包责任制后，粮食分配实行合同包干制，由村委会和农民个人签订承包合同，承包户除完成应缴国家任务粮外，其余全部归个人。从此境内家家有余粮，农民踊跃交售国家征购粮。1984 年，离石县有 17 户农民售粮万千克以上，共交售国家粮食 212750 千克。其中，吴城镇下丰村樊明照、阳坡乡东红村张东生、信义镇严村苏来大售粮 2.5 万千克以上，共交售国家粮食 12 万千克。2000 年后，离石区（市）生产的粮食主要用于销售，农民生活用粮通过购买优质的商品粮及制品。

1958—1983年离石县农村现金收益分配情况统计表

表8-9

年份	总收入（万元）	其中				费用（万元）	其中	分配（万元）	其中			社员所得（万元）	人均所得（元）
		农业收入（万元）	林业收入（万元）	牧业收入（万元）	副业收入（万元）		生产费用（万元）		国税（万元）	公积金（万元）	公益金（万元）		
1958	517.85	452.01	2.99	18.34	28.28	154.59	132.01	363.26	30.79	22.05	7.11	313.22	42
1959	575.95	479.23	4.37	19.21	49.72	152.26	141.47	423.69	31.51	42.58	11.26	332.47	46
1960	413.93	319.86	6.15	25.7	36.62	135.5	123.14	278.43	20.58	15.26	5.71	234.35	31.5
1961	492.22	393.29	2.72	25.48	46.21	150.46	136.82	341.76	24.91	15.76	6.77	291.08	36.8
1962	515.99	410.27	3.69	32.35	49.19	152.73	138.09	363.26	25.3	15.44	8.75	312.54	38
1963	523.33	448.35	2.66	11.31	48.08	156.07	141.13	367.26	25.66	18.65	7.48	314.66	37.6
1964	553.31	480.33	3.28	9.91	42.81	145.45	133.28	407.86	29.14	20.15	6.55	350.61	41
1965	442.09	372	4.4	11.51	42.18	139.59	128.72	302.5	26.4	14.61	4.48	253.37	27.7
1966	633.82	560.44	4.34	13.01	38.47	166.93	144.29	466.89	31.51	24.05	8.3	395.13	46
1967	517.89	452.92	2.58	10.96	33.27	168.73	145.96	349.16	25	17.4	6.8	293.89	32
1968	483.18	391.31	2.23	12.87	61.38	148.83	128.68	334.35	19.19	14.09	4.14	295.55	31.4
1969	537.27	477.92	2.7	9.82	32.35	145.48	130.91	391.79	34.37	17.09	6.07	332.26	34
1970	664.19	572.35	2.78	12.68	56.41	189.02	164.66	475.17	34.46	23.82	8.25	404.63	40

续表 8-9

年份	总收入（万元）	其中				费用（万元）	其中	分配（万元）	其中			社员所得（万元）	人均所得（元）
		农业收入（万元）	林业收入（万元）	牧业收入（万元）	副业收入（万元）		生产费用（万元）		国税（万元）	公积金（万元）	公益金（万元）		
1971	776.73	638.57	4.77	15.91	81.36	219.22	186.51	557.51	31.59	31.25	8.79	478.72	46
1972	692.46	478.36	4.24	14.86	166.36	260.04	215.18	432.42	24.4	19.95	7.24	378.18	36
1973	877.97	684.48	3.37	17.54	143.53	302.35	256.99	575.62	30.82	36.05	12.22	482.88	45.5
1974	920.14	707.94	4.23	21.16	153.11	335.05	289.76	585.09	31.43	43.58	16.92	479.17	34
1975	1037.7	847.03	4.53	21.75	131.49	312.28	263.32	725.42	32.44	56.6	23.29	559.23	50
1976	862.8	627.57	5.04	19.95	174.87	339.81	290.06	522.98	29.96	44.39	17.31	424.29	38.1
1977	1172.84	923.39	5.77	17.52	189.44	397.05	349.06	775.79	35.08	67.46	32.29	580.35	51.56
1978	1195.45	865.14	10.94	19.18	231.6	474.36	417.72	721.09	31.83	49.21	20.59	599.36	53
1979	1336.29	923.15	11.31	24.04	250.03	503.75	448.57	832.54	37.38	52.62	25.49	685.46	61
1980	1216.21	812.73	17.79	19.07	297.97	452.76	402.02	763.45	22.57	57.63	25.25	630.98	56
1981	1006	733	18	11	200	310	270	696	19	43	21	596	53
1982	1268	955	21	25	200	361	317	907	28	50	22	758	67
1983	1511	769	37	190	432	408	347	1103	34	38	25	1106	95

1984—2015 年离石区（县、市）农村现金收益分配情况统计表

表 8-10

年份	总收入（万元）	农业收入（万元）	其中				工业收入（万元）	商业、饮服务业收入（万元）	建筑业收入（万元）	交通运输业收入（万元）	费用（万元）	其中生产费用（万元）	农村经济纯收入（万元）	其中国税（万元）	农村居民纯收入（万元）	农村居民人均纯收入（元）
			种植业收入（万元）	林业收入（万元）	牧业收入（万元）	副业收入（万元）										
1984	3940	2036	1105	69	348	514	761	73	294	412	1149	948	2791	68	2562	219
1985	5436	2161	1531	58	488	84	1226	936	410	623	1939	1627	3497	133	3209	272
1986	5477	2010	1501	60	405	44	1292	1018	396	689	2050	1872	3427	142	3115	262
1987	6115	2216	1598	55	516	47	1664	1012	412	754	2427	2158	3688	171	3305	275.6
1988	8461	3719	2668	61	860	130	2046	1291	340	872	3420	3091	5042	218	4550	371
1989	9028	3471	2476	88	799	107	2468	1072	715	1041	3610	3347	5419	288	4850	391
1990	10522	4036	3094	85	766	91	3351	981	790	1058	4393	4107	6130	332	5430	437
1991	9906	2932	1721	108	977	126	3420	1303	840	1140	4712	4360	5194	283	4546	361
1992	10997	3461	2328	102	907	122	3704	1259	813	1407	5167	—	5830	348	5080	398
1993	16753	4009	2740	129	1105	—	8028	1624	1048	1721	10096	—	6657	478	5796	449
1994	25773	7794	5953	128	1713	—	10157	2761	1764	3297	15249	—	10524	1071	8729	665
1995	35638	6657	3930	—	2497	—	15977	5913	2790	4301	22707	—	12931	1100	11183	787
1996	44340	7996	6331	—	1474	—	21201	5466	4529	5147	28788	—	15552	1230	13555	951
1997	52077	6166	3544	292	2127	—	24806	5129	6698	7437	34263	30774	17814	1974	14405	1092
1998	56786	7280	4320	381	2298	—	27509	4395	5812	8644	36541	33698	21991	2109	16784	1273
1999	44852	3627	1201	317	1912	—	21093	4064	5963	7160	34889	32037	11268	1256	8601	648

续表 8-10

年份	总收入（万元）	农业收入（万元）	其中 种植业收入（万元）	林业收入（万元）	牧业收入（万元）	副业收入（万元）	工业收入（万元）	商业、饮服务业收入（万元）	建筑业收入（万元）	交通运输业收入（万元）	费用（万元）	其中生产费用（万元）	农村经济纯收入（万元）	其中国税（万元）	农村居民纯收入（万元）	农村居民人均纯收入（元）
2000	38344	4147	2534	169	1204	—	17447	3075	4734	6151	26611	24359	13122	927	10919	812
2001	51407	3818	—	131	1499	—	24878	3983	6468	8154	39406	—	13313	1378	9478	704
2002	55943	4962	—	179	1369	—	30236	3895	4384	8172	38247	—	19188	2074	11085	815
2003	61496	3993	2335	195	1293	—	38647	3868	5729	7551	43648	35126	17848	2669	12944	940.7
2004	52427	4378	2574	210	1432	—	28850	3429	5844	6343	37112	29217	17277	1623	13434	948.1
2005	50072	4696	2831	243	1527	—	22706	4407	5879	8431	34888	27523	17687	1318	13137	906
2006	55129	5057	3229	174	1503	—	24467	5440	6325	8310	39613	355547	19449	1665	16330	1106
2007	80124	4743	2090	303	1528	—	44792	6582	8810	8595	61532	54079	22917	2641	19065	1283
2008	127839	5148	3040	250	1772	—	80931	11299	12160	11083	98856	92868	33959	5000	24416	1618
2009	—	—	—	—	—	—	—	—	—	—	—	—	—	—	—	1919
2010	—	—	—	—	—	—	—	—	—	—	—	—	—	—	—	2412
2011	—	—	—	—	—	—	—	—	—	—	—	—	—	—	—	3299
2012	—	—	—	—	—	—	—	—	—	—	—	—	—	—	—	3932
2013	—	—	—	—	—	—	—	—	—	—	—	—	—	—	—	4377
2014	—	—	—	—	—	—	—	—	—	—	—	—	—	—	—	4842
2015	—	—	—	—	—	—	—	—	—	—	—	—	—	—	—	5135

注：1984—2008 年，该表数据来源于农业部门，2009 年后，表内数据来源于统计部门，因统计方法、项目的改变，造成 2009 年后部分项目缺失。

1958—1983 年离石县农村粮食分配情况统计表

表 8-11

年份	集体粮食分配总计（吨）	国家征购（吨）	集体提留（吨）	其中					分给社员（吨）	农民人均所得（千克）
				留种子（吨）	留饲料（吨）	留储备粮（吨）	生产专用粮（吨）	其他（吨）		
1958	23371.7	5555.5	4000.45	1775	1525.05	530.2	0	170.2	13815.75	192
1959	20561.5	5668.6	3779.9	1691.2	1425.75	628.45	0	34.5	11113	150
1960	12062.55	871	3046.8	1553.6	1154.3	166.75	0	172.15	8144.75	104.5
1961	16709.4	3476	2880.15	1501.55	1032.4	238.85	0	107.35	10353.25	131
1962	15413.85	2583.15	2787.45	1503.9	1083.3	163.05	0	37.2	10043.25	125.5
1963	19693.45	3951.95	3140.6	1633.6	1145.25	304.2	0	57.55	12600.9	150.5
1964	20826.8	4325.85	3283.75	1581.5	1232.15	417.9	0	52.2	13217.2	154.5
1965	16421.1	2181.75	3199.7	1597.9	1339.15	227.15	0	35.5	11039.65	124.5
1966	24809.5	5602.5	4099.75	1617.15	1447.9	967.65	0	67.05	15107.25	176
1967	19171.45	2734.2	3490.25	1632.45	1593.9	110.35	0	153.55	12947	142.5
1968	14846.8	754.5	3475.55	1655.9	1600	71.65	0	148	10616.75	113
1969	18838.7	3002.45	3692.85	1887.75	1504.8	267.8	0	32.5	12143.4	127.5
1970	23112.6	5604.5	3774.5	1783.35	1640.7	265.6	0	84.85	13733.6	136
1971	24438.2	3931.15	4558.7	1877.3	1867.5	698.9	0	115	15948.35	154.5

续表 8-11

年份	集体粮食分配总计（吨）	国家征购（吨）	集体提留（吨）	其中					分给社员（吨）	农民人均所得（千克）
				留种子（吨）	留饲料（吨）	留储备粮（吨）	生产专用粮（吨）	其他（吨）		
1972	17077.8	907.15	4157.95	1974.95	1963.55	128.55	0	90.9	12012.7	115
1973	27759	5391.45	4972.7	1776.9	1672.6	1058.4	0	464.8	17394.85	163.5
1974	28296.7	4626.6	5134.1	1819.85	1968.8	946.95	0	398.5	18536	170.5
1975	32713.45	5042.65	6936.4	1965.05	2237.35	1709.6	0	1024.4	20734.4	187.5
1976	22896.57	2604.71	4755.77	1974.56	2296.62	246.64	237.94	0	15536.09	138.5
1977	36560.75	6630.22	8144.47	2214.04	2388.23	2399.07	822.01	321.12	21786.06	193
1978	35099.32	5660.02	6107.31	2217.46	2800.46	619.18	302.75	167.46	23331.99	207
1979	37269	5028.7	6591.9	2147.2	2852.6	812.75	358.05	421.3	25648.4	227
1980	33264.95	2648.5	5239.6	1862.7	2344.4	452.9	275.05	304.55	25376.85	225
1981	30505	3800	3965	1670	1670	0	0	0	22740	201.5
1982	34280	4915	4655	1680	2145	0	0	0	24710	217
1983	26880	2405	4615	0	0	0	3875	0	19860	171

第三章 种植业

第一节 种植结构

离石区（县、市）历来农作物种植以粮食为主，油料、蔬菜兼作。抗日战争和解放战争期间，为解决根据地军民的穿衣问题，曾在西山和沿河一带高温区种植棉花。三川河盆地高家沟一带曾种植过罂粟和蓝靛。

20世纪50年代，离石（离山）县粮食播种面积占农作物总播种面积的90%左右，油料占农作物总播种面积的2.6%—3.3%，蔬菜占农作物总播种面积的2%—2.7%。六七十年代，为求达纲要(中共中央1957年制定的《全国农业发展纲要》规划，黄河以北地区粮食亩产达400市斤)。1969—1978年，离石县粮食播种面积占农作物总播种面积的比重高达93%以上，油料降为不足2.1%，蔬菜降为2%左右。

中共十一届三中全会后，离石县农民的种植安排主要根据自我需求和市场调节。平川农民致富靠种菜，蔬菜播种面积增加，粮食面积减少。至1985年底，离石县蔬菜面积比重上升为3.7%，粮食面积比重降为74.25%。至1990年底，离石县粮食播种面积比重回升为85.8%，油料面积比重增为10.5%，蔬菜面积比重降为3.7%。随着油料价格的上升和20世纪90年代中后期境内政府对设施蔬菜和无公害蔬菜的推广，至2000年底，粮食播种面积比重下降为80.01%，油料面积比重增为14.68%，蔬菜面积比重增为4.77%。

2004年后，国家和省相继出台一系列粮食直补、良种补贴、农机补贴等惠农政策。2006年起，全面取消农业税，农民种粮积极性提高。2010年，离石区粮食播种面积比重增为89.72%。油料面积比重下降为7.41%，蔬菜面积比重下降为2.4%。

截至2015年底，离石区粮食种植面积14573.8公顷，占农作物总播种面积的92.81%；油料716公顷，占农作物总播种面积的4.56%；蔬菜317.1公顷，占农作物总播种面积的2.02%。

1949—2015年部分年份离石区（县、市）农作物播种面积结构表

表8-12

年份	耕地面积（公顷）	农作物总播种面积（公顷）	粮食		油料		蔬菜	
			面积（公顷）	比例（%）	面积（公顷）	比例（%）	面积（公顷）	比例（%）
1949	24450.20	24657.60	22134.53	89.77	653.20	2.65	654.40	2.65
1959	20451.60	21064.73	18907.60	89.76	665.33	3.16	436.87	2.07

续表 8-12

年份	耕地面积（公顷）	农作物总播种面积（公顷）	粮食		油料		蔬菜	
			面积（公顷）	比例（%）	面积（公顷）	比例（%）	面积（公顷）	比例（%）
1969	20225.07	20665.33	19272.87	93.26	419.40	2.03	412.73	2.00
1979	19844.60	20434.73	19160.73	93.77	420.33	2.06	448.33	2.19
1985	18540.87	20353.33	15113.33	74.25	4066.67	19.98	753.33	3.70
1990	18015	18236.8	15668.2	85.8	1924.47	10.5	508.6	2.8
2000	28157	18198	14561	80.01	2672	14.68	868	4.77
2010	26006	16168.3	14505.4	89.72	1198.5	7.41	387.3	2.40
2015	21092.59	15702	14573.8	92.81	716	4.56	317.1	2.02

第二节　作物品种

粮食作物

小麦　离石县小麦原品种有红老虎、白泡麦、牛指甲等。20 世纪 60 年代后期，引进小麦优良品种晋麦 5 号为主栽品种，其他有晋麦 8 号、17 号、18 号、25 号，丰抗 8 号、晋农 3 号、农大 183、太谷 49、北农 1 号、京麦 1 号等。90 年代，主要推广小麦旱选 10 号、京—437 等。

谷子　离石县谷子原品种有谷上谷、红白羊角、一窝蛇、气死牛等。20 世纪 70 年代初期，引进谷子优良品种有晋谷 10 号、晋汾 27 号、大寨谷、沁州黄等。90 年代，推广晋谷 21 号。1994 年，西属巴村引进谷子日本 132 号，每公顷产量 4500 千克；吴城镇引进繁峙黄谷子，每公顷产量 4125 千克。2002 年，离石市在红眼川乡、吴城镇、信义镇、枣林乡、交口镇推广晋谷 21 号、29 号 2000 公顷。2010 年，离石区为发展绿色无公害杂粮，在红眼川乡推广张杂谷 3 号 33.33 公顷，平均每公顷产量 5250 千克。在西属巴街道袁家岭种植张杂谷 5 号 6.67 公顷，平均每公顷产量 7500 千克。截至 2015 年底，离石区主要种植的谷子品种主要有晋谷 21 号、29 号、40 号，张杂谷 3 号、5 号。

玉米　解放初期，离石县引进玉米优种金皇后、白马牙。到 20 世纪 80 年代，离石县主要种植玉米中单 2 号，丹玉 11 号、13 号，晋单 18 号、27 号等 10 余个品种，中单 2 号为主栽品种。90 年代，全县玉米种植全部实现优种化，主要品种有晋单 18 号、25 号、27 号，晋中 405，农大 60 等，中单 2 号、农大 60 为境内主栽品种。1995 年，在西属巴镇“两高一优”农田示范区引进玉米忻黄单70、西单2号、高油6号、掖单13号、农大30、丹703、8971-1、8971-2、8971-3等。1998年，引进玉米晋单33、晋单36、沈单7号。2000年，离石市在小神头乡、西属巴镇引进种植甜糯玉米、高油玉米、高蛋白玉米等66公顷，发展玉米制种基地66.67公顷。21世纪，引进的玉米优种有大丰26、大丰30、潞玉19、潞玉36、晋单42号、屯玉99、强盛51、强盛101、先玉355等10余个品种。2002年，在信义镇实施玉米制种66.67公顷。2006年，离石区开始与长治鑫农种业公司合作，进行新品种引进示范，每年示范品种7个。2008年，长治鑫农种业公司的新品种在离石区的普及率达50%以上。截至2010年底，离石区种植的玉米品种有潞玉6号、13号，宁玉309，潞鑫1号、2号、4号，太行6号，长单35号，郑单958号，晋单35号、39号、42号、46号、56号，太单30号，大丰2号、5号、16号、20号，强盛12号、15号、17号、31号、49号，咏丰1号，东裕101，沈玉18号，农大84，晋玉811，奥利3号、10号、23号，先玉335等。主推玉米品种是精品潞鑫2号，潞鑫1号，潞玉13号，潞鑫4号，大丰1号、2号。2011年，开始推广先玉335。截至2015年底，主要种植的玉米品种有先玉335、大兴26号、大兴30号、潞玉13号及强盛系列。

高粱 离石县原高粱品种有离石黄、牛心锤、大红壳等。离石黄品种好，面细好吃，产量较高。20世纪50年代，邻近各县推广高粱离石黄品种。60年代后期，离石县引进杂交种籽，有晋杂4号、5号、6号、7号、12号、16号，忻杂7号、晋中405，晋中861。1990年，主要种植高粱晋杂4号和5号，高粱种植全部优种化。2000年后，离石市（区）种植的高粱品种有晋杂21号、22号、23号、101号，晋中405号等。

大豆 1990年前，离石县引进晋豆1号、晋豆3号、晋豆6号、汾豆16号、沈农25104、吉林13号等，优种率达一半左右。1994年，县农场引进种植日本419大豆、巨峰大豆等。2000年后，离石市种植的大豆品种主要有美国大豆、晋中19号、晋豆21号、晋豆23号、晋豆25号。2002年，推广晋豆19号、25号1333公顷。2008年，离石区在西属巴街道推广兴农2号大豆20公顷。2010年，在信义镇信义村试验种植中黄35号大豆。同年，离石区主要种植强丰1号、晋豆19号。截至2015年底，主要种植的大豆品种为晋豆23号。

马铃薯 20世纪70年代，离石县从陕西引进马铃薯优良品种，主植品种是紫花白和克选6号，另有里外黄、老俩口、沙杂9号、沙杂15号、同杂2号、中心22和中心24、新革6号等20余种。截至1990年底，离石县马铃薯种植全部优种化。

长期以来，境内农民在生产上采用马铃薯无性繁殖留种方法，使得马铃薯病毒性退化日趋严重，产量和品质逐步下降。2000年，离石市在小神头乡选择海拔1600米以上的无蚜虫、无病感染区建立6.67公顷脱毒马铃薯原种繁育基地。2002年，离石市在吴城镇、信义镇实施马铃薯脱毒种薯一代繁育基地667公顷。2010年，离石区主推马铃薯品种为早熟品种夏波帝，晚熟品种为克新 1 号。

经济作物

向日葵　1995 年，离石县在王营庄青年农场进行油葵项目试验，引进国外品种 14 个，经过试验比对筛选出适合境内生长的品种：PS60、SF270、PS517。

蔬菜　离石区（县、市）种植的蔬菜品种主要有甘蓝、白菜、菠菜、韭菜、西葫芦等。

甘蓝（俗称茴子白）　甘蓝种植的原地方品种主要有大花心、小花心。20 世纪 70 年代开始，引进的甘蓝品种主要有：黄苗、西安黑平头、京丰、秋丰、晚丰、早春、路青、理想 1 号、中甘等，以理想 1 号、路青为主栽品种。

白菜　白菜种植的原地方品种有筒子白。引进的白菜品种有青麻叶、玉清、太原二青、新三色、晋菜 2 号、晋菜 3 号等。1998 年，引进晋白菜 4 号。

菠菜　菠菜种植的品种有越冬洋菠菜和当年收大耳朵菠菜两种。

韭菜　韭菜种植的品种有马蔺韭、香柱韭。

西葫芦　西葫芦种植的品种有早青一代、阿泰一代。2013 年上半年，离石区农业园区服务中心与青岛瑞克斯旺公司合作开展蔬菜新品种推广试验种植，引进西葫芦新品种：墨玉、碧胜、金如意、碧翠、锦佳。

黄瓜　黄瓜种植的地方品种有海参黄瓜，引进品种有温宝、长春密刺、密丰一代、京杂 2 号、中农 118，京研 2 号、3 号、4 号、7 号，其中京研 4 号为主栽品种。2013 年上半年，离石区农业园区服务中心与青岛瑞克斯旺公司合作开展蔬菜新品种推广试验种植，引进黄瓜新品种：夏之光 22-35（Sunstar）RZ F1 杂交种。2014 年下半年，栽植黄瓜新品种德瑞特 -72。

番茄（西红柿）　引进品种有“823”、中蔬 6 号、特瑞皮克。2010 年，区农业部门在王营庄活动大棚中通过对格雷、红色风暴、百利、美特好等几种西红柿品种对比试验，找出适合离石区种植的优质品种美特好，颗粒大，产量高，无病虫害。2013 年上半年，离石区农业园区服务中心与青岛瑞克斯旺公司合作开展蔬菜新品种推广试验种植，引进番茄新品种：曼西纳（小西红柿）、格雷（73-571）RZ F1 杂交种、格利（73-516）RZ F1 杂交种。2014 年下半年，栽植西红柿新品种魔粉 806。2015 年，离石区农业园区服务中心引进番茄新品种有：劳斯特、红保罗、魔粉 806、红钻石。

茄子　引进品种有河北薯茄。2013 年上半年，离石区农业园区服务中心与青岛瑞克斯旺公司合作开展蔬菜新品种推广试验种植，引进茄子新品种：布利塔 Brigitte RZ F1 杂交种 、爱丽舍（10-702）Estelle RZ F1 杂交种。

辣椒　引进品种有冠军、二猪嘴、茄门、江青椒、同丰 37 等。2013 年上半年，离石区农业园区服务中心与青岛瑞克斯旺公司合作开展蔬菜新品种推广试验种植，引进辣椒新品种：运驰（37-82）RZ F1 杂交种、斯丁格（37-76） Stinger RZ F1 杂交种；彩椒：尼瑞（35-150） RZ F1 杂交种、金袋（35-220） RZ F1 杂交种。

豆角 引进品种有五月鲜、红旗 1 号、英国菜豆、北京菜豆、九豆角、七寸莲等；2015 年，离石区农业园区服务中心引进豆角新品种有：一尺长龙、太空嫩、太空红玉、长白无筋架豆王。

西瓜 西瓜原地方品种为大黑籽西瓜。20 世纪 80 年代，离石县引进的西瓜品种有中育 6 号、郑杂 3 号、5 号，太谷 5 号，兰州 B2 号，红优 2 号、新优 2 号，超红宝等。90 年代，引进 891、京欣 1 号品种西瓜。2014 年下半年，栽植西瓜新品种金星 1 号。

第三节 作物产量

粮食

据《中国实业志 · 山西省》记载：民国 24 年（1935），离石种植小麦 5000 公顷，每公顷产量 29.7 石（每石 100 市斤），总产量 l4.85 万石；种植大麦（又名草麦）333.33 公顷，每公顷产量 22.5 石，总产 0.75 万石；种植高粱（又名蜀黍，亦称黏黍）6000 公顷，每公顷产量 39 石，总产量 23.4 万石；种植谷子 6666.67 公顷，亩产 46.2 石，总产量 30.8 万石。此外，还种植黄豆、小豆、豌豆等。离石地处山区，统计资料记载境内水浇地面积占耕地面积的比例不足 14%，有效灌溉面积则更低。抵御自然灾害能力较差，粮食产量低而不稳，风调雨顺丰收，久旱不雨歉收。

1949 年，离石县粮食总产量达 20400.5 吨。

20 世纪 50 年代，除个别因灾减产年份外，粮食总产量基本稳定在 20000 吨左右。

1960 年，由于自然灾害和“大跃进”的影响，粮食总产量下降到 12471.2 吨，每公顷产量 648.16 千克，为历史最低年。60 年代中期，化肥的应用和粮食新品种的引进，粮食总产量逐步增长。1973 年，粮食总产量突破 3 万吨，每公顷产量突破 1500 千克。80 年代后，国家实行家庭联产承包责任制，1985 年，粮食总产量达 30556 吨，每公顷产量突破 2000 千克。

20 世纪 90 年代，高产作物玉米播种面积开始扩大和低产作物小麦停种。1996 年，离石市粮食总产量达 40597 吨，为历史最高纪录。

2015 年，离石区粮食播种面积 14573.8 公顷，总产量 13939.6 吨，每公顷产量 956.48 千克。

1949—1987年离石（山）县粮食生产情况统计表

表 8-13

年份	面积（公顷）		总产量（吨）	公顷产量（千克）		农作物回茬面积（公顷）	其中		农业人口（人）	人均粮食（千克）
	播种面积	粮食作物占用耕地		按播种面积计算	按占用耕地面积计算		粮食（公顷）	占比（%）		
1949	22134.53	21969.27	20400.5	921.66	928.59	379.80	165.27	43.51	65005	313.83
1950	22252.07	22033.07	20114.75	903.95	912.93	355.87	219.00	61.54	66187	303.91
1951	22138.07	21941.93	20067.15	906.45	914.56	332.33	196.13	59.02	67177	298.72
1952	22198.53	21991.33	19034.7	857.48	865.55	342.33	207.20	60.53	67757	280.93
1953	22416.80	22167.40	22041	983.24	994.30	456.20	249.40	54.67	68497	321.78
1954	22157.07	22014.27	20384.6	920.00	925.97	187.33	142.80	76.23	68980	295.51
1955	22312.13	22075.67	17732.75	794.76	803.27	462.20	236.47	51.16	69898	253.69
1956	21619.00	21471.73	20637.15	954.58	961.13	243.27	147.27	60.54	70967	290.80
1957	21098.53	20806.93	16875.3	799.83	811.04	673.93	291.60	43.27	71840	234.90
1958	19853.40	19423.60	23725.85	1195.05	1221.50	631.47	429.80	68.06	72066	329.22
1959	18907.60	18373.53	20837.15	1102.05	1134.09	699.40	534.07	76.36	72332	288.08
1960	19240.80	18722.27	12471.2	648.16	666.12	852.93	518.53	60.79	74464	167.48

续表 8-13

年份	面积（公顷）		总产量（吨）	公顷产量（千克）		农作物回茬面积（公顷）	其中		农业人口（人）	人均粮食（千克）
	播种面积	粮食作物占用耕地		按播种面积计算	按占用耕地面积计算		粮食（公顷）	占比（%）		
1961	20017.67	19467.20	17569.65	877.71	902.53	762.00	550.47	72.24	78938	222.58
1962	21282.07	20646.40	16670.75	783.32	807.44	928.40	635.67	68.47	83784	198.97
1963	21138.87	20580.80	21339.75	1009.50	1036.88	971.80	558.07	57.43	84442	252.71
1964	20869.33	20371.07	22224.9	1064.95	1091.00	1034.67	631.60	61.04	86397	257.24
1965	20016.47	19505.93	17214.8	860.03	882.54	723.47	510.53	70.57	88352	194.84
1966	20384.80	19663.67	26096.9	1280.21	1327.16	884.20	721.13	81.56	89913	290.25
1967	19441.13	19013.87	19992.2	1028.35	1051.45	615.27	427.27	69.44	91630	218.18
1968	19707.33	19229.27	15713.45	797.34	817.16	678.13	478.07	70.50	94627	166.06
1969	17939.53	18948.20	20006.8	1115.24	1055.87	497.33	324.67	65.28	98300	203.53
1970	19397.47	18811.93	24312.3	1253.38	1292.39	813.40	588.73	72.38	101564	239.38
1971	18130.87	17674.33	25716.25	1418.37	1455.01	656.40	456.53	69.55	104131	246.96
1972	19231.80	18546.53	18105.6	941.44	976.23	941.93	685.27	72.75	105809	171.12
1973	19501.73	18835.87	30234.35	1550.34	1605.15	894.40	665.73	74.43	108020	279.90
1974	19207.07	18576.80	30511.4	1588.55	1642.45	854.60	630.27	73.75	109601	278.39

续表 8-13

年份	面积（公顷）		总产量（吨）	公顷产量（千克）		农作物回茬面积（公顷）	其中		农业人口（人）	人均粮食（千克）
	播种面积	粮食作物占用耕地		按播种面积计算	按占用耕地面积计算		粮食（公顷）	占比（%）		
1975	19038.40	18265.67	35011.2	1838.98	1916.78	773.87	772.73	99.85	111192	314.87
1976	15385.53	18147.80	24540.65	1595.05	1352.27	790.40	571.07	72.25	112170	218.78
1977	18988.07	18242.80	39126.15	2060.57	2144.74	879.27	745.27	84.76	112807	346.84
1978	19087.07	16951.40	36673.7	1921.39	2163.46	681.07	550.07	80.77	113305	323.67
1979	19160.73	18672.60	39780	2076.12	2130.39	634.60	488.13	76.92	113549	350.33
1980	18545.60	18249.27	35103.9	1892.84	1923.58	375.73	276.80	73.67	113564	309.11
1981	18552.87	18174.27	32460.25	1749.61	1786.06	475.47	378.60	79.63	113834	285.15
1982	18384.93	17932.00	34891.1	1897.81	1945.75	569.67	452.93	79.51	115865	301.14
1983	17967.13	17608.20	24546.25	1366.18	1394.02	506.87	358.93	70.81	116085	211.45
1984	17194.13	16881.87	26371.15	1533.73	1562.10	466.27	312.27	66.97	115572	228.18
1985	15113.33	14953.33	30556	2021.79	2043.42	320.00	160.00	50.00	117509	260.03
1986	14680.00	14500.00	28660	1952.32	1976.55	273.33	186.67	68.29	117444	244.03
1987	15152.87	15123.93	23663	1561.62	1564.61	92.73	28.93	31.20	119669	197.74

1988—2015年离石区（县、市）粮食生产情况统计表

表 8-14

年份	播种面积（公顷）	总产量（吨）	每公顷产量（千克）	农业人口（人）	人均粮食（千克）
1988	15113.33	37428	2476.49	120856	309.69
1989	16073.33	30440	1893.82	122454	248.58
1990	15668.2	40176	2564.17	125170	320.97
1991	15153.33	16254	1072.64	125464	129.55
1992	14983.93	24075	1606.72	128075	187.98
1993	15066.67	28414	1885.88	129729	219.03
1994	14417	40591	2815.50	130763	310.42
1995	14127	20311	1437.74	132527	153.26
1996	14727	40597	2756.64	132413	306.59
1997	14050	15385	1095.02	137325	112.03
1998	18509	21311	1151.39	135481	157.30
1999	15669	7821	499.14	137302	56.96
2000	14561	18501	1270.59	141820	130.45
2001	11994	7581	632.07	145190	52.21
2002	14063	22386	1591.84	137868	162.37
2003	13190	15089	1143.97	136752	110.34
2004	12890	19300	1497.28	120890	159.65
2005	12886	16157	1253.84	111890	144.40
2006	14161	26963	1904.03	114756	234.96
2007	13968	11750	841.21	116181	101.14
2008	14377	15750	1095.50	117207	134.38
2009	14694	20012	1361.92	118828	168.41
2010	14505.4	23218.4	1600.67	70133	331.06
2011	14696.7	24435.04	1662.62	65178	374.90
2012	14487.9	25332	1748.49	65178	388.66
2013	14123.63	27147.8	1922.15	60013	452.37
2014	14386	32123	2232.93	59628	538.72
2015	14573.8	13939.6	956.48	59331	234.95

注：2005—2015年农业人口栏中为乡村人口数。

小麦 分冬小麦（亦称宿麦）、春小麦（亦称春麦）两种，境内主要种植冬小麦。1949年，小麦播种面积3373公顷，总产量2488.3吨，每公顷产量659.5千克。1964年，小麦播种面积4170.2公顷，总产量2470.85吨，每公顷产量592.5千克，播种面积比1949年增加23.63%，总产比1949年略减，单产比1949年减少10.16%。1979年，小麦播种面积3260.33公顷，总产量4011.1吨，每公顷产量1230.27千克，播种面积比1964年减少21.82%，总产比1964年增加62.34%，单产是1964年的2倍余。

1980年后，商品经济发展，大量小麦面粉从外地运入。因离石县小麦产量低，种植效益低下，小麦种植面积逐步减少。1985年，小麦播种面积降为1325.87公顷。至1993年，小麦播种面积只有21.87公顷。1995年后，境内小麦种植逐步由少到无。

1949—1994年离石县小麦生产情况统计表

表8-15

年份	播种面积（公顷）	总产量（吨）	每公顷产量（千克）
1949	3773.00	2488.30	659.50
1950	4025.27	2474.50	614.74
1951	3652.73	2278.80	623.86
1952	3723.60	2365.90	635.38
1953	4227.00	2904.30	687.08
1954	3903.60	2461.20	630.49
1955	3514.60	2144.80	610.25
1956	4020.27	2452.30	609.98
1957	3850.07	2289.30	594.61
1958	4297.47	2821.00	656.43
1959	4185.00	2774.50	662.96
1960	4184.00	1710.70	408.87
1961	5043.53	2650.15	525.46
1962	4632.07	2264.15	488.80
1963	3934.13	1770.40	450.01
1964	4170.20	2470.85	592.50
1965	4093.80	3234.90	790.19
1966	2803.67	993.20	354.25
1967	3518.60	1669.80	474.56
1968	3355.20	1248.00	371.96

续表 8-15

年份	播种面积（公顷）	总产量（吨）	每公顷产量（千克）
1969	3100.47	2636.45	850.34
1970	3472.80	2371.50	682.88
1971	3119.33	2239.70	718.01
1972	3291.20	2242.10	681.24
1973	3390.40	2088.40	615.97
1974	3498.93	3293.85	941.39
1975	3632.13	4012.60	1104.75
1976	3861.07	4158.60	1077.06
1977	3335.13	2527.85	757.95
1978	3649.07	2490.09	682.39
1979	3260.33	4011.10	1230.27
1980	2928.53	2716.25	927.51
1981	2788.07	1750.50	627.85
1982	2332.47	1611.60	690.94
1983	1846.53	1535.30	831.45
1984	1606.67	1627.00	1012.66
1985	1325.87	691.15	521.28
1986	842.40	519.85	617.11
1987	247.73	133.55	539.09
1988	180.00	126	700.00
1989	173.33	9	51.92
1990	139.40	57.7	413.92
1991	66.67	40	599.97
1992	62.13	16	257.52
1993	21.87	7	320.07
1994	109	5	45.87

谷子 具有抗旱、耐瘠薄、生长期短，适应境内十年九旱的气候特点。谷子是离石区（县、市）主要粮食作物之一。谷子全身是宝，谷杆、谷糠是上等牲畜饲草、饲料。

1949—1984 年，离石县谷子种植面积（除 1961 年外）均在 4000 公顷以上，占同期粮食作物播种面积的 24.83%。20 世纪 80 年代中期，大部分农户种植谷子主要以自食为主，境内谷子播种面积逐步减少。1985—1996 年，离石市（县）谷子种植面积在 3000—4000 公顷，占同期粮食作物播种面积的 22.42%。1997—2015 年，离石区（市）谷子种植面积稳定在 1500—2000 公顷，占同期粮食作物播种面积的 13.02%。截至 2015 年底，全区谷子播种面积 1914.33 公顷，总产量 1189.2 吨，每公顷产量 621.21 千克。

1949—2015 年离石区（县、市）谷子生产情况统计表

表 8-16

年份	播种面积（公顷）	总产量（吨）	每公顷产量（千克）
1949	5631.60	6095.30	1082.34
1950	5889.33	6304.05	1070.42
1951	5931.47	6260.10	1055.41
1952	6175.13	5944.45	962.64
1953	5428.93	5632.10	1037.42
1954	5470.13	5000.65	914.17
1955	5933.67	5443.05	917.32
1956	5610.47	5985.55	1066.85
1957	4880.73	4082.65	836.48
1958	4048.00	5319.10	1314.01
1959	4254.60	5126.00	1204.81
1960	4222.20	3153.15	746.80
1961	3983.33	4100.85	1029.50
1962	4119.53	3767.50	914.55
1963	4579.93	5083.65	1109.98
1964	4528.33	5549.25	1225.45
1965	4550.33	4088.65	898.54
1966	4555.53	5860.70	1286.50
1967	4631.33	5331.35	1151.15
1968	4306.53	4072.25	945.60
1969	4667.60	4901.30	1050.07
1970	5155.40	6255.90	1213.47
1971	4750.60	6356.40	1338.02
1972	4689.53	3516.85	749.94

续表 8-16

年份	播种面积（公顷）	总产量（吨）	每公顷产量（千克）
1973	4429.53	5740.75	1296.02
1974	4745.40	6725.85	1417.34
1975	5310.87	8134.5	1531.67
1976	4819.53	6012.85	1247.60
1977	5655.40	11268.65	1992.55
1978	5243.07	9717.44	1853.39
1979	5129.00	8856	1726.65
1980	5182.87	9378.8	1809.58
1981	5046.93	7905.2	1566.34
1982	4892.73	9408.25	1922.90
1983	4712.13	6433.4	1365.28
1984	4375.33	5524.85	1262.73
1985	3441.20	7064.3	2052.86
1986	3319.67	5848.95	1761.91
1987	3348.80	4697.6	1402.77
1988	3273.33	7502	2291.86
1989	3526.67	6725	1906.90
1990	3740.00	8820	2358.29
1991	3360.00	2565	763.39
1992	3344.93	4887	1461.02
1993	3364.67	5655	1680.70
1994	3333	8865	2659.77
1995	3301	4031	1221.15
1996	3063	7201	2350.96
1997	2450	1986	810.61
1998	3679	2803	761.89
1999	2307	755	327.26
2000	2395	2464	1028.81
2001	1509	561	371.77
2002	2011	2336	1161.61

续表 8-16

年份	播种面积（公顷）	总产量（吨）	每公顷产量（千克）
2003	1720	1766	1026.74
2004	1460	1425	976.03
2005	1631	1586	972.41
2006	1837	2689	1463.80
2007	1649	809	490.60
2008	1500	1117	744.67
2009	1550	1732	1117.42
2010	1578.1	2129.2	1349.22
2011	1611.3	2492.1	1546.64
2012	1506.2	2379.1	1579.54
2013	1436.4	2247.3	1564.54
2014	1642	2465	1501.22
2015	1914.33	1189.2	621.21

玉米　又名玉蜀黍，俗称玉茭、玉黏黍，玉米为境内粮食作物中的最主要品种，具有高产、稳产、抗逆性强等特点，而且玉米根系发达，有广泛的适应性，适于平水地和沟坝地种植。

1949 年，离石县玉米播种面积 724.73 公顷，总产量 1193.45 吨，每公顷产量 1646.74 千克。1969 年，玉米播种面积 1733.13 公顷，总产量 3144.05 吨，每公顷产量 1814.08 千克。播种面积是 1949 年的近 2.4 倍，总产是 1949 年的 2.6 倍多，单产比 1949 年增长 10.16%。20 世纪 70 年代，随着吕梁地区杂交玉米的推广，离石县玉米单产突破每公顷 4000 千克，播种面积也有所增长。

20 世纪 90 年代开始，务工收入成为境内农民的主要经济来源，大部分精壮劳力外出或在境内打工，田间多由老人和妇女管理。因玉米田间管理较省工、省时，种植面积逐年扩大。1995 年，山西省实施“玉米战略”，推广优良品种和先进科学适用技术，高产玉米品种的推广，水肥较好地块玉米产量逐年提高。1996 年，离石市玉米播种面积达 3102 公顷，占粮食播种面积的 21.06%；总产量 17238 吨，每公顷产量 5557.06 千克。

2004 年，离石区玉米播种面积达 4290 公顷。2014 年，离石区玉米播种面积达 5022 公顷，占粮食播种面积的 34.91%。截至 2015 年底，全区玉米播种面积 5306.53 公顷，总产量 7568.4 吨，每公顷产量 1426.24 千克。

1949—2015年离石区（县、市）玉米生产情况统计表

表 8-17

年份	播种面积（公顷）	总产量（吨）	每公顷产量（千克）
1949	724.73	1193.45	1646.74
1950	754.00	1194.45	1584.15
1951	990.00	1389.55	1403.59
1952	855.47	1129.95	1320.86
1953	1167.20	2423.75	2076.55
1954	1406.67	2446.50	1739.22
1955	1200.20	1810.20	1508.25
1956	1228.93	2129.15	1732.52
1957	1392.60	2145.75	1540.82
1958	1095.87	3069.85	2801.30
1959	1020.27	2336.80	2290.38
1960	1284.27	1589.40	1237.59
1961	990.07	1691.15	1708.12
1962	965.47	1645.90	1704.77
1963	785.67	1867.60	2377.09
1964	1039.80	2658.60	2556.84
1965	1244.73	2449.15	1967.61
1966	2509.13	5633.05	2245.02
1967	1909.20	3478.20	1821.81
1968	2001.60	2740.25	1369.03
1969	1733.13	3144.05	1814.08
1970	2144.27	4294.05	2002.57
1971	2137.93	4836.25	2262.11
1972	1303.40	2037.75	1563.41
1973	749.47	2373.20	3166.52
1974	657.00	2734.70	4162.40
1975	1283.33	4581.40	3569.92
1976	1350.27	3635.75	2692.62
1977	1640.60	6716.00	4093.62
1978	1629.07	6468.43	3970.63

续表 8-17

年份	播种面积（公顷）	总产量（吨）	每公顷产量（千克）
1979	1788.87	7999.25	4471.69
1980	1934.73	7331.15	3789.23
1981	1947.87	7637.90	3921.16
1982	1813.67	6765.30	3730.18
1983	1827.47	4364.75	2388.42
1984	1799.53	4903.90	2725.10
1985	1503.09	5592.30	3720.54
1986	1749.00	6036.85	3451.60
1987	1959.13	5312.45	2711.63
1988	1760.00	7957	4521.02
1989	1740.00	7415	4261.49
1990	2340.00	11747	5020.09
1991	2946.67	6365	2160.07
1992	2616.27	8220	3141.88
1993	2556.00	9880	3865.41
1994	2556	13449	5261.74
1995	2649	7571	2858.06
1996	3102	17238	5557.06
1997	3060	6929	2264.38
1998	4186	9725	2323.22
1999	3966	4197	1058.25
2000	2955	8207	2777.33
2001	3148	3839	1219.50
2002	3572	10759	3012.04
2003	3880	7051	1817.27
2004	4290	9848	2295.57
2005	4583	9191	2005.45
2006	4978	14570	2926.88
2007	5073	7029	1385.57
2008	4369	8514	1948.73
2009	4478	10132	2262.62

续表 8-17

年份	播种面积（公顷）	总产量（吨）	每公顷产量（千克）
2010	4968.8	13122.8	2641.04
2011	4598.6	11302.25	2457.76
2012	4852.4	13203.9	2721.11
2013	4927.3	15620.1	3170.11
2014	5022	21568	4294.70
2015	5306.53	7568.4	1426.24

高粱 俗称黏黍，是离石县仅次于谷子的传统粮食作物。1990 年前，高粱在境内粮食作物中曾为最主要品种之一，它是高产作物，具有抗旱、抗涝、耐碱性等特点，被境内群众誉为“铁杆庄稼”。1949 年，全县高粱播种面积 1653.33 公顷，占粮食作物播种面积的 7.47%，总产量 2177.8 吨，每公顷产量 1317.2 千克。高粱产量高，各级政府为求粮食产量“达纲要”“过黄河”“跨长江”，1966—1970 年，离石县高粱播种面积占同期粮食作物播种面积的 12.85%。20 世纪 70 年代，推广自繁自育杂交高粱品种。1971—1975 年，高粱播种面积占同期粮食作物播种面积的 20.65%。1973 年，高粱播种面积 5529.87 公顷，达到最高峰。1979 年，高粱播种面积 2346.47 公顷，总产量 6801.45 吨，每公顷产量 2898.59 千克，播种面积是 1949 年的 1.4 倍余，总产是 1949 年的 3.1 倍余，单产是 1949 年的 2.2 倍。

20 世纪 80 年代后，高粱逐步被小麦取代，成为畜禽饲料和境内酿酒原料。1980—1990 年，高粱播种面积均在 1800 公顷以下，占同期粮食作物播种面积的 9.28%。

20 世纪 90 年代后，因高粱高产新品种推出较少，收割和脱粒比玉米费工，制作饲料用玉米的比用高粱的多，高粱种植面积逐步减少。2001 年开始，离石区高粱播种面积均在 200 公顷以下，只占同期粮食作物播种面积的 0.61%。2015 年，全区高粱播种面积 38.7 公顷，总产量 45.9 吨，每公顷产量 1186.05 千克。

1949—2015 年离石区（县、市）高粱生产情况统计表

表 8-18

年份	播种面积（公顷）	总产量（吨）	每公顷产量（千克）
1949	1653.33	2177.80	1317.22
1950	1763.00	2054.45	1165.31
1951	1908.27	2325.30	1218.54
1952	1559.27	1806.30	1158.43

续表 8-18

年份	播种面积（公顷）	总产量（吨）	每公顷产量（千克）
1953	1892.07	2673.90	1413.22
1954	1853.20	2537.80	1369.42
1955	1516.13	1637.55	1080.08
1956	1764.60	2235.90	1267.09
1957	1953.27	2601.75	1332.00
1958	1999.53	3356.25	1678.52
1959	1699.00	3008.10	1770.51
1960	1649.73	1402.75	850.29
1961	1751.60	2070.05	1181.81
1962	1813.20	2123.65	1171.22
1963	2006.27	2497.55	1244.87
1964	2012.40	2901.65	1441.89
1965	1667.80	2275.10	1364.13
1966	3092.00	3354.50	1084.90
1967	2480.40	2799.55	1128.67
1968	1953.13	1983.95	1015.78
1969	2138.00	2815.75	1317.00
1970	2780.47	3471.35	1248.48
1971	3057.87	5374.55	1757.61
1972	2778.20	4184.10	1506.05
1973	5529.87	10870.75	1965.82
1974	4996.87	8529.75	1707.02
1975	3276.27	7198.45	2197.15
1976	2616.80	2760.40	1054.88
1977	2374.00	6260.35	2637.05
1978	2888.80	7152.58	2475.97
1979	2346.47	6801.45	2898.59
1980	1735.20	4147.25	2390.07
1981	1574.00	4994.70	3173.25

续表 8-18

年份	播种面积（公顷）	总产量（吨）	每公顷产量（千克）
1982	1676.13	5599.75	3340.87
1983	1670.40	3327.50	1992.04
1984	1712.00	4247.90	2481.25
1985	1449.64	4715.50	3252.88
1986	1610.93	4636.15	2877.93
1987	1661.47	3719.75	2238.84
1988	1573.33	6881	4373.53
1989	773.33	2619	3386.65
1990	1493.33	6319	4231.48
1991	1793.33	2649	1477.14
1992	1390.00	2944	2117.99
1993	1122.67	3103	2763.95
1994	987	4532	4591.69
1995	1011	2101	2078.14
1996	798	3132	3924.81
1997	660	681	1031.82
1998	790	952	1205.06
1999	197	142	720.81
2000	200	320	1600.00
2001	88	52	590.91
2002	192	369	1921.88
2003	150	238	1586.67
2004	40	69	1725
2005	77	80	1038.96
2006	62	136	2193.55
2007	160	126	787.50
2008	88	124	1409.09
2009	114	153	1342.11
2010	77	130	1688.31

续表 8-18

年份	播种面积（公顷）	总产量（吨）	每公顷产量（千克）
2011	57.8	81.1	1403.11
2012	35.1	34.3	977.21
2013	40.7	43	1056.51
2014	55	57	1036.36
2015	38.7	45.9	1186.05

大豆 有黄、绿、白、黑几种，统称大豆，是离石区（县、市）传统粮食作物，是食物脂肪和蛋白的重要来源。1949 年，离石县大豆播种面积 2727.2 公顷，总产量 2142.15 吨，每公顷产量 785.48 千克。中华人民共和国成立至 1965 年，大豆播种面积均在 2000 公顷以上，占同期粮食作物播种面积的 12.28%。

“文化大革命”时期，片面强调种植高产作物，一段时间大豆播种面积减少，占同期粮食作物播种面积的 7.53%。1967 年，大豆播种面积 1856 公顷，总产量 2063.15 吨，每公顷产量 1111.61 千克，播种面积比 1949 年减少 31.94%，总产比 1949 年减少 3.69%，单产比 1949 年增加 41.52%。

20 世纪 80 年代后，因大豆价格逐步提高，且大豆除直接食用外还可榨油、加工豆腐等，用途较多，离石县大豆种植面积又逐步恢复到 2000 公顷以上。种植的大豆主要以黄豆、白豆为主，随着人民生活水平的提高，营养价值较高的大豆种植面积逐年扩大。1980—2000 年，离石市（县）大豆播种面积平均 2216.34 公顷，占同期粮食作物播种面积的 13.95%。2000 年后，离石市实施小杂粮基地建设。2001—2015 年，离石区（市）大豆播种面积均在 1700 公顷以上，占同期粮食作物播种面积的 19.73%。截至 2015 年底，全区大豆播种面积 2956 公顷，总产量 1572.7 吨，每公顷产量 532.04 千克。

1949—2015 年离石区（县、市）大豆生产情况统计表

表 8-19

年份	播种面积（公顷）	总产量（吨）	每公顷产量（千克）
1949	2727.20	2142.15	785.48
1950	2901.73	2252.55	776.28
1951	2675.00	2129.30	796.00
1952	2631.53	1938.15	736.51

续表 8-19

年份	播种面积（公顷）	总产量（吨）	每公顷产量（千克）
1953	2892.40	2303.90	796.54
1954	2644.20	2054.15	776.85
1955	2745.33	1641.95	598.09
1956	2824.93	2360.65	835.65
1957	2555.20	1335.65	522.72
1958	1967.67	2150.45	1092.89
1959	2119.93	2099.35	990.29
1960	2120.73	1240.50	584.94
1961	2323.33	2243.90	965.81
1962	2662.47	1819.85	683.52
1963	2953.87	3445.90	1166.57
1964	2882.20	3019.45	1047.62
1965	2539.87	1239.40	487.98
1966	1677.73	3132.75	1867.25
1967	1856.00	2063.15	1111.61
1968	2009.33	1331.70	662.76
1969	2227.00	1731.75	777.62
1970	1367.40	2205.95	1613.24
1971	1026.00	1326.95	1293.32
1972	1211.20	899.80	742.90
1973	1017.60	1584.60	1557.19
1974	951.93	1454.90	1528.36
1975	1085.87	2196.05	2022.39
1976	1191.87	1163.05	975.82
1977	1169.40	2666.35	2280.10
1978	902.13	1575.73	1746.67
1979	1200.73	1750.40	1457.78
1980	1422.67	1968.10	1383.39
1981	1724.87	1739.10	1008.25

续表 8-19

年份	播种面积（公顷）	总产量（吨）	每公顷产量（千克）
1982	1978.07	2286.00	1155.67
1983	2018.93	1357.90	672.58
1984	1881.27	1106.45	588.14
1985	2056.66	2167.15	1053.72
1986	2114.13	1965.75	929.81
1987	2631.40	1802.75	685.09
1988	2693.33	3200	1188.12
1989	3046.67	2388	783.81
1990	2413.07	2490	1031.88
1991	2173.33	718	330.37
1992	2501.53	1052	420.54
1993	2724.13	1509	553.94
1994	2715	2903	1069.24
1995	2477	1177	475.17
1996	2107	1745	828.19
1997	2310	982	425.11
1998	3297	1499	454.66
1999	1553	179	115.26
2000	704	326	463.07
2001	1706	502	294.26
2002	2163	1456	673.14
2003	1840	987	536.41
2004	2060	1164	565.05
2005	2221	1192	536.70
2006	2313	1827	789.88
2007	2482	939	378.32
2008	3611	2397	663.81

续表 8-19

年份	播种面积（公顷）	总产量（吨）	每公顷产量（千克）
2009	3479	2687	772.35
2010	3005.5	2728.2	907.74
2011	3561.9	3752.8	1053.59
2012	3424.5	3574.6	1043.83
2013	3261	3220.6	987.61
2014	3155	2800	887.48
2015	2956	1572.7	532.04

马铃薯 俗称山药蛋、山蔓茎、土豆。生育期短，适应性广，耐风、雹、旱、涝等自然灾害，有较强的抵抗能力，适宜在冷凉干燥的气候下生长，是一种粮菜兼用的高产稳产作物，境内人们广泛种植。

1949 年，离石县种植马铃薯 2000 公顷，占粮食作物播种面积的 9.04%，占薯类种植面积的 97.69%；每公顷产量（5 折 1，以粮食计算，下同）1037 千克，总产量 2074 吨。1950—1957 年，马铃薯种植面积占粮食作物播种面积的 8.7%—10.5%，每公顷产量 780—1080 千克。1958—1970 年，马铃薯种植面积占粮食作物播种面积的 5.9%—12.4%，每公顷平均产量 2055 千克。1971—1984 年，马铃薯种植比例上升为 8.5%—20.1%。1985 年，马铃薯种植面积 3248.79 公顷，总产量 8050.3 吨，每公顷产量 2477.94 千克。1990 年，马铃薯种植面积 3053 公顷，每公顷产 2511.63 千克，总产量 7668 吨。

1991—1996 年，马铃薯种植面积占粮食作物播种面积的 18.7%—25.3%，每公顷产量 1050—2445 千克。2007—2009 年，马铃薯种植面积占粮食作物播种面积的比重降到 13.8%—15.5%。2010 年，马铃薯种植 2206.67 公顷，每公顷产量 1523.56 千克，总产量 3362 吨。

截至 2015 年底，离石区马铃薯种植面积 2095 公顷，占粮食作物播种面积的 14.38%，占薯类种植面积的 99.07%；每公顷产量 1163.08 千克，总产量 2436.66 吨。

甘薯 俗称红薯、白薯、地瓜，具有适应性广，耐瘠、抗旱、抗病虫害的特点。不易保存，一直零星种植。1949 年，离石县甘薯种植 47.33 公顷，占薯类种植面积的 2.31%。1978 年，甘薯种植面积 33.13 公顷，占薯类种植面积的 1.38%，总产量 134.09 吨，每公顷产量 4047.39 千克。截至 2015 年底，离石区甘薯种植 19.6 公顷，占薯类种植面积的 0.93%；每公顷产量 708.16 千克，总产量 13.88 吨。甘薯主要在枣林乡、信义镇、西属巴街道种植。

1949—2015年离石区（县、市）薯类生产情况统计表

表 8-20

年份	播种面积（公顷）	总产量（吨）	每公顷产量（千克）
1949	2047.33	2073.85	1012.95
1950	2177.73	2361.75	1084.50
1951	2083.00	1980.60	950.84
1952	1993.53	2145.65	1076.31
1953	2196.87	2317.05	1054.71
1954	2354.47	2448.20	1039.81
1955	2097.00	1934.55	922.53
1956	2079.60	2208.30	1061.89
1957	1887.47	1446.75	766.50
1958	2499.33	2983.00	1193.52
1959	1555.60	1901.65	1222.45
1960	1565.00	1163.50	743.45
1961	1487.53	1730.85	1163.57
1962	1340.67	1187.30	885.60
1963	1582.40	1823.30	1152.24
1964	1441.87	1414.60	981.09
1965	1495.27	1238.80	828.48
1966	1233.93	1671.90	1354.94
1967	1395.33	1699.25	1217.81
1968	1331.40	1505.50	1130.76
1969	1563.93	1752.15	1120.35
1970	1807.00	2280.00	1261.76
1971	1582.13	1918.40	1212.54
1972	1781.00	1985.35	1114.74
1973	1925.07	3184.50	1654.23

续表 8-20

年份	播种面积（公顷）	总产量（吨）	每公顷产量（千克）
1974	2044.33	3789.05	1853.44
1975	2095.07	4123.30	1968.10
1976	2087.53	3568.60	1709.48
1977	2350.27	5081.95	2162.29
1978	2396.20	4539.45	1894.44
1979	2433.27	5024.65	2064.98
1980	2382.40	4749.35	1993.51
1981	2260.27	3969.55	1756.23
1982	2384.07	5079.70	2130.69
1983	2789.47	5077.00	1820.06
1984	3517.80	6997.20	1989.08
1985	3272.52	8110.75	2478.44
1986	3287.13	7418.35	2256.78
1987	3235.33	6073.85	1877.35
1988	3673.33	9205	2505.90
1989	3553.33	8118	2284.62
1990	3117.00	7796	2501.12
1991	2913.33	3055	1048.63
1992	2866.47	5385	1878.62
1993	3033.07	6717	2214.59
1994	2996	8284	2765.02
1995	3361	4594	1366.86
1996	3800	9226	2427.89
1997	3520	4073	1157.10
1998	4184	5127	1225.38
1999	3747	1643	451.83
2000	3839	4507	1174

续表 8-20

年份	播种面积（公顷）	总产量（吨）	每公顷产量（千克）
2001	3264	2164	662.99
2002	4014	6018	1499.25
2003	4090	4022	983.37
2004	3890	5856	1505.4
2005	3217	3327	1034.19
2006	2997	5822	1942.61
2007	2209	1917	867.81
2008	2152	2180	1013.01
2009	2070	2876	1389.37
2010	2219.1	3382.3	1524.18
2011	2346	4222.39	1799.83
2012	2303.5	3625.1	1573.74
2013	2173	3518.1	1619.01
2014	2148	3211	1494.88
2015	2114.6	2450.54	1158.87

注：1998—2002 年数据来源于吕梁市统计资料。

水稻 1958—1980 年，离石小东川种植水稻。1958 年，离山县试种水稻 2.87 公顷，每公顷产量 2282.23 千克，总产量 6.55 吨。1972 年，离石县种水稻 24.4 公顷，每公顷产量 2161.89 千克，总产量 52.75 吨。1980 年，水稻播种面积 4.2 公顷，每公顷产量 3154.76 千克，总产量 13.25 吨。1990 年，水稻播种面积 6.67 公顷，每公顷产量 5997 千克，总产量 40 吨。1993 年，水稻播种面积 10 公顷，每公顷产量 1100 千克，总产量 11 吨。1994 年后，水稻基本停种。

其他 除主要粮食作物外，境内种植的粮食作物有莜麦、糜子（黍子）、荞麦、黑豆、绿豆、红小豆、豌豆、豇豆、蚕豆等。境内山地气候适合杂粮种植，故杂粮种植面积大多数年份占粮食作物播种面积的比例保持在 10%—20%。境内的主要杂粮品种为莜麦。

莜麦（亦称裸燕麦、油麦、玉麦），是境内主要粮食作物之一，其籽粒瘦长，有腹沟，表面生有茸毛，形状为筒形或纺锤形，在禾谷类作物中是营养丰富的粮食作物，莜麦的秸秆和谷壳还是良好的精饲料，饲用价值亦高于其他麦类作物。境内高寒地带种少许秋莜麦

（亦称秋蔽麦），平水地种夏莜麦（亦称夏征麦），收割后种胡萝卜。

1971 年，交口公社种莜麦面积 13.33 公顷。1977 年，全县莜麦播种面积 518.8 公顷，每公顷产量 1213.76 千克，总产量 629.7 吨。因莜麦产量低，20 世纪 80 年代前，境内农民种植莜麦主要为度夏荒，与糠麸相拌吃炒面。80 年代后，莜麦面逐步成为境内的主要辅助食品。1980 年，离石县莜麦播种面积 765.53 公顷，每公顷产量 1299.69 千克，总产量 994.95 吨。1990 年，离石县莜麦播种面积 629.98 公顷，每公顷产量 1051.65 千克，总产量 652 吨。

1997 年，离石市莜麦播种面积 430 公顷，总产量 254 吨，每公顷产量 590.1 千克。

2004 年，离石区莜麦种植面积 209.99 公顷，总产量 87 吨，每公顷产量 414.3 千克。

截至 2015 年底，离石区莜麦种植面积 32.2 公顷，总产量 35.6 吨，每公顷产量 1105.59 千克。

1977—2015 年部分年份离石区（县、市）莜麦生产情况统计表

表 8-21

年份	播种面积（公顷）	总产量（吨）	每公顷产量（千克）
1977	518.80	629.70	1213.76
1978	559.47	791.54	1414.80
1979	756.33	1117.25	1477.19
1980	765.53	994.95	1299.68
1981	778.87	719.70	924.03
1982	935.27	975.15	1042.64
1983	789.87	498.05	630.55
1984	511.47	263.55	515.28
1985	670.65	588.60	877.65
1986	396.47	504.10	1271.48
1987	529.73	444.85	839.76
1988	500.03	472	943.95
1989	786.68	685	870.75
1990	619.98	652	1051.65
1991	60.00	188	3133.35
1992	460.02	254	552.15

续表 8-21

年份	播种面积（公顷）	总产量（吨）	每公顷产量（千克）
1993	520.04	349	671.1
1994	399.98	451	1127.55
1995	329.98	118	357.6
1996	509.97	371	727.5
1997	430.00	254	590.7
1998	659.96	315	477.3
1999	1009.81	211	208.95
2000	769.92	387	502.65
2001	269.93	53	196.35
2002	340.03	203	597
2003	270.03	135	499.95
2004	209.99	87	414.3
2005	144	37	256.94
2006	158	90	569.62
2007	50	29	580.00
2008	156	63	403.85
2009	105	58	552.38
2010	73.7	39	529.17
2013	2	1.1	550.00
2014	2.53	—	—
2015	32.2	35.6	1105.59

经济作物

棉花 在农村自然经济的条件下，农民自种自纺自织，离石区（县、市）历来有种棉花的传统，战争时期，离石县是晋西“纺织老区”之一。民国 29 年（1940），离石县棉花播种面积 66.67 公顷，棉花产量 7.5 吨。民国 30 年，棉花播种面积 281.8 公顷，棉花产量 31.70 吨。民国 31 年，棉花播种面积 2406.67 公顷，棉花产量 270.75 吨。民国 32 年，棉花播种面积 2758 公顷，棉花产量 248.22 吨。民国 33 年，棉花播种面积 1429.67 公顷，棉花产量160.75吨。1949年，离石县棉花播种面积348.2公顷，每公顷产量仅90千克。1950—1958年，棉花播种面积保持在330公顷以上。1959—1971年，棉花播种面积保持在80—246公顷。1971年，棉花播种面积降为80.87公顷，产量为每公顷112.5千克。20世纪80年代，随着商品经济的发展，棉花的用途越来越少，种植面积越来越小，属零星种植。1992年，全县种棉6.67公顷，产棉1吨。1998年，全市种棉14公顷，产棉2吨。

烟草 1949年，离石县种植烟草面积51.13公顷，每公顷产量900千克。1951年，种植烟草69.93公顷，每公顷产量只有150千克。1986年后，停种烟草。

甜菜 1954年，离石县种植甜菜面积88公顷，每公顷产量只有150千克。1957年，种植甜菜20.67公顷，每公顷产量5205千克。1961年，种植甜菜面积13.93公顷，每公顷产量8332.5千克。1962年后，基本停种甜菜。

油料作物 离石区（县、市）种植的油料作物有花生、向日葵、芝麻、蓖麻、油菜籽、黄芥、胡麻等。其中向日葵、蓖麻、胡麻是境内种植的主要油料作物。1949—1984年，离石县除1950年油料作物种植达912公顷外，其他年份均在700公顷以下。1985—2004年，随着市场上油料价格的上升，境内油料作物种植面积扩大，多数年份在1000公顷以上。2005—2015年，因油料作物收获费工费时，吕梁市油厂关停较多，油料价格走低，离石区油料作物种植面积下降，在800公顷以上。

胡麻 1949—1959年，离石（离山）县胡麻种植面积51—61公顷，每公顷产量559.5—727.5千克。1969—1979年，胡麻种植面积降为4—13.6公顷，每公顷产量630—765千克。1985年，胡麻种植面积达1726.67公顷，每公顷产量450千克。1990年，胡麻种植面积降为326.67公顷，每公顷产量645千克。2000年，离石市胡麻种植面积50公顷，每公顷产量240千克。2010年，离石区胡麻种植面积121.9公顷，每公顷产量674.98千克。2015年，离石区胡麻种植面积51.1公顷，每公顷产量536.2千克，总产量27.4吨。

蓖麻 1976年，离石县蓖麻种植面积达120.73公顷，每公顷产量307.5千克。20世纪80年代前，主要在地边种植。80年代后，根据市场需要，成片种植。1985年，离石县蓖麻种植面积达1040公顷，每公顷产量420千克。1990年，离石县蓖麻种植面积320公顷，每公顷产量1215千克。2000年，离石市蓖麻种植面积430公顷，每公顷产量540千克。2010年，离石区蓖麻种植面积387.5公顷，每公顷产量630.19千克。

向日葵 1979年，离石县向日葵播种面积仅0.4公顷。20世纪80年代后，逐步由庭院种植发展到成片种植。1985年，离石县向日葵种植960公顷，每公顷产量1020千克。1990年，离石县向日葵种植1006.67公顷，每公顷产量1275千克。2000年，离石市向日葵种植1730公顷，每公顷产量383千克。2010年，离石区向日葵种植404.6公顷，每公顷产量523.21千克。截至2015年底，离石区向日葵种植面积169.6公顷，每公顷产量591.98千克，总产量100.4吨。

1949—2015 年离石区（县、市）油料生产情况统计表

表 8-22

年份	播种面积（公顷）	总产量（吨）	每公顷产量（千克）
1949	653.20	212.05	324.63
1950	912.00	233.05	255.54
1951	637.67	189.60	297.33
1952	654.53	226.90	346.66
1953	620.13	197.00	317.67
1954	522.73	148.80	284.66
1955	558.87	179.80	321.72
1956	611.13	210.30	344.11
1957	574.60	150.50	261.92
1958	636.27	234.05	367.85
1959	665.33	199.50	299.85
1960	592.87	111.05	187.31
1961	588.07	158.50	269.53
1962	472.67	99.15	209.77
1963	136.53	201.80	1478.03
1964	653.60	207.00	316.71
1965	619.20	165.70	267.60
1966	489.73	250.85	512.22
1967	407.00	123.50	303.44
1968	380.13	300.10	789.46
1969	419.40	193.10	460.42
1970	445.87	227.35	509.91
1971	415.67	157.10	377.95
1972	291.53	57.70	197.92
1973	347.67	150.80	433.75

续表 8-22

年份	播种面积（公顷）	总产量（吨）	每公顷产量（千克）
1974	386.73	127.50	329.68
1975	565.53	345.65	611.19
1976	521.67	181.75	348.40
1977	533.53	320.75	601.18
1978	397.33	157.05	395.26
1979	420.33	265.95	632.71
1980	689.00	555.05	805.59
1981	524.93	567.55	1081.18
1982	628.53	867.15	1379.64
1983	598.87	495.30	827.06
1984	1101.87	869.35	788.98
1985	4069.74	2380.70	584.98
1986	2766.80	2281.65	824.65
1987	2227.67	1630.85	732.09
1988	2286.67	2064	902.62
1989	1426.67	1293	906.31
1990	1924.47	2191	1138.50
1991	2300.00	1262	548.70
1992	2365.20	1295	547.52
1993	2187.60	1497	684.31
1994	2434	2472	1015.61
1995	2520	876	347.62
1996	2014	1625	806.85
1997	1970	660	335.03
1998	3349	1093	326.37
1999	1923	328	170.57
2000	2672	1037	388.10

续表 8-22

年份	播种面积（公顷）	总产量（吨）	每公顷产量（千克）
2001	1647	459	278.69
2002	2145	1318	614.45
2003	1960	760	387.76
2004	1860	710	381.72
2005	1870	692	370.05
2006	1688	1357	803.91
2007	1465	591	403.41
2008	1164	603	518.04
2009	1082	752	695.01
2010	1198.5	688.5	574.47
2011	1068	775.8	726.40
2012	1075	710.67	661.09
2013	1108.1	891.4	804.44
2014	803.9	643.2	800.10
2015	716	357.2	498.88

麻类作物 境内种植的麻类作物主要是大麻（线麻），用于制造纺织品、绳索等。1949—1968 年，离石县多数年份麻类作物种植面积在 26.67—53.33 公顷。随着纺织品品种的丰富，麻类纺织品逐渐减少，麻类作物的种植面积也逐步减少。1969 年开始，离石县麻类作物种植面积在 14.67 公顷以下，1980 年后，境内已无人种植麻类作物。

蔬菜 离石区（县 市）种植的蔬菜类型有叶菜类、块茎类、根茎类、茄果类、瓜类等。叶菜类有茴子白、菜花、菠菜、油菜、芹菜、韭菜、白菜、香菜等；块茎类有马铃薯、甘薯等；茄果类有茄子、西红柿，辣椒等；根茎类有白萝卜、胡萝卜、水萝卜、芥菜等；瓜类有南瓜、西葫芦、黄瓜、冬瓜等。境内气候温和，四季分明，光热资源丰富，适于多种蔬菜生长。因水源条件较差，1949 年后，历年蔬菜种植面积只占农作物总播种面积的 4% 左右。1949—1977 年，离石县蔬菜平均每公顷产量为 11010.65 千克。中共十一届三中全会后，离石县蔬菜生产进入新的发展阶段，农户蔬菜种植主要为自给自足，面积稳中有升。随化肥增施，优良品种引进等，蔬菜产量增加。1978—1994 年，离石县蔬菜平均每公顷产量为16783.91千克。

20世纪90年代,市场对蔬菜发展的导向作用明显。特别是"九五"期间(1996—2000年),离石市(县)蔬菜生产全面进入调整结构、提高效益时期,蔬菜作为短平快产业得到快速发展。栽培技术进一步完善,日光温室开始起步。1994年,离石县发展日光温室4公顷、中小拱棚13.33公顷,地膜覆盖蔬菜100公顷,在信义镇发展无公害蔬菜33.33公顷。

2000年,离石市建成城关区、信义区、西属巴区3个蔬菜生产基地,面积达1000公顷。建成日光温室660个,其中,"四位一体"温室("四位一体"温室是依据生态学、经济学、系统工程学原理,以土地资源为基础,以太阳能为动力,以沼气为纽带,集种植、养殖、集雨、沼气于一体,综合利用沼渣、沼液用作肥料生产无公害蔬菜,沼气用于做饭、照明、补光、增温及提高二氧化碳浓度,通过棚面集雨、旱井集水、水肥一体化滴灌等技术充分利用水资源,使之产生最大经济效益的新型温室生产模式)96个,全自动控制的连栋温室1座,标准化第三代日光温室400栋,蔬菜年产量1078万千克,其中反季节蔬菜165万千克。同年,全市蔬菜种植面积868公顷,每公顷产量12428.57千克,总产量10788吨。2000年后,离石区(市)蔬菜生产逐步形成区域化种植,规模化生产、产业化开发的产业化经营格局。2002年,交口镇乔家塔村无公害蔬菜生产基地建成,当年发展无公害蔬菜20公顷。

2005年,离石区在巩固完善凤山街道南关村、西属巴街道上安村、信义镇严村蔬菜基地的基础上,发展无公害蔬菜333公顷,其中日光节能温室116公顷。2007年,全区日光温室193栋,年生产蔬菜3104吨,其中信义镇严村种植蔬菜13.33公顷,日光温室150栋,年生产蔬菜600吨,主要品种有黄瓜、西红柿、茄子、西葫芦、油菜、芹菜等;上安村蔬菜日光温室53栋,蔬菜产量212吨。2008年,离石区政府出台《离石区蔬菜种植补贴的实施意见》。规定:对离石区集中连片达到100亩以上的菜农和温室大棚进行补贴,山地大田菜补200元/年·亩,水地大田菜补300元/年·亩,温室蔬菜(0.5亩为一棚)补1000元/年·棚;大棚蔬菜种植户承诺在5年内只种蔬菜的前提下,对大棚进行恢复生产性整修,给予一次性补助2000元/棚;新建蔬菜大棚一次性补助3000元/棚,以后每年补助1000元/棚。同时出台《离石区发展蔬菜生产的实施意见》,提出离石区蔬菜发展目标。当年吴城镇以上王营庄村为中心建日光温室100栋,移动大棚100棚,种植露地蔬菜66.67公顷。信义镇以严村为中心,翻修改造日光温室120栋,建设移动大棚100棚,种植露地蔬菜33.33公顷。西属巴以上安村为主,建成日光温室蔬菜138栋,种植露地蔬菜120公顷。枣林乡建设移动大棚20棚,种植露地蔬菜66.67公顷。坪头乡种植露地蔬菜80公顷。同年,离石区补贴蔬菜种植户72户、大棚112个(121亩),共补资金11.2万元。2009年,离石区编制《离石区农业科技综合示范园区建设规划》,提出用3年时间建设日光温室36.67公顷,连栋温室0.67公顷,露地蔬菜139.33公顷。当年建成蔬菜移动大棚3.73公顷、日光节能温室50栋和连栋温室2个(总面积6000平方米)。2010年,信义镇、吴城镇、西属巴街道和交口街道建成设施蔬菜大棚732棚。其中，日光温室大棚632棚，移动大棚100棚。2011年，离石区投资3400万元建设设施蔬菜园区，发展设施蔬菜55.33公顷。依托永盛农业示范园在上王营庄和信义镇小神头村打造蔬菜标准园2个。同年，区蔬菜协会成立，出台蔬菜品种的标准化生产技术规程11个。信义镇以严村为中心的无公害蔬菜基地内西红柿、黄瓜等5种蔬菜取得农业部颁发的无公害产品认证。永盛农业示范园区采用集约化穴盘育苗技术，统一育苗供苗300余万株。

2013年，离石区解决部分设施蔬菜空棚问题，区政府免费向菜农供应由吴城镇永盛农业园区培育的蔬菜秧苗，按照"谁种补谁"的原则向菜农资金补贴，温室一年补两茬，每亩补贴2000元（其中春茬1000元、越冬茬1000元），大棚每亩补贴1000元。区农行、信用社、邮政储蓄银行以实物担保、协会担保、菜农联保等方式向菜农提供每亩3万元的支农贷款，解决菜农购买棚膜、肥药等的资金困难。区政府出台优惠政策鼓励美特好、开新宇等超市与小神头、王营庄等村蔬菜合作社签订蔬菜销售协议。截至2015年底，全区蔬菜种植面积317.07公顷，总产量2957.8吨，每公顷产量9328.54千克，人均蔬菜占有量10.55千克，每公顷纯收入达到25031.7元；设施蔬菜种植面积38.1公顷，总产量489.5吨，每公顷产量12847.77千克。同年，全区设施蔬菜设施有509个，占地面积74.7公顷，实际使用面积49.4公顷。其中，连栋温室2个，占地面积2.7公顷，实际使用面积2.5公顷；日光温室237个，占地面积34.1公顷，实际使用面积15.7公顷；大棚175个，占地面积32.1公顷，实际使用面积25.4公顷；中小棚95个，占地面积5.8公顷，实际使用面积5.8公顷。

1949—2015年离石区（县、市）蔬菜生产情况统计表

表8-23

年份	播种面积（公顷）	总产量（吨）	每公顷产量（千克）
1949	654.40	7209.50	11016.96
1950	778.20	3822.80	4912.36
1951	544.33	4734.15	8697.15
1952	716.60	6410.65	8945.93
1953	624.00	6460.05	10352.64
1954	602.13	4392.15	7294.31
1955	697.00	4383.80	6289.53
1956	704.93	4116.45	5839.49
1957	724.80	3935.15	5429.29

续表 8-23

年份	播种面积（公顷）	总产量（吨）	每公顷产量（千克）
1958	516.20	4664.45	9036.13
1959	436.87	3323.45	7607.47
1960	550.93	7241.50	13144.06
1961	475.93	3878.75	8149.78
1962	381.20	3915.65	10271.90
1963	446.73	4771.40	10680.64
1964	431.00	8308.55	19277.38
1965	402.80	3852.30	9563.80
1966	264.33	3857.30	14592.56
1967	261.20	4254.15	16286.94
1968	383.47	5115.05	13338.97
1969	412.73	4240.55	10274.31
1970	454.27	7512.00	16536.54
1971	513.33	7247.80	14119.09
1972	659.87	6150.75	9321.20
1973	548.40	7387.35	13470.73
1974	549.07	8616.85	15693.63
1975	554.40	9373.45	16907.38
1976	604.13	5324.00	8812.62
1977	564.73	7593.45	13446.08
1978	490.00	9747.45	19892.76
1979	448.33	7234.40	16136.21
1980	379.13	6555.00	17289.43
1981	375.67	3946.90	10506.39
1982	455.00	8266.10	18167.25
1983	494.07	7986.40	16164.62
1984	568.53	8430.80	14829.03
1985	756.45	11499.50	15201.86
1986	774.80	13451.00	17360.61

续表 8-23

年份	播种面积（公顷）	总产量（吨）	每公顷产量（千克）
1987	655.80	10916.88	16646.66
1988	620.00	12790	20629.03
1989	633.33	10728	16939.04
1990	508.60	11358	22331.89
1991	536.60	6585	12271.71
1992	557.07	7677	13781.03
1993	606.27	11008	18156.93
1994	680	12935	19022.06
1995	786	10249	13039.44
1996	729	30649	42042.52
1997	740	7569	10228.38
1998	1029	9628	9356.66
1999	871	6983	8017.22
2000	868	10788	12428.57
2001	591	6666	11279.19
2002	568	8115	14286.97
2003	710	8448	11898.59
2004	560	6927	12369.64
2005	473	4669	9871.04
2006	414	3741	9036.23
2007	309	2962	9585.76
2008	370	3162	8545.95
2009	315	3534	11219.05
2010	387.3	3203.2	8270.59
2011	367.3	4703.3	12805.06
2012	333.06	3653.7	10970.10
2013	352.8	5068.8	14367.35
2014	471.5	6443	13664.90
2015	317.07	2957.8	9328.54

2015年离石区蔬菜主要品种生产情况统计表

表 8-24

主要品种	播种面积（公顷）	总产量（吨）	每公顷产量（千克）
大白菜	32.6	337.6	10355.83
茴子白	10	92.8	9280.00
白萝卜	14.7	81.5	5544.22
胡萝卜	74.2	453.2	6107.82
黄瓜	4.7	83.5	17765.96
南瓜	21	76.2	3628.57
西葫芦	27.7	317	11444.04
四季豆	28.4	98.7	3475.35
茄子	4.7	24.9	5297.87
辣椒	11.1	22.6	2036.04
西红柿	65.3	773.6	11846.86
大葱	13.4	200.2	14940.30

果用瓜 主要种植的瓜类品种有西瓜和甜瓜。因境内水源条件较差，瓜类在境内属零星种植，主要分布在沿川地区，其中，西属巴一带种植最多。1976年，离石县瓜类种植面积52.87公顷，总产量329.95吨，每公顷产量6240.78千克。20世纪80年代，随着商品经济的发展，瓜类播种面积迅速扩大。1985年，瓜类种植面积112.61公顷，总产量1969.4吨，每公顷产量17488.68千克。1990年，瓜类种植面积66.67公顷，总产量1176吨，每公顷产量17639.12千克。2000年，离石市瓜类种植面积100公顷，总产量661吨，每公顷产量6610千克。其中，西瓜种植60公顷，每公顷产量6550千克；甜瓜种植40公顷，每公顷产量6700千克。2010年，离石区瓜类种植面积65公顷，总产量934.84吨，每公顷产量6610千克。其中，西瓜种植44.6公顷，每公顷产量8001千克；甜瓜种植20.4公顷，每公顷产量5420.35千克。截至2015年底，瓜类种植面积36.7公顷，总产量261.2吨，每公顷产量7117.17千克。其中，西瓜种植28.7公顷，每公顷产量7083.62千克；甜瓜种植6.5公顷，每公顷产量7630.77千克。

食用菌 2011年，离石区发展食用菌棚10栋。2013年，全区7个乡镇（街道）、14个行政村、312户农民发展食用菌专业合作社8个，种植食用菌128.09万棒（其中，试验示范椴木栽培香菇、木耳1万平方米）。其中，窑洞食用菌1116孔、88万棒；大棚食用菌

20栋、40.09万棒，当年出菇40余万千克，收入200万元。2014年，全区12个乡镇（街道）、45个行政村、327户农民中种植食用菌。截至2015年底，种植食用菌150万棒，其中，公司和合作社种植130万棒、农民散户种植20万棒。总产量187.5万千克。其中，平菇130万棒，产量162.5万千克；香菇15万棒，产量15万千克。同年，北虫草等其他品种产量达10万千克。

第四节 耕作制度

传统耕作法

大秋—大秋，一年一熟制。该种耕作方法在离石县最为普遍，有很长的历史源流，作物配置因地区不同而异。低海拔地区作物以玉米、高粱为主，其形式为：玉米间作马铃薯或大豆—高粱、玉米—谷子、高粱—谷子。中海拔地区谷子播种面积最大，形成以谷子为中心的轮作制。豆类、马铃薯、秋杂粮、油料—谷子；还有豆类—秋杂粮。高海拔地区主要作物为马铃薯，形成以马铃薯为中心的轮作制。莜麦、豌豆、油料、秋杂粮、谷子—马铃薯；以及豌豆—谷子；莜麦—谷子或秋杂粮等。

小麦连作制。坡地种麦、长期连茬。

大秋—小麦—小秋二年三熟制。该种制度主要分布在河谷地区及西部海拔较低的丘陵地区。大秋作物主要是玉米，小秋作物有夏谷、荞麦、糜黍等。

间作套种法

小麦、玉米套种二种二收制。1975年后，该种制度发展起来，分布在离石城附近的河谷川地，实行2米一带，小麦、玉米4∶2种植。这种种植制度，便于光、热、水、土等资源得到充分利用，一般每亩可收获小麦200—300千克，玉米250—450千克。

黑豆、高粱二种二收制。该种制度主要推广于梯田或坡地上，黑豆、高粱4∶2或6∶2种植，一般每亩可收获黑豆60—75千克，高粱100—150千克。

大豆、向日葵二种二收制。这一种轮作制主要适用于旱地里，2.33米一带，大豆、葵花4∶2或6∶2种植，一般每亩可收获大豆75—100千克，葵花100—150千克。

西瓜、大蒜、西红柿、马铃薯四种四收制。该种轮作制度适用于离石城附近高水肥土地上，1.33米一带，先靠畦塄种西瓜一行，株距50厘米，亩栽1050株，畦塄上种大蒜，13.33厘米一株，亩栽4000株，到6月上旬，又将西红柿幼苗定植于西瓜行间、马铃薯种植于畦中央、每畦两行。实行主体种植，一般每亩可收获西瓜5000千克左右，大蒜4000头，西红柿2000—2500千克，马铃薯500千克，亩总收入可达1800—2000元。

丰产沟耕作法

20世纪80年代，省水保所高级工程师史观义总结离石农民在创造“坑田”和“沟垄种植”

的基础上，研究出“旱农蓄水聚肥改土耕作法”（又名抗旱丰产沟）。主要为一垄沟种植法，即把薯类等块根块茎作物种在垄背，把蔬菜、谷物等作物种在沟里，理论上垄背作物既可防涝又有利于块根块茎发育膨大，垄沟作物借墒播种，便于发芽出苗且可大量蓄积雨水，提高水肥利用效率。二水平沟耕作法，即在坡面耕地上沿水平等高线开沟进行作物生产，使坡面耕地形成等高水平沟，通过在沟内培肥改土、保蓄雨水、播种作物实现旱作高产。该耕作法推广后，无论在旱垣梯田，还是在山坡陡地；无论是降水丰年，还是严重干旱，无一不获得显著增产，其增产幅度在40%到一倍，有的亩产千斤以上，并做到种地养地结合，获得持续高产，是山地、旱地蓄水、改土、迅速提高地力和农业产量的一项有效耕作措施。其耕作方法简便易行，完成一亩需人工10个。1991年，离石县进行丰产沟开发66.67公顷。1995年，县农业局配合史观义在结绳墕乡进行丰产沟模式化栽培4.1公顷，丰产沟模式化栽培的农作物产量与普通田农作物产量比，玉米增产4.4倍，高粱增产4倍，马铃薯增产1.7倍。

旱作农业法

该法是指在没有浇水条件的旱地里，通过耕作、管理等一系列措施，“蓄住天上水，保住地下墒”，使作物稳产和丰收。

秋深耕和春季三墒整地 春季要在土地刚解冻时就进行耙耱保墒，土地完全解冻，即抓紧春耕，春耕要早要浅，以利踏墒，耕后要多耙耱，把土块打碎，特别要做到雨后耙耱，下一次雨耙耱一次，播种前后要镇压提墒，主要能做到这几点可保一春无雨捉全苗。在坡地里挖丰产沟或实行垄作，蓄夏季降雨不使流失，变三跑田为三保田。秋收后要深耕土地、深度23.33—26.67厘米，耕后要及时耙耱平整。

选用抗旱品种 如谷子品种晋谷1号、晋汾7号，大豆品种汾豆16号、沈农25104，高粱品种晋杂5号，玉米品种丹玉6号，马铃薯品种紫花白等。

四早管理 早间苗、早追肥、早松土锄草、早防治病虫等。科学施肥、培肥地力：要做到农家肥为主、化肥为辅，互相结合；施肥要做到氮磷配合、不可重氮轻磷，提倡每亩要施入30担农家肥，氮磷化肥各30千克。

地膜覆盖 地膜覆盖可增温保墒，提高产量。20世纪90年代后，农业科技发展进步，旱作节水农业技术主要将农艺措施、生物技术、田间工程、节水设备、科学管理、化学调控等相关技术融合集成，形成一套比较完善的旱作农业综合技术。

第五节 新技术推广

合理密植

中华人民共和国成立前，境内农作物种植有稀植习惯，农民认为稀植长大穗。中华人民共和国成立后，逐步实行合理密植。在保证通风透光的前提下，农作物种植密度普遍提高2倍左右。实践证明，合理密植可发挥群体结构效益，提高粮棉产量。20世纪50年代，境内每亩小麦下种量仅3.5—4千克，每亩玉米留苗量为1000—1200株，每亩高粱为2500—3000株，谷子为7000—9000株。80年代，每亩小麦下种量8—11千克，每亩玉米留苗量为2500—3000株，每亩高粱为7000—8000株，谷子为8000—15000株。90年代中期后，普通地每亩玉米留苗量3500株，高水肥地达4000株以上，谷子为20000—25000株，马铃薯为3500—4000株。

科学施肥

几千年来，广大农民种田以施用农家肥为主。农家肥包括人粪尿、厩肥、堆肥、土杂肥、饼粕以及腐殖酸类肥料。20世纪50年代起，境内农民种田开始试用化肥，主要以硫酸铵等含氮化肥为主，俗称“肥田粉”。70年代，化肥在农业生产中被广泛使用。1976年，离石县化肥施用量3603吨，其中磷肥442吨、腐殖酸肥1442吨。80年代后期，开始推广平衡施肥、配方施肥，主要用农家肥、磷肥、氮肥三肥配合施用。1986年，离石县化肥施用量5644吨，其中氮肥5154吨、磷肥365吨、钾肥55吨、复合肥70吨。

20世纪90年代后，离石县推广测土配方技术，开始使用配方肥，主要有史丹利复合肥17-17-17、硝酸磷肥、氮磷复合肥、氮磷钾复合肥、有机无机复混肥等。1994年，离石县施用氮、磷肥配合的面积6667公顷。1996年，化肥施用量11713吨，其中氮肥8219吨、磷肥2067吨、钾肥191吨、复合肥1236吨。同年，为抗旱喷施“旱地龙”“惠满丰”“植物动力2003”等叶面肥面积达8000公顷。2002年，离石市开始施用微肥，主要推广通丰20有机络合液肥，当年使用面积333公顷，通过对比每亩增产15%。2006年，离石区化肥施用量9632吨，其中氮肥5804吨、磷肥1858吨、复合肥1970吨。2015年，离石区化肥施用量7798吨，其中氮肥3548吨、磷肥872吨、钾肥191吨、复合肥3187吨。

“两杂”推广

高粱因中和碱性，抗旱、抗涝、耐碱性能强，所以为境内的主要种植作物。20世纪50年代至60年代，因品种退化，产量一直很低。1971年秋至1973年春，离石县农林局种子站组织县局及部分公社农民技术员组成11—12人的育种队去海南岛自繁自育杂交高粱两次。到海南培种主要是利用海南和离石的气候差进行。11月，到海南育种，配好的高粱种子至次年5月左右运回离石，正好赶上境内下种。1971年秋至1972年春、1972年秋至1973年春，分别由武克功、张钦带队，组织育种队两次去海南岛育种。离石县培养的主要品种为晋杂5号亲本，吕梁其他县自繁自育杂交玉米。育种队在乐东县利国公社秦标大队包租土地，用当地生产队的劳力及生产工具进行耕种、收获，按收获产量计酬，报酬主要由国家根据其地水稻产量3年平均数免除对该地水稻调拨、征购指标。育种队主要根据吕梁地区农业部门技术方案负责对生产队进行技术指导，并对高粱生长情况作记录工作。育种队为全县提供种子1万千克。海南岛自繁自育杂交种后，离石县好地每公顷高粱产量由过去的1264.5千克基本稳定在每公顷1700千克以上。1973年，全县高粱播种面积5529.87公顷，达到最高峰。两杂（高粱、玉米）的推广，将离石县粮食生产推向一个新的阶段。

地膜覆盖

20世纪80年代后期，离石县引进地膜覆盖技术，该技术能使农作物生长季节增加有效积温200℃—300℃，生育期延长5—15天，克服境内山区热量不足、积温不够和少雨干旱等农业不利因素。最初主要在瓜菜、棉花地里进行，以后逐步推广到高粱、玉米等作物。1991年，离石县地膜覆盖农作物面积达1133公顷，使用地膜22吨。1996年，离石市在王营庄乡召开地膜覆盖现场会，推广地膜覆盖农作物面积达2333公顷。1998年，离石市人民政府《关于大力推广地膜覆盖的实施意见》出台，主要由地膜覆盖玉米推广到谷子、马铃薯等多种作物，由水地向山地推广。共推广地膜覆盖农作物面积达4767公顷，其中，粮食覆盖面积3433公顷。2000年，全市推广地膜覆盖农作物面积达3867公顷，使用地膜66吨。截至2015年底，全区推广地膜覆盖农作物面积达710.93公顷，使用地膜36.19吨。

包衣种子

种子研发部门为防治地下病虫害并帮助苗期健康生长，对农作物种子进行外层药物包裹处理。1991年，离石县推广包衣种子5.25万千克。2000年后，先玉335的包衣药物成分为满适金、帅苗、立克秀、精甲霜灵、咯菌腈、氯氰菊酯、戊唑醇，为环保性包衣，下种20天后药物会失效。

精量播种

即玉米播种时，一穴只种一粒种子，每亩用种子约1千克，节省种子2/3。省去人工间苗，解决因间苗伤根而得病概率提高。离石区于2008年推广单粒播种机，使境内广大农民从繁重的田间劳作中解放出来。

使用优种

1991年，离石县推广优良种子播种10267公顷，推广马铃薯脱毒种薯种植667公顷。2000年，离石市播种使用优种13333公顷。截至2015年底，境内农民播种使用优种率达95%，其中玉米、谷子使用优种率达100%。

测土配方施肥

1991年，离石县使用配方施肥1万公顷。2000年，离石市实施测土配方施肥1333公顷。2008年，离石区推广测土配方施肥1333公顷。

2009—2011年，离石区投资125.4万元实施测土配方施肥项目，通过对实施地点野外调查、土壤测试、田间试验、配方设计、配肥加工、示范推广、建立数据库、耕地地力评价、效果评价、技术研究和开发等过程，为农民提供“测土、配方、配肥、供肥、施肥”一条龙服务，指导农民合理施肥。3年共采集122个行政村的土壤样品3300个进行有机质和大量元素测试，测试中微量元素土壤样品1240个。设立田间肥效试验点10个，设立配方校正试验点 10 个。建立离石区施肥指标体系及数据库。对测试数据和田间试验结果进行综合分析，划分施肥类型区，审核测土施肥的有关参数，确定氮、五氧化二磷、氧化钾的含量和比例，建立施肥模型，制定不同区域的肥料配方。提出不同分区的施肥配方，其中玉米主体配方 4 个，分别为：产量水平 600 千克 / 亩以上，氮、五氧化二磷、氧化钾比例为 18∶12∶4 千克 / 亩；产量水平 500∶600 千克 / 亩，氮、五氧化二磷、氧化钾比例为 16∶12∶2 千克 / 亩；产量水平 400—500 千克 / 亩，氮、五氧化二磷、氧化钾比例为 12∶6∶0 千克 / 亩；产量水平 400 千克 / 亩以下的，氮、五氧化二磷、氧化钾比例为 8∶6∶0 千克 / 亩。编制发放配方施肥建议卡 3 万份。通过项目实施，2009—2011 年，测土配方施肥面积达到 2 万公顷，项目实施区平均增产 375 千克 / 公顷，节肥 18 千克 / 公顷（纯养分），平均每公顷节本增效 840 元。2011 年，全区推广“晨雨牌”配方肥 100 余吨，施用面积 6667 公顷，全年共施用配方肥面积达 10667 公顷。

2012 年，共采集土样 800 个，化验 6400 项次。布置完成玉米“3414”试验 10 个、校正试验各 10 个。完成测土配方施肥推广 6667 公顷，制定执行主要作物配方 7 个，施用配方肥 200 吨，面积 3333 公顷。建立村级示范方 20 个，示范面积达到 1333 公顷。项目实施后，玉米每公顷均增产 810 千克，增幅 12.4%，每公顷减少不合理施肥 14.25 千克（纯养分含量），每公顷均增产节支 1341 元。

少耕穴灌聚肥节水技术

2007 年，离石区开始推广该项技术。通过配置集开穴、灌水、施肥、播种、覆膜为一体的多功能农用机具，将少耕免耕、农田节水、科学施肥、地膜覆盖技术集于一体，增强幼苗抗逆性，避免旱、寒等不利因素，达到提高旱地农作物产量的目的。其技术要点：去年秋收后，留茬原地，不进行耕作处理。当年春播前沿种植带集中施用有机肥、化肥，并用施耕机沿种植带旋耕，把化肥和有机肥翻入土地中，以减少耕翻面积和松散表面裸露面积，防止土壤风蚀。播种时用穴灌覆膜播种机机械作业，播种、穴灌、覆膜一次完成，灌水 22.5 吨 / 公顷左右；田间管理时根据杂草生无情况，喷施除草剂或人工除草，并在苗期喷施叶面肥。该项技术适宜于玉米、西瓜、南瓜等稀植作物。

穴盘育苗法

2010 年，离石区农业部门通过泥炭育苗、穴盘育苗、床畦育苗几种不同的方法做试验，结果显示穴盘育苗法育出来的苗壮、苗肥，共育苗 3 万株，成活率达 99%，无病虫害发生。该项技术试验成功后解决传统育苗中病虫草难以控制困扰蔬菜生产的难题。当年在永盛农业示范园育苗 160 万株，为全区蔬菜种植户无偿提供优质菜苗。2011 年，由永盛农业示范园区采用集约化穴盘育苗技术，统一育苗供苗 300 余万株。

马铃薯大垄栽培

2011 年，离石区农业部门开始推广马铃薯大垄栽培，其特点是：增加薯田的通风透光率，增加马铃薯植株的光合作用的面积，同时大垄还能保墒，降低结薯部位的温度，增加结薯空间，能结大薯，多结薯，使薯田产量提高 25% 以上。

附：离石永盛农业科技园区隶属吕梁永宁煤焦集团有限责任公司。2009 年，吕梁永宁煤焦集团有限责任公司在吴城镇上王营庄村投资 1000 余万元建设占地 2.67 公顷的永盛农业科技园区。该园与北京农大及其他科研院所联姻，进行科学规划，聘请知名专家及相关专家和技术人员进行服务指导，建成集蔬菜引种、试验、示范、育苗、培训、技术服务、科研为一体的苗木繁育基地。2010 年，育成各种蔬菜苗 60 万株，全部无偿提供给离石区蔬菜种植户，为菜农节省投资 42 万元。2011 年，园区由育苗区、试验推广种植区和示范区 3 大功能区域构成工厂化育苗基地，共有连栋温室 2 座，日光温室 2 栋，年育苗能力达 651 万株，可供 1252 栋（亩）日光温室（塑料大棚）栽种。按园区的供苗模式，每户农民经营 1 栋日光温室年需蔬菜苗 5200 株，前三年种植年可节约菜苗投入 3640 元，人均年增加纯收入 910 元。

第六节　作物保护

作物病虫害

病害　禾谷类作物病害主要有小麦锈病（包括条锈、叶锈、秆锈）、小麦黑穗病、小麦秆黑病、小麦黄矮病、小麦丛矮病；玉米黑斑病、玉米黑穗病、镰刀菌茎腐病、粗缩病、矮花疫病、黑粉病、瘤黑粉病；谷子黑穗病、谷子白焦虫病、谷子白发病、高粱黑穗病等。

豆类作物的病害主要是花叶病。

薯类作物中的病害主要有红薯黑斑病、马铃薯晚疫病、马铃薯环腐病、马铃薯花叶病、马铃薯卷叶病。

蔬菜病害有十字花科霜霉病、十字花科菌核病、白菜病毒病、十字花科软腐病、十字花科黑腐病；黄瓜霜霉病、黄瓜枯萎病、黄瓜花叶病；瓜类白粉病、瓜类炭疽病；辣椒炭疽病等。

虫害　以昆虫害为主。主要虫害有蛴螬、蝼蛄、红蜘蛛、麦圆蜘蛛、麦长腿蜘蛛、双斑萤叶甲、金针虫、灰飞、玉米螟、粟灰螟、地老虎、粉蝶、菜青虫、蚜虫、黏虫、小菜蛾、菜粉蝶、蝗虫、菜螟、谷子钻心虫、二十八星瓢虫、蛴根蛴象、美洲斑潜蝇等。

鼠害

离石区（县、市）农田害鼠发生种类多，面积广，危害重。特别是乌尔黄鼠和中华鼢鼠，危害较大。20 世纪 90 年代调查，离石县啮齿动物有 2 目 4 科 13 种。平川水地区域：主要包括城关、交口、田家会 3 个乡镇，地势较平坦，区内主要渠道上有少量棕色田鼠、黑线姬鼠发生，危害损失在防治标准以下。旱垣区域：主要包括西属巴、信义、王家沟3个乡镇，土地集中，沟垣相间，区内主要乌尔黄鼠发生严重，局部村地坝有棕色田鼠、大仓鼠为害。丘陵区域：主要包括小神头、吴城、阳坡、王营庄4个乡镇，地形复杂、沟壑纵横，土地瘠薄，区内以中华鼢鼠发生严重，有少数子午沙土鼠。山地区域：主要包括坪头、结绳堝、红眼川、枣林、枣塬5个乡镇，沟梁纵横，地貌复杂，区内中华鼢鼠发生严重，为主要防治对象，尚有部分岩松鼠、花鼠、达乌尔鼠兔、棕背鼠平、大林姬鼠等发生。城乡郊区：主要有褐家鼠、小家鼠，平常在室内活动，暖季到农田危害。1993年，全县农、林、牧地鼠害发生面积30667公顷，存鼠量约65.31万只；室内存鼠约60.05万只。年损失粮食1万余吨。

病虫害防治

化学防治　使用化学药剂杀灭害虫。

20世纪50年代，离石县多用砒霜、王铜、硫酸铜、赛力散等农药防治病虫害。60年代，使用六六六、滴滴涕、1.5%甲基1605粉、40%3911粉以及多种比例的敌百虫、磷化辛、敌敌畏、赛力散等。70年代，使用7.2%六六六烟雾炮、1%乙基1605粉、西西西401、40%乐果乳油、20%乐果粉等。1983年，国务院颁发停止使用六六六、滴滴涕等有机氯农药的决定后，全县主要使用多种菊酯类农药、氧化乐果、久效磷等高效、低毒、低残留品种防治病虫害。

20世纪80年代，离石县一般每年防治面积约为13300公顷。地下虫主要有蛴螬、蝼蛄、金针虫、小地老虎等，防治以撒施毒谷、毒土药剂拌种等为主，面积约为1万公顷。马铃薯二十八星瓢虫的防治面积约2660公顷，以田间喷撒化学药剂为主。谷子钻心虫的防治面积约2660公顷，以间垄撒毒土为主。高粱丝黑穗病的防治面积约2000公顷，以药剂拌种为主。经济作物的病虫害防治对象主要有菜青虫、蚜虫、番茄病毒病、黄瓜霜霉病、西瓜枯萎病、大白菜软腐病、棉红蜘蛛等，防治面积667公顷。1985年，离石县防治病虫害共使用化学农药14吨。1991年，防治面积为8667公顷。1995年，全县防治面积15233公顷，其中，防治地下虫害6933公顷，禾谷类黑穗病1000公顷，谷子虫害1333公顷，马铃薯二十八星瓢虫2867公顷，高粱蚜虫1000公顷，玉米、蔬菜棉铃虫2000公顷，瓜类病虫害100公顷。

1998年，离石市农业部门在城关镇、信义镇调查发现，美洲斑潜蝇在黄瓜、西葫芦、南瓜上大面积发生，市农业部门指导菜农使用集琦虫螨克防治。2000年，离石市防治病虫害共使用化学农药17吨，防治面积为14000公顷。

2008年，离石区发生严重二十八星瓢虫、小地老虎虫害。小地老虎虫害危害面积2000公顷，重发生区面积80公顷，每平方米达9头，造成缺苗断垄60公顷，20公顷玉米毁种进行重播。区农业部门发放硫丹辛和氰戊辛专用农药进行防治。二十八星瓢虫虫害危害面积6667公顷次，马铃薯几乎都受害，虫株率达4—6头，叶片全吃成天窗孔洞，损失达240吨。区农业部门重点推广高巧拌马铃薯种防治二十八星瓢虫，使用锄草剂、蒸脖抑制剂等，挽回损失460吨。2011年，离石区发生轻度玉米螟，中等至偏重粟灰螟、白焦虫虫害。1533公顷谷子严重受害，受害株率高达85%，百株虫量438—600头，严重田单株虫数11头，谷叶大面积呈现白焦枯纵行条斑，造成谷子大量减产。

2012年，马铃薯二十八星瓢虫发生面积5200公顷，虫株率达95%，60%的叶子被食成天窗状。谷子白焦虫在谷田普遍发生，一般田被害株率50%左右，百株虫口100头左右，以早播田最为严重，被害株率70%以上，百株虫口180余头，个别田块几乎是株株被害，株株有虫。2015年，全区使用化学农药14.97吨。

农业防治 20世纪70年代中期始，离石县开始实行农业防治，通过搞农田基本建设，改变害虫发生环境，清除田间杂草，铲除害虫滋生场所，破坏害虫隐蔽环境，增加其自然死亡；通过选用抗病害的优良农作物品种，达到减少病虫害的目的。

生物防治 20世纪70年代中期始，离石县通过保护、饲养、人工助迁害虫的天敌资源等办法控制害虫生长。当地自然界有捕食昆虫的益鸟、益虫20余种，农业部门发文保护，使其繁衍发育，捕食害虫。

物理防治 20世纪70年代中期始，离石县利用不同害虫的习性，采用黑光灯、杨树枝把、插黄板等办法诱杀害虫。2009年，离石区农业部门在上王营庄村移动大棚蔬菜中，采用物理防治病虫害方法，共安装黄板1000块、杀虫灯2盏、遮阳网1.7吨。

鼠害防治

1987年开始，离石县每年在春秋两季灭鼠的有利时机开展农田灭鼠活动，主要采用烟炮熏杀黄鼠，地箭钉，灭鼠专用雷管，人工活捉鼢鼠，甘氟毒饵防治黄鼠、棕色田鼠，溴敌隆灭鼠等方法。1995年春季，县政府组织开展灭鼠防病保粮活动。全县农田鼠害防治30667公顷，灭鼠118.95万只。其中，黄鼠30.5万只，鼢鼠19.6万只，家鼠53.85万只。

第七节 农业项目建设

“双千”工程

1992—2000年，离石市（县）实施“双千工程”（山西省农业厅组织实施的开发建设粮食高产稳产的1000万亩水地和1000万亩旱地工程田）项目，共涉及15个乡镇（街道）、203个村、10150户。面积从1000公顷扩大到5333公顷。粮食逐步以种植玉米向种植马铃薯和以晋谷21号为主的名优特小杂粮倾斜，共开发四大商品粮基地：以坪头乡为中心开发的1333公顷晋谷21号优质小米基地，以小神头乡为中心开发的667公顷高产优质马铃薯脱毒种薯基地，以西属巴镇为中心开发的1333公顷立体种植基地，以信义镇为中心开发的2000公顷地膜覆盖玉米基地。在形成“一乡一式”“一村一品”的基础上，以工程田为载体实现农业技术的四大突破：地膜覆盖率达 80%、优种覆盖率 100%、机械化旱作率达 70%、平衡施肥率达 70%。2000 年，“双千工程”田单产收益是吕梁市单产收益的 4 倍，产投比为 2.67：1。

农村可再生能源建设项目

2003 年，离石市争取到农业部农村户用沼气国债建设项目，其中国债投资 152 万元。项目实施范围为信义镇、西属巴街道的 5 个行政村。

2004 年，离石区农业部门实施农村沼气建设国债项目，共对 4 个乡镇（街道）9 个行政村的 2000 户进行“一池三改”（一池：沼气项目户建容积为 6—10 立方米的底层出料水压式沼气池 1 个。三改：改圈，圈舍与沼气池相连，水泥地面，塑膜覆顶，形成太阳能暖圈，并采取保温措施；改厨，厨房内安装符合相关技术标准和规范的设备；改厕，厕所与沼气池相连，外观整洁，内装蹲便器和半自动冲便器。）沼气富民工程。该项目的实施，在经济效益方面，每年可为 2000 个项目户带来 178.94 万元的直接经济效益；在社会效益方面，项目村脏乱差的面貌得到根本改善，农民生活质量和生产方式得到提高；在生态效益方面，兴建沼气开发了再生能源，减少对能源的消耗，保护生态环境。2004 年，离石区建成沼气池 750 个，其中达国家“一池三改”建设标准的 329 个，投入使用的 497 个。至 2006 年底，共建设完成农村户用沼气 3413 户。2007 年，完成农村户用沼气 3447 户。2009 年，共建设服务网点 28 个，包括乡级网点 1 个，村级网点 27 个。同时，在枣林乡三山集和陶家庄村新建节能柴灶 100 户。2011 年，普查验收全区 2006 年沼气国债项目和服务网点，对全区 30 个服务网点进行规范；完成省农业厅下达离石区的巩固退耕还林成果农村能源项目炕连灶任务 496 个。2012 年，实施巩固退耕还林农村能源太阳灶 700 个。

沟坝地整治与培肥项目

2009 年，离石区投资 445 万元实施沟坝地整治与培肥玉米丰产方建设项目，地点在吴城镇，包括陈家塔、街上、李家湾、上四皓、李家沟村。同年，购置土壤改良剂 100 吨，保水剂 7.5 吨，全部分发农户并施入项目地块中。同时完成项目区的护田石埂工程。2011 年，投资 230 万元完善配肥站建设。同年，在吴城镇 10 个村进行田面平整及加厚耕作层作业。

蔬菜水肥一体化项目

2011 年，离石区在小神头村及上王营庄村修建蓄水池 146 个，在乔家塔村、上王营村、严村等 6 个村发放水肥一体化滴灌设备 436 套。该项目的实施，使温室内农业基础设施得到改善，减少农药污染。

“一村一品”项目建设

2011—2012 年，离石区以核桃经济林、设施蔬菜、规模养殖、旅游观光采摘农业和劳务输出为重点实施“一村一品”（指在一定区域范围内，以村为基本单位，按照国内外市场需求，充分发挥境内资源优势，通过大力推进规模化、标准化、品牌化和市场化建设，使一个村或几个村拥有一个或几个市场潜力大、区域特色明显、附加值高的主导产品和产业）项目建设。在以信义镇严村、小神头村、吴城镇上王营庄村为核心的东片区域发展设施蔬菜产业，牛、羊、猪等规模养殖业和脱毒马铃薯种植业；在坪头乡、枣林乡等西片区域发展小杂粮种植业；在西属巴街道、莲花街道等北片区域发展农产品加工和蛋鸡规模养殖业。2013 年，进行 13 个“一村一品”专业村建设，各村根据情况发展马铃薯、小杂粮、中药材、设施蔬菜、核桃林、谷子种植，肉牛养殖等。2014 年，投资 206.9 万元发展“一村一品”专业村 13 个，其中发展核桃经济林村 4 个、设施蔬菜村 2 个、畜牧养殖村 2 个、中药材村 2 个、食用菌种植村 1 个，马铃薯种植村 1 个、苗木栽植村 1 个，其项目由 1 个村委和 12 个专业合作社组织实施。2015 年，共申报成功项目实施单位 13 个，争取省项目补助资金 107 万元。

粮油高产创建工程

2015 年，重点选取 4 个乡镇（街道）23 户的 33.33 公顷示范谷子基地和 133.33 公顷辅助种植面积实施该项目，其中，省级投资 5 万元，全部用于采购种子和化肥。

第八节　农民培训

1991 年，离石县集中县乡农业技术骨干，开展农业技术巡回培训，共培训 130 个村 3.4 万人。主要培训旱作农业法、科学施肥、植保、优种、高效益农田、合理密植、地膜覆盖、模式化栽培等 10 个方面农业实用技术。

1996 年，离石市培训“两高一优”综合栽培技术、旱作农业技术、优种推广技术、配方施肥技术、蔬菜日光节能温室栽培技术、果树栽培管理技术等，共进行 3 级培训 205 期、28960 人次。结合春耕备耕，深入田间地头进行实地操作培训 163 次，共培训 124 个村 8600 人次。

2004 年，离石区以吕梁农校、吕梁技工学校作为培训基地，进行农村劳动力转移培训 4500 人，新转移农村劳动力 4182 人。2009 年，制定《离石区关于退耕还林成果巩固科技培训实施方案》《离石区巩固退耕还林成果农村劳动力转移培训实施方案》，以离石区华晋职业培训学校与吕梁农校作为培训基地，全年完成农民素质培训 32000 人次，完成引导性培训 15000 人，新转移农村劳动力 2200 人。2009 年，区政府两次组织菜农和机关技术人员分别到长治和山东寿光学习蔬菜种植技术。区农业局组织专家以及技术骨干按照农时节令、分品种蔬菜作物，深入田间地头，组织菜农技术培训 32 次，培训菜农 600 余人次，培训内容有移动大棚建设、蔬菜穴盘育苗、蔬菜种植技术、田间分期管理、病虫害防治等。

2012 年，组织区农业技术骨干对全区 193 个行政村农民开展蔬菜栽培、核桃林管护等百日大培训，共培训 255 期、3.3 万人次。完成“阳光工程”培训 1000 人，“引导性培训”7000 人。完成退耕还林区农民科技培训、富余劳动力转移培训 600 人。2012—2013 年，阳光工程培训1000人，其中农业专项技术培训500人，农业职业技能培训300人（蔬菜园艺工100人、食用菌工人100人、中药材工100人），省级阳光工程培训200人（计算机应用100人、电子电器100人）。2013年，完成引导性培训1.2万人次，农村实用人才培训8000人，冬春农民培训3.2万人次。基层农技推广体系建设培训技术专家7名、技术指导员80名、科技示范户800户，辐射带动农户8000户。同年，为农民发放物化补贴12万元。同时组织中药材、食用菌种植户赴陕西、临汾、汾阳等地考察学习，组织技术骨干到河北、北京、山东等地学习。同时，先后聘请北京专家翁超明、三宝食用菌公司老师陈林梅、石家庄食用菌市场营销专家举办专题讲座。同年，技术人员分赴各乡镇进行实地操作和理论培训，累计培训66期、5600余人次，发放技术培训资料8000余份。2015年初，离石区昌信蔬菜专业合作社、永红残疾人食用菌专业合作社被确定为新型农民培训机构，开展农民职业技能培训106人，其中登记入网80人。

第九节　农产品质量安全

2000年8月，离石市开展农业执法整顿及文明执法宣传月活动，共没收假冒伪劣农药20件，查处无照经营种子个体户15户，没收假冒伪劣种子250千克。2002年，共没收假冒伪劣农药3000千克，没收剧毒鼠药645袋，登记市生产资料公司禁止使用和过期农药22种1000千克及异地保存农药50千克。

2007年，离石区开展清查高毒农药活动。3月22日开始，区农业局执法人员深入农资经营户，对甲胺磷、甲基对硫磷（1605）、久效磷、磷胺、对硫磷5种高毒农药进行清查，同时对2007年1月1日以后生产的腐霉剂、80%DDVP、玉农思、腐烂净、氟乐灵、旱奇等农药进行登记。同年，开展杀鼠剂专项整治行动，共取缔非法经营摊点8个，没收违规杀鼠剂10余件。2008年，出台《离石区农业局“保质量、保安全、助奥运——农产品质量安全保障行动”实施方案》，并成立领导组及办事机构。离石区农业局与全区各农产品生产基地、销售企业、农资经销商、城区各大超市、涉外宾馆等30余家企业签订责任状，与全区各农资销售商签订《吕梁市离石区助奥运农产品质量安全保障责任书》《农药、化肥安全经营责任书》和《诚信农资经营目标责任书》。实施农作物有害生物防控，成立基层植保专业化服务组织、开展病虫害防治电视预报。购置农药残留速测仪等农产品质量检测相关配套设备，开展农作物有害生物专项检测和抽查。全年共出动车辆33辆次，取缔流动摊点3个，没收过期农药11千克，查收不合格种子89袋，检疫调运农产品26车次，并对收缴的违禁农业投入品集中封存、公开销毁、统一上报，对各经销商的有关问题提出整改措施。2010年，出动执法人员50人次，对全区农资经营17个门店进行地毯式清查。对12个乡镇（街道）的农产品生产基地、认证企业进行专项检查。全年组织开展4次农产品市场监督检查行动。以“自查自纠、蔬菜农残自检”为重点，对马茂庄蔬菜批发市场、南关开源市场、东关农贸市场以及开新宇、美佳乐、天益等大型超市的蔬菜、水果进行严格监测。对蔬菜生产基地、批发市场、大型超市、农贸市场的蔬菜、水果等农产品进行农药残留量抽样检测，共抽样品 238 个，合格率 95%。2011 年，离石区对区内大型超市和农贸批发市场等农产品销售市场进行农产品质量安全检查，抽样检测青椒等 10 个蔬菜品种。对农资批发市场、集散地和经营门店开展久效磷等 5 种高剧毒农药进行拉网式检查，收缴高毒农药 13 瓶、7 千克，其他伪劣农药 30 余千克。全区认定无公害蔬菜生产基地 133.33 公顷，认证无公害蔬菜产品 5 个。全年例行农产品安全监测 6 次，抽检农产品样品 358 个，合格率 95% 以上。保证绿色通道畅通，实行“一车一证”“先检货后签证”进行果蔬检疫，共检 34 批次、321 吨。

2014 年，离石区利用快速检测设备共抽样 652 个，其中蔬菜合格率达 97%，水果合格率达 99%。立案查处农业投入品违法案件 3 起，罚款 2200 元，下达责令整改通知书 20 份，建立农业投入品检查记录 30 份。2015 年，离石区出动执法人员 120 余人次，对全区所有农资经营户进行全面排查，下达责任整改通知书 20 余份，立案 1 起，罚款 1920 元。

第十节 农业科技示范田园区

农业科技示范田

1991 年，离石县在 4 个村开展高效益农田示范村、旱作农业示范村、配方施肥示范村、冷凉区玉米地膜覆盖示范村建设。王营庄乡下四皓村玉米地膜覆盖 6.67 公顷，总产 50000 千克；阳坡乡任家沟村科技示范户王平，连续 5 年进行地膜覆盖示范，1991 年亩产达 750 千克，为全县最高水平。1995 年，在东部冷凉区 5 乡镇建起万亩玉米地膜覆盖示范田，西山旱作农业区 4 乡镇建起万亩晋谷 21 号种植示范田，沿川 6 个乡镇建起玉米、高粱种植带高产示范田。

1998 年，在国家扶贫队的帮助下，北京天丰生物工程有限公司无偿赠送离石市天丰光合生物菌剂 2 吨。市农业局出台《关于大力示范推广光合生物菌剂的实施方案》，在信义镇结合规范化旱作农业工程田及日光节能温室蔬菜，建起示范田 66.67 公顷；在西属巴镇建起“双千工程”示范田 33.33 公顷，果园示范田 20 公顷，油料、棉花示范田 13.33 公顷。1999 年，离石市在上安村进行高科技示范园区建设，规划面积 46.67 公顷，总投资 1200 万元，实施全自动连体温室 3 座，每座 2000 平方米，高标准日光节能温室 330 座，试验示范苗圃 15 公顷。当年建成并投产 2000 平方米的全自动连体温室 1 座。引进试种樱桃西红柿、西兰花、京水菜、莜麦菜、四季草莓、茼蒿等稀特品种。2000 年，离石市实施旱作农业工程 10667 公顷。其中，西部丘陵旱作区实施旱作农业综合配套技术 3333 公顷，重点在结绳墕乡实施 6.67 公顷抗旱优种示范田；东部冷凉旱作区实施 3333 公顷，重点在信义镇实施 66.67 公顷规范化旱作示范田；中部川谷区实施 4001 公顷，重点在西属巴镇实施 400 公顷立体种植、地膜覆盖示范田。旱作工程田平均每公顷产量比对照田平均每公顷增产1.2倍余。

2007年，区农业局在信义镇信义村原农技员冯学海梯田地里，设立新品种试验区。从长治鑫农种业公司引进玉米新品种：潞鑫1号、潞鑫2号、潞鑫4号、潞鑫5号，潞鑫180、潞鑫2003、鑫玉203-13，采用地膜覆盖，大田采用普通常规管理技术。其中潞鑫1号产量最低为亩产450千克，比对照晋单42号产量亩增产10千克；潞鑫180产量最高，亩产680千克，比对照晋单42号产量亩增产240千克。2009年，离石区在红眼川乡发展千亩优质谷子高产示范区，在吴城镇发展133.33公顷脱毒马铃薯高效示范基地。区农业局与省农科院经作所研究员曹雄联合筛选适合境内生长新的玉米、谷子优良品种，建成农业新品种新技术示范展示工程田6.67公顷。该项目位于信义镇严村，其中玉米2公顷、谷子4.67公顷。示范品种为玉米新品种潞鑫4号、潞玉13号、郑单958，对照品种为晋单42号。试验结果表明，玉米每公顷产量达12000千克，比对照组增产20%；谷子每公顷产量达7500千克，比常规品种增产100%。开展以信义镇严村日光节能温室、以吴城镇上王营庄村3.73公顷移动大棚为主的蔬菜新品种示范展示工程，并将种子杂交一代化、育苗穴盘化、施肥配方化、二氧化碳气体施肥化、保护地栽培移动塑料大棚化、病虫害防治无公害化、蔬菜生产两茬化多项集成技术措施应用于生产蔬菜。2010年，离石区和省农科院经作所研究员曹雄联合筛选部分新的优良品种，在田家会街道上楼桥村组织开展新品种示范展示。展示田总面积12.93公顷，玉米每公顷产量9247.8千克，比大田增产20%；谷子平均每公顷产量4605千克，比大田增产50%以上；马铃薯早熟品种费乌瑞它平均每公顷产量26332.5千克，中熟品种夏波帝0.33公顷，平均每公顷产量15000千克，晚熟品种克新1号平均每公顷产量39000千克，比大田薯增产73%，而且薯块集中，薯形光滑，芽眼浅，口感佳。通过示范展示，确定下一年玉米的主推品种是精品潞鑫2号，潞鑫1号，潞玉13号，潞鑫4号，大丰1号、2号；谷子主推品种为张杂谷3号、5号；马铃薯主推品种为早熟品种夏波帝，晚熟品种为克新1号。

2012年，离石区在吴城镇创建脱毒马铃薯新品种新技术示范试验基地66.67公顷。同年，示范基地马铃薯平均每公顷产量24967.5千克，总产值299.61万元，比大田增产33%以上。其中，高产高效田26.67公顷，品种为冀张薯8号，平均每公顷产量28500千克，比大田增产65%；示范展示田26.67公顷，品种为克新1号，平均每公顷产量22500千克；新品种展示田6.67公顷，品种为克新19号，平均每公顷产量33000千克；早中熟品种展示田6.66公顷，品种为夏波帝、费乌瑞它，其中夏波帝平均每公顷产量11250千克，费乌瑞它平均每公顷产量10500千克。2014年，开展“粮食高产创建工程，杂粮产业振兴工程”示范基地建设，重点打造红眼川乡新舍窠村、田家会街道界岇村16.67公顷谷子多产示范基地，单产同比增产约82%。同时在各乡镇（街道）采取统一供种、统一播种时间、统一施肥的“三统”办法，创建谷子多产示范片133.33公顷，单产同比提升21%。

吴城农业科技园区

吴城农业科技园区位于离石区吴城镇，2009 年开始筹备建设，园区涉及 14 个行政村，总面积 387 平方千米，其中主体建设用地 2580 公顷。

园区聘请山西省农科院、省农业厅设计院对农业园区的布局进行科学规划，结合离石区区域特点和传统农业产业发展的特点和优势，选择发展包括：无公害蔬菜种植、畜禽养殖、核桃种植、中药材种植、工厂化育苗、观光旅游农业、农产品物流、农产品加工的 8 大主导产业。

2012 年 7 月，吴城农业科技园区服务中心成立，负责农业园区建设组织和协调工作，园区总体规划、实施方案、管理办法与规章制度的制定及实施监督，落实有关配套政策等相关工作。同年，园区启动“1 个基地（科普基地）、5 个中心（培训、研发、服务、质监、信息中心）”的建设。

园区制定并逐步完善《园区管理办法》《农业园区招商引资优惠政策》等相关配套政策，解决土地流转、农民就业安置、资源合理利用与环境保护、人才引进、招商引资、融资等方面问题。对技术、资金、人才、资源、市场等进行有效整合，形成多元化、多渠道、多层次筹措资金的投、融资体制，吸引山西大象禽业集团、吕梁永宁煤焦集团等企业入驻。该园区 8 大主导产业为：4 个种 (养) 基地、2 个中心、2 个功能区。

4 大种 (养) 基地包括无公害蔬菜种植基地、畜禽养殖基地、核桃种植基地、中药材种植基地。4 大基地是农业新品种、新技术、新工艺、先进设施的展示基地，农产品标准化、规模化、产业化生产基地，农业休闲观光游览基地。承担离石区及相邻县市的无公害蔬菜、肉类、禽蛋等农副产品的供应。2 个中心包括农业技术研发中心和育苗中心。农业技术研发中心是农业新品种、新技术、新工艺的研发基地，农业科技成果转化的实验室，大学生实践的场所，农业科研成果孵化的摇篮。育苗中心是农业技术培训、科普教育培育的基地，培育现代农民的摇篮，并承担种植基地的种苗供应，园区综合服务管理等。2 个功能区包括农产品物流集散区和农产品加工区。农产品物流集散区为整个园区的产品提供交易场所，对本地和外地调进蔬菜进行食品安全检验；农产品加工区为园区农产品提供加工场所，延伸农业产业链，增加产品附加值。

2013 年底，吴城农业园区在现有布局范围内规划建设占地 24.59 公顷集农业现代化种植、养殖、观光休闲为一体的农业精品示范园。将园区分为现代设施农业区、休闲体验农业区、生态景观农业区和北海沟山地生态区 4 个板块。

至 2014 年 6 月，园区综合服务大楼水、电基础设施配套安装和内部装修工作全部完成。同年，日光温室内进行油桃、樱桃高经济附加值果树品种的试验种植。截至 2015 年底，油桃、樱桃移栽成活率 95% 以上，开花株率 100%，挂果株率 90% 以上。2015 年，开展育苗和试验种植工作。育苗工作依托永盛农业园区连栋温室设施，采用农户提供种子代育和直接购买两种方式进行，由乡镇、街道牵头，村委具体负责与农户对接统计汇总代育、购买品种、数量，种苗价格由村、种植户和永盛农业园区协商确定，并履行育苗合同协议，园区督促育苗单位保质保量按时提供种苗。

附：吕梁永信农业科技发展有限公司

吕梁永信农业科技发展有限公司，2013年7月成立，注册资金2000万元，是一家以珍稀食用菌生产为主导的新型农业科技公司。公司通过上联科研单位，下与农户合作的经营模式，形成科、工、贸一体化，产、供、销一条龙的现代农业生产新格局。公司下设离石区永红残疾人食用菌专业合作社、小神头永信食用菌生产基地、吕梁食用菌研究所、吕梁食用菌技术推广中心。同年，该公司成立吕梁食用菌研究所。在几个月内成功引进、驯化、培育适合吕梁市生长的8个食用菌品种，并成功引进北冬虫夏草的人工栽培、羊肚菌的工厂化栽培。

公司下设的永红北虫草工厂化生产基地位于信义镇永红村，占地1.33公顷。有100平方米标准化、智能化培养车间52间，日产北虫草1吨。永信食用菌生产基地位于信义镇小神头村，海拔1320米，年平均气温10摄氏度左右，昼夜温差10度以上，是天然的食用菌工厂化生产基地，特别是生产羊肚菌有得天独厚的地理优势和气候优势。基地占地20公顷，日光节能温室76座，年生产羊肚菌1900千克。2015年，吕梁永信农业科技发展有限公司成功开发富硒北冬虫夏草子实体培育新技术。

第十一节　新农村建设

2005年，离石区共规划小康示范村19个，总人口33314人。其中规划商贸型小康村7个，纯农业型小康村7个。2007年，编制完成《离石区新农村建设总体规划》和8个试点村、19个重点推进村的规划。开展20项重点工程，全面完成“四化四改”（街巷硬化、村庄绿化、环境净化、路灯亮化，改水、改厨、改圈、改厕）和“五个一工程”（每个村建1个标准化小学、1个卫生所、1个文化科技活动室、1个休闲娱乐场所、1个便民超市）。8个试点村、19个重点推进村在“四化四改”中，街巷硬化135.2千米，村庄绿化植树150040株，净化面积1029300平方米，亮化21.1千米，改厨2311个，改厕2227个，改圈472个，改水5833户。“五个一工程”中，建小学27所，幼儿园10所，医疗所27个，配备医生34人，床位67个，建成便民连锁店及商业门店369个，文化活动中心占地面积3121平方米，健身场所占地面积12340平方米。2008年，区政府出台《关于社会主义新农村试点村和重点推进村工作推进意见》《关于机关企业帮扶新农村的通知》等文件，将各项指标任务分解到所涉乡镇（街道）和村，并针对4个移民新村建设成立专门的领导机构。当年铺开新农村建设重点工程35项，8个试点村和19个重点推进村的“四化四改”“五个一工程”基本完成。

移民新村建设中信义移民新村占地8.52公顷，建筑面积110493.8平方米，总投资12543万元，移民530户、1874人。同年，完成建筑面积25017平方米，投资3000万元。年内入住120户。红眼川移民新村实行整乡移民，新建移民住房1600套，安置645户、2188人，总投资3.5亿元。同年，完成300套住房建设，安置300户、1200人，投资8000万元，年内入住100户。西属巴移民新村涉及缩缩岭、上则塥、炭窑里3村325户，910人，总投资3200万元。同年，完成3个村325户、910人、325套住房建设，投资3200万元，年内入住150户，年内完成3个村300套住房建设主体工程。城北安置新农村安置拆迁户525户，总投资2087万元。结绳塥特色集镇规划共建商铺72套，当年投资300万元，建成商铺36套。2009年，对本年度的8个重点推进村开展以“四化四改”为主的村容村貌整治，硬化道路45千米，绿化栽树4万株，修建垃圾池40个，安装路灯162盏，改水2557户。完成8个重点推进村的“五个一工程”，建成小学8所，幼儿园10所；医疗所12个，配备医生32人，床位67个；建成便民连锁店及商业门店125个；建成文化活动中心8个；建成健身场所8个。2011年，离石区全部完成5个省级新农村建设重点村“四化四改”任务，其中，硬化道路39千米，栽植绿化树3.2万株，修建垃圾池18个，安装路灯232盏，改水1840户。“五个一工程”建成小学5所、幼儿园8所；医疗所5个，配备医生10人、床位14个；便民连锁店及商业门店28个；文化活动中心5个；健身场所5个。

2012年，离石区23个省级新农村建设重点村推进“四化四改”，其中，硬化主街道70千米，栽植绿化树9.2万余株，设置垃圾池120个，安装路灯425盏；“五个一工程”建成标准化小学23所，计生、卫生所23个，便民连锁店及商业门店23个，文化活动中心23个，休闲健身场所23个。同时，将吴城镇下王营村等5个村定为“百村行动计划”村，打造信义镇、枣林乡两个集中连片示范区建设，发展连片建设村25个。2013年，全区建成标准化小学4所；计生卫生所26个，医生26人，床位40个；便民连锁店及商业门店26个；文化活动中心26个；休闲健身场所26个。2014年，离石区改善农村人居环境工作领导小组成立，提出“三区（城东区、城北区、城南区）四线（彩家庄黄河文化民居线、吴城古道文化线、永红公共服务化休闲农家田园风景线、交口商贸服务线）26个示范村”的规划目标，并聘请山西省河岳景观规划公司编制《离石区美丽乡村建设规划》。同年，围绕农村水、路、危房改造、无害化厕所、污水处理、畜牧养殖污染防治、秸秆综合利用等方面进行建设。落实易地扶贫搬迁793人，改造坪头乡公路22千米，建设农村老年人日间照料中心4所，进行5个乡镇危房改造， 推进各乡镇综合文化站及村级文化活动场所建设，完成农村饮水安全工程7处。2015年，在美丽乡村建设完善提质工程方面，改造县乡公路15.2千米，投资192万元，完成10个自然村3558人安全饮水工程；完成绿化造林1333.33公顷和4个村的村庄道路绿化、环村绿化、街巷绿化和公共绿地建设，建成公办幼儿园1所和村级幼儿园2所；完成广播电视卫星户户通6695户。在农民安居工程方面，安排易地扶贫搬迁3634人。在环境整治工程方面，完成农村改厕700座。

第四章　养殖业

第一节　牧草饲料

天然牧草

离石区有天然草场60块，面积47800公顷，占全区总面积的36.1%。经普查鉴定，境内牧草品种有科属43个，154种。主要品种有：莎草科的苔草，禾本科的针茅、菅草、白羊草、鹅冠草、狗尾草、野古草、黄背草，豆科的黄芪、达乌里、胡枝子、野莞豆、草木栖、硬毛棘豆、兰花棘、艾蒿、黄芥、歪陵菜、山马蔺、春箭舌莞豆等。

人工种草

离石素有种植苜蓿的习惯。20世纪60年代末在退耕还林地种苜蓿460余公顷，为家庭养畜所用。70年代，离石县引进聚合草、山菠菜、苦麻菜、水葫芦等草种。80年代，引进沙打旺、小冠花、红豆草、无芒雀麦、冰草等，累计种植面积9330公顷，保有面积1200公顷。1982年，离石县承担省科委关于在沟壑丘陵区飞机播种草树籽的试验，共播1000余公顷，主要草种有草木栖、沙打旺、苜蓿和柠条。同年勘查，全县“四边”(田边、路边、村边、水边)草地共计有360余公顷，每公顷产鲜草11250千克，为二等，二、三级优良草。

1998年，离石市实施种草项目，共种植苜蓿66.67公顷。

2010年，落实《离石区以三川河流域为重点的生态环境治理工程草地治理项目实施方案》。到2011年，完成人工种草666.67公顷，改良草地600公顷，草地鼠虫害防治1000公顷，棚圈建设5200平方米，青贮窖建设4000立方米，购置饲草料加工机械25台（套），完成围栏封育460公顷。

2012年，离石区开展天然草地改良和人工种草项目建设，以保护生态，恢复植被，提高载畜量。2013年，实施牧草基地建设项目，共种植多年生牧草（苜蓿）333.33公顷，一年生牧草（玉米）1333.33公顷。2014年，实施飞播种草项目，种草面积1333.33公顷。

附：草地鼠害防治

2008年，经农业部批复，离石区投资22万元在信义镇、吴城镇、枣林乡建设草地无鼠害示范区田13333.33公顷。2009年，区农业部门草地“无鼠害项目”办公室和草地鼠虫害监测站成立，制定鼠害防治方案，邀请省市专家对灭鼠工作队员进行了培训指导。4—5月，共组织40余人到信义镇西华镇、康家岭、千年里、小神头4个作业区进行草地鼠害防治，使该区域成为无鼠害示范区。

2010年，对吴城镇所有草地进行草地鼠害防治。至2010年底，全区共投资20万元，完成2万公顷的草地鼠害防治。

饲料

人民公社时期，离石县各大队每年扣留一定数量的饲料粮用于喂养牲畜。大牲畜饲料以黑豆、豌豆为主，玉米、高粱为辅。鸡和猪的日常饲料是粉渣、豆腐渣、酒糟、谷糠等。1958年，离石县集体提留饲料用粮1525.05吨。20世纪60年代起为鼓励农民养猪，规定给养猪户每户留1—2分饲料地，自种自养。1963年，离石县饲料粮扣留标准为耕牛、驴每头180千克，骡马每匹365千克，猪每头25千克，羊每只2.5千克。1978年，离石县集体提留饲料用粮2800.46吨。实行联产承包责任制后，饲料地取消，饲料粮由承包户自理。随着养鸡事业的飞速发展，80年代出现饲料加工工业，全县每年可产豆饼700吨、油饼200吨、糠麸5000吨、剩余蔬菜323吨、瓜类75吨、鲜苜蓿等青绿饲料，树叶2.5万吨，产秸秆4.8万吨。其中，玉米秸秆1万吨，谷草8500吨，高粱秆2.45万吨，麦秸豆荚皮、黍秸等5000吨。但是，全县大部分秸秆草类（约占80%），并未用作饲料，而是沤制肥料，未形成饲草—畜禽—肥料—庄稼的农畜循环。1985年，县粮食局饲料加工厂建成。1990年，吕梁地区行署农牧局、粮食局各建立饲料加工厂（都是加工蛋鸡饲料）1个，年加工饲料1万—2万千克。20世纪90年代开始，境内家庭零星养殖逐渐减少，规模养殖户逐步增加，猪、鸡饲料开始以混合饲料、浓缩饲料、配合饲料为主。2013年，山西益欣食品集团生猪产业化项目30万吨的饲料厂建成并投入生产。

第二节 畜禽养殖

畜禽品种

牛 离石饲养的牛多是本地牛，属华北黄牛类。20世纪50年代开始，多次引进晋南大黄牛、秦川牛、蒙古牛与本地牛杂交改良。至1978年，改良牛占10%。1979年，县畜牧场从汾阳和大同引进黑白花奶牛5头。1981年，又购进幼牛10头。同年，用短角牛冷冻精液试行黄牛改良，产犊后引进夏洛来牛和西门达尔牛等外国优良品种对黄牛进行改良，改良牛犊25头，改良黄牛繁殖集中于东山区，繁殖率为70%余。1989年，离石县饲养的7335头牛中，本地种牛5092头，四红牛200头，黑白花奶牛43头，短角牛22头，晋南牛2头，各种改良牛1976头。1990年，全县黄牛改良达30%左右。2002年，离石市改良黄牛2209头，其中，冷配1900头。2013年，离石区被列入山西省高端肉牛培育示范区，争取省级资金购买高端肉牛冻精对本地肉牛进行改良。经过多年的改良，截至2015年底，离石饲养的牛品种主要为本地黄牛和西门达尔牛，本地黄牛改良达75%左右，肉牛繁育仍以自然交配为主。

羊 离石县饲养的羊品种以山羊为主，占87.4%，绵羊占12.6%。本地山羊为蒙古山羊系统，体格健壮，善于攀登崖壁；绵羊属短脂尾粗毛羊类型，来源于蒙古草原，皮厚毛粗，肉质鲜美。20世纪50年代，多次引进新疆细毛羊与本地山羊杂交改良，但改良效果甚微。60年代，引进小青羊、黎城大青羊、宁夏中卫山羊和阿巴斯山羊。80年代，引进美利奴种羊、边区来斯特、斯达夫、高加索细毛羊等改良绵羊品种。1989年，引进绒山羊。2002年，离石市改良绒山羊2.1万只、肉羊2200只，引进小尾寒羊500只。2009年，离石区通过陕西横山白绒山羊舍饲圈养培训会、文水养殖专业合作社现场交流会，为8户养殖户各发放白绒山羊种公羊1只。2015年，离石区饲养的羊以山羊为主。品种主要有波尔山羊、小尾寒羊等。波尔山羊是世界优秀的肉用山羊品种，具有体型大、生长快、繁殖力强、产羔多、屠宰率高、产肉多、肉质细嫩、适口性好、耐粗饲、适应性强和抗病力强等特点。小尾寒羊具有体质结实、个体高大、生长发育快、繁殖率高、四季发情、适应性强、耐粗饲、肉用性能好的特点。

猪 原有马身猪和钵盂猪两种，均为黑色，每头最多产肉50余千克。至1990年，逐步引进的猪品种有四川内江猪、宁香猪、乌克兰大白猪、巴克夏、荷兰白条等，杂交后繁殖出内杂猪、巴杂猪、境内混杂猪、内巴本杂猪等。2002年，离石市饲养猪良种覆盖率达85%。到2013年底，离石区建成两个饲养5000头以上的种猪场，两个种猪场全部采用人工授精方式进行交配。截至2015年底，离石区饲养的猪品种主要有大白、长白、杜洛克和苏太黑品种。大白、长白猪是瘦肉型品种，具有适应性强、繁殖力高、生长速度快、瘦肉率高、肉质好、体质结实等优良特性。杜洛克猪具有体质壮，生长速度快，杂交利用效果显著等优良特点，是生产杂交瘦肉型猪良好的终端父本。苏太黑猪是培育成功的中国瘦肉型猪新品种，该品种的优良特性为：繁殖力高、食谱广、耐粗性能好、杂种优势明显、肉质鲜美、肥瘦适度，适合中国人的烹调习惯和口味。

鸡 20世纪80年代前，以来杭鸡与本地鸡杂交占优势。80年代中后期，以京、沪引进星杂579父、母代，星杂288商品代，京白Ⅱ系，罗斯父、母代AA、B等优种蛋鸡，以及星布郎、罗斯1号，史曼等肉用鸡。本地鸡及杂交种分布于东、西两山，优种鸡分布于县城附近，饲养多为笼养，都采用配合饲料喂养。截至2015年底，离石区饲养的蛋鸡品种主要有海兰褐壳蛋鸡和海兰白壳蛋鸡。海兰褐壳蛋鸡和海兰白壳蛋鸡具有产蛋多和成活率高的优良特点。肉鸡品种主要是罗斯308。

兔 20世纪40、50年代，离石县养兔属零星养殖。60年代开始，兔逐渐成为农民的饲养家畜。品种主要有长白兔、青芝兰、黑优种、日本大耳朵等，80年代，引进哈白兔、青紫兰兔、长毛兔和獭兔。

蜂 境内蜂，产蜜少，过冬难。20 世纪 60 年代，引进意大利蜂。

畜禽数量

大牲畜 境内大牲畜品种主要有牛、马、驴、骡（分驴骡、马骡两种）。

古代，离石境内森林茂密，水草丰美，畜牧业发达。马坊镇（现属方山，曾属永宁州）是唐朝大将尉迟恭安营扎寨、放牧战马之地。曹魏西晋时，以离石为界，东南属于农耕区，西北属于牧区，加之以农为主的汉族和以牧为主的北方少数民族，你进我退，离石县境内或农或牧，使农业和畜牧业都不能得到较长时间的稳定发展。

抗日战争时期，日本侵略军侵占离石，在全县抢掠 287 次，抢走耕牛 1463 头，其他牲畜 9000 余头，屠杀鸡不计其数。民国 30 年（1941），晋绥边区政府发布《奖励发展畜牧暂行办法》："凡根据地内民众，新生小牛小驴小骡小马一头者，免征抗战勤务三个月，征收公粮时，新生小畜，一律不算收入""凡自根据地外（敌占区或友区）购入能劳动的牛驴或骡马一头者，抗日民主政府发奖金本币 20 元""凡在根据地内以饲养公种，孳生牲畜及大批收养牛驴或骡马者(不做驮脚生意)，须呈请政府备案，在征收公粮时，其资本及收入，一律不计算，并在春秋牲畜交配时期，免其抗战勤务"。据民国 34 年统计，离石全县有牛驴马 500 头。

中华人民共和国成立后，人民政府从物质上技术上积极支持引进繁育良种，发放专项贷款，帮助农民购买牲畜，保护和奖励繁殖耕牛，建设草场，使畜牧业生产得到恢复和发展。1949 年，离石县有大牲畜 5583 头，其中，役畜 4852 头，役畜占大牲畜总数的 86.91%。

1955 年，农业合作化后，大牲畜由集体饲养，每个生产队都有饲养院、畜圈，并配备饲养员。

1979 年，离石县有大牲畜 7016 头，其中，牛 5336 头、马 226 匹、驴 1023 头、骡 414 匹；役畜 4895 头，役畜占大牲畜总数的 69.77%。1982 年，随着土地实行承包责任制，饲养院被撤销，随同大车、犁具折价卖给农户，结束大牲畜集体饲养的历史，同时逐步形成专业户、重点户经营的机制。1990 年，离石县有大牲畜 8810 头，其中，役畜 5883 头，役畜占大牲畜总数的 66.78%。

2000 年后，随着农业机械化水平的提高和普及，役畜的使用逐步减少，大牲畜的饲养数量也相应减少。2007 年，离石区有存栏 30 头以上的肉牛养殖户 11 户，存栏 10 头以上的奶牛养殖户 7 户。2008 年，根据国家奶牛扶持政策，对省级下达 155 头产奶牛进行补贴。2010 年，全区有养殖 10 头以上的肉牛养殖户 113 户，存栏 2274 头，占肉牛存栏总数的 47.19%；5 头以上的奶牛养殖户 20 户，存栏 708 头，占奶牛存栏总数的 97.52%。

2015 年，离石区有大牲畜 6388 头（匹），其中，牛 6346 头、马 8 匹、驴 2 头、骡 32 匹。同年，已基本无役畜。

猪　饲养年代久远，明清至民国，均属农户少数饲养。1946年底，离石县有猪2219头。

1949年，离石县生猪存栏数3399头，户均（指乡村户均）0.19头。

1959年，生猪存栏数达6106头。20世纪60年代后，贯彻执行国务院“公养私养并举，以私养为主”的方针，全县生猪生产逐年发展。1960—1962年国民经济困难时期，离石县生猪存栏数大幅度下降，国家大力提倡养猪，生产队每年给每头菜猪分饲料30千克，或留0.2亩自留地；母猪每头分饲料60千克，产仔猪每头分饲料2.5千克。生猪国家收购后奖励布票6—8尺，优惠供应灯芯绒布6尺，并以“斤猪斤料”的办法奖励供应饲料。1969年，全县生猪存栏数13084头，是1949年的3.8倍余，户均0.49头。1976年，全县生猪存栏数26044头，其中集体养猪1164头；办起集体养猪场的生产大队37个、生产队20个。1979年，全县生猪存栏数26303头，是1969年的2倍余。80年代后，由于猪的疾病比较多，得病死亡率较高，全县猪的饲养数量有所减少。1989年，全县生猪存栏数11341头，仅为1979年的43.12%；户均0.33头，比1969年减少0.16头。

2000年后，猪肉的价格波动较大，增加养猪的风险；再加上养猪较脏较累，与外出打工相比效益也较低，境内猪的饲养数量逐年减少。

2005年，全区养猪达百头以上的规模养殖户有50户，其中益欣养殖场达1900头。2007年，国家出台能繁母猪补贴与保险的惠农政策，境内猪饲养量小幅度增长。同年，离石区有存栏100头以上的养猪户28户。2008年，根据国家能繁母猪补贴扶持政策的有关文件精神，按照“保一补一”的原则，对省级下达的720头能繁母猪进行补贴。2008年开始，离石区推进规模化健康养殖，推行标准化饲养方式，广大养殖户扩大养殖规模。在“转型经济”发展战略决策的指引下，许多中小型煤焦企业纷纷转产发展养殖业，使全区规模养殖业呈现出良好的发展态势。到2009年末，全区饲养50头以上的养猪户77户，存栏12640头，占存栏总数的81.2%；生猪存栏总数15566头。2010年，全区饲养50头以上的养猪户77户，存栏12773头，占存栏总数的80.17%；猪肉产量2124.9吨。2010年4月，离石区引进全省畜禽养殖最大的山西大象禽业有限公司落户吴城镇，该公司投资4200万元，建起1个占地8万平方米、建筑面积1.7万平方米、存栏5000头的种猪场和出栏10万头的仔猪保育场，直接带动全区1000户养殖户发展规模化、标准化养殖。11月6日，离石区养猪协会成立。同年，离石区政府印发《离石区关于加快发展规模健康养殖的实施意见》，重点支持山西大象农牧科技有限公司10万头良种猪养殖基地年内达产达效，带动吴城、信义、田家会为主的乡镇（街道）建设一批标准化猪鸡养殖小区（场），将信义镇严村、吴城镇街上、上王营庄等11个整村推进村列为规模健康养殖重点示范村，作为一项支柱产业予以扶持。每头出栏肉猪补助200元；能繁母猪年存栏达到500头以上，每头种猪补贴500元。2011年，吕梁市益得利种猪养殖有限公司扩建养殖规模，进行10万头生猪养殖基地项目建设。该项目总投资13586万元，由种猪场、育肥猪场、大型沼气工程三部分组成。

当年改造现有养猪场（田家会）为育肥场，年出栏猪达1万余头。同年，完成信义镇塔则沟村建设5000头种猪繁育基地主体工程，共占地9.33公顷。

2012年8月，离石区政府印发《离石区关于设立养殖风险保障金的实施方案》，建立生猪养殖市场风险保障金：规定对存栏达到200头以上的生猪养殖场（户），当生猪出栏价低于成本价时，用保障基金对出栏生猪的养殖场（户）进行贴补。具体标准为：当生猪出栏价低于成本价0—0.5元/斤，按100%予以补贴；当生猪出栏价低于成本价0.5—1.0元/斤时，按90%予以补贴；当生猪出栏价低于成本价1.0—1.5元/斤时，按80%予以补贴。每头生猪最多补贴240元。同时，建立猪鸡养殖死亡风险保障金，规定对存栏达到200头以上的生猪养殖场（户），因发生重大动物疫病进行扑杀无害化处理或强制免疫应激（过敏）反应死亡的，每头猪补助600元；因暴雪、暴风、暴雨、山体滑坡等不可抗拒的自然因素造成猪死亡5头以上，按疫病风险的80%予以补贴；在养殖生产过程中因应激等客观因素引发猪死亡5头以上，按疫病风险的50%予以补贴。同时，印发《离石区规模健康养殖小区（场）奖补实施细则》，规定肉猪养殖小区（场）建设规模猪舍建筑面积在800平方米以上，存栏500头以上，年出栏肉猪1000头以上；养猪小区（场）能繁母猪存栏达到500头以上。达到奖补必备条件且验收合格的，每头出栏肉猪补助200元，每头种猪补助500元。同年，吕梁市大象农牧科技有限公司能繁母猪存栏达到2875头，仔猪出栏达45000头左右，公司在全区范围出售仔猪，形成公司+农户的产业化运营模式。2013年，离石区印发《支持农业产业化发展贷款贴息的实施意见（试行）》。共发放保障基金112.96万元，帮助养猪户渡过难关。同年，山西益欣食品集团生猪产业化项目的5万头的标准化育肥场投产运营。建成吕梁大象农牧科技有限公司和吕梁市益得利种猪有限公司2个5000头的种猪场，形成年产20万头仔猪的养殖规模。全区规模养殖总户数达到476户，占全区养殖总户数1570户的30.32%。截至2015年底，离石区生猪存栏数34457头，是2009年的2.2倍余，户均0.55头。

羊 境内饲养的羊有山羊、绵羊两种，以饲养山羊居多，是各村传统饲养家畜。因境内草料丰富，饲养羊成本较低，故羊的存栏数较稳定。据民国34年（1945）统计，离石全县有羊21342只。1946年底，全县有羊23780只。

1949年，离石县羊存栏49881只，其中山羊41419只，占羊存栏数的83.04%。

1960年，离石县羊存栏突破60000只，达60553只，其中山羊50919只，占羊存栏数的84.09%。1975年，离石县羊存栏99668只，其中山羊90853只，占羊存栏数的91.16%，为历史最高年。20世纪80年代后，离石县养羊数量随着羊肉市场价格的波动而时高时低。1984年，离石县羊存栏跌到23591只，其中山羊16635只，占羊存栏数的70.51%。

1996年，羊存栏达到73799只，其中山羊62604只，占羊存栏数的84.83%。2000年后，虽然羊肉市场价格较高，但养羊较脏较累，与外出打工相比效益也较低，境内羊的饲养数量总体上开始减少。

2006 年，离石区羊存栏 26536 只。2010 年，离石区完成封山禁牧规模健康养殖项目，投资 80 万元建设 4 个规模化养羊场。全区饲养规模达 100 只以上的养羊户 80 户，存栏 11240 只，占存栏总数的 33.9%。

截至 2015 年底，离石区羊存栏 63298 只，其中山羊 62545 只，占羊存栏数的 98.81%。

家禽　境内家禽以鸡为主，有极少量鸭、鹅。1946 年底，离石全县有鸡 18276 羽。

人民公社化时期，离石县农民用养鸡卖蛋的钱去买油盐酱醋等生活必需品。因当时限制发展副业，每户养鸡数量被控制在 5—10 羽。

1978 年，离石县有家禽 71000。其中鸡 63649 羽、鸭 47 羽。20 世纪 80 年代前，境内养鸡均由农民家庭零星喂养。80 年代，西崖底、吴城、小神头、高家沟等村有养北京鸭和麻鸭。80 年代后，笼养鸡被列为山西星火计划和国家农牧渔业部丰收计划项目，离石县兴起笼养鸡热潮。1986 年，离石县家禽存栏 146315 羽，约是 1978 年的 2 倍。

2000 年，离石市家禽存栏 276560 羽，比 1986 年增长 89.02%。

2005 年，全区养鸡达千只以上养鸡户有 100 户，达万只以上养鸡户有 3 户，其中上安村的贺水平笼养鸡基地达 5.5 万羽。2007 年，存栏 5000 羽以上的蛋鸡养殖户 18 户。2009 年，山西大象农牧集团开始与全区农户签订协议饲养肉鸡，吴城镇兔坪村文玲养殖专业合作社开始发展肉鸡养殖，填补境内没有专用肉鸡饲养空白，初步形成公司 + 农户的产业化运营模式。同年，离石区家禽存栏 315953 羽，全部为鸡，其中蛋鸡 295953 羽。2009 年末，饲养 2000 羽以上的蛋鸡养殖户 38 户，存栏 227266 羽，占蛋鸡存栏总数的 76.79%；饲养 5000 羽以上的肉鸡养殖户 1 户，存栏 2 万羽，占肉鸡存栏总数的 100%。2010 年，区政府印发《离石区关于加快发展规模健康养殖的实施意见》，重点支持大象农牧科技有限公司 20 万羽肉种鸡养殖基地年内达产达效，带动吴城、信义、田家会为主的乡镇（街道）建设一批标准化猪鸡养殖小区（场），将信义镇严村、吴城镇街上、上王营庄等 11 个整村推进村列为规模健康养殖重点示范村，作为一项支柱产业予以扶持。新建肉鸡鸡舍建筑面积达到 1000 平方米的养殖小区（场），年出栏达 4 万羽以上，每羽出栏肉鸡补助 2 元；新建蛋鸡鸡舍建筑面积达到 750 平方米的养殖小区（场），年存栏达 1 万羽以上，每只蛋鸡补助 10 元。2010 年，离石区南海滩养殖场建成年出栏 100 万羽的肉鸡养殖场。2011 年，离石区建设 20 万套肉种鸡场项目并投产运营。该项目实施地位于吴城镇任家塔村南海滩自然村，由吕梁市大象农牧科技有限公司具体实施。项目总投资 2200 万元，购置各类设备 1524 台（套），运输车 8 辆。2011 年完成投资 2090 万元，修建鸡舍建筑面积 9300 平方米，附属设施建筑面积 800 平方米。

2012年，区政府印发《离石区关于设立养殖风险保障金的实施方案》，建立猪鸡养殖死亡风险保障金，规定对存栏达5000羽以上的蛋鸡养殖场（户）或存栏达1万羽以上的肉鸡养殖场（户），因发生重大动物疫病进行扑杀无害化处理或强制免疫应激（过敏）反应死亡的，蛋鸡每羽补贴10元，肉鸡每羽补贴5元；因暴雪、暴风、暴雨、山体滑坡等不可抗拒的自然因素造成鸡死亡500羽以上的，按疫病风险的80%予以补贴；在养殖生产过程中因应激等客观因素引发的鸡死亡500羽以上的，按疫病风险的50%予以补贴。同时，印发《离石区规模健康养殖小区（场）奖补实施细则》，规定蛋鸡养殖小区（场）鸡舍建筑面积在750平方米以上，存栏1万羽以上；肉鸡养殖小区（场）鸡舍建筑面积在1000平方米以上，每批存栏1万羽以上，年出栏4万羽以上。达到奖补必备条件且验收合格的，每羽出栏肉鸡补助2元，每羽蛋鸡补助10元。2012年，吕梁市离石区南海滩养殖场20万羽肉鸡养殖场建设项目各项附属设施建设全部完工，占地3.67公顷，建筑面积15653平方米，达到存栏肉鸡20万羽，年出栏肉鸡达120万羽的生产规模。该场成为全区肉鸡产业化经营的标准化示范场，带动发展肉鸡养殖9户，形成年出栏肉鸡228万羽的养殖规模，取得良好的养殖效益，初步形成公司+农户的产业化运营模式。2012年，全区养殖2000羽以上的蛋鸡养殖户46户，存栏300407羽，占存栏总数的63.38%；5000羽以上的肉鸡养殖户3户，存栏53000羽，占存栏总数的100%。2013年，离石区利用价调基金扶持10户蛋鸡养殖户开展扩建项目，开展贴息贷款及帮扶企业活动。同年，新增蛋鸡15万羽。3月15日，离石区养鸡协会成立，会员达100余户。截至2015年底，离石区有家禽675600羽，是2000年的2.44倍。

兔 1978年，离石县养兔24787只。1985年，离石县养兔9286只。20世纪80年代，兔肉是出口紧缺物资，国家制定养兔的优惠政策，刺激养兔业的发展。1986年，西属巴镇共养兔2200只。但因兔病不能得到有效防治，90年代后期，境内兔饲养量逐渐减少。1990年，离石县养兔1537只。2005年，吴城镇王营庄养殖獭兔达3000只。2015年后，全区基本无人饲养兔。

蜜蜂 1978年，离石县养蜂983箱。20世纪80年代，全县部分农户开始规模养蜂。1985年，养蜂1156箱，当年产蜂蜜19.78吨、蜂蜡1.35吨。1990年，养蜂932箱。2009年，离石区养蜂136箱，当年产蜂蜜3吨。

其他 进入20世纪80年代，离石县饲养种类增多，80年代后期，上水西、瓦窑坡村开始出现养貂户；吴城开办鹿场，养鹿50只；李家沟1户村民养鸽400羽。

区域分布

1980年，根据《离石县畜牧业资源调查及区划》，把全县分东山地区（吴城、小神头、王营庄）、西山地区（坪头、枣林、枣瑜、结绳焉）和沿川地区等3个畜禽分布区域。其特点是：东部土石山区，天然草场分布面积较大，牧草丰富，发展畜牧业有较好的优越条件，区内畜种以牛羊居多，其中牛存栏数可占全县的38%，羊存栏数可占全县的37%。中部三川河谷区，为全县农业发达区，畜、禽分布比例均高：牛存栏数占全县的46.5%、驴存栏数占全县的72.1%、马存栏数占全县的71.2%、骡存栏数占全县的80%、猪存栏数占全县的73.4%、鸡存栏数占全县的71.8%、羊存栏数占全县的48.1%。西部黄土丘陵沟壑区，水土流失严重，植被稀少气候干燥，水源奇缺，粮产低而不稳，禽畜比例均低。牛存栏数占全县的15.5%，羊存栏数占全县的14.9%。

1979年离石县畜禽区域分布情况表

表8-25

区域		东山	沿川	西山	全县
牛	数量（头）	2025	2482	829	5336
	占比（%）	38	46.5	15.5	100
驴	数量（头）	183	738	102	1023
	占比（%）	17.9	72.1	10	100
马	数量（匹）	62	161	3	226
	占比（%）	27.4	71.2	1.4	100
骡	数量（头）	31	356	27	414
	占比（%）	7.5	86.0	6.5	100
猪	数量（头）	3177	18100	5026	26303
	占比（%）	10.3	73.4	16.3	100
羊	数量（只）	29310	38125	11827	79262
	占比（%）	37	48.1	14.9	100
鸡	数量（羽）	13833	52553	10352	76738
	占比（%）	16.1	71.8	12.1	100

2009年，离石区优化养殖区域布局，建立畜禽生产基地。结合地理位置和资源状况，牛羊养殖分布在牧草资源充足的大小东川一带；猪鸡养殖坚持远离交通要道、人口密集区的原则，根据各乡镇（街道）的实际条件进行合理规划；水资源比较匮乏的西山地区应适度发展特种养殖和小型养殖。2009年，初步形成以田家会、交口、信义、吴城两街道两镇为主的生猪养殖基地，以西属巴、城北、凤山、莲花4个街道为主的蛋鸡养殖基地，以吴城、信义、枣林两镇一乡为主的牛羊养殖基地，逐步形成规模大、产品优的畜禽生产区域布局，实现经济效益、社会效益和生态效益的协调统一。

1949—2015年离石区（县、市）畜禽存栏数表

表 8-26

年份	猪（头）	羊（只）	其中绵羊（只）	大牲畜（头）	其中							家禽（羽）
					牛（头）	马（匹）	驴（头）	骡（头）	从事劳役大牲畜（头）	能繁殖的母畜（头）	当年仔畜（只）	
1949	3399	49881	8462	5583	—	—	—	—	4852	614	—	—
1950	3490	50603	8426	5669	—	—	—	—	4811	661	—	—
1951	3695	50662	7878	5679	—	—	—	—	4797	1137	—	—
1952	3624	50769	8071	5642	—	—	—	—	4766	726	—	—
1953	3886	52717	5935	5701	—	—	—	—	4848	668	—	—
1954	3901	54346	8056	5677	—	—	—	—	4688	590	—	—
1955	4149	55393	7677	5531	—	—	—	—	4596	664	—	—
1956	4218	54140	8400	5213	—	—	—	—	4446	727	—	—
1957	4570	55873	7686	5063	—	—	—	—	4208	798	—	—
1958	5473	57184	8114	5029	—	—	—	—	4215	756	—	—
1959	6106	59078	8904	4795	—	—	—	—	3984	737	—	—
1960	4565	60553	9634	4891	—	—	—	—	3983	973	—	—
1961	2211	56508	6296	4909	—	—	—	—	4003	679	—	—
1962	3028	52075	7437	4611	—	—	—	—	3835	563	—	—
1963	4218	55612	7151	4549	—	—	—	—	3718	673	—	—
1964	9620	58169	8206	6740	—	—	—	—	3754	894	—	—

续表 8-26

年份	猪（头）	羊（只）	其中绵羊（只）	大牲畜（头）	其中							家禽（羽）
					牛（头）	马（匹）	驴（头）	骡（头）	从事劳役大牲畜（头）	能繁殖的母畜（头）	当年仔畜（只）	
1965	9503	63106	9980	5549	—	—	—	—	3965	1324	—	—
1966	7248	65098	10188	5714	—	—	—	—	4104	1347	—	—
1967	13218	79507	11494	6234	—	—	—	—	4425	1235	—	—
1968	14218	76189	9483	6025	—	—	—	—	4471	1085	—	—
1969	13084	73655	10787	5948	—	—	—	—	4006	1194	—	—
1970	12553	77468	8670	5985	—	—	—	—	4115	1164	—	—
1971	12903	84370	9694	6347	5333	110	824	80	4246	1245	—	—
1972	16145	85147	7099	6690	—	—	—	—	4525	1185	—	—
1973	16796	88737	7122	6670	—	—	—	—	4396	1133	—	—
1974	18960	94301	7419	6921	—	—	—	—	4626	1280	—	—
1975	21210	99668	8815	6830	—	—	—	—	4610	1158	—	—
1976	26044	92290	9820	7060	5294	354	1090	303	3804	1199	375	—
1977	25039	89831	20065	6936	5223	312	1062	319	4585	912	—	—
1978	24965	85585	9002	7177	5366	313	1101	397	5000	835	—	71000
1979	26303	79262	9989	7016	5336	226	1023	414	4895	825	—	—
1980	21012	72245	7540	7182	5799	211	710	462	5121	1075	361	—
1981	17979	63759	7758	6664	5476	212	358	618	5130	1034	299	—

续表 8-26

年份	猪（头）	羊（只）	其中绵羊（只）	大牲畜（头）	其中							家禽（羽）
					牛（头）	马（匹）	驴（头）	骡（头）	从事劳役大牲畜（头）	能繁殖的母畜（头）	当年仔畜（只）	
1982	16776	61670	8185	6945	5636	249	259	801	4891	1092	315	—
1983	16797	42535	8315	7595	6165	307	206	917	5411	1503	461	117284
1984	14034	23591	6956	7808	6437	269	153	949	5567	1546	536	135412
1985	15923	30400	10200	8400	6900	235	100	1165	5900	1800	700	133000
1986	16109	37283	13116	9140	7481	218	98	1343	5585	2193	911	146315
1987	12962	47104	16235	9072	7250	229	87	1506	5601	1850	916	141059
1988	10018	59088	19159	9044	7379	161	85	1419	5706	1720	687	158000
1989	11341	70330	20579	8898	7335	112	72	1379	5652	1577	707	140000
1990	11688	65351	14975	8810	7085	131	83	1511	5883	1536	740	156945
1991	10707	60505	12886	8525	6702	154	77	1592	5526	1392	706	141000
1992	12303	56057	12515	8609	6762	132	79	1635	5674	1367	726	152000
1993	13930	57112	10506	8855	6861	132	88	1774	6043	1325	740	170000
1994	15187	63733	11418	9615	7546	130	64	1875	5708	1623	816	193000
1995	16995	68611	12489	10415	8246	130	46	1970	5877	2109	1121	236000
1996	15825	73799	11195	10407	8208	131	62	2006	5939	2103	1118	275000
1997	10251	55965	5584	8617	7197	123	50	1247	4585	1988	1017	252000
1998	10251	56074	5585	8617	7197	123	50	1247	8567	—	—	246233

续表 8-26

年份	猪（头）	羊（只）	其中绵羊（只）	大牲畜（头）	其中							家禽（羽）
					牛（头）	马（匹）	驴（头）	骡（头）	从事劳役大牲畜（头）	能繁殖的母畜（头）	当年仔畜（只）	
1999	11785	54015	5300	7935	6780	128	39	988	4433	—	—	244991
2000	12239	55866	6341	7929	6826	133	28	942	4289	—	—	276560
2001	12078	62591	5101	7638	6532	124	31	763	4128	—	—	282416
2002	14686	37349	3685	7011	6168	132	16	695	3769	—	—	291976
2003	12936	30604	2803	6609	5828	118	10	653	3525	1347	510	256752
2004	12049	29499	2980	6414	5679	118	4	613	3032	1166	572	261209
2005	11790	28007	2968	5599	5042	81	—	476	2559	1579	566	266233
2006	11037	26536	2180	5224	4729	76	—	419	2632	1406	566	245905
2007	10544	30408	2311	4798	4341	80	—	377	2475	1249	508	286091
2008	10866	28496	1278	4444	3993	76	—	375	2533	1309	675	283710
2009	15566	31740	930	5501	5110	78	10	303	—	2159	918	315953
2010	15933	26971	342	5724	5545	5	10	164	2305	—	—	298365
2011	22986	27199	251	6804	6648	5	10	141	1767	—	—	508000
2012	33505	30737	2230	6307	6177	5	—	125	249	—	—	527000
2013	28668	35838	11881	—	4413	—	—	—	—	—	—	878900
2014	30101	37630	—	—	4965	—	—	—	—	—	—	719637
2015	34457	63298	753	6388	6346	8	2	32	—	—	—	675600

1979—2015年离石区（县、市）主要畜禽产品统计表

表 8—27　　　　单位：吨

年份	猪肉产量	牛肉产量	羊肉产量	禽蛋产量	牛奶产量	羊毛产量	羊绒产量
1979	653.2	3.6	83.05	—	7.6	16.71	6.13
1980	673.35	0.65	63.6	—	22.9	14.2	4.2
1981	893.3	1.9	101.2	0	24	25.65	7.45
1982	689.55	4.5	99.9	149.75	50.95	24.35	6.2
1983	639.75	11	168.7	217.25	52.5	18.95	4.3
1984	1044.9	17.55	257.25	380.85	63.45	16.95	5
1985	1150	50	67	315	47	16	2
1986	1126.4	32.6	140.4	358	66.2	21	3
1987	1021.9	89.8	128.5	423	52	24.7	3
1988	700	60	159	474	135	31.1	6.1
1989	651	38	204	589	94.6	39.2	7.38
1990	733	64	340	486	73.6	45	7.78
1991	813	104	340	542	69.1	29.5	6.11
1992	808	73	277	534	28.9	28.8	6.51
1993	904	70	334	627	24	28.5	7.8
1994	1017	78	257	681	30	35	10
1995	1155	104	298	903	49	37	11
1996	1140	93	311	1006	45	41	13
1997	628	129	214	1027	133	22	7

续表 8-27

年份	猪肉产量	牛肉产量	羊肉产量	禽蛋产量	牛奶产量	羊毛产量	羊绒产量
1998	835	116	140	887	327	24	—
1999	1185	94	253	968	327	26	—
2000	1049	148	342	1322	458	20	—
2001	1175	149	429	1964	479	22	—
2002	963	103	351	1724	518	34	—
2003	1130	101	224	1694	493	12	4
2004	1207	169	208	1659	669	12	5
2005	1293	130	159	1617	648	11	4
2006	1259	98	192	1890	682	8	1
2007	1142	126	183	2159	491	12	2
2008	1032	109	202	1919	594	9	—
2009	1451.7	74.6	236.5	2819.4	2425.3	14.9	5.5
2010	2124.9	166.98	307.1	2872.56	2751.38	10.98	2.19
2011	1899.39	271.04	252.3	3095.7	1140.4	10.4	4.3
2012	2100	458.66	169.85	3992.27	1196.46	23.67	5.51
2013	3529.8	176.2	324.6	4585.8	282.4	23	6
2014	3371	145	374	4915	306	—	—
2015	3768.2	187.3	517.8	4219	485	26.67	6.77

第三节 疫病防治

疫病

民国年间，离石境内数次流行畜禽瘟疫，主要有牛瘟（烂肠瘟）、牛气疽（烂腿病）；猪瘟、炭疽；马腺疫；牛、羊流行性感冒，羊疥癣，羊痘，牛、羊口蹄疫；鸡瘟等传染病。疫病流行时，有的整村牲畜全部死亡。

20世纪50年代，国营方山羊场发生布氏病，处理细毛羊千余只。

1966—1976年，山羊发生胸膜肺炎传染，发病羊2万余只。1978—1982年，猪染病500余头，羊染病1000余只。1980—1983年，县畜牧局进行畜禽流行疫病和寄生虫病普查。其中有猪瘟、猪疫、猪流感，猪传染性胃肠炎，猪气喘病、猪水泡病；羊、牛布氏杆菌病；羊传染性胸膜肺炎，羊痘，羊快疫，羊结核，牛放线菌病，鸡霍乱等23种，寄生虫病8科9属9种和8种中毒性病症。1985年，羊肠毒症致羊死亡100只，羊疥癣又有发生。

2003年，离石市城区街道下水西村发生猪口蹄疫疫情。

2004年，离石区发生禽流感疫情；吴城镇上三交村发生口蹄疫疫情。2007年，发生禽流感、布氏杆菌、猪蓝耳病疫情。5月，上安村发生严重鸡瘟疫情，传染鸡瘟的鸡达100万羽，病死的达7万—8万羽。

防治

民国年间，县境无专门兽医机构，只有少数民间兽医，走村串户、只治不防，一旦疫病流行，很难控制。

中华人民共和国成立后，党和人民政府十分重视畜禽疫病防治，县畜牧局下设畜禽防疫站，贯彻“预防为主、防治结合”的方针。

20世纪50年代，全县普遍对畜禽流行病进行疫苗接种和布氏病检疫。

20世纪70年代，对90%以上畜禽进行瘟病预防接种，县畜牧防疫站、县兽医院和公社兽医人员进行“百病验方经验交流汇集”，编印《离石县兽医百病验方汇丛》一书。1970年起，全面推广畜禽春秋两季疫苗预防注射，猪瘟和羊传染性胸膜炎逐步减少，牲畜的发病率和死亡率逐年下降，基本结束过去畜禽疫病成灾局面。

1990年，全县已控制或基本控制猪瘟、猪气喘，羊肠毒血症，羊快疫，牛羊布氏菌病，禽霍乱、鸡瘟等流行疫病。20世纪90年代后期，离石市应急重大动物疫病防控工作领导组成立，组建防治重大动物疫病应急预备队，并储备应急防控物资。2002年，离石市注射禽流感疫苗的鸡247600羽，免疫密度95%。注射口蹄疫疫苗的牛2950头，免疫密度75%。注射口蹄疫疫苗的羊37000只，免疫密度82%。注射口蹄疫苗的猪4330头，免疫密度71%。疫情监测中，共采集畜禽样本7456头份。2003年，离石市开展奶牛布氏杆菌、结核病监测。同年，根据国家动物免疫标识管理办法和设施方案，对国家规定实行强制免疫的动物实行佩戴免疫耳标，建立免疫档案。

2004年3月，吴城镇上三交村发生口蹄疫疫情后，市政府组织相关部门对疫区牲畜进行扑杀、深埋和消毒，并设卡严禁牲畜出入。2005年，离石区注射口蹄疫疫苗的动物33903头（只），免疫密度99.3%。注射猪瘟疫苗的猪6869头，免疫密度92%；注射猪丹毒疫苗的猪6440头，免疫密度79.5%；注射副伤寒疫苗的仔猪2609头，免疫密度84.7%；注射猪肺疫苗的猪5060头，免疫密度62.5%。注射羊痘疫苗的羊1107只，免疫密度36.4%。注射鸡新城疫疫苗的鸡163745羽，免疫密度98.1%。2006年，区动物卫生监督所勘查审核有关畜牧场所的动物防疫条件，对符合条件的和符合省市有关要求的，发放动物防疫条件合格证。2007年，离石区动物疫情测报站在交口镇建成。2007年5月16日，在西属巴街道上安村和城北街道的李家沟、下安村、后赵家庄先后连续发生笼养鸡疫情，其中西属街道扑杀鸡3.2万羽，无害化处理鸡粪便26吨，城北街道扑杀鸡3.85万羽，无害化处理鸡粪便28吨。8月初，信义镇益欣养殖场又发生牛布病，扑杀牛26头。2007年9月，区畜牧局原兽医防治站更名为动物疫病防控中心。2008年4月3日，离石区重大动物疫病防控指挥部印发《吕梁市离石区防治重大动物疫病应急预案》，成立应急工作领导组、疫情应急指挥和保障系统，制定应急预案，并储备8.9万余元的应急防控物资。同年，交口兽医站、凤山兽医站、吴城兽医站、枣林兽医站、红眼川兽医站、西属巴兽医站、城北基层兽医站建成。2009年，离石区动物二维码耳标佩戴率达75%，健全畜禽免疫档案，形成可追溯的动物疫病预防体系。至2009年10月20日，离石区注射口蹄疫疫苗的牛9121头，注射口蹄疫疫苗的羊55070只，注射口蹄疫疫苗的猪27892头、猪瘟疫苗的猪28291头、高致病性猪蓝耳病疫苗的猪27919头，注射高致病性禽流感疫苗的鸡549117羽，注射鸡新城疫疫苗的鸡247493羽，免疫率均达到应免数的100%。全区畜禽圈舍消毒面积312万平方米。同年，共采集畜禽血清1563份。其中，猪的血清356头份，牛的血清321头份，羊的血清432只份，鸡的血清454只份，抗体监测合格率达到78%，未发现染疫畜禽。同时，坚持疫情举报检查制度和24小时值班制度。同年，全区动物二维码耳标佩戴率达90%。2010年，实行对规模户程序化免疫、散养户秋季集中免疫和月月适时补针制度。区动物疾病预防控制中心共下发消毒液2吨，采取预防消毒和集中消毒（每月15日）相结合的方式，对全区各类养殖户的饲养环境进行彻底的消毒，消毒面积达130万平方米。至2010年，全区畜禽的口蹄疫、禽流感、猪蓝耳病、猪瘟、鸡新城疫等重大疫病的免疫密度均达到100%。2011年11月27日，区畜牧兽医局和区扶贫办联合举办畜牧兽医实用技术培训，主要对乡镇畜牧兽医技术人员、村级防疫员和规模养殖大户进行畜禽饲养管理、疫病防控、畜产品质量安全、规模健康养殖等方面的培训。

2013年，离石区进行易感动物全覆盖免疫接种。用口蹄疫O型—亚1型二联苗8.9万毫升，免疫接种黄牛 7935 头、奶牛 378 头、羊 83842 只，免疫密度均达 100%；用 A 型口蹄疫疫苗 3.5 万毫升, 免疫奶牛 378 头, 免疫密度达 100%; 用猪 O 型口蹄疫疫苗 11.2 万毫升, 免疫接种猪 71272 头，免疫密度达 100%；用猪高致病性蓝耳病疫苗 5.2 万毫升，免疫接种猪 71242 头，免疫密度达 100%；用猪瘟疫苗 21.5 万头份，免疫接种猪 71126 头，免疫密度达 100%；用禽流感疫苗 45.2 万毫升、鸡新城疫 l 系疫苗 91 万羽份，分别免疫接种鸡 1034650 只，禽流感疫苗、鸡新城疫疫苗免疫密度均达 100%。同时，对新补栏畜禽进行补免。其中，注射高致病性禽流感疫苗的鸡 68601 羽，新城疫疫苗的鸡 17224 羽；注射高致病性蓝耳病疫苗的猪 1622 头、口蹄疫疫苗的猪 1920 头、猪瘟疫苗的猪 1488 头；注射口蹄疫疫苗的肉牛 791 头、奶牛 66 头、羊 3118 只。下发可佳等专用消毒液 400 千克，对圈舍、场区、通道进行全面彻底的消毒，消毒面积达 834667 平方米。其中，规模场 219 场 / 次，散养户 6685 户 / 次。同年，全区规模养殖场出栏牲畜耳标佩戴率达 100%。2015 年，全区佩戴耳标的猪 77248 头、挂标率达 93.7%；佩戴耳标的牛 3100 头；挂标率达 45%；佩戴耳标的羊 13200 只，挂标率 76.8%。

第四节 检疫监督

检疫

20 世纪 50、60 年代，乡镇兽医站均承担检疫任务，县食品公司设有检疫点。

20 世纪 70 年代末，集市贸易开放，离石县动物检疫站 (与县畜禽防疫站一套人马、两块牌子) 成立，对全县所有猪羊牛肉进行检疫。1990 年，离石县开始屠宰检疫，后中断。

1996 年，开始屠宰检疫，后中断。1999 年，再次开始屠宰检疫，动检人员每天深入定点屠宰场进行屠宰检疫，严把“四关”，即入场宰前检疫关、宰后产品检疫关、不合格畜禽及其产品无害化处理关、出证和加盖验讫印章关，确保屠宰检疫率 100%、出场产品持证率 100%、病害畜禽及其产品无害化处理率 100%。2002 年，离石市共检疫生猪 7890 头、羊 1380 只，发放动物防疫合格证 25 份。

2008 年，离石区共检疫生猪 22510 头，对其中 4 头染疫病猪进行无害化处理；检疫羊 946 只。2009 年, 配备村级动物防疫员 89 名, 形成区、乡、村三级联动的动物防疫体系。同年，共检疫生猪 24406 头、羊 465 只。同年，开展产地检疫工作。乡镇产地检疫率达到 95%。2010 年，各乡镇、街道产地检疫工作全面铺开，严格执行检疫申报制度，全区在 12 个乡镇、街道共设置报检点 31 个。2011 年开始, 离石区承担全国的动物疫情监测点的疫情测报任务，定点定时对全区各类畜禽血清抗体开展检测，合格率达 70% 以上。

2012 年，区畜牧局建成畜产品质量检测室，配备酶标仪等检测设备 2 台和检测技术人员 2 名。乡镇（街道）建立畜产品质量安全监管站（与畜牧兽医站一套人马、两块牌子），并制定畜产品质量安全监测计划，配备快速检测试剂 3505 支。全年屠宰检疫生猪 11977 头、羊 133 只，进入屠宰场的活畜做到有检疫证、有标识、有制度、有设备、有“瘦肉精”检测记录。2013 年，全区屠宰检疫生猪 14938 头、羊 81 只，对屠宰生猪进行“盐酸克隆特洛”“莱科多巴胺”“沙丁胺醇”抽检 5797 头份。2014 年，共检疫屠宰生猪 9986 头，“瘦肉精”抽检 1475 头，检出病害猪肉 480 千克，全部按规定进行无害化处理。对信义镇西华镇村的养殖农民非法调入的羊群开展审查，并对引进的 340 只羊进行隔离检疫，未发现有传染病。2015 年，共检疫屠宰生猪产品 561200 千克，进行“瘦肉精”抽检 2371 头，屠宰动物的受检率达 100%，检疫出证率达 100%。全年共无害化处理病死猪 4089 头。

畜产品质量安全监管

2006 年，区畜牧部门与饲料兽药经营门店、畜牧经纪人、规模养殖场逐年签订安全责任状，从制度上保证不发生畜产品质量安全事件。2008 年后，区动物检疫部门对畜产品市场流通进行监督检查，特别是北京奥运会期间，将城区划片，人员分组，一级抓一级，层层抓落实，对活禽市场的动物产品加工场所消毒 223 次，对 269 个饭店、35 个水产门市部、9 个超市、19 个学校灶、9 个“下水”加工户、6 个农贸市场进行不间断的巡回检查，查处不合格动物产品 300 千克。同时，对各类市场共消毒 62 次。2011 年，区动物卫生监督所对活禽市场动物产品加工场所消毒 300 余次，对全区 415 个饭店、97 个水产门市部、9 个超市、33 个学生灶、9 个脏器加工户、6 个农贸市场进行不间断的巡回检查，查处不合格动物产品 720 千克。

2012 年，共出动执法车 347 台次、执法人员 1661 人次开展市场检查，检查宾馆、饭店、农贸市场、超市等动物产品经营场所 1093 次，没收未经检疫猪肉 108 千克、羊肉 26 千克、牛肉 34 千克、羊肉卷 30 合，对不守法经营的单位、个人下发责令整改通知书 234 份。2013 年，重点以乡镇、村的养殖场、户开展监管。共出动执法车 245 台次、执法人员 945 人次进行市场检查，对未经检疫猪肉、羊肉、牛肉、羊肉卷进行没收，集中销毁。2014 年，开展兽药专项整治行动，共出动车辆 145 台次，执法人员 205 人次，检查饲料经销点 6 个，兽药 GSP 认证经营企业 8 家，查处经营假劣兽药案 1 起，没收假劣兽药 1 盒，罚款 540 元。对全区规模养殖场（户）开展检查，签订保障饲料、兽药质量安全责任书 328 份，鲜乳质量安全责任书 18 份。2014 年，落实养殖情况监督核查台账制度。检查规模养殖，经检查，各养殖场（小区）、散养户对病死动物均按照无害化处理规定进行处理没有发现随意乱丢乱弃病死动物的现象。2015 年，全年共出动车辆 325 台次，执法人员 842 人次，检查饲料经销点 6 个，兽药 GSP 认证经营企业 8 家，查处经营假劣兽药案 2 起，查处过期及不合格兽药 187 盒。对全区规模养殖场 1700（户）进行检查，并提出整改建议 3000 余条，整改率达 90% 以上。

奶业 投入品管理

2006 年，离石区开始对饲料兽药经营门店，规模养殖场户饲料兽药经营药物和屠宰生猪进行监管。2008 年 9 月 19 日，区畜牧兽医局召开紧急会议，成立生鲜牛奶生产和安全监督员和技术骨干进驻奶牛养殖户进行监管和指导。同年 10 月，各养殖场（户）健全养防疫档案，办理卫生许可证、动物防疫合格证、从业人员健康证。2009 年，各动物卫生监督站深入全区 39 个奶牛养殖场（户）进行拉网式排查，共检查饲料经营门店 14 户、兽药经营门店 8 户，与兽药经营户签订了兽药安全承诺书，和饲料经营户签订保障饲料安全责任状。另外，各乡镇卫生监督站对各自辖区内的规模养殖户自配料进行全面检查，共检查 149 户。2011 年，制定《2011 年离石区生鲜乳专项整治行动实施方案》和《2011 年离石区畜禽投入品质量安全整治方案》《离石区严厉打击生猪“瘦肉精”监管整治行动实施方案》《离石区“瘦肉精”等违禁药品中毒事件应急预案》，区级实行划片包乡监管责任制，乡镇实行包村督户制。3 月 16 日，区动物卫生监督所对“双汇”“雨润”等冷鲜肉专卖店下达书面通知，要求其暂时停止销售“双汇冷鲜肉”，凡日后购进的“冷鲜肉”除持有出区境动物产品检疫合格证明和动物及动物产品运载工具消毒证明外，必须持有“瘦肉精”检测证明，否则一律不准出售。3 月 18 日后，区畜牧兽医局动物检疫人员提前 1 小时进入屠宰场进行宰前检疫，凡是没有产地检疫证明和耳标的生猪一律不得进场屠宰。2011 年，对全区 50 头以上的生猪开展“瘦肉精”检测 62 户，抽样检测 166 头份，未发现使用瘦肉精。

2012 年，区动物卫生监督所召集饲料、兽药经营户召开年度饲料、兽药、生鲜乳工作会，签订责任状。养殖场责任书 160 份，奶牛养殖场（户）档案表 30 份，生鲜乳质量安全责任书 26 份，兽药经营户签订责任书 9 份，保障饲料质量安全承诺书 182 份。区畜牧兽医局购买“瘦肉精”快速检测试纸 17000 份，共对屠宰生猪“瘦肉精”检测 5167 头份，对养殖场生猪进行“瘦肉精”尿检，共检测 2804 头份，未发现使用瘦肉精。对全区 17 个饲料、兽药经营单位进行备案登记，9 个兽药经营单位通过认证。组织开展三聚氰胺监测工作，共监测 180 份。对全区奶牛开展检测，共检测 323 头，监测结果均呈阴性。2013 年，出动车辆 7 台次，执法人员 14 人次，检查饲料经销点 3 个，兽药 GSP 认证经营企业 4 家。抽检部分养殖场，共对 54 头猪抽检“瘦肉精”， 20 头猪抽检“三聚氰胺”， 未发现使用瘦肉精、三聚氰胺。2014 年，区畜牧兽医局配合吕梁市动物卫生监督所先后开展二次抽检活动，共抽取饲料、饲料添加剂、肉品、生鲜乳、尿等样品 69 份，用于兽药残留、三聚氰胺、瘦肉精等违禁物质的监测。同时给乡镇站发放“瘦肉精”检测卡 2732 只，抽检 976 头。全区奶牛 104 头，进行“三聚氰胺”抽检 36 头，经检测，检测结果均为合格。2015 年，配合市动物卫生监督所先后开展抽检活动 2 次，共抽取饲料、饲料添加剂、肉品、生鲜乳、尿等样品 96 份，监测兽药残留、三聚氰胺、瘦肉精等违禁物质。

第五节　养殖企业

离石县畜牧场

1960年，离石县畜牧场成立，场址在小神头乡康家岭村，山场在西华镇村和庙底村，先以养马为主。1975年，该场养马40余匹，后以养牛为主，1985年，养牛50余头。1990年，养马70匹、牛100头，种地20公顷。另设油坊、粉坊。有拖拉机3部，共有固定资产20余万元。每年国家给予补贴万元左右。全场有职工30人。截至2015年底，该企业未实行改制。

离石县奶牛厂

1980年建场，场址设在五里铺村。田家会镇有土地6.67公顷，1985年养奶牛28头，1990年有44头。截至2015年底，该企业未实行改制。

吕梁市益得利种猪有限公司

1998年，吕梁市益得利种猪有限公司创建，是集种猪、商品猪繁育、饲料加工与销售、合作社发展于一体的综合性养殖企业。2001年，公司通过ISO 9001质量管理体系认证，是吕梁市星火项目基地、山西农大科教基地、中央和省生猪活体储备基地、省农业厅生猪核心育种场、省现代农业产业技术体系生猪产业技术体系示范基地、荷兰托佩克山西繁育基地、全国养猪协会理事单位和国家扶贫龙头企业。2010年，该公司在原年出栏万头猪规模基础之上，在信义镇宝峰山脚下塔则沟村万亩天然林区扩建5000头母猪繁育基地、10万头生猪养殖基地。2011年，该公司建成离石区第二个存栏5000头的种猪场。公司建有实验室，拥有一批先进的仪器设备，足不出场即可做病理分析和饲料检测，实现诊断、治疗、检测全覆盖。为了减少疾病的传播和扩散，公司严格按照国家规定，对病残死猪的尸体和过期的兽药、疫苗、注射后的疫苗瓶、药瓶及生产过程中产生的其他弃物，全部采用焚炉的方式进行无害化处理。2015年，该公司形成年出栏15000头的育肥基地和存栏5000头的母猪繁育基地，品种有杜洛克（红、白）、长白、大白、苏太、托佩克。

畜牧经济组织

2006年，信义耀华生猪养殖合作社成立。至2009年，全区共培育创建养殖专业合作社45个，其中当年培育创建养殖专业合作社22个。2013年末，全区各类畜牧经济组织达136个，其中养殖专业合作社93个，其他畜牧经济组织43个（场、公司、基地、小区等）。规模养殖总户数达476户，占全区养殖总户数1570户的30.3%。截至2015年底，全区有从事畜牧业农民合作社 177 户。

吕梁市大象农牧科技有限公司

2009 年 6 月，吕梁市大象农牧科技有限公司成立，场址设在离石区吴城镇驿沟农业示范园区，注册资金 1000 万元，占地面积 6 公顷。2010 年 2 月试生产，是国家级农业产业化重点龙头企业——山西大象农牧集团公司旗下的专业化、现代化、标准化的新型畜禽养殖企业。建成 1 个年出栏 10 万头仔猪的良种猪生产基地和 1 个年出栏 100 万—120 万羽肉鸡的养殖基地。种猪场生产基地设立在离石区吴城驿沟农业园区。包括 1 个存栏 5000 头的良种猪场和 1 个年出栏 10 万头仔猪的保育场。总建筑面积 34000 平方米，采用国际先进的全封闭、全自动化饲养方法，有全自动料线 36 套，自动通风设备 288 套，产床 1440 套，保育床 960 套，料塔 36 个、自动排粪系统 36 套，设施齐全、自动化程度高。公司的种猪来自美国具有 120 年历史的老牌育种企业 Waldo（华多公司），保证仔猪具有生长快、抗病力强、瘦肉率高的优秀基因。该公司的种猪饲喂系统全部采用德国 Big Dutchman（大荷兰人公司）全自动智能化的饲喂管理设备。Big Dutchman 是全球养猪、养禽设备的主导公司，在全球范围内 Big Dutchman 标志着科技、质量的保证。猪舍全部采用节能地暖供热系统，以国际流行的“水泡粪”排污技术，达到节水环保的标准。与青岛大牧人公司合作开发出自动温控排风降温设备，确保猪舍保持最佳的生产状态。截至 2015 年底，公司种猪场生产基地有后备舍 1 栋，可存栏后备母猪 300 头；配怀舍 2 栋，可存栏能繁母猪 1300 头；妊娠舍 4 栋，可存栏能繁母猪 2300 头；公猪舍 2 栋，可存栏公猪 58 头；分娩舍 3 栋，可存栏能繁母猪 960 头，仔猪 8700 头；保育舍 3 栋，可存栏仔猪 12000 头。有全自动料线 36 套，自动通风设备 288 套，产床 1440 套，保育床 960 套，料塔 36 个，自动排粪系统 36 套，设施齐全、自动化程度高。

吕梁市蔡家崖农牧科技有限公司

成立于 2014 年 3 月，位于离石区长治路下水西村，注册资金 3000 万元，占地面积 3 万平方米。公司在红眼川乡新舍科村建设养羊场，是离石区唯一一家湖羊种羊扩繁基地。2014 年，公司建成全区唯一的绒山羊种羊场，先后引进盖州原种优质绒山羊种羊 300 只，通过杂交选育，形成二级种羊，绒毛产量可达 3—4 斤 / 只，然后向吕梁山区辐射推广，进一步改良本地绒山羊，提高绒、肉质量和产量。公司采取农户养羊，公司提供种羊、技术、资金、草料等，并以不低于市场价回收肉羊、母羊、绒毛等产品。截至 2015 年底，投资 600 余万元，建成羊舍 2000 平方米、运动场 3000 平方米、青贮窖 500 立方米，草棚、饲料库、兽医室、办公用房、消毒设施等生产辅助设施约 640 平方米，存栏羊 1300 余只，年销售种羊1000余只，出栏肉羊2200只，年产绒毛1900千克，年产值达240万元，纯利润达50余万元，带动农户发展养羊10户，户均纯收入达3万元。

吕梁泰瑞农林牧场

位于信义镇康家岭村，是吕梁泰化集团投资建设的一项生态农业示范扶贫项目。于2013年4月启动，占地213.33公顷，投资2600余万元，建成办公生活区、饲料加工区、牲畜养殖区、食品加工区、蔬菜种植区。农场所用土地全部由企业向康家岭村及周边村民租赁，用工优先聘用向农场出租土地的农民，农民不仅获得稳定的土地租金，而且获得可观的工资收入。对未出租土地的农民实行订单农业，并以每千克2元的保底价与农民签订收购玉米协议。扶持本村养殖户，为他们有偿提供鸡苗、猪仔、羊羔，每亩垫资生产资料300元，待农户受益后归还农场垫资款。截至2015年底，该农场有职工85人，主抓种植业、养殖业、加工业、林果业。共种植大棚蔬菜25栋、大田菜和小杂粮26.67公顷、存栏生猪1000头、鸡2万只、羊600只、奶牛10头，年加工农副产品15万千克，造防护林、生态林66.67公顷，栽植经济林66.67公顷，种草33.33公顷，建成绿色循环生态农牧业基地。康家岭村人均年收入达5000余元，比2012年人均收入多出2900余元。

山西鑫嘉盛食品加工有限公司

2015年9月，山西鑫嘉盛食品加工有限公司成立，位于吕梁市离石区田家会街道穆问村，注册资金3000万元，占地面积2.67公顷。2015年10月14日，一期工程屠宰场项目开工建设，12月26日，一期工程投产运营。投资2000余万元，完成6000平方米的土建工程，包括屠宰车间，污水处理车间、供热车间，水、电、暖设施设备配套工程。建成年屠宰15万头生猪的2条生产线，包括屠宰车间、副产品处理间、排酸间、凉肉间等，年可为市场提供猪肉1万吨。

第五章 农 机

第一节 农业生产机具

传统农具

境内传统的耕作农具有犁、耧(单腿、双腿)、手工耙(有6齿、8齿、10齿之分)、畜力耙、锄(有大、小之分)、锹、镢、磙;收打农具有镰(分夏镰、秋镰两种)、碌碡、扇车、木杈、木锹、簸箕、筛子、连枷(落杆)、扫帚、木刮;运输农具有铁轮大车、手推车、担子、箩头、平车、皮车、二轱辘;灌溉农具有辘轳、桲栳、吊杆、桶担;加工农具有石磨、石碾、轧花车、弹花机、铡草刀等,其他工具有刨斧、树铲、瓜铲等。中华人民共和国成立后,随着农用机械的普及,传统农具逐步停用。

耕作机械

20世纪50年代,离石县在全县推广山地步犁、双轮双锥犁。1957年,设在离石王家沟的山西省水土保持研究所首次引进手扶拖拉机1台,主要用于本所科研基地的田间耕作。1958年,离石县引进捷克产PF-6手扶拖拉机,后又引进苏联产DT-20型拖拉机,这些拖拉机除用于耕地外,还代替柴油机进行抽水、磨面、碾米、铡草。

1960年,山西省水土保持现场会在离石召开,培梗器、双翼推土犁等十几种修筑水平梯田的新工具,在离石率先推广使用。1963年,离石县有进口拖拉机3台,即德特2台、乌尔苏斯1台。到1970年,离石境内小手扶拖拉机基本普及,配套的犁、耙、铧、播种机、平地镇压机、磙子等达784台(件)。1970年,离石县最早引进55型、70型秸秆还田机各1台。1976年,离石县有大中型拖拉机86台、2461.52千瓦,其中链轨式11台、584.33千瓦;小型拖拉机61台、538.02千瓦。大中型链轨式拖拉机主要有:东方红-75型9台、东方红-60型2台;大中型轮式拖拉机主要有:铁牛-55型16台、东方红-40型1台、东方红-30型41台、东方红-26型8台、跃进-20型9台;小型拖拉机主要有:工农-11型7台、工农-12型21台、东风-12型2台、胡兰-12型30台。1976年,离石县引进昔阳-10小型链轨拖拉机1台。1978年后的几年间,上级共分配给离石推土装置、平地机、铲运机、开沟犁等50台。1979年,离石县大型拖拉机完好率75%,带病工作的20%,爬窝的5%;小型拖拉机完好率50%,带病工作的20%,爬窝的30%。

20世纪80年代后,城关镇张家庄张晋元3年间购买东方红-60型推土机4台,成为当地农民购机第一人。1990年,离石县个人以自筹资金或贷款方式购置链轨推土机20台。1990年,全县大中型拖拉机为77台,其中农户用大中型拖拉机37台;小型拖拉机为841台,其中农户用小型拖拉机为 788 台。20 世纪 90 年代中期开始，随着机修梯田、农田基本建设的减少，大中型拖拉机的用途逐步降低；而小型拖拉机除耕作外，还可兼作运输工具，小型拖拉机的拥有量迅速增加。

1997 年，离石县农机局被山西省农机局评为推土造田先进单位，山西省农机局奖离石县农机局东方红 –70 型推土机 1 台。2000 年，离石市有大中型拖拉机 58 台 /2160 千瓦，其中：轮式大中型拖拉机 52 台 /1830 千瓦，链轨式大中型拖拉机 4 台 /330 千瓦；有小型拖拉机 1094 台 /11475 千瓦。

2008 年后，离石区建设工程大量增多，也增加大中型拖拉机的用途，大中型拖拉机的拥有量特别是链轨推土机迅速增加。截至 2015 年底，离石区有大中型拖拉机 254 台 /8470 千瓦，其中：轮式大中型拖拉机 190 台 /6174 千瓦，链轨式大中型拖拉机 64 台 /2296 千瓦；有小型拖拉机 916 台 /8896 千瓦。

排灌机械

20 世纪 50 年代，离石县抽水机具使用辘轳井，畜力水车。1955 年，引进水车链条泵。1960 年，推广使用锅驼机和水轮泵、水锤泵、双管抽水机。1965 年，离石县“四泵一机”（水轮泵、水锤泵、三联泵、内燃泵、锅驼机）配套推广领导组成立，“四泵一机”站网普遍开始组建，进行碾米、发电照明、蜗轮、蜗杆喷灌等。1966 年 7 月 19 日，《山西日报》发表毛泽东主席在《中国农村的社会主义高潮》一书中对离山县委写的《依靠合作化开展大规模的水土保持工作是完全可能的》一文的按语，并发表《离石人民重温毛主席的直接指示，大搞“四泵一机”，全面进行山区农田建设》的文章。

20 世纪 70 年代，农用水泵代替传统的提水机具，排灌机械动力普遍使用电动机、柴油机，灌溉有机电灌站和井灌、喷灌。中共十一届三中全会后，因耕地承包，原有的水利设施提水、排灌机械以及电动机柴油机等的使用受到一定制约和影响，排灌机械趋于减少。1985 年，离石县有机电井 167 眼，农用水泵 676 台。1988 年，全县机电灌溉面积 907 公顷。1990 年，有机电井 117 眼，农用水泵 263 台。

2011 年，全区机电灌溉面积 2 万公顷。截至 2015 年底，全区机电灌溉面积 4560 公顷。

加工机械

1955 年，离山县引进手摇玉米脱粒机。1960 年，城关火箭人民公社袁家庄管理区改制用锅驼机带动的一盘动力碾子，每小时可碾谷子 200 千克，比人工碾效率提高 20 倍。1963 年，离石县有加工机械 5 部。1965 年，推广碾米机、磨面机、粉碎机、切草机、黑豆脱粒机。

20 世纪 70 年代，农副产品加工机械基本普及，几乎每个生产大队都有加工机械 1 套，主要加工机械有碾米机、磨面机、榨油机、淀粉加工机、轧花机等。1976 年，离石县有农副产品加工机械 757 台，其中碾米机 269 台、磨面机 454 台、榨油机 6 台。中共十一届三中全会后，个体农副产品加工户增多，碾米机、粉碎机、磨面机、榨油机等数量呈增加趋势。

1996年，离石市有农副产品加工机械824台，其中碾米机273台、磨面机367台、榨油机35台。

截至2015年底，离石区有农产品加工机械1600台，其中粮食加工机械1536台、油料加工机械64台。

农用运输机械

20世纪50年代，离石（山）县农业运输出现马拉平车和胶轮大车。70年代初，主要靠胶轮大车和小平车。70年代中期后，以小四轮、手扶拖拉机为主，汽车也开始走向农业运输，畜力大车减少。1976年，全县有拖车130辆。1978年，离石县拖拉机运输量占总作业量的90%左右，而田间作业量只占总作业量的10%左右，拖拉机的主要用途由农耕变为运输。中共十一届三中全会后，农村实行家庭联产承包责任制，耕地面积划为小块，机耕减少，一部分拖拉机由耕作转向运输，汽车、拖拉机运输取代畜力胶轮大车和小平车。1985年，全县有载重汽车144台，其中农户有载重汽车116台。1990年，离石县拖拉机有1081辆，其中农户有拖拉机993辆；载重汽车有239台，其中农户载重汽车222台；机动三轮车有7台。90年代后，机动三轮车因使用方便快捷，适合山区田间小路行驶，且价格便宜，数量大增。

2000年，离石市有农用运输车3454辆、32715千瓦，机动三轮车2360台、21240千瓦。

截至2015年底，离石区有农用运输车11619辆、198100千瓦，机动三轮车9391台、68187千瓦。

播种 收获机械

1970年后，小麦种植面积增加。离石县引进大型小麦播种机和大型脱粒机。1976年，离石县有小型拖拉机配套播种机11台，收获机械有138台，全部为机动脱粒机。

1996年，离石市有小型拖拉机配套播种机10台，收获机械有48台，全部为机动脱粒机。

2015年，离石区有拖拉机配套播种机84台，其中：精少量播种机7台。同年，收获机械有213台，其中：联合收割机10台/142千瓦，马铃薯收获机23台，机动脱粒机180台/280千瓦。

1985年离石县主要农业机械产权情况表

表8-28

项目		合计	全民	集体	合作经济组织	农户
农业机械总值（万元）		569	11	273	24	261
大中型农用拖拉机	台	131	8	56	13	54
	千瓦	4406	349	1924	419	1713
小型农用拖拉机	台	604	—	81	4	419
	千瓦	5602	—	719	35	4848

续表 8-28

项目		合计	全民	集体	合作经济组织	农户
农用载重汽车	辆	144	1	20	7	116
	千瓦	13550	70	1688	697	11096
农用排灌动力机械	台	484	—	484	—	—
	千瓦	6057	—	6057	—	—
碾米机	部	293	—	217	40	26
磨面机	部	490	—	328	114	48
农用水泵	台	676	—	676	—	—
胶轮大车	辆	652	—	72	248	332
胶轮手推车	辆	4581	—	76	1195	3310

1990 年离石县主要农业机械产权情况表

表 8-29

项目		总量	全民所有制		集体所有制		农户所有制
			合计	其中：国营拖拉机站	合计	其中：乡镇所有	
农业机械总值（万元）		1268	111	44	138	—	1019
农业机械净值（万元）		778	71	26	83	—	624
大中型农用拖拉机	台	77	15	2	25	6	37
	千瓦	2680	612	62	954	242	1114
小型农用拖拉机	台	841	48	—	5	3	788
	千瓦	8317	482	—	49	29	7786
农用载重汽车	台	239	—	—	17	—	222
	千瓦	19472	—	—	1582	—	17890
农用排灌动力机械	台	240	—	—	240	—	—
	千瓦	2672	—	—	2672	—	—
机动脱粒机	部	56	—	—	50	—	6
碾米机	部	247	—	—	176	—	71
磨面机	部	374	—	—	270	—	104
农用水泵	部	263	—	—	263	—	—

1976—1999年离石市（县）耕作、运输机械拥有量表

表 8-30

年份	大中型拖拉机（台/千瓦）	其中：链轨车（台/千瓦）	小型拖拉机（台/千瓦）	其中：手扶拖拉机（台/千瓦）	农用汽车（辆/千瓦）	其中：柴油车（辆/千瓦）	农用运输车（辆/千瓦）	拖车			机动三轮车	
								合计	1.5吨以上（辆）	1.5吨以下（辆）	台	千瓦
1976	86/2461.52	11/584.33	61/538.02	61/538.02	—	—	—	130	76	54	—	—
1977	108/3127.43	15/804.83	86/756.32	85/747.5	8	—	—	174	97	77	—	—
1978	132/4153.49	24/1341.38	103/908.46	103/908.46	14/824.67	—	—	192	105	87	—	—
1979	140/4603.31	28/1543.5	105/926.1	95/837.9	18/1106.18	—	—	202	114	88	—	—
1980	137/4161.57	15/826.88	102/899.64	84/740.88	11/709.28	—	—	220	122	98	—	—
1981	145	—	129	—	—	—	—	—	—	—	—	—
1982	136/4164.51	19/959.18	200/1764	66/582.12	28/1958.78	—	—	330	103	227	—	—
1983	118/3589.01	12/661.5	226/1995.53	53/467.46	50/3431.72	—	—	332	106	226	—	—
1984	138/4426.17	19/1047.38	407/3658.83	64/564.48	124/10689.84	37/3564.02	—	613	209	404	—	—
1985	131/4405.59	23/1267.88	604/5602.17	76/670.32	144/13550.46	74/7664.58	—	730	173	557	—	—
1986	107/2420.36	9/363.83	599/4136.58	25/165.38	149/8936.13	66/4238.75	—	825	192	633	—	—

续表 8-30

年份	大中型拖拉机（台/千瓦）	其中：链轨车（台/千瓦）	小型拖拉机（台/千瓦）	其中：手扶拖拉机（台/千瓦）	农用汽车（辆/千瓦）	其中：柴油车（辆/千瓦）	农用运输车（辆/千瓦）	拖车			机动三轮车	
								合计	1.5吨以上（辆）	1.5吨以下（辆）	台	千瓦
1987	114/2886.35	23/929.78	676/4681.22	17/112.46	184/10985.31	86/5116.34	—	777	193	584	—	—
1988	92/3111	18/990	654/6228	34/318	184/15208	—	2/18	802	182	620	34	—
1989	93/3481	30/1629	776/7562	5/45	223/19519	—	—	1135	358	775	5	—
1990	77/2680	20/1076	841/8317	—	239/19470	—	—	1081	—	—	7	—
1991	97/3659	28/1500	913/9133	—	246/20164	—	60/2030	1093	—	—	—	—
1992	94/3543	25/1343	987/9911	—	233/21029	—	—	1136	—	—	—	—
1993	95/3568	11/1190	1045/10827	—	243/22783	—	150/6077	1234	—	—	532	4788
1994	92/3432	21/1131	1073/11161	—	265/23187	—	165/6621	1297	—	—	572	5148
1995	92/3432	21/1131	1092/11407	—	265/23187	—	166/6657	1317	—		611	5499
1996	92/3175	20/1076	1092/11453	—	272/23484	—	178/7070	1309	—	—	1008	9072
1997	77/3065	20/1076	1094/11475	—	274/23524	—	178/7070	1309	—	—	1328	11952
1998	78/3080	20/1076	1094/11475	—	309	—	178/7058	1306	—	—	1870	16830
1999	68/2705	20/1076	1094/11475	—	278	—	—	1223	—	—	2025	18225

1976—1999 年离石市（县）机引农机具、收获机械、农产品加工机械拥有量表

表 8-31　　单位：台

年份	大中型拖拉机配套农具	其中					小型拖拉机配套农具	其中					收获机械	其中			农副产品加工机械合计	其中		
		犁	耙	旋耕机	播种机	镇压器		犁	耙	旋耕机	播种机	铺膜机		联合收割机	机动收割机	机动脱粒机		碾米机	磨面机	榨油机
1976	85	85	—	—	—	—	68	57		—	11	—	138	—	—	138	757	269	454	6
1977	101	91	7	2	1	—	58	36		8	14	—	178	—	2	174	795	297	473	11
1978	126	112	10	3	1	—	60	39		7	14	—	203	—	2	196	823	312	490	17
1979	146	115	11	2	3	—	85	43		12	24	—	—	—	—	201	807	308	468	11
1980	148	114	6	3	3	—	56	29		—	22	—	200	—	—	198	778	305	427	9
1981	123	—	—	—	—	—	37	—	—	—	—	—	—	—	—	166	—	—		—
1982	99	92	—	—	2	2	28	7	—	—	19	—	184	—	—	183	856	301	502	18
1983	107	89	1	—	14	—	10	10	—	—	—	—	179	—	—	179	882	314	536	14
1984	73	69	—	—	4	—	67	—	—	—	—	—	120	—	—	120	848	275	450	22
1985	65	65	—	—	—	—	85	—	—	—	—	—	146	—	—	146	877	293	490	24
1986	64	64	—	—	—	—	95	—	—	—	—	—	140	—	—	140	894	288	490	21
1987	48	48	—	—	—	—	109	85	—	—	4	17	123	—	—	123	894	283	438	28
1988	63	60	—	—	3	—	108	84	—	—	4	19	94	—	—	93	895	284	432	28
1989	44	44	—	—	—	—	117	100	7	—	2	8	89	—	39	50	782	241	379	22
1990	49	—	—	—	—	—	152	—	—	—	—	—	—	—	—	—	1299	247	374	
1991	40	40	—	—	—	—	162	116	—	—	5	20	44	—	—	44	804	246	368	40
1992	55	55	—	—	—	—	148	94	—	1	8	22	48	—	—	48	815	247	367	35

续表 8-31

年份	大中型拖拉机配套农具	其中				小型拖拉机配套农具	其中					收获机械	其中			农副产品加工机械合计	其中		
		犁	耙	旋耕机	播种机	镇压器		犁	耙	旋耕机	播种机	铺膜机		联合收割机	机动收割机	机动脱粒机		碾米机	磨面机	榨油机
1993	58	56	—	—	—	—	164	107	—	1	10	22	48	—	—	48	798	252	367	34
1994	58	53	—	1	—	—	172	119	—	1	5	23	48	—	—	48	801	257	361	35
1995	58	53	—	1	—	—	172	119	—	1	5	23	48	—	—	48	818	260	374	35
1996	46	41	—	1	—	—	208	154	—	—	10	—	48	—	—	48	824	273	367	35
1997	46	41	—	1	—	—	208	154	—	—	10	20	48	—	—	48	1024	273	367	35
1998	46	41	—	1	—	—	208	154	—	—	10	—	48	—	—	48	936	294	419	39
1999	46	39	—	3	—	—	297	156	—	—	15	44	48	—	—	48	936	294	419	39

2000—2015 年离石区（市）耕作、运输机械拥有量表

表 8-32

年份	大中型拖拉机（台/千瓦）	其中：轮式（台/千瓦）	小型拖拉机（台/千瓦）	其中：手扶式（台/千瓦）	农用运输车（辆/千瓦）	其中：机动三轮车（辆/千瓦）
2000	58/2160	52/1830	1094/11475	—	3454/32715	2360/21240
2001	58/2160	52/1830	1094/11475	—	3454/32715	2360/21240
2002	62/2160	43/1830	832/8911	—	4638/48535	4360/39240
2003	43/1900	43/1900	790/8690	—	7706/77401	7630/66240
2004	19	—	814/10033	—	9681/95617	9229/83061
2005	25/1569	6/122	814/10033	—	10381/101887	9929/89361

续表 8-32

年份	大中型拖拉机（台/千瓦）	其中：轮式（台/千瓦）	小型拖拉机（台/千瓦）	其中：手扶式（台/千瓦）	农用运输车（辆/千瓦）	其中：机动三轮车（辆/千瓦）
2006	29/1749	7/152	737/8848	—	10524/104192	9929/89362
2007	47/2034	—	680/7480	—	—	—
2008	69/2580	16/371	574/6119	63/498	11839/162408	9964/8976
2009	109/3734	56/1225	574/6119	63/498	11849/162539	9974/9107
2010	131/4487	78/2278	623/6551	183/1452	9865/169718	8515/55059
2011	151/5063	98/2854	665/6929	225/1830	10882/176438	8815/61059
2012	170/5896	117/3658	704/7241	264/2150	11278/182198	9175/65739
2013	191/6549	138/4311	792/7941	352/2866	11521/186319	9291/66987
2014	224/7485	161/5281	871/8631	431/3556	11619/189100	9391/68187
2015	254/8470	190/6174	916/8896	476/3821	11619/198100	9391/68187

2000—2015 年离石区（市）机引农机具、收获机械、农产品加工机械拥有量表

表 8-33

年份	机引农机具（台）											收获机械				农产品加工机械		
	大中型拖拉机配套农具	小型拖拉机配套农具	其中									合计（台）	其中			合计（台）	其中	
			耕整机	犁	耙	旋耕机	播种机	精少量播种机	深松机	化肥深施机	地膜覆盖机		联合收割机（台/千瓦）	马铃薯收获机	机动脱粒机（台/千瓦）		粮食加工机械（台）	油料加工机械（台）
2000	70	273	—	156	39	3	15	13	—	58	44	48	—	—	48	1421	200	—
2001	70	273	—	156	39	3	15	13	—	58	44	48	—	—	48	1421	200	42

续表 8-33

年份	大中型拖拉机配套农具	小型拖拉机配套农具	机引农机具（台） 其中 耕整机	犁	耙	旋耕机	播种机	精少量播种机	深松机	化肥深施机	地膜覆盖机	收获机械 合计（台）	其中 联合收割机（台/千瓦）	马铃薯收获机	机动脱粒机（台/千瓦）	农产品加工机械 合计（台）	其中 粮食加工机械（台）	油料加工机械（台）
2002	72	324	—	195	—	3	60	15	—	64	44	48	—	—	48	1447	383	46
2003	72	326	—	195	—	3	15	—	—	90	50	48	—	—	48	1571	1513	50
2004	72	342	—	160	—	3	60	—	—	71	67		—	—	—	1588	1519	59
2005	77	349	—	160	3	—	60	—	—	75	69	43	—	—	43	1588	1519	59
2006	35	424	—	160	3	5	63	15	—	80	73	48	—	—	48	1698	1519	59
2007	56	785	—	—	—	—	—	—	—	—	—	48	—	—	48	—	—	—
2008	72	772	10/50	496	12	30	67	15	20	86	—	61	—	13	48	1430	1352	64
2009	103	775	10/50	499	12	58	69	—	21	86	20	62	1/40	13	48	1430	1352	64
2010	114	780	23/127	499	—	68	71	—	21	86	2	63	1/40	14	48	1416	1352	64
2011	161	780	56/292	502	—	82	71	—	22	86	2	—	3/40	18	—	1416	1352	64
2012	291	782	56/292	508	—	113	71	—	22	86	2	207	5/40	22	180/270	1417	1353	64
2013	294	875	212/1100	511	—	206	74	3	22	87	2	207	5/40	22	180/270	1712	1535	64

续表 8-33

年份	机引农机具（台）											收获机械				农产品加工机械		
	大中型拖拉机配套农具	小型拖拉机配套农具	其中									合计（台）	其中			合计（台）	其中	
			耕整机	犁	耙	旋耕机	播种机	精少量播种机	深松机	化肥深施机	地膜覆盖机		联合收割机（台/千瓦）	马铃薯收获机	机动脱粒机（台/千瓦）		粮食加工机械（台）	油料加工机械（台）
2014	324	982	512/2900	511	—	303	78	7	23	87	2	216	8/402	28	180/270	1732	1536	64
2015	350	985	755/3985	512	—	372	84	7	23	87	2	213	10/142	23	180/280	1600	1536	64

1985—2015 年离石区（县、市）农机动力拥有量与农机化水平表

表 8-34

年份	农机动力年末拥有量				农机化水平										
	农业机械总动力（千瓦）	其中			机耕面积（公顷）	机播面积（公顷）	其中：精少量播种面积（公顷）	机电灌溉面积（公顷）	机收面积（公顷）	其中：马铃薯机收面积（公顷）	秸秆还田面积（公顷）	机械化饲草料加工数量(吨)	机械深耕面积（公顷）	机械铺膜面积（公顷）	机械脱粒粮食（吨）
		柴油机动力（千瓦）	汽油发动机动力（千瓦）	电动机动力（千瓦）											
1985	41802	—	—	—	1500	133	—	—	—	—	—	—	—	0.13	1500
1986	40504	—	—	—	2000	20	—	—	—	—	—	—	—	3.67	5732
1988	43036	—	—	—	3000	40	—	907	—	—	—	—	—	133	25
1989	47042	—	—	—	2213	53	—	973	—	—	—	—	—	133	3

续表 8-34

年份	农机动力年末拥有量				农机化水平										
	农业机械总动力（千瓦）	其中			机耕面积（公顷）	机播面积（公顷）	其中：精少量播种面积（公顷）	机电灌溉面积（公顷）	机收面积（公顷）	其中：马铃薯机收面积（公顷）	秸秆还田面积（公顷）	机械化饲草料加工数量（吨）	机械深耕面积（公顷）	机械铺膜面积（公顷）	机械脱粒粮食（吨）
		柴油机动力（千瓦）	汽油发动机动力（千瓦）	电动机动力（千瓦）											
1991	51664	30130	9922	11612	2610	1720	—	—	—	—	—	—	—	230	200
1992	61823	42398	7635	11790	6330	2330	—	—	—	—	—	—	—	300	12300
1993	65935	46947	7152	11836	3430	2130	—	—	—	—	—	—	—	300	13500
1994	67676	48611	7163	11902	3330	2330	—	—	—	—	—	—	—	270	4300
1995	68672	49253	7163	12256	2670	2250	—	—	—	—	400	—	—	200	4300
1996	72868	54905	5323	12640	3370	2330	410	—	—	—	800	—	—	300	16000
1997	75601	57737	5224	12640	3540	4000	470	—	—	—	770	—	—	610	12000
1998	82647	61662	8345	12640	2400	4970	670	—	—	—	870	—	—	1060	15800
1999	84146	63161	8345	12640	4670	4970	1330	—	—	—	—	—	—	1330	—
2000	96805	75118	7227	14460	4930	1500	1110	—	—	—	2000	—	2270	4720	16000
2001	96775	75088	7227	14460	5600	2570	2000	—	—	—	3330	—	2370	5070	16000
2002	107503	83294	8924	15285	4000	4100	2000	—	—	—	2333	—	1333	2200	16500
2003	141793	124644	—	17149	4000	4670	2330	13066	—	—	2330	—	9670	3330	18500

续表 8-34

年份	农机动力年末拥有量				农机化水平										
	农业机械总动力（千瓦）	其中			机耕面积（公顷）	机播面积（公顷）	其中：精少量播种面积（公顷）	机电灌溉面积（公顷）	机收面积（公顷）	其中：马铃薯机收面积（公顷）	秸秆还田面积（公顷）	机械化饲草料加工数量(吨)	机械深耕面积（公顷）	机械铺膜面积（公顷）	机械脱粒粮食（吨）
		柴油机动力（千瓦）	汽油发动机动力（千瓦）	电动机动力（千瓦）											
2004	169900	—	—	—	4000	5000	2130	—	—	—	—	—	—	2000	19800
2005	178848	159039	—	19809	4000	5000	2400	—	—	—	933	—	—	2000	19800
2006	182167	162358	—	19809	4330	5000	2400	400	—	—	3000	—	—	1887	19800
2007	197517	—	—	—	4330	5200	—	—	33	—	—	—	—	2000	20400
2008	201346	186330	—	15016	3666	3866	2000	20779	266	248	2666	2800	—	2000	21900
2009	204241	188868	—	15373	5000	3733	2130	20000	1866	1533	4866	4590	—	2133	21000
2010	214507	197497	—	17010	6006	5020	2130	20000	2000	800	2800	—	10400	2333	18600
2011	224762	206076	—	18686	7000	6000	2130	20000	720	480	2920	4590	6000	2500	21120
2012	233316	213435	—	19881	7060	7040	2130	5020	1624	1290	2950	4675	5990	2560	21190
2013	240232	220282	—	19950	7080	7600	3000	5020	2000	1200	3850	35210	6007	2570	21545
2014	247258	226986	—	20272	7580	7810	2800	4763	2200	1400	3000	42180	6007	2570	22310
2015	249378	229106	—	20272	7980	8200	2850	4560	2480	1800	3100	42900	6010	2500	32123

1988—2015 年离石区（县、市）部分年份农机经营效益情况表

表 8-35　　单位：万元

年份	农机经营总收入	其中			费用支出	其中			利润总额	其中
		农机化作业收入		农机维修收入		服务成本与费用	管理与财务费用	税金及附加费用		农机户
		小计	其中：运输收入							
1988	1041.71	1012.97	827.47	8.07	695.34	479.8	125.94	18	315.53	—
1989	1296	1219.6	865.8	2	927.5	504.8	227.1	17.2	348.6	—
1991	1386	1308	1245	14	906	565	196	26	443	—
1992	1434.2	1468.9	1001.3	14.3	799.2	416.2	299.77	27.59	599.51	—
1993	1475.6	1437	275.3	34.6	809.6	424.4	314.8	18.56	642.74	—
1994	1600	1517	399	42	844	468.1	260	14.84	735.86	—
1995	1621	1565	631	50	861.7	477.8	270.7	22.19	733.01	—
1996	1872	1813	855	54	909	428	320	27.28	931.72	—
1997	1835	1777	855	53	916	403	333	24.08	894.92	—
1998	1780	1721	855	56	886.08	—	314	24.08	893.92	—
1999	1781	1720	834	58	915.43	—	365	24.43	865.57	—
2000	1818	1753	837	57	917	436	346	31	901	846
2001	1818	1753	837	57	917	436	346	31	901	827
2002	301.98	296.68	195.52	5.3	150.96	65.66	75.07	6.03	151.02	141.53

续表 8-35

年份	农机经营总收入	其中			费用支出	其中			利润总额	其中
		农机化作业收入		农机维修收入		服务成本与费用	管理与财务费用	税金及附加费用		农机户
		小计	其中：运输收入							
2003	3716	3652	2216	64	1864	874	841	149	1852	1799
2004	4069	3972	3115.99	70	1952	633	629	77.38	2117	2117
2005	4069	3972	3155.99	70	1952	633	629	77.38	2117	2117
2006	4096	3995	2739.92	71	2045	658.2	665	80.06	2051	2048.4
2008	4594	4433	4366	114	2200	731	721	45	2394	2394
2009	5196	5019	4920	124	2199	674	729	48	2997	2997
2010	5873	5684	5548	148	2573	1137	609	60	3300	3300
2011	7350	6977	6645	258	3750	1942	745	84	3600	3600
2012	7900	7497	6982	288	4000	1952	865	204	3900	3900
2013	12000	11217	10702	364	7600	3632	1065	444	4400	4397
2014	10800	—	—	—	6800	—	—	—	4000	—
2015	3504	—	—	—	2806	—	—	—	698	—

第二节 农机队伍

1972年冬，离石县举行第一期拖拉机手培训班。城关镇东关村的郭秀娥成为全县最早的女拖拉机手。1973年，省地农机部门扶植离石县创办坪头、信义、枣林、田家会公社农机流动服务队。1985年，各乡镇都配备专职农机管理员。1990年底，全县有学习驾驶员80人，实习驾驶员150人，正式驾驶员950人。全县培训各类农机人员2000人，其中新训750人，复训1250人。拖拉机和驾驶员比例1.2∶1。

2009年，区政府正式确定各乡镇、街道的农机员，使间断多年的基层组织有了专人负责。同年，培训驾驶员260人。2010年，举办现场演示培训16期，培训人员4500人次。

2012年，共培训1250人次，其中培训新购机农民350名、拖拉机驾驶员280人次、其他各类农机操作人员620人次。2014年，争取省级项目资金6万元，对全区60名农民进行农机安全操作、维修、保养等方面的技术培训。截至2015年底，全区有农机化作业服务组织45个，人员182人。农机化专业户6820户、7300人，乡村农机从业人员8300人，其中获得农机职业技能鉴定证书980人。有农机维修网点9个，农机大户35户，农机合作社5个，当年新增农机大户2户。

第三节 农机监理

1979年4月，离石县拖拉机安全监理站成立，负责拖拉机的检审，驾驶员培训工作。凡3年以上安全无事故的驾驶员可以免试，对发生重特大事故的驾驶员，不仅不予审验，并吊销其驾驶员证1年。对驾驶员除进行必要桩考、路考、理论知识考试外，着重实际操作，严把新驾驶员的考试关和老驾驶员的年审关。一年一度机车检审，拖拉机合乎标准者，发给检验合格证，达不到标准者，令其复修。1980年全县发生安全事故3起，死亡3人，损坏拖拉机2台，经济损失3.5万元。20世纪80年代中期前，对拖拉机检审一般凭眼看、耳听、手摸、鼻闻。80年代后期，推广小型功率油耗测试新技术。1990年，用油耗测功仪测试机车790台，调整350台，调整后平均恢复1.43千瓦，降低油耗8.98克/千瓦时。全县机车分甲、乙、丙三级。1990年，有甲级车500台、乙级车300台、丙级车180台。

2009年，区农机管理部门召开全区农机安全生产专项整治工作会议，出台《离石区农机安全生产专项整治工作方案》。全年路检拖拉机780台，纠正违章56起，清查无牌照拖拉机28台，清查未参检拖拉机80台，查处无证驾驶15人。2009年，离石区检审验拖拉机240台，检审率29%；职业技能鉴定农机288台。2010年，区农机部门现场开展“牌证办理、年度检验、安全宣传、教育培训”等服务。召开例会5次，安全检查60次，查处违章186起，查处未检拖拉机35台、未注册拖拉机43台、违法驾驶操作791人、安全隐患驾驶31处。2011年，离石区配备拖拉机安全检测设备，开展以拖拉机和大棚卷帘机为重点的安全生产大检查活动。全年新车上户71台，上户率达100%，检审470台，检验率为33%，检查车辆9872台次，纠正违章1386起，整治黑车225台，整治非驾121人。签订安全责任书600份，交强险100%，全区创建“农机安全示范村”11个。

2012年，共检查各类农机人员128人次，检查农机合作组织5户，农机户50户，纠正违章63起，清查无牌照拖拉机20台，清查未参检拖拉机80台，查处无证驾驶人员15人，发放慰问信和检审验告知书3000份，发放安全生产书刊500本，签订安全责任书432份。2013年，对全区1000名特别是350名新购机农民进行农机操作、维修、保养等方面的技术培训。新注册登记拖拉机上户95台，新训新考拖拉机驾驶员325人，机动车年度安全技术检验380台。2014年，离石区注册登记拖拉机上户111台，训练考核拖拉机驾驶员229人，机动车年度安全技术检验268台。开展安全宣传2次，发放宣传资料2000余份，进行隐患排查80人次，纠正违章300台次。全年共检查各类农机人员160人次，检查农机合作组织6个，农机户112户，清除安全隐患12次，督查未参检拖拉机187台，查处无证驾驶人员80人次，发放安全生产书刊300本，签订安全责任书600份。2015年，注册登记拖拉机74台，新训新考拖拉机驾驶员178人，机动车年度安全技术检验175台。春耕期间，为方便老百姓，组织安全监理人员开展“送安全、送技术”到乡村服务，上门技术指导安全生产培训120人次。全年进行隐患排查80人次，纠正违章300台次，签订安全责任书427份。全区农机安全生产零事故。截至2015年底，连续16年实现农机安全生产零事故。

第四节 新技术推广

化肥深施

1970年，离石县开始实施化肥施深技术推广。2000年，离石市有化肥深施机58台。截至2015年底，离石区有化肥深施机87台。

秸秆还田

1980年后，离石县开始在全县推广秸秆还田作业。1995年，离石县实施秸秆还田作业面积400公顷。2000年，离石市实施秸秆还田作业面积2000公顷。截至2015年底，离石区实施秸秆还田作业面积3100公顷。

机械铺膜

1985年，离石县利用23台铺膜机实施机械铺膜作业面积0.13公顷。1993年，开始推广机械铺膜技术。1995年，实施机械铺膜作业面积200公顷。2005年，离石区实施机械铺膜作业面积2000公顷。截至2015年底，离石区实施机械铺膜作业面积2500公顷。

精量播种

1996年，离石县实施精量播种面积410公顷。2001年，离石市利用13台精少量播种机实施精量播种面积2000公顷。2012年，开始推广精量播种技术。截至2015年底，离石区实施精量播种面积2850公顷。

保护性耕作

2005年，离石区开始实施保护性耕作技术推广。2009年，区农机部门在春季干旱少雨的情况下，加大保护性耕作技术的试验示范。在吴城下王营庄村、田家会上楼桥村、马家村、西属巴街道办西属巴村等地实施133.33公顷的玉米、谷类高标准精品示范耕作项目，辐射周围24个行政村266.67公顷。2010年，区农机部门利用大中型耕作机械17台，各类配套机具56台（件），总马力为760马力，在田家会马家村、吴城下王营村和吴城农业综合示范园区共实施示范项目133.33公顷，辐射333.33公顷。主要作物有玉米、谷子，通过与普通地块对比，玉米每公顷增产3000千克。2013年，投资90万元在吴城、信义等地实施玉米保护性示范建设266.67公顷，形成千亩连片示范基地3个，辐射带动全区推广种植333.33公顷。

机械化深松整地

2007年，离石区开始实施机械化深松整地技术推广。2008年，有深松机20台。2011年，离石区争取省级项目资金30万元，在吴城、信义、田家会、西属巴4个乡镇、街道实施示范面积666.67公顷，辐射推广200公顷。2013年，完成机械化化肥深施4000公顷，新增机具10台。2014年，争取省级资金62.5万元，对全区1666.67公顷机播地开展深松作业。2015年，争取省级资金37.5万元，在吴城、信义、田家会、坪头等地实施深松作业1400公顷，每公顷补贴资金375元。同年，全区有深松机23台。

机械化收获

2008年，离石区实施机收面积266公顷，其中利用马铃薯收获机实施马铃薯机收面积248公顷。2009年，开始推广机械化收获技术。2010年秋，区农机部门在信义镇、吴城镇举办土豆机械化收获技术现场演示培训。全区实施薯类机械化示范种植533.33公顷，机收800公顷，扶持农业科技推广示范户3户。2011年，离石区争取省级项目资金90万元，在吴城、信义、田家会、西属巴4个乡镇、街道实施玉米机械化收割和秸秆还田作业2000公顷，辐射带动666.67公顷。2013年，投资120万元在吴城镇驿沟村建设千亩连片土豆种植、4公顷对比试验田、全程机械化收获作业示范基地，辐射带动全区推广种植面积2000公顷。2015年，实施机收面积2480公顷，其中马铃薯机收面积1800公顷。

设施农业机械使用

2010年，离石区农机专业人员对农民购置的167台补贴卷帘机现场安装、指导，并聘请专家举办专题讲座。2011年，争取设施农业机械化推广省级项目资金6万元，重点在吴城、信义两个乡镇各培育示范户1户，实施示范面积20公顷，辐射33.33公顷，推广卷帘机198台、水泵等其他设施71台。

第五节 农机补贴

1978年，离石县开始对农业机具购置实行补贴。同年，县计委下发给各乡镇农机站补贴款共计12万元。采取给物不给款的方式，实行差额分配。各村购置各种机具，推土机、圆盘耙、土豆收获机、收割机、播种机、旋耕机、拖车、推土用平车、推土铲、重五铧等共227台（辆），总投资84712元，补助71700元，补贴率达84.64%。脱粒机70型18台、50型5台，总投资28700元，全部补给。农副产品加工机械，切脱机20台、养猪机械1台，总投资10400元，补助9600元，补贴率达92.31%。

2004年，国家实行农机购置补贴。2009年，离石区在国家农机购置补贴的基础上增加区补。同年，离石区利用国补资金58万元，购置农机具150台。2010年，申请国家和省级补贴资金120万元，实际完成155.77万元，补贴台数431台，主要推广日光温室设施农业机械，核桃林地套种用的微型作业田园管理机械、废弃物处理设备，土豆播种、收获机械，饲料草加工机械设备和中小型耕整机械等共涉及9个大类11个小类22个品种。2011年，争取国补资金150万元，落实国补资金176万元，省补资金1.2万元，有118户农户享受购买补贴机具348台（件）。

2012年，争取补贴资金240万元，实际完成255万元，共补贴购置各类农机具400台，扶持农户114户。2013年，争取国家农机补贴资金230万元，补贴购买农机具408台，带动农民直接投入农机化资金650万元，受益农户281户。在全区农业合作社建设发展、温室和核桃经济林滴灌建设、现代化畜牧养殖产业等领域给予机械设备补贴支持，为离石区“8+2”工程建设提供有力支撑。争取省级资金6.22万元，对全区拖拉机、联合收割机的安全技术检验和交强险费用给予补助。2014年，共争取国家农机补贴资金185万元，市级配套0.4万元。补贴购买农机具652台，带动农民直接投入农机化资金400余万元，受益农户487户。维修机具28台，保养168台。同年，开展专项打假1次。2015年，落实中央农机补贴资金77万元，实际完成发放农机购置补贴资金76.45万元，补贴购买农机具403台，受益农户325户。

第六章　机　构

第一节　农业机构

1949 年 10 月前，离石县建设科成立。1951 年 9 月，离石县建设科改称离石县农林科。1954 年 8 月，离山县农林科改称离山县农林局。1956 年 7 月，离山县农林局改称离山县农牧科，同时分设林业科。1957 年 8 月，离山县农牧科、林业科、水利科合并成立离山县农林水利局，后又将县农林水利局改称农业建设局。1962 年 5 月，离石县农业建设局改称农业建设科。1963 年 5 月，离石县农业建设科分设为离石县农林局、离石县水利局。1964 年 9 月，离石县农林局改称农业局。1971 年 2 月，离石县农林水利组成立。1972 年 2 月，离石县革委会农林水利组并入业务组。1972 年 12 月，离石县农林局成立。1975 年 11 月，离石县农林局分设为离石县农业局、离石县林业局。1980 年 8 月，离石县畜牧局成立。1981 年，离石县蚕果局成立。1984 年 4 月，离石县农业局、离石县畜牧局、离石县蚕果局合并成立离石县农牧局。1991 年 1 月，撤销离石县农牧局，分设离石县农业局、离石县畜牧局。1999 年 12 月，离石市农业局、离石市畜牧局合并设立离石市农牧局。2002 年 1 月，离石市农工部、市菜篮子办公室并入离石市农牧局。2006 年 12 月，撤销离石区农牧局，分设离石区农业局、离石区畜牧局。2010 年机构改革，离石区农业局改称离石区农业委员会。2015 年，离石区农业委员会内设办公室、人事股、产业政策与法规股、发展计划股、科技教育股、种植业股、农产品股、新农村建设指导股，下设离石区农业综合执法大队（副科建制）、离石区蚕桑果树工作站、离石区农业技术站、离石区土壤肥料工作站、山西省农业广播电视学校离石分校、离石区农业种子管理站、离石区农业环境监测站、离石区植物保护检疫站、离石区农产品质量安全检测检验中心、离石区农作物良种繁殖场 10 个事业单位，共有职工 88 人，其中行政人员 18 人，事业人员 70 人；本科以上学历 19 人。

第二节　畜牧业机构

1980 年 8 月，离石县畜牧局成立。1984 年 4 月，离石县畜牧局合并到县农牧局。1991 年 1 月，离石县畜牧局从离石县农牧局中分出单设。1999 年 12 月，离石市畜牧局并入离石市农业局，设立离石市农牧局。2006 年 12 月，离石区畜牧局从离石区农牧局分出单设。2008 年机构改革，离石区畜牧局更名为离石区畜牧兽医局。截至 2015 年底，离石区畜牧兽医局下设离石区牧草饲料工作站、离石区畜牧技术推广站、离石区动物疫病预防控制中心、离石区动物卫生监督所、离石区畜牧场、离石区奶牛场、吴城畜牧兽医中心站、坪头畜牧兽医中心站、信义畜牧兽医中心站、田家会畜牧兽医中心站、凤山畜牧兽医中心站、交口畜牧兽医中心站、西属巴畜牧兽医中心站13个事业单位。离石区畜牧兽医局共有职工96人，其中行政人员7人，事业人员89人；本科以上学历13人。

第三节 农机机构

管理机构

20世纪50年代，离石县的农机工作由县农业局管理。“文化大革命”开始后，离石县的农机工作并入离石县农林水利办公室管理。1972年6月，离石县农机局、离石县农机化研究所成立。1974年开始，各公社普遍成立农机站。1978年11月，离石县大型农机站恢复成立。2002年，在机构改革中，离石市农机局更名为离石市农机服务中心，农机管理员归乡镇管理。截至2015年底，离石区农机服务中心内设办公室、财务室、企业股、培训站、农机监理站、农机管理站、农机推广站。有职工28人，其中大学本科学历2人，研究生2人。

下属企业

1958年2月，山西省工业厅确定离山县联合加工修配厂为全省农业动力机械中心修配厂之一。1958年，离山县通用机械厂成立，主要生产鼓风机，并开始研制单向小麦收割机。1960年，离石县研制成功水力冲淤的冲地水枪。在吴城水库的大坝修筑中起到不可代替的作用。1961年，离石县通用机械厂更名为离石县农机厂，批量生产粉碎机。1963年，离石县农机服务总站和离石县农机公司成立，县农机服务总站是县农机站的前身，除管理拖拉机外，还在社队推广农副产品加工机械。1965年，离石县农机厂研制成功14型轻便山地步犁，山地步犁通过省级鉴定。这种犁小巧轻便，结实美观，售价低廉，深受各地农民欢迎，产品畅销全国。农机部（1994年与农牧渔业部合并更名为农业部）在离石召开全国山地步犁现场演示会，该产品获农机部优质产品奖，省农业科普奖。1970年，国营农机站下放到社队经营，为社队培养农机人才，因管理跟不上，影响农机化发展。1972年6月，离石县农机公司恢复成立。1988年，离石农机厂与离石电线厂合并。

第九编

林果业

森林资源

造林　绿化

林业资源保护

经济林

机　构

离石区（县、市）境内山高沟深，在历史上森林茂密，但频繁战乱及居民拓垦，对境内的森林造成破坏。

中华人民共和国成立后，离石县人民响应政府号召，开展植树造林运动。通过历年实施植树造林、林木抚育、林木病虫害防治、护林防火，至1990年，全县林地面积达56160公顷。2009年，全区范围林地面积92702.82公顷，其中：天然林地62891.66公顷，人工林地29811.12公顷。2009年林地面积比1990年增长65.07%；有林地比1990年增长22.44%；天然林地比1990年增长21.32%；人工林地是1990年的5.9倍。至2015年，全区林地面积92702.8公顷，占土地面积的70.04%，有林地面积36039.3公顷，森林覆盖率27.23%，林木绿化率41.51%。

1952年，离石县对部分宜林荒山实行封山育林。1978年开始纳入国家“三北”防护林工程建设体系，1999年，离石市启动天然林资源保护工程。2002年，实行退耕还林工程。2005年，全区开展林权发证工作。2007年，全区启动六大造林绿化工程。2010年，开展集体林权制度改革。至2011年，全区集体林地家庭承包经营率为82%。

1957年后，全县陆续引进19个苹果品种。1983年，山西省林业规划将离石县西山地区定为木枣生产基地。20世纪90年代，县林业部门推广红枣丰产技术、开展红枣优良品种嫁接。2000年后，推广红枣、核桃优良品种，实施干果基地建设工程。2014年，全区共打造核桃林管护精品示范园57个。

截至2015年底，全区核桃林高标准管护3200公顷，高接换优200公顷。全区有红枣园288.8公顷，红枣产量4332吨；核桃园3961.1公顷，核桃产量5282吨。全区有果园面积441.33公顷，各种水果的年总产量为1852吨。

第一章　森林资源

第一节　现状　分布

离石区（县、市）境内山高沟深，在历史上森林茂密，且林相较好。

离石区境域古属西河地区，《水经注》引《司马政庙碑》载："西河旧处山林""杂木交荫，云垂烟接""翠柏烟峰，清凉灌顶"。《周书·王罴传》载："京洛材木，尽出西河。"北魏迁都洛阳，建造规模宏大的新宫，所需木材均取自西河。

北宋在开封建造宫殿，木材主要采伐包括本地在内的吕梁山区的树木，然后经文峪河、汾河运出；宋真宗大兴土木建造道宫，又砍伐境内的柏木。

金元时期，战乱频繁，对境内的森林造成破坏。

明清时期多次提倡栽桑种树，因人口大量增加，拓垦进入山区，居民用材的需求和农田开垦增加，加之修建宫殿、寺庙，对木材的需求有增无减，使森林受到毁灭性破坏。

1990 年，境内总土地面积 132360 公顷，其中林地面积 56160 公顷，各乡镇有林地 26200 公顷，合计全县的有林地 29433.33 公顷，覆盖率为 22.24%。林地面积中：天然林地 51840 公顷，人工林地 4320 公顷。

2009 年，全区范围林地面积 92702.82 公顷。其中，天然林地 62891.66 公顷，人工林地 29811.12 公顷；国有林地 45773.89 公顷，集体林地 46928.88 公顷；公益林地 91920.12 公顷，商品林地 782.70 公顷。有林地 36039.3 公顷。2009 年林地面积比 1990 年增加 36542.82 公顷，增长 65.07%；有林地比 1990 年增加 6605.97 公顷，增长 22.44%；天然林地比 1990 年增加 11051.66 公顷，增长 21.32%；人工林地比 1990 年增加 25491.12 公顷，是 1990 年的 5.9 倍。

2015 年，全区土地面积 132351.98 公顷，其中林地面积 92702.80 公顷，占土地面积的 70.04%，有林地面积 36039.30 公顷，占林地面积的 38.88%。全区人均森林面积 0.13 公顷，仅为全国人均占有量的 14.5%。森林覆盖率为 27.23%，林木绿化率 41.51%。

1990 年离石县林地分布现状表

表 9-1　　单位：公顷

单位	总土地面积	林地							荒草地
		合计	有林地			灌木林	疏林地	未成林造林地	
			小计	用材及防护林	经济林				
合计	132360.00	56160.00	29433.33	28593.33	840.00	19606.67	2800.00	4286.67	8560.00
小神头乡	11126.67	5000.00	2700.00	2626.67	73.33	2033.33	173.33	80.00	1500.00
信义镇	8260.00	2073.33	966.67	873.33	93.33	713.33	40.00	353.33	1200.00
吴城镇	10860.00	5533.33	2086.67	2073.33	13.33	2733.33	13.33	700.00	1026.67
枣林乡	6520.00	880.00	220.00	200.00	20.00	373.33	206.67	80.00	486.67
交口镇	2640.00	193.33	26.67	13.33	13.33	—	166.67	—	13.33
王营庄乡	10833.33	4493.33	1246.67	1166.67	80.00	2713.33	6.67	520.00	1240.00
枣洼乡	2806.67	380.00	266.67	246.67	20.00	0.00	33.33	73.33	93.33
西属巴镇	6753.33	1000.00	780.00	760.00	20.00	86.67	133.33	—	33.33
田家会镇	6833.33	953.33	633.33	546.67	86.67	153.33	86.67	80.00	620.00
王家沟乡	3453.33	853.33	366.67	320.00	46.67	120.00	266.67	100.00	266.67
坪头乡	4413.33	393.33	326.67	246.67	80.00	—	0.00	73.33	120.00
红眼川乡	2780.00	326.67	260.00	233.33	26.67	—	60.00	6.67	73.33
阳坡乡	9193.33	2680.00	1540.00	1366.67	173.33	780.00	20.00	340.00	673.33
结绳塌乡	2500.00	520.00	346.67	320.00	26.67	26.67	106.67	40.00	80.00
城关镇	6366.67	920.00	613.33	546.67	66.67	—	273.33	20.00	26.67

续表 9-1

单位	总土地面积	林地							荒草地
		合计	有林地			灌木林	疏林地	未成林造林地	
			小计	用材及防护林	经济林				
县级单位总计	97333.33	26200.00	12373.33	11540.00	833.33	9726.67	1600.00	2473.33	7466.67
关帝山林场	26853.33	23606.67	14686.67	14686.67	—	7913.33	193.33	820.00	640.00
汾西矿林场	5806.67	5393.33	2226.67	2226.66	—	1500.00	933.33	726.67	286.67
县国有林场	1540.00	953.33	146.66	140.00	6.67	466.67	66.67	266.66	166.66
林场总计	34200.00	29960.00	17060.00	17053.33	6.67	9880.00	1200.00	1813.33	1093.33

注：表列数内含天然、人工造林总数。

2009 年离石区林地分布现状统计表

表 9-2

单位	起源	林地（公顷）									非林地（公顷）	森林覆盖率（%）	林木绿化率（%）
		合计	有林地	疏林地	灌木林地	未成林造林地	苗圃地	无立木林地	宜林地	林辅地			
合计	合计	92702.82	36039.3	3843.22	18911.09	9585.51	21.11	2726.62	21244	331.97	39649.16	27.22	41.51
	天然	62891.66	16927.12	3411.46	18727.04	228.31	21.11	2704.99	20539.66	331.97	—	26.91	56.69
	人工	29811.12	19112.17	431.75	184.04	9357.19	—	21.63	704.34	—	—	64.11	64.72

续表 9-2

单位	起源	林地（公顷）									非林地（公顷）	森林覆盖率（%）	林木绿化率（%）
		合计	有林地	疏林地	灌木林地	未成林造林地	苗圃地	无立木林地	宜林地	林辅地			
坪头乡	小计	3074.68	407.31	—	417.73	112.32	—	47.12	2090.2	—	4690.03	5.24	10.62
	天然	2566.15	11.1	—	417.73	—	—	47.12	2090.2	—	—	0.43	16.71
	人工	508.52	396.2	—	—	112.32	—	—	—	—	—	77.91	77.91
枣林乡	小计	6176.55	1364.84	1.99	1634.56	742.04	—	398.77	2034.35	—	3888.69	13.55	29.79
	天然	4218.33	272.94	1.99	1451.82	58.46	—	398.77	2034.35	—	—	6.47	40.88
	人工	1958.22	1091.9	—	182.74	683.58	—	—	—	—	—	55.75	65.09
西属巴街道	小计	2547.33	488.24	—	154.77	290.7	—	—	1613.62	—	4148.44	7.29	9.6
	天然	1768.39	—	—	154.77	—	—	—	1613.62	—	—	—	8.75
	人工	778.94	488.24	—	—	290.7	—	—	—	—	—	62.68	62.68
城北街道	小计	2955.06	846.24	7.19	398.22	487.02	1.49	32.86	1182.04	—	2332.21	16	23.53
	天然	1756.81	135.01	7.19	398.22	—	1.49	32.86	1182.04	—	—	7.68	30.35
	人工	1198.25	711.23	—	—	487.02	—	—	—	—	—	59.35	59.35
信义镇	小计	15034.45	4421.54	186.05	2403.65	2591.08	—	1285.37	4146.76	—	9333.63	18.14	28
	天然	9270.6	1248.77	186.05	2403.65	—	—	1285.37	4146.76	—	—	13.47	39.39
	人工	5763.84	3172.76	—	—	2591.08	—	—	—	—	—	55.04	55.04

续表 9-2

单位	起源	林地（公顷）									非林地（公顷）	森林覆盖率（%）	林木绿化率（%）
		合计	有林地	疏林地	灌木林地	未成林造林地	苗圃地	无立木林地	宜林地	林辅地			
交口街道	小计	1271.11	253.45	7.29	193.98	305.01	—	—	511.38	—	1424.77	9.4	16.59
	天然	819.75	9.31	7.29	193.98	97.79	—	—	511.38	—	—	1.13	24.79
	人工	451.35	244.13	—	—	207.22	—	—	—	—	—	54.08	54.08
凤山街道	小计	813.16	300.88	27.71	—	346.99	—	20.62	116.96	—	1019.18	16.42	16.42
	天然	203.31	38.02	27.71	—	—	—	20.62	116.96	—	—	18.7	18.7
	人工	609.85	262.86	—	—	346.99	—	—	—	—	—	43.1	43.1
红眼川乡	小计	1358.37	1260.17	3.1	13.2	11.02	—	2.64	68.24	—	1391.17	45.83	46.31
	天然	206.64	119.46	3.1	13.2	—	—	2.64	68.24	—	—	57.81	64.19
	人工	1151.72	1140.7	—	—	11.02	—	—	—	—	—	99.04	99.04
田家会街道	小计	4389.69	847.72	32.37	519.03	793.33	—	355.16	1842.08	—	2443.46	12.4	20
	天然	2846.36	39.45	32.37	519.03	58.27	—	355.16	1842.08	—	—	1.38	19.62
	人工	1543.32	808.27	—	—	735.05	—	—	—	—	—	52.37	52.37
吴城镇	小计	10793.22	1897.96	504.07	3529.82	2171.36	4.95	374.28	2310.78	—	5366.92	11.74	33.58
	天然	7206.39	475.75	498.32	3528.52	13.79	4.95	374.28	2310.78	—	—	6.6	55.56
	人工	3586.82	1422.2	5.75	1.3	2157.57	—	—	—	—	—	39.65	39.68

续表 9-2

单位	起源	林地（公顷）									非林地（公顷）	森林覆盖率（%）	林木绿化率（%）
		合计	有林地	疏林地	灌木林地	未成林造林地	苗圃地	无立木林地	宜林地	林辅地			
莲花池街道	小计	481.4	177.47	15.22	—	99.16	—	0.23	189.32	—	1188.46	10.62	10.62
	天然	258.11	53.34	15.22	—	—	—	0.23	189.32	—	—	20.66	20.66
	人工	223.29	124.13	—	—	99.16	—	—	—	—	—	55.59	55.59
滨河街道	小计	484.37	189.61	16.15	—	183.37	—	—	95.24	—	1020.72	12.59	12.59
	天然	117.62	6.23	16.15	—	—	—	—	95.24	—	—	5.29	5.29
	人工	366.74	183.37	—	—	183.37	—	—	—	—	—	50	50
关帝山林局合计	小计	34824.71	19359.77	3042.04	7951.82	1452.06	10.43	209.53	2467.09	331.97	948.18	54.11	76.34
	天然	26334.24	13473.36	2616.03	7951.82	—	10.43	187.89	1762.74	331.97	—	51.16	81.35
	人工	8490.44	5886.41	426	—	1452.06	—	21.63	704.34	—	—	69.32	69.32
千年林场	小计	9443.02	7725.39	143.92	1307.12	66.33	—	2.32	197.94	—	27.58	81.57	95.37
	天然	7884.83	6233.53	143.92	1307.12	—	—	2.32	197.94	—	—	79.05	95.63
	人工	1558.19	1491.86	—	—	66.33	—	—	—	—	—	95.74	95.74
南海滩林场	小计	8726.27	4986.56	901.59	1492.87	402.02	4.38	83.2	657.29	198.36	728.21	52.74	68.53
	天然	6686.23	3555.71	777.77	1492.87	—	4.38	83.2	573.94	198.36	—	53.17	75.5
	人工	2040.03	1430.84	123.82	—	402.02	—	—	83.35	—	—	70.13	70.13

续表 9-2

单位	起源	林地（公顷）									非林地（公顷）	森林覆盖率（%）	林木绿化率（%）
		合计	有林地	疏林地	灌木林地	未成林造林地	苗圃地	无立木林地	宜林地	林辅地			
吴城林场	小计	12779.44	4815.92	1797.12	3861.3	879.98	6.04	87.69	1301.91	29.48	187.78	37.13	66.91
	天然	9014.83	2813.22	1557.82	3861.3	—	6.04	66.05	680.92	29.48	—	31.2	74.03
	人工	3764.59	2002.69	239.3	—	879.98	—	21.63	620.99	—	—	53.19	53.19
双家寨林场	小计	1.1	—	—	1.1	—	—	—	—	—	—	—	100
	天然	1.1	—	—	1.1	—	—	—	—	—	—	—	100
吴城种子园	小计	3874.74	1831.88	199.38	1289.41	103.72	—	36.3	309.93	104.12	4.6	47.22	80.45
	天然	2747.15	870.88	136.51	1289.41	—	—	36.3	309.93	104.12	—	31.7	78.63
	人工	1127.59	961	62.87	—	103.72	—	—	—	—	—	85.22	85.22
太岳林局合计	小计	8498.4	4224.03	—	1694.27	—	4.22	—	2575.88	—	453.25	47.18	66.11
	天然	5318.68	1044.31	—	1694.27	—	4.22	—	2575.88	—	—	19.63	51.48
	人工	3179.71	3179.71	—	—	—	—	—	—	—	—	100	100
信义林场	小计	8498.4	4224.03	—	1694.27	—	4.22	—	2575.88	—	453.25	47.18	66.11
	天然	5318.68	1044.31	—	1694.27	—	4.22	—	2575.88	—	—	19.63	51.48
	人工	3179.71	3179.71	—	—	—	—	—	—	—	—	100	100

2009年离石区林地分布结构现状统计表

表9-3　　单位：公顷

单位	起源	公益林地									商品林地						
		小计	重点公益林地					一般公益林地			小计	重点商品经济林地	一般商品林地				
			小计	公益林			其他林地	小计	防护林	其他林地			小计	商品林			其他林地
				小计	防护林	特用林								小计	用材林	经济林	
离石区合计	总计	91920.12	69116.50	31612.58	28674.84	2937.74	37503.95	22803.62	3665.13	19138.49	782.70	0.92	781.78	760.67	158.76	601.91	21.11
	天然	62768.80	43068.05	15811.92	13778.22	2033.70	27256.15	19700.75	1013.46	18687.29	122.85	—	122.85	101.74	22.29	79.45	21.11
	人工	29151.28	26048.42	15800.64	14896.61	904.03	10247.79	3102.86	2651.67	451.19	659.83	0.92	658.91	658.91	136.46	522.45	—
坪头乡	合计	3045.25	1491.01	369.14	369.14	—	1121.87	1554.24	8.74	1545.50	29.42	—	29.42	29.42	—	29.42	—
	天然	2566.15	1020.65	11.10	11.10	—	1009.55	1545.50	—	1545.50	—	—	—	—	—	—	—
	人工	479.09	470.35	358.03	358.03	—	112.32	8.74	8.74	—	29.42	—	29.42	29.42	—	29.42	—
枣林乡	合计	5995.54	3897.04	1170.58	1170.58	—	2726.46	2098.50	13.23	2085.27	181.03	—	181.03	181.03	—	181.03	—
	天然	4164.31	2085.02	205.68	205.68	—	1879.34	2079.29	13.23	2066.06	54.03	—	54.03	54.03	—	54.03	—
	人工	1831.22	1812.01	964.90	964.90	—	847.11	19.21	—	19.21	127.00	—	127.00	127.00	—	127.00	—

续表 9-3

单位	起源	公益林地									商品林地							
		小计	重点公益林地					一般公益林地			小计	重点商品经济林地	一般商品林地					
			小计	公益林			其他林地	小计	防护林	其他林地			小计	商品林			其他林地
				小计	防护林	特用林								小计	用材林	经济林	
西属巴街道	合计	2541.91	2349.78	477.11	477.11	—	1872.67	192.13	5.71	186.42	5.41	—	5.41	5.41	5.41	—	—
	天然	1768.38	1581.96	—	—	—	1581.96	186.42	—	186.42	—	—	—	—	—	—	—
	人工	773.52	767.81	477.11	477.11	—	290.70	5.71	5.71	—	5.41	—	5.41	5.41	5.41	—	—
城北街道	合计	2862.99	1611.57	426.22	426.22	—	1185.35	1251.42	329.40	922.02	92.09	0.92	91.17	89.68	—	89.68	1.49
	天然	1755.34	853.33	135.01	135.01	—	718.32	902.01	—	902.01	1.49	—	1.49	—	—	—	1.49
	人工	1107.63	758.23	291.21	291.21	—	467.02	349.40	329.40	20.00	90.60	0.92	89.68	89.68	—	89.68	—
信义镇	合计	14823.13	8206.39	3523.28	3523.28	—	4683.11	6616.74	686.93	5929.81	211.31	—	211.31	211.31	0.68	210.63	—
	天然	9269.92	3165.00	1007.50	1007.50	—	2157.50	6104.92	240.58	5864.34	0.68	—	0.68	0.68	0.68	—	—
	人工	5553.20	5041.39	2515.78	2515.78	—	2525.61	511.81	446.34	65.47	210.63	—	210.63	210.63	—	210.63	—
交口街道	合计	1237.71	588.84	220.04	196.95	23.09	368.80	648.87	—	648.87	33.40	—	33.40	33.40	—	33.40	—
	天然	819.75	282.91	9.31	9.31	—	273.60	536.84	—	536.84	—	—	—	—	—	—	—
	人工	417.93	305.91	210.72	187.63	23.09	95.19	112.02	—	112.02	33.40	—	33.40	33.40	—	33.40	—

续表 9-3

单位	起源	公益林地									商品林地						
		小计	重点公益林地					一般公益林地			小计	重点商品经济林地	一般商品林地				
			小计	公益林			其他林地	小计	防护林	其他林地			小计	商品林			其他林地
				小计	防护林	特用林								小计	用材林	经济林	
凤山街道	合计	812.28	695.63	292.72	292.72	—	402.91	116.65	7.27	109.38	0.88	—	0.88	0.88	—	0.88	—
	天然	203.32	93.94	38.02	38.02	—	55.92	109.38	—	109.38	—	—	—	—	—	—	—
	人工	608.96	601.69	254.70	254.70	—	346.99	7.27	7.27	—	0.88	—	0.88	0.88	—	0.88	—
红眼川乡	合计	1358.38	1294.28	1260.17	1260.17	—	34.11	64.10	—	64.10	—	—	—	—	—	—	—
	天然	206.64	142.54	119.46	119.46	—	23.08	64.10	—	64.10	—	—	—	—	—	—	—
	人工	1151.72	1151.72	1140.70	1140.70	—	11.02	—	—	—	—	—	—	—	—	—	—
田家会街道	合计	4389.68	3389.01	790.33	790.33	—	2598.68	1000.67	57.38	943.29	—	—	—	—	—	—	—
	天然	2846.37	1903.08	39.45	39.45	—	1863.63	943.29	—	943.29	—	—	—	—	—	—	—
	人工	1543.31	1485.93	750.88	750.88	—	735.05	57.38	57.38	—	—	—	—	—	—	—	—
吴城镇	合计	10714.60	7637.10	1428.80	1428.80	—	6208.30	3077.50	395.47	2682.03	78.62	—	78.62	73.67	26.94	46.73	4.95
	天然	7154.41	4205.43	158.11	158.11	—	4047.32	2948.98	270.60	2678.38	51.98	—	51.98	47.03	21.61	25.42	4.95
	人工	3560.18	3431.67	1270.69	1270.69	—	2160.98	128.51	124.86	3.65	26.63	—	26.63	26.63	5.33	21.30	—

续表 9-3

单位	起源	公益林地 小计	重点公益林地 小计	重点公益林地 公益林 小计	重点公益林地 公益林 防护林	重点公益林地 公益林 特用林	重点公益林地 其他林地	一般公益林地 小计	一般公益林地 防护林	一般公益林地 其他林地	商品林地 小计	重点商品经济林地	一般商品林地 小计	一般商品林地 商品林 小计	一般商品林地 商品林 用材林	一般商品林地 商品林 经济林	一般商品林地 其他林地
莲花池街道	合计	471.32	471.32	167.37	167.37	—	303.95	—	—	—	10.10	—	10.10	10.10	—	10.10	—
	天然	258.12	258.12	53.34	53.34	—	204.78	—	—	—	—	—	—	—	—	—	—
	人工	213.19	213.19	114.03	114.03	—	99.16	—	—	—	10.10	—	10.10	10.10	—	10.10	—
滨河街道	合计	484.38	484.38	189.61	189.61	—	294.77	—	—	—	—	—	—	—	—	—	—
	天然	117.62	117.62	6.23	6.23	—	111.39	—	—	—	—	—	—	—	—	—	—
	人工	366.74	366.74	183.37	183.37	—	183.37	—	—	—	—	—	—	—	—		—
关帝山林局合计	合计	34814.29	33547.89	19214.33	16299.69	2914.64	14333.56	1266.40	145.44	1120.96	10.43	—	10.43	—	—	—	10.43
	天然	26323.82	25384.66	13424.32	11390.62	2033.70	11960.34	939.16	49.03	890.13	10.43	—	10.43	—	—	—	10.43
	人工	8490.46	8163.23	5790.01	4909.07	880.94	2373.22	327.23	96.40	230.83	—	—	—	—	—	—	—
千年林场	小计	9443.02	9401.97	7725.39	7725.39	—	1676.58	41.05	—	41.05	—	—	—	—	—	—	—
	天然	7884.83	7843.78	6233.53	6233.53	—	1610.25	41.05	—	41.05	—	—	—	—	—	—	—
	人工	1558.19	1558.19	1491.86	1491.86	—	66.33	—	—	—	—	—	—	—	—	—	—

续表 9-3

单位	起源	公益林地									商品林地						
		小计	重点公益林地					一般公益林地			小计	重点商品经济林地	一般商品林地				
			小计	公益林			其他林地	小计	防护林	其他林地			小计	商品林			其他林地
				小计	防护林	特用林								小计	用材林	经济林	
南海滩林场	小计	8721.91	7784.02	4892.77	1978.13	2914.64	2891.25	937.89	93.78	844.11	4.38	—	4.38	—	—	—	4.38
	天然	6681.86	6005.09	3515.04	1481.34	2033.70	2490.05	676.77	40.67	636.10	4.38	—	4.38	—	—	—	4.38
	人工	2040.02	1778.92	1377.73	496.79	880.94	401.19	261.10	53.10	208.00	—	—	—	—	—	—	—
吴城林场	小计	12773.41	12521.98	4766.09	4766.09	—	7755.89	251.43	49.83	201.60	6.04	—	6.04	—	—	—	6.04
	天然	9008.81	8823.50	2806.69	2806.69	—	6016.81	185.31	6.53	178.78	6.04	—	6.04	—	—	—	6.04
	人工	3764.59	3698.48	1959.40	1959.40	—	1739.08	66.11	43.29	22.82	—	—	—	—	—	—	—
双家寨林场	小计	1.10	1.10	—	—	—	1.10	—	—	—	—	—	—	—	—	—	—
	天然	1.10	1.10	—	—	—	1.10	—	—	—	—	—	—	—	—	—	—
吴城种子园	小计	3874.77	3838.77	1830.06	1830.06	—	2008.71	36.00	1.82	34.18	—	—	—	—	—	—	—
	天然	2747.16	2711.16	869.05	869.05	—	1842.11	36.00	1.82	34.18	—	—	—	—	—	—	—
	人工	1127.59	1127.59	961.00	961.00	—	166.59	—	—	—	—	—	—	—	—	—	—

续表 9-3

单位	起源	公益林地									商品林地						
		小计	重点公益林地					一般公益林地			小计	重点商品经济林地	一般商品林地				
			小计	公益林			其他林地	小计	防护林	其他林地			小计	商品林			其他林地
				小计	防护林	特用林								小计	用材林	经济林	
太岳林局合计	合计	8368.45	3452.14	2082.78	2082.78	—	1369.36	4916.31	2015.52	2900.79	129.93	—	129.93	125.71	125.71	—	4.22
	天然	5314.46	1973.67	604.31	604.31	—	1369.36	3340.79	440.00	2900.79	4.22	—	4.22	—	—	—	4.22
	人工	3053.98	1478.46	1478.46	1478.46	—	—	1575.52	1575.52	—	125.71	—	125.71	125.71	125.71	—	—
信义林场	小计	8368.45	3452.14	2082.78	2082.78	—	1369.36	4916.31	2015.52	2900.79	129.93	—	129.93	125.71	125.71	—	4.22
	天然	5314.46	1973.67	604.31	604.31	—	1369.36	3340.79	440.00	2900.79	4.22	—	4.22	—	—	—	4.22
	人工	3053.98	1478.46	1478.46	1478.46	—	—	1575.52	1575.52	—	125.71	—	125.71	125.71	125.71	—	—

林木蓄积量

1990年，全县活立木总蓄积量247.79万立方米，其中刺槐、山杨占95%。在总蓄积量中，有林地蓄积135万立方米、占54.48%，疏林地蓄积99万立方米、占39.95%，散生林蓄积6万立方米、占2.42%，“四旁”树蓄积7万立方米、占2.82%。2009年，全区乔木林蓄积1860993立方米，单位面积蓄积52.52立方米/公顷。至2015年，全区活立木总蓄积量224.7万立方米，其中刺槐、山杨占35.6%。在总蓄积量中，有林地蓄积196万立方米、占87.23%，疏林地蓄积8.3万立方米、占3.69%，散生林蓄积5.4万立方米占2.4%，“四旁”树蓄积15万立方米、占6.68%。

宜林地分布

20世纪70年代，离石县规划宜林地面积16333.33公顷，占全县总面积的12.3%。1977年，落实《中华人民共和国森林法》关于山区县森林覆盖率达到40%的要求，结合离石县土地资源情况，将坡度在25°以上的山坡地逐步退耕还林。据1984年普查统计，离石县尚有宜林荒山荒坡25333.33公顷，从大的立地条件分析，有适宜落叶松、油松等针叶树发展的土石山地13533.33公顷，占宜林荒山荒坡的53.42%，有适宜杨树、柳树发展的丘陵沟壑地7866.67公顷，占宜林荒山荒坡的31.05%；有适宜发展干果、桑树等经济林的黄土丘陵地3933.33公顷，占宜林荒山荒坡的15.52%。至1985年，共退耕还林800公顷，增加林业土地资源，宜林地达2万公顷，其分布情况是在海拔1200米以下的城关镇、田家会镇、王家沟乡、西属巴镇、交口镇有宜林地5533.33公顷；海拔1200—1600米之间的坪头乡、枣垴乡、结绳墕乡、枣林乡、红眼川乡有宜林地3100公顷；海拔1600米以上的吴城镇、小神头乡、阳坡乡有宜林地2666.67公顷。1985年，新下放荒山荒坡6000公顷，让农民自己植树造林、种草和经营管理。2009年，全区有宜林地面积21244公顷，占全区林地面积的22.92%，主要分布在信义镇、吴城镇、坪头乡、枣林乡等地。

第二节 树种资源

离石区（县、市）的针叶林树种有落叶松、云杉、油松、白杄、青杄、侧柏，主要生长在阴坡、半阴坡，少数生长在阳坡或半阳坡，生长的海拔范围在1400—2500米之间。如在海拔1450米的安国寺一带就生长着侧柏、白皮松、白杄、落叶松、青杄，云杉生长在海拔2000米以上的骨脊山、云顶山等林区，油松生长在海拔1500米左右的南海滩、洞沟山等林区。阔叶林树种有白杨、山杨、辽东栎。椴树生长在海拔1000米左右的骨脊山、云顶山、吴城、南海滩等林场。杨树、刺槐大多是20世纪60年代陆续营造的中幼林，境内都有生长。针阔混交林有云杉和辽东栎、油松和白桦、山杨、辽东栎混交，分布于海拔1400—1800米的骨脊山、云顶山、吴城、南海滩等林区。灌丛类有虎榛子，分布在海拔 1400 米以下的骨脊山、云顶山、起云山、吴城、南海滩、三道川等林区。灌草类分布于骨脊山、云顶山、起云山、跑马山、吴城、南海滩等较广范围。草甸类分布于海拔 2259 米的西华镇四十里跑马墕。

2009 年，离石区有针叶林 18783.42 公顷，阔叶林 17255.88 公顷，针叶林与阔叶林面积占有林地面积的比率分别为 52.12% 和 47.88%，树种结构基本平衡。从龄组结构看，乔木幼龄林所占比重最大，面积 14340.77 公顷，约占有林地面积的 39.79%；其次为中龄林面积 10721.07 公顷，约占有林地面积的 29.75%；近熟林面积 5514.43 公顷，约占有林地面积的 15.3%；成熟林面积 4627.96 公顷，约占有林地面积的 12.84%；过熟林面积 232.24 公顷，约占有林地面积的 0.64%。

1990 年离石县主要乔木树种及其分布情况表

表 9-4

分类	树名	骨脊山	云顶山	双山	起云山	南海滩	洞沟山	吴城	马头山
观赏类	侧柏	—	—	—	—	—	—	—	○
	垂柳	—	—	—	—	√	—	—	—
	龙凤柳	—	—	—	—	√	—	—	—
果树类	山楂	—	—	—	—	—	—	—	—
	苹果	√	√	√	√	√	√	—	√
	杏	√	○	√	√	○	○	√	○
	桃	√	√	√	√	√	√	√	√
	李	√	√	√	√	√	√	√	√
	白梨	√	√	√	√	√	√	√	√
	秋子梨	√	√	√	√	√	√	√	√
木本粮油类	核桃	—	√	—	—	—	—	—	—
	枣	—	—	√	—	—	—	—	○
	花椒	—	—	√	√	—	—	—	√
用材类	落叶松	—	—	—	—	—	—	—	—
	白杆	—	—	—	—	—	—	—	○

续表 9-4

分类	树名	骨脊山	云顶山	双山	起云山	南海滩	洞沟山	吴城	马头山
用材类	青杆	○	—	—	—	—	—	—	—
	白皮松	—	—	—	—	√	√	—	—
	油松	○	—	—	○	○	○	—	—
	加杨	—	√	√	—	√	—	√	√
	青杨	—	√	√	—	√	—	√	√
	山杨	—	—	—	—	—	—	○	—
	旱柳	—	—	—	—	—	—	—	○
	康定柳	—	—	—	—	—	—	—	○
	白桦	○	—	—	—	—	—	○	—
	辽东栎	○	—	—	—	—	—	○	—
	榆	—	—	—	—	—	—	—	○
	桑	—	—	—	—	—	—	—	○
	刺槐	—	—	—	—	—	—	√	—
	臭椿	○	○	○	○	○	○	○	—
	北京杨	√	√	○	√	√	√	√	√
	国槐	—	—	○	—	—	—	—	—

注：○为天然分布，√为人工栽植。

1990 年离石县主要灌木树种及其分布情况表

表 9-5

分类	树名	骨脊山	云顶山	双山	起云山	南海滩	洞沟山	吴城	马头山
观赏类	山刺玫	○	○	○	○	○	○	○	○
	黄蔷薇	○	○	—	○	○	○	○	○
	黄刺玫	○	○	○	○	○	○	○	○
	丁香	○	○	○	○	○	○	○	○
药用类和水保类	酸枣	—	—	○	—	—	—	—	○
	枸杞	○	—	—	—	—	—	—	—
	沙棘	○	○	○	○	○	○	○	○
	柠条	—	—	√	—	—	—	—	—

续表 9-5

分类	树名	骨脊山	云顶山	双山	起云山	南海滩	洞沟山	吴城	马头山
药用类和水保类	杠柳	—	—	√	—	—	—	—	—
	中国黄花柳	—	—	√	—	—	—	—	—
	胡枝子	○	○	○	○	○	○	○	○
	小叶锦鸡儿	○	○	○	○	○	○	○	○

注：○为天然分布，√为人工栽植。

第三节　古稀树木

1985 年，离石县结绳墕乡的 1 株明代文冠果树因火灾被烧，后将主干迁至县城滨河公园，供游人观赏。该树身高 9 米，胸径 1.19 米，冠幅 13 米，经考证树龄有 600 余年，当时为全国第二株大型文冠果树。

2011 年 6 月，离石区林业局对全区的 419 株古树名木进行调查，包括树龄逾 100 年的古树，胸围达 1 米的大树，以及珍稀树种和具有红色纪念意义的树木，并建立离石区古树名木档案。其中古树 299 株、大树 120 株。全区古稀树木主要分布在古迹、古建筑内，安国寺森林公园分布有大片古稀侧柏、油松、白皮松，宝峰山有生长良好的古稀油松、白皮松、椴树；位于交口街道、坪头乡的清代古墓葬群生长有大量古柏、古松。

2011 年离石区 100 年以上古树资源情况表

表 9-6

树种	生长地点	保护等级	树高（米）	胸围（厘米）	冠幅（米）	树龄（年）	备注
国槐	下水村	特级	18	879	16	1000	—
国槐	芦则峁村	特级	14.6	514	23.5	1000	—
国槐	段家坪村	特级	12	470	14	1000	—
国槐	九里湾村	特级	11	410	9	1000	—
国槐	前马家村	特级	12	410	14	1000	—
国槐	七里滩村	特级	11	380	10	1000	—

续表 9-6

树种	生长地点	保护等级	树高（米）	胸围（厘米）	冠幅（米）	树龄（年）	备注
国槐	枣林村	特级	6	360	8	1000	—
国槐	枣林村	特级	12	390	12	1000	—
国槐	城内	特级	16	360	18	1000	—
国槐	城内	特级	16	350	20	1000	—
国槐	阳坡村	特级	15	330	13	1000	—
国槐	瓦窑间村	特级	15	330	16	1000	—
国槐	段家坪村	特级	11	300	10	1000	—
国槐	坪头村	一级	13	300	15	700	—
国槐	薛家坡村	一级	9	270	9.5	500	—
国槐	前王家坡村	一级	17	350	17	500	—
国槐	前王家坡村	一级	15	260	14	500	—
国槐	上三交村	一级	13	300	16	500	—
国槐	前马家村	一级	14	390	13	370	—
国槐	大西局村	一级	15	240	11	300	—
国槐	枣洼村	一级	12	200	16	300	—
国槐	崇里村	一级	16	220	15	300	—
国槐	崇里村	一级	14	190	14	300	—
国槐	高家沟村	一级	7	240	6	300	—
国槐	盛地村	一级	16	270	18	300	—
国槐	前马家村	一级	15	320	20	300	—
国槐	苏家崖村	二级	13	330	16	220	—
国槐	柳树局村	二级	12	180	13	200	—
国槐	前马家村	二级	17	260	18	200	—
国槐	后瓦村	二级	19	210	19	200	—
国槐	水峪里村	二级	8	300	8	200	—
国槐	下安村	二级	14	260	14	200	—
国槐	呼家山村	二级	9	160	13	200	—
国槐	呼家山村	二级	15	200	14	200	—
国槐	任家山村	二级	11	230	12	200	—
国槐	呼家山村	二级	9	150	13	200	—

续表 9-6

树种	生长地点	保护等级	树高（米）	胸围（厘米）	冠幅（米）	树龄（年）	备注
国槐	凤凰峁村	二级	12	170	13	200	—
国槐	上水村	二级	9	165	7	200	—
国槐	瓦窑间村	三级	12	290	11	150	—
国槐	磨湾村	三级	9	340	9	150	—
国槐	信义村	三级	16	180	20	150	—
国槐	下安村	三级	13	200	12	150	—
国槐	交口村	三级	16	220	19.5	120	—
国槐	彩家庄村	三级	10	140	9	120	—
国槐	山底沟村	三级	20	200	12	100	—
国槐	凤山底村	三级	17	240	20	100	—
国槐	新舍科村	三级	12	180	13	100	—
国槐	车家梁村	三级	8	160	8	100	—
国槐	后马家村	三级	12	200	14	100	—
国槐	前马家村	三级	15	220	14	100	—
国槐	呼家山村	三级	11	170	15	100	—
国槐	崇里村	三级	11	130	8	100	—
枣树	崇里村	特级	2.2	180	13	1000	—
枣树	马家梁村	特级	13	240	8	1000	—
枣树	马家梁村	一级	10	150	7	400	—
枣树	马家梁村	一级	9	160	5	400	—
枣树	三山集村	一级	7.2	130	6	300	—
枣树	崇里村	一级	10	120	8	300	—
枣树	吉家村	一级	12	180	15	300	—
枣树	吉家村	一级	12	160	12	300	—
枣树	吉家村	二级	11	120	12	200	—
枣树	吉家村	二级	12	180	12	200	—
枣树	吉家村	二级	13	170	14	200	—
枣树	吉家村	二级	10	160	8	200	—
枣树	吉家村	二级	10	170	11	200	—
枣树	吉家村	二级	12	170	11	200	—

续表 9-6

树种	生长地点	保护等级	树高（米）	胸围（厘米）	冠幅（米）	树龄（年）	备注
枣树	吉家村	二级	12	160	10	200	—
枣树	吉家村	二级	10	160	11	200	—
枣树	吉家村	二级	9	160	12	200	—
枣树	吉家村	二级	10	180	11	200	—
枣树	磨湾村	二级	10	210	10	200	—
枣树	霜雾都村	二级	8	130	8	200	—
枣树	新舍科村	三级	8	160	6	160	—
枣树	三山集村	三级	8	90	7	120	—
枣树	大西局村	三级	9	140	11	100	—
枣树	磨湾村	三级	9	140	8	100	—
枣树	水峪里村	三级	9	80	8	100	—
枣树	车家梁村	三级	10	150	8	100	—
枣树	车家梁村	三级	9	130	9	100	—
枣树	新舍科村	三级	8	130	6	100	—
枣树	新舍科村	三级	8	130	11	100	—
枣树	新舍科村	三级	9	120	11	100	—
枣树	潘家沟村	三级	11	150	12	100	—
千年古茶	金阁寺	特级	3	—	6	1000	—
香椿	安国寺	特级	16	200	22.5	1000	—
怪柳	崇里村	特级	6	100	6	1000	—
侧柏	葫芦把村	一级	12	430	15.5	600	—
侧柏	葫芦把村	一级	9	210	10	300	—
侧柏	梁家塌村	二级	12	202	12	300	—
侧柏	薛家坡村	二级	12	200	10	246	—
侧柏	薛家坡村	二级	13	150	8	246	—
侧柏	霍家塔村	二级	9	80	5	200	—
侧柏	椿树峁村	二级	12	95	4	200	—
侧柏	椿树峁村	二级	11	100	6	200	—

续表 9–6

树种	生长地点	保护等级	树高（米）	胸围（厘米）	冠幅（米）	树龄（年）	备注
侧柏	椿树峁村	二级	12	95	5	200	—
侧柏	椿树峁村	二级	12	100	5	200	—
侧柏	七里滩村	三级	11	130	10	200	—
侧柏	前瓦村	三级	12	110	9	187	—
侧柏	东属巴村	三级	13	140	10	150	—
侧柏	安国寺	三级	14	90	6	100	—
侧柏	安国寺	三级	10	90	5	100	—
侧柏	安国寺	三级	15	120	6	100	—
侧柏	安国寺	三级	15	110	6	100	—
侧柏	安国寺	三级	12	100	6	100	—
侧柏	安国寺	三级	12	110	5	100	—
侧柏	安国寺	三级	12	100	5	100	—
侧柏	安国寺	三级	11	90	3	100	—
侧柏	安国寺	三级	11	90	4	100	—
侧柏	安国寺	三级	12	100	4	100	—
侧柏	盛地村	三级	9	60	2	100	—
侧柏	呼家山村	三级	7	130	8	100	—
侧柏	枣林村	三级	12.5	90	4	100	—
辽东栎	王营庄村	一级	10	180	13	600	—
辽东栎	宝峰山	一级	10	60	10	300	—
辽东栎	宝峰山	一级	6	50	4	300	—
楸树	岐则沟村	一级	16	180	9	349	—
油松	盛地村	一级	9	120	10	300	—
油松	盛地村	一级	10	130	10	300	—
油松	宝峰山	一级	6	110	5	300	—
油松	宝峰山	一级	7	100	6	300	—
油松	宝峰山	一级	10	100	8	300	—
油松	宝峰山	一级	10	120	8	300	—

续表 9-6

树种	生长地点	保护等级	树高（米）	胸围（厘米）	冠幅（米）	树龄（年）	备注
油松	宝峰山	一级	8	100	6	300	—
油松	宝峰山	一级	10	150	8	300	—
油松	宝峰山	一级	11	120	8	300	—
油松	宝峰山	一级	10	120	7	300	—
油松	宝峰山	一级	12	110	8	300	—
油松	宝峰山	一级	10	160	7	300	—
油松	葫芦把村	二级	16.8	270	19.5	260	—
油松	王家沟村	二级	13	130	14	259	—
油松	高崖湾村	二级	10	170	12	212	—
油松	永红村	二级	12	120	10	200	—
油松	高家沟村	二级	9	80	8	200	—
油松	高家沟村	二级	11	100	9	200	—
油松	高家沟村	二级	11	80	7	200	—
油松	高家沟村	二级	11	100	8	200	—
油松	高家沟村	二级	12	100	8	200	—
油松	高家沟村	二级	11	110	10	200	—
油松	高家沟村	二级	12	110	8	200	—
油松	高家沟村	二级	12	120	10	200	—
油松	高家沟村	二级	11	150	10	200	—
油松	高家沟村	二级	12	110	13	200	—
油松	高家沟村	二级	11	110	9	200	—
油松	严村	三级	10	140	11	182	—
油松	交口村	三级	9	140	12	180	—
油松	交口村	三级	9	120	8	180	—
油松	交口村	三级	9.6	120	8.5	180	—
油松	交口村	三级	13	120	10	180	—
油松	高崖湾村	三级	11	110	10	172	—
油松	新舍科村	三级	8	110	9	167	—
油松	交口村	三级	9	130	10.5	160	—
油松	潘家沟村	三级	11	140	10	140	—

续表 9-6

树种	生长地点	保护等级	树高（米）	胸围（厘米）	冠幅（米）	树龄（年）	备注
油松	潘家沟村	三级	11	130	10	140	—
油松	潘家沟村	三级	9	100	7	140	—
油松	交口村	三级	9	140	10.3	120	4 株
油松	王村	三级	13	160	12	120	—
油松	高家沟村	三级	10	150	11	106	—
油松	高家沟村	三级	11	160	12	106	—
油松	高家沟村	三级	10	150	12	104	—
油松	高家沟村	三级	12	160	11	104	—
油松	高家沟村	三级	11	110	11	104	—
油松	高家沟村	三级	9	110	9	104	—
油松	高家沟村	三级	11	150	12	100	—
油松	高家沟村	三级	11	140	12	100	—
油松	高家沟村	三级	12	160	12	100	—
油松	交口村	三级	9	130	10.5	100	—
油松	交口村	三级	9.1	160	10.5	100	—
油松	交口村	三级	11	120	11	100	—
油松	交口村	三级	12	130	10	100	—
油松	交口村	三级	12	120	8	100	—
油松	交口村	三级	13	130	11	100	—
油松	交口村	三级	9	145	12.6	100	—
油松	交口村	三级	9	130	5	100	—
油松	安国寺	三级	12	100	8	100	—
油松	安国寺	三级	20	130	8	100	—
油松	安国寺	三级	16	120	6	100	—
油松	安国寺	三级	16	120	8	100	—
油松	安国寺	三级	18	120	8	100	—
油松	鹏凤山村	三级	10	150	9	100	—
油松	王村	三级	10	150	12	100	—
油松	千年村	三级	10	130	11	100	—
油松	归化村	三级	10	120	11	100	—

续表 9-6

树种	生长地点	保护等级	树高（米）	胸围（厘米）	冠幅（米）	树龄（年）	备注
油松	归化村	三级	8	80	9	100	—
油松	归化村	三级	9	110	10	100	—
油松	潘家沟村	三级	6	90	7	100	—
油松	潘家沟村	三级	9	100	8	100	—
油松	盛地村	三级	10	100	10	100	—
白皮松	宝峰山	一级	10	80	5	300	—
白皮松	宝峰山	一级	8	80	6	300	—
白皮松	枣林村	三级	13	90	8	100	—
白皮松	安国寺	三级	14	130	6	100	—
白皮松	安国寺	三级	12	110	7	100	—
白皮松	安国寺	三级	12	90	8	100	—
白皮松	安国寺	三级	12	90	6	100	—
白皮松	安国寺	三级	14	130	8	100	—
文冠果	梁家塬村	一级	5.8	170	7.9	300	—
文冠果	阳坡村	一级	8	120	6	300	—
文冠果	阳坡村	一级	9	130	8	300	—
文冠果	阳坡村	一级	4	80	4	300	—
柳叶鼠李	盛地村	一级	3.5	160	5.5	300	—
柳叶鼠李	严村	三级	—	62.8	8.5	180	—
椴树	宝峰山	一级	5	50	3	300	—
榆树	磨湾村	二级	11	420	9	200	—
榆树	东属巴村	二级	9	240	14	200	—
榆树	鹏凤山村	三级	13	210	11	100	—
榆树	王村	三级	14	190	12	100	—
榆树	刘家湾村	三级	15	330	14	100	—
榆树	水峪里村	三级	3	250	2	100	—
榆树	水峪里村	三级	10	220	11	100	—
榆树	石盘村	三级	12	270	15	100	—
杏树	回龙塔村	二级	6	220	5	200	—
杏树	霍家塔村	三级	8	160	9	110	—

续表 9-6

树种	生长地点	保护等级	树高（米）	胸围（厘米）	冠幅（米）	树龄（年）	备注
杏树	三山集村	三级	9	115	8.5	100	—
杏树	王村	三级	8	140	9	100	—
山梨	千年村	二级	10	250	17	200	—
小叶杨	刘家舍科村	三级	15	220	12	150	—
小叶杨	刘家舍科村	三级	16	220	10	150	—
小叶杨	刘家舍科村	三级	14	190	10	150	—
小叶杨	刘家舍科村	三级	15	310	12	150	—
小叶杨	刘家舍科村	三级	14	120	9	100	—
小叶杨	下罗堡村	三级	18	260	13	100	—
小叶杨	下罗堡村	三级	18	260	14	100	—
小叶杨	下罗堡村	三级	16	200	11	100	—
小叶杨	王治庄村	三级	17	310	24	100	—
核桃	磨湾村	三级	14	290	14	150	—
核桃	山底沟村	三级	14	180	13	100	—
核桃	贾悟村	三级	13	280	14	100	—
柳树	闫家峁村	三级	9	380	6	120	—
柳树	千年村	三级	11	420	13.5	100	—
柳树	马家沟村	三级	6	320	5	100	—
小叶朴	永红村	三级	11	170	11.5	120	—
桑树	三山集村	三级	8	50	9	100	—
桑树	呼家山村	三级	13	160	10	100	—
臭椿	霍家塔村	三级	8	70	8	100	—

第二章 造林 绿化

第一节 育 苗

1952年，离石县国营苗圃建立，开展育苗工作。1953年后，离石县育苗0.67公顷。

1973年，离石县育苗达73.93公顷。1978年，在王营庄乡兔坪村建立苗圃。1979年，村村成立林业专业队，村村有苗圃。1985年后，发展家庭苗圃，当年全县育苗面积达226.67公顷，内有新育面积60公顷，属家庭育苗33.33公顷。1990年，在城关镇西崖底村建立苗圃。全县育苗面积降为106.67公顷，年出苗2565.6万株，其中有针叶林517万株，全县苗木自足有余。主要品种有油松、刺槐、国槐、臭椿、钻天杨、加拿大杨、榆树、花椒、核桃、果树等。

1994—2015年，离石区（县、市）累计育苗4068公顷。2003年，离石市有各级苗圃82处，育苗112.67公顷，出苗1600万株，主要有刺槐、侧柏、红枣、核桃。2011年，离石区主要有吴城苗圃、兔坪苗圃、下水苗圃等，面积达74.2公顷。2013年，完成新育苗166.67公顷。2014年，新育苗333.33公顷。2015年，区国营苗圃引进培育单季槐、皂荚经济林新品种苗木2公顷。

2011年离石区主要苗圃情况表

表9-7　　单位：公顷

名称	所在地	占地面积	培育树种	性质
兔坪苗圃	兔坪村	2.67	水蜡、国槐、黄杨等	国有
吴城苗圃	李家湾村	2.97	油松、杨树、桧柏等	国有
下水苗圃	下水村	2.3	油松、国槐、白皮松等	国有
李家沟苗木基地	李家沟村	27.4	油松、国槐、白皮松、柳树、龙爪槐等	国有
沙会则苗圃	沙会则村	2.6	油松、桧柏等	私营
沙麻沟苗圃	沙麻沟村	13.8	油松、国槐、白皮松、柳树、龙爪槐等	私营
上安苗圃	上安村	1.4	国槐	私营
马家村苗圃	马家村	0.8	油松、国槐、柳树、龙爪槐等	私营
花卉中心	后瓦村	0.26	一串红、矮牵牛、万寿菊等	国有
西属巴苗圃	西属巴村	20	油松、国槐、柳树、龙爪槐等	私营

第二节 造 林

造林成果

据离石县1963年林业普查：民国34年（1945）至1962年，累计造林2万公顷，只保存139.87公顷，保存率为0.7%。后期保存率增高，未普查。据统计，1949—1990年，累计造林75946.67公顷，保存量4213.33公顷，保存率为5.55%；植树3049万株，成活579万株，成活率为18.99%。所植树种柳树、刺槐占60%，油松与杨榆占25%，经济林只有400公顷。1994—2015年，累计造林71298公顷，保存量29186公顷，保存率为40.94%；植树2614.9万株，成活1051.4万株，成活率为40.21%。

荒山造林

民国31年（1942），离石人民响应晋绥边区政府“人栽一苗树，户保一片林”的号召，在黄河沿岸开展“栽桑种枣好时光”活动。民国33年，把清明节作为“植树节”，开展“植树造林运动”，沿河种枣树，渠堰路旁“压桑条柳条”，山岔沟渠多栽杨柳树。民国35年，在公有荒地上植树，“树权归植树者所有”。

中华人民共和国成立后，党和人民政府重视林业生产。1952年，对部分宜林荒山实行封禁，发动全县互助组，承包国有荒山1600公顷，并进行定期绿化，由国家提供土地和树种，群众提供劳力，成林后，按二八或三七分成，当年造林15.87公顷。

1954年后，离山县开展合作造林活动，到1957年，造林面积增加到207.67公顷，成活率和保存率在50%—60%。1958年，造林面积达279.47公顷。为防鸟害，使用黑矾、红矾拌种，并在上面加盖灌木防止日光直晒。在造林技术方面，改变原地栽植，采用先整地后栽植。改变单一的直播造林法，注重育苗，推广压条、扦插移植等技术。

20世纪70年代，离石县新办林场10个，建立林业专业队119个，占大队总数的50%。学校办林场136个，造林面积迅速增加。至1970年，造林达2398.07公顷。但造林树种单一，到处植“杨树”，结果在海拔较高的吴城一带，成活率和保存率很低，即便成活也是“小老树”。80年代后，造林由单一的阔叶林发展到针阔混交林，造林方法逐渐淘汰直播法，因地制宜，因树制宜，使用移植、扦插、压条等法。1994年，拍卖“四荒”11180公顷，治理5060公顷。同时，造林时宣传推广方山县径流林业技术和石楼县丰产密植红枣技术。

1997年，离石市在王家沟乡、阳坡乡、田家会镇进行飞机播种造林1333公顷。1998年，离石市国债生态林建设立项。2001年，造林5066公顷，为确保造林质量，建立三年三次验收的报账制度，即第一年验收作业面积，合格后预付30%的工程款；第二年验收成活率是否达85%以上，合格后付30%；第三年验收保存率是否达80%以上，合格后全部结清。否则，限期补栽。同时实行公开招标，统一调运造林苗木。2001年，离石市开展总投资1300万元的日元贷款造林项目，当年铺开造林工程4处，完成高标准造林433.33公顷。

2004年，离石区5户煤焦企业参与造林绿化，投入资金30万元，造林66.67公顷。2007年，全区启动六大造林绿化工程，根据“集中连片，近村近路，整山整沟，耕地荒坡一起治理”的原则进行规划，各实施工程项目的乡镇（街道）事前将规划报区林业局审批。凡是造林工程的地块，道路必须通达，为管护、浇水、采收等打基础。2008年，区林业部门通过实地调查，制定以“三片一园”为重点的全区造林绿化工程。玉林山综合造林工程片区涉及信义、田家会、城北、西属巴4个乡镇（街道）的34个行政村，总面积11670公顷。规划投资1.6亿元，造林8930公顷，其中，经济林2800公顷、生态林6130公顷。王老婆山综合造林工程片区涉及枣林、坪头两个乡的19个行政村，规划投资4000万元，造林总面积3470公顷，其中，核桃林1330公顷、生态林1400公顷。吴城李家湾生态林工程片区涉及吴城镇的李家湾、街上、上罗堡、下罗堡行政村4个，规划投资2000万元，造生态林1200公顷。交口安国寺生态旅游园区涉及交口街道西片的8个行政村，规划投资1800万元，造生态林533公顷、经济林133公顷。当年全区造林3632公顷。区政府组织林业、纪检、财政部门技术人员，采用随机抽样，千米网布点GPS卫星定位仪复位调查进行推算的方法，对各乡镇（街道）2007年的造林进行为期2个月的验收，并根据验收结果兑现补助标准。2009年，区政府普遍实行市场化运作、工程化管理、专业队施工、标准化验收的造林管理机制，采取“政府牵头组织，集中招标施工，乡镇（街道）负责实施，林业部门验收，国库直拨支付”的工程管理办法。

2013年，全区造林2460公顷。2015年11月4日，区四大班子领导以及所有在职科级干部，在田家会街道国防沟开展植树活动，栽植油松、白蜡、香花槐5000余株。当年造林1294公顷。

河滩造林

1990年前，县林业部门本着先实验后推广的原则，根据三川河流速快、河床不稳定的特点，在不同地点采用雁翅形林带网、沿河带状林和柳篱植淤林带等三种形式，在马茂庄河滩采用耐水湿的柳树营造护岸林，植淤护岸，效果良好。

“三北”防护林工程

1978年，离石县纳入国家“三北”防护林工程（在全国西北、华北和东北地区建设的大型人工林业生态工程）建设体系，至1985年，在第一期工程造林中离石县共完成造林面积2580.47公顷。2003年，离石区完成266.67公顷造林。

2004—2009年，离石市完成国家重点工程“三北”防护林2467公顷。

2014年，离石区完成“三北”人工防护林726.67公顷。

退耕还林工程

2002年，离石市实施退耕还林工程，全年退耕1466公顷，还林2166公顷。2003年，落实禁耕、禁牧、禁垦政策，全年退耕1333公顷，还林2000公顷。

2008年，区林业局以4个乡镇（街道）为重点，在留足口粮田的前提下，按照全面规划，整体退耕的原则，高标准实施荒山造林933公顷。坚持“谁退耕、谁管护、谁受益”以及“公平、公正、公开”的原则，依法保护退耕户利益，做到地定权、人定心、树定根。建立健全退耕还林档案管理体系，做到任务落实到户、检查验收到户、政策兑现到户、管护责任到户、档案建立到户。同时，及时足额将补助粮款兑现给退耕户。

2013年，完成退耕荒山绿化133公顷。2014年，离石区共完成退耕还林工程补植补造面积3133公顷。同时各乡镇（街道）根据实际，发展退耕还林后续产业；通过争取，全区公益林补偿面积达到15313公顷，全区配备护林人员162人，其中应急队伍82人。

天然林资源保护工程

1999年，离石市启动天然林资源保护工程（简称天保工程），整顿全市从事木材经营、加工的企业29户。强化林政管理，严格采伐证、木材准运证的签发和林政执法，全年立案处罚毁林人员40余名。2000年，实施天保工程，聘用护林员115名。2001年，离石市纳入天保项目管护的有林地29993.33公顷，其中，乔木林14606.67公顷、灌木林15386.66公顷。按权属分：国有林8000公顷，乡、村集体和民营林21993.33公顷。市林业部门按照国有林远山设卡、近山承包的原则，将国有的8000公顷乔木林的管护一次性落实到34名林业职工头上。乡、村集体和民营林的管护责任到人，承包到户。2001年，建设管护站2处，设立龙门架宣传广告2处、固定标志60块，书写标语300条。

2008年，突出森林管护示范乡镇和示范园区建设，开展创建“五无一满意”（无乱砍滥伐、无乱捕滥猎、无乱拉滥运、无乱占林地、无森林火灾和让群众满意）责任区活动。同时，加强天保工作人员和护林员考核管理工作。

2009年离石区林地保护等级面积统计表

表9-8　　　　单位：公顷

单位名称	合计	Ⅱ级	Ⅲ级	Ⅳ级
离石区	92702.82	33864.96	58056.09	781.77
滨河街道	484.38	—	484.38	—
莲花池街道	481.42	2.75	468.57	10.10
凤山街道	813.17	193.60	618.69	0.88
城北街道	2955.10	1576.94	1286.98	91.18

续表 9-8

单位名称	合计	Ⅱ级	Ⅲ级	Ⅳ级
交口街道	1271.12	364.14	873.58	33.40
田家会街道	4389.70	2193.26	2196.44	—
西属巴街道	2547.33	565.79	1976.13	5.41
吴城镇	10793.24	7115.42	3599.19	78.63
信义镇	15034.46	5943.08	8880.06	211.32
坪头乡	3074.68	1058.09	1987.17	29.42
枣林乡	6176.57	2402.49	3593.05	181.03
红眼川乡	1358.39	1226.62	131.77	—
关帝林局千年林场	9443.03	13.40	9429.63	—
关帝林局南海滩林场	8726.31	1182.70	7539.23	4.38
关帝林局吴城林场	12779.46	9997.12	2776.30	6.04
关帝林局双家寨林场	1.10	—	1.10	—
吴城种子园	3874.78	13.72	3861.06	—
太岳林局信义林场	8498.40	15.78	8352.68	129.94

第三节 绿 化

四旁绿化

离石区（县、市）人民素有“四旁”（宅、村、道、田）植树的习惯，主要栽植花果树，如苹果树、梨树、葡萄树一类。

1949 年，全县“四旁”植树共 8.1 万株。

20 世纪 50 年代，全县人民响应毛泽东主席“绿化祖国、实现大地园林化”号召，首先重点搞公路绿化。

1954 年，绿化太军公路和兴离公路，总长度为 50 千米，并对公路沿线 2.5 千米的“四旁”树进行补植，绿化树种多为杨、槐、柳树。

1964 年，绿化临离公路 20 千米。1979 年夏季，绿化五里铺到小神头、马茂庄到枣林两条公路，全长 32.5 千米。20 世纪 80 年代，对部分老树进行更新，有的地段进行双行栽植，并采取杨柳榆混栽的形式。义居一带的公路绿化工作被山西省水土保持研究所拍摄成幻灯片，进行推广。

1997年，离石市绿化307国道离石交口段6千米，共栽植大侧柏4000株、毛白杨4000株、国槐3000株、丁香和刺槐1200株。

2006年，绿化米五线、店梁线45千米，栽植漳河柳46704株、侧柏1800株。2007年，离石区绿化汾柳高速公路离石段800公顷。2011年，完成薛公沟至五里铺段30千米两侧绿化，主要栽植新疆杨、漳河柳、油松，面积57公顷。

2013年，离石区完成通道绿化67公顷。2014年，完成环城高速两侧绿化带20千米、面积773公顷，青银高速交口段道路两侧绿化7.5千米、面积120公顷。高速西出口景点采用人工造景方式，针阔混交、乔灌搭配，绿化面积9000平方米。

村镇绿化

1981年，山西省人民政府制定《关于稳定山权林属颁发林权证的办法》，离石县落实林业政策，对宅前屋后的树林颁发树权证，群众植树的积极性倍增，每逢植树季节，社员们纷纷出动，用材树、经济树一起栽植，如城关镇杨家掌村，几乎家家院里有果树、户户门前栽杨柳，全村经济树不包括果园就有700余株，用材树2000余株，夏秋季节，一片绿色，沁人心脾。

2014年，离石区绿化村庄15个，植树90万株。

城区绿化

1971年后，离石县在城市建设的同时进行街道绿化，在永宁路、解放路、滨河路采用高低分层、针阔相衬、季相互补的配制方法，栽植垂柳和油松两个树种。1982年，兴建的滨河公园绿化，除采用当地乡土树种外，从外地引进部分观赏树种，有合欢、丁香、山刺玫等。并用这些树重点绿化吕梁地区人民医院、吕梁高专、会校、党校等单位。

2013年，离石区完成市区造林绿化面积667公顷。

“三山”绿化

1978年后，离石县在龙山、凤山、虎山开展大规模绿化。地县机关干部在清明节前后，分工包干，上山植树。1990年8月，离石县人民政府提出关于城区“三山”绿化的总体规划及实施意见，绿化共涉及城区15个行政村、1866户7689人，绿化面积627.8公顷，其中退耕建果园的农耕地423.52公顷。

1999年，离石市开展龙山绿化工程，栽植油松5200株、云杉1400株、枣树8500株、花椒900株。2000年，离石市“三山”绿化办成立。2001年，完成龙山引水上山工程，栽植油松1600株。2003年，在龙山投资630万元，栽植苗木74.19万株。至2005年，“三山”绿化办累计投资4008万元，新修绿化道路32千米，修建蓄水池5座，提水设备5处，铺设输水管道64121米，绿化拆迁226户，迁坟2000余座，绿化702.67公顷，栽植各类苗木 304 万余株（穴）。2006 年，离石区“三山”绿化办被划由吕梁市管理，提为处级单位。吕梁市委、市政府把“三山”绿化工程列为市政建设一号工程。2007 年，北京老将军考察团在“千亩国防林”旁开辟栽植一片“将军林”。到 2009 年，“千亩国防林”共栽活油松、国槐、樟河柳 12 万株。至 2011 年 “三山”绿化工程共涉及离石区的 7 个街道、1 个乡、42 个村，全部覆盖离石城建成区范围。累计完成投资 35641 万元，绿化 2420.4 公顷，栽植针叶树、阔叶树和灌木等 1009.54 万株（穴）。

2000—2011 年离石区（市）“三山”绿化投资情况表

表 9-9

年份	投资（万元）	绿化面积（公顷）	主要配套工程	绿化地点
2000—2005	4008	702.67	植树 304 万株、道路 32 千米、水利工程 5 处、管道 64121 米	老城区街面临凤山、龙山、虎山地段坡面
2006	4685	279.73	植树，水利工程，道路工程	凤山：后瓦窑坡 高崖湾 沙会则 苏家村。龙山：东关 七里滩 水峪 王家庄 刘家庄 圪垯上 刘家湾 段家坪。虎山：岐则沟 马茂庄 前王坡 后王坡 崔家崖 下水西
2007	5305	305.80	植树，水利工程，道路工程	凤山：吉家村 苏家村 王家沟 李家沟 沙麻沟 苏家崖 赵家塬 陈家塬。龙山：七里滩 王家庄 张家庄 交口村。虎山：下水西 上水西 前赵家庄 后赵家庄 下安
2008	5161	306.67	植树，水利工程，道路工程	凤山：沙麻沟 苏家崖 王家沟 青蒿塬 吉家村 前马家村。虎山：上水西 下水西 上安 下安
2009	3765	344.00	植树，水利工程，道路工程	凤山：长大局 沙麻沟 苏家崖 赵家塬 青蒿塬 王家沟。龙山：王家庄 七里滩 水峪 南关 徐家沟 寺头。虎山：上水西 下水西 前赵家庄 上安 西属巴
2010	4172	376.73	植树，水利工程，道路工程	城市迎街面绿化
2011	3000	338.67	植树，水利工程，道路工程	城市迎街面绿化

1949—2015年离石区（县、市）逐年造林 植树 育苗情况表

表 9-10

年份	造林（公顷）	植树（公顷）	育苗（万株）
1949	—	8.10	—
1950	15.87	34.31	—
1951	6.40	28.30	0.67
1952	9.00	17.68	3.80
1953	15.13	31.65	0.67
1954	207.67	49.50	0.80
1955	49.33	6.05	1.33
1956	106.67	36.90	8.60
1957	72.40	90.33	4.20
1958	279.47	83.46	9.93
1959	438.87	236.95	20.07
1960	288.93	53.12	10.87
1961	307.93	35.39	6.33
1962	246.27	41.36	8.93
1963	328.53	27.44	7.87
1964	241.73	32.58	15.00
1965	319.80	57.37	14.47
1966	622.40	70.36	35.40
1967	637.93	30.59	38.07
1968	488.93	36.44	12.73
1969	720.00	46.97	15.07
1970	673.13	67.33	17.33
1971	744.80	51.21	30.60
1972	944.87	74.49	38.13
1973	475.07	46.65	73.93
1974	1291.20	109.15	76.53

续表 9-10

年份	造林（公顷）	植树（公顷）	育苗（万株）
1975	990.20	55.49	140.40
1976	850.73	52.58	120.93
1977	1000.73	56.45	135.60
1978	2223.07	50.14	205.13
1979	1731.73	50.18	175.00
1980	2954.40	63.68	199.40
1981	2590.13	62.93	155.07
1982	5091.13	63.76	43.53
1983	12508.60	97.72	183.93
1984	9650.27	133.73	168.13
1985	11506.67	142.6	226.67
1986	1286.67	128.04	93.33
1987	5526.67	127.65	53.33
1988	2653.33	114.36	60.00
1989	3166.67	125.54	113.33
1990	2506.67	118.7	100.00
1991	3113.00	123.00	—
1992	4415.00	109.00	—
1993	1663.00	109.00	—
1994	1980.00	117.00	58.30
1995	3934.00	106.00	151.50
1996	2867.00	80.00	133.30
1997	2615.00	120.00	133.30
1998	2978.00	114.90	26.90
1999	3011.00	126.00	52.00
2000	1079.00	120.00	100.00
2001	5066.00	127.00	100.00
2002	6317.00	126.00	133.00
2003	3804.00	100.00	213.00

续表 9-10

年份	造林（公顷）	植树（公顷）	育苗（万株）
2004	4226.00	120.00	167.00
2005	1467.00	120.00	167.00
2006	2503.00	120.00	200.00
2007	2334.00	73.00	200.00
2008	3632.00	69.00	200.00
2009	3633.00	85.00	166.70
2010	956.00	120.00	167.00
2011	1847.00	80.00	333.00
2012	2073.00	80.00	333.00
2013	2460.00	90.00	333.00
2014	2031.00	90.00	333.00
2015	1294.00	90.00	367.00

注：1991—1993 年数据来源于吕梁地区统计资料。

第三章 林业资源保护

第一节 林权登记发证管理

2005年，离石区开展林权发证工作。

2010年，区政府印发《关于开展集体林权制度改革的实施方案》，对全区集体所有的林地、林木，在坚持集体林地所有权不变的前提下，依法将林地承包经营权和林木所有权，通过家庭承包方式落实到各集体经济组织的农户，确立农民作为林地承包经营的主体地位；林地承包期70年，在集体林地所有权和林地用途不变的前提下，林地承包经营者可依法对拥有的林地经营权和林木所有权进行转包、出租、转让、入股、抵押，或作为出资、合作条件对其承包的林地、林木依法开发利用。2010年，完成勘界确权29340公顷，确权率为57.1%，办理家庭承包20533.33公顷，承包经营率为74%。

2011年，区政府制定印发《集体林木采伐管理办法》《林地林木流转管理办法》《林地林木登记发证管理办法》《林地林木抵押贷款管理办法》。全区50353.33公顷集体林地全部录入信息系统，除吴城镇与国有林场有争议的4873.33公顷外，共落实产权45460公顷。其中，林权改革前确权11973.33公顷，该次林权改革确权33480公顷，家庭承包10713.33公顷，15户以下联户承包16746.67公顷，股份经营573.33公顷，集体保留5446.67公顷。全区家庭承包经营率为82%。

第二节 林地管理

林木抚育

中华人民共和国成立初期，境内集体林木多为幼林，抚育措施以管护和修枝为主，结合割条、打柴、护林防火等工作。到20世纪60年代，已有不少中幼林，坚持“轻抚勤育”原则，采用卫生伐和下层疏伐。间伐强度控制在20%左右，间伐周期缩减到5—7年，持续利用，稳定生长。社队集体林，坚持以营林为基础，兼顾木材生产，如吴城镇、王营庄乡、小神头乡等一些主要林区，营造的林木至1985年已经受益，一批原木、电线杆、椽材运用到生产建筑和民用上。1985年，间伐木材200余立方米。1991年，抚育管理中、幼林587公顷。

1997年，在林木管护中，进行炮震松土10万株，施用根宝ABT生根粉浸根400万株。

2000年后，遇到干旱年份，离石区（市）林业部门均派出技术人员赴田间地头引导苗农科学浇灌，以文件形式将切实做好林业抗旱工作的紧急通知和抗旱保苗技术要点下发给各乡（镇、街道），将旱灾造成的损失降到最低。

封山育林

1949年至“文化大革命”前，全县林木经营及林权归属经历由单一分散的私有经营逐步实现国有、集体所有、个体经营三者并存，封山育林工作也随之实现统筹进行，达到规范化和区域化。国有林场、集体林地都普遍建立各自的封山育林制度，采取相应的封山育林措施。“文化大革命”期间，国有林场机构瘫痪，原有的封山育林制度、措施被打乱或废弃，封山育林工作被迫停滞。乡村集体封山育林制度无法执行，林木也遭到破坏。全县被毁坏的林木及林地面积达3333公顷。

中共十一届三中全会后，离石县的封山育林工作重新走向正规，除国有林场外，县辖的13333公顷有林地，一半以上采取封育措施。全县森林树木经过16年营造和有效的封育保护，由中华人民共和国成立初的13333公顷（主要为天然林）发展到26667公顷。1986年，纳入国家专项资助封育面积1333.33公顷。1991年，纳入国家专项资助封育面积3333.33公顷。至1992年，全县封山育林15处，达10400公顷，其中面积333.33公顷的3处。1994年，封山育林3333公顷。

2008年开始，离石区贯彻落实省政府封山禁牧实施办法。

2014年，全区天然保护林封育266.67公顷，“三北”防护林封育100公顷。

第三节　林政管理

2004年，区林政稽查大队成立，下设2个中队，分片巡查巡逻。查处乱采石料非法占用林地企业10余户。2007年，随着城市基础设施项目的增多，毁林、乱占林地的案件随之发生。区林业部门严格征占林地的审批手续，加大查处力度。当年对大土河焦化有限责任公司、太中银铁路非法占用林地情况，进行反复的实地丈量、核对，根据《中华人民共和国森林法》的规定，给予罚款并履行补办手续的处罚。2014年，受理执法案件2件，办结1件，移送1件。

截至2015年底，区林业部门投入使用森林管护GPS巡检系统，减少护林员的工作强度，同时反馈的盗伐和病虫害等信息量比往年大增。通过对反馈信息执法和处理，不法分子的盗伐和村民上山毁林的状况得到有效遏制，火灾隐患得到及时化解，林区的生态得到保护。全年出动执法人员60余人次、车辆30余辆（次），受理各类森林违法案件20起，对相关违法行为采取停工、责令恢复现状、罚款等处理。

第四节 护林防火

1952年，离石县以互助组为基础，组织护林小组，全县有护林基层干部195人。如千年村的刘贵富组织47人，以组分段，坚持每7天查一次山。

1956年，离山县成立护林防火指挥部，当年的烧山案件、偷砍乱伐现象大为减少。

1963年，国务院颁发《中华人民共和国森林保护条例》后，离石县各林场、各公社普遍整顿护林机构，修订护林制度和护林公约，配备专职护林员，在林区设立护林标志牌。1985年后，离石县把10月15日至翌年5月31日定为防火戒严期，在林区严禁带火种进山。

2000年后，离石区（市）每年成立护林防火工作领导小组，划分责任区，采取24小时值班制度，并签订年度森林防火责任状。各乡（镇、街道）配备专职的护林防火员，把林区野外的火源真正管严、管牢、管实。在清明节前后，各森林火灾扑救小分队，到重点园区的路口、地段死看死守，严防严查，保证全区林木度过特险期。

2010年10月，离石区依托大土河集团保卫部组建首支80人的专业森林消防队。

2014年，制定《离石区全年护林防火实施方案》《离石区处置森林火灾应急预案》，区政府与乡（镇、街道）政府签订森林防火责任书，乡（镇、街道）与林区、村、厂矿企业签订责任书；印发宣传册2万余份，发到乡，入到户，并在清明节、中元节前后的高火特险期利用报纸、电视台等媒体，开展防火宣传活动。在进入林区主要路口、风景旅游区张贴森林防火宣传标语，设置固定森林防火宣传警示牌。2015年，全区森林防火工作以维护生态安全为重点，进行森林防火基础设施建设，在全区每个村设立森林防火宣传牌200余块，高速路、国道、县乡路设立大型宣传牌18块，护林责任牌83块，制作发放防火宣传册2万余份、禁止林区烧烤通告近千份。在清明节、中元节等重点防火期，区林业局全员出动，分片深入重点区域、重点地段、坟山墓区、林区主要进出口处流动检查巡查，进行重点监控，做到见烟就查，违章就究，严防森林火灾的发生。

第五节 林木病虫害防治

病害

病害主要有苗木的立枯病、根瘤病、松落针病、核桃细菌性黑斑病、杨树腐烂病、果树腐烂病，此外还有针叶树根白腐病、立木和木材腐朽、枣疯病、寄生性种子植物等。

苗木的立枯病 主要发生在一二年生的苗木上，症状表现为种芽腐烂、地面表现缺苗、茎叶腐烂，幼苗猝倒，苗木立枯。

根瘤病 清徐、介休细菌性根瘤病，是山西省的检疫对象。1988年，山西农业大学林学系森保专业的学生在离石县苗圃调查后发现，主要症状是根茎、干层上形成大小不等、形状不同的瘤，初期灰白色，质地软，表面光滑，后期褐色或深褐色，表面粗糙，纵横龟裂，组织紊乱。

松落针病 在离石县油松生长区发生，症状表现在针叶的颜色由暗绿变灰绿，转变为红褐至脱落，病斑在春末夏初出现黑色横线，黑色长椭圆形小点。

核桃细菌性黑斑病 发生在幼果和叶片，初见褐色小斑点，没有明显边缘，扩大变成黑色，下陷，使果仁变黑、腐烂、脱落。叶脉附近多角形的病斑，水渍状，部分形成穿孔，枝梢上病斑长形。

杨树腐烂病 发生在枝干上，初期出现暗褐色水渍状斑，略为肿胀，病部皮层组织腐烂变软，失水干缩下陷后呈龟裂状，之后在病斑上长出许多针头状小突起，受病组织易与木质部分开，当病斑扩展并绕干一周时可致死。

果树腐烂病 在果园内常见，主要症状与杨树腐烂病症状相似。2011 年，离石区果树腐烂病中等偏重发生，全区果树病虫害发生面积 2493 公顷。

虫害

离石区（县、市）普遍发生的虫害主要有榆毒蛾、光肩星天牛、草地螟、华北蝼蛄、杨鞘叶甲、榆兰金花虫、枣步曲、核桃枝天牛、铜绿丽金龟、苹果枯叶蛾，此外，还有枣镰翅小卷蛾、柳毒蛾、桃柱果蛾、杨干透翅蛾、食芽象甲、龟蜡蚧、红缘天牛、大青叶蝉、舞毒蛾、核桃举肢蛾、黄波罗凤蝶等害虫。

榆毒蛾 （*Lveca Ochropoba Erersmann*）鳞翅目，毒蛾科。以幼虫危害榆树叶片，严重受害的林木和四旁树到 7—8 月呈现火烧一般。

光肩星天牛 （*Anop1ophra g1abrjpennjs*）鞘翅目，天牛科，主要危害杨、柳、榆、刺槐、苹果、梨等阔叶树，成片啮食嫩枝叶脉，幼虫蛀食韧皮部和边材，并在木质部内蛀成不规则的坑道，被害处极易感染病虫，是农田林网、四旁绿化的主要害虫之一。

草地螟 （*Loxostege stictjcalis Linnaeus*）鳞翅目，螟蛾科，幼虫危害杨、柳、榆等苗木。

华北蝼蛄 （*Gvyllotalpa unispina Saus*）直翅目，蝼蛄科，主要危害苗木根部，造成缺根断垄，是苗圃害虫之一。

杨鞘叶甲 （*Parnops glasunowi Sacobs*）鞘翅目，叶甲科，主要是幼虫危害杨树苗木，对一二年生杨树苗咬断叶脉，甚至吃光叶片，造成二次出叶，影响苗木生长。

榆兰金花虫 （*Pyrnalta aenesoens Fainymaira*）鞘翅目 萤叶甲科，主要危害榆树，成虫幼虫均食取叶子和嫩芽。

枣步曲 （*Sucra jujuba Chu*）鳞翅目，又称枣尺蛾、枣尺蠖，尺蛾科。幼虫危害枣芽、枣花、枣叶，也危害苹果、梨、桃等树木，严重影响坐果结实，能造成减产和绝产。1994 年，离石县西山地区严重发生。

核桃枝天牛 学名末鉴定，鞘翅目，天牛科，幼虫蛀食直径为4—10厘米粗的枝条，被害枝条由衰弱逐渐枯死。

铜绿丽金龟 （*Anomdla Corpua Lenta Motseh*）鞘翅目，金龟科，危害核桃等十几种树木，幼虫取食根系皮层，成虫取食树叶，导致树体衰弱，降低产量。

苹果枯叶蛾 （*Oaonestis qruni Ljnnaeus*）鳞翅目，枯叶蛾科，以幼虫危害苹果、梨、李、杏、枣、梅等果木的嫩芽和叶片。

防治

1991年，全县林木病虫害防治面积793公顷，主要防治枣步曲、核桃病毒、柳干病毒等。1994年，完成防治面积467公顷，主要防治枣步曲、核桃病毒、苹果树腐烂病等。

2015年，全区防治面积2130公顷，主要防治核桃腐烂病、松材线虫、美国白蛾、刺槐尺蠖、侧柏枯叶病、枣飞象等。

森林植物检疫 1983年1月3日，国务院发布《中华人民共和国植物检疫条例》，应施检疫的森林植物和林产品，包括乔木、灌木、竹类、野生珍贵花卉、干果的种子、苗木如繁殖材料以及怀疑带有危险病虫的木材和竹材。1988年，县林业局组织力量，对光肩星天牛、杨干透翅蛾、枣疯病等进行检疫工作，并设立信义、九里湾两个检疫站，转入经常性检疫活动。1994年，检疫木材500立方米、林木种子1万千克、苗木300万株。

第四章 经济林

第一节 果 树

干果树

1976 年，全县红枣产量 83.97 吨，核桃产量 17.36 吨。1983 年，《山西省林业规划方案》将离石县西山地区定为木枣生产基地。1985 年，离石县红枣产量 416.1 吨。1990 年，离石县红枣产量 376.83 吨；核桃挂果 13 万余株；全县有成片枣树林 73.33 公顷，零星枣树 13.53 万株。至 1990 年，离石县红枣主要分布在坪头、结绳墕、枣塬、交口等地。核桃主要分布在田家会、王家沟、西属巴、城关、阳坡、吴城、王营庄和小神头一带，其品种主要有棉核桃、新疆核桃、夹核桃 3 种。1991 年，县林业部门推广红枣丰产技术 25 万株。1992 年，完成省列重点经济林工程造林 633.33 公顷，其中，在大东川营造核桃林 400 公顷，在西山红枣区营造红枣林 233.33 公顷。1994 年，在大东川营造核桃林 200 公顷，在西山红枣区营造红枣林 133.33 公顷。建立经济林档案，按林种、树种进行登记。

1996 年，离石市试验红枣优良品种嫁接。1997 年，调运优质赞皇枣、骏枣、梨枣、大白铃等 10 余个品种 10 万余头接穗进行嫁接，酸枣接大枣 2 万株、枣树高接换优 8 万株，全市枣农增收 50 万元。

2005 年，离石区栽植核桃选用晋龙一号、晋龙二号、辽核一号、中林一号等优良品种。红枣选用赞皇大枣、交城骏枣等优良品种。2006 年，区政府开始实施核桃经济林覆盖工程。2007 年，区财政拨专项经费 50 万元，分别在 5 个乡镇（街道）按不同树龄段创建 5 个核桃经济林生产培训示范基地。2008 年，区林业局在全区进行“核桃树王”与“核桃大王”评选，最高单株产量达到 390 千克，7 年生核桃最高单株产量达到 35 千克，户产核桃最多的达 1 万余千克。进行田家会垣上核桃生产加工示范园区建设，栽植优质核桃苗木 400 公顷、18.35 万株，嫁接改良 3600 株，新育山地核桃苗圃 0.67 公顷。至 2008 年，全区共栽植核桃林 13334 公顷，基本实现全区农民人均 2 亩核桃林的目标。2009 年，开始推广树盘覆膜技术栽植核桃。2010 年，补植补造核桃 13870 公顷，建成 80 个 33.33 公顷以上核桃林精品示范园。2011 年，在石桥、上四皓等 7 个村建立核桃经济林科教示范基地，在大树丰产稳产、幼树快速高效生长方面形成稳定的示范效果。区林业部门建设离石区核桃经济循环带，利用现有道路和经济林建设成果，通过拓宽改造、新修连接、新栽补造、加强管护等措施，将全区核桃经济建设的精品亮点工程连接起来。循环带涉及除吴城镇、凤山街道之外的其他 10 个乡镇（街道）的 60 个村 3.5 万人。道路全程约 200.4 千米，主线长 176.7 千米，支线长 23.2 千米。当年投资 2762.43 万元，新建土质路面 10.4 千米，硬化路面 33.8 千米；补植核桃林 2200 公顷、生态林 1533 公顷；新造核桃林 467 公顷、生态林 373 公顷，道路绿化 1 千米。

2012 年，区林业部门规划投资 2500 万元建设核桃经济林工程 3333 公顷，总工程分布于除城区 3 个街道之外的 9 个乡镇（街道），当年完成 913 公顷。2013 年，在枣林乡、田家会街道、莲花池街道的 4 个村进行经济林精品园建设，规定林内禁种高秆作物，禁撂荒，坡地建设永久性树盘，每株施复合肥 0.5—2 千克，幼树新枝数量增加 3—4 枝，使得结果树形合理，让“精品园”作为以后的农村经济林建设的样板，以点带面推进全区精品园建设工程，在 2—3 年内，将全区的经济林栽植成集中连片，真正打造农民自己的“绿色银行”。按照集中连片思路，完善田家会至张家庄核桃经济林循环带，并配套完善水、路、亭等相关设施。全年重点打造 666.67 公顷以上示范园区 1 个，66.67 公顷以上示范园 4 个，33.33 公顷以上示范园 10 个。2014 年，全区建设核桃林管护精品示范园 57 个、面积近 1330 公顷，培训涉林农户 2000 人次。全年完成省级干果经济林项目 267 公顷，完成干果林基地项目 200 公顷。截至 2015 年底，全区核桃林高标准管护 3200 公顷，高接换优 200 公顷，培训涉林农户 2000 人次。全区有红枣园 288.8 公顷，产量 4332 吨；核桃园 3961.1 公顷，产量 5282 吨。

水果树

离石区（县、市）栽培果树历史悠久，以苹果、梨为主。

1957 年后，陆续引进国光、红星、青香蕉等 19 个苹果品种。

1985 年，全县有果园面积 325.6 公顷，其中苹果园 218.47 公顷、梨园 68.07 公顷、葡萄园 9.67 公顷、其他 29.39 公顷，零星果树 8.9 万株。各种水果的年总产量 920.3 吨。苹果主要分布在城关镇、阳坡乡、田家会镇、西属巴镇、坪头乡等地。到 1990 年，苹果栽培品种有国光、红星、青香蕉、倭锦、元帅、金冠、红玉、祝光、伏锦、赤阳、鸡冠、即度、黄魁、八月酥、瑞香、通秋、青熟、秦冠、红富士 19 种。梨树主要分布在城关镇、西属巴镇、田家会镇、红眼川乡一带。至 1990 年，地方品种安郎、油梨已退化，栽培的引进品种有鸭梨、酥梨、苹果梨、油梨、巴梨、雪花梨、伏茄、二十世纪、身不知、京白梨、香梨、伏强梨、蜜梨、贵妃梨、金梨、茄梨、猪嘴梨、博多梨、秋子梨、甜瓜瓣、夏梨 21 种，其中以酥梨、苹果梨、鸭梨、油梨产量居多。葡萄主要分布在城关镇、田家会镇、枣林乡一带，栽培品种有红葡萄、家葡萄、马奶葡萄、巨峰、龙眼、白葡萄、新疆葡萄、玫瑰香、圆皇后、保尔加尔、胜利 11 种，以家葡萄为主。1990 年，全县有果园面积 400.4 公顷。其中，苹果园 276.47 公顷、苹果树 95779 株，梨园 70.33 公顷、梨树 27749 株，葡萄园 8.07 公顷、葡萄树 5495 架，其他 45.53 公顷，零星果树 44 万株。各种水果的年总产量为 905.36 吨。

2006 年，离石区实施水果基地建设工程，在西属巴街道建设无公害水果大棚 2 个、优种杏树2棚、桃树2棚、草莓20棚。在红眼川乡、交口镇发展水果基地66.67公顷，主要品种有黑宝石李和兰州大杏。

2009年，在信义镇进行高接换优苹果树300余株，推广示范果实套袋8000个。2015年，离石区引进新品种水果设施栽培试验示范2.67公顷。在吴城镇王营庄温室引进樱桃、油桃、草莓，在兔坪温室引进优质葡萄。草莓在春节前成熟上市，每公顷产量18吨；4月，樱桃、油桃每公顷产量45吨。在信义镇小神头温室引进火龙果、果桑等反季节果树，首次实现南种北引，填补离石区热带水果栽培的空白。离石区农业园区服务中心引进水果品种：油桃有中油12号、中油7号、中华寿桃、雪桃、舞姿（观赏桃树），樱桃有岱红、早先锋、拉宾斯，草莓有红颜、甜查理、章姬。全区有果园面积441.33公顷，其中苹果园90.2公顷、梨园28.8公顷、葡萄园3.5公顷、桃园6.9公顷、杏园20.4公顷、其他291.53公顷。各种水果的年总产量为1852吨，其中苹果1168吨、梨432吨、葡萄40吨、桃52吨、杏65吨，其他95吨。

附：张家庄采摘园

2010年后，离石区滨河街道张家庄村利用地貌优势，经山西荣海设计局总体设计，区林业局整体规划，建成集采摘、休闲、娱乐和生态观光于一体的张家庄采摘园。园内有桃、杏、枣、梨等13个品种11200棵优质树种。该园采用移栽大树的办法建园，85%的移栽树是从晋南、晋中和陕西延安购买。共栽植苹果、梨等7大类果树，树龄大部分在8年以上。2010年8月，全园果树成活率为92%，挂果率为60%，首次在离石区栽植的樱桃、山楂树成活率、挂果率分别为100%、80%。2014年，区农业部门在采摘园推广应用吊袋输液、截冠、树盘覆草帘、叶面喷肥、化学促花等7项技术，技术应用水平和创新能力得到显著提高。7类移栽果树中，安全越冬株率为95%，山楂、樱桃树不仅成活率为98%，而且全部挂果。

第二节　其他经济林

蚕桑树

据调查离石区（县、市）有2000余年的古桑树，说明蚕桑生产自古就有。

中华人民共和国成立以后，蚕桑生产发展缓慢，蚕茧产量徘徊在100千克左右。交口镇王家塔村，是全县养蚕重点村。

20世纪70年代，全县共培育桑园7.07公顷，地梗蚕26.67公顷，共有桑树15万株，育桑苗4公顷，成活出圃51万株，养蚕7万张，蚕桑总收入7万元，全村桑蚕收入达500元的就有46户。1973年，全县桑园4公顷，产茧150千克。1980年桑园增加到20公顷，产茧量上升到1050千克。20世纪80年代后期，国内外丝绸市场疲软，离石县蚕桑业严重受挫，农民开始砍树毁园，逐步放弃蚕桑生产。1988年，桑园面积3.6公顷，产茧440千克。1991年，桑园面积为0.47公顷，产茧100千克。1992年后，离石县桑园逐步由少到无。

林下经济中药材种植

2013年，离石区在加强经济林管护的同时，鼓励农民发展种植黄芩、柴胡等浅根、低杆、块茎等林下中药材。区财政部门安排专项资金对林下中药材种植基地和合作社进行补贴：在市级补助4500元/公顷的基础上，区级配套补助4500元/公顷；对中药材种植专业合作社，凡以合作社签订中药材订单面积33.33公顷以上，在市级补助1万元/个的基础上，区级配套2万元/个。在田家会、枣林、信义、西属巴等7个乡镇（街道）的20个行政村，成立药材协会15个，共有农户927户，种植面积589.33公顷，其中板蓝根71.33公顷、柴胡500公顷、黄芩11.33公顷、远志6.67公顷，每公顷纯收入26280元。2014年，在信义、吴城、枣林等乡镇种植中药材333公顷。2015年，区农业部门制定印发《2015年林下中药材产业发展实施方案》，将种植任务分解到8个乡镇（街道）的27个行政村，全年种植367公顷。

附：现代农业园区建设

2008年，离石区开展现代农业四大园区建设，其中，田家会街道狼尾沟区域产业园：至2008年底，该园区共栽植株高80厘米以上优质核桃苗木18.35万株，山杏、油松49.313万株；建成6000吨蓄水池1个，铺设总管道6千米，支管道1万米；修筑田间道路20.5千米，道路两旁栽植杨树1.2万株，油松、侧柏1万株；栽植五年生以上优质核桃接穗园2公顷，新育山地核桃苗圃0.67公顷。对3600株核桃树进行科学管护和品种嫁接改良。该工程建300吨蓄水池4个，使工程区80%的土地都达到灌溉标准，同时与狼尾沟造地工程结合，新造土地133.33公顷，使上山路、田间路实现大循环。交口街道安国寺区域产业园：2008年，安国寺周围栽植经济林、生态林近万亩，建设安国寺省级廉政教育基地。建设集城市公园、森林公园、民族宗教、廉政教育于一体，实现生态文明、人文景观、民族传统、文化教育相融合的吕梁市城区休闲、娱乐、旅游和教育的综合产业园。当年投资1000余万元，修通上山道路6千米，绿化旅游公路5千米，绿化景区200公顷。吴城镇驿沟区域产业园：流域总面积75平方千米，可利用土地近1133公顷，2008年规划造地200公顷，另有坡耕地800公顷。属中温带冷凉性的农业示范产业园和标准化健康养殖区以及中药材等种植示范产业园。当年该园区投资1800余万元完成平田整地133.33公顷，山上造地40公顷。信义镇马家沟区域产业园：流域内耕地近667公顷，其他面积1000公顷，连接信义玉林山和田家会的龙马坡、双山。与大土河集团合作，规划建设以发展生态林、经济林为主的万亩生态产业园，实现生态、经济、社会效益相统一、工业农业互补，建成信义工业产业园与吕梁市城区的绿色生态屏障。当年该园区修建蓄水池150余个，整地13.33公顷，山上栽植油松1万余株，总投资350余万元。

1978—2015 年离石区（县、市）果园面积统计表

表 9-11　　单位：公顷

年份	果园面积	苹果	梨	葡萄	桃	杏	红枣
1978	217.00	139.60	13.93	2.27	—	—	—
1979	218.33	140.47	37.67	2.60	—	—	—
1980	252.73	174.27	58.53	7.60	—	—	—
1981	277.07	197.93	58.87	7.93	—	—	—
1982	286.87	214.40	67.07	5.40	—	—	—
1983	305.6	229.07	71.13	5.40	—	—	—
1984	310.73	234.47	70.86	5.40	—	—	—
1985	325.60	218.47	68.07	9.67	—	—	—
1986	360.00	240.00	73.33	6.67	—	—	—
1987	361.00	238.67	76.60	6.40	—	—	—
1988	397.27	267.47	74.47	5.60	—	—	—
1989	396.53	271.33	73.87	6.87	—	—	—
1990	400.40	276.47	70.33	8.07	—	—	—
1991	401.60	276.80	69.53	8.67	—	—	—
1992	391.73	275.33	71.00	9.87	—	—	—
1993	449.47	339.20	67.93	10.73	—	—	—
1994	462	354	71	9	—	—	—
1995	478	370	66	13	—	—	—
1996	500	377	73	20	—	—	—
1997	520	363	72	20	—	—	—
1998	532	368	74	18	—	—	—
1999	563	381	79	20	—	—	—
2000	592	388	81	21	—	—	—
2001	917	641	100	73	—	—	—
2002	913	636	100	72	—	—	—

续表 9-11

年份	果园面积	苹果	梨	葡萄	桃	杏	红枣
2003	812	555	57	66	27	—	—
2004	697	481	50	49	16	—	—
2005	584	301	42	44	15	—	—
2006	531	273	41	33	14	—	—
2007	557	290	45	33	13	—	—
2008	536	283	47	36	15	—	—
2009	501.1	260	44.4	34.2	12	—	—
2010	370.73	175.33	37.60	—	—	—	96.33
2011	354.67	152.33	38.53	—	—	—	117.33
2012	357.33	153.53	39.60	—	—	—	114.33
2013	335.41	144.91	37.04	2.27	12.14	21.87	109.33
2014	466.9	107.6	32.8	4.2	8.5	20	288
2015	441.33	90.2	28.8	3.5	6.9	20.4	288.8

1976—2015 年离石区（县、市）主要干鲜果产量统计表

表 9-12 单位：吨

年份	水果总产量	苹果	梨	葡萄	桃	杏	沙果	红枣	核桃
1976	262.77	25.77	6.98	14.56	62.37	42.58	15.40	83.97	17.36
1977	265.43	23.13	17.34	14.88	48.22	46.82	13.24	98.80	19.40
1978	327.36	71.38	13.22	11.35	60.17	39.96	13.32	109.90	43.75
1979	399.83	50.24	20.21	17.75	83.81	53.19	11.60	153.89	43.98
1980	382.85	107.90	24.75	18.80	68.20	35.95	23.75	103.50	15.7
1981	478.50	90.00	42.05	14.80	72.70	59.05	17.10	146.60	53.8
1982	641.10	96.15	48.40	13.30	90.10	54.35	21.85	299.60	42.10
1983	481.20	88.95	34.00	18.45	81.20	50.05	14.10	174.40	33.60

续表 9-12

年份	水果总产量	苹果	梨	葡萄	桃	杏	沙果	红枣	核桃
1984	458.25	76.80	50.60	13.95	66.00	47.10	20.10	167.65	31.40
1985	920.30	199.30	45.85	26.95	98.30	62.25	39.60	416.10	101.00
1986	833.90	178.80	79.10	22.60	83.45	77.45	22.10	361.65	101.00
1987	991.72	203.53	55.72	37.02	83.43	79.3	21.5	495.32	158
1988	763.93	182.42	73.36	20.7	76.04	—	—	323.38	20
1989	847.53	219.93	86.74	23.25	75.96	—	—	375.58	117
1990	905.36	265.8	92.96	25.22	77.75	30.56	12	376.83	93
1991	828	292	93	30	76	—	—	282	146
1992	781	250	80	64	71	17	—	284	145
1993	782	308	66	73	64	19	8	230	98
1994	947	376	119	92	69	23	18	235	380
1995	899	357	81	95	54	17	—	269	174
1996	935	384	93	112	97	18	—	206	189
1997	1008	351	81	111	52	8	—	394	400
1998	1153	416	124	140	74	12	—	384	90
1999	1024	398	97	127	62	10	—	337	129
2000	1057	379	101	101	69	13	—	390	350
2001	1005	382	85	112	59	8	—	355	177
2002	939	319	88	89	66	12	—	362	135
2003	570	285	92	98	42	4	1	43	175
2004	964	347	89	66	41	306	1	84	314
2005	1057	416	64	33	34	113	1	387	175
2006	1108	462	79	37	38	22	—	464	10
2007	664	477	92	24	32	11	—	25	185

续表 9-12

年份	水果总产量	苹果	梨	葡萄	桃	杏	沙果	红枣	核桃
2008	863	464	96	25	28	15	—	233	175
2009	1483.6	411	80.4	27	35.1	4.8	—	344.3	85
2010	1301.85	785.52	130.11	36.56	55.18	—	—	231.55	639
2011	1311.34	758.58	143.11	40.03	68.46	10.5	—	270.77	904.31
2012	1794.24	942.85	224.90	81.4	62.9	40.8	—	425.79	1096.7
2013	1851.88	1074.46	287.19	33.01	58.23	15.4	—	350.72	499.35
2014	1563	952	333	47	61	50	—	72	3025
2015	1852	1168	432	40	52	65	—	4332	5282

注：表中 1978—2011 年核桃产量数据来源于吕梁市统计资料。

第五章　机　构

第一节　管理机构

1972年12月，离石县农林局成立。1975年11月，离石县林业局从县农林局中分离单设。

截至2015年底，区林业局内设办公室、植树造林股、行政审批股，下设林业工作站、森林公安派出所、森林病虫害防治站、森林消防专业大队、经济林发展服务中心、信义木材检查站、国有苗圃、国营林场。有职工67人，其中，大学本科学历30人、研究生学历2人。

第二节　下属事业单位

离石区国有苗圃

位于田家会村，1952年建圃，经营面积5.13公顷，育苗面积3.8公顷，有职工9名。该圃地势平坦，土壤肥沃，北邻东川河，灌溉方便。培育的苗木主要有油松、刺槐、国槐、臭椿、钻天杨、加杨、榆树、花椒、核桃、花果树等，主要用直播繁殖。建圃初期虽然树木种类不少，但大面积搞的是粮食生产。

20世纪60年代，圃内实力有所壮大，育苗技术也有所提高，在播种前对种子进行发芽试验。至1983年，添置130型汽车1辆，配备30马力拖拉机1台，实现耕地、运输机械化。育苗面积扩展到5.2公顷，油松一类的针叶树种陆续出圃。

至2013年，东城新区开发修建五里埔桥占用该苗圃育苗基地2公顷。2014年，该苗圃育苗面积2.87公顷。截至2015年底，有职工5人，房屋建筑面积6700平方米，内有平方21间，砖窑洞12孔。

离石区国有林场

离石区国有林场位于枣林乡梁家岔，始建于1958年，前身为离山县王老婆山林业试验站。1960年，经山西省政府批准建离石县王老婆山林场。建场初，共有职工12名，经营面积1540公顷。当时有林地不足66.67公顷，主要经营粮食种植业，造林方式以直播为主，也不进行预整地，造林保存率很低。如1961年，造林20公顷，成活面积仅58%，保存率17%。1963年，贯彻“以林为主、林粮结合、多种经营”的方针，在农业生产自给自足的情况下，把重点放在林业生产上，全年造林50.33公顷，成林面积18.33公顷，保存率上升到36%。1964—1981年，配备有2名技术员。1967年，更名为离石县工农山林场。

至1976年，成林面积达262.87公顷，其中，天然林48.93公顷，人工林213.33公顷，宜林地面积1333.33公顷，形成以刺槐、侧柏为主的木材生产基地。1990年，场内林木大部分为中幼林，其中，刺槐158公顷，蓄积量80万立方米；侧柏49公顷，蓄积量12万立方米，并通过抚育间伐，有部分木材已被利用，为国家增加经济收入30万元。

1998年，更名为离石市国有林场，有职工12人。同年，山西省人民政府禁止天然林采伐。2001年国家天然林保护工程启动，国有林场的林业建设由以木材生产为主转向以天然林保护和生态公益林建设为主。

2004年，更名为离石区国有林场。截至2015年底，区国有林场有职工5人，根据天然林保护工程实施方案要求，累计完成造林280公顷，封山育林1100公顷；加快林种树种的结构调整，林木蓄积量增加到12450立方米。

第十编

水利

水利工程

水土保持

防汛抗旱

机构

三川河流域历史上是森林茂密，草原广阔，水源丰富的好地方，由于人类的盲目滥垦和战争破坏，水土流失逐步加剧。离石人民通过在坡地挖“输水道”、闸沟打拦泥坝的办法，进行传统的蓄水保土小规模治理。1949年后，县人民政府将水土保持作为根治黄河水患和发展贫困山区农业生产的战略任务，领导人民坚持开展治山治水的水土流失治理。经过由单一治理到综合治理，由零星治理到规模治理，由重点治理到全区域治理。通过工程措施、生物措施和蓄水保土耕作措施治理。1990年，离石县水土流失面积98000公顷，治理面积49426.53公顷，占应治理面积的49.93%。截至2015年底，全区综合治理面积50495公顷，其中基本农田16090.9公顷，水土保持林32074.5公顷，种草399.9公顷，占应治理面积的51.53%。

1956年，全县开始兴建蓄水工程。20世纪70年代，掀起“农业学大寨”农田水利建设和治河高潮，主要通过砌筑堤防和劈山改河治理河道。1971—1975年，建成吴城水库。2007—2015年，建设千年水库。截至2015年底，全区治理河段62.33千米，全部堤防总长38千米；水利工程总供水量3879.35万立方米，其中农业灌溉用水359.26万立方米，工业生产用水119万立方米，城镇生活用水898万立方米，乡村生活用水676.46万立方米，生态环境用水1500万立方米，其他用水326.63万立方米。

1949年前，境内有192个自然村人畜饮水困难。20世纪50—60年代，县政府组织和资助群众打旱井、掘旱池、挖水窖。70年代初，实施提、引、蓄并举的人畜饮水工程。至1990年，全县人畜饮水工程达8684处（眼），其中提水工程117处（眼），使用机泵145台，1293马力；蓄水工程8567处（眼），其中旱井8552眼，自流引水工程15处，长30千米，解决192个自然村、5.7万人、0.4万头大牲畜的饮水问题。至2000年，离石市共解决290个自然村、6.59万人、4800头大牲畜的饮水难题。2010年，全区共投资1044万元，实施水利工程58处，其中提水30处、引水15处、蓄水13处，解决11个乡镇（街道）、38个行政村、61个自然村、2.1488万人、1891头大牲畜的饮水安全。截至2015年底，全区农村集中式供水工程208处，总供水人口14.55万人，供水量575.52万立方米。全区水利工程总供水量3879.35万立方米，基本满足全区工农业生产和人民生活用水需求。

第一章　水利工程

第一节　河道治理

筑河清淤

离石区（县、市）河道治理历史悠久，东川河畔的沟门上村就留有古堤遗迹。据《永宁州志》记载“成化二十三年（1487），知州吕大川筑堤防护，内外多植树木，以固其堤”“明嘉靖知州乔迁补修后，年久堤废”“明万历二十六年（1598），知州夏维勤改筑大堤未成”“明万历三十二年知州李橘修而成”。“清康熙十九年（1680），知州马云瑞率众修复河堤，以护城垣。士民感戴”。康熙四十八年，永宁州人于准，重修三川河大堤。雍正十二年（1734），永宁州知州许炳元重修三川河护城大堤。民国23年（1934），县长马继援与国民党驻军长官马良，集军民筑石堤200米，以护莲花池13.3公顷水地，人称“马公堤”，后几经修复，至20世纪90年代仍然完好。民国30年，石盘村阎文宝集部分村民，以入股形式，在河滩筑土堤150余米，以护该村水地53.33公顷。

1949—1954年，该堤冲决，村民修复，1959年复冲。1950年6月，石盘村组织百余人备足石料，从太原买回水泥，经三昼夜修复一段河堤，县农林部门首次用柴油机、水泵协助抽水，保住水地53.33公顷。1953年8月，罕见的洪水使北川河不少村受灾，县政府及时组织群众，沿川砌筑堤防和逼水坝30余处，1959年遇大洪水（三川河流量3100米^3/秒）时，避免了重大损失。

1954年，东属巴村在该村河神庙筑铅丝笼坝1条，以护渠道。1956年初，王家沟“火星社”百余人在该村河滩冒寒挖基，6月筑铅丝笼坝30余米，坝后筑护土坝60余米，挖引水河1条，将洪水改道，保住耕地20公顷，并造地2公顷。1957年，又将堤坝加固。

1959年，北川沿河筑逼水坝3处，堤防6条；8月20日遇大洪水，城关、交口公社沿川部分村受灾，县长刘尚文带领机关干部及灾区群众1500余人，在险要地段抢修防洪工程。1960年，交口公社沿河两岸的石盘、枣架、歧则沟等7个队组织280余人，沿河筑防洪工程9处，其中筑100米的石堤5处，20米以上的石堤4处。保护耕地58.67公顷，淤地100公顷。20世纪60年代，东川沿河村庄在田家会一带筑逼水坝8处，由于缺乏统一规划，各村各自为政，工程布局不合理，结果顾此失彼，水患得不到彻底解决，形成“灾害搬家”。1964年，吉家村受田家会铅丝笼坝顶撞，一晚冲毁水地2.8公顷，冲断道路，并危及学校、村庄和仓库安全。70年代，全县先后组织县、社、队三级通过统一规划，全面治理，裁弯取直，改河筑堤大见成效。组织形式是“小突击，大会战，专业队长年干，全民大打突击战”。总体规划是“先治大东川，后治小东川，最后治北川”。工程形式主要为砌筑堤防和劈山改河。

2008年，离石区投资3026万元进行阳坡沟河道治理，完成土方工程115万立方米、石方工程5万立方米。2010年，投资1268万元进行田家会至沙会则段河道整治，完成河道清淤、修筑河堤工程。2011年3月，离石区投资1000万元开展以清理垃圾、打击非法挤占河道为重点的全区河道清洁整治，达到“四无一畅”，即河道无淤积、水面无漂浮物、河道及沿岸无垃圾杂物、河道无非法乱占，河道行洪畅通。共动用人力1.08万人次，机械710台次，车辆2800辆次。清运河道垃圾12.95万立方米，回填平整土石方30余万立方米。全区140千米河沟道内的垃圾全部清理，主要行洪沟道全部回填平整，达到畅通、整洁的要求。2011年5月，离石区组织水利、国土、环保等部门和相关乡镇、街道联合执法，共取缔关停22家大小东川河道内的非法洗采制砂厂。2011年6—7月，制定印发《关于离石、柳林、中阳三叉地带“三项整治”河道整治工作的实施方案》，对离石区范围内涉及的7.2千米河道实施全面整治，总投资907万元，动用土方23万立方米。2011年第一次全国水利普查，全区有大东川河（67千米）、南川河离石段（1.4千米）、三川河离石段（24.5千米）、三道川（9.47千米）、小东川河（32千米）、阳坡沟（24千米）6条河段，均存在堤防缺少且不达标问题，除南川河离石段外其他河段均河槽淤积。大东川河、小东川河、阳坡沟河段还存在过度采砂问题。三川河离石段、小东川河河段有防洪规划，三川河离石段按30年至50年一遇洪水标准规划实施治理河段19千米，其中治理河段达标13.8千米，未治理河段5.2千米；小东川河河段按30年至50年一遇洪水标准规划治理河段10.8千米，其中治理河段达标6.9千米，未治理河段3.9千米。

2014年，在九里湾村疏通河道淤积600米；在下罗堡村疏通河道500米。2015年，离石区投资169.2万元，对三川河、大小东川、大土河沟、枣林沟等河沟进行河道整治，共清理河沟道31千米，清运河道及两岸垃圾23万方，河道行洪能力、环境面貌得到明显改观。截至2015年底，全区已治理河段达62.33千米，其中治理达标河段34.1千米。

砌筑堤防

1970年8月至1976年，交口、城关、田家会等沿川9个公社及部分大队，先后组织治河专业队治理，共砌筑堤防41.8千米。1978年5月，县革委会主任兼县农田基本建设兵团总指挥张守忠、副总指挥贺玉印等领导兵团千余人，在大东川王营庄至五里铺段筑堤9千米。1978年夏，地、县机关事业单位干部职工上千人，在地委书记王国英、县委书记郭裕怀带领下，在城北瓦窑坡段两岸筑护城堤3千米。8月大会战，上马人数万余人，战线15千米，当月筑堤7.32千米。

1979—1990年，以承包责任制形式在各河道筑堤67.7千米，保护耕地1067公顷，淤地667公顷，保护人口3.3万人，堤防绿化34千米。其中王营庄乡筑堤14千米，吴城镇8.7千米，小神头乡3.4千米，信义镇6千米，田家会镇17千米，城关镇11千米，交口镇3.7千米，王家沟乡1.9千米，阳坡乡0.6千米，西属巴镇1.4千米。工程按20年一遇洪水标准设计，堤坝形式为浆砌石梯形断面，一般堤高 3 米（从流水面算起），每米长用石料 10—13 立方米，用水泥 300—380 千克，用工 100—150 个。

1995 年 8 月，离石县建成吴城镇上王营庄至下王营庄段堤防，长 1.95 千米，其中达标长 1.7 千米，宽 0.4—1 米，高 2—3.4 米，工程按 30 年一遇洪水标准设计，堤坝形式为砌石堤，级别为 3 级。

1996 年 6 月，吴城镇陈家塔段堤防建成，长 1.15 千米，其中达标长 0.87 千米，宽 0.4—0.8 米，高 1.8—3.2 米，工程按 30 年一遇洪水标准设计，堤坝形式为砌石堤，级别为 3 级。1998 年 7 月，离石市建成西属巴段堤防，工程从西属巴村至霜雾都村，长 1.3 千米，其中达标长 1.1 千米，宽 0.3—0.7 米，高 2.3—3.4 米，工程按 10 年一遇洪水标准设计，堤坝形式为砌石堤，级别为 5 级。2003 年 5 月，信义镇至永红段堤防建成，工程从信义村至永红村，长 1.6 千米，其中达标长 0.88 千米，宽 0.4—0.6 米，高 2.4—3.2 米，工程按 30 年一遇洪水标准设计，堤坝形式为砌石堤，级别为 3 级；10 月，车家湾至前王家坡左段堤防建成，工程从阳石村至前王家坡村，长 11.9 千米，其中达标长 0.3 千米，宽 0.6—1.2 米，高 3.8—5.6 米，工程按 30 年一遇洪水标准设计，堤坝形式为砌石堤、钢筋混凝土防洪墙，级别为 3 级。

2006 年 5 月，离石区建成李家沟桥至交口贺家塔段堤防，工程从李家沟至贺家塔村，长 14.8 千米，其中达标长 11.2 千米，宽 0.4—0.8 米，高 3.8—5.2 米，工程按 30 年一遇洪水标准设计，堤坝形式为砌石堤、钢筋混凝土防洪墙，级别为 3 级。2009 年 10 月，吴城镇街上村段堤防建成，长 1.5 千米，其中达标长 1.06 千米，宽 0.4—0.8 米，高 2.3—3.6 米，工程按 30 年一遇洪水标准设计，堤坝形式为砌石堤，级别为 3 级。2010 年 9 月，留子局段堤防建成，长 1.1 千米，其中达标长 0.78 千米，宽 0.4—0.8 米，高 2.8—4.5 米，工程按 10 年一遇洪水标准设计，堤坝形式为砌石堤，级别为 5 级。2011 年第一次全国水利普查，全区主要有堤防工程 8 条，全部为砌石堤，总长 35.3 千米，其中达标长度 17.89 千米，均为 1990 年后建成。2011 年，离石区投资 79.13 万元解决在张家庄沟修建高速公路时弃土形成的虚土坝防洪工程，建设坝顶排洪渠 60 米，坝坡泄洪管 90 米，坝底泄洪管 60 米，反滤坝、挡土墙等。同年，投资 40 万元完成王家庄沟防洪工程，共清淤和砌筑河坝 120 米。

2014 年，投资 21 万元在九里湾村建河坝 50 米。2015 年，离石区全部堤防总长 38 千米，其中三级堤防 16 千米、四级堤防 22 千米。

劈山改河

马茂庄劈山改河工程　该工程从北川河、东川河交汇处拦河筑坝，开挖底宽 80—120 米的新河，直线穿过王家坡、枣林沟，劈开马茂庄梁，过塌崖湾与原河道衔接，全长 2 千米。改河段控制着三川河的北川、东川两大水系和枣林沟。流域面积为 2501.2 平方千米，占三川河流域总面积的 60%。治理工程防洪标准为 50 年一遇（洪峰流量 3238 米^3/ 秒），校核洪水标准为 500 年一遇（洪峰流量为 5392 米^3/ 秒）。

1971 年 9 月动工，为县办工程，原设计劈山动土方 220 万立方米，投工 200 余万个，工期8年，可淤地333.33余公顷，劳力来源为全县机关干部、职工、学生及受益队（工程受益区域公社、生产队社员组成的工程队）600余人。结果投资10万余元挖引水河500余米、筑坝基200米，因工程量太大，上马人数无保障，1973年底下马。1978年再次组织上马，并投资1万元，后因技术问题停工。1992年12月，又动工建设，工程总体布局：过水断面全部用浆砌石和砼砌筑，右岸布设24米宽的柏油马路，左岸布设1.5米的人行道，河边设栏杆封闭河道，在枣林沟南岸布设立体交叉桥，王家坡、塌崖湾布设两座交通桥。总工程量为464.4万立方米，其中：土石方455.4万立方米、浆砌石5万立方米、砼4万立方米。该工程由吕梁公路分局第三工程处、吕梁水利工程队、离石县大型农机站、离石县第二运输公司承建。1994年，投资2600万元，完成土方270万立方米。

1997年工程完工。

王文庄劈山改河工程 1972年完工，共动用土方3万立方米，筑石堤100余米，造地6公顷，1977年洪水将堤冲毁，1979年修复。

东红劈山改河工程 工程位于阳坡人民公社东红自然村，1973年完工，造地4公顷。

后庄劈山改河工程 1974年动工，共动用土方60万立方米，当年洪水改道，保护了原有耕地，新淤地60余公顷，后逐年砌筑顺水堤300余米。

下四皓劈山改河工程 1974年动工，当年洪水改道，动用土方8万立方米，砌筑堤防100余米，淤地10.67公顷。

中则坪劈山改河工程 1978年完工，造地3.33公顷。

德岗劈山改河工程 1973—1975年动工兴建，动土方4000立方米，后因工程量太大而下马。

第二节 灌 溉

渠系工程建设

明成化七年（1471），永宁州（离石）北川河杨家会村建上水渠引水灌田。成化二十二年，知州吕大川教民在温泉（今莲花池）种稻灌园。弘治元年（1488），知州吕大川教民引三川河种水稻灌园，后因山水为患，稻田遂废。万历四年（1576），永宁州东川河车家湾渠道建成并引水灌田。

到清乾隆年间“苦河患，有蔬畦而无稻田”。万历二十九年，永宁州开上水、车家湾渠浇地；筑青龙、穆村渠，浇地53.33公顷。“州西穆村南近离石水，村人阳高县训导王彦孔凿渠以兴水利，灌田800余亩（穆村距城70里）”（见乾隆三十六年《汾州府志·永宁州》）。

民国6年（1917），离石县于沙麻沟开源远渠，长3.5千米，灌王家沟等3个村田153公顷。民国7年，离石县疏兔儿坪渠，长2.5千米，引吴城泉灌田66.67公顷。

民国7年（1918）12月离石县渠道情况一览表

表10-1

渠名	干渠里数	渠之容量	渠口通河处	渠之经过地	渠所受水之河	溉田亩数	溉田时期	组织方法	经费	备考
杜家坪渠	十五里	深三尺 宽五尺	县城西 莲花池	杜家坪、高家沟、交口	莲花池泉水	九百亩	春 夏 秋	杜家坪三村使水岁修费按地摊派	岁修费三百一十五千文	泉在县西城墙下
下安渠	八里余	深三尺 宽五尺	上安村 前河滩	上安村、霜雾都、苏家崖、下安村	离石河	两千亩	春 夏 秋	四村使水 余同前	岁修费钱 五百千文	—
安上渠	二里	深宽 各三尺	安上村 南河	安上村、峪口	南河	二百亩	春 夏 秋	渠道岁时 拨夫修治	—	—
明家塌渠	七里	深宽 各三尺	离石河	西坪上 过道西	离石河	五百亩	春 夏 秋	西坪上过道西水岁修费按地摊派	岁修费钱 拾余千文	—
新龙湾渠	七里	深五尺 宽三尺	土岔子河	东湾村、吉家庄、圪针湾、新龙湾	离石河	五百亩	春夏	东湾村使水 余同前	岁修钱 四十千文	—
王家会渠	七里	深五尺 宽三尺	李家湾 东北河	王家会	东北河	四百亩	春夏	王家会使水 余同前	岁修钱 二百千文	—
大武镇渠	十五里	深五尺 宽七尺	西相王村	保安村、大武镇神底村	离石河	六千亩	春夏	保安等村使水 余同前	岁修钱一千二百余千文	—

续表 10-1

渠名	干渠里数	渠之容量	渠口通河处	渠之经过地	渠所受水之河	溉田亩数	溉田时期	组织方法	经费	备考
青龙渠	四十里	深四尺宽三尺	青龙村沟底崄	柳林镇阎家圪台村、杨家坪村、穆村、薛村、高辿村	青龙沟泉水	一万零八百亩	春夏	各村共同使水岁修费按地摊派	岁修钱一千一百四十千文	该渠经过村庄各有分渠灌田
后南村渠	十四里	深三尺五寸宽三尺	后南村水井滩	前南村、杨家会、东坡村、西相王村	水井滩泉水	三千亩	春夏	渠道岁时由各地主拨夫修治	—	—
横沟渠	五里	深五尺宽七尺	监军庄村外	监军庄、东旺坪	离石河	三千二百亩	春夏	两村使水岁修费按地摊派	岁修钱四百四十千文	—
南村渠	二里	深宽各一尺五寸许	南村娘娘庙	南河	南村娘娘庙泉水	三百亩	春夏	渠道岁由使水各户拨夫修治	—	娘娘庙泉疑即昭济泉，在县北六十里扁豆山，一名灵通月窟泉
金罗渠	五里	深五尺宽七尺	中阳水峪	金罗坪上	南川河水	三千亩	春夏	共同经理岁修费按地摊派	岁费钱六百千文	中阳县南阳有泉水涌出，故南川河水终年为巨流。近因泉水浅，遇旱则不敷灌溉之用
东郝村渠	三里	深五尺宽七尺	中阳县水峪	背月坡沟、东郝村	南川河	一千亩	春夏	共同经理岁修费按地摊派	岁费钱三百千文	中阳县南阳有泉水涌出，故南川河水终年为巨流。近因泉水浅，遇旱则不敷灌溉之用

续表 10-1

渠名	干渠里数	渠之容量	渠口通河处	渠之经过地	渠所受水之河	溉田亩数	溉田时期	组织方法	经费	备考
道棠韩家坡渠	七里	深五尺 宽七尺	西郝村	东西郝村、道棠、韩家坡	南川河	三千五百亩	春夏	道棠坪韩家坡两村使水岁修费按地摊派	岁费钱一千零五十千文	中阳县南阳有泉水涌出，故南川河水终年为巨流。近因泉水浅，遇旱则不敷灌溉之用
西郝村渠	二里	深五尺 宽八尺	中阳县水峪	西郝村河滩	南川河	五百亩	春夏	西郝村使水共同经理岁修费按地摊派	岁费钱二百五十千文	—
源达渠	七里	深五尺 宽六尺	苏家崖	沙麻沟、虎头峁、李家沟、屯村沟、王家沟、乔家沟	沙麻沟温泉及北川河	二千三百余亩	春夏	李家沟屯村沟王家沟三村使水岁修费三村按地摊派	岁费预计约需钱四百余千文	民国6年（1917）开工疏浚，计共需钱二千六百余串文，由李家沟、屯村沟、王家沟三村摊派
兔儿坪渠	五里	深八尺 宽二尺	李家沟	马家塔、南海滩、上下四皓、油房坪、上下王营庄、兔儿坪、义居村	吴城镇泉水	一千余亩	春夏	兔儿坪附近各村使水岁修费按地摊派	—	民国7年（1918），疏浚共用钱一千余串文，由兔儿坪附近各村摊派公开
上安渠	二十余里	深四尺 宽五尺	西属巴村	上安村、沙麻沟	离石河	二千余亩	春夏秋	—	挑浚费预计需银三百余元	民国元年（1912），河身刷低，不能引水上渠。上安村早议疏浚，因西属巴村未能一致，迄未举办。现因需款浩繁，请由地方公款拨助银百元，即可复浚

民国29年（1940），离石县开渠灌溉水地30.73公顷，离东县有水地259.47公顷。民国30年，离石县有水地32.47公顷，离东县有水地346.27公顷。民国33年，离东县14个行政村，349个自然村，开水渠三段，据《1944年晋绥工作总结》记载："但用的很少，因地气太冷，夏苗用水少，秋苗见不得浇，所以不需开渠。"民国36年11月，晋绥离石三区保安村水渠完成土建工程，全长2.7千米，用工4461个，可浇地34.64公顷。

中华人民共和国成立后，在中国共产党和人民政府领导下，灌溉工程得到恢复和振兴。三年恢复时期废除封建水规，建立民主的水利管理组织—水利代表会，制定合理的用水制度。水利部归人民所有，群众情绪高涨，积极要求兴修水利，在"以抗旱丰产扩大灌溉面积为主，不放松防洪漫地"的方针指引下，在恢复旧渠的基础上，有计划、有重点，择其开支小收益大者进行开渠。1950年增水地174.07公顷。主要灌溉工程：霜雾都至袁家庄干渠，全长7.5千米。1950年开挖，次年建渡槽、涵洞等较大建筑物10余处，设计灌溉面积85.33公顷，有6个村庄受益，后累遭受洪水冲刷，下游不能正常受益。西属巴至霜雾都干渠，全长3.5千米，其中防渗渠道40米，较大建筑物3处，1951年春，由水利模范左德权领导两村联建，投工2600个，当年受益40公顷。东属巴渠，全长1千米，其中有砖砌穿山涵洞320米，较大建筑物2处，设计灌溉面积46.67公顷。1952年，由该村梁汝歧领导兴建，1957年又修筑渠道工程，过沟处筑起倒虹吸工程。

"一五"计划时期（1953—1957年），在国家"以蓄为主、自流为主，小型、多样为主"的水利方针指引下，全县44个农业生产合作社，在"多修水渠增粮棉"的口号鼓舞下，开展水利建设运动，主要工程有：崔家崖倒虹吸水工程。1957年由该村崔廷宣设置水泥倒虹管，跨沟30米，引山沟内的泉水浇地3.33公顷，当年增产2100千克，投资仅55元。马家村干渠，1957年冬至1958年春，由远景社郭吉喜带30余名青年修建、县水利局施工，全长1千米，从车家湾引水、劈青石山500米，跨大小沟15条、动土方1.95万立方米，较大建筑物8处，其中渡槽5处，扩大灌溉面积66.67公顷。该渠后改建为吴城水库北干渠。

20世纪70年代干旱严重，小型水利与抗旱并举，挖渠道修水库、截潜流、筑堤坝，滴水归田。该时期主要兴建吴城水库及北干渠，开发王营庄、小神头渠道，建塘坝21座，截潜流37处（大部分淤满）。1976年春，吴城水库北干渠动工。该渠位于离石县东川河北岸沿沟的山脚下，途经上楼桥、车家湾、下楼桥、后马家村、前马家村、吉家村、苏家村、沙会则、高崖湾、后瓦窑坡、前瓦窑坡、凤山底、西崖底共13个村，全长14.67千米，其中3.4千米为防渗渠道，1979年基本建成，1981—1982年续建，1983年验收。有效灌溉面积680公顷，其中自流灌溉面积530公顷，提水灌溉面积150公顷。该渠属吴城水库管理，是全县最大的引水灌溉工程。由于紧靠山脚，穿村过沟、衬砌量大。共有配套建筑物210处，水闸15处，暗洞3处，长389米。总工程量34.97万立方米，总投工34.68万个，总投资80.79万元（国补），渠道设计过水流量上段为1.07米^3/秒，下段为0.45米^3/秒。

1986年，信义阳干渠背干渠同时建成，位于小东川河两岸山脚下，水渠为小东川河水。阳干渠经信义、小王家沟、阳石、车家湾4个村，全长7.66千米，其中防渗0.68千米，有配套建筑物23处，包括渡槽8处、涵洞15处，设计灌溉面积146.67公顷，有效灌溉面积106.67公顷，渠道过水流量0.5米^3/秒。背干渠经砖窑沟、背石村，全长0.4千米，其中防渗0.33千米，有配套建筑物12处，包括渡槽4处、涵洞8处，设计灌溉面积73.33公顷，有效灌溉面积46.67公顷，渠道过水流量0.3米^3/秒。两干渠总投资8.5万元，其中国家拨款7万元，工程由县水利局设计施工，属信义镇管理。至1990年，全县小型水利工程有133处，其中塘坝6座，截潜流11处，渠道116处。总长245千米，筑桥涵、闸口等建筑物239件，总灌溉面积发展到1533公顷。1995年，投资10.23万元，修建位于信义镇永红村的永红引水灌溉工程，渠道全长3.21千米，其中防渗长度0.785千米，主要建有渡槽、跌水、陡坡、滚水坝、清水墙共21件，工程量0.439万立方米。工程新增水浇地10.67公顷、恢复水浇地24.67公顷、改善水浇地8公顷。

2011年第一次全国水利普查，离石区有万亩以上引水灌区1个，即吴城灌区，灌溉范围涉及吴城镇的7个村、滨河街道的1个村和田家会街道的12个村，设计灌溉面积933.33公顷，有效灌溉面积800公顷；当年实际灌溉面积633.33公顷，取水量231.486万吨，用水量162.038万吨；灌溉渠道流量0.2—1米/秒之间的渠段数55处，渠道长度60千米，其中衬砌长度31千米。有万亩以下引水灌区5个，当年实际灌溉面积240.87公顷，用水量51.386万吨。2013年，离石区投资83万元建设灌区末级渠系配套工程，修建渠道10千米、灌溉管道31千米，解决2个乡镇的8个行政村灌区末级渠系配套，新增灌溉面积245.33公顷。2015年，全区有引水及小型水利工程项目11处，灌溉面积1129.3公顷，用水量166.89万吨。其中：万亩以上灌区灌溉468公顷，小型水利灌溉661.3公顷。渠道长度243千米，其中防渗长度90千米。

井水灌溉

民间曾流传着“光绪元年水推平川，光绪二年晒死梁山，光绪三年寸草不收，光绪四年促进打井”的说法。清代打井为数极少，并为少数富人所有。井型为土、砖、石的人工浅井，提水工具为人工辘轳。

民国30年（1941）省署拨国币100元，助民凿大井5眼，小井15眼，村民自行筑成30余眼。

中华人民共和国成立后，依靠集体力量，大力开发地下水资源，凿井工程飞快发展。先后出现过三次高潮，第一次是在1953—1956年，井深一般10米左右，井型规格仍沿用原土、砖、石浅层井，配套蓄力水车，每眼水井受益0.2—0.4公顷，仅1956年全县打井108眼，分布于县城附近河谷区。第二次出现于20世纪60年代初，解放式畜力水车逐渐被淘汰，代之以电动链条泵和机井泵，出水量增加，灌溉效益提高。第三次出现于1971—1978年，随着50年代浅层井和自流井逐步报废，打井配套技术进一步革新。全县打井258眼，由1974年成立的打井队用冲击机械打井30眼，其余为人工井，配套全部为机械，多数安装离心泵，少数装有潜水泵、深井泵。井深20—40米居多，机械井深度较大。井径人工井一般2—3米，机械井0.3—0.5米。井管材料，人工井大部为石或砖砌后水泥圈管，机械井为水泥管或铸铁管。

20世纪80年代后，机电井管理实行责任制，形式有专业承包、以劳承包、定额计酬、大包干等。因地下水位下降，部分井水量不足，甚至干枯，北川一带尤为严重。至1990年，报废39眼，因淤塞、井管设备损坏及其他原因报废60眼。全县井灌面积主要集中在城关、交口和西属巴等三片。至1990年，城关井片（位于城区周围城关、田家会镇、王家沟乡一带）有水井96眼，其中机电井95眼，已配套86眼，装机102台，975.345千瓦，井灌面积364.6公顷，是全县最大的井片。有上水、马茂庄、下安、凤山底、西崖底、后瓦窑坡、高崖湾、南关、下水、东关、后庄、前瓦窑坡、袁家庄、乔家沟、李家沟、段家坪等31个村受益。交口井片（位于县城西交口镇一带）有机电井48眼（其中电井47眼），已配套41眼，装机51台，599.76千瓦，井灌溉面积182.8公顷，大部分建有井房，水源稳定，水量充足，有交口、高家沟、石盘、枣架、歧则沟、贺家塔、王家塔、乔家塔8个村受益。西属巴井片（位于县城北西属巴镇一带）有机电井42眼（其中电井38眼），已配套41眼，装机41台，411.6千瓦，有上安、霜雾都、东属巴、西属巴、茂塔坪、盛地、袁家岭7个村受益。这一带地下水性相差悬殊，县机械打井队在上安、西属巴、茂塔坪村打井10余眼，均未打出水。而盛地、茂塔坪两眼井则水源丰富（其中茂塔坪为自流井）。共有灌溉面积438.13公顷，因井水不足，河水旱季断流，影响农业发展。1995年，县政府为解决西属巴一带农田灌溉问题，同方山县修建大武跨县干渠，引北川河水对该片区农田实施灌溉。

2004年，离石区配套机电井220眼。2011年第一次全国水利普查，离石区有133.33公顷以下灌区19个，全部为机电井灌溉，实际灌溉面积416.53公顷，取水量193.16万吨，用水量168.215万吨。

2012年，离石区投资1706万元，建设千井万亩富民灌溉工程，凿井12眼，新增灌溉面积358.27公顷，解决6个乡镇（街道）12个自然村灌溉配套。2013年，投资345万元，凿井15眼，解决7个乡镇（街道）15个自然村、10704口人的饮水安全问题和农田灌溉配套，新增灌溉面积284.67公顷。2014年，投资100万元，解决2个乡镇、4个自然村、100.67公顷的农田灌溉。2015年，投资225万元，解决4个乡镇、3个自然村、6个农村合作社116.67公顷的农田灌溉。截至2015年底，全区有机电井29眼，灌溉面积565.4公顷，取水量149.34万吨，用水量129.93万吨。

2011 年离石区第一次全国水利普查灌溉机电井情况表

表 10-2

乡（镇）街道	村	灌溉机电井井数（眼）	灌溉机电井实际灌溉面积（公顷）	灌溉机电井 2011 年取水量（立方米）
交口街道	枣架村	2	21.33	86340
	乔家塔村	1	28.67	112270
交口街道	王家塔村	1	41.33	166032
	贺家塔村	2	30.67	130798
	高家沟	3	28.00	121460
	交口村	2	20.00	79396
	岐则沟村	1	35.33	152730
	石盘村	1	12.67	50100
西属巴街道	西属巴村	1	0	0
城北街道	大中局村	1	22.47	88948
凤山街道	乔家沟村	2	7.33	29590
	袁家庄村	3	8.00	29046
	凤山底村	5	11.07	34313
莲花池街道	徐家沟村	1	9.87	40460
	段家坪村	5	14.00	76078
田家会街道	吉家村	1	8.87	35950
信义镇	永红村	1	42.20	169980
吴城镇	上丰村	1	14.47	57956

提水灌溉

机泵灌站　即四泵一机工程，最早建于 1966 年，该项工程仅现离石境内就有 35 处，其中，水轮泵站 21 处，大部建成于 1966 年，分布在东北两河沿岸，总装泵 80 余台，设计灌溉面积 333.33 公顷。规模较大的有后瓦水轮泵站，五级扬水，扬程 160 米，水头 20 米，装泵15台，设计灌溉面积66.67公顷。苏家村水轮泵站，扬程150米，水头8米，装泵6台，设计灌溉面积46.67公顷。吉家村水轮泵站，扬程100米，水头5米，装泵6台，设计灌溉面积26.67公顷。水锤泵站8处，总装泵8台，设计灌溉面积17公顷，分布于枣林村4处，十里村3处，马家塔村1处。内燃泵站2处，西崖底村、王家塔村各1处。三联泵站4处，总装机（柴油机）5台，设计灌溉面积34.73公顷，王家沟四化山1处，新建山2处，李家沟1处。这些工程，灌溉成本低，发挥效益良好。后由于“文化大革命”的影响，无人管理，设备拆废。

机电灌站 机灌站最早建于1955年。塌崖湾机灌站为第一处。至1959年全县发展到5处，总装机5台、33.075千瓦，至1963年发展到7处，总装机7台（其中柴油机1台）、52.92千瓦。电灌站最早建于1963年。至1970年发展到3处。1972—1974年新建99处，至1977年发展到205处，装机222台、2920.155千瓦，有效灌溉面积640.4公顷。1978年后除有计划地改建和更新了一部分外，重点转入补配。

1981年，县水利局组织专业技术人员对各站进行现场普查，登记核实。全县机电灌站共164处，其中，固定站70处，流动站94处，总装机185台，3179.61千瓦，安变压器91台，5080千伏安，高压线路10千米，低压线路36千米，闸阀290件，输水管道208千米，固定渠道0.35千米，建蓄水池22个，总容量1.3万立方米，设计灌溉面积852.13公顷，有效灌溉面积479.27公顷，保证灌溉面积288.53公顷。按级数分，一级扬水149处，二级扬水11处，三级扬水3处，四级扬水1处。按净扬程分50米以下135处，50—100米22处，100—300米7处。按装机分，36.75千瓦以下141处，36.75—73.5千瓦19处，73.5—220.5千瓦4处。按设计效益分，灌溉6.67公顷以下122处，6.67—20公顷34处，20公顷以上8处。按水源分，井水32处，库水2处，河水119处，其他水11处。按工程现状分，一类51处，占总数的31%，其现状是责任制健全，设备完好，水源保证，效益良好。二类33处，占总数的20%，其现状较一类次之，基本能正常发挥效益。三类15处，占总数的9%，其现状主要是无水源。四类65处，占总数的40%，其现状是无效益，主要原因无责任制，设备年久失修，管理不善，损坏丢失；无水源或地面不平；灌溉成本高，不使用；设备用于其他工程，如人畜饮水，水冲造地，农副加工等。据普查，1982年、1984年将无效益站注销145处（包括部分喷灌），至1990年全县共有机电排灌站59处，装机70台，1267千瓦。截至2015年底，全区有提水灌溉及机电灌站14处，灌溉面积591.3公顷，取水量77.77万吨，用水量62.44万吨。

玉灵山绿化提水工程 位于离石区东北部阳坡盆地西部玉林山一带，涉及西属巴、城北、田家会、信义4个乡镇、街道，主要为解决项目区栽植的6667公顷桃核、山杏、油松、侧柏的灌溉用水。2009年，投资275.26万元，建成管理房、200立方米调节池、供水房、输水管路6.5千米、离心泵和变压器的安装等工程。

1971—1990年离石县机电井及机电灌站设施状况表

表10-3

年份	水井（眼）		已配套机电井（眼／千瓦）		机电灌站（千瓦）	
	合计	其中：机电井	合计	其中：电井	合计	其中：电灌站
1971	20	13	13 / 116	—	8 / 104	51 / 164
1972	80	51	51 / 458	—	32 / 441	17 / 226
1973	149	113	113 / 1223	52 / 1000	89 / 1398	58 / 1009
1974	208	188	189 / 2279	183 / 2234	99 / 1549	63 / 1156
1975	230	209	221 / 2755	204 / 2620	144 / 2519	87 / 1740
1976	234	209	219 / 3152	209 / 2986	188 / 3367	111 / 2314
1977	244	225	225 / 3173	216 / 3008	205 / 3973	122 / 2843
1978	245	226	218 / 3100	217 / 3018	203 / 3953	127 / 3893
1979	252	226	218 / 3183	216 / 3008	203 / 3973	127 / 2843
1980	226	225	219 / 3236	212 / 3095	215 / 4698	149 / 3598
1981	216	215	213 / 3277	207 / 3176	199 / 4421	143 / 3533
1982	225	224	214 / 3296	208 / 3174	99 / 2400	87 / 2238
1983	225	224	190 / 2855	208 / 3174	101 / 2456	89 / 2288
1984	201	201	191 / 2884	185 / 2781	61 / 1746	64 / 1662
1985	202	202	178 / 3747	185 / 2043.3	59 / 1708	59 / 1255.38
1986	190	189	—	173 / 1973.475	61 / 1730	60 / 1262.73
1987	182	181	181 / 1929	181 / 1417.815	54 / 1202	53 / 1193
1988	176	175	163 / 1884	163 / 1359.015	55 / 1224	54 / 1215
1989	177	176	165 / 1884	163 / 1359.015	55 / 1224	54 / 1215
1990	177	176	165 / 1884	163 / 1359.015	55 / 1224	54 / 1215

附：至1990年离石县主要电灌站

后瓦凤山梁电灌站 1978年建成（原水轮泵站改建），设计灌溉面积36公顷，居各站之首。三级扬水，总扬程280米，装机3台，80.85千瓦，后改为喷灌，至1990年，因灌溉成本高，很少运行。

上安电灌站 1974年建成，一级扬水，总扬程25米，装机1台，20.58千瓦，设计灌溉面积33.33公顷，至1990年，有效灌溉面积26.67公顷。

西崖底虎山梁电灌站 1978年建成，二级扬水，总扬程205米，装机2台，85.26千瓦。建蓄水池1个，容量1000立方米，设计灌溉面积26.67公顷，有效灌溉面积11.33公顷，至1990年，因灌溉成本高，不运行。

段家坪小河口电灌站 1979年建成，二级扬水，总扬程70米，装机2台，25.725千瓦。建蓄水池1个，容量600立方米。设计灌溉面积26.67公顷，至1990年，有效灌溉面积16.67公顷。

交口圪针湾电灌站 1978年建成，一级扬水，总扬程107米，装机1台，16.17千瓦。建蓄水池1个，容量600立方米。设计灌溉面积20公顷，至1990年，有效灌溉面积6.67公顷。

刘家庄前梁电灌站 1980年建成，三级扬水，总扬程210米，装机3台，34.545千瓦。设计灌溉面积20公顷，有效灌溉面积5.33公顷。至1990年，因机井淤积，无水源没效益。

于家沟电灌站 建成于1976年，三级扬水，装机3台，26.46千瓦。设计灌溉面积24.67公顷，至1990年，初期效益较好，后设备用于农副产品加工。

马茂庄塌崖湾电灌站 为全县最早的一处高灌工程，20世纪50年代为机灌站，1963年改装为电灌，装机1台，29.4千瓦。建蓄水池1个，容量100立方米。设计灌溉面积20公顷，至1990年，有效灌溉面积6.67公顷。水源充足，效果良好。

青蒿塌煤窑电灌站 全县级数最高的电灌站，建成于1977年，四级扬水，总扬程224米，总装机5台，75.705千瓦，建蓄水池3个，容量604立方米，设计灌溉面积16公顷，至1990年，实际灌溉面积6.67公顷。

田家会电灌站 全县第一处果园电灌站，总扬程183米，装机2台，17.64千瓦，建有澄沙池、净水池，蓄水池共4个，机房2个，管理房1个，筑镇墩4个，至1990年，设计灌溉面积12.67公顷（其中果树8.67公顷）。

喷灌 滴灌

喷灌 1973年，离石县开始安装喷灌施肥4处。1974年安装26处，1978年作为4项配套之一，安装114处，多数是利用原机电灌站设施，加喷头改装。设计灌溉面积404.67公顷，因设备质量差，尤其喷头质量不过关等原因，没发挥多大效益，1984年全部注销。1986年又重新试装1处，即马茂庄喷灌，位于该村蔬菜基地，装机1台，10.29千瓦，为固定式，设计灌溉面积6.67公顷，当年实灌4公顷，运行良好。1986年9月，全省喷滴灌现场会在离石县召开，并进行现场参观。至1990年，建成固定式喷灌2处，装机2台，0.314千瓦，灌溉面积16公顷。2011年第一次全国水利普查，全区无喷灌面积。2015年，全区喷灌面积100公顷。

滴灌 1985年6月，马家村将电灌站改建为滴灌。全部工程分两期，第一期铺设各种型号的管道6千米多，装滴头300余个，主下水管安装过滴器7个，建蓄水池2个，管理房1个，完成土石方0.235万立方米，总投资3.5万元，其中国家拨款3万元，可灌果树面积12公顷，5000余株。该项工程是吕梁重点试验项目，投入运行后，滴灌运行正常，达设计要求。1986年，全省组织在此进行现场参观。2011年第一次全国水利普查，全区无滴灌面积。2012年7月，王营庄滴灌工程建成，总投资107.45万元，其中国家拨款40万元、山西省拨款40万元，发展滴灌面积33.33公顷。2015年，全区膜下滴灌面积110公顷。

2011年离石区第一次全国水利普查灌区情况表

表10-4

灌区名称	灌区2011年实际灌溉面积（公顷）	耕地实际灌溉面积（公顷）	非耕地实际灌溉面积（公顷）	灌区2011年取水量（立方米）	当地水库、塘坝水（立方米）	地下水（立方米）	灌区2011年用水量（立方米）	耕地灌溉用水（立方米）	非耕地灌溉用水（立方米）
城北街道大中局灌区	22.47	22.47	0.00	88948	0	88948	88948	88948	0
凤山街道凤山底灌区	31.07	11.07	20.00	62707	28390	34314	62707	34314	28390
凤山街道乔家沟灌区	62.67	7.33	55.33	112867	83280	29590	112867	29590	83280
凤山街道袁家庄灌区	8.00	8.00	0.00	29046	0	29046	29046	29046	0
交口街道高家沟灌区	28.00	28.00	0.00	121460	0	121460	121460	121460	0
交口街道贺家塔灌区	30.67	30.67	0.00	130798	0	130800	130798	130800	0
交口街道交口灌区	20.00	20.00	0.00	79396	0	79396	79396	79396	0
交口街道乔家塔灌区	28.67	28.67	0.00	112270	0	112270	112270	112270	0
交口街道石盘村灌区	12.67	12.67	0.00	50100	0	50100	50100	50100	0
交口街道王家塔灌区	41.33	41.33	0.00	166066	0	166070	166066	166070	0

续表 10-4

灌区名称	灌区2011年实际灌溉面积（公顷）	耕地实际灌溉面积（公顷）	非耕地实际灌溉面积（公顷）	灌区2011年取水量（立方米）	当地水库、塘坝水（立方米）	地下水（立方米）	灌区2011年用水量（立方米）	耕地灌溉用水（立方米）	非耕地灌溉用水（立方米）
交口街道枣架灌区	21.33	21.33	0.00	86340	0	86340	86340	86340	0
交口街道岐则沟灌区	35.33	35.33	0.00	152730	0	152730	152730	152730	0
离石区吴城灌区	633.33	633.33	0.00	2314860	2315000	0	1620380	1620400	0
莲花池街道段家坪灌区	28.00	14.00	14.00	76078	19910	56173	76078	56173	19910
莲花池街道徐家沟灌区	9.87	9.87	0.00	40460	0	40460	40460	40460	0
田家会街道吉家村灌区	82.20	8.87	73.33	139691	103700	35950	139691	35950	103700
田家会街道义居灌区	33.33	33.33	0.00	132198	0	132200	132198	132200	0
吴城镇上丰村灌区	14.47	14.47	0.00	57956	0	57956	57956	57956	0
西属巴街道西属巴灌区	36.93	26.93	10.00	122520	14150	108370	122520	108370	14150
信义镇永红灌区	42.20	42.20	0.00	169980	0	169980	169980	169980	0

第三节　蓄水工程

水库建设

1956年，离山县开始兴建蓄水工程，有过两次高潮。

第一次在20世纪50年代，建设水库5座（其中100万立方米以上1座，即刘家湾水库），塘坝20座，还动工兴建大型蓄水工程横泉水库（现为方山县）。

第二次于20世纪70年代初，建设中型水库1座，即吴城水库，总库容1700万立方米；建设小型库11座，即青石盘水库、向东水库、卧龙墕水库、茂塔沟水库、团结水库、胡家沟水库、碗圪台水库、徐家沟水库、陈家塔水库、白草墕水库、甄家山水库，总库容310万立方米。这些小型蓄水工程，大多没有按基建程序办理，盲目兴建、仓促上马，标准低，隐患多，经受不住洪水考验。如：胡家沟水库，大坝已筑成，溢洪道未挖，1973年8月第一次遇洪，大坝被冲决三分之二，后修复，已淤满。甄家山水库，1973年8月刚竣工，遇洪即毁，原因为溢洪道位置高且断面小，于同年修复，已淤满。团结水库，建成于1975年，河槽狭窄，洪水量大，1977年8月降暴雨（上游3座土坝全垮）将石坝全盘端走，同年国家拨款4万元，以淤地坝形式修复，1980年续建，后淤平变为坝地。

20世纪70年代后期，县水利局曾勘测、设计过千年水库、南海滩水库、上丰村水库等3座中型蓄水工程，因未批复，除千年水库2007年建设外，其他未能兴建。

至2015年，全区已建成并运行的水库有吴城水库，为中型水库；千年水库，为小（1）型水库。

附：重点工程

吴城水库　位于县境东川河中上游，吴城镇西5千米处西塔村，1971年由县水利局勘测和初步设计，后由地、县水利局共同设计。1972年11月成立2000余人的“吴城水库工程民兵团”，建立200余人的工程指挥部，下设政治处、工程处、后勤处，工程由姚来强、雒品三、崔生泉领导，由张成荣负责总施工，日上马人数均2000余人，连续施工达6年之久。1971年11月动土，1975年7月拦洪，1978年10月建成，是一座以防洪为主兼顾灌溉的中型水库。保护下游县城和22个村庄、4万余人、2666.67公顷耕地的安全。灌溉土地666.67公顷。但建成后渗漏严重，被列为病险库。

水库建设共动土方161.5万立方米，石方25.6万立方米，混凝土方0.9万立方米，用钢材111.8吨，水泥2353吨，木材628.5立方米，国家投资515万元，群众投工230万工日。大坝为夯压与水力冲填混合土坝。坝坡上游护坡为干砌片石，下游为原坝坡。坝底大坝坐落在河卵石上，未做防渗铺盖。输水洞位于右岸山脚基岩上，为埋管式压力涵管。进口有进水塔，内设2×2米的检修门。最大泄量43.8米^3/秒。溢洪道位于右岸山坡基岩上，为开敞式溢洪道。进口实用堰、护堰，出口为挑流鼻坎消力。

在控制流域面积中，森林灌木林面积51.6平方千米，其余为黄土耕地面积。坝址上游河长17千米，纵坡1.27%。年平均降雨量500毫米，年平均径流量3700万立方米，年平均输砂量16万立方米。按工程质量可达百年一遇校核标准。基本水源为吴城泉水，流量0.5米^3/秒，20世纪90年代为0.2米^3/秒。设计灌溉面积近期2000公顷，远期3333.33公顷，历年实灌666.67公顷。防洪任务是保护下游22个村庄、县城及重要厂矿；

保护耕地2000余公顷，公路桥7座，重要干线公路35千米。可养殖水面30公顷，投放鱼苗1.3万尾，年捕捞成鱼1500千克。

1978年2月24日，库水位达1021.8米时，出现集中渗漏，流量88升/秒，超过原设计正常高水位（1029米）时渗量，并有微量泥沙带出。1979年冬发现输水洞渐变段14米长的钢板衬砌水冲变形，1980年冬进行处理，1980年4月1日，库水位达1020.5米时，坝基观测房前出现集中渗漏，流量73升/秒。

1981年秋进行库区处理，将水放开，对漏斗裂缝人工进行回填。鉴于大坝运行后的问题，1984年12月，省水利厅批准溢洪道改建方案。1985年，投资174万元，对该水库分两期工程修复，一期将溢洪道堰顶高程从原1029米降到1022米（降低7米），第二期混凝土衬砌。改建后溢洪道最大泄量为386米^3/秒，工程达百年一遇设计，三百年一遇校核洪水标准，为中型水库。1986年4月下旬蓄水至1021.67米时，坝基未见异常，总渗漏流量52升/秒，比1978年同期水位减少36升/秒，运行趋势良好。

水库竣工后设“吴城水库管理委员会”，1985年底改为“吴城水库管理处”，隶属县水利局，有管理人员12人。主要观测项目有库水位、降水量、孔隙水压力、水平垂直位移浸润线、渗透流量、进出库流量。主要通信设备有电话机1部、无线电台4部，上游设报讯站3个。

2003年，批准立项吴城水库除险加固工程，2004年5月，吴城水库除险加固工程开工，投资3337万元，其中中央预算内资金为1668万元、省级配套资金840万元、市区及地方配套资金829万元。

2009年，区政府拨专项资金20万元，对输水洞出口进行应急处理，配齐输水洞闸门。2011年，进行太中银铁路吴城段水源恢复重建吴城水库水源补给工程，将铁路隧道内排水，从九里湾3号斜井内采用2级提水提至地面的调节池，再由输水管道送至吴城水库。投资994万元建成洞内提水部分工程；洞外输水部分批复1310万元，当年完成60%的工程量。2013年，吴城水库被列入全省114座水库应急除险加固工程之中，该项工程投资326.65万元，建设内容：输水洞洞身钢筋混凝土加固，输水洞出口新建导流墙；溢洪道出口截弯取直，挑流消能，导流墙建设工程。2014年3月，工程开工，同年底完工并投入使用。

刘家湾水库 位于离石城西南2.5千米刘家湾流域出口处，1956年动工，同年竣工。上游为黄土山区，植被稀疏，是山西省在黄土山区最早兴建的一座试验性小型蓄水工程。主要枢纽工程有大坝、溢洪洞。工程总投工20余万个，国家累计投资41万元，设计寿命15年，设计灌溉面积346公顷，实际受益4年，年均灌溉面积20公顷，1957年最高达104.73公顷，1959年洪水漫顶决口后坝高加高至21米，至1963年全部淤满种地。

20世纪70年代加高至30米，可淤地33.33公顷。溢洪道位于右岸山脚下，为开敞式，长 120 米，宽 18 米，最大泄量 126 米 ^{3}/ 秒，按 20 年一遇洪水设计，挑流鼻坎消力。由于洪水大，施工存在隐患，工程数次被冲，1974 年、1976 年、1977 年、1981 年进行处理修复。

青石盘水库 位于小东川磨湾流域上游青石盘村，1971 年 9 月动工，1972 年建成。控制流域面积 21.5 平方千米，流域内森林茂密，覆盖较好，总库容 83 万立方米，为小型水库，属阳坡乡管理。主要枢纽工程有大坝、溢洪道、输水洞。大坝为匀质碾压土坝。输水洞为竖井卧管式，全长 70 米，最大泄量 0.9 米 ^{3}/ 秒。工程按 20 年一遇洪水设计，其洪峰 100 米 ^{3}/ 秒，洪量 45 万米 ^{3}。无校核标准。设计灌溉面积 133.33 公顷，有效灌溉面积 133.33 公顷。由于工程存在隐患及管理不善，溢洪道塌陷，卧管堵塞，大坝变形，1977 年、1979 年、1980 年三次进行处理，此水库实际没有发挥应有的效益。

千年水库 位于三川河支流小东川河中上游，信义镇东 10 千米处千年村。

2007 年 3 月开工，是一座小型水库，控制流域面积 58.7 平方千米。工程分水库枢纽和供水工程两部分，水库枢纽由大坝、泄洪洞、供水工程取水口等组成，大坝为均质土坝，兴利库容 352 万立方米，调洪库容 166 万立方米，死库容 90 万立方米，年供水量 310 万立方米。供水工程设计管线 22.9 千米。千年水库属小（Ⅰ）型水库，工程等别为Ⅳ等，主要建筑物为 4 级。设计防洪标准为 50 年一遇，校核标准为 300 年一遇，供水保证率为 90%。

水库建设采取市场机制、企业运作的办法，工程由吕梁市离石区人民政府、山西水务投资集团有限公司、山西大土河焦化有限责任公司及吕梁远安房地产开发有限公司四方投资。

该工程充分调蓄和利用小东川河上游水资源，为信义工业园区发展提供可靠的水源保证。同时可带动水库周边区域经济的发展，并为该地区旅游娱乐和休闲度假开发创造条件。

2007 年，建成 3.40 千米的米五线库区改线路基工程、导流泄洪洞工程和大坝基础填筑工程。2009 年，大坝枢纽工程基本竣工，共投资 10189 万元。2011 年，投资 1296.55 万元，主要进行大坝帷幕灌浆、高喷灌浆、土层喷灌灌浆、土层回填灌浆、预制上游护坡等工程。

至 2012 年，累计筹措资金 10400 万元，完成投资 12213.97 万元，其中土建 9439.97 万元、设备安装 206 万元、征地移民和环境部分完成投资 816 万元。2012 年，投资 295.25 万元主要建设大坝顶部冻融土、坝体填筑、上游护坡铺筑等工程，解决对村民的占地补偿款 750 万元。2013 年，区政府与省水利厅、农发行协商为千年水库争取贷款 2000 万元，用于上游护坡干砌预制砼块、上游护坡反滤砂石料铺筑、排水棱体顶部铺筑路面、库底清理、干砌石砌筑、浆砌石砌筑、土石方开挖及回填等。至 2015 年 3 月，完成投资 12787 万元。至 2015 年 5 月底，大坝枢纽工程（大坝、泄洪洞、坝下供水涵管、闸门等）全面完工。水库枢纽工程由大坝、泄洪洞、供水塔及坝下涵管组成。大坝为均质碾压土坝。泄洪洞位于水库左岸基岩山体内，钢筋混凝土内衬。坝下埋涵采用压力钢管。

第四节 人畜饮水工程

供水工程

2010年，小东川桑湾集中供水工程开工建设，位于信义镇桑湾村。主要以拦蓄沟内长流水，集中解决下游工业用水及5个自然村的饮水困难。建成堆石砼坝1座，包括输水管路长6.78千米、减压阀2座、检修阀井4座、排水检修井2座、进排气阀井10座、排水井9座、分水井5座。2011年，工程建设竣工并投入使用。同年，第一次全国水利普查，全区主要有农村供水工程622处，其中：200米^3/天及以上或2000人及以上的农村供水工程15处。设计总供水规模1.219万米^3/天、总供水人口113080人，年实际供水量142.87万立方米/天、总供水人口83324人。200米^3/天以下或2000人以下的农村供水工程607处，年实际供水量207.483万米^3/天、总供水人口111595人。至2015年，全区农村集中式供水工程208处，总供水人口145489人，供水量575.52万立方米。其中：城镇管网延伸工程19处，供水人口38457人，供水量187.11万立方米；联村供水工程18处，供水人口27191人，供水量112.4万立方米；单村供水工程171处，供水人口79841人，供水量276.01万立方米。全区农村分散式供水人口1685人，供水量100.94万立方米。

2011年离石区第一次全国水利普查的主要农村集中供水工程和城镇管网延伸工程表

表10-5

工程名称	建成时间	工程类型	供水方式	管网长度（千米）	配套功率（千瓦）	设计供水规模（米^3/天）	设计供水人口（人）	实际供水量（万立方米）	实际生活供水量（万立方米）	实际供水人口（人）
东关城市自来水工程	1996年9月	城镇管网延伸	供水到户	19	—	1807	61770	55	55	51650
结绳墕集中供水工程	2001年10月	单村	集中供水点	6.3	110	194	2528	2.3	1	249
坪头集中供水工程	2001年9月	联村	集中供水点	8.5	75	361	4129	3	0	0
信义集中供水工程	2007年11月	联村	集中供水点	16.6	11	538	7022	10	10	6161
枣洼集中供水工程	2001年8月	联村	集中供水点	6.5	75	236	3085	3.6	3.6	390

注：本表只包括200米^3/天及以上或供水人口2000人及以上的工程。

2011 年离石区第一次全国水利普查的小规模农村集中供水工程和城镇管网延伸工程表

表 10-6

工程名称	工程类别	供水方式	设计供水规模（米³/天）	设计供水人口（人）	年实际供水量（立方米）	实际供水人口（人）
后瓦窑坡自来水工程	城镇管网延伸	供水到户	126	1900	42000	1650
后王家坡村城市自来水工程	城镇管网延伸	供水到户	88	972	38400	813
前王家坡村城市自来水工程	城镇管网延伸	供水到户	113	1526	24000	1276
下水西村城市自来水工程	城镇管网延伸	供水到户	120	1680	26000	1408
上水西村城市自来水工程	城镇管网延伸	供水到户	151	1998	40000	1973
袁家庄村城市自来水工程	城镇管网延伸	供水到户	145	1990	36000	1850
刘家湾村城市自来水工程	城镇管网延伸	供水到户	60	1866	20000	1560
徐家沟村城市自来水工程	城镇管网延伸	供水到户	98	1196	29000	1240
王文庄村城市自来水工程	城镇管网延伸	供水到户	53	1200	17700	1070
前赵家庄城市自来水工程	城镇管网延伸	供水到户	77	1112	32000	965
九里湾集中供水工程	联村	集中供水点	99	1950	54000	1870
上四皓集中联片供水工程	联村	集中供水点	65	1256	19000	1050
红眼川集中供水工程	联村	集中供水点	43	380	11000	323
枣林集中供水工程	联村	集中供水点	173	1852	75000	1667
白家庄集中供水工程	联村	供水到户	164	1981	35000	1800
梁家岔集中供水工程	联村	供水到户	91	1273	11000	415

注：本表只包括 200 米³/天以下且供水人口 2000 人以下的工程。

引水工程

盛地引水工程　1973年建成，是全县最早的一处。安混凝土引水管2.3千米，建水窖4个，解决 1580 人、70 头大牲畜饮水，从此改写清代盛地无水的结论（清代曾在盛地村立过断水碑）。

上安引水工程 1982年建成，引水管1千米（塑料管），原设计可解决2050人、120头大牲畜的饮水，因煤矿开采，水源干枯停用。

上三交引水工程 1983年建成，引水管2.4千米，建水窖1个，因输水管冻裂停用。

2011年第一次全国水利普查，全区有农村引水工程19处，其中集中供水点8处、供水到户11处，年实际供水量21.18万米^3，当年实际供水人口9767人。

2011年离石区第一次全国水利普查农村引水工程表

表10-7

工程名称	工程类别	供水方式	设计供水规模（米^3/天）	设计供水人口（人）	年实际供水量（立方米）	实际供水人口（人）
下楼桥引水工程	单村	集中供水点	128	700	32800	556
义居引水工程	单村	供水到户	64	1200	21000	1030
沟门上村引水工程	单村	供水到户	25	378	10000	316
下罗卜村引水工程	单村	集中供水点	36	615	12000	514
上三交村引水工程	单村	集中供水点	25	380	5700	323
石槽沟村引水工程	单村	集中供水点	21	280	5000	236
陈家塔村引水工程	联村	供水到户	31	728	9527	640
上丰村引水工程	单村	供水到户	21	321	7848	268
新隆村引水工程	单村	供水到户	21	311	4800	260
王营庄集中引水工程	联村	集中供水点	100	1992	22000	1682
南海滩引水工程	单村	供水到户	30	490	8600	470
油房坪村引水工程	单村	供水到户	39	680	11000	574
圪垛里村引水工程	单村	集中供水点	21	280	6500	238
北遮沟村引水工程	联村	集中供水点	35	600	8000	507
康家岭集中引水工程	联村	集中供水点	46	454	7000	320
小神头村引水工程	单村	供水到户	51	933	20000	721
崖窑湾村引水工程	单村	供水到户	32	540	6000	474
吴家庄村引水工程	单村	供水到户	25	383	10000	320
千年村引水工程	单村	供水到户	22	360	4000	318

蓄水工程

中华人民共和国成立后，县政府在人畜饮水困难的村庄大规模发展旱井。20 世纪 60 年代初，离石县山区 90% 的村打旱井。1962 年，国家拨专款 30 万元，每眼补 30—50 元，西山地区六天打旱井 1000 余眼。同年，吴城镇赵城沟水窖建成，为全县第一处水窖。1972 年，薛公沟旱池建成，为全县第一处旱池。至 1980 年，旱井达 7883 眼（不包括 50—60 年代报废井 2183 眼），西山乡镇占 70% 以上，户均 1 眼有余。80 年代初，缺水村家家户户打旱井，每眼补助 50 元。旱井形状均为酒瓶形，井径一般上部 2 米，中部 3 米，下部稍窄，井深 10 米左右，容量约 50 立方米，可供 4 口人、1 头大牲畜饮用 1 年。井壁古代用红胶泥锤打，逐步改为白灰砂浆抹面，80 年代发展为水泥防渗，寿命一般 20 年，如土质好能用 30 年左右。1984 年后，根据国家水电部规定，全部颁发井权证。

至 1990 年，全县共建成旱池 7 处，总容量 5842 立方米。蓄水 1000 立方米以上的有：石槽沟旱池，黄芦沟旱池，九里湾旱池，牛尾沟旱池。同年，蓄水工程有 8652 处（眼）（其中旱井 8552 眼）。同年，全县共有水窖 5 处，总容量 1360 立方米。较大的有义居水窖，建成于 1984 年，容量 600 立方米；下王营庄水窖，建成于 l986 年，容量 400 立方米。其余均在 200 立方米以下。

2011 年第一次全国水利普查，全区雨水集蓄供水工程涉及 46 个村，工程数 229 处，供水人口 20551 人。全区窖池工程有 4638 处，总容积 15.97 万立方米，总供水人口 19440 人。2015 年，全区有蓄水窖池 4496 处。

2011 年离石区第一次全国水利普查雨水集蓄供水工程情况表

表 10-8

街（村）	雨水集蓄供水工程数量（处）	雨水集蓄供水工程供水人口（人）	街（村）	雨水集蓄供水工程数量（处）	雨水集蓄供水工程供水人口（人）
牛家山村	4	357	椿树峁村	1	296
长大局村	2	355	场塌村	1	472
界峁村	1	60	孙家峁村	1	270
芦则峁村	1	233	霍家塔村	1	356
贺家山村	1	40	龙尾峁村	1	376
盛地村	11	90	坪头村	1	1300

续表 10-8

街（村）	雨水集蓄供水工程数量（处）	雨水集蓄供水工程供水人口（人）	街（村）	雨水集蓄供水工程数量（处）	雨水集蓄供水工程供水人口（人）
横梁村	35	462	赵家山村	1	1000
大中局村	19	226	呼家山村	1	600
九里湾村	4	480	东社村	2	618
下三交村	1	137	李家山村	2	708
任家塔村	1	190	墕口村	2	600
任家沟村	1	32	南庄村	3	900
马家沟村	1	85	闫家坡村	1	700
唐则墕村	1	272	凤凰峁村	4	1500
石桥村	1	559	枣洼村	2	360
山底沟村	1	326	柏局上村	3	632
柳树局村	1	360	西坝村	1	200
刘家舍科村	1	382	薛家坡村	1	439
闫家峁村	3	250	卧龙墕村	99	500
彩家庄村	1	555	大西局村	2	761
三山集村	1	359	崇里村	1	571
白家峁村	1	314	垣上村	1	335
任家山村	1	496	段家墕村	3	437

提水工程

离石县提水工程最早建于 1971 年，寺沟为第一处，至 1990 年，全县提水工程达 117 处，总装机 145 台、950.355 千瓦，安装变压器 15 台、550 千伏安，高压线路 37 千米。按提水级数分，一级 96 处，二级 14 处，五级、六级各一处。按原设计效益分可供 1000 人以上用水 5 处，300 人以上 30 处，300 人以下 77 处。2011 年第一次全国水利普查，全区有 200 米 ^{3}/ 天及以上或 2000 人及以上的农村提水饮水工程 10 处，均建于 2000 年后。

1990年离石县设计效益300人以上提水工程表

表10-9

工程名称	所在乡镇	建成年份	级数	扬程（米）	装机（台/千瓦）	设计效益		实际效益		运行情况
						人口（人）	大畜（头）	人口（人）	大畜（头）	
三山集提水工程	结绳堙	1974	1	144	1 / 8.82	320	16	328	16	水源枯竭停用
任家山提水工程	结绳堙	1975	1	96	1 / 8.82	490	32	—	—	无水源停用
王家山提水工程	西属巴	1975	1	180	1 / 7.35	410	20	—	—	水源不足停用
白草堙提水工程	王家沟	1976	1	20	1 / 7.35	340	22	—	—	无水源设备损坏停用
青蒿堙提水工程	王家沟	1979	2	104	2 / 22.05	410	20	—	—	无水源设备损坏停用
娘娘庙提水工程	王家沟	1983	1	124	1 / 7.35	370	22	—	—	正常运行
后马家村提水工程	田家会	1979	1	30	1 / 5.145	400	15	400	19	正常运行
殷家山提水工程	红眼川	1979	1	160	1 / 7.35	330	20	330	20	正常运行
水峪里提水工程	红眼川	1977	1	150	1 / 7.35	410	15	410	15	正常运行
新舍科提水工程	红眼川	1984	2	305	2 / 14.7	390	15	390	15	正常运行
寺头提水工程	红眼川	1971	1	160	1 / 7.35	399	16	399	16	正常运行
西山里提水工程	红眼川	1976	1	160	1 / 7.35	340	15	340	15	正常运行
永红提水工程	阳坡	1977	1	34	1 / 4.41	365	60	365	60	正常运行
虎山提水工程	坪头	1973	1	100	1 / 7.35	478	13	387	13	正常运行
南关提水工程	城关	1981	1	114	1 / 22.05	800	15	800	15	正常运行

续表 10-9

工程名称	所在乡镇	建成年份	级数	扬程（米）	装机（台／千瓦）	设计效益		实际效益		运行情况
						人口（人）	大畜（头）	人口（人）	大畜（头）	
杨家掌提水工程	城关	1973	2	168	1 / 7.35	618	33	618	33	能正常运行
卧牛塌提水工程	城关	1973	1	180	1 / 7.35	305	15	305	15	基本正常运行
张家庄提水工程	城关	1974	1	116	1 / 7.35	460	9	460	9	基本正常运行
铨则塌提水工程	城关	1975	2	200	2 / 13.965	400	12	460	9	基本正常运行
牛家山提水工程	城关	1974	1	197	1 / 8.82	380	—	72	9	基本正常运行
茂塔坪提水工程	西属巴	1984	1	18	1 / 2.94	826	23	826	23	正常运行
袁家岭提水工程	西属巴	1979	1	130	1 / 5.145	551	33	551	33	正常运行
石门咀提水工程	西属巴	1976	1	170	1 / 5.145	340	30	340	30	正常运行
缩缩岭提水工程	西属巴	1976	1	144	1 / 7.35	375	12	—	—	设备损坏停用
梁家塌提水工程	交口	1971	2	145	2 / 12.495	508	15	508	15	基本正常运行
渠家山提水工程	交口	1979	1	72	1 / 7.35	321	10	—	—	设备丢失停用
贺家山提水工程	交口	1972	1	100	1 / 7.35	429	10	—	—	设备老化停用
葫芦把提水工程	交口	1974	1	108	1 / 7.35	337	7	337	7	正常运行
结绳塌提水工程	结绳塌	1982	2	384	2 / 14.7	500	20	500	20	水源不足设备老化停用
彩家庄提水工程	结绳塌	1982	1	130	1 / 7.35	519	22	519	22	水源不足设备老化停用

2011 年离石区第一次全国水利普查农村主要提水工程表

表 10-10

工程名称	建成时间	工程类型	供水方式	管网长度（千米）	配套功率（千瓦）	设计供水规模（$米^3$/天）	设计供水人口（人）	实际供水量（万立方米）	实际生活供水量（万立方米）	实际供水人口（人）
高家沟提水工程	2000 年 10 月	单村	集中供水点	1.3	11	187	2928	2.4	2.4	2448
交口提水工程	2000 年 10 月	单村	供水到户	5	18.5	231	3612	3.5	2.8	3020
七里滩提水工程	2001 年 10 月	城镇管网延伸	供水到户	3.4	—	176	2751	5.5	5.5	2300
前马家村提水工程	2004 年 5 月	单村	供水到户	3	—	204	3500	5.2	5.2	2600
上安提水工程	2009 年 10 月	单村	供水到户	4.7	37	252	3463	8.2	6.86	2896
盛地提水工程	2009 年 10 月	单村	供水到户	2.6	35	161	2511	6.26	5.26	2100
霜雾都提水工程	2009 年 10 月	单村	集中供水点	3.48	18.5	200	2046	4.93	4.93	1711
苏家村提水工程	2005 年 8 月	单村	供水到户	4	75	535	7522	12.6	6.8	2100
田家会提水工程	2004 年 10 月	单村	供水到户	3.5	75	282	3684	13	8.5	3584
西属巴提水工程	2010 年 10 月	单村	集中供水点	2.1	37	245	2529	7.38	5.26	2115

注：本表只包括 200 $米^3$/天及以上或供水人口 2000 人及以上的农村提水工程。

2011 年离石区第一次全国水利普查小规模农村提水工程表

表 10-11

工程名称	工程类别	供水方式	设计供水规模（米³/天）	设计供水人口（人）	年实际供水量(立方米)	实际供水人口(人)
杨家掌村提水工程	单村	集中供水点	55	964	11767	806
刘家庄村提水工程	单村	供水到户	30	472	5700	395
张家庄村提水工程	单村	供水到户	37	630	7738	530
王家庄村提水工程	单村	供水到户	40	753	9198	630
崔家崖村提水工程	单村	供水到户	39	688	10493	575
铨则墕村提水工程	单村	供水到户	20	200	5500	100
乔家沟村提水工程	单村	供水到户	51	942	16000	788
圪达上村提水工程	单村	供水到户	75	1076	15000	900
卧牛墕村提水工程	单村	集中供水点	35	600	10000	496
段家坪村提水工程	单村	供水到户	60	1900	21000	1786
大土河村提水工程	单村	供水到户	39	682	12000	570
潘家沟村提水工程	单村	供水到户	30	490	9000	445
后赵家庄村提水工程	单村	供水到户	57	1076	18000	970
下安村提水工程	单村	集中供水点	112	1980	36000	1900
大中局村提水工程	单村	集中供水点	13	239	2190	200
王家沟村提水工程	单村	供水到户	110	1992	38000	1850
李家沟村提水工程	单村	供水到户	77	1118	30000	935
沙麻沟村提水工程	单村	供水到户	55	646	23000	540
苏家崖村提水工程	单村	供水到户	42	730	10000	615
青蒿墕村提水工程	单村	集中供水点	40	691	17000	578
白草墕村提水工程	单村	集中供水点	22	400	5600	388
娘娘庙村提水工程	单村	集中供水点	27	490	5000	413
长大局村提水工程	单村	集中供水点	29	454	12000	380
陈家墕村提水工程	单村	集中供水点	26	380	4000	270
盘龙塔村提水工程	单村	供水到户	25	438	7500	362
高崖湾村提水工程	单村	供水到户	178	1800	40000	1500
吉家村提水工程	单村	供水到户	70	1100	21600	1000
后马家村提水工程	单村	供水到户	70	957	17000	800
车家湾村提水工程	单村	供水到户	82	1612	25000	1348

续表 10-11

工程名称	工程类别	供水方式	设计供水规模（米^3/天）	设计供水人口（人）	年实际供水量(立方米）	实际供水人口(人）
长生村提水工程	单村	供水到户	27	407	5000	340
上楼桥村提水工程	单村	供水到户	183	1600	48000	1400
五里铺村提水工程	单村	供水到户	20	250	5200	230
小枣林村提水工程	单村	集中供水点	26	300	10000	266
歧则沟村提水工程	单村	供水到户	72	1388	25000	1161
石盘村提水工程	单村	集中供水点	106	1950	33000	1790
枣架村提水工程	单村	集中供水点	72	1350	21000	1160
乔家塔村提水工程	单村	供水到户	50	763	15000	753
王家塔村提水工程	单村	供水到户	80	1320	25000	1291
贺家塔村提水工程	单村	集中供水点	56	1300	17000	880
杜家山村提水工程	单村	集中供水点	21	330	4600	248
葫芦把村提水工程	单村	集中供水点	21	330	4600	241
梁家墕村提水工程	单村	集中供水点	37	560	7000	535
渠家山村提水工程	单村	集中供水点	23	300	5000	270
贺家山村提水工程	单村	集中供水点	29	385	5000	385
炭窑里村提水工程	单村	集中供水点	26	323	9000	270
茂塔坪村提水工程	单村	集中供水点	194	1408	70700	1177
留子局村提水工程	单村	供水到户	99	1113	29000	931
东属巴村提水工程	单村	集中供水点	115	1432	33453	1197
石门咀村提水工程	单村	供水到户	25	487	7163	407
高梨峁村提水工程	单村	集中供水点	20	330	5820	274
盛地沟村提水工程	单村	供水到户	35	500	5708	496
许家山村提水工程	单村	集中供水点	54	789	15856	660
茂塔沟村提水工程	单村	供水到户	51	1000	14883	905
畔沟村提水工程	单村	集中供水点	31	288	8991	241
高岭上村提水工程	单村	集中供水点	25	182	7338	152
瓦窑间村提水工程	单村	集中供水点	30	297	8880	248
上则墕村提水工程	单村	供水到户	26	305	7380	255
宋家湾村提水工程	单村	集中供水点	22	260	6502	217
缩缩岭村提水工程	单村	供水到户	26	330	7539	276

续表 10-11

工程名称	工程类别	供水方式	设计供水规模（米^3/天）	设计供水人口（人）	年实际供水量(立方米)	实际供水人口(人)
袁家岭村提水工程	单村	集中供水点	50	807	14575	675
街上村提水工程	单村	集中供水点	80	1500	26000	1312
李家湾村提水工程	单村	供水到户	43	760	12000	638
永红村提水工程	单村	集中供水点	32	538	8800	455
严村提水工程	单村	供水到户	51	946	14000	775
回龙塔村提水工程	单村	集中供水点	31	622	7000	520
阳坡村提水工程	单村	集中供水点	32	526	7000	440
丰义村提水工程	单村	集中供水点	25	383	5000	320
背丰义村提水工程	单村	集中供水点	29	454	7000	380
后磨湾村提水工程	单村	集中供水点	22	239	8000	200
贾悟村提水工程	单村	集中供水点	20	275	4200	230
岔上联村提水工程	联村	集中供水点	25	373	9000	312
归化村提水工程	单村	集中供水点	62	1179	15000	590
于家塢村提水工程	单村	集中供水点	22	251	9000	210
殷家山村提水工程	单村	供水到户	24	348	5400	291
寺头村提水工程	单村	集中供水点	33	539	12000	451
西山里村提水工程	单村	集中供水点	31	512	7800	428
水峪里村提水工程	单村	集中供水点	34	573	12000	479
车家梁村提水工程	单村	集中供水点	20	269	5300	225
新舍科村提水工程	单村	集中供水点	29	454	12000	380
新崖上村提水工程	单村	供水到户	25	380	9000	321
乔家庄村提水工程	单村	集中供水点	23	251	6000	210
霍家坡村提水工程	单村	集中供水点	20	251	3800	210
红花坪提水工程	单村	供水到户	36	318	6000	266
虎山村提水工程	单村	集中供水点	40	587	10000	578
樊包头村提水工程	单村	集中供水点	39	669	9800	559
磁窑沟村提水工程	单村	集中供水点	26	384	8000	321
鹏凤山村提水工程	单村	集中供水点	36	614	9000	513
雒家庄村提水工程	单村	集中供水点	57	1074	11000	898

注：表中只包括 200 立方米 / 天以下且供水人口 2000 人以下的农村提水工程。

第五节 投资效益

1950—1990年，全县水利建设和水土保持总投资5279.4万元，其中国家拨款2529.23万元，占47.85%，县自筹资金2756.17万元，占52.15%。年均投资129万元。全县面积132000公顷，每公顷均投资405元。其中基建投资398万元，占7.53%，用于水库、干渠和骨干坝建设，农田水利事业费4881.4万元，占92.47%，用于水土保持专项治理、小型农田水利、人畜饮水和抗旱、防汛等。

1950—1990年离石县水利建设投资情况表

表10-12 单位：万元

年份	总投资	基本建设投资		农田水利事业费	
		小计	其中：自筹	小计	其中：自筹
总计	5279.4	398	21	4881.4	2735.17
1950	45.15	—	—	45.15	25.00
1951	50.10	—	—	50.10	2.20
1952	43.90	—	—	43.90	21.80
1953	48.20	—	—	48.20	23.10
1954	52.00	—	—	52.00	25.20
1955	51.00	—	—	51.00	26.15
1956	54.00	—	—	54.00	28.15
1957	65.00	5.00	2.00	60.00	30.10
1958	62.00	—	—	62.00	31.10
1959	49.00	—	—	49.00	26.17
1960	50.00	—	—	50.00	25.36
1961	57.00	6.00	—	51.00	30.15
1962	58.00	—	—	58.00	35.10
1963	52.00	—	—	52.00	28.11
1964	68.00	8.00	4.00	60.00	30.24
1965	84.00	14.00	10.00	70.00	50.10
1966	76.00	7.00	5.00	69.00	49.10
1967	58.00	—	—	58.00	37.20
1968	60.00	—	—	60.00	40.10
1969	64.00	—	—	64.00	34.20

续表 10-12

年份	总投资	基本建设投资		农田水利事业费	
		小计	其中：自筹	小计	其中：自筹
1970	—	—	—	—	—
1971	43.29	—	—	43.29	—
1972	40.04	13.00	—	27.04	—
1973	174.00	90.00	—	84.00	19.00
1974	178.50	100.50	—	78.00	12.40
1975	131.32	23.00	—	108.32	69.10
1976	175.45	4.00	—	171.45	71.45
1977	174.44	15.00	—	159.44	99.50
1978	102.83	5.00	—	97.83	7.00
1979	141.21	2.00	—	139.21	33.70
1980	132.02	—	—	132.02	46.95
1981	56.08	—	—	56.08	8.80
1982	61.53	—	—	61.53	30.21
1983	51.46	9.00	—	42.46	16.66
1984	248.12	90.00	—	158.12	55.63
1985	146.71	—	—	146.71	31.51
1986	188.40	—	—	188.40	47.91
1987	228.04	6.5	—	221.54	130.24
1988	327.60	—	—	327.60	212.32
1989	507.21	—	—	507.21	335.66
1990	1023.8	—	—	1023.8	908.5

1971—1990 年离石县灌溉面积表

表 10-13 单位：公顷

年份	合计		机电井灌溉面积		机电灌站面积		小型水利灌溉面积	
	有效灌溉面积	实灌溉面积	有效面积	实灌溉面积	有效面积	实灌溉面积	有效面积	实灌溉面积
1971	1465.07	711.93	66.60	66.60	47.47	31.67	1351.00	613.67
1972	1877.27	895.80	201.07	201.07	180.33	72.93	1495.87	621.80
1973	2422.87	1452.67	391.67	391.67	412.87	373.33	1618.33	687.67

续表 10-13

年份	合计		机电井灌溉面积		机电灌站面积		小型水利灌溉面积	
	有效灌溉面积	实灌溉面积	有效面积	实灌溉面积	有效面积	实灌溉面积	有效面积	实灌溉面积
1974	2604.67	2437.20	413.33	413.33	538.00	370.53	1653.33	1653.33
1975	2655.33	2244.80	413.33	413.33	588.67	318.13	1653.33	1513.33
1976	2655.33	2100.20	413.33	413.33	588.67	318.13	1653.33	1368.73
1977	2646.67	1918.93	603.33	603.33	744.00	434.27	1299.33	881.33
1978	2606.67	1926.87	703.33	703.33	664.67	423.53	1238.67	800.00
1979	2634.00	1704.67	586.67	586.67	928.67	338.00	1118.67	780.00
1980	2663.33	2305.80	595.27	595.27	810.07	652.20	1258.00	1058.33
1981	2576.07	2186.67	581.33	581.33	735.40	598.00	1259.33	1007.33
1982	2332.80	2137.33	581.33	581.33	484.80	433.33	1266.67	1122.67
1983	2600.67	2064.67	581.33	581.33	756.00	226.67	1263.33	1256.67
1984	2384.40	2020.00	593.33	566.67	504.40	300.00	1286.67	1153.33
1985	2306.67	1893.33	553.33	466.67	466.67	300.00	1286.67	1126.67
1986	2347.53	1940.00	546.67	473.33	514.20	300.00	1286.67	1166.67
1987	2419.13	2121.93	551.53	538.60	426.87	265.13	1440.73	1318.20
1988	2451.80	2086.67	544.40	520.00	459.33	280.00	1448.07	1286.67
1989	2473.80	2093.33	547.27	520.00	459.33	286.67	1467.20	1286.67
1990	2526.67	2526.67	480.00	480.00	546.67	546.67	1500.00	1500.00

1990 年，全县水利工程总供水量 795.7 万立方米，农业灌溉用水 367.5 万立方米，农村饮水用水 4.8 万立方米，城镇用水 423.4 万立方米。其中城镇生活用水 180 万立方米，农副产品加工用水 55.9 万立方米，工业用水 130 万立方米。在城镇用水中，城关 168 万立方米，西属巴 73 万立方米，田家会 44.5 万立方米，交口 46.9 万立方米，王营庄 42 万立方米，信义 33 万立方米，王家沟 16 万立方米。在灌溉用水中，蓄水 10 万立方米，引水 171 万立方米，机电井 117 万立方米，机电站及水轮泵站 39.5 万立方米，其他 30 万立方米。1990 年，全县排灌机械保有量 257 台、3182 千瓦，其中电动机 251 台、3138 千瓦，内燃机 6 台、44 千瓦。全县有效灌溉面积 2546.67 公顷，其中机电灌溉 466.67 公顷，纯井区 546.67 公顷，小型水

利灌溉 1533.33 公顷。利用地表水的 1800 公顷，利用地下水的 733.33 公顷。

2001—2015 年，离石区（县、市）水利建设和水土保持总投资 33930.37 万元。其中，国家拨款 21661.57 万元，占 63.84%，自筹资金 12268.8 万元，占 36.16%。在总投资中基建投资 27572.33 万元，占 81.26%。截至 2015 年底，全区水利工程总供水量 3879.35 万立方米，其中：农业灌溉用水 359.26 万立方米，工业生产用水 119 万立方米，城镇生活用水 898 万立方米，乡村生活用水 676.46 万立方米，生态环境用水 1500 万立方米，其他方面用水 326.63 万立方米，基本满足全区工农业生产和人民生活用水需求。当年完成投资 1478 万元。

2001—2015 年离石区（县、市）水利建设投资情况表

表 10-14 单位：万元

年份	总投资	基本建设投资		农田水利事业费	
		小计	其中：自筹	小计	其中：自筹
2001	2548.3	—	—	61	—
2002	1417	—	—	7.4	—
2003	2271.9	2124	1879	147.9	—
2004	2982	2982	2238	—	—
2005	3580.6	3464	2537	116.6	—
2006	2453.43	2337.43	2185	116	—
2007	3833.8	3664.8	3429.8	169	—
2008	1177	1137	—	40	—
2009	7964.24	6171	—	197	—
2010	1344.1	1344.1	—	—	—
2011	812	812	—	—	—
2012	664	624	—	—	—
2013	792	792	—	—	—
2014	642	642	—	—	—
2015	1478	1478	—	—	—

第二章 水土保持

第一节 水土流失

三川河流域在秦汉之前还是森林茂密，草原广阔，土地肥美，水源丰富的好地方，由于人类的盲目滥垦和战争破坏，水土流失逐步加剧，导致荒山秃岭，泉水干枯，气候失调，雨量减少，使近、现代旱、涝、洪、雹、风、霜、冻七灾俱全，尤旱灾为重。

据山西省水文站在三川河出口处实测，1957—1971 年，年均输沙总量为 3350 万吨，侵蚀模数为 1.25 万吨 / 平方千米。输沙量最大的年份是 l959 年，为 8350 万吨；输沙量最小的年份是 1960 年，为 461 万吨。

据水保所测验，每吨流失土壤中含氮 0.35 千克，以此推算，三川河流域每年流失土壤中的氮素相当于 9565.5 吨折纯氮。

1990 年三川河和湫水河在离石地段水土流失情况表

表 10-15

段名	流域面积（平方千米）	侵蚀模数（吨 / 平方千米）	年均输沙量（万吨）
小神头	312	400	12.5
信义	116	8000	93.0
吴城	323	2200	71.1
王营庄	122	6000	73.2
城关	72.3	10000	72.0
红眼川 枣林	86	9500	82.0
西山注入湫水河	90.4	13500	122

第二节 综合治理

传统治理

离石人民在生产实践中，不断积累蓄水保土的经验，如在坡地挖“输水道”，将地面水截入水道输出。在坡地低凹处挖卧牛坑，宽 0.66 米左右，长 1 米左右，深 1–2 米，截水拦泥灌地。在地的顶端挖“积水窖”，形状像“卧米牛坑”。培土埂，拦水保土。在清代创造闸沟打拦泥坝的办法。清道光十七年（1837），枣塬乡西圳村薛三疯子筑土坝 3 条，淤地 2 公顷。民国 10 年（1921），柿子垣村刘立刚弟兄三人，打坝 3 条，淤地 2.07 公顷。

民国27年经过6次大旱，小麦单产都在每公顷1500千克以上。1955年严重旱灾，小麦单产每公顷1350千克，超过当地坡地产量5倍多。农民总结开沟打坝有3条好处：产量高，得利快；春天打坝，夏天淤地，第二年就可受益；保土保水保肥。民间有“驴驮元宝三口袋，不如有块好坝地”之说。

规模治理

起步阶段（1950—1953年） 建立水土保持机构，成立水土保持试验推广站（简称水保站）。国务院先后派出34名专家学者，对三川河流域水土流失状况进行考察，并提出治理设想。1952年12月，黄河水利委员会水保勘查第四队作出《湫水河流域水土保持勘查报告》，对湫水河流域的自然情况，社会经济情况，水土流失情况作出详尽的勘查描述，并提出以后开发意见。

典型示范阶段（1954年） 1954年，离石（山）县水保站所在北川河畔王家沟村搞试点，成为全省水保试点村之一，副省长刘开基，省水保局局长高晋才，晋中地委包片地委委员张炳多次亲临视察指导，王家沟农业社社长、劳动模范王廷奎，全身心投入试验点上。农忙专业队坚持搞，农闲全民上阵突击搞。在东沟流域，一年打淤泥坝3条，拦泥土9500立方米，淤地0.4公顷；培地埂330条，在12.73公顷麦地采用犁水沟种植，筑谷坊21个，筑水簸箕16个，挖涝池303个，种牧草7.2公顷。1955年秋天，一次降雨55毫米，该沟水不下山，泥不出沟。离山县贾家垣村（今属柳林县）筑“百年大坝”，1955年春夏之间，国家黄河委员会主任王化云视察后指示“上游坡面工程必须很快跟上去”，坚持“全面规划，沟坡兼治，集中综合，连续治理”的指导方针。

大步前进阶段（1955—1959年） 1955年3月，离山县水土保持试验推广站（水保所前身）成立。1955年春，中国科学院120余名水利专家到离山县进行5个月水土保持工作考察。10月25日，组织全县379个农业社的社长、生产队长、技术员381人，赴阳高县大泉山学习水土保持经验。11月1日，中共离山县委代书记刘耀代表县委写的《依靠合作化，开展大规模的水土保持工作是完全可能的》文章，被选入《中国农村社会主义高潮》一书。毛泽东主席作出重要批示。1956年，离山县成立水保专业队，形成“秋天治坡修梯田，冬天治沟打坝堰”的格局。1957年，苏联水土保持专家扎斯拉夫斯基、阿尔曼德、奥里菲罗夫等来离山县考察，介绍苏联的水保工作情况及开展试验研究的工作经验。

三川河下游的离山县柳林乡贺昌农业社，在党支部书记贾歧山，社长王天祥带领下，到1958年，修坝7条，治理4千米长的两条沟，修水平梯田15.33公顷。坡坡挖鱼鳞坑，种植杨树刺槐近万株，果树5000余株。造林英雄高殿功一人绿化香严寺梁。在“一步登天”修梯田中，为了不破坏活土层，采用将肥料与原土施于坑内，与土搅拌，然后深翻。结果当年梯田比坡地增产82%。1958年8月，山西省水保会议参观该社的梯田，《山西日报》8月17日发表《一步登天》的文章。苏联水保专家扎斯拉夫斯基称赞为“水土保持上的一个创举”。贾家垣乡至1959年全乡所有支、毛沟治理成坝地。刘家湾建成水库。1959年底，无偿抽调农民搞“大兵团作战”影响农民搞水保的积极性，加之三年灾荒，使水土保持工作三年无进展，工程无人管，林草地又种田。

稳步发展阶段（1964—1966年） 随着国民经济的恢复，1964年毛泽东主席发出“农业学大寨”的号召，小东川流域阳坡公社李秉银领导的鳌则塌大队在梯田上深翻，增施秸秆肥，选择优良种子和适当密植，谷子平均每公顷产量3吨以上，最高的达6吨，使农民亲身感受到水保是贫瘠山区发展农业生产的唯一途径。掀起第二次以修水平梯田、治沟打坝和植树造林为主攻方向的水土保持高潮。地处平川的城关镇马茂庄大队在全国劳动模范、党支部书记崔来全带领下，将坡度在5度左右的13.33公顷坡地平整为水浇地，将3.33公顷盐碱地用凿井降低水位的办法改良为稻田，每公顷产量达4.5吨。又修梯田2公顷，凿井两孔。1965年粮食总产量第一次突破150吨。“文化大革命”开始后，水保工作停滞不前。

学习大寨阶段（1971—1978年） 其特点是：规模壮阔，坡沟川兼治，标准较高。治坡由修窄条迈进到修宽幅梯田，小块变大块，改造旧梯田，搬山填沟造小平原。治沟由治理毛支沟、筑土坝发展到治理大干沟筑土石坝。由小面积植树种草到大面积退耕还林还草。由地沟兼治发展为坡沟川兼治，在三川河沿岸全面展开修筑送水坝，采用引洪漫地和水冲填造的办法，变石滩为良田。出现“家家门上一把锁”“满山遍野尽人群”“一日两送饭，晚上加班干”的局面。田家会村是一个有着1200余口人的大村，1970年冬到1971年底治理大山3座，打土坝8条，砌石坝12道，新修水平梯田66.67公顷，淤地3.33公顷，植树4万株，栽果树、核桃树8000株。1972年粮食总产由过去最高年的200吨增长为300吨。吴城镇于家沟村，17户人家、69人，有坡地23.33公顷。从1971年起，在党支部书记刘荣俭带领下，提出每个劳力每天修一厘梯田的号召（县委称之为“一厘地精神”），并组织三人常年培地埂。全村劳力吃过晚饭突击一两个小时平整土地，天阴下雨修梯田，一年修6公顷。到1973年，所有坡地全部修成梯田，人均0.27公顷基本农田。又建成蓄水3万余立方米的小水库，安装3级提水高灌，使12公顷梯田变成水浇地。造林13.33公顷，人均0.27公顷。获得国务院金质奖章。家庭承包后，成为“山药蛋大王村”，每公顷3吨，折粮6吨。刘荣俭1户提供商品马铃薯50吨，全村提供500吨，成为全县1990年唯一人均纯收入达800元以上的村。

重点治理小流域阶段（1982—1990年） 1982年，三川河流域被列为全国八大流域重点治理区之一。离石规划：西山地区人多地少，沟深坡陡，修人工梯田和沟坝工程；东山地区植被好，面积广，机修梯田和发展林草；沿川主攻滩地。对刘家湾、茂塔沟、岔沟等七条推广流域，形成沟壑坝系，近山梯田，远山林草的水土保持综合治理模式。自此，全县以三川河流域治理为重点，实行国家、集体、农户三方投资机制，展开规模较大的水土保持综合治理。

在治理形式上，1982年，离石县开始推广户包治理小流域，解决多年来水土保持中责权利分离和治管用脱节的问题。全县承包治理小流域的农户达到5604户，占到山区总农户的18.4%；承包治理面积12667公顷，承包管护面积5640公顷；累计完成治理面积9333公顷，占承包面积的73.68%。承包形式主要有3种：以户承包；一人牵头，多户承包，分段治理；专业队或专业组承包干沟较大工程。在承包中坚持两个“优先”的原则，即热爱林业，安心山区建设，并有一定治理技术的勤劳社员优先承包；劳力多，有一定资金的社员优先承包。

拍卖“四荒”治理小流域阶段（1991—2000年） 20世纪90年代，离石市（县）推行拍卖“四荒”政策，有效推动水土流失治理进程。同时期，吕梁地区制定印发《农村小型水利工程产权制度改革意见》，通过拍卖所有权和承包、股份经营等方式，使各类小型水利工程的管理主体和管理责任得到落实。1991年6月，国家颁布《中华人民共和国水土保持法》，离石县的水土保持工作开始走上依法防治的轨道。1992年5月，离石水土保持监督管理站成立。1993年，开始督促煤炭、电力、交通等工程项目单位编制水土保持方案，依法征收水土保持设施补偿费和水土流失防治费。至2000年，离石市拍卖“四荒”面积10200公顷，“四荒”治理面积7390公顷。

综合生态治理与监督执法并举阶段（2001—2015年） 2001年，山西省启动包括三川河流域水土保持生态工程在内的水保重点项目。2002年，离石市开始实行退耕还林，畜牧业提倡牛、羊等进行圈舍饲养。2008年，离石区贯彻落实省政府封山禁牧实施办法。2014年，投资80万元完成吴城镇南海滩小流域治理工程。该时期，离石区（市）一部分先富起来的企业家、个体户，回乡购买“四荒”地，从事水土保持产业开发。民营水保在户包治理小流域的基础上有极大发展，出现民营水保治理大户。

治理工程

3923项目工程 1991年12月，在意大利首都罗马召开的第三十二届世界粮食计划署援粮会上，编号为“中国3923”的水土保持综合治理工程项目获得正式批准，项目在离石、临县、中阳三县实施。离石县涉及城关、王家沟、西属巴、交口、坪头、枣林、枣垴、结绳焉、红眼川、田家会、阳坡共11个乡（镇）189个行政村，共4.1万户、10.1万人，总面积577平方千米。项目内容包括10项：修梯田900公顷，建地坝20座，筑河坝6000米，建果园500公顷，营造木材林2826公顷，解决人畜吃水145处，新增和改善水浇地750公顷，修建道路42千米，技术培训38642人，扫盲培训17140人。1992年10月1日，项目开工实施，至1998年9月30日结束，世界粮食计划署以实物援助为手段实施项目，即农民每投1个工给粮食3.25千克，总投工680.94万个，共可获得援粮小麦22705吨，折合人民币1816.4万元。至项目完工，离石市（县）共修梯田1751公顷，建淤地坝20座，筑河坝19712米，吴城灌区修建灌溉渠道新增和改善水浇地750公顷，营造水保林3515公顷，发展果园1010公顷，修建人畜饮水工程145处，修建道路42千米，技术培训38642人，扫盲培训17140人。

2001年12月，离石市3923项目办公室被山西省水土保持委员会授予“3923项目先进集体”称号。

西坳流域生态工程　西坳流域重点支流建设实施年度为2001—2005年，工程总投资240万元，其中国补投资97万元。2005年黄河上中游局下达治理投资30万元，完成综合治理面积5.17平方千米，其中水保林116公顷，淤地坝1座。

巩固退耕还林成果水土保持工程　2009年，离石区投资113万元在吴城镇的陈家塔村和街上村实施。9月开工，修建水源井1个、500吨蓄水池1个、检查井10个，铺设2.5寸PE管3.2千米。工程实施后，退耕还林面积147公顷，退耕人口1485人，退耕户330户，退耕河滩地86.67公顷变为水地，旱平地小型灌溉60公顷，人均基本农田增加1.13亩/人，农民增产粮食226千克/人，年收入增加272元/人。

2010年，该工程在吴城镇街上村、信义镇岔上村实施，主要进行旱平地灌溉、沟坝地改善和滩地治理工程。街上村旱平地灌溉工程兴建水源一处、检查井10个，铺设输水管路3.5千米。信义镇岔上村沟坝地改善工程为兴建长的淤地坝1座。大东川吴城镇实施旱平地灌溉13.33公顷，小东川信义镇改善沟坝地73.33公顷。

2013年，投资101.72万元完成2011年度巩固退耕还林成果水利项目，该工程位于吴城镇上四皓村和信义镇任家沟及丰义村，共修筑河坝150米，修筑排洪渠6.75千米；投资92万元完成2012年度巩固退耕还林成果项目，该工程在吴城镇下罗堡村新建河坝380米，共建小型淤地坝1座，铺设管道2千米。

龙山小流域综合治理工程　离石区龙山小流域综合治理工程涉及4个乡镇、16个村。工程投资418万元，其中：中央投资318万元，市、区配套100万元。建设内容：建设蓄水池1座；栽植水保林和经济林共329.25公顷，其中栽植苹果（红富士）3.52公顷、葡萄（早黑宝）5公顷、侧柏水保林160.18公顷、油松水保林129.09公顷，油松和火炬树混交林21.19公顷、油松和紫花丁香混交林10.27公顷；封禁治理871.17公顷，围栏2950米，封禁标志碑6块。龙山小流域综合治理新增综合治理面积12千米，截至2015年底，完成工程的95%。

水保监督

2012年，离石区按照《中华人民共和国水土保持法》规定，对新建、在建的企业进行水土保持监督工作，并征收水保监督费430万元。2013年，开展“加强水资源管理，整顿取水市场”大行动，重点整顿自来水覆盖范围的自备井管理，关闭煤气化有限公司深井，对无证取水、无计量设施取水、无证凿井等3家违法企业进行罚款1.6万元的处理，对5家无计量设施取水企业下达限期安装计量设施通知。对地下水远程监控进行维修养护工作，确保在线率达90%以上。规范取水许可审批、凿井审批制度。全年征收水资源费1953万元、水土保持监督费420万元。2014年，区政府印发《关于印发离石区取水秩序治理整顿工作实施方案的通知》。全年下达取水计划2467.22万立方米。调查122户取用水户。征收两水资源费370万元，水土保持监督费200万元。2015年，对所有取水档案进行整理归档，全部上网登记。下达全区取水计划，注销不按规定取水的、连续两年不取水的2个单位的取水许可证，征收两水资源费250.3万元、水土保持监督费81.6万元。

治理成效

根据1973年全国黄河中游水土保持工作会议精神，基本农田的标准是：在一般年景下，梯田、旱垣地粮食每公顷产3吨以上，坝滩地每公顷4.5吨以上，水地6吨以上。1976年底，普查全县接近标准的基本农田只达3807.4公顷。其中梯田1689.93公顷，占梯田总面积的32.4%。坝地141.27公顷，占坝地总面积的38.4%；滩地195.13公顷，占滩地总面积的39%，旱垣地401.8公顷，占垣地总面积的87.7%；水地1453.6公顷，占水地总面积的54.7%。按标准人均基本农田达0.13公顷以上的大队只有李家沟、永红、峪元、丰义、马寨等6个大队。至1990年，离石县土地总面积132360公顷，水土流失面积98000公顷，占总面积的74.04%。完成治理面积达49426.53公顷，约占应治理面积的一半。其中，基本农田达10722.20公顷，包括梯田8782.80公顷，坝地705.60公顷，滩地903.07公顷，旱平垣地330.73公顷；造水保林和封山育林36264.13公顷，种草2440.20公顷。水保工程设施：新建骨干坝14座，淤地坝1614座，河坝6.8万米，引、排洪渠9.23千米。共完成工程量430万立方米。

1990年离石县各乡镇水土流失治理面积表

表10-16　　单位：公顷

乡镇	累计治理情况							
	合计	水平梯田	沟坝地	滩地	旱平埂地	水保林	种草	封山育林
合计	49426.53	8782.8	705.60	903.07	330.73	32599.40	2440.20	3664.73
王营庄	3898.93	327.87	10.20	140.67	45.27	2389.07	558.00	427.86
阳坡	3727.20	748.93	131.20	27.87	—	2738.93	80.27	—
王家沟	1479.80	435.20	44.93	31.60	—	889.60	26.27	45.53
小神头	3552.00	243.13	3.20	31.07	60.07	2779.87	241.80	192.87
枣坬	1515.33	527.47	25.33	—	—	962.53	—	—
坪头	2825.13	1034.73	77.47	—	—	1522.00	32.53	158.40
红眼川	2333.80	355.47	56.87	—	—	1913.80	7.67	—
交口	1620.53	440.20	14.53	79.47	—	1060.33	26.00	—
枣林	4017.67	652.53	32.33	—	—	2739.73	222.60	370.47
结绳墕	1773.87	515.73	67.13	—	—	1053.13	137.87	—
吴城	7046.33	452.53	17.47	236.47	119.33	3313.33	500.00	2407.20

续表 10-16

乡镇	累计治理情况							
	合计	水平梯田	沟坝地	滩地	旱平埂地	水保林	种草	封山育林
信义	4351.80	601.67	18.67	102.27	37.93	3423.93	167.33	—
西属巴	3031.27	891.40	48.07	22.13	12.87	1764.87	291.93	—
田家会	5137.13	722.87	49.53	53.47	33.26	4190.20	87.80	—
城关	3115.73	833.07	108.67	171.40	22.00	1858.07	60.13	62.40

1990 年，据水文站东川河实测资料推算，减沙率达到 47%，削峰率达到 34%，每年向黄河输送泥沙减少 584 万吨。狼尾沟小流域面积 4.33 平方千米，流失面积 4.33 平方千米，治理前年均侵蚀量 5.41 万吨，治理后下降为 0.76 万吨，减少 86%。至 1990 年，过去干旱断流的河道如回龙塔、东沟、刘家湾、茂塔沟、下安、盛地沟、岔沟等小股泉水四季不断。

三川河流域 1993—1997 年被列为全国第二期水土保持重点治理区，离石市（县）二期规划治理的 40 条小流域，5 年间新增治理度 66%，累计治理度达到 79.2%。同年，全县植被率达 38.9%。至 1997 年，流域综合治理度达到 73%，年输沙量较治理前减少 60%。至 1998 年，离石市共有耕地面积 21799 公顷，果园 2639 公顷，林地 53540 公顷，草地 3910 公顷，水域 2640 公顷。2003 年，离石市完成水土保持初步治理 28000 公顷，其中，新修改造农田 5633 公顷，生物措施 22367 公顷（造木材林 10667 公顷、经济林 7667 公顷、灌木林 4033 公顷），种草 2133 公顷。

2011 年，第一次全国水利普查，离石区完成土壤侵蚀普查、侵蚀沟道普查、水土保持措施普查、水土保持治沟骨干坝工程普查。水土流失治理：基本农田 13074.4 公顷，水土保持林 17928.6 公顷，经济林 4926.1 公顷，种草 136.6 公顷，封山禁牧治理 2147.6 公顷，淤地坝 885 座，淤地面积 900.6 公顷，小型蓄水工程 679 个、43.6 千米。水土保持治沟骨干坝工程：全区有 29 座治沟骨干坝，控制面积 139.8 平方千米，总库容 2293.9 万立方米，已淤库容 179.5 万立方米。2012 年，完成水土流失治理面积 3067 公顷，地下水止降回升 1.1 米，完成农田灌溉 3480 公顷。

2014 年，万元工业增加值取水量由原来的 7.52 立方米下降到 7.4 立方米，降幅为 5%。2015 年，万元工业增加值用水量下降 2.38%，地下水压采量 30 万立方米。截至 2015 年底，全区水土流失综合治理面积 50495 公顷，其中：基本农田 16090.9 公顷，水土保持林 32074.5 公顷，种草 399.9 公顷。同年，三川河沙会则断面地表水稳定达Ⅲ类标准，两岸底断面地表水稳定达Ⅳ类标准，全区集中式饮用水源地水质全部达标。森林覆盖率为 27.23%，林木绿化率 41.51%。

附：毛泽东主席关于对离山县水土保持规划的批示

1955年11月，毛泽东主席在《中国农村的社会主义高潮》（上册）一书中，对时任中共离山县委书记刘耀代表县委撰写的《依靠合作化，开展大规模的水土保持工作是完全可能的》一文做了重要指示："这是一篇好文章，希望大家看一看，全国各县都应当在1956年，由县委领导做出一个全面规划，包括合作社、农、林、牧、副、渔业、工业或者手工业，水利、肥料、农具、改良耕作技术、改良种子、商业、金融、文化、教育、卫生等等各项内容。如果不能这样全面，首先抓住几个主要的项目也好。计划包括的时间，三年、五年或者七年，都可以。如能计算到十二年（即第三个五年计划的最后一年）当然更好，省应当督促所有专、县、区、乡都这样做，着重点放在县、乡。做得粗糙一点也不要紧，可以在1957年加以纠正，使之具体化和完善化，1958年再加以修正，使之进一步具体化和完善化。离山县委的这个水土保持规划，可以作黄河流域各县以及一切山区做同类规划的参考。"

第三节　基本农田建设

筑淤地坝

离石区（县、市）筑坝淤地的历史，至晚可追溯到清代嘉庆年间，佐主村千回沟和骆驼咀华家塌沟筑淤地坝2座。清嘉庆十二年（1807）贾家垣村贾本民在该村盐土沟用青砖和石灰砌筑成1座高11.99米，长119.88米，宽4.99米的淤地坝，是中华人民共和国成立前全省规模最大的1座淤地坝。经过十余年淤成坝地8公顷，种小麦每公顷产2.85吨，种谷子每公顷产3吨。光绪三年（1877）大旱，附近坡地颗粒无收，而坝地小麦仍每公顷产2.1吨，周围百姓纷纷效仿，打坝淤地。黑家山村在娘娘庙沟内打坝13座，淤地5.4公顷。

民国33年（1944）修的41座坝中，结绳墕村阳含咀坝最高，坝高27米，淤地0.93公顷。民国34—38年修的19座坝中，结绳墕乡彩家庄村柳沟主坝最高，1949年由彩家庄互助组所修，坝高20米，淤地0.93公顷。

20世纪50年代，全县筑坝88座，1955年8月，黄河水利委员会总结离山县贾家垣（现柳林县）打坝於地的经验。1956年，在毛泽东主席批示鼓舞下，全县人民村村打坝，社社培埂。王家沟流域定为全县重点治理流域，开始大战沟壑工程。1956年，结绳墕乡袁家坡底村罗当沟筑坝，由于坝基不坚实，再加上没有排水沟，连打两次，都被洪水冲垮。最高的1座为团结坝，1958年，公社集体修筑，坝高20米，淤地8公顷。到1960年，共修淤地坝15座。

20世纪60年代，结绳墕乡袁家坡底村罗当沟又重新打坝，1969年，因溢洪道堵塞又被冲毁。60年代，全县筑坝120座，70年代全县筑坝252座。1971年，结绳墕乡袁家坡底村总结前三次教训，重在罗当沟打大坝，该坝高15米，淤地面积2.33公顷。1972年红眼川乡殷家山筑坝，1973年汛期竣工，因质量差，无生物措施，被水冲垮，同时冲毁坝地1.07公顷，损失3000元。冬季，40余人的公社农建专业队重新补筑，坝高l5米，投工5400个，淤地8公顷。1973—1975年，离石县第一座水力冲填坝—城关镇王文庄村水峪沟坝修成，坝高20米，动土方10万立方米，石方210立方米，淤地4公顷，投工4万个，投资5.6万元，集水面积3平方千米。20世纪80年代，全县筑坝103座，其中有大型骨干淤地坝4座：刘家湾流域炭窑沟骨干坝、唐则墕骨干坝、盛底沟流域盛底沟骨干坝、枣林流域阎家峁骨干坝。刘家湾流域炭窑沟骨干坝坝高30.6米，坝顶宽4米、长135米，坝底宽l74米、长10米，是全县13座大坝中最高的一座。该坝于1984年秋动工，1985年夏竣工，控制面积20.3平方千米，内有水平梯田221.73公顷，其中高标准水平梯田13.33公顷；造林143.07公顷，密度达70%以上的66.67公顷，种草4公顷；已成沟坝地21.73公顷，共投资7.4万元，投工1.7万个。唐则墕骨干坝完全利用推土机碾压而成，1985年9月动工，1986年9月竣工。坝高20.2米，淤地5.33公顷，投资4.21万元，投工1.2万个。盛底沟骨干坝、阎家峁骨干坝都是半充填半碾压筑成。

2003年，位于信义镇阳坡坝系工程启动，总投资2560万元，其中中央补助1180万元，地方配套1380万元。

2005年，全区完成淤地坝59座，其中骨干坝12座、中型坝13座、小型坝34座。工程量共166.48万立方米，其中土方163.97万立方米、石方2.41万立方米、砼1045立方米。2008年，离石区自筹资金在坪头乡新打淤地坝5座，新增坝地40公顷。2010年，磁窑沟坝系项目启动，2011年投资455万元建成4座坝，其中骨干坝2座、加固骨干坝1座、中型淤地坝1座。同年，离石区盛地沟坝滩联治工程开工建设。

2012年，磁窑沟坝系项目投资385万元，建骨干坝1座，加固青石盘骨干坝、加固蒿圪嗒1号至3号中坝及新建的1座中坝共6座坝。同年，投资125万元完成离石区盛地沟坝滩联治工程。建成生产坝3座，整治滩地23.33公顷，新修排洪渠2千米，动用土方30.11万立方米。2013年，投资455万元，开工建设盛地村的盛地沟骨干坝、坪头乡李家山村的知毛沟骨干坝除险加固工程和信义镇德岗村的南柱沟骨干坝工程，当年完成土方20万立方米，石方4349立方米，砼424立方米。2014年，投资159万元完成水保淤地坝工程，其中投资80万元完成三山集骨干坝除险加固工程、投资79万元完成小德岗骨干坝除险加固工程。截至2015年底，全区建成黄土高原淤地骨干坝40座，其中中型坝35座，全区坝地面积1034公顷。

2011年离石区第一次全国水利普查治沟骨干工程情况表

表 10-17

治沟骨干工程名称	控制面积（平方千米）	总库容（万立方米）	已淤库容（万立方米）	坝顶长度（米）	坝高（米）
岔沟3号	3.2	58.3	42.3	169	14
岔沟6号	10.6	67.7	60.5	130	21.3
岔沟8号	3.3	58.8	35.1	85	22.5
场塌	3.2	60.9	20.1	119.2	20
陈家沟	3	54.7	40.7	88.5	17
椿树峁	4.1	64	44	120	20
大江里	3.5	56	48	200	40
东社	4.3	131.5	0	106	35.1
高龙沟1号	3.1	94.4	0	118.6	36
后马家沟	4.4	50.5	35.1	134	29
回龙塔2号	5.3	89.9	20.6	160	23
回龙塔3号	3.3	65.8	15.7	78	19
回龙塔4号	3.6	68.9	58.2	114	24
狼尾沟	3.5	70	65.8	120	32
龙石头	8.4	72.9	61.3	211	26.3
马槽里1号	3.8	69.1	55.6	112	23
马槽里2号	8	97.3	84.1	146	29.5
马家沟	3.2	58.2	29.4	89	21
磨湾	4.6	84.5	60.2	78	27
青石盘	4	65.1	49	88	29
任家沟	3	58.1	22.3	98	22.5
三山集	2.2	62.5	48.2	110	18
盛地沟	4.2	92	28.8	132	22.4
石槽沟	11.5	99.8	70.8	137	30
食鸡沟	4	71.6	50.1	142	24
唐则塌	3	50	28.8	92	20.4
王家耳1号	3.2	171	40.2	123	30.5
王家耳2号	3.6	273	90.6	112	24

续表 10-17

治沟骨干工程名称	控制面积（平方千米）	总库容（万立方米）	已淤库容（万立方米）	坝顶长度（米）	坝高（米）
王家耳 3 号	4.5	86.8	71.8	98.5	24.5
卧龙沟	4	78.1	45	168	13
西麻沟 1 号	5.6	128.4	80.1	112	28
西麻沟 2 号	3.8	61.2	40.6	95	19.4
西圳	3.7	54.2	47	60	27
向东沟	3	51.5	37.5	101.5	28.5
小德岗	4.1	80.3	60.3	121	25
徐家沟	3.2	52	43	195	37
羊圈沟	3.1	52.6	20.5	110	20
知毛沟	3.5	54.1	48	80	17.8
铨则墕	3.1	64.6	42.8	78	22.5

修梯田

1952 年，全县修梯田 5.73 公顷。

1955 年，修梯田 24.47 公顷。1956 年，城关镇崔家崖村水保股长崔廷宣等 30 个人 10 天完成梯田 14.67 公顷。同年，全县共修梯田 42.33 公顷，培地埂 666.67 公顷。

1963 年冬至 1964 年春，全县掀起以修梯田为中心的农田建设高潮，上马劳力占总劳力的 56%（冬）和 70%（春）。修梯田 172.8 公顷，造林 93 公顷。在治理方法上，采用 1 个流域、1 条沟、1 座山自上而下，因地制宜集中治理，特别是修梯田一次高标准修好。茂塔沟公社袁家岭大队依靠群众和 31 个劳力的专业队，把 8 公顷和 7.47 公顷的两个山头由山顶到山底，全面治理，修水平梯田 13.07 公顷，培地埂 6 公顷，造林 2.53 公顷，种草 2.67 公顷。交口公社贺家塔大队 80 户人家修梯田 4 公顷，筑起能淤 23.33 公顷地的河坝 7 条。20 世纪 70 年代开始“农业学大寨”，全县农田建设再掀高潮。1972 年夏季，阳坡公社克服天大旱难培埂的困难，采取开深壕取湿土和担水造湿土等办法修梯田，严冬揭开冻皮修梯田，打坝堰。青涧沟队 158 口人 40 个劳力 3 年治理两座山圪垯两面坡，修成梯田 23.33 公顷，造林 10.67 公顷，由缺粮队变成余粮队。田家会公社阳塬生产队共有 22 户、89 口人、30 个劳力，推广于家沟“一厘地”精神，采取专业队搞培埂和全民早晚突击平整的办法，1973 年修梯田 2.33 公顷，加上 1972 年修的 5 公顷，人均达 0.08 公顷。城关公社 31 个大队，1975 年队队有工程，组织 800 余人的长年专业队，筑河坝 2.605 千米，淤滩地 43.33 公顷，治沟打坝 17 座，淤坝地 5.7 公顷，修补旧坝 38 座，淤坝地 3.13 公顷，搬山填沟造平原工程8处，造地4.8公顷，平整梯田19.47公顷，修梯田18.6公顷。西属巴公社上则墕大队专门成立15人的专业队常年搞，农业人员农闲搞，教师、学生抽空搞。1975年将两道干山梁推平，造小平原3.1公顷，总投资1.75万元，投工2万个，75马力拖拉机推土90个台班。1981年，国家开始对修梯田等给予补助。根据梯田田面宽度，若原地面坡度在15—25度不少于6米，每公顷补450元；15度以下不少于8米，补375元；机修梯田每公顷补600—750元。另外，对冲垫滩地土层厚度平均1尺以上者，每公顷补525元。县里还规定各乡镇完成县下达每人一分梯田任务者，每公顷奖15元；超额完成任务者，超额部分每公顷奖30元。1986年秋季大会战24天（10月15日至11月9日），高峰期上马劳力占总劳力的47%，达1.65万人，虽然天旱，墒情差，但质量比以往任何一次都高。经过严格验收，共完成基本农田399.26公顷，占计划的126%。其中，梯田296.13公顷，滩地44.07公顷。补修梯田59.47公顷，清滩36.33公顷，平整梯田64公顷。田家会、信义、西属巴三镇基本农田达千亩，受到吕梁行署的奖励。这次大会战，界峁、圪垛里、背石、砖窑沟、马家沟、归化、前峁等7个行政村，人均基本农田超过0.13公顷。

1996年，西属巴镇推行“谁投资，谁受益”的政策，坚持“机修、培埂、施肥、机耕”四配套，修建机修梯田123.8公顷。1997年，西属巴镇机修梯田73.33公顷。

2007年，西属巴街道机修梯田采用双棱条带整地，要求棱高20厘米，收顶30厘米，棱与棱内径1米，6米一条带。坡地全部采用反坡梯田整地，要求外棱高20厘米，收顶30厘米，内径1米，6米一条带。使用该办法整地便于耕作，便于管理，便于保护，便于农作物生长。截至2015年底，全区梯田面积6691.4公顷。

农田水利重点县项目

2015年6月，省下达离石区农水重点县项目投资计划，总投资2860万元，其中中央投资1300万元，省级配套1300万元，地方自筹260万元。项目主要位于信义镇、吴城镇、莲花池街道的千年灌区、张家庄片、徐家沟片、兔坪片4个灌溉区域。9月中旬完成实施方案的设计工作，9月25日，吕梁市水利局对实施方案进行批复。11月，完成投资990.6万元。其中，投资50.9万元打深井1眼，投资39.7万元安装变压器1台及输电线路2千米，投资900万元铺设灌溉管道8.5千米。工程的实施，增加灌溉面积666.67公顷，恢复灌溉面积106.67公顷，改善灌溉面积266.67公顷，增加节水灌溉面积1040公顷。

第四节　重点流域治理

治理规划

1959年8月，离石县做出《三川河流域规划》，提出山地梯田化，平川水利化的远景目标。1965年8月，三川河规划组做出《三川河1966—1970年水利发展规划》。1970年8月上旬，县委召开根治三川河誓师大会。沿川16个公社出动劳力5000余人，铺开淤地工程186处。

1980年，三川河流域被列入国家水土保持重点治理工程。1981年5月29日，澳大利亚水保专家对离石三川河流域实地考察。8月20日，水利部农水司司长屈健到吕梁，先后在离石茂塔沟、王家沟等地调查小流域治理情况。1982年5月29日，澳大利亚水土保持专家诺埃尔·内伯尔、托尼·麦克卡西和丁·霍尔三人到三川河流域考察。1982年，三川河流域纳入全国八大重点治理流域之列，离石县制定重点流域规划16条。1983—1992年，该流域被列为全国第一期水土保持重点治理区。1985年6月6日，澳大利亚维多利亚水保局克利福特工程师与联合国教科文组织驻华代表泰勒到离石县，考察三川河流域水保工程。1993年6月，水利部水保专家验收小组对1980年列入国家水土保持重点治理工程的三川河流域的71条重点流域进行评估验收。

1993—1997年，该流域被列为全国第二期水土保持重点治理区。二期治理汲取一期治理的教训，采取重点治理与区域经济发展相结合，离石市根据农业经济发展总体规划，以二期流域治理为中心，开展建设基本农田、发展经济林为主的9大重点工程。在治理机制上，除推广户包治理小流域外，进一步实行股份合作制、租赁制、拍卖“四荒”使用权等责任制形式。在技术上，推广山地微灌、径流水保林、植物篱等。共规划治理小流域40条，5年新增治理度66%，累计治理度达到79.2%。

2001年，山西省启动包括三川河流域水土保持生态工程在内的水保重点项目。离石区经济快速发展对水、煤炭等资源的过度开发，以及城镇生活水源未根本控制和农业方面水源污染的扩散，造成三川河部分河段污染严重。

2004—2012年，吕梁市园林绿化局实施该流域范围内的国道山脊线治理。主要对东至下楼桥村、南至交口村、西至贺家塔村、北至下安村的4000余公顷的山脊线进行绿化，使苍松翠柏环绕整个市区。

2013年开始，吕梁市园林绿化局对该区域进入管护阶段。2014年8月，区政府编制《离石区三川河水环境综合整治规划》，开展三川河流域综合整治，完成3个农村污水收集管网工程。

重点流域

刘家湾流域 该流域是三川河干流一级支流，发源于中阳县张子山乡桦林塌村，干沟长20千米，在离石县刘家湾村注入三川河，流域面积18.8平方千米，其中水土流失面积18平方千米，占流域面积的95.7%。流域内梁峁交错，沟壑纵横，地表支离破碎，海拔1028—1507米，最大相对高差500米。

据调查，流域内梁峁顶面积占9.88%，梁峁坡面积占32.13%，沟坡面积占51.5%，沟底（包括阶地）面积占4.37%。各荒溪的沟壑面积占比一般都大于35%，最大为77%。流域地面坡度在7级7度以下的仅占流域面积的13.77%，7—15°坡面占14.22%，15—20°坡面占8.29%，22—25°坡面占18.29%，25—35°坡面占27.33%，大于30°坡面占17.42%，25°以上的陡坡面积占44.8%。该流域地下水资源缺乏，仅在煤层处有少量地下水，在流域下游沿主沟道才有水井，中上游人畜用水多靠旱井。流域涉及离石、中阳两县，属离石县城关镇和红眼川乡的村庄有刘家湾、徐家沟、王文庄、潘家沟、大土河、卧牛墕、杨家掌、新舍科、唐则墕、红眼川、新崖上等11个村。该流域从1956年开始治理，速度缓慢。20世纪80年代治理步伐加快，至1990年底，全流域累计建成大小淤地坝53座，淤坝地57.07公顷，垫滩地2.93公顷，修梯田275公顷，人均基本农田0.068公顷；造林476.07公顷，其中乔木林220.2公顷、灌木林177公顷、经济林78.87公顷，治理度为47.4%。经过综合治理，水土流失初步得到控制。实地测定：降雨中等年份年输沙数由治理前1.57万吨/平方千米减到387吨/平方千米，输沙率降低97.6%。

该流域治理效益最佳的为大土河村，1990年开始，该村自筹资金在南北两山进行机修梯田。90年代末期，大土河煤焦企业发展壮大后，企业投资在西山栽植松树进行绿化，村委还组织30余人的护林队伍保护治理成果。

岔沟流域 该流域是三川河支流小东川河的二级支沟，发源于玉林山，干流全长10千米，在离石县阳坡乡王家沟村注入小东川河。流域总面积23.8平方千米，其中含方山县1平方千米。流域内大部分属黄土丘陵沟壑区，少部分为土石山区，主沟及较大支沟两侧有红土、红黄土分布，沿玉林山一带有石灰岩出露。流域有大小支沟27条，其中0.5千米以上的支沟8条，植被稀少，土地瘠薄，水土流失严重。

该流域包括阳坡乡的磨湾、马家沟、岔上、王家沟4个行政村和东红自然村。1956年，该流域水土流失治理开始，但治理断断续续，管理不好，效益差，速度慢。1980年列入国家治理黄河委员会试点小流域后，离石县成立流域治理领导小组。至1990年，流域内共完成治理面积1144.67公顷，治理度为60.2%。累计建成大小淤地坝19座，淤地56.93公顷，修梯田51.87公顷，人均基本农田0.14公顷；营造水土保持林795.27公顷，其中乔木林576公顷、灌木林130.6公顷、经济林88.67公顷，种草240.6公顷；人均林草1.32公顷。农业生产由过去单独经营粮食生产，转变为农、林、牧并举。退耕陡坡地345.2公顷，全部实行还林还草，农耕地所占比例由38.5%下降到23%；林业占地由18.1%上升到56.5%；牧草占地由0.8%上升到6.6%；土地利用率由80.1%上升到88.8%。流域内坝系已基本形成，加之坡面林草措施及梁峁水平梯田的营造，一般的洪水已得到控制。拦泥效益为98.6%。

茂塔沟流域 该流域属三川河水系北川河一级支流，发源于大圪垯山，主沟长6千米，在茂塔坪村注入北川河，流域面积8.1平方千米，流失面积7.86平方千米，占总面积的97%。流域有大小支毛沟37条，大小山梁39个，沟道密度2.6千米/平方千米，沟壑面积占流域面积的53.1%，植被率8.9%。

流域内有茂塔沟、畔沟、茂塔坪、许家山、高岭上、瓦窑间6个行政村。20世纪70年代初开始治理，至1979年底，有梯田82.67公顷，林地（宜林地）69.33公顷，初步治理面积165.33公顷，占流域水土流失面积的21.0%。至1990年全流域建成大小淤地坝20座，淤地 13.07 公顷，垫滩地 1 公顷，修水平梯田 124.2 公顷，人均基本农田 0.065 公顷；造林 328.8 公顷，其中乔木林 291.33 公顷，灌木林 29.07 公顷，经济林 8.4 公顷；种草 13.33 公顷；人均林草 0.161 公顷，总治理面积为 480.4 公顷，治理度 61.1%。退耕 48.47 公顷，耕地占总面积的比例由 44.1% 下降为 38.5%；林地由 1.6% 上升为 41.3%；土地利用率由 52.2% 上升为 83.3%，生态环境改善很大，泥沙基本得到控制。

王家沟流域　该流域是三川河水系北川河的一级支流，发源于离石县王家沟乡李家山村，沟长 5.9 千米，流域面积 9.1 平方千米，全系流失面积。流域有大小支沟 53 条，最长的 2.7 千米，最短的 0.4 千米，沟壑密度 7.01 千米 / 平方千米，沟壑面积占总面积的 44%，沟间面积占 56%，沟内无常流水，主沟坡降 2.7%，流域内地面坡度在 25 度以上的占 56.9%。流域内有王家沟、长大局、娘娘庙、赵家墕、王家山 5 个行政村。

1954 年 9 月，王家沟流域列为水土流失治理重点，1955 年开始治理，是全县最早按小流域开展综合治理的试点之一。1956 年，全国第一次水土保持工作会议在离石召开，与会代表参观王家沟流域。1960 年 11 月 6—11 日，黄河流域黄土丘陵区水土保持科学研究协会第二次会议在离石召开，代表们参观王家沟四化山水保工程和试验站。1980 年 9 月，国家农委副主任何康检查中阳县高家沟、离石县王家沟、柳林县军渡等地的小流域治理情况，听取三川河流域四县县委书记的汇报。10 月 16 日，中国科学院秘书长石山、全国区划办公室副主任张耕野在离石县主持召开黄河中游 14 个科研基地县农业区划汇报会议，并参观王家沟小流域治理。1986 年 7 月 7 日，县政府和省水保所联合召开流域治理座谈会，并成立王家沟流域治理指挥部。9 月 13 日，联邦德国专家对王家沟、于家沟流域进行水保林业考察。至 1990 年，流域内建成大小淤地坝 34 座，淤地 37.93 公顷，修水平梯田 176.33 公顷，人均基本农田 0.095 公顷，造林 300.27 公顷，其中乔木林 249.67 公顷，灌木林 37.33 公顷，经济林 13.27 公顷；种草 24.53 公顷；人均林草 0.145 公顷；初治面积 539.07 公顷，治理度为 59.2%。林木覆盖率由治理前的 2.5% 提高到 40.1%。治理后的年平均输沙量较治理前减少 60%。基本上达到泥不出沟。

大东川流域　是三川河干流东川河支流，全长 50 千米，流域总面积 518 平方千米。为集中治理，列为重点小流域后，只对主河道和两侧山坡梁峁进行规划，规划流域面积为 66 平方千米，其中水土流失面积为 62.5 平方千米，占流域面积的 94.7%，规划面积中涉及城关、田家会、王营庄、吴城 4 个乡镇的 32 个行政村。

该规划区域内，河床下切强烈，上游一级阶地成为高河漫滩，二级阶地高出河床 15—20 米，其宽度在 200 米以下，阶面向河床倾斜。下部为沙砾石层，上部砂壤土，厚 8—13 米，下游谷面较宽，河漫滩宽 100—150 米，两侧发育有二级堆积内阶地。规划区内沿干流从下到上气温逐渐变低，年平均气温 6° C，无霜期 110 天左右。吴城以上无清水，常年干涸，吴城村西有一断层，为全县最大的泉水，常年平均流量为 0.5 米 ^{3} / 秒。吴城以西 5 千米处，筑有吴城水库，水库以下河道长 31 千米，平均川宽 600 多米，大部坡面、梁峁沟均有灌木，易生长、覆盖良好。

20世纪80年代后，沿川两岸兴修河坝，淤滩造地，两旁梁峁造林种草，初见治理成效。至1990年，建淤地坝10座，淤地42.2公顷；修河坝5.321千米，淤滩垫地249.07公顷；修水平梯田810.73公顷；人均基本农田0.062公顷。造林1808.73公顷，其中乔木林1123.67公顷，灌木林384.86公顷，经济林300.2公顷；种草363.53公顷；人均林草0.123公顷，初步治理面积3276.07公顷，治理度为52.4%。

罗堡沟流域 该流域是东川河的一级支流，发源于薛公岭山，主沟长10千米，在吴城镇沟门上村注入东川河，流域面积37平方千米，其中27平方千米属国营林区面积，10平方千米属规划治理面积。

该流域属土石森林区，气候寒冷，降水较多，无霜期120天，有0.5千米以上的支沟5条，沟道宽阔，纵断平缓，沟道两侧山坡上生长大量沙棘等灌木，自然植被良好，沟道内滩地潜力较大。流域内有上罗堡、下罗堡、沟门上3个行政村。

该流域列为重点小流域后，至1990年，修河坝2.741千米，垫滩地32.53公顷，造沟坝地4.73公顷，旱坪地22.33公顷，修水平梯田65.67公顷，人均基本农田0.124公顷。造林426公顷，种草78.13公顷，人均林草0.499公顷。初治面积629.39公顷，治理度为62.9%。

王家琪流域 该流域属三川河支流小东川的二级支沟，发源于玉林山，干沟长64千米，在丰义村汇入小东川河，流域面积10平方千米，流失面积9.7平方千米。流域主沟内有一股长流水，流量0.5—1.0米^3/秒，境内有19道梁、36个峁、30条支毛沟，除玉林山到黑圪塔山背部有石灰岩残积物分布外，其余均为薄厚不一的黄土覆盖。

1983年列为重点小流域后，进行流域综合治理规划，确定农、林、牧并举的发展方向。至1990年，筑大、小淤地坝29座，淤地38.67公顷，垫滩地0.93公顷，修梯田446.2公顷，人均基本农田0.089公顷。造林2042.2公顷，种草173.67公顷，人均林草0.405公顷。完成治理面积2701.67公顷。

枣林沟流域 该流域属三川河一级支流，发源于王老婆山，干流全长16千米，在马茂庄村注入三川河，流域面积75.4平方千米，流失面积67.5平方千米，占总面积的89.5%。流域有大小支沟毛沟80余条，沟壑占总面积的50%。流域内有1小股长流水。流域内包括枣林全乡的19个行政村。

1983年列为重点小流域后，至1990年，建成大小淤地坝29座，淤地38.67公顷，垫滩地0.93公顷，修梯田446.2公顷，人均基本农田0.089公顷。造林2042.2公顷，种草173.67公顷，人均林草0.405公顷。完成治理面积2701.67公顷，治理度为40%。

狼尾沟流域 该流域是东川河一级支流，发源于田家会镇北圪垛村，干沟长2.5千米，在田家会村注入东川河，流域面积4.33平方千米，全系流失面积。

流域包括田家会镇的枣林、北圪垛、田家会3个行政村，至1990年，筑大、小淤地坝 5 座，淤地 23.33 公顷，修梯田 55 公顷，人均基本农田 0.087 公顷。造林 140.6 公顷，种草 16.33 公顷，人均林草 16.73 公顷，初步治理面积 229.27 公顷，治理度为 52.9%。

1990 年离石县狼尾沟流域蓄水保土效益情况表

表 10-18

项目		单位	治理前基数	验收达到数	增减百分比
年均侵蚀量		万吨	5.41	0.76	-86.0
年径流量		万立方米	12.92	4.68	-63.8
洪峰流量		米^3 / 秒	45.0	24.6	-45.3
年灾害洪水		次	4	—	—
拦蓄径流	合计	万立方米	1.80	10.04	+457.8
	基本农田	万立方米	1.53	1.28	+179.7
	坝库工程	万立方米	0.17	0.88	+417.6
	植物措施	万立方米	0.10	4.88	+4780
	占总径流量	%	12.2	68.2	—
拦蓄泥沙	合计	万吨	1.09	5.74	+426.6
	基本农田	万吨	0.39	1.09	+179.5
	坝库措施	万吨	0.68	3.49	+413.2
	植物措施	万吨	0.02	1.16	+5700
	占侵蚀量	%	16.8	88.3	—
保土效益		万元	0.25	1.32	+428

渠家山流域　该流域属三川河一级支流，发源于交口镇梁家塌村，干沟全长 6.7 千米，在交口镇白龙塔村注入三川河。流域面积 7.3 平方千米，流失面积 7.0 平方千米，占总面积的 95.9%。有 0.5 千米以上的支沟 4 条，河床有部分砂砾石，其余均为黄土覆盖。

该流域包括交口镇的梁家塌、贺家山、高家掌、白龙塔、渠家山 5 个行政村。至 1990 年，建坝 4 座，淤地 3.53 公顷。修梯田 66.07 公顷，人均基本农田 0.035 公顷；造林 219.6 公顷，种草 14 公顷，人均林草 0.118 公顷；初步治理面积 303.2 公顷，治理度为 43.3%。

盛地沟流域　该流域是北川河的一级支流，发源于马头山，干流长 8.5 千米，在盛地沟注入北川河，流域面积 9.3 平方千米，流失面积 9.0 平方千米，占总面积的 96.8%。流域有支沟毛沟 21 条，土壤侵蚀模数为 1.4 万吨 / 平方千米。

流域包括西属巴的盛地、盛地沟、米化梁、许家山和城关镇的大中局 5 个行政村。至 1990 年，共筑大、小淤地坝 23 座，淤地 20.33 公顷，修梯田 65.87 公顷，人均基本农田 0.041 公顷；造林 369.67 公顷，种草 70.27 公顷，人均林草 0.207 公顷；初步治理面积 526.13 公顷，治理度 58.5%。

新山湾流域 该流域属三川河支流小东川的二级支沟，发源于云顶山，干沟长 9 千米，在新山湾村注入小东川河。流域面积 57 平方千米，其中包括国营林场面积 26 平方千米，属县规划治理的面积 31 平方千米。流域属土石森林区，境内气候寒冷，地旷人稀，沟道宽阔，纵断平缓。内有大小支沟毛沟 18 条，沟两侧山坡灌木丛生。

流域内有桑湾、康家岭、新山湾 3 个行政村。至 1990 年，打淤地坝 7 座，淤地 3.2 公顷，修河坝 101 米，垫滩地 51.8 公顷，修梯田 7.47 公顷，人均基本农田 0.145 公顷；造林 336.73 公顷，种草 51.87 公顷，人均林草 0.703 公顷；初步治理面积 469.4 公顷，治理度为 15.1%。

王家塔流域 该流域属三川河一级支流，发源于安国寺，干流长 5.6 千米，在交口镇王家塔村注入三川河。流域内有 0.5 千米以上的支沟 5 条，沟床为砂砾石，岩石裸露占总面积的 17.7%，其余地面均为黄土覆盖。

该流域内有杜家山、芦则峁、葫芦把、乔家塔、王家塔 5 个行政村。至 1990 年，建成淤地坝 5 座，淤地 1.93 公顷，垫地 14 公顷，修梯田 60.47 公顷，人均基本农田 0.057 公顷。造林 29.33 公顷，人均 0.241 公顷。初步治理面积 397.07 公顷，治理度 50.9%。

回龙塔流域 该流域为三川河支流小东川的二级支沟，发源于黑圪垯山，主沟长 7 千米。流域面积 9.93 平方千米，流失面积 9.8 平方千米，占流域面积的 98.7%。流域内有 1 千米以下沟 18 条，1—5 千米 2 条，沟壑密度 4.5 千米 / 平方千米。河床为黏土卵石。荒山荒坡多长铁杆蒿，植被覆盖率 15%—20%。沟掌山底有流量为 15—20 吨 / 小时的小泉流出。

该流域内有袁家山、回龙塔两个行政村。至 1990 年，筑淤地坝 9 座，淤地 6.27 公顷，垫滩地 7.33 公顷，修梯田 27.67 公顷，人均基本农田 0.064 公顷；造林 343.47 公顷，种草 103 公顷，人均林草 0.694 公顷；初步治理面积 487.74 公顷，治理度 49.8%。

1982—1990 年离石县回龙塔流域治理投资情况表

表 10-19

项目		新增治理面积（公顷）	国家投资（万元）	单位面积投资（元 / 公顷）
合计		1907.64	4306	—
基本农田		138.49	13.62	984
其中	水平梯田	135.96	11.62	855
	坝地	2.53	2.0	7890
	小片水池	—	—	—
	引洪漫地	—	—	—
植物措施		547.29	6.42	117.3

续表 10-19

项目		新增治理面积（公顷）	国家投资（万元）	单位面积投资（元/公顷）
其中	水土保持林	500.25	5.5	109.95
	经济林	47.05	0.92	195
	种草	—	—	—
	封禁治理	—	—	—
育苗		—	—	—
淤地坝		2.53	2.0	7890
谷坊		—	—	—
其他工程		—	—	—
补植工程		533.53	0.98	18.3
前期费		—	—	—

驿沟流域　该流域是东川河一级支流，发源于吴城镇歧则沟村，主流长 12 千米，在李家湾村注入东川河。总流域面积 71 平方千米，属国营林区 44.5 平方千米，县规划治理面积 26.5 平方千米，水土流失面积 13.5 平方千米，占治理总面积的 51%。流域属土石森林区，地广人稀、降雨较多、气候寒冷，无霜期 120 天，境内沟道宽阔，两侧山脉生长有大量原始灌木，植被良好。沟道内滩地潜力大。有 6 千米以下支沟 12 条，6 千米以上 7 条。该流域内有王治庄、上丰村、陈家塔、歧则沟 4 个行政村。至 1990 年，筑坝 2 条，淤地 1.67 公顷，垫滩地 0.67 公顷，修梯田 112.33 公顷，人均基本农田 0.083 公顷。造林 535.07 公顷。初步治理面积 726.4 公顷，治理度 53.8%。

洞沟流域　该流域是东川河一级支流，发源于白马仙洞，干流长 9.5 千米，在王营庄乡沟门上村注入东川河。总流域面积 34.7 平方千米，其中国营林场面积 24.6 平方千米，属县规划治理面积 10.1 平方千米。属土石森林区，地广人稀、降雨较多、气候寒冷，无霜期 120 天。境内有 0.5 千米以上支沟 7 条，沟道宽阔，纵横平缓。梁峁大部为森林、灌木覆盖。只有沟沿线以下，村庄周围多辟为耕地、荒地，水土流失较严重。流域内有洞沟行政村。至 1990 年，共修梯田 26.47 公顷，人均 0.101 公顷，造林 152.47 公顷，种草 75.4 公顷，人均林草 0.87 公顷，初步治理面积 254.34 公顷，治理度 25.2%。

下楼桥流域　该流域属东川河一级支流，发源于田家会镇界峁村，干流长 8 千米，在下楼桥村注入东川河。流域面积 7 平方千米，流失面积 6.53 平方千米，占总面积的 93.3%。流域内有大小支沟 20 条，年平均侵蚀模数 1.6 吨 / 平方千米，年平均输沙量 11.2 万吨。流域内有田家会镇的界峁、下楼桥两个行政村。至 1990 年，建成淤地坝 14 座，淤坝地 17.33 公顷，修梯田 42.33 公顷，人均基本农田 0.069 公顷；造林 226.4 公顷，种草 88 公顷，人均林草 0.363 公顷；初步治理面积 374.07 公顷，治理度 57.3%。

第三章 防汛抗旱

第一节 防 汛

20世纪90年代始，离石县每年在汛前全面检查安全隐患，提出防汛实施方案，做到有备无患。1995年3月，离石县防汛抗旱指挥部成立。

1998年1月开始，根据省、地防汛抗旱精神，实行防汛行政首长负责制和防汛责任制。确定乡镇长为各自辖区防汛工作第一责任人，其他负责人分片包干，各负其责；确定全县防汛重点责任人和技术责任人。

2008年，根据防汛检查情况，确定吴城水库、千年水库工程、太中银铁路沿线、东、北川河、离石城区边山峪口、坑山坑口等重点防洪地段。制定印发《离石区2008年防汛工作实施方案》，准备柴、汽油8吨，木材10立方米，编织袋5万条，铁锹1500把，铁丝1吨，防汛抢险车20辆，防汛抢险队伍8000人。深入境内各重点水库、河道等重点地段实地检查，排查出各类防汛隐患86处，下发防汛整改令75份。筹集资金50万元，对险情较大的吴城水库输水洞出口塌方地段实施除险工程。打击东川河两岸毁地挖砂和非法采砂行为，取缔非法采砂户43户，确保河道行洪、河堤安全。

2012年7月底，启动暴雨应急机制，对防范强降水过程进行详细的安排部署，各单位连夜安排干部进村到户，最少驻村10天，排查隐患，动员老百姓做好随时撤离的准备。暴雨灾情给全区造成9694万元的经济损失。

2013年，开展乡村防汛演练工作。

2014—2015年，争取山洪灾害防治项目及非工程措施补充完善项目，争取山洪灾害防治项目投资194万元，建设自动雨量站1处，简易雨量站22处，新增乡级无线预警广播3套，村级预警设备47套。将监测预警平台延伸到12个乡镇（街道）。2015年，区防汛指挥部编修《离石区防洪抢险应急预案》，与各成员单位和乡镇（街道）行政负责人签订防洪安保责任状和山洪灾害防御责任状。开展吴城水库防汛工作，汛期水库空库运行，并准备3000立方米备防石、2000条编织袋、100把铁锹、10辆平车等防汛抢险物资，区人武部组建400人的抢险队伍。开展淤地坝防汛安保工作，对全区41座骨干坝、34座中型坝进行全面隐患排查，并限期整改。山洪灾害防治非工程措施监测系统在汛期发送预警2次，发布预警信息500余条。

第二节 抗 旱

离石境域受季风气候和地理地形条件影响，十年九旱，旱灾频发。

1994年，离石县抗旱服务队成立。

2008年，全区伏旱十分严重，造成农作物受灾，人畜饮水困难。区政府合理调度和计划用水，对水源紧张地区限制不合理用水，采取措施广辟水源，合理调配；利用一切可以利用的水利设施，挖掘一切水源，最大限度确保播种的农作物及时得到灌溉；进行以打井配套和小型抗旱水源工程为主的水利设施建设。共投入抗旱资金80余万元，投入车辆300余辆，灌溉面积233公顷，解决2万人3000头大畜的饮水困难。2009年，区政府争取上级抗旱资金104万元，临时解决24个村因干旱吃水困难和农业灌溉问题。2011年3月中旬，全区发生严重旱情，坪头、枣林、吴城等部分乡镇发生人畜饮水困难，全区因干旱人畜饮水困难人数最多时达2.7万人。区政府争取中央特大抗旱补助费200万元，统一购置应急拉水车7辆、打井设备2套、移动灌溉设备100套、移动喷灌节水设备10套、简易净水设施6套、输水软管1万余米，妥善解决全区因干旱出现的人畜饮水困难。

至2012年，区抗旱服务队有人员12人，抗旱设备设施有：拉水车7辆（三轮拉水车3辆、四轮拉水车2辆、汽车拉水车2辆），皮卡车1辆，柴油机移动水泵100台，钻井设备2套，抗旱喷灌设备10套，简易净水设备6台，输水软管1万余米。

第四章 机 构

第一节 管理机构

1956年8月前，离山县人民政府设立水利科，1957年8月，水利科并入县农业建设局。1963年5月，县水利局与县农业建设局分设。1964年9月，县水利局改称水土保持林业局。1971年2月，县革委会成立农林水利组，1972年2月并入业务组。1972年12月，离石县水利局成立，1981年12月，离石县水土保持局成立。1984年3月，县水土保持局并入水利水保局，称离石县水利水保局。1987年8月，成立乡镇水管站12个。

1992年2月，离石县3923项目办成立，2002年10月并入离石市水利水保局。截至2015年底，离石区水利水保局内设：办公室、人事股、规划股、水利股、行政审批股、水土保持工作站、河道管理站、水土保持监督管理站、水资源管理委员会办公室、防汛抗旱领导组办公室、水工程移民工作办公室。下属企业、事业单位：吴城水库管理处、千年水库开发建设有限责任公司、抗旱服务队、机械打井队。共有在职职工145人，其中工程师36人。

第二节 下属企事业单位

离石区机械打井队

1974年，离石县机械打井队成立，位于吕梁地区离石县桥头街146号，主要宗旨和业务范围：勘探、设计、打井、水利工程建设。截至2015年底，职工人数为11人。

离石区抗旱服务队

1994年，离石县抗旱服务队成立，为全县抗旱服务提供设备租赁，供应维修技术服务。截至2015年底，有在职人员14人，其中工程师1人。

吴城水库管理处

1978年，吴城水库竣工后，设“离石县吴城水库管理委员会”，1985年底改为“离石县吴城水库管理处”，隶属县水利局。吴城水库管理处内设：办公室、财务室、工程技术科、后勤、保卫科、吴城水库灌溉管理站。截至2015年底，在职职工14人，其中工程师4人。

千年水库

2007年8月20日，吕梁市离石区千年水库开发建设有限责任公司成立，为千年水库建设法人。公司设有工程科、办公室、财务科，共有职工10人，其中工程师2人。2014年8月，吕梁市离石区千年水库管理处成立，隶属离石区水利局。

第十一编

工　业

体制

结构　效益　园区

煤炭工业

其他工业

重要企业

工业管理

清代，境内工业主要为私营手工业的染坊和畜力磨坊。民国23年（1934），离石县有煤窑23座、染坊7家、毡坊4家、砖瓦坊3家、印刷业经营户3家、制绳业经营户2家、畜力磨坊22家、酒坊9家、粉坊7家。1945年后，离石手工业生产得到进一步发展，新建七里滩、上则塥、小沟等煤矿，有手工业作坊8处。

中华人民共和国成立后，离石县半机械和机械化工业逐步发展。1949年，全县有工业企业4家，工业总产值212.61万元。“一五”时期，随着国民经济建设的开始，通过“一化三改”，兴建电力、印刷等全民所有制工业企业,组建一批城乡集体所有制工业企业。“二五”时期和调整时期,1958年，离石县和其他地方一样，土法上马，大办工业。1961年，贯彻执行“调整、巩固、充实、提高”的八字方针，关、停、并、转部分工业企业，精简企业职工。“三五”时期和“四五”时期，由于“文化大革命”对工业生产的干扰和破坏，尤其“三五”时期，正是“文化大革命”初期，全县工业生产陷入停滞和徘徊状态。“五五”时期至“七五”时期，中共十一届三中全会后，一系列改革措施出台，离石县工业生产焕发新的活力。全县初步建起以煤炭、化工、食品、机电、建材为主体的工业格局，工业产品品种由解放初期的不足10种增加到近100种。1990年，境内国营工业企业23家，县营集体企业10家，乡镇集体经营企业45家。发展乡镇工业企业357家。全县乡以上独立核算工业企业增为78家，工业产值为13329万元。有非独立核算的村办工业128家，年实现利润143万元。1990年，个体户联营工业有56家，个户独办工业128家。

“八五”时期至“九五”时期，境内煤炭工业迅速发展，特别是地方乡镇煤炭企业快速增长。“十五”时期至“十一五”时期，离石区（市）政府推进企业产权制度改革，大部分国有、集体企业逐步民营化。2001年，随着煤炭行业进入企业利润快速增长的“十年黄金期”，带动境内工业总产值等各项指标快速增长。2007年，离石区信义工业区开始建设。2009年7月，全区煤矿企业进行兼并重组整合。“十二五”时期，全区主导产业煤炭、焦化业，主要产品价格下跌，市场需求不足，工业经济大幅下滑。至2015年3月，离石区信义工业区有入驻园区项目企业7家，累计完成投资77884万元。同年，全区规模以上工业企业工业总产值374082.33万元。其中，国有企业3983.7万元，股份制企业329744.03万元；国有控股企业77787.82万元，占20.79%，非公有制企业296294.51万元，占79.21%。

第一章　体　制

第一节　经营体制

境内有记载的最早工业企业为清光绪十六年（1890）创办的“德成”染坊，其后是清光绪三十年创办的“德茂亨”“晋恒太”两家畜力磨坊。

企业规模最大的是创办于民国23年（1934）的永丰蛋厂，有资本2万元，职工160人，年产值9万元，产品出口英、美、德、日等国。据《中国实业志·山西省》记载，到民国23年，离石有煤窑23座，其中渠家山、白家庄、石站沟等窑，已用井筒式开采，年产原煤近万吨。有家庭纺织户2520家，织机840架，年产布1.26万匹，产值2.52万元。有染坊7家，工人21人，资本322元，年染布3310匹。有毡坊4家，工人9人，资本70元，年产毡458条。有砖瓦坊3家，工人9人，资本70元，年产砖3.3万块，瓦1.25万片。有印刷业经营户3家，工人15人，资本500元，年产值2700元。有制绳业经营户2家，工人8人，资本320元，年产值2880元。有畜力磨坊22家，工人91人，石磨32盘，资本1.2万元，年磨小麦1000吨，产值8万元。有酒坊9家，工人63人，资本4700元，年产酒70.6吨，产值1.4万元。有粉坊7家，工人49人，资本630元，年产粉制品24.4吨，产值3447元。时值离石西山地区盛产棉花，故有棉花打包坊2家，工人9人，资本334元，产值152元。柳林镇锄沟村，用坩埚冶炼、风箱吹风，进行炼铁生产。柳林镇附近有熬硝、熬土盐等化工生产。铁、木、石工，制作农具、家具，建房修窑等未见记载，当时村村有这类行业。民国26年，永丰蛋厂停业。日本侵略军侵占离石县城及沿川各乡镇之后，各手工作坊纷纷倒闭。民国29年以后逐步恢复。到民国33年，离石有煤窑27座，离东有3座，年产煤2.2万吨。离石抗日根据地参加纺花妇女有8520名，参加纺花织布妇女6088名，有纺车8375辆，织布机2724架，共织布24083匹，纺线29228千克。离石四区马头山铁匠建立军火厂，九区结绳墕民兵设立扫硝组，制造地雷、手榴弹等军火品。1945年后，离石手工业生产得到进一步发展，八区锄沟村建立翻砂铸铁厂，二区西局岔设立工读班，有5架大机织布，4年织布3万匹。新建七里滩、上则墕、小沟等煤矿，有弹花、草纸、纸炮、苇席、陶瓷等作坊8处。

中华人民共和国成立后，半机械和机械化工业逐步发展。初期，国营离石蛋厂和集体“建筑工会”（经济实体）、铁业、车辆修配社、木业社、麻业社、副食加工厂以及私营联办印刷厂等建立。

1958年后，离石先后建立电厂、铁厂、七里滩煤矿、通用机械厂、副食加工厂、药材加工厂、计量修配厂、服装厂、鞋帽厂、针织厂、综合加工厂、砖瓦厂、陶瓷厂、沙麻沟耐火厂、粮油加工厂和各公社建的农修厂，独立核算工业企业由1955年的12家，发展到1960年的30家，工业总产值（按1990年不变价格计算）由692万元增为1959万元。

1966—1978年，在全国大办“五小”（即电力、钢铁、化肥、水泥、农机）工业的热潮中，离石县恢复铁厂，改造扩建电厂，在蛋厂的基础上改建成电线厂，扩建农机厂和向阳农具厂，新建化肥厂、水泥厂、地毯厂、玻璃厂、陶瓷厂、食品厂、钢木机具加工厂和砖厂（地营）、大修厂（省营）等，工业企业由1966年（经过3年调整和关闭）的20家，到1973年恢复发展为40家，工业产值（按1990年不变价格计算）由648万元，增为5367万元。1973年，境内全民所有制工业企业有地营企业5家，即吕梁钢铁厂、吕梁地区制药厂、军分区机修所、吕梁地区砖厂、吕梁地区印刷厂；全民所有制县营工业企业9家，即离石县发电厂、县七里滩煤矿、县农机厂、县电线厂、县水泥厂、县副食加工厂、县粮油加工厂、县印刷厂、县服装厂。1976年，有非独立核算的村办工业企业18家。1978年，新建玻璃纤维厂、肉联厂（地营）、塑料美术厂。电线厂办了联营化工厂和联营制线厂，电厂开办联营铁合金厂。1979年，离石县社队企业中有工业企业239家，从业人员2467人，总收入392.9万元。其中，公社企业29家，从业人数1276人，总收入234.69万元；大队企业210家，从业人数1191人，总收入158.21万元。

1985年，全县乡镇工业企业625家，从业人数4753人，工业总产值1668.09万元。其中，乡办工业企业39家，从业人数1735人，工业总产值679.67万元；村办工业企业262家，从业人数1761人，工业总产值551.08万元；社员联营工业企业65家，从业人数473人，工业总产值178.48万元；个体工业企业259家，从业人数784人，工业总产值258.86万元。

1990年，境内国营企业23家，省营企业1家：离石汽车修理厂；地营企业7家：吕梁地区钢铁厂（吕梁地区白水泥厂）、吕梁地区制药厂、吕梁地区砖厂、吕梁地区印刷厂、吕梁地区食品厂、吕梁地区豆制品厂、吕梁地区电业局；县营企业15家：县电业局、县发电厂、县七里滩煤矿、县电缆厂、县印刷厂、县水泥厂、县化工厂、县纤维厂、县服装厂、县副食加工厂、县益民糖果厂、县粮油加工厂、县饲料厂、县洗煤厂、县自来水公司。县营集体企业10家，乡镇营集体45家。在县营集体工业企业中，县二轻局所属企业9家：向阳农机厂、五金厂、建新木器厂、针织地毯厂、鞋帽服装厂、陶瓷厂、塑料美术厂、玻璃厂、建筑公司；县供销社所属企业1家：钢木厂。在乡镇集体工业中，乡镇局所属企业28家，煤炭工业管理局所属17家。

1990年，全县工业企业固定资产总数为1.87亿元。其中，全民所有制工业企业固定资产为1.69亿元，占全县工业企业固定资产总数的90.37%，内有县属企业固定资产为4163万元，占全民所有制工业企业固定资产的24.63%；集体工业企业固定资产为295万元，占全县工业企业固定资产总数的1.56%；乡镇集体工业企业固定资产为1526万元，占全县工业企业固定资产总数的8.07%。

1990年，全县工业企业职工总数为9594人。其中：全民所有制工业企业职工为5836人，占全县工业企业职工总数的60.83%；二轻集体所有制职工有756人，占全县工业企业职工总数的7.88%；乡镇集体所有制（不包括村及村以下非独立核算企业，下同）职工有3002人（内有煤炭工业管理局所属乡镇办煤矿2333人，乡镇局所属乡镇其他工业669人），占全县工业企业职工总数的31.29%，全民所有制工业企业中有县属企业职工2858人，占全民所有制企业职工总数的48.97%。县属企业内工业局系统职工为1847人，煤炭工业管理局系统（七里滩煤矿）职工为502人，合计2349人，占县属全民所有制企业职工总数的82.19%。

至1990年，全县乡镇工业企业390家（其中独立核算45家）：全县乡以上独立核算工业企业增为78家，工业产值增为（1990年不变价）13329万元。非独立核算的村办工业128家，从业人员2055人，有固定资产605万元，年实现利润143万元，上缴国税51万元。同年，个体户联营工业有56家，从业人员566人。个户独办工业有128家，从业人员962人。

1949—1990年部分年份离石（山）县工业产值及分类情况表

表11-1

项目	年份	1949	1952	1958	1966	1975	1978	1980	1985	1988	1990
工业总产值	1990不变价（万元）	212.61	256.91	692.01	647.62	3629.72	5367.13	5697.38	10011.81	15412.98	15224
省地全民工业	产值（万元）	—	—	—	400.7	545.57	865.5	971.72	1689.73	3051.33	4360
	占比（%）	—	—	—	61.87	15	16.1	17	16.87	19.8	28.6
县营全民工业	产值（万元）	2.89	18.89	505.8	60.93	2305.53	3322.66	3538.12	5373.33	6506.03	4678
	占比（%）	1.36	7.35	73.1	9.4	63.5	61.9	62.1	53.6	42.2	30.7
县营集体工业	产值（万元）	—	—	186.15	164.08	548.28	514.29	477.12	462.59	621.46	368
	占比（%）	—	—	26.9	25.3	15.1	9.6	8.37	4.57	4	2.4
乡镇营集体工业	产值（万元）	—	—	—	21.91	204.59	581	649.04	1558.1	2422.14	3923
	占比（%）	—	—	—	3.43	5.6	10.8	11.4	15.6	15.7	25.77
村及村以下工业	产值（万元）	—	—	—	—	25.75	83.58	61.38	903.02	2752.18	950
	占比（%）	—	—	—	—	0.8	1.6	1.13	9.11	17.86	6.34
私营工业	产值（万元）	209.7	238.2	—	—	—	—	—	25.04	59.84	945
	占比（%）	93.64	92.65	—	—	—	—	—	0.25	0.44	6.19

1998年，离石市有规模以上工业企业26家。其中，国有企业21家，即中央企业1家：山西省电力公司吕梁供电公司；省属企业1家：山西省离石市汽车配件厂；地属企业4家：吕梁地区中药厂、吕梁地区钢铁厂、吕梁地区砖厂、吕梁地区印刷厂；市属企业15家：离石市电业局、离石市热电厂、离石市印刷厂、离石市水泥厂、离石市玻璃纤维厂、离石市电缆有限公司、离石市七里滩煤矿、离石市通宝煤矿、离石市煤运焦厂、离石市副食品工业公司、离石市服装厂、离石市粮油加工厂、离石市饲料加工厂、离石市自来水公司、离石市粮裕焦化厂；集体企业1家：离石市铸造焦化厂；私营企业2家：离石市大土河煤焦集团总公司、离石市聚富焦化厂；股份合作制企业2家：吕梁福利焦化厂、吕梁东风电厂。1998年，离石市有乡镇工业企业387家，从业人数达10150人，其中，乡镇集体工业企业128家，从业人数达7408人。1998年，离石市规模以上工业企业工业总产值31469.9万元。其中，国有控股企业17755.6万元，占56.42%；非公有制企业13714.3万元，占43.58%。

2013年第三次全国经济普查，全区共有工业企业法人单位139个（全部为内资企业），从业人员22293人。工业企业法人单位中，国有企业法人单位4个，全部为规模以上工业企业，从业人员2577人，工业总产值210489万元，工业销售产值153711万元，资产总计370200万元（其中固定资产191740万元），主营业务收入205419万元，营业利润41691万元，利润总额42123万元；股份合作企业法人单位2个，从业人员34人；联营企业法人单位1个，从业人员10人；有限责任公司法人单位51个，从业人员10122人，其中，规模以上工业企业11个，从业人员6721人，工业总产值361104万元，工业销售产值292916万元，资产总计1504977万元（其中固定资产378503万元），主营业务收入340532万元，营业利润8510万元，利润总额7541万元；股份有限公司法人单位6个，从业人员1399人，其中，规模以上工业企业1个，从业人员1110人，工业总产值53974万元，工业销售产值50935万元，资产总计105125万元（其中固定资产41596万元），主营业务收入50945万元，营业利润6793万元，利润总额6165万元；私营企业法人单位61个，从业人员7670人，其中，规模以上工业企业7个，从业人员5824人，工业总产值396306万元，工业销售产值335111万元，资产总计1976680万元（其中固定资产311939万元），主营业务收入300115万元，营业利润–60862万元，利润总额–60825万元；其他企业法人单位14个，从业人员481人。2013年第三次全国经济普查，全区从事工业小微企业法人单位126个，从业人员5151人。

截至2015年底，离石区有规模以上工业企业26家，其中，国有控股企业5家：吕梁东义集团煤气化有限公司、山西神州煤业有限责任公司、山西省吕梁中药厂、山西吕梁离石王家庄煤业有限公司、山西吕梁离石贾家沟煤业有限公司；集体控股企业1家：山西吕梁离石金晖荣泰煤业有限公司；私人控股企业19家：山西大土河焦化有限责任公司、山西吕梁离石西山亚辰煤业有限公司、山西楼俊集团担炭沟煤业有限公司、山西东江煤业集团有限公司、吕梁永宁煤焦集团有限责任公司、山西吕梁襄矿环能国鼎煤业有限责任公司、吕梁鑫瑞洗煤厂、吕梁市茂源煤化有限责任公司、山西离石电缆有限公司、吕梁勤业达煤业有限公司、吕梁市维邦木业有限公司、吕梁亿龙水泥有限公司、吕梁飘香食品有限公司、吕梁珍味谱食品有限公司、吕梁市东盛煤业有限公司、吕梁市东裕农副产品贸易有限公司、吕梁旭辉煤业有限公司、吕梁市福多多食品有限公司、吕梁市蔡家崖农牧科技有限公司；私营股份有限公司 1 家：吕梁离柳煤焦有限公司。全区私营中小工业企业 94 家，从业人员 18456 人。离石区规模以上工业企业工业总产值 374082.33 万元。其中，国有企业 3983.7 万元，股份制企业 329744.03 万元；国有控股企业 77787.82 万元，占 20.79%，非公有制企业 296294.51 万元，占 79.21%。

第二节　煤炭企业兼并重组

2009 年 7 月，山西省煤矿企业兼并重组整合工作领导组审查通过《吕梁市离石区煤矿企业兼并重组整合方案》（以下简称《方案》）。同意山西焦煤集团有限责任公司作为主体企业重组整合 4 处煤矿为 2 处，生产规模由 90 万吨 / 年增加到 180 万吨 / 年。山西煤炭运销集团有限公司作为主体企业重组整合 3 处煤矿为 1 处，生产规模由 105 万吨 / 年增加到 120 万吨 / 年。吕梁永宁煤焦集团有限责任公司重组整合 7 处煤矿为 3 处，生产规模由 204 万吨 / 年增加到 270 万吨 / 年。山西大土河焦化有限责任公司重组整合 7 处煤矿为 2 处，生产规模由 201 万吨 / 年增加到 240 万吨 / 年。山西东江煤业集团有限公司重组整合 3 处煤矿为 2 处，生产规模由 150 万吨 / 年增加到 180 万吨 / 年。山西楼俊矿业集团有限公司重组整合 2 处煤矿为 1 处，生产规模由 36 万吨 / 年增加到 90 万吨 / 年。山西金晖煤焦化工有限公司重组整合 2 处煤矿为 1 处，生产规模由 45 万吨 / 年增加到 90 万吨 / 年。

重组整合后矿井有：山西吕梁离石西山亚辰煤业有限公司（矿井能力 60 万吨 / 年）、山西吕梁离石西山晋邦德煤业有限公司（矿井能力 120 万吨 / 年）、山西煤炭运销集团锦瑞煤业有限公司（矿井能力 120 万吨 / 年）、山西吕梁离石永宁煤业有限公司（矿井能力 90 万吨 / 年）、山西吕梁离石永聚煤业有限公司（矿井能力 90 万吨 / 年）、山西吕梁离石永德煤业有限公司（矿井能力 90 万吨 / 年）、山西吕梁离石炭窑坪煤业有限公司（矿井能力 120 万吨 / 年）、山西吕梁离石贾家沟煤业有限公司（矿井能力 120 万吨 / 年）、山西吕梁离石交口煤业有限公司（矿井能力 90 万吨 / 年）、山西东江煤业集团有限公司（矿井能力 90 万吨 / 年）、山西楼俊集团担炭沟煤业有限公司（矿井能力 90 万吨 / 年）、山西吕梁离石金晖荣泰煤业有限公司（矿井能力 90 万吨 / 年）。重组整合关闭的矿井有：山西吕梁盛瑞煤业有限公司、山西吕梁宇飞煤业有限公司、山西吕梁锦顺煤业有限公司、山西吕梁离石泰宁煤业有限公司、山西吕梁宏康煤业有限公司、山西吕梁云昌煤业有限公司、山西大土河永盛煤业有限公司、山西吕梁市离石区永兴煤业有限公司、山西吕梁鹏宇煤业有限公司、山西吕梁南沟煤业有限公司、山西吕梁泰佳煤业有限公司、山西大土河永娜煤业有限公司、山西吕梁师家峁煤业有限公司、山西石州煤业有限公司、山西吕梁西属巴燕沟煤业有限公司、山西恒安益煤业有限公司。

《方案》批复后，省有关部门立即吊销以上16处矿井的相关证照。关闭的山西吕梁盛瑞煤业有限公司等10处矿井，在整合后改造建设矿井中明确不利用的井筒，离石区人民政府按“六条标准”（有关地方政府发布公告，公布关闭矿井名单；有关颁证机关依法注销或吊销关闭矿井的相关证照；停止供水、供电、供火工品；拆除设备、炸毁井筒、填平场地；恢复地表植被或复垦；遣散煤矿所有从业人员）实施关闭。山西吕梁泰佳煤业有限公司等6处矿井2010年底前关闭。在兼并重组整合期间生产的，按过渡期间生产的有关条件和程序办理：达不到过渡期间生产条件的，及时关闭。对列入“十关闭”（1. 非法采矿的；2. 已吊销证照并确定关闭，但尚未按“六条标准”实施关闭的；3. 证照不全或过期、停产整顿未经复产验收擅自组织生产的；4. 越层越界开采、以掘代采的；5. 私自采购、储存和使用非法火工品；井下爆破材料库的设置或井下火工品的储存方式、储存量不符合《煤矿安全规程》规定的；违反规定井下储存火工品的；6. 无视政府监管，拒不执行停产整顿令或经停产整顿仍达不到安全生产条件的；7. 井下使用三轮车运输的；8. 非法用工，违法承包、转包、以包代管的；9. 用“验收面”应付检查或用“假密闭”逃避监管，或在采煤方法改革后，以隐蔽的方式使用已淘汰的落后采煤方法组织生产的；10. 国有重点煤矿井田范围内井田面积小于1平方千米、其他井田面积小于0.8平方千米的，或保有储量主要产煤县不足200万吨、非主要产煤县不足100万吨的）的煤矿，2009年底前吕梁市离石区人民政府按“六条标准”实施关闭。

至2012年，全区煤矿企业兼并重组整合工作结束。

2009年离石区煤矿企业兼并重组整合煤矿数量及产能情况表

表11-2

2008年底保留矿井数及产能		扣除“十关闭”矿井后保留数及产能		按照晋政发〔2009〕10号文精神，离石区规划拟保留矿井数及产能	
矿井数（处）	产能（万吨/年）	矿井数（处）	产能（万吨/年）	矿井数（处）	产能（万吨/年）
35	975	33	957	14	1335
山西吕梁东江煤业有限公司	90	山西吕梁东江煤业有限公司	90	山西吕梁离石东江煤业有限公司	90
山西吕梁亚辰煤业有限公司	30	山西吕梁亚辰煤业有限公司	30	山西吕梁离石西山亚辰煤业有限公司	60

续表 11-2

2008 年底保留矿井数及产能		扣除“十关闭”矿井后保留数及产能		按照晋政发〔2009〕10 号文精神，离石区规划拟保留矿井数及产能	
矿井数（处）	产能（万吨/年）	矿井数（处）	产能（万吨/年）	矿井数（处）	产能（万吨/年）
山西锦瑞煤业有限公司	45	山西锦瑞煤业有限公司	45	山西煤炭运销集团吕梁锦瑞煤业有限公司	120
山西吕梁盛瑞煤业有限公司	30	山西吕梁盛瑞煤业有限公司	30		
山西吕梁宇飞煤业有限公司	30	山西吕梁宇飞煤业有限公司	30		
山西离石晋邦德煤业有限公司	30	山西离石晋邦德煤业有限公司	30	山西吕梁离石西山晋邦德煤业有限公司	120
山西吕梁锦顺煤业有限公司	9	山西吕梁锦顺煤业有限公司	9		
山西吕梁西属巴燕沟煤业有限公司	21	山西吕梁西属巴燕沟煤业有限公司	21		
山西吕梁离石区担炭沟煤业有限公司	21	山西吕梁离石区担炭沟煤业有限公司	21	山西楼俊矿业集团担炭沟煤业有限公司	90
山西石州煤业有限公司	15	山西石州煤业有限公司	15		
山西吕梁永宁煤业有限公司	30	山西吕梁永宁煤业有限公司	30	山西吕梁离石永宁煤业有限公司	90
山西吕梁菁蒿焉煤业有限公司	30	山西吕梁菁蒿焉煤业有限公司	30	山西吕梁离石永聚煤业有限公司	90
山西恒安益煤业有限公司	9	山西恒安益煤业有限公司	9		
山西泰宁煤业有限公司	30	山西泰宁煤业有限公司	30		

续表 11-2

2008 年底保留矿井数及产能		扣除“十关闭”矿井后保留数及产能		按照晋政发〔2009〕10 号文精神，离石区规划拟保留矿井数及产能	
矿井数（处）	产能（万吨/年）	矿井数（处）	产能（万吨/年）	矿井数（处）	产能（万吨/年）
山西吕梁金盛源煤业有限公司	60	山西吕梁金盛源煤业有限公司	60	山西吕梁离石永德煤业有限公司	90
山西吕梁宏康煤业有限公司	15	山西吕梁宏康煤业有限公司	15		
山西吕梁云昌煤业有限公司	30	山西吕梁云昌煤业有限公司	30		
山西七里滩煤业有限公司	90	山西七里滩煤业有限公司	90	山西吕梁离石王家庄煤业有限公司	120
山西吕梁泰平煤业有限公司	9	山西吕梁泰平煤业有限公司	9		
山西吕梁离石田家会煤业有限公司	9	山西吕梁离石田家会煤业有限公司	9		
山西离石厚德煤业有限公司	9	山西离石厚德煤业有限公司	9	—	—
山西吕梁祥安煤业有限公司	9	山西吕梁祥安煤业有限公司	9	山西吕梁襄矿环能国鼎煤业有限公司	45
山西大土河永盛煤业有限公司	15	山西大土河永盛煤业有限公司	15	山西吕梁离石炭窑坪煤业有限公司	120
山西大土河永娜煤业有限公司	21	山西大土河永娜煤业有限公司	21		
山西大土河永兴煤业有限公司	15	山西大土河永兴煤业有限公司	15		
山西离石鹏宇煤业有限公司	15	山西离石鹏宇煤业有限公司	15		

续表 11-2

2008 年底保留矿井数及产能		扣除“十关闭”矿井后保留数及产能		按照晋政发〔2009〕10 号文精神，离石区规划拟保留矿井数及产能	
矿井数（处）	产能（万吨/年）	矿井数（处）	产能（万吨/年）	矿井数（处）	产能（万吨/年）
山西吕梁师家峁煤业有限公司	45	山西吕梁师家峁煤业有限公司	45	山西吕梁离石贾家沟煤业有限公司	120
山西吕梁市离石区永兴煤业有限公司	30	山西吕梁市离石区永兴煤业有限公司	30		
山西大土河永君煤业有限公司	60	山西大土河永君煤业有限公司	60		
吕梁市离石区潘家沟煤矿	9	—	—		
山西大土河永发煤业有限公司	9	—	—		
山西吕梁泰佳煤业有限公司	30	山西吕梁泰佳煤业有限公司	30	山西吕梁离石交口煤业有限公司	90
山西吕梁海元煤业有限公司	30	山西吕梁海元煤业有限公司	30		
山西吕梁万峰荣泰煤业有限公司	30	山西吕梁万峰荣泰煤业有限公司	30	山西吕梁离石金晖荣泰煤业有限公司	90
山西吕梁南沟煤业有限公司	15	山西吕梁南沟煤业有限公司	15		

第二章 结构 效益 园区

第一节 产业结构

1949—1957 年，离山（石）县工业累计总产值为 1546.74 万元。其中，重工业累计产值为 163.91 万元，占全县工业累计总产值的 10.6%；轻工业累计产值 1382.83 万元，占全县工业累计总产值的 89.4%。这时期离石蛋厂产值为 369.51 万元，占轻工业产值的 26.72%。1958 年后，开始兴建较大的重工企业。

1958—1973 年，工业累计总产值为 7516.99 万元，其中，重工业累计产值为 3937.28 万元，占工业累计总产值的 52.38%；轻工业累计产值为 3579.71 万元，占工业累计总产值的 47.62%。

1981—1990 年，工业累计总产值为 57008 万元。其中，重工业累计产值 43308 万元，占工业累计总产值的 75.97%；轻工业累计产值为 13700 万元，占工业累计总产值的 24.03%。1990 年，离石县在册工业企业有 185 家，其中，煤炭开采企业 36 家（内有生产企业 17 家），煤炭洗选炼焦企业 25 家（另有非独立的坑口焦化厂 6 家），机械加工企业 15 家，电力企业 2 家，建材和自来水生产企业 43 家，金属矿、冶金、铸造企业 16 家，化工企业 8 家，食品加工企业 25 家，造纸、印刷企业 7 家，纺织、缝纫、皮革企业 4 家，木器、玻璃、玻璃纤维企业 4 家。1990 年，全县工业总产值 13329 万元。重工业产值达 11215 万元，占工业总产值的 84.14%；轻工业产值 2114 万元，占工业总产值的 15.86%。在全县独立核算工业企业中，重工企业占工业企业总家数的 60.3%，重工企业职工占全县企业职工数的 85%，重工企业利税占利税总额的 97.7%。

1990 年离石县产业结构情况表

表 11-3

项目	单位（家）	年末职工（人）	产值（万元）	固定资产原值（万元）	流动资金年末占用（万元）	净产值（现价·分配法）（万元）			
						应得产品销售利润和税金	工资	提取职工福利基金	利息支出
合计	78	9594	13329	18914	6028	1793	1402	138	340
轻工业	31	1443	2114	1615	1166	165	187	23	65
比重（%）	39.7	15	15.9	8.5	19.3	9.2	13.3	80.4	19.1

续表 11-3

项目	单位（家）	年末职工（人）	产值（万元）	固定资产原值（万元）	流动资金年末占用（万元）	净产值（现价·分配法）（万元）			
						应得产品销售利润和税金	工资	提取职工福利基金	利息支出
以农产品为原料	24	1116	1494	763	741	101	132	20	43
以非农产品为原料	7	327	620	852	425	64	55	3	22
重工业	47	8151	11215	17299	4862	1628	1215	115	275
比重（%）	60.3	85	84.1	91.5	80.7	90.8	86.7	19.6	80.9
采掘工业	23	2659	2814	1509	451	110	460	54	59
原料工业	11	3431	4871	14248	2061	1086	434	40	50
制造工业	13	2061	3530	1542	2350	432	321	21	166

注：按 1990 年不变价计算。

20 世纪 90 年代，境内煤炭工业发展迅速，导致重工业产值在工业总产值所占比例越来越高，出现轻、重工业比例严重失衡。1995 年，离石县工业总产值为 20642 万元。其中，重工业产值为 18796 万元，占全县工业总产值的 91.06%；轻工业产值 1846 万元，占全县工业总产值的 8.94%。

2010 年，离石区工业总产值为 930712 万元。其中，重工业产值为 928899 万元，占全区工业总产值的 99.81%；轻工业产值 1813 万元，占全区工业总产值的 0.19%。

截至 2015 年底，工业总产值为 374082.33 万元。其中，重工业产值为 369476.23 万元，占全区工业总产值的 98.77%；轻工业产值 4606.1 万元，占全区工业总产值的 1.23%。

第二节　经济效益

产品产量

离石县的支柱工业，20 世纪 50 年代为离石蛋厂和离石县农机厂。50 年代，全县煤炭年产量为 1 万—4 万吨。60 年代，煤炭业、冶金业、建材业发展起来。主要产品有原煤、焦炭、水泥、电线、化肥、山地步犁、碾米机、生铁铸件、小农具等 50 余种。60 年代，离石县煤炭年产量增为 5 万—7 万吨。70 年代，离石县煤炭年产量为 8 万—10 万吨。农机厂年产山地步犁 3708—8541 部，农机轴承 2 万—4.8 万盘。1977 年，农机厂年产碾米机 1433 台。

1990 年，离石县煤炭年产量为 35 万吨。1995 年，全县产原煤 92.37 万吨、焦炭

136.96万吨、水泥2.5万吨、服装2700件、配混合饲料420吨。2000年，离石市产原煤9.44万吨、焦炭71.12万吨、水泥3万吨、生铁1.43万吨、电线31116千米、砖2992万块、配混合饲料905吨。截至2015年底，全区产原煤775.67万吨、洗精煤337.48万吨、焦炭133.82万吨、硅酸盐水泥熟料66.18万吨、电力电缆42940千米、煤气17856万立方米、粗苯12457吨、蒽10551吨、中成药368吨。

1949—1990年部分年份离石（山）县工业主要产品产量表

表11-4

产品	1949年	1958年	1966年	1978年	1985年	1990年
原煤（万吨）	0.81	3.83	4.85	18.57	25.26	35
生铁（吨）	—	401	—	10619	17470	21000
铁矿（吨）	—	10404	—	3630	49649	39268
耐火砖（吨）	—	—	—	710	799.53	2426
发电（万千瓦时）	—	26.66	225.38	1362.49	2767	1113
水泥（吨）	—	65	—	10000	14758	16000
土砖（万块）	—	84.48	122.30	3376	5472	16000
合成氨（吨）	—	—	—	3406	—	—
化肥（吨）	—	—	—	10570	—	—
碾米机（台）	—	—	—	820	—	—
陶瓷（万件）	—	—	—	27.36	8.52	27.8
小农具（万件）	0.47	2.99	2.20	6.54	0.23	2.2
布鞋（万双）	—	—	—	4.1	12.67	—
电线（吨）	—	—	—	642	738	288
塑料制品（吨）	—	—	—	—	60.48	64
家具（万件）	—	—	—	—	0.37	1.09
机械纸（吨）	—	—	—	—	691	2200
石棉（吨）	—	—	—	—	170	—
植物油（吨）	—	—	—	—	65	120
饮料酒（吨）	—	—	—	—	108.49	—
罐头（吨）	—	—	—	—	350	300
饲料（吨）	—	—	—	—	847	2000
焦炭（吨）	13	323	4627	59622	81364	110000

2008—2015 年离石区主要工业产品产量表

表 11-5

年份	粗苯（吨）	蒽（吨）	中成药（吨）	硅酸盐水泥熟料（吨）	水泥（吨）	电力电缆（千米）	煤气生产量（万立方米）	砖（万块）	镁（吨）
2008	18091.22	—	135.87	—	199854	315.18	—	4200	8793.24
2009	11484.3	—	198.13	—	281370	612.38	—	40072	3429.3
2010	19202	—	186	—	386036	714	—	—	4093
2011	19571	—	242	—	311150	1080	—	—	5031
2012	15073.6	22526	233.31	193967	358423	9489.1	12275.03	—	3831
2013	16299.11	19897	315.11	213731	366964	53958.86	3880.55	—	—
2014	16184	10130	366.05	30981.13	100983.79	50863.54	—	—	—
2015	12457	10551	368.43	331772.34	4500	42940.03	17856.06	—	—

名优产品

离石县电缆厂生产的山花牌花线 1985 年获部优产品，铜心绝缘软线 1987 年获省优产品，山地步犁 1989 年获部优产品。离石县食品厂生产的核桃酪 1985 年获地优产品。离石县五金厂生产的双塔牌钢锹 1989 年获省及轻工部优质产品，常压锅炉被列为国家环保产品。离石县地毯厂的地毯远销英国、美国等国和中国香港地区。糠醛远销日本、东南亚。高崖湾焦化厂的冶金焦远销美国。1995 年，离石大土河煤焦总公司开始出口焦炭，至 2009 年之前，“大土河牌”一级冶金焦在国内外市场上享有很高的信誉，出口量约占全国焦炭出口总量的 10% 左右。2011 年，“吕梁山牌”电缆被认定为吕梁市知名商标。截至 2015 年底，“山花”牌电线电缆连续几届被评为“山西省著名商标”“中国著名品牌”，先后出口到孟加拉国、古巴、毛里求斯等国家。

规模效益

中华人民共和国成立初期，境内工业基础薄弱，随着国家对私营工业的社会主义改造，国营、集体工业建立并逐步壮大，工业总产值在工农业总产值中占的比重越来越高。1949 年，全县有工业企业 4 家，工业总产值 212.61 万元（按 1990 年不变价格，以下至 1990 年），占当年工农业总产值 2314 万元的 9.19%。经过 3 年努力，全县工业经济得到恢复和发展。1952 年，工业总产值 256.91 万元，平均每年递增 6.5%。

“一五”时期（1953—1957 年），随着国民经济建设的开始，通过“一化三改逐步实现国家的社会主义工业化；逐步实现国家对农业、手工业、资本主义工商业的社会主义改造。”兴建电力、印刷等全民所有制工业企业，组建一批城乡集体所有制工业企业。1957年，全县工业企业增加到23家，其中独立核算的全民所有制工业企业增加到5家。工业总产值780.99万元，平均每年递增24.9%。

“二五”时期（1958—1962年）和调整时期（1963—1965年），1958年，离石县和其他地方一样，土法上马，大办工业，仅1年时间，工业企业单位数发展到1959年的35家。1959年工业总产值1258.33万元，是l949年的5.9倍强，占当年工农业总产值3326万元的37.83%。1961年，离石县贯彻执行“调整、巩固、充实、提高”的八字方针，对一些不具备生产条件、盲目发展、消耗高的企业进行整顿，关、停、并、转，精简职工。到1965年，工业企业压缩到22家。

“三五”时期（1966—1970年）和“四五”时期（1971—1975年），由于“文化大革命”对离石县工业生产的影响，尤其“三五”时期，正是“文化大革命”初期，全县工业生产陷入停滞和徘徊状态。1969年，全县工业总产值592.59万元，仅为1959年的47.09%，占当年工农业总产值2336万元的25.37%。直到“三五”末期，才逐渐得到恢复。“四五”时期，工业生产和建设迅速发展，到1975年，工业总产值3629.72万元，平均每年递增24.9%。

“五五”时期（1976—1985年）至“七五”时期（1986—1990年），离石县工业生产在改革开放中焕发新的活力。1979年，离石县工业总产值5664.81万元，是l969年的近9.56倍，占当年工农业总产值9935万元的57.02%。工业净产值803.73万元，产品销售利润191.44万元，产品销售税金161.97万元。20世纪80年代中期后，离石县乡镇企业异军突起。1990年，工业总产值13329万元，占当年工农业总产值18707万元的71.25%。产品销售收入16129万元，固定资产11022万元，利税总额6791万元。1990年，离石县工业总产值比1979年增长1.36倍，比1949年增长61.99倍，41年间年均递增12.8%。全县初步建起以煤炭、化工、食品、机电、建材为主体的工业格局，工业产品品种由解放初期的不足10种增加到近100种。

“八五”时期（1991—1995年）至“九五”时期（1996—2000年），境内煤炭工业迅速发展，特别是地方乡镇煤炭企业快速增长。1998年，离石市乡镇工业企业387家，完成工业增加值12105万元，其中，乡镇集体工业企业128家，完成工业增加值7523万元。2000年，离石市规模以上工业总产值50492.8万元，按1990年不变价格计算为33560.2万元，是1990年的2.5倍余。工业销售产值47368.1万元，固定资产121270.5万元，利税总额4434.5万元。

“十五”时期（2001—2005年）至“十一五”时期（2006—2010年），随着煤炭行业进入企业利润快速增长的“十年黄金期”，带动境内工业总产值等各项指标快速增长。离石区（市）政府推进企业产权制度改革，大部分国有、集体企业逐步民营化，改革实现资产量化重组，部分企业剥离死资产，盘活存量资产，实现轻装上阵，为境内经济快速发展奠定基础。2008 年第二次经济普查，全区工业企业 135 家，从业人员 18016 人，工业总产值 748997 万元，固定资产原值 455757 万元，主营业收入 456490 万元，营业利润 75702 万元；其中，规模以上工业企业 18 家，占全区工业企业的 13%；从业人员 14184 人，占全区工业企业从业人员的 78.73%；工业总产值 734437 万元，占全区工业总产值的 98.06%；工业销售产值 727070 万元，是全区主营收入的 1.59 倍强；固定资产原值 429307 万元，占全区固定资产原值的 94.2%；营业利润 73413 万元，占全区工业企业营业利润的 96.98%, 利税总额 187921 万元。2009 年，全区煤矿企业通过兼并重组整合，煤炭企业的生产能力得到极大提升。

"十二五"时期（2011—2015 年），全区主导产业煤炭、焦化业，主要产品价格下跌，市场需求不足，工业经济大幅下滑。2011 年，离石区规模以上工业总产值 1181495 万元，占当年工农业总产值 1210026.6 万元的 97.64%。工业销售产值 1157951 万元，利税总额 279200 万元。截至 2015 年底，规模以上工业总产值 374082.33 万元，占当年工农业总产值 407610.82 万元的 91.77%。工业销售产值 3567736.7 万元，利税总额 –52889 万元。民营中小工业企业工业总产值 201008 万元，营业收入 185588 万元，利润总额 13112 万元，缴税 45460 万元。

第三节　工业园区

工业区规划

吕梁市离石信义工业区位于离石城东 10 千米的信义镇及田家会街道的车家湾村，沿小东川河畔台地分布，范围为东至千年水库，南以山体为界，西至田家会街道车家湾村，北至信义镇任家沟村。工业区规划控制范围为 42 平方千米，其中，工业用地 27.5 平方千米，用地范围内包含 20 个行政村，47 个自然村，总人口 13337 人。

2005 年，离石区信义工业区经吕梁市政府批复成立。2007 年，委托山西省城乡规划设计研究院编制《山西省吕梁市离石区信义工业区总体规划》。2008 年 12 月，《吕梁市离石区信义工业区总体规划》经吕梁市人民政府审查批准实施。总体规划目标为：依托离石区及周边资源，整合物流、电力、旅游、新型产业、生态示范农业等，形成工业发展稳定，基础设施配套，服务齐备，生态环境宜人的现代复合产业园区。总体规划工业区结构可概括为："一核、二轴、四组团"。一核即规划工业集中区生态景观核心，位于阳坡工业组团、生活服务组团、工业综合服务组团之间，是工业园区生态形象地集中展示点，为工业园区的"焦点"。二轴即工业园区发展轴线，以工业园区南北向干道、东西向干道和河道展开，两条轴线也是工业园区生态景观轴。四组团即工业园区功能组团，包括阳坡工业组团，规划面积 6.3 平方千米。小神头—严村一、二类工业组团，规划面积 9.64 平方千米。信义生活服务组团，规划面积4.8平方千米。综合服务组团，规划面积6.76平方千米。

基础设施建设

交通 信义工业区对外交通主要依托铁路、公路。结合区域交通规划，形成以太中银铁路、信义货运站、吕梁市环城高速、改线后的国道209线、米五公路为骨架，其余公路为支路的道路系统。2007年，信义—大武离石段一级公路开始建设，全长25千米，离石境内12.505千米，按二级公路标准建设，投资6900万元。2008年，为沟通高速东出口与信义工业区，总投资13400万元，建设信义—七里滩一级公路，全长10.78千米。2014年9月，开工进行信义—小神头公路永红段2.03千米改线建设，完成投资2000万元。截至2015年底，信义工业区道路建设工程累计完成22300万元。信义—七里滩一级公路全线通车，信义—大武离石段一级公路因设计与阳坡沟改河工程相冲突，暂停施工。

供水 信义工业集中区规划总用水量为5110万米^3/年，水源主要由横泉水库、千年水库、地下水、园区中水、引黄河水共同供应。

电力 园区建设的主供电源变电站为车家湾220千伏输变电工程，建设规模为2×180兆伏安，位于田家会街道车家湾村。2009年3月，车家湾220千伏输变电工程开工建设。10月，信义110千伏输变电工程开工建设。2012年12月，信义110千伏输变电工程投入使用，累计完成投资4500万元。2014年7月，车家湾220千伏变电站主体工程投产运行，总投资21200万元。截至2015年底，信义工业区输变电工程累计完成投资25700万元。

生态绿化工程

信义生态公园一期工程 位于工业区中心地段，小东川和阳坡沟的交汇区域。2008年5月至2015年，累计完成投资2200万元，主要栽植树种有油松、侧柏、云杉等41种，具有缓减工业污染压力、提升工业区生态能力的作用。完工生态公园绿化、园路、广场、护网、排水设施、公共厕所、沿公园信大线路基路面工程、边山绿化等工程。

玉灵山生态绿化工程 位于城北街道与信义镇的交界地带，是配合工业园区建设和改善城区居民人居环境而实施的一项重大生态建设工程，涉及4个乡镇的34个行政村，总面积11666.67公顷。2009—2015年，累计完成生态建设投资16700万元。

重点项目建设

山西省国润天能科技有限公司 山西国润天能科技有限公司光伏产业项目总投资45600万元，总占地6.67公顷，位于秦家崖村。2009年5月，300吨/年多晶硅项目、100兆瓦太阳能电池组件项目动工，完成投资3300万元。2015年，工厂的建设处于停顿状态。

离石电缆有限公司特种电缆集群项目 离石电缆有限公司拟建设风力发电及太阳能光伏发电电缆，500千伏超高压交联电缆，铁路机车车辆电缆、数字信号电缆和接触线，矿物绝缘电缆4个项目。占地53.53公顷，位于永红、归化村之间。2009年，该项目入驻工业园区，截至2015年底，特种电缆集群项目累计完成投资15100万元。

吕梁市同辉机械制造有限公司8万吨煤矿成套设备项目　2010年，山西同辉重工有限责任公司年产8万吨煤矿成套设备项目开工建设。项目选址位于信义村，占地面积15.53公顷。2011年12月，正式生产运营。项目主产品为皮带输送机、刮板输送机和液压支架。2014年，同辉机械制造有限公司8万吨煤矿成套设备项目停产。2015年，进行项目重组。截至2015年底，公司完成投资35000万元。

吕梁天源物流有限公司　2012年，吕梁天源物流有限公司入驻园区综合服务组团，项目位于阳、背石村之间，总占地34.52公顷，建设规模为年吞吐能力300万吨，由钢材、建材、日用品物流、特种物流和信息化支撑平台5部分组成，是一个综合型的商贸物流园区。2013年6月，一期工程动工修建，截至2015年底，完成投资18000万元。

吕梁旭海农产品仓储物流交易市场项目　位于背石村与车家湾村之间，总投资26300万元，占地9.73公顷，年吞吐农产品29.75万吨。2012年，开展该项目前期准备，至2015年3月，先后办理立项、节能、环评、选址、土地批复等相关手续。工程现场主要进行“三通一平”、勘探设计、土地补偿、地上附着物补偿及土方回填、排洪渠等工作，累计完成投资5484万元。

晋能大土河2×350MW（兆瓦）低热值煤热电联产项目　2015年6月26日开工建设，由晋能电力集团有限公司与山西大土河焦化有限公司共同投资建设。项目位于信义镇回龙塔村北侧，厂区占地22.4公顷，灰场位于回龙塔村西北胡家沟内，占地14.3公顷。项目总投资33.63亿元。计划2017年底投产运行。

第三章 煤炭工业

第一节 勘 探

民国15年（1926），王竹泉著《太原榆林幅（地质调查说明书）》，是记载境内地质最早的资料。之后，侯德封所编《山西省地质图》，对离石县的地层作划分。日本侵略军侵华期间，日本人耿成二君对中阳—离石地质情况著有专文。

1957年，地质部汾阳地质队张良谨等编有离石—中阳地质普查报告，国家地质部212队对离石县西部矿进行地形测量。1959年3月至10月、1967年8月至1970年11月，山西省煤管局148队先后进行普查和详查，共完成探孔192个，总进尺63.416千米。1959年4月，148队对离石县西部矿进行普查勘探，完成探孔13个，进尺4.763千米，同年12月，提出普查报告。1971年6月，山西省煤管局148队提出详探报告，同年7月，该报告通过省煤炭化工局验收。1987—1990年，对离石县西部矿进行详查。至1990年，离石县含煤面积为200平方千米，占全县总面积的15%、煤炭地质储量为32亿吨，其中主焦煤10.9亿吨，瘦煤13.13亿吨。分布在田家会、红眼川、城关、王家沟、西属巴、枣琮、枣林、坪头、交口9个乡镇。1990年后，当地煤炭部门没有组织进行普查勘探，勘探活动主要由煤炭企业进行。2002年，离石市编写《离石市矿产资源规划2001—2010年》。

2012年，离石区编制《离石区矿产资源总体规划2011—2015年》，通过勘查，煤炭资源为全区的优势矿产，分布在区境内中部西属巴—交口—红眼川和西部坪头等地的石炭—二叠系地层中。煤系地层分布面积达200平方千米，占全区总面积的15.09％。主要可采煤层为3、4、5、6、8、9、10号煤层，煤类主要为焦煤和瘦煤，部分为1/3焦煤和贫瘦煤，煤质好。全区累计查明资源储量为162024.3万吨，占用资源储量7973万吨，至2010年底，全区保有资源储量154889.4万吨。有煤矿矿山15座，矿山井田面积108.4691平方千米，共占有资源储量98828.1万吨，至2010年底区内15座煤矿保有资源储量为89198.3万吨，未设置矿权区占用资源储量63196.2万吨，保有资源储量为63196.2万吨。

离石勘探区可采煤层情况表

表11-6

时代	煤层号	煤层厚度（米）	煤层结构	稳定程度	层间距（米）
		最小－最大　平均	夹石层数	可采情况	最小－最大　平均
山西组	4	0－2.37　0.91	0－1层	较稳定	5－21　12
	5	0－5.41　1.23	0－3层		3－23　15

续表 11-6

时代	煤层号	煤层厚度（米）	煤层结构夹石层数	稳定程度可采情况	层间距（米）
		最小－最大　平均			最小－最大　平均
太原组	6	0 — 1.89　0.90	0 — 2 层	较稳定	13 — 52　15
	9	0.58 — 3.07　1.39	0 — 2 层		—
	10	2.25 — 7.12　4.73	0 — 5 层		0 — 11　7

第二节　煤田矿井

据山西 148 煤炭队调查，离石县境内有停采古窑 66 座。

清乾隆年间，境内就有煤窑：道光年间，用平窑和斜坑采掘。光绪三十三年（1907），渠家山、白家庄、石钻沟等矿，已用井筒式开采。民国 22 年（1933），离石有煤窑 23 座，年产原煤近万吨。民国 30 年，冯大胜等在西属巴上则塌村恢复旧井生产，日产原煤 5 吨。民国 33 年，离石县有煤窑 27 座，产原煤 2.2 万吨，离东县有 3 座。1946 年，有民办西属巴缩缩岭矿。1948 年，西北农民银行碛口支行开办大庄、上则塌（接管冯大胜矿）公营矿 2 座，年产原煤 0.81 万吨。

1949 年，离石县产煤 1.2 万吨。到 1956 年，全县有煤矿 13 座，年产原煤 3.28 万吨，土焦 387.3 吨。1958 年，国营七里滩矿创办，兼并上则塌、渠家山、白家庄 3 座矿，年产原煤 3.83 万吨，焦炭 6649 吨。1966—1970 年，白家庄、寺沟两矿复产，兴办王家沟、坪沟等乡镇煤矿。煤矿职工由 1949 年的 100 余人发展到 673 人。1970 年，离石县产煤 7.23 万吨，焦炭 0.69 万吨。1978 年，离石县产煤 18.57 万吨，焦炭 5.96 万吨。1979—1990 年，离石县创办乡镇煤矿 10 座，年产原煤 35 万吨（其中七里滩煤矿 4 万吨，乡镇矿 31 万吨），改良焦 10 万吨，洗精煤 13 万吨。

1990 年，全县有省煤炭资源管理委员会发的采矿许可证煤矿 36 座。其中，生产煤矿 17 座，基建煤矿 10 座，未建煤矿 3 座，停产煤矿 6 座；共有职工 2835 人，其中国营七里滩煤矿为 502 人，乡镇煤矿有 2333 人；设计产原煤能力为 213 万吨，其中国营七里滩矿设计能力 2.1 万吨，乡镇矿设计能力 152 万吨；批准井田面积 49 平方千米，地质储量为 3.5 亿吨，其中国营七里滩煤矿为 7 平方千米，0.9 亿吨，乡镇矿为 42 平方千米，2.6 亿吨。

36 座煤矿中有国营 1 座，即七里滩煤矿。乡镇煤矿 13 座，其中生产煤矿 8 座：高崖湾、渠家山、铨则塌、坪沟、大沟、里营坡、白家庄、贾家沟煤矿；基建煤矿 3 座：芦则峁、王家沟、殷家山煤矿；停建煤矿 2 座：南沟、王家庄煤矿。村办煤矿 19 座，其中生产煤矿 7 座：崇里、新崖上、吴背崖、虎山、大西局、大土河、沙会则煤矿；基建煤矿 6 座：

七里滩（村办）、霍家坡、大中局、阎家坡、潘家沟、青蒿塌煤矿；停建煤矿 3 座：苏家崖、田家会、霜雾都煤矿；未建煤矿 3 座：上安、下安、贺家塔煤矿。户联办煤矿 2 座：炭窑里基建煤矿、穆问村停建煤矿。个体煤矿 1 座：寺沟煤矿。

2000 年，离石市原煤产量 94430 吨，规模以上煤炭工业企业 2 家，即离石市七里滩煤矿、离石市通宝煤矿，工业总产值 840 万元，占全市规模以上工业企业工业总产值的 1.66%。2001 年，离石市煤炭行业开始稳步发展，随着煤炭价格持续稳定上涨，进入企业利润快速增长的“十年黄金期”。

2004—2006 年，全区关闭矿井 27 对，进行关井压产工作。

2011 年 5 月，吕梁市生产矿井标准化建设现场推进会在离石区举行，7 月，全市煤矿建设矿井标准化建设现场会在离石区贾家沟煤业设立分会场，供与会人员学习交流。同年，离石区共建成达标矿井 6 座。其中：安全高效型矿井 1 座，即山西东江煤业集团有限公司；省一级标准化矿井 4 座，即山西东江煤业集团有限公司、山西吕梁离石永宁煤业有限公司、山西吕梁襄矿环能国鼎煤业有限公司和山西楼俊集团担炭沟煤业有限公司；省二级质量标准化矿井 2 座，即山西吕梁离石永德煤业有限公司和山西吕梁离石交口煤业有限公司。调度室质量标准化建设达省一级标准化矿井 1 座，即山西东江煤业集团有限公司；省二级调度室质量标准化矿井 1 座，即山西吕梁襄矿环能国鼎煤业有限公司。同年，全区原煤产量 7453413 吨。

2012 年，全区达国家级质量标准化矿井 1 座，即山西东江煤业集团有限公司。安全高效型矿井 1 座，即山西东江煤业集团有限公司。达省级质量标准化标准矿井 3 对。省一级质量标准化矿井 2 座，即山西吕梁离石金晖荣泰煤业有限公司和山西东江煤业集团有限公司；省三级安全质量标准化矿井 1 座，即山西吕梁襄矿环能国鼎煤业有限公司。2013 年，达安全质量标准化矿井 3 座。其中，省一级安全质量标准化矿井 1 座（东江煤业），省二级安全质量标准化矿井 1 座（金晖荣泰煤业），省三级安全质量标准化矿井 1 座（襄矿环能国鼎煤业）。3 座矿井的安全质量标准化管理具备五级联网运行条件。

2013 年，第三次经济普查，全区共有从事煤炭开采和洗选业企业法人单位 35 个，从业人员 10023 人，占全部工业企业从业人员的 44.96%；资产总计 206.24 亿元，占全部工业企业资产总计的 39.85%。全区共有从事煤炭开采和洗选业企业 14 家，从业人员 7156 人，工业总产值 332502 万元，工业销售产值 327499 万元，资产总计 1525768 万元，固定资产原值 359588 万元，主营业收入 330639 万元，营业利润 -12833 万元，利税总额 -17770 万元。

2015 年，按照全省统一标准，经专家独立评审，全区 6 座生产矿井全部实现动态达标。分别是山西东江煤业集团有限公司（省一级、现代化矿井），山西吕梁金晖荣泰煤业有限公司（省二级）、山西吕梁离石贾家沟煤业有限公司（省二级）、山西吕梁离石永宁煤业有限公司（省二级）、山西吕梁襄矿环能国鼎煤业有限公司（省二级）和王家庄煤业有限公司（省二级）。截至 2015 年底，离石区规模以上工业原煤产量 7756719.94 吨，规模以上煤炭开采和洗选业工业企业 15 家，实现工业总产值 233639.6 万元，占全县规模以上工业企业工业总产值的 62.46%。

第三节　基建技改

2011 年，全区投资 22.8 亿元对批准开工的 10 对矿井进行工程建设。2013 年，山西吕梁离石金晖荣泰煤业有限公司转为生产矿井；完成山西吕梁离石贾家沟煤业有限公司和山西吕梁离石永宁煤业有限公司的矿井建设工程；累计完成投资约 37.5 亿元进行两化融合（信息化和工业化的高层次的深度结合）建设，其中，山西吕梁离石金晖荣泰煤业有限公司建设主扇风机远程和综合监控系统，完成液压支架电液自动化控制系统，当年进行地面和井下的工业环网升级改造。山西楼俊集团担炭沟煤业有限公司进行信息调度中心的安装调试。山西吕梁离石贾家沟煤业有限公司完成井下矿压动态监测系统、地面主扇远程在线监控系统。当年进行安装井下工业环网。2014 年，投资 5.53 亿元进行矿井建设。贾家沟煤业和永宁煤业通过竣工验收，正式投产运行；王家庄煤业进入联合试运营。截至 2015 年底，全区建设矿井完成投资约 3.3 亿元。王家庄煤业竣工验收。离石区监管的 6 座基本建设矿井中，山西吕梁离石炭窑坪煤业有限公司一、二期工程已完工，剩余三期安装工程；山西吕梁离石永聚煤业有限公司正在进行三期工程；山西楼俊集团担炭沟煤业有限公司正在进行三期安装工程；山西煤炭运销集团锦瑞煤业、交口煤业和永宁集团的永德煤业由于市场等原因暂时停建。

第四节　采　掘

开拓方式

传统采掘法在煤层露头和埋藏较浅的山沟内，由人工开凿竖井，井口直径 1.67—2.3 米，工人头顶油灯，手持铁镐，在无风、微风、无支柱的条件下冒险作业、井下巷道多头掘进，1 人 1 窝，每 16.67—20 米打通贯眼，以掘代采，吃肥丢瘦，吃近丢远，回采率仅 15%—30%。1958 年，用爆破法采掘，实行 50—80 米短壁式回采。1990 年，实行 30—40 米短壁回采的有七里滩、高崖湾、白家庄 3 家煤矿。

20 世纪 90 年代，离石县煤矿竖井掘进、开拓以及建设。基本是风钻打眼，电雷管硝铵炸药爆破，人工装煤，吊桶提渣，木棚临时支护，料石砌碹，掘砌单引作业。电力吊泵排水，局扇送风。料石砌碹时有的做基础，采用木井架、手动稳车悬吊保护盘、水泵、风筒等。有的小矿竖井施工设备简陋，只有小提升绞车、简易木支架，有的仍采用木制辘轳，无保护盘和临时支护。分散掘砌，先掘后砌，有的只砌碹表土层，完整的石块不分不碹；不牢固或碎石子部分扩大加固厚砌。井下的运输巷道和采煤的巷道，大巷由泥和石块砌。这种巷道也称为永久性巷道。煤巷全部用木料搭棚进行支护。

2000年后，离石市煤矿主要使用风动凿岩机、耙斗装岩机、绞车、水泵、通风机。以“扩帮挑顶”，先掘后砌方法为重。1个月进度20—30米。

2009年后，离石区开始简化矿井开拓系统，放大采区范围，加大井筒及巷道断面，提高采掘设备能力，提升自动控制水平，减少采掘工作面。通过系统简单化、采掘装备自动化、管理信息化、控制智能化，实现减人提效、安全生产。矿井至少设置主井、副井和风井3个井筒，根据需要适当增加井筒数量。风井井口位置选择在灾害发生时利于井下人员撤离、缩短建井工期的区域。进、回风井均有安全出口。立井井筒断面根据提升容器、井筒装备、通风、降温及排水管线等布置，井下采用无轨胶轮车作为辅助运输设备。大巷均沿煤层布置。井下主要巷道净断面均满足行人、通风、运输、管线及设备安装、检修等需要。以胶轮车为辅助运输方式的矿井，运输大巷宽度满足运输和行人的安全间距。

提升运输

传统井下运输为人拉小木车，俗称“拖”或担、背。提升方式为用辘轳5—6人绞把，用柳笼提升，每笼50千克以上。1956年，机械采掘法初用锅驼机提升。1958年发电后，七里滩煤矿开始用绞车提升，机械通风。七里滩、白家庄、贺家山3矿大巷运输用绞车或人拉车。西山3矿井下运输实现平车化。照明使用电石灯。

20世纪90年代，离石县煤矿煤的提升、运输沿用人力、绞车、畜力。矿井产量普遍达到万吨/年。

2000年后，工作面使用煤溜子、刮板运输机和钢丝绳芯强力皮带运输机，工作面和采区大巷到井筒的提升、运输设备逐渐配套，并向大型化发展。使矿井运输提升能力大幅度提高，出现一批年产量近10万吨的矿井。

2005年，全区煤矿全部实现皮带、刮板等机械化运输，取缔80型绞车提人，提升运输机械化程度达到100%。对使用钢丝绳、防坠罐的矿井全部进行钢丝绳测试和防坠试验，对不合格的均以限期进行更换。2009年后，离石区刮板输送机选用大功率、大运量重型刮板输送机，输送能力不低于采煤机平均生产能力的1.2倍，转载机输送能力不低于刮板输送机输送能力，并具有运行状态监测监控和信号上传功能。破碎机选用大通过量、宽入料口破碎机，破碎能力不低于转载机生产能力，具有出料粒度调整、运行状态监测控制和上传信号功能。

2015 年离石区煤矿企业基本情况统计表

表 11-7

主体企业	矿井名称	矿井性质	设计能力（万吨/年）	企业地址	瓦斯等级	企业性质
合计	—	—	1560	—	—	—
山西大土河焦化集团有限公司	山西吕梁离石王家庄煤业有限公司	生产	120	滨河街道王家庄村	瓦斯矿井	民营
	山西吕梁离石炭窑坪煤业有限公司	建设	120	莲花池街道刘家湾村	高瓦斯	民营
	山西吕梁离石贾家沟煤业有限公司	生产	120	红眼川乡新崖上村	高瓦斯	民营
山西东江煤业集团	山西吕梁离石交口煤业有限公司	停（缓）建	90	交口街道贺家塔村	瓦斯矿井	民营
	山西东江煤业集团有限公司	改扩建	150	坪头乡大沟村	瓦斯矿井	民营
吕梁永宁煤焦集团有限责任公司	山西吕梁离石永宁煤业有限公司	生产	90	城北街道下安村	瓦斯矿井	民营
	山西吕梁离石永聚煤业有限公司	建设	90	城北街道菁蒿焉村	瓦斯矿井	民营
	山西吕梁离石永德煤业有限公司	停建	90	田家会街道高崖湾村	瓦斯矿井	民营
山西楼俊矿业集团有限公司	山西楼俊集团担炭沟煤业有限公司	建设	90	西属巴街道袁家岭村	瓦斯矿井	民营
山西金晖化工有限公司	山西吕梁离石金晖荣泰煤业有限公司	生产	120	西属巴街道大中局村	瓦斯矿井	民营
山西襄矿集团有限公司	山西吕梁襄矿环能国鼎煤业有限公司	产能退出	60	红眼川乡寺头村	瓦斯矿井	民营
山西煤炭运销集团有限公司	山西煤炭运销集团锦瑞煤业有限公司	停建	120	坪头乡磁窑沟村	瓦斯矿井	民营
山西焦煤西山煤电集团有限公司	山西吕梁离石西山晋邦德煤业有限公司	生产	120	西属巴街道炭窑里村	瓦斯矿井	国有
	山西吕梁西山亚辰煤业有限公司	生产	60	坪头乡大西局村	瓦斯矿井	国有
晋煤集团	山西神州煤业有限公司	生产	120	凤山街道崔家崖村	瓦斯矿井	国有

第五节 灾害防治

顶板管理

境内煤矿传统矿井顶板塌方防治均采用“敲帮问顶”法，根据顶板变化情况采取相应措施。小煤窑采煤工作面小，顶板威胁也小，通常在无支柱的条件下冒险作业。1957 年始，掘进井巷采用木石支护。

20 世纪 80 年代后，由原来的坑木支护逐步变更为采用金属摩擦支柱管理顶板。

2000 年后，离石市各煤矿回采工作面支护方式基本实现单体液压支柱、综采支架、放顶煤支架等先进工艺，彻底取缔坑木支护方式；掘进工作面使用锚杆、锚锁、光面爆破喷浆、矿用工字钢等支护方式。2009 年，各矿回采工作面全部采用液压支架、液压支柱支护，彻底取缔金属摩擦支柱支护方式。

2009 年后，支护方式实现液压支架配备电液控制系统和自动喷雾装置，放顶煤液压支架选用低位放顶煤支架，大采高液压支架配置护帮机构和抬底移架机构，掘进工作面全部采用锚网锁支护。

通风

传统煤窑的通风主要靠自然通风，当井下风流不足时，在井口架设绞风车、风柜、风扇、风箱，人工将风扇入井下。

20 世纪 80 年代，矿井通风逐步机械化。

2011 年，全区生产矿井均聘请有资质的单位开展通风能力核定和通风阻力测定工作。在此基础上，区煤炭工业局编制《矿井通风能力核定报告》和《矿井通风阻力测定报告》。2011 年，进入二期工程的基本建设矿井全部实现联网运行。区煤炭工业局信息中心、集团公司和所有矿井完成煤炭专网的升级改造，实现矿—集团公司—区局—市局—省厅的数据上传，生产矿井实现井下作业人员管理系统和执法网联网运行。各矿局部通风机全部实现“三专两闭锁”（三专：专用变压器、专用开关、专用线路，两闭锁：风电闭锁、瓦斯电闭锁）和双风机双电源自动切换，并由专人负责管理。彻底淘汰 11 千瓦以下局部通风机和 600 毫米以下的风筒。共淘汰 11 千瓦局部通风机 22 台，600 毫米以下风筒 620 余节。

2012 年，全区所有生产矿井和进入联合试运转的矿井，主要进回风巷、采区进回风巷之间全部使用无压风门。

瓦斯防治

传统瓦斯防治主要靠煤矿工人积累的判断瓦斯经验。

2003 年，全市煤矿配备瓦斯遥测监察系统，采用现代化手段管理瓦斯。

2007 年，离石区所有矿井的瓦斯监控系统全部进行升级改造，并联网运行。2008 年，煤矿瓦斯防治执行“十六字”方针（通风可靠、抽采达标、监控有效、管理到位）和“四位一体”（瓦斯防治的两个四位一体，即区域“四位一体”和局部“四位一体”综合防突措施。区域“四位一体”是指：区域突出危险性预测、区域防突措施、区域效果检验、区域验证；局部“四位一体”是指：工作面预测、工作面防突措施、工作面防突措施的效果检验、安全防护措施）的综合治理措施。2010 年，完成“瓦斯专家会诊”“一通三防（煤矿安全生产中的矿井通风、防治瓦斯、防治煤尘、防火灭火的技术管理）大会战”和“机电大会战”，累计查处各类隐患 2123 条，整改率达 98%。2011 年 7 月 15 日至 10 月 15 日，区煤炭工业局抽调各集团公司通风方面的专家开展为期 3 个月的瓦斯会诊，共查处各类隐患 190 余条。各相关单位基本整改完毕。

2012 年，建立各矿井瓦斯治理机构，配备专职通风副总工程师，配备专门从事瓦斯治理的专业技术人员。2013 年，离石区煤矿瓦斯防治中心成立，同时加挂离石区安全信息中心牌子。对全区 11 座矿井进行瓦斯等级鉴定，督促 2 座煤矿（山西吕梁离石贾家沟煤业有限公司和山西吕梁离石炭窑坪煤业有限公司）建立地面永久抽放系统。2014 年，全区高瓦斯矿井建立健全瓦斯抽采机构，完善负责瓦斯抽采的科、区（队），并配备足够数量的专业技术人员和瓦斯抽采工，重点加强采煤工作面上隅角瓦斯的防治。山西吕梁离石炭窑坪煤业有限公司和山西吕梁离石贾家沟煤业有限公司瓦斯抽采系统全部建成并投入使用，全年共抽采瓦斯 149 万立方米。截至 2015 年底，把先抽后采、先抽后掘、抽采达标作为一项强制性措施来抓，高瓦斯矿井抽采工程做到与采掘工程同步设计，超前施工超前抽采，满足规定的抽采时间要求，实现抽采达标。山西吕梁离石贾家沟煤业有限公司地面永久泵站抽放瓦斯 145.36 万立方米，山西吕梁离石炭窑坪煤业有限公司地面永久泵站抽放瓦斯 581.42 万立方米，在地面配备 10×500 千瓦发电机组。全年总计抽放瓦斯 726.78 万立方米。

水害防治

传统排水方式为造“井底码头”，人工逐级掏至井底，用牛皮包提出井外。

1956 年，机械采掘法初用锅驼机排水。

20 世纪 80 年代，开始逐步采用涡轮机作为动力提水，用气泵排水。90 年代，各煤矿的排水措施基本实现机械化，都有 1 台或多台排水设备。

2008 年，区驻矿“三委派”中心成立，负责全区驻矿人员管理和矿井水害防治工作。2011 年后，各矿均形成完备的排水系统，受水患威胁的矿井安装强排水系统，并严格执行“预测预报，有掘必探，先探后掘，先治后采”防治水 16 字方针。2011 年，区煤炭工业局防治水股成立。增设物探仪、探放水设备。对调查和怀疑有采空区或相邻矿井有积水区域，聘请专家和有资质的单位通过三维振动测试仪和瞬变电法、直流电法仪等手段进行测量论证。

2012 年，全区完成山西吕梁离石永聚煤业有限公司、山西吕梁离石交口煤业有限公司、山西东江煤业集团有限公司和山西吕梁离石贾家沟煤业有限公司 4 对矿井地面物探工作。全区矿井共排放老空积水约 45 万立方米。区煤炭工业局督促煤矿企业做到领导机构、抢险队伍、抢险物资、抢险预案、防治措施“五到位”，通过巡查，发现并消除全区煤矿企业地面不安全因素 62 处，实现平稳安全度汛。2013 年，全区 11 座矿井全部编制水文地质补充勘探报告和矿井水文地质类型划分报告。全年共探放采空积水约 90 万立方米。2014 年，全区 11 座矿井全部用瞬变电磁法和三维地震法完成地面工作，为以后开展工作提供依据；各煤矿企业均组建防洪防汛队伍，配备雨情汛情观察员 8 名，制定应急处置预案，配备必要的防洪防汛器材和设备。截至 2015 年底，监督煤矿企业按规定要求配备探放水专业设备，组建探放水专业队伍，实现有掘必探、探掘分离。全年累计探放水 81.87 万立方米。

矿山救护

2007 年，离石区经吕梁市政府统一招聘 108 名驻矿三委派人员和 30 名矿山救护队员，培训合格后全部上岗。

事故

1949—1990 年，全县煤矿事故死亡 76 人，百万吨死亡率为 16.27 人。其中，冒顶事故 25 起，死亡 26 人；瓦斯爆炸事故 3 起，死亡 17 人；运输事故 9 起，死亡 9 人；其他事故 24 起，死亡 24 人。一次死亡人数最多的是七里滩煤矿，1990 年 5 月 15 日，因主风扇停转，巷道瓦斯超标，发生特大瓦斯爆炸事故，死亡 15 人，重伤 1 人，直接经济损失 21 万元，间接损失 100 余万元。

1991—2015 年，离石区（市、县）发生煤矿事故 5 起，死亡 12 人。其中，冒顶事故 2 起，死亡 2 人；瓦斯燃烧事故 1 起，死亡 10 人。最大事故为 2003 年 2 月 15 日王文庄村村办煤矿瓦斯燃烧事故，造成死亡 10 人，失踪 1 人。

第六节　洗选　运销

洗选

1987 年，离石县高崖湾矿装备洗煤机，年入洗原煤 10 万吨。至 1990 年，县七里滩煤矿建洗煤厂，年入洗原煤 10 万吨。交口镇建焦化厂，年入洗原煤 5 万吨。

2008 年，全区洗选原煤 258.4 万吨。

2015 年，全区 37 家洗选煤企业 16 家企业正常运转，全年洗选原煤 223 万吨，其他洗选煤企业因市场低迷等原因停产停工。截至 2015 年底，离石区从事洗煤的主要企业有山西吕梁离石金晖荣泰煤业有限公司、吕梁鑫瑞洗煤厂、山西香裕昌和煤业有限公司、吕梁市离石区创业洗煤有限公司、吕梁市茂源煤化有限责任公司、吕梁离柳煤焦有限公司、吕梁勤业达煤业有限公司、山西吕梁离石王家庄煤业有限公司、山西吕梁离石贾家沟煤业有限公司、吕梁市东盛煤业有限公司、吕梁旭辉煤业有限公司、吕梁金瑞发煤业有限公司、吕梁市创亿煤业有限公司、吕梁市离石区田东洗煤厂等。

运销

20世纪70年代末期后，离石县主导产品焦炭通过天津港出口到东亚、南亚、西亚、美洲和欧洲等地，1978年，离石县外销焦炭300余吨。1985年6月，山西煤炭运销集团吕梁离石有限公司成立。1988—1990年，该公司共实现利润30万元，销售额为515万元。全单位人均年收入由2003元增为2750元；上缴税利34万元。被评为地、县先进单位。1990年，焦炭年销量为15万吨。销往汾阳、太原、北京、天津、河北、辽宁、山东及南方各省市。至1990年，原煤主要在本地销售，焦炭主要是外销。当地除民用外，工业用煤大户为吕梁钢铁厂、地区砖厂和县发电厂。煤焦外运外销，由县煤炭运销公司进行"五统一"（管理、调度、价格、发票、结算）管理。组织汽车短途运输，在吴城设结算点。在孝南火车站设立发运站3个。后在孝柳铁路设立发运站。2002年，山西煤炭运销集团吕梁离石有限公司有职工136人，资产总额3600余万元。

1989—2000年离石市（县）煤焦产品销售量统计表

表11-8 单位：万吨

年份	原煤	洗精煤	焦炭
1989	27.67	—	2.69
1990	30.31	—	4.8
1991	29.79	—	7.8
1992	32.86	—	8.4
1993	33.72	0.31	36.38
1994	56.57	0.07	82.73
1995	83.58	—	112.34
1996	77.3	—	103.7
1997	73.92	—	162.66
1998	63.29	—	153.11
1999	99.98	—	141.18
2000	38.51	—	170.93

2002年8月，离石市焦炭运销公司成立，负责全区焦炭运销管理、开票结算、查验拉焦车辆，征收专项基金、服务费、管理费（简称"一金两费"）。

到2004年，市焦炭运销公司实行"驻厂管理"，形成以吴城、交口、下安、高速路离石东、离石西为站点的5个营业站，以大土河、福利、东义、中吕、云石等焦化企业为中心的驻厂开票点，以东片、南片、西南片、东北片为服务区域的焦炭管理网。2004年，离石市完成焦炭管理运量150万吨。2006年，完成焦炭管理运量173万吨，其中，公路直接出省50万吨，集装箱上站60万吨，省内销售13万吨，铁路上站50万吨。上缴省、市“一金两费”1600余万元，上缴区财政能源金500余万元，实现利润25万元。2008年，全区煤炭出口额达3.8亿元。2010—2012年，区焦炭运销公司累计征收焦炭生产排污费1.2亿元。2011年1—11月，全区共向煤矿企业发放各类销售票2180本（册），洗储煤企业下放使用量2908257.25吨，生产企业下放使用量3783119.64吨。全年共处罚未办理煤炭准销票车辆5车次，罚款27600元。2011年，山西煤炭运销集团吕梁离石有限公司有职工468人，实现营业收入251798.9万元，利润1632.4万元，上缴税金2901.3万元；铁路发运煤炭15.7万吨，公路发运煤炭642.2万吨。

至2012年，区焦炭运销公司有职工120人，资产820万元；2012年前半年完成焦炭运销71万吨，1—11月，全区焦炭销售收入74.67亿元。2013—2015年，由于全国煤焦市场需求不足，价格下跌；加上进口煤的冲击，全区煤炭、焦炭运销处于半停滞状态。

1949—2015年离石区（县、市）煤炭工业主要产品产量统计表

表11-9　　单位：吨

年份	原煤	洗精煤	焦炭
1949	8100	—	13
1950	10000	—	33
1951	11100	—	27
1952	11800	—	57
1953	12200	—	93
1954	13600	—	110
1955	25600	—	217
1956	32800	—	387.3
1957	31100	—	3443.9
1958	38300	—	323.4
1959	22200	—	6709
1960	39400	—	18897
1961	30900	—	11133
1962	36400	—	956

续表 11-9

年份	原煤	洗精煤	焦炭
1963	30500	—	695
1964	28300	—	508
1965	39600	—	1423
1966	48500	—	4627
1967	50300	—	3546
1968	56000	—	2380
1969	54000	—	1804
1970	72300	—	6873
1971	92300	—	13400
1972	98200	—	16660
1973	112300	—	21180
1974	145000	—	23375
1975	108500	—	27919
1976	113369	—	22520
1977	163170	—	42725
1978	185722	—	59622
1979	183385	—	56486
1980	214517	—	63545
1981	206713	—	57833
1982	189918	—	51186
1983	198413	—	64969
1984	207976	—	63548
1985	252664	—	81364
1986	264456	—	75443
1987	260355	—	79985
1988	287800	—	74000
1989	330200	—	87600
1990	336500	—	80700
1991	346800	—	86300
1992	368100	—	81300
1993	460300	—	498300

续表 11-9

年份	原煤	洗精煤	焦炭
1994	708100	—	—
1995	923700	—	1369600
1996	1100000	—	1533900
1997	1100000	—	1670500
1998	1054167	—	—
1999	1103390	—	—
2000	94430	—	—
2001	143600	—	772575
2002	65500	—	849020
2003	1460000	—	1960000
2004	1646700	—	2159700
2005	2447800	—	2779800
2006	1500000	—	3054500
2007	1950200	—	3290000
2008	1299801	2584004	2784152
2009	2044639	1618172	1857745
2010	5603216	4101495	2218295
2011	7453413	5889191	2276269
2012	7104786	4720659	1768176
2013	6430000	4465000	1756374.72
2014	5980000	3840000	1641219.75
2015	7756719.94	3374611.9	1338261.32

第七节 企业管理

工资制度

1956年前，离石（山）县实行定额工资，完成定额，生产工每天8斤米，辅助工每天6斤米。1956年公私合营后，虽有固定级别，但仍是定额工资，生产工1.15—1.57元，辅助工0.6—1.15元。1960年，生产工为2.4元，辅助工为1.5元。1980年前，乡镇煤矿工人实行生产队记工，矿上补助每天1元，矿上扣0.5元，交队记工，按队里水平分红。1981

年后，收入不交队。生产工年收入800元左右，辅助工500元左右。1990年，生产工年收入在4500元左右，辅助工在1500元左右。

2010年，离石区煤炭生产工年收入在7万元左右，辅助工在5万元左右。2011年，全面推行"五个统一"的煤矿用工管理，按省煤炭工业厅统一印制的《山西省煤矿企业劳动用工合同》和全区4635名职工签订劳动用工合同。继续全面推行工资集体协商制度，推行以安全技能账户工资和安全结构工资为主要内容的企业内部分配办法，落实煤矿井下最低工资标准和艰苦岗位津贴制度。

截至2015年底，全区煤炭生产工年收入在9万元左右，辅助工在6万元左右。

劳动保护

中华人民共和国成立前，矿工光头赤足下井，手砍、人拉、肩担，无任何劳动保护。

1958年，由矿上垫支，工人出钱买低腰雨鞋。1960年后，给矿上工人月发肥皂1条，医药费3元（七里滩矿是公费医疗），洗澡理发费0.5元，3个月发毛巾1条，年发雨鞋1双、工作服1套。每年七天法定假日，因工受伤，工资照发。1978年后，七里滩矿执行进坑补助费0.3元，班中餐补助0.4元。1984年后，进坑补助费增至1元，班中餐费增至0.8元。年终奖金200—450元。

2010年，班中餐费为15元/班；入矿井补助费为辅助工人20元/班，一线工人30元/班；夜班费为井上工人5元/班，井下工人10元/班。为职工每年进行健康体检，定期发放工作服、安全帽、工矿靴、防尘口罩、防噪声耳塞等劳动防护用品。2011年，区煤炭工业局与区疾控中心合作对全区2400余名煤矿井下工人进行全面体检，并全部建立健康档案。

2012年，对全区3300名一线职工进行体检，职业危害普查率为100%。2013年，全区煤矿从业人员5228人，全部签订劳动合同，全部参加职业卫生培训和职业健康体检。全区煤矿从业人员全部缴纳工伤保险；应缴纳井下意外伤害保险的3269人全部完成缴纳。

第八节　煤炭企业

离石县上则墕煤矿

离石县上则墕煤矿位于西属巴镇上则墕村，是境内煤矿中最早的矿。

民国29年（1940），业主冯大胜、杨再胜等恢复旧井，采10号煤，为独眼井。民国31年又打一竖井，直径1.83米，垂深64米，日产100笼，合5吨煤。1945年9月后，国家接收该矿，属银行管辖。

1958年10月，又打一竖井，垂深72米，手工采、运，用柴油机作动力提升，日产原煤15—20吨，职工50人。1964年，该矿合并七里滩煤矿，交公社经营。1982年，因通风不良而停办。

离石县渠家山煤矿

离石县渠家山煤矿是原交口镇办企业，位于镇北 3.5 千米，距孝柳铁路交口站 4 千米，有简易公路相通。民国 30 年（1941），由渠家山村民冯大胜、南关村民任隆中集资 28 股，在该村恢复古井，称“诚义煤窑”。因资金短缺，曾停产 1 年多。1946 年，村民阎其旺牵头，集资复产。1954 年，转合作社经营。1956 年转为国营。1960 年，并入七里滩煤矿。1961 年，由 8 个大队联办。1963 年，转渠家山大队经营。1965 年，该矿停产。1970 年、1986 年，分设 1 号井和 2 号井。1988 年 1 月，由阎贵宝、阎兴元承包。至 1990 年，该矿井田面积 1.56 平方千米，地质储量 142 万吨。建 2 个竖井坑口，年设计能力 9 万吨，已达 1.5 万吨，开采 4 号主焦煤。历年总产量 13.2 万吨。有职工 115 人，固定资产 65 万元，流动资金 4 万元，贷款 43 万元。为县二类矿井。2005 年，该矿关闭，2009 年，在省煤矿企业兼并重组整合中，离石区渠家山煤矿并入山西吕梁离石交口煤业有限公司。

山西煤炭运销集团锦瑞煤业有限公司

山西煤炭运销集团锦瑞煤业有限公司前身为坪沟煤矿。1953 年创建。1954 年，平峒开拓。1958 年，简易投产，采 5 号肥煤，煤层厚 6 米。1985 年，建一竖一斜新井，采 8 号煤层，层厚 3.3 米。有固定资产 62 万元，职工 110 人，为一类矿井。分别用柱式和短壁式开采，采用镐采锹装，畜力平车直运出洞，竖井用吊桶提升。1989 年，该矿承包经营。至 1990 年，批准开拓新井，使年生产能力达 6 万吨，历年开采原煤 18 万吨。2000 年，企业改制转为民营企业，名称变为山西吕梁锦瑞煤业有限责任公司。2008 年，为离石区滴瓦公路建设捐资 2000 万元。2009 年，全区煤矿企业兼并重组整合，由山西吕梁盛瑞煤业有限公司、山西吕梁锦瑞煤业有限责任公司、山西吕梁宇飞煤业有限责任公司及山西吕梁离石亚辰煤业有限公司部分井田兼并重组整合而成，名称核准为山西煤炭运销集团锦瑞煤业有限公司，转为国有控股公司。公司注册资本 20000 万元。其中，山西煤炭运销集团有限公司出资 10200 万元，占 51%；原吕梁锦瑞煤业公司民营股东 9800 万元，占 49%。公司位于吕梁市离石区西北 25 千米，行政区域隶属离石区坪头乡，井田面积 6.1518 平方千米，批准生产能力 120 万吨 / 年。批准开采 5—9 号煤层，矿井工业资源 / 储量为 4228.9 万吨；矿井设计资源 / 储量 3996.8 万吨，矿井设计可采储量为 2168.9 万吨。矿井服务年限 12.9 年。2009—2010 年，山西煤炭运销集团锦瑞煤业有限公司向贺昌中学、离石区教育局、吕梁文物局等单位捐款 390 万元。2015 年，暂时停产。

离石县白家庄煤矿

离石县白家庄煤矿为原枣林乡办，距城西 5 千米，有县级公路通国道，位于离石矿区中段西部。煤层露头，易于开采，古井甚多。1958 年，招百名复退军人，恢复旧井，为国营矿，并入七里滩矿后交公社 10 个大队联办。因排水困难，两年后停产。1972 年，恢复旧井。

主采4号煤层。1979年，新开134.4米竖井，55千瓦电机单罐提升。设计能力年产15万吨，实际生产能力达2万吨。有固定资产105万元，职工130人，为一类矿井。1990年，投资30万元，建坑口焦化厂，年产改良焦1万吨。该矿井田面积2.1平方千米，储量341万吨，历年总产量21万吨。2003年，该矿关闭。2009年，在省煤矿企业兼并重组整合中，离石区白家庄煤矿并入山西吕梁离石交口煤业有限公司。

离石县七里滩煤矿

离石县七里滩煤矿是县国营企业，1958年动工兴建，1960年3月投产。国家先后投资324万元，经过9次改造，建成年产10万吨能力的矿井，最高年产（1981年）为9.97万吨。国家批准该矿井田面积为7.2平方千米。该矿占全县已探明煤田总面积的4.5%，储量为8694万吨，形状呈不规则四边形。有煤层3个，即4号煤层，厚度1.46米，储量1309万吨；6号煤层，厚1.14米，储量1067万吨；10号煤层，厚6.5米，储量6318万吨。该矿井为立斜井，一吨笼罐和单滚筒绞车（从汾西矿务局调回）提升，用5部V形刮板运输机（从阳泉矿调回）井下运煤；用50米爆壁式回采。初步实现提、运、采机械化。通风井与大巷贯通，改善通风条件。巷道逐年延伸，吨煤成本由20世纪50—60年代的10元以下，提高到70—80年代的20元左右。1975年后，多年发生亏损，年亏10万元左右。该煤种为低硫（0.46%）、低灰分（21.9%）优质焦煤。到1990年，4号与6号两个煤层将近“吃空”。1990年，全矿有职工490人，工程师5人，技术员6人。固定资产原值329万元，净值126万元，流动资金27万元，银行贷款122万元，基建贷款73万元。设7个科、室、站，6个生产队。建矿至1990年共生产原煤178万吨，焦炭40万吨。死亡42人，百万吨煤死亡率为23.6人。1990年5月15日，由于瓦斯爆炸，造成重伤1人、死亡15人的特大事故。1998年，全矿从业人数20人，工业总产值139万元，资产合计2783.6万元，产品销售收入35.3万元，利税总额-12.1万元。2002年，全矿从业人数20人，工业总产值242万元，资产合计3040万元，产品销售收入19万元，利税总额2万元。2003年11月，离石市法院宣告离石市七里滩煤矿破产还债。2004年1月，北京鼎言投资管理有限公司以1.8亿元买回七里滩煤矿所有权，煤矿照常生产。2007年10月，北京鼎言投资管理有限公司将所有股权卖给山西大土河焦化有限公司。离石区七里滩煤矿更名为山西七里滩煤业有限公司。2009年，在省煤矿企业兼并重组整合中，山西七里滩煤业有限公司并入山西吕梁离石王家庄煤业有限公司。

离石县高崖湾煤矿

离石县高崖湾煤矿是原田家会镇办企业，位于城东3千米处，东川河北岸，有双曲拱桥与太绥公路相接。井田面积4.51平方千米，地质储量4370万吨，地处离石矿区东部，采4号煤层。1972年，在公社书记巩润保的组织下，由公社17个大队抽人，用投工补粮的办法掘进。1974年1月，该矿投产。1980年，该矿投资19万元，开拓1号主斜井234

米，年产煤5万吨。1988年10月，投资70万元，建2号斜井300米，设计能力为21万吨。1989年，投资30万元，建成坑口焦化厂，建“吕梁型”焦炉8座，安装洗煤设备1套，年洗精煤1万吨。被地、县评为一类矿井、文明生产矿井与二级企业。至1990年，历年开采原煤46.5万吨。2005年，高崖湾联营煤矿变更为金盛源煤业有限公司。2009年，在省煤矿企业兼并重组整合中并入山西吕梁离石永德煤业有限公司。

离石县里营坡煤矿

离石县里营坡煤矿是原枣掠乡办，有20千米公路通县城。有井田面积1.26平方千米，储量390万吨，处三交勘探区东部。采5号煤层，厚6米，采2米。1974年恢复一旧井。1975年，投资4万元，掘大拓深旧井，顶板牢固。至1990年，历年开采原煤22万吨，为一类矿井，有固定资产76万元，职工160人。2009年，在省煤矿企业兼并重组整合中矿井并入山西煤炭运销集团锦瑞煤业有限公司。

山西吕梁东江煤业有限责任公司

山西吕梁东江煤业有限责任公司前身为离石县大沟煤矿。原坪头乡办，在雒家庄西侧。1976年建矿，采5号肥煤，层厚6米，低级瓦斯，顶板牢固，但涌水多（120米^3/天）。至1990年，该矿有固定资产30万元，职工40人。交通不便，以销定产。集资8万元接通公路。该矿井田面积1.56平方千米，储量507万吨，历年开采原煤5.8万吨。2006年10月15日，离石区大沟煤矿更名为山西吕梁东江煤业有限责任公司，是一家集煤炭开采和洗选为一体的民营企业。所属煤矿—东江煤业有限责任公司年生产原煤达150万吨，井田面积4.7345平方千米，矿井保有储量5467.03万吨，批准开采4号、5号、8号、9号煤层。2008年，矿井实施机械化升级改造，井下工作面全面推行综采综掘。2009年，山西省煤矿企业兼并重组整合工作领导组批准山西吕梁东江煤业有限责任公司为单独保留矿井。2010年，公司被省政府授予安全生产工作模范企业。2012年10月，山西省国土资源厅为山西吕梁东江煤业有限责任公司换发采矿许可证，批准开采4—9号煤层，批准生产规模90万吨/年，批准井田面积为4.7345平方千米。2015年，吕梁东江煤业有限责任公司从业人员758人，产煤71.99万吨，总产值19478.05万元，资产总额214324.74万元，利税总额-13704.2万元。矿井连续多年被评为国家级安全质量标准化煤矿、安全高效型矿井。

山西吕梁离石贾家沟煤业有限公司

山西吕梁离石贾家沟煤业有限公司位于离石区红眼川乡新崖上村，前身为离石县贾家沟煤矿（又名五一矿），红眼川乡办。1976年建竖井，深80米，为一类矿井。有固定资产120万元，职工155人，产煤3万吨左右。1989年新建275米长斜井，使产量达9万吨，后期达21万吨。井田面积3.8平方千米，储量699万吨，已采25万吨。1990年，吨煤成本28.5元。采4号焦煤，煤层稳，沼气低，涌水小（20米^3/天）。用“切豆腐块”采法，仅采20%，后改为50米短壁回采。井下镐采锹装，平车运输，用30千瓦绞车提升。1994

年，贾家沟煤业2号坑口组建为山西贾家沟煤业有限公司。1999年，山西贾家沟煤业有限公司转让给山西大土河焦化有限责任公司。2006年，山西省煤炭资源整合和有偿使用工作组办公室核发《关于吕梁市离石区煤炭资源整合和有偿使用工作方案的核准意见》，将吕梁市离石区贾家沟煤矿、贾家沟煤矿2号坑口、红眼川乡新崖上煤矿、红眼川乡霍家坡煤矿和霍家坡煤矿辅助井，共3矿5井整合为1个矿井，整合后的矿井名称为山西大土河永君煤业有限公司，井田面积共6.5794平方千米，设计生产能力为60万吨/年，隶属山西大土河焦化有限责任公司管辖。2009年，山西省煤矿企业兼并重组整合中，由吕梁市离石区永兴煤业有限公司、山西吕梁师家峁煤业有限公司、山西大土河永君煤业有限公司3座矿井整合而成。整合后的名称为山西吕梁离石贾家沟煤业有限公司，主体企业为山西大土河焦化有限责任公司。批准开采4—10号煤层，井田面积13.1501平方千米，生产能力120万吨/年，服务年限29.2年，生产规模100万吨/年，矿井保有资源/储量12377万吨，设计可采资源储量4911万吨。2014年，山西吕梁离石贾家沟煤业有限公司生产矿井投产。2015年1月，取得煤矿安全生产许可证，成为正常生产矿井。截至2015年底，主要开采6号和10号煤层，瓦斯等级为高瓦斯，水文地质类型为中等。从业人员785人，产煤110万吨，总产值16387.36万元，资产总额209062.27万元，利税总额-39269万元。

离石县寺沟煤矿

离石县寺沟煤矿是私人独资企业，位于坪头乡寺沟村。建于1984—1987年。至1990年，井田面积0.69平方千米，地质储量67万吨，设计能力年产5万吨，已达1万吨，双竖井开拓，绞车提升，开采5号煤层，厚6米，低瓦斯，无继层，涌水量小，历年累计采煤8万吨。2001年，该矿井关闭。2009年，该矿井田面积划归山西煤炭运销集团锦瑞煤业有限公司。

离石县铨则墕煤矿

离石县铨则墕煤矿为原城关镇办，距离石城4千米，经上水西大桥与离临公路相接。1985年，筹款52万元，主、副两井开通，试产半年，因3号煤层顶板破碎，煤层仅0.9米，灰分在26%以上，被迫停产。1989年6月，原七里滩煤矿党支部书记杜保栋，出租金100万元，承包该矿15年，投资8万元，延伸主、副两井，见到4号煤层，同年底投产。1990年，产煤2万吨，利税20万元。该矿有固定资产135.6万元，职工100人，为一类矿井。该矿井田面积0.84平方千米：储量212万吨，采4号煤，厚2.2米，设计能力年产原煤3万吨，实际达2万吨。2003年，该矿关闭。

山西吕梁离石金晖荣泰煤业有限公司

山西吕梁离石金晖荣泰煤业有限公司位于离石区城北街道大中局村，前身为离石县背沟煤矿，1987年始建，原煤生产能力6万吨。2007年，该矿与离石区大中局煤矿整合，改名为山西吕梁万峰荣泰煤业有限公司，原煤生产规模为年产21万吨。2008年，山西省煤炭厅批准该公司建设规模为年生产原煤30万吨。2009年，山西省煤矿企业兼并重组整合中，由山西吕梁万峰荣泰煤业有限公司和离石区南沟煤矿整合而成，批准矿井井田面积为5.8817平方千米，矿井能力为90万吨/年。2010年9月，山西吕梁离石金晖荣泰煤业有限公司矿井兼并重组整合项目开工建设。2013年4月竣工，转为生产矿井，生产能力90万吨/年。2015年8月，山西省煤炭工业厅批准核定生产能力120万吨/年。批准开采3—10号煤层，井田面积约5.8817平方千米。储量核实报告提供10号煤层累计查明资源储量1831万吨，可采储量1276.8万吨。截至2015年底，山西吕梁离石金晖荣泰煤业有限公司从业人员497人，产煤80.18万吨，总产值24789.25万元，资产总额113019.72万元，利税总额–11175万元。

山西大土河矿业投资有限公司

山西大土河矿业投资有限公司前身为离石县大土河煤矿，系个人集资30万元联办。距国道307线5千米，距离石城8千米。井田面积1.41平方千米，地质储量236万吨。1985年1月动工，1989年1月投产，为一类矿井，并投资60万元建有焦化厂。共有职工430人，其中井下160人，焦化厂140人。有固定资产320万元，流动资金40万元。设计年产原煤5万吨，实际生产能力达4万吨，产改良焦2万吨，洗原煤5万吨。1990年，实现利税60万元。有大货车12部，小车2部，推土机3台，设备60台（件）。占地面积1.54万平方米，建筑面积3000平方米。开采4号焦煤，层厚1.3—1.7米，顶板破碎，中央并列式通风。双斜井开拓长43—160米。日涌水150米^3。排水、通风、提升全面机械化。地面设施齐全。历年产原煤11万吨。1994年5月，离石大土河煤焦企业集团总公司成立。1998年，总产值达10245万元，营业收入6410万元，利润总额1501万元，上缴税金1010万元，年末固定资产6000万元，从业人员1680人，产铸造焦20万吨。截至2015年底，公司从业人员1867人，产原煤246.36万吨，总产值44837.54万元，资产总额514800.87万元，利税总额–836.89万元。

山西吕梁襄矿环能国鼎煤业有限公司

山西吕梁襄矿环能国鼎煤业有限公司位于离石区红眼川乡寺头村，前身为山西吕梁祥安煤业有限公司，1994年始建，1995年投产，主体企业为山西襄矿集团有限公司，属地方国营企业。2001年2月，山西吕梁襄矿环能国鼎煤业有限公司成立，生产规模由9万吨/年增加到60万吨/年。截至2015年底，从业人员302人，产煤60.88万吨，总产值8028.72万元，资产总额27444.4万元，利税总额–892.56万元。

山西楼俊集团担炭沟煤业有限公司

山西楼俊集团担炭沟煤业有限公司位于离石区西属巴街道袁家岭村。1994年，山西吕梁石州煤业有限公司开办，1996年开工建井。1998年，山西吕梁离石市担炭沟煤业有限公司开办，1999年8月开工建井，2002年建成投产，批采4号、10号煤层，井田面积4.2789平方千米，开采4号煤层，核定生产能力21万吨/年。2006年，吕梁石州煤业有限公司矿井建成投产，批采 4 号、10 号煤层，井田面积 1.3349 平方千米，开采 4 号煤层，核定生产能力 15 万吨 / 年。2008 年 3 月，山西吕梁离石区担炭沟煤业有限公司被中共吕梁市委、吕梁市人民政府评为 2007 年度帮扶新农村建设先进企业、煤矿安全管理先进企业。2009 年 3 月，被吕梁市人民政府评为 2008 年度煤矿安全生产先进单位。2009 年 8 月，山西省煤矿企业兼并重组整合工作领导组批复，由山西吕梁离石区担炭沟煤业有限公司和山西吕梁石州煤业有限公司兼并重组为山西楼俊集团担炭沟煤业有限公司。2009 年 9 月，山西省人民政府为山西楼俊集团担炭沟煤业有限公司颁发“捐资助教特别奖”。重组整合后能力为 90 万吨 / 年。该矿主体企业为山西楼俊矿业集团有限公司。兼并重组后，原山西吕梁离石区担炭沟煤业有限公司的 3 个井筒均在利用；原山西吕梁石州煤业有限公司的 3 个井筒均不利用，2011 年 4 月 16 日关闭。截至 2015 年底，山西楼俊集团担炭沟煤业有限公司从业人员 419 人，产煤 40.55 万吨，总产值 9488.81 万元，资产总额 116420.8 万元，利税总额 2033.34 万元。

山西神州煤业有限责任公司

山西神州煤业有限责任公司位于离石区凤山街道北川河西侧，东南与离石城区仅一河之隔，太中银铁路和青银高速从矿区东南通过，距离离石环城高速仅 6 千米，地理位置优越，交通便利。山西神州煤业有限责任公司隶属山西晋城无烟煤矿业集团有限责任公司太原煤气化（集团）有限责任公司，于 2001 年 12 月从山西通宝能源股份有限公司收购，原设计生产能力为 30 万吨 / 年，2003 年 9 月扩建，2004 年 11 月正式投产。2011 年 1 月，国家发展和改革委员会批准矿井生产能力为 84 万吨 / 年。2015 年 7 月，批准矿井生产能力为 120 万吨 / 年，矿井井田面积 12.6279 平方千米，工业储量为 5555.8 万吨。主要可采煤层共 3 层，主要煤种为 4 号、8 号、10 号煤，其中 4 号煤为优质主焦煤。地面配有 60 万吨坑口选煤厂 1 座；设置机构 29 家。截至 2015 年底，山西神州煤业有限责任公司从业人员 1145 人，产煤 51.75 万吨，总产值 17751.34 万元，资产总额 76667.18 万元，利税总额 –8439.4 万元。

山西吕梁离石永宁煤业有限公司

山西吕梁离石永宁煤业有限公司位于离石区城北街道下安村，隶属山西东泰能源集团有限公司。井田向东有乡村公路与国道 209 公路干线相衔接，向南可达国道 307 公路和青银高速，交通便利。2008 年 1 月，公司由原永宁煤矿和已关闭的下安煤矿整合而成。2009 年，山西省煤矿企业兼并重组整合中，为单独保留矿井。矿井井田面积 6.3604 平方千米，批准开采 4 号、5 号、10 号煤层，生产能力 90 万吨 / 年，服务年限 13.4 年。瓦斯等级为低瓦斯，水文地质类型为中等。2014 年 12 月，通过山西省煤炭工业厅矿井兼并重组整合项目竣工验收，矿井转入正常生产。截至 2015 年底，主要开采 6 号、10 号煤层，山西吕梁离石永宁煤业有限公司从业人员 589 人，产煤 89.72 万吨，总产值 15370.8 万元，资产总额 96810.44 万元，利税总额 -14982.97 万元。

山西吕梁离石炭窑坪煤业有限公司

山西吕梁离石炭窑坪煤业有限公司位于离石区莲花街道刘家湾村，主体企业为山西大土河焦化有限责任公司，矿井地理位置优越，交通便捷，距青银高速离石西出口 3 千米、孝柳铁路交口站 5 千米、吕梁火车站 10 千米、吕梁机场 20 千米。2009 年 8 月，山西省煤矿企业兼并重组整合工作领导组批复，由山西大土河永兴煤业有限公司、山西吕梁离石鹏宇煤业有限公司、山西大土河永盛煤业有限公司、山西大土河永娜煤业有限公司整合而成。井田面积 13.9574 平方千米，批准开采 3—10 号煤层，生产规模 120 万吨 / 年，矿井保有资源 / 储量 16063 万吨，设计可采资源储量 5360.1 万吨，服务年限 31.9 年。瓦斯等级为高瓦斯，水文地质类型为中等。2011 年 5 月，矿井兼并重组整合项目开工建设。截至 2015 年底，山西吕梁离石炭窑坪煤业有限公司从业人员 425 人，产原煤 15.73 万吨，总产值 1989.61 万元，资产总额 172210.67 万元，利税总额 -469.2 万元。

山西吕梁离石西山亚辰煤业有限公司

山西吕梁离石西山亚辰煤业有限公司位于离石区坪头乡大西局村，1987 年 12 月 31 日成立，2009 年，煤炭企业兼并重组时，西山煤电（集团）公司整合重组孝义市德威煤业有限责任公司所属山西吕梁离石亚辰煤业公司后的国有控股煤矿企业（西山煤电集团公司 51%，孝义市德威煤业有限公司 49%），隶属山西吕梁西山德威矿业管理有限公司。2013 年 12 月 19 日，山西吕梁离石西山亚辰煤业有限公司通过山西省煤炭厅组织的综合验收，属单独保留煤矿。井田面积 1.4921 平方千米，矿井煤炭资源保有储量 778 万吨，矿井可采储量 305 万吨，主采煤层为 8 号、9 号煤层，矿井设计生产能力 60 万吨 / 年，山西省煤炭厅重新核定为 50 万吨 / 年，矿井服务年限 6 年。2013 年 12 月，通过山西省煤炭厅综合验收，正式从基建矿井转为生产矿井。至 2015 年，山西吕梁离石西山亚辰煤业有限公司井下生产、安全系统完善，地面生活配套设施齐全。有员工 350 人，设置职能科室 11 个，编制综采队 1 个、掘进队 1 个、打钻队 1 个、机电准备队 1 个。截至 2015 年底，产煤 60 万吨，总产值 18471 万元，资产总额 124884.89 万元，利税总额 9541.7 万元。

山西吕梁离石王家庄煤业有限公司

山西吕梁离石王家庄煤业有限公司位于离石区滨河街道王家庄村，隶属山西大土河焦化有限责任公司。2009 年，山西省煤矿企业兼并重组整合中，由山西吕梁泰平煤业有限公司、山西七里滩矿业有限公司、山西吕梁离石田家会煤业有限公司、山西离石厚德煤业有限公司整合而成，主体企业为山西大土河焦化有限责任公司。矿井井田面积 9.1461 平方千米，设计生产能力 120 万吨 / 年，批准开采 3—10 号煤层。为低瓦斯矿井，矿井资源保有储量 9687 万吨，设计可采储量为 3056 万吨，地质构造简单，水文类型划分为中等，服务年限为 18.2 年。2010 年 11 月 1 日，矿井兼并重组整合项目开工建设，2015 年 5 月 13 日转为生产矿井，地质储量为 9687 万吨，可采储量 3056 万吨。矿井位于吕梁市离石区东约 3 千米处的七里滩村南。截至 2015 年底，公司主要经营：煤炭开采、煤炭销售、煤炭洗选、煤矿设备配件销售、自有设备租赁。从业人员 834 人，产煤 120.57 万吨，总产值 26460.57 万元，资产总额 114694.1 万元，利税总额 –2033.9 万元。

吕梁离柳煤焦有限公司

吕梁离柳煤焦有限公司位于离石区信义镇砖窑沟村。2009 年 1 月成立，占地面积为 71.569 平方千米，由山西东泰能源集团有限公司投资设立，是采用跳汰技术选煤的洗煤厂，年产量可达 50 万吨。2014 年，总产值 13415 万元，利润总额 151 万元，上缴税金 151 万元。截至 2015 年底，主要经营洗煤加工、经销、仓储、物流。

山西吕梁离石西山晋邦德煤业有限公司

山西吕梁离石西山晋邦德煤业有限公司位于吕梁市离石区西属巴街道炭窑里村。2009 年，山西省煤矿企业兼并重组整合中，以山西焦煤西山煤电集团有限责任公司为主体企业，由山西离石晋邦德煤矿有限责任公司、山西吕梁锦顺煤业有限公司及山西吕梁西属巴燕沟煤业有限公司进行兼并重组而成。为山西焦煤西山煤电控制经营国有企业，矿井井田面积 9.011 平方千米，批准开采 3—10 号煤层，煤炭保有资源储量 5942 万吨，可采储量为 4155 万吨，生产能力 120 万吨 / 年，服务年限 26.6 年。孝南站有自有站台 1 个，拥有 3 站 4 道。2012 年 3 月，矿井兼并重组整合项目开工建设。截至 2015 年底，处于基建期，从业人员 342 人，产煤 60 万吨，资产总额 181450.86 万元，利税总额 –21.4 万元。

山西吕梁离石永聚煤业有限公司

山西吕梁离石永聚煤业有限公司位于离石区城北街道沙麻沟村，隶属于山西东泰能源集团有限公司。2009 年，山西省煤矿企业兼并重组整合中，由原山西吕梁离石泰宁煤业有限公司、原山西恒安益煤业有限公司、原山西离石菁蒿墕煤业有限公司整合而成，主体企业为吕梁永宁煤焦集团有限责任公司。

矿区井田西部与国道 209 线相衔接，与吕梁火车站及新城汽车站遥遥相望。矿井井田面积为 6.2958 平方千米，批准开采 4—10 号煤层，矿井地质储量 3637 万吨，可采储量 1742 万吨，生产能力 90 万吨 / 年，服务年限 13.8 年。2011 年 2 月，山西吕梁离石永聚煤业有限公司投资 69225.65 万元进行矿井建设。截至 2015 年底，有从业人员 543 人，资产总额 99467 万元。

2015年离石区煤炭行业规模以上企业基本情况统计表

表11-10

单位名称	企业性质	主要业务活动（或产品）	营业收入（万元）	资产总计（万元）	利润总额（万元）	平均用工人数（人）
山西大土河焦化有限责任公司	私人控股	焦炭	123358.7	1804007	-40943.3	3890
吕梁东义集团煤气化有限公司	国有控股	机焦煤气	5235.7	20976	-4214	337
山西吕梁离石西山亚辰煤业有限公司	私人控股	原煤开采	24452.1	125056.3	3740.3	350
山西楼俊集团担炭沟煤业有限公司	私人控股	原煤开采	9104.5	114694.1	-2033.9	834
山西东江煤业集团有限公司	私人控股	原煤开采	19478	214352.6	-13704.2	758
山西吕梁离石金晖荣泰煤业有限公司	集体控股	烟煤和无烟煤开采洗	21438.9	113019.7	-1117.5	589
吕梁永宁煤焦集团有限责任公司	私人控股	原煤开采	16971.9	748797.1	-26746.3	2000
山西神州煤业有限责任公司	国有控股	原煤开采	16618.6	76667.6	-8439.4	1145
山西吕梁襄矿环能国鼎煤业有限公司	私人控股	原煤开采	9388.3	27444.4	-892.5	302
吕梁鑫瑞洗煤有限责任公司	私人控股	烟煤和无烟煤开采洗	4083.4	34837.8	-2186.1	61
吕梁市茂源煤化有限责任公司	私人控股	烟煤和无烟煤开采洗	33286.9	28946.6	-944.7	83
吕梁勤业达煤业有限公司	私人控股	洗煤	22374.8	31774.5	-886.7	82
吕梁离柳煤焦有限公司	其他	烟煤和无烟煤开采洗	3335.1	27562.4	-652.4	50
山西吕梁离石王家庄煤业有限公司	国有控股	烟煤和无烟煤开采洗	26460.6	133467.9	3559.2	659
山西吕梁离石贾家沟煤业有限公司	国有控股	烟煤和无烟煤开采洗	19831.2	209062.3	-3926.9	1000
吕梁旭辉煤业有限公司	私人控股	烟煤和无烟煤开采洗	7028	6102.5	512.1	35

第四章　其他工业

第一节　机　电

机械制造

1954年，离山县城关公社东关农具社成立，由60名工人入股组成。锻制锹、锤、镰、锄和铡刀等农具和居民铁制家具，在3孔窑洞和5间马棚里生产。

1958年，县通用机械厂成立，并与城关公社东关农具社合并，1962年又分开。1966年，县通用机械厂更名为离石县农机厂，为县营全民所有制企业。1969年，城关公社东关农具社开始生产碾米机，当年生产301台。20世纪70年代开始，生产铝制品。1971年，生产饲料粉碎机5台，农用水泵252台。1972年，城关公社东关农具社更名为离石县向阳农具厂，为县营集体企业。占地面积1.2万平方米，建筑面积2698平方米。有固定资产原值34.6万元，自有流动资金11万元。银行贷款最高为30.5万元。1972年，生产上棚大车28辆。1973年，生产交流电动机450台。1976年，生产各种铁制农具10.76万件。1977年，生产碾米机1433台，上棚平车277辆。碾米机除销当地外，还销往甘、冀、陕等省。1977年，向阳农具厂生产铝制品464吨。1984年，全县生产各种农业机械配件4.8万件。至1984年，离石县农机厂有固定资产原值81万元，职工143人，产山地步犁，获部优产品。1985年，县农机厂与离石电线厂合并，除继续生产山地步犁外，主要生产电工专用设备，供电缆厂自用。1985年，全县生产山地步犁1.4万部，农副业加工机械配件10.28万件。1985年，向阳农具厂生产铁器件1206吨。至1990年，全县共有农机具修造企业14家。

2002年2月，吕梁市金胜利机械制造有限公司成立，位于刘家湾村，主要制造小型机械及配件，铸件、锻件制造。

2004年1月，山西同辉重工有限责任公司成立。2010年11月，吕梁市离石区亨通机械厂成立，位于交口村，主要进行机械加工、农机维修。2011年11月，山西同辉重工有限责任公司试产，位于信义村，占地24万平方米，公司拥有固定资产3.5亿元，从业人员650人，厂房建筑面积5.8万平方米，办公楼建筑面积1.32万平方米。至2012年，年生产能力为皮带输送机100部、刮板输送机100部、液压支架2400架，年产值8亿元，年创利税1.2亿元。

2012年12月，山西根拴重工机械设备制造有限公司成立，主要进行矿山机械、机械电气设备、金属结构制造、环境保护专用设备、汽车零部件及配件等产品的制造、销售。

有专业的大型机加工设备30余台（件）。主要产品有破碎设备、筛选设备、洗选设备、给料机、专业除土给料机、远距离输送机、环保除尘设备等矿山成套设备。2013年第三次全国经济普查，全区共有从事通用设备制造业企业法人单位2个，从业人员58人，资产总计1100万元；有从事专用设备制造业企业法人单位5个，从业人员468人，资产总计76400万元；从事专用设备制造业企业1家，实现工业总产值5224万元，销售产值4142万元，资产总计74880万元，其中，固定资产28151万元，主营业务收入6433万元，利润总额–5574万元，从业人员420人。全区生产带式输送机68台、4760吨，刮板输送机8台、1216吨。2015年6月，山西新龙重工高分子科技有限公司成立，位于信义工业园区。厂区占地面积24万平方米，员工240余人。公司主要生产注塑机，后山西同辉重工有限责任公司以自身厂房设备入股，转型生产皮带机、转载机、刮板机、液压支架、自移机尾、破碎机、托辊等产品及进行专业的维修业务，占据吕梁及周边地区煤炭、钢铁、矿山企业较大市场份额。截至2015年底，全区注册的机械制造企业主要有：山西新龙重工高分子科技有限公司、吕梁市金胜利机械制造有限公司、山西根拴重工机械设备制造有限公司、吕梁市离石区精诚机械铸造有限公司、吕梁市安顺矿山机械厂、吕梁市离石区亨通机械厂。

五金制品

1954年，16人在县城内入股组成离山县车辆修配社，打制黑白铁皮制品和修车。1957年，该社用2000元资金从太原买回1台旧车床和1台锅驼机，代替人摇车床，人员增为40名，产值8万元左右。1958年，离石县车辆修配社与离石县国营农具厂合并，1959年又与离石县机械厂合并，1961年三厂分开，更名为离石县车辆修配厂。1971年，离石县车辆修配厂改名离石县五金厂，为县营集体所有制企业，主要生产小五金产品和茶炉、锅炉等，后生产过四叶活动扳手、线路金具、箱饰件、小马车铁器、锅炉、消烟快速煤气茶炉、锅炉消烟除尘器、风车、油罐。各种产品的产量以最高年累计：1977年，共生产线路金具110吨，箱饰件4000套，铝制品46吨。1978年，生产热水锅炉11台，油箱15个。1979年，生产电镀饭勺8500把，铁皮制品4584吨。1980年，生产活动扳手38万把。1981年，生产电镀靠背椅100把。1984年，生产锅炉消烟除尘器6台。1988年，生产消烟煤气茶炉25台。1989年5月，离石县五金厂与太原五金厂联营，生产名优产品双塔牌机制系列钢锹，钢锹供不应求。1990年，生产机制系列钢锹10.3万把。1990年，县五金厂占地面积1.2万平方米，其中建筑面积4437平方米。有职工62名，固定资产原值46.7万元，净值32.4万元，自有流动资金6.2万元。2000年后，县五金厂通过破产、拍卖、安置职工，完成产权制度改革。

电线电缆

1969年，离石蛋厂由于蛋类产品出口业务的停办而转产电线产品。1969年10月，更名为离石县电线厂，为县营全民所有制企业，占地面积58万平方米，建筑面积1.4万平方米，固定资产原值806万元。投资10万元，自筹35万元，转产电线。设备从天津购回部分旧机器部件，经加工改造为编织软线（花线）生产设备。1970年底，试产成功。1973年，陆续增添大拉机、绞线机等自制设备，主要生产裸铝线、电磁线和布电线，共3个大类10个品种100余种规格的电线产品。1975年，共生产裸铝线175吨、电磁线285.4吨、布电线713.4万米，产值520.5万元，实现利润18.4万元，被吕梁地区革命委员会命名为“大庆式”企业。1978年起，先后引进外资150万元，购买开炼机、滤胶机、电缆印字机等先进设备共21台（套），逐步淘汰自制的土设备。1981年，该厂生产的“山花”牌橡皮绝缘棉纱编织线获山西省“优质产品”称号，并打入港澳市场。1985年，通用橡皮软电缆获山西省“优质产品”称号。1986年，县电线厂和城关镇前瓦村委联合兴建前瓦联营制线厂。投产前，前瓦村委派70余名具有初中以上文化程度的青年，到电线厂进行技术培训，跟班作业。该厂生产的腊光线质量全部达到国家标准。1987年，“山花”牌铜芯聚氯乙烯绝缘软胶线获山西省“优质产品”称号。7月，离石县电线厂晋升为吕梁地区甲级企业。1988年1月，改名为离石县电缆厂，成为山西省电线电缆制造行业的重点企业，机械电子工业部电线、电缆定点生产企业。1990年，前瓦联营制线厂有固定资产30万元，流动资金6万元，主要生产设备有17台，其中，摇纱机3台，染线机1台，冷冻机1台，甩干机2台，挂腊机4台，缠线机5台，K2锅炉1台等。年生产能力50吨，产值20万元，上缴利税8万元。

1996年7月，在县电缆厂基础上，山西离石电缆有限公司成立。1998年，公司从业人员830人，工业生产总值4359.2万元，工业销售产值4533.1万元，资产合计6532万元，利税总额279万元。2000年，公司生产电线31116千米。2002年，公司从业人员744人，工业生产总值7060万元，工业销售产值5833.3万元，资产合计8869.9万元，上缴利税总额312.8万元。

2009年国企改制后，山西离石电缆有限公司隶属山西东泰能源集团有限公司。注册资金1亿元，厂区占地5.33万平方米。公司产品通过ISO 9001质量体系认证、国家强制性CCC认证、煤安标志认证等，被山西省质监局授予AAA级信用等级企业，为全国“守合同、重信用”先进单位，公司所创“山花牌”商标连续几届被评为“山西省著名商标”“中国著名品牌”，公司产品先后出口到孟加拉国、古巴、毛里求斯等国家和地区。2013年，生产电力电缆53958千米。

截至2015年底，山西离石电缆有限公司主要产品有：35千伏及以下电力电缆、预制分支电缆、10千伏及以下煤矿用电缆、塑料绝缘控制电缆、电气装备用电缆、架空绝缘电缆、架空导线及以上品种的阻燃（A、B、C、D级）、耐火（A、B级）、低烟无卤、辐照交联等特种线缆产品。公司从业人员200人，营业收入10584.5万元，资产总额20891.1万元，利税总额-1682.5万元。

1971—1990 年离石电缆厂经济技术指标完成情况表

表 11-11

年份	固定资产（万元）	总产值（万元）	产量			销售收入（万元）	税金（万元）	利润（万元）	上缴利税（万元）	劳动生产率（元/人）	工资总额（万元）	职工人数（人）
			裸铝线（吨）	电磁线（吨）	布电线（千米）							
1971	67.03	74.35	—	0.5	3546	23.79	3.69	9.2	14.2	3304	—	288
1972	63.44	203.2	111.4	16.6	5573	190.83	9.54	25.5	35.5	7005	—	300
1973	81.61	293.7	155.2	102	5551	255.83	28.81	13.9	42.7	10058	—	284
1974	93.22	424	202.9	218.2	7038	406.39	48.61	15.9	64.6	15090	—	280
1975	101	520.5	175	285.4	7134	456.13	54	18.4	67.8	18792	—	275
1976	112.16	521.7	122	292.8	7253	435.46	51.89	20.7	72.5	19180	—	268
1977	129.73	536.2	149	271	6631	572.69	68.42	36.1	68.4	20008	—	268
1978	229.23	706.78	316.3	326.28	8372.9	649.13	77.54	55.55	—	20152	20.22	317
1979	251.38	796.71	388.8	310.2	12765.9	774.95	88.59	75.73	—	23168	23.3	318
1980	295.6	773.85	358.5	113.9	17716.8	715.2	82	75.7	64.6	23619	25.81	320
1981	328.72	662.57	323.6	70.291	17736.7	656.64	75.21	64.75	57.72	19881	24.09	316
1982	340.73	833.84	324.7	83.634	20166.4	843.99	100.63	65.04	48.43	23662	25.8	335
1983	353.03	971.84	446.5	43.441	19950.9	990.01	113.05	95.31	66.13	25666	28.76	362
1984	333.24	1199.81	578.4	156.92	21038.4	1188.19	138.51	119.02	81.52	29333	37.96	393
1985	425.53	1427.92	518.4	220.62	25864.7	1551.39	188.3	158.84	91.69	24161	59.73	591
1986	472.81	1603.36	297	321.73	30033.4	1473.51	164.41	167.49	100.41	26029	71	616
1987	873.7	1467.6	356	108.91	27001.3	1769.4	204.2	152.11	83.6	23075	79.2	636
1988	602.4	1414.28	375.8	125.12	24146.5	2361.69	270.47	143.56	72.98	20646	96.3	685
1989	760.41	1426.1	228.4	209.6	25273.5	2933.01	401.51	298.42	120.26	18167	149.27	785
1990	806.19	1002.2	88.24	199.21	20410.2	2628.73	328.09	83.47	59.42	12575	169.5	797

其他

1960 年，离石县农机具修造企业曾生产 4.5—5.5 千瓦电动机和 40 千瓦水轮发电机。1972 年 3 月，吕梁地区机械厂筹建，有职工 10 余名，边筹建边生产，进行小修小配。1974 年，生产人工降雨器和平车轴、犁铧、桥尺等铸件产品，厂名改为吕梁地区大修厂。1976 年 12 月搬迁段家坪，厂名改为吕梁地区化工机械配件厂，生产除尘器和飞轮等产品。1980 年，该厂由省交通厅管辖，开始汽车修理业务，更名为山西省离石汽车修配厂。20 世纪 80 年代，离石县农机具修造厂生产部分电工专用设备。至 1990 年，先后获得国家投资 108 万元。有固定资产 78 万元，流动资金 1 万元，贷款 18 万元。占地面积 1.6 万平方米，建筑面积 3507 平方米，有机械设备 50 余台，职工 120 人。设备和技术形成大修能力。2013 年第三次全国经济普查，全区共有从事其他制造业企业法人单位 4 个，从业人员 56 人，资产总计 1300 万元。

第二节　建　材

水泥

1965 年，离石县水泥厂在青龙村始建，投资 15 万元，设计生产能力为年产 3000 吨（300 号水泥），但因没有流动资金而未能开工。1969 年，晋中地区革命委员会批准并投资 44 万元，在离石城东 10 千米处车家湾村搬迁重建。建 4.17 米 ×7 米立窑和小土窑各 1 座，安装 0.956 米 ×3.46 米球磨机 4 台，粉碎机 3 台。1970 年 10 月，离石县水泥厂正式投产，设计生产能力为年产 7000 吨，实际生产能力达到 8000—10000 吨，主要生产 325 号、425 号矿渣硅酸盐水泥。质量好，销路广。1979 年后，县水泥厂投资 60 万元，又新建 15 ×75 米立窑 1 座，自制自动出料振动槽和二级破碎设备。架设 4 千米专用高压线，解决农用电电力不足和停电问题。

1985 年，县化工厂与城关镇段家坪砖厂联合兴建离石县联营水泥厂，共投资 78 万元，其中，利用化工厂厂址、厂房和公用设施等拆修 23 万元，砖厂投资 55 万元。5 月，离石县联营水泥厂建成，8 月投产，设计能力为年产 325 号水泥上万吨。

1988 年，县水泥厂实行第一轮承包，贷款 40 万元，自筹 10 万元，改造旧窑，建 17 米 ×7 米塔式机立窑 1 座，1.5 米 ×6.4 米球磨机 1 台，跨入机窑生产行列，形成年产水泥 1.6 万吨能力，两年利税突破 20 万元。至 1990 年，离石县水泥厂有职工 160 人，固定资产原值 171 万元，定额流动资金 47 万元。设立窑、磨机、机电车间 3 个。建厂 20 年，共产水泥 169 万吨，产值 883 万元，实现利润 77 万元，上缴税金 100 万元。水泥厂注重技术改造，先后自制安装立窑喂料输送机、提升机和烘干机，开设铸工车间为厂用铸钢球、锻衬板和割包板；新安装 1.2 米 ×4.5 米球磨机 1 台，锤式和颚式破碎机各 1 台，配套修建库房、机房、化验室和料棚。

1990 年，离石县联营水泥厂生产水泥 3000 吨。该厂独立核算，自负盈亏，利益分享，风险共担，其中，砖厂分成 60%，县化工厂分成 40%。厂设董事会，成员 4 人。厂部设正副厂长和总工程师。有职工 190 人。

1990 年，全县有县国营水泥厂 1 家，联办水泥厂 1 家，生产水泥 1.40 万吨。1998 年，全市规模以上水泥制造业企业（即离石市水泥厂）从业人员180人，工业生产总值468.4万元，工业销售产值487万元，资产合计761.5万元，利税总额50.2万元。2000年，全市生产水泥3万吨。离石市水泥厂有从业人员180人，工业总产值达580.3万元。2000年后，随着建筑市场的活跃，离石市出现生产预拌商品混凝土的企业。2001年，离石市水泥厂工业生产总值300万元，工业销售产值401万元。2002年，全市规模以上水泥制造业（即石州水泥厂）企业工业生产总值2506万元，工业销售产值2582元，资产合计3929.3万元，利税总额310万元。

2005年，全区生产水泥9.57万吨。

2013年第三次全国经济普查，全区生产水泥36.7万吨。2015年，全区生产水泥4500吨，生产硅酸盐水泥熟料66.18万吨。截至2015年底，全区注册的水泥生产企业主要有：吕梁亿龙水泥有限公司、山西楼桥水泥有限公司、山西川东水泥有限公司等6家，生产预拌商品混凝土的企业有：吕梁汇江混凝土有限公司、吕梁东兴混凝土有限公司、吕梁市离石区六和混凝土有限公司、吕梁市浩珈混凝土有限公司等14家。

砖瓦

1969年，吕梁地区砖厂建成轮窑48门。1979年，生产能力达1500万块/年。1983年，新建人工干燥道14条，形成生产能力3000万块/年。当年该厂获吕梁地区行署技术改造一等奖，被评为先进企业。1973—1985年，共产砖16.841万块，除1984年亏损77.99万元外，共盈利33万元，上缴利税74万元。1985年，有职工265人（其中固定工84人），固定资产152万元。主要产品为机制砖100—500号。1990年，有地区国营砖厂1家，乡镇砖厂21家，生产机砖3000吨，黏土砖1.6亿块，耐火砖2426吨。

1998年，吕梁地区砖厂从业人员211人，工业生产总值179万元，工业销售产值520.2万元，资产合计761.5万元，利税总额11.5万元。2000年，离石市生产机砖2992万块。2001年，吕梁地区砖厂从业人员589人，工业生产总值69.8万元，工业销售产值69.8万元，资产合计761.5万元，利税总额–30万元。

2007年，吕梁恒磊新型建材有限公司、吕梁恒隆建材有限公司成立，主要进行粉煤灰砖制品的生产。2009年，全区规模以上企业生产机砖40072万块。吕梁山立新型建材有限公司成立，主要生产煤矸石标准砖、多孔砖、空心砖。

截至2015年底，全区注册的制造黏土砖企业为吕梁市离石区盛地尚金砖厂，用黏土生产砖瓦企业3家，利用煤矸石等煤炭工业固体废弃物制砖企业10家。

陶瓷

1972年3月，离石县陶瓷厂建成，为县营集体所有制企业。1976年，吕梁地区投资9万元进行扩建。1980年，最高盈利2.1万元。至1990年，占地面积2.2万平方米，建筑面积0.36万平方米。有职工78名，固定资产原值525万元。主要生产设备有道烟烧窑2座、馒头烧窑 2 座、变压器 1 台、输送机 1 台。自制摩擦压力机 1 台、制砖机 1 台等，有流动资金 2.7 万元。主要产品有：瓷水桶（最高年产 8374 条）、民用陶瓷（最高年产 27 万件）、机制砖（最高年产 516 万块）、高铝砖（最高年产 20 吨）、耐火砖（最高年产 2426 吨）。年产值在 3.4 万—29 万元。1990 年，职工人均年收入达 1200 元。全县有陶瓷厂 5 家，生产耐火陶瓷 500 吨，陶瓷瓦 18 万片，日用陶瓷 9 万件。2003 年，离石市陶瓷厂破产改制。

主要建材企业

山西川东水泥厂 位于离石区田家会街道义居村东川河畔，2004 年 2 月成立，注册资本 1000 万元。公司投资 1.4 亿元建设 1 条日产 1500 吨的新型干法水泥熟料生产线。该生产设备是吕梁市现代化程度较高、日产最大的 1 条生产线。2005 年 3 月，该生产线建成投产。2007—2008 年，该厂投资 3000 万元，新建吕梁恒磊新型建材和义居水泥制品厂，主要利用工业废气、废渣，添加少量水泥，生产水泥管、路面砖、免烧砖、加气混凝土砌砖等。2009 年，公司有员工 380 人，固定资产总额达 2.8 亿元，有各种水泥运输车、材料运输车 100 余部。主要经营产品有水泥、白灰、石子，品牌有注册商标“义居”牌普通硅酸盐水泥，可生产矿渣硅酸盐 32.5、32.5R、42.5、42.5R 不同强度等级的水泥以及不同道路的水泥、缓凝水泥等，年可生产各种优质水泥 30 万吨，年产值近 1 亿元。2010—2012 年，山西川东水泥厂被省、市行业办和中小企业局、质监局、工商局评为“优秀质量先进企业质量合同守信用企业”“A 级质量信誉标准企业”。2012 年，累计销售收入达 1.05 亿元。2013 年，投资 2000 余万元对除尘器等设备进行改造。

离石区义居石料厂 位于田家会街道义居村西沟，2007 年 4 月成立，固定资产 200 万元，占地面积 3200 平方米，员工 23 人。拥有破碎机设备 1 套，铲车 2 辆，10 吨自卸货车 2 辆。设计年生产规模 1 万吨，采取露天开采作业方式，矿石储量达 7.7 万吨，设计开采年限 8 年。该厂主要生产 40 毫米以下的各种石粉、石料，日产能达 700—800 吨，产品主要销往陕西榆林、内蒙古东胜以及周边县市。

吕梁亿龙水泥有限公司 位于离石区枣林乡刘家舍窠村，2007 年成立，由离石区政府招商引进香港上市公司—山东山水集团与离石区川东水泥有限公司合资建设，其中山东山水集团控股 90%。公司占地面积 1.24 万平方米，注册资金 1.7 亿元，项目是 2010 年中博会签约项目，采用国内先进的新型干法熟料生产技术和 DCS 集中控制系统，日产 4000 吨新型干法水泥熟料及配套 7.5 兆瓦纯低温余热发电。项目总投资约 4 亿元，设计年生产能力 124 万吨高标号优质水泥熟料，项目建成投产后，年可实现利税 9800 万元，年消耗工业废渣—硫酸渣 5.65 万吨。2009 年 2 月开工建设，2013 年 6 月投产。截至 2015 年底，公司从业人员 180 人，实现营业收入 7449.1 万元，资产总额 68181.5 万元，利税总额 –9223.8 万元。

吕梁恒磊新型建材有限公司 位于离石区枣林乡十里村，2007 年建成投产，年生产加气混凝砌块15万立方米，生产免烧标砖4000万块，年实现利润300余万元，同时解决当地100余人的就业问题。后又投资300万元进行二期工程建设，新上马两条免烧砖生产线，新增产能5000万块。

吕梁森众混凝土有限公司 位于离石区滨河街道七里滩外环路边（距龙山路1.5千米），2009年6月26日成立。年生产能力为200万立方米，拥有120型混凝土搅拌生产线2条，47米泵车3台，车载式混凝土泵2台，混凝土运输车26台，生产服务用车5台，总投资约3000万元，是吕梁市最大的混凝土生产企业。厂区占地约2.67万平方米。

吕梁丰润建材有限公司 位于田家会街道五里铺村、国道307线南侧，2009年7月成立，是吕梁市首家、离石区唯一一家钢化玻璃深加工企业。公司占地3300平方米，固定资产500万元，员工50人。至2012年，公司先后引进大型配套LANDGLASS钢化生产线全自动中空生产线、双边磨边机、清洗机等各种玻璃深加工设备，主要生产4—19毫米低辐Low-E镀膜中空节能玻璃以及平弯钢化、中空、夹层、镀膜、防火、聚晶、热熔、装饰等玻璃，同时也可按顾客要求加工生产各种玻璃。产品主要销往陕西、内蒙古及离石区周边县市。2012年，销售收入达400万元。

第三节 采炼 铸造

采矿

1958年，背石村铁矿采矿点开采铁矿。1961年停采，1970年复采，1972年产量最高达2.3万吨，1981年停采。

至1990年，境内建有铝矾土矿点3家，共采铝矾土矿7500吨，其中坪头寺沟临杨铝矾土厂采3000吨，该村永新铝矾土厂采矿加工熟料1500吨。枣掠村铝矾土厂采3000吨。

2007年7月，吕梁市离石区鑫浩陶瓷黏土矿厂成立，主要开采地下陶瓷土。

2012年12月，吕梁市北圪垛铝业有限责任公司成立，主要进行铝土矿开采。2013年第三次经济普查，全区共有从事采矿业企业法人单位22个，从业人员1498人，资产总计779000万元。其中，有色金属矿采选业企业法人单位2个，从业人员4人，资产总计2100万元；非金属矿采选业企业法人单位14个，从业人员284人，资产总计15400万元；开采辅助活动企业法人单位4个，从业人员1172人，资产总计759900万元；其他采矿业企业法人单位2个，从业人员38人，资产总计1600万元。截至2015年底，全区注册的采矿业企业32家，其中，从事石灰石或石灰岩开采的有山西楼桥水泥有限公司、吕梁市离石区志诚石材有限公司、吕梁市离石区金园石料厂等22家企业；从事陶瓷黏土开采的企业有吕梁市离石区鑫浩陶瓷黏土矿厂、吕梁市金宝陶瓷黏土开采有限公司、吕梁鑫阳能源开发有限公司。

冶炼

1958年，县铁厂投产，有3立方米土高炉1座。1959年，建30立方米土高炉1座和红旗二号焦炉1座。1961年，产生铁2330.42吨。1962年，离石县铁厂停产。1969年，开始复建，建成13立方米高炉1座，1971年投产，年产量为5000吨。1973年，离石县铁厂由县营转为地营，更名为吕梁钢铁厂。同年，建28立方米高炉1座，从阳泉调回3个烤贝式热风炉。1975年，吕梁钢铁厂建成0.5吨电炉1座，未投入生产。1976年，配制球式热风炉。1978年，由人工上料改为机械上料，鼓风机由120型改为200型，安装纹丝管，年产生铁达万吨左右。1979年，新建150立方米/小时制氧设备1座，并投入生产。1980年，因生铁滞销停产。1982年，转产白水泥，厂名改为吕梁地区白水泥厂。1985年，吕梁钢铁厂新建8立方米炼渣高炉1座，形成年产万吨白水泥生产线。1985年，县电厂与黑龙江省密山县铁合金厂联营投资100万元（双方各一半）建成吕梁离密铁合金厂，兴建2×1800千伏安矿热炉，合同为期10年，为独立经济实体。同年9月2日动工，翌年7月1日投产，产硅铁569吨，吨销3600元，创利润近9万元，利税合计15万元。1987年，生铁紧俏，白水泥滞销停产，吕梁钢铁厂又转产生铁，产生铁1785吨，出口吨销7000元，利润57万元，利税合计91万元。1988年，吕梁离密铁合金厂产硅铁932吨，利润0.7万元。1989年，产硅铁257吨，利润6.3万元。1990年，吕梁离密铁合金厂有职工113人，固定资产80万元，流动资金18万元。同年，因市场疲软和合同纠纷等倒闭。

至1990年，吕梁钢铁厂有固定资产原值611万元，净值418万元，占地面积为56.665万平方米。有职工577人，其中高级工程师2人。

2000年，离石市产生铁1.4328万吨。2000年，吕梁地区钢铁厂工业生产总值1198.5万元，工业销售产值1126.6万元，资产合计766.5万元，负债合计440.3万元，利税总额–70.4万元。2001年后，离石市基本停止生产生铁。

铸造

至1990年，县境内有乡镇铸造企业9家。截至2015年底，吕梁市离石区精诚机械铸造有限公司在生产制造小型机械的同时，也进行铸件、锻件制造。

1990年离石县铸造企业产值　产量　利税情况表

表11-12

企业名称	职工数（人）	产品名称	产量（吨）	产值（90年不变价）（万元）	利税（万元）
五里铺水暖厂	20	生铁铸件	500	75	2.5
下楼桥金属结构厂	18	生铁铸件	300	45	1.5

续表 11-12

企业名称	职工数（人）	产品名称	产量（吨）	产值（90 年不变价）（万元）	利税（万元）
后马家村铸造厂	27	生铁铸件	300	45	1.5
后瓦铸管厂	30	铸铁管	1000	100	10
南关修铸厂	20	生铁铸件	200	30	2
乔家沟翻造厂	25	生铁铸件	500	75	5
前瓦铸造厂	15	生铁铸造	15	2.25	0.3
结绳墕水暖铸造厂	10	生铁管	55	10	0.5
五里铺农具厂	26	生铁铸件	300	50	1.6

第四节 焦 化

焦炭生产 运销

20 世纪 80 年代后，原煤加工的重大经济价值得以充分体现。但土法炼焦，使用被人称之为“国宝”的 4 号主焦煤只能炼出劣质焦，且严重污染环境。1982 年 8 月，由太原工业学院（现太原理工大学前身）陈玉喜、吕梁地区科委白学文、山阴焦化厂吉武平、柳林兴元煤矿李银来、高崖湾煤矿张星明组成科研组，在高崖湾煤矿开展“改造土焦炉，回收煤焦油”的课题研究，首创“吕梁型焦炉”。1983 年 12 月，“吕梁型焦炉”通过技术鉴定，1984 年获山西省人民政府科研三等奖。从此，“吕梁型焦炉”在全区各县推广。1986 年，离石县首建田家会镇办高崖湾矿坑口焦化厂，年产改良焦 2 万吨。同年，离石铸造焦厂投产，为田家会镇办企业，该项目由省计委批准低息（4.8 厘）贷款 30 万元，平息（7.2 厘）贷款 18 万元。购置旧洗煤设备 1 套（年入洗原煤 5 万吨）。建“吕梁型焦炉”13 座，年产铸造高质焦炭 2.5 万吨，并产炼焦油、蜂窝煤和耐火砖。焦炭质量经北京燃气煤化工研究所、山西省进出口商品检验局和太钢检测，固定碳 90%，灰分 8%，挥发份 1.5%，含硫 0.55%，水分 0.4%，硬度 80—120 毫米，强度 85%，达一级铸造焦标准。该厂所用原煤来自离石县和柳林县、中阳县。吨煤出矿价 55—70 元。吨煤可洗精煤 0.8—0.85 吨，1.7—1.8 吨原煤可炼焦 1 吨。焦炭大部分用汽车直运北京，少部分上火车运大连和镇江。铸造焦每吨价格比冶金焦贵 10—20 元，吨焦出厂价 170—180 元。该厂有职工 180 人，固定资产 140 万元。1987 年，高崖湾矿又装备洗煤机，年入洗原煤 10 万吨。七里滩煤矿建洗煤厂，生产改良焦 2 万吨。交口镇建焦化厂，生产改良焦 2 万吨。1987 年，离石县洗煤厂建厂，为县国营企业。有固定资产 81.7 万元，流动资金 25.8 万元，职工 128 人。建洗煤设备 1 套，焦炉 8 座。

20世纪80年代末期，高崖湾村沿东川河地段土焦炉一家挨着一家，全村每户平均最少建有土焦炉1个。1988年，离石铸造焦厂生产的铸造焦被吕梁地区评为优质产品，被天津口岸定为免检出口产品，销往美国、日本和加拿大等国，创汇147万美元。至1990年，离石铸造焦厂共创利润230万元，上缴各项国税与费用共125.94万元。离石县洗煤厂产机焦4.8万吨，产煤焦油27吨（1989年），产改良焦2.6万吨。1990年产值116万元，利税14万元。到1990年，全县共建焦化厂31座，属乡镇局管理的22座，属煤炭工业管理局管理的9座（其中6座为非独立核算的坑口焦化厂）。按企业性质划分：国营焦化厂1座，即七里滩洗煤厂；乡镇办焦化厂4座，即县铸造焦厂（田家会镇）、高崖湾煤矿坑口焦化厂（田家会镇）、白家庄煤矿焦化厂（枣林乡）、交口焦化厂（交口镇）；村办、个体办26座，总投资280万元。

1990—2007年，境内的焦化企业生产主要经历土焦炉阶段、连体炉阶段、三佳炉阶段。1998年，全市规模以上焦化企业6家，即离石市煤运焦化厂、离石市粮裕焦化厂、离石大土河煤焦企业集团总公司、离石市聚富焦化厂、离石市铸造焦化厂、离石市福利焦化厂，实现工业总产值14835.3万元，销售产值14688.1万元，资产总计38983.1万元，利税总额194.9万元，从业人员2619人。至2000年，境内焦化企业生产设备主要为土焦炉，生产方式呈现无序分散、小规模生产经营状况。信义镇有上百家土焦生产户。2000—2005年，境内焦化企业生产设备主要为连体炉，生产方式呈现相对集中、有一定规模的生产状况，这一阶段的经营户因其具备一定的规模，产量相对较多，利润丰厚。2001年后，随着煤焦市场的看好，迎来焦化企业快速发展的新时期。信义镇有焦化企业50余家，焦炉512支，工业产值实现2.6亿元。2002年，全市规模以上焦化企业6家，实现工业总产值43177.2万元，销售产值39722.5万元，资产总计57640.7万元，利税总额6243.7万元，从业人员3108人。2004年，山西大土河焦化有限责任公司生产的冶金焦出口。但由于受环保政策的限制，到2004年，本地土、小焦化企业因环保不达标被全部取缔。至2005年，全区生产焦炭277.98万吨。2005—2007年，境内焦化企业生产设备主要为三佳炉阶段，生产方式呈现相对环保、规模较大的生产状况。信义镇焦化企业建起仿三佳炉500余支，因不达环保要求，2007年，仿三佳炉被全部取缔。

至2008年，离石区经过焦化产业结构调整，初步实现煤—焦—化，煤—焦—电的产业链条延伸，提高资源综合利用率。全区机焦生产企业4家，从业职工15632人，焦炭年生产能力380万吨。山西大土河焦化有限责任公司有3家焦化厂，年生产焦炭240万吨。焦化一厂采用顶装煤技术，焦化二、三厂采用德国捣固技术，都配套有消烟除尘、鼓风机、电动机等设备，还有除尘站、生化水处理设施。吕梁东义煤气化有限公司是集洗煤、炼焦、化工、发电、城市供气于一体的焦化企业，形成年产焦炭42万吨、焦油1.3万吨、粗苯3600吨、发电2100万千瓦时、入洗原煤60万吨，日供城市煤气10万立方米的综合生产能力。

中吕焦化有限责任公司占地总面积47.53万平方米，年可生产120万吨机焦。2008年，吕梁福利焦化厂新建60万吨机焦项目，采用SK4050D–Ⅱ型捣固机焦炉，形成年产100万吨生产能力。山西大土河焦化有限责任公司以河东煤田离柳矿区优质主焦煤为主要原料，配备国际领先的德国捣固焦生产线，专业生产适用于大型高炉（2500立方米以上）使用的优质冶金焦240万吨/年。由于该产品硫、灰、反应性和反应后强度等主要指标大大优于国家一级冶金焦标准，获“大土河特级冶金焦”的美誉。公司80%的焦炭产品出口，贸易量约占全国焦炭出口总量10%左右，企业拥有自主进出口权。2009年，受国际金融危机影响，焦炭价格下跌，价格每吨1650元，比2008年高峰期每吨3000元下降45%；加之焦化企业从外地调煤，企业生产成本增加，经营困难。

2013年第三次经济普查，全区共有从事炼焦业企业法人单位3个，从业人员4991人，资产总计1733200万元；炼焦业企业1家，实现工业总产值303715万元，销售产值240496万元，资产总计1712929万元，其中，固定资产261776万元，主营业业务收入197256万元，利润总额–53459万元，从业人员4851人。截至2015年底，山西大土河焦化有限责任公司有从业人员3890人，营业收入123358.7万元，利润总额–40943.3万元。

主要焦化企业

吕梁市聚富焦化有限公司 位于莲花池街道刘家湾村，占地面积34.27万平方米。1991年，公司在交口镇乔家塔村创立，注册资金1000万元，是集工、贸、商于一体的集团有限公司，2003年，迁至刘家湾村。2005年，公司焦化产能80万吨/年，总资产7亿元。主要经营铸造焦、冶金焦、原煤、机焦、成品油销售、汽车贸易、建筑材料、煤焦进出口业务。2006年11月，公司将焦化厂转让给山西大土河焦化有限公司。

吕梁市茂盛煤焦有限公司 位于田家会街道苏家村，占地面积7.07万平方米。1992年，公司创立，属私营企业。至2006年初，企业总资产6500万元，有90万吨/年重介选煤生产线，60万吨/年捣固焦炉，余热发电、粗笨、硫铵、焦油回收等生产能力。2006年6月，因环保不达标，公司所属焦化厂停产。2007年3月，公司所属选煤厂停产。

山西省吕梁市福利焦化厂 位于田家会街道田家会村，占地面积39万平方米。1992年，该厂创建，是以安排残疾人就业为主的福利性企业，注册资本400万元。2006年，企业有职工300余人，总资产1.2亿元，固定资产6000万元，销售收入9500万元，拥有年产焦炭40万吨的QRD–2000清洁型热回收捣固式焦炉及配套的余热回收电厂。2006年，该厂与港资企业合作投资60万吨机焦项目及与之配套的发电、粗苯回收等项目，总投资2750万美元。2007年，该项目投产试运行。2008年5月，吕梁市政府对高速公路及重点河流沿线污染实施分类处置，该厂停产。

吕梁市粮裕煤焦有限公司 位于离石区田家会街道苏家村，占地面积10万平方米。1993年，公司创立，属全民所有制企业，注册资本110万元。2006年，企业固定资产1.1亿元，在册员工 185 人，有年产 40 万吨热回收捣固式清洁型铸造焦炉及配套 60 万吨重介旋流选煤生产线，主要产品是特级、一级铸造焦，产品主要销往国内大型企业，并出口日本、韩国、美国及欧洲市场。2006 年 6 月，因环保不达标，公司所属焦化厂停产。2007 年，公司所属选煤厂停产。

吕梁市双福煤焦有限公司　位于田家会街道吉家村、田家会村，占地面积 11.87 万平方米。1993 年，公司创立，注册资本 400 万元。2005 年，公司建成 120 万吨重介选煤，60 万吨捣固机焦，2×6000 千瓦余热发电、粗笨、硫铵、焦油回收等生产设施。至 2005 年，公司总资产 1.45 亿元。其中，固定资产 1.05 亿元，是吕梁市规模较大的焦化民营企业，是以煤炭综合利用为主的热电联产公司。2006 年初，焦炉试运行。2006 年 6 月，因环保原因，焦炉终止试运行。2007 年，公司所属选煤厂因环保原因停产。

山西中吕焦化有限公司　位于交口工业区高家沟村，占地面积 47.53 万平方米。公司是山西中吕能源（集团）有限公司控股组建的国有股份制企业，注册资本 8000 万元。2002 年 5 月，项目开工建设，2003 年，焦化一期工程投产。至 2007 年初，建成投产项目有焦化 120 万吨 / 年，洗煤 150 万吨 / 年，热电 2×1.25 万千瓦，原煤 90 万吨 / 年，项目总投资 10 亿元，公司员工总数 435 人。2007 年 2 月，企业因环保未达标停产。

第五节　化　工

化肥

1966 年 10 月，离石县化肥厂筹建，1970 年 4 月投产。该厂占地 2.67 万平方米，投资 408 万元，设计能力为年产合成氨 3 千吨、碳铵 1.2 万吨。1979 年，产量最高，产碳铵 1.5 万吨，实现利润 16 万元。l981 年，化肥滞销积压，离石县化肥厂地下水管破裂，水灌房基下沉，1982 年 1 月停产。5 月投资 36 万元，更换部分设备，改产有机化工原料—糠醛，厂名改为离石县化工厂。设计能力年产糠醛 300 吨，产品由山西省化工进出口公司出口日本、东欧及东南亚。但玉米蕊、高粱壳等原料不足，产品质量低，销路不好，实际年产 22—82 吨，1985 年前，生产糠醛基本盈利。1985 年，离石县化工厂在生产糠醛同时生产涂料。1985 年，经吕梁行署经委批准用技改款 139 万元更新部分设备，用交口县大麦郊青石，生产轻质碳酸钙，设计能力年产碳酸钙 4000 吨。1985 年后，生产糠醛不盈利，还亏损。1986 年 4 月，离石县化工厂碳酸钙生产线投产，生产碳酸钙 1688 吨。因市场已饱和，原料产地远、运费贵，产品质量差，吨成本高达 572 元。1986 年停产。1987 年，停止糠醛生产。吕梁行署经委批准离石县化工厂接受山西省应用化学研究所和吕梁行署化工局帮助，投资 12 万元，改产复混肥，设计能力为年产 3000 吨。因该产品所需碳铵、磷肥和尿素原料未列入国家计划，要在市场上高价购买，加之销路不畅，1988 年，离石县化工厂生产复混肥 257 吨（吨成本

205元）后即停产。至1990年，共生产涂料107吨，吨成本731—787元。1990年产轻质碳酸钙553吨又停产。1991年后，离石县基本停止化肥生产。

制药

离石县历史上的制药工业以药店中医制剂为主。1972年，吕梁地区制药厂建成投产，本地开始有了工厂化的制药生产。1972—1985年，该厂创利润109万元，利税合计176万元，年均13.5万元，年均净产值20.2万元，年均流动资金80万元。1986—1990年生产总值（1980年不变价）1307.7万元，利税40.37万元。至1990年，该厂有固定资产95万元，流动资金26万元，职工164人。吕梁地区制药厂以生产西药制剂为主，产品有葡萄糖液、四环素、土霉素、强的松、丙戊酸钠、食母生、脑复康、抗菌优、胃得宁胶丸等。生产原料由外地购进，产品销省内外。

1992年，山西省吕梁中药厂成立。1998年，该厂从业人员150人，工业生产总值556.4万元，工业销售产值181.9万元，资产合计1325.2万元，利税总额84万元。2002年，该厂从业人员150人，工业生产总值3328.8万元，工业销售产值3421.4万元，资产合计1867.4万元，负债合计440.3万元，利税总额217.1万元。2013年第三次经济普查，全区共有从事医药制造业企业1家，实现工业总产值3330万元，销售产值3971万元，资产总计9465万元，其中，固定资产4099万元，主营业业务收入3530万元，利润总额-12万元，从业人员178人，生产中成药318吨。

至2015年，该厂主要产品有胶囊剂、丸剂、片剂、颗粒剂、中药饮片4个剂型104种产品。其中“长春宝丸”“开光复明丸”等品种系全国独家生产，“复方斑蝥胶囊”“羚羊清肺颗粒”为国家中药保护品种，“藿香正气胶囊”“羚羊感冒胶囊”多次荣获“山西省优质产品”称号，“吕中”牌商标被认定为山西省著名商标。企业多次被评为“省重合同守信用单位”；被国家工商总局授予“全国守合同重信用企业”称号。截至2015年底，山西省吕梁中药厂有从业人员170人，营业收入3874.4万元，利润总额-107万元。

工艺美术

1978年，吕梁地区工艺美术厂成立，主要生产雕刻、台砚、绘画、玻璃山水画等，离石县的工艺美术制品长期以来属于民间自制，没有系统的工厂化生产，1981年，因产品销售困难被迫转产。

电石

1978年，城关镇东关村投资23万元创建东风电石厂，年产电石1800吨，1990年，生产电石3000吨，年总收入300万元左右，创利税33万余元。

塑料制品

1981年，吕梁地区工艺美术厂转产塑料制品，由于工艺技术不过关又转产塑料再生粒子料，1985年改为县营，更名为离石县塑料美术厂。有职工43名，固定资产原值14.4万元，流动资金 13.1 万元。1986 年，生产硬塑料管和煤矿井下用帆布采风筒。2010 年 6 月，吕梁市龙飞益塑料制品厂成立，位于田家会村，主要生产、销售塑料制品。2013 年第三次全国经济普查，全区共有从事橡胶和塑料业企业法人单位 1 个，从业人员 16 人，资产总计 100 万元。

第六节 食 品

蛋品加工

抗日战争前，离石曾先后建过天丰蛋厂和永丰蛋厂两家私营蛋厂。太原解放后，驻晋部队经营的永晋蛋品公司和永盛合作社组成山西省蛋业股份有限公司，筹措西北农币折小米 34.45 万千克，1950 年，任作良（该厂成立后任第一任党支部书记）、李洪春（该厂成立后任厂长）领导在永丰蛋厂旧址上创建地方国营离石蛋厂。同年 8 月 26 日，离石蛋厂投产，时有职工 80 名。1950—1952 年该厂隶属山西省蛋业股份有限公司，1953—1955 年隶属榆次专署企业公司，1955 年 11 月 20 日移交离山县人民委员会，隶属县工业局。生产高峰期有职工 420 名。主要产品为蛋黄、蛋白和全蛋粉，产品合格率 98% 以上，全部出口。1958 年，年产值最高为 161.45 万元（1952 年不变价格）。1960 年，蛋黄、蛋白和全蛋粉被评为省优质蛋品。1970 年，因蛋品停止外销，该厂改产电线。

2012 年 1 月，吕梁市福多多食品有限责任公司成立，主要生产烘烤类糕点。截至 2015 年底，公司从业人员 80 人，营业收入 3720.1 万元，利润总额 809.7 万元。截至 2015 年底，生产糕点类食品的企业还有吕梁市麦康食品有限公司、吕梁市每日香颂烘焙食品有限公司、吕梁市离石区麦加伦蛋糕店等。

粮油加工

中华人民共和国成立初期，离石县的粮油加工均采用传统的石磨、石碾，用畜力或人力推拉。1959 年，县粮油加工厂成立，日产量 1000 千克。20 世纪 60 年代，改造为滚式面粉机 4 台，日产量 5 万千克。1984 年，投资 20 万元，购进全风运型面粉机组，日产量增加到 10 万千克，同时增设酿酒车间和挂面车间，增加代加工和品种兑换业务。

1998 年，离石市粮油加工厂从业人员 48 人，工业总产值 207.9 万元，资产合计 310.9 万元，利税总额 –97 万元。2002 年，离石市粮油加工厂从业人员 51 人，工业总产值 280 万元，资产合计 227.3 万元，利税总额 –5 万元。

2006 年 9 月，吕梁市昌泰农业科技发展有限公司成立，以加工石磨面粉、各种口味的空心手工挂面、小杂粮面粉系列、小杂粮、豆系列为主，实现种植与加工、市场营销为一体的“一条龙”生产模式。年加工生产小杂粮 2 万余吨。产品销往全国各地。公司被评委吕梁市龙头企业。2011 年 12 月，获取国家生产安全体系证书（QS 认证）的有“小麦粉通用”“其他谷物碾磨加工品”“挂面”三种产品。2015 年 4 月，吕梁市离石区福圪哒食用油加工厂成立。

副食品加工

1955 年，离石县把私人联办的副食加工作坊合营为离石县副食加工厂，由手工操作实现机械化和半自动化生产。离石县副食加工厂生产的糕点被评为地区“优质产品”、冰糖获省第一名。1973 年，产糕点 183 吨，总产值（1970 年不变价格）47 万元。1978 年，产糕点 953 吨，总产值（1980 年不变价格）143 万元。1985 年，产糕点 2339 吨，总产值（1980 年不变价格）262 万元。以后经营管理差，产品销路不畅，濒于停产状态。

1998 年，离石市副食品工业公司从业人员 131 人，工业总产值 42.6 万元，工业销售产值 47 万元，资产合计 150.7 万元，利税总额 -23.1 万元。2000 年，离石市生产糖果 32 吨，生产酱油 33 吨。2002 年，离石市副食品工业公司从业人员 143 人，工业总产值 70.2 万元，工业销售产值 81.3 万元，资产合计 662.9 万元，利税总额 1.4 万元。

2007 年 12 月，吕梁市离石区贪口好山水豆制品专业合作社成立，建立以“公司 + 基地 + 农户 + 市场”的产业化经营模式。公司注册资金 1000 万元。主要产品有卤水豆腐、五香豆干、千张、豆皮、素鸡、内酯豆腐等 20 余种，远销山西各地。2009 年 3 月，吕梁市东裕农副产品贸易有限公司成立，公司依托当地资源优势，立足马铃薯深加工业，主要产品有马铃薯淀粉及淀粉制品、冷冻马铃薯薯饼，同省内大型连锁商超、酒店建立供货关系。2010 年 12 月，吕梁珍味谱食品有限公司成立，该公司为专业从事传统食品研制、开发、生产、销售的本土企业，研发的产品主要有手工烤馍、千层卷、烤馍平安棒、烤馍方块等食品系列。

2012 年 4 月，吕梁市北海山农副产品开发有限公司成立，主要加工淀粉及淀粉制品，采用签订合同的方式与当地农户联结，与销售商建立长期合作的关系，平均每年向社会提供优良精淀粉 3600 余吨，实现年销售收入 2500 余万元，带动农户 10 万户。2014 年，吕梁东裕薯业有限公司的“东裕农副产品”被评为吕梁市知名商标。2015 年，吕梁市离石区津道食品有限公司成立，吕梁市离石区贪口好山水豆制品专业合作社为其子公司。到 2015 年，吕梁珍味谱食品有限公司的产品在北京、天津、河北、陕西等 15 个省、直辖市的 120 个市打开销路，公司从业人员 80 人，营业收入 2072.4 万元，利润总额 284.1 万元。同年，吕梁市东裕农副产品贸易有限公司从业人员 16 人，营业收入 2413.9 万元，利润总额 12.4 万元。截至 2015 年底，全区注册的粉条加工企业 9 家，其他有吕梁市离石区津道食品有限公司、吕梁市离石区二玲食品加工厂、吕梁市离石区兔平豆制品加工坊等。

肉食加工

20 世纪 50 年代至 1985 年前，离石县的肉食品加工由县食品公司经营。1985 年 7 月，吕梁地区冷库与离石县食品公司合并为离石县肉联厂，年屠宰销售额达 390 万元。肉食品价格放开后，个体屠宰户增多，县肉联厂生产处于严重不饱和状态。

2015年9月，山西鑫嘉盛食品加工有限公司成立，主要进行猪、牛、羊屠宰，肉制品加工。

罐头加工

1983年，吕梁地区食品厂筹建，1984年5月投产，属地营企业。国家累计投资182万元，固定资产原值178.9万元，其中，厂房、办公楼和宿舍建筑106.9万元，设备购置72万元。年计划生产能力为800吨，至1984年年底，生产罐头352吨。其中苹果、梨、桃、桃仁、杏仁、宫廷食品核桃酪等干鲜果品罐头占85%，鸡、羊、牛肉罐头占15%。核定流动资金61万元，实际占用157万元。有职工153人。1986年，该厂由行署移交离石县工业局主管，同年产值110.9万元。因削价处理和产品报废损失，致使亏损50万元。1987年，盈利1.2万元。1990年，该厂交由吕梁行署管理。

饲料加工

1985年，县粮食局兴办饲料加工厂，此为离石县饲料加工之始。生产规模达2000吨，同年生产饲料847吨。1986年，生产饲料达2137吨，创产值64万元。1988年，生产饲料2198吨。至1990年，饲料生产量多在2000吨以上。

1998年，离石市饲料加工厂从业人员25人，工业总产值162万元，工业销售产值162万元，资产合计160.2万元，利税总额-28.1万元。2000年，离石市生产配混合饲料905吨。2002年，离石市饲料加工厂从业人员12人，工业总产值74万元，工业销售产值28万元，资产合计110.9万元。2014年3月，吕梁市蔡家崖农牧科技有限公司成立。2015年，公司从业人员15人，营业收入358.8万元，利润总额168万元。2015年3月，吕梁益心饲料生产有限公司成立。

炒货坚果加工

2008年6月，吕梁飘香食品有限公司成立，注册资金500万元，是吕梁市农业产业化骨干龙头企业。公司以传统炒货、坚果为主营，是集自主研发、规模生产、市场营销于一体的现代休闲食品企业，主要产品有葵花子类、西瓜子类、豆类、南瓜子类、花生类等传统炒货产品和以开心果、核桃、杏仁等为代表的高档坚果产品，主要有“香极王”和“石州”两大系列品牌产品，“石州”商标被评为吕梁市知名商标。

公司采取“龙头+基地+农户”的经营模式，先后与山西农科院经济作物研究所和吕梁学院生命科学系签订合作协议。至2014年底，公司厂区面积600余平方米，种植基地200公顷，员工30余名。产品销往山西、陕西、内蒙古等地，深受广大消费者的好评，吕梁市场占有率约在60%以上。

截至2015年底，该公司从业人员45人，实现工业总产值2287万元，营业收入2100.4万元，利润总额6.3万元。

1990年离石县乡镇食品工业企业状况表

表 11-13

厂名	职工数（人）	产品名称	产量（吨）	产值（1990年不变价）（万元）	利税（万元）
上安村粉房	20	粉条、粉皮	70	7.6	2.7
西属巴粉房	20	粉条、粉皮	70	7.6	3
霜雾都粉房	13	粉条、粉皮	30	4.00	0.70
小神头粉房	15	粉条、粉皮	20	8.10	1.60
贺家塔粉厂	10	粉条	30	5.1	1.1
高家沟粉厂	15	粉条	50	8.5	2.5
南关加一厂	15	醋	350	10.5	1.5
东关食品厂	30	食品加工	200	32	1.5
前瓦食品厂	10	食品加工	200	32	1.5
贺家塔粉厂	10	粉条	30	5.1	1.1
高家沟粉厂	15	粉条	50	8.5	2.5
小神头村炼油厂	10	粉条、食用油	100	36.5	1.5
崖窑湾村炼油厂	10	粉条、食用油	100	36.5	1.5
阳坡村榨油厂	6	食用油	20	7.3	1
南关肉联厂	10	肉制品	20	8.5	2
坪头大沟副食厂	5	食品加工	2	—	—

第七节 造纸 印刷

造纸

1990年，离石县有造纸企业4家，年产卫生纸700吨、包装纸1500吨、瓦楞纸500吨、纸箱100万平方米，其中城内造纸厂为村办企业，有职工100人，主要生产瓦楞纸、包装纸和纸箱，年产量1000吨，产值100万元，年创利税3万元。南关双扶造纸厂（村办），1990年有职工40人，产品为卫生纸，年产量500吨，产值165万元，创利税3.5万元。南关革新纸厂（村办），1990年有职工15人，产品为卫生纸，年产量200吨，产值66万元，创利税1.3万元。

2011年，山西凌云龙盟纸业有限公司成立，位于离石区吴城镇上丰村，属股份制民营企业，注册资金 20500 万元。主营环保石头纸产品开发及生产，石头纸生产机械研发及制造等。有职工 187 名，公司 36 万吨 / 年碳酸钙改性环保纸系列产品生产线建设项目，被确定为 2012 年度、2013 年度省级重点工程项目。项目规划面积 30 万平方米，总投资 20.7 亿元，建设规模为年产 36 万吨环保石头纸。项目分两期建设，一期 12 万吨，二期 24 万吨。全部达产后年可实现销售收入约为 28.8 亿元，实现税金 5.2 亿元，可解决 2000 余人就业。2012 年，项目一期 4 万吨生产线建成投产，累计完成投资 9.3 亿元。产品经山西省质检局检验，8 项指标全部合格。2013 年第三次全国经济普查，全区共有从事造纸和纸制品业企业法人单位 1 个，从业人员 23 人，资产总计 65300 万元。截至 2015 年底，该公司的碳酸钙粉造纸仍在试生产阶段。

印刷

离石县在民国年间已有石版印刷。1954 年，境内办私营印刷厂。1956 年，将几家私营印刷企业公私合营。

1959 年，转为离石报社印刷厂，1962 年，更名为离石印刷厂。1971 年吕梁地区建立后，更名为吕梁地区印刷厂。1971 年，原县印刷厂划归地区后，县木器厂筹建兴华印刷厂，当年投资 1.5 万元建印刷车间。1973 年，正式命名为离石县兴华印刷厂，主要业务有文字印刷、台账表格印刷、塑料热合、烫金。1975 年，县兴华印刷厂买东关窑洞 17 孔与平房 6 间。1981 年，县兴华印刷厂在厂区西建车间与办公楼，设排版、印刷、装订 3 个车间，总投资 23 万元，有固定资产 34 万元，有铸字机 2 台，印刷机 4 台，订书机、切纸机和烫金机各 1 台；有流动资金 6.5 万元，职工 63 人。年生产能力 6500 万页，因任务不足，每年能印刷 2000 万—4000 万页。1990 年，县兴华印刷厂印刷量最高，达 5746 万页。县兴华印刷厂实行定额计件工资，销售人员超额有奖，主要印刷信封、信笺、文件、报表、账簿及塑料热合烫金，开设期刊、小报、多彩商标、套红账簿等业务，投资 22 万元，上马轻印刷电子系统和胶印机。成为省地先进企业。至 1988 年，县兴华印刷厂多数年份都有 1 万—3.6 万元盈利，总共盈利 17 万元，上缴税金 20 万元。至 1990 年，吕梁地区印刷厂经营业务以吕梁报的印刷业务为主。有职工 132 人，年生产能力 7000 万页。经营业务有吕梁报、各种商标、彩色图片、文字书刊、烫金、烫蜡、表格单据等。主要设备有各种机械 49 台，设备利用率为 70%。

1998 年，离石市规模以上印刷企业有吕梁地区印刷厂、离石市印刷厂，吕梁地区印刷厂从业人员 151 人，工业生产总值 287.9 万元，工业销售产值 285.4 万元，资产合计 257 万元，利税总额 5 万元；离石市印刷厂从业人员 75 人，工业生产总值 175 万元，工业销售产值 175 万元，资产合计 182.5 万元，利税总额 29.6 万元。2000 年，离石市生产单色印刷品 0.7 万令，生产多色印刷品 0.7 万对开色令。2002 年，吕梁地区印刷厂从业人员 137 人，工业生产总值 189.3 万元，工业销售产值 285.4 万元，资产合计 242.8 万元，利税总额 49.2 万元；离石市印刷厂从业人员 75 人，工业生产总值 250 万元，工业销售产值 250 万元，资产合计 178.9 万元，利税总额 15.2 万元。

2004 年，吕梁联众设计印业有限公司成立。2007 年 5 月，吕梁市离石区开源印业有限公司成立。

2013 年第三次全国经济普查，全区共有从事印刷和记录媒体复制业企业法人单位 5 个，从业人员 132 人，资产总计 1400 万元。2013 年 8 月，吕梁市远欣印业有限公司成立。2014 年 11 月，吕梁市新飞腾印业有限公司成立。截至 2015 年底，全区注册的印刷企业 15 家。

第八节　纺织　缝纫

纺织

离石县历来有家庭纺织习惯，抗日战争前后，离石西部盛产棉花，家庭纺织业发达。

1971 年，离石县三五针织厂建立，属县营集体企业。加工绒毛衣等，以 3 台机器 5 个工人而得名。1973 年，吕梁地区二轻局投资 5000 元，县二轻局投资 2 万元，该厂转产地毯，改名离石县针织地毯厂。以生产地毯为主，兼产草帽、镀镜、手套，属半机械化生产，派 5 名职工到外地学习织毯技术。地毯由天津口岸统一收购，远销国外，因销价低，成本高，1973—1977 年连续亏本达 11 万元。1978 年好转，盈利 3256 元，1979 年盈利 1 万元，1981 年又亏 2 万元。国际市场对地毯质量要求越来越高，1983 年形成地毯积压，最后削价处理，造成很大损失。同时，决定出口转内销，及时增加 8 架机器，组织生产民用地毯，销路尚好，1983—1990 年除 2 年亏损外，其余年份都是盈利。1990 年上“活动房”“波形瓦”等新型复合材料生产，销路尚好，当年盈利达 1.5 万元，被评为省先进企业。1990 年，该厂占地面积 4002 平方米，建筑面积 1229 平方米，主要设备有木质织毯机架 20 架、热合机 1 台、编织机 40 台、手套机 4 台、38 马力锅驼机 1 台、平毯机 1 台、漂白草帽设备 1 套，自有流动资金 2.6 万元。有职工 49 名，有固定资产原值 15.1 万元。至 1990 年，全县有地毯厂 1 家，毛纺厂 1 家。年产地毯 700 平方米左右，年产布鞋 13 万双，年产手套 5 万双，年产纺毛花线 100 吨，年产山羊皮革 10 万平方米。2013 年第三次经济普查，全区共有从事纺织业企业法人单位 2 个，从业人员 55 人，资产总计 1000 万元。

缝纫

离石县民用服装传统上为自缝自用。20 世纪 50 年代开始有了专业加工企业。主要生产靠民间加工业务维持。

1954 年，离石县麻业社成立，有职工 30 名，资金来源靠所有职工拿出 1 个月的工资集股，由于资金缺乏，买不起地盘建厂子，在东关街（居委会）租赁民房经营生产。起初，生产只限于拧麻绳，制作车马挽具。1956 年，又增加制毡业务。1958 年，该社与县土产门市部合并，隶属县商业局。1961年，归手工联社管理。分开后，县土产门市部于1962年无偿投资2万元，在东关街东头（钢铁厂家属院）买下地盘，修起窑洞7孔。1964年，县委党校经过与县麻业社协商，要购买此地盘建校。县麻业社在东关街南部（县委家属院），另选场地重新建社，同年底搬入新址。1972年，由吕梁地区投资麻业社建起离石县玻璃厂。1973年，玻璃厂又与麻业社分开，独立建厂。1974年，县委要在麻业社院内修建家属宿舍，经双方商量，达成购买厂子的协议。麻业社又在交通路38号修建新的厂房。1974年，该社向银行贷款3万元，购买平缝机（包括上鞋机）10台，在原有产品的基础上，又增加鞋帽服装生产。由于产品结构的改变，故将麻业社改为离石县服装鞋帽厂，为县营集体企业。1976年，离石县红旗服装厂由二轻局转归商业局管辖，有职工49人。1978年，县红旗服装厂主要加工劳保用品，之后生产民用服装，年加工营业额31万元。1979年，县红旗服装厂在城内新建服装销售门市部1个。1980年，县鞋帽服装厂购置注塑机1台，改做模压鞋底。1981年，县红旗服装厂增添棉布、百货、针织、副食品零售。1983年，县人民政府投资1万元，为县鞋帽服装厂购置变压器1台、包缝机3台、红外线机1台、中速平缝机12台、高速平缝机2台、裁料机2台。县鞋帽服装厂达到半机械化生产，产品远销陕西、河南，近销山西各地。鞋底粒料来源河南、河北省，鞋面布料由太原市、平遥县供应。1989年，县红旗服装厂最高创利润1.8万元。至1990年，县鞋帽服装厂除2年亏损1年持平外，都是盈利。至1990年，县鞋帽服装厂占地面积4020平方米，建筑面积1385平方米，有职工63人，固定资产原值19.7万元，自有流动资金26万元。

1998年，离石市鞋帽服装厂从业人员15人，工业生产总值40.1万元，工业销售产值38.1万元，资产合计50万元，利税总额–0.3万元。

2011年5月，吕梁市离石区鑫森达制衣厂成立。

2013年第三次全国经济普查，全区共有从事纺织服装和服饰业企业法人单位1个，从业人员8人。2014年，吕梁市离石区雅典制衣店、吕梁市离石区蚕情丝艺家纺经销店、吕梁市离石区枝林制衣店成立。2015年11月，吕梁市离石区童兴被服有限公司成立。

第九节　玻璃制品

20世纪50年代，离石县开始生产玻璃用品。

1972年，离石县玻璃厂建立，属县营集体企业。占地面积为1万平方米，建筑面积1661平方米。固定资产20万元，自有流动资金8.2万元，有职工50名。建厂时，地区投资14万元，由离石县麻业社筹建。建熔化玻璃圆炉1座，购买制瓶机3台，B665型牛头刨床1台。1972年，投入生产，生产分为机制与吹制两个组，机制组主要生产葡萄糖瓶子和煤油灯台，吹制组主要生产煤油灯罩等。1973年，县玻璃厂与县麻业社分开，开始独立生产经营。1974 年，该厂利用自有资金，新建熔化玻璃的池炉 1 座，由于产品滞销，没有投入使用。1975 年，山西省拨 2 万元的新产品试制费，该厂试制成功白磁套料生产，产品有：顶灯罩、明月罩、五星罩等，由县生产资料门市部包销。1976 年，吴城公社筹建石英加工厂 1 家，解决玻璃厂原料问题。1976 年，县玻璃厂有职工 50 名。有池炉车间与圆炉车间。1979 年，调整产品结构，增加玻璃糖罐、口杯、啤酒具、晾水具等生产，同时，根据产品工艺要求，又增加加工车间 1 个，自制玻璃封口机 1 台。产品销往新疆、哈尔滨、甘肃、内蒙古、青海、武汉、北京、天津等地。1984 年，因产品缺乏市场竞争能力，该厂停产。1984 年 8 月，离石县玻璃纤维厂成立，属县国营企业。利用国家扶贫资金，投资分 25 次下达，离石县玻璃纤维厂建建停停，周期长达 3 年，1987 年 8 月，试产玻璃球。设计能力为年产中碱玻璃球 4000 吨，玻璃纤维丝 400 吨，玻璃纤维布 170 万米。省拨款 129 万元，省技改贷款 716 万元，县贷款 143 万元，县财政借款 12 万元，及其他筹款共 1055 万元，建成 30 平方米马蹄形炉窑，购置制球机、煤气炉、拉丝机、捻线机、织布机等，计 208 万元，安装费 63 万元，厂房建筑 410 万元，分摊费 352 万元，形成固定资产 1033 万元。有职工 398 人。在秦皇岛耀华玻璃厂师傅帮助下，玻璃球试产成功，1987 年生产 676 吨。由于质量低，无销路，1988 年 10 月停产。1988 年，玻璃纤维和织布生产线投产。1990 年 3 月，增加拉丝机 2 台，生产仍不正常。同月，向山西省农村信用社贷款 87 万元，增拉丝机 2 台（已达 8 台），两年产纱 151 吨。

1998 年，离石市玻璃纤维厂从业人员 293 人，工业生产总值 60 万元，工业销售产值 6.1 万元，资产合计 1137.8 万元，利税总额 -11.4 万元。1998 年 6 月，吕梁申华玻璃钢制品有限公司成立。2002 年，离石市玻璃纤维厂从业人员 290 人，工业生产总值 90 万元，工业销售产值 33 万元，资产合计 1196.4 万元，利税总额 -1.7 万元。

2012 年 5 月，吕梁市离石区振兴玻璃钢制品加工厂成立。

第十节 木器加工

离石县的木器加工业一向以分散于民间的木工匠个体经营为主。1954 年，县木业社成立，有集资入股工人 35 名，在县城东关街租赁几间民房，开始生产民用门窗、箱子和农用大车、锹把、锄把。到 1957 年，县箩笼社归属木业社，增加箩笼、竹帘生产项目。1958 年，县木业社与县营造厂合并，转为地方国营，成为 1000 余人的大厂，当时业务是外出揽工程，搞建筑。

1962 年，与县营造厂分厂，又恢复原来的木业社。1967 年后，离石汽车不断增加，汽车修理、喷漆要到外地，县木业社增加汽车喷漆项目，此项目投资小，工艺简单，易掌握，收入占全厂总收入的 50%。1969 年，自筹资金，增购电锯、手压刨，使手工操作逐步转向半机械化生产。1971年，县木业社改为离石县建新木器厂，逐步改做办公桌、椅、凳、文件柜、圆形会议桌、家用大衣柜、写字台、五斗柜以及贴面板组合家具和烤漆工艺等产品。1976年，吕梁地区投资3万元，县投资1万元，县建新木器厂购买交通路31号盖起办公楼和车间、宿舍，占地面积1.12万平方米，建筑面积1322平方米。1978年迁入新址。1983年，实行承包和定额奖。到1990年，有职工79人，下设木器、喷漆修理2个车间，6个组，有固定资产原值25.2万元，净值16.9万元。自有流动金4.3万元。年产值44万元，年利润2万—3万元。多次被评为离石县和吕梁地区先进企业。到1990年，全县木器加工企业除县木器厂外，还有离石县钢木家具厂、吴城镇木器修配厂。

2009年6月，吕梁市维邦木业有限公司成立，公司注册资金200万元。2009年12月，取得全国工业产品许可证，占地面积4000余平方米，生产加工细木工板、生态板、建筑模板等人造板系列产品，是吕梁市唯一的一家集生产、销售和服务于一体的综合性专业化木制品生产企业。2015年，公司从业人员48人，实现工业总产值3846万元，营业收入3845.5万元，利润总额417.7万元。截至2015年底，全区注册的从事木器、木材加工的企业4家。

第五章 重要企业

第一节 吕梁市泰化集团有限责任公司

1993年，吕梁市泰化集团有限责任公司成立，本部位于离石城区龙山路，企业秉承“恪守诚信，追求卓越”的创业理念，由创业初期的一座加油站发展成为集成品油零售、煤炭开采、房地产开发、金融服务、基础教育、商贸物流、物业管理、新型建材、生态农业、机动车检测、园林绿化、综合医院等为一体的大型私营企业。截至2015年底，集团有子公司20家：泰化石油有限公司、泰鑫房地产公司、交口煤业公司、泰恒商砼公司、泰众物业公司、泰丰小额贷款公司、泰化机动车检测中心、泰化学校、泰化初级实验中学、泰化幼儿园、泰化幼儿园莲花分园、泰瑞农场、泰怡生态园、泰化二手车交易市场、泰化新能源电动车交易市场、泰裕农贸市场古玩城、泰化物资城、泰化园林绿化工程公司、泰化城北农贸市场、泰化医院等，集团固定资产10亿元，员工2000余人。泰化集团公司为社会提供5000余人就业岗位，先后投入社会公益事业资金达3亿元。先后被国家、省、市评为守合同重信用企业、诚信单位，荣获山西省优秀企业、山西省中小企业转型发展先进企业、吕梁市民营经济转型发展先进企业、吕梁市工商联优秀会员企业等荣誉称号。

第二节 山西大土河焦化有限责任公司

2002年，山西大土河焦化有限责任公司成立，本部位于离石市莲花池街道大土河村。2004年，公司生产的冶金焦出口。2007—2008年，连续2年荣登吕梁市纳税榜首。2008年，公司作为山西省煤炭资源整合的主体企业之一，整合吕梁市的20余座煤矿，整合后的煤矿有6座，总产能610万吨/年，井田总面积54.07平方千米，资源总量5.22亿吨。

整合期间，公司通过技术的持续改造升级，不断提高采掘的机械化程度，以打造高标准煤炭生产基地为目标，建成投产现代化矿井3个。2009年前，公司生产的大土河牌特级冶金焦80%用于出口，主要销往美国、德国、瑞士、巴西、日本等国，出口量约占全国焦炭出口总量的10%，居山西省第一位。到2015年，由于国内外市场需求发生变化，企业生产的一级优质焦炭大部分转为内销。集团拥有山西大土河国际贸易有限公司、吕梁大土河热力有限公司、山西大土河矿业投资有限公司、山西吕梁离石贾家沟煤业有限公司、山西吕梁离石王家庄煤业有限公司、山西吕梁离石炭窑坪煤业有限公司、山西吕梁中阳付家焉煤业有限公司、山西吕梁中阳西合煤业有限公司、山西坤龙煤业有限公司等子公司。形成较为完备的煤焦循环经济产业链，是集采煤、选煤、炼焦、发电、热力、甲醇生产及化工产品加工、建材生产、运输于一体，并拥有自营进出口权的综合性生产企业集团。企业自创立以来，累计纳税约130亿元。截至2015年底，公司有从业人员9600人，资产总额180.4亿元，产值17亿元。公司拥有的煤矿井田总面积54.0719平方千米，资源总储量5.2亿吨，总产能610万吨/年。公司拥有520万吨选煤、216万吨炼焦、5.1亿千瓦时发电、20万吨甲醇、15万吨焦油、8万立方米加气混凝土砌块、6000万块煤矸石烧结砖的生产能力及660万平方米的城市集中供热能力。

第三节 山西东江煤业集团有限公司

2009年，资源整合和企业兼并重组时，山西东江煤业集团有限公司成立，本部位于离石区永宁东路。生产能力为150万吨/年，井下面积4.7平方千米，批准开采4号、5号、8号、9号煤层。截至2015年底，集团主要经营煤炭洗选、煤炭开采，涉及行业有金融、酒店服务业等。子公司有山西吕梁东江煤业有限责任公司、离石金利典当行、东江大酒店、北京晋祥源典当行、山西鑫泰源典当行、东江基金会。

第四节 山西东泰能源集团有限公司

山西东泰能源集团有限公司位于离石区城北街道下安村吕梁大道西侧，西临吕梁火车站，北靠吕梁学院，交通便利。2009年1月，吕梁离柳煤焦有限公司创建。2011年8月，山西复兴煤业有限公司创建。2012年7月，山西复胜煤焦有限公司创建，12月，组建山西东泰能源集团有限公司。2014年12月，山西东泰能源集团有限公司成功收购吕梁永宁煤焦集团有限责任公司及下属子公司，包括山西吕梁离石永宁煤业有限公司、山西吕梁离石永聚煤业有限公司、山西离石电缆有限公司、吕梁三佳房地产有限公司等。截至2015年底，集团主要经营煤炭销售、电缆生产销售，涉及煤炭、电缆、房地产、旅游业等行业。有主体煤矿4座，井田总面积25平方千米，生产能力360万吨/年；洗煤厂4座，洗选能力1000万吨/年。子公司有山西离石电缆有限公司、山西吕梁离石永宁煤业有限公司、山西吕梁离石永聚煤业有限公司、吕梁三佳房地产有限公司等。

第六章　工业管理

第一节　企业微观管理

离石区国营、集体工业企业的内部管理体制经过几个发展阶段。“一五”期间，学习苏联“马钢宪法”，推广东北“五三工厂”经验，实行“一长制”，即厂长（经理）负责制，企业党委起“保证（生产任务完成）监督（行政执行党和国家的路线政策）”作用。职工工资以等级工资为基础，工人凡是能实行定额的，实行评定先进定额和计件工资或超定额奖励工资；其他职工实行岗位责任制和计时工资加评定等级奖金。实行合理化建议奖和技术革新奖。

1958 年，批判“马钢宪法”，批判“一长制”，批判“奖金挂帅”，推行“鞍钢宪法”，实行党委领导下的厂长（经理）负责制，企业中的一切重大问题均由企业党组织讨论决定（车间一级党组织无此权力，只起保证监督作用），“党委决定、各方（党、政、工、团）去办”；实行“政治挂帅”（即领导干部以身作则，共产党员、共青团员起模范起带头作用，加强对职工群众的思想政治工作，完成任务，无私奉献）、“两参一改三结合”（干部参加劳动，工人参加管理，改革不合理的规章制度，技术改造由工人、技术人员和领导干部结合攻关），实行等级工资，定期评比先进，以荣誉奖励为主，物质奖励为辅，把原来工资总额中的奖金，按级别摊入工资发放。在三年调整时期，贯彻中央《国营工业企业工作条例（草案）》（简称《工业七十条》），实行政治挂帅与物质鼓励相结合，恢复部分岗位的计件工资。“文化大革命”期间，批判“管卡压”，放松和削弱企业管理。

1978 年后，实行改革开放，扩大企业自主权，推行厂长（经理）负责制和承包制，企业党组织负责思想政治工作，是思想政治工作的中心。在企业生产和分配方面进行一系列改革，全县工业企业的产值盈利大户—离石电线厂按年度特点和单位特点，实行不同内容的承包责任制。1983 年，实行生产车间包利润、保质量、产量、消耗、安全和费用“一包五保”制度；科室实行“四定制”，以百分计奖。1984 年，适应原材料涨价带来的困难，实行车间、科室包费用指标制。生产销售科实行全年包销售总额、成品资金和生产资金的“三包制”。供应科实行降低采购成本奖励制。主要车间实行奖金和利润直接挂钩制，机修车间实行业务自揽、自负盈亏、利润包干制。汽车队实行单车核算，超额利润按比例提奖制。劳动服务公司、职工食堂实行自负盈亏、全面包干制。其他科室与车间实行指标“包”“保”制。70% 的工人实行全额浮动累进计件工资制，科室由月资改为日工资。端掉“大锅饭”，生产得到发展，企业成为国家电缆电线定点生产企业。

第二节 企业宏观管理

1978年前，国家对工业企业实行计划管理，政府调控，企业没有自主权，对国营企业比集体企业管理更为严格。各企业生产计划由县计委下达；基建投资和技术改造投资，由县计委做计划，县财政拨款，银行支付；干部、工人招收调配和大、中专学生安排，工资调升等由县计委提出计划，县人事、劳动部门执行；物资供应和产品销售由县计委制订计划，县物资、商业部门包供、包销。企业的任务就是按计划指标进行生产。县经委与工业局等企业主管部门“人、财、物”都不管，主要是调度和组织生产，统计、检查、评比和交流经验。企业收益，除共同缴纳产品税外，国营企业利润全部上缴县财政，亏损由县财政补贴。集体企业利润，以累进税率，最多不超过利润的55%，上缴所得税，企业自负盈亏；企业供销，既靠国家安排，又靠市场购销；国家也给集体工厂一部分投资和无息低息贷款（不给集体合作社）。

中共十一届三中全会后，实行经济体制改革，扩大企业自主权，逐步使企业独立经营，自负盈亏，自我约束，自我发展。按照市场需求和资源，由企业以销定产。由上缴利润，改为按八级累进税率上缴所得税，实行“利改税”。职工工资与企业经济效益挂钩。在保证国有资产增值的条件下，实行利润承包（厂长承包或全员承包），五年一轮承包，全县国营工业企业是政府在物价、工资、贷款、税收等方面实行宏观调控下的市场经济。

第三节 管理机构

市（县）工业局

中华人民共和国成立初期，离石县人民政府设矿业科主管工业生产。1955年6月，改称离山县工业局。1961年，撤离石县工业局，由离石县经委直管工业生产。1963年，复设离石县工业局。“文化大革命”前期，先后由离石县工交委、工交办管理。1973年3月，复设离石县工业局。1983年，离石县工业局与离石县经委合署办公。1984年4月，又分设离石县工业局，管理国营工业。2002年，离石市工业局合并入离石市经济贸易局。

区城镇集体联合社（县手工业管理局 县轻工业局 县、市二轻工业局）

中华人民共和国成立初期，县供销社生产股管理二轻（手）工业。1956年，离山县手工业联社成立。1958年，离石县手工业管理局（一度改为县轻工业局）设立。1985年，离石县手工业管理局改称离石县第二轻工业局。2002年，离石市第二轻工业局改为离石市城镇集体联合社（简称城镇联社），由原来的管理职能逐步转变为服务职能。

区中小企业服务中心

1976年1月，离石县农村社队企业管理局成立。1980年3月，离石县农村社队企业管理局改称县农村人民公社企业管理局。1984 年 8 月，离石县农村人民公社企业管理局改称离石县乡镇企业管理局。2002 年，离石市乡镇企业管理局并入市经贸局。2004 年 4 月重设离石市乡镇企业局。2004 年 8 月，更名为离石区中小企业局，保留离石区民营经济发展局的牌子。2010 年，离石区中小企业局更名为离石区中小企业服务中心，挂离石区民营经济发展局的牌子，下设离石区煤炭运销公司和离石区中小企业创业服务中心。

市（县）经济委员会

1960 年 1 月，离石县经济建设委员会成立。1961 年 10 月，离石县经济建设委员会、离石县计划委员会、离石县物资管理局合并为离石县经济计划委员会。1962 年 5 月，离石县经济计划委员会与离石县工业局、离石县交通局合并为县经济委员会。1963 年 5 月，离石县经济委员会改为离石县工业交通局。1965 年 6 月，离石县工业交通局分设为离石县经济委员会、离石县交通局。1971 年 2 月，离石县工业交通建设组成立，1972 年 2 月并入业务组。1975 年 11 月，离石县工业交通办公室成立，1981 年 3 月，撤销离石县工业交通办公室，恢复离石县经济委员会。1984 年 4 月，离石县计划委员会、离石县经济委员会合并为离石县计划经济委员会。1985 年 4 月，又分设为离石县计划委员会、离石县经济委员会。1987 年 10 月，从离石县经济委员会中分出离石县财贸委员会。

区（市）经济贸易局

2002 年 2 月，在党政机关机构改革中，离石市经济委员会（工业经济办公室）、离石市工业局（国有工业资产总公司）、离石市财贸委员会（财贸经济办公室）、离石市商业局国有（商业）资产总公司、离石市乡（镇）产业管理局合并为离石市经济贸易局。2010 年 2 月，离石区经济贸易局更名为区经济和信息化局，同时挂离石区人民政府国有资产监督管理委员会、离石区商务局牌子。截至 2015 年底，离石区经济和信息化局内设办公室、经济运行办公室、投资规划办公室、国资办公室、信息化办公室、商贸办公室、党组办公室、行业管理办公室、节能监察大队，有职工 34 人，其中大学本科学历 18 人，研究生 2 人。

区（县、市）煤炭工业局

1986 年 5 月，离石县煤炭工业管理局从县矿业公司中分设成立，实行行业管理。2002 年 6 月，离石市安全生产监督管理局成立，离石市煤炭工业管理局与其两块牌子、一支队伍。2003 年，更名为离石市煤炭工业局。2005 年 5 月，离石区安全生产监督管理局从离石区煤炭工业局中分出。截至 2015 年底，离石区煤炭工业局内设办公室、安全生产检查股、行业管理股、经济运行股、通风股、人事教育培训股，下设离石区军事化矿山救护队、离石区煤炭纠察分队、离石区煤矿瓦斯防治中心（同时挂区安全信息中心牌子）、离石区煤炭安全技术培训中心、离石区煤炭测绘服务中心、离石区安全仪器仪表测试中心、离石区煤矿水害防治中心（同时挂离石区驻矿“五人小组”管理中心牌子）。离石区煤炭工业局机关有职工 30 人，下设单位有职工 208 人。

第十二编

电　力

- 发电
- 电力输送使用
- 供电生产管理
- 用电
- 电力管理

1951年5月，国营离石蛋厂安装柴油发电机发电。1955年，除供应该企业生产用电外，还向县人民政府等单位提供部分照明用电。1959年，离石县发电厂投产，架设输电线路向城关及东关铁厂供电。

1968年，中阳县发电厂到离石城关35千伏输电线路建成并与离石电厂联网，境内供电与发电开始分设，离石变电站成为吕梁小电网的枢纽站。1980—1983年，离石沙会则110千伏变电站建成，与山西大电网并网运行。1997年，离石市供电局进行供电调度自动化工程建设。

2000—2006年，离石区（市）电力公司完成境内农村电力网改工作。2009年，山西地方电力股份有限公司离石分公司开展10千伏和低压农网完善工程。2010年，实施全区农网改造升级工程。2011年，开展全区电网改造工程建设。

截至2015年底，离石区形成以车家湾220千伏变电站为中心枢纽，110千伏变电站9座（包括1座用户站、1座国网站），35千伏变电站18座（包括12座用户站），辐射全区范围的电网。共有10千伏开闭所3个。有110千伏输电线路224.933千米，35千伏输电线路235.774千米，10千伏输电线路667.43千米，配变压器1600余台，总容量约45万千伏安。供电量83424.64万千瓦时，售电量为78185.22万千瓦时。全区总用户7.79万户，其中大工业用户121户，居民用户7.53万户，农业生产用户521户。

第一章 发 电

第一节 早期发电

1948年，晋绥兵工部第八厂迁至离石县柳林镇锄沟村（今属柳林县）大庙内，安装1台汽车引擎作为动力的5千瓦小型发电机，供兵工生产车间照明用电，是全县最早的发电设备。

第二节 离石蛋厂发电

1951年5月，国营离石蛋厂为蛋黄烤炉生产设备照明，安装0.75千瓦柴油发电机1台发电。同年10月，离石蛋厂从临县招贤绥远兵工厂调进3.5千瓦燃煤蒸汽机发电机组1台，并投入运行。1955年6月，离山县城内首次架设380伏低压输电线路0.5千米，由离石蛋厂为离山县委、县政府提供照明用电。1956年12月，离石蛋厂又从临县招贤绥远兵工厂调进7千瓦燃煤蒸汽机发电机组1台，并投入运行。1957年9月，离石蛋厂投资10万元，先后购进84千瓦、80千瓦发电机各1台。投产后除供厂内全部加工车间照明使用外，新架设380伏输电线路1.5千米，供离山县委、广播站、银行、医院等机关照明用电。1959年8月，离石县发电厂1号发电机组利用蛋厂电源启动投产后，离石蛋厂停止发电。

第三节 离石发电厂

1958年8月，离石发电厂施工建设，位于离山县城交通路（东关）143号，占地面积4.57万平方米。发电机组是调拨灵石县富家滩煤矿南关电厂的美国制造A T B2-600千瓦燃煤汽轮发电机组。1959年8月6日，该厂竣工投产。1968年，扩建第二台晋机制造的TQT1616／4-1500千瓦燃煤汽轮机发电机组，1970年10月投产运行。1979年，扩建第三台洛阳制造的QF—3—2—3000千瓦燃煤汽轮机发电机组，1982年7月投产运行。1982年7月，第一台600千瓦机组因设备老化停运。1987年，将原600千瓦发电机组拆除并在该位置上安装晋机制造的TQT1616／4-1500千瓦燃煤汽轮机发电机组，1988年3月投产运行。1992年9月，开始对1号发电机组进行改造，容量由1500千瓦改为3000千瓦，1994年9月正式投产。至1994年年底，离石县发电厂实际生产能力为7500千瓦。

2001年5月，离石市发电厂因机组能力小，生产成本高，污染严重，无法维持生产，全部停止运行，企业实施改制，结束42年的电力生产历史。电厂累计发电6亿千瓦时。

1960—1990年离石县发电厂生产情况表

表12-1

年份	装机容量（千瓦）	固定资产（万元）	产值（万元）	发电量（万千瓦时）	煤耗率（千克/千瓦时）	厂用电率（%）	单位成本（元/千瓦时）	销售收入（万元）	利润（万元）	税金（万元）	年末职工人数（人）
1960	600	69.93	17.5	249.26	1.5	25	2764.12	46.82	1.75	2.08	73
1961	600	72.68	11.12	164.17	1.79	17	1773.65	26.22	2.77	0.95	29
1962	600	72.39	8.04	118.04	2	25	1962.88	20.22	—1.55	0.66	54
1963	600	85.53	6.04	93.97	2.23	18	2121.10	15.8	—0.77	0.44	54
1964	600	85.49	7.7	114	1.56	25	1319	7.32	0.61	0.62	61
1965	600	93.19	13.39	164.04	1.4	28	1214.63	20.21	4.18	1.17	70
1966	600	110.92	14.65	225.39	1.34	18.15	978	25.59	7.03	1.29	75
1967	600	107.16	14.63	225.10	1.27	17.63	1099.32	26.7	5.54	1.35	76
1968	600	—	14.1	216.58	1.47	18.2	1206	24.72	3.98	0.76	80
1969	600	—	12.73	195.80	1.2	17.8	966	20.23	1.07	1.03	97
1970	2100	157.56	21.52	330.48	1.35	19.4	817	32.19	9.54	1.61	115
1971	2100	119.54	59.8	918.43	1.41	18.1	468	64.73	27	3.24	163
1972	2100	118.37	53.4	802.73	1.31	17.6	631	55.78	20.3	3.14	194
1973	2100	65.43	72	1032	1.12	16.5	508	68.47	25.8	2.68	179
1974	2100	—	66.4	947.7	1.21	16.4	532	66.73	17.8	2.68	174
1975	2100	184.06	72	1019.5	1.3	15.2	480	59.83	16.7	0.36	175
1976	2100	188.76	68.6	985.2	1.31	18.6	576	45.06	—2	2.47	168
1977	2100	189.25	80.8	1174	1.32	15.7	482	50.22	2.2	0.27	166
1978	2100	193.89	85.56	1239.99	1.29	15.67	484	56.1	2.29	0.28	178
1979	2100	202	97.37	1362.49	1.34	14.1	467	69.49	3.54	0.2	189
1980	2100	184.20	75.01	1039.3	1.25	15	484.70	51.5	2.5	0.3	211
1981	2100	186	73.55	1073.59	1.32	15.17	545.26	48.43	—4.02	0.41	262
1982	5100	441.80	107.86	1550.6	1.14	13.74	545	73.44	2	0.16	267
1983	5100	446.46	163.64	2265.74	1.1	13.4	446	103.67	3.81	3.67	258
1984	5100	430.19	168.53	2520.7	1.37	31	447	112.26	6.14	5.18	245
1985	5100	460.3	184.5	2767.14	1.6	16	472	123.82	—0.56	6.5	273
1986	5100	410.27	113.79	2240.1	1.89	16	561	121.40	—10.62	6.32	233
1987	5100	436.79	107.1	2167.37	2.13	30	829	136.3	—25.67	7.13	332

续表 12-1

年份	装机容量（千瓦）	固定资产（万元）	产值（万元）	发电量（万千瓦时）	煤耗率（千克/千瓦时）	厂用电率（%）	单位成本（元/千瓦时）	销售收入（万元）	利润（万元）	税金（万元）	年末职工人数（人）
1988	6000	508	211.77	1563.8	1.89	28	1001.62	120.64	—42.39	6.33	341
1989	6000	577.13	114.41	654.29	1.72	25	2239.35	62.16	—77.88	3.28	340
1990	6000	580.3	56.54	1113.07	1.4	19	1284.84	9..33	—53.44	3.54	340

注：产值中 1960—1973 年为 1957 年不变价格，1974—1980 年为 1970 年不变价格，1981—1990 年为 1980 年不变价格。

第四节　大土河集团发电

热电一厂

热电一厂位于莲花池街道大土河村东，占地面积 4.84 万平方米，隶属山西大土河集团电力公司。2004 年 4 月，建成投产，总投资 1.5 亿元，配置主机为 3 台 75 蒸吨循环流化床锅炉和 2 台 12 兆瓦抽汽凝汽式汽轮发电机组，年发电量 1.9 亿千瓦时。同时为离石城区供热 130 万平方米。截至 2015 年底，该厂设安全运行科、办公室、纯净水班、辅运部和运行值班室，有职工 150 余人。

热源厂（热电二厂）

热源厂（热电二厂）位于莲花池街道潘家沟村，占地 9.99 万平方米，是大土河焦化有限责任公司投资建设的自备电厂，以选煤厂矸石和中煤为主要燃料，同时具备煤气能力的资源综合利用发电厂。2005 年 11 月，开工建设。2008 年 4 月建成投产。同年，与吕梁供电分公司签订并网协议。该厂总投资 3.6 亿元，配置主机为 3 台 150 蒸吨循环流化床锅炉和 2 台 25 兆瓦抽汽凝汽式汽轮机，年发电量 3.8 亿千瓦时。2010 年，吕梁市政府批准改造热电二厂为热源厂，厂名更名为热源厂，公司自筹资金改造，作为城区供热热源点。2010 年 11 月 1 日正式投入运行，为离石城区供热 300 万平方米。截至 2015 年底，该厂设安全运行科、综合办公室、运行一值、运行二值、运行三值、辅运部，有职工 161 人。

晋能离石大土河 2×35 万千瓦低热值煤热电联产项目

2014 年 12 月，山西省国有资产监督委员会批准，晋能大土河热电有限公司成立。公司由晋能电力集团有限公司与山西大土河矿业投资有限公司按照 99%∶1% 股比合资建立。2015 年 5 月 28 日，山西省发展和改革委员会批复晋能集团有限公司离石大土河 2×35 万千瓦低热值煤热电联产项目，项目位于信义镇回龙塔村北侧，占地 20.78 万平方米（厂区实际占地 17.98 万平方米），事故灰场位于胡家沟内，占地 14.25 万平方米。建设内容包括 2×35 万千瓦超临界循环流化床锅炉、直接空冷发电供热机组，年发电量 35 亿千瓦时，概算总投资 35 亿元。2015 年 6 月 26 日，正式开工建设。截至 2015 年底，项目完成投资 7.5 亿元。

第二章 电力输送 使用

第一节 电网建设

1955年6月，国营离石蛋厂为解决县委、县政府照明需要，架设境内第一条380伏输电线路，长0.5千米。1957年9月，离山县蛋厂新装2台168千瓦蒸汽发电机组，又架设厂外380伏输电线路1.5千米。至此县城内政府、广播站、银行、医院等机关照明均由离石蛋厂供给。1959年8月，离石县发电厂架设3.3千伏输电线路2.5千米供城关及东关铁厂用电，至此离石蛋厂结束发电和供电，发电、输电和供电由离石县发电厂负责生产和运行。

1964年5月，离石县发电厂至盛地村10千伏北川主干线路建成，全长15.51千米。1965年7月城关35千伏变电站建成，1967年投产。1968年，中阳电厂至离石城关35千伏输电线路建成并与离石电厂联网。同年，晋中地区电业局离石供电所成立。至此，境内供电与发电分设，离石县发电厂结束自发自供电的历史，与中阳、临县发电厂并网运行。离石变电站成为吕梁小电网的枢纽站。

1980—1983年，离石沙会则110千伏变电站一、二期工程建成，与山西大电网并网运行。1986年10月，35千伏城关变电站停用。至1990年，离石境内先后建成沙会则110千伏变电站、信义35千伏变电站和城西35千伏变电站3个变电站，供电负荷为1.15万千瓦。县电业局管理的线路有10千伏线路17条、609.7千米，35千伏线路4条69.6千米，其余中离、离柳、临离3条35千伏线路分别由中阳、柳林、临县电业局管理，汾离110千伏线路（汾阳110千伏变电站至沙会则110千伏变电站），全长73千米，由吕梁地区电业局工区管理。1990年，全县境内除站用变压电器外，有公用配电变压器119台，容量4690千伏安，用户自备变压器441台，容量29225千伏安，总容量33915千伏安。全县10千伏出线共建成103条，线路总长度707.69千米。供离石用电户3615个，其中，工业用户487个用电2832.11万千瓦时，农业用户354个用电575.04万千瓦时，机关、学校、个体专业户用户2774个用电l809.16万千瓦时。253个行政村全部通电。供电量5216.31万千瓦时，售电量5005万千瓦时。

1995年前，离石主要靠大电网供给，由沙会则110千伏变电站引入离石。该站是离石唯一110千伏变电站，主变2台，主变容量1×20000千伏安、1×31500千伏安，分别承担东片中部和城区部分负荷。离石发电厂装机容量6000千瓦，10千伏出线1回，经城西35千伏变电站与系统并网。

1998年，离石电力公司划归山西地方电力股份有限公司（以下简称地电公司）吕梁分公司后，加大电网建设力度。2000年，离石110千伏城南变电站、交口35千伏变电站投入运行。2002 年 2 月，下安 35 千伏变电站投入运行。2003 年，信义 35 千伏变电站增容为 4000 千伏安 /2 台。2005 年 3—4 月，枣洼 35 千伏变电站、田家会 35 千伏变电站投入运行。

2006 年 6 月，城南变电站增容改造。2006 年底，枣洼 35 千伏变电站增容主变 1 台为 6300 千瓦。2010 年 11 月，上安 110 千伏变电站投入运行。2011 年 3—12 月，城中 110 千伏变电站、莲花 110 千伏变电站投入运行，莲花、滨北 10 千伏开闭所投入运行。

2012 年 10 月，信义 110 千伏变电站投入运行。2014 年 4—7 月，高家山 110 千伏变电站、车家湾 220 千伏变电站投入运行。2015 年 2 月，盘龙 110 千伏变电站投入运行。截至 2015 年底，离石区形成以车家湾 220 千伏变电站为中心枢纽，110 千伏变电站 9 座（包括 1 座用户站、1 座国网站），35 千伏变电站 18 座（包括 12 座用户站），辐射全区范围的电网。用户专线除传统的煤矿、水泥等大工业用户以外，先后建成吕梁学院、自来水公司、居然之家、民兵训练基地、恒大小区、国际宾馆、永宁国际等大批非工业大用户专线。全区范围内共有 10 千伏开闭所 3 个。有 110 千伏线路 130.773 千米，35 千伏线路 149.485 千米，10 千伏线路 614.78 千米，配变 1600 余台，总容量约 450000 千伏安。全区总用户 7.79 万户，其中大工业用户 121 户（包括 36 户专线用户），居民用户 7.53 万户，农业生产用户 521 户（包括农业排灌 11 户）。2015 年供电量为 83424.64 万千瓦时，售电量为 78185.22 万千瓦时。

第二节　变　电

220 千伏变电站

220 千伏车家湾变电站位于田家会街道车家湾村，是晋能集团有限公司在离石区建设的首座 220 千伏变电站，占地面积 1.45 万平方米。2008 年 7 月开工建设，2014 年 7 月投入运行。工程总投资 21245 万元，全站主要设备分为 220 千伏、110 千伏、35 千伏三个电压等级，装有济南变压器厂生产的 180000 千伏安的有载调压变压器 2 台，接线方式为双母接线，设计进出线 8 回。至 2015 年投运 3 回，分别为吕车Ⅰ线、吕车Ⅱ线（电源进线，来自吕梁 500 千伏变电站）、车回Ⅱ线（送往晋能集团大土河发电厂）。110 千伏设备接线方式为双母接线，设计进出线 10 回，投运 7 回，分别为：车上线（接入上安 110 千伏变电站）、车中线（接入城中 110 千伏变电站）、车盘线（接入盘龙 110 千伏变电站）、车莲线（接入莲花 110 千伏变电站）、车信Ⅰ线、车信Ⅱ线（接入信义 110 千伏变电站）、车王线（接入方山县大武东相王 110 千伏变电站）。35 千伏设备接线方式为单母分段，配有 7200 千乏无功补偿电容器 6 组、500 千伏安站用变压器 2 台，保护为深圳南瑞 ISA 系列微机保护装置。全站采用深圳南瑞公司以 UNIX 操作系统为平台的 PRS700 计算机监控系统和珠海共创的“五防”（防止操作过程中误拉合断路器、防止带负荷拉合隔离开关、防止带电挂地线、防止带地线合断路器、防止误入带电间隔）闭锁装置。变电站投运后减轻

220千伏中阳金罗变电站和220千伏临县变电站的供电压力，优化吕梁电网的网架结构。

110千伏变电站

110千伏离石（沙会则）变电站 位于田家会街道沙会则村，隶属国家电网山西省电力公司吕梁供电公司，占地面积1.05万平方米。1980年始建，总投资79万元，由山西省电力设计院设计，忻州地区电业局工程队安装。1983年9月，建成投入运行，有主变压器1台，容量为16000千伏安，电容器2100千乏，110千伏进线1回，35千伏进出线6回。变电站的建成投入运行，使离石县区域小电网与山西省大电网经汾阳—离石110千伏线路并网运行，全县供电网与发电网正式分开，结束境内只靠区域小电网供电和离石县发电厂自发自供的历史，是离石电力发展史上的重要里程碑。1986年2月，变电站增容1台2万千伏安变压器。1990年6月，将16000千伏安主变压器更换为31500千伏安有载调压变压器。2014年6月，将主变压器增容改造成2台5万千伏安有载调压变压器。截至2015年底，变电站有主变压器2台，总容量为10万千伏安。有110千伏线路共7回，分别是离三线、汾离线、方离Ⅰ线、方离Ⅱ线、高永线、大离Ⅰ线、大离Ⅱ线；35千伏线路共6回，分别是离大线、离下线、离袁线、离交线、离水线、离信线；10千伏线路共10回，分别是郊东线、公司Ⅰ回、永中线、滨东线、大土河、永东线、交通线、公司Ⅱ回、七矿线、东川线。该站主要承担吕梁市城区及离石区各企事业单位、厂矿及城乡人民生活用电的供电任务，为离石电网枢纽变电站。

110千伏城南变电站 位于交口街道岐则沟村，占地面积1.17万平方米。1998年12月，交口35千伏变电站始建，该工程批准概算为523.43万元，其中，变电工程为423.82万元，输电工程为83.71万元，单项工程为15.9万元。建设初期按35千伏变电站设计，主变压器1台，容量为6300千伏安。无功补偿采用BWF11/3-1200-3W型电容器集中补偿，容量为1200千乏。35千伏进线2回，10千伏出线7回。2000年9月，变电站建成投入运行，最大供电负荷为5000千瓦，主要承担离石城周边工矿企业及居民的供电任务。2003年，交口35千伏变电站升压为110千伏变电站，更名为城南110千伏变电站。8—12月，实施升级改造工程，主变压器容量增容为2万千伏安有载调压变压器，有10千伏密集型电容补偿装置2400千乏1套，110千伏进线中阳金罗1回；110千伏出线柳林穆村线、方山乔沟2回线；35千伏出线5回；10千伏出线9回。实施综合自动化改造。最大供电负荷为15000千瓦。2005年1—3月，该站进行二期扩容改造，新增40000千伏安主变压器1台，110千伏真空断路器1台，35千伏真空断路器2台，10千伏真空断路器5台。主接线方式均为110千伏、35千伏、10千伏单母分段，有110千伏进线2回、110千伏出线有方山乔沟1回、35千伏出线6回、10千伏出线14回。全站设备均采用珠海共创“五防”闭锁装置，全部实现微机打票。总容量增至60000千伏安。2006年7—10月，对110千伏城南变电站主变压器进行增容。将20000千伏安主变压器增容为40000千伏安有载调压变压器，电压等级110千伏、35千伏、10千伏。增主变压器三侧间隔设备；增设1台无功补偿装置，补偿容量为4000千乏。增35千伏母联分段间隔设备；增10千伏出线4回，线路10.5千米。2008年9月，投资616万元扩容投入运行2台主变压器，总容量为80000千伏安。2009年7月，增35千伏及10千伏消弧线圈各1台。2010年，将综合自动化功能改造为“双前双后”（当2台值班机发生故障，监视设备自动把2台备用机投入在线运行）模式。2010年10月，110千伏柳林穆村进线改为110千伏城穆线，110千伏方山乔沟出线改为110千伏142城上线；新增110千伏141城中出线。10千伏出线5214南川线改为5214贺家塔线，5217莲花区线改为5217南川线，5225金罗线改为5225供热站线。2011年，10千伏出线5223交口线改为高家沟线。2012年，10千伏出线5228井龙线建成投入运行。2012年9月至2013年5月，进行综合自动化改造，更换后为国电南京自动化股份有限公司生产的保护设备。2013年，35千伏出线4439下安线改为城西Ⅰ回线。截至2015年底，变电站有110千伏城南变电站主变压器2台，总容量为80000千伏安；110千伏线路共4回，分别是金城线、城穆线、城上线、城中线；35千伏线路共6回，分别是离交线、王家会线、城西Ⅰ回线、城枣线、城西Ⅰ回线、城田线；10千伏线路共14回，分别是煤气化线、阳山线、芦则峁线、开闭所线、供热站线、中吕线、高家沟线、段家坪线、丽苑线、河东线、郊西线、井龙线、贺家塔线、南川线。该站年最高供电负荷为45000千瓦，年供电量17883.6万千瓦时，主要担负吕梁市城区及离石区各企事业单位、厂矿及城乡人民生活用电的供电任务，为离石电网枢纽变电站。

110千伏上安变电站 位于西属巴街道上安村南，占地面积3753平方米。2009年6月开工建设，2010年11月3日建成投入运行。该站有40000千伏安有载调压变压器2台，共有110千伏、35千伏、10千伏三个电压等级。按IEC61850建成数字化变电站，110千伏采用电子式电流电压互感器；35千伏、10千伏采用小信号电子式电流、电压互感器，开关设备采用增加智能终端方式实现智能化。110千伏主接线方式为单母分段接线，其中110千伏进出线2回（132城南线、133方山乔沟线）；35千伏主接线方式为单母分段接线，其中35千伏出线12回，10千伏主接线方式为单母分段接线，其中10千伏出线9回（自来水、西属巴线、河西线、滨北Ⅰ回、燕沟线、莲花线、铁路线、上安线、滨北Ⅱ回），4台3000千乏的10千伏电容器，每台主变压器在10千伏侧配置2组3000千乏并联电容器。站用变压器选用2台10千伏干式变压器，容量均为80千伏安，分别安装于10千伏Ⅰ、Ⅱ母线上。2012年，110千伏133方山乔沟线改为亿龙线133，10千伏城西线4303改为城西Ⅱ回线4303。2014年，增110千伏进线车上线134；增10千伏出线3回，分别为新城Ⅰ回线、新城Ⅱ回线、新城Ⅲ回线。截至2015年底，该变电站有110千伏上安变电站主变压器2台，总容量为80000千伏安；110千伏线路共3回：城南线、亿龙线、车上线；35千伏出线12回，分别是吕梁学院线、恒大线、担炭沟线、下安Ⅱ回线、晋邦德线、坪沟线、上枣线、背沟线、临离Ⅰ回线、永宁线、神州Ⅱ回线、城西Ⅱ回线；10千伏出线12回，分别是供水线、新城Ⅰ回线、新城Ⅱ回线、新城Ⅲ回线、西属巴线、河西线、莲花线、火车站线、上安线、滨北Ⅱ回线、上安线、燕沟线。该站年最高供电负荷为43000千瓦，年供电量24535.1万千瓦时，主要承担吕梁市城区北城区、吕梁学院、火车站、离石区部分煤矿及城乡人民生活用电的供电任务。

110千伏莲花变电站 位于莲花池街道前圪垯上村，占地面积3646.6平方米。2009年10月开工建设，2011年11月22日建成投入运行，工程总投资6182万元。站区为全封闭室内站，共两层楼，一层为主变、10千伏配电室及消弧接地变室，二层为主控室和10千伏电容器室，楼顶为110千伏GIS组合电器。有2台三相两绕组自冷式有载调压变压器，总容量为80000千伏安，电压等级为110千伏、10.5千伏。二次设备均采用国内先进的数字综合自动化设备，监控系统具有“遥测、遥信、遥控、遥调”功能。截至2015年底，变电站主变压器2台，总容量为80000千伏安；110千伏线路共2回，分别是盘莲线、车莲线；10千伏出线10回，分别是建南线、公园Ⅱ回线、公园Ⅰ回线、莲宁Ⅰ回线、马茂庄Ⅰ回线、莲宁Ⅱ回线、南关Ⅱ回线、刘家湾Ⅰ回线、刘家湾Ⅱ回线、昌明线。该站年最高供电负荷为23000千瓦，年供电量8167.7万千瓦时，主要承担离石区委、区政府、市区两级政务大厅、永宁国际等重要用户以及莲花新区大部分商业和居民生活的供电任务。

110千伏城中变电站 位于吕梁国际宾馆东侧，吕梁市信访大厅广场北侧，占地面积为634平方米。工程总投资6735万元，2010年3月开工建设，2011年3月建成投入运行。全站为全封闭室内站，共四层楼，一层为主变、10千伏配电室及电容器；二层为电缆夹层室；三层为110千伏配电室及主控室；四层为会议室和休息室。2台变压器采用三相两绕组有载调压自冷变压器，总容量为80000千伏安。站用变压器选用2台10千伏干式变压器，容量为400千乏。主变采用三相两绕组有载调压自冷变压器，容量为2×40000千伏安，电压等级为110/10千伏。截至2015年底，该变电站有110千伏城中变电站主变压器2台，总容量为80000千伏安；110千伏线路共2回，分别是车中线、城南线；10千伏出线13回，分别是袁家庄线、滨北Ⅰ回线、八一西线、永东线、公安线、宾馆Ⅰ回线、市管理局线、宾馆Ⅱ回线、和谐家园线、八一东线、永中线、建南Ⅱ回线、城中Ⅱ回线。该站年最高供电负荷为14000千瓦，年供电量5252.6万千瓦时，主要承担吕梁市政府、吕梁国际宾馆、滨河南路及永宁路的供电任务。

110千伏信义变电站 位于信义镇回龙塔村南500米，占地面积6600平方米。工程总投资5705万元，2012年11月建成投入运行。有2台三相三绕组自冷式有载调压变压器，容量为80000千伏安，电压等级为110千伏、35千伏、10.5千伏。110千伏线路2回，单母线分段接线；35千伏出线8回，10千伏出线14回；备用6回，单母线分段接线。10千伏电容器补偿装置4组，总容量为9600千乏。二次保护采用综合自动化，按无人值班设计。

离石 220 千伏变电站至该站同塔双回 110 千伏线路 7.5 千米，该站至信义 35 千伏变电站Ⅰ回 2.5 千米；至王营庄 35 千伏变电站Ⅰ回 21 千米。信义、王营庄 35 千伏变电站 35 千伏出线间隔各 1 回。截至 2015 年底，该变电站有主变压器 2 台，总容量为 80000 千伏安；110 千伏线路共 2 回，分别是车信Ⅰ回线、车信Ⅱ回线；10 千伏出线 8 回，分别是环城高速线、德岗线、中磁线、恒安线、青石坡线、电厂线、东胜线、袁家山线。该站年最高供电负荷 26000 千瓦，年供电量 4130.35 万千瓦时，主要承担离石区信义镇工业园区及部分周边居民的供电任务。

110 千伏亿龙变电站 位于离石区枣林乡刘家舍窠村，占地 1.87 万平方米。2012 年 3 月开工建设，2013 年 6 月建成投入运行，总投资 6.5 亿元。站内主变 1 台，容量为 20000 千伏安，电压等级为 110/10.5 千伏，110 千伏单母接线，进线 1 回；10 千伏单母分段接线，出线有 10 回。10 千伏站用变 1 台，容量为 80 千乏。该站年最高供电负荷 18000 千瓦，年供电量 1678.79 万千瓦时。该站为亿龙水泥有限公司的自备变电站，运营维修由企业自己负责。

110 千伏高家山变电站 位于坪头乡李家山村，占地面积 5772 平方米。2013 年 4 月开始建设，2014 年 4 月 18 日建成投入运行。主控楼内一层为主控室和 10 千伏配电室，二层为 35 千伏电缆桥架室，三层为 35 千伏配电室。主变压器为 2 台三相三绕组自冷式有载调压变压器，总容量为 126000 千伏安，电压等级为 110 千伏、35 千伏、10 千伏 3 个。110 千伏设备、2 台变压器均为户外布置，采用单母分段接线方式，共计有进出线 2 回、2 段电压互感器、1 分段、2 主变共 9 个间隔。保护装置采用国电南京自动化股份有限公司 PSL 型微机保护装置。该站按无人值班变电站设计，为数字化综合自动化变电站。截至 2015 年底，该变电站主变压器 2 台，总容量为 126000 千伏安；110 千伏线路共 2 回，分别是钟高线、垣高线；35 千伏出线 20 回，分别是光明线、炭窑里、临离Ⅱ回线、背沟线、上安线、枣堎线、交口线、碛口线、碛口煤矿线、鑫瑞线、华烨线、新工线、胜利线、高锦线、西山线、裕民线、墕头线、担炭沟线、东江线、备用线；10 千伏出线 6 回，分别是茂塔沟线、炭窑里线、梁家岔线、枣堎线、坪头Ⅰ回线、坪头Ⅱ回线。该站年最高供电负荷为 5000 千瓦，年供电量 2580.55 万千瓦时，主要承担坪头乡及周边区域的工农业生产生活和煤矿企业生产的供电任务。

110 千伏盘龙变电站 位于离石城东约 2 千米的高速公路与国道 307 线田家会村附近，占地面积 2500 平方米。2012 年 5 月开工建设，2015 年 2 月 4 日建成投入运行，工程总投资 15327 万元。该站户外布置 2 台三相两绕组自冷式有载调压主变压器，主变压器容量为 126000 千伏安，运行方式为双电源进线，110 千伏运行设备为 GIS 设备，属于六氟化硫封闭式组合电器。一期工程建设 110 千伏进出线 2 回，10 千伏出线 16 回，备用 6 回，均为单母分段接线。10 千伏电容器 2 台，容量为 2 组（4800+2400）千乏分组自投切配置。保护装置采用上海申瑞电力科技股份有限公司 DEP-4000 型微机保护装置。该变电站按无人值班设计，采用微机综合自动化系统。截至2015年底，该变电站有主变压器2台，总容量为126000千伏安；110千伏线路共2回，分别是盘莲线、车盘线；10千伏出线12回，分别是盘东线、交通Ⅱ回线、民兵线、盘中线、郊东Ⅰ回线、交通Ⅰ回线、七矿Ⅰ回线、七矿Ⅱ回线、江阴中学线、居然之家Ⅰ回线、居然之家Ⅱ回线、东川线。该站年最高供电负荷为25000千瓦，年供电量8362.6万千瓦时，主要承担着离石城东区居民生活、生产及商业的供电任务。

2015年离石区电力公司110千伏变电站情况表

表12-2

站名	所在地	投产时间	主变台数容量（千伏安）	出线35千伏（回）	出线10千伏（回）	最高供电负荷（千瓦）	年供电量（万千瓦时）	隶属关系
城南站	交口街道办	2000年9月29日	2/80000	6	14	45000	17883.55	地电公司
上安站	上安村南	2010年11月3日	2/80000	12	9	43000	24535.11	地电公司
城中站	吕梁国际宾馆东侧	2011年3月3日	2/80000	0	8	14000	5252.60	地电公司
莲花站	莲花池街道办前疙瘩上村	2011年11月22日	2/80000	0	16	14000	8167.70	地电公司
信义站	信义镇	2012年11月29日	2/80000	2	8	6300	4130.35	地电
高家山站	坪头乡李家山村	2014年4月18日	2/126000	4	9	5000	2580.55	地电公司
盘龙站	上安村南	2015年2月4日	2/126000	0	16	25000	8362.60	地电公司
亿龙站	刘家舍窠村	2013年6月	1/20000	0	10	18000	1678.79	用户公司

35千伏变电站

35千伏城关变电站 位于离石交通路吕梁电力大酒店后院，1965年7月建设，1967年10月投入运行。占地面积2667平方米，总投资42万元。站内有主变压器1台，总容量1000千伏安，35千伏进出线2回，10千伏进出线6回，连接临县、离石县发电厂。1967年10月，中阳县发电厂至离石城关35千伏输电线路建成，并入离石城关35千伏母线（中阳县发电厂线路在离石南关接柳林电厂线路），35千伏线路进出线变为3回。离石县发电厂经35千伏城关变电站与中阳县发电厂并网运行，形成离石区域小电网。35千伏城关变电站也成为离石小电网的枢纽站。1973年3月，对35千伏城关变电站进行增容改造，改造后主变压器2台，总容量为3200千伏安。1976年，再次对离石35千伏城关变电站进行增容改造，改造后主变压器2台，容量为6400千伏安。1986年10月，35千伏城关变电站停用。

35千伏信义变电站 位于信义镇砖窑沟村，1984年3月建成，占地2000平方米，投资51万元。站内有主变压器2台，总容量8000千伏安；35千伏直流变压器1台，容量50千伏安；35千伏进线1回，35千伏出线1回，10千伏出线5回。至1990年，该站担负着阳坡、石州水泥厂、大东川、小东川及区水泥厂的供电任务，年供电量2856万千瓦时。2003年1月，该变电站实现综合自动化微机保护。2月，投资52.46万元更换主变压器2台，由型号S7-1600/35更换为型号SZ9-4000千瓦。更换避雷器1组，10千伏高压柜11面；直流屏2面，综合自动化系统1套。2011年6月，因离石水泥厂和石洲水泥厂扩大生产规模，同时小型企业和居民用电大幅增长，对该站2号主变压器进行增容改造，增容后总容量为12000千伏安，11月20日该站实现无人值班，由变电工区负责运维管理。2013年11月，将停用的35千伏石棉矿线改造变更为信义Ⅱ回进线，由110千伏信义变电站供电。截至2015年底，该变电站实行1号、2号主变压器并列运行，主要承担着离石小东川区域内工农业生产和居民生活供电任务。

35千伏城西变电站 位于凤山街道西崖底村，1985年6月开工，12月建成，占地6400平方米，投资96万元。站内有主变压器2台，总容量11300千伏安；35千伏直流变压器1台，容量50千伏安；10千伏站变1台，容量315千伏安。35千伏开关3台，10千伏开关14台，35千伏刀闸5组，10千伏刀闸35组，35千伏PT1组，10千伏PT2组。35千伏进线1回，10千伏出线8回，分别为南川线、北川线、化工线、自来水线、城南线、城中线、滨北线、电厂线，备用2回。年供电量5249.9万千瓦时。2002年10月，该变电站改造为综合自动化微机保护。2007年7月，35千伏城西变电站电源转由110千伏城南变电站供电。2009年8月29日完成改造升级，主变压器由原无载变压器更换为有载变压器，升级后主变容量增容为16000千伏安2台。35千伏、10千伏开关全部更换为室内小车型开关柜。35千伏进出线2回，10千伏进出线15回。2011年3月新增35千伏上安进线间隔，实现35千伏双电源供电，10月该站实现无人值班，由变电工区运维。截至2015年底，该变电站实行1号、2号主变压器并列运行，主要承担着离石自来水公司、神州煤业、北川及离石城区部分厂矿、机关、学校、企事业单位供电任务。

35千伏下安变电站 位于城北街道下安村，距城区2.5千米处，2001年10月建设，2001年12月投产，占地面积3330平方米。该站主变压器2台，总容量6300千伏安；35千伏进、出线3回（离下线、下张线、城下线），10千伏出线10回，备用4回，年供电量

6062.39万千瓦时。2003年3月，投资42.17万元，增容主变1台，35千伏断路器1台，35千伏隔离开关1台。10千伏进线1回，出线3回。10千伏无功补偿装置1套，以及相应的架构基础。2007年12月，将原110千伏城南变电站1台容量为20000千伏安变压器，增容到35千伏下安变电站，采取由中压侧降压的运行方式，增容后总容量为26300千伏安。2012年5月，对35千伏下安变电站综合自动化进行改造。2014年4月，实现无人值班。截至2015年底，该变电站实行1号、2号主变压器并列运行，担负着王家沟、高矿线、城北线、市医院线、吕梁学院、菁矿线、恒大线、电缆厂、背沟、火车站Ⅱ回供电任务。

35千伏枣洼变电站 位于坪头乡枣洼村，2004年5月建设，占地3330平方米。主变压器2台，总容量8300千伏安；35千伏直流变压器1台，容量50千伏安。35千伏进线1回，35千伏出线1回，10千伏出线4回，备用4回。2005年3月，实现综合自动化微机保护并投产。2006年3月至2007年，进行2期增容，增容6300千伏安变压器1台，新增10千伏间隔2个。2011年，对该站综合自动化部分进行升级改造。2013年10月，将2000千伏安变压器增容为8000千伏安。截至2015年底，该变电站实行1号、2号主变压器单台运行，年供电量1234.57万千瓦时，担负着坪头、亿龙、结绳墕、坪沟、吴背崖、梁家岔的供电任务。

35千伏田家会变电站 位于田家会街道田家会村，2004年1月建设，占地4530平方米。站内主变压器2台，总容量12600千伏安；35千伏直流变压器1台，容量50千伏安。35千伏进线1回，35千伏出线2回，10千伏出线7回。该站年供电量525万千瓦时。2005年3月，实现综合自动化微机保护。4月，该变电站投产。2010年10月实现无人值班，由变电工区负责运行维护。截至2015年底，该变电站实行1号、2号主变压器并列运行，年供电量3299.66万千瓦时，担负着楼桥、民兵训练营、红矿、中煤、田家会Ⅱ回、田家会Ⅰ回、马家沟的供电任务。

35千伏王营庄变电站 位于吴城镇上四皓村，2006年12月开工建设，2007年5月投入运行。占地面积747.5平方米，投资1762万元。站内主变压器2台，容量为4000千伏安；直变压器1台，容量为50千伏安；电容器2组，容量为600千乏；35千伏进出线2回；10千伏出线12回。2008年6月，该站实现调度监盘操作，变电安装队运行维护。2011年11月，山西地方电力有限公司批复对该站进行综合自动化改造。2012年8月，完成35千伏信王线2电源新增间隔的施工。2013年3月21日投入运行，实现双电源供电。该站1号、2号主变并列运行，年供电量2633.79万千瓦时，主要承担吴城、王营庄、吴城水库、铁路线的供电任务。

35千伏神州煤业变电站 位于枣林乡白家庄村，2004年4月开工建设，8月投入运行。站内主变2台，总容量10000千伏安；10千伏站变2台，容量50千伏安；35千伏进线2回，电源1回路，引自110千伏城南变电站供电；另1回引自城西35千伏变电站10千伏专线供电（当保安电源）；10 千伏出线 19 回。2012 年 3 月，由 110 千伏上安变电站 35 千伏接入第二电源，运行检修由企业负责。该站主要用于山西神州煤业的生产生活用电。

35 千伏川东水泥厂变电站　位于田家会街道义居村，2004 年 6 开工建设，2005 年 1 月投入运行。站内主变 2 台，总容量 13000 千伏安；35 千伏进线 1 回，10 千伏出线 14 回。该站主要用于山西川东水泥有限公司的生产生活用电，变压器容量为 13000 千伏安，运行检修由企业自己负责。

35 千伏大沟煤业变电站　位于坪头乡，2004 年 10 开工建设，2005 年 1 月投入运行。站内主变 2 台，总容量 16000 千伏安；站变 2 台，容量 30 千伏安；35 千伏进线 2 回，10 千伏出线 19 回。该站是东江煤业的自备变电站，主要用于大沟煤业的生产生活用电，运行检修由企业自己负责。

35 千伏城北供热变电站　位于城北街道李家沟村东山，2008 年 10 月建成投入运行。站内主变 2 台，总容量 6300 千伏安；35 千伏进线 2 回，10 千伏出线 10 回。该站是城北供热站的自备变电站，由市委、市政府筹款进行建设，主要负责城北居民供热需求，运行维修由企业自己负责。

35 千伏铁路变电站　位于吴城镇上四皓村，2008 年 10 月投入运行。站内主变 1 台，容量 3150 千伏安；35 千伏进线 2 回，10 千伏出线 2 回。该站是建设吕梁铁路期间修建的自备变电站，主要解决吕梁铁路修建的用电需求。铁路建成投入运行后，该电源作为吕梁山薛公岭铁路隧道的备用保安电源，运维检修由铁路变电站自行负责。

35 千伏坪沟变电站　位于坪头乡磁窑沟村，2011 年 1 月投入运行。站内主变 2 台，总容量 25000 千伏安；35 千伏进线 2 回，10 千伏出线 8 回。该站为坪沟煤矿的自备变电站，变电站检修运行由企业自己负责。

35 千伏担炭沟变电站　位于西属巴街道袁家岭村，2012 年 12 月投入运行。站内主变 2 台，总容量 12600 千伏安；站变 1 台，容量 50 千伏安；35 千伏进线 2 回，10 千伏出线 9 回，井下设有中央变电所、采区变电所及临时变电所。该站是山西楼俊集团担炭沟煤业有限公司的自备变电站，变电站运营维护由企业自己负责。

35 千伏背沟变电站　位于城北街道办大中局村背沟煤矿，2012 年 10 月兴建，2013 年 12 月投入运行。站内主变 2 台，总容量 12600 千伏安；站变 1 台，容量 30 千伏安；35 千伏进线 2 回，10 千伏出线 12 回。该站是山西吕梁离石金晖荣泰煤业有限公司的自备变电站，主要用于公司的生产生活用电，运行检修由企业自己负责。

35 千伏晋邦德变电站　位于西属巴街道炭窑里村，2013 年 2 月建设，2014 年 3 月投入运行。站内主变 2 台，总容量 20000 千伏安；站变 2 台，容量 50 千伏安；35 千伏进线 1 回，10 千伏出线 13 回。该站是山西吕梁离石西山晋邦德煤业有限公司自备变电站，主要用于企业生产用电，变电站维护运行由企业自己负责。

35 千伏吕梁学院变电站 位于西属巴街道上安村，2014 年 7 月建成，2014 年 10 月投入运行。站内主变 2 台，总容量 16000 千伏安；35 千伏进线 1 回，10 千伏出线 10 回。该站是吕梁学院的自备变电站，主要用于吕梁学院师生的生活用电，运行检修由学校后勤科负责。

35 千伏高速变电站 位于枣林乡刘家峁村，2014 年 12 月投入运行。站内主变 2 台，总容量 12600 千伏安；35 千伏进线 2 回，10 千伏出线 10 回。该站是建设临离高速公路期间修建的自备变电站，主要解决临离高速的用电需求，运维检修由亨盛达公司负责。

35 千伏中央公园变电站 位于离石区北川河东路中段（袁家庄）中央公园小区，2015 年 12 月投入运行。站内主变 1 台，总容量 8000 千伏安；35 千伏进线 2 回，10 千伏出线 9 回。该站是中央公园小区的自备变电站，主要承担中央公园小区的生活用电，运行检修由小区物业负责。

2015 年离石区电力公司 35 千伏变电站情况表

表 12-3

站名	所在地	投产时间	主变数（台）/容量（千伏安）	出线 35 千伏（回）	出线 10 千伏（回）	最高供电负荷（千瓦）	年供电量（万千瓦时）	隶属关系
信义站	砖窑沟村	1984 年 12 月	2 / 12000	1	5	5000	1149.03	地电公司
城西站	西崖底村	1985 年 12 月	2 / 16000	1	8	13000	5249.90	地电公司
下安站	下安村	2002 年 2 月	2 / 26300	3	10	12460	6062.39	地电公司
枣埌站	枣埌村	2005 年 3 月	2 / 14300	1	6	2400	1234.57	地电公司
田家会站	田家会村	2005 年 4 月	2 / 12600	3	7	5600	3299.66	地电公司
王营庄站	上四皓村	2007 年 9 月	2 / 8000	2	4	1500	2633.79	地电公司
神州站	白家庄	2004 年 8 月	2/5000	0	19	6000	1572.55	用户
川东站	义居村	2005 年 1 月	8000+5000	0	14	7000	960.40	用户

续表 12-3

站名	所在地	投产时间	主变数（台）/容量（千伏安）	出线35千伏（回）	出线10千伏（回）	最高供电负荷（千瓦）	年供电量（万千瓦时）	隶属关系
大沟站	坪头乡	2005年1月	2/8000	0	19	7000	2766.98	用户
城北供热站	李家沟	2008年10月	2/3150	0	10	6000	567.95	用户
铁路站	上四皓	2008年10月	1/3150	0	2	200	141.90	用户
坪沟站	坪沟村	2011年1月	2/12500	0	8	4000	242.81	用户
担炭沟站	担碳沟	2012年12月	2/6300	0	9	1000	861.48	用户
背沟站	背沟村	2013年12月	2/6300	0	12	4800	1421.30	用户
晋邦德站	碳窑里村	2014年3月	2/10000	0	13	5000	1790.72	用户
吕梁学院站	下安村	2014年10月	2/8000	0	10	8000	2172.58	用户
高速站	刘家峁村	2014年12月	2/6300	0	10	1600	588.83	用户
中央公园站	袁家庄	2015年12月	1/8000	0	9	400	—	用户

第三节 输 电

1955年6月，国营离石蛋厂除解决该厂照明使用外，为解决县委、县政府的照明需要，架设县境内第一条380伏输电线路，长0.5千米。1957年9月，国营离石蛋厂又架设厂外380伏输电线路1.5千米，至此县城内机关照明均由该厂供给。1959年8月，离石县发电厂投产后，为解决城镇居民用电，架设3.3千伏输电线路供城关及东关铁厂用电，国营离石蛋厂供电停止。1983年9月，汾离110千伏线路投入运行，由汾阳110千伏变电站至沙会则110千伏变电站，全长73千米。沙会则110千伏变电站经汾阳—离石线接入山西大电网。线路供电负荷21000千瓦，共有杆塔246基，主要承担着离石县各企事业单位、厂矿及城乡居民生产生活用电。至1990年，县电业局管理的线路有10千伏线路17条、609.7千米，35千伏线路4条、69.6千米，其余中离、离柳、临离三条35千伏线路分别由中阳、柳林、临县电业局管理；汾离110千伏线路，由吕梁地区电业局工区管理。

1997年，离石市供电局投资24万元改造沙会则站—小区—地局10千伏808线，长度35千米。1998年，离石市电力公司投资100万元实施10千伏线路更新，增设沙会则站城南线路5.4千米、王营庄白马仙洞10千伏线路7千米，改造沙会则站808线路。投资25万元实施因国道307线改线而进行的配电线路改造。1999年，投资245万元，改造南川10千伏2—120号线12.4千米、交口10千伏支线5—105号线12.6千米、东川10千伏33—157号线12.6千米、城中10千伏3—143号线13.8千米。2000年，投资19.5万元将10千伏滨北主干砖厂分支12—13号改造为钢杆管，10千伏城中主干7—8号改为钢杆塔，10千伏城南主干9—11号改为钢杆塔。截至2015年底，全区共有110千伏输电线路15条，长224.933千米，其中用户自备线路2条，长16.54千米。35千伏输电线路24条，总长235.774千米，其中用户自备线路11条，长80.137千米。10千伏输电线路164条，长667.43千米，其中用户自备线路54条，长167.525千米。

2015年离石区110千伏输电线路情况统计表

表12-4 单位：米

线路名称	起点	终点	导线型号	线路长度	始投时间	备注
110千伏汾阳离石线	110千伏汾阳变电站（120）	110千伏离石变电站（154）	LGJ-300/40	73000	1983年	公用
110千伏金城线	220千伏金罗变电站（161）	110千伏城南变电站（144）	LG-240/30	11169	2003年7月	公用
110千伏城上线	110千伏城南变电站（142）	110千伏上安变电站（132）	LG-240/30	12869	2010年11月	公用
110千伏穆城T接龙雅线	110千伏穆村变电站（131）	110千伏城南变电站（143）	LG-240/30	18969	2003年9月	公用
城雅T接线	110千伏城雅线T接点	110千伏韩家坡变电站	LGJ-240/30	4100	2008年12月	自备
110千伏城中线	110千伏城南变电站（141）	110千伏城中变电站（182）	LGJ-240/30	3828	2010年4月	公用
110千伏车莲线	220千伏车家湾变电站（165）	110千伏莲花变电站（186）	LGJ-300/40	11400	2012年1月	公用
110千伏亿龙线	110千伏上安变电站	110千伏亿龙变电站	LGJ-240/30	12440	2012年6月	自备
110千伏车信Ⅰ回	220千伏车家湾变电站（168）	110千伏信义变电站（147）	LG-240/30	7080	2013年1月	公用
110千伏车信Ⅱ回	220千伏车家湾变电站（169）	110千伏信义变电站（148）	LGJ-240/30	7080	2013年1月	公用
110千伏钟高线	110千伏钟底变电站（193）	110千伏高家山变电站（175）	LGJ-240/30	20963	2014年4月	公用

续表 12-4

线路名称	起点	终点	导线型号	线路长度	始投时间	备注
110 千伏车中线	220 千伏车家湾变电站（163）	110 千伏城中变电站（181）	LGJ–240/30	10294	2014 年 7 月	公用
110 千伏车上线	220 千伏车家湾变电站（162）	110 千伏上安变电站（134）	LGJ–240/30	15150	2014 年 12 月	公用
110 千伏盘莲线	110 千伏盘龙变电站（193）	110 千伏莲花变电站（187）	（1 号 –6 号）LGJ–300/40（7–26 号）LGJ–240/30	10373	2014 年 11 月	公用
110 千伏车盘线	220 千伏车家湾变电站（164）	110 千伏盘龙变电站（192）	（1号–16号）LGJ–240/30（17号–23号）LGJ–300/40	6218	2014 年 11 月	公用

2015 年离石区 35 千伏公用输电线路情况统计表

表 12–5　　单位：米

线路名称	起止地点（或运行编号）	线路长度	导线截面	运行时间
离信线	110 千伏沙会则变电站—35 千伏信义变电站	9210	LGJ–70	1984 年 4 月
离西线	110 千伏沙会则变电站—35 千伏城西变电站	8040	LGJ–120	1985 年 11 月
离下线	110 千伏沙会则变电站—35 千伏下安变电站	5520	LGJ–95	2002 年 3 月
离城线	110 千伏沙会则变电站—110 千伏城南变电站	10140	LGJ–120	2004 年 4 月
城枣线	110 千伏城南变电站—35 千伏枣林变电站	20960	LGJ–95	2004 年 7 月
城田线	110 千伏城南变电站—35 千伏田家会变电站	12230	LGJ–95	2005 年 2 月
上高线	35 千伏王营庄变电站—35 千伏高速变电站	16125	LGJ–95	2006 年 10 月
田上线	35 千伏田家会变电站—35 千伏王营庄变电站	19720	LGJ–120	2006 年 12 月
上枣线	110 千伏上安变电站—35 千伏枣林变电站	15080	LGJ–150	2010 年 11 月
信王线	110 千伏信义变电站—35 千伏王营庄变电站	18698	LGJ–185	2011 年 12 月
城西Ⅰ回线	110 千伏城南变电站—35 千伏城西变电站	5010	LGJ–120	2013 年 5 月
城西Ⅱ回线	110 千伏上安变电站—35 千伏城西变电站	9210	LGJ–150	2013 年 5 月
下安线	110 千伏上安变电站—35 千伏下安变电站	3587	ZR–YJLV–1×185	2013 年 5 月
信义Ⅱ回线	110 千伏信义变电站—35 千伏信义变电站	2107	LGJ–150	2014 年 4 月

2015 年离石企业自备 35 千伏线路明细表

表 12-6　　　　单位：米

线路名称	起点	终点	导线型号	线路长度	始投时间
35 千伏神州Ⅰ回线	城南	神州煤业	LGJ–120/25	3541	2004 年
35 千伏川东线	田家会	川东站	LGJ–120/25	5049	2005 年
35 千伏背沟线	上安	背沟	LGJ–120/25	2718	2011 年
35 千伏离西线	上安站	临离高速站	LGJ–120/25	9462	2011 年
35 千伏上坪线	上安站	坪沟站	LGJ–120/25	19360	2011 年
35 千伏神州Ⅱ回线	上安	神州煤业	LGJ–120/25	8354	2012 年
35 千伏晋邦德Ⅰ回线	上安	晋邦德	LGJ–120/25	5462	2012 年
35 千伏担炭沟线	高家山	担炭沟	LGJ–150/25	10107	2012 年
35 千伏晋邦德Ⅱ回线	高家山	晋邦德	LGJ–120/25	8201	2013 年
35 千伏吕梁学院线	上安站	吕梁学院	ZR–YJLV–1 × 240	2100	2014 年
35 千伏离袁线	离石站	中央公园	LGJ–120/25	5783	2015 年

第四节　配　电

10 千伏开关站

马茂庄 10 千伏开闭所　位于莲花池街道马茂庄村龙凤嘉园 2 号楼地下室内，占地面积约 200 平方米。2011 年 11 月投产运行，是地电公司离石分公司首次纳入调度管辖，实现“四遥”（遥测、遥信、遥动、遥调）的智能化开闭所。承担着马茂庄村周边区域部分高层楼房居民的生产、生活用电以及离石区污水处理厂、长途汽车站、区纪检委、国家调度大楼等单位的供电任务。

开闭所为双电源进线 2 回联络电源。接线方式采用单母分段接线，Ⅰ段母线接 1 号进线、郊西联络线、河东联络线。Ⅱ段母线接入 2 号进线，4 路电源可以互为切换，运行方式灵活。有高压开关柜 23 台，其中 PT 柜 2 台，所用变柜 2 台。高压开关柜选用 KYN28-12 型中置式开关柜，其中开关采用 2N63A（VS1）型真空开关，综合自动化装置采用清华大学 THL-302 微机保护装置产品。

滨北 10 千伏开闭所　位于离石城区北部，占地面积约 120 平方米。2011 年 11 月启动投入运行，是地电公司离石分公司首次纳入调度管辖，实现“四遥”的智能化开闭所。承担着龙凤大街北段、新华街两侧、和平街两侧、滨河东路、自来水总公司的供电任务。

开闭所为三电源进线，接线方式采用单母分段接线。Ⅰ段母线接入 1 号进线，Ⅱ段母线接入 2 号、3 号进线，互为待用。共有高压开关柜 21 台，其中 PT 柜 2 台，所用变柜 2 台，待用开关 2 台，高压开关柜选用 KYN28-12 型，中置式开关柜，其中开关采用 2N63A（VS1）型真空开关。2 台 SC10-30/10 型干式变压器供所用电，保护装置采用清华大学研发的 THL-302A 型微机保护装置产品。

建南 10 千伏开闭所　位于离石区供销合作社荣宁市场地下室。2013 年 12 月正式投入运行，占地面积约 60 平方米，是地电公司离石分公司第三座纳入调度管辖，实现“四遥”的智能化开闭所。承担着离石区货源街、区政府及广场区域部分居民的生产、生活用电，并为区东关小学、区公安局、区城建局供电。

开闭所为双电源进线，接线方式采用单母分段接线，Ⅰ段由 110 千伏莲花站接 1 号进线、Ⅱ段由 110 千伏城中站接入 2 号进线，两段电源可以互为切换，运行方式灵活。有高压开关柜 10 台，所用变柜 1 台，450 千伏无功补偿柜 1 台。高压开关柜选用 KYN28-12 型中置式开关柜，其中开关采用浙江万控电气成套设备有限公司生产的 ZN63A（VS1）型真空开关。综合自动化装置采用清华大学研发的 THL-302 微机保护装置产品。

10 千伏配电线路

截至 2015 年底，全区共有 10 千伏配电线路 161 条，总长 900.64 千米。其中，公用线路 106 条，全长 707.12 千米；用户专线 55 条，全长 193.52 千米。

10 千伏配电线路中：110 千伏城南变电站 10 千伏出线共 14 条。其中，公用线路 8 条，全长 40.78 千米；用户专线 6 条，全长 43.46 千米。110 千伏离石变电站 10 千伏出线共 10 条。其中，公用线路 7 条，全长 30.51 千米；用户专线 3 条，全长 15.7 千米。110 千伏上安变电站 10 千伏出线共 12 条。其中，公用线路 9 条，全长 117.58 千米；用户专线 3 条，全长 13.59 千米。110 千伏城中变电站 10 千伏出线共 11 条。其中，公用线路 6 条，全长 19.34 千米；用户专线 5 条，全长 3.23 千米。110 千伏莲花变电站 10 千伏出线共 14 条。其中，公用线路 11 条，全长 36.7 千米；用户专线 3 条，全长 5.1 千米。110 千伏信义变电站 10 千伏出线共 8 条。其中，公用线路 5 条，全长 46.24 千米；用户专线 3 条，全长 28 千米。110 千伏高家山变电站 10 千伏出线共 5 条，全部为公用线路，全长 44.42 千米。110 千伏盘龙变电站 10 千伏出线共 13 条。其中，公用线路 10 条，全长 46.82 千米；用户专线 3 条，全长 5.85 千米。

35 千伏王营庄变电站 10 千伏出线共 5 条。其中，公用线路 2 条，全长 71.13 千米；用户专线 3 条，全长 10.8 千米。35 千伏下安变电站 10 千伏出线共 9 条。其中，公用线路 4 条，全长 30.21 千米；用户专线 5 条，全长 14.28 千米。35 千伏田家会变电站 10 千伏出线共 6 条，其中，公用线路 3 条，全长 19.26 千米；用户专线 3 条，全长 8.74 千米。35 千伏信义变电站 10 千伏出线共 5 条，其中，公用线路 2 条，全长 66.12 千米；用户专线 3 条，全长 5.88 千米。35 千伏城西变电站 10 千伏出线共 13 条，其中，公用线路 9 条，全长 11.93 千米；用户专线 4 条，全长 9.82 千米。35 千伏枣洼变电站 10 千伏出线 共 6 条，其中，公用线路 4 条，全长 91.23 千米；用户专线 2 条，全长 15.04 千米。10 千伏滨北开闭所 10 千伏出线共 10 条，其中，公用线路 9 条，全长 21.8 千米；用户专线 1 条，全长 10.63 千米。10 千伏建南开闭所 10 千伏出线共 5 条，全部为公用线路，全长 3.64 千米。10 千伏马茂庄开闭所 10 千伏出线共 15 条，其中，公用线路 7 条，全长 9.53 千米；用户专线 8 条，全长 3.4 千米。

第五节　“两网”改造

农网改造

农村电力网改　2000 年，离石电力网改工作起步，经过 5 个村试点，2001 年 9 月进入全面改造阶段，2007 年 12 月全部结束。

离石农网改造工程项目包括：35 千伏输变电工程、10 千伏及以下中低压改造工程、中低压后续工程。35 千伏输变电工程项目主要建成 35 千伏上安变电站工程、35 千伏枣塬变电站工程、35 千伏上安变电站增容工程和 35 千伏信义变电站改造工程，投资 2063.36 万元。10 千伏及以下中低压改造工程新建和改造农村 10 千伏线路 13 条 392.458 千米，出线间隔 1 个，农村低压工程完成 10 个乡镇、249 个村，改造户数 3.36 万户；新建和改造城镇 10 千伏线路 11 条 45.052 千米，出线间隔 2 个，城镇低压工程完成 116 个台区，改造户数 1.81 万户，投资 5935.8 万元。中低压后续工程完成新建和改造 10 千伏线路 51.958 千米，安装无功补偿装置 7 台，共 3600 千乏，投资 345.4 万元。共完成投资 8344.56 万元，实现城乡电网统一管理、统一核算、统一价格。

农网完善工程　2009 年 7 月，山西地电公司批准地电离石分公司开展 10 千伏和低压农网完善工程，建设和改造 10 千伏交口线、大东川线和信义线路工程项目 3 个，总投资 255 万元；批准低压改造项目 11 个，其中，台区“一户一表”改造项目 6 个，配电变压器改造项目 5 个，总投资 158 万元。合计总投资 413 万元。8 月 1 日，工程开工建设。9 月，地电离石分公司根据山西省发展和改革委员会下发的《关于调整 2009 年农网完善工程项目的通知》进行农网完善工程项目调整。实施 10 千伏线路改造项目建设，改造高家沟农线 3 千米、王营庄线 4.05 千米，建成南川线 1.39 千米、马家沟线 3.21 千米、盘龙塔线 4.9 千米、田家会Ⅱ回线 4 千米。完成低压改造调整部分项目，涉及马茂庄 1 号、上水村 1 台区、高崖湾村、西属巴上安村。10 月 20 日，离石农网完善工程全部竣工，共建设和改造 10 千伏线路 6 条 20.55 千米，建设和改造配电变压器台区 5 个，新增和更换配电变压器 5 台，总容量 3500 千伏安，改造户数 210 户。

农网改造升级工程　2010年，离石区实施农网改造升级工程，共升级改造10千伏线路9.93千米。建设、改造低压台区84个。其中配变84台，配变容量23295千伏安，高压线路6.95千米，低压线路74.19千米，接户线73.61千米，改造户数7505户。

2011—2015年，实施离石区10千伏及以下农网改造升级工程，投资8983万元，共建设和改造10千伏线路55条，总长229.5千米；建设和改造0.4千伏线路355.89千米；建设和改造配电变压器363台，总容量74725千伏安；接户线239.72千米，改造户数3.84万户。

城网改造

2004年，离石城网改造工程开始，历经两个阶段，总投资5881.62万元。改造后，离石城区初步实现环网供电。

第一阶段城网改造 2004年7月，山西国际电力集团有限公司批复离石2004年第一批城网改造工程计划。同年10月15日，新建离石田家会35千伏输变电工程开工，主变压器为2x6300千伏安，2005年1月28日竣工；改造10千伏线路10条25.08千米。完成总投资2149.6万元。2005年8月，山西国际电力集团有限公司批复离石2005年第一批城网改造工程计划。建设完成离石沙会则—交口35千伏输电线路改造工程，改造35千伏线路3.98千米，调整城南变电站35千伏出线间隔1个；完成改造低压用户3536户，新建和改造低压台区35个。完成总投资446.12万元。

第二阶段城网改造 2012年12月7日，山西省发展和改革委员会批准“离石城区电网改造工程”立项建设。此后，地电离石分公司将该项目初步设计方案上报山西地方电力有限公司审核批准。2015年1月19日，晋地电公司批复该项目总投资3285.9万元。同年底，完成该项目公开招投标各项工作事宜。

第六节　自动化建设

调度自动化

1997年，离石供电调度自动化工程建设列入吕梁行署科学技术委员会科技项目。主要包括：第一部分是调度自动化，包括1个主站（市局）、3个分站（城西站、信义站、沙会则110千伏站的10千伏部分），最终实现变电站无人值守。主站采用河北冀澳公司的JA-1000双机热备用系统，分站采用河北冀澳公司生产的交流采样方式TH-8098系统。第二部分是通信自动化，包括1个主站，4个分站，增加地调分站，采用北京斯普瑞得公司生产的SP2000扩频通信系统，提供话音数据通道。同年，工程建设完成进入试用期，1998年4月1日至9月30日为考核期，实现对城西站、信义站的“三遥”（遥信、遥测、遥控）调度功能。1999年，交口35千伏变电站投运，沙会则110千伏站的10千伏部分改造完成，离石电力调度自动化系统得到进一步完善。2002年，随着调度自动化系统的逐步升级换代，调度自动化系统进行全面更换，将JA-1000系统更换为河南思达高科生产的SD-2800系统，通信系统建立调度至110千伏沙会则站、城南站的光纤通信，以及35千伏城西站、信义站、下安站至沙会则110千伏站的载波通信。

2009年，根据调度新业务需求，将河南思达高科生产的SD-2800系统更换为烟台东方DF-8900调度自动化系统，实现调度自动化。至2011年底，离石调度的权限为该区域内的35千伏系统及以下系统，涉及的变电站有：110千伏离石站、110千伏城南站、110千伏上安站、110千伏城中站、110千伏莲花站、35千伏城西站、35千伏下安站、35千伏田家会站、35千伏信义站、35千伏王营庄站、35千伏枣洼站，共11座变电站。

2012年，将烟台东方DF-8900调度自动化系统升级为DF-8900S电网能量管理系统，实现远动数据多方式、规范化接入。2012—2013年，调度自动化传输通道共有光缆线路230余千米，建立以城南、莲花、城中、信义、上安5个110千伏变电站为环网点，下安、城西、田家会、上四皓、信义、枣洼6个35千伏变电站和滨北、莲花2个10千伏开闭所为节点，12个供电所全部光纤接入，初步搭建起光传输多业务网络平台。2014年，开展综合业务网和调度数据网的建设。数据网络实现综合数据网和生产数据网相互隔离独立的两张网，业务分配形成生产数据网主要承载远动实时数据业务，综合数据网络主要承载办公OA、MIS、视频监控、营销等非实时生产数据业务。截至2015年底，山西地电公司离石分公司接入变电站的调度自动化系统有系统站和用户站两大块，共有变电站15座。

配电网自动化

1996年开始，35千伏城西、信义2两座变电站和110千伏离石站在吕梁山上九县首先使用全电子电能表，并进行电话远程抄表，由于电能表防雷措施不到位，以及厂家的售后服务跟不上，造成电能表损坏485块，通道中断时有发生。1997年，在建设四中公变时率先使用低压电话远程抄表系统，由于电话线太长，传输数据时断时续，城区使用IC卡电能表。

2005年，离石区东关小区和新华小区开始使用许昌继电器厂全电子电能表进行远程抄表，利用电话号码进行台区抄表，实现远方停送电的智能化服务。至2006年，全区有4000余户完成远程载波抄表。

2013年7月，地电离石分公司开始电力远程采集系统建设，2014年1月，建成投入使用。系统对电力用户的用电信息进行采集、处理和实时监控，实现用电信息的自动采集、计量异常监测、电能质量监测、用电分析和管理、相关信息发布等功能。用电信息采集终端分为专变采集终端和集中器。采集系统以GPRS为载体与主站建立连接；A类、B类、C类、D类用户电能表通过RS485与采集终端连接，E类用户电能表通过载波与采集器通信。系统投入运行后，结束公司手工抄表的历史。2014年1月，抄表、核算、收费全部实现自动化。

第三章 供电生产 管理

第一节 供电量 负荷

1995 年，离石电力公司供电量为 10190.5 万千瓦时。2000 年，离石电力公司供电量为 13983.86 万千瓦时。2005 年，离石电力公司供电量为 29625.93 万千瓦时。2010 年，离石电力公司供电量为 62145.13 万千瓦时。截至 2015 年底，离石电力公司供电量为 83424.64 万千瓦时。

1995—2015 年离石电力公司供电量及供电负荷统计表

表 12-7

年度	供电量（千瓦时）	平均负荷（千瓦）	最高负荷（千瓦）
1995	101905000	17000	24000
1996	110679400	18500	26000
1997	110643100	19500	27000
1998	116276000	20500	28000
1999	124774600	21500	30000
2000	139838600	24500	34000
2001	159468600	28500	40000
2002	181169700	34500	50000
2003	208375800	38500	56000
2004	251400200	41500	60000
2005	296259300	53000	75000
2006	372785210	72000	98000
2007	456999790	66500	90000
2008	552002755	77500	105000
2009	552455314	83000	115000
2010	621451292	89000	125000
2011	757008103	90000	127000
2012	817107778	97500	136000
2013	866110790	98000	145000
2014	848499741	96000	142000
2015	834246378	95000	141000

第二节 调度管理

调度方式

离石处于吕梁电网220千伏、110千伏的环网中，正常方式在离石110千伏变电站154开关解环，离石的电力电源来自汾阳220千伏变电站或柳林青龙110千伏变电站和离石的小电厂。其中，离石的小电厂先后有1997—2001年，离石电厂经城西35千伏变电站5269开关并网，总装机容量为 ×26000千瓦。2002—2012年，大土河热电厂经大土河110千伏变电站并网，总装机容量 ×21.2万千瓦。2003—2012年，中吕焦煤发电厂经城南110千伏变电站5224开关并网，总装机容量为 ×5600千瓦。2004—2012年，东义集团煤气发电厂经城南110千伏变电站5221开关并网，总装机容量为 ×13000千瓦。2004—2010年，离石电网先后共建设投入运行下安35千伏变电站、上四皓35千伏变电站、枣洼35千伏变电站、田家会35千伏变电站、城南110千伏变电站、上安110千伏变电站。

2011年，城中110千伏全封闭式变电站投产运行，由城南110千伏变电站城中线供电；莲花110千伏变电站正式投入运行，由方山东相王110千伏变电站车王线连通车莲线供电，站区为全封闭室内站。

2012年11月，信义110千伏变电站投产运行，由方山东相王110千伏变电站车王线连通车信线供电。2014年4月18日，高家山110千伏变电站投产运行，由临县钟底110千伏变电站钟高线供电，满足临县林家坪、招贤、碛口以及离石区西北角坪头区域的煤矿全部生产双电源需求。7月16日，220千伏车家湾变电站投入运行，离石电网运行方式进行调整，220千伏车家湾变电站由吕车双线供电，经110千伏车中线供110千伏城中站负荷、经110千伏车信Ⅰ线供110千伏信义站负荷、经110千伏车盘线供盘龙站负荷、经110千伏车莲线供110千伏莲花站负荷、经110千伏车上线供上安站负荷。220千伏车家湾变电站的投入运行，解决除110千伏高家山站外其余所有110千伏变电站单电源供电问题，提高离石电网110千伏系统的稳定性和互供能力，缓解临县钟底110千伏变电站主变的供电压力。2015年2月，盘龙110千伏变电站投产运行，由车家湾110千伏变电站车盘线供电，将离石110千伏变电站10千伏线路负荷转由盘龙110千伏变电站供电，缩短了供电半径，实现10千伏交通线手拉手供电。

机构

离石的供电调度，1997年前一直由地调代管。

1997年，离石电业局调度所成立，由于调度自动化系统刚刚安装调试完毕，调度权限仍由吕梁地区电业局调度所代管，只能对调度自动化系统所采集的数据进行收集、整理，为调度自动化系统试运行阶段，实现所属35千伏城西、信义2座变电站的“三遥（遥信、遥测、遥控）”功能，信道采用点对点的无线扩频通信，是全省县级调度自动化、实用化第一批验收合格单位。2000年9月25日，吕梁地区电业局将所属城西、信义两站的10千伏农电线路的调度权下放到离石市电业局调度所，离石市电业局调度所正式开始运行，为正股级建制。2001年，35千伏交口变电站投产运行，调度自动化系统扩大到1个主站（调度室）和4个分站（变电站）。2003年底，吕梁供电分公司离石电网10千伏系统的调度范围重新划分，离石站的10千伏母线及其所属设备、5808开关、5809开关及其两侧刀闸属吕梁地区调度设备，城西站的5269电厂线开关及其两侧刀闸属吕梁地区调度设备。离石市10千伏系统其余设备均属离石市调度设备。从2004年1月1日起正式执行。至此，离石市电力公司调度所基本接管区域内的10千伏系统调度权，涉及的变电站有离石110千伏站、城西35千伏站、信义站和交口站。2005年，山西国际电力集团配电公司系统内部体制改革，县级电力公司以五部室建制，调度机构归属生产技术部。

2010年，山西地方电力股份有限公司离石分公司调度信息中心成立，设主任岗1人、调度运行岗1人、通信远动岗1人、信息化管理岗1人；下设调度班，调度班设班长1人、主值3人、副值3人。

截至2015年底，未发生变化。

第三节 农电管理

农电管理体制改革

1970年，离石开始录用农村电工，为方便管理，凡通电村庄生产大队推荐电工1名，负责管理所在村的用电。1973年3月，离石县供电所制定《农村安全用电管理暂行规定》，各人民公社机电管理委员会、各生产大队机电管理组成立，负责制定本社（队）电气化发展规划，审批上报低压用电计划，督促检查农村用电管理、检修和正常维护。1978年，离石县各人民公社配备亦工亦农电工48名，主要负责各人民公社电力线路、机电设备、电力设施的维修管理工作以及安全用电、节约用电和群众用电工作。

1984年12月，县电业局业务股更名为用电所，农电管理工作由用电所负责。1986年11月，全县15个乡（镇）电管站成立，各乡（镇）电管站由乡（镇）政府主管，政府负责人兼任站长。每个行政村设立管电小组，由村民委员会主任担任组长，受村民委员会和电管站领导，村电工是管电小组专职办事人员。1987年1月，县电业局农电股成立，负责管理离石所有通电村的电费收缴、农电低压线路维护、安全用电、优质服务等工作，并按照《离石县农村用电管理试行办法》对乡（镇）电管站经济指标完成情况按季度进行考核。

1990年11月，农电股更名为农电科，原农电股的职能、职责和考核内容由农电科负责。1992年12月，离石供电公司农电科撤销，县乡（镇）农电管理总站成立，隶属县人民政府，业务上受离石县电业局领导，负责离石县范围内的农电管理工作，行使政府管理电力职能，对乡（镇）电管站实行统一领导，对10千伏及以下农村配电网络的运行、检修和规划进行管理，同时负责农村乡（镇）电管站的管理及农村电工的培训工作。

2000年9月，离石市乡（镇）农电管理总站接受山西地方电力吕梁分公司和山西地方电力公司农电部的直接领导，对所属各乡（镇）电管站实行统一管理。

2004年5月，地电离石区电力公司撤销离石市乡（镇）电力管理总站和用电科，成立市场营销部。撤销乡（镇）电管站，建立城南、滨北、城东、城北、交口、枣林、坪头、西属巴、红眼川、吴城、信义共11个供电所，隶属市场营销部。各供电所负责所辖区域内农电设备的维护、抄收、服务和安全用电工作。2009年2月，莲花供电所成立。

2013年2月，滨东供电所成立。截至2015年底，离石区共有农村电工139人。

安全管理

安全培训 1995—2004年，离石区（市、县）农电总站每年举行农村电工培训1次，培训内容主要有《山西省农村用电管理试行办法》《山西省农村用电管理试行办法实施细则》《全国供电规则》《农村低压电力技术规程》《农村安全用电管理条例》《农村电工职业道德标准》。2005—2015年，公司每年组织安全规程培训教育1次，其余培训由各供电所负责进行。

安全检查 1995—2004年的每年5月，地电离石区（县、市）电力公司组织为期半个月安全检查，安全检查具体内容：检查配变容量与卡账相符，重新登记新旧变压器型号，检查配变是否渗油、异动、接地线是否良好，有无私装自备发电机，有无许可证，配变跌落型号是否完好，有无绝缘管和避雷器，检查影响低压线路安全运行的树木、建筑物，检查有无私拉乱接。伸手线、拦腰线、抬头线、爪墙线、破股线等，检查低压线路杆基、导线、弧等。检查是否有同杆同瓶。低出与弱电线路等，检查有无窃电现象。

2005—2010年，地电离石区电力公司主要对煤矿、非煤矿山等高危用户的电力设施进行安全检查，保障高危用户的正常供电秩序。同时对电力设施保护范围内居民的违章修建进行排查、整改。

2011—2015年，地电离石区电力公司每年开展安全生产大检查，集中检查公司辖区内所有110千伏、35千伏、10千伏输电线路、低压配电线路、高低压设备的安全隐患，公变、自备变以及所有高危、重要用户，杜绝电网大面积停电，排查农网升级等电力建设项目的安全隐患，办公楼、变电站等公共区域内防火、防盗、防洪以及安全保卫情况。对发现的问题及时进行整改，提高设备运行水平。

安全技术措施 截至2015年底，根据国家电网公司《电力安全工器具管理规定》，地电离石分公司每年为各乡镇供电所配置安全帽、绝缘靴、绝缘手套、双保险安全带、接地线、验电器、摇表和其他运行维护设备工具，并根据安全工器具试验周期按时进行试验。

第四节 变电管理

1995—2002年，离石电力公司各变电站直属国电吕梁分公司生产技术科管理。2002年，体制改革完成后，原生技科变更为生产技术部，设变电专责员1名。直属6座变电站中，110千伏城南变电站、35千伏城西变电站、35千伏下安变电站、35千伏信义变电站由生产技术部直管，其余各变电站和所在供电所二站合一，行政由供电所管理，日常运行、检修由生产技术部管理。各变电站根据《标准化变电站建设管理条例》，记录各类资料台账，由生产技术部统一考核管理，其中缺陷管理、设备定级、保护整定、两票执行及记录，由生产技术部统一执行考核，站内运行人员严禁参与任何检修任务，所有缺陷处理、日常检修，统一由变电检修班完成。各变电站及变电站检修班所执行的规程有《电气安全规程》《电气设备检修规程》《停送电操作规程》《现场运行规程》及日常规程等共30余种。

2005年，国电吕梁分公司重新修订下发《变电站标准化管理规范》，根据规范，生产技术部完善、整理变电资料、图表，统一台账格式，对所辖各变电站的一次接线图进行重新核对绘制。根据修订下发的《设备缺陷管理制度》《供电生产运行管理实施细则》《反事故技术措施管理制度》，对各站的缺陷管理、设备定级以及技术台账等进行考核。

2005—2010年，生产技术部设变电专责员1名，管理的变电站有城南110千伏变电站、110千伏上安变电站、35千伏城西变电站、35千伏下安变电站、35千伏信义变电站、35千伏枣垴变电站、35千伏田家会变电站、35千伏王营庄变电站8座变电站，各变电站的日常运行、检修都由生产技术部统一管理。2009年2月，变电工区成立后，各变电站的日常检修、缺陷处理，统一由变电工区完成。

2012年9月，巡操班成立，35千伏变电站以及开闭所的维护由巡操班负责，检修由变电工区负责。生产技术部根据公司绩效考核标准对各变电站、变电工区、巡操班进行季度及年度考核。截至2015年底，各变电站的日常运行、检修统一由生产技术部管理，110千伏变电站的日常维护由外委单位负责。

第五节 线路管理

1995—2002年，离石电力公司的线路直属生产技术科管理。

2002—2006年，线路为生产技术部管理。线路管理部门设线路专责人员1名。

2007年后，线路直属生产技术部管理，生产技术部设有线路专责员1名，对所辖的110千伏、35千伏及10千伏线路进行管理。

2009年2月，线路工区成立后，35千伏、10千伏线路日常的巡视、维护、检修及缺陷处理由线路工区负责。110千伏线路维护由外委单位负责。

2012年2月，制定线路运行考核办法，对全区12条35千伏公用线路，实现全年零掉闸接地（自然灾害除外）。对全区104条10千伏公用线路，实现全年允许接地跳闸70次，并将这一指标全线进行分解，明确线路人员分工及维护范围。2013年5月，离石供电公司从设备管理、运行管理、生产建设管理、检修管理、安全管理5个方面，开展标准化线路建设。对35千伏城西双回、110千伏城中线、车中线进行标准化建设。

第四章 用 电

第一节 用电总量

1973年，离石县用电总量为1064.87千瓦时。其中，农村用电189.69万千瓦时，工业用电845.84万千瓦时，市政生活用电24.22万千瓦时。

中共十一届三中全会后，境内经济高速发展，全县用电量增加。1980年，全县用电总量2270.64万千瓦时。其中，农村用电305.55万千瓦时，工业用电1742.49万千瓦时，市政生活用电222.61万千瓦时。1990年，全县用电总量为5395.44万千瓦时，约是1973年的5倍，其中，各行业用电4401.59万千瓦时，城乡居民生活用电993.85万千瓦时；各行业用电中：农业用电238.57万千瓦时，工业用电2878.8万千瓦时，交通运输邮电通信业用电202.95万千瓦时，商业饮食物资供销及仓储业用电282.36万千瓦时，建筑业用电102.72万千瓦时，其他用电695.18万千瓦时。

2000年，离石市用电总量为13074.79万千瓦时，其中，各行业用电11109.59万千瓦时，城乡居民生活用电1965.2万千瓦时；各行业用电中：农业用电886.5万千瓦时，工业用电5664.06万千瓦时，交通运输邮电通信业用电224.6万千瓦时，商业饮食物资供销及仓储业用电386.6万千瓦时，建筑业用电298.6万千瓦时，其他用电3649.23万千瓦时。

2000年后，境内规模性工商企业用电量快速增长。

2010年，离石区用电总量为57225万千瓦时，其中，各行业用电43032.6万千瓦时，城乡居民生活用电14192.41万千瓦时；各行业用电中：农业用电617.89万千瓦时，工业用电24719.5万千瓦时，建筑业用电4529.66万千瓦时，信息传输计算机服务和软件业用电1505.57万千瓦时，交通运输邮电通信业用电2280.22万千瓦时，商业饮食物资供销及仓储业用电2295.69万千瓦时，金融房地产商务及居民服务业用电2815.74万千瓦时，公共事业及管理组织用电4268.33万千瓦时。

2015年，全区用电总量为78185.22万千瓦时，是1990年的14.49倍，是2000年的5.98倍，其中，各行业用电53950.44万千瓦时，城乡居民生活用电24234.78万千瓦时；各行业用电中：农业用电815.94万千瓦时，工业用电26178.87万千瓦时，建筑业用电2313.61万千瓦时，信息传输计算机服务和软件业用电2444.17万千瓦时，交通运输邮电通信业用电3673.58万千瓦时，商业饮食物资供销及仓储业用电5970.42万千瓦时，金融、房地产、商务及居民服务业用电2486.28万千瓦时，公共事业及管理组织用电10067.57万千瓦时。

1973—1985 年离石县分类用电情况表

表 12-8　　单位：千瓦时

年份	总用电量	农村用电	工业用电	市政生活用电	厂用电量	年份	总用电量	农村用电	工业用电	市政生活用电	厂用电量
1973	10648670	1896900	8458361	242151	51258	1980	22706449	3055461	17424886	2226102	0
1974	13721378	1948987	11263095	425553	83743	1981	15175610	3615639	8870686	2689285	0
1975	14114590	2073417	11337516	680979	22678	1982	18116891	3588584	11577867	2950440	0
1976	14196700	2139247	11135258	922195	0	1983	28963063	3483611	21900570	3578882	0
1977	18434789	2614937	14719183	1100669	0	1984	33610367	3968650	25721841	3919876	0
1978	22065088	3069466	17750468	1245154	0	1985	39661789	5909613	29423931	4328245	0
1979	24416841	3206048	19546794	1663999	0	–	–	–	–	–	–

1986—2004 年离石区（县、市）全社会用电情况表

表 12-9　　单位：千瓦时

年份	全社会用电量总计	行业用电								城乡居民生活用电		
		合计	农林牧渔水利业	工业	地质普查和勘探业	建筑业	交通运输邮电通信业	商业饮食物资供销及仓储业	其他事业	合计	城镇	乡村
1986	46469578	42990201	1728400	29330600	—	2135301	870000	1340000	7585900	3479377	1249050	2230327
1987	51896800	45553100	3746500	36056400	—	1032800	887500	997500	2832400	6343700	3768500	2575200

续表 12-9

年份	全社会用电量总计	行业用电								城乡居民生活用电		
		合计	农林牧渔水利业	工业	地质普查和勘探业	建筑业	交通运输邮电通信业	商业饮食物资供销及仓储业	其他事业	合计	城镇	乡村
1988	58427100	50758700	3063800	38028200	—	942300	1670700	2245400	4808300	7668400	4778000	2890400
1989	59017300	49189000	2765100	30428300	11500	1519400	2281000	3899200	8284500	9828300	5813300	4015000
1990	53954400	44015900	2385700	28788000	10100	1027200	2029500	2823600	6951800	9938500	6272100	3666400
1991	57297100	46634000	3991000	30174800	—	951700	1373100	1462000	8681400	10663100	8189400	2473700
1992	65378000	52203900	3491200	34425800	—	627000	1316500	1476900	10866500	13174100	9367800	3806300
1993	68558400	55880600	3445200	35966000	—	292500	1198600	1827100	13151200	12677800	8448700	4229100
1994	80819700	67088600	5059400	42415200	—	1145800	1374600	2870100	14223500	13731100	8364100	5367000
1995	96116700	80237600	5525000	49051600	—	2905000	1661200	3307700	17787100	15879100	10442500	5436600
1996	97425900	81393100	5336500	45484600	—	2612500	1746700	2792100	23420700	16032800	10607300	5425500
1997	109114400	89964300	6070400	43592000	—	3311500	2234700	2994000	31761700	19150100	12805000	6345100
1998	108725000	89276900	5567400	42224200	—	2852000	1535700	2872000	34225600	19448100	13139000	6309100
1999	116004000	96635000	7798100	45599600	—	4030000	2358200	3578000	33271100	19369000	12402000	6967000
2000	130747900	111095900	8865000	56640600	—	2986000	2246000	3866000	36492300	19652000	13132000	6520000
2001	144833300	124706300	8028000	65239860	—	3110000	2397000	2553840	43377600	20127000	13369000	6758000
2002	169394000	145384000	8645000	77097600	—	5634000	2054000	2225400	49728000	24010000	15999000	8011000
2003	193719300	170974700	8586100	99063540	—	8053000	2888000	2297000	50087060	22744600	15162970	7581630
2004	233303500	200548600	8962300	110285800	—	23571500	2935000	2658000	52136000	32754900	21084200	11670700

2005—2015年离石区全社会用电情况表

表12-10　　单位：千瓦时

年份	全社会用电量总计	行业用电									城乡居民生活用电		
		合计	农林牧渔业	工业	建筑业	交通运输仓储邮政业	信息传输计算机服务和软件业	商业住宿和餐饮业	金融房地产商务及居民服务业	公共事业及管理组织	合计	城镇	乡村
2005	272705900	237865400	9138000	126038780	31238100	6130800	4740000	10031000	12159740	38388980	34840500	23226950	11613550
2006	342905470	300143400	9509030	190893310	38193900	12306000	6660600	11113820	8787000	22679740	42762070	28195330	14566740
2007	417970700	359121500	9886800	216425550	72258970	12527600	7843000	12401400	10645510	17132670	58849200	37595760	21253440
2008	495169958	411350758	9583430	213138706	84628288	27748000	11258015	13025741	15416323	36552255	83819200	51673588	32145612
2009	504395514	387626814	9450990	174473553	69572357	34065431	12585000	21743949	23902081	41833453	116768700	90098850	26669850
2010	572250040	430325958	6178855	247194982	45296583	22802200	15055714	22956925	28157437	42683262	141924082	98760825	43163257
2011	701946401	525713431	6724428	282146570	48407776	38654310	21829000	29349896	36418500	62182951	176232970	135786982	40445988
2012	760081083	543468964	5898706	286646013	76294299	44827550	18026000	29116978	24872013	57787405	216612119	172819928	43792191
2013	807550915	584985455	8079526	323553062	42289633	39850910	18840660	47161110	27054600	78155954	222565460	180223897	42341563
2014	796409619	561899189	8970961	284998234	27369270	32954280	21500380	59534200	23613580	102958284	234510430	194083250	40427180
2015	781852192	539504402	8159390	261788742	23136100	36735810	24441730	59704190	24862790	100675650	242347790	201144710	41203080

第二节 用电结构

工业用电

1973年，离石县工业用电845.84万千瓦时。20世纪80年代，全县乡镇工业企业快速发展，工业用电增加。1990年，工业用电总量为2878.8万千瓦时。2000年，离石市工业用电总量为5664.06万千瓦时，是1990年工业用电总量的1.97倍。2001年后，境内煤炭工业进入快速发展的“十年黄金期”，工业用电量快速增长。2008年，全区市政生活用电量增加，工业用电占全部用电量的比例下降到43%。2010年，工业用电总量为24719.5万千瓦时，是2000年的4.36倍。2015年，全区工业用电总量为26718.87万千瓦时，比2010年增长8.09%，其中煤焦工业用电17366.7万千瓦时，占工业用电量的65%。

2007—2015年离石区工业用电量情况表

表12-11

年度	用电总量（万千瓦时）	其中				占全部用电量比例（%）
		煤焦工业（万千瓦时）	占工业用电量比例（%）	其他工业（万千瓦时）	占工业用电量比例（%）	
2007	21642.56	14206.52	65.64	7436.04	34.36	51.78
2008	21313.87	13853.01	65.00	7460.86	35.00	43.04
2009	17447.36	10302.45	59.05	7144.91	40.95	34.59
2010	24719.50	17124.54	69.28	7594.96	30.72	43.20
2011	28214.66	17872.88	63.35	10341.78	36.65	40.19
2012	28664.60	18631.99	65.00	10032.61	35.00	37.71
2013	32355.31	21030.75	65.00	11324.56	35.00	40.07
2014	28499.82	18524.35	65.00	9975.47	35.00	35.79
2015	26718.87	17366.70	65.00	9352.17	35.00	34.17

农业用电

1973年，离石县农业用电为94.31万千瓦时。1990年，离石县供电农业用户354户，用电238.57万千瓦小时。2000年，离石市农业用电量为886.5万千瓦时，是1990年的3.7倍。2010年，离石区农业用电量为617.89万千瓦时，比2000年下降30.3%。2015年，离石区农业用电量为815.94万千瓦时，比2010年增长32.05%。

农业排灌用电 1973年，离石县农业排灌用电量为18.61万千瓦时，占农业用电量的19.73%。1990年，农业排灌用电量56.31万千瓦时，占农业用电量的23.6%。20世纪90年代开始，随着境内配套机电井的增加，农业排灌用电量有较快增长。2000年，离石市农业排灌用电量为236.9万千瓦时，占农业用电量的26.72%。2010年，离石区农业排灌用电量为222.7万千瓦时，占农业用电量的36.04%。2015年，农业排灌用电量为308.65万千瓦时，占农业用电量的37.83%。

农副产品加工用电 1973年，离石县农副产品加工用电量为75.70万千瓦时，占农业用电量的80.27%。20世纪80年代中期开始，随着境内农民购买商品粮的增加，农副产品加工用电量占农业用电量的比例有所下降。1990年，农副产品加工用电量为116.33万千瓦时，占农业用电量的48.76%。2000年，离石市农副产品加工用电量为230.46万千瓦时，占农业用电量的26%。2010年，离石区农副产品加工用电量为395.19万千瓦时，占农业用电量的63.96%。2015年，农副产品加工用电量为507.29万千瓦时，占农业用电量的62.17%。

农村生活用电量

1973年，离石县农村生活用电量为93.38万千瓦时，占农村用电量的50.28%。20世纪80年代中期开始，境内农户家用电器逐步普及，农村生活用电量增长。1990年，农村生活用电量为366.64万千瓦时，占农村用电量的28.31%。2000年，离石市农村生活用电量为652万千瓦时，占农村用电量的16.62%。2010年，离石区农村生活用电量为4316.33万千瓦时，占农村用电量的25.14%。2015年，农村生活用电量为4120.31万千瓦时，占农村用电量的17.57%。

1973—2015年离石区（县、市）农村用电量情况表

表12-12

年份	农村用电量（千瓦时）	其中			占全部用电量比例（%）
		排灌用电量（千瓦时）	农副产品加工用电（千瓦时）	农村生活用电（千瓦时）	
1973	1896900	186100	757000	953800	17.81
1974	1948987	214269	804262	930456	14.20
1975	2073417	208529	969993	894895	14.69
1976	2139247	373011	921050	845186	15.07
1977	2614937	604463	1042074	968400	14.18
1978	3069466	758000	1200553	1110913	13.91
1979	3206048	477023	1725934	1003091	13.13

续表 12-12

年份	农村用电量（千瓦时）	其中			占全部用电量比例（%）
		排灌用电量（千瓦时）	农副产品加工用电（千瓦时）	农村生活用电（千瓦时）	
1980	3055500	486517	1525500	784400	13.46
1981	3615639	464011	1858375	832251	23.83
1982	3588584	340000	2126165	590000	19.81
1983	3483611	270000	2093685	734000	12.03
1984	3968650	250000	1868650	1120000	11.81
1985	5909613	300000	2539613	1880000	14.90
1986	8364524	427000	1301400	2230327	18.00
1987	9860392	568000	1740000	2575200	19.00
1988	11101149	766800	1322300	2890400	19.00
1989	11803460	960400	921300	4015000	20.00
1990	12949056	563100	1163300	3666400	24.00
1991	13751304	1723000	832100	2473700	24.00
1992	17139600	746700	940000	3806300	26.22
1993	18510768	1125100	655600	4229100	27.00
1994	23437713	833100	1839000	5367000	29.00
1995	28835010	915000	4256900	5436600	30.00
1996	29227770	1155300	2711400	5425500	30.00
1997	32734320	1611600	1605600	6345100	30.00
1998	32617500	1752600	1483600	6309100	30.00
1999	34801200	2272000	1872000	6967000	30.00
2000	39224370	2369000	2304600	6520000	30.00
2001	43449990	1984000	1894000	6758000	30.00
2002	50818200	2260000	2226000	8011000	30.00
2003	58115790	2326000	2054000	7581630	30.00
2004	69991050	2676000	6286300	11670700	30.00
2005	81811770	2945000	6193000	11613550	30.00
2006	102871641	3275000	6234030	14566740	30.00
2007	125391210	3804000	6082800	21253440	30.00

续表 12-12

年份	农村用电量（千瓦时）	其中			占全部用电量比例（%）
		排灌用电量（千瓦时）	农副产品加工用电（千瓦时）	农村生活用电（千瓦时）	
2008	148550987	3732000	5851430	32145612	30.00
2009	151318654	3796000	5654990	26669850	30.00
2010	171675012	2227000	3951900	43163300	30.00
2011	210583920	2225000	4499428	40445988	30.00
2012	228024325	1804058	4094648	43792191	30.00
2013	242265275	2145796	5933730	42341563	30.00
2014	238922886	1387840	7583121	40427180	30.00
2015	234555658	3086540	5072850	41203080	30.00

居民生活用电

1973 年，离石县市政生活用电量 24.22 万千瓦时。至 20 世纪 80 年代，居民照明用电占市政生活用电的 80%。80 年代中期开始，随着境内居民生活水平的提高，居民日常生活用电由单一照明逐步变为多样化。1990 年，全县城乡居民生活用电 993.85 万千瓦时，其中城镇居民用电 627.21 万千瓦时。

2000 年，离石市城乡居民生活用电 1965.2 万千瓦时，居民照明用电占城乡居民生活用电的 20.72%，其中城镇居民用电 1313.2 万千瓦时。2010 年，离石区城乡居民生活用电 14192.41 万千瓦时，是 2000 年的 7.22 倍，其中城镇居民用电 9876.08 万千瓦时。

2015 年，全区城乡居民生活用电 24234.78 万千瓦时，其中城镇居民用电 20114.47 万千瓦时。城乡居民生活用电中居民照明用电占 66.54%，非居民照明用电占 33.46%。

第五章　电力管理

第一节　安全管理

安全管理制度

1973年后，离石供电所执行国家电力部颁布的《电力安全工作规程》。1980年，离石县电业局制定《安全工作管理方法》，主要有安全组织机构、安全教育、安全措施计划编制、安全检查、事故调查处理及报告、对违章作业的规定等。1983年1月，县电业局制定《供用电安全生产制度》，并设立安全生产委员会，设安全监察员。安全生产委员会负责全局安全生产工作，处理有关安全生产事宜。1990年，县电业局制定《安全管理制度》，明确安全职责、到位标准、奖惩办法。1991年起，执行能源部《电力安全工作规程》。

1998年4月，执行山西省地方电力公司吕梁分公司下发的《两票管理考核办法》《安全生产奖惩考核办法》。2002年4月，执行山西国际电力集团吕梁分公司下发的《生产运行人员反习惯性违章管理办法》。

2006年12月起，执行国家电网公司《2005年电力安全工作规程》。2007年5月，离石分公司修订《大型作业现场"三措"管理制度》《安全教育培训制度》。2011年9月，离石分公司编制《供电所规范化管理资料汇编》。2012年6月起，执行山西地方电力有限公司《电气、线路操作票和工作票执行程序管理规定》。

安全措施

安全劳动保护措施　公司每年依据省、市安全工作要求，对一线人员进行安全工作规程培训，配置个人防护用品。并根据上级单位要求，结合公司实际情况，制定年度《安全劳动保护措施》，各部门、所站、班组认真贯彻执行。

安全防护措施　公司加大安全投资力度，不断配备和完善必备的安全工器具、消防器材、静电报警手表以及各类应急灯具。汛期配备各类防汛用品、个人防护用品等安全用具。在特殊保电期间，配备防暴钢叉、防刺手套、橡胶棒、对讲机等防暴用品。公司通过举办多种形式的活动，使职工实现从"要我安全"到"我要安全"的转变。

安全例会　公司每月组织局长（经理）、副局长（经理）、各部门主任、各供电所长、变电站长，召开安全生产例会1次。主要是总结全公司当月安全工作，传达上级有关文件精神，分析安全生产中存在的问题，布置下个月的安全计划和任务，并讨论落实安全措施及制度，及时解决安全生产中存在的问题。

安全活动　公司每年举办安全月活动，在市民广场搭建宣传平台，设立安全用电宣传展板，散发宣传资料，为群众解答各类安全用电问题。各供电所在各自所辖范围内，进村

进户，在乡镇、学校等人员集中处，散发宣传资料。公司组织安全演讲比赛、知识竞赛、技能比武、安全大检查等各类安全活动，提高员工的安全意识，有效保障安全生产的正常运行。2015 年 8 月，根据晋能集团有限公司《周四安全生产活动日制度》要求，将每周四确定为安全活动日，安全活动日期间，各班组除正常安全生产外，原则上不再安排其他会议及活动，集中精力参加安全活动日活动，公司领导每周参加所挂牌班组的安全日活动，并对班组的安全生产情况进行检查。

安全教育培训 公司每年年初对所有一线人员开展安全规程培训，定期组织开展“两票”培训、消防培训、交通安全培训，学习“电力安全技术”“电力安全录像专辑”，对事故通报、快报，及时吸取事故教训，举一反三，做好事前防范，增强安全责任心；加强电工的安全管理、资质审查、办理符合规定的安全手续。

第二节 营业管理

抄表

1995—1998 年，离石市（县）供电局派人员按变电站出线和乡镇分片进行抄表和线路维护，抄表日期固定在每月 25—31 日。农村、城市单位抄到变压器总表，居民几户集中 1 块总表。1995 年，城西、信义 2 座 35 千伏变电站和 110 千伏离石站及所有高低压用户全部使用机械电能表。1996 年 7 月开始，城西、信义 2 座 35 千伏变电站和 110 千伏离石站首先使用全电子电能表。1997 年，城西、信义 2 座 35 千伏变电站和 110 千伏离石站，试行电话远程抄表。由于电能表防雷措施不好，以及厂家的售后服务跟不上，造成损坏电能表 485 块，通道中断，抄表不能进行。同年，在新建的离石第四中学校公变率先使用姜堰恒原电力仪表厂生产的低压电话远程抄表系统，城区使用 IC 卡电能表，变电站专线用户使用磁卡电能表。

1999—2004 年，根据实际情况和理论测算制定线路线损，竞聘抄表人员，管理模式以完成线损、电费回收等，网改开始后，取消原来的农村电工抄表制，聘用专职电工抄表，每一名专职电工抄 400—1000 户或几个村。2004 年 5 月，离石电力公司建立供电所，原来的乡镇电管站并入供电所，抄表到户。实行“三公开”（电量公开、电费公开、电价公开）、“四到户”（销售到户、抄表到户、收费到户、服务到户）、“五统一”（统一电价、统一发票、统一抄表、统一核算、统一考核）。线损由公司统一确定，并定期开展经济分析，完不成指标任务的按照规定进行处罚。

2014 年 1 月，电力远程采集系统正式投入运行，改变过去单一的手工抄表模式，对每一用户的用电信息进行采集、处理和实时监控，实现用电信息的自动采集、计量异常监测、电能质量监测、用电分析和管理、相关信息发布等功能，抄表全部实现自动化。

核算

1976年，离石电业局成立，下设财务收费组负责电费核算和收费工作，核算方式采用手工进行。1994年5月，电费核算由农电总站会计手工进行。1995年，离石电业局用电所设立核算员1名，根据“用电工作传票”手工进行新户建账、增容、销户、过户、电费上账等。1996年，采用交口县电业局史永利编写的程序，核算微机化，所有的核算数据全部录在微机中进行计算和收费，结束手工核算历史。

1997年，委托工行到电力营业厅坐收城区电费，核算微机和收费微机连接，电脑直接打票坐收城区电费，农村由农电总站统一取票，电管站人员上门收取。

2004年5月后，各供电所设立核算员1名，进行微机核算，公司设总核算员1名，责成专人进行核查，发布电费。2005年，西属巴、交口、城东、城南、滨北供电所电费核算均可联网进行。2006年后，新增户和变更电价由公司统一管理。

2013年1月，山西地方电力公司电力营销业务应用系统上线运行，在原有简单核算、收费的基础上增加新装增容及变更用电、供用电合同管理、抄表管理、核算管理、电费收缴及账务、用电检查、“96598”客户服务、资产管理、计量点管理、计量体系管理、电能信息采集、市场管理、线损管理、能效管理、有序用电管理、客户关系管理、客户联络、稽查及工作质量、客户档案资料管理业务功能19个，以及系统支撑功能13类。

收费

1995年，公司根据核算卡账，手工开票，进行收费。

1996年，微机统一开票，收费员领取电费票据，在电业局营业大厅收费。1997年后，城区委托工行代收电费，用户直接到电力营业厅交费，农村由农电总站统一取票，电管站人员上门收取。

2004年5月后，农用电合并，委托农行代收，城区设立营业网点3个，进行收费，便于客户就近交费。农村电费由各供电所负责收费。每月月底将电费上缴公司财务部。

2013年，在离石区城区供电所安装电费24小时自助缴费终端5台，大堂式自助缴费机10台，实现用户现金缴费、银行卡缴费、基本用电信息查询和打印功能。2013年5月，各营业网点、超市、便利店共安装无线POS终端38台，方便用户就近查询用电信息、缴费信息及自助缴费。

1995—2015年离石区（县、市）电力公司收缴电费统计表

表12-13　　单位：万元

年度	应收电费	实收电费	上缴电费
1995	2417.915	2417.91	2417.91
1996	3282.015	3282.015	3282.02

续表 12-13

年度	应收电费	实收电费	上缴电费
1997	3122.60	3122.60	3122.60
1998	3345.79	3345.79	3345.79
1999	3580.07	3580.07	3580.07
2000	4125.18	4125.18	4125.18
2001	4773.72	4773.72	4773.72
2002	5574.94	5574.94	5574.94
2003	7090.25	7090.25	7090.25
2004	8912.78	8912.78	8912.78
2005	11176.05	11176.05	11176.05
2006	14505.02	14505.02	14505.02
2007	19163.75	19163.75	19163.75
2008	25658.69	25658.69	25658.69
2009	28541.43	28541.43	28541.43
2010	32157.90	32157.90	32157.90
2011	40680.86	40680.86	40680.86
2012	22085.85	22085.85	22085.85
2013	54816.89	54816.89	54816.89
2014	54391.77	54391.77	54391.77
2015	52028.17	52028.17	52028.17

第三节 供电服务

1976年7月以前，离石县电业局对用电户的服务比较简单，服务的主要形式是应用户要求，提供服务。1976年8月，吕梁地区电业局代管以后，以“人民电业为人民”服务宗旨，开展各项活动。

1984年，县电业局在用电所设立报装室，设报装营业人员，窗口对外，方便客户。1994年，营业厅增设监督岗，实行挂牌服务，星期天不休息，保证及时服务。公司通过电台、报纸等渠道广泛宣传用电知识和政策，报装室完善卡账、传票，加快传递时间，简化手续，装表接电班坚持上门服务。1995年2月，县电业局向用户逐步公开社会承诺，接受社会监督，凡是新增用户报装、勘测、施工验收、投入运行的周期不超过 1 个月。凡计划停电，提前 1 天在电视台播出。每季、月在电视台专题播出电费、电价知识。推行农村分类综合电价，实减轻农民负担，解决农村用电中存在的“一高三乱”（电价高，乱加价、乱收费、乱摊派）现象。凡是试点的乡村，明码标价，建立电费公布栏，张榜公布每月电费收取情况。

1996 年，报装业务设在（市、县）电业局营业收费厅，接到报装申请后，实行业扩例会制度，对客户业扩工程的供电方案进行审查，并由报装员与客户沟通，完成项目的全过程督办及工程竣工验收、送电等工作。1998 年 9 月，开展以“优质服务、树新形象、开拓市场、增加售电”为主题的竞赛服务活动，并建立电力行风监督员制度，聘请包括离石市“五套”班子、各乡镇书记及部分大工业用户组成的 32 名电业行风监督员，向他们以书面及文件的形式宣传各种用电程序、政策法规，向全社会发放调查问卷 200 余份，听取和采纳行风监督员及广大人民群众意见建议，自觉接受社会各界监督。1999 年，在石州电视台开设“离石电力”的电力专题服务栏目，向离石市民宣传用电知识、政策、法规、电价、业扩流程。2000 年 4 月，重新修订《离石市供电局服务承诺》，在营业窗口公示《业扩报装程序》《临时用电制度》《用电收费制度》《电价目录内容》《供电职工服务守则》《违章与窃电处理规定》，营业人员一律挂牌上岗，并设立监督举报电话，加大用户监督力度。2001 年 4 月，离石行政审批大厅设立，业扩报装申请受理业务在服务大厅受理，并转交公司审批。

2004 年 5 月起，公司市场营销部负责对全公司业扩工作进行全面管理；各供电所成立业扩报装机构，负责受理所属营业区内所有业扩报装业务，审批公用变压器上低压供电且容量在 30 千瓦以下的客户用电业务。2006 年 8 月，离石区电力公司成立客户服务中心，正式开通电力客户服务热线“4006539598”，主要为客户提供电力信息查询、故障报修、举报投诉等业务。2007 年 2 月，离石区电力公司以各变电站、供电所为单位，成立应急抢险服务队，配备电力抢修车、抢修工器具和应急电源车。

2012 年，地电离石分公司统一印制“供电服务标牌”165 块，悬挂于各个配电变压器台区附近醒目位置，该卡牌详细标明供电服务区域、供电服务范围、供电服务内容、服务热线、服务责任人等。2013 年 5 月，地电离石分公司为城区供电所配备自助缴费机，为 13 个供电所提供移动 POS 缴费机。与多个连锁超市、药店、中国石化加油站等商户合作，建立市民便捷缴费网点。

截至 2015 年底，公司客户服务热线累计受理并处理用户电费查询、信息查询、故障报修、投诉举报业务共计 8610 次。每个供电所均在收费营业厅设立投诉举报箱、意见簿、便民服务箱（内有药品、雨伞、眼镜等便民设施），公开接受广大客户的监督。

第四节 管理信息化

计算机应用

1987年，公司首次进行计算机管理信息系统的开发应用工作。1990年，计算机室成立，购置IBM-PC电子计算机1台，并聘请技术员协助论证开发，运用微机进行数据收集、统计，加工处理，存储各种数据，生成报表，传递有关信息。1998年，离石分公司成立后，信息管理应用到公司的每一个领域。利用计算机来采集数据、管理与操作任何形式的数据资料，如企业管理、物资管理、报表统计、账目计算、信息检索等。2002年，离石电力公司与山西地方电力公司吕梁分公司实现内部网络联网，首次采用数据电子报表。

2005年，离石电力公司成立计算机中心，采用网络版Windows操作系统后，在该平台先后搭建公司的DNS分布式数据库、DHCP网络协议、WINS数据库、FTP服务器和基于活动目录的域环境系统。2006年，公司邮件服务器的部署也在平台上开展，采用exchange server软件作为服务端软件。2009年，山西地方电力股份有限公司与中国联合网络通信有限公司山西省分公司签订数字电路及裸光纤租用协议，离石分公司是其中一部分。2011年，投入200万元进行光纤通道建设，共敷设光缆113.6千米。

2012年，投入399万元进行调度基础设施和通信网络建设。同年，光缆覆盖至所有110千伏变电站、35千伏变电站、13个供电所。截至2015年底，租赁中国移动通信集团山西有限公司吕梁移动分公司2M数据专线2条，用于公司自动化办公、营销系统采集等业务与地电公司的互联互通。

用电营销自动化

1996年，公司推广使用交口县电力公司史永利在DOS程序下编写的电费核算程序，结束公司电费的手工核算时代。1999年开始，分公司尝试用Windows平台开发用电营销系统。至2000年，经过两年磨合试用，能处理一些实际运用的错误，达到初步运用的地步。

2004年后，对用电营销系统进行二次开发，公司总部和各供电部统一开发平台。2005年采用新的操作系统，对核算软件进行整合、梳理，使各供电所达到坐收电费的水平。2006年，将核算软件在原来的基础上进行大规模升级，使功能更合理，更加实用。2006年，移动基站使用许继IC卡售电管理系统。同年，离石客户语音呼叫系统运行，主要开展信息查询、故障报修、举报投诉业务，用户通过电话，可了解用电方面的相关业务。

2013年1月，由朗新（中国）有限公司开发的新电力营销业务应用系统上线运行。5月，自助缴费终端系统、用电信息自助查询终端系统、无线POS收费投入使用。自助缴费终端系统投入运行后，可实现用户现金缴费、银行卡缴费，基本信息和资料查询、电费清单查询等功能。该终端的投入加快电费回收速度，缓解交费渠道单一、拥挤排队的现象。用电信息自助查询终端系统投入使用后，用户在营业厅，只需输入一个用电号即可了解所有用电信息。在大型超市、药店、居民居住密集小区均投入运行 POS 收费。该系统投入运行，方便用户就近缴费，增加缴费渠道，减少现金使用量。7 月，电力远程采集系统进行上线调试运行，2014 年 1 月正式投入运行。该系统投入使用后，改变过去单一的手工抄表模式，以电力用户的用电信息进行采集、处理和实时监控为主要内容，实现用电信息的自动采集、计量异常监测、电能质量监测、用电分析和管理、相关信息发布等功能。5 月，客户呼叫支持系统上线，替代以前的客户语音呼叫系统。电话号码由“4006539598”转换为全省统一电话“96598”，座席实行 24 小时不间断服务。

生产技术自动化

1997 年，公司调度自动化试运行，运用河北保定冀奥公司生产的冀奥—1000 调度自化软件。2004 年升级为河南思达公司生产的调度自动化管理软件。

2005—2010 年，离石分公司对新建的枣洼、田家会、王营庄 3 座 35 千伏变电站按照无人值班变电站设计标准，采用微机综合自动化系统，配置光缆、终端机、PCM 等设备，实现与区调光纤通道传输，远方监控。2009 年，建成城西站—城南站、田家会站—信义站光缆通信通道，实现与区调光纤通道传输，35 千伏城西变电站和 35 千伏信义变电站达到无人值班变电站标准。2009 年 5 月，将河南思达高科生产的 SD-2800 系统更换为烟台东方 DF-8900 调度自动化系统。

2012 年，对城南 110 千伏变电站进行综合自动化改造，110 千伏城中、莲花、信义、高家山、盘龙变电站均按照无人值班变电站设计，综合自动化分别采用国电南自、上海申瑞系统。2012 年 5 月，对 35 千伏下安变电站综合自动化进行改造，达到无人值班变电站标准。截至 2015 年底，离石分公司所辖的 110 千伏信义变电站和 35 千伏枣洼、田家会、王营庄、城西、信义、下安 6 座变电站全部实现无人值守。同时将烟台东方 DF-8900 调度自动化系统升级为 DF-8003S 电网能量管理系统，实现远动数据多方式、规范化接入。

第五节 管理机构

1967 年 10 月，晋中地区电业局离石供电所成立。1971 年 12 月，吕梁地区组建，离石供电所由吕梁地区革命委员会电业办公室接管。1976 年 8 月，离石供电所更名为离石县电业局。受吕梁行署委托，由吕梁地区电业局代管。1989 年 11 月 22 日，吕梁供电公司离石供电分公司成立，离石县电业局名称继续保留，实行“两块牌子、一支队伍”管理模式，但仍行使管理电力行政职能。

1996年7月，改称离石市供电局。1998年1月，离石市供电局变更行政隶属关系，归山西省地方电力公司吕梁地电分公司主管。2001年3月16日，离石市供电局更名为离石市电力公司，同时，撤销离石市供电公司，仍隶属山西省地方电力公司吕梁分公司管辖。2002年12月，山西省地方电力公司改制为山西国际电力集团有限公司，离石市电力公司隶属山西国际电力集团有限公司吕梁分公司管辖。

2004年，更名为离石区电力公司。2008年8月，离石区电力公司更名为山西地方电力股份有限公司离石分公司，隶属山西地方电力股份有限公司管辖。

截至2015年底，山西地方电力股份有限公司离石分公司内设综合工作部、财务部、网改办、市场营销部、生产技术部、安全监察部、调度信息中心。下设班组22个，即110千伏城南变电站、110千伏上安变电站、110千伏城中变电站、110千伏高家山变电站、110千伏莲花变电站、110千伏盘龙变电站，滨北供电所、城南供电所、莲花供电所、滨东供电所、交口供电所、城东供电所、枣林供电所、信义供电所、吴城供电所、城北供电所、西属巴供电所、红眼川供电所、坪头供电所，巡操班、线路工区、变电工区，共有职工319人。

第十三编

商贸服务业

商贸业

服务业

离石位居秦晋通衢，因地理位置因素，居民多有商贾之便，在定期集会、庙会进行物资贸易，逐渐建成各类市场。截至2015年底，离石区有集日600余个，南关古会2个，凤山古庙会1个；有较大市场20余个；有较大超市4个及多个连锁门店。

中华人民共和国成立前，离石（永宁）县商贸业以私有为主。中华人民共和国成立初期，离石县国有商业从无到有逐步发展，公有、私有商业并存。1956年社会主义改造后，离山县国营商业和供销合作商业占据主导地位。“文化大革命”期间，全县禁止私人经营商业。1978年中国共产党十一届三中全会后，离石县私营商户迅速发展，逐步形成以公有制为主体的全民所有制商业、集体所有制商业、个体商业并驾齐驱的格局。20世纪90年代起，离石境域个体从事商业经营者渐多，个体商业逐步成为商贸服务业主体，社会需求得到有效补充，市场压力得到缓解。1997年后，离石市国营、县营集体商业企业陆续进行产权制度改革，推行“国退民进，资产重组”“职工股份合作制”“破产拍卖，职工安置”的改革模式。进入21世纪，离石区（市）商业持续繁荣，经营网点遍布城乡。截至2015年底，离石区有居然之家、嘉润国际广场、美特好、泰和商贸等知名企业入驻。全区有限额以上批发零售单位38家，从业人员3448人，其中国有单位1763人、集体单位128人、其他单位1557人。批发业社会消费品零售额达14289.5万元、零售业社会消费品零售额达573191.8万元。

清末至民国初年，永宁县饮食业主要分布于县城、交口、田家会、吴城等集镇要道。中华人民共和国成立初期，商业经济复兴，全县饮食业日渐繁荣，部分城镇居民常年经营小食品，临时经营者也不少，尤逢集日、庙会，具有多种地方风味的小吃纷纷上市。主要品种有：粉汤、杂烩菜、油炸糕、油麻花、碗脱、凉粉等。1956年，全县对私营饮食业进行社会主义改造，全部实现合作化，全县有公私合营饮食总店1个。1958年，饮食总店改称国营饮食服务公司，有饭店4个；供销社食堂6个。到年底，全县饮食店共22个。1990年，离石县有饮食业机构245个，有职工493人。截至2015年底，离石区有个体饮食业商户1000余家，经营品种包括地方风味小吃、地道正餐、特色菜品、饮品等，人们可享用到地域美食和社会流行菜系。限额以上饮食业单位有吕梁饭店、国贸大酒店、华大酒店、咸亨大酒店、天天渔港大酒店、军都大酒店、龙江大酒店等。全区餐饮业社会消费品零售额达35427.2万元。

民国10年至民国26年（1921—1937），离石县有私人旅店16家，设备简陋，为商旅行人、车马高脚运输提供食宿。20世纪50—60年代，县人民政府设立招待所，习惯称轮训队，在城内北面，建有窑洞40孔，可招待350余人食宿。1959年，县饮食服务公司在新关建二层国营旅馆，从业32人，有客房48间，床位200张。1971年，县人民政府在东关新建招待所，三层楼房，有客房64个，床位250张，从业31人，水暖、电风扇、电视逐步配齐。1990年，全县15个乡镇有个体经营旅店57家，从业131人。进入21世纪，离石煤炭工业、旅游业等兴起，外来人口增多，境内陆续建起规模较大的宾馆。截至2015年底，离石区有住宿业单位198个，有限额以上住宿餐饮业企业24家，从业人员1130人，其中国有单位507人、其他单位623人。全区住宿业社会消费品零售额达6874.6万元。

第一章　商贸业

第一节　商贸场所

集会

集市是离石区（县、市）传统的商品交换场所，其形式有3种：集日，农历逢单双日，或“三、六、九”“二、五、八”定期集会；庙会，按生产季节或祭祀活动举行，往往文艺活动与物资交流结合进行；常市，城镇内固定性的经常集市。离石区（县、市）较大集市有交口村集市、结绳堝村集市、信义村集市、田家会村集市、坪头村集市、吴城街上村集市。交口村一直为离石西南的农副产品集散地，聚集离石、柳林、中阳3县及陕西等处大批商人，每月逢农历初二、初五、初八、十二、十五、十八、二十二、二十五、二十八为集日，集日期间，物资丰盛，市场繁荣，商贾云集。结绳堝村是离石、临县、柳林三县交会之地，每月农历初一、初六、十一、十六、二十一、二十六有传统民间贸易集会，是方圆几十里商贸中心和交通枢纽，区位优势明显，集会历史悠久，知名度高，集市贸易比较繁荣，对拉动当地经济贸易、交通运输、农林畜产品流通等相关产业发展有了积极作用。信义村每月均有规模不等的农贸集会，每月农历初一、初三、初五、初七、十一、十三、十五、十七、二十一、二十三、二十五、二十七举行，集市贸易比较繁荣。坪头村每月农历初九、十九、二十九赶集，吴城每月农历初四、初八、十四、十八、二十四、二十八赶集。田家会每月初三、初六、初九、十三、十六、十九、二十三、二十六、二十九赶集。

中华人民共和国成立初期，离石县集市贸易繁荣。1953年后，粮食统购统销，禁止粮油上市，但仍组织其他消费品进行集市贸易。1954年冬季，离山县有物资交流会28个，成交额（旧人民币）共计107603.5万元，其中，国营企业推销34747万元，占32.29%；合作企业推销29024.3万元，占26.98%；私营企业推销36000.5万元，占33.45%；外来商推销7831.7万元，占7.28%。收购农副产品值12220.4万元，其中，国营企业收购94.3万元，供销合作社企业收购10421.1万元，私营企业收购1685万元。1958—1961年、1968—1978年，离石县先后两次取消集市贸易。

中共十一届三中全会后，集市贸易逐渐繁荣。1984年，全县集市成交额为521.4万元。1985年成交额增为613万元。1986年成交额增为947.8万元。1987年成交额增为1265.6万元，占当年全县社会商品零售额的16.5%，其中，个体经营户出售额达632.8万元，占50%，农民自产自销出售额达380万元，占27%。个体户售菜1640.4吨，国营仅售600吨，个体户售肉禽蛋1640.4千克，国营仅售114.7千克。1990年成交额达2745万元，占当年全县社会商品零售额14577万元的19.3%，粮食、肉禽蛋等七大类商品成交额为2076.2万元。集市成交额与国营商业同类商品零售额的比例是肉禽蛋为1.2∶1，蔬菜为4.3∶1。全年从外地进菜40余万千克，白面81.13万千克。1991年后，吴城镇政府每年农历七月在街上村举行物资交流会1次，周边做牲畜交易。其他商家如期参加，届时有戏剧、歌舞、弹唱等助兴。1993年7月5日，时任中共中央政治局候补委员、中共中央书记处书记温家宝到交口视察商业区建设，称交口商业街是“北方农民城”。

2000年始，吴城街上村每年农历二月在狐仙庙举行庙会1次，人流、物资不次于七月古会。进入21世纪后，离石境内常市、超市等贸易场所增多，定期集会渐少。2001年末，信义集市贸易成交额0.06亿元。截至2015年底，离石区有6个地方定期赶集，全年集日约400余个。南关古会有2个，属物资交流会，农历七月初一、十月初一赶会，会期均为15—20天，赶会地点在兴南市场。凤山古庙会1个，农历正月二十四日至二十六日赶会，凤山道院举办，祭祀道士孙真人。正月二十五日子时，道院人潮涌动，水泄不通，香客争着点“头香”，祈福许愿。

市场

步行商业街 20世纪80年代建成，位于离石区兴隆街，主要经营服装、电器、食品、餐饮、珠宝首饰、日化用品、药品、图书。截至2015年底，该商业街有从业人员1000余人，门店376家。

永宁市场 1989年建成，位于文化路，主要经营服装、鞋帽、玩具、日用品。截至2015年底，该市场有从业人员500人，门店300个。包括国营、集体、个体商户1000余家，年成交总额达500余万元。

吴城集贸市场 1991年后，吴城集贸日为农历初四、初八、十四、十八、二十四、二十八，一月举行6次，地点在街上村307国道两旁及附近，为赶集人安全，街上村实施整村推进期间专门修建集贸市场，搭建分门别类商业厅，新建门店10余家。2010年，吴城镇政府投资20万元在街上、王营庄各建成占地0.13公顷的集贸市场，土豆、药材、小杂粮农民经纪人10余家，为当地农产品出售提供方便，成为县级农作物专业交易市场和商品集散地。截至2015年底，吴城镇有街上、王营庄两个集贸市场，主要进行药材、小杂粮等农产品加工及贸易。

吕梁市离石区粮食局粮贸大厦 1995年3月15日成立，主要经营鞋帽、针织品、布料、五金、日用百货、家用电器、服装。截至2015年底，该商厦有职工50人，商铺9个，营业面积2000余平方米。

离石区兴隆商厦有限公司 1996年11月1日成立，主要经营五金交电、日用杂货、针纺织品、服装鞋帽、文化用品、体育器材。截至2015年底，该商厦有职工168人，营业面积3500余平方米。

吕梁贵秀都商贸有限公司 2001年6月22日成立，主要经营鞋类、皮革制品、箱包、百货、服装、黄金、珠宝。2015年，该公司倒闭。

万和商贸城 2001年建成，位于滨河南西路，主要经营家具用品、文化产品、办公耗材、纸质百货、电脑数码产品，婚礼用品。截至2015年底，该商贸城有从业人员400人，门店101个。

开源市场 2002年建成，位于龙凤南大街，主要经营建材、装潢材料、日用杂货、五金交电、家具、门窗、窗帘灯具。截至2015年底，该市场有门店191个。

国贸家具中心 2004年，前王家坡新建商业网点投资500万元，凤山底小区建设投资2200万元，西崖底农畜产品批发市场投资800万元，引进浙商投资400万元，建起吕梁最大规模的国贸家居中心。截至2015年底，该家具中心有从业人员12人，经营品种50余种，营业面积13000平方米。

吕梁市聚富汽贸城 2005年1月始建，由吕梁聚富商贸有限公司承建，原聚富焦化有限公司改建而成，位于交口街道物流区，占地25.4万平方米，内设小汽车销售区、载重汽车销售区、工程车销售区、综合服务和居住生活区，汽贸城按照国际汽车代理制标准规划，修建集汽车销售、汽车维修、配件供应、信息反馈四位一体的汽车综合业务中心，提供信息咨询、服务展示、文化休闲等一条龙服务，是立足吕梁面向陕西、内蒙古乃至华北地区的大型汽车市场。先后引进上海大众、湖北二汽、长春一汽、东风汽车集团等厂家或经销商投资汽贸城建设，保证工程建设顺利进行。建成东风日产、广汽丰田、一汽大众、长安福特、上海大众、北京现代、广州本田等18个品牌4S店（厅），斯巴鲁、吉利等3个品牌4S店。截至2015年底，该汽贸城有从业人员1000人，营业面积11.71万平方米。

山西新天地商旅集团有限公司 2006年10月17日成立，主要经营纺织品、针织品、服装、鞋帽、日用杂货、化妆品、卫生用品、文化体育用品、首饰、工艺品、五金交电、电子产品。2015年，公司倒闭。

枣林集贸市场 枣林乡结绳墕村是离石、临县、柳林交会之地，每月农历初一、初六有传统民间贸易集会，是方圆几十里商贸中心和交通枢纽，集会历史悠久，知名度高，集市贸易比较繁荣，对拉动当地饮食服务、交通运输、农林牧产品流通等相关产业发展发挥积极作用。因市场场地面积小，摊点、摊位不足，基础设施落后，市场功能不健全，2007年，枣林乡政府、结绳墕村多方筹资，拓宽场地6000平方米，拆迁居民住房1000平方米，修建门店3200平方米，建起新集贸市场，解决场地不足问题。截至2015年底，枣林集贸市场每年正常进行物资交流，经济繁荣。

吕梁市离石区嘉润贸易有限公司 2007年4月29日成立，主要经营服装、纺织品、电子产品、家用电器、百货、日杂、通信器材、摩托车、玉器、金银饰品、珠宝。截至2015年底，公司有职工24人，商铺35个，营业面积2.5万余平方米。

吕梁市离石区百胜友谊商场 2007年10月24日成立，主要经营零售服装、纺织品、日用品、玩具、文化用品、鞋、帽、小饰品。截至2015年底，商场有职工5人，商铺85个，营业面积1500余平方米。

马茂庄蔬菜瓜果综合市场 2008年1月30日年成立，位于马茂庄村龙凤南大街，主要经营批发蔬菜、水果、肉类、水产调料。截至2015年底，该市场有门店89个，摊位79个。

山西华旅汽贸有限公司 2008年9月成立，位于田家会街道田家会村，距青银高速离石东出口约300米，307国道北侧。投资2000多万元，占地面积约5500平方米，建筑面积约4000平方米，是按照东风本田汽车规划标准进行设计建造的4S店，集整车销售、维修服务、配件供应、信息反馈为一体，下设财务部、行政部、销售部、售后服务部、零部件等部门，为客户提供购车、保险、上户、汽车装潢、维修保养等一条龙服务。截至2015年底，公司有从业人员30人。

兴南市场 2009年建成，位于南关，主要经营蔬菜、肉类、农副产品、日杂用品、摩托车、电动车。截至2015年底，市场有门店666个，摊位139个。

美丽家园装饰市场 2010年建成，位于北川河西路与长治路交会处北。2011年创新经营管理模式，由股份合作经营代替传统散户经营。2012年7月，通过公开招标形式，进行整体转包。截至2015年底，市场有从业人员120人，经营品种9种，营业面积1.35万平方米。

掌上明珠家具旗舰店 2010年，引资700万元将原新世纪家私城改建为掌上明珠家具旗舰店，位于离石区晋绥路48号。截至2015年底，有从业人员40人，经营品种300余种，营业面积0.35万平方米。

吕梁市海盛家居公司 2010年9月成立，位于离石区西崖底307国道旁，投资200万元，主要经营各种高档家具。截至2015年底，公司有从业人员18人，经营家具300余种，营业面积0.35万平方米。

泰化物资城 位于滨河街道七里滩村，占地11.2万平方米，总建筑面积近20万平方米。2010年10月，一期工程全部完成，共投资3亿元，完成建筑面积12万余平方米，商铺500余套，2011年12月，入住率达100%，解决七里滩村及周边失地农民1500人就业。经营范围包括工矿设备、家用电器、装饰材料、电线电缆等。截至2015年底，泰化物资城有商铺523套，从业人员19人。

同至人购物中心 2012年11月23日年建成，位于吕梁市离石区龙凤南大街与贺昌路交会处，主要经营批发零售服装、鞋帽、针纺织品、小家电、工艺美术品、办公用品、体育用品及器材、黄金珠宝及饰品、通信器材、普通机械设备、五金交电、花卉、装饰材料、化工产品（不含危险品）；房屋租赁、场地租赁及服务；企业管理咨询。截至2015年底，有从业人员30人，门店81个。

吕梁市离石区天益精品服装商场 2012年12月5日成立，主要经营服装、鞋帽、皮具、日用百货。截至2015年底，该商场正常营业。

吕梁市离石区石州大楼服装商场 2012年12月31日成立，主要经营服装、百货、婚庆用品。截至2015年底，该商场正常营业。

吕梁市离石区居然之家家具建材有限公司 2014年，居然之家吕梁店建成投入使用。位于田家会街道盘龙塔村，占地62万平方米，总建筑面积约19万平方米，约400家国内外著名家居品牌企业或其代理企业进驻，1000余人就业。截至2015年底，居然之家吕梁店有从业人员63人，营业面积5.3万平方米。

吕梁市泰和城市广场商贸有限公司 2014年11月7日成立，主要经营食品饮料、烟草制品、家畜产品、纺织品、服装、鞋帽、日用品、日杂品、电子产品、文化体育用品、家具、花卉、金银首饰、工艺品、化妆品、小家电、医药及医药器材类。截至2015年底，公司有职工200人，商铺78个，营业面积2万余平方米。

吕梁永宁国际购物中心有限公司 2015年2月10日成立，主要经营服装、鞋帽、针纺织品、小家电、工艺美术品、办公用品、体育用品及器材、黄金珠宝及饰品、通信器材、普通机械设备、五金交电、花卉、装饰材料、化工产品、烟酒。截至2015年底，公司有职工128人，商铺221个，营业面积1.5万余平方米。截至2015年底，离石区有商品市场30余个，其中农村集贸市场3个，汽车专营市场1个，家具专营市场4个，其余为生活用品市场。经营范围包括：预包装食品兼散装食品、乳制品（含婴幼儿配方乳粉）、烟酒、副食、熟肉、小菜、面食、烘烤制品、裱花制品、婚庆用品、皮革制品、箱包、百货、黄金、珠宝、纺织品、针织品、服装、鞋帽、日用杂货、化妆品、卫生用品、文化体育用品、首饰、工艺品、五金交电、电子产品等，从业人数2000余人。

超市

开新宇超市 2000年5月30日，离石开新宇超市成立，位于滨河南路东段13号，注册资金100万元，主要经营酒、茶叶、花卉、日用杂品、日用化学品、文化体育用品、纺织品、服装、鞋帽、五金交电、玩具、装饰品、粮油果蔬、水产海鲜等。截至2015年底，超市有从业人员30人。

一二三超市 2004年6月30日成立，主要经营服装、副食品。截至2015年底，该超市正常营业。

美佳乐超市 2005年10月25日，美佳乐超市成立，位于离石区龙凤北大街与团结路交会处西南角，主要经营预包装食品兼散装食品（含保健食品）、乳制品（含婴幼儿配方乳粉）、酒、卷烟、雪茄烟、图书、音像制品、化妆品、日用百货、日用杂品、文体用品、皮革制品、服装、针纺织品、鞋、帽等。截至2015年底，该超市正常营业。

家家利超市 2005年12月，家家利超市离石店成立，位于世纪广场西南角，主要经营日用百货、针纺织品、服装鞋帽、文化用品、保健器材、五金交电等。截至2015年底，该超市正常营业。

创鑫超市 2006年5月16日成立，位于离石区龙山路847号。主要经营预包装食品（不含保健食品）；零售乳制品、烟、日用品。截至2015年底，该超市正常营业。

新万佳超市 2007年12月6日成立，位于离石区新华街135号（兴盛商厦1楼）。主要经营日用百货、日用杂品（不含烟花爆竹）、文化体育用品、纺织品、服装、鞋帽、厨卫用品、化妆品、玩具、工艺美术品、皮革制品、正餐服务；零售预包装食品、散装食品。截至2015年底，该超市正常营业。

临泽园超市 2009年10月27日成立，位于离石区永宁东路。主要经营零售日用百货、针织品、五金、烟、化妆品、预包装食品兼散装食品、乳制品（含婴幼儿配方乳粉）。截至2015年底，该超市正常营业。

美特好超市 2011年11月28日，美特好超市离石滨河路店成立，位于凤山路与团结路交会处南，主要经营纺织品、服装及日用品、文化用品、体育用品及器材、普通机械设备、五金交电、电子产品、装饰材料、家具、花卉、化工产品、计生用品、预包装食品、散装食品、乳制品、卷烟等。2012年1月7日，美特好离石购物广场开业，是七里滩村沿滨河南东路建成的高标准商贸物流超市，是集超市、娱乐、餐饮于一体的大型综合购物广场，总营业面积18000平方米，其中超市卖场营业面积6000平方米，百货区营业面积12000平方米，解决1200余人就业问题，经销流行服饰、鞋履皮具、珠宝首饰、名表眼镜、精美饰品、化妆品等多种品牌商品。2015年，该超市有从业人员98人。同年9月，美特好超市离石区永宁西路店成立，主要经营预包装食品（含冷藏冷冻食品）销售、散装食品（含冷藏冷冻食品）销售、婴幼儿配方乳粉、保健食品、热食类食品制销、出版物、卷烟、雪茄烟的零售；纺织品、服装及日用品、文化用品、体育用品及器材、机械设备、五金交电、电子产品、化妆品、珠宝首饰、装饰材料、家具、花卉、化工产品（不含危险品）、计生用品（不含药品）等。截至2015年底，离石区美特好超市3个均正常营业。

新天益超市 2012年6月18日成立，位于离石区永宁西路。经销服装、鞋帽、体育用品、电器、皮具、饰品；柜台租赁。截至2015年底，该超市正常营业。

第二节 商业经营

私营商业经营

离石位居秦晋通衢，因地理位置因素，居民多有商贾之便，由此东运的是农畜产品，西运的是日用工业品。

民国6年（1917），离石祥记公司设立，为太谷祥记公司分支机构。地址在城内西街路，后迁小十字街。拥有二层楼，上下共18间（孔）房屋窑洞的四合院落，其中，临街门面5间。该地处繁华闹市中心，房宽屋亮，服务优良，一度成为达官贵人下榻的“宾馆”。祥记公司经理先后有陈贻伟、孔庆基，均为太谷人。从业人员由10余人发展到20余人。主要业务是包销英商设在上海的亚细亚火油股份有限公司和其他公司的煤油、洋蜡、香烟、日光皂、炼乳、洋碱、洋白糖，后来兼营绸缎、百货、副食等。人称“祥记公司上至绸缎，下到葱蒜，没有不卖的”。离石祥记公司成立初，总公司仅拨给2000银圆开办费。20年间业务由3万—4万元发展到12万元，增长近3倍。财务核算每月结账1次，并按时向太谷总公司报送会计月报表。年终结算，编制年报，并上缴红利。结算货款方式，根据不同情况主要有：代外商包销，即货物周转由亚细亚公司支付，销售后定期结算货款，从中净赚批零差价；按标期交款，即与国内城市批发厂、商建立业务往来，先提货，到规定标期清货款；押约金，即初打交道，双方不摸底或货款额大，提货前，提货方找担保签名盖章，办押约金手续；赊销售货，即为拉拢生意，招来顾客，按惯例对当地信誉高、有声望、常来往的人，准予记账赊欠。

离石祥记公司上至经理，下至学徒的录用、调动、提升、任免均由总公司统一管理。经理主要由孔氏本族及亲友担任。其余人员由经理推荐，学徒提升。学徒进店由经理认可填写保证书，找铺保签名盖章接收。工资按月领取，经理20元，助理10元，业务主管、会计5—6元，营业员4—5元，学徒1.8—2元，伙食费用由公司支付。太谷总公司经理每年是否来视察均支付一笔车马费。年终根据经营情况给职工发20—50元不等的酬劳金（奖金）。公司每年开股分红1次，公司协理以上人员均有“人身股”。如公司总经理人身股为1分，分公司经理为3厘，再按股领钱。

离石祥记公司在管理方面规章制度全面而严格。如保守机密（有密码电报），严守信用，请假制度，生活严谨，经营作风机关化，作息时间制度化。为掌握各地商情，订有《大公报》《益世报》《民国日报》《山西日报》等。

1938年，日本侵略军占领离石后，祥记公司人散财毁。

据《离石财贸经济》记载：民国18年（1929）离石城内有商号200余家，天顺德、义聚公司、祥记公司为大商号。据《中国实业志·山西省》记载：民国25年，离石有经纪业（即批发商）29家，资本（法币）7.3万元，年营业额72.2万余元。其中，药材9家，资本0.6万元，年营业额38.6万元；花布9家，资本2.7万元，年营业额26.2万元；杂货11家，资本4万元，年营业额7.4万元。全县有集镇7个，商店720家。离石为粮食大宗输出县份之一，每年销往汾阳、平遥小麦6.2万担（每担100市斤），销往太原、汾阳大麦7.5万担、高粱1.8万担，销往平遥小米7万担，销往榆次皮棉1102担，销往汾阳、清源麻皮6000担，外销红枣150万斤，年出口价值17.6万元，进口布、盐和杂货价值47.6万元，人超29.4万元。

民国27年（1938）2月离石城被日本侵略军侵占后，外商大部撤走，城里商号由200余家减为30余家。

1949年，离石县私营商业商品零售额109.63万元，农民贸易26.4万元。

1951年，离石城内有工商户116家，其中，商业户74家。1953年，离石县私营商业发展到291家，其中，城内135家、东关91家、南关65家；全县有从业人员417人，有固定资产4.7万元、流动资金5.5万元。

1954年，全县商业发展到1022家，其中，坐商788家、摊贩234家；按资本划分，独资941家、合伙81家；全县有从业人员1531人，有固定资产16万元、流动资金21万元，年营业额52.5万元。同年，离石城内有私营商业149家，其中，坐商113家、摊贩36家；按资本划分，独资138家、合伙11家，共有固定资产2.8万元、流动资金4.8万元，年营业额10.7万元。1956年，离山县私营商业商品零售额13.46万元，农民贸易8.8万元。同年，离山县对私营商业户进行社会主义改造，改造前全县有商户914家，共有从业人员1235人，改造后从事个人经营685人，国营商业和供销合作商业占据主导地位。中华人民共和国成立至1956年社会主义改造完成前，离山（石）县私营商业零售额由75.8%降为2.8%；农民贸易由18%降为1%。之后，私营商业退出流通渠道。1958年10月，全县公私合营企业转为国营企业，原城关公私合营百货总店、国药总店、合作商店合并为离山县综合零售商店，原福利总店、饮食总店合并为离山县地方国营服务商店。原柳林镇新合营百货商店、杂货总店、国药总店合并为离山县地方国营柳林综合商店。原福利总店、饮食总店合并为离山县地方国营柳林服务商店。“文化大革命”期间，全县禁止私人经营商业。

中共十一届三中全会后，离石县私营商业逐步恢复，全县逐步建立公营、私营并举，形成集市贸易的新格局。1983年，全县有私营商户643家、从业人员921人。1985年，全县个体有证商户零售额占社会商品零售总额的47.8%。1987年，全县私营商户增为4088家，有从业人员8196人。

1990年，全县个体商户淘汰为1191家，有从业人员1752人，个体商户零售额占社会商品零售总额的52%。1991年后，离石区（市、县）国营商业、集体商业通过股份制改制、职工分流、变卖资产、出租转让、个体承包经营等改制形式，私营商业快速发展，成为商业市场主体。

截至2015年底，离石区有从事批发零售类私营工商户1.35万余家，包括粮油果蔬、烟酒副食、土产日杂、五金交电、建材家装、服装鞋帽、家用电器等。

民国25年（1936）离石县城坐商调查状况表

表13-1 单位：人

字号	店员数	经营范围
十大瑞	50	杂货
天义永	7	五金杂货
王惯恒	4	小百货土布
天裕成	8	药
王忠贤	5	五金
天德顺	6	土布副食
祥发成	8	杂货
天益厚	10	杂货
永生元	8	杂货

注：十大瑞共有门市部10个，离石城内设3个，其余在东面的平川县，东家为河北省人；天义永东家为平遥县人；王惯恒东家为祁县人；天裕成东家为河北省武安县人；王忠贤东家为平遥县人；天德顺东家为离石县西崖底村人；祥发成东家为离石县人；天益厚东家为临县人；永生元东家为离石县人。

1953年离石县城工商行业情况表

表13-2

地址	熟食业		磨坊		粉店		豆腐坊	
	饭店（家）	饼店（家）	户数（家）	磨数（个）	户数（家）	从业人员（人）	户数（家）	从业人员（人）
合计	16	19	19	28	8	17	10	12
城关	4	12	10	15	2	3	4	4
东关	6	3	4	5	1	2	4	5
南关	6	4	5	8	5	12	2	3

1954年离山县城商业户情况表

表13-3

项目	坐商（家）	摊贩（家）	独资（家）	合伙（家）	资金（元）			年营业额（元）	从业人员（人）
					固定资金	流动资金	合计		
合计	74	36	102	8	24115	44166	68281	96983	150
棉布业	10	10	14	6	9570	27385	36955	32469	41
百货业	—	5	5	—	510	1110	1620	20768	5
杂货业	35	19	54	—	11025	12606	23631	23391	58
食品业	29	2	29	2	3010	3065	6075	20355	46

1954 年离山县商业户情况表

表 13-4

项目	坐商（家）	摊贩（家）	独资（家）	合伙（家）	资金（元）			年营业额（元）	从业人员（人）
					固定资金	流动资金	合计		
合计	549	234	727	56	118539	200140	318679	454507	1107
棉布业	52	14	40	26	23594	73129	96723	132252	161
百货业	20	19	38	1	6748	13465	20213	49685	44
杂货业	282	121	389	14	65104	89927	155031	157000	505
食品业	195	25	205	15	21948	19234	41182	104227	342
摊数	—	55	55	—	1145	4385	5530	11343	55

国营商业经营

购进 20 世纪 50—60 年代，国营商业和合作商业占主导地位，实行统一进货。50 年代，离石县食品公司初创，只有购和销。60—70 年代，经营业务扩大，除购销外增加生猪预付定金和预付饲料，引进优种，扶持重点户等业务，生猪收购量增加。1977—1982 年连续 6 年，全县生猪收购超 1 万头、菜羊收购 5000—6000 只、菜牛 300 头上下、鲜蛋 100—200 吨。之后，农民自销量增大，商业部门收购量减少。生猪收购量在 9041 头（1983 年）至 530 头（1989 年）之间，（除 1987 年、1988 年两年超万头外）；菜羊收购量 1983 年，最高收购 8912 只，以后降为 2661 只（1984 年）至 120 只（1985 年）之间；菜牛收购有 4 个年份共收购 67 头；鲜蛋收购在 160 吨（1983 年）至 25 吨（1989 年）之间。

20 世纪 90 年代起，离石国营商业部门门店多承包给个人经营，不再统计购进情况。

1949—1997 年离石（山）市（县）国内纯购进情况表

表 13-5　　单位：万元

年份	国内纯购进总值	年份	国内纯购进总值
1949	46.51	1954	134.94
1950	45.05	1955	143.89
1951	63.24	1956	154.29
1952	84.22	1957	163.32
1953	106.88	1958	189.92

续表 13-5

年份	国内纯购进总值	年份	国内纯购进总值
1959	131.98	1979	2785.59
1960	157.89	1980	1080.71
1961	160.97	1981	1286.13
1962	183.40	1982	1275.06
1963	185.18	1983	1118.48
1964	189.97	1984	1419.49
1965	191.88	1985	1990.82
1966	199.46	1986	2317.24
1967	178.86	1987	2858.82
1968	123.11	1988	4259
1969	161.70	1989	4270
1970	194.38	1990	4710
1971	182.05	1991	12979
1972	154.90	1992	12567
1973	274.50	1993	22325
1974	223.40	1994	30770
1975	2796.78	1995	39228
1976	2602.73	1996	14307
1977	2764.10	1997	13287
1978	2742.49	—	—

注：表中 1949—1970 年数据是按 1971 年后版图向上推算，1974 年、1975 年数据为地区统计数据，1980—1986 年为全民所有制商业数据，1987 年后为社会商业商品购进总额数据。

销售　1949 年，离石县国营商业商品零售额 2.24 万元。至 1956 年社会主义改造完成前，全县国营商业零售额占总零售额的比重由 1.5% 上升为 20%；社会主义改造后，离山县国营商业和供销合作商业占据主导地位。1956 年，全县国营商业商品零售额 218.72 万元。1957 年，离山县国营商业部门完成销售额 284.49 万元。1975 年，离石县国营商业部门完成销售额 1121.4 万元。1985 年，完成销售额 2156.31 万元。1990 年，完成销售额 3394 万元，国营商户零售额占社会商品零售总额的 27%。20 世纪 90 年代起，离石国营商业门店多承包给个人经营，不再统计销售情况。

1957—1990 年部分年份离石（山）县商业系统经济指标完成情况表

表 13-6

年份	销售总额（万元）	商品流通费		利润		资金周转		固定资产原值（万元）	全部流动资金占用（万元）	其中
		金额（万元）	费用率（%）	金额（万元）	利润率（%）	次数（次）	天数（天）			商品资金（万元）
1957	284.49	22.70	7.98	5.41	1.9	7.2	50	7.52	40.06	34.17
1962	496.74	36.50	8.59	30.47	1.3	5.7	63	12.85	162.63	154.05
1965	372.51	31.23	8.37	16.52	4.4	6.4	56	13.38	58.35	48.78
1970	917.70	49.60	5.28	39.08	4.25	—	—	52.64	225.10	195.18
1975	1121.40	39.83	5.95	26.78	2.39	—	—	92.59	478.20	394.63
1980	1952.40	112.74	5.69	42.26	2.16	3.49	103	155.10	536.57	469.61
1981	2162.69	108.09	5.51	70.56	3.26	3.53	102	274.31	636.92	567.66
1982	2080.67	129.45	6.21	32.85	1.58	3.21	112	270.09	643.36	554.15
1983	1848.33	144.51	6.53	37.83	2.05	3.1	116	257.40	671.40	559.97
1984	1829.24	153.91	6.69	42.72	2.34	3.27	110	252.07	730.06	590.94
1985	2156.31	120.04	6.78	28.30	1.31	2.32	155	709.41	954.59	810.08
1986	2399.77	138.40	6.87	38.72	1.61	2.47	145	116.91	1049.32	858.55
1987	2830.16	144.70	6.44	1837	0.65	2.61	138	711.94	1086.31	888.63
1988	3706.16	218.84	6.55	34.68	0.94	—	123	746.77	1373.96	1370.34
1989	3548.45	259.38	8.07	–38.67	–0.38	—	154	836.95	1303.42	1149.69
1990	3394.00	265.84	8.43	47.22	1.39	—	154	870.35	1454.12	1411.33

集体商业经营

购进 1949—1962 年，离石（山）县集体商业购进由 10 万元增为 305 万元（1960 年最高为 486 万元），1975 年，由商业局分出后，1976—1990 年购进由 681 万元增为 2142 万元。商品纯购进比重增大，1976 年纯购进 201 万元，占总购进的 29%；1987 年纯购进 867.7 万元，占总购进的 48%；1990 年纯购进 969.4 万元，占总购进的近 45%。农副产品购进比重增大，1976 年农副产品购进 61.8 万元，占总购进的 9.1%；1987 年购进 392 万元，占总购进的 22%；1990 年购进 485.5 万元，占总购进的 22%。纯购进中省外调进比重缩小，调出呈上升趋势，1987—1990 年 4 年，省外调进分别为 96 万元、62 万元、30 万元、23 万元；调出省外，1976 年为 17.5 万元，1987 年为 88.7 万元，1990 年为 129 万元。国营商业对供销社的商品调入量增长速度低于供销社内部商品相互调剂量的增长速度，1976 年，省内国营商业调入 353.9 万元，1987 年，省内国营商业调入 541 万元，共增长 53%，年递增 4%；而同期省内供销系统调入由 111.6 万元增为 284.5 万元，增长 1.5 倍，年递增 12.9%。农副产品购进中粮、油、干果和中药材增幅大，而肉、禽、蛋和鲜果幅度小，农民自销增大，1978 年粮油类购进 1700 元，1990 年购进 268 万元；1976 年干果（主要是红枣）购进 7.8 万元，1990 年购进 192 万元；1978 年畜禽产品购进 24.6 万元，1990 年购进 5 万元。

2005 年，离石区供销系统完成购进额 8684.9 万元。

2012 年，完成购进额 11024 万元。2013 年，完成购进额 13570 万元。2014 年，完成购进额 19850 万元。2015 年，完成购进额 22450 万元。

1976—1990 年离石县供销系统农副产品购进分类情况表（一）

表 13-7　　单位：万元

年份	商品总购进	其中：国内纯购进	其中：农副产品购进	省外调入	省内国营商业调入	省内供销系统调入
1976	680.96	201.43	61.84	14.00	353.87	111.66
1977	797.12	278.43	57.75	25.84	354.35	138.50
1978	855.26	267.12	85.74	16.33	4424.35	147.46
1979	1087.91	432.88	109.16	20.03	465.47	169.53
1980	927.44	232.75	86.73	33.02	522.21	139.46
1981	1107.84	360.99	103.28	135.81	469.73	141.31
1982	1045.88	315.64	82.03	118.45	439.32	172.47
1983	739.02	384.94	93.12	87.24	140.53	126.31
1984	1149.32	399.15	99.87	115.07	373.18	261.92
1985	1348.40	534.20	135.07	76.41	471.75	266.04
1986	1464.63	566.13	239.96	63.88	490.81	343.81
1987	1790.26	867.66	392.14	96.70	541.40	284.50
1988	2701.36	1289.51	659.40	62.35	621.20	728.30
1989	2330.50	963.40	433.60	30.30	611.50	725.30
1990	2141.80	969.40	485.50	22.90	546.00	603.50

1976—1990 年离石县供销系统农副产品购进分类情况表（二）

表 13-8 单位：万元

年份	购进总额	土特产	干鲜果	干菜调味	畜产品	肉食禽蛋	中药材	粮油类
1976	61.84	13.02	7.80	2.03	9.77	—	—	—
1977	57.75	14.26	4.04	0.32	8.89	—	1.64	—
1978	85.74	24.50	7.11	2.00	11.45	24.60	4.64	0.17
1979	109.16	37.65	13.71	2.05	11.29	36.04	3.99	2.71
1980	86.73	22.75	11.29	5.98	11.55	28.49	1.90	6.58
1981	103.28	16.30	18.86	3.73	11.37	25.17	1.37	17.01
1982	82.03	19.08	17.33	6.80	14.72	23.37	1.98	7.24
1983	93.12	12.68	13.90	5.20	10.87	18.21	2.61	11.87
1984	99.87	15.69	33.80	6.16	6.37	14.93	5.47	23.20
1985	135.07	20.50	33.40	2.90	16.20	7.70	2.40	58.40
1986	239.96	32.53	112.57	12.39	24.33	3.76	3.02	64.17
1987	392.14	26.17	160.23	20.39	60.20	1.89	16.96	115.96
1988	659.40	70.00	119.30	6.70	106.90	2.00	127.40	247.10
1989	433.60	43.60	145.00	11.50	10.90	5.50	29.90	190.60
1990	485.50	32.10	192.30	13.60	2.60	5.00	4.80	268.40

2005—2015 年部分年份离石区供销系统主要商品购进情况表

表 13-9

商品	单位	2005 年	2012 年	2013 年	2014 年	2015 年
茶叶	吨	2	602	725	1075	1230
苹果	吨	—	1490	2810	2700	3150
食用盐	吨	895	693	10000	990	13300
食糖	吨	60	861	880	1230	1410
酒	吨	40	1106	1130	1580	2090
花椒	吨	3	642	885	1060	1560
商品	单位	2005	2012	2013	2014	2015
卷烟	箱	200	14380	25900	23400	29400
商品	单位	2005	2012	2013	2014	2015
彩电	台	160	8400	10960	12000	20400
洗衣机	台	120	7630	7850	10900	14200
服装	百件	6200	25270	28100	36100	41500

销售　1949年，离石县合作商业商品零售额6.31万元。1956年社会主义改造后，离山县国营商业和供销合作商业占据主导地位。1956年，全县合作商业商品零售额359.31万元。

1976年，离石县供销系统完成销售912.6万元。1978年，完成销售1141.7万元。1987年，完成销售2173.9万元。1990年，完成销售2660.8万元。

2005年，离石区供销系统完成销售9377.4万元。

2012年，完成销售13365万元。2013年，完成销售16172万元。2014年，完成销售21980万元。2015年，完成销售24100万元。

1976—1990年离石县供销系统经济指标完成情况表

表13-10

年份	销售总额（万元）	毛利额（万元）	毛利率（%）	流通费用（万元）	费用水平（万元）	销售税金（万元）	利润总额（万元）	利润率（%）
1976	912.60	101.10	11.08	76.80	8.42	14.40	510	0.56
1977	977.20	104.20	10.66	75.20	7.7	15.50	9.00	0.92
1978	1141.70	121.50	10.64	89.90	7.87	17.80	–0.20	–0.02
1979	1238.10	141.70	11.44	97.20	7.85	19.9.	17.30	1.4
1980	1217.00	149.10	12.25	101.00	8.3	24.40	18.80	1.54
1981	1270.40	154.40	12.15	100.60	7.92	25.30	21.50	1.69
1982	1252.80	149.20	11.91	108.10	8.63	23.00	5.00	0.4
1983	1295.60	1588.00	12.2	115.40	8.91	21.80	0.10	0.01
1984	1413.20	172.50	12.21	132.30	9.36	21.20	11.16	0.79
1985	1713.60	210.90	12.31	150.90	8081	33.90	2.90	0.17
1986	1788.70	203.40	11.37	155.90	8072	29.20	7.10	0.40
1987	2173.90	264.40	12.16	197.50	9.08	34.30	1.30	0.06
1988	2585.20	317.90	12.7	234.85	9.1	39.00	16.27	0.63
1989	2704.40	347.00	12.8	271.48	10.4	33.70	6.27	0.23
1990	2660.80	333.70	12.5	261.30	9.8	28.10	6.25	0.23

1976—1990年离石县供销系统商品总销售情况表

表13-11　　单位：万元

年份	商品总销售	其中		生产资料	调给省外	调给省内国营商业	调给省内供销系统	供应出口
		国内纯销售	生活资料					
1976	776.35	680.28	504.71	165.14	17.55	7.56	65.94	5.02
1977	824.05	728.05	544.97	172.68	32.71	8.73	47.14	7.42

续表 13-11

年份	商品总销售	其中		生产资料	调给省外	调给省内国营商业	调给省内供销系统	供应出口
		国内纯销售	生活资料					
1978	997.71	889.81	634.35	228.27	26.26	18.94	44.50	18.20
1979	1152.08	998.84	705.94	258.95	24.48	37.03	86.02	5.71
1980	1132.91	995.59	805.09	155.47	16.97	46.64	70.84	2.87
1981	1129.09	964.77	838.10	110.50	25.57	53.48	71.06	10.21
1982	1145.95	1013.93	812.79	137.17	32.37	57.27	29.25	13.13
1983	1100.96	1031.85	791.40	124.10	20.10	24.05	20.07	4.89
1984	1241.38	1105.76	722.08	189.71	23.05	41.89	67.91	2.77
1985	1453.43	1264.21	869.68	161.80	60.10	52.28	63.65	13.19
1986	1471.66	1203.25	751.45	170.01	75.84	79.55	107.01	6.01
1987	1808.25	1582.63	984.84	248.83	88.70	51.80	77.80	7.32
1988	2453.10	1898.00	1155.70	268.60	84.80	98.10	462.20	—
1989	2619.30	1777.90	1133.00	275.40	71.00	101.90	548.40	0.10
1990	2818.20	2138.60	1221.00	371.80	129.10	37.20	458.60	54.70

2005—2015 年部分年份离石区供销系统主要商品销售情况表

表 13-12

商品	单位	2005 年	2012 年	2013 年	2014 年	2015 年
茶叶	吨	2.1	746	783	1244	1450
苹果	吨	—	2596.3	2910	3150	4300
食用盐	吨	1072	826	9100	1180	14500
食糖	吨	64	966	825	1380	1460
酒	吨	42.8	1316	1010	1880	2400
花椒	吨	3.5	831	925	1330	1740
卷烟	箱	222	18230	21800	28900	35300
彩电	台	162	10080	10700	14400	22100
洗衣机	台	129	8960	8700	12800	16600
各种服装	百件	6467	25900	27400	37000	48000

主要消费品销售

离石境域主要消费品有粮油类、畜禽类、水产类、蛋类、食糖、食盐、烟草类、酒类、布类、日用工业品、土产日杂品、家用电器、农业机械、化肥、农药等。

1949 年，全县社会商品零售额 145.58 万元，销售粮食 2000 吨、棉布 3822 米、猪 150 头、蛋 7 吨，农药 400 千克。1971 年，全县社会商品零售额 872.55 万元，销售粮食 2790 吨、棉布 692667 米、猪 4211 头、蛋 26.1 吨，农药 5000 千克。1990 年，全县社会商品零售额 14577 万元。销售粮食 14298 吨、棉布 431400 米、猪 7400 头、蛋 183 吨，农药 4832 千克。

1949—1990 年离石（山）县商品零售情况表

表 13-13 单位：万元

年份	社会商品零售额	对居民及社会集团消费品零售额	其中对社会团体的消费品零售额	对农民的农业生产资料零售额
1949	145.58	124.23	19.89	21.35
1950	181.83	156.37	25.02	25.46
1951	207.78	178.69	28.59	29.09
1952	259.98	223.58	35.77	36.40
1953	355.83	306.21	48.96	49.82
1954	540.32	464.67	74.35	75.65
1955	561.32	682.74	77.24	78.58
1956	676.50	581.79	93.08	94.71
1957	657.48	565.43	90.47	92.05
1958	662.77	576.56	75.82	86.21
1959	742.13	656.41	84.89	85.72
1960	908.99	810.86	49.59	98.13
1961	655.04	535.18	80.70	119.86
1962	624.3	524.77	60.46	99.86
1963	561.64	472.03	42.01	89.61
1964	654.55	566.26	63.36	88.29
1965	670.47	561.09	64.90	109.38
1966	718.00	606.98	63.18	111.02
1967	738.21	623.30	55.87	114.91

续表 13-13

年份	社会商品零售额	对居民及社会集团消费品零售额	其中对社会团体的消费品零售额	对农民的农业生产资料零售额
1968	642.01	521.20	50.85	120.81
1969	715.81	599.36	56.69	116.45
1970	858.97	699.41	68.03	159.56
1971	872.55	622.51	144.05	250.04
1972	1219.04	1058.91	312.21	160.13
1973	1987.36	1383.32	300.95	604.04
1974	1919.50	1593.87	428.54	325.63
1975	2116.46	1789.95	296.32	326.51
1976	2487.89	2082.61	818.89	405.28
1977	2533.58	2037.73	807.34	495.85
1978	2651.14	2012.59	442.33	638.55
1979	2602.39	2058.64	279.10	543.75
1980	2590.64	2448.45	420.44	502.19
1981	3101.56	2808.81	363.18	292.75
1982	3843.90	3473.76	698.78	370.14
1983	3961.31	3664.99	870.76	296.32
1984	4855.68	4377.02	1328.42	478.66
1985	4886.45	4553.19	1045.06	333.26
1986	6216.14	5671.65	1176.19	544.49
1987	7681.85	6961.14	1379.09	720.71
1988	8805.95	7922.98	1212.33	882.97
1989	8180.00	7445.00	1020.00	735.00
1990	14577.00	13678.00	1713.00	899.00

注：不包括农民对非农业居民零售额。

1949—1990 年部分年份离石（山）县主要消费品零售情况表

表 13-14

品名及单位		1949 年	1958 年	1966 年	1971 年	1978 年	1985 年	1990 年
粮食	吨	2000	3600	3000	2790	6660	19834	14298
油品	吨	19	31.5	24.8	22.5	50.05	350	403
猪	头	150	1163	1316	4211	7027	1268	7400
菜牛	头	—	10	10	198	66	—	300
菜羊	只	200	800	1579	1850	2399	26	10900
鲜蛋	吨	7	43.4	43.0	26.1	29.7	13.0	183
水产	吨	—	0.3	13.1	0.9	1.8	3.3	8
食盐	吨	444	377.9	639.9	755.6	1313.3	1640	1239
食糖	吨	24.3	41.1	82.9	220.7	245.1	447	426
酒	吨	19.3	34.7	49.6	56.6	99.9	213	187
卷烟	箱	677	2355	5548	1613	2489	7791	3108
棉布	米	3822	56970	330457	692667	827073	115190	431400
化纤布	米	—	—	5820	66953	170809	25280	33100
呢绒	米	—	—	2064	3752	7923	26400	5200
缝纫机	架	—	58	142	212	544	1184	1322
自行车	辆	—	54	409	1428	2220	4965	4264
手表	只	—	21	160	330	1705	6630	13700
收音机	台	—	7	76	230	938	2052	364
洗衣机	台	—	—	—	—	—	1086	1321
电视机	台	—	—	—	—	—	1070	2473
电冰箱	台	—	—	—	—	—	54	85
电风扇	台	—	—	—	—	—	167	642
录音机	台	—	—	—	—	—	567	713

1949—1990 年部分年份离石（山）县农业生产资料销售情况表

表 13-15

品名及单位		1949 年	1952 年	1958 年	1966 年	1971 年	1978 年	1985 年	1990 年
化肥	吨	—	30	228	410	1680	7318	4949	6767
农药	百千克	4	10	93	210	50	371	13	48.32
排灌机械	台 / 马力	—	—	58/619	31/415	20/544	45/4733	191/2049	—
耕畜	头	—	13	13	105	—	52	—	—
喷雾器	架	—	—	12	95	24	272	—	484

农副产品经营

购进 境内收购的农副产品，包括农产品、畜产品、林产品、土特产品和废旧物品。农副产品收购在中华人民共和国成立初期，包括粮食在内，统由供销部门负责，县供销社下辖日杂公司、废旧物资公司、土畜产副食公司和 12 个基层供销社，承担城乡居民生活必需品供应，以及土特产品的推销任务。

1953 年，粮食统购统销后，粮、油由粮食部门负责。其统购金额包括在农副产品收购金额内。除粮、油以外的其他农副产品分别由商业部门和供销部门负责。县商业部门主要收购猪、牛、羊、蛋等产品，县供销部门主要收购土特产品。

1978 年前，全县农副产品统一由国营商业、合作商业部门收购。当年收购总额 303.6 万元，其中粮食系统占 38%，商业系统占 34%，供销社系统占 28%，改革开放后收购渠道拓宽。1990 年，全县农副产品收购额为 2582 万元，其中个体户占 60%，国营商业、合作商业占 40%；国营商业、合作商业中，粮食系统占 38%，商业系统占 14%，供销社系统占 48%。1992 年后，粮食价格放开，离石县（市）国营商业、合作商业部门收购农副产品渐少，个体户成为收购农副产品主体，不再统计购进情况。

1949—1990 年部分年份离石（山）县农副产品购进情况表

表 13-16

项目及单位		1949 年	1957 年	1971 年	1978 年	1985 年	1990 年
粮食	吨	—	4500	4175	5850	6834	6403
油品	吨	—	15	10.25	32.35	232	169
生猪	头	—	803	6140	11124	2952	7200
牛	头	—	482	255	269	50	300

续表 13-16

项目及单位		1949 年	1957 年	1971 年	1978 年	1985 年	1990 年
羊	只	—	2923	2780	5673	209	11300
鲜蛋	吨	—	77.4	50.2	49.6	162	95
红枣	吨	—	5.8	3.0	2.5	—	—
苹果	吨	—	—	4.3	18.4	365	0.9
羊绒	吨	—	3.5	5.4	7.8	7	0.2
牛皮	张	—	263	251	145	36	10
绵羊皮	张	—	1812	2716	1277	1460	—
山羊皮	张	—	4338	7445	9258	9788	—
绵羊毛	吨	—	—	4.5	4.8	4	2.6
山羊毛	吨	—	60	5	5.5	9	4
棉花	吨	0.2	10.8	2.7	—	—	—
线麻	吨	—	27.4	40.5	1.3	—	—
蜂蜜	吨	—	1.5	10.1	6.5	—	—
水产品	吨	—	—	—	—	7.5	9.7

1949—1990 年部分年份离石（山）县农副产品收购金额表

表 13-17　　单位：万元

年份	金额	年份	金额
1949	1.21	1961	69.28
1950	4.04	1962	70.70
1951	10.59	1963	70.15
1952	21.38	1964	70.32
1953	37.50	1965	70.39
1954	52.46	1966	70.42
1955	55.22	1967	70.41
1956	59.00	1968	70.52
1957	61.54	1969	70.61
1958	66.79	1970	70.69
1959	67.89	1971	77.62
1960	68.52	1972	78.27

续表 13-17

年份	金额	年份	金额
1973	173.00	1981	532.99
1974	133.18	1982	552.28
1975	254.01	1983	438.97
1976	261.27	1984	479.63
1977	295.63	1985	470.53
1978	304.60	1986	816.76
1979	437.85	1987	1146.77
1980	482.12	1990	2582

注：1949—1970 年数据是按 1971 年后版图向上推算，1974 年、1975 年数据为地区统计数据，1980—1986 年为全民所有制商业数据，1987 年为社会商业商品购进总额数据。

销售 农副产品主要销往外省、市及国外。

工业产品经营

购进 吕梁地区组建前，离石工业产品主要从介休进货。1949—1957 年，离石（山）县工业品纯购进金额占全部纯购进金额（包括粮、油在内的农副产品购进金额）的比重为 99.5%—62%。1971 年吕梁地区组建后，主要从孝义二级站进货。1971 年，离石县工业品纯购进金额占全部纯购进金额的 53.5%。1978 年后，进货出现多条流通渠道。各经营单位除按旧渠道组织货源外，从外省、市采购一部分畅销商品，零售商店也越站越级，直接与县内外、厂店挂钩组织货源。1978—1985 年，离石县工业品纯购进金额占全部纯购进金额的比重为 88.9%—76.4%。1990 年，全县工业品购进比重降为 45.2%，绝对额为 2128 万元。20 世纪 90 年代起，离石国营商业、合作商业部门门店多承包给个人经营，不再统计购进情况。

1949—1990 年部分年份离石（山）县工业品购进情况表

表 13-18

年份	国内纯购进（万元）	工业品纯购进（万元）	比重（%）
1949	45.51	44.3	99.5
1957	163.32	102.28	62
1971	152.81	81.81	53.5
1978	2472.49	2437.89	88.9
1985	1990.8	1520.27	76.4
1990	4710	2128	45.2

销售 1976年，销售录音机8台、电视机30台、电风扇44台。1978年，离石县销售棉布79.8万米、呢绒1万米。1982年，销售缝纫机1700台。1983年，开始销售洗衣机，当年售出106台；开始销售电冰箱，当年售出51台。1984年，销售手表7044只。1985年，销售自行车4965辆。1987年，销售录音机3255台、电视机2349台、电风扇506台、洗衣机916台。1989年，销售呢绒3.46万米。1990年，销售棉布降为29.4万米。

20世纪90年代起，离石国营商业、合作商业部门门店多承包给个人经营，不再统计销售情况。

药品经营

购进 1971年，中国药材公司山西省离石县公司纯购进6.3万元，占总购进65.4万元的近10%。1990年，离石药材公司纯购进59.8万元，占总购进354.8万元的17%。

20世纪90年代起，离石药材公司门店多承包给个人经营，不再统计购进情况。

1971—1990年部分年份离石药材公司购进情况表

表13-19　　　　单位：万元

年份	总购进	纯购进
1971	65.4	6.3
1978	64.2	4.0
1987	243.4	33.6
1990	354.8	59.8

销售 1978年，山西省药材公司孝义分公司离石公司总销86.4万元，年亏1.3万元。1990年，离石药材公司总销412.9万元，利润达8.3万元，纯销售占总销售的90%以上。

20世纪90年代起，离石药材公司门店多承包给个人经营，不再统计销售情况。

1971—1990年部分年份离石药材公司销售情况表

表13-20　　　　单位：万元

年份	总销售	纯销售	利润
1971	64.6	58.7	持平
1978	86.4	81.5	-1.3
1987	265.7	254.3	—
1990	412.9	377.9	8.3

粮油经营

自由贸易　据《山西实业志》记载，民国时期离石县为全省粮食大宗输出县之一，主要输出品为小麦和干粉。民国25年（1936），全县人口151297人，小麦播种面积75000亩，亩产1.98石（每石100市斤），总产148500石，其时“小麦价格较它种粮食为高昂”“中农贫农往往以小麦抛售市场，而自食小米、玉米、高粱、薯类”。小麦销量县内为70400石、县外为61600石，销地为汾阳、平遥；大麦播种面积5000亩，亩产1.5石，总产7500石，全销往酿酒业发达的太原、汾阳一带；高粱播种面积90000亩，亩产2.6石，总产234000石，“高粱价格跌落”，民国19年—23年，高粱售价每石由4.83元跌至1.76元，全县内销高粱180000石，外销太原18000石；谷子五年内售价每石由6.24元，跌至2.298元；全县谷子播种面积100000亩，亩产3.08石，总产308000石，县内销售210000石，县外销售70000石，销地平遥；此外每年内销黄豆5040石、小豆90000石、豌豆3120石，苧麻籽内销3100石，外销6000石，销往汾阳、清源（今清徐县）；胡麻籽内销684石，红枣外销汾阳4302800斤。

民国时期，离石县粮食加工业有小麦磨坊、粉坊、酒坊等，民国25年（1936），离石县有畜力磨坊22家，有职工291名，石磨32盘，有资本12080元，户均549元，年产值79680元，户均3622元，年磨小麦19920石，每石售价5.48元；有酒坊9家，年需高粱3530石，曲块7700块；有粉坊7家，年需绿豆200石，其他原料4800石。

民国25年（1936）离石县磨坊情况表

表13-21

字号	地址	创办时间
德茂亨	城内	清光绪三年（1877）
晋恒太	城内	清光绪三十年（1904）
协义昌	田家会	民国8年（1919）
德泰诚	吴城	民国12年（1923）
元顺长	城内	民国15年（1926）
兴盛魁	交口	民国20年（1931）
天和长	城内	民国20年（1931）
李万堂	城内	民国22年（1933）
聚星堂	城内	民国23年（1934）
张润	城内	民国23年（1934）
广亨泰	东关	民国23年（1934）
隆盛长	南关	民国23年（1934）

续表 13-21

字号	地址	创办时间
傅君亮	城内	民国 23 年（1934）
集义生	城内	民国 24 年（1935）
恒心公	城内	民国 24 年（1935）

民国 25 年（1936）离石县酒坊情况表

表 13-22

坊名	地址	设立时间	组织	资本（元）	工人数（人）	产量（斤）	产值（元）
复盛泉	碛口	民国 3 年（1914）2 月	合资	12000	13	32000	3200
金剩泉	东关	民国 14 年（1925）1 月	合资	200	5	8000	800
德成涌	东关	民国 16 年（1927）1 月	合资	500	8	14400	1440
万兴号	大武	民国 18 年（1929）1 月	合资	300	8	24000	2400
恒盛长	王村	民国 19 年（1930）1 月	合资	900	4	24000	2400
复兴永	马茂庄	民国 20 年（1931）1 月	合资	300	6	8000	800
薛汝吉酒店	吴城	民国 21 年（1932）1 月	独资	200	4	6000	600
晋裕泉	南关	民国 24 年（1935）1 月	合资	900	6	8000	800
万盛泉	城内	民国 28 年（1939）2 月	合资	200	9	16800	1680

民国 25 年（1936）离石县粉坊情况表

表 13-23

坊名	地址	设立时间	组织	资本（元）	工人数（人）	绿豆（石）	薯类（斤）	产值（元）
荣盛泉	城内	民国 3 年（1914）	独资	120	12	432	11936	900
兴盛泉	东关	民国 3 年（1914）	独资	120	11	432	11936	833
恒盛长	东关	民国 16 年（1927）	合资	150	8	324	7452	535
永长富	南关	民国 20 年（1931）	独资	60	5	216	4968	356
义成永	上安	民国 20 年（1931）	独资	60	5	216	4968	356
复义永	田镇	民国 21 年（1932）	合资	60	5	216	4968	356
刘世广	交口	民国 21 年（1932）	独资	30	4	108	2484	178

据《晋绥边区财政经济史资料选编》记载：民国29年（1940）4月至民国33年4月离石米价由每斗（按：约16市斤）2.5元涨到6元，涨2.4倍。民国33年碛口一带春季缺粮，“小米价与兴县一样”，猛涨到400元一小斗。离石粮食经常由神府（即今陕西省神木、府谷两县）、兴县流去。又据该书记载：1947年丰收，“为民国37年春渡荒救死，战争供给，巩固金融并打击敌人抢粮阴谋等，需要大批买粮，同时群众也要出售一部分粮食，以解决穿衣等困难。在边沿区和敌占区的群众，更怕粮食被敌抢走，也想急于出卖。因此，收购粮食成为贸易上在冬季的中心任务”。当年离石所在的三分区收买粮数为8000大石，“因冬季群众的需要主要是布匹，故内地买粮准备，预计支付十分之五的布匹，十分之二的棉花，十分之三的杂货和本币。向外地收粮食的准备，主要以推出药品、银子等”，在收购过程中由于上集粮食增多，物价相对稳定，群众均要本币。“因没有用大批本币收买粮食的思想准备，故每日售货收回的本币，还供不上买粮需要”“粮食来源，一面靠内地市场上群众出售粮，同时选择采购方向积极设法向外采购，使外地区粮食内流。”到集市收购，“一集均能收到十余石”“待至十一月下旬以后，各地粮食均大见减少，粮价也逐渐上涨，待至征收与转运公粮后，上粮更少，粮价猛涨，群众也争前购买。故至十二月份除沿边区继续进行购买外，内地区基本上即停止收买，并进行收缩票子。以免刺激粮价继续上涨，影响金融。到12月底离石所在之分区存小米、麦子、莜麦、杂粮等合计7834大石，逐集回疲，粮价不稳，特别是在离石，粮价日有数变；七月下旬小米每大斗7.2万元，不到半月就涨到13.5万元”。麦米价平衡，有的小米价高麦价一二成，莜麦与米价七折至八折，黑豆六折。碛口每大斗小米价格9月中旬12万元，10月底17万元，11月底20万元，12月底36万元。这一时期，花布价，因大量出售未见多大变化，故以粮食交换花布，超过以往的历史交换比率。在10月、11月间每斗米南线各地换布在3—5丈之间，换花3—4斤。至12月粮价涨50%至100%，布、花上涨10%左右，交换更多冲破以往秋冬粮贱布价高对农民无利的规律性。“离石商店给伤病员调剂200石麦子，解决吃面问题”“一年来物价的上涨，以粮价为主导。粮价稳定，则其他物品均不稳定，由于今年荒旱成灾，粮食奇缺粮价上涨25倍，而花、布、火柴等达5倍到6倍，黄油为18倍，食盐9倍”。（见晋绥贸易公司1948年2月《1947年内地贸易工作概况》一文）。

中华人民共和国成立后，国家为稳定粮食价格，保障供应，严禁私人经营粮食，离石境域粮油自由贸易停止。同时，国家对粮油市场管理实行统购统销，其内容是对农村余粮户、队实行按计划统一收购；对城市居民和农村缺粮户定量供应；购销价格由国家统一规定。

粮油收购 1949—1952年国民经济恢复时期，离石县粮油收购在国营商业领导下实行自由购销，征收公粮外，向市场收购粮食。粮食管理由行政和企业分担，即由政府机构中的粮库、粮站负责公粮征收和支拨，贸易公司负责城乡粮食购销，平抑市场粮价。

1953年，离石县开始实行粮食统购统销，粮食收购价格为小麦0.24元/千克，软米、小米 0.18 元 / 千克，糜子、谷子 0.146 元 / 千克，高粱 0.134 元 / 千克，玉米 0.146 元 / 千克。

1953—1955 年，粮食收购实行派购。1956 年后，粮食收购每年定产、定购、定销。1957 年始，油脂实行统购统销，同年离山县征购油脂 7.5 吨。“一五”计划时期，离石每年粮食征购 4000—4500 吨。1958 年，生产粮食 2.37 万吨，征购 5556 吨。

1959 年，离石县生产粮食 2.08 万吨，征购 5567 吨。1960 年，生产粮食 1.25 万吨，征购 583.5 吨，油脂征购 1.5 吨。1961 年，离石县生产粮食 1.76 万吨，征购 3310 吨。1962 年，离石县生产粮食 1.67 万吨，征购 2420 吨。1965 年起，粮食收购一定三年不变，粮食收购调价为小麦 0.276 / 千克，小米 0.252 元 / 千克，软米 0.298 元 / 千克，谷子 0.188 元 / 千克，高粱 0.174 元 / 千克，玉米 0.188 元 / 千克。

1971 年起，粮食收购一定五年不变。1979 年，粮食收购调价为小麦 0.388 元 / 千克，小米 0.318 元 / 千克，软米 0.328 元 / 千克，谷子 0.238 元 / 千克，高粱 0.208 元 / 千克，玉米 0.23 元 / 千克。从实行粮食收购一定三年不变规定至 1982 年，离石县粮食征购由 1725 吨增加到 6110 吨；人均口粮由 151.5 千克增加到 261 千克；油脂征购由 7 吨增加到 78.5 吨。1983 年起，粮食收购实行购销调价按县包干，一定三年。1984 年，粮食收购调价为小麦 0.4564 元 / 千克，小米 0.4294 元 / 千克，软米 0.426 元 / 千克，谷子 0.3214 元 / 千克，高粱 0.2808 元 / 千克，玉米 0.3016 元 / 千克。1985 年后，粮食收购取消统购，实行合同定购。1987 年，粮食收购调价为：小麦 0.504 元 / 千克，小米 0.45676 / 千克，软米 0.562 元 / 千克，谷子 0.3414 元 / 千克，高粱 0.3008 元 / 千克，玉米 0.3306 元 / 千克。

1971—1987 年离石县粮油收购情况表

表 13-24　　单位：吨

年份	粮食	食用油	年份	粮食	食用油
1971	4175	10.25	1980	3000	55.3
1972	1260	5.1	1981	4575	71.05
1973	5460	9.6	1982	6365	78.45
1974	5055	21.4	1983	5250	14.3
1975	5165	71	1984	6805	25.55
1976	4210	15.35	1985	3990	107.4
1977	5945	15.2	1986	14155	39.85
1978	5850	6.75	1987	15340	22.7
1979	5110	12.95	—	—	—

1995—1999 年，合同订购粮食政策取消，离石市（县）粮食局各粮站实行保护价敞开收购农民粮食，主要是玉米，每年平均收购玉米 5000 余吨。

2000—2015 年，离石区（市）粮食局各粮库主要储备国家、省、市储备粮，获得储粮补助，储粮品种为小麦、玉米。

粮油运输 中华人民共和国成立初期，离石粮食运输以人挑驴驮为主。20 世纪 50 年代后期，用马车、平车、木轮车运粮食。60 年代，运粮食主要运输工具仍然是马车，人力担挑和汽车载运为辅。70—90 年代，离石县粮食由马车运输为主逐步变为拖拉机、汽车运输。2011 年，离石火车站通车运营，离石粮食由外省调运数量较大时开始火车运输。截至 2015 年底，全区（市、县）粮食用汽车、火车运输，汽车运输为主。

粮油调拨 离石县在抗日战争前是大宗粮食输出县，20 世纪 50—60 年代是粮食自足县，1968 年起，离石县逐渐变为严重缺粮县。离石城成为吕梁地区驻地后，城市人口急剧增加，年净调入粮油剧增。1991 年平价粮油供应取消后，受市场影响，粮油调拨减少。1992 年后，粮食价格放开，离石境域个体粮油店渐多，粮油全部议价供应，个体粮油店自行调拨粮油，无法统计。

1971—1987 年离石县粮油调拨情况表

表 13-25 单位：吨

年份	粮食		食用油	
	调入	调出	调入	调出
1971	1280	650	32.15	0.6
1972	5955	175	29.4	0.7
1973	6105	3200	35.4	—
1974	2005	1180	39.05	13.4
1975	5015	1610	60.35	—
1976	2900	1405	62.6	15.95
1977	9330	4550	29.95	74.65
1978	4665	3265	42.4	2
1979	10185	7810	105	0.1
1980	5085	380	130.25	—
1981	8130	750	150.75	—
1982	7790	825	264.7	20.9
1983	13770	2855	280.65	0.4
1984	11170	600	73.6	0.6
1985	11790	200	223.5	—
1986	65505	9230	64.85	2.5
1987	67860	1960	81.6	—

粮油计划供应 粮油销售是对城乡的计划供应，包括对城市居民的定量供应和副食业用粮、酿造业用粮、事业用粮、工业用粮、专用饲粮、育肥饲粮等；对农村灾区缺粮户，粮产区常年缺粮户，经济作物集中产区农户和国家招用民工补贴等。

1953年，统销开始，离石县粮食局对城镇居民每月定量口粮为16千克，食油每人每月供0.25千克，逢节日另调剂增供；工业用粮按过去一定时期的平均实销量定额供应，不许自行采购；对缺粮农户采取由上级颁发控制数字，民主评议统销数量的方法给予供应。

“一五”期间，离（山）石县有非农业人口7000—9000人，非农业销售粮食2500吨左右，农业销售150吨左右。

1958—1960年，全县非农业人口增加到13000人，非农业销售增加到4500吨，农业销售增加到1950吨。1961年，离石县城镇居民每人供应粮降至12.5千克；其中，国家干部每人节约0.5千克，实际供应12千克。1962年国家压缩城市人口，全县非农业人口下降到6678人，非农业粮食销售下降到100吨，农业销售下降到83.2吨，各种行业用粮大为减少。

1962—1979年，离石县食油供应实行平价销售，年销售12.5—92吨。1965年始，离石县农业生产恢复，非农业人口逐渐回升。

1980年，离石县非农业人口增加到26229人，非农业粮食销售7680吨，同期农业销售206吨；食油销售实行平价加议价的价格政策销售食油169吨。1982年，离石县开始实行销售包干，当年销售平价粮850吨，加销售议价粮总量为1527.5吨。1984年，离石县销售粮1975吨。1986年后，离石县粮食局部分粮油品种议价销售。1987年为离石县销售最高年份，销售粮食2030吨。1990年，离石县销售食油410吨，约三分之二靠调入。1991年，离石县取消平价粮油供应。1992年12月，粮食销售价格放开，国家除对军粮供应、退耕还林补助粮食供应、农村救灾粮供应以及部分以工代赈用粮实行政策性供应外，离石县用粮单位按市场价自行购买用粮；城镇居民口粮供应改为议价供应。

2001年5月1日，离石市城镇居民户口在全国范围内迁移以及农业户口转为非农业户口不再办理《市镇居民粮食供应转移证明》，标志着粮油计划经济时代变为市场经济时代，粮食供应制度废止，所有居民用粮、单位用粮按市场价自行购买。

1949—1987年离石（山）县粮油销售情况表

表13-26 单位：吨

年份	粮食	食用油	年份	粮食	食用油
1949	2000	19	1953	2500	20.5
1950	2400	20	1954	2550	20.75
1951	2500	20	1955	2520	21.6
1952	2550	20.75	1956	2550	22.5

续表 13-26

年份	粮食	食用油	年份	粮食	食用油
1957	2600	22.5	1972	6890	33.7
1958	3600	32.5	1973	6395	17.35
1959	3100	24.5	1976	7115	65.75
1960	3475	25	1977	8610	56.2
1961	3100	22.5	1978	6925	52
1962	2800	20	1979	7215	91.4
1963	2800	20	1980	7680	163.2
1964	2825	21.5	1981	9890	168.05
1965	3000	22	1982	11905	250.1
1966	3000	24.8	1983	12670	264.55
1967	3050	24.75	1984	15510	245.1
1968	400	31.5	1985	13285	229.25
1969	3975	32	1986	65410	122.7
1970	4150	31.5	1987	85085	142.15
1971	3980	32.1	–	–	–

说明：1949—1970年数据是按1971年后版图向上推算，1974年、1975年数据为吕梁地区统计数据。

退耕还林补助粮供应 2002年，山西省、离石市给粮食局安排下达退耕还林供应任务，粮食供应标准为：每亩退耕还林地每年补助粮食（原粮）100千克；供应粮食品种比例为：小麦70%、玉米30%。供应的粮食必须经过专门检验，符合国家质量标准后进行供应，要求小麦达三级以上，玉米达中等以上。2002年，离石市退耕还林任务为2.2万亩，市粮食局供应退耕还林补助粮食2200吨。2003年，离石市退耕还林任务为2万亩，市粮食局供应退耕还林补助粮食2000吨。

2004年，离石区退耕还林粮食补助，原则上由供应粮食改为发放现金。发放现金的标准为按补助粮标准每千克粮食折现金1.40元补助。2005—2015年，离石区粮食局不再发放退耕还林粮食补助，粮食补助折现金由乡、镇、街道办、村委发放。

政策性补贴 1953年后，国家为逐步改变历史上长期形成的工农产品剪刀差，调动农民的生产积极性，粮食征购价格几次提高。同时为确保城市人口不因粮食提价而降低生活水平，国家对粮食销售价基本采取冻结政策。1965—1987年，各种粮食销售价没有改变。其中，小麦0.276元/千克，玉米0.188元/千克，高粱0.174元/千克，谷子0.188元/千克，小米0.258元/千克，软米0.328元/千克。形成粮食购销价格倒挂，国家对粮食部门进行补贴，1971年离石新划县后至1990年，国家对平价粮补贴1349万元，超购加价补贴458万元，1980年后补给提价补贴846万元，总计补贴2671万元，年均133.6万元。1991年，离石县取消平价粮油供应，平价粮补贴停止。

经济效益 1971年，离石县粮食系统有统购统销和加工业务。1971—1978年，连年亏损。1979年，县粮食系统增加粮油议购议销。1985年，县粮食局开设饲料加工厂。至1989年，县粮食系统连续10年盈利。1990年，县粮食系统亏损611202元。至同年年底，县粮食系统20年间净盈利156万元。20世纪90年代后，粮油市场放开，受个体粮油经营户冲击，县粮食系统效益渐差。截至2015年底，离石区粮食系统主要靠附营企业出租门店，下属粮站储存国家（省、市）级储备粮、区级应急粮为收入来源。

1971—1990年离石县粮食系统盈亏情况表

表13-27 单位：万元

年份	合计	工业	运输	饲料	议价	平价	其中食品
1971	-13.20	0.26	—	—	—	-13.45	—
1972	-34.10	1.34	—	—	—	-35.45	—
1973	-43.04	2.51	—	—	—	-45.56	—
1974	-43.87	4.23	—	—	—	-48.10	—
1975	-50.45	0.25	—	—	—	-50.70	—
1976	-42.55	1.18	—	—	—	-43.73	—
1977	-45.00	3.01	—	—	—	-48.00	—
1978	-26.69	3.13	—	—	—	-29.82	—
1979	-32.65	4.77	—	—	17.47	-54.89	—
1980	30.60	6.29	0.79	—	10.52	13.01	—
1981	39.05	9.53	0.73	—	15.56	13.23	—
1982	37.57	10.08	0.78	—	13.99	12.72	0.027
1983	42.02	12.02	0.93	—	11.73	17.35	0.098
1984	45.33	14.81	1.66	—	19.48	91.73	4.54
1985	45.40	10.00	0.13	4.47	28.28	2.52	21.85
1986	77.35	10.52	2.13	12.78	39.25	12.66	16.48
1987	63.40	10.84	0.55	9.11	37.18	6.22	12.68
1988	56.53	10.01	0.09	10.04	54.14	-17.75	3.20
1989	117.63	9.13	—	10.06	85.60	12.84	27.43
1990	-61.12	0.04	—	10.08	-9.00	-6.22	6.63

烟草专营

购销 中华人民共和国成立后，离石县每年卷烟销售600—700箱。1954年，全县卷烟销售突破1000箱。

至1963年，全县卷烟销售年平均2000箱左右。1964年，全县卷烟销售突破5000箱。至1973年，全县卷烟销售年平均5500箱左右。1974—1987年，全县卷烟销售年平均3700余箱。

1949—1987年离石（山）县卷烟销售情况表

表13-28　　单位：箱

年份	销售量	年份	销售量	年份	销售量
1949	677	1962	2323	1975	3497
1950	585	1963	2593	1976	9209
1951	615	1964	5338	1977	2464
1952	635	1965	5122	1978	2489
1953	791	1966	5548	1979	2882
1954	1047	1967	5442	1980	2351
1955	2916	1968	4861	1981	4086
1956	2120	1969	4976	1982	3682
1957	1508	1970	5416	1983	4763
1958	2355	1971	5875	1984	4758
1959	2474	1972	5915	1985	3791
1960	1091	1973	6015	1986	3641
1961	1504	1974	1840	1987	3281

说明：表中1949—1970年数据是按1971年后版图向上推算，1974年、1975年数据为地区统计数据。

1987年1月，离石烟草批发部更名为中国烟草总公司山西省公司吕梁分公司离石公司，该公司属三级批发，只能从省内太原卷烟厂、曲沃卷烟厂直调，属于计划调拨，硬性分配，不能自由选购。

1988—1990年利润在10万元左右。销售按销售额的3%缴税，批发按毛利额的10%缴税，年缴3万—5万元。

1984—1990 年离石烟草公司经营情况表

表 13-29

年份	购进量（箱）	金额（万元）	销售量（箱）	金额（万元）	库存量（箱）	金额（万元）	利润（万元）	税金（万元）
1984	5624	359.8	5215	346.4	876	56.8	—	—
1985	9719	593.5	9473	586.5	1122	72.6	—	—
1986	9771	431.9	6778	486.2	1624	82.7	—	—
1987	4269	392.6	4461	413.6	1072	82.3	—	—
1988	4465	576.7	4760	585.8	777	105.1	9.5	3.7
1989	3824	567.4	3798	591.6	803	112.2	8.9	4.8
1990	4665	695.8	4549	719.4	975	126.7	10	5.7

注：每箱为 250 条。

1991—2002 年，中国烟草总公司山西省公司吕梁分公司离石公司基本维持卷烟购进量 4500 箱，销售量 4000 箱，每年库存 1000 箱的运营状态。2002 年 9 月后，离石烟草营销部不设立法人，卷烟购进和配送统一划归吕梁市烟草专卖局，卷烟销售由客户通过电话订货、网上订货等形式直接向吕梁市烟草公司营销中心订货结算，由吕梁市烟草公司物流中心统一配送卷烟。截至 2015 年底，离石区烟草营销部共规划线路 9 条，区域内有持证卷烟零售客户 1600 余家，下设市场经理 1 人、客户经理 9 人。

2006—2015 年离石烟草营销部销售情况表

表 13-30

年份	卷烟销量（箱）	卷烟销售额（万元）
2006	11989	15463.40
2007	12464	18103.66
2008	13784	21455.66
2009	15095	26230.13
2010	16889	34885.21
2011	16754	28323.65
2012	16234	41080.45
2013	16201	42328.89
2014	16863	45619.95
2015	15569	43242.74

石油经营

购销 民国7年（1918）后，离石境域经销煤油的商号有祥记离石分公司、义聚公司。祥记离石分公司经营英国亚细亚石油公司铁猫牌和元宝牌煤油，发展代销点，煤油市场处于垄断地位。日军占领离石后，各种燃油均由日本人统一销售，提供煤油量少，人民群众回到植物油点灯照明时代。

中华人民共和国成立后，国家对石油商品实行统购统销政策，离石县境内的石油销售业务由县贸易局经营，以平价供应为主（其中煤油和润滑油全部为平价），议价为辅，销售石油品种有汽油、柴油、煤油、润滑油4种，油源主要来自锦州、锦西、天津、北京、石家庄和陕西延长县永坪炼油厂。1950年，离石县贸易局被撤销，县百货公司成立，内设石油小组，负责石油专营。1958年，离石（山）县生产资料公司成立，石油产品购销业务由该公司经营。1962年，国合商业分家，离石县石油产业购销业务改由县石油商店经营，县石油商店为最早的石油专营机构。1970年，离石县商业局所属五交化公司与供销社所属生产资料公司合并，石油商店并入新的生产资料公司。1975年8月，石油购销业务由生产资料公司划出成立离石县燃料公司。1985年，燃料公司设财务股、业务股、油管股、办公室。同年石油系统改为行业经营，燃料公司改名成为山西省石油公司离石县公司。1986年，山西省石油公司离石县公司并入山西省石油公司吕梁分公司，开展计划外自采业务，与东方红炼油厂、石家庄炼油厂等建立往来关系。至1989年，每年离石境域国家供油4000吨左右，平价汽油0.72元/千克，柴油0.62元/千克，议价汽油1.8—1.9元/千克，议价柴油1.6—1.7元/千克。

1949—1987年离石（山）县石油销售情况表

表13-31 单位：吨

年份	汽油	煤油	柴油	润滑油
1949	—	0.6	—	—
1950	—	0.7	—	—
1951	—	1.0	—	—
1952	—	1.6	—	5.0
1953	5.1	8.1	—	7.0
1954	9.1	15.1	—	10.5
1955	20.1	18.2	—	8.0
1956	25.0	24.2	—	8.2
1957	29.5	50.0	3.1	9.0
1958	31.5	35.6	3.1	9.5

续表 13-31

年份	汽油	煤油	柴油	润滑油
1959	50.1	36.6	3.5	13.0
1960	40.5	36.9	9.1	12.0
1961	41.8	33.8	23.1	15.0
1962	51.5	44.3	70.0	18.0
1963	54.7	83.1	16.5	11.8
1964	161.0	117.4	28.8	22.2
1965	102.5	101.6	33.7	22.1
1966	145.0	97.3	50.0	23.0
1967	85.0	89.7	80.0	24.0
1968	114.6	103.1	121.0	20.0
1969	139.6	110.0	107.8	15.3
1970	125.5	121.5	159.0	29.6
1971	278.1	100.2	253.9	57.3
1972	460.8	91.2	271.2	78.4
1973	796.0	96.0	356.0	93.0
1974	100.6	11.1	67.4	11.9
1975	12.0	10.2	10.3	0.9
1976	2416	203	1326	188
1977	1812	71	898	157
1978	2189	78	1070	183
1979	2505	74	1085	164
1980	2435	73	1185	165
1981	2537	76	1193	132
1982	2625	80	897	139
1983	3173	82	119	139
1984	4028	54	1524	177
1985	3957	61	1341	224
1986	2606	138	1180	136
1987	—	64	—	—

1990年，离石县石油公司平价供应油减至3000吨，有一半为议价采购和销售，同年销售石油6162吨，销售金额843万元，实现利润38万元。国家要求石油销售以石油公司为主渠道，供销社、农机公司和物资部门可在石油部门销售点15千米以外经营柴油，实际形成自由经营，全县有名为集体实为个人的加油站12个，其中交通路有加油站9个。离石县石油公司用油大户主要有离石城区3个汽运公司、地区商业车队、粮油运输公司、专建机械队、公路机械队、电线厂车队、大土河煤矿车队和地委行署车队、县委县人民政府车队等。1991年，国家为保证农业柴油供应，实行农业柴油供应指标带帽下达政策，由农机部门参与分配，石油部门负责组织进销。农村柴油供应范围包括县以下农、林、牧、副（包含社队工副业用油）、渔业各项用油及农村运输用油；县以上（含县）各级农业、水产、农垦生产等企业单位用油，如农场、牧场、种子场、军马场、苗圃和水产捕捞养殖等用柴油；农村社队服务性部门用油。1991年，山西省石油公司离石分公司供应科为离石县大小汽车和拖拉机供油，并开始石油自采工作，先后与天津、新疆、延安等地炼油厂建立往来关系。石油销售放开，离石县跑长途的车辆在太原、榆次、孝义等油价低的加油站加油增多，离石县石油销售难度加大。1992年，国家取消平价汽油供应。1994年，国家取消平价柴油供应，石油市场由计划经济管理体制过渡为市场经济运行体制，离石县一些单位集体和个人纷纷插手石油行业，社会加油站迅速发展。1994年5月起，国家对原油成品油流通体制进行改革，实行统一政策、统一价格、统一调拨、统一质量标准的四统一政策。同年7月1日，离石县取消农业专项平价油供应指标。

1996—1998年，山西省石油总公司离石分公司自筹资金自行组织自采工作，自采地主要在陕西永坪炼油厂。1998年7月，国家在中国石油化工总公司的基础上重组成立中国石油化工集团公司，实现上下游内外贸产销一体化，离石市石油公司纳入集团化管理，实行统进分销办法，成品油资源的配置、购进、价格及资金调度由省石油总公司统筹管理。山西省石油总公司离石分公司工作重点为开发市场、增加网点、扩大销售、加强内部管理方面。1999年起，山西省石油总公司离石分公司购进成品油由山西省石油总公司配送。2003年1—11月，山西省石油总公司离石分公司纯销售完成18848吨。

2004年1—11月，中石化山西吕梁离石石油分公司纯销售完成28219吨，其中零售26109吨，实现利润40.4万元。2005年，中石化山西吕梁离石石油分公司全面启动IC卡工程。IC卡是中国石化加油卡，属于行业专用卡，具有电子记账功能，可在全国各地的中国石化加油卡联网加油站使用，IC卡安全便捷的功能给客户的工作和生活带来方便与实惠。2009年1—11月，中石化山西吕梁离石石油分公司完成销售32265吨，IC卡销售开户3808张，非油品销售38万元。2010年1—11月，中石化山西吕梁离石石油分公司完成销售36406吨，其中，小额配送完成5379吨，润滑油销售62吨。IC卡销售开户4132张。非油品实现销售106.5万元。2011年，中石化山西吕梁离石石油分公司发放IC加油卡的加油站有5家，可以联网加油的加油站有9家。

2011年中石化山西吕梁离石石油分公司加油卡充值网点　联网加油站情况一览表

表13-32

网点名称	售加油卡	联网加油	地址
东关站	√	√	离石永宁东路203号
交通路站	—	√	307线南侧七里滩村
袁家庄站	√	√	209线路西袁家庄
西城站	√	√	离石区西崖底村
龙凤站	—	√	离石区龙凤大街南段
交口站	—	√	209国道交口镇
永宁站	√	√	307县南贺家塔村
滨河站	—	√	汾军高速离石东出口
迎宾站	√	√	离石307线后赵家庄村

2011年1—10月，中石化山西吕梁离石石油分公司零售完成39917吨；直销完成6407吨；发展大用户3个，兴家沟凌峰煤业有限公司一家就实现销售3000吨；润滑油销售稳步增加，每月超额完成目标任务，巩固大客户2个；非油销售借助系统汾酒促销契机，发动员工利用亲情搞推销，实现销售13.4万元；IC卡采取财政客户集中管理、大客户定点充值的方式，销售卡4658张；成功为山西省军区野营拉练活动军车加油。2011年，中石化山西吕梁离石石油分公司在离柳公路线租赁红星加油站1座，在旧307线离石区新月经济开发区租赁王营庄红日加油站1座，片区网点布局得到进一步改善；在永宁加油站增设非油超市1座，在迎宾加油站增设发卡网点1个，对东关、龙凤加油站实行自助加油系统的改造，龙凤加油站短时间内投入运营；中石化山西吕梁离石石油分公司规范经营手续，为各加油站超市办理日化、营业场所卫生许可证、补充酒类、烟草经营证书。

2012年，中石化山西吕梁离石石油分公司销售油品47185吨；小额配送完成18169吨；IC卡开户13119张。2014年1—11月，中石化山西吕梁离石石油分公司成品油零售完成39045吨；直销完成10776.73吨；IC卡销售8700张；非油品业务实现营业额319万元。2015年1—11月，中石化山西吕梁离石石油分公司成品油销售35467.78吨；直销完成8641.819吨；非油品销售433.83万元，其中烟草占销售比例74 %，酒类销售占2.7%；中石油3座加油站分布在城区1座、国省道2座，月均零售量约为850吨；泰化石油8座加油站分布在城区3座、国省道5座，月均销售量约为1350吨，主要进货地是陕西永坪、靖边及中石油等；吴城高速服务区加油站地处青银高速薛公岭路段，东西两座加油站，正常月均销售750吨左右，主要进货地中石油、中石化；社会加油站13座，月均销售约为1000吨左右，柴油占比75%以上，进货地多在山东各炼油厂，油品质量参差不齐，一半以上低价劣质甚至掺兑油品。

运输 1973—1975年，离石县石油产品由吕梁地区燃料公司车队运输。1976年底，吕梁地区燃料公司车队油罐车下放各县燃料公司，离石县成品油运输自己完成。1986年，离石县石油公司并入山西省石油公司离石分公司，油品由山西省石油公司离石分公司车队运输。1991年12月，山西省石油公司离石分公司车队改为运输公司。1992年底，该运输公司宣布解散，油罐车分别划拨给供应公司和销售公司，并以合同制的方式承包给个人。

2001年，山西省石油总公司给离石分公司配置油罐车1辆，离石市石油产品由该油罐车运输。2002年，山西省石油总公司给吕梁石油分公司调运中心配置油罐车6辆，吕梁石油分公司收回上年给各县石油公司配置的车辆，连同职工集资购买2辆共计13辆油罐车，再次组建车队，离石本地石油产品由吕梁石油分公司调运中心车队运输。

2004年，吕梁石油分公司职工再次集资购置油罐车4辆，参与油品运营。2011年，吕梁石油分公司车队进行整体改制，改组为吕梁市升辉运业有限公司，变为承运商身份，该公司有载油量15吨的东风天龙油罐车30辆、14.3吨的欧曼油罐车10辆，并有车辆维修部及所需生活设施。中石化山西吕梁离石石油分公司石油产品由吕梁市升辉运业有限公司承运。

截至2015年底，离石本地石油产品主要由吕梁市升辉运业有限公司承运，部分社会加油站自行采购运输。

对外贸易

出口商品类别 离石县出口商品主要有五大类商品54种：活家兔、麻雀、猪、蓖麻籽、杏干、牛、野禽、土豆、羊、红小豆、红枣、蜂蜜、苦杏仁、家桃仁、山桃仁、白瓜子、蚕砂、荞麦皮、槐米、野玫瑰果、绵羊皮、山羊皮、牛皮、羔皮、狐皮、獾皮、家兔皮、杂皮、绵羊毛、山羊毛、羊绒、杂毛、三把毛、乱鸡毛、雕翎、生豹、猾毛、马尾、猪肠衣、蹄壳、猪大肠、猪头、驴皮、狗皮、骡皮、狐皮、貂皮、猫皮、地毯、桑蚕茧、长石、糠醛、铝矾土。

出口商品加工 离石县出口商品属于初级原料。直接出口的商品有糠醛、杂豆、蓖麻油、活牛、红枣等；实行产地加工的有矾土、核桃仁、瓜子、杏仁等；调经上级外贸系统加工的有羊绒、肠衣、活家兔、野禽、蚕茧等产品。

羊绒加工：用手工将原绒中的羊毛等杂质剔出，扎包待运。由于纯手工操作，工效很低。主要用于纺织羊绒衫，加工大衣呢等高档衣料，主销美、日、西欧市场。

肠衣加工：肠衣主要是猪羊小肠取粪洗净后，每4—5根打成一把，在清水中浸洗（冬季五天、春季三天、夏季一天），用刀锋钝滑的竹刀将肠内肉质刮去，量码、腌肠扎把（每100米为一把）放于竹筛内加盐、加压滤净渗水，然后把肠放于瓦缸内注入已冷却的24%以上澄清熟盐卤成。

地毯加工：地毯是用羊毛纱栽绒而成的精美工艺品，其主要生产工序有染纱，用媒介性染料，将羊毛染成20多种颜色，色彩要牢靠，日晒、水洗、践踏不退色；图案，将图案在织毯前放大然后标色；织毯，先用工程线挂置经线，再按照图案称色，将毛线拴在经线下再切断，待横向织完一道并加纬线后再织下一道；平整，将地毯绒面在平机下平整，再用剪刀将地毯图案剪成浮雕形，使花卉景物突现；洗，将织成的地毯用化学溶液洗涤，使颜色更加鲜艳美丽，然后烘干。

糠醛加工：糠醛主要原料是高粱壳、玉米芯，辅料为5—7%稀硫酸。糠醛生产的工艺流程是粉碎+混酸+装锅斗加压水线+蒸馏（去毛醛）+精制（成品）。每吨糠醛耗料，玉米芯12—13吨或高粱壳14—15吨，原煤6—7吨，5%—7%的稀硫酸300—500千克，水蒸气30—35吨。主要设备需锅炉、水解锅、冷却器、蒸馏塔、精制塔。

1991年离石县对外贸易公司承包铨则塥煤矿后，外贸商品加工业务停止。

商品收购　1956年，离山县外贸公司主要业务是收购农副土特产品，主要商品有绒毛、皮张、山杏仁、山桃仁、活家兔等。

1962年，国家对几种土特产品采取收购奖售物资的办法，即出售一只毛重1千克以上的家鸡，以斤对斤奖粮食；出售一只毛重1.5千克以上的活家兔，按出售金额奖售棉布等工业品45%；收购一只皮子符合规格的活羊，奖售棉布4尺；收购一只活菜牛，按牛皮价格计算，奖售工业品40%；收购鲜枣，按出售价值奖售30%的工业品；收购大蒜、野禽、棉饼按出售价值奖售40%的工业品。收购奖售物资，对收购任务的完成起了推动作用。1962年，收购值为30万元。大宗收购品种有17种，即猪、羊、鸡、鲜蛋、杏仁、绵羊毛、山羊毛、绵羊皮、牛皮、羔皮、猪皮、猪肠、羊肠、羊绒、蜜枣、白瓜子。其中，畜产类完成10万元，土产类完成2.8万元，食品类完成9.7万吨。1963年，主要业务是为省外贸公司组织以农副土特产品为主的出口货源。

1965—1976年，离石县对外贸易局（公司）共收购生猪81983头、羊46750只、蜂蜜66500千克、绵羊肠衣100根、鲜蛋94.5万千克。1978年，离石县对外贸易公司收购家禽21400羽。1978年收购总值为39万元，其中农副产品占98%以上。1980年，离石县对外贸易局收购家禽19291羽。1981年，离石县对外贸易局收购家禽17011羽，收购桑蚕茧6200千克。至1984年8年间，离石县对外贸易局收购猪肠衣28343根。1991年，离石县对外贸易公司承包铨则塥煤矿后，主要出口煤炭、焦炭，效益可观，收购外贸商品渐少。1995年，铨则塥煤矿移交山西通宝能源有限公司。

1998年，离石市对外贸易公司经济效益很不乐观，农副产品经营处于停滞状态。同年12月，离石市对外贸易公司建立离石市采树沟综合养殖场，养殖梅花鹿、马鹿、肉牛。

商品出口　离石最早的外贸可追溯到民国15年（1926），民间商人把驼毛、驼绒、红枣、瓜子、杏仁、皮、毛、大麻等产品收购起来通过天津口岸出口。县外贸机构属基层供货单位，负责出口商品的购销调存加工等业务。离石出口商品经驻山西省的中国进出口商品检验局检验合格后，经孝义转运站大部分调往天津口岸，少量调往北京、青岛口岸。

中华人民共和国成立初期，离石主要出口产品是永丰蛋厂和后来的离石蛋厂生产的蛋粉。集西山各县及陕西绥德、榆林等地的鸡蛋经过加工成蛋白、蛋黄和全蛋粉出口。1956 年停止出口。

1950—1955 年离石（山）县生产及出口蛋粉情况表

表 13-33

年份	产值（万元）	产品（万千克）			
		合计	蛋白	蛋黄	全蛋
1950	8.17	2.12	6.3	1.49	—
1951	39.86	9.59	2.59	6.07	0.93
1952	57.63	11.03	1.735	3.82	5.475
1953	90.38	13.71	0.01	0.07	13.63
1954	193.19	22.915	5.56	12.29	5.065
1955	75.18	16.12	3.535	7.845	4.74

1959 年，全县出口值为 20.4 万元。其中，生猪 1161 头，菜羊 3466 只，蜜枣 20 吨，山羊毛 4.25 万千克，杏仁 1.75 万千克，土丝 621 千克。

1981—1989 年，离石县对外贸易公司连年盈利，共创利 97 万元。其中，1987 年全县出口商品总额达 200 余万元，比 1978 年增长 41 倍，出口农产品与工业品的比例由 1980 年 11:1 变为 6:1，出口的工矿产品和农副产品发展到 17 个品种，出口创汇计 5 万美元。1990 年，亏损 2 万元。

第三节 管 理

粮油仓储管理

建仓 抗日战争时期，军队、机关、厂矿、学校所需公粮存于庙宇、祠堂、公产房和租赁较好的民房中。

中华人民共和国成立后，逐步建仓储粮。1953 年，离石县在县城大楼底首建 500 平方米砖窑式仓库 1 座，容量 1750 吨。

1956 年，离山县在县城新关建 60 间、面积 4000 平方米、容量 7200 吨的苏式房仓 4 幢。

20 世纪 60 年代，全县建各式仓库 45 孔，面积 1232 平方米，容量 1805 吨。70 年代，全县对原有 5 个粮库、站进行修增、扩建，新增粮站 6 个，新建库 181 孔，面积 8260 平方米，容量 9435 吨。1980—1986 年，全县新增粮库 31 孔，面积 2855 平方米，容量 5400 吨，基本可以满足当时存粮的需要。

1997 年，离石县粮食局新建田家会粮库 1 座，仓容量为 2250 吨。1998 年，离石县粮食局新建西属巴粮库 1 座，仓容量为 2000 吨。

截至 2015 年底，离石区粮食服务中心有中心粮油管理所 5 个，下设分站 7 个，房式仓 3 座、简易仓 2 座、窑洞仓 176 孔，总仓容量 15000 吨。

储粮　1949—1953 年，离石县由于库房条件不好，房式仓上漏下潮，窑洞库多系土窑，鼠雀泛滥，虫害与霉烂严重。

1954 年，全县推广浙江省余杭县首创“无虫”粮仓的经验，逐步实现“四无”（无虫、无霉、无鼠雀、无事故）、“三防”（防潮、防虫、防鼠雀）。

1995 年后，合同订购粮食政策取消，离石区（市、县）粮食服务中心所属各粮库主要储备国家、省、市储备粮获得储粮补助，储粮品种为小麦、玉米。

截至 2015 年底，离石区粮食服务中心各粮库实行通风储存法、低温低水密闭法、压盖储存法、低剂量杀虫法、缺氧试验，基本达储粮安全要求。

1953—1986 年离石（山）县粮食系统仓储房屋设施情况表

表 13-34

单位名称	建立年份	仓库				宿舍及办公室等		
		房间（间）	窑洞（孔）	建筑面积（平方米）	容量（吨）	房间（间）	窑洞（孔）	建筑面积（平方米）
合计		83	212	16347	25520	11	155	5064
县粮食局	1953	—	—	—	—	—	—	1800
城关粮站	1953	60	47	7159	12300	—	—	—
坪头粮站	1955	—	7	420	280	—	4	169
吴城粮站	1955	—	7	284	280	—	4	142
田家会粮站	1955	—	22	1389	1000	—	10	270
交口粮站	1955	—	5	223	500	—	8	192
面粉加工厂	1959	11	4	1255	3000	3	30	—
信义粮站	1961	—	24	969	1685	—	7	299
小神头粮站	1961	—	14	420	490	—	6	180

续表 13-34

单位名称	建立年份	仓库				宿舍及办公室等		
		房间（间）	窑洞（孔）	建筑面积（平方米）	容量（吨）	房间（间）	窑洞（孔）	建筑面积（平方米）
西属巴粮站	1971	—	24	1275	1250	—	10	264
结绳塥粮站	1971	—	8	281	280	—	5	194
王营庄粮站	1975	—	10	700	1000	—	5	146
阳坡粮站	1975	—	9	633	855	—	8	221
枣林粮站	1976	—	5	275	300	—	5	91
粮油总店	1978	7	12	544	1300	—	31	—
粮油议价公司	1984	—	5	220	500	8	—	112
饲料厂	1985	5	9	290	500	—	22	985

烟草管理

2005 年，离石区烟草专卖局设专卖股，组建城市稽查中队、农村稽查中队共 2 个，专卖股负责全区卷烟市场监管和假私非烟案件侦办等工作。2010 年，离石区烟草专卖局打击假烟走私烟案件 111 起，查扣卷烟 380.6 万支，涉案金额 119.81 万元。

2013 年，离石区烟草专卖局打击假烟走私烟案件 88 起，查扣卷烟 37.63 万支，涉案金额 59.4 万元。2015 年，离石区烟草专卖局打击假烟走私烟案件 126 起，查扣卷烟 77.91 万支，涉案金额 88.52 万元。

2010—2015 年离石区烟草专卖局打击假烟走私烟成果一览表

表 13-35

年份	完成案件数（起）	查扣卷烟数（万支）	涉案金额（万元）
2010	111	380.6	119.81
2011	100	26.65	27.87
2012	100	49.33	30.3
2013	88	42.78	59.4
2014	119	37.63	44.2
2015	126	77.91	88.52

外贸奖惩制度

1978 年始，离石县外贸系统实行奖惩制度。当年实行企业基金制，县外贸公司填报企业基金提取表，由地局审批，每年一次。企业全面完成四项经济指标的，可按职工工资总额 5% 提取，没有全面完成四项计划指标的，在完成利润计划指标的前提下，每完成一项计划指标，可以按职工工资总额的 1.25% 提取资金，没有完成利润计划指标的，一律不能提取。企业基金主要用于生产技术设施、职工福利设施和职工奖金。从 1979 年 7 月开始实行奖励制度。考核四项主要财务指标，即利润额、费用水平、资金周转次数、销售额。企业全面完成四项指标的，按全体职工标准工资总额的 10% 提取奖金；没有完成指标，完成利润，每完成一项指标是 2.5%；完不成利润指标的单位，不能提取奖金。在全面完成四项指标的前提下，每超额完成上级下达利润指标 10%，可增提奖金 1%，以此类推，直至超额 50% 以上增提 5%，但超额奖金最多不超过标准工资总额的 5%。1983 年 1 月 1 日起，外贸系统开始实行全额利润留成办法，以前实行的企业基金和奖励基金的办法即行废止。留成办法是 1982 年年终决算利润为基数，核定留成比例，并同时考核企业四项指标，年终全面完成四项指标的单位，可按规定的留成比例和当年实现利润额计算，提取利润留成基金。四项指标每少完成一项，扣减其应提利润留成的 10%，全额利润留成按比例分别用于生产发展基金、福利基金和奖励基金。

第四节　机构　体制

国营商业机构

管理机构　离石县商业局作为管理商业的国家行政机构，可追溯到民国 30 年（1941）设在离石的西北贸易总局三分局（晋绥边区政府所设）。

1951 年 3 月，县工商科成立。

1955 年 11 月，县工商科改称县商业科。1956 年 4 月，县商业科改为县商业局。

1958 年 9 月，国营商业和合作商业合并，县商业局仍为局，有职工 36 人。1962 年 5 月县商业局改称县商业科。1963 年 5 月县商业科改称县商业局。1970 年 5 月，县商业局改为县商业办公室，隶属县革委生产组。1972 年，县商业局复局，有职工 29 人。1975 年 11 月，国营商业和合作商业分设，县商业局仍为局。1990 年，离石县商业局内设人秘、财务、业务和审计 4 股，有职工 222 人，下辖单位 7 个。

1996 年机构改革，国有商业资产经营总公司成立，和商业局一套人马、两块牌子。2002 年，离石市经济局成立，国有商业资产经营总公司并入经济局。

2004 年，更名为离石区经济贸易局。2008 年 7 月，更名为离石区经济局，下设商贸办、成品油市场管理办公室、酒类流通管理办公室等商业管理股室。

下设机构 离石县国营商业经营机构变动频繁。1950年，县工商科设百货小组。1952年，县工商科设专卖业即批发部。

1954年，县工商科设花纱布公司、食品公司。1955年2月，县工商科设县农产品采购局。1957年9月，县商业局改革体制，由10个单位精简为7个公司，即百货公司、外贸公司、副食杂货公司、农产品采购公司、燃料公司、木材公司、药材公司；经营利润由统一上缴改为分成。除贸易公司80%上缴、14%留县、6%留企业外，其他公司定额利润全部上缴，超额利润40%上缴、60%留县；公私合营企业定额利润80%上缴、20%留县，超额利润与国营企业相同。

1959年10月，县商业局改设百货公司、生产资料公司、农产品采购公司、副食公司、食品公司、零售公司、服务公司、副食加工厂、服装加工厂、综合加工厂，县商业局设机械储运股。1961年9月，国营商业和合作商业分设后改为百货公司、五金公司、糖业烟酒公司、外贸公司、饮食公司5个公司和柳林批发站。1970年12月，县商业办公室下属单位有离石百货公司、服务公司、五金交电公司、农业生产资料公司、糖业烟酒公司、食品公司、药材公司、外贸公司、糖业烟酒公司，糖业烟酒公司下设副食加工厂、土产废旧物资采购供应站。同年成立县日用工业产品商店、服务商店、生产资料采购供应站（由五金交电与农业生产资料两个公司合并）、食品采购供应站（由糖业烟酒公司和食品公司合并）、药材采购供应站、农副土特产供应站、外贸公司、副食加工厂。1978年11月，县商业局划出外贸公司，成立县外贸局。1979年，县商业局划出药材公司。1983年，县商业局划出燃料公司，成立县石油公司；划出并成立烟草公司。1987年，商业局系统设有百货纺织公司、综合经营公司、糖酒副食公司、五金交电化工公司、蔬菜公司、饮食服务公司、肉联厂、副食加工厂、服装厂。1990年，离石县商业局下设机构7个：百货纺织品公司、综合服务公司（又名石州百货大楼）、糖酒副食公司、食品公司（后名肉联厂）、五金交电化工公司、蔬菜公司、饮食服务公司。有职工968人，有固定资产原值870.4万元，流动资金1454万元（其中自有200万元）。有批发站4个，门店33个，经营商品1.8万种。有营业面积2万平方米，仓储面积1万平方米，机动车辆20辆。1995年1月，离石县百货纺织品公司下属新关百货大楼、兴源茂商店改建为新欣商城。

1997年后，离石区（市）商业系统进行产权制度改革。

截至2015年底，离石区商业系统有3家企业进行改制，即百货纺织品公司、五金交电化工公司、蔬菜公司。百货纺织品公司、石州百货大楼采取职工股份合作制基本完成改制，职工安置；五交化公司破产拆除，职工未安置；蔬菜公司采用国退民进、拍卖、职工安置的办法改制，职工全部安置，资产未处理。饮食服务公司、副食品工业公司、食品公司未进行改制。

百货纺织品公司 1950年春，离石县百货小组始建，属兴县地区百货公司领导，有职工 7 人，经营百货、卷烟、糖类批发业务，向私营商业批发。1952 年，兴县地区百货分公司撤销，离石县百货小组由汾阳县百货公司领导。1953 年 5 月 1 日，离石县百货商店成立，在旧城内设门市部 1 个，有职工 30 人，批零兼营。

1954 年，离山县花纱布批发小组成立，有职工 10 人，专营布匹批发，零售由百货商店经营。1955 年，离山县花纱布公司（后改纺织品公司）成立，有职工 20 余人。1957 年 9 月，离山县商业体制改革，百货、纺织品两公司合并为百货纺织品公司，有职工 82 人，经营棉布、棉纱、呢绒、绸缎、大小百货、文化用品、针棉织品、五金交电、化工等商品的批零业务。

1958 年 12 月，县商业局下设日用百货批发部和零售部，零售部下设门市部 17 个。日用百货批发部有职工 34 人，零售部有职工 145 人。1959 年 10 月，离石县百货批发部更名为百货公司，有职工 30 人，零售部更名为零售公司，有职工 106 人。1961 年 9 月，全县商业机构改革，国营和合作社分设成立专业公司，同月撤销零售公司，成立百货纺织品公司，有职工 56 人。1963 年，县百货、纺织品两公司分设，百货公司有职工 42 人，纺织品公司有职工 34 人。1965 年 5 月，县纺织品公司被撤销，其业务并入县百货公司，称县百货纺织品公司。1970 年 5 月，县百货公司撤销，成立县日用工业品商店（后称日用工业品采购供应站），有职工 56 人。1971 年 8 月，吕梁地区成立专业公司。县日用工业品采购供应站的批发业务由地区专业公司接管，零售归离石郊区零售公司经营。1975 年 12 月，批零业务全部收回，恢复原机构，更名为离石县百货纺织品公司，下设门市部 2 个（第一门市部设在旧城内，第二门市部设在新关）。1977 年 9 月，新关二层楼商店建成，有职工 43 人，分设绸缎、棉布、大针织、小针织、成衣、内衣、大百货、小百货、鞋帽、文化用品以及眼镜修表等 12 个小组，经营品种 3200 多种。1980 年 10 月 1 日，离石县百货纺织品公司综合大楼（1973 年动工，1980 年 9 月建成亦名“石州百货大楼”，共 4 层，建筑面积 4612 平方米，共投资 78 万元，其中，行署投资 40 万元，县投资 38 万元）营业，有职工 113 人。下设营业部 5 个，分别经营五金、交电、日杂、文化、百货、针织、鞋帽、烟酒、副食、中西药、纺织、服装。1982 年 9 月，离石县百货纺织品公司批零业务分设，专营批发。零售归综合大楼经营。1983 年 8 月，批零合并，县百货纺织品公司恢复兼营批发零售。1985 年 7 月，离石县百货纺织品公司在解放路新增门市部 1 个。1987 年 8 月，离石县百货纺织品公司新增批零兼营门市部 1 个。1990 年，公司有职工 169 人，下设 3 个门市部和石州百货大楼。

2005 年 1 月，离石区百货纺织品公司破产，未处理资产，未安置职工。

2012 年 3 月，离石区政府确定由区体改中心牵头，人社、财政、审计、人民法院等相关单位参与启动企业改制。2012 年 12 月 30 日，24 名在职职工解除劳动关系，落实职工安置费用 746.74 万元。截至 2015 年底，该公司基本完成改制，职工得到安置。

糖酒副食品公司　1952 年，中国专卖事业公司离石县批发部成立，有职工 13 人。

1954 年 7 月，在柳林、圪洞分别成立专卖烟酒批发点（柳林 5 人、圪洞 2 人）。1955 年，中国专卖事业公司离山县批发部改为中国专卖事业公司山西省离山县公司。1957 年 9 月，商业体制改革，中国专卖事业公司山西省离山县公司改名为离山县副食杂货公司（包括食品、蔬菜、副食加工厂），设副食烟酒门市部 2 个、肉食门市部 1 个、蔬菜门市部 2 个。经营烟酒、副食、食盐、食品、蔬菜、副食品加工等业务。柳林设烟酒副食批发站 1 个、蔬菜批发站 1 个、副食门市部 1 个、蔬菜门市部 1 个，共有职工 66 人。

1958 年 12 月，离山县副食杂货公司更名离石县副食杂货批发部，有职工 46 人。1959 年 10 月，离石县副食杂货批发部更名为离石县副食品公司。1960 年，食品业务从副食品公司划出，成立县食品公司；副食品公司有 38 人。1961 年，县副食品公司更名为县糖业烟酒公司，有职工 27 人，1969 年增为 63 人。1970 年 12 月 25 日，县糖业烟酒公司和县食品公司合并，更名为县食品采购供应站，同时划出副食品业务，成立离石县副食加工厂。1971 年 6 月，食品、烟酒业务分设，县食品采购供应站更名为县糖业烟酒采购供应站。同年 10 月，蔬菜业务划出，成立县蔬菜公司。县糖业烟酒采购供应站的批发业务由地区商业专业公司接管，零售业务归位于离石郊区的零售公司经营，柳林原设有的批发站、门市部划归柳林县。1975 年 12 月，商业机构再次改革，县糖业烟酒采购供应站批零业务全部收回，成立山西省离石县糖业烟酒公司，下设门市部 2 个（旧城一门市部、汽车站二门市部）。1976 年，山西省离石县糖业烟酒公司在地区革命委员会大院增设综合门市部 1 个，1986 年 9 月撤销。1977 年，离石县糖业烟酒公司在电线厂增设支工门市部 1 个，1979 年撤销。1978 年元旦，糖业烟酒公司新建的新关门市部开业，经营烟酒、副食、糖业、百货、棉布等商品。同年县革命委员会大院增设门市部 1 个，1984 年撤销。1982 年 9 月，离石县糖业烟酒公司批零分设，零售交综合大楼经营。1983 年 8 月，零售收回，恢复原机构。1983 年 7 月，烟草业务从糖业烟酒公司划出。另成立烟草公司，成为县商业系统以外的独立单位，属省地烟草公司管理，同时离石县糖业烟酒公司更名为县副食品公司。1985 年 1 月，县副食品公司新建糖厂 1 个，有正式工 5 人、临时工 10 人，加工水果糖、冰糖。1986 年 11 月，县副食品公司更名为县副食品工业公司。1990 年，县副食品工业公司有职工 83 人，下设糖厂 1 个、门市部 4 个。

2012 年，离石区副食品工业公司破产，职工下岗分流再就业，自己缴纳养老金。截至 2015 年底，离石区副食品工业公司未进行改制。

食品公司 1954 年，中国食品公司山西省离石县公司成立，有职工 26 人。1957 年 9 月，县食品公司、副食公司合并，更名为副食杂货公司。

1960 年，县副食杂货公司食品业务划出，成立食品公司，有职工 65 人。1961 年 9 月，县食品系统隶属榆次食品分公司领导。1963 年，食品仍归县管，称中国食品公司离石县公司；是年，成立城关、柳林、成家庄、五里铺、圪洞、大武食品购销站 6 个，有职工 41 人。

1966年，城关设肉食门市部5个。1970年5月，县糖业烟酒公司和县食品公司合并，成立县食品采购供应站。1971年6月，食品业务划出，独立经营，仍称县食品采购供应站，有职工68人。是月，将柳林站、成家庄站划归柳林县，圪洞站、大武站划归方山县。1972年，县食品采购供应站新建西属巴、吴城、信义、交口食品购销站4个；是年12月，县食品采购供应站改称县食品公司。1985年7月，吕梁地区冷库和县食品公司合并，更名吕梁离石肉联厂（厂址在下安村），肉联厂下设办公室、财务科、生产科、供销科；城内设肉食门市部4个；全县共设城关、西属巴、信义、吴城、五里铺、交口食品购销站6个；城关设养殖场1个。共有职工127人。

截至2015年底，离石区食品公司未进行改制。

蔬菜公司　1971年7月，蔬菜经营从离石县糖业烟酒采购供应站划出，成立离石郊区蔬菜公司，有职工40人。下设城内、新关、东门门市部3个。1976年，新关门市部被撤销。1979年，旧城内新设门市部1个。1981年9月，离石蔬菜公司在交通路新建二层楼1座，楼上办公兼设旅店，楼下设门市部2个，1个经营日杂蔬菜，1个经营副食品等商品。1990年，离石蔬菜公司有职工51人，下设门市部5个。

2011年6月，离石区经贸局牵头启动蔬菜公司改制程序，蔬菜公司47名职工分流、下岗再就业。

截至2015年底，职工全部安置，资产未处理。

五金交电化工公司　1961年9月，离石县国营商业和合作商业分设，县商业局下设五金公司。1962年，离石县五金公司始建，有职工33人。1964年，县五金公司和县石油公司合并，更名为中国五金交电公司离石五金交电商店，下设门市部1个，石油库1个；有职工33人。1970年5月，县五金交电商店和生产资料采购供应站合并，更名为县生产资料采购供应站。1971年10月，吕梁地区商业专业公司成立，离石县生产资料采购供应站批发业务归地区管，零售业务合并归离石郊区新成立的零售公司。1975年12月，国营供销分设，批零业务全部收回；随之，五金、交电、化工、石油业务从生产资料采购供应站划出，成立山西省离石县五金交电化工公司和燃料公司。有职工35人，下设门市部1个。1975年，在城东门增设无线电门市部1个。1982年9月，离石县五金交电化工公司批零机构分设。1983年8月，离石县五金交电化工公司批零业务重新合并，恢复原机构。1984年，因城市建设，城东门无线电门市部被拆，搬移东关，改为综合第二门市部。1990年，离石县五交化公司有职工65人，下设门市部2个。

2001年，离石市五交化公司因城区改造被拆迁。

2005年，该公司宣告破产，因土地全部占用未能安置职工。

2012年，区政府启动该公司职工安置工作，被搁置。截至2015年底，该公司职工未安置，改制未完成。

生产资料公司 1959年10月，离石县商业局农业生产资料公司设立。1970年，县五金交电公司与县农业生产资料两个公司合并成立县生产资料采购供应站。1971年10月，吕梁地区商业专业公司成立，离石县生产资料采购供应站批发业务归地区管，零售业务合并归离石郊区新成立的零售公司。经营农用药剂、化肥、塑模等生产资料。1990年，全县、乡共有经营农业生产资料单位14个，分布全县城乡。

2004年底，离石区供销社牵头，生产资料公司进行改制。40岁以上女职工、50岁以上男职工办理退休，30余人买断工龄。公司处置资产，为职工一次性缴纳养老保障金和还不良贷款。

截至2015年底，生产资料公司完成改制。

离石汽车配件公司 1973年，离石汽车配件公司成立，是省机械工业厅所属省汽车配件公司的下属单位，有职工34人、固定资产净值0.54万元、定额流动资金116.3万元，专营汽车配件，上缴销售税（即营业税）。1985年后，离石汽车配件公司兼营汽车（汽车专营属物资部门），新增销售税、城市维修税。1990年，离石汽车配件公司有固定资产净值74万元，是成立时的100多倍；有定额流动资金194万元，是成立时的近2倍；税金10.7万元，是成立时的3倍；人均工资2083.3元，是成立时的3.5倍。

截至2015年底，离石区汽车配件公司未进行改制。

药材公司 1955年前，离石（山）县的中西药品由供销社药材经理部经营。1956年4月，中国药材公司山西省离山县公司始建。离石药材产销部门由省公司实行人、财、物、产、供、销统一管理，属保本微利行业，年利润为几千元、上万元，有的年份发生亏损。

1971年，中国药材公司山西省离石县公司有员工53人。1972年后，中国药材公司山西省离石县公司更名为吕梁地区药材公司离石批发部。1975年底，地县分家，吕梁地区药材公司离石批发部更名为离石县药材公司。1977年，管辖上划，离石县药材公司更名为山西省药材公司孝义分公司（俗称“孝义二级站”）离石公司。经营西药、中药、中成药和医疗机械4个大类，品种2000余个（西药约1000种、中药500种、中成药500种）。1984年后，上级允许县级药材公司在全国各二级站和生产单位进货，但规定纯购进不得超过15%。1990年，山西省药材公司孝义分公司离石公司有员工65人，内设业务、财务、生产收购3股和办公室、批发站，下设门市部（城内、兴隆街和永宁市场）3个。

截至2015年底，离石区药材公司未进行改制。

集体商业机构体制

机构 离石县供销合作组织始于民国29年（1940），由主任李秉廷、会计阎定一、采购薛光英三人组成的坪头乡磁窑沟村合作社，有资金3000元，经营棉花、土布、土碱、麻油、食盐、火柴盒军鞋等十余种商品，至民国33年发展到19人。继之，民国30年由主任薛安福、会计薛凤岐、采购霍占彪组织的小神头合作社，至1954年，有资金3万元。

民国33年3月晋绥边区模范张秋林组织妇女纺织供销合作社，入股妇女400余名。1947年，以当时碛口市（今临县碛口镇，当时属离石管辖，市建制相当于区）供销社为基础组建离石县联社，有干部职工20名，内设秘书股、会计股、统计股、组导股、人事股、业务股和生产股。社主任冯丕维，副主任王石、李秉廷。乡镇建立基层社，坪头社、小神头社、吴城社由根据地老社发展而来。

中华人民共和国成立前，离石县成立贸易局，1949—1950年间新建城关社、交口社、田家会社。

1952年夏，撤销贸易局 改设县供销合作社。1954年建信义、阳坡等基层社。1958年9月，离山县供销合作社与商业局合并，基层社改为供销总店，由集体商业变为国营商业，停止社员股金分红。

1961年9月，离石县供销合作社与商业局分家，县供销社体系整顿增扩股金，补发股金分红。1970年离石县供销合作社和商业局又合并，1975年11月离石县供销合作社和商业局又分家，恢复离石县供销合作社联合社。1990年，离石县供销合作社联合社有职工35名，下设单位20个，其中县级8个、乡镇12个。县级8个单位是副食果品公司、农副土特产品公司、生产资料公司、日杂废旧物资公司、盐业公司、综合贸易公司、供销经理部、批发部。乡镇12个基层社是阳坡、信义、小神头、吴城、田家会、城关、交口、枣林、结绳墕、坪头、西圳（即枣掠）、西属巴（全县15个乡镇中，王家沟、王营庄和红眼川3乡靠近城关，因而未设社）。1990年，离石县有集体性质的商业单位（包括商办、粮办的工业、运输单位）165个，从业职工843人。其中，经营商业和服务业的企业54个，即县供销社系统20个；知青门市部（劳动服务公司）28个；其他6个，包括第二综合百货公司、第二综合副食公司；县商业局管辖的棉麻公司、盐业公司；妇幼商店地区供销社管的队、县二轻经理部。

2012年，离石区再生资源回收公司共有废旧收购站点80余个，初具规模企业达20余家。2014年，离石区烟花爆竹经营公司投资400余万元在吴城镇王营庄村修建标准高、规模大的A级和C级库，通过有关部门验收合格投入使用。2015年7月，离石区供销合作社联合社、再生资源回收行业协会、吕梁惠民商贸有限公司共同出资200余万元，在离石区七里滩成立吕梁市再生资源回收公司，占地100余亩，有50余家废旧收购点进入，全区再生资源费回收市场秩序得到规范，合法经营得到保护。2015年，离石区供销合作社联合社为参照公务员管理的正科级事业单位，设有党总支，下设支部4个（机关党支部、老干部党支部、远鹏企业管理服务中心党支部、烟花爆竹经营公司党支部）。其中，党总支有6人（总支书记1人、总支成员5人）；机关内设办公室、基层股、财务股，有行政领导3人（一正两副）、财政人员30人，其中参公人员14人、事业人员16人，有党员117人；管理直属公司3个（烟花爆竹经营公司、再生资源回收公司、远鹏企业管理服务中心），综合市场2个（荣宁商城、金桥商城）。

体制 供销社系统历来是独立核算、自负盈亏的集体商业企业。中共十一届三中全会后，在经济体制上进行一些改革。在购销上由自购自销改为适当地在农副产品上分购（各基层社），统销（县专业公司），在工业品上统购（县专业公司）分销（各基层社），县经营上由建立健全责任制，发展为抵押承包、小组柜台承包或任务到柜组，以销计酬，并在141个村庄建立供应网点。在领导管理上建立和健全理事会和监事会，健全社员代表大会制。基层社主任选举后，由县财委审批，县联社任命。县联社主任在选举当选后由县人民政府任命。县联社直属企业经理（厂长）经县财委审查，由县联社任命。在分配上，盈利企业在纳所得税前，提取工资总额的5%作为企业资金，计算应纳所得税，按“八级超额累进所得税”10万元以上纳55%，由企业上缴县社，再由县社统一向税务部门交纳。交能源资金，税后盈余的15%；交预算调节金，税后盈余的10%，按税后盈亏的6%提取股金红利（微利企业股金，只保息不分红）。其余待分配盈余交地区社特种公积金10%，交县社各种基金40%，然后是企业留利。企业留利使用按30%补充流动基金，按20%提取建设基金，按50%提取职工基金。

1976年全系统有职工452人，工资总额（不包括职工个人所得中支付退休职工生活费等支出，下同）18.33万元，年人均400元。1987年有职工711人，工资总额63万元，年人均892元。1990年有职工687人，工资总额75.9万元，人均1080元。股金分红率1987年为18%，高于年贷款利息率11.34%的水平。

改制 2004年底，由离石区政府牵头，经贸、体改、劳动部门具体实施，对供销系统所属基层供销社10个、直属公司8个、职工588名进行企业改制。成立离石区再生资源回收公司，并下设废旧收购站点开展废旧物资收购业务。重新设立离石区烟花爆竹经营公司，专营烟花爆竹，属集体经营企业。2006年，离石区供销系统改制工作完成，40岁以上女职工、50岁以上男职工办理退休，其余职工解除劳动合同，分流、下岗再就业，供销社处置基层社资产，为职工一次性缴纳养老保障金和还不良贷款。

农村便民店建设 2006年5月，离石区被商务部列为“万村千乡市场工程”试点县。2007年，离石区建成并验收合格的30个便民店获补助资金26.5万元（市级财政补助11.5万元、区级财政补助15万元）；2008年，全区便民店获财政补助资金16万元（省级财政补助4.5万元、市级财政补助11.5万元）；2009年，全区便民店获财政补助资金14万元（省级财政补助6万元、市级财政补助8万元）；2010年，全区便民店获两级财政补助资金7.5万元（省级财政补助3.75万元、市级财政补助3.75万元）。截至2010年底，离石区共建成新农村便民店（超市）试点村8个、重点推进村38个、其他行政村8个，总计建成新农村便民店（超市）54个。其间，离石区在新农村便民店建设中，共得到省、市、区财政扶持资金69万元。2011年，离石区经信局牵头，离石区供销合作联合社配合，在全区193个行政村实施便民连锁商店全覆盖建设工程，其中包括经信局承建的99个农家店和供销社承建的54个农村便民店。

2012年，离石区共建成农村便民连锁商店176个，覆盖行政村145个，有48个行政村（常住人口不足200人或不足200人的空壳村）不适宜建设农村便民连锁商店，至此，全区实施便民连锁店两年全覆盖的建设任务全部完成。2012年，离石区3年前已建未获财政补助的10个便民店获省级财政补助资金5万元。

烟草机构

1983年，离石县商业局辖糖酒副食公司分划出烟草专卖，属中央企业，名为中国烟草总公司山西省公司吕梁分公司离石公司。1985年3月，中国烟草总公司山西省公司吕梁分公司离石公司与中国烟草总公司山西省公司吕梁分公司合并为离石烟草批发部。1987年1月，离石烟草批发部又改为中国烟草总公司山西省公司吕梁分公司离石公司，有职工16人，下设两股（业务股、财务股）、两室（行政办公室、专卖办公室）。

2002年，中国烟草总公司实行内部机制、体制改革，离石市烟草专卖局卷烟经营主体上移吕梁市烟草专卖局。离石市烟草专卖局（烟草营销部）实行两块牌子、一套人马的工作机制。离石公司撤销其职能，并入吕梁市分公司。

2005年9月，中国烟草总公司山西省公司吕梁分公司决定重新组建离石区烟草专卖局（营销部），人员由吕梁市烟草专卖局原配送中心等职能人员组成。内设客户服务股、专卖股、内管股、综合办公室。主要职能是负责离石辖区的卷烟销售、市场监管、客户服务等工作。

截至2015年底，离石区烟草专卖局（营销部）共有职工50人，其中正式工29人，聘用工10人，劳务派遣工11人。

粮油机构

民国34年（1945），粮食归离石县财政科管，驻碛口市刘家山村（今属柳林），下设吴城、柳林、大武、郝家津（今属柳林）仓库4个。

中华人民共和国成立后，县人民政府在原粮食仓库的基础上，分别设立分粮库和地粮库，征收粮食的80%由分粮库保管，粮食用于国家统一调剂和军供，属于国家粮库；征收粮食的20%由地粮库保管，粮食用于供应残废军人和县级干部的需要。分粮库既是粮库，相当现在的粮食局，领导地粮库。分粮库设在城关镇马茂庄村，地粮库设在县城西街。

1950年，中国粮食公司离石分公司成立。1952年，粮食分粮库和粮食分公司合并，成立县粮食局，下设计划统计股、仓储股、会计股、秘书股、农管股。

1968年，县粮食局改为县粮食办公室。1977年，县粮食办公室复名县粮食局。1984年6月，县粮食局由旧城迁往新建成的办公大楼。下设办公室、人教股、基层股、审计股、综合股、财会股、仓储股、工业基建股。1990年，县粮食局所辖单位19个，其中有城关、坪头、吴城、田家会、交口、信义、小神头、西属巴、结绳墕、王营庄、阳坡、枣林粮站12个，枣塬、红眼川粮点2个，有粮油总店、粮油议价公司、面粉加工厂、饲料厂、汽车队5个店、厂。共有职工 275 名，其中局机关有 20 人。1991 年后，离石县粮食局先后成立离石县粮食局粮油交易所、离石县粮食局粮油食品厂、离石县粮食局粮油焦化厂、离石县粮食局粮贸大厦等企业。

截至 1997 年底，离石市粮食局全系统共有干部职工 471 人，其中局机关有 41 人。1998 年，离石市财政局、人社局等有关职能部门大力支持协调配合，离石市粮食局对粮油食品厂进行改制。2002 年机构改革时，离石市粮食局下设 1 股 1 室，即办公室和综合业务股。

2005 年，离石区粮食局对饲料加工厂、粮油焦化厂采取国退民进、资产重组的办法进行改制。2007 年，离石区粮食局对粮油综合经营公司、粮油议价公司、粮油加工厂 3 家粮食附营企业采取开发改制，重新安置职工，原企业实行注销。2007 年，离石区粮食局粮油食品厂、饲料加工厂、粮油焦化厂、粮油综合经营公司、粮油议价公司、粮油加工厂改制完成。其余 14 个粮站被合并为城关粮站、西属巴中心粮管所、信义中心粮管所、田家会中心粮管所、交口中心粮管所。2010 年，新一轮县级政府机构改革中，离石区粮食局改为离石区粮食服务中心，由行政单位变为全额事业单位，下设办公室、综合业务股、粮食稽查大队，有下属国有购销企业（中心粮管所）5 家、附营企业（粮贸大厦）1 家。

2012 年，离石区粮食服务中心对剩余城关粮站等 5 家购销企业（中心粮管所）和 1 家附营企业（粮贸大厦）全部进行改制。至年底，离石区粮食系统所有国有企业改制完成，下岗分流人员全部纳入离石区社会保障和再就业规划。截至 2015 年底，离石区粮食服务中心下设办公室、综合业务股、粮食稽查大队。该服务中心机关有编制 6 名，粮食稽查大队有编制 9 名。

石油机构

石油公司 1957 年 9 月，离山县商业局下设燃料公司。

1983 年，县商业局划出燃料公司，成立县石油公司，设财务股、业务股、油管股、办公室。1985 年，石油系统改为行业经营，离石县石油公司名称改为山西省石油公司离石县公司。1986 年 11 月，山西省石油公司离石县公司并入山西省石油公司吕梁分公司。1987 年 7 月，山西省石油公司吕梁分公司成立供应科专供离石石油。1991 年 9 月，山西省石油公司吕梁分公司更名为山西石油总公司吕梁分公司。

2004 年 7 月，山西石油总公司吕梁分公司更名为山西省石油总公司吕梁市分公司。2004 年 9 月，山西省石油总公司吕梁市分公司本部迁移孝义市后，离石区石油业务从吕梁市分公司分出，成立中国石油化工股份有限公司山西吕梁离石石油分公司，内设办公室、业务股、财务股，公司地址位于离石区滨河南东路。

截至 2015 年底，中石化山西省石油总公司吕梁离石石油分公司下设：办公室、业务股、财务股。有自营加油站 9 个，租赁经营加油站 4 个。有编制 126 名，其中正式工 45 人，劳务工 81 人。

油库 离石县油库位于离石城南畔沟街，太绥公路南侧，1971 年建成投入使用，共有 50 立方米卧式金属油罐 12 个，30 立方米卧式金属油罐 1 个，10 立方米卧式金属油罐 30 个，总库容 930 立方米。

2004 年，该油库停止使用。

在营加油站 截至 2015 年底，离石区共有在营加油站 39 座，其中，中石化山西吕梁离石石油分公司 13 座、中石油 3 座、泰化石油集团（私营）8 座、吴城高速服务区（高管局自营）2 座、社会加油站 13 座。

中石化自营加油站 2004 年，中石化山西省石油总公司吕梁离石石油分公司有自营加油站 8 座。截至 2015 年底，离石区有中石化山西省石油总公司吕梁离石石油分公司自营加油站 9 座。

吕梁离石东关加油站位于离石区东关，属市区三星级加油站，1983 年建成投产。1999 年，中石化集团公司投资改造，占地面积 6045 平方米，建筑面积 415 平方米，站内储存能力 130 立方米，有加油机 8 台，从业人员 15 人，年销售量约 6700 吨。

吕梁离石龙凤加油站位于离石区龙凤街，属市区加油站，2002 年，中石化集团公司收购改造，占地面积 6337 平方米，建筑面积 323 平方米，站内储存能力 250 立方米，有加油机 8 台，从业人员 16 人，年销售量约 6500 吨。

吕梁离石西城加油站位于离石区西崖底，属市区加油站，2001 年，中石化集团公司收购改造，占地面积 3945 平方米，建筑面积 182 平方米，站内储存能力 250 立方米，有加油机 8 台，从业人员 13 人，年销售量约 4000 吨。

吕梁离石永宁加油站位于 307 国道沿线离石区贺家塔村，2002 年，中石化集团公司收购，2010 年进行改造，占地面积 3236 平方米，建筑面积 232 平方米，站内储存能力 530 立方米，有加油机 8 台，从业人员 10 人，年销售量约 1300 吨。

吕梁离石交口加油站位于 209 国道沿线离石区交口镇，1995 年，该加油站建成投产，2001 年，中石化集团公司投资改造，占地面积 7669 平方米，建筑面积 416 平方米，站内储存能力 250 立方米，有加油机 8 台，从业人员 10 人，年销售量约 2500 吨。

吕梁离石交通路加油站位于离石区交通路，属市区加油站，1996 年，该加油站建成投入使用，2000 年，中石化集团公司收购改造，占地面积 1334 平方米，建筑面积 85 平方米，站内储存能力 133 立方米，有加油机 4 台，从业人员 8 人，年销售量约 2500 吨。

吕梁离石滨河加油站位于吕梁市汾军高速公路离石东口，属市区加油站，2005 年，中石化集团公司收购，占地面积 4000 平方米，建筑面积 466 平方米，站内储存能力 450 立方米，有加油机 8 台，从业人员 12 人，年销售量约 3300 吨。

吕梁离石迎宾加油站位于离石区后赵家庄村，属市区加油站，2004 年，中石化集团公司收购，占地面积 4200 平方米，建筑面积 465 平方米，站内储存能力 250 立方米，有加油机6台，从业人员12人，年销售量约7000吨。

吕梁离石袁家庄加油站位于离石区袁家庄村，属市区加油站，1995年，该加油站建成投入使用。2000年由中石化集团公司投资改造，占地面积2339平方米，建筑面积240平方米，站内储存能力140立方米，有加油机6台，从业人员10人，年销售量约4200吨。

中石化租赁经营加油站 截至2015年底，离石区有中石化山西省石油总公司吕梁离石石油分公司租赁经营加油站4座。

离石运输加油站位于离石区上安村，2009—2014年，山西省石油总公司吕梁离石石油分公司租赁经营，储存能力150立方米，有加油机6台，从业人员8人，年销售量约1200吨。

吕梁市离石区红星加油站位于离石区枣林乡陶家庄村，2011—2015年，山西省石油总公司吕梁离石石油分公司租赁经营，储存能力150立方米，有加油机8台，从业人员6人，年销售量约1200吨。

吕梁市红日石油销售有限公司加油站位于离石区吴城镇王营庄村，2011—2015年，山西省石油总公司吕梁离石石油分公司租赁经营，储存能力150立方米，有加油机6台，从业人员5人，年销售量约1200吨。吕梁市红日石油销售有限公司石村加油站位于离石区信义镇石村，2014—2015年，山西省石油总公司吕梁离石石油分公司租赁经营，储存能力150立方米，有加油机6台，从业人员5人，年销售量约1200吨。

吕梁市离石区天鸿加油站位于离石区吴城镇街上村，2012—2015年，山西省石油总公司吕梁离石石油分公司租赁经营，储存能力150立方米，有加油机6台，从业人员5人，年销售量约800吨。

中石油加油站 截至2015年底，离石区有中国石油天然气股份有限公司山西吕梁销售分公司加油站3座。

中国石油天然气股份有限公司山西吕梁销售分公司离石龙凤加油站位于离石区交口镇龙凤大街南侧，2011年3月成立，储存能力150立方米，有加油机4台，从业人员7人，年销售量约3000吨。

中国石油天然气股份有限公司山西吕梁销售分公司离石高速口加油站位于青银高速离石西口东侧2011年5月成立，储存能力190立方米，有加油机6台，从业人员10人，年销售量约3000吨。

中国石油天然气股份有限公司山西吕梁销售分公司离石吴城加油站位于离石区吴城镇，2014年1月成立，储存能力120立方米，有加油机4台，从业人员4人，年销售量约650吨。

社会加油站 2011年，离石区境域有社会加油站（点）44座，其中在营加油站12座，年销售规模800吨以下加油站27座、年销售规模2000—3000吨加油站16座、年销售规模5000—8000吨加油站1座。截至2015年底，离石区境域有在营社会加油站（点）13座。

2011年离石区社会加油站一览表

表13-36

加油站名称	加油站地址	销售规模	营业状态
离石区永胜加油站	离石上安村	800吨以下	暂时歇业
离石区成达加油站	离石交口石盘村	800吨以下	暂时歇业
离石区王营庄加油站	离石王营庄沟门上村	800吨以下	在营
离石区泰华石油蔬菜加油站	离石交通路1号	5000—8000吨	在营
离石鑫源加油站	离石上安村	800吨以下	暂时歇业
离石区工业加油站	离石交通路44号	2000—3000吨	暂时歇业
离石区地直机关加油站	离石七里滩村	800吨以下	暂时歇业
离石区振兴加油站	离石上安村	800吨以下	在营
离石区吕梁公路分局加油站	离石王家塔村	2000—3000吨	暂时歇业
离石区大交加油站	离石赵家庄村	800吨以下	在营
离石区腾飞加油站	离石墕口村	800吨以下	暂时歇业
离石区泰华石油城北加油站	离石下安村	2000—3000吨	在营
离石区结绳墕加油站	离石结绳墕村	2000—3000吨	暂时歇业
离石区兴盛加油站	离石上安村南	2000—3000吨	在营
离石区石州第二加油站	离石交口村	2000—3000吨	在营
离石区航天加油站	离石五里铺村	2000—3000吨	在营
离石区城西加油站	离石王家坡村	2000—3000吨	在营
离石区永兴加油站	离石王家坡村	800吨以下	在营
离石区大型农机加油站	离石交通路94号	800吨以下	暂时歇业
离石区运输加油站	离石上安村	800吨以下	在营
离石区宏达加油站	离石吴城村	800吨以下	在营
离石泰化城东站	离世后瓦村	800吨以下	暂时歇业
离石强民加油站	离石枣林梁家岔	800吨以下	暂时歇业
离石昌源加油站	离石盛地村	800吨以下	暂时歇业

续表 13-36

加油站名称	加油站地址	销售规模	营业状态
吕梁山煤电加油站	离石盛地村	2000—3000 吨	暂时歇业
离石交口通化加油站	离石交口龙凤街	2000—3000 吨	暂时歇业
离石聚富油城	离石 307 国道	2000—3000 吨	暂时歇业
离石泰化吴城加油站	离石吴城四皓村	2000—3000 吨	暂时歇业
离石晋吕加油站	离石吴城村	2000—3000 吨	暂时歇业
离石泰华城西加油站	离石西崖底	2000—3000 吨	暂时歇业
离石大土河集团加油站	离石大土河	2000—3000 吨	暂时歇业
离石红星加油站	离石枣林陶家庄	2000—3000 吨	暂时歇业
离石结绳焉利达加油站	离石结绳焉村	800 吨以下	暂时歇业
离石工业园区加油站	离石信义砖窑沟村	800 吨以下	暂时歇业
离石华泰加油站	离石吴城薛公沟	800 吨以下	暂时歇业
离石川东加油站	离石上楼桥村	800 吨以下	暂时歇业
离石泰化枣林沟站	离石枣林崔家崖村	800 吨以下	暂时歇业
离石坪头薛贵忠加油站	离石坪头村	800 吨以下	暂时歇业
离石坪头闫玉红加油站	离石闫家坡村	800 吨以下	暂时歇业
离石吴城玉明加油站	离石吴城村	800 吨以下	暂时歇业
离石吴城吉祥加油站	离石吴城村	800 吨以下	暂时歇业
离石吴城田免生加油站	离石吴城村	800 吨以下	暂时歇业
离石上楼桥加油站	离石上楼桥村	800 吨以下	暂时歇业
离石强安加油站	离石交通路	800 吨以下	暂时歇业

外贸机构

机构 中华人民共和国成立初期，离石县外贸业务由供销社或商业局承担。1956 年，离山县外贸公司成立，是离山县地方国营企业，位于滨河南中路北小桥 152 号，有职工 17 人。主要收购农副土特产品，出口商品有绒毛、皮张、山杏仁、活家兔等。1957 年 9 月，离山县商业局下设外贸公司。

1959 年，离石县对外贸易科成立。1961 年 7 月，离石县对外贸易局成立。1969 年，离石县对外贸易局改称离石县对外贸易公司。1972 年 12 月，离石县对外贸易局恢复，行使对外贸易的行政管理职能。设一室（办公室）、两科（财务科、业务科）、一部（内销经理部），共有职工 21 人。1989 年机构改革，离石县对外贸易局改为离石县对外贸易公司和离石县对外贸易局，兼有行政管理和企业经营的双重职能，一套人马、两块牌子。有职工 19 人，内设经理室、副经理室、办公室、财务室、工会、业务室、保管室、开票室、储存库房。1991 年，离石县对外贸易公司承包铨则堨煤矿，效益可嘉。

1996 年，离石县对外贸易局更名为离石市对外贸易局，离石县对外贸易公司更名为离石市对外贸易公司。1998 年 4 月，离石市对外贸易公司获得进出口经营权，经济效益很不乐观，农副产品经营处于停滞状态。12 月，离石市对外贸易公司建立离石市采树沟综合养殖场，养殖梅花鹿、马鹿、肉牛。2000 年 4 月，再次机构改革，离石市对外贸易局完全推向市场，改为离石市对外贸易公司。12 月，离石市对外贸易公司集体筹资、职工入股的三川超市开业，解决了一批职工就业问题。2000 年，离石市对外贸易公司外租给通达建筑公司地盘 505.3 平方米修建东江大酒店，东江大酒店每年交付离石市对外贸易公司租金。

2004 年 6 月，离石市对外贸易公司改为离石区对外贸易公司，是全区唯一正科级建制管理的地方企业。

截至 2015 年底，离石区对外贸易公司内设：办公室、党务室、财务室、工会、档案室。有职工 92 人。其中，在岗职工 7 人，下岗职工 39 人，退休人员 17 人，其他人员 29 人。

第二章 服务业

第一节 餐饮 住宿业

餐饮业

清末至民国初年，离石境内饮食业主要分布于县城、交口、田家会、吴城等集镇要道。民国 11 年（1922）至民国 26 年，县城有饭店 5 家，金谷香最为有名，东家张青山，厨师王延禄、姜文玉具有娴熟的烹炒技术，都是当时的名厨高手，年经营额 6000 余元。日本侵略军侵占县城，金谷香迁往大武镇，抗战胜利后，返城开业。城内人贺玉尧开设的五香楼，年经营额 4000 多元。20 世纪 30 年代后期，贺七郎开办日华饭店，年经营额 5000 元以上。还有城内人张宏达、汾阳人李子明二人合开的宏明饭店，张学成开的和合成饭店，此两家饭店年经营额 2000 元左右。田家会镇的德胜高饭店，交口镇的傅玉芳饭店，吴城镇的乔来儿饭店，在当地颇有名气。

中华人民共和国成立初期，商业经济复兴，全县饮食业日渐繁荣，除部分常年经营小食品的城镇居民外，还有不少临时经营者，尤逢集日、庙会，具有多种地方风味的小吃纷纷上市。主要品种有粉汤、杂烩菜、油炸糕、油麻花、碗脱、凉粉等。城内冀成喜的油茶、烧饼、起皮糖饼、酥饼，王三和的油旋、枣饼，田家会镇的枣糕，五里铺的肉包子，倍受青睐。

1956 年，全县对私营饮食业进行社会主义改造全部实现合作化，全县有公私合营饮食总店 1 个。1958 年改称国营饮食服务公司，有饭店 4 个，供销社食堂 6 个。到年底，全县饮食店共 22 个。

20 世纪 60 年代初，受自然灾害的干扰，市场食品、副食品货源不足，饮食业受到严重影响。“文化大革命”期间，关闭集市贸易，各种小食品摊点几乎绝迹。

1978 年后，贯彻改革开放政策，个体饮食业逐步恢复发展。1982 年，离石县全民饮食业收入 285.97 万元，集体饮食业收入 13.76 万元，个体饮食业收入 40.37 万元。1985 年，离石县全民饮食业收入 34.4 万元，集体饮食业收入 259.62 万元，个体饮食业收入 6.19 万元。

1990 年，离石县有饮食业机构 245 个，有职工 493 人。其中，全民所有制 3 家，有职工 38 人；集体所有制 6 家，有职工 17 人；个体有证饮食业 236 家，有职工 438 人。1990 年，离石县饮食业零售额 615 万元。其中，全民饮食业收入 34 万元，集体饮食业收入 13 万元，个体饮食业有证户收入 568 万元。

1958—1990年部分年份离石（山）县饮食业零售额表

表 13-37　　　　单位：万元

年份	零售额	年份	零售额
1958	19.75	1978	80.52
1962	19.58	1980	84.28
1965	19.29	1982	340.1
1970	11.23	1985	300.97
1975	54.8	1990	615

1991年后，私营经济快速发展，个体从事餐饮业渐多，离石社会上出现各种风味餐饮店。

2000年后，离石区（市）煤炭企业带动第三产业发展，较高档次酒店、茶楼不断成立，如吕梁咸亨大酒店、吕梁市离石区泰裕茶庄、吕梁东方百合商务精品酒店等。

截至2015年底，离石区有个体饮食业商户1000余家，经营品种包括地方风味小吃、地道正餐、特色菜品、饮品等，人们可享用到地域美食和社会流行菜系。限额以上饮食业单位有吕梁饭店、国贸大酒店、华大酒店、咸亨大酒店、天天渔港大酒店、军都大酒店、龙江大酒店等。

住宿业

民国10年至民国26年（1921—1937），离石县城内私人开旅店的有任六儿、杨士杰、任世让的二黑店3家；新关有安进忠、陕北米脂县人艾培树的骆驼店2家；东关有王有勇（肥银贵店）、张润生的迎瑞栈2家。交口镇私人开设：康老大店、傅赶年店2家。田家会镇私人开设：万和店、圪洞店、南店、西店4家。吴城镇私人开设：傅来贵店、郭长胜店、石根子店3家。那时旅店设备简陋，为商旅行人、车马高脚运输提供食宿。

20世纪50—60年代，县人民政府设立招待所，习惯称轮训队，在城内北面，建有窑洞40孔，可招待350余人的食宿。1959年，县饮食服务公司在新关建二层国营旅馆，从业32人，有客房48间，床位200张。

1971年，县人民政府在东关新建招待所，三层楼房，有客房64个，床位250张，从业31人，水暖、电风扇、电视逐步配齐。1990年经营额12.3万元，利润2.1万元。1990年，全县15个乡镇有个体经营旅店57家，从业131人。

进入21世纪，离石煤炭工业、旅游业等兴起，外来人口增多，境内陆续建起规模较大的宾馆。截至2015年底，离石区有住宿业单位451个，其中限额以上住宿业单位有吕梁国际大酒店、吕梁大酒店、双宇假日酒店、贵士连锁酒店、金融大酒店、七天连锁酒店等。同年12月，吕梁市东山君泰商务有限公司、山西桔子红酒店管理公司成立，注册资金均为100万元。

驻离石区服务业单位选介

吕梁国际大酒店 其前身是吕梁地区招待所，原址在旧城县人民医院驻地，1975年迁入现址，位于离石城区滨河南中路，建筑面积约6万平方米。1988年改称吕梁宾馆，属吕梁地区行政公署管辖。2003年5月，吕梁市委、市政府在吕梁宾馆北楼原址上新建吕梁国际宾馆，2004年5月投入使用。2011年在吕梁宾馆南楼、中楼原址上新建吕梁国际大酒店，2012年两家酒店统称为吕梁国际大酒店。截至2015年底，吕梁国际大酒店有高、中、低档客房467间，床位756支；餐饮区1万余平方米，其中有豪华包间40余间，大宴会厅1000余平方米；会议中心包括会议大厅，可容纳500余人，小会议室30余间，可容纳100余人；共有职工210人，其中正式职工160人，合同工50人；有固定资产43413.45万元。

吕梁饭店 1987年9月筹建，1990年1月正式营业，位于离石区世纪广场东北角，总建筑面积3500平方米，5层楼房。由吕梁行署商业局主管。截至2015年底，吕梁饭店有工作人员121名。

吕梁咸亨大酒店 2000年3月成立，位于离石区滨河北西路151号，建筑面积5000余平方米，是一家集餐饮、住宿为一体的私营企业。截至2015年底，吕梁咸亨大酒店有固定资产78.7万元；有职工45人，其中二级厨师7名；有床位26支；餐厅可同时供100余人就餐。

吕梁大酒店 2002年成立，位于离石区滨河北中路207号，是吕梁市国家税务局所属的三星级涉外旅游饭店，适合举办各种会议、酒会、研讨会等。截至2015年底，吕梁大酒店有固定资产2942万元；有职工78人，其中二级厨师5名；有高、中、低档客房50间，床位150支；餐厅可同时供300余人就餐。

吕梁市离石区泰裕茶庄 2005年6月成立，位于离石区 久安路，茶楼面积480平方米，有茶室8间，清静优雅，风格迥异。提供茶叶、茶具、茶艺培训和服务，是吕梁市知名茶楼之一，属私营企业。截至2015年底，吕梁市离石区泰裕茶庄有茶艺师6名，总资产10万元。

吕梁国贸大酒店 2006年9月成立，位于离石区南关新建沟口43号，有近百套客房，包括标准间、各种豪华商务套房和总统套房，采取先进微机管理系统，配备IPSTB网络机视频点播顶盒，设有中央空调、电梯等，可为宾客提供大型餐馆、洗浴、住宿服务，是一座四星级的现代化综合型民营酒店。截至2015年底，吕梁国贸大酒店有限公司有固定资产2920万元；有职工110人；有高、中、低档客房78间，床位132支，其中高档客房1套，床位2支；有餐厅1个，可同时供400余人就餐。

吕梁华大酒店 2009年5月年成立，位于离石区永宁西路2号，主要以住宿为主，二层KTV，三层电影院，是一家集住宿、娱乐于一体的私营企业。截至2015年底，吕梁华大酒店有固定资产9266万元；有职工28人。

吕梁东方百合商务精品酒店　2009年12月成立，位于离石区莲花新区，装修采用吕梁风土人情摄影作品、剪纸作品、窑洞及灯笼等中国风的艺术饰品陪衬，设置明档可视菜品及礼宴主题菜品，突出吕梁地方菜。提供会议接待、洗浴、足疗、大型餐饮、住宿服务，是一家涉外四星级酒店，属私营企业。截至2015年底，吕梁东方百合商务精品酒店有风格不同的宴会厅3个、婚礼厅5个、婚房5个，有灯光秀、不同婚庆主题等相关配套设施；有固定资产5000万元；有职工156人；有高、中、低档客房104间，床位164支，其中高档客房8套；有餐厅8个，可同时供1000余人就餐。

吕梁军都大酒店有限公司　2010年7月年成立，位于离石区八一街19号，是准四星级综合性酒店，提供会议接待、人员培训、餐饮、住宿服务，是集商务豪宴、婚喜寿宴、生日聚会、洽谈、签约、新闻发布的理想场所，属私营企业。截至2015年底，吕梁军都大酒店有限公司有固定资产142.37万元；有职工45人；有高、中、低档客房60间，床位120余个；餐厅可同时供800余人就餐；会议室可举行300余人大型会议。

吕梁市北方大酒店有限公司　2014年8月成立，位于离石区北川河东路346号，酒店共24层，是一家集餐饮、住宿、休闲娱乐于一体的综合性四星级酒店，属私营企业。截至2015年底，吕梁市北方大酒店有限公司有固定资产5169.03万元；有职工140人，其中一级厨师10名；有高、中、低档客房150间，床位200支，其中高档客房30套、床位30支，备有彩电、电风扇、程控电话、卫生间等；有餐厅1个，可同时供300余人就餐。

吕梁市离石区永昌玉文化发展中心　2014年8月成立，位于离石区田家会街道，建筑为仿古中式楼阁，内装实木窗棂，整体古香古色，雍容华贵。经营离石传统“八大碗”“枣糕”“海金拿昂”等民俗菜，价格低廉，分量实惠，是一家提供餐饮、客房、会议、娱乐、婚宴庆典等综合服务的私营企业。截至2015年底，吕梁市离石区永昌玉文化发展中心有固定资产100万元；有职工30人；餐厅可同时供500余人就餐。

吕梁金鼎大厦商贸有限公司　2014的12月5日成立，位于离石区龙凤北大街久安路136号，建筑总高99.8米，建筑主体为地面26层，地下2层，停车位300个，工程总建筑面积4万平方米，是一家提供餐饮、住宿、写字楼、商铺、柜台出租、会议礼仪服务的私营企业。截至2015年底，吕梁金鼎大厦商贸有限公司有固定资产48.75万元；有职工150人，其中一级厨师2名，二级厨师2名，三级厨师3名；有高、中、低档客房129间，床位210支；有餐厅2个。

吕梁市东山君泰商务有限公司　2015年12月成立，位于离石区下水村北川河东路458号，注册资金100万元，主要经营写字楼出租，住宿、物业管理等服务。

山西桔子红酒店管理公司　2015年12月成立，位于离石区凤山底村，注册资金100万元，主要经营会议接待、住宿、餐饮、烟酒销售等。

第二节 其他服务业

照相业

民国15年（1926），河北人李景臣与其子李铭正、李铭盘在城内开设荣德堂照相馆，授徒刘建奎、向玉先，民国26年停业。民国27年，县城有朝鲜人开办的朝日相馆，并有富士相馆、写真相馆。民国34年日军投降后，上述3家相馆停业。

中华人民共和国成立初，刘建奎、向玉先、薛玉湖（兼镶牙）经营照相业。1956年公私合营组成照相、镶牙、修表门市部，属县饮食服务公司经营，从业14人。1956年，国营照相馆建立，1978年迁入新址，改名为国营人民照相馆。

改革开放后，照相业发展很快，1990年，有集体经营的吕梁照相馆、宏光照相馆2个，从业14人。个体经营照相业10家，从业32人。

20世纪90年代后，离石农村逢集会日均有个体照相人员摆摊设点，或者进行上门拍摄服务，洗好相片后送货上门，农村照相市场逐步由个体照相户控制。国营、集体照相馆设有固定门店，可以冲洗照片，拍摄婚纱照、证件照、艺术照等，多为县城各单位定点照相场所。1993年3月，赛仕美专业婚纱摄影店成立，位于步行街，属私营企业，有职工30人，经营范围包括：摄影、化妆、婚庆等。

2004年，离石区宝红摄影艺术中心成立，位于马茂庄，属私营企业，有职工4人，经营范围包括展览馆、展厅设计、企业专题片拍摄制作、会展策划等。

截至2015年底，离石区有照相业单位133个，其中大型影楼4个，较有名的有吕梁市离石区赛仕美专业婚纱摄影店、山西宇航文化传播有限公司、吕梁市离石区浓浓印象婚纱摄影、吕梁市离石区青年摄影文化有限公司、吕梁市离石区桥头照相馆、吕梁市离石区饮食服务公司照相门市部。

洗染业

民国15年（1926），城内有德成染与王玉清的染坊。交口镇、田家会镇、吴城镇以及坪头、西属巴等村庄也有私人印染作坊。染坊以染青色蓝色居多，杂色也染，但多数染坊既染土布，又染丝绸。因当时还没有引进化学染料，只能直接用植物靛蓝为原料，用几口漂洗的大缸和煮染用的大锅，染制浅蓝、毛蓝、深蓝土布，晾干后缝制各式衣裳。随着现代纺织业、印染业的发展，土法印染被淘汰。

进入20世纪80年代，县城有4家个体经营的干洗店，从业10人，干洗毛呢服装。

进入21世纪，离石境内干洗店增多，一些大型酒店也有免费洗衣服务。2005年7月，离石区翠坊干洗店成立，位于团结路。2006年8月，离石区依尔美干洗店成立，位于新华街。2006年11月，离石区润荷坊洗衣店成立，位于新华街。2009年9月，离石区郡峰干洗店成立，位于新华街。2011 年 3 月，离石区旭洁干洗店成立，位于恒瑞路。2011 年 9 月，离石区玉洁干洗店成立，位于王家塔村。

2012 年 3 月，离石区洁丰干洗店成立，位于李家沟村。2013 年 6 月，离石区新华干洗店成立，位于新华街。2015 年 5 月，离石区威特斯干洗店成立，位于团结路。同月，离石区美国国际干洗店成立，位于昌泰路。同年 12 月，离石区约瑟芬干洗店成立，位于长治路。截至 2015 年底，离石区有干洗店 115 家，润荷坊门店最多。

洗浴业

民国 23 年（1934），离石城内人李张保在西街开设澡堂带理发店 1 个，民国 27 年日军侵占县城时停业。

中华人民共和国成立初，史维治在城内十字街开设澡堂兼理发，1955 年停业。1956 年，县服务公司开办八一澡堂，从业 8 人，1975 年停业。

1982 年，县饮食服务公司在永宁中路新建澡堂，设男浴池、女浴池、盆塘、淋浴等设施。20 世纪 90 年代后，境内个体澡堂兴起，各乡镇所在地均有规模、档次不等的洗浴场所。

进入 21 世纪，电热水器普及，普通洗浴场所生意渐少，转行或关闭。部分洗浴场所更新设备，提升服务，逐渐成为洗浴、按摩、休闲、娱乐会所。2006 年 12 月 26 日，离石区金沙江洗浴中心成立，位于西崖底农贸市场 B 区。2007 年 5 月 30 日，离石区新永兴洗浴部成立，位于永宁东路。同年 6 月 22 日，离石区阳光豪情沐浴中心成立，位于团结路。12 月 28 日，离石区笑笑洗浴中心成立，位于新华街 28 号。2009 年 1 月 14 日，离石区海龙洗浴中心成立，位于凤山底体育馆斜对面。同年 3 月 26 日，离石区玉泉休闲会馆成立，位于离石区龙凤南大街莲花新区。2010 年 8 月 13 日，离石区新满天星洗浴中心成立，位于西崖底。

2012 年 4 月 17 日，离石区建龙浴苑成立，位于离石区久安路 19 号。2014 年 9 月 19 日，离石区海龙洗浴部成立，位于凤山路 1 巷。2015 年 4 月 20 日，离石区东城浴美洗浴中心成立，位于货源街。截至 2015 年底，离石区有洗浴中心 61 家，健龙浴苑、海龙洗浴中心较为有名。

理发业

民国 25 年（1936），离石城有理发铺 2 家，从业人员 2 人。20 世纪 40—50 年代，县城有柴双保、王建德、李少奇等经营的理发店 5 家，从业 10 人。1956 年公私合营过渡为国营理发店，从业 14 人，年经营额 5832 元。改革开放后，理发业发展很快，1990 年全县有国营理发店 14 个，从业 24 人，经营额 32811 元，个体理发业 14 家，从业 24 人；浙江人经营的发廊 4 家，从业 8 人。

20 世纪 90 年代后，境内理发学徒增加，学成后大部分自己开设理发馆，各乡镇所在地均有规模、档次不等的理发场所。

进入 21 世纪，境内多数理发机构升级改造，外出学习，增加服务内容，如纹绣项目、整形项目，理发馆随之多更名为美发馆、美发沙龙、美容院、美容美体养生馆等。

2006 年，离石区华夏美容院成立，位于长治路。同年，离石区黛丽美容美发部成立，位于永宁东路。2008 年，离石区梓蓉美容美发会所成立，位于长治路。同年，离石区雪姬美容美发沙龙店成立，位于永宁路。2009 年，离石区玫瑰缘美容美发店成立，位于新华街。2010 年，离石区八佰伴美容美发店成立，位于凤山路。

2012 年，离石区红杏美容院成立，位于步行街。2013 年，离石区梦丝情美容美发店成立，位于长治路。2015 年，离石区贵丽丝美容美发店成立，位于交通路。同年，离石区新丽人养生美容院成立，位于永宁东路。截至 2015 年底，离石区有美容美发机构 446 家，部分机构进行美容、美发、美甲、脸部护理、头部按摩、化妆、美体、减肥、瘦脸、吸脂、纹绣等服务。新丽人养生美容院、红杏美容院、华夏美容院人气较旺。

其他服务业

民国 25 年（1936），离石城有修表户 2 家，从业人员 4 人。

1982 年后，离石境内个体服务业逐渐兴起，主要行业有修表、刻字、修理摩托车、修电视机、修洗衣机、打字、钉鞋等。1990 年，离石县有日用修理业 10 家，从业人员 32 人；其他服务业 11 家，从业人员 54 人。1991 年后，离石区（县、市）个体经济快速发展，服务业与社会事务相辅相成出现好多新门类，涉及行业渐多。

截至 2015 年底，离石区有居民服务、修理和其他服务业商户 168 家，包括广告策划、喷绘写真、二手车信息服务、税务咨询服务、房屋租赁服务、婚庆服务、旅游咨询服务、家政服务、维修服务、开业庆典；有科学研究和技术服务业商户 81 家，行业包括检测、监理、测绘等；租赁和商务服务业商户 420 余家，包括企业人员培训、汽车租赁、工程设备租赁等；信息传输、软件和信息传输服务业 120 余家，主要以网吧为主。

1966—1988 年部分年份离石县国营饮食服务公司所属服务业经济指标情况表

表 13-38　　单位：万元

年份	营业额	费用	利润
1966	4.87	3.99	0.65
1971	7.66	4.63	0.39
1978	15.12	7.94	2.60
1986	30.07	16.38	2.82
1987	38.03	17.67	4.22
1988	45.53	20.74	5.83

第十四编 金 融

货币

银行

保险

其他金融业

清道光年间当铺在境内开始产生，随着民族工商业萌芽，离石典当业逐步兴起。清光绪十三年（1895）县境有当铺23家。民国26年（1937）前，城内有义有当，东关有新开当、南关有公义当、大武有孚益当、峪口有恒义当、柳林有宝亨当等。

清末民国初，钱庄在境内开始产生，离石县城开设的钱庄有义亨、洪兴、公益长、同益兴、瑞生通等10余家，在柳林镇开设的有长盛茂等七八家，大武有天一元等四五家。民国25年(1936)山西省银行在离石设立钱庄。

民国29年（1940）5月，西北农民银行在兴县成立后，离石抗日民主政府在西北贸易总局驻碛口贸易分局金融科的基础上成立支行。

1949年9月1日，中国人民银行离石县支行成立，成为全县第一家地方人民金融机构。1951年，远离离石县城的结绳墕乡和小神头乡率先创办信用社。1952年，离石县保险公司成立。1955年，以乡建农村信用合作社。1956年8月，在县人民银行农金股的基础上，分设中国农业银行离山县（1954年离石、方山合并为离山县）支行，为专办农村金融的专业银行。1958年，以公社为单位，信用社与银行营业所并为公社银行。1985年1月1日，中国工商银行离石县支行成立，性质为国有专业银行。1986年11月，中国建设银行山西省离石县支行成立。

随着《中华人民共和国商业银行法》《中华人民共和国贷款法》的颁布实施，辖内各国有银行摆脱计划体制的束缚，逐步向商业银行过度。随着金融体制改革的不断深入，辖区内各国有银行陆续进行股份制改革，同时新的股份制金融机构不断入驻本区。1996年，中国农业银行由专业银行转变为国有独资商业银行。1997年7月，中国农业发展银行离石支行成立。1998年，中国人民银行离石市支行并入中国人民银行吕梁市中心支行。2005年1月，中国太平洋人寿保险股份有限公司吕梁中心支公司成立。之后陆续又有十几家保险公司入驻离石区。2005年10月，中国工商银行吕梁石州支行更名为中国工商银行股份有限公司石州支行。2009年1月15日，中国农业银行由国有独资商业银行整体改制为股份有限公司。2007年，离石区22个信用社、分社实行统一核算，一级法人社挂牌开业。2009年9月16日，中信银行股份有限公司吕梁支行成立。2010年8月，大同证券经纪有限责任公司吕梁八一街证券营业部成立。2013年10月9日，招商银行股份有限公司吕梁分行正式开业。2014年5月，方正证券股份有限公司吕梁龙凤北大街证券营业部成立。2015年4月20日，晋商银行股份有限公司离石支行正式开业。

1949年，离石各项存款0.2万元，各项贷款0.6万元。1955年，离石各项存款118万元，各项贷款189万元。1965年，离石各项存款95万元，各项贷款415万元。1975年，离石各项存款22105万元，各项贷款3038万元。1985年，离石各项存2959万元，各项贷款4270万元。1995年，离石各项存款74341万元，各项贷款48829万元。2005年，离石各项存款767451万元，各项贷款229078万元。2015年，离石各项存款3588575万元，各项贷款2276309万元。

第一章　货　币

第一节　流通币种

铜钱

晚清时期，离石县市场上通用铜钱（亦称制钱），其形外圆内方。每枚称1文，千文为1吊。据有关资料核实，清乾隆年间每吊钱可顶白银1两。道光年间每一吊半至二吊方顶白银1两。咸丰年间，铜钱更不值钱。咸丰三年（1853）加铸所谓“咸丰重宝”，每枚分别可以“当十”“当五十”“当五百”“当一千”，其中铜钱2500文可顶白银1两。

铜圆

光绪年间在境内流通铜圆。辛亥革命以后，离石流通民国政府铸造“开国纪念”铜圆和山西铜元局所铸铜圆。国有铜圆有“当十”“当二十”两种，称双枚，山西铜圆称单枚。分别重0.16两和0.28两。当时货币实行银本位制，诸凡百货皆以白银为取价标准，本县境内银两、铜圆、制钱同时流通。

银两

银两作为货币标准在境内长期流通，分别有大锭、中锭、小锭。大锭银称为元宝，每锭重约50两；中锭每锭10两左右；小锭（亦称小锞或锞子）1、2、5两不等。

银圆

外国银圆随鸦片流入中国，故境内人称其为“现大洋”。清政府于光绪十四年（1888）自铸“光绪元宝”的银圆，在境内流通使用。因其图像为皇帝的象征——龙，故离石县人称其为“龙洋”。民国24年（1935）以银圆为本位制代替银本位制，离石县境内流通的银圆除外国“站人洋”、本国“龙洋”外，较多的是民国开国纪念币（孙中山头像银圆）和“袁大头”银圆（袁世凯头像）。离石县民间称外国站人洋为“拄棍棍的”，称民国开国纪念币为“脑（扛）旗旗的”；另外尚有墨西哥“鹰洋”，虽为最早通行本县的银币，但为数甚少；各种银圆统称为“现洋”。现洋每枚实重0.72两，民国初年可顶铜圆400—500枚。

钱票

民国5年（1916）开始，境内除流通银洋、铜圆外，本地商号为经营便利，印发钱票（本县人俗称贴子）。出贴子的人初时还讲信用，到了后来既无实物基础，又无现金抵押的人也大量印发钱票，欺骗坑害雇主。

国币　省币

国币，亦称“法币”，由民国的中国、中央、交通、农民等4家国家银行发行为国家法定货币。省币，亦称晋钞，由山西省银行发行。20世纪30年代前期，币值稳定，携带轻便，倍受群众欢迎。

抗战期间特殊货币

抗日战争期间，县境内既有“敌占区”又有“国统区”和“根据地”，货币种类繁多，比值不一，且或升或降，飘忽无定，民间往来以米为标准。当时根据地农村小学教师每月工资为小米75—90千克，学校办公费小学每月小米12.5千克，中心校办公费每月小米15千克。

金圆券

1948年9月，国民党政府进行货币改革，发行金圆券，废除法币，按1∶300收兑法币，同时强制收兑金银。1949年1月，金圆券严重贬值，彻底崩溃。

西农币

民国29年（1940），西北农民银行成立之后，在根据地发行票面额分别为壹圆、贰圆、拾圆不等的“西北农民币”（简称西农币），为“根据地”和“解放区”合法的货币，长期流通。同期在本县还流通晋察冀票、光华票、济南票等边区币。

第二节 人民币发行

1948年12月1日，中国人民银行成立，同时发行第一套人民币（第一套人民币于1955年5月15日起停止流通），简称为“人民币”。

1949年间，在离石县流通的有西北农民票、晋察冀票、光华票、济南票等十余种。同年底，全国大陆解放，为了便利市场交易，繁荣经济，中国人民银行用第一套人民币作为全国统一的流通币，取缔一切旧币。首先彻底肃清国民党政府发行的货币，其次禁止金银及外国货币流通，同时逐步回收各解放区发行的货币。并按人民币对边币1∶1000、对冀币和北海币1∶100、对西北农民币1∶2000的比价收兑。1955年3月，根据国务院《关于发行新人民币收回旧币的命令》，县内发行第二套人民币（于1998年12月31日起停止流通，其中纸分币于2007年4月1日起停止流通），同时收回第一套人民币。第二套人民币和第一套人民币折合比率为1∶10000。全县自新币发行后，一律以新币为计算单位，债权债务统按此比例折合清算。收回的旧币由中国人民银行离石县支行（以下简称离石人行）负责清点、裁角、打孔，并会同县公安局、检察院、财政局，组成监销小组，以火焚方式在当地销毁。1962年4月20日，中国人民银行发行第三套人民币（第三套人民币于2000年7月1日起停止流通）。1987年4月27日，发行第四套人民币。1999年10月1日，陆续发行第五套人民币，共有1角、5角、1元、5元、10元、20元、50元、100元8种面额，有防伪技术20余种。

第二章　银　行

第一节　存　款

对公存款

按行业性质分，离石县对公存款可分为财政性存款、地方金库存款、机关团体部队存款、国营企业存款、工业存款、手工业存款、合作事业存款、农村存款等项。存款利率做过多次调整，一般低于城乡个人储蓄利率。1950 年，离石县对公存款余额 6.2 万元。1955 年，离山县对公存款余额 103 万元，比 1950 年增加 96.8 万元，增长 1561.29%。1960 年，离石县对公存款余额 254 万元，比 1955 年增加 151 万元，增长 146.60%。1965 年，对公存款余额 50.4 万元，比 1960 年下降 203.6 万元，增长 –80.16%。1975 年，对公存款余额 2023.6 万元，比 1965 年增加 1973.2 万元，增长 3915.08%。1980 年，对公存款余额 1527.6 万元，比 1975 年下降 496 万元，增长 –24.51%。1985 年，对公存款余额 5715 万元，比 1980 年增加 4187.4 万元，增长 274.12%。1990 年，对公存款余额 10597.7 万元，比 1985 年增加 4882.7 万元，增长 85.44%；1995 年，对公存款余额 26897 万元，比 1990 年增加 16299.3 万元，增长 153.80%。2000 年，离石市对公存款余额 59481 万元，比 1995 年增加 32584 万元，增长 121.14%；2005 年，离石区对公存款余额 376407 万元，比 2000 年增加 316926 万元，增长 532.82%。2010 年，对公存款余额 1549664 万元，比 2005 年增加 1173257 万元，增长 311.70%。2015 年，对公存款余额 1437618 万元，比 2010 年增加 –112046 万元，增长 –7.23%。

储蓄存款

中华人民共和国成立初期，为保障存款人不因物价波动而蒙受经济损失，离石县人民银行开设折实储蓄（1951 年停办）和保本保值储蓄（1952 年停办），利率由省行自定。1952 年下半年后，开办有奖活期储蓄、有奖定期储蓄和定期储蓄、活期储蓄、零存整取定期储蓄等。1960 年停办一切有奖储蓄。1982 年开办了整存整取定期（1 年）有奖储蓄。1990 年储蓄种类计有活期、定期 2 种，期限有半年、1 年、3 年、5 年、8 年等 5 种。此外，尚有定期零存整取集体储蓄，定期 1 年。随着生产发展，人民生活改善，城乡个人储蓄不断增加。1952 年，离石县城镇储户由 1949 年的 52 户发展到 896 户，存款余额由 3000 元增加到 1.7 万元；农村储蓄从无到有，同年计 83 户，储蓄存款余额 2000 元。1957 年末，离山县储蓄存款余额为 27.4 万元，其中城镇为 19.6 万元，农村为 7.8 万元。1960 年，离石县储蓄存款余额为 79 万元。1962 年，离石县储蓄存款余额降为 33.4 万元。1965 年，储蓄存款余额增为 44.5 万元。1971 年，储蓄存款余额增为 197.5 万元。1979 年，储蓄存款余额增为354.4万元。1985年，储蓄存款余额增为2387.9万元。1990年，储蓄存款余额为l1714.4万元，其中城镇储蓄存款余额为9643.9万元，农村储蓄存款余额为2070.5万元。1993年3月1日，《储蓄管理条例》颁布实施，中国储蓄机构办理储蓄业务，必须遵循“存款自愿，取款自由，存款有息，为储户保密”的原则。1995年，储蓄存款余额74314万元，比1990年增加62599.6万元，增长534.38%。同年，储蓄存款种类有活期存款、定期存款（整存整取、零存整取、整存零取、存本取息）、定活两便、协定存款四类。2000年，离石市储蓄存款余额111999万元，比1995年增加37685万元，增长50.71%。2001年，离石农行所有网点储蓄业务开通通存通兑。2005年，离石区储蓄存款余额391044万元，比2000年增加279045万元，增长249.15%。2010年，储蓄存款余额1257281万元，比2005年增加866237万元，增长221.52%。2015年，储蓄存款余额2150464万元，比2010年增加893183万元，增长71.04%。同年，储蓄种类有活期存款、定期存款（整存整取、零存整取、整存零取、存本取息）、定活两便、协定存款、通知存款5类。

纵轴单位：万元

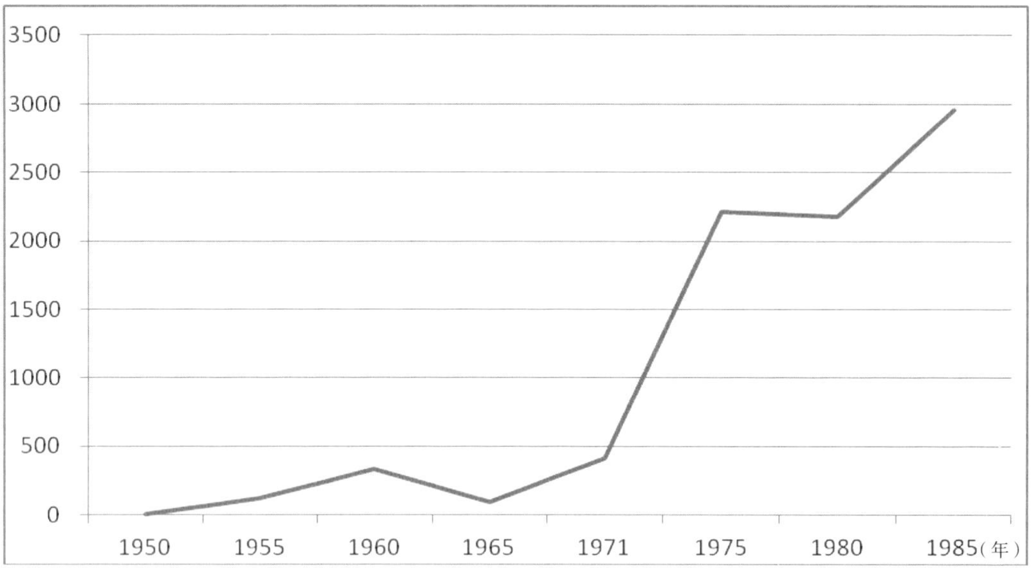

图 14-1 1949—1985年离石（山）县各项存款余额走势图

纵轴单位：万元

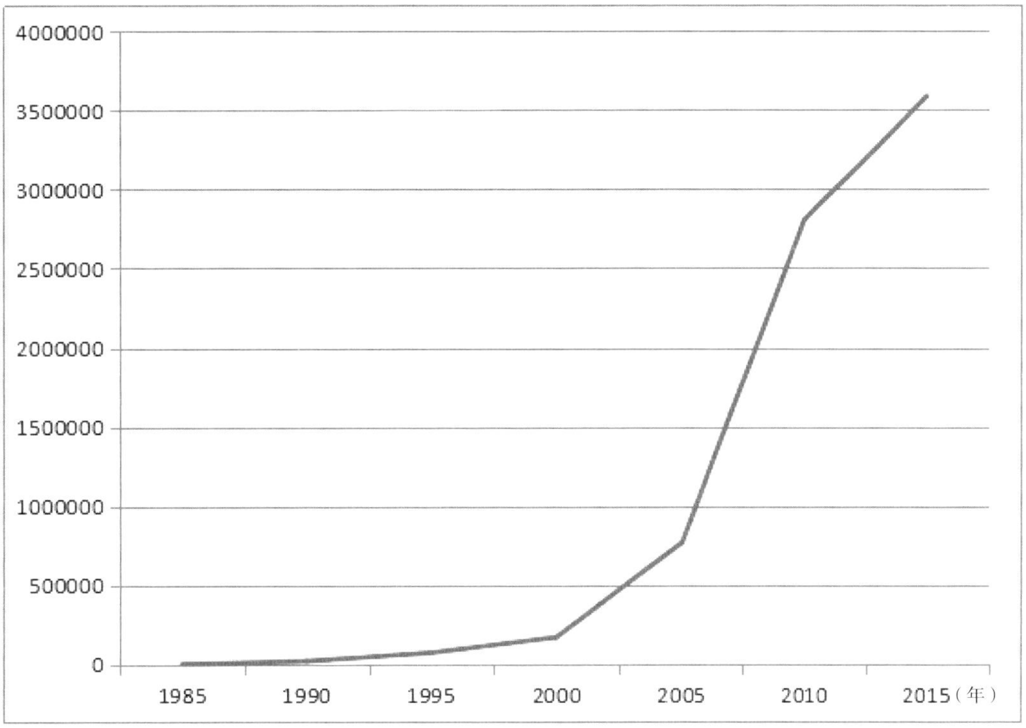

图 14-2　1985—2015 年离石区（县、市）各项存款余额走势图

纵轴单位：%

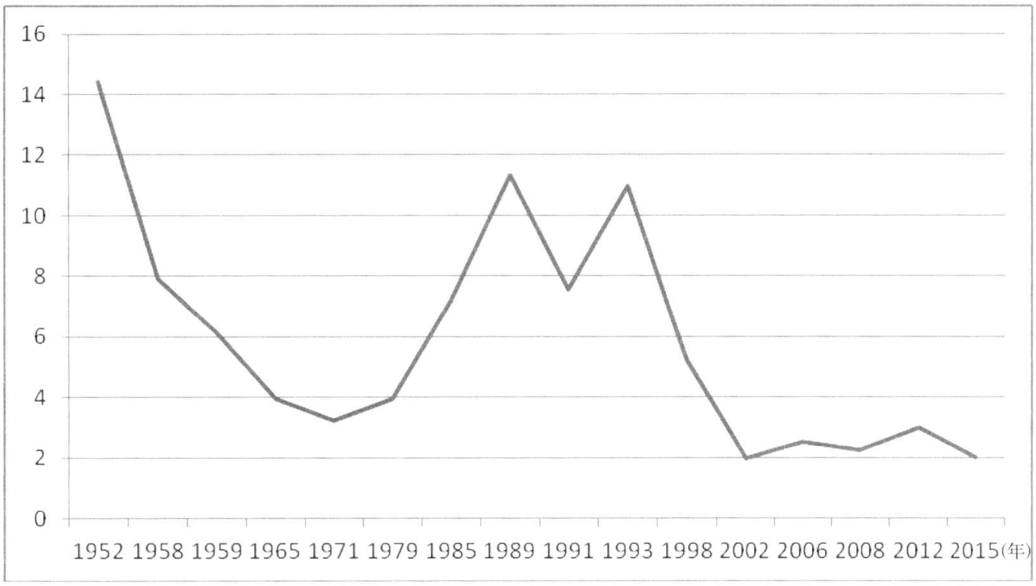

图 14-3　1952—2015 年离石（山）区（县、市）定期一年存款利率走势图

1950—1995年部分年份离石（山）县城乡储蓄存款情况表

表 14-1　　单位：万元

年份	城市居民储蓄	农村居民储蓄	年份	城市居民储蓄	农村居民储蓄
1950	0.3	—	1975	140.3	45.7
1955	8.7	6.4	1980	493.6	154.5
1960	54.2	24.8	1985	1590.5	797.4
1965	29.0	15.5	1990	9643.9	2070.5
1970	41.9	15.1	1995	41424	6020

1949—1997年离石（山）市（县）各项存款余额表

表 14-2　　单位：万元

年份	各项存款余额	年份	各项存款余额	年份	各项存款余额
1949	0.2	1966	188.8	1983	2335.9
1950	6.5	1967	34.8	1984	2458.9
1951	17.2	1968	66.8	1985	2959.4
1952	31.3	1969	142.9	1986	8647.3
1953	41.7	1970	6.1	1987	10997.4
1954	57.7	1971	415.3	1988	12857.4
1955	117.9	1972	925.9	1989	15219.5
1956	54.5	1973	1522.7	1990	22312.1
1957	69.4	1974	2258.6	1991	23144
1958	182.9	1975	2209.6	1992	28330
1959	470.1	1976	2388.5	1993	36037
1960	333	1977	2741.2	1994	55881
1961	249.1	1978	3659	1995	74341
1962	240.2	1979	2377.7	1996	99651
1963	144.5	1980	2175.7	1997	115344
1964	143.7	1981	1646.2	–	–
1965	94.9	1982	1823.9	–	–

注：1.1985年（含1985年）以前存款不含城乡个人储蓄。

2.1984年（含1984年）以前贷款大于存款额的因素是资金来源中除各项存款外，尚有债券收入、人行拨来专项贷款资金、专业银行拨来财政性存款、金融机构缴存准备金、金融机构有人行存款、专业银行金融机构同业往来、汇兑在途资金、自有资金、当年结益（即银行利润）、其他等11项。

1998—2003年离石市各项存款余额表

表14-3 单位：万元

项目	1998年	1999年	2000年	2001年	2002年	2003年
各项存款	157954	150195	171480	213326	287405	414467
1. 企业存款	54498	54584	50197	64298	83166	97568
2. 财政性存款	1543	2955	16840	15148	35839	42448
3. 机关团体存款	—	—	12993	11351	20993	31081
4. 储蓄存款	91336	106598	111999	125659	163858	246122
5. 农业存款	1582	3043	3563	5212	5408	16318
6. 委托存款	—	-26813	-28781	-22462	-25841	-26959
7. 其他存款	8995	9828	4669	4120	3984	7891

2004—2010年离石区各项存款余额表

表14-4 单位：万元

项目	2004年	2005年	2006年	2007年	2008年	2009年	2010年
各项存款	550702	767451	871839	1148099	1672466	2000072	2806945
1. 企事业单位存款	131008	161278	193319	263788	349920	461745	727982
（1）活期存款	124508	156128	179324	245618	302295	405100	573448
（2）定期存款	6500	5150	13995	18170	47625	56645	154533
2. 储蓄存款	316062	391044	456167	539285	847609	1006899	1257281
（1）活期储蓄	121319	156245	198956	256050	426848	522651	653134
（2）定期储蓄	194743	234799	257211	283236	420761	484248	604147
3. 信托存款	0	0	0	0	0	0	0
4. 委托存款	-28133	-4002	-3594	12	0	2655	36601
5. 其他存款	131765	219131	225947	345013	474936	528774	785081

注：本表机构包括人民银行、政策性银行、国有独资商业银行、农村信用社、邮政储汇局。

2011—2014年离石区各项存款余额表

表14-5 单位：万元

项目	2011年	2012年	2013年	2014年
各项存款	3509627	4070493	3634766	3648003
1.单位存款	1587939	1842381	1413852	1279545
其中：活期存款	1048004	1222834	1064227	810208
定期存款	190877	120722	198365	313769
通知存款	49310	7020	1050	1800
保证金存款	299505	491043	142490	118809
2.个人存款	1468812	1735817	1978559	2000026
储蓄存款	1465489	1723503	1906535	1945540
保证金存款	2145	6128	4639	4616
结构性存款	1178	6186	67385	49871
3.财政性存款	422573	452700	215923	371460
4.临时性存款	25405	10589	48651	5387
5.委托存款	3280	28184	–29696	–16266
6.其他存款	1618	824	7477	7850

2015年离石区各项存款余额表

表14-6 单位：万元

项目	金额
各项存款	3588575
（一）境内存款	3588082
1.住户存款	2150464
（1）活期存款	746273
（2）定期及其他存款	1404191
2.非金融企业存款	702747
（1）活期存款	396786
（2）定期及其他存款	305961

续表 14-6

项目	金额
3. 广义政府存款	715249
（1）财政性存款	100603
（2）机关团体存款	614645
4. 非银行业金融机构存款	19622
（二）境外存款	493

第二节 贷 款

农业贷款

中华人民共和国成立初期，人民银行信贷对象主要是农村。1949—1952 年，离石县相关金融部门发放各项贷款 18.7 万元，其中农贷 10.3 万元，占比 55.08%。1953 年—1957 年，农业互助合作化运动蓬勃发展，农业信贷由扶植个体农业为主转向扶持集体农业为主，同时几次降低了贷款利率，专设了贫农合作基金贷款项目。5 年期间，共发放农业贷款 103.7 万元。1958—1960 年“大跃进”时期，发放农业贷款 9 万余元。1958 年—1962 年，发放农业贷款 165.2 万元。1963—1965 年，发放农业贷款 79.6 万元。1966 年—1976 年，发放农业贷款 904.1 万元，其中 60% 沉淀未收回。

1979 年后，逐步恢复和健全各项规章制度。1980 年，分设中国农业银行，贷款坚持“有借有还”“到期归还”“贷前调查、贷时审查、贷后检查”等项原则和要求，信贷重点转向扶持农民承包户、专业户和多种经营。1976—1985 年，全县共计发放农业贷款 3374.1 万元，比前 20 年间的 1263.9 万元增加 2110.2 万元。1986—1990 年，发放农业贷款 4723 万元。比前 10 年增加 1349 万元。1991—1995 年，离石县相关金融部门共发放农业贷款 18970 万元，占比 11.31%。主要支持农、林、牧、副、渔多种经营全面发展，重点支持农田水利基本建设，改造中低产田，支持农业进行良种和科技推广，支持农机、农技和种子经营，支持农户发展农副业、养殖业、种植业生产。促进调整农村产业结构和农村经济全面发展。

1996—2003 年，离石市相关金融部门共发放农业贷款 100576 万元，占比 11.58%。辖内各有关行、社以支农为本，切实把支持农业摆在信贷工作的首位，积极调整信贷结构，集中资金投向粮棉生产，“两高一优”（高产、高效、优质）农业，“米袋子”“菜篮子”工程建设，农业科技含量高、经济效益好的项目倾斜。

2004 年，金融统计项目进行调整，农业贷款不再进行专项统计。

工业贷款

1949—1952年，在国民经济恢复时期的4年内，共计发放工业贷款9000元。

1953年4月，政务院颁发《国营企业合作事业短期放款暂行办法》，中国人民银行总行制定《国营企业短期放款暂行条例》，规定除对企业实行财政拨款外，银行向企业发放定额贷款、季节性贷款、临时性生产周转贷款。1954年11月，中国人民银行召开工业信贷结算会议，决定企业流动资金全部由财政供应，银行只放季节性、临时性超定额贷款。根据各企业的实际情况，规定定额贷款。“一五”计划期间（1953—1957年），离山（石）县相关金融部门共发放工业贷款9.4万元。1959年1月，国务院发布《关于国营企业流动资金改由银行统一管理》的规定，规定对国营企业、县以上管理的工业、物资供销企业等单位的国家拨款流动资金，全数转交银行管理。“二五”计划期间（1958—1962年），全县共发放国营工业贷款309万元，手工业贷款101.1万元。1962年，国务院作出《切实加强银行工作集中统一严格控制货币发行》的决定，中国人民银行离石县支行推出“银行六条措施”严格控制货币发行。在3年调整时期，离石县相关金融部门共计发放国营工业贷款14.2万元，手工业贷款13.9万元。“文化大革命”后期，贷款“要多少给多少”，挤占和挪用银行贷款的现象严重，出现了大量沉淀呆滞贷款。1976年，全县共发放国营工业贷款180.6万元，比1966年增加171.4万元，手工业贷款80.3万元，比1966年增加78.7万元。1977年7月，中国人民银行制定《中国人民银行国营工业贷款办法》，重申基本建设资金、流动资金、财政资金与信贷资金分口管理、分别使用的原则，规定国营工业贷款分超定额贷款、结算贷款、大修理贷款、物资供销贷款等4种。1980年，试行“统一计划，分级管理，存贷挂钩，差额控制”的信贷资金管理办法，“五五”计划期间（1976—1980年），离石县相关金融部门累计发放国营工业贷款1342.9万元，余额达327.3万元，累计发放手工业贷款356.3万元，余额达159.9万元。“六五”期间（1981—1985年），坚持“择优以销定贷，物资保证偿还计息”的原则，改“信贷差额控制”为“差额包干”。1983年，国营企业流动资金统一由银行贷款供应。1984年10月，离石中国人民银行县支行会同辖区内各专业银行共同进行信贷资金管理改革，实行“统一计划，划分资金，实贷实存、相互通融”的信贷资金管理原则。县银行部门为支持乡镇工业的发展，逐年增大投入。这一时期，离石累计发放国营工业贷款1554.2万元，余额达到543万元，较“五五”计划期间增加215.7万元。“六五”期间，离石县相关金融部门累计发放手工业贷款416.3万元，余额达到153.7万元，较“五五”计划期间增加93.8万元。“七五”期间（1986—1990年），累计发放工业贷款达18789万元。

1996—2002年，《中华人民共和国商业银行法》《中华人民共和国贷款法》颁布实施，辖内各金融机构摆脱计划体制的束缚，逐步向商业银行过度，在国家适度从紧的货币信贷政策指导下，实行自主经营，自担风险。银行对工业贷款的投放逐年减少。

2009年，中信银行吕梁支行在离石区贷款投向涉及煤炭行业与中药加工行业，重点扶持吕梁永宁煤焦集团有限责任公司、山西楼俊矿业集团有限公司、山西省吕梁中药厂等。2011年，中信银行吕梁支行在离石区贷款投向涉及煤炭、焦化、交通、中药加工以及汽车行业，重点扶持吕梁永宁煤焦集团有限责任公司、山西大土河焦化有限责任公司、山西省公路局吕梁分局、山西省吕梁中药厂等企业。

2012年，中信银行吕梁支行在离石区贷款投向涉及煤炭、焦化、中药加工、汽车以及机动车燃料行业，重点扶持吕梁永宁煤焦集团有限责任公司、山西省焦炭集团吕梁焦炭有限责任公司、山西大土河焦化有限责任公司、山西省吕梁中药厂、吕梁市泰化石油有限公司等企业。2013年，中信银行吕梁支行在离石区贷款主要投向煤炭、焦化、中药加工、建筑、汽车以及食品行业，重点扶持山西大土河焦化有限责任公司、山西省吕梁中药厂、吕梁永宁煤焦集团有限责任公司、吕梁市泰化石油有限公司等企业。2014年，离石区着力构建银企对接平台，支持中小企业发展，促成多项贷款合作意向。中信银行吕梁支行在离石区贷款投向煤炭、焦化、中药加工、建筑、汽车以及食品行业，重点扶持山西大土河焦化有限责任公司、山西省吕梁中药厂、吕梁永宁煤焦集团有限责任公司、吕梁市泰化石油有限公司等。2015年，因受前几年国际经济危机的影响，企业经营困难，步履维艰。离石金融机构集中力量，扶持企业发展。在贷款投放的方向上主要保证符合国家产业政策的项目、区委政府确定的主要项目、转型发展的重点项目以及可持续发展项目的资金需求。在贷款投量上既要保证企业发展的资金需求，又不能形成资金过度集中浪费，影响效益。同时银行加大资金风险的排查处置力度，有效防范信贷风险，确保新增贷款无风险、无损失、高效益。中信银行吕梁支行在离石区贷款主要投向煤炭、焦化、建筑、药品、交通、汽车、食品行业，重点扶持山西大土河焦化有限责任公司、山西省吕梁中药厂、吕梁永宁煤焦集团有限责任公司、吕梁市泰化石油有限公司等。

商业贷款

中华人民共和国成立初期，商业信贷的重点是国营商业企业，分别在粮食公司、百货公司、花纱布公司等单位建立贸易金库，销售款全部缴存银行，由银行逐级汇划。1952年开始向国营商业实行“财务轧差贷款”。同时少量对合作商业和私营企业贷款。

1954年，中国人民银行公布《国营商业短期放款办法》，规定非商品资金及在途资金由银行直接贷给实行经济独立核算的基层单位，支持国营商业对棉粕物资实行统购统销。1955年，国营商业、粮食、供销企业实行“上贷下转”的信贷结算办法，开办国营粮食购销短期放贷，对实行独立核算的基层企业直接发放预付贷款、商品储备贷款、结算贷款等特种贷款。1956年，对收购粮食、棉花、生猪、烟叶等农副土特产品发放预购定金贷款。1957年，开始发放商品流通贷款。“一五”计划期间，全县发放国营商业贷款272.9万元，发放粮食贷款308.5万元。

“大跃进”期间（1958—1960年），商业部门提出“生产多少，收购多少”；银行相应提出“收购多少物资，供应多少资金”“用多少贷款、存多少存款，由企业自行决定”，造成信贷严重失控。1958年，发放国营商业贷款447.4万元，超过“一五”时期的1倍还多。1959年，实行全额信贷，国营商业使用存贷合一账户管理。“二五”时期总计发放国营商业贷款1351.6万元，比“一五”时期增加3倍多。三年调整时期，全额信贷改由国家核拨企业一部分流动资金，银行对商品资金需要发放贷款，其他一切非商品资金由企业自有流动资金解决。通过参与商业部门清理资金库存，压缩不合理贷款，国营商业贷款由1959年的305.5万元，减为1965年的120.3万元，降低60.6%。“文化大革命”期间，开始对商业贷款有求必应，造成商业企业间赊销、预付和商业企业挪用或应付财政性开支的现象增多，出现银行贷款失控现象。1973年，对二级批发企业和零售企业实行“定额自负，不足贷款”办法。1979年，对粮食部门收购议价粮发放贷款，同时试办城镇待业青年集体组织贷款。1980年，全辖区累计发放商业贷款18011.6万元，余额407.2万元，占比14.58%。“六五”期间，银行对商业单位实行存贷分户管理，核定仓库、门店、柜组的商品资金限额，支持收购农副产品。1985年，全辖区累计发放商业贷款2681.2万元，余额671万元，占比15.71%。1990年，商业贷款余额7850.2万元，占比43.69%。1995年，商业贷款余额为14944万元，占比30.60%。2000年，商业贷款余额12954万元，占比13.87%。

1996年后，银行从地区、行业、贷款用途、贷款对象4个方面把握投向重点，把商业网点设施贷款、商业科技开发贷款、商业技改贷款、流动资金贷款和私营及个体商业贷款有机地结合起来，有力地支持了流通领域的改革和发展。2003年，辖内银行根据央行货币信贷政策采取抵押和担保方式发放商业贷款，商业贷款余额为18124万元，占比9.98%。

2004年，金融统计项目进行调整，商业贷款不再进行专项统计。

固定资产贷款

1979年8月，中国基本建设投资开始逐步由财政拨款改为建设银行贷款。这项改革措施使建设资金由无偿使用改为有偿使用，在国家计划指导下，发挥经济组织和经济手段的作用，把经济责任、经济权力和经济利益结合起来。固定资产贷款项目的选择必须符合国家产业政策和金融政策，向有利于促进国民经济持续、快速、健康发展和各项社会事业全面进步的基础产业、支柱产业以及具有较大竞争力和发展潜能的新兴产业倾斜。固定资产贷款投放要符合商业银行资金营运的要求，注重资金安全性、流动性、效益性的协调统一，既保证贷款本息的按时收回，扩大银行对经济的调节能量和影响，又兼顾银行的实际承受能力。各专业银行成立后，与人行一起除办理固定资产投资拨款业务外，同时办理固定资产贷款业务。1985年，离石县固定资产贷款余额为42万元，其中，中国农业银行离石县支行（以下简称为离石农行）固定资产贷款19万元。1987年，固定资产贷款余额为683.1万元，其中中国工商银行离石县支行（以下简称为离石工行）固定资产贷款41万元、离石农行固定资产贷款136.3万元、中国建设银行山西省离石县支行（以下简称为离石建行）固定资产贷款505.8万元。1988年，固定资产贷款余额为643万元，其中，离石工行固定资产贷款71万元、离石农行固定资产贷款231.3万元、离石建行固定资产贷款340.7万元。1989年，固定资产贷款余额为627.8元，其中，离石人行固定资产贷款362.5万元、离石工行固定资产贷款33万元、离石农行固定资产贷款40.5万元、离石建行固定资产贷款191.8万元。1990年，固定资产贷款余额为800.2万元，占比4.45%，1998年，离石市中长期贷款为10894万元，占比11.36%。2000年，中长期贷款余额为14903万元，占比11.67%，其中，基本建设贷款12794万元、技术改造贷款365万元、其他贷款1744万元。2010年，离石区中长期贷款余额为622450万元，占比58.29%。2015年，中长期贷款余额为999135万元，占比43.89%。

个人贷款

1985年，离石建行率先开办住宅储蓄和住宅贷款业务。此后，县各商业银行相继开办个人贷款业务。20世纪90年代末期，国家为刺激国内需求，启动了国内的消费信贷市场。1999年2月，中国人民银行颁布《关于开展个人消费信贷的指导意见》，从政策上明确个人贷款的市场定位。离石区各金融机构主要有个人住房贷款（含个人住房商业性贷款、个人住房公积金贷款、个人住房组合贷款等）、个人汽车消费贷款、个人耐用消费品贷款、个人消费贷款、个人小额信用贷款5个方面多种贷款形式。2001年，金融统计增加个人消费贷款项目。同年，离石市个人消费贷款余额为1427万元，占比1.20%。2011年末，个人贷款余额为132564万元，占比8.93%；其中个人消费贷款为46054万元。截至2015年底，离石区个人贷款余额为388458万元，占比17.07%；其中个人消费贷款余额为255037万元，个人经营贷款余额为133421万元。

纵轴单位：万元

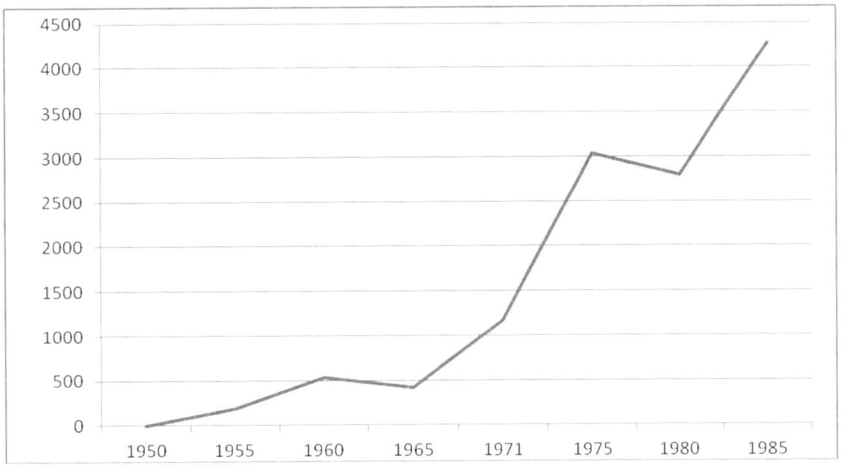

图14-4　1950—1985年离石（山）县各项贷款余额走势图

纵轴单位：万元

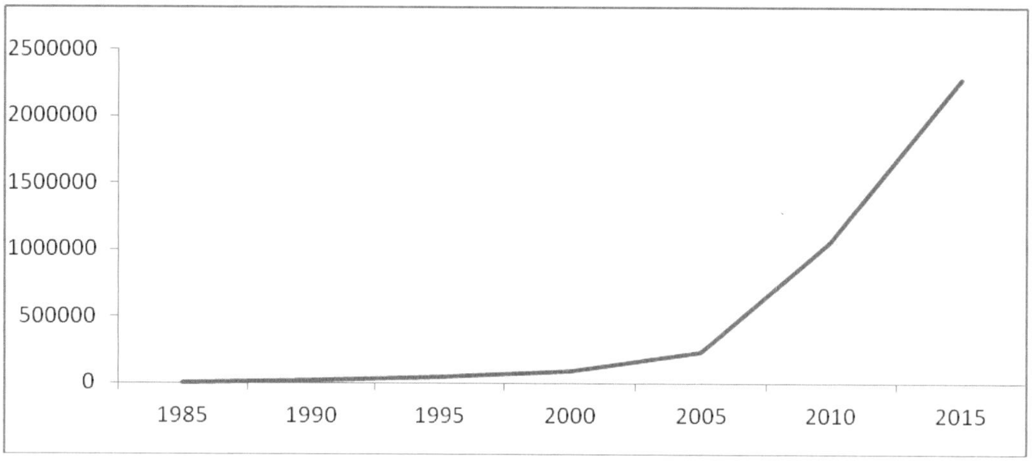

图 14-5　1985—2015 年离石区（县、市）各项贷款走势图

纵轴单位：%

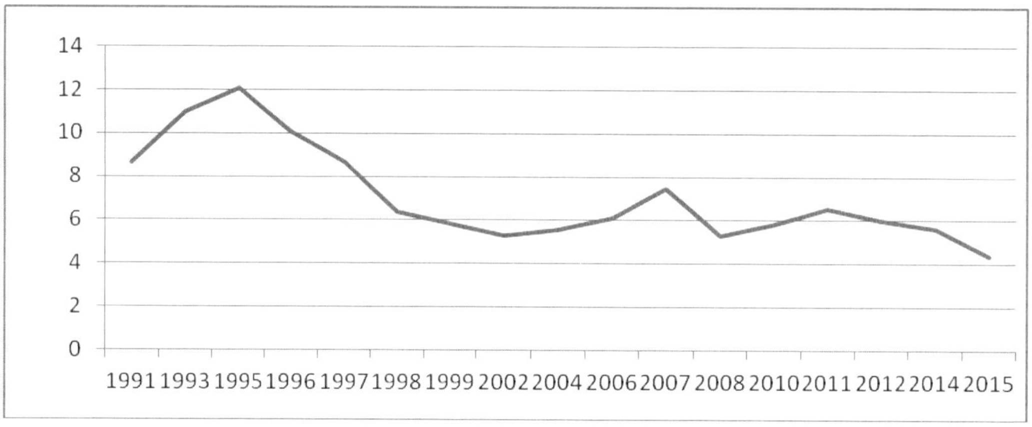

图 14-6　1991—2015 年离石区（县、市）一年期贷款利率走势图

1949—1997 年离石市（县）各项贷款余额表

表 14-7　　单位：万元

年份	各项贷款余额	年份	各项贷款余额	年份	各项贷款余额
1949	0.6	1954	63.4	1959	602.6
1950	2.3	1955	188.8	1960	537.1
1951	3.8	1956	262.2	1961	632.2
1952	12	1957	301.9	1962	612
1953	9.7	1958	711.5	1963	446.5
1964	410	1976	2971.6	1988	12073

续表 14-7

年份	各项贷款余额	年份	各项贷款余额	年份	各项贷款余额
1965	415.2	1977	3746.9	1989	13865.9
1966	404.2	1978	4081.2	1990	17966.4
1967	415.6	1979	2826.7	1991	21654
1968	309	1980	2792.8	1992	26095
1969	335	1981	2670.9	1993	31617
1970	486	1982	2538.5	1994	39605
1971	1169.1	1983	2514.6	1995	48829
1972	2623.3	1984	3586.2	1996	64417
1973	2966.8	1985	4270.1	1997	77722
1974	2757.5	1986	6841.3	—	—
1975	3037.6	1987	8823	—	—

1998—2003 年离石市各项贷款余额表

表 14-8　　单位：万元

项目	1998 年	1999 年	2000 年	2001 年	2002 年	2003 年
各项贷款	95933	99577	93387	118539	137414	181550
1. 短期贷款	82197	84794	75286	89893	93761	111524
①工业贷款	33789	29139	19039	26140	24001	37778
②商业贷款	15695	18661	12954	15359	16796	18124
农副产品贷款	6687	6985	6175	6110	6093	—
③农业贷款	9910	10499	11943	15052	18050	24866
④乡镇企业贷款	7273	10195	6920	7301	7505	7057
⑤其他贷款	12751	14511	23058	24794	26732	23617
个人消费贷款	—	—	—	1427	1978	887
2. 中期流动资金贷款	—	697	171	898	1353	2188
3. 中长期贷款	10894	11950	14903	26149	38735	49997
①基建贷款	2185	10267	12794	14264	16704	22077
②技改贷款	8569	569	365	910	166	0

续表 14-8

项目	1998 年	1999 年	2000 年	2001 年	2002 年	2003 年
③其他贷款	140	1114	1744	10975	21865	27920
个人消费贷款	—	—	—	—	13951	16897
4. 票据融资	—	—	—	1598	3564	17842
5. 逾期类贷款	2842	2136	3027	—	—	—

2004—2010 年离石区各项贷款余额表

表 14-9 单位：万元

项目	2004 年	2005 年	2006 年	2007 年	2008 年	2009 年	2010 年
各项贷款	198519	229078	262340	322683	334341	548754	1067850
1. 短期贷款	128605	129766	155082	164142	178818	207154	409062
2. 中长期贷款	48278	55010	67599	120400	107020	299219	622450
3. 信托贷款	0	0	0	0	0	—	—
4. 委托贷款	0	0	0	0	0	—	—
5. 其他贷款	596	3640	1796	1264	3397	—	27520
6. 票据融资	21012	40605	37835	36849	45106	42381	8818
7. 各项垫款	28	57	28	28	0	—	—

2011—2014 年离石区各项贷款余额表

表 14-10 单位：万元

项目	2011 年	2012 年	2013 年	2014 年
各项贷款	1483756	2863878	2287282	2328757
（一）境内贷款	1483748	2863872	2287277	2328753
1. 短期贷款	617854	1354498	931168	857568
（1）个人贷款及透支	88314	141899	158842	165585
其中：个人消费贷款	6476	18392	52817	51027
（2）单位普通贷款及透支	455760	1095803	668469	670063
其中：经营贷款	455760	1095803	648469	644905
固定资产贷款	—	—	20000	25000
（3）普通并购贷款	—	—	—	—

续表 14-10

项目	2011 年	2012 年	2013 年	2014 年
（4）银团贷款	—	—	—	—
（5）贸易融资	73780	116795	103857	21920
（6）境外筹资转贷款	—	—	—	—
2. 中长期贷款	720337	1411294	1116361	1075646
（1）个人贷款	44251	100991	176894	213120
其中：个人消费贷款	39568	88238	149197	180109
（2）单位普通贷款	455051	1039150	680985	693715
其中：经营贷款	40500	327520	50930	88648
固定资产贷款	414551	711630	630055	605067
（3）普通并购贷款	116800	168600	158400	72700
（4）银团贷款	104235	102553	99421	95589
（5）贸易融资	—	—	—	—
（6）境外筹资转贷款	—	—	661	522
3. 融资租赁	—	—	—	—
4. 票据融资	145558	98080	239748	341142
其中：贴现	145558	98080	239748	341142
5. 各项垫款	—	—	—	54398
（二）境外贷款	7	6	5	4

2015 年离石区各项贷款余额表

表 14-11 单位：万元

项目	金额
各项贷款	2276309
（一）境内贷款	2276307
1. 住户贷款	388458
（1）短期贷款	169089
消费贷款	61362
经营贷款	107727
（2）中长期贷款	219369
各项贷款	2276309

续表 14-11

项目	金额
消费贷款	193676
经营贷款	25693
2. 非金融企业及机关团体贷款	1887849
（1）短期贷款	741888
（2）中长期贷款	779766
（3）票据融资	307459
（4）融资租赁	—
（5）各项垫款	58736
3. 非银行业金融机构贷款	—
（二）境外贷款	2

第三节 支付结算

支付体系

1949 年，离石县商品流通量大，银行的结算业务仅有同城的支票结算和异地的汇兑结算两种。随着工农业生产的发展，城乡群众生活水平的提高，购买力增大，商品流通量逐年增长。1953 年，开始对各工商等单位的经济往来进行转账结算，分同城结算、异地结算、农村结算 3 个大类 8 种（后增至 9 种）形式。1955 年 5 月，取消商业信用，开办托收承付业务，办理异地结算。主要方式有：托收承付（从 1989 年 8 月 1 日起废止该方式）、委托收款、汇兑结算、限额结算。同城结算主要方式有：支票结算、同城托收承付、托收无承付（只有邮电局、自来水公司、供电所等单位使用）。1966 年 9 月 1 日，离石县人行账务处理实行“收付记账法”。

从 1981 年起，实行结算业务收费制。1986 年，离石人行办起结算中心，专门办理专业银行的汇兑结算，每天平均办理汇兑百余笔，总金额达数十万元。同时开展农村限额购货结算和农副产品收购结算。由离石人行运行全国手工联行系统和同城清算所构成县域早期支付结算框架。

1998 年，农行离石支行营业部开通电子汇兑业务。2001 年 7 月，离石人行与全国电子联行联网，实现 “天地对接”，结束手工联行的时代；与商业银行运行的电子资金汇兑系统、银行卡中心运行的银行卡系统、邮政储汇局运行的邮政汇兑系统构成了辖区内完整的支付结算系统，使支付结算更加快捷准确。2003 年，全国地市级以上城市基本实现银行卡联网通用。实现“一卡在手，走遍神州”，乃至“走遍世界”的目标，使普通老百姓真正体会到现代科技给人民的支付结算带来的方便。

2005 年，离石区完成全国推广的央行大额支付系统，采用 RTGS 方式，为跨行资金转账、金融市场、证券市场、外汇市场提供当日资金结算，也为小额支付系统、同城清算所、银行卡网络以及商业银行电子汇兑系统提供日终净额结算。2006 年，离石区运行小额支付系统，支持各类借记与贷记业务，实行 7×24 小时不间断运行。同年，启用支票影像交换系统，将实物支票转换为支票影像信息，通过计算机及网络将影像信息传递至出票人开户银行提示付款的业务处理系统。2010 年，正式推出 2010 版银行票据，使票据防伪造、变造的功能更强，促进票据流通及安全使用。在全县范围内推广支票授信业务，进一步改善支票流通环境，提高银行机构对中小企业的支付结算服务水平和业务创新能力。

截至 2015 年底，辖内金融机构非现金支付业务渠道不断拓宽，个人银行、电话银行、网络银行、手机银行等先后出现，人们的非现金支付方式不断增加，方便人们日常生活支付和商业支付。

农村支付结算

农村付款委托书结算是国营单位向农村收购农副产品时委托开户银行将应付款项转入社队（乡镇）账户的一种结算方式，从 1960 年开始由粮食部门使用，后来推广到其他农副产品收购部门。这一方式在使用中由于有的生产队财务制度不健全，所以容易发生差错。1966 年后，改为凭证双线传递，由银行主动往信用社上账、信用社收到银行之传递凭证后主动给生产队上账。这样既有利于加强农村社队的资金管理，同时又避免了银行、信用社、生产队、收购部门一连串的账务混乱。20 世纪 90 年代前，农村支付结算手段和方法始终比较滞后。90 年代以后，农村支付结算逐渐改善。农村除金融机构网点、农村信用社、村镇银行提供的银行式支付结算服务外，还有适合乡村的电子化金融服务产品，主要包括：惠农卡、转账电话、ATM 机、POS 机、网上银行、电话银行、手机银行、短信通，其中，惠农卡和转账电话是农业银行面向“三农”（农业、农村、农民）推出的创新产品。惠农卡是附加“三农”特色服务功能的借记卡。转账电话是在普通电话机上加装刷卡槽，使它具备转账、查询、缴费等功能。农村特约商户借助固话 POS 终端，为急需小额现金的农民提供的现金支取服务。农民足不出村，甚至足不出户，便可汇通天下。

第四节　公债认购

1950 年，国家财政部发放为期 3 年的胜利折实公债，是以 6 大城市实物折价，以这几个城市为主要发放对象，离石县无认购任务。1953 年，发行为期 8 年的国家建设公债，分 8 次偿还本息。

1954—1957年，先后发行为期10年的国家建设公债4次，为1次偿还，年息一律为4%，离石（山）县共认购公债19.19万元。

1981年，国家新发行的公债，称“中华人民共和国国库券”。认购对象限于国家机关、人民团体、事业单位和全民、集体所有制单位，全县认购国库券13.5万元。1982—1990年，国家发行9次国库券，国库券增加个人认购部分，偿还期限均为10年。利息除单位认购部分仍以4%计息外，个人认购部分1982—1984年计息为8%，1985年以后计息9.3%。1982年，全县认购国库券39.15万元。1983年，全县认购国库券43.92万元。1984年，全县认购国库券40.07万元。1985年，全县认购国库券49.8万元。1986年，全县认购国库券53.1万元。1987年，全县认购国库券53.3万元。1988年，全县认购国库券32.7万元。1989年，全县认购国库券78.4万元。1990年，全县认购国库券82.5万元。1991年，国库券发行取消摊派的形式，采用承销包销方式发行。1992年国家开始发行少量的凭证式国库券。

1997年开始全部采用凭证式国库券和证券市场网上无纸化发行。

第五节　现金管理

中华人民共和国成立后，为稳定金融物价制止通货膨胀，1950年4月，离石人行根据中央人民政府政务院《关于实行国家机关现金管理的决定》实行现金统一管理的金融机制，执行“收存款，建金库，灵活调拨”的业务方针。货币流通渠道明确划分为转账和现金两种方式。国家规定：各国营企业、事业、机关、团体、部队、学校、集体企业（包括乡镇企业）间的经济往来，必须通过银行转账结算（约占货币流通的95%左右）。除发工资、旅差费、向个人采购农副产品，对个人其他支出以及结算起点（一个时期规定30元）以下的零星开支等，允许使用现金外，其他均不得支付现金，从而加速了资金的周转。这样，现金的流通范围，被限制在全民所有制各单位同个人之间的收支、集体所有制各单位同个人之间的收支、全民所有制各单位和集体所有制各单位互相之间不够转账点的零星收支、个人同个人之间的收支等4个方面。现金流通基本上只限于生活资料的交换。同时离石人行积极开展转账结算，对非法套取现金并进行投机倒把的不法行为予以打击。

“二五”期间，各项事业提倡“大办”，带来国民经济比例失调，商品供应紧张、市场物价上涨，货币流通量相对增高。面对这一情况，全县严格控制货币的投放和财政支出，同时又运用出售高价商品等办法，促进货币回笼。20世纪50年代后期，全县国营企业、机关、部队、团体，按季分月编制货币收支计划，有计划地组织全县的货币投放与回笼。1960年开始，为压缩社会集团购买力，实行按批准计划监督支付，凡全民、集体单位的工资支出，须按照编制计划，经劳动、人事部门批准计划监督支付。从1961年起，银行根据国家规定，对工资基金实行监督，凡全民、集体单位的工资支出，须按照编制计划，经劳动、人事部门批准下达，送银行监督支付，严禁从销货收入中坐支抵用发放工资，有效地控制了现金投放。

1977年，离石人行根据国务院《关于实行现金管理的决定》进行现金管理。各国营企业、事业、机关、团体、部队、学校、集体企业间的经济往来，必须通过中国人民银行转账结算。除发工资、旅差费、向个人采购农副产品、对个人其他支出以及结算起点以下的零星开支等必须使用的现金部分外，其他均不得支付现金。各单位到外地采购所需资金，不准自带现金或经邮局汇款，必须通过中国人民银行用汇兑或其他结算方式结算。现金收支较多的单位，要编制现金收支计划，经开户人民银行审查，报当地革命委员会批准。单位现金收支计划一经批准，单位要保证实现。4月，对人民公社、生产大队和社队企业实行现金管理，但须保证谁的钱进谁的账，不得擅自扣收货款，也不代任何单位扣款。

1978年后，离石人行放宽对各单位的现金控制，库存限额相应扩大，并且实行“统一计划，分级管理，存贷挂钩，差额控制”的办法，就是存贷挂钩，控制差额，多存多贷。1981年，把信贷“差额控制”改为“差额包干”，在计划包干的范围内有多少钱，办多少事，多存可以多贷，多收可以多贷。1981年4月，离石人行执行山西省人民政府制定的《农村现金管理办法》，根据单位现金收支情况和距离银行远近，核定库存现金限额，一般以3—7天的零星开支为最高库存限额，最多不超15天的库存限额。使用现金范围：发放工资，社员分配，国家和集体对个人支付的款项，百元以下的零用物品购置。现金收付频繁的基层供销社和商业网点，经批准可坐支现金。收购农副产品的价款，也可付给部分现金。各现金管理单位未经批准，不准携带现金外出采购，不准假借用途套取现金，不准出租账户，不准出借支票，不准代其他单位收付和保存现金，各单位之间不准互相借贷。为严格现金管理，离石人行、信用社加强对现金的审批制度，凡1000元以上的现金支取，必须经业务部门审批和登记，按月按季加强对现金执行情况的检查。1984年11月以后，在资金允许的情况下，可以用互相拆借的信贷计划管理办法，充分发挥基层银行的主动性和积极性，激发银行的活力。

1989年以后，离石人行依据《中华人民共和国现金管理暂行条例》（1988年10月1日起施行）实行现金管理。现金管理的基本原则是：开户单位库存现金一律实行限额管理。不准擅自坐支现金。坐支现金容易打乱现金收支渠道，不利于开户银行对企业的现金进行有效的监督和管理。企业收入的现金不准作为个人储蓄存款存储。收入现金应及时送存银行，企业的现金收入应于当天送存开户银行，确有困难的，应由开户银行确定送存时间。严格按照国家规定的开支范围使用现金，结算金额超过起点的，不得使用现金。不准编造用途套取现金。企业在国家规定的现金使用范围和限额内需要现金，应从开户银行提取，提取时应写明用途，不得编造用途套取现金。企业之间不得相互借用现金。1993年，离石人行根据《中华人民共和国中国人民银行法》《中华人民共和国商业银行法》和《现金管理暂行条例》《储蓄管理条例》的有关规定，进行现金管理。

1997年，根据中国人民银行发布的《关于大额现金支付管理的通知》，离石人行对储蓄账户现金支付进行管理。继续执行“存款自愿，取款自由，存款有息，为储户保密”的原则。对一日一次性从储蓄账户（含银行卡户）提取现金5万元（不含5万元）以上的，储蓄机构柜台人员应请取款人提供有效身份证件，并经储蓄机构负责人核实后予以支付。其中一次性提取现金20万元（含20万元）以上的，应请取款人必须至少提前1天以电话等方式预约，以便银行准备现金。对一日一次性超过5万元以上的现金支付或一日数次累计超过5万元以上的现金支付，银行内部要逐笔登记，并按月向人民银行备案。

2000年2月3日，国务院颁布《中华人民共和国现金管理条例》，并于同年5月1日起实施。条例规定：发现假币，应当及时上交人民银行、公安机关或办理存取款业务的金融机构。禁止非法买卖流通人民币。办理人民币存取款的金融机构，应无偿为公众兑换残缺、污损的人民币。故意毁损人民币的，处1万元以下罚款。香港、澳门回归后，人民币的法定地位不变。中外人员出入境，每人每次限带6000元人民币。

2007年1月1日，《中华人民共和国反洗钱法》颁布施行。规定大额和可疑交易报告制度，要求金融机构、特定非金融机构对数额达到一定标准、缺乏明显经济和合法目的的异常交易应当及时向反洗钱行政主管部门报告，以作为发现和追查违法犯罪行为的线索。2010年，辖区各行、社负责人和业务部门主管参加的反洗钱金融联席会议召开，学习《金融机构反洗钱规定》和《人民币大额和可疑支付交易管理办法》，落实有关规定，及时检查并上报各类监测报表。

2015年，中国人民银行吕梁市中心支行根据《中华人民共和国中国人民银行法》《中华人民共和国商业银行法》《中华人民共和国现金管理条例》《金融机构反洗钱规定》《人民币大额和可疑支付交易管理办法》的规定，对辖内进行现金管理。

第六节　现金收支

现金收入

现金收入包括商品销售收入、服务事业收入、税款收入、农村信用社收入、乡镇企业收入、储蓄存款收入、汇兑收入、代收国库券款项收入、城乡个体经营收入、城市信用社收入、其他收入。

1954年，离山县现金收入345.2万元，其中，商品销售收入256.4万元，占比74.3%；1978年现金收入1503.2万元，其中，商品收入1113.1万元，占比74%；1985年现金收入5641.5万元，其中，商品收入3388.8万元，占比60.1%；1990年，离石县现金收入 19191.8 万元，其中，商品收入 7044.8 万元，占比 36.7%。比重增长幅度较大的是城镇居民储蓄，1954 年城镇居民储蓄收入 21.9 万元，占比 6.3%；1978 年，城镇居民储蓄收入 138 万元，占比 9.2%；1985 年城镇居民储蓄收入 1492.9 万元，占比 26.46%；1990 年城镇居民储蓄收入 8464.9 万元，占比 44.11%。 1989 年，离石县储蓄存款收入占现金总收入的 43.34%、商品销售收入占现金总收入的 38.73%、服务事业收入占现金总收入的 6.2%、其他收入占现金总收入的 3.19%、债券收入占现金总收入的 2.98%、农村信用社收入占现金总收入的 2.15%、代收国库券款收入占现金总收入的 1.12%、汇兑收入占现金总收入的 0.9%、城乡个体经营收入占现金总收入的 0.63%、乡镇企事业收入占现金总收入的 0.49%、税款收入占现金总收入的 0.27%。

现金支出

现金支出包括工资支出、农副产品收购支出、农村财政信用支出、储蓄存款支出、行政企业管理费支出、其他支出等。

1954 年，离山县现金支出 315.4 万元。其中，城乡居民储蓄支出 19.5 万元，占比 6.18%；工资支出 62.7 万元，占比 19.88%；行政管理费支出 39.6 万元，占比 12.56%。1978 年，离石县现金支出 1520.4 万元。其中，储蓄支出 99.1 万元，占比 6.5%；工资支出 666.8 万元，占比 43.86%；行政管理费支出 104.9 万元，占比 6.9%。1985 年，离石现金支出 6165.5 万元。其中，储蓄支出 1017.2 万元，占比 16.5%；工资支出 1456.1 万元，占比 23.6%；行政管理费支出 676.1 万元，占比 10.97%。1990 年，离石现金支出 20574.3 万元。其中，储蓄支出 7081 万元，占比 34.4%；工资支出 5852 万元，占比 28.44%；行政管理费支出 1960.2 万元，占比 9.5%。从 1954 年到 1990 年 37 年的发展趋势看，储蓄支出和工资支出的比重双双上升，行政管理费支出的比重略有下降。1990 年后银行不再进行现金收入支出统计。

投差

1954—1957 年，除 l956 年支出 540.2 万元，收入 448.6 万元，现金大于收入外，其他 3 年收入均大于支出。“二五”期间，各项事业提倡“大办”，带来国民经济比例失调，商品供应紧张、市场物价上涨，货币流通量相对增高。5 年中，有 2 年收大于支，有 3 年（1958 年、1960 年、1961 年）收入略小于支出。如 1961 年支出 565.9 万元，收入 545.5 万元，净投放 20.4 万元。“文化大革命”（1966 年—1976 年）期间，支出大于收入，如 1975 年支出 1227.6 万元，收入 1127.7 万元，净投放 99.9 万元。“五五”期间，5 年全为支大于收，如 1980 年支出 2526.1 万元，收入 2263.3 万元，净投放 262.8 万元。“六五”与“七五”（1981 年—1990 年）期间，只有 3 年收大于支，而有 7 年支大于收，如 1989 年支出 17955.5 万元，收入 16942.5 万元，净投放 1013 万元。

1954—1990 年离石（山）县现金收支情况表

表 14-12　　单位：万元

年份	收入	支出	年份	收入	支出
1954	354.2	315.4	1973	1071.0	1133.7
1955	356.9	328.4	1974	1108.4	1205.8
1956	448.6	540.2	1975	1127.7	1227.6
1957	474.6	467.2	1976	1206.6	1357.7
1958	569.8	608.1	1977	1290.4	1340.8
1959	763.3	748.4	1978	1503.2	1520.4
1960	796.0	845.5	1979	1774.1	1998.0
1961	545.5	565.9	1980	2266.3	2526.1
1962	443.6	422.4	1981	2799.1	2820.9
1963	383.8	373.5	1982	3081.3	3053.9
1964	448.7	418.3	1983	3640.1	3630.5
1965	465.9	463.5	1984	4516.7	4718.5
1966	451.7	442.6	1985	5641.5	6165.5
1967	520.3	522.7	1986	7206.0	7733.9
1968	506.7	513.1	1987	9446.5	9787.0
1969	614.0	502.7	1988	13014.4	14819.0
1970	618.5	530.2	1989	16942.6	17955.5
1971	652.5	630.8	1990	19191.8	20574.3
1972	859.2	981.2	—	—	—

1978 年与 1990 年离石县现金收支结构对照表

表 14-13　　单位：万元

现金收入	1978 年	1990 年	现金支出	1978 年	1990 年
合　计	1903.2	19191.8	合　计	1520.4	20574.2
商品销售收入	1113.1	7044.8	工资支出	666.8	5852.8
服务事业收入	168.6	1398.0	对农村投放	105.4	3821.3
税款收入	2.3	44.5	行政管理费支出	104.9	1960.2
农村信用社收入	38.4	471.2	工矿产品收购支出	12.0	56.3
乡镇企业收入	—	39.6	储蓄存款支出	99.1	7081.0
储蓄存款收入	138.0	8467.9	汇兑支出	19.3	96.6

续表 14-13

现金收入	1978 年	1990 年	现金支出	1978 年	1990 年
汇兑收入	10.5	158.2	城乡个体经营支出	—	642.8
代收国库券款项收入	—	57.1	城市信用社支出	—	142.2
城乡个体经营收入	—	116.2	其他支出	1021	92.1
城市信用社收入	—	524.9	—	—	—
其他收入	—	869.4	—	—	—

第七节 金银市场管理

监管

黄金、白银是国家的重要储备，也是国家统购统配的贵重物资。

1949—1999 年，中国的金银一直由中国人民银行经营管理，实行统购统配。1950 年 4 月，中国人民银行制定下发《金银管理办法（草案）》（以下简称《草案》）规定严禁金银民间买卖，严厉打击银元投机倒把走私活动。1977 年 10 月，中国人民银行制定颁布《中国人民银行金银管理办法》。据此，离石人行对金银市场实行严格、有效的管理。1983 年 6 月 15 日，国务院发布《中华人民共和国金银管理条例》。1983 年 12 月 18 日，中国人民银行发布《金银管理暂行条例实施细则》。明确规定国家对金银实行统一管理、统购统配的政策。国家管理金银的主管机关为中国人民银行。在中华人民共和国境内，一切单位和个人不得计价使用金银，禁止私自买卖和借贷抵押金银。金银的收购，统一由中国人民银行办理。除经中国人民银行许可、委托的以外，任何单位和个人不得收购金银。1996 年 10 月，中国人民银行下发《中国人民银行金银收购管理暂行办法》。1997 年，根据《中华人民共和国金银管理条例》和《中国人民银行金银收购管理暂行办法》的有关规定，离石人行会同公安、工商行政管理部门对金银市场进行整治，重点取缔非法经营，打击倒买倒卖和走私金银的违法活动。1999 年 11 月，经国务院批准，中国人民银行《关于白银管理改革有关问题的通知》，宣布解除白银管制，开放白银市场。2001 年 4 月，中国人民银行行长戴相龙宣布取消黄金“统购统配”的计划管理体制，在上海组建黄金交易所。同年 6 月 11 日，中央银行启动黄金价格周报价制度，根据国际市场价格变动对国内金价进行调整。2002 年后，全市陆续有经营金银饰品私有金店开业。

收兑

中华人民共和国成立后，金银币退出货币领域，严禁私人收兑倒贩和市场流通。一切单位收存的金银，一律交回人民银行，不准计价使用或销售，允许个人持有的金银按照国家明牌价码交售人民银行。

离石人行为了做好金银收兑工作，聘请专门人员，进行业务培训。银行收兑金银坚持自愿的原则，一般不向出售者索取证件，本着对国家对群众负责的精神，鉴别成色准确，称量公平合理。收兑金银种类有：金条、金锭、金银首饰、银圆、银锭、银镍子等。

20世纪50年代，黄金每克收兑价为3.04元［每小两（31.25克）95元］，白银每克0.10元，银圆每枚兑人民币1元。1973年，对金银收兑价作了调整，调整后的黄金收兑价为每克13.00元，白银每克0.20元。银圆由1元调到2元，后又调到5元。国民经济恢复时期，全县共计收购黄金1382.5克，白银40614.5克，银圆100855枚。“一五”时期，收购黄金1518克，白银5366.2克，银圆4490枚。1949—1990年底，共计收兑黄金23225克，收兑白银2148206克，收兑银圆212154.5枚。1982年后，金银收兑数量逐渐下降，“七五”期间金银收兑微乎其微。

第八节 监督管理

1955年12月，离石人行对农村信用社进行全面整顿，规范业务活动。

1984—2004年，离石人行金融监管的主要任务是加强金融监管，逐步完善金融监管体制，防范和化解金融风险。1984年，离石人行根据“宏观控制、微观搞活”的原则对辖区内金融机构进行监管。贷款发放实行规模和指标双控制，即总量控制专业银行（商业银行企业化经营前称专业银行）的信贷资金规模，发放贷款实行指标管理，并且主要支持离石地方经济的基础设施建设。1985年，离石人行对县以下金融机构审查发证，即颁发经营金融业务许可证，业务上严格控制专业银行信贷、现金规模，不得突破贷款发放指标。1991年，根据吕银金管字〔1991〕第12号《关于金融机构办理年检和重新登记注册具体办法》的精神，离石人行对辖区内金融机构进行年检，年检的主要内容是资本金充足率、经营范围、机构基本情况变更审批、安全设施。有3个储蓄代办所不达标，被撤销经营金融业务许可证。

1999—2004年，中国人民银行吕梁市中心支行重点对离石区农村信用社进行监管，根据非现场监管提供的情况，对高风险信用社实施了特别监管，遏制信用社高风险经营的扩大化。同时与辖区内金融机构签订《金融监管责任书》，把监管指标量化为业务指标、效益指标、管理指标、监督指标，明确规定监管员及被监管金融机构的职责，实行金融监管责任追究制度。1999年8月5日至10月5日，中国人民银行吕梁市中心支行对离石市农村信用社进行清产核资，摸清农村信用社资产、负债及所有者权益情况，对存在的问题提出“改、整、规”的工作意见，逐项落实，逐条整改，降低农村信用社经营风险，稳步实现规范经营。2004年，中国银行业监督管理委员会吕梁监管分局成立，职能是监督金融行业的银行机构。中国人民银行职能转换为制定和执行货币政策，维护金融稳定，提供金融服务。由中国银行业监督管理委员会吕梁监管分局监测辖内银行业金融机构业务经营和风险状况，重点关注辖内农村信用社和邮政储蓄机构的运营和风险状况，辖内银行业金融机构及其业务的市场准入、退出、变更及高级管理人员任职资格审查等事宜，提出初审意见。

2010年，中国人民银行吕梁市中心支行在离石区宣传、督促执行修订后的《贷款通则》，以引导民间融资活动健康发展，规范信贷市场。依据《贷款通则》全面规范金融机构涉及货币信贷、金融市场、金融稳定、金融统计、会计、支付结算、金融科技、货币发行、国库、征信、反洗钱等方面的服务与管理事项。实行按季监测、按年考核，采取现场监测与非现场监测相结合的考核方式，及时跟踪了解辖内农村信用社股本金、资本充足率、不良贷款、费用支出、盈余以及存款准备金缴存情况等主要指标变动的真实性、合规性。吕梁监管分局根据中国银监印发的《流动资金贷款管理暂行办法》《个人贷款管理暂行办法》《关于严格执行〈固定资产贷款管理暂行办法〉〈流动资金贷款管理暂行办法〉〈项目融资业务指引〉的通知》，就贷款新规的执行提出具体要求。

2015年，中国人民银行吕梁市中心支行在离石区依法加强对金融机构的日常管理，开展金融机构综合执法检查和综合评价工作，重点探索对保险、证券等金融消费者权益保护薄弱环节的管理。

第九节　信息化建设

中国人民银行金融服务系统

2005年6月，大额实时支付系统（大额支付系统）在离石上线运行。大额支付系统采用逐笔实时方式处理支付业务，全额清算资金。大额实时支付系统实行5×21小时运行。

2006年6月，小额批量支付系统（小额支付系统）在离石上线运行。小额支付系统是中国现代化支付系统的主要业务子系统和组成部分。它主要处理同城和异地纸凭证截留的借记支付业务和小额贷记支付业务，支付指令批量发送，轧差净额清算资金。2010年5月4日起，小额支付系统普通贷记和定期贷记业务金额上限由2万元调整到5万元。系统为对网上支付、电话纳税等服务提供支持，同时为满足法定节假日的支付活动需要，实行的是“全时”服务，即7×24小时连续运行。

2007年6月，全国支票影像交换系统在离石推广运行。全国支票影像交换系统是运用影像技术将实物支票转换为支票影像信息，通过计算机及网络将影像信息传递至出票人开户银行提示付款的业务处理系统。影像交换系统定位于处理银行机构跨行和行内的支票影像信息交换。支票影像业务的处理分为影像信息交换和业务回执处理两个阶段，即支票提出银行通过影像交换系统将支票影像信息发送至提入行提示付款，提入行通过小额支付系统向提出行发送回执完成付款。支票影像交换系统7×24小时运行。

2010年8月30日，网上支付跨行清算系统成功上线运行。网上支付跨行清算系统是中国人民银行建设的人民币跨行支付清算基础设施，是中国现代化支付系统的重要组成部分。网上支付跨行清算系统主要支持网上跨行零售业务的处理，业务指令逐笔发送、批量轧差、定时清算。客户可通过在线方式提交支付业务，并可实时获取业务处理结果。系统支持商业银行以及经中国人民银行批准的非金融支付服务机构接入，并向客户提供7×24小时全天候服务，使人们足不出户就能及时、便捷地实现支付需求。

信用信息基础数据库

2002年，企业信用信息基础数据库实现以地市级数据库为基础的省内数据共享。该系统主要从商业银行等金融机构采集企业的基本信息、在金融机构的借款、担保等信贷信息，以及企业主要的财务指标。2005年，升级为全国集中统一的企业信用信息基础数据库，在信息采集范围和服务功能上大大提高。2006年7月，实现全国联网查询。

2004年底，个人信用信息基础数据库实现15家全国性商业银行和8家城市商业银行在全国7个城市的成功联网试运行。2005年8月底，完成与全国所有商业银行和部分有条件的农村信用社的联网运行。2006年1月，个人信用信息基础数据库正式运行，为金融机构和个人提供个人信用信息基础数据库实时查询和个人信用报告服务。

企业和个人信用信息基础数据库，由中国人民银行总行和各级分支机构进行维护、管理，主要收录企业和个人的信贷信息，同时还收录企业和个人基本身份信息、企业环保信息、缴纳各类社会保障费用和住房公积金信息、质检信息、企业拖欠工资信息以及缴纳电费信息等。企业和个人信用信息基础数据库功能是帮助商业银行核实客户身份，杜绝信贷欺诈、保证信贷交易的合法性；全面反映企业和个人的信用状况，通过获得信贷的难易程度、金额大小、利率高低等因素的不同，奖励守信者，惩戒失信者；利用企业和个人征信系统遍布全国各地的网络及其对企业和个人信贷交易等重大经济活动的影响，提高法院、环保、税务、工商等政府部门的行政执法力度；通过企业和个人征信系统的约束性和影响力，培养和提高企业和个人遵守法律、尊重规则、尊重合同、恪守信用的意识，提高社会诚信水平，建设和谐美好的社会。

2014年，进行中国人民银行吕梁市中心支行机构信用代码证发放和完成中小企业数据库数据入库，尝试性开展对部分企业财务信息的跟踪核查。

截至2015年底，中国人民银行吕梁市中心支行建设完成中小企业信用体系和农户信用信息数据库。采取电视、网络、广告牌匾、宣传栏等多种形式，加大信用建设宣传力度，提高征信系统的利用效率，有效防范银行信贷风险，为做好信贷支持经济发展工作提供良好平台。

财税库行横向联网系统

2009年，离石区在财政局、国税局、地税局、人行国库、商业银行各单位运行财税库行横向联网系统。通过电子网络系统办理税收收入征缴、入库、退库、更正、免抵调、对账等业务，税款直接缴入国库，实现税款征缴信息共享的业务处理系统。

商业银行系统信息化建设

银行柜台业务处理系统　是以基层银行日常业务处理为主的计算机系统，主要包括对公业务信息系统和储蓄业务系统。从1990年，离石工行在本区金融系统第一家使用电脑办理储蓄业务开始，到1995年5月，离石工行取消手工柜台业务，并实现全区工行系统联网。1997年底，农村信用合作社基本取消手工柜台业务。1999年，离石建行取消手工柜台业务。同年，工行、建行均实现全省范围系统联网。2000年，工行、农行、建行，实现行内全国联网，做到全国行内通存通兑。2002年，离石农行取消手工柜台业务，电子化营业网点覆盖率达到100%。2004年，农业银行全国统一的综合业务应用系统ABIS系统上线。2010年4月，离石农行实物黄金系统上线，离石可以买卖实物黄金。同年，农行公章验印系统上线。

银行自动服务系统　是以计算机为中心，以银行专用的电子设备和机具为作业手段，以网络通信技术为传播媒介的银行综合服务系统。1995年，首张"牡丹卡"信用卡在离石工行问世，它的出现使银行的各种交易业务中的现金流、票据流变成了电子流。1996年3月，首张"金穗卡"在离石农行问世。1999年，"龙卡"储蓄卡在离石建行问世。2002年首张"绿卡"（邮政储蓄卡）在离石邮政储蓄银行问世。卡的服务范围由原来的存取现金功能，发展到消费、转账、购物、信贷、代发工资、代收种种费用等功能。持卡人通过设在银行、商场等消费场所的POS（含电话POS，销售点情报管理系统）、ATM（自动柜员机）机器进行处理，完成货币支付操作。2000年，首张牡丹灵通卡在离石工行问世。2000年后，银行的ATM机（自动柜员机）、消费场所的POS和网上金融服务，包括网上银行、网上支付、手机银行等金融服务项目陆续在本地出现，金融电子化支付、转账、汇兑不再受时间、空间的限制，7×24小时服务于大众。2002年，离石工行拥有公司客户1200户，开通网上银行并实现网上资金汇划的100余户。拥有个人客户10万余户，持有牡丹卡的客户2万余户，已开通电子银行的客户5000余户，有理财金账户（贵宾客户）3000余户，有牡丹信用卡、贷记卡的客户3000余户，各项指标均占据离石金融市场份额的40%以上。2003年，农行离石支行营业部设在行式ATM自动柜员机。2004年，银联卡在离石各银行陆续发行，全面实现了联网无障碍通用目标。2007年，离石农行POS机、网上银行上线。2010年，离石工行个人贵宾客户增量完成55户，个人网银246户，个人短信通1025户，个人电话银行114户，个人手机银行160户，企业网银1户，企业短信通23户，转账电话银行26户。4月，离石农行设立旧汽车站离行式ATM自动柜员机，5月，离石农行设立长治路离行式ATM自动柜员机。2011年10月，离石农行6个网点设立大堂式自助查询机。2012年1月，农行离石龙凤支行设立大堂式自助发卡机，实现无纸化、免填单发卡。3月，离石农行银行作业智能控制系统（ICAN）上线。5月，离石农行BOS系统上线。6月，离石农行的离石支行、广场支行、石州支行设立大堂式自助发卡机。10月，离石农行设立新汽车站、泰化物资城、吕梁人民医院离行式ATM自动柜员机。

第十节 机 构

中国人民银行离石县支行

1949年9月1日，中国人民银行离石县支行成立，是离石县第一家地方金融机构，有职工27人，下设秘书、业务、会计、农金、信用合作等股和总务处。在县境内发行与管理货币，办理信贷存款业务和汇兑结算业务。

1949年9月，中国人民政治协商会议通过《中华人民共和国中央人民政府组织法》，赋予人民银行行使国家银行职能，承担发行国家货币、经理国家金库、管理国家金融、稳定金融市场、支持经济恢复和国家重建的任务。在统一的计划体制中，成为国家吸收、动员、集中和分配信贷资金的基本手段。随着社会主义改造的加快，私营金融业纳入公私合营银行轨道，形成集中统一的金融体制，中国人民银行作为国家金融管理和货币发行的机构，既是管理金融的国家机关又是全面经营银行业务的国家银行。

在国民经济恢复时期（1949—1952年），离石人行在离石县人民政府的统一领导下，着手建立统一的银行体系：建立独立统一的货币体系，使人民币成为境内流通的本位币，与各经济部门协同治理通货膨胀；迅速普建分支机构，发展和建立农村信用社10多个；实行金融管理，疏导游资，打击金银外币黑市；开展存款、放款、汇兑业务，促进城乡物资交流，为迎接经济建设做准备。逐步收兑了解放区发行的货币，全部清除并限期兑换国民党政府发行的货币，很快使人民币成为境内统一流通的货币；对各类金融机构实行了统一管理。充分运用货币发行和货币政策，实行现金管理，运用折实储蓄和存放款利率等手段调控市场货币供求，扭转中华人民共和国成立初期金融市场混乱的状况，制止国民党政府遗留下来的长达20年之久的恶性通货膨胀。

1956年，分设中国农业银行离山县支行。1957年3月，撤销中国农业银行离山县支行，业务并入离石人行。

在国民经济调整时期（1961—1965年），根据中央关于国民经济“调整、巩固、充实、提高”的八字方针，离石人行严格加强信贷资金管理，控制货币发行，合理发放工商企业贷款，通过向社队发放化肥、农药、农业机械、兴修水利、农田基本建设等贷款，支持离石农村经济的恢复和调整。1962年，离石人行进行人员精简和机构撤销。

1967年“文化大革命”期间，离石县金融系统银行小组成立。1971年1月，山西省离石县财政局革命委员会成立，中国人民银行离石县支行并入“山西省离石县财政局革命委员会金融组”。1974年10月，离石县财政局与银行分开设立。“文化大革命”期间，离石县银行工作受到严重干扰，信贷工作较为混乱。

从国家银行过渡到中央银行体制（1979—1992年），1979年1月，为加强对农村经济的扶植，恢复中国农业银行。组建中国人民建设银行离石县支行。设立离石县农村信用合作联合社、恢复中国人民保险公司离石县支公司等非银行金融机构。这些金融机构与人民银行一起构成多元化金融体系。离石人行充分发挥金融宏观调控职能。

1979年，中国农业银行离石县支行再度与人行分设。

1983年9月17日，国务院发布《关于中国人民银行专门行使中央银行职能的决定》，由人民银行专门行使中央银行的职能。1984年12月，离石人行与中国工商银行离石县支行分设，自此，县人民银行不再具体办理国民经济各部门信贷、结算和现金出纳等业务，专门行使中央银行赋予的职能。1985年，离石人行内设机构为：人事秘书股、金融管理股、计划股、会计出纳股。

1990年，内设人事秘书、金融管理、计划统计、货币发行、会计、国库、稽核等7股，有职工34人。1995年3月18日，第八届全国人民代表大会第三次会议审议通过《中华人民共和国中国人民银行法》，至此，中国人民银行作为中央银行以法律形式被确定下来。主要职能是制定和执行货币政策，防范和化解金融风险，维护金融稳定。之后逐步将监管证券、保险、银行业务从人民银行的职能中分离出来。

1998年，离石人行被撤销。人员交流、业务并入中国人民银行吕梁市中心支行。

中国农业银行股份有限公司离石县支行

中国农业银行股份有限公司离石县支行系大型股份制商业银行。

1956年8月，在县人民银行农金股的基础上，分设中国农业银行离山县支行，为专办农村金融的专业银行。1957年初撤销，其业务归回人民银行办理。

1964年2月，离石县农业银行正式成立。4月，对外营业，隶属农行晋中支行管辖。内设业务、会计、秘书、政治等股。行址设旧城八一街，同年底有干部职工11人。1965年底与人民银行合并。

1979年2月，国务院发出《关于恢复建立中国农业银行的通知》，中国农业银行山西省离石县支行于1979年9月正式挂牌成立，隶属中国农业银行吕梁地区中心支行。内设办公室、农金业务、计划会计、信用合作、社队财务辅导等11个股室；下辖田家会、城关、吴城、信义、坪头、交口6个中心营业所，西属巴、城关、吴城、信义、田家会、红眼川、小神头、王营庄、枣林、王家沟、西塌、阳坡、坪头、结绳堨、交口15个信用合作社。共计职工91人。同年，离石县农行存款余额163.4万元，贷款余额920万元，利润6.4万元。支行办公在八一街旧人行院内。1980年1月1日，离石县农业银行对外营业，既是国有专业银行，又是农村信用社金融组织的管理银行。

1980年6月，农金股分设为社队信贷股、企业信贷股，增设农业拨款股，支行内设为7股1室。1981年3月，中国农业银行山西省离石县支行更名为中国农业银行离石县支行。7月，计划会计股分设为会计股、计划股，支行内设为8股1室。1983年4月，社队财务股撤销，信用社的财务管理员转为业务员，支行不再管理社队财务工作。1984年，农业拨款股被撤销。支行内设5股1室。办公室、企业信贷股、社队信贷股、计划股、会计股、信用合作股。同年，离石县农行存款余额1160.6万元，贷款余额1148.4万元，利润21万元。1986年9月，存款股成立，增设段家坪储蓄所。12月，审计稽核股成立。1987年2月，人事监察股、保卫股增设，撤销信用合作股。内设：办公室、人事监察股、保卫股、审计稽核股、存款股、会计股、企业信贷股、社队信贷股、计划股。1988年4月，企业信贷股与社队信贷股被撤销，农业信贷股、工业信贷股、商业信贷股成立。11月，增设马茂庄营业所。1990年6月，人事监察股分设为人事股、监察室。同年，离石县农行存款余额2897万元，贷款余额4028.81万元。1991年，统计业务使用微机。5月，离石县支行劳动服务部成立。次年5月，撤销。1992年，支行储蓄专柜开始使用单机版。1994年，支行营业部对公业务开始使用微机单机版，全行所有网点开始使用单机版系统微机处理储蓄业务。

1996年3月，筹建国家政策性农业发展银行离石支行，年底机构筹建、人员分流完成。农行原经营的扶贫贷款业务、粮食企业存贷款业务等全部由农发行接管。年底，农行与农村信用社彻底脱钩，不再行使对信用社的管理职能，农信社财务、人事管理都交由县信用联社独立管理和经营。信合股被撤销。从此，农行由专业银行的特性转变为国有独资商业银行。9月4日，原办公室、人事股、保卫股并为综合办公室；农、工、商合并为信贷管理科，会计股、计划股合并为计划财务科，存款股更名为资金组织科，原监察室和稽核审计股合并为监察审计科，设支行营业部、信用卡部、储蓄专柜3个直属机构，同年，离石市农行存款余额14139万元，贷款金额9635万元，利润101万元。1998年5月，根据业务需要支行设立专项业务股，将农业贷款细分为常规贷款和专项贷款，设立专项贷款目的是加强扶贫专项贷款的发放和管理。1999年5月27日，资产保全部成立。同年，支行营业部开通信用卡业务。同年，对不良资产进行剥离。2000年6月，专项业务股撤销。同年，根据农业银行实行减人增效、由粗放型向集约化经营转型以及优化组织机构的有关要求，通过收缩业务经营范围，实现减人增效，优化机构设置，实现集约化经营管理目标。同年，离石市农行存款余额23102万元，贷款金额7562万元。2001年，内设机构调整，支行内设部门为综合办公室、资金组织部、信贷业务部、安全保卫部、客户经理部、计划财务部、资产保全部。2002年2月，信贷业务部被撤销，改设公司业务部、个人客户部。2003年3月，风险资产经营部成立。

2006年9月，永宁分理处分设，升格为单点支行。12月，储蓄专柜、卡部被撤销。同年，离石区农行存款余额55497万元，贷款金额21593万元，利润876万元。2007年，乡镇网点被撤销，业务并入城区网点。2008 年 5 月，对账中心成立。2009 年 1 月 15 日，中国农业银行由国有独资商业银行整体改制为股份有限公司。中国农业银行离石区支行更名为中国农业银行股份有限公司离石区支行。2011 年 3 月，支行内设综合管理部、财务运营部、客户部（含“三农”部）、营业部。下设龙凤支行、石州支行、原市行营业部、永宁支行、广场支行。至年底，全行员工 204 人，支行机关 48 人，营业网点 130 人，离退休人员 14 人。同年，离石区农行存款余额 272.548 万元，贷款金额 30310 万元，利润 2459 万元。

2012 年 4 月份，城区机构再次改革，市行营业部挂靠吕梁分行下设机构，龙凤支行、石州支行、永宁支行、广场支行等 4 个机构实行穿透式管理，行政挂靠离石支行，业务由吕梁分行直接管理。截至 2015 年底，内设综合管理部、财会运营部、客户部（含三农部）、营业部。至年底，全行员工 104 人（其中借调吕梁分行 34 人）。办公地点：吕梁市离石区兴隆街 67 号。

中国建设银行股份有限公司吕梁永宁路支行

中国建设银行股份有限公司吕梁永宁路支行系大型股份制商业银行。

1972 年 11 月，中国建设银行吕梁地区支行成立。1973 年初成立离石办事处。1980 年 8 月 30 日，中国建设银行吕梁地区支行更名为中国建设银行吕梁地区中心支行，同时离石办事处被撤销，离石县业务则由吕梁地区中心支行直接办理。1983 年，中国建设银行吕梁地区中心支行下设中、离营业室，专门经办离石、中阳两县有关业务。1986 年 11 月，中国建设银行山西省离石县支行正式成立，内设储蓄、业务、会计等股室 4 个，下设储蓄所 6 个，有职工 45 人。1987 年 12 月，离石县支行解放路储蓄所设立。1988 年，4 月，离石县桥南储蓄所设立。8 月，离石县城西储蓄所设立。1989 年，4 月，离石县城北分理处设立。6 月，离石县东关储蓄所设立。7 月，离石县滨河北西路储蓄所设立。1992 年 6 月，离石县滨河南路储蓄所设立。1996 年 3 月，更名为中国建设银行山西省离石县支行。

1996 年 5 月，更名为中国建设银行山西省离石市城区支行。1999 年 11 月，离石市东关储蓄所、离石市城北分理处撤销。2001 年，1 月，离石市城西储蓄所、离石县滨河南路储蓄所撤销。同年 2 月，离石市解放路储蓄所被撤销。

2004 年 6 月，更名为中国建设银行股份有限公司吕梁永宁路支行。同年离石滨河北西路储蓄所撤并为中国建设银行股份有限公司住房城市建设支行。2008 年，离石区桥南储蓄所升格为离石区桥南分理处，后再次升格为中国建设银行股份有限公司东城支行。

截至 2015 年底，支行内设办公室、营业股、信贷股。各项存款 648868 万元，各项贷款 219054 万元。

中国工商银行股份有限公司石州支行

中国工商银行股份有限公司石州支行系大型股份制商业银行。

1985 年 1 月 1 日，中国工商银行离石县支行随中国工商银行吕梁分行成立而成立，性质为国有专业银行。承担本县城市和国营工商业信贷以及储蓄业务。内设信贷、储蓄、计划、会计等股室7个，下设代办所6个，有职工93人。行址位于离石兴隆步行街11号。

2002年，中国工商银行离石市支行更名为中国工商银行石州支行。内设个人金融业务部、客户经理部、综合部3个管理职能部门。下设步行街营业部、久安路支行和吕梁宾馆自助银行3个营业网点。正式职工49人，柜员工19人。2003年，石州支行滨河北西路分理处降格为储蓄所。

2005年1月，经工商银行总行、山西省分行批复，中国工商银行离石分行更名为中国工商银行吕梁分行，中国工商银行石州支行更名为中国工商银行吕梁石州支行，下辖机构相应更名。根据上级行机构规划总体要求，石州支行广场分理处、石州支行滨河北西路储蓄所改建为二级支行。同时撤销石州支行储蓄所、永宁支行桥北储蓄所。10月，中国工商银行股份有限公司成立，中国工商银行吕梁石州支行更名为中国工商银行股份有限公司石州支行。

2007年，中国工商银行股份有限公司石州支行各项存款余额30500万元，各项贷款余额80200万元，实现拨备前利润3653万元。2008年，各项存款24712万元，中间业务实现240万元，利润实现786万元，为区龙头企业发放贷款88007万元。2010年，各项存款余额47842.15万元，比年初净增9516.11万元，对公存款余额16872.88万元，比年初增7589.54万元，中间业务收入实现297万元，其中，保险手续费收入完成14.78万元，结算收入54.53万元，基金代销收入完成5.44万元，银行卡业务收入完成17.52万元，电子银行业务收入完成20.43万元。委托资产清收89万元，自营贷款清收27万元。实现账面利润1235.47万元。

截至2015年底，中国工商银行股份有限公司石州支行各项存款590288万元，各项贷款350675万元。

中信银行股份有限公司吕梁支行

中信银行股份有限公司吕梁支行系股份制商业银行。

2009年9月16日，中信银行股份有限公司吕梁支行成立。支行内设零售部、公司部、营业部。办公地址在吕梁市离石区丽景路1号。

截至2015年底，支行对公柜面、现金柜面、厅堂服务、零售外拓团队（部分）组成营业部，作为一级经营机构。支行共有员工116人。

中国邮政储蓄银行吕梁市分行

2008年3月，中国邮政储蓄银行股份有限公司山西省吕梁市分行成立。截至2015年年底，在离石区设吕梁市分行、吕梁市莲花支行、吕梁市团结路支行、吕梁市德盛路支行、吕梁市货源路支行5个营业网点。

招商银行股份有限公司吕梁分行

招商银行股份有限公司吕梁分行系股份制商业银行。

2013年7月26日开始试营业，10月9日正式开业。内设部门6个，分别为综合业务部、风险管理部、公司银行部、零售银行部、运营管理部和营业部。

截至2015年底，分行内设综合业务部、风险管理部、公司银行部、零售银行部、运营管理部和营业部。有员工48名，其中正式工38人，劳务派遣及外包人员10人。各项存款余额6.04亿元，各项贷款余额6968.81万元。

晋商银行股份有限公司离石支行

晋商银行股份有限公司离石支行隶属于晋商银行股份有限公司吕梁分行，系股份制商业银行。

2014年7月18日，注册工商营业执照。2015年4月20日正式开业。支行内设两部一室，分别是营业部、营销部、办公室。机构设立之初，在册职工19人。截至2015年底，在册职工27人，总资产为7460余万元，各项存款余额4247余万元，各项贷款余额6662元，营业收入192万元，净利润–423万元。机构办公地址在离石区永宁西路嘉润国际广场1层。

离石区农村信用合作社联合社

离石区农村信用合作社联合社系农村合作金融组织。由辖内农村信用合作社入股组成。

1951年，离石县结绳墕乡和小神头乡率先创办信用合作社，每股小米5升（后增为1斗）。同年计集股金米折合现款3000元，存款余额0.2万元，贷款余额0.5万元。

1955年，以乡建社，实现乡乡有社。信用合作社股金米折合现款3.6万元，存款余额增加为10.3万元，贷款余额增加为8.9万元。1957年底，县信用社有股金6.8万元，存款余额14.6万元，贷款余额14万元。1958年，以公社为单位，信用社与银行营业所并为公社银行。

1959年，撤行建信用部。1961年，信用合作社恢复，有职工42人。1965年，县信用社农民入社股金达12.1万元，存款余额45.7万元，贷款余额16.3万元。1975年，县信用社农民入社股金达11.98万元，存款余额155.4万元，贷款余额85.5万元。1977年，辖内共有信用社15个，信用社服务站139个，干部54人。1978年，县信用合作社进行整顿，恢复和健全各项规章制度。根据国务院有关规定，全县信用社的资金，统一纳入国家信贷计划，同时重申信用社为集体所有制金融组织。1979年，辖内共有信用社15个，信用社服务站141个，共有职工64人。1980年，中国农业银行离石县支行成立后，统一领导各基层信用社，信用社为农行管辖的独立核算、自负盈亏单位。同年，各信用社共有股金12万元，存款余额为371.3万元，贷款余额为132万元。1984年，由辖内农村信用合作社入股组成离石农村信用合作社联合社，内设社务组、人事劳资组、信息组、业务组、财务组。其职能是对辖内农村信用合作社行使管理职能；为辖内农村信用合作社提供服务职能；办理存款、贷款和结算等业务。1985年，县信用社存款余额1064.7万元，贷款余额503.3万元。1987年，农村信用社存款余额1630.9万元，其中，接受集体存款431.1万元，占总额的26.4%；个人储蓄存款1199.8万元，占73.6%。当年贷款余额816.4万元，其中，集体贷款208.5万元，占25.5%；个人贷款607.9万元，占74.5%。当年存贷款余额分别比1978年增长8.2倍和6.2倍。1990年，共有信用社16个、储蓄社4个、职工130人。县农村信用社各项存款余额为2504.5万元。贷款余额1647万元。1991年，离石联社内设社务组、人事劳资组、信息组、业务组、财务组。其职能是对辖内农村信用合作社行使管理职能；为辖内农村信用合作社提供服务职能；办理存款、贷款和结算等业务。

1996年底，离石联社与中国农业银行离石市支行脱离行政隶属关系，直接受市人民银行监管。2002年底，离石联社内设办公室、营业部、计划财务股、业务股、审计股、监察股、保卫股。2003年之后，人民银行退出，把管理权移交省联社。

2005年，离石联社内设综合办公室、信贷业务股、财务会计股、稽核审计股、客户部、科技信息部和安全保卫股7个职能部门。2007年，离石区22个信用社、分社实行统一核算。根据2004年国务院农村金融改革精神，经吕梁市银监局批准，离石联社完成农村信用社以县为单位统一法人的改制工作，挂牌营业。改制后的离石联社由辖内农民、农村工商户、企业法人和其他经济组织以及本联社职工自愿入股组成的股份制社区性地方金融机构，主要为“三农”提供金融服务，实行“三会一层”（社员代表大会、理事会、监事会、以联社主任为首的经营管理层）的新型法人治理结构，自主经营、自担风险、自负盈亏、自我约束。内设职能股室10个，分别为办公室、人事股、财务股、业务股、保卫股、稽核中队、客户部、统计信息股、风险资产管理部、清非大队。

截至2015年底，离石联社内设职能股室13个，分别是人事股、财务股、业务股、安全保卫股、科技信息股、办公室、纪检监察室、稽核中队、清非大队、客户部、风险资产部、清算中心、远程授权与事后监督中心，有营业部1个。

第三章　保　险

第一节　保费收支

1952 年，离石县保险公司成立，保险业务有农村耕畜保险等。1953 年停办所有农村保险业务。1958 年停办单位财产保险和城镇普通保险。1985 年，离石保险公司开办大牲畜保险，1989 年停办。1986 年，离石保险公司开办自行车保险业务，1989 年停办。

20 世纪 80 年代，离石保险公司开设企业财产保险和机动车辆保险。1983 年，有 28 户工商企业和 404 辆机动车辆投保，收保费 12.5 万元。同年处理机动车辆肇事保赔案 7 起，支付赔款 93797 元，赔付率 75%。1985 年，承保车辆 1858 辆，承保企业财产 39 户。保费收入 55.7 万元。1986 年，新开设学生团体平安保险、煤矿工人意外伤害保险、团体人身保险、大牲畜保险、自行车专项盗窃险以及商业系统退休金统筹等险种，保费收入为 68.2 万元。1987 年，开设险种 10 种，保费收入增为 102 万元，支付赔款 69 万元，赔付率为 67.6%。1990 年，保费收入 235.7 万元，支付赔款 129.6 万元，赔付率为 55%。

第二节　保险种类

离石区各保险公司根据其性质分为财产保险公司和人寿保险公司。财产保险公司经营财产保险业务，人寿保险公司经营人身保险业务。

财产保险种类

财产损失保险　财产损失保险即为有形财产保险，是保障有形财产本身以及有关利益，因自然灾害或者是意外导致受到损失的风险。财产损失还分为企业财产保险、利润财产保险、家庭财产保险、运输财产保险、货物运输保险、工程保险、农业保险、特殊风险保险。

责任保险　是以被保险人依法应负的民事损害赔偿责任或经过特别约定的合同责任作为保险标的的保险。责任保险可分为公共责任保险、第三者责任保险、产品责任保险、雇主责任保险、职业责任保险等。

信用保证保险　指保险人承保的信用保险，被保证人根据权利人的要求投保自己信用的保险是保证保险；权利人要求被保证人信用的保险是信用保险。包括合同保证保险、忠实保证保险、产品保证保险、商业信用保证保险、出口信用保险、投资（政治风险）保险。

人身保险种类

是以被保险人的寿命为保险标的，给付的条件是被保险人生存或死亡。人身保险主要可以分成以下几类：

定期寿险 被保险人在规定时间内死亡，受益人可以领取保险金。

终身人寿 不定期的死亡保险，保险责任从保险合同生效后一直到被保险人死亡为止。

生存保险 被保险人必须生存到保单规定的保险期限，这样才能够领取保险金。

生死两全 定期人寿保险与生存保险两类保险的结合。

养老保险 生死两全保险的特殊形式。

第三节 保险产品营销模式

保险直销

1981年，吕梁市保险业务刚刚恢复后，保险直销是主要模式。1990年前保险产品的推销，主要靠保险公司业务及全体人员自己走出去推销，验险核保展业人员一人便可完成整个流程，包括投保单、保险单、保费收据的填写，这种模式从1981年起延续达10年之久。

保险代理人销售

随着保险业务的发展，保险市场的规模单靠保险本身的直销模式远不能适应保险市场的要求，为发展保险业务，完成上级公司下达的保费任务，公司发展扩大代理业务。如各专业银行代理、邮政银行代理、各汽车销售4S店合作代理，公安、交警、农机征费等部门代理业务应运而生，并迅速扩大。

经纪公司代理销售

随着保险市场的日益发展壮大，经纪公司也应运而生，保险经纪人代表投保人的利益，为客户提供专业化风险管理服务，设计投保方案。

营销团队代理销售

营销团队营销员销售保险产品已经成为离石保险业务发展的主力军。

电话 网络销售

电话销售保险产品主要是机动车辆保险，通过电话、网络购买保险，可节省15%的保险费，有此项业务的公司是人保财险、平安财产。

保险超市销售

保险超市销售新生事物，它的最大优势是不倾向于推荐或销售某个保险产品，而以中立的立场，公平、公正地销售所有保险公司的产品。2005年，首家保险超市由中吕保险代理有限公司开办，地点在吕梁电影公司迎街侧楼，面积800平方米左右，曾为太平洋财险、太平洋寿险、大地等保险公司代理销售业务。当时超市保险产品有机动车辆损失险、第三者责任险、各种意外险、各种人身保险业务等几十个保险产品，销售业务规模达700多万元，2007年初停办。

第四节　机　构

中国人民保险公司离石县支公司

1952年，离石县保险公司成立。1953年停办农村保险业务后，保险机构随之被撤销。1979年国内保险业务恢复，1982年末，经批准成立中国人民保险公司离石县支公司。经筹备，1983年3月，中国人民保险公司离石县支公司成立并展业，属股级单位，县人民银行领导，负责吕梁地区山区9个县（兴县、岚县、方山、临县、离石、柳林、中阳、交口、石楼）保险业务。1984年保险公司升格后，中国人民保险公司离石县支公司改名为中国人民保险公司离石县办事处，负责山区6个县业务，有职工10名。1986年5月，中国人民保险公司离石县办事处又改名为中国人民保险公司离石县支公司，内设业务、农险等股室4个，下设代办所1个，代办点20个，共有职工20人。1993年，田家会保险代办所、交口保险代办所成立。1994年末，公司内设科室5个、保险代办所2个，即办公室、业务科、人险科、运险科（营业室、计财科）和田家会保险所、交口保险所。1996年6月，中国人民保险公司离石县支公司撤销并入中国人保财险吕梁分公司营业部。

中国人寿保险有限公司吕梁营业部

1996年6月，人寿吕梁营业部成立。2010年，有代理机构网点27个，在编员工34名，营销员220人。截至2015年底，在编员工12名，营销员291人。办公地址在吕梁市离石区西崖底金域广场。

天安财产保险股份有限公司吕梁中心支公司

2005年1月，天安保险公司吕梁营销服务部成立，在编员工12名，营销员10人，办公地址在离石长治路。2008年搬迁到离石滨河南路。2014年，改名天安财产保险股份有限公司吕梁中心支公司，内设机构5个，分别是综合部、销推部、运营分部、业务部、车商部、下设支公司3个，分别是孝义支公司、汾阳支公司、柳林支公司，在编员工45名，其中，营销员32人。办公地址在离石区滨河南中路124号1层（109室、115室）、3层。

中国太平洋人寿保险股份有限公司吕梁中心支公司

2005年1月，中国太平洋人寿保险股份有限公司吕梁中心支公司成立。截至2015年底，公司内设部门9个，下设县级机构7家，有在编员工78名，营销员1387人。办公地址在离石区龙凤南大街（吕梁市政务大厅西侧）。

中国太平洋财产保险股份有限公司吕梁中心支公司

2006年10月，中国太平洋财产保险股份有限公司吕梁中心支公司成立。截至2015年底，公司内设机构有综合管理部、车险部、非车险部、理赔部、渠道业务部等，下设孝义支公司、汾阳支公司、文水支公司、交城支公司、中阳支公司、柳林支公司、临县支公司，有在编员工 85 名。办公地址在山西省吕梁市离石区滨河北东路龙居轩一、二层。

中国人寿保险有限公司离石营销服务部

2007 年 8 月，中国人寿保险公司离石营销服务部成立。截至 2015 年底，公司在编员工 12 名，营销员 192 人，办公地址在离石区滨河北路。

中国平安人寿保险股份有限公司山西分公司吕梁营销服务部

2007 年 10 月 17 日，中国平安人寿保险股份有限公司山西分公司吕梁营销服务部成立。2012 年，中国平安人寿保险股份有限公司山西分公司吕梁营销服务部改建为中国平安人寿保险股份有限公司吕梁中心支公司，公司内设总经理室、人事行政室、财务室、运营室、销售管理室、销售企划室、银行保险部机构。截至 2015 年底，有在编员工 23 名，营销人员 400 人。办公地址在山西省吕梁市离石区龙凤北大街凡绅写字楼 4—6 层。

中国人寿财产保险股份有限公司吕梁市中心支公司

2008 年 1 月 16 日，中国人寿财险吕梁市中心支公司成立。在编员工 217 名，公司内设部门 10 个，下设基层公司 18 家。办公地址在吕梁市离石区龙凤北大街 12 号。

阳光财产保险股份有限公司吕梁中心支公司

2008 年 1 月，阳光财产保险股份有限公司吕梁中心支公司成立。公司内设部门有中支总经理室、综合管理部、客户服务部、理赔部及业务部门，有在编员工 60 名，营销员 62 人。办公地址在吕梁市离石区丽景街宇航大厦。

安邦财产保险股份有限公司山西省分公司吕梁营销服务部

2008 年 3 月，安邦财产保险股份有限公司山西省分公司吕梁营销服务部成立，公司办公地址在离石区久安路，2010 年，搬迁到离石永宁东路。截至 2015 年底，搬到吕梁市离石区莲花新区中二路与中三路交会处。

中国人民人寿保险股份有限公司吕梁市中心支公司

2008 年 6 月 18 日，中国人民人寿保险股份有限公司吕梁市中心支公司成立，有在编人员 12 名，2008—2010 年下设机构 10 家。

新华人寿保险股份有限公司离石营销服务部

2008 年 9 月 2 日，新华人寿保险股份有限公司离石营销服务部成立。2010 年，新华人寿保险股份有限公司离石营销服务部有代理机构网点 1 个，在编人员 3 人，营销员 95 人。截至 2015 年底，在编员工 3 名，营销员 55 人，办公地址在吕梁市离石区滨河南路后瓦。

泰康人寿保险股份有限公司离石支公司

2009 年 6 月 25 日，泰康人寿离石支公司成立。2010 年，泰康人寿保险股份有限公司离石支公司在编人员 3 名，营销员 106 人。截至 2015 年底，泰康人寿保险股份有限公司离石支公司在编人员 4 名，营销员 429 人，办公地址在吕梁市离石区龙凤南大街（莲花新区）昌园大厦第 9 层。

中国人民人寿保险股份有限公司吕梁市离石区支公司

2009 年 12 月 2 日，中国人民人寿保险股份有限公司吕梁市离石支公司成立。2010 年，公司有代理机构网点 19 个，在编人员 1 名，营销人员 90 人。2011 年 9 月 28 日，更名为中国人寿财产保险股份有限公司离石区支公司成立，在编员工 18 名，营销员 11 人。办公地址吕梁市离石区龙凤北大街 12 号办公楼二层 203—204 室。

永诚财产保险股份有限公司吕梁中心支公司

2010 年 7 月 15 日，永诚财产保险股份有限公司吕梁中心支公司成立，公司内设经理室、综合管理部、客户服务部、运营支持部。有在编员工 21 名，营销员 11 人。办公地址在离石区龙凤大街西侧久安路北侧金鼎大厦 8 层，截至 2015 年底，公司无下属营销服务部。

中国人寿财产保险股份有限公司离石区支公司

2011 年 9 月 28 日，中国人寿财产保险股份有限公司离石区支公司成立，有在编员工 18 名，营销员 11 人。办公地址在吕梁市离石区龙凤北大街 12 号办公楼二层 203—204 室。

合众人寿保险股份有限公司吕梁中心支公司

2012 年 7 月，合众人寿保险股份有限公司吕梁中心支公司成立。公司内设部门 7 个，下设文水支公司，在编员工 8 名，营销员 300 人，办公地址离石区滨河北西路 69 号（泰和大楼）7 层。

2014 年，有理财经理 6 人，实习生 3 人，经纪人 48 人，有从业资格证的 16 人。共发展存量 2979 万元。截至 2015 年底，资产总量达到 27000 万元，有效户 1550 户。净佣金收入 530 万元，产品收入 56.3 万元，融资利息收入 130 万元，营业部收入为 15 万元。理财经理 19 人，经纪人 16 人。

华安财产保险股份有限公司吕梁中心支公司

2013 年 1 月 17 日，华安财产保险股份有限公司吕梁中心支公司成立，办公地址吕梁市离石区交通路南小桥 8 号。截至 2015 年底，公司有在编员工 4 名，营销员 7 人。

第四章 其他金融业

第一节 当铺 钱庄

当铺

清代道光年间至民国初年，在民族工商业萌芽人民告贷无门之际，离石典当业兴起。清光绪十三年（1895）县境有当铺23家。民国26年（1937）前，城内有义有当，东关有新开当、南关有公义当、大武有孚益当、峪口有恒义当、柳林有宝亨当等。当物以衣物为最多，其次为农具、木器、金银首饰。当物一般值十当五；金银首饰作价六至七成；衣物作价四至五成；其他笨重家具如农具不易转手出卖的只作四成左右价，月利3分。交口、吴城、田家会设立小押铺，值十押三，月利3分至1角，剥削更甚。放款称“架本”，抵押品入柜称“上架”，押放在外未收回的款叫“存架”。当票不记当户姓名，当头则按《千字文》天地玄黄宇宙洪荒日月盈昃辰宿列张……顺序编号，每月用一字。各种物品亦不直接书名，而以符号代替，当票为期1月，超4天则按月计（叫过3不过4），过了3年不赎就算“死当”，抵押物任由当铺拍卖。

清代当铺受州县衙门直接管理，辛亥革命后由公款局管理，并由商会监督，当铺给当地官府衙门提供各种方便，以求讨好沟通，得到官府庇护。

当铺白天营业，晚上关门结账，唯除夕夜破例，通宵开业，以支应过不了年的雇主，趁年关捞取更大利润。盈利分配以3年为限，年满按股计红。典当业股金分“身股子”“银股子”二种。银股子按东家底垫的资本多寡而定，一般以银圆千元为一股，算一分。身股子是柜上“顶生意”人员的技术声望股，“掌柜”的可顶一至二分生意；管账的可顶八厘至一分生意；业务熟练的伙计可顶二至三厘生意。资本一般为四至五千元，少数当铺也有八千元以至万元资本的。没有顶生意资格的人叫劳金，每年每人劳金最高20元左右。小伙计称劳金学徒，只管吃饭，不得参与分红。

钱庄

民国年间，离石县城开设的钱庄有义亨、洪兴、公益长、同益兴、瑞生通等10余家，在柳林镇开设的有长盛茂等七八家，大武有天一元等四五家。这些钱庄专与肩挑贸易小商小贩打交道，月利2至3分。若遇年关大节等特殊情况可涨至5分以上。在钱庄借钱先得讨“连环铺保”，要调查借钱人家产如何，人气怎样。若找不到殷实大户作保，虽然利重也绝对借不到手。民国25年（1936），山西省银行在离石设区钱庄。

银行

西北农民银行碛口支行 1940年5月，西北农民银行在兴县成立后，离石抗日民主政府在西北贸易总局驻碛口贸易分局金融科的基础上成立支行。发行西农币，打击伪币，稳定物价。

第二节　民间融资

中华人民共和国成立前，境内主要有典房押地、探卖青苗红枣、换粮等民间融资形式。

典房押地

贫苦农民遭受天灾人祸打击，无生计时，则以不动产房地为抵押品，值十作五，月息一般3—5分，书写契约，三年本利一并清还，逾期不还，活契倒为死契。

探卖青苗红枣

五荒六月，青黄不接，断粮的穷苦农民指青苗或指枣树借钱，值三作一；春借五斗，秋还一石；若还不出，青苗或枣树收获全归债主。

换粮

夏天穷人短了谷米，打上麦子吃不起（用小米熬稀粥比磨麦子吃白面省得多），只得向存粮财主调换，“麦子换米斗三升”（1斗3升麦子换1斗小米）。秋天打下谷子有了小米，但过年时又没有吃的白面，只得又向财主米换麦子斗三升（1斗3升小米换1斗小麦）。

高利贷

农村中小地主放债月息一般1角左右，最高要达1角5分。如月息1角，十月期满本利相等。如果到期不能还本还息，则在下一个约定期内本金和上期利息都要计息，即利滚利。

赊销

穷人遇天灾人祸或买不起棺材、或过年换不上新衣、或冬去换不转季、或平日称不起油盐，只得向财主赊欠，欠款挂账，每月5分至1角行利，过期不还利上滚利。

官绅放债

清末永宁州知州谢恩承在本城商号广和长放有七八万两银子的活期贷款，利用该号经理梁流茂进行经营活动，分别给本城商号支应“标期”，或者给“虎盘”商人做垫脚，月利均在一分以上。民国初年官绅勾结商号放高利贷的活动更见频繁，义亨号和庆丰泰是官绅们放高利贷的主要场所。

第三节　证　券

大同证券有限责任公司吕梁八一街证券营业部

2010年8月，大同证券经纪有限责任公司吕梁八一街证券营业部成立。2011年，有经纪人52人，其中专职22人、兼职30人，有从业资格证者11人。2012年，有经纪人54人，其中，专职7人、兼职47人，有从业资格证者15人。2013年，新增存量2374万元，老客户二次开发1570万元，共计新增存量3952万元，资产9281万元。手续费净佣金收入为108.75万元。

山西证券股份有限公司吕梁分公司

2013年6月7日，经中国证券监督管理委员会山西监管局批准设立山西证券股份有限公司吕梁分公司。截至2015年底，托管市值5350万元，A股证券账户为15930户，员工人数为12名，经纪人3名。注册地址山西省吕梁市离石区滨河北西路1号。

方正证券股份有限公司吕梁龙凤北大街证券营业部

2014年5月，方正证券股份有限公司吕梁龙凤北大街证券营业部成立。注册地址在山西省吕梁市离石区龙凤北大街109号。

第十五编

财政　税务

财政

国家税务

地方税务

明清时期，永宁县财政实行统收统支，收入除按定额留县支用外，全部上解。民国初年，地方财政分为省、县两级。县财政收入由省政府统管，支出由省政府核定拨给。抗日战争与解放战争时期，抗日民主政府所辖区和解放区县财政权集中在专署，实行统收统支。收入全部上解，支出造表由专署下拨。中华人民共和国成立后，1951 年，建立县财政预决算制度。县财政收入主要来自农业税、工商税、企业收入及其他收入等。1953—1993 年，全县预算内收入 19482.4 万元，预算内支出 19484.1 万元。1994 年，离石县实行“分税制”体制。1994—2015 年，预算内收入 1954297 万元，预算内支出 1243558 万元。2011 年，离石区财政收入完成 122012 万元，首次突破十亿元大关。2015 年，离石区财政收入完成 186739 万元。

明清时期，县衙设户房，掌管全县田赋及杂税征收。民国初，沿袭清制，征收田赋使用清末典册。民国 27 年（1938）至 1948 年，离石县征收公粮，由专署、县、区、村逐级分配任务落实到户。中华人民共和国成立后，农业税贯彻依率计征、依法减免的方针，税务征管逐步走向正规，主要有税务登记、纳税申报和发票管理等制度。1953—1993 年，离石县税收由税务机关负责征收。1994 年，实行新税制，国税、地税实行分级管理。同年，国税完成 20113 万元，地税完成 1244 万元。2005 年，国税完成 33101 万元，地税完成 11618 万元。截至 2015 年底，国税完成 28307 万元，地税完成 65873 万元。

第一章　财　政

第一节　财政体制

清袭明制，县衙设户房（俗称钱粮房），掌管全县田赋及杂税征收，县财政实行统收统支，收入除按定额留县支用外，全部上解。

民国初年，沿袭清制。民国17年（1928），国民政府颁布“国家、地方财政收支划分标准，”地方财政分为省、县两级。县财政收入由省政府统管，支出由省政府核定拨给。民国23年5月，全国第二次财政会议制定县、市地方预算规章，将县、区、乡财政统一归于县，税捐依种类划分归属，大宗税捐省、县分成。支出以机关及事业单位属地划分归属。民国27年至1948年，处于抗日与解放战争时期，解放区县财政权集中专署，实行统收统支，收支两条线。收入全部上解，支出造表由专署下拨，支后编造决算表报销。县对各单位及区政府实行“定员定额”供给制。

中华人民共和国成立后，适应政治经济发展的需要，离石县财政管理体制经过多次改革和调整，仍属计划经济下统收统支的管理体制。

1950年1月，政务院颁布《全国税政实施细则》，统一全国税收政策和税收制度，全国统一执行税种14种，即货物税、工商业税、盐税、关税、薪级报酬所得税、存款利息所得税、印花税、遗产税、交易税、屠宰税、房产税、地产税、特种行为消费税、牌照使用税。离石县实行“统收统支”的财政管理体制。

1951—1957年，离石（山）县实行“划分收支，分级管理”的管理体制，建立县财政预决算制度。1953年，省将牲畜交易税、屠宰税、印花税、利息所得税、城市房地产税、特种消费税、车辆使用牌照税、契税及其他收入归县财政收入。收入达不到支出预算总额，差额由省补助。农业、林业、文化教育、通信广播、卫生、社会福利、行政费等为县支出项目。收不抵支，由省财政补助；收大于支，上解或转作下年度使用。县对所属部门及各区实行按月核定基数，以拨款支出，年终决算处理的办法。1954年，省将工商营业税的7%，商品流通税、货物税的38%划归县财政预算收入；把地方工业支出、其他经济建设、干部训练和体育等4项划入县财政支出。

1958年，离山县实行“按年度核定预算，按年包干，结余分成”的管理体制。

1959—1970年，离石县实行“收支下放，计划包干，地区调节，总额分成，一年一定”办法。除省直管企业、事业收入归省外，其余全部归县收入，超收分成。1959年分成比例为：中央12%，省52.8%，县留35.2%.

1960—1970年，分成比例调整为：交省85%，县留15%。县对所属部门各项定额经费，实行“包干使用，年终结余，单位和县各分50%”的办法。

1971—1973年，离石县实行“定收定支，收支包干，保证上缴（或差额补贴），结余留用，一年一定”“收支挂钩，总额分成”的财政管理体制。

1974—1975年，离石县实行“收入固定，比例留成，支出包干”的财政管理体制。县对所属部门和人民公社实行“以人定额，按月拨款，按月报销”的办法。

1976—1979年，离石县恢复“总额分成，一年一定”的财政管理体制。

1980—1993年，为“分级包干”阶段。1980年起，离石县实行“划分收支，分级包干”（即分灶吃饭），一定五年不变的体制。按照经济管理体制规定的隶属关系，明确划分省、市、县的财政收支范围。县的收入分固定和调剂两类：企业工商所得税、农业税、地方各税和其他收入，划为县的固定收入；工商税按1979年12月数为基数包干上交。当年离石县对所属行政事业单位经费，试行“预算包干，一年一定，超支不补，结余留用”办法，对有固定收入单位实行“差额管理，定额补助，结余留用”的办法，1980年底，离石县有40%的单位经费有结余，在结余范围内，每人提取一定数额，作为年终节约奖。1980年，离石县对全民所有制企业推行利改税第一步改革，确定企业留利比例（以前企业利润全额上缴财政），并确定留利的使用范围和比例，用于发展基金、职工福利基金、奖金和备用金。1983年，离石县实行“总额分成，分级包干”的财政体制，取消地方固定收入和调剂收入，按地方收入基数总额与支出基数，计算出一个分成比例，实行包干，五年不变。体制实行后，赋予地方政府一定的责任与权利，调动地方当家理财、增收节支的积极性。离石县财政由1980年受省财政补贴50万元，变为1983年上缴省财政50万元。1985年，离石县实行“划分税种、核定收支、分级包干”财政体制，一定五年不变。将集体企业所得税、农业税、个人所得税、车辆使用牌照税、城市房地产税、屠宰税、牲畜交易税、集市交易税、契税、国营企业奖金税、税收滞纳金和其他收入，划为县固定收入。对全民所有制企业实行利改税第二步改革，即将按定额上缴利润改为按八级累进税率（最高上缴55%）所得税。将产品税、增值税、营业税、建筑税、盐税、县营企业和集体企业的资源税、县营企业所得税、调节税、未实行利改税企业的收入和亏损，划为中央、地方共享税，上缴18%，县留72%。支出范围不变，年终收支相差额由地区调剂平衡。对收大于支的增长部分，地、县两级共享收入；耕地占用税，省分享40%、地分享5%、县分享55%；增值税，中央分享75%，县分享25%；土地使用税，省与县各分享50%；有偿使用土地收入，省分享20%、地分享10%、县分享70%。1987年4月1日起，开征耕地占用税，留县50%；农业税、地契税，全部留县。1988年，离石县开始实行包括“收入递增包干”“定额上解”“定额分成加增长分成”“上解递增包干”“定额补助”等办法的财政包干体制。改变计划经济体制下财政统收统支的过度集中管理模式，地方政府由原来被动安排财政收支转变为主动参与经济管理。1989 年，离石县农业税由单一的农业税扩大为农业“四税”（农业税、农林特产税、耕地占用税、契税），农业税全部留县。从 1989 年开始征收农业附加税，按 4 级分成，即乡留 2%、县留 7%、交地区 1%、交省 5%。同年，离石县全面开征农业特产税和农林特产税，全部留县。

1994 年，推行分税制改革。离石县相继实施所得税收入分享改革和出口退税负担机制改革等措施，初步理顺政府间的财政关系，实行“划分税种、核定收支、分级包干”的财政体制。县级固定收入有营业税（不含银行、保险企业营业税）、企业和个人交纳的资源税、企业所得税和上缴利润和计划亏损补贴、个人所得税、固定资产投资方向调节税、城市维护建设税、房产税、车船税、印花税（不含证券交易印花税）、屠宰税、农业税、农林特产税、契税、遗产税、土地增值税、税款滞纳金罚款收入及其他收入。耕地占用税省分享 40%，地分享 5%，县分享 55%；增值税（不含中央与省分享部分）由中央分享 75%，县分享 25%；土地使用税由省与县各分享 50%；国有土地有偿使用土地收入由省分享 20%，地分享 10%，县分享 70%。

2007 年，山西省人民政府根据实际情况调整财政管理体制，中央、省、市、县共享税种有 5 种，增值税分享比例为：中央 75%、省 7.5%、市 3.75%、县 13.75%；企业所得税与个人所得税分享比例为：中央 60%、省 12%、市 6%、县 22%；营业税与资源税分享比例为：省 30%、市 15%、县 55%。这一财政管理体制一直延续至 2015 年。

第二节　财政收入

明、清两代，永宁县税收有田赋和人丁税（丁瑶），以田赋为主，每年分夏、秋两季征收。征收渠道以都甲为单位。

据康熙《永宁州志》卷三记载：明初，永宁州有地 4216 顷（每顷为 100 亩）。万历十年（1583）额定地 4698 顷，夏税 8128.5 石，秋税 18946.6 石，合计 27075.1 石。清顺治年间征田赋减为 1469.9 石，折银 15496.6 两。康熙四十年（1701）编审 8483 丁（丁即男劳力），丁分 8 等，丁瑶银 0.4 两至 1.83 两，共征银 5285.6 两。田赋按土地饶瘠分四等征收：上等平地 857 顷，每顷征银 6.2 两，共征 5344.5 两；上次等折平地 569 顷，顷征 6.1 两，共征 3469.5 两；中等岗沙地 1131 顷，顷征 5.9 两，共征 6682.6 两；下等岗沙地 26 顷，顷征 1.5 两，共征 39 两，以上民田合计 2583 顷，征银 15535.6 两；加顺治以来查出瞒地，共有民田 4028 顷，共征银 23895 两；另商税银 131.8 两，酒课税银 20 两，匠价银 24.7 两；以上田赋丁瑶等 5 项，共征银 29356.7 两（丁均 3.5 两）。据光绪《永宁州志》卷十二记载：乾隆三十四年（1770），有户 1.56 万，口 5.7 万，丁 8487，民地 4055 顷，征租课银 2.4 万两，丁瑶银 5287.7 两（丁均 0.62 两），又征匠价银 24 两，酒课银 20 两，商税银 99.8 两，房田契税银13两，畜税银82两，牙税银34两，盐税银179两，共计税种9个（比康熙年间税种多4项），合计征银2.97万两。

清末，种种杂税众多。清光绪六年（1880）二月初九日《申报》记载："山西征银一两，实际要交四五两。"县内当时流传有："徭役之重三十倍于古，赋税之多，二十倍于古"的说法。

民国时期，税收划分为国税和省、县地方税。离石县交纳的国税有田赋（包括正赋、匠价、兵米、洋款、亩捐等）、杂税（包括契税、印花税、烟酒牌照税、当税、牙税、煤税）、屠宰税（牛2元、骆驼2元、猪0.7元、羊0.45元、驴骡马各1元）、畜税（买价2%）、酒税和厘金（过往开口关卡查验收费）等。交纳的省地方税有公顷捐（正赋一两加征银圆2.3元）、契税附加税（每价1元，附加0.01元）。县地方税有留用一半斗捐、加抽斗捐、戏捐、铺捐、畜税捐、烟捐、布捐、脚夫捐、半庸及抽斗庸、屠捐、皮毛捐、岸口捐、生息捐、货担捐、违惊罚款、地丁附加捐、书捐等，共35种。田赋征收的基数适用清末册籍，改征银两，在折征银圆作价中提高税率。银圆含银7.2钱，每两应折银圆1.38元，但改征银圆时，每两粮银却折征银圆2至3.33元。民国20年（1931），取消厘金税和厘金附加税，加在田粮附加上，以及阎锡山以筹集军费为名的种种摊派。民国22年，离石县共摊下白洋3000元，后摊派免除。

抗日战争和解放战争时期，阎锡山统治在各村设收粮站，田赋由征银改征粮食，每两田赋银征小麦一官石（65千克），购买2石，附加5斗，征马料8斗，共计每两征购四石三斗。在革命根据地晋绥边区，抗日民主政府废除苛捐杂税。民国29年（1940）1—10月，征税1004元（国币）。民国31年，晋西北三分区公布征税条例，按评定产量征收公粮；按累进原则征收工商所得税，即制造业资本在2000元以下者免税，2000元以上者征税1%—10%；贩卖业营业收入每日不满3500元以上者征税5%—20%。另征关税（出入口税），没收逆产（汉奸财产）、司法及行政罚款。据《晋绥革命根据地工商税收史料选编》记载：财政收入，除少量农税和商税外，主要靠贸易公司与蒋、阎管区进行物货交流的出入税费收入。具体收入比例为：出境税占总收入的17.43%，入境税占40.07%，营业税占23.5%，酒税占2.59%，烟税占0.1%，畜税占8.5%，斗庸（粮食交易税）占3.67%，私货变价占2.7%，罚款占1.8%，票证费占0.09%。1946年，离石分配任务59.9万元，实际完成53.6万元。1948年，征税2万元。

1949年，离石县财政收入仅为18万元。

1952年1月，离石县根据国家"保证税收，简化税制"的政策，税种减为12个。

1955年，离山县税收额为61.3万元，其中农业税28.3万元，占46.2%。1958年，离山县对工商税进行改革，将货物税、商品流通税、营业税和印花税合并为工商统一税。

1959年，离石县停征存款利息所得税。1960年，离石县财政收入为887.7万元。1961年，财政收入为574.1万元。1962年，开征集市贸易税。1966年，停征文娱税，保留税种9个。

1971年，财政收入为254.6万元。税收69万元，其中农业税16.9万元，占24.5%。1973年，离石县把工商统一税及其附加、城市房地产税、车辆使用牌照税、屠宰税合并为工商税；税目由过去的108个，减为44个，税率由141个减为82个。离石县适应的税率有3%、5%、8%、10%和15%。农机、农药、化肥税率由5%降为3%，水泥由20%降为15%。1978年，离石县财政总收入275.8万元，其中农业税23.3万元，占全县总税收的8.4%。1983年4月，离石县开征国家能源交通重点建设资金税。7月，开始执行国营企业利改税政策，大中型企业所得税率为55%，小型企业实行八级累进税，最多不超过55%。10月，开征建筑税。1984年9月，离石县将工商税分为生产企业产品税或增值税。商业企业营业税为营业额的3%，批发为进销差价的10%；企业产品税多数为销售额的3%。同年，开征资源税、城市维护建设和调节税。同年，财政收入达到1343.9万元，首次突破千万元大关。1986年，离石县财政收入为2399.7万元。1987年4月，离石县开征耕地占用税，以土地等级定税，分每平方米3元、6元、9元3个等级，农民建设用地减半征收。1989年，离石县全面开征农林特产税，包括水果、干果、苇子、中药材、花卉、苗木等，税率为5%；按正税额的10%征收农林特产附加税。农业地契税（农房），仍按1954年4月颁布的《契税暂行条例》，买卖税率为6%，典当税率为3%，赠予税率为6%；交换价相等不征税，超价征6%。

1996年，离石市财政总收入完成7540万元，在保工资发放、专款到位、财政收支平衡的基础上，略有节余，消化历年赤字102万元。2001年，离石市财政总收入超亿元，达到11248万元。

2007年，离石区财政收入继续保持较快增长，全年财政收入完成98006万元。2011年，财政总收入实现大幅度增长，全年财政总收入完成248073万元。

2012年，财政收入保持较快增长，创历史最高水平。全年财政总收入完成292428万元。2015年，税收受经济下行影响整体下滑，主体税种收入大幅下降，财政总收入、财政公共预算收入减少，未完成全年任务，财政总收入完成186737万元。

1953—1990年部分年份离石（山）县财政收入统计表

表15-1　　　　单位：万元

年份	总计	企业收入	各项收入	其他收入	国家补助	年份	总计	企业收入	各项收入	其他收入	国家补助
1953	73.5	—	22.2	1.9	49.4	1975	423.9	27.6	210.4	27.9	158
1957	238.3	20.9	85.1	12.4	119.9	1980	847.4	71.2	271.7	84	420.5
1962	315.6	24.3	144.7	51.8	94.8	1985	1929.7	91.7	625.2	403.1	809.7
1965	400.5	36.8	113.7	40.2	209.8	1990	3046.2	-17.4	1508.8	490.5	1064.3
1970	438.7	35.2	108.3	106.1	189.1	—	—	—	—	—	—

1991—1997 年离石市（县）财政收入统计表

表 15-2

年度	总计（万元）	递增率（%）	工商税收（万元）	农牧业税收（万元）	企业所得税（万元）	国有企业上缴利润（万元）	其他补助（万元）	其他收入（万元）	专项收入（万元）	罚没、收费收入（万元）
1991	3640.5	—	1536.8	32.7	49.6	18.9	-6.1	96.6	1170	—
1992	3602.3	1.05	1682.6	73.5	46.5	11.2	9.3	94.9	954.6	—
1993	4525.8	25.64	2314.1	91.5	19.6	22.2	202.5	160.5	134	—
1994	1349	-70.19	1312	124.5	128.5	—	34.1	348.3	33.3	—
1995	2759	104.52	1588	117	201	—	-12	207	79	640
1996	7540	173.29	2064	148	91	—	-48	247	85	722
1997	3529	-53.20	2333	184	86	—	115	166	2647	720

1998—2015 年离石区（市）财政收入统计表

表 15-3

年份	总收入（万元）	递增率（%）	上划中央收入完成（万元）	上划省级收入完成（万元）	上划市级收入完成（万元）	地方财政收入完成（万元）
1998	6510	84.47	2219	—	—	4291
1999	7718	18.56	2686	—	—	5032
2000	8865	14.86	3286	—	—	5579
2001	11248	26.88	4198	—	—	7050
2002	13693	21.74	5797	1707	977	5212
2003	18502	35.12	8465	2185	1248	6604
2004	32202	74.05	16483	4176	2396	9147
2005	59612	85.12	34201	6899	3944	14568
2006	70118	17.62	36879	8246	4755	20328
2007	98006	39.77	53744	9298	4649	30315
2008	205985	110.18	117098	19197	9872	59818
2009	180040	-12.60	85023	17656	8830	68531
2010	192315	6.82	99449	18655	9327	64884

续表 15-3

年份	总收入（万元）	递增率（%）	上划中央收入完成（万元）	上划省级收入完成（万元）	上划市级收入完成（万元）	地方财政收入完成（万元）
2011	248073	28.99	134700	24226	12114	77033
2012	292428	17.88	137809	28769	14384	111466
2013	271200	-7.26	102535	31373	15686	121606
2014	241853	-10.82	74213	24956	12478	130206
2015	186737	-22.79	71882	20615	10012	84228

1955—1990 年离石县农业税收收入统计表

表 15-4　　单位：万元

年份	金额	年份	金额	年份	金额	年份	金额
1955	28.3	1964	57.1	1973	25.1	1982	13.2
1956	16.9	1965	24.7	1974	22.6	1983	12.9
1957	22.9	1966	60.3	1975	24	1984	6.8
1958	70	1967	11.9	1976	22.4	1985	10
1959	57.7	1968	23.4	1977	31	1986	41
1960	15.9	1969	45	1978	23.3	1987	27
1961	39.6	1970	57	1979	15	1988	166
1962	33.6	1971	16.9	1980	10.2	1989	108
1963	48.1	1972	10	1981	13.9	1990	96

1991—2005 年离石区（县、市）农业税收收入统计表

表 15-5　　单位：万元

年度	总收入	农业税	耕地占用税	农林特产税	契税
1991	327	149	154	15	9
1992	735	399	327	6	3
1993	915	534	288	66	27
1994	139	73	45	14	7
1995	135	63	49	16	7
1996	162	101	30	24	7

续表 15-5

年度	总收入	农业税	耕地占用税	农林特产税	契税
1997	121	61	34	19	7
1998	170	71	73	18	8
1999	41	6	20	5	10
2000	256	66	172	7	11
2001	92	—	58	12	22
2002	187	96	57	13	21
2003	181	24	110	17	30
2004	252	—	163	—	89
2005	146	—	3	—	143

第三节 财政支出

清代，永宁县财政收入大部分上解国库；少部分留县，主要用于州衙和驿站的行政支出。乾隆三十四年（1770）征银 2.97 万两，其中，上解 24712.94 两，留支 4643.8 两，在留支中 3 个驿站支出 2662 两（3 个驿官年俸各 60 两，青龙渡巡检司、玉亭驿、吴城驿丞各 31.52 两）；留州官俸役食杂支 1778.7 两（其中，知州年俸 80 两，养廉 800 两；州判官年俸 45 两，吏目儒学年俸各 31.52 两）；两项合计 4440.7 两，余 203.1 两。

1953 年，离石县文、卫等事业费和行政费支出占财政支出的 61%。

1958 年，文、卫等事业费和行政费支出占财政支出的 44.7%，基本建设支出占财政支出的 29.3%。

1971 年，文、卫等事业费和行政费支出占财政支出的 38.5%，支援农业支出占财政支出的 21.2%，基本建设支出占财政支出的 13.9%。1978 年，文、卫等事业费和行政费支出占财政支出的 32.9%，支援农业支出占财政支出的 27.8%，基本建设支出占财政支出的 0.4%。1989 年，基本建设支出占财政支出的 2.2%。1990 年，文、卫等事业费和行政费支出占财政支出的 36.5%，支援农业支出占财政支出的 14.3%，基本建设支出为 0。1992 年，离石县财力较少、增支因素不断加大，财政收支矛盾日益突出。离石县坚持以财政平衡为基点，做到“两确保”，即保运行，保工资。1992 年，财政支出 3602 万元。

1996 年，离石市财政实行从紧的财政政策，节减财政支出。1996 年，财政支出执行 6030 万元。1998 年，离石市财政收支出现矛盾突出、资金调度困难，累计执行一般性财政支出 7085 万元，上解支出 650 万元，滚存结金 265 万元，结转下年支出 585 万元，弥补以前年度赤字 20 万元，最大限度地保证职工基本工资按时发放和支农、科教、救灾、粮食等重点支出。

2004 年，离石区坚持统筹兼顾，调整和优化支出结构，全力保障工资性支出、最低生活保障、救灾支出和社会发展等事关人民群众切身利益的重点支出需要，共执行一般预算支出 25717 万元。2009 年，全区部分财源主体全面减收，财政局狠抓增收节支，树立过紧日子的思想，坚持厉行节约，严格控制一般性支出，加强财政科学化精细化管理，提高财政管理工作绩效，执行一般预算支出 91459 万元。

2015 年，全区刚性支出需求不断增长，财政支出重点向民生领域倾斜。财政公共预算支出调整预算为 181569 万元，实际执行为 177301 万元，比 2009 年增长 93.86%。

1953—1990 年部分年份离石（山）县财政支出统计表

表 15-6　　单位：万元

年份	总计	基本建设	支援农业	文教科学卫生	行政管理	其他支出
1953	73.5	1.9	—	26.9	27.1	27.1
1957	238.3	29.7	—	129.1	56.7	22.8
1962	315.6	38.1	0.6	131.7	55.2	90
1965	400.5	72.5	—	173.1	65.5	89.4
1970	438.7	22.3	54.4	109.1	87.5	165.4
1975	423.9	6.6	93.9	115.3	54.2	153.9
1980	847.4	6	173.4	204.9	110.5	352.6
1985	1929.7	23	278.0	404.1	173.6	1051.1
1990	3046.2	—	436.7	778	334.6	1496.9

1991—1997年离石市（县）财政支出统计表

表 15-7　单位：万元

年份	支出累计	递增%	基本建设	挖潜改造	简易建筑	科技三项	支援农业生产	工业交通	城市维护	安置就业	文教卫生	科学事业	其他部门	抚恤救济	行政管理	公检法	价格补贴	支援不发达地区	其他支出	专项支出	农业综合开发	农林水气象
1991	3641	—	30.2	—	—	6.5	159	20.5	428.1	1.2	810.2	2.4	76.3	108.7	369.3	116.6	260.5	11.4	123.5	—	—	103
1992	3602	-1.07	25.8	—	15	4.8	196	25.2	256.5	2.4	1027	6.4	63.4	212.4	492.6	152.6	104.2	99.7	262.1	—	—	128
1993	4526	25.65	1	—	46.3	5.2	274	30.3	254.6	—	1204	1.5	60.9	186.9	530.5	255.6	17.5	66.9	458.8	—	—	141
1994	5207	15.05	20	—	—	4.1	288	33.7	550.8	—	1220	0.8	71	221	845.4	471.3	98	110.7	29.8	31	—	186
1995	5000	-3.98	—	—	25	9	399	29	499	—	1559	3	75	201	809	470	174	209	265	45	44	182
1996	6030	20.60	—	—	27	14	327	41	506	—	1315	—	105	198	997	659	184	410	340	108	45	265
1997	7396	22.65	12	600	48	13	256	37	657	2	1620	1	123	192	997	686	93	646	447	87	102	265

1998—2006年离石区（市）财政支出统计表

表 15-8　单位：万元

年份	支出累计	递增%	基本建设	科技三项	支持农村生产	农业综合开发	农林水气等	工交等部门	文体广播	教育事业	科学事业	卫生经费	统计等部门	抚恤和救济	社会保障补助	行政管理	武装警察	公检法司	城市维护
1998	7085	-4.20	—	13	256	120	291	58	208	1488	1	635	—	305	188	1365	14	636	596
1999	9064	27.93	346	58	268	60	400	95	186	1706	1	701	—	284	486	1386	10	519	1770
2000	9644	6.40	350	28	484	71	459	68	240	2097	1	776	147	367	258	1618	21	862	688

续表 15-8

年份	支出累计	递增%	基本建设	科技三项	支持农村生产	农业综合开发	农林水气等	工交等部门	文体广播	教育事业	科学事业	卫生经费	统计等部门	抚恤和救济	社会保障补助	行政管理	武装警察	公检法司	城市维护
2001	12905	33.81	212	38	273	82	632	95	318	2825	4	1058	232	474	333	2220	14	1105	1773
2002	14963	15.95	—	30	256	77	778	146	375	3713	2	1205	—	673	430	2396	18	1065	885
2003	16475	10.10	30	37	—	—	1180	272	484	4158	3	1370	—	914	363	2858	20	1350	852
2004	25717	56.10	—	37	—	—	2915	232	570	5787	5	1496	—	1043	650	4043	23	1491	4125
2005	26781	4.14	—	30	—	—	1833	126	729	7330	16	1935	—	1207	410	4902	38	1882	805
2006	36144	34.96	—	30	—	—	2875	335	974	9142	27	2241	—	1549	791	5928	52	2536	360

2007—2015 年离石区财政支出统计表

表 15-9　　单位：万元

年份	一般预算支出	递增率（%）	一般公共服务	国防	公共安全	教育	科学技术	文化体育与传媒	社会保障和就业	医疗卫生	节能环保	农林水事务	交通运输	工商业服务业等	其他支出	城乡社区事务	资源勘探电力信息等事务	粮油物资储备等事务	灾后重建	国有资源气象等事务	住房保障	国债还本付息	援助其他地区	国土海洋气象
2007	44462	16.15	8370	176	3868	14059	153	838	3483	3386	1566	3684	443	1025	3411	—	—	—	—	—	—	—	—	—
2008	70126	57.72	11581	226	6496	16203	247	1951	4830	4380	4316	9310	1694	2338	3846	—	—	—	—	—	—	—	—	—
2009	91459	30.42	21148	226	6663	19857	247	1268	7320	8437	5443	6730	1365	130	3583	6464	1494	486	598	—	—	—	—	—

续表 15-9

年份	一般预算支出	递增率（%）	一般公共服务	国防	公共安全	教育	科学技术	文化体育与传媒	社会保障和就业	医疗卫生	节能环保	农林水事务	交通运输	工商业服务业等	其他支出	城乡社区事务	资源勘探电力信息等事务	粮油物资储备等事务	灾后重建	国有资源气象等事务	住房保障	国债还本付息	援助其他地区	国土海洋气象
2010	97581	6.69	11989	148	8146	25392	883	1277	6600	6778	7683	7259	1241	1118	8067	3567	1365	232	578	3386	1842	30	—	—
2011	122012	25.04	14444	164	8247	26050	1177	1394	8681	8900	3200	13399	1968	1198	11285	8339	1988	222	—	908	3789	41	—	—
2012	166600	36.54	16576	155	13161	42269	1306	1346	9455	9286	5357	12334	1385	1188	9779	17025	1676	172	—	21157	2973	—	—	—
2013	167146	0.33	20316	168	12739	42798	1801	1619	12316	12488	4667	19897	2088	1237	11784	10306	2635	272	—	5436	4301	118	160	—
2014	194608	16.43	13738	52	11213	35747	790	1620	12932	13757	5894	18212	3649	314	12493	9661	1899	180	—	47162	4992	130	173	47162
2015	177301	8.89	13691	262	10269	38296	414	1720	14920	17748	4542	23918	4427	439	4432	11544	2717	271	—	—	15384	83	185	12039

第四节 财政管理

支农惠农资金管理

20 世纪 70 年代，支农惠农资金分无偿和有偿两种，由县财政局主管。无偿投资，亦称穷赶富拨款，曾一次性拨款补助。由财政部门管理，银行专户存款，凭票监督支付。支援水利建设，采用包干办法，由公社和主管部门提出项目，经财政部门审查，县领导批准。实行定工程、定项目、定质量、定时间、定投资。根据社队经济条件，确定补助标准，由承办单位开出三联通知书，按工程进度由银行监督拨款，竣工验收。有偿支援农业资金，属借款周转金，有借有还（1977 年后改为无息贷款）。1984 年，改为重点支援乡镇和专业户发展生产，优先支持为生产提供原料和见效快的短线产品和企业，对专业户坚持成熟一个支持一个的原则。资金使用由乡村及个户申请，由县主管部门审定签订合同，经司法部门公证，保证按期归还，由财政部门下达指标，农业银行鉴定支付，发现不合理项目立即纠正停办。1992 年，离石县财政支农周转金回收额 300 万元。同年，安排扶贫资金 108 万元、支农周转金 282 万元、农业发展资金 27 万元、农村水利专项资金 123.92 万元，扶持发展高效农田 2000 公顷、蔬菜 10 公顷、太阳能温室蔬菜地 3.33 公顷、果园 6.67 公顷，扶持经营户 100 家，发展良种 20 万千克、水产养殖 1.33 公顷、养牛 100 头、养羊 1300 只、养鸡 5400 只、养猪 700 头，扶持配套大型农机 30 台、农副产品加工业 10 家、乡村企业 28 家、加油机购销部 5 家，年产农村广播音箱 1000 个，扶持磷肥补贴 300 吨。解决人畜吃水灌溉打井 20 眼，培训各类专业人员 3 万余人次。

2012 年，离石区共拨付粮食补贴资金 1543.01 万元，补贴种粮面积 1263.08 公顷。同年，深化支农资金整合工作，共整合支农资金约 5 亿元。2013—2014 年，全区共拨付粮食补贴资金、农机具补贴资金、退耕还林补贴资金、规模健康养殖奖补资金、贷款贴息资金、造林绿化资金、设施蔬菜建设资金、水利工程配套资金等支农惠民资金 10779.17 万元。截至 2015 年底，离石区共拨付支农惠民资金 2875.90 万元，其中，种粮农民补贴资金 1233.61 万元、农民冬季取暖用煤货币化补贴资金 1160.73 万元、农机具补贴资金 76 万元、退耕还林补贴资金 405.5598 万元。

会计管理

1992 年，离石县实行专业技术资格考试制度，分会计员、助理会计师、会计师 3 个层次。高级会计师职务资格实行评审制度。

1996 年，财政部发布《会计证管理办法》，离石市根据省财政厅的《山西省会计证管理办法实施细则》，对全市会计人员开展上岗培训、办证、年检等工作。1998 年，会计专业技术资格考试改为助理会计师和会计师 2 个层次。1998 年，实行新的会计制度。1999 年，离石市政府印发《会计委派实施办法》《会计委派实施细则》，在考试、考查、综合测评的基础上，对全市107个行政事业单位实行会计委派制管理。1999年，开展会计账簿统一监管改革，对全市行政事业单位、乡镇、村委及部分乡镇企业实行会计账簿财政监管制度，要求会计账簿统一规格，并对会计账簿实行定点销售。2002年，离石市成立会计核算中心，通过选派人员、岗前培训、分批移交等程序在全市范围内推行会计集中核算制度，委派19名优秀会计人员为核算中心工作人员，委派64名会计人员为单位的报账员会计。核算大厅采用“一厅式办公、柜组式作业、窗口式服务”的工作模式，共设核算组5个和资金结算组1个，集中管理财务收支单位104个，集中管理资金1200余万元。

2004年，离石区对会计实行管理目标责任监查制度。区政府印发《离石区会计核算中心综合管理制度》《优质文明服务监管办法》及相应考核制度，对委派会计和报账员进行百分制考核，17名工作人员担负全区107个单位的会计核算任务。2006年，离石区开展会计从业人员资格考试，报名379人，及格率达75%。全区培训会计200名，委派会计57人，监管单位61个。2010年，制定《离石区行政事业单位及乡（镇）街道办财会人员工作考核办法》，建立“职责+制度+考核”的管理模式，根据《离石区行政事业单位下派会计财务管理与交接工作方案》，将46名会计统一委派到全区各行政事业单位。2011年，对全区1041名会计人员的信息进行重新采集，统一换证。

2013年，开通会计人员继续教育网络培训平台。印发《离石区行政事业单位会计人员管理暂行办法》《离石区农村财务管理暂行办法》。2014年，印发《离石区行政事业单位财务管理暂行办法》《离石区企业会计人员管理暂行办法》。截至2015年底，共对全区农村财会人员进行业务培训10次，每次培训时间不少于24小时。对乡镇财政干部培训4次。

预算外资金管理

1992年，离石县对预算外26家行政事业单位收费进行检查，经查发现有些单位存在占压资金的情况，并且收费收据填写不规范、收费票据使用不统一，共查出违纪金额83.73万元，没收入国库63万元。

1996年，离石市制定并印发《关于加强预算外资金管理实施办法的通知》，对预算外资金实行“四统一”管理，即：对行政性收费和其他收费实行财政专户储存，并按一定比例征收政府调控金；统一收费，并用内部结算票据；统一收支计划，对各项收费，单位实行预算内外财力统筹使用，核定收支计划；统一监管和处罚，对按规定执行且管理办法好的单位给予表扬奖励，对执行差的单位按规定强制性纠正。1996年，对全市市、乡两级预算外资金管理进行检查，检查市级单位90家，乡级单位28家，涉及收费项目2299项，收费金额应纳预算98.48万元，预算外收入4300.54万元，按比例调控197万元，定项直接支出105万元，实现政府调控302万元，以收抵支100万元，专户储存金额1260万元，并利用间歇资金723.7万元，扶持20家企业发展。1997年，离石市加强对预算外资金票据的管理工作，实行专人、专柜、专账管理，严格收费票据发放、缴销和审核管理。开展多头开户问题清查整顿工作，共检查单位70余家，纠正多开户头问题单位10个。1998年，离石市分别成立预算外资金管理领导组和企业封闭管理领导组，并印发《离石市人民政府关于进一步加强预算外资金管理的意见》《离石市人民政府关于预算外资金实行统一征收的意见》《关于预算外资金管理的实施细则》等文件，进一步规范全市预算外资金管理秩序。对有预算外收入的61家单位实行收支两条线管理办法，确定第一批31家单位取消收入过渡户，杜绝单位滥用资金的现象。2002年，离石市对预算内外收入混库情况进行专项检查，累计查出违规金额124万元，并及时予以整改。对教育系统16个单位2001年以后财务收支情况和危房改造资金使用情况进行专项检查，对违规问题处以罚款2万元。对各乡镇、街道的财务进行检查，发现有白条列支、截留专款、票据管理混乱、固定资产账簿不健全等违纪问题。针对存在问题，逐一责令限期整改，并处罚款3万余元。对各企业的财务进行专项检查，共检查单位17家，对存在的会计信息失真、漏提漏报税金、限额超量库存现金等问题做出处理，并处罚款4万元。成立集中收费管理中心，共集中收回预算内收入842万元，预算外收入303万元，分别占到全年系统收入数的61.24%和10.53%。

2005年，严格执行“收缴分离，罚缴分离、票款分离”有关规定，共发放票据8549本，核销票据7967本。

2012—2015年，全区共收缴预算外资金3935.19万元，涉及单位43个，所收资金全部上缴财政专户管理。其中，教育系统40家，资金3047.50万元；国土部门2家，资金215.42万元；林业部门1家，资金672.27万元。

国有资产管理

1992年，对全县国有资产管理进行全面清理整顿，弄清家底，对国有资产和资金进行登记，对全民所有制单位43家企业进行调查核实，经过审查登记，发证39家，占应发证的90.6%。

1996年，离石市先后对全市31家企业进行保值增值测算，对81家行政事业单位进行产权登记，完善产权管理制度和国有资产统计报告制度，并开展集体企业清产核资的试点工作。1998年，对38家国有企业进行产权登记，全市国有企业资产为35032万元，净资产6072万元。2000年，对全市69家行政事业单位、49家国有企业、33家城镇集体企业和18家城镇金融企业进行清产核资，国有企业资产总额37512万元，净资产4135万元；行政事业单位资产总额11935万元，净资产10227万元。2000年，对行政事业单位“非转经”“资产处置”“固定资产专项监管”等工作进行专项检查，累计监管资金138万元。2000年，对企业出售、报废资产实行财政专户储存管理，对市电缆有限公司、市五交化、市防疫站、市中医院进行资产评估，储存金额达41万元。对全市46家国有企业资产占有情况重新进行登记。2002年，先后对焦化厂、石州大楼、建安公司、都爱红枣公司等企业进行清产核资，累计专户储存国有资产处置收入180余万元，征收国有资产占用费1.6万元。2003年，对报废、报损的10部车辆进行资产处理，处置收入6万元。2003年，由市经贸局牵头对市七矿的投资情况进行清产核资，核实债务351万元。

2005年，对区后勤服务中心、环保局等单位出售和调拨的车辆进行公开拍卖，拍卖收入7万元。2005年，参与电缆有限公司、煤运、商业、粮食等企业改制以及七矿、玻璃纤维厂的破产清算工作，分别清算职工工资545万元。参与区城建、房产系统整体上划的清产核资工作，共清理城建、房管系统资产总额944万元，资产盘盈101万元，盘亏95万元，毁损报废32万元。对全区行政事业单位资产进行清产核资，查出资金损失583.7万元。2006年，离石区印发《离石区行政事业单位国有资产管理暂行办法》，对全区行政事业单位的资产购置、资产使用、资产处置、资产评估以及法律责任做出具体规定。2007年，对全区127家行政事业单位的资产进行清查。至2006年底，全区所有行政事业单位资产总额为25573万元，其中，固定资产15900万元，占资产总额的62%。清查资产盘盈3539万元，其中，流动资产盘盈205万元，固定资产盘盈3334万元。资产损失1122万元，资产盈亏相抵，净资产为804万元，比清查前资产盘盈减少1613万元，资产损失减少189万元。2009年，开展国有资产的清查、清理、登记建制工作，共盘盈1926.6万元，资产报损1122.6万元。2010年，在行政事业单位推行资产管理信息系统，实行资产从“入口”配置到“出口”处理的全过程动态监管办法。2011年，建立国有资产管理数据平台，制定《全区行政事业单位资产出租、出借管理暂行办法》，对10个单位所涉出租出借金额210万元进行规范。

2013年，印发《离石区行政事业单位国有资产配置管理暂行办法》《离石区行政事业单位国有资产出租出借管理暂行办法》《离石区行政事业单位国有资产处置管理暂行办法》。2014年，离石区制定《离石区行政事业单位国有资产管理办法》，对全区机关事业单位国有资产进行清理，重新核发使用证书。对单位国有资产评估报告实行审查备案制度。2015，推进国有资产管理改革，推行网上办理资产配置、处置审批事务。实行资产统一招租、统一合同文本、收入统一缴库，拨付统一扎口管理制度。

财经纪律检查

1997年，离石市“三查办”组织有关单位对全市97家企事业单位进行重点检查，共查出违纪金额169万元，应入库119万元，实入库60万元。1998年，离石市财政局对各单位罚没收入、办案补助发放情况进行专项检查，共查出截留罚没款28.7万元、乱发办案补助107万元、有关单位乱收费9万元，1998年截留的罚没款全部收缴入库，收缴乱收费余款6676元，对相关单位罚款24.3万元。

2005年，离石区财政局检查预算单位32家，没收违规资金113万元。检查涉农资金2000万元、救灾资金412万元，共查出违纪金额217万元。其中，欠交专户131万元，擅自设立收费项目收费12万元，超标收费21万元，其他违纪收入53万元。2009年，对交口、枣林、坪头、西属巴乡（镇、街道办）及交通局等84个单位进行检查，共查出违纪金额117.06万余元，涉及单位36个，处以罚款30万元，上缴财政147.09万元。2011年，对重点部门、重点行业和财政支持的民生工程、重点项目的资金使用情况进行全程核查、跟踪问效，共评审建设项目20个，审减金额5888.37万元。

2013—2015年，离石区财政局制定《离石区财政监督检查工作要点》，重点对涉农、教育、医卫和社保等民生政策资金落实情况、重大项目建设资金使用情况、行政事业单位资金使用效益情况、会计信息质量情况、政府采购情况等政策落实情况进行跟踪监督。

政府集中采购管理

1999年，离石市开始政府集中采购管理工作。成立专门机构，对大宗项目实行政府采购招投标制度，集中采购范围包括冬季取暖用煤、机动车辆保险、办公设备购置、基建工程原料采购等领域。至2002年，全市政府采购资金达2900万元，比照市场价节约财政资金300余万元，节约率为11%。2003年，离石市继续完善政府采购制度，累计采购资金1000余万元，资金节约率为11%。

2004年，节约资金200余万元，节约率达13.3%。2005年，离石区先后制定《政府采购管理办法》《政府采购中心内部操作规程》《政府采购实施细则》等规章制度，采购规模达1605万元。2006—2011年，全区共实施采购项目1090项，采购162次，政府集中采购128次，政府采购预算金额21988万元，实际支出13104万元，节约支出2948万元，节约率达13.38%以上。

2012年，离石区扩大政府采购规模，全区共有112个单位编制政府采购预算，共发生政府采购业务36次，采购预算资金5218.98万元，实际采购支出4478.93万元，节约预算资金740.05万元，节约率14.18%。2013年，深化政府采购管理改革，印发《离石区政府采购实施细则》，细化政府采购预算编制，严格政府采购需求标准管理，进一步拓展政府采购范围，扩大政府采购规模，强化采购目录和公开招标执行情况监督检查。共实施政府采购22批次，预算金额4973万元，支出金额达4649万元，节约324万元，节约率6.52%。2014年，印发《离石区本级政府采购社会公共服务暂行办法》《离石区本级政府购买社会公共服务指导性目录》。10月，启动政府购买服务试点工作，并完成购买政府项目评审机构备选和公安局交警大队采购红绿灯、电子警察、高清卡口的维护2项服务。同年，共实施政府采购14批次，预算金额8284.25万元，支出金额7221.6万元，节约资金1062.65万元，节约率达12.8%。截至2015年底，离石区共采购预算8287.25万元，实际采购金额7221.63万元，节约资金1065.62万元，节约率为12.9%。

国库集中支付管理

1999年，离石市实施国库集中支付管理工作。2002年10月，推行会计集中核算工作，成立会计核算中心，选派优秀会计人员19名充实到会计核算中心，对104家行政事业单位的财务收支进行集中核算。

2005年，离石区除基层卫生院外，将全区所有财政负担人员的工资全部实行银行统发，凡属政府采购目录中规定的采购事项的资金、扶贫资金、教育专项资金以及其他能够直接补贴的资金全部纳入财政集中支付管理。2008年，制定《吕梁市离石区区级单位财政国库集中支付管理办法》，所有由财政预算管理的单位，所有纳入预算内外管理的资金、基金全部实行国库集中支付。2009年，全区财政专户资金进行电脑计账。至2010年，全区105个行政事业单位的所有财政性资金全部实行国库集中支付管理。2011年，离石区开展清理整顿财政资金账户工作，进一步强化国库集中支付管理工作，通过清理整顿账户，核查财政账户51个，撤并20个，保留31个；乡镇23个，撤并11个，保留12个。

2012年，全区包括乡镇政府、乡镇卫生院、乡镇中心校共有172个预算单位的所有财政性资金纳入国库集中支付管理范围。2013年，全区国库集中支付覆盖所有政府性资金使用和预算单位，集中支付率达到100%。2014—2015年，离石区进一步深化国库集中支付改革工作，相继制定印发《离石区区级专户管理暂行办法》及改革相关配套文件。

部门预算管理

2002年，离石市选择城区教育系统的16个单位，公、检、法系统的5个单位和城建系统的6个单位，试行部门预算工作，将预算内外收支全部纳入预算编制范围。按照统一标准、统一要求编制。2003年，实行“严格部门一本预算”的办法，部门所有支出均要编入部门预算。

2004年，离石区部门预算工作扩大到年预算达到50万元的预算单位。2005年，全区预算单位全部实行部门预算管理。2012年，印发《关于进一步加快和规范预算单位公务卡改革工作的通知》，制订公务卡强制结算目录，并在公务卡结算试点的基础上，扩大改革范围，将公务卡改革覆盖到全区所有预算单位。

2012年，全区预算单位办理公务卡1213张。2013年，推进预算绩效管理工作，选择有代表性的预算单位和“三农”、教育等民生支出项目开展试点工作。2014年，印发《关于做好全区预决算和“三公”经费信息公开工作的通知》，将全区所有财政资金单位全部纳入预算公开范围。2015年，离石区根据《国务院关于深化预算制度改革的决定》，加强全口径预算管理，将所有收支纳入政府预算管理范围。制定《预决算和“三公”经费公开意见》《严格预算约束加强支出管理意见》，区直部门预决算公开率达到100%。

财政投资项目评审管理

2005年，离石区开始财政投资项目评审工作。离石区财政评审中心成立，评审项目17个，审核资金960万元，净核减资金89万元。至2010年，评审项目103个，建设单位送审金额157586.25万元，审定金额145960.11万元，审减不合理支出11626.14万元，审减率达 7.4%。2011 年，共评审项目 20 个，审减金额 5888.37 万元。评审各类工程预决算项目 20 个，建设单位送审金额 34321.43 万元，审定金额 28433.05 万元，审减金额 5888.38 万元，审减率达 17.16%。

2012 年，审核项目 49 个，送审预决算 65839.56 万元，审定金额 58383.72 万元，核减金额 7455.84 万元，审减率 11.32%。2013 年，制定印发《离石区财政投资评审管理暂行办法》，完善重大项目财政投资评审机制，共完成建设项目预决算评审 74 个，送审金额 44745.35 万元，审定金额 35237.63 万元，核减 9507.64 万元，核减率 21.25%。2014—2015 年，离石区共完成预决算评审项目 128 个，上报预决算金额 113974.44 万元，审定金额 95059.09 万元，核减金额 18915.35 万元，核减率达 16.6% 以上。

机构

明清两代，永宁县衙设户、房。户房设典吏 1 名，书手 2 名，管理全县的田赋征解和财政收支等诸事。清光绪三十二年（1906），管理财政的机构称筹饷局，下设钱粮房，专管田赋征收。各户的钱粮，由坊都的里长，书手负责征收。光绪三十三年设统税局。

中华民国成立后，设立县财政科。民国 17 年（1928），离石县财政科更名为县财务局。翌年，改为县财政局。民国 27 年，离石县抗日民主政府财政机构称财政部。民国 29 年，县财政部更名为县财政科。民国 34 年后，离东县民主政府财政机构仍称财政科，内设财政、粮秣会计和出纳。各区设财粮助理员和财粮工作员。

1969 年，县财政局更名为县财政办公室。1970 年 9 月，财政、税务与银行合署办公，为财政办公室。1974 年 5 月，银行分出。1984 年 3 月，财政、税务分设，财政局成为政府独立经济管理职能部门，内设股室 20 个，即办公室、国库股、综合预算股、行政政法股、社保股、经建股、农财股、教科文股、企业股、外债金融股、综合股、会管股、采购办、国资股、监察股、监督股、税政条法股、评审中心、信息调研室、财务室。下设单位 4 个，即政府采购中心、国库集中支付中心、集中收费中心、中小企业融资担保公司。

1996 年 6 月，离石县财政局更名为离石市财政局。2004 年 6 月，又更名为离石区财政局。

截至 2015 年底，离石区财政局内设股室 20 个，即办公室、国库股、综合预算股、行政政法股、社保股、经建股、农财股、教科文股、企业股、外债金融股、综合股、会管股、采购办、国资股、监察股、监督股、税政条法股、评审中心、信息调研室、财务室。下设单位 4 个，即政府采购中心、国库集中支付中心、集中收费中心、中小企业融资担保公司。实有人数 63 人，在编人数 43 名。

第二章 国家税务

第一节 税制 税种 税率

税制

1994 年 6 月，离石县税务局分设为离石县国家税务局（简称国税局）和离石县地方税务局，并开征消费税。离石县国税局主要负责征收增值税、企业所得税、个人所得税、消费税。

增值税

1991 年，离石县对境内销售货物或者提供加工、修理修配劳务以及进口货物的单位和个人征收增值税。税目分甲、乙两类。甲类设 5 目，最高税率为 14%，最低税率为 6%；乙类设 8 目，最高税率为 16%，最低税率为 8%。1994 年后，税率设三档：标准税率 17%，低税率 13%，出口货物为零税率。小规模纳税人和一般纳税人实行简易办法计税，征收一般为 6%，小规模纳税人税率为 4%。

企业所得税

1994 年 7 月 1 日，离石县对境内国有企业、集体企业、私有企业、联营企业、股份制企业、有生产经营所得和其他所得的其他组织征收企业所得税。企业所得税实行 33% 的比例税率。另设两档优惠税率，年应纳税所得额在 3 万元以下的执行 18% 的比例税率；年应纳税所得额在 10 万元以下至 3 万元的执行 27% 的比例税率。

个人所得税

1991 年，离石县开始征收个人所得税。征收范围为：个人（自然人）取得的各项应税所得额。征收标准为：工资、薪金所得，适用 5%—45% 的九级超额累进税率；个体工商户的生产、经营所得，适用 5%—35% 的五级超额税率；对企业事业单位的承包经营、承担经营所得，适用 5%—35% 的五级超额累进税率；劳务报酬所得，适用 20% 的比例税率；稿酬所得，适用 20% 的比例税率，并按应纳税额减征 30%；特许权使用费所得、财产租赁所得、财产转让所得、偶然所得、利息、股息、红利所得、经国务院财政部门确定征税的其他所得都适用 20% 的比例税率。

车辆购置税

2001 年 1 月开始，离石市对境内车辆征收车辆购置税。征收标准实行从价定率的办法计算应纳税额，税率为 10%。自开征车辆购置税之日起停止征收车辆购置附加费。

第二节 税 收

1994年，离石县国税局完成各项收入20128万元，其中，税收收入20113万元，税款滞纳金及罚款收入15万元。

2002年，离石市出现税源严重短缺、税收形势严峻的问题，全年仅完成收入5481万元。

2006年，离石区国税局针对税收任务缺口较大的问题，坚持“大税不足小税补”的工作思路，加强主导税源征管，加大清欠稽查力度，优化纳税服务，提高征管质效，挖掘增收潜力，加强对煤炭行业、建材市场、装潢材料市场的管理力度，弥补任务缺口，全年共组织各项收入33670万元，比2002年增加28189万元。2010年，全区主导产业企稳回升，收入形势有所好转，共完成各项收入70268万元，比2006年增加36598万元。

截至2015年底，离石区煤焦价格一路下滑且倒挂问题严重，特别是有几家重点税源企业欠税增大，税收征管出现困难。区国税局坚持“抓大不放小”的工作思路，狠抓税源管理，大力清缴欠税，完成各项收入28307万元，比2010年减少41961万元。

1994—2015年离石区（县、市）国税局税收收入分税种统计表

表15-10 单位：万元

年份	总计	税收收入	增值税	企业所得税	消费税	个人所得税	车辆购置税	燃油税	营业税	税款滞纳金罚款收入	非税收入	税务部门罚没收入	税务行政事业性收费	文化事业建设费
1994	20113	20128	18256	1026	25	791	—	—	—	15	0	—	—	—
1995	24718	24675	23017	1019	26	613	—	—	—	43	0	—	—	—
1996	25696	25604	24023	1510	71	—	—	—	—	92	0	—	—	—
1997	28599	28501	26378	1852	60	—	—	—	211	98	0	—	—	—
1998	29350	29350	27971	1003	71	—	—	—	305	—	0	—	—	—
1999	2899	2899	2760	33	7	—	—	1	98	—	0	—	—	—
2000	3789	3789	3425	34	6	168	—	—	156	—	0	—	—	—
2001	4954	4954	4573	2	4	272	—	—	103	—	0	—	—	—
2002	5481	5481	5145	27	2	257	—	—	50	—	0	—	—	—
2003	7022	7022	6700	31	2	282	—	—	7	—	0	—	—	—
2004	15204	15194	14768	62	2	362	—	—	—	—	10	1	9	—

续表 15-10

年份	总计	税收收入	增值税	企业所得税	消费税	个人所得税	车辆购置税	燃油税	营业税	税款滞纳金罚款收入	非税收入	税务部门罚没收入	税务行政事业性收费	文化事业建设费
2005	33101	33101	32620	36	1	444	—	—	—	—	0	—	—	—
2006	33670	32649	32959	54	1	611	24	—	—	—	21	6	15	—
2007	41801	41801	40973	174	1	653	—	—	—	—	0	—	—	—
2008	95775	95775	94096	1211	2	456	10	—	—	—	0	—	—	—
2009	56285	56265	55332	683	3	218	29	—	—	—	20	4	16	—
2010	70268	70227	68857	1261	4	92	13	—	—	—	41	8	33	—
2011	102369	102317	100910	1361	4	42	—	—	—	—	52	6	46	—
2012	94850	94793	93148	1630	7	8	—	—	—	—	57	17	40	—
2013	60335	60322	58159	2141	6	16	—	—	—	—	13	13	—	—
2014	47378	47269	44137	3115	16	1	—	—	—	—	109	35	—	74
2015	28307	28193	26406	1707	80	—	—	—	—	—	114	37	—	77

第三节　税务管理

征收管理

1996 年，离石市国税局与各中心税务所、征收单位签订组织收入目标责任书，实行收入进度与工资、奖金、津贴、补助直接挂钩，以月考核、按季兑现的管理办法。同年，共清理欠税 450 万元，加收滞纳金 9.2 万元。1999 年，拓宽重点税源监控范围，将重点税源监控家由 1998 年的 9 家扩大到 27 家。同时，健全重点税源监控家的经济、税收档案，按照监控企业的类型、行业和征收所属单位，确定税源监控联络员 6 名，建立和完善重点税源联络员制度，明确联络员的职责及重点税源监控的内容、方式，对重点税源企业由原来的静态监控转变为动态监控。2000 年，建立和完善增值税、消费税、营业税、所得税、出口退税政策执行情况反馈制度，深入企业对燃料油税、车辆购置税等税开征情况进行调研。2001 年，加强重点税源监控，采取专业化管理和分片分段管理相结合的办法，与工商、地税密切配合，实行以月核对管户制度，随时掌握管户动态，将 2000 年内税额在 10 万元以上的46家企业全部作为重点税源户，对重点税源户的财务、征收情况进行动态监控。2001 年，将有潜力产品的企业纳入重点监控范围。2002 年，修订《税收征管岗位责任》。2003 年，推行新的岗位责任体系，理顺征管机制，补充制订《岗位监管制约办法》、执法责任追究制度等质量手册1个、程序文件14个、作业指导书12个。

2004年，离石区国税局加强“免、抵、退”税和出口退税管理，共审结上报“免、抵”税538.47万元，应退税款31.02万元；国库办理免抵调库538.47万元，退税31.02万元。2005年，推行纳税信用体系建设工作，对纳税人的纳税能力、纳税遵从度进行评估。2006年，制定《离石区国税局集贸市场管理办法》。2008年，制定《离石区国税企业所得税分类管理办法（试行）》。对辖区17家二手车经营纳税人逐户进行检查，对在财务核算及发票使用中存在的问题进行规范。2009年，开展漏征漏管户清理整顿工作，共清理漏征漏管户176家。2010年，成立煤炭税收管理领导组，制定《吕梁市离石区煤炭生产企业税收管理办法实施细则（试行）》，与煤炭、安监、工商、国土、地税、煤运、电力等部门建立信息互通机制，加强煤炭生产企业税收管理。全面推行企业电子申报制度。

2012年，推行“重点税源精细化管理、行业税源专业化管理、一般税源标准化管理”的管理模式，每季召开税收分析例会2次。2014年，推进征管改革，对8189家纳税人进行整体迁移，原市场分局管户和新增个体户迁移到田家会分局，原税源管理一科管户迁移到二科。印发《离石区国家税务局涉税内部工作规范（试行）》。

截至2015年底，离石区国税局与工商局、地税局、质监局等部门沟通协调，对10月1日以后新设立的企业实行“三证合一、一照一码”的登记管理制度，共办理社会信用代码证121家，升级变更社会信用代码证319家。

发票管理

1996年，离石市国税局相继制定印发《增值税专用发票管理规定》《关于加强普通发票管理的规定》，在专票的管理上，实行“户买所管”制度。1999年，对发票发售实行先登记后领票，严格验旧领新制度。推广IC卡发票管理办法。对代开发票、零征税款以及现金税款实行“一日一结报，一日一入库”制度。4—6月，开展以领用发票和索取发票双方双向内容的发票大检查，共查出违章发票2115份，涉及偷税20余万元，追缴入库7万余元，退还普票及专票在3000元以上的发票押金300余家28万元。1999年，在货物销售、修理修配、个体加油站、机动车零配件销售行业全面推行锯齿剪贴式发票及定额发票。2000年，市国税局继续推行发票IC卡管理，共发售IC卡720张。加强专票的稽核检查，鼓励消费者索取普通发票。对加油站普遍加装税控装置，做好防伪税控系统的管理和检查。2001年，对个体税收实行定额加发票的管理办法，如发票金额超过其定额部分如实全额补缴税款。2001年，在各类超市、专卖店实行卷筒发票管理办法，将经营户销售纳入税收监控之内。

2003—2004年，离石区（市）国税局开展增值税发票存根联采集工作，共采集7542份，采集率达到100%。共受托协查发票169份，价税合计1625.06万元，全部回复，回复率达100%。委托协查发票8份，收到回复8份，有问题发票0份。全市纳入防伪税控系统管理的一般纳税人有69家，占一般纳税人总数的57%。2005年，离石区国税局严厉打击虚开和接收虚开增值税专用发票与其他可抵扣票骗取出口退税，利用做假账、两套账和账外经营等手段偷税的违法活动，先后对原煤、焦炭、水泥、货物运输业及废旧货物经营企业进行专项检查，累计查补税款1188万元，罚款52万元，加收滞纳金7万元，并予以公开曝光。2006年，加强增值税专用发票和普通发票的保管、领用和代开管理，加大对废旧物资销售、农副产品收购等行业及税务机关代开普通发票的管理力度。2007年，推广“一机多票”系统，共升级“一机多票”系统户89家，授权开具电脑增值税需票户167家，授权普票开具户78家，授权面达到37%。2009年，开展大型超市、商场、药店等行业发票使用情况专项检查，加大对发票开具情况的检查力度和对不开具发票行为的处罚力度，鼓励消费者主动索取发票，提高发票使用率。推广增值税防伪税控系统红字专用发票网络管理平台，堵塞手工开票的管理漏洞。

2013年，开展检查和纠正少数纳税人转借发票、单开发票及超经营范围使用发票的违法违规行为工作，全区个体工商户纳税申报率达100%，完成税收1400余万元。截至2015年底，离石区国税局开展增值税发票系统升级工作，共办理纳税户582家。

税务稽查检查

1999年，离石市国税局开展税收政策执行情况检查工作，检查税款370万元，查补入库税款311万元。与公安、法院等司法部门建立工作联系制度，向公安机关移送涉税案件1起，结案1起。向稽查分局移送案件8起，对11家逾期未缴税款的纳税人采取税收保全措施，扣押、查封货物价值40万余元。2000年，共选户稽查各类纳税人126家，涉税金额591万元，查补入库税收83.14万元，入库70.67万元，入库率达85%，加收滞纳金0.31万元，处以罚款19.6万元，平均罚款率达27.7%。对税务违法案件通过《税务稽查公告》予以公布，共公告涉税案件12起，公告面达10%。2001年，共选户稽查各类纳税人120家，涉税违纪金额2400万元，稽查税款161.67万元，入库税款148万元，入库率达91.54%，稽查结案达91.6%，移送司法机关2家，移送率100%，共罚款14.33万元，加收滞纳金6.23万元，全部入库。

2002—2009年，离石区（市）国税局先后对原煤、焦炭、水泥、医药、汽车行业、货物运输业、废旧物资经营户、超市、出口企业免抵退税等经营企业进行专项检查，共检查纳税户100余家，问题户78家，累计查补税款8919.69万余元，罚款369.32万余元，加收滞纳金36.67万余元，并对违法行为予以公开曝光。2010年，离石区国税局对企业所得税缴纳情况、漏征漏管户进行检查，稽查企业56家，查补入库企业所得税20万元、增值税200余万元，查补其他税款440万元。

2012—2014年，共稽查纳税户160余家，查补入库税款6000余万元，加收滞纳金180余万元。2015年，离石区国税局共税务稽查15家，查补税款199万元，其中税款112万元、加收滞纳金30万元、罚款57万元。

税法宣传

1996—2015 年，离石区国税局利用新闻媒介，采取多种多样的宣传形式，深入全区（县市）的主要街道、路口、厂矿、农村开展税法宣传，共宣传 30 余次，散发宣传资料 10 万余份，接受群众咨询 900 余人次，悬挂条幅 11 条，组织宣传队 4 个，张贴宣传标语 3000 余份，举办培训 15 次，培训 400 余人次，散发《纳税人权利和义务》《领导干部税收知识》读本 200 本，走访纳税人 600 余次，编发简报 300 余期，发稿件 900 余篇。

管理机构

1945 年 9 月后，离石县成立税务局。

1949 年 10 月至 1957 年，离石（山）县人民政府设财政科，内设审计、经费预算会计、出纳、农业税征解会计、地方财政股等。

1957 年 6 月，县财政科和县税务局机构合并，更名为县财政局，内设秘书室、税政股、预算股。1958 年 8 月，全县所属乡全部建立乡一级财政，农村税务所并入乡级财政。

1971 年，财政税收工作由专门的财政经济委员会负责。1974 年，县财政局成立，内设税政股和计会股，负责县级税款的征收和核算。1982 年，离石县税务局成立，与财政局一套人马、两套机构，内设机构仍沿袭以前的税政股、计会股。1984 年，税务局与财政局分设，税务局内设办公室、税政股、计会股、监交股。1986 年，税务局内设机构增设征收管理股，监交股改为国营企业所得税股。1987 年，增设人事教育股、监察审计股。1989 年，税务系统实行垂直管理，离石县税务局内设机构重新核定，内设机构为“5 股 1 室 1 队”，即办公室、人事教育股、监察审计股、税政股、征收管理股、计划会计股、稽查队。领导职数一正两副。1994 年，离石县税务局分设为国家税务局和地方税务局。国税局内设股室稽查队升格为副科级建制，成为直属机构稽查局，监察审计股改为监察室，国营企业所得税股改为所得税管理股。至 1995 年，离石县国税局内设行政科室（股级）8 个，即办公室、人事教育科、监察室、税政科、征收管理科、计划会计科、所得税管理科、税务监察室。直属机构 1 个，稽查分局（副科级建制）。派出机构有 8 个。事业单位 1 个，即票证管理所。

1996 年，离石县国税局更名为离石市国税局。2001 年，离石市国税局内设机构调整为 5 个科室，即办公室、人事监察科、计划会计科、税收政策管理科、征收管理科。直属机构 1 个，即征收分局。派出机构有 5 个，即个体税务所、交口中心税务所、田家会中心税务所、西属巴中心税务所、吴城中心税务所。

2004 年 6 月，离石市国税局更名为离石区国税局。原城镇分局改称为第一分局，原个体分局改称第二分局。事业单位 2 个，即信息中心、票证管理所。

截至 2015 年底，离石区国税局内设机构有 8 个，即办公室、政策法规科、收入核算科、纳税服务科（办税服务厅）、征收管理科、人员教育科、监察室、税源管理科（级别均为正股级）。直属机构有 2 个，即市场税务分局、农村税务分局。派出机构有交口、田家会、西属巴、吴城 4 个中心税务所。事业单位 1 个，即信息中心。

第三章 地方税务

第一节 税制改革

1991年至1994年5月，离石县主要征收的税种有：国营企业所得税、国营企业调节税、产品税、增值税、营业税、盐税、集体企业所得税、资源税、建筑税、屠宰税、牲畜交易税、奖金税、城市维护建设税、城镇土地使用税、印花税、固定资产投资方向调节税、房产税、车辆使用税、农业税、农林特产税、耕地占用税、契税。

1994年6月，离石县税务局分设为离石县国家税务局和离石县地方税务局（以下简称地税局）。离石县地税局主要负责征收营业税、资源税、土地增值税、房产税、城镇土地使用税、城市维护建设税、印花税、屠宰税、车辆使用税、个人所得税、企业所得税、固定资产投资方向调节税、农业税、农业特产税、耕地占用税、契税及水资源补偿费、文化事业建设费、河道工程维护管理费、林业建设基金、残疾人就业保障金、价格调控基金。

2010年，新办企业所得税交纳主体税营业税的企业，由地税局负责征收。

第二节 税种 税率

工商税类

国营企业所得税 1991年至1994年5月，离石县对盈利的小型企业按8级超额累进税率征收国营企业所得税，1994年6月停征。

集体企业所得税 1991年至1994年5月，离石县征收集体企业所得税，税率执行8级超额累进税率，1994年6月停征。

国营企业调节税 1991年至1994年5月，离石县对缴纳国营企业所得税的大中型国营企业征收国营企业调节税。采用按户定率、一户一率的办法征收。1994年6月停征。

牲畜交易税 1991年至1994年5月，离石县对牛、马、骡、驴、骆驼、猪、羊征收牲畜交易税，从价向买方征收。税率为买价的5%。1994年6月停征。

营业税 1994年，离石县对境内从事商业零售、修理修配等11种行业征收营业税，税率为3%、5%、8%、10%、15%。1994年，税率进行调整，交通运输业税率3%，建筑业税率3%，金融保险业税率5%，邮政通信业税率3%，文化体育业税率3%，娱乐业税率20%，服务业税率5%，转让无形资产税率5%，销售不动产税率5%。

资源税 1991年9月，离石县对境内开采矿产品或生产盐的单位和个人征收资源税。

税率以销售利润为依据，销售利润12%为起征点，按照销售利润的高低分档定率，实行超率累进。1994年后，实行以量定额征收。原油8元—30元/吨，天然气2元—15元/千立方米，煤炭0.3元—5元/吨，其他非金属原矿0.5元—20元/吨或立方米，黑色金属矿原矿2元—30元/吨，有色金属矿原矿0.4元—30元/吨，固体盐10元—60元/吨，液体盐2元—10元/吨。

建筑税　1991年，离石县征收项目有用自筹资金安排的自筹基建投资、更新改造措施中的建筑工程投资、按照规定不纳入国家固定资产投资计划建筑工程投资，由使用投资单位纳税，比例税率为10%。同年停征。

盐税　1991—1994年5月，离石县征收盐税。规定土盐为每石50千克，税额4.5元。1994年6月停征。

产品税　1991—1994年5月，离石县征收产品税。共收项目260个，税率基本上采用比例税率从价计征，最高为60%，最低为3%。1994年6月停征。

奖金税　1991—1994年5月，离石县对未实行工资总额随经济效益挂钩浮动的国营企业发放各种形式的资金，均按规定征收国营企业奖金税。税率实行超额累进税率，按年计征。全年发放奖金人均不超过2个半月标准工资的负税；超过2个半月至4个月标准工资的部分，税率为30%；超过4个月至6个月标准工资的部分，税率为100%；超过6个月标准工资的部分，税率为300%。集体企业和事业单位奖金税，其征收办法基本同国营企业奖金税的规定。1994年6月停征。

城市维护建设税　1991年，离石县征收城市维护建设税。纳税人所在地在县城、镇的，税率为5%；纳税人所在地为农村的，税率为1%；纳税人所在地为工矿区的，根据其所在行政区域，分别按照上述规定的税率缴纳城市维护建设税。

屠宰税　1996年，离石县对境内宰杀应税牲畜的单位和个人征收屠宰税。屠宰应税牲畜的征税范围包括猪、牛、羊、骡、马、驴、骆驼等牲畜；经营应税牲畜的单位和个人，以收购应税牲畜所支付的金额为计税依据；其他单位和个人屠宰应税牲畜的，以屠宰后牲畜的实际市场价格为计税依据，税率为3%。1998年1月始，离石市屠宰税按猪每头10元，羊每斤0.1元，牛每头20元执行；单位及冷库之间互换调肉，牛肉0.24元/千克；骡、马、驴、骆驼比照牛税额的8折执行。2002年停征。

消费税　1994年，离石县对境内生产委托加工和进口《消费税条例》规定消费品的单位和个人征收消费税。税率分比例税率和定额税率。消费税共14档税率。比例税率为10档，最低为3%（如小轿车）；最高为45%（如进口香烟）。定额税率为4档，最低为每征税单位0.1元（如柴油），最高为每征税单位240元（如黄酒）。

土地增值税　1994年1月，离石县对转让国有土地使用权、地上的建筑物及附着物（简称转让房地产）并取得收入的单位和个人征收土地增值税。土地增值税的扣除项目包括：

取得土地使用权所支付的金额；开发土地的成本和费用；新建房及配套设施的成本、费用，或者旧房及建筑物的评估价；与转让房地产有关的税金；财政部规定的其他扣除项目。

土地增值税的税率分为4级：增值额与扣除额与扣除项目金额的比例不超过50%的部分，税率为30%，速扣数为0；增值额与扣除项目金额的比例超过50%至100%的部分，税率为40%，速扣数为5%；增值额与扣除项目金额的比例超过100%至200%的部分，税率为50%，速扣数为15%；增值额与扣除项目金额的比例超过200%的部分，税率为60%，速扣数为35%。

房产税 1991年，离石县对建制镇和工矿区的房屋分别以房产的价值与房产租金收入作为计税依据征收房产税。房产税的税率采用比例税率，依照房产余值（房产原值一次减去10%—30%的自然损耗因素后的值）作为计税的房产，年税率1.2%。依照房产租金收入作为计税依据的房产，税率为12%。

城镇土地使用税 1988年11月，离石县对境内拥有土地使用权的单位和个人征收城镇土地使用税。以建制镇和工矿区范围为征税对象，以实际占用的土地单位面积为计税依据，执行定额税率，0.2元—4元/平方米。1996年始，改为等级税率，将土地分为三等，一等土地单位税额为2元/平方米；二等土地单位税额为0.8元/平方米；三等一级土地单位税额为0.5元/平方米，三等二级土地单位税额为0.4元/平方米。2007年、2010年，作过2次调整。截至2015年底，执行的标准是：一等土地9元/平方米，二等土地6元/平方米，三等土地3元/平方米。

印花税 1991年10月，离石县对境内从事商务、经济交往中属于征收范围内的分类凭证（经济合同产权转移票据、营业账簿、权力许可证照和财政部门确认的其他凭证）的单位和个人按照应税凭证的性质分别适用比例税率和定额税率征收印花税。比例税率为0.003%—0.1%，其他账簿每件5元。实行“三自”纳税方式，即由纳税人自行计税、自行购买印花、自行粘贴印花税票并注销定税。

车辆使用税 1991年，离石县对境内拥有并使用车辆的单位和个人征收车船使用税。1991年后，按年征收、分期缴纳，每半年征收1次。乘人汽车的税率为每年60元—240元，摩托车的税率为每年24元—50元；载货汽车的税率按净吨位计算，每年每吨42元。2007年作过调整。截至2015年底，执行的标准是：载客汽车每辆为480元—180元，载货汽车按自重每吨80元计征。

固定资产投资方向调节税 1991—1999年，离石市（县）对利用各种资金进行固定资产投资的各级政府、机关、团体、部队、国营企事业单位、集体企业事业单位、私营企业、个体工商户及其他单位和个人征收固定资产投资方向调节税。税目税率为：农、林、水利建设、煤炭开采、公路建设、邮电通信建设、城乡个人住宅、单纯设备购置等适用0%的税率，普通耐火材料、非金属矿制品、中成药加工、粮棉油加工业、商品房住宅适用5%的税率，

20万吨以下机焦、100立方米以下的炼铁高炉、2万吨—8万吨小水泥厂等适用30%的税率，固定资产主投资（基本建设项目）税率为15%；除0%税率以外的更新改造投资，税率为100%。2000年1月1日起停征。

农业税类

农业税 1991年，离石县对境内一切从事农业生产，有农业收入的单位和个人征收农业税。国家税率平均为15.5%，离石县农业税平均税率为11.4%。2006年1月1日，根据国家规定取消农业税。

农业特产税 1991—2003年，离石市（县）对境内从事农业特产品（不含烟叶）生产，取得农业特产品收入的单位和个人征收农业特产税。离石市（县）实行幅度比例税率和统一比例税率，税目税率分别为：烟叶产品实行收购环节税率为31%，1999年减为20%；园艺产品实行生产环节税率为5%—12%；水产品实行生产环节税率为8%，收购环节税率为5 %；林木产品实行生产及收购环节税率为8%；牲畜产品实行收购环节税率为10%；食用菌实行生产及收购环节税率为8%；贵重食品（如甲鱼）实行生产环节税率为8%，收购环节税率为25%；其他农业特产品生产环节税率为5%。2004年，根据国家政策规定取消农业特产税。

耕地占用税 1991年，离石县境内占用耕地建房或者从事其他非农业建设的单位和个人征收耕地占用税。1998年前，按实际占用耕地面积，实行地区差别定额税率2.5—5.5元/平方米，公路占地按1.5元/平方米计征，农民建房减半。1998年后，根据离石市人均占有耕地和经济状况，确定一类耕地征税标准为6元/平方米，二类耕地征税标准为4元/平方米，农村居民建房按该计税标准减半征收，公路建设用地统一按低限额1.5元/平方米计征。2008年始，人均耕地不超过1公顷的地区（以县级行政区域为单位，下同），每平方米为10—50元；人均耕地超过1公顷但不超过2公顷的地区，每平方米8—40元；人均耕地超过3公顷的地区，每平方米为5—30元；人均耕地超过3公顷的地区，每平方米为5—25元。

契税 1991年，离石县对境内不动产（土地、房屋）所有权发生转移变动时，就当事人双方所订契约，按产价的一定比例向产权承受人一次性征收契税。税目税率分别为：买契税税率为6%；典契税税率为3%；赠予契税1991—1998年税率为6%，1998年后税率为4%。

费基金

水资源补偿费 1996年6月，离石市开始征煤炭水资源补偿费。凡从事煤炭生产和加工的企业、个人、煤炭运销公司及发煤站、煤焦管理站或其他煤炭经销机构，为煤炭水资源补偿费的纳费人。标准按销售量计征，原煤每吨2元，洗煤每吨3元，焦炭每吨4元。2011年停征。

文化事业建设费 1997年7月，离石市开征文化事业建设费。依照《中华人民共和国营业税暂行条例》的规定缴纳娱乐业、广告业营业税的单位和个人，为文化事业建设费的缴费人，费率为3%。

河道工程维护管理费 1997年1月，离石市对境内受河道工程和防洪排涝工程设施保护的生产经营性单位、个体工商户和农户征收河道工程维护管理费。征收标准为：工商企业和个体工商户按当年流转税总额的1%缴纳，有生产经营性收入的事业单位按当年营业税和所得税总额的2%缴纳；对保护范围内的农业纳费人，每年每公顷农田按当年国家规定的15千克小麦价格缴纳。

残疾人就业保障金 2000年开始，离石市对行政区域内未安排残疾人就业和安排残疾人就业达不到规定比例的国有企业、集体企业、外商投资企业、民营企业及其他企业征收残疾人就业保障金。按年征收，征收标准为：企业应缴残疾人就业保障金数额＝本企业在职职工总人数 ×（1.5%- 企业残疾人百分比）× 行政区域内职工上年度平均工资总额。

价格调控基金 1991年开始，离石县对在境内从事生产、经营、服务等项目活动，有销售营业收入的单位和个人征收价格调控基金。标准为：以产品税、增值税、营业税3种税额的2%征收。1995年，改为以3种税额的1.5%计征；对高税赋的酿酒生产企业按3种税额的1%计征；对营业性娱乐中心、洗浴按摩中心、高档饭店等高消费营业场所按3种税额的3%计征。

教育费附加 1991年，离石县对凡缴纳产品税、增值税、营业税的单位和个人，以实际缴纳的产品税、增值税、营业税的税额为计征依据征收教育费附加。标准为2%，分别与产品税、增值税、营业税同时缴纳。2010年，改为统一按增值税、消费税、营业税实际缴纳税额的3%征收。

地方教育费附加 2011年6月29日起，离石区按增值税、消费税、营业税实际缴纳税额的2%征收地方教育费附加。

第三节 税 收

1994年，离石县地税局共完成各项收入1244万元。其中税收收入完成1033万元，农业“四税”完成139万元（农业税73万元、耕地占用税45万元、农业特产税14万元、契税7万元），其他收入完成72万元（教育费附加11万元、水资源补偿费30万元、价格调控基金31万元）。

1998年，离石市地税局共完成各项收入2784万元。

2004年，地税局完成各项税收9275万元。2006年，离石区地税局完成各项收入16882万元，突破亿元。2009年，因经济危机影响，区地税局调整税源结构，税收减少。2010年，完成各项收入66961万元。

截至2015年底，离石区地税局共完成各项收入65873万元，其中，税收完成62508万元，其他收入完成3365万元（教育费附加1463万元、价格调控基金143万元、税务部门罚没收入17万元、文化事业建设费3万元、采矿排水水资源费228万元、河道管理费62万元、工会经费130万元、残疾人就业保障金21万元、煤炭可持续发展基金324万元、地方教育附加费974万元）。

1994—2007年离石区（县、市）地税局税收情况统计表

表15-11　　单位：万元

年份	总计	营业税	企业所得税	个人所得税	资源税	投资调节税	城建税	房产税	印花税	土地使用税	车船税	屠宰税	农业税	土地增值税	其他收入
1994	1244	389	146	46	47	200	79	52	8	30	36	—	139	—	72
1995	1527	451	201	212	48	116	82	42	8	33	61	10	135	—	128
1996	1967	587	78	397	47	131	127	63	13	46	93	11	162	—	208
1997	2274	678	60	548	19	217	126	68	14	46	89	15	121	—	268
1998	2784	816	95	792	37	181	158	96	17	26	97	19	170	—	280
1999	3144	1152	119	838	76	129	199	149	15	32	91	12	41	—	291
2000	3714	1226	112	989	127	84	269	188	26	36	91	12	256	—	298
2001	4804	1682	801	911	55	239	265	296	33	45	51	4	92	—	330
2002	5428	2052	534	1200	78	—	468	340	61	86	56	5	187	—	361
2003	6598	2605	628	1312	200	—	551	400	54	120	90	3	181	—	443
2004	9275	5647	380	1372	56	—	612	165	46	21	66	—	252	—	623
2005	11618	5602	2369	953	324	—	877	157	115	160	24	—	146	—	789
2006	16882	6999	4448	835	387	—	1261	225	200	436	46	—	—	33	2012
2007	28507	6831	6461	1009	906	—	2368	192	85	324	31	—	493	187	2963

2008—2015年离石区地税局税收情况统计表

表15-12　　　　单位：万元

年份	总计	营业税	企业所得税	个人所得税	资源税	城建税	房产税	印花税	土地使用税	车船税	农业税	土地增值税	煤炭发展基金	耕地占用税	契税	其他收入
2008	68224	11541	30985	1806	1351	5432	313	288	534	450	963	29	—	—	—	4411
2009	79376	18289	27321	3311	2225	6800	888	552	967	583	1351	113	12042	—	—	4934
2010	66961	17745.75	24720.98	2491.33	3214.08	4746.50	366.67	730.83	749.76	2192.28	1217.78	524.13	21786.81	—	—	8261.18
2011	108683.8	19791.52	35577.84	4131.38	3724.28	4984.53	676.98	994.08	2581.54	1972.59	1374.87	496.89	20347.95	—	—	12029.33
2012	129198.09	30145.33	38581.84	4673.52	3876.98	6863.62	1152.63	1099.06	2144.68	3292.55	4546.44	1101.87	22585.45	—	—	9134.12
2013	141377.99	45863.02	32658.02	6668.51	4924.38	6668.13	3141.39	1205.11	6220.13	3915.80	126.80	2502.86	17677.33	—	—	9806.52
2014	143574	39048	15825	4901	5148	5015	2827	1282	6779	4299	—	3030	—	1123	1673	52624
2015	65873	25727	9371	4092	5723	2974	2276	998	2826	4882	—	1301	—	807	1531	3365

第四节 税务管理

征收管理

1994年，离石县地税局设立征收分局，推行纳税人自核自报、自缴的纳税制度。建立办税服务厅，设置税务登记、纳税申报、开票征收、税务咨询、发票供应等窗口。推行征管改革，在办税服务厅和征管股实现局域联网，把税务登记、发票管理、纳税申报、税款征收、管户查询等全部纳入微机管理。

1997年，离石市地税局建立局、所及专管员三级管户清册及征收台账，征收情况逐月登记。设置房产税、土地使用税、车辆税底册，以户建立纳税档案，设立清欠底册，以户登记。各基层税务所档案资料由过去的简易档案增加到必备资料16种。

2004年，离石区地税局从区局到分局、站、所实行组织收入与目标责任制挂钩制度，层层签订责任状，把组织收入完成情况落实到人。按月召开税收收入分析会，及时解决在组织收入工作中出现的问题，加强对组织收入工作的管理。印发《关于税收征管档案资料整理归档的通知》，要求各管理分局加强对税务文书的管理，由专人负责文书的领、用、存，规范税务文书的使用和管理。印发《委托代征税款暂行办法》《建筑业税收管理暂行办法》，将各项征管工作量化分解到管理分局、所、征收分局、稽查分局，明确考核内容、考核要求、计分标准及检查方法，强化对各征收管理环节的考核力度。2005年，借鉴工商税收的管理经验和做法，推行纳税人申报，征收机关检查，相关部门配合的征收模式，先后制定印发《离石区地方税务局关于房地产税收一体化管理的实施方案》《房地产税收窗口岗位工作目标责任制》《房地产税收征收窗口职责》等方案和措施，并和吕梁市房地产交易大厅协商，印发《房屋交易及产权登记办事程序》，将房地产交易过程中涉及的税费纳入办事程序中。2006年，推行涉税事项首办负责制和限时办结制。2007年，推广应用货运发票税控装置、煤炭可持续发展基金软件、个人所得税代扣代缴系统。2008年，规范企业所得税的鉴定和汇算管理工作，由原来代替纳税人汇算清缴改为由纳税人在规定的汇算期内按照税收政策规定自行进行纳税调整，计算应纳税额。2008年，共年检私营企业236家，汇算企业329家，入库税费126万元，加收滞纳金2万元。开展费源普查调查工作，组织入库规费2942万元，代收煤炭可持续发展基金10121万元。2010年，运用征管软件对税务进行管理，加强与国税、工商登记信息的比对工作，加大对漏征漏管户的清理力度，建立征管户户籍档案。2010年，开展纳税户评估工作，确定评估纳税户信用定级。建立税收管理员制度，加强停（复）业企业、起征点以下纳税户管理，堵塞税收漏洞。

2011年，落实下岗再就业人员税收优惠政策，共办理下岗职工减免税手续78家，减免地方税费285万元。

2012年，离石区地税局制定印发《非正常户管理办法》，对非正常户进行“大清理”，经过摸排调查，清理不营业的非正常户1000余家。2013年，强化对注销户的监控力度，不定期对注销户进行实地核查。加强房地产企业税收管理，开展土地增值税清算工作。2015年，离石区地税局实行省局风险推送和市局风险扫描识别推送、征管股统筹协调、税源管理部门具体应对的工作体制，强化税源管理。

发票管理

1994年，离石县地税局对发票实行“三级管理”办法。局机关征管股设专职发票管理员，负责发票的印制、保管及对各所发票的发售、核销、登记工作；基层税务所专（兼）职发票管理员，负责向局机关领购发票，向纳税户发售发票，负责监督纳税户在领购发票时按规定加盖专用章和缴销发票，以及发票的保管、记账、登记工作；纳税户实行专人领购、保管、缴销发票。企业领购发票时，必须带“两证一章”，即全民、集体、私营、有限责任公司企业要带税务登记证（副本）、发票购印证和企业公章或财务印章，领购发票时填写一式四联《发票购买、印制申请表》，专管员审核签字，所长批准，并由专管员填写《发票购印证》的发票名称、本数，才能到发票管理员处购买。2003年，离石市地税局把饮食服务业、交通运输业、建筑安装业的发票管理作为工作重点，在餐饮行业推广使用税控收款机及卷筒式发票。

2004年，离石区地税局开展票证专项检查，对所辖用票单位（包括代征代扣单位）全部票证进行检查，共抽查各类票证38412份。2006年，全面推广使用饮食业定额刮奖发票。2013年，推广使用机打发票，全区共注册安装机打发票使用户651家。

2014年，对“大头小尾”开具发票、虚开发票、使用回笼票等行为进行规范。2015年，加强对财务人员发票开具、使用、缴销、保管等专业知识的辅导。定期筛查纳税户通过网络取得的发票明细数据，防范和打击出现的不开、虚开、非法代开、转借、转让发票等违法行为。

税法宣传

1994年，离石县地税局利用古庙会和节日期间，在全县乡村进行新税制、《中华人民共和国税收征收管理法》（简称征管法）及地方税种的广泛宣传，出动宣传车2部，散发各种宣传单2000余份，并录制税务宣传磁盘2盘。联合县国税局举办由县委、县政府、劳动局、工、青、妇等单位参加的税法知识竞赛。向企业发放新税制文件汇编120本，帮助企业订阅税务报纸杂志460余份。

1997—2014年，共开展税务宣传活动14次，散发税务宣传资料4万余份，出动工作人员300余人次，设立咨询台10个，接受咨询1000余人次，举办电视讲座6次、纳税征文活动8次、税收业务培训6次，培训企业170家，培训人员1000余人。

2015年，离石区地税局以“新常态、新税风”为主题开展“便民办税春风行动”活动，通过税企QQ群、微信平台、咨询台、税收讲堂、进村入企上街头等多种途径宣传税收优惠政策，为广大纳税人提供免费纳税辅导。至年底，全区享受税收优惠政策的企业达到1445家，减免各项税款1147万元。

税务稽查检查

2003年，离石市地税局围绕煤炭税收、房地产和租赁业税收、重点工程税收、高收入者和高收入行业税收、服务业税收、教育劳务税收、整顿和规范市场经济秩序工作开展稽查检查，共稽查各类纳税户40家，查补入库税款50.45万元，其中加收滞纳金、罚款29.86万元。

2004年，离石区地税局先后对煤炭、汽车、医药、广告、房地产、金融等行业进行税务检查，共稽查各类纳税户52家，查补入库136.7万元，其中，税款69.99万元、规费24.43万元、罚款37.46万元、滞纳金4.82万元，全部解缴入库。2006年，先后对煤焦及其运销、房地产、娱乐服务以及饮食业等行业开展稽查，共稽查各类纳税户54家，查补清缴收入511.2万元，其中，税款268.02万元、规费40.14万元、罚款158.68万元、滞纳金44.36万元，解缴入库453.41万元。2007年，开展漏征漏管户清查工作，共查处未办证纳税户158家，处罚款3万元，全部督促办理税务登记。2008年，检查各类行业纳税户52家，查补入库各项税收收入81.65万元，其中，税款47.13万元、罚款30.77万元、滞纳金3.75万元。

2009—2011年，离石区地税局随机抽查征收企业84家，共查补各项税费210万元，加收滞纳金10万元，罚款89万元。稽查各类行业纳税户20家，查补税款82.7万元，罚款30.66万元，加收滞纳金12.5万元。要求企业自查12家，通过自查入库收入1946.04万元。辅导汇算清缴企业327家，补缴税款7000万元。

2012年，对企业所得税进行汇算清缴和专项检查，共辅导汇算企业310家，应纳企业所得税3.8亿元，入库3.8亿元。对煤炭兼并重组企业进行清算，完成清算22家，占到应清算户数的81%，共清算税费6839.25万元，全部入库。截至2015年底，对欠税大户采取约谈催缴、停供发票、冻结账户、查封扣押等措施，完成清缴1620万元。开展金融保险业专项检查，共检查25家，查补税款84.82万元，入库50.54万元。

管理机构

1994年10月5日，离石县税务局分设为离石县地方税务局（简称地税局）和离石县国家税务局（简称国税局）。机构分设后，地税局内设1室5股，即办公室、人事监审股、计划会计股、税政管理股、征收管理股、农税管理股。下设城关税务所、坪头税务所和征收小组1个。至1994年底，全局共有正式干部41人，聘干16人，以工代干人员16人，定岗工人1人，助征员7人。1995年，设立税务所18个，即城南税务所、城北税务所、车辆税务所、集贸税务所、城关税务所、西属巴税务所、王家沟税务所、交口税务所、枣林税务所、结绳塌税务所、坪头税务所、吴城税务所、红眼川税务所、王营庄税务所、田家会税务所、信义税务所、阳坡税务所、小神头税务所。

1996年6月，离石县地方税务局更名为离石市地方税务局，内设机构全部改为科。税政管理股分设为流转税管理科和所得税管理科，内设机构有1室6科，即办公室、人事监审科、计划会计科、征收管理科、农业税管理科、流转税管理科和所得税管理科。直属机构1个，稽查分局（副科级建制）。至2002年，离石市地税局内设2室4科，即办公室、人事教育科、征收管理科、计划会计科、税收管理科、监察室。基层征收单位有7个，即管理一分局、管理二分局、管理三分局、田家会税务所、红眼川税务所、交口税务所、王家沟税务所。全局共有国家公务员110人，以工代干人员5人，定岗工人6人，事业干部2人，事业工人4人，临时工3人。

2004年8月31日，离石市地方税务局更名为离石区地方税务局。

截至2015年底，离石区地方税务局内设2室5股，即办公室、人事教育股、征管和科技发展股、计划会计股、税政管理股、监察室、信息化管理股。直属机构有2个，即直属一分局、直属二分局。基层征收管理机构有8个，即第一税务所、第二税务所、第三税务所、田家会税务所、红眼川税务所、交口税务所、王家沟税务所、纳税评估所。事业单位1个，即票证管理所。全局共有142人，其中国家公务员93人、机关工人12人、事业干部3人、事业工人5人、劳务派遣合同工29人。

第十六编

经济综合管理

计划管理

统计管理

农经管理

审计管理

工商管理

物价管理

标准计量管理

食品药品监督管理

土地矿产管理

安全生产监督管理

中华人民共和国成立后，县域经济形成以公有制为主体的格局，实行计划经济运行体制。1956—1980 年，全县计划管理的主要职能是通过编制指令性为主的计划对县域经济社会发展进行资源配置。20 世纪 80 年代，主要实行指导性计划，县政府在转变政府职能和改变政府经济管理方式等方面实施一系列改革。90 年代，计划管理由微观管理转变为宏观调控管理，强化重点项目管理职能。2000 年后，计划职能主要加强对全区（市）国民经济的宏观引导和管理。

1950 年后，离石区（县、市）统计部门开展经济和社会发展各方面统计工作，并完成第一至第六次全国人口普查、第一至第三次全国工业普查、第一至第二次农业普查、第一至第二次基本单位普查、第一至第三次经济普查。

1984 年后，全区（县、市）农村经济管理部门进行农村土地承包合同的指导监督和农村财务管理，开展减轻农民负担的监督管理，扶持农民专业合作社建设与发展，截至 2015 年底，全区共注册登记农民专业合作社 333 个；离石区被指定为山西省农村产权流转交易市场建设试点区。

1951 年后，全区（县、市）工商行政管理部门开展各类工商企业登记、发照工作，严格监督经营范围，检查、整顿经营秩序，积极扶持个体工商业发展，规范经济合同签证和商标、广告管理，加大市场监管力度，打击投机倒把，打击违章违法经营，保护消费者的合法权益。

民国时期，境内商品价格由商会统管各行业公会议定，并参与市场物价监督。中华人民共和国建立初期，物价管理实行“统一领导，分级管理”的原则。改革开放后，价格管理实行调放结合管理。离石区（县、市）物价部门实施价格审批、收费审批、价格认证，开展价格监督检查、价格秩序整顿、价格签证，进行物价调控。

1955 年后，全区（县、市）质量技术监督部门开展质量监督、认证工作。2002 年后，对药品生产、流通、使用进行监督，规范药品管理，进行药品市场整治；开展药品不良反应监测、医疗器械经营企业监管，开展保健食品、化妆品监管工作。2007 年始，开展食品安全监管工作，进行食品安全稽查。

1987 年后，全区（县、市）土地管理部门制定土地利用规划，开展土地调查，划定基本农田保护区；进行建设用地审批、土地复垦管理、地籍管理、土地资产管理，严格土地监察。制定矿产资源开发规划，治理整顿煤矿和非煤矿采矿，开展地质灾害调查并进行防治。

2002 年 6 月，离石市安全生产监督管理局成立后，建立安全生产许可证制度，开展非煤矿山安全、危险化学品安全等专项整治，安全生产形势持续好转。

第一章　计划管理

第一节　管理体制

1949年10月1日中华人民共和国成立后，全县对生产资料私有制进行社会主义改造，县域经济形成以公有制为主体的格局，全县经济实行计划经济运行体制。

1956—1980年，全县计划管理的主要职能是通过编制指令性为主的计划对县域经济社会发展进行资源配置，促进县域经济和社会各项事业协调发展。

20世纪80年代后，逐步实行有计划的商品经济运行体制。计划管理的职能主要是对县域经济中商品流通、交通运输、文教卫生、财政税收、劳动工资等行业，下达总量发展的指导性计划指标，具体由各主管部门管理实施；计划部门主要管理和编制农业生产计划、工业生产计划、基本建设计划、物资供应计划和社会发展事业的宏观调控计划。

2006年，离石区接受大中专毕业生190名；为全区乡（镇、街道）需办理“农转非”的农民办理转户相关手续。2007年，全区对经济适用房实现零审批。2008年，制定印发《离石区经济适用住房开发建设管理办法》《离石区使用煤炭可持续发展基金利用管理办法》。2009年，贯彻落实“新三制”（审批、核准、备案）审批程序要求，规范全区各类建设项目立项审批手续。制定印发《离石区区级煤炭可持续发展基金安排使用管理的实施细则》《离石区政府投资项目立项审批实施细则》《离石区区级政府投资项目招标投标管理工作暂行办法》《项目单位编制项目可行性研究报告、项目建议书、项目申请报告、项目实施方案基本要求》。2010年，对中央新增投资、省、市煤炭可持续发展基金及其他专项资金投资项目的管理，实行由项目主管部门每半个月上报一次工程进度的管理办法。2011年，根据《固定资产投资项目节能评估和审查暂行办法》，在项目备案、核准、审批过程中，对项目实行节能审查前置审批。

2012年，制定印发《离石区2012年深化医药卫生体制改革主要工作安排》。2014年，将分散的审批职能集中到行政审批股，并统一集中到政务大厅受理，实现“一站式”服务，将审批时限由原来的15个工作日，缩减到5个工作日。

第二节　基本建设投资 物资调拨供应

基本建设投资

1949—1970年，国家拨给离石（山）县基本建设总投资1133.92万元，其中，工业投资 664.22 万元，占基本建设总投资的 58.6%；农业投资 176.32 万元，占基本建设总投资的 15.5%；交通邮电投资 89.23 万元，占基本建设总投资的 7.9%；财贸投资 58.16 万元，占基本建设总投资的 5.1%；科教文卫投资 76.72 万元，占基本建设总投资的 6.8%；城市公用事业投资 8.18 万元，占基本建设总投资的 0.7%；其他部门投资 61.09 万元，占基本建设总投资的 5.4%。

1971—1990 年，国家拨给全县基本建设总投资 8630.13 万元，其中，工业交通邮电投资 4913.54 万元，占基本建设总投资的 56.9%；农林水气投资 1332.39 万元，占基本建设总投资的 15.4%；商业供销外贸投资 518.12 万元，占基本建设总投资的 6%；财政金融投资 84.79 万元，占基本建设总投资的 1%；城建环保投资 780.49 万元，占基本建设总投资的 8.3%；科教文卫投资 560.62 万元，占基本建设总投资的 6.5%；机关团体投资 500.18 万元，占基本建设总投资的 5.8%。

1949—1970 年国家下拨离石（山）县基本建设投资情况表

表 16-1 单位：万元

年份	投资总额	工业部门	交通邮电	农林水气	商业外贸	科教文卫	城市公用	其他部门
合计	1133.92	664.22	89.23	176.32	58.16	76.72	8.18	61.09
1949	0.29	—	—	0.29	—	—	—	—
1950	0.33	—	—	0.33	—	—	—	—
1951	1.28	0.93	—	0.35	—	—	—	—
1952	0.38	—	—	0.38	—	—	—	—
1953	0.45	—	—	0.45	—	—	—	—
1954	3.50	—	—	3.50	—	—	—	—
1955	8.34	0.35	—	7.63	—	—	0.36	—
1956	28.81	23.24	—	4.10	—	1.47	—	—
1957	21.42	11.56	4.19	3.43	—	2.24	—	—
1958	166.25	96.19	11.90	17.27	21.97	5.57	—	13.35
1959	195.34	131.97	13.30	1.01	18.06	17.72	—	13.28
1960	279.92	100.00	59.84	76.98	2.82	20.59	—	19.69
1961	38.67	8.88	—	15.16	—	4.60	—	10.03
1962	3.08	—	—	1.01	0.28	0.19	1.60	—
1963	5.69	2.50	—	2.77	—	—	0.42	—

续表 16-1

年份	投资总额	工业部门	交通邮电	农林水气	商业外贸	科教文卫	城市公用	其他部门
1964	28.82	18.24	—	4.31	3.81	—	2.46	—
1965	46.50	30.76	—	10.60	—	—	1.14	4.00
1966	57.60	40.06	—	7.58	2.36	6.60	1.00	—
1967	27.97	18.04	—	5.97	1.35	1.87	—	0.74
1968	17.86	6.49	—	7.87	—	3.50	—	—
1969	51.39	35.40	—	2.48	5.31	7.00	1.20	—
1970	150.03	139.61	—	2.85	2.20	5.37	—	—

1971—1990 年国家下拨离石县基本建设投资情况表

表 16-2　　单位：万元

年份	投资总额	工业部门	机关团体	农林水气	商业外贸	科教文卫	城市公用	财政金融
合计	8630.13	4913.54	500.18	1332.39	518.12	560.62	780.49	84.79
1971	20.51	15.4	2.23	2.18	—	—	0.7	—
1972	241.34	171.07	3.65	6.66	16.96	17	26	—
1973	449.44	241.37	14.12	133.49	37.34	14.12	9	—
1974	317	183	—	115	6	8	5	—
1975	513.57	267.32	25.2	168.1	9.45	10.5	25	8
1976	193	36	28	69	42	—	15	3
1977	283.67	87.78	49.98	79.96	33.37	5	22.79	4.79
1978	252.6	101.6	32	50	28	10	25	6
1979	416	215	37	113	40	5	6	—
1980	373	202	33	87	24	23	—	4
1981	147	63	17	28	17	19	3	—
1982	205	77	21	17	29	54	7	—
1983	372	212	38	58	45	10	9	—
1984	516	284	45	114	48	25	—	—
1985	1163	751	27	81	19	58	227	—
1986	1180	706	55	82	—	209	128	—
1987	1141	758	20	96	95	55	58	59

续表 16-2

年份	投资总额	工业部门	机关团体	农林水气	商业外贸	科教文卫	城市公用	财政金融
1988	401	228	20	30	—	38	85	—
1989	215	136	32	2	28	—	17	—
1990	230	178	—	—	—	—	52	—

物资调拨供应

1949—1970 年，国家供应离石（山）县木材 9309 立方米、水泥 8914 吨、生铁 2406 吨、钢材 1798 吨。1958 年后，全县物资供应实行单一计划经济体制，全民工业和二轻集体工业生产资料实行按计划包销包供。1973 年，离石县物资购进 9.3 万元，销售 7.9 万元。

1980 年前，计划供应物资主要为煤、铁、钢材、木材、水泥、化工产品和机电产品。1981 年后，二轻（手）工业系统用钢材和离石木器厂用木材由省二轻厅分配供应，地方矿坑木由省煤炭局分配供应，企业革新改造用材由省经委分配供应，基建和知青门店用材由吕梁行署计划委员会(简称吕梁行署计委)安排，西山建设投资项目用材由省有关厅局安排。1987 年，离石县物资购进 911.8 万元，销售 971 万元。1988 年后，离石县计划经济变为市场经济，物资按需购进。1990 年，全县物资购进 288.6 万元，销售 299 万元。

1971—1990 年国家供应离石县物资情况表

表 16-3

年份	木材（立方米）		水泥（吨）	生铁（吨）	钢材（吨）	铜（吨）	铝（吨）	锌（吨）	铅（吨）	硫酸（吨）	烧碱（吨）	纯碱（吨）	橡胶（吨）
	国拨	省内调节											
合计	41818	6211	28111	9100.5	9727.1	2711.48	5635.51	12.69	29.22	480.36	75.04	805.45	1482.74
1971	—	—	819	86	281	24.2	0.55	0.19	3.05	3.45	0.14	0.3	12
1972	—	—	1944	563	458	55.05	5.69	0.10	1.00	1.91	0.55	0.59	10.82
1973	880	370	1454	334	517	246.2	87.17	—	3.81	6	0.63	21.47	20
1974	1328	400	215	587	329	110.2	360.4	0.7	12.78	—	0.42	37.57	25.13
1975	1771	426	190	592	413	166.1	352.2	2.5	1.40	—	1.19	51.57	55.13
1976	1726	210	190	1585	425	127.9	176.2	1.9	4.15	10	0.21	37.95	43.36
1977	1866	406	160	811	422.7	93.6	533.5	2.2	0.93	20	0.9	79	25
1978	2010	100	174	922	457.7	156	575.3	2.7	0.5	14	5.5	63	52.3

续表 16-3

年份	木材（立方米）		水泥（吨）	生铁（吨）	钢材（吨）	铜（吨）	铝（吨）	锌（吨）	铅（吨）	硫酸（吨）	烧碱（吨）	纯碱（吨）	橡胶（吨）
	国拨	省内调节											
1979	2777	425	186	1085.5	479.7	270.9	853	2.4	0.6	23	—	52	112
1980	2381	180	100	—	317	—	—	—	—	12	3.5	108	181
1981	1074	209	180	—	—	—	—	—	—	—	7	78	50
1982	3694	241	272	—	30	—	—	—	—	19	12	56	80
1983	3621	690	125	—	497	—	—	—	—	—	—	—	—
1984	3389	705	102	595	501	100.4	—	—	—	119	6	131	14
1985	2891	460	145	692	424	155.38	400	—	–	64	6	59	140
1986	3498	530	215	698	626	183.9	605.5	—	–	80	5	10	150
1987	3070	214	122	414	419	326.4	948	—	–	76	14	11	101
1988	1962	445	10518	136	629	—	—	—	—	—	—	—	—
1989	1685	200	10770	—	2070	695	738	—	1	12	—	6	301
1990	2195	—	230	—	431	0.25	—	—	—	20	12	3	110

第三节 计划编制 实施

计划制订

长期计划（十年以上发展战略规划） “十一五”期间，2005年，离石区政府提出2020年长期战略目标，即把离石区建成山西省西部地区乃至辐射陕西东北部的经济发展中心区、适宜居住的区域中心城市、生态环境优美的休闲区域和社会服务先进的城市区域。

中期计划（五年发展规划） 2005年，离石区政府编制完成《离石区“十一五”经济与社会发展规划纲要（讨论稿）》《离石区“十一五”经济与社会发展规划纲要专项规划（讨论稿）》22个。2006年，离石区人大讨论并通过《离石区国民经济和社会发展第十一个五年规划纲要（讨论稿）》。同年，修订与“十一五”规划衔接的22个专项规划（讨论稿）。2007年，区政府编制完成《离石区“十一五”农村中小学校舍改造规划》《离石区“十一五”城区薄弱学校建设规划》《离石区“十一五”农村卫生院改造规划》《离石区“十一五”农村医疗所建设规划》《离石区“十一五”社区医疗服务中心建设规划》《离石区“十一五”乡镇文化站建设规划》《离石区“十一五”旅游环境综合整治规划》《离石区“十一五”公检法司“三所一厅”建设规划》《离石区“十一五”乡村道路建设规划》《离石区“十一五”服务业引导资金发展规划》《离石区“十一五”流通领域市场建设规划》《离石区“十一五”建材工业建设发展规划》《离石区“十一五”煤矿机械化升级改造建设规划》

《离石区2007—2010年煤炭可持续发展基金以工代赈三川河流域生态综合治理规划》《离石区“十一五”亚行贷款项目建设规划》。2008年，编制完成《离石区2008—2010年循环经济重大项目规划》《离石区2008—2010年煤炭可持续发展基金利用规划》。2009年，编制上报《离石区煤矸石、粉煤灰综合利用规划》《离石区秸秆综合利用规划》《离石区农村初中校舍改造（二期）规划》《离石区农村卫生服务体系（二期）建设规划》。2010年，山西省发改委评审通过《离石区大土河焦化有限责任公司煤焦电化循环经济总体规划》山西省经贸委研讨通过《离石区新型煤化工产业发展规划》《山西省吕梁市离石区光伏产业发展规划》。同年，区政府编制上报《离石区“十二五”电力发展规划》《离石区“十二五”煤炭工业发展规划》《山西省离石区农村电网改造升级三年实施规划》《离石区第二轮村级组织活动场所规划》等专项规划。2011年6月，离石区人大审议通过“十二五”规划纲要。规划筛选“十二五”期间项目288个，其中，设施类项目145个、工业类项目67个、农业类项目44个、三产服务类项目32个；规划项目概算总投资1605亿元。

短期计划（年度执行计划） 2002—2015年，离石区（市）发改局制定全区上年度国民经济和社会发展计划执行情况及下年度国民经济和社会发展计划14个。如2006年，离石区三届人民代表大会第四次会议批准通过《离石区2005年国民经济和社会发展计划执行情况及2006年国民经济和社会发展计划（草案）》。2007年，四届人民代表大会第一次会议批准通过《离石区2006年国民经济和社会发展计划执行情况及2007年国民经济和社会发展计划（草案）》。2010年，四届人民代表大会第四次会议批准通过《离石区2009年国民经济和社会发展计划执行情况及2010年国民经济和社会发展计划（草案）》。2011年6月，区人大审议通过《离石区2010年国民经济和社会发展计划执行情况及2011年国民经济和社会发展计划（草案）》。2015年，对全区2014年的国民经济和社会发展计划执行情况进行全面总结，分析预测2015年经济发展面临的形势和发展走势，起草《离石区2014年国民经济和社会发展计划执行情况及2015年国民经济和社会发展计划（草案）》，拟定全区2015年主要经济指标任务，确定各行业主要项目及具体完成情况，并提交区人代会审议。

专项计划 2014年，离石区相关部门编制《2014年教育卫生专项省煤炭可持续发展基金投资计划建议方案》和《2015年卫生项目中央投资计划草案》、编制《离石区转型综改总体规划暨行动方案（2014—2020）》《离石区国家资源型经济转型综合配套改革2014行动计划》，确立重大改革5项、重大事项4项和重大项目12项。2015年，编制《离石区国家资源型经济转型综合配套改革试验2015年行动计划》，确立重大改革3项、重大事项4项和重大项目6项。

计划实施

“一五”期间（1953—1957年）计划实施 该时期，县相关部门编制农业发展计划：

全县粮食产量15000吨，农业总产值（1980年不变价）实现800万元。到1957年，离山县农业生产得到恢复和发展，开始对黄河流域的小流域进行治理，搞植树造林，新修刘家湾水库等；粮食产量16785吨（比计划增长11.9%），农业总产值（按1980年不变价）实现846万元（比计划增长5.75%）。编制工业发展计划：兴建一批工商企业，初步建立起全县的工业基础。到1957年，离山县实现工商业社会主义改造，新建国有企业离石蛋厂（产品出口苏联），联营改造组建铁业社、木业社、修配社、建筑社、运输社等县营集体工业企业，初步形成离石早期工业格局；固定资产累计投资62.52万元，工业总产值（按1980年不变价）实现416.36万元（比1952年的136.97万元增长2倍），平均递增速度32.1%。

“二五”期间（1958—1965年）计划实施　该时期，离石（山）县相关部门编制第二个五年发展计划。计划在农业、工业等方面安排重点工程项目。该时期，农业经历由高到低再到全面调整恢复的过程。1958年粮食产量：为23730吨，1960年下跌到12470吨，1964年上升到22225吨。到1965年，全县农业兴建果园面积313.8公顷，综合治理王家沟流域。兴建发电厂、炼铁厂、农机厂、七里滩煤矿等国营工业企业和寺沟煤矿、上则墕煤矿、王家沟煤矿等集体工业企业。兴修大武—坪头公路，全县以乡镇为单位均通电话。累计投资764.27万元。

“三五”“四五”期间（1966—1975年）计划实施　该时期，离石县相关部门编制过年度发展计划，主要编制有农业生产计划、工业生产计划、物资供应计划和基本建设计划。该时期，全县工农业生产仍保持一定发展速度，基础设施建设有新的发展，固定资产累计投资1846.71万元。到1975年，离石县工业总产值（按1980年不变价）1713万元；离石蛋厂转产为电线电缆厂，新建化肥厂、水泥厂、运输公司等国营企业；新建陶瓷厂、玻璃厂、地毯厂和印刷厂等县营集体企业；发展以农机具修配为主的农村农机修配厂和乡办集体煤矿。粮食产量35560吨；建成吴城水库，兴修北川、东川河部分河坝。扩建永宁中路等市政建设工程。兴建一批乡镇中学和乡镇卫生院。

“五五”“六五”“七五”期间（1976—1990年）计划实施　该时期，离石县相关部门编制的“五五”“六五”2个五年计划中提出适当放开指令性计划，将商品流转、运输周转量、工业产品产量、劳动工资、农产品品种等计划改为指导性计划，重点编制县域经济发展战略、经济发展速度、产业布局、重点建设项目、社会发展目标和具体的年度实施计划。

“七五”时期，离石县对全县国土资源进行调查，编制国土资源利用资料，把全县划分成西山旱作农业区、东山林牧区和中部沿川贸工农综合开发区，提出建立商品粮、水果、干果和畜牧业四大基地为主的农业产业化发展战略。制定粮食产量要突破亿斤大关，工业总产值过半亿的奋斗目标。

15年间，全县第一产业搞机修梯田、兴修水利、解决人畜吃水、兴建果园、植树造林、小流域治理等工程项目，水浇地2000公顷，梯田地2666.67公顷。第二产业发展一批乡镇企业，对全县县营工业企业进行规模性技术改造，建立煤焦、电力、建材、机械、轻工食品、化工等有一定规模的工业体系。第三产业兴建工业品市场、农产品市场。新建自来水公司，城区人民告别吃河水历史；新建凤山公园，修复天贞观等旅游设施，城市面积扩展到9平方千米。新建离石县高级中学校、离石第一中学校、离石第二中学校、离石第三中学校和离石城区小学校5所；对县医院进行改造扩建。新建东川河大桥、马茂庄大桥、王家沟大桥、信义大桥和城区2座吊桥；铺设五里铺—信义和城区—枣林2条县级柏油路，所有乡镇通电，城区电话实现程控化。至1990年底，全县粮食总产量40180吨，工业总产值（按1980年不变价）6430万元，实现过半亿的发展目标。全县第一、二、三产业的发展比例为25.6∶33.8∶40.6，15年间固定资产累计投资7137.27万元。

“十五”期间（2001—2005年）计划实施 “十五”发展计划目标主要有经济实力、工业、城乡基础设施、社会事业等。该时期，全区（市）实现集中供热、供气；汾军高速公路建成通车；“村村通”工程基本实现，公共汽车进入偏远农村；农村沼气生态等工程较好地改善农村居民生产生活条件；教育经费投入增加，并校工作取得进步，义务教育全面普及；新建博物馆、公园、文化广场；新建一批住宅小区。2004年，培训农民达2.3万人次；全区工业总产值22.98亿元，其中，国有及年收入500万元以上工业企业总产值为16.53亿元，占71.9%；民营企业总数突破5000家，营业收入1000万元以上企业95家，山西大土河焦化有限责任公司的资产和销售额均超过10亿元，进入全省民营企业百强行列。至2005年，全区生产总值完成27.3亿元，财政总收入完成5.96亿元。城镇居民人均可支配收入7100元，农民人均纯收入1212元。出口交货值14.9亿元。

“十一五”期间（2006—2010年）计划实施 “十一五”初，计划目标分6部分。

经济指标 到2010年，全区地区生产总值55亿元（按1990年价约为45亿元），年均增速15%，人均生产总值1.8万元，年均增长10%。其中，第一产业生产总值0.8亿元，年均增速7%；第二产业生产总值32.2亿元，年均增速15%；第三产业生产总值22.0亿元以上，年均增速16%。财政总收入15亿元以上，年均增长25%。

经济结构 到2010年，第一、二、三产业比重调整为1.5∶58.5∶40.0。农业中经济林果业和畜牧养殖业比重增加；非煤产业在工业中的比重为40%，基本形成煤焦产业和非煤产业并举，轻重工业并举的工业发展格局；形成现代服务业（物流业、现代商贸业）为主导的第三产业体系。

城镇化建设 到2010年，城镇人口20万人。初步形成主城区、信义城区（作为城市区的隆起点）—小城镇（吴城镇）—集镇（坪头、枣林、结绳墕、小神头、王营庄）三级城镇体系结构。城镇化率76.5%，城镇化率年均增长1.6%。

新农村建设　规划建设示范性社会主义新农村30个。

社会事业　到2010年，实现高中及高中职业教育率70%。农村新型合作医疗覆盖率80%；社会保障覆盖全区80%以上人口。全区人均教育水平、医生人数、医疗和养老保险覆盖率、人均绿化面积、城镇人均居住面积、人均体育场馆面积、人均工资水平、人均治安案件发生率等社会指标整体迈进吕梁市先进水平。

生态环境　到2010年，单位国内生产总值能源消耗比2005年降低20%以上。森林覆盖率30%，城市绿化率33%。城镇生活饮用水源保护区达2—3类标准。污水和固体废弃物处理率70%以上。空气质量二级以上天数350天以上。全区环境噪声平均等效声级基本符合国家标准。

“十一五”末，离石区经济社会发展实现目标分6个部分。

经济总量　2010年，离石区生产总值65.45亿元，是2005年的2.4倍，年均增长19.1%，人均地区生产总值20077元；财政总收入19.2亿元，是2005年的3.2倍，年均增长26.4%；全社会消费品零售总额37.09亿元，年均增长19.4%；5年累计完成固定资产投资130.8亿元，是“十一五”累计投资总额的1.9倍。

结构调整　全区矿井数由原来的33座减少到15座，煤炭年产能由原来957万吨提高到1434万吨。工业总产量快速增长，完成大土河焦化有限责任公司84万吨及100万吨焦化、15万吨煤焦油、200万吨洗煤等一批重点项目，机械加工和光伏制造等新型产业落户离石。聚富汽贸城、泰化物资城、新天地、九龙等三产服务业专业市场建成并投入使用。第一、二、三产业结构，由2005年的2.1∶60∶37.9调整到2010年的2.33∶50.27∶47.4。

城乡建设　太中银铁路建成通车，完成重点公路新建、改建工程11项。完成48个试点村、重点村的“四改四化”和“五个一工程”。基本完成10个整村推进村的农民休闲娱乐广场、科技文化活动室、整修新建工程及特色项目工程。完成修筑河坝、砌筑灌溉渠道、挖土渠、打井、修建人畜饮水等工程，解决10万人、4655头大畜的饮水困难。千年旅游综合开发项目全面启动。安国寺景区完成基本建设。水库名称、水库枢纽及管网铺设基本完成。

人民生活　2010年，离石区城镇居民人均可支配收入15278元，是2005年的2.1倍，年均增长15.9%；农民人均纯收入2412元，是2005年的2.7倍，年均增长21.6%。

生态保护　2010年，离石区森林覆盖率33%；空气质量二级以上天数连续3年超350天，保持全省第一；综合污染指数1.47，达国家二级标准。

“十二五”期间（2011—2015年）　该时期，离石区根据“十一五”时期经济社会发展取得的成就和经验提出“十二五”期间国民经济和社会发展主要指标。截至2015年底，全区生产总值180亿元；义务教育巩固率为100%；区、乡、村3级卫生机构达标率大于95%；城镇职工基本社会保险覆盖率为100%；新型农村合作医疗参合率为100%；城镇居民人均可支配收入31000元；农民人均纯收入为5300元；耕地保有量32.8万亩；森林覆盖率40%；建成区绿化率35%以上；城市集中供热普及率为95%。

“十二五”期间离石区国民经济和社会发展主要指标完成情况表

表16-4

类别	指标	2010年	2015年	年均增长（%）
结构优化与经济发展预期目标	全区生产总值（亿元）	65.45	180	22.4
	其中：人均地区生产总值（元）	20077	51000	20.7
	粮食总产量（万千克）	2300	3000	5.45
	社会消费品零售总额（亿元）	37.09	67.64	12.5
	全社会固定资产投资（亿元）	（130.8）	（500）	36
	财政总收入（亿元）	19.2	50	21.1
	一般预算收入（亿元）	6.49	17.5	21.9
民生改善与社会发展预期目标	义务教育巩固率（%）	100/99	100	（0.1）
	公共文化服务系统建设达标率（%）	61.12	100	（38.88）
	县乡村三级卫生机构达标率（%）	82	＞95	（13）
	人均公共体育场地面积（平方米）	1.3	＞1.5	（0.2）
	城镇职工基本社会保险覆盖率（%）	88.9	100	（11.1）
	新型农村合作医疗参合率（%）	96.7	100	（3.3）
	亿元GDP生产安全事故死亡率（%）	0.41	＜0.24	—
	人口自然增长率（‰）	1.99	＜6	—
	城镇化率（%）	76	85	2.3
	城镇登记失业率（%）	2.8	＜4.2	—
	城镇居民人均可支配收入（元）	15278	31000	15
	单位地区生产总值能耗降低率（%）	—	—	（18）
生态建设与可持续发展预期目标	单位工业增加值用水消耗量降低（%）	—	—	（16）
	大气综合污染指数(%)	1.46	＜1.60	（0.14）
	二氧化硫排放量减少（%）	—	—	（10）
	城市生活垃圾无害化处理率达到（%）	100	100	—
	城市污水处理率(%)	41	85	（44）
	城市集中供热普及率(%)	58	95	（37）
	耕地保有量（万亩）	32.8	32.8	—
	森林覆盖率（%）	33	40	（7）
	建成区绿化率（%）	35	＞35	—

注：括号内的数据为5年累计数。

第四节　项目管理

项目储备

2003年，离石市政府重视项目储备建设，坚持大中小型项目相配套、近中远期项目相结合、特色环保项目相统一的原则，强化项目储备。

2004年，离石区储备项目300个。2005年，离石区储备项目324个，概算总投资260.67亿元。其中，工业项目156个，概算投资55亿元；农林水利项目46个，概算投资37.8亿元；建设性项目24个，概算投资29.2亿元；交通项目35个，概算投资28.2亿元；旅游项目6个，概算投资2.8亿元；文教卫生项目28个，概算投资9亿元；高新技术项目14个，概算投资37.4亿元；公检法司项目4个，概算投资0.27亿元，其他项目11个，概算投资61亿元。2006年，筛选上报吕梁市发改委储备项目111个，项目概算总投资520亿元。其中，农业项目41个，概算投资110亿元；工业项目37个，概算投资320亿元；商贸流通及第三产业项目33个，概算投资90亿元。2008年，离石区为省项目库提供备选项目53个。2011年，山西凌云龙盟环保纸业有限公司36万吨环保石头造纸项目，列入全省重点工程预备项目和全省资源型经济转型标杆项目库。

2012年，储备项目125个。2014年，共储备项目327项，总投资2914亿元。2015年，离石区储备转型跨越新项目，重新梳理完善项目库，优化项目储备，提升储备项目质量，共储备项目339个，总投资3094亿元。

项目报批

2004年，离石区发改局上报项目11个。其中上报国家发改委6个，即福利焦化厂干熄焦技术及余热发电项目、楼桥水泥有限公司利用回转窑余热发电项目、煤矿七里滩、永宁、大沟采掘机械化升级改造项目和安全改造项目、图书馆建设项目、安国寺停车场项目、司法所建设项目。2005年，上报国家、省有关部门项目42个，其中，工业项目25个、农业项目4个和其他类项目13个。2006年，上报省、市项目50个，其中，省级5个、市级45个。同年，省、市批复备案项目6个，即山西五谷香小杂粮及农副产品加工项目、山西木枣精华生物科技公司2000吨木枣浓缩汁灌注生产线项目、山西大土河焦化有限公司30万吨煤焦油加工项目、吕梁中药厂4000吨中药饮片项目、吕梁中药厂5000万支连翘酯苷粉针生产线项目和山西大土河焦化有限责任公司10万元镁合金项目。2007年，上报项目5个，其中省发改委批复1个（千年水库）。2008年，上报项目18个（山西大土河焦化有限责任公司焦化综合利用项目、山西大土河焦化有限责任公司15万立方米粉煤灰加气砼砌块项目、山西大土河焦化有限责任公司1.2亿块煤矸石粉煤灰烧结砖项目、山西大土河焦化有限责任公司90万吨干熄焦示范项目、山西大土河焦化有限责任公司400万吨选煤项目、山西大土河焦化有限责任公司200万吨选煤项目、山西大土河焦化有限责任公司90万吨焦化项目、亿龙水泥有限公司4000吨/日新型干法水泥熟料生产线项目、吕梁楼桥新建建材有限公司60万吨/年粉磨站项目、中矿宝源山西离石霜雾都煤炭地下气化站示范工程项目、北京清研利华再生能源科技有限公司吕梁分公司3万吨生物柴油建设项目、老年公寓项目、吕梁市粮裕煤焦有限公司年产120万吨焦化项目、山西大土河焦化有限责任公司20万吨/年焦炉煤气制甲醇项目、山西大土河焦化有限责任公司6万吨/年镁合金项目、吕梁中药厂年产4000吨中药饮片和1.3亿粒复方斑蝥胶囊项目、吕梁中药厂5000万支连翘酯苷粉针生产线项目、山西大土河焦化有限责任公司资源综合利用项目）。2008年，上报项目审批手续全部办结。2009年，上报项目64个，项目审批手续全部办结。2010年，离石区发改局上报项目9个（基层就业和社会保障服务设施试点项目、吕梁煤电铝一体化2×1000兆瓦发电项目、山西大土河焦化有限责任公司60万吨/年焦化项目、同辉机械8万吨煤机成套设备项目、国际电力离石燃气蒸汽联合循环供热机组纳入吕梁市热电联产规划项目、大唐山西新能源离石风电项目、国际电力发电和加气站项目、昌源达运业加气站项目、中石化离石分公司加气站项目）。2010年，项目审批手续全部办结。2011年，离石区发改局上报离石区公共租赁住房项目、东城新区经济适用住房项目、大唐山西新能源公司吴城薛公岭风电项目、山西国际电力2×200兆瓦煤层气发电、加气站项目、吕梁热电厂2×300兆瓦热电联产等项目9个。国家发改委核准项目2个（山西国际电力2×200兆瓦煤层气发电和加气站项目、大唐山西新能源公司吴城薛公岭风电项目），省发改委批复可研项目3个（离石区公共租赁住房项目、离石区廉租房项目、东城新区经济适用住房项目），省、市发改委备案项目4个。

2012年，离石区发改局确立以转型项目建设为重点的工作思路。将山西大土河焦化有限公司循环经济建设项目申报为省级循环经济试点企业，将电缆集群项目规划和西属巴盛地流域生态环境综合治理项目申报为省级转型综改标杆项目。2014年，向省、市发改委上报项目备案、核准和开展前期工作的申请项目19个，批复项目8个。2015年，向省、市发改委上报项目8个；向中央、省发改委上报资金申请报告15个，申请资金13330万元；列入省市“十三五”规划项目库项目120个。2015年，信义镇马家沟村丰义沟—井家山通村道路建设项目等项目取得省、市发改委批复。

“两区开发”项目

2006年，离石区列入晋西北革命老区开发规划（简称“两区”开发）。同年，区发改局上报省“两区”开发项目5大项16个小项，经争取列入“两区”开发项目9个（山西省吕梁中药厂4000吨中药饮片生产线项目、山西省吕梁中药厂5000万支连翘酯苷粉针生产线项目、中国电力投资集团公司华北分公司吕梁2×300兆瓦热电项目、山西大土河焦化有限责任公司30万吨/年煤焦油加工项目、山西大土河焦化有限责任公司焦炉煤气综合利用合成氨及尿素项目、山西大土河焦化有限责任公司400万吨选煤项目、山西大土河焦化有限责任公司10万吨镁合金项目、山西大土河焦化有限责任公司100万吨/年焦化工程项目、山西中吕焦化有限公司60万吨/年机焦炉二期工程项目）。2007年，“两区”开发项目调整为11个。当年，离石区“两区”开发项目立项9个，开工7个，年底建成投产1个，部分建成2个。2008年，“两区”开发项目调整为10个。2009年年底，“两区”开发项目全部建成。

“双百双千”项目

2006年，离石区列入吕梁市“双百双千”规划项目9个。对列入吕梁市“双百双千”规划的项目单位进行项目申报知识培训。2008年，列入吕梁市“双百双千”规划项目增加为19个，项目涉及煤焦、化工、电力、建材、医药和食品加工等行业，项目规划总投资81.35亿元。2008年，“双百双千”规划项目完成投资39.5亿元，占规划总投资的48.55%。2009年，“双百双千”规划项目数为19个，规划总投资调整为86.78亿元。同年，完成投资41.57亿元，占规划总投资的47.90%。2009年，“双百双千”规划项目建成9个，部分建成4个，项目主体工程完成9个。

重大项目建设

太中银铁路离石段项目 2005年启动包括太中银铁路离石段项目、铁路货场建设项目和铁路专用线建设项目。离石区配合省、市相关部门收集、整理铁路沿线离石段相关资料，完成项目前期工作。同年10月，离石区确定在太中银铁路离石段设置吕梁站和吴城站站点2个。至年底，完成铁路货场建设项目和铁路专用线建设项目前期工作，确定建设东属巴1000万吨大型铁路货场和背石村21千米铁路专用线（专用线接轨吕梁站和吴城站）。2006年，太中银铁路离石项目协调领导组成立，下设办公室，并着手离石区铁路建设前期工作。将铁路货场建设项目和铁路专用线建设项目列入省、市“十一五”规划。9月26日，完成铁路货场建设项目和铁路专用线建设项目可研评审。2007年，太中银铁路离石段地面附着物清点工作小组成立，清点地面附着物970处1300余家。确定山西大土河焦化有限责任公司、山西楼桥水泥有限公司分别为铁路专用线和货场的建设单位。11月初，离石区与铁道部第三设计院签订编制货场和铁路专用线可行性研究报告合同。2008年，离石区完成太中银铁路离石段征地和拆迁工作（上安村、下安村建设用地未征，吕梁站、上安村、下安村8.67万平方米民房未拆迁）。上级累计拨付离石区征地、地上构筑物补偿资金19786.79万元，占到应拨付资金的71%；累计发放征地、拆迁补偿金12165.15万元，其中，征地款4564.58万元，征用林地款1731.92万元，民房拆迁款5868.65万元。2009年，共征用铁路建设各类用地331.11公顷。共争取到征地、拆迁补偿资金8745.08万元，其中房屋拆迁8585.08万元。2010年，将太中银铁路离石段建设用地、临时用地移交太中银铁路离石段建设项目部。协调解决因铁路建设导致民房出现裂缝等问题，共建安置房473套（其中，上安村395套，贺家塔村78套）；协调解决太中银铁路离石段所涉道路改移58条，渠道和沟道改移26处，新建学校1所。11月，铁路开通。

中国电力投资集团公司华北分公司吕梁2×300兆瓦热电项目 2006年3月20日，该项目启动，并列入省“十一五”规划和省“两区”开发规划。省发改委完成可研评审，省水资委完成水资源论证报告。2007年，该项目相继取得省水利厅、省水资委、省国土厅、省建设厅、省发改委、省地震局、省文物局批复文件。2008年，该项目取得省级审批手续27项（除环评外）。4月，该项目上报国家发改委；国家发改委完成该项目可研评审，并将其列入国家“十一五”电力发展规划。2009年3月，该项目股权结构发生变化，离石区将变更项目上报市、省、国家发改委。

吕梁市飞机场建设项目 2006年，离石区配合吕梁市发改委开展勘查，推荐田家会街道五里铺梁顶作为机场场址。同年，作出土地平整方案图，初步测算出土方工程量。2007年，配合市发改委完成机场选址、可研等项目前期工作。2008年，配合市发改委完成机场项目可研评审。落实机场建设资金。

千年综合开发项目 2006年，离石区提出该项目设想。2007年，开始规划。项目建设内容为环湖公路、高尔夫球场、水上游乐设施、链接西华镇草原旅游区索道、休闲别墅群等，项目规划总投资10亿元，项目承载企业吕梁远安房地产开发有限公司。2008年，完成项目总体规划编制，10月26日，项目规划通过评审并开始建设。2009年5月15日，该项目通过省发改委备案。项目一期工程民俗商业水街、景观坝和千年广场工作量初步形成，项目累计投资5750万元，当年投资4550万元。2014年，投资1200万元，建成千年好合广场、商业水街主体，5月，试营业。

三川河流域综合治理项目 2009年，省发改委批复项目总体规划和实施方案。上级共安排项目总投资3417.07万元，其中，省级煤炭可持续发展基金1690万元，市级煤炭可持续发展基金877.07万元，区配套资金850万元。

山西凌云龙盟环保纸业有限公司36万吨/年碳酸钙改性环保纸系列产品生产项目 2014年，完成投资2800万元，累计完成投资9.2亿元。

山西江川国威无人机项目 2014年，完成投资0.48亿元，累计完成投资5.6亿元。

离石电缆有限公司电缆集群项目 2014年，投资3400万元，累计完成投资1.6亿元。

吕梁天源物流中心项目 2014年，完成8#日用品仓库、9#建材仓库主体、园区内71间小型配送部和水、电、路、管网等基础设施，累计投资1.8亿元。

吕梁大秦永宁物流吴城铁路专用线项目（战略装车点） 2014年，完成用电预审、环评、能评、安评、选址意见书、水土保持、压覆矿产评估等审批手续，并完成“三通一平”（水通 电通 道路通 场地平整）工作。

山西东泰建材有限公司5000吨/日高钙灰回转窑系列产品生产线项目 2014年，项目备案，并完成选址、土地手续。同年，完成投资 1.15 亿元。

晋能离石大土河 2×350 兆瓦低热值煤热电联产项目　项目位于信义工业园区回龙塔村，总投资 32 亿元，设计年发电量 35 亿千瓦时，供热面积 1566 万平方米。2014 年，完成项目评审、抗震设防、公路运输方案、安全预评价报告、职业病危害预评价报告等手续。

云顶山 250 兆瓦风电项目　2014 年，完成项目核准手续。

居然之家离石店项目　2014 年，完成立项、土地、环评、选址等审批手续。同年，完成一期工程主体，完成投资 1.06 亿元。

白马仙洞旅游项目　2014 年，完成项目备案。当年 5 月 1 日开工建设，投资 2 亿余元，完成景区道路、停车场、宾馆、办公场所、洞内景观照明、滑道、森林步道、洞阳湖、跑马场等基础设施及配套服务设施建设。

山西圣通铁路运营有限公司信义铁路专线项目　2014 年，吕梁市政府同意新城接轨方案，并修订完善可研；总投资额约 15 亿元。

太原铁路局吕梁铁路运输生产及维修养护设施综合项目　项目设置太原铁路局车务、工务、电务、供电与吕临铁路有限公司 5 个单位；选址于西属巴车站附近，总投资约 10 亿元；设计年发送量近、远期分别为 10089 万吨、15284 万吨；主要新建生产生活房屋约 20 万平方米，占地约 13.33 万平方米。2015 年，项目开工。

区级项目审批　核准　备案

2007 年，全区批复项目立项 8 个（交口汽贸城项目、七里滩矿机城项目、前瓦电子城项目、七里滩—上楼桥段 307 国道改造项目、西山循环公路滴水崖—西属巴公路建设项目、红眼川农村地质灾害治理移民搬迁项目、恒隆新型建材项目、恒磊新型建材项目）。2008 年，审批项目 17 个（离石区高级职业中学新建综合楼项目、城区学校操场建设项目、离石区人民医院综合楼门诊楼加层扩建项目、离石一中扩建图书馆实验综合楼项目、城镇中学扩建综合教学楼和餐厅项目、西属巴街道扩建改造中学学生餐厅宿舍项目、新建坪头寄宿制小学校项目、七里滩村新建小学项目、西属巴—茂塔坪三级公路建设项目、吉家村—马家沟二级公路建设项目、山西大土河焦化有限责任公司矿井水生活污水处理回用项目、吕梁腾达新型节能材料有限公司年产 5 万立方米聚苯乙烯板及 18 万平方米外墙钢丝夹板项目、信义工业区生态绿化项目、信义工业区改河工程项目等）。2010 年，审批项目 18 个（东城新区“一河两坝三路六桥”基础设施建设项目、商务中心区部分公用设施建设项目、江阴中学一期建设项目、袁家庄中小学新建项目、城乡 28 所学校校舍安全改造建设项目、离石三中、泰化小学、西属巴中学、王家沟小学等 10 所中小学校舍及附属设施重建项目、前瓦幼儿园、区实验幼儿园新建改造项目、部分移民安置建设项目、农产品开发建设项目、新型墙体材料建设项目、汽车 4S 店建设项目等）.

2012 年，备案项目 10 个，其中，农业项目 5 个、工业项目 3 个、服务业项目 2 个；

核准基础设施建设项目9个；审批项目20个，其中，农业项目3个、基础设施建设项目11个、其他建设项目6个。2014年，备案项目32个，核准项目34个，审批项目25个。2015年，审批项目及初步设计19个，核准项目4个，备案项目30个。

项目招投标核准

2010年，离石区共核准项目招标方案和不招标申请104个。离石区检查监督招投标项目20个。2011年，共核准项目招标方案和不招标申请49个。对项目勘察设计、建安工程实施执法监督，共检查招投标项目4个。

2012年，强化本级财政资金的项目招投标管理，核准项目招标方案和不招标申请36个。对项目勘察设计、建安工程招标继续实施行政执法监督检查，共检查项目13个。2014年，核准项目招标方案和不招标申请75个。2015年，核准项目招标方案和不招标申请29个。

项目节能审查

2012年，离石区备案项目节能登记表15个，其中，农业项目3个、工业项目1个、服务业项目1个、基础设施建设项目10个；批复项目节能报告表2个，其中，工业项目1个、基础设施建设项目1个。2014年，评估和审查项目节能47个。2015年，评估和审查项目节能17个。

项目资金争取

2004年，离石区争取项目到位资金10073万元，主要有城区集中供热工程资金630万元、污水处理工程项目资金2200万元、中小学危房改造资金180万元、店梁线工程建设项目资金880万元、米五线公路建设项目资金960元、离石阳坡小流域建设项目资金480万元、水利水保项目资金1260万元、林业项目资金973万元等12项。2005年，共上报项目资金申请报告50个，概算总投资14.6亿元。其中，农业项目11个，概算投资3994.46万元；工业项目6个，概算投资13000万元；交通项目1个，概算投资5000万元；旅游项目2个，概算投资6920万元；公检法司项目12个，概算投资270万元；教育项目1个，概算投资210万元；通信设施项目1个，概算投资60万元。2005年，共争取项目到位资金5707.1万元，主要有水利水保项目资金2645万元（其中，阳坡坝系建设项目资金558万元、吴城水库资金1840万元、人畜饮水解困工程资金247万元）、林业项目资金240万元（其中，退耕还林工程资金170万元，天保工程资金70万元）、土地开发项目资金1247万元、交通项目资金960元、中小学危房改造资金210万元等12项。2006年，共上报项目资金申请报告21个，项目概算总投资91631万元。其中，农业项目4个，概算投资24031万元；工业项目4个，概算投资32000万元；交通项目2个，概算投资28000万元；旅游项目3个，概算投资6000万元；公检法司项目4个，概算投资800万元；教育项目4个，概算投资800万元。2006年，共争取项目到位资金7128万元，主要有整村推进资金2160万元、移民搬迁项目资金252万元、农村公路改造工程资金1424万元、东过境公路资金1000万元、派出所建设资金396万元、农村中小学远程教育资金428万元等22项。2007年，区发改局上报涉及通道绿化、沼气工程建设、坝系工程建设、新农村建设、农村中小学校舍改造、乡镇卫生院改造、农村医疗所建设、乡镇文化站建设、公检法司基础设施建设项目资金申请报告九大类。争取上级资金7681万元，主要有林业建设资金6项2028万元、亚行贷款3000万元、教育建设资金903万元、卫生建设资金370万元、文化建设资金240万元、旅游建设资金120万元、公检法司建设资金150万元等。2008年，以大项目建设为主线，将农业、工业、第三产业、基础设施、社会事业等建设作为项目载体，积极争取国家、省、市政策性投资。共上报项目资金申请报告50个，累计争取到项目建设资金4589万元，共涉及项目承载企业17个。2009年，上报老干部活动中心改扩建项目、残疾人康复就业服务中心建设项目、离石区档案馆建设项目、高级职业中学教育基础能力改扩建项目、山西大土河焦化有限责任公司30万吨煤焦油项目和山西大土河焦化有限责任公司1万吨镁合金项目。2009年，争取到上级项目投资16830万元，其中，国家新增预算内投资3950万元，省、市级煤炭可持续发展基金、地方债券等资金12880万元。2010年，区发改局上报项目资金申请报告24个，项目概算总投资32846.83万元。争取到位资金5673.63万元，共涉及项目承载企业18个；争取吕梁市政府补贴高效照明节能灯21500支。2011年，上报项目资金申请报告14个，申请资金涉及中央财政预算资金、省煤炭可持续发展资金、财政奖励资金和以工代赈资金。争取到位资金3592万元，共涉及项目承载企业20个。

2012年，共争取到项目资金4263.68万元，共涉及项目22个。申请2013年中央预算资金1项（山西大土河焦化有限责任公司年产2×6000万块煤矸石粉煤灰烧结砖和15万立方米粉煤灰加气混凝土砌块资源综合利用项目）、申请2013年山西省军民通用装备建设项目补助资金1项（山西离石电缆有限公司35千伏及以下电线电缆项目）和申报山西大土河焦化有限责任公司拟通过公开发行企业债券筹措部分建设资金请示报告1个。2015年，共上报项目32个，争取资金5815.5万元，到位资金3510.5万元。

2004—2015年部分年份离石区争取国家、省、市项目投资统计表

表16-5

年份	资金总额（万元）	项目数（个）	其中							
			工业（个）	机械制造（个）	旅游（个）	农林水利建设（个）	公路建设（个）	城市建设（个）	社会事业建设（个）	其他（个）
2004	10073	12	—	—	—	6	2	2	2	—
2005	5707	12	—	—	—	6	1	1	4	—
2006	7128	22	—	—	1	9	2	—	8	2

续表 16-5

年份	资金总额（万元）	项目数（个）	其中							
			工业（个）	机械制造（个）	旅游（个）	农林水利建设（个）	公路建设（个）	城市建设（个）	社会事业建设（个）	其他（个）
2007	7681	19	—	—	1	13	—	—	4	1
2008	4589	21	2	1	1	6	—	2	9	—
2010	5674	19	—	—	—	11	2	1	5	—
2011	3592	19	2	—	—	11	1	1	4	—
2012	4264	22	—	1	1	10	2	3	4	1
2014	5816	32	—	—	—	—	—	—	—	—
2015	13330	15	—	—	—	—	—	—	—	—

2004—2012 年部分年份离石区争取上级投资 500 万元以上部分项目统计表

表 16-6　　单位：万元

年份	项目名称	上级投资额
2004	离石城区集中供热工程	630
	污水处理工程	2200
	店梁线建设工程	880
	米五线公路建设工程	960
	水利水保建设工程	1260
	林业建设工程	973
2005	交通建设工程	960
	水利水保建设工程	2645
	吴城水库工程	1840
	土地开发建设工程	1247
2006	农村公路改造工程	1424
	东过境公路工程	1000
	整村推进工程	2160
2008	以工代赈流域生态综合治理项目	800
	大土河焦化有限公司 100 万吨 / 年焦化干熄焦项目	600
2010	三川河流域综合治理项目	2545

续表 16-6

年份	项目名称	上级投资额
2011	第三中学教学实验楼校舍安全工程	500
	三川河千年流域生态扶贫综合治理	500
	人畜吃水项目	612
2012	离石区东城新区廉租住房项目	1020
	农村安全饮水工程	502

2008—2012 年部分年份离石区争取项目到位资金统计表

表 16-7 单位：万元

年份	项目承载企业（项目名称）	到位资金	资金级别
2008	卫生建设项目	400	—
	中小学新建改建扩建项目	595	—
	乡镇文化站建设项目	64	—
	旅游基础设施建设项目	100	—
	残疾人服务中心建设项目	100	—
2008	政府网络中心建设项目	100	—
	华达矿机城建设项目	300	—
	吕梁宏瑞农副产品有限公司基础设施完善项目	300	—
	日用消费品配送中心建设项目	240	—
	乡镇人口计生服务中心建设项目	30	—
	社区服务设施及社区循环经济建设项目	150	—
	林业建设项目	95	—
	农村人畜饮水安全工程建设项目	174.6	—
	生态综合治理项目建设项目	300	—
	以工代赈流域生态综合治理项目	800	—
	吕梁中药厂建设项目	240	—
	山西大土河焦化有限责任公司建设项目	600	—

续表 16-7

年份	项目承载企业（项目名称）	到位资金	资金级别
2010	组织部第二轮村级组织活动场所建设项目	43.83	—
	公安派出所基础设施建设项目	197.1	—
	教育局中小学校舍安全工程建设项目	420	—
	司法业务用房建设项目	160	—
	交通局建制村通水泥（油）路全覆盖工程建设和农村公路建设项目	809	—
	水利局第二批农村饮水安全工程建设项目	324	中央预算内
	林业局防护林工程建设项目	156	—
	农业局设施蔬菜示范园区建设项目	130	—
	淤地坝建设项目	409	—
	巩固退耕还林成果建设项目	265.7	—
	三川河流域综合治理项目	2545	—
2011	政府补贴高效照明产品补助	250	—
	枣林乡卫生院	35	省煤炭可持续发展基金
	高家沟幼儿园	228	中央预算内
	第三中学教学实验楼校舍安全工程	500	中央预算内
	吴城镇寄宿制小学	15	煤炭可持续发展基金
	三川河千年流域生态扶贫综合治理项目	500	—
	农村危桥改造工程	120	—
	东升养殖专业合作社鸭子养殖项目	24	—
	新农村建设生产发展生态环境综合治理项目	123	—
	农村人畜吃水工程建设项目	612	—
	林业建设项目	517	—
	生猪标准化规模养殖项目	60	—

续表 16-7

年份	项目承载企业（项目名称）	到位资金	资金级别
2012	同辉重工有限公司	350	省煤炭可持续发展基金
	高家沟幼儿园	360	中央预算 228，省煤炭可持续发展基金 132
	信义镇中心卫生院改扩建项目	115	—
	吴城镇中心卫生院改扩建项目	67	—
	离石区委党校餐厅学员楼等维修改造项目	20	—
	离石区东城新区廉租住房项目	1020	中央投资
	吕梁兴田农林新技术开发有限公司物流中心	300	省煤炭可持续发展基金
	农村安全饮水工程项目	502	—
	巩固退耕还林成果任务	333.68	—
	仙农红枣核桃种植有限公司千亩优质核桃林项目	45	—
	枣林乡闫家峁村生态环境综合治理项目	19	—
	离石区小型沼气工程	20	—
	重点防护林工程	153	—
	乡镇兽医站建设项目	60	—
2012	淤地坝工程	256	—
	东城生态公园绿化工程	180	—
	工农山林场危旧房改造项目	44	—
	信义镇严村等六村中低产田改造（河川地补灌与培肥）建设项目	150	—
	千年旅游景区项目	100	—
	东属巴危桥改造工程	40	—
	枣林乡闫家峁村危桥改造工程	10	—
	离石区 2011—2015 年大中型水库库区和移民安置区基础设施建设和经济发展项目	119	—

项目实施

2004年，离石区实施产业结构调整项目39个，其中，工业项目19个、城市基础设施建设项目14个、农业项目4个、农村基础设施建设项目2个；工业项目完工8个，农业项目完工2个，县城、农村基础设施项目全部完工。2005年，全区实施重点工业调产项目25个，项目总投资56.62亿元。建成项目有山西大土河焦化有限责任公司子项目6个、中吕焦化公司子项目3个、东义煤气化三期扩建项目、粮裕焦化厂二期20万吨铸造焦项目、盘龙茂盛焦化厂一期20万吨铸造焦项目、双福焦化厂一期20万吨机焦项目、聚富公司80万吨机焦项目、吕梁金瑞发煤化热电有限责任公司2×6000千瓦发电项目、川东水泥有限公司日产1200吨水泥熟料生产线项目、楼桥水泥公司日产水泥熟料1200吨生产线一期15万吨项目和木枣精华生物有限公司5000吨红枣浓缩汁项目共18个，累计完成投资9.1亿元。2005年，实施村村通工程、城市过境及干线公路改造建设项目3个，全部完工；实施桥头街拓宽改造、八一街拓宽改造、永宁东路改造、城区小街巷改造、龙凤大街西出口改造等城市基础设施建设项目15个，部分建成；实施电力、通信基础设施建设项目5个，部分建成。2006年，离石区实施重点工业调产项目15个，项目概算总投资32.17亿元，建成项目10个［山西大土河焦化有限责任公司100万吨机焦地面除尘站项目、山西大土河焦化有限责任公司30万吨煤焦油加工（一期15万吨）项目、中吕焦化公司2×15千瓦电厂建设项目、中吕焦化公司二期60万吨机焦项目、福利煤焦公司60万吨机焦技改一期工程项目、粮裕煤焦公司二期20万吨铸造焦项目、双福焦化厂40万吨机焦项目、川东水泥有限公司2.4米×13米水泥磨机系统扩建工程、吕梁市金胜利机械制造有限公司1.5万吨/年铸态屈氏磨球生产线项目、木枣精华生物有限公司2000吨红枣浓缩汁灌注生产线项目］，累计完成投资11.5亿元。2007年，离石区在煤化、电力、制药、食品加工等行业实施工业调产项目19个，项目概算总投资84.12亿元。开工建设14个，建成投产4个。2008年，在煤焦、化工、电力、建材、医药、食品加工等行业实施调产项目19个，项目概算总投资81.35亿元。项目完成投资39.5亿元，占概算总投资的48.56%。2009年，继续实施经济转型，共实施项目19个，项目概算总投资调整为86.78亿元。建成项目9个（吕梁中药厂4000吨中药饮片项目、山西木枣精华生物科技公司木枣精华营养液项目、山西大土河焦化有限责任公司90万吨焦化项目、山西大土河焦化有限责任公司2×25兆瓦热电厂项目、山西大土河焦化有限责任公司80万吨二期40万吨焦化项目、中吕焦化公司65万吨/年焦化项目、吕梁福利焦化厂60万吨焦化技改项目、山西东江煤业90万吨机械化矿井改造项目、吕梁恒磊25万立方米粉煤灰加气砼项目），部分投产项目4个（吕梁中药厂5000万支连翘脂苷粉针建设项目、山西大土河焦化有限责任公司10万吨镁合金建设项目、山西大土河焦化有限责任公司30万吨煤焦油加工建设项目和山西大土河焦化有限责任公司15万立方米加气砼及2×6000万块煤矸石粉煤灰烧结砖综合利用项目），完成投资41.57亿元，占概算总投资的47.90%。实施省、市重点工程项目3个，其中千年水库建设项目完成投资8700万元；国润天能科技开发公司300吨太阳能级多晶硅、100兆瓦电池片及100兆瓦电池组件项目、山西离石电缆有限公司电缆城建设项目开展前期工作。2010年，离石区实施列入吕梁市“三四三”重点工程规划项目49个，项目概算总投资147.68亿元，其中，煤炭提升类14个，概算投资40亿元；工业转型类7个，概算投资47.2亿元；农业龙头类6个，概算投资2.06亿元；三产牵动类8个，概算投资37.5亿元；基础设施惠民类14个，概算投资20.92亿元。本年，全区项目立项46个，开工建设41个，累计完成投资32.86亿元；对大唐山西新能源有限公司离石风电项目、山西国际电力燃气股份有限公司离石区燃气发电及天然气加气站项目、东城新区和信义工业园区供电、暖、水、热一体化项目开展前期准备工作。

2012年，相继实施无人机基地建设项目、山西绿能科技股份有限公司光伏组件生产线建设项目、风电和太阳能发电一体化建设项目、山西凌云龙盟环保纸业有限公司36万吨环保石头纸建设项目和大型物流建设项目5个。2015年，相继实施吴城铁路专用线项目、采煤沉陷区治理项目、山西东泰建材有限公司5000吨/日高钙灰转窑系列生产线项目、晋能离石大土河2×350兆瓦低热值煤热电联产项目、小云顶山250兆瓦风电项目、36万吨/年碳酸钙改性环保纸系列产品生产线项目、山西江川国威无人系统科技有限公司山西农林植保作业无人机产业基地项目、太原铁路局项目等项目63个，总投资110余亿元。

第五节　招商引资

2003年，离石市加大招商引资力度。2004年，离石区相继参加厦门国际贸易投资洽谈会、深圳高新技术产品展示会、山西省高新技术产品及贸易洽谈会和山西省投资贸易洽谈会。招商项目7个，签订资金10.53亿元。其中，煤焦项目4个，总投资9.46亿元，到位8亿元；高新技术、建材产业项目3个，总投资7.23亿元，到位2.53亿元。2005年，编写招商项目简介120个，并在离石区经济信息网公布。2006年，编制《离石区招商引资项目册》，并上传互联网，加大招商宣传力度。整理招商引资项目48个，概算总投资134.65亿元（农业项目18个，概算投资10.65亿元；工业项目21个，概算投资74.60亿元；第三产业项目9个，概算投资49.40亿元），赴上海、香港招商。

2015年，离石区加快推进产业转型步伐，分别在延伸煤炭产业链、发展新能源项目、高新技术项目等方面与相关投资机构达成投资意向4项。

第六节　信息网络建设

2004年，离石区发展和改革局承担政府网站建设。11月10日，网站正式开通。网站占用空间130余兆，信息储存量约140万字，开设离石概况、区直机构、政策法规、招商引资、文化旅游、企业在线、教育之窗、区长信箱栏目8个。2005年，全面开通经济信息网（政府局域网络）。局域网采编新闻报道1000余篇、撰写专题80余篇、刊登图片100余张，网站专设“十一五”规划进展情况和招商项目专栏。本年度，网站点击率达300—500次/天。2006年，离石区经济信息网安装网站服务器和防火墙，网站由原挂靠服务器升级为专用服务器。网页增设“市民论谈”等新栏目；全区上传信息5000余条，发布招商引资项目150多个，网站点击率达500次/天。2008年，经济信息网域名改为离石区人民政府网，网站新增政府信息公开栏目。2009年，离石区人民政府网站基础资料进行更新，并开设国防教育宣传栏。同年3月，组织全区有关单位进行离石区电子政务网网线接入工作，共完成网线接入单位95个（广电中心、政务大厅和审批大厅未接入）。2010年，离石区人民政府网站开设应急管理专栏。2011年，离石区人民政府网站开设工程建设领域项目信息公开专栏。

2012年，离石区人民政府网站进行全面升级改版，更新政府信息公开指南和目录，完善目录分类设置，增设更多便民利民板块。离石区人民政府网站公开的主要内容有单位简介、机构设置、机构职能、领导介绍、内设机构、下属单位、政策法规、政务动态、咨询投诉、人事任免、采购招标、政府文件、政府工作报告；行政事业性收费项目、依据、标准；行政许可的项目名称、政策依据、办理条件、办理程序、办理方式、办理时限和有关民生的政策措施及实施、监督、检查情况；突发公共事件的应急预案、预警信息及应对情况；行政复议诉讼事项、重大项目建设情况。2012年，开设中共十八大学习专栏、“十二五”专栏、工程建设领域专项治理专栏和综改试验专栏。2014年，政府网站上传要闻850余条、部门动态80条、公告25条。2015年，离石区发改局设置区人民政府网站服务器及网站管理后台密码口令，同时在服务器前端安装硬件防火墙，配置专业的杀毒软件，强化网站服务器防病毒、防攻击、防瘫痪、防泄密等方面的能力，隔绝网站与其他网络的物理连接；充实网站栏目，根据业务需要，增加“三严三实”、财政预决算和“三公”经费专栏，对离石区“三严三实”落实情况进行公示，对各单位2014—2015年的财政预决算和“三公”经费进行公示。同年，将网站管理工作移交给社会工作联络中心。

第七节　管理机构

1956年，离山县计划委员会成立。

1961年10月，计划委员会、经济建设委员会、物资管理局合并为离石县经济建设计划委员会。1962年5月，重新成立计划委员会。1968年，县生产指挥组负责计划工作。1971年，县委成立计划统计领导组，1972年，计划工作并入县业务组。1975年，重新成立计划委员会。1984年，计委、经委合并为计划经济委员会。1986年，重新成立计划委员会。

2001年底，离石市计划委员会与物价局合并，设置为离石市发展计划局。

2008年7月，离石区发展计划局改组为离石区发展和改革局，为离石区政府工作部门，正科级建制，设局长1名、副局长4名、纪检书记1名、总工程师1名和系统工会主席1名。

截至2015年底，离石区发展和改革局内设办公室、综合股、投资股、农经股、工业股、服务业股、行政审批股、物价股和综改股。下设信息中心、招投标管理办公室和重点项目协调办公室。配置科级领导5名，其中局长1名，副局长3名，总工程师1名。

第二章 统计管理

第一节 统计调查

普查

工业普查 1950年，离石县对全县地方国营、公私合营和生产合作社的工矿企业上一年度的生产能力、设备、产品和职工人数等进行第一次全国工业普查。

1986年，离石县对全县上一年度的工业企业基本情况、工业技术装备状况、工业内部结构状况和工业经济效益状况等进行第二次全国工业普查。

1996年，离石市对全市工业企业，重点是国有企业、乡镇企业和外商投资企业的上一年工业生产经营基本情况（包括生产、销售、库存和成本、费用、价格、盈利等情况），资产负债状况及其构成，生产能力利用及技术装备状况等进行第三次全国工业普查。

人口普查 1953年，离石县在土地登记册及1952年秋征人口底册的基础上（城镇按户口底册），结合选民登记工作同时进行第一次全国人口普查。普查标准时间为1953年6月30日24时，共对全县10个区、695个乡村、77606人进行登记，内容为姓名、年龄、性别、民族。

1964年，离石县进行第二次全国人口普查。普查标准时间为1964年6月30日24时，共对全县34个公社、554个大队、1143个生产队、92654人进行普查，登记内容增加本人身份、文化程度、职业等4项。

1981年2月至1982年12月，离石县进行第三次全国人口普查。普查标准时间为1982年7月1日零时，共对全县1个镇委、3个居民区、15个公社、251个大队、143714人进行普查，登记内容增加为19项。

1989年9月至1990年底，离石县进行第四次全国人口普查。普查登记的标准时间为1990年7月1日零时，共对全县15个乡（镇）、4个居民委员会、176777人进行普查，登记内容增加为21项。

1999年3月至2000年底，离石市进行第五次全国人口普查。普查登记的标准时间为2000年11月1日零时，共对全市15个乡（镇）、61988户、235678人进行普查，登记内容改变为：抽选出10%的户填报长表，其他90%的户填报短表。短表按人填报的项目有9项，按户填报的10项；长表按人填报的26项，按户填报的23项。该次普查常住人口的时间标准缩短为半年，空间标准缩小到乡镇街道，并增加附表“暂住人口调查表”。

2010年，离石区组织1500名普查指导员进行第六次全国人口普查。普查登记的标准时间为2010年11月1日零时，共对全区12个乡镇（街道）、96646户、320142人进行普查，该次人口普查采用按现住地登记的原则，每个人在现住地进行登记；普查对象不在户口登记地居住的，户口登记地要登记相应信息。

农业普查 1997年，离石市对1996年12月31日全市农业生产经营户数量、规模和结构，农业用地在各生产经营单位的分布和使用情况，农业生产性固定资产数量、结构和性能，农村劳动力数量、素质、从事行业和流动情况，乡镇企业和所有乡镇的基本情况等内容进行第一次全国农业普查。2006年，离石区组织193名普查指导员、588名普查员，对全区农户、农业生产经营单位、农业技术人员进行第二次全国农业普查，主要普查生产经营情况、乡（镇）村委会及社区环境情况、土地利用情况、农业和农村固定资产投资情况、农村劳动力就业及流动情况、农民生活质量情况等。

基本单位普查 1997年，离石市对1996年12月31日全市所有法人单位、产业单位经济类型、从业人员、企业规模、营业状态等各类单位的基本属性和主要标识进行第一次全国基本单位普查。2002年，离石市对2001年12月31日全市法人单位和产业单位进行第二次全国基本单位普查。普查内容为全市基本单位的布局分布、行业分布、登记注册类型、规模结构及生产要素的配置等主要总量指标。

经济普查 2004年12月至2005年，离石区对全区抽中的10个乡镇（街道）、23个小区从事第二产业和第三产业的全部法人单位、产业活动单位和个体工商户的单位标志、从业人员、财务收支、资产状况、企业的主要生产经营活动和生产能力、主要原材料和能源消耗及科技开发的投入状况等进行第一次全国经济普查。2008年9月至2009年，离石区抽选普查员、普查指导员510余名，对全区从事第二产业和第三产业的全部1138个法人单位、462个产业活动单位和8568家个体经营户的单位基本属性、从业人员、财务状况、生产经营情况、生产能力、能源消耗、科技活动情况进行第二次全国经济普查。

2013年12月至2014年8月，离石区抽选普查员、普查指导员400余名，通过单位清查摸底、业务培训、普查表填报、普查表审核和数据录入处理上报等工作，对全区2.1万个法人单位、产业单位及个体户进行第三次全国经济普查。

其他调查 核查

全国人口变动情况抽样调查 因其样本量约占全国总人口的1‰左右，又称1‰人口抽样调查。1983年始，离石县（市、区）统计局在不进行人口普查和1%人口抽样调查年份进行人口变动情况抽样调查，获得年度境内总人口数据及其结构变动数据。

全国1%人口抽样调查 又称人口小普查。通常在两次人口普查中间年份（一般为逢5的年份）进行。离石分别在1987年、1995年、2005年和2015年进行过4次全国1%人口抽样调查。

城乡住户一体化调查 1990年，离石县对城镇居民家庭生活状况调查列为长期性工作，按期统计上报。2012年，离石区政府印发《关于做好我区城乡住户调查一体化改革的通知》，通过建立调查户基础抽样框，抽选调查户。12月开始对调查户的家庭现金和实物收支情况进行调查。截至2015年底，共对100户调查住户进行收入、消费、人均纯收入等调查。

基本单位名录库核查 2014—2015年，离石区统计局根据第三次全国经济普查资料，联合经贸、发改、工商、税务、编办、民政等部门进行基本单位的入库、核查。2015年离石区基本单位名录库共有法人产业单位5539个，其中法人单位3623个，产业单位1916个。经过核查，共新增法人产业单位1215家，剔除237家，变更876家；核查纠正错误信息120余条。

第二节 统计报表

农业报表

1953年，离石县人民政府统计科成立，开始执行国家的农业统计报表制度。当时的农业统计报表主要有农作物生产统计表（包括播种面积和产量），行政区划、土地面积、户口、耕地统计表，农业劳动力统计表，城乡人口统计表，地方国营农场统计表，水利设施灌溉面积统计表，家畜、家禽数量统计表等。1956年，开始农家收支情况抽样调查。

1959年人民公社化后，公社设立专职统计员，大队设立兼职统计员。年报表有基本农田及弃耕地核定表，增加灌溉面积年报表，农业总产值年报表，农作物收获量综合统计表，水土保持定期统计报表，户数、人口年报，耕地、劳动力情况，牲畜数量综合表，家畜、家禽数量综合报表。1965年1月15日，中共中央、国务院下达《关于精简农村报表的通知》。当年的报表有耕地面积年报、农作物播种面积季节报、农作物实际产量年报、牲畜头数半年报等。“文化大革命”期间，离石县农业报表逐年减少，1966年报表有6种，1967年和1968年报表减少到4种，1969年只填报人民公社基本情况，农作物实际产量，林业及畜牧水产3种年报表。1982年，全县农村普遍实行家庭联产承包责任制，农业统计调查内容由调查集体生产分配情况转变为调查农户的全部生产、消费、收入、支出分配情况。农业统计方法由原来的从生产队财务会计核算中取得，相应地变为从农户中调查取得。

1996年，粮食产量和农民人均纯收入统计开始使用抽样调查数。2003年，开始试用农产品价格指数缩减法计算农业发展速度。

2010年，全区农村社会经济统计资料搜集汇总分为农村抽样调查（农产量、农民收支调查等）、村级起报逐级汇总上报的全面统计、农业各主管部门负责搜集汇总上报的部门统计报表类型3种。2015年，全区统计部门实施的农村社会经济统计包括农林牧渔业统计报表、县域社会经济基本情况统计报表、农业产值和中间消耗综合统计3种，其中，农林牧渔业统计报表年报包括农业生产条件（A301表）、经济作物生产情况（A303表）、设施农业生产情况（A304表）、水果及食用坚果生产情况（A306表）、非主要畜禽生产情况（A308表）等；定期报表包括经济作物生产情况季节报表（A403表）、农业生产经营单位农作物播种面积情况（A404表）、蔬菜瓜果及中草药材生产情况（A412）。县域社会经济基本情况统计包括县（市）社会经济基本情况（G301-2表）、乡（镇）社会经济基本情况（G101表）、村基本情况（G102-1表）、村社会经济基本情况（G102-2表）。农业产值和中间消耗综合统计综合年报表包括农林牧渔业总产值（M301表）、农林牧渔业总产值年度计算表（M304表）；综合定期报表包括农林牧渔业总产值（M401表）、农林牧渔业总产值季度计算表（M404表）。截至2015年底，全区有65家畜禽户实施联网直报。

工业报表

1953年，离石县开始进行工业统计。

1954年，设有国营、地方国营（包括合作社营）及公私合营大型企业与小型企业报表，并设有手工业生产合作报表。至1955年设有私营工业报表。1956年，设有工业产值、产量和主要财务经济指标等报表。

1971年，工业统计年报有总产值、主要产品产量、固定资产和流动资金3种表。1978年，工业企业各项经济技术指标完成情况季报改为月报。1979年后，强化经济效益统计，逐渐减少检查指令性计划执行情况内容。1988年，将工业企业经济效果指标表改为全民所有制地方预算内工业企业主要经济指标表。对基层表的设计形式做较大改变，将总产值、净产值、财务成本等合并为一张企业基层表。1993年，能源统计制度与物资统计制度合并为原材料、能源统计制度。

1998年，建立国有及国有控股工业企业主要经济指标月报分企业报送制度，并逐步推行非国有工业企业主要经济指标月报分企业报送制度。1999年起，全部国有及国有控股工业企业和年销售收入在500万元以上的非国有工业企业纳入工业统计。原材料、能源统计制度取消，有关能源统计部分内容并入工业统计制度。

2007年，工业统计月报范围开始调整为年销售收入500万元及以上的所有工业法人企业（即规模以上工业企业）。2008年，开始推行规模以上工业企业网上直报。2011年，实行“企业一套表”制度改革，该制度以国民经济行业为依据划分统计对象，形成按行业分的制度，具体包括：工业、建筑业、运输邮电业、批发和零售业、住宿和餐饮业、房地产业等；调查内容涵盖政府统计调查的全部内容。包括单位基本情况、生产经营情况、财务状况、劳动工资、能源和水消费、固定资产投资、科技统计等方面；报表构成按调查内容分为通用表和行业表，通用表是指各行业调查对象均要填报的内容；行业表是指反映各行业经济活动特性的调查内容，分行业设置。

2012年，实行联网直报。2015年，全区工业统计报表包括综合报表和基层报表。综合年报为规模以下工业主要产品产量（B306 表），综合定期报表为地区工业增加值及其增长速度（B401 表）。基层年报包括：调查单位基本情况（101–1 表）、从业人员及工资总额（102–1 表）、财务状况（B103–1 表）、工业企业成本费用（B103–2 表）、主要工业产品生产能力（B104–3 表）、工业企业战略性新兴产业总产值（B104–4 表）、信息化和电子商务应用情况（109 表）、电子商务交易平台情况（110 表）；基层定期报表包括：调查单位基本情况（201–1 表）、从业人员及工资总额（202–1 表）、财务状况（B203–1 表）、工业产销总值及主要产品产量（B204–1 表）、主要工业产品销售与库存（B204–2 表）、电子商务交易平台情况（209 表）。截至 2015 年底，全区有 23 家规模以上工业企业、12 家规模以下工业企业、17 家小微企业实施联网直报。

基建报表

1962 年，离石县开始对建筑业进行统计，专设报表有县、市、区施工单位统计报表，主要指标有：自行完成工作量、竣工房屋价值及面积、年末实有职工人数、工程预算成本、实际成本等。1983 年，建筑业统计由国家建委系统改由国家统计局承担，名称由过去的承包统计、建筑统计、施工统计改为建筑业统计。

根据建设部新的资质管理办法，2002 年 7 月 1 日，建筑业企业实行双轨过渡。为兼顾两种企业形式并存的格局，考虑数据的衔接和可比， 2001 年年报和 2002 年定期报表的统计范围为原有建筑业资质等级四级及四级以上的独立核算建筑业企业。2002 年，建筑业年报基层表有企业基本情况表、建筑业生产情况表、建筑业企业财务情况表以及劳务分包企业生产经营情况表。2003 年，增加建筑业企业房屋建筑完成情况表。

2006 年，建筑业年报增加信息化情况主要指标（C106 表）。2009 年，建筑业季报开始使用中国投资信息管理和监测系统平台。2011 年，实行“企业一套表”制度改革。

2015 年，建筑业统计报表分综合定期报表、基层年报和定期报表。综合定期报表包括：建筑业企业生产情况（C401 表）、建筑业企业财务状况（C402 表）、建筑业企业房屋竣工面积及价值（C403 表）。基层年报表有：调查单位基本情况（101–1 表）、从业人员及工资总额（102–1 表）、财务状况（C103 表）、劳务分包建筑业企业生产经营情况（C104–3 表）、信息化和电子商务应用情况（109 表）、电子商务交易平台情况（110 表）、建筑业能源消费与库存（C605 表）；基层定期报表有：调查单位基本情况（201–1 表）、从业人员及工资总额（202–1 表）、财务状况（C203 表）、建筑业企业生产经营情况（C204–1 表）、房屋竣工面积及价值（C204–2 表）、电子商务交易平台情况（209 表）。截至 2015 年底，全区有 35 家房地产企业、39 家建筑企业实施联网直报。

商业报表

1954 年，离山县正式建立商业统计制度。1958 年，进一步完善商业综合统计制度，统计内容与指标有社会商品零售总额包括社会居民消费品零售额、农业生产资料零售额、商业零售额、饮食业零售额、工业零售额、其他行业零售额等指标，共设1张表格；主要商品社会零售量32个指标共设1张表格；国合商业（国营商业、供销合作社商业）年库存量23个指标共设1张表格；社会农副产品收购量20个指标共设1张表。

1978年后，全县商业统计增加国合商业全民所有制商品购、销、存总额表，城镇集体所有制购、销、存总额和数量2个表，工业部门社会商品零售额、零售量表等3种表，社会消费品购买力3种表以及消费品生产、平衡等共11种报表。1985年，县统计部门商贸统计年报表有社会商品零售总额统计表，商业、饮食业、居民服务业经营情况统计表，全民所有制商业和供销合作社商业购、销、调、存总额统计表，和全民所有制商业和供销合作社商业购、销、调、存数量统计表，社会消费品分类零售额及主要消费品零售量统计表，集体所有制商业购、销、存总额统计表，城镇集体所有制商业购、销、存数量统计表，工业部门对集体、个体商业商品销售额、零售额统计表，商业机构、人员统计表，商业零售机构人员统计表，商业、饮食业、服务业机构、人员统计表，全民所有制商业和供销合作社经济效益主要指标统计表，社会农副产品收购总额和收购量统计表，主要消费品生产、消费平衡表，报表均由基层逐级汇总上报。1985年，增设饮食业、居民服务业经营情况。1986年，商业统计范围和内容主要为社会消费品零售总额，批发、零售贸易业的商品购进、销售、库存总额，餐饮业销售情况，大中型批发零售贸易业商品销售、库存和财务状况，机构、网点、人员。1987年，国家统计局将全民所有制商业和供销合作社商品购、销、存总额和数量月报更名为社会商业商品购、销、存总额和数量月报，填报范围扩大到各种经济类型的商业。1989年，商业统计年报有商业部分有商业、饮食、服务业机构和人员表，社会商品、外贸部门、国营商业和供销合作社购、销、存总额表，国营商业和供销合作社、外贸部门主要商品购、销、存数量表，社会商品零售总额表，社会消费品分类零售额和主要消费品零售量表，社会农副产品收购总额和收购量表，集体所有制商品购、销、存总额与数量表，工业部门商品购、销、存总额与数量表等报表。商业经济效益部分有国营商业和供销合作社主要经济效益指标表，国营商业和供销合作社商品流通费表，商业、饮食业、居民服务业经营情况表，对外贸易企业经营情况表，重点商店（场）主要经济效益指标表。社会商品购买力部分有社会商品购买力表、非农业居民货币收支平衡表、农业居民货币收支平衡表。1993年，国家对批零贸易、餐饮业统计制度进行调整。取消全口径统计报表和社会商品购买力总表，非农业居民收支平衡表，农业居民收支平衡表，主要消费品生产、消费平衡表，社会农副产品收购总额和主要农副产品收购量，工业部门产品销售与库存表；将社会商品零售总额表改为社会消费品零售总额表，统计范围缩小。

1996年，恢复主要消费品生产、消费平衡表年报和社会商品购买力年报。1998年，将原由大中型企业填报的报表改为由限额以上企业填报，原由小型及个体贸易业填报的报表改为由限额以下企业单位填报；取消批发贸易业机构、网点、人员表，零售贸易业机构、网点、人员表，餐饮业机构、网点、人员表；取消主要消费品生产、消费平衡年报表和社会商品购买力年报表。2000 年，财经贸易年报为：社会消费品零售总额表（全社会口径），批发零售贸易、餐饮业企业基本情况表（全社会口径），限额以上批发零售贸易、餐饮业基本情况表，餐饮业销售情况表，限额以上批发零售贸易业销售总值表，限额以上批发零售贸易业商品分类销售额表，限额以上批发零售贸易业商品销售库存数量表，限额以上批发零售贸易业商品购进销售库存总额，限额以上批发零售贸易业企业财务状况表，限额以上餐饮业财务状况表，亿元商品交易市场交易情况表。2001—2003 年，国家增加限额以上连锁公司（店）销售情况年报表及山西省统计局制订的消费品市场占有率情况表。

2007 年，年报增加批发和零售、住宿和餐饮业能源消费情况表，信息化情况主要指标表。2011 年，实行“企业一套表”制度改革。

2015 年，离石区批发和零售业统计报表制度分为综合定期报表、基层年报和定期报表，基层报表分为一套表和非一套表统计调查制度报表。综合定期报表包括：批发和零售业商品销售、库存情况（E401 表），社会消费品零售总额（E404 表）。一套表统计调查制度基层年报有：调查单位基本情况（101–1 表），从业人员及工资总额（102–1 表），限额以上批发和零售业法人单位财务状况（E103 表），限额以上批发和零售业法人单位商品购进、销售和库存（E104–1 表），信息化情况（109 表），企业电子商务交易情况（110 表），批发和零售业能源消费与库存（晋 E110–1 表）；非一套表统计调查制度基层年报有：批发和零售业产业活动单位（个体经营户）商品购进、销售和库存（E104–3 表），批发和零售业产业活动单位（个体经营户）情况调查表（E107 表），限额以下批发和零售业样本单位基本情况（E108 表），批发和零售业连锁经营情况（E120–1 表），批发和零售业连锁门店及配送中心分布情况（E120–2 表），亿元以上商品交易市场成交情况（E130 表），第三方电子商务交易平台交易情况（E131 表），山西消费品市场占有率情况（晋 E111 表）。一套表统计调查制度基层定期报表有：法人单位基本情况（201–1 表），从业人员及工资总额（202–1 表），财务状况（E203 表），批发和零售业商品销售和库存（E204–1 表），重要商品购进、销售和库存（E204–2 表）；非一套表统计调查制度基层定期报表有：批发和零售业产业活动单位（个体经营户）商品销售和库存（E204–3 表），限额以下批发和零售业样本单位调查表（E204–4 表）。规模以上服务业分为基层年报和定期报表，基层年报包括：调查单位基本情况（101–1 表），从业人员及工资总额（102–1 表），财务状况（F103 表），信息化和电子商务应用情况（109 表），电子商务交易平台情况（110 表）；基层定期报表包括：调查单位基本情况（201–1 表），从业人员及工资总额（202–1 表），财务状况（F203 表），电子商务交易平台情况（209 表）。截至 2015 年底，全区有 65 家商业、21 家规模以上服务业、39 家规模以下服务业单位实施联网直报。

劳资报表

1956 年，离山县开始建立劳动工资专业统计，设有劳动工资统计年报表，年报的主要指标有全民所有制职工年末实有在册人数、工资总额。

1963年，离石县增加国民经济部门劳保福利费用情况表和一次性奖金。1966—1971年，劳动工资统计报表减少为全民和集体所有制单位职工人数、工资额两个表。1972年，离石县劳动工资统计报表制度恢复，分半年报、年报。1976年，劳动工资统计报表增设固定职工增加来源和减少去向变动情况季报表和职工人数与工资月报表。年报表调整为8种12表。1978年，劳动工资统计年报表增加农村人民公社劳动力分配情况表、集体所有制工业企业全部人员人数与劳动生产率表。1980—1983年，劳动工资统计年报相继增加离休、退休、退职人员数，集体所有制单位全部职工增减变动情况。1985年，全民所有制工业企业劳动生产率归口工业统计，劳动工资统计年报表有10种17表。1986—1988年，离休、退休、退职人数表，全民所有制单位全部职工劳保福利费用构成情况表归劳动局填报。月报指标变动的有职工人数，划分为固定职工、合同制职工、计划内和计划外职工人数，工资总额包括标准工资、奖金、津贴、物价补贴、肉价补贴等。季报增设全民所有制单位固定职工和合同制职工增减变动情况表。

2007年，劳资统计年报开展城镇私营单位工资统计调查，该项调查规定：从业人员规模在100人及以上的单位采取全面调查；从业人员规模在20—99人的单位采取抽样调查。统计报表有：城镇私营单位工资情况年报表，统计指标有年末人数、平均人数、工资总额、平均工资。

截至2015年底，全区劳动统计报表为13种从业人员及工资总额报表，分为综合年报和定期报表、基层年报和定期报表。

投资报表

1955年，离山县固定资产投资统计开始，月报表有基本建设投资一览表，年报表主要有建设项目一览表、基本建设资金使用情况、本年新增能力、施工和竣工的房屋面积和价值等5个表。

1959年，离石县增设农村人民公社基本建设情况综合年报。1962年，国家统一制定基本建设统计报表制度，并增设集体所有制进行的基本建设一览表，停建项目工程维护费使用情况。1963年，基本建设统计年报表增加按资金来源分列的本年实际完成投资额。1966—1970年，基建报表时断时续。1976年，离石县基本建设统计初步恢复。1981年，投资统计制度进行重大改革，国家把基本建设统计改称为全社会固定资产投资统计，并建立固定资产投资统计制度，即全民所有制、集体所有制和私人固定资产投资的统计报表制度。1982年，固定资产投资统计年报表增加农村人民公社固定资产投资情况和农村人民公社建房情况表。1983年，增加城镇和工矿区私人建房情况表。基本建设和更新改造措施年报开始实行电子计算机超级汇总。1985年，增加基本建设设备、工器具购置实物构成调查表。1988年，投资统计起点标准从计划总投资额2万元提高至5万元。1990年，固定资产投资统计基层表标准表式新增商品房屋投资统计，报表种类增为5类。1993年，国家统计局正式在固定资产投资统计制度中增设房地产开发投资统计。当年月报和年报相同，共有3张表：商品房完成情况表，商品房施工、竣工面积及销售情况一览表，房地产开发资金来源表。

1997年，固定资产投资统计起点从计划总投资额5万元提高到50万元。

2005年，国家将房地产开发统计从《固定资产投资统计报表制度》中分离，新建《2005年房地产开发统计报表制度》。2006年，固定资产投资统计年报有固定资产投资统计基层标准表；月报表有固定资产投资完成情况。2007年，增加亿元以上新开工项目报告制度（H202表），由计划总投资亿元以上的新开工投资建设项目或企业填报。2009年，房地产统计开始按房地产开发的项目进行统计，增加房地产开发项目情况表，投资月报开始使用中国投资信息管理和监测系统平台报送。2011年，实行“企业一套表”制度改革。

2015年，离石区的固定资产投资统计报表分综合定期报表、基层年报和定期报表。综合定期报表包括：房地产开发企业投资、资金和土地情况（X401表），房地产开发企业施工、销售和待售情况（X401表）。基层年报包括：调查单位基本情况（101–1表），从业人员及工资总额（102–1表），财务状况（X103表），信息化和电子商务应用情况（109表），电子商务交易平台情况（110表）；基层定期报表包括：调查单位基本情况（201–1表），从业人员及工资总额（202–1表），房地产开发项目经营情况（X204–1表），房地产开发企业资金和土地情况（X204–2表），电子商务交易平台情况（209表）。截至2015年底，全区有176家固定资产投资企业实施联网直报。

能源报表

2002年，离石市开始建立以能源系统为统计对象的能源统计，为定期统计报表，有工业企业能源购进、消费及库存季报表，重点耗能工业企业能源购进、消费及库存年报表，煤、焦炭产品产、销、存年报，煤炭集运站煤、焦收支与库存年报。

2005年，增加工业企业能源购进、消费及库存附表和补充资料季报，工业企业水消费半年报。2007年，开始增报工业企业单位产品综合能耗季报。2011年，实行“企业一套表”制度改革。

截至2015年底，能源报表有：能源购进、消费与库存表（205–1表、205–2表），主要耗能工业企业单位产品能源消耗情况（205–3表），工业企业用水情况（205–4表），非工业重点耗能单位能源消费情况（205–5表），能源生产、销售与库存表（205–6表），分行业能源消费量（P303表）。

国民经济核算报表

1984年，离石县开始建立平衡统计制度，年报表有社会总产值和国民收入生产消费和积累平衡表、社会总产值和国民收入综合表、国民收入消费综合表、居民消费水平表、国民收入积累综合表。1985年，增加国民生产总值综合表、国民财产平衡表。1986年，将国民生产总值综合表改为国内生产总值综合表，并增加国民收入消费和积累表。1987 年，将国内生产总值综合表改名为国内生产总值构成项目表，同时增加国民生产总值表。国民生产总值表分国内生产总值（GDP）与国外（地区）净要素收入四项。国内生产总值分为第一产业、第二产业、第三产业三个项目统计（第三产业分为四个层次计算）。按当年价格计算绝对额，分项计算构成百分比。同时按规定的不变价格计算，分项计算为上年百分比。

资料编印

1956 年，离山县统计部门会同县农工部汇编《农业基础数字》。1969 年，离石县编印《1949—1969 年国民经济统计资料》。1973 年，编印《1949—1971 年国民经济统计资料》综合本和《统计图表》。1977 年，整理《农村社队建国后 28 年农业历史统计台账》。1981 年，县、社、队三级分别整理《20 个主要指标卡片》。1985 年，县统计部门编印《离石县国民经济建设 35 年资料》。1986 年，编印《离石县国民经济发展成就专辑》和《农村经济的基本情况资料》。1988 年，编印《1978—1987 年国民经济统计提要》《1949—1987 年农业统计资料》《计划生育统计卡片》。1989 年，编印《离石县建国四十年巨变》《国庆统计专辑—建国四十年我县经济建设取得重大成就》。

2006 年，离石区编印《1988—1997 年离石统计年鉴》《1998—2002 年离石统计年鉴》，同时编印全国第一次经济普查数据资料和 2003—2005 年各项主要指标数据资料合订本。

2013 年，编印《离石区第六次全国人口普查资料》《离石区 2010—2012 农业年鉴》《离石区 2010—2012 建筑业和投资年鉴》《离石区 2011—2012 年统计年鉴》等资料。同时，每月编印 1 期《统计快报》，每季度编印 1 册《离石区经济运行监测》。2015 年，编辑整理《第三次全国经济普查公报》《2014 年离石区统计年鉴》《2005—2014 年国民经济统计手册》《1949—2014 年离石区行政区划沿革》。

第三节　统计执法

中华人民共和国成立初，离石县统计部门根据国家统一规定的统计制度、方法和纪律，认真组织实施；并帮助各有关部门建立基层统计原始凭证制度，按月、按季、按年进行调查核实，统计数字反映当时国民经济发展进程。

1958 年，因“左”的思想影响，以“长官意志”为转移，“全民办统计”，滥发统计报表，数出多门，浮夸假报严重，统计数字严重失实，统计监督失去作用。“文化大革命”期间，统计机构被撤并，统计制度和纪律执行不严，统计监督作用削弱。1978 年中共十一届三中全会后，通过拨乱反正，统计监督职能得到加强。1980 年开始，每年对全县各个专业进行 1—2 次统计数字质量、统计资料、统计台账检查。有违反统计法规行为，县统计部门根据规定，呈报县政府和上级统计部门，对违反统计法的单位分别进行罚款和批评教育，责令其重新核实统计数字，发挥统计部门监督作用。1984年《中华人民共和国统计法》施行，统计监督更具权威。1990年7月，离石县统计局对县发电厂、化工厂、洗煤厂、振兴砖厂、地毯厂、农具厂、粮油加工厂、百货公司、日杂公司等12个工商企业进行统计执法检查，重点检查1989年至1990年6月各项报表的数据质量及统计违法违纪行为。检查发现个别单位统计报表存在虚报和账表不符现象，对属于一般差错且数额不大，能够弥补纠正的问题责令限期改正；对违法问题严重的3家企业，除对单位提出批评外，责令该企业统计员做深刻检查，保证不再发生类似问题。

2010年，离石区统计局联合区监察局、司法局、政府法制办制定印发《离石区关于联合开展〈统计法〉和〈统计违法违纪行为处分规定〉贯彻执行情况大检查的实施方案》，共执法检查报表单位55家，下发责令整改通知书3份。

2012年，区统计局结合“企业一套表”制度改革，对全区141家工业、商业、房地产、建筑业企业进行执法检查，对违法的2家煤矿处1万元罚款。2014—2015年，离石区统计局印发《统计数据质量评估审核制度》，并与各乡镇（街道）和21个区直部门以及“三上企业”（规模以上工业企业、限额以上批发零售住宿餐饮企业、资质以内的建筑企业和房地产开发企业）企业签订承诺书，远离虚假数据，坚持实事求是，实现依法统计。

第四节　统计计算手段

20世纪50年代，离石（山）县统计工作最初使用算盘、计算尺。70年代，使用台式手摇计算机。

20世纪80年代后期，县统计局购买计算机、打印机，利用微机对全县工业、劳动工资、固定资产投资、农村住户调查等统计年报进行输入汇总等工作，由人工打印报表改变为用微机自动打印体系。90年代，统计人员普遍使用电子计算器汇总统计报表和整理资料，编写分析材料的工作效率提高。2002年，离石市统计局实现联网上报统计数据。

2008—2011年，区统计局实施统计信息工程建设，实现市、区、乡镇统计机构三级联网，统计数据处理速度与效率提高。截至2015年底，区统计局有电子计算机21台，并设置防火墙和上网行为管理系统。

第五节　机　构

1953年5月，离石县设立统计科，统计工作由简到繁，逐步展开。区公所配备专职统计员，乡政府统计工作由乡秘书兼职。1958年8月，统计工作并入县计划委员会。

1962年5月，恢复统计科，实行“一垂三统”（即各统计部门在业务上受国家统计局垂直领导，人员、编制、经费由国家统计系统统一管理，分级负责）管理。1963年5月，统计科改称统计局。1967年，统计局撤销。1971年，成立计统领导组。1975年，恢复县统计局。1983年，县统计局内设办公室、农业股、工业物资基建股、社会财贸股。县直单位及基层单位设统计股（组），乡镇设统计工作站，村级统计员颁发任用证，统一管理农村统计工作，形成三级统计网络。1983年、1990年，县统计局先后设农村抽样调查队和城市抽样调查队，定期对城乡居民的收入、支出、就业等进行调查、上报。

1996年，更名为离石市统计局。

2004年，更名为离石区统计局。2008年，全区确定各乡镇（街道）1名副职主管统计工作，3万人以下乡镇（街道）配备专职统计人员1名，3万人及3万人以上乡镇（街道）配备专职统计人员2名；规定各乡镇（街道）的统计工作必须实现有机构、有人员、有牌子、有台账、有档案、有电脑；规定每村配备统计人员1名，每月补助30元。2009年，乡镇（街道）统计工作站成立，乡镇长、街道主任主管统计工作兼任统计工作站站长，确定1名副职专管统计工作并任常务站长，统计员任副站长，农经员、计生员、企业管理员、林业员、农业员为其成员。村统计人员每月补助提高为50元。区发改委、区经委、区财政局等17个部门建立统计机构，确定1名副职主管统计工作，配备专职统计人员1—2名，负责该部门统计业务。

截至2015年底，离石区统计局内设办公室、综合股、工业基建股、社会财贸股、农业股，下属股级事业单位为离石区城市社会经济抽样调查中心、离石区企业统计人员管理服务中心，共有在职人员22名，其中行政人员10名、事业人员12名。区直各部门、各单位全部配有专兼职统计员；全区172家企业全部配备专职统计人员，并实现持证上岗。

第三章 农经管理

第一节 农村财务管理

管理制度

1952年农业合作化后至1978年，离石（山）县农业全民企业（如国营林场、苗圃、木材经销公司、国营畜牧场、奶牛场等）参照全民工业企业的管理办法，农业集体经济建立以财务管理为中心的各项管理制度，公社、大队和生产队“三级管理，队为基础”。劳动管理采取集体耕作，定额计分（或评工记分），按工分分红的办法；实行家庭联产承包责任制后，改为土地集体公有，分户耕种（有责任田和口粮田之分），依法依章交够国家的（农业税），留足集体的（集体提留的公积金和公益金），剩余全是自己的分配制度。设立农村经济管理局后，开展乡村财务审计监督，保证国家各项财政经济制度贯彻执行。

1998年，离石市实施包括财务公开在内的村务公开制度。

2004年，国家实施“粮食直补”政策，离石区农民种植粮食可得到每亩8元补贴。2006年1月1日，国家废止《中华人民共和国农业税条例》，离石区农民结束几千年缴纳“皇粮国税”历史，收益全部归农民自己。对一家一户难以办到、办好的事，由乡镇村集体经济提供优种、化肥、粮食初加工、电灌、农产品收购等专项服务。实行土地家庭承包，集体经济双层经营。2009年后，离石区进行农村会计委托代理管理。

财务检查整顿

1996年，离石市农经工作以清理整顿农村财务为重点，铺开清理整顿财务工作103个村，完成该项工作95个村。共审查账簿348套、单据20.36万支，审查资金6989.66万元；查出违纪金额85.6万元，清理回各类流失资金189.34万元，移送司法和纪检部门进行立案查处的违反财经纪律村干部29人。1998年，离石市制定印发《离石市关于整顿农村财务的实施方案》，成立整财领导组。完成234个村的财务清理整顿工作，审查账簿968套、单据50.32万支，审计总金额13161万元。清理2个村的“包包账”和4个村的“断头账”。2003年8月，离石市全面清理乡村两级债权债务，清理出乡级债权355.67万元，债务692.61万元，净债务336.94万元；清理出村级债权1809.8万元，债务2583.71万元，净债务773.91万元。

2006年，成立由区财政、监委、农经、地税、信用联社、乡镇企业服务中心等单位各类部门参与的领导组，制定印发《吕梁市离石区村级债务、债权清查工作的实施方案》。区清查人员针对清查工作面广、程序繁杂的情况，要求数据要全面、真实，通过账内账外相结合，群众反映强烈的债务、债权重点清查，做到每笔债务债权的真实可靠，对清查结果上墙公布，并征得债权人、债务人的签字认可。共对全区 193 个行政村自 1982 年后所有债权、债务进行清查摸底，共清查债权总额 50495541 元，其中无效债权 3153918 元；债务总额 82270194 元。

2013 年，由区纪委牵头，成立由区农经中心、农委、国土分局、各乡镇（街道）配合的农村集体“三资”规范化建设工作组，制定《离石区关于开展农村“三项工作”实施意见》《关于推行农村集体“三资”委托代理服务工作的实施方案》。区农经中心印发宣传资料 2000 余份，对各乡镇（街道）进行业务指导和培训。2014 年，区政府及时成立农村集体“三资”清理工作领导小组。区农经中心成立 4 个业务指导组，划片包乡，负责对全区 12 个乡镇（街道）194 个村的农村集体“三资”管理工作进行业务指导。各乡镇（街道）成立相应的领导组织并建立“三资”台账，按照清理核查的范围进行核查，如实填报核查结果，并通过召开会议、张贴公开栏等方式公开，接受群众监督。对各村的“三资”情况进行分类汇总，登记造册，建立台账。全区建立起区、乡、村三级联网信息化监管平台。2015 年，离石区农村集体“三资”管理专项清理整治工作领导小组成立，各乡镇、村基本均设立农村集体“三资”管理专项清理整治工作举报箱、举报电话和公示栏，畅通群众投诉渠道。区农村集体“三资”管理专项清理整治工作领导小组制订全区农村集体“三资”管理制度，出台各类文件 12 份。通过自查，整改完善，共发现各类问题 1033 个，完成整改 966 个。各乡镇（街道）在自查的同时，区纪检委、各乡镇纪委对群众举报案件进行专项查处。共查处各类侵占集体“三资”方面的案件 22 件；区、乡两级“三资”清理领导小组移送两级纪委“三资”案件 18 件，移送公安机关案件 1 件。

会计培训　管理

1985 年，离石县会计培训工作开始，到 1990 年每年培训 1 次，培训对象包括各行政村现任会计和备用会计。学习《农村会计》教材，由农经局具有一定专业知识水平的工作人员主讲，培训地点在各乡镇。培训所需的经费由县、乡、村三级支付。1992 年 3 月、9 月，分别对全县会计进行 2 次培训。推进农村财会管理体制改革，推广田家会镇农村财会人员招聘制、百分考核制和吴城镇农村财务“村财镇管”的先进经验。

1996 年，离石市对 150 个村的 200 余名财务人员进行培训。2001 年，改变集中培训形式，分期分批赴乡镇进行实地培训，共培训财务人员 254 人次。实行财会人员持会计证上岗制度。

2009—2010 年，离石区进行农村会计委托代理及电算化工作推进。全区 12 个乡镇（街道）全部完善委托代理制度。对 12 个乡镇（街道）会计进行电算化培训，统一配备软件。2011 年，针对离石区农村会计委托代理内容不全的问题，全区 12 个乡镇（街道）193 个村集体资金、往来账由农村会计服务中心代理，对个别村集体收入不入账，私设小金库或坐收坐支的问题进行严肃查处。真正做到代理内容全面，规章制度健全，运行操作规范，监管到位。2011 年，聘请专家对部分有要求的乡镇、街道的农村会计服务中心人员进行会计电算化实地指导；会计电算化软件全部发放到乡镇、街道，实行农村会计电算化的乡镇占乡镇总数的70%。

2011—2012年，区农经中心与区财政局把农村会计培训作为一项常规工作，共组织会计培训5期，培训人数达750人次，培训内容包括财务管理业务知识、电脑及专用软件操作技术和会计职业道德规范等。2012年，全区实行农村会计电算化的乡镇占乡镇总数的80%，实行财务规范公开的村达187个，占村委总数的97%，财务公开项目不断细化，公开制度逐步完善。

财务审计

1989年，离石县农经局组织专业审计队伍对农村开展审计工作，共审计13个乡镇的208个行政村，审查账目818套、资金1515.14万元，共查出违纪金额55.36万元，占总额的3.65%。其中，贪污人员10人，贪污金额14531.64元。贪污千元以上3人，贪污款10566.21元；挪用公款612人，挪用公款29325.55元。清理58个行政村的“包包账”188本，纠正差错账861笔，金额28230.76元，结清28个村的“断头账”84套。1992年，共审计单位56个，审计金额953.25万元，查出违纪金额34.14万元。其中，贪污人员11人，贪污金额29467.45元；挪用公款33人，挪用公款11.07万元，追回贪污、挪用公款3.01万元，挽回集体经济损失35.48万元，清理债权债务206万元。

1999年，离石市为搞好村财务公开工作，印发《关于在全市农村开展财务审计的通知》，共审计88个村，审计金额13836万元，查出违纪金额36.8万元。2001年，市农经部门联合纪检监察部门、检察院、纠风办及乡镇农经站共同开展干部离任审计。共审计行政村175个，审计金额12510万元，查出违纪金额25万元，清理债权债务265万元。

2005年，离石区制定印发《关于加强村级干部任期和离任审计工作方案》，并召开乡镇长、街道主任参加的村级干部离任审计工作安排会。2006年，铺开离任审计工作，共审计91个行政村的集体财务，审计金额45193万元，查出违纪金额3.1万元，涉及违纪人员3人。与区财政局联合展开村级财政转移支付资金专项审计工作，重点审计乡镇对村级的拨付情况和村级对该项资金的使用情况。2007年，共对8个乡镇（街道）、62个村的财务和专项资金进行审计，审计金额14455万元。清理袁家庄村1980年后的账务，解决因财务不公开引发的上访问题。2007年冬至2008年11月，对12个乡镇（街道）、193个村的农村财务进行审计，审计金额61988万元，查处违规违纪行为10人次，处分8人，免职5人。2009年，对25个重点村的财务进行审计，审计金额23000万元，配合有关部门查处违规违纪行为12人次，其中逮捕2人、“双规”2人，其他处分12人。2010年，共开展9个乡镇的86个村审计工作。2011年，离石区政府印发《离石区村干部任期和离任经济责任审计工作方案》，区农经中心配合做好区第九届村民委员会换届选举工作，安排部署开展干部任期和离任经济责任专项审计工作。完成全区157个行政村的干部任期和离任经济责任专项审计工作，审计面81%，审计资产总额35048万元，审计查出违纪金额35万元，其中，兴办公益事业举债的村1个，金额为10万元；收入不能及时入账的村1个，金额为2万元；贪污案件1件，金额3.8万元。

2012年，对6个行政村进行专项审计，审计资产总额1.12亿元。2013年，完成76个村的农村财务审计工作，完成对信义镇工业园区有关村财务、土地及人口状况的审核工作。2014年，印发《关于进一步加强村干部任期和离任经济责任专项审计的通知》，全部完成12个乡镇（街道）的194个村的审计工作，审计资金总额513859万元，其中违纪村数20个，违纪金额为224.6万元。

农村财务公开

1998年，离石市把村务公开工作纳入干部岗位目标责任制，召开专题会议、动员大会，并在石州电视台进行宣传。通过培育乔家沟、东属巴、西属巴等村务公开典型村，带动全市该项工作向前推进。全年验收“五公开”（财务公开、农民负担公开、农村集体经营项目公开、计划生育公开、征用土地和宅基地审批公开）合格的村216个，健全“两议一组”村216个。2001年，离石市健全各村财务工作的联签、会审、民评制度；推广农村财务“村财乡管”制度，当年实行“村财乡管”的村50%。全市村务公开规范率100%。

第二节　承包合同管理

合同管理

1990年，离石县农经局设立合同管理机构，县设合同仲裁委员会，乡、镇设合同管理委员会，贯彻执行《山西省农村合作经济组织合同管理条例（试行）》，开展对各业承包合同的管理工作。签订合同1万余份，鉴证合同占所签合同的60%。合同兑现率为95.03%；合同兑现村占行政村总数的57%。1992年，鉴证种植业承包合同1055份，鉴证其他合同78份。兑现合同总金额266.1万元，兑现率95%；处理重大经济合同纠纷案2起。

1996年，完善各类承包合同1876份，追回合同流失资金129.68万元。1997年，离石市完善127个村的10376户、7295.47公顷土地租赁合同；完善89个村的1467户、5589.2公顷拍卖“四荒”合同。2001年，共审查合同1.2万份，鉴证土地延包合同1125份、574.93公顷；实地查看新登记鉴证拍卖“四荒”合同9份、637.53公顷，金额18.6万元。2003年，落实土地承包期30年不变政策，共完成延包合同和证书8000份。

2007年，离石区农经局对自1998年以来开展的二轮土地延包工作进行专项检查，规范部分合同，避免因土地承包引发矛盾。监督管理农村土地流转工作，完成46.67公顷土地流转，签订合同893份。2008年，配合有关部门处理涉及土地纠纷5起，完善合同及证书923份。2009年，完善土地延包合同及证书3份，处理涉地纠纷23起。2011年，全年受理土地纠纷 20 起（其中土地承包 16 起、土地流转 4 起），处理、化解涉地纠纷 18 起。

2013 年，全区发生各类农地纠纷 12 起，多数经乡村两级调解，个别诉诸法律部门判决处理。

土地流转

2011 年，离石区农村土地承包经营纠纷仲裁委员会成立，同时设立农村土地流转服务中心，各乡镇（街道）分别设立乡镇农村土地流转服务中心和农村土地承包经营纠纷调解庭。全区农户通过各种方式流转的土地总面积为 240 公顷，其中形成 6.67 公顷以上规模经营的土地 197.47 公顷：由专业大户经营的土地 121.6 公顷，由专业合作社经营的土地 37.2 公顷，由农户经营的 38.67 公顷。

至 2012 年底，离石区农户通过各种方式流转的土地总面积为 597.33 公顷。其中形成 3.33 公顷以上规模经营的土地 179.67 公顷：由专业大户经营的土地 48 公顷，由专业合作社经营的土地 112.47 公顷，由企业经营的土地 19.2 公顷。2013 年，离石区政府印发《关于加快推进农村土地承包经营权流转工作，正确引导发展适度规模经营的意见》，成立农村土地承包仲裁委员会及其办事机构，各乡镇（街道）都依托乡镇农经站建立农村土地承包经营纠纷调解机构。2014 年，全区土地流转面积 1220 公顷，占承包耕地面积的 7.6%；涉及农户 7000 户，占承包农户总数的 13.6%。2015 年，离石区被确定为山西省农村产权流转交易市场建设试点区。

确权登记

2013 年，离石区开展耕地确权登记发证试点工作，共涉及 11 个乡镇（街道）、16 个村、4287 户、13066 口人，耕地面积 1111 公顷。2014 年，离石区推进农村土地承包经营权确权登记颁证试点工作领导小组成立，制定《离石区 2014 年农村土地承包经营权确权登记颁证试点工作实施方案》。把红眼川乡作为省农村土地承包经营权确权登记颁证工作整乡推进试点。由山西熙和方圆勘测信息有限公司承担测绘工作任务，通过无人机航拍，完成外业调查、绘图斑、编制表格、填写表格，其中 7 个村完成逐户核实、公示和业内数据整理。除红眼川乡外，要求其余各乡镇（街道）自行选择 1—2 个行政村开展试点，全区试点共涉及 34 个行政村 2580.13 公顷。2015 年，离石区制订《离石区农村土地承包经营权确权登记颁证工作实施方案》，成立确权登记颁证工作领导组，各乡镇（街道）成立领导组并制定工作方案。通过招标确定专业测绘队伍，全区分两个标段。完成 80 个村的前期摸底登记（入户调查）工作，涉及 13933 户、40292 口人；完成 77 个村地块调查工作，涉及耕地面积 9216.47 公顷，园地面积 185.4 公顷。

合作基金会

1990 年，离石县农村合作发展基金会选择阳坡乡磨湾村和西属巴镇茂塔坪村为试点。集资方式采取自愿入股，对资金的投放坚持统筹兼顾，重点使用和有偿使用，共筹集资金 2.6 万元，其中，集体积累6608.6元，承包土地押金及个人入股10922.9元，上级拨入业务周转金400元，收外出劳务人员款750元，累计投放农业款22281.5元，投放畜牧业款5000元，收回利息共604.8元。1992年，新建村级发展基金会30个，累计筹集资金51.8万元。

第三节　农民负担监管

1990年，国务院规定，农民负担主要是指农民按税法向国家缴纳税金，按有关部门规定向乡村集体上缴人均纯收入5%以内的提留和统筹费。每个农村劳动力每年平均负担5—10个标准工。1990年，离石县农经局印发和宣传贯彻国务院《关于切实减轻农民负担的通知》《农民承担费用和劳务管理条例》，并逐年造表统计，监督执行。1991年，全县提留统筹款共139万元，人均11元，占上年农民人均纯收入的2.5%；每个劳动力义务工7个，每个劳动力劳动积累工26个。1992年，全县10个乡镇农经站均建立提留摊派审批制度和农民负担登记卡。

1997年，离石市实行农民直接负担预决算审批制度，即以村起报，村提留乡镇审批，乡镇统筹市农民负担监督管理办公室审批制度。检查小神头乡、西属巴镇农民负担超限额情况，纠正超标准收取统筹费做法。专项审计全市农民负担资金240万元。1998年，《离石市关于进一步做好减轻农民负担工作的意见》印发，对6个乡镇43个村的农民负担进行专项审计，金额186万元。2001年，离石市印发《2001年农民负担监督管理实施方案》《关于取消农村招待费的通知》《关于禁止农村乱订报纸书刊的通知》，对7个乡镇162个村的农民负担进行专项审计，金额152.26万元，查出违纪金额3.2万元，并全部退赔。2001年，全市农民负担的“三提五统”295.5万元，人均22元，占上年农民人均纯收入的2.7%；每个劳动力义务工5.2个，每个劳动力劳动积累工11个。2003年，离石市农村税费改革后，农业税及其附加以及义务工和积累工取消。当年，离石市农民负担由每人每年20元降为7.8元。

2006年，离石区农经局审计中发现，少数村在道路、学校等基础设施建设中有筹资筹劳现象，均未超过规定标准，个别村有隐性加重农民负担情况，比如超标订阅报刊、非生产性支出过大的问题等。2007年，离石区制定《离石区农村“一事一议”筹资筹劳制度》。执行农村中小学义务教育“一费制”，全面推行农村订阅报刊“限额制”、涉农项目收费“公示制”和农民负担案件“责任追究制”。2010年，区农经中心成立减负办，配合财政部门做好“一事一议”筹资筹劳以奖代补的农村公益事业投入新机制。制定《关于进一步做好“一事一议”筹资筹劳管理的意见》，规范议事程序、议事范围和限额标准（每年每人筹资不得超过15元，每年每个劳动力投劳的数量最高不得超过5个标准工日）。引导农民自愿出资出劳，鼓励社会各界捐资赞助，探索建立以政府补助资金为引导，筹补结合、多方投入、共同推进的农村公益事业建设投入新机制。2011 年，区农经中心与区纠风办联合下发《关于组织开展农民负担工作检查的通知》，成立检查组，在乡镇、街道自查的基础上对全区减轻农民负担的基本情况展开抽查、调研。

2013 年，全区“一事一议”财政奖补项目涉及 83 个村，资金 541 万元。2014 年，全区开展“一事一议”的村有 75 个，占到村委总数的 38.9%，共筹资 44.57 万元、筹劳 11.85 万个，财政奖补资金共计 470 万元。2015 年，全区“一事一议”财政奖补项目涉及 53 个村，筹资总额 21.23 万元，筹劳总数 89.48 万个。

第四节 农民专业合作社管理

2006 年，离石区针对农民专业合作社发展缓慢，且多为自发、分散型，规范化程度低，经济和社会效益差的现状，坚持“民办、民管、民受益”的原则，树立典型以带动全局，引导建立吴城兴科马铃薯合作社、信义耀华生猪养殖合作社。在合作社建设过程中，区农经中心组织专门人员深入一线、精心指导，帮助建立示范章程、财务管理制度、社员管理制度等各项规章制度，为合作社的健康发展奠定“软件”基础；针对合作社建设资金缺乏、从业人员素质较低的现实，对有关从业人员进行专门培训，并对新建的两个合作社分别资助 2000 元作为启动资金。2007 年，印发《关于加快发展农民专业合作社的若干意见》，印制、发放宣传手册 1.4 万份，规范、建立农民专业合作社 5 个。2008 年，探索出以农村党支部为核心、农民专业合作社为平台、科学技术协会为支撑和农民为主体的“1+3”模式，得到吕梁市农村经济管理局的肯定和推广。当年共发展农民专业合作社 39 个。争取省扶持农民专业合作社 1 个（3 万元），市扶持 2 个（各 2 万元），培训农民专业合作社带头人 34 名。2010 年，全区共发展农民专业合作社 125 个，其中，当年发展农民专业合作社 36 个。累计覆盖 101 个行政村，覆盖率达 52%。7 月底，区农经中心在全区选出“离石区农民专业合作社示范社”10 个，全部挂牌。共培育出省级示范社 1 个、市级示范社 2 个。并争取各级扶持农民专业合作社资金共 30 余万元，扶持合作社 8 个，培训 100 余名农民专业合作社带头人。

2013 年，离石区共登记注册吕梁市“8+2”（8 指发展核桃、红枣、杂粮、畜牧、蔬菜、马铃薯、林下中药材、食用菌八大产业，2 指抓好市场建设、龙头企业建设两个关键环节）农业产业化重点实施区域分布农民专业合作社 27 个，涉及食用菌 6 个，中药材 10 个，畜牧 5 个，核桃 6 个，涉及的合作社均有经营实体。2014 年，区农经中心围绕“一村一品、一县一业”、“8+2”农业产业化，开展农民专业合作社创建工作。新发展各类农民合作社 30 个，全区农民合作社总数突破 300 个，推荐国家级示范社 1 个，省级示范社 1 个，市级示范社 4 个。争取到各级示范社项目资金共计 64 万元。共培育发展“8+2”农业产业化重点实施区域服务农业产业化合作社 15 个，培育发展百强合作社 2 个。争取到市级“8+2”项目资金 21 万元。以典型引路培育示范性家庭农场 4 个。截至 2015 年底，全区有农民合作社 333 个，被国家、省、市、农业部门认定为示范社的 43 个。共有成员 2857 户，其中，入社农户 2845 户，入社专业大户 2 户，入社企业 3 户。全区农民合作社中，从事种植业的农民合作社 110 个，从事林业的 27 个，从事畜牧业的 177 个，从事服务业的 4 个，从事其他 15 个。经营收入 1974.42 万元。

第五节　机　构

1984 年前，离石县农业局内设经营管理站，负责农业经营管理工作。1984 年，离石县农经服务中心成立。1987 年 3 月 17 日，县农村经济管理局成立，负责农村的财务、合同、农民负担监督管理等工作，同时撤销县农经服务中心。

2001 年，改为离石市农村经济管理中心。

2004 年，变更为离石区农村经济管理中心。2010 年，更名为离石区农村经济服务中心。截至 2015 年底，中心内设办公室、审计监察股、土地管理股、农民专业合作社股、会计统计股，有职工 15 人。

第四章 审计管理

第一节 财政金融审计

1984年，离石县审计局完成财政金融、财政决算、企业财政审计、预算执行审计，查出59个行政、事业单位违纪金额约37万元。1992年，全县完成金融审计项目1个，审计金额7789万元，查出违规违纪金额13.4万元；财政决算审计项目4个，审计总额76万元，查出违纪金额3万元；企业财务审计项目48个，审计总额10588.8万元，查出违纪金额10.9万元。1993年，全县完成金融审计项目5个，审计金额2675万元，查出违规违纪金额43万元，上缴财政2.72万元。财政决算审计项目33个，审计总额2820.7万元，查出违纪金额124.94万元，应上缴201万元。企业财务审计项目51个，审计总额20004万元，查出违纪金额38万元。

2000年，离石市审计局完成金融审计项目7个，审计金额4867.62万元，查出违规违纪金额417万元，罚款0.6万元；财政决算审计项目5个，审计总额1412.52万元，查出违纪金额105.07万元，罚款1.3万元；企业财务审计项目1个，审计总额556.7万元，查出违纪金额3.03万元，罚款0.12万元；预算执行审计项目12个，审计总额140287万元，查出违纪金额1621.98万元，罚款0.88万元；外资审计项目2个，审计总额76.79万元，查出违纪金额45.55万元。

2006年，离石区审计局审计2005年全区财政总收入累计完成59615万元，其中区级财政可用财力33896万元，当年支出29302万元，结余4594万元；基金预算收入6173万元，基金预算支出1389万元，结余4748万元；预算外资金收入3971万元，预算外财政专户支出3759万元，结余2459万元。审计中发现财务处理不规范，会计科目使用不当，向非预算单位国税局、地税局、收费中心拨款共计234.36万元；无计划支付石州宾馆维修费80万元。往来挂账严重，长期不做处理，呆死账较多。2008年，离石区审计局完成财政决算审计项目7个，查出违纪金额1万元，管理不规范金额55万元，应上缴财政金额4万元；预算执行审计项目41个，查出违纪金额407万元，管理不规范金额1376万元，应上缴财政金额6万元。2009年，离石区审计局完成预算执行审计项目20个，查出违纪金额2945万元，管理不规范金额21619万元，应上缴财政金额20557万元，完成上缴20551万元。

2013年，离石区审计局完成财政决算审计项目6个，违纪金额8590万元，包括违纪金额和管理不规范金额；预算执行审计项目54个项目，查出主要问题金额158732万元。2014年，全区完成金融审计项目1个，查出违规违纪金额146万元。2015年，离石区审计局完成金融审计项目1个；清理出各单位财政结余资金80860万元，可盘活存量资金4909万元，得到重新安排使用；认定财政债务98513万元，督促清理往来29863万元；对5家私营企业进行纳税情况调查，对财政预算内外暂存款进行清理，共促缴财政收入入国库和专户41903万元。

第二节 固定资产投资审计

1992年，离石县审计局完成固定资产投资审计项目21个，审计金额3265万元。

2000年，离石市审计局完成固定资产投资审计项目1个，审计金额109.35万元。

2009年，离石区审计局完成固定资产投资审计项目10个，审计金额36172万元，查出违规金额124万元、管理不规范资金7063万元。2011年，离石区审计局组织完成对政府投资的建设工程竣工决（结）算审计项目13个，审计总资金6012万元，审计核减工程造价1012万元。

2013年，离石区审计局完成审计项目15个，审计金额61436万元，查出主要问题金额6807万元。2014年，完成审计项目17项个，查出主要问题金额71214万元。2015年，完成固定资产投资审计项目19个，完成马家沟生态恢复项目决算审计、吕梁市军民融合协同创新研究院绿化项目决算审计、离石区林业局大东川生态恢复治理绿化项目决算审计、崔家崖公路超限检测站2014年维修工程决算审计、离石区交警大队离石城区永宁东路及广场道路围栏维修工程决算审计、离石区信义镇严村等六村中低产田改造项目审计、离石区公安局交通警察大队维修改造工程决算审计、离石区公安交警大队办公楼供暖管道维修工程决算审计和离石区公安交警大队呈祥路、滨河南路南延标牌、标识、标线的完善工程和城区施划非机动车车位标线工程决算审计等19项。送审金额4964万元，核减880万元，提出建设程序方面的问题24条，项目内部管理方面的问题12条。对18个部门预算单位财政财务收支情况进行审计，对发现的20个方面存在的92个违规违纪和管理不规范的问题依法进行处理处罚。

第三节 专项资金审计

1985年，离石县审计局完成专项资金审计项目3个，审计总额2494万元，查出违规违纪金额1216.16万元，应上缴金额96423元。1992年，离石县审计局完成专项资金审计项目21个，审计总额3265万元，查出违规违纪金额305.6万元。

2009年，离石区审计局完成专项资金审计项目10个，审计总额36172万元，查出违规违纪金额124万元，管理不规范资金7063万元。同年，离石区审计局审计建设工程项目

4个。对莲花街道圪垯上村10号楼平方米造价进行审计。对离石一中办公楼装修工程进行审计。受区交警队委托对交警队办公室装修工程进行审计。对区矿山救护队维修工程进行审计，共核减工程投资168万元。2010年，离石区审计局开展社保基金、抗震救灾、城市和农村最低生活保障资金使用情况、中小学校舍安全工程、政府性债务等专项资金的跟踪审计，采用局直接实施审计、组织聘请有关专业人员实施审计相结合的方式，共组织完成对政府投资的建设工程竣工决（结）算审计项目15个，审计总资金1419万元，审计核减工程造价239.35万元。2011年，离石区审计局配合相关部门完成专项资金审计项目8个，政府委托项目104个（其中村财务审计100个），涉及审计及审计调查金额为487672万元（不含100个村财务审计项目），查出管理不规范金额35595万元，违规违纪金额68635万元，核减工程投资1012万元。

2012年，专项资金审计项目2个，完成对政府投资的建设工程竣工决（结）算审计项目12个，审计总资金368.7万元，审定金额266万元，审计核减工程造价102.7万元。2013年，专项资金审计项目12个，完成目标任务的400%，在审计中，重点检查专项资金分配、拨付、使用情况，提出审计建议52条。完成工程决算审计项目34个，核减工程款1027万元。2013年，离石区审计局完成专项资金审计项目15个，审计总额61436万元，查出主要问题金额6807万元。2014年，离石区审计局完成专项资金审计项目3个，查出主要问题金额306万元；完成工程决算审计项目21个，审计金额42258万元，核减工程款521万元。2015年，离石区审计局开展为期3个月的新城建设安置房建设和社会保障资金的跟踪审计和审计调查，共审计调查资金87132万元。在审计中重点延伸审计调查5个街道、14个居委会、310户家庭、11个村的资金使用情况，提出审计意见和建议9条。开展对强农惠农资金使用情况的审计调查。调查12个乡镇（街道）194个行政村的26项专项资金（六件实事、农村危房改造、农村公路养护、农村学校建设、种植业、养殖业、农户产品加工、农村医疗卫生、农民养老和失地保障、低落保、救灾救济、退耕还林、粮食直补、农机具补贴、生态环境治理、“一事一议”、地质灾害防治、农村保洁、土地补偿、水利设施、造林绿化、农村科技投入、农业综合开发、扶贫等），共审计调查金额69264万元，问题涉及13个方面共81个，涉及金额11589.41万元。罚款处理单位6个，责令整改单位63个，移送有关部门处理单位12个。审计中央重大政策措施落实情况跟踪1个，核减工程投资880万元。

第四节　经济责任审计

1985年，离石县审计局完成经济责任审计项目1个，查出违规违纪金额20余万元。1992年，离石县审计局完成经济责任审计项目3个，涉及3人，审计金额326.1万元，查出违规违纪金额3.7万元。1993年，离石县审计局完成经济责任审计项目1个，涉及1人，审计金额 309 万元，查出违规违纪金额 15 万元。

2005 年，离石区审计局对全区 10 名科级领导干部进行任期经济责任审计。审计发现被审计单位普遍存在预算外收入未专户储存、乱收费、挤占挪用专项资金、国有资产流失等问题。推行任中审计、先审后离的原则，避免重复审计，实施审计成果互用和资料共享，节约审计成本。2007 年，完成经济责任审计 25 人。2008 年，完成经济责任审计项目 21 个，涉及领导干部 25 名，查出违规违纪金额 75 万元。2009 年，完成经济责任审计项目 3 个，涉及领导干部 3 名，查出违规违纪金额 254 万元。

2013 年，完成经济责任审计完成 22 个，涉及领导干部 26 名，查出主要问题金额 33385 万元，其中管理不规范金额 30996 万元。2014 年，离石区审计局完成经济责任审计项目 35 个，其中包括 7 个单位、9 个乡镇（街道），涉及 56 人，其中完成 16 名党政主要领导干部的经济责任审计。完成 21 个行政（自然）村 42 名村"两委"主要干部任期的经济责任审计。查出主要问题金额 18045 万元，其中管理不规范金额 16534 万元。2015 年，离石区审计局完成经济责任审计 7 个，涉及领导干部 7 名，查出主要问题金额 2431 万元，其中管理不规范金额 2415 万元。

第五节　行政事业审计和基本建设审计

1985 年，离石县审计局完成县总工会基建财务收支审计，共查出违纪金额 66.019 元。1992 年，离石县审计局完成 37 个行政事业单位审计，审计总额 1885 万元，查出违规违纪金额 1.6 万元。1993 年，离石县审计局完成田家会粮站建库工程决算审计，审计总额 15 万元。对石州百货大楼加层扩建工程进行审计，共审计金额 40 万元。

2008 年，离石区审计局完成 17 个行政事业单位审计，查出违规违纪金额 32 万元，管理不规范金额 63 万元，应上缴财政 10 万元。

2013 年，离石区审计局完成 20 个行政事业单位审计，查出主要问题金额 33451 万元。2014 年，离石区审计局完成 33 个行政事业单位审计，查出主要问题金额 27929 万元。2015 年，离石区审计局完成 7 个行政事业单位审计，查出主要问题金额 3453 万元。

第六节　审计调查

2005 年 4 月，离石区审计局对 2004 年区地税局欠税情况进行专项审计调查，年底报表反映应征税款 1238 万元，累计待征税款 3954 万元，经审计核实欠税 7017 万元。2006 年，对全区造林支出预算执行情况、城市失业保险金、农业专项资金、欠税 4 项进行审计调查，审计单位 22 家，出具审计综合报告 16 份、审计调查报告 4 份、审计决定 10 份，查出违规金额4783.03万元，对违反财经纪律的行为处以罚款12.4万元。2009年，完成审计调查10项：对全区最低生活保障进行审计调查，对专项救灾资金进行专项审计调查，对绿化造林、农业水利等专项资金审计调查，对县乡医疗服务体系建设及资金管理使用情况、“两庭”建设项目资金管理使用情况审计调查。完成环保专项、扶贫资金、科技专项、教育专项资金的审计调查。2010年，离石区审计局审计调查项目4个，核减工程投资239.35万元，出具审计报告及调查报告89份，违规案件移送纪检部门1件，提出加强和改进建议286条。出具审计报告及调查报告181份，出具审计决定40份，报送审计信息55期，违规案件移送纪检部门4件，提出加强和改进建议500余条。

2012年，审计调查项目1个。共出具审计报告65份，出具审计调查报告1份，下达审计决定26份，报送审计信息103期，提出加强和改进建议192条，发现重大违纪违规问题6件，其中移送纪检委1件、移送地税局5件、建议有关部门处理的4件。2013年，离石区审计局审计调查3个，完成跟踪审计34项。审计移送区财政、税务等部门案件10件。全年审计及审计调查总金额为687461万元，发现违规违纪金额4129万元，管理不规范资金158419万元。核减工程投资1027万元，出具审计报告及调查报告127份，出具审计决定46份，提出加强和改进建议315条。2014年，离石区审计局完成随机性审计项目13项。全年报送审计信息72期；提出加强和改进建议305条；审计移送区纪检、公安、财政、农委等部门案件22件。全年涉及审计及审计调查金额为964549万元，查出管理不规范金额77928万元，违规违纪金额2750万元，核减工程投资521万元，出具审计报告91份，出具审计决定28份。2015年，完成吕梁新区建设项目离石区安置房建设和社会保障资金跟踪审计及涉农资金审计调查。出具审计报告及调查报告53份，出具审计决定59份，报送审计信息69期；提出加强和改进建议230条。审计移送案件25件，其中移送纪检部门9件。审计期间共整改问题50个，整改金额39262.34万元，其中督促交入财政国库收入6笔4419.03万元、清理沉淀资金1笔13.85万元、清理往来6笔29863万元、规范原始凭证15件17.16万元、补充登记固定资产2笔14万元、调账处理2笔1001万元、督促收缴税金3934.3万元。对以前年度审计发现问题督促整改54个，整改金额121431.54万元，其中：清理账户3个；督促交入财政国库和专户收入3笔33550万元；督促处理沉淀资金7笔3871万元；调账处理2笔81.54万元；清理往来4笔83866万元；纠正原始凭证不规范2笔10万元；规范工程建设程序和手续30笔，督促退还企业税费优惠政策金额1053万元。

第七节 机　构

1983年9月30日，离石县审计局成立，为正科级行政单位，政府组成部门。内设2股1室，即财政金融审计股、企业财务审计股、办公室。1986年12月，经离石县人事局批准，将财政金融审计股改为行政事业审计股。1988 年 9 月，离石事务所成立。

2003 年 7 月，离石市审计局增设经济责任审计股。

2010 年，离石区审计局增设投资股和法规股，为 6 股 1 室，分别为财政金融股、行政事业股、经济责任股、企业股、法规股、投资股、办公室。2011 年 4 月 19 日，离石区经济责任审计中心成立，为区审计局所属股级全额事业单位，核定全额事业编制 3 名。审计局内部的财政金融审计股和行政事业审计股分离到经济责任审计中心。

截至 2015 年底，离石区审计局内设 4 股（中心）1 室，分别为：企业财务审计股、固定资产投资股、法规股、经济责任审计股、办公室。机关公务员编制 9 名（领导职数为 4 名，其中正职 1 名、副职 2 名、技术行政领导 1 名），工勤人员编制 1 名。机关实有在职人员 21 人，非在职人员（离岗）1 人，离退休人员 13 人。机关下设股级建制事业单位 1 个，即离石区经济责任审计中心，事业编制 3 名，实有人员 3 人。

第五章 工商管理

第一节 市场管理

市场监督管理

1978年前，离石县市场监督管理主要打击以买空卖空、囤积居奇、套购转卖等手段谋取暴利的投机倒把行为。1978年后，离石县工商行政管理局贯彻国家市场管理政策，逐步放开农副产品市场和小商品市场，对生产资料市场和生产要素市场进行规范，执行国家定价和市场议价相结合的市场双轨价格体制，主要对黑市交易、投机倒把、欺行霸市、缺斤少两、囤积居奇、强卖强买等违法行为进行查处，规范市场交易秩序。1983年，宣传贯彻执行国务院《城乡集市贸易管理办法》。1986年，全县开放市场，除关系国计民生的商品和农副产品外，允许自由上市，打击从事迷信品和淫秽品的活动。

1992—1997年，离石市（县）工商行政管理局加强市场秩序管理，执行分行划市、清理占道、取缔马路市场制度，要求经营单位实行门前三包（包卫生、包秩序、包管理）规定，严格市场主体和经营主体资格审查，严把市场准入关，取缔无证经营，重点对投机倒把、制售假冒伪劣商品、走私贩私、骗买骗卖、不正当竞争和垄断行为进行整顿。1998年后，重点开展农资市场、食品市场和各类生产要素市场清理整顿工作。

2013年，离石区工商行政管理局在企业、个体工商户中试行信用分类监管经济户口簿（信用分类监管经济户口簿包括“四情况表、三责任状、四记录书”。四情况表为经营户信用等级认定情况表，获得商标、“守重”等荣誉情况表，相关前置审批证件有效期限等情况表，党组织建设情况表；三责任状为安全、守法经营责任状，重点企业监管责任状，食品安全责任状；四记录书为变更事项记录、年度检验记录、违章违法记录、巡查记录）。2014年，查处各类经济违法案件347件，罚款44.94万元，举办法制宣传教育活动6次。抽检农资、农药、农机具、成品油、电线、电缆、建材、服装等各类商品128个批次，其中不合格商品90余批次，罚款15万元。截至2015年底，推动企业信用信息监管，建立经营异常名录、企业黑名单等制度，改巡查为抽查和重点检查。申报企业721家，列入经营异常名录691家，移出异常经营名录35家；开展专项抽查、年报抽查和出资信息抽查，抽查企业162家，向相关部门抄送信息140家次。

打击投机倒把

1981年，离石县查处投机倒把案件24起，案值达16.3万元，其中，处以罚款和没收物资案件15件，转办9件，查获暴利3.7万元（其中获利万元以上案件1件、获利

300—1000 元案件 2 起、获利 300 元以下案件 6 件）。全县查处违章经营案件 12 件。全县没收非法倒卖钢材 211000 千克、布票 410 尺、白洋布 91 元、违章经营粮食 32500 千克、有色金属 15 千克、木材 2 立方米。1982 年，共查处投机倒把和违章经营案件 14 起，没收暴利 7814 元（其中获利千元以上的案件 3 起），查获生铁 150 吨、冒牌假飞鸽牌自行车 13 辆、耕畜 34 头、木料 183 根、柴油 5.2 吨、玉屏酒 3600 瓶和针织涤纶布 1114 千克。处理投机倒把积案 2 起，追回拖欠款 3.21 万元。1984 年，共查处违章案件 11 起（投机倒把案件 2 起，走私违章案件 9 起），查获银圆 1151 枚、黄金 29 克、电视机 8 台、化肥 11200 千克、冒牌烟 344 条、粮票 2563 斤和白酒 50.25 千克，罚款 19962.3 元。

1985—1987 年，全县共查处投机倒把案件 17 起（其中获暴利千元至万元大案 7 起，万元以上大案 5 起；隶属国营单位 6 起，集体单位 6 起；涉及国家公职人员 10 人，集体企事业单位职工 27 人和农民 5 人），结案 5 起，没收现金 15.8 万元，查获钢材 41100 千克、汽车 190 辆、粮食 1 万千克、自行车 321 辆、假黄金 520 克、假银圆 72 枚、白银手镯 42 对、石油 10 吨、录音带 499 盘、假冒烟 400 条、假冒酒 40 瓶和工业废品 5 万千克。

1990—1996 年，共查处投机倒把案件 34 起（其中万元以上案件 5 起），查获化肥 54000 千克、木材 813.7 万立方米、钢材 8000 千克、走私汽油、柴油 83210 千克、元宝 23 个、假银元 52 枚、羊绒 885.7 千克、走私烟 1219 条、劣质皮鞋 196 双、组装电视 10 台、“三无（无生产日期、无质量合格证、无生产厂家）”电器 60 台、假酒 72 件，罚款 4.1 万余元。1997 年，《中华人民共和国刑法》废除投机倒把罪。

查处假冒伪劣商品

1982 年，离石县查获假飞鸽自行车 13 辆。1984 年，查获冒牌烟 344 条。1985 年，查获冒牌自行车 26 辆。1986 年 5 月，离石县工商行政管理局、县药材公司、县卫生局和县防疫站配合，查获假砂仁、假天麻等药材，并进行销毁。加大对假冒伪劣商品的查处力度。1988 年，加强对药品市场的监督管理。1989 年，举办假冒伪劣商品鉴别会 4 次，共 9 天。查处假冒伪劣商品案件 66 起。1990 年，共查处假冒伪劣商品案件 64 起，收缴罚没款 4.46 万元。1991 年，实行每月一大查、每周一小查制度，共查处假冒伪劣商品经营户 155 家，举办假冒伪劣商品展览会 3 次，共 8 天。1992 年，离石县工商行政管理局牵头，组织公安、检察、法院、监察、防疫等执法执纪单位，采取突击检查与经常性检查相结合的办法开展打假工作。共查获假冒伪劣商品 8 大类 80 余个品种，总价值 70 万元，其中没收商品 38.5 万元，封存商品 23.5 万元，销毁商品 8 万元。举办假冒伪劣商品展览会 3 次，展出物品 6 大类 37 个品种，散发宣传资料 500 余份；县政府办印发《关于在全县范围内开展无假冒商品信得过单位活动的实施意见》。1994 年，共组织打假活动 9 次，立案查处违法案件 6 起，案值 15 万元，收缴罚没款 3500 元，捣毁加工、销售掺杂使假棉花黑窝点 1 个，查处制售假冒杏花村酒案 1 起，查获批发假冒名烟案 1 起。1995 年，组织消费品市场、农资市场、饮料市场和节日市场打假专项活动，查获假冒伪劣商品50余种，价值16.8万元。

1996年元旦、春节、“五一”、中秋、国庆等节日期间，开展打击制售假冒伪劣商品、欺行霸市、哄抬物价等活动，共检查经营户2054家，查出问题户440家，查处案件6件。5月中旬，集中销毁假冒伪劣商品品种24个，价值1.4万元。印发《整治农资市场安排意见》，对全县经销化肥、农药、种子的单位进行摸底调查，查出非法经销化肥商户4家；工商行政管理局与有关部门配合，对全市医药市场、肉食市场、歌厅、电子游戏厅、餐饮业、烟草和石油市场进行检查整顿，查处制售假冒伪劣商品案件13起（万元以上案件3起），收缴罚没款3.7万元。1998年，离石市工商行政管理局调用汽车5部，投入100余人开展专项打假活动，共检查生产经营单位1100余个，签订不售假保证书1000余份，查处违法物品总值75万元，收缴罚没款6.6万元，查处各类违法案件20余件（其中万元以上案件8起），查封单位33个，取缔无照经营单位和个体户10家。1999年，查获万元以上假冒伪劣商品案件8起，假冒伪劣商品案值80余万元，违法经营商品总值200余万元。2000年，离石市工商行政管理局组织打假专项行动5次，查获假冒伪劣商品70余种，价值55万元，立案45起，收缴罚没款13.2万元，捣毁制假窝点10个。2001年，市工商行政管理局与企业联手开展创建“打假维权消费者满意街”活动，出动打假执法人员1500人次，出动执法车160辆次，检查经营户1200家，依法查扣、查封违法物品总值100万元，受理申诉举报案件120起，为消费者挽回损失7.5万元，查处经济违法案件314起，立案调查处理165起，查获假冒伪劣商品品种十大类50余个，物资总值60万余元，收缴罚没款5.8万元。2002—2003年，共出动打假执法人员1500人次，出动执法车500辆次，检查经营户1200家，查处假冒伪劣商品价值18.9万元，依法查扣、查封违法物品总值200万元，取缔非法土炼油厂1个，取缔非法收购报废汽车点1个，处罚城区268声讯服务台3家，收缴罚没款5.18万元。

2004年，离石区工商行政管理局把与群众生活息息相关且反映问题较多的米、面、食用油等13类食品列入重点，加强日常巡查和质量抽查，加大整治力度。依法没收无质量合格证明、不符合食品质量标准、过期变质儿童食品三类20余种，总价值5.6万余元。2005年，打击假冒伪劣的重点转向整治食品安全。共立案查处案件43件，收缴罚没款2.93万元，其中查获加工经营达10万个劣质月饼大案1件。2006年，查获假冒“康师傅”矿泉水750箱、假冒“蒙奶”415箱、东北“增老三”假酒150箱等，共查处食品违法案件16起，处以罚款7万元。2004—2006年，累计立案查处食品安全案件85件。2007年，开展“红盾护农”行动，出动宣传车28台次，出动执法人员90人次，检查农资经营者48家，查处农资案5件，罚款5500元。城区50家商场和284户食品经营户建立索证索票制度，乡镇197个食品摊点建立进货台账制度，食品市场、大型超市建立质量准入制度和自律制度；全区肉类经营者实现肉类检疫上市；全区规范食品经营主体687家（其中农村食品经营户168家），取缔无证无照经营户 15 家，立案查处食品违法案件 19 起，罚款 5.9 万元。2010 年，离石区工商行政管理局规范《食品流通许可证》发放程序，落实食品市场“一票通行”使用管理制度，开展三项整治（即经营者自律制度执行情况专项整治、取缔无照食品经营户专项整治、食品市场专项整治）。全区 100% 的经营者建立并执行进货台账制度，100% 的经营者建立并执行索票索证进货查验制度，100% 的行政村每村至少建立一个食品安全示范店。全区共发放食品许可证 640 家，辖区内使用“一票通行”的食品批发户达到 150 余家，全区食品安全示范店 100 家；开展奶制品市场专项检查，共检查食品经营企业 1600 余家；开展元旦、春节、国庆、中秋节期间市场专项检查，对群众反映突出的酒类、烟类、肉类、月饼等商品进行检查，查获假酒价值 30 多万元，并组织销毁，立案 9 起，罚款 4 万余元，开展流通环节商品质量检测工作，共抽样检测成品油、液化气、羽绒服、乳粉、水产品等 40 余个样品。共出动执法车辆 119 车次，检查经营户 796 家，查处违法案件 44 起，立案查处食品违法案件 28 起，查获假酒 33.44 万元，没收商标侵权白酒 552 件（价值 6 万余元），查处不合格和问题奶粉 628 千克（农村下架奶粉 260.4 千克），收缴罚没款 16.9 万元。2011 年，推广在食品流通领域使用电子监管备案系统。使用电子监管备案系统企业 387 家（批发商 140 家、零售商 236 家、超市 11 家）；全区组织食品经营户开展自查自纠工作，要求经营户完善内部管理制度，建立健全台账、索证索票和进货查验制度；开展对“问题”乳粉、塑化剂、“糖干海参”、辣椒制品“苏丹红”食品排查，共排查 4 次，排查率达 90% 以上；全区抽样检查食品 50 个批次，合格率 80%，不合格批次食品 11 个，立案查处食品案件 29 起；全区开展“红盾护农”行动，全面规范农资市场经营行为，立案查处农资案件 3 起，罚款 0.4 万元，销毁不合格种子 10 千克，为农民挽回经济损失 1.2 万元；查处销售劣质棉花案件 2 起，罚款 0.2 万元。6 月，开展打击知识产权侵权和制售假冒伪劣商品专项行动，共出动执法车 239 车次，出动执法人员 999 人次，检查个体户 1501 家，检查批发零售集贸市场 11 次，整治重点区域 5 处，查获冒牌芝华士（12 年）、轩尼诗 XO、轩尼诗 VSOP、人头马 XO、红牌、马爹利 XO 等洋酒 30 余瓶（价值 15000 元），查获假冒汾酒、杏花村酒、竹叶青酒、特质杏花村酒 84 件，假冒五粮液 4 瓶，假冒五粮春酒 2 瓶。查处案件 13 件，收缴罚没款 2.8 万元。

2012 年始，全区建立食品经营户监管记录书，根据巡查记录情况将食品经营户分为 A、B、C、D 四类进行监管。全区所有大中型食品超市、食品批发商和零售商推广使用“亿易通”红盾电子监管备案查询系统，全区有 978 家食品经营户建立电子监管系统，城区覆盖率 90%，乡镇覆盖率 70%；全区开展食品安全专项整治工作，共排查 4 次，报送食品安全排查、整治日报表 30 份，查获伊利“问题奶粉”640 袋（桶），下架封存 310 袋（桶）；伊利公司召回 330 袋（桶）。6 月 15 日，集中销毁假冒伪劣商品品种 79 个，价值 30 余万元；抽查检查食品批次 50 个，合格率 80%，并对不合格的 11 个批次食品进行跟踪查处；

查处食品案件122起；工商行政管理局与教体局、食监局、公安局、疾控中心、电力公司、街道等单位协作，开展校园周边食品安全专项整治；工商行政管理局与地税局、财政局等单位对全区房屋租赁户进行摸底排查。开展“红盾护农”春季打假百日行动，共检查农资经营户82家，规范农资经营户购销台账36家，查处涉农案件2起；开展打击知识产权侵权和制售假冒伪劣商品行动，查获假冒“汾酒”108瓶，取缔未经汾酒公司授权专卖店8家，查处商标侵权案件59起。2013年，全区新办食品流通证307家，换证1020家，对34家小作坊核发食品生产加工小作坊许可证，对140余家食品生产加工小作坊进行培训。在全区食品经营户经营场所设立监督公示栏。2015年，开展对“汾酒”“迪士尼”注册商标专用权保护专项行动，检查批发零售贸易市场9个，整治重点区域5处。

1982—2012年部分年份离石区（县、市）查获假冒伪劣商品情况统计表

表16-8

年份	查获假冒伪劣商品类别及数量
1982	冒牌假飞鸽牌自行车13辆
1984	冒牌香烟344条
1985	冒牌自行车26辆
1986	假砂仁、假天麻等药材、假银圆123枚、假冒“中华烟”“芒果烟”“牡丹烟”160多条、假冒伪劣汾酒、啤酒、香槟酒180多瓶、假冒“凤凰”“飞鸽”自行车55辆
1988	假药5.1万千克
1989	劣质自行车180辆、劣质汽油5000千克、劣质柴油5000千克、走私烟13555条、假银圆35枚、假茶叶2000盒、假元宝22个、假洗衣粉600袋、假羊绒800千克、劣质录音带800余盒、假麝香20个等
1990	查获劣质化肥54000千克、木材813.7方、石油9246千克、钢材8000千克、电线906盘、皮鞋320双、皮带89条、组装黑白电视20台、假元宝23个、假银圆52枚
1992	查获假冒伪劣商品八大类80余个品种，主要物品有各种酒3.7万瓶，罐头、饮料3.4万瓶，鞋1000余双，烟80余条，各种食品700千克，劣质轴承8600余盘
1994	查获假冒“中华”“红塔山”“阿诗玛”等名牌烟246条、散白酒7.5千克、假酒22件、假名酒12瓶，超期饮料、罐头、食品等计1050元，没收掺假棉花310千克
1995	查获假冒伪劣商品50余种
1996	查获假烟、假酒、劣质皮鞋、超期变质饮料、食品、化妆品等商品20余种，假玉米种子6.5千克、假农药25瓶，假冒太原月饼466个、假冒富士苹果24箱
1998	查获散白酒5665千克、瓶装酒1250瓶、甲醇16瓶

续表 16-8

年份	查获假冒伪劣商品类别及数量
2000	查获假冒伪劣商品 70 余种
2001	查获假冒伪劣商品十大类 50 多个品种
2004	查获无质量合格证明、不符合食品质量标准和过期变质儿童食品三大类 20 多种
2005	查获劣质月饼 10 万个
2006	查获假冒“康师傅”矿泉水 750 箱、假冒“蒙奶”415 箱、东北“增老三”假酒 150 箱
2007	没收假酒 107 件，没收侵权白酒 552 件
2008	查处不合格和问题奶粉 628 千克，假酒 457.25 千克
2010	假酒价值 30 多万元
2011	查获冒牌芝华士（12 年）、轩尼诗 XO、轩尼诗 VSOP、人头马 XO、红牌、马爹利 XO 等洋酒 30 余瓶（价值 15000 元），查获假冒汾酒、杏花村酒、竹叶青酒、特质杏花村酒 84 件，假冒五粮液 4 瓶，假冒五粮春酒 2 瓶
2012	查获伊利“问题奶粉”640 袋（桶）、假冒“汾酒”108 瓶，集中销毁假冒伪劣商品 79 个品种，价值 30 余万元

市场环境整治

1985 年，离石县组织市场检查 9 次，检查企业 77 家（其中国营企业 12 家、城镇集体企业 30 家、个体经营者 35 家），共查处非法经营户 38 家（其中国营 3 家、集体 15 家、个体 20 家），处理率 100%，批评教育 10 家，罚款 28 家，罚没款 1800 元。1989 年，全县共查处各类违章违法案件 66 起，罚没款 5.2 万元。1990 年，全县组织市场检查 103 次，共检查企业和个体户 3085 家，查处违章违法户 230 家，查获假冒伪劣商品价值 12 万余元（假冒、失效、伪劣药品 97 种，淫秽书刊 150 余册、淫秽录音带 200 余盘、淫秽录像带 4 盒，劣质电线 906 盘、劣质皮鞋 320 双、劣质皮带 89 条，组装黑白电视机 20 台），处以罚款 2.7 万元，取缔无证经营企业 39 家。查处违反市场法规案件 64 起，收缴罚没款 4.46 万元，其中投机倒把案件 16 起（万元以上案件 2 起）、违反市场管理法规案件 40 起、违反《企业法人登记管理条例》《城乡个体户管理条例》案件 6 起违反《中华人民共和国商标法》案件 2 起。

2005 年，全区开展规范公用企业服务行为整顿工作，查处网通公司强制交易案、东义煤气公司强制用户搭售电子灶具案等案件，共立案查处案件 4 起，罚款 10 万元。同年，加强煤矿市场整顿工作，要求煤矿配备专管员，建立动态监管档案；工商行政管理局与煤矿签订责任状。至 2006 年，共查处煤矿企业 44 家，罚款 48 万元。2007 年，全区对非法改装拼装车行为和非法储煤行为进行查处，累计出动执法车 54 车次、执法人员 316 人次，检查汽车修理厂、煤场 103 家（汽车修理业 101 家、煤炭仓储场所 2 家），共查处煤炭企业逾期年检案 10 起，规范 41 家，取缔 2 家，罚款 13.4 万元。查处店外经营案件 227 起，罚款 50.27 万元。2008 年，全区办理市场违法案件 163 起（移送 1 起），罚款 38 万元。2009 年，立案查处市场违法案件 207 件。7 月，开展“百日百案”专项执法行动。2010 年，查处“限塑”案件 5 起，罚款 2.6 万元。加强超限超载治理力度，对全区储煤场、汽修厂、电氧焊部等企业进行巡查，共出动执法人员 125 人次、执法车辆 43 车次，取缔非法煤场 1 处（储煤 1000 余吨）。2011 年，工商行政管理局与区税务局、公安局联合行动，开展楼面装饰整治，共拆除兴南市场内自建活动房 110 余家，帮助南关村委清洗楼面 2000 平方米，拆除、装饰、安装广告牌匾 420 余家。与经营户签订门前三包责任书 8316 家，整治从事汽车行业企业 420 家，下达限塑通知书 2347 家，规范销售不合格塑料袋零售商 436 家，暂扣不合格塑料袋 136.69 万个，散发限塑宣传资料 32810 份；对店外经营户下达整改通知书 1327 家；对校园周边环境进行专项整治，检查食品店 65 家、餐饮店 18 家、文化用品店 17 家，下达限期整改书 4 家，取缔无照经营户 2 家，查扣不合格小食品 24 袋，查封销售“三无”食品批发部 2 家，罚款 0.4 万元；开展治理超限超载行动，共检查汽修厂 185 家，查处非法储煤场 3 家，对相关人员进行批评教育，累计办理案件 500 起，罚款 138 万元，其中万元以上案件 27 起。

2012—2013 年，离石区开展治理超限超载工作，出动执法车 230 余车次、执法人员 450 余人次，检查汽修厂 285 家，取缔非法储煤场 3 家；与治超办、交警队、交通局、公安局联合执法，开展整治短途非法超限超载运输百日行动；开展“红盾护农”春季打假百日行动，检查农资经营户 90 家次，规范农资经营户购销台账 52 家次，没收过期种子 2 家，为农民挽回经济损失 8000 余元；对所辖区域“九小场所”、网吧、校园周边经营户进行“三打一整治”专项治理，查处各类违法案件 491 起，其中大要案件 32 起。2014 年 3 月、6 月、11 月，继续开展治理超限超载行动，出动执法车辆 51 台次、执法人员 109 人次，检查汽修厂 9 次 66 家、储煤单位 6 次 27 家，督促办证 11 家。印发《关于打击非法集资的实施方案》，对 10 家担保公司进行检查，对涉嫌的违法行为进行查处。

反不正当竞争

1994 年，离石县工商行政管理局对干部职工进行《中华人民共和国反不正当竞争法》（以下简称《反不正当竞争法》）培训。

1995 年 9 月至 1996 年 9 月，开展《反不正当竞争法》宣传月活动 2 次，印发宣传材料，出动宣传车，各基层所设立法规咨询点，向群众宣传法律法规，同时对供电、保险、邮政、商业银行等具有市场支配地位的垄断性行业进行专项整治。2001 年，查处非法有奖销售案件 1 起，收缴罚没款 800 元。2005 年，查处不正当竞争案件 4 起，收缴罚没款 10 万元。

2004—2006年，离石区查处商业欺诈案件239起，其中万元以上大案14起。2006年，检查医疗机构4家，对太平洋人寿保险公司、中国人寿保险公司和4家超市商业贿赂案进行立案查处。2007年，查处郑州哈尔九宝有限公司商业贿赂案，罚款1万元。2009年，查处商业贿赂案件1起，没收违法所得41890元，罚款15000元。2010年，检查卫星地面接收器经销户10余家，查获各类卫星接收器及配件379盒。2011年，对通信、广电、中介、图书、大型企业领域的不正当行为进行检查，重点检查中国电信吕梁分公司、中国联通吕梁分公司、吕梁有线传媒有限公司、中国建设银行吕梁支公司、中国邮政储蓄银行吕梁支行、新华书店、开新宇超市、美佳乐超市、家家利超市、百姓平价大药店等经营户。

2012年，检查企业10家，取缔无证代理保险企业6家，查处涉嫌违规操作企业2家。工商行政管理局与经信局、税务局、物价局等单位联合对全区大型超市强制收取入场费、新品费、店庆费等不合理费用行为进行清理规范，先后检查家家利、美家乐、美特好等大型零售企业，并对相关企业的违法行为进行查处。查处中国建设银行吕梁分行强制推行“折换卡”违法行为。2013—2014年，离石区对金融单位、中国石化、中国移动公司、药店和超市进行检查，对存在的不正当竞争行为进行查处。2015年，加大反垄断和反不正当竞争执法力度，检查涉嫌垄断和不正当竞争企业34家，立案查处2家，罚款2万元，查获物资价值9000余元。

无证无照经营查处

1987年，离石县整顿无证经营户196家（从业357人），整顿后新发照27家（从业27人），取缔6家（从业8人）、无证经营者163人。

2007年，离石区共查处无照经营户2712家，其中取缔46家、规范办照2483家、限期整改182家、移送司法机关1家。开展整治非法用工和打击“黑砖窑”行动，落实工商所属地监管制度，集中排查个体户和企业377家，下发责令整改通知书4份，取缔无照砖窑1家。2009年，离石区组织开展查处取缔无证无照经营行为，共立案查处无照经营121家，规范办照1255家。开展安全生产专项执法检查和整治校园周边环境执法检查5次，取缔无证无照经营18家，取缔黑网吧13家。2010年，开展取缔无照经营户联合执法行动，共出动执法人员1500人次、执法车500车次，检查企业、个体户3500余家，取缔无照经营户37家，下达责令整改通知书80家，办照601家，立案查处无证无照经营案件93起。对煤矿、非煤矿山等涉危涉爆企业实施动态监管，向有关部门通报违规违法企业15家，通过供水、电力、通信等有关部门配合督促无照企业办理营业执照23家。2011年，对无照经营户、黑网吧和重点企业进行巡查，检查建筑企业1家、酒店宾馆11家，立案查处2家，下达责令整改通知书11份，下达督促登记通知书8家，罚款12.4万元。8月，召开取缔无证无照经营行动动员会，成立取缔无证无照经营行为专项领导组。共下达责令整改通知书541份，督促办理营业执照339家，取缔无证无照户249家，立案61件，罚款8.83万元。

2014年，离石区印发《关于查处取缔无照经营实施方案》《关于重点企业安全生产大检查通知》《消防安全大排查大整治活动实施方案》《集中开展六打六治打非治违专项行动实施方案》，开展取缔无照经营专项行动，查处无照经营案件141件，下达责令整改通知书3份、督促登记通知书8份，检查酒店宾馆3家，向安监局、消防大队、公安局、卫生局、经信局等部门抄送共享信息140家次。

打击传销

2004年，区工商行政管理局印发《关于进一步开展打击传销和变相传销的实施方案》，成立领导组，设立“12315”举报电话，开展“打击非法传销保社会稳定”行动，共遣散传销人员326人。2005年，离石区工商行政管理局查处非法传销案件4起，处理4人，罚款8000元。2006年，贯彻落实《禁止传销条例》《直销管理条例》，加大对传销活动打击力度。查获EFT网络传销活动、天狮传销活动、永健银杏保健品传销活动、康对一珍胶囊传销活动和北京时代唯美电子商务有限公司传销活动，查扣化妆品50余瓶、夏凉被10块、银行卡3张、电脑主机1台和传销人员档案及业务往来票据若干，并对相关人员罚款5000元。2007年，查办传销案件6起，查扣笔记本电脑1台、听课笔记本30余本，遣散传销人员700余人，收缴罚款7.8万元。2008年，离石区工商行政管理局与吕梁市公安局配合捣毁传销组织1个，查获涉嫌传销人员89人，查获大量资料、银行卡、手机等；查获涉嫌传销网点1个，暂扣电脑1台、其他设备5台和保健食品4盒。2009年，离石区工商行政管理局与吕梁市工商行政管理局经检队、吕梁师专共同开展“远离传销、抵制传销”活动，出动执法车200车次、执法人员300余人次、宣传车4车次，散发宣传手册500余册，散发宣传单、画5000余份，挂横幅3块。离石区工商行政管理局与市公安局配合查处涉嫌传销“π水杯”活动，查获涉嫌传销资料若干份，遣散传销人员28人。2010年，离石区工商行政管理局与村镇、社区、院校、宾馆、酒店等组织签订责任状30余份，制定相关制度，制作《公共场所人员聚集备案表》。离石区组织社区、村镇、院校广大人民群众观看打击传销活动的电影《黑梦》，并散发“打击传销，规范直销”相关宣传资料。2011年3月15日，开展“拒绝传销，从我做起”万人签名活动，共出动执法人员100人次、执法车80车次，散发打击传销小册子1000余册、宣传画5000份、宣传单2000份，检查直销企业10家，检查宾馆、学校、社区等30家。

2012年，离石区工商行政管理局与吕梁市工商行政管理局、吕梁学院联合举办“打击传销、构建和谐”万人签名活动。组织部分社区群众观看打击传销宣传影片《黑梦》。10月17日，离石区工商行政管理局与吕梁市工商行政管理局在世纪广场联合举办宣传《禁止传销条例》《直销管理条例》活动启动仪式，活动设立咨询点3个，散发宣传资料5000余份。对直销经营户进行检查。2013年，开展“3·15”宣传活动，举办“拒绝传销、从我做起”万人签名活动，散发宣传材料1600余份。对辖区内的直销经营户进行全面摸底并全部建立

“一家一户”信息档案，规范检查分公司2家、专卖店13家以及罗曼、完美、玫琳凯、安利、天狮、无限极等直销企业6家，查封无照经营户1家，取缔不合法经营户3家，并与30家学校、村委、社区、居民委员会、大型酒店等单位签订责任书。2014年，与35家单位签订打击传销规范直销责任书，与直销企业代表和专营店负责人召开座谈会，登记直销企业和专营店培训14次，查处涉嫌违法传销案件4件。2015年，与19家单位签订“打击传销、规范直销”工作责任书，登记直销企业活动12次。利用“3·15”等活动，宣传国家“打击传销、规范直销”政策，播放打击传销教育片6次，查处违法户1家，罚款1000元。

第二节　企业管理

企业登记

1954年，离山县工商联合会对全县工商企业进行普查登记，注册工商企业和个体户2205家，从业人员3474人，流动资金31.03万元，全县商业年零售额193.91万元。1957年，对工业企业进行普查登记，登记国营企业4家、公私合营企业1家、手工业社40家和个体户55家。

1979—1981年，离石县工商行政管理局对工商企业进行登记和发照。1982年，建立企业经济户口。1984年，建立企业档案管理制度。1985年，工商企业全部换发全国统一营业执照。全县共换全国统一营业执照564本，办理歇业登记206家，申报登记户230家。1986年，对全县60家赋有“公司”或“中心”的党政机关企业进行清理整顿，经过整顿保留48家、换发新照45家、变更企业名称3家。

2005年，离石区工商行政管理局与区公安局联合对企业虚报注册资本、虚假出资和抽逃注册资本行为进行专项检查，共立案查处20起，罚款23万元。2007年，新注册企业137家。推进企业信用信息收集和公布工作，整理核对和充实完善局、所两级信用信息数据库，对历年登记的个体工商户和企业档案全部录入信息数据库系统。2010年，推进“网上审批、网上年检，网上办案、网上办公”信息化办公模式。2011年，登记内资企业137家，注销企业13家。

2012年，对公司制企业实行备案制监管模式，对企业实行一户一档，专人监管制度。新注册个人独资公司24家、有限公司分公司20家和有限公司43家；免收工商企业登记费4万余元。2014年3月1日起，放宽公司注册资本登记条件，除金融机构、证券公司等27种公司外，其他公司全部实行由注册资本实缴制改为认缴登记制，公司登记时公司股东只需对其认缴的出资额、出资期限、出资方式自行约定，并记载于公司章程；取消最低注册资本额，不再限制设立时的首次出资比例，不再限制货币出资占注册资本的比例，不再规定公司股东缴足出资的期限。审批企业成立由“先证后照”改为“先照后证”。2014年，新登记私营企业 88 家，全区私营企业达 840 家（有限公司 294 家、分公司 115 家、个人独资公司 401 家、个人独资分支机构 14 家、合伙企业 16 家），注册资金达 65570 万元，从业人员 6980 人；内资企业 117 家。2015 年，企业登记办理时限由 20 个工作日缩减为 10 个工作日。1 月，实施《山西省市场主体住所（经营场所）登记管理办法》，市场主体登记提交住所使用证明即可登记，允许“一址多照”“一照多址”。10 月 1 日起，实施“三证合一”（工商营业执照、税务登记证、组织机构代码证合并为统一社会信用代码证）登记制度，实行“一照一码”登记模式改革。截至 2015 年底，共设立私营企业 120 家，其中有限公司 80 家、分公司 26 家、个人独资公司 14 家。

1981—2015 年部分年份离石区（县、市）工商企业登记情况表

表 16-9

年份	总户数（家）	从业人数（人）	注册资金（万元）
1981	194	9327	12233.6
1985	365	14643	8037.2
1987	461	18580	13331.3
1990	664	14356	9099
2004、2006	188	33	1840
2007	740	9345	4314460.4
2011	740	400	7610.7
2013	74	626	8485.4
2014	88	581	9528
2015	120（注销 29）	892	77186.4

企业年检

1987 年 8 月 1 日至 9 月 22 日，离石县工商行政管理局对工商企业进行验照检查，共检查 182 家，其中全民所有制企业 64 家，集体企业 116 家，合营企业 2 家。

2007 年，离石区工商行政管理局开展 2006 年度企业年检工作，全区应检企业 359 家，实检 214 家。2011 年，全区网上年检企业 369 家。

2012 年，全区网上年检企业 318 家。2013 年，加强对重点企业的监管，与煤矿、非煤矿山、涉危、涉爆等重点企业签订重点监管责任状，落实一月一走访、一季一巡查制度，

建立健全静、动态监管档案，下发责令整改通知书3份，罚款8万元。2014年10月1日，企业年检制度取消，改为年度报告公示制度，企业在年度规定的期限内，通过市场主体信用信息公示系统向工商机关报送年度报告，并向社会公示。

第三节　个体私营经济管理

发照　验照

1981年，离石县有个体工商户89家。1984年，开始对个体工商户进行管理。1985年3月，根据国家和省文件规定，对全县个体工商户营业执照进行验照和贴花。同年，验照1273家，查出违章户16家，对5家进行罚款处理。1987年，全县个体工商户发展到2070家。1988年，全县有私营企业47家。1990年，全县有城市个体工商户479家，从业人员768人，自有资金428万元，总产值2294万元，营业额4156万元；农村个体工商户1676家，从业人员2654人，自有资金1367万元，营业额达5700万元。1995年底，全县个体工商户增至4026家，私营企业81家，注册资金2445万元，从业人员6237人，总资产值1510万元，纳税970万元，占全县财政收入的29%。

1999年底，离石市个体工商户增至3931家，注册资金7706万元，从业人员7732人。私营企业有72家，注册资金3083万元，从业人员3987人。

2004—2006年，离石区登记个体工商户4793家。2007年，个体工商户有6117家。注册农民专业合作社5家和个人独资企业1家；开展2006年个体工商户贴花验照工作，应验照个体工商户4310家，实验照3879家。2008年，新注册个体工商户1867家，个体工商户发展到7746家；新注册农民专业合作社34家，全区农民专业合作社发展到39家。2010年，全区新注册农民专业合作社28家。年底，有个体工商户7381家，私营企业466家，农民专业合作社34家。2011年，新注册私营企业91家，农民专业合作社47家，个体工商户2535家；对个体户验照4947家；全区有个体工商户13908家，私营企业601家。

2012年，新注册个体工商户2877家和农民专业合作社34家，验照个体工商户4278家。2013年，新设立个体工商户2164家，农民专业合作社62家，登记全部执行免费政策。对6366家个体工商户进行验照。2014年，新登记个体工商户1673家，全区个体工商户19894家，注册资金总额达85455万元，从业人员42497人；新登记农民合作社21家，全区农民专业合作社293家，注册资金37900万元。2014年，取消个体工商户验照制度，个体工商户验照在规定期限内通过企业信用信息公示系统或直接向属地工商所报送上年度报告，可自主选择年报内容书是否公示。2015年，离石区个体工商户登记由原来15个工作日缩减为3个工作日，共登记个体工商户3171家、农民专业合作社38家。

个体劳动者协会

1982年，离石县工商行政管理局个体劳动者协会成立。1983年10月，第一次个体劳动者协会成立大会召开。1990年，离石县成立个体劳动者协会分会6个，小组56个，有会员2100人。1991年，离石县个体劳动者协会设分会6个，有会员3200余人。1994年，离石县个协劳动者协会有会员3400余人。

2007年，离石区个协劳动者协会有会员4300余人。2014年，离石区个体劳动者协会配合离石区工商局做好便民服务、商标兴企服务、融资服务和培训服务。

1981—1990年部分年份离石县个体工商户发展情况表

表16-10

年份	户数（家）	从业人员（人）	注册资金（万元）	年营业额（万元）	备注
1981	89	153	2.8	70	—
1985	1596	2363	342.5	1439.2	年盈利15万元有7家
1987	2070	4098	596.7	2553	年盈利15万元有8家
1988	2584	—	—	—	—
1989	1721	—	—	—	—
1990	2155	3422	1796	—	同年，另注册合伙户37家，从业人员152人，注册资金269万元

1981—1987年部分年份离石县个体工商户分区域情况表

表16-11

年份	户数（家）		从业人数（人）		注册资金（万元）		年营业额（万元）		总产值（万元）	
	城镇户数	农村户数	城镇人数	农村人数	城镇资金	农村资金	城镇	农村	城镇	农村
1981	69	20	117	36	2	0.8	68.5	1.5	—	—
1985	904	692	—	—	—	—	—	—	—	—
1987	206	1864	417	3681	50.7	546	347.1	2205.9	8	183.8

1981—1990 年部分年份离石县个体工商户分行业发展情况表

表 16-12

年份	注册资金（万元）					从业人员（人）						
	商业	饮食业	运输业	工业、手工业	建筑业	商业	饮食业	服务业	运输业	工业、手工业	建筑业	修理业
1981	2.8		—	—	—	—	—	—	—	—	—	—
1985	42.3	—	205.8	48	12.5	—	—	—	—	—	—	—
1987	133.8	—	267.9	171.5	23.5	—	—	—	—	—	—	—
1990	497	—	1034	116	14	1752	468	114	457	293	45	293

1985—1990 年部分年份离石县个体工商户经营方式情况表

表 16-13

年份	经营方式				备注
	雇工经营（家）	从业人数（人）	合作经营（家）	从业人数（家）	
1985	11	220	18	207	—
1986	11	369	—	—	—
1987	47	—	47	1008	同年始，雇工户划入私营企业
1988	57	—	—	—	—
1989	9	—	—	—	—
1990	12	232	—	—	其中独资户 4 家、合伙户 7 家

帮扶

1985 年，离石县工商行政管理局协调相关部门为 210 家个体工商户解决经营场地 1000 平方米，帮助 5 家个体工商户解决资金 25000 元（每家 5000 元），送证上门 140 家。1987 年，为 50 家个体工商户解决经营场地 300 平方米，送证上门 50 家。

2009 年，离石区工商行政管理局百名工商干部入企开展帮扶活动，入企 1601 家，帮助企业落实和解决重大事项 144 件。其中帮助 4 家企业引资融资 9.05 亿元，引导企业申请注册商标 43 件，推荐 2 家企业认定中国驰名商标，推荐 35 家企业申报“守合同、重信用”单位，为 28 家企业提高市场准入提供服务，帮助 41 家企业规范经营管理制度。

第四节 商标 广告管理

商标管理

商标注册 至1987年底，离石县共有注册商标5个，即离石电线厂的“山花”牌电线、吕梁地区制药厂的“吕药”牌系列西药、离石县农机厂的“离山”牌山地步犁、县粮食加工厂的“莲竹”牌白酒和吕梁地区食品厂的“活力”牌罐头。1990年，全县注册商标2个，即吕梁地区食品厂的“香园”牌酱油和“香城”牌腐乳。1994年，开展注册商标验证工作，对商标注册情况进行检查。对商标印制单位进行检查，要求商标印制单位建立商标台账和审查制度。1995年，注册商标4件。至年底，有效注册商标12个。

2004—2006年，离石区申请商标注册14件，其中著名商标4件。2006年，申请注册商标7件，即“绿舟森泰”1件、“同仁康”图形2个、“骏元”1件、“热爱”1件、“信源”1件和“蒲苇”1件。推荐著名商标3件，被认定2件（吕福、益欣）；被重新认定2件（“山花”牌电缆，“吕药”西药）。年底，共有著名商标4件，注册商标23件。2007年，离石区工商局帮助企业申请商标注册26件，培育驰名商标1件、著名商标3件和知名商标2件。有农副产品商标8件（绿精舒野、孙引平、都爱、五谷香、汉伸、吕丰等）。新注册商标5件。2008年，新注册商标15件。共有山西省著名商标5件，吕梁市知名商标12件和注册商标72件。2010年，离石区工商局申请注册商标8件，其中涉农商标5件；培育驰名商标2件（大土河、山花电缆）、山西省著名商标4件（吕中、吕福、益欣、山花）、吕梁市知名商标11件（伟宇、义居、安华瑞、益欣、开新宇、吕中、吕福、大土河、枣林泉、东一顺和山花）。至2010年底，全区共有注册商标103件。2011年8月，离石区工商局组织山西大土河焦化有限公司等3家企业参加第五届山西品牌节。申请注册商标17件，注册16件；培育驰名商标2件（大土河、山花电缆），知名商标1件（吕梁山）；复检注册商标34件，对115件注册商标进行摸底登记；帮助信义镇严村申请“严村”牌农业商标6件，帮助田家会街道穆闫村申请“营康”牌鸡蛋商标1件，帮助吴城镇下罗卜村申请“兴吴”牌土豆商标1件。

2012年，注册商标8件（农副产品3件），新推荐认定知名商标3件（蒲伟、泰化、东方百合），重新认定知名商标2件（东一顺、开新宇）。2014年，申请注册商标24件，注册7件。2015年，申请注册商标11件；申请认定知名商标3件，认定2件；申请认定著名商标3件，认定2件。

商标违法案件查处 1985年，离石县工商局对全县133种产品进行摸底登记，对县副食加工厂瓶装鲜啤酒、地区骨结核医院委托地区医院生产的“骨结核丸”、军分区生产的“香槟露”和地区粮油机械厂生产的豆类食品所用商标未注册行为进行查处，责令企业停产停销，并督促申请商标注册。1986年，查处销售冒牌自行车案件3起。查处冒充注册商标案件1起。

2004—2006年，离石区工商局开展保护注册商标专用权执法行动，共查处案件203起，查扣假冒“金星”牌电视机100台。2007年，查处商标侵权案件42起，罚款3.06万元。2010年，离石区工商局开展商标侵权行为集中整治，共查处商标侵权案件20起，罚款1.7万元，备案登记专卖（修、营、店）专柜86家。2011年，印发《商标授权经营制度的实施方案》，对全区专卖店、专修店和专营店实行登记备案制度。

2013年，重点对驰名商标“汾酒”“南孚”“宝洁”“牛栏山”专用权进行专项检查。2014年，查处侵犯注册商标专用权案件9件，查获假冒汾酒、杏花村酒、竹叶青酒、特制杏花村酒、五粮液酒、五粮春酒90件。

1986—2014年部分年份离石区（县、市）查处商标违法案件统计表

表16-14

年份	案件数（件）	涉案物品	涉案金额（万元）	处罚方式（万元）
1986	4	冒牌自行车261辆、冒充注册商标2万张	4	—
1987	1	假冒牡丹、凤凰、金丝猴卷烟300条、假冒65型自行车50辆	1.92	没收违法所得0.11万元，罚款1.2万元
1990	2	假冒青岛健力宝80箱	—	没收假冒健力宝80箱
1991	1	假冒商标1万件、欺骗标签5万张	—	没收假冒注册商标，责令停止使用欺骗标签
1995	17	假冒商标	—	罚款1.61万元
2002	1	假冒、伪冒“脑白金”130盒	1.9	—
2006	136	假冒汾酒、汾阳王	—	罚款12.68万元
2010	20	假冒雪花啤酒、假冒商标	—	罚款1.7万元
2013	—	假冒汾酒115瓶、南孚电池30盒、宝洁产品60件、牛栏山酒9瓶	—	罚款3万元
2014	9	假冒牌汾酒等90件	—	罚款1.49万元

广告管理

1985年，离石县工商行政管理局会同县公安局、县城建局制定《广告管理暂行规定》。在县城广场、地区影剧院和汽车站制作大型广告牌3块；对离石县晋州信息公司刊登假广告行为罚款100元。1986年，全县有广告经营单位3家（吕梁报社、县有线广播站和县文化馆），从业人员 36 人（其中业务人员 26 人、美工 2 人、制作 3 人、管理人员 3 人和其他人员 2 人）。全年，全县广告业务年营业额 9926 元（其中吕梁报广告业务收入 9426 元）。1987 年，全县广告从业人员减少到 19 人（其中吕梁报广告业务人员 11 人），全县广告年营业额 5820 元，其中吕梁报广告收入 5500 元。

2004—2006 年，离石区工商局查处广告违法案件 241 起。2007 年，对药品、食品、房地产虚假广告进行重点整治，共查处广告违法案件 68 起，罚款 5.46 万元。2010 年，离石区工商局查处广告违法案件 27 件，罚款 2.86 万元；对 33 件 1411 个展示牌、灯箱等户外广告进行登记入网存档。2011 年，查处广告违法案件 25 件，登记户外广告 23 家（其中电子显示屏 24 块、户外广告 2 块），罚款 4.5 万元。

2012—2013 年，开展查处全区利用报纸、期刊、电视、广播、互联网媒体和户外电子显示屏发布欺骗、误导消费者的广告违法行动，共核发户外广告登记证 10 家，登记电子显示屏 18 块，查处广告违法案件 49 起。2014 年，重点对门店、商场、超市门店装置的电子显示屏户外广告进行检查，登记核发电子显示屏户外广告登记证 23 家 26 块，查处广告违法案件 8 件，罚款 4.7 万元。2015 年，开展重点领域虚假广告专项整治活动，查处广告违法案件 2 件。

第五节　合同管理

合同签订　履约

1985 年，离石县签订合同 1414 份，合同金额 3605 万元，履约 1334 份，履约率 94%。1986 年，签订合同 2581 份，合同金额 6689 万元，履约 2423 份，履约率 94%。1987 年，签订合同 33349 份，合同金额 1.6 亿元，履约 32882 份，履约率 98.6%。确定合同试点单位 12 个，确定合同管理员 59 人，其中专职 21 人、兼职 38 人。

2012 年，离石区在瓜果蔬菜、畜牧养殖、禽蛋等特色农产品加工领域推行“农户 + 企业 + 市场”种、产、销一条龙模式，共签订合同 3700 余份，新发展农村经纪人 23 人。

1987 年离石县合同试点单位合同执行情况统计表

表 16-15　　单位：万元

单位名称	签约金额	履约金额
地区白水泥厂	200	180
地区建筑公司	870	870

续表 16-15

单位名称	签约金额	履约金额
地区建安公司	120	120
离石县肉联厂	280	260
离石县水泥厂	210	210
地区豆制品厂	14	13.8
地区粮油食品厂	17	17
县保险公司	78.3	78.3
离石县农行	3000	2800
离石县工行	300	300
离石县七里滩煤矿	170	170
高崖湾煤矿	2.3	1.95

合同监管

2005 年，离石区工商局表彰信用商户 100 家，复检“守合同、重信用”单位 21 家，推荐 2004 年市级“守合同、重信用”单位 16 家。2007 年，查处合同欺诈案件 27 起，罚款 1.01 万元。年检“守合同、重信用”企业 36 家；开展“信用商户”评比挂牌和推进行业自律工作；评选国家级“守合同、重信用”单位 1 家，省级“守合同、重信用”单位 7 家和市级“守合同、重信用”单位 13 家。6 月，组织全区 10 家知名、著名品牌企业参加首届山西品牌节暨“信用·品牌与山西科学发展”高层论坛会。2008 年，开展“守合同、重信用”和“诚信示范经营店”创建评比活动，评选诚信示范经营户 200 家；对 33 家“守合同、重信用”企业进行年检。2010 年，离石区工商局申报省级“守合同，重信用”单位 2 家，市级“守合同，重信用”单位 6 家；复查“守合同，重信用”单位 42 家；加强农贸、农资、汽车、二手车市场合同执行监督管理力度，推行合同示范文本 300 份，合同备案 20 份，查处合同欺诈案 2 起。2011 年，复检“守合同，重信用”单位 47 家（国家级 4 家、省级 25 家、市级 18 家）；推行合同示范文本 682 份，备案合同专用章 37 枚；检查合同 78 份，查处合同欺诈案件 3 起，罚款 1.1 万元。

2012 年，培育“守合同，重信用”企业 57 家，其中国家级 4 家，省级 25 家和市级 16 家。同年，新申报“守合同，重信用”企业 12 家；对 2011 年“守合同，重信用”企业进行复查；

对汽贸、通信、金融、超市等行业开展合同执行情况检查，共检查36家，检查合同466份，合同金额9784万元，纠正不平等条款18条，查处合同案件15起；对37家建筑企业推行建筑合同示范文本，共执行571份，备案企业合同专用章32枚。2013—2014年，发展市级“重合同，守信用”单位13家。推行建筑合同示范文本682份，备案企业刻制的合同专用章25枚。检查企业36家，检查合同466份，合同金额9784万元，发现不平等条款18条。截至2015年底，全区共培育“重合同、守信用”国家级单位8家、省级单位26家、市级单位20家。

第六节 消费者权益保护

维权活动

1995年3月15日，离石县消费者协会开展宣传《中华人民共和国消费者权益保护法》活动，出动宣传车10余辆、工商管理人员150余名，在吕梁影剧院门口、各大市场和重点乡镇设立工商法规咨询站和消费者投诉站，并展出假冒伪劣商品，散发宣传材料2万余份，接受群众咨询5000余人次。3月下旬，在交口、田家会、吴城等集镇开展巡回宣传活动。

1996年，继续开展《中华人民共和国消费者权益保护法》宣传活动，加强对商品和服务的社会监督。1998年“3·15”国际消费者权益日期间，开展以“为了农村消费者”为主题的宣传活动，出动宣传车3辆，设立消费者投诉台6个，接受咨询900余人次，并在石州电视台举办1998年“3·15”电视宣传专栏。2002年，开展“百家企业打假维权”“打假维权、消费者满意文明街”活动。

2010年，全区在社区、大型超市、村镇等消费场所张贴悬挂12315消费维权牌，公示经营者字号、姓名、承诺事项、片区管理员及联系电话。2014—2015年，开展消费维权“五进”（进农村、进社区、进企业、进市场、进学校）活动。

案件查处

1995—1999年，离石市（县）消费者协会共受理投诉263起，解决各类交易纠纷60余起，为消费者挽回经济损失10.4万元。

2000年，离石市消费者协会对首批创建“打假维权消费者满意街”的兴隆街进行重点查处。2001年，受理举报案件314起，立案查处165起。2002年，受理消费者投诉212起，为消费者挽回经济损失34万元。

2004—2006年，共受理消费者投诉举报700余起，办结率100%，为群众挽回经济损失63万元。至2010年，12315维权工作平台共受理消费者投诉995起，办结率100%，为群众挽回经济损失84万元。2011年，离石区工商局受理消费者投诉120起，为消费者挽回经济损失43万元。办理市委书记、市长、区委书记和区长电话答复卡229条。2013—2014年，受理办结消费者投诉举报793件，为消费者挽回经济损失35万余元。2015年，受理办结消费者投诉举报335件，为消费者挽回经济损失32万余元。

机构

1995年1月12日，离石县召开消费者协会成立大会，民主推荐的44名理事参加会议。大会通过离石县消费者协会筹备工作报告、离石县消费者协会章程和消协工作实施方案，大会选举产生离石县消费者协会第一届工作机构，推选张国彪、薛荣照、任黎明为名誉会长，推选孙仲元为会长。

1997年，离石市消费者协会永宁市场消协分会、城东消协分会、城北消协分会、交口消协分会、田家会消协分会、西属巴消协分会、吴城消协分会、供销大厦消协分会、兴隆商厦消协分会和粮贸大厦消协分会成立，各分会设会长1名、副会长2名、理事若干。2003年，离石市“12315”维权工作平台建立。

2006年，全区企业、机关、社区和行政村建立12315维权站，每个点聘请信息员1名，193个行政村、13个居委会均设立举报电话。2007年，全面推进农村12315行政执法体系建设，健全农村投诉举报网点机构，畅通维权渠道，积极服务农村消费者和新农村建设。2009年，区政府印发《离石区“一会两站”建设实施方案》。同年，区工商行政管理局和区消费者协会牵头，在全区各乡镇和街道建立消费者协会分会，在各行政村建立消费者投诉站和申诉举报联络站。

第七节 征费管理

离石区（县、市）工商行政管理局收费项目主要有企业登记费、企业公告费、个体户登记费、个体户登记管理费、合同鉴证费、合同仲裁费、市场管理费、罚没款等。

改革开放后，离石县工商局收费或罚没款快速增加。1979年，离石县工商局收费或罚没款0.07万元。1980年，收费或罚没款1.5万元。1981年，收费或罚没款2.5万元。1983年，收费或罚没款4万元。1984年，收费或罚没款9.2万元。1985年，收费或罚没款15万元。1986年，收费或罚没款19万元。1987年，收费或罚没款24万元。1988年，收费或罚没款47万元。1989年，收费或罚没款65万元。1990年，收费或罚没款66万元。

2007年，离石区收费或罚没款361.97万元。2010年，离石区收费或罚没款86.64万元。

第八节 机 构

民国初，永宁县无专门工商行政管理机构，县署通过商会管理商号和摊贩户。

抗日战争时期，离石县和离东县先后建立贸易分局，兼管市场与商户。

1951年，离石县人民政府设立工商科，管理工商事务，之后县工商联合会协助管理工商事务。

1954年冬，离山县撤销工商科，设立商业局，内设市场物价股，同时县财委、县商业、县粮食、县供销等部门领导成员组成市场管理委员会，负责重大市场事务管理。

1967年，县革命委员会生产组下设市场管理委员会和工作小组。1976年初，离石县工商行政管理局成立，内设办公室、业务股，下设城关、吴城和交口3个基层管理所。1980年，工商行政管理局撤销业务股，分设为企业股、市场股和经济监督检查股，基层增设田家会工商所。1982年，工商行政管理局增设合同股，个体劳动者协会、经济合同仲裁委员会，经济合同仲裁委员会与合同股实行“两块牌子、一套人马”体制。1984年，工商行政管理局增设个体股，与个体劳动者协会实行“两个牌子、一套人马”体制，基层增设西属巴工商所。1987年，工商行政管理局增设人事教育股、车辆管理所。1989年1月，基层城关工商所分设为工商一所、工商二所。1990年初，西属巴工商所并入城关工商一所，吴城工商所并入田家会工商所。至1990年，工商行政管理局内设股室8个，基层设管理所5个，共有职工114人。其中机关40人，基层所74人（城关一所31人、城关二所20人、交口所7人、田家会所8人、车管所8人）。1991年1月，工商行政管理局设立监察室和纪检组，实行“两块牌子、一套人马”工作体制，合署办公。1994年，工商行政管理局增设行政股、法制股和商标广告管理股。基层设立永东市场管理所；离石县消费者协会成立，挂靠离石县工商行政管理局。1995年，县政府批准县工商行政管理局设基层所6个，即交口工商所、吴城工商所、田家会工商所、西属巴工商所、机动车辆管理所和永宁市场管理所。

1996年，离石市工商行政管理局向吕梁地区石油销售公司派驻检查室，作为离石市工商行政管理局的派出机构，负责对离石县石油市场管理。1998年，工商行政系统实行省以下垂直管理。2002年，离石市工商行政管理局内设股室8个，即办公室、人事教育股、财务股、纪检监察室、法制股、企业注册监督管理股、经济检查股和市场监督管理股；基层设工商所6个，即城北工商所、城东工商所、城西工商所、交口工商所、田家会工商所和西属巴工商所。核定行政编制 97 名，其中核定正副股长职数 12 名、正副所长职数 18 名；机构改革中，将工商行政管理局指导广告业发展的职能划入市经济贸易委员会，把引导个体、私营经济发展职能划入相关的行业协会，同时取消市工商行政管理局市场培育建设和市场布局规划职能。

至 2011 年 6 月，工商行政管理局内设股室 11 个，下设基层工商所 6 个，附设协会 3 个，共有干部职工 114 人，其中公务员 96 人、工勤人员 7 人、事业人员 11 人。6 月 24 日，工商行政管理局综合服务大厅正式运行，设城东所、城北所、企业服务、食品流通许可和“12315”窗口 5 个，入驻工作人员 10 人，实行服务内容、办理程序、申报材料、承诺时限和收费标准“五公开”。2014 年，由垂直管理改为地方管理，流通环节食品安全监管职能移交区食药监局。截至 2015 年底，离石区工商行政管理局内设股室 15 个，即经济检查队、商标广告监督管理股、信息中心、法制股、消费者权益保护股、治理车辆超限超载稽查队、市场监督管理股、办公室、“12315”、非公经济组织党建股、纪检监察股、财务股、人事教育股、企业注册监督管理股和企业注册股。下设基层所 7 个（城北工商所、城东工商所、城西工商所、交口工商所、田家会工商所、西属巴工商所、兴南市场办公室），附设协会 3 个（吕梁市离石区民营企业协会、吕梁市离石区消费者协会、吕梁市离石区个体劳动者协会）。

第六章 物价管理

第一节 管理体制

计划经济体制时期物价管理

中华人民共和国成立初期，离石县物价管理实行“统一领导，分级管理”的物价管理原则。1953 年 10 月后，离石（山）县根据国家统一安排，先后对粮食、棉花（含纱布）、食油实行计划收购和计划供应(即“统购统销”)政策，主要农副产品的收购价格由国家制定。因企业隶属关系不同，工业产品价格不统一。

1956 年，对生产资料私有制的社会主义改造基本完成后，除集市贸易价格外，绝大部分商品价格实行国家统一定价。1958 年 9 月，离山县执行山西省人民委员会颁布的《关于市场物价分级管理的办法》。按照规定：统购统销商品、统一收购物资、主要生产资料及重要工农业产品的销售价格，均由省统一规定；专署所属各县外销量较大的地方工业品、土特产品、小杂粮、油料等价格，由专署管理；工业品的地区差率、农产品的批零差率、小商品的各种差率、服务行业的收费标准、开放市场的无牌价商品价格，由县依据相关规定自行确定。当时，从不同产地购进的同一品种、质量、规格的商品在同一市场出售时，由物价部门平衡，按同一价格出售，同一市场不允许出现两种牌价。

1960 年，农产品收购对超出规定交售任务部分给予加价 10% 奖励（1962—1964 年取消）。同年，离石县物价委员会规定，全县新产工业品、手工业品出厂价格由主管局核定，加注意见后由县计委审定；市场销售价格由县物价委员会根据物价分级管理办法分别确定（该价格管理体制延续到 1983 年）。1961 年后，国营单位和供销系统为掌握货源，开展议价收购业务，粮食议价比牌价高出 1 倍。20 世纪 60 年代中期，价格管理本着“基本不动，个别调整”的原则，对极个别商品价格和作价办法稍作调整。如：离石县城乡差价由原来的加运杂费和综合差率计算，改为统一加固定金额差价。全县 18 个基层供销社按照距离县城道路里程分为五类地区计算运杂费，一类地区每千克商品加运费 0.06 元，二类到五类地区分别加运费 0.04 元、0.03 元、0.02 元、0.01 元，交口、田家会、城关与县城执行同价。

市场经济体制时期物价管理

1978 年中共十一届三中全会召开后，国家实行对外开放、对内搞活经济的政策。为适应国民经济管理体制改革，价格形式演变为以国家计划为主的多种价格形式。1982 年国务院颁发《物价管理暂行条例》，规定价格形式主要有四种：属指令性价格的国家定价；属指导性计划价格的浮动价格；属自由价格的集市贸易价格；介于指导性计划价格和自由价格之间的议定价格和协商定价等形式。9月，中共十二大提出以“计划经济为主、市场调节为辅”的经济体制。允许集市自由买卖（集市贸易成交的商品主要是农民完成国家分配的订购任务后多余的农副产品及肉、蛋等产品和部分手工业产品），出现国家牌价和集市贸易价两种价格。

1984年，价格改革进入调放结合阶段，国家定价范围逐步缩小，物价实行国家定价、国家指导价和市场调节价的形式。关系国计民生的重要商品，如煤炭、自来水、食盐、食糖、火柴、肥皂等及农民饲养、生产的猪、牛、羊、禽、蛋、蔬菜等产品价格放开，根据市场供求变化自行定价；工业产品中一些小商品，允许工商企业协商定价。改变过去高度集中的管理体制，促进计划经济体制向社会主义市场经济体制转变。离石县放开多种农副产品收购价格；县物价局印发《关于进一步放宽政策，扩大企业自主权的意见》，绝大部分商品由企业根据市场供求情况自行定价。1985年，对农产品价格进行一系列改革，将粮、油、棉统购改为合同收购，合同以外部分由市场调节；生猪、鲜蛋由派购改为国家指导下的议购；粮食合同订购价改为“倒三七”价（如：收购50千克粮食，其中，15千克即30%按统购价格收购，35千克即70%按超购议价计算）；小杂粮实行“倒三七”议价收购价；食油和油料收购分别按“正四六”和“倒四六”比例作价（收购50千克粮食，其中，20千克即40%按超购议价计算，30千克即60%按统购价计算，为“正四六”；反之，为“倒四六”）。1987年后，县物价局有权对自采重要商品价格进行审批，规定凡是企业自采计划外生产资料和重要消费品，有限价的执行限价，无限价或超过限价的由物价局和主管局审批后方可执行。1988年，工种粮食和行业粮油价格放开，实行市场调节。同时，实行生产资料双轨制，放开计划外和计划内允许企业自销的生产资料价格，对缝纫机、黑白电视机、自行车、电风扇、电冰箱、名烟酒等重要消费品实行市场调节，由供需双方协商定价。1989年，县物价局强化价格申报制度，确定申报价格品种16种。1990年增至25种。1991年6月，省物价局出台关于进一步搞活大中型企业的九条实施细则，明确：放开商品价格应切实给企业自主定价权，实行市场调节；停止前两年为调控物价，对放开商品价格采取的限价管理、差率控制、提价申报等行政措施（个别品种除外）。同年，搪瓷制品、罐头（出口产品）、塑料丝、电池、糖包纸等价格放开，实行企业和用户协商定价或市场调节。1992年，中共十四大召开，明确宣告，中国经济体制改革的目标是建立社会主义市场经济体制。此后，中国经济体制开始全面走向市场经济，“统购统销”政策退出历史舞台。

1997年，《中华人民共和国价格法》颁布，规定：国家实行并逐步完善宏观经济调控下主要由市场形成价格的机制。价格的制定应当符合价值规律，大多数商品和服务价格实行市场调节价，极少数商品和服务价格实行政府指导价或者政府定价。离石市主要执行

《中央定价目录》《山西省定价目录》。

2015年1月，区负责物价部门取消收费年审制度。2月，取消收费许可证制度，实行收费单位情况和收支状况年度报告制度。

第二节 物价变化

民国19年（1930），阎（锡山）、冯（玉祥）倒蒋（介石）战争失败，晋钞贬值（20元晋钞兑换山西省银行发行的兑换券1元），银根收紧，市场物价上涨。

抗日战争结束时，离石县工农业生产严重萎缩，市场流通货币混乱（有晋钞、法币、日伪联合币），货币流通量远超商品供应量，物价一日数涨，通货膨胀严重。以高粱为例，1942年，高粱0.027元（联合币）/市斤；1944年，高粱40.9元（联合币）/市斤，价格增长将近1514倍。当时民间以物易物，工农业产品交换“剪刀差”达到高峰，呈现出农产品价格低廉、工业品价格奇高的特点，如5斗小米换6小瓶青霉素、1斗黄豆换1市斤食盐。（注：1斗=10市斤）

中华人民共和国成立后，离石县工农业生产逐渐恢复，市场物价日趋稳定。20世纪50年代初中期，国家实行“统购统销”“一化三改”政策，全县市场物价保持平稳态势。

三年困难时期（1959—1961年），全国经济比例失调，粮食严重短缺，生活必需品供不应求，市场物价特别是食品价格大幅上涨。1961年8月，离石县对重要生活必需品价格实行冻结，对凭票定量供应的商品品种进行扩充，对少数非生活必需品采取高价敞开供应，以平抑物价。到1965年，离石县市场物价基本回落到1958年物价水平。“文化大革命”期间，离石县市场物价处于冻结状态，基本无波动。

1979—1983年，离石县市场零售价格呈上升趋势，主要为食品价格上升幅度大。1979年，全县调整猪肉、牛肉、羊肉、鲜蛋、家禽、牛奶、水产品、蔬菜价格，平均提价6.5%。1981年，全县调整烟酒价格，甲级香烟平均每盒提价0.27元，乙级香烟平均每盒提价0.08元，丙级香烟提价0.02元；名牌白酒提价2元，散装白酒提价0.1.—0.2元。1983年，提高棉布、棉针织品价格，棉布提价20%。

1984年起，国家定价范围缩小，大部分商品价格根据市场供求变化自行调节。因总需求和总供给差距扩大，离石县市场零售物价大幅上升，出现阶段性通货膨胀。

2006年，离石区物价基本稳定，居民消费价格总指数控制在3%以内。2007年，粮、肉、蛋、菜价格全国性大幅频繁上涨，离石区农产品价格波动呈现大幅上涨趋势。2008年，全区以粮油、副食品为先导的食品价格依然呈现高价位运行态势，猪肉价格从14元/千克上涨到30元/千克。生活用煤、电力用煤价格居高不下，生活用煤价格达410元/吨价位。

2010 年 10 月，以农产品为主的生活必需品价格过快上涨，大蒜价格为 16 元 / 千克，同比增长 300%。11 月，消费价格同比指数为 104.3%。

第三节　价格监测

1988 年，离石县物价上涨指数 34%。1989 年，离石县政府印发《关于实行价格监控通报制度的通知》，要求对 124 种重要工农业生产资料和重要工业消费品及收费项目进行监控，并将指标分解下放到各主管部门各单位每月向物价部门报送价格执行情况。据测算，1989 年物价上涨指数 19%。1978—1990 年，物价上涨指数总和为 80%。

1978 年　1990 年离石县部分生活物资价格对比表

表 16-16

物　资	1978 年	1990 年
鸡　蛋	1.4 元 / 千克	4（夏季）、6（冬季）元 / 千克
猪　肉	1.66 元 / 千克	6 元 / 千克
白　面	0.36 元 / 千克	0.56 元 / 千克
茴子白	0.1 元 / 千克	0.3 元 / 千克（最低价）
食　盐	0.3 元 / 千克	1.44 元 / 千克
邮　票	0.08 元 / 封（平信价格）	0.2 元 / 封（平信价格）
肥　皂	0.3 元 / 条	1.0 元 / 条
火　柴	0.02 元 / 盒	0.05 元 / 盒
民用煤	8 元 / 吨	28 元 / 吨
普通住宅楼造价	113 元 / 平方米	320 元 / 平方米
生　铁	115 元 / 吨	500—600 元 / 吨
碳　铵	0.16 元 / 千克	0.24—0.28 元 / 千克

2005 年，离石区物价局印发《价格异常波动监测预警制度》，增加价格监测点，建立监测报告制度。上报监测报表 280 余份，监测数据 1200 余条。2006 年，区物价局加强价格监测并撰写监测分析，为政府价格决策发挥参谋作用。上报监测资料 200 余份，监测数据 400 余条，编写监测分析 7 篇，完成专项调研 1 项。2007 年，针对全国肉、蛋、菜价格大幅频繁上涨的形势，区物价局对城区主要农贸市场进行肉、蛋、菜价格采集、上报，同时配合市物价局对全区蔬菜基地、批发市场、零售市场进行调研考察，完成肉、蛋、菜价

格上涨调研报告。全年上报监测资料 212 份，监测数据 10.7 万余条，监测分析和调查报告 15 份。2008 年，上报监测资料 947 份，监测数据 22000 余个，监测分析和调查报告 15 份。2009 年，甲型 H1N1 流感疫情发生，区物价局开展防控疫情相关物资（口罩、消毒液、体温计等商品和抗病毒、增强免疫力等药品）的监测预警；为预防流感疫情引发生猪及猪肉价格持续下跌，5 月，对生猪出栏价格、收购玉米价格、养殖成本、供求情况进行定期监测，分析变动原因及走势；11 月初发生雪灾，区物价局启动价格监测预警预案，对全区蔬菜和粮油价格进行跟踪监测。全年上报价格监测资料 340 份，监测数据 17000 余个。2010 年，区物价局加强对重要副食品、建筑材料、能源、农业生产资料价格监测，上报价格监测资料 67 份，监测数据 1500 个。2011 年，把沙、水泥、砖等主要建筑材料纳入价格监测范围，上报价格监测资料 4 类 252 份，监测数据 8046 个。

2012 年，上报重要商品价格、城镇居民服务价格、粮油副食品价格等各类监测资料 128 份，监测数据 5733 个。2015 年，区物价局上报重要商品价格、城镇居民服务价格、农业生产资料价格、主要建筑材料价格、粮油副食品价格等监测资料 267 份，上报监测数据 3786 个。

第四节　价格调控

1945 年，离石县贸易局针对物价一日数涨、通货膨胀严重情形，打击私商投机垄断、哄抬物价行为，稳定粮食及生活日用品价格。

1950 年，政务院发布《关于统一国家财政经济工作的决定》，建立高度统一的计划经济体制，通过国营商业在市场上有计划地进行物资吞吐，取缔金银黑市，严禁私商投机、哄抬价格。

1953 年后，国家取消农业产品自由交易策略，对粮食、棉花（含纱布）、油料等主要农产品有计划地实施“统购统销”政策，稳定市场物价。1956 年，国家完成对农业、手工业和资本主义工商业的社会主义改造，建立起单一公有制经济，物价转向计划管理。

三年困难时期，经济结构失调，粮食奇缺，市场物价尤其是食品价格大幅攀升。1961 年 8 月后，离石县根据中共中央、国务院关于“稳定物价、稳定市场”的方针，对国家控制的粮油、食盐、棉布、针织品、大宗蔬菜等 18 种人民生活必需品价格实行冻结，不准随意调价，政策性亏损由国家补贴；按人口凭票定量供应的商品品种范围扩大，保障人民基本生活。1962 年 4 月后，对糕点、糖果、自行车、针织品等非人民生活必需工业品，实行高价敞开销售，回笼货币。如：一辆 62 型飞鸽牌自行车，由原来平均 176 元 / 辆提高到 650 元 / 辆；糕点由原来的 1.6 元 / 千克提高到 12—16 元 / 千克。1963 年后，高价商品逐渐退出市场。通过一系列调控措施，1965 年，市场物价基本回落到 1958 年物价水平。1985 年，猪肉价格放开，针对市场猪肉价格上涨，国家财政对城镇非农业户口居民实行1元每人每月价格补贴，先由粮店发给个人，后改发肉票；地方财政给予1元每人每月的肉价补贴，由职工所在单位发放。1986年10月后，职工肉价补贴增发3元每人每月。1988年，工种粮和行业用粮油价格放开，粮油和主要副食品销价提高，因此影响城镇职工增资部分，由国家财政和企业予以适当补助。1990年，离石县财政对农副产品拨放价格补贴222万元（其中，粮油价格补贴占66.2%，副食品价格补贴占33.8%）。

2001年，离石县开始征收价格调控基金（以下简称“价调基金”），由县地税局、国税局在收取营业税、增值税、消费税时，按税额的1.5%代征。截至2003年，离石市价调基金结余114.63万余元。

2004年，新收价调基金106.64余万元，向城关粮站支出15.9万元粮食补贴，向食品公司支出2万元食品补贴，结余202余万元。2005年，山西省人民政府印发《山西省价格调节基金征收使用管理办法的通知》明确规定：价调基金由物价部门主管。吕梁市物价局下达80万元调控基金征收任务，实际完成119.6万元。2006年，区物价局设立价格调节基金领导组，启用领导组公章，并印发《离石区价格调控基金征收使用管理办法》。2007—2008年，离石区物价局先后争取市级价调基金300余万元，新建、改扩建信义昌信蔬菜大棚、海亭养殖场等绿色蔬菜生产基地和特色农产品养殖场，增强全区农产品市场供应能力。2008年初，区物价局针对粮油副食品等食品价格过快上涨局势，落实全区粮油等食品价格临时干预措施，并印发公开信、召开价格告诫会、加大价格违法处罚力度，确保全区价格总水平基本稳定。7月，根据山西省政府迎峰度夏奥运保电会议精神和国家发改委对发电用煤实行临时价格干预措施公告精神，区物价局落实煤电价格临时干预措施，促进经济平衡发展。9月，三鹿婴幼儿奶粉安全事件曝光，为防止不法商贩乘势涨价，区物价局启动价格应急预案，对牛奶、奶粉价格实行日报告制度，及时掌握价格动态；同时开展奶粉、牛奶市场价格专项检查，稳定奶粉市场价格，维护百姓价格权益。冬季，针对煤价居高情况，区政府成立离石区城乡居民冬季取暖用煤供应保障工作领导组，办公室设在区物价局。农民和市民按每人供煤300千克，自采暖单位按供热面积每平方米供煤50千克，确定全区取暖调控用煤约6.01万吨；对动力煤生产企业进行成本核算，决定农村居民生活用煤、农村学校、医院等公益单位用煤按每吨280元结算，乡镇（街道）、区直机关及下属自采暖锅炉用煤实行临时价格干预，以每吨300元计价。春节前夕，针对猪肉价格暴涨情况，争取市级价调基金80万元，平抑城区猪肉价格。2009年，区物价局争取市级价调基金500万元，在吴城王营庄农业科技综合示范园区建设50个联动蔬菜大棚和日光节能温室，占地2.67公顷。同时，争取对全区部分蔬菜种植基地和畜牧业规模养殖大户进行价格扶持和补贴，对项目单位进行实地考察，向吕梁市价调办上报申请资料14份。2010年，区物价局向吕梁市价调办提出申请，使用市级价调基金解决全区支农资金缺口，加快推进吴城农业园区建设步伐，着力提高全区肉蛋菜餐桌农业自给率。针对10月份以后部分重要商品价格过快上涨情况，区物价局多措并举，平抑物价，减少价格波动对群众基本生活的影响：起草《全区稳定消费价格的实施意见》，出台调控措施11项，共投入1740余万元补贴冬季取暖供煤、住校学生伙食、低收入群体及困难群体生活救助；创新营销模式，扶持区总工会下岗职工建立蔬菜直销网络超市，超市所售蔬菜平均价格比市场价格低20%—30%。2011年，区物价局动用区价调基金46万元对7家规模较大蔬菜种植、畜牧养殖单位进行重点补贴，促进种植、养殖业走持续发展道路；争取省级、市级价调基金，其中，省级价调基金申报3个单位、考察2个单位，市级价调基金申报14个单位。落实临时价格补贴，向全区27385名弱势群众发放临时价格补贴219.141万元；对城乡低保、优抚对象、农村五保户、农村寄宿制学校住校生发放临时价格补贴2614.933万元。

2012年，区物价局上报离石田园农家种养公司和离石区绿健养殖公司为省级价调基金拟扶持对象；启用30万元区级价调基金拟对区内5个牲畜养殖业单位进行扶持。区物价局与开新宇超市、昌信专业合作社多次沟通，初步达成平价蔬菜超市、周末蔬菜直销市场（流动车）建设意向，减小农产品价格波动对市民生活影响。2013年，以支持服务重点工作为着力点，争取市级价格调节基金107万元、省级价格调节基金210万元，支持益得利养殖场、鑫泽利农牧公司等种植、养殖企业发展壮大。推进农副产品平价商店建设，全年建成并投入运行平价惠民商店10个。2014年，区物价局持续运用价格调节基金，推动平价商店与益得利养殖公司、吕梁中梁农业科技公司等养殖和蔬菜种植企业进行产销对接和源头对接，推进“平价商店”建设，当年建成运行平价商店（平价销售区）12个，其中在大型超市设立平价销售区9个，单建平价商店3个。

第五节 物价检查监督

物价检查

20世纪60年代初期，离石县物价检查工作逐步开展，及时纠正和处理抬价压价、倒买倒卖等价格违法问题。1965年，县物价委员会对20511种商品价格进行检查，占当年应查数的78.8%，查出错价2962种（提高价格1229种、降低价格1733种）。其中，技术性错价2309种，占错价总数的77.95%。“文化大革命”期间，物价检查以单位自查为主、互查为辅，由县统一验收，一般不做经济处罚。1980年，县物价局成立，物价检查工作步入正轨。1982年，国家颁布《物价管理暂行条例》，要求将物价检查作为一项主要任务，对抬价压价、以次充好等价格违法行为给予必要的行政处分和经济制裁。离石县汽车站因自行降低票价，被处罚款500元；1983年，乐尔餐厅因提高白酒价格0.6元/千克，被没收非法收入108.6元，罚款150元。1984年，县物价检查所成立并设专职检查员，物价检查工作走向专职化。物资公司因高价经营钢材，被查出非法收入 9.9 万元，扣除上交税款及利息等，没收 1116.33 元，罚没款总计 1892.32 元。1985 年，物价检查所对水泥厂、蔬菜公司、石油公司等单位进行价格检查并实施经济制裁，罚没款共计 20.3 万元。

1999 年后，离石市物价局煤炭价格稽查队向煤焦企业追缴水资源补偿费。2004 年，离石区物价检查所对教育收费进行检查。经查，各学校存在扩大收费范围、提高收费标准、自立收费项目、自定收费标准等价格违法行为，查出违规收费 240 万元，责令退还 120 万元，没收违法所得 13.5 万元。配合吕梁市物价局进行教育收费检查，赴城乡 7 所中学，发现违规收取择校费问题，查出违法所得 164 万元，多收金额责令限期退还，没收违法所得 16.1 万元。

2005 年，区物价局对全区煤焦企业（王家沟煤矿、中吕焦化、粮裕焦化、大土河煤焦集团公司）进行检查，追缴水资源补偿费 52.22 万元，稽查管理费 87.2 万元（其中，市、区联合稽查组追缴水资源补偿费 35 万元，稽查管理费 29.1 万元）。对城区药品价格和医疗收费情况进行检查，发现区人民医院擅自提高收费标准收取 CT 扫描费，自立项目收取人工合成材料费、局部麻醉费、新生儿辐射费等，并对其乱收费行为进行处罚，维护广大患者合法权益。吕梁市物价局安排，离石区物价局抽调专人赴方山县对该县教育局及所属 12 所学校进行检查，共查出违法所得 280 万元，责令退还 254 万元，没收违法所得 26.5 万元。2006 年，区物价局共追缴水资源补偿费 115 万元，稽查管理费 65 万元。对全区中小学 2005 年度教育收费执行情况进行检查，查出自立收费项目、扩大收费范围、提高收费标准等问题，查出违规收费 150 余万元，责令退还学生 10 余万元，没收违法所得 16.4 万余元。对离石中大汽修厂无证收取停车费、拖救费行为立案查处，责令退还当事人所交费用，并罚款 3000 元。2007 年，区物价局联合吕梁市物价局、离石区监委、区教育等职能部门对教育、医疗、房地产、涉农收费及农资价格等进行专项检查，查处价格违法案件 30 余起，查出违规金额 500 余万元，没收违法所得 17.75 万元。2008 年，区物价局在全区开展清理整治煤焦领域价费秩序、取缔乱收费专项行动，检查涉煤单位 4 个、煤焦企业 28 个，追缴水资源补偿费 19.3 万元。对城区主要商厦、门店进行检查，查出烟草公司步行街专卖店、安华瑞鞋业购物中心店等 6 家店面存在价格违法行为，收缴罚款 1.42 万元。2009 年，区物价局重点对群众关心的教育收费、医药收费进行专项检查，责令违法单位向纳费者退还多收价款 11 万余元，实行经济制裁 10 万元，上缴财政 10 万元。5—6 月，对全区中小学 2009 年度收费进行检查，责令违规学校对多收价款进行退还，无法退还的进行收缴。9 月，对全区药品价格和医疗服务收费进行检查，根据《价格违法行为行政处罚规定》，对吴城卫生院等 12 个违法单位进行经济制裁。2010 年，区物价局组织开展惠农价格收费检查、农业生产资料价格检查和涉农部门收费公示督查，为“宜居新村整村推进工程”创造良好氛围。与纠风办、工商局联合开展涉车检查，解决社会反响强烈的涉车收费问题；对煤炭、安监、国土、城建、交通、环保、工商等重点部门及其所属协会收费进行整顿。2011年10月，区物价局联合吕梁市煤炭价格稽查队开展煤炭价格、收费及基金清理清缴专项活动。联合检查组对全区煤焦生产、销售、管理单位及涉煤涉焦收费单位进行检查，共追缴煤炭价格基金73万元。

2012年，区物价局对乡镇卫生院、城区社区卫生服务中心药品价格和医疗服务价格进行检查，并配合市价格监督检查分局对区人民医院、区卫生监督所、区疾控中心进行检查。与市物价局监督检查分局对电信、联通等电信企业资费进行检查，并对价格违法问题进行审理处罚。2013年，开展涉农价格和收费专项检查、旅游业市场价格专项检查。6月，向全区城乡公立学校送达教育收费告诫书。11月，配合省市检查组对部分学校收费进行检查，同时与区纠风办联合对省市检查组检查范围以外的学校收费进行检查。2014年，在重要节假日期间，开展对大型超市、商场、药店、专卖店的价格巡查，对重要节假日期间人流量相对集中的汽车站和停车场价格行为进行专项检查，对白马仙洞、安国寺、千年里等旅游景区进行价格提醒，对平价商店的蔬菜、粮油等主要副食品销售价格进行重点监管。加强农资价格和涉农涉企收费监督。2015年，区物价局对全区中小学收费执行情况进行抽查，纠正代管费退还不彻底、学前教育收费不规范等行为。组织开展医疗卫生收费专项检查，对全区乡镇、街道中心卫生院的医疗服务项目及药品价格执行情况进行检查。对白马仙洞旅游景区发出价格告诫。

社会监督

1986年7月，离石县职工物价监督站建立，下设监督小组3个，按城区划分3片，各小组分片包干。以电缆厂、电厂和七里滩煤矿为依托，由各厂矿工会主席担任组长，下辖监督员23名。1986年至1987年8月，离石县职工物价监督站组织较大规模职工物价检查28次，检查对象包括国营、集体和个体经营户共360余家，检查品种达1900余种，收取罚款1500余元。1987年10—12月，组织较大规模物价检查8次，参加检查人员180人次，处罚单位20余个，收取罚款680元。1988年，职工物价监督站下属七里滩煤矿监督小组撤销，新建商业系统监督小组，成员5名。

2007年，离石区物价局在全区7个（街道）办、2个镇、3个乡设立以副科级干部为站长的价格监督站，聘请副科乡镇价格监督员12名；各行政村设有物价联络员200名；医疗、教育、电力收费单位及超市、商场全部设有物价员，形成多触角、全方位、城乡联动的价格监督网络。印发《乡镇、街道价格监督员监督举报工作意见》，为监督员提供工作指导。

第六节　收费管理

行政事业性收费

1990年，县物价局增设收费股，加强行政事业性收费管理。经查，全县行政、事业性收费单位 77 个，执行收费项目 268 项。1989—1990 年收费总额 2935 万元，其中 217 万元属于乱收费金额，教育系统占 107.5 万元。1991 年 1 月，《山西省行政事业性收费管理暂行办法》颁布，确定各级物价部门为行政事业性收费管理机关。

1997 年，离石市物价局建立收费许可证台账，完善收费许可证制度和收费年审制度。

2004 年，离石区物价局推进收费公示制度，推进价费阳光工程。全区 58 个行政事业性收费单位收费公示率 100%。2005 年 1 月，根据《离石区人民政府办公室关于在全区全面实行行政事业性收费公示制度的通知》精神，区物价局成立领导组，要求收费公示内容统一审核、统一登记，未经审核的一律不予公示；不公示的，财政部门不发收费票据；公示牌、价目表要统一格式、统一监制。全区 58 个行政事业性收费单位全部公示，公示率、合格率 100%。区物价局对全区行政事业性单位收费项目、收费标准和收支情况进行年度检查、审验，共审验收费许可证 220 证；对交通部门收取的非营业运输、三轮车养路费和运输管理费进行注销；对公安局收费许可证重新核对，收费许可证年审率 90% 以上，大力规范行政事业单位收费行为。加强对社会力量办学管理，区物价局组织人员对全区社会力量办学进行摸底：社会力量办学 18 所（公办民助 2 所、私立学校 16 所），完成办理收费许可证学校 9 所，进行办证学校 2 所，未办证学校 5 所。2006 年，区物价局对全区行政事业性收费项目、收费标准和收支情况进行年审，共审验收费许可证 190 份，收缴年审费 6.2 万元；对公安、交通、农机、农牧、教育 5 个单位的收费项目标准进行清理整顿；对 2 个降低标准的收费项目进行调整；对取消的收费项目进行注销。健全收费台账，对区直 75 个行政事业单位收费项目、收费标准进行立据，并登入台账。2007 年，区物价局明确规定，所有行政事业性收费必须公示，不公示的不准收费。对收费许可证进行年审，取消收费项目 27 项，降低收费标准 6 项，新增收费项目 12 项。2008 年，对 75 个单位 105 证进行审验，年审率 100%。2009 年，加大对行政事业单位收费行为的监管力度。对 69 个单位的 82 份收费许可证进行审验，其中，更换 7 份，换发 9 份，新办 4 份。根据政府价格政策及时调整相关单位的收费项目和标准，变更收费许可证内容，共取消 19 个单位 18 项收费项目，调整水资源办的水资源费、地税局的普通发票和财政局的会计从业资格考务费 3 项收费项目，注销交通局、统计局 2 个收费许可证。2007—2009 年，区物价局清理收费项目，共查处乱收费 120 余项，取消或停止征收收费项目 100 余项。2010 年，离石区物价局对全区 41 个行政事业性单位的 65 份收费许可证进行审验，年审率 100%。通过审查取消 9 个收费单位的 8 项收费项目，注销并收回收费许可证 5 份。2011 年，审验全区 33 个行政事业性收费单位 44 份收费许可证，年审率 100%。通过审验，注销并收回区公路段等 4 个单位的收费许可证，调整区环境监测站等 4 个单位的收费标准 4 项。

2012 年，审验收费许可证 68 份。2013 年，集中对全区 59 个单位行政事业性单位的 2012 年度收费执行情况进行年度年检。清理全区收费项目，降低收费项目标准 3 项，取消收费项目 5 项，注销收费许可证 6 份。2014 年，根据收费政策的调整，督促全区行政性事业性收费单位对其收费公示进行自查、更新。以解决社会热点问题为切入点，对 67 家民办幼儿园的收费进行备案。取消收费项目 2 项。对全区 54 个行政事业单位的上一年度收费进行全面年检，换发收费许可证 72 份。2015 年 5 月 1 日后，实行收费单位情况和收支状况年度报告制度。区物价局强化事中事后监管，推进收费阳光公示，督促全区行政事业性收费单位在其收费场所醒目位置对其收费项目、收费标准、收费依据等实行全面公开、阳光公示，主动接受社会各界监督。

经营性收费备案

1998 年，离石市物价局加强经营性服务行业收费管理。

2012 年，区物价局对依法取得办学（办院）许可证的幼儿园、私立医院收费进行备案，备案幼儿园 48 所、私立医院 3 所；根据《中华人民共和国价格法》和《中介服务收费管理办法》，对全区中介机构收费进行备案，共 24 家。督促全区快递公司进行收费备案，规范快递业务收费行为。

农民缴费明白卡

2002 年，离石市农村推进涉农价费公示制，涉及 12 个乡镇街道、193 个行政村。

2005 年，离石区物价局召开全区农民缴费明白卡颁布会，并与乡镇（街道）签订责任状。共为 33000 户农民发放缴费明白卡，打击涉农乱收费行为，保护农民合法权益。2007 年，离石区物价局制作并免费向全区行政村发放涉农价费一览表 200 份并张贴在醒目位置；向全区各农户赠送涉农价费明白卡 2 万余份，并根据价费政策变动及时换发。

第七节　价格秩序整顿

明码标价制度

2004 年 12 月，离石区物价局召开明码标价动员会。2005 年，离石区物价局在开新宇超市、同仁康药房等 15 个单位推行明码标价；在兴隆商厦、时代购物广场、粮贸大厦等 10 余个大型商场明码标价普及率为 80% 以上；全年审批企业自行设计的标价签 4 种。2006 年，把明码标价作为工作重点，重视对新开业的商场超市、医院药店等明码标价进行管理。如：美得利商场、吕梁平价大药房、吕梁慈坤医院在开业前将明码标价工作做好。同时，使用《离石区中药材价目表》对出售中药材的医院、药店进行统一标价管理。印发《汽车维修行业的明码标价通知》，发放到各相关厂站。全年共售出标价签 13 万张。2009 年，离石区物价局以开新宇超市、美佳乐超市为样本，以新天地购物中心为龙头树立明码实价示范商场，销售标价签 9.84 万张。2010 年，离石区物价局在城乡接合部、乡镇驻地推行零销商品明码标价制度，帮助城区大型商场完善内部价格管理制度，促进明码标价实施。全年更换标价签9.5万张。2011年，会同市物价局对城区主要商业地段商场、门店的价格秩序专项整顿2次，新张贴标价签7万余张。2012年，加强明码标价工作，先后印发《整顿和规范汽车维修行业明码标价工作通知》《网吧明码标价专项整治通知》《大型批零企业明码标价通知》和《离石区明码标价管理长效机制》。8月，召集大型批发零售企业、主要商场超市、部分专卖店负责人召开离石区进一步推动明码标价暨大型零售企业向供货商收费实行明码标价动员会。11月，举办离石区首届物价员培训会，掀起明码标价工作高潮。销售标价签9万余张。

2013年，在城区大型超市、商场悬挂价格监督服务牌50块，公开价格监督责任单位、负责人和举报电话。开展八一街服装商场和眼镜专卖店的明码标价专项工作，对报喜鸟服装专卖店拒不执行明码标价的价格违法行为给予行政处罚；同时把同至仁商场作为全市明码实价示范店进行重点打造。2014年，分期分批在餐饮行业经营场所醒目位置悬挂《涉及餐饮行业收费价格公示》牌57块。2015年，区物价局开展家居行业明码标价专项整治活动，对海盛家居、南方家居、霖泽国际家居广场、居然之家等10余个家居市场进行为期4个月的专项整顿。规范明码标价行动，发放宣传资料1400余份，新标、规范商品和服务价格标签2万余张。同时，加强自制标价签的管理，对爱我家药房、一心堂药店、美特好超市永宁店、新天益超市等多家的标价签进行备案监制，规范自制标价签的管理和使用。

价格诚信单位建设

2005年，离石区物价局推选开新宇超市、万民药房、同仁康药房3个价格诚信单位。2007—2009年，继续开展价格诚信单位建设，采取自行申报、实地考察、严格审核的方法，培育3批次省、市级价格诚信示范店15个。2012年，全区有获吕梁市级价格诚信单位13个，获山西省级价格诚信单位4个（美家乐超市、离石汽车站、国美电器、同仁康药店），并对省级价格诚信单位授牌。

餐饮业价格等级评审

2005年，吕梁市物价局会同离石区物价局进行城区餐饮业整顿，同时印发《餐饮服务业实行明码标价和价格等级申报的通知》，共走访登记246家门店。

价格举报

2005年，离石区物价局根据学生家长举报，调查核实凤山底小学部分老师存在向学生收费补课事实，责令改正违法行为，退还学生补课费1100元。2006年，根据群众举报，对离石区汽车站超标准收取委托售票服务费行为进行查处，责令纠正违法行为，并没收违法所得2万元。2007年，区物价局接到价格举报11起，处理9起。2010年，受理价格举报案件9起，查处9起，查处率100%，有效化解民生领域价格纠纷。2011年，办理价格举报案件8起，并办理吕梁市委书记、市长及离石区委书记、区长公开电话转办事项37项。

2012年，根据吕梁市委书记、市长电话转办事项，对开新宇超市、美特好超市低价销售鸡蛋的举报进行调查。2014 年，受理并办结吕梁社情民意通道服务热线转办事项 13 件，价格举报案件 10 件。2015 年，区物价局确保价格举报案件和吕梁社情民意通道服务热线转办事项“事事有落实、件件有回音”。全年办理吕梁社情民意通道服务热线转办事项 19 件，价格举报案件 19 件，价格咨询 18 件。

第八节　价格鉴证

1992 年，离石县价格事务所建立。

2005 年，离石区价格事务所办理价格鉴证案件 260 余宗，鉴证总金额 108 万余元。2006 年，办理涉案物品价格鉴定 200 余宗，涉案金额 300 万余元。2007 年，办理价格鉴证案件 141 宗，鉴证金额 136 万余元。2008 年，办理价格鉴证案件 147 件，鉴证金额 380 万余元，其中，司法类 142 件，鉴证金额 340 万元；行政类 5 件，鉴证金额 40 万元。2009 年，办理价格鉴证案件 158 宗（司法类 142 宗、行政类 4 宗、交通事故类 12 宗），标的总金额 94 万元。2010 年，办理价格鉴证案件 117 宗（司法类 109 宗、行政类 8 宗），标的总金额 1725 万余元。2011 年，办理价格鉴证案件 143 宗（司法类 117 宗、行政类 10 宗、车损 16 宗），标的总金额 343 万余元。

2013 年，离石区完成价格鉴证 160 宗，标的总金额 225.08 万余元。2014 年，完成价格鉴证 175 宗，标的总金额约 245 万元。2015 年，全年办理价格鉴证 123 宗，标的总金额约 120 万元。

第九节　物价宣传

1983 年，离石县物价局编印《离石县主要商品（产品）价格目录表》。1984 年汇编《离石县重要生产资料价格汇编》《物价检查 40 问》。1986 年，编印《价格理论十讲》《违纪案件 100 例》《商品标价目录》。1989 年印制《物价政策汇编》，张贴物价管理条例 200 张，出售物价管理条例宣传画 80 套。

2007 年，离石区物价局举行大型现场咨询会 2 次，张贴各类价格宣传单 120 张，发放宣传资料 5000 余份，把相关政策送到工矿厂区、田间地头。召开离石区价格服务进万家活动座谈会暨物价员培训会，制定印发《进一步加强农村价格监测工作的通知》《乡镇、街道价格监督员监督举报工作意见》等规章制度。

2015 年，利用“12·4”“五一”等重大活动和纪念日，开展价格法规政策宣传，号召广大消费者自觉拿起价格法律武器，维护自己的合法权益。全年组织大型宣传活动 2 次，深入乡镇流动宣传 1 次，张贴各类价格宣传单 240 份，散发《中华人民共和国价格法》《价格违法行为行政处罚规定》和明码标价、低价倾销、牟取暴利等宣传资料2万余份，解答群众各类咨询18次。

第十节　机　构

民国8年（1919），离石县商会成立，统管各行业公会议定商品价格，并参与市场物价监督。1945年11月，离东县政府设立贸易局兼管物价，稳定粮食及日常生活用品价格。

中华人民共和国成立后，物价管理机构几经变更。1950年，离石县政府设立财粮科兼管物价。

1954年，物价改由工商科管理。1956年，离山县政府设立商业局管理物价。1957年，县物价委员会成立，统一管理全县物价工作。“文化大革命”期间，物价委员会暂停工作。

1971年，离石县物价工作由县革委劳计办公室计统组主管。1974年，改由县计委管理。1980年9月，离石县物价局成立，内设办公室、工业管理股、收费管理股。1984年8月15日，县物价检查所成立，隶属物价局管理。检查所设专职检查员3名，物价检查工作步入正轨。1990年，物价局设立收费股，加强对行政事业单位收费管理。1992年3月25日，县物价事务所成立，为物价局下属股级事业编制单位，负责全县纪检监察、刑事、民事、经济、行政以及仲裁案件涉及扣押没收及纠纷财物价格进行鉴定。

1996年，交口物价管理所、田家会物价管理所成立，共设事业编制8个，初步改变物价管理“热在城区、冷在农村”局面。1999年4月，离石市物价局增设价格股。

截至2007年，离石区物价局内设办公室、收费管理股、价格股，下设物价检查所、价格认证中心、交口物价管理所、田家会物价管理所。2010年，区物价局增设价格监测室。

截至2015年底，离石区物价局并入离石区发改局。区发改局内设价格管理股，下设离石区物价检查所、离石区价格认证中心。

第七章 标准计量管理

第一节 计量演变

量具

境内量具演变，与全国相同。原始的度量衡是以竹筒为量具，竹节为度的基本单位，一节竹筒可容1200粒谷子。商、周时代出现骨尺、牙尺。公元前221年，秦始皇统一中国后，统一度量衡。长度单位为寸、尺、丈，均为10进位制。衡器单位为铢、两、斤、钧、石（24铢=1两，16两=l斤，30斤=l钧，4钧=1石）。量制单位为龠、合、升、斗、斛（1龠=0.5合，1升=10合，1斗=10升，1斛=10斗）。唐代至明、清，度量衡器无变化，计量仍沿用尺、斗、秤。

民国时期，度量衡器比较混乱。就离石县而言，丈量土地用步弓（每弓5尺），市场交易用营造尺（比现币尺短4分），农家量土布用的加八尺（比营造尺多8寸）。量具有：官用小口木方斗，民用大口木梁斗，每斗容量小米15千克，小麦14千克，高粱12.5千克。衡器有1.5—2.5千克的盘秤、钩秤，有10—100千克的大秤，中药铺使用的两、钱、分、厘秤等。

中华人民共和国成立后，度量衡制度逐步得到统一。1954年，离山县将原始的步弓、木斗淘汰，丈量土地用百米绳尺，物质重量一律使用秤计量，1959年，遵照国务院《关于统一计量制度命令》，将十六两秤改为十两秤。

20世纪80年代，高精度计量仪器不断涌现。百分表、百分尺、高温计、风量计、压力表、接地电阻测量仪，以及医用心电图、脑电图、血压表等均出现在各行各业中。1987年，离石县城区各单位，共有高精度计量仪器10628件。

计量单位

古代计量单位10斗为1斛，6斛4斗为1钟，1锱为6铢，30斤为1钧。长度单位分寻、常、咫、跬、步5种。8尺为1寻，16寻为1常，8寸为1胆，3尺为1跬，6尺为1步。

唐代，长度计量单位l尺合31.10厘米，容量1升合594.4毫升，重量1两合37.3克，1斤合596.82克。

宋、元两代，长度1尺合30.72厘米，容量1升合664.1毫升，重量单位与唐代相同。

明代，长度1尺合31.10厘米，容量1升合1073.7毫升。

清代，长度1尺合32.00厘米，容量1升合1035.5毫升。重量单位均与唐代相同。

民国时期，长度1尺合33.33厘米，容量1升合1000毫升，重量1两合31.5克，1斤合500克。

1949—1958年，重量1两合31.25克。1959—1985年，重量1两合50克。1949—1985年，长度、容量、重量单位斤与民国时期相同。1986—2015年，离石区（县、市）以国际单位制（SI）为基础，执行《中华人民共和国法定计量单位》，长度1米=100厘米，容量1升=1000毫升，重量1千克=1000克。

第二节 计量管理

计量器具检定

1955年，离山县成立计量管理机构后，连年对度量衡器进行检定。1958年，根据晋中科委计量管理所《关于计量器具检定暂行规定》，检定各种计量器具1854件，其中，钩秤842件，盘秤536件，竹木尺150件，油、酒、醋量提326件。取缔不合格三耗秤，四面秤、假秤等150件。

1959年1月，离石县人民委员会制定一年一检的周期检定制度。全县指定送检地点有城关、信义、交口、田家会、吴城、坪头以及当时管辖的大武、峪口、圪乾洞、方山、马坊、柳林镇、穆村、薛村、军渡、孟门、成家庄等。9月，全县检定多种计量器具3194件，其中，钩秤1401件、盘秤977件、台秤96件、案秤5件、载秤91件、竹木尺263件和油、酒、醋量提312件及挂码49件。全县度量衡检定，“文化大革命”时期暂停，基本做到前半年初检，后半年复检，发现问题及时受检，周而复始，年复一年。历年受检率为80%，合格率70%，凡受检合格的计量器具，均打有省规定的合格钢印。1960年的合格钢印为“○”，1961年为“0 ☆ l4”；1962年为“0 ☆ 2”，1963年为“63 ☆ 61”。1987年后行国家法定计量单位后的合格钢印为“9晋79”。

企业计量管理

1959年后，离石县计量管理由只管商业流通中的计量逐步转向管理工业计量仪器。因离石县检定用高精度计量仪器少，技术条件差，企业计量仪器的检定主要委托省、地计量部门检定。1985年，离石电线厂建立计量室，配备专职计量人员3人，运用某企业购置的活塞式压力计、静电变压表、标准电度表等标准器对企业的计量仪器进行周期检定，周检合格率为95%。到1990年，全县相继在吕梁地区白水泥厂、吕梁地区制药厂、离石县水泥厂、发电厂、面粉厂、玻璃纤维厂和粮食经营单位配备专、兼职计量人员，初步形成计量管理网络。

2007年，离石区对使用中25台汽车衡进行监督检查，并汇总上报；对燃油加油站进行计量执法监督检查，组织30个单位61人参加的流量员培训班，加油机强检率为100%；对9个定量包装产品生产企业进行监督检查和实施“C”标志工作指导，指导市局指定的2个重点耗能企业，按照《用能单位能源计量器具配备和管理》开展能源计量工作，并取得成效。2008年，对全区使用中52台汽车衡进行监督检查，并汇总上报；对加油站进行计量执法监督检查，组织流量员上岗培训，加油机强检率为100%，对3家以次充好的加油站进行处罚。对9个定量包装产品生产企业进行监督检查和实施“C”标志工作指导，指导市局指定的2个重点耗能企业开展能源计量工作；确立“计量检测能力评价”培养对象7个。2009年，帮助4个重点用能企业成立领导机构，设立专职能源计量管理人员，建立健全管理制度，加强能源计量器具配备、使用管理和生产工艺计量检测控制。2010年，离石区计量局稽查队组织“健康计量进医院”“诚信计量进社区”监督检查，“世界计量日”期间，组织“关注民生、计量惠民”宣传活动，赴社区、医院、学校、集贸市场，发放宣传图画和资料2000份。开展为期2个月的以整治电子秤为主的商用计量器具专项监督检查，共出动计量执法人员128人次，查处不合格计量器具95台（件），没收度盘秤17台、杆秤58支、装有作弊装置的电子秤2台。对离石电缆有限公司、东义煤气化有限公司、大土河焦化有限公司、川东水泥有限公司等单位进行实地指导工作。2011年，重点对辖区内主要的集贸市场、年货市场、大型超市开展专项监督检查工作，重点检查食用油、米、面、酒、包装小食品等市场节日热点定量包装食品的净含量及标注情况。

2012年，对4个重点用能企业进行帮扶和监管，对全区水泥、焦化、电线电缆、煤矿、学校等21个用能单位重点检查。5月20日“世界计量日”当天，在世纪广场组织宣传咨询活动，散发宣传图画和资料4000份。对城区20个酒店餐饮部进行水产品称重计量监督检查。并出动执法人员70余人次，对21家加油站的112台加油机进行检查，对无有效检定证书加油机加贴“停用”标志。

市场量具检测

中华人民共和国成立初，离石县人民政府加强市场管理，统一度量衡制度。确定统一斗秤标准，每斤法定16两，每斗法定小米15千克，小麦14千克，高粱、豆类13千克。1961年，县人民政府制定印发《关于加强计量管理暂行办法》。1979年，根据国务院发布《中华人民共和国计量管理条例（试行）》，全县开展度量衡大普查。全县共查出不合格的地磅、台秤、案秤125台，营用标杆秤1384支，竹木尺386支，提具203个。没收三耗秤、老秤、弹簧秤共120余件。1980年后，离石县计量人员经常赴市场、庙会进行监督检查，发现利用计量器具搞投机活动，坑害消费者利益者，视其情节轻重，分别给予批评教育，没收不合格计量器具，罚款等处理。

第三节　标准管理

产品标准化

1984年后，离石县工业企业逐步推广标准化生产。离石县工业产品采用国家标准进行生产的有：电线电缆橡皮绝缘编织软电线GB 3958-85，聚氯乙烯绝缘软电线

GB 5023.1.3-85，固定敷设用电缆（电线）GB 5023.1-2-85，通用橡套软电缆 GB 5013.1-2-85，电焊机电缆 GB 5013.385，橡皮绝缘电线 JB 1601-75，铝绞线及铜蕊铝绞线 GB 1179-83，聚酯漆包圆铜线 GB 61091.2-85，矿用橡套软电缆 GB 12972-91.GB 7594。普通砖 GB 5101-85，钢窗 GB 5827.1.286，混凝土电杆 GB 396-84.GB 462384，焦 GB 1996-80，小麦粉 GB 1355-86。采用行业标准生产的有：水磨石制品 2BQ 21007-85、酱油 SB 70-78、食醋 SB71-78，粉条 SB80-80。采用地方标准生产的有：糕点 DB /1423×28011-86，冰糖、水果糖 DB /1423×28043-86。1985 年后，离石县开展产品创优活动。其中电缆厂生产的橡皮绝缘编织电线，1985 年被评为省优质产品，1986 年被评为部优产品。该厂执行国家标准的 5 种商品，1985 年被中央机械工业部认证委员会认可，颁发产品合格证。吕梁地区砖厂的砖产品，1987 年标号达 100 扛，被评为山西省优质产品。

2011 年，离石区标准计量局对所有失效产品执行标准和相关标准进行清理，并统计需要更换标准的单位，以文件形式通知其更换标准，结合当年生产企业摸底普查建档工作，对所有产品执行标准进行审查，对修订的 11 个产品执行标准涉及的单位重新办理登记手续。帮助生产企业修订企业标准 9 个，办理备案手续。配合食品添加剂自查报告审查、产品标准登记、食品生产企业、小作坊监督检查工作进行食品标签监管，指导企业按照 GB 7718 规定，规范食品标签标注内容，对办理食品标签备案企业建立档案。开展标准化试点项目“一县一个标准化项目”工作，离石电缆有限公司被评为标准化良好行为企业。

产品质量检测

1985 年，离石县标准计量局产品质量监督检验站成立，开展产品质量监督检验工作。监督检验办法：采取测仪手段深入厂家取样检验；到市场对产品质量直观检验；向用户了解购回产品使用状况。1989 年，在 7 家国营企业、17 家集体企业、70 家个体营业户中检查出一批储存超期变质的饮料、糕点、酒、药材等，总计价值 6 万余元。同时检查出冒牌凤凰、飞鸽、永久自行车百余辆，以及冒牌卷烟等。至 1990 年，全县受检产品有电线电缆、生铁、电石、水泥、原煤、水泥预制品、焦炭、砖瓦、散热片、白灰、砂石、面粉、冷饮、糕点、酱醋、水果、罐头等 34 种。共查出伪劣产品 1000 余种，其中有裂痕的水泥预制板、不达标号的砖、假冒伪劣的低压电器、含水量及酸酯超标的挂面等。

2007 年，离石区标准计量局对生产危化产品的 2 家企业进行申报生产许可证的咨询指导，对 5 家生产许可证年度自查的企业进行现场审核和汇总上报，加强查处无证生产工作的力度；将质量专业技术资格报考的精神宣传落实到 6 家企业；组织 2007 年度山西省名牌产品和质量信誉等级的推选和初评以及 6 个 A 级企业的评审工作；对辖区内 32 个规模、重点、获证、国有企业建立电子质量档案，对属于 16 类国家要求管理范围内的 4 个企业建立大、中、小企业质量档案。2008 年，对生产危化产品的 3 家企业进行生产许可证申报，对 4 家生产许可证年度自查企业进行现场审核；对重点获证企业健全电子质量档案，其中 4 家企业录入电子质量监管网。指导童兴服装厂一次性通过省局验收。重新修订质量兴企方案，确立质量兴企培养对象2家，山西名牌2个，质量信誉企业3个。2011年6月16日，离石区标准计量局在世纪广场发放宣传资料5000份，接受群众咨询100余人。10月，组织全区8家生产企业及40个小作坊参加食品安全培训班1期，签订食品质量安全责任状及承诺书31份。打击食品非法添加和滥用食品添加剂行为，共检查企业5家，小作坊14家。开展食品安全百日整治行动，检查企业7家，小作坊16家，查办案件3起，没收货值金额1.2万元，上缴罚款5万元。

2012年，对全区8家获得生产许可证的企业进行证后监管。查看获证企业的工业产品生产许可证正、副本原件、营业执照、企业代码证、相关人员资质证件，获证产品的执行标准、检验报告、产品标识及生产设备运行情况，计量器具检定情况，相关财务报表和企业环境条件等，将现场检验结果及时填表、建档。对认证证书有效性进行审查，更新认证监管档案，对有效运行的3家企业的8个强制性认证产品、8个体系认证企业和10个集资认证实验室进行巡查2次。2012年，将大土河焦化有限责任公司推进为山西省名牌产品。对照评定表对获得称号的山西名牌企业进行年度审验。对山西离石电缆有限公司的“山花”牌电线电缆进行监管，将审核结果通知电缆公司，并帮助该企业找出缺陷项结症，确定整改方案。

第四节 特种设备安全检查

2011年，离石区标准计量局在世纪广场设立特种设备安全宣传台，制作宣传显示板，悬挂特种设备安全标语，散发宣传单1000余份。在全区重新开展特种设备注册登记普查，包括停用设备，实行一企一档制，彻底查清在用特种设备数量及安全状况，提高特种设备使用注册登记率，促进特种设备动态监管向纵深发展，进一步落实特种设备安全监察与区域监管责任制，逐步形成特种设备安全长效机制，实现“两个确保”的工作目标。开展气瓶（液化气、氧气、乙炔气）安全专项整治活动，共出动执法检查人员60余人次，查扣氧气、乙炔气瓶900余只，送检超期气瓶1000余只，没收黑液化气瓶45只，封停违法液化气站1家。查封电梯18部，扣押失去检验条件的蒸汽锅炉4台，防止和减少特种设备安全事故发生。

第五节 机构

1986年11月，离石县标准计量局成立。1994年10月，更名为离石县技术监督局。至1998年，内设办公室、稽查队、计量测试所、餐厅质检所。

第八章　食品药品监督管理

第一节　食品监管

食品安全管理

2007 年，离石区食安委将食品安全作为全区十大安全工作之一，纳入社会公共安全责任考核范畴。2008 年，离石区食安委印发《2008 年离石区食品安全专项整治实施方案》，确定年度食品安全目标责任。召开食品安全工作会，与食品安全委员会成员单位签订责任书，将食品安全纳入区政府综合管理指标。同年，开展吕梁市政府食品安全示范乡镇、示范企业创建考核工作，2 户企业通过考核验收。2009 年，离石区食安委与各乡（镇、街道）、各食品安全监管部门签订 2009 年度食品安全工作目标责任书，制定印发《离石区食品安全整顿工作实施方案》《离石区 2009 年夏秋季食品安全专项整治工作方案》等规范性文件，保障食品安全监管工作有序推进。2011 年，离石区食药监局规范餐饮服务行政许可，受理餐饮服务许可申请 160 户，现场检查审核 107 户，许可 107 户。同年，离石区食药监局向各餐饮单位印发食品添加剂宣传材料 22 万份，同 460 余户餐饮单位签订《不使用非食用物质和不超范围、超量使用食品添加剂承诺书》。加强食品添加剂备案工作，备案大型餐饮单位 21 户。督促餐饮服务单位建立食用油脂索票和登记制度，要求餐厨废弃油脂有专人负责处理，并做回收处理记录，防止“地沟油”重回餐桌。

2012 年，制定《离石区小餐饮食品安全专项整顿实施方案》《小餐饮备案登记管理办法》，进一步规范小餐饮经营活动。截至 10 月底，共受理小餐饮登记申请 82 起，验收审核 79 户，发放《小餐饮登记备案证明》73 户。同年，开展餐饮服务食品安全示范店创建活动，完成 31 户示范店申报验收工作；开展阳光厨房创建活动，确定 17 户餐饮服务单位参与首批创建活动。阳光厨房，即在食品加工企业的厨房安装视频监控设备，消费者通过电子屏实时监控厨房全部制作过程，提高餐饮服务工作透明度。2013 年，离石区食药监局严格规范行政审批许可，共受理餐饮服务许可 517 户，现场审核验收 478 户，备案登记小餐饮经营户 243 户，核发餐饮服务许可证 235 户。规范食品原料采购索证行为，按照《食品采购索证索票管理制度》，要求所有餐饮单位建立食品采购台账和供应商资格审查制度，各单位均按要求建立食品原料采购索证验货台账。2013 年，对 301 户餐饮服务单位实施量化分级，其中，A 级 0 户、B 级 42 户、C 级 259 户。创建省级示范店 4 户，市级示范店 26 户。市纪检委挂牌命名五星级示范店 9 户，四星级示范店 4 户，三星级示范店 2 户。2014 年，离石区食药监局制定科学规范的评定标准和评定程序，对全区300余户餐饮服务单位实施量化等级评定。

食品安全稽查

2007年，吕梁市食药品监督管理局离石分局对食品安全工作进行专项督查，共检查生产、经营、餐饮企业831户次，查处违法案件309起，涉案总货值金额22.92万元。取缔无证照生产、经营企业27户，取缔无证照餐饮企业14户，吊销证照15户。2008年9月15日，“三鹿”奶粉事件曝光，该局组织工商、卫生等相关部门开展集中督查4次，检查经营主体1189户次，查封奶粉13130千克，对“问题奶粉”和奶制品进行全面清退。2009年，离石市食药监局分局开展一系列食品安全整治行动，打击违法添加非食用物质和滥用食品添加剂专项整治工作、节日期间食品安全整治工作、中小学校周边以及城乡接合部等重点区域食品安全整治工作。2010年，离石区食药监局参与由区纠风办牵头的食品市场专项整治活动，针对人民群众生活必需食品，特别是豆腐、动物血制品、奶（奶制品）和小作坊加工腌腊制品开展整治，查处食品违法行为79起，立案处理33起。该次活动检查集贸市场2个、食品加工作坊9个、食品流通企业26户、餐饮服务企业31户、学校食堂19户；取缔豆制品、蛋糕等食品加工窝点9个、无证照食品经营点5个、无证照餐饮服务3户；查扣不合格一次性筷子28袋（约62000双）、磨豆机3台；查获过期及劣质食品706千克、假盐（兽用盐）500千克、假冒汾酒86瓶、假烟98条；查获石膏粉等非食品用物质和滥用食品添加剂6千克，涉及总货值64万元。查获过期、劣质食品，全部集中销毁。2011年，离石区食药监局开展火锅底料及火锅底料类食品添加剂专项检查。出动执法车辆20余台次、执法人员184人次，检查火锅店63家次，检查中，发现有餐饮服务单位使用索证索票不合要求的调味品、食品添加剂，责令改正并停止使用。清查中，未发现餐饮单位使用含有罗丹明B的火锅底料产品。

2012年4月，馥兴园食物中毒事件后，区食药监局立即启动食品安全事件应急预案，协同有关部门，对全区餐饮单位开展为期20余天的突击整治行动，共检查餐饮服务单位671户，取缔无证经营76户，停业整顿163户，限期整改240户。2012年，离石区食药监局联合区教体局，对城乡45家中小学、托幼机构食堂开展专项整治，重点对食堂持证情况、食品储存、餐饮具消毒、购货台账、索票索证、从业人员体检情况、食品留样等方面进行检查；对早点、夜市餐饮小摊贩进行集中整治，重点检查从业人员健康检查情况、原材料购进渠道、摊点卫生状况；对节假日和重大活动期间餐饮单位食品安全开展专项检查，与餐饮单位签订《食品安全责任状》；对违法添加非食用物质和滥用食品添加剂进行专项整治，重点检查餐饮服务单位食品添加剂购进、索票索证、“三专”执行情况；以大中型餐饮服务单位、学校食堂、机关、建筑工地食堂为重点，对乳制品、食用油、肉类、酒类、食品添加剂、调味品等重点品种开展百日安全生产专项整治；参与由市食监办牵头的专项督查行动，督查大型餐饮服务单位17户、学校食堂16户、职工食堂4户、建筑工地食堂2户。对检查中存在问题进行电视曝光，并对整改情况进行回访。专项整治工作累计出动执法人员2065人次，检查各类餐饮服务单位982户，立案307起，查获并销毁过期、假劣等不合格食品1250余千克，对268户经营户提出警告、责令改正意见，停业整顿182户，取缔无证经营85户，累计行政罚款3487万元。2013年，离石区食药监局继续加强餐饮服务食品安全监管，出动执法车辆580车次、执法人员1910人次，检查餐饮服务单位622户，下达整改通知书240份，取缔无证经营86户，累计行政罚款45万元。2013年，开展规范餐饮服务单位经营行为专项督查，打击无证经营、超范围经营行为，共出动检查人员925人次，检查餐饮服务单位429户，检查覆盖率100%，发现安全隐患89起，提出整改意见241条，整改完成率为100%。开展餐饮服务环节鲜肉和肉制品安全专项整治，共出动执法人员129人次，出动车辆38台次，检查重点单位93户次，查获假冒伪劣羊肉及羊肉制品52千克。2014年，离石区食药监局加强食品安全隐患排查工作，检查食品生产企业16户，食品流通经营企业908户，餐饮服务单位386户，食品小作坊49户，食品小摊贩108户，食品小餐饮252户，基本实现排查全覆盖。排查共发现安全隐患305条，下达整改意见书241份，整改完成率100%。2014年，先后开展生产经营小作坊小摊贩小餐饮整治、生产加工源头治理、肉类食品安全整治、校园周边环境整治、夏季食品整治、农村食品安全专项行动等十余项专项整治。出动执法车辆1321车次、执法人员3058人次，检查食品生产经营企业1951户，立案976起，结案976起，查封不合格食品420千克，下达责令改正书256份，累计行政罚款115.47万元。2015年，离石区食药监局取缔非法生产加工大桶水黑窝点5户；查获非法屠宰生猪肉黑窝点2个，非法销售未经检验检疫的白条猪肉400千克；取缔月饼加工小作坊2处，查处“三无”月饼经销商2家，查获问题月饼156千克，过期食用油等制作原料320余千克；关停未取证学校食堂16家。截至2015年底，全区集中开展制售“三无”食品和假冒伪劣药品突出问题专项整治、体外诊断试剂质量评估和综合治理专项检查、私宰“白条猪肉”冻肉专项整治、婴幼儿配方乳粉整治、学校食堂专项整治、中秋节食品专项整治、食品添加剂专项整治等30余项（次）食品药品专项整治。累计出动执法车辆2152台次、执法人员8528人次，检查食品药品生产加工企业4062户，对461户存在问题经营业主提出整改建议；立案查处案件574件，依法取缔食品生产经营户89户，没收不合格食品及原料1120千克，累计行政罚没款1102万元。

第二节　药品监管

药品管理

药品管理制度　2007年，吕梁市食品药品监督管理局离石分局制定印发《关于规范药品购进渠道的实施意见》，对辖区内药品及医疗器械生产、经营企业和医疗机构的所有供货商进行资格审查与备案登记；要求药品及医疗器械供应商、代理商出具该企业生产、经营企业许可证等有效证件，并提供销售人员与授权公司的劳务合同书、工资关系、劳务保险证明等相关资料。在查办药品购进渠道案件时，为保证药品质量，采取“六查六看”法。即：查销货发票，看生产企业与批发企业的药品流向；查进货凭证，看药品来源；查记账凭证，看是否如实入账；查资质证明文件，看是否真实身份；查医疗处方，看是否如实入账；查医药投标合同，看是否严格履行。

2013年，离石区食品药品监督管理局针对药品经营企业，开展GSP（《药品经营质量管理规范》）认证后的跟踪检查，以提高企业安全责任意识。2014年，着重开展对药品购进渠道、销售流向、储存条件、检查验收情况、药技人员在岗履职情况的检查。辖区30余家药品经营企业通过GSP认证。2015年，监督药品经营企业按照新修订《药品质量管理规范》配置设施设备、规范管理制度；督促药品经营企业按期全部入网。

特殊药品监管 2008年，吕梁市食品药品监督管理局离石分局进行兴奋剂专项整治。要求所有药品经营企业悬挂“严禁销售蛋白同化制剂、肽类激素（除胰岛素）的兴奋剂”警示牌，建立兴奋剂专项整治档案，设立含兴奋剂药品专柜并加贴明显标志，并做到购进有记录、销售有登记、去向可查询。辖区内设置6个家庭过期失效药品回收点，共回收失效药品货值31.2万余元。2009年，贯彻落实《麻醉药品和精神药品管理条例》，加强特殊药品和疫苗监管。推动特药使用单位纳入动态监控网络，达成特药“一针、一片”和易制毒化学品流向监控目标。与公安、卫生等部门，建立特药监管协调机制和联席会议制度；落实特药监管责任制和巡查制，做到麻醉药品、二类精神药品每季检查1次，确保麻醉药品安全、有效。加强对疫苗存贮、保管等环节的监管，及时督促防疫部门建立和完善相关制度，防止假劣疫苗流入，切实保证群众预防用苗的有效供应和产品质量。积极探索特药监管新办法。2010年，离石区食药监局继续强化特殊管制药品监管。加强疫苗流通监管，按照“渠道规范、冷链购销、产品追踪”的原则，主要对冻干水痘减毒活疫苗等3个品规7个批次二类疫苗的购进渠道、质量管理和冷链运转情况进行核查；集中对有麻醉药品和一类精神药品使用权的10个医疗机构，从加强购销方资质审核、规范购销中票据管理、严格执行出库复核制度三方面对特殊药品使用进行专项检查。对其中8家存在不规范行为的医疗机构提出整改方案，并进行行政处罚。2011年3月，区食药监局开展“特殊药品”“疫苗”专项整治行动，出动检查车辆15台次，对全区具有经营使用“毒麻精放”及“疫苗”单位进行检查。

2014年，重点加强疫苗全程冷链系统管理，规范含麻制剂购销行为，开展中药材中药饮片、特殊药品、妊娠药品等专项整治。

药品市场整治

2007年，吕梁市食品药品监督管理局离石分局针对药品包装标签和说明书、中药材中药饮片、疫苗流通、特殊药品、医疗器械、处方药与非处方药分类管理、广告药品开展药品专项整治。检查药品经营、使用单位 270 户次，立案查处 59 户，查处取缔无证经营、流动药贩 7 户次。没收假劣药品 180 种（批），标值 215 万元；查处万元大案 7 起（其中药品案件 6 起、医疗器械案件 1 起），共计罚款 151 万元；抽验药品 56 批，发现质量可疑 21 批。全年，开展特殊药品专项检查 8 次。2008 年元旦、春节、两会期间，开展药品市场专项检查、中药饮片专项整治、人血清白蛋白专项检查行动、特殊医疗器械专项整顿、兴奋剂专项整治行动等，共出动检查 1096 人次，243 车次，检查药品使用、经营企业 304 户次，查出药品疑似品种 36 个，经检验 10 个为假药，立案 72 起，没收假劣药品 66 批次货值 13500 元，其中万元以上大要案 5 起，罚款 17.21 万元，取缔无证经营 5 户。2008 年，利用药品邮寄核查、快检技术、监督性抽验、网上打假信息查处假劣药品。共完成药品抽样 80 件，其中送检 80 件，收到报告 80 件，不合格 30 件，药品检验阳性率达 37.5%。2009 年，开展药械许可证换证专项检查。共检查需要换证药械企业 36 家；对 10 家零售药店实施 GSP 认证。加强违法广告监测，共监测虚假违法药品广告 9 个品种，全部移交工商部门处理。2010 年，整顿全区药品市场秩序，共出动执法人员 2316 人次，检查药品经营、使用单位 321 家，查处各类案件 158 起，其中当场处罚 102 起，立案 132 起，结案 132 起，结案率 100%。没收假劣药品、医疗器械 117 个品规，标值 57 万元，罚款 148 万元。将监管重点延伸到乡镇、农村，有效开展农村药械市场专项整治，扫除监管盲区。制定《2010 年药械市场综合整治工作方案》，全面开展中药材和中药饮片、GSP 执行情况、医疗器械、非药品冒充药品、生物制品、“一挂两超”经营、药品广告和广告药品、邮寄药品和特殊药品等专项整治，严厉打击经营和使用假劣药械、非法采购、包装、分装、批发、过票、违反 GSP 规定等违法行为。2011 年，区食药监局共出动执法人员 600 余人次，执法车辆 300 台次，检查药品经营企业、各级各类医疗机构 200 余户次。查处违法案件 89 例，查获过期药品 70 余批次，不合格中药饮片 140 余批次，没收过期失效药品货值 2600 余元，全年罚款 14.8 万元。

2012 年，以区人民医院等医疗机构及零售连锁药店为重点，完成基本药品监督抽检 76 批，抽检合格率 100%。开展含铬超标问题胶囊专项检查，对辖区内 1 家生产企业、67 家药品经营企业、84 家医疗机构（包括村卫生室）进行专项检查，发现铬含量超标胶囊剂 3 个厂家 4 批次共 4930 粒，督促召回其他 10 个厂家的胶囊共 39 批次 300637 粒。同年，开展药品流通领域集中整治。累计出动执法人员 780 人次，检查涉药单位 236 户，检查覆盖率 100%。查处各类违法案件 156 起，其中，立案 112 起，结案 112 起，责令整改 38 户，取缔无证经营 2 户，累计罚没款共计 1012 万元。2013 年，先后开展药品流通领域集中整治、疫苗质量安全专项检查、含麻黄碱类复方制剂专项检查、中药材及中药饮片专项检查等专项整治行动，共出动执法人员 1588 人次，执法车辆 496 车次，检查药品生产企业 2 户、批发企业 2 户、医疗机构 25 户、药品零售经营企业 97 户、个体诊所 135 户、医疗器械经营户86户。立案调查198起，结案198起。累计行政罚没款158元。同年，开展“两打两建”（严厉打击药品违法生产、严厉打击药品违法经营和加强药品生产经营规范建设、加强药品监管机制建设）专项行动，出动执法人员782人次，对全区药品生产、经营单位进行全面检查，发现共有37家药品经营使用单位存在从非法渠道购进药品、销售过期药品及医疗器械等违法行为。2015年，发挥食品药品协管员作用，利用“12331”投诉举报电话、通过日常监督检查、抽验等多种方式查找重大案件线索。共查获假药“牙痛舒”1100余盒，缴获制售药品生产设备、包装材料、说明书等一批物品。

药品不良反应监测

2008年，吕梁市食品药品监督管理局离石分局开展全区涉药企业药品不良反应监测工作，申报药品不良反应445例。2009年，上报药品不良反应病例报告202份。2010年，全区建立医疗器械不良事件监测网点62家，共上报医疗器械不良事件156份。

2013年，确定药品不良反应监测点70个，监测点覆盖全区各主要医疗机构和药品经营单位。制定印发《关于加强药品不良反应和医疗器械不良事件监测报告工作的通知》，共上报不良反应报告432份，其中药品不良反应报告390份，医疗器械不良反应报告42份。2014年，全区成立药品不良反应监测网点15个，并向监测网点下达药品不良反应病例报告任务。上报不良反应653例，同比增加199例。其中，新的严重不良反应167例，占报告数25.5%。2015年，紧急召回发生不良反应药品1种。

第三节　医疗器械监管

2010年，离石区食药监局开展高风险医疗器械经营企业专项检查，检查高风险医疗器械经营企业12家；检查定制式义齿生产企业1家。制定《齿科药品医疗器械使用专项整治工作方案》，检查口腔诊所23家，其中立案查处涉嫌使用过期医疗器械1家。

2012年，加强对医疗器械经营企业和使用单位日常监管，明确以一次性使用无菌医疗器械、植入人体的高风险器械、体外诊断试剂、医用卫生材料、医用高分子材料及制品、隐形眼镜、大型医用电子设备、电疗、磁疗、光疗等物理治疗设备为重点品种，对医疗器械专营、兼营企业的现场检查覆盖面要达100%，医疗器械专营企业和乡镇以上医疗机构监督检查频次不少于2次/年。同年，开展对装饰性彩色平光隐形眼镜经营企业的摸底调查和监督检查，要求全区所有经营企业依规办理医疗器械经营企业许可证方可经营。共检查经营企业17户，取缔无证经营3户，罚款0.5万元。开展为期2个月的医疗器械生产、经营、使用单位专项监督检查，共检查相关单位86户次，责令限期整改20户，立案查处23户；没收医疗器械10批次，价值0.5万余元，罚款2.07万元。2013年，共检查医疗器械生产经营企业86户，立案查处56户，限期整改10户，没收医疗器械17批次，罚款4万余元。2014年，查处药械挂靠经营、超范围经营、超方式经营、走空票，出租出借医疗器械经营企业许可证等违法违规行为，针对无证经营二、三类医疗器械、隐形眼镜、体外诊断试剂及违法宣传，开展医疗器械“五整治”专项行动。检查医疗器械经营企业65户，上报医疗器械不良事件217例。2015年，以高风险医疗器械为重点品种，开展无菌类、植入类、介入类等医疗器械专项检查，特别开展体外诊断试剂质量评估和综合治理专项检查。

第四节 保健食品 化妆品监管

2007年10月，吕梁市食品药品监督管理局离石分局对辖区保健食品、化妆品安全及监管现状进行调研，形成近8000字的调研报告2篇，提出理顺监管体制、综合监管的构思。2011年，区食药监局建立保健食品经营临时确认和化妆品经营许可备案制度，制定符合离石特点的《保健食品经营企业日常监督表》。全年共出动执法车辆80余台次、执法人员327人次，对120余户保健食品和化妆品经营企业进行督查，立案查处36起，没收不合格保健食品和化妆品货值0.7万元，罚款1.8万元。

2012年，建立保健食品、化妆品经营使用单位监管档案，做到一户一档。加大保健食品、化妆品市场监管力度，主要对企业持证经营、采购途径、留存资质以及产品标识等内容进行检查；对化妆品是否存在伪造或涂改化妆品生产企业卫生许可证、国产特殊用途化妆品卫生许可批件、特殊用途化妆品是否有产品许可批件、批准文件是否已经失效、是否有套用批准文号或备案号的情况进行检查。截至10月底，共出动执法车辆80车次、执法人员350人次，检查企业125户，立案65起，下达整改意见100份，没收违法保健食品、化妆品85个批次，涉案金额0.8万元，累计行政罚没款9.74万元。2013年，督促落实索票索证制度，实行保健食品、化妆品进货查验、台账登记。开展保健食品专项整治，共检查保健食品生产企业1户，保健食品专营店10户，药品经营企业兼营保健食品店86户，超市10户，化妆品美容店56户。对59户提出限期整改意见，取缔非法经营1户，对7户进行行政处罚。规范保健食品、化妆品生产、经营秩序。共出动执法车辆82车次，执法人员482人次，检查保健食品、化妆品经营店282户，下达整改意见92份，立案调查75起，查处违法产品85批次，涉案金额1.35万元，累计行政罚款4.5万元。制定印发《保健食品产经营备案登记制度》，共备案登记保健食品经营企业114户，化妆品经营户97户。2014年，开展专项整治，重点检查进货渠道、标签说明书、索证制度、各种记录、销售台账及出厂检验报告、保健食品、化妆品违法添加、违规标识等内容。累计出动执法车辆124车次、执法人员512人次，检查保健食品经营店25户，化妆品经营店115户，立案22起，责令下架停止销售保健食品4种，对存在违法违规行为的70余家经营企业下达整改意见书，累计行政罚款2.2万元。2015年，下架保健食品14个品种24个批次，责令7个品种的保健食品在离石区范围内禁止销售。

第五节　监管体系建设

2012年，离石区食药监局推行网格化监管、格式化检查和痕迹化管理的模式。将各环节监管任务按管理区域划分为若干个监管网格，每个网格由一个执法队具体负责日常监管任务，每个监管对象都明确具体的直接监管责任人员，形成“纵横交错、全面覆盖、分级管理、层级负责、网格到底、责任到人”的食品药品安全监管网格；定目标、定任务、定岗位，做到监管全覆盖，不留死角、不留盲区，横向到边、纵向到底；依据企业诚信状况和风险程度，实现分类分级监管，确定检查重点和频次；全面实施痕迹化管理，凡是监督检查过的企业，检查时间、检查人员、检查内容、发现问题、整改要求，都要详细记录在案，并由行政相关人和检查人员签字确认；全面实施格式化检查，针对不同企业类型，突出关键环节和重点要求，制定格式化检查内容，防止检查漏项，提高检查效率，及时消除安全隐患，提出整改要求，督促企业整改到位；与全区656户食品药品监管对象签订《食品药品安全责任书》，进一步明确企业为食品药品安全管理的第一责任人，提高企业安全意识水平。2013年，积极配合市局建成覆盖“四品一械”的监管信息化系统，逐步建成互联互通、信息共享、业务协同、统一高效的信息化监管体系。由监管人员按责任区域划分，做好指导和跟进检查；由监管人员及时上网检查各企业数据信息录入情况，发现问题及时向企业反馈，提出整改建议。餐饮单位信息化监管覆盖率36%，药品经营企业信息监管覆盖率91%，保健食品、化妆品信息化建设覆盖率80%，医疗器械信息化监管覆盖率62%。2014年，全区信息化监管录入企业100余家，80%的城区保健食品、化妆品经营企业实现数据信息上传。

第六节　机　构

2002年4月18日，吕梁地区药品监督管理局离石分局成立，实行省级以下垂直管理，为吕梁地区药品监督管理局派出机构，正科级建制。

2005年1月20日，该局更名为吕梁市食品药品监督管理局离石分局，内设一室二股：办公室、食品安全监督股和药品综合监管股。2010年1月，食药监管系统由垂直管理变为地方管理，吕梁市食品药品监督管理局离石分局移交给离石区人民政府管理，更名为离石区食品药品监督管理局。

2014年3月，离石区食品药品监督管理局接管原由区卫生局承担的食品安全综合协调职能，原由区工商局、区质量技术监管局承担的食品安全监管职能和药品管理职责，在全区实现对食品和药品生产、流通、消费环节的统一监管。同时，区食品药品监督管理局加挂吕梁市离石区食品安全委员会办公室牌子，承担区食品安全委员会办公室日常工作。新增区食品药品稽查队、药品不良反应（医疗器械不良事件）监测中心、食品药品安全培训中心3个下属事业单位，并在凤山、滨河、莲花池、田家会、交口、城北6个乡镇（街道）设立食品药品监督管理站（中心站），为区食品药品监督管理局基层派驻机构。全区193个行政村和20个居委（社区）配备农村（社区）食品药品安全协管员213名，主要负责协助执法、隐患排查、信息报告及宣传引导等工作。截至2015年底，区食品药品监督管理局内设办公室、食品监管股、药品监管股、行政审批股，行政编制11名，工勤人员编制2名。下设机构、基层派驻机构与2014年相同。

第九章 土地矿产管理

第一节 土地规划

1994 年，离石县编制完成《离石县 1993—2000 年土地利用总体规划》，12 月通过省、地土地部门验收。规划包括：土地利用现状分析、未利用土地资源开发利用研究、土地适宜性评价、土地利用分区、土地需求量预测、土地利用总体规划报告。

1998—1999 年，离石市编制市、乡两级《1997—2010 年土地利用总体规划》，并通过省、地土地部门验收。规划包括《离石市土地利用现状分析》《离石市土地利用规划图》《离石市城区建设用地规模控制图》等专题研究 6 个，规划图 60 余张。2000 年，编制完成《田家会镇土地利用总体规划》。2003 年，完成全市 2.81 万公顷农用地分等定级工作，共分 13 个等级，形成 8 种类型图，编写完成《离石市农用地分等定级技术报告》。

2010 年，离石区完成《离石区土地利用总体规划（2006—2020 年）大纲》编写工作，2011 年 5 月通过省厅评审。

2014 年，调整《吴城镇土地利用总体规划》，修编《信义镇土地利用总体规划》，确保重点项目的前期工作；完成《离石区土地整治规划》的编写。2015 年 3 月，《离石区土地利用总体规划（2006—2020 年）大纲》通过省厅专家组论证。

第二节 土地普查

土地调查

1988 年 11 月至 1990 年 12 月，离石县经过外业调绘、内业航片转绘、面积量算、田坎系数量测数据汇总、耕地坡度分级成图、资料整理归档等阶段，完成土地详查工作。1990—1991 年，开展农村土地初始登记工作，认定全县各行政村的面积，划出 236 个行政村的权属界线图 525 张，签订协议书 1544 份；填写各用地单位注册表 95 张、申请书 1009 份、协议书 1272 份。

2008 年 10 月至年底，离石区完成第二次土地调查，进行农村土地利用现状调查、农村土地权属变更调查和城镇地籍调查，共对辖区内 13.2 万公顷农村土地进行调查，基本农田上图 1.7 万公顷。2011 年，离石区完成第二次土地调查后续工作，由离石区牵头与临县、方山开展县界接边工作。涉及离石区的权属单位 60 余个、县级界线 63 条， 当年完成 59 条接边工作。

基本农田保护区划定

1990—1991 年，离石县对基本农田进行保护区划定。全县基本农田保护区面积 10179.33 公顷、1943 块。其中，一级保护区面积为 2458.64 公顷、125 块，二级保护区面积为 2499.28 公顷、654 块，三级保护区面积为 5221.41 公顷、1164 块。

1996 年进行修订，将三级基本农田按规程划为二级。1999 年，离石市开展基本农田保护区调整补充划定工作，共划定基本农田保护区 4387 块、16868.99 公顷。其中，水地 1203.94 公顷、保浇地 201.21 公顷、沟川地 2434.72 公顷、河滩地 128.29 公顷、梯田 5833.19 公顷、坡地 7044.72 公顷、垣地 22.92 公顷。

土地变更

1997 年 10 月，离石市建立农村日常地籍计算机台账，完成 110 余个村的地籍变更，变更地类 7 个大类，变更图斑 558 个、466.7 公顷。1997 年后，每年开展土地变更调查 1 次，查清当年土地利用变化情况。

2015 年，离石区完成国土资源部 3 次下发图斑的地籍变更共计 294 个、164.31 公顷。其中，变更铁路的图斑共计 2 个、0.12 公顷，变更公路的图斑 11 个、8.79 公顷，变更农村道路的图斑 6 个、1.07 公顷，变更坑塘水面图斑 1 个、0.9 公顷，变更水工建筑用地的图斑 1 个、0.27 公顷；变更设施农用地图斑 11 个、2.95 公顷，变更建设用地图斑 126 个、59.31 公顷；伪变化图斑 136 个、90.9 公顷。

第三节　建设用地审批

1985 年，离石县土地管理办公室执行村镇建房用地审批标准为：城镇、沿三川和人均耕地 0.27 公顷以下的乡村，一般每户建房占地 200 平方米；山庄窝铺、边远山区和人均耕地 0.27 公顷以上的乡村，适当放宽，每户建房占地不超过 266.67 平方米。审查批准国家建设用地 16 件、11.55 公顷，收取土地管理费 23032 元；审批村镇建房用地 1417 户、26.34 公顷。1987 年，国家实行用地计划指标控制管理。1988 年，县土地管理局审批国家建设用地 0.25 公顷；审批乡村公益建设用地 2.83 公顷，审批农村个人建房用地 17.73 公顷。通过审查，退回不具备条件的申请用地单位 15 个、建房户 320 户。1990 年，在上安村进行宅基地有偿使用试点改革。1992 年，离石县开展宅基地有偿使用工作，完成 83 个村的 7968 宗宅基地有偿使用工作，收费 99600 元。2001 年，离石市上报后经省厅审查批准建设用地 5.36 公顷。

2007 年，离石区供应土地 18 宗 34 公顷，其中农村个人建房用地 2 公顷。2009 年，离石区优先保障重点建设项目用地，上报建设用地 20.45 公顷。2010 年，共预审吕梁环城高速公路、吕临高速公路、太中银铁路离临支线、永宁煤焦集团等 14 个项目的用地，报批东城区建设、千年水库、太中银铁路离石段等 8 个批次 28 个项目 383.29 公顷土地的用地资料。供应土地 9 宗，37.53 公顷。2011 年，审批江阴高级中学、吕梁公安局“三所一基地”等项目土地 4 宗 22.42 公顷。办理吕梁环城高速公路 16 宗 40.76 公顷临时用地手续。

2012 年，共报批土地 9 个批次（单独选址）报件，总面积 339.08 公顷，其中临离高速公路、吕梁环城高速公路和吕临铁路支线等 3 个重点项目以单独选址报批，面积 256.19 公顷；保障房用地 1 个批次，面积 4.45 公顷；无人机基地用地 2 个批次，面积 40.87 公顷。共供应土地 20 宗，面积 42.89 公顷。2013 年，共上报 138.02 公顷用地报批资料，供应土地 9 宗 15.32 公顷。2014 年，为各个重点项目设立用地报批组卷小组，共完成 3 个批次 52.54 公顷用地资料报批。共供应土地 15 宗 41.38 公顷。2015 年，上报 1 个批次项目用地，共 3.4 公顷。供应土地 5 宗，23.53 公顷。完成土地初审共 6 宗：离石分公司 110 千伏输变电工程项目、北方电力离石云顶山风电项目、晋能离石大土河 2×350 兆瓦低热值煤热电工程项目、吕梁市应急水源建设工程、北寒沟水库项目、王家庄沟治理项目。

第四节　土地复垦管理

1990 年，离石县为保持耕地占补平衡，新增耕地 144.2 公顷，其中：开发盐碱地 4 公顷、恢复挖损土地 8 公顷、打坝造地 34.67 公顷、淤滩垫地 97.53 公顷。1991 年，离石县土地开发复垦公司成立，与县土地局“一套人马、两块牌子”，当年筑坝造地、填沟造地 17.33 公顷。1993 年底，县土地开发复垦公司撤销。

1996—1997 年，离石市编制矿区土地复垦规划。2003 年，完成《离石市土地开发整理规划》，为耕地占补平衡在数字、位置、空间上提供依据。对信义镇小东川河流域土地整理项目进行立项。

2006—2009 年，离石区先后上马信义土地开发整理项目（国家级）、苏家村土地开发整理项目（省级）和吴城镇驿沟土地开发整理项目（区级）。其中吴城镇驿沟土地开发整理项目涉及街上、陈家塔、下丰村 3 个行政村，项目区面积 162.62 公顷，项目总投资 1754.13 万元。该时期，离石区通过验收的新增耕地 359.82 公顷，其中 2009 年新增耕地面积 119.5 公顷，通过山西省国土资源厅验收 14.76 公顷。

2013 年，离石区选定 10 个村开展补充耕地，有 9 个村进入施工阶段，项目总规模 153 公顷。2014 年，离石区完成地方占补平衡开发耕地 76.47 公顷。2015 年，通过验收的土地开发整理项目新增耕地 63.04 公顷。

第五节　地籍管理

土地调查登记发证

1988年,离石县发放宅基地使用证,完成13个乡镇27332户个人建房占地的清查、核实、登记发证工作。在吕梁地区率先开展个人买卖房屋宅基地变更手续审批。1994年，离石县出台“两田分流（永久田、期租田），延长包期，一次到位，百年不变”政策，发放农耕地使用证5583份；拍卖“四荒”使用权，发放“四荒”使用证682份、3275.33公顷。1995年，再次发放宅基地使用证，完成8400户的发证工作。

1999—2000年，离石市开展土地证书年检工作，年检3422宗。2000年，发放集体土地使用证275份、国有土地使用证85份、农耕地承包使用证224份、“四荒”使用证7份。2002年，开展城镇住房用地分割登记发证工作，发放国有土地使用证280本。

2008年，离石区审核发放国有土地使用证36本，发放集体土地使用证455份。2012年3月，离石区成立农村集体土地确权登记发证领导组，当年共制作全区195个行政村的工作底图2套152幅，解决处理村与村之间权属争议10处，村与国有林场争议22处，制作土地登记申请表及有关权源文件、土地登记资料710套。2013年，开展集体建设用地和农村宅基地确权发证工作，完成信义镇、坪头乡18个村2499宗地的权属调查、地籍测量、登记工作。2014年，完成4个乡（镇）的确权工作。截至2015年底，完成7个乡、镇（街道）集体建设用地和农村宅基地确权发证。

非农占地清查

1988—1990年，离石县对乡村、个体及联办企事业单位的占地进行清查，共丈量登记企事业单位占地949户，按占地时间、类型、面积等情况，共退出土地5.65公顷，恢复耕地3.49公顷，罚款29547元，补办手续601个单位、81.35公顷。

1997年，离石市制定印发《关于清查非农业建设用地的实施意见》，成立由县土地、纪检、公检法、交通等部门组成的非农业建设用地清查领导组。共清查1991年后7640宗非农业建设用地，面积903.27公顷。查出未经审批用地2036宗，面积229.1公顷。对符合规划的乡镇企业，进行补办手续，对吕梁乡镇供销公司焦化厂违法占用岐则沟村耕地案件进行强制停工拆除；对村民建房违法占地及时制止。

城区土地基准地价更新

1994年，离石县为用经济手段管理土地，实施国有土地出让、转让、有偿使用、征收税费有据可依，经过调查收集资料、专家预测评分、数据计算处理、省地验收，完成城区土地定级和基准地价评估。城区土地一级面积95公顷，二级面积143公顷，三级面积193公顷。

1994 年离石县城区土地基准地价表

表 16-17

土地级别（级）	工业（元 / 平方米）	商业（元 / 平方米）	住宅（元 / 平方米）
一	290	525	337
二	240	393	240
三	181	294	204

1998 年，离石市完成更新城区土地定级和基准地价评估。1999 年，按该标准实施。

1999 年离石市城区土地基准地价表

表 16-18

土地级别（级）	工业（元 / 平方米）	商业（元 / 平方米）	住宅（元 / 平方米）
一	355.11	671.39	523.82
二	293.95	492.42	433.75
三	221.82	348.36	326.33
四	185—215	291.71—341.76	318.66

2001 年，联合山西原源地价评估咨询有限公司更新城区基准地价。2002 年，调整更新城区定级估价范围和标准，由 7.31 平方千米扩展到 12.55 平方千米。

2002 年离石市城区土地基准地价表

表 16-19

土地级别（级）	工业（元 / 平方米）	商业（元 / 平方米）	住宅（元 / 平方米）
一	429.67	792.24	586.50
二	355.68	630.30	480.90
三	268.4	456.35	407.5
四	223.85—260.15	332.61—389.6	289.63—332.7

2009 年，定级面积由 2002 年的 12.55 平方千米扩展到 36.16 平方千米。

2009 年离石区城区土地基准地价表

表 16-20

土地级别（级）	工业（元 / 平方米）	商业（元 / 平方米）	住宅（元 / 平方米）
一	534	1317	1100
二	446	996	901
三	358	767	668
四	—	561	451

2013 年，定级面积由 2009 年的 36.16 平方千米扩展到 44.03 平方千米。

2013 年离石区城区土地基准地价表

表 16-21

土地级别（级）	工业（元 / 平方米）	商业（元 / 平方米）	住宅（元 / 平方米）
一	639	2363	1825
二	537	1788	1475
三	443	1349	1077
四	—	986	741

城区地籍调查

1998 年，离石市完成城区地籍调查工作，完成控制测量，并进行碎部测量，共调查国有土地 443 宗、6.7 平方千米，测量界址点 1128 个，绘制地籍图 98 张。

第六节　土地监察

清房工作

1988 年，离石县制定印发《关于解决离石县干部职工建房占地问题的处理决定》（以下简称《决定》），该《决定》得到吕梁行政公署的肯定和山西《政务信息》的登载，并在吕梁地区转发。1989 年，清查处理 1980 年后城区干部职工建房户 283 人，其中，地级干部 7 人、县级 16 人、科局级 39 人。收回土地补偿费 44528 元，罚款 52667 元。1991 年，开展清房工作，处理国家干部职工 1985 年后城区建私房占地 41 人；清查处理 20 个单位

284户集资建房占地问题，确定10个单位的产权归公。共收回土地补偿费14360元，罚款110258元。

2014年，离石区成立小产权房联合清理机构，对辖区内小产权房进行摸底，并叫停其违法建设、违法销售行为。

查处违法占地

1985年，离石县土地管理办公室处理吕梁地区组建后国家建设单位征地占地遗留问题，共查出有问题单位57个，涉及土地22.1公顷。补办26个单位征地手续，涉及土地17.25公顷，没收4个单位占而不用土地2.53公顷，收回5个单位征而不用土地1.75公顷。1988年，县土地管理局发放宅基地使用证，并对1986年开展的非农业用地清查工作进行补课。共处理违章建房4512户，罚款37082元，收回土地补偿费74161元，收回土地19公顷，疏通道路215条，拆除违章建筑105处。1992年，对1987年后村民违法占地进行清查，共处理1678户，拆除非法建筑17处，收回土地0.23公顷。

2000年，离石市发放停工通知书168份、处罚决定书26份，制止违法修建192户，拆除违法建筑46处，收回土地1.2公顷。2003年，清理整顿全市土地市场秩序，共查出历年违法占地10类、66.67公顷。处理37宗案件，面积38.2公顷。

2006年开始，离石区规定耕地保有量为26153.33公顷，基本农田保护面积为17800公顷，区政府每年与12个乡（镇）、街道签订耕地保护责任书，并落实责任人和保护措施。2007年，离石区查处土地违法案件28宗，违规占地32.81公顷。2008年，对2005年后查处的11宗案件进行复查。对处理不到位和处理事未处理人的案件进行纠正，罚款56.86万元，相关责任人移交司法部门。通过排查，共发现以租代征违法占地8起、9.97公顷，未批先占占地10起、16.5公顷，改变土地用途案件3起、0.18公顷。2011年，离石区开展打击非法违法采矿和卫片（利用卫星遥感监测等技术手段制作的叠加监测信息及有关要素后形成的专题影像图片）执法工作，共巡查1100人次，立案查处15宗国土资源违法案件，下发处罚决定书18份，收缴罚款306.31万元，向纪检监察机关提出处分11份，折算违法建筑物1060平方米，共没收非法建筑物10595.4平方米。

2012年，共立案查处土地违法案件4宗，下达处罚决定4份，涉及土地面积2.87公顷（其中耕地0.87公顷），收缴罚款33.15万元。2014年，通过土地卫片执法监督检查，共立案查处违法案件25宗，下发《行政处罚决定书》25份，收缴罚款75.59万元；下发《土地违法行为行政处分建议书》8份，落实处分8人；下发《强制执行申请书》3份。2014年，离石区成立小产权房联合清理机构，对辖区内小产权房进行摸底，并叫停其违法建设、违法销售行为。截至2015年年底，发出处罚决定书53份，收缴罚款105.63万元，没收违法建筑124515.5平方米，下发土地违法行为行政处分建议书28份，落实处分20人，约谈2人，申请人民法院强制执行42宗。

第七节　土地测绘

2003年，离石市国土资源局办理测绘资格证书，测量非煤企业勘界25宗，煤炭企业井下测量42宗，焦煤企业勘界3宗。2003年，离石市核实普查辖区内52个测量标志。2003年后，每年对辖区内资质单位的35宗测绘产品进行测前登记测后备案。

2011年，离石区实地普查辖区内测量标志22个，包括测量标志的点位、路线、委托保护人、标志照片和环境照片。2012年，离石区国土资源局协助吕梁市测绘办查处违法案件1件，并责令涉及的资质单位进行整改。2013年，开展“离石区测绘地理信息质量管理年”活动，制定工作方案，各资质单位对近两年的测绘项目进行自查。2015年，开展全区地理信息保密检查，辖区内17个测绘资质单位按要求开展自查。

第八节　土地资产管理

国有土地转让

1991年，离石县开始实施对国有土地转让管理，转让1宗，面积1公顷。1994年，制定印发《离石县城镇国有土地使用权出让转让实施办法》。1995年，制定印发《离石县城镇国有土地使用权出让转让暂行规定》。

国有土地出让

1993年，离石县以协议出让方式为吕梁地区农业银行提供0.13公顷住宅用地。

1996年，离石市对新增的国家建设用地，除国家重点工程外，一律实行统征出让。1998年，制定印发《企业改制中土地资产处置的暂行规定》《关于盘活国有土地资产规范地产市场的通告》，通过对出让低效利用和闲置国有土地，使其地尽其用。2000年，制定印发《离石市整顿土地市场、盘活城镇国有土地实施方案》。公开拍卖出让4宗国有土地，面积0.9公顷。2003年，对经营性用地实行“招拍挂”政策，并制定可行措施。

2004年9月，离石区对区土地储备中心在南城莲花新区储备的国有土地使用权在中国土地市场网上公开挂牌出让，共9宗，面积9.38公顷。2009年，对经营性用地和工业用地实行招、拍、挂出让，共出让国有土地4宗，面积25.72公顷，划拨国有土地1宗，面积23.47公顷。2010—2015年，每年对经营性用地和工业用地实行招、拍、挂出让，共出让国有建设用地51宗，出让面积104.82万余平方米，划拨用地23宗，划拨面积111.74万余平方米。

土地经营

2002年，离石市土地收购储备中心成立，收购南关村、马茂庄、圪垯上村土地34.3公顷。

2004年，区政府规定由区土地收购储备中心统一规划、统一收购、统一拆迁、统一资金使用，依法进行土地收储和出让。当年收购储备龙凤大街南北段东西两侧、滨河南北路东段南北两侧、旧国道209线两侧、新国道307线北侧、新国道209线西侧等地段129.07公顷土地。

2005—2015年，区政府未开展土地收购储备工作。

土地隐形市场整顿

1993年，离石县对6个单位征而未用的土地征收土地闲置费，并责令其限期利用。1995—1996年，开展清理整顿土地隐形市场工作，制定印发《离石县人民政府关于整顿城镇国有土地非法转让、出租、抵押的实施方案》，立案查处147宗，补缴土地出让金190万元，收回罚没款125万元。

1996年，离石市土地管理局设立地产交易所，办理地产交易手续12宗。1997年，查处城区12个单位将原国有土地改为商业用地和集资建房用地的违法行为，责令其补缴土地出让金并补办手续。2000年，共查处改变土地用途集资建房案件10宗、转让国有土地使用权案件1宗。

第九节　矿产资源开发规划

2002年，离石市编写《离石市矿产资源规划（2001—2010年）》。

2004年该规划经吕梁市国土资源局批复，由离石区人民政府发布实施。

2012年，离石区编制《离石区矿产资源总体规划（2011—2015年）》。至2015年，以煤炭、铝土矿、耐火黏土、熔剂用灰岩、电石用灰岩为重点勘查矿种，优先设置探矿权，新增一批能源和非能源矿产资源储量。煤炭总产能控制在1800万吨左右，新建矿井规模不低于60万吨/年；铝土矿按照省级铝土矿专项规划向氧化铝企业配置资源。其他矿种新建矿山执行省级矿产资源规划制定的最低开采规模和服务年限等准入条件，科学设置矿权。矿产品产业链和产品链进一步延长，科技含量和附加值进一步增加。截至2015年底，历史遗留矿山环境综合治理率为35%，全区历史遗留矿山土地复垦率为30%。全区共划分开采规划区块70个，面积14.47平方千米。其中，陶瓷土矿开采规划区块4个，面积3.39平方千米；石灰岩矿开采规划区块49个，面积8.65平方千米；花岗岩矿开采规划区块3个，面积0.42平方千米；石英岩矿开采规划区块2个，面积0.4平方千米；白云岩矿开采规划区块1个，面积0.14平方千米；云母开采规划区块3个，面积0.95平方千米；砂场开采规划区块1个，面积0.11平方千米；砖厂开采规划区块7个，面积0.41平方千米。

该规划2020年远景展望：优化煤炭产业布局，完善煤炭资源整合和兼并重组，提高煤炭生产的规模化、集约化、机械化、信息化和安全质量标准化。煤炭总产能控制在2400万吨左右，以安全生产、生态保护为前提，全部矿井实现机械化开采，80%矿井实现综采、综掘，50%的矿井建成安全高效矿井，巩固煤炭产业优势地位。发展以洗煤、配煤、型煤为重点的洁净煤技术，推广先进的洗选工艺和技术，加大对现有洗煤厂的技术改造，努力实现脱灰、降硫、提高回收率的目的，提高煤炭洗选加工程度和综合利用效率。实现安全发展、多元发展、循环发展，逐步使减量化、再利用、再循环成为煤炭经济新的发展模式。到2020年，历史遗留矿山环境综合治理率要达45%，全区历史遗留矿山土地复垦率要达40%。

第十节　地质灾害调查　防治

1999年，离石市开始对重点区域进行地质灾害调查。2000年，编写《离石市汛期地质灾害防治预案》。2001年，编订印发《2001年地质灾害防治方案》，规定各煤矿开采时，在矿界处、村庄区域预留保安煤柱；地上要划定村庄建设范围，在矿界处设立明显地物标志，减少村庄塌陷和贯通巷道引起的地质灾害和安全事故。

2007年，离石区成功申报红眼川乡水峪里村地质灾害治理项目，争取到上级资金400万元。2008年，成立地质灾害防治领导组和应急指挥系统，编制《地质灾害防治预案》《地质灾害应急预案》。2009年，离石区共查明地质灾害隐患点263处，其中裂缝79处、滑坡崩塌164处、泥石流7处。4月，编制《2009年地质灾害防治方案》，标明主要灾害点的分布，明确重点防灾范围，确定地质灾害隐患点的监测、预防责任人，制定具体防灾措施，指导地质灾害防治工作。区政府和12个乡（镇）、街道均签订地质灾害预防责任状，对隐患排查监管工作做具体部署；对已知地质灾害点、厂矿企业的切坡情况和重点工程防护段进行1次地质灾害隐患排查；枣林苑、西属巴街道缩缩岭和交通路吕建家属院发生地质灾害后，离石区派出应急人员赶赴灾害现场调查处理，配合相关部门转移危险区群众，开展治理工作。2010年，离石区聘请山西省第三地质工程勘察院的地质专家对全区的地质灾害隐患点进行重新核查，并发放防灾明白卡和避险卡，完善地质灾害群测群防体系。2011年，全区各国土所建立汛期地质灾害预报预警和定期巡查制度。

2012年2月，制定《离石区2012年地质灾害防治方案》《离石区突发性地质灾害应急预案》。对全区182个地质灾害隐患点全部进行排查。2014年，对全区209个地质灾害隐患点进行排查。2015年，对全区9对在建生产矿井、公寓和广场内涉及的地质隐患进行排查。

第十一节　矿产治理整顿

煤矿、非煤矿采矿治理整顿

1998年，离石市查处4个乡镇毁地挖沙行为，责令其复垦被毁的4.52公顷耕地。推行煤炭企业储量管理和块段管理。1999 年，开展对煤矿企业储量监察测量。报送吕梁地区土地矿产资源局进行“采矿许可证”换证工作，煤矿企业换证 40 家，非煤矿采矿企业换证 8 家；同时建立《矿山企业基本情况台账》《矿山企业储量台账》《矿山企业资源补偿费台账》。2000 年，离石市查处毁地挖沙 73 起，制止并查处越界采矿案件 2 起。2001 年，执行国务院《关于关闭国有煤矿矿办小井和乡镇煤矿停产整顿的通知》，收回采矿许可证 41 份，各煤矿均停产整顿，接受复产验收。2003 年，离石市召开采矿权公开拍卖会 3 次，出让石料厂 24 宗、白云岩矿 1 宗。

2004 年，离石区开展矿山企业专项整治活动，取缔炸毁违法采矿企业 3 户；查处越界采矿案件 7 起，罚款 49.6 万元。2007 年，进行煤炭资源整合，整合煤矿 6 个，当年有煤矿 35 座。查处矿产违法案件 7 宗，关闭黑砖窑 3 座。2008 年，申请离石区人民法院强制执行立案未执行的 10 户非法采沙户。2009 年，清理 2007—2008 年底的矿产资源补偿费 246.12 万元，征收 2009 年度矿产资源补偿费 505.75 万元，追缴煤矿采矿权价款 6563.5 万元，非煤采矿权价款 123.98 万元。2009 年，全区共取缔非法采石点 32 个。对北川河、东川河毁地挖沙死灰复燃现象，区土地部门与区纪检、公安、法院等部门联合执法，在西属巴街道取缔非法沙厂 37 个，没收非法采沙 4 万余立方米。

2012 年，离石区立案查处矿产资源违法案件 1 件，收缴罚没款 4.87 万元；排查出关闭矿井安全隐患 47 处。2013 年，立案查处矿产资源违法案件 6 宗；征收煤矿采矿权价款 32370.23 万元，征收非煤采矿权价款 432.13 万元，征收矿产资源补偿费 2886.9 万元。2014 年，区政府制订“矿山复绿”实施方案，各煤矿全部编制《矿山地质环境保护与治理恢复方案》。进行矿产卫片执法检查，立案查处违法案件 3 宗，下发《行政处罚决定书》3 份，收缴罚款 16.41 万元，落实纪律处分 2 人。截至 2015 年底，对辖区内 49 户采矿企业和 1 户探矿权进行年检。征收采矿权价款 10342 万元。

煤炭企业兼并重组

2009 年，区土地部门配合有关部门进行煤炭企业兼并重组。按要求提供和上报相关煤矿的采矿权价款、储量、图纸等相关资料，到 11 月底，省国土厅受理离石区 14 户企业的采矿许可证换发资料，办结 13 户企业的采矿许可证。2010 年，完成 14 个兼并重组煤矿的资源核查工作。2011 年，区土地部门配合有关部门完成煤炭企业的兼并重组后续工作。离石区资源重组保留的煤矿有 14 个，年生产能力总计 1350 万吨，煤田面积总计 100.68 平方千米。2012 年，参与兼并重组的 14 个煤矿全部换领长期采矿许可证。

第十二节　机　构

土地资源管理机构

1982 年 3 月 11 日，离石县人民政府成立建设用地领导组，对建设用地管理进行明确分工，农村生产队和个人建设占地由县农业局管理。4 月 1 日，县农业局土地管理办公室成立，主要审批基本建设征用地。1987 年 10 月，离石县土地管理局成立，除征用地审批外，逐步开展土地勘测、规划设计、地籍管理，土地监察，以及涉及土地的信访、宣传等工作。1988 年，全县 15 个乡镇配备土地管理员，启用乡镇人民政府土地管理专用章。1995 年，离石县土地巡回法庭成立。

1999 年 3 月，离石市土地管理局和地矿局合并，成立离石市土地矿产资源局；同年，离石市土地矿产资源局成立市土地矿产执法监察大队，设立城关国土资源所、交口国土资源所、田家会国土资源所、西属巴国土资源所、枣林国土资源所、信义国土资源所。2002 年，更名为离石市国土资源局。

2004 年，更名为离石区国土资源局。2007 年，更名为吕梁市国土资源局离石分局。截至 2015 年底，吕梁市国土资源局离石分局内设办公室、监察股、测绘股、用地股、矿管股、地环股、地籍股，下设规划站、土地整理中心、土地储备中心、执法监察大队、交易中心、滨河国土所、莲花池国土所、凤山国土所、西属巴国土所、交口国土所、信义国土所 11 个事业单位，有职工 84 人，其中本科以上学历 55 人。

矿产资源管理机构

1989 年 9 月，离石县矿产资源管理局成立。1991 年 10 月，更名为离石县地质矿产局。1999 年 3 月，与离石市土地管理局合并，成立离石市土地矿产资源局。

第十章 安全生产监督管理

第一节 安全生产目标管理

安全生产目标责任

20世纪90年代，离石县煤炭工业局与各煤管站和职能股室签订《安全目标责任状》，各煤管站与所属煤矿矿长签订《安全目标责任状》，将安全目标责任落到实处。

2005年，离石区政府与各乡（镇、街道）和区直重点部门签订安全生产工作目标责任书。2011年，区煤炭工业局系统制定年度安全生产目标管理责任状和考核细则，与各煤业集团公司签订安全生产责任状，并探索性地推出安全生产逐级承诺制，即：企业工人必须与班组长签订安全生产承诺书；班组长必须与分管副矿长签订安全生产承诺书；分管副矿长必须与矿长签订安全生产承诺书；矿长、主体企业负责人必须向区人民政府签订安全生产承诺书。区安全生产监督管理局督促企业按规定足额提取和使用安全生产费用和安全生产风险抵押金，在非煤矿山、危险化学品等高危行业开展安全生产责任保险试点工作，保障安全投入。引导高危行业企业提高机械化、自动化、信息化生产水平。强制推行采石场中深孔爆破、分台阶开采和机械铲装等安全技术措施和工艺；在化工企业推行联锁自控技术和重大危险源自动监控技术。地下非煤矿山按规定配备“五大员”，露天非煤矿山配齐“三大员”。

2013年，区煤炭工业局与118户企业签订安全生产责任状和安全生产承诺书，按企业主体责任层层分解签订安全生产责任状和安全生产承诺书。建立健全员工（岗位）、班组、车间、企业四级安全管理体系，按月、季、年分期对企业安全管理机构和安全管理制度的建立、运行及责任状、承诺书的履行情况进行监督考核，并对监督考核结果进行严格问责，形成企业内部四级网络责任主体的层层落实。区安委办出文48份、督办卡5份，组织12个乡（镇、街道）和14个区直重点部门与区政府签订安全生产工作目标责任书，修订考核办法和考核细则，建成安全乡镇2个，安全乡村129个；严格执行“谁主管、谁签字、谁负责”的原则，实行安监队伍首问责任跟踪制，把监管责任层层落实到局主要负责人、分管领导、股室负责人、直接监管人员身上。2013年，有76户企业缴纳安全生产风险抵押金857.7万元，其中，35户非煤矿山企业缴纳610.2万元、21户危险化学品生产经营单位缴纳140万元（3户生产企业缴纳86万元、18户加油站缴纳54万元）、10户烟花爆竹经营单位缴纳7.5万元、10户冶金等工贸行业企业缴纳100万元。有19户非煤矿山企业缴纳安全生产责任保险23万元，生产经营单位工伤保险参保率100%。2015年，坚持“党政同责、一岗双责、齐抓共管”，全面落实安全生产责任制，建立健全部门主要负责人、分管领导、股室负责人、直接监管人员及企业、车间、班组、岗位（人员）双层四级网格化的主体责任体系，全面落实隐患排查、识别、治理、评价责任，按部门、企业两条线对安全管理机构和安全管理制度的建立、运行进行监督考核，对监督考核结果进行严格问责，确保责任落实无缝隙、无死角。截至2015年底，全区共发生各类生产经营性事故11起，死亡11人。其中，工矿商贸企业（建筑施工）事故1起、死亡1人，生产经营性道路交通事故10起、死亡10人。全区未发生一次死亡3人以上较大事故。

安全生产许可

2004年10月，离石区开展煤矿、非煤矿山企业安全生产许可证颁证工作。2005年，执行建设项目安全设施与主体工程同时设计、同时施工、同时投入生产和使用的“三同时”审查制度。2006年，全区非煤矿山企业71户，其中石料厂45户、砖厂26户。进行安全生产许可证申报30户。2007年，下达整改指令书89份，全部整改。新办证4户，完成标准化评审2户。2010年，离石区共竣工验收企业4户，有2户取得安全生产许可证；强制推进企业安全标准化建设；强制推广安全生产先进实用技术，全区露天开采的非煤矿山企业全部实现中深孔爆破、机械化铲装作业；强制充实安全管理人员，非煤矿山企业全部配齐“三大员”。全年申请安全生产许可证6户，换证3户。

2012年，离石区办理许可证3户，换证23户，对6户使用有毒物品企业发放职业卫生安全许可证。评审6户非煤矿山企业安全评价报告；备案3户冶金等工贸行业企业安全设施“三同时”，备案2户企业安全预评价报告。2013年，办安全许可证11户（非煤9户、烟花爆竹经营户2户），延期换证47户（非煤11户、烟花爆竹6户、危化30户）。2014年，审批办理烟花爆竹固定经营（零售）许可证2户。2015年，换许可证11户（非煤2户、加油站8户、生产企业1户），办烟花爆竹零售许可证24户，关闭证件到期的烟花爆竹零售店5户。截至2015年底，全区有安全生产许可证的非煤矿山企业23户，其中硐采企业2户、砖厂6户、采石场15户。

第二节 监督管理

煤炭企业安全生产监督管理

离石县煤炭工业管理局成立后，安全生产监督工作由过去招到工人即下井、井下安全听凭技术人员“敲壁问顶”，到逐步建立健全安全制度、坚持“安全第一，预防为主”原则。正副矿长和特殊工种工人必须持证上岗，分别经省、地、局培训合格发证，新工人下井前进行不少于15天的培训。全县1987—1990年经省、地培训矿长52人，培训特种工人527人。县煤炭工业局每月组织安全自检2次。各矿每周进行一次安全日活动。各矿制定作业规程。

1990年10月，全县安全大检查，设备“四率”（完好率、待修率、损坏率、失补率）平均为70%。1990年5月1日起，贯彻山西省人民政府决定，吨煤维检费征缴从4元增到7元，实行专款专用。

2004年11月，离石区安全信息中心成立，隶属区煤炭工业局，负责全区远程煤矿安全信息实施监测监控、隐患报告、事故报警、安全监管、安全调度。两会期间，对复产的30个矿井，批准整顿的13个矿井和待批待验的7个矿井采取分类监督检查办法，进行突查、夜查、日常巡查。区煤炭安全纠察分队共巡查503次，抽调2008人次，检查1506矿次，其中，下井134次，夜查30次，查封108矿次，下达执法文书201份，执行行政处罚24.9万元。查出各类安全隐患5348条，其中，现场督促整改2738条，限期整改2610条，全部结案。2005年“四节两会”和“安全生产月”期间，区煤炭纠察分队查出各类事故隐患569条，其中“一通三防”（煤矿安全生产中的矿井通风、防治瓦斯、防治煤尘、防火灭火的技术管理）296条、采掘136条、机电运输77条、其他60条，下达限期整改决定并实行跟踪监察。对全区48对矿井开展有重点、有针对性的安全纠察。共巡查634次，出动2294人次，检查1714矿次，其中下井176次、夜查44次。共查出各类问题和安全隐患3442条，煤炭销售票23万吨。建立信息沟通平台，开通“企信通”，共发布安全管理信息22条；设立举报电话，鼓励群众对利用检查空当违规生产的企业进行举报、监督。2006年，监察矿井193次，查处各类事故隐患364条。制作各类执法文书196份，其中，现场检查记录66份，调查取证笔录33份，下达现场处理决定书38份，撤出人员命令书47份，行政处罚决定书12份，收缴罚款6.03万元。检查387矿次，下井检查90次，夜查2次，回头落实问题138条，加挂有隐患警示牌1次。2007年，区安全生产监督管理局对煤矿企业进行安全验收。验收过程中共查出煤矿存在问题179条。其中，“一通三防”方面77条，矿井机电方面23条，支护方面33条，其他方面46条。2007年，每个矿均成立驻矿安监组，对煤矿进行24小时监管，确保煤矿安全生产。所有生产矿井和合法基建矿井全部安装产量监控系统，并联网运行。所有合法生产矿井均安装人员定位系统和视频监控系统，有效地杜绝“三违”（违章指挥、违章作业、违反劳动纪律）、“三超”（超定员、超药量、超范围和改变工房用途）现象发生。2011年，区煤炭工业局由18人组成3个监管小组，主要负责对吕梁市煤炭工业局和离石区煤炭工业局安监、通风及行业等业务股室排查出的安全隐患落实情况进行监督检查，对所包煤矿每周检查1次以上。各类检查人员共检查煤矿780余次，排查出各类隐患3820条，当年整改完毕。聘请山西省煤炭职业技术学院专家对贾家沟煤业等6对建设矿井进行“会诊”，专家组通过查看有关设计文本、图纸并到井下检查，发现共性问题12条，个性问题110余条。

2012年，全区煤炭企业实行安全生产挂牌责任制，各煤矿企业每天把当天带班下井的政府、煤炭管理部门以及煤业集团公司挂牌责任人的职务、姓名在矿井井口等明显位置挂牌公示，做好记录，接受群众和媒体监督。排查整改各类安全隐患1350余条，先后采取停产停建措施 21 矿次。区煤炭纠察队下达执法文书 55 份、罚款 266 万元。监督煤矿企业按规定足额提取安全费用，通过检查未发现挤占、挪用现象。查处违规违纪驻矿安全监管人员 5 人次，调整监管小组工作人员 15 人。2013 年，排查出各类隐患 3476 条，当年整改销号 3370 条。2014 年，排查出各类安全隐患 283 条，全部整改完毕。截至 2015 年底，离石区安全生产监督管理局将全区 37 户洗选煤企业和 12 户储售煤企业纳入监管范畴，排查并监督企业整改安全隐患 62 条。聘请专家开展“一通三防”大会战、水害防治大会战、机电运输大会战、质量标准化考评及隐患排查“回头看”等专项行动。排查各类安全隐患 1769 条；接受省、市煤炭部门委托，监督企业整改隐患 441 条，煤炭主体企业排查并整改各类安全隐患 3381 条，煤矿日常自查自纠各类安全隐患 7222 条。做到从排查隐患、制定整改方案及安全技术措施、跟进督促落实到检查验收结果实现全闭合，并实现一案一档。

非煤炭企业安全生产监督管理

2004 年，离石区安全生产监督管理局对全区非煤矿企业进行检查，全区非煤矿企业 54 户，包括石料厂 31 户、砖厂 23 户。其中，31 户石料厂有一证或两证 19 户；对 11 户石料厂下达限期整改的“三定”（定措施、定整改日期、定责任人）表，因炼制土炸药被没收生产工具和炸药的石料厂 4 户。23 户砖厂中，有证件的 9 户；对 6 户砖厂下达限期整改“三定”表。2006 年，离石区成立非煤矿山安全整治工作领导组，开始对全区非煤矿山进行安全生产整治。共检查非煤矿山企业 74 场次，签订责任状 3 份，其中 7 户企业无证或证件不全，并责令 5 户石料厂停产整顿。对田家会街道李家山石料厂私制炸药、爆炸物品管理混乱且无流向登记问题，采取没收、销毁自制炸药 140 千克，进行停产整治。2007 年，区安全生产监督管理局牵头对全区所属的非煤矿企业进行安全生产隐患排查工作督查、验收，对采矿许可证过期的非煤企业，下达整改指令书 7 份，要求限期办理，同时进行查封、罚款、停批雷管、炸药等处理措施；针对非煤企业存在安全生产规章制度不健全等问题，下达整改指令 28 份，限一周时间整改；针对防洪、防汛工作存在的问题，下达整改指令 28 份，现场查出问题 46 条；针对非煤矿山企业边坡及开采高度存在的问题，下达整改指令书 26 份。2011 年，离石区组织非煤矿山企业安全生产执法大检查 4 次，检查企业 30 户，查出各类安全隐患 528 条，整改 511 条。下达现场检查记录 79 份、责令改正指令书 79 份、复查意见书 21 份、强制措施决定书 28 份，对各类违法行为行政处罚 36.36 万元。全年检查机械、建材、有色金属等行业企业 21 户，发现各类隐患 130 条，其中，管理单位隐患 59 条，生产单位隐患 71 条，当年整改 118 条。下达整改指令书 17 份、整改复查意见书 22 份，强制措施决定书 3 份，罚款 2 万元。全年查封黑石料厂 4 户，查封黑混凝土搅拌站 1 户，并进行不间断巡查，防止死灰复燃。2011 年，隐患排查整改领导组成立，对排查出的隐患限期整改，安全监管人员每人蹲 1 个点，24 小时蹲企业、查隐患、严落实。督促企业制定隐患整改方案。通过蹲点共排查出隐患 280 条，当年整改 272 条。建立非法违法行为举报奖励制度，对媒体和群众举报的各类非法违法行为，及时查处，兑现奖励；同时向社会公开曝光存在非法违法生产经营建设行为企业。

2013年，共组织执法大检查4次，排查出安全隐患1482条，整改1463条，整改率为98.7%，下达各类执法文书928份，其中，责令改正指令书317份、整改复查意见书430份、强制措施决定书122份、行政处罚告知书29份、行政处罚决定书24份、现场处罚决定书6份，行政处罚17.4万元。对排查出的15户非法违法企业进行查封，同时移送主管部门进行查处，并提请区政府组织有关部门予以取缔。同年，离石区出台非煤矿山分类整治分类监管实施方案，进一步强化监管。吕梁市安监局对离石区22户非煤矿山企业进行等级评定，达A级企业4户，达B级企业18户。关闭非煤矿山企业5户，拆除生产线10条。2014年，离石区推广临汾隐患排查治理体系建设经验，通过两个责任主体建立隐患排查、识别、治理、评价体系，形成隐患整改闭环管理。建设监管主体安全监管标准化和企业主体安全管理标准化。起草非煤、危化、烟花爆竹、工贸、民爆、应急、职业健康等7类监管主体安全生产监管工作规范标准，指导非煤、危化、工贸3个行业的22户企业建立企业主体安全生产管理工作规范标准，逐步实现隐患排查、识别、整改、治理的制度化、规范化、常态化。全年共排查出安全隐患873条，当年整改792条。下达各类执法文书655份，行政处罚8.7万元。2015年，区安全生产监督管理局牵头组织区工商、公安、人社、工会、电力等部门联合复产验收，共验收非煤矿山地下开采企业1户、露天矿山9户。排查出隐患306条，整改269条；共下达执法文书236份，罚款3.1万元。

应急救援管理

2007年，离石区开始实施应急救援管理，制定事故应急救援预案，全区65户危化企业、47户非煤矿山企业经区安监局审查备案均建立事故应急救援预案。各单位，企业组建救援队伍并储备必备救援物资，进行实际演练，各煤矿企业均与吕梁市矿山救护队签订救护协议，建立救援网络体系。2010年，区安全生产监督管理局成立应急救援办公室，制定印发《离石区安全生产监督管理局安全生产应急预案管理办法实施细则》，编制《离石区应对恐怖突发事故引发生产安全事故应急预案》《离石区防范和应对自然灾害引发生产安全事故应急预案》及非煤矿山、危险化学品、烟花爆竹生产安全事故等行业应急预案。进行安全生产事故应急预案备案的生产经营单位70户、部门19个、乡（镇、街道）12个。2011年，区安全生产监督管理局受理全区生产经营单位安全生产事故应急预案备案71户。其中在区安监局备案62户（煤矿8户、非煤矿山17户、加油站26户、烟花爆竹批发户1户、建材10户），在市安全生产应急救援指挥中心备案9户（非煤矿山企业2户、化工企业4户、有色金属企业1户、高瓦斯和高管煤矿2户）。全区化工企业和有条件的加油站建立单位兼职应急救援队伍，非煤矿山与区矿山救护队签订救护协议。在大土河公司焦化一厂、二厂、化工厂和东义煤气化公司、东关加油站、泰化石油西城加油站组织开展应急救援演练。

2012年，共受理企业应急预案备案76户（在市应急中心备案10户），其中备案18户（在市应急中心新增备案4户）。督促各部门进行各项应急演练11次，其中，地质灾害演练1次，道路运输突发事件应急演练 1 次，其他突发事件应急演练 9 次；督促企业进行各项应急预案专项演练 20 余次，其中防洪演练 9 次、危化品泄漏演练 2 次、消防演练 7 次、触电演练 1 次、企业用电中断演练 1 次。同时配备应急物资储备。截至 2012 年底，全区有矿山救护车 4 辆、指挥车 3 辆、装备车 1 辆、对讲机 10 部及其他个人防护装备、灭火装备、检查检测仪器等装备。大土河煤焦公司自备有应急救援队伍和物资储备。全区应急物资储备基本满足突发事件应急处置需求。山西大土河矿业管理公司、吕梁永宁煤焦集团有限公司、山西煤炭运销集团锦瑞煤业有限公司、山西楼俊集团担炭沟煤业有限公司均成立辅助矿山救护队，并全部签订救护协议。2013 年，制定防洪防汛工作方案，组织开展防洪防汛专项检查，开展隐患排查活动，督促企业限期整改存在的隐患，安排执法大队及时复查。督促各生产经营单位配齐配足防洪防汛物资，共配备沙袋 1625 袋、雨靴 438 双、铁锹 356 把、手电筒 168 个、雨衣 186 件。编制生产安全事故灾难应急预案和煤矿、非煤矿山、危险化学品、突发性地质灾害等专项预案和部门预案，审核上报 4 户企业在市应急中心备案（危化生产企业 1 户、建材企业 2 户、机械 1 户），受理备案 40 户（非煤 5 户、加油站 20 户、建材 6 户、烟花爆竹 9 户），对 12 户企业的应急预案进行修订。全区基本形成区、乡（镇、街道）、行政村、企业四方联动的应急救援队伍。区政府有 20 人的综合应急救援大队，区公安局有 100 人的公安防爆应急大队，区教体局有 70 人的应急保安队伍，区矿山救援中队有 30 人的应急队伍。各乡（镇、街道）成立以基干民兵为主的应急救援抢险队伍，各个村均有应急安全员 1—2 名。大土河焦化公司成立专职应急救援抢险队伍，部分加油站建立兼职的应急救援队伍。非煤矿山企业与区矿山救护中队、区人民医院签订救护或医疗协议。全区各部门组织各项应急演练 5 次，企业组织各项应急演练 20 次。2014 年，区安全生产监督管理局督促各部门组织各项应急演练 1 次，督促企业组织各项应急演练 8 次。3 月 25 日，在青银高速薛公岭隧道举行跨区域灭火救援演练，强化应急救援队伍的个人防护装备穿戴、通信设备的熟练使用，使应急救援队伍熟练掌握专业常识、堵源技术、抢运和清消技术。2015 年，进行应急预案新备案企业 5 户，重新备案企业 11 户，修订预案企业 13 户。督促各部门组织应急演练 2 次，企业组织应急演练 7 次。

安全标准化建设

2010 年，离石区强制推进企业安全标准化建设，有 3 户企业成为安全标准化建设示范企业。2011 年，在非煤矿山、危险化学品、烟花爆竹等行业开展安全标准化创建活动，全区非煤矿山有 18 户企业完成内部评审和外部评审，通过市安监局行政验收；11 户加油站被评为二级标准化企业，2 户加油站被评为一级标准化企业；大土河焦化公司的 3 户化工企业被评为三级标准化企业。

2012 年，全区有非煤矿山企业 18 户、危化品生产经营企业 21 户、建材企业 2 户、机械企业 1 户达安全标准化三级等级。2013 年，全区有 51 户企业取得安全标准化等级证书（二级标准化 1 户、三级标准化 50 户）。其中，非煤矿山企业 9 户，危险化学品生产企业 1 户，加油站36户，烟花爆竹批发经营企业1户，冶金等工贸行业企业4户。离石区安全生产监督管理局选取9户安全标准化达标企业作为样板示范企业，在全区企业中进行示范样板建设。截至2015年底，全区4户非煤企业安全标准化通过市安监局延期评审，8户企业安全标准化上报市安监局进入延期评审程序，其中工贸企业为二级标准化。

创建安全保障型乡村 企业

2011年，离石区开展安全保障型乡村和企业创建工作，滨河街道申报国家级安全社区。截至2015年底，凤山街道、滨河街道、莲花池街道、城北街道、西属巴街道、交口街道、田家会街道、吴城镇、信义镇、枣林乡、坪头乡、红眼川乡12个乡镇（街道）被吕梁市安全生产监督管理局命名为安全保障型乡镇；命名50户企业为安全保障型企业。

职业卫生监督

2010年，离石区开展职业安全健康管理工作，成立职业健康监督管理股，配备工作人员3名，配置监测仪器设备。制定印发《关于开展粉尘与有毒物品危害治理专项行动的实施方案》，组织指导企业职业危害申报工作，当年申报102户企业。联合吕梁市工商局离石分局对全区使用有毒物品作业场所、生产经营单位实施职业卫生安全许可证管理；联合区卫生局、劳动和社会保障局、总工会、煤炭工业局开展粉尘与有毒物品危害治理专项行动，在全区开展职业危害安全现场检查。全年共检查企业69户，下发文书47份，提出隐患236条，当年全部整改完毕。2011年，全区存在职业危害的生产经营单位（不包括煤矿）有118户，其中，非煤矿山企业29户，危化品经营企业38户，冶金、机械、建材等行业17户，4S店12户，其他企业22户。召开全区生产经营单位职业健康安全工作会，与各企业签订《企业职业卫生安全健康承诺书》和《2011年度职业健康安全目标责任状》。开展职业健康危害申报、职业卫生安全许可、职业场所职业危害因素检测检验、职业健康体验、职业安全健康督察检查和职业健康标准化活动建设，推进职业健康十三项规范性管理制度建设和职业安全健康管理工作。当年进入职业危害申报程序的生产经营单位共计118户，其中，申报备案企业27户、待审查61户、待备案23户、注册未填报企业7户。51户作业场所职业危害检测检验企业均进行职业健康体验工作，职业健康检测检验完成率43%，体检率37.1%。使用有毒物品的5户企业上报市局进行职业卫生安全许可证领证。全年共下达现场检查记录98份，下达责令改正指令书98份，查出问题434条，限期责令整改。

2012年，全区进入申报备案企业共97户，职业健康检测检验完成率96%，体检率96%。在排查摸底、日常监督检查、隐患治理、节假日检查和专项检查过程中，共查出问题346条，共下达责令改正指令书70份、现场检查记录62份、整改复查意见书70份。2013年，全区申报企业110户，全部完成职业危害检测检验和体检工作。在排查摸底、日常监督检查、隐患治理、节假日突击检查和专项检查中，下达各类执法文书282份（现场检查记录94份、责令改正指令书94份、整改复查意见书94份），排查出问题386条，整改率为98%。2014年，完成34户企业的职业卫生基础建设验收，54户企业的职业健康检测检验，27 户企业的职业健康体检，34 户企业的职业病防治评估工作。落实 19 户企业的职业病危害因素“三项治理”（根据国家安监局通知，从 2014 年 1 月至 11 日，集中精力深化水泥制造、石材加工、焦化企业的职业病危害专项治理工作），完成 24 户企业的职业健康档案规范建设工作。对 4 户石料厂、1 户冶金工贸行业企业进行劳动防护用品专项检查。2015 年，完成 8 户企业申报的职业病危害项目，完成 10 户企业的职业卫生“三同时”备案，完成 30 户企业职业病防治评估。全区监管企业未发生职业病或疑似职业病病例。

第三节　专项治理

2004 年，离石区共登记有危化品经营单位 54 户，其中持证经营者 35 户。进行危化品经营企业检查 11 次，检查加油站 21 个、乙炔厂 1 个，共出动 22 人次，下达“三定”表 9 份，提出问题 60 余条。对北大桥加加油站、新盛加油站等存在油罐储存不规范、电器电路管理混乱等问题进行督促整改，共处罚金 5500 元。2005 年，区安全生产监督管理局与有关职能部门配合，对道路交通、水上运输、民爆物品、公众聚集场所消防等开展专项整治和联合检查。2006 年春节期间，区安监、公安、工商、质监局等部门，联合打击非法运输、储存、销售烟花爆竹行为，共进行检查 5 次。检查危险化学品企业 32 次，罚款 3800 元。检查加油站 60 个，对私自启封、无证经营的加油站全部查封并责令限期整改。签订责任状 7 份。2007 年，开展为期 1 个月的危险化学品生产经营单位隐患排查和治理验收检查， 查出危险化学品生产单位安全隐患 27 条，下达整改指令书 7 份。对新改扩建的大土河焦化有限责任公司机焦三厂、中吕焦化有限公司机焦厂的化学产品回收项目，下达停止建设和停止试生产的整改指令书，对 5 户非法生产单位下达停止生产指令，并要求按规定补办相关手续；查出 54 户加油（加气站）安全隐患 169 条，下达整改指令书 31 份，对 22 户非法经营站点采取查封加油设施并没收违法所得的措施，对未经安监部门审批而私自建设的惠邦加气站和龙凤加油二站，下达停止建设、停止营业的整改指令，罚款 2 万元。2009 年，开展道路交通、危险化学品及烟花爆竹、非煤矿山等 14 个方面安全生产专项整治活动。组织全区化工专家和企业安全负责人对全区化工企业进行交叉检查，共排查隐患 1728 条，整改 1526 条。2010 年，离石区安全生产监督管理局聘请化工专家对 5 户生产单位和 2 户加油站进行现场检查与业务指导。重新辨识全区化工企业的重大危险源，要求企业建档立案，完善危险源应急预案，严防危险部位事故发生。共查处非法销售烟花爆竹摊点 8 户，罚款 2.71 万元。组织对“10・27”马茂庄管道煤气爆炸和“11・7”大土河供热检查井缺氧窒息伤亡两起责任事故进行事故调查，分别给予事故企业及责任人相应经济处罚和法律处罚，并及时组织各乡（镇、街道）行政一把手参加的事故教育警示会，严防类似事故再次发生。2011 年，共检查危险化学品企业 61 户，发现各类隐患 533 条，共下达现场检查记录 83 份，下达各类执法文书 204 份，其中责令改正指令书 83 份、整改复查意见书 83 份，对整改不力的单位下达强制措施决定书和当场行政处罚决定书26份，对现场违反操作规程、违反安全管理规定作业的下达行政处罚告知书12份，共收缴罚款5万元。

2012年，排查出各类隐患803条，当年全部整改。下达责令整改指令书193份、强制措施决定书44份、整改复查意见书193份、当场处罚决定书3份、行政处罚告知书7份、行政处罚决定书7份，罚款7.3万元。加强对租用吕梁市民爆公司库房安全监管，督促区民爆公司增加配备灭火器6个、铁锹10把，增加视频监控4处，炸药库、雷管库铺设绝缘地胶，增加配备绝缘防护服装，更换手推车。2014年，针对中南铁路供电线路影响美锦烟花爆竹有限公司库房的安全隐患问题，帮助企业寻找库房、制定搬迁方案。在搬迁过程中，委派专人对运输车辆全程跟车押运，共协助企业搬运烟花爆竹11900余件。截至2015年底，全区共有危险化学品、烟花爆竹、油气长输管道生产经营单位82户，其中危险化学品生产单位2户、危险化学品经营单位38户、烟花爆竹经营单位35户、油气长输管道生产经营单位5户。全年开展危化品企业执法检查44次，开展烟花爆竹经营单位执法检查5次，下达各类执法文书51份。发现安全隐患共167条，全部进行整改。对不符合经营条件的2户烟花爆竹经营企业吊销证件。

第四节 机 构

1959—2002年，境内非煤安全生产监督管理工作由县（市）劳动局负责，煤矿安全生产监督管理工作由县（市）煤炭工业局负责。2002年6月，离石市安全生产监督管理局成立，与县煤炭工业局合署办公，两块牌子、一套人马。

2005年5月，离石区安全生产监督管理局与区煤炭工业局分离。2007年7月，区政府机构职能调整后，离石区安监局不再承担煤矿的安全监管职能，由区煤炭工业局负责。2010年，区安监局增加冶金等工贸行业安全监管职能和职业健康安全监管职能。在各乡（镇、街道）增设安监站，每站配备工作人员2—5名，村（居）委会、园区明确安全监管人员1—3名，并建立安全监管制度12项和台账12种，实现乡（镇、街道）、村（居）、园区安全监管规范化。

2012年9月，区政府印发《关于进一步明确安全生产监管责任的通知》，将商贸行业安全监管职能划分到区经济和信息化局。截至2015年底，区安全生产监督管理局设有综合办公室、综合协调监督股、安全监督管理一股、安全监督管理二股、安全监督管理三股、安全监督管理四股、职业安全健康监督管理股、行政审批股、区安全生产监督执法大队、区安全生产应急救援指挥中心、区危险化学品管理服务中心、区安全生产培训中心。有职工96人。

吕梁市离石区志

吕梁市离石区地方志编纂委员会　编

（下册）

方志出版社
Publishing House of Local Records

目　录

（下　册）

第十七编　扶贫开发

第一章　扶贫规划　模式…………… 1101
第一节　贫困状况…………………… 1101
第二节　扶贫规划…………………… 1101
第三节　扶贫模式…………………… 1102
第二章　综合扶贫…………………… 1104
第一节　易地搬迁…………………… 1104
第二节　特色农业…………………… 1105
第三节　生态治理…………………… 1106
第四节　劳动力培训转移…………… 1107
第五节　公共基础设施建设………… 1108
第六节　机关定点帮扶……………… 1109
第七节　金融　光伏扶贫工程…… 1110
第八节　企业扶贫…………………… 1111
第九节　乡村旅游扶贫……………… 1113
第三章　扶贫管理…………………… 1114
第一节　项目管理…………………… 1114
第二节　资金管理…………………… 1114
第三节　扶贫对象管理……………… 1115
第四节　扶贫信息监测……………… 1117
第五节　管理机构…………………… 1118

第十八编　中国共产党地方组织

第一章　组织机构…………………… 1121
第一节　早期组织…………………… 1121
第二节　组织发展…………………… 1122
第三节　工作机构…………………… 1124
第四节　党组　工委　基层组织 ……………………………………… 1125
第二章　党代表大会………………… 1128
第一节　县党代表大会……………… 1128
第二节　市　区党代表大会………… 1130
第三章　组织工作…………………… 1138
第一节　发展党员…………………… 1138
第二节　干部考核…………………… 1140
第三节　教育培训…………………… 1141
第四节　组织整顿…………………… 1142
第五节　干部选拔培养……………… 1143
第六节　党员活动场所……………… 1143
第七节　大学生村官………………… 1144
第八节　机　构……………………… 1145
第四章　宣传工作…………………… 1146
第一节　理论学习…………………… 1146

第二节　舆论引导…………………… 1148
第三节　文明单位创建…………… 1149
第四节　机　构…………………… 1150
第五章　作风　制度建设………… 1151
第一节　作风建设………………… 1151
第二节　制度建设………………… 1152
第六章　纪检监察………………… 1153
第一节　端正党风………………… 1153
第二节　党纪教育………………… 1155
第三节　信访案件审结…………… 1156
第四节　执法检查　问题查处…… 1158
第五节　机　构…………………… 1161
第七章　党校工作………………… 1163
第一节　函授教育培训…………… 1163
第二节　岗位培训………………… 1163
第三节　政治理论培训…………… 1164
第四节　机　构…………………… 1164
第八章　统一战线………………… 1165
第一节　早期统战工作…………… 1165
第二节　统一战线建设…………… 1165
第三节　党外干部队伍建设……… 1166
第四节　参政议政………………… 1167
第五节　爱心奉献………………… 1168
第六节　对台工作………………… 1169
第七节　机　构…………………… 1170
第九章　信访工作………………… 1171
第一节　制　度…………………… 1171
第二节　接　待…………………… 1172
第三节　机构网络………………… 1174
第十章　老干部管理……………… 1175
第一节　退休　离休……………… 1175
第二节　待　遇…………………… 1175
第三节　余热发挥………………… 1176
第四节　机　构…………………… 1177
第十一章　重大活动纪略………… 1178
第一节　抗日救国………………… 1178
第二节　反奸清算 减租减息……… 1179
第三节　支援全国解放　抗美援朝
………………………………… 1179
第四节　重要运动………………… 1180
第五节　农业学大寨　工业学大庆
………………………………… 1186
第六节　真理标准讨论…………… 1187
第七节　推行农业生产责任制…… 1188
第八节　经济体制改革…………… 1188
第九节　学习教育 ……………… 1189

第十九编　政权　政协

第一章　地方人民代表大会………… 1193
第一节　人民代表　人大代表…… 1193
第二节　各界人民代表会议……… 1194
第三节　县级人民代表大会……… 1195

第四节　组织机构……………………1204
第五节　常委会会议…………………1206
第六节　常委会主要工作……………1216
第七节　乡镇人民代表大会…………1255
第二章　地方政府……………………1258
第一节　州衙县署……………………1258
第二节　抗日民主政府………………1263
第三节　县人民政府组织机构………1264
第四节　施政纪要……………………1272
第三章　政协地方组织………………1275
第一节　政协委员……………………1275
第二节　全体会议……………………1276
第三节　常委会会议…………………1282
第四节　主要工作……………………1285
第五节　组织机构……………………1296

第二十编　党派　群团

第一章　国民党离石地方组织………1301
第一节　县党部………………………1301
第二节　区党部　区分部……………1302
第二章　民主党派离石区（县、市）组织……………………………………1303
第一节　民革离石区（县、市）支部……………………………………1303
第二节　民盟离石区（县、市）支部……………………………………1304
第三节　民建离石区支部……………1305
第四节　民进离石区（县、市）支部……………………………………1306
第五节　农工民主党吕梁支部委员会离石小组……………………………1308
第六节　九三学社离石区小组………1308
第三章　群众团体……………………1310
第一节　县牺盟分会…………………1310
第二节　县动委会……………………1310
第三节　县抗联………………………1311
第四节　农民组织……………………1311
第五节　工人组织……………………1312
第六节　青年组织……………………1320
第七节　妇女组织……………………1331
第八节　工商业者组织………………1335
第九节　文学艺术工作者联合会……………………………………1338
第十节　科学技术协会………………1339
第十一节　残疾人联合会……………1341

第二十一编　军　事

第一章　兵要地志……………………1351
第一节　关隘要塞……………………1351
第二节　堡寨烽堠　工事碉堡………1352
第二章　兵　役………………………1353

第一节　募　兵…………………… 1353
第二节　派　征…………………… 1353
第三节　志愿兵…………………… 1353
第四节　义务兵…………………… 1354
第五节　预备役登记……………… 1354
第三章　军事武装……………………1355
第一节　地方武装………………… 1355
第二节　驻　军…………………… 1359
第四章　民　兵…………………… 1363
第一节　民兵建制………………… 1363
第二节　民兵训练………………… 1364
第三节　主要活动………………… 1365
第五章　国防教育　……………… 1367
第一节　战备　教育……………… 1367
第二节　学校军训………………… 1368
第三节　人民防空………………… 1369
第六章　兵事纪略……………………1370
第一节　战　事…………………… 1370
第二节　民族冲突　部属造反　起义
……………………………………… 1374

第二十二编　政　法

第一章　社会治安综合治理…………1379
第一节　主要工作………………… 1379
第二节　综治机构………………… 1382
第二章　公　安………………………1383
第一节　刑事案件侦查…………… 1383
第二节　经济案件侦查…………… 1386
第三节　社会治安管理…………… 1387
第四节　户籍管理………………… 1393
第五节　内部保卫管理…………… 1394
第六节　专项斗争………………… 1395
第七节　监所管理………………… 1397
第八节　交通管理………………… 1398
第九节　消防管理………………… 1403
第十节　社会治安机构…………… 1404
第三章　检　察………………………1407
第一节　刑事检察………………… 1407
第二节　经济检察………………… 1410
第三节　法纪检察………………… 1412
第四节　控申检察………………… 1413
第五节　监所检察………………… 1415
第六节　立案监督　侦查监督…… 1415
第七节　检察机构………………… 1417
第四章　法　院………………………1418
第一节　刑事审判………………… 1418
第二节　民事审判………………… 1419
第三节　经济审判　行政审判…… 1420
第四节　人民陪审　涉诉信访案件
……………………………………… 1420

第五节　执　行…………………… 1421
第六节　审判机构………………… 1421
第五章　司法行政………………… 1423
第一节　法制教育………………… 1423
第二节　人民调解………………… 1425
第三节　律师业务………………… 1426
第四节　法律援助………………… 1427
第五节　公　证…………………… 1427
第六节　社区矫正工作…………… 1428
第七节　司法机构………………… 1428

第二十三编　民　政

第一章　社会行政管理…………… 1431
第一节　基层自治组织…………… 1431
第二节　地名地界管理…………… 1431
第三节　社团管理………………… 1432
第四节　婚姻管理………………… 1432
第五节　殡葬管理………………… 1435
第二章　社会保障………………… 1436
第一节　优抚安置………………… 1436
第二节　赈灾救济………………… 1437
第三节　最低生活保障…………… 1438
第三章　社会福利………………… 1440
第一节　福利院…………………… 1440
第二节　福利生产………………… 1440
第三节　农村五保　医疗救助…… 1440
第四章　机　构…………………… 1442
第一节　管理机构………………… 1442
第二节　下属单位………………… 1442

第二十四编　劳动　人事

第一章　劳　动…………………… 1445
第一节　劳动制度………………… 1445
第二节　劳动力管理……………… 1446
第三节　保险　福利……………… 1447
第四节　劳动执法………………… 1450
第五节　培训　就业……………… 1451
第六节　机　构…………………… 1453
第二章　人　事…………………… 1454
第一节　机构编制管理…………… 1454
第二节　干部队伍………………… 1456
第三节　干部管理………………… 1458
第四节　人才交流………………… 1459
第五节　在职职工待遇…………… 1460
第六节　离退休人员待遇………… 1462
第七节　机　构…………………… 1464

第二十五编 教育 科技

第一章 普通教育……………………… 1467

第一节 官学 私学……………… 1467

第二节 幼儿教育………………… 1468

第三节 小学教育………………… 1469

第四节 中学教育………………… 1475

第二章 职业教育 师范教育……… 1483

第一节 职业教育 ……………… 1483

第二节 师范教育 ……………… 1485

第三章 成人教育……………………… 1487

第一节 农民教育………………… 1487

第二节 干部职工教育…………… 1491

第四章 教学 教研………………… 1493

第一节 思想品德教育…………… 1493

第二节 文化课教学……………… 1494

第三节 课程 教学改革………… 1498

第四节 教学研究………………… 1502

第五章 教师队伍……………………… 1509

第一节 组成 素质……………… 1509

第二节 进修 培训……………… 1513

第三节 任用 考核……………… 1516

第四节 工资 福利……………… 1518

第五节 表彰 惩戒……………… 1522

第六章 教育管理……………………… 1526

第一节 学校管理………………… 1526

第二节 教师管理………………… 1527

第三节 教学管理………………… 1528

第四节 学籍管理………………… 1530

第五节 教育经费………………… 1530

第六节 教学设备………………… 1533

第七章 教育管理机构……………… 1535

第一节 县级机构………………… 1535

第二节 基层机构………………… 1536

第八章 科学技术……………………… 1538

第一节 科技普及………………… 1538

第二节 科技应用………………… 1540

第三节 科技成果………………… 1543

第四节 科技园区 科技企业…… 1544

第五节 科技测报………………… 1544

第六节 科技机构………………… 1546

第二十六编 卫生 体育

第一章 公共卫生……………………… 1549

第一节 爱国卫生运动…………… 1549

第二节 卫生监督………………… 1552

第二章 防疫保健……………………… 1556

第一节　传染病防治…………………… 1556
第二节　地方病防治…………………… 1562
第三节　职业病防治…………………… 1565
第四节　妇幼保健…………………… 1566
第五节　计划免疫…………………… 1576
第三章　医　疗…………………… 1579
第一节　医疗用房…………………… 1579
第二节　医疗器械…………………… 1581
第三节　医疗技术…………………… 1583
第四章　卫生管理…………………… 1589
第一节　医药卫生制度改革………… 1589
第二节　管理监督…………………… 1591
第三节　经费管理…………………… 1599
第五章　机　构…………………… 1601
第一节　药品经营机构…………………… 1601
第二节　区直卫生机构…………………… 1602
第三节　乡镇医疗机构…………………… 1607
第四节　农村卫生所…………………… 1611
第五节　个体医疗机构…………………… 1613
第六章　体　育…………………… 1620
第一节　学校体育…………………… 1620
第二节　群众体育…………………… 1622
第三节　职工体育…………………… 1623
第四节　体育竞赛…………………… 1624
第五节　体育设施…………………… 1626
第六节　体育机构…………………… 1628

第二十七编　文　化

第一章　群众文化…………………… 1631
第一节　文化网络…………………… 1631
第二节　文化活动…………………… 1634
第二章　文学创作…………………… 1639
第一节　著　述…………………… 1639
第二节　小说　散文…………………… 1640
第三节　诗　歌…………………… 1641
第四节　剧　作…………………… 1643
第三章　艺　术…………………… 1649
第一节　戏剧 歌剧 话剧 曲艺 …… 1649
第二节　音乐　舞蹈…………………… 1652
第三节　民俗活动…………………… 1653
第四节　美术　书法　摄影……… 1657
第五节　民间　技艺…………………… 1670
第四章　史志编研…………………… 1673
第一节　党史研究…………………… 1673
第二节　地方志编纂…………………… 1674
第三节　机　构…………………… 1676
第五章　新闻　报刊…………………… 1677
第一节　新闻报道…………………… 1677
第二节　报纸　刊物…………………… 1680
第三节　机　构…………………… 1681
第六章　广播　影视…………………… 1682
第一节　广　播…………………… 1682

第二节　电　影…………………… 1682
第三节　电　视…………………… 1684
第四节　机　构…………………… 1686
第七章　图书　档案…………………… 1688
第一节　图　书…………………… 1688
第二节　档　案…………………… 1692
第三节　机　构…………………… 1695
第八章　文化市场管理…………………… 1696
第一节　管　理…………………… 1696
第二节　机　构…………………… 1698
第九章　非物质文化遗产…………………… 1699
第一节　收集　整理　申报……… 1699
第二节　国家级非物质文化遗产…… 1700
第三节　省级非物质文化遗产
……………………………… 1701
第四节　市级非物质文化遗产
……………………………… 1705
第五节　区级非物质文化遗产
……………………………… 1706

第二十八编　文物　旅游

第一章　文　物…………………… 1711
第一节　古建筑…………………… 1711
第二节　古遗址…………………… 1714
第三节　古墓葬…………………… 1716
第四节　石刻　壁画…………………… 1718
第五节　红色资源…………………… 1719
第六节　馆藏文物…………………… 1725
第七节　文物管理…………………… 1740
第二章　离石汉画像石…………………… 1751
第一节　起源　分布　特征……… 1751
第二节　保护发掘…………………… 1751
第三节　题材内容　艺术特点…… 1752
第四节　离石汉画像石博物馆…… 1753
第三章　收　藏…………………… 1755
第一节　图书　文物史料收藏…… 1755
第二节　古钱币　老车　瓷器　白酒收藏
……………………………… 1757
第四章　旅　游…………………… 1758
第一节　旅游资源…………………… 1758
第二节　旅游景观…………………… 1759
第三节　旅游服务…………………… 1768
第四节　旅游开发…………………… 1775
第五节　管理　机构…………………… 1777

第二十九编　民俗　宗教

第一章　民　俗…………………… 1781
第一节　衣食住行用…………………… 1781
第二节　地方小吃…………………… 1789
第三节　人生礼仪…………………… 1791

第四节　岁时节日…………………… 1797
第五节　礼节称谓…………………… 1802
第六节　禁忌　陋俗………………… 1806
第二章　宗　教……………………… 1809
第一节　佛　教……………………… 1809
第二节　道　教……………………… 1809
第三节　天主教……………………… 1810
第四节　基督教……………………… 1810
第五节　宗教事务管理机构……… 1810

第三十编　方言　谣谚　谜语

第一章　方　言……………………… 1813
第一节　语言概况…………………… 1813
第二节　同音字汇…………………… 1819
第三节　分类词……………………… 1834
第四节　重叠式方言………………… 1850
第五节　离石地名…………………… 1851
第二章　谣谚　谜语………………… 1855
第一节　歌　谣……………………… 1855
第二节　谚　语……………………… 1859
第三节　惯用语　歇后语………… 1887
第四节　谜　语……………………… 1905

第三十一编　人　物

第一章　人物传……………………… 1909
第一节　古代历史人物…………… 1909
第二节　现当代人物……………… 1916
第二章　烈士英名录……………… 1969
第一节　滨河街道烈士英名录 …… 1969
第二节　莲花池街道烈士英名录 ………………………………… 1970
第三节　凤山街道烈士英名录…… 1972
第四节　城北街道烈士英名录…… 1973
第五节　交口街道烈士英名录…… 1975
第六节　田家会街道烈士英名录 ………………………………… 1978
第七节　西属巴街道烈士英名录 ………………………………… 1980
第八节　吴城镇烈士英名录……… 1981
第九节　信义镇烈士英名录……… 1985
第十节　红眼川乡烈士英名录…… 1990
第十一节　枣林乡烈士英名录…… 1991
第十二节　坪头乡烈士英名录…… 1995
第三章　人物表……………………… 2001
第一节　历代进士举人…………… 2001
第二节　外籍落户红军…………… 2008
第三节　获省级以上荣誉人员…… 2008
第四节　副高以上职称人员……… 2030
第五节　省人大代表……………… 2047

第三十二编 艺 文

第一章 散 文…………………………2051
第一节 古代散文…………………… 2051
第二节 近现代散文……………… 2069
第二章 诗歌 碑文…………………… 2082
第一节 诗 歌……………………… 2082
第二节 碑文遴选………………… 2108
第三章 民间文艺……………………2118
第一节 故事 韵文………………… 2118
第二节 离石民歌………………… 2124
第三节 快 板……………………… 2128

附 录

一 旧志序………………………… 2139
二 文 献………………………… 2141
三 特 载………………………… 2199
四 神话传说……………………… 2202
五 领导人一览表………………… 2211
六 集体荣誉……………………… 2213
七 党史方志编委会……………… 2239

索 引

《吕梁市离石区志》表索引………… 2248

第十七编

扶贫开发

扶贫规划　模式

综合扶贫

扶贫管理

离石自然条件恶劣，生态不平衡，林草覆盖率低，水土流失严重，抗御自然灾害的能力相对较差。1987 年 6 月，离石县贫困地区经济开发领导组成立。1996 年前，离石县是国家级贫困县。1996 年 6 月，调整为省级贫困县，是山西省 22 个省定贫困县（市）之一。2000 年，全市贫困人口有 2.93 万户 10.25 万人，分别占农村总户数的 82%、总人口的 78%。2001 年以后，开始采取移民扶贫、金融扶贫、企业扶贫、村户合作扶贫、村社合作扶贫等模式帮助贫困户脱贫。2009 年，全区贫困人口从 10.25 万人减少至 4.2 万人，农民人均纯收入从 812 元增加到 1928 元，增长 137%。2009—2017 年，累计投入扶贫资金 3.53 亿元。

2019 年 5 月 21 日，山西省政府宣布离石区正式退出贫困县。截至 2019 年底，离石区建档立卡贫困人口经多次动态调整，全区贫困人口涉及 10 个乡镇（街道），127 个行政村（其中贫困村 93 个、非贫困村 34 个），建档立卡贫困人口 6360 户 14763 人，累计退出贫困村 93 个，减贫 6338 户 14692 人，贫困发生率由 13.8% 降至 0.06%。

第一章 扶贫规划 模式

第一节 贫困状况

1996年6月前，离石县是国家级贫困县。6月，调整为省级贫困县，是山西省22个省定贫困县（市）之一。全县有农业户数4.34万户，农业人口15.39万人占全县总人口的55%。农村劳力66507人，其中农业劳力24729人，占总劳力的37.18%。离石自然条件恶劣，生态不平衡，林草覆盖率低，水土流失严重，抗御自然灾害的能力相对较差。2000年，离石市贫困人口有2.93万户10.25万人，分别占到农村总户数的82%、农村总人口的78%。

2009年，离石区贫困人口从10.25万人减少至4.2万人，农民人均纯收入从812元增加到1928元，增长137%。同年，扶贫项目区涉及3个乡、2个镇、7个街道，153个行政村，农业人口10.91万人，低收入人口73154人，占项目区农业人口的67%；低保人口6974人，占农业人口的6.4%，农民人均纯收入1422元。其中，三大核桃林片区有核桃林7035公顷，产量21万千克，农民人均纯收入1571元；设施蔬菜片区蔬菜种植面积971.5公顷（含马铃薯），产量378万千克，农民人均纯收入768元。

2014—2017年，离石区实现部分农村脱贫，剩余贫困村14个1417户3093人贫困人口。2018年，对照贫困县退出14项指标，全区贫困县退出14项指标全部达标。贫困发生率0.3%，低于退出标准1.7个百分点。全区93个贫困村退出90个，剩余贫困村3个，退出率96.7%，高于指标6.7个百分点。2019年5月21日，山西省政府宣布离石区正式退出贫困县。10月，离石区建档立卡贫困人口动态调整后，全区贫困人口涉及10个乡镇（街道）127个行政村（其中贫困村93个、非贫困村34个），建档立卡贫困人口6360户14763人。累计退出贫困村90个，减贫6117户14289人，贫困发生率由13.8%降至0.44%。同年，全区退出贫困村3个，减贫221户403人，剩余贫困人口22户71人，贫困发生率降至0.06%。贫困户收入中工资性收入占比49.31%，生产经营性收入占比16.17%，财产性收入占比9.84%，转移性收入占比24.68%。

第二节 扶贫规划

2010年，离石区编制完成《离石区片区扶贫开发项目五年规划》。内容涉及核桃、蔬菜两大产业共5个片区，其中核桃片区3个，分别为南部、北部、西山片区。蔬菜片区2个，分别为吴城、信义片区。5个片区规划面积6559.3公顷，其中三大核桃片区主要建设内容有栽植核桃4891公顷（新栽植3551公顷），培训7145人，实施社会事业工程123处（主要对农民书屋、健身器材、农村医疗设备等进行补贴），新建集雨旱井3815个，造林路改扩建280千米等。信义、吴城设施蔬菜片区，发展蔬菜种植面积1668.3公顷，其中新建日光温室40.2公顷、大棚20.1公顷、露地蔬菜种植1608公顷，露地蔬菜种植中沿川小拱棚露地蔬菜268公顷、山地马铃薯种植1340公顷。培训乡村干部、致富带头人和农民实用技术员，分别为4305人和12915人次。扶持龙头企业和专业合作社组织各1个。基础设施建设工程有灌溉配套工程6套、干支渠15.6千米、田间道路8.1千米。建设农民书屋、村医疗室等配套设备14个、蔬菜批发市场2个。5个片区规划项目覆盖全区12个乡镇（街道）153个行政村，覆盖总面积96734.6公顷，覆盖区域总人口10.91万人，其中低收入人口7.32万人。规划总投资21650万元，项目实施投产达效后，年可产核桃2457万千克，蔬菜5215万千克，农民人均纯收入可净增收1492元。

2013年，编制完成《离石区农村扶贫开发总体规划（2014—2020年）》《离石区2013—2020年易地扶贫搬迁规划》《吕梁市离石区人民政府关于百企千村产业扶贫开发工程的实施办法》。同年，区扶贫开发领导组办公室制定2013年农民人均纯收入扶贫项目分析表、农民人均纯收入增加途径比例、贫困人口年度脱贫目标、农民人均纯收入年度目标等中长期发展规划。区扶贫办公室撰写《关于农民人均纯收入翻番的调研报告》。2014年，制定脱贫攻坚相关规划、政策措施，完成《三年脱贫攻坚的实施意见》《护工（护理）培训就业工作三年规划及2014年工作计划》《脱贫攻坚项目资金整合使用管理办法》《社会力量帮扶方案》等。同年，离石区脱贫攻坚领导组成立，设立职能小组10个，并明确工作任务职责。2015年，编制《易地扶贫搬迁后续产业项目申报书编写提纲》。

第三节　扶贫模式

移民扶贫

2001—2009年，离石区（市）先后实施114个村1869户6900人的移民工程项目，共修建移民住房5607间（孔），完成建筑面积17.25万平方米，建成枣林乡三山集、结绳焉、柳树局和西属巴街道缩缩岭村等移民新村。

金融扶贫

2014—2016年，离石区“百企千村”农业产业支撑扶贫项目贴息贷款7950万元，受益80余户及白马仙洞周边几个村。2015—2019年，扶贫小额信贷共投放23511.02万元，受益建档立卡贫困户3400余户，8000余人。“惠农保”“1+N”综合保险参保47343户，受益12.31万人。

企业帮扶

2016年，全区建立以企业帮扶、社会帮扶、电商帮扶、能人大户带动等为主的新型脱贫模式，充分发挥政府、市场、社会三方面作用，通过市场调节，政府撬动，产业推动，构建专项扶贫、行业扶贫、社会扶贫三位一体扶贫格局。

村户合作

2016年，全区利用上级扶贫政策，以入股的方式吸引贫困户加入村集体经济，最大限度发挥扶贫资金效益。如吴城镇下三交村，由村集体成立合作社，在吸纳全村养牛大户、一般村民加入的同时，鼓励贫困户将扶贫资金折股加入，贫困户优先分红。两年内合作社养牛达200头，贫困户每户每年可分红5000元。

村社合作

2016年，即由合作社提供技术指导、苗木供给、保护价收购等服务，与种植村合作，共同发展。如吴城镇飞创油牡丹种植合作社，在镇政府扶持下，与任家塔、油房坪、陈家塔三村对接，在种植油牡丹20.1公顷的基础上，新栽植油牡丹面积67公顷，带动329户731人脱贫致富。

第二章 综合扶贫

第一节 易地搬迁

离石区易地扶贫搬迁主要针对生活在地质条件差（采煤沉陷区）、生存条件恶劣、交通不便、土地稀少、基础设施投入巨大、扶贫产业开发效益不高等地的贫困群众和地质灾害区域群众。安置方式为城区去库存集中购楼安置、中心集镇（中心村）集中建房安置、乡村旅游区集中安置、“五保”集中供养等。

“十二五”期间共完成易地扶贫搬迁农户6079人，其中6070人为团购房安置，涉及坪头乡、红眼川乡、吴城镇、西属巴街道和田家会街道5个乡镇（街道）、14个行政村（其中12个为整体搬迁村），结合采煤沉陷区整体搬迁村11个，分别为寺头、新崖上、新舍科、红眼川、水峪里、西山里、崇里、大西局、上则墕、炭窑里、缩缩岭。共享受政策性补助资金3465.94万元，其中建房、基础设施补助3039.5万元，后续产业发展资金426.44万元。

“十三五”期间的2016—2018年，易地扶贫搬迁共涉及红眼川乡、枣林乡、坪头乡、信义镇、吴城镇、交口街道、田家会街道和西属巴街道8个乡镇（街道）75个行政村177个自然村，其中整村搬迁村80个，包括界峁、中则坪、石门咀、闫家峁、西华镇和马家沟村6个行政村。完成搬迁2023户5049人，其中建档立卡1669户4132人，同步搬迁354户917人。分年度为2016年624户1966人，其中建档立卡459户1493人，同步搬迁165户473人。2017年996户2295人，其中建档立卡850户1949人，同步搬迁146户346人。2018年403户788人，其中建档立卡360户690人，同步搬迁43户98人。安置方式主要有4种，城区去库存安置、中心集镇（中心村）安置、集中供养和分散安置。

2020年2月，全区有集中安置点13个，共安置1572户4338人，占总任务的85.92%，其中建档立卡贫困户1324户3652人，同步安置248户686人。全区分散安置451户711人，占总任务的14.08%，其中建档立卡贫困户345户480人，同步安置106户231人。全区有城区去库存安置点4个，共安置1053户3259人，其中建档立卡贫困户925户2858人，同步安置128户401人。分别为：田家会街道苏家村小区安置321户924人，其中建档立卡贫困户230户626人，同步安置91户298人；后马家村小区安置391户1048人，其中建档立卡贫困户379户1011人，同步安置12户37人；五里铺小区安置建档立卡贫困户248户1023人；西属巴街道霜雾都社区安置93户264人，其中建档立卡贫困户68户198人，同步安置25户66人。全区有中心集镇、中心村安置点8个，共安置416户968人，其中安置建档搬迁对象296户683人，同步安置120户285人。分别为信义镇安置点5个，新山湾安置点安置建档搬迁对象32户86人；归化安置点安置建档搬迁对象14户24人；

高家庄安置点安置建档搬迁对象 11 户 17 人；任家沟安置点安置 50 户 108 人；信义镇安置点安置（马家沟村）建档搬迁对象 34 户 65 人。吴城镇油房坪安置点安置 126 户 282 人，其中安置建档搬迁对象 54 户 107 人，同步安置 72 户 175 人。田家会街道穆问村安置点安置建档搬迁对象 62 户 178 人。交口街道梁家塌安置点安置 87 户 208 人，其中建档搬迁对象 65 户 157 人，同步安置 22 户 51 人。枣林乡集中供养安置点 1 个，共安置建档立卡贫困户 103 户 111 人。

第二节　特色农业

2004 年后，离石区投入扶贫资金 741 万元，发展“一村一品”特色产业，先后在坪头乡虎山村、西属巴街道留子局村、信义镇严村等 15 个村实施整村推进项目，扶持贫困人口 6611 人，养牛 689 头、猪 2916 头、羊 289 只、蜂 110 箱，栽植核桃林 402 公顷，修路 30 千米，建成引水工程 1 处。

2009 年，离石区采取“公司 + 基地 + 农户”模式，扶持益得利养殖有限公司、天立红枣有限公司和吴城农业科技示范园区等龙头企业快速发展，辐射带动贫困人口 1 万余人。2010 年，离石区永盛农业示范园区建成联栋温室 2 座，带动吴城、信义、交口、西属巴建设日光节能温室 1000 栋，为蔬菜种植户低价提供优质苗木 500 余万株，为贫困人口提供就业岗位 200 个。益得利养殖有限公司通过挖填荒沟荒坡造地 67 公顷，建设生猪养殖场，安置贫困农民 470 余人。

2016 年，吴城镇、信义镇通过发展设施蔬菜产业区，引导贫困户发展药材种植 4000 户，6000 人从中药材中受益，种植食用菌约 150 万棒，直接带动周边村庄 40 户贫困户脱贫。同年，离石区带动贫困户种植发展玉露香梨及其他水果，其中，交口街道发展果园 6.7 公顷、信义镇种植玉露香梨 503 株，信义镇栽植杏树 1200 株、李子 165 株、山楂 101 株、苹果 900 株。蔡家崖农牧科技有限公司采取“10+1”养羊帮扶模式，为贫困户无偿提供种母羊 10 只、公羊 1 只合作养羊，全年发展 100 户 1000 只羊，带动脱贫 300 人，同时，采取四六分成的利益分配方式，贫困户年收入达 1 万元。吕梁泰化集团在信义镇康家岭村开展“三转两化一联建”（三转：土地整体流转，劳动力整体转移，农业产业整体转型。两化：生产经营企业化，生活方式城镇化。一联建：村企党组织联建）帮扶活动，使全村 96 户 221 人实现整村脱贫。

2017 年，吴城镇规模养殖扶贫街上村以村成立合作社，吸纳贫困户贷款入股与山西大象农牧集团有限公司合作养猪，采取“1+1+1+1”的合作运营模式（公司控股、合作社组织、银行支持、贫困户入股），合作社以不低于投资总额的 15% 分红。三交村建立村户合作养牛运营模式，带动全村发展肉牛养殖达到 1000 余头，带动贫困户养牛增收 3000 元左右。2018 年，离石区推进“一村一品一主体”特色产业扶贫机制，贫困村村村均有主导产业 2 项以上，贫困户户户均有增收项目2—3项，农村居民人均可支配收入增幅高于全省平均水平，贫困村集体经济收入全部达2万元以上。同年，全区完成种植项目37个，包括建设优质特色小杂粮基地315.16公顷、无公害蔬菜基地31.76公顷、瓜果2.68公顷、中药材基地20.1公顷、籽用西葫芦33.5公顷，共带动贫困户1359户2856人受益增收。实施养殖项目18个，存栏牛10752头、羊52300只、驴800头、猪42767头，带动贫困户1650户，每户通过产业增收3000元以上。发展“龙头企业+合作社+贫困户”扶贫模式，12个龙头企业带动贫困户3412户7582人，79个村的82个合作社带动贫困户3197人，有27个合作经济参与扶贫带动，共带动贫困户1568户3100余人。

2019年，离石区在56个贫困村实施产业扶贫种植项目99个，其中推广优良小杂粮面积835.54公顷、特色瓜果种植4.02公顷、露天蔬菜种植33.5公顷、籽用西葫芦107.74公顷、黄花菜种植0.13公顷、麻麻花0.67公顷，涉及受益农户约1200户。蔡家崖农牧科技有限公司、农民专业合作社发展“种、养、加”农业循环发展模式，直接带动1000户建档立卡贫困户增收脱贫。

第三节　生态治理

2004年后，吴城农业科技示范园区投资1760万元，在驿沟流域建设高标准农田174.2公顷，修筑护田堤坝7.6千米，采取土地合法流转，农民自愿入股方式，协调土地67公顷，引进龙头企业4户。

2016年，离石区建设森林公园，造林737公顷、经济林补植补造670公顷、新栽林335公顷，全区经济林总面积达12060公顷。同年，完成营造林及退耕还林6606.2公顷，退耕还林还草4020公顷。新造林中吸纳60%的贫困户，增加营业性收入带动1000余人脱贫。全区既有林和新造林管护中聘用60%的贫困户，依靠工资性收入带动500余人脱贫。完成核桃林46.9公顷，覆盖贫困自然村3个，贫困户63户180人。

2017年，离石区在坪头、枣林、吴城、信义、西属巴等乡镇（街道）种植核桃经济林4958公顷，其中，建设标准化综合管理示范基地3个804公顷，涉及贫困村5个；精细化管理4154公顷，涉及贫困村59个。共惠及贫困村64个、贫困户2551户、贫困人口6209人，人均增收800—1000元。同年，全区造林3819公顷，成立造林合作社72家，贫困劳动力占61%，带动贫困人口886户2100人，年均增收3500元以上。完成退耕还林3618公顷，涉及农户8000余户，其中贫困户3000户，发放退耕还林款2711万元，户均增收3388元，带动脱贫3000人。实施生态公益林管护，通过培训使246名护林员持证上岗，其中聘用建档立卡贫困户护林员166人，每名护林员年工资9600元，带动400人脱贫。实施通道绿化工程531.51公顷，50支工队中有38支造林合作社参与，涉及贫困人口457人，每个劳力增收3000余元，带动脱贫457人。

2018 年，完成荒山造林 2559.4 公顷，其中退耕还林 2010 公顷，涉及贫困户 3670 户贫困人口 1 万人，使贫困户人均增收 1087 元。实施公路景观绿化工程 71 千米，全部由扶贫造林合作社承担，通过贫困群众参与造林绿化，943 户建档立卡贫困劳力人均获劳务性收入超 4000 元，带动 2358 人脱贫。种植核桃经济林 5360 公顷，涉及贫困村 64 个、贫困户 2983 户、贫困人口 7376 人，每年人均可实现经营性增收 1000 元。共聘用护林员 305 名，其中贫困户 225 名，每年可增加 9600 元的收入，可使 410 人稳定脱贫。

2019 年，离石区营造林面积 536 公顷，造林绿化工程全部由 10 家扶贫造林专业合作社完成，120 户建档立卡贫困劳力人均获劳务性收入 1.5 万元，带动 535 人脱贫。同年，种植核桃林 4130.75 公顷，每公顷补助 3000 元，涉及 9 个乡镇（街道）74 个行政村，其中贫困村 45 个，可使项目区 1519 户 3325 人贫困人口年均增收 300 元。共聘用护林员 318 人，其中贫困户 237 人，可实现每人每月增收 800 元。

第四节　劳动力培训转移

2005—2009 年，离石区培训贫困乡村劳动力 3857 人，输出 3100 人。2010 年 10 月中旬，在信义镇举办核桃栽植与管护培训班，培训各类人员 350 人次，在吴城镇进行日光温室大棚新技术推广培训，培训人数 500 余人。11 月中旬，对乡、村两级干部、科技骨干进行科技扶贫业务知识暨农廉建设（农村基层党风廉政建设）培训，共培训 650 人，培训合格并转移安置 635 人，合格率、安置率达 97% 以上。

2011 年，离石区分批进行蔬菜栽培管理技术、马铃薯栽培管理技术、西葫芦栽培管理技术等农民实用技术培训 24 期，共培训 1580 余次 4740 人（次）。同年，以种植、养殖为重点，开展“一村一品”主导产业培训，共开展培训 4 次，发放技术资料 2000 份，培训人数 995 人，培训内容为核桃经济林栽植与管护、设施蔬菜大棚、家禽家畜的养殖和防病知识、农业高新技术产业研究、新技术开发、应用和推广。

2013 年，组织开展核桃经济林嫁接、施肥、防冻、病虫害防治为重点的林业科技培训，共培训 1000 余人，劳动力转移培训 635 人，劳务输出 80% 以上。

2015 年 9 月，离石区在全省率先开展护工护理培训。至 2016 年底，累计培训 8 期 3110 人，举办大型就业推介会 13 次，与北京爱侬等 24 户家政公司合作，先后向北京、太原输出劳动力 680 余人，劳动力月收入达 4000—6000 元，人均年收入超 4 万元。离石区就业 827 人，月收入达 2000—3500 元，人均年收入超 2.5 万元，带动 3136 人脱贫。举办核桃林管护、电商培训、妇女丝网花制作、电感绕线等新型职业农民培训 12 期，培训 2000 人，通过培训，组建核桃专业管护队伍 6 支，涉及贫困人口 516 人，人均可增加工资性收益 6000 元，带动脱贫 1238 人。

2017 年，完成吕梁山护工培训 510 人，开展新型职业农民培训 400 人，就业 169 人，其中护理护工就业 115 人、丝网花、电商等居家就业 22 人、电感绕线转移就业 32 人。

2018 年，举办全民技能提升工程培训 8 期，培训 4054 人。举办吕梁山护工培训 7 期 759 人，实现就业 342 人，就业率 45.1%。其中举办贫困人口就业培训 268 人，实现就业 166 人，就业率 62.3%。

2019 年，离石区实施全民技能提升工程，共培训 5007 人，实现就业 1622 人，就业率达 32.4%。其中贫困劳动力培训 214 人、吕梁山护工培训 6 期 612 人、举办农村致富带头人培训 18 期 284 人、核桃林提质增效培训 2 期 540 人。

第五节　公共基础设施建设

2009—2015 年，离石区改造农村危房散户共 988 户，发放金额 1039.30 万元。集中改造 2624 户，发放金额 3291.69 万元。

2016 年，全区改造农村危房 980 户。投资 3130 万元完成区、乡、村公路 88.238 千米，93 个贫困村通村公路得到硬化，完成生产道路 128.8 千米。投资 400 万元完成 6 个乡镇（街道）19 个贫困村饮水工程 19 处，解决 3805 人贫困人口的饮水问题，农村自来水普及率提高到 95% 以上、农村集中供水保证率达 95% 以上、水质达标 100%。投资 7469 万元完成 6 个乡镇（街道）10 个贫困村农田水利工程 9 处，贫困村、贫困人口耕地灌溉达 1018.4 公顷。投资 184 万元完成 12 个乡镇（街道）43 个贫困村的防洪抗旱减灾工程。累计投资 1800 余万元，加强农村抗旱应急备用水源建设，开展水保生态修复、河道整治、贫困村饮水安全提升工程、千年村河坝垫地工程等。

2018 年，离石区改造危房 3067 户，竣工率 100%。同年，投资 900 万元，实施农村饮水安全巩固提升工程 41 处，解决 7 个乡镇（街道）、25 个贫困村、10 个插花贫困村、2528 户贫困户、5984 人贫困人口的饮水安全供水保证问题。完成 33 个行政村互联网通达任务。完成 15 个贫困村村通道路提升工程 44.86 千米。新建村级卫生室 32 个，维修改造 11 个。新建综合文化活动场所 21 个，扩建 8 个，维修 25 个。新建文体活动广场 18 个、村级组织活动场所 18 个，扩建村级组织活动场所 8 个，维修改造村级组织活动场所 25 个。投资 1.36 亿元，对 120 个行政村开展以“亮化、绿化、美化、净化”为重点的农村人居环境改善工程。全区行政村或自然村人口安全饮水率达 100%，行政村通动力电比率达 100%，自然村通动力电比率达 95% 以上，行政村互联网覆盖率达 100%。行政村卫生室达标率为 100%，行政村综合文化活动场所（地）覆盖率为 100%。行政村通村公路硬化率达 100%，行政村开通客运班车率 100%。

2019 年，离石区投资 1811.8 万元，开展河道整治和 23 个贫困村饮水安全提升工程。实施“四好农村路”（建好、管好、护好、运营好农村公路）建设，改造 14 个贫困村道路 55 千米。实施 PPP 交通建设项目，完成滴瓦线公路路基和底层油铺设工程、西茂线公路路基工程。完成信义至交城界旅游扶贫二级公路 22.6 千米、三级公路 5.3 千米。建成 4G 基站 23 个，建设村级卫生室 1 个。

第六节　机关定点帮扶

机关扶贫

2010 年，离石区委、区政府开展“一企一事一业”帮扶活动，通过移民、产业开发、岗位就业等形式帮助贫困户改善生产生活条件，全区有 9 个机关事业单位与 9 个乡镇的村建立扶贫帮扶对子。其中吕梁市国土资源局离石分局对接信义镇新山湾村、区中小企业服务中心对接信义镇磨湾村、区农村经济服务中心对接信义镇阳坡村、区交通运输局对接坪头乡崇里村、区经信局对接田家会街道穆问村、区科学技术协会对接田家会街道界峁村、区委统战部对接吴城镇陈家塔村、区老干部局对接枣林乡山底沟村、区卫生和计划生育局对接坪头乡李家山村。

2010—2017 年，吕梁市国土资源局离石分局出资 20 万元帮助扶贫点建设村基础设施，实施肉牛养殖和特色种植，并成功申报信义镇新山湾村为省级美丽乡村建设示范村。区中小企业服务中心针对帮扶村信义镇磨湾村扶贫对象的实际情况制定扶贫“一户一册一干部”（1 户建立 1 份扶贫档案由 1 名干部承包）帮扶机制。区农村经济服务中心为信义镇阳坡村有养殖意愿的贫困户，争取到每户养殖补贴 2000 元。区交通运输局投资 280 余万元帮助坪头乡崇里村改造长 3 千米、路基宽 5.5 米、路面宽 4.5 米的村通道路，帮助实施全村 284 户 885 人的整村移民工程。区科学技术协会帮助田家会街道界峁村通过中国科协引进青薯 9 号、晋薯 16 号、冀张薯 8 号优种土豆品种，并在吴城镇下罗堡村和信义镇小神头村试种 6.7 公顷，获得成功；免费为界峁村提供价值 6000 余元的土豆种子。区老干部局引导山底沟村贫困户栽植花椒树 4700 株。区卫生和计划生育局投资 3 万余元为坪头乡李家山村建设村级卫生室，解决群众看病就医难的问题，开展免费送医送药下乡活动，为特殊残疾人薛某春、薛某提供每人 5000 元资助。配合村“两委”（支委、村委）宣传新型农村合作医疗及新型农村养老保险制度，全村参加合作医疗保险参合率达 100%。

党员干部扶贫

2016 年，离石区区、乡、村三级扶贫领导小组成立，开展“双签”（扶贫部门专项责任和驻村单位帮扶责任）责任书工作，签订脱贫攻坚主体责任书 10 份、帮扶责任书 6906 份。全区共有 492 名党员领导干部（区级领导 31 名、乡镇街道主干 24 名、区直单位“一把手”84 名、队员 252 名、第一支书 101 名），包扶贫困村 128 个、贫困户 6689 户。

2017 年，全区派出副处级以上领导 31 名、第一书记 101 名、驻村工作队 93 支、队员 279 名、机关党员 1831 名，包联贫困村 93 个贫困人口 16323 人。2018 年，印发《离石区关于进一步加强驻村干部管理的通知》，对工作不力的 10 个驻村工作队进行撤换，对 35

个“插花村”配齐 3 支队伍。同年，32 名区级领导和 83 名区直单位负责人，全部包联所有涉贫村，签订区、乡、村三级主体责任书，选派帮扶干部 470 名，抽调党员干部 2674 名结对帮扶贫困户 6491 户，签订帮扶责任书 6861 份。

2019 年，离石区制定《干部驻村管理实施办法》。全区 82 个区直单位包联涉贫村 127 个，配置 3 支队伍 470 名，抽调党员干部 2674 名，结对帮扶贫困户 6360 户。同年，“双签”主体责任书 137 份、专项扶贫责任书 20 份、帮扶责任书 6360 份。

第七节　金融　光伏扶贫工程

金融扶贫工程

2014—2016 年，离石区为白马仙洞旅游开发公司、吕梁市昌泰粮油食品有限公司、山西珍味谱食品有限公司 3 户企业的扶贫项目贴息 297.13 万元。2015—2016 年，共发放扶贫小额贷款 159 户 1000.90 万元，2017 年，相继印发《离石区金融扶贫小额信贷实施办法（试行）》《离石区深度贫困人口金融扶贫资产收益实施方案》，在贫困户直接贷款自主创业的基础上，开展间接信贷模式，按照 1 亿元的贷款规模落实风险补偿金 1250 万元，共放贷 1050 户 5250 万元。间接贷款采取“6+1”的利益分配模式（即：贫困户与实施主体通过签订帮扶协议获得不低于贷款额度 6% 的收益，贫困村集体获得不低于贷款额度 1% 的收益），贫困户、村集体与实施主体之间建立稳固的利益联结机制，实现贫困户增收脱贫、村集体经济收入破零和实施主体自身发展。2018 年，共放贷 1632 户 8102.79 万元。截至 2019 年年底，累计发放扶贫小额信贷 4693 笔 23519 万元，其中建档立卡贫困户 4659 笔 23024 万元。全区扶贫小额信贷共贴息 1170.24 万元。全区累计投入扶贫小额信贷风险补偿金 2232.50 万元。

“惠农保”1+N 综合保险

2019 年，离石区制定《脱贫攻坚“惠农保 1+N 综合保险”实施方案（试行）》，采取竞争性磋商的方式确定中国人民财产保险股份有限公司吕梁市公司为承保公司，重点对惠民救助险、光伏险、农业险、意外伤害险、自然灾害险五大类 13 个险种开展投保。投保总保费 717.79 万元，各级财政补贴 678.27 万元，农户自筹 39.52 万元，惠及贫困人口 14763 人（其中农业保险惠及 1887 人）。其中，惠民救助险投保 123092 人，保费 196.95 万元；光伏电站财产险投保 10.6 兆瓦，保费 7.63 万元，光伏电站管理人员意外伤害险 106 人，保费 1.06 万元；自然灾害保险 287294 人，保费 86.19 万元；意外伤害险 15387 人，保费 30.77 万元；种植险 714.04 公顷，保费 27.58 万元；核桃险 1034.11 公顷，保费 129.65 万元；养殖险 39646 头，保费 237.96 万元。同年 11 月 1 日，养殖险赔付 42 起，赔付金额 8 万余元；种植险赔付 130 万，惠及农户 130 余户；自然灾害和意外伤害保险赔付 4 起，估损 10 万元。截至 2019 年年底，养殖保险共理赔 67 起 10.7 万余元，其中肉牛 16 起 16 头 5.87 万元、育肥猪 35 起 160 头 2.50 万余元、能繁母猪 15 起 18 头 1.80 万元、驴 1 起 1 头 0.56 万元、种植险24起196.73公顷24.27万元、核桃险10起604.51公顷97.79万元、意外伤害保险赔付7万元。

光伏扶贫工程

2015年，离石区成立光伏扶贫职能小组，组长由分管发展改革局的副区长担任，成员由承担任务的发改、城建、国土、扶贫、环保、农委等部门的“一把手”组成。同年，区发改局牵头，扶贫办配合光伏扶贫职能小组联合制定《离石区2016年光伏扶贫试点项目实施方案》。2016年，山西省下达离石区分散式光伏扶贫项目5个，其中2015年1个、2016年4个。2017年，离石区投资7000万元，在93个贫困村建成10.6兆瓦村级光伏扶贫电站，电站设置公益岗位，优先安排逐渐丧失劳动能力的贫困劳力。2019年，离石区推广运用光伏+养殖、光伏+种植，建成10.3兆瓦电站，93个贫困村实现光伏全覆盖；开发公益岗位1500余个，带动3864名贫困人口脱贫。

第八节 企业扶贫

村企帮扶

2013年，离石区将6家市属企业、10个矿井与首批25个贫困村（贫困人口5252人）建立扶贫对子，实施百企千村产业扶贫工程，累计投入资金1.35亿元，解决农民就业340人。其中大土河煤焦有限公司成立农业发展有限公司，在信义镇小神头村建成永信食用菌基地，投资900万元，流转土地3.35公顷，修建日光温室38栋，解决农民就业40人，工人月工资收入2000元。永宁煤焦集团在吴城镇上王营庄村建设永盛农业示范园，投资6000余万元，流转土地15.68公顷，建设育苗基地2.27公顷、蔬菜示范种植基地13.40公顷，吸纳农民工就业80名，工人月工资2000元。联栋温室年育苗能力1500万株，为全区农户无偿提供优质种苗2000余万株，有1200余户农民直接受益。东江煤业集团在坪头乡凤凰峁村等7个村，投入资金5000余万元，实施生态林建设工程，流转土地26.8公顷，150名村民组成绿化队伍，月工资收入2000元。泰化集团注册成立泰瑞农林牧有限公司，投资1600万元，流转土地134.72公顷，实施蔬菜种植、畜牧业养殖、林业建设、食品贮藏项目，惠及信义镇严村、归化、康家岭3个贫困村贫困人口400余人，吸收农民工70名，工人月工资收入2400元。

2016年，离石区组织50家企业结对帮扶贫困村50个。其中吕梁泰化集团泰瑞农场中层干部与信义镇60户贫困户建立“一对一”结对帮扶关系，因户施策，为每户贫困户提供价值5000元的种畜禽扶持。蔡家崖农牧科技有限公司探索“10+1”帮扶模式（母羊10只、公羊1只），采取农企“六+四”分成的分配模式，与枣林乡50户贫困户签订合作协议，贫困户年工资性收入1万元。大象农牧科技有限公司与吴城镇街上村合作，由村集体以土地入股，贫困户贷款200万元入股共同组建养殖公司，大象农牧科技有限公司负责贷款担保、清还贷款、建场与养殖管理，每年按利润的15%返还村集体，每年返还利润60万元，村集体为贫困户进行福利分红。116 户贫困户每户每年可新增收入 2500 元。同年，信义镇选择 60 户贫困户实行“一对一”精准结对帮扶，采取“公司 + 基地 + 贫困户”的帮扶模式，从土地流转、产业发展（种、养、林、加、商）、教育、劳务输出等多渠道巩固脱贫增收基础，辐射带动全区企业帮扶脱贫。2018 年，全区 68 家企业共结对帮扶贫困村 72 个，累计投入扶贫资金 1000 余万元。截至 2019 年底，全区有 68 家企业结对帮扶贫困村 70 个。

电商扶贫

2016 年，离石区引进吕梁互联网科创园，开展电子商务扶贫进农村活动 12 次、电子商务专业培训会 200 人以上 16 场。同年，乐村淘离石运营中心建立线下体验店 170 家，覆盖乡镇 4 个、街道 7 个、行政村 67 个，解决就业 100 余人，实现网上销售额 1500 余万元。

2017 年，健全完善区、乡、村三级电商服务体系，形成区有运营中心、乡有服务站、村有服务点的电子商务运营体系，建立“互联网 + 党建 + 产业扶贫 + 电子商务”“龙头企业 + 电子商务 + 合作社 + 基地 + 农户”的扶贫模式。全区建立电商扶贫互联网超市网点 15 个，通过收售红枣、核桃、蜂蜜、小米等农产品，完成线上销售 410 万元，线下销售 330 万元。全区农业小微企业通过拼多多、淘宝、微店电商平台、京东电商平台销售手工空心面、小米、莜面、核桃、南瓜子、马铃薯淀粉制品等 80 余万元。

2018 年，全区在 5 个乡镇建立电商扶贫平台 15 个，累计帮助贫困乡、村农户销售农副产品 7.2 万千克（其中蜂蜜 1.5 万千克、小米 3 万千克、玉米 1.8 万棒、红枣 1.5 万千克、核桃 0.3 万千克），线上销售 385 万元，店内销售 150 万元。

2019 年，离石区在 5 个贫困乡镇建成电商扶贫平台 16 个，帮助贫困群众销售农副产品，完成线上销售 410 万元，线下销售 330 万元。

村社帮扶

2017 年，开展村社帮扶工作。吴城镇政府扶持飞创合作社发展油牡丹育苗、采茶、制油等全产业链延伸项目。飞创合作社与种植村合作为贫困户提供技术指导、苗木供给、保护价收购油籽等服务项目。共种植油用牡丹 67 公顷，带动 329 户 731 人脱贫。坪头乡鹏凤山村以贫困户为单元自由组合，4 户 1 组，通过互助合作、风险共担、利益共享模式，开展小群体大规模养猪产业，全村组建互助组 21 个，养猪 261 头。同年，全区有脱贫任务的 67 个贫困村，建立扶贫项目专业合作社的有 57 个村。2018 年，区各民主党派、群团组织培育“妇字号”妇女专业合作组织，带动 116 户贫困户签订养殖代管合同，流转土地 7.10 公顷。

村户帮扶

2017 年，开展村户帮扶工作。吴城镇下三交村成立合作社，将扶贫资金注入合作社，吸纳全村养牛大户和一般村民加入合作社，贫困户按扶贫资金扣除养牛场建设费用外，折股加入，分红按股东与贫困户 1∶1.5 比例分配。

第九节　乡村旅游扶贫

2016年，离石区依托东部生态休闲、晋商古道、晋西民俗红色文化三条旅游线路，围绕“吃住行游购娱”主题，发展旅游扶贫产业。同年，投资1300余万元对13个贫困村的基础设施、接待能力进行开发提升。如信义镇开展“相约信义、抱柱千年”等系列活动，带动果蔬采摘、农产品认购、农家乐餐饮住宿业发展，发展“农家乐”51家，每户年收入约3万元，增加经营性收入约150万元。通过发展旅游，直接增加贫困人口财产性收入、工资性收入、经营性收入和居家就业等收入，带动沿线贫困村约2000人脱贫。

2017年，离石区统筹整合水利、环保等9部门资金4.50亿元，按照环境美、庭院美、生态美、艺术美的理念，在信义至千年沿线的13个村庄，先后铺开“米五线”旅游公路拓宽改造、小东川河道整治、农村污水治理、两山可见山体绿化、农村改厕等基础工程建设。同年，信义镇成功申报为省级美丽乡村建设示范村，归化村、王营庄推出实景剧，永红村举办第三届“相约信义走进永红”采摘节、山花季吕梁民歌赛，吸引新老游客纷至沓来，山区50栋大棚瓜果被采摘一空，20户农家乐农民兼职演出，接待游客102万余人次，实现旅游收入2.60亿元，乡村旅游农民直接经济收入达1800余万元，带动贫困人口3000余人增收脱贫。

2018年，区文物旅游中心对接旅游扶贫工程，拟定实施乡村旅游客栈和实景剧演艺补助方案。同年，打造乡村旅游客栈农家乐示范点30家，按场地、经营面积、经营范围（餐饮、住宿）标准化达标情况予以补贴，实景剧按演出人数、场次予以70%的补贴，共带动200余户贫困户脱贫增收。4月16日，借助“乘汾酒号列车 赏吕梁山风光——2018吕梁旅游再出发”的旅游季活动，离石区开展“秦地千客离石游”“百家媒体看永宁”“最是人间四月天徒步骑行”“古刹遗韵客不眠、清风千秋醒世人”“古兵器展、黑釉瓷展、晋绥兵民革命文物展”等系列活动，为沿线乡村旅游进行宣传推介。

2019年，离石区依托千年—宝峰山—信义沿线景区、西华镇、安国寺等旅游景区和森林景观，培育壮大森林旅游、森林康养、森林服务产业，吸纳贫困人口就业。同年，围绕“农业安区、生态立区、旅游兴区”的思路，实施全域旅游策略，打造“美丽乡村离石游”品牌，建成乡村旅游扶贫工程村庄23个，其中信义镇永红村、任家沟、归化村成功入选山西省首批100家AAA级乡村旅游示范村。还举办夏令营亲子游、果蔬采摘田园游、民歌比赛体验游、山地休闲体育游、千人健步走、半程马拉松、民俗旅游、实景剧等旅游活动项目。依托“看二青盛会、游大美离石”文化旅游主题活动，接待从太原乘坐吕梁“汾酒号”旅游专列的山西省内游客580名，开启品味离石文化、品尝离石美食、品读离石风情，亲近离石山水风光的夏日旅行活动。截至2019年底，离石区旅游扶贫共接待游客120万余人次，实现旅游收入12000余万元，农民乡村旅游直接经济收入达2100余万元。

第三章 扶贫管理

第一节 项目管理

2016年，离石区制定《离石区脱贫攻坚项目库管理办法》(以下简称《管理办法》)。《管理办法》明确，使用财政专项扶贫资金的项目必须从项目库中选择，未进入项目库的项目，原则上不安排使用财政专项扶贫资金，确需支持的项目，要按规定程序入库后再批准实施。未明确绩效目标的项目不纳入脱贫攻坚项目库。项目库规模根据全区年度脱贫任务和整合资金数量、资源总量合理确定。同年，入库项目涉及产业发展、基础设施、公共服务等方面。截至2019年底，全区入库项目845个，实施项目845个。

第二节 资金管理

资金安排

2000—2009年，离石区（市）累计投入扶贫资金5000万元。

2013年，离石区争取到位扶贫资金1508.88万元，其中易地扶贫搬迁资金970.50万元、整村推进资金350万元、教育扶贫资金30.78万元、雨露计划资金32万元、科技培训资金8万元、贷款贴息资金9.6万元、其他资金108万元。2016年，离石区用于扶贫的财政资金为7981.97万元，共涉及9类项目143个。其中，安排农业生产项目资金3179.16万元、乡村旅游扶贫项目资金642.49万元、易地扶贫搬迁项目资金3093.67万元、光伏扶贫项目资金150万元、电商扶贫项目资金6.11万元、培训项目资金386.85万元、教育扶贫项目资金224.6万元、保险项目资金180万元、其他项目资金119.09万元。

2017年，用于扶贫的财政涉农资金投入规模为22340.41万元。包括中央扶贫资金、省级扶贫资金、市级扶贫资金、区级财政脱贫攻坚资金、各部门财政涉农资金，共涉及12类项目187个。其中，安排发展生产脱贫项目资金5669.31万元、就业扶贫项目资金126.1万元、易地扶贫搬迁后续产业和付息项目资金62.65万元、公益岗位项目资金221万元、教育扶贫项目资金39万元、健康扶贫项目资金124.82万元、危房改造扶贫项目资金1568.86万元、金融扶贫项目资金1492.91万元、生活条件改善扶贫项目资金192万元、贫困村基础设施项目资金11748.80万元、公共服务类项目资金799.18万元、其他项目资金295.78万元。

2018年，用于扶贫的财政涉农资金投入规模为11074.70万元。包括省级扶贫资金

3701万元、市级扶贫资金1225万元、区级财政脱贫攻坚资金4500万元、各部门财政涉农资金1648.70万元，共涉及10类项目294个。其中，安排发展产业项目资金3217.93万元、就业扶贫项目资金46万元、易地扶贫搬迁项目资金138.31万元、教育扶贫项目资金103.20万元、健康扶贫项目资金80.97万元、危房改造扶贫项目资金600.05万元、金融扶贫项目资金1639.66万元、贫困村基础设施项目资金4456万元、公共服务类项目资金707.48万元、其他项目资金85.10万元。

2019年，离石区用于扶贫的涉农资金为16879.82万元，其中省级财政资金3735万元、市级财政资金790万元、区级财政资金5000万元、各部门财政涉农资金7178.45万元、2018年结余资金176.37万元。共涉及7类项目155个。其中安排发展产业项目资金5346.51万元、教育扶贫项目资金155.20万元、危房改造扶贫项目资金39.42万元、金融扶贫项目资金772.00万元、生活条件改善扶贫项目资金416.80万元、村基础设施项目资金9370.77万元、扶贫周转金和易地扶贫搬迁付息项目资金779.12万元。

资金监督

2011—2015年，离石区对省、市下达的扶贫资金计划，及时拨付给所涉乡镇（街道）。同时进行定期不定期的督促检查，按不同项目，指导项目实施主体及时编制实施方案及上报文本资料。项目实施完毕后及时组织验收、按报账制实施报账。

2016—2019年，在盘活结余结转扶贫专项资金的基础上，统筹发改、农业、林业、水利、民政、教育、卫生、残联、城建、交通、文化等部门的部分项目资金，以年度脱贫目标任务与贫困基数、贫困程度等因素作为资金分配的主要依据，提出盘活和使用计划，资金分配到贫困乡镇后，乡镇根据贫困村脱贫方案，结合区域优势与特点，确定上报脱贫产业项目，再经业务主管部门论证、区政务会和区脱贫攻坚领导小组严格审核，下发到各乡镇（街道）和区直业务主管部门贯彻落实。

2019年，离石区制定《离石区财政专项扶贫资金监督管理办法》《离石区关于开展脱贫攻坚项目资金风险隐患排查整治的工作方案》等文件，组织扶贫、财政、审计等部门开展脱贫攻坚项目资金风险隐患排查整治工作，共排查全区2014年以来实施的项目335个，排查出资金风险隐患项目20个，及时下发整改通知进行整改，整改17个，督促整改3个。

第三节　扶贫对象管理

2014年5月15日，离石区印发《吕梁市离石区农村扶贫开发建档立卡工作实施方案》，按照2013年人均纯收入低于2736元识别标准，统筹考虑农户“两不愁三保障”（不愁吃、不愁穿；保障义务教育、基本医疗、住房）情况，采取农户申请，村民代表评议，“两公示，一公告”（村委会审查公示、乡镇人民政府审核公示；县区人民政府审核公告）的识别程序，共识别出贫困户9985户29843人。同年，按照“一高一低一无”（一高：行政村贫困发生率控制在全省贫困发生率的两倍以上，2013年底全省贫困发生率为12.4%；一低：行政村2013年全村农民人均纯收入低于全省平均水平60%，全省2013年底农民人均收入为7154元；一无：行政村无集体经济收入）的识别标准和“村提申请，一公示一公告”的程序，共识别出贫困村93个。对贫困人口、贫困户、贫困村进行信息采集入库，形成扶贫对象基础数据库，主要包含贫困人口的姓名、健康状况、文化程度等指标20余个，贫困户的致贫原因、收入、生产生活条件等指标60余个，贫困村基础设施、公共服务等指标60余个。2014年，贫困户脱贫2278户6009人，其中红眼川乡145户473人、交口街道88户231人、坪头乡443户1466人、田家会街道191户500人、吴城镇366户950人、西属巴街道214户529人、信义镇529户1410人、枣林乡302户450人。

2015年11月20日，离石区印发《离石区扶贫开发建档立卡“回头看”工作实施方案》。至2016年3月，通过开展“回头看”工作，在2014年建档立卡基数上共清退5446户15848人，补充识别录入贫困户3149户贫困人口5842人，共识别出贫困户7694户18543人。同年，贫困户脱贫2153户6591人，其中坪头乡555户1670人、吴城镇401户1090人、西属巴街道319户1181人、信义镇527户1610人、枣林乡351户1040人。2016年10月31日，离石区印发《吕梁市离石区贫困人口核查整改和2016年扶贫对象动态调整工作方案》。同年，开展以线索核查及解决扶贫对象进出为主要内容的动态调整工作，新识别贫困户134户贫困人口296人，清退识别不准1144户2854人，家庭成员自然增加601人，自然减少231人。在2015年建档立卡基数上调整为6684户16355人。同年，贫困户脱贫1678户4035人，其中，凤山街道9户18人、红眼川乡15户25人、交口街道45户123人、坪头乡392户1099人、田家会街道149户315人、吴城镇252户524人、西属巴街道179户447人、信义镇209户531人、枣林乡428户953人。贫困村退出26个，其中，吴城镇6个（兔坪村、九里湾村、下三交村、上丰村、任家塔村、下王营庄），信义镇6个（严村、回龙塔村、千年村、小神头村、归化村、新山湾村），枣林乡6个（马家塔村、枣林村、陶家庄村、梁家岔村、结绳墕村、彩家庄村），西属巴街道6个（上则墕村、高梨峁村、高岭上村、瓦窑间村、茂塔沟村、畔沟村），田家会街道2个（穆问村、界峁村）。

2017年7—9月，离石区开展以“应纳尽纳”为主要内容的贫困人口动态调整工作，新识别贫困人口148户307人，清退识别不准44户124人，家庭成员自然减少70户417人，家庭成员自然增加70人。同年，全区贫困人口在2016年建档立卡基数上调整为6718户16191人。同年，贫困户脱贫3293户7681人，其中滨河街道12户24人、凤山街道7户15人、红眼川乡9户11人、交口街道39户112人、坪头乡935户2462人、田家会街道42户68人、吴城镇653户1332人、西属巴街道217户462人、信义镇767户1874人、枣林乡612户1321人。贫困村退出53个，其中，交口街道1个（梁家墕村），红眼川乡

2个（唐则墕村、殷家山村），吴城镇6个（上三交村、下罗堡村、李家沟村、李家湾村、陈家塔村、油房坪村），信义镇13个（德岗村、信义村、背石村、后石村、岔上村、任家沟、高家庄、贾悟村、磨湾村、阳坡村、崖窑湾村、马寨村、王村），坪头乡16个（磁窑沟村、樊包头村、赵家山村、东社村、李家山村、鹏凤山村、南庄村、寺沟村、雒家庄村、闫家坡村、崇里村、卧龙墕村、凤凰峁村、枣洼村、垣上村、段家墕村），枣林乡9个（十里村、石桥村、山底沟村、闫家峁村、三山集村、任家山村、椿树峁村、袁家坡底村、柳树局村），西属巴街道6个（中则坪村、石门咀村、宋家湾村、大中局村、盛地沟村、许家山村）。

2018年，继续对扶贫对象进行动态管理，当年新识别贫困户30户75人，清除识别不准户142户302人，家庭成员自然减少115户707人，家庭成员自然增加130人。同年，全区贫困人口在2017年建档立卡基数上调整为6491户15387人。当年脱贫1144户2516人，其中坪头乡215户514人、田家会街道91户220人、吴城镇201户346人、西属巴街道91户192人、信义镇284户708人、枣林乡262户536人。贫困村退出11个，其中吴城镇1个（上罗堡村），信义镇4个（阳石村、砖窑沟村、马家沟村、丰义村），坪头乡3个（呼家山村、墕口村、西坬村），枣林乡2个（场墕村、霍家塔村），西属巴街道1个（袁家岭村）。

2019年3月，离石区开展扶贫对象动态调整工作4次，新识别贫困户5户18人，家庭成员自然增加10人，家庭成员自然减少12户63人，回退1人，建档立卡贫困户规模上减少34人，调整为6360户14763人。同年6月，新识别贫困户22户74人，家庭成员自然增加52人，家庭成员自然减少140户709人，清除13户44人，回退3人。贫困户脱贫221户403人，其中红眼川乡2户2人、交口街道1户1人、坪头乡56户112人、田家会街道7户14人、吴城镇31户61人、西属巴街道22户35人、信义镇32户54人、枣林乡70户124人。贫困村退出3个，其中坪头乡1个（薛家坡村）、枣林乡1个（刘家舍窠村）、信义镇1个（西华镇村）。

第四节　扶贫信息监测

2010年，离石区制定《扶贫档案管理制度》《扶贫项目管理制度》《扶贫资金使用管理制度》《金融扶贫实施方案》《护工护理实施方案》《核桃管护实施方案》《核桃管护验收方案》《吕梁市金融支持特色产业发展富民扶贫工程实施细则》等制度16项。2011年，抽调15名业务骨干对155个贫困村的村级基本情况进行为期1个月的调查，将调查结果录入山西省扶贫办重点县片区扶贫统计监测信息系统。至2013年，吕梁市、离石区各大媒体共刊发离石区扶贫信息88篇，其中《吕梁日报》报道12篇、《离石信息》刊登20篇、《离石政务信息》20篇、《今日离石》报道24篇、石州电视台报道12次。

2016年，离石区建立脱贫攻坚督查机制，制定落实脱贫攻坚督查制度，并成立脱贫攻坚专项督查组，分4个小组开展脱贫攻坚督查工作。利用“互联网+脱贫”微信平台，强化督查跟踪力量，每日通报工作进展，区委、区政府主要领导每日亲自督办。2017年，创新精准扶贫大数据平台，与公安、工商、城建等23个职能部门实现数据联通，比对核实疑似问题信息数据180余条，跟进帮扶工作、帮扶措施，共查处扶贫领域问题线索17件，查实8件，查否2件，办理7件。全年共通报12次，问责干部5人。

2018年，离石区组织编写《脱贫政策理论知识汇编》3000余册，并发放到全区帮扶干部（帮扶责任人）手中，人手1册。同年，建立驻村干部“日报告、日督查、周问责、月通报”工作机制，组建微信群，以乡镇人民政府、街道办事处为单位，每天向区干部驻村帮扶领导小组办公室上报“三支队伍”（农村干部队伍、村民小组长队伍、农村党员队伍）到岗情况和履职情况。成立专项督导组2个、纪检监察督查组9个、随机抽查组2个（1个电话抽查、1个实地抽查），采取每天实地督查、明察暗访、电话抽查等方式，加大扶贫工作监督检查力度。制定《离石区脱贫攻坚监督执纪问责办法》，成立问责组，对多次通报排名靠后的39个单位进行集体约谈，对工作不力的69名干部进行问责，查处扶贫案件33起38人。

2019年，离石区建立返贫预警、扶贫资金使用风险预警、金融扶贫小额信贷风险预警、涉访涉信预警四大机制，加大对苗头性、倾向性问题的风险防控力度。并建立督办机制，制定整改方案，建立“四清单”台账，逐一对照整改落实。区委组建整改专项督导组2个，开展问题整改工作大起底、大清理、见实效行动，并健全完善跟踪督办机制，全区乡镇、（街道）、区直单位、涉贫村督导实现全覆盖。全年收到中央、省、市反馈问题74条，整改68条，督办整改6条，整改达标率92%。其中，中央脱贫攻坚专项反馈问题3条，整改3条；省市脱贫攻坚成效考核反馈问题29条，整改28条，督办整改1条；省委第一巡视组巡视吕梁反馈问题19条，整改17条，督办整改2条；国务院督查组对吕梁反馈问题9条，整改8条，督办整改1条；离石区主题教育脱贫攻坚专项问题14条，整改12条，督办整改2条。

第五节　管理机构

1987年6月，离石县贫困地区经济开发领导组办公室成立。1989年4月，更名为离石县经济技术开发领导组办公室。1999年3月，与离石市经济技术协作办公室合并，更名为离石市经济技术协作办公室。2008年9月，吕梁市离石区扶贫开发领导组办公室成立，为区政府直属的正科级全额事业单位。2019年4月，更名为吕梁市离石区扶贫开发办公室，正科级行政单位，政府组成部门，核定公务员编制7名。

第十八编

中国共产党地方组织

组织机构

党代表大会

组织工作

宣传工作

作风　制度建设

纪检监察

党校工作

统一战线

信访工作

老干部管理

重大活动纪略

民国15年（1926）春，离石组建中共柳林支部。民国16年秋，中共离石县委成立。民国18年，中共离石县委遭到破坏，被迫转入地下，秘密坚持工作。民国22年春，成立中共离石支部。民国23年春，离石党支部与上级党组织失去联系，停止活动。同年7月，组建中共柳林军事支部，翌年又遭到破坏。民国24年，组建中共吴堡县河东支部。民国26年11月初，中共离石县委恢复。民国27年2月下旬，离石沦陷，同年中共中离特委成立，中共离石县委归特委领导。至此党组织开始公开活动。在中共离石县委的领导下，离石人民前赴后继，英勇斗争，为抗日战争、解放战争的伟大胜利做出突出贡献。中华人民共和国成立后，境内中共基层组织迅速发展，党员队伍不断壮大，党组织成为领导全县人民进行社会主义改造和社会主义建设的核心力量。1949年10月，全县区委先设5个，后为10个（内含1个市委），基层支部共发展到91个，党员增至4872人。1965年底，全县共有党委38个，总支9个，支部820个，党员发展至9296人。1990年，全县共有党组6个，党委19个，支部532个，共有党员7493人。2015年，全区共有党组6个，党委11个，总支24个，支部776个，共有党员11786人。1949—2015年，中共离石区（县、市）党委共召开党员代表大会14次。

1952年，中共离石县纪律检查委员会成立。1984年1月，升格为副县级，委员由党员代表大会选举产生。1952—2015年，全区（县、市）共查处违纪党员3339人。

1973年，离石县委、县人民政府信访办公室设立。1974—2012年，共受理来信2973件。2013—2015年，主要以来访为主。共接待来访3303批次16454人次（含复访）。

1980年，离石县恢复统战部。1983年12月，离石县统战部协助建立中国民主同盟离石县支部。1984年12月，协助建立中国国民党革命委员会离石县支部。1987年9月，协助建立中国民主促进会山西省委员会直属离石支部。1988年12月，离石县工商业联合会恢复。2015年，统战部与各党派支部协调为中国民主建国会离石支部、九三学社离石支社、中国农工党离石支部安排办公场所，配备档案柜。

中华人民共和国成立后，离石县离退休干部逐渐增多。1978年，干部离退休制度开始健全。1985年7月9日，离石县第一次离休老干部代表大会召开，选举出离石县老干部协会主席1人、副主席8人。1991年始，离石县为全县离退休干部每人征订《山西老年》等期刊，为离休干部每人征订《党史文汇》等期刊。2000年后，区（市）老干部局支部的活动形式多样，坚持每周周二政治学习和“一课三会”制度，为老干部创造学习政治、交流思想的良好环境。

第一章　组织机构

第一节　早期组织

民国 10 年（1921），贺昌加入中国社会主义青年团，不久担任太原团地委书记，次年加入中国共产党。贺昌在太原期间，同亲朋学友杨逢昌、刘有纲、阎光明、贺子美、贺毓秀（贺昌的妹妹）等通信往来、交流革命思想，经常邮寄进步书刊。假期返乡期间，在离石城和柳林镇街头发表演讲，带领学友高如山等人散发传单，张贴标语，宣传革命思想。他影响和帮助一批青年知识分子，分别在柳林、汾阳等地入团入党。

民国 11 年（1922），张叔平在北京大学求学期间，利用返乡之机在离石城与同乡学友任定国、杨会民办起觉民书社，销售各种进步书刊，传播马克思列宁主义与反帝、反封建的革命思想。民国 12 年，张叔平加入社会主义青年团，不久转为中共党员。民国 13 年，张叔平担任中共太原支部书记。民国 14 年，张叔平调离山西，走上职业革命道路。

民国 14 年（1925），韩昌泰加入中国共产党，后担任太原法律专门学校党支部书记。他们对家乡的革命运动非常关心。同年冬，北方区团委书记肖三赴汾阳视察党团工作，决定在离石县柳林镇组建青年团组织。民国 15 年 1 月，青年团汾阳地委派员到柳林镇建立青年团柳林特别支部，杨逢昌任书记。不久，中共太原地区执委和汾阳特支派人组建起中共柳林支部，书记阎光明。中共柳林支部直属太原地区执委领导，工作中就近与中共汾阳特支（后改为地方执行委员会）联系。中共柳林支部成立后，积极贯彻执行国共合作的方针，党团员以个人名义加入国民党，在柳林方圆村庄广泛开展农民运动。民国 16 年春，中共太原地区执委领导人崔锄人赴柳林巡视，组织党团员学习党的基本知识，提高思想认识，推动革命运动发展，并成立国民党左派离石县党部和农民协会，高如山为国民党县党部书记长，阎光明为县农民协会负责人。同年夏，国共第一次合作破裂，省城形势恶化，中共太原法专支部书记韩昌泰受组织派遣，从太原返回家乡，在县城附近组织农民协会，发展农会会员，并秘密发展党员。同年秋，中共山西省委派武子程（后叛变）赴柳林镇巡视，报告国民党右派叛变革命后的形势，传达中共中央关于把党的工作重点转向农村的指示，并建立中共离石县委，首任县委书记由曾任太原法专党支部书记、国民党山西省党部监察委员的韩昌泰担任。中共离石县委成立后，韩昌泰与时任柳林支部书记高如山配合，以国民党县党部名义，领导离石附近的韩家坡、乔家塔、王家塔、石盘、岐则沟、十里村等村的 500 名农民协会会员开展反对地主豪绅斗争。在积极分子中秘密培养和发展中共党员。当时，中共柳林支部发展党员 30 人，为大革命时期山西省党的基层组织中党员数量较多的支部之一。离石、柳林附近村庄，建立农民协会32个，会员2500余人。中共山西省委把离石一带划为全省7个农民暴动区之一。民国17年，中共山西省委遭破坏。民国18年2月，韩昌泰被捕，高如山出走，柳林、离石党的组织被迫转入地下，秘密坚持工作。

民国21年（1932）冬，太原地区执委派王达成回柳林秘密开展党的工作。中共陕西省吴堡县委也派丁生俊、丁生杰2人赴柳林开展党的活动。民国22年春，中共山西省特委为恢复和发展柳林、离石一带党的工作，沟通与陕北的联系，成立中共离石支部，派汾阳军校教官、中共党员罗四维担任支部书记。民国23年春，中共山西省特委再次遭到破坏，离石党支部与上级党组织失去联系，被迫停止活动。同年7月，中共吴堡县委在柳林组建中共柳林军事支部，杨化（杨清明）任书记。军事支部为吴堡县委收送情报，并在煤矿搞工人运动。民国24年，杨化被捕，军事支部遭破坏。吴堡县委派李德亮（化名拓万英）赴离石西部黄河畔的薛家坪发展党员，组建中共吴堡县河东支部，书记薛丕华。在船工、水手、贫苦农民中发展党员60余人。民国25年2月，毛泽东、彭德怀率领红军抗日先锋队由陕北渡河东征，红一军团派本部干部张文森，化装为木工在后庄一带秘密活动，发展雒保元入党。东征红军进入中阳、离石境内开展工作，播下革命种子。同年5月，吴堡县委派董发赴薛家坪扩建河东区委，书记由董发担任，薛丕华为副书记。河东区委建立后，向离石西北部的碛口镇、孟门、邓家洼和坪头一带的南庄、后庄、寺沟、阳和沟、雒家庄等村发展党员，为党的基层组织建设和离石县委的重建做准备工作。

第二节　组织发展

民国26年（1937）春，山西省牺盟总会派村政协助员曹宓（中共党员）赴离石开展抗日救亡工作，发展牺盟会员20余人，为离石党组织恢复与建设做准备。同年9月，在离石中心县县长张隽轩要求下，八路军驻晋办事处派中共党员杨松青、李明、王三武、郑绍宁等人相继赴离石开辟党的工作，建立抗日武装。随后，山西省牺盟总会派中共党员阎景纯、韩昌泰以牺盟特派员身份赴离石建立县牺盟会。他们利用牺盟会从事秘密发展党员和建立党组织工作。11月初，中共山西省委派张槼赴离石建立中共离石县委，由张槼任书记，阎景纯任副书记，韩昌泰、李明为委员。中共离石县委成立后，统一领导离石县各基层党组织工作，原吴堡县委领导的河东区委划归离石县委，改称中共离石县第四区委。11月中旬，山西省战地总动员委员会（简称战动总会）由太原移驻汾阳，后迁至离石县马茂庄等地驻扎。中共离石县委在战动总会武新宇、南汉宸、程子华（均是中共党员）等领导和帮助下，组建离石县动委会和各抗日群众团体，并开展训练干部、扩大宣传、组织地方武装等工作，推动离石附近党建工作。

民国27年（1938）2月下旬，离石沦陷后，中共离石县委相继建立农、工、青、妇等抗日救国团体，并将原人民自卫武装改编为3支抗日游击队，统归县委领导。同年9月，中共中离特委在柳林成立，中共离石县委归特委领导，离石县党的地方组织开始发展壮大。

民国28年（1939）12月，阎锡山破坏国共合作抗日，策动“晋西事变”。中共离石县委根据晋西南区党委指示，把一、三、五区人民自卫队改编为1200余人的抗日游击大队，由中离特委宣传部部长卫一清任大队政委，梁延檀任大队长，开展反顽固斗争。民国29年1月，离石县抗日民主政府成立。9月，离石划为离石、离东两县，建立中共离东县工委，属中共晋西四地委领导。民国30年11月，中共离东县工委扩建为中共离东县委员会。民国31年，中共晋绥分局成立后，中共离石县委属晋绥三地委领导，离东县委改属晋绥八地委领导。

民国34年（1945）9月，离石、离东全境解放，中共晋绥三地委、八地委划归新成立的吕梁区党委领导，离石、离东统属三地委领导，离石县委先驻柳林，后迁回县城。11月，三地委进行辖区调整，两县委又划归晋绥四地委领导。1946年1月底，三地委辖区再次调整，离石、离东两县合并为离石县，县委属中共晋绥三地委领导。同年4月，中共晋绥三地委与离石县委合署办公，地委主要领导人兼任离石县委书记，一年后分设。1948年8月，中共吕梁区党委被撤销，晋绥三地委直属晋绥分局领导，离石县委仍属三地委领导。1949年2月，中共晋绥三地委改称离石地委，离石县委属离石地委领导。5月底，撤销离石地委，成立中共离石县中心县委，属中共晋西北中心地委领导。其间，因大批干部西进、南下，离石县委与离石中心县委合署办公。9月，撤销离石中心县委，离石县委划归中共兴县地委领导。

1952年6月，中共兴县地委被撤销，离石县委划归榆次（晋中）地委领导。1954年7月，离石、方山合并为离山县，成立中共离山县委，仍属晋中地委领导。1958年10月，中阳县并入离山县，县名复称离石县，仍属晋中地委领导。

1959年10月，复置中阳县，离石县名未改。1966年5月，“文化大革命”开始。1967年2月6日，县委被造反派夺权。4月，中共离石县核心小组成立，取代县委职权。10月5日，另一派造反派再次夺权，重新任命中共离石县核心小组成员。1969年9月，县核心小组改称中共离石县革命委员会核心小组。1971年4月14日，吕梁地区组建，对原离石县进行重新区划。方山从离石划出，恢复县置。离石县各机关迁往柳林镇，同时成立离石郊区。4月下旬，离石县革命委员会核心小组及其下属各机关全部迁往柳林镇。8月4日，离石郊区复改离石县，其核心小组亦改称中共离石县革委会核心小组。8月29日，迁往柳林镇的离石县，改为柳林县。1972年1月，中共离石县第六次党代表大会召开，恢复县委建置。区划以后，离石归吕梁地区领导。1978年，中共十一届三中全会召开后，中共离石县委领导全县人民坚持贯彻落实中共十一届三中全会精神，坚持解放思想、实事求是的思想路线，拨乱反正，平反冤假错案，解放生产力。坚持改革开放，把党的工作重心转移到以经济建设为中心，走上社会主义现代化建设征程。

1996 年 6 月，离石撤县设市，中共离石县委员会更名为中共离石市委员会，仍归中共吕梁地委领导。

2004 年 6 月，吕梁地区撤地设市。2004 年 7 月，离石撤市设区，中共离石区委属中共吕梁市委领导。

第三节　工作机构

常设机构

民国 26 年（1937）11 月，离石县委恢复重建后，设组织部、宣传部两个工作机构。1952 年后，县委工作机构有办公室、组织部、宣传部和民运工作委员会（民委），后撤销民委，增设离石小报社。

1958 年后，县委工作机构有：办公室、组织部、宣传部、纪律检查（监察）委员会、统战部、农村政治部、工交政治部、财贸政治部、县委党校。期间曾设有秘书室、文教部、直属党委、政策研究室，后撤销。1966 年“文化大革命”开始后，县委被夺权，成立党的核心小组，设办事组、政工组、生产组、保卫组 4 个工作部门。1971 年增设财贸组、农林水利组、工业交通建设组、计划统计组、业务组。1975—1976 年，陆续恢复办公室、组织部、宣传部、农村政治部、工交政治部、财贸政治部、文教部、县直机关党委、政策调查研究室、信访办公室、通讯组。至 1990 年 10 月，县委工作机构有办公室、组织部、宣传部、统战部、农村工作部、政法委员会、直属党委、老干部局、科技干部局、政策研究室、信访办公室、保密局、机要科、党史办公室、对台湾工作办公室、县委党校、通讯组、责任制办公室，共 18 个。后新成立督促检查室、信息科。至 1996 年离石撤县设市前，共有工作部门 20 个。

1999 年，离石市党政机构改革后，市委工作部门 8 个：办公室、组织部、宣传部（与精神文明办公室合署，实行一个机构、两块牌子）、统一战线工作部、政法委员会（与社会治安综合治理委员会办公室合署，实行一个机构、两块牌子）、直属机关工作委员会、农村工作领导小组办公室（与市政府农业委员会，实行一个机构、两块牌子）、老干局。

2001 年，离石市党政机构改革后，市委工作部门 8 个：办公室、组织部、宣传部、纪检委（监察委员会与其合署办公）、统一战线工作部、政法委员会（与社会治安综合治理委员会办公室合署办公）、机构编制委员会办公室、老干局。

2004 年，离石撤市改区后，离石区委工作部门增设对台办。2005 年，区委工作部门增设信访局。

截至 2015 年底，区委工作部门 10 个：纪检委（监察委员会与其合署办公）、办公室、组织部、宣传部、统一战线工作部、政法委员会（与社会治安综合治理委员会办公室合署办公）、机构编制委员会办公室、老干局、对台办、信访局。

乡镇（区）机构

民国28年（1939）9月，中共离石县委下辖区委5个。1945年8月，中共离石县委下辖区委4个。1946年1月，离石县委下辖区委7个。

1949年10月，中共离石县委下辖区委9个，即中共一区委、中共二区委、中共三区委、中共四区委、中共五区委、中共六区委、中共七区委、中共八区委、中共九区委。

1956年12月，中共离山县委下辖乡党总支65个、乡党支部5个。

1966年5月，中共离石县委下辖人民公社（镇）党委36个，党总支9个。1976年10月，中共离石县委下辖人民公社党委15个、镇党委1个。1987年10月，中共离石县委下辖乡（镇）党委15个。

1998年8月，中共离石市委下辖乡镇党委15个、城区街道办事处党委1个。

2015年，中共离石区委下辖乡镇（街道）党委（党工委）12个，即滨河街道党工委、凤山街道党工委、莲花池街道党工委、城北街道党工委、田家会街道党工委、交口街道党工委、西属巴街道党工委、吴城镇党委、信义镇党委、红眼川乡党委、枣林乡党委、坪头乡党委。

第四节 党组 工委 基层组织

党组

1983年10月，离石县人大常委会党组、离石县人民政府党组、离石县人民政协党组成立。1984年2月，县人民政府计划经济委员会党组成立。5月，离石县人民法院党组成立，10月，离石县人民检察院党组成立。1985年6月，离石县人民政府计划经济委员会党组撤销。1987年10月，离石县财委党组成立。1989年4月，离石县财委党组被撤销。1991年1月，离石县财委党组恢复，离石县经委、计委党组成立。1994年12月，离石县工商联党组成立。

1997年9月，离石县财委党组和经委、计委党组被撤销。至1998年8月，中共离石市委下辖党组6个，分别是离石县人大常委会党组、离石县人民政府党组、离石县人民政协党组、离石县人民法院党组、离石县人民检察院党组、离石县工商联党组。

截至2015年底，中共离石区委下辖党组6个，分别是离石区人大常委会党组、离石区人民政府党组、离石区人民政协党组、离石区人民检察院党组、离石区人民法院党组、离石区工商联党组。

工委

2004年7月，中共离石区委派出工委4个，分别是由中共城北街道委员会改称的中共城北街道工作委员会、中共交口街道委员会改称的中共交口街道工作委员会、中共田家会街道委员会改称的中共田家会街道工作委员会、中共西属巴街道委员会改称的中共西属巴街道工作委员会。2010年初，中共离石区委派出吕梁市离石区直属机关工作委员会。2011年3月，中共离石区委派出工委3个，分别是由中共莲花池街道委员会改称的中共莲花池街道工作委员会、中共滨河街道委员会改称的中共滨河街道工作委员会、中共凤山街道委员会改称的中共凤山街道工作委员会。同年12月，中共离石区委派出非公有制经济组织工作委员会。

截至2015年底，中共离石区委派出工委9个，分别是中共滨河街道工作委员会、中共莲花池街道工作委员会、中共凤山街道工作委员会、中共城北街道工作委员会、中共交口街道工作委员会、中共田家会街道工作委员会、中共西属巴街道工作委员会、非公有制经济组织工作委员会、吕梁市离石区直属机关工作委员会。

基层组织

民国15年（1926）3月，离石县第一个党的基层组织——中共柳林支部成立。民国28年9月，中共离石县委下辖区委5个，基层党支部84个。民国34年8月，中共离石县委下辖区委4个，市委1个，农村党支部38个。离东县委下辖区委3个。1946年1月，根据中共中央关于精兵简政的指示，中共晋绥分局决定，离石、离东两县合并为离石县。县委下辖区委7个，市委1个。1948年春，结合土地改革进行“三查”（查阶级、查工作、查斗志）、整党，党组织得到发展。

1949年10月，中共离石县委下辖区委9个、市委1个，基层党支部91个。9个区委分别为中共一区委、中共二区委、中共三区委、中共四区委、中共五区委、中共六区委、中共七区委、中共八区委、中共九区委，1个市委为中共柳林市委。

1957年12月，中共离山县委下辖党委24个，党总支48个，党支部420个。

1965年12月，中共离石县委下辖党委38个，党总支9个，党支部820个。1976年10月，中共离石县委下辖人民公社党委15个、镇党委1个，机关党委（总支）7个，党支部348个。1987年10月，中共离石县委下辖乡镇党委15个，机关党委6个，机关党总支13个，党支部459个。

1998年8月，中共离石市委下辖系统党委6个，乡镇党委15个、城区街道办事处党委1个，党总支14个，党支部529个。

2010年，中共离石区委下辖基层党组织505个，其中，党委24个，党总支42个，党支部439个。

2015年，中共离石区委下辖基层组织共811个。其中，党委11个，党总支24个，党支部776个。

11个党委包括乡镇党委5个，即吴城镇党委、信义镇党委、枣林乡党委、红眼川乡党委、坪头乡党委；经信系统有党委2个，即电缆公司党委、国税局党委；政法系统党委；非公有制经济组织工作委员会有党委3个，即吕梁泰化集团有限公司党委、山西大土河焦化有限公司党委、山西东泰能源集团有限公司党委 。

24 个党总支包括城北街道党工委下辖党总支 2 个；党群系统党总支；经信系统有党总支 8 个，即财政局党总支、交通局党总支、煤炭局党总支、地税局党总支、工商局党总支、城镇联社党总支、供销社党总支、中小企业局党总支；农业系统有党总支 2 个，即农业局党总支、农机中心党总支；计划系统有党总支 2 个，即粮食服务中心党总支、城乡建设管理局党总支；非公有制经济组织工作委员会有党总支 9 个，即中共山西大土河焦化有限责任公司委员会机关党总支、中共山西大土河焦化有限责任公司委员会焦化党总支、中共山西大土河焦化有限责任公司委员会煤业党总支、中共山西大土河焦化有限责任公司委员会联合党总支、中共吕梁泰化集团有限公司总支部委员会、中共吕梁市离石区泰康生态农林牧总支部委员会、中共山西东江煤业集团有限公司总支部委员会、中共山西益欣食品集团有限公司总支部委员会、中共吕梁市离石区个体劳动者协会总支部委员会。

776 个党支部分别是：乡镇党委（街道党工委）共辖党支部 252 个。其中，滨河街道党工委下辖党支部 17 个，莲花池街道党工委下辖党支部 21 个，凤山街道党工委下辖党支部 16 个，城北街道党工委下辖党支部 16 个，交口街道党工委下辖党支部 19 个，田家会街道党工委下辖党支部 18 个，西属巴街道党工委下辖党支部 28 个，吴城镇党委下辖党支部 20 个，信义镇党委下辖党支部 30 个，枣林乡党委下辖党支部 24 个，红眼川乡党委下辖党支部 16 个，坪头乡党委下辖党支部 27 个；9 大系统共有党支部 180 个。其中，党群系统有党支部 24 个，政府系统有党支部 15 个，宣传系统有党支部 5 个，教育系统有党支部 19 个，经信系统有党支部 68 个，农业系统有党支部 15 个，卫生系统有党支部 7 个，政法系统有党支部 15 个，计划系统有党支部 12 个；非公有制经济组织工作委员会有党支部 344 个。

第二章 党代表大会

第一节 县党代表大会

中共离石县第一次代表大会

1949年11月2—8日，中共离石县第一次代表大会在县城县委会议室召开，出席代表206人。大会选举产生中共离石县第一届委员会，选出委员11人、候补委员3人。11月8日，中共离石县第一届委员会第一次全委会议召开，会议采用无记名投票方式，差额选举产生中共离石县第一届县委书记张炳，大会通过《关于三年来整党、生产工作报告》《关于今后生产、工作及领导思想与作风问题的决议》。

中共离山县第一次代表大会

1955年1月11—17日，中共离山县第一次代表大会在县城人民大礼堂召开，出席代表248人。大会选举产生中共离山县第一届委员会，选出委员17人、候补委员3人。1月17日，中共离山县第一届委员会第一次全委会议召开，会议采用无记名投票方式，差额选举产生中共离山县第一届常务委员会委员8人，王克平当选县委书记，刘耀当选县委副书记。大会通过《关于1954年第四季度工作总结报告》《关于1955年互助合作生产方案的报告》。

中共离山县第二次代表大会

1958年2月6—13日，中共离山县第二次代表大会在县城人民大礼堂召开，出席代表304人。大会选举产生中共离山县第二届委员会，选出委员23人、候补委员8人。6月12日，中共离山县第二届委员会第一次全委会议召开，会议采用无记名投票方式，差额选举产生中共离山县第二届书记处成员：常务委员会委员9名，书记1名，书记处书记8名。赵子文当选县委书记。大会通过《关于发展国民经济第一个五年计划执行情况报告的决议》《关于1958—1962年农业经济发展十大纲要的决议》《关于1958年农、林、牧、副生产计划的决议》《关于进一步加强党的政治思想工作的决议》。

中共离石县第三次代表大会

1960年6月1—4日，中共离石县第三次代表大会在县城招待所召开，出席代表293人。大会选举产生中共离石县第三届委员会，选出委员26人、候补委员4人。6月4日，中共离石县第三届委员会第一次全委会议召开，会议采用无记名投票方式，差额选举产生中共离石县第三届常务委员会委员13人。刘尚文当选第一书记，高有瑞当选县委副书记。大会作出《关于提高党的政治理论水平，加强学习毛泽东思想的决议》《关于县委工作报告的决议》《关于改进干部工作作风的决议》《关于加速横泉水库建设的决议》《关于大力开展增产节约运动的决议》《关于进一步加强党的基层组织工作领导的决议》。

中共离石县第四次代表大会

1965年6月16—20日，中共离石县第四次代表大会在县城招待所召开，出席代表343人。大会选出出席山西省党代会代表和候补代表11人。大会作出《关于加强县、社重点流域治理的决议》《关于进一步开展农业学大寨的决议》《关于加强党的思想建设和组织建设的决议》。这次党代会，因县委主要负责人在外县参加“四清”运动，故未进行换届选举。会议期间，中共晋中地委对离石县委书记作了调整。

中共离石县第五次代表大会

1971年3月15—17日，中共离石县第五次代表大会在县城召开，出席代表501人。大会选举产生中共离石县第五届委员会，选出委员25人、候补委员4人。3月17日，中共离石县第五届委员会第一次全委会议召开，会议采用无记名投票方式，差额选举产生中共离石县第五届常务委员会委员7人，蒋廷标当选县委书记，陈遇春、王坚当选县委副书记。大会通过《永远沿着毛主席革命路线胜利前进的决议》。

中共离石县第六次代表大会

1972年1月4—5日，中共离石县第六次代表大会在县城召开，出席代表312人，大会选举产生中共离石县第六届委员会，选出委员22人、候补委员3人。1月5日，中共离石县第六届委员会第一次全委会议召开，会议采用无记名投票方式，差额选举产生中共离石县第六届常务委员会委员7人，佟喜当选县委书记，郭荣卿、陈遇春当选县委副书记。大会通过《沿着毛主席的无产阶级革命路线、尽快把离石建设成大寨式县》的决议。

中共离石县第七次代表大会

1982年11月6—9日，中共离石县第七次代表大会在县城招待所召开，出席代表189人。大会选举产生中共离石县第七届委员会，选出委员17人、候补委员4人。11月9日，中共离石县第七届委员会第一次全委会议召开，会议采用无记名投票方式，差额选举产生中共离石县第七届常务委员会委员10人，郭裕怀当选县委书记，柳廷青、孙佐务、张德芳、雒品三、张金鱼当选县委副书记。大会通过《关于中共离石县第六届委员会工作报告的决议》《中共离石县纪律检查委员会工作报告的决议》。

中共离石县第八次代表大会

1986年12月27—30日，中共离石县第八次代表大会在县城招待所召开，出席代表300人。大会选举产生中共离石县第八届委员会，选出委员21人、候补委员4人；选举产生中共离石县第八届纪律检查委员会。12月30日，中共离石县第八届委员会第一次全委会议召开，会议采用无记名投票方式，差额选举产生中共离石县第八届常务委员会委员9人，李守智当选县委书记，王初颂、杨大斌、邸建基当选县委副书记。同日，中共离石县第八届纪律检查委员会第一次全委会议召开，大会选举县纪律检查委员会委员11人，常务委员7人，薛汉光当选纪委书记。大会听取并审议李守智代表县委所作《求实创新，团结拼搏，把离石的改革和建设推向一个新台阶》的工作报告，听取并审议薛汉光代表县纪委作《端正党风、支持改革，保证和促进两个文明建设的健康发展》的工作报告，并对两个报告作出相应决议。

中共离石县第九次代表大会

1990年5月5—7日，中共离石县第九次代表大会在县城招待所召开，出席代表250人，列席代表21人，特邀代表2人。大会选举产生中共离石县第九届委员会，选出委员21人、候补委员2人；选举产生中共离石县第九届纪律检查委员会。5月7日，中共离石县第九届委员会第一次全委会议召开，委员21人，候补委员2人出席会议，会议采用无记名投票方式，差额选举产生中共离石县第九届常务委员会委员11人，李守智当选县委书记，王初颂、邸建基、阎永安、郭真、李振耀当选县委副书记。同日，中共离石县第九届纪律检查委员会第一次全委会议召开，大会选举县纪律检查委员会委员11人，常务委员7人，薛汉光当选纪委书记。大会通过题为《振奋精神，同心同德，努力实现我县政治、经济和社会稳定发展》的决议，通过纪检委题为《从严治党，从严执纪，进一步密切党与人民群众血肉联系》的工作报告的决议。

中共离石县第十次代表大会

1993年6月17—20日，中共离石县第十次代表大会在县城召开，出席代表257人。大会选举产生中共离石县第十届委员会，选出委员23人、候补委员2人；选举产生中共离石县第十届纪律检查委员会。6月20日，中共离石县第十届委员会第一次全委会议召开，会议采用无记名投票方式，差额选举产生中共离石县第十届常务委员会委员12人，黄进明当选县委书记，李德芳、贾学萍（女）、刘太成、刘黎明、王文德（挂职）当选县委副书记。同日，中共离石县第十届纪律检查委员会第一次全委会议召开，大会选举县纪律检查委员会委员13人，常务委员9人，侯振华当选纪委书记。大会听取和审议黄进明代表中共离石县第十届委员会作的题为《振奋精神、团结拼搏，推动我县改革开放和经济建设更快发展》的工作报告，听取和审议侯振华代表中共离石县第十届纪律检查委员会作《服务经济建设，促进改革开放，进一步作好新形势下的纪检监察工作》的工作报告，并对两个报告作出相应决议。

第二节　市　区党代表大会

中共离石市第一次代表大会

1998年7月16—18日，中共离石市第一次代表大会在市内召开，出席代表300人。大会选举产生中共离石市第一届委员会委员25人，候补委员4人；选举产生中共离石市第一届纪律检查委员会。7月18日，中共离石市委第一届委员会第一次全委会议召开，会议采用无记名投票方式，差额选举产生中共离石市第一届常务委员会委员13人，选举产生市委班子。同日，中共离石市第一届纪律检查委员会第一次全委会议召开，大会选出中共离石市纪律检查委员会委员15人，常务委员7人，刘泽峰当选纪委书记。大会听取和审议中共离石市委《全面贯彻党的十五大精神，为实现强市富民的跨世纪目标而奋斗》的工作报告，听取和审议刘泽峰代表中共离石市纪律检查委员会《统一思想，狠抓落实，全力推进党风廉政建设和反腐败工作》的工作报告，并对两个报告作出相应决议。

中共离石市第二次代表大会

2003年8月16—18日，中共离石市第二次代表大会在石州宾馆召开，出席代表300人。大会选举产生中共离石市第二届委员会委员26人，候补委员5人；选举产生中共离石市第二届纪律检查委员会。8月17日，中共离石市第二届委员会第一次全委会议召开，会议采用无记名投票方式，差额选举产生中共离石市第二届常务委员会委员12人，选举产生第二届离石市委班子。同日，中共离石市第二届纪律检查委员会第一次全委会议召开，选出中共离石市纪律检查委员会委员17人，常务委员7人，李真当选纪委书记。大会听取和审议中共离石市委《与时俱进 加快发展 把区域中心城市建设全面推向新阶段》的工作报告，听取和审议李真代表中共离石市纪律检查委员会作《标本兼治，锐意创新，进一步把我市党风廉政建设和反腐败工作引向深入》的工作报告，并对两个报告作出相应决议。

中共离石区第三次代表大会

2006年6月26—27日，中共离石区第三次代表大会在石州宾馆召开，出席代表300人。大会选举产生中共离石区第三届委员会委员27人，候补委员5人；选举产生中共离石区第三届纪律检查委员会。6月27日，中共离石区第三届委员会第一次全委会议召开，会议采用无记名投票方式，差额选举产生中共离石区第三届常务委员会委员10人，选举产生第三届离石区委班子。同日，中共离石区第三届纪律检查委员会第一次全委会议召开，选出中共离石区纪律检查委员会委员19人，常务委员7人，李真当选纪委书记。大会听取和审议中共离石区委《再造新形势，实现新突破，为建设富裕文明和谐的新离石而努力奋斗》的工作报告，听取和审议李真代表中共离石区纪律检查委员会作《围绕中心服务大局明确责任强化落实深入推进党风廉政建设和反腐败工作》的工作报告，并对两个报告作出相应决议。

中共离石区第四次代表大会

2011年6月17—18日，中共离石区第四次代表大会在石州宾馆召开，出席代表306人。大会选举产生中共离石区第四届委员会委员29人、候补委员6人；选举产生中共离石区第四届纪律检查委员会。6月18日，中共离石区第四届委员会第一次全委会议召开，会议采用无记名投票方式，差额选举产生中共离石区第四届常务委员会委员10人，王彤宇当选区委书记。同日，中共离石区第四届纪律检查委员会第一次全委会议召开，选出中共离石区纪律检查委员会委员13人、常务委员7人，成志斌当选纪委书记。大会听取和审议王彤宇代表中共离石区委作《打造“四新”离石，建设幸福家园，为把第三次创业推向新阶段而努力奋斗》的工作报告，听取和审议成志斌代表中共离石区纪律检查委员会作《全面履职深入反腐倡廉着力打造正气离石、廉洁离石、阳光离石为我区第三次创业提供坚强的政治保证》的工作报告，并对两个报告作出相应决议。

1927—2015年中共离石区（县、市）委主要领导人一览表

表18-1

名称	职务	姓名	籍贯	任职时间
离石县委	书记	韩昌泰	柳林	1927年秋—1929年春
离石支部	书记	罗四维	—	1933年春—1934年春
中共离石县委	书记	张　榘	河北沧州	1937年11月—1938年2月
		阎景纯	山西晋南	1938年3月—1938年4月
		赵守功	崞县	1938年4月—1938年10月
		慕生聚	陕西慕家垣	1938年11月—1939年6月
		韩昌泰	柳林	代理，1939年7月—1939年9月
		张　涛	中阳	1939年10月—1940年8月
		张庆忠	汾西	1940年8月—1941年8月
		王大昌	柳林	1941年9月—1942年9月
		胡克实	湖北武昌	1942年10月—1943年6月
		陈贻训	湖北	1943年6月—1944年2月
		郭伟人	河南省滑县	1944年3月—1945年4月
中共离石县委	书记	杨　毅	沁县	1945年4月—1945年8月
		王大昌	柳林	1945年9月—1946年4月
		魏怀礼	陕西瓦窑堡	1946年4月—1946年8月
		秦力生	孝义	1946年9月—1947年3月
		宋　英	河北枣强	1947年3月—1948年2月

续表 18-1

名称	职务	姓名	籍贯	任职时间
中共离石县委	第一书记	吕　韻	静乐	1948 年 2 月—1948 年 10 月
	第二书记	郭　达	山西晋南	1948 年 2 月—1948 年 10 月
	第三书记	车守珠	柳林	1948 年 11 月—1949 年 3 月
	书记	张　炳	离石	1949 年 3 月—1949 年 5 月 1949 年 10 月—1954 年 7 月
		阎　钊	临县	1949 年 5 月—1949 年 9 月
	副书记	阎景纯	山西晋南	1937 年 11 月—1938 年 2 月
		胡克实	湖北武昌	1943 年 6 月—1944 年 3 月
		张　炳	离石	1949 年 5 月—1949 年 9 月
中共离东工委、县委	书记	王亦明	灵石	1940 年 9 月—1941 年 10 月
		田秉刚	山西晋南	1941 年 11 月—1942 年 10 月
		胡亦仁	汾西	1942 年 11 月—1945 年 2 月
		李恽和	山西定襄	代理，1945 年 3 月—1945 年 8 月
		韩仲英	隰县	1945 年 9 月—1945 年 10 月
		吴恩宏	陕西清涧	1945 年 10 月—1946 年 11 月
	副书记	王亦明	灵石	1941 年 11 月—1942 年 12 月
		田秉刚	山西晋南	1942 年 12 月—1943 年 9 月
		成国政	方山	1943 年 1 月—1945 年 2 月
		王亦明	灵石	1945 年 9 月—1946 年 1 月
中共离山县委	书记	王克平	平遥	1954 年 7 月—1955 年 10 月
		刘　耀	方山	代理，1955 年 10 月—1956 年 10 月
	第一书记	高文焕	保德	1956 年 10 月—1957 年 4 月
		赵子文	方山	1957 年 4 月—1958 年 10 月
	第二书记	李畅清	柳林	1956 年 10 月—1958 年 12 月
中共离石县委	第一书记	柳　成	灵石	1958 年 10 月—1959 年 10 月
	书记	刘尚文	盂县	1958 年 10 月—1959 年 10 月

续表 18-1

名称	职务	姓名	籍贯	任职时间
中共离石县委	第一书记	刘尚文	盂县	1959 年 10 月—1961 年 1 月
	书记	王　健	柳林	1959 年 10 月—1961 年 1 月
	第一书记	王　健	柳林	1961 年 1 月—1963 年 1 月
	书记	王　健	柳林	1963 年 1 月—1964 年 10 月
	书记	李　捷	武乡	代理，1964 年 10 月—1967 年 2 月
	副书记	王　健	柳林	1954 年 2 月—1959 年 9 月
		刘　耀	临县	1954 年 7 月—1955 年 10 月
		李畅清	柳林	1955 年 4 月—1956 年 10 月 1962 年 5 月—1963 年 1 月
		刘振华	离石	1963 年 2 月—1967 年 2 月
		王俊仁	柳林	1963 年 2 月—1966 年 6 月
		高子泉	离石	1964 年 12 月—1965 年 6 月
		任学武	方山	1957 年 4 月—1963 年 1 月
		高文焕	保德	1954 年 7 月—1959 年 1 月
		高有瑞	临县	1954 年 2 月—1960 年 9 月
		李玉堂	昔阳	1966 年 5 月—1967 年 2 月
	书记处书记	陈万喜	昔阳	1958 年 2 月—1959 年 1 月
		冯德亮	昔阳	1958 年 10 月—1959 年 10 月
		任启纲	临县	1958 年 10 月—1959 年 10 月
		李鼎益	中阳	1958 年 10 月—1959 年 10 月
		刘尚文	盂县	1958 年 10 月—1960 年 6 月
		张拱晨	临县	1958 年 10 月—1959 年 10 月
		刘振华	离石	1958 年 10 月—1963 年 1 月
		高子泉	离石	1959 年 8 月—1963 年 1 月
		王俊仁	柳林	1960 年 1 月—1963 年 6 月
		乔广文	浮山	1960 年 1 月—1963 年 1 月
中共离石县核心小组	组长	任学武	方山	1967 年 4 月—1967 年 11 月
		陈廼荣	昔阳	代理，1967 年 12 月—1969 年 9 月
		蒋廷标	浙江	1969 年 9 月—1971 年 3 月
	副组长	邢宏志	河北	1967 年 4 月—1967 年 11 月
		李洪中	—	1967 年 12 月—1969 年 9 月

续表 18-1

名称	职务	姓名	籍贯	任职时间
中共离石县核心小组	副组长	陈遇春	河北满城	1969 年 9 月—1971 年 3 月
中共离石县委	书记	蒋廷标	浙江	1971 年 3 月—1971 年 4 月
	副书记	王　坚	祁县	1971 年 3 月—1971 年 4 月
		陈遇春	河北	1971 年 3 月—1971 年 4 月
中共离石郊区核心小组	副组长	佟　喜	内蒙古	主持工作，1971 年 4 月—1972 年 1 月
中共离石县委	书记	佟　喜	内蒙古	1972 年 1 月—1973 年 7 月
		赵晓炎	河北	1973 年 7 月—1974 年 12 月
		郭荣卿	沁县	1974 年 12 月—1975 年 11 月
		田根栋	昔阳	1975 年 11 月—1978 年 10 月
		郭裕怀	孝义	1978 年 3 月—1983 年 1 月
		薛俊生	方山	1983 年 10 月—1985 年 2 月
		李守智	屯留	1985 年 2 月—1992 年 12 月
		黄进明	河津	1992 年 12 月—1996 年 6 月
	副书记	郭荣卿	沁县	1972 年 11 月—1974 年 12 月
		陈遇春	河北	1972 年 1 月—1974 年 4 月
		李国畅	柳林	1973 年 8 月—1975 年 11 月
		郭裕怀	孝义	1975 年 11 月—1978 年 3 月
		张金鱼	离石	1976 年 11 月—1982 年 11 月
		张守忠	平遥	1976 年 11 月—1980 年 9 月
		任勋禄	离石	1977 年 10 月—1977 年 12 月
		柳廷青	柳林	1978 年 5 月—1983 年 12 月
		张改梅（女）	榆社	1978 年 5 月—1980 年 9 月
		雒品三	离石	1981 年 10 月—1982 年 12 月
		孙佐务	离石	1981 年 11 月—1984 年 4 月
		张德芳	太原	1981 年 11 月—1984 年 1 月
		李守智	屯留	1983 年 10 月—1985 年 2 月
		杨大斌	孝义	1984 年 1 月—1990 年 10 月
		李　鹏	交城	1985 年 2 月—1986 年 4 月
		胡　智	文水	1985 年 5 月—1986 年 5 月

续表 18-1

名称	职务	姓名	籍贯	任职时间
中共离石县委	副书记	王初颂	兴县	1986 年 4 月—1992 年 12 月
		邸建基	岚县	1986 年 12 月—1993 年 5 月
		阎永安	方山	1987 年 7 月—1990 年 10 月
		郭　真	文水	1990 年 5 月—1993 年 5 月
		李振耀	中阳	1990 年 5 月—1993 年 5 月
		王文德	河曲	挂职，1991 年 4 月—1995 年 6 月
		贾学萍（女）	清徐	1991 年 6 月—1996 年 6 月
		李德芳	临县	1992 年 12 月—1998 年 6 月
		王建平	方山	挂职，1993 年 4 月—1995 年 3 月
		刘太成	孝义	1993 年 5 月—1996 年 6 月
		刘黎明	临县	1993 年 6 月—1996 年 6 月
中共离石市委	书记	黄进明	河津	1996 年 6 月—1998 年 6 月
		吴志国	离石	1998 年 6 月—2003 年 6 月
		刘保明	柳林	2003 年 6 月—2004 年 6 月
	副书记	刘黎明	临县	1996 年 6 月—1998 年 8 月
		张国彪	柳林	1998 年 6 月—2003 年 7 月
		张旭光	平陆	1998 年 6 月—2001 年 2 月
		孙　群	洪洞	挂职，1998 年 6 月—2001 年 1 月
		薛汉光	离石	1998 年 12 月—2002 年 7 月
		刘志军	柳林	2001 年 6 月—2004 年 6 月
		薄宇新	定襄	2001 年 6 月—2004 年 8 月
		刘广龙	文水	2003 年 2 月—2004 年 6 月
		乔拯民	离石	2003 年 7 月—2004 年 6 月

续表 18-1

名称	职务	姓名	籍贯	任职时间
中共离石区委	书记	刘保明	柳林	2004 年 6 月—2006 年 6 月
		刘云晨	平遥	2006 年 6 月—2009 年 8 月
		王彤宇	临县	2009 年 8 月—2012 年 10 月
		阎刚平	柳林	2012 年 12 月—2014 年 9 月
		常书铭	泽州	2015 年 3 月—2017 年 12 月
	副书记	刘广龙	文水	2004 年 6 月—2008 年 10 月
		刘志军	柳林	2004 年 6 月—2006 年 6 月
		乔拯民	离石	2004 年 6 月—2006 年 6 月
中共离石区委	副书记	薄宇新	定襄	2004 年 8 月—2012 年 12 月
		郭　宝	临县	2008 年 10 月—2009 年 8 月
		高来舜	临县	挂职 2009 年 3 月—2010 年 6 月
		李溢涛	孝义	2009 年 12 月—2016 年 2 月
		成志斌	临县	2011 年 6 月—2015 年 12 月

第三章　组织工作

第一节　发展党员

民国16年（1927）秋，中共离石县委建立，由担任太原法专党支部书记、国民党山西省党部监察委员的韩昌泰担任县委书记。中共离石县委成立后，以国民党县党部的名义，在韩家坡、乔家塔、王家塔、石盘、岐则沟、十里村等农民协会的500多名会员积极分子中秘密培养和发展党员30人，系大革命时期山西省党的基层组织中党员数量较多的支部之一。大革命时期，离石始有党员10人，民国17年，发展至30人。抗日战争开始时有党员60余人，到民国27年4月发展到200人，民国28年9月，发展到2580人。民国34年9月，离石全境党员增至3310人。1948年春，结合土改进行“三查”整党，党员增加至4872人。

中华人民共和国成立后，党员数量随历次整党和区划调整增减。“文化大革命”前全县党员有9296人。1971年离石县区划变更后有党员3692人。1976年“文化大革命”结束后，党员数量增至5194人。至1990年底，全县共有党员7493人。其构成情况：正式党员7233人，预备党员260人；男性党员6331人，女性党员1162人；大专以上文化程度366人，中专文化程度551人，高中文化程度869人，初中文化程度2378人，小学文化程度2634人，文盲695人；工人1507人，农民3684人，干部2199人，其他职业103人。1991年，全县发展党员227名，其中农民党员53名，占发展总数的23.3%；在特别薄弱老化的支部发展党员39名，占发展党员总数的17.2%。1993年，对条件成熟的农民党员可不受指标的控制重点发展，共发展农民党员69名，占发展总数的34%。全县全年发展党员203名，其中80%以上是先进工作者。1994年，发展党员110人，其中农民党员64人。

1997年，发展党员276名，其中35岁以下的219名，妇女党员86名，农民党员94名。

2006年，发展党员271名，其中干部54人，工人37人，农民155人；35岁以下27人，妇女28人。2010年，全区共有党员10244人，其中发展新党员227人；女性党员2166人，少数民族党员5人；35岁及以下党员2523人，36—45岁党员2486人，46—54岁党员1978人，55—59岁党员962人，60岁及以上党员2295人；农村党员4523人；公有制企事业管理和专业技术人才1485人，非公有制企业管理和专业技术人才142人。

截至2015年底，全区共有党员11786人，其中发展新党员175人；预备党员2288人，女性党员2288人，少数民族党员3人；30岁及以下党员1651人，31—35岁党员1573人，36—40岁党员1288人，41—45岁党员1404人，46—50岁党员1210人，51—55岁党员1069人，56—60岁党员1043人，61岁及以上党员2548人；农村党员5007人；公有制企事业管理和专业技术人才党员1693人，非公有制企业管理和专业技术人才党员240人。

1949—1990年离石（山）县党员和党组织情况表

表18-2 单位：人

年份		党员					党组织			备注
		总数	其中				党委	总支	支部	
			正式	候补	男	女				
中型版图时期	1949	4872	—	—	4064	808	—	—	91	—
	1950	5829	5384	445	4896	933	—	1	180	—
	1951	5754	5524	230	4863	891	—	—	180	—
	1952	5885	5808	77	4982	903	—	—	184	—
	1953	5673	5497	176	4856	817	—	42	174	—
大型版图时期	1954	6674	—	—	5813	861	—	—	—	—
	1955	6680	6469	211	—	—	23	46	228	—
	1956	7354	—	—	6331	1023	—	—	—	—
	1957	7593	7116	477	6707	886	24	48	420	—
	1958	10850	10589	261	9686	1164	39	33	769	—
	1959	11011	—	—	—	—	38	335	1480	—
	1961	8452	—	—	7451	1001	32	230	923	—
小型版图时期	1971	3692	3662	30	3234	458	15	—	273	—
	1972	3803	—	—	3325	478	—	—	287	—
	1973	4470	—	—	3873	597	20	—	323	—
	1974	4693	—	—	4028	665	21	5	328	—
	1975	4956	—	—	4235	721	21	1	336	—
	1976	5194	—	—	4425	769	21	2	348	—
	1977	5268	5250	18	4456	812	21	3	363	—
	1978	5365	5236	129	4528	837	17	10	389	—
	1979	5513	5273	240	4681	832	16	10	402	—

续表 18-2

年份		党员					党组织			备注
		总数	其中				党委	总支	支部	
			正式	候补	男	女				
小型版图时期	1980	5613	5400	213	4766	847	18	10	412	—
	1981	5724	5600	124	4832	892	18	10	420	—
	1982	5788	5717	71	4950	838	17	13	437	—
小型版图时期	1983	5854	5723	131	4948	906	15	9	325	—
	1984	5994	5748	246	5280	714	15	11	445	—
	1985	6163	5797	366	5217	946	17	13	453	—
	1986	6265	6023	242	5299	966	18	11	456	—
	1987	6463	6170	293	5439	1024	20	13	459	党组 6 个
	1988	6608	6367	241	5566	1042	19	13	458	党组 6 个
	1989	7387	7115	272	6251	1136	19	14	533	党组 6 个
	1990	7493	7233	260	6331	1162	19	18	532	党组 6 个

第二节 干部考核

1988 年，离石县建立“县乡村三级公开承诺、双向联评联考”考核评价机制。33 名县级领导、97 个被考核单位负责人和 193 名行政村党支部书记通过报纸、电视、公开栏等平台向全县群众公开承诺全年工作任务，接受群众和上级监督。97 个被考核单位根据承诺内容，将任务分解到每一个科级领导干部，并制定完成任务的时间表和路线图，有计划、有步骤地组织落实。1991 年，离石县制定《中共离石县委组织部关于对新提拔的县直科级以上领导干部实行农村试用考核的意见》，规定凡新提拔县直党政群团、事业单位的副科以上领导干部，在一年试用期内都要到农村锻炼。并制定《岗位目标责任状》，当年新提拔的 12 名干部分派到 5 个乡镇的 12 个村经受一年的试用考核。1993 年，制定《关于对乡镇党政领导班子及科级领导干部的考核意见》《关于对县直机关科级领导班子及科级领导干部进行考核的意见》，在较大范围内对科级班子及成员进行民意测验和民主测评。抽调熟悉干部工作的 32 名工作人员，组成 8 个测评组，对 15 个乡镇、97 个科级单位的 440 名科级干部进行考评，了解乡镇及县直机关领导班子的思想状况和工作能力，收到预期效果。

1997 年后，从 6 个方面完善市级领导干部的责任制考核，即《重要工作责任制》《重点工作责任制》《小康村建设责任制》《包乡镇工作责任制》《整顿农村后进党支部责任制》《分管工作责任制》。

第三节　教育培训

1991 年，离石县对 256 名重点培养对象进行专项培训。1993 年 3 月，对乡镇副科领导干部及后备干部进行为期 1 个月岗位培训，参加人员 70 人，其中副乡镇长 43 人，后备干部 27 人；12 月，组织全县副科级以上领导干部分两次进行市场经济理论培训；由地委党校对全县乡镇党委书记乡镇长分两次进行培训，每期 10 天；全县在各级各类学校脱产进修的干部 73 人，参加中央党校函授 98 人，其他大中专函授 259 人。同时，组织全县干部开展学习《邓小平文选》活动，以个人自学和集中辅导相结合，对县乡两级班子制定每月集中学习 1 次的制度。

1997 年，共有 8 名市级领导和 4 名市级后备干部参加培训学习；共有 530 余名科级干部参加“三五”普法培训；共有 2028 名干部参加吕梁地委主办的“双学考试”；全市科级以上干部参加“科级干部学习十五大精神专题培训班”并进行答卷考试。

2005 年 8 月，离石区开展科级干部集中培训工作，在区委党校分三批对全区科级干部进行集中轮训，内容包括保持共产党员先进性、廉洁从政、“十一五”规划等内容。2007 年 1 月，离石区四大班子领导，包项目单位领导及区重点企业负责人共 67 人赴苏州学习考察，参观与全区主导产业相关的以冶金、铸造、加工为主的 6 户企业。12 月，全区处级干部，乡镇（街道）党委书记、乡镇（街道）长（主任）在省委党校进行集中培训。同年，开展科级干部党的十七大精神集中培训工作，在区委党校分 3 批对全区科级干部进行集中轮训。2008 年 4 月，组织全区区、乡、村三级干部 210 余人到中央党校就解放思想，推动全区转型发展进行学习。7 月，选派 17 名 40 岁以下副科级年轻干部到区信访局挂职锻炼，挂职锻炼为期 6 个月。2009 年 7 月，组织全区乡镇（街道）党委书记参加吕梁市建设社会主义新农村专题培训。2010 年 7 月，离石区开办离石大讲坛，聘请钟朋荣、李鹏等国内知名专家，各界成功人士担任主讲，全年共举办 4 期，受训干部 800 余人。9 月，上海市委党校举办党政干部、企业经营管理人员、专业技术人员培训班，全区 7 名县处级干部、59 名科级干部、17 名企业经营管理人员、31 名专业技术人员参加。11 月，江苏省江阴市委党校举办党政干部、企业经营管理人员、专业技术人员培训班，全区 29 名县处级干部、58 名科级干部、16 名企业经营管理人员、24 名专业技术人员参加。选派 3 名街道办主干和教育、经信、财政局主要负责人到江苏江阴市进行挂职锻炼。12 月，区委党校分 3 批对全区科级干部进行专题培训，培训内容包括中共十七届五中全会精神、“十二五”规划及《中华人民共和国物权法》

《中华人民共和国劳动合同法》等相关法律；选派9名乡镇（街道）党委书记到江苏江阴市进行挂职锻炼。

2012年，离石区聘请国家发展和改革委宏观经济研究院副院长马晓河教授、国家发展战略专家委员会原主任杨晓铎等多名知名专家教授做客“离石大讲坛”，就区域经济发展、依法行政、军事、农村建设、文化修养、中共十八大精神解读等多个方面的内容进行讲解。受训人员2800余人次。同时，与省委党校、省医科大、中北大学、山西经济管理学院合作，举办“分类送学”4期，共培训各级干部960人次。2015年，深入学习习近平总书记系列重要讲话精神。离石区以支部为单位组织引导全区党员领导干部读原著、学原文、悟原理。全区各级党组织共组织开展培训670余场次，培训党员干部11000余人次。先后开展集中学习20余次，聘请国家、省级专家进行集中培训8次，共召开专题研讨会12场次，区级领导共撰写学习体会与研讨发言材料105篇。5月13—15日，按照吕梁市委安排组织全区12个乡镇（街道）的党（工）委书记和纪检书记就增强落实“两个责任”的能力在吕梁市委党校进行专题培训。对全区区直单位的机关党组织党务承办人、各乡镇（街道）组宣员共计170余人进行为期2天的专题培训。6月11日，聘请中国政法大学副校长、中央纪委特邀监察员马怀德教授对全区科级以上领导干部进行廉政专题培训。依托“山西干部在线学院”平台，开设现代农业与新农村建设、安全生产、现代金融3个专题，组织全区34名区、乡党政领导干部，进行岗位知识培训。分3批次共150余人次，分别赴新疆、江苏江阴市、内蒙古鄂尔多斯市等地考察学习。

第四节　组织整顿

1991年，离石县对农村支部班子进行整顿，全年整顿167个，占总数的66%；其中，思想整顿119个，组织整顿48个。对全县20个“老大难”村进行重点整顿。253个农村支部中，一类支部117个，占总数的46%；二类支部124个，占总数的49%；三类支部12个，占总数的5%。1993年，离石县完善组织工作条例和组织工作制度共18章88条；制定印发《关于加强组织人事信息工作的意见》，深入调查研究组织工作面临的新情况新特点，针对性地撰写调查报告4篇。1995年，离石县对农村支部建设制定不同升级目标，按照“分类指导，全面提高”原则进行组织建设，全年建设红旗支部16个，先进党支部112个，较好党支部101个，一、二类支部占全县农村支部的50%。

2015年，全力推动全区软弱涣散基层党组织转化提升。成立区委书记任组长的后进村整顿领导组，先后召开领导组会议5次，研究解决集中整顿后工作中出现的情况、问题以及部署下一步工作。建立整顿工作区级领导包联工作机制，采用“将点兵、兵选将”方式，由20名区级领导任组长或副组长，组成工作组19个驻村整顿。全区软弱涣散基层党组织

42个，完成整顿任务38个，其中19个后进村中有15个村全部实现转化。从区直单位择优选派基层工作经验丰富、有担当意识的19名机关优秀干部到后进村任第一书记，由区组织部领导带队按季度分片对全区党建工作进行专项督查，全年开展专项督查4次，下发整改意见书80余份。

第五节　干部选拔培养

1991年，离石县在选拔培养使用村级后备干部的基础上，重新考察审定原有312名村级后备干部；经推荐测评，补充农村后备干部207人，其中16名被选送到吕梁地区农业干部学校培训学习。针对农村组织薄弱现状，把13名回乡知识青年定为重点培养对象；全年选拔5名非党干部到领导岗位；有63名农村后备干部担任村支部书记或村委主任。1993年，为加强干部队伍的生机和活力，注重选拔任用年龄在30岁左右，大专以上文化，德才兼备的优秀青年，提拔的54名副科级干部中35岁以下的49名，37名正科级干部中35岁以下的17名。同时注重妇女、非党干部和后备干部选拔，提拔任用妇女干部6名，其中5名担任乡镇和县直机关主要领导；提拔非党干部8名；利用民主推荐办法，从全县青年干部中初选出150名干部，其中114名列为后备干部。

2011年，离石区为区直事业单位引进硕士研究生10人。

2012年，离石区加大人才引进培养力度，继续开展引进硕士研究生到区直事业单位工作。引进硕士研究生3名到区医院等单位工作。2013年5月，区委决定在全区范围内进行有限性竞争选拔乡镇长、街道办主任人选，规定年龄（1972年4月30日以后出生，从事乡镇工作满10年的，年龄可放宽2岁）、学历（大学专科以上文化程度）、任职资格（副科满2年）、身份（国家正式干部）、近3年考核结果（称职以上）、身心健康等资格条件，共报名85人，进入面试的22名按面试成绩排序，经区委常委会会议研究决定，确定5名乡镇（街道办）长（主任）人选。2015年，共消化超职数配备干部8名，其中正科级4名、副科级4名。

第六节　党员活动场所

1994年，离石县203个支部普遍建立党员活动场所，36个农村支部建立高标准党员活动室。编制《离石县基层党组织设置及党员分布情况表》，印发《关于严格接转组织关系的通知》，共为213人办理组织关系接转手续；重新核实全县机关党员的工资基数，健全党费收缴管理制度。1995年，永宁市场等商业区内设立党员教育活动点5个，利用现代化电器声像设备，定期播放党员教育专题片，全县受教育党员8000余人次。

1997 年，全市 15 个乡镇党委、254 个农村党支部、40% 的企业、机关党委、总支建起党员活动室。

2006 年 11 月开始，离石区分两次对全区村级组织活动场所进行集中建设。第一次是 2006 年 11 月至 2007 年 9 月，共涉及 12 个乡镇（街道）的 24 个村，其中新建的 11 个村，改扩建的 13 个村，共投入资金 568 万元。其中，中央补助 36 万元，省补助 42 万元，市补助 11.5 万元，区财政拨款 17 万元，区党费补助 11.5 万元，村集体自筹资金 420 万元，党员群众义务出工 6000 多个，折合资金 30 万元。第二次是在 2010 年，涉及 68 个村，占行政村总数的 35%，其中，列入省规划 22 个，市规划 3 个，离石区自主确定 43 个。省、市、区三级共投入资金 215.43 万元，并通过政府采购为每个村配备 1 万元的办公设备，实现村级组织活动场所全覆盖、全达标的目标。2011 年，离石电视台开设《今日离石》《创先争优简报》活动专栏，宣传先进人物和典型事迹，引导广大党员以先进典型为榜样，争做优秀共产党员，争当“三晋先锋”。

第七节　大学生村官

选派

2006 年，离石区共选聘大学生村官 9 人。2007 年，选聘大学生村官 91 人。2008 年，选聘大学生村官 49 人。2009 年，选聘大学生村官 87 人。2011 年，选聘大学生村官 3 人。

2012 年，选聘大学生村官 3 人。2013 年，离石区共选聘大学生村官 4 人。截至 2015 年底，离石区共选聘大学生村官 246 人。

管理

2006 年，离石区首次接受市分配的大学生村官 9 人。2007 年，离石区印发《离石区大学生村干部暂行管理办法》，从任职及待遇、考核奖惩、管理、教育培养、组织领导等 5 章 26 条，对大学生村官管理做出具体规定。职务方面，大学生村干部是中共正式党员的担任村党支部副书记，非中共正式党员的担任村委主任助理。待遇方面，按照全额事业单位管理人员标准执行。2008 年，离石区大学生村干部管理办公室成立，开通大学生村官 24 小时联系服务电话，群发鼓励、提醒短信 186 条。同年，区委组织部和区信访局联合发文，以大学生村官为主体，设立大学生村官农村工作联络员。同年，探索建立村干部正常退出机制，给大学生村干部多腾“位子”，动员大学生村干部积极参与“两推选”和“公推直选”活动。同年，离石区修订完善《大学生村干部管理办法》，建立健全大学生村干部待遇保障、工作日志、安全防范、目标管理、考勤制度、请销假、工作例会等 13 项管理制度，制定大学生村干部目标任务书、安全管理责任书、督查登记簿、逐月考勤表等 28 种考核表册。同年，以集中培训、实地考察、交流座谈、跟班学习、信访实践锻炼、村干部帮带、乡镇领导帮教等形式培训大学生村干部 162 人。

2014 年，将 2013 年底在岗大学生村官的信息全部录入大组工网。

活动

2008 年 5 月，向全区大学生村官发出《以实际行动支援抗震救灾工作的倡议书》，全区大学生村官共为四川汶川地震灾区捐款 14500 元。

2013 年，全区大学生村官走村入户开展帮扶活动，共走访农户 78532 户，召开座谈会 213 次，记录民情日记 3561 篇，记录群众意见建议 2510 条，解决群众困难 215 个，提出合理化建议 226 条。同年，离石区制定激励和引导大学生村官创业实施意见和大学生村官创业基金管理办法。同年，创办《青春的旋律》大学生村官杂志。

第八节　机　构

民国 26 年（1937）11 月初，离石县委组织部成立。

1966 年 5 月，“文化大革命”开始后，中共离石县委仍正常进行工作，1967 年初，中共离石县委受到冲击，县委及其工作机构和下属组织的正常工作受到严重干扰。1967 年 4 月，组织组成立。1969 年 6 月 24 日，组织组被撤销。1975 年 11 月，县委组织部恢复。

至 1998 年 8 月，离石市委组织部内设机构有干部组、组织组、办公室。

2009 年，离石区委组织部内设办公室、干部综合组、基层组织组、党员管理组、机关党建组、人才办 6 个组室，下设事业单位 2 个：大学生村干部管理办公室、党员电教中心。部机关共有组工干部 16 人，其中男 13 人、女 3 人。大学本科文化程度 13 人，大学专科文化程度 3 人。2011 年，增加干部下派任职管理办公室，副科级建制，核定副科级领导职数 1 名、财政拨款事业编制 6 名，管理干部共 7 名。

2012 年，增加农村干部培训中心，副科级建制，核定副科级领导职数 1 名、财政拨款事业编制 5 名，管理干部共 6 名。截至 2015 年底，离石区委组织部内设一室三办六组一中心，即办公室、人才办、考核办、干部下派任职管理办公室、干部综合组、干部教育组、干部监督组、基层组织组、党员管理组、机关党建组、党员电教中心。部机关共有组工干部 33 人，其中男 23 人、女 10 人。大学本科文化程度 30 人，研究生文化程度 3 人。

第四章 宣传工作

第一节 理论学习

中共离石县地方组织在战争年代，始终把党的思想建设放在首位。中共柳林支部一成立，就通过秘密聚会，组织大家学习党的纲领、章程和苏联革命经验，武装党员的头脑。抗日战争时期，党组织经常用分散、“游击”的方法，组织党员秘密阅读文件，进行党的基本知识和路线、政策教育。

民国26年（1937），中共离石县委成立，县委书记张槩等领导人就组织在离石中学举办为期半月、150余名农民参加的训练班，进行党的知识、理论和路线、政策、任务的教育。民国27年5月，县委派阎子诚等10名党员，到孝义县下堡进行为期1个月的学习。民国28年中离特委成立后，在曹家山（今属柳林县）开办特委党校，离石县委分3批选送200余名党员参加培训。

离石解放后，中共离石县委结合土改“三查”整党，对党员进行普遍教育。1948年晋绥三地委在离石县大武镇贺龙中学附设地方干部训练班（地委党校），离石县分3期选送区村两级党员干部300余人，每期学习3个月，集中进行马克思主义理论、党的基本知识和党的任务、政策、思想作风的教育，为土改后发展生产和支援新区工作做思想准备。

1950年下半年，组织县区两级党员干部400余人，分3期赴兴县地委党校进行整风学习，主要贯彻中共七届二中全会决议精神，集中解决退坡不干的思想和强迫命令等作风问题。1951—1953年，全县分3批，集中农村党员3800余人，分别在柳林、离石、大武等地进行整党学习，党员登记。1951年开始，组织全体党员干部学习毛泽东《论人民民主专政》《联共（布）党史简明教程》《中国共产党的三十年》等文献，县委设专职理论教员，定期讲课、测验。

1954—1955年，根据干部思想作风状况，组织党员干部比较系统地学习马克思主义哲学。20世纪50年代后期，在全县各基层支部推行“一课三会”（党课、支部党员大会、支部委员会、党小组会）、“一站三网”（传授站、党员教育网、群众宣传网、技术推广网）、“三校”“三日”（党校、党日、团校、团日、红专学校、三爱日）等制度，在县区两级主干中固定报告员102人，配备支部工作指导员21人，专兼职支部教员206人，开办乡镇（公社）党校28座，支部业余夜校211座，把党的思想建设和群众宣传工作结合起来。“文化大革命”初期，党的思想政治工作受破坏。

20世纪60年代初，比较系统地学习马克思主义政治经济学和《毛泽东选集》一至四卷，60年代中期掀起了学习毛泽东思想热潮和工农兵学理论热潮。“文化大革命”开始后，学语录、读“老三篇”代替正常的理论学习。1971年后，全县掀起学习毛泽东著作热潮，党员教育逐步恢复。1978年中共十一届三中全会后，通过真理标准大讨论，干部理论学习重新恢复。建立理论学习队伍、机构、制度，开展党员干部的正规化教育，先后组织学习马克思主义五门主课、邓小平建设有中国特色的社会主义理论、“三个代表”重要思想等，采取在职业余自学和分期分批选送各级党校脱产学习等办法，进行理论学习。

2008年，离石区印发《中共离石区委关于进一步加强和改进各级中心组学习的意见》，邀请国家和省级专家辅导中心组集中学习，组织区、乡镇（街道办）、农村三级干部外出学习培训。据统计，全年共组织区委中心组专题学习6次，举办科级领导干部培训2期，各级领导干部共在市级以上报刊发表学习体会、工作研究、调查报告文章20余篇。在全省组织的优秀理论调研文章评选中，离石区选送的《全方位武装 大力度造势 立体化建设——宣传思想工作探索与实践》获二等奖。在全市组织的纪念改革开放30周年理论文章评比中，全区4名县级领导文章获奖。2010年，离石区举办中共十七届四中、五中全会精神理论骨干培训班。举办离石大讲坛、名家高层论坛等，组织广大党员干部深入学习、系统掌握中国特色社会主义理论体系。通过开展“四比四看”（即比精神状态，看是否心清气正；比境界追求，看是否胸怀坦荡；比作风斗志，看是否勤政敬业；比能力业绩，看是否敢于担责），在全区掀起干群比思想解放、比能力提升、比工作实绩大小的良好氛围，“全民读书月”活动、“知我离石、爱我离石”百题知识大问答及离石之最系列评选活动，将学习宣传活动引向深入。2011年，离石区以区委中心组学习为龙头，全面加强学习型党组织建设。全面开展学习型党组织、学习型机关、学习型企业、学习型社会、学习型村镇、学习型家庭“六大创建”活动。

2013年初，离石区印发《关于建立全区领导干部理论述学考学制度的实施意见》，组织全区604名科级领导进行政治理论考试。同年9月，区司法局、田家会街道办、交口街道办交口村、泰化集团4家单位被中共吕梁市委授予“吕梁市学习型党组织”称号。同年，离石区委中心组加强和改进基层党委（党组）中心组学习，印发《关于加强基层党委中心组理论学习的实施方案》，采取参加集中学习、主要领导亲自辅导、参加培训班和聘请专家学者讲座、中心组成员自学方式，组织学习党的十八大报告，《中国共产党章程》，区委四届八次全委扩大会议精神，中共中央关于开展党的群众路线教育实践活动的精神，中央关于改进工作作风、密切联系群众的八项规定的精神，习近平总书记系列重要讲话精神、在纪念毛泽东同志批示“枫桥经验”50周年大会上的讲话，中共十八届三中全会精神等内容。中心组成员坚持理论联系实际，共完成调研论文30余篇，《以大园区集聚大产业、以大项目推动大发展》等文章在山西省委主办的《前进》杂志发表。2015年，离石区结合“学习讨论落实”“三严三实”专题教育活动，开展中心组集中学习8次，主要学习中共十八届三中、四中、五中全会精神，习近平总书记四个全面战略论述，“三严三实”重要论述，中共十八大后中央领导集体关于政治纪律和政治规矩的重要论述，新版《中国共产党廉洁自律准则》《中国共产党纪律处分条例》等内容；集中观看《作风建设永远在路上》专题片，省委书记王儒林的“三严三实”专题党课视频；听取知名专家学者有关“依法治国、依规治党，把纪律挺在前面”“大力弘扬中国传统文化”“习仲勋的政治智慧和人格风范”等讲座，探索创编印发《时政学习导读》8期，作为党委中心组学习读本。同年，离石区针对基层宣讲队伍不足问题，宣传部按照理论宣讲员应具备的条件及职责，筛选16名在理论宣讲方面有特长，侧重理论学术方面的人才充实全区理论宣讲人才数据库，并组织宣讲员参加全市基层理论宣讲员培训研讨班，为壮大宣讲队伍提供人才支撑。

第二节 舆论引导

2008年，上安村山体自然滑坡事件、金田大厦“11·22”火灾事故等突发事件发生后，离石区宣传新闻战线第一时间在新华社网站公布情况，对引发的种种议论进行正确舆论引导，维护全区社会稳定。同年，围绕不同时期工作重点，有针对性地开展各类突发事件宣传引导教育活动。2010年，离石区网上信息民意直通车开通，健全舆情信息24小时值班监管制度。同时，与公安局网监联合，对不公开互联网信息进行监管，发现问题及时分析、汇集、上报，防患未然。

2013年，离石区在各乡镇（街道）、区直各大口、各单位建立并认证腾讯官方微博46个，建立通讯员、新闻发言人等110余人的队伍。印发《离石区网络舆情信息监测和处置工作实施方案》，继续利用新华社山西分社舆情信息和市、区舆情监控平台，依托讯库舆情监测系统平台，全方位抓好网络舆情信息监测和应对工作。2015年，离石区围绕“学习讨论落实活动”“聚焦民生、服务群众”主题实践活动、“三严三实”专题教育、“破除陈规陋习、倡导文明新风”活动、“城乡环境整治百日攻坚”专项整治，庆祝中国共产党成立94周年、抗日战争胜利70周年纪念等开展重大主题宣传。同年，离石区委宣传部门为做好城市形象传播，制作《炎黄地理》《离石春秋》等外宣品。借助微平台“离石正能量”“口袋儿离石”、离石新闻网等新媒体，连续刊载、刊播《一代廉吏于成龙故事集》和《萌娃系列动画视频》以及离石本土特色文化、典型人物、励志故事等内容，引导和激发广大干部、群众热爱离石的情感，提高广大干部群众精神追求。

第三节 文明单位创建

2008年，离石区先后开展“迎奥运、讲文明、树新风”系列活动和文明单位、文明村镇评选创建活动，涌现出区交警队、区检察院等一批区级文明单位。“城乡清洁工程”活动中，发挥各级文明单位、文明村镇示范带头作用，先后组织大规模清洁卫生活动7次，营造清洁卫生良好环境。同年，离石区朝阳小学入选全国首批未成年人思想道德建设工作先进单位。2010年，离石区为实现创建市级文明城市目标，制定《离石区文明城市创建工作实施方案》和《离石区创建市级文明城市规划》，并开展一系列创建活动，如东城区开发建设、卫生城市百日整治活动等。2011年，离石区推进精神文明创建活动，围绕提升公民道德素质，开展“城乡面貌大变样、市民素质大提高”活动；围绕提升城市现代文明程度，广泛开展群众性精神文明创建活动。

2013年，离石区加强“文明和谐单位”“文明和谐行业”“文明和谐乡镇”等活动过程中督促检查指导，申报的区运管所、区交警大队入选山西省文明和谐单位。同年，制定《关于推进全区“道德讲堂”建设工作的实施方案》，在泰化集团、区国家税务局、区人民检察院、区运管所等全区各级文明创建典型单位中开展“道德讲堂”建设工作。在全区各级行政事业单位印发《吃亏歌》宣传画、在全区主要大型商场、城市广场的大型电子屏连续滚动播放“信义、坚韧、创新、图强”的山西精神和“艰苦奋斗、顾全大局、自强不息、勇于创新”的吕梁精神，在醒目位置悬挂宣传标语，营造全区积极向上、和谐发展的氛围。2015年，离石区委宣传部与吕梁市委宣传部共同举办“破除陈规陋习、倡导文明新风”宣传活动，组织宣传车4辆，制作版面20块，在各乡镇及城区范围内进行流动宣传。印制宣传单2万余份，在广场等人群聚集场所发放。在城区主街道，交通隔离栏上悬挂“讲文明、弃陋习、树新风”各类社会宣传标语60余条。在步行街北口、世纪广场、贺昌中学附近制作“弘扬老区精神、传承廉政文化”“践行社会主义核心价值观、实现弊革风情社会和谐”两块大型翻板公益宣传墙。主办“身边榜样 前行力量”主题展，在吕梁体育馆围挡附近制作优秀人物事迹喷绘墙，共展出各类先进人物14人。在城区各小学开展“书香吕梁、悦读离石”系列活动，倡导“博览群书、养德立志、弘扬经典、享受阅读”，全区形成“多读书、读好书”的良好舆论氛围和文明风尚。截至2015年底，泰化集团董事长张子玉入选“全国道德模范提名奖”，离石区江阴支教团队获“感动山西”特别奖，马茂庄村调解委员会主任崔林有被评为山西省第二届优秀法治人物，区消防支队政委胡汉有等4人被评为吕梁市第三届道德模范，离石一中教师赵志锋等全区各行各业的33人被吕梁市委授予优秀志愿者，西垧村党支部书记薛来应等12人被评为首届“感动石州”人物。

第四节 机 构

民国26年（1937）11月，中共离石县委宣传部成立。

1967年4月，中共离石县核心小组成立后，工作机构打破原设的部、委、局、室格局，设立宣传组。1969年6月，撤销宣传组，设立政工组。1975年11月，恢复宣传部。

至1998年8月，中共离石市委宣传部内设：理论组、宣传组、文明办、办公室。截至2015年底，中共离石区委宣传部内设办公室、理论股、政教股、宣传股、文明办、文化事业和文化产业发展办公室。共有行政编制8名，工勤编制2名，事业编制7名。

第五章　作风　制度建设

第一节　作风建设

1978年6月，离石县安排部署开展真理标准问题大讨论，参加大讨论的县、社、队三级干部共6000人，群众15000人。主要方法为学习文件，领导带头，召开动员会、讨论会、座谈会，举办培训班等，联系思想实际、工作实际，特别是“文化大革命”的实际，重点联系农村政策问题。

1985年12月，中共离石县委按照中共中央的决定和上级党委的安排部署，在县级、乡镇、农村分期分批进行整党，1986年12月结束。参加整党的党员共有6160人，占全县党员总数6265人的98.32%。此次整党着重解决党内思想、组织、作风不纯问题。

1991年，离石县委组织由5套班子成员带队的工作队共计92人，分赴12个乡镇20个村帮助工作。

1995年，离石县对完成任务较差的22个单位领导进行诫勉谈话，并在全县下乡工作会议上点名批评，引起完成任务较差单位领导重视。

1997年，离石市委印发《离石市关于集中整顿机关工作作风的意见》，8月18日，在全市市直机关和乡镇开展为期1个月的工作作风整顿。

2010年，制定《离石区选拔任用科级领导干部初始提名办法》，按照“规范领导提名、完善组织提名，扩大群众提名，尊重个人自荐”的要求，扩大干部工作民主化。中共离石区委组织部制定“万里行”活动方案，即工作人员深入农村骑车或步行达5000千米，联系群众改进工作作风，全年270人参加活动。

2011年，离石区对30名科级领导干部进行经济责任审计；对干部选任工作进行经常性的监督。

2012年，开展以“关注民生、构建和谐”为主题的“大排查、大接访、大化解”活动。通过调查了解，对3批7人次进行责任追究和纪律处分，其中对工作不力的2名乡镇、街道办主干做出停职处理；对整治不力的莲花池街道办2名主干和交口街道办的1名副职免职；对完成任务不及时的交口街道办两名主干进行诫勉谈话。8月底，对信访工作不力的滨河街道办和城北街道办主干及教育局、公安局正职进行诫勉谈话。2015年，全区党政群机关及事业单位中开展以科级领导干部和党员为重点的人员在岗情况专项整顿工作，通过问责处理、公开曝光等办法，解决全区工作人员在编不在岗问题。明察单位46个，暗访单位32个，发现问题5类，对5个单位进行公开批评。

2015年，离石区通过民主生活会等方式，共收集涉及科级干部违规违纪违法线索34条，涉及科级干部36名；对违纪的15名科级干部做出党纪政纪处分，组织处理4人（免职3人），组织函询5人，提醒谈话36人，诫勉谈话11人。

第二节 制度建设

1991年，中共离石县委组织部制定《中共离石县委组织部关于对新提拔的县直科级以上领导干部实行农村试用考核的意见》，规定新提拔的干部在试用期内必须下农村锻炼1年；同时制定《岗位目标责任状》。

1995年，中共离石县委组织部印发《关于加强领导班子、干部队伍作风建设的若干意见》，强化作风建设。

1997年，离石市完善《离石市组织工作规则》，制定《中共离石市委组织部关于加强内部精神文明建设的实施意见》，对机关工作各项制度做具体规定，做到工作人员亮牌上岗，工作制度上墙。离石市5大班子带头落实工作制度22个，对各科级单位议事制度、会议制度等执行情况进行督促检查，总结交流。

2004年，离石市委组织部对内部7个组室工作职责和10项内部工作制度进行修改完善，规范办事程序，量化考核，形成行为规范，运转协调的工作机制。

2007年，离石区明确和细化区委常委会“讨论决定重大问题”范围，制定和完善实施细则。建立健全常委会向全委会定期报告工作制度，全委会决策表决制度，讨论决定重大问题和任用重要干部票决制。健全集体领导和个人分工负责相结合制度。同年，离石区委与各基层党委、各基层党委与各基层支部签订党建工作目标责任书。2009年，建立中心组发言制度、自学制度、考勤制度、检查制度等一系列行之有效的学习机制。

2010年，离石区在村级组织全部推行“四议两公开”（党支部会提议、两委会商议、党员大会审议、村民代表会议或村民会议决议，决议公开、实施结果公开）工作法，全区农村通过“四议两公开”工作法决策580次，决策村级重大事项870件。

2011年初，全区组织工作会议召开，区委与12个乡镇（街道）、9个系统党委书记签订党建工作目标责任书。各乡镇（街道）、系统党委与各基层支部都签订党建工作目标责任书。研究制定《关于在全区机关党组织中深入开展“机关党建走在前头”活动的意见》，机关党员干部包联贫困户3200余户，排查处理问题8628件，开展自查单位184个，自查人数3584人，发放征求意见表8919份，集体和个别谈话1189人，公开承诺2104人，召开座谈会89场，征集意见建议1274条，查摆问题624个，整改576个，自查中有8人主动说明问题，上缴违纪金额75000元。

第六章　纪检监察

第一节　端正党风

1997年起，离石市实行村务、政务、企务、校务公开。1998—2002年，离石市纪检委贯彻落实各项廉洁自律规定，共清理违规移动电话64部、违规住宅电话10部、交通工具87辆，查处婚丧嫁娶使用公车24辆，公款吃喝玩乐57人，全部按规定进行处理。从堵塞漏洞、规范管理入手，严格执行领导干部乘车、购车的有关规定；在乡镇、市直单位推行公务招待“双定”制和“双签一批一公开”制，实行招待费在财务上单列、全市下乡人员在乡镇机关食堂就餐、村级“零招待费”等制度；对市直机关电话、领导干部公费安装电话实行“限额制”。从强化对领导干部的教育管理入手，为全市副科级以上领导干部建立廉政档案；推行党政领导干部廉政谈话制度、记廉政日记制度；每逢重大节日前夕，及时发文重申领导干部廉洁建设责任书，随时抽查、年终考核。各级领导干部廉洁自律的自觉性明显提高，腐败现象得到有效遏制。2002年，集中收费中心建立，对全市的51户执行单位的309项收费、21户执罚单位的56项罚款实行统一收费、统一管理、保证资金及时入库，有效杜绝单位坐支、截留资金行为。同年，政府采购中心成立，累计采购金额达2657万元，节约资金305.35万元，与采购预算比，节约10.3%。财政体制改革有效预防腐败问题发生。

2003—2005年，离石区（市）在干部提拔任用、评优评模中实行一票否决制。先后对8名领导干部的任用提出暂缓提名或否决的意见，取消13个单位和个人评优评模资格，实行领导干部年终述职述廉制度，落实经济责任审计制度。3年共对48名党政领导进行任期经济责任审计；围绕源头腐败，区（市）纪委印发《关于落实党风廉政建设责任追究制的规定》。2003年下半年，重点开展清车、清房和制止奢侈浪费三项处理工作。共核查小汽车210辆，查出违规超标小汽车41辆，全部进行纠正。规定科级单位购买小汽车，须纪委审批、财政核编、政府统一采购；清理纠正27名县处级领导干部、142名乡科级干部违规住房问题，共收缴领导干部住房超面积款123.75万元。

2011年，离石区区、乡、村三级党组织换届中，区纪委按照换届纪律和程序监督，分别成立监督组和案件组，公布举报电话，组织大型督查28次，根据群众举报，调查农村支部贿选案件，取消涉嫌违纪村干部候选人资格3人。区纪委制定印发《关于进一步整肃机关作风严明工作纪律的通知》，明确“十个严禁”纪律规定。组织明察暗访27次，对工作不负责、出勤不出力以及上班时间玩游戏，网上购物的8名干部进行严肃处理。同年，开展大范围明察暗访活动3次，并处理违反纪律的典型人和事。12月1日，区纪委派10个检查小组对全区54个单位的上班情况进行突击检查，对无故不在岗的84名干部及所在单位进行通报批评，责令不在岗人员写出深刻检查，对3个单位领导进行约谈。因工作时间上网聊天辞退公安协警1人，停职处理交警中队长1人。

2012年，离石区纪委开展“吃拿卡要”专项整治，发放征求意见表8919份，集体和个别谈话1189人，公开承诺2104人，召开座谈会89场，征集意见建议1274条，查摆问题624个，整改576个。同时，广开渠道排查案件线索，累计排查出线索19条，初核后纠正整改10件，立案查结7件，处分16人。4月和11月，开展机关纪律作风检查。抽调30余名纪检干部组成检查组7个，明察暗访28次，编发通报5期，处理迟到早退、玩游戏等违反工作纪律干部18人，约谈“一把手”7人，查出不在岗人员447人，开除未履行请假手续长期不在岗5人。

2013年，离石区纪委开展违规用车专项清退行动，先后印发《关于严格公务用车管理的通知》《关于严禁领导干部公车私驾的通知》，加强明察暗访，纠正违规用车单位17个，干部26人，清退违规车辆44辆；开展清理超标准办公用房行动，共封门220间，腾退5722平方米，其中领导干部腾退办公用房3721平方米；开展纠正公款吃喝等不正之风行动，对各单位招待费进行专项检查，对8个招待费数额较大单位负责人进行诫勉谈话，查处大中局村招待费过大挥霍浪费案件，给予村主任开除党籍处分；开展治理领导干部大办婚丧事宜和借机敛财行为，有39名干部按规定进行申报，查处交警队1名干警违规办理婚事问题；开展公款送礼发补助等不正之风行动，先后印发《禁止中秋、国庆公款送礼》等文件，加强纪律规定执行情况检查，纠正处理吴城镇上王营庄村违规发放补助问题。

2014年，离石区纪委印发《关于坚决制止婚丧喜庆事宜大操大办的规定》，赴各大酒店开展明察暗访，严肃查处工商局、地税局、交警队、城北街道办和归化村5名干部违规办理婚事问题，对责任人全部给予党政处分和免职处理。同年，区纪委加强公车使用和办公用房监督检查，纠正违规用车单位17个，干部26人，拍卖违规车辆43辆。同年，区纪委纠正公款吃喝等不正之风，联合审计、财政部门，对区直单位、乡镇（街道）2013年、2014年的“三公”经费落实情况进行专项检查，对8个招待费数额较大单位负责人进行诫勉谈话；调查处理林业局等6个单位公款购买香烟问题；查处教育局违规发放补助案件，给予党纪处分3人。同年，全区“三公”经费、公务接待费下降，88个单位保持零接待。

2015年元旦期间，离石区纪委结合学习新修订的《中国共产党廉洁自律准则》《中国共产党纪律处分条例》内容，加强对各单位党员干部的教育、管理和监督；向社会公布信访举报联系方式；统筹发挥税务、财政、审计等部门的“专业优势”，采用发票倒查方式，重点检查公款违规开支问题。对发现的问题，事后严惩，点名曝光，不留情面。同年，区纪委查找出违反中央八项规定精神和“四风”方面存在的为官不为、吃拿卡要、工作日中午饮酒、违规公款吃喝接待、大操大办等10个方面突出问题，研究制定《关于开展落实中央八项规定精神纠正“四风”工作监督检查的通知》，抽调两办督查室、区纪委党风政风监督室、乡镇纪委，派出纪工委、部门纪检组，成立专项督查组7个，开展为期半年的专项整治工作。全年共查处违反中央八项规定精神和“四风”问题案件19起，党政纪处分34人，组织处理7人。

第二节　党纪教育

1998—2002年，离石市各级党组织结合实际，持续引深邓小平理论和“三个代表”重要思想学习，认真学习贯彻中共十五届六中全会《关于加强和改进党的作风建设的规定》。纪检机关通过组织干部培训、开展专题教育活动、举办知识竞赛等形式，把学习党规党纪和廉政法规，贯穿于党的建设的各个环节。全市各级党组织坚持定期召开专题民主生活会，针对班子及其成员在廉洁自律方面存在的问题及时进行自查自纠。通过市级“三讲”教育和“三个代表”重要思想学习教育活动，各级领导干部深刻剖析和认真整改自己在思想作风、工作作风等方面问题，廉洁从政意识得到不断强化。

2003—2005年，离石区（市）纪委重点围绕学习《中国共产党章程》《中国共产党党内监督条例（试行）》《中国共产党纪律处分条例》和《建立健全教育、制度、监督并重的惩治和预防腐败体系实施纲要》（简称《实施纲要》），通过组织干部培训、举办知识竞赛和组织有奖竞答等活动，开展多种形式的学习宣传活动。通过向科级干部发送廉政教育短信、评选“十佳廉内助”、在重大节日前夕重申廉洁自律有关规定等形式，不断强化领导干部自律意识；区（市）纪委与组织、文化、教育等部门配合，开展廉政文化进社区、进校园活动，在夏季广场文艺晚会中安排反腐倡廉文艺节目，在城区中小学开展“廉政清风进校园”活动和中小学生廉政有奖征文活动。

2006年初，离石区纪委与宣传部门联合发文安排部署学习党章。8月，区纪委与宣传部联合举办党章和实施纲要知识竞赛活动，汇编印发《领导干部廉政教育读本》2000册，发到全区科级以上干部和各级党组织，对廉政法规知识进行普及。2007年，区纪委在全区组织4场新编历史剧《廉吏于成龙》演出活动，3000余名党员观看演出；组织图展1次，展示中共十六大后离石区反腐倡廉成果；精选7幅作品参加全省反腐倡廉书画展比赛；开通百人廉政宣传网，新吸收宣传员80人；举办廉政短信征集评选活动。全区共征集廉政短信1024条，其中40条被评为全市优秀短信。同时，通过移动、联通向全区科级以上领导干部每天发送廉政短信 1 条，收到良好的效果；为干部订购《反腐倡廉教程》新读本。

2012 年，离石区纪委在全区组织开展“十佳勤廉支书”和“十佳勤廉公仆”评选活动，推出刘二星、乔建岗等一批廉政勤政典范；利用《离石大讲坛》教育平台，聘请省纪委专家作反腐倡廉专题讲座。组织开展科级干部任前廉政考试、480 名科级干部党纪党规知识考试和千名农村“两委”干部学习《农村干部廉洁履职规定》考试。组织全区干部观看《忠诚与背叛》《苏联亡国二十年祭》等警示教育片，努力营造勤政廉政良好氛围。全年在各级舆论阵地发稿 152 篇，上报网络廉政评论文章 11 篇。

2013 年，离石区纪委加大落实中央八项规定精神、《中国共产党党员领导干部廉洁从政若干准则》（简称《廉政准则》）宣传教育力度，组织乡（镇）主干、城建煤炭、公安交警等 400 余人分批在吕梁市委党校培训基地进行培训。组织全区执法单位 300 余人观看《责任重于泰山》警示教育片。在《今日离石》开辟“十佳勤廉支书”宣传专栏；在全区开展优秀廉政作品征集活动，对 25 个廉政题材的弹唱、快板等优秀剧目和 40 幅漫画作品进行评比奖励；联合有关部门举办首届“古刹神韵·廉吏清瑞”安国寺书画摄影展；编辑上报信息 110 编，在《山西日报》《吕梁日报》等媒体刊发 40 余篇。

2014 年春节，离石区纪委组织开展“唱响廉政曲，集聚正能量”为主题的廉政文化下基层宣传活动。通过“离石弹唱”廉政专场，开展廉政宣传，编写印发《离石区落实“八项规定”精神，纠正“四风”机关资料汇编》500 余册；组织全区党员干部 7000 余人次观看《四风之害》《反腐倡廉每月一课》等廉政教育警示专题片；编印《于成龙故事集》。

2015 年，离石区纪委组织开展《中国共产党廉洁自律准则》（简称《准则》），《中国共产党纪律处分条例》（简称《条例》）学习宣传贯彻活动，制定印发《学习贯彻〈准则〉〈条例〉实施方案》，各级党组织印发学习资料 1 万余册，开展集中学习 1200 余次，举办离石大讲坛—《准则》《条例》专题讲座，聘请省纪委专家为全区 400 余名领导干部详细解读两大法规；在全区开展法规知识竞赛 2 次，乡镇、系统及非公有制经济组织党委 22 个代表队参赛，党委书记全部以队员身份参加比赛。

第三节　信访案件审结

1951—1965 年，离石（山）县纪委共查处违纪党员 1570 人。其中处分 720 人，包括劝告 19 人，警告 221 人，严重警告 105 人，留党察看 154 人，撤销职务 86 人，开除党籍 135 人。

1979—1990 年，离石县纪委共查处违纪党员 243 人。查处干部建私房中，给予撤销职务处分 1 人，严重警告 3 人，查处其房产价值 38.09 万元，房屋 111 间（孔），超占面积

344.75 平方米，占用土地 0.43 公顷，查处大要案两起，违纪金额 26.7 万余元。

1998—2002 年，离石市纪委重点查办党政机关、行政执法机关、司法机关、经济管理部门和科级以上领导干部违纪违法案件。各级纪检机关累计受理群众来信来访 875 件次，查结各类信访案件 458 件，查结率 52.3%。共立查各类违纪案件 328 件 362 人，其中副科以上干部违纪要案和万元以上经济大案共 110 件 115 人，为国家挽回经济损失 400 余万元。受处分的 362 人中，受党纪处分 271 人，受政纪处分 78 人，受党政纪双重处分 13 人；开除党籍 15 人，留党察看 44 人，撤销党内职务 8 人，严重警告 105 人，警告 112 人。2000 年，市纪委组织人员对 1997 年后 246 件处分执行情况进行回头看，确保处分不留死角。

2003—2010 年，离石区（市）纪委共立案查处各类违纪案件 398 件，其中查处大案要案 67 件，处分科级干部 52 人，查处一般党员干部 393 人，给予撤职以上重处分 68 人，为国家挽回经济损失 2480 余万元。

2011 年，区纪委共受理群众来信来访举报 163 件次，其中市转 110 件，群众来访 34 件，来信 19 件，涉农信访 133 件次，均做到件件有安排、事事有着落。同年，区纪委对省纪委转办的 15 个涉纪信访案全部查结，达到息诉罢访。同时，农村信访件中排查出涉纪信访突出案件 10 个，年终全部查结。“百日会战”中，全区实际查结 22 案，处分违纪干部 28 人，追缴违纪资金 28 万元，5 名办案人员和 3 个办案工作小组得到省、市纪委表彰奖励。

同年，区纪委共初核案件 74 件，立案查结 68 件，要案 6 件，党政纪处分 97 人，科级干部 6 人，给予重处分 14 人，其中开除党籍 4 人。

2012 年，吕梁市纪委开展“千人百日百案”专项行动。在专项行动中，市纪委为离石区确定 16 个案件要求百日内高质量查结。为了保证任务完成，区纪委建立书记挂帅，副书记包案、乡镇纪委书记交叉领案，纪工委干部参案、业务骨干带案、年轻干部跟案的全新办案机制，坚持查案与息访纠错同步、整合力量多员参战、实行“日汇报、周点评、月小结”和审理提前介入等方法，经过两个多月苦战，16 个案件全部查结，查实 100%。专项行动，区纪委在全市考核排队中名列第一，受到市委表彰奖励，作为唯一单位在大会上作交流经验。

同年，区纪委共受理群众来信来访举报 203 件次。全区纪检监察机关共查结案件 157 件，查实 87 件，处理违法干部 123 人，党纪处分 98 人，政纪处分 33 人，其中科级干部 21 人，重处分 16 人。挽回经济损失 300 多万元，追缴违纪金额 139 万元。同时，加大安全责任事故调查和处理力度，对恒源耐材公司“5・17”煤气爆炸等 4 起事故进行责任追究，问责干部 20 人。

2013 年，区纪委坚决落实中央纪委“当前要以治标为主，为治本赢得时间”新部署，提出“治标先行”，以查办案件统领纪检监察工作的思路，严肃查处一批违纪违法案件。

全年各级纪检监察机关共收到来信来访举报200件，初核事件108件，立案92件，结案92件，党政纪处分127人，其中，科级干部26人，给予重处分26人（行政撤职2人、留党察看处分12人、撤销党内职务2人、开除党籍10人），“双规”1人，移送司法机关8人，为国家和集体挽回经济损失750万元，没收上缴违纪款120万元。特别是突破了凤山底村、大中局村、任家塔村干部贪污侵占等几起大案要案。

2014年，区纪委共接收来信来访举报315件，立案查处128件，查结查实125件，党政纪处分190人。同年，重点突破一批大要案。全年办理重处分案件29案38人，其中，开除党籍25人，开除公职6人，留党察看6人，撤销党内职务1人。

同年，区纪委查处贪污贿赂等经济案件8起，党政纪处分12人；查处科级干部违纪违法案件23案32人，给予开除党籍处分7人，移送司法机关5人，收缴各类违纪款270多万元；查处违反中央八项规定有关精神的案件23件，党政纪处分22人。同年，检察机关向区纪委移送案件6件，法院向区纪委移送案件12件，审计部门向区纪委移送事件21件，区纪委全部进行严肃查处。

2015年，区纪委对中共十八大后乡村涉纪信访问题线索进行大起底，共梳理出问题线索365件，按照相关处置方式全部进行处理，集中查处省、市纪委交办的重点案件25起。是年，区纪委共接收举报线索310件，立案135件，查处135件，给予党政处分185人，其中，党纪处分162人，政纪处分23人，重处分46人，包括开除党籍23人，留党察看处分18人，撤销党内职务处分5人；党内严重警告、警告116人，处分科级干部20人，重处分3人。在立案案件中，涉嫌违法移送司法机关立案审查10人，挽回经济损失1500多万元，收缴违纪款500多万元。

第四节 执法检查 问题查处

1998—2002年，离石市纪委先后开展和牵头组织对支农资金、四项社会保障金、国债资金、预算外资金、粮食流通体制改革、清理银行账户等多项执法监察，共查出违纪金额349万余元，分别做出限期纠正、收缴专户、上缴入库处理。2002年，全市共清理行政审批事项165项，其中保留114项，取消21项，下放1项，改为备案21项，改为核准87项。

2003—2005年，离石区（市）纪委开展清理建筑项目工程款和拖欠农民工工资、清理纠正国家机关工作人员和国有企业负责人投资入股煤矿专项治理工作；与有关部门配合先后开展收支两条线执行情况和涉农资金、扶贫资金使用情况的专项检查；对大中专毕业生分配、公开选拔城区学校校长、选聘乡镇卫生院院长等工作进行全程监督。

2006年，离石区纪委会同财政局、审计局对各乡（镇、街道）、区直涉农部门

2003—2005 年度涉农资金使用情况进行集中检查，共检查出问题 17 个，涉及违规资金 122 万余元。区监察局针对存在的问题，提出监察建议 13 条，责令有关单位进行整改，并全部纠正。9 月起，配合吕梁市监察局对全区范围内“仿三佳”炉型全部列入清理范围，并与所涉乡（镇、街道）签订责任书。同年，区土地交易中心主持将政府储备的永宁西路原军分区家属北院 1.03 公顷土地进行公开拍卖，区监委对整个拍卖过程进行全程监督。同年，区纪委对坪沟煤矿 8 号坑口和里营坡煤矿各死亡 1 人事故进行调查，并根据市监委意见，对 3 名责任人员进行责任追究。

2007 年，离石区纪委按照市纪委统一部署，协调环保部门对全区“仿三佳”焦炉进行取缔，共炸毁烟囱 54 支，取缔 34 家 1249 支焦炉，关闭违反环保政策的大型机焦企业 3 户。同时，查处中吕焦化有限公司偷排污水被中央电视台曝光事件，对负有监管责任的离石区环保局进行通报批评，对辖区交口环境监察站站长给予处分，责成环保局对中吕焦化有限公司进行行政处罚。同年，配合协调有关部门集中力量对辖区内污染企业进行专项整治，参与督促有关乡镇取缔小石灰窑 14 处、小土焦炉 17 处、非法储煤厂 5 处。第二战役环保专项整治行动中，督促取缔城区燃煤炉灶 719 家 2149 台，督促环保部门对限期治理企业进行跟踪检查，巩固环保战役成果。同时，取缔坪头乡 117 支土焦炉，并分别给予书记乡长等有关责任人党政纪处分。

同年，区纪委监察局组织 30 余次对国家能源资源节约、环境保护、节能减排、资源整合、耕地保护等政策规定执行情况进行监督检查，对区委第三次创业龙头工程东城区开发项目跟踪问效，查处违背科学发展和影响中心工作落实的典型人和事 20 余件。

2008—2010 年，区纪委清回煤焦领域资源款 8 亿元。率先改革推行煤炭统一经销工作，有效堵塞公路煤炭运销漏洞，为离石财政增收近 2 亿元。查处涉煤涉焦案件 9 件，重处分 12 人，其中双开 5 人。

2011 年，区纪委问责三项整治中工作滞后，影响大局干部 5 人；对信访稳控工作不力、造成群体越级上访的 3 个乡（镇、街道）书记、4 个区直单位一把手进行诫勉谈话；对西纵公路建设中协调配合不力，严重失职的 2 名乡镇干部进行政纪处分。派专人对全区 6700 万造林绿化资金落实、树苗调运、工队招标等工作进行跟踪监督；组织 6 个检查组对全区 4722 户领取廉租房补助款人员进行 50% 抽查，调查核减不符合条件 330 户；加强农村巷道硬化工程建设和验收监督检查，保证投资近 3 亿元总长 847 千米硬化工程顺利完成。

同年，区纪委开展农村低保、医疗合作、食品药品集中打假和基层医药卫生体制改革等工作监督检查；全程参与监督 202 名公安干警、120 名医护人员和 74 名法检司工作人员招考工作；查处 2 个乡镇在冬季供煤补贴中发生的 2 起违纪行为，给予乡镇 2 名分管领导党政纪处分，3 名村干部开除党籍和撤销职务等处分，责令两个乡镇行政主干做出深刻检查。

同年，区纪委加强安全生产责任事故调查和责任追究，参与调查地电公司“3·28”人身触电死亡、川东水泥有限公司“5·2”伤亡瞒报、“10·19”和谐家园商住楼建设高空坠落死亡和“12·12”滨江火灾4起事故，对有关责任人做出严肃处理。

同年，区纪委继续加大各类资金、价款、税费清缴工作力度，共清回25亿余元，全部上缴财政。对全区2008年后所有项目重新进行再排查。对上一年度土地卫片执法监察发现的4宗违法用地、4个疑似图斑逐个进行落实整改，对8名责任人进行处分。查处违规建设工程3起，收缴罚款49万元。查处沙会则村违法出让集体土地案件，给予负主要责任的村支书撤职处分。

同年，全面推行工程建设廉政风险防控工作，在20个重点职能部门开展排查风险点，评估风险等级、公示风险和建立风险信息档案等工作，收到良好成效。

2012年，区纪委推行煤炭统一承运工作，印发《统一经营承运管理办法》，设置固定查验点6个，流动稽查队4个，通过抓源头驻矿蹲点开票，抓出口严把验票关，抓流通环节票据稽查，有效遏制私挖乱采、无票销售、收黑放黑等行为。全年查扣违规车辆110辆，罚款40余万元，共签订销售合同858万吨，上缴税金10亿元，基金征收2.2亿元，收缴一企一事一业基金9380万元。

同年，区纪委监察局牵头对全区2010年后立项、在建和竣工的建设项目进行检查，重点对山西同辉、无人机基地、石头造纸项目落地和政府投资的12个项目落实情况进行跟踪督促。对全区安全隐患排查整治工作进行监督检查，发放整改通知20份，对3个工作不力的单位负责人进行诫勉谈话，保证安全隐患排查整治工作落到实处。

2013年，区纪委安排各纪工委对所属单位工作纪律进行常态化检查。各纪工委组织明察暗访198次，下发专项通报12期，通报批评45个单位142名工作人员，发放监察建议书28份，诫勉谈话18人，上交书面检查39人。因违反工作纪律受到通报取消评先评模资格37人。

同年，区纪委重点对工商、人社、发改、财政等35个单位履职情况进行跟班式集中派驻检查，查找问题137个，下达监察建议书29份，查处工商局5个基层所乱罚款、搭车收费等问题，对7名责任人进行严肃处理。解决答复群众投诉42件，纠正违规行为3起，效能约谈2人，诫勉谈话9人。

同年，区纪委对2010年后全区廉租房和城市低保办理情况进行专项检查。共抽查廉租房667户，城市低保910户，取消不符合条件的廉租房和城市低保65户。

2014年，区纪委将一把手履职情况列为年度考核的重要内容；在离石电视台和《今日离石》报开办“落实主体责任大家谈”栏目，召开九大系统落实主体责任座谈会，培育西属巴街道党工委、区运管所等先进典型10余个。

2015 年，区纪委严肃开展违规收受礼金红包问题专项整治。整治中有 70 余名干部主动上交礼金礼品 98 笔，价值 100 余万元。区纪委对如实讲清礼金来源承认问题错误的 4 人从轻处理。查处违规接受宴请、收受礼品案件 1 起，对 4 名当事人严肃处理。

第五节　机　构

1952 年，中共离石县纪律检查委员会成立。1954 年，中共离石县纪律检查委员会，更名为中共离石县纪律监察委员会。1966 年“文化大革命”开始后，纪律监察委员会被撤销。

1971 年，中共离石县委重新组建，先设监察组（纪检组），后恢复纪检委。

1984 年 1 月，中共离石县纪律检查委员会升格为副县级建置，委员由党员代表大会选举产生。至此，每届任期和同级党的委员会相同。县纪委在同级党的委员会和上级纪委的双重领导下工作，县纪委内设机构有 1 室 3 科，即办公室、信访科、审理科、教育科。

1985 年，县纪委内设机构将科改为室，增设教育室，各室主任为副科级。全县 15 个乡（镇）设纪律检查委员会，委员会设书记 1 人，委员若干人，由乡（镇）的党员代表大会选举产生。

1988 年 9 月，离石县委、县政府向全县 15 个乡（镇）政府和县直 16 个政府序列机关设行政监察派驻机构，监察室主任和监察员由科级干部担任。

1990 年 5 月，中共离石县第十次代表大会召开之后，县纪律检查委员会内设机构有办公室、教育室、检查室、审理室、控告室，编制 21 名。县直机关部局委共设立纪检组 21 个，均配备专职纪检组组长；农村 15 个乡镇均建立纪律检查委员会，设有专职书记；县直和农村 410 个基层支部均配齐纪检员，形成较完整纪检体系。

1993 年 4 月，县监察局改称监察委员会，与县纪委合署办公，实行一个领导班子、一套工作机构、两个机关名称，履行纪检监察两项职能。合署后将两个机关原有的两个办公室、两个审理室、控申室、信访室、举报中心，合并成办公室、信访室（同时挂举报中心的牌子）、审理室。将两个机关原有的纪检室、监察室、教育室，组建成纪监一室、纪监二室、宣传教育室，新增设党风廉政监督室、执法监察室。

1996 年 4 月，离石撤县设市，中共离石县纪检委更名为中共离石市纪检委。

2004 年，吕梁地区撤地改市，离石市更名为离石区，属吕梁市管辖，中共离石市纪律检查委员更名为中共吕梁市离石区纪律检查委员会。

2008 年 5 月，区纪委内设机构增设行政效能投诉中心。

2010 年 12 月，区纪委内设机构增设农廉室。

2011 年 12 月，区纪委内设机构增设食品安全监督管理办公室。

2012年12月，区纪委内设机构增设案件监督管理室。

2013—2015年，离石区纪委监察局共有内设科室9个。即办公室、党风廉政监督室、宣教室、案件审理室、信访室、农村党风廉政办公室、案件监督管理室、执法监察室、纪检监察室，行政编制7名。事业机构3个，即吕梁市离石区行政效能投诉中心、离石区行政监察举报中心、离石区食品安全责任监督领导组办公室，事业编制21名。

2015年改革后，区纪委内设办公室（行政编制3名，副科领导职数1名）、党风政风监督室（挂离石区纠正行业不正之风办公室牌子，行政编制2名，副科领导职数1名）、案件监督管理室（行政编制2名，副科领导职数1名）、第一纪检监察室至第四纪检监察室（第一纪检监察室行政编制3名，副科领导职数1名；第二、第三、第四纪检监察室行政编制各2名，副科领导职数各1名）、案件审理室（行政编制2名，副科领导职数1名）。事业机构：吕梁市离石区行政效能投诉中心，编制12名；离石区行政监察举报中心，编制5名；离石区食品安全责任监督管理领导组办公室，编制3名。

第七章　党校工作

第一节　函授教育培训

1977年，离石县委党校恢复建校后，共开设函授中专班1期（1988年28人）学制2年；开设函授专科班10期，632人（1995年40人、1996年31人、1997年93人、1998年96人、1999年134人、2000年97人、2002年31人、2003年47人、2008年32人、2009年31人）学制3年。

第二节　岗位培训

2006年开始，区委决定在党校开设学制两年的农村后备干部培训班。至2011年，共培训学员5期，共计296人。2011年，区委党校配合区委组织部对全区入党积极分子2011年度发展对象分4期进行培训，共计400余人。培训内容主要包括中共十七届五中全会精神、党的基本理论、《中国共产党章程》和党史知识等，采取集中上课和讨论交流相结合的方法。同年，配合公安局交警大队培训协勤人员100人。协助人武部开展民兵训练1个多月，共计65人。协助安监局培训农村安全员200余人。配合财政局培训乡村财会人员，共计210余人。

2012年初，区委党校联合区委组织部、区民政局举办2012年农村“领头雁”培训班1期，共计280余人。3—8月，区委党校联合吕梁市劳动保障局、吕梁市白天鹅职业技术学校举办创业培训、电脑培训9期，共计270余人。5月，联合区委组织部、区工商局举办2012年非公有制经济党组织书记培训班1期，共计80余人。7月，联合区公安局交警大队举办离石区交警、协警全封闭集中培训2期，共计120余人。11月，联合区财政局举办离石区乡村财会人员培训3期，共计200余人。2013年，区委党校举办农村“两委”主干培训班1期，共计280余人。举办2013年非公有制经济组织入党积极分子培训班1期，共计200人。举办2013年农村司法助理员培训2期，200余人。举办2013年林业防火员培训1期，200余人。2014年，区委党校配合区委组织部举办农村“领头雁”主干培训班1期，受训400余人；配合凤山街道办举办凤山街道“领头雁”培训班1期，受训130人；配合治超办举办治超办全体人员培训，受训140余人；配合财政局举办乡镇财政干部和农村财务人员培训3期，受训400余人。2015年，区委党校配合区委组织部举办农村“领头雁”主干、大学生村官培训班1期，460余人。同年，配合区林业局举办“天保工程”培训班1期，200余人。

第三节 政治理论培训

2012年前，离石区（县、市）委结合形势，组织各级干部进行政治理论培训。2012年，区委党校联合区委组织部举办离石区十八大精神轮训班，全区科级干部、农村“两委”主干、非公有制经济组织党支部书记、大学村官共计1200余人分7期进行轮训。同年12月，联合组织部、宣传部邀请全国著名经济学家杨晓铎教授做客“离石大讲坛”，为全区科级干部、农村“两委”主干、非公有制经济组织党支部书记、大学村官共计1200余人解读党的十八大报告。2013年，区委党校举办科级干部、农村四星级以上“两委”主干中共十八届三中全会学习培训班3期，300余人。2014年，区委党校配合统战部举办非党人士、民主人士十八届三中全会学习培训班1期，100余人；协助组织部举办2014年科级干部、农村四星级以上“两委”主干十八届三中全会学习培训班3期，400余人。同年，协助组织部举办《中国共产党发展党员工作细则》专题培训班1期，120余人。

第四节 机 构

1956年6月，离山县委党校设立。

1966年“文化大革命”开始，县委党校停办。1977年7月，离石县委党校恢复设立。1992年9月，县委党校设常务副校长，常务副校长享受副县级待遇。

2004年，设吕梁市行政学院离石分院，行政分院与党校合署办公，实行一套人马、两块牌子。党校校长由离石区委副书记兼任。内设工作机构有办公室、教研室、后勤室、培训中心。

至2012年底，学校共有教职工26人，其中教师18人（包括高级讲师2人、讲师12人、助理讲师4人），管理人员和后勤人员8人。校园占地面积6600平方米，其中教学办公楼1600平方米。设有办公室18间，教室7个；学员宿舍楼一栋600平方米；厨房、餐厅300平方米；大小会议室3个。2015年，离石区委党校内设综合办公室、教研室、后勤室、培训中心。核定全额事业编制21名，实有人数19名，其中管理人员2名，专业技术人员10名，工勤人员7名。行政编制6名，实有人数4名。

第八章　统一战线

第一节　早期统战工作

抗日战争时期，中共离石（东）县委通过动委会、牺盟会和抗日民主政府、抗日武装组织，在全县各阶层人民中宣传《抗日救国十大纲领》，多次召开上层人士、开明绅士座谈会，进行爱国主义教育。利用阎锡山提出的“合理负担”“守土抗战”等口号，动员民主人士出粮、出力、出人。在民族统一战线感召下，离石县一批上层人物、开明绅士为八路军、游击队筹粮筹款，送子女参军，办教育兴实业，组织地方武装参加抗日战争。民国28年（1939），青龙镇开明绅士马维圻向抗日民主政府捐银圆2000元支援抗日战争。驻防在吴堡县城的八路军120师359旅718团过冬困难，马维圻主动在青龙镇、柳林镇商户中宣传动员，出面担保，为部队赊购布匹、絮棉，帮助八路军过冬，受到贺龙司令员表扬。民国30年，开明绅士刘光隆夫人晋西北临时参议会参议员王月仙，在碛口镇办起晋西北第一个妇女纺织合作社，带动全县纺织业兴起，为支援抗日战争做贡献。晋绥边区参议员刘菊初、陈顾山等人参政议政，兴办教育事业，受到社会认可。

解放战争时期，离石开明绅士主动退租减息、捐出部分土地、房屋，通过政府送给贫苦农民，主动承担公粮公草任务，为支援前线做贡献。

第二节　统一战线建设

1980年，离石县恢复统战部。1982年2月，中国人民政治协商会议离石县委员会成立。1978—1990年，离石县统战部为431名各界人士落实政策，其中纠正错划“右派分子”58人，落实起义投诚人员政策54人，对经济有困难25人做妥善解决；安排政协副主席、常委、委员各1人；为120人解决“定息”问题；落实宗教政策，归还教堂2处，妥善安排神职人员1名，在政协中安排宗教界人士1人；落实民族政策12人；解决农转非1户，落实台属政策21人，解决双方分居1户，退还6人在“文化大革命”中被查抄财物价值21948元。1983年12月，中国民主同盟（简称“民盟”）离石县支部建立。1984年12月，中国国民党革命委员会（简称“民革”）离石县支部建立。1987年9月，中国民主促进会（简称“民进”）山西省委员会直属离石支部建立。1988年12月，离石县工商业联合会恢复。1990年，离石县第十届人大代表160名，其中党外人士代表58名，占36.3%，该届15名人大常委会委员中有党外人士1人。县政协第四届委员70人中，有党外人士42人，占60%，其中民主党派成员 15 名，占 21.4%。

2006 年 5 月 27 日，民盟离石区支部组织全体盟员赴交城县考察学习发展封闭企业管理模式。6 月 10 日，区委统战部协调民进吕梁市筹委会和民进离石区支部共同组织成员中的知名医生和山西省省级模范教师共 9 人赴红眼川乡开展送医送教活动，100 余名群众接受义诊，全乡教师听取教学研究专题讲座 2 场。2009 年，在离石区委统战部领导协助下，先后成立离石区医药行业、家电行业、广告传媒行业商会 3 个，并筹备建立装饰行业商会、煤炭行业商会、餐饮行业商会等。2010 年 6 月，离石区特色饮食商会成立，共有会员 40 户，区委统战部协助区政府组织离石区首届美食文化节；9 月，统战部组织、策划、承办离石区首届中秋月饼文化节；11 月，离石区物流商会成立，共有会员 26 户，在统战部组织协调下，召开劳资双方代表协商会议，签订离石区家电行业工资集体协议，稳定家电队伍。

2012 年 8 月，区委统战部根据离石区中级以上职称党外人士 1600 余人实际情况，成立由教育、卫生、农业等各领域组成的党外知识分子联谊会，共有会员 116 人。2015 年，区委统战部与离石区民革、民盟、民进支部联合对 6 名新成员进行考察。与各党派支部协调为中国民主建国会（简称“民建”）、九三学社、中国农工民主党（简称“农工党”）安排办公场所，配备档案柜，与财政局协调为各民主党派争取工作经费 2 万—4 万元。在泰化集团、聚富汽贸等企业组建“统战成员同心沙龙”，为企业高级工程师等党外知识分子搭建交流、学习平台，促进企业发展；创建昌宁社区等统一战线服务锻炼基地，建立泰瑞、永盛生态农业园服务锻炼基地；向社会公开聘请监督员 10 人，对泰化集团经营服务进行监督。

第三节　党外干部队伍建设

2005 年 6 月，离石区委统战部组织 1 名副县级党外干部赴山西省社会主义学院进行为期 1 周的学习。7 月，统战部主动联系，4 名副县级党外干部全部参加吕梁市委组织部、统战部、市委党校联合举办的副县级党外干部理论培训会；组织 10 名科级非党干部和 12 名乡镇统战员参加为期 1 周的理论学习培训。统战部与离石区政协联合举办政协、统战、工商联机关干部及各民主党派支部负责人、党外代表人士 70 余人参加的理论培训 1 期。2006 年，离石区委统战部从统战对象中物色一批党外优秀分子，建立档案，选聘他们为特约监督员，为培养党外干部奠定基础。2009 年，离石区党外人士中有 8 人被安排到领导岗位上（其中县级 2 人、科级 4 人、中学校长 2 人）。当年离石区副县级以上党外干部 5 人，副科以上党外干部 15 人。2010 年，离石区党外人士中有 12 人安排实职（其中县级 3 人、科级 6 人、中学校长 3 人），30 人做政治安排。当年离石区副县级以上党外干部有 5 人，副科以上党外干部有 14 人。2011 年，离石区副县级以上党外干部共 5 人，分别在人大、政府、政协任职；

副科级以上党外干部31人，主要在乡镇（街道）、人大、政府、法检两院等部门任职。

2012—2013年，离石区委统战部会同离石区委组织部共同印发《离石区非中共党员科级干部推荐方案》，共推荐党派及党外知识分子联谊会正科级后备干部3人，副科级后备干部31人。2015年，离石区委统战部对民主党派成员和党外代表人士中18人安排科级实职。同年，离石区党外人士中，有省人大代表1人，省政协委员2人；市人大代表4人，市政协委员9人。

第四节　参政议政

2004年，吕梁市政协例会期间，民革离石区支部提交提案16份；主委周云庆《“三农”问题及土地创新》提案受到市委、市人大、市政府、市政协的联合表彰；吕梁市两会期间，离石区各民主党派共提交议案提案77份，全部立案，其中涉及政治建设、经济文化建设等多方面7个重点提案被山西省政协采用。2005年，离石区委统战部推进党外民主人士参政议政工作，在政协、人大的换届中，政协委员170名，党外委员103名，比例为60.5%；常委34名，党外人士19人，比例为55.8%；人大代表159名，党外代表57名，比例为35.8%，常委17名，党外人士4名，达规定比例。2006年，离石区委印发《关于党外干部选拔任用的实施意见》，区委统战部制定党外干部培养选拔工作规划，完善培养、选拔、使用和管理党外干部相关政策和具体措施。人大代表中党外人士50人、民主党派成员6人，占代表总数的35%；政协委员中的党外委员84人、民主党派成员18人，占委员总数的60%，党外常委15人、党派常委8人，占常委总数的65%，均达规定比例。2010年，民进离石区支部主委的提案《农村干部也应实行离任审计》，促成《吕梁市关于农村财务审计的意见》下发；副主委郭兴的提案《呼吁加大对“微笑列车”唇腭裂免费定点医院的扶持力度》被列为吕梁市重点提案。2011年，离石区印发《中共吕梁市离石区委关于加强政协工作的实施意见》，民主党派共有18人被吸收为政协委员，6人被吸收为人大代表。政协委员共提交发言材料13篇，个人提案议案、社情民意40件。2011年，工商联界政协委员共提交提案18件，内容涉及新农村建设、基础设施建设、人才队伍培养、科技创新等诸多方面。4月，组织6户非公有制经济企业参加吕梁学院校园招聘会。7月，配合区人大开展金融机构服务地方经济调研，组织8名非公有制经济代表人士参加座谈，就离石银企合作现状及如何破解存在难题进行探讨。9月，推荐大土河煤焦集团公司参加中博会宣传，并组织、策划、主办离石区第二届中秋月饼文化节，组织企业家对离石江阴高级中学师生进行慰问。10月，组织14名非公有制经济代表人士参加网通天下物流网暨创业投资基金项目推荐会。

2015年，离石区委召开各民主党派和非公经济人士座谈会，区委书记听取各民主党派和非公有制经济人士对《区委工作报告》的意见和建议，与会人员畅所欲言，就离石区“实施双先双区战略，扎实推进六大攻坚”建言献策。两会期间，民主党派委员共提交大会发言材料8篇，提案议案12件，形成专题调研报告5篇。

第五节 爱心奉献

2007—2009年，离石区委统战部组织动员非公有制经济人士参与“新晋商万企联万户感恩行动”，通过摸底调查，企业家与离石区近200名在乡村生产生活困难的老红军、老八路、老党员帮扶结对，给予每人每月100元生活补贴，帮助他们发展生产，改善生活；企业家自愿捐资8000多万元，用于改善离石区城区中学教学设施；全区涌现出张子玉等一批抗震救灾、捐资办学等光彩事业代表人士。2010年，离石区委统战部组织协调非公有制企业投资6000余万元进行整村推进工程，共投资8000余万元，参与兴学助教。3月28日，河津王家岭煤矿透水事故发生后，企业家捐款150万元，资助抢险救灾，成为全省企业家奉献爱心典范，被各媒体宣传表彰。大土河焦化有限责任公司兴建凤山教育园区，每年投资50余万元为大土河村民发福利，区委统战部组织会员企业为城北街道办职工李彦彪捐款2万余元。2011年金秋助学活动中，全区非公有制企业共投资440.6万元，资助各类贫困生840人，其中大土河焦化有限责任公司出资300万元，资助贫困生757人；永宁煤焦集团资助江阴高中100万元；泰化集团出资33万元，资助贫困生39人；吕梁聚富汽贸园出资4万元，资助贫困生38人；吕梁锦瑞煤业有限公司出资3.6万元，资助贫困生6人。民盟离石支部主委孙春霞协助民盟市委、民盟省委向民盟上海市委争取资金25万元，援建枣林乡结绳墕村希望小学1所。

2012年11月16日，区委统战部组织召开离石区“同心·支教助学惠民生活动”推进会。离石区非公经济投入支教活动共1.9亿元，其中吕梁永宁煤焦集团为江阴高级中学捐资100万元，用于奖、助学金；东江煤业集团为江阴高级中学捐资100万元，用于助学金；吕梁泰化集团一次性资助大学生15人，总金额达30余万元；吕梁永宁煤焦集团资助贫困大学生5万元；离石区煤运公司资助贫困大学生5万元；聚富汽贸园资助26名贫困大学生每人1000元助学金，共计2.6万元；大土河公司投资1400万元扩展城市供热面积，在“村村通”公路建设中为交口街道办、西属巴街道办、红眼川乡等单位捐款365万元；同时区委统战部组织协调成立捐款基金会，为公司贫困员工捐款40余万元；投资280万元实施企业周边村庄绿化工程；吕梁永宁煤焦集团捐助180万元用于临县“7·27”特大暴雨灾害灾后生产生活设施重建，捐助150万元帮助信义镇归化村兴建支部村委办公楼、洗澡堂、理发店、红白理事厅、戏台等；东江煤业集团投资2180万余元，用于“一企一事一业”。2015年，区委统战部组织协调各民主党派围绕“冬季行动”开展关注民生、服务社会的各种有益活动。

民进离石支部组织医疗专家赴坪头乡凤凰峁村义诊，在吴城镇陈家塔村开展“迎新春、送春联”活动。民盟离石支部赴市儿童福利院慰问孤残儿童，为孩子们送衣服、玩具等价值5000余元的爱心物品。“六一”儿童节，离石开展早餐工程，共为全区城乡小学生及教职工赠送30余万元早餐；电商“吕梁人”为临县1名白血病女孩网上捐款，为全区非公企业家诚信守法、回报社会树立典范；“冬季行动”中，为信义镇5户空巢老人送去价值1500余元的米、面、油等食品；九三学社离石区小组为枣林乡孙家峁村等8户贫困户送去4000元慰问金；吴城镇街上村、信义镇归化村等成立统战成员爱心服务队，为农户养殖、种植提供技术服务，为农产品销售拓宽市场。区委统战部组织各民主党派成员赴昌宁社区徐家沟核桃基地、泰瑞生态农业园等开展“美丽社区”“美丽乡村”书法、摄影、剪纸文化下乡活动，共收到书法、绘画、剪纸作品80余幅。

第六节　对台工作

台胞台属情况

离石区对台工作开展初期，主要工作是摸底调查台胞台属情况，通过摸底，仅有台胞、台属各2户4人。

宣传两岸文化

1993年，吕梁地区对台办组织编印《三晋宝地吕梁》大型宣传画册，通过台属通信进行两岸文化宣传。涉台教育逐步成为宣传重点。

2004年，离石区对台办举办“台湾问题图片展”，并在8月协助市委对台办举办“吕梁市‘华宇杯’台湾问题知识竞赛”。2009年，发放《涉台教育读本》，在全区党政机关、企事业单位开展涉台教育，在中小学校以开辟第二课堂等形式开展涉台宣传。2010年1月18日，华夏经纬网正式上线《千古黄河 壮美吕梁》栏目，内容包括离石概况、滨河东西路、安国寺风光、凤山道院、宝峰山、白马仙洞、西华镇、于成龙、张叔平、贺昌等宣传资料，分别在有关板块入选上网，扩大离石知名度。2010年，将涉台教育工作纳入全区庆“七一”系列活动统筹安排，举行“庆七一、台湾问题知识竞赛”，参赛人员涵盖全区12个乡镇（街道）9个部门共31支代表队，决赛当天，区四大班子领导全部参加。

文化经贸合作交流

2008年6月，离石区协助台北市山西同乡会一行15人在安国寺、汉画像石博物馆等地参访活动。2011年7月，“华夏文明看山西”台湾大学生参访团在吕梁学院与吕梁青年学子联结友谊，成为“我们同心、两岸同行”两岸万名青年交流活动的重要组成部分之一，拉近台湾青年与大陆的距离；引进台湾塑胶大王王永庆助学项目资金新建沙麻沟明德小学1所。山西凌云龙盟（离石）纸业有限公司在山西暨中部地区与台湾经贸合作论坛上，与台湾签订年产36万吨的环保石头造纸项目；山西新龙重工高分子科技有限公司引进台湾郑一强的注塑机项目；离石“80、90”创业基地成为台湾迪浦力净滤设备大陆总经销商，并与台湾方面协商引进净水设备生产线。2010年，离石区与富士康集团等台资企业建立长期劳务输出合作关系。

第七节 机 构

离石县委统一战线工作部

1952年8月，中共离石县委统一战线工作委员会成立。1953年7月，改为中共离石县委统一战线工作部。“文化大革命”期间，离石县委统战部被撤销。1980年8月，离石县委统战部恢复设立。

至1998年，离石市委统战部内设机构只有办公室。2002年机构改革时，台湾工作办公室、民族宗教局并入统战部，核定公务员编制8名。

离石县委对台湾工作领导小组办公室

1982年6月，离石县委对台湾工作领导小组办公室成立，成为县委10个部门之一。主要职责是组织、管理、指导、协调对台工作和涉台事务。1991年12月，改称离石县委台湾工作办公室，为中共离石县委和离石县人民政府对台事务的工作机构。

1997年，机构改革撤销台湾工作办公室，其职能转入离石市委办公室。2002年，重新设立台湾工作办公室，与统战部合署办公，实行一套机构、两块牌子。

2004年，离石撤市设区，改称离石区台湾工作办公室，单独设置台办，为正科级行政单位，编制2名，正科级领导职数1名，归区委办公室管理。至2015年底，离石区对台湾工作办公室机构未变。

第九章　信访工作

第一节　制　度

1991年1月，离石县恢复和完善县五套班子领导轮流接待来访群众制度，规定县五套班子主要领导轮流在县委、县政府来信来访接待室接待来访群众，每月逢5为接待日。县五套班子领导成员在各蹲点的乡（镇）每月接待来访群众1次。县委、县政府设立来访电话、由县信访局确立专人登记。1995年，离石县实行县委常委、副县长接待群众上访制度，并要求将接待的信访案件负责处理到底。

1996年，离石市领导对信访大案、要案实行全案处理。1997年，市信访局结合工作实际、制定信息反馈、预测、督办、月分析例会等制度。1999年，市委办、市政府办两次联合印发《关于进一步加强信访工作的意见》，并落实责任追究制度。市、乡（镇）领导年终考核实行一票否决制。2001年，市信访局制定信访责任制考核办法，对市直各单位、各乡（镇）信访工作逐项进行量化打分。2002年，全市摸底排查出的重点信访案件，实行领导全案负责责任制，信访案件得到较好处理。

2005年，离石区委印发《关于建立信访稳定工作机制，有效防范集体越级上访和群众性事件发生的若干意见》，规定9个信访工作机制，即组织协调机制、分级负责机制、请示报告机制、受理处理机制、督查通报机制、考核评价机制、一线工作机制、联席会议机制、责任工作追究机制。同年，规定对全区群体性事件和集体上访情况及时通报制度，制定《信访工作责任制考核实施办法》，对信访工作实行严格考核和双向责任追究制度。2007年，离石区委印发《关于进一步加强信访工作的实施意见》。

2013年，印发《离石区重大社会决策、重大工程项目信访源头预防和风险评估工作制度》，重大工程项目实施做到“群众工作做不通，工程项目不开工”。资源开发和项目推进设立农民工工资保证金、项目履约保证金、安全生产风险抵押金、生态环境恢复治理保证金、资源型企业村企矛盾保证金，对可能引发上访问题的，早预判、早安排，堵塞漏洞，防范风险、促进和谐。同年，离石区推行群众诉求三级评审制度，印发《离石区群众诉求三级评审机制的试行办法》，坚持村民自治、民主管理的原则，村、乡、区三级分别成立群众诉求评审委员会，对群众诉求由村、乡、区三级评审委员会逐级进行评审，拿出评审处理意见，进行分级处理。同年，离石区加强信访工作考核评价，印发《离石区信访工作考核办法》《离石区信访工作责任追究办法》，对每月考核排队后两位的乡镇、街道和区直单位的主要领导，根据工作实际实行诫勉谈话，通报批评、免职，追究法律责任。2014年，离石区针对信访工作存在薄弱环节，印发《关于进一步加强信访工作的实施意见》。同时抓源头预防和减少新访发生。2015年，离石区完善区级领导接访制度，严格落实省联席办指示精神，每周一固定由区委、区政府主要领导接访。周二至周四每天安排两名区级领导接访，主持解决群众信访问题。周五召开协调会、听证会或联席会议，研究解决重点信访问题或化解复杂疑难信访事项。

第二节 接 待

1974年，离石县受理来信来访66件，主要反映清理阶级队伍运动、“一打三反”（打击现行反革命破坏活动、反对贪污盗窃、投机倒把、铺张浪费）案件处理情况和“文化大革命”中出现的问题、各级干部思想作风问题等。1976年后，全县信访逐渐增加。1978年信访量为559件，1979年为545件，1980年为357件，主要反映和要求纠正“文化大革命”的冤假错案，3年间为37名干部落实政策，除作退职退休处理外，凡有工作能力干部返回岗位。1981年始，全县信访量逐渐减少，到1984年信访量出现高峰，全县受理信访案件766件，处理率96.7%，该时期信访工作重点是继续落实党的政策、解决“六二压”及老职工家属迁回城镇后留在农村的未婚子女招工转户等问题，全县共转户316户868人。换户110人，招工11人，其中复转军人4人，教育局为15名“六二压”教师家属子女42人恢复城市户口，给3名子女安排工作，8名大龄子女由农民户口转为市民户口。1985年后，全县每年信访量平均100件左右，结案率逐步提高。1985年来信来访144件，1987年下降为104件。该时期主要反映农村责任制，企业承包新问题；县印刷厂8名职工来访反映该厂承包人不用原职工而雇临时工问题，均得到妥善处理。1987年全县受理要求解决“文化大革命”中查抄金银财物案件312案，解决105件。1990年，全县举报各级干部问题的信访案件占20%，上报涉及领导干部的、省要结果案10件。1991年，受理群众来访94件，处理率91%；查办上级交办的上访户19户，如期结案上报；查办上级指示交办结果案9起，全部结案上报；发现、劝阻、缓解集体上访32批56人次。1995年，受理来信121件，群众单人上访56人次，集体上访26批；接待老上访户31人，接受上级指示交办案件21件，各种案件结案处理率为89%。

2000年，离石市受理来信143件，群众单人上访52人次，集体上访32批，接受上级指示交办结果案18起，年度处理结案率为96%。2004年，受理来信129件，接待来访61批78人次；接受上级指示处理案23件，处理结果率为87%。

2010年，离石区受理来信134件，接待群众单人上访58人次，集体上访47批67人次，处理结案率为94 %。

2013年，共接待群众来访1313批次6376人次。其中集体上访276批次4875人次，个体访1037批次1501人次。区委书记、区长接访188批次273人次，区级领导接访总计493批次3845人次。接访案件85%得到彻底解决，群众息诉罢访。其余全部落实包案领导和责任单位。全年共受理中央、省、市要结果案件29件，全部按时按要求办理上报市信访局；共受理市联办转办案件110件，全部按时按要求办理完并上报市联席办。2014年，共接待899批次4649人次，其中集体上访238批次3245人次，个体上访661批次1404人次。区委书记、区长接上访71批次219人次，区级领导接访总计436批次1547人次。全年受理中央、省、市委要结果案件14件，全部按时办理上报市信访局；共受理市联席办转办案件73件，办结64件，办结率87.7%；省委巡视组交办263件，办结171件，办结率65%；市委书记、市长公开电话办理中心转办1637件，办结1568件，办结率95.8%；区委书记，区长公开电话办理情况办结率100%。2015年，共接访1091批次5069人次，其中集体上访210批次3845人次，个体上访881批次1224人次。初信初访97批376人，区委书记、区长接访110批次338人次，区级领导接访总计621批次3058人次。中央、省交办案3件，办结率100%；市交办27件，办结23件，办结率85.18%；群众举报乡村干部活动交办108件，均按要求办结，办结率100%；市通报案件交办1497件，办结1099件，办结率73.4%；区信访案件受理率45.33%，办理率为43.8%，满意度100%。

1978—1990年离石县信访情况统计表

表18-3　　单位：件

年份	总计	来信	来访	处理数	处理率
1978	559	461	98	509	91%
1979	545	499	46	500	91.7%
1980	357	304	53	341	96%
1981	135	131	4	130	96%
1982	119	99	20	108	90.8%
1983	83	82	1	70	84%
1984	766	139	627	741	96.7%
1985	144	79	35	97	85%
1986	110	87	23	95	86%
1987	104	88	16	102	98%
1988	65	61	4	61	94%
1989	106	50	56	97	91.5%
1990	136	83	53	129	95%

续表 18-3

年份	总计	来信	来访	处理数	处理率
1995	234	121	113	208	89%
2000	227	143	84	218	96%
2004	190	129	61	165	87%
2010	239	134	105	225	94%

第三节 机构网络

1949 年至 1973 年 4 月，离石县人民政府不设专门信访机构，群众来信来访一直由县委秘书室和政府办公室兼管；乡镇信访工作，由乡（镇）秘书兼管。

1972 年 6 月，县委、县人民政府信访接待室设立，配干部 1 人。1973 年改为信访办公室，配干部 4 人。1984 年后，城关、田家会设专职信访干部，其他乡镇由纪检干部兼办。县直机关各单位，均配 1 名领导干部负责该单位信访。村民委员会由村委主任、治保主任或调委会负责信访工作，形成县、乡（镇）、村三级信访网络。1985 年，县信访领导组成立。由县委、县人民政府分管信访工作副书记，副县长、人大常委会副主任和县委办、政府办、纪检委、监察局、信访办等部门领导组成，负责全县信访工作。1988 年 9 月，信访办公室改称信访局，正科级建制，下设办公室、接待室、查办室、定编 11 名，属政府序列。1991 年，全县信访工作领导组达 78 个，信访专职工作人员达 265 人。

1997 年 12 月，离石市信访局并入市委办公室，保留印章、牌子，职能职责运转方式不变。2002 年 4 月，市信访局成为市委办公室内设机构（股级），仍保留印章、牌子，职能职责不变。同年，信访工作领导组有 98 个，信访工作人员 213 人，信访信息员 353 人。

2006 年 8 月，信访局单独设置，成为区委序列的 1 个部门。信访局设有候访室、联合接待室、约谈室、复查室、听证调解仲裁室、依法处置室、法律服务室、档案室、书记、区长公开电话及市民热线电话室等，有公务员编制 5 名，事业编制 4 名，从登记、办理、答复、信访复查、信访听证等为群众提供一站式服务，即一站式接待、一条龙办理、一揽子解决问题；同时成立书记、区长公开电话办理中心，属副科级事业单位，核定事业编制 5 名。

2015 年，信访局属县委办管理，仍为正科级建置，保留印章、牌子、职能职责运转方式未变。内设机构有 3 个，公务员编制 5 名，事业编制 4 名。

第十章　老干部管理

第一节　退休　离休

1950—1956 年，全县有退休干部 16 人。1957 年，全县有退休干部 37 人、退职干部 137 人。1958—1969 年，全县有老、弱、病、残干部退休 205 人。1961—1971 年，全县有退休干部 7 人。1972—1980 年，全县有退休干部 324 人。1978 年，干部离退休制度开始健全。国家规定 1949 年 9 月底前参加工作的正、副地级干部，1942 年底前参加工作的正副县级干部和 1937 年 7 月 7 日以前参加工作的一般干部，可以离职休养，男 60 周岁、女 55 周岁，参加工作满 10 年的或因公致残不能坚持正常工作人员可退休，不符合离退休条件可退职。规定退休干部符合离职休养条件的可改办离休。同时规定其他具体从优待遇条件。1981 年，全县为 165 名干部办理退休，为 10 名干部办理离休。1982 年，国家规定凡是中华人民共和国成立前参加工作老干部达退休年龄者，均实行离职休养制度，按参加革命工作时间分别实行每年增发一至两月工资。同年，全县有 224 名退休干部改为离休。1986—1990 年，全县陆续为 101 人办理退休，75 人办理离休。1990 年底，全县办理离退休手续干部 840 人，健在 656 人。1999—2015 年，离石区（市）有办理退休手续干部 19486 人。

第二节　待　遇

生活待遇

1983 年，离石县为老干部修建宿舍 18 套。1987 年后，每 2—3 年为老干部进行体检 1 次。1990 年，县老干部活动中心动工修建。1991 年 7 月 1 日，离石县为行政事业单位的退休人员每人每月增发生活补贴 17 元，企业退休人员月增发生活补贴 12 元。

1997 年，为全市 79 名抗战时期、中华人民共和国成立前参加工作的企业离休干部退休金纳入财政；将 71 名企业退休干部移交劳动部门管理。同年，为老干部修建宿舍 2 栋 49 套。2000 年 1 月，离石市将企业离休干部的离休费、医药费转由市财政支付。2001 年，将 1999 年前拖欠离休干部人员离休费和医药费一次性解决。2002 年，全市所有离退休干部退休金按月足额发放，年生活补贴和护理费及时到位。

2006 年，离石区为老干部修建宿舍楼 1 栋 20 套。2007 年，将所有离休干部全年的离休费、遗属补助足额发放。离休干部医药费实行单独统筹的办法，建立离休干部医药费统筹机制，继续做到按规定实报实销，医药费统筹标准达市局下达标准。同年 5 月，对全区离休干部和部分担任过县处级实职的退休干部进行体检。同年 10 月 17 日，为 106 名离休干部、

10名县团级退休干部举行结婚纪念日庆祝活动，其中钻石婚33人，区委书记颁发纪念证书。全区安置在省外离休干部共2人，其中北京1人、天津1人。对他们特需费、易地安置费、活动费均进行落实。同年，离石区对企业离休干部遗属补助，特需费、生活补贴、烤火福利费均按规定落实到位。2009年，全区为防止甲流传播，为老干部每人发放体温计，配制预防感冒中药，并为符合条件的60余位离休老干部进行疫苗接种；为老干部修建宿舍楼1栋12套。2011年，为老干部改革医疗门诊和医药费报销制度，更改中医门诊不出钱取药做法，为到区医院就诊，实行一季一报制度。

2012年，全区为年满80周岁离休干部增加护理费200元、离休干部第二步规范津贴补发10%、中华人民共和国成立初期参加革命工作的退休干部困难补助等老干部退休金待遇政策全部落实。2014年，提高1945年9月2日前参加工作的16名离休干部护理费标准；上门探望或到医院看望住院老干部40余次，帮助病逝老干部家属料理后事举行告别仪式24次。2015年“两节”期间，走访慰问离退休干部105人，发放慰问金4万余元。

政治待遇

1985年7月9日，离石县第一次离休老干部代表大会召开，选举出离石县老干部协会主席1人，副主席8人。1991年始，离石县为全县离退休干部每人征订《山西老年》等期刊，为离休干部每人征订《党史文汇》等期刊。1994年，为副县（处）级以上干部每人征订《中国老年》等期刊。老干部局定期向老干部传达中央、省、地、县的重要文件。2000年后，通过区（市）老干部局支部的活动形式，坚持每周二政治学习和“三会一课”制度，为老干部创造学习政治、交流思想的政治环境。市委组织老干部参观和视察区域内重点农业生产、城市工程建设、教育等项目，组织老干部参加“知我离石、爱我离石”百题知识竞赛；区（市）委、区政府主要领导向老干部定期召开通报会或形势报告会。

第三节　余热发挥

老有所乐

1988年，县老干部关心下一代协会组建起老干部合唱团。同年，县老干部合唱团在吕梁地区离休干部文艺会演中开场演出，获得省、地领导好评。1995年县老年大学文艺宣传队成立后，每年正月十五闹元宵队伍中均有县老年大学文艺宣传队参加演出。

1998年，离石市老年人体育协会成立后，每年均组织各类体育项目比赛。

2007年，离石区红歌歌唱团成立，每晚世纪广场均开展老年人唱红歌活动。

2013年，离石区老干部局利用活动阵地，开展多项文体娱乐活动。组织老干部30余人参加吕梁市城区老干部元宵节麻将比赛；组织老干部20余人参加吕梁市老干部局举办的门球邀请赛；参加市直举办的“三八”妇女门球邀请赛。依托柔力球队、文艺队、舞蹈队、门球队、麻将队、合唱团、书法班、绘画班等“五队一团”开展活动。2014年，离石老干部局组织举办老干部广场舞比赛、门球赛；在全市获得太极拳（剑）比赛集体金奖；迎“三八”“协会杯”麻将比赛获团体第二名；组织 3 支代表队参加全市第八届老干部运动会，其中门球、乒乓球男团获第一名，太极拳（剑）获团体第二名。2015 年，离石区老干部局与区老年体协举办全区全民健身日展演活动，共计 200 余人参加活动；举办老年体育风采展示表演；多次组织参加市老年体育比赛项目，其中乒乓球获团体第五名、老年组个人第一名，门球赛获第二名等。

传统教育

1991 年，县老干部关心下一代协会聘请全县 56 名德高望重的老干部组成离石县老干部传统教育宣讲团赴全县各乡（镇）学校，根据学生年龄特点，分层次进行革命传统、时事政治等方面演讲。并在城区 10 余所学校建起校外辅导站，先后聘请 1124 名老干部为校外辅导员。截至 2015 年年底，宣讲团共宣讲 748 场，听众达 26210 人次。

书画展览

1991 年起，县老干部关心下一代协会先后建起校外辅导组 24 个。1991—2015 年，共举办书画展览 26 次，展出作品 3428 件。累计参观人数 12091 人次；开展老干部书法展览，展出作品 3834 件，部分作品选送吕梁市（地区）参加离退休干部书法展览。

老有所学

1992 年 6 月，离石县老年大学在老干部活动中心成立。开设科目有政治时事、老年卫生保健、历史、家庭经济书法绘画、烹调技术、家用电器维修、家庭教育、文艺等。学制为春季招生，秋季结业。同年，招生 396 人。截至 2015 年底，各科共招生 6896 人次。

第四节　机　构

1984 年 2 月前，离石老干部管理工作属县人事部门管理。1984 年 3 月，县委组织部设老干部管理办公室，办公室主任由组织部副部长兼任。1984 年 8 月，离石县老干部局成立，配备专职工作人员 4 人。

截至 1998 年 8 月，离石市委老干部局内设机构 4 个，即办公室、宣传股、医疗保健股、财务股。2011 年，老干部局内设机构 4 个，即办公室、组织宣传股、医疗保健股、财务室。有行政编制 5 名。下设老干部活动中心，事业编制 6 名。

截至 2015 年底，离石区委老干部局有行政编制 5 名，实有人员 19 人（其中在职 11 人、离岗 4 人、退休 4 人）。内设机构设 2 室 2 股，即办公室、财务室、组织宣传股、医疗保健股。下设老干部活动中心，为股级全额事业单位，事业编制 6 名，实有人员 12 人。离、退休老干部共 1869 人，其中离休干部 140 人、任过县团实职的退休干部 29 人、一般退休干部 1700 人；离休干部遗属 201 人。

第十一章 重大活动纪略

第一节 抗日救国

民国27年（1938）2月，离石沦陷于日本侵略军手中。全县人民在中国共产党领导下，奋起自卫，全力抗敌，艰苦浴血奋战8年，直到民国34年8月日本侵略军投降，9月，离石全境解放。

抗日战争在离石大体经历3个阶段：

第一阶段：民国26年（1937）“七七事变”到民国28年冬季两年半时间，主要是针对日本侵略军大举进犯，坚持国共合作，与阎锡山合作抗日，团结一切可以团结的力量，发展抗日民族统一战线。中共离石县委一面通过牺盟会、动委会组织抗日救国团体，动员全县人民投入抗日的各种活动；一面组织抗日自卫队、游击队、民兵等地方武装，配合八路军与驻县的国军及晋军，对付日本侵略军进攻，打击侵略者。在离石的西山、北山和东北川的山地区，建立抗日根据地，为抗日战争，奠定坚实的基础。

第二阶段：民国29年（1940）初到民国31年冬季的三年时间，主要是为粉碎日本侵略军在占领区实行“强化治安”，对根据地施行“三光”（烧光、杀光、抢杀）政策和“蚕食”及“篦梳式”的讨伐等，连续开展“挤敌人”的斗争。不仅根据地不断扩大，而且建立各级抗日民主政权，聚集全县抗日力量，并对阎锡山当局破坏国共合作，策动“晋西事变”，进行“反顽固”的斗争。这一阶段离石处于极端困难时期，但是根据地军民在党和政府的领导下，团结游击区和敌占区的民众，支持八路军的奋力拼战，虽然损失严重，但是敌人的阴谋、暴政终被粉碎，抗日战争节节胜利。

第三阶段：民国32年（1943）初到民国34年8月的2年多时间，为夺取抗日战争的彻底胜利，中共离石县委实行“一元化”领导，主动向敌人进攻，全县广大军民，一面坚持抗战到底，不断消灭日伪军有生力量，拔除日伪据点，同时又与顽固势力进行针锋相对的斗争；一面组织大生产运动，克服敌人封锁造成的严重困难，直至最后胜利。

抗日战争期间，离石军民做出很大牺牲。日本侵略军在全县施行大小屠杀287次，杀死军民1000多人。仅现离石境域内，日本侵略军就屠杀742人，抢杀耕牛1463头，其他牲畜、家禽9040余头（羽），烧毁房屋6000余间（孔）、各种古庙文物97座、学校10所。其他衣物财产损失，不计其数。为支援抗日战争，中共离石县委动员组织全县人民响应晋绥边区“四大动员”的号召，为部队缝棉衣10万套，做军鞋16万双、军袜3.6万双，为部队运送粮食5.8万石，送弹药3.5万斤，送柴炭、医药4万千克，运送伤员8000人次。

抗战期间，全县军民共参加大小战斗491次，击毙日伪军7600多人。

第二节　反奸清算　减租减息

反奸清算

民国29年（1940），离石县抗日民主政府成立后，为粉碎日本侵略军进犯时日伪汉奸、亲日反共分子进行的破坏活动，在根据地和游击区进行反奸反霸斗争。民国34年，离石全境解放后，为肃清日伪残余势力和潜伏敌特分子，进行反讹诈反贪污清算。两次共查处和逮捕土匪1人，汉奸、恶霸20人，特务105人，日伪党团骨干81人，对其中拒不坦白交代，与人民为敌的日伪县政府差务局局长任廷璠、西属巴维持会会长、伪村长王廷俊、石门墕伪村长武俊杰等人进行镇压。离石（离东）县第五区在1944年反讹诈清算中，信义、马家村、车家湾、下楼桥4个村，就清算出银圆17600元、边币171.19万元、粮食46.2石、土地28.37公顷，其他村也清算出土地31.33公顷，分配或退还给贫苦农民。

减租减息

民国32年（1943）秋季，中共离石县委、离石县抗日民主政府在全县开展减租减息工作，连搞3个冬春。据民国34年统计，全县有租种和伙种地主、富农土地的佃农1573户，租种伙种土地2030.2公顷，共减租粮食1892石（每石合150千克），按二五减租办法，减租率按平均计算，占原订租粮6057石的30%。具体到各户为20%—40%不等。

减租与高利贷减息同步进行，办法是以年息或月息实行四六折减，即每元付息由原订的0.3元或0.6元，折减为0.12元或0.18元。

在减租减息的同时，还进行回赎土地的斗争，到民国33年（1944），全县有1640户农民向地主回赎土地927.13公顷，窑洞111孔。回赎的办法是：对于因债务逼迫而典卖给地主的土地或因按期交不上地租或粮款被夺去的土地、房屋，用减租的办法折减回赎。

第三节　支援全国解放　抗美援朝

支援全国解放

1946年7月，全国解放战争进入全面反攻阶段。离石县委动员广大军民，为支援解放晋中、临汾、太原，进军大西北、大西南，夺取全国革命胜利，做出重大贡献。

至1949年9月，全县有3000余名青年应征入伍参军，有900余名党政军干部南下、西进，担负开辟新区工作重任，2200余民工参战支前。支援粮食50余万千克，棉花、棉布及其他军需物资价值5万余元。还支援军鞋军衣6万余件，抬担架、扛云梯、送武器、运物资，投入3万余人，战争年代全县投入的支前劳力工达137万余人次。

抗美援朝

1951年4月26日，离石县召开抗美援朝代表会议，建立离石县抗美援朝分会，5月1日，全县有 97894 人，在主要集镇举行示威游行，会后有 10 万人在拥护世界和平书上签名，有 12 万人投票反对美帝国主义侵略朝鲜。紧接着在全县展开制定爱国公约、举办时事政治学习、组织变工互助、捐献飞机大炮、自愿报名参加中国人民志愿军抗美援朝等工作。至 6 月，全县有 310 名适龄青年报名入伍，5.2 万人为“贺昌号”战斗机捐款 8000 万元（旧人民币），并给前线部队支援干菜 10 余万千克。

第四节 重要运动

大生产运动

民国 31 年（1942）至民国 34 年，抗日战争处于极端困难时期，中共中央、毛泽东主席号召解放区、根据地军民开展大生产运动。离石县（包括当时的离东县）在“组织起来，生产自救”“自己动手、丰衣足食”“劳武结合，渡过难关”方针指导下，粮棉增产，自给有余。据民国 33 年统计，全县 91708 人，共组织纺织、生产、消费合作社 38 个，参加劳力 1409 人，入股股金 7562287 元（边币）。组织变工队（组）931 个，参加劳力 6740 个，全年扩大开荒面积 741.07 公顷，加原有耕地的精耕细作，共产粮食 16.5 万石，人均 1.79 石，种植棉花 1113.27 公顷，产皮棉 66572 千克，人均 0.75 千克。并组织妇女纺花织布，解决军民穿衣用布问题。同时开辟各种生产门路，组织煤业、铁业、磁业、熬硝、运输业等，解决生产生活问题。开展大生产运动，粉碎日本侵略军经济封锁，粮食除自给外，上缴公粮 8000 余石，穿衣问题基本解决。

整党整风

民国 32 年（1943），离东县党委进行整风学习。1948 年，离石县结合土地改革运动，全县干部开展以“三查三整”（查阶级、查工作、查斗志，整顿组织、整顿思想、整顿作风）为主要内容的整党运动，晋绥三地委在离石县大武镇贺龙中学附设地方干部训练班（地委党校），离石县分 3 期选送区村两级党员干部 400 余人，每期学习 2 个月，集中进行马克思主义理论、党的基本知识和党的任务、政策、思想作风教育，为土改后发展生产和支援新区工作做思想准备。

1951—1953 年，离石县党内进行克服骄傲自满情绪和官僚主义整风运动，组织全体党员干部学习《联共（布）党史简明教程》《中国共产党的 30 年》及毛泽东《论人民民主专政》等文献，县委设专职理论教员，定期讲课、测验。全县分 3 批，集中农村党员 3800 余人，分别在柳林、离石、大武等地进行整党学习，党员登记。

1970 年，离石县开展“一打三反”和农村整党运动，恢复党员组织生活，整顿健全党内各级组织。受“左”倾路线影响，一些党员干部被开除公职、逮捕法办，造成大批冤假错案，后给予平反。

1985 年 12 月，中共离石县委在县级、乡镇、农村分期分批进行为期一年的整党运动，此次整党着重解决党内思想、组织、作风不纯的问题。参加整党的党员共有 6160 人，占全县党员总数 6265 人的 98.32%，包括县直机关单位的党员 1221 人，乡镇机关单位的党员 1252 人，农村和街道居民中的党员 3687 人。整党中分为 5 个阶段，即学习文件，训练党员，提高思想认识；对照检查，揭摆问题，开展批评与自我批评；边整边改，整改结合，抓好当前工作；整顿纪律、刹住歪风，查处案件；组织处理，党员登记。1986 年 12 月结束。整党结束，全县 421 个单位共登记党员 5950 人，占参加整党总人数的 96.59%。不予登记的 18 人，缓登记 19 人，因故暂未登记的 201 人。受到纪律处分的党员共有 19 人，其中开除党籍的 6 人，留党察看的 8 人，撤销党内职务的 1 人，严重警告的 1 人，警告的 3 人。通过整党，全县党组织的战斗力和党员中的团结状况，纪律状况，得到改善。

土地改革

1947 年 6 月，由晋绥三地委组织部部长宋英带领土地改革工作团，在离石县第四区所属西属巴、东属巴、茂塔坪 3 个村进行土地改革试点。8 月，地县委又组织以贺龙中学师生为主的土改工作团 170 人在驻地大武镇搞土改试点。10 月，中共晋绥分局在离石召开会议，决定离石县普遍进行土地改革。而后组织近千名干部，“满面开花”搞土改。

工作团入村后，一般用 3 个月时间，分为发动群众，划分阶级成分，组织贫农团，斗争地富、恶霸、汉奸，平分土地，建立农会等步骤进行。

土地改革中，由于推行了康生在临县郝家坡村所谓“搬石头，查三代”的经验，发生了错关、错斗、错定成分和侵犯中农利益的问题，单纯依靠贫农，原有干部一律靠边站，接受审查。试点单位严重一些。如第四区大武镇所属 14 个行政村，7159 户，初期划地主、富农 1082 户，占 13.7%；后纠正为地主、富农 448 户，占 6%。全区镇压地主、恶霸、汉奸 73 人，富农 20 人，误伤中贫农 6 人，如麻塔上行政村村长侯国江，抗日战争中是功臣，在揭村盖子时被打死，霜雾都村民兵分队长苏树檀，工作中犯有强迫命令，误定为反土改而判死刑，运动后期给予该 2 人平反昭雪，享受烈士待遇。

1947 年 12 月，离石县委召开紧急会议，传达党中央、毛泽东主席和晋绥分局的指示、决议，纠正土改中的“左”倾错误。1948 年进行一年复查、纠偏，土改圆满结束。

“三反”“五反”

1951 年 12 月，在县区两级干部中开展反贪污、反浪费、反官僚主义的“三反”运动，历时 3 个月，参加运动的 476 人，占当时干部总数的 93.3%。运动中查出犯有贪污等经济问题在千元以上的“老虎”17 人，其中 7 人给予机关管制，3 人下放劳动，2 人判刑，5 人给予行政处分，共退赃款人民币 3.3 万元。对犯有其他问题的 2 人，另作专案处理。1952 年 1 月，在全县工商业中开展反行贿、反偷税漏税、反盗骗国家财产、反偷工减料、反盗窃国家经济情报的“五反”运动，历时 40 天，参加运动的 870 户，占全县工商业总户 1059 户的 69.5%。运动中查出有问题的 764 户，共偷税漏税 10955 元。其中，情节严重的 11 户，有 7 户属于违法走私、贩卖毒品，立案查处，追究刑事责任。其余人给予批评教育，检查改正，补交税款 7800 元。

社会主义改造

1953 年 6 月，中共中央提出党在过渡时期的总路线和总任务，中共离石县委遵照上级党委的部署，开展社会主义改造运动。

离石是革命老区，在抗日战争和解放战争中，农村就有变工互助的生产组织。全县解放以后，经过土地改革有了新的发展，1949 年互助组农户占总农户的 5%，1950 年互助组农户占总农户的 10%，1951 年互助组农户占总农户的 43%。1951 年后，贯彻执行《农业生产互助合作决议（草案）》，到 1952 年全县办起小神头等 8 个初级农业生产合作社，到 1955 年入社农户已占总农户的 95%。1958 年实现公社化，农村供销、信用事业大发展，91%和 82% 的社员分别集资入股参加供销合作社和信用社。在农业合作化的推动下，全县手工业 793 户 2116 人，私营工商业 914 户 1235 人，全部接受社会主义改造，过渡为公私合营。办起百货、饮食服务、棉布、医药、福利等总店 10 个，合作小组 6 个；办起铁木业、棉麻业、建筑业、修配业等合作社和合作小组 35 个，顺利完成对农业、手工业、私营工商业的社会主义改造。

内部肃反

1955 年 7 月至 1960 年 1 月，分 6 批进行内部肃反运动，参加肃反的单位包括机关、学校、厂矿、企事业以及乡镇共 191 个单位 13676 人。清查结果，被定为坏分子的有 128 人，占总人数的 0.97%，分别给予判刑、管制、开除、留用改造、留用察看等处分。通过肃反，查清一批暗藏的特务、间谍、汉奸和敌对阶级的反革命分子。如混进贺昌中学的教师刘亚尧，民国 36 年（1947）充任阎锡山同志会介休县分会主任特派员时，在残酷的“三自传训”中担任组织处长，积极搜罗抓审、处死干部和无辜农民 119 人。混入修配行业的田玉珠，民国 31 年任汾阳县日伪保安队长时，曾亲率队员杀害抗日英雄蒋三。该次清查出的坏分子，先后杀害过共产党员、革命干部、民兵、农民等共 388 人。

反右派斗争

1957 年夏季，社会上极少数资产阶级“右派分子”，乘中国共产党整风之机，利用大鸣、大放，攻击中国共产党的领导和社会主义制度。同年 6 月 8 日，中共中央发出《关于组织力量准备反击右派分子进攻的指示》，中共离山县委遵照上级党委的部署，8 月 1 日起，在县级 63 个机关、厂矿、企事业单位的干部职工和 44 座中小学的 2678 名教师中，开展反右派运动。经过学习文件，提高认识，发动群众，运用大会、小会、大字报等形式，向资产阶级的右派言论，进行猛烈的批判。到 1958 年上半年运动结束时，有 58 名干部、教师、职工被定为右派分子，分别受到撤职、开除、降职、降薪，下放劳动等处分。

1960 年后，给部分错划的“右派分子”摘帽平反。1979—1981 年，对错划的人员和错误处理的人员分别进行平反和改正，对他们的工作、生活及家属子女受株连的问题做妥善安排和处理。

“大跃进”、人民公社化

1958 年，党中央提出“总路线，大跃进，人民公社”三面红旗。同年 9 月，离山县实现人民公社化，随之全县撤销乡村建制，办起人民公社，原来的行政村改称为管理区（后为生产大队），自然村改为生产队。10 月，中阳县并入离山县后，先办大公社 4 个，后改为 13 个。1959 年 10 月中阳划出后，离石县先后改为人民公社 21 个、34 个。

人民公社成立后，实行工农兵学商五位一体，“大跃进”逐步升温，无偿地调用农村人力、物力、财力，大办公共食堂，组织全民大炼钢铁，实行大兵团作战，农村中大批劳力被调外炼钢铁，搞协作秋收，深翻土地，致使黄田在地，秋收延缓。当时情况下，时任县委书记赵子文提出黄田在地、秋收在急，秋前小搞、秋后大搞的正确主张，被视为右倾机会主义言论，在中共晋中地委召开的扩大会议上，受到批判，被打成所谓“右倾机会主义分子”，受到撤职处分，并在全县数千人参加的四级干部大会上，进行大小会、大字报的揭发批判。此后，离石县的“共产风”“浮夸风”“瞎指挥风”“强迫命令风”盛行，有一部分县、乡村干部，按严重右倾、右倾保守进行批判，挫伤干部群众的积极性。1959 年 4 月，毛泽东主席给六级干部的一封信和 1960 年 12 月中共中央的 12 条紧急指示信下达后，对该问题进行纠正。赵子文的问题给予平反纠正，恢复名誉。

“反右倾”斗争

1959 年庐山会议以后，中共中央作出《为保卫党的总路线，反对右倾机会主义而斗争》的决议。9 月，中共离石县委扩大会议用 9 天时间，联系实际批判斗争教育局长所谓右倾机会主义言行“七千言书”。会后，把“反右倾”斗争延伸到县级机关和农村人民公社、管理区（生产大队），普遍发动和重点揭发批判结合起来，少数基层干部被打成严重右倾、右倾保守、死官僚，后在反“五风”中得到纠正。

反“五风”

1961 年，党中央提出纠正“大跃进”中的失误。2 月至 6 月的 5 个月时间，离石县从上到下，由下而上，普遍进行反“五风”（共产风、浮夸风、命令风、特殊风、瞎指挥风），纠正“一平二调”的错误。对于恢复群众生产情绪，密切党群关系，调动积极性，共度困难起到积极作用。全县清理出平调总值 337.20 万元，其中现金 6.66 万元，实物折款 138.81 万元，劳动工资 191.73 万元。根据谁平调、谁退赔的原则，共退赔款 312.37 万元（包括国家退赔款 195 万元）。其中退还实物折款 114.01 万元，劳动工资 191.74 万元，现金 6.62 万元。

整风整社

1962 年 12 月开始，离石县进行以贯彻中共八届十中全会决议，学习讨论《农村人民公社工作条例（修正草案）》60 条为中心，以整顿农村经营管理，处理纠正削弱集体经济现象为主要内容的整风整社运动。全县有 707 个生产大队、2670 个生产队的干部，都参加整顿。运动中共查出1900人犯有不同程度的贪污、挪用、多吃多占等错误，其中有464人（占3.8%）贪污粮食15757.5千克，现金40119元，实物折款2822元，作了赔退处理，在整风整社中还解散了公共食堂，恢复生产队核算，建立健全各项规章制度。1963年3月，整风整社运动结束。

农村“四清”

1963年5月，中共中央下发《关于目前农村中若干问题的决定（草案）》，简称前十条。7月下旬至8月初，中共离石县委在田家会大队进行试点。重点是清账目、清工分、清仓库、清财物。目的是解决农村基层干部的贪污挪用，多吃多占和违法乱纪问题。9月，中共中央发出《关于在农村社会主义教育运动中一些具体政策的规定》（简称后十条）。第一次提出“以阶级斗争为纲”的口号，县委组织人员分头下去宣讲，并继续进行试点。11月，县委四级干部会议召开，为时半个月，进一步贯彻上述两个十条的内容，进行“四清”大发动，会上揭发出阶级斗争、路线方向、开荒种地、投机倒把、克扣私分、放高利贷、封建迷信、纵容亲信等8个方面的问题。12月，34个人民公社，又集中公社干部搞“四清”，当时称为“下楼、洗澡、放包袱”，揭出走后门、干部种地、求神迷信、多吃多占、招用临时工等问题，进行无限上纲的批判。当年冬到次年春，省地委派来工作队在大武、横泉、峪口、店坪、李家沟、潘家坂、后东旺平7个大队进行“四清”试点。县委也组织县社两级干部在94个大队铺开“四清”。1964年10月，按中央组织大兵团作战的指示，离石县组织300余人参加祁县大“四清”，面上“四清”逐步收缩。12月，党中央又发布《关于农村社会主义教育运动中目前提出的一些问题》（简称23条），“四清”运动普遍展开。“四清”的内容，也发展为清思想、清政治、清组织、清经济。23条中提出运动的重点是“整那些党内走资本主义路线的当权派”，运动的性质是“社会主义与资本主义两条道路的斗争”。这次运动虽在全县普遍进行宣传贯彻，但是没有坚持下去。

离石县的“四清”运动，由于是粗线条“四清”，重点抓了当年的问题，两年时间，共清出生产大队、生产队干部犯有贪污和投机倒把行为706人，金额达14万元。

城市“五反”

1963年冬，在农村开展“四清”的同时，在县级机关、企事业单位，开展“五反”（反对贪污盗窃、投机倒把、铺张浪费、分散主义、官僚主义）运动。参加单位47个，干部职工562人，经群众揭发，自我检查，内查外调，查出有贪污盗窃、投机倒把（称8字问题）行为的有31人，总金额23435元，其中千元以上立案查处，定为贪污盗窃、投机倒把分子10人，除退出赃物赃款外，有8人受到政纪、党纪处分。1964年10月结束。

“文化大革命”

1966年5月16日，中共中央发出《中国共产党中央委员会通知》（简称“5·16”通知），离石县闻风而动，在机关、农村开展社会主义教育，进行学术批判。8月，中共中央又公布《关于无产阶级文化大革命的决定》(简称16条)，县委组织大批干部去基层宣讲，中学的学生组成“红卫兵”，走上县城街头至几个主要集镇上，开展“破四旧”“立四新”“横扫一切牛鬼蛇神”的活动。当时古建筑、古文化、古雕刻字画、古典著作，甚至妇女们卷头发、辫发、漂亮衣着，都归为旧思想、旧文化、旧风俗、旧习惯予以摒弃，而代之以新思想、新文化、新风俗、新习惯的四新，许多人改名换姓，许多村也易名更新。男女老少都卷入学习毛主席语录热潮，到处背诵“老三篇”，唱语录歌，运动在全县城乡掀起高潮，接着出现戴高帽、挂纸牌游斗的情况。1966年12月8日，县委把所有下乡或外出的干部都集中在机关，坐下来进行“文化大革命”。太原、晋中、北京等外地的大专院校红卫兵不断到离石串联，离石县的中学生也一批批地集队去外地串联，去北京上访或接受检阅。县级机关、学校、厂矿、企事业单位，成立大大小小各种名称的造反派组织100余个。他们“踢开党委闹革命”，揪斗县委、县人委的领导，冲击党政机关，进而铺天盖地的大字报贴向城乡街头巷尾，成群集队的人群上街游行示威，开展大辩论。此时县城机关学校，农村公社大队，都处于瘫痪状态，党政机关的领导，大都被视为“走资本主义道路的当权派”，遭到批判、游斗。

1967年2月6日，在省城“1·12”和晋中“1·31”夺权的影响下，离石县50余个造反派组织联合夺取中共离石县委和离石县人民委员会政权，县委、县人委所有工作机构全部陷入瘫痪。夺权后成立“离石县革命造反总指挥部”，行使原县委和人委的权力。并经中共山西省核心小组批准，成立中共离石县核心小组，组建离石县革命委员会。时隔数月，因造反派内部意见分歧，形成两大派组织。一派名曰“离石县红色造反联络总站”，简称“红总站”；另一派名曰“西山革命造反兵团”，简称“兵团”。1967年10月5日，一派组织“十月兵团”，因得到晋中“十月事件”受害者造反组织的支持，又夺了核心小组和革命委员会的权力，成立“离石县革命委员会筹备委员会”，由中共晋中地区核心小组批准。此后，离石县两大造反派组织，拉起人马，成立武斗队，使离石县的武斗逐步升级。

1969年7月23日，中共中央发布《关于停止武斗，收缴武器的布告》，在人民解放军的协助和支援下，两派群众实现大联合。同年9月，经山西省革命委员会批准，成立离石县革命委员会，组建新的中共离石县核心小组，在县核心小组和县革委领导下，离石县相继开展“清理阶级队伍”、“一打三反”（打击现行反革命，反贪污盗窃，反投机倒把，反铺张浪费）、“整建党”、“批修整风”、“批林批孔”等政治运动。

1976年10月，党中央一举粉碎江青反革命集团，“文化大革命”结束。

揭批江青反革命集团

1976年10月至1978年，县委根据上级部署，组织发动全县人民开展揭批江青反革命集团运动。全县有3万余人口诛笔伐，声讨江青反革命集团的罪行，揭批江青反革命集团的反动言行。并联系实际，批判当时被认为是江青反革命集团的社会基础——地、富、反、坏、右、新老资产阶级分子，党内蜕化变质分子，“文化大革命”中搞打、砸、抢的分子，严重违法乱纪分子共200余人。同时还在县、社级机关中进行重点的清理、清查，一些领导干部被认为是清查对象，进行隔离审查，办学习班揭发、批判斗争，清查扩大化。经过1979年后清查善终工作，均做实事求是纠正。

第五节　农业学大寨　工业学大庆

农业学大寨

1964年，全国开展农业学大寨后，离石县委组织干部、群众多次赴昔阳县大寨大队参观学习，在全县掀起艰苦奋斗、自力更生、大搞农田基本建设和推广大寨科学实验等高潮。

1970年，北方地区农业会议后，离石县的农业学大寨走向新的高潮，从县到社队，普遍找差距、订措施、争上游、树典型，层层以大寨人为榜样，取得显著成效。

1971—1975年新修高标准水平梯田2220公顷，闸沟打坝淤地213.33公顷，治理河滩地413.33公顷，发展水浇地1369.87公顷，等于前10年的1.7倍。粮食产量也由1970年的243l万千克，增至305l万千克。1975年，第一次全国农业学大寨会议在昔阳县召开后，全县出现学大寨人、走大寨路，建设大寨式大队、公社和大寨县的新高潮，县委先后两次制定5年、3年建设大寨县的规划。各社、队普遍制定2年、3年或最迟5年建成大寨式社队的规划。全县人民在学大寨、赶大寨、建设大寨县的口号鼓舞下，白天干，晚上加班，地头送饭，连续组织长年不断的真学与假学的思想辩论，大干与小干的实践考验，一批像王家沟、东红、小王家沟等老典型，跨入学大寨的先进行列，像凤山底、于家沟、永红、袁家岭、上则墕等大队的新典型，也不断地涌现出来，成为全县的榜样。学大寨中出现的问题是：把大寨自力更生，艰苦奋斗，爱国奉献，为改变山区面貌，全面发展农林牧的经验，视为“无产阶级专政下继续革命的典范”，各部门、各系统学大寨，财贸、司法、治安、婚姻登记、民政优抚、民兵、青年、妇女工作都要学大寨，结果把大寨“左”的东西搬过来，加以发挥提高。生产队里记工分、修窑洞，常套用大寨的办法，从而一度把农业学大寨引向歪路，挫伤农民积极性。这些问题，在1976年“文化大革命”结束后，经过真理标准大讨论，贯彻中共十一届三中全会精神，进行拨乱反正，彻底纠正。

工业学大庆

1971年，离石县各厂矿企业，连续开始工业学大庆。县委和政府组织有关部门成立学大庆办公室，负责指导全县的工业学大庆活动。各企业普遍以大庆为榜样，用大庆人学习运用马克思列宁主义、毛泽东思想，按照解放军抓思想工作的经验，武装人的头脑；坚持集中领导与群众运动，高度革命精神和严格的科学态度，技术革新和勤俭建国三结合的原则；在工人中强调以铁人王进喜为榜样，培养“三老”“四严”作风，无私奉献，勇于拼搏。

1972年组织大会战，修复铁厂的30立方米高炉，新建玻璃厂、印刷厂、自来水公司等6家企业。电线厂推行“两参一改三结合”，全员劳动生产率由1971年的2000元，上升到7026元，提高2.5倍，全年38家企业总产值比上一年增长50%，超年度计划14.1%。涌现出9个学大庆先进单位，10多名先进个人。县委做出分批建成大庆式企业的规划和措施。

1977年后，经过揭批江青反革命集团运动，学大庆出现新高潮，七里滩煤矿一年掘进5517米，达到历史最高水平，等于1976年的4.8倍，年产原煤81900吨，超过设计能力的64%。水泥厂扭亏为盈，上缴利润2万元。电线厂实现利润36万元，比历史最高的1972年增长41.6%。工业系统推出技改成果28项，为国家节约资金6万元，工业总产值1020.37万元，比上年增长26.7%，完成利润146万元，比上年增长100万元。1977年，手工业系统完成总产值367.55万元，比年计划325万元超额13.09%，实现利润30.5万元，比年计划增长15.9%。尤其是在支农产品的生产上，由于工业学大庆和农业学大寨同时展开，一年生产碾米、磨面机1432台，是计划400台的2.6倍，并且工改中型农具1500余件，安装水利排灌工程8处。还抽出技术工人34人，组成8个支农服务队在全县巡回支农。

第六节 真理标准讨论

1978年6月，县委安排部署在全县开展真理标准问题大讨论，参加大讨论的县、社、队三级干部共6000人，群众15000人。讨论的主要问题：什么是检验真理的标准？按照实践是检验真理的唯一标准，哪些是正确的，哪些是错误的？对的怎样坚持，错的如何纠正？讨论的方法是学习文件，领导带头，召开动员会、讨论会、座谈会，举办培训班等，紧密联系思想实际、工作实际，特别是“文化大革命”的实际，重点联系农村政策问题。县委从1978年到1981年3年内，召开各种大型会议7次，组织训练班5次，以社队充分利用农民夜校，系统、部门会议，广泛深入地展开讨论。通过讨论，人们的思想解放，畅所欲言，揭露在阶级斗争、“农业学大寨”、历次政治运动中“左”的影响，总结以往工作中，特别是农村政策上的经验教训，从而恢复和发扬党的实事求是的思想路线，促进党的政策的落实。全县先后清查和处理“文化大革命”中的“三种人”，平反和纠正“文化大革命”中造成的冤假错案293件。妥善处理历次政治运动中遗留下的问题，落实党的干部政策，知识分子政策，宗教政策，工商业政策，纠正“左”的错误，全县243个生产大队划为249个，904个生产队划为1285个，普遍纠正“穷过渡”，退还自留地，活跃农村集市贸易，发展农民家庭副业。

第七节 推行农业生产责任制

1980年，县委在全县农村陆续实行土地下放经营，田间作业到组、到人，耕畜、农具分户使用等承包责任制。全县1268个核算单位中，联产到组的占35.7%，责任到人（劳力）的占29.4%，田间管理到组的占32.8%，分户种植口粮田、责任田的占2.1%。调动起农民的生产积极性。

坪头公社赵家山大队，在全县率先搞大包干，将集体耕地以户按人口、按劳动力包产，所产粮食除上缴国家公购粮以外，其余都归自己，农民们称之为“缴了国家的，留下集体的，其余都是自己的”。从而极大地调动了农民在土地上的投入、加工和经营、管理的积极性。当年粮食总产24万千克，超过包产16.8万千克的42.9%，160户农民，户户增产增收。

冬季，县委总结赵家山的经验，在有1300余人参加的四级干部会议上，宣传这个典型，在全县范围内推行以大包干为主体的农业生产责任制。

1981年2月，全县所有生产队，都分别实行单项粮食生产和农业、林业、畜牧业、农田基本建设等全面的大包干。此后，经过县委的调查研究，贯彻落实中央和省委、地委陆续发出的有关农业生产联产承包责任制的一系列政策规定，逐步制定结合本县实际情况的“关于家庭联产承包责任制”的政策规定，使农业生产责任制逐步健全和完善。到1990年，离石县在农、林、牧、农田建设、小流域治理、乡村办企业等各业都推行承包制，在此基础上，全县的农村改革，逐步推向统分结合的双层经营，建立各种服务体系和各种合作经济组织，农村改革逐步深化。

第八节 经济体制改革

1981年以后，农村改革，带动全县城镇工业、商业、交通运输业、建筑业和其他手工业、金融事业、乡镇企业等各条战线的经济体制改革。1984年10月，《中共中央关于经济体制改革的决定》公布之后，离石县成立经济体制改革委员会，组建办公室，并且制定离石县经济体制改革的总体规划、部署和实施意见。

1986年后，离石县的经济体制改革，坚持以公有制为基础，以利益制约为机制，以责任为核心，以法律程序确定企业独立商品生产者和经营者法人地位的承包经营责任制和基本经营管理制度，取得重大突破，在实行“两权分离”，处理责、权、利关系上，调动干部、工人的积极性，使企业初步显示活力。1988年开始，根据省、地部署，紧紧围绕深化企业改革，增强企业后劲，提高经济效益为中心，从“两权分离”入手，组织实施《离石县人民政府关于1988年深化经济体制改革的实施意见》，在全县各类企业全面推行以抵押承包为主要形式的生产经营责任制。

第九节　学习教育

学习实践科学发展观活动

2008年9月始，离石区在全党分批开展深入学习实践科学发展观活动，涉及试点机关单位84个、试点街道办1个、党组织147个、党员2745名。9月25日，深入学习实践科学发展观活动在全区各乡镇、街道办、村、社区、中小学校、乡镇卫生院、新经济组织和新社会组织中有序开展，共有参学单位255个，党员6848人。

2009年，离石区机关单位84个、试点街道办事处1个、党组织147个、党员2745名参加第二批学习实践科学发展观活动，召开各类学习会议68次，举办专题讲座10余次，参与党员、干部2745人次。区委中心组集中学习3次，集体观看中央党校博士生导师周天勇教授解读科学发展观的专题片，邀请省委党校公共管理教研部主任刘树信教授、吕梁市政协副主席、民盟吕梁市委主委刘本旺、全国著名企业家严介和等专家学者作辅导报告，系统学习中央、省、市委布置的必读篇目，结合全区实际进行发言讨论。各参加学习单位结合“保增长、保民生、保稳定”的要求，集中学习中央、省、市委关于积极应对当前经济形势，确保经济平稳较快发展的重大决策部署，切实用科学发展观武装头脑，指导实践。同时，着眼找准影响和制约离石区科学发展的突出问题，开展“走百家、访千人、问卷大调查、建议大征集”活动，全区419名科级以上党员干部带16个调研课题，赴12个乡镇、街道办事处，130个村，对419户农户进行专题调研，调研实践累计达463天，形成调研报告419篇。活动期间，先后在省简报刊发2期，市简报刊发12期，区简报刊发84期；在省市报刊上刊登信息65篇（条），在省市电视台播发信息23篇（条），在各类网页上刊登信息38篇（条）。

党的群众路线教育实践活动

2014年3月4日，离石区党的群众路线教育实践活动正式启动，全区县级领导35名、党员11328名，基层党组织815个参加这次活动。通过“八学”（按照规定重点学、研讨交流互相学、专家辅导系统学、典型案例警示学、注重思考深入学、督促检验考试学、登台辅导讲授学、对照先辈先进学）方式，把学习引向深入。通过“八征”（会议征集、书面征集、谈心征集、调研征集、登门征集、现场征集、网络征集、问卷征集）形式，征求到各类意见和建议18920条。查摆问题、开展批评环节中，区委班子共开展谈心320人次，从具体问题入手，深挖思想根源，明确整改方向，撰写领导班子和个人对照检查材料，全区参加学习的单位按照区委要求，主动揭短亮丑，自我批评剖析自身不足，取得群众路线教育实践活动真成效。全区共有单位92个，行政村194个，社区16个全部建立党的群众路线教育实践活动台账。形成29个大项、38个小项整治方案。分别由11名区级领导牵头总抓，20个牵头部门92个配合部门共同抓好整改落实。区委班子在制度建设方面，研究制定区委常委会理论务虚研究制度、党员干部承诺践诺制度、公务车用车管理制度等20余项规章制度，形成长效机制93项。

解决群众切身利益的工作中，全区各窗口单位制定各类便民措施83项，区人社局对6个人社服务中心的21项流程进行简化，精简审批环节36道，提高行政服务效率30%以上；全区具有行政审批职能的21个单位、76项行政审批项目全部集中在行政审批中心大厅；区城建局简化行政审批流程，由24项简化为20项，审批时限比法定时限缩短一半。信访积案化解中，制定《离石区引深群众路线教育实践活动，切实打好信访稳定翻身仗实施方案》《关于进一步加强信访工作的实施意见》《关于做好2014年信访工作的通知》，发挥区、乡、村三级评审作用，把疑难复杂信访事项全部纳入群众诉求三级评审机制进行评审。村级评审信访事项106件，化解信访事项89件；乡级评审信访事项17件，化解16件。中央、省、市交办的90件案件中，中央联席交办的2件全部办结；省交办7件，息4件，结案未息3件；市交办73件，结案息案18件，结案未息45件，未结案10件。

"三严三实"专题教育

2015年4月，离石区按照习近平总书记提出的"严以修身、严以用权、严以律己，谋事要实、创业要实、做人要实"要求，结合思想教育、党性分析、整改落实、立规执纪，在县处级以上领导干部中开展"三严三实"专题教育。"三严三实"专题教育活动领导组先后印发《关于进一步规范会议活动的补充通知》《厉行节约反对铺张浪费财政资金的办法》《公务接待办法》《旅差费管理办法》《机关会议费管理办法》《财政性质资金投资基本建设项目工程变更管理暂行办法》《关于做好全区预决算和"三公"经费信息公开工作的通知》等文件，压缩各类会议活动规模和时间。截至同年10月，组织召开全区性会议11次，区委办公室发文36份，区政府发文6份，全区"三公"经费支出1048.88万元（其中公务接待187.58万元，公务用车861.30万元），全区公用经费支出9601.4万元（其中办公经费支出1086.94万元）。

第十九编

政权　政协

地方人民代表大会

地方政府

政协地方组织

1949年12月15—19日，离石县第一届各界人民代表会议在县城召开。至1954年，共召开各界人民代表大会2届。1954年7月11—16日，离山县第一届人民代表大会在县城召开。至1965年，共召开人民代表大会6届。其间，不设立人大常委会。1966年至1976年10月，因“文化大革命”，县人民代表大会制度遭受严重破坏，县人民代表大会中断。中国共产党十一届三中全会后，人民代表大会制度得到恢复和发展。1981年10月，离石县召开第七届人民代表大会第一次会议，首次选举产生离石县人大常委会。县级人民代表大会常务委员会作为县级地方各级人民代表大会的常设机关，由人民代表大会选举产生，在人民代表大会闭会期间，行使宪法和法律规定的各项职权。此后，历届人民代表大会均按照地方组织法、选举法的规定，选举产生由主任、副主任、委员组成的人民代表大会常务委员会，作为地方人民代表大会的常设机构。至1996年，共召开人民代表大会5届。1996年6月，离石撤县设市，离石县改设为离石市。至2004年，离石市共召开人民代表大会3届。2004年7月，第三届届中因行政区划改变，改为离石区人民代表大会，至2015年共召开人民代表大会2届。

明清时期，离石建置为州，称石州，州衙署设知州1人。民国初，改称永宁县，后更名离石县，州衙改为县公署，设知事1人。民国19年（1930），县公署改称县政府，实行县长制。民国29年1月，成立离石县抗日民主政府，设县长1人。1954年7月，方山县与离石县合并为离山县，组成离山县人民政府。1956年2月，离山县人民政府改称离山县人民委员会，设县长1人。1967年春，离石县革命委员会成立，设主任1人。1981年10月，离石县人民政府恢复，设县长1人。至2015年，区人民政府下设常设工作机构23个，辖街道政府7个、镇政府2个、乡政府3个。离石县区人民政府所属机构虽多次分合、更名，但在建设发展离石、造福离石人民等方面均做出积极的贡献。

1982年2月，中国人民政治协商会议离石县委员会（简称县政协）成立。至2015年，区（县、市）政协历经10届，第一届任期2年，第二届至第五届每届任期3年。1996年5月撤县设市，故政协离石县第五届委员会改称政协离石市第一届委员会。政协离石市一届任期2年，市二届任期5年。2004年7月，撤市设区，区（市）第三届、区第四届每届任期4年，区第五届任期5年。区（县、市）政协每年召开1次全体会议，审议有关工作报告并作出决议，选举区（县、市）政协常委会组成人员，表彰政协工作先进集体和个人。区（县、市）政协常委会每年定期召开会议，讨论决定有关事项等。区（县、市）政协开展专题调研和视察。同时把办理委员提案作为重要工作任务，政协离石县一届委员会征集到委员提案71件，二届委员会征集到委员提案92件，三届委员会征集到委员提案67件，四届委员会征集到委员提案60件，五届委员会和市一届委员会共征集到委员提案165件，市二届委员会共征集到委员提案421件，区（市）三届委员会共征集到委员提案467件，区四届委员会征集到委员提案521件，区五届委员会征集到委员提案746件。提案内容涉及经济建设、教育、文化、交通、城市建设、社会治安、卫生等社会生活的各个方面，均得到及时办理。此外，区（县、市）政协开展委员学习、征集出版文史资料、反映社情民意等多方面工作。

第一章　地方人民代表大会

第一节　人民代表　人大代表

人民代表

人民代表，是各界人民代表会议的组成人员。根据 1949 年 12 月 2 日，中央人民委员会通过的《县各界人民代表会议组织通则》规定，由县人民政府将代表名额分配到社会各界，社会各界推选和协商产生各界人民代表，县政府也聘请少数知名人士为特邀代表，每次会议的代表都要重新推选、聘请，代表也可连任。

人大代表

离石县第七届人民代表大会有代表 176 人。代表中，男代表 127 人，占代表总数的 72.16%；妇女代表 49 人，占代表总数的 27.84%；中共党员代表 123 人，占代表总数的 69.89%；干部代表 66 人，占代表总数的 37.50%；工人代表 4 人，占代表总数的 2.3%；农民代表 68 人，占代表总数的 38.64%；专业技术人员代表 7 人，占代表总数的 3.97%；军人代表 3 人，占代表总数的 1.7%；其他代表 28 人，占代表总数的 15.90%。

离石县第八届人民代表大会有代表 183 人。代表中，男代表 137 人，占代表总数的 74.86%；妇女代表 46 人，占代表总数的 25.14%；中共党员代表 106 人，占代表总数的 57.92%；干部代表 43 人，占代表总数的 23.5%；工人代表 7 人，占代表总数的 3.8%；农民代表 62 人，占代表总数的 33.88%；知识分子代表 48 人，占代表总数的 26.2%；军人代表 3 人，占代表总数的 1.6%；其他代表 20 人，占代表总数的 11%。

1993 年 3 月 28 日至 4 月 26 日，离石县第十一届人民代表大会进行代表选举，共划分选区 75 个，登记选民 117629 人，选出代表 165 人。代表中，男代表 120 人，占代表总数的 72.73%；妇女代表 45 人，占代表总数的 27.27%；中共党员代表 111 人，占代表总数的 67.3%；大专以上文化程度代表 39 人，高中（中专）文化程度代表 37 人，初中以下文化程度代表 87 人，分别占代表总数的 23.6%、22.4%、52.7%。

1998 年 5 月 6 日至 6 月 29 日，离石市第二届人民代表大会进行代表选举，共划分选区 75 个，登记选民 177611 人，参加投票选举的选民 164251 人，选出代表 159 人。代表中，男代表 119 人，占代表总数的 72.84%；妇女代表 40 人，占代表总数的 25.16%；中共党员代表 102 人，占代表总数的 64.15%；民主党派代表 6 人，占代表总数的 3.77%；群众代表 51 人，占代表总数的 32.08%；公务员代表 60 人，占代表总数的 37.74%；企事业单位负责人代表 20 人，占代表总数的 12.58%；农民代表 55 人，占代表总数的 34.59%；工人代表 7 人，占代表总数的4.4%；专业技术人员代表11人，占代表总数的6.92%；武警代表1人，占代表总数的0.6%；老干部代表5人，占代表总数的3.14%。

2007年2月24日至4月16日，离石区第四届人民代表大会进行代表选举，共划分选区75个，登记选民155399人，参加投票选举的选民134899人，选出代表158人。代表中，男代表120人， 占代表总数的75.95%；妇女代表38人，占代表总数的24.05%。中共党员代表56人，占代表总数的35.4%；干部代表67人，占代表总数的42.41%；工人代表2人，占代表总数的1.26%；农民代表59人，占代表总数的37.34%；专业技术人员代表26人，占代表总数的16.46%，军人代表1人，占代表总数的0.6%；老干部代表3人，占代表总数的1.87%。

2011年4月27日至6月27日，离石区第五届人民代表大会进行代表选举，共划分选区75个，登记选民177611人，参加投票选举的选民164251人，选出代表159人。代表中，男性代表119人，占代表总数的74.84%，女性代表40人，占代表总数的25.16%；中共党员代表102人，占代表总数的64.15%，民主党派代表6人，占代表总数的3.77%，非中共人士代表51人，占代表总数的32.08%；公务员代表60人，占代表总数的37.74%；干部代表20人，占代表总数的12.58%；农民代表55人，占代表总数的34.59%；工人代表7人，占代表总数的4.4%；专业技术人员代表11人，占代表总数的6.92%；武警代表1人，占代表总数的0.6%；老干部代表5人，占代表总数的3.14%。

第二节　各界人民代表会议

第一届各界人民代表会议

第一次会议　1949年12月15—19日在县城召开，出席会议的代表162人，来自社会各界15个领域。会议主要议程是听取县委书记张炳所作的时事政治和生产报告，着重讨论冬季生产等问题。会议选举张炳为第一届各界人民代表会议常务委员会主席，杨玉山、张智升为副主席。会议期间，收到代表建议212件。

该届共召开会议9次。第二次会议收到代表建议80件，第三次会议收到代表建议82件，第四次会议收到代表建议62件，第五次会议收到代表建议104件，第六次会议收到代表建议130件，第七次会议收到代表建议77件。

第二届各界人民代表会议

第一次会议　1952年9月23—29日在县城召开，出席会议的代表有249人，代表社会各界18个领域。会议听取和审议县长牛荣才所作的离石县人民政府工作报告；通过离石县五年建设计划的决议；会议选举张炳为离石县第二届各界人民代表会议常务委员会主席，牛荣才、刘菊初为副主席，委员11人；本次会议首次民主选举离石县人民政府组成人员，牛荣才为县长，刘明镜、安石为副县长，委员 19 人。

该届共召开会议 4 次。1953 年 2 月至 1954 年 2 月，召开会议 3 次。会议对于组织动员全县人民贯彻党在过渡时期的总路线、总任务以及开展生产建设、互助合作、粮食统购统销和宣传贯彻婚姻法等各方面的工作以及其他工作，都起到推动作用。

第三节 县级人民代表大会

离山县第一届人民代表大会

第一次会议 1954 年 7 月 11—16 日在县城召开，出席会议的代表 217 人。会议听取县委书记王克平关于方山离石合并意义的报告、肖岗关于立即发动全民学习讨论《中华人民共和国宪法（草案）》的报告，听取和审议县长高文焕所作的 1954 年上半年工作报告，听取和审议副县长安石所作的 1953 年财政收支预算执行情况及 1954 年财政收支预算的报告，并作出相应决议。选举产生出席山西省人民代表大会的代表 4 人。

第二次会议 1955 年 1 月 30 日至 2 月 4 日召开。会议选举高文焕为离山县人民委员会县长，刘明镜、安石、雒成邑、王俊仁为副县长，委员 18 人；选举雒品三为县人民法院院长。

离山县第二届人民代表大会

第一次会议 1956 年 12 月 15—18 日在县城召开，出席会议的代表 208 人。会议听取县人民委员会的工作报告、财政预算执行情况的报告、人民法院的工作报告，讨论通过征兵工作和增产节约的决议。会议选举王健为离山县人民委员会县长，刘明镜、安石、雒品三、郭命山为副县长，委员 21 人；选举王来元为离山县人民法院院长。

第二次会议 1957 年 7 月 12—19 日在县城召开。会议补选高文焕为离山县人民委员会县长，吴芝贵为副县长，委员 2 人。

离山县第三届人民代表大会

第一次会议 1958 年 6 月 4—8 日在县城召开，出席会议的代表 227 人。会议听取和审查人委会工作、财政收支预决算、法院工作和 1958 年“大跃进”计划等 5 个报告，作出相应决议，发出倡议书 1 份。大会选举高文焕为离山县人民委员会县长，安石、王俊仁为副县长，委员 21 人；选举崔茂森为离山县人民法院院长；选举出席山西省第二届人民代表大会的代表 4 人：李庶民、高文焕、肖文明、任改珍。

1958 年 11 月 10 日，离山、中阳合并，县名复改离石县。人民代表大会届期顺延。

离石县第四届人民代表大会

第一次会议 1960 年 6 月 27—30 日在县城召开，出席代表 165 人。会议听取县委书记的政治报告；听取和审查县长、副县长分别作的离石县人民委员会的工作报告、财政收支预算报告、国民经济计划报告；听取和审议法院院长所作的法院工作报告，并作出相应决议；选举王健为离石县人民委员会县长，杨润英（女）、安石、李如珠、冯文新、王殿明为副县长，人民委员会委员15人；选举崔茂森为离石县人民法院院长。

第二次会议 1961年8月26—28日召开，会议补选刘振华为离石县人民委员会县长，吴芝贵为副县长。

离石县第五届人民代表大会

第一次会议 1963年7月26—29日在县城召开，出席代表301人。会议听取和审查人民委员会的工作、国民经济计划、财政收支预决算3个报告。会议选举刘振华为离石县人民委员会县长，李如珠、安石、吴芝贵、雒选民为副县长，委员17人；选举穆桂先为离石县人民法院院长。会议选出出席山西省人大代表5人。

离石县第六届人民代表大会

第一次会议 1965年11月21—24日在县城召开，出席代表267人。会议听取和审查县长、副县长分别作的人民委员会工作报告和财政收支预决算报告。选举刘振华为离石县人民委员会县长，李如珠、安石、雒选民、刘聪英为副县长，委员23人；选举郝秀林为离石县人民法院院长。

1966年至1976年10月，因“文化大革命”，县人民代表大会制度遭受严重破坏，县人民代表大会中断。中国共产党十一届三中全会后，人民代表大会制度得到恢复和发展。

离石县第七届人民代表大会

第一次会议 1981年10月18—23日在县委招待所会议室召开，会期6天。会议听取和审议《离石县革命委员会工作报告》《离石县1980年县本级财政预算执行情况和1981年县本级财政预算草案的报告》《离石县人民法院工作报告》《离石县人民检察院工作报告》，并作出相应决议。选举雒品三为离石县第七届人民代表大会常务委员会主任，安石、高有瑞、杨润英、杨培元为副主任，委员6人；选举柳廷青为离石县人民政府县长，王尚清、冯亮、刘聪英、杨凤斌、康丕廉、阎永安为政府副县长；选举李振耀为离石县人民法院院长，王芝亮为离石县人民检察院检察长。会议期间收到代表议案建议180件。

第二次会议 1983年3月27—29日在县委招待所会议室召开，会期3天。会议听取和审议《离石县人民政府工作报告》《离石县1982年国民经济计划执行情况和1983年国民经济计划安排意见的报告》《离石1982年财政决算和1983年财政预算（草案）的报告》《离石县人大常委会工作报告》《离石县人民法院工作报告》《离石县人民检察院工作报告》，并作出相应决议。选举产生出席山西省六届人代会代表9名：郭裕怀、王瑞生、白普、崔瑞莲（女）、费书林、华元中、鲁志圣、杜守荣、康安平。会议期间收到代表议案建议122件。

离石县第八届人民代表大会

第一次会议 1984年10月30日至11月3日在县委招待所会议室召开，会期5天。会议听取和审议《离石县人民政府工作报告》《离石县1983年国民经济计划执行情况和1984年国民经济计划安排意见的报告》《离石1983年财政决算和1984年财政预算(草案)的报告》《离石县人大常委会工作报告》《离石县人民法院工作报告》《离石县人民检察院工作报告》，并作出相应决议。选举王建刚为县人大常委会主任，李刚毓、鲁志圣、冯文新、成振江为县人大常委会副主任，常务委员5人：李肇芳、崔瑞连、刘荣俭、赵呈祥、刘其溥；选举李守智为县人民政府县长，阎永安、张国钧、李振富为县政府副县长；选举李振耀为县人民法院院长、任克毅为县人民检察院检察长。会议期间收到代表议案建议114件。

第二次会议 1985年5月25—28日在县委招待所会议室召开,会期4天。会议听取和审议《离石县人民政府工作报告》《离石县1984年国民经济计划执行情况和1985年国民经济计划安排意见的报告》《离石1984年财政决算和1985年财政预算(草案)的报告》《离石县人大常委会工作报告》《离石县人民法院工作报告》《离石县人民检察院工作报告》《离石县第八届人民代表大会第一次会议代表议案建议办理情况的报告》，并作出相应决议。补选李鹏为离石县人民政府县长，增选离石县人大常委会委员4人(李长瑞、杨明亮、刘志亮、李保廉)。会议期间收到代表议案建议50件。

第三次会议 1986年5月25—28日在县委招待所会议室召开，会期4天。会议听取和审议《离石县人民政府工作报告》《关于离石县国民经济和社会发展第七个五年计划草案的报告》《关于1986年国民经济和社会发展计划草案的报告》《关于1985年财政决算草案和1986年财政预算草案的报告》，并作出相应决议。审议离石县人民政府关于县八届二次人代会代表议案、建议和意见办理情况的报告。补选王初颂为离石县人民政府县长，补选杨艳峰为离石县人大常委会副主任。会议期间收到代表议案建议69件。

离石县第九届人民代表大会

第一次会议 1987年7月19—23日在县委招待所会议室召开，会期5天。会议听取和审议《离石县人民政府工作报告》《离石县1986年国民经济计划执行情况和1987年国民经济计划安排意见的报告》《离石1986年财政决算和1987年财政预算(草案)的报告》《离石县人大常委会工作报告》《离石县人民法院工作报告》《离石县人民检察院工作报告》，并作出相应决议。审议离石县人民政府关于县八届三次人代会代表议案、建议和意见办理情况的报告。选举王建刚为县人大常务委员会主任，李刚毓、杨艳峰、费书林为县人大常委会副主任，王尚清等9人为县人大常委会委员，王初颂为县人民政府县长，张国钧、张都有、贺玉印为县人民政府副县长，李振耀为县人民法院院长，高崇泰为县人民检察院检察长。会议期间收到代表议案建议90件。

第二次会议 1987年11月16—17日在县招待所会议室召开，会期2天。会议选举产生离石县出席山西省第七届人民代表大会代表6名(按得票多少为序排列)：王建刚、吴砚生、高建业、高志映、陈二汝、鲁志圣。

第三次会议 1988年4月25—28日在县招待所会议室召开,会期4天。会议听取和审议《离石县人民政府工作报告》《关于离石县1987年国民经济社会发展计划执行情况和1988年国民经济社会发展计划的报告》《关于离石县1987年财政决算和1988年财政预算报告》《离石县人大常委会工作报告》《离石县人民法院工作报告》《离石县人民检察院工作报告》，并作出相应决议。审议离石县人民政府关于第九届二次人代会代表议案、建议、批评和意见办理情况的报告。补选薛恩德为第七届人民代表大会常务委员会委员。会议期间收到代表议案建议62件。

第四次会议 1989年4月7—10日在县招待所会议室召开，会期4天。会议听取和审议《离石县人民政府工作报告》《关于离石县1988年国民经济社会发展计划执行情况和1989年国民经济社会发展计划的报告》《关于离石县1988年财政决算和1989年财政预算的报告》《离石县人大常委会工作报告》《离石县人民法院工作报告》《离石县人民检察院工作报告》，并作出相应决议。会议期间收到代表议案建议31件。

离石县第十届人民代表大会

第一次会议 1990年5月27—31日在县招待所会议室召开，会期5天。会议听取和审议《离石县人民政府工作报告》《关于离石县1989年国民经济计划执行情况和1990年社会发展计划草案的报告》《离石县1989年财政决算和1990年财政预算草案的报告》《离石县人大常委会工作报告》《离石县人民法院工作报告》《离石县人民检察院工作报告》,并作出相应决议。选举阎永安为县人大常委会主任，王初颂为县人民政府县长，刘德延为县人民法院院长，张志刚为县人民检察院检察长，刘茂权、杨艳峰、李刚毓、李新珍、费书林为县人大常委会副主任，王玉林、冯全清、刘振波、赵建平、高崇泰、薛光亮为县人民政府副县长，王秋生、王翠茹、毛俊虎、成毓照、任应祥、杨兆德、赵清萍、薛汝明、薛恩德等9人为县人大常委会委员。会议期间收到代表议案建议91件。

第二次会议 1991年4月25—27日在县招待所会议室召开，会期3天。会议听取和审议《离石县人民政府工作报告》《关于离石县1990年国民经济和社会发展计划执行情况与1991年国民经济和社会发展计划的报告》《关于离石县1990年财政决算和1991年财政预算的报告》《离石县人大常委会工作报告》《离石县人民法院工作报告》《离石县人民检察院工作报告》，并作出相应决议。会议期间收到代表议案建议74件。

第三次会议 1992年5月6—8日在县招待所会议室召开,会期3天。会议听取和审议《离石县人民政府工作报告》《关于离石县1991年国民经济和社会发展计划执行情况与1992年国民经济和社会发展计划草案的报告》《关于离石县1991年财政预算执行情况和1992年财政预算草案的报告》《离石县人大常委会工作报告》《离石县人民法院工作报告》《离石县人民检察院工作报告》，并作出相应决议。会议期间收到代表议案建议29件。

第四次会议 1992年11月2—3日在县招待所会议室召开，会期2天。会议选举离石县出席山西省第八届人民代表大会代表6名：刘静、李乃莲、阎永安、阎电山、高候英、鲁志圣。

离石县第十一届人民代表大会

第一次会议 1993年6月27—30日在县城职工俱乐部召开，会期5天。会议听取和审议《离石县人民政府工作报告》《离石县1992年国民经济、社会发展计划执行情况和1993年国民经济和社会发展计划》及《离石县1992年财政决算和1993年财政预算》《离石县人大常委会工作报告》《离石县人民法院工作报告》《离石县人民检察院工作报告》等6个报告，并作出相应决议。选举阎永安为县人大常委会主任，李德芳为县人民政府县长，刘德延为县人民法院院长，张志刚为县人民检察院检察长，杨艳峰、李新珍、高崇泰、薛保亮为县人大常委会副主任，成毓照等14人为县人大常委会委员，赵建平、薛汉光、王玉林、冯全清、张国彪、武兴亮为县人民政府副县长。会议期间收到代表议案建议50件。

第二次会议 1994年4月18—20日在县城职工俱乐部召开，会期3天。会议听取和审议《离石县人民政府工作报告》《离石县1993年国民经济、社会发展计划执行情况和1994年国民经济和社会发展计划》《离石县1993年财政决算和1994年财政预算》《离石县人大常委会工作报告》《离石县人民法院工作报告》《离石县人民检察院工作报告》《关于加强乡镇卫生院建设的决议》，并作出相应决议。会议期间收到代表质询案1件、议案建议69件。

第三次会议 1995年4月25—28日在县城职工俱乐部召开，会期4天。会议听取和审议《离石县人民政府工作报告》《离石县1994年国民经济、社会发展计划执行情况和1995年国民经济和社会发展计划》《离石县1994年财政决算和1995年财政预算》《离石县人大常委会工作报告》《离石县人民法院工作报告》《离石县人民检察院工作报告》等6个报告，并作出相应决议。会议同意张志刚辞去离石县人民检察院检察长的请求。补选冯拴应为离石县人民检察院检察长。会议期间收到代表议案建议32件。

1996年5月，离石撤县设市，离石县更名为离石市。至2004年，离石市人民代表大会共3届（第三届届中因行政区划改变，改为离石区人民代表大会，届期顺延）。

离石市第一届人民代表大会

第一次会议 1996年6月20—22日在市职工俱乐部召开，会议听取和审议《离石市政府工作报告》《离石市1995年国民经济、社会发展计划执行情况和1996年国民经济和社会发展计划》《离石市1995年财政决算和1996年财政预算》《离石市人大常委会工作报告》《离石市人民法院工作报告》《离石市人民检察院工作报告》，并通过相应决议。会议期间收到代表议案建议37件。根据上级精神，离石市第一届人民代表大会任期从1993年算起，组成人员延续，不进行换届选举。

第二次会议 1997年4月14—17日在市职工俱乐部召开，会期4天。会议听取和审议《市政府工作报告》《离石市1996年国民经济、社会发展计划执行情况和1997年国民经济和社会发展计划》《离石市1996年财政决算和1997年财政预算》《离石市人大常委会工作报告》《离石市人民法院工作报告》《离石市人民检察院工作报告》，并通过相应决议。会议期间收到代表议案建议50件。

第三次会议　1997年11月18—19日在市职工俱乐部召开，会议选举产生出席山西省第九届人民代表大会代表4人：王林英、刘本旺、赵建平、段丽卿。

离石市第二届人民代表大会

第一次会议　1998年7月24—28日在滨河影剧院召开，会期5天。会议听取审议《市政府工作报告》《离石市1997年国民经济、社会发展计划执行情况和1998年国民经济和社会发展计划》《离石市1997年财政预算执行情况和1998年财政预算报告》《离石市人大常委会工作报告》《离石市人民法院工作报告》《离石市人民检察院工作报告》，并通过相应决议。选举赵建平为市人大常委会主任，张国彪为市政府市长，张国耀为市人民法院院长，冯拴应为市人民检察院检察长，杨艳峰、李新珍、王玉林、侯柱材、成毓照、刘静为市人大常委会副主任，薛汉光、冯全清、吴润金、冯晋平、王香莲、高友发、陈吕克、史志宏等8人为离石市人民政府副市长，韩亮、任丽梅等10人为离石市第二届人民代表大会常务委员会委员。会议期间收到代表议案建议75件。

第二次会议　1999年4月25—28日在滨河影剧院召开，会期4天，会议听取和审议《市政府工作报告》《离石市1998年国民经济和社会发展计划执行情况和1999年国民经济和社会发展计划》《离石市1998年财政预算执行情况和1999年财政预算的报告》《离石市人大常委会工作报告》《离石市人民法院工作报告》《离石市人民检察院工作报告》，并通过相应决议。会议期间收到代表议案建议60件。

第三次会议　2000年3月31日至4月3日在滨河影剧院召开，会期4天。会议听取和审议《市政府工作报告》《离石市1999年国民经济、社会发展计划执行情况和2000年国民经济和社会发展计划》及《离石市1999年财政预算执行情况和2000年财政预算的报告》《离石市人大常委会工作报告》《离石市人民法院工作报告》《离石市人民检察院工作报告》，并通过相应决议。补选王海林为离石市人民检察院检察长。会议期间收到代表议案建议61件。

第四次会议　2001年7月14—17日在市职工俱乐部召开，会期4天。会议听取和审议《市政府工作报告》《关于离石市2000年国民经济和社会发展计划执行情况与2001年计划的报告》及《关于离石市2000年财政预算执行情况和2001年财政预算的报告》《离石市人大常委会工作报告》《离石市人民法院工作报告》《离石市人民检察院工作报告》，并通过相应决议。选举冯全清为离石市人大常委会主任，霍本明、任应祥为市人大常委会副主任，李兴旺为离石市人民检察院检察长。会议期间收到代表议案建议44件。

第五次会议　2002年4月7—9日在市职工俱乐部召开，会期3天。会议听取和审议《市政府工作报告》《关于离石市2001年国民经济和社会发展计划执行情况与2002年计划的报告》及《关于离石市2001年财政预算执行情况与2002年财政预算的报告》《离石市人大常委会工作报告》《离石市人民法院工作报告》《离石市人民检察院工作报告》，并通过相应决议。会议期间收到代表议案建议48件。

第六次会议　2002年11月18—19日在石州宾馆召开，会期2天。会议选举出席山西省第十届人民代表大会代表5名：卢功勋、任丽梅、刘本旺、李瑞雪、武玉根。

离石市第三届人民代表大会

第一次会议　2003年8月27—31日在市职工俱乐部召开，会期5天。会议听取和审议《市政府工作报告》《关于离石市2002年国民经济和社会发展计划执行情况与2003年计划的报告》《关于离石市2002年财政预算执行情况和2003年财政预算的报告》《离石市人大常委会工作报告》《离石市人民法院工作报告》《离石市人民检察院工作报告》，并通过相应决议。选举冯全清为市人大常委会主任，刘广龙为离石市人民政府市长，李光久为市人民法院院长，李兴旺为市人民检察院检察长；选举侯柱材、刘静、霍本明、穆拴清、张斌应为离石市人大常委会副主任，冯晋平、李小明、王香莲、高友发、温挨提、王怀清为市人民政府副市长，李育明、阎文华等11人为市人大常委会委员。会议期间收到代表议案建议79件。

2004年6月，吕梁地区撤地设市，离石市更名为离石区，届期顺延，自第三届始，至2015年，共3届。

离石区第三届人民代表大会

第二次会议　2004年6月12—15日在区职工俱乐部召开，会期4天。会议听取和审议《区政府工作报告》《离石市2003年国民经济和社会发展计划执行情况的报告与离石区2004年国民经济和社会发展计划》《离石市2003年财政预算执行情况和离石区2004年财政预算的报告》《离石区人大常委会工作报告》《离石区人民法院工作报告》《离石区人民检察院工作报告》，并通过相应决议。选举王小林、王志强、王保明、王润青、付俊兰、白志荣、冯全清、冯兵保、冯瑞珍、朱建国、任刚、刘广龙、刘卫平、刘永斌、刘保明、孙佐务、孙春霞、杜永红、李三儿、李永清、李秀清、李盘盛、李源春、何玉田、张子玉、赵艳峰、贺虎才、贾廷亮、郭建新、裴改兰、雒守祥、薛双大、薛丽萍等33人为出席吕梁市第一届人民代表大会代表。会议期间收到代表议案建议60件。

第三次会议　2005年4月25—27日在吕梁影剧院召开，会期3天。会议听取和审议《区政府工作报告》《离石区2004年国民经济和社会发展计划执行情况的报告与离石区2005年国民经济和社会发展计划》《离石区2004年财政预算执行情况和离石区2005年财政预算的报告》《离石区人大常委会工作报告》《离石区人民法院工作报告》《离石区人民检察院工作报告》，并通过相应决议。会议期间收到代表议案建议39件。

第四次会议　2006年7月16—18日在吕梁影剧院召开。会期3天。会议听取和审议

《区政府工作报告》《离石区2005年国民经济和社会发展计划执行情况的报告与离石区2006年国民经济和社会发展计划》《离石区2005年财政预算执行情况和离石区2006年财政预算的报告》《离石区人大常委会工作报告》《离石区人民法院工作报告》《离石区人民检察院工作报告》及离石区第十一个五年规划纲要，并通过相应决议。会议期间收到代表议案建议23件。

离石区第四届人民代表大会

第一次会议 2007年5月15—19日，在吕梁影剧院召开，会期5天。会议听取和审议《区政府工作报告》《离石区2006年国民经济和社会发展计划执行情况的报告与离石区2007年国民经济和社会发展计划》《离石区2006年财政预算执行情况和离石区2007年财政预算的报告》《离石区人大常委会工作报告》《离石区人民法院工作报告》《离石区人民检察院工作报告》，并通过相应决议。乔拯民当选离石区第四届人大常委会主任，张斌应、刘静、阎继勤、刘智军等4人当选离石区第四届人大常委会副主任，薛永明等18人当选离石区第四届人大常委会委员。刘广龙当选离石人民政府区长，张建国、李小明、高友发、温挨提、王怀清等5人当选离石区人民政府副区长。杜晓凤当选离石区人民法院院长，史晋斌当选离石区人民检察院检察长。会议期间收到代表议案建议70件。

第二次会议 2008年6月25—28日在离石召开，会期4天。会议听取和审议《区政府工作报告》《离石区2007年国民经济和社会发展计划执行情况的报告与离石区2008年国民经济和社会发展计划》《离石区2007年财政预算执行情况和离石区2008年财政预算的报告》《离石区人大常委会工作报告》《离石区人民法院工作报告》《离石区人民检察院工作报告》，并通过相应决议。会议期间收到代表议案33件。

第三次会议 2009年6月1—5日在吕梁影剧院召开，会期5天。听取和审议《区政府工作报告》《离石区2008年国民经济和社会发展计划执行情况的报告与离石区2009年国民经济和社会发展计划》《离石区2008年财政预算执行情况和离石区2009年财政预算的报告》《离石区人大常委会工作报告》《离石区人民法院工作报告》《离石区人民检察院工作报告》及离石区人民政府关于区四届二次人代会代表议案、建议、批评和意见办理情况的报告，并通过相应决议。郭宝当选区人民政府区长，丁雪峰、王三小、王保明、牛志明、史晋斌、任刚、白志荣、孙春霞、成锡锋、乔拯民、刘云晨、刘冬玲、杜庆玲、苏凤娥、李媛、李茂忠、李建红、李勤保、李新民、李殿育、辛俊红、张子玉、张永茂、张春华、张翠兰、武守良、郭宝、郭丙福、郭爱萍、贾廷亮、高民、高奇英、曹万新、梁志明、温许才、温秀娥、温俊娥、雒候平、薛来锁、薛建娥等40人当选出席吕梁市第二届人民代表大会代表。会议期间收到代表议案建议44件。

第四次会议 2010年4月18—22日在离石召开。会期5天。听取和审议《区政府工作报告》《离石区2009年国民经济和社会发展计划执行情况的报告与离石区2010年国民经济和社会发展计划》《离石区2009年财政预算执行情况和离石区2010年财政预算的报告》《离石区人大常委会工作报告》《离石区人民法院工作报告》《离石区人民检察院工作报告》，并通过相应决议。选举薄宇新为区人民政府区长，李虎平为区人大常委会副主任。会议期间收到代表议案建议39件。

离石区第五届人民代表大会

第一次会议 2011年6月23—27日在离石召开，会期5天。会议听取和审议《区政府工作报告》《离石区2010年国民经济和社会发展计划执行情况的报告与离石区2011年国民经济和社会发展计划》《离石区2010年财政预算执行情况和离石区2011年财政预算的报告》《离石区人大常委会工作报告》《离石区人民法院工作报告》《离石区人民检察院工作报告》《离石区国民经济和社会发展第十二个五年规划纲要》，并通过相应决议。选举乔拯民为区人大常委会主任，王香莲、刘静、王根田、阎继勤、李虎平为区人大常委会副主任，薛永明等17人为区人大常委会委员，薄宇新为区人民政府区长，刘俊禄、雒永霆、郝金光、张林生、杨顺平为区人民政府副区长，闫金萍为区人民法院院长，赵晓东为区人民检察院检察长。会议期间收到代表议案建议60件。

第二次会议 2012年3月20—23日在吕梁影剧院召开，会期4天。会议听取和审议《区政府工作报告》《离石区2011年国民经济和社会发展计划执行情况的报告与离石区2012年国民经济和社会发展计划》《离石区2011年财政预算执行情况和离石区2012年财政预算的报告》《离石区人大常委会工作报告》《离石区人民法院工作报告》《离石区人民检察院工作报告》，并通过相应决议。会议期间收到代表议案建议68件。

第三次会议 2013年4月15—18日在吕梁影剧院召开，会期4天。会议听取和审议《区政府工作报告》《离石区2012年国民经济和社会发展计划执行情况的报告与离石区2013年国民经济和社会发展计划》《离石区2012年财政预算执行情况和离石区2013年财政预算的报告》《离石区人大常委会工作报告》《离石区人民法院工作报告》《离石区人民检察院工作报告》，并通过相应决议。吕文平当选区人民政府区长。会议期间收到代表议案建议63件。

第四次会议 2014年3月25—27日在吕梁影剧院召开，会期2天半。会议听取和审议《区政府工作报告》《离石区2013年国民经济和社会发展计划执行情况的报告与离石区2014年国民经济和社会发展计划》《离石区2013年财政预算执行情况和离石区2014年财政预算的报告》《离石区人大常委会工作报告》《离石区人民法院工作报告》《离石区人民检察院工作报告》，并通过相应决议。会议期间收到代表议案建议69件。

第五次会议 2015年5月26—27日在离石召开，会期2天。会议听取和审议《区政府工作报告》《离石区2014年国民经济和社会发展计划执行情况的报告与离石区2015年国民经济和社会发展计划》《离石区2014年财政预算执行情况和离石区2015年财政预算的报告》《离石区人大常委会工作报告》《离石区人民法院工作报告》《离石区人民检察院工作报告》，并通过相应决议。会议期间收到代表议案建议 62 件。

第六次会议 2015 年 12 月 6—8 日在吕梁影剧院召开。会议选举出席吕梁市第三届人民代表大会代表 31 名：马海娥、王慧、王小艳、王海荣、牛志明、冯旺兵、吕文平、乔拯民、刘二新、刘玉云、刘晓勤、孙杰连、李媛、李建军、李保云、李殿育、张弘、张子玉、张国彪、陈雷、武杰、郝宝新、秦亮、贾国平、党红艳、郭雪梅、高民、高鹏、高永红、常书铭、崔林有。

第四节 组织机构

常委会组成

1981 年 10 月，离石县召开第七届人民代表大会第一次会议，首次选举产生离石县人大常委会。人大常委会为人民代表大会的常设机关。人大常委会由主任 1 名及副主任、委员若干名组成。组成人员由人民代表大会会议选举。其任期为选举产生至下一届常委会组成人员产生。

1981—2015 年离石区（县、市）人大常委会领导人一览表

表 19-1

姓名	职务	籍贯	任职时间
雒品三	主任	离石区呼家山村	1981 年 10 月—1984 年 10 月
王建刚	主任	山西省兴县冯家庄村	1984 年 11 月—1990 年 5 月
阎永安	主任	山西省方山县	1990 年 5 月—1998 年 7 月
赵建平	主任	山西省五寨县	1998 年 7 月—2001 年 7 月
冯全清	主任	离石区田家会	2001 年 7 月—2007 年 5 月
乔拯民	主任	离石区乔家塔	2007 年 5 月—2015 年 12 月
安　石	副主任	离石区王村	1981 年 10 月—1984 年 10 月
杨润英	副主任	离石区结绳墕村	1981 年 10 月—1984 年 10 月
杨培元	副主任	离石区结绳墕村	1981 年 10 月—1984 年 10 月
高有瑞	副主任	山西省临县高家塔村	1981 年 10 月—1984 年 10 月
李刚毓	副主任	山西省方山县	1984 年 11 月—1993 年 6 月

续表 19-1

姓名	职务	籍贯	任职时间
鲁志圣	副主任	山西省垣曲县	1984 年 11 月—1987 年 7 月
冯文新	副主任	离石区	1984 年 11 月—1987 年 7 月
成振江	副主任	离石区结绳墕村	1984 年 11 月—1987 年 7 月
杨艳峰	副主任	离石区枣林乡	1986 年 5 月—2003 年 8 月
费书林	副主任（兼）	辽宁省新宾县	1987 年 7 月—1993 年 6 月
刘茂权	副主任	山西省柳林县	1990 年 5 月—1993 年 6 月
李新珍	副主任	离石区城关镇	1990 年 5 月—2003 年 8 月
高崇泰	副主任	离石区段家墕	1993 年 6 月—1998 年 7 月
薛保亮	副主任	离石区田家会街道马家村	1993 年 6—1998 年 7 月
王玉林	副主任	山西省柳林县	1998 年 7 月—2003 年 8 月
侯柱材	副主任	离石区盛地	1998 年 7 月—2007 年 5 月
成毓照	副主任	山西省柳林县	1998 年 7 月—2003 年 8 月
刘　静	副主任	离石区东关	1998 年 7 月—2015 年 6 月
霍本明	副主任	离石区吴城镇	2001 年 7 月—2007 年 5 月
任应祥	副主任	山西省汾阳市	2001 年 7 月—2003 年 8 月
穆拴清	副主任	山西省柳林县	2003 年 8 月—2007 年 5 月
张斌应	副主任	离石区交口	2003 年 8 月—2011 年 6 月
刘智军	副主任	离石区交口	2007 年 4 月—2011 年 6 月
阎继勤	副主任	离石区坪头	2007 年 5 月—2015 年 12 月
李虎平	副主任	离石区东关	2010 年 4 月—2015 年 12 月
王香莲	副主任	离石区凤山底	2011 年 6 月—2015 年 12 月
王根田	副主任	山西省柳林县	2011 年 6 月—2015 年 12 月

常委会工作机构

离石县（市、区）人大常委会下属机构分为工作机构、办事机构、专门机构。工作机构是各工作委员会，办事机构指办公厅（室），专门机构主要是代表资格审查委员会。

1981 年 10 月，离石县第七届人民代表大会第一次会议召开，选举产生离石县人民代表大会常务委员会，当时只设立人大常委会办公室 1 个工作机构。

1984 年 11 月，根据离石县第八届人大常委会第一次会议通过的《离石县人大常委会工作制度》规定，设立专门委员会 1 个，即代表资格审查委员会；设立政治法律工作组、财政经济工作组、教科文卫工作组、农村工作组 4 个机构和办公室，各工作组由县人大常委会副主任或委员兼任各组组长、副组长，并吸收其他委员参加。

1986 年 4 月，4 个工作组改为 4 个工作科，并配备专职科长 2 名。1989 年 1 月，4 个工作科改为 4 个工作委员会。

1992 年 7 月，离石县十届人大常委会第十三次会议决定增设人事代表工作委员会和环境保护工作委员会。

1993 年 6 月，离石县十届人大常委会第二十次会议决定将“环境保护工作委员会”改设为“城乡建设环境保护工作委员会”。

2003 年 8 月至 2007 年 5 月，离石区（市）第三届人大常委会期间，机构设置精简为办公室和政治法律工作委员会、财政经济工作委员会、教科文卫工作委员会、人事代表工作委员会。

2011 年 4 月 19 日，区人大常委会信息中心成立。至 2015 年，离石区人大常委会机构设置为办公室和政治法律工作委员会、财经工作委员会、教科文卫工作委员会、人事代表工作委员会、信息中心。

各机构由主任委员、副主任委员若干、委员若干组成，由人大常委会主任会议提请人大常委会会议表决通过，其任期与人大常委会组成人员任期相同。

第五节　常委会会议

1981 年，离石县人大常委会成立，至 2015 年底，共召开人大常委会会议 238 次。其中，离石县第七届人大常委会召开常委会会议 23 次，离石县第八届人大常委会召开常委会会议 20 次，离石县第九届人大常委会召开常委会会议 19 次，离石县第十届人大常委会召开常委会会议 20 次，离石县第十一届人大常委会召开常委会会议 20 次，离石市第一届人大常委会召开常委会会议 20 次，离石市第二届人大常委会召开常委会会议 39 次，离石市第三届人大常委会召开常委会会议 4 次，离石区第三届人大常委会召开常委会会议 11 次，离石区第四届人大常委会召开常委会会议 30 次，离石区第五届人大常委会召开常委会会议 30 次（截至 2015 年底）。截至 2015 年底，通过人大常委会会议共听取专项报告 290 余项，人事任免及选举上级人大代表 1370 余人次，决定重大事项 70 余项。

1981—2015 年离石区（县、市）人大常委会会议一览表

表 19-2

届次	会次	时间
离石县第七届人大常委会	第一次会议	—
	第二次会议	—
	第三次会议	—
	第四次会议	—
	第五次会议	1982 年 3 月 4 日
	第六次会议	1982 年 5 月 28—29 日
	第七次会议	1982 年 8 月 2 日
	第八次会议	1982 年 11 月 19—22 日
	第九次会议	—
	第十次会议	1983 年 3 月 7 日
	第十一次会议	—
	第十二次会议	1983 年 4 月 18 日
	第十三次会议	1983 年 6 月 28 日
	第十四次会议	1983 年 10 月 21 日
	第十五次会议	1984 年 2 月 14 日
	第十六次会议	1984 年 2 月 15 日
	第十七次会议	—
	第十八次会议	—
	第十九次会议	1984 年 5 月 18 日
	第二十次会议	—
	第二十一次会议	1984 年 6 月 18 日
	第二十二次会议	1984 年 7 月 16 日
	第二十三次会议	1984 年 10 月 25 日
离石县第八届人大常委会	第一次会议	1984 年 11 月 12—13 日
	第二次会议	1984 年 12 月 13 日
	第三次会议	1985 年 3 月 4 日

续表 19-2

届次	会次	时间
离石县第八届人大常委会	第四次会议	1985 年 4 月 25 日
	第五次会议	1985 年 5 月 24 日
	第六次会议	1985 年 6 月 7—8 日
	第七次会议	1985 年 8 月 1—2 日
	第八次会议	—
	第九次会议	1985 年 11 月 29 日
	第十次会议	1986 年 1 月 28—29 日
	第十一次会议	1986 年 4 月 1 日
	第十二次会议	1986 年 4 月 30 日
	第十三次会议	1986 年 5 月 23 日
	第十四次会议	1986 年 7 月 28—29 日
	第十五次会议	1986 年 9 月 26—27 日
	第十六次会议	1986 年 12 月 5—6 日
	第十七次会议	1987 年 1 月 13 日
	第十八次会议	1987 年 3 月 21 日
	第十九次会议	1987 年 6 月 4 日
	第二十次会议	1987 年 7 月 18 日
离石县第九届人大常委会	第一次会议	1987 年 8 月 20—22 日
	第二次会议	1987 年 10 月 23—24 日
	第三次会议	1987 年 11 月 13 日
	第四次会议	1988 年 1 月 13—14 日
	第五次会议	1988 年 3 月 17 日
	第六次会议	1988 年 4 月 23 日

续表 19-2

届次	会次	时间
离石县第九届人大常委会	第七次会议	1988 年 8 月 10 日
	第八次会议	1988 年 11 月 1 日
	第九次会议	1989 年 1 月 5—6 日
	第十次会议	1989 年 3 月 9 日
	第十一次会议	1989 年 4 月 6 日
	第十二次会议	1989 年 5 月 29—30 日
	第十三次会议	1989 年 7 月 28—29 日
	第十四次会议	1989 年 9 月 20—28 日
	第十五次会议	1989 年 12 月 21 日
	第十六次会议	1990 年 1 月 8 日
	第十七次会议	1990 年 1 月 16 日
	第十八次会议	1990 年 5 月 12 日
	第十九次会议	1990 年 5 月 25 日
离石县第十届人大常委会	第一次会议	1990 年 7 月 27—28 日
	第二次会议	1990 年 9 月 25—28 日
	第三次会议	1990 年 11 月 29 日至 12 月 4 日
	第四次会议	1991 年 1 月 31 日
	第五次会议	1991 年 3 月 28 日
	第六次会议	1991 年 4 月 11 日
	第七次会议	1991 年 6 月 14—15 日
	第八次会议	1991 年 8 月 16 日
	第九次会议	1991 年 9 月 14 日
	第十次会议	1991 年 12 月 14 日
	第十一次会议	1992 年 2 月 27 日

续表 19-2

届次	会次	时间
离石县第十届人大常委会	第十二次会议	1992 年 4 月 10 日
	第十三次会议	1992 年 7 月 9 日
	第十四次会议	1992 年 9 月 16 日
	第十五次会议	1992 年 10 月 31 日
	第十六次会议	1992 年 12 月 30 日
	第十七次会议	1993 年 1 月 13 日
	第十八次会议	1993 年 3 月 19 日
	第十九次会议	1993 年 4 月 1 日
	第二十次会议	1993 年 6 月 10 日
离石县第十一届人大常委会	第一次会议	1993 年 9 月 2 日
	第二次会议	1993 年 11 月 8—9 日
	第三次会议	1994 年 1 月 11—12 日
	第四次会议	1994 年 2 月 7 日
	第五次会议	1994 年 3 月 25 日
	第六次会议	1994 年 5 月 23 日
	第七次会议	1994 年 7 月 31 日
	第八次会议	1994 年 8 月 9 日
	第九次会议	1994 年 10 月 13 日
	第十次会议	1994 年 12 月 17 日
	第十一次会议	1995 年 1 月 18 日
	第十二次会议	1995 年 3 月 30 日
	第十三次会议	1995 年 6 月 23 日
	第十四次会议	1995 年 8 月 2 日
	第十五次会议	1995 年 8 月 31 日

续表 19-2

届次	会次	时间
离石县第十一届人大常委会	第十六次会议	1995 年 10 月下旬
	第十七次会议	—
	第十八次会议	1996 年 1 月 30 日
	第十九次会议	1996 年 4 月 19 日
	第二十次会议	1996 年 6 月 4 日
离石市第一届人大常委会	第一次会议	1996 年 6 月 22 日
	第二次会议	1996 年 8 月下旬
	第三次会议	—
	第四次会议	1996 年 12 月 28 日
	第五次会议	—
	第六次会议	—
	第七次会议	1997 年 6 月 19 日
	第八次会议	1997 年 8 月中旬
	第九次会议	1997 年 10 月 24 日
	第十次会议	1997 年 11 月 7 日
	第十一次会议	—
	第十二次会议	1998 年 1 月 5 日
	第十三次会议	—
	第十四次会议	1998 年 6 月 1 日
	第十五次会议	1998 年 6 月 10 日
	第十六次会议	1998 年 6 月 15 日
	第十七次会议	1998 年 6 月 16 日
	第十八次会议	1998 年 6 月 17 日
	第十九次会议	1998 年 7 月
	第二十次会议	1998 年 7 月 15 日

续表 19-2

届次	会次	时间
离石市第二届人大常委会	第一次会议	1998 年 9 月下旬
	第二次会议	1998 年 10 月 13 日
	第三次会议	1998 年 12 月 15—16 日
	第四次会议	1999 年 2 月 1 日
	第五次会议	1999 年 3 月 26 日
	第六次会议	1999 年 4 月 19 日
	第七次会议	1999 年 7 月 5 日
	第八次会议	1999 年 7 月 30 日
	第九次会议	1999 年 10 月 9 日
	第十次会议	1999 年 12 月 9 日
	第十一次会议	—
	第十二次会议	—
	第十三次会议	—
	第十四次会议	2000 年 6 月 13 日
	第十五次会议	2000 年 8 月 15 日
	第十六次会议	2000 年 9 月 29 日
	第十七次会议	—
	第十八次会议	2000 年 11 月 24 日
	第十九次会议	2000 年 12 月 20 日
	第二十次会议	2001 年 2 月 16 日
	第二十一次会议	2001 年 3 月 29 日
	第二十二次会议	—
	第二十三次会议	2001 年 7 月 10 日
	第二十四次会议	2001 年 8 月 10 日
	第二十五次会议	2001 年 9 月 18 日
	第二十六次会议	2001 年 11 月 13 日
	第二十七次会议	2002 年 1 月 10 日

续表 19-2

届次	会次	时间
离石市第二届人大常委会	第二十八次会议	2002 年 2 月 7 日
	第二十九次会议	2002 年 3 月 20 日
	第三十次会议	2002 年 6 月 4 日
	第三十一次会议	2002 年 8 月 28 日
	第三十二次会议	2002 年 11 月 12 日
	第三十三次会议	—
	第三十四次会议	2003 年 1 月 7 日
	第三十五次会议	2003 年 4 月 11 日
	第三十六次会议	2003 年 6 月 5 日
	第三十七次会议	2003 年 7 月 17 日
	第三十八次会议	2003 年 8 月 14 日
	第三十九次会议	2003 年 8 月 22 日
离石市第三届人大常委会	第一次会议	2003 年 10 月 28 日
	第二次会议	2004 年 1 月 16 日
	第三次会议	2004 年 4 月 1 日
	第四次会议	2004 年 4 月 1 日
离石区第三届人大常委会	第五次会议	2004 年 8 月 5 日
	第六次会议	2004 年 11 月 26 日
	第七次会议	2005 年 4 月 7 日
	第八次会议	2005 年 6 月 15 日
	第九次会议	2005 年 8 月 23 日
	第十次会议	2005 年 11 月 25 日
	第十一次会议	2006 年 4 月 14 日
	第十二次会议	2006 年 7 月 4 日
	第十三次会议	2006 年 10 月 30 日
	第十四次会议	2006 年 12 月 27 日
	第十五次会议	2007 年 3 月 6 日

续表 19-2

届次	会次	时间
离石区第四届人大常委会	第一次会议	2007 年 8 月 6 日
	第二次会议	2007 年 10 月 25 日
	第三次会议	2007 年 12 月 29 日
	第四次会议	2008 年 3 月 26 日
	第五次会议	2008 年 6 月中旬
	第六次会议	2008 年 6 月 19 日
	第七次会议	2008 年 8 月 19 日
	第八次会议	2008 年 10 月 21 日
	第九次会议	2008 年 11 月 10 日
	第十次会议	2008 年 11 月 26 日
	第十一次会议	2008 年 12 月 23 日
	第十二次会议	2009 年 3 月 12 日
	第十三次会议	2009 年 3 月 23 日
	第十四次会议	2009 年 5 月 18 日
	第十五次会议	2009 年 5 月 28 日
	第十六次会议	2009 年 7 月 21 日
	第十七次会议	2009 年 10 月 23 日
	第十八次会议	2009 年 11 月 19 日
	第十九次会议	2009 年 12 月 24 日
	第二十次会议	2010 年 1 月 13 日
	第二十一次会议	2010 年 2 月 5 日
	第二十二次会议	2010 年 3 月 31 日
	第二十三次会议	2010 年 5 月 6 日

续表 19-2

届次	会次	时间
离石区第四届人大常委会	第二十四次会议	2010 年 7 月 9 日
	第二十五次会议	2010 年 9 月 16 日
	第二十六次会议	2010 年 12 月 8 日
	第二十七次会议	2011 年 3 月 23 日
	第二十八次会议	2011 年 4 月 27 日
	第二十九次会议	2011 年 6 月 13 日
	第三十次会议	2011 年 6 月 20 日
离石区第五届人大常委会	第一次会议	2011 年 7 月 29 日
	第二次会议	2011 年 10 月 22 日
	第三次会议	2011 年 12 月 20 日
	第四次会议	2012 年 3 月 1 日
	第五次会议	2012 年 6 月 5 日
	第六次会议	2012 年 8 月 16 日
	第七次会议	2012 年 10 月 11 日
	第八次会议	2012 年 12 月 25 日
	第九次会议	2013 年 1 月 10 日
	第十次会议	2013 年 3 月 20 日
	第十一次会议	2013 年 4 月 8 日
	第十二次会议	2013 年 6 月 18 日
	第十三次会议	2013 年 8 月 19 日
	第十四次会议	2013 年 10 月 23 日
	第十五次会议	2013 年 12 月 24 日
	第十六次会议	2014 年 2 月 21 日
	第十七次会议	2014 年 3 月 2 日
	第十八次会议	2014 年 3 月 19 日

续表 19-2

届次	会次	时间
离石区第五届人大常委会	第十九次会议	2014 年 6 月 6 日
	第二十次会议	2014 年 8 月 21 日
	第二十一次会议	2014 年 10 月 29 日
	第二十二次会议	2014 年 11 月 21 日
	第二十三次会议	2014 年 12 月 25 日
	第二十四次会议	2015 年 3 月 26 日
	第二十五次会议	2015 年 5 月 7 日
	第二十六次会议	2015 年 5 月 15 日
	第二十七次会议	2015 年 7 月 27 日
	第二十八次会议	2015 年 9 月 23 日
	第二十九次会议	2015 年 11 月 19 日
	第三十次会议	2015 年 12 月 1 日

第六节 常委会主要工作

听取专项工作报告

离石县第七届人大常委会听取专项报告 共 9 项。第八次会议听取并审议县人民政府《关于全县打击经济领域中严重犯罪活动的报告》《关于我县一九八二年计划生育工作情况的报告》《林业工作情况的报告》《目前我县教育状况》《关于我县社会治安工作情况的报告》《进一步开展文明礼貌活动的报告》。第十三次会议听取主任会议《关于对商业系统工作的视察情况、问题及建议》，听取分管财委的副县长汇报对人大提出建议的处理情况；听取分管计委的副县长和物价局长汇报全县物价执行情况。第十四次会议听取和审议县人民政府《关于我县打击刑事犯罪活动情况的报告》《关于我县遭受自然灾害情况和抗灾自救措施的制定情况的报告》。

离石县第八届人大常委会听取专项报告 共 29 项。第二次会议听取副主任、财经工作组组长冯文新《关于对财贸、工交等各局（社）调查了解情况的汇报》；听取政治法律工作组组长李刚毓《关于对政法各部门的工作调查了解情况的汇报》。第三次会议听取县人民政府《关于八届人大一次会议代表议案情况的报告》、县人民法院《关于民事审判工作的报告》。第四次会议听取县人民政府《关于认真贯彻一号文件精神努力抓好当前农村工作的报告》《关于乡镇企业发展情况的报告》《关于法制宣传工作情况和今后意见的报告》。第七次会议听取和审议县人民政府《关于我县今年上半年教育工作情况的报告》，听取副主任成振江作的《关于对中小学教育情况视察的报告》。第九次会议听取和审议县人民政府《关于经济体制改革的情况报告》《离石县人民政府关于城市建设情况的报告》。第十次会议听取县计委《关于一九八五年国民经济和社会发展计划执行情况的汇报》、县财政局《关于八五年财政预算执行情况的汇报》及县人民法院院长李振耀、县人民检察院检察长任克毅、县公安局局长孔宪信分别作的法院、检察院、公安局一九八五年工作情况汇报。第十一次会议听取县人民政府《关于我县"七五"计划草案的报告》、县计委《关于我县一九八六年国民经济和社会发展计划草案的报告》、县财政局《关于我县一九八六年财政预算草案的报告》。第十四次会议听取县人民政府《关于前半年农村工作情况的报告》《关于科技工作情况的报告》《关于义务教育法的贯彻实施意见的报告》《关于计量法贯彻实施意见的报告》《关于矿产资源法的贯彻实施意见的报告》；县工商局《关于食品卫生法执行情况的报告》。第十五次会议听取审议县人民政府《关于县人大常委会对城区食品卫生工作视察后改进情况的报告》《关于普及法律常识教育的报告》《关于贯彻实施〈森林法〉情况的报告》《关于实施〈经济合同法〉情况的报告》。第十九次会议听取审议县人民政府《关于一九八七年地膜农业情况的报告》《关于对县人大常委会第十六次会议决议的实施意见的报告》《关于第二次药品检查情况的报告》。

离石县第九届人大常委会听取专项报告 共21项。第二次会议听取和审议县人民政府《关于生产救灾工作情况的报告》《关于农村水利设施维护管理情况的报告》《关于贯彻土地管理法规控制非农业用地情况的报告》。第四次会议听取县人民政府《关于离石县第九届人民代表大会第一次会议代表议案、建议、批评和意见办理情况的报告》《关于一九八七年我县国民经济和社会发展计划执行情况的汇报》《关于一九八七年我县财政预算执行情况的汇报》。第六次会议听取县人民政府《关于工商企业推行两权分离深化企业改革情况的报告》《关于春耕备耕情况的汇报》；听取县人大办公室《关于县九届人大一次会议代表议案、建议、批评和意见办理情况的报告》。第七次会议听取县人民政府《关于县九届人大三次会议代表意见、建议办理情况的报告》。第八次会议听取县人民政府《关于贯彻执行土地管理法律法规情况和今后意见的报告》，会议审议通过报告。第九次会议听取审议县人民政府《关于开展财务、税收、物价大检查的情况报告》；县人民检察院《关于一九八八年开展打击经济犯罪的工作报告》。第十二次会议听取审议县人民政府《关于我县公安工作及当前社会治安情况的报告》《关于全县普及法律常识工作的情况报告》。第十三次会议听取审议县人民政府《关于发展我县林果生产的情况报告》《关于药品检查情况的报告》；县人民检察院《关于法纪检察情况的报告》。第十四次会议听取县《当前教育工作状况及新学期安排部署的报告》。第十五次会议听取县人民政府《关于农村财务整顿情况及今后意见的报告》《关于当前计划生育情况及贯彻落实〈山西省计划生育条例〉的安排意见的报告》。

离石县第十届人大常委会听取专项报告 共24项。第一次会议听取县人民政府《关于当前依法严打刑事犯罪活动的情况的报告》《关于当前食品卫生工作的报告》。第二次会议听取县人民政府《关于县人大常委会第一次会议审议“严打”和“食品卫生”两个报告时所提意见、建议落实情况的汇报》《关于我县当前制止“三乱”的情况报告》《关于我县发电厂承包经营和环境保护情况的工作报告》，对于“发电厂承包”的报告，初审时组成人员认为该报告准备不足、文字粗糙、没有说清问题，对该报告表示不满意，无法审议，退回修改后问题仍然不少，要求政府引起重视。第三次会议听取审议县人民政府《关于1990年1月份—10月份财政预算执行情况和预算外资金管理使用情况的报告》《关于对十届人大常委会二次会议在审议〈发电厂承包经营和环境保护情况的工作报告〉时所提意见、建议落实情况的汇报》《关于进一步引深制止“三乱”工作的汇报》。第五次会议听取县人民政府《关于十届人大常委会第三次会议在审议1990年1月份至10月份财政预算执行情况和预算外资金管理使用情况的报告时所提出的意见、建议落实情况的汇报》《关于1991年春耕备耕生产情况的报告》《关于水利水保工作（1990年的情况和1991年的打算）的情况报告》。

第七次会议听取和审议县人民政府《关于1990年后审计监督工作情况的报告》《关于我县煤炭企业当前生产状况和“八五”计划及十年规划的报告》。第八次会议听取县人民政府《关于依托供销社建立农村经济开发合作社的情况报告》《关于科技技术引进、试验、示范、推广的情况报告》。第十次会议听取审议县人民政府《关于今年农业生产情况的报告》《关于今年抗旱救灾工作情况的报告》。第十一次会议听取审议县教育局局长贾成义作的县人民政府《关于一九九一年教育工作情况的汇报》县文化局副局长王爱平作的《关于整顿文化市场，清理黄色书刊、音像及非法出版情况的报告》。第十三次会议听取审议县人民政府《关于我县当前乡镇企业工作情况的报告》《关于一九九二年上半年商业工作情况的报告》。第十四次会议听取并审议县信访局局长崔安章作的县人民政府《关于一九九〇年后信访工作情况的报告》。第十六次会议听取审议县标准计量局代局长侯瑄瑛作的《关于一九九二年标准计量工作的报告》。第十八次会议听取审议县人民政府《关于一九九二年审计工作情况的汇报》《关于一九九二年财政预算执行情况的报告》。

离石县第十一届人大常委会听取专项报告 共23项。第一次会议听取审议县人民政府《关于计划生育工作情况的报告》《关于教育工作情况的报告》。第二次会议听取审议县人民政府《关于我县今年工业生产情况的报告》《关于我县今年二轻工业生产情况的报告》《关于“一整两打”工作情况的报告》。第三次会议听取审议县人民政府《关于一九九三年财政收支执行情况的报告》《关于一九九三年农村工作情况的报告》。第六次会议听取审议县人民政府《关于城乡建设工作情况的报告》《关于卫生工作情况的报告》。第九次会议听取和审议县人民政府《关于我县地质矿产工作情况的报告》《关于我县交通工作情况的报告》。第十次会议听取和审议县人民政府《关于农业生产情况的报告》《关于1994年全县乡镇企业工作情况的报告》。第十三次会议听取审议县人民政府《关于食品卫生工作情况的报告》《关于物价工作情况的报告》。第十五次会议听取和审议县人民政府《关于一九九五年上半年教育工作情况的报告》《关于农业执法工作情况的报告》。第十六次会议听取审查县人民政府《关于税收工作情况的报告》《关于工商管理工作情况的报告》。第十八次会议听取审议县人民政府《关于民政工作情况的报告》《关于换届后房产工作情况的报告》。第十九次会议听取审议县人民政府《关于粮食工作情况的报告》《关于土地管理工作情况的报告》。

离石市第一届人大常委会听取专项报告 共10余项。第二次会议听取审议离石市人民政府《关于广播电视工作情况的报告》《关于文化市场管理工作情况的报告》。第四次会议听取审议离石市人民政府《关于1993年后扶贫工作情况的报告》《关于1993年后“3923”项目工作情况的报告》。第七次会议听取审议离石市人民政府《关于财贸工作情况的报告》《关于商业工作的报告》。第八次会议听取审议离石市人民政府《关于审计工作情况的报告》《关于交通工作情况的报告》。第十二次会议听取审议离石市人民政府《关于离临柳石公路拆迁、占地赔偿情况的报告》《关于机关事务管理工作情况的报告》。

离石市第二届人大常委会会议听取专项报告 共36项。第一次会议听取审议离石市人民政府《关于预算外资金管理工作情况的报告》《关于煤炭生产情况的报告》。第四次会议听取审议离石市人民政府《关于“打假”工作情况的报告》。第七次会议听取审议离石市人民政府《关于会计委派工作运行情况的报告》《关于安居工程建设项目实施情况的报告》《关于城市建设重点项目（主要是滨河南北路改造工程、龙凤大桥与龙凤大街建设工程、东川河清淤除障工程）实施情况的报告》，会后，离石市人大常委会做出《关于对滨河南北路改造工程项目实施的监督意见》。第九次会议听取和审议离石市人民政府《关于我市实施生态建设示范县（市）工作的意见》《关于我市森林和植被毁坏情况的报告》《关于今年救灾工作情况的报告》。会议作出《关于进一步加强森林、植被营造和管护工作的决议》。第十次会议听取审议《关于煤炭安全生产工作情况的报告》。第十四次会议听取和审议离石市政府《关于解决人畜饮水的三年规划及今年实施情况的报告》《关于离石市实施〈村民委员会组织法〉及我省〈实施办法〉和离石市第五届村民委员会换届选举情况的报告》。第十五次会议听取和审议离石市政府《关于解决城区就学难、改善办学条件情况的报告》《关于中小学校内部管理体制改革实施意见的报告》。第十六次会议听取和审议离石市人民法院《关于法官队伍建设情况的报告》、市人民检察院《关于1998年换届后查办职务犯罪的工作报告》；市人民政府《关于财政预算调整（草案）的报告》。第十八次会议听取和审议离石市人民政府《关于“打黑除恶”专项斗争进展情况的报告》。第十九次会议听取市人民政府《扫黑除恶专项斗争阶段性工作情况的报告》，并提出审议意见。第二十五次会议听取和审议离石市人民政府《关于调整产业结构工作情况的报告》。第二十六次会议听取审议离石市人民政府《关于财政收支情况的报告》。第二十七次会议听取和审议离石市人民政府《关于今年抗灾救灾工作的报告》《关于企业改制工作情况的报告》。第三十次会议听取和审议离石市政府《关于推行执法责任制和错案（过错）责任追究制情况的报告》；离石市人民法院《关于推行执法责任制和错案（过错）追究制情况的报告》；离石市人民检察院《关于推行执法责任制和错案（过错）追究制情况的报告》。第三十一次会议听取和审议离石市人民政府《关于城区重点工程建设情况的报告》《关于市二届人大五次会议代表意见、建议的办理情况的报告》；“一府两院”《关于落实市人大常委会第30次会议〈关于对“一府两院”推行执法责任制和错案（过错）责任追究制审议意见〉的报告》。第三十二次会议听取和审议离石市人民政府《关于2002年财政收支情况的报告》《关于2002年预算执行情况的审计报告》《关于307线交口—田家会段路面修复情况的报告》。第三十四次会议听取审议离石市人民政府《关于全市2002年退耕还林工程实施情况的报告》《关于全市2002年社会保障工程实施情况的报告》。第三十六次会议听取审议离石市人民政府《关于贯彻“三法两例”（传染病防治法、食品卫生法、药品管理法、公共场所卫生管理条例、山西省爱国卫生管理条例）和防治“非典”工作情况的报告》。

离石市第三届人大常委会听取专项报告 共3项。第一次会议听取审议《离石市人民政府关于城市建设项目和城市管理情况的报告》。第二次会议听取审议离石市人民政府《关于代表提出的议案、建议、批评和意见办理情况的报告》。第三次会议听取审议离石市人民政府《关于代表提出的议案、建议、批评和意见办理情况的报告》。

离石区第三届人大常委会听取专项报告 共12项。第五次会议听取审议离石区人民政府《关于退耕还林、粮食补贴和粮食种植补贴政策落实情况的报告》。第六次会议听取审议离石区人民政府《关于村村通工作的情况报告》《关于查处红眼川乡提供15万株不合格树苗和2002年给农民补贴劣质面粉责任人的情况报告》《关于2004年前三季度财政收入和执行情况及第四季度财政收支预测情况的报告》。第七次会议听取审议离石区人民政府《关于离石区2004年财政预算执行情况及2005年财政预算情况报告》。第八次会议听取审议通过离石区人民政府《关于2005年教育工作重点年相关的情况报告》。第九次会议听取审议离石区人民政府《关于三届三次人代会代表提出的建议、意见办理情况的报告》《关于离石区网吧管理情况的报告》。第十次会议听取审议《离石区2005年后财政预算执行情况和调整预算的报告》。第十三次会议听取审议《离石区教育改革进展情况、城区教育整顿工作情况和义务教育法贯彻执行情况的报告》。第十四次会议听取审议离石区人民政府《关于2006年财政预算执行情况报告》《关于区三届三次人代会代表提出的议案、建议、批评和意见办理情况的报告》。

离石区第四届人大常委会听取专项报告 共63项。第二次会议听取审议离石区人民政府《关于2006年财政决算和2007年1—8月份财政预算执行情况的报告》《关于2006年财政预算执行情况和其他财政收支情况的审计工作报告》《关于2007年上半年国民经济和社会发展计划执行情况的报告》《关于财源调查情况的报告》。第三次会议听取审议离石区人民政府《关于2007年财政超收收入安排意见和预算调整方案的报告》《关于区人大四届二次常委会审议的2007年1—8月份财政预算执行情况等三个报告审议意见整改情况的报告》《关于区人大四届一次人代会代表议案、建议、意见办理情况的报告》《关于社会治安管理工作的报告》。第四次会议听取和审议离石区人民政府《关于2008年财政预算（草案）的报告》《关于农村新型合作医疗工作的报告》；听取区人大财经工作委员会《关于2008年财政预算（草案）审查报告》；听取区人大教科文卫工作委员会《关于新型农村合作医疗的调查报告》。第六次会议听取审议区人民政府《关于经济林建设情况的报告》；听取审议区人民法院《关于刑事审判工作情况的报告》；听取审议区人民检察院《关于刑事审判法律监督情况的报告》。第七次会议听取和审议区人民政府《关于2008年全区教育教学工作情况的报告》《关于2008年全区劳动保障情况的报告》。第八次会议听取审议区人民政府《关于2007年财政决算和2008年1月份—9月份财政预算执行工作情况的报告》《关于2007年财政预算执行和其他财政收支审计工作情况的报告》；听取审议区人民检察院《关于民事行政法律监督工作情况的报告》。第十一次会议听取审议离石区人民政府《关于2008年财政超收和调整预算支出方向的报告》《关于区四届二次人代会代表议案、建议、批评和意见办理工作情况的报告》《关于开展“五五”普法工作情况的报告》；听取审议区人民法院《关于2008年执行工作情况的报告》。第十二次会议听取审议区人民政府《关于离石区2008年国民经济和社会发展计划执行情况及2009年国民经济和社会发展计划的报告》《关于离石区2008年财政预算执行情况及2009年财政预算（草案）的报告》《关于2008年预算外资金管理和使用情况的报告》。第十三次会议听取和审议区人民政府《关于离石区2008年预算外资金管理和使用情况的报告》后的审议意见及建议；听取和审议区人民政府《关于离石区2008年财政预算执行情况及2009年财政预算草案的报告》后的审议意见及建议落实情况的报告；听取和审议区人民政府《关于离石区2008年国民经济和社会发展计划执行情况及2009年国民经济和社会发展计划草案的报告》后的审议意见及建议落实情况的报告。第十六次会议听取审议区人民政府《关于离石东城新区规划工作情况的报告》《关于离石东城新区开发融资贷款的预算报告》《关于千年旅游景区规划工作情况的报告》《关于乡村道路养护管理工作情况的报告》《关于交通秩序管理工作情况的报告》；听取审议区人民检察院《关于反贪污贿赂工作情况的报告》。第十七次会议听取审议区人民政府《关于离石区 2008 年财政决算及 2009 年 1 月份—9 月份财政预算执行情况的工作报告》《关于离石区 2008 年财政预算执行和其他财政收支审计工作情况的报告》《关于离石区城乡卫生服务和网络建设工作情况的报告》；听取审议区人民法院《关于清理执积案件工作情况的报告》。第十九次会议听取审议区人民政府《关于离石区 2009 年财政预算调整方案的报告》《关于离石区 2009 年城乡居民最低生活保障工作情况的报告》《关于区四届三次人代会代表议案、建议、批评和意见办理情况的报告》《关于离石区 2009 年刑事侦查工作情况的报告》；离石区人民检察院《关于离石区 2009 年刑事侦查监督工作情况的报告》；审议离石区人民政府《关于增加离石区东城新区开发融资贷款的预算报告》。第二十三次会议听取审议离石区人民政府《关于食品、药品安全管理工作情况的报告》。第二十四次会议听取审议离石区人民政府《关于城乡环境卫生综合整治工作情况的报告》《关于新农村建设工作情况的报告》；离石区人民检察院《关于预防职务犯罪工作情况的报告》。第二十五次会议听取审议离石区人民政府《关于促进民营经济发展工作情况的报告》《关于 2009 年财政决算及 2010 年 1—8 月份财政预算执行情况的报告》《关于 2009 年财政预算执行情况及其他财政收支审计工作情况的报告》；区人民法院《关于涉诉信访案件处理工作情况的报告》。第二十六次会议听取审议离石区人民政府《关于离石区四届四次人代会代表议案、建议、批评和意见办理工作情况的报告》《关于全区“三四三”重点项目建设工作情况的报告》《关于离石区 2010 年财政超收和调整预算支出方向的报告》《落实办理区人大常委会关于〈食品药品安全管理工作审议意见〉的报告》；区人民检察院《落实办理区人大常委会关于〈刑事侦查监督工作审议意见〉的报告》。第二十七次会议听取审议离石区人民政府《落实办理区人大常委会关于〈区四届人大四次会议代表议案、建议、批评和意见办理情况报告的审议意见〉的报告》《关于 2010 年国民经济和社会发展计划执行情况与 2011 年国民经济和社会发展计划（草案）的报告》《关于 2010 年财政预算执行情况及 2011 年财政预算（草案）的报告》。

离石区第五届人大常委会听取专项报告 共63项。第一次会议听取审议区人民政府《关于食品药品安全管理工作情况的报告》；离石区人大常委会教科文卫工委《关于区食品药品安全管理工作情况的调研报告》。第二次会议听取审议区人民政府《关于离石区 2010 年财政决算的报告》《关于离石区 2010 年财政预算执行情况及其他财政收支情况的审计工作报告》、区人民法院《关于区人民法院刑事审判工作情况的报告》。第三次会议听取审议离石区人民政府《关于区五届人大一次会议代表议案、建议、批评和意见办理情况的报告》《关于离石区社会保障工作情况的报告》、区人民检察院《关于刑事诉讼监督工作情况的报告》。第四次会议审议离石区人民政府《关于 2011 年国民经济和社会发展计划执行情况与 2012 年国民经济和社会发展计划（草案）的报告》《关于 2011 年财政预算执行情况及 2012 年财政预算（草案）的报告》。第五次会议听取审议离石区人民政府《关于治安管理工作情况的报告》《关于科技工作情况的报告》，听取离石区人民政府《关于建立无人机产业基地项目和大象肉鸡产业化发展项目的通报》。第六次会议听取区人民政府《关于"六五"普法规划工作情况的报告》《关于2012年上半年国民经济和社会发展计划执行情况的报告》《关于2012年上半年财政预算执行情况的报告》；区人民检察院《关于监所检察工作情况的报告》。第七次会议听取审议区人民政府《关于2011年财政决算的报告》《2011年预算执行和其他财政收支审计情况的报告》；区人民法院《关于民商事案件调解和审判工作情况的报告》。第八次会议听取审议区人民政府《关于区五届人大二次会议代表议案、建议、批评和意见办理情况的报告》《关于新农村文化建设情况的报告》。第十次会议审议离石区人民政府《关于2012年国民经济和社会发展计划执行情况与2013年国民经济和社会发展计划（草案）的报告》《关于2012年财政预算执行情况及2013年财政预算（草案）的报告》。第十二次会议听取审议区人民政府《关于煤矿安全管理工作情况的报告》《关于非煤矿山安全管理工作情况的报告》《关于〈中华人民共和国道路交通安全法〉贯彻执行情况的报告》《关于职业教育工作情况的报告》；听取区《离石区人大常委会关于〈中华人民共和国安全生产法〉执法调研情况的报告》《关于职业教育工作情况的调研报告》。第十三次会议听取审议区人民政府《关于2012年财政决算的报告》《关于2012年财政预算执行和其他财政收支审计工作情况的报告》；离石区人民法院《关于刑事审判工作情况的报告》；离石区人民检察院《关于反贪污贿赂工作情况的报告》。第十四次会议听取审议区人民政府委托作《关于区五届人大三次会议代表议案、建议、批评和意见办理工作情况的报告》《关于城镇基本医疗保险工作情况的报告》《关于城乡居民最低生活保障工作情况的报告》；听取区人大常委会办公室《关于区五届人大三次会议代表议案、建议、批评和意见办理工作情况的督查报告》。第十五次会议听取并审议区人民政府《关于〈区人大常委会关于区人民政府2012年预算执行和其他财政收支审计工作报告审议意见〉落实情况的报告》《关于〈中华人民共和国人民调解法〉贯彻执行情况的报告》。第十八次会议听取并审议区人民政府《关于2013年财政预算执行情况及2014年财政预算（草案）的报告》；第十九次会议听取区人民政府《关于特种行业管理工作情况的报告》《关于设施蔬菜生产工作情况的报告》《关于传染病发现及防控工作情况的报告》。第二十次会议听取审议区人民检察院《关于反贪污贿赂和反渎职侵权工作情况的报告》；听取审议区人民政府《关于离石区2013年财政决算（草案）的报告》《关于离石区2014年上半年财政预算执行情况的报告》《区人民政府关于2013年财政预算执行和其他财政收支审计工作情况的报告》；第二十一次会议听取并审议区人民法院《关于立案工作情况的报告》；区人民政府《关于社区建设情况的报告》《关于文化产业发展情况的报告》。第二十三次会议听取审议区人民政府关于贯彻落实《中华人民共和国民办教育促进法》工作情况的报告、《关于设施蔬菜生产工作报告的审议意见》落实情况的报告。第二十五次会议听取区人民政府

《关于全区公共文化建设情况的报告》《关于社区矫正工作情况的报告》。第二十七次会议听取和审议区人民法院《关于行政诉讼审判工作情况的报告》；区人民政府《关于农村扶贫工作情况的报告》《关于新型农村合作医疗工作情况的报告》。第二十八次会议听取和审议区人民政府《关于第五届人民代表大会第五次会议议案、代表意见和建议办理情况的报告》《关于打击和预防经济犯罪工作情况的报告》《关于 2014 年财政决算（草案）和 2015 年上半年财政预算执行情况的报告》《关于 2014 年度区财政预算执行和其他财政收支的审计工作报告》；听取区人大常委会教科文卫工委《关于教育督导评估工作情况的调研报告》。第二十九次会议听取和审议区人民检察院《关于刑事审判监督工作情况的报告》。

决定重大事项

离石县第七届人大常委会决定重大事项 共 6 项。第五次会议批准县人民政府《关于离石县一九八一年财政决算和一九八二年财政预算的报告》。第七次会议审议通过县城建局《关于离石旧城区内解决污水、安装下水管道的设施计划》。第八次会议表决通过《关于进一步加强打击经济领域中严重犯罪活动的决议》。第十次会议作出《关于坚持不懈地抓紧抓好我县计划生育工作的决定》。第十四次会议作出《关于把严厉打击刑事犯罪活动的斗争进行到底的决议》《关于搞好今冬明春生产自救的决定》。

离石县第八届人大常委会决定重大事项 共 7 项。第一次会议研究确定县人大常委会的机构设置及人员分工；讨论并通过《离石县人大常委会工作制度》。会议决定县人大常委会暂时设立一个专门委员会（代表资格审查委员会）、四个工作组（政治法律工作组、财经工作组、教科文卫工作组、农村工作组）、一个办公室。第四次会议讨论通过《离石县人大常委会关于开展法制宣传和法制教育的决议》草案。第七次会议讨论通过《县人大常委会关于联系代表和代表小组的方法（试行）》。第十一次会议表决通过《离石县人大常委会任免国家机关工作人员的暂行办法》和《离石县人大常委会关于改设“四科”的决定》。

离石县第九届人大常委会决定重大事项 共 7 项。第二次会议通过离石县人大常委会《任免国家机关人员表决办法》。第六次会议审议通过《离石县人大常委会任免国家机关工作人员试行办法》（修正草案）。第七次会议审议通过《乡镇人大联络组组长职责（试行）》。第八次会议听取、审议、通过县人民政府《关于贯彻执行土地管理法律法规情况和今后意见的报告》。审议并原则通过县人大常委会《关于依法加强土地管理工作的决议》。第九次会议审议通过县人大常委会关于机构设置的决定，由“一室四科”改设为“一室四委”。第十九次会议审议检察院副检察长严国奴提请的《关于对人大代表张善亮实行刑事拘留的请示》，会议同意提请大会审议。

离石县第十届人大常委会决定重大事项 共 5 项。第二次会议表决通过《关于对县发电厂硅铁生产造成环境污染问题的决议》。第十次会议表决通过《离石县人大常委会关于〈离石县稳定脱贫的总体规划〉的决议》。第十一次会议决定批准《离石县“八五”农田水利基本建设规划》。第十三次会议表决通过设立人事代表工作委员会和环境保护工作委员会的决定。第二十次会议通过《关于县人大常委会环境保护工作委员会改设为城乡建设环境保护工作委员会的决定（草案）》。

离石县第十一届人大常委会决定重大事项　共6项。第一次会议审议通过离石县人民法院《人民陪审员选举实施意见》。第八次会议听取审议并通过县人民检察院《关于对县人民代表王峰采取取保候审的请求报告》。第十一次会议审议并同意县人民法院《关于对本届人大代表王峰受贿一案开庭审判的请求报告》。第十四次会议审议县人民检察院《关于对县人大代表任乃柱采取强制措施的请示报告》，决定同意对县人大代表任乃柱因经济犯罪采取强制措施。第十八次会议审议并通过县人民政府《关于恢复发电厂硅铁生产的议案》。

离石市第一届人大常委会决定重大事项　共1项。第十四次会议根据《选举法》的规定，成立离石市选举委员会，并对选举委员会组成人员进行任命。

离石市第二届人大常委会决定重大事项　共11项。第四次会议审议通过《离石市人大常委会联系人大代表办法（草案）》。第七次会议审议通过《离石市人大常委会关于办理市人大代表建议、批评和意见的规定》。第九次会议听取和审议《关于1999年预算调整草案的报告》，决定予以批准。第十次会议审查批准《1999年—2015年离石市城市总体规划》。第十八次会议审议通过市人大常委会《关于述职评议工作的规定（草案）》，审议通过市人大常委会《关于决议、决定执行和审议意见办理的监督规定（草案）》。会议对市人民检察院提请的《关于对离石市第二届人大代表王保清因涉嫌贪污罪需对其采取取保候审的请求报告》进行审议，决定同意对王保清采取取保候审措施。第二十次会议听取审议并批准市人民政府关于《离石撤并乡镇实施方案》。第二十一次会议根据省人民政府《对〈离石市撤并乡镇实施方案〉的批复》及相关法律法规，作出《关于离石市撤并乡镇中乡镇人民代表大会有关问题的决定》。第二十五次会议根据市公安局《关于治安拘留闫世清的请示》，决定批准对市人大代表闫世清实行治安拘留。第三十一次会议审议通过市人大常委会《关于内部机构设置的决定（草案）》。

离石市第三届人大常委会决定重大事项　共9项。第三次会议表决通过《市人大常委会关于财政预决算的监督办法》《市人大常委会关于人事任免的办法》《办理代表建议、意见的规定》《市人大常委会关于闭会期间联系代表活动的办法》《市人大常委会法律监督的实施办法、接待来信来访的办法》《市人大常委会主任会议议事规则》《人民代表大会议事规则》《市人大常委会组成人员守则》《市人大常委会讨论、决定重大事项的规定》。

离石区第三届人大常委会决定重大事项　共2项。第八次会议审议通过《区人大常委会述职评议工作办法》。第九次会议表决通过《离石区人大常委会街道工作委员会工作办法（草案）》。

离石区第四届人大常委会决定重大事项 共6项。第一次会议审议通过区人大常委会的十项工作制度。第十九次会议听取并通过审议区人民政府《关于离石区2009年财政预算调整方案的报告》《关于增加离石区东城新区开发融资贷款的预算报告》。第二十三次会议表决通过《关于区人民法院提请确定人民陪审员名额的决定（草案）》。第二十五次会议表决通过《区第四届人民代表大会常务委员会关于批准区2009年财政决算的决议（草案）》。第二十六次会议表决通过《离石区第四届人民代表大会常务委员会关于批准离石区2010年财政超收和调整预算支出方向的决议（草案）》。

离石区第五届人大常委会决定重大事项 共17项。第二次会议表决通过《离石区2010年财政决算》。第三次会议表决通过《关于批准离石区2011年财政超收和调整预算支出方向的决议》。第七次会议表决通过离石区人民代表大会常务委员会《关于批准离石区人民政府2011年财政决算的决议（草案）》。第八次会议表决通过吕梁市离石区第五届人民代表大会常务委员会《关于批准离石区2012年财政预算调整的决议（草案）》。会议表决通过《离石区人大常委会对本行政区域内垂直管理机构依法监督试行办法（草案）》《离石区人大常委会跟踪监督实施办法（草案）》《离石区人大常委会专项工作评议试行办法（草案）》《离石区人大常委会关于进行工作满意度测评的实施办法（草案）》。第十三次会议表决通过《离石区人民代表大会常务委员会关于批准离石区人民政府2012年财政决算的决议（草案）》。第十四次会议表决通过《离石区人大常委会关于规范性文件备案审查的试行办法（草案）》。第十五次会议表决通过离石区第五届人民代表大会常务委员会《关于批准离石区2013年财政预算调整的决议（草案）》。第二十次会议对《吕梁市离石区人民代表大会常务委员会关于批准离石区2013年财政决算的决议（草案）》进行表决并通过。第二十一次会议作出暂停区人大代表王世明执行职务的决定。第二十二次会议决定批准区公安局依法对区人大代表冯世民许可采取强制措施的提请。第二十三次会议表决通过《吕梁市离石区第五届人民代表大会常务委员会关于批准离石区2014年财政预算调整方案的决议（草案）》。第二十八次会议表决通过《吕梁市离石区人民代表大会常务委员会关于批准离石区2014年财政决算的决议（草案）》。第二十九次会议批准离石区《2015年财政预算调整方案的决议（草案）》。

调研

离石县第八届人大常委会调研 共1次。1986年11月，离石县第八届人大常委会根据常委会第十六次会议确定组织有关人员就离石县环境污染现状，进行15天的调查。调查结束后，调查组从污染现状及发展趋势、治理概况和实际效益、存在问题与具体困难及对环保工作的意见和建议等方面，写出《关于离石环境污染源情况的调查报告》，在县人大常委会会议上作专题汇报。县人大常委会还邀请有关科技人员，召开治理环境污染献计献策座谈会。

离石县第九届人大常委会调研 共3次。1989年5月8日，离石县人大常委会全体工作人员对离石县城关、信义2个乡镇，城北、城中、信义3个派出所，四中、二中、城内完小3所学校和东关居委会，就社会治安工作情况调查了解一周，提出改革警所设置，坚持及时办案，健全治安机构，狠抓群防群治，加强重点人口管理和暂住人口管理，加强干警自身建设等建议。

1989年5月9—11日，离石县人大常委会财经工作委员会组织对田家会、枣林等6个乡镇的企业进行调查视察。调查视察由县人大1名副主任带队，县人大办公室成员、财经工作委员会全体人员参加，县乡镇局、煤炭局配合此次活动。视察组提出召开研讨会分析乡镇企业现状，企业在加工转化上下功夫，对已投资未建成的“半拉子”企业应作一次全面的检查整顿，解决乡镇企业资金不足的问题、提倡群众投资入股办企业等建议。

1989年6月下旬，县人大常委会农村工作委员会负责，有关人员参加，对15个乡镇和主管部门开展全县发展林果业情况调查。

离石县第十届人大常委会调研 共4次。1990年7月6—7日，离石县人大常委会组成人员分别同县严打办负责人和城关镇部分县、乡人大代表及部分群众，就离石县“严打”斗争开展情况进行座谈调查。座谈会上指出针对全县“严打”斗争中存在诸如教育罪犯难、调查取证难、处理罪犯难、经费困难、全县发展不平衡、重点不突出、查得深度不够、宣传发动不够充分、投案自首的少、举报的少、报案难、立案难、报案出现场不及时等问题。提出：第一阶段的“严打”尚须进一步引向深入；在综合治理中，注意发挥基层组织的作用，搞好群防群治；抓好大案要案的侦破工作；抓好执法部门的自身建设，加强干警廉政教育；在城关镇增设1个农村派出所的建议。

1991年3月，离石县人大农村工作委员会、财经工作委员会、人大办公室和县农业办公室、农业局、水利局负责人及相关人员组成调查组，用一周时间深入田家会、红眼川、小神头、交口、枣林等乡镇及这些乡镇的部分村庄和生产公司、种子公司、农机公司、农业局、水利局等单位，就春耕备耕生产和水利水保工作进行调查视察。通过调研，针对当前农业生产中存在的耕牛不足、部分村的服务功能薄弱等问题，提出应加强基层班子建设；根据群众呼声，在西山淤地坝沿川修河坝；对农业生产上的几项重要法规应继续宣传贯彻等建议。

1991年5月21—28日，离石县人大财经工作委员会牵头，县人大办公室相关人员参与，组成调查组，对离石县县营七里滩煤矿及田家会、坪头、红眼川等7个乡镇煤矿进行调查视察。视察采取边听、边看、边议的方式。调研中针对发现的资金、电力不足、技术力量薄弱，布点不合理，部分煤炭企业制度还不够健全，人员素质差，流动性大等问题，提出应组织召开1次职能部门、工程技术人员参加的研讨会；合理分配企业消费资金和积累资金，压缩各种不合理开支；党委、政府及主管部门的领导应走出去，深入基层，调查研究，推行现场办公的办法；加强智力投资、搞好职工培训，选拔懂经营、会管理、有技术的能人加强煤炭企业领导班子等建议。

1991年10月28日至11月2日，离石县人大常委会组织部分省、县、乡人大代表共14人，采取听汇报、查资料、召开座谈会和个别走访的形式对离石县公安局的有关工作进行调查。通过调查发现，存在重特大刑事案件呈上升趋势、农转非指标严重超标、执法不严、违法违纪现象严重等问题。

离石县第十一届人大常委会调研 共3次。1993—1994年，县人大常委会对农村工作进行大规模调查2次。

1994年12月，县人大常委会组织部分常委及人大常委会机关工作人员，采取进村入户的方式，对农村工作进行调查。提出设法解决优种储备资金10万元，保证下一年优种供应等建议。

离石市第一届人大常委会调研 共1次。1996年7月31日至8月1日，离石市人大常委会牵头，组织市政府办、劳动局、工会、妇联等部门人员参加，对离石市女职工人数在25人以上的非国有企业贯彻执行《山西省实施〈女职工劳动保护规定〉细则》情况进行调查。针对存在的问题，提出完善用工合同，确立职工与企业的相互依存关系；加大宣传力度，宣传女职工劳动保护规定；规范企业用工行为，在同等条件下，适合于妇女的工作优先安排妇女就业，不得歧视已婚妇女等建议。

离石市第二届人大常委会调研 共3次。2000年9月20日起，市人大机关围绕市人民法院队伍建设情况、市人民检察院1998年换届后查办职务犯罪工作情况进行调查。同年，市人大常委会有关人员深入全市15个乡镇调查《中华人民共和国村民委员会组织法》及山西省“实施办法”的贯彻情况，并写出高质量的调查报告。还对7个乡镇的“打黑除恶”专项斗争工作进行调查，提出要解决派出所经费短缺、派出所警力不足等建议。在对教育体制改革进行调查时，与离石一中40余名教职工进行个别座谈，针对离石市教育体制中存在的弊端，提出相应建议。

2001年8月，市人大常委会成立乔家庄煤矿工人集体上访案件专门调查组，针对上访案件的原因，提出相关建议。

2002年5月中旬，市人大常委会组织部分常委会组成人员、机关工作人员围绕市政府及市法、检两院关于推行执法责任制和过错责任追究制情况进行调查。

离石区第四届人大常委会调研 共24次。2008年初，离石区第四届人大常委会教科文卫工委对全区的新型农村合作医疗工作情况进行调研。调研采取实地察看、座谈、走访等形式。通过调研，发现新型农村合作医疗工作宣传力度不够，农民参合的主动性、积极性不充分；补偿规定不尽合理，报销程序复杂、兑付难；基层技术力量和基础设施薄弱；定点医疗机构确定不合理；定点医疗机构部分药价虚高等问题。提出应进一步加大宣传力度、合理确定补助标准、逐步扩大定点医疗机构、严格控制药品价格、加大医疗卫生投入等建议。

2008年5月，离石区人大财经工委组织相关人员，深入区农机中心、林业局、财政局等部门，对全区农机具补贴和退耕还林工程的实施情况进行调查。通过调查，发现宣传力度不够；农机具购买采取网上购买的方式，程序比较复杂，时间跨度大；农机部门工作经费严重不足，工作开展很被动等问题。提出应进一步加大宣传力度、尽快成立农机产品质量投诉站、加大力度扩大补贴范围等建议。

2008年6月初，离石区人大常委会财经工委人员与区林业局人员深入信义镇、田家会街道、交口街道、城北街道进行实地调查，发现林业建设中技术力量不足、投资严重不足、经营机制不健全等问题，提出应建立苗圃基地，加强苗圃监管，提高苗木生产质量；合理流转林地，逐步实现经济林的规模化、集约化、高效化管理；多渠道培养技术人才，提高管护水平；要建立健全经济林建设投入机制，形成国家、集体、农户共同投入的多渠道投资体制等建议。2008年6月13日，离石区人大常委会法制工作委员会就区检察院刑事审判监督工作的情况进行调查研究。针对存在的问题和不足，提出应进一步强化社会主义法治理念教育，强化刑事审判监督职能，加强队伍建设等建议。对区人民法院开展刑事审判工作情况进行调研。通过召开刑事审判工作座谈会，指出存在的问题和不足，并提出要继续坚持“严打”方针，打击和震慑犯罪；继续严格依法审判，确保案件质量；进一步增强创新意识，加快刑事审判方式改革步伐；要调整充实刑事审判力量，进一步抓好刑事审判队伍建设等建议。

2008年7月下旬，离石区人大常委会副主任刘静牵头，区第四届人大常委会财经工委、法工委和办公室相关人员组成调查组，深入区劳动和社会保障局及其下属劳动就业中心、企业养老保险事业所、医疗保险管理服务中心、工伤保险管理服务中心、失业保险管理服务中心，对离石区劳动保障工作情况进行调查。发现一些部门和企业自觉遵守劳动保障法律法规的意识较差、社会保险覆盖面偏小等问题，提出应进一步加大《中华人民共和国劳动法》的宣传力度、切实加强就业再就业工作、不断规范和完善社会保障工作、加大劳动监察和执法力度建议。离石区第四届人大常委会教科文卫工委、区教体局及办公室相关人员组成调查组，对离石区教育教学工作通过召开专题研讨会、听取汇报、深入实地了解的方式进行调研。发现部分学校的领导和教师敬业精神不足、中小学教师数量不足、教学设施配备严重不足、城乡教育发展不平衡等问题，提出应积极探索和研究新形势下中小学教育和管理的有效途径、加强师资队伍的业务建设、加强乡村学校的师资和基础设施建设等建议。

2008年8月16日，离石区人大常委会主任乔拯民带领4名副主任在区农村信用社调研。针对存在不良贷款数额较大、技术手段较落后、金融创新较乏力等问题，提出应加大清收不良贷款力度，加快金融创新步伐，树立客户至上观念等建议。

2008年10月14日，区人大常委会法制工作委员会组成调查组，对区人民检察院民事行政检察工作进行调查。通过听取汇报，召开座谈会、查阅案卷的方式了解工作情况，针对民事行政检察工作中存在的问题和困难，提出相应建议。

2008年12月中旬，区第四届人大常委会法工委与办公室和政府办、财政局有关人员，组成“五·五”普法工作情况调查组，在莲花池街道及所属城内村委和兴隆商厦、龙凤小学等单位，采取听取汇报、召开座谈会、查阅各类资料等形式，对离石区“五·五”普法工作情况进行专题调研。会后撰写调查报告，并向第四届人大常委会第十一次会议作报告。

2008年12月，离石区第四届人大常委会法制工作委员会对区人民法院执行工作开展情况进行专题调研。通过听汇报、召开座谈会，发现被执行人和协助部门人员法律意识淡薄；一些案件缺少执行条件，法院无法执行；特殊主体的案件难执行等问题。针对存在的问题，提出相应的建议。

2009年3月上旬，区人大常委会财经工委牵头组成调研组，对离石区2008年预算外资金管理和使用情况进行调研。通过召开座谈会、查阅资料的方式对区财政局、审计局、教育局、中小企业局等部门进行专题调研。针对预算外资金管理使用中存在的预算外资金收缴困难，收入逐年递减，预算外资金管理使用缺乏有效监督等问题，提出相应的建议。

2009年7月8—9日，离石区人大常委会教科文卫工委组成调研组，通过实地考察、听取汇报的方式对吕梁千年旅游景区总体规划的情况进行调查。针对调查中发现的没有保护培育规划、游览设施规划缺乏游人现状分析、基础设施规划中深度不够等问题，提出相应建议。

2009年7月中旬，离石区人大常委会财经工委组成调研组，对离石区乡村公路养护管理工作情况进行调研。通过听取汇报、召开座谈会、实地查看等形式先后在区交通局、交口街道、信义镇、枣林乡等地进行调查。发现农村公路养护管理工作存在的农村公路前期建设标准不高，承载能力低，使用周期缩短；养护资金投入不足，养护和管理形势日益严重；附属设施不完善，安全隐患突出等问题，提出应多渠道筹措资金，打破资金制约瓶颈；加强路政管理，延长公路使用寿命；完善附属设施，规范农村公路养护管理工作等建议。

2009年10月16日，离石区人大常委会法工委有关人员深入区法院，对离石区人民法院集中清理执行积案工作情况，通过听汇报、座谈、走访等方式进行调研。针对存在的主要困难和问题，提出应加强法律宣传工作，努力营造良好的执行环境；采取有效强制措施，继续加大执行工作力度；健全完善协作机制，不断开创执行工作新格局等建议。

2009年10月中旬，离石区人大常委会教科文卫工委组织有关人员通过听汇报、查阅资料、召开座谈会的方式，对离石区城乡卫生服务网络建设情况进行调研。针对卫生服务网络建设面临的困难及成因，提出应强化政府责任，进一步完善经费投入保障的机制；进一步加强卫生服务队伍的建设；进一步完善推动卫生服务网络建设发展的思路等建议。

2009年12月11日，区人大常委会教科文卫工委人员通过听取汇报、听取工作情况介绍、实地上门走访、开座谈会、查阅档案材料的方式对区民政局、莲花池街道、城北街道贯彻离石区居民最低生活保障工作情况进行调查。针对调查中发现的问题，提出应加强法规、政策宣传，提高干部群众的思想认识；健全机构，提高收入；加强制度建设，强化动态管理；加强监督检查工作的建议。12月中旬，离石区人大常委会组织部分常委会组成人员和部分人大代表，通过座谈、走访等形式，接触教育界各类人员及教育界以外较关心教育的有识之士等人员，对离石区教育工作情况进行调研。发现存在教育结构不够合理，教学质量总体偏低；教育工作缺乏长效机制；校长队伍不够稳定；教育经费投入不足；教师严重短缺，非主科教师短缺尤为严重等问题，提出应统筹规划，建立教育发展的长效机制；抓住关键，培养一支优秀的校长队伍；完善制度，切实加强教师队伍建设；注重实效，认真开展教学研究；优化环境，着力创造重视、关心、支持教育的社会氛围等建议。离石区人大常委会法工委人员深入区公安局对离石区刑事侦查工作情况进行调研，针对存在的问题，提出要继续围绕“命案必破、黑恶必除、两抢必打、逃犯必抓”的工作思路，抓住全区社会治安突出问题，有的放矢、适时开展一系列集中行动和专项斗争；努力改善技术设备和办公条件，充实刑事侦查技术人员，增加侦破刑事案件的力量；进一步加强队伍建设，努力提高刑侦队伍的业务能力和综合素质，建立健全刑事侦查工作的激励机制和责任机制，规范执法行为，提高办案质量；要加强协调各侦查职能部门之间的关系，团结一致，共同致力于对刑事犯罪的控制、发现和打击等建议。离石区人大常委会法工委人员还深入区人民检察院对离石区人民检察院刑事侦查监督工作情况进行调研。发现刑事侦查监督工作装备落后，警力配备不足；刑事侦查监督信息网络不健全，社会参与面不广；刑侦监督工作中存在不愿监督，不敢监督等问题，提出要转变观念，努力解决装备落后和警力不足的问题；努力探索，创新有效的监督方式；进一步加强队伍建设的建议。

2010年4月28日，离石区人大常委会组织教科文卫工委人员，深入基层和企业，通过听取汇报、实地查看、座谈交流、共同探讨等方式对食品药品的工作现状进行调查。针对食品药品安全监管中存在的问题，提出应强化食品药品安全宣传教育；加强食品药品安全日常监管，建立健全食品药品安全监管的长效机制；健全和完善食品药品监管保障机制的建议。

2010年6月25日，离石区人大常委会组织全体委员及部分人大代表，通过实地察看、座谈、走访等形式对城乡环境卫生综合整治工作情况进行视察。针对存在的不足和问题，提出要提高认识，发挥舆论宣传作用，营造爱护环境，享受环境的良好氛围；合理制定规划，进一步推进综合整治；进一步完善长效机制的建议。

2010年7月2日，离石区人大常委会法工委、区监委、区审计局相关领导组成调研组，对离石区人民检察院预防职务犯罪工作情况，采取听汇报、开座谈会、查阅资料的方式进行调研。针对存在问题，提出要进一步加强对预防职务犯罪工作的认识；进一步强化预防措施，形成社会合力；进一步加强研究，增强预防对策科学性的建议。7月上旬，离石区人大常委会由副主任刘静带队组成调研组，通过实地察看、召开调研座谈会等形式，深入区农委，枣林乡结绳墕村、枣林村对新农村建设规划、产业发展、基础设施建设、社会事业发展等情况进行调研。针对存在的主要问题，提出要结合实际，进一步完善新农村建设规划；要积极培育农业主导产业，多渠道增加农民收入；要坚持不懈地做好农民群众的宣传、发动和引导工作，千方百计调动农民群众投身新农村建设的积极性和创造性等建议。7月29日，离石区人大常委会主任、副主任深入大土河、永宁煤焦、东江煤业、金辉煤业等公司，通过实地查看、听取汇报、查阅资料、走访职工等形式，对离石区煤炭企业兼并重组整合工作情况进行专题调研，认为全区煤炭企业兼并重组整合工作总体是好的、进展是顺利的，同时指出存在的问题，并提出相应的建议。

2010年8月17日，区人大常委会副主任阎继勤牵头，相关部门人员组成调研组，深入山西地方电力股份有限公司离石分公司，对全区电力发展情况进行调研。针对存在电网结构薄弱，与发展要求不相适应；电网规划滞后，与城市建设规划脱节；部门之间协调不力，电力发展阻碍较大；电力法制观念不强，与安全用电、依法用电要求相悖的问题，提出相应的建议。8月30日，区人大常委会法工委人员组成调查组，通过听取汇报、召开座谈会的方式对区人民法院2010年后涉诉信访案件处理工作情况进行认真调查。针对存在案多人少矛盾较为突出、案件终结机制不完善、涉诉信访救助机制未建立、有关部门协调配合不够等问题，提出相应的建议。

2010年9月中旬，离石区人大常委会财经工委组成调查组，先后深入区民营经济局、离石乙炔气厂、同辉机械制造有限公司等企业进行实地调查。发现存在产业结构单一，民营经济整体发展不平衡；企业整体素质偏低，市场竞争能力不强；融资困难，民营企业发展后劲不足等问题，提出要加强对民营企业的产业政策指导和引导，继续优化产业结构和产业布局；加强自身建设，提高民营企业管理水平；拓宽融资渠道，千方百计帮助民营企业解决融资困难；抓好政策落实，为民营经济发展优化外部环境等建议。

2010年11月下旬，离石区人大常委会财经工作委员会人员对全区“三四三”重点工程项目（2010年2月，吕梁市委做出“三四三”重点项目决策，即用3年时间，建设486个项目，总投资3019亿元）建设情况进行专题调研。分别听取区重点办、煤炭工业局的有关情况汇报，深入大土河公司、聚富商贸有限公司、千年资源旅游开发公司等企业进行实地调查，指出制约“三四三”重点项目建设的主要问题，提出相应的建议。

2011年3月12日，离石区人大常委会副主任刘静牵头，区人大常委会各工作委员会负责人和部分人大代表组成调研组，对全区经济林建设情况进行专题调研。通过听取汇报、实地考察及深入细致的调查走访，基本掌握全区近年来经济林建设情况。发现存在土地承包到户，影响核桃林的规模经管；经营机制滞后，造成分户经管者管护成本的大幅提高；政府集体栽植，助长一部分农户消极待管意识的形成等问题，提出应层层建立经济林管护目标责任制，纳入年度目标任务考核内容；进一步创新管护机制；尽快成立核桃产业化发展服务中心，多渠道培养技术人才；要尽快责成有关部门对2010年创建的核桃精品园进行验收，落实补助款问题；要建立健全经济林建设投入机制，形成国家、集体、农户共同投入的多渠道投资体制等建议。

离石区第五届人大常委会调研　共18次。2011年7月14日，离石区人大常委会主任乔拯民带领工作组深入下乡点枣林乡结绳墕村进行调研。采用开座谈会的方式，与结绳墕村村干部进行座谈，针对村基本情况、“两委”班子建设情况、村民的收入情况等方面存在的问题，提出相应的建议。7月19日下午，离石区人大常委会副主任李虎平深入刘家庄村进行调研。通过开座谈会，详细了解村居住人口、耕地面积、“两委”班子建设、收入结构及养殖、加工、劳务、农民人均纯收入等方面的情况，并针对村未来五年的发展进行探讨，提出相应的建议。7月22日，离石区人大常委会副主任王根田带领质检、工商、卫生、畜牧、食品药品、安监等监管部门负责人先后在开新宇超市、长城药店、百姓平价大药房、咸亨大酒店、咸亨如意坊、美佳乐超市、兴南集贸市场、西属巴食品药品经销点等地进行实地调研。通过召开座谈会，各部门负责人相互交流调研发现的问题和监管中存在的困难。区人大常委会主任乔拯民针对调研发现的问题和监管中存在的困难做出指示，并对各相关部门的工作提出具体要求。7月22—23日，离石区人大常委会组织区经信局、财政局、统计局、中小企业局的负责人对离石区信用联社、工行石州支行、农行石州支行、农发行进行调研。通过听汇报，开座谈会、查资料的方式，了解全区金融机构发展现状，金融机构落实国家货币政策情况，各金融机构近三年存款额、贷款额、存贷比例及贷款投向情况，各金融机构为支持地方经济社会发展出台的政策、采取的措施以及取得的成绩，在支持地方经济社会发展中遇到的困难、问题以及进一步做好支持、服务工作的意见、建议。调查组指出存在的问题，并提出建议。7月下旬，离石区人大常委会副主任王根田一行14人组成调查组，深入超市、药店、酒店、集贸市场、街道办食品药品经销店等地，对离石区食品药品安全监管工作现状，通过实地查看、听取汇报的方式进行调研。通过召开座谈会，指出存在的问题，提出相应的建议。

2011年8月24日，离石区人大常委会主任乔拯民、副主任王香莲、刘静、闫继勤、李虎平，秘书长薛永明、区煤炭局局长冯建斌、副局长刘辉等深入贾家沟煤业有限公司、永聚煤业有限公司对煤炭资源整合情况进行调研。调研组通过观看光盘，召开座谈会等形式，了解资源整合后的手续办理、矿井建设、管理模式等情况。随后，调研组一行深入井下，实地查看井下通风、供电、运输、排水、安全监测等基础设施建设。乔拯民对煤矿建设提出具体要求。8月25日，离石区人大常委会主任乔拯民、副主任王香莲、刘静、闫继勤，区畜牧局及其有关部门人员组成调查组，深入莲花池街道、吴城镇等地对现代畜牧业发展情况进行调研。调研组实地了解鑫泽利农牧开发有限公司、大象禽业有限公司、吕梁益得利种猪有限公司等企业生产经营等情况，征求企业对政府的要求和建议。乔拯民对企业发展提出具体要求。

2011年10月13—15日，离石区人大财经工委先后深入区财政局、审计局、公安局等单位，通过听取汇报、查看资料等形式，对离石区2010年预算执行及其他财政收支审计工作情况进行调查。针对存在的问题，提出相应的建议。10月14日，离石区人大常委会法工委主任高耀华、专职委员张文强等一行5人深入区人民检察院对区人民检察院刑事审判监督工作进行调研，对区人民检察院今后工作提出要求。10月17日，离石区人大常委会法工委主任高耀华、专职委员张文强等一行5人深入区人民法院对区人民法院过去一年的刑事审判工作情况进行调研。调研组一行通过察看案件台账，抽查部分刑事案卷等形式，详细了解办案流程，并向办案人员仔细询问案件审理情况。同时召开座谈会，副主任闫继勤、副主任高耀华对刑事审判工作提出具体要求。

2011年12月8日—9日，离石区人大常委会组织部分常委会人员在区人力资源和社会保障局、区社会保险事业所、区医保中心，通过听取情况介绍、召开座谈会、查阅资料等形式，对离石区社会保障工作情况进行调研。针对存在的问题和困难，提出相应建议。12月中旬，离石区人大常委会法工委抽调区人民法院、区公安局、区司法局、区人民检察院9名具有办案资质的一线人员组成调研组，采取听汇报、看资料、访群众、开座谈会等形式对区人民检察院2011年以来刑事诉讼监督工作进行专题调研。通过调研，指出刑事诉讼监督工作存在的不足，提出相应的建议。

2012年5月6—12日，离石区人大法工委分管领导阎继勤副主任带队，区检察院、纪检监察、司法局等部门14人配合组成调查组，通过听取汇报、查阅资料、实地视察和座谈的方式对离石区治安管理工作情况进行调查。调研中指出存在问题，提出相应的工作建议。

2012年6月初，离石区人大常委会副主任王根田带队，教科文卫工委与办公室相关人员组成调查组，采取听情况介绍、实地查看、召开座谈会等方式对离石区科技工作情况进行调查。针对存在的主要困难和问题，提出相应的工作建议。

2012年8月中旬，离石区人大常委会法制工作委会抽调相关人员通过听取汇报，召开座谈会，询问有关人员，查阅工作簿册、档案等方式对区人民检察院监所检察工作进行调研。针对存在的主要问题，提出相应的工作建议。

2012年9月，离石区人大常委会财经工委先后在区财政局、审计局等单位，通过听取汇报，查看资料等形式，对全区2011年预算执行情况及其他财政收支审计工作情况进行调查。针对存在的问题，提出相应的工作建议。9月下旬，离石区人大常委会法制工作委员会抽调区人民检察院及相关部门的人员组成调研组，就区人民法院民商事案件调解和审判工作进行调研，了解民商事案件审判工作的开展情况。针对存在的主要问题，提出相应的工作建议。

2012年11月中旬，离石区人大常委会副主任王根田牵头，抽调区文化广电新闻出版有关人员组成调研组对离石区新农村文化建设情况进行调研。针对新农村文化建设的现状，提出相应工作建议。

视察

离石县第七届人大常委会视察 共5次。1982年4月，离石县第七届人大常委会主任、副主任和委员对全县1982年要办好的从国家投资部分资金和地方财力中拿出5万元资金，扶植山区缺水社队，新打旱井1000眼；采用国家（地方）投资和社队自筹资金相结合的办法，修通店坪—坪头—西垭—枣林—离石，共60千米的县社公路，在县城至西山3个公社之间通环形公共汽车；在15个公社，176个大队通电的基础上，年底通电大队达到210个；千方百计地帮助农民解决农副产品销售的困难；新扩大蔬菜生产基地150亩，基本解决城乡人民的吃菜问题；新建职工宿舍1万平方米，解决一批教师、职工、干部住房困难；通过组织小集体、发展个体户，集体和全民事业单位招工多种渠道，安排400名城镇待业青年；在县城修建浴池、游泳池、职工俱乐部、滨河公园各1个，绿化龙、凤、虎三山等10件大事和当前中心工作落实情况进行视察，并听取人大代表对政府和“两院”工作的批评、建议和要求。同月，县人大常委会还组织人大委员和部分人大代表对坪头、小神头、信义、吴城、王营庄、结绳塬、西垭、交口、西属巴、城关等10个公社进行视察，并针对存在的政府各级领导干部，尤其是人民代表选出的正副县长，走访基层少，蹲下来搞调查研究，解决实际问题少；县里配备的下乡干部素质普遍差，而且不负责任；各种会议和上报的各种材料报告频繁，基层干部只能忙于应付，县领导和有关部门却很少体察下面的实际困难；政法部门对一些地区的赌博风打击不力；对于地区法院法警开车压坏树木并无理打人事件，引起群众极大的义愤，有关部门处理过轻等10个方面问题进行视察，委员、人大代表提出建议和要求10条。

1982年11月14—22日，离石县第七届人大常委会组织全县出席省人大代表黄元亮、武兆明、张保兰，对离石县吴城公社于家沟大队和红眼川公社红眼川大队的专业户刘云俭、范福生以及电线厂、综合零售公司进行实地视察，并听取基层领导的介绍，与有关人员进行座谈。视察中对县电线厂发展取得的成绩予以肯定，并针对专业户发展中存在困难和问题提出：要贯彻中共十二大精神，对广大农民进行共产主义思想教育，大力开展传帮带活动，走共同富裕的道路；从资金上、技术上给予必要的指导和帮助，解决他们的实际困难；培养和树立一批典型，创造经验，正确引导农民因地制宜发展多种经营，避免群众遭遇盲目发展造成的损失；保护重点户和专业户的切身利益等5条建议。

1983年4月20—26日，离石县第七届人大常委会由县人大常委会主任、副主任及专门委员会负责人组成视察组，对商业局、百货公司、综合零售公司进行视察，视察中针对存在的问题，对全县商业工作提出：要恢复和改革批发和零售单位业务分开，各自核算，领导关系不变的管理制度；加强职工的思想建设，牢固树立全心全意为人民服务的思想；深入基层调查研究，帮助基层搞好工作；加强市场预测，把经济搞活；进一步处理好责、权、利三者关系6点等意见。

1983年7月23—26日，离石县第七届人大常委会主任、副主任在政法系统（公、检、法、司）进行视察，重点了解单位学习、宣传新宪法和贯彻执行“两法”（刑法、刑事诉讼法）的情况。视察组对政法系统做出的大量工作予以肯定，针对存在的10个方面的问题，提出：要深入开展法制教育，加强法制建设；加强县政法委员会的领导；对违法犯罪和一般违法行为除法律惩处外，应建议党政部门给予一定的党纪处分，纠正以刑事处理代替党纪处分或免于刑事处分；健全机构，任命必要的干部；党委对群众反映较大的案件专门研究，该复查的复查，该纠正的纠正，让受害者无处申冤等5条建议。

1983年9月15—18日、10月5—11日，离石县第七届人大常委会主任、副主任及部分委员分2次在遭受严重旱灾的坪头、枣垜和结绳塸、枣林、吴城、王营庄、交口等7个公社和11个大队进行视察。视察组对生产自救提出：县社各级领导要把生产自救这项工作列入主要议事日程，加强领导，做好广大群众的思想政治工作，把他们的积极性引导到抗灾救灾工作上来；要大搞生产自救，发动群众开展水利、水保和农田基本建设，修梯田、打坝、植树、治理小流域和修社队公路搞以工代赈，千方百计增加社员收入；要广开副业门路，发展多种经营，力争减产不减收；提出要教育广大社员开展增产节约，反对铺张浪费，细水长流，度过灾荒4点意见。

离石县第八届人大常委会视察 共8次。1984年12月中旬至1985年1月，离石县人大常委会由县人大常委会主任、副主任及县计划经济委员会、财政局有关人员组成视察组，通过听汇报、座谈、走访、查阅资料、察看店容店貌等方法，视察商业局及其下属单位，了解离石县经济体制改革情况。视察中指出商业系统在改革中存在5个特点，并提出：商业系统1984年超额完成销售利润任务，比上年有较大的增长，但职工的平均奖金水平仅是80多元，低于国家行政干部。今后随着经济效益的进一步提高，在超额完成任务的情况下，使职工的收入也相应地有一定的增加，以利调动两个积极性；实行经理负责制，这是经济体制改革的一项重要内容，但经理的职权还没有真正完全行使，政企不分的情况还普遍存在。今后要通过试点，确实解决党政、政企分家的问题，真正做到职责明确，各就各位，各负其责；在改革中，企业依赖国家的问题基本解决了，职工依赖企业的问题还没有解决。如职工出力不一，服务态度悬殊，但工资照发，奖金没有多大差别等5条建议。

1985年6月13日至7月3日，离石县人大常委会组织人大常委会主任、副主任以及人大常委会办公室工作人员，邀请县政协主席、副主席组成10人视察组，对离石县信义镇、城关镇、王营庄乡和县直一、二、三中和城内小学以及交口职业中学的教育工作进行视察，视察采用听（听汇报、听讲课）、看（看校貌、看作业、看教案）、座谈（召开教师、家长、学生座谈会）等形式。视察组针对全县教育发展的不平衡和存在的亟待解决的3个问题，提出：有关部门应尽快采取措施，配齐各学校的领导班子，同时各校要建立健全必要的规章制度，加强教学管理；加强教师队伍整顿。通过整顿切实解决一些教师纪律松懈，事业心、责任感不强的问题；对教材不过关的教师，不论其是民办、代教，还是公办教师，可采取合同招聘制、考核制，打破"铁饭碗"终身制。建议上级教育部门实行定向招生，定向分配，优先为山区培养教师，解决山区师资力量差的问题；优先为优秀教师加入中国共产党组织创造条件，调动教师的积极性等5条意见。6月17—20日，离石县第八届人大常委会对离石二中进行视察，县人大常委会主任王建刚、政协主席王书仁、县人大常委会杨明亮、县人大常委会办公室薛治山等4人参加视察。视察中，视察组针对学校存在的领导机构不健全，主要领导不团结；学校管理没有规章制度，管理无章可循；社会干扰大等问题，提出：要尽快建立健全领导班子。应在同年暑假后把正、副校长和教导主任、总务主任等重要岗位的干部配备好；要抓好学生的思想教育和纪律教育。狠抓对学生进行前途理想教育和纪律教育，采取正面教育，正面引导，典型对照的方法，抓经常性的适合学校特点的思想政治工作。要积极配合司法部门开展法制教育，使学生严格遵守学校的规章制度；堵塞的道路，要排除干扰进行疏通。二中校园的围墙是一个亟待解决的问题。建议有关部门协助学校，规划出一个合理的墙基，给学校周边居民规划出一个通道，做到学校不受干扰、群众出行方便等整改建议。12月17—20日，离石县人大常委会组织出席省人大代表对离石县司法局、教育局、卫生局、工商管理局、法院、药材公司、职业中学等单位进行视察。视察组对单位1985年在贯彻执行法律、教育体制改革方面做出大量的工作予以肯定，并指出工作中存在的不足，提出相应的建议。12月，离石县第八届人民代表大会组织省人大代表对离石县贯彻执行《中华人民共和国经济合同法》《中华人民共和国药品管理法》的情况进行视察。视察组对做出的工作予以肯定，并指出存在的问题，提出相应的建议，以专题报告向县政府和有关单位进行反馈。

1986年4月8—14日，离石县人大常委会组织出席省人大代表先后视察县教育局、离石一中、二中、蔬菜公司、发电厂、科委以及西属巴镇、枣琓乡等单位。视察的重点是经济体制改革、科技体制改革以及普及九年制义务教育情况。通过视察，肯定取得的成绩，并指出：经济体制改革中还有一些"条框"束缚着企业。由于人事、劳动、财政、计划、税务等部门的规定与省委、省政府的方案不相一致，企业放不开手脚，影响企业的活力，需要有关部门的改革与经济体制的改革同步进行，彻底放开企业的手脚，解放生产力；科技部门应有相当数量的专业技术人才，同时要合理使用人才，避免学非所用或用非所学，减少人才的浪费，并保证科技人员必要的科研经费；普及九年义务教育存在教师、设施、经费3个不适应。教师素质差、教学设施严重不足、经费不足等问题亟待解决。6月24—30日，离石县人大常委会组织县卫生局、工商局、商业局、爱卫会和防疫站、兽医站等有关单位的负责人，对离石县城区的国营、集体和个体共28家食品经营单位和个人，以及文化路、货源街2个农贸市场的食品卫生情况实地视察。视察组对全县贯彻执行《中华人民共和国食品卫生法》取得的成效予以肯定，指出存在的7个方面的问题，并提出：政府及其所属部门要把关系到人民群众身体健康的食品卫生工作当作大事来抓，严格按照《中华人民共和国食品卫生法》的要求办事，切实解决本县食品卫生工作中存在的关键问题；司法部门和卫生监督管理部门要经常开展《中华人民共和国食品卫生法》及其相关法规的宣传和监督工作，重点教育全县食品从业人员懂法、守法，提高他们遵守法律的自觉性；加强行政主管部门对本部门食品经营单位和个人的纵向管理；加强管理监督部门对食品经营单位和个人的横向检查；同时，工商管理、卫生防疫、动物检疫、爱国卫生、城建等部门，要明确职责，搞好配合；要严格把好卫生许可证、健康合格证和营业执照的审批发放关，严格按照食品卫生的有关规定办理，不迁就、不放松；适量增加食品卫生监督部门的人员编制等整改建议。9月5—25日，离石县人大常委会组织有关人员对离石县普法教育和执法情况进行视察。视察组先后视察法院、检察院、公安局、司法局、工商局、审计局、统计局、林业局和环保监测股及吴城、王营庄、红眼川、小神头、交口、结绳塄等9个县直单位和6个乡镇。视察组对一年多来县普法办公室和有关职能部门在普法工作中做出的工作，取得的成绩予以肯定，指出存在的5个方面的问题和差距，并针对公检法机关在执法中和依法办事方面存在的困难，提出：要进一步把全县普法教育抓紧抓好，抓出成效来；要加强执法部门的思想建设和组织建设；各级领导要带头争当依法办事的促进派。要摆正“权”与“法”的关系，不干预司法机关和职能部门的依法办事，并要积极支持他们的工作，帮助他们解决实际困难3条建议。

1987年2月9—16日，离石县人大常委会组织省人大代表，对县司法局、教育局、财政局、计委、城关法庭及结绳塄乡和信义镇等7个单位，就离石县1986年财政预决算、国民经济和社会发展计划的执行情况，特别是义务教育法、婚姻法的贯彻实施情况进行视察。通过视察，视察组对全县婚姻法、义务教育法的贯彻实施情况，1986年财政预决算及国民经济和社会发展计划的执行情况方面做出的大量工作，取得的明显成效予以肯定，并指出存在的问题，提出相应的建议。

离石县第十届人大常委会视察 共7次。1991年2月，离石县第十届人大常委会主任、副主任及部分委员视察部分乡镇和城区的中小学教育情况，视察组对全县教育工作取得的成绩表示满意，同时指出：要切实解决民办教师工资待遇偏低的问题；要采取措施逐步缩小城乡之间的差别；要加强师德教育，开展教书育人、为人师表的活动；要建立一套较为科学的教学管理机制，减轻中小学生的学业负担，使学生身心得到健康发展的建议。

1991 年 3 月，离石县第十届人大常委会组织有关单位人员深入县物资、供销部门以及一些乡镇，对全县春耕、备耕和水利、水保工作情况进行视察，并在县人大常委会第五次会议上听取和审议县政府有关报告，提出促进春耕和水利水保工作的建议。5 月 21—28 日，离石县人大常委会组织人大财经工作委员会及办公室人员，对离石县县营七里滩煤矿以及田家会、坪头、红眼川等 7 个乡镇煤矿进行视察。视察的主要目的是了解全县煤炭生产现状及今后煤炭事业的发展规划。视察中，视察组采取边听、边议、边看的形式，对全县煤炭企业发展迅速的局面予以肯定，针对视察中发现的问题，提出：近期应组织召开 1 次有职能部门和工程技术人员参加的研讨会，分析全县煤炭企业现状，根据全县煤炭资源优势，提出今后设想，给予科学论证；合理分配企业消费资金和积累资金，压缩各种不合理的开支。把积累的资金用于职工培训、设备更新、技术改造和扩大再生产，以解决企业“后劲”不足的问题；党委、政府及主管部门的领导应走出去，深入基层调查研究煤炭企业方面的现状和规划，是否可推行一下现场办公的办法？及时解决企业的困难，有问题当即拍板定案，使企业的领导把全部精力用在生产上等 5 条建议。

1991 年 7 月 24—25 日，吕梁地区、离石县两级人大常委会联合组织省人大代表、部分县人大代表和地、县卫生防疫部门，以及县工商、城建、爱卫会等有关单位，就离石县城区食品卫生及环境卫生、市场管理等情况进行视察，为期 2 天。代表们分别视察食品加工、批发销售等 16 个单位及部分街头摊点的食品卫生和环境卫生。视察中，视察组对离石县卫生防疫部门和爱卫会、工商、城建等职能机构在贯彻《中华人民共和国食品卫生法》及维护离石县环境卫生和市场秩序等方面做出的大量工作，取得的成绩予以肯定。同时，视察组针对视察中发现的问题和工作中存在的困难，提出 4 条意见和建议。7 月 27 日，县政府组织召开由县卫生局、防疫站、爱卫会、工商局、城建局等部门负责人参加的工作会议。对视察中提出的有关问题，逐条进行研究讨论，提出：政府及其有关职能部门应对食品卫生状况进行认真反思，深入分析问题存在的原因，提出切实可行的整改措施；成立综合治理领导组，制定和完善责任制，定期检查汇报；充分发挥地方人大常委会的监督作用，建议县人大常委会专门听取 1 次关于食品卫生的市场管理情况的报告，作出相应的决议或决定等整改措施 4 条。

1991 年 8 月 15 日，离石县人大常委会组织人大各委、室的领导对供销社基层分社的阳坡、小神头经济开发合作分社 2 个示范基地、县科委水稻试验示范基地信义镇王村、小神头乡归化村实地视察。县政府 2 名副县长，以及县社、科委的领导，共计 20 余人参加。视察中，视察组对县政府的职能部门所做的工作，取得的成绩予以肯定。

1992 年 6 月 13—18 日，离石县人大常委会财经工作委员会和办公室工作人员对离石县商业局、饮食服务公司、石州百货大楼等6个单位进行视察调查。针对视察中发现的问题，提出：要强化基础管理，抓好销售承包责任制，理顺领导体制，政策要倾斜等6条相应的工作建议。6月16—24日，离石县人大常委会部分组成人员对城关镇、田家会镇、吴城镇、交口镇、王营庄乡以及县乡镇局直属的21个乡镇企业进行调查视察。先后听取乡镇企业局和乡镇党委的汇报6次，实地察看19个乡镇企业生产和筹建情况，和企业负责人座谈22次。通过视察、调查，视察组认为，全县乡镇企业态势良好、前景乐观，正步入健康发展的轨道。调查组还针对发现的抑制乡镇企业发展的不利因素，提出：要进一步宣传贯彻中央2号文件，学习领会邓小平视察南方重要讲话的精神实质；提高为乡镇企业服务的质量；培养典型、分类指导，抓好骨干企业的建设和发展，树立一批产品质量高，经济效益好的明星企业；继续引导和鼓励企业搞好外引内联，真正把外地的先进技术、先进管理经验以及资金、设备引进来等7点工作建议。

离石县第十一届人大常委会视察 共2次。1994年9月15—16日，离石县人大常委会组织常委会组成人员在县农委、农业局、交通局部分领导陪同下视察塔则上"四荒"治理、永红"两高一优"（高产量、高效率、优质产品）农业、严村大田菜、上下四皓油料和地膜覆盖、卧龙墕和岳家山旱作农业、茂塔坪"三种三收"农业，五小线、卧虎塔—里贝山公路、高崖湾示范路、七刘公路、交口307线、307便道建设工程、扑牛岭乡村路、米化梁和金阁寺乡村路等。

离石市第一届人大常委会 共2次。1995年，离石县人大常委会和有关职能部门联合开展关于粮食和农业生产资料价格、学校收费情况、农村电价、医药市场整顿、计划生育基础工作、教育工作等方面的检查和调查。通过检查，有效遏制离石县生产资料乱涨价和部分学校乱收费的问题，并收缴非法所得，向学生退还乱收的费用。

1998年，离石市人大常委会针对全市煤炭产业受国际、国内市场疲软的影响，生产经营不景气的状况，组织全体常委视察部分煤矿，积极探讨、谋求离石市煤炭企业摆脱困境的出路，提出改善企业经营环境，加快企业技术改造和联营组合等一系列建议。

离石市第二届人大常委会视察 共4次。1999年11月，市人大常委会组织全体委员视察全市煤炭安全生产工作。

2001年9月4—5日，市人大常委会组织常委会组成人员和人大机关各委员会负责人视察世纪广场建设工程、龙凤大街建设工程、大土河机焦建设项目、益欣乳业集团公司、都爱红枣公司、信义的万寿菊和中药材种植项目、城区街道的农商产品批发市场、西属巴镇农业科技示范园等。同年，市人大常委会组织城区部分代表对群众反映强烈的文化路排水不畅、市容不整的问题进行视察，并督促市城建部门进行整改。

2002年8月21日，市人大常委会组织常委会组成人员、部分人大代表，有关乡镇人大主席视察离石市城建重点工程。

离石区第五届人大常委会视察 共3次。2011年9月22日，市人大常委会组织全体区人大代表，以及各乡镇人大副主席、街道人大工委副主任，共计140余人，就离石市工业、畜牧业、城建、教育的基础设备和重点工程项目以及城乡“三项整治”（环境卫生整治、街道装饰整治、交通秩序整治）的成果进行视察。视察后，通过召开座谈会的形式，对视察活动进行总结，对各部门取得的成绩予以肯定，并提出：要进一步统一思想，要深入开展调查研究，希望继续发挥人大代表联系广泛、代表性强的优势，围绕转型发展主题，多层次、广范围开展调查研究，总结基层在转型发展实践中积累的成功经验和遇到的困难问题，形成有质量、有见地的调研报告，为市委、市政府科学决策提供第一手资料，以推动全市经济社会又好又快发展等建议。

2012年5月10日，市人大常委会组成人员和部分离石市人大代表对全市农村公路建设和养护情况进行视察。视察组针对发现的问题，提出相应建议。

2015年6月26日，离石区人大常委会组成人员对区创新创业企业视察，视察组实地察看正道信息科技有限公司、展鹏国瑞文化传播有限公司、网通天下信息股份有限公司、乐村淘电子商务有限公司、珍味谱食品有限公司，并对发现的问题提出建议。

执法检查

离石县第十届人大常委会执法检查 共8次。1990年7月，离石县第十届人大常委会组织相关人员对全县食品卫生工作进行检查，并在常委会会议上，听取和审议县政府《关于当前全县食品卫生工作的报告》。大会对全县在贯彻执行食品卫生法等法律、法规方面取得显著成绩，表示肯定，指出存在的问题，并提出相关建议：卫生部门加强队伍的职业道德和廉政教育，从严执法；对食品卫生单位进行一次整顿，坚决取缔不具备生产条件的生产厂家和个体户；查处无证经营，严惩非法贩运和经营不法食品者，保障人民生命安全和身体健康，维护消费者权益。

1990年9月，离石县第十届人大常委会组织有关人员对环境保护法执行情况进行检查。在县人大常委会第二次会议上听取县政府的专题报告。会议作出《关于县发电厂硅铁生产造成环境污染问题的决议》。11月，离石县第十届人大常委会先后2次组织县人大常委会主任、副主任和委员及部分人大代表组成检查组，分别对全县乱收费、乱摊派、乱罚款进行专题检查，并在常委会第二次、第三次会议上听取审议人民政府关于制止“三乱”工作的汇报。同月，县人大常委会对1990年财政预算执行情况和预算外资金管理使用情况进行检查，并在第三次常委会会议上听取和审议县政府的有关报告。

1991年5月13—17日，离石县人大常委会组织有关人员，组织会同教育、财政、工商、公安、税务等部门负责人并邀请政协有关人员、民主党派人士，对离石县实施《中华人民共和国义务教育法》《山西省实施〈中华人民共和国义务教育法〉的办法》情况进行执法检查。7—8月，离石县人大常委会组织有关局、委、办、室按系统具体负责检查所属部门的条例规定贯彻实施情况。县计量局负责检查《山西省商用计量器具管理办法》贯彻情况，县煤炭管理局负责检查《山西省煤炭开发管理条例》贯彻情况，县交通局负责检查《山西省公路管理条例》贯彻情况，县矿产资源局负责检查《山西省集体矿山企业和个体采矿管理条例》贯彻情况，县劳动局负责检查《山西省劳动保护暂行条例》，县财政局负责检查《山西省乡镇财政管理条例》贯彻情况，县工商局负责检查《山西省保护消费者合法权益条例》贯彻情况，县统计局负责检查《山西省统计检查监督规定》贯彻情况。

1992年6—7月，共25天，离石县人大常委会组织由2名副主任带队，法工委具体负责，协调部分省、县人大代表、人大机关各委室负责人、司法和政府有关执法主管局人员共计32人，检查关于加强社会治安综合治理的决定、行政诉讼法、民事诉讼法、全民所有制工业企业法、矿产资源法、环境保护法、代表法等7部法律的执行情况。检查采取听汇报（执法主管局基层执法单位的执法情况汇报）、召开座谈会（公开向有关干部、群众征询意见，调阅案卷，走访当事人）等形式，先后听取汇报8次，召开座谈会7次，60余人参加，调阅案卷19案19卷，走访当事人5人。检查组对相关单位法律的执行情况取得的成效给予肯定，指出存在的问题，并提出相应的整改建议。

离石县第十一届人大常委会执法检查 共3次。1994年，离石县人大常委会先后组织和参与对文物保护法、环境保护法、矿山安全法及农村经济法律法规和农业专项资金使用情况等的执法检查。在检查矿山安全法执行情况时，对4户不符合安全法要求的企业通过执法部门发出违法通知书责令停产整顿和限期整改。通过5次较大的环境保护法执法检查，督促环境保护部门征收污染费20余万元，强行拆除土焦炉520余座。

1995年，离石县人大常委会组织或参与对农业法、土地法、农业技术推广法、劳动法、环境保护法、食品卫生法、《预算外资金管理条例》、山西省职业技术教育条例、山西省建筑市场管理条例等法律法规的执法检查。在检查农业》执行情况时，纠正全县农业投入上存在的挤占挪用专项资金、出借专款、改变贷款方向、以贷还贷等问题；在环境保护法的执法检查中，拆除焦煤炉200余座。

1996年5月9—14日，离石县人大常委会牵头，组织县五套班子分管、联系教育的领导带队，县政协、政府办、财政、人事、教育等部门配合，共20人，分5个组，对全县普及九年义务教育进行执法检查。同年，市人大常委会组织参与对农业法、土地法、消费者权益保护法、产品质量法、劳动法、环境保护法的执法检查。在对农业法、土地法的执法检查中，制止西属巴镇盛地村毁地挖砂的行为；在对消费者权益保护法、产品质量法的执法检查中，有关部门查处没收总价值16万元的商品、产品、药品和医疗器械，罚款26000余元，取缔无证药品单位8户，打击游医6个。同年，在开展《中华人民共和国环境保护法》执法检查的同时，同市政府及全市各新闻单位配合，举行“‘96’石州环保行”活动。

离石市第一届人大常委会执法检查 共5次。1996年7月31日至8月1日，离石市人大常委会组织市政府办、劳动局、工会、妇联等部门，对离石市女职工人数在 25 人以上的非国有企业贯彻执行《山西省实施〈女职工劳动保护规定〉细则》的情况进行调查，指出存在企业无合同用工、歧视已婚妇女、劳动时间不按国家规定、劳动保护设施不健全等问题。提出要完善用工合同，规范用工行为等 4 条建议。

1996 年 8 月 1—31 日，离石市人大常委会组织代表在全市范围内开展消费者权益保护法、产品质量法的执法检查。重点检查生产和销售假冒伪劣商品，非法牟取暴利的违法行为。在检查中，市人大、市政府组织工商、物价、技术监督、公安、检察院等有关部门，根据群众举报，捣毁制假饮料窝点 2 个，没收饮料成品 3000 袋、包装袋 8 大捆、吸管 1000 支，封存饮料机 2 台，总价值 3 万元。

1996 年 10 月底，离石市人大常委会组成人员及有关部门人员根据《山西省文化市场管理条例》，对全市的文化市场进行全面检查。

1998 年 9 月，离石市人大常委会财经委员会与政府有关部门配合，对食品、酒类、饮料等商品的生产和销售开展执法检查。11 月中旬，离石市人大常委会组织常委会组成人员和人大代表，对市法、检两院 10 月前的办案情况和人大常委会批转的信访督办案件的办理情况进行检查。

离石市第二届人大常委会执法检查 共 6 次。1999 年，离石市人大常委会先后牵头组织对预算法、税收征管法、科学技术进步法、《山西省科学技术进步条例》、妇女权益保障法、劳动法及《山西省农业集体合同条例》进行执法检查。

2000 年，离石市人大常委会先后组织对村民委员会组织法、会计法工会法进行执法检查，并在 7 月和 11 月 2 次对全市推行执法责任制的情况进行检查督促。

2001 年 3 月初至 10 月初，离石市人大常委会组织部分市、乡镇人大代表及有关人员组成执法检查组，深入各有关机关、部门、乡镇，对《中华人民共和国义务教育法》《山西省实施〈中华人民共和国义务教育法〉》的贯彻情况进行执法检查，重点检查“三个优先”的落实情况，即政府在制定经济建设和社会发展规划时，是否把教育摆在优先发展地位；教育经费是否保证优先到位；教师工资是否优先保证按时足额发放。7 月 23—29 日，离石市人大常委会组织部分市人大代表及相关单位人员对全市 62 个机关、企事业单位贯彻实施《中华人民共和国工会法》《山西省实施〈中华人民共和国工会法〉办法》的情况进行执法检查。同时检查《山西省外商投资企业工会条例》《山西省私营企业工会条例》《山西省企业集体合同条例》、公司法、劳动法涉及维护职工和工会合法权益的有关规定的贯彻执行情况。8 月 20 日，离石市人大常委会抽调市人大财经工委、市工会、石州电视台及各大口和有关乡镇人大主席团等单位人员组成跟踪监督组，对全市《中华人民共和国工会法》执行情况进行跟踪、监督。同年，市人大常委会对文物保护法、统计法、未成年人保护法、预防未成年人犯罪法、烟草专卖法进行执法检查。

2002年，离石市人大常委会先后组织对妇女权益保障法、环境保护法、劳动法、劳动监察条例、律师法、律师执业条例及工会法贯彻情况进行执法检查，并组织专人对全市推行执法责任制的情况进行检查督促。同时对老年人权益保障法的实施情况进行问卷调查。

离石市第三届人大常委会执法检查 共1次。2003年，离石市人大常委会配合上级人大常委会机关对未成年人保护法、村民委员会组织法、防震减灾法、审计法、气象法、农村土地承包法、环境保护法等法律法规贯彻执行情况进行执法检查。提出整改措施12项，解决一些地方家族、宗派干扰选举的问题。

离石区第四届人大常委会执法检查 共2次。2008年4月20日，离石区人大常委会成立旅游执法检查组，由区人大常委会副主任张斌应任组长，区人大常委会教科文卫工委、办公室、法工委、人事工委，吴城镇人大、信义镇人大、交口街道人大工委、坪头乡人大、枣林乡人大、区文化局等部门负责人为成员。2008年4月24—25日，执法检查组对全区重点景区（点）进行实地检查。检查《山西省促进旅游区产业发展条例》的执行情况。4月底，执法检查组听取区政府贯彻执行《山西省促进旅游区产业发展条例》情况汇报。针对检查发现的问题，并建议有关部门进行整改。

2010年12月下旬，离石区人大常委会组织区人大常委会部分委员、人大代表及相关部门负责人成立执法检查组，通过听取汇报、重点抽查、召开座谈会、实地考察、进行询问等方式。开展《中华人民共和国安全生产法》执法检查。

评议

离石县十届人大常委会评议 共5次。1991年3月下旬，离石县人大常委会组织部分县人大代表对人民法院、人民检察院的工作进行评议。11月21—22日，离石县人大常委会特邀省人大代表2人，组织县人大代表23人（其中县人大常委会组成人员12人），城关镇人大代表4人，聘请离休老干部3人、机关工作人员7人，共39人，对城关派出所，城北派出所，税务城镇一所，工商一所、二所，永宁工商所和物价检查所的工作进行评议。

1992年2月，离石县人大常委会发出《关于在全县乡镇组织人民代表评议基层单位实施意见》。各乡镇组织乡镇人民代表按照县人大常委会的要求，先后对乡镇设立的基层站所进行评议。8月27日至9月15日，离石县人大常委会组织省、县、乡三级人大代表，离退休老干部和工作人员等12人组成法院评议组，前后经过20余天，分别在县人民法院及所属各庭室，听取人民法院3年来工作情况的汇报，查阅有关案卷，同时和党政机关、人民团体及部分人民群众进行座谈。广泛听取各方面意见和建议，对法院3年来的工作情况作出评议，肯定工作成绩的同时，并提出：要进一步加强自身建设，提高执法人员素质。重点应放在对年轻干警的培养和教育上；努力解决执行难的问题。希望采取有力措施，取得党政领导的支持，同时呼吁社会各界力量帮助，进一步改善执法难的局面；建立健全人民法院与纪检、监察、公安等党政监督和执法部门的联系制度，互通情况，协调工作，以利于对犯罪分子的惩处和改造工作等6点建议。10月始，历时20多天，县人大常委会组织省、县、乡（镇）三级人民代表45人，对县公安局、税务局、工商局和物价局下属的城关派出所、城北派出所、税务城镇一所、城镇二所、工商一所、永宁工商所和物价检查所的工作进行评议。在听取被评单位自评汇报的基础上，召开各类形式的座谈会36次，调查企业29个、市场3个，走访个体工商42户，走访看守所3人次，走访当事人4人次，查阅案卷199件，并印发征询意见卡1000份，收集群众各类意见174条。代表们肯定被评议单位工作取得的成绩，指出执法人员存在违法乱纪、滥施戒具、作风拖拉、到现场不及时，贻误战机等问题，并提出改进工作的意见和建议。其间，受省人大常委会委托，写出专题调查报告，为省人大常委会组织代表评议“一厅三局”提供资料。

离石县十一届人大常委会评议　共7次。1993年7—10月，离石县人大常委会组织代表评议计生工作。11月至12月下旬，离石县人大常委会组织省、县、乡三级人大代表评议全县1990年后的计划生育工作。评议分3个层次，由地直机关的省、县人大代表评议地直机关的计划生育工作；由县直机关的省、县人大代表评议县直机关的计划生育工作；由各乡镇的县乡人大代表评议所在乡镇的计划生育工作。在例会审议阶段组织县人大常委会组成人员和工作人员共12名，视察全县3个乡镇和县直单位的计划生育工作。在代表评议阶段，全县共组织各级人大代表329人，其中，省人大代表2人、县人大代表111人、乡镇人大代表216人，调查单位187个，召开各种类型的座谈会170次，参加人员1295人。评议组肯定离石县1990年后各级政府及其计划生育职能部门取得成绩的同时，指出存在的问题和不足，并提出：要进一步强化宣传教育工作，尤其把重点放在基层单位和广大农村；贯彻“经常性工作为主”的方针，把计划生育工作纳入正常轨道；进一步贯彻落实计划生育政策、法律和法规，严格“一票否决”制；建立健全养老保险机制，解除计划生育工作的“后顾之忧”等6点建议。

1994年6—7月，离石县人大常委会组织20余名省、县人大代表对县公安机关的工作进行评议。在7月底召开的评议大会上，参评代表分5个小组，深入全县15个乡镇和单位，召开各种座谈会42次，发放征询意见卡500余份。代表们在肯定成绩的同时，提出公安机关工作中存在的10个问题，并提出加强内部管理，强化基层基础建设工作和队伍建设，严肃查处违法违纪案件等3条建议。

1994年9—10月，离石县人大常委会组织县、乡两级人民代表评议乡镇长。9月17日，城关镇召开评议会议，县乡人大代表分12个组对正副镇长进行评议。评议组在肯定成绩的同时，提出关于环境保护、新建镇中学，村级班子建设和财务整顿等意见和建议27条。县乡人大代表、各村村委主任、镇办企业负责人130余人出席评议会议。12月上旬至1995年4月中旬，离石县人大常委会组织省、县、乡（镇）人大代表20余人分5个小组评议县政府正副县长，主要对县长、副县长1994年岗位目标责任制的内容分7个方面进行评议。

评议分准备动员、调查了解、会议评议、整改反馈4个阶段进行。

1995年，离石县人大常委会组织全体代表、部分老干部、政府各职能部门负责人，对县长、副县长、县长助理进行评议。评议会上共提出意见建议108条，根据评议记录和征询意见卡整理出未提到的意见、建议19条。

1996年6月，离石市人大常委会组织部分省、市、乡（镇）人大代表，从市到乡统一评议公安机关（包括交警队）。6月7日，市人大常委会主任阎永安在评议公安机关工作动员大会上讲话。7月3日，市人大常委会召开评议工作培训会，集中学习《治安管理处罚条例》《全国人大常委会关于严惩严重破坏经济罪犯的决定》和《山西省各级人民代表大会常务委员会评议工作条例》。7月下旬至8月上旬，各乡镇陆续召开评议派出所会议。8月29日，市人大组织召开评议会议。会上参评代表共提出意见138条、建议52条。12月29日，召开整改反馈会议。

离石市二届人大常委会评议 共2次。1999年3月，离石市人大常委会出台《关于组织部分人大代表评议市检察院的实施方案》。5月，市人大组织参评代表学习有关法律、法规，并深入检察院和有关单位进行调查。8月5日，市人大常委会召开由市人大常委会全体组成人员和政法委、法院、公安局、司法局领导参加的评议会议。会上，评议代表对市检察院1997年后执法执纪和纪律建设方面的问题及3个案件进行评议。

2002年7月中旬始，离石市人大常委会组织开展为期半年的评议公安工作。160名市、乡（镇）人大代表，分评议组36个，分别对各乡镇（街道）派出所和交警中队、公安局、交警大队2000年后办结的案件情况和队伍建设情况进行评议。

人事任免

离石县第七届人大常委会人事任免 共109人次。第十五次会议决定任命李守智为县人民政府代理县长。第十六次会议决定任命：李振富、张国钧为离石县人民政府副县长。决定免去：康丕廉、刘聪英离石县人民政府副县长职务。

离石县第八届人大常委会人事任免 共99人次。第三次会议决定接受县长李守智辞职，并决定任命李鹏为离石县人民政府代理县长。第十二次会议决定接受县长李鹏辞职请求，并决定王初颂代理离石县人民政府县长职务。第十五次会议决定任命张都有为离石县人民政府副县长。第二十次会议决定免去：阎永安离石县人民政府副县长职务。

离石县第九届人大常委会人事任免 共109人次。第九次会议决定任命赵建平为离石县人民政府副县长。

离石县第十届人大常委会人事任免 共97人次。第十七次会议决定接受王初颂辞去离石县人民政府县长职务的请求，决定任命李德芳为离石县人民政府副县长、代县长。第二十次会议决定任命张国彪为离石县人民政府副县长。

离石县第十一届人大常委会人事任免 共149人次。第十五次会议决定任命冯晋平为离石县人民政府副县长。第十九次会议决定任命史志宏为离石县人民政府副县长（挂职锻炼）。

离石市第一届人大常委会人事任免　共 119 人次。第一次会议决定免去武兴亮离石市人民政府科技副市长职务。第十五次会议决定任命张国彪为离石市人民政府代市长。第十六次会议决定任命王香莲为离石市人民政府副市长，决定免去赵建平离石市人民政府副市长职务。第十七次会议决定任命高友发为离石市人民政府副市长，决定免去王玉林离石市人民政府副市长职务。第十八次会议决定任命任八三为离石市人民政府分管煤炭工业副市长。第二十次会议决定张国耀为离石市人民法院代院长。

离石市第二届人大常委会人事任免　共 181 人次。第四次会议决定免去陈吕克离石市人民政府分管科技副市长职务，决定任命李小明为离石市人民政府副市长。

第五次会议决定任命鲁首于为市人民政府分管科技副市长。第六次会议决定接受冯拴应辞去离石市人民检察院检察长职务的请求。第八次会议任命王海林为离石市人民检察院检察委员会委员、副检察长、代检察长。第十六次会议决定任命王秋云为离石市公安局局长，同时免去渠向荣公安局局长职务。第二十次会议决定任命温挨提为离石市人民政府副市长。第二十三次会议决定免去冯全清离石市人民政府副市长职务，任命李兴旺为市人民检察院检察员、检察委员会委员、副检察长，代理检察长职务。第二十四次会议决定免去史志宏离石市人民政府挂职副市长职务。第三十六次会议决定免去吴润金离石市人民政府副市长、鲁首于离石市人民政府分管科技副市长职务。第三十七次会议决定任命刘广龙、王怀清为离石市人民政府副市长；决定接受张国彪辞去离石市人民政府市长、张国耀辞去离石市人民法院院长的请求；决定刘广龙代理离石市人民政府市长；李光久代理人民法院院长。

离石区（市）第三届人大常委会人事任免　共 152 人次。离石区第三届人大常委会第十二次会议决定任命张建国为离石区人民政府副区长，免去王香莲离石区人民政府副区长职务。

离石区第四届人大常委会人事任免　共 212 人次。第九次会议决定任命郭宝为离石区人民政府副区长、代区长，决定接受刘广龙辞去离石区人民政府区长职务。第十一次会议决定任命阴大瑞为离石区人民政府副区长，决定接受温挨提辞去区人民政府副区长职务。第十八次会议决定接受郭宝辞去离石区人民政府区长、张建国辞去离石区人民政府副区长职务的请求，决定任命薄宇新为离石区人民政府副区长，代理区长。第二十九次会议决定接受杜晓凤辞去区人民法院院长职务、史晋斌辞去离石区人民检察院检察长职务请求。决定任命：闫金萍为区人民法院副院长、代理院长；赵晓东为区人民检察院副检察长、代理检察长。

离石区第五届人大常委会人事任免　共 148 人次。第九次会议决定任命吕文平为离石区人民政府为副区长、代理区长。

议案、建议、意见办理

离石县第七届人民代表大会议案、建议、意见办理 第一次会议期间，收到代表议案和建议180件。其中，农业生产方面31件，工业交通和城市建设方面31件，文教卫生方面29件，财贸方面24件，政法系统方面11件，干部、职工生活待遇、政府领导班子建设以及职权划分、行政区划和其他方面的问题共33件，建立科技咨询机构、解决科技人员业务劳动报酬方面2件，要求上级资助、新上马和扩大基本建设项目13件，解决劳动就业6件。至1983年3月，本次大会收到的代表议案和建议已经解决或正解决的有115件，占议案和建议总数的63.89%；按照党和国家的现行政策、法律不能解决的或由于多种原因不能采纳的建议、意见有12件，占议案和建议总数的6.67%；需要创造条件争取逐步解决的议案和建议有53件，占议案和建议总数的29.44%。

第二次会议期间，收到代表议案和建议122件。其中，交由县委、县人民政府以及政法部门办理的有20件，交由农林、工交、计划、财贸、文卫和组织、人事等部门办理的102件。至1984年10月，该次大会收到的代表议案和建议已经得到解决和办理的有48件，占议案和建议总数的39.34%；已列入计划、规划，创造条件逐步解决的有36件，占议案和建议总数的29.51%；属于政策性问题，离石县职权范围内难以解决，已报请上级有关部门研究的有18件，占议案和建议总数的14.75%；议案与现行政策、法律规定不相符合的有20件，占议案和建议总数的16.39%。

离石县第八届人民代表大会议案、建议、意见办理 第一次会议期间，收到代表议案和建议114件。其中，农业方面22件，工商企业方面的有49件，宣传文教方面28件，政法方面3件，组织人事方面2件，其他方面10件。在这114件议案和建议中，有2件议案超出县人民代表大会的职权范围，有3件议案不符合议案要求。因此，离石县第八届人民代表大会第一次会议的代表议案总数为109件。至1985年4月底，有关部门向县人大常委会报回议案和建议办理情况101件，占议案和建议总数的92.66%；已经办理的有64件，占议案和建议总数的58.72%；正在办理的有13件，占议案总数的11.93%；需逐步办理的有14件，占议案和建议总数的12.84%；需请示上级办理的有4件，占议案和建议总数的3.67%；不能办理的有6件，占议案和建议总数的5.5%。

第二次会议期间，收到代表提出的议案和意见共50件。其中，体制、人事改革方面6件，文教、卫生和体育方面11件，农、林、水、电方面12件，工业、交通、乡镇企业方面10件，其他方面11件。至1986年4月，本次大会收到的意见和建议已经解决的有23件，占代表议案和意见总数的46%；正在办理的13件，占代表议案和建议总数的26%；不能解决的有14件，占代表议案和建议总数的28%。

第三次会议期间，收到代表意见和建议69件。其中，工业、交通和城建环保方面26件，财政、税务方面4件，农牧林水方面11件，教科卫生方面12件，劳动、人事及其他方面16件。

至 1987 年 7 月，本次大会收到的意见和建议得到采纳落实的共 29 件，占到意见和建议总数的 42.03%；正在办理和落实的 7 件，占意见和建议总数的 10.14%；已列入计划或规划，准备逐步解决的 12 件，占意见和建议总数的 17.39%；需请示上级待办的 4 件，占意见和建议总数的 5.79%；暂时不能办或缓办的有 17 件，占意见和建议总数的 24.64%。

离石县第九届人民代表大会议案、建议、意见办理　第一次会议期间，收到代表议案 89 件，其中，农村水利方面 11 件，财政金融方面 6 件，工商物价方面 1 件，电业、交通方面 10 件，教育、科技、文化、卫生方面 20 件，城乡建设环境保护方面 12 件，商业、供销、粮食方面 3 件，土地管理方面 4 件，劳动人事方面 5 件，政法方面 8 件，其他方面 9 件。至 1987 年 11 月，本次大会收到的议案得到采纳落实或部分落实的 28 件，占议案总数的 31.46%；正在落实中的 5 件，占议案总数的 5.61%；纳入规划逐步解决的 23 件，占议案总数的 25.84%；需请示上级有关部门解决的有 7 件，占议案总数的 7.87%；问题应由乡镇或单位自己解决的有 10 件，占议案总数的 11.24%；条件不具备或因其他因素暂时不能解决的有 16 件，占议案总数的 17.98%。

第三次会议期间，收到代表意见、建议 62 件，其中，农业方面 13 件，土地管理方面 5 件，工商物价方面 8 件，干部人事方面 5 件，落实政策方面 3 件，扶贫工作方面 4 件，文教卫生方面 8 件，政法方面 4 件，电业方面 3 件，房屋改革方面 1 件，其他方面 8 件。这次意见、建议的办理采取两种方法：一是在会议期间利用对话形式直接答复 26 件。二是会后转交有关单位书面办理答复 36 件。至 1989 年 4 月，本次大会收到的意见、建议已经解决或基本解决的 15 件，占意见、建议总数的 24.19%；正在解决的 22 件，占意见、建议总数的 35.48%；逐步解决的有 12 件，占意见、建议总数的 19.35%；需请示上级有关部门或由其他部门办理的有 9 件，占意见、建议总数的 14.52%；条件不成熟或有其他因素，暂时不能解决的有 4 件，占意见、建议总数的 6.45%。

第四次会议期间，收到代表议案 1 件。意见、建议 31 件，其中，农业方面 5 件，城建、交通方面 9 件，工业方面 1 件，工商管理、商业、物价方面 3 件，人事、劳动方面 5 件，政法方面 2 件，财经方面 1 件，科技方面 2 件，其他方面 3 件。31 件意见和建议，除转交党委部门处理的 4 件、会议期间王初颂县长亲自解答的 1 件质询案外，至 1990 年 5 月，其余 26 件得到解决或采纳建议的 7 件，占意见、建议总数的 22.58%；正在落实中的 3 件，占意见、建议总数的 9.68%；需请示上级的 1 件，占意见、建议总数的 3.23%；决定办理尚未落实的 2 件，占意见、建议总数的 6.45%；由于条件不成熟或其他原因，暂时不能办理的 13 件，占意见、建议总数的 41.94%。

离石县第十届人民代表大会议案、建议、意见办理　第一次会议期间，收到代表议案 91 件，经议案审查委员会审查，大会主席团会议决定，全部按意见、建议处理。其中，工业方面 11 件，教育方面 10 件，交通方面 4 件，城市建设方面 16 件，农业方面 7 件，水利方面4件，林业方面1件，财政方面4件，人事、劳动方面7件，科技方面2件，政法方面7件，体制改革方面2件，工商管理方面1件，其他方面15件。至1990年8月底，除检察院办理的1件建议因在调查未能如期答复外，其余90件意见、建议均在法定期限内办理答复完毕。本次会议代表提出的意见和建议，已经落实或基本落实的有13件，占意见、建议总数的14.29%；同意采纳意见的36件，占意见、建议总数的39.56%；需请示上级或协调解决的16件，占意见、建议总数的17.58%；因条件不具备或无政策、法律依据等原因，暂时不能解决的26件，占意见、建议总数的28.57%。

第二次会议期间，收到代表议案1件，意见、建议74件。经大会议案审查委员会审查，大会主席团会议决定，议案转交县人民政府办理答复；意见和建议分别转交县人民政府、县人民检察院和县人大常委会答复。至1992年4月底，本次大会收到的代表议案、建议、意见和批评已办理答复的有议案1件，建议、意见65件，占建议、意见总数的87.8%。未答复的9件，占建议、意见总数的12.2%。办理答复的65件建议、意见中，得到解决或基本解决的14件，占已答复建议、意见总数的21.54%；准备解决的6件，占已答复建议、意见总数的9.23%；正在解决或采纳建议的22件，占已答复建议、意见总数的33.85%；需由上级和有关部门支持和协调解决的10件，占已答复建议、意见总数的15.38%；因种种原因不能解决的13件，占已答复建议、意见总数的20%。

第三次会议期间，收到代表意见、建议29件。经大会议案审查委员会审查，大会主席团会议决定，转县政府办理28件，县委办公室办理1件。至1992年8月，本次大会收到的代表意见、建议全部办理完毕。建议得到解决或作出处理决定的4件，占意见、建议的13.79%；正在解决中的4件，占意见、建议总数的13.79%；积极创造条件解决的11件，占意见、建议总数的37.93%；需请示上级有关部门解决的4件，占意见、建议的13.79%；因其他原因不能解决或需自行解决的6件，占总数的20.68%。

离石县第十一届人民代表大会议案、建议、意见办理 第一次会议期间，收到代表意见、建议82件，其中，农业方面8件，水利方面12件，林业方面2件，土地方面3件，交通方面10件，城建方面10件，环保方面3件，政法方面10件，教育方面4件，工商和财政方面各2件；煤炭、房改、乡镇企业、财务管理，政策落实等方面各1件，机关事务方面2件，其他方面9件。经大会议案审查委员会审查，主席团会议决定，转县政府办理80件、县委老干部局办理1件、县人民检察院办理1件。至1993年9月底，本次大会收到的代表意见、建议全部办理完毕。意见、建议中得到解决的10件，占12.19%；正在解决的14件，占17.07%；创造条件予以解决的33件，占40.24%；请示上级解决的5件，占6.09%；因其他原因暂不能解决的20件，占24.38%。

第二次会议期间，收到代表意见、建议68件。其中，农业、劳动、林业、计生、广播、经济开发、信访、落实政策等方面各1件，水利方面8件，土地、电力、机关事务、卫生方面各 2 件，交通方面 8 件，城建、财政方面各 3 件，政法方面 5 件，民政方面 4 件，其他方面 21 件。同时，收到代表《关于无偿拆除南关居委八孔窑》质询案 1 件，县政府表示暂缓拆除，对第五代表团所提《关于加强乡镇卫生院的建议》，大会表决通过，并责成有关部门认真落实。至 1994 年 7 月 20 日前，本次大会收到的 68 件建议、意见办理完毕。建议、意见得到解决或基本解决的 16 件，占议案、建议、意见的 23.52%；正在解决的 27 件，占议案、建议、意见的 39.71%；创造条件解决的 16 件，占 23.52%；需请示上级解决的 5 件，占总数的 7.35%；暂不能解决的 6 件，占 8.82%。

第三次会议期间，收到代表议案 10 件，意见、建议 22 件，经大会议案审查委员会审查，提请主席团会议决定，将《关于解决 1990 年至 1991 年机修梯田款拖欠的问题》列为议案，由县政府在本届任期（三年）内逐步解决。其余 31 件建议、意见，由县人大常委会人事代表工作委员会分别转县政府及有关单位办理。在 31 件建议、意见中，林业、财政方面各 2 件，水利、畜牧、城建、交通、电业、拆迁方面各 1 件，政法、宣传方面各 4 件，机关事务方面 3 件，其他方面 10 件。至 1995 年 7 月底前，本次大会收到的代表议案、建议、意见全部办理完毕。已经解决或基本解决的 12 件，占建议、意见总数的 38.71%；正在解决的 10 件，占总数的 32.26%；创造条件解决的 2 件，占总数的 6.45%；需请示上级解决的 2 件，占总数的 6.45%；因其他原因暂得不到解决的 5 件，占总数的 16.13%。

离石市第一届人民代表大会议案、建议、意见办理 第一次会议期间，收到代表议案 15 件，建议 22 件。经大会议案审查委员会审查，主席团会议通过，全部按意见、建议办理。在 37 件意见、建议中，城建方面 7 件，教育方面 3 件，水利、公安、交通、电业方面各 2 件，广播、卫生、环保、邮电、项目方面各 1 件，其他方面 14 件。至 1996 年 9 月底，本次大会收到的代表议案、建议全部办理完毕。已经解决或基本解决的 12 件，占意见、建议总数的 32.43%；正在想办法解决的 5 件，占总数的 13.51%；积极创造条件解决的 7 件，占总数的 18.92%；需请示上级解决的 6 件，占总数的 16.22%；因其他原因暂时不能解决的 7 件，占总数的 18.92%。

第二次会议期间，收到代表议案 15 件，建议、意见 35 件，经大会议案审查委员会审查，大会主席团会议审议通过，除一件为议案外，其余 49 件均为意见或建议。就《关于要求补发机关事业单位职工 98 元补助》的议案，市一届人大常委会第七次会议作出决定："要求政府视财力情况，给予发放"。在 49 件建议、意见中，政府方面 31 件，城建方面 5 件，教育方面 4 件，邮电方面 2 件，电业、物价、环保、卫生、交通、工商、农业方面各 1 件。至 1997 年 11 月，本次大会代表所提意见、建议已得到解决和基本解决的 14 件，占意见、建议总数的 28.57%。正在解决或逐步解决的 19 件，占意见、建议总数的 38.76%。需请上级解决的 7 件，占意见、建议总数的 14.29%。因目前条件所限，暂时无法解决的 9 件，占意见、建议总数的 18.37%。

离石市第二届人民代表大会议案、建议、意见办理 第一次会议期间，收到代表提出建议75件，其中，教育方面12件，水利方面9件，交通方面8件，城建方面7件，司法、农业方面各3件，邮电、广播、电业、环保、计生、财政、卫生等方面各1件，其他方面26件。至1999年4月，本次大会代表的建议、意见已经解决和基本解决的有20件，占总数的26.67%；正在解决和列入规划准备解决的25件，占总数的33.33%；需要协调解决的11件，占总数的14.67%；因条件有限，目前暂时无法解决的19件，占总数的25.33%。

第二次会议期间，收到代表的建议、意见59件。至2000年3月，本次大会收到的代表意见建议已解决和基本解决的有13件，占总数的22.03%；正在解决和列入规划准备解决的29件，占总数的49.16%；因条件所限，暂无法或无力解决需申请上级帮助解决的17件，占总数的28.81%。

第三次会议期间，收到代表的建议、意见62件。至2001年7月，本次会议收到的代表建议、意见已经解决或部分解决的有31件，占总数的50%；正在积极争取的14件，占总数的22.59%；因目前条件所限，暂时无法解决的17件，占总数的27.42%。

第四次会议期间，收到代表的建议、意见46件。至2002年4月，本次大会收到的代表建议、意见已办理的和部分办理的有14件，占总数的30.43%；正在积极向上申请或创造条件办理的20件，占总数的43.48%；目前因条件所限，暂时难以解决的12件，占总数的26.09%。

第五次会议期间，收到代表的建议、意见40件。至2003年8月，本次大会收到的代表建议、意见已解决办理和部分解决办理的有11件，占总数的27.5%；正在积极向上申请或创造条件解决的17件，占总数的42.5%；因条件所限，暂时难以解决的12件，占总数的30%。

离石市第三届人民代表大会议案、建议、意见办理 第一次会议期间，收到代表所提议案3件和建议、意见78件。至2004年6月，本次大会收到的建议、意见已解决和部分解决的31件，占建议、意见总数的39.74%。正在解决和积极争取解决的30件，占建议、意见总数的38.46%。因条件所限，暂时难以解决的17件，占建议、意见总数的21.79%。

第三次会议期间，收到代表提出的议案、建议、意见共39件。其中，“三农”方面4件，教育方面9件，交通方面9件，城建方面9件，民政方面2件，公安方面1件，发展计划、财政、环保、广电、法院方面各1件。至2006年7月，代表建议、意见办结的19件，占总数的48.72%；正在办理的13件，占总数的33.33%；因条件所限，暂时难以解决的7件，占总数的17.95%。

第四次会议期间收到代表提出的议案1件、建议和意见21件。至2007年5月，已经解决或已列入计划解决的有19件，占总数的86.36%；因受条件限制，暂时无法解决的有3件，占总数的 13.64%。

离石区第四届人民代表大会议案、建议、意见办理　第一次会议期间，收到代表提出的议案和建议、意见 70 件，其中，议案 1 件，建议、意见 69 件。69 件建议和意见中，“三农”方面 8 件，林业方面 3 件，水利方面 6 件，教育方面 8 件，卫生方面 4 件，经贸方面 16 件，城建方面 7 件，环保方面 1 件，计划发展方面 1 件，土地方面 3 件，公安交警方面 2 件，民政方面 1 件，文化方面 1 件，其他方面 8 件。至 2007 年 10 月底，本次大会收到的代表议案、建议、意见已全部办理。代表 69 件建议、意见已被采纳，问题已经解决的 11 件，占建议、意见总数的 15.94%；已着手解决的 38 件，占建议、意见总数的 55.07%；列入计划解决的 11 件，占建议、意见总数的 15.94%；因超出管理权限等原因，暂时不能解决的有 9 件，占建议、意见总数的 13.04%。

第二次会议期间，收到代表提出的议案，建议和意见 47 件，其中议案 4 件。至 2008 年 12 月，这些议案、建议、意见办理情况已全部答复代表。4 件议案由相关部门办理。其余 43 件建议、意见，已经采纳或解决的有 17 件，占建议、意见总数的 39.53%；正在解决的有 22 件，占建议、意见总数的 51.16%；列入计划解决的 3 件，占建议、意见总数的 6.98%；涉及市属部门的 1 件，占建议、意见总数的 2.33%。

第三次会议期间，收到代表团和代表联名提出的议案和建议、意见 44 件，其中，议案 2 件（3 件合为 2 件），建议、意见 41 件。41 件代表建议、意见中，农业农村工作方面 8 件，教育方面 4 件，卫生方面 6 件，工业生产方面 6 件，公路交通管理方面 6 件，文化方面 1 件，城建方面 4 件，其他方面 6 件。至 2010 年 4 月，已经解决 18 件，占总数的 40.91%；正在解决的 24 件，占总数的 54.55%；列入计划解决的 2 件，占总数的 4.55%。

第四次会议期间，收到代表提出的《关于进一步加强社区建设的议案》1 件。区政府在办理过程中，完善工作机制，成立社区建设工作领导组，出台《离石区农村社区建设工作实施方案》等一系列文件。至 2011 年 6 月，离石区 12 个社区居委会共有工作人员 54 名。收到建议、意见 39 件。至 2011 年 6 月，这些建议、意见已经办理的 21 件，占建议、意见总数的 53.85%；正在办理的 2 件，占建议、意见总数的 5.13%；逐步进行解决的 5 件，占建议、意见总数的 12.82%；协调市属部门办理的 6 件，占建议、意见总数的 15.38%；因条件所限，暂时无法办理的 5 件，占建议、意见总数的 12.82%。

离石区第五届人民代表大会议案、建议、意见办理　第一次会议期间，共形成代表议案、建议、批评和意见 62 件。其中议案 2 件，重点建议 4 件，建议、批评意见 56 件。至 2012 年 3 月，代表议案、建议、意见已解决办理 28 件，占总数的 45.16%；正在办理的 15 件，占总数的 24.19%；列入计划的 11 件，占总数的 17.74%；尚不具备条件解决的 1 件，占总数的 1.61%；对于涉及市属部门的建议、意见 7 件，占总数的 11.29%。

第二次会议期间，收到代表提出的议案2件，建议、意见66件。至2013年4月，由区人民政府办理的2件议案基本办结。本次大会收到的代表建议、意见已经办理的33件，占建议、意见总数的0.5%；正在解决的14件，占建议、意见总数的21.21%；列入计划解决的8件，占建议、意见总数的12.12%；涉及市属机关的11件，已协调市属有关部门调查落实，占建议、意见总数的16.67%。

第三次会议期间，收到代表提出的议案2件，建议、意见61件。建议、意见61件。主要包括“三农”方面4件，教育文化方面6件，卫生医疗方面5件，交警方面5件，城建国土方面17件，经贸交通方面12件，人社民政5件，其他方面3件，一案多事由多个部门办理4件。至2014年3月，由区人民政府办理的2件议案基本办结。本次大会收到的代表建议、意见已经办理的28件，占建议、意见总数的45.90%；正在解决的4件，占建议、意见总数的6.557%；列入计划解决的7件，占建议、意见总数的11.48%；涉及市属机关的22件，已协调市有关部门调查落实，占建议、意见总数的36.07%。

第四次会议期间，收到代表提出的议案4件，重点建议2件，意见67件。67件意见中，“三农”方面10件，教育文化方面9件，卫生医疗方面3件，交警方面4件，城建国土方面13件，经贸交通方面10件，人社民政方面6件，其他方面4件，一案多事由多个部门分别办理8件。至2014年9月底，所有议案、建议、意见全部办理完毕。意见已经解决的31件，占意见的46.27%；正在解决7件，占意见的10.45%；列入计划解决的9件，占意见的13.43%；涉及市属机关的20件，已协调市属有关部门调查落实，占意见的29.85%。

信访接待

离石区（县、市）人大常委会对受理的来信转相关领导、相关部门办理。对来访人员都有相关人员接待，并尽力给予办理。1982年，离石县人大常委会共受理来信来访30件、100余人次。1983年，收到来信19件，接待群众来访148人次。1985年，收到来信46件，接待来访85人次。1986年，收到来信20件，接待来访群众45人次。1987年，受理来信来访33件60余人次。1990年，收到群众来信百余件，接待群众来访90多人次。1991年，离石县人大常委会共收到群众来信16件，接待来访143人次。1992年，收到群众来信86件，接待来访群众83人次。1993年，收到群众来信41件，接待来访120余人次。1994年，收到群众来信41件，接待来访群众120多人次。1995年，收到来信57件，接待群众来访48件200多人次。

1996年，离石市人大常委会收到群众来信63件，接待群众来访50次200多人次。1998年，受理群众来信来访案件38件，接待群众来访70余人次。1999年，受理群众来信42件，接待群众来访100余人次。2000年，收到群众来信65件，接待群众来访150余人次。2001年，收到群众来信46件，接待来访群众100余人次。2003年，受理信访案件36件，

接待来访群众 100 余人次

2004 年，离石区人大常委会受理信访案件 64 件，接待来访群众 200 余名。2005 年，接待来访群众 300 余人次，受理信访案件 93 件。2006 年，接待来访群众 240 多人次，受理信访案件 31 件。2007 年，接待来访 200 余人次，受理信访案件 31 件。2008 年，接待群众来访 200 余人次，受理群众来信 36 件。2011 年，接待来信来访 78 件。2012 年，接待来信来访 52 件 71 人次。2013 年，受理和接待群众来信来访 108 人次。2014 年，受理信访 196 人次。至 2015 年 6 月底，受理信访 46 人次。

第七节　乡镇人民代表大会

沿革

1949 年中华人民共和国成立后，各区（中华人民共和国成立初期类似乡镇建制）由推荐或邀请的代表组成各界人民代表会议，代行人民代表大会权力。1954 年 2 月，撤销区建置。

1954 年 7 月，离石、方山两县合并后改称离山县。原方山县设 3 个区 32 个乡。合县后，离石县共辖 120 个乡，各乡根据宪法规定，选举乡人大代表，组成各乡人民代表大会。乡人民代表大会每届任期 2 年，会议一般是 1 年 1 次。其间，乡镇区划屡有变更，乡人民代表大会随之变化。1958 年 9 月至 10 月间，由乡村制统一改为人民公社制。全县成立人民公社 13 个（城关人民公社、柳林人民公社、柳林企业人民公社、孟门人民公社、成家庄人民公社、吴城人民公社、信义人民公社、枣林人民公社、大武人民公社、峪口人民公社、圪洞人民公社、马坊人民公社、坪头人民公社）。各人民公社设社员代表大会。

1961 年 7 月，设红眼川人民公社，设红眼川人民公社社员代表大会。1965 年，设立城关镇，始设城关镇社员代表大会。1966 年后，因“文化大革命”，人民代表大会制度遭受严重破坏，各乡（镇）人民代表大会中断。其后，全县行政区划屡次变更。1971 年 10 月，成立西属巴、王营庄人民公社，西属巴、王营庄公社社员代表大会建立。1982 年后，乡镇人大的任期改为 3 年。1984 年 5 月 12 日，经省人民政府批准，全县改社队制区划为乡（镇）村区划。由 14 个人民公社、1 个镇，改建为 9 个乡（红眼川乡、王营庄乡、小神头乡、阳坡乡、王家沟乡、坪头乡、枣垴乡、结绳墕乡、枣林乡）、6 个镇（城关镇、交口镇、田家会镇、西属巴镇、吴城镇、信义镇）。各人民公社的社员代表大会改制为各乡（镇）人民代表大会。

1996 年，离石撤县设市。各乡镇人民代表大会重新计算届次，当年换届后的乡（镇）人民代表大会统一名称为“离石市 ×× 乡（镇）第一届人民代表大会”。2001 年，离石撤并乡镇。枣垴乡、结绳墕乡、小神头乡、阳坡乡、王营庄乡区划并入其他乡镇；城关镇、王家沟乡被撤销，设立新的离石城区街道和城北街道，由市人大常委会派驻相应的街道人大工作委员会。各撤并乡镇的乡镇人民代表大会建制撤销。2001 年，各乡镇的人民代表为第二届。

2004 年 7 月，离石撤市设区。交口镇、田家会镇、西属巴镇撤镇设街道办，相应的人民代表大会建制撤销，离石区人大常委会向各街道办派驻街道内工作委员会。同年后，乡镇人大的任期改为 5 年。截至 2015 年，离石区有乡镇建制 5 个，分别是吴城镇、信义镇、坪头乡、枣林乡、红眼川乡。5 个乡镇设乡镇人民代表大会。上述 5 个乡镇的人民代表大会为第五届。

乡镇人大代表

名额由区（县、市）人大常委会确定，由于辖区人口变化，全区（县、市）乡镇人大代表名额 700 余名。1993 年换届时，离石县乡镇人大代表为 702 名。1996 年换届时，离石市乡镇人大代表为 714 名。1999 年换届时，离石市乡镇人大代表为 718 名。2001 年后，部分乡镇撤并，新设为街道，乡镇人大代表名额减少。2001 年 4 个乡镇换届时，离石市乡镇人大代表为 195 名。2007 年换届时，离石区乡镇人大代表为 239 名。2011 年换届时，离石区乡镇人大代表为 238 名。

代表大会会议

按照地方组织法规定，离石下辖各乡镇人民代表大会每年一般召开一次乡镇人民代表大会会议。召开会议时选举主席团，由主席团主持会议，并负责召集下一次本级人民代表大会。乡镇人民代表大会会议的议程，一般有审查和批准本行政区域内的财政预算和预算执行情况的报告；选举本级人民代表大会主席、副主席；选举乡长、副乡长，镇长、副镇长；听取和审查乡镇人民政府的工作报告等。每届第一次会议，还要对选举产生的乡镇人大代表进行代表资格审查，选举新一届的人大、政府领导人员。

截至 2001 年，结绳墕乡、枣林乡、小神头乡、阳坡乡、王家沟乡召开乡镇人民代表大会 29 次；枣垴乡召开人民代表大会会议 18 次；城关镇召开人民代表大会会议 21 次。

截至 2004 年，交口镇、田家会镇、西属巴镇召开人民代表大会会议 32 次。

截至 2015 年，吴城镇、信义镇、坪头乡、枣林乡、红眼川乡召开人民代表大会会议 43 次。

乡镇街道人大工作机构

1954—1987 年，公社社员代表大会及乡镇人民代表大会不设主席团，都是由当时的政府即人民公社管理委员会（革命委员会或乡镇人民政府）负责人召集并主持会议。1986 年，全国人大第二次修改的地方组织法规定，乡镇人民代表大会召开会议时选举主席团，由主席团主持会议，并负责召集下一次本级人民代表大会。1987 年，离石县各乡镇换届选举，选举产生新一届人民代表大会代表，召开第一次代表大会时选举产生各乡镇的人大主席团。1988 年，各乡镇建立人大工作联络组，在县人大常委会的指导下和乡镇党委的领导下进行工作，各乡镇人大工作联络组配备副组长。1990 年 4 月 15 日，根据《山西省乡镇人民代表大会工作条例》规定，撤销乡镇人民代表大会工作联络组，建立乡镇人大主席团。同年 6 月，各乡镇人民代表大会选举产生乡镇人大主席团常务主席。1995 年修改后的《地方组织法》规定：“乡、民族乡、镇的人民代表大会设主席，并可以设副主席 1—2 人。主席、副主席由本级人民代表大会从代表中选出，任期同本级人民代表大会每届任期相同。”自此，各乡镇人民代表大会开始设立人大主席、副主席。乡镇人大主席、副主席的设置，2011 年前为专人专岗。2011 年换届时，全区各乡镇人大主席由乡镇党委书记兼任，副主席专设（一般由原人大主席转任，正科级编制）。2012—2014 年，全区各乡镇人大主席（联络组组长）都由乡镇党委书记兼任。

第二章 地方政府

第一节 州衙县署

州衙署

离石建置史有2300余年，其间朝代繁杂，州、郡、县治多变。明代有志，但毁于兵火。直至清世祖入关（1644）后，搜罗散轶记载四五十篇。后经康熙四十一年（1702）、光绪七年（1881）两次修志，记述渐趋完整。建置沿袭明隆庆元年（1567）以后之称谓为永宁州（此前为石州），独州不领县，隶属汾州府。州衙设知州、州判、学正、训导、吏目各1人。知州为一州之长，官属从五品，在青龙渡、柳林镇、方山堡、赤坚岭设巡检司、巡检各1人，在吴城、青龙、玉亭驿设驿丞各1人，此外，还设有阴阳、医学、僧道正司各1人。

清代历任永宁州知州一览表

表19-3

姓 名	籍 贯	任职时间
迟日益	广宁右卫	顺治二年（1645）
陈翼明	元城	顺治三年（1646）
萧秉元	汉军旗	顺治五年（1648）
刘凤翔	利津	顺治六年（1649）
胡朝宾	巨鹿	顺治九年（1652）
张邦佐	汉军旗	顺治十二年（1655）
梁世通	汉军旗	顺治十六年（1659）
胡董先	四川井研	康熙六年（1667）
徐振灏	汉军旗	康熙十一年（1672）
王振祖	汉军旗	康熙十三年（1674）
张聚灿	陕西	康熙十五年（1676）
罗守疆	陕西	康熙十七年（1678）
马吉瑞	汉军旗	康熙十九年（1680）
蔡毓秀	汉军旗	康熙二十七年（1688）

续表 19-3

姓　名	籍　贯	任职时间
吴　徵	江苏仪徵	康熙二十七年（1688）
陈　麟	浙江仁和	康熙三十六年（1697）
王萝翼	陕西三原	康熙三十九年（1700）
谢汝霖	福建长乐	康熙四十年（1701）
朱　价	顺天大兴	康熙五十四年（1715）
周　镶	浙江含稽	雍正元年（1723）
许炳元	浙江嘉兴	雍正五年（1727）
李廷秘	湖北钟祥	乾隆二年（1737）
耿毓青	汉军旗	乾隆十五年（1750）
周章焕	四川江津	乾隆十七年（1752）
石履谦	汉军旗	乾隆十九年（1754）
陆　灏	江苏元和	乾隆二十年（1755）
杨永道	汉军旗	乾隆二十五年（1760）
蒋龙昌	江苏阳湖	乾隆二十七年（1762）
王兴谷	江苏金山	乾隆三十年（1765）
陈　韶	云南太和	嘉庆十三年（1808）
汪　鼎	江苏江宁	道光五年（1815）
萧培厚	山东福山	道光七年（1817）
谢振晋	江西南康	道光十二年（1822）
黄永佑	江西南昌	道光十六年（1826）
罗绍伦	安徽	道光十六年（1826）
李　果	直隶天津	道光十七年（1827）
涂寿淇	江西新城	道光二十年（1830）
王继贤	湖南黔阳	道光二十年（1830）
高　注	湖南桃源	道光二十一年（1831）
戴广仁	顺天广宁	道光二十一年（1831）
刘德探	江西新昌	道光二十九年（1839）

续表 19-3

姓名	籍贯	任职时间
许亦崧	顺天宛平	道光二十九年（1839）
冯　新	福建闽县	道光二十九年（1839）
施彤茅	江苏源阳	道光三十年（1840）
贺澍恩	江西萍乡	咸丰二年（1852）
刘世安	四川璧山	咸丰三年（1853）
贺松龄	直隶天津	咸丰三年（1853）
章　端	不详	咸丰五年（1855）
杨丰绅	顺天大兴	咸丰五年（1855）
陆长庚	顺天宛平	咸丰七年（1857）
魏象乾	奉天锦县	咸丰十年（1860）
汤　宾	江西南丰	咸丰十一年（1861）
胡祖望	浙江山阴	同治元年（1862）
梁承光	广西临桂	同治三年（1864）
邓　均	江西南丰	同治三年（1864）
宋　显	满洲镶红旗	同治四年（1865）
杨　笃	广东嘉应州	同治七年（1868）
崔丹桂	直隶清河	同治十二年（1873）
李英平	汉中镶黄旗	同治十二年（1873）
松　昌	满洲正红旗	光绪元年（1875）
隋聿修	山东乐安	光绪四年（1878）
姚启瑞	安徽桐城	光绪五年（1879）
谢恩承	不详	宣统年间

县公署

民国元年（1912），改永宁州称永宁县。民国 3 年，更名离石县，属冀宁道，县衙改为县公署，设知事 1 人，为一县之行政长官，下设第一、二、三、四科，各配科长 1 人，科员 1 至 2 人，处理县公署政务，并设有警务长、监狱员等，主管治安、刑典。

民国 5 年（1916）9 月，阎锡山执政后，县公署除保留知事外，其余都废旧改新。知事之下设承政员、承审员、主计员、视学员、宣讲员、实业技术等以及检验吏、录事，县公署下设有劝学所、公款局、戒烟局等机构。

民国7年（1918）7月，分离石北境置方山县。民国19年，县公署改称县政府，实行县长制。县长之下设秘书主任1人，民政、财政、教育、建设4个科，均设科长1人，科员2至3人，后又增设地政局、田粮局、司法科、社会科、电报局等机构。民国26年10月，山西省政府划全省为7个行政区，离石属第四行政区。

民国27年（1938）2月，日军侵占离石后，离石县政府流亡于离石西部山区的蛤蟆塔村（改名石安，今属柳林县）。民国28年12月，晋西事变后，离石县政府迁驻离石县西南部的中阳县冀家峪、长峪一带，直至民国34年9月后垮台。

民国时期离石（永宁）县历任知事　县长一览表

表19-4

职　务	姓　名	籍　贯	任职时间
知事	谢恩承	—	民国元年（1912）1—3月
知事	孟元文	—	民国元年（1912）3月以后
知事	田民宪	—	—
知事	赵延桐	—	民国3年（1914）
知事	余培森	—	—
知事	白嘉懿	河北	—
知事	张宴林	山西	—
知事	贾占堂	河南	民国8年（1919）
知事	柳　荣	山西	—
知事	柳鸿朴	河北	—
知事	张柳兴	定襄	—
知事	杨国选	新绛	—
知事	关鸿宾	晋南	—
知事	马继援	晋南	—
知事	递国瑞	太原	—
县长	尚　德	山西	民国22年（1933）
县长	库增银	大同	民国24年（1935）

续表 19-4

职务	姓名	籍贯	任职时间
县长	董祖椿	湖北	民国 25 年（1936）7 月
县长	杨怀敏	晋南	民国 25 年（1936）11 月
县长	杨廷俊	晋南	—
县长	张隽轩	五台	—
县长	郭瑞亭	崞县	民国 27 年（1938）
县长	武尚仁	五台	民国 27 年（1938）
县长	戚振华	河北	民国 28 年（1939）
县长	李德才	—	民国 28 年（1939）10 月
县长	任义安	—	民国 30 年（1941）
县长	温冬生	—	民国 30 年（1941）7 月
县长	陈洋喜	—	民国 31—32 年（1942—1943 年）
县长	宋　毅	河北	民国 33—34 年（1944—1945 年）3 月
县长	张嘉模	平定	民国 34 年（1945）5 月
县长	张英魁	晋南	民国 34—35 年（1945—1946 年）

附：日伪政权

民国 27 年（1938）2 月，日本侵略军占领离石城。民国 28 年 7 月，成立日伪离石县公署，设知事 1 人，总理县政；配有日本顾问 1 人，实际操纵县公署大权，直接掌领一情报班。县公署内设秘书 1 人，一、二、三 3 个科，各配科长 1 人，科员 5 人，还编有事务员、雇员、书记员、司法律事、检验员、司法吏警等人。民国 29 年，县公署撤裁了原机构，新组建了秘书室、民、财、建、教育 4 个科和警察所、差务局，后又在全县设立了 5 个区公所，各配区长 1 人，助理员 2—3 人，区警 2 人，每个区还编了 1 个警察分驻所，还设有合作社、差务处等机构。民国 30 年，日占领区普遍实行了村、闾、邻制。每百户为一编村，设村公所，以主村、副村委派村长、村副，还配有书记、自卫团长等人，编村内还建立了村民会议、领导委员会、调解委员会。民国 31 年后，日本侵略军实行“蚕食”政策，抢占地盘，根据地军民开展了“反蚕食、挤敌人”，摧毁日伪政权的斗争，使日伪政权逐渐分化瓦解，至民国 34 年，日军投降后，日伪政权垮台。先后担任过离石县公署知事的人有关庆祥、邢隆基、刘醒愚、党子龙、黄光远、冷瑞义、侯承武 7 人。

第二节　抗日民主政府

民国29年（1940）1月，在离石县抗日根据地石安村（原名蛤蟆塔，今属柳林县）离石县抗日民主政府成立，隶属晋西北行署第四分区专员公署管辖，第一任县长梁延檀。抗日民主政府内设秘书室、民政、财政、教育、建设4个科和公安局6个机构。同年7月，离石县抗日民主政府内设离东办事处，后改为离东县佐公署，设县佐1人，为县一级政权，管辖离石大小东川、北川河以东部分地区、南山一带。县佐公署陆续设立了民政、司法、建设、财政、粮食、教育6个科和公安、交通、贸易3个局。民国31年4月，离东县佐公署改建为离东县抗日民主政府，办事机构未变。这一时期内，离石县原辖10个区，后改为6个区。1946年2月，撤销离东县建制，并入离石县，成立离石县政府。离石县政府至1949年9月前，先后属晋绥边区第四专区、第三专署、离石专署、离石中心县政府、兴县专署管辖。县政府工作机构设有秘书室、民政科、财政科、教育科、建设科、司法科和公安局、贸易局、税务局、邮政局、工商局共11个，下辖区公所（区政府）9个、市政府1个，行政村公所88个。

民国时期离石（东）县公署　县政府历任县长　县佐　副县长一览表

表19-5

政府名称	职　务	姓　名	籍　贯	任职时间
离石县抗日民主政府	县长	梁延檀	晋南	1940年1月—1941年11月
离石县抗日民主政府	县长	李士斌	临县	1941年11月—1942年11月
离石县抗日民主政府	县长	韩昌泰	柳林	1943年11月—1943年10月
离石县抗日民主政府	县长	安希哲	离石	1943年10月—1943年12月
离石县抗日民主政府	县长	杨万选	临县	1944年1月—1945年10月
离石县抗日民主政府	县长	阎继武	离石	1945年10月—1946年3月
离石县抗日民主政府	县长	高闻天	临县	1946年4月—1947年3月
离石县抗日民主政府	县长	郭锡兰	临县	1948年2月—1948年11月
离石县抗日民主政府	县长	张鹏云	—	1948年11月—1949年2月
离石县抗日民主政府	县长	李　寅	柳林	1949年3月—1949年8月
离石县抗日民主政府	副县长	李　寅	柳林	1948年3月—1949年3月

续表 19-5

政府名称	职 务	姓 名	籍 贯	任职时间
离石县抗日民主政府	副县长	张智升	柳林	1948 年 5 月—1949 年 9 月
离东县佐公署	县佐	刘永义	离石	1940 年 9 月—1941 年 4 月
离东县佐公署	县佐	穆 峰	柳林	1941 年 4 月—1945 年 11 月
离东县抗日民主政府	县长	王星三	保德	1941 年 11 月 -1942 年 11 月
离东县抗日民主政府	县长	王亦明	灵石	1942 年 11 月—1945 年 11 月
离石东抗日民主政府	副县长	阎子诚	离石	1945 年 9 月—1945 年 11 月

第三节 县人民政府组织机构

工作机构

1949年10月1日，中华人民共和国成立，离石县政府改称离石县人民政府，属兴县专署。1952 年 6 月，兴县专署被撤销，划归榆次专署（晋中专署）。

1954 年 7 月，方山县与离石县合并为离山县，组成离山县人民政府。1956 年 2 月，离山县人民政府改称离山县人民委员会。

1958 年 10 月，中阳县与离山县合并为离石县，离山县人民委员会亦随之称离石县人民委员会。1959 年 10 月，中阳县恢复建制，名称仍为离石县人民委员会，直至 1967 年 2 月 6 日“文化大革命”中造反派组织夺权。

该时期，离石（离山）县政府（人委）的办事机构，由中华人民共和国成立初期的 10 个科局，陆续增设为：县人委办公室、人事局、科学技术委员会、邮电局、公安局、民政局、计划委员会、劳动局、统计局、财贸办公室、财政局、税务局、县供销合作社、商业局、粮食局、外贸局、教育局、卫生局、文化局、经济建设委员会、工业局、交通局、手工业管理局、物资局、农林局、水利局、水保局、农产品采购局、中国人民银行离石县支行共 29 个。人民法院和人民检察院，原为县人民政府的工作机构。1955 年 2 月起，为独立审判机关和独立检察机关，法院院长由人代会选举产生，检察院检察长由上级任命。

1967 年春至 1971 年秋，离石县的行政机构有过 4 次变动。第一次是 1967 年 2 月 6 日，由大大小小 52 个造反派组织组成的“离石县无产阶级革命造反派联合指挥部”夺中共离石县委、离石县人民委员会的党、政、财、文大权。4 月 21 日，造反派组织代表会议选举产生离石县革命委员会委员 75 人，常委 23 人，并经中共晋中地区核心小组批准，离石县革命委员会成立，任命领导成员 6 人。第二次是 1967 年 10 月 5 日，另一派造反派组织夺离石县革命委员会的权，经中共晋中地区核心小组、晋中地区革命委员会筹备委员会批准，中共离石县核心小组、离石县革命委员会筹备委员会成立，任命领导成员6人。第三次是1969年9月，造反派组织实现大联合后，经中共山西省核心小组、山西省革命委员会批准，中共离石县核心小组、离石县革命委员会成立，任命领导成员6人。第四次是1971年5月，吕梁地区组建，所在地离石划归吕梁地区管辖，将离石一分为三：北方划出10个人民公社，恢复方山县建制，其核心小组、县革命委员会驻圪洞镇；西南划出14个人民公社加中阳划出12个人民公社组成离石县，县核心小组、县革命委员会驻柳林镇；所剩9个人民公社，改划为15个人民公社、1个镇委，组建离石郊区，郊区核心小组、郊区革命委员会驻东关村。同年10月，离石县革命委员会更名为柳林县革命委员会，离石郊区革命委员会恢复为离石县革命委员会。随之，基层人民公社.镇以及县直机构之称谓，也相应变动。

该时期，离石县革命委员会的工作机构，先为办事组、政工组、生产指挥组、人民保卫组4个大组，后又增设业务组、财贸组、农林水利组、工业交通组、计划统计组、中国人民解放军离石县公检法军事管制小组。到“文化大革命”后期，党务政务工作机构相继分设。

1976年10月后，县革命委员会行政工作机构除恢复“文化大革命”前的各委、局、室外，又有新设机构，共达33个。1981年10月，离石县革命委员会恢复为县人民政府，恢复选举制度，选举产生离石县人民政府组成人员，并选举产生离石县人民法院院长和离石县人民检察院检察长。1990年，离石县人民政府的工作机构有：办公室、人事局、编委办公室、计委、经委、财委、科委、劳动局、民政局、财政局、税务局、统计局、工业局、交通局、农业局、畜牧局、水利局、林业局、审计局、商业局、粮食局、城建局、教育局、卫生局、文化局、爱委办、体委、计生委、工商局、体改办、物价局、监察局、环保局、信访局、经济协作办、矿管局、无线电委员会办公室、老龄委、法制局、宗教局、外事办、煤炭局、土地局、乡镇局、农机局、广播局、扶贫办、区划办、县志办、农经局、档案局、计量局、房产局、物资局、二轻局、外贸局、县供销合作社、司法局、公安局、人民武装部共60个。

1996年6月，离石撤县设市，改称离石市人民政府。离石市人民政府设置工作部门29个，即办公室、计划委员会、经济贸易委员会、教育委员会、科学技术委员会、公安局、民政局、财政局、人事局（与机构编制委员会办公室合署办公）、劳动局、城乡建设环境保护局、交通局、农业局、卫生局、计划生育委员会、审计局、统计局、工商行政管理局、监察委员会（与纪委机关合署）、地方税务局、司法局、水利局、土地矿产资源局、物价局、质量技术监督局、煤炭工业局、信访局、林业局、乡镇企业管理局。

2004年，离石撤市设区，离石市人民政府改称离石区人民政府。设置工作部门24个，即政府办公室、发展和改革局、经济局（挂区商务局的牌子）、教育体育局、科学技术局（区地震办公室与其合署办公，一个机构、两块牌子）、公安局、监察委员会（区纪律检查委员会机关与其合署办公，列入区政府机构序列，不计区政府机构个数）、民政局、司法局、财政局、人事局、劳动和社会保障局、国土资源局、交通局、水利局、农牧局（与区农村工作领导小组办公室合署办公）、林业局、文化局、卫生局、人口和计划生育局、审计局、环保局、统计局、粮食局、安全生产监督管理局、民族宗教事务局（区委统战部与其合署办公，列入区政府机构序列，不计区政府机构个数）。

截至2015年底，离石区人民政府设置工作部门23个，即政府办公室（挂区政府法制办公室和区人民防空办公室牌子）、发展和改革局（挂区国家资源型经济转型综合配套改革试验区办公室和区粮食局牌子）、经济和信息化局（挂区人民政府国有资产监督管理委员会牌子）、教育局、科学技术局（挂区地震办公室牌子）、公安分局、监察局（纪律检查委员会机关与其合署办公，列入区政府工作部门序列，不计入政府机构个数）、民政局、司法局、财政局、人力资源和社会保障局、环境保护局、城乡建设管理局、交通运输局、水利局、农业委员会（挂中共吕梁市离石区委农村工作领导组办公室牌子）、林业局、文化局（挂区版权局牌子）、卫生和计划生育局、审计局、煤炭工业局、食品药品监督管理局（挂区食品安全委员会办公室牌子）、统计局、安全生产监督管理局、民族宗教事务局（与区委统战部合署办公，列入区政府工作部门序列，不计入政府机构个数）。

1945—2015年离石（山）区（县、市）区长（县长 市长）革委会主任一览表

表19-6

职务	姓名	籍贯	任职时间
县长	阎继武	离石县	1945年10月—1946年3月、1947年3月—1948年1月
县长	张智升	柳林县	1949年11月—1951年11月
县长	牛荣才	柳林县	1951年1月—1954年7月
县长	高文焕	保德县	1954年7月—1956年10月 1957年4月—1959年1月
县长	王健	柳林县	1956年10月—1957年4月 1959年9月—1961年8月
县长	刘尚文	盂县	1959年3月—1959年7月
县长	刘振华	离石县	1961年8月—1967年2月
革命委员会主任	任学武	方山县	1967年4月—1967年10月
筹委会主任	陈廼荣	和顺县	1967年10月—1969年3月
革命委员会主任	蒋廷标	浙江	1969年9月—1971年4月
革命委员会主任	郭云卿	沁县	1971年8月—1975年2月
革命委员会主任	田根栋	昔阳县	1975年2月—1976年12月

续表 19-6

职　务	姓　名	籍　贯	任职时间
革命委员会主任	郭裕怀	孝义县	1976 年 12 月—1978 年 3 月
革命委员会主任	张守忠	平遥县	1978 年 3 月—1980 年 4 月
革命委员会主任	柳廷清	柳林县	1980 年 4 月—1981 年 2 月、1981 年 10 月—1983 年 10 月
县长	李守智	屯留县	1983 年 10 月—1985 年 3 月（1984 年 10 月前代）
县长	李鹏	交城县	1985 年 3 月—1986 年 4 月
县长	王初顺	兴县	1986 年 4 月—1993 年 1 月
市长	李德芳	临县	1993 年 1 月—1998 年 6 月
市长	张国彪	柳林县	1998 年 6 月—2003 年 7 月
市（区）长	刘广龙	文水县	2003 年 7 月—2008 年 10 月
区长	郭宝	临县	2008 年 10 月—2009 年 8 月
区长	薄宇新	定襄县	2010 年 4 月—2012 年 12 月
区长	吕文平	方山县	2012 年 12 月—2015 年 12 月

1945—2015 年离石（山）区（县、市）副区长（副县长　副市长）革委会副主任一览表

表 19-7

职　务	姓　名	籍　贯	任职时间
副县长	张智升	柳林县	1949 年 10 月—1949 年 11 月
副县长	牛荣才	柳林县	1950 年 8 月—1951 年 1 月
副县长	刘明镜	离石县	1952 年 6 月—1958 年 6 月
副县长	安　石	离石县	1952 年 9 月—1967 年 2 月
副县长	雒成邑	离石县	1954 年 7 月—1956 年 12 月
副县长	雒品三	离石县	1956 年 12 月—1958 年 8 月
副县长	王俊仁	柳林县	1956 年 12 月—1959 年 12 月
副县长	吴芝贵	方山县	1957 年 7 月—1958 年 6 月 1961 年 8 月—1966 年 5 月
副县长	郭命山	方山县	1956 年 12 月—1958 年 6 月 1959 年 11 月—1960 年 6 月

续表 19-7

职务	姓名	籍贯	任职时间
副县长	郝善成	中阳县	1958 年 10 月—1959 年 10 月
副县长	邢志英	河北	1958 年 10 月—1959 年 10 月
副县长	王兆明	中阳县	1958 年 10 月—1959 年 10 月
副县长、革命委员会副主任	冯文新	离石县	1959 年 1 月—1962 年 5 月
副县长	李如珠	柳林县	1959 年 1 月—1967 年 2 月 1967 年 4 月—1967 年 10 月
副县长	杨润英	离石县	1960 年 1 月—1962 年 5 月
副县长	王殿明	柳林县	1960 年 1 月—1961 年 8 月
副县长	乔广文	晋南	1962 年 5 月—1963 年 7 月
副县长	雒选民	离石县	1965 年 6 月—1966 年 5 月
革命委员会副主任	刘聪英	柳林县	1965 年 11 月—1967 年 2 月 1976 年 10 月—1983 年 12 月
革命委员会副主任	邢宏志	河北	1967 年 4 月—1967 年 10 月
革命委员会副主任	雷振弟	方山县	1967 年 4 月—1967 年 10 月 1969 年 10 月—1971 年 4 月
革命委员会副主任	孙辅德	离石县	1967 年 4 月—1967 年 10 月
筹委会副主任	李畅清	柳林县	1967 年 10 月—1969 年 3 月
筹委会副主任	薛树泉	柳林县	1967 年 10 月—1969 年 3 月
筹委会副主任	雷化民	平遥县	1967 年 10—1969 年 3 月
筹委会副主任	苏海玉	方山县	1967 年 10 月—1969 年 3 月
筹委会副主任	傅裕民	离石县	1967 年 10 月—1969 年 3 月
筹委会副主任	呼志清	离石县	1967 年 10 月—1969 年 3 月
革命委员会副主任	陈遇春	河北	1969 年 10 月—1971 年 4 月 1971 年 8 月—1973 年
革命委员会副主任	陈迺荣	和顺县	1969 年 10 月—1971 年 4 月
革命委员会副主任	刘福鸿	柳林县	1969 年 10 月—1970 年 4 月
革命委员会副主任	孙辅德	柳林县	1969 年 10 月—1971 年 4 月

续表 19-7

职　务	姓　名	籍　贯	任职时间
革命委员会副主任（主持工作）	佟　喜	内蒙古	1971 年 4 月—1971 年 8 月
革命委员会副主任	郭云卿	沁县	1971 年 7 月—1971 年 8 月
革命委员会副主任	田根栋	昔阳县	1971 年 9 月—1975 年 2 月
革命委员会副主任	张守忠	平遥县	1971 年 10 月—1971 年 12 月
革命委员会副主任	翟仁武	昔阳县	1972 年 4 月—1974 年 9 月
革命委员会副主任、副县长	康丕廉	柳林县	1973 年 10 月—1983 年 10 月
革命委员会副主任	柳廷清	柳林县	1975 年 3 月—1980 年 4 月
革命委员会副主任	任勋禄	离石县	1975 年 8 月—1978 年 3 月
革命委员会副主任	郭裕怀	孝义县	1976 年 10 月—1976 年 12 月
革命委员会副主任、副县长	刘聪英	柳林县	1976 年 10 月—1983 年 12 月
革命委员会副主任	张改梅（女）	太原	1977 年 10 月—1980 年 12 月
革命委员会副主任、副县长	杨凤斌	方山县	1979 年 4 月—1984 年 10 月
副县长	冯　亮	离石县	1981 年 10 月—1984 年 10 月
副县长	王尚清	方山县	1981 年 10 月—1984 年 10 月
副县长	阎永安	方山县	1981 年 10 月—1987 年 10 月
副县长	李振富	黑龙江	1984 年 2 月—1987 年 10 月
副县长	张国钧	离石县	1984 年 2 月—1990 年 5 月
副县长	张都有	万荣县	1986 年 9 月—1990 年 5 月
副县长	贺玉印	柳林县	1987 年 7 月—1990 年 5 月
副县长	赵建平	五寨县	1988 年 12 月—1993 年 6 月
副县长	薛光亮	柳林县	1990 年 5 月—1993 年 6 月
副县长	高崇泰	离石县	1990 年 5 月—1993 年 6 月
副县长	王玉林	柳林县	1990 年 5 月—1998 年 6 月
副县（市）长	冯全清	离石市	1990 年 5 月—2001 年 6 月
副县长	刘振波	汾阳县	挂职 1990 年 5 月—1993 年 6 月
副县（市）长	薛汉光	离石市	1993 年 6 月—1998 年 12 月
副县（市）长	张国彪	柳林县	1993 年 5 月—1998 年 7 月

续表 19-7

职 务	姓 名	籍 贯	任职时间
副县（市）长	武兴亮	灵石县	1993 年 6 月—1998 年 7 月
副市长	吴润金	离石市	1998 年 7 月—2003 年 8 月
副区（市、县）长	冯晋平	离石市	1995 年 8 月—2006 年 6 月
副区（市）长	王香莲	离石市	1998 年 7 月—2006 年 5 月
副区（市）长	高友发	离石市	1998 年 7 月—2011 年 6 月
副市长	陈吕克	临县	挂职 1998 年 7 月—2003 年 8 月
副市长	史志宏	万荣县	挂职 1998 年 7 月—2003 年 8 月
副区（市）长	李小明	原平县	1998 年 8 月—2011 年 6 月
副区（市）长	温挨提	兴县	2000 年 10 月—2008 年 11 月
副区（市）长	王怀清	离石市（区）	2003 年 8 月—2011 年 6 月
副区长	张建国	离石区	2007 年 5 月—2011 年 6 月
副区长	刘俊禄	交口县	2011 年 6 月—2015 年 12 月
副区长	雒永霆	离石区	2011 年 6 月—2015 年 12 月
副区长	郝金光	临县	2011 年 6 月—2015 年 12 月
副区长	张林生	离石区	2011 年 6 月—2015 年 12 月
副区长	杨顺平	临县	2011 年 6 月—2015 年 12 月

乡镇机构

离石最早记载乡村级行政设置始于唐代，全县设有乡 5 个，一乡五百户。后因与周边县多次分合，乡村范围及名称多次变更。明、清两代实行都甲制，县下设置“都”，都下设置“甲”。清代设二坊八都，在城为坊，有宣阜、来安两坊。在乡为都，有东相都、仁城都、太孝都、勤忠都、青门都、泽远都、文北都、同南都。在都下又设所，全县有所 39 个，辖村庄 476 个，有七袁所、田家会所、义居所、营皓所、吴城所、三交所、石村所、归信所、丰相所、小神头所、马于所、李白所、青龙所、柳林所、薛村所、穆村所、长峪所、刘屈所、大庄所、柳城所、车轮所、河郭所、金罗所、长领所、东神所、大武所、店坪所、南相所、峪口所、河庄所、吉家庄所、横泉所、监军庄所、津良所、胡堡所、麻地会所、方山所、王家庄所、赤街所。

民国后，实行区村制，区设区公所，村设村公所。一区为城区，二区为吴城，三区为柳林，四区为碛口，五区为大武。中华人民共和国成立以后，共辖区 10 个，有行政村 84 个，自然村 680 个。第一区驻交口，第二区驻穆村，第三区驻成家庄，第四区驻大武，第五区驻信义，第六区驻吴城，第七区驻城内，第八区驻柳林，第九区驻坪头，第十区驻孟门。

1954 年 2 月，撤销区建置。同年 7 月，离石、方山两县合并后改称离山县，共辖有乡 120 个，有自然村 797 个。

1958 年 10 月，中阳县与离山县合并为离石县，全县由乡村制统一改为人民公社制区划，下辖人民公社 19 个。1959 年 6 月，又将 19 个人民公社调整为 33 个人民公社。同年 10 月，恢复中阳县建制并划出原中阳所属区域后，离石县下属人民公社 21 个。1960 年 4 月，离石县增设城市人民公社。翌年撤销后并入城关人民公社。1961 年 6 月，经晋中专署批准，离石县原 21 个人民公社划分为 34 个人民公社。1965 年 1 月，根据晋中专署批示，新建城关镇、柳林镇。同年 2 月，撤销袁家山公社，新设王家沟公社。至 1971 年 4 月，吕梁地区建立前，离石县下属吴城、小神头、信义等 34 个人民公社，城关、柳林 2 个镇。

1971 年 4 月，吕梁地区成立时，将离石县一分为三。现离石区的前身离石郊区驻离石城关镇，下辖城关、王家沟、田家会、红眼川、信义、阳坡、小神头、吴城 8 个人民公社及城关镇。坪头、西坰人民公社和结绳墕、枣林、交口人民公社则分别由临县和迁驻柳林的离石县（1971 年 7 月改称柳林县）管辖。1971 年 8 月，离石郊区改称离石县，同年 8 月和 10 月，原划归临县的坪头、西坰人民公社和划归柳林县的结绳墕、枣林、交口人民公社改归离石县管辖。至此，离石全县共辖城关、交口、田家会、西属巴、吴城、信义、红眼川、王营庄、小神头、阳坡、王家沟、坪头、枣㻋乡、结绳墕、枣林共 15 个人民公社和城关镇。

1984 年 5 月 12 日，经省人民政府批准，全县改社队制区划为乡（镇）村区划，改建为镇 6 个、乡 9 个、村民委员会 253 个。镇为城关镇、交口镇、田家会镇、西属巴镇、吴城镇、信义镇，乡为红眼川乡、王营庄乡、小神头乡、阳坡乡、王家沟乡、坪头乡、枣㻋乡、结绳墕乡、枣林乡。乡镇领导一般配备有：正科级书记、镇（乡）长各 1 人；副科级的副书记、纪检书记、综治书记、武装部部长各 1 人，副镇（乡）长 2—3 人；股级干部有农业员、水利员、农经员、统计员、企业管理员、计生员、司法员、广播员、民政员、土地员等及团委书记、妇联主任等。

2001 年，离石市撤乡并镇，城关镇和王家沟乡分别改称为城区街道办和城北街道办，王营庄乡并入吴城镇，阳坡、小神头乡并入信义镇，结绳墕乡并入枣林乡，枣㻋乡并入坪头乡。撤并后，全市设 2 个街道、5 个镇、3 个乡。

2004 年 7 月，将原来的城区街道分建为 3 个街道：滨河街道、莲花池街道、凤山街道；交口、田家会、西属巴 3 个镇亦改为交口街道、田家会街道、西属巴街道。

至 2012 年底，离石区辖滨河、莲花池、凤山、城北、交口、田家会、西属巴 7 个街道，吴城、信义 2 个镇，坪头、枣林、红眼川 3 个乡，下属村民委员会 193 个。乡镇领导一般配备：正科级的书记、镇（乡）长或主任各 1 人；副科级的党委副书记、纪检书记、武装部部长各1人，副主任（副镇长、副乡长）4人，党委委员2—3人，组织宣传员1人，人大常委会副主任1人，助理1人；股级干部有财政所所长、办公室主任、农经站主任、统计员、民政助理、水利员、林业员、畜牧站站长、司法所所长、安监员、企业办主任、团委书记、妇联主任、土地员、劳动保障中心主任、信访办主任等。2013年4月，中共离石区委对7个街道内设机构和人员编制做了规定，各街道办内设办事机构3个：党政综合办公室、经济管理办公室和社区事务办公室，保留事业单位2个：综合便民服务中心和计划生育服务站。领导职数设党工委书记1名，兼任人大常委会主任；党工委副书记2名，其中1人兼任街道办主任；纪委书记1名，兼管综治工作；组织宣传员1名，兼管组织、宣传、统战等工作；人武部部长1名，副主任3名，人大工委副主任1名。至2015年底乡镇机构未变。

第四节　施政纪要

1979年至1981年10月

离石县解决一批长期遭到错误处理的问题和其他历史遗留问题。截至1980年10月，全部落实政策797案，处理来信来访案件1592起，对错划的58名右派分子全部纠正，对四类分子287人中267人给予摘帽；给因错清查而动职、免职的68人妥善安排工作。在农业上，离石县全面推行生产责任制。1980年，遭受严重的伏旱，粮食总产量仍达7021万千克，是中华人民共和国成立后第四个丰收年；1980年全县造林2133.33公顷。全县获得科研革新成果120余项，受到地区奖励的4项。同年，为国家输送大专学生54名，中专、中技学生116名，是恢复考试制后最多的一年。

1981年10月至1984年10月

离石县普遍实行家庭联产承包责任制，使农业摆脱长期徘徊不前的困境，实现持续稳定的发展。1983年，农业总产值达2428万元，农业总收入达1511万元。1983年，全县共集资61.23万元修建校舍，添置教学用具，教学条件有较大改善。1983年获得科技成果13项，其中1项获得省一等推广奖；推广技术新成果6项。截至1984年9月底，全县有专业户、重点户7325户，有各种联合体310个，从业人员1585人。劳力开始由单项投入转为多项投入，由种植业向工副业生产和流通领域转移，有12100户、16700个劳力由种植业转向工业、农副产品加工业、劳务运输业和商业服务业。全县治理荒山、荒坡、荒沟、荒滩，面积达16666.6公顷，占“四荒”总面积的61%。

1984年10月至1987年7月

3年累计造林22446.67公顷。3年共新建梯田476.27公顷，筑大型沟坝4座、河坝11000米，新造滩地、坝地299.07公顷，新建水渠10820米，新建灌溉工程5处，新增水地60公顷，发展养鱼水面30公顷。粮食和经济作物的种植比例稳定在75 ∶ 25左右。畜牧业在千家万户零星发展的基础上建立具有一定规模的小牧场。县乡两级采取多渠道集资的办法，3年共集资573.84万元，平均集资额比1983年增长212.4%。成人教育经省政府验收，达到基本无盲县的标准。1986年，全县乡镇企业达到上级规定标准的有972个，从业人员6339人。

1987年7月至1990年5月

3年共新增乡镇企业337个，乡镇企业总产值增长92.9%；造林面积每年保持在5万亩左右，保存率基本稳定在70%以上，经济林的年营造面积占到造林总面积的近50%。完成建设东关大街，拓宽城区东北两道出口，建设凤山公园，新建七里滩大桥，续建城区供水一期工程、进行二期供水工程勘探等几十项工程，并对城区的公共交通、环境卫生、网点设置等进行综合整治，市容市貌发生新的较大的变化。改造和加修县乡等级公路101千米，城区新建和扩建学校5所，新建教学楼8座。

1990年5月至1993年6月

3年先后新建交口商业大街、永宁东路商业开发区、供销大厦、东风市场、二轻商场等商品交易市场，总投资6000余万元，总建筑面积10余万平方米；先后完成小神头至交城米家庄8千米和刘家湾至大土河8千米公路的建设，马茂庄至枣林村10千米油路的铺设，积极开展了城区绿化、凤山公园建设和自来水二期工程前期准备工作。承担省地科研星火项目11项，8项获得成功。通过各种渠道筹集教育资金1091万元，新建校舍32073平方米，维修校舍19385平方米，添置课桌、凳9334套，购置教学仪器11086件、图书9万册。完成离石县志编纂工作，组建离石县调频广播电台。

1993年6月至1996年5月

1995年，累计拍卖“四荒”面积12333.33公顷，治理面积7666.67公顷，占到拍卖面积的62%；全年铺开各类农建工程463处，其中万亩以上综合工程5处、千亩机修工程8处；新增基本农田2330公顷，改善耕地140公顷，完成造林4400公顷，被省委、省政府评为农田水利基本建设先进县，夺取了农建“吕梁杯”竞赛一等奖。全年筹集资金2480万元，新建等级公路5段18.9千米。新建一座长96米、宽20米的永宁大桥，铺设前进街、南关街道路工程，改造滨河南路东段、团结路、凤山路3条街道，高标准绿化凤山南坡、滨河北路东段和西段、滨河南路东区4个片区，东川河水上市场一期工程完成，二期工程如期竣工。新建改建校舍39所，购置课桌凳6408套。投资100万元，当年建成石州电视台。完成人畜饮水工程31处，城区电话装机容量达1万门，新建电视差转台7座，卫星电视地面接收装置120台。

1996年6月至1998年7月

全市实现镇通油路、乡通公路、村通机动车的目标。3年间，改造城区一环路，开通城区二环路，延伸滨河南路，拓宽南关大街，打通城区4个公路出口，新建成永宁桥、石州桥、三川河大桥等7座桥梁。凤山南坡、虎山东坡、内一环路、滨河公园等4个片区和10条街实现绿化。供销大厦、粮贸大厦、兴隆商厦、水上市场等商贸中心陆续建成。以大土河煤焦集团、聚富焦化有限公司、粮裕焦化厂等为龙头的一批骨干企业形成。

1998年7月至2003年8月

大土河煤焦集团60万吨、煤气公司20万吨、中吕公司一期30万吨3个大机焦项目相继建成投产。5年中，新建荣宁农贸市场、港宁装饰城、西崖底农畜产品批发市场、贵都购物广场、吕梁大酒店、东江大酒店、新世纪大酒店等一批规模较大的商贸、餐饮服务设施，涌现出开新宇超市、伟宇厨具、同仁康大药店、东江大酒店、吕梁大酒店等一批有较高知名度的品牌企业。5年累计投入资金8.4亿元用于城市建设，拓宽滨河南北两路、永宁中路、永宁西路、建设北街，新建长治路、龙凤大桥，延伸龙凤南大街。建成世纪广场、市民广场、水西生态园、龙凤小区、新华小区。完成“三山”绿化233.33公顷。形成离石城市的基本框架和特色。全市改扩建校舍214所，新增面积10万平方米。

2003年8月至2007年5月

4年利用国家项目资金9970万元，改建道路110千米。“村村通”工程1240千米。造林14000公顷。建成人畜饮水工程45处、新变电站3所。

2007年5月至2011年6月

4年完成新农村试点村8个、重点村35个的建设，实施西茂线、滴瓦线和“通达通畅”工程，全区公路密度达65.34千米/百平方米。4年投资3.15亿元，新建、改扩建学校8所；扩建区人民医院。

2011年6月至2015年12月

5年累计完成投资367.59亿元，规划实施项目176个，建成现代化矿井9对；晋能热电联产、天河二号云计算中心、高射速注塑成型机等骨干转型项目开工建设，太原铁路局综合服务项目、中科泰能镍碳电容电池等好项目、新项目相继落地；居然之家、嘉润国际、美特好、泰和商贸等知名企业成功入驻。实施“百企千村”扶贫行动，形成东江、康家岭等新型扶贫模式，贫困人口减少26250人。参与吕梁新区建设，依法征收拆除房屋63万平方米，征收土地733.33公顷，吕梁大道、河道整治、便民服务中心等重点市政工程取得重大进展，新区框架基本形成。离石区被住建部、科技部确定为国家级智慧试点城市，全面拉开了“智慧离石”建设大幕。淘汰落后焦化产能42万吨，取缔燃煤小土锅炉1200台，报废黄标车、老旧机动车5887辆。5年教育投入累计4亿多元，新建中小学5所，改扩建城乡幼儿园40所。新建各类保障性住房11350套，发放廉租房补贴4761万元，改造农村危房3698户，有效解决困难群众的住房问题。

第三章　政协地方组织

第一节　政协委员

离石县政协第一届委员会委员

1981 年夏，离石县委常委会会议召开，专门研究离石县政协的筹建工作，成立由县委常委、组织部部长雒品三为组长的政协筹备组，确定离石县政协界别设置 13 个。经县委常委会会议议定，离石县政协第一次会议设委员 33 人（县 27 人、地 6 人），其中中共党员 16 人，占 48.5%；非党 15 人，占 45.5%。民主人士 2 人，占 6%。有届别 14 个：中国共产党 4 人、民盟 2 人、爱国民主人士 2 人、工会 2 人、共青团 2 人、妇联 2 人、教育界 4 人、文艺界 2 人、工商界 2 人、技术界 3 人、医务界 3 人、农界 3 人、宗教界 2 人、少数民族 1 人。首届第二次会议增补委员 1 名。

离石县政协第二届委员会委员

离石县政协第二届委员会委员共 58 人，有届别 14 个：中国共产党 5 人、无党派民主人士 3 人、工会 2 人、共青团 2 人、妇联 2 人、教育界 5 人、科技界 9 人、农林界 6 人、医卫界 6 人、文艺界 3 人、体育界 2 人、宗教界 1 人、少数民族 1 人、特邀人士 11 人。

离石县政协第三届委员会委员

离石县政协第三届委员会委员共 65 人，有届别 14 个：中国共产党 6 人、无党派民主人士 2 人、工会 3 人、共青团 4 人、妇联 4 人、教育界 8 人、科技界 8 人、农林界 8 人、医卫界 6 人、文艺界 3 人、体育界 2 人、宗教界 1 人、少数民族 1 人、特邀人士 9 人。

离石县政协第四届委员会委员

离石县政协第四届委员会委员共 71 人，有届别 16 个：中国共产党 8 人、无党派民主人士 2 人、工会 4 人、共青团 3 人、妇联 4 人、工商联 6 人、教育界 9 人、科技界 10 人、农林界 6 人、医卫界 3 人、文艺界 3 人、体育界 2 人、宗教界 1 人、社会救济福利团体 1 人、少数民族 1 人、特邀人士 8 人。

离石县政协第五届委员会委员

离石县政协第五届委员会委员共 75 人，有届别 17 个：中国共产党 8 人、无党派民主人士 2 人、工会 3 人、妇联 3 人、共青团 3 人、工商联 4 人、科学技术协会 1 人、教育界 8 人、科技界 6 人、文艺界 4 人、农林界 5 人、体育界 2 人、医卫界 4 人、宗教界 1 人、少数民族 1 人、经济企业界 10 人、特别邀请人士 10 人。

离石市政协第一届委员会委员

离石市政协第一届委员会委员 83 人，有届别 18 个：中国共产党 8 人、无党派民主人士2人、工会3人、妇联3人、共青团3人、工商联8人、科学技术协会1人、教育界8人、科技界7人、文艺界6人、农林界5人、体育界2人、医卫界4人、宗教界1人、社会救济福利界1人、少数民族1人、经济企业界10人、特邀人士10人。

离石市政协第二届委员会委员

离石市政协第二届委员会委员共85人，有届别18个：中国共产党7人、无党派民主人士2人、工会2人、妇联4人、共青团4人、工商联10人、科学技术协会1人、教育界5人、科技界6人、文艺界6人、农业界5人、体育界1人、医卫界5人、宗教界1人、社会救济福利界1人、少数民族1人、经济企业界10人、特邀人士14人。

离石区（市）政协第三届委员会委员

离石区（市）第三届委员会委员共145人，有届别18个：中共界11人、无党派民主人士2人、工会8人、妇联9人、共青团7人、工商联16人、科学技术协会3人、教育界10人、科学技术界9人、文化艺术界9人、农业界11人、体育界1人、医卫界8人、宗教界3人、社会福利和社会保障界4人、少数民族1人、经济企业界17人、特邀人士16人。

离石区政协第四届委员会委员

离石区政协第四届委员会委员共170人，有届别15个：中共界11人、无党派界3人、工会界6人、共青团界12人、妇联界11人、工商联界24人、科协科技界10人、文化艺术界9人、农业界11人、教育和体育界16人、医卫界7人、民族和宗教界3人、社会福利和社会保障界4人、经济企业界25人、特邀界18人。

离石区政协第五届委员会委员

离石区第五届委员会委员共184人，有届别22个：中共界12人、无党派界3人、工会界3人、民革界1人、民盟界6人、民进界6人、民建界3人、农工民主党4人、民族宗教界6人、共青团界9人、妇女界8人、工商联界一组17人、工商联界二组14人、经济企业界21人、科技界4人、文化艺术界11人、农业界9人、教育和体育界12人、医卫界10人、社会福利和社会保障界6人、新闻界6人、特邀界16人。

第二节　全体会议

政协离石县第一届委员会

第一次会议　1982年2月17—19日在县城召开，出席委员33名。县委、人大、政府主要领导与中共吕梁地委统战部部长温良信出席会议。县委书记郭裕怀作政治报告，温良信部长作重要讲话，分组学习讨论《县第七届人民代表大会的政府工作报告和财政预决算报告、法院工作报告、检察院工作报告》。会议选举政协离石县第一届委员会主席王书仁，副主席刘恩明、肖汉民、李培源，秘书长白金云和常委委员共10人。会议通过各项决议。

第二次会议　1983年3月26—31日在县城召开，出席委员34名。县政协主席王书任致开幕词，县委副书记张德芳、地委统战部部长温良信到会并讲话。会议听取和审议副主席李培源作的一届一次会议后常务委员会工作和1983年工作计划的报告，听取讨论刘恩明副主席作的《关于一届一次会议后提案办理情况的报告以及本次会议提案审查报告》。列席离石县七届二次人民代表大会，听取政府工作报告和其他相关报告。会议增选郭恩民为县政协秘书长，通过各项决议。

政协离石县第二届委员会

第一次会议　1984年11月27—29日在县城召开。出席委员58名。会议听取中共离石县委副书记、县长李守智的讲话和政协离石县首届常务委员会工作报告。学习讨论中共中央《关于经济体制改革的决定》和《中国人民政治协商会议章程》。与会委员列席离石县八届人大一次会议，听取和讨论《政府工作报告》及其他报告。会议选举王书仁为政协离石县第二届委员会主席，高候英、费书林、李培源、李增春为副主席，赵焕哉为秘书长，选出常务委员15人。会议通过各项决议。

第二次会议　1985年5月25—28日在县城召开，出席委员58名。县政协主席王书仁主持会议，并传达贯彻山西省政协五届三次会议精神，县委书记李守智、中共吕梁地委统战部副部长王瑜到会祝贺并讲话。副主席高候英作县政协二届一次会议后常务委员会工作报告，副主席李培源作县政协二届一次会议后提案工作情况的报告。与会委员列席县八届二次人大会，听取政府工作报告和其他报告。会议补选李增春为县政协常委，通过各项决议，县政协副主席李增春致本次大会闭幕词。

第三次会议　1986年5月25—28日在县城召开，出席委员57名。会议听取讨论县委书记李守智讲话，县政协副主席、县统战部部长高候英传达省政协五届四次会议精神，听取副主席费书林、李增春、李培源分别作的政协常务委员会工作报告，二届二次会议后提案工作报告和本次会议提案审查报告。与会委员列席八届人大三次会议，听取和讨论代县长王初颂作的离石县“七五”计划的报告和其他报告。听取县政协主席王书仁和省委统战部一处处长商庆武的讲话。会议选举马如骏为县政协副主席，通过各项决议。

政协离石县第三届委员会

第一次会议　1987年7月19—23日在县城召开，出席委员65名。会议听取中共离石县委书记李守智和中共吕梁地委统战部部长张梦文的讲话，听取并审议《政协离石县第二届常务委员会工作报告》《政协离石县二届三次会议后提案工作情况报告》以及本次会议提案审查情况的报告。与会委员列席县九届一次人代会，听取和讨论县长王初颂所作的《政府工作报告》和其他报告。选举政协离石县第三届委员会主席冯亮，副主席高候英、鲁志圣、徐其祥、沈昌隆、马如骏，秘书长赵焕哉及常委6人。会议还学习政协章程和中央领导习仲勋、阎明复的讲话，传达省委统战工作会议精神，通过给荣退的二届县政协委员的致敬信，通过各项决议。

第二次会议 1988年4月25—27日在县城召开，出席委员63名。会议由县政协主席冯亮主持，副主席高候英致开幕词。会议听取和审议冯亮主席作的《常务委员会工作报告》和副主席马如骏作的《提案工作情况的报告》。与会委员列席县九届三次人代会，听取和讨论《政府工作报告》和其他报告。会议补选任庆余为县政协副主席，通过各项决议。县委书记李守智到会并作重要讲话。

政协离石县第四届委员会

第一次会议 1990年5月27—31日在县城召开，出席委员70名。中共离石县委书记李守智，中共吕梁地委统战部副部长程玉珍到会作重要讲话。会议听取并审议《政协离石县第三届委员会常务委员会工作报告》《政协离石县三届三次会议后提案工作情况的报告》及本届一次会议提案审查报告。与会委员列席县第十届人民代表大会第一次会议，听取讨论了县长王初颂作的《政府工作报告》及其他报告。学习讨论了《中共中央关于坚持和完善中国共产党领导的多党合作和政治协商制度的意见》和《政协全国委员会关于政治协商、民主监督的暂行规定》，选举政协离石县第四届委员会主席贺玉印，副主席高候英、鲁志圣、徐其祥、任庆余、薛俊明。秘书长赵焕哉及常委8名。

第二次会议 1991年4月25—27日在县城召开，出席委员68名。县政协主席贺玉印主持会议并作四届一次会议后常务委员会工作报告，副主席高候英作《四届一次会议后提案工作情况的报告》，副主席徐其祥作《本次会议提案审查情况的报告》。列席县十届二次人代会，听取讨论王初颂县长作的《政府工作报告》和其他报告。会议增选常委1名，增选王泽生为县政协秘书长，通过各项决议。

第三次会议 1992年5月6—8日在县城召开，出席委员61名。县政协主席贺玉印主持会议，县委副书记郭其到会讲话，副主席高候英作常务委员会工作报告。副主席任庆余作《四届二次会议后提案工作情况的报告》，副主席鲁志圣作《本次会议提案审查情况的报告》。与会委员列席县十届三次人代会。听取和讨论副县长赵建平作的《政府工作报告》和其他报告。会议学习讨论中共中央〔1992〕2号文件，传达全国政协七届五次会议精神和省政协六届五次会议精神。14名委员进行大会发言。会议通过各项决议。

政协离石县第五届委员会

第一次会议 1993年6月27日至7月1日在县城召开，出席委员75人。会议听取讨论县委书记黄进明的讲话，听取并审议通过《政协离石县第四届委员会常务委员会工作报告》，《提案工作情况报告》及本次会议提案征集和审查情况的通报。与会委员列席了县十一届一次人代会，听取和讨论县长李德芳作的《政府工作报告》及其他报告。会议选举产生离石县第五届委员会：主席贺玉印、副主席高候英、鲁志圣、徐其祥、傅明元、薛恩德。秘书长王泽生，常务委员20名。会议通过各项决议。

第二次会议 1994年4月18—20日在县城召开，出席委员81名。县政协主席贺玉印致开幕词，县委书记黄进明到会并讲话，鲁志圣副主席作《常务委员会工作报告》，傅明元副主席作《五届一次会议后提案工作情况的报告》，徐其祥副主席作《本次会议提案征集和审查情况的报告》。与会委员列席县人大十一届二次会议，听取和讨论李德芳县长作的《政府工作报告》和其他报告。会议增选贾廷亮、高秀莲为县政协常委。会议通过各项决议。

第三次会议 1995年4月25—27日在县城召开，出席委员79名。会议由县政协副主席高候英致开幕词，县委书记黄进明讲话，贺玉印主席作《常务委员会工作报告》，副主席傅明元作《提案工作情况的报告》，副主席徐其祥作《本次会议提案征集和审查情况的报告》。与会委员列席县十一届三次人代会，听取讨论李德芳县长作的《政府工作报告》及其他报告。会议通过各项决议。

政协离石市第一届委员会

第一次会议 本次会议，因离石县于1996年5月撤县设市，故政协离石县第五届委员会改称政协离石市第一届委员会。1996年6月20—22日，政协离石市第一届委员会第一次会议在城区召开，出席委员80名。市委、市人大、市政府、市纪检委及地委统战部主要领导出席会议。中共离石市委副书记刘太成和中共吕梁地委统战部部长程玉珍到会并讲话。会议听取并审议《在政协离石市第一届委员会第一次会议上的工作报告》《关于县政协五届三次会议后提案工作情况的报告》及本次会议提案征集和审查情况的通报。与会委员列席市人大一届一次会议，听取并讨论了市长李德芳作的《政府工作报告》及其他报告。会议通过各项决议。

第二次会议 1997年4月14—16日在城区召开，出席委员79名。副主席高候英主持会议并致开幕词，市委书记黄进明讲话，政协吕梁工委主任郝有亮到会祝贺讲话。主席贺玉印作《常务委员会工作报告》，副主席鲁志圣作《提案工作情况的报告》，副主席徐其祥作《本次会议提案征集和审查情况的通报》。与会委员列席市人代一届二次会议，听取并讨论市长李德芳作的《政府工作报告》及其他报告。会议同意接受贺玉印辞去市政协主席职务的请求，改选高候英为离石市政协主席。会议通过各项决议。

政协离石市第二届委员会

第一次会议 1998年7月24—28日在城区召开，出席委员85名。市委、市人大、市政府、市纪检委主要负责人及吕梁地区政协工委领导应邀出席会议。中共离石市委书记吴志国到会作重要讲话。吕梁地区政协工委副主任王立安到会祝贺并讲话。会议听取审议《政协离石市第一届委员会常务委员会工作报告》《政协离石市第一届委员会提案委员会工作报告》及本次会议提案征集和审查情况的通报。与会委员列席市人大二届二次会议，听取代市长张国彪作的《政府工作报告》和其他报告。14名委员作大会发言。会议选举产生离石市第二届委员会：主席高候英，副主席穆拴清、田永强、刘本旺、成锡锋，名誉主席薛恩德、侯德虎，秘书长吴吉明，常务委员13名。会议通过各项决议。

第二次会议 1999年4月25—28日在城区召开，出席委员83名。田永强副主席致开幕词，市委书记吴志国到会讲话，市政协主席高候英作《常务委员会工作报告》，副主席穆拴清作《提案工作情况的报告》，副主席刘本旺作《本次会议提案征集和审查情况的报告》。与会委员列席市二届二次人代会，听取市长张国彪作的《政府工作报告》和其他报告。会议由15名委员进行大会发言。会议通过各项决议。

第三次会议 2000年3月31日至4月2日在城区召开，出席委员90名。政协吕梁工委主任郝有亮、离石市委书记吴志国到会并讲话，市政协主席高候英作《常务委员会工作报告》，副主席穆拴清作《提案工作情况报告》。与会委员列席市二届三次人代会，听取市长张国彪作的《政府工作报告》和其他报告。会议期间，表彰奖励优秀提案，先进承办单位和个人，优秀信息员，对全体委员进行社情民意知识培训。会议通过各项决议。

第四次会议 2001年7月13—16日在城区召开，出席委员92名。政协吕梁地区工委副主任王立安，市委书记吴志国到会并讲话，市政协主席高候英作《常务委员会工作报告》，副主席穆拴清作《提案工作情况的报告》。与会委员列席市人大二届四次会议，听取并讨论市长张国彪作的《政府工作报告》和其他工作报告，讨论离石市国民经济和社会发展第十个五年计划纲要。会议通过各项决议。

第五次会议 2002年4月7—9日在城区召开，出席委员98名。政协吕梁地区工委副主任王立安、副市长薛汉光到会并讲话，市政协主席高候英作《常务委员会工作报告》，副主席穆拴清作《提案工作情况的报告》。与会委员列席市人大二届五次会议，听取并讨论市长张国彪作的《政府工作报告》和其他报告。会议通过各项决议。

政协离石区（市）第三届委员会

第一次会议 2003年8月26—30日在城区召开，出席委员126名。市委、市人大、市政府领导及政协吕梁地区工委领导应邀出席会议。中共离石市委书记刘保明、吕梁地区政协工委副主任王立安到会讲话，会议听取审议《市政协常务委员会工作报告》和《市政协二届委员会提案工作报告》。与会委员列席市人大三届一次会议，听取讨论市长张国彪作的《政府工作报告》及其他报告。会议选举高候英为主席，选举田永强、李爱国、刘本旺、李新为副主席。会议期间，进行委员大会发言。会议通过各项决议。

第二次会议 2004年6月12—15日在城区召开，出席委员126人，离石区委、区人大、区政府领导应邀参加会议。这次大会是在吕梁撤地设市，离石撤市改区的特殊时期召开的，中共离石区委书记刘保明到会讲话。区政协主席高候英作题为《求真务实、开拓奋进，努力把我区政协工作提高到新的水平》的常委会工作报告，副主席李爱国作《政协离石区第三届委员会常务委员会关于市政协三届一次会议后提案工作的报告》。与会委员列席离石区第三届人民代表大会第二次会议，听取并讨论区长刘广龙作的《政府工作报告》及其他报告。会议通过各项决议。

第三次会议　2005年4月24—27日在吕梁宾馆大会议厅召开，出席委员143名。离石区委书记刘保明到会并讲话，主席高候英作《常务委员会工作报告》，李爱国副主席作《提案工作情况的报告》；列席区三届三次人代会，听取讨论刘广龙区长作的《政府工作报告》和其他报告。会议补选闫继勤、任丽梅为副主席，通过各项决议。

第四次会议　2006年7月15—18日在吕梁国际宾馆召开。中共离石区委书记刘云晨到会并讲话，区政协主席高候英作《常委会工作报告》，副主席李爱国作《提案工作情况的报告》。与会委员列席区人大三届四次会议，听取讨论刘广龙区长作的《政府工作报告》及其他报告，协商讨论离石区“十一五”经济与社会发展规划纲要（草案）。会议通过各项决议。

政协离石区第四届委员会

第一次会议　2007年5月14—18日在吕梁国际宾馆召开，出席委员111人。中共离石区委书记刘云晨到会并讲话。会议听取并审议《政协吕梁市离石区三届委员会常务委员会工作报告》《政协吕梁市离石区三届委员会提案工作报告》。与会委员列席区人大四届一次会议，听取并讨论区长刘广龙作的《政府工作报告》及其他报告。会议选举冯晋平为区政协四届委员会主席，李爱国、李新、任丽梅、成维铁为副主席，马卫江等22人为常务委员。会议通过各项决议。

第二次会议　2008年6月24—27日在吕梁国际宾馆召开，出席委员141名。区委书记刘云晨到会并讲话，区政协主席冯晋平作《常委会工作报告》，副主席李爱国作《提案工作情况的报告》。与会委员列席区人大四届二次会议，听取讨论刘广龙区长作的《政府工作报告》和其他报告。会议增选政协常委7人，通过各项决议。

第三次会议　2009年5月31日至6月4日在吕梁国际宾馆召开。区委书记刘云晨到会并讲话，区政协主席冯晋平作《常委会工作报告》，副主席成维铁作《提案工作情况的报告》。与会委员列席区人大四届二次会议，听取讨论郭保区长作的《政府工作报告》和其他报告。视察区转型发展工程项目，组织委员到安国寺造林基地义务劳动。会议增选区政协常委，通过各项决议。

第四次会议　2010年4月17—21日在吕梁国际宾馆召开。区委书记王彤宇到会并讲话，区政协主席冯晋平作《常委会工作报告》，副主席成维铁作《提案工作情况的报告》。与会委员列席区人大四届三次人代会，听取讨论区长薄宇新作的《政府工作报告》和其他报告。会议选举贾廷亮为区政协名誉主席，张子玉、李新民为名誉副主席，侯永强为区政协秘书长。会议期间邀请省政协原副主席吕日周给全体委员作理论学习讲座。会议通过各项决议。

政协离石区第五届委员会

第一次会议　2011年6月22—26日在吕梁国际宾馆召开，出席委员184人。吕梁市政协副主席刘本旺，离石区委、区人大、区政府领导应邀出席会议。中共离石区委书记王彤宇到会并讲话。区政协主席冯晋平作题为《履职尽责、凝心聚力，为打造四新离石、建设幸福家园共同奋斗》的常委会工作报告，副主席高友发作《政协吕梁市离石区第四届委员会常务委员会关于提案工作情况的报告》。与会委员列席了区五届人大一次会议，听取并讨论区长薄宇新作的《政府工作报告》《离石区国民经济和社会发展第十二个五年规划纲要（草案）》和其他报告，会议期间，全国知名教授李金河为区四大班子领导、全体委员及区直单位主要负责人作专题讲座。会议选举冯晋平为区政协五届委员会主席，成维铁、高友发、李新、任丽梅为副主席，侯永强为秘书长，马卫江等为常务委员。会议通过各项决议。

第二次会议 2012年3月19—22日在吕梁国际宾馆召开。区委书记王彤宇到会讲话，区政协副主席成维铁作《常委会工作报告》，副主席高友发作《提案工作情况的报告》。与会委员列席区五届二次人代会，听取讨论区长薄宇新作的《政府工作报告》和其他报告。会议通过各项决议。

第三次会议 2013年4月14—17日在吕梁国际宾馆召开。区委书记阎刚平到会讲话，区政协主席冯晋平作《常委会工作报告》，副主席高友发作《提案工作情况的报告》。与会委员列席区五届三次人代会，听取讨论区长吕文平作的《政府工作报告》和其他报告。会议通过各项决议。

第四次会议 2014年3月25—26日在吕梁国际宾馆召开。区委书记阎刚平到会讲话，区政协主席冯晋平作《常委会工作报告》，副主席高友发作《提案工作情况报告》。与会委员列席区五届四次人代会，听取讨论吕文平区长作的《政府工作报告》和其他报告。会议通过各项决议。

第五次会议 2015年5月24—27日在吕梁国际宾馆召开。中共吕梁市委常委、离石区委书记常书铭到会讲话，区政协主席冯晋平作《常委会工作报告》，副主席高友发作《提案工作情况报告》，与会委员列席区五届五次人代会，听取讨论区长吕文平作的《政府工作报告》。会议通过各项决议。

第三节 常委会会议

政协离石县第一届委员会常务委员会会议

1982年4月27—29日，县政协常委会（扩大）会议召开，学习讨论《中华人民共和国宪法修改草案》，传达贯彻省委统战工作会议精神，研究布置开创工作新局面的具体任务。

1983年12月26日，县政协常委会（扩大）会议召开，纪念毛泽东同志90周年诞辰。

1984年5月7—9日，县政协常委会（扩大）会议召开，县政协主席王书仁主持并传达省政协五届二次全委会议精神，副主席高候英传达地委在岚县召开组建政协现场会议的精神。

政协离石县第二届委员会常务委员会会议

1984 年 11 月 30 日，县政协二届一次常委会会议召开，对县政协副秘书长和机构设置及人员配备问题进行讨论，决定县政协组织机构设置是“一室、三委、七个工作组”。

1985 年 5 月 16 日，县政协常委会会议召开，确定二届二次会议的有关具体事宜。

同年 7 月 19 日，县政协常委会会议召开，传达贯彻吕梁地区各界人士为“四化”服务经验交流会议的精神。

1986 年 8 月 5 日，县政协常委会会议召开，学习中央办公厅中办发〔1986〕17 号文件转发中央统战部《关于海外统战工作座谈会情况的报告》，讨论通过县政协前半年工作总结。

同年 10 月 30 日，县政协常委会（扩大）会议召开，传达全区政协工作经验交流会议精神，研究文史资料出版工作，总结近期工作情况。

1987 年 6 月 29 日，县政协常务会议召开，讨论县政协常委会工作报告，提案工作报告和下届政协委员名单。

政协离石县第三届委员会常务委员会会议

1987 年 7 月 30 日，县政协三届一次常委会会议召开，讨论通过副秘书长名单，“三委九组”名单和主席分工，研究县政协后半年的工作计划。

1988 年 6 月 16 日，县政协常委会（扩大）会议召开，传达地委统战工作会议精神，讨论出席地委统战部各界人士为“四化”服务交流会人选。

1989 年 8 月 24 日，县政协常委会（扩大）会议召开，学习传达县委、县政府关于彻底清理，坚决打击制造动乱犯罪分子的工作方案等 9 个文件。

政协离石县第四届委员会常务委员会会议

1990 年 12 月 19 日，县政协常委会（扩大）会议召开，传达贯彻全区政协主席、统战部长会议精神。在该次会议上，离石县政协被评为先进集体。

1991 年 6 月 24—25 日，县政协四届十四次常委会（扩大）会议召开，集中研究讨论全县工业企业、乡镇企业存在的问题及对策。会后，县政协以〔1991〕6 号文件发出关于离石工业发展状况的调查报告。

1992 年 2 月 24 日，县政协四届十九次常委会（扩大）会议召开，传达贯彻地区群英会、县三干会和省政协学委会学习工作座谈会精神。

政协离石县第五届委员会常务委员会会议

1993 年 8 月 23—24 日，县政协五届二次常委会会议召开，传达学习中央文件及省、地委会议精神，听取县委书记黄进明关于全县工作情况的通报，讨论和安排县政协下一步的工作。同年 9 月 28 日，县政协五届三次常委会会议召开，听取纪委书记侯振华通报“县委关于反腐败斗争的安排部署”。

1994年4月12日，县政协五届六次常委会会议决定吸收孟玉玲等6人为县政协委员。至此，该届县政协委员增至81名。1996年1月5日，县政协召开五届十四次常委会（扩大）会议，传达省委关于机构改革的文件和省政协七届十五次常委会精神。县长李德芳通报1995年工作情况，纪检委书记侯振华征求关于民主集中制、组织纪律方面的意见，向各界人士征求社情民意等。

政协离石市第一届委员会常务委员会会议

1997年4月9日，市政协一届五次常委会会议召开，讨论《政府工作报告》（草稿）；协商市政协主要领导的人事变动，一致同意地委统战部关于高候英任政协离石市委员会主席职务的提名。1998年7月3日，市政协召开一届十五次常委会会议，研究讨论市政协换届会议的有关事宜。

政协离石市第二届委员会常务委员会会议

1998年12月2日，市政协召开二届四次常委会（扩大）会议，讨论通过市政协开展专题调研的5篇调研报告，即《关于在全市推广实施七万亩地膜覆盖玉米规模种植的调查与思考》《关于发展快速养猪的调查报告》《关于离石市笼养鸡产业化发展的调查报告》《关于在我市西部山区、东部山区实施红枣林带、核桃林带覆盖的调查报告》《关于我市国有企业下岗职工及贫困职工情况的调查报告》。会后，市政协以离协发〔1998〕7号文件报送地区政协工委和市委、市政府。

1999年7月2日，市政协二届十二次常委会（扩大）会议召开，决定就农业产业化的实施情况进行跟踪调研。在8月7日召开的市政协二届十四次常委会（扩大）会议上，讨论通过关于农业产业化的4篇调查报告，确定农业视察的方式和内容并就筹备人民政协成立50周年座谈会、联欢晚会等事宜进行研究。同年11月22日，市政协召开二届十八次常委（扩大）会议，市教委党委书记、副主任王光明给政协常委和参加教育视察的委员通报全市1999年教育工作情况，

2001年7月6日，市政协常委会（扩大）会议召开，市政府对市政府工作报告征求意见并对“十五”计划（讨论稿）与政协协商。

2002年4月2日，市政协常委会（扩大）会议召开，有13名委员对《政府工作报告》提意见和建议32条。

区（市）政协第三届委员会常务委员会会议

2004年2月26日，离石市政协召开三届四次常委会（扩大）会议召开，传达贯彻省政协九届二次会议和省人大十届二次会议精神，讨论通过市政协《关于委员履行职能的考核方案》。同年5月13日，市政协召开三届九次常委会（扩大）会议，专题讨论撤市设区后的《政府工作报告（征求意见稿）》，有11名委员对今后本市的经济社会发展提出意见建议31条。

同年7月20日，离石区政协三届十四次常委会（扩大）会议召开，传达学习贯彻吕梁市第一次党代会、一届一次人代会、一届一次政协会会议精神。

2005年3月18日，区政协三届十八次常委会（扩大）会议召开，传达贯彻区委工作会议精神，研究讨论2005年区政协工作要点，安排部署区政协三届三次全委会议前的调研工作，通报区政协机关开展保持共产党员先进性教育活动第一阶段的情况。

同年8月24日，区政协三届二十三次常委会（扩大）会议召开，传达全国政协主席贾庆林在政协全国委员会常务委员会第十次会议上的讲话精神和全省文史资料工作会议精神，介绍离石区“十一五”规划的编制情况，通报向吕梁市政协申报扶贫助学对象工作情况和区政协为纪念抗日战争胜利60周年编印山西离石文史资料第七辑（李效黎、李效民专辑）的情况。

2006年5月26日，区政协常委会（扩大）会议召开，传达贯彻吕梁市政协一届三次会议精神，学习中共山西省委办公厅《关于学习贯彻中共中央关于加强人民政协工作的意见的通知》，并就吕梁市政协办公厅关于号召全市政协委员为推进市“三大工程”建设建言献策的征稿通知做了要求部署。

政协离石区第四届委员会常务委员会会议

2007年9月15日，区政协四届三次常委会会议召开，学习党内参考片《居安思危》，传达胡锦涛总书记在《全国统战部长工作会议上的讲话》精神，并就基层视察调研情况进行了汇报。

2010年3月19日，区政协四届十八次常委会（扩大）会议召开，围绕贯彻落实区委工作会议精神进行讨论和协商，形成贯彻落实的实施意见。同年6月10日，四届十九次常委会议召开，讨论、安排、组织开展百名教师巩固江阴成果座谈会。会后，政协领导用3天时间召开座谈会5次，听取百名教师对巩固学习江阴教育成果的发言，并形成座谈会议纪要和书面报告。

政协离石区第五届委员会常务委员会会议

2013年4月12日，区政协五届八次常委会会议召开，审议通过区政协五届三次会议议程和日程草案等。2014年3月23日，区政协五届十二次常委会会议召开，讨论并通过五届四次全委会议相关事项。2015年5月22日，区政协五届十八次常委会会议召开，协商、审议、讨论《政府工作报告》、计划报告、财政报告及区政协五届五次全委会议的相关事宜。

第四节　主要工作

委员学习

县政协一届委员会制定分组、定点、定期学习制度，规定每月16日为委员集中学习时间。

1982年6月16日，县政协召开全体委员学习座谈会。学习《中国人民政治协商会议—统一战线的重要组织形式》和《关于新时期人民政协的性质、特点和任务》两篇文章。同年7月16日，县政协召开政协委员学习讨论会，学习和讨论宪法修改章程的辅导报告，并于19日发出离协办〔1982〕4号文件《政协委员学习讨论宪法修改章程的情况报告》。同年8月25—26日，县政协组织委员到晋祠、玄中寺、刘胡兰纪念馆参观学习。同年9月16日，县政协召开学习讨论会，学习党的十二大文件。同年11月16日，县政协组织全体委员学习党的农村经济政策。

1983年8月16日，县政协召开全体委员学习座谈会，学习讨论全国政协学委会关于学习《邓小平文选》的通知，《新时期的统一战线和人民政协的任务》等重要文章。11月16日，县政协召开全体委员学习座谈会，学习胡耀邦总书记、彭真委员长在中共中央党外人士座谈会上的讲话。1984年3月，县政协召开委员学习会，学习李立功关于落实政策的讲话和习仲勋在全国落实政策座谈会上的讲话。8月16日，县政协全体委员学习会上，学习省政协主席武光汤在省政协五届六次常委会上的讲话与副主席王定南在省政协第一次文史资料工作会议上的讲话。

1985年6月20日，县政协办与县委统战部全体人员共同学习讨论胡耀邦总书记视察离石县时的重要讲话和省委书记李立功、地委书记邢德勇的讲话。1989年5月8日，县政协、县委统战部联合召开政协常委、各民主党派、工商联、人民团体、教育界负责人座谈会，认真学习4月26日《人民日报》社论《必须旗帜鲜明地反对动乱》一文。1990年2月20日，县政协与县委统战部联合召开会议，学习座谈《中共中央关于坚持和完善中国共产党多党合作和政治协商制度的意见》。同年3月20日，县政协召开常委扩大会议，学习讨论中国共产党十一届六中全会公报、江泽民总书记在山西考察工作时的讲话，传达贯彻省人大、省政协七届三次会议精神。同年6月2—14日，县政协组织常委、工作组组长27人到革命圣地延安参观学习。

1991年县政协学习委员会发出100份“999”杯全国统战知识大赛试题，掀起学习统战知识高潮。1992年5—6月，县政协一行9人到南方开放城市考察学习。1993年5月20日，县政协召开常委会议，学习中共十四届三中全会决定和李瑞环在全国统战工作会议上的讲话等。听取县委关于学习《邓小平文选》第三卷的安排意见。1995年9月15日，县政协召开常委（扩大）会议，学习座谈中共十五大报告。

1998年11月6日，市政协召开常委会（扩大）会议，学习中共十五届三中全会通过的《关于加强农业和农村工作若干问题的决定》，并安排下一阶段学习贯彻中共十五届三中全会精神事宜。1999年3月3—8日，市政协组织机关工作人员开展业务培训学习，内容有政协章程、提案、调查视察、文史资料、社情民意等方面的知识。2000年7月17日，市政协常委集体座谈学习“三个代表”重要思想。

2001年6月2—3日，市政协机关全体去革命圣地延安参观，拓展“学教”活动，接受革命传统教育，坚定理想信念。2002年5月19—29日，市政协组织11名常委、委员赴华东考察学习，2003年1月2日，市政协以离协发〔2003〕1号文件发出《关于学习贯彻十六大精神的安排意见》。10月20日，市政协领导带领全体常委及人民团体，经贸委、教育局、城建局和政协机关人员赴柳林县考察学习。2004年9月23日，区政协召开座谈会，学习传达中共十六届四中全会精神，回顾和展望人民政协成立55年来走过的辉煌历程和光明前景。

2005年5月24日，区政协召开学习座谈会，专题学习《中共中央关于进一步加强中国共产党领导的多党合作和政治协商制度建设的意见》。2007年6月29日，区政协机关全体干部认真学习座谈胡锦涛总书记“6·25”重要讲话精神。同年7月7日，区政协委员培训班开学，四届区政协全体委员、政协机关、统战部、工商联全体工作人员、基层政协联络组长、乡镇统战委员130余人参加培训。9月26—29日，区政协组织委员及机关干部共80人，赴晋城、河南等地考察学习。2008年1月7—10日，区政协组织委员赴汾阳、孝义、交城、文水、柳林、中阳、方山、对兄弟县（市）的推进实施“双百双千”项目建设、政协履行职能、服务经济建设的好经验进行考察学习。

2010年7月11—15日，区政协组织全体委员赴陕、甘、宁、青学习考察，积极参加“榆林大发展，离石怎么办”学习讨论活动。同年9月21日，组织全体委员就中国特色社会主义建设和社会主义核心价值观进行集中培训。同年10月13日，区政协机关人员赴内蒙古锡林浩特、兴安盟、呼伦贝尔、黑龙江漠河、塔河等地就生态建设进行考察学习。同年12月，区政协全体委员参加吕梁市政协委员培训。2011年8月22—25日，区政协组织全体委员赴山东学习考察。2013年5月11—13日，区政协组织全体委员赴右玉县考察学习“右玉精神”。

2014年3月28日，区政协机关召开副科级以上干部参加的党的群众路线交流讨论会。7月8日，区政协举办道德讲堂，全体委员参加。离石师范校长、中共山西省委联系的高级专家李进作题为《正人品、修官德、强党性》的道德讲座。2015年8月19日，区政协机关召开严守党的政治纪律和政治规矩集中学习研讨会。11月3日，区政协机关召开会议，传达学习《中国共产党廉洁自律准则》《中国共产党纪律处分条例》的通知，并对政协近期学习情况进行安排部署。

委员提案

县政协一届委员会提案征集 办理　县政协一届一次会议收到9名委员的提案30件。其中，刘培德委员1人提案11件。张鑫委员1人提案7件。

一届二次会议后，收到12名委员的提案41件，其中，工业方面3件，农林方面4件，财贸方面3件，城市建设方面6件，党政方面5件，劳动人事、政法、文化方面的各3件，教育方面2件，医卫保健方面5件，统战方面4件，其他方面1件。基本解决和正在解决的31件，占提案总数的75%；尚不能解决或能解决一部分的提案有6件，占提案总数的15%；由于提案所提意见建议情况复杂或其他原因，承办单位还难以解决的4件，占提案总数的10%。

县政协二届委员会提案征集 办理 县政协二届一次会议后，共收到23名委员的提案38件，其中，涉及经济体制改革、工农业生产、财贸方面的15件，城市建设、环保方面的5件，党政、政协、统战和其他方面的5件。得到采纳和已经办理的16件，占提案总数的42%；正在办理或列入规划解决的15件，占提案总数的40%；因条件不具备暂时不能办理的7件，占提案总数的18%。

二届二次会议后，收到26名委员的提案32件，涉及工农业生产、城乡建设、医药卫生、教育科技文化等方面，共计44个问题。经过提案委和承办单位的共同努力，予以解决或基本解决的13件，占提案总数的40.6%；创造条件，正在解决的10件，占提案总数的21.2%；内容好，因条件不具备或其他原因，难以解决的9件，占提案总数的28.2%。

二届三次会议后，收到17名委员提出提案22件，其中有关经济建设和工农业生产方面的3件，交通、财贸、科技方面的5件，文教卫生方面的13件、统战方面的1件。

县政协三届委员会提案征集 办理 三届一次会议后，收到19名委员的提案23件，其中有关工农业方面的5件，文教、体育方面的9件，医疗卫生、计划生育方面的2件、交通管理、城市建设方面的4件，群众生活等方面的3件。委员提案得到解决的12件，占已办提案的52%；难以解决的6件，占办复提案的22%；因财力有限逐步解决的5件，占办复提案的22%。

三届二次会议后，收到22名委员的提案28件，其中关于工农业方面的2件、文教卫生方面的7件、经济体制改革方面的6件、交通方面的1件。得到解决的13件，占办复提案的46.4%；难以及时解决的7件，占办提案的25%。

三届三次会议后，收到14名委员提案16件，其中关于农业方面的2件、文教卫生方面的3件、工业方面的1件。得到解决的7件，占办复提案的43.7%，难以解决的5件，占办复提案的31.2%。

县政协四届委员会提案征集 办理 四届一次会议期间，收到委员提案25件。四届二次会议期间，收到委员提案16件。四届三次会议收到提案19件。四届政协三年来共收到提案60件，其中立案59件，作为意见处理1件；团体提案2件、委员提案58件。提出提案委员41人，占委员总数的58%。提案中关于经济建设方面的20件，占立案数的34%；科教文卫体方面的16件，占立案数的27%；党群、政法、劳动人事方面的23件，占立案数的39%。3年中，每年的办复率是100%，总采纳率为42%。

县政协五届 市政协一届委员会提案征集 办理 1993年9月至1998年7月，市（县）

政协共征集到提案165件，提案委员58人，占委员总数的70%。经审查，立案160件，作为意见处理的5件。在立案处理的提案中，属于经济建设方面的69件，占立案总数的43%；属于教科文方面成48件，占立案总数的30%；属于党群、政法、劳动人事的43件，占立案总数的27%。5年间，每年的提案办复率均达100%，总采纳率为62%，有45%的提案付诸实施，产生实效。

市政协二届委员会提案征集 办理 1998年7月至2003年8月市政协二届期间，共收到提案421件，经过审查决定立案处理290件，作为意见处理131件。在立案处理的提案中，属于经济建设方面的147件，占立案总数的50.7%；属于科教文卫体方面的93件，占立案数的32.1%；属于党群、政法、劳动人事方面的50件，占立案数的17.2%。5年提案的办复率是100%，总采纳率为69%，共有130件提案付诸实施，产生很好的经济和社会效益。

区（市）政协三届委员会提案征集 办理 2003年8月至2007年5月，区（市）政协三届委员会收到提案467件。经立案审查，决定立案241件，转为意见处理226件。在立案处理的提案中，属于经济领域的119件，占立案数的49.38%；属于科教文卫体领域的84件，占立案数的34.85%；属于党群、政法、人事劳动方面的38件，占立案数的15.77%。提出一批具有全局性、高质量的提案。如关于信义工业集中区建设的提案、旧城区改造的提案以及大力发展第三产业、繁荣城市服务群众等方面的提案；有些提案重点突出的，如城区教育问题、社会治安问题、环境和生态建设问题等。

区政协四届委员会提案征集 办理 2007年5月至2011年6月，政协离石区四届委员会共征集到委员提案521件，经审查，立案342件，转为意见处理179件。在立案处理的提案中，属于经济方面的118件，占立案数的34.5%；属于教育、卫生等方面的115件，占立案数的33.6%；属于社会保障、社会治安、人事等方面的109件，占立案数的31.9%。提出一批具有全局性、高质量的提案。如：核桃经济林的管理、东城区的开发建设、新农村建设以及大力发展服务业、开发旅游业等。有一批提案重点突出，如就业问题、社会保障问题、拆迁补偿问题及煤矿采空区塌陷治理等问题。

区政协五届委员会提案征集 办理 区政协五届一次会议期间收到153名委员提案186件，经审查立案150件，作为意见处理36件。在立案的提案中，属于经济建设方面的45件，属于科技文工体方面的53件，属于城市建设，社会保障方面的52件。二次会议期间征集到委员提案126件，其中集体提案14件，委员个人及联名提案112件，参与提案委员158人次。经审查立案93件，作为意见和建议处理的33件。在立案处理的提案中，属于经济建设方面的33件，属于科教文卫体方面的33件，属于民主法制、劳动和社会保障、民族宗教等方面的34件。三次会议期间征集到提案192件，其中集体提案18件，委员提案174件，经审查立案142件，作为意见处理50件。在立案处理的提案中，关于经济持续健康发展等方面的42件，关于保障和改善民生等方面的45件，关于促进社会和谐等方面的55件。

四次会议期间共征集提案120件，其中集体提案6件，委员提案114件，经审查立案102件，作为意见处理12件。在立案处理的提案中，关于经济方面的28件，民生保障和改善方面的41件，社会治理方面的33件。五次会议期间共征集到提案122件，其中集体提案4件，委员提案118件，经审查立案98件。在立案的提案中，关于经济建设方面的28件，民生保障方面的33件，社会治理方面的37件。提案的办复率是100%，不少提案付诸实施。

服务社会

1982年9月，县政协常委龙鹏举组织4名知青和8名屠宰烹调厨师，办起离石牧工商联合贸易公司，加工猪羊牛肉，发展养鱼等多种经营，公司加工的“五香牛肉”填补离石饮食行业的空白。委员李永田，年过七旬，组织4名商业职工、7名待业青年，自筹资金办起育青商店。1983年，李永田光荣出席省地召开的发展集体经济，安置城乡就业青年表彰会议。

1985年，县政协常委金本椿、贾达卿等协助贺昌中学办起两个高中文理复习班，学生达160名，得到社会好评。同时，金本椿常委热心帮助省民进在吕梁精神病院办山西中医函授大学辅导站，参加的学员有114名。农业工作组的委员们把农业技术送到农村，积极推广微肥、地膜及新农药等技术，促进农业增产，农民增收。政协常委李子云为汾阳量具厂引进价值180万元的现代化流水生产线设备。1986年7月，县政协主席王书仁带领调查组深入西山坪头、枣垴、结绳墕进行调研，撰写《西山要变富，大力种果树》的调查报告，在吕梁地委政研室《政研通讯》上转载。县政协充分发挥委员专长，与县文化局联合举办30余人美术培训班，为期45天。1988年，县政协被地委统战部评为“发挥人才优势，搞好经济建设”先进单位。

1991年4月12日，县政协召开科技兴农座谈会，12名委员发言，主要讨论本县科技兴农中存在的问题以及建议。同年6月20日，县政协机关13人为离石县教育集资380元。同年8月2日，13名政协机关工作人员为南方水灾捐款170元。1992年10月9日，县政协组织召开经济上台阶座谈会，紧紧围绕邓小平视察南方谈话精神，结合全县实际和外地经济发展经验，谈全县如何加快改革开放步伐。

1994年6月2日，县政协召开山西省政协企业联合会离石分会、离石县政协企业联合会成立大会。1995年7月6日，县政协组织召开煤焦战略座谈会，对本县煤焦生产和经营中存在的问题提出建议。1998年11月4日，市政协主席高候英深入坪头乡赵家山村，赴信义镇调查中共十一届三中全会后农村发生的新变化，写出《长期稳定农村基本政策、夯实农业和农村经济发展的制度基础》的调研报告，此文作为省政协八届四次常委会上的大会发言，后被《山西政协报》摘登。1999年10月22日，市政协机关全体人员响应市委关于“扶贫济困送温暖”活动号召，为机关下乡点前瓦村捐粮、捐衣。

2002年9月4—6日，市政协组织23名名医深入信义镇扶贫义诊370余人次，深受当地群众欢迎。同年10月27日，市政协组织下乡点永红村的干部、养殖专业户参观本市的8个养殖点，促进该村发展养殖，服务农民增收。2003年5月15日，市工商联组织的“非典”捐款仪式上，贾廷亮等8名委员捐款18.26万元。同年9月8日，贾廷亮委员出资20万元奖励优秀教师。

2004年8月，区政协收集整理编印的《离石籍在外工作人员通讯录》印发，共3000册。同年10月15—16日，区政协组织的10名名医为王营庄的群众义诊。2005年1月13日，区政协对王营庄村的5户特困户、10户贫困户和村干部进行春节前的慰问。2006年6月1日，区政协办下乡队员带着价值1500余元的书籍到王营庄小学，与该校师生共同欢庆六一国际儿童节。2008年1月10日，离石区政协委员帮弱济困启动仪式在吕梁市政协四楼会议室召开。同年2月17日，区政协推进经济转型发展座谈会在大土河召开。同年5月15日，区政协委员、各党派、政协机关工作人员及相关单位参加的为四川地震灾区捐款仪式在石州宾馆召开，共收到捐款30万元。2010年4月，区政协常委张子玉、李新民分别代表泰化公司和永宁集团向王家峪煤矿捐资50万元和100万元。同年7月20日，区政协召开百名教师代表巩固学习江阴教育成果座谈汇报会。区委书记王彤宇参会，认真听取汇报。同年8月4日，区政协召开“十二五”规划征求意见座谈会，区政协领导、政协委员及省、市专家组成员等有关人士参加座谈。同年8月27日，区政协召开“情系舟曲，大爱无疆”现场捐款活动。同年9月21日，区政协隆重召开中秋茶话会，邀请全区党、政、企、社会各界代表人士和全体委员参加。同年11月，区政协集中力量，组织编纂《离石乡情》，为扩大开放，加强对外联系服务。

2011年8月26日，市政协召开扶贫助学发放仪式。在“金秋助学”活动中，区政协落实市政协安排扶助资金5万元，帮助本区20名贫困学生走进大学校园。2013年8月，区政协发放市政协安排的扶贫助学金55980元，全区13名贫困大学生受到资助。2014年8月22日，区政协组织召开纪念杰出的国际友人林迈可105周年诞辰座谈会。2015年8月18日，区政协主席冯晋平为信义镇全体党员干部、农村“两委”主干讲授党课。7月1日，任丽梅副主席等联合居然之家深入信义镇小神头村慰问困难老党员。

文史资料征集

1984年6月19日，县政协办全体和县志办人员研究讨论与柳林县合作完成离石、柳林民兵斗争史料征集事宜。同年8月27—29日，县政协与党史县志办、老干局联合召开离石县征集文史资料老干部座谈会，确定全县征集文史资料的12个专题。

1985年1月16日，县政协文史资料委员会召开会议，研究如何进一步加强文史资料的征集工作。1987年，《离石文史资料》第一辑出版。1988年3月29日，县政协常委扩大会议召开，研究文史资料的征集、整理和出版工作。

1997年10月21日，市政协主席高候英主持召开文史资料工作会议，传达省政协文史资料工作会议精神。1999 年 1 月 13 日，市政协召开文史资料征集会议。会上成立文史工作领导组，确定文史资料征集范围和具体题目。2001 年 3 月，离石文史资料（五）——文化旅游史料专辑出版，共印 3000 册。

2004 年 3 月 2 日，市政协召开纪念辛安亭 100 周年诞辰文史资料征集座谈会。3 月 7 日，市政协辛安亭史料征集小组一行 3 人赴辛安亭曾工作和生活过的延安、西安、兰州、北京等地调查走访收集资料，历时 20 天。12 月，编印《离石文史资料》第六辑纪念辛安亭 100 周年诞辰专辑。2005 年 7 月 15 日，区政协召开“柳林县政协来离石赠抗日战争史料集座谈会”。8 月 30 日，区政协召开纪念抗战胜利 60 周年《离石文史资料》第七辑《李效黎、李效民专辑》文史画册首发式座谈会。

2007 年 9 月 3—4 日，省政协文史工作会议上，离石区政协获 5 个奖项，并获《文史月刊》宣传工作先进单位三等奖。2008 年，编印《离石老照片》第一册。2009 年编印《离石老照片》第二册。2010 年 11 月，区政协集中力量，组织编纂《离石乡情》，为扩大开放，加强对外联系服务。2013 年 8 月 8—14 日，区政协向区直机关副科级以上领导发放离石老照片三、四册，共计 1000 余册。

委员调研　视察

1984 年 3 月 21—22 日，县政协组织部分委员视察医院、离石中学、国营二旅店、城内百货门市部、育青商店、电线厂家属院、滨河路、旧城大楼底一带文明礼貌活动情况。

1985 年 4 月 15—20 日，县政协主席王书仁、副主席高候英带领部分委员，配合乡镇企业负责人，对离石县城关、田家会、吴城镇和坪头乡等乡镇企业进行专题考察，提出加强领导、搞好服务、严格财经制度，对亏损企业实施整顿、适当控制基本建设等 5 条改进意见。同年 6 月 13 日始，县政协主席王书仁等同县人大常委会副主任成振江等，先后用 20 天的 时间，对信义镇、城关镇、王营庄乡和县直一、二、三中、城内小学及交口职业中学进行 考察，并向县委、县政府提建议 5 条：尽快配齐各校领导班子，健全各项规章制度；搞好集资办学；加强教师队伍的整顿；解决优秀教师入党难的问题；城区要抓好普及初中教育，乡村抓好管理等建议。县委，政府专门召开会议研究解决，推动全县的教育工作。

1987 年 9 月 22—23 日，政协主席冯亮带领县政协常委、工作组组长 30 余人视察离石县部分农村和城市厂矿、学校、医院等 20 余个单位。1989 年 8 月 31 日，县政协主席冯亮、副主席任庆余等到化工厂、水泥厂等企业视察，并提出建议。同年 10 月 12 日至 14 日，县政协主席冯亮带领 40 余名县政协委员对本县农村、工厂、学校、医院等 13 个单位进行视察，并写出视察情况报告。1990 年 8 月，县政协副主席高候英等对全县 15 个乡镇中小学校舍、教室、办公室进行专题调查。同年 11 月 29 日至 12 月 1 日，县政协组织 30 名委员对全县农业、工业、商业、文教卫生事业的 17 个单位进行视察，并向县委提交视察报告。

1991 年 8 月 5—9 日，县政协副主席鲁志圣、薛俊明带队，组成调查小组 4 个，深入吴城、小神头、西属巴等地，对农副产品在流通领域的现状与问题进行调查并写出专题调查报告。同年 11 月 9 日，县政协组织常委及工作组长等 20 余人到城关、田家会视察部分镇村企业。1992 年 5 月 15 日，县政协部分委员到安国寺、北武当山、中阳钢铁厂、飞跃电子厂考察。同年 7 月 23—31 日，县政协、统战部等单位组成调查组，对个别私营企业进行调研，并写出调查报告。同年 8 月 24—26 日，县政协组织委员到 12 个乡镇，对全县农村科技兴农、个私企业发展状况与非党干部物色情况进行调查。同年 9 月 12—14 日，副主席薛俊明带队验收社教工作点，先后到段家坪、南关、马茂庄、西属巴、上安、盛地、茂塔坪、留子局等村，并视察农村小学 10 所。

1993 年 8 月 2—3 日，县政协副主席高候英、傅明元等 5 人在交口贺家塔天主教会和南关基督教聚会点调查宗教“双五好”活动情况。同年 9 月 21—22 日，县政协组织常委及部分委员视察全县城市工作。1994 年 7 月 4—7 日，县政协组织 50 余名委员，分 4 组对全县城市经济、政法、卫生等 24 个单位的工作进行视察。同年 7 月 14—15 日，50 余名县政协委员对全县农村经济工作进行视察。1995 年 5 月上旬，县政协组织部分委员对全县煤焦战略、教育现状、科技兴农，预算外资金等 4 个方面进行专题调查。同年 9 月 1 日，县政协组织全体委员视察全县农村经济工作。同年 9 月 1—26 日，由主席、副主席带领部分常委和委员，先后 4 次对全县 15 个乡镇、部分乡镇企业、工业战线的 5 家企业和城市建设工作进行视察。

1996 年 9 月 20 日，市政协组织全体委员视察全县公路建设和农业生产状况。

1997 年 1 月 23—26 日，市政协组织委员深入国税、地税、财政等部门，调查全市近三年的财政收支情况，并写出《振兴离石财政的调查报告》。同年 4 月 17 日，参加市政协全委会议的委员视察李廷俊委员创办的“红十字医院”和王家沟、李家沟村妇女连环脱贫养殖基地。同年 9 月 29 日，市政协组织 70 余名委员视察电缆厂、印刷厂、粮裕焦化厂 3 家国有企业和聚富焦化厂、田家会探生焦化厂等 3 家乡镇企业及下水村、茂塔坪村、严村 3 个综合治理先进村和市乡公路建设，同年 11 月 10—15 日，部分委员和涉农部门领导分 5 个组，深入信义镇的 10 个村、100 户农家进行扶贫攻坚专题调查，写出《关于信义镇十村百户的调查报告》，上报市委和地区政协工委。同年 10 月 24—28 日，企业界的政协委员和市政协机关干部分 5 个组对电缆公司、五金厂、木器厂、玻璃纤维厂、聚富焦化公司 5 家企业进行调查，写出《关于离石市工业改革情况的调查报告》。

1998 年 4 月 20—27 日，市政协组织委员分组对全市农业、工业、教育、卫生工作进行调查。同年 9 月 24 日，市政协组织 34 名委员视察城关、信义、西属巴等 7 个乡镇的 13 个农业产业化发展典型。同年 11 月 4 日，市政协主席高候英到坪头乡赵家山村调查中共十一届三中全会后农村的变化，并写出《长期稳定农村基本政策，夯实农业和农村经济发展的制度基础》的调研文章，此文章被《山西政协报》摘登。同年 12 月 3 日，市政协组织

38 名委员视察电缆公司、兴隆商厦等 8 户企业。同年 12 月 16 日，22 名市政协委员视察市三中、二小、西属巴中心校、小神头、千年小学等 10 所学校。

1999 年 6 月 8 日，市政协主席高候英、副主席穆拴清等陪同省政协副主席、省委统战部部长吴慧琴一行 4 人视察聚富焦化厂、大土河煤焦集团总公司、柏林制衣总汇等个体私营企业。同年 9 月 14 日，市政协常委、人民团体负责人和涉农委员 32 人，对西属巴、王营庄、信义、小神头等 5 个乡镇的 14 个点视察。同年 10 月 20 日，市政协部分委员视察滨河南北路拓宽，龙凤大街铺油、龙凤大桥等 6 项重点竣工工程。同年 11 月 23—24 日，市政协领导及教育界委员分 3 组视察城区一小、五小、教研室、进修校等 12 个单位。2000 年 9 月，市政协先后 3 次组织 107 名委员分别视察全市农业和农村工作 16 个点、煤炭工作 5 个点和城市工作 13 个点。

2001 年 6 月 9 日，市政协组织委员 37 人视察安国寺、白马仙洞、建设中的烈士陵园，为开发离石旅游产业建言献策。同年 6 月 13 日，市政协组织 26 名委员视察全市农业和农村工作的 11 个点。同年 10 月 17 日，市政协部分委员视察城市、城区学校 9 个点。2002 年 9 月 12 日，市政协组织委员视察全市农业与农村工作。同年 10 月 22 日，市政协组织委员视察城市建设管理、教育工作。

2003 年 5 月 31 日至 6 月 1 日，市政协主席高候英，副主席田永强、李新等到从事经济工作的 24 名市政协委员所在单位调研。同年 9 月 9 日，市政协主席高候英，副主席李新等用 6 天时间到 12 个乡镇（街道办）调研，全面了解新班子的建设新思路。

2007 年 5 月 29 日，区政协组织农业局委员及各专委主任，在名誉副主席侯德虎带领下，对信义镇永红村的新农村建设进行实地调研。同年 6 月 12 日，区政协班子全体成员及机关干部到安国寺考察委员造林基地。同年 7 月 26—31 日，区政协组织医卫界和科技界的部分委员对全区农村卫生工作情况视察调研。同年 11 月 10—16 日，区政协组织全体常委、各专委主任、农业界部分委员对各乡镇，街道办的新农村建设、经济林覆盖、沼气富民工程及区直教育（城区）、“双百双千”项目视察调研。2008 年 9 月 22 日，区政协全体委员集中视察全区的重点工程项目。2010 年 8 月 17 日，区政协全体委员对东城新区开发、江阴中学建设、整村推进新农村建设等重点工程项目调研视察。

2011 年 4 月，区政协组织委员对科学种植日光温室项目进行调研，撰写出《推进落实我区日光温室的调研报告》。5 月，组织全体委员对本区推进“三项整治”工作成果进行集中视察调研，并向全区委员发出《政协委员推进“三项整治”倡议书》。同年 7 月 13 日，区政协主席冯晋平带领政协全体领导和机关工作人员深入信义镇，调研信义工业园区建设和信义镇发展紫林陈醋业及千年水库建设和千年景区旅游开发。同年 9 月 16 日，区政协组织全体委员视察城南幸福幼儿园，袁家庄中小学建设、信义工业园区同辉重工集团、七里滩村“三项整治”和新农村建设等全区 2011 年转型跨越发展的重点工程项目。

2013 年 3 月 19—22 日，区政协全体领导、专委主任等深入枣林乡、交口街道、吴城镇、信义镇等地调研。同年 3 月 25 日，又先后到坪头乡段家塌新农村建设、枣塬敬老院、绿益养种专业合作社、后庄红白理事厅，寺沟村等地调研。同年 8 月 16 日，全体委员视察吕梁新城建设。

2014 年 7 月 16 日，区政协主席冯晋平，副主席李新等对离石的旅游开发项目进行收集和调研。2015 年 1 月 6—8 日，区政协领导及机关干部分批次到下乡点信义镇武家庄村走访调研，对村里的贫困户摸底并对 7 户特困户进行慰问。同年 10 月 15 日，全体政协委员调研离石互联网科技创新园、滨河路延伸工程、晋能大土河热电联产项目、上王营庄村美丽乡村建设、白马仙洞流域合作造林示范区、兔坪村农家乐经济项目。

委员评议监督

1991 年 6 月 17 日，县政协副主席薛俊明，常委胡玉山在省委巡视组召开的座谈会上，就新闻界和执法部门等方面的行业不正之风提出意见和建议。1997 年 7 月 14—15 日，市政协主席高候英带领提案委员会和提案委员，深入教育局、工商局、无委办等单位对“民办教师转正后的工资兑现问题”等 4 件重要提案进行跟踪调查，督促办理。

1998 年 10 月 13 日，曹牛、武守良等 7 名市政协委员被市纪检委聘请为“党风廉政建设特约监督员”。同年 10 月 14—15 日，孙万才、李振兴二委员被市纠风办聘请为“行风评议员”，参加对市公安局、卫生局、工商局工作的评议。同年 12 月 22—23 日，市政协副主席穆拴清带领提案委员会成员和提案委员深入市财政局、卫生局、教育局、环保局、城建局、农经委等单位，对 7 件重点提案的落实情况进行跟踪调查，督促承办单位落实。1999 年 1 月 6 日，市政协常委参加县级党政领导干部廉洁自律述职会，对市委、市政府领导的廉洁自律进行监督。

2002 年 9 月 12 日，市政协组织 20 名委员对离石市林业工作进行评议，11 名委员在会上发言。2003 年 4 月 30 日，市政协副主席刘本旺、名誉副主席侯德虎检查督察“非典”防治工作。同年 9 月 8 日，10 名市政协委员参加执法执纪行风评议动员会。同年 12 月 3 日，15 名市政协委员应邀参加省公安厅检查评议市公安局工作会议，其中有 12 名委员发言。

2004 年 10 月 29 日，区政协组织 5 名委员深入区人民法院的基层法庭调研，为区政协委员评议区法院工作奠定基础。同年 11 月 25 日，15 名区政协委员评议区人民法院工作，收效很好。

反映社情民意

1999 年 6 月 3 日，市政协召开信息工作会议。会上通报了市政协 1—5 月《社情民意》采稿情况，并在委员中确定了 32 名特约信息员。2000 年 3 月，市政协二届三次会议预备会上就社情民意工作给全体委员作培训，并表彰 1999 年度优秀信息员 8 名。同年，市政协获地区政协工委社情民意先进奖、省政协社情民意三等奖。2003 年 3 月，市政协获《吕梁日报》社情民意有奖征文组织奖，成锡锋主席写的《正视问题、解决问题》获一等奖，李爱平委员写的“学校应当高度重视学生用眼卫生健康”获二等奖。2005年7月22日，区政协召开信息工作会议，通报上半年《社情民意》采稿情况并发出《关于确定骨干信息员的通知》，还就信息工作的有关问题作培训辅导。2010年1月28日，离石政协社情民意网站正式开通，区委书记王彤宇点击启动，同时《视角》创刊，全年共出12期。

第五节 组织机构

县政协第一届委员会常务委员会设主席1名、副主席3名、秘书长1名，另有常委5名。根据工作性质，将委员分为农业科技、工交财贸、文教卫生和对台文史宗教民族4个小组。

县政协第二届委员会常务委员会增设副主席1名，另设常委15名。设专门工作委员会3个，即提案工作委员会、文史资料研究委员会、学习委员会。至此，县政协组织机构设置为一室（办公室）、三委（专门工作委员会）和7个工作组。

县政协第三届委员会增副主席2名，共6名，另设常委5名。增设工作组2个，共有工作组9个。即：教育工作组、工商工作组、科技工作组、文体工作组、农业工作组、民族宗教工作组、医疗卫生工作组、祖国统一工作组、财贸工作组。

县政协第四届委员会常务委员会设主席1名、副主席5名，另设常委8名。

县政协第五届委员会设主席1名、副主席4名，名誉副主席1名，共有常委20名。工作组增设工业工作组、科技工作组，总计工作组11个，并设老委员联谊会。

政协离石市第一届委员会组织机构、委员等直接由县政协转任。

政协离石市第二届委员会常务委员会设主席1名、副主席4名、名誉副主席2名，有常委19人。增设科技文卫委员会和经济委员会。

政协离石区（市）第三届委员会常务委员会设主席1名、副主席4名、名誉主席，有常委26人。2005年4月，乡镇、街道办设政协联络组长1名。政协离石区第四届委员会共有常委38人。

政协离石区第五届委员会常务委员会设主席1名、副主席4名、名誉副主席1名，常委32人，新设社情民意信息中心。

1982—1996年政协离石县委员会领导人一览表

表19-8

届　次	职　务	姓　名	籍　贯	任职时间
一、二	主席	王书仁	柳林县王家庄村	1982年2月—1987年7月
三	主席	冯　亮	离石县田家会村	1987年7月—1990年5月

续表 19-8

届　次	职　务	姓　名	籍　贯	任职时间
四、五	主席	贺玉印	柳林县聚财塔村	1990 年 5 月—1996 年 5 月
一	副主席	刘恩明	柳林县刘家山村	1982 年 2 月—1984 年
一、二	副主席	李培源	原平县观上村	1982 年 2 月—1987 年 12 月
一	副主席	肖汉民	吉林省梨树县	1982 年 2 月—1984 年
二、三、四、五	副主席	高候英	离石县段家坪村	1984 年 11 月—1996 年 5 月
二	副主席	费书林	辽宁省新宾县	1984 年 11 月—1987 年 7 月
二	副主席	李增春	新绛县南古交村	1984 年 11 月—1987 年 7 月
三、四、五	副主席	鲁志圣	垣曲县古城村	1987 年 7 月—1996 年 5 月
三、四、五	副主席	徐其祥	曲沃县蒙村	1987 年 7 月—1986 年 5 月
三	副主席	沈昌隆	浙江省奉化县凤村	1987 年 7 月—1990 年 5 月
二、三	副主席	马如骏	柳林县柳林镇	1986 年 5 月—1988 年 9 月
三、四	副主席	任庆余	河北省滦县	1987 年 7 月—1993 年 6 月
四	副主席	薛俊明	离石县坪头村	1990 年 5 月—1993 年 6 月
五	副主席	傅明元	离石县交口村	1993 年 6 月—1996 年 5 月

1996—2015 年政协离石区（市）委员会领导人一览表

表 19-9

届　次	职　务	姓　名	籍　贯	任职时间
一	主席	贺玉印	柳林县聚财塔村	1982 年 2 月—1987 年 7 月
一、二、三	主席	高候英	离石区（市）段家坪村	1997 年 4 月—2007 年 5 月
四、五	主席	冯晋平	离石区	2007 年 5 月—2015 年 12 月
二	副主席	穆栓清	柳林县	1998 年 7 月—2003 年 8 月
二、三	副主席	田永强	方山县	1998 年 7 月—2005 年 5 月
二、三	副主席	刘本旺	柳林县	1998 年 7 月—2005 年 5 月

续表 19-9

届次	职务	姓名	籍贯	任职时间
二	副主席	成锡锋	离石市	1998 年 7 月—2003 年 8 月
三、四	副主席	李爱国	文水县	2003 年 8 月—2011 年 6 月
三、四、五	副主席	李　新	离石区（市）	2003 年 8 月—2015 年 12 月
三	副主席	阎继勤	离石区	2005 年 5 月—2007 年 5 月
三、四、五	副主席	任丽梅	河北省保定市	2005 年 5 月—2015 年 12 月
四、五	副主席	成维铁	汾阳市	2007 年 6 月—2015 年 12 月
五	副主席	高友发	离石区	2011 年 6 月—2015 年 12 月
五	名誉副主席	薛恩德	离石县	1993 年 6 月—1996 年 5 月
二、三、四	名誉副主席	薛恩德	离石区（县 市）	1996 年 5 月—2011 年 6 月
二、三、四、五	名誉副主席	侯德虎	离石区（市）	1998 年 7 月—2015 年 12 月

注：1996 年，离石撤县设市、县五届政协主席、副主席续任市政协一届主席、副主席。2004 年撤市改区，区政协届次延续市政协届次。

第二十编

党派　群团

国民党离石地方组织

民主党派离石区（县市）组织

群众团体

民国 17 年（1928）1 月，中国国民党离石县党部组建，直到民国 34 年离石县全境解放，县党部人员四散。1980 年 5 月，中国民主同盟（简称“民盟”）离石县小组成立。1984 年，中国国民党革命委员会（简称民革）离石县支部成立。至 2015 年，离石区共有民革离石区支部、民盟离石区支部、民进离石区支部、民建离石区支部、农工民主党吕梁支部、九三学社离石区小组 6 个民主党派。

民国 12 年（1923），离石县所属的柳林镇田家沟煤窑成立工人联合会，煤窑工会领导煤窑工人的罢工斗争；民国 15 年，建立离石县党团组织；民国 26 年初，山西省牺盟会派曹志敏、王耿仁到离石开展抗日救亡的宣传工作，发展青年牺盟会员 20 余名。民国 27 年 2 月，离石县工人抗日救国联合会成立，发动组织民众积极开展抗日救亡活动。1946 年 4 月下旬，离石高小和柳林高小分别建立毛泽东青年团支部。1948 年，新民主主义青年团建立。中华人民共和国成立后，县内先后建起工商联、工会、共青团、妇女联合会、科协、文学艺术工作者联合会、残疾人联合会等人民团体，在中共离石县委的领导下充分发挥自身优势，积极参政议政，建言献策，同心同德，广泛参与经济社会建设，为发展境内经济，发挥了重要作用。

第一章　国民党离石地方组织

第一节　县党部

民国16年(1927)秋，中国国民党山西省党部派王升、刘登科2人到离石进行党务活动，设立中国国民党党员临时登记处，登记党员20余人，党员均为20世纪20年代初在外地求学时加入国民党，毕业后返乡的中青年知识分子，他们中多数人从事教育、商业、医护等职业，少数人为政府科长、科员。

民国17年（1928）1月，中国国民党离石县党部正式组建，郝振乾为书记长，王升为党务委员，设有执委、候补执委，监委、候补监委8人，机关干事5人，书记1人。当时的主要工作是吸收新党员，建立基层组织。

民国19年（1930），阎锡山、冯玉祥联合倒蒋之后，于5月11日向全省发出通电，县党部关闭，活动中断。9月，东北军张学良提出和平主张，派兵进关攻打阎、冯后方，促阎下野，阎、冯连吃败仗，阎锡山退北平、回太原，通电下野，出居大连。山西的国民党省党部恢复，离石县党部亦然。

民国20年（1931）8月，阎锡山由大连返晋，回到老家。当时离石县党部又挂国民党改组委员会的牌子，由郝玉林、张宏俊两人负责，实际是新的县党部。同年，九一八事变发生后，全国人民掀起抗日救亡运动，太原市大中专学校组织抗日救国会和学联，向省党部请愿、示威，遭到当局军警枪击。学生们奋起赶走省党部工作人员，离石县党部再次停止党务活动。民国28年夏天，牺盟中心区派刘惠风重新组建国民党县党部，刘惠风为书记长。驻离石县碛口镇（今属临县），并通过牺盟会组织开展国共合作抗日。同年12月，阎锡山破坏国共合作，策动“晋西事变”，县党部被摧垮。

民国29年（1940），离石县抗日民主政府在蛤蟆塔村成立，并改村名为石安村。原离石县国民政府后退到离石南山冀家峪、长峪（时属中阳县，今属柳林县）一带。民国30年春，国民党山西省党部派高明凯到长峪村再次筹建中国国民党离石县党部，高明凯任书记长，主要进行登记党员，恢复组织，加快发展新党员，并成立纠察队1个。县党部设书记长1人、秘书长1人，干事、助理干事、录事、交通员、小区指导员、工友，共11人。党员发展至120余人。民国31年，高明凯调离，由穆树清接任书记长。当时，因同志会成立，对国民党排斥压制，县党部无法工作，徒有虚名。

民国32年（1943），国民党离石县党部由长峪村迁至离石国民政府所在地冀家峪村，刘舒显接任书记长，县党部的工作再次活跃。一年中新发展党员200人。民国33年2月，中国国民党离石县第一次党员代表大会召开，出席代表 27 人，代表党员 245 人，大会选举刘舒显为书记长、刘毅为秘书长，选举执委、监委、候补监委 4 人，县党部在每周一举行孙中山纪念会，并且加快发展党员，建立基层组织，直到民国 34 年离石县全境解放，县党部人员四散。

第二节 区党部 区分部

民国 16 年（1927）县党部筹建时，有党员 20 余人，未设区党部、区分部。民国 17 年至民国 19 年，党员发展至 76 人，组建区党部 3 个，区分部下设 9 个，碛口直属区分部。民国 20 年至民国 26 年，县党部活动基本中断，区党部、区分部活动停顿。民国 27 年抗日战争开始后，在中国共产党抗日民族统一战线政策影响下，国共携手合作抗日，国民党重新活跃，加快组织建设。至民国 34 年离石解放前，离石县党部设有区党部 6 个，下设区分部 50 个，县党部直属区分部 9 个，全县有党员 925 人，编为 123 个小组。在全县党员中，组织党员情报网，编为 8 个管理组，每组配备组长、指导员各 1 人，组员 8 人，分管辖区 32 个村庄。为监视国民党、阎锡山反共需要，固定 21 名党员为内线工作人员。

第二章　民主党派离石区（县、市）组织

第一节　民革离石区（县、市）支部

主要工作

2008—2015 年，中国国民党革命委员会（简称民革）离石支部团结带领成员积极参政议政，为离石区经济发展、社会进步和促进祖国统一建言献策，以集体和个人名义提出各类提案与建议 200 余件，其中《关于完善我市食品安全举报奖励机制的建议》《文化扶贫助力脱贫攻坚的建议》《关于加强对共享纸巾管理的建议》《加强文化多元发展以“工匠精神”全面推动脱贫攻坚的建议》《关于开发挖掘国家外交部驻离石“五七干校”文化资源的建议》《关于加强疫苗预防接种管理的建议》《以“大健康”理念打造信义镇康养旅游产业的建议》《打造晋西北研学旅游基地，助推我区研学旅游新业态的建议》等重点提案和社情民意受到市、区两级政府的高度重视并被采纳。

机构

1982 年 1 月 15 日，民革省直离石小组正式成立。张鑫、贾达卿分别任正、副组长，共有党员 6 人。1984 年 12 月 26 日，民革省直属离石第一届支部委员会成立。贾达卿当选为支部主任委员，张鑫、任庆余当选为支部副主任委员，共有党员 17 人。1988 年 5 月 30 日，民革省直离石县支部第二届第一次全体党员大会召开，参加者 26 人。会议总结 4 年来的工作，交流经验，民主选举产生民革省直离石县第二届支部委员会，由 5 人组成，贾达卿当选为主任委员，任庆余当选为副主任委员，有委员 3 人。至 1990 年 5 月，民革离石县支部党员有 41 人。1992 年 11 月，民革省直离石县支部第三届第一次全体党员大会召开，栾仁忠当选为支部主任委员，任庆余为支部副主任委员，支部委员 1 人。

1996 年 12 月 27 日，民革省直离石市支部第四届第一次全体委员大会召开，栾仁忠当选为支部主任委员，支部委员 2 人。2001 年 12 月 9 日，民革离石市支部召开第五届一次全体党员大会，周云庆当选为支部主任委员，刘晋生当选为支部副主任委员兼组织委员，支部宣传委员、支部顾问各 1 人。2002 年 12 月 9 日，召开支部大会，将全体党员进行重新编组，下设工作小组 4 个，分别是地直、市直、柳林、孝义小组，共有党员 52 人。

2011 年 3 月 31 日，民革离石区支部筹备小组成立，李金花为筹备小组组长，白海保为筹备小组副组长。同年 6 月 3 日，民革离石区支部召开第一届第一次全体党员大会，李金花当选为支部主任委员，有支部委员 1 人。2015 年，民革离石区支部共有党员 18 名。

第二节 民盟离石区（县、市）支部

主要工作

1985年10月，中国民主同盟（简称民盟）离石县支部同民盟省委社会服务部，会同吕梁地区经委、地区企业管理协会，邀请省科技情报所工程师邵葵舜（盟员），举办为期20天的经济管理讲授学习班。1988年1月，民盟离石县支部与地区农业局在县域三交举办为期3天的植物病防治培训班，与吕梁卫校举办为期一周的遗传学与脑血管病讲座。与地区科委共同邀请省科技情报所民盟省委监察员郑奎来吕梁作“世界新技术革命和我们的对策”专题讲座，并与地、县教育局举办为期3天的中学教学改革讲习班。1990年9月8日第一个国际扫盲日，民盟离石支部在共青团离石县委配合下，发动组织离石城区的1200余名教师、学生、盟员组成扫盲宣传队，上街张贴标语300余条，散发宣传资料2万余份，举行街头演讲，播放录音，受教育达5万余人次。

2010—2015年，盟员共撰写社情民意、提案、议案建议、信息、征文、观后感等200余篇，其中《关于进一步优化企业发展环境的建议》《关于进一步加强盲道管理的建议》《小学生的课业负担过重应引起社会的关注》《关于推动我市文化发展的建议》《加强食品安全监管工作刻不容缓》《积极开发校本教材、大力加强中小学网络素养教育》《关于如何解决我市的红枣滞销的建议》《关于对城市贫困户实施精准扶贫的提案》《关于规范小区物业管理的建议》等一些高质量的提案、议案和意见建议，引起市、区有关部门的重视，作为重点意见、建议进行督办，收到良好的社会效果。广大盟员参加盟市委以及市、区统战部组织的征文、演讲等活动，其中刘凌云撰写的《如何做好新时期民主党派参政议政工作》、张利平撰写的《关于中国民主同盟在趋同中保持自身特色的思考》两篇调研文章，被区委统战部作为优秀文章选送到市委统战部，孙志珍撰写的《那片绿绿的爬山虎》入选《离石教育》优秀教学设计，孙宏艳的作品《剖宫产术后腹胀的护理》被《基层医学》论坛杂志发表。党红艳被聘为中央电视台12频道《法律讲堂》栏目的主讲人，由她主持的《谁给孩子救命钱》《八旬老汉告儿子》《夫妻矛盾、丈夫身亡》等节目多次在中央电视台法制频道播出，她还被司法部评为“法律援助优秀标兵”，获得司法部和中央电视台“新人奖”，被评为“优秀主讲人”；支部委员路文被评为山西省“三晋名师”。

机构

1980年5月，离石县在4名20世纪50年代加入民盟老盟员的基础上，建起民盟离石小组。1983年，民盟离石县支部成立。同年12月，民盟离石县支部全体盟员大会召开，选举产生民盟离石县第一届支部委员会，由5人组成，刘其溥当选为主任委员，李子云当选为副主任委员。至1986年，盟员发展到17人。1987年4月10日，民盟离石县支部第二届全体盟员大会召开，选举产生民盟离石县第二届支部委员会，徐其祥当选为主任委员、赵果全当选为副主任委员。同年，徐其祥当选为离石县政协副主席。1990 年 7 月 16 日，民盟离石县支部第三届全体盟员大会召开，民主选举产生第三届支部委员会，徐其祥当选为主任委员，成员达 32 人。1993 年 3 月 30 日，民盟离石县支部第四届全体盟员大会召开，选举产生第四届支部委员会，徐其祥当选为主任委员，李国大当选为副主任委员，有委员 2 人。

1996 年 12 月 26 日，民盟离石市支部第五届盟员大会召开，选举产生新的支部成员，刘本旺当选为主任委员，有委员 2 人。同年，刘本旺当选为离石县政协副主席。2001 年，民盟离石市支部第六届盟员大会召开，六届支部成员由 7 人组成，刘本旺当选为主任委员，孙春霞、高永安当选为副主任委员。

2007 年 2 月，民盟离石区支部划分为 5 个支部和 1 个小组，分别是：中国民主同盟吕梁高等专科学校支部委员会（简称高专支部）、中国民主同盟吕梁市委员会直属支部委员会（简称市直支部）、中国民主同盟离石师范支部委员会（简称师范支部）、中国民主同盟贺昌中学支部委员会（简称贺中支部）、中国民主同盟吕梁市卫校支部委员会（简称卫校支部）、中国民主同盟吕梁市委员会柳林小组。民盟离石支部划分后，原中国民主同盟离石市支部委员会更名为中国民主同盟离石区支部委员会。同年 3 月 25 日，民盟离石区支部第七届全体盟员大会召开，选举产生新一届支部委员会。孙春霞当选为主任委员，崔延生当选为副主任委员，有支部委员 3 人。2011 年 11 月 28 日，民盟离石区支部第八次全体盟员大会在离石区石州宾馆举行，选举产生民盟离石第八届支部委员会。孙春霞当选为主任委员，马虎生当选为副主任委员，支部委员 3 人。截至 2015 年底，盟员达 54 人。

第三节　民建离石区支部

主要工作

民建离石支部成立后，先后组织会员开展各类专题调研 10 余次，累计提出并反映议案、提案 30 件。会员王宝明热心公益事业，为乡村学校捐资捐物累计价值 2000 余万元，出资 200 万元修建“保宝桥”1 座，为全区第一座人行天桥，参与安国寺廉政文化基地建设，投资近千万元。会员乔立柱长期关注留守儿童，累计捐款捐物 30 余万元。会员闫建生作为吕梁市青年志愿者协会会长，带领志愿者利用节假日，进福利院、入社区、下乡村，为老弱病残、贫困儿童提供服务，成为吕梁市的一面旗帜。会员医务工作者付美荣、谭艳秋、马红丽经常参与义诊活动，为百姓排忧解难。谭剑锋、乔立柱资助贫困人群，累计资助 80 余人、近 50 万元。

2014 年，中国民主建国会（简称民建）离石区支部集体撰写提案《增建吕梁市区人行天桥的建议》，当年吕梁市政府投资建成人行天桥4座，学校周边及广大市民出行得到明显改善。提案《关于公务用车处置的建议》《关于离石区中小企业发展的建议》等得到区政府有关部门采纳，《关于制定吕梁市创业创新奖励办法的建议》被吕梁市政府部分采纳，《村民委员会由三年一届改为五年一届建议》被相关部门采纳。

2015年，民建离石区支部被民建山西省委授予先进支部称号；任丽梅被中国民主建国会中央委员会授予“民建全国优秀会员”称号。

机构

2005年1月，省直民建离石区支部成立，郑学奇任主任委员，张林生、任丽梅任副主任委员，有会员8名。

2012年6月，民建吕梁市委与中共离石区委统战部协商，成立民建离石区支部筹备组，离石区有会员11名。其中，经济企业界人士6名；大专以上10名；中级职称4名；市政协委员1名；离石区人大代表2名；离石区政协委员2名；吕梁市青联常委1名。同年8月8日，全体会员大会召开，选举产生民建离石区支部第一届支部委员会，由4人组成，任丽梅任主任委员，闫晓红任副主任委员，有组织委员、宣传委员各1人。2015年，会员发展到21人，其中经济企业界人士12人。

第四节　民进离石区（县、市）支部

主要工作

1987年，中国民主促进会（简称民进）省直离石县支部成立后，组织会员中医务工作者为教师和广大群众进行免费医疗咨询服务。从省城邀请高级教师、优秀教学能手10名，先后两次为离石城区中小学380名教师讲学。

1996—2004年，民进省直离石县支委会开展调查研究，建言献策。调研报告《关于农村因病致贫因病返贫现象的调查》，受到吕梁地区有关领导和山西省政协领导的关注。《继续深化教育改革，全面推进素质教育》就两省一市（山西省、江西省、天津市）承担的普通高中新课程实验工作中取得的经验和存在的问题进行总结，得到山西省教育厅分管基础教育厅领导的高度评价，吕梁地区《脱贫与发展》杂志全文转载。代表民进省委提交的关于农村职业教育问题的万言调查报告，在1999年11月石家庄召开的农村职业教育研讨会上进行交流。社情民意《高中信息技术课开设缺乏硬件保障，教育部课程计划落实面临困难》在《人民政协报》刊登，受到教育部的重视，专门发文要求各地千方百计筹措资金保证教学需要，山西省副省长王昕协调省财政厅和省教育厅给省教育装备处拨发专项资金，用于资助各高中购置电脑。

同时期，每年两会期间，民进省直离石县支部所提的《关于遏制跑官要官买官卖官现象的建议》《关于加入 WTO 后我省教育面临的挑战及其需解决的几个问题的提案》《关于我省信息网络建设的几点建议》《关于我省农业产业结构调整急需解决的几个问题》《省委、省政府应重视贫困地区职工工资兑现问题》《强迫在公路上打旱井不可取》《保密工作急需加强》《地方院校应增加地方课程》《实行会计委派制度后要加强对会计的管理》《建议在全省机关企事业单位推行“竞争上岗阳光操作”机制》《建议计生部门对离婚女方进行计生普查》《关于反对官僚主义的几点建议》《应重视对离退休老干部的思想政治工作》提案受到各级政府的高度重视并被采纳。

2005—2015 年，民进离石区支部组织广大会员为推进科学发展建言献策，围绕居民最低生活保障、农村自宿制教育、学前教育、“三项整治”（环境卫生、街道装饰、交通秩序）等课题展开深入调研，并形成调研报告。围绕社区建设、城中村改造、推进区域中心城市建设、东城区开发、农村医疗人才队伍建设等提交大会发言 10 余篇。2007 年，支部提交《走出维稳怪圈，扎实做好农村信访工作》被民进吕梁市委以民进市委的名义在市政协会议上进行交流，吕梁市委书记作重要批示。支部中的政协委员向政协提案 118 件，其中提案《呼吁加大对“微笑列车”唇腭裂免费定点医院的扶持力度》被列为吕梁市重点提案；《农村干部也应实行离任审计》《居民委员会居民最低生活工作应规范运行》《因征地引发的干群矛盾不容忽视》等作为支部集体提案获市、区政协“优秀提案”奖；信息《农村家庭养殖急需加强管理》被民进山西省委采用。

同时期，医务、教育界会员深入信义镇永红村、红眼川乡等农村开展送医、送药、送教、送温暖下乡慰问活动。汶川地震发生后，全体会员向地震灾区捐款 6700 元。2009 年，支部副主委郭兴在“微笑列车”活动中，被中华慈善事业总会授予“全国公益事业奖”。

机构

1985 年 9 月，经中国民主促进会山西省委员会批准，民进省直离石支部筹备小组成立，金本椿任组长，游石清、郝亦民任副组长。1987 年 7 月 28 日，民进山西省委批准成立民进省直离石县支部，有会员 31 人。9 月 20 日，民进省直离石县支部成立大会召开，民进山西省委副主委兰文英出席成立大会并讲话，大会选举产生民进省直离石县第一届支部委员会，由 3 人组成，金本椿当选主任委员。1991 年 11 月 20 日，民进省直离石县支部第二次会员大会召开。山西省政协副主席、民进山西省委主委秦国栋，吕梁地委副书记张陆绪到会致贺词。大会选举产生民进省直离石县第二届支部委员会，由 5 人组成，游石清当选支部主任委员，高志海当选副主任委员，有委员 3 人。

1996 年 10 月 20 日，民进省直离石市支部第三次会员大会召开，民进山西省委主委秦国栋出席会议。大会选举产生民进省直离石市第三届支部委员会，由 5 人组成，成锡锋当选为支部主任委员，郭向勤当选为支部副主任委员，有委员 3 人。2001 年 11 月 11 日，民进省直离石市第四次会员大会在吕梁饭店召开，民进山西省委副主委张恒出席大会并代表会省委致辞。大会选举产生民进省直离石市第四届支部委员会，由 7 人组成，成锡锋当选支部主任委员，郭向勤当选副主任委员，有委员 5 人。

2005 年 9 月，顺应吕梁撤地设市的需要，民进省直离石支部分设为市直总支部和离石区支部。11 月，民进离石区支部第一次会员大会召开，选举产生第一届支部委员会，刘延宁当选离石区支部主任委员，有委员 2 人。

2011 年 11 月 12 日，民进离石区支部第二届会员大会召开，刘延宁当选支部主任委员，有委员 4 人。2015 年，民进离石区支部成员有 34 人。

第五节　农工民主党吕梁支部委员会离石小组

2006 年 3 月，中国农工民主党（简称农工党）山西省直吕梁总支离石区小组成立。同年 3 月 16 日，农工党离石区支部委员会正式成立，支部推选马卫军任主任委员，共有党员 15 名。2007 年 3 月 16 日，农工党离石支部委员会全体党员大会召开，增补薛肇东为支部委员会副主任委员、支部委员会委员 1 人。设立农工民主党离石城区小组、吕梁市人民医院小组、汾阳小组、柳林小组。2008 年 12 月 12 日，农工党山西省委批复，农工党离石支部委员会更名为农工党吕梁支部委员会。2009 年 11 月，农工党吕梁市总支委员会成立，下辖文水支部委员会、离石小组、柳林小组、汾阳小组、孝义小组、吕梁市人民医院小组、吕梁卫校小组。截至 2015 年底，离石小组同农工党吕梁市总支委员会一起活动，没有开展独立活动。

第六节　九三学社离石区小组

主要工作

2013—2015 年，九三学社离石小组社员撰写的提案《关于教师职称评聘的几点建议》和《建议取消或放开中小学教师职称评聘》被吕梁市列为重点议案，孙杰连撰写的《统一战线和农村改革发展的思考》在市委统战部开展的统战理论征文中，荣获二等奖，社情民意《关于 411 公交规范化的建议》被采纳。

同时期，九三学社离石小组积极开展社会服务活动。2013 年 3 月，离石小组医卫人员在九三学社吕梁支社的组织下赴汾阳市阳城乡田屯村开展下乡义诊活动，受益群众 300 余人。2014 年 8 月，前往吴城镇陈家塔村开展健康义诊活动，同时发放《高血压防治》《儿童保健指南》等健康宣传手册 600 余册和宣传资料 1000 余张。2014 年 11 月，前往信义镇示范小学开展捐书助学活动，赠送书柜 2 个、笔记本 200 本和课外书籍 1000 余册，创办“九三学社图书角”。2015 年 6 月，离石小组社员配合离石区农村经济服务中心在世纪广场发放农村土地承包法、耕地确权等涉农法律、法规等宣传资料 2500 余份，印发市民疾病预防宣传资料手册 2000 余份。11 月，小组发动全体社员利用假日资助农村贫困户 8 户、4000 元。

机构

2013 年 11 月，九三学社离石区小组成立，是隶属于九三学社吕梁支社领导的基层组织。成立初期，薛琼任小组组长，孙杰连任副组长，社员 10 人。2015 年，九三学社离石小组社员 12 人，预备社员 1 人。社员以离石区机关事业单位具有中、高级职称的技术骨干为主。其中女社员 10 人；市、区政协委员 3 人，市、区人大代表 2 人。

第三章　群众团体

第一节　县牺盟分会

主要工作

县牺盟分会在离石活动 3 年时间，受中共离石县委与临县牺盟中心区领导，建立农民、工人、青年、妇女等各抗日救国联合会，培训骨干，发展区、村牺盟基层组织，秘密开展党的活动，巩固抗日武装，改组公道团，开展反奸斗争，撤换伪村长，掌握基层政权，坚持发展抗日民族统一战线。

机构

民国 26 年（1937）初，山西省牺牲救国同盟会（简称牺盟会）派曹宓（曹志敏）、王耿仁到离石中学（今贺昌中学）发动学生参加牺盟组织，发展刘枫（又名刘五福）、崔映国、穆峰、穆树旺、杨岐、崔世元、李丕宽、邓炳文、穆嘉瑞等 20 余人为会员，刘枫为负责人。同年 9 月，省牺盟总会派中共党员阎景纯、韩昌泰到离石组建离石牺盟分会，并担任特派员。同年 11 月，阎景纯出任县委副书记，由王永和接任分会特派员。民国 27 年 10 月，王永和调走，由梁延檀接任。民国 29 年，梁延檀任县长后，崔映国任县牺盟分会秘书。同年 7 月，牺盟分会撤销，建立抗日救国联合会（简称抗联）。

第二节　县动委会

主要工作

县动委会成立后，与县牺盟分会密切配合，协助中共离石县委组织领导和建立工、农、青、妇各抗日救国联合会，并帮助整编县游击大队。

机构

民国26年（1937）11月中旬，第二战区民族革命战争战地总动员委员会（简称战动总会）移驻离石县马茂庄。战动总会由中共党员武新宇、程子华、南汉宸等人领导，他们派出工作队宣传抗日救亡，发动群众组织抗日人民武装，协助开展地方党政工作，建立动委会组织。民国 27 年 1 月，离石县动委会建立，王修担任离石县动委会秘书。民国 28 年 9 月，县动委会被撤销。

第三节　县抗联

主要工作

县抗联成立后，统一领导全县抗日救亡活动，开展抗日工作。

机构

民国27年（1938）初，离石县在动委会和牺盟会协助下相继建立工、农、青、妇各抗日救国联合会，抗日救国联合会隶属县牺盟分会领导。民国29年6月，根据中共晋西南区党委的指示，离石县各界抗日救国团体联合会（简称抗联）成立，至民国34年8月，先后担任主任的有崔映国、许科堂、于今（代）、李寅。

县抗联归县委领导，上属先为晋西四分区抗联领导，后归晋绥三分区抗联领导。县抗联被撤销后，工、农、青、妇各抗日救国会，均设为部，对外仍保留各抗日救国会名义。民国30年（1941）1月，中共离东县委成立后，离东县亦成立县抗联，离东县抗联主任由王治安担任，后改称秘书，其后由张明、崔锡选先后担任。县抗联归中共离东县委领导，先后属晋西四分区、晋绥八分区、三分区抗联领导。

第四节　农民组织

主要工作

从抗日战争时期的农民协会、农民联合会、农民抗日救国联合会，到中华人民共和国成立后的农会委员会、贫下中农协会，对民主革命、社会主义革命和建设均发挥过重要的作用。

机构

第一次国内革命战争时期，离石县设有农民协会。民国16年（1927），韩昌泰从太原返回家乡后，首先在离石城附近的韩家坡、岐则沟、十里村等地建立农民协会，发展会员。柳林等地也在贺昌的组织发动下，建立农民协会，发展会员。同年底，离石全县有农民协会32个，会员2500余人。农民协会的建立在推动农民运动，为离石党的地方组织建立与发展，做了组织准备。

抗日战争爆发后，民国27年（1938）1月1日，离石县召开农民抗日救国联合会筹备委员会成立大会。同年2月，在各区、村农民抗日救国联合会建立和发展的基础上，中共离石县委在交口镇召开离石县农民抗日救国联合会成立大会，对农救会组织章程、临时工作纲领做进一步修改和补充。大会民主选举产生县农救会领导机构，负责人称秘书，由康汝和担任。到民国31年1月精简后，农救会改称农民部，置于县抗联领导之下。先后担任过农救会秘书和农民部部长的有康汝和、许科堂、李寅、康建、刘国玺等人，至民国34年8月终止。

1947年土地改革在农村全面开展后，建起新的农会组织，始称贫农团，后改为农会。在“依靠贫农搞土改，一切权力归农会”方针指导下，土改中各级都成立农会委员会，区村政权都由农会代行职权，由农民中选举产生农会主任、常委、委员，至土改结束。1948年上半年恢复区村政府建制。

1964年，在农村进行“四清”（清思想、清政治、清组织、清经济）和“社教”（城乡社会主义教育）运动中，根据党的“依靠贫农、团结中农”的政策，各级贫下中农协会成立。离石县贫下中农代表会召开，选举产生贫下中农协会主席、副主席和委员，主席由王俊仁、张秋林先后担任。全县36个人民公社717个生产大队，都设有贫协会，共有委员4314人。直至1966年5月“文化大革命”开始后终止。

第五节　工人组织

工代会

1949—1954年，离石县与方山县合并之前，离石县工会联合会共组织召开各行业工人代表大会5次。

1954年7月，离石县与方山县合并为离山县，两个县级工会合并为离山县工会联合会。1955年3月，离山县工会联合会第一次代表大会召开，离山县工会联合会、离石区（县、市）总工会先后召开过代表大会12次，选举产生离石（山）县工会联合会、离石县总工会的第一至九届（执行）委员会和离石区（市）总工会的第一至三届委员会。1957年7月18日，离山县工会联合会第三次代表大会在离山县城召开，参加会议的代表共44名，列席代表9名。大会审议并通过《离山县工会联合会关于增产节约的决议》等。

1964年7月17日，离石县总工会第七次代表大会在离石县城召开。在离石县总工会第七次代表大会期间，原离石县工会联合会改名为离石县总工会。1973年5月14日，离石县总工会第八次代表大会在离石县城召开，参加会议的正式代表148名，列席代表35名，特邀代表14名。1987年10月24日，离石县总工会第九次代表大会在离石县城召开。参加会议的代表132名，列席代表4名，特邀代表21名。

1997年11月14—15日，离石市总工会第一次代表大会召开，参加会议的代表共111名，列席代表17名。2003年12月27—28日，离石市总工会第二次代表大会召开，参加会议的代表共121名，列席代表29名；2010年12月14日，离石区总工会第三次代表大会召开，参加会议的代表共125名。大会听取第二届委员会主席王根田作的题为《锐意创新奋勇争先团结动员全区广大职工在开创第三次创业的伟大实践中再立新功》的工作报告。

职工代表大会制度

1979年，离石县电线厂首家建立职工代表大会制度。1981年，县水泥厂、县自来水公司、县木器厂、县医院等单位首届职代会相继召开。同年5月8日，离石县企业民主管理会议召开。同年，在全县142个企事业单位中，82户建立职代会常务委员会，41户建立企业民主管理委员会。其中有133个单位召开职代会，42家国有企业职代会审议业务招待费。1999年，离石市委、市政府印发《关于推行"厂务公开、民主监督"的实施意见》。同年5月12日，离石市企业党政领导干部参加的"厂务公开、民主监督"动员会召开，确定市电缆公司、市供水公司、兴隆商厦为推行的试点单位。

2003年，离石市公有制企事业职代会建制率达到100%。

2004年，全区28户国有企业、8户集体企业、3户企业化管理的事业单位和40余户100人以上的民营企业都建立职代会制度，建制率达100%，坚持定期召开职代会的达90%以上，30余户国有、集体企事业单位实行厂（校、院）务公开制度，40余户民营企业设立厂务公开工作机构。2006年，全区47户国有、集体企事业单位，42户非公有制企业建立职代会制度，坚持定期召开职代会的达90%以上。47户国有、集体企事业单位实行企（院、校）务公开，42户民营企业健全厂务公开工作机构。2010年，全区职代会建制率达98%。东江煤业集团公司被评为省级"五星级职代会单位"。

2012年，职代会建制率达98%。民营企业推行厂务公开和职代会建制率达93%。

组织培训

1952年10月，离石县开展职工扫盲运动，配备专职扫盲教员1人，集训义教6人，组织培训3个班，共122人。1953年，县工会办业余学校4所，有253名职工受到正规的文化教育，并增添图书200册。

1964年9月，参加业余学校学习的单位达6个，150人。设专职教导员1人，专职教师2人，开设初中班2个、高小班2个、扫盲班1个。1980年11月，县总工会职工教育现场会召开。县直厂矿、企业及有关局的工会主席60余人出席会议。会上，传达省工农教育先进集体和模范个人代表会议精神，职工医院院长成大权介绍职工医院坚持10年办教育的典型经验。

1981—2000年，全市（县）参加各类学习型组织活动的职工达1.2万余人，培养学习型班组4个，培养学习骨干700余人，有50余户企事业单位组织开展计算机知识培训，培训人数达1800余人。60%以上的工会干部参加司法部门组织的干部法律培训考试，合格率100%。参加职工技能培训的职工2800人，培养省级技术创新能手1个，完成10万元以上技术攻关2项。

2004年，区总工会以农广电、职业中学等单位为依托，建立职工素质教育培训基地。

当年全区参加各类学习培训的职工达2万余人，其中参加计算机知识培训的职工达3000余人，选树学习型组织6个，培养学习骨干1600余人。2007年，对农民工进行为期2个月的培训。《中华人民共和国劳动合同法》颁布后，各级工会组织开展形式多样的知识竞赛、问卷答题等活动。2008年，在乡镇、系统、大型企业开展职工书屋建设活动，建立精品示范书屋5个。全区2万余名职工参加各类学习培训，培养学习骨干1400余人。对120余名劳模及400余名基层工会干部进行中共十七大报告专题培训，组织40余名劳模到省总干校学习。同年，累计培训农民工8000余人次，印发《农民工权益保护条例》劳动合同法等读本及宣传扑克5万余套。2009年，全区2万余名职工参加各类学习培训，培养学习骨干2000余人。

2012年，培训职工1万余人次，培养学习骨干1000余人；区总工会职工教育培训中心组织开展技能培训、创业培训2期，培训职工260余人。举办劳动模范和工会干部培训班2期，累计培训300余人次。按照省总工会《关于开展全省职工本（专）科学历提升教育工作的通知》，动员和组织23名职工参加考试。2015年，举办“离石区总工会困难职工帮扶系统培训班”，各乡镇（街道）、系统工会、各大中型企业工会主席以及帮扶工作人员参加培训。全年选送30余名基层工会干部到省总干校进行系统培训。

劳动竞赛　岗位练兵

1953年6月，各基层工会响应毛泽东主席“增加生产，厉行节约，以支援中国人民志愿军”的号召，开展提高职工思想的爱国主义增产活动，全年增产节约7.8亿元（第一套人民币）。

1955年，全县国营、合作社、私营工商业工会，组织职工开展劳动竞赛活动。商业部门的百货、花沙、食品、酒专、供销社等单位制定服务公约，方便乡村群众，派专人定期送货下乡。在开展增产节约活动中，县社职工自己搬运货物，充分利用废旧物资，合并宿舍居住，共节约860元。粮食局职工创造支柱铺垫法，义务修建仓库，节约资金5833元。食品公司职工提出关于改进饲养方法，讲究环境卫生，严格牲畜进口关等合理化建议，牲畜死亡率由7%降低到1%。1956年，贯彻中央“鼓足干劲，力争上游，多快好省地建设社会主义”的方针，组织职工开展先进生产者运动。竞赛的内容是“五比”（比质量，比指标完成额，比执行制度，比完成计划和保证条件的执行，比技术学习和师徒关系）“四查”（查浪费、查事故、查缺勤、查纪律）。1958年，全县各基层工会组织开展以增产节约为主要内容的社会主义先进生产者劳动竞赛活动。建立起光荣榜、流动红旗进行评比奖励，并利用黑板报、广播、文艺演出等形式广泛宣传。在全县32个基层单位中，共涌现出先进单位8个，先进工作者387人。提出合理化建议351条，采纳98条，创造价值6580元。

1973年，全省掀起“工业学大庆、农业学大寨”热潮，全县广大职工发扬“铁人”（王进喜）精神，大干、苦干、巧干，大搞技术革新和技术革命，革新成功46项，其中重大革新23项，创造价值31万元。县电线厂自力更生安装电解铜、电解铝设备，提高生产水平。县水泥厂创造日产水泥43吨的最高纪录。1984年，开展“创优质、降消耗、保安全、增效益”为中心的为“四化”立功竞赛活动。参赛的人员涉及全县工业、交通、邮电、财贸、农业、文教、卫生、科技等部门及党政机关。立功的条件包含优质服务、技术革新、创新纪录、降低消耗、扭亏增盈、提高经济效益、安全生产、技术协助等15项，并制定具体的奖励办法和组织领导工作。12月，县劳动竞赛委员会表彰为“四化”立功竞赛的先进集体22个，先进个人83名。1987年，离石县开展“双增双节”（增产节约、增收节支）运动，提出实现增产节约75万元的奋斗目标。各基层工会开展“十个一”和“百、千、万”增产节约竞赛活动。“双增双节”实现创收138.14万元，涌现出技术能手及骨干316人，技术尖子13人。1992年7月，离石县举办首届“工行杯”青工技术比武，参赛青年包括经委、财委两大系统的职工170名。经委系统竞赛项目有铅字排版、织布、拉丝、木工、花编、焊工6项。财委系统有会计、出纳、储蓄3项。

1996年，在16户企业中组织开展争创“五好”（精神状态好、能力素质好、经营业绩好、团结协作好、廉洁自律好）企业竞赛活动，在重点行业和主导产业开展“排头兵”竞赛活动，在私营企业中开展厂长关心爱护职工，职工热爱企业的竞赛活动。共有3000名职工参加岗位练兵活动，2720人参加技术比武活动。比赛项目68项，受奖人员190人。完成“双增双节”任务267万元，占全年计划的191%；提出合理化建议1408条，采纳920条，创造价值212万元，技术攻关11项，其中万元以上的4项。

2004年，根据区委建设多元产业支撑的区域性中心城市目标和工业、农业调产项目及企业技术改造的需要，全区开展产业结构调整“创新杯”立功竞赛活动。把群众性的岗位练兵、技术比武、技术创新、技术攻关、合理化建议、双增双节、发明创造等经济技术创新活动与劳动竞赛融为一体。各乡镇（街道）、系统、企事业单位都结合各自的实际情况，组织开展小型多样、各具特色的竞赛活动。大土河工会制定劳动竞赛实施方案，组织开展技术大练兵活动，3000余名职工参加驾驶、电焊、烹饪、井下作业等项目技术比武，评出技术能手20名。卫生系统组织各乡镇（街道）卫生院和区直医院120余名职工开展中草药真伪辨认、抓药、突发性事件预防等项目的技术比武，评比表彰13人。区总工会组织各乡镇（街道）、系统工会开展计算机大练兵，并选拔运管所、区委办等单位的3人参加全市“联盛杯”计算机比赛。由经贸系统、城建系统、卫生系统、党群系统、城区街道办等部门组织100余户企事业单位开展岗位练兵、技术比武、技术培训等活动，参加职工人数达12000余人。同年，在东城区开发及全区重点工程建设项目中开展立功竞赛活动，对贡献突出的区公安局等10个单位和15名个人进行记功表彰。全区数千名职工提出各类合理化建议780条，采纳540条。2008年，离石区开展“工人先锋号”创建等活动，区运管所被命名为全省首批省级“工人先锋号”。2010年，开展以“实现四大跨越（实现内陆山城向生态宜居城区的历史性跨越，实现煤焦大区向新型工业基地的历史性跨越，实现传统商贸中心向现代物流枢纽的历史性跨越，实现人文大区向区域文化中心的历史性跨越），推进四项工程（东城新区开发工程、产业素质提升工程、城区教育振兴工程、宜居新村整村推进工程）”为主题的立功竞赛活动，对贡献突出的坪头乡等3个单位和王永福等8名个人进行记功表彰。2011年，离石区开展以“实施三大攻坚，构筑三大支撑（实施项目建设攻坚，构筑跨越发展的产业支撑；实施城乡统筹攻坚，构筑跨越发展的功能支撑；实施文化繁荣攻坚，构筑跨越发展精神支撑）”为主题的立功竞赛活动，贡献突出的5名环卫工人被评为区劳动模范。能源型企业、业务技术服务型企事业单位，开展技术比武、岗位练兵、创建“工人先锋号”等活动，区运管所连续3年被省总工会授予“工人先锋号”称号。“三项整治”期间，区总工会组织全区200名职工，对火车站周边的环境卫生进行集中清理整顿。全区1万余名职工参加“转型跨越杯”劳动竞赛活动，共提出合理化建议1000余条，实施100余条，创经济效益3000余万元。

2012年，离石区在重点项目、重点工程、重点行业开展竞赛活动。5月15日，区总工会和区人民医院联合举办大规模的入院前和入院后急救演练，急诊科、普外科、医技科以及相关职能科室等参加此次演练，神经内科获得一等奖。2015年，在全区工业企业开展“五小”（小发明、小创造、小革新、小设计、小建设）竞赛活动，广大职工累计为企业节约生产成本130余万元，增加经济效益600余万元。

送温暖活动

1994年6月28日，离石县工会组织人员赴“双停”（企业停工停产、在建企业停建）亏损企业进行调查研究。对亏损原因，欠发工资情况，职工思想状况和扭亏增盈的意见和建议向县委和政府做汇报。县委、县政府组织财政、银行、工商、税务和企业主管部门等单位，对“双停”企业进行现场办公。

1997年1月，离石市工会发出为全市贫特困职工“送温暖献爱心”倡议书，地区的电业局、邮电局，市药材公司、供水公司、交通局、工行、建行等20家单位和千余名职工共捐款1.1万元。春节前，市五套班子领导将所有捐款全部送到贫特困职工手中。

2004年，离石区困难职工帮扶中心成立。同年，全区享受低保的困难职工达832户，基本实现应保尽保。同年春节期间，通过财政拨款、社会捐助、自筹资金等多种形式，共筹集送温暖资金7.2万元，走访困难企业2户，救济贫特困职工620余人次。组织党员干部和困难职工帮扶结对子120户，脱贫115户。新发放贫特困职工证16户。同年，区总工会帮助电缆公司和供销社的4户困难职工子女完成学业，资助金额4000元。2005年春节期间，离石区工会慰问贫困户10户，送去白面10袋。“六一”国际儿童节期间，慰问贫困学生和教师43人次，赠送学习用品、书本共计600余元。2009年，走访慰问困难企业3户，慰问困难职工、特困劳模680人次，发放慰问金25.63万元。慰问救助特困农民工40人次，发放救助金3万余元。2010年，区总工会在区行政审批中心落实50平方米的一站式帮扶大厅，配备专用电脑、网线、打印机、扫描仪等硬件设施。

2012年，离石区工会为22名贫困大学生发放爱心资助款4万余元。“三八”妇女节、“六一”儿童节期间筹集资金3万元，参与救助200余名困难女职工及留守儿童等活动。“七一”建党节期间，为下乡点困难老党员送去慰问金5000元。2015年，先后为区环卫中心、区交警队和吕梁新区建设留子局项目部的一线职工送去矿泉水、白糖、茶叶、西瓜、水杯等慰问品。“金秋助学”活动中，资助71名贫困职工（进城务工人员）家庭子女圆大学梦。

维护职工权益

1996年，离石市委、市政府印发《关于全面推行平等协商签订集体合同制度的通知》。全市有107户企事业单位建立平等协商制度，占任务的103%。有67家企事业单位签订集体合同，占任务的124%，有94家企业建立劳动法律督促委员会。2003年，离石市在10个乡镇和政府职能部门三大系统确定试点单位21个，试点单位全部完成建制任务，共签订集体合同公有制企业34家（其中到期续签5家），非公有制企业37家；工资集体协商建制企业公有制24家，非公有制35家，均完成任务。全市公有制企事业实行厂务公开的单位139家，能定期公开并规范的达85%以上。在10家非公有制企业中推行厂务公开制度。

2005年9月，区工会积极推行签订区域性、行业性工资协议，以煤炭、建材行业为试点，重点落实职工月最低工资不低于480元，煤矿企业井下挖掘工月工资不低于1200元，辅助工工资不低于1000元的规定。共签订煤炭行业工资协议5份，覆盖企业22家，涉及职工1840人；签订建材行业工资协议1份，覆盖企业2家，涉及职工397人；签订单个工资协议73份，续签集体合同11份，签约率和职工覆盖率均达到100%。2006年，全区具备签订集体合同条件的70户企业全部签订，覆盖职工10422人。工资协议应签64份，实签64份，覆盖职工9721人。签订行业集体合同、工资协议各3份，覆盖职工1100人。通过平等协商、签订工资协议，职工年平均工资增长幅度达到5.5%。2010年，离石区开展工资集体协商“百日攻坚行动”。全区共签订企业集体合同77份，覆盖职工15672人；签订工资协议71份，覆盖职工14804人，签约率达100%；签订区域（行业）性集体合同、工资协议9份，覆盖企业231家，覆盖职工6690人。职工年平均工资增长幅度达5.7%。区总工会在工会系统“五五”普法（2006—2010年第五个五年法制宣传教育）工作中被推荐为全国、全省表彰的先进单位。

2015年，离石区总工会印发《离石区总工会关于开展工资集体协商工作方案的通知》，乡镇（街道）、系统工会全面推动企业建立工资集体协商机制，确保符合标准的企业占80%以上。全区共签订企业集体合同67份，签订工资协议64份，签约率达100%。

再就业工程

1997年11月，各级工会实施再就业工程。全年共安置300余名下岗职工重新就业，并选树再就业明星6名。1998年8月，离石市城区下岗职工再就业集市设立，15名下岗职工实现再就业。工会邀请养殖技术专业人员对全市200余名下岗职工进行蜗牛养殖技术培训。60余名下岗职工参加地区工会组织的再就业培训。市工会与劳动部门举办下岗职工再就业洽谈会，帮助20名下岗职工实现再就业。通过以上途径，解决346名下岗职工的再就业，占下岗职工总数的11%。2003年，离石市对全市职工生活状况进行摸底调查。乡镇、系统共调查企业131户，其中国有企业40户，集体企业20户，非公有制企业71户，涉及职工12757人，其中女职工6523人。全市共有下岗职工2353人，实现再就业1876人，享受低保1450人，困难职工1062人，累计拖欠退休金642人180.7万元，累计拖欠职工医药费1223人6171万元。经推荐竞聘上岗85人，完成任务的54%。

2004年，多渠道培训下岗失业人员420人，通过与仙人掌公司、大土河公司、开新宇超市等单位牵线搭桥，全年实现再就业256人。2009年，全区各级工会组织共举办130场次农民工职业技能和创业培训，对1260名农民工进行免费培训。与区劳动和社会保障部门、中小企业局等单位联合开展3场农民工就业专场招聘会，提供就业岗位1000余个，达成求职意向900余人，帮助965人实现就业和创业。2010年，离石区总工会与区人力资源和社会保障局、工商联等单位联合举办以农民工为重点服务对象的民营企业招聘活动，发布就业信息2000余条，帮助就业100余人。7月，离石区总工会下岗职工蔬菜瓜果批发部成立，在凤山底建立销售窗口，招聘40余名下岗职工作为流动销售员，从经理到职工全部由下岗职工担任。2011年，离石区总工会下岗职工蔬菜瓜果批发部在王营庄乡建起温室大棚6个，在马茂庄瓜果批发市场、凤山底农贸市场、新华小区、区政府小区建立蔬菜直销店4个。

2012年，扶持下岗职工武振宇创办离石区总工会下岗职工绿鲜品有限公司。公司下设蔬菜直销店4个，吸纳下岗职工50余名，在离石城区新建便民蔬菜直销店6个。2015年，联合区人社局、区人才交流中心等单位在居然之家召开“春送岗位”大型招聘会，130余家企业参加招聘活动，提供各类工作岗位1000余个，当日达成用人意向136人。将吕梁贝亲好家政服务公司、离石区贠口好山水豆制品专业合作社确定为离石区总工会下岗职工（农民工）再就业基地，帮助30余名下岗职工实现再就业。

机构

离石县工人联合会 民国12年（1923），离石县所属的柳林镇田家沟煤窑工人联合会成立，为离石县最早的工会组织，主席由曾参加过“二·七”大罢工的郝石贵担任。工人联合会成立后，发动罢工，组织游行示威，反抗地主、官僚、资本家、封建把头等残酷压榨剥削工人的斗争。民国27年2月，离石县工人抗日救国联合会成立，不久，改称离石县工人抗日民主救国联合会，负责人称秘书，后改称主任。民国30年11月，离东县工人抗日救国联合会成立，秘书为张明。民国32年12月，离石县工救会改组为离石县抗日民主救国联合会领导下的工人部，对外保留工救会的名称。先后担任过秘书、主任、部长的有杨化、高国山、田雨润。民国34年9月，离石全境解放以后，离石县设工人部，部长为杨化。翌年2月，各部分别称为联合会，工人联合会先后由杨化、高云长任主任，直属县委领导。

1949年，离石县工人联合会改称为离石县工会联合会。离石县工会联合会先后召开过代表大会3次，分别选举产生相应的执行委员会。1952年，离石县工会联合会召开第四次代表大会。选举产生新一届委员会的领导机构和领导成员。同年，全县完成建立煤业基层工会11个，磁业工会1个，水手、搬运工会2个，店员工会4个，教育工会9个，蛋厂工会1个，全县工会会员发展到1904人，占当时全县职工队伍3065人的52.8%。

1954年7月30日，方山县并入离石县改称离山县。离石、方山两县工会联合会并为离山县工会联合会，编制5名。其时，全县有职工3937人，会员2207人，基层工会47个，小组255个，组织员8人。

1958年，中阳县与离山县合并，复称离石县工会联合会，合并后，全县有职工8552人，会员5301人。1959年10月，中阳县分设，工会随之分设。至1964年底，离石县有职工4315人，会员2467人，占比57.17%。其间，担任过县工会主席的有穆嘉宁、刘兴隆、刘丕和、刘恩山、李庆保、白世明、王永洪等人。

离石区（县、市）总工会 1964年9月，离石县工会联合会改称为离石县总工会。当时，共有工会会员2467名，占全县职工总数的57.17%。1967年后，受“文化大革命”的影响，工会工作被迫停止。1973年4月，离石县总工会恢复，各级工会组织也逐步恢复建立。同年5月，离石县总工会第六次代表大会召开，选举产生离石县总工会新一届领导机构和领导成员。至1990年底，基层工会增加到118个，会员增加至7240人，占职工总数的94.9%。

2010年12月14日，离石区总工会第三次代表大会召开，选举产生离石区总工会第三届委员会的领导机构和领导成员。

2015年，离石区总工会的内设机构部室10个，分别是办公室、财务部、女工部、民主管理部、法工部、经济技术部、劳动保护部、生活保障部、组织部、宣教部。有下属事业单位2个，分别是困难职工帮扶中心、职工俱乐部。共辖系统工会9个，街道办工会联合会7个，乡镇级工会联合会5个，个体工商联合工会3个，家电行业联合工会1个，个体医药行业联合工会1个，煤炭行业工会联合会1个，基层工会组织415个，全区共有基层工会组织425个，会员达32736人，入会率均达100%。

第六节 青年组织

早期青年团活动

大革命时期，离石县青年贺昌、张叔平加入团组织，其中贺昌是太原社会主义青年团组织的创建人之一，为全省最初的8个团员之一。

民国10年（1921）5月1日，以贺昌为首的10余名青年学生在省立一中聚会，成立太原社会主义青年团小组。民国12年，离石县籍北京大学读书的张叔平参加社会主义青年团，是山西早期团的活动积极分子。民国15年夏，贺昌从上海给柳林党组织捎信指示，要求党领导发动群众声援上海工人运动。全县在柳林村龙王庙召开群众大会，以实际行动援助上海工人的斗争。民国26年夏，刘枫到太原联合省牺盟总会，在离石城老爷庙办牺盟会员培训班3期，每期40人，训练结束后，深入各区宣传抗日，组建青年抗日救国会等抗日群众组织。1937年“七七事变”后，山西牺盟会派中共党员阎景纯任离石县牺盟会特派员，9月，离石牺盟会建立。11月初，恢复组建中共离石县委，并陆续建立青年抗日救国会等群众组织。

组织建设

1949年，离石县共有青年18230人，团员1522人，女团员579名。

1957年，全县共有团员9325人，青年34751人，团总支60个，支部10个；70个乡共有团委会31个，总支35个，支部40个，共有农村团员6732人。

1959年，全县共有团支部890个，团员10757人，占青年总数的24.4%。1961年，全县共有基层团委25个，团总支38个，团支部654个，发展团员277人。1962年，全县共有团员1399人，新发展团员631人。1963—1965年，全县共发展团员2948名。1971年，全县有团支部1246个，团员3736名，发展新团员1318人。1972年，全县有基层团委17个，专职团干16人，团员4118人。1973年，全县共有青年17872人，专职团干221人，团员4981人，年内纳新1323人，超龄出团178人，团员加入中国共产党164人。1974年，573名优秀团员充实进团的各领导班子，1323名先进青年加入团组织。1986年，全县新建团支部51个，调整和充实基层团支部班子175个，配备团支部书记87名，基本解决活动经费的团支部达143个，解决团干报酬的问题农村团支部达239个，951名先进青年加入团组织。1987年，全县中学中新建团支部53个，吸收青年入团628名，整顿校团委2个，调整充实校园团总支15个，校团支部3个。1988年，全县共发展团员1862名。1992年，发展新团员 926 名，平均每个团支部发展 22 名，全县有 40 多名优秀团员入党。

2004—2006 年，离石区共发展新团员 3678 名，推荐 62 名优秀共青团员加入中国共产党。为组织部门推荐 34 名优秀团干到重要岗位。2008 年，发展新团员 1234 名。2011 年，发展新团员 966 名，平均每个团支部发展团员 2 名。

2015 年，全区发展新团员 1023 名。

1971—2015 年离石区（县、市）基层团组织情况统计表

表 20-1

年份	基层团委（个）	团总支（个）	团支部（个）	专职团干（人）	团员总数（人）
1971	12	—	264	21	3736
1972	17	—	—	16	4118
1973	18	5	351	22	4981
1974	17	4	359	20	5219
1975	18	5	370	27	6084
1976	17	8	396	18	5731
1977	17	7	381	18	5738
1978	18	—	384	18	6006
1979	18	9	411	18	5559
1980	19	10	409	22	5390
1981	19	10	410	22	5428
1982	19	—	385	20	4816
1983	18	7	389	22	4691
1984	22	12	398	22	5172
1985	22	12	421	22	4139
1986	24	14	431	27	4238
1987	26	13	443	30	4715
1988	29	11	485	27	5052
1989	29	11	489	24	5095
1990	29	6	388	27	5103
1991	35	11	498	22	4986
1992	16	5	359	19	5012
1993	24	13	425	22	4389

续表 20-1

年份	基层团委（个）	团总支（个）	团支部（个）	专职团干（人）	团员总数（人）
1994	29	12	495	26	5126
1995	31	16	489	24	5095
1996	29	11	501	24	5195
1997	27	10	476	23	4995
1998	30	13	205	25	5210
1999	28	12	503	23	5116
2000	31	14	521	24	5106
2001	28	12	491	23	4987
2002	29	12	501	25	4998
2003	27	10	476	21	4869
2004	29	12	493	23	5032
2005	27	13	511	25	5201
2006	28	13	509	20	4987
2007	31	14	529	30	5389
2008	34	15	532	35	5421
2009	30	12	511	26	5124
2010	31	13	524	29	5187
2011	32	15	549	31	5369
2012	33	14	536	30	5293
2013	30	13	502	26	5126
2014	37	17	599	39	5436
2015	36	16	579	35	5586

团代会

中国新民主主义青年团离石县第一次代表大会 1949年9月13—17日在县城召开，出席代表234人。大会由李志新报告三年来建团概况和团的工作成绩及今后任务。县委书记，县长在大会上发表讲话，代表们讨论报告和讲话，交流工作经验。大会选举产生共青团离石县第一届委员会，有常务委员11人，候补委员4人，李志新当选为书记。

中国新民主主义青年团离石县第二次代表大会 1954年4月12—17日在离石县城召开，出席大会的正式代表有167人，列席代表32人。大会通过贯彻总路线的报告和第一届团县委的工作检查报告，突出解决团员和青年中严重存在的对农村发展前途缺乏信心与轻视农业的错误思想，制定今后团的工作任务，做出相应的决议；传达全国第二次团代会决议精神。大会选举产生共青团离石县第二届委员会，马平当选为书记。

中国新民主主义青年团离山县第一次代表大会 1955年1月11—18日召开，出席大会的正式代表251人，列席代表18人。大会总结1954年后团的工作，讨论1955年生产和互助合作方案以及团的工作。大会选举产生共青团离山县第一届委员会，刘振华当选为书记。

中国新民主主义青年团离山县第二次代表大会 1956年6月23—27日在县城召开，大会应出席代表250人，实出席216人。其中机关代表29人、学校人员及农村人员158人、列席代表20人。代表中党员76人，其余多是支委和优秀团员。会议听取县委的政治时事报告，通过上届团县委一年来的工作总结和今后意见及1956—1957年的工作规划报告，交流典型经验，开展自上而下的批评与自我批评。大会选举产生共青团离山县第二届委员会，有委员9人，候补委员2人，常务委员5人，刘振华当选为书记。

中国共产主义青年团离石县第五次代表大会 1963年5月4—7日在离石县城召开，出席大会的代表315人，列席代表64人。大会由副县长吴芝贵致贺词，县委宣传部部长做政治报告，会议在讨论今后任务的基础上一致通过“带领全县青年争取今年农业丰收，学习雷锋精神，塑造千百个雷锋式青年”“开展三项活动，争当优秀团员”“接受党的委托，带领好少先队”“加强团的建设，改进领导作风”等决定。大会选举产生共青团离石县第五届委员会，有委员12人，候补委员3人，常务委员7人，康景武当选为书记。

中国共产主义青年团离石县第六次代表大会 1972年6月3—5日在离石县城召开，出席大会的代表共287名，其中有工人团员代表21名，贫下中农团员代表184名，解放军代表3名，红卫兵团员代表12名，革命干部代表46名，插队青年团员代表1名，其他代表20名。代表中有党员代表109名，女代表75名，列席代表75名。大会审议通过“沿着毛主席的无产阶级建团路线奋勇前进”的工作报告。大会选举产生共青团离石县第六届委员会，有委员17人，常务委员10人，孙立功当选为书记。

中国共产主义青年团离石县第七次代表大会 1987年4月17—18日在离石县城召开，出席大会的代表125名，其中正式代表115名，列席代表5名，特邀代表5名。代表中有各级团干部35名，先进模范代表66名，少先队辅导员代表12名，学生代表12名，其中青年团员31名，女代表42名。大会审议通过题为《努力拼搏，创一流业绩，奋发有为，做四有新人》的工作报告。选举产生共青团离石县第七届委员会，有委员17人，候补委员4人，常务委员9人，王书平当选为书记。

中国共产主义青年团离石市第一次代表大会 1997年4月29—30日，在离石市召开。出席大会的正式代表105名，列席代表17名。大会审议李爱红代表共青团离石市委所作的题为《开拓进取，奋发有为，为实现跨世纪的赶超战略目标努力拼搏》的工作报告，在大会开幕式上市委书记黄进明、团地委书记任月勤作重要讲话，市五套班子主要领导出席会议，大会选举产生离石市第一届团的委员会，选出委员25人，常务委员会6人，候补委员8人，李爱红当选书记。

中国共产主义青年团离石市第二次代表大会 2004年4月在离石城区召开。大会总结7年间市团委的建设和发展经验，分析当前形势，科学制定今后奋斗目标，选举产生新一届团委领导班子，王凤鸣当选为书记。

中国共产主义青年团离石区第一次代表大会 2007年10月13日在离石区石州宾馆召开。出席大会的代表125名，其中正式代表115名，列席代表5名，特邀代表5名。代表中有各级团干部35名，先进模范代表66名，少先队辅导员代表12名，学生代表12名，其中青年团员31名，女代表42名。大会审议薛晔峰代表共青团离石市第二届委员会作的工作报告，并通过相应的决议。大会根据团章和《共青团组织工作条例》的有关规定，选出共青团离石区第一届委员会，薛晔峰当选为书记。

中国共产主义青年团离石区第二次代表大会 2010年12月29日在离石区委8号楼四楼会议室召开。出席大会的代表123名。大会审议王轶勇代表共青团离石区第一届委员会作的工作报告，大会根据团章和《共青团组织工作条例》的有关规定，选出共青团离石区第二届委员会，王轶勇当选为书记。

中国共产主义青年团离石区第三次代表大会 2013年，在离石区委8号楼四楼会议室召开。出席大会的代表123名。大会审议王轶勇代表共青团离石区第二届委员会作的工作报告，大会根据团章和《共青团组织工作条例》的有关规定，选出共青团离石区第三届委员会，王轶勇当选为书记。

中国共产主义青年团离石区第四次代表大会 2017年8月31日，在离石区委8号楼四楼会议室召开。出席大会的代表143名。大会审议刘方代表共青团吕梁市离石区第三届委员会作的工作报告，大会根据《中国共产主义青年团章程》和《共青团组织工作条例》的有关规定，选出共青团离石区第四届委员会，有常务委员7名，刘方当选为共青团离石区第四届委员会书记，李志伟、刘文海当选为共青团离石区第四届委员会副书记。

团课教育

1950年8月，团县委在三区高家塬试行学习辅导员工作，11月，全县9个区均依不同条件，选择区的重点村进行试办。全县9个区都建立区的传授委员会，各区建立传授站，全县164个农村、学校支部中有38个农村支部有学习辅导员进行团课教育。同年底，全县120个乡全部建立团课教育制度。

1955年，全县120个乡团支部，都先后不同程度地建立团课教育制度，从团县委委员中吸收专职辅导员2个，共9人组成团课传授委员会，建立传授站38个，除21个专职团干外，吸收其他系统的干部26人为团课传授员。1956年，建立传授站35个，聘请传授教员 66 人，共有 29 个乡镇、147 个团分支部配备基层团课教员 191 个，全县共有 17837 名青年参加学习，占农村青年的 43.5%。9 月，全县在大武乡王喜社试建青年团业余政治学校 1 座。至 1957 年，全县共建青年团业余政治学校 44 座。

1972 年 9 月 7 日至 10 月 9 日，团县委在县“五・七”干校分 2 期对全县 230 个大队团支部书记进行培训，每期 15 天。在培训中以路线斗争为纲，第一阶段进行路线教育，第二阶段集中业务学习。1979 年 4 月 21—28 日，团县委在县委党校对全县农村团支部书记以上干部 241 人进行集中培训。1981 年 1 月 3—10 日，团县委在县委党校对基层团干部进行培训。参加培训的有县、社两级团的专职干部，大队团支部书记 176 人。1985 年 4 月 5—8 日，团县委对县直机关团支部书记以上团干、各乡镇团委书记、部分农村团支部书记 206 人进行培训，培训期间主要学习团的业务知识，提高对经济体制改革中共青团组织的地位和作用的认识，学习研究新时期共青团工作的方法。

2011 年，离石区开办青年大讲坛 4 期，覆盖青年 2000 余人。开展基层青年和团组织大调查活动，举办座谈会 12 期，下发调查问卷 700 余份，座谈青年 700 余人次。2015 年，邀请省青干院王洁教授做客“离石青年大讲坛”，在全区就基层青年干部如何做好群众工作授课。

青年生产活动

20 世纪 50 年代后，离石县团组织带领青年营造一大批青年林、“五四”林等青年绿色工程，植树造林活动作为共青团的一项常规工作。1955 年冬至 1956 年春，全县各级团组织协助农业社造林 3293.45 公顷，补植补移 315.24 公顷，零星植树 13.57 万株，封山育林 3814.98 公顷，育苗 118.59 公顷，采集树籽 92207.5 千克。1957 年，全县团员青年植树 2.76 万株，插木 1.60 万株，荒山播种 16992 千克，森林抚育 3981.74 公顷，零星植树 110.70 万株，荒山育林 8.51 公顷，育苗 74.10 公顷，开发果园 1021.62 公顷，果树 222.45 万株，采树种 4.5 万千克。1958 年，团县委组织全县 24 个乡的 3584 名青年建立青年生产队（组）615 个，种生产田 838.64 公顷，组建试验小组 303 个，种试验田 74.77 公顷。在全县以春耕播种为中心的培地埂修梯田运动中，组织青年突出队 420 个、青年基本建设队 206 个，修梯田 16014.81 公顷，占全县坡耕地总数的 91.45%。1959 年，在大搞青年丰产田活动中，青年丰产田亩产达 750—1000 千克，总产达 0.5 亿千克。

1960 年，离石县团员青年加入大战沟壑工程工作，共修淤地坝 15 座，最高 1 座为团结坝。全县青年造林 488.97 公顷。1965 年，全县有 11118 名青年种试验田、样板田、共种田 1521.17 公顷。1974 年，组织青年突击队和农田水利基本建设专业队 304 个，修筑堤坝 1000 米，垫地 80.4 公顷。

1988 年，县、乡、村三级团组织共为青年解决资金 2 万余元，提供信息 350 余条，进行技术推广辅导 180 余次，引导和资助青年致力于改革，积极参加科技示范竞赛活动。全县共有18800名青年参加活动，开发项目由14项发展到21项，创造经济收入650万元，青年人均325元。1990年，全县有1000余名农村青年参加14项科技试验，种植试验田536公顷，增加经济收入38万元。1994年，全县兴办经济实体200余个。全县青年购买治理“四荒”面积达67000公顷，全县建成青年股份合作社30余个。小神头乡秦家崖村青年团员陈林平购买“四荒”53.6公顷，年收入达1万余元，他治理的“向阳沟”被团地委确定为科技示范基地，树“青年绿化工程”碑。全县青年植树1340公顷。

2007年，团区委推进“青春建功新农村”活动，组织青年突击队，按要求完成经济林覆盖和沼气池建设40%。2011年，离石区建立共青团就业创业见习基地3个，上岗见习人数200余人。同年，积极扶持和鼓励青年创办实体，深化小额贷款工作，全年贷款达300万元，受益青年100人。截至2015年底，离石区农村信用社、邮政储蓄银行支持青年创业，共为青年贷款72人次，贷款875万元。

青年科技培训

1985年，离石县、乡两级团委共举办各种技术培训班72期，培训青年13000余人次，印发技术资料12种共计1200余份。建立信息服务组15个，传递信息1320条。发展以青年为主的小型企业140余个，就业人数达2570人，青年脱贫1400户。1986年，全县举办多种培训班112期，受训农村青年达8250余人，占全县农村青年的35%，印发技术资料2000余份，开展地膜覆盖、果树管理、微肥使用、鸡蛋贮存、缝纫、畜牧、兽医等致富项目10余个。枣垴乡通过果树管理培训，全乡红枣比1985年增产45%。西属巴镇盛底村的西瓜产量翻一番。小神头乡归化村团支部书记王拴清掌握鸡蛋贮存技术，一年增加收入1000余元。1987年，全县各级团组织共举办各种层次和类型的实用技术培训250期（其中种植196期、养殖28期、缝纫家电维修26期），6000余名青年掌握一技之长。在地膜覆盖培训中，全县各级团组织配合有关单位举办培训146期，参训青年7076人。建设地膜覆盖面积500.67公顷，占全县覆盖总面积的60%以上。1988年，团县委结合县情确定“东山6个镇以种植、养殖为主，沿川五乡镇以蔬菜为主，西山4乡以林果为主”的农科技术培训总体规划，在全县15个乡镇建立培训基地。举办地膜覆盖面、快速养猪、农作物栽培、农机修理、病虫害防治、新农药使用、果树修剪与管理、中草药栽培等多类型培训班45期，有24730名青年参加培训。1989年，组织开展“百名青年举红旗，千名青年当传手，万名青年同致富”工程，团县委组织100名农村优秀青年参加实用技术培训，并对4500名青年参加直接培训，带动农村2万余名青年参加农村基地的实用技术培训。培训内容有：食用菌生产技术开发、蔬菜培保管护、养鸡、养兔技术、红枣综合技术开发、果树管理、企业经营管理知识、怎样当好厂长经理。1990年，团县委制定“狠抓培育头雁，运用头雁传星火”的工作方针，半年共举办大型带头人培训活动4次，组织带头人进行巡回演讲，办班培训、现场辅导等38次，参加活动的青年2749人次。此外，与县农牧局联合举办一期“青年星火带头人”提高班，并聘请省农作物研究所、地区经济协作委的5名教授和专家为全县15个乡镇的200名星火带头人讲授农业、畜牧、果树等知识，并发放各类科技书籍500余册。组织19名青年星火带头人和部分团干赴北京参加团中央举办的“全国青年科技星火带头人”业务培训班。1991年，全县共举办各种实用技术培训150期，参训青年3000余人次，重点培训青年星火带头人100余名，创办田家会镇农业科技示范基地。全县有县级培训基地1个，乡级技术协会15个，农村科技培训服务组200个。1992年，离石县青年科技协会建立，确立青年科技园16个。共举办各种类型的技术培训班100余期，培训青年7500余人次。全县团员青年中有获得省、地、县表彰的青年星火带头人100名。

2005年8月，离石区组织实施农村青年劳务输出工作，农村青年进入太原市职业技能学校免费培训41名，结束后上岗就业。2006年9月28日，全区在世纪广场举办山西共青团劳务输出大篷车离石现场用工洽谈会，组织省城25家用工企业的负责人与离石青年面对面洽谈，近500名城乡青年与招聘单位达成用工意向。2011年，团区委与团吕梁市委联合举办大型人才招聘会1期，专业技能培训500人，农村青年致富带头人产业培训15人。

技术创新 劳动竞赛 青年志愿者活动

1986年，离石团县委开展“五小”智慧杯活动，全县涌现出优秀青工42名，优秀青年营业员、服务员38人。其中电线厂青工郭绳保自己动手设计的绞机，为厂节约资金11万元，收到良好的效果；青年攻关QC（质量管理）小组，在改进软件退火技术上，取得重大突破，为厂节约大批原材料。1989年，全县举办青工技术比武132次，成立“五小”（小发明、小改造、小革新、小设计、小建议）攻关组29个，取得“五小”成果76项。其中电缆厂橡皮车间玻璃丝编织一班的13名青工，平均年龄仅22岁，创造玻璃丝纺织工序最高生产纪录，全年累计节约时间2582小时，多编织77.46千米，创造经济效益60万元。同年，离石团县委联合县劳动竞赛委员会、县商业局、县供销社在全县商业供销系统，开展“建功杯”文明经营示范竞赛活动。参加竞赛活动的有13个公司和49个基层门店的1000余名干部职工和585名团员青年。全县共建各级领导工作机构63个，悬挂张贴宣传标语97条，进行岗位培训1170人次，先后开展“上门服务”“让利销售”“争红旗、比贡献”等10余项文明经营活动，创造经济效益263万元，全县涌现出青年文明柜组36个和青年服务明星112名。

1991年，离石县在青工战线开展“爱岗争优，建功成才”为主题的系列活动，开展不同层次的技术比武58次，获得“五小”成果75项，其中有10项成果参加省、地“五四”成果评选，获省一等奖3名、二等奖5名、三等奖2名。1992年，离石县举办“工行杯”首届青工技术大赛，大赛涉及3个行业14个工种，其中金融行业有会计、出纳、储蓄3个工种；商业行业有手工点钞、珠算、一抓准、一称准、包扎商品5个工种；工业行业有木工、焊工、铅字排版、拉丝编丝、织布6个工种。全县有1500名青工参加活动，在全省组织的“五小”成果博览会上，获奖10项。离石县无线电管理委员会办公室青年陈保平，主研攻关的“无线调频广播”获得省“五小”成果一等奖。1995年，全县工业战线团组织深化“创文明岗位，做优秀青工”为主题的竞赛活动，培养青年文明岗位能手100名，其中地级命名的文明岗位有4个、优秀青工5名。

2004年，离石区深化“青年文明号”创建和“十大杰出青年”评选活动，共表彰全区窗口单位20个，杰出、优秀青年50名。2007年，开展“争做志愿者，奉献和谐离石，共建美好家园”的主题活动，全区青年志愿者队伍扩大到2000余人。

2013年，离石区以青年志愿者协会正式会员为骨干，建设社区青年志愿者服务站45个，为全区提供1100名专、兼职志愿者服务岗位。2014年，全区注册青年志愿者人数超700人，全区青年志愿者为社会提供志愿服务超过1万余小时。3月，团区委联合区直工委、区文明办，举办第三届“践行雷锋精神，弘扬核心价值”志愿服务月活动，开展志愿服务活动70余项，为社会提供志愿服务累计4000小时。2015年，离石区青年志愿者相继开展吕梁“光荣院”关爱老人活动（离石青年志愿协会每个星期天，都组织3—5名青年志愿者到吕梁光荣院陪老人聊天，打扫卫生，帮老人做一些简单事情）、“小月月”常规活动（“小月月”名叫薛小月，是一位患血管瘤压迫神经症的患儿，一直无法行走，只能躺在床上，志愿者对她进行帮助，起名“小月月常规活动”）、“手拉手”志愿服务活动（离石田家会残疾人康复中心，是1所针对脑瘫残疾儿童进行康复训练和学习的场所，因为患儿较多，医护人员工作量比较大，志愿者选择该处开展长期的“手拉手”志愿服务活动。每个周末，志愿者们到田家会康复中心，通过唱歌、跳舞、儿童体操等形式，与康复中心的患儿孩子度过快乐的周末）、助学金发放活动（在省、市支持下，共为5名离石区贫困大学生提供每人5000元助学金的活动）、青年壹基金温暖包发放活动（青年志愿者与壹基金山西温暖包项目组联系，组织“冬日暖阳——2015壹基金温暖包发放”活动，旨在希望让每个孩子度过一个温暖的冬天）等活动，为这些社会弱势群体送去党和政府的关怀。

少先队活动

1984年6月15日，离石团县委发出《关于在全县中小学开展为池越忠烈士塑像捐款的通知》。全县通过勤工俭学、小小节约箱等传统活动，组织动员广大少先队员为塑造池越忠烈士雕像捐款300元。1985年，团县委组织开展全国性的“创造杯”活动，全县70%的学校参加活动，共创作稿件300余篇，向全国竞赛委员会投稿34篇，其中东关小学的“爸爸请您戒烟”、离石二中的“一字之差”分别获奖，团县委被团地委和地区少工委评为“创造杯”活动组织优秀单位。1986年，全县开展小学少先队“小主人、小目标”活动，城内小学围绕兴趣教育，激发孩子们的业余爱好，办起兴趣班4个，130余名学生确立起自己的目标，并使爱好逐步得以发展，促进全校1400余名学生的各类兴趣小组活动开展。1987年5月，全县开展“烈士在我心中活动”，全县青少年为修缮烈士楼献计捐款，共捐款500余元。1988年，团县委开展学史建碑活动，在城内烈士楼建起“青少年革命传统教育基地碑”1座，发动全县广大青少年捐款500余元。1989年，团县委继续引深“小主人、小目标”活动，城内小学大队部在省电台举办的“心中有祖国，心中有他人”征文活动中，选送优秀作文8篇，采用7篇。其中，东关小学王璐从小诚实好学，确立做诚实孩子的小目标，一次拾到巨款交回学校，获评“中国好少年”诚实奖。刘丽芳的小目标是做一个博览群书的少年，在全国少工委、《中国少年报》举办的科普知识竞赛中获一等奖。城内小学制订“美化校园”的小目标，在全校2000名少先队员中开展“建设百花园”活动，新关、第六小学中队在开展“改掉吃零食”坏习惯活动中，在每个中队建立“少先队储蓄站”。红眼川乡东家梁小学在队员中开展“学会一门实用技术，促进家乡建设”的小目标。1993年“六一”儿童节，离石县举行第二届“金杯”“明天的太阳”少儿风采大展示及少儿技能表演活动。

2007年10月9—31日，在全区少先队组织中开展“与离石同发展、为队旗添光彩”为主题的系列活动。2009年，举办“离石区小记者在行动”选拔赛，选出20名优秀选手参加全市选拔。2013年，离石区开展第三届“同城同心”关爱弱势青少年群体活动和“山里孩子感受城市”活动，直接受益青少年200余人。2015年，离石区青少年综合服务平台注册用户9000余人。

机构

团组织　大革命时期，离石县柳林镇在建立党组织的同时，经社会主义青年团北方区委批准，社青团柳林特别支部建立，书记杨逢昌。

抗日战争时期，民国27年（1938）2月，离石县民族抗日先锋队（简称民先）成立，队长车守珠。翌年民先改为青年抗日救国联合会（简称青救会），领导人称为秘书和主席，杨琦为秘书，担任主席的先后有刘舒昌、刘喜胜，隶属县牺盟会领导。民国31年12月精简机构，青救会改称青年部，设于县抗联内，对外仍保留青救会名义。

1946年6月，离石县青年部成立，负责青联和青年团工作。1949年春撤青年部，中国新民主主义青年团离石县委员会成立，李志新任第一任团县委书记。

青年团成立后，曾有过两次名称更改，第一次是在1946年曾一度为新民主主义毛泽东青年团，后恢复为新民主主义青年团。第二次是1956年更名为中国共产主义青年团（简称共青团）。

1949年9月—1987年4月，共开过团代表大会8次。

中华人民共和国成立后，离石县团组织和行政区划的演变经历3个阶段：第一阶段，中共兴县地委被撤销，离石团县委划归榆次团地委领导。第二阶段，1954年7月至1958年10月。1954年7月，方山县并入离石县，更名为离山县，团县委下辖区团委13个。同年10月，全县将13个区团委划为4个区团委，区以下设乡团支部120个。1956年2月，区团委撤销，将120个乡团委支部调整为61个乡团支部。1956年12月，增设乡团总支、团支部9个，团县委下辖乡团总支、支部70个。1958年3月，将70个乡团委（总支支部）调整为41个团委（总支支部）。第三阶段，1958年10月至1966年5月。1958年10月，中阳县并入离石县，复称离石县，同时，取消乡级，成立人民公社，离石团县委先后下辖人民公社（镇）团委33个。1959年10月，原中阳县辖区（12个人民公社）从离石划出，恢复中阳县建制，离石团县委下辖公社团委21个。1961年6月，全县将21个公社团委调整为34个公社团委。1965年1月，城关镇团委（现属柳林县）设立。至1966年，离石团委下辖公社（镇）团委32个，团总支13个，团支部820个，全县团员总数9362人。

1971年，离石团县委下辖基层团委12个，团支部264个，专职团干21人，团员总数3736人。1981年，全县有基层团委19个，团总支10个，团支部410个，专职团干22人，团员总数5428人。1991年，全县有基层团委35个，团总支11个，团支部498个，专职团干22人，团员总数4986人。

2000年，全市有基层团委31个，团总支14个，团支部521个，专职团干24人，团员总数5106人。

2010年，全区有基层团委31个，团总支13个，团支部524个，专职团干29人，团员总数5187人。2015年，全区有基层团委36个，团总支16个，团支部579个，专职团干35人，团员总数5586人。

少先队组织 抗日战争时期，通过牺盟会、动委会发动和组织，离石县抗日根据地普遍以区村建立儿童团。离石县抗日民主政府成立后，更重视青少年和儿童团的工作。儿童的入团规定为8—15岁，儿童团的主要任务是帮助民兵站岗、放哨、查路条、捉汉奸特务、侦察敌情、传递情报以及在村里参加各种学习宣传活动。

中华人民共和国成立后，全国统一建立中国少年儿童队，离石县少儿组织随之成立，归团县委领导。1949年，全县有少年儿童28887人，其中少年儿童队队员5835人，占少儿总数的20.2%。1953年改称中国少年先锋队（简称少先队），团县委设有少儿部，专管少先队工作。到1962年，全县少先队员发展至26401人，占当时少儿总数34339人的76.9%，建队单位有初中7个，小学489个，共设辅导员553人。

“文化大革命”中少先队由“红小兵”取代，中共十一届三中全会后恢复。20世纪80年代后，离石县少先队工作得到进一步加强。1985年，全县各学校普遍建立少先队组织，辅导员队伍也不断壮大。同年5月23—14日，离石县首届少先队员和辅导员代表会议在县城召开，参加代表120名。会议传达全国、全省少代会精神，总结过去的工作，研究确定今后的任务。中国少先队离石县工作委员会（简称少工委）成立，产生主任、副主任和委员。

1987年底，全县383座中小学都有少先队组织。共有少年儿童21500人，其中少先队员有 20834 人，占全县少年儿童总数的 96.9%。

2015 年，全区中小学均有少先队组织，辅导员组织队员学习，建设集体，开展活动，吸收新会员，推优入团。

第七节 妇女组织

妇女代表大会

离石县第一次妇女代表大会 1949 年 10 月召开，选出县第一届妇联执行委员会，主席李元香，副主席 1 人，委员 3 名。

离石县第二次妇女代表大会 1952 年春召开，选出县第二届妇联执行委员会，主席杨润英，副主席 1 人，委员 3 名。

离山县第三次妇女代表大会 1957 年 3 月召开，出席代表 206 名，选出第三届县妇联执行委员会，副主任 2 人，委员 11 名。选举时张秋林在省里培训，晋中地委任命张秋林为主任。

离石县第四次妇女代表大会 1963 年 6 月召开，选出县第四届妇联执行委员会，主任张秋林，副主任 1 人，委员 13 名，候补委员 2 名。

离石县第五次妇女代表大会 1973 年 5 月召开，到会代表 361 名。大会通过《深入批修整风，大鼓革命干劲，为把我县尽快建成大寨式的县撑起“半边天”》的决议。选出县第五届妇联执行委员会，主任高候英，副主任 1 人，常委 3 名，委员 16 名。

离石县第六次妇女代表大会 1987 年 12 月召开，出席代表 139 人，大会通过《全县妇女奋发自强、开拓创新，为深化改革、振兴离石再创新业绩》的决议。大会选出县第六届妇联执行委员会，主任李新珍，副主任 2 人，常委 4 人，委员 12 人。

离石市第一次妇女代表大会 2004 年 3 月召开，出席代表 130 人，大会通过《全面贯彻“三个代表”重要思想，团结动员广大妇女为全面建设离石小康社会而奋斗》的决议。大会选出离石市第一届妇联执行委员会，主席高凤，副主席 2 人，常委 10 人。

离石区第一次妇女代表大会 2013 年 8 月召开，出席代表 151 人，大会通过《围绕中心 服务大局 团结带领全区广大妇女在推进“五大建设”的伟大实践中建功立业》的决议。大会选举离石区第一届妇联执行委员会，主席王志平，副主席 2 人，常委 6 人，委员 28 人。

创建“五好”文明家庭

2004 年，区妇联把开展“平安家庭”创建活动和“五好”文明家庭创建活动结合起来，挂牌表彰一批“五好”文明家庭和十星级文明户，其中 4 户“五好”文明家庭、11 户十星级文明户受到市级表彰。2010 年，区妇联在全区范围开展向吕梁市十大孝老爱亲道德模范之一、离石区交口街道交口村张爱平学习的活动，引导全区妇女发扬尊老爱幼的美德。

2011年6月，区妇联同离石区综治办联合开展“平安家庭”创建活动。同年，全区“五好”文明家庭和平安家庭、和谐家庭的参评率达90%以上，涌现出各级“五好”文明家庭270余户，全区文明户达60%以上，平安家庭典型户达到420户。

2012年3月初，区妇联联合区综治办开展“平安家庭”创建活动，全区95%的家庭参与活动。2014年4月，区妇联开展寻找“最美家庭”活动，寻找到“最美家庭”2户。其中张子玉夫妇以他们的美德懿行与大爱真情，营造一个和美的小家庭，和谐的大家庭。同年，张子玉家庭被山西省妇联评为全省“最美家庭”，获得全国妇联“最美家庭”提名奖。12月6日，区妇联在吕梁市教体十楼会议室为吕梁市八一街幼儿园的200余名师生举行以“家庭教育案例分析及指导”为主题的家庭教育讲座。2015年7月，区妇联与吕梁市妇联联合，在交口街道办交口村开展以“传承德孝文化，践行核心价值观”为主题，号召广大家庭悬挂家规家训活动启动仪式。启动仪式上，10名市区著名书法家现场创作以“德孝文化”为题材的家规家训书法作品100余条，现场赠送给在座的每一户家庭。

妇女儿童维权

2006年，区妇联利用区、乡、村三级妇女维权工作站，接待处理妇女来访来信40余次，处理案件38件。继续实施春蕾计划救助活动，全年有60余名贫困儿童得到社会救助，完成学业。2010年，区妇联开通“12338”妇女维权热线。2011年，区妇联共受理妇女来访案件28件，其中属于家庭暴力案件8件。办结25件，结案率为89%。收到来信30多件，办结率为99%。收到来电50余起，均得到解决。同年，交口街道交口村妇女维权站获山西省妇女维权示范站，凤山街道龙凤安居社区获山西省平安家庭创建示范社区，城北街道李家沟村王玲珍家庭获山西省平安家庭示范户。

2012年，受理妇女来访案件31件，其中属于婚姻家庭类的26件，其他类的5件。办结28件，结案率为90%。收到来信30余件，办结率为99%。收到来电50余起，均得到解决。2013年，受理上访案件22件，办结19件，办结率86%。2014年，受理信访案件13宗，处理率达98%。2015年，受理信访案件23宗，处理率达98%。

妇女小额贴息贷款

2004—2006年，区妇联将“巾帼扶贫行动”中争取的30万元，以小额贷款形式发放到80余名妇女手中，扶持她们发展种植业、养殖业、加工业致富。2010年始，区妇联与金融机构协调，利用中央、省、市妇女小额贴息贷款政策，在吕梁市率先开展妇女小额贴息贷款活动。共为65名妇女贷款492万元，重点扶持妇女种植、养殖、手工刺绣等。受益妇女作为致富带头人带动其他妇女致富，带动城乡3000余名妇女实现就业与再就业。2011年，继续发挥小额担保贷款在妇女创业活动中的作用，累计发放妇女小额担保贷款278万元，直接扶持41名失业、无业妇女自谋职业和自主创业，并带动近2000余名失业人员实现就业和再就业。

2012 年，共发放妇女小额担保贷款 25 户，发放贷款 219 万元。2013 年，为 32 名妇女放贷 241 万元。2015 年，离石区发放妇女小额担保贷款 220 万元，直接扶持失业、无业妇女自谋职业和自主创业人员 29 名，并带动近 500 余名失业人员实现就业和再就业。

巾帼创业就业

2004—2006 年，区妇联选拔确立“巾帼文明示范岗”10 个，其中 3 个示范岗受到市级表彰，2 个示范岗受到省级表彰。利用中国老区建设促进会妇女工作委员会与北京蓝岛培训中心合作开办家政服务培训班的机会，鼓励下岗女工、农村妇女参加培训。2006 年，继续开展双学双比和“巾帼科技致富”活动，共举办农村实用技术培训 20 期，培训技术骨干 1000 名，辐射带动农村妇女 3000 余人。在各村组建“巾帼文明队”，开展“绿色家园”创建活动。2008 年，在非公有制经济组织中设立妇女组织，发起“巾帼创业行动”。全年共挂牌“巾帼文明岗”23 个，其中区人民医院、汾离高速公路建设有限公司离石西收费站分别被全国妇联、省妇联授予文明示范岗。共创建“巾帼示范村”12 个，其中 2 个村被吕梁市妇联授予“巾帼文明示范村”。2011 年，区妇联围绕“建党 90 周年，我为党旗添光彩”主题，开展巾帼志愿者招募活动。全区共招募巾帼志愿者 28 名，建立巾帼志愿者服务队 5 支。组织 20 余名巾帼志愿者深入广大农村，开展全区“关爱留守妇女共建幸福家园”巾帼志愿者服务活动，20 名巾帼志愿者和 40 名留守妇女参加活动。同年，启动全区关爱留守妇女（儿童）巾帼志愿服务活动。巩固国家级“巾帼文明岗”2 个，省级“巾帼文明岗”4 个，市级“巾帼文明岗”5 个，新申报创建市级“巾帼文明岗”1 个。

2013 年，区妇联选树吕梁宝丰农业开发有限公司等 8 户巾帼创业示范基地。2014 年 1 月下旬，区妇联组织全区 320 名农村妇女开展巾帼创业就业技能培训 2 期。培训内容为手工编织、手工刺绣等农村实用技术。组织 80 名城乡失业妇女开展月嫂家政培训班 2 期。同年 3 月 6 日，离石区妇联召开纪念“三八”国际妇女节暨表彰大会，表彰三八红旗集体 12 个、三八红旗手标兵 10 名和三八红旗手 36 名。2015 年，离石区实施巾帼培训行动，对新当选的村“两委”女委员进行培训，对有转移就业意愿的农村妇女进行家政服务培训，对有创业意愿的城市下岗妇女、农村妇女进行创业培训。5 月，依托家政公司组织 117 名城乡失业妇女开展月嫂家政培训班 3 期，通过培训考核合格后，有 95 人就业。10 月下旬，组织全区 100 名农村妇女在山西省妇女儿童发展中心开展为期 6 天的育婴员培训。培训结束后，参加由山西省人社厅组织的职业资格考试，考试合格后由劳动和社会保障部统一颁发国家职业资格证书。

筹款贷款扶贫帮困

2004—2006 年，区妇联将争取的中国妇女发展基金会香港回归扶贫项目款 15 万元，发放到 80 余名妇女手中，扶持她们发展种植业、养殖业、加工业致富。用好联合国儿童基金会贷款和世行项目贷款，为贫困户解决扶贫贷款近 40 万元。2007 年，区妇联为 19 岁身患尿毒症女孩送去救助款3000元，同时在《石州时讯》和石州电视台予以报道，向全社会呼吁，寻求爱心救助，为她筹集医疗费。2011年5月，区妇联组织巾帼志愿者20余名深入广大农村，对贫困妇女、留守妇女进行帮扶，为她们解决生产、生活中的实际困难。“六一”儿童节期间，由区妇联组织，区四大班子领导、区直机关部分单位共为城乡9所小学送去价值18万余元的慰问品与慰问金。同年，区妇联向省妇联为吴城卫生院与区妇幼保健院各争取母亲健康快车1辆，为枣林乡王老婆山争取林业款10万元，为信义归化村塌则沟1对夫妇争取林业款5万元，为1名“十字绣女”争取5万元的项目款。同年，区妇联向省妇联申请，为2名妇女癌症患者各争取到救助金1万元。区妇联向省、市妇联申请，共为全区23名贫困儿童争取到每人200—300元的助学金，共计5800元。

2012年，区妇联向省妇联申请，为信义镇示范小学争取到1.7万元“留守儿童之家”建设款，为2名身患宫颈癌与乳腺癌的贫困妇女争取到救助金每人1万元，为2名贫困创业妇女争取创业资金12万元。2014年4月，区妇联为2013年后患宫颈癌的4名贫困母亲发放每人1万元的“贫困母亲‘两癌’救助专项基金”。联合离石区工商联女企业家商会，资助12个乡镇的20名贫困儿童，每人资助300—500元，共资助6000元。携手区中国老区建设促进会为19名留守、贫困儿童每人发放资助金200元，共计3800元。争取上级妇联资金，为全区30名留守、贫困儿童每人发放救助金500元，共计15000元。2015年，区妇联携手吕梁贝亲好家政公司的30余名员工，到区残疾人康复中心慰问残疾儿童，并为他们送去毛绒玩具、爱心T恤及牛奶等慰问品。

机构

民国27年（1938）初，山西牺盟总会派人到离石开展抗日救亡工作，先后动员女学生、女教师在离石县城老爷庙培训后，离石县抗日救亡妇女联合会（简称“妇救会”）组建，配有女干部3人。当时妇救会的主要任务是宣传抗日救亡十大纲领，动员广大妇女为抗战出力，当年“三八”妇女节，全县妇女代表大会召开，离石县妇救会成立，负责人称为秘书。先后担任过秘书的有：王素英、吴玉贞、刘子英、肖琦等。

民国29年（1940）牺盟会撤销后，县妇救会并入县抗联，在县抗联内设妇女部，负责人称部长，首任妇女部部长为于今。

1946年6月，县抗联被撤销，离石县民主妇女联合会成立，设主席、副主席、常务委员。

1949年10月至1954年7月，县妇联下辖区妇联10个。

至1957年，乡村一级妇联由61个发展到71个。当时全县有妇联专职干部317名，女党员355名，女团员324名，女劳模261名，女技术员56名。妇女干部参政者有104人。1958年人民公社化后，离石县民主妇女联合会改称为离石（离山）县妇女联合会，县妇联主席改称为主任。乡村一级妇女组织改称为人民公社妇联会和生产大队妇联会。当时全县有35个公社（镇委）妇联，450个生产大队妇代会。

至1966年5月“文化大革命”开始后，各级妇联组织处于瘫痪状态。1971年，县妇联组织恢复。据1982年统计，全县妇联干部中237人被选派到县、乡（镇）和村级领导班子中担任各种职务。1987年，县妇联成立“一室三部”，即：办公室、城乡部、少儿部、维权部，并配备专人。下辖乡（镇）妇联会15个，农村妇代会257个和单位妇工小组126个。

1996年7月，县妇联主任改称为主席。

2004年4月，离石区妇女联合会有行政编制5名。其中主席1名，副主席2名。内设有办公室、组宣部、发展部、维权部、妇儿工委办。曾被全国农村妇女“双学双比”协调领导组评为全国农村妇女“双学双比”先进协调组织，被山西省妇联会评为先进妇联组织、山西省三八红旗集体。

2015年，离石区妇联内设办公室、维权部，共有职工6人，全区共有基层妇联组织295个。

第八节　工商业者组织

行业商会　组织建设

2010年6月，离石区特色饮食商会成立，共有会员40户。11月，离石区物流商会成立，共有会员26户。同年，酒店行业商（协）会发展会员21户。

2012年，离石区实现非公有制企业党建全覆盖。全区共有非公有制经济党组织264个，其中党委2个、总支8个、支部254个，包括个协党总支1个、个协分会党支部16个。8月17日，“首届世界晋商大会招商引资项目离石签约仪式”在石州宾馆举行，签约项目5个（吕梁旭海农产品仓储物流交易市场项目、吕梁天源物流中心项目、吕梁千年旅游景区开发项目、离石嘉润大厦浙江横店电影院项目、离石嘉润大厦如家连锁酒店项目）。2013年10月，离石区女企业家商会、家装商会、家具商会成立。2015年，离石区电子商务商会成立。

会员代表大会

离石市工商联第一次会员代表大会　1997年5月15日在离石市召开，参会代表121人。会议选举产生离石市工商联第一届执行委员会委员27名，常务委员9名，副会长4名，会长1名。

离石市工商联第二次会员代表大会　2002年7月22日在离石市召开，参会代表93人。会议选举产生离石市工商联第二届执行委员会委员33名，常务委员18名，副会长11名，会长1名。

离石区工商联第三次会员代表大会　2012年3月19日在离石区召开，参会代表201人。会议选举产生离石区工商联第三届执行委员会委员80名，常务委员40名，副主席12名，主席1名。会议选举产生离石区总商会副会长12名，会长1名。

参政议政

2004年，离石区工商业联合会就社会关注、会员重点反映影响民营经济发展的有关情况进行广泛调查研究，全年集体调查2次，个别走访10余次，撰写调查报告3篇，全年参与重大问题协商7次，提出有参考价值建议15条。2007年政协会议期间，工商联界委员共提交提案14件，涉及经济建设、环境保护、教育卫生和提高企业家素质等方面，立案9件，立案率64.3%。同年，共参与重大事项协商6次，提出有参考价值的意见14条。2008年，区工商联完成调研报告4篇，提交团体提案4件，个人提案26件，社情民意20件。2010年，政协会议期间，工商联界委员作《我区物流业发展的现状及对策》《让家电行业搭上第三次创业的快车》等大会发言，区工商联提交集体提案3件，工商界政协委员提交提案23件，内容涉及新农村建设、基础设施建设、人才队伍培养、科技创新等方面。2011年，区工商联撰写调研报告7篇，工商联界政协委员提交提案18件，内容涉及新农村建设、基础设施建设、人才队伍培养、科技创新等方面。

2015年，区工商联对山西大土河焦化有限责任公司、蔡家崖农牧科技有限公司、乐分商城、白马仙洞、电商企业等10户规模企业进行调研，提出《关于规划建设吕梁民俗博物馆》《关于设立“发明奖励基金”》《关于制定吕梁市创业创新奖励办法》等建议。

光彩事业

2003年，离石市工商业联合会会员捐款57万元，用于抗击“非典”疫情。2005年，离石区工商业联合会会员李勤保出资1400余万元建设坪头中学，会员王保明捐款200万元，用于修建保宝桥。2006年，全区民营企业为“村村通”工程捐款6000余万元。同年，大土河集团出资7900余万元，用于解决城区东部居民的取暖问题。会员付俊兰捐款100万元，用于交口中学建设。2006年，会员张子玉开始资助贫困大学生。2007年，5户会员企业帮助贫困大学生76名，出资20万元，圆贫困学生大学梦。同年，帮助山区学校改善办学条件，更换课桌凳等，投资20余万元。出资10万余元，资助老年体协和老年大学。2008年四川汶川特大地震发生后，会员心系灾区，捐款捐物总价值达630万余元。在金秋助学活动中，会员企业捐资22万余元，帮助40余名优秀贫困学生圆大学梦。2010年，在新农村建设中，非公有制企业投资6000余万元进行整村推进工程，共投资8000余万元参与兴学助教。同年3月28日，河津王家岭煤矿透水事故发生后，企业家捐款150万元。山西大土河焦化有限责任公司积极兴建凤山教育园区，每年投资50余万元为大土河村民发福利。11月17日，山西大土河焦化有限责任公司受到山西省委、省政府表彰。同年，组织会员企业为城北街道办职工李彦彪捐款2万余元。2011年，在金秋助学活动中，全区非公有制企业共投资440.6万元，资助各类贫困生840人。其中山西大土河焦化有限责任公司出资300万元，资助贫困生757人；永宁煤焦集团资助江阴高中100万元，泰化集团出资33万元，资助贫困生39人；吕梁聚富汽贸园出资4万元，资助贫困生38人；吕梁锦瑞煤业有限公司出资3.6

万元，资助贫困生6人。

2012年，区委、区政府开展“干部驻村、单位包村、党员联户、企业帮扶”四位一体活动，全区90个非公有制企业与90个贫困村结对，通过投入资金，扶助产业项目开发，实施基础设施建设，吸纳农村剩余劳动力，拓宽农民就业门路，开展“一村一企”帮扶工作。同年11月16日，召开离石区“同心·支教助学惠民生活动”推进会。非公企业投入支教活动资金共1.9亿元。其中投入最多的是：吕梁永宁煤焦集团为江阴高级中学捐资100万元，东江集团为江阴高级中学捐资100万元。投入助学活动资金40余万元，其中吕梁泰化集团一次性资助大学生15名，总金额达30余万元；吕梁永宁煤焦集团、离石区煤运公司各出资5万元资助贫困大学生，聚富汽贸园资助26名贫困大学生每人1000元助学金。同年，投入惠民生活动资金共4595万元。其中山西大土河焦化有限责任公司投资1400万元，扩展城市供热面积；在“村村通”公路建设中为交口街道、西属巴街道、红眼川乡等单位捐款365万元；成立捐款基金会，为公司贫困员工捐款40万元；投资280万元实施企业周边村庄绿化工程。吕梁永宁煤焦集团捐助180万元，用于临县“7·27”特大暴雨灾害灾后生产生活设施的重建；捐助150万元，帮助信义镇归化村完成新建支部村委办公楼、洗澡堂、理发店、红白理事厅、戏台等5件惠民实事。东江煤业集团投资2180余万元用于“一企一事一业”工作。2013年，会员吴长有投资70余万元建设高崖湾村村民休闲广场，投资80万元建设村文化大楼，为全区户户通工程捐资150余万元。2014年，泰化集团投资1500万元建成泰化幼儿园，可容纳200名幼儿；投资7.37万元用于重奖教师；资助64名贫困大学生31.64万元。2015年，家居建材联盟资助10名贫困大学生3万元。截至2015年底，会员张子玉共资助贫困大学生200余名，金额360余万元。

机构

离石县商会，民国3年（1914）始建。当时商会主要负责工商户纳税捐款，处理纠纷，调节市场，维护治安。商会名义是工商户自己的组织，实际是政府的官办团体。历任商会会长均为县城富豪绅士或官僚资本代理人，他们欺行霸市，统治着工商市民。日军侵占离石后，商会组织又被日伪汉奸把持。

抗日民主政权成立后，远离县城，未建此种组织，政府机构内设有行政管理机构，宣传贯彻党的工商业政策，曾在工商户中起过积极作用。中国共产党的抗日民族统一战线政策，深得民心，在碛口商团中开展抗日救国活动，组织武装自卫队。

1951年，离石县工商业联合会开始筹建。1952年6月，离石县工商界第一次会员代表大会召开，有99名代表出席，选出执委25人，董福奎任主任，正式成立离石县工商业联合会。“文化大革命”开始至1987年，停止活动。1988年12月29—30日，召开离石县工商业联合会第八次会员代表大会，重新恢复工作。选出执委13人，常委7名，主任委员1人，副主任委员2人，并配备专职干部3人，正式恢复工商联。县工商联有团体会员4个，企业会员 28 个，个体商会 24 个。

2015 年，离石区工商联内设机构 3 个，分别是综合办公室、经纪服务股、宣传调研股。驻会干部 7 名，其中主席 1 名，党组书记 1 名，专职副主席 2 名，机关干部 2 名，临时借调干部 1 名。有会员 630 个，其中个人会员 307 个、企业会员 313 户、团体会员 10 个。至 2015 年，共召开会员代表大会 11 次。

第九节　文学艺术工作者联合会

书刊出版

1991 年，离石区文联成立。成立初，创办纯文学刊物《石州文艺》，每年出版 1 期。2005 年起，编辑出版《石州文艺》1 期，共印 200 册。

2007 年，区文联完成《吕梁文学艺术大系·戏曲卷》编辑工作离石部分的稿件收集整理，创作出版《石州文艺》1 期。同年，离石区中国作协会员王永泰创作的长篇传记《高高的南梁》《吕梁名人传》出版发行。中国作协会员李迎兵的《暗香》出版发行。山西省作家协会会员李心丽创作的中篇小说《浮云》在《三晋都市报》连载。美术协会会员王月生的《吕梁风光速写集》出版。2010 年，《石州文艺》全新改版，每年出版 4 期。2011 年，离石区文联成立 20 周年，编辑出版《离石区文联二十年优秀文学艺术作品选萃》。

2013 年，《石州文艺》出版 4 期，并赠送给全区各乡镇、机关及广大文艺爱好者。中国作家协会会员李迎兵，省作家协会会员李心丽创作的中篇小说《苏复》《流年》在省级以上刊物发表。2014 年，《石州文艺》出版 4 期。同年，进行全新改版，封面采用树脂压膜彩印技术。编辑出版《美丽离石书画摄影剪纸作品集》。2015 年，编辑出版《石州文艺》4 期。同年，编辑出版《民族魂—纪念抗战胜利暨世界反法西斯战争胜利 70 周年书法绘画剪纸作品集》。中国作家协会会员李迎兵，省作家协会会员李心丽创作的中篇小说《醉芙蓉》《迷藏》在省级以上刊物发表。

协会工作

书法协会工作　2010—2015 年，离石区书法协会先后组织采风活动 16 次，举办各种书画作品展 20 余次，多次组织各种主题展和主题大赛活动。离石区书协选送 12 幅作品参加吕梁市文联组织的“抗战胜利 70 周年”书法绘画剪纸作品展。组织 25 人参加离石区“抗战胜利 70 周年”书画展。侯晋军、薛新明等会员的作品参加山西省书协主办的书法展。在交口村开展“悬挂家规家训”送书法作品进乡村活动。

摄影协会工作　2010—2015 年，离石区摄影协会在会员中推荐吴继才、孙秀平等 30 名优秀会员加入山西省摄影家协会，离石区加入山西省摄影家协会会员有 50 人，其中王云飞、王元元等 3 人加入中国摄影家协会。积极参与摄影活动，举办各项比赛展览，离石区摄影协会会员分别选送多幅摄影作品参加“五老峰”全省第三届风景园林摄影展，其中刘和平的作品获得铜奖。区会员200余幅摄影作品分别参加吕梁市摄影协会首届碛口黄河摄影文化节摄影展、白马仙洞摄影比赛。与居然之家联合举办“鼎盛装饰”杯摄影展、走进永红村采摘摄影节、“走进枣林’相约金秋彩家庄”主题摄影展等活动。获得项奖50余个。

其他协会工作 2007年，康文斌创作的国画《浴羊图》入选中央电视台第七套农业节目举办的“描绘新农村”——全国美术作品巡展，在南京、上海、北京、广州、延安等八市巡展；国画《偕侣图》入选山西省“喜迎党的十七大大型书画展”，并获三等奖。2008年，区文联书画协会和区文化局、区文化馆、区老年协会共同举办“建党87周年书画展”“名人名作书画展”“纪念改革开放三十年书画展”，共有200余幅作品参展。区文联书画协会为“晋陕蒙三省六市书画展”选送作品2件，为“晋商大院民居提名展”选送作品2件，为“太原市、吕梁市老年书画联展”选送作品12件，为“吕梁枣韵”美术作品展选送作品10件，为“吕梁市首届廉政书画展”选送书法、绘画、剪纸等作品9件，为“吕梁市老年书画协会‘迎奥运促和谐’书画展”选送作品13件，为区级三次书法绘画展览选送作品100余件。

2010—2015年，其他协会为相关纪念展选送剪纸、国画、版画作品20余件。选送120余件手工作品参加吕梁市老年大学2015书画剪纸手工摄影作品展。组织24件剪纸作品参加中华人民共和国成立66周年“红色印迹”专题展。组织20余件剪纸作品参加白马仙洞的旅游节展览。2015年底，离石区共有文艺界协会7个，分别为文学协会、书法协会、美术学会、摄影协会、民间艺术协会、企业协会、音乐协会。

机构

1991年3月5日，离石县文学艺术工作者联合会筹备领导组召开离石县文学艺术工作者联合会成立暨首届文代会，选举产生离石县文学艺术工作者联合会，有常务委员15人，主席1人，副主席1人。

2010年，离石区文学艺术工作者联合会组织7个协会换届。同年，区文联大会召开。离石区文联内设办公室、编辑部，下辖区作家协会、区书法家协会、区美术家协会、区民间艺术家协会、区音乐舞蹈家协会、区戏剧家协会、区摄影家协会，至2015年底未变。

第十节 科学技术协会

科技扶贫

2008年，离石区科学技术协会争取中国科协吕梁扶贫团项目资金，创建“中国科协扶贫团严村蔬菜大棚示范基地”。2010年，区委、区政府在信义镇严村规划建设大棚100个，建成75个。2011年，区科学技术协会邀请专家深入严村，与菜农进行从种到收的各个环节面对面的交流，从底肥的培育、消毒到发苗期的防疫管理以及成果期的施肥浇水等细节，向菜农做详细讲解，并针对菜农在生产过程中的错误做法进行深入剖析，指出其中的弊端和所产生的后果，针对蔬菜品种的选用、合理轮换茬、病虫害的防治技术、安全用药、蔬菜大棚的改造等进行讲解，并到蔬菜种植地进行现场指导服务，共培训村民 88 人。同年，区科协联系协调山东寿光市科协，聘请张义瑞、张景斋 2 名技术员在离石区绿源农业合作社和中大农业合作社蹲点进行长期技术指导。2011 年 9 月，区科协聘请山东寿光农业局高级农艺师刘立功和辽宁蔬菜技术协会的李凯，在信义、吴城等乡镇组织菜农进行为期 2 天的技术指导，当场发放技术材料、蔬菜病虫害彩色挂图 300 余份。

2015 年，离石区核桃专业技术协会利用 1 个月时间组织技术人员深入全区 6666.67 公顷核桃进行修剪管护，包括信义镇永红村的 66.67 公顷核桃园区、前马家村的 20 公顷花果山示范园、上楼桥的 66.67 公顷核桃等。

争取科技项目资金

2008 年，离石区农业科技示范园区开始筹建，累计投入资金 1.2 亿元。同年 6 月 16—20 日，吕梁市离石区人民政府、离石区永盛农业园区与中国科协扶贫办（中国科协农村专业技术服务中心）三方代表人共同签署山西吕梁离石区永盛农业园区农业技术综合开发合作协议，累计投资 4000 万元。

2012 年，在全国科普惠农兴村计划申报评选活动中，离石区的核桃专业技术协会被评为全国先进农村专业技术协会，离石区信义镇严村王海荣被评为全国先进农村科普带头人，分别获得项目奖励资金 20 万元、5 万元。2013 年，区莲花街道昌宁社区分别争取到中国科协“科普益民计划”奖补资金 20 万元、中国科协科普大篷车中央财政补贴 14 万元。2014 年，区科协帮助吴城镇王营庄蔬菜协会和信义镇铭羽肉鸽基地申报全国、省、市科普惠农兴村计划项目、科技扶贫项目，2 个企业申报的项目均通过中国科协的审批，分别获得中国科协奖补资金 20 万元。

青少年科技活动

2009 年，区科协在东关小学、城内小学组织科普文艺演出、科普大篷车进校园活动。2010 年，区科协和区教育体育局联合发文，在全区中小学开展青少年象棋比赛。2011 年 3 月 28 日，区科协举行“大手拉小手——科普报告希望行”活动，邀请多名中国科学院专家走进中、小学校，对全区的青少年进行科普知识教育。同年，在离石汉画像石博物馆组织青少年参观蝴蝶昆虫大型展览。

2012 年，在东关小学组织青少年航模比赛。2013 年 7 月，中国科技馆在袁家庄小学组织“情系吕梁科普行”活动，学生观看科普天文影片，三维立体科普图片，增强学生对科普的兴趣，提高青少年的科技素质。2015 年，离石区科协邀请中国社科院、中国老年科协专家在江阴高中、袁家庄小学、离石一中进行 3 场大型科普宣传讲座。在城区中小学组织优秀“小发明”“小论文”“小制作”活动，并选送12件作品参加山西省科技馆展览。

科普宣传 科技咨询

每年9月为“全国科普日”暨吕梁市科普活动月。2000年后，区科协在离石电视台、《今日离石》等新闻媒体进行科普宣传。每年的农闲及节日期间，区科协组织街头、农村科普车宣传咨询，发放科普宣传资料。2011年“全国科普日”暨第十届中国科协·吕梁市科普活动月活动期间，区科协组织中小学生、青少年科普志愿者、科技工作者等800人宣传队伍进行科普宣传活动。

2014年6月11—14日，区科协科普大篷车利用2天时间在世纪广场进行科普宣传，参加咨询的群众2万人次，发放《健康生活》《节能减排》等科普图书资料15000余册。6月16日开始，石州电视台利用一周时间滚动播放《食品安全科普宣传片》。9月19日全国科普日，区科协全体工作人员在世纪广场进行科普宣传，参加咨询的群众3万人次，发放科普图书资料2万余册。同年，在石州电视台开播《科普大篷车》普及版和农村版栏目。

科普网络　机构

1959年，离石县科学技术协会组建。“文化大革命”期间活动中止。1980年，离石县科学技术协会建立。同年8月，县科协首届代表会议召开。1985年，全县15个乡镇相继召开科协代表会议，各乡镇建立健全科协组织。1986年，科协科技咨询服务部设立，乡镇均设科技服务站，建立各种专业研究会、协会、小组361个，共有会员540人。

1998年8月，离石市科协技术协会内设青少年活动中心、秘书办公室、青少部、协会部、普及部5个机构。下辖市级学会9个、基层农研会26个。2000年后，离石区（市）各乡镇、街道均有科普示范村、科普示范基地。各乡镇、街道成立科协组织，由区科协、乡镇街道办推荐，区委组织部发文任命乡镇、街道办主席。各乡镇、街道均成立农村专业技术协会。全区共有养殖、种植协会27个。

2013年，离石区每个乡镇、街道创建高标准科普示范基地1—2个。同年，离石区鹏升养殖基地等12个基地被命名挂牌。2015年，区科协内设办公室、学会部、普及部、青少年科技活动中心。同年，红眼川蘑菇协会、坪头农牧专业技术协会成立。同年，在吴城镇王营庄村和信义镇严村建成高标准的科普惠农服务站2个。

第十一节　残疾人联合会

残疾人状况调查

据民国22年（1933）《山西省统计年鉴》所载：离石县残疾人口为433人，占全县人口总数的0.28%，其中男性236人，占全县人口总数的0.15%；女性197人，占全县人口总数的0.13%。据1990年7月第四次全国人口普查，对盲、聋哑、肢体、智力、精神病等残疾人进行登记，全县残疾人总数为6966人，占全县第四次全国人口普查总人口的3.94%。其中男性4769人，占总人口的2.70%，女性2197人，占总人口的1.24%；非农业人口中1012人，占总人口的0.57%，农业人口中5954人，占总人口的3.37%；有劳动能力者3302人，占总人口的1.87%，占残疾人总数47.4%；就业3077人，占有劳动能力者93.19%。按盲、聋哑、肢体、智力、精神病等五种类型区分的残疾人数如下：盲人1175人，其中15岁以下5人；聋哑人969人，其中15岁以下45人；肢体残3092人，其中小儿麻痹121人；智力残797人，其中15岁以下47人；精神病残475人，综合病残，458人。残疾人文化程度：大专以上4人，中专10人，高中59人，初中305人，小学1080人，文盲4175人，文盲半文盲1333人。婚姻状况：已婚4188人，未婚1719人。

第四次全国人口普查离石县残疾人分布情况统计表

表20-2　　单位：人

乡镇	合计	男	女	乡镇	合计	男	女
吴城镇	309	204	105	枣林乡	251	180	71
信义镇	320	220	100	坪头乡	435	287	148
交口镇	446	312	134	王家沟乡	213	145	68
阳坡镇	144	92	52	结绳墕乡	154	107	47
王营庄乡	222	155	67	枣垴乡	205	142	63
西属巴镇	624	434	190	田家会镇	513	361	152
小神头乡	200	139	61	红眼川乡	154	104	50
城关镇	2776	1887	889	—	—	—	—

2006年，第二次全国残疾人抽样调查，离石区被抽中8个小区，每个小区调查人口400人以上、120户左右。调查内容包括家庭人口状况、住房状况、经济收入、家用电器状况、月平均消费水平、受教育程度、婚姻状况、就业状况、残疾人致残原因，康复，医疗，参与社会活动等内容52项，并组织全区0—6周岁儿童全部进行健康检查，7岁以上疑似残疾人进行技术鉴定，确定各类残疾及等级。共调查480余户、800余人，确定各类残疾人43名。同年，抽样调查后，坪头乡枣垴村、田家会街道办苏家村被山西省抽中为样本监测点。区残联组织监测人员对这2个监测小区43名监测对象开展现场监测工作，对残疾人生存、发展和环境状况及残疾人生活、康复、教育、就业、社区服务、无障碍环境、法律服务等方面的情况进行残疾人监测问卷登记。

2011—2013年度，区残联被山西省残联评为“全省残疾人状况监测工作先进单位”。

2015年，全区组织调查员106人，对12个乡镇（街道）、202个村（社区）开展全国残疾人基本服务状况和需求专项调查。应调查残疾人5254人，实调查残疾人4940人，入户调查率94.02%。无该人86人，搬迁62人，空挂户111人，外出12人，死亡43人，占应调查残疾人的5.98%，并将4940人调查数据信息全部录入数据库。

核证登记

1992年，县残联根据“五类残疾人标准”开展残疾人颁证工作，当年核发1000份。1998年，市残联进行第二次更换办证，所办证为中华人民共和国第一代残疾人证。2003年，发放残疾人证520本。2008年，区残联进行第三次更换核发办证，所办证为中华人民共和国第二代残疾人证，使用第二代残疾人证管理系统网络管理。2011年被省残联评为“全省第二代残疾人证办证先进单位”。至2015年，全区核发办理第二代残疾人证4938本。

残疾人代表大会

离石县残疾人联合会第一次代表大会 1989年12月19日在县城召开，宣布成立离石县残疾人联合会，会议选举产生领导机构，选举闫成勇为离石县残联执行理事会理事长。

离石县残疾人联合会第二次代表大会 1993年11月23日在县城召开，参会代表65人，其中特邀代表11人。大会听取和审议通过县残联第一届理事会《开拓进取，艰苦创业，推动我县残疾人事业再上新台阶》的工作报告。会议选举产生离石县残疾人联合会第二届理事会，选举赵建平为离石县残联第二届主席团主席，副主席3人，王书仁为离石县残联第二届名誉主席，推举闫成勇为离石县残联执行理事会理事长。

离石区残疾人联合会第五次代表大会 2007年11月18日在离石区召开，参会代表95人，其中特邀代表8人。大会听取和审议通过区残联第四届理事会《高举中国特色社会主义伟大旗帜 与时俱进开拓创新 努力开创我区残疾人事业新局面》的工作报告。会议选举产生区残疾人联合会第五届理事会，选举温挨提为区残联第五届主席团主席，副主席4人，选举刘国保为离石区残联执行理事会理事长，副理事长2人。

离石区残疾人联合会第六次代表大会 2013年1月28日在离石区召开，参会代表93名，其中特邀代表20人。大会听取和审议通过县残联第五届理事会《开拓创新，扎实工作，推动我区残疾人事业全面发展》的工作报告。会议选举产生区残疾人联合会第六届理事会，选举刘俊禄为区残联第六届主席团主席，副主席2人，选举闫志勤为离石区残联执行理事会理事长，副理事长2人。

残疾人康复工作

1991年，全县实施小儿麻痹矫治手术21例，白内障复明手术20例。同年，开展聋儿听力语言训练工作，当年有4名聋儿入学。2008年，离石区残疾人康复服务中心建成，建筑面积451平方米。内设残疾人康复理疗、康复诊所、盲人按摩和残疾人职业技能培训等科室。同年8月，聘请专家刘瑞虎对肢体残疾儿童28名进行实地康复训练。2010年，创建全省残疾人社区康复示范区，全区12个乡镇（街道）均设置残疾人康复室，193个行政村均建立残疾人康复站，投资6万元，为残疾人康复站发放辅助器具1500余件。投资7万元，培训社区康复协调员90名。为全区4800余名残疾人建立康复服务档案。同年，区残联被省残联、省卫生厅授予“全省残疾人社区康复示范区”称号。

2013年，区残疾人联合会投资4万元，创建信义镇阳石村和信义村2个示范性社区康复站。同年，实施贫困精神病患者医疗救助项目，争取资金11.75万元。依托精神病防治定点机构——吕梁市荣军医院，医疗救助贫困精神病患者140人，其中住院治疗20人，补助6万元。制定《离石区2013年贫困脑瘫儿童和贫困聋儿康复训练救助项目实施方案》，在离石区残疾人康复服务中心和吕梁市残疾人职业技能学校2个定点康复机构，对全区0—8周岁的15名贫困脑瘫儿童和15名贫困聋儿进行为期3个月的脑瘫康复训练和听力语言康复训练，提供每人5000元的康复训练救助费。2014年，开展山西省第二期“集善工程·微笑行动”项目筛查工作，对全区患有唇腭裂、唇裂、腭裂的儿童进行筛查，共筛查出7名。对符合手术的3名患儿实施免费手术。同年，申请到国家“七彩梦行动计划”孤独症康复救助项目指标10个，每名给予12000元的康复救助。截至2015年底，全区共组织实施小儿麻痹矫治手术85例，残疾儿童肢体矫治手术及手术费救助35例，白内障复明手术2194例。训练盲人定向行走400余名；装配假肢141名；低视力配用助视器125名，听力患者配戴助听器187名；训练及培训聋儿及家长进行听力语言康复80名；康复训练救助肢体残疾人43名、脑瘫儿童167名、智残儿童38名。投资25万元，免费供应用品用具11450余件。吕梁康明眼科医院为全区贫困白内障患者免费施行复明手术74例。

残疾人就业

1991年，县残联在县工商、税务、民政部门配合下，安置20名有劳动能力的残疾人就业，其中乡镇福利厂11名，个体劳动者9名。1992年，创办山西省离石电器公司和离石县福利加油站，安置残疾人职工14人，占职工总数的40%。1995年，残疾人劳动服务所成立。同年，开展有劳动能力残疾人待业底数调查，全县有劳动能力残疾人4435人，就业3664人。

2003年，市残联完成残疾人就业安置43人，其中按比例就业15人，在红眼川、小神头扶残基地和福利焦化厂集中就业28人；全市自谋职业残疾人3800余人。

2013年，组织12名残疾人及残疾人直系亲属，分两批（7月和9月）免费到太原参加省残疾人就业服务指导中心举办的计算机广告设计、计算机多媒体制作、面点食品、插花艺术、计算机室内外装饰、计算机电子商务、美容美发美甲、手工制作工艺品等职业技能培训。6月28日至8月7日，在吕梁市残疾人职业技能学校举办残疾人职业技能培训班，培训残疾人及残疾人直系亲属60名。在吕梁市残疾人职业技能学校举办农村贫困残疾人实用技术培训班，对131名农村贫困残疾人进行种植业和养殖业培训。与区农委联合制定《离石区残疾人食用菌种植扶持实施方案》，新发展残疾人闲置窑洞100孔，食用菌种植栽培3000平方米，扶持100户残疾人进行食用菌种植。至2013年底，累计安排城镇残疾人就业551人，农村残疾人就业1410人，其中福利厂集中安排130人。扶持农村贫困残疾人2100余人从事养殖、种植业、加工业等。2014—2015年，全区采取集中就业和分散就业方式，鼓励残疾人自主就业，完成安置残疾人就业任务136人，其中按比例就业30人，集中就业16人，个体就业和自主创业24人，灵活和居家就业16人，基地就业39人，社区基层公益岗位就业3人。截至2015年底，完成残疾人就业实名制录入任务25名。累计征收残疾人就业保障金810万元。

残疾人教育

2008—2013年，离石区普及九年义务教育，开展扶残助学，保障残疾人平等接受教育的权利。对符合入学条件的广大残疾学生，全部在当地学校随班就读，实行学杂费全免，共计帮助53名未入学儿童入学。实施“国家专项彩票公益金助学”项目和离石区残联“爱心助学”活动，共资助高中及以上高等院校的残疾学生及残疾人家庭子女就读82名，资助金额5.1万元。对全区39名未入学适龄残疾儿童少年，根据残疾程度较重、家庭经济困难等，按照实名制统一录入“中国残疾人事业统计管理系统”，并建立健全入学适龄残疾儿童少年动态调查统计制度，实行动态监测。2010年，离石区争取国家家长学校示范中心建设补助资金2万元，帮助区残疾人康复服务中心和田家会社区残疾人康复服务中心分别建设残疾儿童家长学校，并开展孤独症儿童康复教育和训练。

2014年，全区各阶段未入学适龄残疾儿童少年共有52名。2015年，区残联与区教育局配合，对各类残疾学生和残疾人子女给予优先照顾，通过在普通学校随班就读、特殊教育学校就读、送教上门等多种形式，提高全区残疾儿童少年义务教育入学率。同年，开展对7—15周岁适龄残疾儿童少年调查摸底工作，全区共有87名适龄残疾儿童少年，其中76名已在普通学校或特教学校随班就读，入学率达87.36%。吕梁泰化集团董事长张子玉为10名考入大学的残疾学生提供每人2万元的入学资助。

残疾人社会保障

扶残助残　1991年，县残联协同吕梁电视台、县广播站、团县委、县妇联、县教育局、第四小学、县无线电管理委员会为残疾人办实事、好事243件次。1992年，开展依靠社会力量支持残疾人事业的募捐活动，当年募捐11.8万元。1994年，全县在助残日期间组织148个红领巾助残小组开展服务残疾人活动。在盲人节期间组织25人的红领巾助残小组深入31户盲人家中，开展“我们给盲人讲变化”活动。1995年，开展“一对一，送温暖”活动，20名扶残助残志愿者与残疾人结对帮扶。

1997年，全市有125名党员包户扶持残疾人家庭。2003年，离石市在助残日期间组织1230名青年志愿者开展“我为残疾人献爱心”活动。

2009年，离石区开始对有机动轮椅车的下肢残疾人发放机动轮椅车燃油补贴。在助残日期间，开展“爱心助残募捐”活动。至2010年底，区残联累计收取募捐款60万元。在“春节、助残日”期间慰问救助贫困残疾人350人，慰问及救助金额45000元。

2013年，为贫困残疾人解决临时救助15人，救助资金3000元。2014年，区残联制定《离石区重度残疾人护理补贴和贫困残疾人生活补贴管理办法实施细则》，对未纳入城乡低保的114名一级重度残疾人每人每年发放护理补贴480元，对已纳入城乡低保的314名一级贫困残疾人在享受低保的基础上每人每年再给予生活补贴480元，其中省财政配套资金每人每年240元，市财政配套资金每人每年60元，区财政配套资金每人每年180元。补贴资金总额20.54万元。截至2015年底，对有机动轮椅车的下肢残疾人发放机动轮椅车燃油补贴4.2万元，共169人次。

扶贫 1995年，县残联开展残疾人特困户调查，全县有残疾人特困户271户，人均收入35元，人均住房面积4.3平方米。

1997年，市残联利用康复扶贫贷款建立离石市扶残基地，为贫困残疾人无偿赠送仔猪、羊羔等，使其达到脱贫的目的。至2010年底，落实各类扶贫资金80万元，其中康复扶贫贷款资金60万元。累计扶持残疾人4600人次，使2300名残疾人脱贫。通过小神头养猪基地，对40户残疾人赠送仔猪300余头，扶持发展养殖业，增加经济收入。通过对贫困残疾人的调查摸底，协调民政部门将1200余名残疾人纳入最低生活保障，做到应保尽保。对能投靠亲友落户的55个孤寡农村残疾人进行“农转非”，并纳入城市低保。对20名无依无靠的孤寡残疾人纳入“五保”。对一户多残、多残一体的重残户给予临时困难救济帮扶。

2013年，离石区实施国家彩票公益金农村贫困残疾人危房改造项目，争取资金48.9万元，每户补助资金16300元，其中中央专项彩票公益金每户补助6000元，省每户补助4300元，市、区两级财政每户各配套资金3000元，共完成农村贫困危房改造任务30户。同年，实施农村基层党组织助残扶贫工程，争取帮扶资金7.5万元，每户补助资金3000元，其中省每户补助1000元，市、区两级财政每户各配套资金1000元，对拟定的25户农村贫困残疾人家庭进行帮扶。区残联与区扶贫办、下乡办协调沟通，完成农村贫困残疾人扶持任务1900人。落实“离石信义永红残疾人食用菌种植专业合作社”扶贫基地1个，争取财政扶贫资金4万元。实施“万村千乡市场工程助残扶贫”项目，完成残疾人就业1人。在“春节”和“助残日”期间，走访慰问救助贫困残疾人80户，涉及残疾人92人，共计送出价值3万元的慰问品和慰问金。

2014年，区残联与区扶贫办、下乡办协调沟通，完成农村贫困残疾人扶持任务1782人。争取省、市、区农村基层党组织助残扶贫工程资金7.5万元，为25户贫困残疾人家庭提供每户价值3000元的猪、羊、鸡等养殖扶持。对于住房困难的帮助其争取基本保障性住房，发生临时经济困难的则给予临时救助，全年共发放慰问金、慰问物品共计价值29488元。

2015年，全区发放“两项补贴”（重度残疾人护理补贴和贫困残疾人生活补贴）

24.53 万元，共涉及一级残疾人 511 人，其中一级重度残疾人 138 人，一级贫困残疾人 373 人。制定《离石区残疾人贫困户精准帮扶实施方案》，选定西属巴街道、信义镇、吴城镇作为项目实施试点，采取集中连片养殖和残疾人贫困户分散饲养相结合方式，通过扶贫基地辐射带动残疾人贫困户发展养殖业，实现稳定脱贫。由区残联扶贫基地负责提供柴鸡 4560 只、黑母猪 27 头、猪仔 198 头、母羊 68 只、对牙仔羊 72 只、红毛仔羊 60 只等优良品种，落实到 220 户残疾人贫困户。协调民政部门，解决重度残疾人、一户多残、老残一体等特殊困难残疾人家庭的基本生活问题，凡符合享受低保条件的残疾人贫困户全部纳入低保范围，做到应保尽保。对于住房困难的帮助其争取基本保障性住房，加大临时救助力度，对发生临时经济困难的则争取资金给予临时救助。在“春节”来临之际，走访慰问贫困残疾人 85 户，送去的白面 150 袋价值 15000 元及慰问金 2000 元。年内为贫困残疾人解决临时救助 5 人，救助资金 1000 元。

住房保障　2005 年，区残联对农村贫困残疾人无房户、危房户实施危房改造 60 户。2010 年，改造农村贫困残疾人无房户、危房户危房 62 户。2011 年，开展贫困残疾人家庭无障碍改造项目调查，符合条件需改造的有 160 户。2012 年，改造 27 户，2014—2015 年，投资 39 万元，改造 60 户。

“阳光家园计划”　由中国残联和财政部共同组织实施对智力、精神和重度残疾人托养服务项目。2009—2011 年，共对 145 名一、二级智力、精神和重度残疾人进行居家托养补助，补助金额 16.31 万元。2013—2015 年，共对 465 名一、二级智力、精神和重度残疾人进行居家托养补助，补助金额 25.76 万元。

残疾人康复扶贫贷款贴息资金　2014 年，落实残疾人冯小鹏（吕梁市离石区鹏升养殖有限公司法人）康复扶贫到户贷款中央贴息资金 2.1 万元。2015 年，申报残疾人冯小鹏康复扶贫贷款中央贴息贷款 1.4 万元。

残疾人维权

1991 年 5 月 15 日至 2015 年，离石区及县（市）残联共接待残疾人来信来访 80 余件次，答复、办结率达 100%，处理信访事件 1 例。为残疾人提供法律咨询和法律援助，保障残疾人合法权益。在“全国助残日”“全国法制宣传日”，围绕活动主题，宣传《中华人民共和国残疾人保障法》《中华人民共和国残疾人教育条例》《山西省残疾人保障条例》《山西省按比例安排残疾人就业规定》等残疾人法律法规和政策。

2015 年，在世纪广场设立宣传点，悬挂横幅，张贴标语，制作图版，共发放宣传资料 2000 余份，现场解答群众咨询 200 人次。

残疾人文体活动

2013 年 4 月，盲人王爱林参加“追梦杯”第四届全国盲人歌手大赛，荣获省内特等奖。区残联投资 2 万元，购买盲人专用电脑 2 台、电脑桌椅 2 套，安装盲人专用软件，配备各类盲人图书600余册，建立盲人图书阅览室，实现盲人走进图书阅览室、平等享受知识信息权利。协调离石电视台、广播电台、《今日离石》栏目组等新闻媒体，宣传报道残疾人事业，报道近年涌现出的扶残助残先进集体和个人以及残疾人自强模范。制定《离石区残疾人文化周活动实施方案》。同年7月，围绕“共享文化 共奔小康”活动主题，开展形式多样的读书、书法绘画展览、展示、电影展映、文化助残志愿以及文化进社区活动。制定《离石区2013年特奥足球周活动方案》，10月14—20日，在吕梁市残疾人职业技能学校操场，开展特奥足球周活动，参加人员有特奥运动员、体育教师、足球教练员和裁判员等共计60余人，比赛项目有队员训练及趣味足球比赛、个人技术比赛、融合比赛、健康项目检查等内容4项。

2014年，争取到上级资金2.5万元，为阳石村“残疾人文化进社区”示范单位，资助5000元的图书，资助2万元的文化体育器材及组织活动所需设备。7月20日，第八次全国特奥日，围绕“开展基层特奥活动，实现美好中国梦”主题，完成特奥运动员统计任务10人。2015年5—7月，区残联组织开展残疾人文化周活动，制定《离石区残疾人文化周活动实施方案》，利用社区、乡镇文化站点、农家书屋等场所，特别是信义镇阳石村中残联文化进社区示范单位，组织残疾人开展形式多样的读书、康复知识咨询、乒乓球、羽毛球等文体活动。推荐盲人王爱林参加吕梁市残疾人文化周·才艺展演，荣获一等奖。8月8日，围绕“养成健身习惯、享受健康生活”主题，组织开展第五届“残疾人健身周”活动。

机构

1989年12月19日，离石县残疾人联合会成立，属政府序列，编制8名。同年，离石县残疾人儿麻矫治、白内障复明、聋儿听力语言康复“三项康复”办公室成立。1991年，各乡镇均成立残疾人协会。

2007年11月18日，离石区残联第五次代表大会决定成立离石区盲人协会、聋哑人协会、肢残人协会、智力残亲友协会、精神残亲友协会。

离石区及县（市）残联实行全区代表大会制度，设有主席团、执行理事会机构。全区12个乡镇（街道）都建立健全残联组织，各配备专职理事长。193个行政村均建立残疾人协会，乡镇（街道）和村各配备残疾人专职委员1名。

2015年，离石区残联内设办公室、基金股、群宣股、康复股、维权股，下设残疾人劳动服务所、残疾人康复服务中心、残疾人辅助器具服务站。下辖残联组织盲人协会、聋哑人协会、肢残人协会、智力残疾人亲友协会、精神残疾人亲友协会。

第二十一编

军 事

兵要地志

兵 役

军事武装

民 兵

国防教育

兵事纪略

募兵制在本境域内实行久远。民国 22 年（1933），阎锡山政府实行抓丁制。在抗日战争、解放战争和抗美援朝时期，离石县广大青壮年积极响应党的号召，自愿参加八路军、中国人民解放军、中国人民志愿军者共有 17200 余名，他们为解放全中国立下战功。1955 年 7 月 30 日，国家颁布《中华人民共和国兵役法》。

清朝前，离石设有军府武营。清光绪三十二年（1906），州设警察局，民国初年设警察事务所。抗日战争爆发后，离石县第一支人民革命武装—离石县游击队成立。1953 年，整编为中国人民解放军离石县中队。1949 年 8 月，离石县人民武装部成立。1983 年，离石县消防队纳入武装警察部队序列。至 2015 年，离石区地方武装有离石区人民武装部、武警离石区消防大队、武警离石区中队。

民国 29 年（1940 年）1 月，离石县抗日民主政府成立，全县各区建立民兵自卫队。1971 年，全县建有民兵营连若干个。2010 年后，不断完善民兵体系建设，提高民兵应急能力。

第一章　兵要地志

第一节　关隘要塞

云顶山

境内东北，有四十里跑马场，地势开阔平缓，居高临下，周围有森林，内有丰盛水草，有利于屯兵操练、疏散和机动作战。汉末刘渊曾在此屯兵，抗日战争时期，人民武装部队在此抗击日伪军。

黄芦关

地形险要，山下涧谷，昔为行兵和通往陕西之重要孔道。北齐文宣帝天保三年（552）由黄芦岭起筑长城至武州（今繁峙县西）200千米，今长城遗址尚存。民国10年（1921），太军公路薛公岭路开通后，车辆很少经此。

薛公岭

山势高耸，群山环绕，林木茂盛，东南沟深坡陡，战时为扼守之咽喉。民国27年（1938），八路军在薛公岭伏击日本侵略军，取得“三战三捷”的胜利。

吴城镇

相传，战国时魏将吴起曾在此筑城据守，练兵拒秦。晋时也有驻兵。抗日战争时，八路军第115师686团曾在吴城镇给日本侵略军以重创。

小神头

地形险要，相传刘渊在此驻扎兵营点卯操练，今有校场坪遗址。抗日战争时为离东县委、县政府、游击队驻地。

离石城

地处吕梁山中段，三川河汇合处，四周三山环绕，是战时屯集兵力、储存物资的基地。公路四通八达，是战略、巡逻、防御、部队机动的良好阵地。

王老婆山

当年日本侵略军侵占离石后，曾欲以重兵占王老婆山，八路军第120师718团在王老婆山消灭日本侵略军240多人。

石门墕

明隆庆元年（1567）俺答兵由此地入石州。日本侵略军侵占离石后，进犯临县、兴县解放区，在石门墕建碉堡、设据点，重兵把守。八路军、游击队与日本侵略军在石门墕进行过多次交锋，给日本侵略军以重创。

第二节 堡寨烽堠 工事碉堡

堡寨烽堠

方山堡 建有城堡，清雍正八年（1730）设巡检1员。

赤坚岭堡 建有土寨子，明洪武三年（1370）置巡检司，清代废。

孟门镇 建有城堡，北朝周大象元年（579）此置定胡县，隋置孟门关。唐贞观二年（628），改孟门县，元置离石巡检司于此，明改为孟门巡检司，后废。

青龙渡 四周有城墙，旧设巡检司驻青龙镇，清乾隆三十三年（1768）改驻柳林镇。

永宁州堡 设20堡1山寨，高地均建有烽火堠、土墙等军事设施。20堡为四皓堡、吴城堡、李家湾堡、大高家沟堡、寨东堡、香严堡、穆村堡、薛村堡、御冠堡、霜雾都堡、神地堡、大武镇堡、石门堡、南村堡、峪口堡、横泉堡、津良堡、方山堡、树林堡、赤坚岭堡。1山寨为尖阳山寨。

工事碉堡

防空设施 1960—1976年，离石各界出于战备需要，在城区筑有永久性防空洞，此后20年间，这些防空设施陆续报废。

附：机场

民国22年（1933），阎锡山曾在城西35千米处杨家坪（今属柳林县），修建简易飞机场，作为战机迫降场地。民国24年，在城北3千米处乔家沟村前修筑过简易机场，供作战时使用，后废。

日伪修筑的碉堡 离石在日伪占领时期，境内设有碉堡20余处，都有日伪军把守。城周围有卧牛口（龙山）碉堡、凤山碉堡（瓦窑坡）、虎山碉堡（西崖底）；城西在张家山、神仙山、交口、李家湾、白霜、卧虎湾、柳林、穆村、李家垣等地设碉堡；城北在西属巴、大武镇、玉林山、石门口等地设碉堡；城东在上楼桥、信义、归化等地设碉堡；南山有张子山碉堡。中华人民共和国成立后，这些碉堡陆续被摧毁。

第二章　兵　役

第一节　募　兵

离石从隋唐后，一直实行募兵制。隋代改革府兵制，变兵农分离为兵农合一，把军户编入农户，既有军籍也有民籍。可依照均田令从事生产，保有产业。府兵平时属州县管理，服役期间在军府统管与组织下进行军事训练，执行宿卫和作战任务。唐代兵制变化较大，期间主要实行募兵制，凡年满20岁以上健壮男丁，随时被征召入伍，他们服役年限长达40年，到60岁（一说61岁）退伍。明代兵制规定人丁一经入军，一家便为军户，世代相继，不许变更，违者则治以重罪。清代至民国初期，离石仍沿用募兵制，军队之兵源，仍然依靠军队派募兵人员直接向社会招募，只要招募者同意，应募者即可入伍当兵。所募之兵多数为无业贫民和部分地痞无赖之徒，故旧社会有“好人不当兵，好铁不打钉”之说。

第二节　派　征

民国22年（1933）6月，民国政府颁布兵役法，推行征兵制。但因国民政府腐败，加之军阀混战，各霸一方，扩充势力，实际实行的是强征硬派的“抓丁”制。即规定凡20—35岁的男性青年，实行三丁抽一、五丁抽二的办法强征入伍。抗日战争开始后，山西民国政府退居晋西，实行“兵农合一”暴政，强迫或抓捕青壮年充军。其办法：凡18—47岁的役龄壮丁，除免役、缓役、禁徭者外，一律以村为单位，每3人编成1个兵农互助小组，其中1人当常备兵入营打仗，其余2人当国民兵，每人领1分地耕种，每年出优待粮小麦或小米5石，熟棉5千克，优待常备兵家属。因中国共产党领导的离石人民抗日力量强大，这一征兵制度未能在离石县推行。

第三节　志愿兵

民国29年（1940），抗日民主政府成立后，在根据地实行志愿兵役制，广大青壮年为打击侵略者，踊跃报名志愿参军，形成父送子，妻送郎，兄弟相争上战场的局面。从抗日战争到解放战争，离石县共有17200余名优秀青年参加人民军队，他们为解放全中国立下战功。

中华人民共和国成立后，一度继续推行志愿兵役制。仅抗美援朝期间，全县有900余名青壮年报名参加志愿军。

第四节 义务兵

1955年7月30日，国家颁布《中华人民共和国兵役法》，开始实行义务兵役制。兵役法规定：凡满18周岁至22周岁的男性公民，不分民族、种族、职业、社会出身、宗教信仰和受教育程度，都有服兵役的义务。1955年开始，离山县每年成立征兵领导组及办公室，适龄青年志愿报名，经过政治审查、体格检查合格者，从中择优选拔优秀青年参军入伍。

第五节 预备役登记

退役士兵 士官登记

1978年3月起，国家实行义务兵与志愿兵相结合的制度，规定部分超期服役的义务兵，可以根据部队需要和本人志愿，留在部队服役。1984年，国家公布新的兵役法，明确规定：实行义务兵为主体的义务兵与志愿兵相结合，民兵与预备役相结合的兵役制度，在部队为现役，复员回乡后为预备役，民兵也根据年龄服预备役。

预备役分为第一类预备役，第二类预备役。复员军人、退伍军人、基干民兵服第一类预备役，普通民兵服第二类预备役。

实行预备役制度以后，离石区（县、市）人民武装部和民政局及有关部门对所有服预备役民兵，每年进行登记、训练和整编。

退役军官登记

1992年后，离石县根据转业干部所在部队所担负的职务，确定专业名称和专业编号进行登记。1998年9月1日后，军队和武装警察部队转业到地方的干部，符合转服预备役条件的进行登记造册。

第三章　军事武装

第一节　地方武装

军府武营

清朝前，离石设有军府武营。

东汉永和五年（140），西河郡移置离石后，郡府内设有兵防。晋西河郡改为西河国后，匈奴左贤王刘渊曾据县左国城（今方山县南村）起兵反晋，称汉王，建都离石。后燕置离石护军。北魏、北齐、北周至隋唐历代，均以疆域分汛设防，驻兵把守。唐武德五年（622），石州（离石古名）置总管府，管辖6州兵事。贞观十年（636年）置统军，下设军府，有石州昌化郡为二府。开元二年（714），置河东节度使，石州属之。宋代，石州昌化郡设军事（领兵人）归河东节度大度府管辖。明代、清代，永宁州设武营，归汾州府军营管辖。州署还设有兵房，专司军备、军营、军建之事。清光绪三十二年（1906），州设警察局，配备管带一员。宣统三年（1911）警察局改为警务公署，为军警合一机构。

民国初年，县武营改为警察事务所，设有警务长、巡官。

民国政府地方团队

民国7年（1918），离石县商团成立。民国10年，离石县城防团设立。民国13年，撤销离石县城防团。民国18年，离石县巡缉队成立。民国25年，离石县防共保卫团成立。

这些地方武装的主要任务是搜捕杀害共产党员和革命志士，镇压人民群众的反抗。

人民抗日武装

离石县游击队　民国26年（1937）3月，在第二战区民族革命战争战地总动员委员会武装部部长、中共中央北方局委员程子华的指导下，由韩昌泰、王永和（中共党员、牺盟特派员）组织成立离石县第一支人民革命武装——离石县游击队，韩昌泰任队长、王永和任政治指导员。

离石抗日游击大队　民国27年（1938）2月，日本侵略军侵占离石县后，中共离石县委组织成立离石抗日游击大队，该游击大队共设大队3个。第一大队由县公安局的武装改编组成，大队长杨松青（公安局局长），政治指导员李明，下设分队、小队，计100余人。第二大队是由金罗镇附近“农民抗日自卫队”改编而成，韩昌泰任大队长、郑绍宁任政治指导员，下设分队、小队，计100余人。第三大队由沿黄河岸孟门一带“农民抗日自卫队”和“碛口商团”改编而成，共180人，大队长薛席儒，政治指导员薛玉龙，下设中队3个、分队9个。

山西省第四专署政治保卫总队 民国27年（1938）7月成立。阎锡山惧怕共产党控制各种武装对他不利，提出整编各地游击队，仍归当地政府管辖的主张，共产党执行统战政策，同意改编山西省第四专署政治保卫总队，下设大队3个，总队长由第四专署专员张隽轩兼任，副总队长由杨松青兼任，政治部主任由阎景纯兼任。后因局势变化，随专署迁至岚县，总队名称几经改变。晋西事变后，编入八路军第120师358旅序列。

718团游击队 在政治保卫总队撤出离石后，为保卫地方党组织的活动，中共中离特委与八路军第120师718团协商，以部队名义抽调一批军队干部与地方干部，共同组建一支游击武装——718团游击队，编制为总队1个，下设中队3个，总队长由718团1营长担任，政委由肖扬担任，政治指导员由钟家荣担任。

第115师独立支队 同期，以部队名义抽调一批军队干部与地方干部，组织第115师独立支队，编制为大队1个，下设中队4个，大队长由中离特委书记邓和山担任，政治部主任由李林担任。

离石县游击大队 民国29年（1940）初，晋西事变之后，离石县抗日民主政府动员1400名青年参军，其中送入八路军正规部队1200人，留下的200余人，80人编入公安部队，120余人与离石县四、七、九3个区游击队合编为离石县游击大队，共584人，大队下设直属中队1个，区中队7个，自卫团1个，大队长先后由陈仁伦、周凯龙、王运祥、杨松青、董兴仕担任，政委先后由张庆忠、王大昌担任。

离石县抗日自卫总队 民国29年（1940）1月，离石县抗日自卫团司令部抗日自卫总队成立，同年10月，改称离石县抗日武装自卫总队。翌年7月，总队撤销。其间，苏桐凤、张一亚先后担任总队长，张一亚、高合年担任总队教导员。

离石敌工站 民国29年（1940）冬季始建，由地方、军队干部联合组成，设离东、离石两个敌工站，敌工站下设敌工科、敌工队（组）。

离东县游击5大队 民国30年（1941）11月，由离东县所属3个游击中队整编而成，大队长由离东县县长王亦明兼任，政委、副大队长、副政委分别由张世隆、盖培枢、贾庚诩担任。民国34年2月后，部队编入独立4旅13团，归入中国人民解放军第一野战军序列，随军转战陕北。

8分区5支队 民国31年（1942）组建，下辖连队4个，共500余人，支队长由王文礼担任。

4分区武工队 民国31年（1942），由离石4分区组织，下设小队2个，第一小队以新军35团的一个连为基础，抽调军政干部25人、战士60多人，共90余人组成；第二小队以新军青年营的一个连为基础，抽调部队干部13人、地方干部12人和20多名战士，共40多人组成。

离石县地方武装工作队 民国32年（1943）组建，离石县共成立两支地方武工队，一支是由王大昌领导的，由原离石游击队的两个中队组成；一支是由车守珠领导的，由原离石游击队的1个中队与八路军第120师358旅的1个连队组成。

离石县支队　民国32年（1943）冬季，原离石县游击大队改编为离石支队，受晋绥军区3分区和离石县委双重领导，兵力由1个直属连扩充为6个连。支队长陈化南、政委陈贻训、参谋长董新仕，副政委刘继陶。民国35年冬季，县支队一部分并入吕梁军区独立10团，一部分充实了独立9旅8团，开赴西北战场。

三分区独立营　民国36年（1947）组建，下辖4个连，营长张世本、教导员刘宝基、副营长杨德胜、副教导员王挺，共计380余人。

人民武装部

民国29年（1940）1月，离石县抗日民主政府成立。2月，离石县人民武装抗日自卫委员会（简称武委会）成立，归晋绥军区司令部4分区管辖。同年9月，离石县分为离石、离东两县，离东县人民武装抗日自卫委员会成立，归晋绥8分区管辖。民国32年10月，离石划归3分区管辖，离石县武委会受3分区武委会和中共离石县委双重领导。民国34年，离石县又归属吕梁4专区管辖。民国35年2月，离石、离东县合并后，组建离石县人民武装委员会，归晋绥军区3分区管辖。

民国38年（1949）8月，县武委会改为人民武装部，由地方建制纳入解放军序列，全称中国人民解放军离石县人民武装部，归中国人民解放军兴县军分区管辖，下辖区人民武装委员会9个。1952年，兴县军分区撤销后，县人民武装部归榆次（后称晋中）军分区管辖。

1954年7月，离石、方山合并后，县人民武装部改称离山县人民武装部，各区、乡武委会一律改称人民武装部。同年8月，县设立兵役局，仍属中国人民解放军序列，与人民武装部合署办公，保留人民武装部称号，两块牌子、一套机构。兵役局设局长、副局长各1人，县委书记兼政治委员。机关内设动员、政工、征集、预备役、军士统计、民兵5个科室。1958年10月至1959年10月，离山县与中阳县先合后分，又改为离石县兵役局。

1961年1月，兵役局建制撤销，复称中国人民解放军离石县人民武装部。机关内设动员、训练、政工3个科。1966年8月28日，离石县公安队改属县人民武装部建制，称中国人民解放军离石县中队。1971年5月，原离石县有8个公社和城关镇，组建为离石郊区，其余人民公社划归柳林县、方山县和临县，同时，离石郊区人民武装部成立，归吕梁军分区管辖。同年10月，撤销离石郊区人民武装部建制，复称离石县人民武装部，机关内设政工、装备、作战、动员、后勤5个科，下辖人民公社武装部15个、镇人民武装部1个。1979年4月，县人民武装部动员科、作训科合并为装备科。1980年10月，县人民武装部撤销装备科，恢复动员科，机关内设动员、军事、政工3个科。1984年5月，离石县取消人民公社，实行乡（镇）建制，县人民武装部下辖乡人民武装部9个，镇人民武装部6个。1986年4月，中国人民解放军离石县人民武装部改归地方建制，称山西省离石县人民武装部，为副县级建制，受县委、县政府和军分区双重领导。机关内设办公室、军事、政工3个科室。

1996年4月，离石县人民武装部重新收归军队建制，为正团级单位，机关内设军事科、政工科、后勤科，下辖乡人民武装部9个、镇人民武装部6个。同年，离石撤县设市，离石县人民武装部改称为离石市人民武装部，下辖机构未变。2001年5月，离石市人民武装部下辖乡人民武装部9个、镇人民武装部6个；企事业单位武装部5个。同年6月，离石县撤乡并镇，下辖乡人民武装部3个、镇人民武装部5个、街道人民武装部2个、企事业单位武装部5个。

2004年7月，离石撤市设区，离石市人民武装部改称中国人民解放军离石区人民武装部，下辖乡人民武装部3个、镇人民武装部2个、街道人民武装部7个、企事业单位武装部5个。截至2015年底，离石区人民武装部共辖基层人民武装部19个，其中，乡人民武装部3个，镇人民武装部2个，街道人民武装部7个，企事业单位人民武装部7个。

1941年10月—1945年8月离石县人民武装抗日自卫委员会领导一览表

表21-1

职　务	姓　名	任职时间
主　任	王正元	1941年10月—1943年1月
主　任	车守珠	1943年1月—1943年10月
主　任	高合年	代，1943年10月—1944年3月　1944年3月—1945年8月
副主任	高合年	1942年11月—1943年7月

1945年9月—1949年9月离石县人民武装自卫委员会领导一览表

表21-2

职　务	姓　名	任职时间
主　任	高合年	1945年9月—1947年12月
主　任	康岐山	1948年1月—1949年5月
主　任	李信诚	1949年5月—1949年9月
副主任	王存保	1945年9月—1949年9月
副主任	王动荣	1946年3月—1947年3月
副主任	李　挺	1947年3月—1949年3月

1941 年 11 月—1946 年 1 月离东县人民武装抗日自卫委员会领导一览表

表 21-3

职 务	姓 名	任职时间
主 任	崔锡选	1941 年 11 月—1942 年 11 月
主 任	王钟林	1942 年 12 月—1946 年 1 月

离石区武警中队

1950 年 5 月，离石县公安队成立，归兴县公安大队管辖。1952 年，兴县专区撤销，离石县公安队归榆次公安大队管辖。1953 年 12 月，整编为中国人民解放军离石县中队，隶属榆次公安大队领导。

1954 年 7 月，方山县与离石县合并，离石县中队改称离山县中队。1955 年 7 月，移交当地公安机关领导，改称榆次专署公安处人民武装警察支队离山县中队。

1962 年 2 月，改称中国人民武装警察部队榆次大队离石县中队。1963 年 2 月，改称中国人民公安部队山西省公安总队榆次公安大队离石县公安中队。1966 年 7 月，改为中国人民解放军山西省离石县中队，归榆次军分区、离石县人民武装部建制和领导。1971 年 7 月，吕梁军分区组建后，归吕梁军分区和离石县人民武装部管辖。1976 年 1 月，移交离石县公安机关管辖，改称离石县公安局武装民警中队。1983 年 1 月，改编为中国人民武装警察部队吕梁地区支队离石县中队。

1996 年 9 月，离石撤县设市，离石县中队改称为离石市中队。

2004 年 7 月，离石撤市改区，离石市中队改称离石区中队，归武警吕梁支队管辖。

武警离石区消防大队

武警离石区消防大队的前身为离石县公安局内设的消防股。1983 年 1 月，消防部队纳入武警序列，消防民警干部转为现役，离石县公安局消防股人员随之转为现役军人，消防股为副营职编制，隶属中国人民武装警察部队吕梁消防支队，接受公安机关和武警消防部队双重领导。1989 年 10 月，消防股升格为消防科，为正营级单位。

1996 年 10 月，公安体制和武警体制改革，消防科单设，改为离石县消防大队。同年，离石撤县设市，离石县消防大队改称为离石市消防大队。

2004 年，离石撤市设区，离石市消防大队改称为武警离石区消防大队。

第二节 驻 军

绿营兵

清代，永宁州境内驻有绿营兵。

州署府所在地属汾州营一辖营，派右哨把总 1 员，步守兵 58 名，后改外委 1 员，辖战兵3名，步守兵25名。城内有守战兵10名；城外设汛防兵9处，分东西两路，东路为王营庄、四皓、吴城、三交，西路为寨东、薛村、军渡、孟门、后河底（此5地今属柳林），各派兵把守1名，属汾州营参将管辖。

河庄（今属方山）驻靖安营，原派千总1员，战守兵100名，后有步兵37名，设汛防9处，东北路设防在庙底、白家岔、骨脊沟、黄帝庙；西北路设防在峪口、横泉、津良、方山、苏家湾，各派汛防兵3名把守。

晋军

民国初，县实行军警合一，不设军事机构，也没有驻军。民国24年（1935）始，离石县驻有少数晋军，一般有1个营或连的兵力。民国26年初，国民军高桂滋所部84师，在忻口战役失败后，向陕西撤退路经离石，军部驻柳林，部分后尾遗兵，曾在马茂庄、大武等地驻扎一段。民国26年11月，傅作义35军，从忻口战役撤退下后，驻离石、柳林。民国27年2月，日本侵略军侵占离石后，晋军19路军66师驻离石，在日本侵略军“扫荡”离石战斗中失利，副师长蔡雄飞投降日本侵略军，军长李生达遭暗刺身亡。后由阎锡山派第七集团军71师军管离石，骑1军也派驻离石境内。民国31年，阎锡山派特务组织武装策动团督导处（组）驻马茂庄。民国34年8月，日本侵略军投降后，阎锡山派杨毓汝为爱乡团长，收编日伪大汉奸铁血团团长贺焕芝所部、警察所残余以及阎33军暂编40师1团胡建秀部，共4000余人驻离石县城，成立城防司令部等机构，实行血腥统治，至民国34年9月9日县城解放，守军全部被歼。

红军

民国25年（1936），红军东征到吕梁境内后，4月8日，红15军团75师22团团长胡继成率军路经离石，驻上安、马茂庄。由北向南直插金罗镇（今属中阳县）。同年12月，红28军军长刘志丹、政委宋任穷、参谋长唐延杰所率部队，路经离石交口镇宿营，军部驻扎在该镇傅氏大院，并召开群众大会，宣传发动民众打土豪、分田地，撒下革命种子。

八路军

民国27年（1938）年2月，八路军第115师718团1营进驻离石境内，袭击日本侵略军。9月，该师343旅686团在团长杨勇和补充团团长邓克明率领下，与师直警卫连在汾离公路沿线，迂回作战，打击日本侵略军。同年秋冬季，八路军第120师358旅，到离石与山西战地总动委会四支队创建晋西北根据地，并在离石王老婆山腰山焉村与日本侵略军打了一次著名的伏击战。

民国28年（1939）12月，晋西事变发生，八路军第115师陈士榘支队到离石境内和决死二纵队配合，打退晋军61军骑6团的挑衅。民国32年秋，晋冀鲁豫边区司令员杨勇率军1200余人，路经离石东南部，曾经吴城、王治庄休息。359旅司令员王震、政委王恩茂率部从陕甘宁向大别山进军时，路经离东休息。民国34年9月，358旅旅长张宗逊、政委余秋里，进驻离石境内，亲自领导和指挥解放离石的战斗。

中国人民解放军

吕梁军分区　1971年6月28日，吕梁军分区成立。军分区内设司令部、政治部、后勤部，机关驻离石城。1983年1月，吕梁军分区执行内卫勤务的独立营改编为中国人民武装警察部队吕梁支队。1986年6月，军分区机关精减整编，撤销机关各科室。1987年5月，军分区设立离石警备司令部，担负吕梁行署驻地离石县城的警备勤务。1992年12月，原属后勤部管理的民兵装备仓库、机械所移交司令部管理。

1997年5月，军分区机关恢复编制。1998年9月，司令部军务装备与动员科合并称军务动员科。2003年12月，军分区机关进行精减，撤销科编制。

截至2015年12月，吕梁军分区下辖县（市、区）人民武装部13个（10个县、2个市、1个区），乡人民武装部67个、镇人民武装部81个、街道人民武装部16个、企事业单位人民武装部49个。

某通信兵分队　离石县城解放以后，境内只驻地方部队，八路军正规部队随大军远征。1972年，解放军某通信兵分队进驻离石，负责国防通信线路的维护管理和通信保障。

武警吕梁市支队　1983年1月，以吕梁军分区独立营为基础，与吕梁地区武装民警科合并组建中国人民武装警察部队吕梁地区支队，辖中队5个和县中队13个。2003年10月，吕梁撤地设市，该支队改称中国人民武装警察部队吕梁市支队。机关驻离石。

武警吕梁市消防支队　1983年1月，吕梁公安消防大队更名为中国人民武装警察部队吕梁消防大队，受公安机关和武警部队双重领导。下设消防股13个、消防中队3个，编制99名。1987年，增编11名，编制为110名。1992年10月，吕梁消防大队改称吕梁消防支队，级别由副团级升格为正团级。2003年10月，吕梁撤地设市，改称中国人民武装警察部队吕梁市公安消防支队（吕梁市公安消防支队），辖13个县（市、区）消防大队。机关驻离石。

离石警备司令部　1987年5月1日，中国人民解放军离石警备司令部挂牌成立，同吕梁军分区同一套机构。1997年4月，军分区恢复科的建制后，日常工作由军务装备科具体承办。1998年9月，军务装备科与动员科合并后，日常工作由军务动员科承办。2003年12月再次撤销科的编制，具体工作仍由司令部承办。

附：日伪警察组织

民国27年（1938）2月，日本侵略军侵占离石后，翌年4月，伪政府县公署设立警察组织。民国29年成立警察班，民国31年改为警察队，民国32年扩编为警察所，设所长1人、督察长1人、督察员2人，下设特务、警务、警法、经济、保安5个系，各系之下又分编若干班：灭共班、特高班、经济班、侦检班、侦察班，还有看守所。系设系长，班有班长，各配备所员、巡官、警长、警士，每班5—7人。在城关、吴城、柳林、张家山、大武、信义等集镇设立县警察分驻所6个，各配警长、巡官，警察5—9人。全县警察所人员近200人。此外，日伪还设立离石县警防团，由县知事充任总指挥，警察所长任副指挥，由日本部队长、宪兵队长作顾问，员额120人，分为警务、警备、警报、防火、救火、灯火、防毒、监视5个班，日伪离石县警察所、警防团，是一个庞大的军警特务系统，在当地受日本宪兵队或方遗队秘密支配，上峰由省警务厅公开领导，这帮来自地方的汉奸、恶棍、流氓等败类无恶不作，无所不为，人民恨之入骨，臭名昭著的特务系里设有宪兵队便衣特务16人，经常出没各地，烧杀抢劫，制造了一起又一起残杀事件。

第四章　民　兵

第一节　民兵建制

民国 28 年（1939）10 月，离石四区由雒贵歧、武泽深领导，在碾则山村（今属柳林县）成立第一个民兵游击小组。

民国 29 年（1940），全县 8 个区的各行政村，共建民兵游击小组 200 个，每组 3—10 人，共有 1500 人，均属秘密活动。民国 30 年，民兵游击小组由秘密转为公开，成为群众性的人民武装组织，民兵队伍达 3000 余人，区设民兵大队，行政村设民兵中队，自然村设民兵分队。民兵队伍投入各种形式的抗日救国活动，为取得抗日战争的胜利做出较大贡献。解放战争时期，民兵组织不断壮大，民兵队伍发展至五六千人。

中华人民共和国成立后，民兵组织实行新的建制，县武委会改称县人民武装部，区、乡亦建立人民武装部，配备专职干部，每个村都建立民兵组织，凡符合规定条件的公民都参加民兵组织。民兵组织建制由抗战时期的中队、分队、小队、组，均改为营、连、排、班。一般是乡（镇）设营，村设连、排、班，全县还建立若干个游击、通讯等专业技术分队。并按建制分别配备营长、教导员（乡镇党委书记兼），连长、指导员（村支部书记兼），排长、班长和营、连干部配备一正两副，排、班干部配备一正一副。

1954 年，以乡成立民兵基干队，配备队长 1 名。1958 年，实行“全民皆兵，大办民兵师”，全县农村、机关、企事业单位都分别建立民兵营、连或排、班、组，就连山庄窝铺也有民兵组织。

1959 年，全县民兵基层组织，以生产单位编组。1961—1962 年，全县进行组织、军事、政治“三落实”，凡身体健康的 16—45 岁的男性公民，16—35 岁的女性公民均编入民兵组织，其中 16—30 岁的男性青年、16—26 岁的女性青年编为基干民兵。以生产大队建连，以生产队建排，小一点的生产队建班。基干民兵与普通民兵分开编班，并配备女民兵干部。1972 年，全县重点抓建立健全民兵制度，开展路线教育、战备教育和各种练兵活动。1974 年，民兵进行整编，各民兵连增设副连长、副指导员和军事教员、文化教员各 1 人。1981 年，全县民兵组织建设重点放在农村和较大的厂矿、企事业单位、党政机关、科研单位、大专院校，城镇街道和小散单位不再建立民兵组织。1988 年，按照“总体稳定、局部调整、突出重点、基础扎实”的原则，全县民兵进行整顿。

2003 年，离石市基干民兵编组布局实施由“面”向“线”调整，将分布零散的民兵组织向公路、铁路沿线调整；由“贫”向“富”调整，适当将贫穷地方或单位的部门民兵向富裕地方或单位调整；由“远”向“近”调整，适当将距市区或中心集镇较远的部分农村民兵向市区或中心集镇附近调整。

2006—2015 年，不断完善三级民兵应急力量体系建设，重点是全区所有基干民兵营部和连部软硬件的建设。提高民兵应急连实兵拉动、演练及应急能力训练。

第二节　民兵训练

抗日战争时期的民兵训练，主要是配合八路军、游击队在战火中练兵，在战争间隙学习射击、投弹、爆破、埋地雷等战术。

中华人民共和国成立后，民兵军训包括“三防”知识、投弹技术等，每年训练时间 1 个月。到 1964 年增加土工作业、战术、刺杀、爆破等项目，并开展军事比武活动。1966 年 5 月“文化大革命”开始，全县民兵组织军训工作停止。1971 年 5 月吕梁地区组建后，专职人武干部参加军分区集训；民兵干部和民兵教练员由县集训；基干民兵、兵员动员对象，以乡村训练，训练科目增加打坦克技术。1973—1975 年，重点进行打坦克训练。1977 年，民兵军训的对象重点转向民兵干部和武装基干，训练科目注重技术、战术的基础和现代军事技术训练。

20 世纪 80 年代，民兵军训改为两年 1 个周期，每期训练不少于 40 天，参训对象主要是民兵干部、武装基干民兵等。1981 年，离石县评选出优秀射手 196 人、优秀炮手 8 人、优秀技术能手 2 人、优秀教练员 45 人，并在城关镇举行 5 个科目的军事比武。

1990 年后，民兵的共同科目训练成为整个民兵训练中的基础性训练，民兵军事训练逐步提高科技含量，逐步向规范化、现代化、信息化方向发展。

2002 年，离石市民兵在山西省军区组织的比武中获民兵预备役实装操作第三名，一、二炮手模拟射击第一名的好成绩。2008 年，在山西省某演习中，离石区民兵代表吕梁市参加某火箭筒实弹射击演习，取得首发命中、发发命中、齐射命中的优异成绩，受到省委、省政府和省军区的表彰。2009 年 4 月，区人武部组织民兵应急队员赴交城参加“4・28”灭火行动，受到市、区两级通报表彰。

2012 年 6 月，在吕梁军分区基础训练比武竞赛中，离石区民兵取得综合成绩第二，8 个单项名次。2013 年 5 月 15 日，离石区民兵训练基地正式开工建设，2015 年 3 月建成投入使用。新建民兵训练基地是集国防动员、军事训练、国防教育、兵役征集、专武干部培训等一体的现代化综合训练基地。2014 年 6 月，离石区组织民兵参加山西省高炮分队实弹射击训练。2015 年，组织山西大土河煤焦集团武装部民兵应急分队进行实弹射击。同年，组织民兵干部进行手枪实弹射击和手榴弹投掷训练。

第三节　主要活动

民国27年（1938）2月，离石县3个民兵自卫队和民兵游击队配合八路军第718团作战，一举拔掉王老婆山据点，歼灭日本侵略军200余人，缴获步枪40余支。民国28年，阎锡山发动“晋西事变”，离石民兵配合部队，打击牵制阎军，为新军北上争取时间，创造条件。民国29年后，日本侵略军对游击区推行“强化治安”的蚕食政策，对根据地连续进行大规模的“扫荡”，离石民兵配合主力部队，粉碎日伪军多次疯狂扫荡。民兵游击队在汾离公路沿线，利用有利地形，破公路、挖地壕、设埋伏、打击日伪军。在日伪军占领区拔据点，除汉奸，埋地雷，割电线，袭击日伪军。

抗日战争时期，民兵成立变工组（队）互帮互助，劳武结合。离石4区在民国32年（1943）共组织了民兵变工组55个，开展“模范民兵开荒2亩，一般民兵开荒1亩”的竞赛。仅王老婆山一带，就出动民兵550人，集体开荒48.6公顷，产粮食537石4斗4升（折合79716.15千克），支援根据地人民渡过严重饥荒。组织帮工队，保护群众抢种抢收。民国33年，离石三区组织300余人的民兵武装帮工队，二区3个村出动由90个民兵组成的3个分队和若干小队，帮助第一道防线上的民兵抢种抢收。在极端困难的少数敌占区创办“民兵武装运销队”“游击合作社”，伪装进入敌区或敌驻所周围做生意，以解决群众生活所需。维持根据地的治安，除奸反特，保卫抗日民主政权，保护群众空室清野，开展禁烟毒禁赌博活动。

民国35年（1946）后，民兵参加减租减息，反奸清算，土地改革，担负维持斗争秩序，管制地、富、反、坏分子，追捕逃亡地主、汉奸和恶霸分子，保卫农会，保卫干部，保卫胜利果实的重任。

1963年，各基层武装部组织民兵抗旱打井41眼。1964年8月，境内的10个公社48个生产大队遭冰雹袭击，1178.47公顷农作物受灾，各基层武装部发动民兵抗灾自救，把灾害损失降到最低程度。1973年，全县民兵组成生产队、突击队、专业队，共修大寨田1573.33公顷，建大小水池19座，开水渠77条，打坝343条，造地316.67公顷，筑高灌站80处，打水井264眼、旱井1000眼。1983年，全县民兵在绿化祖国、修坝造地中，共造林1186.66公顷，植树97800株，种草686.67公顷，修坝造地230公顷，农田基本建设969.13公顷。1985年，在全县捕捉逃犯和严厉打击各种犯罪活动斗争中，先后出动民兵完成设卡、巡逻、看押、堵截、抓捕等任务。1986年，各基层武装部发动基干民兵，完成预整地573.67公顷，植树84700株，农田基本建设486.8公顷，修补公路85.7千米，修补河坝32条，动土方30万立方米、石方4.35万立方米，打旱井50眼。在参加修建吴城、刘家湾、赵家庄水库，以及大、小东川，北川河坝等32项大、中工程中，全县民兵参加12300人次，投工占到总投工的83%。1989—1990年，全县民兵投入“兴离富民”的各种活动，修建基本农田1306.67公顷，造林2400公顷，植树24万株，修公路42.7千米。参加抢险灭火，完成上级交给的基建工程。并在9个扶贫点上出动700人次，帮助37户农民脱贫，为烈、军属耕种、收割庄稼366.67公顷。1995年，离石县民兵在参加三项建设中完成土石方411300立方米，新建农田133.33公顷，植树42400株，民兵购买“四荒”（荒山、荒坡、荒沟、荒滩）地1433.33公顷。

2002—2006年，在农田基本建设大会战中，离石区（市）民兵承担重点工程12处，新建农田1066.67公顷，坝滩地2000公顷，搞预整地3000公顷，造林1133.33公顷，完成引水工程116处，解决2万余人吃水问题，民兵购买“四荒”地200余公顷，治理800公顷。

2007年，离石区民兵栽植以核桃、山杏、侧柏、油松为主的经济林面积达4722公顷，400多万株，绿化道路166千米。2009年11月，离石区发生暴雪灾害，区人武部组织民兵应急分队160余人赴青银高速公路和307国道薛公岭附近铲冰除雪，并参加市区清除积雪行动。2011年8月1日，离石民兵参加山西省军区在吕梁市民兵综合训练基地组织的实兵演练，高标准完成所有科目演示任务。

2012年4月3日，区信义镇千年林场发生森林火灾，着火面积2公顷多，人武部迅速启动应急预案，先后动用应急分队民兵进入火场灭火。6月27—28日，人武部部长秦贤卿带军事科参谋任强强等8人参加基础训练阶段比武竞赛活动，获得人武部总评第二名优异成绩。7月13—15日，组织参加山西省国防动员指挥演练高炮伪装演练及录像录制任务。2013年7月14日，区人武部组织滨河街道民兵应急排对滨河街道后瓦村山体崩塌事故进行救援。7月27日，组织莲花池街道民兵应急排对徐家沟村发生山体崩塌事故进行救援。2014年6月，离石区民兵参加山西省高炮分队实弹射击训练。2015年7月24日，组织某民兵分队赴山西省军区进行科目演示。10月19—21日，由区国防动员委员会领导及各国防动员委员会专业办参加山西省国防动员委员会组织的指挥研究性演练。

第五章 国防教育

第一节 战备 教育

战备

1969年，离石县战备领导小组和人民防空领导小组成立，下设战备、人防办公室。1973年，离石县城市防空指挥部成立，制定城市防空紧急疏散计划，组建4支400余人的防空袭专业分队。1979年，中越边境自卫还击作战打响后，县人武部制定《“战时兵员动员，支前保障”方案》，组织落实兵员动员工作。同年，离石县作战指挥机构成立，对全县的重要地点和军事目标，进行现场勘查，制定战时预编方案，并组建各种专业分队，明确规定各种应急疏散联络讯号、各自的战斗任务、位置、发展方向，并组织民兵野营拉练军事演习，行程913千米。1981年，离石县委、县政府成立支前委员会。离石县人武部制定和落实战争初期本区域作战方案，并制定作战、防空袭应急措施等。1986年后，重点抓应急分队、专业技术分队建设，战备工作推向经常化。

教育

抗日战争时期，主要利用上冬学，办民校的方式，对民兵进行政治教育，以《民兵须知》为教材，宣传《抗日救国十大纲领》，学习党中央、毛泽东主席的人民战争军事思想，宣传牺盟会、动委会的部署，开展抗日救亡运动，教育民兵参军参战支援前线。

离石县解放后，全县民兵的政治教育转到全面提高民兵的政治素质，为消灭国民党反动派、统一全中国、积极参军参战、支援新区建设、在保卫人民民主专政方面，把广大民兵的思想引导到夺取新民主主义革命的彻底胜利和建设社会主义上来。

中华人民共和国成立后，民兵政治教育围绕党的中心工作，注重加强经常性的思想政治工作。20世纪50年代，突出兵役法的宣传和民兵性质任务的教育，路线、方针、政策的教育，革命传统教育，战备教育。

1979年后，结合新时期总任务的要求和民兵的性质、任务，民兵工作重点转移到以经济建设为中心，从1980年起，全县办起政治联合学校247所、青年民兵之家213个，选配专兼职政治教育教员530人。建立学雷锋帮战友小组1327个，帮助烈军属、伤残军人、孤寡老人解决生活困难。1988年12月，离石县全民国防教育委员会成立，设立领导组、办公室，制定实施方案，在全县开展广泛深入的国防教育。从县到乡（镇）、机关厂矿、学校，层层设机构，定专人，全民国防教育做到经常化、制度化。县人武部每年培训教育骨干30—50人，树立示范点5个，以点带面，使教育不断深入。1992—2015年，离石区（市）各部门最主要最广泛的国防教育形式有：课堂教育，利用各级党校和各类学校民兵之家、农民夜校等进行课堂教育；刊授教育，主要是以《中国民兵》《华北民兵》为主要教材的刊授教育；基地教育，以革命遗址、烈士陵园、纪念馆为主的爱国主义教育；专题教育，主要是重大活动、重大法规宣传、国防夏令营等；广播电视教育，主要是以广播电视报刊等新闻宣传为主要渠道的教育。

第二节　学校军训

离石区的学校军训始于1970年。军训对象主要为大中专院校及高级中学学生。每年军训时间不少于1周。由人民武装部抽调人武干部、专武干部组成教员队伍，或从武警中队抽调官兵组成。训练的内容主要是共同科目，如共同条令、队列训练、军体操、兵种知识、军事法规、战场救护、射击训练等。贺昌中学每年高中一年级新生入学后，都要对学生进行为期2周的军事训练。1975年后各校停止军训。

1984年，新的《中华人民共和国兵役法》（以下简称《兵役法》）颁布，《兵役法》规定：高等院校的学生就读期间，必须接受基本的军事训练。自此，离石各高校和中小学均恢复学生军训。1986年8月，离石县人民武装部在城内第五小学建立国防教育基地，开展对学生的国防知识教育，并进行适当的军事训练。1988年，离石县人武部和离石县教委在吕梁电视中学进行军事训练试点工作。成立军训办公室，主任由人武部军事科长担任，副主任由学校校长担任，下设军训、政工、后勤3个组，分别由人武部和学校有关人员组成。参加军训学生训练时间15天，主要进行射击、投弹、战术、队列等7个科目的训练。

1998年7月，离石市人民武装部在吕梁技工学校办起吕梁预备役军事学校一分校，并成立吕梁技工学校武装部。预备役军校从领导机构、组织管理、军事教学等方面建立相应的组织，配齐领导、教员、设备。在课程设置上，军事课按部队训练大纲1年兵内容安排。军事理论课主要有国防史、现代国防、世界军事、军事思想、现代武器、现代军事科学技术、现代战争、军事地形等学科内容。上述内容一般在新生入学1至2学年内完成，时间为30个小时以上。学校根据实际情况有选择地进行军事理论课教学。文化专业课与军事课的比例为7 ∶ 3。毕业学生达一年兵的训练水平。在历年征兵工作中，该校应届毕业生踊跃报名应征，接受祖国的挑选。

2011年，高中军训，时间前后12天。其中4天时间用于开训动员和汇报表演，实际军事技能训练共64个课时，军事理论学习、国防教育、军训娱乐共16个课时，教官每日在校的训练、管理时间长达10余个小时。同年重点对军训教官进行培训，从5月起，对教官进行摸底、培训，从中精选军训教官27人，军训后勤保障人员3人，军训文书1人。

2012年，离石区人武部对吕梁学院新生进行军训；对贺昌中学、泰化中学、吕梁高级实验中学3所高中新生进行军训；对吕梁技校、离石师范、吕梁卫校、晋西科技4所中专新生进行军训。2013年，学生军训，每期训练时间12天，实际军事技能训练共64个课时，军事理论学习、国防教育、军训娱乐共 16 个课时。教官吃住在学校，与学校共同参与学生的管理，离石区人武部对吕梁学院新生进行军训；对 17 所高中新生进行军训。

第三节 人民防空

离石县的防空演练始于抗日战争时期。离石县政府为防止日本侵略军飞机的突袭，发动群众积极挖修防空洞和防空壕，利用山区窑洞、山洞、山沟进行隐蔽，并设立对空观察哨，规定空袭警报信号，宣传防空知识，进行防空演练，使边区军民掌握了同日本侵略军空袭斗争的防空袭常识和技能。

中华人民共和国成立后，离石县政府对全民进行“三防”（防空、防化、防疫）教育，广大民兵在训练中突出“三防”内容，利用就便器材进行对空射击训练和防空袭演练。

1950—1953 年抗美援朝时期，离石县成立“防空、清理环境卫生、注射防疫疫苗”领导组，由离石县人民政府、武装部、公安局、教育科、卫生科等单位组成，在全县范围内开展“反破坏、反轰炸、反对细菌战”的群众性防空教育和爱国卫生运动。

1955 年，离山县人民防空委员会成立。由县长任主任，县兵役局局长任副主任。离石县的人防工程主要是 1960—1974 年发动群众挖修的地下防空洞。1980 年后，历届政府在制定城市建设规划时，把人民防空建设纳入其中，统一规划、同步建设，协调发展。民用建筑建设兼顾战时防空地下室。城市公用基础设施规划和建设，注重开发利用地下空间，建设地下交通干线、地下商业设施、地下过街通道、地下停车场等。这些建筑充分考虑防空抗毁的需要，具备平战兼容，平战转换功能。同时人民防空领导组成立。

1997 年 4 月，离石市国防动员委员会成立，内设人民防空办公室，办公室主任由市政府秘书长担任。市人民防空办公室成立后，结合《中华人民共和国兵役法》的宣传，在全市开展较大规模的《中华人民共和国防空法》宣传活动。人民防空办公室专门购置防空宣传材料和挂图，在政府门前设立宣传咨询点，向过往行人散发宣传资料，市电视台开设人民防空宣传栏目，使全市人民受到教育。1999 年 3 月，离石市组建防空专业队伍。包含市政抢修分队、医疗救护分队、电力抢修分队、交通运输分队、通信保障分队。2002 年，离石市指挥网络采用先进的警报控制手段，逐步建设军队通信网和地方电信网一体化网络。2003 年 6 月，离石市建成可视电话会议系统。2003 年，离石市在区电信局增加通信保障分队，组建环境监测分队，并在离石市每个乡（镇）组建治安小分队。

2006 年 6 月，离石区防空预警系统建立，同年 9 月，全区进行 3 天的防空演练。之后每年 9 月 18 日均拉响防空警报，并进行防空演练。2012—2015 年，离石区依据《吕梁市防空作战方案》《吕梁市离石区综合防卫作战基本方案》，制订完善《离石区防空作战方案》《人民防空动员方案》。

第六章 兵事纪略

第一节 战 事

民国初年前发生在石州（离石）的战事

战国时，魏国大将吴起，在东川练兵拒秦。

周烈王四年（前372），魏与赵战于离石，赵兵败。

周显王十八年（前351），显王四十一年，秦与赵两次交战争夺离石，后被秦占领，杀赵将疵，周郝王十五年（前300），秦、赵在离石又发生战斗，秦兵攻占离石等城。

汉高祖七年（前200），匈奴攻离石，被汉兵击败其左右贤王，追至离石，大破匈奴守城兵将，匈奴兵退至娄烦。

西晋永兴二年（305），匈奴左贤王刘渊据县起兵反晋，自称汉王，在离石建都，西晋派并州刺史刘琨，讨伐刘渊，刘渊四战四胜。西晋永嘉元年（307），并州刺史刘琨再次率兵讨伐刘渊，被刘渊战败，万余人投降。刘渊迁都平阳（今临汾）。

东晋大兴二年（319），晋将石虎领兵3万征讨鲜卑郁粥大战，占离石，俘获牛马10万余头（匹）。

北魏天兴元年（398），呼延铁在离石东率兵造反，北魏派兵讨伐平息。

隋大业十年（614），刘苗王据守离石，自称天子，兵数万，潘长文讨伐未克，后被梁德击败。

隋大业十三年（617），唐李渊领兵攻西河离石，郡丞高德儒据守县城，被唐兵攻破，杀高德儒。

唐武德二年（619），刘武周率兵2万，破娄烦，陷合河，占石州，杀刺史王俭。贞元二年（786），吐蕃尚结赞，领兵入石州境，马燧会师击战，尚惧而求和。

南宋绍兴九年（1139），宋将王忠植，兴兵收复石州等11郡。同年又被金兵攻占石州城。

明洪武二年（1369），付友德、薛显领兵攻击贺宗哲军，战于石州，贺败之。

明嘉靖二十年（1541），俺答兵进石州，大掠而去。隆庆元年（1567），俺答兵由兴县、岚县南下石州，杀王亮采，并向东而去。

民国元年（1912），离石县方山一带遭大荒，官府要粮，地主逼债，农民焦四则、海全则被迫走投无路，据赫赫岩山起义，聚集百余人。他们抗官府、打土豪、济灾民，数次击败官兵围剿，控制周围数十里地区。西属巴大地主王保祚出任离石县派驻方山巡检官后，假装送情报，同焦、海二人称兄拜弟，表示投靠义军。一次王保祚在方山关帝庙内伏兵，用酒灌醉焦、海2人，将此2人送离石官府惨遭杀害，起义农民被镇压。

红军东征在离石

民国25年（1936）2月20日，“中国人民红军抗日先锋军”红一军团、红十五军团突破沿河防线东征。分3路向石楼、中阳、离石挺进。同年4月7日抵离石。4月11日，红军在离石金罗镇（今属中阳县）歼灭晋军驻金罗镇朱家店的1个营。

山堨阻击战

民国27年（1938）2月26日，日本侵略军松井师团从离石出发，兵分3路向秦晋两省交通重地军渡、碛口进犯，企图切断陕甘宁边区与晋绥的交通线，进而西渡黄河，侵犯陕甘宁革命圣地延安。日本侵略军一路200余人，向王老婆山进犯，住在山堨村，以控制地势险要之高山地带，阻止抗日力量之进攻。八路军第120师警备8团1个营500余人闻讯后，奉命东渡黄河，与离石游击队配合，在山堨阻击。此次战斗由于团长文年生指挥得力，当地军民配合密切，经过26日午夜至翌日凌晨数小时的激烈战斗，歼敌200余人，缴获步枪40余支及一批军用通信器材，八路军伤亡80余人，使日本侵略军阴谋未能得逞，人称此次阻击战为“小平型关战役”。

薛公岭伏击战

民国27年（1938）9月14日拂晓，八路军第115师343旅686团，由汾阳南偏城出发，开进到吴城镇以东的薛公岭阵地，准备伏击由汾阳开向离石的日本侵略军汽车运输队。由团长兼政委杨勇组织指挥这场伏击战。15日8时左右，日本侵略军20余辆运输车开来，当第一辆军车开到山坳时，几枚八二迫击炮弹准确地落在山坳北侧日本侵略军的1个碉堡上，埋伏在北侧山坡上的战士冲了上去，占领碉堡前沿阵地，截住敌人西去道路，隐蔽在山侧草坡的指战员，向行驶在公路上的敌军车队扔出一排手榴弹，日本侵略军汽车全部被炸毁。200余名日本侵略军被全部歼灭。

油房坪伏击战

民国27年（1938）9月17日，由团长邓克明、政委符竹延率领的八路军第115师343旅补充团，在吴城镇西20千米的油房坪设伏。上午，由汾阳开往离石的日本香月军司令部无线电队1、5分队的20辆汽车，在此被伏击。开头的11辆车逃窜，其余9辆车全被击毁，车上的100余名日本侵略军，生俘3名，其余被击毙，缴获炮1门，步枪百余支、无线电台1部。

舍科里伏击战

民国27年（1938），日本侵略军在汾离公路屡遭伏击重创，迫使侵占离石的日本侵略军山口旅团向汾阳撤退。686团在南北偏城西北的公路沿线设伏，该团2营与兄弟部队埋伏在公路北侧舍科里地带，1、3营埋伏在南侧铁匠沟附近。9月20日拂晓，各部队按预定作战方案，隐蔽进入阵地，9时许，800余名日本侵略军进入伏击区，信号弹升起，猛烈的炮火投向日本侵略军，日本侵略军死伤大半，其余拼死挣扎，激战1小时，全歼日本侵略军。缴获战马百余匹、各种枪支400余支，生俘日本侵略军16名。

上述三起伏击战，有吕梁“三战三捷”之美称。

九里湾袭击战

民国27年（1938）2月26日，日本侵略军第109师团一部分沿汾离公路西进，在离石县九里湾村遭工卫队1营某部和第1连的突然袭击。激战6小时，毙敌20余人，工卫队10余名战士牺牲。次日，日本侵略军侵占离石。

河防保卫战

民国28年（1939）5月，日军调集两个师团的兵力至汾阳、离石，6月4日、5日，日本侵略军一路万余人进占军渡。6日，又以1.5万余人进占孟门、碛口两镇，在边区军民与八路军河防守军共同抗击下，日本侵略军溃退，驻河防守军遂收复李家垣、柳林。先后毙敌50余名，缴获步枪10余支，八路军仅伤亡10余人。

同年9月2日，日本侵略军又集结驻汾阳、离石地区的三四千人，炮30门，占领白霜村。4日又占领军渡，企图长期巩固河东阵地，待机进攻。八路军河东部队4—18日，歼敌20余人，缴枪5支，八路军伤亡10余人。

同年11月初，日本侵略军增调2万余人，由离石、大武、柳林、穆村分路向碛口合围，并强攻佳县渡口。23日占领碛口、孟门，并大举攻击河东游击部队，而后2000余敌从碛口潜渡，八路军河西守军猛烈射击，毙敌百余人，其余逃窜，八路军伤亡12人。

同年12月初，日本侵略军集结驻离石、柳林4000余人再犯军渡，炮击对岸陕西宋家川。12日占领李家垣，并炮击河西阵地。八路军河东侦察部队予以还击，经5天的战斗，毙敌20余人，收复军渡、李家垣。日本侵略军于16日窜回柳林，至此，彻底粉碎日本侵略军的西渡阴谋。

收复柳林之战

民国28年（1939）6月5日，日本侵略军1万余人，分三路大举西犯，侵占柳林军渡。第二战区王靖国率19军等部在柳林一带与日本侵略军激战10余天，该军68师副师长、参谋长被俘，伤亡甚重，团以下干部仍坚持作战，柳林军渡失而复得。

歼灭督导组

民国31年（1942）6月，阎锡山的特务组织—策动团督导组，由团长王春喜、副团长班存贵带领督导组武装特务30余人，驻扎离石城西1千米的马茂庄村。他们勾结日伪军，经常出没于城附近的石盘、歧则沟、枣林沟和交口阳山一带，专门屠杀武工队、游击队、民兵和地下工作人员，给抗日战争造成很大威胁。离石游击队为消灭这支敌人，同年11月，以4个连的兵力，深入敌巢，白刃格斗，一举全歼。当场击毙班存贵等13人，生俘15人，缴获各种枪支16支，战马6匹，军用物资一批。

岚离公路破袭战

民国33年（1944）3月4日，八路军以1个团的兵力，向岚离公路全面出击。一夜之间，将日本侵略军岚县至离石公路线上的电线大部分割断，共割电线90余千米，毁电杆 1000 余根。

吴城围击战

民国 33 年（1944）6 月，吴城碉堡驻扎日伪军 600 人，到附近下丰村等地大肆抢劫骚扰。离东县游击支队连长王文祥，率领支队战士和民兵包围进犯之敌，击毙日本侵略军 2 名，打伤伪军 10 人，余敌逃窜。

西属巴伏击战

民国 33 年（1944）秋，八路军第 120 师 17 团，为切断离石与峪口日伪军的联系，以 3 个营的兵力，在离方公路要道西属巴设伏。8 时，140 余名日本侵略军和赶着十几辆大车的数十名伪军进入伏击圈，火炮打响、地雷炸响，八路军战士英勇出击，经过两小时的白刃格斗，击毙日伪军 130 名，俘虏 7 人，逃窜 6 人，缴获机枪 8 挺、步枪百余支。八路军伤亡 10 余人。

九里湾伏击战

民国 34 年（1945）4 月，离东县游击队得知日伪军运粮车队过路的消息后，在吴城九里湾设伏，当车队行进到伏击圈后，伏兵四起，枪炮齐鸣，经过一场激战，消灭日伪军 40 余人，缴获卡车 34 辆、牲畜 90 余头，以及车载的大批粮食、日伪军携带的全部枪支弹药。

解放离石城

民国 34 年（1945）8 月，驻离石日本侵略军司令官与阎锡山的特派员县统委会主任狄予公，密谋勾结，妄图抢占离石城。8 月 18 日晚，日本侵略军全部撤走，阎军近 4000 人窜进县城。阎军驻离石城后，为了防御八路军攻城，网罗特务，加固城墙，重兵设防，戒备森严，全城处于临战状态。9 月 6 日，八路军第 120 师 358 旅奉命攻克离石。部队首先攻克龙凤两山碉堡，扫除外围障碍，占领制高点，接着向县城发起总攻。守敌以密集火力阻击攻城部队。此时，担任攻城的指挥员及时停战休整，对敌情、地形作了进一步侦察、研究，一面组织部队演习爬城技术；一面选择了城西北角为突破口，并向中阳方面部署警戒，以阻截南逃之敌和援军。9 月 9 日，发起第二次总攻，3 营 7 连和 8 连担任主攻，投掷组和凤山炮兵向城上猛烈投弹，掩护登城部队登梯上冲。日本侵略军向城下投掷手榴弹，八路军 8 连指战员英勇顽强、不怕牺牲，奋勇拼搏，激战 4 小时，登上城楼垛口。接着 7 连、特务连相继入城，与敌展开白刃战，全歼守敌，离石城获得解放。

这次战斗共歼敌 2000 余名，打死汉奸、城防司令贺焕芝，活捉县统委会主任狄予公、县长张嘉模、爱乡团长杨汝毓，缴获重机枪 1 挺、轻机枪 34 挺、步枪 500 余支、掷弹筒 7 支、电台 1 部，以及其他大批军用物资。

附 2：日本侵略军侵占离石暴行录

九里湾惨案　民国 27 年（1938）农历正月二十三日，日本侵略军窜进九里湾村，见人就杀，见房子就烧，见牲畜就宰。全村60余户人家，被日本侵略军杀害37人，烧毁窑洞80余孔，其残暴手段，惨不忍睹，有的群众被绳子捆绑用铡刀砍死，有的被绑在门板上烧死，有的把头压在树干上，用刀砍死，有的妇女被凌辱后杀死。至今村里还传说着："正月二十三，日本鬼子来到九里湾，大炮架在四人山，老百姓杀死一河滩。"

大武惨案 民国27年（1938）3月3日，日本侵略军出动飞机5架，在大武镇上空投弹10多枚，十几名群众被炸死，日本侵略军向大武打炮40余发，炸死群众6人，3月4日，2000多名日本侵略军包围大武，见人就杀，有的被刺死，有的被开膛，有的被浇上汽油烧死，有的被狼狗吃掉。这个不到2000人的村镇，被日本侵略军杀害340人。同日，日本侵略军在盛地村用枪杀、刀刺、火烧、分割等手段，杀害40余人，加上附近武回庄、洞上、留子局、红罗沟等村，共杀害600余人。日本侵略军血洗大武镇，火烧民房、庙宇、街房，大火3天未熄，被抢走大牲畜百余头、羊千余只。

坪头惨案 民国32年（1943）11月，日军少校新官，调集汾阳、离石、大武、三交的日伪军1100余人，分四路包围抗日根据地坪头村，进村后见人就杀，见物就抢，见牲畜就拉，将无辜百姓用活埋、刀捅、火烧、活扒皮等灭绝人性的手段，杀死107人，对周围15千米左右的24个村也施行如此兽行，酿成"坪头大惨案"。

日军侵占期间，在离石县施行过大小屠杀287次，杀死军民千余人，抢走牲畜9000余头，烧毁房屋5000余间，各种衣物、粮食、财产几乎被一扫而空，更无法计算。

第二节 民族冲突 部属造反 起义

民族冲突

东汉末年，北方少数民族大举南侵，少数民族与汉民族之间的冲突便不断发生，以至发展成为民族战争。

汉高祖七年（前200）—明隆庆元年（1567）石州（离石）境内民族冲突情况一览表

表21-4

朝代年号	公元（纪年）	交战地点名称	交战双方领导人		战史简况
			攻者	守者	
汉高祖七年	前200年	离石	汉族	匈奴兵	汉王击败左、右贤王，追至离石，又破之，匈奴兵退娄烦
东晋大兴二年	319年	离石	石虎	郁粥	石虎领兵三万，征讨鲜卑族，占离石，俘获牛马十万余头（匹）

续表 21-4

朝代年号	公元（纪年）	交战地点名称	交战双方领导人		战史简况
			攻者	守者	
唐贞元年	786 年	石州	马燧	尚结赞	吐蕃尚结赞领兵入境，马燧会师击战，尚惧而求和
南宋绍兴九年	1139 年	石州	王忠植	金将	宋兴兵收复石州等十一郡
南宋绍兴九年	1139 年	石州	金将	宋兵	金兵攻占石州城
金天眷三年	1140 年	石州	岳飞	金将	宋兵出河东，克岚县，离石民众争相拥军
明嘉靖二十年	1541 年	石州	俺答	—	兵进石州、汾州、大掠而去
明隆庆元年	1567 年	石州	俺答	王亮采	由兴县、岚县南下石州，杀王亮采，东攻汾州，八天未克，进兵交城、文水县

部属造反

历史上，因统治者的高压政策和腐败，引起部属不满，长此以往，导致部属造反时有发生，有的想自立为王起兵造反，有的甚至发展成为较大规模的战争。

西晋二年（305）—隋大业十年（614）离石境内部属造反情况一览表

表 21-5

朝代年号	公元（纪年）	交战地点名称	双方领导人		战史简况
			攻者	守者	
西晋永兴二年	305 年	离石	并州刺史刘琨	刘渊	刘渊称王，西晋派兵讨伐，刘渊四战四胜
西晋永嘉元年	307 年	离石	刘琨	刘渊	并州刘琨，再伐刘渊，万余人投降，刘渊迁都至平阳城
北魏天兴元年	398 年	离石	呼延铁	刘浩	部帅率兵造反，北魏派刘浩去伐，平之
隋大业十年	614 年	离石	潘长文	刘苗王	刘苗王自称天子，兵数万，潘长文讨伐未克，后被梁德击败

起义

金宋兴定二年（1218），石州人冯天羽聚众数千人，以临泉县为据点起义，声势甚壮，后被石州刺史诱降，杀害2000余人。

明嘉靖九年（1530），宁乡、石楼、汾州、石州连遭灾荒，饥民遍野，纷纷揭竿而起。农民军攻打宁乡城，赶走贪官。嘉靖十三年二月，农民军占领黄芦岭，进逼吴城。石州同知陶玺率兵镇压，民军诱敌深入，在黑暗岭设伏，陶玺及部下阎大刚、王天佑等人被打死。后冀南道朱震集合各路兵马，将起义军镇压下去。

明崇祯五年（1632），农民起义军邢红娘、上无龙据吴城，力攻汾阳。崇祯十七年，李自成率起义军从陕北渡过黄河，炮打石州，攻破州城，民众拥戴，纷纷参加义军。后义军直捣北京，推翻明朝的统治。

清光绪二十六年（1900），永宁州柳林镇附近农民300余人举起义和团的大旗，反对帝国列强，反对清朝统治，杀神甫，烧教堂，斗争1年时间，被清政府镇压。民国初年，离石、方山一带遭大荒，官府要粮，地主逼债，农民焦四则、海全则被迫走投无路，据赫赫岩山起义，聚集100余人。他们抗官府、打土豪，济灾民，击败官兵围剿，控制周围数十里地区。西属巴大地主王保祚出任离石县派驻方山巡检官后，假装送情报，同焦四则、海全则二人称兄拜弟，表示投靠义军。

民国元年（1912）秋，王保祚诡称以请下山议事为名，把焦四则、海全则二人骗到方山城北关帝庙，宴席上用酒灌醉，绑送离石官府惨遭杀害，起义农民亦被镇压。

第二十二编

政　法

社会治安综合治理

公安

检察

审判

司法行政

1983年，中国共产党离石县委员会政法办公室成立。1984年4月，更名为离石县委政法。1984年4月10日，更名为中国共产党离石县委员会政法委员会。1991年6月，离石县社会治安综合治理委员会成立，下设综治委办公室，1992年8月与政法委合署办公，主要职责是调处矛盾纠纷、开展社会治安综合治理，检查监督政法部门执法，加强政法队伍建设等工作，1994年10月，根据中央政法委员会关于加强政法队伍建设和加强党对政法工作领导的指示精神，增设政工科和执法检查室，以强化工作机制。2012年，按照中央、省、市综治委的要求，更名为吕梁市离石区社会管理综合治理委员会办公室。

清代，永宁州设州衙，执掌全州政务和审判事务。清宣统二年（1910），永宁州警务公署设立。民国元年（1912），改称县警察局。民国26年，离石县开始建立人民公安机构。民国29年，离石县公安局成立，主要承担除奸、反霸、镇反工作。1949年10月至1966年5月，离石（离山）县公安局内设政保股、治安股、预审股、看守所、公安队等股。1977年，内保股、消防股成立。1987年9月，交通警察大队成立。至2015年，区公安局主要承担户籍、交通安全、监所、内部保卫、社会治安管理，打击各种经济、刑事犯罪活动等职能。

1952年2月，离石县人民检察署成立。1954年8月，离山县人民检察院成立。1975年，撤销离石县人民检察院，工作由县公安局接管。1978年，离石县人民检察院重新组建，职能为刑事检察、经济检察、法纪检察、监所检察、申诉检察。1997年，反贪污贿赂局成立。2007年，反渎职侵权局成立。2015年，离石区人民检察院内设：政治部、检察事务部、反贪污贿赂局、反渎职侵权局、侦查监督与监所检察局、公诉局、民事行政检察局、职务犯罪预防局、案件管理与控告申诉检察局、司法警察大队、乡镇巡回检察室。同年，核定区检察院政法专项编制53人。

民国元年（1912），永宁县公署知事下设承审员，办理审判事项。民国29年，抗日民主政府成立，设司法科，受理审判民事、刑事案件。1951年7月，离石县人民政府司法科改组为离石县人民法院，开始独立行使审判权。“文化大革命”期间，法院实行军管。1973年8月，恢复离石县人民法院。2015年，离石区人民法院主要承担刑事审判、民事审判、行政审判、经济审判、受理涉诉信访案件、执行案件判决等职能。

20世纪50年代，离石县开始人民调解工作。1980年，离石县司法局成立。主要承担全县普法教育、民事调解、法律公证、法律服务等职能。同年，全县建立人民调解委员会302个。2010年，开始开展法律援助工作。2015年，离石区司法局主要承担普法教育、法律公证、法律服务、法律援助、社区矫正、人民调解等职能。

第一章 社会治安综合治理

第一节 主要工作

1983 年 8 月 29 日，离石县委政法办公室出台《关于严厉打击刑事犯罪活动第一战役的行动方案》，提出从 1983 年至 1985 年冬组织 3 次战役的建议。9 月 24 日，在离石县体育场组织召开公开处决大会，参会群众达万余人。1984 年 4 月 10 日，离石县制定《关于离石县社会治安综合治理的标准、分工、措施（试行）方案》。1985 年 1 月 18—19 日，离石县组织召开全县政法工作会议，要求进一步开展“严打”（严厉打击严重刑事犯罪活动）活动，各乡镇、县直各单位、厂矿企业负责人参会。11 月 29 日，以离石县委、县政府名义制定出台《关于 1986 年度实现全县社会治安根本好转的决定》，在分析全县治安形势和特点的基础上，提出实现社会治安根本好转的具体措施。1986 年 7 月 14 日，离石县委政法委起草，以离石县委名义出台《关于打击严重经济犯罪活动的实施方案》，全县开始打击经济犯罪活动的专项斗争。1987 年 4 月 16 日，离石县政法工作会议召开，会议提出关于社会治安综合治理“双文明创建”的意见。6 月 17 日，离石县委召开政法队伍教育整顿大会，200 余名干警参加会议。6 月 17—27 日，全县开展为期 10 天的政法队伍教育整顿活动。10 月 15 日，离石县政法委制定出台《离石县政法工作三年规划》，提出 3 年内实现“政法工作上台阶、治安形势大转变” 的总体目标。1987 年开始创建双文明建设工作，1988 年 4 月 18 日，离石县命名文明单位 19 个、文明村镇 48 个。6 月 4 日，离石县委、县政府出台《关于 1988 年精神文明建设的实施意见》。1989 年 9 月 26 日，以离石县委、县政府名义出台《年度社会治安综合治理实施方案》。

1992 年 4 月 30 日，离石县政法委组织召开全县“严打整治大会战”动员会，安排集中 3 个月时间，开展打击各种违法犯罪活动。1993 年 9 月 5 日，部署“一整两打”专项斗争工作，主要任务：整顿市场秩序、市容市貌、治安秩序、交通秩序，打击占地为王、欺压群众、危害一方的流氓犯罪团伙和寻衅滋事、聚众械斗、侮辱妇女的流氓犯罪团伙。1994 年 3 月 29 日，全县政法工作会议召开，全面部署加强和改革政法工作，强化人民民主专政，服务经济建设及搞好基层基础年活动，创建社会治安模范城市工作。11 月 1 日，离石县政法委组织召开“扫黄、打非”集中行动动员会，开始为期 2 个月的集中整治工作。1995 年 3 月 31 日，县政法委组织召开“春季严打斗争”动员会，部署打击刑事犯罪活动工作。11 月 5 日，离石县社会治安综合治理委员会出台《关于加强流动人口管理的实施意见》。

1997 年 3 月 14 日，离石市政法委针对少数单位领导不够重视、防范措施落实不到位而导致刑事、经济犯罪案件发案增多、全市治安问题突出的社会治安状况，发出《“关于加强市直单位内部治安防控、全力维护稳定”的紧急通知》，要求“谁主管、谁负责”，加大人防、技防、物防力度，强化监督检查措施，从根本上遏制各类犯罪案件频发的势头。1998年3月11日至11月6日，离石市政法委组织开展为期8个月的政法队伍集中教育整顿。整顿分“学习动员、自查自纠、案件查处、建章立制”4个阶段，共评查案件758件，清理查封无牌无证警车19辆，收缴公话私用通信工具电话机、BB机27部，清调政法干警5人，清退临时人员32人。12月8日，离石市政法委、市综治委发出《“关于加强冬季治安防范、确保‘三节’（元旦、春节、元宵节）期间安全”的通知》，集中3个月时间，开展冬季治安防范专项斗争。1999年5月5日，离石市年度政法工作会议召开，表彰政法综治先进基层单位9个、先进村20个、模范干警14名、模范综治工作者30名。2000年3月1日，离石市政法委印发《关于组织开展铁路护路宣传活动的通知》。3月13—29日，组织为期一周的综治宣传月活动，参与单位有政法系统各单位、市直各大口、综治各成员单位。5月19日，印发《关于表彰1999年度社会治安综合治理工作先进单位、模范个人的决定》，表彰先进单位13个、模范个人28人。同年，市政法委牵头，抽调公、检、法单位骨干8人，组成执法检查组，对政法系统38个基层执法单位进行为期半个月的执法检查，查阅案卷448卷，检查结果向单位主要领导进行通报。2001年1月17日，市综治委、市精神文明建设指导委员会命名安全文明单位14个、安全文明学校4个、安全文明小区4个、安全文明门店11个。5月20日，离石市综治委出台《离石市社会治安突出问题集中整顿实施方案》，并召开专门会议对集中整顿工作进行安排部署。安排用8个月时间，分摸排、整治、完善、验收4个阶段，解决全市存在的治安突出问题。2002年5月20日，市政法委印发《对创建安全文明铁道走廊先进单位、模范户的表彰决定》，表彰先进单位6个、模范户241户。8月1—7日，市政法委先后在城区、西属巴、交口、田家会、吴城5个乡（镇）组织召开公判公处大会，拘留犯罪嫌疑人14名，逮捕犯罪嫌疑人44名，宣判犯罪分子6名，受教育群众达6万余人次。9月4日，市综治办出台《关于集中整治校园周边治安秩序专项行动的实施意见》，教育、文化、公安、城建、交通、工商、团委等多单位联动，集中整治1个月，校园周边治安秩序得到明显好转。9月10日，市政法委印发《关于集中开展矛盾纠纷排查调处大会战的实施意见》，从9月初至11月底分3个阶段在全市范围内开展为期3个月的矛盾纠纷集中排查调处大会战。9月19日，市政法委组织召开“全市维护社会稳定工作会议”，明确“一村（居）一警一干”工作措施，并对严打整治、信访工作进行安排部署。2003年4月1日，离石市政法委印发《2003年执法检查工作意见》，开展为期1个月的专项整治，以窗口单位、典型案件、群众反映强烈的问题为重点，对政法各单位的执法办案工作进行检查。7月15日，印发《关于开展“三打三防三创三建”（打击敌对势力、敌对分子的破坏活动，打击严重刑事犯罪，打击经济犯罪；防止高危人群犯罪，防止恶性案件和治安灾害事故，防止群体性事件；创建安全文明社区、村镇、单位）活动的实施意见》。7月16日，市政法委、市综治办联合发文，表彰综治工作先进集体11个、先进个人20名。10月24日，组织召开“平安离石”百日集中大会战总结表彰大会，对大会战中涌现出的先进集体、模范个人进行表彰。并安排引深“三打三防三创三建”活动，开展冬防大会战。

2004年3月2日，离石市综治委印发《关于进一步加强乡镇、（街道）社会治安综合治理基层组织建设的意见》。6月30日，离石区综治委与区精神文明委联合印发《关于深入开展安全文明创建活动的实施意见》。8月10日，离石区政法委在吕梁市体育场召开“严打整治公开惩处大会”。10月9日，离石区综治委制定出台《关于大力推进社会治安防控体系建设的意见》。2005年3月19日，离石区综治委印发《关于在全区铁路沿线开展百日集中“三查三整治”活动的工作方案》。针对铁路沿线存在的治安安全隐患，开展为期100天的专项活动。4月23日，离石区综治办印发《关于清理整顿出租房屋、强化流动暂住人口和公共复杂场所治安管理的实施方案》，从5月10日至8月20日，集中100天时间，开展流动暂住人口清理整顿工作。6月20日，离石区综治委印发《关于基层社会治安综合治理基础工作的规范化要求》。2006年3月20日，离石区综治委印发《吕梁市离石区社会治安防控体系建设实施方案》，针对违法犯罪智能化、科技化的新特点，提出利用现代科技手段布局防控体系的具体要求和措施。同年，开始实施科技型的防控体系建设。7月13日，区政法委印发《关于在全区政法系统集中开展涉法涉诉联合接访处理活动的通知》。2007年4月13日，离石区年度政法工作会议召开，表彰综治工作先进集体22个、先进个人24名。并出台《2007年全区政法综治工作要点》。7月31日，区综治委印发《关于深入推进农村平安建设的实施意见》，农村展开以严打整治开路、以抓好农村矛盾纠纷排查调处工作为重点的“平安乡镇”“平安村庄”创建活动。2008年5月22日，离石区综治委印发《关于在全区集中开展排查调处矛盾纠纷、排查整治治安混乱地区和突出治安问题活动实施方案》，针对局部区域治安问题突出、部分乡村矛盾纠纷不断的问题，开展为期3个月的集中整治活动。

2012年2月28日，全区政法综治暨信访稳定工作会议召开。2013年4月2日，年度政法综治工作会议召开。会议明确2013年政法综治工作要点：加强和完善社会服务管理体系建设、开展社会治安集中整治专项行动、完善各级调解组织、妥善化解矛盾纠纷、加大涉法涉诉案件评查力度。会议还表彰奖励2012年度工作中涌现出的先进集体40个、先进个人50名。4月17日，离石区综治委印发《关于在全区集中开展社会治安“八项整治”的实施方案》，在全区范围内继续开展对城乡接合部、主城区、工矿区、出租房屋、“十小场所”（城乡的小歌舞厅、小录像厅、小美容理发厅、小茶楼、小旅店、小商店、小浴室、小餐饮休闲场所、小游戏游艺场所和具有火灾危险性的家庭小作坊）、校园及周边的治安秩序及城区交通秩序和运煤通道秩序的集中整治行动。8 月 25 日，区综治委制定出台《关于在全区深入开展平安创建活动的实施方案》，开展以平安家庭、平安单位、平安矿区、平安社区（村）、平安街道为主要内容的“平安离石”创建工作。2013 年，离石区与法院成立了诉调对接调解中心。2014 年 4 月 9 日，离石区政法委制定出台《关于在全区政法系统开展“一村（社区）一警”联系走访活动实施方案》，共安排 201 名政法干警联系全区重点村 201 个。2015 年，成立隶属于司法局管辖的离石区人民调解中心。

第二节 综治机构

1983 年，中国共产党离石县委员会政法办公室成立。1984 年 4 月 10 日改名中国共产党离石县委政法委员会（简称县政法委），定编 5 人，实有 5 人。内设办公室。监督管理县人民法院、县人民检察院、县公安局、县公安交通警察大队、县司法局、县民政局 6 个执法、涉法部门。1984 年 5 月 28 日，县委组织部发文，首次明确公、检、法、司主要负责人为政法委员会委员，第一届政法委员会委员有：县委政法委员会书记张大运、县公安局局长李玉玺、县人民法院院长李振耀、县人民检察院检察长任克毅、县司法局局长李保康、县民政局副局长冯秋平。同年 12 月 10 日，离石县社会治安综合治理领导组成立。1991 年 6 月 20 日，离石县社会治安综合治理委员会成立，明确公、检、法、司、组织、宣传、教育、工商、城建等 14 个职能单位为综治成员单位。1991 年 6 月，离石县社会治安综合治理委员会，下设离石县社会治安综合治理委员会办公室（简称县综治办），正科级建制，1992 年 8 月，与政法委员会合署办公，实行两个机构、一套人马机制。核编 7 人，实有 9 人。内设科室：办公室、政工科、综治督查科，

1996 年，改名为离石市社会治安综合治理委员会办公室。2001 年 10 月，更名为离石市社会治安综合治理委员会办公室。

2015 年，离石区委政法委、区综治办核定行政编制 7 人、事业编制 5 人，实有人数 25 人。区委政法委内设科室：办公室、政工科、执法检查室（信访接待室）、调查研究室。区综治办内设科室：综治督查科、综治中心（综治信息平台）、矛盾纠纷排查调处办公室（矛调办）、铁路护路联防办公室（铁护办）。

第二章　公　安

第一节　刑事案件侦查

2007 年，离石区公安局共立刑事案件 775 件，破获 535 件，破案率达 69%。刑事拘留犯罪嫌疑人 491 人，转捕 342 人，抓获各类逃犯 93 人。2008 年，区公安机关共立刑事案件 1003 件，破获刑事案件 626 件，刑事拘留 504 人，提请逮捕 420 人，抓获各类逃犯 171 人。同年，成功侦破“1·27”绑架案、“2·15”纵火杀人案、“3·10”系列抢劫案、“3·13”“3·21”系列盗窃案、“5·4”“5·23”砸车玻璃、盗窃车内财物案、“8·12”故意杀人案、“8·20”价值 13 万元的职务侵占大案、“9·23”故意杀人案、“10·24”故意杀人案等一系列大要案件。同年，破获命案 6 件。2009 年，共立刑事案件 825 件，破获刑事案件 523 件，刑事拘留 495 人，提请逮捕 322 人，抓获网上逃犯 170 人。2010 年，共立各类刑事案件 1302 件，破获刑事案件 747 件，刑事拘留 572 人，提请逮捕 367 人。同年，共立命案 12 件，破案 11 件，其中破获外省故意杀人命案 1 件，抓获外省命案逃犯 4 人。破获“两抢一盗”侵财案 231 件，其中抢劫案件 71 件、抢夺案件 3 件、盗窃案件 157 件。2011 年，区公安局共立刑事案件 1465 件，其中“八类”（故意杀人、故意伤害致人重伤或者死亡、强奸、抢劫、贩卖毒品、放火、爆炸、投毒罪）案件 159 件、抢劫案 80 件、抢夺案 89 件、盗窃案 972 件。破获刑事案件 715 件，其中“八类”案件 142 件、抢劫案 71 件、抢夺案 7 件、盗窃案 338 件，刑事拘留 433 人，提请逮捕 260 人。全年，共抓捕各类网上逃犯 163 人；侦破“5·6”刘家湾村故意伤害致死案、“5·25”贺家山村抢劫杀人案、“6·1”大土河煤焦有限公司故意伤害致死案、“8·18”广场故意杀人案、“8·26”莲花公园故意杀人案、“9·25”王家沟街道故意杀人案、“10·20”凤山底村故意杀人案等命案 7 件；破获 1 件利用高智能技术开锁入室盗窃的特大团伙盗窃案，涉及团伙成员 11 名，作案 70 余件，涉案金额 400 余万元。

2012 年，离石区公安局共立各类刑事案件 2056 件，其中“八类”案件 148 件、盗窃 1343 件、抢夺 112 件。破获各类刑事案件 744 件，其中“八类”案件 148 件、盗窃 255 件、抢夺 21 件，刑事拘留 549 人，提请逮捕 346 人。查处各类行政案件 2319 件，行政拘留 917 人，罚款 2310 人，拘留并罚款 333 人，警告 26 人，罚款 190 万余元。同年，侦破“1·18”故意伤害致死案、“3·8”特大蒙面入室抢劫案、“4·24”美特好超市抢劫案、“5·2”故意伤害致死案、“5·8”民生帝景特大入室盗窃案、“5·9”故意杀人案、“5·21”故意杀人案、“6·12”故意杀人案、“7·8”故意伤害致死案、“8·24”故意杀人案、“9·30”故意伤害致死案、

“11·4”故意杀人案、“11·20”故意杀人案等大要案。2013年，区公安局成功侦破“1·7”美佳乐超市特大盗窃案、“3·27”王家坡村故意杀人案、“6·8”钻石人间伤害致死案、“6·18”丽景街伤害致死案、“7·5”拐骗儿童案、“7·7”绑架儿童案、“8·12”枣林乡三山集村刘某世被杀案、涉案金额达600余万元的张某某系列诈骗案、涉案金额600余万元的郭某某合同诈骗案、任某某持枪敲诈勒索案等一系列大要案件。打掉以冯某某为首的特大砸车玻璃盗窃车内财物犯罪团伙，打掉李某某、高某某等3人入室盗窃、涉案金额达100余万元的犯罪团伙等。全年，共立各类刑事案件1658件，破获各类刑事案件1153件，刑事拘留636人，提请逮捕514人。查处各类行政案件4847件（涉毒案件596件、涉赌案件649件、涉黄案件159件），行政处罚4840人，其中行政拘留945人，罚款3512人，拘留并罚款299人，警告84人，抓获网上逃犯218人，罚款130余万元。2014年，成功破获2013年的“7·4”石州百货大楼金店被盗案、2014年高考期间2件非法获取国家秘密案、涉案金额达600余万元的田某某诈骗案、涉案金额达2000余万元的金鼎通集资诈骗案及系列抢劫超市便利店案、吕梁疾控中心“10·20”纵火案等大要案件，打掉以侯某某、高某某为首的8人车匪路霸恶势力团伙，打掉任某某、冯某某等5人组成的盗窃摩托车犯罪团伙等。同年，破获“3·17”孙某某故意杀人案、“5·11”白某某故意杀人案、“6·22”张某某故意伤害致人死亡案、“6·24”高某某故意伤害致人死亡案、“12·31”张某某故意伤害致人死亡案等命案。全年，共立各类侵财案件830件（抢劫案47件、抢夺案59件、盗窃案557件），破获各类侵财案件554件（抢劫案38件、抢夺案28件、盗窃案340件），追缴被盗抢摩托车66辆、电动自行车32辆、汽车7辆，并召开赃物返还会。全年，共立各类刑事案件1234件，破获各类刑事案件1071件，刑事拘留507人，提请逮捕331人。受理各类行政案件4201件，查处3765件，行政处罚3544人，其中行政拘留1502人，罚款1667人、拘留并罚款254人、警告118人，抓获网上逃犯322人。2015年，离石区公安局成功侦破“1·25”高某某故意杀人案、“3·6”渠某某故意杀人案、“3·31”白某某故意伤害致人死亡案、“6·7”张某某故意杀人案、“12·10”辛某某故意伤害致死案、“12·16”王某某故意伤害致死案等命案，命案破案率达100%。同年，共立各类侵财案件857件（抢劫案19件、抢夺案15件、盗窃案570件、诈骗案210件、其他侵财案件43件），破获各类侵财案件486件（抢劫案13件、抢夺案13件、盗窃案367件、诈骗案56件、其他侵财案件37件）。成功破获张某某等7人实施的系列信用卡诈骗案，挽回经济损失75万元。同年，成功侦破发生在离石区的2件大货车被盗案和丰田越野车被盗案，追回被盗价值90余万元的丰田红杉越野车。侦破由3名刑满释放人员实施的多起地下室盗窃案。相继打掉利用迷信实施诈骗的犯罪团伙3个，成功破获了吕梁金鼎德投资担保有限公司、吕梁金鑫鼎集资诈骗案等影响较大经济案件，好抓获犯罪嫌疑人13名，追回赃物价值20余万元。打掉李某某等6人组成的盗窃团伙。共抓获各类网上逃犯229名，抓获外省逃犯12人，抓获山西省外市逃犯14人，吕梁市外县逃犯30人，离石区上网逃犯96人，抓获历年逃犯5人，抓获市督捕逃犯11人，抓获命案逃犯1人。区公安局食药侦大队先后协助查封取缔桶装饮用水灌装窝点2家。查获假冒20年老白汾酒100箱，价值16万余元。查处销售假冒注册商标案1件，刑事拘留1人。全年，共立刑事案件1206件，破获各类刑事案件778件，刑事拘留391人，提请逮捕267人，取保189人。

1991—2015年离石区（县、市）公安局刑事技术统计表

表22-1

年度	考察现场（处）	提取（件）	利用物证（件）	尸检（具）	痕检（份）	活检（份）	指纹（个）	照相（张）
1991	209	197	58	71	1	276	1324	18375
1992	217	257	71	65	2	263	1532	17675
1993	240	270	61	67	2	305	1203	21321
1994	301	351	84	65	2	205	1968	18837
1995	287	317	98	63	7	207	1132	17327
1996	267	298	69	75	1	213	1321	16735
1997	285	359	70	74	3	197	1475	15537
1998	283	323	49	91	5	199	1531	18786
1999	271	301	69	81	3	207	1212	15311
2000	321	395	86	59	4	249	1321	19734
2001	357	475	105	67	6	301	1400	15743
2002	297	315	75	58	2	293	1203	14735
2003	403	375	66	71	3	280	1700	17582
2004	302	281	47	62	2	349	2100	13842
2005	302	281	54	52	2	303	1980	15842
2006	397	297	36	57	6	281	1450	12531
2007	321	278	56	65	15	279	1261	17042
2008	539	772	214	134	12	182	1531	25842

续表 22-1

年度	考察现场（处）	提取（件）	利用物证（件）	尸检（具）	痕检（份）	活检（份）	指纹（个）	照相（张）
2009	611	872	261	78	18	203	1850	13834
2010	817	1087	301	90	8	161	1767	10842
2011	537	687	168	91	5	196	1657	21840
2012	851	707	196	57	6	279	1971	30024
2013	754	571	224	65	5	321	2320	34412
2014	988	767	214	18	3	360	2001	34321
2015	766	857	321	24	7	317	2987	29851

第二节 经济案件侦查

1997 年 2 月至 2006 年 12 月，离石市（区）公安局共查处各种经济犯罪案件 112 件，打击处理违法犯罪分子 354 人，为国家企业和业主挽回经济损失 5000 余万元。

2008 年，离石区公安局共受理经济案件 21 件，先后破获“1·30”非法经营案、“3·28”假冒注册商标案、“5·7”职务侵占案等各类经济案件 52 件，打击处理违法嫌疑人 18 人，追缴经济损失 250 万元。2010 年，破获各类经济案件 165 件，刑事拘留 15 人，收缴假币 5000 余元、假发票近 3000 份，为国家挽回经济损失 16 万元。2011 年，破获经济案件 9 件，刑拘 16 人，提请逮捕 11 人，查获假冒汾酒系列产品 5962 瓶，查获假冒香烟 300 条，共挽回经济损失 119 万余元。

2013 年，共破获各类经济犯罪案件 43 件，刑事拘留 30 人，提请逮捕 12 人。配合工商、财政、税务等部门行政执法 240 余次，扣押假发票 400 余张 2.4 万元，成功侦办公安部督办的许某某合同诈骗案等大要案件，挽回经济损失 1300 万余元。2014 年，区公安局破获各类经济犯罪案件 51 件，刑事拘留 45 人，提请逮捕 22 人，取保候审 23 人，挽回经济损失 1755 万余元。成功破获马某某组织领导传销活动案、苗某某组织领导传销活动案、吕梁金鼎通集资诈骗案、吕梁鼎轩集资诈骗案等案件，特别是将吕梁鼎轩集资诈骗案中所涉的 900 余万元全部追回。2015 年，区公安局共立各类经济案 43 件，破案 43 件，挽回经济损失 1586 万元，抓获犯罪嫌疑人 21 人。同年，破获西属巴街道东属巴村历任三届村干部涉嫌非法转让土地使用权、敲诈勒索、职务侵占罪案，提请逮捕 4 人，取保 4 人。对七里滩村委原负责人张某某因涉嫌挪用集体资金 60 万元进行立案侦查。受理信用卡犯罪案件 26 件，立案 9 件，破案 6 件，涉案金额 295 万余元，挽回经济损失 98 万余元。

第三节　社会治安管理

基层治安管理

2007年，区公安局共查处治安案件576件，侦破刑事案件36件，刑拘嫌疑人39人，提请逮捕22人，处理各类违法人员1555人。2008年，区公安局巡防大队共抓获各类违法犯罪人员347名，其中刑事拘留134人、行政拘留163人、抓获网上逃犯15名。协助刑侦部门破获刑事案件193件，其中“两抢一盗”案件75件，接受群众求助87次，收到锦旗、感谢信65件。同年，区公安局招聘小区治安协勤员252名，全部充实到各住宅小区。全区193个行政村全部健全由治保、民调、巡逻、帮教、普法部门组成的综治办，其中马茂庄村、前王家坡村、交口村和东关村等城郊大村成立8—25人不等的专职治安巡逻队和开放式小区治安联防队。对“110”报警服务台进行升级改造，在各金融储蓄网点安装报警装置和视频监控设备，并与区公安局指挥中心联网。将常住、暂住人口和宾馆、酒店入住人员情况与区公安局联网，同时将车辆、犯罪情报、矛盾纠纷排查调处信息录入微机，实行电子化管理。实行点、线、面结合的“网络化”巡逻制度，组建68人的防暴警察队，在城区4个出口处设立流动警务工作站4个，开展综合巡逻。在机关、企事业单位按干部职工总数的3%配备治安保卫人员，实行领导带班值班制度，全面落实人防、物防、技防措施。各居民小区全部建立治安保卫组织，在大型的住宅小区，实行物业化管理，推广聘用专职治安联防员。有条件的小区安装视频监控系统，实行封闭式管理，加强值班和巡逻看护。各市场成立治安防范服务队，负责值班、站岗、巡逻。全年，查处治安案件2408件，行政拘留1411人，罚款1649人，警告5人，缴获赃款、赃物价值380余万元。2009年，区公安局查处治安案件1118件，行政拘留1114人，罚款1173人。2010年，查处治安案件1655件，行政拘留1228人，罚款819人，劳教7人。2011年，刑事拘留433人，提请逮捕260人。查处治安案件1413件，行政拘留606人。在“打四黑，除四害”（打击整治制售假劣食品药品的“黑作坊”、制售假劣生产生活资料的“黑工厂”、收赃销赃的“黑市场”、涉黄涉赌涉毒的“黑窝点”）专项行动中，以辖区、行业内存在的治安乱点和突出问题为重点整治对象，确定步行街、荣宁市场、吕梁市人民医院、担炭沟煤矿、二手手机交易市场等治安重点区域31个。对238家旅馆、146个学校幼儿园、117家棋牌馆茶馆、21家游戏厅歌舞厅酒吧、57家网吧、43家涉危涉爆单位逐一登记建档，落实监管民警职责，明确监管措施。通过整治，共破获刑事案件156件，刑事拘留101人，抓逃30人。查处涉黄案件24件，行政拘留28人，罚款11人。查处赌博案28件，刑事拘留7人，行政拘留152人。11月16日，滨河派出所捣毁一特大赌博黑窝点，刑事拘留2人，行政拘留10人，收缴赌资91万余元。

2012年，开展社会治安重点整治“三项战役”（打黑除恶、推进治爆缉枪、铲除黄赌毒）活动，共排查出6类治安重点地区39个、18类场所1484个、学校162所。查处治安案件1075件，行政拘留281人，破获刑事案件472件，刑事拘留329人，收缴砍刀68把、弹簧刀59把、匕首38把、电警棍42根、弩镖37支、甩棍13把，训诫涉案人员40余名。同年，开展打击游戏机赌博违法犯罪行动，查处取缔违法场所55家，依法收缴、销毁赌博机121台，行政拘留39人。2013年，持续强化对旅馆业的规范化管理，加大日常检查管理，实行“实名、实数、实时、实情”制度，依法处罚旅店199个，取缔“黑旅店”13个。加强民爆等危险物品安全管理，共查处行政案件5件，破获刑事案件3件，行政拘留6人，罚款2人，刑事拘留5人，收缴各类枪支10支、炸药720千克、雷管21发、炮弹1枚、各类子弹235发、各类管制刀具184件。对全区33个单位自行录用的668名保安进行登记备案，查处非法着制式警服案件12件。加强废旧物资回收市场整治，登记废旧物资收购站128个、流动车辆458辆。加大犬类管理力度，共捕捉流浪犬1248只。2015年，区公安局共查处各类行政案件2315件（吸毒348件、赌博99件、卖淫嫖娼34件），行政处罚1937人，其中行政拘留976人，罚款530人，拘留并罚款232人，警告31人。集中开展“城中村”社会治安整治专项行动，共登记流动人口2.5万人、出租房屋1892户，破获各类刑事案件343件，查获各类治安案件1081件，抓获各类违法犯罪嫌疑人1070人，排查整改隐患123处，收缴雷管3枚、子弹2枚、猎枪1把、砍刀20把、气枪1把，抓获网上逃犯23人。加大对全区249家旅店、45家网吧、13家足疗室、12家桑拿浴室、6家酒吧、2家游戏厅、64家棋牌室、1家迪厅、22家KTV等行业场所的清查检查，处罚不按规定上传旅客信息旅馆68家，取缔“黑旅店”19家，关停各类娱乐场所95家，责令整改78家，查处赌博案件93件、卖淫嫖娼案件27件，抓获各类违法嫌疑人461人。

街道巡逻防控　视频监控

2000—2002年，离石市公安局巡防大队共抓获各类违法犯罪嫌疑人876名，协同其他单位查处治安案件506件、刑事案件210件，参与处置突发性事件68次，疏散各种上访事件89次3600余人。

2008年，离石区公安局巡防大队配备工作用车9辆、摩托车6辆、对讲机80部，在城区街面设置治安岗亭14个、治安值勤点13个。2010年，离石区初步构建起“上有监控，下有巡逻，路有卡点，院有联防，楼有技防，村有人防”的立体复合式防控体系。从辖区100余条道路中选出干道16条、道路交叉口14个分别作为必巡线、必巡点，由7个巡防中队，共276名巡防队员，分片划段、责任到人，实行“全天候三班两运转”监控。同时，将车巡与步巡、着装巡逻与便衣巡逻、公开巡逻与秘密巡逻结合起来，将警力部署在案件高发时段和地段，压缩城区“两抢一盗”等违法犯罪的活动空间。2010年共抓获各类违法犯罪嫌疑人377人，其中刑事拘留142人、行政拘留208人，抓获网上逃犯36人。破获各类刑事案件 196 件，查处行政案件 156 件。同年，建立健全内部单位治安保卫机构，设置社区警务室 45 个，招录 257 名治安协管员充实到 41 个小区。“天眼”工程、电子围栏工程相继投入使用，视频监控覆盖城区重点单位、主要街道、重点地段。在离石城区出入口安装高清治安卡口 5 个，在 205 家旅馆中推行信息化管理，在 47 家网吧安装实名登记系统和审计系统。

2011 年，离石区公安局推行巡逻防控警务机制改革，选派 8 名正式民警担任巡防大队中队长，购置警用电动自行车 60 辆，为巡防队员增配警务通和现场执法仪 60 部，并安排 24 名女协警驻守 12 个治安岗亭参与防控。2011 年，共出动巡逻防控力量 54421 人次，破获各类刑事案件 61 件，查处行政案件 102 件，抓获各类违法犯罪嫌疑人 260 名，刑事拘留 78 人，行政拘留 166 人。2014 年，离石区公安局招录巡防队员 45 名，购置电动巡逻用车 20 辆，配备价值 55 万余元的抓捕器、伸缩钢叉、便携式催泪器等警用装备及反恐防暴装备，为巡防队员配发特警战训服、多功能作战背心，并缴纳“三险”金。2011 年，投入社会面巡逻力量 68296 人次，盘查可疑人员 2500 余人、可疑车辆 1200 余辆，抓获各类违法犯罪嫌疑人 427 名，查处行政案件 244 件，破获各类刑事案件 218 件，打掉各类犯罪团伙 7 个。同年，新建城区主要路口视频监控卡口、监控、高标清摄像头。同时将交警的动态监控、民爆企业的视频、金融部门网点的视频、网吧的视频、城区 3 所学校的视频进行整合联网。通过视频监控为实战单位破案取证提供查询服务 202 次，协助破案 132 件，协助查处各类交通事故 32 件，协助群众找回失踪老人 6 人、小孩 7 人，为群众找回丢失的各类证件 117 个、手包 20 个、手机 17 部、电脑 3 台。

2015 年，离石区公安局先后投入社会巡逻力量 63283 人次，出动车辆 8009 辆次，抓获各类违法犯罪嫌疑人 536 名。同年，投资 3400 余万元建成智能视频实战应用平台，新建路面卡口系统，接入社会视频、建成监控点，基本实现城区全覆盖。通过视频监控，直接或间接侦破各类案件 180 件，抓获违法犯罪嫌疑人 70 余名，服务群众查询、求助 230 次。

网络安全管理

2002 年 4 月，市公安局开始开展互联网信息监控和处置工作，发现、处置网上有害信息 1200 条，督促重点单位备案 86 家，利用 IP 技术定位追逃 31 人。

2011 年，离石区公安局推出网吧“三警联管”制度，实行“二代证”刷卡上网制度，全区 57 家网吧全部安装“二代证”上网读卡器。同年，对 13 个本地贴吧进行巡查，实时监控互联网信息，上拨公安部有害信息 866 条，上拨舆情 34 条，备案非经营性上网服务营业场所 93 家。

2013 年，继续加大对互联网监控和网络舆情的监控引导，责令全区 56 家网吧停业整顿，查处行政案件 59 件，行政拘留在停业整顿期间私自经营的业主 10 名。同年，开通微信“离石网安”公众平台。2014 年，共上报互联网情报信息 78 期，编辑舆情动态 35 期，登记互联网基础数据 85 家，协助破案 17 件，抓获网上逃犯 9 人。2015 年，离石区公安局落实网吧实名登记制度，检查网吧 200 余家，处理违规经营网吧 8 家。同年，落实 24 小时网上巡查制度，查处涉赌涉毒以及利用网络传播散布虚假信息等行政案件 6 件。

“黄 赌 毒”管理

2008 年，离石区公安局共破获涉毒刑事案件 7 件，打击处理吸贩毒人员 73 名，其中刑事拘留 14 人、治安拘留 14 人，转捕 9 人，强制戒毒 36 人，收缴毒品土制海洛因 9.37 克、鸦片 0.37 克、麻古 15 粒。2010 年，共破获各类涉毒案件 67 件，抓获各类涉毒违法犯罪嫌疑人 105 人，收缴冰毒 20.3 克、土制海洛因 40.99 克、麻古 3.7 克、咖啡因 5.6 克，铲除非法种植罂粟 1500 株。共查处涉黄案件 44 件，行政拘留 38 人。查处赌博案件 37 件，打击处罚涉赌违法人员 274 人。2011 年，破获涉毒案件 68 件，刑事拘留 14 人，提请逮捕 8 人，行政拘留 60 人，强制隔离戒毒 13 人，社区戒毒 55 人，行政罚款 73 人，上缴罚没款 12 万余元，缴获土制海洛因 6.77 克、咖啡因 52.6 克、新型毒品冰毒 128.74 克、麻古 9 粒，查获盐酸 1140 千克、硫酸 210 千克，吸毒工具 225 个。同年 11 月 16 日，滨河派出所捣毁一特大赌博黑窝点，刑事拘留 2 人，行政拘留 10 人，收缴赌资 91 万余元。

2012 年，离石区公安局查处涉黄案件 55 件，行政处罚 75 人。查处涉赌案件 77 件，行政处罚 162 人。查处涉毒案 61 件，行政处罚 124 人。共破获毒品刑事案件 21 件，刑事拘留 25 人，提请逮捕 18 人，移送起诉 14 件 17 人。查破涉毒行政案件 84 件，查获涉毒人员 193 人，强制隔离戒毒 16 人，社区戒毒 45 人，行政拘留 46 人，行政罚款 130 人，上缴罚没款 10 万余元，缴获土制海洛因 2.43 克、咖啡因 79.84 克、新型毒品冰毒 354.91 克、麻古 56 粒、易制毒化学品 60 余千克。成功破获王某某特大贩卖毒品案，收缴毒品 248.15 克。2013 年，共举办宣传活动 32 场次，展出宣传展板 100 多块，发放宣传资料 3 余万份，编发禁毒简报 99 篇。同年，全省首支县级禁毒志愿者队伍成立，吸收志愿者 200 余名，共清查宾馆、出租屋、娱乐场所 500 多处，破获毒品犯罪案件 59 件，刑拘 26 人，取保候审 4 人，起诉 28 人。破获涉毒行政案件 627 件，强制隔离戒毒 82 人，社区戒毒 153 人，行政拘留 197 人，行政罚款 195 人，缴获毒品冰毒 439.26 克、咖啡因 5.94 克、大麻 1.47 克、麻古 115 粒。同年，离石区设立全省首家社区戒毒（康复）人员安置就业点。2014 年，离石区公安局共查处涉黄行政案件 176 件，刑事案件 11 件，行政拘留 123 人，刑事拘留 29 人，捣毁卖淫窝点 9 个。共查获引诱容留介绍卖淫案 10 件、拉客招嫖案 7 件、卖淫案 30 件、嫖娼案 2 件、擅自经营案 3 件、不按规定登记上传住客信息案 6 件，行政拘留 57 人，罚款 9 人，取缔黑旅馆 5 家。共查处赌博案件 419 件，行政拘留 98 人，刑事拘留 13 人，罚款 750 人，罚没款 23 万余元，捣毁赌博窝点 12 个，查扣销毁赌博游戏机 37 台。共破获涉毒刑事案件 21 件，刑事拘留 14 人，取保 2 人，破获涉毒行政案件 355 件，行政拘留 230 人，强制隔离戒毒 55 人，社区戒毒 56 人，缴获毒品土制海洛因 18.7 克、咖啡因 13.9 克、冰毒

370.2 克。2015 年 1 月，离石区公安局在市禁毒支队的配合下，成功抓获贩毒嫌疑人张某某，收缴毒品冰毒 6.08 千克、冰毒液体 12 千克。11 月，联合市局禁毒支队成功破获“11·13”重特大贩卖毒品案，抓获涉嫌贩卖毒品的犯罪嫌疑人 3 名，缴获冰毒 660 克，扣押涉案车辆 2 辆。全年，共破获涉毒刑事案件 18 件，刑事拘留 22 人；破获涉毒行政案件 290 件，其中强制隔离戒毒 49 人，社区戒毒 71 人，行政拘留 262 人，行政罚款 48 人，缴获冰毒 1047.8 克、咖啡因 7703.99 克。

民爆　枪支危险物品管理

2008 年，离石区公安局共收缴雷管 23700 枚、炸药 3078 千克、导火索 130 米、硝铵 20220 千克、烟花爆竹 1820 箱、枪支 10 支、子弹 86 发、引爆器 4 台。共查处涉爆案件 13 件，行政拘留 15 人，刑事拘留 6 人。2010 年 5 月起，离石区公安局在全区范围内集中开展社会治安重点地区排查整治工作，确定治安重点地区 30 个。同年，对涉危涉爆单位等进行摸底登记，落实监管责任，明确监管措施，消除各类治安和安全隐患。2011 年，共破获非法制造、使用爆炸物品案 2 件，刑事拘留 11 人，收缴炸药 863 千克、硝铵 5 吨、雷管 220 枚、猎枪 2 支、子弹 157 发、手榴弹 2 枚。

2012 年，离石区公安局对全区 51 家涉爆单位、9 家涉枪单位进行安全检查，逐一签订安全管理责任书。全年，共收缴子弹 942 发、雷管 88 发、炸药 72 千克、仿真枪 51 把、私制烟花爆竹 32 箱、航空弹 1 枚、仿真枪 41 把、钢珠枪 14 把、仿真枪子弹 2000 余发。2014 年，离石区公安局共检查涉爆单位 189 家次，排查隐患 55 条，破获涉爆刑事案件 1 件，刑拘留 1 人，查处行政案件 18 件，行政拘留 19 人，收缴雷管 58 枚、炸药 1000 千克、炮弹 1 枚、手榴弹 4 枚、土制猎枪 4 支、管制刀具 152 把、各类子弹 269 发，取缔加油站 2 家。区公安局开展治爆缉枪专项行动，排查猎区 4 家、林区 4 家、矿区 14 家，摸排登记化工建材门店 19 家、五金加工门店 10 家、小商品批发门店 30 家、大型集贸市场 3 个、物流配货中心 13 家、寄递企业 49 家、加油站 44 家。2015 年，离石区公安局共检查涉爆单位 120 家次，排查隐患 293 处，整改 266 处，对全区石料厂进行一次性爆破作业全部跟踪监督。累计发放宣传资料 2 万余份，对全区 12 家涉爆单位的 237 名涉爆从业人员进行集中培训，对全区 17 家配枪单位的 595 支枪开展安全检查，制作电子枪证 443 个。开展治爆缉枪专项行动中，共破获刑事案件 2 件，行政案件 3 件，刑拘 1 人，行政拘留 3 人，取保候审 1 人，收缴冲锋枪 1 支、狙击枪 1 支、秃鹰气枪 1 支、雷管 189 枚、枪托 1 个、炸药 480 千克、各类子弹 831 发、砍刀 11 把。

走访接待群众　信访案件受理

2008 年，离石区公安局共受理各类信访案件 86 件（其中属于局管辖的共 73 件），办结 66 件，息访 56 件，结案率达 91%，息访率达 84%。处理 2007 年以前的信访积案 29 件，完成省市联席办交办的信访案件 8 件，妥善处理涉法涉诉信访案件 126 件。2011 年，离石区公安局民警共走访群众2万多人次，调处各类矛盾纠纷400余件，为居民送户口本、身份证1300余个，办好事、实事296件，收到锦旗39面、表扬信27份。

2012年11月，离石区公安局政务微博正式运营。同年，民警共走访调查26276户，走访54415人，排查矛盾纠纷646件，化解矛盾纠纷307件，平息上访事件80件。息诉罢访涉法信访积案18件。受理信访案件80件，办结76件。2013年1月，离石区公安局便民服务平台正式启动，共发布信息1334篇，受理群众咨询283次，办理业务137次，群众满意度达到99%。同年，通过腾讯微博共发布微博5106条，粉丝达53119人；新浪政务微博发布信息5106条，粉丝达6782人。民警共走访调查13108户30932人，发放警民联系卡16388张，排查化解矛盾纠纷176件，平息上访事件79件，收集各类意见和建议182条，为群众做好事、解难题、办实事67件，捐款捐物价值3万余元。2014年，区公安局共走访调查9108户10932人，发放警民联系卡6388张，排查化解矛盾纠纷76件，平息上访事件39件，收集各类意见和建议182条，为群众做好事67件。同年，共接待来访群众393批次632人次，通过领导接访化解矛盾39件，办结信访案件56件，化解率达70%。查处非正常上访180人，刑事拘留5人，行政拘留110人，训诫65人，引导进入司法程序上访案件6件。2015年，离石区公安局共接待来访群众301批次521人次，通过领导接访化解矛盾33件。共受理信访案件55件，办结46件，办理上级转办案件142件。共处理非法上访人员91人，其中刑事拘留6人、行政拘留74人、训诫11人。

“110”调度

2010年，离石区公安局“110”指挥中心服务台呼入96725次，其中刑事1825次、治安7215次、事故6350次、其他12490次。2011年，呼入106725次，其中刑事1985次、治安6935次、事故5475次、其他14520次。2012年，呼入电话总量109933次，共接警情类报警18111次。其中刑事案件2726次，占警情类报警的15.2%；治安案件6246次，占警情类报警的35%；交通事故类警情5655次，占警情类报警的32%；其他类报警3484次，占警情类报警的19.4%。

2013年，离石区公安局“110”指挥中心系统与14个民爆库、3个银行视频监控系统实现联网。同年，“121100358”短信报警服务平台在“110”报警服务台投入使用，舆情监控大厅、警综平台、SIS情报分析系统及大情报平台积分预警系统相继投入运行，共受理警情22239次，其中有效警情16776次（刑事类2563次、治安类6623次、火灾事故228次、交通事故6162次、求助类1200次），其他报警5463次，采集社会资源信息807973条，采集数据146094条，签收重点人员动态管控指令632条，抓获网上逃犯24人，通过信息化手段破获各类案件672件。

2015年，离石区公安局“110”指挥中心共接报警136771次，其中有效报警31650次（刑事报警13971次、治安报警6919次、交通事故6650次、交通秩序389次、受理举报

2101 次、受理求助 1512 次、火警 108 次），其他警情 6042 次，累计出动警力 57204 人次，出动车辆 19168 辆次。

第四节 户籍管理

清代，永宁县州衙内设户房，专管户籍事务，境内各坊都、乡村都编定户籍，有登记册簿。清乾隆年间，实行保甲制度，住户都要立纸牌，书姓名，注出入，记其户籍。

民国年间，民国政府警务局编定村制，专管户籍事务，对全县每户人口的姓名、职业、财产、举动都要“看得住”“拿得起”，严加控制户籍变动。

抗日民主政府成立后，县政府设公安局，建立户口管理制度。民国 31 年（1942），离石县对全县户数人口进行登记造册，加强户口管理。

1945 年抗战胜利后，离石县建立户口管理制度。

中华人民共和国成立后，户口管理先由民政部门负责，后移交公安机关。县公安局对境内居住的人口进行登记、调查、管理和统计分析，以乡、村为单位，建立户口登记簿，迁出迁入都设有统一的迁移证；对于城镇人口，以户设有户口本，居委或单位都有户口簿。旅店行业实行住宿登记簿，逐日逐人登记，并加强检查管理。

1958 年 1 月，离山县公安局治安股设户籍内勤人员，专管城区户口。农村户口以乡镇人民政府为登记机关。机关团体、学校、厂矿、企事业单位的户口，由各单位指定专人协助登记机关办理，分散居住的户口，由登记机关直接办理。农村户口由村委指定专人协助户口登记机关办理。城乡派出所成立后，户口登记管理由各派出所负责。

1994 年 4 月，离石县公安局单设户政科，专门负责户口的管理工作。

2009 年，全区逐步建立起集暂住人口信息、出租房屋信息、旅馆住宿人员信息于一体的流动人口综合信息管理系统。全年，共排查暂住人口 22836 人，出租房屋 12046 间。2010 年，进一步规范和加强流动人口、出租房屋的日常管理，共清理流动人口 50453 人，发放暂住证 47930 个，登记出租房屋 5861 户，全部签订治安责任书。2011 年，离石区公安局清理流动人口 43561 人，办理暂住证 31815 人，登记出租房屋 4219 户，全部签订《治安责任书》。

2012 年，共接待群众 3 万余人次，办理新生儿上户手续 5460 人，办理准迁手续 1867 份，签发居民身份证信息 22321 条，补录遗漏户口 174 人，注销重户 961 人，登记流动人口 45022 人，核发暂住证 43217 个。2013 年，共接待群众 5 万人次，审核新生儿上户手续 5274 人，办理准迁手续 1767 份，审核、签发、分发居民身份证 16737 证。登记流动人口 43252 人，出租房屋 5865 间。同年，开展户口清理整治工作，共注销重户 4015 人，收缴身份证 382 证，清理“空降户口、假冒户口、多重户口”等违规问题。2014 年，离石区公安局制定出台《离石区公安局户口管理实施细则》。同年，共接待群众 5 万余人次，受理出生登记 3139 人，办理准迁手续5866份，办理迁出6449人，审核、签发、读卡及分发居民身份证15013证。同年，离石区公安局对“三无”人员、2006年以来的补录户口、省外迁入随即迁出等进行信息核查比对，共注销重户3789人，核查死亡应销未销1216人。共登记流动人口28199人，办理居住证16918证。全面推行“两实”（实有人口、实有房屋）管理工作，共录入实有人口信息15786条、建筑物1045栋、小区37个、商业城1个。同年，户籍窗口推出5项便民措施：窗口民警全面实行微笑服务。减少办事手续，简化办事流程，办理外县市迁移户口、办理姓名变更、办理出生上户等都简化手续及审批流程。开通绿色通道，开展上门服务，先后为中高考考生上门办理身份证6312人，为吕梁学院学生上门办理居住证5100人，为行动不便的孤寡老人上门办理身份证55人。实行延时服务，政务大厅户政窗口周六不休息，推行一站式服务，户政科民警在政务大厅轮流值班，需要户政科审批的业务当场即可办理。2015年，离石区公安局共接待涉及户政管理工作方面的群众10万余人次，受理出生登记3991人，办理准迁手续17670人，办理迁出17997人，成功录入准迁信息226条，打印准迁证226张。落实居民身份证法，完成全区居民身份证发放工作，共受理、审核、签发、发放居民身份证15929证、军人身份证23证。共登记流动人口17176人，办理居住证9651证。开展深化户口清理整顿工作，共注销双重户1550人，核查死亡应销未销990人。开展人口信息无相片人员清理工作，采集率达到99.92%。

第五节 内部保卫管理

1980年8月，离石县公安局设置内保股，专门负责内部治安保卫。1990年，全县内保单位有319个，其中地区级内保单位199个、县级内保单位120个，要害部门417个。同年，离石城区设立保卫科（公安科）的单位有10个，其中地管单位2个、县管单位8个。配有专职保卫干部的单位有107个，其中地管单位66个、县管单位41个。各单位设治保会234个，治保组184个，设巡逻守护队36个。

2008年，离石区公安局强化党政、金融单位、要害部门以及事关国计民生的供水、供电、供气等单位和涉枪、涉爆单位的安全检查，确定重点单位93个、重点部门112个，对36个金融单位进行安全评估。2011年，离石区公安局设置社区警务室45个，将257名治安协管员充实到41个小区，参与巡逻防范工作。同年，共完成7月“唱红歌”、建党90周年活动，8月全省“探索-2011”观摩、实兵演练活动、10月全省重点工作观摩现场会等安保任务110余次。

2013年，先后出动警力25000余人次，出动车辆1500多辆次，完成安保任务300余次。2014年，离石区公安局为256个机关、企事业单位配备保安人员483人，指导内部单位安装视频监控探头938个、出入控制系统69个、防爆安检系统33个、入侵设备47个。为全区 169 所学校、幼儿园配备保安 212 名，设立护学岗 5 个、学校警务室 5 个，配备责任民警 42 名、协警 92 名、交警 57 名和法制副校长 47 名。2015 年，离石区公安局检查发现各类治安隐患 291 处，下达各类隐患整改通知书 174 份，为机关、企事业单位配备保安人员 1214 人，指导内部单位安装视频监控探头、出入控制系统、防爆安检系统、入侵设备。督促 169 所学校建立学校安全保卫领导组，配备专职、兼职保卫人员 212 名。排查整改医院内部隐患 17 处，协助排查化解各类医患纠纷 26 起。

第六节　专项斗争

禁烟毒

民国初年，永宁县知事孟元文曾派员查禁吸毒、贩毒。民国 11 年（1922），县政府在看守所羁押的人犯中，烟毒犯有 410 人，占总数的 53.6%。

抗日民主政府成立后，离石县公安局除配合地方武装除奸抗日外，第一项任务就是禁烟禁赌，改造二流子。民国 31 年（1942），曾集中教育改造境内烟民 200 多人，并对 5 名贩卖毒品罪犯绳之以法。经过连续 3 年的整治，根据地烟毒基本绝迹。

民国 34 年（1945），离石县解放后，在全县范围内采取一系列措施禁烟毒。1946 年，离石县组织烟税工作团下乡禁烟、收烟。1947 年，结合土改肃毒。1948 年，县、区、村三级集中改造烟民 3000 余人，使他们戒毒务正，参加生产。居民中保存的大烟土（鸦片），大部收缴归公（汉奸、地主、烟贩子的没收，农民种植的公价收购）。

中华人民共和国成立后，禁烟毒斗争一直进行。1951 年，开展禁烟毒专项斗争，处理制造和贩卖毒品犯 242 人，收缴鸦片、料面等各种毒品 10290 两。同年，烟毒在县境内基本绝迹。

禁赌博

离石县赌博恶习流传年久面广，民国年间，县政府年年查禁赌博，但由于一面“放官赌”，一面抓赌犯，故屡禁不止。民国 11 年（1922），离石县公署曾抓过赌犯 132 人。

离石县抗日民主政府成立后，曾在根据地大刹赌风 2 次，集中办赌犯学习班，教育改造参赌者 200 余人，依法惩办赌头赌棍 3 人。

1949 年后，离石县政府组织公安机关多次开展宣传教育，张贴布告，并惩办赌头赌棍和屡教不改的惯赌。“文化大革命”时期，社会上赌风又起，各级政府集中进行查赌、禁赌、教育和处罚赌博犯。1986 年春节期间，县政府发出“严厉查禁赌博”的通告，抓赌 30 场，处罚赌博者 200 人。1989 年 2 月，集中开展查禁赌博专项斗争 1 次，共抓赌 111 场、赌徒 550 人，缴获赌资 14550 元、赌具 132 套，罚款 3 万余元，对赌头惯犯进行公开判处，但赌博恶习仍时有发生。

除奸 镇反

民国29年（1940），离石县抗日民主政府成立后，公安、司法机关发动群众开展除奸、反霸和镇压反革命的斗争。同年，在县府所在地召开万人大会，公判处决大汉奸任廷璠、车发道。民国29—34年统计，共侦破和抓捕汉奸、特务、土匪、恶霸和反动党团骨干分子256人，分别给予法律制裁。民国36年，在县城、田家会、大武、交口、信义等集镇，召开数千人至万人大会，公审处决汉奸、敌特贾增禄、白有武、郭元喜、武俊杰和反动地主王志威、土匪李维银等重犯。

解放战争时期，离石县公安局镇压土匪1人、恶霸20人、特务105人、敌伪党团骨干81人。

1950—1955年，离石（山）县开展镇压反革命斗争2次，侦破和逮捕反革命分子74人，其中土匪4人、恶霸8人、反动会道门头子36人、反动党团骨干24人、特务2人。判处死刑立即执行13人、死缓2人，判处有期徒刑59人。管制反革命分子196人。1955年7月，开始开展肃反运动，共查出反革命分子388人。1960年9月，肃反运动结束。

取缔反动会道门

离石境内反动会道门有万国道德会、迷迷教、苏原道、明天道、一贯道等25种，分布在离石境域的593个自然村，信徒3642户5400余人。一贯道比较猖狂。

1950年11月，离石县开始对一贯道展开全面调查摸底，至1951年上半年，取缔一贯道，没收骗取的钱财银圆4686元、黄金15两5分、银元宝8个（80两）、白银128两、各种银器42两、土布959尺。1952年，处决一贯道前人石峰。同年，取缔圣母军教会，退教会员605人。

1983年，离石县公安局破获吴城、王营庄等地的3起还乡道（迷迷教）复辟活动案，抓获团伙成员21人，惩办道首王云有等4人，反动宗教组织被彻底摧垮。

严打斗争

1983年8月，根据全国人大常委会发布严厉打击刑事犯罪活动的两个决定，离石县公安局集中力量打击以杀人、抢劫、强奸、流氓、重大盗窃为重点的各种刑事犯罪活动，共查处案件164件，其中重特大案件24件，打掉犯罪团伙18个，共抓获各类犯罪分子282人，分别给予严惩。

扫除“六害” “打团扫恶”斗争

1990年，离石县公安局开展扫除“六害”（卖淫嫖娼、制作贩卖传播淫秽物品、拐卖妇女儿童、私种吸食贩运毒品、聚众赌博、利用封建迷信骗财害人）专项斗争，挖出盗窃团伙2个，成员9人，追回赃款3900元，赃物折款2万余元，查获“六害”违法分子400余人，缴出各种淫秽物品1800余件（册），赌资1.7万元，提请逮捕4人，收审174人，罚款处分267人。

1996年，离石市公安局开展“打团扫恶”（打击犯罪团伙、扫除社会恶势力）斗争，破获各类刑事案件152件，抓获各类刑事作案成员237人，抓捕各类在逃犯26人，惩治各种流氓势力26人。打掉犯罪团伙25个94人。收缴各种枪支198支，缴获赃物、赃款价值总计74万元。

打黑除恶斗争

2015年，离石区公安局组建由10名业务骨干组成的专业扫黑除恶队伍，成功打掉涉嫌9个罪名的张某小涉恶犯罪团伙，刑事拘留21人，提请逮捕12人，破案28件。打掉以东北人贺某为首的长期盘踞在离石区实施故意伤害、非法拘禁、组织地下出工队伍的恶势力团伙以及刘某强为首的恶势力团伙。

第七节　监所管理

清代，州衙设监狱，配典狱长、典狱员，归刑房管理。民国时期，先称监狱，后改称看守所，配所长和看守员，归县公署或司法科管理。

民国29年（1940），抗日民主政府成立后，公安局设立看守所，配所长1人、看守员3—4人。在战争环境中，看守所无固定所址，经常根据需要转移。主要担负收监违法人员和刑事未决犯。

民国34年（1945），离石县人民政府接收国民党的监狱，主要关押特务、土匪、反革命罪犯、战犯及其他刑事犯。

1957年，离山县公安局成立劳教股，设置劳教收管所和行政拘留所。劳教人员和行政拘留人员，在看守所单独关押，同刑事犯罪分子区别对待。

1971年，离石县的人犯一度关押在柳林县看守所。1972年，离石县修建看守所1处，1975年又重新修建。看守所编制6人，配有所长和干警。1980年后，离石县看守所建立健全收押、看管人犯、提审押解、生活卫生、通信接见到财产登记保管、人犯出所等方面的规章制度和科学管理办法。

2008年，离石区看守所实施“四方”签字制度，坚持门卫初检、外值班入监复检、内值班入号复检的“三检”制度。完善主、协管二岗合一制度，并与武警看守中队建立健全联勤制度。2010年，离石区看守所实现安全事故零发生的目标。同年，共深挖犯罪线索230条，破获刑事案件143件。2011年，离石区看守所共收押犯罪嫌疑人444人。

2014年，共收押犯罪嫌疑人533人，其中刑事拘留466人、直捕23人，处理出所617人。2015年，离石区看守所实行分监区管理、24小时巡视、监控岗值班以及巡诊等制度，改造AB门和视频监控设备，保障监所安全。同年，投资12万余元完成监控设备升级改造系统，设立电教室，建立吕梁市图书馆离石区拘留所分馆，市图书馆捐赠各类图书1000余册，拓宽教育、感化、挽救被拘人员的渠道。

第八节 交通管理

交通安全管理

中华人民共和国成立初期，当时的交通安全管理工作是由山西省汾阳公路管理段下属的汽车监理站负责，对包括离石县在内的7个县的机动车辆进行审验，并协同公安部门处理公路交通安全事故。1958年10月1日，汾阳机动车辆监理所建立，对离石等7个县机动车辆开展监理工作。当时的业务范围包括机动车检验、驾驶员考核和审验，对交通事故进行技术鉴定等。

1960年开始，由县交通部门牵头，吸收安全工作优秀的有车单位参加，成立安全联合检查组，设立组长1人、副组长1人、组员若干。主要负责辖区内的安全工作。具体是根据县交通监理所的布置，对车辆不定期进行安全检查，并协助做好每年车辆和驾驶员的审验准备工作。20世纪70年代中期开始，离石县交通安全委员会成立，成员由公安局、交通局、监理所、公路段、农机局等单位抽调专人组成，并设立办事机构。每年召集有关单位车主及司乘人员等召开安全例会，组织开展交通安全大检查。在每年的夏、秋两季和重大节日期间，在全县范围内开展交通安全大检查。1975年3月，吕梁地区离石机动车辆监理所成立，对离石县和其他所属7个县的机动车辆进行管理。1979年1月，监理所又接管公路养路费征收工作和机动车辆管理业务。同时，离石县单独设立机动车辆监理站，原监理所的业务就全部下放到县站管理。1984年10月，离石县机动车辆监理站改名为离石县交通监理分所，负责本区域内的机动车辆管理业务和交通安全工作。1987年6月，根据国务院下发的《关于改革道路交通管理体制的通知》规定，交通监理工作移交公安部门。由离石县公安交通警察大队管理。离石交警大队创建于1987年，位于离石区交通路148号，位置优越，交通便利。辖区道路总里程1418.5公里，其中209国道22.1公里，307国道46.5公里；340省道3公里，古吴省道12公里；县乡道路193条602公里；户通公路578公里；城区道路55条115.94公里；拥有机动车35238辆，驾驶人53662人。大队内设9个科室、12个中队、2个治超组，有民警99人，另有聘用制人员111人，协管员212人。肩负着全区的道路交通、治安秩序管理、事故处理、车管业务办理及交通安全宣传教育工作。

20世纪90年代，全县机动车辆、驾驶人员大量增加，县交安委、交警队、交通局、运管所加大安全监管力度，充实、完善各项安全管理制度，依法进行路查、路检，开展“安全生产月”“安全生产年”活动。特别是在每年的春运、春节、“五一”、“十一”等重大节假日，开展安全生产大检查和安全隐患大排查整治活动。还制定安全工作应急预案，开展安全工作应急演练，对辖区内的9家道路运输企业统一安装GPS监控系统。

2010年，在交口、吴城等6个出入口及重点区域派驻交警中队，实现对全区道路情况的实时监控和严密防范。2011年，离石区公安交警大队在开展“三项整治”（整治环境卫生、街道装饰、交通秩序）期间，开展大宣传。组织宣传流动车16辆，悬挂安全标语115条，印制安全宣传资料12万余份，利用各级各类媒体宣传283次，对有贡献的市民奖赠扇子、雨伞、环保购物袋、U盘等5000余个。实施道路基础设施大建设。投入3216万元，新增交通隔离护栏36450米，配套交通信号灯16套，新划交通标线9万平方米，新增护栏反光标志4000余个、机动车挡车器680个、隔离桩650个、标志牌436套，使离石城区路面电子监控率达79%，全区公路路口监控率达87%。市委、市政府授予“三项整治”集体一等奖。

2012年，全面规范全区道路交通安全秩序，先后开展了春运整治、货运车秩序整治、百日交通安全大检查大整治等多种安全活动，交警队共查处各类交通违法行为344069例，其中超速40959例、无证1731例、无牌2699例、故意遮挡号牌439例、酒后驾驶266例、超员43例、其他违法行为124896例，查扣机动车4610台次，行政拘留415人。同年，完成各类交通安全保卫和应急处置任务100余次，被省交管局授予全省“红旗大队”荣誉称号。

2014年，区交警大队共排查客车、校车、货车、危货品运输车、农村面包车等“五类车”2300辆，排查客货车驾驶人、校车驾驶人等3类驾驶人1234人，排查乡村道路43条，排查通行班线客车5条，排查运输企业56家，排查货运站场39个，发放货车隐患排查表1558份，发出《道路隐患整改通知书》43份，对辖区和过境货运车全面开展安全警示、提示，共有登记检查的货运车达19500余辆，发放温馨提示卡3万余张。在“打四非查四违”（打“四非”：打击非法改装伪装危化品运输车，危化品生产、销售企业为不具备运输许可的车辆非法灌装危化品，不具备运输许可的车辆非法运输危化品，不具备从业资格的人员非法驾驶、押运危化品运输车辆的行为；查“四违”：查处客运车辆违反夜间停运规定、违反接驳运输规定、严重交通违法、违反动态监管制度的行为）专项整治中，共查处危化品运输车违法行为12件，营运客车违法行为3件。在低速车和摩托车专项整治中，查处无牌无证摩托车4521辆，农用车、货运车交通违法行为2353次。对城区交通秩序开展专项整治50天，共查处各类重点违法行为18052件，处罚非机动车、行人闯红灯等违法行为142件，教育引导行人、非机动车违法行为18093人次。在限行区设置禁行和限行标志牌130余个。不定期查处黄标车违反禁令标志682例，未检验车58辆，视频抓拍禁行车84例，淘汰和注销黄标车和老旧车4616辆。同年，投资170余万元，重新施划交通标线118333平方米，规划停车位9370个，增加隔离护栏3360米，增设减速震荡带100条，特别是在枣林沟口增设隔离栏343米，安装减速带9条，埋设指示标志牌34块，太阳能警示灯11套，施划交通标线1300余平方米。投资1200余万元，在城区重要路口新增红绿灯22套，升级改造信号灯24套，维修更换信号灯灯具13组，倒计时设施19套，重新设置配对不合理信号灯6处。是年，离石区道路运输管理所共出动执法人员5600余人次，开展各类安全专项行动

10 余次，查扣非法营运车辆 41 辆，查处各类违规车 242 辆，严厉打击站外经营车 104 件，违规货运车 324 件，对 96 台危险品运输车进行检查，对 17 辆消防器材配备无效、1 辆逾期未审车、1 台紧急切断装置不符合要求的和 39 辆安全告示、反光标识不齐全的车辆分别责令限期整改。

2015 年，离石区交警大队把本年确定为交通安全秩序整治重点年。全年查处交通违法事故 202551 例，拘留 242 人，其中无证 885 例、无牌 255 例、故意遮挡号牌 226 例、挪套号牌 180 例、未检 782 例、超员 863 例、酒驾 515 例、毒驾 2 例、闯禁行 3075 例、乱停乱放 68201 例、不按规定道路行驶 40744 例、超速 41509 例，其他违法行为 45284 例。全年共排查出道路安全隐患 92 处，其中国道 14 处、县乡道 45 处、城市道路 33 处，向相关部门发出整改通知单 32 份，向客运企业危货运输单位等发放隐患排查登记表 1800 份。淘汰黄标车 1092 辆，取缔黑出租车 127 辆，与重点运输企业签订安全目标责任状，与客货运驾驶人签订“五不两确保”承诺书 223 份。同年，离石区道路运输管理所出动执法人员 123 人次，进行抽查 16 次。开展走基层、送平安宣传和走访活动，通过座谈会、听建议、送家信和警示光盘活动，走访和邮寄 97 家。全年检测车辆 2612 辆，对不按规定年审和不进行二级保养的 371 辆车罚款 48.2 万元，对全区 33 家普货运输企业进行质量信誉考核评比，评出 AAA 企业 27 家、AA 企业 5 家、A 企业 1 家。淘汰黄标车 184 辆，老旧挂车 24 台，对危货企业全年不定期检查 68 次，下达安全监督检查记录 67 份，发现安全隐患 19 次。共巡查货物源头企业 2238 次，出动执法人员 1299 人次，总行程 31275 公里。

车辆牌照管理变更

第一次，民国 18 年（1929），山西省国民政府建设厅颁发《行驶省路各种汽车号牌规则》7 条。对全省各种汽车进行注册登记和号牌管理，无号牌汽车一律严禁在公路上行驶。当时制定的汽车号牌分为五种：1. 军车号牌底为红色，字码为白色。2. 机关公用汽车号牌底为蓝色，字码为白色。3. 山西省国民政府学兵团汽车队号牌底为绿色，字码为白色。4. 个人自用汽车底为黄色，字码为白色。5. 营业性汽车底为黑色，字码为白色。并规定除军车和机关用车外，其余 3 种汽车领取号牌时，需交纳号牌费。其中营业性汽车每块牌 2 元，共 4 元，其余车牌每块 1 元，共 2 元。车牌丢失后，须先登报申明后，向省建设厅补领。汽车若报停时，应将号牌交回发放部门。

第二次，民国 21 年（1932），山西省建设厅对汽车号牌领用办法作修正补充，规定凡汽车驶入省会及汽车路时，须向管理部门领取同样号牌 2 块，分别挂在汽车的前后。变更后的号牌分为 4 类，1 类为特别公用汽车是红底白字，只书写号码。2 类普通公用汽车为白底红字，并书写公用某号字样。3 类自用汽车为黄底黑字，书写自用某号字样。4 类商务营业汽车为蓝底白字，书写商业某号字样。号牌费除特别公用汽车免缴外，其余商务营运汽车为 4 元，普通公用及自用汽车为 2 元。强调凡领取的号牌，只限于本车使用，不得转借或租用他人。

第三次，1948年8月，华北公路总局成立后，颁发《关于汽车领照补照办法》。规定本区之公商及自用汽车，凡新购进后，须经华北公路总局检查合格后始发给牌照，凡过去持有的一切汽车牌照一律作废，须换领现规定号牌及行车执照。此次更换号牌分为5种：1.载重汽车牌照颜色红底白字。2.营运客车为白底黑字。3.自用汽车，脚踏车黑底白字。4.试用车为白底红字，并加写有“试车”字样。5.临时牌照为蓝底白字，并加写有“临时”字样。号牌若丢失，要登报申明。并填写补办申请书，向当地公路管理机关申请补发。另外还规定，凡外区进入本区之过境汽车须向公路管理机关申领临时牌照，方可通行。如不再返回的汽车，将原来的临时牌照交回，领取新的正式牌照。临时牌照有效期为3个月，逾期不换正式牌照的不准通行。汽车号牌与行车执照由华北公路总局统一制发。号牌按悬挂位置标准悬挂，行车执照须随车携带。

第四次，1950年，汾阳公路管理段成立，内设汾阳汽车监理站，管辖包括离石县在内的7个县的车辆牌照管理。1953年，汾阳汽车监理站改为汽车监理所，并按照交通部颁发的《汽车管理暂行办法实施细则》执行。汽车牌照统一为6位数，第一位数代表区别，第二位数代表省或直辖市，另后四位数才是车号，当时代表山西省的两位数是14XXXX。为此，离石县的车辆车牌号也是14XXXX。

第五次，1958年10月1日，山西省汾阳机动车辆监理所成立。离石等7个县的机动车辆归其监督管理。1961年2月，山西省交通厅将机动车牌号作了小的更改。其主要是将牌号前面的编码进行变换。山西省的代号改为“04”，并增加地区代号，因当时离石县归晋中地区管辖，因此车牌号第三位数为2，号码代表晋中地区。离石县当时的车牌号码是04–2XXXX。

第六次，1975年3月，离石机动车辆监理所成立，负责监督管理包括离石县在内的7个县的机动车辆。因离石属管地区的变动，这次将车牌号又作小的变更，将第三位数“2”改为“6”，意思是代表吕梁地区。为此离石县的车牌号码为04–6XXXX。车辆号牌与行车执照号码相同，并纳入监理机关的技术档案。当时吕梁地区的车牌是从04–6000到04–6999顺沿排列。

第七次，1986年7月，山西省将机动车辆车牌号进行新的更换，主要情况是：牌面数字由原来的单排改为上下两排，上排用汉字注明车辆所在省、市（直辖市）自治区的名称，又用2个阿拉伯数字代表发牌机关代号，下排有5个阿拉伯数字代表车辆编号。吕梁地区的车牌号上排为山西36，下排为XXXXXX6个数字。牌的颜色分别是：大型汽车为朱红底白字，小型汽车中绿底白字，挂车为白底黑字，试车或教练车为蓝底白字；二轮、三轮摩托车为中绿底白字；轻骑摩托车为白底朱红字；临时号牌为白底红字；补发的牌证为白底黑字；大、中、小型拖拉机及专用机械为淡黄底黑字。正式号牌均为金属材料制作，除挂车为一块号牌外，其余车辆均为2块，分别挂在车前车后。临时号牌和补发牌证均为纸质制作的，各为一块，贴在车辆驾驶室的挡风玻璃右上方。

第八次，1987年8月，吕梁地区公安处交警支队成立，并接管全地区的机动车辆管理工作。1995年对车牌号进行更换。这次更换是根据公安部1992年制定的统一更换车辆牌证规定进行的。新牌与旧牌相比，字码、代号、种类均都有大的变更。其中，省（直辖市）自治区用各省（直辖市）自治区的简称汉字代表，山西省用“晋”、吕梁地区用英文字母“J”代表，车辆号码单独排列为一行。但大型客货车前后牌有区别，前牌为一行排列，后排为两行排列。牌号种类仍为军车、警车、大客车、大货车、小型车、农用二轮、三轮、摩托、轻骑、试用教练车牌等类型。其中军警车牌为白底黑字，军牌第一位用红色英文字母代表军种，警车号牌末尾写有红色警字。大型客货车牌为黄底黑字，前为单排，后为双排号，小型车牌为蓝底白色。农用车牌（包括三轮车）为绿底白字，两行排列，用“II”字码代表发证机关，即为晋IIXXXXX。摩托轻骑为小式绿底黑字。各种车的车牌号仍按上户前后依次顺排。如小型车牌即为晋JXXXXX。

第九次，2007年开始，公安交管部门除了保留旧车牌不变外，对新购的小车出台新的上牌办法，即前面晋J不变，后面5位阿拉伯数字中，将任意一位数字改为用英文字母代替，也就是后5位牌号为数字和英文字母相组合而成，这是车辆号牌号码的一次大变革，至2015年底，此种方法仍在沿用。

驾驶员培训管理

中华人民共和国成立后到1983年之前，对机动车辆驾驶员的培养一般采取师傅带徒弟的办法。驾驶员为师傅，徒弟为助手，助手一般需跟师傅2—3年。再由监理部门的管理人员对其进行严格的书面（或口头）考试和桩考、路考，合格者发给“实习驾驶证”，经半年实习期后，没有发生过交通事故，由单位做政治技术鉴定，报送监理部门。经监理部门审查，发给正式驾驶执照后，方可单独驾驶车辆。

1984年后，运输市场开放，运输车辆急剧增多，车辆驾驶员供不应求，一些只持有拖拉机或货车驾驶执照的驾驶员也驾驶起汽车或载客汽车。离石县交通监理部门采取短期培训班和严格考试的方法，1984—1985年，离石县交通监理所举办汽车驾驶员培训班5期，从此以师带徒改为专职培训。培训期满，发给正式驾驶执照。考试不合格者，转入下一期继续培训。直至1987年将机动车驾驶员管理工作移交给吕梁地区交警支队负责为止。离石县交通监理所前后共培训汽车驾驶员300余名。

1988年后，离石县境内先后成立吕梁公安驾校、吕梁驾校吴城考试中心、吕梁交警汽校、吕梁武警驾校、吕梁振兴驾校、吕梁粮运驾校。要获得机动车辆驾驶证，需先个人报名申请，经机动车驾驶员培训学校进行培训学习，然后由交警支队负责理论与实践考试，学员考试合格后，发给实习驾驶证，一年后换发正式驾驶执照。截至1996年，上述6所机动车驾驶员培训学校陆续停办，共培训机动车驾驶员4000余名。

1996年后，离石市只剩有吕梁驾校1所机动车驾驶员培训学校，它的前身是吕梁交警汽校。截至2015年底，该驾校发展成为四星级驾驶员培训学校，每年培训驾驶员4000余人。2015年，离石区共完成3432人次驾驶员诚信考核，换发新版从业资格证307个，同时取缔未经许可从事驾驶员培训活动窝点2家，对驾培学校擅自设立分支机构和培训点进行专项整治，查扣教练车11辆。

第九节 消防管理

20世纪80年代，公安消防股隶属离石县公安局，受离石县公安局、吕梁地区消防支队双重领导。1994年，升格为副营级建制的消防大队。

2007年，离石区公安局消防大队共接警98次，出动警力2116人次，扑救火灾120起，抢险救援38次。检查单位192家，发现隐患946处，责令当场整改849处，责令停业21家。2008年，以商场、市场、宾馆、饭店等群众聚集场所和学校、医院、供电、供气等重要场所为重点，共检查各类单位（场所）340个，发现火灾隐患1100余处，下发责令限期整改通知书130余份、责令停止使用通知书76份、公安处罚决定书28份。2010年，通过火灾救援，共为国家挽回损失1193.8万元。2011年，离石区公安局消防大队共接警出动189次，出动警力2222人次，出动车辆383辆次，抢救被困人员99人，疏散被困人员2897人。共检查单位82家，发现火灾隐患115处，当场整改37处，下发责令整改通知书36份，确定消防安全重点单位232家，并组织消防监督人员对重点单位进行抽样性消防监督检查，对安全责任人和管理人进行4期共400余人次的消防知识和业务培训。同年，展出消防宣传展板12块，发放《消防知识手册》5500余册、《中华人民共和国消防法》《全民消防安全宣传教育纲要》3000余本，举办各类培训班25期，开展消防安全讲座80余次，受教育人数达万余人。

2012年，共检查社会单位1336家，发现隐患2339处，下发责令整改通知书519份，临时查封21家，三停（停产停业、停止施工、停止使用）14家，罚款41万元。共接警117次，出动消防车239辆次、消防队员1440人次，抢救被困人员40人，疏散人员1245人，抢救财产价值1040.9万元。中共十八大消防安保期间，共组织开展“零点”行动25次，检查单位450家，发现火灾隐患1050处，整改隐患620处，下发责令整改通知书150余份，罚款20余万元。在“夜鹰”攻坚行动期间，共出动警力50余人，检查单位104家，发现火灾隐患134处，整改隐患84处，下发责令整改通知书43份。2013—2014年，离石区公安局消防大队共接警出动231次（火警52次、抢险救援48次），出动车辆478辆次、警力2898人次，抢救被困人员90人，疏散被困人员369人，抢救财产价值1363.8万余元。共检查消防产品使用单位323家，检查生产维修企业4家、销售门市部33家，查出不合格消防产品200余件。同年，检查单位720家，发现火灾隐患617处，督促整改火灾隐患516处，下发责令整改通知书300份，下发行政处罚决定书46份，责令“三停”单位14家，实施临时查封9家，罚款76.55万元，行政拘留6人。2015年，离石区公安局消防大队有消防队员32人、事业编制消防协警40人。有各类型执勤车辆6辆、各种灭火器材450件（套）、基本防护装备1725件（套）、抢险救援器材288件（套）、泡沫灭火剂储量10吨。同年，确定消防安全重点单位220家，其中机关事业单位18家、文物保护单位2家、客运车站2家、学校21家、医院4家、大型厂矿企业1家、易燃易爆场所22家、高层建筑18家、公众聚集场所132家（商场36家、宾馆饭店40家、体育馆1家、200平方米以上娱乐场所55家）。共接警出动152次，出动车辆320辆次、警力1927人次，抢救被困人员83人，疏散被困人员17人，抢救财产价值100.1万元。共排查出劳动密集型企业、作坊8家，10人以下小作坊35家，督促整改隐患22处，组织开展演练2场次。

第十节 社会治安机构

清代，永宁州设州衙，为行政、司法机构。设知州执掌全州政务和审判。属官中设吏目1人，掌管全州刑狱；配典史1人，负责缉捕、刑狱；巡检官1人，负责巡逻缉捕和维持治安。州衙内设有快、壮、皂3班（后增设捕班，专管缉捕），分工词讼、站堂、站班、人证、拘押、执行、保护州衙等事；设刑房，掌管民刑词讼、检验审理、监决囚犯；设招房，掌管录供、宣判、具结、担保等文书事宜。州境内还在赤坚岭（今属方山县）、青龙、孟门（今属柳林县）3处各设巡检司，配有巡检。清宣统二年（1910），永宁州设立永宁州警务公署，配有巡捕，巡警，隶属警察总局。

民国元年（1912），州警务公署改称县警察局，设局长1人，下编警察，隶属省警察厅。民国6年，县警察局设局长1人，巡官、警长各1人，内勤1人，并编有马队、为10人。民国19年，县警察局改称县公安局，设局长1人，下有股长、巡官、雇员、警士，并编制巡缉队，有百余人。民国26年，县公安局改称县警察局，下设督察室、刑警队、行政科、城关派出所，配局长1人，警官、警员共200余人。民国27年，县警察局改称县警务局，设局长、股长、巡官、警长、警士共百余人。

民国26年（1937），离石县开始建立人民公安机构，先后设立除奸部和社会部，属地方武装。民国29年1月1日，离石县抗日民主政府成立，离石县公安局成立。局内设审讯、侦察2个股，编有事务长、内勤、通讯员共14人，并有警卫连50人。县以下设区公所，各配公安助理员1名。同年，因抗日斗争的需要，离石县分设为离石、离东两县，公安局也分设离石县公安局、离东县公安局。离东县公安局内设审讯股、侦察股、看守所警卫连。

公安局主要承担除奸、反霸、镇反等工作。

1946年1月，离石、离东两县合并，两县公安局也随之合并。局内机构设为侦察（政保）股、社会股、治安股、审讯股、事务股、看守所，另编有公安队120人，设队长、指导员。

1949年10月至1966年5月，离石（山）县公安局内设5股、1所、1队，即：秘书股、政保股、行政股、治安股、预审股、看守所、公安队（保卫队、民警队）。设局长1人、教导员1人，全局编制37人。1955年，全县有120个乡、村建立业余治安保卫委员会，共设有治保主任和委员643人。在机关、厂矿建立治保组织。1956年，公安机关大精简，三分之一的人员调出县公安局。至1966年5月，县公安局人员共35人。

“文化大革命”期间，离石县公安局无产阶级专政委员会成立。1969年6月，离石县人民保卫组成立，由军事管制小组兼管。1973年8月，离石县公安局恢复，内设办公室、政保股、治安股、预审股、看守所、城关派出所。1976年10月，县公安局实有民警36人。1977年，县公安局增设内保股、消防股。1978年底，公安局实有民警42人。1980年8月，刑警队成立。1981年，原所属县公安中队改称中国人民武装警察部队吕梁支队离石县中队，归吕梁行署公安处和武警山西总队领导。1981年4月，交口派出所、吴城派出所成立。1982年6月，城关、信义、吴城、田家会、西属巴、坪头、枣林等19个公安派出所成立。同年，县公安局实有民警74人。1984年，离石县公安局核定编制人数101人，实有民警84人。1986年1月，城中派出所、城北派出所设立。同年，离石县公安局民警共有人数97人。1987年9月，离石县公安局交通警察大队成立。县公安局实有民警共151人。1989年1月，巡警队成立。1990年，离石县公安局设1室（办公室）、1队（巡警队）、6股（政保股、治安股、内保股、预审股、法制股、消防股）、乡镇派出所、交通警察大队。4月，政工股设立。年底县公安局实有民警共190人。1991年1月，王家沟派出所、红眼川派出所设立，3月，法制股设立。1994年底，离石县公安局内设机构增设通讯科、户政科、刑技科、纪检监察室、巡警大队（副科级）。

1996年2月，巡警大队升格为正科级单位。9月，“110”指挥中心成立。1997年2月，经侦科设立。11月，警务督察室设立。年底，离石市公安局实有民警300人。2002年4月，离石市公安局增设信访科、计算机管理科。

2008年10月，离石区公安局民警总数360人。其中，行政编制数为272人。

2012年，离石区公安局实有各类人员1080人，其中授衔民警282人、未授衔干部7人、工勤人员26人、聘用制事业人员212人、公安协勤人员341人、交警协勤人员212人。下设派出所12个（莲花池派出所、滨河派出所、凤山派出所、交口派出所、田家会派出所、城北派出所、西属巴派出所、信义派出所、红眼川派出所、吴城派出所、坪头派出所、枣林派出所）。设科、室、所、队26个（办公室、指挥中心、政工监督室、法制科、纪检监察室、督察大队、信访科、户政科、内保科、犬管科、涉案财物管理中心、工会、警务保障室、后勤保障服务中心、煤炭治安中队、情报信息中心、看守所、治安大队、刑警大队、交警大队、消防大队、经侦大队、网警大队、国保大队、巡特警大队、保安公司）。2013 年，离石区公安局内设指挥中心 1 个（含办公室、通讯科、后勤保障中心）；设职能科室 2 个，即政工督察室（含政工科、纪检监察室、警务督察室）和法制信访室（含法制科、信访科）；设执法大队 7 个，即国保大队（政保科）、治安大队（含内保科、治安科、户政科、计算机管理科、三基办）、巡警大队、刑侦大队（含巡防大队）、经侦大队（经侦科）、交警大队、消防大队；设看守所 1 个、拘留所 1 个和公安派出所 12 个。2015 年，离石区公安局共有公务员 195 人、行政人员 10 人、事业人员 18 人、聘用制事业人员 130 人、比照事业人员 94 人、协勤人员 350 人。

第三章 检 察

第一节 刑事检察

1979—1990年，离石县人民检察院（以下简称离石检察院）受理提请逮捕案件417件618人，经审查批捕394件586人，批捕准确率100%。受理起诉案件518件794人，起诉380件580人，不起诉93件105人，审结和起诉准确率均为100%。

2004年，离石检察院受理公安机关和自侦部门提请逮捕案件142件287人，经审查依法批捕258人，批捕案件准确率100%。受理公安机关和自侦部门移送起诉案件125件171人，经审查依法决定起诉123件166人。“百日会战”中，挖出余罪线索29条。如在监内挖出李某某涉嫌入室盗窃案，起诉后李某某被一审法院加刑2年。超期案件由2003年的11件28人下降为2004年的1案4人。2005年，共受理提请批捕案件207案439人，经审查依法批准逮捕案件189件368人。受理公安机关和自侦部门移送起诉案件233件428人，起诉198件352人。批捕案件准确率、结案率和起诉案件有罪判决率均为100%。2006年，离石检察院受理提请逮捕案件229件465人，不逮捕80人。向法院提起公诉210件386人。共立案侦查涉嫌贪污贿赂案件6件，挽回经济损失150余万元。2007—2009年，离石检察院共受理公安机关和自侦部门提请逮捕案件836件1486人，批准逮捕1067人。受理公安机关和自侦部门移送起诉案件1021件1613人，提起公诉1271人，移送吕梁市人民检察院起诉87人，批捕案件、起诉案件准确率均为100%。从2000—2009年的十年间，批准逮捕人数和提起公诉人数呈现上升态势。批准逮捕人数年均上升12.01%，提起公诉人数年均上升16.62%。2010年，离石检察院受理提请逮捕案件342件575人，经审查批准逮捕420人。受理起诉案件364件546人，提起公诉437人，移送吕梁市人民检察院起诉10件28人。2011年，全年共受理公安机关提请逮捕案件262案376人，经审查依法批准逮捕200案274人（不批准逮捕62案102人）。受理公安机关和自侦部门移送起诉案件403案669人，经审查依法决定起诉289案458人（不起诉54案87人），移送上级院20案55人，移送柳林县1案1人，12案19人在退回补充侦查阶段，27案49人正在审查起诉。

2012年，全年共受理各类提捕案件295件441人，批捕278人；受理各类移送审查起诉案件326件497人，提起公诉302件467人。2013年，离石检察院受理提请逮捕案件341件496人，批准逮捕458人，依法不捕38人。对8件刑事案件进行公开审查，对13件案件进行案件评查。受理起诉案件417件656人，提起公诉377件591人，移送其他院37人，审查6人，不诉22人。2014年，全年共计受理批捕案279件378人，批捕324人，依法不捕45人。监督立案2件3人，监督撤案12件12人，纠正公安侦查活动违法21件，追捕 6 人，均取得公安机关的积极回应，出台《不捕案件说理制度》。2015 年，离石检察院受理提请逮捕案件 251 件 353 人，批准逮捕 186 件 286 人，结案率 100%。受理起诉案件 348 件 531 人，提起公诉 303 件 462 人。对故意杀人、强奸、故意伤害及黑恶势力犯罪等严重暴力犯罪，批捕 46 件 66 人，公诉 45 件 71 人。对“两抢一盗”等发案率较高、严重影响群众安全感的犯罪，批捕 77 件 117 人，提起公诉 103 件 164 人。

2000—2015 年离石区（市）人民检察院批捕案件情况统计表

表 22-2　　单位：人

年份	受理提请逮捕	批准逮捕	其中		不批准逮捕	追捕
			检察机关侦查	公安机关侦查		
2000	131 案 217 人	149	—	—	68	10
2001	192 案 344 人	253	—	—	31	21
2002	193 案 344 人	266	—	—	36	8
2003	149 案 233 人	208	1	207	25	22
2004	142 案 287 人	258	1	257	20	10
2005	207 案 439 人	368	3	365	54	17
2006	229 案 465 人	377	6	371	80	15
2007	264 案 496 人	385	3	382	111	8
2008	273 案 497 人	354	2	352	143	2
2009	299 案 493 人	328	—	328	165	4
2010	342 案 575 人	420	—	402	173	3
2011	262 案 376 人	274	—	274	102	1
2012	295 案 441 人	278	5	273	15	—
2013	341 案 496 人	458	—	458	38	—
2014	279 案 378 人	324	—	324	45	7
2015	251 案 353 人	286	—	286	66	3

1980—2015 年离石区（县、市）人民检察院起诉　不诉案件情况表

表 22-3

年份	受理移送审查		起诉		其中						不诉		其中						追诉
					刑事		反贪		反渎				刑事		反贪		反渎		
	件	人	件	人	件	人	件	人	件	人	件	人	件	人	件	人	件	人	人
1980	—	—	—	—	—	—	—	—	—	—	2	2	2	2	—	—	—	—	—
1981	—	—	—	—	—	—	—	—	—	—	3	3	2	2	1	1	—	—	—

续表 22-3

年份	受理移送审查		起诉		其中						不诉		其中						追诉
					刑事		反贪		反渎				刑事		反贪		反渎		
	件	人	件	人	件	人	件	人	件	人	件	人	件	人	件	人	件	人	人
1982	—	—	—	—	—	—	—	—	—	—	4	8	3	7	1	1	—	—	—
1983	—	—	—	—	—	—	—	—	—	—	3	3	3	3	—	—	—	—	—
1984	—	—	—	—	—	—	—	—	—	—	9	9	9	9	—	—	—	—	—
1985	—	—	—	—	—	—	—	—	—	—	1	1	1	1	—	—	—	—	—
1986	—	—	—	—	—	—	—	—	—	—	1	1	1	1	—	—	—	—	—
1987	—	—	—	—	—	—	—	—	—	—	7	7	7	7	—	—	—	—	—
1988	—	—	—	—	—	—	—	—	—	—	1	3	1	3	—	—	—	—	—
1989	—	—	—	—	—	—	—	—	—	—	38	42	13	15	23	24	2	3	—
1990	—	—	—	—	—	—	—	—	—	—	24	26	4	4	19	21	1	1	—
1991	—	—	—	—	—	—	—	—	—	—	21	22	2	2	19	20	—	—	—
1992	—	—	—	—	—	—	—	—	—	—	17	24	10	16	3	3	4	5	—
1993	—	—	—	—	—	—	—	—	—	—	28	30	16	17	11	11	1	2	—
1994	—	—	—	—	—	—	—	—	—	—	23	23	11	11	4	4	8	8	—
1995	—	—	—	—	—	—	—	—	—	—	25	33	18	22	2	4	5	7	—
1996	—	—	—	—	—	—	—	—	—	—	60	73	28	34	15	20	17	19	—
1997	—	—	—	—	—	—	—	—	—	—	8	8	5	5	3	3	—	—	—
1998	—	—	—	—	—	—	—	—	—	—	16	19	11	14	5	5	—	—	—
1999	—	—	—	—	—	—	—	—	—	—	27	32	27	32	—	—	—	—	—
2000	126	180	100	154	98	152	2	2	—	—	21	26	21	26	—	—	—	—	—
2001	198	357	157	253	—	—	—	—	—	—	—	45	—	—	—	—	—	—	7
2002	247	467	194	354	—	—	—	—	—	—	—	5	—	—	—	—	—	—	4
2003	184	289	123	185	—	—	—	—	—	—	—	4	—	—	—	—	—	—	4
2004	125	171	123	166	—	—	—	—	—	—	—	3	—	—	—	—	—	—	8
2005	233	428	198	352	—	—	—	—	—	—	—	5	—	—	—	—	—	—	—
2006	237	435	210	386	—	—	—	—	—	—	—	9	—	—	—	—	—	—	6
2007	294	516	232	390	—	—	—	—	—	—	—	20	—	—	—	—	—	—	17
2008	383	596	268	471	—	—	—	—	—	—	—	76	—	—	—	—	—	—	21
2009	344	501	271	410	—	—	—	—	—	—	—	66	—	—	—	—	—	—	1

续表 22-3

年份	受理移送审查		起诉		其中						不诉		其中						追诉
					刑事		反贪		反渎				刑事		反贪		反渎		
	件	人	件	人	件	人	件	人	件	人	件	人	件	人	件	人	件	人	人
2010	364	546	276	437	—	—	—	—	—	—	—	95	—	—	—	—	—	—	6
2011	403	669	289	458	—	—	—	—	—	—	—	87	—	—	—	—	—	—	4
2012	326	497	302	467	299	462	3	5	—	—	24	30	18	24	1	1	5	5	—
2013	417	656	377	591	369	576	5	8	3	7	16	22	16	22	—	—	—	—	—
2014	371	562	385	575	375	562	6	8	4	5	10	19	9	18	—	—	1	1	23
2015	348	531	303	462	288	441	11	14	4	7	8	22	8	21	—	—	—	1	21

第二节　经济检察

20世纪60年代，离石检察院处理过贪污盗窃、投机倒把、走私毒品等案件，但数额较小。

20世纪80年代，贪污、受贿等经济案件呈上升趋势。离石检察院通过信访渠道，发现犯罪线索，跟踪追查。1980年，离石检察院立案查处粮油加工厂傅某某贪污案。1981—1982年，离石检察院连续查处盗伐森林案件10余件。1983—1984年，离石检察院开展“打击刑事犯罪”行动。1986—1988年，查处经济犯罪案26件，为国家挽回经济损失53万元。1989年，离石检察院查处孝柳铁路总指挥孙某某特大受贿案和吕梁行署煤炭局长任某某受贿索贿案。1990年，离石检察院查处基建、运销、金融3个行业的贪污、贿赂案件30件，为国家和集体挽回经济损失50.4万元。

2004年，离石检察院立案查处贪污、贿赂、挪用案件8件，为国家挽回经济损失200余万元。其中侦查完结移送起诉5件，提起公诉2件。同年，破获原离石区玻璃纤维厂厂长王某某涉嫌贪污11万余元、滥用职权给国家造成直接经济损失百万元的大案。2005年，离石检察院共受理控告举报45件，妥善处置吕梁市人民检察院交办的案件5件、区人大常委会交办的案件2件、区政法委交办的案件4件。全年初查贪污、贿赂、挪用案件线索22件，立案8件11人，为国家挽回经济损失200余万元。查处市种子公司刘某等4人挪用公款万元案，区医院李某贪污2.7万元、挪用25万元案，区电力公司郭某挪用29万余元等大要案件。2006年，离石检察院初查贪污贿赂案件线索12件，立案6件12人，其中大要案5件10人，为国家挽回经济损失150余万元。依法查处市工商局樊某贪污案，市化轻公司浓某和王某涉嫌贪污挪用公款案，离石区凤山底村原支部书记李某涉嫌贪污等职务犯罪案件。2007—2009年，离石检察院立案查处反贪案件18件23人。2010年，离石检察院初查反贪案件11件，立案4件5人。2011年，离石检察院立案查处贪污、贿赂、挪用案件11案10人。同年，深入太中银铁路等重点工程开展预防调查41件。在税务、工商等单位开展警示教育24场次，受教育达5000余人。

2012年，离石检察院共立案查处贪污贿赂、挪用公款案件8件11人。2013年，离石检察院查处贪污、贿赂案件5件7人。2015年，离石检察院对严重危害市场经济秩序的合同诈骗、信用卡诈骗等犯罪，批准逮捕6件7人，提起公诉9件19人。立案查处贪污贿赂案件11件13人，大案比例100%，其中处级干部1人、科级干部5人，移送起诉9人。

2000—2015年离石区（市）人民检察院立案查处反贪案件情况统计表

表22-4

年份	立案								审结				挽回经济损失
	合计（件）	其中						其中大要案（件）	移送起诉		撤销案件		
		贪污		贿赂		挪用							
		件	人	件	人	件	人		件	人	件	人	万元
2000	11	—	—	—	—	—	—	—	—	—	—	—	110
2001	14	7	8	2	2	4	4	10	14	15	—	—	400
2002	12	5	7	4	4	3	4	4	—	—	—	—	50
2003	11	3	3	5	6	3	3	3	9	10	—	—	60
2004	8	3	3	—	—	5	5	4	7	7	—	—	200
2005	8	2	2	3	3	3	6	2	7	10	—	—	200
2006	6	2	4	2	5	2	3	5	6	12	—	—	150
2007	8	3	3	3	5	5		6	8	8	—	—	200
2008	7	3	3	2	2	2	2	5	7	7	—	—	83.69
2009	3	1	1	—	—	2	2	2	3	3	—	—	27.17
2010	4	2	3	—	—	2	2	3	7	9	—	—	8
2011	11	3	3	5	6	3	1	6	9	10	—	—	457.88
2012	8	5	8	—	—	3	3	—	—	—	—	—	—
2013	5	4	6	1	1	—	—	—	5	7	—	—	—
2014	10	10	12	—	—	—	—	—	5	7	—	—	12.77
2015	11	4	6	7	7	—	—	1	15	17	—	—	25.789

第三节 法纪检察

“文化大革命”前，离石检察院受理过少数法纪检察案件。1979年后，法纪检察逐步加强。

1983年，离石检察院处理各种违法乱纪案件7件10人，其中立案查处5件8人。1985—1987年，离石检察院重点查处厂矿、企业的责任事故和非法拘禁侵犯公民人身权利的案件、给国家造成重大损失的玩忽职守重大责任事故案件，受理各种违纪案40件，立案查处12件12人，使煤矿伤亡事故由1985年的76起下降为1987年的21起，百万吨煤的死亡率由5.1人下降到2.8人。1987年，离石检察院配合山西省检察院查办公安干部的违法违纪行为5人。1988年6月3日，山西省人大常委会作出《关于加强法纪检察工作的决议》，规定每年6月为法纪检察月。同年，离石检察院受理违法违纪案15件，立案查处6件8人。1990年，离石检察院重点查处渎职、重大责任事故和侵犯公民民主权利案件4起。立案查处县营七里滩煤矿“5·15”瓦斯爆炸死亡15人的特大事故，负责生产、安全的2名副矿长构成渎职罪，追究刑事责任。

2004年，离石检察院全年共受理各类渎职侵权线索5件，初查5件，立案2件2人。2006年，受理并初查渎职侵权案件7件，立案2件3人。2007—2009年，离石检察院立案查处反渎案件17案17人。2010年，离石检察院初查反渎案件9件，立案5件5人。2011年，离石检察院立案查处渎职侵权案件4件4人。

2012年，离石检察院立案渎职侵权案件5件9人。2013年，离石检察院立案查处渎职侵权犯罪3件7人，起诉3人。立案侦查区畜牧局职工滥用职权造成国家损失130余万元的渎职案件1件1人，立案查处忻州市保德县农机局原局长、忻州市农资站原站长涉嫌渎职案件1件2人。2014年共立查渎职侵权犯罪8件10人（大案4人、要案2人）、起诉5件5人；全年共取得生效有罪判决7件8人。2015年，离石区检察院立案查处渎职侵权案件3件5人。

2000—2015年离石区（市）人民检察院立案查处反渎案件情况统计表

表22-5

年 份	立 案		其中大要案（件）	审 结	
	件	人		移送起诉（件）	撤销起诉（件）
2000	2	2	—	—	—
2001	1	1	—	—	—
2002	4	6	—	—	—

续表 22-5

年份	立案		其中大要案（件）	审结	
	件	人		移送起诉（件）	撤销起诉（件）
2003	7	7	—	—	—
2004	2	2	—	—	—
2005	3	6	—	2	—
2006	2	3	—	1	—
2007	5	5	1	5	1
2008	5	5	3	6	—
2009	7	7	7	7	—
2010	5	5	—	5	2
2011	4	4	—	4	—
2012	5	9	—	4 件 8 人	—
2013	3	7	—	1 件 1 人	—
2014	8	10	—	7 件 8 人	—
2015	3	5	—	5 件 8 人	—

第四节 控申检察

20 世纪 50 年代，离石检察院就开展接受群众来信来访，处理群众控告、申诉案件。1978 年，检察院重新组建后建立专门机构，统一受理涉及刑事问题的控告、申诉，承办属于自管范围的 6 种控告、申诉案件。

1979—1990 年，离石检察院共接待来信 871 件次，来访 1045 人次。其中贪污问题 157 件、行贿 34 件、渎职问题 11 件、重大责任事故 13 起、不服判刑申诉 119 件、刑事犯罪 25 件、司法人员违法案 29 件、其他 199 件，都一一进行查处，结案率达 100%。

2004 年，离石检察院处理群众来信 16 件次，接待群众来访 875 人次。妥善处置集体上访 5 件，老上访户上访 3 件，急告访 8 件。2005 年，离石检察院共受理控告举报 42 件，正、副检察长接待来信来访 105 人次。妥善处置吕梁市人民检察院交办的案件 5 件、区人大常委会交办的案件 2 件、区政法委交办的案件 4 件，初查案件 12 件，审结 12 件，移送侦查机关立案 5 案，办理不服法院生效判决的申诉案 2 件，受理赔偿案 5 件（其中结案 2 件、确认 3 件）。2006 年，离石检察院共排查出各类矛盾纠纷 28 件，集体上访 6 起，除凤山底村、上水西村集体上访案未能结案外，其他问题全部妥善解决。2010 年，离石检察院受理控告举报 70 件，接待办理来信来访 95 人次。2011 年，受理群众来信来访 402 件次，检察长接待来访261次，全部依法妥善处置。同年，开展信访积案化解年活动，办结刑事赔偿案6件。

2012年，离石检察院实行检察长接待制度和控告申诉首办责任制，受理各类涉检信访案件47件，均办结并息诉。全年共梳理排查信访隐患及矛盾纠纷97件，在首办环节化解率达95%。2013年，离石检察院受理控告、申诉、举报等91件，累计接待来访群众463人次，检察长接待49人次，全部依法办理。离石检察院完善《涉检信访接待责任追究办法》，对存在涉检信访苗头隐患的案件，采取“领导包案、限期解决”等办法，对冯某某等人的信访案件进行公开听证。2014年，共受理群众来信来访165件，其中，举报15件，控告81，申诉4件，检察长接待65人次。2015年，区检察院开展打击“非访”专项活动，依法批捕非法上访人员7人，提起公诉5件，判决有罪2件。开展预防职务犯罪活动，举办专题法制报告会82场，接受法律咨询350余人次，见面、约谈社区矫正对象418人，向广大群众发放“征求意见卡”和“阳光检察宣传册”13000余册。全年受理控告、申诉、举报等86件。

2000—2015年离石区（市）人民检察院控告申诉工作情况统计表

表22-6　　单位：件

年份	控告检举			申诉案件		
	受理来访	受理来信	审查处理	受理	审查处理	其中立案复查
2000	11	6	27	—	—	—
2001	7	12	19	—	—	—
2002	8	7	15	—	—	—
2003	9	24	33	—	—	—
2004	10	16	26	—	—	—
2005	12	30	42	3	3	3
2006	9	21	30	—	—	—
2007	6	18	24	2	2	2
2008	4	1	—	—	—	—
2009	—	—	—	—	—	3
2010	6	2	8	3	3	1
2011	6	2	8	1	1	6
2012	—	5	5	5	5	4
2013	—	1	1	1	1	—
2014	14	2	6	—	—	—
2015	11	10	—	—	—	—

第五节　监所检察

1980年前，离石县检察院监所检察只作一般监督检查。1981年，监所检察股设立，每月定期检查1次。1983年后，监所检察围绕打击经济犯罪行为开展斗争，教育罪犯坦白自新、交代余罪、揭发同伙，动员家属写规劝信，敦促罪犯争取走从宽处理道路。1985年后，坚持重大、特大案件提前介入，搞好现场勘查和尸体检验。对于过去存在的长期关押人犯、刑讯逼供等问题，依法纠正处理。1988年，县检察院分别与6个单位签订帮教协议书30份，与乡镇、村居委、帮教对象签订帮教协议书650份。至1989年，有70余人主动坦白交代余罪90余条，涉及经济价值30万元，退赃款18万余元，供出他人犯罪线索12条。

2004年，离石区检察院针对监室内牢头狱霸现象有所抬头的现象，开展专项整治，对牢头狱霸加戴刑具7人，提出警告5人。2007—2009年，跟踪监督辖区监外执行罪犯392名，对脱管漏管现象及时发出检察建议并督促落实。

2012年，区检察院开展核查纠正监外执行罪犯脱管、漏管专项行动，规范社区矫正执法工作，共执法检察106人次。2013年，实现办理监管人员职务犯罪“零的突破”。办理管教民警指使他人殴打被监管人的职务犯罪案件1件2人。办理在押人员又犯罪案件5件15人，纠正刑罚执行和监管活动中的违法行为90件，纠正监外执行犯罪违法行为51件，开展羁押必要性审查44件。2014年，纠正减、假、暂执行不规范案件9件，纠正刑罚执行和监管活动违法361件。办理在押、监外执行犯罪又犯罪案件18件20人。2015年，离石区检察院对减刑、假释和暂予监外执行的三类罪犯开展专项检察，纠正执行不规范案件9件，收监1人。纠正刑罚执行和监管活动违法119件，开展羁押必要性审查17件。

第六节　立案监督　侦查监督

2004年，离石区检察院依法监督立案12件14人，纠正漏捕4件10人。审查起诉时，改变定性7件，追捕6件8人。不批准逮捕20人，不起诉3人，建议撤案12件15人。提出抗诉6件6人，一审法院改判2件2人，吕梁市人民检察院支持提抗3件。全年受理民事行政案件12件，提抗5件，立案8件，建议再审3件。全年进监专项检查12次，安全防范检查80余次，立案查处在押人员又犯罪案件1件。在全区开展“百日会战”中，提前介入6件，依法快捕75人，快诉78人。提前介入发生在村村通工程上的刑事案件2件次，依法快捕2件2人。2006年，依法监督立案24件，纠正漏捕7件17人。依法改变案件定性6件，不起诉4件4人，建议撤案18件23人，不批准逮捕54人。依法成功抗诉2件4人。全年办理又犯罪案件3件5人，审查起诉又犯罪案件6件，开展专项检查19次。

全年依法监督侦查机关立案 8 件 8 人，追捕 15 人，提出抗诉 3 件，追诉漏犯 6 人。办理在押人员又犯罪案件 6 件 7 人。批准逮捕 80 人（其中构不成犯罪 18 人，建议撤案 3 件 8 人）。2007—2009 年，离石区检察院办理监督案件 47 件 57 人，提前介入重特大案件 30 件次，追捕 18 人，追诉 39 人，追诉漏罪 31 条，提出抗诉 17 件 23 人，提请抗诉民事行政案件 19 件，查处被监管人员又犯罪案件 6 件 6 人。

2010 年，监督立案 6 件 6 人。对侦查活动中的违法情况提出书面或口头纠正意见 20 余次，依法追捕 3 人，追诉 4 人。2011 年，离石区检察院监督纠正侦查机关应当立案而不立案的案件 9 件。对侦查活动中的违法行为，提出书面纠正意见和检察建议 62 件。对应当逮捕而未提请逮捕的，依法追捕漏犯 21 人。对应当移送起诉而未移送起诉的，依法追诉漏犯 44 人，追诉漏罪 41 条。对认为确有错误的刑事判决裁定，提出、提请抗诉 27 件。对认为确有错误的民事案件，提请抗诉 22 件，发再审检察建议 11 件。提出纠正意见和检察建议 45 件。办理在押人员又犯罪案件 14 件。

2012 年，要求说明不立案理由 16 件，对不应立案而立案的依法监督 5 件，针对侦查活动中的违法行为发出纠正违法通知书 15 件，检察建议 16 份。在审查起诉环节，对质量不高的案件，退回公安机关补充侦查案件 105 件次。对应当起诉而未移送起诉的，纠正漏诉 14 人，建议公安机关撤案 7 人，发出纠违通知书 10 件。对即将到期的案件催办 6 件。提出口头纠正意见 23 次，发出书面纠正意见 74 件。办理在押人员再犯罪案件 7 件 7 人。2013 年，共监督立案 14 件 20 人，其中区法院对 2 人判决有罪。监督撤案 17 件 17 人，纠正违法 46 件，建议公安追捕 12 件 13 人，纠正漏罪 3 人，均获得公安机关的回应。全年提抗诉 13 件 17 人，采纳 17 件，其中区法院判决 6 件。全年提出自由裁量权建议 140 人，区法院采纳 124 人，采纳率 93%。书面纠正刑事审判活动中的违法行为 41 件，回复率 100%。办理在押人员又犯罪案件 5 件 15 人，纠正刑罚执行和监管活动中的违法行为 90 件，纠正监外执行罪犯违法行为 51 件，开展羁押必要性审查 44 件。2014 年，全年共计受案 268 件 357 人，批捕 315 人，依法不捕 42 人。监督立案 2 件 3 人，监督撤案 12 件 12 人，纠正公安侦查活动违法 21 件，追捕 6 人，均取得公安机关的积极回应。与此同时，出台《不捕案件说理制度》，对不捕案件一一进行不捕说理；对热点、敏感、存在信访隐患的案件，采取公开听证说理。

2015 年，离石区检察院对公安机关应当立案而未立案的案件监督立案 2 件。对不应当立案而立案的监督撤案 1 件。追捕及纠正漏捕 3 件 3 人，纠正漏罪 3 人，追诉漏犯 8 人。对侦查活动中的违法行为提出书面纠正意见 15 份，依法提请抗诉 2 件 2 人。向区法院提出量刑建议 323 人，获得采纳 231 人，采纳率为 71.5%。对刑事审判活动中违反法定程序、审理期限、侵犯诉讼参与人合法权益等违法情况提出书面纠正意见 5 件。纠正民事行政审判活动违法 23 件，监督民事行政执行案件 18 件，支持起诉 18 件。

第七节 检察机构

1952年2月，离石县人民检察署成立，没有组建办事机构，也没有开展检察业务。1954年8月，离石（山）县人民检察院成立。翌年5月开始工作。

1967年，检察院被取消，离石县"无产阶级专政委员会"成立，下设检察办公室。同年5月，"无产阶级专政委员会"取消，恢复公、检、法机构。1969年，实行军事管制。1975年，离石县检察院被撤销，业务由公安局代行。1978年，离石县人民检察院重新组建，内设检察股、法纪检察股和办公室，共有人员5人。1979年1月1日，启用"离石县人民检察院"章。1981年1月1日，离石检察院增设为"4股1室"，即刑事检察股、法纪检察股、经济检察股、监所检察股和办公室。1984年1月1日，内设机构由股改为科，即刑事检察科、法纪检察科、经济检察科、监所检察科和办公室。1989年6月，离石县人民检察院税务检察室设立。1990年2月，刑事检察科被撤销，分别设为刑事侦查检察科和刑事审判检察科。3月，离石县人民检察院刑事技术检察科设立。内设机构共为6科2室，即：经济检察科、法纪检察科、刑事侦察科、刑事审判科、监所检察科、刑事技术侦察科和办公室、驻税务检察室。1991年3月，离石县人民检察院控告申诉检察科设立。同月，正式派员进驻离石县税务局。1993年10月，离石县人民检察院民事行政检察科设立。1995年5月，机关综合档案室设立。12月，离石县人民检察院交口开发区检察室成立。

1997年10月，离石市人民检察院经济检察科被撤销，改为离石市人民检察院反贪污贿赂局（正科级），内设侦查一科、二科和综合科。11月，离石市人民检察院政工科和法警队设立。12月，离石市人民检察院税务检察室撤销。1999年，审查批捕科改称侦查监督科，审查起诉科改称公诉科。2000年冬，离石市人民检察院交口开发区检察室被撤销。

2004年5月，离石市人民检察院反贪污贿赂局侦查三科设立。2007年9月29日，法纪检察科被撤销，改为反渎职侵权局。2008年7月28日，职务犯罪预防科设立。2010年10月，案件管理中心成立。11月22日，案件管理办公室设立，股级建制。

2012年2月23日，公诉二科设立。7月17日，网络信息科设立。同年12月底，离石区人民检察院内设机构为14个，即：反贪污贿赂局（侦查一科、侦查二科、侦查三科、综合科）、反渎职侵权局、办公室、政工科、侦查监督科、公诉科、公诉二科、职务犯罪预防科、案件管理办公室、监所检察科、民事行政检察科、控告申诉检察科、网络信息科、司法警察大队。2015年，将原先14个内设机构精简整合为"10+1"，即：政治部、检察事务部、反贪污贿赂局、反渎职侵权局、侦查监督与监所检察局、公诉局、民事行政检察局、职务犯罪预防局、案件管理与控告申诉检察局、司法警察大队、乡镇巡回检察室。同年，核定区检察院政法专项编制53人。

第四章 法 院

第一节 刑事审判

离石县抗日民主政府成立后，司法科配合开展除奸反特工作，审理一批与人民为敌，为日伪忠实效劳的汉奸、特务和破坏根据地秩序的盗匪、烟毒等重犯。

抗日战争胜利后，民国34年（1945）至民国36年，司法科审理和判处一批汉奸、土匪、特务和反动地主、恶霸。在县城和田家会、信义、大武镇、柳林镇等地召开有数千人至万人参加的公审大会，公开判决汉奸、敌特、土匪和反动地主。

1950—1951年，离石县开展镇反、取缔一贯道等运动，审判一批典型案件，尤其是在镇反中，对匪首、恶霸、特务、反动党团骨干、反动会道门头子等敌对分子进行审判，公开判处。1953—1955年，离石（山）县人民法院（以下简称离石法院）配合开展农村互助合作，粮食统购统销和机关内部肃反、社会镇反工作，审判和惩处一批破坏生产、破坏经济建设的犯罪分子。惩处隐藏在革命队伍内部的历史反革命和有现行破坏活动的反革命。20世纪60年代，离石法院深入基层办案，纠正1958年“大跃进”中审判工作上左的做法，恢复法定审判程序。1981年，离石法院开展严厉打击刑事犯罪活动的斗争。至1985年底，判处刑事案件143案，罪犯241人。1949—1990年，离石法院共审判各类刑事案件27710件，惩处各种罪犯4000余人。1991—1997年，离石法院受理各种刑事案件511件。

2004年，离石法院受理各类刑事案件150件259人，其中盗窃案47件112人、故意伤害案21件24人、交通肇事案18件18人、抢劫案18件38人、其他案件46件67人，审结案件149件258人，结案率为99.3%。2005年，离石法院受理各类刑事案件211件381人，全部审结，审结率100%。2006年，离石法院受理刑事案件148件310人，审结126件298人，审结率96.9%。2007年，离石法院共受理各类诉讼案780件，审结754件，结案率达96.7%，审限内结案率达100%。2008年，离石法院受理各类刑事案件265件439人，审结265件439人，审结率100%。同年，加大对“两抢一盗”犯罪（抢劫、抢夺、盗窃）、强奸、故意伤害（重伤）等严重暴力犯罪打击力度。判处10年以上有期徒刑15人，3年以上10年以下有期徒刑64人，判处3年以下有期徒刑、拘役、管制及其他刑罚375人，其中缓刑174人。2009年，受理各类刑事案件282件436人，审结278件428人，审结率98.6%。同年，继续把“两抢一盗”犯罪、强奸、故意伤害（重伤）等严重暴力犯罪行为作为打击重点。全年判处10年以上有期徒刑17人，3年以上10年以下有期徒刑78人，两项合计占审结案犯总数的22%。判处3年以下有期徒刑、拘役、管制及其他刑罚342人，其中判缓刑 168 人。2011 年，离石区法院受理刑事案件 289 件 492 人，审结案件 269 件 453 人，结案率 91.3%。判处 10 年以上有期徒刑 14 人，3 年以上 10 年以下有期徒刑 77 人，判处缓刑 253 人，拘役、管制 20 人，免予刑事处罚 2 人，宣告无罪 1 人。全年审结刑事附带民事案件 51 件，民事部分调解结案 40 件，调解率达 78.4%。

2012—2014 年，受理各类刑事案件 1187 件 1842 人，审结案件 1136 件 1759 人。全年共判处 10 年以上有期徒刑 44 人，3 年以上 10 年以下有期徒刑 215 人，判处 3 年以下有期徒刑 1334 人，判处拘役、管制 140 人，免予刑事处罚 31 人。2015 年，离石区法院受理刑事案件 351 件 535 人，审结案件 355 件 519 人。共判处 10 年以上有期徒刑 7 人，3 年以上 10 年以下有期徒刑 61 人。

第二节 民事审判

抗日战争时期，根据当时的游击环境，司法科处理民事案件主要采用深入实地、依靠群众、就地受理、就地审案的办法。对于重点案件，组织流动法庭进行审理。民国 29 年(1940)，推广边区马锡五就地办案、带卷下乡的审判方式，本着调解为主，判决为辅的原则，解决大量民事纠纷，稳定根据地的社会秩序。

1951—1958 年，司法科审理劳资、继承、房屋、债务、赌博、婚姻等民事案件 721 件，其中婚姻案件占 50% 以上。社会主义改造时期，民事纠纷大幅度下降。1958 年，民事案上升，离石法院深入农村，实事求是地解决大量民事纠纷和公私纠葛问题。

“文化大革命”期间，民事审判工作受到严重影响。1979 年后，涉及“两户一体”（专业户、重点户和新的经济联合体）的案件、债务案件，宅基、林权、房产等纠纷逐年增多。离石法院根据《民事诉讼法（试行）》规定，把大量的民事纠纷解决在基层。至 1990 年，全县民事案共审结 3500 件，涉及近万人。

2006 年，离石区法院受理民事案件 297 件，审结的 231 件民商事案件中，以调解、撤诉方式结案 114 件，占总数的 49%。审理行政纠纷案 9 件。审查、执行行政非诉案 45 件。清理执行积案 171 件，执行标的 600 万元。执行新案 34 件，执行标的 257 万元。2008 年，离石区法院共受理民商事案件 597 件，审结 531 件，审结率 88.9%。采取诉前保全措施 25 件，保全金额 130 万元。同年，以调解、撤诉方式结案 258 件，占结案总数的 48.6%。同年，发挥 10 名人民陪审员的作用，扩大司法民主，促进案件的化解。2009 年，离石区法院共受理民商事案件 697 件，审结案件 626 件，审结率 90%。以调解、撤诉方式结案 382 件，占到结案总数的 61%。全年采取诉前、诉讼保全措施 22 件，保全金额 120 余万元。调处案件 18 件。

2011—2015 年，离石区法院受理民商事案件 3539 件，审结案件 3151 件，结案率达 79.4%。以调解、撤诉方式结案 1567 件。

第三节 经济审判 行政审判

经济审判

1983年底，离石县法院经济审判庭成立。至1992年，共审结经济案213件，诉讼金额达1000万元。主动协助信贷部门追回贷款100万元。1993—1996年，离石市（县）法院受理经济案件56件，全部审结。

1997年，离石市法院受理经济案件41件，全部审结。

行政审判

1991年，离石县法院受理行政诉讼案15件，全部审结。1993—1996年，离石市（县）法院受理行政诉讼案62件，全部审结。

2004年，离石区法院受理行政诉讼案30件，审结29件，结案率96.7%，维持原判10件，撤销12件，确认违法3件，赔偿2件，变更2件。2008—2009年，离石法院受理行政诉讼案46件，审结46件，案结率达100%。以协调和矛盾化解方式，撤诉17件。2011年，离石区法院受理行政诉讼案26件，审结25件。受理非诉行政案件41件，执行35件。

2012—2014年，离石区法院受理行政诉讼案87件，审结82件。受理非诉行政执行案件13件，执行12件。

2015年，离石区法院受理行政案件121件，审结104件。受理非诉行政执行案件88件，执行79件。同年，离石区法院被吕梁市中级人民法院确定为吕梁市行政案件相对集中管辖的法院，除离石区外，管辖柳林、中阳、交口、石楼4个县的行政案件。

第四节 人民陪审 涉诉信访案件

人民陪审

1955年后，县法院除简单的民事和轻微的刑事案件以及法律另有规定以外，都实行人民陪审。

1980—1990年，离石县法院审理刑事案件479件，有380案是在人民陪审员参加下审理的，占到审理刑事案件总数的80%。

1995—1999年，离石市（县）有人民陪审员3名。2010年，离石区有人民陪审员25名。2015年，离石区有人民陪审员26名。

涉诉信访案件

2004年，离石区法院共处理群众来信20余件次，接待群众来访875人次。2008年，离石区法院处理涉诉信访案15件。全年共处理群众来信125件次，接待群众来访1389人次。2010年，明确立案二庭具体负责涉诉信访群众和信访案件的接待、导诉、处理、督查等工作。

同年，处理多年“信访老户”王某俊、刘某林、刘某香案件。

2012 年，处理上级交办与自行排查各类上访案件 51 件 175 人。2013 年，围绕区委、区政府提出的“大干五十天，集中化解信访案”活动，化解区委交办的信访积案 5 件。2014 年 12 月，离石区法院开通举报网站，并与上级法院实行联网。2015 年，受理群众信访举报案件 15 件，办结 14 件。

第五节　执　行

2004 年，离石区法院受理执行案 182 件，执结 137 件，占总数的 75.3%。清理旧存执行案 78 件，执行总标的 1120 余万元，其中和解执行 45 件，采取强制措施 76 次，扣押、冻结被执行人财产 420 余万元。2007 年， 受理各类执行案 125 件，执行 105 件，执行率 84%。受理非诉讼行政申请执行案 55 件，执行 45 件，执行率 83.5%。2008 年， 共执行各类案件 133 件，执行标的 510 余万元。拘留拒不执行法院生效裁判文书的被执行人 17 名。同年，配合区委开展毁地挖沙专项治理行动，共出动警力 40 余人次。配合山东、内蒙古等外地法院执行，共出动警力 196 人次，处理执行信访案 9 件。2009 年，共执行各类案件 342 件，执行标的 2383 万余元。

2011—2014 年，离石区法院共新受理执行案 1112 件，执结 1005 件，执行标的 1.43 亿元。执结旧案 194 件，执行总标的 5900 万余元。

2015 年，离石区法院新受理各类执行案 567 件，执结 374 件，执行总标的 3417 万余元。同年，建立健全信用惩戒制度，录入最高法院失信被执行人数据库 33 人，全年采取司法拘留 46 人，构成拒不执行人民法院生效裁判罪的依法移交侦查机关 5 人。

第六节　审判机构

民国初期，永宁县公署知事下，设承审员，办理审判事项，撰拟文牍。民国 22 年（1933），县公署改称县政府，设立司法科（处），受理民刑诉讼，设科长、书记员、录事、警察等数人。民国 29 年，抗日民主政府成立，设司法科，受审民事刑事案件，同时负责监所工作，此建制延续至中华人民共和国成立。

1951 年 7 月，离石县人民政府司法科改建为离石县人民法院，编制干警 11 人，开始行使独立审判权。

1955 年，干警增加为 13 人。各基层乡镇人民代表大会，民主选举人民陪审员 2 人，县法院建立起审判委员会，设民事、刑事两庭，在柳林、大武、圪洞 3 个重要集镇建立人民法庭。

“文化大革命”后，法院实行军管。审判工作由军管组审判办公室取代。1973 年 8 月，离石县法院恢复，有干警 7 人。1982 年，离石区法院设立经济审判庭。1985 年，城关、枣林、西属巴、田家会基层人民法庭组建。1987 年，执行庭成立。1990 年，设立行政审判庭。同年，县法院共设 5 庭（民事审判庭、刑事审判庭、经济审判庭、执行庭、行政审判庭）、1 室（办公室）和基层人民法庭 4 个。

2002 年 6 月 11 日，设立办公室、政治处、立案庭（内设立案室、书记官室、信访接待室）、刑事审判庭、民事审判一庭、民事审判三庭、行政审判庭（赔偿小组）、审判监督庭、执行局（内设执行一庭、执行二庭、监督协调办公室）、司法警察大队。

2009 年 6 月 11 日，设立后勤服务中心。12 月 14 日，设立研究室、立案第二庭、执行第三庭、刑事审判第二庭。2010 年 2 月 2 日，设立刑事审判第三庭。

2013 年，离石区法院内设办公室、政治处、研究室、立案一庭、立案二庭、刑事审判一庭、刑事审判二庭、少年刑事审判庭、民事审判一庭、民事审判二庭、民事审判三庭、行政审判庭、审判监督庭、执行局（执行局下设执行一、二、三庭及监督协调办公室）、司法警察大队、监察室、机关后勤服务中心。下设基层人民法庭 4 个：王家坡法庭、田家会法庭、西属巴法庭、交口法庭。共有在职干警 114 人。

2015 年，离石区法院内设办公室、政治处、监察室、财务科、案件管理办公室、诉前调解中心、司法技术鉴定中心、研究室、第一立案审判团队、第二刑事审判团队、第三刑事审判团队、第四刑事审判团队、第五民事审判团队、第六民事审判团队、第七民事审判团队、第八民事审判团队、第九民事审判团队、第十民事审判团队、第十一民事审判团队、第十二民事审判团队、第十三民事审判团队、第十四民事审判团队、第十五民事审判团队、第十六民事审判团队、第十七民事审判团队、第十八综合审判团队、执行局、第一执行团队、第二执行团队、第三执行团队、第四执行团队、第五执行团队、第六执行团队、法警大队、后勤服务中心、党建办。下设基层人民法庭 4 个：王家坡、田家会、交口、西属巴人民法庭。共有在职人员 117 人，编制 75 名（政法编制 63 名、事业编制 12 名）。

第五章　司法行政

第一节　法制教育

1985年8月，离石县成立普法教育领导组。同年，离石县第八届人大常委会第四次会议通过《关于开展法制宣传教育的决议》，离石县政府起草并印发《离石县普及法律常识的实施方案》。

“一五”普法（1986—1990年）

1986年开始，离石县根据1985年11月中共中央、国务院转发中宣部、司法部《关于用五年左右时间向全体公民基本普及法律常识的五年规划》和同年12月全国人大常委会作出《关于在公民中基本普及法律常识的决定》，在全县开展全民普法教育活动，除学龄前儿童外，凡有接受教育能力的人，均属普法对象，各级干部和青少年是普法的重点。在普法教育中采取集中培训骨干，印发法律和法制宣传资料、办板报专栏、大型画展、专题报告会和电视节目、知识竞赛等形式，对机关干部、厂矿职工、城镇居民、待业青年、中小学生、个体工商户以及广大农民进行法律宣传教育。至1989年底，全体干部群众基本上学完宪法、民族区域自治法、刑法、刑事诉讼法、民法通则、民事诉讼法、婚姻法、继承法、经济合同法、兵役法、治安管理处罚条例“十法一条例”。

1990年，进行验收，召开总结表彰大会，完成第一个5年普法教育。

“二五”普法（1991—1995年）

这次普法重点对象是县团以上各级领导干部，特别是党政军在职干部、执法人员，包括司法人员、行政执法人员、青少年，特别是大、中学校的在校生。内容以宣传宪法为核心，以专业法为重点。

“三五”普法（1996—2000年）

这次普法对象是县团级以上领导干部、司法人员、行政执法人员、企业经营管理人员、青少年。主要学习内容是邓小平关于社会主义民主与法制建设的理论，继续开展宪法知识和公民工作、生活密切相关的基本法律知识以及与维护社会稳定有关的法律知识教育，普及社会主义市场经济法律知识。

“四五”普法（2001—2005年）

这次普法对象是各级领导干部、青少年学生、企业经营管理人员。主要学习内容是继续学习邓小平关于社会主义民主与法制建设理论，宣传宪法和国家基本法律，学习宣传与公民工作、生活密切相关的基本法律知识以及与维护社会稳定有关的法律知识，宣传社会主义市场经济特别是与整顿市场经济秩序相关的法律法规。

“五五”普法（2006—2010年）

这次普法对象是领导干部、公务员、青少年、企业经营管理人员、农民。主要学习内容是通过开展“法律六进”（进机关、进乡村、进社区、进学校、进企业、进单位）活动和法治城市、法治县（市、区）创建活动，以及法治文化建设，全面提升法制宣传教育的文化品位和社会法治化管理水平。

2008年，离石区司法局在全区范围内组建村（居）民普法课堂，开辟墙壁普法园地，制作墙标和宣传栏，建立普法墙标400余块。同年，开展“法律六进”活动，组建由律师、法律援助工作者等组成的普法宣讲团，对全区所有公职人员、企业职工、村“两委”干部等进行为期2个多月的法律培训。开展依法治理示范单位创建活动，对申报的56个示范单位进行考核评比，有18个单位通过区级、市级、省级示范单位的验收。与离石广播电视台开办法制节目《法制进行时》。组织开展“12·4”法制宣传日活动。组织全区公职人员、村“两委”班子成员参加年度普法培训、考试。

2009年，开展“百场法制讲座进基层”等宣传活动，开设法制讲座30场次，散发宣传资料10万余份，解答法律咨询3500人次，约10万名群众接受法制教育。开展综治宣传月、人民调解宣传月、打黑除恶、校园周边环境整治、城乡环境综合整治、征地拆迁等专项法制宣传，共出动宣传车182辆次。同年，聘请116名大学生村官担任农村普法宣传员。继续在离石广播电视台办好《法治进行时》专题栏目。

2010年，离石区司法局配合区妇联、区工商局、区安监局开展“三八”妇女维权周、“3·15”法律咨询、全国安全生产日等法律宣传活动。同年，设置大型固定法治宣传标语1块、固定法治宣传标语12条。在《今日离石》开设专版“法律小百科”，介绍与群众生活密切相关的法律知识。4月23日，离石区四大班子领导及区直单位、乡镇、（街道）一把手共150余人，参加由吕梁市委依法治市领导组、市委组织部、市司法局联合举办的《加快建设社会主义法治国家》报告会。4月26日，县级领导和科级干部202人参加“增强法治理念，提高依法行政能力”的专题讲座。6月中旬，离石区委依法治区办公室分2组用1周时间，对各乡镇、（街道）、区直各单位“五五”普法工作进行督促指导。6月28日，市“五五”普法考核验收组对“五五”普法进行考核验收。12月4日，组织全体司法干警参加市、区两级组织的广场宣传活动，在下乡扶贫点莲花池街道刘家湾村组织“送法下乡”活动。同年，全区6944人参加“五五”普法总结考试。

“六五”普法（2011—2015年）

2011年，离石区制定“六五”普法规划和年度计划，制定下发《2011年全区普法依法治理工作安排意见》。5月5日，在全区政法工作会议上，离石区政府与各乡镇（街道）、区直各大口签订“六五”普法依法治理目标责任书，表彰普法先进集体39个、先进个人32名。

同年，区公、检、法、司深入12个乡镇、（街道）等23个村开展法制宣传，散发“六五”普法系列读本《农村实用法律知识200问》。

2012年，离石区组建由区直各单位、各乡镇（街道）、各村（居）委、社区普法骨干518人参与的普法队伍，组织大型培训3次。4月10—13日，对普法员进行为期3天的集中培训。9月26日，对全区正科级以上的干部进行培训。同年，先后举办法制讲座4期，培训农民160人次，发放法律宣传扑克1000副、法律援助宣传围裙500块、普法宣传资料2000份，解答法律咨询30人次。

2013年11月27—29日，全区首次尝试“无纸化”普法考试，全区共43个单位和部门1945人参加考试，占全区干部职工的28%，考试及格率100%。同年，表彰普法教育骨干22名、法律服务标兵20名。

2014年，《今日离石》“法律知识”专栏，每月刊登普法案例2篇，采用“以案说法”的形式宣传与广大人民群众生产生活密切相关的法律法规，宣传和解读国家新出台的政策法规。同年，离石区司法局发放法律法规宣传单1万份、《农村实用法律知识300问》《中华人民共和国宪法》《中华人民共和国人民调解法》《便民法律手册》等5000本。“12·4”首个宪法日法制宣传活动中，参与涉法单位、部门38个，发放宣传资料和书籍80余种，接受法律咨询400多人次。编发《离石司法信息》110期。编写、印刷《农村法律知识300问》《中华人民共和国宪法》《中华人民共和国人民调解法》5万册。

2015年，离石区司法局编写《法律进校园》法律读本。12月4日，与区委宣传部联合37个职能部门，在世纪广场开展法制宣传活动，展示版面80余块，散发宣传资料10万余份。同年，对“六五”普法考核验收，确定先进乡镇（街道）4个、先进机关集体16个、先进工作者12名、先进个人40名。

第二节　人民调解

20世纪50年代，离石县开始人民调解工作。

1980年，县司法局先后在农村、城镇居委、厂矿企事业单位设立人民调解委员会302个，有调解干部914名。1988年，确定调委会271个，有调解干部715名。至同年底，各调委会共调解各项纠纷20024件。

2009年，全区共有各级调委会220个，调解人员1476人。各级人民调解委员会共调处各类民间矛盾纠纷2693件，调解成功2652件，成功率达98%。共组织开展矛盾纠纷大排查36次，排查出各类矛盾纠纷173件。2011年，全区基层有人民调委会279个。同年，共调解各类纠纷2398件，其中形成调解案卷526件、口头调解1872件。其中交通调委会共调解事故纠纷369起，涉案金额1570万元。

2012年，全区共调处各类纠纷1145件，其中形成案卷134件，调解成功率达92.4%。2013年，离石区司法局在矛盾纠纷多发的单位成立调委会14个，其中交警队成立道路交通调解委员会1个、法院成立诉调对接调解中心1个、公安机关在12个派出所成立警民联调委员会12个。同年，全区共建立调委会224个，其中区人民调解委员会1个、乡镇（街道）调委会12个、村（社区）调委会197个。调委会成员有817名，其中专职人员203名。全年调解各类矛盾纠纷1796件，调解成功1760件，调解成功率达98%。受理调处疑难复杂矛盾纠纷27案，化解19案。2014年，全区调解各类矛盾纠纷2316件，调处成功2301件，成功率达99%以上。共办理民事案件108件，刑事及刑事附带民事案件30件，行政诉讼案件5件，非诉讼案件24件，法律援助案件70件。2015年，全区共有各级各类调委会230个，其中乡镇调委会12个、村（社区）调委会196个、居委调委会4个、行业性调委会3个、企事业单位调委会15个。共有调解员701名，其中专职人员124名。全区223个村（社区）实现法律顾问全覆盖，共调解各类矛盾纠纷2421件，调处成功2411件，成功率达99%以上。

第三节　律师业务

20世纪50—60年代，离石县法律顾问处设立。“文化大革命”期间被撤销。

1981年11月26日，离石县律师事务所成立（原为法律顾问处），有工作人员5人。1985年，律师事务所全面开展律师业务。至1990年底，共接待来访群众4166人次，法律咨询3071件，代写各种法律文书926份，代理参加民事诉讼121案，调解非诉讼案24件，办理刑事辩护26案，受聘担任单位和个人常年法律顾问41个，举办法制讲座18期、宣传102期。

2009年，律师事务所共办理各类案件52件，解答法律咨询400人次，代写法律文书35件，担任法律顾问8家，为顾问单位办理各种法律事务100余件，挽回经济损失900余万元。2011年，共办理民事案件88件，刑事及刑事附带民事案件20件，行政案件1件，非诉讼案件3件。办理法律援助案件31件。担任自然人、法人和其他组织法律顾问15家。

2012年，共办理诉讼案件166件，其中刑事辩护与刑事附带民事案件50件，民事案件代理113件，行政案件3件。办理非诉讼案件26件，义务咨询1800人次。2013年，受理案件87件，调处82件。2014年，山西航宇律师事务所共有执业律师13名，实习律师6名。同年，共办理民事案件108件，刑事及刑事附带民事案件30件，行政诉讼案件5件，非诉讼案件24件，法律援助案件70件。担任自然人、法人和其他组织法律顾问23家。

第四节　法律援助

2009年，离石区法律援助中心共办理法律援助案件100件，其中诉讼案件50件。代写法律文书72份，解答法律咨询160人次，受援人数达1280余人，培训援助工作站、联络点工作人员1次16课时130余人次。2011年，共办理援助案件161件，其中非诉讼案件47件、诉讼案件114件（刑事案件60件、行政案件1件、民事案件53件），胜诉率达80%，刑事辩护案件意见被采纳率达75%，为受援人挽回经济损失146万元，满意率达100%。接待咨询286次1496人，总受援人达1695人。

2012年，区法律援助中心共办理援助案件165件，其中刑事案件70件、民事案件65件、非诉讼案件30件，胜诉率达80%。刑事案件辩护意见被采纳率达75%，为受援人挽回经济损失70余万元，受援助人满意率100%。接待咨询150余次1650余人，总受援人数达1800余人。2013年，办理法律援助案件219件（其中刑事116件、民事64件、非诉讼39件），受援人数达到2000人。2014年，区法律援助中心共办理援助案件320件，其中刑事案件59件（审判阶段56件、审查起诉阶段1件、侦查阶段2件）、民事案件74件、非诉讼案件91件，胜诉率达80%。刑事案件辩护意见被采纳率达75%，为受援人挽回经济损失190余万元，受援助人满意率100%。办理公证援助案件35件，代书61份，接待咨询1876人次，总受援人数达2196人。2015年，区法律援助中心共办理援助案件377件，其中刑事案件71件（审判阶段38件、审查起诉阶段29件、侦查阶段4件）、民事案件120件。办理公证援助案件89件，代书65份，接待咨询1876余人次，总受援人数超过2253人。

第五节　公　证

1986年6月15日，离石县公证处成立，有工作人员6名。同年，开始帮助农民订立承包合同。在推行家庭联产承包责任制中提供法律服务。办理企业承包、租赁、招标及联营、购销、建筑承包、借款、扶贫、贷款等合同的公证。1982—1990年，离石县公证处共办理民事公证10471件，经济合同公证12326件。

2009年，共办理各类公证456件，其中民事类131件、经济类6件、涉外319件。2011年，共办理各类公证717件，其中民事类公证392件（涉港澳台3件）、涉外类公证325件。

2014年，区公证处共办理公证681件，其中涉外公证350件、民间公证292件、援助公证35件、经济公证4件。接待公证咨询800件，开具金融机构查询函50份，拒绝办理公证240件。2015年，离石区公证处共办理公证661件，其中民间公证380件、涉外公证171件、经济公证14件、援助办证89件。

第六节 社区矫正工作

2011年，离石区累计接收社区矫正对象342名，其中宣告缓刑326名、判处管制13名、裁定假释3名。在矫247名，解除矫正95名。同年，对12个乡镇、（街道）辖区内的社区矫正对象进行集中法律培训，共培训19次，培训278人。

2012年，离石区在全区成立第一家社区矫正工作办公室，副科编制，核定事业编制3名，为区司法局的内设机构。同年，区司法局组建由民警、司法、劳动、民政、教育、工、青、妇等部门参与的社区矫正工作队伍，全区共有专职工作人员130人、社会志愿者217人、社会工作者224人。全区累计接收社区矫正对象479人，其中宣告缓刑454人、判处管制21人、裁定假释3人、暂予监外执行1人。至年底解除矫正135人。2013年，接收社区矫正人员552人，解矫203人，在矫349人。2014年，全区累计接收社区矫正人员775人，其中解矫353人、在矫422人（管制2人、缓刑412人、假释3人、暂予监外执行5人）。同年，接收矫正人员204名，进行审前调查220例，走访1600余人次，共办理手机定位165人。2015年，全区累计接收社区矫正人员967人，其中解矫556人、在矫411人（管制5人、缓刑402人、假释1人、暂予监外执行3人）。离石区司法局为矫正人员办理由司法局承担费用的手机定位监管业务，定位矫正人员218人。

第七节 司法机构

1980年12月，离石县司法局成立。1981年起，乡镇一级人民政府陆续配备司法助理员。

2009年，莲花池、滨河、交口、红眼川、坪头、吴城司法所，经省、市验收达到规范化司法所标准。同年，凤山、城北、西属巴、田家会、信义、枣林司法所接受省、市考核组考核验收。2010年，离石区司法局内设办公室、宣教股、基层股、公律股。下辖事业单位3个，分别为山西航宇律师事务所、公证处、法律援助中心；乡镇设司法所12个，有工作人员51人。2011年，全区共有司法所12所，每所3—5人，每所有政法专编工作人员1人。全区律师事务所新注册实习律师6人。

2012年7月18日，全区有司法所12个、调委会212个，共有调委会主任212人，调委会成员612人。同年，新招录司法助理员44人。2013年，全区司法行政系统共有71人，其中局机关公务员17人、乡镇司法助理员6人、区法律援助中心3人、区社区矫正工作办公室3人、司法调解员42人。2015年，离石区司法局内设办公室、宣教股、基层股、公律股、矫正股。下设公证处、法律援助中心、离石区人民调解中心、山西航宇律师事务所、社区矫正办公室，乡镇（街道）设司法所12个。共有干部职工71人，其中公务员23人、事业人员9人、参照事业人员39人。

第二十三编

民　政

社会行政管理
社会保障
社会福利
机构

民国29年（1940），抗日民主政府成立，离石县设立民政科，开始对群众采取代耕制、优待劳动日制、优待现金制。1950年始，国家对烈军属、残废军人优抚对象根据困难程度先后实行实物、现金临时补助、定期补助、定期定量补助。2008年，按照民政部《关于贯彻落实优抚对象和部分军队退役人员有关政策的实施意见》文件精神，凡1954年11月1日以后入伍并参加过有关战斗，没有工作单位且家庭困难的退役人员，可享受每人每月平均100元生活补助；对优抚对象办理“优抚对象医疗优待证”，发放门诊费10万余元；对参加中越边境自卫还击战的12户40人予办理城市低保；2008年10月1日起，重点优抚对象提高抚恤金补助费18万余元。

2009年10月，离石区遭受严重雪灾、旱灾、涝灾等自然灾害，受灾人口达8.6万余人，倒塌房屋240间，为灾民发放救灾款67万元，发放救灾面粉3600袋（30万元）；11月9日—12日，离石区持续强降雨雪，受灾4021户11203人，离石区民政局立即启动应急预案，采购大衣、棉被各1500件，被褥、衣裤各750套发放到受灾群众手中，确保受灾群众温暖过冬。

2010年，离石区累计投入专项资金280余万元，新建和改建敬老院3所，并按照集中供养标准不低于2800元，分散供养不低于1900元的标准，对1482名五保老人发放五保款296万余元。2011年，发放城乡医疗救助款400余万元，救助747人次。2015年，全区集中供养39人，分散供养1432人，按照集中供养不低于5500元，分散供养不低于2800元的标准，对1471名五保老人发放资金422.41万元。

第一章　社会行政管理

第一节　基层自治组织

1991 年，离石县民政局制定关于在全县开展村民自治示范村活动的实施方案，在阳坡乡磨湾村开展村民自治示范村活动，贯彻村民委员会组织法，依法选举村民委员会，县民政局总结经验，印发《关于阳坡乡磨湾村村民自治示范村活动的情况报告》，指导各乡镇展开工作，全县有达标村 12 个。

1997 年 1 月，第四届村民委员会换届选举工作开始，全市 254 个村委会全部换届，选出新一届村委会主任 254 人，委员 970 人，平均年龄 40 岁。

2008 年 11 月 8 日，全区第八届村委会换届选举进入准备工作阶段，共涉及 193 个村，确定选举日的村数为 192 个，党支部书记、村委会主任“一肩挑”村数达 80% 以上。2009 年，完成村委换届选举任务。组织村委会进行工作交接，制定完善新一届村“两委”议事规则，建立健全村民会议和村民代表会议，完善村委会工作制度、村务公开民主管理制度和农村党风廉政建设制度等民主监督制度。2011 年 8 月，离石区委组织部和民政局联合印发《关于开展农村“两委”换届选举调研工作的通知》，组织 6 路调查组进行 1 个月摸底调查。对全区各乡镇（街道）科级领导和区直有关部门领导进行培训。全区共有行政村 193 个，至 12 月 18 日，有 85 个村党支部换届完毕，68 个村党支部完成两推工作，192 个村推出选委会，61 个村选出妇女干部，4 个村吸收大学生村官进村委。

第二节　地名地界管理

1991 年，离石县民政局按时完成县情大全的初稿编撰工作，同时设立地名标志，加强地名管理，完成地名补查和资料更新工作，全县乡村共设立村名标志 235 块，在县城主要街道设立路标。

1997 年，离石市民政局工作人员历经 3 个月，分别进行实地勘察、走访调查，完成 5 个县边界线勘定工作。

2015 年，离石区民政局根据第二次全国地名普查工作安排，开展普查前期的业务培训准备工作；落实地名公共服务工程各项任务，修订《离石区地名管理办法》，健全地名命名规则及相关技术标准，实现地名命名与更名规范化、标准化；加强地名标志设置管理，规范有序编制门牌，路名牌、门牌等地名标志设置，制作严格执行国家相关标准，实现地名标志设置全区城乡全覆盖。

第三节 社团管理

1991年，离石县民政局对全县范围内的社团进行排查，摸清全县有社团13个，其中8个社团不属县级社团，不在登记范围，登记发证4个，审查1个。

2008年，离石区民政局共登记社会团体5家。2011年，区民政局对民间组织开展年检工作，做到材料审查与现场检查相结合，年度检查与平时检查相结合，参检率达98%以上，合格率达100%，全区登记造册民间组织52家，其中新登记成立民间组织23家，合格率达100%。

2012年，全区登记社会团体31家，民办非企业单位63家。2015年，全区社会团体登记8家，民办非企业单位登记39家。全区社会团体登记累计达57家，民办非企业累计达183家。

第四节 婚姻管理

1948年，晋绥边区政府颁发婚姻条例，规定男20岁、女18岁方可经民国政府批准登记结婚，夫妻感情不和允许提出离婚，去政府办理离婚手续，双方如有一方坚决不离，经调解无效，可向司法机关提出诉讼，依法判离。

20世纪50年代，离石（山）县的婚姻登记分别是：县城的由县民政局办理；乡村的由区政府办理。1950年，颁布《中华人民共和国婚姻法》，废除父母包办、男尊女卑的封建陋习，禁止重婚、纳妾、童养媳和买卖婚姻，实行男女平等、婚姻自由的一夫一妻制。1950年5月至1951年4月，全县共办理结婚登记1715对，办理离婚1225对，其中男方提出离婚183对，女方提出离婚1042对；经调解不离婚8对，转法院判决离婚6对。1955年，中央内务部公布婚姻登记法后，离山县在29个乡镇建立婚姻登记站办理结婚，离婚和复婚由区公所办理。当年共办理结婚登记4820对，恢复婚姻登记114对，离婚登记1803对。

进入70年代，县内男女青年响应国家号召晚婚晚育，执行城市结婚男28岁、女25岁，农村结婚男25岁、女23岁的晚婚规定。1981年，离石县执行新婚姻法，男结婚不得早于22岁，女结婚不得早于20岁，鼓励晚婚晚育，严禁年龄不够、强迫包办、重婚、直系血亲、三代之内旁系血亲及患有麻风病和医学范围内不能结婚的人员登记结婚。1986年，全县15个乡镇的婚姻登记员统一由乡镇民政助理员兼任，并进行统一培训，经考核合格后，办理婚姻登记员证书。1988年，县民政局与妇女联合会、共青团离石县委等有关部门组成联合调查组，对15个村民委员会从1985年10月至1987年10月婚姻登记做抽样调查，被调查的2311户中，有223对举行婚礼，其中未办理结婚登记80对，早婚10对。1990年，全县未办理婚姻登记120对，其中早婚39对。通过宣传教育，逐步纠正。

1997年，登记合格婚姻1080对，共查处违法婚姻243对。2003年10月1日，离石市婚姻集中登记办公室成立，农村因各种原因未登记的事实婚姻陆续补登。

2007年，共办理结婚登记1951对，离婚登记213对。2008年，办理结婚登记2566对；补领结婚证89对；协议离婚212对；复婚23对，全区结婚登记率达80%以上，登记合格率100%。2009年，全区登记结婚3500对，协议离婚242对，补办结婚证236对，登记合格率达100%。2011年，区民政局设立档案室，对登记结婚的人员分类归档，办理结婚登记4269对，离婚登记255对，补办婚姻登记417对。

2012年，办理结婚登记3895对，离婚登记399对，补办结婚登记465对，登记合格率100%。2013年共办理结婚登记3895对，离婚登记390对，补领结婚登记465对，无一例违法登记事件发生，无有效投诉，登记合格率100%。2014年办理结婚登记3315对，离婚登记460对，补领结婚登记329对。2015年，办理结婚登记3209对，补办结婚登记1079对，离婚登记566对，补办离婚证38对，无1例违法登记事件发生，无有效投诉，登记合格率100%。

1971—2015年离石区（县、市）婚姻登记情况统计表

表23-1　　单位：对

年份	准予结婚登记	申请结婚未准登记	恢复结婚	申请离婚		
				准予离婚登记	调解不离	转法院处理
合计	19447	44996	521	6577	2593	515
1971	684	199	23	189	164	25
1972	571	104	16	156	140	16
1973	794	115	17	94	76	18
1974	1356	352	56	168	256	8
1975	487	232	80	184	262	40
1976	476	214	28	134	86	48
1977	534	135	43	133	135	20
1978	898	49	32	127	122	12
1979	901	125	31	104	90	14
1980	1010	201	28	81	66	15
1981	1524	156	9	77	60	54
1982	1698	125	31	119	171	56

续表 23-1

年份	准予结婚登记	申请结婚未准登记	恢复结婚	申请离婚		
				准予离婚登记	调解不离	转法院处理
1983	1550	253	34	220	218	52
1984	648	179	23	189	164	25
1985	1138	135	24	105	160	15
1986	935	54	17	64	150	12
1987	1033	46	4	79	160	23
1988	924	35	10	31	15	6
1989	980	47	10	60	53	25
1990	1306	110	5	54	45	31
1991	300	300	0	12	0	0
1992	210	210	0	10	0	0
1993	283	283	0	10	0	0
1994	338	338	0	21	0	0
1995	380	380	0	24	0	0
1996	575	575	0	22	0	0
1997	435	435	5	24	0	0
1998	505	505	8	46	0	0
1999	150	450	6	43	0	0
2000	156	456	10	38	0	0
2001	180	480	8	33	0	0
2002	429	429	3	47	0	0
2003	540	540	14	94	0	0
2004	807	1807	23	231	0	0
2005	1125	1125	30	231	0	0
2006	2082	2082	35	246	0	0
2007	1951	2138	29	213	0	0
2008	2566	2598	28	212	0	0
2009	3500	3332	34	242	0	0

续表 23-1

年份	准予结婚登记	申请结婚未准登记	恢复结婚	申请离婚		
				准予离婚登记	调解不离	转法院处理
2010	4179	4179	38	282	0	0
2011	4046	4046	32	262	0	0
2012	3895	4493	40	399	0	0
2013	4145	4138	59	440	0	0
2014	3317	3317	72	461	0	0
2015	3209	3494	85	566	0	0

第五节　殡葬管理

1991 年，离石县民政局进行殡葬习俗改革，在田家会镇长生村建成村办园林式公墓 1 处。

2008 年，离石区殡葬管理所成立，火化尸体 70 余具。该所向区委、区政府、区发展计划局、区编办、区国土资源局、区乡村建设管理中心递交兴建离石区卧虎山经营性陵园骨灰公墓的申请，陵园总占地 13.33 公顷（非耕地），建设殡仪堂 400 平方米，冷冻间 100 平方米，焚化车间 100 平方米，骨灰领取处 50 平方米，骨灰存放间 300 平方米，总投资 150 万元。2009 年，区民政局对殡仪馆年久失修的房屋、地面等进行补修，火化尸体 71 具。2011 年，火化尸体 60 具。

2012 年，火化尸体 51 具。2013 年，火化尸体 31 具。2014 年，火化尸体 32 具。2015 年，火化尸体 46 具。

第二章 社会保障

第一节 优抚安置

代耕制

民国29年（1940）至1956年合作化前，境内一直采用代耕制。民国30年，全县享受代耕制的对象168户，由640个代耕组（对）2068名劳力代耕土地29.33公顷。1951年，全县享受代耕户4046户。

1954年，离山县有军烈属4926户，二等以上伤残军人及在乡退伍老红军269人，三等革命伤残军人及复原专业军人2502人，共7733户。全县每个劳动力担负代耕工3个，不足部分由财政补助款71918元。1955年，山西省政府拨补生产资料和化肥专款41826.3元，离山县人民政府用该款购买化肥、豆饼、牛、羊、仔猪等，发放到优抚对象。

优待劳动日制

1956年，离山县普遍实行合作化，代耕制改为优待劳动日制，全县共有军烈属和二等以上伤残军人4398户，16230人，经过民主评定审议，1758户5876人共享受优待劳动日125022个。1965年，全县共有优待对象2391户8107人享受优待劳动日265859个。

优待实物 现金制

1950年始，国家对烈军属、残废军人优抚对象根据困难程度先后实行实物、现金临时补助、定期补助、定期定量补助。1951年，发放小米5.4万千克；1952年，发放小麦5.18万千克，人民币4127元；1953年发放优抚救济款134699.48元；1954年发放216717.48元。1955年，军烈属享受优抚补助1140户1492人，军烈属子女享受入学补助的307人，补助款8024元。1960年起，改为定期定量补助，享受对象有所扩大。

1978年统计，全县有烈属100户，残废军人2户，在乡退伍红军3户，复员退伍军人52户享受定期定量补助，发放补助款7140元。1982年以后，全县的优待形式变为优待现金、粮食、工分3种。全县优待对象为1117户，共享受优待现金128727元，粮食27162.5千克，劳动工分750个。1984年起，实行单一的优待现金办法。1985年，定期定量补助改为定期抚恤金。1989年，城关、阳坡等6个乡镇对军龄长、超期服役、立功受奖的义务兵增加优待金。同年始，对死亡伤残军人家属发丧葬补助费250元。1990年，112户义务兵家属优待现金总额为40356元，户均360元，人均纯收入达到全县农民人均纯收入的一倍。同年，在乡退伍红军生活补助费每人增15—20元，每人每月补助达90—150元；红军失散人员每人每月补助达35元，在乡退伍、复员军人的定期定量补助每人提高10元，共提高1053名优抚对象补助额度，补助金额增加119400元。1991年5月，离石县民政局起草《离石县军人抚恤优待实施细则》，7月开始全县施行。当年，农村义务兵家属114户全部享受优待，全县平均户均优待金432元，达当地乡镇1990年人均纯收入水平。其他优抚对象1273户，享受优待金的有458户，占到优待对象总数的36%，户均优待金89元。同时，全县建立“拥军优属服务小组”100个，办好事1500件，为优抚对象解决化肥、优种、耕地、农药、浇地、吃水等问题。村委、乡镇为优抚对象办实事200余件，为619户优抚对象解决生产、生活和疾病治疗困难，优先批宅基地120户359间。城镇退伍军人72人全部安置；县、乡、村三级对12名农村退伍军人生产、生活方面提供方便，妥善安置，其中8人发挥专业技术特长。

1997年，根据晋民计字〔1995〕92号《关于提高部分优抚对象抚恤补助标准的通知》精神，市民政局对革命烈士、因公牺牲、病故军人的家属（简称“三属”）和在乡退伍红军提高补助标准，“三属”抚恤金每人每月增加5元，在乡退伍红军每人每月增加5元；对二等、三等在乡革命残疾军人和“三属”户每人每月增加粮食补助8元；提高特等、一等革命残疾军人护理费标准，特等残疾军人每月提高到230元，一等残疾军人每人每月提高到180元。为优抚对象换发“三属”定期抚恤金领取证和优抚对象定期定量费用领取证600余本，对志愿兵和城镇义务兵采取指令性分配包干安置和双向选择等多种渠道。

2007年中国人民解放军建军80周年之际，依据政策为661名重点优抚对象提高生活补助标准，提高总金额为25万余元；对1954年11月以后参战、参核人员进行摸底，有参战82人，参核12人；组织原8023部队人员进行体检；对未能享受公费医疗的优抚对象260余人解决“解三难”款8万余元。2011年，对全区40余名重点优抚对象、伤残军人、抗美援朝复员军人进行走访，发放抚恤金。对60周岁及以上退伍老兵给予每有1年军龄每月补助生活费用10元。

2012年，对原8023部队和对越参战部队退役人员开展走访、谈心活动，并解决生活、医疗、住房等实际困难。

第二节 赈灾救济

赈灾

1991年，离石县发生旱灾，县民政局对部分重灾缺粮户进行救济，先后发放救灾款35万元。

1997年，离石市民政局下拨救灾款77.9万元、白面7.9万千克、衣被188件；10月上旬，发动干部职工开展“扶贫济困送温暖”活动，截至11月底，有85个单位3100人为灾区捐衣物2840件，捐款51986元，其他物品折款1450元。

2007年9月26日至10月10日，离石区连续降雨，洪涝灾害严重，区民政局发放救灾款48万元，发放救灾粮4312.5万千克，全部救助灾民、特困户。同时向上级争取救灾款180万元，房屋恢复重建款370万元。接受首都人民爱心捐赠衣物1000包3万余件，总价值60万余元。2008年，重新修订和完善《自然灾害应急预案》，发放救灾面粉1600余袋，春荒救灾款60万元，救灾棉衣、裤1150套、棉被1240件、棉褥926件。发放2007年房屋恢复重建款150万元；进行捐款活动4次，在向离石区人民“送温暖、献爱心”活动中，收到各乡镇、各大口、各单位、区四大班子领导捐赠衣物380余件，捐款31万余元；南方遭受暴风雪灾害后，组织并接收社会各界人士向南方雪灾地区捐款22万余元；5月12日汶川特大地震发生后，离石区民政局发出向地震灾区献爱心募捐倡议书，并抽调专人24小时接收社会捐赠，共募集社会各界捐赠资金320万余元；11月，给四川灾民筹集衣被款16万余元。2009年，离石区遭受严重旱灾、涝灾、雪灾等自然灾害，受灾人口达8.6万余人，其中特困灾民2.12万人（包括因灾需治伤病人员5000余人，缺衣少被人员4000余人），倒塌房屋240间，为救助灾民，共发放救灾款67万元，发放救灾面粉3600袋（折合人民币30万元）；11月9—12日，离石区遭遇持续强降雨雪天气，全区受灾人口达4021户11203人。区民政局启动应急预案，采购大衣、棉被各1500件；被褥、衣裤各750套，发放到受灾群众手中。2011年，发放棉衣、裤500套，棉被2000床，褥子1500套，大衣500套，救灾白面7251袋折合人民币120万元。下发救灾款90万元。

2015年，发放棉衣裤1560套、棉被褥1560床，冬令春荒救济款150万元。

救济救助

中华人民共和国成立后，国家每年对农村贫困户发放社会救济专款。1954—1984年，离石（离山）县累计发放社会救济款100万元，按2800户贫困户计算，户均350元。20世纪80年代后，国家把扶贫工作作为社会救济方式。1985年，离石县民政局发放扶贫资金9.7万元，扶持优抚对象和贫困户2762户12171人，其中扶持运输业20户103人，农副加工业42户191人，养殖业624户2690人，种植业2064户9201人，当年脱贫率达50%。至1990年，离石县民政部门共扶持贫困户3900户，脱贫3120户，脱贫率达80%。

2012年，离石区民政局对67名孤儿给予生活补助，发放补助金28万元，同时建立三级网络报灾平台。2015年，临时救助780人，发放临时救助款77.9万元。对74名孤儿给予生活补助，发放补助金53.28万元。救助流浪乞讨人员60人，发放3.5万元。

第三节 最低生活保障

农村最低生活保障

2007年，离石区民政局对农村户口居民按照当地维持农村居民基本生活所必需的衣、食、住费用，并适当考虑水、电、燃煤费用及未成年人义务教育费用来确定标准。至年底共有 2838 户、3690 人享受农村最低生活保障，人均月补助标准为 32.55 元，累计发放金额 144.12 万元。2008 年，对农村低保户 3252 户、3690 人进行复核。至年底，共发放农村低保金 217 万元，基本实现应保尽保。2009 年，农村低保标准每人每月 66 元，共发放低保金 404 万余元。

2015 年，核减农村低保人数 805 人、新增 653 人，农村低保享受人数 13612 人。从 2015 年 1 月起，农村低保每人每月提标 23 元，增长 12%。

城市最低生活保障

2007 年，离石区民政局对城市低保对象中冬季取暖集中供热户调查，分类给予集中补贴，其中 85% 由区财政负担，截至 12 月底，共有 194 户享受供热补贴，计人民币 11 万余元。2008 年，离石区共对 C（弱势群体）、D（五保户）类城市低保对象 4440 户、12000 人进行复核，取消不合格城市低保对象 325 户、754 人。同时新增特困户 294 户、847 人。同年，共发放城市低保金 2025 万元。2009 年，对全区 45 周岁以下低保对象 2710 户、7964 人进行复核，取消不符合城市低保对象 603 户、1632 人，接收新办低保 1500 户、3425 人。同年底，离石区人均补助水平从 85 元提高到 116 元；离石区确定城市低保对象 6123 户、14857 人，收到上级拨款 1553.5 万元，同年底，发放低保金 1302 万元。

2015 年，核减城市低保人数 1444 人，新增 254 人，城市低保享受人数 15120 人。同年 1 月起，城市低保每人每月提标 31 元，增长 8.6%。

第三章 社会福利

第一节 福利院

1956年，离山县社会福利院创办，共收养城市中无家可归，无依无靠的孤老残幼人员56人，配备管理人员19人。该福利院内办有养殖场，有奶牛17头、奶羊3只、公羊1只、马1匹、驴3头、猪5头、山羊68只，年收入4000余元，种水地5亩，年产蔬菜1.5万余千克。1981年，吕梁地区民政局收回该福利院。

第二节 福利生产

1958年，离石（山）县盲聋学校创办，有教师3人、行政后勤人员4人，第1期招收学员35名。同年7月，全县在县城和柳林镇举办福利生产厂（组）14个，组织无职业的贫民和“三属户”（革命烈士家属、因公牺牲军人家属、病故军人家属）、残疾人256人，开辟生产门路13条，完成年产值235473.62元。1959年4月，离石县建立盲人教学工厂，有职工42名。部分盲人学员学会按摩、盲文说唱新文艺节目，16人学会编织技术。20世纪60年代初停办。

1989年，离石县将3个乡镇的双扶经济实体转为社会福利工厂，其中油脂厂2个，加工厂1个，共有职工70人，内有残疾人28名。同年12月，离石县首届残疾人代表大会召开，选举成立离石县残疾人联合会，全县7000余名残疾人开始有专属组织。1991年，离石县民政局对现有福利企业和经济实体进行整顿，对符合政策的7个经济实体进行验收发证。同时资助田家会镇长生村0.8万元，兴办救灾扶贫石料厂，6月投产，安置灾民30人，全年收入15万元；田家会镇兴办耐火材料福利厂，安排残疾人5人；王营庄乡兴办综合福利加工厂，安排残疾人5人。年底，全县共有民政经济实体和福利企业17个，安置残疾人57人，年产值422万元，年利润100万元。1992年5月，离石县民政局救灾福利扶贫公司成立，筹集资金30余万元，安置残疾人、灾民、贫困户36人，开展服装加工和副食批发零售业务。1993—1996年，该公司租房开展服装加工和副食批发零售业务。1997年后，停业。

第三节 农村五保 医疗救助

农村五保

1956年，农业合作化时期，离山县开始实行集体照顾无依无靠的鳏寡孤独和残疾社员生活，国家每年给予救济。

1963年，全县有五保（保吃、保穿、保住、保衣、保葬）户946户1384人，享受国家社会救济款5918元。1979年，农村实行家庭联产承包责任制，五保户的生活普遍改善。1981年，对全县五保户进行全面检查，对吃粮、住房、衣服被褥、零花钱等进行摸底，出现问题及时解决，对符合五保条件尚未享受五保的办理相关手续实行五保。1983年，全县有符合五保条件的209人，享受五保的134人，颁发五保供养证书，签订《五保供养协议》和《遗属抚养协议》，并建立档案。1987年，对143名五保户实行定期定量补助，标准为集体供养分散照料的，每人每月7元；集体供养入住敬老院的，每人每月610元，全年补助14844元。

2007年,符合五保条件的对象全部纳入五保户,做到应保尽保,全区有五保对象1481人，其中分散供养1477人，年供养标准为1200元/人；集中供养4人，年供养标准1440元/人。全年共发放五保金177816元。2008年，全区共有五保对象1481人，五保供养标准分三类：凤山、莲花池、滨河街道办为1500元/（人·年）；交口、田家会、西属巴、城北街道办、红眼川乡为1300元/（人·年）；吴城、信义镇、枣林、坪头乡为1100元/（人·年）。同年，共发放五保资金177.4万元。2009年，全区共有五保对象1481人，其中集中供养的有162人，分散供养的有1319人。共支出五保金177万余元，其中区自筹资金11.5万元。2010年，离石区累计投入专项资金280余万元，新建和改建敬老院3所，并按照集中供养标准不低于2800元，分散供养不低于1900元的标准，对1482名五保老人发放五保款296万余元。

2012年，全区集中供养71人，分散供养1400人，按照集中供养标准不低于3300元，分散供养不低于2000元的标准，对1471名五保老人发放五保款303.43万元。2015年，集中供养39人，分散供养1432人，按照集中供养标准不低于5500元，分散供养不低于2800元标准，对1471名五保老人共发放资金422.41万元。

医疗救助

截至2007年6月底，离石区享受城市医疗救助38人，共资助2244万元，享受农村医疗救助49人，共资助1597万元。春节前将当年救助资金141万元全部落实到位。2008年，对116名特困大病患者实施医疗救助，前半年发放城乡医疗救助款60余万元。2009年，对425名困难家庭患病者实施医疗救助，其中城市救助175人，下发救助款65万元；农村救助250人，下发救助款66万元。共发放城乡医疗救助款131万元。2011年，发放城乡医疗救助款400余万元，救助747人次。

2012年，发放城乡医疗救助款420万元，救助743人次。2013年，共发放城乡医疗救助款448万元，救助830人次。2014年，共发放城乡医疗救助款542万元，救助1130人。2015年，全区城乡医疗救助1319人，发放医疗救助款610万元。.

第四章 机 构

第一节 管理机构

民国29年(1940)1月,离石县抗日民主政府成立,内设民政科。中华人民共和国成立初,民政科一直是政府的办事机构。1957年5月,离山县民政科改称离山县民政局。1962年5月,离石县民政局与离石县劳动局合并,改称民政科。1963年5月,民政科分设民政局、劳动局。1967年4月,民政局先后改称民政办公室和民劳办公室。1975年11月,民政局恢复。

至1998年8月,离石市民政局内设办公室、优抚安置股、救灾救济股、基层行政股。

2015年,离石区民政局内设股室6个,分别是办公室、计财股、双拥优抚股、安置股、救灾股、民管中心、基层政权建设股,有在编人员22人,其中行政人员10人、事业人员12人。

第二节 下属单位

2015年,离石区民政局下属事业单位有4个,分别为离石区殡仪馆、殡葬管理所、低保中心、婚姻登记中心。

第二十四编

劳动　人事

劳动

人事

第一个五年计划时期，离石城镇劳力不足，除在城镇挖掘劳动潜力外，主要从农村招收工人，不办户口，不转粮食关系，自愿报名，县民政科办理手续即可。1985年后，一律实行劳动合同制：合同期限有3年、5年、8年、10年不等。

1953年起，离石县执行国家劳动部公布的劳动保险条例，100人以上的国营及合作经营的工矿单位，须按月交纳全部职工工资总额的3%作为劳动保险金，男满60周岁，女满55周岁，一般工龄满25年，本企业工龄满5年可退休养老，领取本人原工资的50%—70%养老金，至死亡止。1978年，根据国务院新公布的《工人退休退职暂行办法》，全县县营以上单位全部建立退休退职制度。2015年，全区城镇职工基本养老保险参保2.83万人，城镇基本医疗保险参保9.16万人，城乡居民社会养老保险参保8.49万人，城镇失业保险参保4.1万人，工伤保险参保3.75万人，城镇基本生育保险参保2.03万人，企业养老保险人均月基本养老金提高10%，城乡居民基础养老金最低标准提高至每人每月85元。

1956年始，离山县教育部门举办文化补习班(包括初中班和高中班)，对全体职工进行轮流培训。党政机关的部分职工被选送到各高等院校和中等专业学校学习深造，各大中型企业自办业余大学、夜大，推荐部分职工上职大。2015年，全区共组织各类职业技能培训3866人。

1980年，离石县实行劳动部门招工就业，自愿组织单位就业和自谋职业的“三结合”就业方针。1981年10月，离石县劳动服务公司成立，组织培训全县城镇劳动力就业。国家对新办集体企业免税3年，并拨周转金扶持新办集体企业。1986年，三年免征税政策取消，一部分企业关门停业。2015年，抽调专人分6个小组对全区5个乡镇7个街道办395户企业开展调研服务，城镇失业人员再就业1010人，技能鉴定356人，城镇登记失业率控制在4.2%以内。城镇新增就业岗位4200个。

中华人民共和国成立初，离石县干部来源主要有4个方面，即：抗日民主政府组成人员；兴县专署分配人员；华北人民革命大学和山西公学派遣人员；工人、农民中吸收录用人员。2015年，全区共有专业技术人员5951人，其中正高16人、副高232人、中级1997人、初级3774人。

20世纪50年代到1984年，离石（山）县县级干部提拔任命由山西省委审批，科局级干部提拔任命由吕梁行署审批，股站一级干部提拔任命由县决定。1984年后，正县级干部提拔任命由山西省委审批，副县级干部提拔任命归吕梁地委行署审批，并由同级党代会、人代会、政协委员全体会议选举。科一级干部，党委系统由县委任命，群团系统由各自的代表会选举，政府序列的委、局、办主要负责人，由县长提议，县人大常委会任免。股站一级的正职由县人事局任免，副职由主管部门任命。干部的管理，由哪一级任命，归哪一级管理。推行企业经济承包制后，县属局以下企业厂长、经理由主管局任命，副厂长、副经理由正职提名任命。

第一章 劳 动

第一节 劳动制度

中华人民共和国成立初期，离石县多数临时工不受劳动计划控制，很少签订劳动合同。

1957 年下半年，根据国家有关规定，要求不管是临时工、季节工还是借调工人，均与单位签订劳动合同。1958 年，全县共有临时工 7907 人，合同期多数为 1 年左右，进城做工的社员需向生产队交纳“公积金、公益金、管理费”三项费用，男社员每人每月 3.5—4.5 元，女社员每人每月 2.5—3.5 元。

1959 年，有 1325 名合同工、临时工由晋中专区批准转为固定工。1963 年，根据国务院精神，对 1961 年以前参加工作、精减后在岗的 83 名合同工转为固定工。1966 年，实行亦工亦农、轮换工制度，轮换时间 5 年、7 年不等。亦工亦农需向生产队交纳部分工资作为“三项费用”，凭此生产队给亦工亦农记工分（按平均劳动力水平），参加当年生产队的收益分配。1972 年，根据国务院文件精神，1971 年 11 月 30 日以前经计划劳动部门招用的 1031 名合同工人，全部转为固定工。1975 年和 1976 年再次实行亦工亦农制度，两年内共招收 517 名。1985 年，改革用工制度，新招工人一律实行劳动合同制，出现正式工、合同制工、临时工并存的格局，当年共有合同制工人 547 名，合同期限 3 年以上、15 年以下不等，由用工单位与工人协商而定，合同期满后根据用工需求和工人的在岗表现可续订合同。1990 年，全县合同制工人共有 744 名。

2007 年，全区企业签订劳动合同 15000 人。粮食系统 3 户改制企业涉及职工 101 名，全部清算完毕，养老，失业、医疗“三项保险”共计 244 万元。2008 年，开展以规范用工行为为重点的劳动用工治理整顿，全年新签订劳动合同和用工备案 1.1 万人。2010 年，督促办理劳动用工手续 21880 人，续签劳动合同 10320 人，劳动合同签订率达 96% 以上。2011 年，积极开辟公益性岗位扩就业。重点开发适合就业困难群体人员再就业的保安、环卫等“低门槛”岗位。全区共开发环卫、公安交警协勤、工商协管、学校保安等公益性岗位 202 个，其中，安排大中专毕业生就业 95 人，退伍军人 55 人，就业困难人员 52 人。

2012 年进一步拓宽就业渠道，组织 2012 年度大学生见习 62 人。2013 年，坚持凡进必考，把好“入口关”。全年为区公安局、交警大队招聘公安、交警协勤人员 163 名。2014 年，区江阴中学自主引进 43 名硕士研究生；加大奖励优秀人才政策，对全区 2013 年度有突出贡献的 23 名优秀人才进行了表彰奖励。2015 年底，离石区开发交通协管、计生协管等公益性岗位 75 名，其中交通协管 60 名、乡镇计生协管员 15 名。

第二节 劳动力管理

计划招工

中华人民共和国成立初，离石县有职工 708 人。第一个五年计划时期，离石城镇劳力不足，除在城镇挖掘劳动潜力外，主要从农村招收工人，不办户口，不转粮食关系，自愿报名，县民政科办理手续即可。至 1957 年，全县职工增为 2051 人。1958 年，根据国家有关政策，农村户口合同工全部精减，被精减职工发给 1—2 月工资和路费返回原籍。1961—1963 年，全县精减职工 1732 人，压缩城镇非农业人口 1 万人。

1985 年后，一律实行劳动合同制：合同期限有 3 年、5 年、8 年、10 年不等。

子女顶替就业

1962 年，子女顶替就业开始，当年中央精减小组发出厂矿企业招收家居城市的职工子女顶替退休职工的通知，其中矿山井下、森林采伐行业的职工子女不受城市和农村限制。1965 年，全县实行统一的职工退职、退休子女顶替办法。

1975 年后，全部行业子女顶替不再受城市、农村限制。1972—1979 年，全县有 781 名退休工人子女接班就业。1980 年，有 60 名退休干部子女接班就业。1985 年，有 84 名退休工人子女顶替就业，招为合同制工人。1986 年 10 月，国家取消子女顶替制度，只限于矿山井下和森林采伐、工龄满十年的职工以及 1957 年底参加工作，因工致残丧失劳动能力的职工。当年共办理煤矿林业等行业子女顶替 565 名，其中，地直单位 225 名，县直单位 340 名，全部招为合同制工人。

工人调动

工人调动的原则是调出调入保持平衡。离石县各系统内工人调动不经过劳动部门，由主管局负责办理，跨县调动，由县级以上劳资部门协商函调。1971—1990 年，全县流动工人 l877 人。跨县调出 1584 人，调入 1694 人。

农民工管理

2007 年，大批农民工的外出和进入，离石区人社局制定出台关于解决农民工问题的实施办法，建立以政府分管区长为总召集人的农民工工作联席会议制度和以劳动保障局长为召集人的解决企业工资拖欠问题局际联席会议制度，设立农民工工作办公室，统筹协调和指导农民工工作。全年农民工参加工伤保险人数达 2640 人。农民工参加医疗保险人数达 1148 人。转移农村劳动力 4645 人。2008 年，全区劳务输出 2100 人，有 1.83 万名农村劳动力实现转移就业。农民工参加工伤和医疗保险人数分别达 4203 人、3508 人，分别占参保职工总数的 43.4% 和 26%。2009 年，全区实现农民工创业就业 765 人。2010 年，全区处理农民工工资案件 62 件，涉及 1051 人，追回被拖欠工资 689 万元。转移农村劳动力

3300人。

2012年，转移农村劳动力6370人。查处农民工投诉案件213起，立案155件，全部结案，为劳动者讨薪4723万元，涉及1900余人。其中6月18日四川籍农民工投诉某粘土矿欠薪事件中，区劳动保障监察执法大队抽调专人处理，3天内妥善解决，23名四川农民工领到血汗钱148万元。2015年，离石区转移农村劳动力3900人，处理农民工工资案件62件，涉及1051人，追回被拖欠工资689万元。同年，落实《农民工工资保障金》制度，共征收农民工工资保障金2户13万元。

第三节 保险 福利

社会保险

1953年起，离石县执行国家劳动部公布的劳动保险条例，100人以上的国营及合作经营的工矿单位，须按月交纳全部职工工资总额的3%作为劳动保险金，男满60周岁，女满55周岁，一般工龄满25年，本企业工龄满5年可退休养老，领取本人原工资的50%—70%养老金，至死亡止。据统计，全县执行劳动保险的职工1956年为325人，1957年为388人，1958年为420人。1958年，国务院公布《工人职员退休处理的暂行规定》，全县部分单位实行工人退休退职制度。1962年，全县退休16人，退职27人。1978年，根据国务院新公布的《工人退休退职暂行办法》，全县县营以上单位全部建立退休退职制度。

2007年，离石区企业养老保险新增参保20户1850人，参保企业达140户，参保达9010人，覆盖范围从国有企业职工扩展到民营企业、灵活就业人员等各类从业人员，基金征缴3222万元。失业保险参保单位达106个，参保达23500人，基金征缴263万元。城镇职工基本医疗保险参保单位达162户，参保10401人，基金征缴745万元。工伤保险参保企业达58户，参保达5532人。农村养老保险新增参保1100人，基金征缴95万元。2008年，全区养老、失业、医疗、工伤4项保险参保达6万人，基金征缴突破6000万元。其中企业养老保险征缴4112万元；工伤保险参保近1万人，基金征缴540万元；非公有制企业参保1.5万人。全区社会保险费发放总额达5376万元。为符合条件的3627名企业退休人员全部兑现政策性调资待遇，退休人员平均养老金水平每月突破900元。全区1500名参保职工享受到与市级同等的医疗待遇。为享受失业保险待遇的693名失业人员增加失业保险金，由每月440元提高为每月528元。为认定为工伤的46名职工足额支付工伤保险费240万元。2009年，全区参加各类社会保险的总人数首次突破10万人，社会保险基金征缴首次超亿元，各类社会保障资金发放总额超过6000万元。

2010年，企业养老保险参保人数达11836人，其中非公经济及灵活就业人员参保4000人，基金征缴收入6161万元，为4733名企业离退休人员按时足额发放基金养老金6196万元，并全部落实和兑现国家对退休人员的政策性增资。农村养老保险参保范围由大型民营企业扩展到被征地农民，参保人数达13592人，征缴基金109万元，其中，预收征地养老保障基金452万元，涉及农民1231人，为320人发放养老金27052元。工伤保险参保范围由单一煤炭行业延伸到建筑、非煤矿山及焦化电力等行业，参保职工达6609人，征缴工伤保险基金386万元。支付49人次伤残补助金、住院费等169万元；医疗保险参保人数达70850人，基金征缴1860万元。共为848人次发放医疗保险费1237万元；失业保险参保人数达10600人，征缴基金176万元，为符合条件的37名失业人员发放失业保险金12.8万元。

2012年，新型农村养老保险参保68884人，基金征缴490万元；城镇居民养老保险参保19647人，基金征缴200万元；城镇基本医疗保险参保87989人（其中，城镇职工医疗保险参保259户17608人，城镇居民基本医疗保险参保70381人），基金征缴3313万元。工伤保险参保75户54721人，基金征缴752万元（其中，煤矿企业参保13户6752人，基金征缴308万元，参保率100%；其他企业62户47969人，基金征缴444万元，非煤企业分别完成全年目标任务5831人、210万元的823%、211%）。失业保险参保45388人，基金征缴408万元；生育保险参保48户20910人，基金征缴114万元。按照省、市文件要求，离石区保险事业所对企业退休人员基本养老保险待遇进行及时调整，月人均增加养老金204元，调整后人均离退休人员养老金达1450元。全区共发放企业退休人员基本养老金9600万元，社会化发放率为100%；医疗保险城镇职工住院220人次，报销220万元，占住院总支出362万元的60.8%；城镇居民医疗保险住院177人次，报销83万元，占住院总支出148万元的56.1%；失业保险待遇标准由580元/（人·月）提高到640元/（人·月）。为539名失业人员发放失业保险金361万元；调整工伤职工伤残津贴、生活护理费、工亡职工供养亲属抚恤金标准，月增加115—165元，为12名工伤人员支付一次性伤残补助金、抚恤费等63万元。2013年，全区企业养老保险待遇提高了10%，人均月增加养老金214元，城乡居民养老保险由60元/（人·月）、失业保险待遇由640元/（人·月）调整为930元/（人·月），城镇居民医疗保险参保患者住院报销封顶线由6万提高到10万元，为5161名离退休职工发放养老金13025万元，新型农村社会养老保险（简称新农保）发放养老金13191人次1170万元，城镇居民社会养老保险（简称城居保）发放养老金4592人次406万元，失业保险发放失业保险待遇652人次567万元，代缴医疗保险117.99万元，医疗保险支付976万元，门诊费用131.8万元。支付居民住院费用431万元；审批职工慢性病151人。完成居民慢性病初审42人次。生育保险支付13人次11万元。2014年企业养老保险参保15460人，机关事业养老参保6421人，城乡居民养老保险参保93177人，城镇基本医疗参保91582人，工伤保险企业参保42464人，失业参保42800人，生育保险参保20910人。2015年，全区城镇职工基本养老保险参保2.83万人，城镇基本医疗保险参保9.16万人，城乡居民社会养老保险参保8.49万人，城镇失业保险参保4.1万人，工伤保险参保3.75

万人，城镇基本生育保险参保 2.03 万人，企业养老保险人均月基本养老金提高 10%，城乡居民基础养老金最低标准提高至每人每月 85 元。

生活福利

中华人民共和国成立前，离石县有几座小煤窑，小作坊，生产落后，工人劳动没有安全保障。

1950 年后，全县除少数工作环境特殊的部门外，统一执行国家规定的 8 小时工作制，并享受各种节假日。全县机关、企事业单位的职工，一个月满出勤规定为 25 天半，根据工作需要，月出勤超过 25 天半的即为加班，按月平均工资发给相应的加班工资。实行“三班制”工作日的企事业单位的职工享受中、夜班补助，补助幅度按国家有关规定执行。1953 年，离石县多数国营企业执行国务院财经委员会颁布的国营企业福利基金提取办法，医药卫生补助费占工资总额的 5.7%；福利补助金占工资总额的 2.5%。1958 年，县劳动科加强劳动保护工作，贯彻执行工厂安全卫生规程。督促各单位按时发给职工劳动保护用品，注意防尘、防毒和“三废”处理，及时防治硅肺病等各种职业病，对女职工实行“四期”保护。

1963 年，根据劳动部关于“工业企业防护用品发放标准”，对全民企事业单位、县营集体单位和乡镇企业发放劳保用品，分别有：工作服、手套、肥皂、洗衣粉以及保健食品等。全县为全民单位发放劳动用布 7932 米，棉花 167.5 千克，毛巾 187 块，胶鞋 345 双，工作服 80 套。1966 年，全县组织第一次防尘防毒检查，加强有尘有毒作业点的防护工作，并对从事有毒有害作业的工人给予一定岗位津贴。1969 年后，福利基金按工资总额的 11% 提取。使用范围包括：职工的医药费、医务人员工资、医务经费、职工因工负伤就医费等；职工生活困难补助；职工浴室、理发室、托儿所、幼儿园的人员工资和各项支出同各项收入相抵后的差额，食堂炊事用具的购置、修理费用等；集体福利实施支出；其他有关福利支出等。l976 年 7 月，全县进行防毒大检查，查出有毒有害作业点 36 处，毒害种类 18 种，作业人数 945 人。1979 年，主要副食品销价提高后，全县所有职工领取副食补贴，每月每人 5 元。

1980 年，统一全县县级、乡镇集体企业职工的福利基金标准，按工资总额的 11% 提取，其使用办法参照全民单位福利基金使用办法执行。同年起，实行独生子女保健费每月 5 元，由父母所在单位支付。1981 年，全县范围内开展职业病普查，重点是粉尘作业工人，共查出患有一、二、三期硅肺病工人 35 名，其中一期 27 人、二期 6 人、三期 2 人，患者得到及时治疗、休息或调换适当工种。1982 年，有职工 5383 人，用布 586 米，用品折价 5314 元，享受保健食品的职工 1343 人，金额 2684 元。根据省卫生厅、总工会、劳动局联合发布《关于在 100 人以上的工业企业设置女工卫生室》的通知，全县除百人以上的单位建起卫生室外，女工在 30 人以上的工业企业多数建起卫生室。县电线厂建起面积 40 平方米的卫生室，配备专人管理，保证热水供应，每个女职工下班后都能洗上热水澡。1985 年，工资制度改革后，全县行政、事业单位的职工每月发给4元洗澡、理发费，2元肉食补贴，同时取消副食补贴，企业单位的职工除5元的副食补贴继续发给外，增发2元肉食补贴。当年，全县全民所有制单位全部职工福利费用总额为226.4万元，其中医疗费13.9万元；职工生活困难补助费7.4万元；农副业生产补贴费0.5万元；集体福利事业补贴费24.5万元；集体福利设施费11万元；其他补贴51.1万元。按干部职别每月发书报费2—5元。

第四节　劳动执法

1959年，国务院发布《工人职员伤亡事故报告规程》《建筑安全作业规程》，明确规定安全生产责任制。1963年，全县以煤矿为重点进行安全大检查4次，对全县所有的锅炉进行全面检查、鉴定、登记、发证，并建立定期检修制度和司炉人员培训制度。1964年，吕梁专署劳动局与离石县劳动局联合，在县发电厂举办2期38人参加的司炉员培训班，（包括中阳、临县）。

1971年，离石县劳动局建立工伤事故和重大事故报告制度，规定一次死亡1人以上，或设备有损失达5000元以上的事故写出书面材料。1975年，贯彻全国安全生产会议提出的“三不放过”原则。1985年，县劳动局配合有关单位对乡镇煤矿矿长和化工企业职工进行安全知识考核；参加以煤矿为重点的安全生产大检查，处理矿山死亡事故4次；调试、安装锅炉11台，全县共有正常运行锅炉118台，其中，生产用锅炉13台，生活取暖用锅炉105台，总蒸发量为236吨/小时。1987年底，运行锅炉增加到158台，其中生产用锅炉17台，生活取暖用锅炉141台，总蒸发量296吨/小时。

2007年，全区受理劳动争议案件26件，涉及劳动者197人，其中集体争议案件3件，涉及173人，全部在法定时间内结案，结案率达100%。劳动局会同有关部门开展劳动用工治理整顿、农民工工资支付、执行最低工资标准情况等涉及劳动权益的专项检查活动，重点对辖区内砖厂、煤矿及小矿山、小加工、小作坊等进行几轮检查，共检查企业398户，其中砖厂25户，煤矿、非煤矿山47户，其他企业326户，涉及职工18905人，其中农民工13450人，占71.1%。共查处各类案件48件，其中依法取缔3户，责令停产停业整顿23户。补签劳动合同6800份。共处理拖欠工资案件295件，涉及职工653人，解决欠发工资442万元。2008年，重点检查各类用人单位250户，查处违反劳动保障法律法规案件185起，其中拖欠农民工工资案件92起，涉及农民工1037人，解决拖欠工资450万元。立案处理劳动争议案件26起，接待处理来信来访案件218起，涉及职工1580人，其中3人以上集体来访62起1125人。2009年，接待处理各类劳资纠纷和信访案件总量达146起，涉及职工1748人。2010年，全区共接待处理来信来访629人次，处理劳动争议案件49起，到期结案率100%。其中案外调解38起。开展清理整顿人力资源市场秩序、劳动用工执法大检查、执行最低工资标准检查，中秋和国庆节日大检查，女职工权益维护检查、企业职工工资支付情况专项检查共6次，检查各类用人单位204户，下达整改指令书82份，督促办理劳动用工手续21880人，续签劳动合同10320人，劳动合同签订率达96%以上。处理农民工工资案件62件，涉及劳动者1051人，追回被拖欠工资689万元。共受理工伤认定30起，全部做出初步认定。做好企业工资分配调整工作，严格执行最低工资标准780元。经检查督促，全区企业工资普遍增幅15%以上。2011年，妥善处理人事劳动争议案件28起，其中案外调解17起，结案率达100%。

2012年，共查处农民工投诉案件213起，立案155起，全部结案，为劳动者讨薪472.3万元，涉及劳动者1900余人。6月18日为23名四川农民工讨薪14.8万元。2013年，共解决工资拖欠案件65件，涉及劳动者2461人，涉及金额425万元。2014年，共受理劳动争议案件45起，涉及105人，其中确立劳动关系争议12起，工伤待遇类争议23起，劳动报酬类争议3起，解除劳动关系经济补偿类争议7起，不予受理3起。2015年，离石区劳动人事争议仲裁院成立。共受理劳动争议案件63起，其中做出确立劳动关系争议29起，工伤待遇争议19起，劳动合同和工资类争议10起，不予受理5起，按时办结率达100%；受理调解案件29件，调解成功28件，调解成功率达97%；受理行政复议案件1件，受理职业介绍机构资格认定1件；受理民办职业培训学校办学许可案件3件，全部办结；受理“工伤认定”案件51起，办结43起，办结率84%；主动监察用人单位240户，解决投诉举报案件18件，追发劳动者工资3287.88万元，涉及农民工2.31万人，下达《劳动保障监察询问通知书》27份、《劳动保障监察责令改正决定书》16份。向公安局移送拒不支付劳动报酬案件9件。

第五节 培训 就业

培训

1956年始，离山县教育部门举办文化补习班（包括初中班和高中班）对全体职工进行轮流培训。党政机关的部分职工被选送到各高等院校和中等专业学校学习深造，各大中型企业自办业余大学、夜大，推荐部分职工上职大。

1984年，根据省职业教育会议精神，工人技术培训被划归劳动部门负责，县劳动局配备1名干部兼管该项工作。同年，国家劳动人事部发布《关于就业训练若干问题暂行办法》，县劳动服务公司与有关单位联合举办文化补课和专业培训班5期，培训待业青年211人。1985年，县劳动部门与有关单位配合，对全县9个国营工业企业649名职工进行初级技术培训，经考核全部合格，发放初级技术合格证。年底，全县全民和集体单位共有职工3964人，其中大专学历23人，高中或相当程度的789人，初中2175人，高小619人，初小358人。

同年，培训待业青年 746 人，占全县待业青年总数的 65%。1986 年，县劳动局成立待业职工管理所，培训待业青年。培训专业有：文化基础知识、商业会计、玻璃制球、拉丝、玻璃钢油漆技术、化工制药等。1986—1987 年，培训 1247 人，占待业青年总数的 92%。

2007 年，全区累计举办创业、下岗失业人员再就业、进城农村劳动力就业等各类技能培训 35 期，参加培训达 5724 人。2008 年，组织免费创业培训和各类技能培训 25 期，培训下岗失业人员和农村劳动力 2155 人。同年通过开展就业援助和就业服务，478 名创业者享受到税费减免优惠政策。2009 年，组织各类职业技能培训 4055 人，其中下岗人员再就业培训 1125 人；创业培训 180 人；农村劳动力技能就业培训（含返乡）610 人。2010 年，共组织各类职业技能培训 117 期受训人数达 5853 人，其中下岗失业人员再就业培训 1248 人次，创业培训 150 人。农村劳动力技能培训 460 人，城镇失业人员技能培训 800 人。2011 年，全年举办创业培训 10 期 300 人，农村劳动力技能培训 749 人。

2012 年，全年共组织有创业意愿的失业人员和农村劳动力 270 人参加了创业培训，其中 59 人走上创业之路。2013 年，共组织各类技能培训 4698 人，其中创业培训 600 人，农村劳动力技能培训 2576 人，城镇失业人员再就业培训 972 人，新成长劳动力培训 480 人，新增高技能人才 70 人。2014 年，共组织各类技能职业培训 2540 人，其中农村劳动力技能培训 1550 人，城镇失业人员再就业培训 749 人，新增高技能人才 35 人。2015 年，组织各类职业技能培训、受训人数达 3850 人，其中创业培训 200 人次；农村劳动力技能培训 2800 人；城镇失业人员再就业培训 730 人；新成长劳动力培训 120 人。

就业

1980 年，离石县实行劳动部门招工就业、自愿组织单位就业和自谋职业的“三结合”就业方针。1981 年 10 月，离石县劳动服务公司成立，组织培训全县城镇劳动力就业。1982 年，全县发展知青集体 37 个，吸收 388 人，占全县待业青年总数的 49%，当年生产经营总额 284 万元，年实现利润 6.5 万元。国家对新办集体企业免税 3 年，并拨周转金扶持新办集体企业。1985 年底，全县新办集体企业发展到 88 个，从业人员 985 人，年实现生产经营总额 840 万元，利润 25.2 万元。1986 年，三年免征税政策取消，一部分企业关门停业。1987 年底，全县新办集体企业减为 62 个，从业 435 人，当年生产经营总额 739 万元，上缴税利 10.6 万元。

2007 年，全区城镇新增就业 4500 人；下岗失业人员再就业 1963 人，其中安置就业困难对象 260 人。城镇登记失业率 2.8%。发放再就业优惠证 657 个，为持有再就业优惠证的 37 名下岗失业人员办理小额担保贷款 74 万元，135 名灵活就业人员享受到税费减免优惠政策。同时，建立“零就业家庭”档案和联系卡，城镇 439 户“零就业家庭”中 486 人找到就业岗位。2008 年，支持 53 名下岗失业人员实现自主创业；城镇新增就业 4560 人；下岗失业人员再就业 1580 人；城镇登记失业率为 3.6%。2009 年，城镇新增就业 3205 人；下岗失业人员再就业 1185 人，其中就业困难对象再就业 312 人。2010 年，全区为符合条件的20名创业人员发放小额担保贷款76万元，实现创业带动就业1060人。举办劳务专场招聘会2次，组织参加市局招聘会4次，登记求职人员5246人。2011年，全区新增就业岗位3277个，下岗失业人员再就业1461人；实现就业困难对象再就业217人。同年，全区实施创业资金扶持计划，扶持创业81人，将小额担保贷款额度最高限额由2万元提高到5万元，全年累计发放小额担保贷款38人158万元，实现创业带动就业636人。

2012年，全区实施创业资金扶持计划，为符合条件的创业人员发放小额担保贷款20人76万元，实现创业带动就业1060人。2013年举办“春风行动”大型招聘会，为求职人员提供了2468个就业岗位，达成2093个意向。通过中介，实现省外就业266人，省内市外就业305人，市内区外就业467人。2014年，全区新增城镇就业4319人，城镇失业人员再就业1013人，就业困难对象再就业190人；转移农村劳动力4013人。2015年，抽调专人分6个小组对全区5个乡镇、7个街道办、395户企业开展调研服务，城镇失业人员再就业1010人；技能鉴定356人；城镇登记失业率控制在4.2%以内。城镇新增就业岗位4200个。

第六节 机 构

1958年6月，离山县劳动科成立。

1959年11月，劳动科改称劳动局。1962年5月，劳动局、民政局合并称民政科。1963年5月，民政科分设民政局、劳动局。“文化大革命”期间，劳动局被撤销。1975年11月，劳动局恢复成立。

1998年8月，离石市劳动局内设办公室、计划调配股、工资福利股、信访仲裁股、矿山安全监察股、锅炉压力容器监察股、劳保监察股、劳动监察大队、矿山安全监察站。2002年，离石市劳动局改称离石市劳动和社会保障局。

2010年1月，离石区人事局与离石区劳动和社会保障局合并，称离石区人力资源和社会保障局。

第二章 人 事

第一节 机构编制管理

1949年10月，山西省核定离石县行政编制为253名（不含行政村半脱产人员）。1957年增加为482名，当时全县实有行政人员485名，超编3名。1958年10月，中阳县与离山县合并为离石县后，行政、事业编制总数为2559人（含教师），实有行政、事业工作人员2320名，空编239名。1959年，离石县编制委员会成立，编制委员会办公室（简称编办）设在县人事局。1962年，精简压缩。1963年，全县行政、事业编制为1465名（含教师），实有1436名，空编29名。“文化大革命”期间，编委被撤销，编制失控。

1981年，省、地编委核定离石县行政编制421名（含县级236人、公社级185人），全县实有行政工作人员478名，超编57名。1984年，省、地编委重新核定下达全县县级行政编制395名。同年，离石县编委重新成立，编办仍设在县人事局，编办主任由人事局局长兼任。1985年，县编委将编制分解到县委所属部门100名，政府部门248名，群团组织16名，人大11名，政协9名，机动编制11名。当时实有县级行政工作人员489名，超编94名；省、地编委下达离石县事业编制887名，后省、地、县三级陆续核定增加事业编制199名。1987年，行署编委下达离石县乡镇级行政编制291名。人武部归地方后，下达行政编制20名。1988年，省编委下达公、检、法、司4个部门行政编制208人。1990年，全县共有行政编制965名，实有行政工作人员1115名，超编150名。全县事业编制为1086名，其中全额预算事业编制587名，差额预算事业编制278名，自收自支事业编制221名。实有事业人员1162名，超编76名。全县19名招聘干部、256名非国家正式人员不占编制，分别从事农村各项具体业务性工作，全脱产或半脱产。

2002年，编办从人事局分离，单独设置离石市机构编制委员会办公室，正科级建制，为离石市机构编制委员会常设办事机构，归党群口。

2004年6月，离石市改区，该机构更名为离石区机构编制委员会办公室（简称区编办），其余不变。2007年4月，区编委组织区组织、人事、财政、编办等单位的27人，组成8个调查组，深入全区所有事业单位进行调查。2008年6月，离石区召开首次全区机构编制工作会议，会议主要内容是贯彻落实《山西省机构编制管理规定》，安排部署今后一个时期全区机构编制管理工作。这次会议后，离石区控编进人申报制度和工资月审制度（后改为季审）落到实处，真正建立起编制管理与财政预算管理相配套的约束监督机制。2008年后半年，召开多次编委会，对全区事业单位重新核编。同时，建立起机构编制电子管理系统，实行实名制管理。至2008年底，区直事业单位（不含中小学校）共有编制1700名，实有事业人员1993名，超编293名。2009年9月开始，区编办根据中共吕梁市委、吕梁市人民政府《关于印发〈吕梁市事业单位清理规范和分类改革方案〉的通知》精神和区编委的安排部署，对236个事业单位（包括中小学校，乡镇的事业单位）清理规范，撤销5个，整合4个，列入转企名单8个。到12月底，清理规范工作基本结束，离石区保留区直事业单位173个（不包括中小学校和乡镇的事业单位），其中正科级单位27个，副科级单位25个；财政拨款事业单位138个，编制1371名；财政补助单位9个，编制425名；自收自支单位26个，编制540名。2010年4月底，完成区人民政府机构改革。改革后，区人民政府设工作部门23个。4月6日，吕梁市编委发文，重新确认离石区行政编制总数为996名。其中：区级行政编制410名，乡镇（街道）行政编制178名，政法部门专项编制408名。12月29日，吕梁市编办发文，重新明确离石区区级财政拨款事业编制为1406名，财政补助事业编制为425名（不包括中小学校、乡镇及基层卫生机构的编制）。2011年5月底，离石区完成乡镇机构改革。改革后，各乡镇内设机构统一设置为3个，即党政综合办公室、社会事务办公室、经济发展办公室。对各乡镇事业单位进行整合，每个乡镇保留事业单位2个，即：农村综合便民服务中心、计划生育服务站。各乡镇事业单位比改革前减少4个，全区共减少48个。5月30日，吕梁市编委发文，重新核定离石区5个乡镇卫生院财政拨款事业编制72名，7个社会卫生服务中心财政补助事业编制276名。

2012年6月9日始，离石区进行3个月的机构编制核查工作。全区共有各级党政群机关54个，其中，区委工作部门10个，区政府工作部门24个，区人大、政协、法院、检察院机关各1个，乡镇机关5个，街道机关7个，群团部门4个。全区共有行政编制1012名，实有在岗公务员925名，提前离岗公务员139名。全区共有机关工勤编制58名，实有工勤人员38名。全区党政群机关改革后应分流而未分流人员341人。全区共有各级事业单位257个。按级别分，正科级34个，副科级26个，股级197个；按经费形式分，财政拨款212个，财政补助14个，自收自支27个，企业化管理4个。全区共有事业编制6123名，实有在职人员6286人，超编163人。其中：财政拨款编制4786名，实有人员5009人，财政补助编制673名，实有人员594人，自收自支编制566名，实有人员588人，企业化管理编制98名，实有人员95人。另外，全区事业单位提前离岗人员320名。2013年，离石区开展事业单位分类改革工作，对全区事业单位进行初步分类，划分为行政职能的4个，公益一类的139个，公益二类的32个，生产经营类的13个。区编办按照“四不增加”（不增加内设机构，人员编制，干部职数，财政负担）原则，对19个区政府工作部门的内设机构进行调整，统一成立行政审批股。2014年，离石区全面推行行政审批“两集中、两到位”改革工作，凡是有行政审批项目单位的行政审批股全部集中到区政务大厅办公，所有的审批事项全部集中到区政务大厅办理。区编办对区政府各部门的行政审批事项进行清理，保留101项，调整为服务类的4项，取消162项。2015年，离石区共38个单位推行权力清单和责任清单制度，包括区政府工作部门23个，承担行政职能的事业单位7个，垂直管理部门 5 个，其他 3 个。全部完成“两清单”“两图”的编制工作。根据《离市区 2014—2017 年事业编制核减任务的通知》的核减任务，本年共核减 16 个部门所属事业单位的事业编制 122 名。

第二节 干部队伍

干部来源

中华人民共和国成立后，离石县干部来源主要有 4 个方面，即：抗日民主政府组成人员，兴县专署分配人员，华北人民革命大学和山西公学派遣人员，工人、农民中吸收录用人员。1953—1990 年，全县干部队伍逐年增多，主要有 5 个方面：接收军队转业干部 203 人（含复员军人安置 3 人）；国家统一分配大学、专科、中专学生 1930 人；回乡知识青年和工人、农民中吸收录用人员 354 人（含聘任制干部 23 人）；民办教师、代教中转正录用为正式教师 752 人；以工代干转为正式干部 435 人（其中，1964 年“四清”运动时由农村、工厂借调的百余名干部，“四清”运动结束后，一部分回乡参加生产，一部分分配为国家干部，1980 年落实政策时，回乡的多数人正式分配参加工作）。

科技干部

1951 年，全县有专业技术人员 26 人，全部从事医药卫生工作。

1956 年，全县有各类专业技术人员 123 人，其中工程技术人员 8 人，农业技术人员 40 人，卫生技术人员 75 人。

1961 年，各类专业技术人员发展到 191 人。1964 年，各类专业技术人员发展到 194 人。1971 年，受“文化大革命”影响，全县科技干部减少到 116 人。1983 年，全县专业技术队伍发展到 1115 人，其中取得中级职称 36 人，初级职称 142 人，技术员 166 人。1989 年，全县有 2664 人取得不同专业技术职称，其中高级职称 31 人，中级职称 694 人，初级以下职称 1939 人。

2010 年，全区 153 个事业单位 519 名专业技术人员办理任职资格证书，完成 4844 名专业技术人员续聘工作。2011 年，推行“现场受理，当场审核，集中送审”工作模式，职称评审工作进一步完善。截至 11 月底，共办理初级职称确认手续 128 人，审核推荐晋升高级职称评审材料 44 份。组织中小企业完成职称申报 203 人，其中初级 62 人，中级 141 人。同时鼓励企事业单位采取咨询、兼职、短期聘用、项目合作、技术顾问等“个性化”方式，引进省内外智力人才 11 名。制定出台《吕梁市离石区“十二五”人才发展实施意见》《吕梁市离石区 2011—2020 年人才发展实施意见》，开展高层次人才调查，创建高层次人才动态数据库。截至 11 月底，全区人才总量突破 1.51 万人，占总人口的 5.5%。全区人才队伍中专业技术人员总量为 4594 人，其中高级职称 198 人（其中正高级 10 人、副高级 188 人），中级职称 2211 人，初级职称 2185 人。同时，积极完善人才激励机制，构筑人才成长和发展平台。对9名研究生实行“先落户后就业”政策。为20余名外地生源普通高校本科毕业生办理落户手续。

2013年，全区评审通过高级专业技术职务任职资格19人（其中正高级4人，副高级15人）；取得中级职称130人；完成初级认定538人，初级评审91人；办理各类职称聘用118人；为172人办理各类资格证书。2013年，全区中、高级非党专业技术人员本科学历共有519人，其中，教育345人，卫生143人，农业10人，其他21人，正高3人，副高85人。2014年，全区完成294名专业技术人员任职资格聘任工作，其中教育系统229人，其他系列65人。核发办理资格证、聘任证349本；建立健全职称管理信息平台，进行动态管理。全区共有专业技术人员5951人，正高16人，副高232人，中级1997人，初级3774人。2015年，全区共申报高级职称2人，中级职称129人（其中教育系统112人、卫生系统17人），初级评审37人。办理专业技术人员资格证书221本，办理聘任手续68人（其中高级6人、中级5人、初级57人）。共有专业技术人员6019人，其中正高级16人、副高级232人、中级1997人、初级3774人。

干部分布

1952年，全县有国家正式干部365人，其中女干部l0人。分布在党政机关的有235人，公安部门31人，税务部门25人，其他行业74人。

1954年7月，方山离石合并，干部队伍增多。1958年10月，离山与中阳合并，离石县干部增加。

1959年10月，中阳划回，离石县的干部队伍总数为1122人，其中女干部为109人。分布在县委、县政府和群团组织113人，政法部门59人，工矿企业295人，农业事业部门93人，财贸系统351人，文教卫生部门211人。1971年，全县干部总数为1561人，其中女干部260人。分布在行政系统561人（含人民公社），企事业单位1000人。到1976年，全县干部队伍发展到1873人，有未经上级批准使用的干部228人，以工代干201人。1980年，全县干部总数为1936人。1985年，增加到2439人。分布在行政单位665人，事业单位397人，企业359人，教育部门1018人。1985年后，干部队伍扩大。到1990年，全县干部总数达3291人，其中行政单位902人，事业单位510人，企业311人，教育部门1568人。1992年，全县干部总数3448人，其中行政单位1025人，事业单位2119人，企业304人。

2015年，全区行政干部总数769人，事业管理人员13人，干部中专业技术人员5344人。

干部文化结构

1952年，全县365名干部的文化结构，高中以上文化程度9人，占2.47%；初中文化程度49人，占13.42%；小学以下程度307人，占84.11%。1959年，全县1122名干部文化水平略有提高，大学文化程度3人，占0.3%；高中及中专文化程度的85人，占7.5%；初中文化程度573人，占51.1%；高小文化程度395人，占35.2%，初小文化程度66人，占5.9%。1971年，全县干部大专以上文化程度146人，占干部总数1561人的9.4%；高中和中专文化程度376人，占24.1%；其余人为初中以下水平。1990年，大专水平的1048人，占干部队伍3291人的31.8%；高中和中专程度的有1751人，占53.2%；其余15%，达初中水平。

进入21世纪后，全区（市）干部文化程度不断提高，大专以上文化程度者占到多数。

第三节 干部管理

干部任用方式

20世纪50年代到1984年，离石（山）县县级干部提拔任命由山西省审批，科局级干部提拔任命由吕梁行署审批，股站一级干部提拔任命由县决定。1984年后，正县级干部提拔任命由山西省审批，副县级干部提拔任命归吕梁地委行署审批，并由同级党代会、人代会、政协委员全体会议选举。科一级干部，党委系统由县委任命，群团系统由各自的代表会选举，政府序列的委、局、办主要负责人，由县长提议，县人大常委会任免。股站一级的正职由县人事局任免，副职由主管部门任命。干部的管理，由哪一级任命，归哪一级管理。推行企业经济承包制后，县属局以下企业厂长、经理由主管局任命，副厂长、副经理由正职提名任命。

干部调配

1957年“精兵简政”，离山县下放干部369人，其中37人退休，151人回乡参加生产，44人带工资下放到农村插队落户。1966—1971年，离石县311人分别到农村、厂矿工作或参加劳动，76人到“五七”干校学习、劳动，137人到农村插队落户，91人到企业参加劳动生产，7人转到集体所有制单位工作。

1973—1990年，离石县干部调出585人，调入431人，县内调动1406人次。

2012年，离石区推进公务员管理信息系统建设，共录入公务员443人，参公人员109人。2013年，采取刚性与柔性引进相结合、人才引进与项目引进相结合的办法，实施人才引进“50人计划”，为江阴中学引进研究生学历人才38名，为区委党校引进研究生3名，新引进22名江阴籍优秀教师来离石工作。同年，离石区政府序列各单位调入7人。2014年调入21人。2015年调入4人。

干部惩处

1960—1971年，全县因犯各种错误被开除公职11人，其中被依法逮捕1人。

1972—1980年，因违反计划生育政策，开除公职10人，开除留用3人。1980年，15名实行工分加补贴的农民干部被解雇回乡生产，92名干部转为工人。

1981年，19名干部转为工人。1987年10月，组建监察局，编制16名，设信访室、监察室、审理室和办公室。1988年6月，全县15个乡镇和61个县直单位设立行政监察派出机构76个；同年11月成立县行政监察举报中心，形成自上而下监察体系。至1990年共受理来访申诉186件（次），其中涉及科局级干部24人，股级干部27人，一般干部14人，立案查处19案25人，其中局级干部4人，股级干部6人，一般干部10人，分别给予记过、记大过、撤销职务的处分，其中2人被移送司法机关查处。

2010年，全区完成2009年度160个行政事业单位7489名干部职工考核工作，有181人被确定为不定等次（行政单位科员3人、事业单位专业技术人员178人），3人被确定为不称职。2011年，全区完成机关公务员和工作人员考核奖励，完成考核6648人，其中781人被确定为优秀等次，5802人被确定为称职等次，1人被确定为基本称职，63人被确定为不定等次，1人被确定为不称职。

2013年，全区完成机关事业人员考核7155人，其中优秀等次805人，称职等次6196人，不称职8人，不定等次146人。2015年，离石区开展“吃空饷”专项整治，实行机关事业人员请假备案制度，单次请假超1个月的需经主管部门批准后到人社局备案。全年，备案186人，其中请假170人，辞职13人，借调3人。同年，全区开展考核不称职（不合格）人员与其工资、职称挂钩工作，机关完成考核645人，其中优秀等次96人，称职542人，不称职1人，不定等次6人；事业单位完成考核5761人，其中优秀等次624人，合格等次5121人，基本合格等次7人，不合格等次5人，不定等次4人。

公务员录用

2012年，全区合理设置资格条件，通过资格审核、考试等环节录用公务员8人。2013年7月28日，离石区人民政府举办公务员、参公人员理论知识考试，参加考试456人。完成7名2012年度新录公务员试用期考核及转正工作。

第四节　人才交流

2003年4月，离石市人才交流服务中心成立，负责接转和管理全区大、中专毕业生、无主管部门和不具备人事、档案管理权限的非国有单位和各类流动人员的人事档案，初步建立起人才供需信息库，为各类用人单位提供用人便利。

2005年，接收教育部门移交档案428份，实行人事代理，以后每年为各类人才办理人事代理手续，并对流动人员人事档案进行管理服务，针对就业形势开展各类人才招聘活动，多次组织用人单位和大、中专毕业生参加省、市、区各类人才招聘会，扩大大专、中专毕业生就业渠道。

2014年始，离石区人才交流服务中心逐步建立起人才数据库，对求职登记人员、人事代理人员、高校毕业生等各类流动人员进行电子信息采集、登记、入库，对入库人员进行就业跟踪、就业推荐、岗位推荐等各项人才服务。当年接收中专以上毕业生人事档案328份，其中研究生学历11人，本科学历172人，大专学历108人，中专学历37人；通过就业转出档案135份。2015年，接收中专以上毕业生人事档案1010份，其中研究生学历31人，本科学历 405 人，大专学历 544 人，中专学历 30 人；通过就业转出档案 1197 份。

1999—2015 年离石区（市）人才交流统计表

表 24-1 单位：人

年 份	人事代理					就业人数
	总人数	研究生	本 科	大 专	中 专	
1999	69	—	—	—	69	—
2000	56	—	—	—	56	—
2001	68	—	—	—	68	—
2002	88	—	—	—	88	—
2003	86	—	—	—	86	—
2004	59	—	—	—	59	—
2005	2	—	—	—	2	—
2006	138	—	10	20	108	—
2007	131	—	20	24	87	—
2008	94	—	6	20	68	31
2009	153	—	3	60	90	4
2010	178	3	34	128	13	4
2011	168	5	28	125	10	65
2012	276	6	70	79	121	82
2013	335	11	138	110	76	141
2014	328	11	172	108	37	135
2015	1010	31	405	544	30	197

第五节 在职职工待遇

人员情况

2015 年底，全区在职职工 7087 人，其中行政职工 976 人（干部 769 人、工人 207 人）；事业单位职工 6111 人（管理人员 13 人、专业技术人员 5344 人、工勤人员 754 人）。

工资福利

2006 年 7 月 1 日起，离石区对机关、事业单位工资制度进行改革，改革主要内容为：公务员实行职级工资制，职级工资分为职务工资和级别工资两项。职务工资主要体现公务员的工作职责大小，一个职务对应一个工资标准，领导职务和相当职务层次的非领导职务对应不同工资标准。级别工资主要体现公务员工作实绩和资历，公务员级别分为27级。每一职务层次对应若干级别，每一级别设若干工资档次。公务员根据所任职务、德才表现、工作实绩和资历确定级别和级别工资档次，执行相应的级别工资标准。公务员年度考核累计两年称职及以上的晋升1个工资档次，年度考核累计五年称职及以上的晋升一个级别，机关工人年度考核累计两年为合格及以上的晋升1档岗位工资。

2009年1月起，全区公务员津贴补贴分为工作性津贴和生活性补贴两项。事业单位实行岗位绩效工资制，由岗位工资、薪级工资、绩效工资和津贴补贴4部分组成。事业单位岗位分为专业技术岗位、管理岗位和工勤技能岗位。专业技术岗位设置等级13个，管理岗位设置等级10个，工勤技能岗位分为技术工岗位和普通工岗位，技术工岗位设置等级5个，普通工岗位不分等级。工作人员按所聘岗位执行相应的岗位工资标准。专业技术人员和管理人员设置薪级65个，工人设置薪级40个，1个薪级对应1个工资标准。事业人员年度考核结果为合格及以上等次的每年增加一级薪级工资。

2010年1月1日起，全区事业单位实施绩效工资，坚持按劳分配、多劳多得、优绩优酬，分级分类管理，统筹兼顾、综合平衡，总量调控、内部调活的原则，促进事业单位创新发展。绩效工资分为基础性绩效工资和奖励性绩效工资两部分。基础性绩效工资主要体现地区经济发展水平、物价水平、岗位职责等因素，一般按月发放，占绩效工资总量的70%。奖励性绩效工资主要体现工作量和实际贡献等因素，根据考核结果发放。

2014年10月1日起，全区调整机关事业单位工作人员基本工资标准。机关工作人员调整后，职务工资标准由340—4000元分别提高到510—5250元；级别工资各级别起点标准由290—3020元分别提高到810—6135元。事业单位工作人员调整后，岗位工资标准，专业技术人员由550—2800元分别提高到1150—3810元，管理人员由550—2750元分别提高到1150—3770元，工人由540—830元分别提高到1130—1640元；薪级工资标准，专业技术人员、管理人员由80—2600元分别提高到170—5795元，工人由70—915元分别提高到150—1855元。

取暖补贴

2013年起，全区在职人员按所任职务（或技术等级）提高取暖补贴标准：行政管理人员，处级每年3200元，科级每年2800元，科员及办事员每年2400元；专业技术人员，正高级每年4000元，副高级每年3200元，中级每年2800元，助理级及员级（专业人员）每年2400元；工人、技师及高级工每年2800元，中、初级工及普通工每年2400元。

乡镇补贴

2015年1月起，全区乡镇机关事业单位工作人员实行乡镇工作补贴，从事乡镇工作时间10年以下的（不含10年），每人每月200元；满10年不满20年的，每人每月260元；满20年不满30年的，每人每月320元；满30年及以上的，每人每月400元。

职务职级并行

2015 年 1 月 15 日起，离石区区以下机关建立公务员职务与职级并行制度，公务员晋升职级，主要依据任职年限和级别。任职年限从晋升职级或正式任命职务之月起按周年计算。晋升科员级须任办事员满 8 年，级别达 25 级；晋升副科级须任科员级或科员满 12 年，级别达 23 级；晋升正科级须任副科级或乡科级副职、副主任科员满 15 年，级别达 20 级；晋升副处级须任正科级或乡科级正职、主任科员满 15 年，级别达 19 级；晋升正处级须任副处级或县处级副职满 15 年，级别达 17 级。

第六节 离退休人员待遇

人员情况

2010—2015 年，离石区职工退休人数分别为 118 人、135 人、153 人、162 人、161 人、123 人。2015 年 3 月 1 日起，全区党政机关、人民团体中正、副县处级及相应职务层次的女干部，事业单位中担任党务、行政管理工作的相当于正、副处级的女干部和具有高级职称的女性专业技术人员，年满 60 周岁退休。同年底，全区有离休干部 52 人；退休职工 2597 人，其中干部 2234 人、工人 363 人，男 1284 人、女 1313 人。

离休待遇

基本离休费计发办法 按当事人离休前职务工资和级别工资之和或岗位工资和薪级工资之和全额计发。

基本离休费 2006 年 7 月 1 日起，全区行政管理人员基本离休费为：县处级正职 670 元，县处级副职 490 元，乡科级及以下职务 350 元；专业技术人员基本离休费为：教授及相当职务 990 元，副教授及相当职务 540 元，讲师（含相当职务）及以下职务 350 元。2014 年 10 月 1 日起，离休费调整，行政管理人员基本离休费为：县处级正职 570 元，县处级副职 480 元，乡科级及以下职务 400 元；专业技术人员离休费为：教授及相当职务 820 元，副教授及相当职务 540 元，讲师（含相当职务）及以下职务 400 元。1934 年 9 月 30 日前出生的每人每月增加 100 元，1934 年 10 月 1 日至 1939 年 9 月 30 日期间出生的每人每月增加 60 元。

生活补贴 2011 年 1 月 1 日起，全区对离休人员发放生活补贴，补贴标准为：1937 年 7 月 6 日前参加革命工作的每年发 3 个月基本离休费；1937 年 7 月 7 日至 1942 年 12 月 31 日参加革命工作的每年发两个半月基本离休费；1943 年 1 月 1 日至 1945 年 9 月 2 日参加革命工作的每年发两个月的基本离休费；1945 年 9 月 3 日至 1949 年 9 月 30 日参加革命工作的每年发一个月的基本离休费。

护理费 2011 年 1 月 1 日起，全区对离休人员发放护理费，护理费标准为：1937 年 7 月 6 日前参加革命工作的每月 1000 元，1937 年 7 月 7 日至 1949 年 9 月 30 日参加革命工作的每月 600 元，因瘫痪等原因生活不能自理的每月 800 元。

2013 年 7 月 1 日起，护理费标准调整为：1937 年 7 月 6 日前参加革命工作的每月 1300 元，1937 年 7 月 7 日至 1949 年 9 月 30 日参加革命工作的每月 900 元，因瘫痪等原因生活不能自理的每月 1100 元。2014 年 1 月 1 日起，护理费标准调整为：1937 年 7 月 6 日前参加革命工作的每月 1800 元，1937 年 7 月 7 日至 1945 年 9 月 2 日参加革命工作的每月 1200 元。

丧葬费　2011 年 1 月 1 日起，全区离休人员丧葬费由 1000 元提高为 4000 元。同年 8 月 1 日起，丧葬费调整为：病故，为上一年度全国城镇居民人均可支配收入的 2 倍加当事人生前 40 个月基本离休费。

遗属生活困难补助费　2011 年 1 月 1 日起，全区对已故离休干部无工作配偶生活困难补助标准调整为：居住在地级市所在地城区的每月 500 元，居住在县（市、区）城区、乡镇及农村的每月 450 元；无依无靠的孤寡配偶增加 100 元。

2013 年 7 月 1 日起调整为：居住在地级市所在地城区的每月 800 元，居住在县（市、区）城区、乡镇及农村的每月 750 元；无依无靠的孤寡配偶增加 100 元。

取暖补贴　2013 年起，全区对离休人员按离休时所任职务（或技术等级）提高取暖补贴标准：行政管理人员，处级每年 3200 元，科级每年 2800 元，科员及办事员每年 2400 元；专业技术人员，正高级每年 4000 元，副高级每年 3200 元，中级每年 2800 元，助理级及员级（专业人员）每年 2400 元；工人、技师及高级工每年 2800 元，中、初级工及普通工每年 2400 元。

退休待遇

基本退休费计发办法　2006 年 7 月 1 日起，全区退休人员基本退休费按当事人退休前职务工资和级别之和或岗位工资和薪级工资之和的一定比例计发。其中公务员工作年限满 35 年的按 90% 计发，满 30 年不满 35 年的按 85% 计发，满 20 年不满 30 年的按 80% 计发，满 10 年不满 20 年的按 70% 计发，不满 10 年的按 50% 计发；事业单位工作人员工作年限满 35 年的按 90% 计发，满 30 年不满 35 年的按 85% 计发，满 20 年不满 30 年的按 80% 计发，满 10 年不满 20 年的按 70% 计发；机关工人、普工工作年限满 35 年的按 90% 计发，满 30 年不满 35 年的按 85% 计发，满 20 年不满 30 年的按 80% 计发，满 10 年不满 20 年的按 70% 计发。

2014 年 10 月 1 日起，对 2014 年 9 月 30 日前获省部级以上劳模、有重大贡献的高级专家荣誉称号等符合原提高基本退休费计发比例条件并退休的机关事业单位工作人员发放一次性退休补贴。计发办法为：当事人退休时职务（岗位、技术等级）、级别（薪级、岗位）对应 2014 年 9 月的基本工资标准 × 提高计发比例 ×180。

基本退休费　2006 年 7 月 1 日起，全区行政管理人员基本退休费为：县处级 450 元，乡科级 275 元，科员及办事员 180 元；专业技术人员退休费为：教授及相当职务 700 元，副教授及相当职务 400 元，讲师及相当职务 275 元，助教（含相当职务）及以下职务 180 元；

工人、技师 275 元，高级工以下（含高级工）及普通工 180 元。

2014 年 10 月 1 日起，退休费增加，行政管理人员基本退休费为：县处级 460 元，乡科级 350 元，科员及办事员 260 元；专业技术人员，教授及相当职务 700 元，副教授及相当职务 460 元，讲师及相当职务 350 元，助教（含相当职务）及以下职务 260 元；工人、技师 350 元，高级工以下（含高级工）及普通工 260 元。1934 年 9 月 30 日前出生的每人每月增加 100 元，1934 年 10 月 1 日至 1939 年 9 月 30 日期间出生的每人每月增加 60 元。

丧葬费 2011 年 1 月 1 日起，全区退休人员丧葬费（含行政事业单位工作人员）由 1000 元提高为 4000 元。2011 年 8 月 1 日起，丧葬费调整为：国家机关工作人员及退休人员病故为上一年度全国城镇居民人均可支配收入的 2 倍加当事人生前 40 个月基本退休费。

遗属生活困难补助费 按遗属户口所在地的城市居民最低生活保障标准的 80% 计发，2011 年 1 月 1 日起，全区机关事业单位遗属生活困难补助费（离石户口）提高为每人每月 172 元。

取暖补贴 2013 年起，全区对退休人员按退休时所任职务（或技术等级）提高取暖补贴标准：行政管理人员，处级每年 3200 元，科级每年 2800 元，科员及办事员每年 2400 元；专业技术人员，正高级每年 4000 元，副高级每年 3200 元，中级每年 2800 元，助理级及员级（专业人员）每年 2400 元；工人、技师及高级工每年 2800 元，中、初级工及普通工每年 2400 元。

第七节 机 构

1951 年 6 月，离石人事监察科成立。

1954 年，离石人事监察科改称人事科。1958 年 8 月，复称人事监察科。

1959 年 8 月，人事监察科改称人事局。1962 年 5 月，人事局又改称人事监察科。1963 年 5 月，人事监察科复称人事局。“文化大革命”中，人事局工作中断。1975 年 11 月，人事局恢复成立。

1998 年 8 月，离石市人事局内设办公室、干部组、工资组、职称改革领导组、科技干部组、人才交流中心、事业登记中心、保险事业所、考试培训中心。

2010 年 1 月，离石区人事局与离石区劳动和社会保障局合并，称离石区人力资源和社会保障局。

至 2015 年，离石区人力资源和社会保障局内设办公室、人才流动开发股、专业技术人员管理股、工资福利股、农民工工作股、资金基金监管股、法规股、行政审批与公共服务股、劳动保障监察执法队、人事培训考试中心。共有人员 150 人。

第二十五编

教育　科技

- 普通教育
- 职业教育　师范教育
- 成人教育
- 教学　教研
- 教师队伍
- 教育管理
- 教育管理机构
- 科学技术

唐代至清代，离石考取进士 46 人，考取举人 137 人，考取贡生和监生 532 人。

五代时，离石境内已有书院。元大德年间（1297—1307），离石州学始建于州治东。清光绪三十二年（1906），离石州学改为高等小学堂。宣统二年（1910），离石在城内观音庙创办女子初等小学堂。

民国 4 年（1915），学堂改名为学校。民国 6 年，全县开办初等小学 90 所，在校学生 1479 人。高等小学 6 所，在校学生 163 人。民国 9 年，全县有男子国民初等小学 166 所，有 309 个班，在校学生 4218 人。女子国民初等小学 4 所，有 8 个班，在校学生 166 人。民国 30 年，离石国统区开办两级小学 1 所，中心小学 6 所，初小 20 余所，统称为“民族革命学校”。1950 年，全县有高（完）小 5 所，18 个教学班，在校学生 614 人。初小 203 所，在校学生 11494 人。截至 2015 年底，离石区共有公、民办小学 55 所，教学班 902 个，在校学生 37343 人。

民国 11 年（1922），在柳林镇（时属离石）耶稣堂广智院开办的幼稚园，是离石最早的幼儿园。1957 年，离石开办城内幼儿园。截至 2015 年底，全区共有幼儿园 187 所。

民国 17 年（1928），离石城内的傅秉雄创办离石中学，先后共招初中班 8 个，毕业学生 200 余人，离石沦陷时停办。1946 年 3 月，县政府派刘菊初在离石中学原址开办 1 所建新中学，是年 8 月，学校更名为贺昌中学。1952 年秋，离石创办柳林中学。截至 2015 年底，离石辖区共有初中 16 所，教学班 642 个，在校学生 17338 人。高中 8 所，教学班 292 个，在校学生 15374 人。高级职业中学 1 所，教学班 3 个，在校生 30 人。

民国 5 年（1916），离石开办乙种农业学校 1 所，有教职工 6 人，在校学生 17 人。民国 6 年至 9 年，农业学校毕业 1 个班，学生 31 人。民国 7 年，开班商业传习所 3 个班，学生 69 人，开办县立女子蚕桑传习所 1 个班，学生 20 人。以上学校开离石职业教育先河。

民国 7 年（1918)，离石县公署开办师范传习所，有教师 2 人，培养小学教师，开启离石师范教育。民国 34 年后，全县师范教育逐步走向正规，先后有贺昌中学附设师范班、离石初等师范学校、离石中等师范学校。

1960 年，县科委组织农业、工业、卫生等有关部门采用翻印资料、有线广播、举办专栏等方式，进行科学知识普及和宣传。2013 年 12 月 19 日，区科技局在省城太原参加吕梁云计算数据中心研讨会，与来自国内产、学、研、用的 70 多位云计算领域专家、代表，就中国云计算的标准工作进展、产业发展动态及对吕梁发展云计算数据中心的规划建议等进行开放式交流和探讨。同年，结合国家级科技富民强区专项行动计划项目—科技教育“优质核桃标准化种植技术”，区科技局聘请汾阳市核桃专家对该区的核桃精品园区、核桃协会、核桃种植能手等共计 500 余户，2000 余人次，以授课、交流、田间地头现场指导等多种方式，以无公害、标准化、品牌化等方面的知识为内容开展培训，培训突出针对性、实用性、实效性，实现“农民增收、企业增效”的目标。

第一章 普通教育

第一节 官学 私学

官学

官学，也称州学或学宫。元大德年间（1297—1307），离石州学始建于州治东。明洪武七年（1374），州学改建于州治东南隅（今贺昌中学院内）。

据《永宁州志》记载，离石县州学生员考取进士的，唐代1人，宋代1人，金代4人，元代3人，明代27人；考取举人的，明代95人；考取贡生、监生的，明代237人。离石人才涌现的两个高峰期在明代中叶和清代康乾盛世期。明代中叶考中进士21人，考中举人55人。明嘉靖五年（1526），丙戌科考中进士3人，嘉靖二十八年，乙酉科有5人同时中举。清代建立至清光绪六年（1880），离石州学生员考中进士的有12人，考中举人的有42人，考中贡生、监生的有295人。

清光绪三十二年（1906），县州学宫改办为高等小学堂。

私学

私塾 大多开办在乡村。民国12年（1923）至民国13年，离石城内的贺拔贡和李殿斌，分别在城内萃祥庵和古西寺两处办私塾。民国15年后，私塾逐渐消失。

社学 由村社筹资兴办。

明代时，离石县已有社学。

清顺治九年（1652），州守胡朝宾上任，自己出资在城内税务街开办社学1所。到清乾隆年间，社学渐趋解体。

义学 靠义士捐助开办，免费供贫寒子弟读书。离石县义学创始于宋代。

清乾隆二十九年（1764），知州薛龙昌将城内旧义学改为永宁州书院。

书院 离石县在五代时已有书院。

金代有龙泉书院。

明代有凤山书院（今凤山道院）。明代榜眼孔天胤（文水人）曾就读于凤山书院。

清代有永宁州书院（今贺昌中学院内）、龙山书院（今市文工团院内）、凤山书院、安国寺书院。一代廉吏于成龙官至两江总督、兵部尚书等职，出仕前就读于安国寺书院。清同治元年（1862）至同治十年间，举人贺守宪设教凤山书院，有18名童生考取州学宫秀才。离石城内第一位大学生、离石中学创始人傅秉雄先生，曾就读于龙山书院。

唐代至清代科举考试中，离石考取进士48人，考取举人137人，考取贡生和监生532人。

第二节 幼儿教育

民国 11 年（1922），在柳林镇（时属离石）耶稣堂广智院开办的幼稚园，是离石最早的幼儿园。

1957 年，离山县开办城内幼儿园，园址在旧城“安乐处”（现城内一巷东侧）。1958 年，全县开办幼儿园 569 所，入园幼儿 17244 人，幼教人员 788 人。

1960 年春，城内幼儿园入园人数 270 余人。因园内无法容纳，城内幼儿园一分为三，分别是在原处开办的县级机关幼儿园、在货源街粮库院开办的新关幼儿园和在南关贺生贵家开办的南关幼儿园。1961 年春，城内幼儿园并入城内完小。其后 10 年，全县没有开办幼儿园。1972 年，全县开办石盘村幼儿园、信义幼儿园 2 所。1974 年，离石电线厂开办幼儿园 1 所。1975 年，全县有农村队办幼儿园 10 所，有小学附设学前班 16 所。1976 年，全县有小学附设学前班 32 所。1979 年，全县有小学附设学前班 84 所。1981 年，全县有小学附设学前班 216 所，有机关、厂矿、学校新办幼儿园 8 所。1986 年，城内幼儿园新建二层楼 1 幢，面积 415 平方米。1987 年，城区幼儿教育基本普及，地直机关、厂矿、学校开办幼儿园 16 所，在园幼儿 700 余人，教职工 60 余人。同年，城内幼儿园入园幼儿 245 人，有幼儿班 6 个，教师 13 人。该园增加教学设施，被评为省级示范幼儿园。1990 年，全县有幼儿园 48 所（城区 28 所、农村 20 所），入园幼儿 6873 人，入园率 75%。全县有学前班 111 个，学前幼儿 4054 人；幼儿班 212 个，幼儿 2819 人；幼教人员 230 人。

2002 年，离石市有幼儿园 78 所，其中私立幼儿园 43 所，审批手续齐全的 20 所。有学前班 167 个，在园幼儿 11417 人，入园率 85%。2003 年，全市有幼儿园 62 所，其中城区 42 所，有幼儿班 279 个，学前班 116 个，在园幼儿 7987 人。

2010 年，全区有幼儿园 110 所，其中公办独立园 3 所，公办附设园 47 所，民办园 60 所。在园幼儿 16231 人，教师 901 人（占事业编制的 203 名，有教师资格证的 471 人）。2011 年，全区有幼儿园 111 所，其中民办园 61 所。在园幼儿 17131 人，入园率 95%。幼儿教师 940 人，其中有教师资格证的 498 人。

2012 年，离石区启动并完成 21 所幼儿园的建设任务，投入资金 3501 万元。其中，一村一所幼儿园 16 所、乡镇中心幼儿园（枣林乡结绳墕村、信义镇信义村、交口街道办交口村）3 所。乡镇中心幼儿园投资 501 万元，已全部完工并投入使用。2013 年，离石区完成 21 所幼儿园的建设任务，总计投资 2525 万元。其中，一村一所幼儿园 15 所、乡镇中心幼儿园 4 所。计划投资 1015 万元的城镇幼儿园修改图纸，增设人防工程。高家沟幼儿园和前瓦幼儿园，进行附属工程收尾。同年，全区共有幼儿园 124 所，其中公办幼儿园 44 所（城区 1 所，农村小学附属园 43 所），民办幼儿园 80 所，民办幼儿园教师 1050 人。2014 年，离石区建设村级幼儿园4所，其中公办标准幼儿园2所。依法取缔无证幼儿园14所，限期整改验收42所，实现全区无证幼儿园零存在。同年，信义镇严村幼儿园，完成改造建设任务，改造建筑面积452平方米，可容纳幼儿150人。吴城镇下王营庄幼儿园，完成改造建设任务，改、扩建建筑面积340平方米，可容纳幼儿150人。坪头乡幼儿园，完成改造建设任务，改建建筑面积948.68平方米，可容纳幼儿180人。凤山街道办中心幼儿园已完工。民办标准化泰化幼儿园，全部完工并投入使用。至同年底，全区共有幼儿园187所。其中公办17所，集体办3所，民办167所，幼儿入园率为89.3%。2015年，袁家庄幼儿园、移民新区幼儿园（2所公办标准化幼儿园）完成主体工程建设，建筑面积近1万平方米，可容纳幼儿近1000人。贺家塔小学附属幼儿园、吉家村小学附属幼儿园、上四皓村办幼儿园（3所村级幼儿园）建设全部完工。继续开展民办幼儿园整治活动，与物价部门联合规范民办幼儿园收费标准，新生每学期收费1500元（含书费）的民办幼儿园有108所，占全区幼儿园总数的81%。至同年底，全区有60所幼儿园完善设备，80%的幼儿园安装视频监控。

离石区实验幼儿园 离石区实验幼儿园，坐落在新建沟与货源街中段偏东，东临农机研究所家属楼，西接盐业公司家属院，南挨新建沟东口，北靠教体局园丁公寓楼。该园始建于2006年，是区直属公办幼儿园。园址在原第四小学教学楼。2009年，区财政投资1400万元，拆除校园内原有教学楼，搬迁周边居民，实施翻修扩建工程，工期2年。2011年9月下旬，离石区实验幼儿园投入使用，新建教学楼为四层楼，占地面积7000平方米，建筑面积6767平方米，楼内有标准化幼儿教室21间，其余是厨房、餐厅、多功能室和400平方米的综合活动大厅。教室内配备卫生间、衣帽间，钢琴、彩电、消毒柜、洗衣机、热水器等设施。楼外配备攀爬墙、大型玩具。可容纳幼儿800多人。

2015年，离石区实验幼儿园，有幼儿700多人，教学班18个，其中小小班1个，小班8个，中班7个，大班2个。教职工73人，其中专任教师67人，大专以上学历（含大专）占教师总数的88%。

第三节 小学教育

清光绪三十二年（1906），离石州学改为高等小学堂。光绪三十三年，离石又创办初等小学堂1所，后改为模范国民小学。宣统元年（1909），柳林（时属离石）和大武（时属离石）也开办初等小学堂。宣统二年，离石在城内观音庙创办女子初等小学堂。宣统三年，离石与临县在碛口联办高等小学堂1所。

民国4年（1915），学堂改名为学校。民国6年，全县开办初等小学90所，在校学生1479人；高等小学6所，在校学生163人；乙种农业学校1所，在校学生17人。民国9年，全县有男子国民初等小学166所，309个班，在校学生4218人；女子国民初等小学

4所，8个班，在校学生166人；民国12年，全县有男子国民初等小学224所，在校学生8931人；女子国民初等小学6所，在校学生311人；男子国民高等小学4所，在校学生257人；女子国民高等小学1所，1个班，在校学生59人；民国14年，全县有乡村男子国民小学227所，560个班，在校学生5174人。女子国民初小4所，10个班，在校学生94人；男子国民高小4所，11个班，在校学生186人；女子国民高小1所，2个班，在校学生16人；民国20年，全县各区都开办高等小学。民国21年，公立龙泉高小开办。民国26年，全县有初小153所，两级小学7所，学生5861人。抗日战争前夕，所有小学停办。民国29年，离石抗日根据地开办高小3所，在校学生309人，初小186所，在校学生9527人。民国30年，离石国统区开办两级小学1所，中心小学6所，初小20余所，统称为“民族革命学校”，在校学生700余人，教职员工158人。1945年10月，离石县恢复城内和柳林2所高小。1946年，城内高小改名为离石第一完全小学，柳林高小改名为离石第二完全小学，寨子山高小改名为离石第三完全小学。1947年，全县因遭受严重自然灾害，所有学校奉命停办一年。学校停办时，全县有完全小学3所，初小188所，在校学生4882人。1948年秋，全县有高（完）小4所，初小160所，在校生8685人，入学率34.4%。

1950年，全县有高（完）小5所，18个教学班，在校学生614人。初小203所，在校学生11494人，入学率48%。1957年，全县有高（完）小29所，初小505所，入学率为80%。1958年4月，全县在15天内兴办起一揽子、巡回、联立等类的小学182所。5月，增加新办小学22所，儿童入学率97.3%。1958年，全县有小学710所，在校学生28903人。高（完）小有54所。1959年，全县有小学886所，在校学生34310人。1965年，全县有小学859所，在校生42807人。

1970—1973年，全县开始推行五年一贯制小学教育。1971年，全县有小学347所，在校学生15600人。1974年，全县2所城镇学校进驻工宣队，395所农村小学由贫下中农管理委员会管理。学校开门办学，学工、学农、学军、学大寨、学朝农（指朝阳农学院开门办学经验），放松文化课学习。1975年，全县有小学338所，在校学生24613人。1978年，全县有小学318所，在校学生24598人。1983年，小学教育实行三二分段，全县设置中心小学53所，出现寄宿制学校。1985年，全县基本达到普及初等教育标准的学校274所。1986年，全县基本达到普及初等教育标准的学校311所。1989年，全县普及率达标，省政府为离石颁发了普及初等教育合格证。1990年，全县有小学323所，基本实现“一无两有”（小学、初中校舍达到校校无危房，班班有教室、人人有课桌）标准。1991年，新办永宁小学（五小）投入使用。

1998年，离石市在城区新建第八小学（后改为龙凤小学）。2001年，西崖底村投资320万元，新建现代化高层建筑学校1所。2003年9月，原第七小学（前瓦小学）合并到第二小学（东关小学）。

2004年秋季，全区开始撤点并校工作，撤并农村中小学65所。2005年，撤并农村中小学49所。开始实行农村一乡一校制度，并全部改办成寄宿制形式。2006年，原第四小学(新关小学)合并到第二小学(东关小学)。至年底，全区有小学89所，其中区直小学7所；在校学生31154人，入学率99.5%。2007年，撤并小学23所。区直小学按校址命名，不再按序号排名。2010年，新建七里滩、袁家庄、下水西三所小学。2011年，全区有小学100所，其中区直小学9所，寄宿制小学15所。同年，投资4800万元、总建筑面积33243平方米的袁家庄小学(8轨48个班)投入使用。

2012年，投资180万元的西崖底小学多功能室主体完工。2013年，全区共有公、民办小学55所，其中区直小学10所，农村小学40所。民办小学5所，805个教学班，在校学生35134人。同年，七里滩小学(城东小学)于9月1日投入使用。永宁小学(五小)新建北教学楼建设工程启动，总建筑面积3361平方米，投资800万元。2014年，永宁小学北教学楼完工。城南小学建设项目启动，投资约590万元。全区公、民办小学56所，其中区直小学11所，民办小学5所，农村小学40所。教学班838个，在校学生35798人。2015年，使用地方资金建设的永宁小学多功能楼全部完工。截至2015年底，全区公、民办小学55所，其中区直小学10所，乡镇小学40所，民办小学5所，教学班902个，在校学生37343人。

离石城内小学 清光绪三十二年(1906)始创，由永宁州州学宫改办成州高等小学堂，校址在旧城龙山书院(今市文工团院内)。

民国3年(1914)，校名改为县立高等小学校。民国10年，改称县立第一国民高等小学校。民国15年，县立模范国民小学并入该校，校名改为县立第一两级小学。民国24年前后，该校发展兴盛，有高级班3个，学生112人；初级班3个，学生119人，有教员9人。民国26年冬，日军侵占离石前，该校停办。其间共毕业高级班34个。民国29年，日伪政权在旧城黑龙庙恢复该校，校名改为离石第一新民小学校，1945年10月恢复为城内高小，校址在旧城黑坡上(今世纪广场天益超市东侧)前面，校名为离石第一完全小学。

1952年秋，该校高小和初小分设，初小迁于旧城观音庙东。1953年，县委、县政府将旧城西耶稣堂院划拨给一完小。1954年，该校改名为城内完小。1959年，与贺昌中学合并，开办成一条龙的综合大学，为贺昌综合大学初级部。1960年后，贺昌中学与城内完小各自恢复原名，城内完小的初、高级合并。“文化大革命”期间学制改革为5年后，校名改为离石城内小学。从中华人民共和国成立初期到1968年，该校共毕业高小班42个，学生2000余人。1969年，该校附设开办初中班。

1980年停招初中班。1982年，原来的初中班毕业后，该校恢复为五年制小学。其间共毕业二年制初中班29个，三年制初中班7个，学生1800余人。1990年，该校校名改为离石县第一小学，共开设教学班29个，学生1650余人，教职工71人。1970—1990年，该校共毕业五年级班113个，学生5000余人，多次被评为省、地、县模范学校，是全省首批重点示范小学之一。

2007年，在全区调整学校布局和实行撤点并校后，离石一小又恢复校名为离石城内小学。2010年，该校共有教学班59个，学生3800余人。学校占地面积11888平方米，建筑面积8580平方米。有教学仪器1150余种11783件，图书37575册。

截至2015年底，该校共有教师149名，其中教学名师、学科带头人、教学能手、教学新秀等有41人，中级职称教师73人。该校一至五年级有教学班58个，学生3127人。六年级有教学班9个，学生569人，教学活动分流在长治路小学进行。

该校秉承“以人为本、以质立校”的办学宗旨，以“注重细节、培养习惯”为办学理念，采用“创设情境、提出问题、自主探究、展示提升、拓展延伸”的教学模式，狠抓教师队伍建设，重视教学研究与改革，以集体备课和课题研究为主要载体，开展以构建高效发展课堂为主题的系列教研活动。该校是山西省教育学会确定的课堂教改实验学校，省级示范学校。

离石东关小学 民国初年始创，校名为东关国民初等小学，校址在东关南巷的观音庙。离石沦陷前停办。民国29年（1940）冬，东关居民李建章等三人，自发重办学校，校址设在东关南巷李府北院，由三人轮流任教。民国30年，日伪新民会在东关南巷的观音庙开设新民小学。1945年9月后，重新恢复东关小学。1946年秋，东关小学改办为城内完小的分校。

中华人民共和国成立后，东关小学又独立开办，并逐步走上正轨化办学道路。1960年，东关小学教师增加为4人，实行包班制教学。1963年，教师增加为11人。1965—1966年，在校生迅速增加，因校舍窄小，该校实行二部制教学，学生轮流上课。1968年，东关小学改办成五年一贯制小学。1969年，改办为七年制学校，开始招收二年制初中班。1976年，东关大队在滨河南东路滨河电影院东侧，为学校新建平房教室17间，办公宿舍20间。学校迁入新址后，先由东关大队主办，后转为县直属管理。1978年后，校址陆续进行扩建。1981年，该校初中班停止招生，恢复为县直五年制小学。1986年，学校重建三层教学大楼1幢，有学生2000余人，教职工80余人。1990年，东关小学改名为离石第二小学。

2003年9月，第七小学并入第二小学，原第七小学办成第二小学的分校。

2006年秋，第四小学并入第二小学，第二小学恢复原名东关小学。2006年，区财政拨款800万元开始扩建东关小学。2007年秋竣工。该校扩建为五层教学楼2幢，建有240座的阶梯教室1间，180平方米的活动室1间，250平方米的塑胶操场1个。

2013年秋，该校共有教学班75个，学生4440人，教师233人。2014年，该校有教学班78个，在校学生4391人。截至2015年底，学校占地面积2万平方米，建筑面积13783平方米。有教学班79个，学生4330余名，教师213名，其中教学名师2人，学科带头人9人，教学能手17人，教学新秀10人，高级职称1人，中级职称101人。有教学仪器513种7622件，图书85380册。

该校坚持“以学校发展为中心、以教师发展为基础、以学生发展为目的、以师德建设为灵魂”的办学理念，依托“敬业、爱生、守法、博学”的教风，“自信、自立、乐学、善思”的学风，“诚实、勤奋、活泼、守纪”的校风，通过“严格规范要求学生、优秀校风影响学生、扎实课程发展学生、丰富活动提高学生、现代理念武装学生”的育人途径，努力实现有特色的办学目标和“德育为首、教学为主、育人为本”的办学宗旨。20世纪80年代以来，该校累计获得省市级以上荣誉称号130项。

离石南关小学　民国元年（1912）始建，校名为南关初等小学堂，校址在南关村花椒庙，教员张元昌。民国21年，校址迁到南关上街观音庙。离石沦陷前停办。民国29年，日伪政权把该校开办为新民小学。1946年，该校迁址于旧县城南门以西的西城墙底（今南关莲花池河塄畔上）。

1950年前，南关小学与一完小合并，分设为一完小的分校。

20世纪50年代，该校教学成绩卓著，多次被评为全县模范学校，教师增加为8人，学生300余名。1968年，该校改办为五年一贯制小学。1974年，有教学班10个。因校舍窄小，改为二部制轮流上课。1975年，学校扩建教室8间，办公室2间，校舍窄小问题得到缓解。1987年前，该校属城关镇政府管辖，由南关村委主办。1987年，收归县教育局直管。1990年，校名改为离石第三小学，校址迁到莲花池公园南侧。学校有教职工14人，学生400余人。

2006—2007年，区财政拨款对该校进行大规模扩建，校名恢复为南关小学。该校扩建后，占地面积8.4万平方米，建筑面积1.04万平方米。建有标准化教室49间，办公室44个，微机室、音乐室、美术室、图书室、多功能室、实验室、舞蹈室、地下文体俱乐部、500座的阶梯教室各1间。文体器材、图书、教学仪器，均按小学一类标准配备。2014年秋，该校共有教学班49个，学生2600多人，教职工150余人，其中有教学名师、学科带头人、教学能手、教学新秀等22人。截至2015年底，该校有教学班52个，学生2845名，教师136名，其中教学名师、学科带头人、教学能手、教学新秀等共37人，高级职称教师1人，中级职称教师61人。有教学仪器229种7051件，图书21462册。

离石朝阳小学　20世纪50年代初始创，原名后瓦小学，位于后瓦一巷东侧。1990年改名为离石六小。2006年改名为离石朝阳小学。2010年，该校有教学班48个，学生2880人，教职工158人。其中，有教学名师、骨干教师、学科带头人、教学能手、教学新秀称号者36人，大专以上学历教师116人，高级职称教师2人，中级职称教师28人。

截至2015年底，该校占地面积19333平方米，建筑面积16988平方米。有教学班56个，学生2970余名，教师237名，其中教学名师、学科带头人、教学能手、教学新秀等60人，高级职称教师 1 人，中级职称教师 68 人。有教学仪器 246 种 10429 件，图书 36035 册。

该校先后获得“区教育教学工作先进单位”“平安校园”“校园文化建设先进单位”“巾帼文明岗”“全国未成年人思想道德建设工作先进单位”等荣誉称号。该校的办学理念是：让每一位教师都成为一座教育的丰碑，让每一个孩子都成为一个快乐的天使，让每一位家长都成为教育的潜在同盟，让学校成为朝阳人幸福成长的乐园。

离石永宁小学 1991 年始建，位于永宁东路 151 号，校名为第五小学。2004 年 8 月改为永宁小学。学校占地面积 5460 平方米，建筑面积 4270 平方米。

2013 年，该校有教学班 35 个，学生 1575 人。教职工 110 人，其中省教学能手 8 人、市教学能手 13 人、区教学能手 21 人。截至 2015 年底，该校共有教师 98 名，其中教学名师、学科带头人、教学能手、教学新秀等 35 人，中级职称教师 38 人。有教学班 44 个，学生 1988 余人。是年，学校占地面积 8483 平方米， 建筑面积平 7631 方米。有教学仪器 220 余种 6800 件，图书 2.4 万册。该校是一所教学设备齐全，师资力量雄厚，艺术气息浓郁，集文化、绿色、特色为一体的管理科学化的区直小学。

离石永宁小学，先后被评为山西省绿色环保先进单位，山西省“十五”期间优秀家长学校，体育工作先进单位，离石区第十二届校园文化艺术节广播操比赛小学组第二名，区第二届“阳光校园快乐成长”校园文化艺术节健美操比赛小学组第三名，离石区“五好机关党组织”，全国学校艺术教育先进单位，吕梁市“三育人”先进集体，离石区第十二届校园文化艺术节综合评比二等奖，离石区中小学鼓号队比赛小学组一等奖。

该校实施“名师带动、制度促动、科研推动、榜样驱动、关心感动”策略，营造“比学习、比正气、比提高、比奉献”的学校氛围，加强师资队伍建设，坚持合格加特长的育人理念，着眼于学生全面发展，狠抓艺术教育，组建“七彩阳光儿童社团”。

离石新星实验小学 2008 年秋，由始创于 2003 年的李家沟新星小学和同年创立的吕梁和平街实验小学合并而成，是市级高标准私立寄宿制小学。学校位于北川河东岸李家沟村，与吕梁火车站隔河相望。该校交通便利，环境优美，教学设施齐全。

该校实行诚信化办学，以学生为本，以学生的全面发展为目标，以培养个性专长人才为特色。采用小班化教学，封闭式、人性化管理，对学生全方位教育、全程化服务。校风正，教风严，学风浓，秩序稳，学生课余生活丰富多彩。2006 年开始，学校先后与“黄河少年艺术团”“华艺培训中心”合作，利用每天下午 1 小时的课外活动时间，开设舞蹈、电子琴、架子鼓、合唱等免费培训班。与“北京弘美视界教育”合作，采用“学习 e 家”个性化教学模式，培养学生学习兴趣，训练专注能力、小组合作能力，提高学生的综合素质，快速提高学科成绩。聘请中国速算协会理事、吕梁速算协会会长胡明月先生加盟学校，把该校作为吕梁市速算推广试点单位，开设速算特色课程，以提高学生的计算能力，开发学生智力，全面提高学生的学习成绩。聘请吕梁学院美籍外教柯林斯先生作学校英语沙龙的辅导教师。

2013年，该校有教学班26个，学生1130余人，教职工103人。专职教师学历均在大专以上，拥有各种模范称号的教师占教师总数的3/4。学校附设开办幼儿大、中、小班。2014年，该校有教学班26个，在校学生1120人。截至2015年底，该校占地面积2万平方米，有教学大楼、学生公寓、规范化餐厅、学生食堂、小灶。学校配备电教室、40台电脑的多媒体室、实验室、图书阅览室、广播室、少先队活动室、特色训练室（包括奥数、英语沙龙、舞蹈、电子琴、架子鼓、速算）等现代化教学设施设备。学校有教学班25个，学生1003名，专职教师73名，均大专学历。各级教学能手、学科带头人、模范教师共16人，高级职称教师4人，中级职称教师6人。职工34名。

该校是中国教育学会的课改实验基地，是山西省日记、写作教学实验基地。获山西省优秀民办小学称号，山西省创建平安校园先进单位，离石区校园文化建设先进单位，区少先队红旗大队，第十一届“朝阳杯”健美操比赛小学组第二名，离石区城区寄宿制学校学生食堂卫生示范单位。

第四节 中学教育

民国17年（1928），离石人傅秉雄创办离石中学，校址先借用城内两级小学1处偏院的7孔窑洞，后搬到州城文庙内（今贺昌中学院内）。先后共招初中班8个，毕业学生200余人。民国26年，离石沦陷时停办。民国32年，日伪政府强迫傅秉雄恢复办学，两年招收初中班3个，学生80余人。日伪政权强迫学生接受军训和奴化教育。民国34年暑假，大反攻开始，伪离石中学就此停办。1946年3月，县政府派刘菊初在离石中学原址开办建新中学，招初中班2个，学生60余人。暑假后，学生增加到200多人，开设初中班3个，师范班、文教班各1个。是年8月15日，学校更名为贺昌中学。1947—1948年，因自然灾害，贺昌中学停办一年。1948年9月，贺昌中学在大武镇复校（校址在今方山县贺龙中学院内），并与迁走的贺龙中学余部合并。1949年夏，贺昌中学迁回原址。

1950年，贺昌中学收归省管。1952年起贺昌中学招高中班，成为完全中学。同年秋，离石创办柳林中学（时属离石，校址在今柳林县第一中学）。1953年，柳林中学停办后学生并入贺昌中学。

1954年，恢复柳林中学。1956年秋，离石创办圪洞中学（时属离石，今方山县第一中学）。1958年，全县有初中14所，完中1所。初中班级有63个，学生3355人。

1959年，城内初中和交口初中合并到贺昌中学。1961年秋，贺昌中学管理权下放到离石县。10月，全县有公办中学3所，民办公助中学3所，完全民办中学4所。高中招生每年只招1个班。1963年9月，柳林镇杨家坪村开设民办初中1所。是年，全县有公办中学3所，民办中学3所，民办公助中学3所，队办中学1所。“文化大革命”开始后，中学全部停止招生，部分大队开办农中，全县出现七年制学校。1968年，全县有七年制学校58所。

1971年离石、柳林分县后，离石只有普中3所，七年制学校38所，完全中学1所（贺昌中学）。1973年，新建离石中学（今离石一中）。同年，全县有中学51所，初中班106个，高中班17个。1975年，全县有中学68所。1976年，中学为89所。1977年，中学为96所。1978年，新建新关中学（今离石二中）。贺昌中学移交吕梁行署直管。1979年，全县有中学76所。1981年，全县有中学51所。1984年，将新建的凤山底小学改办为凤山底中学（即后来的离石三中）。1985年，全县有中学32所。1988年，新建离石高级中学（即后来的离石四中）。1990年，全县共有普通中学30所，教学班210个，学生8993人，中学教师654人。

1995年后，离石市形成中学教育公、私立并存的办学局面，先后有育德中学、英才中学、积山中学、精英中学、双语中学、东帝中学、育星中学、永宁中学、龙凤中学、华杰中学、英杰中学、泰化中学、廷亮中学相继成立。2002年起，全市开始兴办农村寄宿制学校，实行一乡一校办学模式，全区共开办寄宿制初中10所。2003年，小神头中学和阳坡中学并入信义中学，王营庄中学并入吴城中学，枣洼中学并入坪头中学，结绳墕中学并入枣林中学。

2004年，区直高级中学（四中）并入贺昌中学，成为贺昌中学东校区。2007年，交口中学搬进新建的吕梁高级实验中学。同年，农村初中全部实现寄宿制。企业家贾廷亮投资7亿元新建廷亮中学。2008年，城镇中学收归区直属中学。2010年，红眼川中学并入五中（离石高级职业中学）。同年，在激烈的生源竞争中，大多数私立中学自行消亡，只有英杰中学、廷亮中学、泰化中学、育星中学、龙凤中学、精英学校、华杰中学继续开办。同年，离石区政府与全国教育先进典型江苏省江阴市联手创办的高标准公办高级中学——离石江阴高级中学开工建设。2011年，公办袁家庄初级中学开工建设，该校附近的城北中学停办。

2012年，总建筑面积25594平方米、总投资4200余万元的江阴高级中学3号教学楼、3号、4号学生宿舍楼新建项目全部完工，秋季开学全部投入使用。建筑面积5804平方米、投资1140万元的第三中学教学实验楼地下室人防工程完工。2013年秋，总建筑面积32392平方米、投资4995万元的袁家庄初级中学（12轨36个班）全部完工投入使用，第三中学并入袁家庄中学。2013年底，离石区共有公办中学11所，其中城区中学6所、农村中学5所，私立中学7所，共有教学班854个，在校学生46591人。在连续几次的调整布局中，全区共撤并中小学校137所，其中初中12所。2014年，离石区开展52所学校（乡镇45所、城区7所）基本办学条件的摸底和项目申报工作，涉及项目资金5580万元，其中中央、省级资金共3561万元。同年，离石区义务教育均衡发展工作通过省级评估验收。截至2015年底，使用中央资金建设的离石区第二中学餐厅、宿舍楼建设项目，完成可行性研究报告、节能评审、环评、地形图测绘、立项等工作。是年，全区范围共有高初中25所，其中初中16所、普通高中8所、高（职）中1所。其中，初中有教学班642个、在校学生17338人；普通高中有教学班292个，在校学生15374人；高职中有教学班3个，在校学生30人；

离石第一中学　1973年创办，位于建设北街9号，起初为完全中学，校名为离石中学。1983年，改名为离石一中。1988年，高中部分出，另办为离石四中。离石第一中学是全区初中唯一省级示范学校。有省A类标准图书馆和国家一类标准配备的理化实验室共7个。该校有图书20余万册，200座的多功能阶梯教室，160座的学术报告厅，书法、美术、音乐专用室及教师电子备课室、乐器舞蹈排练厅、健身活动室。该校重视文化建设，为离石籍著名教育家辛安亭先生筹建纪念馆，塑半身铜像1座，使之成为学校重要的德育文化基地。

2012年，学校共有教学班56个、学生3800余人、教职员工224人。教师学历达标率100%，有荣誉称号64人。在全区统考和中考中均排名第一，中考达600分以上5人、达500分以上503人。2013年，该校有教学班55个、学生3127人。有教职工226人，教师学历达标率100%。其中，高级教师50人，一级教师79人，省、市级教学能手、学科带头人及骨干教师64人，获省级以上荣誉称号48人。2014年，学校有教学班52个、学生2829人。截至2015年底，学校有教学班49个、学生2634人。中考达线749人，达线率为72%。学校占地面积21199平方米，建筑面积20909平方米。有教职工232人，教师学历达标率100%，其中高级教师49人，一级教师92人。

学校坚持“育人为本、质量立校”的办校原则，以复制江阴经验、创建优质教育为指导思想，打造优质高效课堂，不断提升学校内涵。坚持特色教学，锻铸品牌学校，实施素质教育，稳步推进新课程改革，不断提高教学质量。历年的中考、统考合格率、优生率均居全区前茅。

离石第二中学　1978年创建，初名为新关中学。1983年改名为离石二中，是一所半寄宿制初级中学，校址在龙山半山腰的平坦地带。学校与全国先进教育接轨，创建新的教育平台，创新教育理念，采用学案教学，提高教学质量。20世纪80年代中期，连续四五年，中考达线人数居全县榜首。学校先后获得地级文明学校、教学先进单位、中考成绩优秀称号，获得广播操比赛一等奖、校园剧编演二等奖、千人诗文诵读第二名。

2012年获《中华经典诗文诵读》山西优秀校本课程一等奖。同年，学校中考600分以上3人，达江阴高中录取线553分以上有15人，达贺昌中学录取线有56人。2013年，学校有教学班20个，学生1000余人，教职工98人。2014年，学校有教学班18个、在校学生807人。有教职员工96人，其中有教学名师称号40多人、中教高级职称14人、中教一级职称45人、中教二级职称35人、技师2人。截至2015年底，该校占地面积2万平方米，建筑面积7800平方米。校区环境幽静，教学设施齐全，有标准化的微机室、电子备课室、理化实验室等现代化教学设施，有藏书6万余册的省A类标准的图书馆和国家一类标准配备的理化生实验室4个，建有标准化微机室、电子备课室，有可容纳500多名学生住校的宿舍楼，有可供600多名学生同时就餐的大餐厅。学校安装“班班通”多媒体教学设备20套和安装点对点校园广播系统。学校有教学班19个，学生849人，教职工89人，学历达标100%，其中高级教师14人，一级教师54人，专职教师均为大学本科学历。其中“优秀教师”“优秀班主任”“教学能手”“星级名师”40多人，占教师总数70%以上。

离石城镇中学 离石城镇中学20世纪70年代创建，是一所区直寄宿制初级中学。起初校址在城关公社旧院（位于旧城大楼底西边），后借用凤山底大队所在地，再后又借用凤山底中学（即离石三中）的教室。1985年后，校址在凤山西头半山腰村庙里。

90年代后，由城关镇出资，在马茂庄北边（地名叫石佛寺，即今丽景街西头的北侧），紧靠市民广场，重建标准的现代化寄宿制初级中学。1999年秋季投入使用，共有教学班29个、在校学生1800余人、教职员工100多人。

2008年，该校被确定为区教育资源整合重点建设学校，迅速发展为城区学校中建设规模最大的初中。学校占地3万多平方米，有综合教学楼，实验楼，男、女寄宿生公寓楼各1幢，有可容纳2000多名学生同时就餐的4000平方米大餐厅。学校现代专用教学设施齐全，信息技术教室、学术报告厅、舞蹈训练室、生物标本室、理化实验室等正式投入使用。2010年，该校有教师153人，其中高级、中级职称有57人，骨干教师、学科带头人23人；学生1800余人，其中住校生900余人。

2013年，该校有教学班23个、在校学生817人。2014年，该校有教学班20个、在校学生736人。截至2015年底，该校有教学班20个，学生807名。中考达线59人，达线率为8.3%。教职工139人，学历达标100%，其中有高级教师15人，一级教师50人，省级教学能手、学科带头人及骨干教师3人，获省级以上荣誉称号者8人。学校有省三类标准的图书馆和国家二类标准配备的理化实验室共4个，图书3万余册。学校占地面积33066.8平方米，建筑面积23868平方米。

该校主抓质量提升、校园文化建设和特色建设三大工程，取得明显效果。大力增强教师育人意识、全局意识和改革意识，以教学工作为核心，以校风建设为主线，以课堂教学为中心，以拼搏精神抓初三，以进取意识抓初二，以规范理念抓初一。全面推进务实创新的学校文化建设，努力把学校建设成教师敬业、学生上进、校风优良、教育优质的创新型学校。该校与江阴市云亭中学结对子，开展互动学习交流活动，并设立由江阴市部分知名企业家赞助的“城镇中学江阴爱心奖励基金”，对品学兼优的学生进行常态连续性的爱心奖励助学。

离石江阴高中 离石江阴高中2010年6月创办，是区委、区政府与江阴市联合创办的公办寄宿制高级中学，校址在东城区前马家村。校区占地面积17万平方米，建筑面积10万平方米，概算总投资3亿元，设计规模24轨，可容纳学生3600人就读。2011年，校区完成一期工程建设和装备。建有教学楼、实验楼、综合楼、办公楼、师生公寓、餐厅等。投资2000多万元，建成国内领先的电子白板系统32套、百兆宽带网络中心、全方位监控系统、宿舍楼太阳能集中供热水系统、7.5万册藏书的开架式学生阅览室、设施先进的理化实验室20个，通用技术实验室和史地专用教室、美术专用教室各2个、音乐专用教室2个、舞蹈房与多功能活动室各1个。二期工程建设全面启动，包括教学楼2栋、宿舍楼2栋、田径场2片和兼有城市功能的体育馆。同年秋，该校高中部有教学班17个、学生820人；初中部有教学班6个，学生300人。有教师129人，其中江阴委派38人，招聘73人，调入18人。

2012年，新招聘教师64人，江阴委派50人。有高中班29个，初中班12个。8月，该校教师总数为207人，学历达标100%。高级职称以上教师25人，全由江阴教育局委派。截至2015年底，该校占地面积17万平方米，建筑面积88236平方米。有高中班29个，学生1450名，高考达线350人，达线率为89%。有教职工223人，学历达标100%，其中一级教师21人，省市级教学能手、学科带头人及骨干教师2人，获省级以上荣誉称号者4人。

该校以“为民族振兴育人、为终身发展奠基”为办学理念，初步形成着眼学生全面发展的生动、和谐、高效的素质教育格局，在学校管理水平、师资队伍建设、教育教学成绩、校园文化建设等方面彰显办学特色。

英杰中学　2000年8月创建，位于滨河北东路42号，建筑面积3.2万平方米。初建时为民营公助的寄宿制完全中学。

2007年12月，转为完全公办，系吕梁学院附属中学，该校有教学楼、综合办公楼、教师住宅楼、餐厅兼礼堂各1幢，学生公寓楼2幢，有微机房2个，多功能语音室1个，物理、化学实验室和通用技术教室各2个，生物实验室1个，藏书10万册的图书阅览室1个，校园全方位电子监控系统1套和多媒体教学系统92个。

2013年，有高中班32个、初中班59个，在校生5200人。高、初中教师242人（高中教师94人、初中教师148人），学历达标100%，其中研究生学历27人。有特级教师3人，高级职称教师46人，中级职称教师60人，省级学科带头人4人，省级骨干教师5人，省级教学能手27人，获得“模范教师”“先进班主任”等各级各类表彰奖励的教师有70余人次。2014年，该校有初中班65个，在校学生4059人。截至2015年底，该校共有初中班52个，学生3027人。中考达线人数880人，达线率67.7%。教职工167人，学历达标100%，其中，高级教师22人，一级教师32人，省市级教学能手、学科带头人及骨干教师8名，获省级以上荣誉称号者11人。学校有省二类标准图书馆和国家一类标准配备的理化实验室共3个，图书10余万册。学校占地面积7万平方米，建筑面积38150平方米。

该校先后被评为教研教改先进单位、教学管理先进单位、教学质量先进单位、吕梁市模范单位、安全管理工作先进单位、省级示范中学、规范办学行为先进单位、教育技术装备工作先进单位。多次获高考、中考优秀奖，离石区中小学运动会乒乓球比赛第一名、篮球比赛第一名、田径比赛第二名、团体总分第一名和中学生男子篮球比赛“道德风尚奖”。

该校在管理方面，建立领导干部述廉、述职制度，学生评教制度，领导值班制度，教师坐班制度，教学督导制度，绩效工资制度，教科研成果重奖制度。通过主题班会、升旗仪式和国旗下讲话、开设校园网络、出版《英杰报》，加强班级文化建设、注重培养特长，挖掘校本课程，实施家校协同战略。

吕梁市泰化学校 吕梁市泰化学校原名泰化中学，是由吕梁市泰化石油（集团）有限公司董事长、山西省著名企业家张子玉，投资7000万元创办的一所集高中、初中、小学于一体的十二年制民办半寄宿制学校。位于离石龙凤南大街东侧、段家坪与高家沟两村坪地的中间地段。学校环境优美、交通方便，与新建的离石长途汽车站相隔不到1000米。

该校占地面积2.64万平方米，建筑面积15270平方米，校园绿化面积3500平方米，运动场占地5000平方米。校园内建有教学办公楼1幢，师生公寓楼1幢，师生独立餐厅2座，标准化教室75个，学生宿舍120间。配备有物理、化学、生物、地理、通用技术实验室，计算机、多媒体、音乐、舞蹈、美术、图书阅览室等各2个，图书馆藏书3.2万多册，征订供师生阅读的报纸杂志150余种。学校有高标准的灯光篮球场3个，有羽毛球场、乒乓球台和250米的环形塑胶跑道。配置国家二类标准的理化生实验仪器、文体活动器材和现代化的教育教学设备。

2013年，该校有教学班40个，其中高中班14个，初中班12个，小学班13个，小学英才班1个。在校学生2123人，教职工168人。教师学历达标率为100%。有30余名教师获国家级、省级、区级学科带头人、骨干教师、优秀教师、优秀班主任称号。2014年，该校有初中部教学班13个，在校学生659人；高中部教学班18个，在校学生933人。截至2015年底，泰化学校有教学班42个，学生1975人。其中初中部有教学班11个，在校学生477人；高中部教学班20个，在校学生1072人。高考达线20人，达线率6.7%。有教职工181人，学历达标100%，其中高级教师17人。学校有省二类标准图书馆和国家二类标准配备的理化生实验室共3个，图书3万余册。

该校以董事长张子玉制定的“企业办学、回报社会、育人教书、永不取利”的方针为办学宗旨，坚持“文化立校，环境育人”的办学理念，先后被国家、省、市、区各级教育行政部门评为全国语言文字规范化示范校、全国语文教改实验校、全国教育改革创新发展基地试点学校、全国中小学教育科研联合体理事单位、国民语文应用能力实验学校、山西省民办教育优秀单位、改善办学条件先进民办学校、吕梁市优质民办学校、中小学心理健康教育示范学校、离石区民办学校先进单位、离石区优秀民办学校、离石区校园文化建设先进单位。在离石教体局历年组织的统考中，泰化学校多次名列前茅。在离石全区的各项竞技、竞赛活动中，均获优异成绩。

离石区廷亮中学　2007年，由著名企业家、山西省大土河焦煤股份有限公司董事长贾廷亮累计投资7.5亿元建设。是一所全市办学规模最大、教学设施设备全省一流的30轨制的现代化民办寄宿制完全中学（其高中部为民办公助性质，高中教师工资由离石市财政支付）。坐落在凤山教育园区。该校占地23.47万平方米，占城区10所区直小学和4所区直初中占地面积总和的96%，建筑面积21.5万平方米，共建设大楼21幢，其中建有五层的教学综合大楼7幢，六层的图书艺术楼1幢，内设可容纳1835人的现代化报告会议厅1个，舞蹈室3个，钢琴房72个以及图书馆，行政办公室等；三层的学生食堂1幢，可容纳5000名学生同时就餐；六层的教工食堂1幢；三层的体育活动中心楼1幢，可供50人同时训练的游泳馆、室内篮球场、10副乒乓球台桌各占一层；十层和十二层的教工宿舍楼各1幢，共有住房240套；七层的单身教职工宿舍楼1幢（内设住房246套），七层的学生宿舍楼5幢，六层的学生宿舍楼2幢。该校建有占地1.3万平方米的操场，内设现代化塑胶足球场1个，初中部升旗台1处，800米的环形跑道，操场周围栽银杏树数百棵，体育活动中心大楼的东面有四周拦网式露天篮球场6个，校门内西侧有公园1个，校内设有排球场。2010年，首届高考达线542人，达线率70.6%。2011年，第二届参加高考达线756人，达线率100%。

2012年，第三届参加高考达线758人，达线率75%。2013年，该校有教学班87个，其中高中班57个，初中班30个；在校学生4199人，其中高中2827人，初中1372人。教职工总数588人，专职教师293人，其中高中教师197人，初中教师96人，财政供养的高中部在编教师135人，行政人员92人，工勤人员203人。293名专任教师的职称结构是：高级职称57人，中级职称75人，初级职称121人，未评职称者40人。教师学历中研究生学历25人，本科学历263人。教师中有学科带头人8人，教学能手21人，骨干教师7人，教学名师1人，教学新秀1人。同年6月，初中部获山西省第十一届青少年英语口语展示活动优秀组织奖，参赛的18名学生在决赛中分别获得一等奖7个、二等奖6个、三等奖5个；其中有6名学生代表山西省赴京参加全国总决赛，获国家级二等奖5个、三等奖1个。7月，获第五届全国中学生数理化学科能力展示活动总决赛优秀组织奖，参赛学生获应用能力展示二等奖3名，获综合学科能力展示二等奖9名，获综合学科能力展示三等奖11名；获第八届全国青少年冰心文学大赛文学摇篮奖，2名学生获银奖，4名学生获铜奖。同年，该校第四届参加高考达线962人，达线率87.5%。首届参加中考学生349人，总分600分以上者169人，占考试总人数的48%；580分以上者240人，占考试总人数的68.8%；550分以上者295人，占考试总人数的84.5%。4名学生进入吕梁市中考前10名，在全市650分以上的29名考生中，该校占11名，位居全区中考榜首。2014年，该校共有初中教学班36个，学生1702人。截至2015年底，该校有教室129个（高中班教室99个、初中班教室30个），办公室188个，理化生实验室21个，阶梯教室10个（每个可容纳学生2502人），舞蹈室3个，美术教室5个，音乐教室1个，实验仪器设备1003套，图书10万册，高中部有电脑700多台，初中部有电脑177台（其中笔记本电脑110台、台式电脑67台），自动化黑板104块，多媒体设备30套。是年，该校有初中教学班40个，学生2014人。中考考生427人，平均分数达607分。教职工有148人，学历达标99%，其中有高级教师8人，一级教师31人，省市级教学能手、学科带头人及骨干教师2名，获省级以上荣誉称号者4人。

高中部的办学目标；把学校办成全国基础教育领域中教学改革的旗帜，课改探索的范本，德育创新的标杆，精细管理的楷模，团队建设的榜样，基教品牌的窗口。坚持求真务实，努力锻铸"树务人之本，求管理之实，立争先之志，创办学之优"的教育精神。将"以人为本"作为办学的基本出发点，把人的发展作为实现教育价值的终极目标，推进素质教育，全力打造"导学练五环节"教学模式和"体验教育"的品牌，大力开展创新教育，深化教学改革，健全完善教育教学管理机制（制订各种岗位职责48种、规章制度43种、考评条例办法16种），提升办学水平，彰显办学特色，取得优异的教学成绩。

初中部始终坚持"精细教育、追求卓越"的办学理念，以"百姓满意、吕梁一流、全省领先"为办学目标，坚持以教育教学工作为中心，更新教育理念，积极进行课改实践，规范办学行为，加强常规管理，努力提升学校形象，创建平安和谐校园。

第二章　职业教育　师范教育

第一节　职业教育

公办职业教育

民国5年（1916）至民国10年，离石境内开办乙种农业学校1所，有教师和职员各3人，学生17人。民国6—9年，农业学校毕业1个班，学生31人。民国7年，离石开办商业传习所3个班，学生69人，开办县立女子蚕桑传习所1个班，学生20人。以上学校均属培训性质，是离石职业教育的开端。民国34年，抗日根据地的离石高小（即后来的三完小）为支援抗日战争，附设半工半读的工读班，以纺织为专业，学生最多时有80余人，日产棉布200多米。

1952年，工读班停办，毕业生320余人，产棉布3000匹以上。

1958年9月，离山县开办各类职业中学10所，开设班级20个，学生1070余人。10所职业中学为：城内卫校、圪洞中医学校（时属离石）、方山畜牧中学（时属离石）、凤山底工业中学、城内财经中学、王家沟水保中学、高家沟农中、南关手工业中学、吴城林业中学、阳圪台林业中学。这些学校实行半工半读，学制除圪洞中医学校为四年外，其余均为三年制。

1959年，调整职业教育布局，保留圪洞中医学校、南关手工业中学、高家沟农中、方山畜牧中学、吴城林业中学、阳圪台林业中学等6所，其余学校停办。1959—1960年，全县先后有19个公社办起农中17所，教学班29个，学生1150人。1960年1月，离石师范、袁家庄师范举办农中教师培训班，学员29人，修业半年后分配到各农中任教。农中实行三年制半工半读。基础课用普通中学教材，专业课无正规固定的课本，也未列入真正的教学重点。学校经费主要靠种地、勤工俭学收入或依靠办学单位帮助解决。1961年8月，全县职中全部停办。1962年，农中全部停办。1965年，南关营造厂建筑中学开办，开设文化基础课和建筑学、砖瓦、木工知识等专业课。学生半工半读，以厂养校。学生参加厂里劳动，自给有余。该校从开办后，先后毕业职业初中班5个，学生372人；毕业职业高中班5个，学生230余人。毕业学生，分配到县手工业单位工作88人，被校办工厂留用36人。1967年，全县社办、队办农中50余所，学制为2年，课程开设同普通中学，目的是解决高小毕业生升学需求，忽视专业教育。1971年，全县单独开办的农中只保留8所。1973年，农中全部并入七年制学校。1975年，全县大办“五七”农校。由县农业局、农机局、工业局、水利局、文教办联合创办“五七”大学1所，附设在贺昌中学，校名为贺昌综合大学。开设农机专业与植保专业两个班，学员92人。同时，城关、王营庄、西属巴、王家沟、红眼川、信义、吴城等公社各办“五七”农校1所，每校1个班，共有学生280余人。1976年，全县又开办小神头、上安、后瓦、枣林、王村5所“五七”农校，严村开办“五七”林校1所。1977年，全县有农校15所（其中社办10所、队办5所），学生682人，教师52人。是年，“五七”大学，毕业92人，又招1个班，学生51人。1979年，全县15个公社共办农中18所，教学班20个。1980年，又有3所普中附设农中班3个，学生163人。1981年，农中与普中合并，全县只有农中班4个，学生240人。1983年后，交口中学改办为县职业中学，也叫交口“五·七”中学。城关镇委在凤山开办职业中学（实际为初中复习班）1所，信义中学、田家会中学和坪头中学各附设职业班1个。职业班中，办得较出色的是坪头中学职业班，开设中医专业，学制四年，毕业生18人。其余的都是初中复习班。1984年后，因招生困难，职业中学都改办为普通中学。1987年，县教育局在四中东边创办职业高中，开设班级3个，机电专业班、缝纫班和医卫专业班各1个，有学生106人。1988年，又开设机电班2个，学生90人；开设缝纫班1个，学生54人。1989年，招幼师班1个，学生40人；招医卫班1个，学生55人。1990年，共有各种专业班7个，学生310余人。1994—1995年，职业高中接收四中闫思贵承包的2个初中复习班，学生110多人。其后，有崔有铭、辛恩德、任绍武等在职业高中开办高中班2个。

1998年，职中开办中师班2个，学生126人。2000年开始，职业高中的职业班完全停办，学校开始招收高中、初中学生。因缺乏生源，空闲教室常被外单位借用，开设过司法班2个，戏曲班1个。

2010年，把红眼川初中的师生并入职业高中。同时，职业高中加挂“五中”校牌，但仍然招不到学生。

2013年秋季，职业高中共有教职工78人，而学生只有47人，其中高一14人，高二13人，高三20人。2014年，职业高中有教职工76人，学生减少到38人，其中高一11人，高二10人，高三17人。截至2015年底，职业高中教职工76人，学生人数减少到31人，其中，高一10人，高二11人，高三10人。开办20多年的职业高中“立足城区，面向农村，服务四化”的办学宗旨，遵循“团结、勤奋、求实、创新”的校训，实行多层次、多形式、多渠道的办学原则，采取注重专业教学和实用短期培训相结合的办学方法，在十几年的职业教育中，为社会培养不少人才。医卫专业班毕业生，有的被录用为乡镇卫生院医生，有的被聘为乡村保健员、接生员。机电专业班毕业生，有的在城区开办家用电器维修部。缝纫班毕业生，有的成为服装制作专业户。幼师班毕业生，很多当幼儿园教师。

民办职业教育

进入21世纪，离石有大量的民办职业技术培训学校应运而生。其中有北方职业技术培训学校、宏大职业技术培训学校、博学职业技术培训学校、电脑职业技术培训学校、吕梁传媒艺术培训学校、农机技术培训学校、康大培训学校、太航教育培训学校、汽车驾驶员培训学校、驾证培训点、吕梁创新学校、白天鹅职业技术学校、扶贫培训学校、晋西职业技术培训学校、艺术培训中心、舞蹈培训学校、书法培训中心、星畅艺校、青少年舞蹈培训中心、山西戏剧学院大专教学点、希乐古筝培训学校、电子琴培训学校、钢琴培训学校、红舞鞋培训学校等。

2005年，全区对6个社会性职业技术学校和7个职业教育培训机构，进行资格审查和发证。2007年，全区开展百万农民学电脑培训活动。2008年，组织相关专家赴信义、吴城、凤山和西属巴街道指导培训各种职业技术人才。2009年，组织大棚蔬菜栽培、养殖、中药材种植培训18期，培训人数2000余人。2010年，全区共组织农作物栽培技术培训10期。农村富余劳动力转移就业培训32期，2668人受训，转移就业2300人。2011年5月，举办畜牧兽医实用技术职业培训1期。

2012年，全区共有270余人参加电脑培训，组织残疾人进行40天的职业技能培训。同年11月举办为期8天的实用种植业培训，培训人员124人。组织计算机、手工纺织、盲人按摩等实用技术培训。

第二节 师范教育

民国7年（1918），离石旧县公署开办师范传习所1个，有教师2人，招生47人，学制半年，培养小学教师。师范传习所为短期培训，是离石师范教育的开始。民国33年，县国民政府在阎管区长峪两级小学附设初师班1个，学制一年，学生20余人。日伪柳林高小附设初师班1个，学生20人。课程增设日语课，其他科目由教师选编。1945年9月5日，日伪柳林高小附设初师班学生并入伪离石中学。中共离石县委委托贺定轩在柳林高小内开办速师班1个，10月18日开学，学生39人，学制一年，教材由教师选编油印。民国34年以后，全县师范教育逐步走向正规，先后有贺昌中学附设师范班、离石初等师范学校（1950—1954年，校址在今旧城迎新巷）、离石中等师范学校（1959—1962年，校址在袁家庄北面）。

贺昌中学附设师范班 1946年暑假后，贺昌中学附设师范班1个，1947年夏，因自然灾害停办，学生全部分配教学工作。1948年9月，贺昌中学在大武复校后，附设师范班1个，学生近40人。1949年初夏，贺昌中学又招师范班2个，分师一班和师二班，学生80余人，由兴县专署出资举办，学生实行公费学习，学生来自临县、方山、离石、中阳四县，1950年春，毕业生分配工作。

1951年春，又招师三、师四班，每班40多人，开设课程除教育学和心理学之外，其余科目与中学课程相同，学制两年，1952年，改为秋季毕业，1953年7月，师三、师四班毕业，修业两年半。1953 年秋，柳林中学合并到贺昌中学，贺昌中学停招师范班。

1972 年，为解决“文化大革命”时期全县教师严重短缺的问题，由县委、县革委主持，在贺昌中学附设师范班 2 个（隶属于汾阳师范的离石校外班），招生 105 人，为贺昌中学师五、师六班，学制二年，中师性质。1974 年 1 月，学员毕业分配到教师岗位。

离石县立初等师范 1950 年春，临县、离石、方山三县合办“临离方联合师范学校”。校址设在临县城，校长由刘惠风担任，设班级 2 个，学生近百人。1950 年暑假后，该校离石籍学生分在离石单独办学，校址在旧县政府西院（今迎新巷），校长仍为刘惠风。从临县分在离石的学生不到 20 人，全县新招一部分学生，开办两个班，即县师一班、二班，学制三年。课程是普通中学科目加教育学和心理学。1951 年春，招一部分插班生，按学生学习程度重新调整县师一班、二班。1952 年，招收县师三班，学生 40 余人，同时招收学制一年的短师班 1 个。1953 年 7 月，县师一班毕业，共 36 人。同年秋，柳林中学停办，学校迁往柳林中学，招收县师五班、六班，学生 90 余人。1954 年 7 月，县师二班毕业，共 43 人。同年秋，学校撤销，未毕业的师三、师四、师五班学生，合并到汾阳师范。

离石中等师范 1959 年 8 月创办，校址在袁家庄村北，由晋中专署主办，未任命正校长，由副校长张晋茂主持工作。当年招收中师班 3 个，速师班 1 个，学生 201 人，教职员工 23 人。同时办简师班 2 个。1960 年秋，招中师班 3 个，即师四、师五、师六班，学生 130 余人。1961 年秋，新招中师班两个，即师七、师八班。全校学生 408 人，教学班 9 个，其中一年级 2 个班学生 122 人，二年级 3 个班学生 130 人，三年级 3 个班学生 116 人，下放实习班 1 个学生 40 人。学生来源于离石、临县、方山、中阳四县。是年，教职员工 36 人，其中教师 19 人，职员 10 人，工勤人员 7 人。1962 年 7 月，离石师范与汾阳师范合并。师一、师二、师三班毕业，师四、师五、师六班去全县各小学实习一年后再去汾阳师范学习。同年 9 月，师七、师八班去汾阳师范上学。离石师范的校舍移交给贺昌中学，分设为贺昌中学的高中部。

第三章　成人教育

第一节　农民教育

扫除文盲

民国以前至民国初期，县内乡村农民利用冬闲季节自发开办冬学，聘请先生对子弟或成人施教，主要是识字、珠算，口授《三字经》《百家姓》《五言杂字》等，农忙时冬学停办。随着新式教育的逐步发展，冬学普遍开办起来。到民国 12 年（1923），全县有冬学 125 个，教师 125 人，学员 1456 人。全县还办有贫民学校 2 所，教师 2 人，学生 34 人。民国 14 年，全县有冬学 130 个，学员 2860 人。有贫民学校 4 所，学生 44 人。

抗日战争时期，抗日民主政府遵照上级指示，组织 15—45 岁的民众在冬天学习，有计划有步骤地进行识字和政治教育，动员和武装群众作为冬学的主要任务。从县到区到村，组织各级冬学运动委员会，由青救会、妇救会人员参加，具体领导冬学工作。民国 29 年冬，根据地的 79 个行政村，开办冬学 250 个，教员 197 人，参加学习的民众 10217 人。青壮年，尤其是青年妇女最活跃，全县参加学习的妇女有 4200 名。80% 以上的学员达到识字 1500 个以上的扫盲标准，成绩优秀者能写简短书信、会记账。三区的刘家山模范冬学，学员达 184 人，有 70% 的人摘掉了文盲、半文盲的帽子。该村小学生刘宝华，包教父母及其他群众识字，其经验推广到全村，有 31 个小学生包教男女群众 200 多个，很快掀起群众性识字运动，变工组和家庭成了识字运动的中心。这一“小先生”经验的推广，促进了全县的冬学运动。有的村庄按成年、老年、妇女、变工队员分别编组，轮流学习，妇女白天学，男子晚上学。自卫队每天上课。民国 33 年，在全县 4 个区、1 个市（碛口，时属离石）的 325 个自然村，共开办冬学 131 所，占自然村总数的 40.3%。同时，冬学委员会与县教育科、青联、妇救会、武委会共同组成冬学巡视团，巡视各地冬学，并组织根据地的积极分子，在敌占区的边缘村庄开展识字和抗日救亡宣传发动工作。

1945 年，离石县冬学教育内容以加紧生产支援解放战争，加强时事政策学习，紧密结合中心工作进行。民国 34 年（1945）12 月，离东县集训冬学教员 63 人。全县 3 个区，开办冬学 49 个，学员 2023 人。1948 年冬，各区以中心小学所在地村庄为重点，举办中心冬学，教员由小学教师兼任。全县有 75 所小学附设青年夜校和识字班，694 人参加学习。同年，全县有重点冬学 30 个，识字班 80 个，识字组 101 个，读报组 100 个，3000 余人参加学习。1949 年，全县共有冬学 450 个，学习人数 3086 人，占文盲总数的 8%。年底，冬学转为长年民校的有 61 个，其中较正规的民校有 21 所。1950 年冬，全县集中 415 名冬学义务教员进行训练，冬学增至507个，开办民校383所。全县青壮年文盲占青壮年总数的91%以上，全县掀起4次扫盲高潮。1952年冬，第一次全县大规模扫盲高潮。县、行政村扫盲委员会成立，区配备扫盲校长1人，自然村设立扫盲促进会，全县配备专职扫盲教师135人，抽调18名干部组织扫盲工作辅导队，进行检查督促，总结推广扫盲经验。1953年，全县开展扫盲的行政村有108个，自然村有168个，识字量在100—1500字的有6173人，其中780人能读报、写便条和书信。1956年，第二次全县大规模扫盲高潮。对全县扫盲义务教员进行整顿补充，改选义务教员112人，新增101人，全县义务教员共有852人。共开办民校832所，学员63609人，占文盲总数的70%，共扫除文盲6111人。1958年，第三次全县大规模扫盲高潮。县长高文焕担任县扫盲协会会长，并设副会长5人，委员15人。同年，召开扫盲积极分子大会，表彰模范民校10所和先进个人170名，全县扫盲数达74110人。1979年，第四次全县大规模扫盲高潮。扫盲工作采取"一堵、二扫、三提高"的方针，组织两支扫盲队伍，一支是由120人组成的县社扫盲督导队，一支是由1500人组成的小学师生扫盲队和在乡知青包教包学队。1985年，经吕梁行署验收，离石县基本实现无盲县。1987年，山西省政府颁发离石县基本完成扫盲任务合格证。

农民技术教育

民国初年，离石县开办乙种农业实业学校和女子蚕桑传习所，对农民开展农业技术培训。

20世纪50年代后期，离石县把普及农业科技列为民校教学课程之一。1963年，离石县农技推广站组织培训生产大队农技员340余人。1964年，离石县开府公社吴家沟大队（时属离山县）支部书记张崇道执教，开办兽医培训班，传授家禽家畜的疾病防治技术。

1978年，离石县恢复业余教育工作后，对农民开展政治、文化、技术三种教育一起抓。1979年，县农技推广站组织开办农民业余技术训练班16个，学员159人。以交口公社王家塔大队为技术教育点，开办农技、蚕桑、果树栽培培训，并开展实验种植。1981年，王家塔大队成立农民农技学校。农民农技学校学员原大队支书杜守荣种植山地果树1.33公顷，村民人均年收入万元以上。杜守荣被誉为科技致富的带头人，被选为第六届省人大代表。该村农技校被评为全省农技教育的先进典型。1983年开始，各社队经常举办农业技术各种专业技术短期培训班。1984年，全县举办各种技术培训61期，培训人数达4040余人。1985年，举办各种短期技术培训31期，培训184人，培训项目有果树栽培、食品加工、农林技术、农机常识和服装裁剪。至1986年，全县15个乡镇都开办农技校，学习种植、养殖、工副业等。是年，各种培训196期，学习人数共有5719人。1987年，乡镇开办农技校参训人数34862人。1988年，有乡镇农技校14所，村办农技校165所，接受培训人数为3.53万人。1989年，信义镇被确定为全县农民技术教育试点镇，全县培训36106人。1990年，共有乡镇农技校14所，村办农技校168所，共开办农民技术培训208期，培训

30742人。

2004年，区农牧局组织农牧技术人员分赴各乡镇、街道，向农民巡回传授农业种植和畜禽养殖技术培训3期。结合户用沼气建设，全区先后两次组织100余人，到太原市、山东省等地学习沼气知识。通过培训学习，全区有36名农民取得技工资格证。同年，离石区实施劳动力转移培训工程。把吕梁农校和技工学校作为培训基地，在摸清全区农村剩余劳动力的基础上，狠抓管理，严把质量关，搞好技术培训。全年培训人数达4500人，占需转移剩余劳动力人数的12%。经过培训，全区共转移4182个剩余劳动力到上海、苏州、深圳、太原等地就业，受训人员转移就业率达92%。2005年，离石区制定《离石区农业科技入户行动方案》和《测土配方施肥技术培训方案》，认真贯彻落实2005年中央一号文件精神，按照“科技人员直接到户、良种良法直接到田、技术要领直接到人”的要求，全区形成以户带户，以户带村，以村带乡的农业科技示范新模式。通过抓点带面、辐射指导，推进全区农业科技入户工作。实施“3390”工程（即抓好3个典型示范乡建设，每乡选3个行政村，共9个村作为示范村，每个示范村选10户共90户作为示范户），培养农民科技骨干人才，使全区从事种养业的农民，每人掌握1—2门科学生产技术。全区选择信义镇的永红、严村、德岗，西属巴街道办的上安、茂塔坪、盛地，坪头乡的赵家山、虎山、坪头，作为全区3个乡镇中的9个示范村，又从9个示范村中各选择10户（养殖业3户、种植业4户、农副产品加工业3户），共90户，作为全区示范户，加强指导，重点培养，建立农业科技人员进村入户指导培训的长效机制。采用办培训班、现场观摩指导、科技“大喇叭”、信息入户等方式，加大农业技术推广力度，实行驻村科技人员包村责任制，开创全区农民技术教育新局面。同年，区农牧局以吕梁农广校、信义镇、吴城镇、西属巴街道为培训基地，分3期累计培训1470人，培训内容有餐饮服务业、商业、煤焦生产与管理等。同年，全区共评选出中级农民技师12人，初级助理技术员20人，农村拔尖实用人才8人。推荐省级农村拔尖乡土人才2人，参加全省农村劳动力转移现场会。从2005年起，沼气富民生态工程被列入全区重大建设项目，各乡镇和街道办也成立沼气项目领导组。区农牧局全体干部实行包乡、包村、包任务，全力投入沼气建设工程，加大检查督促力度，并组织大型观摩评比会3次，对评选出的4个先进单位予以重奖。截至2006年底，全区开展农民技术教育培训累计710期，对全区100个重点村的1885个重点户，培训4.6万人次。散发各类资料3.5万份，进一步提高农民的科技素质和劳动技能。在技术推广上，全区集中抓以优种、平衡施肥、秸秆还田、病虫害防治为主的旱作农业增产技术；以畜种改良、饲料配制、疫病防治、集约化饲养为主的畜牧养殖技术；以优化林果品种、高接换优、果实套袋等为主的经济林栽培技术；以储藏、保鲜、加工、包装等为主的农产品加工技术。区扶贫办组织劳动力转移培训班32期，培训农民3100余人。2007—2010年，全区以北方职业技术学校和吕梁技工学校为培训基地，实施农村剩余劳动力转移培训。共举办商业营销、餐饮服务、电子、煤焦等专业培训32期，培训2668人，转移就业2300人，就业率达84%。同时，全区畜牧技术人员分片包乡进村，开展畜牧实用技术培训。区畜牧局与区农委科教股联合编写《畜牧养殖技术》等培训资料，对养殖户提出的问题进行解答。培训内容主要是猪鸡标准化饲养、牛羊舍饲圈养、畜禽疫病防治、畜产品质量安全、饲草料加工调制、牧草种植技术等。要求养殖户切实做到品种优良化、管理科学化、免疫程序化、实施规模化、养殖专业化。其间，共培训2000余人次，发放培训资料5000余份。2011年，区畜牧兽医局在《离石区以三川河流域为重点的生态环境治理工程草地治理项目实施方案》批复后，与实施地吴城镇政府配合，在实地调查、确定地块、场址选择、技术培训、规划设计等方面做工作，共培训各类技术人员100余人。同年，省扶贫办下达离石区的“雨露计划”培训任务是560人，离石区实际培训招生572人，超额完成省扶贫办下达的培训任务，完成培训学员综合就业率95%。11月27日，由区畜牧兽医局和区扶贫办在扶贫培训学校联合举办畜牧兽医实用技术培训，参加培训的人员有畜牧兽医技术人员、村级防疫员和规模养殖大户，培训内容有畜禽饲养管理、疫病防控、畜产品质量安全、规模化健康养殖等。全年，区扶贫办共开办培训4期，培训995人，发放技术资料2000份。培训内容是核桃经济林栽培与管护、蔬菜大棚技术、家禽家畜养殖和防病知识、农业高新技术产业研究、新技术开发应用和推广。

2012年4月10日，山西省养猪业协会一届三次常务理事会及研讨培训会在吕梁市委党校召开。离石区部分畜牧兽医工作人员和养猪大户参加培训。4月13日，对41名畜牧经纪人进行专项培训。10月21日，区畜牧兽医局和区养猪协会组织技术骨干和养猪专业户赴陕西杨凌参加全国性农博会，并对国家重点农业龙头企业本香集团进行参观考察。10月29日，特邀泰国养猪专家高建华博士在市委党校报告厅对全区畜牧兽医技术人员和养猪专业户进行培训。同年，全区组织农业技术骨干，对193个行政村农民，开展蔬菜栽培、核桃林管护等百日大培训，共培训255期，培训人数3.3万人次。完成“阳光工程”培训1000人，“引导性培训”7000人，完成退耕还林区农民科技培训、富余劳动力转移培训600人。同年，区扶贫办以北方职业学校为依托，以培训新型农民、提高农民技能为目标，开展劳动力转移培训工作，全年共开办培训班5期，培训学员645人，受训学员就业率达85%以上。开展科技扶贫培训3期，培训重点以种植、养殖和乡村干部为主，以发展“一村一品”主导产业为培训方向，培训人数940人，发放技术资料1000余份。2013年4月，区农经局对枣林乡各村核桃树种植户进行核桃树种植、养护专业培训。区劳动局每季度对枣林乡各村务工人员开展护工实用技能培训。全区进行“阳光工程”培训1000人，“引导性培训”102万人次，农村实用人才培训8000人，冬春农民培训3.2万人次。2014年，区农委对坪头乡各村养殖户进行养殖技术培训。枣林乡将农民技术教育作为常态化工作，每季度邀请区农经局、劳动局人员进行养殖、种植技术培训及护工培训，累计培训3.25万人次。

2015年，区林业局对坪头乡核桃种植户进行核桃林管理知识培训。枣林乡仍将养殖、种植技术及护工培训作为每季度常态化工作开展。截至2015年底，全区共培训职业农民106人，其中80人登记入网，培训新型职业农民90人。

第二节　干部职工教育

民国29年（1940），离石县抗日民主政府成立。革命队伍中工农出身的干部职工占大多数，他们文化程度低。为适应战争形势的需要，县委、县政府采用统一布置，集中检查，以个人自学为主，或采取以会代训的学习形式，提高干部职工的政治思想文化水平。1948年，全县在柳林镇举办机关干部轮训学习班3期，学员80余人。1949年春，县直机关干部开办文化补习班，借用贺昌中学的两间教室，由4名教师分别代语文、算术、历史等课程。每日早晨学习2小时，教学以一揽子方式进行。

1950年春，离石在职干部业余文化补习校成立（在旧城迎新巷31号院内），各区设分校。县文补校有教导主任1人，教师3人。分初小、高小、初中3个班，学员190余人。1954年，县文补校中级班毕业40余人，高小班毕业80余人。1956年，全县开办文补校12所，参加学习950人，占应学习人数的84.9%。同年，全县10个乡镇共有干部职工1122人，其中初中文化以上人数占20%，高小文化程度的占35%，初小以下以及文盲人数占45%。1957年，县文补校毕业初中班3个，高小班7个，初小班6个。同年，开办高中班1个，初中班5个，高小班2个，初小班、扫盲班各1个，学员682人，教职工10人。1958年，乡文补校有8所，红专大学20所，共有学员521人，兼职教员21人。县城有长年开设的干部职工轮训队，开办在县招待所（今永宁西路市煤炭安监局大楼西面，与军分区家属院南北相望），对干部职工进行短期培训。1959年后，全县厂矿企业开办红专学校24所，学员4412人，占职工总数的95.6%。县文补校改招初中班和高中班。1966年“文化大革命”前，县文补校停办。历时16年，文补校共毕业初中班15个，高中班5个。历年县直机关参加文补学校学习的干部职工近2000人。

1981年，全县62个企事业单位有干部职工5301人，其中，高中、初中毕业生2290人。经历“文化大革命”，大多数干部职工缺乏文化基础知识和技能训练。经考查核实，有1795人应参加文化补课，2539人应参加技术补课。1982年，全县首先开办财贸职工学校和工业职工学校，实行全日制，全脱产集中学习和分期学习培训，学制半年。财贸职工学校设班级2个，学员90名。工业职工学校设班级3个，学员120名。1983年，全县公安司法系统、县药材公司、城关供销社系统，分别聘请城区中学知名教师，对干部职工进行每晚两小时的文化课辅导，培训时间为半个月，参加学习人数都在50人以上。县粮食局在马茂庄开办粮干校。参加电大、刊大、业大、函大学习的职工有178人，参加各种短期技术培训的职工达 1036 人。1984 年，全县成立职工教育委员会，对全县各企事业单位的 912 名职工，分 24 个考场进行统一考试。合格人数 730 人，占参加考试总人数的 80%，颁发给文化补课合格证。1985 年，财贸职工学校与工业职工学校共举办职工培训 4 期，参加培训 850 余人。同年底，全县干部职工文化补课合格人数为 1478 人，占应补对象的 82.5%，达到省、地要求的标准。

21 世纪初期，离石县干部职工的学历多在大中专以上。离石县对干部职工的教育，主要放在思想政治素质、职业道德水平、业务工作能力、爱岗敬业精神、清正廉洁作风、为民服务意识、规范干部行为、求真务实创新、锐意改革进取、创优争先品格、办事立说立行等方面。2004 年 4 月，全市组织干部职工进行革命传统教育及学习先进人物事迹活动，到凤山烈士陵园瞻仰革命烈士墓碑，敬献花圈，缅怀革命先烈，弘扬爱国主义精神。是年 12 月，组织区四大领导班子成员、各乡镇（街道办）、区直机关、事业单位副科级以上领导以及部分干部 700 余人，在吕梁影剧院听取优秀党员领导干部刘建明的先进事迹报告。2005 年，离石区组织学习《中华人民共和国公务员法》《国家公务员暂行条例》《中华人民共和国行政许可法》，结合省、市开展的"创优发展环境，争当人民的公务员"活动，先后分 3 期 14 批，进行为期 2 个多月的公务员学习培训，共培训 500 余人次。2010 年后，离石区狠抓干部职工继续教育。以《离石大讲坛》为平台和载体，引深干部学习培训。发挥"山西干部在线学院"平台作用，引导广大干部结合工作需要，合理利用工作空闲时间，开展在职学习。

截至 2012 年底，全区注册"山西干部在线学院"平台的单位有 69 个，学员 1164 人，参与在线上网学习，共计学习 21280 余个学时。2013 年，离石区组织开展农村"领头雁"延伸培训，学习中共十八大精神，轮训时间每周 3 天以上。举办"离石大讲堂"4 期、"分类送学"2 期，区直机关入党积极分子培训 3 期，农村专项工作培训 18 期，参训人数累计 2.1 万余人次。选派干部 60 多名外出考察学习。组织党政干部 103 人开展网上自主学习培训。2014 年，在群众路线教育活动中，各级干部唱响《吃亏歌》，严格贯彻新修订的《党政干部选拔任用工作条例》，着力培养信念坚定、为民服务、勤政务实、敢于担当、清正廉洁的好干部。全区有 35 名区级领导，11328 名党员参与群众路线教育活动，选派 3 批次 150 余人赴无锡、江阴和柳林考察学习。邀请 10 余名专家到离石开展各种培训 41 场次，培训党员干部 1400 余人次。2015 年，离石区深入开展"以弘扬于成龙为代表的廉政文化、吴起为代表的法治文化和彭德怀、贺龙、习仲勋等革命家为代表的红色文化"活动。同时开展评选"离石好人""职业标兵""道德模范"的活动。5 月 13—15 日，组织党政干部在市委党校进行廉政专题培训。6 月 11 日，聘请中国政法大学副校长马怀德教授，对区科级以上领导进行廉政专题培训。全年分 3 批次组织党政干部 150 余人外出考察学习。同年，对干部职工开展"三严三实"专题教育培训 20 余次，聘请中央、省级专家集中培训 8 次，召开专题研讨会 12 场次。

第四章　教学　教研

第一节　思想品德教育

明清时期，离石的官学和私学都把“忠君、尊孔、修身、齐家、治国、平天下”作为封建教育的办学宗旨。学校对学生进行“三纲五常”教育，让学生时刻遵守封建主义的教条和道德规范。

民国时期，离石的学校增加以“三民主义”为中心的思想政治教育内容。蒋介石实行“党化教育”，让学生树立“忠孝、仁爱、信义、和平”的思想品德，培养学生“明礼仪、知廉耻、尽忠孝、行信义、重仁爱、尚和平”。同时成立“蓝衣社”“三青团”等反动组织，监视师生活动，进行反共宣传。抗日战争期间，根据地内的学校，以抗日救国为主要内容，进行爱国主义思想教育。离石阎统区内的学校则以“物劳主张”“兵农合一”教育青少年，进行反共防共思想教育。日伪敌占区的学校，宣传“中日亲善”“大东亚共荣”等亲日思想，推行奴化教育。解放战争期间，离石的学校开展“一切服务于战争”的思想政治教育、时事政治教育，动员学生积极参军参战，支援前线，向学生进行阶级教育、热爱共产党和毛主席的教育。

中华人民共和国成立初期，全县各级各类学校开展以“五爱”（爱祖国、爱人民、爱劳动、爱科学、爱护公共财物）为基本内容的学校德育，结合抗美援朝战争进行爱国主义和国际主义教育。

20 世纪 50 年代中后期，全县学校贯彻国家教育部颁布的《学生守则》，县文教部组织讲师团对学校师生进行思想政治教育，开展阶级教育、共产主义思想教育、红专教育、坚持“三面红旗”（总路线、“大跃进”和人民公社化）教育、兴无灭资教育、劳动教育等社会主义教育运动，和忆苦思甜讲“三史”中国党史、中国革命史、阶级斗争史的阶级教育活动。

20 世纪 60 年代后，全县的学校重点开展反修防修教育和学雷锋、王杰、刘英俊等英雄人物活动，学解放军的“四个第一”（人的因素第一、政治工作第一、思想工作第一、活的思想第一）和“三八”作风（坚定正确的政治方向，艰苦朴素的工作作风，灵活机动的战略战术；团结、紧张、严肃、活泼），对毕业班学生进行“一颗红心、两套准备”的教育。开展学雷锋做好人好事活动和活学活用毛泽东主席著作的活动。“文化大革命”开始后，学校过分强调以阶级斗争为纲，教育学生“要有好思想，不要金字榜；要做革命小闯将，不要五分加绵羊；要贫下中农管理学校，不要资产阶级文人治校”。

中共十一届三中全会后，学校开展“坚持四项基本原则”教育，开展学雷锋、树新风、争“三好”和学英雄见行动活动，贯彻实施新的《中小学生守则》。1982 年后，学校开展学雷锋、学张海迪，树新风、争三好，遵守学生守则和行为规范为主要内容的“五讲”（讲文明、讲礼貌、讲卫生、讲秩序、讲道德）“四美”（心灵美、语言美、行为美、环境美）“三热爱”（热爱祖国、热爱社会主义、热爱中国共产党）活动。全县涌现好人好事达 20 余万人次，评选出红花少年 500 人，三好学生（思想品德好、学习好、身体好）91 人，先进班集体 33 个。1983 年，全县评选出先进集体 31 个，三好学生、优秀学生干部 35 人。1984 年，全县开始创建精神文明学校活动，对学生进行前途理想教育、爱国主义教育和艰苦创业的传统教育，评选出文明达标学校 137 所。1985 年，全县开展为铸造刘胡兰烈士铜像的捐款活动，向老山前线对越战争英雄学习的活动，开展“做四有新人”（有理想、有道德、有文化、有纪律）教育，开展“五讲”“四美”“三热爱”活动。全县评选出文明学校 285 所，红花少年 1200 人，三好学生 75 人，优秀学生干部 25 人。1986 年，评出三好学生及优秀班干部 78 人，先进班集体 14 个。1987 年，评出三好学生 131 人，先进班级 33 个。1988 年，评出三好学生 106 人，先进班级 22 个。1989 年，评选三好学生及优秀班干部 280 人，先进班集体 30 个。1990 年，全县 12 个班以上规模的中学有 6 所，均开设政教处。乡镇教办和县直中小学都设立德育教育中心。85% 以上的学校建立三结合教育网。在迎亚运活动中，全县学生捐款 3098 元。在学雷锋、学赖宁活动中，全县评选出三好学生和优秀班干部 76 人，受到省、地表彰的先进班集体有 9 个。

进入 21 世纪，全县各学校的思想品德教育，以良好行为习惯的养成教育为主线，渗透在学校教育教学的一切活动中。以课堂教学为主渠道，以实践活动为重要载体，从身边小事做起、从我做起，加强学生的习惯养成教育。通过政治课、思想品德课、主题班（队）会进行品德教育，培养学生的文明习惯。通过法制教育和安全教育，培养学生的法纪观念。通过升旗活动和国旗下讲话向学生进行“三爱”（爱学习、爱劳动、爱祖国）教育，提高学生的民族自尊心和自豪感。开展校内值日、公益劳动、环保教育、遵纪守法教育、社会主义荣辱观教育，评选“四好少年”，帮助学生树立正确的人生观、价值观。举办诗歌朗诵会，开展校园文化艺术节活动，丰富学生文化生活，培养个性特长。定期召开家长会，实现家校共建教育孩子，培养学生的各种优良品德。通过布置校园景点框架和文化长廊，创设“墙壁地面会说话，花草树木也育人”潜移默化的育人环境。通过校园网、橱窗、走廊、公示栏、黑板报、校园广播、校报、图书馆等宣传阵地的建设，营造浓厚育人氛围。

第二节　文化课教学

语文教学

中华人民共和国成立前，离石境内私塾、书院、学校，把“四书”、“五经”、辞赋和《千字文》《百家姓》《弟子规》等作为学生学习的语文课程。当时语文教学，先生（老师）只是在上课时为学生疏通文字，粗略点拨，不作过多分析讲解，让学生在背诵中自悟自通。写作与应用，是按八股文章的规定，讲一些起承转合的方法及辞赋的平仄对韵等。

中华人民共和国成立后，离石境内学校语文教学有专门的语文教学大纲，学生有语文课本，老师按语文教学大纲备课、授课。现代语文教学致力于学生语文素养的形成与发展，注重语言和字、词、句、篇的积累，培养语感、思维品质，传授学习方法和养成良好的学习习惯，注重识字写字、阅读写作、口语交际、文化品位、审美情趣、知识视野、情感态度、思想观念等教学内容。新的语文课程标准提倡自主、合作、探究的学习，让学生主动参与，乐于探究，勤于动手，培养学生搜集和处理信息的能力、获取新知识的能力、分析解决问题和交流与合作的能力，掌握学习方法，提高听、说、读、写能力。1953 年，离石中小学的语文教学在对旧的教育制度和教学方法的改革过程中，开始采用问答式教学方法，对学生进行启发诱导。1954 年后，全县中小学重点开展学习苏联教学经验，推广运用教育家凯洛夫的“教学五原则”“五环节课堂教学法”。同时推广谈话式教学法，把离石城内、大武、柳林 3 所高完小作为重点实验校。1957 年 2 月，全县召开小学教育工作会议，开展课堂教学经验交流活动，其中苏家村的陈永清老师介绍低年级开展识字教学的经验，后瓦村的王涛老师介绍高年级语文教学的经验。

1981—1988 年，县直二中语文教师辛安治在课堂教学中采用“六课型单元教学法”“读议练讲教学法”，提高语文教学质量，他所代班级的中考语文成绩连续几年位居城区中学的榜首。1987—1990 年，离石城区的 4 所县直属小学，共挑选教学班 18 个，在语文教学中开展“注音识字，提前读写”实验，取得明显的教学效果。1992 年开始，全县在中小学语文教学中开展面向全体学生，大面积提高教学质量的“JIP”（联合国教科文组织“提高中小学生学习质量联合革新计划”的缩写）实验，以城区的一中、二中、一小、二小作为实验基地，挑选一批骨干教师，学习“JIP”实验的理论文章，承担实验教学任务。所有实验教师贯彻“主体参与，分层优化、及时反馈、激励评价”的十六字教学原则，向课堂 45 分钟要质量。县教研室把实验的成功经验逐步向全县中小学校推广。

九年义务教育初中语文教学大纲规定：初中语文教学的目的是要使学生具有基本的阅读、写作、听话、说话能力，养成良好的语文学习习惯。三中教导主任雒小平在语文教学中大胆尝试，通过摘抄培养学生的阅读能力，通过写日记培养学生的写作能力，通过让学生做好听课笔记，提高学生的听话能力，通过课前 3 分钟的即兴发言比赛和口头作文比赛，提高学生的说话能力。

20 世纪 90 年代中后期，县直二中语文教师薛黎彩语文课教育做到二联系三结合。即：语文课同其他学科联系，课内知识与课外阅读联系；发挥教师主导作用与调动学生主体参与结合，加强基础知识教育与培养能力、发展智力结合，精讲点拨与精练巩固结合。薛黎彩老师的语文课教学具有5个特点：开场白引人入胜、教学语言简洁生动、课堂气氛活跃、教学节奏张弛有度、练习设计启迪智慧。

县直二中语文教师任晓娥贯彻“主体参与”教学原则，采用灵活多变的教法，创设愉快的学习情境，营造热烈活跃的课堂气氛，善于启发诱导，激发学习兴趣，开展师生双向交流活动，调动主体参与的积极性。任晓娥老师在写作教学中贯彻“主体参与”原则的具体方法是：作文命题要与学生生活十分贴近，让学生有话可写；培养学生观察、认识事物的能力，引导学生学会审题、立意、选材、构思等；学生完成习作后相互交流评改，求得取长补短共同提高；选出好的习作在班内朗读，然后集体评议修改，改后由习作者重写一遍，与老师写出的示范文章比较；选出最好的几篇习作在班内张贴展览或推荐给报纸杂志发表；将每次选出的优秀习作合订成册，散发到全校各班级传阅。

数学教学

九年义务教育的新课程标准规定：中小学数学教学要促进学生全面、持续、和谐发展，要结合学科自身特点，遵循学生的心理发展规律，从学生的已有经验出发，让学生亲身经历将实际问题抽象成数学模型并进行解释与应用的过程，从而获取知识，在思维能力、情感态度与价值观等方面得到进步与发展。

1953年，离石县中小学在对旧的教育制度和教学方法改革过程中，离石七区李家湾小学教师李延让的算术教学图解法受到好评和普遍推广。1957年2月，坪头乡薛家坡村薛明老师的算术课教学，在全县小教工作会议上，进行经验交流。1965年，全县中小学在数学课教学中开始推广“精讲多练”教学方法。

1987年起，全县在县直属二中、三中、三小和交口镇各小学的数学课教学中，开展“布鲁姆目标教学”实验，县直三小（今南关小学）的实验效果最好，教学成绩连续3年在城区小学统考中排名第一。1990年后，更新教育观念，改革教学方法，南关小学的市级优秀教师崔秀平，在数学课教学中实施素质教育，激发学生的学习兴趣和主体参与学习的积极性，精心设计课堂教学思路，启发学生思维，活跃课堂气氛，收到好的效果。县教研室数学教研员高志刚、郝汝秀、崔延生，西属巴中学的任金元，县直二中的李泉清、张国秀，县直四中的闫明亮，城镇中学的闫建荣，王家沟中学的贺拴玲、雒艳玲，县直一小的韩晓莲，县直一中的王卉荣，县直八小的安燕云等先进工作者和模范教师，在中小学数学课堂教学中贯彻教师为主导，学生为主体，训练为主线的“三为主”教学原则，培养学生的创新思维能力和创造精神，数学课的教学质量得到大幅提升。

进入21世纪，离石全区的数学课教学，在进一步深化江阴经验的改革与创新中，采用集体备课的方式，做到优势互补，集思广益，发扬团队精神，提高数学教学水平。全区中小学数学教师在实施新一轮课改活动中，注重采用启发式、讨论式、问题式、探究式、研讨式等多种教学方法，培养学生的求异思维能力、创新思维能力、自主学习能力、动手操作能力。把多媒体课件引进数学课堂，激发学生的学习兴趣，提高数学课的教学效率。

2010年后，区直属城内小学在数学课教学中采用“创设情境—提出问题—自主探究—展示提升—拓展延伸”的实验教学模式，数学教学质量得到普遍提高。在中学数学教学中，离石一中数学教师梁凌洁、闫建荣、薛海元，二中数学教师郭育兵、张国良、王亚峰、武桢云，三中数学教师高延福、高永军，职业高中数学教师任金元、高志刚、郝汝秀、刘志平等，实施素质教育，处理好“尖子”与“一大批”的关系，“提高”与“基础”的关系，“知识”与“能力”关系，把教学重点放在面对全体学生上，强化基础知识教学，重视基本能力培养，紧扣新课标和教材开展课堂教学，减轻学生课业负担，让学生学得主动，学得轻松。

英语教学

1978年，全县中学学制恢复为“三三”制。初、高中课程开始开设英语课，英语新课程的主要教学目标是培养学生综合运用英语语言的能力。英语新课程的教学理念是：面向全体学生，注重素质教育；整体设计目标，体现灵活开放；突出学生主体，尊重个体差异；采用活动途径，倡导体验参与；注重过程评价，促进学生发展；开发课程资源，拓展学用渠道。

为提高英语教学质量，在英语教学中注重激发学生的学习兴趣。改变传统呆板的教学模式，充分利用现代化多媒体教学设备，让学生从声、像等方面充分应用视听感知英语，让课堂教学变得生动活泼。教师在课堂上创设学习情景，让学生扮演一部分角色，把所学英语句型运用到生活实际中相互交流，使学生主动积极地参与到学习的全过程之中。教师利用教学挂图或简笔画，要求学生自己根据课文内容将其画出，并配以简单文字说明，激发学生兴趣，使他们能保持长久的记忆。采用换位法，让学生给全班同学当“老师”。教师事先把有关知识讲给学生，然后叫一部分同学给大家“上课”。讲课的同学必须把要讲的知识弄懂，考虑如何组织教学、如何讲解，才能让大家听懂。该种角色互换教学，有利于培养学生的自主学习能力。教师利用课余时间组织英语游戏，或让学生表演英语节目，提高学生学习兴趣。组织记单词比赛，鼓励学生多看英语报刊，了解英、美国家的风土人情知识等。

英语教学还重视培养学生良好的学习习惯，使学生形成学习能力。培养学生大胆说英语的习惯，让学生积极参加各种语言实践活动。培养学生大胆读英语的习惯，要求正确拼读单词，响亮流利地朗读课文，语音语调基本正确。培养学生阅读自学的习惯和总结归纳的习惯，让学生把分散在各课中的知识点连成线，结成网，铺成面，使学到的知识系统化、规律化、结构化。培养反思的习惯，在做完题目后进行反思，将知识引申、拓展、深化。培养有疑必问的习惯。培养自觉制定学习计划并付诸实施的习惯。培养学生课内勤于思考的习惯。培养积极举手发言的习惯。

英语新课标倡导任务型语言教学法和交互式学习方式，要求教师转换教学角色，变学生为学习的主人。教师要创设有效的英语教学情境，优化课堂教学结构，开展丰富多彩的课堂教学活动，加强词汇教学，引导学生自主探究，培养口语交际能力，让英语课活起来。

英语课程教学，大致可分为听力、阅读、写作、翻译、口语、语法和词汇几部分。词汇教学是重中之重。词汇教学单靠死记硬背不行，学生容易前背后忘。学生在日常生活中很少有机会用到英语，教师尽可能多地创造语境，让学生寻找语感。开展多样的课堂教学活动，针对不同层次的学生，设计不同的活动方案，让学生主动参与学习活动，更多地使用目标语言，达到练习、巩固、牢记的目的。通过练习测试学生掌握词汇的程度，让学生通过上下文挖掘一词多义，掌握更大词汇量，从而锻炼学生的阅读能力。

在英语教学中，涌现出众多星级名师、骨干教师、学科带头人、教学能手、教学新秀等。其中，比较出色的英语教师有付建新、白凤娥、李翠蓉等60余人。他们对全区英语教学产生一定的示范、引领、辐射效应，使全区的英语教学提升到更高水平。

第三节　课程　教学改革

课程改革

小学课程　清光绪二十九年（1903）1月13日，清政府颁布《奏定学堂章程》，亦称癸卯学制。宣统元年（1909），全县所有小学开始执行该学制。该学制规定初等教育阶段为9年，其中初等小学堂学习5年，高等小学堂学习4年，学生从7岁开始入学。学堂课程开设有国文、算术、修身、英语、理科、体操、手工、图画、音乐。

民国13年（1924）后，国文课改为国语，修身课改为公民，理科课改为自然，手工课被撤销。抗日战争时期，离石县抗日根据地内的小学，基本实行“四二”分段学制，即初级小学4年，高级小学2年。高小班的课程设置有国语（包括作文、日记、写仿）、算术（包括珠算）、公民（后改为政治）、历史、地理、自然、常识、唱歌、体操、图画、手工等，主科为国语、算术和公民。民国29年后，小学教材使用陕甘宁边区编印的新课本，结合战争形势，增加军事训练、学习射击、投手榴弹、埋地雷等军事常识。是年，县立国民女子学校执行“四三”学制，即初小4年，高小3年。后改为“四二”学制，即初小4年，高小2年。其课程设置是：初小：每周修身（道德要旨）2节、国文（包括日用必需文字及浅易普通文读法、书法、缀法）4节、算术（学习加减乘除、小数、珠算）6节、女红（“红”读gōng，指衣服缝纫）2节、体操4节、图画1节、音乐1节。高小：每周修身2节、国文9节、算术（学习整数、小数、分数、步合算、比例、珠算加减乘除）4节、历史（中国历史大要）2节、地理（中国地理、外国地理大要）2节、理科（自然常识）2节、女红5节、图画1节、体操3节、音乐1节。离石县日伪敌占区的小学，学制为“四二”分段，其课本内容大力宣扬“中日亲善”“大东亚共荣”，充满奴化教育色彩。其高小的课程，每天开设3小时的日语课，体育课改为军训课，每周上1节名为“新民主主义”的训语课。

离石县阎锡山国民党统治内域内的小学，学制为“四二”分段，课本为国民政府审定的教材，也选用省政府新出版的教材。课程开设有国语、算术、地理、历史、卫生、自然、公民、珠算、物劳、歌咏、体育、常识、注音等。

1951年，政务院颁布《关于改革学制的决定》。是年，全县小学仍沿用“四二”分段学制，初小开设的课程有语文、算术、体育、音乐、图画5个科目；高小开设的课程有语文、算术、历史、地理、自然、体育、唱歌、图画、手工劳动、品德等11个科目。

“文化大革命”开始后，离石县小学学制由“四二”分段改为“五年一贯制”。课程设置未变。1969年后，五年一贯制小学普遍附设二年制初中班，变成“七年一贯制”。

1978年后，全县实施普及初等义务教育，小学修业年限为五年或六年一贯制。课程设置为思想品德、语文、数学、自然、地理、历史、体育、音乐、美术、劳动。1992年，国家教委颁布《九年义务教育全日制小学课程方案（试行）》和《课程计划（试行）》。全县小学课程设置有思想品德、语文、数学、自然、社会、体育、音乐、美术、劳动9个科目，1993年秋季学段起始年级开始施行。1994年，国家教委发布《关于印发〈实行工时制对全日制小学、初级中学课程（教学）计划进行调整的意见〉的通知》，要求按照每周五天半新工时制进行教学安排。调整后的周课时总量，一年级由31课时变为28课时，二年级由32课时变为29课时，三、四、五年级由34课时变为30课时。1995年秋季学段，全县小学实行“周五”工作制，每天上班8小时，每周工作40小时。小学的课程安排未变。

1996年秋季学段，全县小学三、四、五年级，每周开设1节英语课。2000年秋季，全县小学一年级语文、数学课本，使用新的教学大纲和新的统编教材。2002年9月，全县各小学同时招收五年制一年级新生和六年制一年级新生，实施全县“五三”学制向“六三”学制的整体过渡。

2007—2015年，全县所有小学实施六年一贯制，课程设置有语文、数学、英语、品德与社会、科学、音乐、体育、美术8科，另外还有一门地方安排课程《中华国学经典诵读》。

中学课程　民国17年（1928），由傅秉雄创办离石中学，第一班学生修业年限为4年。第二班后改为3年。这是随着“四二”制改为“三三”制而改变的。课程设置有国语、算术、代数、平面几何、历史、地理、物理、化学、英文、生理卫生、动植矿物、音乐、体操、美术、公民等。1948年，贺昌中学的办学宗旨是一切为解放战争服务，为革命培养军政干部。课程设置有政治、国文、数学、历史、地理、自然、音乐、图画、军体。

1952年，贺昌中学发展为完全中学，执行“三三”学制，即初、高中各学3年。课程设置：初中有语文、政治、算术、代数、平面几何、中国历史、世界历史、中国地理、世界地理、自然地理、植物、动物、卫生常识、物理、化学、体育、音乐、图画、生产劳动和生产基础知识、汉语。高中有政治、语文、俄语、代数、立体几何、解析几何、平面三角、物理、化学。

1969年起，全县中学实行“二二”学制，即高中2年，初中2年。课程设置：初中有政治、语文、代数、几何、物理、化学、生物、历史、地理、音乐、体育、美术、劳动技术；高中有政治、语文、代数、立体几何、平面三角、物理、化学、外语、工业基础知识、农业基础知识、体育。1978年，全县中学学制恢复为“三三”制。初中课程设置有政治、语文、数学、英语、物理、化学、生物、历史、地理、卫生、音乐、美术、体育等，高中课程设置有政治、语文、数学、物理、化学、英语、历史、地理、生物、体育、音乐、美术等。1986年，全县各中学把劳动技术列入课程表，高中每周4课时，初一每周1课时，初二、初三每周2课时。1990年，根据国家教委《现行普通高中教学计划的调整意见》和《山西省普通高中教学计划调整方案》，全县在高三年级将外语作为必修课，每周3—5课时。同时加强人口、电子计算机、时事、国防、劳动技术等教育，加强对课外活动和社会实践活动的管理。1993年，全县执行“六三”学制。初中课程安排：每周政治2节，语文6节，数学5节，英语4节。历史课安排：初一、初三每周2节，初二每周3节。地理课初一每周3节，初二每周2节。物理课初二每周2节，初三每周3节。化学课初三每周3节。生物课初一每周3节，初二每周2节。体育每周3节。音乐每周1节。美术每周1节。劳动技术每周2节。1994年，国务院颁布每周5天半新工时制后，全县初中课程安排随之调整：初一由每周32课时减为29课时，初二由每周33课时减为29课时，初三由每周27课时减为25课时。高中课程安排是：政治每周2节。语文每周高一4节，高二3—4节，高三5节。数学每周高一、高二4节，高三5节。外语每周4节。物理每周3节。化学每周3节。生物高二每周3节。历史高一、高二每周2节。地理高一每周3节。体育每周2节。艺术（音乐、美术）高一、高二每周1节。选修课高一、高二每周2节，高三每周15节。课外活动课每周5节。1995年，执行每周5天的工作制度后，全县中学课程安排，在1994年安排意见的基础上进行适当调整，减少课外活动课的时间。

2015年，课程安排是：初一、初二每周26课时，初三每周25课时。高一、高二每周35课时，高三每周39课时。

教学改革

民国32年（1943）8月，离东县抗日根据地政府民教科，在碛口（时属离石）集中训练小学教员，聘请经验丰富的老教员，进行四级复式教学的实地表演，传授教学方法。民国33年5月，离石县抗日根据地召开文教大会，推广李家洼小学教员任守权的教学经验。

1949—1953年，全县改革旧的教育制度和教学方法。课堂教学开始采用“问答式”的方法，对学生进行启发诱导。全县教学方法改革比较成功的有：九区闫家坡小学的“联系实际教学法”，七区李家湾小学教员李廷让的“算术教学图解法”，二完小政治常识教学中采用的“提出问题讨论法”，三区刘家山小学首创的“作业批改符号提示法”。

1954年，离山县重点开展学习苏联经验。在课堂教学中，推广运用苏联教育家凯洛夫的“教学五原则”（即：自觉性、积极性原则，启发性原则，量力性原则，直观性原则，巩固性原则）和“课堂教学五环节”（即：组织教学、复习提问、讲授新课、巩固新课、布置作业）。在教学方法上，全县试行应用“谈话式教学法”，并把城内、大武、柳林3所高（完）小作为重点实验校，推广“课堂教学五环节”模式。12月中旬，县教研室组织全县高（完）小语文教师79人，在城内、大武、柳林3所高（完）小进行观摩教学。1956年，在体现直观教学活动中，全县开展自制教具活动。三区刘家山小学教师自制各种教具达40余件。

1960年3月，离石县在大武农中和贺昌中学，召开中等学校教育工作经验交流、观摩比武流动现场会。参加会议的有全县13所普通中学（包括师范）、19所农业职业中学的领导、教研组长、标兵教师和有丰富教学经验的教师，共计85人。会议着重研究如何进一步全面深入贯彻党的教育方针、大办三厂（场）、改进教学等问题，并进行经验交流和现场观摩。6月，县视导室组织全县中小学教师，开展汉语拼音教学和推广普通话活动。8月，县视导室组织全县中小学教师实行集体备课，开展轮讲赛讲活动，评选出优秀教师8名，出席晋中专区组织的赛讲活动。1961年秋假期间，全县举办中小学教师讲习会，邀请太原市五一路小学的领导与教师，在离石交流教学经验。1965年，全县中小学在课堂教学中，普遍推广运用“少而精、启发式”“精讲多练”的教学方法，学习毛泽东主席的“十大教授法”。“文化大革命”期间，离石的教学改革是全面落实“五七”指示，学工、学农、批判资产阶级、开门办学、工农兵登讲台、老贫农讲阶级教育课，厂校挂钩，走出去，请进来，参加三大革命、学大寨、学朝农，搞所谓“意识形态领域里的阶级斗争”。

1985年，全县先后6次派遣、选送26名教师及兼职教研员，到北京、黑龙江等地学习教学经验，了解教改信息。1987年10月，选拔小学校长及教师20余人，到北京参加民盟主办的教学研讨班，进行半个月的学习。1987年起，城区一小至四小的18个教学班，进行“注音识字，提前读写”实验。县直二中、三中、县直三小和交口镇各小学，开展“布鲁姆目标教学”实验。县直三小的实验效果最好，教学质量连续三年居城区小学第一名。1988年起，全县在结绳墕乡和吴城镇开展“复式教学自读课本”试教实验。由县教研室编写的《复式教学自动作业设计》被编入小学语文第四册。此外，全县还开展“结构—定向教学法”“数学尝试法”“语文三主训练法”等各种教改实验。1990年，“注音识字，提前读写”实验结束。1992年，县直一中、二中、一小、二小，被确定为“JIP”（提高中小学生学习质量联合革新计划）实验重点校。全县中小学普遍推广运用“主体参与、分层优化、及时反馈、激励评价”的教学原则。1995年，全县中小学普遍推广“读议练讲教学法”“六课型单元教学法”“愉快教学法”“布鲁姆掌握学习策略”等先进教学方法。

2006年起，离石区与江阴教育牵手，开展校与校之间的结对子活动，分期分批派出近千名教师与校级领导，赴江阴市结对子学校跟班学习，零距离接触优质教育，深刻领会江阴经验及其先进的教育理念。在推广江阴经验的活动中，城区中小学普遍开展集体备课，磨课，打造优质教学课，同课异构赛讲，注重示范引领，使全区的教学改革提升到一个新水平。2009年2月，区教育体育局组织校长和校长后备干部40余人，到北京师范大学参加为期半个月的“学校领导力与教学执行力高级研究班”培训。根据培训成果，教体局编印名为《风光满目正催春》的经验论文集1本。

第四节 教学研究

教研活动

民国29年（1940），抗日民主政府成立后，县教育科每年暑假都集中全县教师进行培训，在业务学习的同时交流教学经验，共同研究教学方法。民国33年5月，全县在根据地召开的文教会议上推广任守权的教学经验。

1955年，试行应用“谈话法”。1956年，全县成立各种教研组75个。1957年2月，全县召开小学教育工作会，开展教学经验交流活动，评出先进教学工作者73名。在大会上进行典型交流的内容是：陈永清的低年级识字教学，王涛的高年级语文教学，穆崇仁的自然课教学，薛明的算术课教学，杨岐山和刘正聪的单班复式教学。

1959年11月，全县召开200多人的教学经验交流会，并进行大会观摩活动。1960年9月，县教育局将全县11所中学的136名教师集中回县局，进行为期1个月的政治学习和业务研究。1966年“文化大革命”期间，全县教研活动停止。

1978年暑假，全县开始组织教师进行以研究教材为主的培训。1980年，全县健全各基层学校教研组，分别以科目和年级设立，农村以中心校建立。1982年3—4月，县教育局两次组织教研人员和城区4校校长及骨干教师，到汾阳县实验小学、东方红小学和太原市南城区与北城区教研室参观学习。5月上旬，在吴城公社召开全县小学复式教学研究会，观摩高秀连老师的五级复式教学，总结推广高秀连、李玉森的复式教学经验。6—7月，县教研室在城区组织开展校际教研活动。聘请教育界名流刘辉汉、史茂柏、牛森祥、宋秋连，为城区中小学教师举办教育学、教学法、作文教学、阅读教学讲座。8月，县教研室组织部分初中语文教师赴太原旁听全国中学语文讲学会。12月，举行全县小学教师赛讲，从基层选拔参赛教师26名，评选优秀者6名。1983年11—12月，县教研室组织小学教师赛讲，评选优秀教师22名。12月，在一中举行观摩教学，来自一中和二中的10名教师登台赛讲，全县参加观摩人数达200余人。1984年1月，全县开展各科教学大比武活动，评选教学能手25名。10月，城区中学成立校际教研组。同年，全县有各种教研组88个，县教研室聘请兼职教研员42名。1985年，在城区3所小学观摩49名教师的教改试验课。10月，县教研室组织全县小学单式教学赛讲、复式赛讲，评选出教学能手16名。1986年，全县评选优秀教师及教学能手共25名。1987年4月，县教研室中教组在全县开展评教评学活动，评出教学能手2名（一中的冯玉兰、二中的辛安治），评出优秀教师7名。1988年5月7—14日，县教育局分管教学工作的副局长高冬冬，县教研室主任张守业和县直二中的语文教师辛安治，应邀去桂林市出席第二届全国语文教学信息交流会。参加会议的还有吕梁行署教育局局长许海瀛和地区教研室教研员郭月新。许海瀛、张守业、辛安治各有一篇教学论文参与大会交流。辛安治的文言文教学论文《如何教名词活用为动词》被华中师大《语文教学与研究》杂志选载在当年的第8期杂志上。该杂志社给辛安治颁发“特约通讯员”聘任证书。1989年，全县评选教学能手10名。同年11月30日，县教研室主任张守业、县教师进修校老师辛安治，被吕梁行署教育局教研室特聘为吕梁地区教学能手评委会评议员，参加吕梁地区小学教学能手的评议工作。1990年，全县评选教学能手12名，并颁发奖金及获奖证书。同年，张守业、辛安治、冯治录、薛在文4人被地区教育局教研室聘请参加全地区的教学能手评审工作。1992年，在全省优秀教员评选活动中，评选出省级优秀教研员337名，其中县教研室的张守业、辛安治、王甫生3人榜上有名。

1996年，华中师大《语文教学与研究》杂志社聘请教研员辛安治，出任《全国语文教师精短论文大系》一书的编委，由辛安治推选张守业、任达明、雒小平、渠明德、兰拴平、郝秋林、刘俊汝、闫补爱、辛瑞华、韩金亮10人的教研论文编入该书。2000年8月，中国人生科学学会大中小学教与学研究工作委员会，聘请教研室中学语文教研员辛安治为该学会学术委员，任期三年。由辛安治推荐发表论文的老师有李艳虹、袁云云、吴治甫、薛增爱、张平生等20余人。是年，高冬冬、王建忠、韩金亮、刘冀平、张生龙、侯爱峰、高瑞红等校级以上领导和辛安治的个人传略，被编入2000年《教育春秋》彩卷中。2001年，离石市的教学科研活动大多由教研室和进修校齐抓共管，通过多种形式的教研活动，提高教师的教学业务水平。离石市（区）连续7年聘请省内外名师220余人，对中小学教师开展业务指导，开设专题讲座，研究教材教法，离石市通过周六课改教研行活动、第二轮课堂教学过关考核、两年一次的教师专业知识考试等，推动教师的专业成长，使新一轮课改在全市（区）成功推广。

2009年，开展“师徒结对”“青蓝工程”活动，组织乡镇学校教师240人与城区教师结对子学习活动，以城带乡，以乡促城，城乡教师互动，共同进步。2011年8月底，经过严格评选，产生首批“学科带头人”“教学能手”“教学新秀”。共评出学科带头人88名，教学能手124名，教学新秀128名。10月，全区中小学均已成功邀请首批江阴教育专家进校指导，达50余人次。11月，全区举办“同课异构”暨优质课评选活动3次。同年，江阴专家举行讲座近20场，听评课50余节次，做示范课10余节。

2012年，全区以“师徒结对”“青蓝工程”为抓手，加强青年教师培养工作。5月，邀请省教科院专家对离石一中和朝阳小学进行评估，各学校对照反馈意见进行整改。6月，全面开展科任教师继续教育远程培训工程。暑期，组织全区教师进行新课标理念培训和业务知识考试，通过名家点拨、以考促学等方式助推教师专业化成长。启动“名师工程”，建立新教师“过三关”（入门、过关、达标）制度，初步形成教师“教学新秀—教学能手—学科带头人—名师”的成长评选机制。2011—2012年，全区共评选出教学新秀161名、教学能手139名、学科带头人103名、名师26名。

2013年，采用“走出去、请进来”的办法，加强教师和校长专业培训。3月，选派离石江阴高中新招聘的38名教师赴江苏省江阴市进行为期3个月的跟班培训。8月，选派区直中小学校长和教研室主任到东北师大进行业务培训。8月16—20日，邀请省教科院专家20余人，对全区1600余名教师和55名校级领导分别进行素质提高培训。各校名师工作室成立，开展“师徒结对”活动和“青蓝工程”，并实行名师系列教师和结对青年教师捆绑考核制度，助推教师专业化成长。创建学校、片区、教研室三位一体的教学研究指导模式，组建中学联合体和小学学区集团。全年共开展联片教研活动27次。努力打造精品课题，全区共申报省、市、区课题29个。

2014年，离石区以“1314”工程为抓手，开展以“访民生、知民情、解民事”为主要内容的“春风行动”。“1”是指一条主线，以提高全区办学水平、创办人民满意教育为主线。“3”是指开展“教育管理提升年”“教科研引领学校内涵发展”和“学习江阴、创建四师”三项活动（自选动作）。“14”是指办好14件实事。三项活动深入进行，14件实事取得明显成效。同年暑期，邀请省教科院战略研究中心主任汪华英等教育专家23人，对全区近2000名一线教师进行业务培训。同年，城区各学校开展的课题研究中，有国家级课题3项、省级课题4项、市级课题2项、区级课题21项。

2015年，制定《离石区“一师一优课、一课一名师”活动实施方案》，对全区一线教师进行业务培训，全区名师系列和各校35周岁以下青年教师开展教师网上“晒课”活动。同年，共组织联片教研活动6次，参与教师达800余人次。选配农村一线教师10人去江阴学校挂职锻炼和顶岗学习1年。

教研机构

1955年春，离山县文教局教学研究组设立。数月后改为教学研究室，简称教研室，负责管理和指导全县所有学校的教学研究工作。教研室主任由文教局副局长兼任，下设教研员2名。1956年，教研员有5人。县以下高完小及各联合学区内，建立教研组。同年，全县共建立各学科教研组75个。

1958年，县教研室改称为视导室，教研员改称为视导员。1959年后，县视导室视导员有8人。分为幼教视导组、小教视导组和中教视导组。基层各学校仍称教研组。各中学及高（完）小仍按不同的学科成立学科教研组。各公社联合学区内，以中心校成立教研组。1966年“文化大革命”开始后，视导室机构瘫痪，大多数视导员外借或调离，各基层教研组也自行解体。

1971年秋，教研机构恢复，改称为教育改革研究组，简称教革组。成员由4人逐渐增加到8人。1978年，教革组恢复成教研室。1990年，教研室人员有18人，下设办公室、幼教组、小教组、中教组、电教组、仪器站、图书室等。基层各中学及城区小学，以科目和年级建立教研组，乡镇联校以学校或中心校建立教研组，形成以县教研室为中心、上下结合的教学科研网络。

进入21世纪，幼教组、电教组和仪器站从教研室分出，另外成立幼教股和教育装备股。截至2015年底，教研室内设中教文科组和理科组、小教组、教学研究编辑室，有教研员21人。

部分教研成果选介

辛安治教研成果 辛安治，原名辛安智，离石区七里滩村人。1963年参加教育工作。20世纪80年代在二中任教。由他担任班主任的初9班，参加中考68人，有62人达高中、中专、中（幼）师录取分数线，升学率超过90%。1988年、1989年、1991年分获《语文教学与研究》杂志优秀特约通讯员奖。1992年被评为山西省优秀教研员。1994年被评为地级优秀科技工作者。1996年被评为“八五”期间省级优秀教研员。1998年获全国初中物理知识竞赛山西赛区组织奖。

1988—1998年，他先后应邀参加在广西桂林市、湖北武汉市、山东烟台市、陕西西安市、宝鸡市、贵州贵阳市、安徽黄山市、宣州市、江西庐山召开的全国性语文教学研讨会9次。三次应邀出席在上海市、西安市和四川三峡风景区（奉节县）召开的“华夏杯”和“炎黄杯”全国中学生作文大赛颁奖会，获辅导教师一等奖2个，三等奖1个，优秀奖9个。1994年被评为中学高级教师职称。

辛安治从1988年开始发表教学研究论文，先后在《语文教学与研究》《语文教学通讯》《山西教育》《语文知识》《语文世界》《教材教法研究》《中学语文》《中学语文园地》《中学课程辅导》《作文成功之路》《青少年日记》《中学生文萃》12种杂志和《语文报》《学习报》《学习方法报》《中学生阅读报》《读写天地》5种报纸上发表过教研论文52篇（其中17篇获省级以上优秀论文一、二、三等奖），中、高考教师示范作文14篇，散文与知识短文14篇，阅读欣赏与训练文章61篇，共141篇。

辛安治主编过《新编中学语文基本篇目目标检测与综合测试》初一至初三6本，《初中语文应考分类指导与综合检测》《全国著名中学师生同题佳作选》《中考应试指导与训练》《全国高考作文题点拨与示范》《初中语文学法导引及应试测评》《高中语文读写百法（下）》《中学生古诗助读》《常用古诗词名句简析及示例》《全国中考作文导写与示范》《中学生优秀日记选评》《全国优秀教师获奖学术论文选》（3本）、《教育改革与创新》（论文集9本）、《中考状元文萃及评析》等教辅工具书29本。曾担任《迷你知识宫》一书的顾问和《全国语文教师精短论文大系》《中国教育改革与发展论文选》（2本）、

《中学活动课课本》《中考作文教师示范集》《语文技法与知识一览解》《全国高考语文40考点例析》《小学作文新题指导与示范》《中学作文重点、难点、热点、疑点答问》9种教辅用书的编委。参加过《中国当代中小学教师优秀论文选》《中学语文教学论文选》《全国中考作文题点拨与示范》《高中优秀教师示范作文集》《高中语文读写百法（上）》《高中语文诊测、设标、达标、检测》《新编中考作文题点示》《初中作文题点拨与示范》《中学语文课本材料作文点拨与示范》《初中作文仿写点拨与示范》《学苑文化常识手册》《1995年全国各地中考作文题解及代表作示范》《初中语文读写百法（下）》《中国教师范文精品》14种教辅用书的撰稿工作，以及《离石县教育志》《离石县志》初稿的编写工作。他个人的传略先后被《语文教坛明星录》《当代中华教育科研人才传略》《中国当代教育教研成果概览（第一卷）》《中学骨干教师辞典》《中国专家大辞典（6）》《教育春秋2000年彩卷》6种大型工具书收编录入。有关出版单位在“百度”中，专为辛安治开设网站，选载其15篇文章予以宣传。

赵明亮教研成果　赵明亮，离石区西崖底村人。1962年参加教育工作。1985年被评为吕梁地区“读书积极分子”。1987年被评为地级先进教育工作者。1989年被评为地级优秀少先队工作干部。1991年被评为全国优秀教师。

赵明亮的教学论文《高考作文应提高写作基本功的要求》，在全国中学语文考试学研究会上获得二等奖。《教师实行年级办公制好》，在全国中小学校长研讨会上被评为优秀论文。《高考复读现象不可忽视》发表在《山西教育》1993年4期。《高中办学模式初探》发表在《教学与管理》1994年2期。他的论文《教师要善于激发学生的写作兴趣》，获山西省教育学会论文评审优秀奖。散文《仲秋一隅》和小说《这样的孩子》发表在1993年的《黄河文学》杂志。他曾在山西省中小学校长“教育知识竞赛”中获三等奖。1994年参加全国语文教师征文大赛，获教学论文、下水作文、教学方案、板书设计“四项全能者”称号。赵明亮曾主编《离石老年》《未成年人思想道德建设资料汇编》《抗日烽火在离石》《优良传统在离石》《三教网络在离石》《王保明埋娘》。个人专著有《亲人们》《生产圈》《赤》《橙》《黄》《绿》《青》《蓝》《紫》《忠魂颂》《抗击》《公仆颂》《我的人生写实》《写给母亲的文字》《赵家诸人小传》《铭记离石区抗日战争中的英雄模范人物》等散文集。

费书林教研成果　费书林，辽宁省新宾县兰旗村人，本科学历，1961年从事教育工作。1983年被评为山西省山区工作模范，受到省政府表彰，后又被评为全国五讲四美为人师表优秀教师，受到教育部和全国教育工会的表彰。1986年被评为山西省优秀教师。1987年被评为吕梁地区优秀共产党员。他的事迹多次刊登在《文汇报》《山西日报》《支部建设》《工人日报》《吕梁报》等报纸杂志上，省广播电台、省电视台进行过报道。1987年被评为中学高级教师，1988年被评为山西省首批特级教师。1982年以后，他一直担任省中学历史教学研究会常务理事。1990年以后担任省中学高级教师评委会政史地组组长。1977年以后，先后在省级刊物上发表过3篇文章。1篇发表在上海师大历史系主编的《名师授课录》中的教案，1篇在山西省历史教学研究会上获得一等奖，参加编写全省高中毕业会考指导参考书。

梁海花教研成果 梁海花，山西省平遥县卜宜乡梁家滩村人。1995年参加教育工作。先后被评为“吕梁市名校长”“优秀共产党员”。2011年，市劳动竞赛委员会为她记“二等功”1次。

梁海花撰写的论文《对我镇校本教研活动的反思》发表在《教育研究》上。《学校、家庭、社会三结合打造协同教育特色》发表在《中国当代教育科研与实践》杂志上。《一元二次方程判别式和根与系数关系的应用技巧》发表在《学习方法报》上。《浅议“减负”与“增效”》发表在《教育改革与创新》论文集第一集中。散文《诚信》发表在《人生教育》杂志2009年第6期上。《搞好数学教学、培养创新能力》发表在2009年版《中国现代基础教育》一书中。《谈小学生口算能力的培养》发表在2010年版《中国现代基础教育》一书中。论文《寓爱国主义教育于历史教学之中》在全国德育研究中心举办的论文评选中获国家级优秀论文二等奖。《课堂教学怎样开放》获新课标与教学改革征文大赛一等奖。《浅谈初中数学与信息技术的整合》获山西省教育学会论文评审一等奖。论文《谈数学教学中的赏识教育》发表在2013年10月《学习报》教研版上。曾先后编辑过校本教材四本：《文韵》之一“吕梁民俗”、《文韵》之二“游遍吕梁”、《文韵》之三“吕梁名人”、《人生第一课》“安全篇天天讲安全”，并在中国言实出版社出版的《中国当代教育科研与实践2007第一辑》中担任过副主编。在长治路小学任职期间，曾主编过《习作教学设计下水文集》和《教学论文案例集》各两本。

岳磊教研成果 岳磊，方山县新房村人，1993年参加教育工作，中共党员，龙凤小学副校长兼党支部书记。2004年被评为“吕梁名师”。2008年《我的战友邱少云》多媒体课件获省级多媒体课件评比优秀奖。2013年获省级优秀班主任称号。

教学论文《谈后进生的成因及转化》《〈陈涉世家〉重难点解析》先后发表在《教育改革与创新》论文集第二集和第十集中，两篇均获国家级优秀论文评选一等奖。论文《在阅读教学中发展学生的主体意识》获省级优秀论文评选二等奖。论文《用爱心铸就教育的幸福》发表在《中国当代教育科研与实践》第二辑下册中，并获国家级优秀论文评选二等奖。论文《巧用多媒体激活作文课》获省级优秀论文评比二等奖。

王卉荣教研成果 王卉荣，山西省交城县人，1984年参加教育工作，大学本科学历，中学高级教师职称，先后被评为山西省骨干教师和学科带头人。

1991—2003年，论文《加强课本习题教学、提高学生解题能力》发表在《数学教师》杂志1991年第一期上。《一组因式分解公式的妙用》发表在《数学报》1993年4期上。《三角形内切圆问题》发表在《中学数学》杂志1993年6期上。《三角形垂心的性质及其在解题中的应用》发表在《数学教学研究》杂志1994年4期上。《学好一题驾驭一类》发表在《中学课程辅导》1994年10期上。《一道课本例题解法的应用》发表在《初中生数学学习》杂志1995年1期上。《浅谈二元一次方程组的教学》发表在《数学教师》杂志1995年2期上。《一道竞赛题的简证》发表在《中等数学》杂志2000年3期上。《课本典型习题同步解密》发表在《学习报》初二数学版2003年第10期、11期、13期、27期、32期上，《缤纷的生活、多彩的个性、丰富的答案》发表在《山西教育》杂志2003年22期上。个人专著:《课本例题习题讲解丛书》(几何第二册)由科学普及出版社1993年1月出版。《为什么错》由湖北教育出版社1996年8月出版。《2006中考数学全攻略》由山西教育出版社2005年出版。《成就学生是老师最大的幸福》由天津教育出版社2009年8月出版。

第五章　教师队伍

第一节　组成　素质

教师组成

幼儿教师　20世纪50年代末，正规的离石城内幼儿园有教师3人，其中公办1人，是从城内小学调来的；代教2人，是从社会上招聘的。1958年“大跃进”期间，全县农村共有幼儿教师852人，全部是临时性、季节性的。1960年春，城内幼儿园有教师14人，工友2人，会计2人。20世纪60年代末，城内幼儿园有教师3人。

20世纪70年代末，全县共有幼儿教师65人，其中公办10人，代教3人，队办52人；有学前班教师87人。1990年，全县共有幼儿教师152人，其中园长7人，幼儿教师45人，学前班教师91人，职员9人。幼儿教师和学前班教师中共有公办43人，民办8人，队办71人，临时代教9人，个体幼儿园教师5人。

2002年，离石市有幼儿教师412人，学前班教师218人。

2005年，离石区民办幼儿园有教师1050人。2010年，全区有幼儿教师901人，其中公办405人，民办496人。2011年，全区有幼儿教师940人，其中公办423人，民办517人。

2012年，全区共有幼儿教师931人，其中公办423人，民办508人。2013年，全区共有幼儿教师1473人，其中公办423人，民办1050人。2014年，全区共有幼儿教师1738人，其中公办273人，民办1456人，集体办9人。2015年，全区共有幼儿教师2006人，其中公办285人，民办1721人。

小学教师　清末民国初，全县的私塾先生没有确切的统计。民国6年（1917），全县有初小教师103人，高小教师17人。民国9年，全县有小学教师210人，其中高小教师18人。民国12年，全县有小学教师277人，其中女教师12人，高小教师29人。民国14年，全县有小学教师261人，其中女教师20人，高小教师26人。民国24年，全县7所两级小学共有教师36人，初小教师无确切统计。民国26年，全县共有小学教师200余人。民国29年4月，抗日根据地内有小学教师204人，敌占区有小学教师75人。民国32年9月，抗日根据地内有小学教师63人，敌占区有小学教师150余人。民国33年，抗日根据地内有小学教师76人。民国34年，离东县仅有小学教师21人，阎锡山统治区内有小学教师158人。这些小学教师被分为三等，即主任教员、教员和助理教员。1947年，全县有小学教师252人。1948年秋，全县有小学教师179人，其中高小教师24人，初小教师155人。1949年，全县小学教师有303人，其中高小教师35人，初小教师268人。

1952年，全县有初级小学教职工693人，其中公办507人，民办135人，行政人员30人，工勤人员21人，有高小教师94人，初小教师548人。1953年春，经清查整顿，削减不称职教师66人。

1957年，全县有小学教师886人。1958年，全县共有小学教师1170人。同年，拔高使用81名小学教师到初中任教。

1961—1962年，精减压缩小学教师164人，由中学下放到小学的教师有59人。1970年，全县小学民办教师增加到760人。1972年，全县小学教师有1027人。1978年，全县小学教职工有1088人，其中公办292人，民办466人，代教109人，职员21人，另外还有队办教师200人。1981年，全县辞退不合格民办教师143人，新招聘民办教师60余人。同年，全县有小学教职工1050人，其中公办399人，民办609人，代教10人，职员32人。1990年，全县共有小学教职工1358人，其中公办716人，民办423人，代教64人，行政人员101人，后勤人员54人。1995年，全县约有小学教职工1367人，其中代教403人，民办教师219人。

2000年左右，离石市共有小学教职工1556人，其中代教125人，民办44人。

2005年前后，离石区有小学教职工1700余人，其中民办6人，代工友15人。2008年，全区招聘小学教师208人。2010年，招聘小学教师228人。2011年，全区小学教师2203人，其中民办教职工剩3人。城区小学教师共有1160人。

2012年，全区农村小学教师有1034人，城区小学教师有1029人。2013年，全区农村小学教师有1159人，城区小学教师有1031人。2014年，全区农村小学教师有1874人，城区小学教师有2344人。截至2015年底，全区农村小学教师有1832人，城区小学教师有1157人。

中学教师 抗日战争前，旧制离石中学设有校长、教务、总务主任各1人，专任教师5—7人（以后最多发展为13人）。日伪离石中学有校长、训育主任、会计、事务、书记员各1人，教师3—5人，专设日语教师1人。1947年，贺昌中学有正、副校长各1人，正、副教导主任各1人，文教主任、总务主任、干部队长、会计、保管各1人，专任教师10人，教职工共计21人。1948年，贺昌中学与在大武镇开办的贺龙中学合并后，教职员工共计70余人。

1952年，柳林中学开办后，全县两所中学共有教职员工40余人。

1956年，开办圪洞中学后，全县三所中学共有专任教师65人，教职员工共计104人。1958年，全县新办初中11所，全县中学教职工180人，其中专任教师132人，行政人员23人，工勤人员25人。专任教师中有初中教师119人，高中教师13人。

1959年，全县有中学教职工272人。1960年，全县中学教职工为342人。1961年，全县中学教职工为250人。1962年，全县中学教职工为227人。1964年，全县中学教职工为106人，其中专任教师60人。1971年，全县有中学教师100名，其中公办66人，民办 34 人。1973 年，全县有中学教职工 333 人，其中初中教师 184 人，高中教师 47 人。有民办教师 21 人，代教 40 人。1977 年，全县中学教职工有 805 人，其中公办 345 人、民办 230 人、代教 43 人。民办教师中有队办教师 72 人、行政人员 129 人、工勤人员 101 人。初中专任教师有 436 人，高中专任教师有 139 人。民办、代教占专任教师的 47%。1971—1990 年，全县先后从优秀民办教师、代教中挑选两三批办理转正，共 697 人，充实中小学教师队伍。同时，辞退不合格中学民办教师 50 名。1990 年，全县中学教职工共有 901 人，其中公办 781 人，民办 120 人。初中专任教师 590 人，其中公办 527 人，民办 63 人；高中专任教师 64 人，行政人员 122 人，工勤人员 125 人（公办 68 人、民办 57 人），另有代教 44 人。

2010 年，城区 7 所中学共有专职任课教师 831 名。

2012 年，城区中学有教师 668 人。2013 年，城区中学有教师 736 人。2014 年，城区中学有教师 892 人。2015 年，城区中学有教师 885 人。

教师素质

幼儿教师素质　1990 年，全县有幼教员工 162 名。其中，小学学历 5 人，初中学历 67 人，幼师学历 22 人，中师学历 10 人，高中学历 59 人。学历不达标者占 44%。

2002 年，离石市幼儿教师合格率为 82%，学前班教师合格率为 60%。

2010 年，全区有幼儿教师 901 名，其中占国家编制的 203 名，获得幼儿教师资格证的 471 人。2011 年，全区有幼儿教师 940 名，其中，获得幼儿教师资格证的 498 人。区实验幼儿园有专任教师 67 名，大专以上学历者达 98% 以上。

2012 年后，全区公办幼儿教师的学历达标率为 100%，且做到持证上岗。

小学教师素质　民国前期，全县的高小教师大多是专科、师范毕业生；初小教师多半是高小和初中毕业生，有一些清末的秀才和念过私塾的文化人士，大都没经过专业训练。

民国 24 年（1935），全县 7 所两级小学教师，基本符合标准要求。36 名教师中，大专学历 2 人，师范学历 31 人，初中学历 1 人，清末秀才 1 人，上过私塾的 1 人。

抗日战争时期，敌占区、阎统区内的教师大多是高阶层出身的旧知识分子。根据地内的小学教师多数是普通文化程度。民国 30 年（1941），抗日根据地内有教师 204 人，大学学历 1 人，师范学历 30 人，初中、高小学历 153 人，初小程度的 12 人，粗通文字的 8 人。

1949 年，全县有小学教师 303 名，其中，高小学历 171 人，初小学历 34 人，占到总数的 69%。此外还有粗通文字的 14 人。大多数教师没经过专业训练，文化水平、业务能力都很差，不称职者占 1/3 以上。从等级上看，丁等教员有 131 人，占总数的 43%。

20 世纪 50 年代初，小学教育发展过快，培养的师范毕业生远远满足不了社会需要。同时，各行各业都从教师中抽调人才，教师外流现象严重，仅 1952 年调出 200 余人，占到教师总数的三分之一。小学教师素质整体偏低，其文化程度，高初小学历占到 80%。

1953年后，县立初师、贺昌中学师范班、汾阳师范的学生陆续毕业，补充到小学教师队伍中。小学师资素质有明显好转。1958年"大跃进"期间，全县盲目发展中小学，中小学教师层层拔高使用，以大量的民办教师、代教补充进教师队伍，全县小学、中学教师的质量明显下降。

1961年，从中学下放教师59名，充实小教队伍；从小学教师中精简不合格的177人，小教队伍的质量有所回升。1963年，全县有12.5%的小学教师在文化程度上不合格。"文化大革命"阶段，全县小学教师不合格人数占到56%。1973年，全县小学教师778人，大专学历只有4人，中师、高中学历118人，中师、高中肄业及初中学历549人，初中肄业的56人，高小学历及其以下的51人。1984年，山西省统一进行教材教法考试，全县小学教师获得合格证的有583人，学历达标、教龄25年以上的免考教师89人。1985年，经过补考，全县又有226人获得小学教师合格证书。1986年后，小教队伍的素质不断提高。通过进修培训，小学教师大都达到中师、高中学历水平。1990年，全县有小学教师984名，中师、高中学历有816人，占总数的83%。

2000年后，全市（区）所有的小学教师都达到专科以上学历，合格率100%。

中学教师素质 民国时期，旧制离石中学的教师，大多是聘请大学、专科及师范院校毕业生，师资质量比较理想。

中华人民共和国成立到1957年，全县3所中学的教师，由省、地直接分配，多数为大专及师范院校毕业者，也有一些职业老教师。

1958年"大跃进"期间，大办中学教育，教师严重短缺。新增的中学教师，除从大中专毕业生中分配13人外，其余都是从原来的高（完）小教师中拔高使用，先后两年拔高使用150名。

1962年，全县有高中专任教师15名，其中，大学本科学历8人，专科学历及本科肄业的5人，高中学历职业老教师2人。初中专任教师有114名，其中，本科学历12人，专科学历及本科肄业的51人，大专肄业2年以下的15人，中师、高中学历30人，初中学历职业老教师6人。经过精减压缩，59名不合格初中教师下放到小学任教。1972年，全县短缺中学教师55人。公办教师中，高中学历教高中、初中学历教初中的老师有44人。1975年，全县高中教师不胜任的占高中教师总数的79%，初中教师不胜任的占94%。1978年，全县高中专任教师102名，其中，大专学历21人，中师、高中学历81人。初中专任教师有399名，其中，大专学历仅6人，中师学历259人，初中学历74人。1984年，在全省中学教师教材教法合格考试中，全县中学教师获得合格证书的有296人，其中高中16人，初中280人。学历达标和教龄25年以上的中学教师有31人获得免试证，其中高中10人，初中21人。1990年，全县高中教师有64名，其中，大学本科学历46人，专科学历16人，中师、高中学历职业老教师有2人。初中教师有590人，其中，本科学历12人，专科学历249人，中师、高中学历 326 人，初中学历职业老教师 3 人。

进入 21 世纪，中学教师的学历在专科和本科以上。不合格、不达标的老教师内退或达到与超过退休年龄。重新招聘的中学教师，要求大专以上学历，经过严格的招聘考试、面试考察，择优选聘，素质整体偏好。

第二节　进修　培训

教师进修

1953 年，全县的教师进修开启。

至 1980 年，全县派往汾阳师范与其他高等院校进修的教师累计 66 人。1980 年，离石师范开办民办教师进修班，学员 39 名，两年进修实习后转为公办教师。1984—1990 年，离石教师进修校先后招民办教师中师进修班 5 个，学制两年，学员 245 人，结业后择优 60 余人转为公办教师，成绩不达标者仍为民办教师。1986 年，国家教委实施卫星电视中师教育，在全县小学教师中录取中师学员 157 人，全县设有教学点 10 个，配备电视机、放像机等教学设备，定时收看学习，由进修校教师跟点辅导。截至 1990 年底，全部学完中师课程，结业 26 人。参加卫星电视高等师范教育学习的 10 人，由吕梁教育学院组织学习。1990 年后，县教师进修校改为学历达标教育，招收学员 41 名，通过集训、函授、短期进修等形式，全县教师的素质不断提高。

进入 21 世纪，进修校有了固定的教学、办公场所，教师的进修培训工作纳入正常轨道。2003 年后，为提高全市教师的业务能力，离石市连续 7 年聘请省内外名师专家累计 220 余人到离石讲学，从课改的通识培训，到教材的解读、师德师风教育整顿等诸多方面，对全区中小学教师进行短期进修培训，累计培训 2.4 万人次。

2004 年，在实施星级名师工程中，区教育局教研室与教师进修校共同主持开展“周六课改教研行”活动，组织一批星级名师下乡示教，进行教学观摩研讨培训，让他们真正发挥出名师的示范引领作用。2005 年，聘请国内知名教育专家李玉平及太原市、太谷县的 38 名名师，在离石做培训讲座 45 场，参训学习人数总计 1800 余人。是年，开展“互动式校本教研”活动，10 所区直中小学共派出 160 余人次，到乡镇学校开展校本教研培训活动 40 余场次。2006 年，全区在教师队伍素质建设中，以新课程改革为抓手，以转变教育理念和教学方式为切入点，狠抓教师的业务培训，提高工作能力。2007 年，对全区教师实施《中小学多元智能与构建主义理论在课堂教学中的应用》和《中小学安全教育》两门公共必修课，以及《创新教学设计》一门专业课继续教育培训，并选拔 20 名省级学科带头人和骨干教师，到省城太原参加相关进修培训。2009 年，开展春、秋两季的中小学教师履职晋级培训。聘请 5 名省、市教育专家、名师在离石区举办专题讲座，对中小学教师进行针对性培训。完成非远程班主任培训，培训小学班主任350人，中学班主任148人。2011年，组织初中教师576人进行教育技术能力远程培训，培训时间1个月。

2012年，组织全区中小学教师，进行远程全员培训，时间长达5个月，参加网上在线学习。2013年，第一批教师教学基本功新一轮培训完成，启动第二批教师的培训。3月，进行第一次全面督促，重点检查网上看课、文本学习、读书体会、档案袋建立等情况。5月底至6月初，进行第二次全面督促，重点检查岗位练兵，开展交流展示、学科赛课情况。8月，组织第一批参训教师进行基本功基本知识测评考试。10月，启动第二批教师教学基本功新一轮培训。2014年，利用双休日，对75名小学校长，以面授培训和自学相结合的方式，进行300学时的培训。同年8月进行考试，并颁发由山西省教育厅印制的"任职资格培训合格证书"。2015年，对教师继续教育全员远程培训分科目、分班级进行。以200人为一班，每班设班主任1名，辅导教师1名，对网上理论学习、课题研究等内容进行辅导培训。是年6月，完成38名中小学省级骨干教师和学科带头人的国培计划。11月19—20日，在离石一中、袁家庄中学、城镇中学、东关小学、南关小学、袁家庄小学开展初中语文、数学、英语，小学语文、数学、英语的培训活动。

专项培训

教师继续教育培训 2007年，由区进修校主持，对全区教师实施2门必修课和1门专业课的培训。选派全区省、市级骨干教师、学科带头人38人，赴省参加一级培训，之后两次组织他们到全区各校开展二级培训。年底，全区教师参加省继续教育统考。2009年，举办各种长短培训班20余期，培训2500余人次。2010年暑假，举行继续教育公共课下乡培训活动，在22个点活动44天，培训2500余人。2011年5—6月，派教师40余人参加省教育厅继续教育公共必修课和专业课培训。2012年下半年，依托全国中小学教师继续教育网，对全区2600余名教师，进行5个月的继续教育培训，培训合格率达98%。

学科带头人 骨干教师培训 2007年，从全区118名学科带头人和骨干教师中抽取20名赴省参加相关培训。是年11月，又选派小学教师5人、初中教师4人，参加省级评选活动。2010年7月中旬，全区选派64名学科带头人和骨干教师，参加评估考核，从讲一节优质课、个人履职汇报、校方评价、查阅校方档案等方面，对师德师风、培养青年教师、区域内示范辐射作用等方面进行考核，结果全部合格。2011年，根据全省学科带头人和骨干教师申报评审及续聘考核的通知，在个人申报、学校推荐的基础上，通过讲评选拔，选报2名学科带头人和7名骨干教师候选人报送省教育厅。

小学语 数 新课程培训 2008年，培训1000人次左右。全区推选出语文、数学教师共4人作观摩课，创造性地进行集中备课。

中小学班主任教师培训 2010年6月19日至11月26日，进修校组织城区6所学校的200名班主任进行5个多月的培训，培训合格率为99%。2013年3月26日至6月10日，进修校举办中、小学班主任远程培训，全区义务教育阶段开班8个。

新招教师岗前培训 2010年8月底，对当年新招聘的261名教师进行为期3天的岗前培训，从职业道德、班级管理、如何上课等方面传授经验方法，帮助他们尽快提升教育能力。

教育技术能力远程培训 2010年10月18日至12月10日，对全区农村骨干教师200余人进行8周的网上学习培训，有专人负责督促，保证教师在规定时间内按时登录，完成学习、提交作业等任务。2011年暑假，通过北大远程网络，对城区初中教师567人进行教育技术能力网上培训。2013年5月8日至7月31日，举办骨干教师远程培训班2个，培训教师110人左右。

校长岗位培训 2010年10月起，进行省级校长培训，有乡镇中心校长2名和城区中学校长11名，参加省级校长岗位培训。12月8日，全区中、小学校中层以上领导100人参加吕梁明德学校校长培训。2011年10—11月，先后派校长13名参加省级、国家级培训。2013年，进修校开办70人左右的小学校长培训班，60人左右的初中校长培训班。

小学英语教师培训 2011年暑假聘请吕梁学院5名教授，对全区106名英语教师进行20天的面授培训。

顶岗置换培训 2011年第二学期推选79名农村中小学教师参加中西部项目培训。其中35名参加4个月的语、数、英等5个科目的顶岗置换培训，44名参加语、数、英、音乐等13个科目的短期培训。

进修培训管理机构

1952年2月，离石教师函授师范学校创办。学校刚成立时，教材由函授学校统一编印，以乡开设辅导站，聘请辅导教师，定期组织函授辅导学习、考试。截至1957年底，达到初师结业的学员有518人。1958年，全县参加初师函授的有638人，参加中师函授的有405人。

1961年，离石教师函授师范学校改名为离石教师红专学校。同年，初师函授的有878人，中师函授的有337人。1962年，离石教师红专学校又改名为离石教师进修学校。同年，初师函授学员结业，尚有中师函授学员804人。1963年，中师函授793人。至1966年，学完中师课程的学员有800多人。“文化大革命”期间，教师进修学校停办。1978年，进修校恢复，在各公社联校设辅导班，进修校教师分片负责，每月面授1次。1982年后，教师进修校占用新关小学前院的2间教室开展工作。1984年前，进修校对全县教师的培训提高主要是函授、面授或短期培训。至1984年底，全县达到中师函授结业的教师有167人。1984年始，进修校开办二年制民办教师离职进修班。1988年后，离石教师进修学校有了独立校址，在东关小学的西院，有2排平房教室及教师宿舍、办公室。至1990年底，进修校开办二年制民办教师离职进修班5期。培训民办教师245人，其中择优转为公办教师60多人。1991年，进修校招收学历达标培训班，共招收初中教师41名，开设“教育学”“心理学”2门课程，培训一年后结业，给学员颁发中师毕业证书。1992年后，进修校校址被教师安居工程建设项目占用，其进修培训工作无法正常进行。

20 世纪 90 年代末，进修校有新的校区。校址在交通路离石市教体局办公大楼西侧的两层小楼的第一层，没有教室，只有 6 个办公室，教师培训只能借用别的地方。2000 年，进修校只有办公室 12 间，占地面积 1000 平方米。共有教职工 26 人，其中高级职称 3 名，中级职称 14 名，初级职称 7 名，工人 2 名。

2005 年，由进修校主持，对全区民办中小学的 30 余名教师进行信息技术与学科课程结合培训，为民办学校开好信息技术教育课程创造条件。同年，对 80 所民办幼儿园的 1050 名幼儿教师进行考核与培训。2009 年，进修校举办各种长短期培训 20 余期，培训中小学教师 2500 余人次。组织小学教师 600 余人、高中教师 41 人、新招聘教师 70 人，以及城区小学校长、乡镇（街道办）中心校长到江阴市结对子学校跟班培训 2 周。2010 年，区教师进修校主持开展的培训项目：小学班主任教师全年培训，骨干教师考核培训，继续教育培训，农村骨干教师教育技术能力培训，新招教师岗前培训，校长岗位培训等。

2012 年，进修校组织全区中小学教师远程全员培训，培训时间 5 个月，有 2600 余名教师参加网上在线学习，培训合格率为 98%。2013 年 3 月 19 日至 5 月 18 日，进修校举办全区中小学教师职业道德远程研修，研修 110 人左右。从 3 月到 11 月，进修校依次开办中小学（幼儿园）教师普通话培训班，70 人左右的初中政治教师培训班，50 人左右的幼儿园园长培训班，50 人左右的课件制作培训班，60 人左右的初中生物教师培训，70 人左右的初中历史教师培训，60 人左右的初中化学教师培训。2014 年，进修校组织全区中小学教师参加国培、省培 200 余人次，基本完成年度计划。2015 年，进修校组织 30 名中、小学省级骨干教师和学科带头人，参加长达 8 个月的网络国培研修培训，培训合格率为 100%。

第三节 任用 考核

清代，州学的学正、训导由朝廷任免。学正是正八品，训导为从（读 zòng）八品。乡村义学和私塾的先生由办学者自聘，被聘者多为本地秀才或未出贡的贫困落魄知识分子。清末，开办学堂，堂长由知县委任，教师由堂长聘任。

民国初期，县、区两级小学和中学教师，多聘请大学、专科及师范毕业的人士，大多有一定的学历。乡村初小的教师多为该县中学和高小毕业生担任。民国 6 年（1917），学堂改为学校，校长由县长委任，教师由校长聘任。乡村初小教师由村学董聘任，报县、区备案。全县教员每年要集中回县进行一次考核鉴定。由县长亲自出题，考核优劣、评定等级、决定任免。民国年间，由县教育科主持考核，县长签发委任状。教师经鉴定分为甲、乙、丙、丁四等。学校也分甲、乙、丙、丁四等。

抗日战争时期，根据地内的教师招收社会上的普通知识分子担任，经政府集中训练后，颁发训练及格证书，然后分配任用。抗日民主政府成立后，负责招聘的训练员叫训教工作员。训教工作员，一方面做教学工作，一方面做抗日宣传发动工作。当时，通过考试，招聘小学教师150多人。有少数教师是从晋绥一中师范毕业分配的。敌占区和阎统区的教师，由社会上招聘的旧知识分子担任。为解决教师不足，抗日根据地政府、阎统区、敌占区各自都培养教师。民国33年（1944），阎统区在长峪两级小学附设初师班1个，学制一年，学生20余人，毕业后补充进教师队伍。日伪政府在柳林高小开办速师班1个，但未能毕业。1945年，将师范班合并至伪离石中学。

1945年9月后，离石县政府积极动员原来的教师从教，在社会知识分子中招收40余人，培训1个月后分配使用。同时，注重和加强对教师的培养。1945年冬，全县在柳林高小开办学制一年的速师班1个，毕业后补充进教师队伍。1946年，贺昌中学附设师范班1个。

中华人民共和国成立初期，全县教育事业快速发展，师范培养的教师无法满足需要，继续从社会上招收。1949年夏，从社会普通知识分子中招收50余人充实教师队伍，进行全县教师集中培训。1949年后，全县在教师任用上实行两条腿走路的方针，公办和民办相结合。教师编制按学生的多少决定。教师与学生的比例是：中学1 ∶ 15左右，小学1 ∶ 30左右。公办教师的任用，由国家统一控制，核定编制数。1950年春，县教育科开办师范短训班1个，吸收部分农村在乡知识分子，调训文化低的在职教师，共35人，训练半年后分配录用。同年，全县任用民办教师48人。1951年，全县民办教师有140人。1952年10月，县政府通过考试，从社会上招收高小以上文化程度的普通知识分子40名，录用为小学教师。

1956年，山西省核定离石全县小学教师编制数为804名。1958年后，民办教师数量继续增加。民办教师的任用由所用单位自聘，报县审批备案，由县发放民办教师补助款。任用的大多是当地高、初中毕业生，少数高（完）小毕业生或其他在乡知识分子。

1959—1962年，离石县在袁家庄开办离石中等师范学校1所，3年共招生368人。1965年，山西省核定离石全县小学教师编制数为1054名。“文化大革命”前，小学教师的任用由省、地直接掌管。“文化大革命”期间，师范院校停止招生，切断师资来源。

1972年，为补充公办教师不足，贺昌中学附设二年制师范班2个，招生105人。1973年后，全县在普及小学教育的基础上盲目发展中学教育，造成师资队伍严重不足，全县大量任用民办教师和代课教师，出现许多“队办”教师。随意布点设校，任意扩大教师编制现象不断出现。1974年1月，贺昌中学附设二年制师范班学员毕业后，全部补充到教师队伍。“文化大革命”后，小学教师的任用由县统一管理。公办教师的来源是每年从大中专师范院校毕业生中分配一部分。缺额部分，在社会上招收高、初中毕业生或其他知识分子当代教。严重缺员情况下，从民办、代教中择优录取，转为公办，充实公办教师队伍。1979年，全县贯彻国务院《关于加强中小学教师队伍管理工作的意见》，对全县教师队伍整顿，辞退不合格民办教师193名，择优转正部分民办教师和代教。同年，严格民办教师任用制。经考核，对合格的民办教师和代教颁发任用证。第一批颁发 579 人，其中民办 472 人，代教 107 人；第二批颁发 116 人，其中民办 81 人，代教 35 人。1985 年后，大、中专师范院校毕业人数逐年增加，公办教师得到充分补充，新增民办教师的情况基本停止。1986 年，规定教师与学生的比例为：中学 1 ∶ 12，小学 1 ∶ 28。1987—1990 年，全县先后 3 次将 1986 年以前参加工作的民办教师 96 人和代教 67 人予以转正。从此，民办教师一年比一年减少，代教仍然存在。

2000 年后，国家对大、中专及师范院校毕业生停止统一分配，由学生自主择业，实行双向选择。2005 年，通过对教师考核，全区给 1333 名教师颁发教师资格认定证书。通过教师职称评定，评出高级职称教师 33 人，初级职称教师 132 人。招聘专科以上毕业生 157 人，充实公办教师队伍。对 1050 名民办幼儿园教师进行考核培训，提高全区教师队伍的整体素质。2006 年，制定落实《进一步加强中小学教师和校长队伍管理的六项制度》，对教师的聘任、解聘和辞退以及职称评聘分离、师德师风建设、教学成绩奖惩六方面做出明确规定。2007 年，组织全区教师参加继续教育全省统一考试。

2012 年，新办的离石江阴高中招聘初高中教师 70 名。2014 年，离石江阴高中招聘 39 名硕士研究生充实教师队伍。

第四节 工资 福利

工资

公办教师工资 清代时，本州儒学的学正和训导月俸银各为 40 两。

民国年间，县高小教师月薪最多的银圆 17 块，最少的银圆 13 块。乙种农校教师专任级的月薪银圆 20 块，兼任级的银圆 16 块。民国 14 年（1925），县小学教师月薪男性银圆 9 块，女性银圆 6 块。民国 18 年后，阎锡山开始发行纸币，造成货币贬值，通货膨胀。民国 20 年开始，全县乡村小学教师，分甲、乙、丙、丁四等，月薪分别为银圆 8、7、6、5 块。城镇两级小学教师月薪分别为银圆 18、16、14、12 块，校长 20 块。中学教师月薪为银圆 20 块，中学校长月薪为银圆 40 块。是年，离石街面市场上，一个烧饼要纸币 20 元，一只鸡卖纸币 60 元，理一次发需要纸币 40 元，洗一次澡需要纸币 50 元。工资低微的中小学教师，难以养家糊口。民国 24 年，全县有两级小学 7 所，有教师 36 人。教师工资全年总计银圆 6290 块，年人均银圆 174.72 块，月人均银圆 14.56 块。民国 29 年至 30 年，根据地内的教师，实行米薪制工资，每人每月补贴小米 22.5 千克。小学教师分甲、乙、丙、丁四等，月津贴小米 30—42.5 千克不等，教师可免除公粮负担和抗日战争勤务。闫统区内，两级小学教师月薪银圆 40 块，校长银圆 55 块，初小教师银圆 30 块。民国 32 年至 33 年，校长月薪纸币 140 元，教师 129 元，事务员 115 元，夫役 84 元。教师薪饷由村款项下支付。敌占区内，第一新民小学，校长月薪银圆 60 块，教师银圆 30 块。第三新民小学，校长月薪银圆 50 块，主任银圆 40 块，教师银圆 30 块或 20 块不等。民国 30 年前，乡村小学教师月薪为银圆 10 块，民国 30 年后银圆 16 块。每人每月另加小米 5 升，白面 10 千克，杂支 5 角钱。日伪离石中学的教师，月薪银圆为 80—100 块不等。1945 年 9 月后，离石县教师工资实行米薪制，小教分甲、乙、丙、丁四等。刚参加工作的为学习教员，月薪最少的为小米 22.5 千克，最多为 55 千克，后逐渐增加到 45—85 千克。

1950 年，仍然实行米薪制工资，县师范、中学校长月薪为小米 90—110 千克，教导主任为 80—100 千克，高（完）小校长为 105 千克，教导主任 95 千克，中心校长为 85 千克，甲、乙、丙、丁教师分别为 82.5 千克、77.5 千克、75 千克、72.5 千克，学习教师为 55 千克，勤杂人员为 75 千克。1951 年，中学及师范校长月薪为小米 130—150 千克，教导主任 110—130 千克，教师 105—130 千克，职员 90—110 千克，勤杂人员 75—90 千克。高（完）小校长每月小米 115 千克，教导主任 105—110 千克，教师甲等 110 千克、乙等 100 千克、丙等 90 千克。联合校长为 105 千克，扫盲校长为 110 千克。初小教师甲等 105 千克，乙等 95 千克，丙等 85 千克，学习教师 75 千克。新分配师范生及城镇中有部分挣薪金的教师，月工资最高的 27 万元（旧币，相当于现在的 27 元），月工资最低的（旧币，17 万元相当于现在的 17 元）。

1954 年 12 月起，实行工资改革，米薪制改为现金制。教师工资最高的为 48.71 元 / 月，最低的为 20.16 元 / 月，新毕业的师范生为 25 元 / 月。

1960 年 5 月，根据中央和省地指示精神，对全县中小学教师进行工资级别的评定提升，全县中教提升级别的有 43 人，占中教总数的 24%，小教提升级别的有 213 人，占小教总数的 26%。提升前全县教师月工资人均 26.46 元，提升后为 37.45 元，每月增长 10.99 元。1963 年，全县有 53% 的中小学教师工资得到提升，提升的级差中学为 4.99 元 / 月，小学为 4.71 元 / 月。调资后中学专任教师人均月工资为 53.27 元，小学专任教师为 35.51 元。

1977 年，全县开始进行低工资调整，全县公办教职工有 130 人工资得到提升，其中中学提升 58 人，小学提升 72 人。1978 年，在 2% 的工资升级中，全县升级的教师有 17 人，其中中学教师 5 人，小学教师 12 人。还有 28 名低工资教师没提升。1979 年，全县按 40% 的比例调整教师工资，有 355 人月工资得到提升，其中，提升中学教职工 180 人，小学教职工 175 人。1980 年，全县小教工资在 40 元以下的 336 人，占 80%，中教工资在 40 元以下的 263 人，占 60%。全县教师工资仍处于最低水平。1981 年，根据上级精神，全县教职工工资得到普遍提升，在调资范围内的 944 人，有 748 人工资得到提升，升级人员平均月增资 7.76 元，提升后的月人均工资为 48.6 元。

1985 年，在全国性的工资改革中，全县参加工资改革的中小学教职工 1008 人，人均月工资由改革前的 59.10 元增加到 81.90 元，月均增资 22.8 元。月增资最多的 36 元，最少的6元。1985年12月，有1011名公办教师平均每人月增资23.08元。在山区任教的539名公办教师，月工资向上浮动一级（6元）。1987年，全县幼儿公办教师月工资一般在50—80元之间。同年，全县有119名教师增资，从1986年10月起补发。全县有教职工1381名，其中715人的工资理顺调整，人均月增资5.88元。1988年，在国家机关、事业单位部分中级专业技术人员升级增资中，全县有152名中级教师升级增资，从1987年10月1日起执行。同年，在全国性的职称改革中，全县1616名教职工中，工资级别情况：高级讲师1人，讲师6人，助理讲师6人。中教高级16人，中教一级141人，中教二级160人，中教三级99人；小教高级212人，小教一级427人，小教二级84人，小教三级7人。不符合评审条件未加评审的451人，其他6人。职称评审后，全县教职工月基本工资人均85.5元，加上各种补贴（含10%的补贴），人均月工资115.1元。1989年，全县1503名教职工工资普调一级，人均月增资7.1元。1990年，全县教职工人均月工资为128.48元。中教一级教师和小教高级教师，平均月工资达170余元，小教二级达130余元。中教高级职称的都在200元以上。

2000—2010年，连续多次工资改革，全区教职工工资与国家公务员标准基本持平。2011年，全区公办教师的工资发放改为工资银联卡。区财政分配资金1585.98万元，上解资金1989.12万元。

至2013年底，中学高级教师在职人员月工资4000元以上，中教一级与小教高级3000元以上，中教二级与小教一级2000元以上，中教三级与小教二级基本达到2000元，其余的在1800元以上。截至2015年底，在职中教高级月工资6000元以上，中教一级与小教高级月工资4000元以上，中教二级与小教一级月工资3000元以上，中教三级与小教二级月工资2800元上下。

民办教师工资 清末至民国初，乡村私塾先生的工资一般以年计算，每生第一年上学交铜钱1吊，第二年交2吊，以年递增。

中华人民共和国成立初，民办教师工资由所在单位支付，一般略低于同等公办教师工资，实行米薪制工资。

1960年后，民办教师工资与公社社员一样，以劳动日计酬，所得工分与当地中下等劳力所得工分差不多。全年一般为180—300个工分。有少数公社统筹的，低的每人月工资12—14元，高的18—20元，最高为25元。1964年，国家对民办教师每人平均月补5元，分为4元、5元、6元三等支付。

20世纪70年代后，国家对民办教师月补增加为7元，以后又增加为月补10元。80年代，民办教师补助为月补12.5元。1983年后，小学民办教师月补16元，中学月补19元。1985年，国家教育委员会制定的《中小学教职工工资制度改革实施方案》中规定，国家对民办教师的补助增加为小学月补25元，中学月补30元。地方财政对民办额外月补25元。这样小学民办教师共月补 50 元，中学民办教师共月补 55 元。农村实行联产承包责任制后，民办教师工资一部分由乡镇统筹解决，加上国家补助，一般为月薪 60—80 元不等。未实行统筹的乡镇，一般每月再给 10—20 元补助，或者更少。拖欠民办教师工资的现象很严重。2000 年后，民办教师的工资仍然没有超过 500 元 / 月。

2010 年，民办教师只有 1 人。到 2015 年，各校不存在民办教师，只保留一部分代教。

代教教师工资 20 世纪 60 年代至 70 年代，代教工资为：初中学历的代教每月 21 元，高中学历的代教每月 27 元。20 世纪 80 年代，初中代教每月 35 元，小学代教每月 30 元。工资改革后，初中代教每月 55 元，小学代教每月 50 元。担任班主任的可享受班主任津贴。工龄满 1 年的代教，年终可享受公办教师奖金的一半。20 世纪 90 年代后，代教工资提升到每月 100 元。进入 21 世纪，代教工资提升到每月 200 元。到 2015 年，代教工资最多的每月 500 元。

福利

公办教师福利 主要有杂支费、公费医疗、丧葬费等。

杂支费 抗日战争前夕，乡村公办小学教师，除月工资外，每人每月发杂支费 2 元，由所在小学的乡村每月补助教师白面 12.5 千克，小米 5 升。学生家长请老师吃饭或过节送礼、送应时食品等成为惯例。

公费医疗、丧葬费等 1952 年起，公办教师享受公费医疗。教师的病、事、产假，在批准假期内工资照发，代教费实支实报。女教师有不满 7 周岁的孩子，发给婴儿补助费，每个孩子月补助（旧币，5.4 万元即今 5.4 元）。教职工因病无法工作或在职死亡，经政府审批后，给予必要的困难补助和一定的丧葬补助费。外籍教师请假回家，路途在 300 千米以外者，发给路途补助费。家庭困难者，经政府审批后，给予必要的困难补助。1954—1955 年，教师因子女过多生活困难者，政府曾给予少量的多子女补助费。进入 21 世纪，公费医疗报销改为医疗保险。取消多子女困难补助费。

福利费 1952 年起，实行救济金（或叫福利费），每年 1 次。按月工资比例，提取一定数量的金额，救济遭受意外灾祸者和生活特困者，经个人申请、民主评定，分等级享受。原则为救急不救穷。20 世纪 80 年代后，每年人均救济金 30 元。

教师退休待遇 1957 年起，实行教师退休制度，退休后享受国家规定的待遇。丧葬、抚恤金、遗属补助，公办教师和其他国家人员同等待遇。

洗澡理发费 20 世纪 70 年代起实行，先为每人每月 0.5 元，80 年代增长为 2 元，1985 年后为 4 元，1990 年男教师为 8 元，女教师为 10 元。进入 21 世纪，公办教师的洗澡理发费被取消。

班主任津贴 1979 年起实行，按班内人数分为小学每月 4 元、5 元、6 元，中学为每月 5 元、6 元、7 元。

副食补贴　1979年10月起，公办教师每人每月补贴5元。进入21世纪，副食与价格补贴改为物价补贴和生活补贴，公办教师与国家公务员享受相同待遇。

奖金　1980年起，开始对全县公办教职工发放全年120元奖金，叫节约支出奖。1986年以后提高为全年132元。1990年又提高为全年192元。进入21世纪，奖金改为年底多发一个月的基本工资，叫做全勤奖。2014年后，取消全勤奖发放。

山区补助　1981年起实行，除城区外，各乡镇教师都享受每月6元补助。进入21世纪，取消山区补贴。

烤火费　1982年起实行，每年人均补贴28元。进入21世纪，烤火费大有提高，中学高级职称以上，每年1100元，中级职称教师每年900元，初级职称（以下）教师为每年700元。2013年11月开始，高级职称教师烤火费每年3200元，中级职称教师每年2800元，初级职称（以下）教师每年2400元。

教龄津贴　1985年实行，按教龄长短分3元、5元、7元、10元4个档次。教龄满5年者每月津贴3元，满10年者每月5元，满15年者每月7元，满20年以上者每月10元。

山区浮动工资　1986年起实行，除城区外，凡在山区任教的公办教师，月工资都向上浮动一级，金额为每月6元。进入21世纪，取消山区浮动工资。

价格补贴　1988年起，公办教师每人每月补贴11元。

其他福利　进入21世纪，公办教师增加每月100元的职务津贴，电话费。教师节有奖励基金，被评为名师、学科带头人、教学能手、教学新秀的，每月可分别拿到500元、400元、300元和100元的奖励工资（津贴）。2010年起，公办教师每年有30%的奖励性绩效工资，按绩效考核结果发放。2012年前，中秋节和春节，公办教职工可享受100元或200元的节日补助。2013年1月起，公办教师增加住房公积金补存款项。

民办教师福利　20世纪80年代，民办教师无任何福利待遇和其他补贴。在实行班主任津贴后，当班主任的民办教师待遇与公办相同。民办教师的奖金不固定也不保证，通常为公办教师的一半。民办教师在职死亡的，只给丧葬补助150元，抚恤金补助一次性发给，可领取本人享受的10个月的工资。从1985年起，教龄25年以上的民办教师，达到退休条件者可按当地生活水平发给基本生活费，每月30元。

第五节　表彰　惩戒

抗日战争时期，敌后根据地的民主政府从民国29年（1940）后，就每年组织冬学教员集中培训，评选出刘家山、高家塔等模范冬学10余所和不少先进个人典型。民国33年5月，根据地内文教大会召开，推广刘家山模范冬学创造的“小先生”经验与李家洼小学任守权的教学经验和曹家坡民办小学的办学经验，促进根据地内小学教育的发展。同年8月，根据地民主政府，又组织召开教育与生产劳动相结合的现场观摩会，表彰一批先进学校和模范师生，展览先进人物的事迹和学校的劳动产品。民国 34 年，刘家山中心小学被选为出席晋绥边区文教群英会的先进集体。

中华人民共和国成立后，党和政府十分重视教育工作，每年都组织评模评优，表彰奖励先进典型。1951 年 2 月，因南关小学的教学质量连续几年位居全县榜首，校长郝玉兰被评为教育工作先进个人，出席山西省首届教模大会，获模范奖章 1 枚和 30 万元奖金（旧币，相当于现在的 30 元），得到省政府领导的接见和表扬。1952 年 5 月下旬，全县召开义务教员和民校教员、村文教委员模范代表会议，评选出各种模范 137 人，分甲、乙、丙三等颁发奖品。1953 年春，全县对教师队伍清查整顿，辞退不称职的小学教师 66 人。

1956 年 2 月下旬，全县小学教师回县集训，总结在扫盲运动中的成绩，评选模范 20 名给予物质奖励，受到口头表扬的有 71 人。3 月初，贺昌中学教师张炳、任艳章，城内完小教师于俊才、梁润梅，城内幼儿园园长王妙贞，柳林完小教师杜万雄，西局岔教师刘哲等 7 人被评选为省级优秀教师，出席山西省优秀教师代表大会。王妙贞还被山西省政府授予特级教师证书及旧币 50 万元奖金。是年 10 月，全县召开为期 10 天的民校教师集训会，参会者 656 人，评选奖励模范教师 59 人。1958 年 4 月中旬，全县召开 170 人的扫盲积极分子大会，评选出模范民校 10 所，个人甲等模范 31 人、乙等 98 人、丙等 41 人。授奖后，获奖教师乘车高举奖品游行。

1959 年 8 月，县委文教部集中全县中学、高完小领导 110 余人，进行“反右倾”整风学习，会上有 24 人受到错误批判。1960 年 4 月，穆村管区幼儿园教师贾玉英、方山公社苏家滩幼儿园教师高玉英，被评为晋中地区幼教标兵，出席晋中地区文教群英会。1962 年 2 月，县文教口甄别领导小组，对文教系统 1958 年后历次运动中受过处分的教职工及医务人员 116 人进行甄别，全部给予平反的有 43 人，部分平反的有 15 人，不予平反的有 58 人。同年 6 月至年底，在文教系统的全面精简调整中，共精减教职工 284 人。1965 年 10 月，全县通过统考，共有 92 名代教转为公办教师。

1972 年 6 月，全县通过民主讨论、政治审查和考试成绩评定等程序，将符合条件的 107 名代教转为公办教师。秋季开学后，全县在小神头中学召开有 100 余人参加的教育革命现场会，听取小神头中学教师的经验介绍，观摩他们的示范课，表彰小神头公社在普及小学教育和提高初中教学质量方面的成绩。1977 年 5 月下旬至 6 月上旬，全县召开教育革命学大寨先进单位和先进工作者代表大会，与会代表 146 人，表彰先进单位 20 个和先进工作者 83 名。小神头联校的白云勤、城关大中咀小学的张翠林被评为省级先进教育工作者。1978 年，全县通过统考，共辞退不合格民办教师 143 人。1979 年，全县有西属巴联校的贺改改、城内小学的孙丁香、东关小学的史翠芬、离石中学的高贵平被评为省级先进教育工作者。1981 年，县教育局对全县 933 名民办教师进行文化业务考核，根据教学成绩、业务能力和文化水平，辞退不胜任教学工作的民办教师 193 人。其中有中学民办教师 50 人。是年 10 月，山西省教育厅给教龄在 25 年以上的公办教师颁发纪念证书，鼓励教师终身从事教育工作。全县公办教师的月工资每人增加 6 元，民办教师全年增加 50 元补助款。1983 年 4 月，全县召开教育工作会议，表彰模范教师 89 名。一中的费书林获山西省山区先进教育工作者奖，城内小学的张根照获山西省模范教师奖，枣林十里村教师闫保平获山西省优秀教师奖。1984 年 7 月，在落实党的知识分子政策中，为教育系统 119 名公办教师的家属 453 人办理农转非户口，并给近 200 名公办教师浮动工资。1984 年，十里村小学的闫保平被评为全国优秀班主任，三中教师王树英被评为省优秀少先队辅导员，三中教师张根照被评为省体育先进工作者。1985 年 9 月，县委、政府为全县 3000 余名教师颁发“园丁纪念章”，为全县 25 年以上教龄的老教师、优秀教师配供彩电 10 台、自行车 100 辆。教师节举行首届庆祝大会，表彰优秀教师 144 名和先进单位 22 个。同年，东关小学的李绳俊获省模范教师奖，张春娥被记地区级二等功。1986 年 1 月，给 18 户双职工教师的家属 46 人，办理农转非户口。同年，一中的费书林获山西省优秀教师奖，城内幼儿园李廉清被评为省级模范幼儿园园长。1987 年上半年，在全县中学教师赛讲评选活动中，一中的冯玉兰被评为中学数学教学能手，二中的辛安治被评为中学语文教学能手。城内小学教师刘建林、东关小学王钦连、交口小学冯文海、吉家村小学白月爱、结绳墕寄宿制学校刘渊平被评为省级优秀少先队辅导员。城内幼儿园园长李廉清被评为省级优秀保教工作者，并当选为县九届人大代表。1988 年，一中的费书林被评为山西省首届特级教师。1989 年，一中教师王翠茹、二中教师冯日亮被评为省级模范教师。东关小学教师张春娥、四中教师薛凌、枣洼中学教师薛乐明、宋家湾小学教师李保明，被评为全国优秀教师。1990 年 5 月中旬，全县共评选各科教学能手 12 名，并颁发证书及 120 元奖金。城内小学李冰华被评为省级优秀少先队辅导员。

1990 年后，全县表彰奖项名目增多，有模范教师奖、优秀班主任奖、优秀教育工作者奖、优秀少先队辅导员奖、十佳教师奖、名师名校长奖、优秀共产党员奖、三八红旗手奖、五一劳动模范奖、星星火炬奖、星级名师奖、骨干教师奖、学科带头人奖、教学能手奖、教学新秀奖、关心下一代工作优秀个人奖、优秀团干部奖、教师自制教具奖、多媒体优秀课件奖等。在每年初的教育工作会议和教师节庆祝大会上颁发证书及奖品、奖金。评为省级以上的全国优秀教师和特级教师，可终身享受每月 500 元的奖励工资；被聘为中学高级教师的，每月可享受省财政 40 元的工资津贴，退休后不再补贴。1991 年，四中校长赵明亮被评为全国优秀教师。1993 年 1 月，县教研室主任张守业、教研员辛安治、王甫生，被省教委授予山西省优秀教研员奖。同年教师节，全县共评出优秀教师 60 名，优秀教育工作者 3 名。1994 年 6 月，在离石县科技工作大会上，全县各行各业共评出科技旗手 5 名，其中有教育系统的辛安治与任金元，评为科技旗手的，每人月工资上浮一级。评出优秀科技人才12名，其中有教育系统的4人，每人奖50元奖金和红绸被面1块。

1996年12月，离石市教研室教研员辛安治被省教委授予“八五”期间山西省优秀教研员奖。

进入21世纪，全区（市）开始实施“名师工程”。2004年，全区共评出一星级名师210人，二星级名师47人，三星级名师23人。由区财政每年支付100万元作为星级名师的奖励基金，一、二、三星级名师，每月分别奖励100元、200元和300元。2005年，离石区对私立学校的教学能手和先进教育工作者进行表彰奖励。2006年，离石区实施教学质量“一把手工程”，制定《全区中小学校、校长教学成绩奖惩办法》，对城乡初中中考成绩、区直初中非毕业年级和区直小学教学成绩分别设置名次奖、完成任务奖、平均分增幅奖、及格率增幅奖。对完成任务和平均分增长幅度倒数第一的学校校长进行诫勉谈话和公开警告。对当年社会满意度测评很差的学校，或两项连续两年倒数第一的学校，直接解聘校长职务。形成校长队伍优胜劣汰的新机制，并从德、能、勤、绩等多方面对校长工作进行量化考核，还制定《全区中小学校长聘任管理办法》。对全区17名擅自离岗的教师进行追查并进行谈话教育，将未返岗教师的档案移交到区人才交流中心。2007年，绩效工资向一线教师和骨干教师倾斜，体现优劳、优绩的优酬原则。用大约3000万元的奖励性绩效工资撬动3000名教师的工作积极性。2010年，离石区全面启动“名师工程”，建立新招聘教师“过三关”制度，初步形成“教学新秀—骨干教师—学科带头人—名师”的成长评选机制。区财政每年支出教师奖励基金100万元，依次对教学新秀、骨干教师、学科带头人、名师给予100元、300元、400元、500元的津贴。2011年，全区共评出学科带头人88名，教学能手124名，教学新秀128名。对4名有“三乱”行为的教师和6名违规招收插班生的教师分别给予歇岗、3年内不能评优评模、晋升职称等严厉处分，奖优罚劣。

2014年教师节，重奖知名校长1名（5万元）、优秀校长3名（每人3万元）、师德标兵31名（每人5000元）。模范教师100名。同年，集中整治文山会海泛滥、机关干部庸懒散、师德师风滑坡、校园周边环境秩序混乱、教师半教半商以及“三乱”等问题。2015年教师节，全区共表彰知名校长1名、师德标兵10名、优秀教育工作者12名、优秀教师92名。

第六章 教育管理

第一节 学校管理

组织机构

清末，学堂是由堂长予以管理。民国初期，学堂改为学校，堂长改称为校长。校长以上设有董事会，负责校务监督、管理和筹措经费。学校的一切重大事宜要经董事会通过。校长则全权管理校务，主持学校日常工作。校长以下设教务主任、总务主任各1人。各教学班设班主任教师1人，负责管理本班学生及班内各项工作。

抗日战争时期，根据地内的学校实行民主管理，废止打骂体罚学生。高小设正副校长、教导主任和总务主任各1名。

中华人民共和国成立后，学校管理实行民主集中制。中学及高（完）小，校长以上建立校务委员会，委员会委员由校长及教师代表、职工代表等各方面人员民主推选产生。学校一切重大事务由校委会讨论通过后才能执行。校长全权管理校务，主持工作。副校长协助校长工作。校长以下设教导处和总务处。4个教学班以下的高（完）小只设教导主任或只设校长，不设教导主任。

1956年后，中学及规模较大的高（完）小设立党支部，实行党支部领导下的校长负责制管理体制。

“文化大革命”开始后，学校行政领导职能被夺权，成立“革命委员会”管理学校，“造反派”组织常常凌驾于学校领导之上。1969年后，学校由“工宣队”或“贫管会”予以管理。“文化大革命”结束后，学校恢复党支部领导下的校长分工负责制。1986年后，改革教育体制，实行校长全权负责制，校长是学校的一把手，其次是书记、副校长、教导主任等。当时，校委会以下分设办公室、政教处、教导处、总务处（均设主任）以及团委会、工会、学生会、少先队大队部等组织，参与学校管理，建立健全各学科教研组、年级组、图书、仪器、医疗、实验、保卫、财务等各种组室。学校的各种规章制度也相继完善，学校通常是通过校务会议、教职工代表会议、各科教学研究会议、班主任工作会议、学生家长会议等形式，形成管理决策，予以学校管理。

规章制度

清代，永宁州学的儒学生员，必须严格遵守礼部钦定的八项教条。

民国时期，离石中学及城镇两级小学，根据民国政府的《学校规程》制定日课制度、考试制度、请假制度、升留级制度、生活制度、教师规则、奖惩制度等。对学生的奖励分褒词、褒状、记功三种，惩罚分谴责、记过、除名三种。学校设立校训。在乡村小学中，陈规陋习依然存在，责打、体罚是管理教学和管理学生的重要手段和方法。

中华人民共和国成立后，废除一切陈旧不合理的特别是有害于学生身心健康的规章制度及管理方法。全县各级各类学校在执行国家颁布的有关条例的同时，结合学校自身实际，建立健全学校的组织纪律制度、民主生活制度、教学计划与教学研究制度、教学工作检查汇报制度、财经管理制度、成绩考核制度、奖惩制度、文体卫生活动制度、教师备课讲课、辅导批改制度、教师政治文化业务学习制度和进修制度等，保证教学工作的正常进行。

“文化大革命”期间，学校的一切规章制度横遭破坏，处于“少规没矩”的状态。尤其在“文化大革命”初期，在“打倒一切”“批判一切”“以阶级斗争代替一切”的浪潮中，领导无法管教师，教师不敢管学生，学生凭借“造反有理”的旗号为所欲为。在“白卷英雄张铁生”“一个小学生的来信与日记摘抄”“马振扶公社中学事件”影响下，全县教育系统掀起“反智育回潮”“批师道尊严”的恶浪，使全县的学校管理处于极度混乱中。直到1978年拨乱反正，教育部重新颁布《全日制中小学暂行工作条例》《中小学生守则》，学校管理恢复到正常运转。

1986年，教育部颁布《中华人民共和国义务教育法》，全县各级各类学校从教学管理、学籍管理、教师管理、财务管理等方面建立一整套系统的管理制度，制订学校各类工作人员的岗位责任制度，使学校管理逐步走上系统化、科学化、规范化的正常轨道。

进入21世纪，全市（区）的学校管理实行“一把手工程”，校长是学校教学质量的第一责任人，制定《校长任期工作目标责任考核办法》《校长工作考核细则》《校长教学成绩奖惩办法》《校长聘任管理办法》，从德、能、勤、绩等多方面对校长工作进行量化考核，决定校长的任免，形成校长队伍优胜劣汰的新机制。制定校级领导包年级包班蹲点制度。要求校长遵循教育的基本规律，坚持正确的办学思想，用科学的管理手段和方法，实现学校管理的决策科学化、内容系列化、运行规范化、手段现代化、督查制度化，以精细化的常规管理、全过程管理，促进学校管理水平的不断提升。

2010年后，初步形成“教学新秀—骨干教师—学科带头人—名师”的教师成长制度。同时，建立由“教师—骨干教师—班主任（政教）—教务主任—副校长—校长—名校长”的逐级选拔任用制度。全区规定学校中层干部必须获得“骨干教师”（以上）荣誉，副校长必须具有“学科带头人”（以上）荣誉，否则就没有竞聘校级领导的资格。

第二节　教师管理

中华人民共和国成立前，教师管理采用加强业务考核，定期或不定期集训的方式，提高教师的文化水平，对教师的职业道德素养不大注重。

中华人民共和国成立后，对教师的管理抓得很紧，被选用的教师必须德才兼备，政治清白，思想先进，爱党爱民。通过“三反”“五反”“肃反”“反右”“清队”等一系列政治运动，解雇一批不合格的教师。把大中专院校及师范毕业生补充到教师队伍中，把民办教师和代教择优转正。在加强师资队伍的建设中，全区对教师定期集中培训学习，采用离职进修、在职函授自学，开展教研活动、参加继续教育、学历达标的全员培训，现场会观摩切磋、经验交流，大检查大评比，评选教学能手，职称评定，评模评优，举办专题讲座，走出去请进来等各种形式，促进教师的专业成长。

进入 21 世纪，全市（区）在教师管理工作中，进行一系列的改革和创新。

组织全市（区）教师学习《中华人民共和国义务教育法》《中华人民共和国未成年人保护法》《中华人民共和国教师法》《中小学教师职业道德规范》，学习邓小平理论、“三个代表”重要思想和科学发展观的有关理论，强化教师依法治教的意识，不断提高教师的思想觉悟和政治理论水平，提高教师贯彻执行党的教育方针和国家各项政策法规的自觉性。

开展师德师风建设，加强师德培训。制定《师德师风建设制度》《教师行为规范“十要十不准”》。针对全区出现的个别教师为教不廉、师德不纯，社会反响强烈的实际，制定《关于建立健全师德师风长效工作机制和开展师德师风集中教育整顿的实施意见》，从领导机制、纠查机制、保障机制、奖惩机制等多方面提出具体要求。学校与教师签订《师德承诺书》，从源头上杜绝教师的“三乱行为”。2006 年，制定《全区中小学教师队伍管理办法》，从教师的聘任、解聘、考核、培训、流动、考勤、奖惩等多方面做出具体规定。严格教师请假制度、严禁教师留职停薪、脱岗经商及从事国家明令禁止的其他活动。

实施星级名师工程。区教体局会同各有关部门制定严格的教师选拔标准及方法，特别强调被选者的敬业精神、工作实绩、教学研究、授课效果、教育思想等方面的表现，以保证所选“名师”的楷模效应。

为促进城区学校的均衡发展，开展教师轮岗交流活动。2012 年，轮岗交流教师 301 人，分流教师 126 人。2013 年，交流教师 96 人。2014 年交流教师 106 人（其中城区 55 人、乡镇 51 人）。2015 年交流教师 70 人。

第三节 教学管理

20 世纪 90 年代，学校教学管理一般是抓教学常规管理，把德育放在学校一切工作的首位，注重抓好学生的素质教育和全面发展教育。教学管理从各年级、各学科教师制定教学计划、设计教案学案、确定教学目标、找出难点重点，根据教材和学生实际组织教学、导入新课，讲授教材内容，组织课堂训练，进行复习巩固，布置课后作业，批改学生作业，组织期中期末复习考试，开展各科教研活动，互相观摩教学，召开班主任工作经验交流会，学生家长座谈会，定期或随机的检查、评比，表彰奖励等，都有一整套具体的条文规定。该种教学管理的缺陷是注重结果而忽视过程。

21世纪初，全区学校的教学管理，在注重结果的同时，更加重视过程管理。具体做法是：建立健全各项管理制度。全区各学校在原有制度的基础上新增《学生一日常规》《教师课堂教学常规》《班级考核制度》《班主任考核制度》《备课批改制度》《集体备课制度》《查岗签到签退制度》《成绩奖励制度》《教导处工作制度》《办公室工作制度》《校级领导轮流值班制度》《教研工作制度》《少先队工作制度》《工会工作制度》《财务工作制度》《后勤安全保障制度》《家校联系制度》等。严格执行课程方案的新规定，开全科目，开足课时。安排对口的专业教师代课，以科目人人制定教学计划，进行课时安排，做到心中有数，克服教学的盲目性。音、体、美、写字教学科目配备专职教师，不兼代。不挤占挪用非统考科目的课时，对非统考科目期末进行现场质量抽样检查分析，记入教师成绩考核之中。不准教师私自调课，严格按课程表上课，如有违犯，严肃查处。组建各种兴趣小组，鼓励学生积极参加学校组织的各种比赛活动，发展学生的个性特长。强化教学常规管理，注重管理实效。狠抓检查评比工作，定期组织管理人员，对教师的教学计划、教案、批改作业情况检查评比，每学期2次。检查要有方案、有反馈、有整改，确保检查评比的实效性。重视集体备课，坚持单周备课、双周教研活动制度。备课做到定时间、定内容、定中心发言人，统一教学目标，统一重点难点，统一教学进度，统一作业内容。组织教学管理人员随堂听课，促使教师更新教学观念、改进教学方法，规范教学行为，提高教学质量。完善教学评价体系，按时进行月考、期中、期末考试和质量分析，不简单使用及格率、优生率、升学率、排名次、分数高低等指标衡量教师业绩，而要侧重看学生素质的全面提高。

2005年后，全区的学校教学管理，有了新的改革举措。开展专项督导检查。从2006年7月中旬开始，区教体局领导、教研室全体人员和学校校长组成一支庞大的教学常规专项检查队伍，对区直10所中小学和田家会、西属巴、交口、信义4所中心校进行为期57天的专项检查，共听、说、评课270多节，召开各类型的交流反馈会议70余次，检查所有校长的听课笔记、教研组的活动记录、教师的教案和学生的作业。对检查出的问题进行归纳和梳理，提出整改意见和建议。加强对教学质量的考核评估。各学校分别制定对校级领导、年级组、教研组、班主任、任课教师的质量评估方案，依目标完成情况、逐层进行考核兑现，每学年、学期的统考结果，分别在年初的教育工作会议和教师节大会上予以公布并兑现奖惩。制定《校级领导代课意见》，落实校级领导代课和听课制度，形成教学管理重过程、抓落实的有效机制，实现教学管理的制度化与规范化。借鉴江苏江阴教学经验，开展教研活动。出台集体备课和作业统一实施意见，作业布置同年级同学科统一标准，分层设置、分层练习，做到精选习题、控制数量，逐步实现减负增效的目标。打造高效课堂。以“磨课”为主要活动形式，开展“同课异构”活动，着力打造精品课例，开展学案教学尝试，以学案为载体，教与学一体，实现师生互动。抽选全区各学科骨干教师，组成区学科中心教研组，承担集体备课和作业编制及示范教学的任务，引领全区教研工作有序开展。注重学生行为养成，把养成教育作为深入推广江阴经验的一项重点，特别是一日行为规范的落实。细化行为准则，不同年级、不同学段提出不同的目标与要求，落实常抓机制。

第四节 学籍管理

20 世纪 80 年代前，学校的学籍管理要求并不严格，学生登记册中的项目简单。各学校每年可自主招生，建立学籍档案。优生可以跳级，差生允许留级，对品质十分恶劣、不服管教的可以勒令退学或开除学籍。县教育局的相关股（室）对学校的学籍管理基本不予过问，每年由教育局的财务股组织各学校的财会人员在年终进行一次报表的填报。在 20 多种报表中，有一种学生情况统计表，填写学校各年级、各班级在校学生人数，男、女学生人数，教学班数量，教师职工数量，作为管理档案。学校和教育局各自留存一份备查，作为计算入学率、巩固率、升学率、教职工人员编制和教育经费划拨等的主要依据。1985 年后，县教育局对学校学籍管理的要求逐步提升，规定学生必须在户籍所在地就近入学，中小学全部实行划片招生，一般不允许择校就读。凡有择校上学者，须交一定金额的借读费。按义务教育法规定，学生必须接受完国家规定的九年义务教育，不允许开除学籍，学生不能留级或退学。

2000 年后，教育局对全县中小学的学籍管理十分重视。严格执行划片招生，凡是要在城区学校上学的非本地户籍的进城务工与经商人员的子女，必须持有“暂住证”或其他有效证明材料方可报名。到指定的学校就读，要多交一定的“借读费”或叫“赞助费”。

2006 年后，城区直属小学的招生，每年都由区教体局教育股统一组织报名工作，提前要审查户口本、家庭住址、就读幼儿园名称，要看父母的结婚证、身份证，要看孩子的出生证和真实年龄，看免疫预防接种证等。然后统一输入互联网电脑，由区教体局教育股给各小学划片分配新生，规定班级人数，公示各班级学生姓名，各小学都无权自主招生。教体局每学期都要到学校检查班容量是否超过规定，是否有私自招生。一经发现私自接收插班生情况，严肃查处，甚至免除校长职务。学生的转出、转入，也由教体局教育股统一备案管理，学校无权私自处理。

第五节 教育经费

清末民国初，离石建立学堂，教育经费除政府拨款外，主要靠学校的学田收取地租、地方募捐和收取学杂费等方式提供。据民国 6 年（1917）的统计记载，全县公立学校有 5 所，县财政拨款总数为银圆 13449 块。民国 14 年，全县有国民学校 231 所，教育经费为银圆

12632块。有县立国民学校3所，经费为银圆3300块。有女子小学2所，经费为银元900块。有区立国民学校3所，经费为银圆1400块。美国公理会在离石设立初、高级小学各1所，经费分别是银圆160块和980块。同年，县社会教育系统有贫民小学4所，教育经费为银圆280块，每生平均3.637块；有冬学130所，经费是银圆1300块，生均0.455块。民国27年2月，离石沦陷。离石抗日根据地开办的学校，教育经费主要由办学乡村筹集，抗日民主政府划拨一定数量的小米解决学生公费上学伙食补助。民国29年至30年，有县立民族革命高级小学3所，县财政按月拨给每生小米15千克。民国31年后，只对烈军家属及家庭特困生实行公费。民国34年春，抗日民主政府拨给离石三完小小米25石（约合3750千克）作为学校开办工读班的费用。

1949—1952年，教育经费仍以小米计算，由县财政拨给各学校，不足部分由办学乡村自筹。1951年，全县教育经费为小米491424千克，用于支付教师工资，支付学校的办公费用。公办高（完）小角班办公费用平均月支小米30千克，公办初小20千克；民办公助学校，月公助小米25千克，按学生实际的在校时间发放。1953年起，开始流通新人民币。教育经费以新人民币拨款。全县教育经费是23.7万元。

1980年后，国家对教育经费的投入逐年上升。教育经费的筹措还有集体投资、地方自筹、学杂费收取、勤工俭学、群众集资、企业资助等多种渠道。1984年，离石县群众集资教育经费127万元。1985年，群众集资教育经费155万元。1986年群众集资教育经费287.6万元。1986年后，实行县、乡、村三级办学，各乡镇及县直中小学均实行教育经费包干制。教育经费的使用原则是：公民办教师人头经费（基本工资、补助工资、工教龄津贴、医药费报销等）占50%以上，修缮费占7%—17%，设备购置占3%—17%，办公费占5%—13%，业务费和其他支出所占比例一般不超出10%。1987年，群众集资教育经费238.95万元。1988年，群众集资教育经费186万元。1990年，群众集资教育经费228万元。2000年，民办教师减少到1人，雇用代教的状况依然存在。代教的工资从学校的生均公用经费中支付。县财政下拨的生均公用费用按在校学生数划拨。农村小学按每生每年178元，农村中学按每生每年253元划拨；城区小学每生每年299.08元，城区中学按每生每年528.17元划拨。2001年，群众集资教育经费320万元。

2004年，泰化集团董事长张子玉捐资教育经费7000万元。2006年，离石区贯彻实施“两免一补”政策，区财政给农村中、小学下拨免杂费款165万元，免教科书费103万元；给城区中、小学下拨免杂费款29万元，免教科书费11万元，下拨给寄宿生生活费补助41万元。2006年，山西大土河焦化有限责任公司董事长贾廷亮捐资教育经费3000余万元。2007年，区财政累计投入教育经费14059万元，改建农村中小学31所，仅南关小学改建就投入经费1000万元。2007年，山西大土河焦化有限责任公司捐资教育经费7.5亿元。2009年，区财政投入教育经费19857万元进行全区学校危房改造；区财政投入教育经费5000万元进行一中扩建。2009年，张子玉捐资教育经费700万元。2010年，全区教育经费总拨款25392万元。区财政投入教育经费3575.1万元，改善全区薄弱学校办学条件；区财政投入教育经费1400万元，改建区实验幼儿园；区财政投入教育经费2826.52万元，配备教育装备；区财政投入教育经费3000万元，进行教师奖励性绩效工资分配；区财政投入教育经费100万元，发放名师、学科带头人、教学能手、教学新秀奖励津贴。2010年，张子玉再次捐资教育经费1000万元。

2011年，区财政投入教育经费9795万元，新建袁家庄小学、中学；区财政投入教育经费1.4亿元，实施离石江阴高中二期工程；区财政投入教育经费2000余万元，配套学校教育技术装备；区财政投入农村义务教育专项资金65.1万元，用于改造31所农村中小学。区财政下拨城区义务教育免杂费补贴110余万元、农村免学费补助款8.13万元。区财政下拨江阴高级中学助学金补助1.23万元。同年，全区教育经费总拨款26050万元。

2012年，全区教育经费总拨款42269万元。区财政投入教育经费2500万元，完善袁家庄小学和初中的附属工程；区财政投入教育经费180万元，新建西崖底小学多功能活动室；区财政投入教育经费1140万元，新建三中；区财政投入教育经费3亿元，追加江阴高中二期工程投入；区财政投入教育经费3501万元，进行全区21所幼儿园建设；区财政投入教育经费25325万元，新建教师公寓800套。2015年，重点对涉及中央资金、地方资金的52所薄弱学校进行规划完善。改薄项目设施设备购置类共涉及资金3067.66万元，改薄项目校舍建设类涉及26所学校67个项目，共涉及资金2158.34万元（中央资金1555.03万元、地方资金603.31万元）。全区教育经费总拨款38296万元。

1956—2015年离石（山）区（县、市）教育经费拨款情况统计表

表25-1　　单位：万元

年份	教育经费	年份	教育经费	年份	教育经费
1956	36.5	1965	80.1	1974	72
1957	57.8	1966	81	1975	79.2
1958	80	1967	84.5	1976	74.4
1959	100.1	1968	79.3	1977	74.2
1960	120	1969	78.4	1978	83.5
1961	80	1970	79.2	1979	92.1
1962	76.9	1971	40.8	1980	142.2
1963	80	1972	48.9	1981	141.3
1964	80	1973	61	1982	221

续表 25-1

年份	教育经费	年份	教育经费	年份	教育经费
1983	207.5	1994	1086.3	2005	7330
1984	230.5	1995	1073	2006	9142
1985	270.5	1996	1173	2007	14059
1986	393	1997	1420.7	2008	16203
1987	405	1998	1488.5	2009	19857
1988	469.9	1999	1706	2010	25392
1989	539.2	2000	2097	2011	26050
1990	544	2001	2825	2012	42269
1991	556	2002	3713	2013	42798
1992	694	2003	4158	2014	47886
1993	806.3	2004	5787	2015	38296

第六节　教学设备

1949—1978 年，城区中小学及乡镇中学教学设备较差，广大乡村小学一般都因陋就简，校舍有的占用庙宇，有的利用生产队窑洞改建，有的桌凳由学生自带，个别山庄窝铺小学泥桌石凳，其他教学设备一无所有。

1978 年后，政府在财力物力上大力支持，开展集资办学，学校校舍有所改善。20 世纪 80 年代，全县的农村小学基本上达到“一无两有”（即：校校无危房、班班有教室、人人有课桌凳）。各校有重点地购置电教设备。1989 年，全县共添置课桌凳 4087 套，维修 7094 套，购置图书 5.4 万册，购置教学仪器与体育器材 585 件，有 20% 的学校实现“教学仪器配套、图书资料配套、音体器材配套”的“三配套”。到 1990 年，全县中小学、幼儿园有彩电 9 台，录放像机 13 部，收录机 25 部，三用机 3 部，录像带 500 盒，录音带 231 盒，照相机 2 部，电视监视器 2 台，高频信号发射器 1 台，放像机 2 部，扩音设备 7 套，录音机 9 部，教学手段开始向现代化迈进。1981—1990 年，全县教学设备购置费年均 18.31 万元，最多时达到 40 万元以上，占 1990 年全县教育经费的 50% 以上。1990 年，贺昌中学建筑总面积为 6280 平方米，教具、仪器、体育器材等设备较齐全，图书藏书量 4.5 万册。离石城区设立的一、二、三、四中和职业高中等 5 所学校，共占地 11.06 万平方米，总建筑面积 2.21 万平方米。县直第一到第六小学共占地 6.63 万平方米，总建筑面积 1.48 万平方米。城内幼儿园建筑面积 1458 平方米。县进修学校占地 5303 平方米，建筑面积 1249 平方米。全县 15 个乡镇 349 所中小学，共占地 48.5 万平方米，总建筑面积 11.55 万平方米。

进入21世纪，教育经费拨款快速增长，全区各学校的校舍建设、教学设施设备发生巨大的变化。2005年，全区新建学校9所，建筑面积73427平方米，扩建学校15所，维修学校5所，为1所学校购置价值38万元仪器设备。新建多媒体教室8个和移动多媒体教室5个。为城镇中学、西崖底小学、红眼川中心校、西属巴中学新建计算机网络教室各1个。为一中、五小、红眼川中心校新建电子备课室各1个。31个农村中小学设立改扩建项目，建筑面积7万平方米，共投入1500余万元。2006年，全区撤并农村小学11所；新建扩建实验幼儿园、六小、八小、一小南校区、青少年活动中心；改建农村中小学30所。为全区99所农村中小学建设现代化远程教育工程；为82所小学配备卫星教学收视系统，为17所初中配备计算机教室。启动凤山教育园区建设工程。2007年，全区完成31所农村中小学改扩建的扫尾工程，建筑面积7.2万平方米，新建校舍面积2.5万平方米。完成城区4所小学的扩建工程，新增加建筑面积5.2万平方米，教室18个，各类专用教室90个，标准化活动场地3万平方米。2009年，改造城区初中校园总面积3.6万平方米，其中有一中、五中、城镇中学的图书实验楼，五中、城镇中学的厨房及餐厅。2010年，新建前瓦和袁家庄幼儿园；新建七里滩、袁家庄、下水西3所小学；新建袁家庄初中、离石江阴高中。扩建一中的教学楼。2011年，完成一中、三中的教学楼，城南、实验幼儿园改建续建工程，以及前瓦幼儿园二层主体工程。新建的袁家庄小学和初中，总面积分别是33243.18平方米和32392.14平方米。新建的江阴高中二期工程36092平方米，配备电子白板系统32套，史地专用教室20个，美术和音乐专用教室各2个，舞蹈和多功能活动室各1个，配备7.5万册的图书阅览室，教育技术装备投资2000余万元。

2012年，投资2500余万元，完善袁家庄中学、小学附属工程。总投资4200余万元的江阴高级中学3号教学楼及3号、4号学生宿舍楼新建项目全部竣工，建筑面积1.1万平方米。投资1140万元的三中教学实验楼地下室人防工程竣工，建筑面积728平方米。投资180万元的西崖底小学多功能室工程竣工。投资1000万元的城区高家沟幼儿园建设工程竣工。总投资886万元、建筑面积5880平方米的前瓦幼儿园主楼工程竣工。总投资3575.11万元（国家投资1585.99万元，离石区上解教育装备配套资金1989.12万元），其中教育装备2826.52万元，各类设备全部到位并整理安装。2013年，完成投资近2000万元的三中教学实验楼二期工程和西崖底小学多功能室建设；完成投资2500余万元的袁家庄中、小学附属工程项目；完成离石江阴高中的道路硬化及景观绿化；投入资金124万元完成18所中小学校舍改造工程。为袁家庄中学配备56座的理化生实验室5个；为袁家庄中学等4所学校配备多媒体一体机44套。利用离石区薄弱学校改造项目结余资金配备价值73.37万元的畅言智能语音教具系统319套。规模180人以上的学校实现班班通。投资3070余万元的城域网建设完工。2014年，完成袁家庄中小学电子备课室、微机教室等信息化建设。2015年，使用地方资金的城镇中学采暖改造工程全部完工。

第七章　教育管理机构

第一节　县级机构

明清时期教育行政管理衙门是学署，学署的学官是学政与训导。训导是学政的辅佐，具体掌管学宫生员、文庙祭祀及地方各蒙学等一切教育事宜。据记载，明代离石境域有历任学政 59 人，训导 67 人。清代至光绪六年（1880）前，离石境域历任学政 34 人，训导 29 人。

清末废科举，兴学堂。清光绪三十年（1904）开办新式学堂后，废学署，实行视学制度，设视学 1 名管理一切学务。清光绪三十三年离石设立教育学会。

民国 6 年（1917），离石设置县劝学所，设劝学员长（兼县视学）和劝学员，管理全县学务，负责推广学校，劝导入学，筹措经费，宣读教育宗旨等工作。民国 15 年，县劝学所改为县教育局，设局长 1 人，督学 1—2 人。民国 20 年，县教育学会设立在县立国民学校，设会长 1 人，有会员 146 人。民国 24 年，县教育局改称县教育科，为县政府之第三科。教育局长改称教育科长，督学改称为科员。

抗日战争时期，抗日民主政府成立后，教学的行政管理负责人叫教育救国会秘书。民国 29 年（1940）10 月，改称教育科，科长以下设有科员。民国 32 年，根据地教育科与民政科合并，称民教科，民国 34 年，民教科又分设为教育科与民政科。

1950 年 3 月，县教育科改为文教科。同年 10 月成立县文教委员会，主任委员由县长兼任。

1954 年，县文教科改为文教局。1956 年 1 月，县文教局分为教育局与文化科。1957 年，县教育局与文化科合并，称为文教局。

1959 年 11 月，县文教局分为教育局和文化局。1962 年 5 月，县教育、文化、卫生三局合并，称为县文教卫生科。1963 年 5 月，县文教卫生科恢复为文教局。1964 年 5 月，县文教局分设为教育局和文化局。1967 年 2 月，“文化大革命”中“造反派”夺权后，成立县文教委员会，下设教育办公室，设主任、副主任。同年 10 月，另一派夺权后，合并文化、卫生系统，改称为县文卫办公室。1969 年 1 月，“红总”“兵团”两派大联合后，县文卫办公室又恢复为县教育办公室，委以临时负责人。是年 6 月后，正式任命主任、副主任。1971 年 5 月，离石、柳林分县后，设离石郊区。9 月，恢复为离石县。教育办公室为县革委政工组的下设单位。县教育办公室领导人暂缺，由县政工组代管。1972 年，县教育办公室改为文教办公室。1975 年 11 月，县文教办公室分为教育局和文化局。1989 年 10 月，县教育局加设副科级监察室主任 1 名，与教育局长属同一级别的领导。1990 年，县教育局下设办公室、教育股、人事股、财务股、双勤办、督导室、成人教育办、招生办、编志办、监察室、教研室。直属管理的有城区中学4所、小学6所、教师进修校、高级职业中学、城内幼儿园和15个乡镇教育办公室。

1996年5月，离石撤县改市后，县教育局改为市教育委员会，简称离石市教委。市教委内部的办事机构撤销编志办、成人教育办。2002年，离石市教委与离石市体委合并，市教委改名为市教育体育局。

2004年6月吕梁撤地改市后，离石市更名为离石区。离石市教育体育局改名为离石区教育体育局。2007年7月，成立区政府教育督导室，属正科级建制，设督导室主任1名。

2013年，区教育体育局内设办公室、人事股、计财股、教研室、体卫艺股、校舍股、党委办、装备股、纪检室、教育股、综合股、招生办、安全法制股、幼教股、督导室、政教股、行政审批股17个办事机构，总人数为136人。2014年秋，区教育体育局改名为区教育局，内设办公室、人事股、党委办、计财股、行政审批股、教育股、综合股、安全法制股、装备股、体卫艺股、校舍股、幼教股、政教股、监察室、信访室、督导室、资助中心、招生办、教研室19个股室，2015年，区教育局共有工作人员76人，其中行政编制14名、事业编制62名。

第二节 基层机构

民国15年（1926），县劝学所改为县教育局后，县以下各区设立联合学区，由区联合校长负责管理所属各村的小学。各村小学设有学董。抗日战争时期，阎锡山统治区内，区以下的行政村设中心小学，由中心校长领导所属各村小学。根据地内的抗日民主政府成立后，区设有文教助理员，行政村设中心小学，由中心小学校长管理所属各村小学，各村设有教育委员会。1946年，离石县以下区设学区，由区民政助理员负责管理教育工作。区以下仍设有中心小学，村小学仍设学董。1948年10月，全县中小学在停办一年后恢复，县以下各区设文教委员或文教助理员、区以下仍设中心学校，设有正、副中心校长。全县有中心学校23个。各村小学由村代表委员会推定1人为校长，负责管理村小学。1949年，县以下各区建立文教委员会，由区文教助理员专职负责区教育工作。行政村也建立文教委员会，设有文教主任。各村小学有的建立校务委员会，有的仍设立学董。

1950年8月，县教育科以下以区设联合学区，区文教助理员改称为联合校长。

1957年，全县各乡联合校长改称为文教视导员。

1960年3月，全县21个人民公社划分为16个联合学区，设置第一联合校长。公社设联合学校，设联合校长。1961年7月，全县21个人民公社拆分为34个人民公社，公社设联合学区，设置联合校长。公社联校以下分设中心学校，中心学校校长一般由当地高（完）小主任兼任，或由中心校驻地教师担任。各高（完）小不设校长，只设主任。1965年10月，各公社联合校长改称为教育指导员。“文化大革命”时期，各公社联校，各中小学七年、九年制学校领导全部改称为“学校负责人”。1981年8月，各公社教育指导员又改称为联合校长。1986年，实行教育体制改革，全县各乡镇成立教育办公室，由乡镇主要领导（书记、乡长或镇长）兼任教办主任，原来的联合校长兼副主任。乡镇以下仍设中心学校。1990年后，各乡镇教育办公室原来由乡镇主要领导兼任的主任已成虚名，各乡镇的教育工作由原来的教办副主任全权管理。

进入21世纪，实行“一乡一校”改革后，各乡镇教办主任同时兼任中心校校长。

2004年9月，全区乡镇教育办公室更名为乡镇中心校。

2015年，全区有乡镇（街道）中心校10个，分别为吴城镇中心校、信义镇中心校、坪头乡中心校、枣林乡中心校、西属巴街道中心校、田家会街道中心校、凤山街道中心校、莲花池街道中心校、交口街道中心校、城北街道中心校。

第八章 科学技术

第一节 科技普及

科技宣传

1959年，县文化、卫生、宣传及农业部门，联合宣传贯彻“农业八字宪法”（即土、肥、水、种、密、保、管、工）。1960年，离石县科委建立，组织农业、工业、卫生等有关部门采用翻印资料、有线广播、举办专栏等方式，进行科学知识普及和宣传。1974年，由县科技局编辑《离石科技》20期，登载各种科技资料122篇。1977年6月16日，全县组织5万人收听中央5月30日关于科学技术工作的重要指示。1978年10月13日，县委召开千人大会，听取吕梁地委副书记李玉明、吕梁行署科委主任王琦传达全国科学大会精神。

2010年，县科技局共制作科技宣传版图6块，宣传条幅9条，制作标语30多条，张贴宣传画500余张。在“4·26”知识产权保护日，组织开展科技宣传，发放资料500余份，展出宣传图版2块。2011年，通过“科技活动周”“3·15”“4·12”等宣传日和科技下乡等活动，发放宣传资料，制作宣传展牌。

2013年，通过“科技宣传月”“科普活动周”“12·4”法制宣传等活动，开展送科技下乡、送信息到企业，宣传法律、法规，扩大科技法律法规的社会影响。在《今日离石》上刊登防震减灾知识。订制绿色手提袋，发放防震减灾常识手册，进行宣传。全年累计向全区各条战线和广大群众散发宣传资料2万余份。2014年6月11日、14日，区科协科普大篷车用两天时间在世纪广场进行科普宣传，参加咨询的群众2万人次，发放《健康生活》《节能减排》等科普图书资料1.5万余册。6月16日开始，石州电视台利用一周时间滚动播放《食品安全科普宣传片》。在石州电视台开播《科普大篷车》普及版和农村版栏目。9月19日全国科普日，区科协在世纪广场进行科普宣传，参加咨询的群众3万人次，发放科普图书资料2万余册。2015年，县科技局邀请中国社科院、中国老年科协的专家在离石江阴高中、袁家庄小学、离石一中举行3场大型科普宣传讲座。

科技培训

1978年9月24日，县科委主办的英语夜校举行开学典礼，学员157人。1981年4月9日，邀请太谷县科委史明春传授地膜覆盖西瓜栽培技术。12月9日，县委、县政府召开颁发中级技术人员职称证书大会，参加大会的科技工作者和干部职工1000余人。1982年2月14日，西北大学化工系教授冯宝歧应邀在离石县化工厂设计糠醛生产工艺，并作学术报告。1984 年 4 月，县政府给农民技术员颁发职称证书 75 份。1988 年 4 月 11 日，离石县科委举办快速养猪技术培训班。11 月，组织全县部分企业家、养殖专业户、科技示范户参加由省科委、团省委组织在太原举办的“青年星火带头人”培训班。1990 年 10 月，县科协通过中国科协扶贫团驻离石工作分团邀请北京农学院园林系主任王友年带领师生 38 人，深入信义镇举办果树培训班，对冬季果树修剪技术进行现场指导示范。

2005 年，区科委按照吕梁市委“文明之春”活动安排，进行两个半月的“送科技下乡”活动。组织全区涉农部门的科技人员进行集中培训、科技赶集、发送资料、定期开展实用技术培训、农村技术承办等 20 余期，发放资料 1.2 万余册，受训 2 万人次。2007 年，区科技局组织技术培训 6000 人次，发放科技书籍 2000 余册。2009 年，区科技局邀请北京农业大学专家张大柱教授重点对吴城科技示范园区的建设开展为期 1 周的技术培训，组织农民赴山东省寿光县考察学习蔬菜栽培技术。2010 年，区科技局组织开展科技讲座 6 期，培训科技人员 400 余人。2011 年，邀请中国农业大学、山西农业大学的专家教授，对日光节能温室、蔬菜大棚、五大基地进行科学规划、技术指导。

2012 年，在强化农村科技创新中，组织培训农民技术队伍、种植能手、养殖专业户等 500 户 2000 余人。2013 年，结合国家级科技富民强区专项行动计划项目——科技教育“优质核桃标准化种植技术”，区科技局聘请汾阳市核桃专家对该区的核桃精品园区、核桃协会、核桃种植能手等相关人员共计 500 余户 2000 余人次，以授课、交流和田间地头现场指导多种方式，以无公害、标准化、品牌化等方面的内容开展培训，实现“农民增收、企业增效”的目标。2015 年，开展农村实用技术培训，以“国家级科技富民强区专项计划”项目为契机，把科技传播到千家万户。 4 月 27 日至 6 月 12 日，邀请汾阳核桃修剪专家一行 14 人，对全区 12 个乡镇（街道）核桃种植户和核桃精品基地进行核桃树春季管护现场培训，重点讲解核桃树主枝更新和开角技术。在实际操作示范中，技术人员根据各个培训点核桃树的管理、生长情况，提醒农户要随园、随树、随枝修剪，灵活应用修剪技术。此次培训共发放《核桃树栽培管理技术实用手册》3000 余本，培训农民 1 万余人。

专利申请

1979 年 5 月 19 日，吕梁行署科委、行署粮食局，对离石县粮食局研制成功的“XTY161 型”吸粮器进行鉴定。5 月 31 日，由吕梁行署科委主持，对袁家岭村科研组承担的《旱地谷子高产栽培技术的研究》项目进行鉴定。7 月 4 日，吕梁行署科委对农机厂承担的《手扶拖拉机轮履两用装置的研究》项目进行鉴定。1983 年 8 月 6 日，由吕梁行署科委主持对吕梁地区人民医院、离石县农机厂联合承担的《YC300 型立卧两用液压牵引床研究》项目进行鉴定。9 月 14 日，吕梁行署科委委托离石县科委，对县果蚕局、科委承担的《梨蝽蟓生活史观察及综合防治技术》的研究进行鉴定。12 月 21 日，由吕梁行署科委主持，召开离石县承担的《改造土焦炉、回收煤焦油研究》鉴定会。1985年6月18日，由吕梁行署科委主持，对县陶瓷厂承担的《紫色陶彩地砖的研制》项目进行鉴定。1991年8月26日，吕梁地区科委对离石县科技服务中心承担实施的《水稻丰产技术开发项目》进行鉴定验收，对离石县向阳农具厂承担的《民用模压薄壁生铁锅项目》组织专家进行鉴定验收。

2007年，申报发明专利共22项。2008年，申报专利26项。2009年，申报专利32项。帮助企业申请商标注册3项，分别是南梁王甜瓜、圪垛村油辣椒、哮喘喜康胶囊。2010年，申请专利12件，其中发明专利2件，实用新型专利8件，外观设计专利2件。2011年，专利申请达58件。

2014年，定期聘请上级专家在离石指导专利申请，制定专利申请的奖励制度，对专利申请人给予相应的资金奖励。2014年，有效发明专利拥有量17件，1—10月完成13件。截至2015年8月底，离石区有效发明专利拥有量达16件。

科技咨询指导服务

1981—1990年，县科协接待技术咨询服务270次；技术人员个人接待咨询服务2.82万人次。

2012年，市科技局对山西国润天能科技有限公司的多晶硅太阳能利用项目和吕梁大万源商贸有限公司、离石电缆有限公司、同辉重工有限责任公司、益得利种猪有限责任公司等企业的科技新项目进行科学指导，并为企业引进技术人才。通过核桃丰产技术、无公害大棚蔬菜种植技术的咨询服务，全区57个核桃精品种植园和信义、吴城、西属巴温室大棚种植管理技术有很大提高。2013年11月15日，在省城太原参加山西省首届“百校百企”科技合作与项目对接活动，协助离石电缆有限公司了解参会大专院校最新科研成果及技术，开展技术对接。12月19日，在省城太原参加吕梁云计算数据中心研讨会，与来自国内产、学、研、用的70余名云计算领域专家、代表，就中国云计算的标准工作进展、产业发展动态及对吕梁发展云计算数据中心的规划建议等进行开放式交流和探讨。2015年2月，省级农技承包项目：“优质核桃标准化种植技术推广”通过验收，组织申报省级农技承包奖。继续实施国家级科技富民强区专项计划“优质核桃标准化种植技术”项目，将核桃标准化种植、管理在全区推广，全面提高核桃标准化技术水平，不断扩大全区核桃种植面积。

第二节 科技应用

农业 畜牧业科技应用

1975年，全县推广晋庄谷子栽培面积2000公顷，产量由1974年前的750千克/公顷增加到1500千克/公顷以上。1980年，山西省劳动模范刘云俭试验马铃薯晚播，取得增产 1 倍以上的效果。1981 年，凤山底村在少量瓜菜地试验地膜覆盖栽培技术，并于次年开始推广。1982 年，晋庄谷子高产栽培技术获山西省科技推广二等奖。同年，马铃薯晚播高产技术在全县推广播种 355 公顷，增产马铃薯 18.9 万千克，增收 18.9 万元。1984 年，马铃薯晚播高产技术获山西省科技推广三等奖。1982—1986 年，全县每年地膜覆盖粮菜 400—533 公顷。1987 年，增加到 698 公顷，1990 年扩大到 1000 余公顷，其中覆盖玉米 500 公顷，总产 187.5 万千克，1 公顷平均增产 3750 千克，1 公顷平均纯收入 1500 元，仅玉米一项增收 75 万元。覆盖瓜菜 500 公顷，1 公顷平均纯收入 4500 元，总收入 225 万元。1990 年，县科委在小神头、吴城、信义等 5 个乡镇 10 个村的 13 个科研试验基地引进日本水稻旱育稀植技术，获得成功。经省、地、县组织专家测产验收，20 公顷新开稻田平均每公顷产 7335 千克，最高达 12703.5 千克，总产 14.67 万千克，总收入 8.8 万元。同年，小神头乡归化村利用盐碱地种植水稻 5.3 公顷，选用"旱丰"优种，总产水稻 3.2 万千克，平均每公顷产 6000 千克，最高每公顷达 9000 千克，全村人均水稻 31.5 千克。

2009 年，离石区西属巴街道办留子局村委从湖南省研究所引进黑马王子无籽西瓜新品种 304 号，推广种植 3.33 公顷。该品种宜采用露地栽培，地膜覆盖，是湖南省瓜类研究所选育的杂交西瓜品种。同年，在信义镇 3 个重点村推广山西省大丰种业有限公司选育的玉米新品种"大丰 26 号"，推广面积 66.67 公顷。其中，德岗村 20 公顷，王村 13.33 公顷，永红村 33.33 公顷。该品种高产稳产，出籽率高，抗旱抗倒、抗黑穗病、粗穗病和矮花叶病。育苗嫁接基地采用陕西西北农林大学科研院最新品种桑苗—陕桑 402 进行栽培，种植 3.33 公顷，保证种苗的成活率达 90% 以上。同时引进浙江省农业科学院蚕桑研究所育成的秋用雄蚕新品种——秋华平 30。该蚕茧型椭圆，大而匀整，茧层率和出丝率高。翠玉经济林专业合作社在信义镇马泰村实施优质核桃综合丰产技术推广，选用晋龙一号、晋龙二号为主的优良品种，总实施面积 10 公顷。2010 年，在枣林乡梁家岔新发展 666.67 公顷，旨在示范核桃山地旱作栽培先进技术的综合管理效应。 2010 年，枣林乡用引进的波尔山羊公羊做终端父本杂交当地羊，建立优质波尔山羊繁殖体系。杂交山羊普遍比当地羊长得快、长得大。田家会的田园农家鸡养殖场引进北京中农种鸡厂"农大三号节粮小型蛋鸡"，采用封闭式恒温生物生态养殖方法，通过科学标准化、生态无害化饲养向社会提供优良、安全的蛋种，该鸡蛋具有胆固醇含量低的特点。2011 年，存斌种植专业合作社从南湘（湖南）种苗有限公司引进小玉红无籽、雪峰小玉八号西瓜新品种，在西属巴街道留子局村种植 3.33 公顷。该品种属于中晚熟杂交无籽西瓜组合，全生育期 85—88 天，果实成熟期 36 天左右，较耐疫病和炭疽病，抗湿性较强。同年，无公害脱毒马铃薯机械化生产在吴城镇大面积推广，推广面积 66.67 公顷。脱毒马铃薯产量高，薯块大小均匀，表皮光洁，商品性能好，市场价值高。同一种脱毒马铃薯比未脱毒马铃薯均增产 50% 以上。

2012年，在宜得利种猪有限公司推广生态循环农业技术开发项目，该项目由种猪场、育肥猪场及粪污治理设施——大型沼气工程三部分组成。此项目在宜得利种猪有限公司原有1万头猪场基础上，扩建年出栏9万头的猪场及粪污治理设施。同年，仙农红枣核桃种植有限公司在莲花街道办徐家沟村，以“中林”1号、“礼品”2号为主的优质核桃，建设千亩核桃林。2013年，在区畜牧局技术人员指导下，金禽巢畜牧养殖示范园实施绿色优质波尔山羊养殖项目。该项目建人工草地33.33公顷，种草以晋贡紫花苜蓿为主。引进波尔山羊优种山羊20只，母羊400只，全部采用圈养。2014年，永红残疾人食用菌专业合作社人工栽培的北冬虫夏草，是选用冬虫夏草菌丝接种到培养基上，在一定的温度、湿度条件下生长得到的，也是国家批准的新资源食品。其有效成分腺苷和多糖甚至高于野冬虫夏草。同年，田圆农家养种有限公司进行生态养殖高产蛋鸡的关键技术研究。即：在生态养殖的条件下，对鸡群的不同生理周期分别对待，重点是在如何提高鸡群的均匀度以及不同生理周期影响生殖的疾病控制方面提出关键技术。促进养殖业向数量与质量、效益与生态并重的产业化方向转变。2015年，以闫家茆为中心示范点，展示远志新品种“晋远1号”试验示范，辐射带动周边县市发展种植。同年，东昇农产品开发有限公司以核桃为主要原料，首次结合食药兼用的小杂粮苦荞和南瓜子，开发核桃仁、南瓜子、苦荞新型复合支取蛋白固体饮料。

工业科技应用

2009年，离石电缆厂有限公司研制的氯化聚乙烯橡皮手套胶料配方应用于MY、MC、MYQ等矿用套软电缆，YHC型电焊机电缆，YCW、YZW、YCF、YZF型通用橡套软电缆的护套胶料的加工。2010年，离石电缆有限公司开发研制出五卤低烟阻燃耐火电线电缆新产品。该产品适用预计额定电压1–35KV的输配电线路活工业装置中有阻燃及耐火要求的固定敷设场所，并应用于重要设施及人员较集中、空气密度低的场所。同年，创业洗煤有限公司研发的精煤筛选技术，分选率高，不用水，无环境污染，特别适用于严寒、缺水地区及遇水泥化的煤炭分选。经试验，墙改建筑节能施工技术 可达抗角部裂缝的效果，且节约原材料，保温效果得到提高，施工效率提高20%以上。2011年，建成唐龙电子科技园区，包括晋西第一电脑、电子、手机销售专业市场，吕梁软件研发应用基地，年输出2400人计算机专业维护培训班，500人的农民农业科普教室，大学生科技创业园，电子商务应用，电子产品全球通货服务体系等。

2013年，鑫阳能源开发有限公司研发的石头纸是一种新型生态环保纸品。生产过程不耗材、耗水，从根本上解决传统造纸工业产生的“三废”污染问题。2014年，山西大土河焦化有限责任公司实施焦炉煤气纯氧连续气化补碳制甲醇项目。该项目是一项环保工程，从根本上解决焦炉煤气的出路问题。以焦炉气生产甲醇延伸煤炭产业链，并带动相关重化工工业，形成煤炭—焦炭—化工产业一体化的格局。同年，山西根拴重工机械设备制造有限公司研发 YK 系列圆振动筛设备技改工艺。把墙板螺栓固定改为高强度铆钉铆接，延长设备使用寿命。轴承由锂基润滑技改为机械油润滑，减少设备检修率，延长轴承寿命25%。2015 年，吕梁大土河煤层气开发利用有限公司实施低浓度矿井瓦斯气提浓项目。针对煤炭低浓度煤层气的特点，研究利用高效的脱氧脱氮吸附剂，通过合理的吸附工艺，使其浓度达 36% 以上，作为燃气或进一步提浓原料气，也可以提浓至 95% 以上，作为天然气或制 CNG、LNG。

第三节　科技成果

工业科技

1963 年，县农业机械厂研制成功 ILQX-1140 型畜力步犁。该犁具有体轻、省力、耕深、翻土活、杀草净、沟底深等优点。1965 年 9 月 23 日，全国轻型山地犁造型会议在离石县召开，轻型畜力步犁由国家定型批量生产。1983 年，ILQX-1140 型畜力步犁获山西省优质产品奖。同年，由太原工学院（现太原理工大学）、吕梁行署科委、离石县田家会镇高崖湾煤矿、吕梁行署环境保护办公室、山阴县焦化厂在离石县高崖湾煤矿联合进行改造土焦炉、回收煤焦油研究，通过四个半月的试运行生产，顺利完成科研项目。经专家鉴定该项成果具有结焦时间短、煤气回收和焦油回收率高的优点，达到省内先进水平，是山西省土焦炉改造的较好炉型。1984 年，该项成果获山西省科研成果三等奖。1994 年 6 月，离石县电缆厂实施闭发阻燃矿用电缆科技项目。

农业科技

1979 年，县农业技术服务中心和鲁志圣、李光复、刘永福开始二十八星瓢虫发生规律及其寄生和菌利用研究。1980 年，鲁志圣在吴城马铃薯产区找到越冬二十八星瓢虫寄生体的寄生菌，分离培养后，研制成功杀虫剂，杀虫率达 95% 以上。1982 年 2 月，该杀虫剂通过中国科学院微生物研究所、山西省农科院等 24 名专家鉴定，于 1983 年，获山西省科研成果一等奖。

1997 年，离石市农机局旱作农业课题组承担的严村机械化旱作获农业工程奖一等奖。

畜牧业科技

玉林山飞机播树播草实验是由县人民政府承担的山西省科委研究项目。1982 年 7 月 1 日—5 日，飞机播树播草木樨、柠条、牛筋子等树、草 1021 公顷，飞播后现场检查 3 次，有苗面积 527.9 公顷，占总飞播面积的 51.7%。1983 年，玉林山飞播区绿化覆盖率由 30% 提高到 70%，载畜量由飞播前的 1000 只羊 8.67 公顷提高 1000 只羊 1 公顷。水土流失显著下降。经专家验收，获山西省人民政府 1983 年科研成果二等奖。

第四节 科技园区 科技企业

农业科技示范园区

1987年5月19日，省蔬菜开发中心，组织全省有关专家、技术人员，对离石县承担的武腾联栋大棚马茂庄示范点，进行现场观摩评比。

1996年1月5日，由市科委组织管理，由农机局承担实施的首个旱作农业工程示范点在信义镇严村开展实施。

2006年，区科技局确定以信义镇严村、西属巴街道办上安村2个生态示范园区为依托，实施科技调产示范项目。利用吴城镇、信义镇丰富的水资源和优越的自然环境，引进大棚菜新品种，推广示范种植66.67公顷。从陕西省调进脱毒马铃薯，在吴城镇下罗堡村示范种植13.3公顷。推广种植农作物新品种5个，反季节果树品种3个，畜牧新品种4个。引进推广农业实用技术4项，分别是秸秆生化饲料加工技术、花灌木培养技术、红枣高接换优技术、土鸡饲养技术。2007年，确立科技示范乡镇3个，科技示范村6个。2008年确立科技示范村7个。同年，区科技局在农业示范园区推广新技术4项，引导农民种植南梁王甜瓜、大丰玉米新品种3个；波尔山羊、猪、鸡新品种养殖3个。2009年，吴城农业示范科技园确立为吕梁市重点科技示范园区。

民营科技企业

2006年，欣欣靓瓦集团、离石电缆股份有限公司、中华玻璃制品有限公司、同辉灯具有限公司、吕梁盛达有限公司引进先进的科学技术，研制开发市场前景广阔，竞争力强的新产品。围绕工业园区建设，全区确定实施的技术项目有：吕梁中药厂的5000万支连翘酯苷粉针生产线、中国电力投资公司华北分公司的2×30千瓦热电联产开发项目、大土河煤焦集团的30万吨/年煤焦油加工、焦炉煤气综合利用合成尿素等共计9项。企业引进各类技术人才500余人。

2014年，高新技术企业数增加1户。

第五节 科技测报

气象测报

2010年，区气象局设有地面测报站，24小时值班，全天候资料监测及获取。每人固定承担8次常规天气预报，北京、大同24小时航危报（航空天气报告和危险天气通报），预约报及各类不定时天气预报任务，所获资料参加亚洲区域气象情报交换，所获情报参加全球气象情报交换。农业气象方面，负责对冻土小于10厘米的固定地段进行全年常规土壤墒情观测及本地物候观测。作为生育期观测科目为谷子、马铃薯、玉米。在气候灾害、防雷监测等方面进行有效预报。

2012年，进行加密土壤观测8次，全区墒情普查4次，上报农业气象服务信息16期。在作物观测地段装设自动土壤湿度测定仪，GPRS传输服务系统，随时监测相关地段土壤湿度情况。2013年1—10月，地面气象测报质量自动站总基数25195.8，错情率为0；地面报表质量自动站总基数1000，月平均错情0.1个。自动站数据资料传输及时率达99.96%。农气测报质量总基数3313.2，错情率0；农气软件应用基数2366，错情率0，自动土壤水分观测质量总基数739.8，错情率0。其间，为区委、区政府提供重要气象报告12期270余份，为各乡镇（街道）和区防汛办、农业局等单位领导发送天气预报、雨情快报、预警信息等手机短信15000余条，发布各类预警信号8次。3月22日，组织科技人员深入设施蔬菜大棚开展气象科普宣传。3—4月，在全区进行土壤墒情普查4次，并根据气候特点及各类地段土壤墒情普查情况，提出生产建议，制作发布各类农作物适宜播种期预报。根据本区天气气候特点和农业生产实际，制作发布全年降水温度趋势预报，报准4月19日和6月19—21日的暴雨天气过程。5月前，对9个山洪站和11个区域站点进行清洁、保养，加强设备的日常定期维护，确保正常运行。6月18日，山西省气象局大探中心对自动站设备进行标校，组织人员对所有计算机进行病毒查杀和业务软件的标准化升级改造，对存在的隐患进行排查整改。该局及时与网通、移动公司联系进行线路检修，将原有网通电话线路更换为光纤传输。购置无线电话2部，在原有2条专线基础上配置无线网卡，确保通信畅通。

2015年，自动站、闪电定位、酸雨、大气电场、雨滴谱、区域站、土壤水分站、大气成分检测系统等各项业务系统平稳运行。1—11月，该局各种业务系统运行正常平稳，设备稳定运行率达到100%，自动站数据可用率100%、传输率100%；区域站运行正常，数据可用率98.75%、传输率98.22%；GPS数据传输率100%，自动土壤水分数据传输率100%；闪电定位数据传输率99.8%，大气成分检测数据传输率89%。

地震测报

1976年，成立离石县地震办公室。在离石中学、交口中学、信义中学、西属巴中学、王家沟乡、吴城小学共建测报点6个，测报设备有土地点、地应力、地倾斜等监测仪器。每日向省、地地震部门上报测报数据，提供分析地震依据。

2006年，对全区主要设计、施工的工程进行抽样检查，具体指导建筑企业建筑物的抗震性能，并严格按照施工要求进行施工。2011年，区地震局启动建筑物地震安全性评价工作，在建、续建工程地震安全性审批纳入地震局工作范畴。

2012年，区地震局在全区设置宏观观测点36个，建立防震减灾示范社区2个，避震场所 1 个。2013 年，建成应急避难场所 4 处，正在升级国家 2 类标准应急避难场所 1 处（离石市民广场）。2015 年，根据市、区防震减灾目标责任状要求：一县一台地震监测设施。区地震局向省地震部门申请到地震仪器购买经费 7 万元。为建设防震减灾科普教育基地，争取意向经费约 100 万元。

第六节 科技机构

离石区科技管理机构有科学技术委员会、科技服务中心、农业科学研究所、农业机械研究所、科技局、地震观察站。1978 年，全县所有乡镇建立有农科站、244 个自然村成立农科队。离石区科学技术局属行政职能部门，位于离石区龙山路 791 号，占地 400 余平方米。

2015 年，内设办公室、业务股，有职工 28 人。

第二十六编

卫生　体育

公共卫生

防疫保健

医疗

卫生管理

机构

体育

1951年夏，离石县爱国卫生运动委员会成立，开展以“四净”（房净、院净、街道净、个人净）、“五灭”（灭蚊、蝇、虱、蚤、鼠）为主要内容的爱国卫生运动。1966—1978年，全县爱国卫生运动放松。1978年后，全县爱国卫生运动步入正轨。1988年，离石县卫生防疫站食品监督科对全县人员密集、流动性大的公共场所进行摸底，全县共有公共场所124个，从业人员637人。20世纪90年代起，离石市（县）卫生防疫部门对各从业单位进行检查，符合卫生要求的颁发卫生许可证。对从业人员进行体格检查，合格的颁发健康证。对查出有“五病”的从业人员，责令单位予以清退或调离工作岗位。截至2015年底，离石区共有卫生医疗机构393个，包括区人民医院、区中医院、区妇幼保健计划服务中心、区疾病预防控制中心、乡镇（街道）卫生院和卫生服务中心12个、村卫生所（室）194个、民营医院14个、健康体检部2个、个体门诊部1个、个体诊所166个，基本实现医疗服务全覆盖。同年，区卫生计生执法大队共打击取缔“黑诊所”“黑牙科”8家次，立案查处非法行医案件32宗，行政处罚32宗，罚款金额合计7.54万元，涉及“两非”（非医学需要的胎儿性别鉴定和选择性别的人工终止妊娠，简称“两非”）案件1宗。

清末，永宁县蒙养学堂开设有拳术课。民国初年，各学校均开设体育课，以体操、跑、跳为主，设备有木马、单杠、哑铃等。群众体育活动项目有传统武术、象棋、踢毽子、跳绳、摔跤、打秋千、举石锁等。1949年，离石县将体育列入教育计划，中小学开设体育课，每周一节。1954年，全县中学实行“准备劳动与卫国体育制度”。1963年，离石县640名中学生体检合格率达到98.75%。1986年，县直二中学生刘巧莲荣获全省中学生运动竞走第一名。2000—2006年，全区（市）组织各种体育比赛活动17次，比赛项目有27项，参赛达1万余人。截至2015年底，全区所有中小学都建立“两操一课”活动场地，体育器材按国家二类标准配备。

第一章　公共卫生

第一节　爱国卫生运动

民国 34 年（1945），离石县政府向全县人民发出“讲究卫生，预防疾病”的号召，组织群众开展以刷牙漱口、洗衣晒被、清扫院舍和应用黑矾杀虫、积肥挖蛹为主要内容的爱国卫生运动。

1951 年夏，离石县爱国卫生运动委员会成立，开展以“四净”（房净、院净、街道净、个人净）、“五灭”（灭蚊、蝇、虱、蚤、鼠）为主要内容的爱国卫生运动。1953 年，开展以反对美国细菌战为中心的爱国卫生运动。

1955 年，离山县委发出“除四害，讲卫生”的号召，坚持积肥与卫生相结合、组织突击与经常督促相结合的方法，先后多次组织以“除四害”为中心的防病治病、清洁卫生运动。1958 年，离石（山）县成立“除四害、讲卫生”指挥部。在春、夏、秋三季共灭蝇 63 千克，消灭麻雀 6940 只，灭鼠 24.9 万只，挖蛹 249.3 千克，改良厕所 8279 个，堵鼠洞 3084 个。同年，贯彻全省稷山卫生现场会精神，展开管水、管粪和改水井、改鸡窝、改猪圈、改炉灶、改厕所的“两管五改”运动。

1959 年，离石县城关公社张家庄村、坪头公社虎山村被评为全省卫生模范村。张家庄村还受到中央卫生部防疫司的表彰。虎山村的李银英，张家庄村的刘前英，坪头公社医院院长冯吉林被评为出席省的个人模范代表。评出枣林公社马家梁村，交口公社石盘村等县级卫生先进单位 9 个和卫生模范 45 名。1963 年，全县共消灭老鼠 249376 只，挖蛹 2488 千克，灭蝇 93.55 千克，清除垃圾 31.05 万担，改良厕所 8270 个，整修畜圈 1883 个，改良水井 17 眼。1965 年，开展以“两管”（管水、管粪）、“五改”（改良厕所、改良畜圈、改良环境、改良炉灶、改良水井）为重点的爱国卫生运动，全年改良水井 3016 眼，每眼水井做到有井盖、井台、公用水桶、排水沟；改良厕所 5135 个；改良畜圈 2445 个，全年灭鼠 36713 只、挖蛹 196 千克。全县评选出一类卫生先进单位 283 个。1966 年后，群众爱国卫生运动放松。

1974 年，离石县爱委会复建，全县爱国卫生运动随之展开。1978 年，中共十一届三中全会后，离石县爱国卫生运动工作逐步走向正规。同年 4 月 4 日，贯彻国务院关于“大力开展爱国卫生运动”的通知精神，全县共清除垃圾 950 万千克、积肥 1000 万千克，铲除杂草 2.8 万平方米，填埋污水坑 20652 个，疏通沟渠 20552 条，灭鼠 4859 只，堵塞鼠洞 1.2 万个，灭蝇 76.5 千克，挖蛹 40 余千克，改良厕所 3686 个、畜圈 104 个、水井 92 眼。1980 年，离石县结合“五讲四美”活动，全县城乡开展环境“净化、美化、香化”活动。

1981年1月，离石城区环卫队建立，有清洁工人34名，配备拉运垃圾、粪便车辆5部。每天清晨在县城平均清除垃圾45吨。同年夏秋两季，离石县通过发动机关、厂矿、学校、居民共清除院落死角500余个，清除面积2000余平方米，积肥100万千克，基本解决城区“脏、乱、差”问题，城镇主要街道及机关的卫生面貌明显好转。1983年3月，城乡开展较大规模的群众爱国卫生运动，其中灭鼠62500余只，清除死角4000余处，清运积存垃圾4万余吨，清整路面5000余平方米，粉刷墙壁1.5万平方米，设垃圾点7处。城区300余个单位添置痰盂2000余个、水果皮箱1000余个、固定垃圾点（箱）2000余处，修整花池、花台4000余个，栽养各种花卉2.1万余盆。离石县县城在吕梁地区卫生大检查中被评为卫生先进县城、省流动红旗县城。全县农村“两管、五改”工作中，共改良厕所1664个，改良率由上年的74.4%上升为80.5%；改良水井65个，改良率由上年的71.4%上升为79%；涌现出石盘、茂塔坪、赵家山、马家梁、新山湾、王家塔、上安村等一批卫生先进大队和卫生先进院户。1984年3月，开展大规模爱国卫生运动，共清运垃圾500吨，消灭“老大难”卫生死角54个，硬化县城面积8万余平方米、中心街道面积达99%、大街小巷面积达96%，张贴宣传油画80余幅。同年，全县改良厕所219个，改良率比上年提升4%；改良水井率比上年提升3%；全县农村自来水受供人数达16590人。同年，离石县被评为全省“爱国卫生红旗县城”称号。1985—1987年，离石县80%的机关创建为文明卫生单位，农村改良厕所递增5%，改良水井递增3%。全县每年夏秋两季多次进行灭蚊、灭鼠、灭蝇活动。饮食卫生做到餐具消毒、工具售货、生熟隔离，有防蝇、防鼠、防尘、防腐设备。环境质量达“五化”，即绿化、美化、香化、硬化、净化。离石县连续3年荣获全省“卫生先进城市”“爱国卫生红旗县城”称号。1988—1990年，城区修建垃圾转运站2个，环卫队购置吸尘车4台，成立淘粪专业队伍，拆除有碍市容的建筑物16处。公厕有专人管理，售票如厕。城区各单位开展创建“卫生先进单位”活动，离石县连续3年荣获全省“爱国卫生红旗县城”光荣称号。20世纪90年代初，离石县各部门、单位以及村委，每年都把爱国卫生工作纳入目标岗位责任制中。至1993年底，全县农村新建厕所2500多个，新打水井1800多口，全部达到改良标准。

1994—1997年，离石市（县）农村仍以“两管、五改”为中心，每年组织灭鼠活动1—2次，鼠密度控制在2%—3%左右，基本达到灭鼠害县标准。春秋两季，全县大搞灭蝇、灭蚊活动，预防肠道传染病发生。城区每天专人清扫街道48条，保洁面积达60万平方米。环卫队配备各类垃圾清运车16辆和自动密封清运车1辆，年清运能力达10万吨，生活垃圾收集率和无害化处理率均达80%以上。1998年，离石市城区开展“五化”和除“四害”活动，粉刷装饰单位楼院226个，硬化绿化单位、门店、家属小区280个，张贴散发《山西省爱国卫生管理条例》1000余份，举办卫生科普知识培训班300多期，组织各类专业法律、法规大型宣传活动30余次。2001年，市财政局投资900万元，凿挖500余米深井3眼，解决西山3个乡4万余人吃水难问题。2002年，市财政局投资400余万元建设城区供水工程。

投资 5912 万元开展综合治理污水排放，达到日处理污水 3.5 吨。5 月底，市政府对滨河南北 2 条污水管线铺设管道 7.8 千米。7 月，拆除违章建筑面积 3000 平方米，取缔影响市容的公话亭 40 余个，对外环的各类建筑物进行彻底清除，取缔各种流动摊点 400 余处，治理不规范广告牌匾 200 余块，拆除乱搭帐篷占道经营 40 余户，清理乱贴乱画广告 5000 余条，清理各类堆放物 200 余吨，清理死角垃圾 500 余吨、建筑垃圾 500 余吨，配齐下水井盖 30 套，更换路灯灯泡 536 盏，路灯着灯率保持在 98% 以上。同年底，市环卫队新增保洁三轮车 70 余辆，共配备保洁人员 211 人，保洁时间延长到 12 小时。公共厕所有专人负责，保证整洁、干净、无蝇、无蛆、无恶臭、无污迹。在流动人口多的地段增设流动厕所 10 个。2003 年，全市爱国卫生运动配合防"非典"活动和迎接文明卫生城市的验收，城乡联动，全民参与。市委、市政府和市卫生局多次召开会议进行爱国卫生和防"非典"工作安排部署。市爱卫会对爱国卫生工作作具体安排。各单位制定"爱国卫生、防'非典'实施方案"。同时，通过宣传栏、传单、媒体等多种形式在全市区进行宣传、引导、发动和组织广大市民参与公共环境卫生整治与预防"非典"活动中。4 月，清洁队清运各类垃圾 9000 余吨。5 月，全市城乡共发放灭鼠药物 9 吨，并开展改良厕所工作。6 月，市爱卫会、防疫部门组织蚊蝇消杀队 2 支，历时 2 月余，喷杀城区公共场所、商场、宾馆等面积达 4 万平方米。加强对全市农村改水工作和水质监测力度。

2004—2006 年，离石区爱国卫生工作在农村全面铺开。在新农村建设规划中，把水、厕、路等包括卫生指标纳入工程实施范围，硬化道路、架设路灯、建立公厕及公共垃圾点，农村各项卫生设施得到较大改善。2007 年，离石区爱国卫生工作以整治城区环境为重点，创建省级卫生村 1 个。以信义镇严村为重点开展沼气式改厕工作。同年春秋两季，开展灭鼠、灭蟑活动。2008 年，离石区爱卫会成立"城乡环境卫生清洁工程领导组"，先后召开专项动员会 2 次，与各系统、各乡镇（街道办）签订清洁工程目标责任状。至 2009 年初，各单位共出动 3000 余人次，清扫面积 33.47 万平方米，清扫街道 5717 平方米，清除街道小广告 2000 余处，设立垃圾点 297 个，投入专项经费 10 万余元。2010 年，组建以区长为组长的城乡环境卫生清洁工程领导组，制定《离石区城乡环境卫生清洁工程方案》，在区卫生局设立专项工程办公室，各乡镇（街道办）成立监督站、领导小组和办公场所。同时，区政府投资 116.38 万元，各乡镇（街道办）投资 960 万元为沿川公路 86 个重点村每村配备清运三轮车 1 辆，共配备保洁人员 350 名。全区 5 个乡镇、街道办、8 个重点村改良厕所 1575 户。28 个城中、城郊村新建垃圾池 150 个。出动 1.5 万余人次、出动机械 235 台。清扫面积 16 万平方米、清扫道路 63 千米，清运垃圾约 1.9 万吨，粉刷墙壁 3 万平方米，清除街道小广告 2000 余处，设垃圾点 370 个。2011 年 4 月，离石区城乡环境卫生管理中心成立，为区政府直属正科级全额事业单位，负责全区 862 万平方米公共区域清扫和保洁。

截至 2015 年底，区城乡环境卫生管理中心内设股室 12 个：综合办公室、人事劳资室、财务室、督察处、清运处、机扫处、《一周环卫》编辑部、数字化监控室、食品安全管理办公室、保卫室、保管室、维修室。下设垃圾管理办公室。全区12个乡镇（街道办）设环卫处，有环卫人员2392人。同年，离石区爱卫办每年均组织、协调、动员实施除“四害”、讲卫生活动，开展普及卫生知识宣传，检查、评价社会卫生效果，负责改水、改厕、消毒、杀虫、灭蝇、灭鼠、灭蟑螂等爱国卫生工作。

第二节 卫生监督

1988年，离石县卫生防疫站食品监督科对全县所有宾馆、饭店、旅店、招待所、咖啡馆、酒吧、茶馆、理发店、美容院（店）、影剧院、录像厅（室）、音乐厅、舞厅、体育场、公园、商店（场）、书店、车站、候车室、公共交通站等人员密集、流动性大的公共场所进行摸底，全县共有公共场所124个，从业人员637人。县卫生防疫站食品监督科在公共场所进行公共卫生宣传，张贴宣传画、印发宣传资料，协助相关单位建立公共场所卫生领导小组，制定卫生工作制度和卫生公约，设置垃圾箱、果皮箱、痰盂等公共卫生设施；对从事公共场所的从业人员分期分批进行培训。

20世纪90年代，离石市（县）卫生防疫站食品监督科开始对各从业单位进行检查，符合卫生要求的发放卫生许可证。对从业人员进行体格检查，合格的颁发健康合格证。对查出有“五病”的从业人员，责令单位予以清退或调离工作岗位。许多公共场所卫生设施很难达到卫生要求，公共场所用具的消毒存在不少问题，环境污染比较严重，卫生监督工作有一定难度。

2005—2006年，离石区贯彻《化妆品卫生监督条例》。区卫生防疫站对离石区化妆品经营市场进行专项整治。共检查监督化妆品专卖店、化妆品批发部、美容理发店及药店273户，抽检各类化妆品782份，标识标签及说明书合格证683份，对39户违法经营单位给予行政处罚，销毁不合格产品102种731瓶（袋）。区防疫站开展以食品、化妆品、一次性医疗卫生用品为重点的打假专项斗争和非法行医专项整顿工作，进一步规范市场经济秩序工作。2007年，区卫生防疫站对辖区内食品从业单位及人员全部进行监督，监测覆盖率达100%，监督频率达4次/年户以上，全年共发放食品卫生许可证1126户，应发1232户，发放率91.3%。食品从业人员应体检培训5021人，实际体检培训5021人，体检培训率100%，发放健康合格证4981人，发放率99.20%，病检出40人，均为乙肝表面抗原阳性，相关人员全部调离工作岗位。采集各类食品442份，不合格8份，合格率为98.19%。抽检餐具1831份，不合格66份，合格率为96.45%。同年，对辖区内公共场所从业单位及人员进行监督监测，公共场所卫生许可证应发放207户，实发192户，发放率为92.3%，从业人员应体检培训723人，实体检培训723人、体检培训率达100%。采检饮用水45份，不合格6份，合格率为88.81%。对辖区的煤矿、石料厂及涉及对人有害因素单位的企业厂矿职工进行体检，共体检1045人，检出乙肝表面抗原阳性38人。对辖区学校食堂卫生开展专项整治工作，所有学校未出现食物中毒及腹泻痢疾等各种传染病。为城区中小学师生体格检查1.5万余名。2008年，区卫生防疫站加大食品卫生监督监测力度，监督覆盖率达100%，监督频率达4次/年户，共发放食品卫生许可证1744户，发放率达95%。体检培训食品从业人员6080人，体检培训率达100%，发放健康证6040本，发放率为99.3%，检出"五病"人员40人，全部调离工作岗位。采检食品486份，合格461份，合格率达94.9%。抽检餐具1002份，合格961份，合格率为95.9%。同年，对全区公共场所从业单位进行监督监测，监督覆盖率达100%，监督频率达4次/年户以上，审发卫生许可证246户，发放率达96%。体检培训从业人员600人，体检培训率达100%，发放健康证583本，发放率达97.2%，检出"五病"人员17人，全部调离工作岗位。采检公共用具172份，合格155份，合格率为90.1%。采检生活饮用水35份，合格33份，合格率为94.3%。对严重危害工人身体健康的企业厂矿进行监督监测，全区共有职业卫生从业单位101户，从业人员1.05万人。指导企业建立职业病防治管理机构，建立职业卫生档案21户，共体检职业工人1269人，检出乙肝表面抗原阳性病人37人。配合区教育局健康体检城区学生2万余名。2009年，区卫生局卫生监督所对辖区食品经营单位1829户进行监督，监督覆盖率达100%，监督频率达4次/年户，新发放卫生许可证1210个，审核487个，发放健康合格证4412个，发放率为96.5%。培训食品从业人员4572人，培训率达100%。检测餐具1140份，合格1071份，合格率为93.9%。采检食品236份，合格231份，合格率为97.88%。共行政处罚30户，其中警告21户，罚款2户，罚款金额3000余元，责令停产5户，没收违法食品200余千克，折合人民币2000多元，下达卫生监督意见书1500余份。同年，加大对公共场所的卫生监督监测力度，全区公共场所从业单位288户，新发卫生许可证238户，审核44户。从业人员1028人，发放健康合格证909人，发放率为88%。采检饮用水40份，合格36份，合格率为90%。抽检住宿场所43家，采集样品324份，合格293份，合格率为90%，对不符合卫生要求的72家单位提出要求，责令限期整改。为3户煤矿和离石电缆厂公司人员进行体检，共体检756人，未发现职业病患者，检查出指标异常者78人。2010年元旦、春节期间，区卫生局卫生监督所检查各类餐饮经营户387户，采检餐具1161份，责令停业整顿5户，下达整改意见书387份，春节期间未发生食品安全事故。同年3月，区卫生局制定《吕梁市离石区餐具消毒管理暂行办法》。同年，区卫生局卫生监督所开展地沟油和不合格一次性筷子使用情况检查，出动卫生监督员200余人次，出动车辆40余次，共查缴不合格一次性筷子1万余双，可疑食用油脂100千克。"两会"期间，区卫生局卫生监督所快速检验菜品300余份，合格294份。离石区首届美食文化节期间，区卫生局卫生监督所出动卫生监督人员80人次，监督车辆15车次，对发现的问题及时指出并提出监督意见，美食节期间未发生食物中毒事故。同年，共发放卫生许可证644户。全区共有各类公共场所经营户364户，其中住宿场所107户、沐浴场所23户、美容场所109户、其他125户。共发放各类公共场所卫生许可证357户，培训从业人员696人，监督频次为4次/年户以上。2011年，区卫生局卫生监督所共发放公共场所卫生许可证563户，培训并发放从业人员卫生知识培训合格证1326本，卫生许可证发放率达98%。同年，对辖区公共场所的宾馆、旅店、美容美发店、沐浴场所进行卫生监督量化分级评定工作，量化率达100%。对辖区公共场所单位建立台账，同时建立电子档案，建档率达100%。对公共场所集中空调通风系统进行监测检查，对公共场所公共用品进行卫生监测，共抽检用品218份。制定《2011年职业卫生重点监督工作督导方案》，加强职业卫生监督管理，建立全区职业卫生技术服务机构电子档案基本信息并开展《中华人民共和国职业病防治法》宣传活动和职业卫生从业人员卫生培训工作。同年，对全区所辖医疗机构重新摸底建档，有X光机的22家，其中公立医院6家、乡镇卫生院6家、私立医院3家、口腔诊所7家。对放射诊疗许可、防护工作制度落实检查及放射防护设施设备的建档使用、放射工作人员的个人剂量监测、健康检查及培训等工作进行监督整治，对20户单位提出整改意见，取缔无证单位2户。共监督检查中小学校43所，为城区19所中小学进行学生健康体检30158人，全部建立学生健康档案，同时就教学环境卫生监督情况向学校校长和教育部门领导反馈，并提出整改意见。对辖区2次供水和自备水厂进行监督检查，对存在问题的有关单位下达监督意见书，并限期整改。对全区所辖医疗单位进行超诊疗科目专项监督检查。开展打击非法行医和非法采供血工作，与公安机关等部门配合，共检查医疗单位118户，查处案件2件，取缔非法行医诊所22户，扣押价值2万余元的药品、器械并处罚款11万元。

2012年，区政府牵头，区公安局、区药监局、区人民检察院、区人民法院、区卫生局组成打击非法行医专项行动小组，分别以乡镇为单位对辖区个体诊所进行拉网式摸底排查，辖区共有被监督单位172家，其中县级医院3家、社区卫生服务机构4家、卫生院8家、民营医院7家、健康体检机构2家、村卫生室94家、诊所54家。共出动车辆50余次、人员520余人次，取缔非法行医窝点14家，规范违规行医诊所50余家，罚款6.8万元，没收药品器械28件，下达各种监督文书100多份。同年，区卫生局卫生监督所对辖区自备集中供水、二次供水乡镇（农村）集中供水单位的水源卫生防护、饮用水消毒、水质检验等进行监督监测，其中对10户二次供水和自备集中供水单位采样送省疾控中心进行化验。各种类型供水单位共有355户，监督户数87户，建档户数32户，监测户数20户，发证户数3户，水源卫生防护达标14户，饮水消毒达标1户。同时，区政府投资20万元，购置生活饮用水快速检测设备。对辖区50所中小学校饮用水卫生、教室卫生、环境卫生、体育卫生、宿舍卫生等方面进行监督监测，监督频次2—3次/年户，监督覆盖率达100%。对全区开展放射执业活动的医疗机构进行摸底调查，共出动车辆120辆次、监督人员70人次，监督覆盖率达100%；建立档案12户，监督检查12户（其中警告单位5户、罚款单位1户，罚款金额3000元，停业单位10户）。对辖区内职业健康体检机构进行检查监督，取得资质的体检机构有3户（离石区人民医院、离石区疾控中心、吕梁凤凰体检部），离石区疾病预防控制中心进行职业健康体检3741人，检出职业禁忌证1人，疑似职业病10人；吕梁凤凰体检部进行职业健康体检4496人，检出职业禁忌证1人，疑似职业病11人。2013—2014年，区卫生局卫生监督所取缔“黑诊所”9家、药店非法行医2家，罚款4万余元。没收药品11件，立案处理诊所16户，罚款6万余元。监测饮用水46户，合格44户。发放卫生许可证1196份，审核46份。培训公共场所从业人员500余人次。集中消毒餐饮单位3户，监督33次。检查公共场所卫生238家。限期整改不符合卫生标准卫生规范的单位75家，行政处罚25家，警告处罚24家。2015年，区卫生计生执法大队继续开展打击非法行医工作，对辖区内每个医疗机构进行监督检查。对学校饮用水、传染病防治、公共场所经营单位进行监测，规范管理，严格发放卫生许可证。同年，对全区的公共场所经营单位进行建档，建档率达100%，并建立电子档案。对全区1148家公共场所经营单位（住宿业85家、美容美发场所162家、娱乐场所51家、其他850家）进行监督管理，监督覆盖率达100%。5—6月，对全区公共场所禁止吸烟情况进行专项检查，检查汽车站、超大型餐馆等多处公共场所102次，所有大型公共场所均设有禁烟标志。对市政供水、农村集中式供水、农村学校自建设施供水进行监督检查，与有关部门配合，共抽检饮用水70份，共印发饮用水宣传资料5000余份，开展集中宣传2次；对全区67所中小学校和托幼机构传染病防控工作、生活饮用水管理、教学环境、教学设备设施、学生住宿环境等卫生状况进行监督检查，检查发现学校托幼机构均制定传染病突发事件应急预案，将健康教育纳入教学计划，学校托幼机构普遍设置保健室，配备专职或兼职保健人员。会同区疾病预防控制中心开展传染病防控宣传活动、疫苗接种情况专项检查，将疫苗接种情况作为入学的必检项目。

截至2015年底，全区共有卫生医疗机构393个，包括区人民医院、区中医院、区妇幼保健计划服务中心、区疾病预防控制中心、乡镇（街道）卫生院和卫生服务中心12个、村卫生所（室）194个、民营医院14个、健康体检部2个、个体门诊部1个、个体诊所166个。离石区卫生计生执法大队共打击取缔“黑诊所”“黑牙科”8家次，立案查处非法行医案件32宗，行政处罚32宗，罚款金额7.54万元，涉及“两非”案件1宗。区卫生计生执法大队组织参与“3·15”消费者权益保障日、“世界结核病防治日”、“健康知识进万家”宣传活动，印发卫生法制宣传单7500余份，并制作宣传展板，同时在石州电视台开展卫生监督执法跟踪报道，开展形式多样的宣传活动。

第二章　防疫保健

第一节　传染病防治

传染病种类

百日咳　白喉　破伤风（简称百白破）　清光绪二十九年（1903），永宁县流行白喉，死者甚多。

1972年后，离石县每年均有20例左右百白破病例。1978年，国家开始实行计划免疫，离石县每年为基础免疫范围内的儿童接种百白破疫苗，破伤风、百日咳得到有效控制，白喉病例消失。1983—1984年，离石县共确诊破伤风病例3例。百日咳病例下降到每年5—6例。1984年后，未确诊破伤风病例。

2006—2007年，离石区未发生百日咳病例。2008年，离石区确诊百日咳病例2例。2009年，离石区确诊百日咳病例1例。2010—2011年，离石区未确诊百日咳病例。

2012年，离石区确诊百日咳病例7例。2013年，离石区确诊百日咳病例1例。2014年，离石区确诊百日咳病例2例。2015年，离石区无确诊百日咳病例。

麻疹　民国8年（1919）至民国15年，离石县流行麻疹、猩红热，当时称疹热病，因该病死亡2853人，占发病总人数的39.6%。

20世纪50—60年代，在婴幼儿中每年均有流行，范围广、发病多、死亡率高。

1978年，离石县开始对婴幼儿接种麻疹疫苗，发病率大幅下降。1978—1981年，平均每年发病人数在130例以内。1982年、1983年降至60例。1984年后，发病人数逐年下降。20世纪90年代初，离石县每年发病人数在10—20例。发病范围为局部地带，且病情短、症状轻、无死亡病例。1995年，未发生病例。

1996年起，离石市发病人数平均每年20—25例。2001年后，发病呈上升趋势。

2006年始，离石区防疫部门每年对全区8月龄至11岁儿童开展强化免疫。2007年，离石区确诊病例42例。2008年，确诊病例103例。同年，离石区防疫部门对8月龄至11岁的儿童进行麻疹疫苗强化接种，麻疹发病率迅速下降。2009年，离石区确诊病例3例。2010—2011年，未发生病例。

2012年，确诊病例3例。2014年，暴发麻疹疫情，共确诊病例271例，无死亡病例，全部治愈。2015年，离石区确诊病例2例。

痢疾　民国8年（1919）至民国15年，离石（永宁）县因痢疾死亡509人，占发病总人数的7.07%。

20世纪70年代，离石县农村环境卫生、个人卫生差，农民防病知识少、防病意识差，痢疾导致人死亡年年均有发生。1978—1985年，离石县年平均发病人数260多人，年平均死亡1例。1985年后，县卫生防疫部门开展卫生科普知识宣传、卫生下乡等活动，提高农民卫生知识，增强防病意识，发病人数下降50%。20世纪90年代，离石县痢疾总发病率下降。1994年，痢疾发病人数增加到309人。同年，县卫生防疫站开展环境污染大清理行动，疫情得以有效控制。1995年后，离石县年平均发病人数20—30人。

2007年，离石区确诊病例28例。2008年，确诊病例6例。2009年，未发生痢疾病例。2010年，确诊病例3例。2011年，确诊病例3例。

2012年，确诊病例2例。2013年，确诊病例5例。2014年，确诊病例5例。2015年，离石区确诊痢疾病例2例。

梅毒　抗日战争前，离石县境内山庄窝铺为梅毒多发区。

中华人民共和国成立后，离石县开展梅毒防治工作。1959—1960年，离石县组织卫生、医疗部门成立驱梅小组，开展消灭梅毒运动。对查出的1390名梅毒患者，采用中草药和“六〇六”等药物进行免费治疗，基本消灭梅毒疫情。

20世纪60年代后，离石县未发现梅毒病例。80年代，外来务工人员增加，卖淫嫖娼现象导致离石县梅毒病死灰复燃。1988年，离石县确诊梅毒患者1例。1989年后，离石县梅毒患者逐年增加。

2005年，离石区确诊梅毒患者28例。2007年，确诊梅毒患者43例。2008年，确诊梅毒患者92例。2009年，确诊梅毒患者133例。2010年，确诊梅毒患者170例。2011年，确诊梅毒患者192例。

2012年，确诊梅毒患者251例。2013年，确诊梅毒患者245例。2014年，确诊梅毒患者198例。2015年，离石区确诊梅毒患者204例。

结核病　中华人民共和国成立前，结核病在离石县境内死亡率很高。

中华人民共和国成立后，离石（山）县采取一系列的措施，结核病达到较好防治。

1982年，离石县卫生局组织县、乡、村三级防疫人员进行集中培训，掌握结核病流行特点及诊断、治疗、预防和卡介苗接种的方法与技术。1984年底，离石县卡介苗普种工作结束。1985年，离石县把卡介苗接种工作纳入儿童基础计划免疫之中，对新生儿全部接种卡介苗。1986年，离石县结核病诊断小组成立，有成员6人。1991年后，离石县每年卡介苗接种率均在95%以上，卡痕形成在85%以上，结核病防治工作取得阶段性成果。

1997年，离石市防疫站成立肺痨科，对肺结核病人实行归口管理，建立个人档案，予以免费治疗，所用主要药物有链霉素、乙胺丁醇、异烟肼、利福平、吡嗪酰胺片等。2003年，离石市政府牵头成立结核病防治领导组，结核病防治工作纳入重要议事日程。

2008年，离石区疾病预防控制中心开展新的结核病检查项目，结核病发病率大幅下降，治愈率大幅提高。同年，全区确诊结核病患者219例。2009年，离石区确诊结核病患者187例。2010年，离石区确诊结核病患者241例。2011年，离石区确诊活动性肺结核病患者129例。

2012年，确诊活动性肺结核病患者184例。2013年，确诊活动性肺结核病患者249例。2014年，确诊活动性肺结核病患者217例。2015年，离石区确诊活动性肺结核病患者217例，登记143例。

流脑 20世纪60年代，离石县西山一带流行流脑。1964年，离石县坪头村确诊流脑患者8人，死亡1人。同年，县卫生局、县中心人民医院和坪头村卫生所组织防治小组，用黄连素滴鼻、口服黄胺药方法对流脑进行预防。

20世纪70年代起，国家对在校儿童进行流脑疫苗接种，离石县未发生流脑病例。

1998年，离石市确诊流脑患者2例，死亡1例。

至2005年，离石区没有发生流脑患者。2006年，确诊流脑患者3例，无死亡。2007年，离石区将流脑疫苗纳入儿童基础计划免疫之内。

至2015年，离石区未确诊流脑患者。

小儿麻痹 1978年，离石县共确诊小儿麻痹患者12例。1979年，确诊13例。1980年，确诊12例。1981年，确诊10例。1982—1984年，小儿麻痹患者发生数逐渐下降。1986年，离石县确诊小儿麻痹患者2例。1988年，确诊3例。1989年，确诊2例。1990年，确诊1例。1991年，确诊1例。1992年，确诊1例。1993年，离石县根据国家规定对4岁以下儿童开始实施小儿麻痹糖丸强化计划免疫。

截至2015年底，离石区未发现小儿麻痹患者。

甲肝 20世纪70—80年代，离石县少见甲肝病人。90年代，离石县甲肝病毒随外籍打工经商人员携带入境。1994年，离石县确诊甲肝患者3例。

1998—2005年，离石区（市）平均每年确诊甲肝患者7—8例。

2006年，离石区确诊甲肝患者15例。2007年，确诊甲肝患者2例。2008—2009年，离石区未发现甲肝患者。2010年，确诊甲肝患者3例。2011年，确诊甲肝患者4例。

2012年，确诊甲肝患者4例。2013年，确诊甲肝患者3例。2014年，确诊甲肝患者4例。2015年，离石区确诊甲肝患者1例。

肝炎 20世纪70—80年代初，离石县每年有肝炎发病200—300例。1983年，离石县确诊患者23例。1985年，确诊患者378例。1986年，确诊患者146例。1988—1990年，离石县发病人数下降38%。1991年，离石县确诊患者366例。1992年始，离石县确诊肝炎患者人数逐年下降，每年确诊患者30—40例。

2007年，离石区确诊患者12例。2008年，确诊患者159例。2009年，确诊患者175例。2010年，确诊患者8例。2011年，确诊患者12例。

2012年，确诊患者20例。2013年，确诊患者15例。2014年，确诊患者14例。2015年，离石区确诊患者 14 例。

流感 20 世纪 70 年代后期至 90 年代，离石县境内每年都发生流感，每年发病 12—82 例，发病范围局部，未造成流行。

2005—2006 年，离石区确诊流感患者均少于 12 例。2007—2008 年，离石区没有发生流感病例。2009 年，离石区确诊流感患者 7 例。2010 年，确诊流感患者 36 例。2011 年，离石区未发生流感病例。

2012 年，确诊流感患者 61 例。2013 年，确诊流感患者 45 例。2014 年，确诊流感患者 105 例。2015 年，离石区确诊流感患者 37 例。

乙肝 20 世纪 70—90 年代，离石县每年平均确诊乙肝患者人数在 70—80 人之间。

1997 年，离石市确诊乙肝患者 121 例。1998 年，确诊乙肝患者 203 例。1999 年，确诊乙肝患者 181 例。2000 年，确诊乙肝患者 201 例。2001—2004 年，离石区（市）确诊乙肝患者人数略有下降。

2005 年，离石区确诊乙肝患者 365 例。2006 年，确诊乙肝患者 249 例。2007 年，确诊乙肝患者 123 例。2008 年，确诊乙肝患者 159 例。2009 年，确诊乙肝患者 175 例。2010 年，确诊乙肝患者 152 例。2011 年，确诊乙肝患者 161 例。

2012 年，确诊乙肝患者 153 例，死亡 1 例。2013 年，确诊乙肝患者 162 例。2014 年，确诊乙肝患者 160 例。2015 年，离石区确诊乙肝患者 173 例。

乙脑 20 世纪 80 年代起，离石县对适龄儿童接种乙脑疫苗。

2007 年，离石区乙脑疫苗纳入儿童基础计划免疫之内。

2012 年，离石区确诊乙脑病例 1 例。至 2015 年 6 月，离石区没有确诊乙脑病例。

“非典” 2003 年春夏之交，国内发生“非典”疫情。离石市卫生系统干部职工 1200 余名投入抗击“非典”战斗中，相关单位自筹资金 50 余万元购买抗“非典”物资。4 月 11 日，离石市卫生局成立防非指挥中心，实行全天 24 小时值班制。4 月 16 日，离石市人民医院成立医疗救治组织。4 月 17 日，离石市防疫站成立疾病控制组织，正式启动系统内部抗击非典的各项程序。

抗击“非典”期间，离石市卫生局出动宣传车历时一周在城区巡回宣传防非知识，发放《山西日报》《吕梁日报》《非典专刊》及省委宣传部、文明办、省卫生厅下发的宣传挂图等宣传资料 10 万余份，同时编发《离石市防非领导组简报》70 余期，每期 180 余份。收集辖区 60 余个单位流动人口情况 35 万余人次。逐日收集全市疫情报告 666 个，接受捐款捐物价值 40 余万元，编印、发放相关资料价值 3 万元。离石市人民医院应急救治组应急出诊共 21 次。发热门诊接待发热病人 77 例，收治留观、隔离发热病人 6 例。离石市卫生防疫站完成 386 人次的流调任务，对 78 例可疑病人进行流行病学调查，实行隔离观察 24 人。进行预防性消毒面积 513 万平方米，对不符合防控“非典”要求单位进行停止整顿 342 户，对从疫区、外来人员（包括返乡人员）实施家庭隔离602人，健康检查4764人。乡镇卫生人员100余名昼夜坚守在6个交通路口检查站配合检查，累计检查登记流动人口20.64万人。离石市范围内未发现“非典”病人。

性病 艾滋病 2006年，离石区卫生防疫站设立性病、艾滋病防治科，对娱乐场所、建筑工地、看守所在押人员等高危人群进行干预并定期开展宣传教育活动。2008年，离石区疾病预防控制中心人员在区看守所在押人员中检出艾滋病患者2例，内蒙古籍和四川籍各1人，对2人进行艾滋病专用药品控制治疗后，转送原籍。2009年，离石区疾病预防控制中心工作人员对辖区内发廊、美容院等公共娱乐场所人员免费进行艾滋病毒检测、妇科检查、干预388人，占从业总人数的72%。发放宣传资料1.18万份、安全套7150个、联系卡458份。同年，离石区疾病预防控制中心工作人员对区看守所吸毒、卖淫、嫖娼等在押人员进行艾滋病检测筛查，共筛查288人，检出艾滋病感染患者1名，及时采取防治措施。2010年6月，离石区疾病预防控制中心艾滋病防治科配合相关部门，利用知识讲座、墙体宣传、电视媒体广告等方法宣传有关艾滋病防治知识和政策条例。在娱乐场所、宾馆、旅店、洗头房、洗脚店、按摩店、街头、乡村发放预防艾滋病小册子、宣传手提袋2万余个，发放宣传资料5000余份、安全套6000余盒、香皂400余块。同时在高危人群和看守所在押人员中，进行HIV抗体筛查，发现阳性2人并对其进行抗病毒治疗。全年共发现艾滋病患者3例。2011年，离石区疾病预防控制中心艾滋病防治科配合相关部门对暗娼干预点发放香皂400余块并进行采血筛查，均为阴性。对在押人员筛查工作项目任务完成率达100%。

2012年，离石区疾病预防控制中心艾滋病防治科发放宣传资料1113份、环保宣传手袋113个、安全套8600余个、指甲刀400余个，采血筛查艾滋病毒400人，均为阴性。2013年，离石区确诊患者1例，死亡1例。2014年，离石区确诊患者4例。截至2015年底，离石区艾滋病累计确诊患者28例，累计死亡患者6例。

丙肝 2007年，离石区确诊丙肝患者6例。2008—2009年，未发现丙肝患者。2010年，确诊丙肝患者12例。2011年，确诊丙肝患者19例。

2012年，确诊丙肝患者26例。2013年，确诊丙肝患者37例。2014年，确诊丙肝患者26例。2015年，离石区确诊丙肝患者13例。

禽流感 2008年，国内发生禽流感疫情，离石区疾病预防控制中心配合畜牧系统扑杀一大批疑似感染禽流感的家禽（鸡）并对全区养鸡区进行药物消杀，全区未发现感染禽流感病例。

至2015年底，离石区没有发生禽流感疫情。

手足口病 2008年，离石区手足口病流行，共确诊患者355例，90%为城区各幼儿园的幼儿。离石区疾病预防控制中心采取药物消杀活动场所、教师宿舍的方式，疫情得以控制。

2009年，离石区确诊病例77例。2010年，确诊病例148例。2011年，确诊病例37例。

2012年，确诊病例291例，死亡1例。2013年，确诊病例41例。2014年，确诊病例233例。2015年，离石区确诊病例125例。

甲型H1N1流感　2009年，国内发生甲型H1N1流感并迅速蔓延。离石区疾病预防控制中心成立流感防控领导组，开展甲型H1N1流感疫情防控工作。同年10月，离石区出现首例甲型H1N1流感患者，区政府投入专项经费100万元，为区人民医院和区疾病预防控制中心配置防护物资及医疗设备。全区对可能发生聚集性疫情的人群进行接种，共接种疫苗31976人份。至11月，全区共确诊甲型H1N1流感病例52例，密切接触者603人，全部进行有效治疗。至年底，全区确诊甲型H1N1流感患者53例，全部治愈。2010年，离石区未确诊甲型H1N1流感病例。2011年，离石区确诊甲型H1N1流感病例3例，全部治愈。

至2015年6月，离石区没有发现甲型H1N1流感病例。

传染病防治

清光绪二十九年（1903），永宁县境内发现白喉，死者甚多。

民国8年（1919）至民国15年，离石县境内，死于麻疹、猩红热（当时称疹热病）病的人有2853人，占发病总人数7201人的39.6%。死于伤寒病的有743人，死亡率占10.32%。死于痢疾病的有509人，死亡率占7.07%。死于痘疹的有436人，死亡率占6.05%。民国33年，离石县民众医院在抗日根据地开展卫生知识宣传，给儿童接种牛痘疫苗。

20世纪50—70年代，离石县民众（人民）医院（卫生院）设防疫股，配备卫生防疫人员5—8名。70年代，离石县在县、乡、村建立健全三级卫生防疫机构，对全县主要流行的传染病（流脑、百日咳、猩红热、麻疹、流感、痢疾、肝炎、脊髓灰质炎）进行防治与管理。分别采用口头、电话、电报、书面或卡片等方式报告疫情，报告时间为：甲类传染病，城区最迟不超过6小时，农村不超过8小时；乙类传染病，城区最迟不超过8小时，农村不超过24小时。1975年，离石县卫生防疫站建立，有卫生防疫人员19人。1978年，离石县依据卫生部《传染病管理办法》，制定实施细则，坚持与完善已建立的疫情报告、预防接种等制度。1987年，离石县健全县、乡、村三级卫生防疫网，全县共建防疫机构269个，有疫情报告员344名。全县254个村卫生所，建立传染病管理、疫情报告“三簿一卡一表”制度的单位有237个，占93.3%。吕梁地区驻县单位、县直机关、厂矿、学校单位都配有疫情报告员，发现疫情及时报告与防治。同时，生物制剂的发放使用在时间上也作出具体规定，乡医院5天、村卫生所4天之内将生物制剂全部用到免疫人群体内。由县防疫站监督、验收。1989年2月21日，宣传颁布的《中华人民共和国传染病防治法》（简称《传染病防治法》），全县组织卫生系统工作人员在城区街头悬挂横幅、广场设点发放各种宣传资料，在乡村发放宣传单、小册子宣传《传染病防治法》。1990年，离石县卫生防疫站工作人员增加到41人，设立防疫科、卫生科、检验科、食品卫生科、防痨地病科、劳动卫生科等科室10个。

2008年，区疾病预防控制中心成立，进一步加强全区传染病防治工作。

至2015年底，区疾病预防控制中心每年均开展传染病防治工作。

第二节 地方病防治

碘缺乏病

包括地方性甲状腺肿病（简称地甲病）、地方性克汀病、亚临床克汀病、单纯性聋哑、胎儿流产、早产、死产及先天性畸形等。

20世纪50年代开始，离石县政府组织医务人员对辖区内发生的地甲病进行普查、普防、普治。

1956年前，离石（山）县治疗地甲病主要靠药物，疗效甚微。1957年，老中医孙文鳌首创针刺治疗地甲病获得成功，他对马坊、四皓两村65例地甲病患者进行针刺治疗，有效率达95%以上，经山西医学院佟弓等专家学者用同位素扫描测定，证实针刺疗法具有安全可靠、便于掌握、推广，花钱少、疗程短、疗效高等特点。1958年，孙文鳌在安泽县召开的山西省地甲病会议上向与会人员传授针刺技术。后在《健康报》《中医杂志》等报刊做介绍推广。1959年、1960年，孙文鳌2次出席全国群英会，受到国家主席刘少奇、卫生部部长李德全等国家领导接见。

20世纪70年代开始，离石县采用针刺、药物、食盐加碘综合治疗地甲病。1978年，全县缺碘的6个乡镇74个村累计确诊地甲病患者2109人，累计治愈1614人。1978—1984年，采用针刺、注射碘油、食盐加碘等综合治疗地甲病。1984年，开展食盐加碘预防地甲病工作。1986年，离石县地方病领导小组撤销，相关职能部门工作松懈，地甲病发病率上升。1990年，离石县卫生防疫站设立地病科，增添必要监测设备，对病区碘盐供应情况进行监测。1993年，离石县对病区7—14岁儿童及育龄妇女普服碘油胶丸。1994年3月，离石县开展地方病普查，对重点人群发放碘油胶丸1.8万粒，监测食盐4448份，碘盐合格率为41.2%。同年5月5日，离石县开展第一个“全国防治碘缺乏病日”宣传活动。1995年4月，县卫生局举办地方病专业人员培训班。在病区发放智力碘口嚼咬片900盒、碘油胶丸1.999万粒，对重点人群进行强化补碘14956人。检测居民食盐311份，检查儿童甲状腺373人。同年5月5日，离石县开展第二个“全国防治碘缺乏日”宣传活动，出动宣传车2辆，散发宣传单5000余份，向病区群众赠送碘盐1吨。

1996年，离石市在病区发放碘油胶丸2.348万粒，对重点人群强化补碘10708人，强化补碘率为94.2%，治疗缺碘患者516人，治愈率为98.9%。抽查儿童302名，甲状腺肿大率为9.27%，达到国家基本控制标准（5%—10%）。1997年，对重点人群发放碘油胶丸2.348万粒，强化补碘人数10708人。1998年，停止口服补碘。1999年，离石市基本消除碘缺乏病。

2001—2005年，离石区（市）碘缺乏病监测结果均在国家控制标准之内。2007年，离石区碘盐监测6.772万份，合格率达97.09%，食用碘盐覆盖率为100%。儿童尿碘中位数为188.5ug/L，超过国家标准（100ug/L），8—12岁儿童，甲状腺肿大率为4.08%。2008年，区疾病预防控制中心地病科监测居民盐样288份，合格率达99%。同年，全区确诊地甲病患者2人。2009年5月，区疾病预防控制中心地病科监测居民盐样288份，合格率达98.95%，全区碘盐覆盖率达95%以上。采样监测儿童尿样100份，碘中位数为496.55ug/l。抽查儿童220名，儿童甲状腺肿大率为3.18%。10月中旬，通过自查考评，离石区确定达到消除碘缺乏病目标。2010年，离石区成立自查评估领导组，通过自查，全区居民碘盐覆盖率达98%以上，碘盐合格率达98.9%，8—12岁儿童甲状腺肿大率为3.18%，全区实现消除碘缺乏病目标。2011年，监测居民碘盐288份，合格率为96.18%，全区碘盐覆盖率为100%。

2012年，监测居民碘盐300份，合格率为99.3%，全区碘盐覆盖率为100%。2013年，监测居民碘盐300份，合格率为97%，全区碘盐覆盖率为97.3%。2014年，监测居民碘盐300份，合格率为99.7%，全区碘盐覆盖率为100%。2015年，离石区监测居民碘盐300份，合格率为92.3%，全区碘盐覆盖率为100%。

大骨节病

中华人民共和国成立前，离石县境内发现大骨节病患者，多数分布在森林边缘地带的山村窝铺。

1971—1978年，离石县累计确诊大骨节病101人，病区主要分布在王营庄、小神头、阳坡3个乡镇16个行政村、32个自然村。主要采用硫酸钾、草木灰、卤碱等治疗患者96人，无明显效果。1982年起，离石县与山西省地方病防治研究所协作，对病区2—10岁儿童手部进行拍片监测。1985年，吕梁地区防疫站在小神头乡吴家庄村建立大骨节病监测站。1987年，离石县在大骨节病区投服亚硒酸钠片2500人，进行大骨节病预防。1990年，山西省地方病防治研究所和吕梁地区防疫站在离石县阳坡、小神头2个乡设立省级大骨节病监测点2个，持续对大骨节病发病情况进行监测。1994年，离石县进行地方病普查，查出大骨节病新旧患者144人，其中早期16人、Ⅰ度94人、Ⅱ度30人、Ⅲ度4人，发病年龄全部集中在20岁以上人群。1995年5月19日，离石县根据哈尔滨医科大学大骨节病研究所所长杨建伯教授发现大骨节病致病原因，倡导病区人们改变饮食习惯，采取合理预防措施，全县病情呈下降趋势。同年，离石县为病区投服亚硒酸钠6000片。

至2002年，离石市大骨节病情处于稳定消退趋势，达到国家规定的基本病区控制标准。

2010年9月，离石区对大骨节病评估自查，组织专业人员在信义镇3所小学抽查8—12岁儿童260名进行右手拍片监测，阅片结果全部正常。

至2015年底，离石区没有发现大骨节病新患者。

地方性氟中毒

分为饮水型地方性氟中毒、煤烟雾污染型氟中毒两种。1987年前，离石县氟中毒病无法考证。1988年，离石县防疫人员到田家会镇的高崖湾村和沙会则村进行调查，发现两村均存在煤烟污染型氟中毒的情况。1994年，离石县进行地方病普查，对氟中毒疑似村小学8—12岁学龄儿童进行氟斑牙检查。共检查儿童153名，查出氟斑牙患者24人，患病率为15%。同年6月，县卫生局组织专人对全县6座煤矿炼焦集中地的7个村委在校小学生446人进行氟斑牙检查，查出氟斑牙患者213人，患病率为47.7%。调查发现儿童氟斑牙的发病属环境污染所致。

1998年，离石市政府协调环保等部门开展取缔土法炼焦的活动，防治氟中毒现象。

2007年3—5月底，离石区政府彻底取缔大小炼焦企业、土法炼焦炉，病区居民彻底脱离煤烟污染的危害，全区氟中毒病情得以有效控制。2009年，离石区儿童氟斑牙患病率下降到10.3%，达国家控制标准。2010年，离石区儿童氟斑牙患病率为10.6%，达国家控制标准。2011年，离石区儿童氟斑牙患病率为9.9%，达国家控制标准。

2012年，离石区氟中毒病情达国家控制标准。截至2015年底，离石区没有发现氟中毒病新患者。

布鲁氏菌病

简称布病，是由布鲁氏菌引起的人畜共患的传染—变态反应性疾病。传染源主要是染病羊、染病牛。

1985年，离石县布病疫情达到国家控制标准。1986—1991年，布病疫情处于静息阶段。1992年，离石县信义镇3个村确诊布病15例。1995年7月，县卫生防疫站对东红、梨树塔、丰义村、归化村进行布病流行学调查，共进行血清学检查1092人，阳性5人，确诊4人，对确诊患者治疗的同时，对与其密切接触者进行药物预防，对患者家属及畜圈进行消毒处理。

1996年，离石市确诊布病33例。同年，市政府成立布病防治领导组，组织人员对布病进行普查、防治，对疫区1160人进行菌素试验，对55人进行血清检查，菌苗免疫接种20563人，检验牲畜166只，免疫牲畜3716只，深埋处理病羊115只。同时开展卫生宣传、疫地消毒等工作。2001年7月，坪头乡4个村确诊布病患者11例，均为养羊人员。同年，市卫生、畜牧部门布病防治人员检疫羊1306只，查出病山羊152只，全部做深埋处理，对未感染的山羊、绵羊进行免疫。同时对11名患者进行及时治疗，对疫源村1074人进行布氏菌苗接种，对疫源地进行消毒处理。

2007年，离石区信义镇小神头益欣牛奶厂确诊布病患者4人。区政府迅速组织卫生、畜牧专业人员检疫奶牛460余头，对17头病畜进行扑杀无害化处理，对健康奶牛进行免疫。对布病患者进行及时治疗。至2010年，全区累计确诊布病患者124人，检出染病羊231只、染病奶牛 17 头。畜牧部门累计检疫山羊、绵羊 4074 只、奶牛 216 头，预防接种免疫山羊、绵羊 7326 只、奶牛 210 头，菌苗接种率达 93%。卫生疾控部门对布病患者 124 例进行建档和及时治疗，累计给重点人群预防接种布氏菌苗 4800 人。

2011—2015 年，离石区累计确诊布病患者 52 人，治愈率 100%。

第三节　职业病防治

20 世纪 50 年代，离石（山）县对工矿企业职工进行安全生产和劳动卫生知识教育，对从事高温、粉尘、毒物、坑下等作业工人，实行劳动保护，防止职业病发生。

1963 年，离石县七里滩煤矿、发电厂、蛋厂（电缆厂前身）等企业确定为职业病重点防治单位。1966 年，职业病防治工作放松。1976 年起，离石县卫生防疫站、厂矿企业医疗室把职业卫生列为工作任务，每年进行职工健康检查 1 次。至 1985 年，县、乡、村各工业企业累计确诊尘肺病患者 141 人，其中Ⅰ度 101 人、Ⅱ度 32 人、Ⅲ度 8 人，累计治愈 132 人，并辅以工种调整。1987 年，县卫生防疫站和有关部门对 9 个乡镇煤矿 724 名煤矿工人进行职业病检查，确诊煤硅肺病患者Ⅰ—Ⅲ度共 57 人。其中国营煤矿 49 人、乡镇集体煤矿 8 人。普查国营、集体工厂的工人中发现，县印刷厂有个别铅中毒患者，其余多为粉尘危害患者，共确诊尘肺患者 9 人，其中国营工厂 5 人、集体工厂 4 人。1989 年，县卫生防疫站对 8 个厂矿进行一氧化碳浓度测定，共测定 32 个点，合格率占 50%。对 12 个工矿进行粉尘浓度测定、分散度测定，共测定 60 个点，合格率占 90%。1990 年，全县粉尘测定点 134 个，卫生合格 40 个，合格率占 44%。物理因素作业点 70 个，卫生合格 30 个，合格率占 42%。毒物作业点 30 个，卫生合格 15 个，合格率占 50%。同年，离石县对 1511 名从事有害作业工人进行健康检查，确诊尘肺病患者 23 人，其他疾病患者 25 人，分别给予治疗。对县属 19 个医疗机构的 25 名从事 X 射线工作人员做调查、记录，实行监测分析，采取有效防护措施，保护放射人员身体健康。同年，离石县根据山西省颁布的《劳动卫生管理条例》，对监督人员颁发劳动卫生监督证书与《中国卫生监督》证章。1991 年，全县劳动卫生监督覆盖企业厂矿率 82%。1994 年，对区域内各大煤矿进行监督监测，合格率为 43%。毒素监测单位 8 个，采集粉尘浓度样品点 16 个、毒物点 12 个，确诊尘肺患者 5 人。监测热辐射点 8 个，监测噪声点 7 个。1995 年，对各企业厂矿进行劳动卫生监督监测，就劳动卫生中存在的问题提出整改意见。

20 世纪 90 年代后期，离石市水泥厂、石料厂、石棉厂、焦化厂、洗煤厂等一些大中型企业有 50% 以上的企业达不到劳动卫生要求，一氧化碳、二氧化碳、X 射线、噪声、振动、高热、二氧化硫、苯等多种化学毒素随时威胁工人的安全。2002 年 5 月 1 日，离石市卫生防疫站职业病防治所成立，对各企业危害工人健康的物理因素和化学因素提出诸多防护措施，劳动卫生逐步走向法制化、规范化轨道。

2005 年后，离石区煤炭系统进行企业整改，作业面安装洒水设施，对煤尘、瓦斯作为常规指数监测，职工安全系数大幅度提升。2008 年，全区职业病防治实行一把手负责制。同年，区卫生防疫站监测全区煤矿、石料厂点 38 个，粉尘浓度达标率在 70% 以上，煤矿井下一氧化碳和二氧化碳都控制在国家标准范围之内，其他厂矿企业有害毒物的浓度也有所下降。2009 年，举办职业卫生培训班，培训人员 37 人。同年，离石区共有申报职业危害项目单位 15 家在职业危险场所悬挂警示标志牌。区卫生监督所对用人单位进行监督检查，宣传健康维权行动内容，对接触危害因素的职工进行健康检查 780 名。至 2011 年 10 月，离石区对各厂矿企业职工每年进行健康体检 1 次，并建立健康档案。通过体检未发现职业病人，未发现 1 起有害毒物中毒事件。

2012 年，离石区检出职业禁忌证 2 人，疑似职业病 21 人，用人单位给予调整工种和医疗治疗。截至 2015 年底，离石区未发现职业禁忌证患者。

第四节　妇幼保健

妇女保健

民国 8 年（1919）至民国 15 年，离石区域产妇死亡 709 人，占产妇总人数（15276 人）的 4.64%，妇女生病率、死亡率都很高。

1950 年，离石县卫生院设防妇股，配备助产师、妇幼保健员。1952 年起，离石县开始对妇女病进行普查、普防、普治。

1954—1956 年，离山县信义、吴城、坪头卫生所配备妇幼保健员，开始开展妇幼保健工作。1956 年后，离山县每年培训农村接生员 1 期，并开展妇女常见病、多发病的防治工作。1958 年，全县各公社卫生院确定专职妇幼保健员，并开展经常性的妇女卫生保健知识宣传教育活动。

1960 年开始，离石县对妇女“两病”（宫脱、尿瘘）进行普查、普治。累计查出“两病”妇女 518 人，治疗 337 人，治疗率为 63%。1961 年，查出“两病”妇女 91 人，治愈 60 人，治愈率为 68%。1965 年，对妇女常见病、多发病以及宫脱、尿瘘等疾病进行普查、普防、普治。

1977 年，离石县设立妇幼保健站，先后举办县妇幼班 2 期，共培训学员 90 名。同年，对全县三分之一公社的妇女病、常见病进行普查、普治，并开展妇女“五期”（经期、怀孕期、产期、产褥期、更年期）和女青年青春期、经期的卫生指导。同时，筹备各村接产室，培训赤脚医生和新法接生员。1978 年，离石县妇幼保健站专设妇保科，增添医疗器械，开展放射、检验、婚前检查新项目，建立妇女保健档案，在全县范围内对孕产妇实行系统管理。

1979年，全县各公社卫生院由1名副院长分管妇幼保健工作并担任组长，妇幼保健员做到专人专职。同年，离石县50%的公社卫生院开展尿瘘、子宫脱垂等疾病普查，妇科病患者治愈率达30%。1980年，县妇幼保健站开展城镇以防癌为主，农村以防治常见病、多发病为主的妇幼保健服务活动，后扩大到妇科炎症、卵巢肿瘤、子宫脱垂、尿瘘等病人的普查、普治。全县30%的大队建立接生站，配备接生员，产妇死亡率降到万分之三以下。

1981年，县妇幼保健站重点开展妇女“两病”的普查、普治工作，妇女“两病”治愈率达80%。同年3月，山西医学院第二附属医院妇产科和山西省妇幼保健院专家在离石县进行妇幼保健工作指导、帮扶，在离石县人民医院为8名严重尿瘘、6名3度子宫脱垂患者进行手术。1982—1983年，离石县卫生局在全县开展普及新法接生、推广科学接生、住院分娩、实施围产期保健、定期进行产前检查和产后访视活动，共检查妇女2540名，为严重宫颈糜烂妇女患者125名建立档案并进行治疗和定期复查，对965名孕产妇做婚前检查和产后访视。1984年9月，县妇幼保健站对1550名10—25岁女性进行月经初潮项目调查，调查结果为城区10—25岁女性月经初潮为14—15岁，农村10—25岁女性月经初潮为12—15岁。1985年，县卫生局和妇幼保健站开展“妇幼保健”宣传、贯彻、落实活动。共出动60余人，通过设咨询点、散发宣传资料、广播电台滚动播放、出动宣传车在村镇宣传的方式进行知识普及宣传。同年，县妇保健幼站以师带徒的方式对妇幼保健人员进行培训，培训率达95%。县妇幼保健站开设婚前检查门诊，婚检864人，婚检率85%。全县孕产妇死亡率控制在万分之三以下。全年应查妇女18053人，实查2238人，占应查妇女的12.3%，妇女“两病”基本得到控制。1986—1987年，县妇幼保健站为已婚妇女7615人做体格检查，体检率占全县已婚妇女的28.6%，查出患各种疾病人数1443人，患病率18.8%，对其中1393人进行治疗，治疗率96.5%。全县孕产妇总数2544人，建卡率24%，早孕建卡率52.8%。全县进行产前检查1080人，检查率42.4%，共检查870人次，人均4.73次。产后访视产妇870人，人均2.35次，访视率70%以上，诊视率80.5%。做婚前检查青年352对。矫治患有严重器质性疾病患者9名。全县会阴3度裂伤3例，裂伤率0.014%，低于规定数0.06%。产后出血16例，出血率0.76%。产褥感染3例，发生率2%以下。子痫1例，发病率0.4%以下。孕产妇死亡1例，死亡率0.03%以下。1988年，继续开展以常见病、多发病为主的普查、普治和防癌工作。同年，全县妇女应检查25694人，实检查2267人，检查率8.8%，查出妇女病患者354人，全部进行对症治疗，治愈率15.6%。农村妇女妇科普查14443名，普查率50.6%，查出患病人数2790人，患病率19.3%。全年孕产妇死亡率0.034%。1989年，县妇幼保健站开展妇科病普查、普治活动，全县孕产妇28533人，接受普查8034人，受检率28%，查出妇科病184例，患病率2.3%，其中宫颈癌1例、子宫脱垂1例、宫颈糜烂60例、阴道炎93例、其他29例。共治疗174例，治疗率94%。孕妇产前检查1575人，检查率93.2%，产后访视1468人，访视率93.2%，其中监护高危妊娠孕妇46人、动员难产孕妇住院分娩6人。全年孕产妇死亡率为零。1990年，离石县对孕产妇统一建立“6薄3卡1册”制度，实行县、乡、村三级管理，建立孕妇保健点村36个。全县孕产妇共2048人，建立孕产妇卡片1692人，其中早孕建卡1213人。全县进行产前检查6856人次，产后访视4357人，全年无孕产妇死亡。全县已婚妇女24092人，农村已婚妇女查治5334人，查出患妇科病1125例，其中子宫脱垂2例、宫颈癌1例、宫颈糜烂480例、阴道炎524例、其他病118例，治疗1094例。同年，20个单位的448名已婚妇女进行以防癌为主的普查普治，共查出妇科病374例，发病率83.4%。

1991年，进一步完善县、乡、村三级孕产妇系统管理制度，建立孕妇保健点村36个。同年，县妇幼保健站对15个乡镇卫生院妇幼保健工作进行检查、验收2次。全县孕产妇2048人，建卡1692人，其中早孕建卡1213人，建卡率59.2%。产前检查2048次，检查率85%。产后访视4096人次，访视率98%。全年无孕产妇死亡。1992年，县妇幼保健站开展妇幼“双保健”有偿服务工作，服务涉及7个乡镇66个行政村，共入保孕产妇684例。全县2033名孕产妇中，系统管理1402例，占69%。共普查妇女8238例，普查普治率85.5%。同年，县妇幼保健站开设新妇幼保健门诊部，并开展婚前检查和妇女保健咨询服务。交口、坪头等8个乡镇开展妇女宫颈涂片检查工作。1993年，县妇幼保健站配合吕梁行署卫生局对全县妇女“三病”（子宫脱垂、尿瘘、陈旧性会阴裂伤）进行摸底调查。同年，县妇幼保健站为基层配备妇幼员24名，对全县237个村卫生所接生员进行短期培训7天，培训率97.5%。与各乡镇卫生院签订妇幼保健合同书。全县孕产妇2365人，纳入系统管理1034人，系统管理率44%，其中监护高危孕产妇52人。产前检查孕产妇1638人，检查率85%，产后访视率70%。孕产妇保健834人，保健率41%。全年孕产妇死亡率为零。全年妇女病普查5977人，查出患病妇女1584人，治疗1562人，治疗率98.3%。1994年，全县系统管理孕产妇2144人，系统管理率85%，经山西省妇幼保健院等部门联合验收达标，荣获省卫生厅颁发的单项奖。1995年，县卫生局、县妇幼保健站开展《中华人民共和国母婴保健法》（简称《母婴保健法》）宣传活动，共印发宣传单2万份，张贴标语500余条，悬挂横幅40条，展览图片20多天，电视报道1周，宣传车巡回宣传3天，同时对县、乡、村三级妇幼人员进行培训，并成立“婚检技术鉴定委员会”。同年，离石县孕产妇1925人，孕产妇系统管理率84%，孕产妇保健管理率57.7%，2项指标均超过吕梁地区要求的妇女保健工作目标。

1996年6月20日，离石市妇幼保健站举办贯彻、落实《母婴保健法》和山西省实施的“削峰”工程，降低出生缺陷发生率的目标规划母婴保健培训班，为期3天，聘请吕梁地区妇幼保健院妇儿科主任和院长授课，全市15个乡镇卫生院和4个市直医疗卫生单位参加培训。7—8月，吕梁地区妇幼保健院副院长等5人组成工作组，巡回培训离石市各乡镇村级妇幼员、接生员260名，培训率98.2%。全市孕产妇总数3140人，完成体检3124人，体检率

99.4%，其中涂片300人，孕产妇系统管理率35.5%，孕产妇保健管理率57%。1998年4月中旬，离石市妇幼保健院8名母婴保健监督员对领取母婴保健技术服务合格证书的市人民医院、职工医院和15个乡镇卫生院进行检查，检查结果符合要求。“六一”儿童节期间，市妇幼保健院开展大型“削峰”工程宣传活动，散发宣传资料500份。同年，已婚妇女服补叶酸（斯利安）100人。孕产妇系统管理人数2146人，孕产妇系统管理率61.7%。1999—2000年，市妇幼保健院把“削峰工程”作为妇幼工作的重点，从组织领导、健康宣传教育、产前检查、孕产妇保健、出生缺陷监测等五方面开展工作。全年共计检查妇女病2043人，检查率84%以上。2001—2002年，离石市卫生局、妇幼保健院开展《母婴保健法》宣传活动10余次，散发传单2万份，执法检查3次，督促乡、镇配齐配全妇幼员。“削峰工程”中，（城关镇、交口镇、田家会镇、西属巴镇、吴城镇）对新婚孕产妇普服斯利安率95%以上，其余乡（镇）90%以上。婚前检查2037人，婚检率90%。妇女病普查2523人，发现癌症1例。无孕产妇死亡。

2003—2005年，区（市）卫生局、妇幼保健院继续宣传、贯彻《母婴保健法》，共上街宣传20余次，散发传单1万余份。继续巩固爱婴医院成果，坚持婚前指导宣传、孕前服斯利安预防、孕中B超筛查等措施，开展新生儿出生缺陷高峰的“削峰工程”。实行系统管理孕产妇2759人，系统管理率95.5%。孕妇建卡率76%。新生儿出生缺陷率0.12%，其中神经管形12例，发生率61.3%，低于全省神经管形发生率；发放出生证1500份；全区8大口13个乡镇进行妇女病普查2520人。2006年3月，离石区妇幼保健院派2名妇幼保健人员赴山西省妇幼保健院观摩学习。5月，区妇幼保健院邀请区人民医院妇科学科带头人就产妇常见的产后出血、难产等问题，对区、乡、村三级妇幼人员120人进行为期1周培训，培训率91%。同年，全区孕妇共1599人，孕妇建卡率41%，孕妇管理率85%，高危妊娠管理率89%，产前检查覆盖率94%，孕产妇死亡率为零。2007年，对孕产妇住院正常分娩实行限价收费（区人民医院限收300—500元、乡级卫生院限收200—300元）和项目救助（贫困孕产妇补助150元、难产补助300元）政策。全区产妇总数3468人，产检人数2934人，孕产管理人数2609人，住院分娩产妇2868人，活产数3462人，产前孕产妇检查覆盖率85%，高危产妇291人，高危管理率98%，孕产妇死亡率为零。全区救助孕产妇600余名。2008年9月，区卫生局、妇幼保健院举办全区培训班，共培训乡村保健员160余名，下发宣传资料3万份，组织宣传活动4次，下发叶酸800瓶。10月，山西医科大学第一附属医院专家对区、乡、村三级妇幼保健员、接生员进行培训5次。全区孕产妇总数为3316人，孕产妇系统管理率87.8%，高危孕产妇管理率99%，孕产妇建卡率85%，孕妇产前检查率85%，产后访视率70%，抢救成功危重孕产妇3人，全年孕产妇死亡率为零。全年救助贫困孕产妇480人，救助金额最低100元、最高500元，资金使用9万元，资金使用率90%。2009年6月5日，区妇幼保健院对区直单位妇女进行“两癌”筛查1800余人，筛查率98%，对查出有病的妇女进行矫治165人，矫治率98%。同年，区妇幼保健院召开孕产妇住院分娩补助项目和增补叶酸预防神经免疫缺陷项目启动会和培训会，共培训乡村医生和接生员150人，培训率95%。发放叶酸1600余瓶共3000余人份，叶酸增补率70%，增补叶酸依从率30%。全区孕产妇总数为3958人，孕产妇系统管理率88.9%，孕产妇建卡率89%，高危孕产妇管理率98%。全区住院分娩率94%，农村孕产妇住院分娩率93%。农村孕产妇住院分娩补助800余人，补助资金24万余元。救助贫困孕产妇500人，救助总额5.38万余元。全年孕产妇死亡率为零。2010年，加大对妇女"两病"普查、普治工作，重点进行"两癌"筛查，全区应查4443人，实查3965人，普查、普治率89.2%以上。2010—2011年，全区发放叶酸7500余瓶共3万余人份，增补叶酸服用率70%，增补叶酸依从率30%。全区孕产妇总数为4443人，孕产妇系统管理率89.5%，孕妇建卡率91%，12周以前建专册3850人，高危孕产妇管理率99.2%，规范随访人数2300余人，产后访视468人，产后访视率70%。农村孕产妇住院分娩补助1200余人，每人300元，共补助资金36万余元。全年共救助贫困孕产妇500余人，救助金额达5.38万元。

2012年"三八"妇女节、母亲节期间，区妇幼站组织人员开展义务宣传母婴保健知识及《母婴保健法》活动，接受群众咨询300余次，发放保健宣传资料3000多份。同年，全区20—64岁妇女共55175人，孕产妇建册1923人，孕产妇系统管理1787人。高危产妇31人，监护率100%。农村孕产妇住院分娩补助1850人，补助金额约55.5万元。全年发放叶酸4771瓶共3191人份。对35—64岁农村妇女进行宫颈癌筛查2812人。2013—2014年，全区增补叶酸5337人份，发放叶酸5167瓶。补助农村孕产妇住院分娩2689人，补助金额80余万元。进行宫颈癌筛查5000余人，确诊患者1例。

截至2015年底，全区增补叶酸1007人份。办理农村孕产妇住院分娩补助1123人，补助金额33.69万元。进行宫颈癌筛查2000人。

儿童保健

民国8年（1919）至民国15年，离石县16岁以下儿童死亡3744人，占同期发病人数的34%。中华人民共和国成立后，国家加强儿童保健工作，儿童死亡率大为降低。

1950年，离石县卫生院防妇股开始为儿童接种牛痘、麻疹疫苗，预防和控制天花、麻疹的发生。

1961年，县卫生局组织医务人员对小儿佝偻病患者336人进行普查、普治。至1962年，患病人数下降84人。至1963年底，患病人数下降68人。

1970—1974年，离石县人民医院内儿科先后为乡（镇）卫生院培训内儿科医生18人，为各乡（镇）卫生院配备专（兼）职儿科医生33人。并开展儿童"四病"（肺炎、腹泻、佝偻病、贫血）防治工作。1977年9月，县妇幼保健站设立，内设儿保科，配备本科毕业医师2名，开展儿科门诊和儿童保健工作。1978年，县卫生局会同妇幼保健站开展普及育儿知识和预防“四病”宣传活动，在学校进行卫生宣传指导及预防儿童近视、沙眼、蛔虫等病的检查、防治工作。发放育儿知识等宣传资料 1.5 万余份，群众对育儿知识等知晓率 80.2% 以上。体检儿童 1346 人，体检率 83.3%。1979 年，县妇幼保健站发放宣传预防小儿常见病、多发病宣传资料 2000 余份，开展板报宣传 8 次。5 月，县妇幼保健站配合吕梁行署卫生局对地直机关和凤山底村 12 岁以下儿童进行蛔虫病调查，共调查 474 人，蛔虫感染率 67.55%，对感染蛔虫病的儿童进行驱虫治疗。“六一”儿童节前夕，县妇幼保健站对城区部分小学校、幼儿园 1896 人进行体格检查，体检率 95.2%，凡参加体检的学生均建立健康档案。同年，全县共有新生儿 1875 名，3 岁以下儿童管理率 13.5%，7 岁以下儿童管理率 17.6%，婴幼儿死亡率 0.024%，4 岁以下儿童死亡率 0.06%。1980 年，离石县托幼工作领导小组成立，有员工 13 人。同年，对幼儿园园长、炊事员进行卫生保健知识培训。同年 12 月开始，县妇幼保健站配合吕梁行署卫生局在离石城区进行佝偻病调查，共调查儿童 210 例，发病率 82.7%。

1981—1983 年，县卫生局、妇幼保健站配合吕梁行署卫生局在离石城区机关幼儿园进行小儿贫血调查，调查结果为小儿贫血发病率 0.2%。健康体格检查儿童 5000 余名。开展对小儿“四病”进行防治。协助教育部门对全县幼儿园开展早期健康检查、教育和指导活动。1984—1986 年“六一”儿童节期间，县妇幼保健站对全县 7 岁以下儿童 1216 人进行体检，接受体检 1034 人，体检率 85%，查出患病儿童 96 例，发病率 9.2%，共治疗 92 例，治疗率 96%。对信义镇等 9 个乡（镇）15 岁以下儿童 3507 名进行健康抽样调查，建立健康档案，实行系统管理。全县有 1 岁以下儿童 15105 名，健康检查 14834 名，体检率 98.2%，确诊患病儿童 1809 例，患病率 12.2%，治疗 1636 例，矫治 1512 例。1987—1989 年，县妇幼保健站对幼儿园和小学教师、保健员、食堂炊事员进行卫生知识培训 2 期，培训 149 人次。全县乡（镇）幼儿园达儿童保健质量要求的有：甲类 4 个，占 25%。乙类 10 个，占 68%。丙类 1 个，占 6.8%。全县共出生新生儿 1373 人，系统管理 7 岁以下儿童 551 人，管理率 40.1%，全部建立健康档案。对城区新生儿 102 人进行健康检查并建立档案。新生儿破伤风发病率 1‰以下。婴幼儿死亡率 0.025%。1990 年，离石县有幼儿园 25 个（民办 7 个）、学前班 134 个，配有医师 2 名、保育员 18 名、保健人员 13 名。全年共出生新生儿 1831 名，7 岁以下儿童系统管理率 45.5%，监测儿童生长 1545 名。“六一”儿童节前夕，县妇幼保健站对城区儿童进行体检 1634 名，体检率 95.3%，防治儿童“四病”矫治率 95%。

1991 年，县妇幼保健站重点加强儿保系统管理工作，将婴幼儿死亡率控制在 0.003‰以下。在信义镇、吴城镇开展婴儿保偿试点和儿童“四病”防治工作。对全县 7 个月以下儿童 2248 人、地区托幼班幼儿 823 人进行体检，体检率 98.4%，对患病儿童 949 人进行治疗，治疗率 98.5%。1992 年，全县入保儿童 1077 例。7 岁以下儿童 2120 名实行系统管理 1009 名，占 47.6%。5 岁以下儿童死亡 75 例，死亡率 0.027%。同年，县妇幼保健站受山西省妇幼保健院委托开展乙肝疫苗接种工作，共接种21253人，接种率75%。1993年，全县出生2352人，婴幼儿保偿748人，保偿率46.6%。系统管理1214人，系统管理率51.6%。幼儿死亡49人，死亡率0.029%。儿童健康检查8913人，占应体检儿童总数的61.2%，查出患病儿童1093人，患病类型主要为佝偻病、贫血等，对其中970人进行矫治，矫治率88.8%。1994年，出生新生儿2138人，7岁以下儿童系统管理10726人，管理率62.5%，3岁以下儿童系统管理率24.5%。1995年，全县出生新生儿1917人，7岁以下儿童系统管理率85.2%，儿童保偿率51.2%，婴幼儿死亡率0.028%，4岁以下儿童死亡率0.03%。

1996年，离石市出生新生儿1589人，7岁以下儿童系统管理率65.3%，3岁以下儿童系统管理率25.4%，婴幼儿死亡率0.028%，其中4岁以下儿童死亡率0.027%。1997年，离石市出生新生儿1523人，7岁以下儿童系统管理率72.2%，3岁以下儿童系统管理率26.4%，婴幼儿死亡率0.024%。1998年，出生新生儿2134人，7岁以下儿童系统管理率78.4%，3岁以下儿童系统管理率37.2%，婴幼儿死亡率0.09%。1999年，出生新生儿807人，7岁以下儿童系统管理率72%，3岁以下儿童系统管理率26.3%，儿童保偿率65.4%，婴幼儿死亡率0.012%。2000年，出生新生儿1269名，7岁以下儿童系统管理824人，系统管理率64.9%，儿童保偿率50%，婴幼儿死亡率0.012%。2001年，离石市妇幼保健院共检查儿童1032人次，检查率86.7%，全部建立健康档案，实施专人管理。开展执法大检查3次，共检查幼儿园32所，检查率95%。7岁以下儿童保健管理率50.2%，3岁以下儿童系统管理率15.4%，婴幼儿死亡率0.028%。2002年，市妇幼保健院对全市儿童进行体检，体检率98%，矫治率95%以上，儿童保偿率92%。同年，出生新生儿937人，7岁以下儿童系统管理率35.4%，3岁以下儿童系统管理率30.2%，婴幼儿死亡率0.021%。2003年，全市出生新生儿782人，7岁以下儿童系统管理率33.2%，3岁以下儿童系统管理率31.1%，婴幼儿死亡率0.026%。

2004—2005年，离石区出生新生儿1937人，7岁以下儿童系统管理率84.2%，3岁以下儿童系统管理率36.1%，婴幼儿死亡率0.028%。2006年3月，区妇幼保健院会同省、地监测人员随机抽查李家沟、沙麻沟等行政村11个进行补漏调查，调查结果为新生儿死亡率漏保零例。同年，全区系统管理儿童4045人，其中7岁以下儿童系统管理率60.2%，3岁以下儿童系统管理率80.5%，全年5岁以下儿童死亡9人，死亡率0.029‰，其中新生儿死亡率0.024‰。出生缺陷率6.7‰，低于全省16‰的9个百分点，全年未发生新生儿破伤风病例。2007年，全区7岁以下儿童3462人，系统管理2346人，管理率68%，3岁以下儿童系统管理2928人，管理率85%。同年，流动人口出生新生儿4712人，发生出生缺陷32例，出生缺陷率6.8‰。5岁以下儿童死亡率0.023%，婴幼儿死亡1例，婴幼儿死亡率0.017%，全年未发生新生儿破伤风病例。2008年，全区出生新生儿3309人，7岁以下儿童系统管理1182人，管理率35.7%，3岁以下儿童系统管理率29.4%。同年，区妇幼保健院对356个村委4岁以下儿童的保偿和儿童死亡情况进行补漏调查。9月，国内出现因食用“三鹿”牌婴幼儿配方奶粉导致婴幼儿泌尿系统结石病例，全区共排查婴幼儿5831人，排查出食用问题奶粉婴幼儿511名，在区人民医院接受B超排查婴幼儿共1175人，未发现患有泌尿系统结石的婴幼儿。2009年，区妇幼保健院在儿科门诊开展方便门诊服务项目，主要项目有免收挂号费、减少所有费用的10%、对15种药品降低10%销售、实施检验报告一单通、住院儿童一日清单制、设一种单病种限价服务，限价后儿童看病可节省费用800—1000元。同年，全区出生新生儿3950人，7岁以下儿童系统管理率85.4%，3岁以下儿童管理率86.7%，婴幼儿死亡率0.028%。全区妇幼保健院对区直托幼机构入学儿童3100人进行健康检查，检查率95.8%。2010—2011年，区妇幼保健院对8所小学校、12所幼儿园学生进行体检，共体检7800余人，体检率98.6%。全区出生新生儿4433人，7岁以下儿童系统管理率90.1%，3岁以下婴幼儿管理率85.6%，3岁以下婴幼儿建册985人，新生儿访视715人，访视率71.5%，全部建立健康档案。全年全区妇幼保健院发放儿童保健宣传小册子3000余份。

2012年，全区实行儿童系统管理10599人，进行儿童健康体检16634人。2013年，全区7岁以下儿童28353人，参加保健19916人。5岁以下儿童20942人，死亡13人，死亡率2.43‰。3岁以下儿童共14058人，系统管理2440人。全年出生新生儿活产5360人，婴儿死亡6人，死亡率1.12‰，新生儿死亡3人，死亡率0.56‰。2014年，全区7岁以下儿童13993人，建册人数3106人，其中3—36个月儿童参加保健1710人，4—6岁儿童参加保健2789人。至2015年底，离石区7岁以下儿童27666人，建册人数5400人，其中3—36个月儿童参加保健11248人，系统管理9563人。

新法接生

1950年，离石县建立新法接生站30个，共有接生员101人。1952年，离石县新法接生95例。1953年，新法接生182例。

1956年，离山县新法接生站发展到52个，有接生员194人。

1963年，离石县有接生站57个，接生组36个，接生员902人。同年，全县共出生婴儿7516人，其中新法接生3094人，新法接生率53%，盛地村、三山集村新法接生率100%。1965年，离石县出生9446人，新法接生率80%。

1971年，离石县有接生站41个、接生员137人。同年，县卫生局发放产包77个。全年共出生1373人，实行科学接生610人，新法接生率44.4%。1978年，离石县各乡镇卫生院配备专职妇幼保健员，部分乡村配备接生员，添置妇幼保健设备和乡、村两级产包。同年，全县培训赤脚医生、妇幼保健员200余人，培训率90%以上。1980年，县卫生局、妇幼保健站重点协助大队培训和配备新法接生员，每村配有接生员1名，30%的大队办起新法接生室。1981年10月底，离石县共出生新生儿1173人，其中新法接生率78.9%，住院分娩率21.1%。1983年，离石县各乡镇卫生院建立防妇组。由1名副院长分管新法接生工作。1985

年，对接生员进行为期1个月的培训，培训率95%。1986年，离石县新法接生率99.5%，其中科学接生率54%，住院分娩率34%。1991年，离石县培训妇幼员、接生员355人，培训率98%。全县新生儿2248人，新法接生1021人，新法接生率45.4%；住院分娩1227人，住院分娩率54.6%。1993年，共培训妇幼人员、村接生员357人。1995年，离石县开展《母婴保健法》宣传活动，共出动宣传车2辆，印发宣传单3万张，街头录音宣传5次，出墙报15期，张贴宣传画500张，街头悬挂横幅12条，电视宣传20次，广播宣传30余次。

1996年，全市出生新生儿1589人，新法接生355人，新法接生率22.3%；住院分娩1234人，住院分娩率77.7%。

2005年，全区出生新生儿1082人，新法接生142人，新法接生率13.4%；住院分娩936人，住院分娩率为86.6%。

至2015年底，全区出生新生儿5732人，新法接生5732人，新法接生率100%；住院分娩5732人，住院分娩率100%。

1978—2015年离石区（县、市）新生儿接生情况统计表

表26-1

年份	出生婴儿（人）	其中新法接生		其中住院分娩	
		接生数（人）	接生率（%）	分娩数（人）	分娩率（%）
1978	1762	614	34.8	1148	65.2
1979	892	—	81.2	—	18.8
1980	920	—	88.3	—	11.7
1981	1173	—	78.9	—	21.1
1982	1023	—	82.7	—	17.3
1983	1915	—	71.2	—	28.8
1984	1214	862	71	352	29
1985	1385	—	69.5	—	30.5
1986	—	—	54	—	34
1987	1435	947	66	488	34
1988	1546	983	63.6	563	36.4
1989	1055	742	70.3	313	29.7
1990	1675	742	44.3	—	55.7
1991	2248	1021	45.4	1227	54.6
1992	2120	893	42.1	1222	57.9
1993	2352	1018	43.3	1334	56.7

续表 26-1

年份	出生婴儿（人）	其中新法接生		其中住院分娩	
		接生数（人）	接生率（%）	分娩数（人）	分娩率（%）
1994	2138	848	39.7	1290	60.3
1995	1917	455	23.7	1462	76.3
1996	1589	355	22.3	1234	77.7
1997	1523	277	18.2	1246	81.8
1998	2134	313	14.7	1821	85.3
1999	807	301	37.3	506	62.7
2000	1209	285	23.6	924	76.4
2001	1032	69	6.7	963	93.3
2002	973	62	6.4	911	93.6
2003	782	66	8.4	716	91.6
2004	855	132	15.4	723	84.6
2005	1082	146	13.4	936	86.6
2006	2768	745	26.9	2023	73.1
2007	3462	141	4.1	3321	95.9
2008	3309	55	1.7	3254	98.3
2009	3950	138	3.5	3812	96.6
2010	4468	194	4.3	4274	95.7
2011	4945	6	0.12	4939	99.88
2012	5074	5074	100	5074	100
2013	5360	5360	100	5360	100
2014	4722	4722	100	4718	99.9
2015	5732	5732	100	5732	100

婚前检查

1977 年，离石县组建妇幼保健站，并开设婚前保健门诊，开展婚前检查、宣传咨询及图片展览等工作。1984 年，县妇幼保健站召集全县 15 个乡镇卫生院和县直医疗单位，对 56 名从事妇幼、妇科专业的技术人员进行婚前检查知识的培训。1989—1990 年，县妇幼保健站婚前门诊开展婚前医学检查 235 对。1993 年 1 月起，离石县统一使用由民政部、卫生部监制的婚检证明。

2001 年，离石市妇幼保健院开展婚前医学检查 523 对，检查出患者 8 例，疾病检出率 1.52%，疾病矫治率 100%。2002 年，市妇幼保健院婚前医学检查 823 对，检查出患者 5 例，疾病检出率 1.6%，疾病矫治率 100%。2003 年，离石市婚前医学检查率大幅度下降。

2004—2011 年，离石区妇幼保健院印发“婚前健康检查”宣传小册子 1500 余份，上街宣传咨询 15 次，制作横幅 10 条。同年，登记结婚 1321 对，实行婚前医学检查 1262 对，婚前医学检查率 95.5%。

2013 年，区妇幼保健院聘请省妇幼保健院彩超室专家开展产前检查 14 次，共开展产前筛查 186 人次，孕前优生健康检查夫妇 700 对。2014 年，区妇幼保健院协助区计生局开展全区孕前优生健康检查，共检查夫妇 648 对。2015 年，离石区妇幼保健院协助区计生局开展全区孕前优生健康检查，共检查夫妇 648 对。

优生优育

20 世纪 80 年代后期，离石县卫生局计划生育办公室和离石县妇幼保健站把优生优育工作纳入议事日程。县妇幼保健站、县人民医院妇产科开设“优生优育”咨询门诊，开展婚前医学检查、生育指导、遗传咨询、孕期保健、围产期保健、分娩监护、新生儿保健等服务项目。

1990—2010 年，离石区（市、县）妇幼保健院（站）每年开展咨询宣传活动 2—5 次，共发放宣传资料 3000 余份，发放婚前健康小册子 4560 余份，开展咨询 42164 人次。

2013 年妇女节、母亲节期间，区妇幼保健院利用母亲健康快车上街义务宣传母婴保健知识及《母婴保健法》，接受群众咨询 160 余次，发放保健宣传资料 1860 余份。至 2015 年底，离石区妇幼保健院每年均宣传母婴保健知识及《母婴保健法》，接受群众咨询、发放宣传资料、普及优生优育知识。

第五节　计划免疫

20 世纪 70 年代，离石县计划免疫工作启动，由乡、镇卫生院承担免疫接种工作，当时无冷链设备，每年只能在气温较低的冬、春两季进行突击免疫接种，接种人群覆盖面、免疫效果都受到很大限制，传染病发病率持续在较高水平。1975 年，离石县卫生防疫站独立建站，全县免疫接种各项工作开始运行。1978 年，根据卫生部下发的关于《加强计划免疫工作的通知》，开始实行儿童计划免疫。县卫生防疫站设立防疫科，各乡镇卫生院配备专职防疫人员 2—3 人，各村由赤脚医生担任。防疫人员每年培训 4—5 次。1982 年，全县扩大免疫范围，实行全国统一的儿童免疫程序和规范化管理制度。儿童基础免疫、4 种疫苗（卡介苗、糖丸、百白破、麻疹）得到广泛应用，可预防传染病 6 种（结核、小儿麻痹、百日咳、白喉、破伤风、麻疹）。1985 年，离石县参与联合国儿童基金会支持的计划免疫冷链免疫项目，离石县卫生防疫站和基层卫生院装备专供疫苗冷藏的低温电冰箱，各村卫生所配备疫苗冷藏包，全县儿童免疫效果得到保证。同年，离石县成为吕梁地区计划免疫达标县。县卫生防疫站规定：1 万人以上乡镇卫生院确定专职防疫人员 1 名，由 1 名副院长专管防疫工作；1 万人以下乡镇卫生院防疫工作由副院长监管。1987—1988 年，离石县计划免疫保偿服务推开，即收取每一新生儿保偿费 24 元，4 种疫苗免疫程序的各个时间段和各年龄段全程足量给予接种。1992 年，世界卫生Ⅶ贷款项目在离石县启动，县卫生防疫站配备疫苗冷链车 1 辆，各乡镇卫生院和村卫生所补充新的冷链设备，疫苗冷链运转、储存和使用得到保障。接种疫苗方式实行 1 人 1 针 1 管，对流动人口和计划外生育儿童，进行建卡、建证、实施接种，建立人人享有免疫服务机制。1993 年，离石县人民医院实行卡介苗、乙肝“两苗”进院规定。同年，开展全县儿童乙肝疫苗普种工作，脊髓强化接种率保持在 98% 以上。1995 年，全县 15 个乡镇“四苗”接种率全部达 85% 以上，城区单位“四苗”接种率 99.5%，乙肝疫苗 3 针接种率均在 95% 以上。

2000 年，离石市卫生局脊灰强化接种消灭脊髓灰质炎强化免疫领导组成立。同年，派出 34 人分别赴 300 个接种点进行督查、指导，4 岁以下儿童服苗 21992 人，占应服苗儿童 22460 人的 99.6%；对边远山区儿童进行查漏补种，免疫接种率 95%。2002 年，离石市卫生防疫站下发生物制品麻疹 18415 人份、糖丸 86700 人份、百白破 4608 人份、卡介苗 2870 人份。全市共设接种点 236 个，建卡、发证率在 96.1% 以上。2003 年，乙肝疫苗正式纳入儿童基础计划免疫项目。同年，对离石境域地、市直医疗机构防保人员和各乡镇卫生院及个体诊所人员共 80 人进行专项培训，建立乙肝疫苗专人管理、专账登记制度。全市“四苗”接种率达 90% 以上，糖丸强化率 99.97%。

2004 年起，离石区开展计划免疫整顿工作，促进“证、卡、表、册”相符，全区基础免疫接种率 95% 以上。2006 年，离石区防疫站对全区乡、村两级接种人员进行培训，并进行考试发证。2007 年，全区儿童基础免疫新增疫脑、流脑、甲肝、麻腮、A+C 疫苗 5 种，同年，全区基础免疫的各种疫苗实行免费接种，“五苗”（卡介苗、糖丸、百白破、麻疹、乙肝）全程接种率 90.77%。2008 年 5 月，开展麻疹查漏补种工作，共接种 3 万人次，“五苗”接种率 96%。2009 年，全区卡介苗接种率 99.34%，糖丸接种率 95.89%，百白破接种率 93.93%，麻疹接种率 98.23%，乙肝接种率 93.97%，乙脑接种率 92.45%，流脑接种率 83.5%。2010 年 7 月，离石区疾病预防控制中心设立二类疫苗接种门诊部，经营的疫苗种类有：狂犬疫苗、水痘疫苗、B 型流感疫苗、丙种球蛋白、乙肝疫苗、乙肝免疫球蛋白、23 价肺炎疫苗等。同年，全区卡介苗接种率 98.90%，糖丸接种率 95.56%，百白破接种率 99.72%，麻疹接种率 99.49%，乙肝接种率 99.88%，乙脑接种率 98.61%，流脑接种率 99.66%。2011 年，离石区儿童计划免疫建证率 99%，卡介苗接种率 97.35%，糖丸接种率 99.85%，百白破接种率 99.72%，麻疹接种率 98.23%，乙肝接种率 99.25%，乙脑接种率 99.81%，流脑接种率 99.83%。

2012年，全区共调查儿童120人，卡介苗接种率100%，糖丸接种率99.16%，百白破接种率97.5%，麻疹接种率96.66%，乙肝首针接种率100%。2013年，全区糖丸发放率99.55%，卡介苗接种率97.84%，麻疹接种率95.82%，百白破接种率99.21%，乙肝接种率99.56%，没有发生异常反应病例。2014年，全区糖丸发放率99.37%，卡介苗接种率100%，百白破接种率98.98%，乙肝接种率99.47%。同年10月，区凤山街道区域内发生麻疹暴发疫情，在凤山底村馨源幼儿园确诊首发病例源，所有发病儿童均未接种麻疹疫苗，属外籍流动儿童。区疾病预防控制中心对全区所有学校在校学生和散居儿童逐户逐人进行排查登记，对接种1针次以下的全部进行麻疹疫苗应急接种，累计接种65180人。对确诊病人全部实行免费入院治疗。并购买下发麻疹疫苗7.8万支、消毒喷雾器335台、各类消毒药剂1090件。相关部门联合开展爱国卫生运动大检查，累计印发健康教育宣传单15万份。至12月底，离石区麻疹疫情全部消除。2015年4月，离石区疾病预防控制中心开展预防接种证查验工作，查验有预防接种证的单位228所，其中小学57所、托幼机构171所。检查儿童58674人，其中小学生32030人、托幼儿童26644人。

第三章 医 疗

第一节 医疗用房

离石区（市）人民医院

1999年，新建门诊楼3层。2002年，修建面积4387平方米，加住院楼5层（带电梯），总建筑面积5559平方米。2005年，在医院西侧新建传染病区2层，建筑面积824平方米。2010年，加建门诊楼2层，面积1998平方米。新建后勤供应楼2层，面积1836平方米。同年，装潢住院楼，并对全院安装空调设施。全院总建筑面积14667平方米（376间）。至2015年底，离石区人民医院建筑面积16009平方米，房屋464间，取暖设施运行正常。

离石区（市）疾病预防控制中心（卫生防疫站）

1999年，新建办公楼4层，建筑面积1500平方米。2003年，加建办公楼1层，改造旧办公楼300平方米。2011年，建筑面积2500平方米（60间），其中离石区卫生局卫生监督所占用260平方米（12间）。

离石区（县 市）妇幼保健院（站）

1980年，建成单侧楼3层，建筑面积538平方米（36间）。1991年，自筹资金安装暖气。2006年，在丽景街新建门诊部610平方米（20间）。至2015年底，离石区妇幼保健院医疗用房建筑面积有564平方米，房屋37间，取暖设施运行正常。

田家会街道办（镇 公社）卫生院（社区卫生服务中心）

1974年，建造砖石结构窑洞10间。1979年，在院北侧修建平房11间。1983年，扩建平房13间（东侧6间、西侧7间）。1988年，对办公场所进行硬化、美化，配套暖气设施。2007年，对南侧危房进行维修、改造。至2015年底，田家会街道办社区卫生服务中心建筑面积有700平方米，房屋30间，取暖设施运行正常。

信义镇（公社）卫生院

1979年，修建房屋2排，建筑面积930平方米（40间）。1992年，配套安装暖气设施。2007年，对办公用房进行维修、加固、改造。至2015年底，信义镇卫生院建筑面积有800平方米，房屋38间，取暖设施运行正常。

坪头乡卫生院

1994年，在院南侧新建门诊楼2层，建筑面积520平方米（16间）。2007年，改造旧房，安装供暖设施。2009年，在院东侧新建住院楼3层，建筑面积650平方米（15间）。2011年，建筑面积1870平方米（55间）。至2015年底，坪头乡卫生院建筑面积有1758平方米，房屋 56 间，取暖设施运行正常。

吴城镇卫生院

1994 年，扩建房区 440 平方米（22 间）。1998 年，自筹资金安装暖气设施。2007 年，拆除原门诊平房，原址扩建单排楼房 2 层，建筑面积 790 平方米（30 间）。至 2015 年底，吴城镇卫生院建筑面积有 2500 平方米，房屋 28 间，取暖设施运行正常。

红眼川乡卫生院

1999 年，新建双排走廊式平房 660 平方米（20 间），占地面积为 1798 平方米。2009 年，红眼川乡卫生院进行维修改造。至 2015 年底，红眼川乡卫生院建筑面积有 458 平方米，房屋 18 间，取暖设施运行正常。

交口街道办（镇）卫生院（社区卫生服务中心）

2001 年，新建综合楼 2 层，建筑面积 740 平方米（30 间），配套暖气设施。2007 年，对原旧楼房进行修葺改造。至 2015 年底，交口街道办社区卫生服务中心建筑面积有 2000 平方米，房屋 78 间，取暖设施运行正常。

滨河街道办社区卫生服务中心

2004 年，滨河街道社区卫生服务中心租用永宁东路 66 号地下室办公，2008 年，滨河街道提供庆瑞路 49 号门面房，其中 1 层楼房作为滨河街道办社区卫生服务中心医疗用房。至 2015 年底，滨河街道社区卫生服务中心建筑面积有 500 平方米，房屋 24 间，取暖设施运行正常。

凤山街道办社区卫生服务中心

2004 年，离石区政府调配区水利局抗旱服务队 2 层楼房作为凤山街道社区卫生服务中心医疗用房。至 2015 年底，凤山街道办社区卫生服务中心建筑面积有 870 平方米，房屋 24 间，取暖设施运行正常。

莲花池街道办社区卫生服务中心

2004 年，莲花池街道办社区卫生服务中心在原城关医院旧址办公。至 2015 年底，莲花池街道办社区卫生服务中心建筑面积有 800 平方米，房屋 9 间，取暖设施运行正常。

西属巴街道办（镇）卫生院（社区卫生服务中心）

2007 年，拆除部分危房，新建平房建筑面积 213 平方米（7 间），配套暖气设施。至 2015 年底，西属巴街道办社区卫生服务中心建筑面积有 450 平方米，房屋 12 间，取暖设施运行正常。

城北街道办社区卫生服务中心

2007 年，拆除危房，新建综合楼 2 层，建筑面积 1200 平方米（45 间），配套暖气设施。至 2015 年底，城北街道办社区卫生服务中心有建筑面积 1500 平方米，房屋 45 间，取暖设施运行正常。

枣林乡卫生院

2007年，在结绳塥村新建综合楼2层，建筑面积1400平方米（47间），配套暖气设施。2015年，枣林乡卫生院建筑面积有1500平方米，房屋48间，取暖设施运行正常。

第二节 医疗器械

民国32年（1943）夏，晋绥军区三分区卫生处筹备一部分常用药品和战时急救用刀、剪、镊子、止血带等医用物资给离石县民众医院，全医院医疗器械用一匹骡子就能全部拖走，被称为“一驮骡驮医院”。

1955年，上级卫生部门拨给离山县卫生院显微镜1台。

1962年，山西省卫生厅拨给离石县中心人民医院捷克产100毫安X光机1台、病床30张和万能手术床1张及产床、无影灯、丙种刀包、显微镜、恒温箱、高压锅、洗衣机等物资。1964年，山西省卫生厅拨给离石县中心人民医院200毫安X光机1台和部分检验设备。1971年，山西省卫生厅为离石县人民医院先后装备救护车1辆、心电图机、冰箱、牙科综合治疗机、针灸仪、300毫安X光机、1500倍显微镜、大型洗衣机、心脏起搏器、发电机、A型超声波、B型超声波、电动吸引器、保温箱、离子交换器、氧气吸入器、眼科器械等医用设备。为全区15个公社卫生院先后装备X光机、显微镜、各种刀包、手术床、无影灯、高压灭菌箱、干燥箱、A型或B型超声波、心电图机等医用设备。至1980年，全县医疗器械装备有345件，器械利用率80%、完好率90%。1983年，全县医疗器械使用、管理、供养完好率在98%以上。1986年，山西省卫生厅资助离石县小型B超诊断仪1台。同年，离石县人民医院装备胃镜，开设胃镜室。全县采用集资的办法，共装备医疗器械18万余元。1988年，全县医疗器械使用率85%、完好率95%。1989年，吕梁行署卫生局补助70%，离石县卫生局补助30%，装备乡镇卫生院的医疗器械价值达34万余元。1990年，山西省卫生厅定编装备离石县城关卫生院救护车1辆。同年，离石县卫生部门经过调查，全县有50元以上医疗器械619件，价值62.03万元；乡镇卫生院30—50元小型器械共1042件，价值6.9万元；损坏医疗器械47件，价值2136元；闲置积压医疗器械64件，价值1.62万元；全县折旧医疗器械金额7000余元。医疗器械完好率85%、使用率95%。1991年，离石县直医疗机构医疗器械设备完好率和使用率均达90%以上。1992年，吕梁行署卫生局和财政局组织出资2万余元，离石县自筹2000余元，装备乡镇卫生院医疗器械。同年6月，山西省卫生厅装备离石县人民医院医疗器械价值达1.99万元。离石县卫生局、妇幼保健站筹集资金2.5万余元，为村卫生所装备产包达237个。1993—1994年，山西省卫生厅、吕梁行署卫生局共为县人民医院、县妇幼保健站、县卫生防疫站、县中医院及乡镇卫生院装备各种医疗设备、器械等医用物资价值达47.54万元。县各医疗单位自购医疗设备、器械等医用物资21万余元。1995年，县人民医院接受省针灸研究所对口扶贫医疗器械价值达2.5万余元。同年，县人民医院支援交口镇卫生院价值4万元的B超1台。县卫生防疫站支援吴城镇卫生院价值6000余元的50毫安X光机1台。吕梁地区投资8000元，离石县配套3000元，共购置冰箱、显微镜等医疗设备6件。同年，世界卫生组织投资20万元，县卫生局配套5万元，购置200毫安X光机2台、B超仪1台等医疗器械30余件。

1996—2000年，离石市通过“卫VII项目”“卫TV项目”方式装备冷链设备、医疗器械84件。2001年，全市新增100毫安X光机10台、B超10台、心电图机12台、乙种刀包、生化检验设备各13套。204个村合作医疗室全部更新冷链设备、消毒锅、冷藏包。

2002—2005年，离石区（市）各乡镇卫生院医疗设备配置标准为：200毫安X光机1台、心电图机1台、B超1台、电动吸引器械1台、洗胃机1台、急诊抢救箱1个、氧气瓶2个、手术床1张、电冰箱2台、产床1台、生化分析仪1台、干燥箱1台、恒温箱1台、诊断床3张、高压消毒器1台、离心机1台、721分光光度仪1台、显微镜1台、身高体重计1台、紫外线灯3只、观片灯1只、腹部手术包1个、骨科刀包1个、产科手术器械、接产包5个、器械柜2支、抢救车1辆、担架1副。2006年，区人民医院配置CT机1台。至2007年，离石区对乡镇卫生院和社区卫生服务中心重点解决X光机、B超、心电图机、化验设备等常规仪器的配备，对条件技术具备的村卫生所重点装备诊断床、听诊器械、血压计、体温计、清创缝合包、出诊箱、高压灭菌器等仪器设备。2008年，投资39万元对8个乡镇卫生院X光机安全防护设施及办公设备进行维护更新，投资39万元对4个社区卫生服务中心配备台式超声诊断仪6台。至2011年，离石区除装备区直医疗单位外，共投资318万元为8个重点乡（镇）卫生院装备X光机、心电图机、B超及常规检查仪器械24台，半自动生化分析仪、尿液分析仪、血压计、血球计数仪、麻醉机等医疗设备115部，配套医疗器械设备155件（套）。全区193个村卫生所配备常规的医疗卫生设备。

至2012年，区人民医院医疗设备有德国西门子CT、飞利浦彩超、500毫安双管X光机、牙片X光机、恒温自动选片机、电子纤维胃镜、B超诊断仪、自动分析心电图机、肺功能诊断仪、经颅多普勒诊断仪、脑血流图机、脑电图仪、红外乳腺诊断仪、妇科阴道镜、24小时心电动态监护仪、多参数监护仪、血压监护仪、自动血压脉搏监护仪、进口除颤监护仪、进口除颤监护起搏仪、手术监护仪、危重病监护仪、呼吸机、胎心监护仪、新生儿抢救治疗台、维量注射泵、输液泵、小儿恒温保湿治疗箱、自动血细胞计数仪、血气分析仪、尿液自动分析仪、半自动生化分析仪、电解质分析仪、显微镜、血流变、细菌培养全套设备、病理科全套设备、血库全套设备、全自动麻醉机、双极电凝仪、高频电刀、冷光源深度手术灯、口腔综合治疗机、验光配镜设备等。常用器械、设施、设备有护理治疗车、抢救治疗车、消毒杀菌车、输液架、三氧消毒机、器械柜、中药煎药机、办公柜桌椅凳、病床、诊断床及被褥等。还装备有科教设备、救护车、焚烧炉、通信设备等。至2015年底，离石区人民医院医疗设备有：德国西门子螺旋 CT、奥林帕斯全自动生化分析仪、全自动血球计数仪、全数字彩色超声多普勒诊断仪、CR 系统、C 型臂、腹腔镜、全自动模块式血液体液分析仪、全自动电化学发光仪、全自动酶免分析仪等万元以上医疗设备 2400 余件。离石区中医院主要医疗设备有 DR、500 毫安 X 光机、全数字超声诊断仪、全自动生化分析仪、全自动尿液分析仪、酶标分析仪、电脑中频药物导入治疗仪、微波多功能治疗仪、三维电脑牵引床、多功能净烟艾灸仪、肛肠电脑综合治疗仪、康复训练系列设备、熏蒸床等。各乡镇（街道）卫生院（社区卫生服务中心）有 X 光机、B 超机、心电图机、化验设备等常规仪器。条件技术具备的村卫生所有诊断床、听诊器械、血压计、体温计、清创缝合包、出诊箱、高压灭菌器、冷链设备、消毒锅、冷藏包等仪器设备。

第三节 医疗技术

西医

20 世纪 30—40 年代，离石（离东）县始有西医张洪彪、郑淑静、何天明、成甫隆、武子和、李兴堂等 20 余人。县内仅有西医诊所 3 家，医疗设备和医疗技术都很差，只能诊治一般疾病。民国 33 年（1944），离石县民众医院建立，有刀、剪、镊子、止血钳、注射器等简单医疗器械。1946 年，离石县民众医院能接种牛痘疫苗、打大油（油剂青霉素）、打 606 针治疗梅毒。1948 年，离石县民众医院可进行肌肉注射、静脉注射。1949 年 8 月，离石县民众医院做第一例截肢手术。

1952 年，离石县卫生院引进开展静脉滴注技术，进行危重病人抢救。1953 年，离石县卫生院成立手术室。外科疾病诊治范围主要为：疮疡疾肿、切开引流，跌打损伤与清创缝合。

1955 年，离山县第一卫生院李逢时医生开展全县第一例外科手术——阑尾切除术。1956 年，离山县第一、二卫生院开始做剖宫产手术。1957 年，离山县第一卫生院开始做宫外孕手术。1958 年，医学院专家帮助县人民医院薛茂儒主刀施行胃大部切除术。

1959 年，离石县中心人民医院开始做脾切除手术。同年，离石县中心人民医院成立活血库，可以进行献血输血。1960 年，离石县中心人民医院建立内科，能处理一般常见内科疾病、心力衰竭、肺结核等危重病人。20 世纪 60 年代初，离石县中心人民医院能开展多种外科手术，如阑尾切除术、疝修补术、宫外孕手术、卵巢囊肿摘除术、剖宫产、会阴侧切术、胃穿孔修补术，肠梗阻减压术等。1963 年，离石县中心人民医院引进小儿头皮穿刺技术，小儿输液成为常规治疗手段，小儿重症抢救治愈率和成功率得到提高。1965 年，离石县中心人民医院放射科开展食道、肾盂、胆囊、支气管造影新项目。60 年代后期，离石县中心人民医院开展胸腔手术、胸腔引流术、尿道损伤修补术、胆囊切除术、肠切除吻合术、骨折内固定术、膝关节结核病灶清除术、腰椎结核病灶清除术、子宫次全切除术、扁桃体摘除术、兔唇修复修补等手术。1970 年，离石县人民医院增设制剂室，自制汽水、生理盐水、葡萄糖液、林格尔氏液、无痛液等。1979 年，离石县人民医院开展尿瘘修补术，由山西医学院第二附属医院妇产科主任包淑和主刀，离石县人民医院技术人员配合做尿瘘修补术 26 例，成功 25 例。20 世纪 70 年代末，离石县人民医院可以进行胸、腹腔手术，对抢救、诊治充血性心力衰竭、呼吸衰竭、肾功能衰竭、电解质紊乱、大面积烧伤等危急重病患者取得较为理想效果。1982 年，离石县人民医院妇产科独立设科，妇产科开展的项目有会阴保护新方法、气门芯结扎脐带法、中期妊娠引产羊膜腔穿刺失败后利用 A 型超声波定位进行补救穿刺法、先天性无阴道阴道成形术、改良式腹膜外剖宫产、接生产程图应用、精制天花粉注射终止妊娠法、气管插管抢救新生儿重度窒息、冷冻治疗宫颈糜烂、经阴道子宫切除术、宫颈癌根治术等。1983 年，妇产科开展输卵管结扎术、臀牵引术。1984 年，妇产科开展宫内节育器放置术、宫内节育器取出术、开腹子宫全切术。1985 年，离石县人民医院妇产科副主任医师任亚丽首次对先天性阴道闭锁患者做阴道成形术、腹膜外剖腹手术、经阴道子宫全切除术获得成功。同时基层卫生院（所）医疗技术水平均得到提高。同年，妇产科开展钳刮术、水囊引产术、海藻棒扩宫术、干脐带扩宫术。1986 年起，离石县人民医院开展的新技术、新项目有 654–2 治疗肺心病右心功能不全；脊髓腔注射治疗小儿结核性脑膜炎；扩血管药物治疗肺心病；654–2 治疗脑血管病、脊髓病变、瘫痪、失语证等；中西医结合治疗肝炎、肝硬化、肾炎；纤维胃镜观察，甲氧嘧啶、正骨素治疗消化道出血；乙胺碘呋酮等药物治疗心律失常、心脏纤颤等。同年，妇产科开展胎头吸引术、宫颈脱落细胞巴氏涂片检查技术。1987 年，妇产科开展羊膜腔内注射利凡诺尔引产术、羊膜腔外注射利凡诺尔引产术、输卵管通液术、输卵管造影术。1988 年，离石县人民医院可用肌酐抢救慢性肾炎、肾功能衰竭；用异搏定治疗心律失常；用安定治疗小儿抽搐、用心包穿刺药物治疗结核性心包炎；用胃镜进行诊断。同年，离石县人民医院购置保温箱，用于早产儿的救治。县中医院肛肠科创建，开展肛肠外科手术。1989 年，离石县人民医院进行心痛定舌下含化治疗高血压脑病；ATP 静脉注射治疗室性心动过速；扩血管药物治疗小儿顽固性心衰；雷米封片口服治疗菌痢；庆大霉素口服治疗胃窦炎；V–K3 静脉点滴治疗支气管哮喘；卡马西平口服治疗顽固性耳鸣；腹水回收治疗肝硬化；妇产科开展阴道后穹隆穿刺术、盆腔脓肿后穹隆穿刺切开引流术。20 世纪 80 年代后期，离石县人民医院可开展前列腺摘除术、阴茎癌切除术、尿道会师术、陈旧性尿道损伤切除吻合术、股骨颈三刃钉内固定术。1990 年，离石县人民医院内科能诊断治疗各种常见循环、呼吸、消化、神经、泌尿、传染病；外科能做肝、胆、胰、胃肠、骨科、泌尿等方面常见手术和食管癌切除术；妇产科开展宫颈黏液结晶检查技术、雌、孕激素序贯法调节月经周期技术；五官科能做眼、耳、鼻、喉、口腔常见手术，能验光配镜，口腔牙齿矫正；放射科能做消化道、头、颈、脊椎、骨盆、四肢、胸透视拍片、腹透视拍片，胆囊、肾盂造影；检验科能做血糖、肝功能测定、肾功能测试验、脑脊液检验、蛋白量、薄膜形成、类风湿因子胶乳凝集、链球菌溶血素O试验、血清酶类、二氧化碳结合力测定、血液及其他生化检查，免疫学检查等；药剂科能做各种制剂及大输液等无菌普通制剂。吴城、交口、信义3个乡镇卫生院能做阑尾切除等普外手术。20世纪90年代初，离石县中医院口腔科设立，郭兴开创口腔整形、治疗牙科各种常见病。1991年，离石县人民医院妇产科开展子宫脱垂经阴道子宫全切术、阴道前后壁膨出修补术、陈旧性会阴III度裂伤修补术、口服避孕药的临床应用。1993年，妇产科开展宫外孕腹腔内出血自体输血、经阴道黏膜下子宫肌瘤剔除术、羊膜代阴道成形术、宫颈活检术、诊刮术、分段诊刮术。1994年，妇产科开展妇科恶性肿瘤腹腔穿刺及灌注化疗、全身化疗技术。1995年，离石县人民医院妇产科开展输卵管吻合术、胎儿脊柱断裂术、碎胎术、穿颅术、内外倒转术；内科开展新技术新项目“疏甲丙脯酸治疗左心室肥厚”。同年，离石县中医院肛肠科李树梅为刚出生7天患有先天性肛门闭锁的婴儿进行肛门整形手术。

1996年，离石市人民医院妇产科开展口服米非司酮+米索前列醇药物流产术、米索前列醇促宫颈成熟。20世纪90年代后期，离石市人民医院可开展脑外创伤开颅血肿清除、脑脊液引流术，胆管探查术、门腔静脉分流术、甲状腺次全切、全切术。2000年，离石市人民医院妇产科开展腹壁横切口子宫下段剖宫产术、笑气用于分娩和人流镇痛技术、紧急避孕药物的临床应用；外科开展乳癌扩大根治术、乳癌改良根治术、甲状腺根治术。2001年，离石市人民医院妇产科开展氨甲喋呤用于宫外孕的保守治疗、低位产钳处理头位难产技术。2002年，妇产科开展正常位置子宫阴式子宫切除术、宫颈癌根治术。2003年，妇产科开展剖宫产术腹壁切口皮内缝合技术；普外科开展新技术新项目有中心静脉置管、中心静脉监测、肠外营养（TPN）。

2005年，妇产科开展宫颈冷刀锥切术；内科开展奥美拉唑治疗消化性溃疡。2007年，妇产科开展微波治疗宫颈糜烂、妊高征预测仪筛查妊娠期高血压疾病。2008年，离石区人民医院购置小儿监护仪。儿科疾病的诊治实现专业化，儿科学科得到发展。各乡镇卫生院，均无单独儿科设施，儿科疾病治疗由内科医生承担，内科医生均有诊治儿科疾病技能，一般儿童普通疾病均能处理。2009年，离石区人民医院儿科开展新生儿静脉输液留置针术；外科开展食管癌根治术、直肠癌根治术；骨科开展四肢干股闭合复位内固定术。2010年，内科开展生长抑素治疗急性胰腺炎、上消化道出血；骨科开展股骨头置换术；妇产科开展宫颈薄层液基细胞检查技术。

2012年，妇产科开展无痛人流术。2013年，检验科开展血清总胆汁液测定、尿沉渣定量；妇产科开展阴道分泌物涂片检查。2014年，检验科开展唾液素C、β球蛋白测定；外科开展前列腺电切术、右半结肠扩大根治术（CME）；妇产科开展胎心监护技术；普外科开展腹腔镜胆囊切除术。至2015年底，离石区人民医院检验科开展新项目有：甲功、性激素、肿瘤标志物、CRP、MP-AB 等；神经外科开展新技术有：硬膜外 / 下血肿清除术、脑积水脑室—腹腔分流术、颅骨凹陷骨折整复 + 钛板成形术、高血压脑出血锥孔血肿引流术、颅骨缺损成形术；外科开展下肢静脉曲张激光闭合术、胃癌远端胃根治术（D2）、胆总管腹腔镜取石术；妇产科开展宫颈扩张球囊引产术。同年，各乡镇（街道）卫生院（社区卫生服务中心）均能做缝合包扎、引流术、阑尾切除术、剖宫产等普通手术，检查血压、血糖、血脂等，B 超检查、X 光透视检查、输液打针等。

中医

清末至民国年间，永宁县看病以中医为主，均属个体行医，或开设药店，或坐堂开方，或走乡串户，群众有病主要依靠城乡中医或半农半医民间中医诊治。

1951 年，离石县经考试鉴定有合格中医 38 人，占合格医务人员总数的 76%。20 世纪 50 年代离石县著名的中医有：王树枝、穆生秀、薛丕珠、成汉山、孙文鳌、张振林、刘泽侯、冯金等。1957 年后，中医孙文鳌用针刺治疗甲状腺肿效果显著。

1959 年，孙文鳌受到党和国家领导人刘少奇的接见，并合影留念。1959 年，田家会中心保健站和离石县中心人民医院防疫科联合研究中药避孕，试用 7 例，取得延长生育间隔的效果。1963 年，离石县人民医院中医科，应用消淤止血剂，治疗产后胎盘残留。以养阴兼补冲任法治疗刮宫后出血不止和针灸治疗运动性损伤，取得明显效果。1966 年后，中医武子和、刘泽侯、张振林擅长诊治妇女儿童病症，只用数味药剂便可解除病痛。王树枝对中医各派医学论著研究较深，辨证施治，往往另辟蹊径，翻出新意。成汉山，治疗内科杂症，晚年攻克癌症难症，取得可喜收获。孙文鳌，诊治甲状腺肿取得突破性疗效。1980 年后，离石县职工医院副主任中医师成大权用中药治疗“虚寒久泻”，有效率 100%，治愈率 92%，该技术获省级科技成果三等奖，成大权被载入《中国当代名医辞典》《中国科技成果大全》。1982—1984 年，离石县人民医院主治医师于志远和县职工医院中医师苏殿耀用中草药治疗牛皮癣，治疗 50 例病人，治愈率 70%，有效率 100%。吕梁行署科委组织 15 名主治医师、副主任医师鉴定，认定达山西省内先进水平。1984 年，离石县人民医院中医科郝增俊应用中草药治疗不孕症，效果良好。1985 年，离石县人民医院中医科郭富林、邓振富等用经络治疗仪治疗多种疾病。1986 年，离石县中医院院长李补顺运用中医外治法治疗腰椎间盘突出症，效果卓越。1989—1992 年，离石县中医院妇科常秀萍应用中草药口服 + 灌肠治疗盆腔炎、不孕症，效果显著。1995 年，县中医院成贵平运用中草药治疗脾胃病、心脑血管疾病，疗效良好。

2001 年，离石市中医院烧伤科主治医师符耀南研制出纯中药喷剂治疗各种烧伤，在当地享有盛名。

2004 年后，薛亮通过理疗、复位、按摩方法治疗颈椎、腰椎疾病。2006 年后，邢彩琴运用针灸、按摩技术治疗肩颈腰腿痛。

内科

1946 年，离石县只能接种牛痘疫苗、打大油（油剂青霉素）、打 606 针治疗梅毒，疾病的治疗主要以中草药为主。1948 年，离石县可进行肌肉注射、静脉注射。

1952 年，离石县引进开展静脉滴注技术，进行一些危重病人的抢救。

1959 年，县中心人民医院成立活血库，可以进行献血输血项目。1960 年，县中心人民医院建立内科，除能处理一般常见内科疾病外，还能处理心力衰竭、肺结核等危重病人。1986 年起，离石县人民医院开展的新技术、新项目有：654–2 治疗肺心病右心功能不全、脊髓腔注射治疗小儿结核性脑膜炎、扩血管药物治疗肺心病、654–2 治疗脑血管病、脊髓病变、瘫痪、失语症等。中西医结合可治疗肝炎、肝硬化、肾炎等疾病。通过纤维胃镜观察，可用甲氧嘧啶、正骨素治疗消化道出血。可用乙胺碘呋酮等药物治疗心律失常、心脏纤颤等疾病。1988 年，可用肌酐抢救慢性肾炎、肾功能衰竭疾病。可用异搏定治疗心律失常疾病。用安定治疗小儿抽搐、用心包穿刺药物治疗结核性心包炎疾病。可用胃镜对胃疾病进行诊断。1989 年，离石县开展的医疗服务项目有：用心痛定舌下含化治疗高血压脑病。通过 ATP 静脉注射治疗室性心动过速。用扩血管药物治疗小儿顽固性心衰。用雷米封片口服治疗菌痢。用庆大霉素口服治疗胃窦炎。通过 V–K3 静脉点滴治疗支气管哮喘。用卡马西平口服治疗顽固性耳鸣。通过腹水回收治疗肝硬化。

新型农村合作医疗开展之前，离石市（县）农村 90% 的内科病在乡镇医院均能得到解决。

2007 年后，一部分可在基层治疗疾病的患者开始进入县城进行治疗。

外科

离石县民众医院建立时，医院只有简单的刀、剪、镊子、止血钳、注射器等器械。1953 年，离石县卫生院成立手术室。诊治范围主要为疮疡疾肿、切开引流、跌打损伤与清创缝合。

1955 年，李逢时医生主刀开展全县第 1 例阑尾切除术外科手术。1958 年，县人民医院薛茂儒在医学院专家的帮助下主刀施行胃大部切除术手术。

1959 年，县中心人民医院开展第 1 例脾切除手术。20 世纪 60 年代初期，离石县中心人民医院能开展多种外科手术，如：阑尾切除术、疝修补术、宫外孕手术、卵巢囊肿摘除术、剖宫产、会阴侧切术、胃穿孔修补术，肠梗阻减压术等。60 年代后期，开展的手术有胸腔手术、胸腔引流术、尿道损伤修补术、胆囊切除术、肠切除吻合术、骨折内固定术、膝关节结核病灶清除术、腰椎结核病灶清除术、子宫次全切除术、扁桃体摘除术、兔唇修复修补等。70 年代初，在太原卫校部分医生协助下开展脑外手术数 10 例，有甲状腺切除术、肝破裂部分摘除术、膀胱部分切除术、骨移植术、巨结肠切除术、大面积烧伤植皮手术等。80 年代后期，开展的手术有前列腺摘除术、阴茎癌切除术、尿道会师术、陈旧性尿道损伤切除吻合术、股骨经三刃钉内固定术。90 年代，离石县可开展脑外创伤开颅血肿清除、脑脊液引流术，胆管探查术、门腔静脉分流术、甲状腺次全切、全切术手术。

2008年，离石区可开展腹腔镜胆囊摘除手术。

妇产科

1956年前，离山（石）县没有专职妇产科医生，产妇基本都在家中找接生婆自行生产（旧法接生）。孕产妇死亡率非常高。1956年开始，离山县卫生院开展产前检查、接产等服务项目，剖宫产主要靠外科医生来完成。

1963年，县中心人民医院逐步开展剖宫产、卵巢囊肿摘除、刮宫、引产、侧切术等手术。20世纪70年代，可开展子宫次全切除术手术。1979年，可开展尿瘘修补术手术。1982年，妇产科独立设科。开展的项目有会阴保护新方法、气门芯结扎脐带法、中期妊娠引产羊膜腔穿刺失败后利用A型超声波定位进行补救穿刺法、先天性无阴道阴道成形术、改良式腹膜外剖宫产、接生产程图应用、精制天花粉注射终止妊娠法、气管插管抢救新生儿重度窒息、冷冻治疗宫颈糜烂、经阴道子宫切除术、宫颈癌根治术等。

儿科

1963年前，离石县没有专门的儿科医生，更没有专门的儿科科室设备，诊断和治疗水平相对较低，患病儿童病死率比较高。输液是抢救、治疗患病儿童的主要手段。输液均采用通过四肢血管输液，儿童血管细小，稍微一动很容易穿破血管漏液。1963年后，引进小儿头皮穿刺技术，使小儿输液特别是婴幼儿的输液成为常规治疗手段，抗菌药物液体补充得到保证，小儿重症抢救治愈率和成功率得到提高。

1988年，县人民医院购置保温箱，用于早产儿的救治。1995年，县人民医院儿科独立设科。

1998年，离石市人民医院购买小儿恒温保湿治疗箱，用于治疗早产儿、体弱儿。

2008年，离石区人民医院购置小儿监护仪。儿科疾病的诊治实现专业化，儿科学科得到发展。各乡镇卫生院，均无单独的儿科设施，儿科疾病的治疗有内科医生承担，内科医生基本都有诊治儿科疾病的技能。一般儿童常见、多发等普通疾病都能处理。

第四章　卫生管理

第一节　医药卫生制度改革

公费医疗 医保

1952 年，离石县公费医疗制度开始实行。享受公费医疗的对象为：县直各行政机关、事业单位、各民主党派、群众团体的在职和退休的国家工作人员；退伍的老红军、二等乙级以上革命伤残人员。以上人员持“公费医疗证”可在全县范围内各医疗单位就诊，凭处方回单位实报实销（滋补药品除外）。外埠医疗由本人申请批准后可报销医药费。

1985 年后，离石县公费医疗改为按不同层次，分等级定额包干的办法，即：一般干部每人每年 60 元、退休干部每人每年 120 元、离休干部每人每年 250 元、二等乙级以上革命伤残人员每人每年 300 元、退伍老红军每人每年 400 元。对离休干部、二等乙级革命伤残人员、老红军医药费实支实报，部分企业对职工直系家属医药费报销 50%。

2006 年 8 月，区政府制定《城镇干部职工基本医疗保险制度实施方案》，区劳动局下设城镇职工医疗保险中心。同年，用人单位和职工个人开始缴纳医疗保险费，用人单位按在职职工上年度工资总额的 6% 缴纳，职工个人按本人上年度月平均工资的 2% 缴纳。基本医疗保险基金包括统筹基金和个人账户。个人账户的金额为本人的门诊医疗费，可在定点医院或药店自主消费，结余可滚存使用。统筹基金用于支付参保人符合规定病种的住院费和部分慢性病大额医疗费用。

农村合作医疗 新型农村合作医疗

1971 年，离石县实行农村合作医疗的大队有 136 个。1977 年，实行农村合作医疗的大队有 240 个，占全县大队总数的 98%，社员每人每年交纳保险费 0.3—1 元，由公社医院或大队保健站统一使用，公社、大队社员一律免收出诊、注射、处置和预防接种费用 4 种。1978 年，离石县实行医药费免半的大队有 32 个，实行药费全免的大队有 12 个。1981 年，离石县合作医疗制度终止。

2007 年，区卫生局新型农村合作医疗管理中心成立。同年，规定：凡离石区农民均可自愿参加新型农村合作医疗（简称新农合），新农合基金由各级财政补助、集体扶持、农民个人缴纳和社会捐赠共同组成。同年，全区农村居民 120890 人中参加新农合人数有 111098 人，新农合参合率 91.90%。至 12 月，全区参加新农合的农民 85057 人得到补偿。2008 年，全区农村居民有 107484 人参加新农合，新农合参合率 89.90%。至 11 月底，全区参加新农合的农民63041人得到补偿，补偿金额达704.29万元。2009年，全区农村居民11.6万人中有10.8万人参加新农合，新农合参合率93.10%。统筹标准为每人每年100元，其中农民个人交费20元，各级财政部门补助80元，全年筹资总额为1079万元。至12月，全区参加新农合的农民有97068人得到补偿，补偿金额达1165万元。2010年，离石区扩大新农合受益面和提高参合人员的门诊医疗费，把参合统筹基金分为门诊统筹基金和住院统筹基金，门诊统筹基金按年度总筹资额的30%提取，划拨在个人账户，用于支付参合农民在乡、村两级定点医疗机构门诊就诊时的医药费及乡以上医疗机构部分特殊慢性病门诊的医疗费补偿；住院统筹基金按年度筹资总额的67%提取，用于支付参合农民的住院治疗费用和产妇住院分娩定额补助；筹资总额的3%作为风险储备金，用于弥补统筹基金非正常超支时的风险抵御。参合人员每年享受补偿由3万元提高到4万元，补偿比例根据定点医疗机构的等级确定。在乡（镇）、社区卫生服务站，住院费用补偿起付线为50元，补偿比例80%；在区级医疗机构，住院费用补偿起付线为200元，补偿比例70%；在市级医疗机构住院需办理转院手续，费用起付线为500元，补偿比例55%；在市级以上医疗机构住院需办理转院手续，费用起付线为800元，补偿比例45%。对计划内住院分娩的正常产实行定额补助每例300元，在离石区内定点医疗机构住院分娩由医疗机构直接垫付，在离石区外医疗机构住院分娩需提供有关资料和出生医学证明方可享受分娩补助。对错过交费期的新生儿住院费用可随父亲、母亲享受当年补助。意外外伤（除交通事故、打架斗殴、酗酒、吸毒、违章作业、自残自伤等责任因素外）的补偿标准按各级医疗机构的起付线和补偿标准执行，封顶线在5000元以内，需提供有关资料和村委盖章的公示材料及证明人。同年，全区有12个乡镇193个行政村的农村居民111124人参加新农合，新农合参合率94.79%。其中民政资助农村五保、低保8226人。至11月，全区参加新农合的农民有60260人次得到补偿。同年，全区乡镇卫生院正式启动新农合门诊统筹补偿试点工作，全区12个公立基层医疗机构与定点配送企业签订合同，实行药品零差率销售。

2012年，全区有农村居民113766人，参加新农合113591人，新农合参合率99.84%。个人筹资标准为50元/人，各级财政补助240元/人，平均筹资标准达290元/人。至11月，离石区有参合农民109764人次得到补偿，补偿金额达3187.28万元。同年，区人民医院实施住院费用支付方式改革，实行按病种付费制度，病种为20种。全区将大病20种纳入保障范围，按70%比例给予参合农民补偿。同年，全区对45周岁以上农民实行免费健康体检制度，并建立健康档案。2013年，全区有农村居民120250人，参加新农合119101人，新农合参合率99.04%。农民个人筹资标准为60元/人，各级财政部门补助标准提高到280元/人。同年12月，全区参加新农合农民有128528人次得到补偿，补偿金额达3846.5万元。2014年，全区有农村居民122692人，参加新农合121517人，新农合参合率99.04%。新农合个人筹资标准为70元/人，各级财政部门补助320元/人。同年12月，全区有参合农民159261人次得到补偿，补偿金额达4936.3万元。同年，离石区将大病23种纳入保障范围，按70%比例给予参合农民补偿。对重大疾病补偿实行省内定点救治，按病种定（限）额付费、出院即时结报，协议化管理制度。2015年，离石区有农村居民122952人，参加新农合122041人，新农合参合率99.26%。截至12月底，离石区有参合农民159218人次得到补偿，补偿金额为3306.64万元。同年，将重大疾病24类纳入医疗保障范围，新农合补偿比例70%。

第二节 管理监督

医药市场监督

20世纪50年代起，离石（山）县卫生科牵头，卫协会、药材批发部门配合，开展药政管理工作。全县统一使用二联处方笺，各医疗单位、个体诊所及药品商店一律到县药材公司购药，严格执行规定药价，对随意抬高药价、投机倒把等行为进行处罚。离石（山）县卫生科对鸦片、吗啡、樟脑酊、咖啡因等药品实施严管制度，限制使用，严禁种植罂粟等。

1970年后，离石县卫生局指定专人管理药政工作，对药材、药品的生产、收购、加工、泡制、供应、保管、销售等方面都作出具体规定。1978年3月，县卫生局派药政管理人员参加吕梁地区中草药种植1期培训。培训后，对全县中药材资源分布进行调查。1979年，全县个体药商、药贩增多，个别医疗单位和个体诊所只注重药品价格而不重视药品质量，药品市场出现假冒伪劣药品，同时出现未经审批乱开诊所现象。县卫生局、县工商局等部门联合开展药品大检查工作，共查处伪劣药品35种，价值1.56万余元，处以罚金2万余元，关闭无证经营户3户，罚款1万元，取缔打击药贩2人。

1980年，离石县实行“金额管理、数量统计、实耗实销”的药品管理办法。全县麻醉药品使用单位基本做到“五专”（专人保管、专柜加锁、专用处方、专用账册、专人开方）的管理制度，每日交接，按月汇总。1981年，县卫生局配合吕梁行署药检所对全县医院的制剂和麻醉药品管理和使用情况进行检查，对有问题的单位给予批评教育、处罚处理。1983年6月，县卫生局牵头，联合工商、公安、物价等部门，对35户药品批发零售单位进行检查，没收假、劣、过期、失效药品96批次25种，价值3.57万余元，罚款3万余元，关闭无证经营户2户。1984年，县卫生局配合吕梁行署卫生局、药材公司、药检所对离石县医疗单位3个、个体诊所9个、村卫生所253个进行检查，共查出仿品药品17种，总量124千克，价值8564元；查出问题中药154种，价值4.57万余元，打击药贩8次，没收假药80余千克。1985年，离石县成立药品管理领导组，并召开专题会议，宣传贯彻《中华人民共和国药品管理法》（以下简称《药品管理法》），共下发宣传资料3500余份，出动宣传车20余天次，图片曝光假、劣药品3次，有线广播宣传5次。同年，县卫生局设立药械股，配备药品监督员4名，负责全县药品监督管理工作。配合吕梁行署卫生局、药监局对地直、县直医疗单位、药材公司、个体诊所、药店等进行检查，取缔无证批发户1户，关闭无证诊所2户，罚款3000余元，查出伪劣、淘汰、过期、失效及无批号药品122种，价值2.54万元，全部进行集中销毁。同年，县卫生局对全县药品生产、经营单位相关人员320余人进行《药品管理法》知识培训，经考试及格率80%，全县发放药品许可证、制剂许可证25家，发证率85%。1986年，县卫生局药品监督人员2人参加吕梁行署举办的《药品管理法》培训班，为期1周。同年，全县乡卫生院聘任乡药品检查员15名、村药品报告员253名，并进行培训考试。1987年，离石县组织执法人员对全县从事药品经营单位及个体诊所、药店51户进行检查，为期30天。共查处伪劣药品168种，价值7.12万元。关闭无证经营户3户。查处出售假、劣药品违法人员3人。同年，对农村合作医疗所、药店进行整顿，查获伪劣药品40余种，价值5.39万元。1988年，对全县药材公司、地直医疗单位、县直医疗单位、乡（镇）卫生院、个体诊所、药店共368个单位进行检查，查出伪劣药品20余种，价值7.36万元，处罚单位15个，罚款1.54万元，取缔无证经营户2个，查处游医药贩4人。1989年5月中旬，开展为期20余天的医药市场整顿工作，组织23人组成专项检查组，累计检查单位102个，印发宣传资料3000余份，办墙报8块次。共查处销毁伪劣药品30余种，价值2.35万元。1990年，离石县开展换发“三证”（药品生产企业许可证、药品经营许可证、制剂许可证）工作。同年，取缔无证经营药店3家，对20家个体药店进行划片管理，并开展“信得过流动红旗”竞赛活动。同年10月，吕梁行署治理整顿医药市场工作会议在离石县召开，会后，离石县开展为期15天的全县药品大检查工作，共查出伪劣药品125种、价值3.52万元。

1991年，对全县医药市场进行全面整顿，监督覆盖面达95%以上，取缔无证经营户15户，查处违法案件6起，查出伪劣药品142种，价值39.62万元，共罚款2.34万元。1992年9月，联合药材、工商、物价、公安等部门开展为期1个月的药品市场大整顿工作，共张贴标语310条，出动宣传车18台次，散发宣传资料5万份，县广播电台专题广播10次。检查社会办医45家、个体诊所药店28家，查处伪劣药品27种，过期失效药品59种，价值1.22万元，没收非法所得并罚款2630元，取缔无证经营屡教不改的药店4家。1995年，开展历时1个月的《药品管理法》宣传活动，共出动宣传车21辆次，散发宣传资料2万余份，张贴标语4000余条，举办电视专题宣传1周，发放宣传挂图100套，塑料标语牌400份。同时检查医疗机构487个，检查率95%。取缔无证门店81个（其中社会办医19个、个体诊所28个、个体药店34个）。查封药品批发窝点2个。作出限期办证药店8个，停业整顿诊所 4 个。没收销毁伪劣药品 116 种，价值 2 万余元，罚款 2.5 万元。并对重大案件处理情况在电视台进行曝光。

1996 年，离石市政府印发《关于继续清理整顿和规范医药市场秩序的实施方案》，组织整顿队伍开展历时 20 天的宣传活动，张贴标语 310 条，出动宣传车 13 台次，散发宣传资料 5 万份，设咨询点 3 个，连续咨询 5 天，石州电视台连播 7 次，市广播站播出专题文章 10 篇。全年检查医药网点 315 个，检查率 90%。取缔无证社会办医 5 家、无证诊所 18 个、无照或者证照不全 24 家，没收假药 35 种，价值 4 万元，查获伪劣药品 40 余种，价值 3.6 万元，罚款 2 万元，端掉游医网点 4 个、查处非法游医 6 个。1998—2001 年，全市共监督检查药品经营网点 700 多个，监督覆盖率 96.2%，共没收假、劣药品 130 余种，价值 6.46 万元，罚款 4.01 万元。申请强制执行无证经营户 41 户。教育培训全市药品从业人员 340 名。集中销毁超期变质药品价值 4.3 万元。发放《药品监督行政处罚程序》《药品流通监督管理办法》300 余份。排查医疗单位 317 个，取缔非法经营户 57 户，查处非卫生技术人员从事药品经营者 3 人，罚款 0.9 万元。查处销售、使用假、劣药品及一次性医疗用品单位、个体诊所、药店 41 个，没收不合格一次性医疗用品 18 种 124 件，价值 2260 余元。行政处罚、警告 15 户，罚款 24 户，罚款金额 4.9 万元。停业整顿 2 户。立案查处拒不停业关闭的非法药品经营“钉子户”29 户，并没收全部药品和非法所得。2003 年 3 月，吕梁地区药品监督管理局离石分局（简称离石分局）推出“药品质量诚信卡”。同年 4 月，离石分局与离石市公安局联合执法，查处案件 5 起，没收防控“非典”用假劣药品贯众、银花等 9 种，价值 1.5 万元，罚款 5.3 万元。同年 6 月，开展医疗机构制剂专项检查工作，共检查制剂单位 3 家，立案查处 2 起，没收违法所得 1000 元，罚款 4000 元。检查医疗器械经营、使用单位 62 户，行政处罚 20 户，罚款 1.1 万元，没收不合格一次性无菌注射器 320 余支，价值 320 元。同年 12 月，在离石市民广场销毁假劣药品 201 批次，价值 8012 元。

2005 年 1 月 20 日，在原有职能基础上增加对食品、保健品和化妆品的综合监督和管理职能。元旦、春节期间，离石分局对离石区药品市场进行监督检查，共出动执法检查人员 48 人次，检查涉药单位 18 户，查处违法案件 4 件，没收假、劣药品 12 种，价值 214 元。3 月，开展“3・15”期间药品市场监督检查和宣传咨询活动，协助万民大药房回收过期失效药品 268 个品种（批次），价值 3000 元。集中销毁假劣药品 2406 个品种（批次），价值 1.53 万元；假劣医疗器械 4 个品种（批次），价值 1350 元。查处吕梁中药厂“清咽片”标示范围不符问题，没收违法所得 6600 元，处以罚款 1.34 万元。同年 6 月，开展无菌医疗器械专项检查工作，共出动检查人员 278 人次，检查经营、使用单位 86 户，没收无“产品注册证”的无菌脱脂纱布块 25 包，价值 175 元。查封扣押过期失效一次性无菌性注射器 80 件，罚款 2.82 万元。7 月，开展对终止妊娠药品监督检查工作，共出动执法人员 842 人次，检查经营、使用终止妊娠药品单位354户，查获违法事件19起，警告12户，责令整改3户，行政处罚4户，没收非法终止妊娠药品价值2543元，上缴财政罚款7502元。2006年6月，出动执法人员400人次，检查药品生产、经营、使用单位120余户，重点查处齐齐哈尔第二制药有限公司生产的国家明确认定的5个品种15个批次的假药。11月，离石分局开展医疗器械专项检查工作，出动执法人员204人次，检查经营、使用单位64户，警告限期整改48户，没收违法所得6000元，罚款1.2万元，查封无合格证明的二手医疗器械德国西门子CT机1台。2007年，重点检查农村卫生所、个体诊所用药情况，没收假、劣药品66种（批次），价值1.25万元。同年，对药品包装标签和说明书、中药材、中药饮片、疫苗流通、特殊药品、医疗器械、处方药和非处方药分类管理、广告药品7个方面进行专项整治。共检查药品经营、使用单位270户次，立案查处59户，查处取缔无证经营、流动药贩7户次。没收假劣药品180种（批），标值215万元。查处万元大案7起（其中药品案件6起、医疗器械案件1起），共计罚没款151万元。抽检药品56批，发现质量可疑21批。开展特殊药品专项检查8次。2008年元旦、春节、两会期间，开展药品市场专项检查、中药饮片专项整治、人血清白蛋白专项行动、特殊医疗器械专项整顿、兴奋剂专项行动等工作，共出动检查人员1096人次、车辆243车次，检查药品使用、经营企业304个次，查出疑似药品36种，确定假药10种，没收假、劣药品66批次，价值1.35万元。立案72起，其中万元以上大案5起，罚没款17.21万元，取缔无证经营户5户。同年，利用药品邮寄核查、快检技术、监督性抽检、网上打假信息等方法查处假劣药品，共完成药品抽样80件，其中送检80件，收到报告80件，不合格30件，药品检验阳性率37.5%。开展全区涉药企业药品不良反应监测工作，申报药品不良反应445例。2009年，出动执法人员1268人次，检查监管单位328家（户）次，立案查处案件249件，没收假、劣药械价值6.59万元，罚款15.49万元。同年，开展药械许可证换证专项检查工作，共检查需要换证药械企业36家。GSP认证零售药店10家。共监测虚假违法药品广告品种9个，全部移交工商部门处理。监测到药品不良反应病例500例，上报药品不良反应病例报告202份。2010年，离石区食品药品监督管理局开展整顿全区药品市场秩序工作，共出动执法人员2316人次，检查药品经营、使用单位321家，查处各类案件158起，其中当场处罚102起，立案132起，结案132起，结案率100%。没收假劣药品、医疗器械117个品规，标值57万元，罚款148万元。同时将监管重点延伸到全区乡镇、农村，对农村药械市场进行专项整治，打击经营假劣药械、非法采购、包装、分装、批发、过票、违反GSP规定等违法行为。同年，建立医疗器械不良事件监测网络62家，上报医疗器械不良事件156份。检查高风险医疗器械经营企业12家、定制式义齿生产企业1家、口腔诊所23家，其中1家涉嫌使用过期医疗器械，进行立案查处。

2011年，对全区22家开展放射诊疗的医疗机构放射诊疗许可、防护工作制度的落实情况及对放射防护实施设备的建设使用、放射工作人员的个人剂量监测、健康检查及培训等工作进行监督整治，对20户单位提出整改意见，取缔无证单位2户。配合区公安局等部门开展打击非法行医和非法采血活动工作，共检查医疗单位118户，取缔非法行医诊所22户，查处案件2起，扣押药品器械价值2万余元，罚款11万元。全年共出动执法人员600余人次、执法车辆300辆次，检查药品经营企业、各级各类医疗机构200余户次，查处违法案件89例，查获过期药品70余批次、不合格中药饮片140余批次，没收过期失效药品货值2600余元，罚款14.8万元。

2012年，区政府牵头，区公安局、区食品药品监督管理局、区检察院、区法院、区卫生局5个单位组成打击非法行医专项行动小组，共检查全区医疗单位172家，出动车辆50辆次、人员520余人次，取缔非法行医窝点14家，规范违规行医诊所50余家，罚款6.8万元，没收药品器械28件，下达各种监督文书100余份。同年，开展放射执业活动医疗机构的摸底调查工作，共出动车辆120辆次、监督人员70余人次，监督覆盖率100%。建立档案12户，监督检查12户（其中警告单位5户，罚款1户，罚款金额3000元，停业整顿10户）。监督抽检基本药品76批，抽检合格率100%。开展含铬超标问题胶囊专项检查工作，对辖区内1家生产企业、67家药品经营企业、84家医疗机构（包括农村卫生室）进行专项检查，发现铬含量超标胶囊剂厂家3个4批次共4930粒，督促召回其他10个厂家的胶囊共39批次30余万粒。同年，区食品药品监督管理局开展药品流通领域集中整治工作，累计出动执法人员780人次，检查涉药单位236户，检查覆盖率100%。查处各类违法案件156起，其中立案112起，结案112起，责令整改38户，取缔无证经营2户，累计罚款1012万元。同年，以一次性使用无菌医疗器械、植入人体的高风险器械、体外诊断试剂、医用卫生材料、医用高分子材料及制品、隐形眼镜、大型医用电子设备、电疗、磁疗、光疗等物理治疗设备为监督检查重点，对专营、兼营医疗器械企业的现场检查覆盖率100%，医疗器械专营企业和乡镇以上医疗机构监督检查频次不少于2次/年。开展装饰性彩色平光隐形眼镜经营企业摸底调查和监督检查工作，共检查经营企业17户，取缔无证经营3户，罚款0.5万元。开展为期2个月的医疗器械生产、经营、使用单位专项监督检查工作，共检查相关单位86户次，责令限期整改20户，立案查处23户。没收医疗器械10批次，价值0.5万元，罚款2.07万元。

2013年，离石区取缔“黑诊所”6家，没收药品11件，立案处理超范围执业和使用非卫技人员的医疗诊所16户，罚款6万余元。区食品药品监督管理局先后开展药品流通领域集中整治、疫苗质量安全专项检查、含麻黄碱类复方制剂专项检查、中药材及中药饮片专项检查等专项整治行动，共出动执法人员1588人次、执法车辆496辆次，检查药品生产企业2户、批发企业2户、医疗机构25户、药品零售经营企业97户、个体诊所135户、医疗器械经营户86户。立案调查198起，结案198起。累计行政罚款158万元。开展打击药品违法生产、药品违法经营和加强药品生产经营规范建设、加强药品监管机制建设专项行动，共出动执法人员782人次，发现共有37家药品经营、使用单位存在从非法渠道购进药品、销售过期药品及医疗器械等违法行为。全年共上报医疗器械不良报告42份。确定药品不良反应监测点70个，监测点覆盖全区各主要医疗机构和药品经营单位。全年共上报药品不良反应报告390份。共检查医疗器械生产经营86户，立案查处56户，限期整改10户，没收医疗器械17批次，罚款4万余元。

2014年，区食品药品监督管理局查处药械挂靠经营、超范围经营、超方式经营、走空票，出租出借药品经营许可证、医疗器械经营企业许可证等违法违规行为。同年，针对无证经营二、三类医疗器械、隐形眼镜、体外诊断式试剂及违法宣传行为，开展医疗器械“五整治”专项活动，共检查药品生产企业2户、经营企业103户、使用单位312户、医疗器械经营企业65户，检查覆盖率100%，重点单位检查频次达2次以上。立案74户，取缔无证经营10户，下达责令改正书35份，累计行政罚款6.17万元。共取缔“黑诊所”3家、药店非法坐堂行医2家，罚款4万余元。全年上报医疗器械不良事件217例。同年，离石食品药品监督管理局挂牌成立药品不良反应监测网点15个，并向检测网点下达药品不良反应病理报告任务，全年上报药品不良反应653例，其中新的严重不良反应167例，占报告总数的25.5%。

至2015年底，离石区取缔“黑诊所”“黑牙科”8家，立案查处非法行医案件32宗，行政处罚32宗，罚款5.8万元。同年，区食品药品监督管理局利用“12331”投诉举报电话、通过日常监督检查、抽检等多种方式，查找重大案件线索，共查获假药“牙痛舒”1100余盒，并缴获制售药品生产设备、包装材料、说明书等物品。紧急召回发生不良反应药品1种。继续以高风险医疗器械为监管重点，开展无菌类、植入类、介入类等医疗器械专项检查工作，开展体外诊断试剂质量评估和综合治理专项检查工作。

食品市场监督

2005年1月20日，吕梁市食品药品监督管理局离石分局（简称离石分局）在原有职能基础上增加对食品、保健品和化妆品的综合监督和管理职能。2007年，区食品安全委员会将食品安全纳入社会公共安全责任考核范畴。同年，离石分局对食品安全工作进行专项检查，共检查生产、经营、餐饮企业831户次，查处违法案件309起，涉案总货值金额22.92万元。取缔无证照生产、经营企业27户、无证照餐饮企业14户，吊销证照15户。2008年，区食品安全委员会确定年度食品安全目标责任，召开食品安全工作会，与食品安全委员会成员单位签订责任书，将食品安全纳入区政府综合管理指标。同年9月15日，“三鹿”奶粉事件曝光，离石分局组织工商、卫生等相关部门开展集中督查4次，检查经营主体 1189 户次，查封奶粉 13130 千克，对“问题奶粉”和奶制品进行全面清退。2009 年，区食品安全委员会与各乡镇（街道）、各食品安全监管部门签订食品安全工作目标责任书，制定《食品安全整顿工作实施方案》《夏秋季食品安全专项整治工作方案》等规范文件。同年，离石分局开展打击违法添加非食用物质和滥用食品添加剂专项整治工作、节日期间食品安全整治工作、中小学校周边以及城乡接合部等重点区域食品安全整治工作。2010 年，离石分局参与由区纠风办牵头的食品市场专项整治活动，查处食品违法行为 79 起，立案处理 33 起。检查集贸市场 2 个、食品加工作坊 9 个、食品流通企业 26 户、餐饮服务企业 31 户、学校食堂 19 户。取缔食品、豆制品、蛋糕等食品加工窝点 9 个、无证照食品经营点 5 个、无证照餐饮经营户 3 户。查扣不合格一次性筷子 28 袋（约 6.2 万双）、磨豆机 3 台。查获过期及伪劣食品 706 千克、假盐（兽用盐）500 千克、假冒汾酒 86 瓶。查获石膏粉等非食品用物质和滥用食品添加剂 6 千克，涉及总货值 64 万元。同年，对查获的过期、伪劣食品，全部进行公开集中销毁。

2011 年，离石分局开展火锅底料及火锅底料类食品添加剂专项检查工作，出动执法车辆 20 余辆次、执法人员 184 人次，检查火锅店 63 家次，未发现餐饮单位使用含有罗丹明 B 的火锅底料产品。同年，共受理餐饮服务许可申请 160 户，现场检查审核 107 户，许可 107 户。向各餐饮单位印发食品添加剂宣传材料 22 万份。同 460 余户餐饮单位签订《不使用非食用物质和不超范围、超量使用食品添加剂承诺书》。加强食品添加剂备案工作，备案大型餐饮单位 21 户。督促餐饮服务单位建立食用油索票、登记制度，要求餐厨废弃油脂责成专人负责处理，并做好回收处理记录，防止“地沟油”重回餐桌。

2012 年 4 月，馥兴园食物中毒事件后，离石分局协同有关部门对全区餐饮单位开展为期 20 余天的突击整治行动，共检查餐饮服务单位 671 户，取缔无证经营 76 户，停业整顿 163 户，限期整改 240 户。同年，离石分局联合区教育局，重点对城乡 45 家中小学、托幼机构所涉食堂持证情况、食品储存、餐饮具消毒、购货台账、索票索证、从业人员体检情况、食品留样等方面进行检查。同年，对早点、夜市餐饮小摊贩从业人员健康检查情况、原材料购进渠道、摊点卫生状况进行检查。节假日和重大活动期间与餐饮单位签订《食品安全责任状》，重点对餐饮服务单位食品添加剂购进、索票索证、“三专”执行情况进行检查。以大中型餐饮服务单位、学校食堂、机关、建筑工地食堂为重点，对乳制品、食用油、肉类、酒类、食品添加剂、调味品等重点品种，开展百日安全生产专项整治工作。参与由吕梁市食检办牵头的专项督查行动，督查大型餐饮服务单位 17 户、学校食堂 16 户、职工食堂 4 户、建筑工地食堂 2 户，对检查中存在的问题进行电视曝光，并对整改情况进行回访，累计出动执法人员 2065 人次，检查各类餐饮服务单位 982 户，立案 307 起，查获并销毁过期、假劣等不合格食品 1250 余千克，对 268 户经营户提出警告、责令改正意见，停业整顿 182 户，取缔无证经营 85 户。全年共受理小餐饮登记申请 82 起，验收审核 79 户，发放《小餐饮登记备案证明》73 户。申报验收餐饮服务食品安全示范店 31 户。开展创建活动，确定“阳光厨房”餐饮服务单位 17 户。2013 年，离石分局共受理餐饮服务许可 517 户，现场审核验收 478 户，备案登记小餐饮经营户 243 户，核发餐饮服务许可证 235 户。同时规范食品原料采购索证行为，要求所有餐饮单位建立食品采购台账和供应商资格审查制度，各单位均按要求建立食品原料采购索证验货台账。同年，对 301 户餐饮服务单位实施量化分级管理，其中 B 级 42 户、C 级 259 户，并将量化分级等级评定结果在餐饮单位监督台及时公示。推进餐饮服务星级示范店创建活动，共创建省级示范店 4 户、市级示范店 26 户。吕梁市纪检委挂牌命名五星级示范店 9 户、四星级示范店 4 户、三星级示范店 2 户。同年，继续加强餐饮服务食品安全监管，出动执法车辆 580 车次、执法人员 1910 人次，检查餐饮服务单位 622 户，下达整改通知书 240 份，取缔无证经营 86 户，累计行政罚款 45 万元。开展规范餐饮服务单位经营行为专项督查工作，打击无证经营、超范围经营行为，共出动检查人员 925 人次，检查餐饮服务单位 429 户，检查覆盖率 100%，发现安全隐患 89 起，提出整改意见 241 条，整改完成率 100%。开展餐饮服务环节鲜肉和肉制品安全专项整治行动，共出动执法人员 129 人次、车辆 38 辆次，重点检查单位 93 户次，查获假冒伪劣羊肉及羊肉制品 52 千克。2014 年，加强食品安全隐患排查工作，检查食品生产企业 16 户、食品流通经营企业 908 户、餐饮服务单位 386 户、食品小作坊 49 户、食品小摊点 108 户、食品小餐饮 252 户，排查共发现安全隐患 305 条，下达整改意见书 241 份，整改完成率 100%。同年，开展生产加工源头治理、肉类食品安全整治、校园周边环境整治、夏季食品整治、农村食品安全专项行动等专项整治工作 10 余项。出动执法车辆 1321 辆次、执法人员 3058 人次，检查食品生产经营企业 1951 户，立案 976 起，结案 976 起，查封不合格食品 420 千克，下达责令改正书 256 份，累计行政罚款 115.47 万元。对全区 300 余户餐饮单位服务单位实施量化等级评定制度。

2015 年，离石分局取缔非法生产加工“大桶水”黑窝点 5 户，查获非法屠宰生猪黑窝点 2 个、非法销售未经检验检疫的“白条猪肉”400 千克。取缔月饼加工小作坊 2 处，查处“三无”月饼经销商 2 家，查获问题月饼 156 千克、过期食用油等制作原料 320 余千克。关停未取证学校食堂 16 家。同年，开展制售“三无”食品和假冒伪劣药品突出问题专项整治、体外诊断试剂质量评估和综合治理专项检查、私宰“白条猪肉”冻肉专项整治、婴幼儿配方乳粉整治、学校食堂专项整治、中秋节食品专项整治、食品添加剂专项整治等食品药品专项整治工作 30 余项次。累计出动执法车辆 2152 台次、执法人员 8528 人次，检查食品药品生产加工企业 4062 户，对 461 户存在问题的经营业主提出整改建议。立案查处案件 574 件，依法取缔食品生产经营户 89 户，没收不合格食品及原料 1120 千克，累计行政罚款 1102 万元。

保健食品 化妆品监管

2011 年，离石分局建立保健食品经营临时确认和化妆品经营许可备案制度。制定《保健食品经营企业日常监督表》。共出动执法车辆 80 余台次、执法人员 327 人次，对 120 余户保健食品和化妆品经营企业进行督查，立案查处 36 起，没收不合格保健食品和化妆品货值 0.7 万元，罚款 1.8 万元。

2012 年，建立保健食品、化妆品经营使用单位监管档案。同年，加大保健食品、化妆品市场监管力度，对企业持证经营、采购途径、留存资质以及产品标识等内容以及是否存在伪造或涂改化妆品生产企业卫生许可证、国产特殊用途化妆品卫生许可批件、特殊用途化妆品是否有产品许可批件、批准文件是否失效、是否套用批准文号或备案号的情况进行检查。共出动执法车辆 80 辆次、执法人员 350 人次，检查企业 125 户，立案 65 起，下达整改意见 100 份，没收违法保健食品、化妆品 85 个批次，涉案金额 0.8 万元，累计行政罚款 9.74 万元。2013 年，督促落实索票索证制度，实行保健食品、化妆品进货查验、台账登记制度。同年，开展保健食品专项整治工作，共检查保健食品生产企业 1 户、保健食品专营店 10 户、药品经营企业兼营保健食品店 86 户、超市 10 户、化妆品美容店 56 户。提出限期整改意见 59 户，取缔非法经营户 1 户，行政处罚 7 户。开展规范保健食品、化妆品生产、经营秩序工作，共出动执法车辆 82 辆次、执法人员 482 人次，检查保健食品、化妆品经营店 282 户，下达整改意见 92 份，立案调查 75 起，查处违法产品 85 批次，涉案金额 1.35 万元，累计行政罚款 4.5 万元。同年，制定保健食品生产经营备案登记制度，共备案登记保健食品经营企业 114 户、化妆品经营户 97 户。2014 年，重点检查进货渠道、标签说明书、索证制度、各种记录、销售台账及出厂检验报告、保健食品化妆品违法添加、违规标识等内容，共出动执法车辆 124 辆次、执法人员 512 人次，检查保健食品经营店 25 户、化妆品经营店 115 户，立案 22 起，责令下架停止销售保健食品 4 种，对存在违法违规行为的 70 余家经营企业下达整改意见书，累计行政罚款 2.2 万元。

至 2015 年底，离石分局重点打击保健食品、化妆品非法添加药物、禁用物质以及超量使用限用物质等违法行为，对监测不合格保健食品采取下架、区域禁售等监管措施，共下架保健食品 14 个品种 24 个批次，责令 7 个品种的保健食品在离石区范围内禁止销售。

第三节　经费管理

离石区（市、县）卫生行政部门及隶属的医疗卫生机构办公事业经费由财政局拨付。其中无经营收入的卫生职能机构人员工资全额预算拨付。县医院、乡（镇）卫生院、社区卫生服务中心等全民所有制人员的工资按 75% 计拨。集体所有制人员工资按 60% 计拨。

其余工资不足部分和公务、业务等开支靠医疗收入和药品收入弥补。

1978—1982年，离石县卫生系统各单位的预算经费由县财政局按月预拨给县卫生局，再由县卫生局分拨给各下属单位。1983年，县卫生局与各下属单位签订工作目标责任书，明确预算经费与目标责任挂钩，年终考核验收后，采用“百分计补”办法，各单位按得分计算计拨经费。1984年，全县乡（镇）卫生院的经费由县财政局直接下拨给各乡（镇）财政所，再由乡（镇）财政所按月拨付给乡（镇）卫生院。

2003年，离石市财政局对卫生系统各医疗机构的人员预算经费直接拨付给预算单位。

2006年，区卫生系统所有医疗卫生机构的人头经费，由区财政局直接拨入各单位开户行的医、职人员的个人工资账户。2010年，区政府对卫生体制进行改革，取消8个乡（镇）卫生院、4个社区卫生服务中心基层卫生机构药品经营利润，人员工资、办公、业务经费全部由区财政局预算拨付。

2011—2015年，离石区各乡（镇）卫生院、街道办卫生服务中心定性为公益事业单位，由区卫生局统一管理，并界定服务功能和任务，核定人员编制，核定收支范围和标准，由区政府负责保障基本建设费、设备购置经费、人员经费和其承担的公共卫生服务经费。基层卫生院和社区卫生服务中心人员工资由区财政局全额发放，乡村医生补助每人不低于400元，全部落实兑现。

第五章　机　构

第一节　药品经营机构

药品经营体制

民国初期，离石县内药铺经营中草药与中成药，价格由药铺自定，当地百姓求医难，吃药贵。民国32年（1943），离石县民众医院建立，配备医药人员20人，设有中、西药房。

1954年4月，离（山）石县联合医药部建立，有职工19人，由县联社主管。后改为山西省药材公司离山县公司，业务范围有中西药品、中成药和医疗器械的购进销售以及部分中成药的加工。经营方式主要是批发、零售中西药。1956年，离山县统一药价，离山县药材公司限制药商、私营药店哄抬药价。

1990年后，药品市场放开，离石县各级药品批发机构兴起，药品供应市场竞争激烈，价格一度出现混乱。1994年，药品市场全面开放，民营药品经营户相继开业。

2006年，离石区药材公司停业，全区公立医疗卫生机构及个体诊所购药全部来自民营药品批发渠道。2011年，离石区各级医疗部门全部从山西省药品采购网进行集中招标采购药品，山西药品采购网限定基本用药品种，实行统一配送，零差率销售制度。

药店简介

至2015年，离石区有规模较大民营药品企业4家，配送中心4个，连锁门店90个。

吕梁市同仁康大药房有限公司　1994年成立。总部位于吕梁市离石区新华北街。吕梁地区各县有连锁零售店33家，其中离石区内有零售店20家，共有仓储面积1600平方米、经营面积3600平方米，是吕梁地区区域内规模最大的药品经营企业。2004年，通过国家级GSP认证，是离石市区城镇职工医疗保险定点药店和慢性病医疗保险定点药店。至2015年底，有员工500余人，其中管理人员40余人，相关专业人员占90%。离石区有配送中心1个，连锁门店50家。配送中心全部实行计算机信息系统管理。经营范围包括中药饮片、中成药、西药、医疗器械、新特药、进口药、保健品、药妆八大类共8000余个品种。先后被省市有关部门授予消费者信得过单位、物价计量信得过单位、百姓放心药店、诚信企业等荣誉。

吕梁百姓平价大药房连锁有限公司　2006年5月成立。位于吕梁市离石区龙凤北大街。2010年3月，通过GSP认证。组织结构有总部、直营门店、诊所、老专家综合门诊、化验室。销售门店分布在吕梁市离石区及吕梁市各县市，有员工300余人，相关专业人员占95%。主要经营中成药、中药饮片、化学药制剂、抗生素、生化药品、生物制品、保健食品、医疗器械等，品种约8000余种，是集医、药、化验、治疗于一体的健康商业模式的医药零售连锁企业。先后被有关部门授予中国药店理事单位、山西省守合同重信用单位、山西省消费者信得过单位、山西省价格诚信单位、吕梁市医保定点药店、吕梁市医保慢性病诊疗定点药店。至2015年底，在离石区有配送中心1个，门店30余家，店员150余人，管理人员30余人，相关专业人员占95%。

吕梁市新长城药店连锁有限公司 2004年6月24日成立。总部位于离石区永宁东路3号，是吕梁市较大的民营药品零售企业。2012年，有员工150余名，其中执业医师13人、相关专业人员120余名。有连锁门店16家，其中离石市区医保定点药店12家。主要经营中药饮片、中成药、西药、抗生素、生化药品、生物制品、计生用品、医疗器械等。药品管理实行统一购进，统一管理，统一配送模式。服务项目有为顾客免费办理长城健康增值卡，提供免费送药，免费检测血压等服务。2014年，离石区20余店被吕梁市同仁康大药房有限公司收购。

山西永宁药业有限公司 2006年3月创办。位于吕梁市离石区马茂庄（原吕梁中药厂旧厂区）。2007年2月，通过山西省食品药品监督管理局药品GSP认证，是吕梁市最大的新兴民营药品批发企业，吕梁市政府确定的全市药品应急物资储备单位之一，山西省食品药品监督管理局指定的吕梁市唯一一家区域性麻醉药品和精神药品定点批发企业，是吕梁市最大的国家（省补）基本药物配送企业。至2015年底，有配送中心1个，员工150人，其中相关专业中专以上学历占80%。符合国家GSP要求的标准库房3800平方米，下设门店1个。经营范围有中药材、中药饮片、中成药、化学原料药、化学药制剂、抗生素、生化药品、生物制品（除疫苗）、麻醉药品、精神药品等万余种。

吕梁市康源新特药店连锁有限公司 2010年5月组建。总部位于离石区马茂庄东区，前身是离石区兴隆街新特药店。内部机构有监事、人事行政部、财务部、业务部、质量部、网络部。经营范围包括处方药、非处方药、中成药、中药饮片、化学药制剂、抗生素、生化药品、生物制品（除疫苗）、二类和三类医用医疗器械（批准项）、预包装食品、保健食品、乳制品、日用品、化妆品、卫生用品、日化用品、消杀用品、体育用品及器械、钟表眼镜等。至2015年底，有配送中心1个，连锁门店10个，从业人员达60余人，相关专业技术人员占90%，其中执业药师5名、从业药师4名、主营中药师1名。

第二节 区直卫生机构

行政管理机构

卫生和计划生育局（卫生局） 民国29年（1940）1月，离石县抗日民主政府成立，县政府设秘书室、民政科、财政科、教育科、司法科、公安局等工作机构，卫生工作由民政科管理。1953 年 3 月，离石县政府设卫生科，负责全县的卫生工作。

1957 年 5 月，离山县卫生科改称离石县卫生局。

1961 年 10 月，离石县教育局与卫生局合并，改称离石县文教卫生科。1963 年秋，离石县文教卫生科分设离石县教育局、离石县卫生局。1967 年 4 月，离石县革命委员会成立，离石县教育局与离石县卫生局再次合并改称离石县文卫办公室。1970 年，离石县文卫办公室再次分设，卫生机构改称离石县卫生办公室。1974 年，离石县卫生办公室改称离石县卫生局。1987 年，离石县卫生局内设办公室、医政股、药械股、防妇股、计财股。1994 年 3 月，离石县卫生局增设离石城区防疫妇幼保健站（简称防保站）。1995 年，离石县卫生局增设地方病办公室（简称地病办）。

2004 年 10 月，离石区卫生局增设人事股、爱卫办、纪检股。2009 年 8 月，增设健康教育所。

2014 年 12 月，离石区卫生和计划生育局组建，撤销区卫生局、区人口和计划生育局。至 2015 年底，离石区卫生和计划生育局内设行政股室 9 个，即办公室、政策法规与规划股、科教股、应急股、疾病预防控制股、医政监督股、基层妇幼卫生指导股、计划生育股、行政审批股。有编制人员 26 名，实有人员 59 名。下设事业股室 10 个：计财股、党委办、工会、爱卫办、红十字会、纪检股、妇工委、综治办、计生协会办公室、考试中心。下辖卫生医疗机构 210 个，其中区人民医院 1 所、区中医院 1 所、区妇幼保健计划生育服务中心 1 个、区疾病预防控制中心 1 个、乡镇（街道）卫生院和卫生服务中心 12 个、村卫生所（室）194 个。民营机构有民营医院 14 所、健康体检部 2 个、个体门诊部 1 个、个体诊所 166 个。

食品药品监督管理局（药品监督管理分局） 2002 年 4 月 18 日，吕梁地区药品监督管理局离石分局（简称离石分局）成立，实行省级以下垂直管理，为吕梁地区药品监督管理局派出机构，正科级建制。内设机构有办公室、药品综合监督股、市场股。

2005 年 1 月，增加对食品、保健品、化妆品安全管理的监督职能和对重大事故的查处职能。下设办公室、食品安全监督股、药品综合监督股。2010 年 1 月，由垂直管理变为地方管理，隶属离石区卫生局。负责对全区药品（包括中药材、饮片、中成药及中药制剂、医药化学原料、抗生素、精神药品医疗器械、卫生材料、医药包装材料等）的研究、生产、流通和使用进行行政监督和技术监督，以及对药品零售、医疗器械经营企业的初审、上报及药品零售企业 GSP 的认证。

2014 年 3 月，区食品药品监督管理局接管区卫生局承担的食品安全综合协调职能、区工商局承担的食品安全监管职能、区质量技术监管局承担的药品管理职能，负责对全区食品和药品生产、流通、消费环节的统一监管。同年，新增食品药品稽查队、药品不良反应监测中心、食品药品安全培训中心等机构，并分别在凤山、滨河、莲花池、田家会、交口、城北街道设立食品药品监督管理站（中心站），为区食品药品监督管理局基层派驻机构。在全区 193 个行政村和 20 个居委会（社区）配备农村（社区）食品药品安全协管员 213 名，主要负责协助执法、隐患排查、信息报告及宣传引导等工作。至2015年底，离石区食品药品监督管理局有编制人员93名，实有71名。

医院

人民医院（中心医院、第一卫生院、民众医院） 民国33年（1944）5月，离石县民众医院成立，地点在碛口镇（时属离石），设立临诊室、中西药房、看护室、生产科、事务室。1945年7月，迁往柳林（时属离石）。1946年10月，迁入离石城内黑坡。1947年，离石县民众医院防疫妇幼组成立。1948年，离石县民众医院防疫妇幼保健股成立。

1949年，离石县民众医院成立办公室、医疗股、总务股、防疫妇幼保健股。1950年，离石县民众医院改称离石县卫生院。1953年，离石县卫生院撤销防疫妇幼保健股，成立防疫站和妇幼保健站。

1954年，方山县并入离石县，合称离山县，离石县卫生院改称离山县第一卫生院，成立五官科、手术室。1955年，离山县第一卫生院设立检验科。1957年，离山县第一卫生院内设科室有内科、外科、妇科、儿科。1958年11月，中阳县并入离山县，离山县复称离石县，离山县第一卫生院改称离石县中心医院。

1959年，离石县中心医院成立"小药厂"。1960年，离石县中心医院设立放射科、中医科。1964年，离石县中心医院改称离石县人民医院。1965年，离石县人民医院成立民兵组织。1967年，离石县人民医院成立联合指挥部、革命委员会、妇幼业务组。1970年，离石县人民医院搬入新址，设立正规药厂。1972年，防疫站分出。1973年，离石县人民医院设立五官科。1975年，离石县人民医院设立心电图室。1980年，离石县人民医院中西药房分开，外科、妇科病房分开，成立护理部、心电图室、超声波室。1983年，离石县人民医院药厂停办。同年，被山西省卫生厅授予文明医院。1985年4月，离石县人民医院设立急诊科。1986年，离石县人民医院设立胃镜室、口腔科、宣传组。1991年，离石县人民医院成立医务科。1995年9月，离石县人民医院总务科、财务科从后勤分出成立信息科。1995年12月，离石县人民医院成立血库。

1996年10月，离石市人民医院手术室从外科分出。1999年4月，离石市人民医院病理科成立。2000年9月，离石市人民医院外科分出为普外科、骨科。2002年2月，离石市人民医院设立CT室。2003年7月，被山西省委、省政府授予抗击"非典"先进集体。同年12月，被山西省爱国卫生运动委员会授予卫生先进集体。

2004年10月，离石区人民医院成为集医疗、预防保健、教学、急救于一体的综合性二级甲等医院。2006年1月，离石区人民医院设立感染疾病科。2007年4月，离石区人民医院成立一日治疗中心、感染科、农村合作医疗办公室（与医保科合并）。2008年，离石区人民医院经中华慈善总会批准成为山西省"微笑列车"定点免费手术医院，是新型农村合作医疗、城镇居民、职工医保定点医院。同年6月，离石区人民医院成立信访管理科。2009年4月，离石区人民医院成立党办。2009年6月，离石区人民医院成立人事科。2009年9月，离石区人民医院成立输血科。2010年11月，离石区人民医院成立神经内科。

2012年8月，离石区人民医院成立临床服务科。同年，离石区人民医院普外科被山西省卫生厅、山西省科教文卫体工会委员会授予山西省优秀护理站。2014年11月，离石区人民医院普外科分出为普外科、脑外科。2015年5月，离石区人民医院设立新生儿病房。至2015年底，离石区人民医院占地面积1.1万平方米，总建筑面积1.8万平方米，固定资产7997万元。设有职能科室17个：院长办公室、人事科、党办、医务科、护理科、科教科、防保科、感染管理科、考评办、医患办公室、信息中心、设备科、后勤保障科、医保科、财务科、门诊部等。临床科室18个：内科、神经内科、骨科、普外科、神经外科、妇科、产科、儿科、麻醉科、急诊科、五官科、口腔科、中医科、皮肤科等。医技科室12个：手术室、药剂科、检验科、放射科、病理科、CT室、B超室、彩超室、脑超室、电子胃镜室、消毒供应室、信息科。其中产科为省级重点专科，神经内科为市级重点专科。编制床位155张，开放床位238张。设备有德国西门子螺旋CT、奥林帕斯全自动生化分析仪、全自动血球计数仪、全数字彩色超声多普勒诊断仪、CR系统、C型臂、腹腔镜、全自动模块式血液体液分析仪、全自动电化学发光仪、全自动酶免分析仪等万元以上医疗设备2400余件。编制264名，实有职工412人，其中在编人员243人、聘用制护理人员94名、临时人员75人。

中医院（中医门诊部、城关医院） 1971年，离石县城关医院组建。1984年，改为离石县中医门诊部。1985年，改建为离石县中医院。

2010年，离石区中医院被批准为全民所有制正科级事业单位，具备集医疗、科研、教学、预防、保健、康复功能于一体，具有鲜明中医特色优势的综合性中医医院，是离石区唯一的一所中医医院，是离石区医保定点医疗机构、新型农村合作医疗定点机构。位于离石区交通路25号，占地面积3307平方米，综合门诊楼建筑面积2280平方米，设有内科、儿科、肛肠科、妇产科、烧伤科、口腔科、理疗科等科室。开放病床40张。主要医疗设备有DR、500毫安X光机，移动式C式臂X射线机，全数字彩色超声诊断仪，全自动生化分析仪，半自动尿液分析仪，电脑中频药物导入治疗仪，微波多功能治疗仪，三维电脑牵引床，电子胃镜，除颤仪，肛肠电脑综合治疗仪，全自动呼吸机，熏蒸床等。

至2015年底，离石区中医院内设办公室、呼吸内科、消化内科、妇科、中医内科、中医外科、针灸科、医学检验科、X线诊断科、超声诊断科、财务科、药房等科室。有编制37名，实有职工37人。同年，利用现有成套的康复理疗设备和少数专业人员与山西中医学院第三中医院签订对口支援帮扶协议，引进专家入住医院开展水疗、药疗、蜡疗、针灸、艾灸、推拿、小针刀、康复理疗等特色疗法。

妇幼保健 疾病控制 卫生监督机构

妇幼保健计划生育服务中心（妇幼保健院、妇幼保健站） 1951年，离石县卫生院设防疫妇幼股，负责全县妇幼保健工作。1953年，离石县卫生院设妇幼保健站，防疫妇幼股改名为防疫股。

1977年9月，离石县妇幼保健站成立。1983年8月3日，离石县妇幼保健站迁入新址单排式窑洞，建筑面积为564平方米，开设妇幼门诊部。

2005年，在丽景街新建门面房500余平方米开展门诊保健业务。

2014年12月，离石区卫生局所属妇幼保健院、离石区人口和计划生育局所属人口和计划生育服务中心整合为吕梁市离石区妇幼保健计划生育服务中心，为离石区卫生和计划生育局所属事业单位。乡镇（街道）计划生育服务站并入乡镇卫生院（城市社区卫生服务中心），加挂妇幼保健卫生计划生育服务站牌子，受离石区卫生计生行政部门和乡镇政府（街道）双重管理，乡镇（街道）计划生育管理工作仍由乡镇政府（街道）负责。至2015年底，离石区妇幼保健计划生育服务中心有在职职工110人，其中医技人员86人，其他人员24人。其中临床医生58人，护理人员27人。设科室23个。医疗设备有乳腺诊断仪、X光机、超声叠加音频治疗仪、乳腺治疗仪、B超机、全自动血液分析仪、半自动生化分析仪、尿液分析仪、阴道微生态分析仪、数码电子阴道镜、微量分析仪、心电图机、彩色多普勒超声诊断仪。

疾病预防控制中心（卫生防疫站） 1953年，离石县卫生院设防疫股。

1975年，离石县卫生防疫站成立。1980年8月，离石县卫生防疫站设立防疫科、卫生科、检验科、办公室。同年，地、县拨款1万元，离石县卫生防疫站扩建窑洞5孔，面积150平方米。1982年，省、地拨款1.8万元，离石县卫生防疫站扩建窑洞10孔，面积300平方米。1986年，离石县卫生防疫站首次被评为“山西省文明防疫站”。

2008年5月29日，离石区卫生防疫站撤销，同时组建离石区卫生监督所、离石区疾病预防控制中心。离石区疾病预防控制中心为正科级建制全额拨款事业单位，隶属区卫生局。核定人员编制50名，科级领导职数一正两副。

2015年6月，离石区疾病预防控制中心有办公用房约1300平方米，设科室15个，有在职职工45人，缺编5名。有执业医师14人、助理医师4人、执业护士7人。正科级领导1人，副科级领导3人。主要设备有500毫安X光机、B超、心电图仪、肺功能检测仪、紫外线分光光度计、原子吸收分光光度计、原子荧光分光光度计、尿蛋白测定仪、气相色谱仪等。承担着全区传染病、计划免疫、结核病、艾滋病、地方病防治管理等疾病预防控制任务。

卫生计生执法大队（卫生局卫生监督所） 2008年5月29日，离石区卫生防疫站分为离石区卫生局卫生监督所、离石区疾病预防控制中心。均为全额拨款事业单位，隶属区卫生局。离石区卫生监督所为副科级建制，核定人员编制33名，副科级领导职数1名，内设办公室、综合科、稽查科、检验科、医疗卫生科、学校卫生科、监督1科—5科。负责监督管理离石辖区化妆品、消毒产品、生活饮用水及涉水产品卫生安全。监督管理公共场所、职业、放射、学校卫生等工作。监督传染病防治工作。监督医疗机构和采供血机构及其执业人员的执业活动。整顿和规范医疗服务市场，打击非法行医和非法采供血行为。2011年6月，离石区卫生监督所内设机构6个：办公室、稽查科、综合执法科、职业卫生监督科、医疗卫生监督科、综合科。核定副科级领导职数1名、财政拨款事业编制33名，其中管理人员编制5名、专业技术人员编制25名、工勤人员编制3名。

2014年12月，离石区卫生局所属卫生监督所、区人口和计划生育局所属人口和计划生育执法队整合为吕梁市离石区卫生计生执法大队，为区卫生和计划生育局所属副科级事业单位，受区卫生和计划生育局委托，集中行使公共卫生、医疗卫生、计划生育等综合监督执法职责。至2015年底，离石区卫生计生执法大队为离石区卫生和计划生育局所属副科级事业单位，内设机构11个：办公室、综合信息股、计生医疗监督股、学校卫生监督股、公共场所卫生监督股、生活饮用水监督股、乡镇卫生监督股、传染病监督股、法律法规宣教股、公共卫生项目管理股、稽查股。副科级领导职数1名，核定事业编制34名（含派出机构）。

教育　合作医疗机构

卫生进修学校（农村卫生技术学校）　1958年，离山县中心人民医院附属卫校创建。1959年停办。1965年恢复办学。1969年停办。1979年9月恢复办学，改称离石县农村卫生技术学校，校址在西属巴镇卫生院。1981年3月迁回县城，改称离石县卫生进修学校。1986年6月暂停办学。1988年恢复办学，校址在县人民医院旧址，股级建制全额事业编制。1989—1991年，开办中西医结合班，学制3年，招收学员全部取得职业中专毕业证书。1991—1993年，开办医士班，学制3年，学员34名，学员全部取得毕业证书。2000年，离石市人民医院修建家属楼，离石市卫生进修学校校舍被拆除，租赁民房办公，不再开展教学工作。至2015年底，离石区卫生进修学校核定编制10名，在交通路租房办公。

新型农村合作医疗管理中心　2007年，离石区新型农村合作医疗管理中心成立，为副科级事业单位，隶属离石区卫生局管理。核定编制15名，内设机构6个。至2015年底，有在职人员14人，服务乡镇12个、行政村193个。

第三节　乡镇医疗机构

中心卫生院

吴城镇中心卫生院　1954年，离山县第六卫生所成立。

1961年，离石县第六卫生所改称吴城地区医院。1962年，吴城地区医院改称吴城公社医院。1971年，吴城公社医院改称吴城公社卫生院。1985年，吴城公社卫生院改称吴城镇中心卫生院。

至2015年底，离石区吴城镇中心卫生院下设科室15个，开设病床15张，建筑面积2000平方米，服务面积4000平方千米，有人员10人，用房面积900平方米，服务人口11642人。

信义镇中心卫生院 1954年，离山县第七卫生所成立。1958年，离山县第七卫生所改称离山县信义地区医院。

1962年，离石县信义地区医院改称离石县信义地区医院。1970年，离石县信义地区医院改称信义公社医院。1971年，信义公社医院改称信义公社卫生院。1985年，信义公社卫生院改称信义镇中心卫生院。

2009年，原小神头乡卫生服务站与原阳坡乡卫生院合并到信义镇中心卫生院。

至2015年底，离石区信义镇中心卫生院内设科室11个，开设病床20张，外设服务站2个，有人员14人，用房面积1200平方米，服务面积439平方千米，服务人口15561人。

坪头乡中心卫生院 1956年，离山县第八卫生所成立。1958年，离山县第八卫生所改称离山县坪头地区医院。

1959年，离石县坪头地区医院改称离石县坪头地区医院。1960年，离石县坪头地区医院改称坪头公社医院。1962年，坪头公社医院改称坪头卫生所。1971年，坪头卫生所改称坪头公社卫生院。1976年，坪头公社卫生院改称坪头公社中心卫生院。1985年，坪头公社中心卫生院改称坪头乡中心卫生院。

2004年，坪头乡中心卫生院改称离石区坪头乡中心卫生院。

至2015年底，离石区坪头乡中心卫生院下设科室8个，开设病床20张，有建筑面积1758平方米，有人员15人，用房面积1300平方米，服务面积72平方千米，服务人口16980人。

普通卫生院（社区卫生服务中心）

田家会街道办社区卫生服务中心 1947年，离石县田家会联合诊所成立。

1954年，田家会联合诊所改称田家会诊疗所。1955年，田家会诊疗所改称田家会供销社医药门市部。1956年，田家会供销社医药门市部改称田家会乡保健站。1958年，田家会乡保健站改称田家会公社医院。

1971年，田家会公社医院改称田家会公社卫生院。1985年，田家会公社卫生院改称田家会镇卫生院。

1996年，田家会镇卫生院改称离石市田家会镇卫生院。

2004年，离石市田家会镇卫生院改称离石区田家会卫生院。2011年6月，离石区田家会卫生院改称田家会街道办社区卫生服务中心。

至 2015 年底，该中心有人员 27 人，服务人口 14897 人，大型设备有台式超声波诊断仪 1 台。

交口街道办社区卫生服务中心　1949 年，离石县交口联合诊所成立。

1956 年，交口联合诊所改称交口乡保健站，有职工 8 名。

1964 年，交口乡保健站改称交口公社卫生院，有职工 10 名。1985 年，交口公社卫生院改称交口镇卫生院。

1996 年，交口镇卫生院改称离石市交口镇卫生院。

2004 年，离石市交口镇卫生院改称离石区交口卫生院。2011 年 6 月，离石区交口卫生院改称交口街道办社区卫生服务中心。

至 2015 年底，该中心有人员 19 人，服务人口 15369 人，大型设备有全自动生化仪 1 台，血常规机 1 台，全数字彩色超声诊断仪 1 台，医用诊断 X 光机 1 台。

城北街道办社区卫生服务中心　1955 年，离山县王家沟乡保健站成立，有职工 3 名。1958 年，王家沟乡保健站改称城关公社王家沟保健站。

1965 年，城关公社王家沟保健站改称王家沟公社医院，有职工 12 名。1971 年，王家沟公社医院改称王家沟公社卫生院。1985 年，王家沟公社卫生院改称王家沟乡卫生院。

1996 年，王家沟乡卫生院改称离石市王家沟乡卫生院。2001 年，离石市王家沟乡卫生院改称吕梁地区离石市城北街道办卫生院。

2004 年，吕梁地区离石市城北街道办卫生院改称吕梁市离石区城北社区卫生服务中心。

至 2015 年底，该中心有人员 30 人，服务人口 12856 人，大型设备有 B 超机 1 台。

西属巴街道办社区卫生服务中心　1956 年，离山县西属巴乡保健站成立，有职工 3 名。

1962 年，西属巴乡保健站改称西属巴联合诊所。1972 年，西属巴联合诊所改称西属巴公社卫生院。1985 年，西属巴公社卫生院改称西属巴镇卫生院。

1996 年，西属巴镇卫生院改称离石市西属巴镇卫生院。

2004 年，离石市西属巴镇卫生院改称吕梁市离石区西属巴卫生院。2011 年 6 月，离石区西属巴卫生院改称西属巴街道办社区卫生服务中心。

至 2015 年底，该中心有人员 26 人，服务人口 20538 人，大型仪器有 X 光机 1 台、台式超声波诊断仪 1 台、血球计数仪 1 台、麻醉呼吸机 1 台、口腔综合治疗仪 1 台。

枣林乡卫生院　1956 年，离山县枣林乡保健站成立，有职工 4 名。

1959 年，枣林乡保健站改称枣林公社保健站，有职工 6 名。1961 年，枣林公社保健站改称枣林公社卫生院。1985 年，枣林公社卫生院改称枣林乡卫生院。

1996 年，枣林乡卫生院改称离石市枣林乡卫生院。

2004 年，离石市枣林乡卫生院改称吕梁市离石区枣林乡卫生院。

至 2015 年底，该卫生院有人员 12 人，服务人口 9997 人。

红眼川乡卫生院　1956年，离山县红眼川乡保健站成立，有职工3名。1958年，红眼川乡保健站改称田家会公社红眼川保健分站。

1959年，田家会公社红眼川保健分站改称红眼川公社医院。1972年，红眼川公社医院改称红眼川公社卫生院，有职工5名。1985年，红眼川公社卫生院改称红眼川乡卫生院。

1996年，红眼川乡卫生院改称离石市红眼川乡卫生院。

2004年，离石市红眼川乡卫生院改称吕梁市离石区红眼川乡卫生院。

至2015年底，该卫生院有人员5人，服务人口5137人。

结绳塌乡卫生院　1956年，离山县结绳塌乡保健站成立，有职工3名。1958年，结绳塌乡保健站改称结绳塌公社医院，有职工6名。

1971年，结绳塌公社医院改称结绳塌公社卫生院。1985年，结绳塌公社卫生院改称结绳塌乡卫生院。

1996年，结绳塌乡卫生院改称离石市结绳塌乡卫生院。

2004年，离石市结绳塌乡卫生院改称枣林乡结绳塌卫生服务站。2009年，该服务站并入枣林乡卫生院。

阳坡乡卫生院　1956年，离山县阳坡乡医药联合会成立。

1960年，阳坡乡医药联合会改称阳坡公社保健站。1967年，阳坡公社保健站改称阳坡公社卫生院。1985年，阳坡公社卫生院改称阳坡乡卫生院。

2004年，阳坡乡卫生院改称信义镇阳坡卫生服务站。2009年，该服务站并入信义镇中心卫生院。

枣洼乡卫生院　1957年，离山县西坱乡保健站成立。

1961年，西坱乡保健站改称西坱公社卫生院。1971年，西坱公社卫生院迁入枣洼村。1985年，西坱公社卫生院改称枣洼乡卫生院。

2004年，枣洼乡卫生院改称坪头乡枣洼卫生服务站。2009年，该服务站并入坪头乡中心卫生院。

小神头乡卫生院　1958年，离山县小神头公社保健站成立，有职工3名。

1962年，小神头公社保健站改称小神头公社医院，有职工7名。1971年，小神头公社医院改称小神头公社卫生院。1985年，小神头公社卫生院改称小神头乡卫生院。

2004年，小神头乡卫生院改称信义镇小神头卫生服务站。2009年，该服务站并入信义镇中心卫生院。

城关镇卫生院　1960年3月，离石县城关公社保健站改称城关公社医院。1965年，城关公社医院改称城关公社卫生院。1984年，城关公社卫生院改称城关镇卫生院。

1996年，城关镇卫生院改称离石市城关镇卫生院。

2004年，城关镇卫生院分为滨河街道办卫生院、凤山街道办卫生院、莲花池街道办卫生院 3 个。

王营庄乡卫生院　1972 年，离石县王营庄公社卫生院成立，有职工 5 名。1985 年，王营庄公社卫生院改称王营庄乡卫生院。

2004 年，王营庄乡卫生院改称吴城镇王营庄卫生服务站。2009 年，该服务站并入吴城镇卫生院。

凤山街道办社区卫生服务中心　2004 年，原离石市城关镇卫生院划出凤山街道办卫生院。2007 年 4 月，凤山街道办卫生院改称凤山街道办社区卫生服务中心。

至 2015 年底，该中心有人员 44 人，服务人口 6 万人，大型设备有 B 超机 1 台、全自动生化仪 1 台。

滨河街道办社区卫生服务中心　2004 年，原离石市城关镇卫生院划分出滨河街道办卫生院。2007 年 4 月，滨河街道办卫生院改称滨河街道办社区卫生服务中心。

至 2015 年底，该中心有人员 44 人，服务人口 7 万人，大型设备有生化分析仪 1 台。

莲花池街道办社区卫生服务中心　2004 年，原离石市城关镇卫生院划分出莲花池街道办卫生院。2007 年 4 月，莲花池街道办卫生院改称莲花池街道办社区卫生服务中心。

至 2015 年底，该中心有人员 48 人，服务人口 7 万人。

第四节　农村卫生所

1978 年后，离石县大部分村建有集体产权的卫生所，49 个村经济薄弱未建卫生所。

2009 年，吕梁市、离石区两级政府以地方债券资金投资 196 万元兴建、改造、改扩建“四室”分开结构的卫生所医疗保健用房 49 个。经区卫生局、区财政局、区发展和改革局联合检查验收，全区新建村卫生所 44 个，改造村卫生所 2 个，改扩建村卫生所 3 个，49 个空白村卫生所基础设施建设全部达标验收。

至 2015 年底，离石区有农村卫生所 194 所，其中政府投资兴建、改造、改扩建 49 个，剩余为乡村医生个人家庭式主办。

2015 年离石区以地方债券资金建设卫生所情况统计表

表 26-2

卫生所名称	所属行政区域	国家补助（万元）	建设面积（平方米）
后瓦村卫生所	滨河街道	1	60
张家庄村卫生所	滨河街道	4.6	65.8
杨家掌村卫生所	滨河街道	5	86

续表 26-2

卫生所名称	所属行政区域	国家补助（万元）	建设面积（平方米）
青蒿墕村卫生所	城北街道	4	60
白草墕村卫生所	城北街道	4.5	60
娘娘庙村卫生所	城北街道	4	60
长大局村卫生所	城北街道	5	65
大中局村卫生所	城北街道	6	86
牛家山村卫生所	城北街道	4	60
铨则墕村卫生所	凤山街道	4.6	65
王文庄村卫生所	莲花池街道	5	80
卧牛墕村卫生所	莲花池街道	5	80
徐家沟村卫生所	莲花池街道	5	80
葫芦巴村卫生所	交口街道	4.6	65.65
贺家山村卫生所	交口街道	4.6	65.65
梁家墕村卫生所	交口街道	4.6	65.65
芦则峁村卫生所	交口街道	4.6	65.65
杜家山村卫生所	交口街道	4.6	65.65
盘龙塔村卫生所	田家会街道	4.6	65.65
吉家村卫生所	田家会街道	5	85
穆门村卫生所	田家会街道	5.2	65
许家山村卫生所	西属巴街道	4.6	65
石门咀村卫生所	西属巴街道	5	65
高梨峁村卫生所	西属巴街道	4.5	65
中则坪村卫生所	西属巴街道	4.6	60
畔沟村卫生所	西属巴街道	4.6	60
盛地沟村卫生所	西属巴街道	5	80
高家庄村卫生所	信义镇	4.6	65.65
西华镇村卫生所	信义镇	4.6	65.65

续表 26-2

卫生所名称	所属行政区域	国家补助（万元）	建设面积（平方米）
贾悟村卫生所	信义镇	4.6	65.65
任家沟村卫生所	信义镇	4.6	65.65
马家沟村卫生所	信义镇	4.6	65.65
上三交村卫生所	吴城镇	4.6	65
陈家塔村卫生所	吴城镇	5.6	65
任家塔村卫生所	吴城镇	4.6	65
李家沟村卫生所	吴城镇	5	65
上丰村卫生所	吴城镇	5	80
上罗卜村卫生所	吴城镇	4.6	65
李家湾村卫生所	吴城镇	4.6	65
墕口村卫生所	坪头乡	4.6	65.65
李家山村卫生所	坪头乡	4.6	65.65
南庄村卫生所	坪头乡	4.6	65.65
段家墕村卫生所	坪头乡	4.6	65.65
白家峁村卫生所	枣林乡	6.1	65
彩家庄村卫生所	枣林乡	6.1	65
椿树峁村卫生所	枣林乡	4.6	65
三山集村卫生所	枣林乡	5	80
孙家峁村卫生所	枣林乡	1	65
霍家塔村卫生所	枣林乡	4.6	65

第五节　个体医疗机构

民营医院　体检部

吕梁市红十字齿科医院　1998 年，离石市春珍镶牙美牙部成立，位于文化路。

2004 年 11 月，更名为吕梁市红十字齿科医院。该医院是具备专业种牙技术、集口腔诊疗、口腔疾病预防、全瓷修复、冷光美白等多功能于一体的齿科医院。

至 2015 年底，该医院建筑面积 1000 平方米；有工作人员 30 人；开设病床 10 张；装备有牙科综合治疗机、超声波洁牙机、超声波管测量仪、普兰梅卡全景机、瑞士卡瓦种植机等高科技设备。

吕梁华康烧伤专科医院有限公司 2000年成立，该医院与太原264医院联合办医，有长期坐诊专家3人，以烧伤、整形、康复美容、疤痕治疗、肢体康复等专科为主。

至2015年底，该医院建筑面积1400平方米；有工作人员20人；开设病床20张。

吕梁博爱医院 2005年，吕梁博爱医院创建。该医院占地总面积3500余平方米，设有床位20张，职工人数30人，其中初级以上职称21人。该医院有不孕不育治疗仪、韩国6000CMJ型B超机、德国BM-200尿分析仪、GSM-II麻醉机等一系列设备30余台（套）。是以妇科、男科为特色，集医疗、预防、保健于一体的专业医疗机构。

至2015年底，该医院建筑面积1800平方米，内设泌尿外科、妇科、碎石科、检验科、影像科、麻醉科；大型设备有碎石机1台、彩色多普勒成像仪1台、自动生化分析仪1台、B超机2台、数码阴道仪1台、脉冲导融光能机1台、男性性功能检测仪1台、男性生理多参数检测仪1台、多功能臭氧雾化妇科治疗仪1台、电动吸引器1台、红光/红外光治疗仪1台、电灼光子治疗仪1台；有工作人员15人；开设病床20张。

吕梁中医结核骨病医院 2005年，吕梁中医结核骨病医院创建。该医院先后成功研制出骨结核丸、肺结核丸、淋巴结核丸、类风湿丸、壮骨丸等享有盛誉的临床特效药品。

至2015年底，吕梁中医结合骨病医院有建筑面积1200平方米。下设放射科，有X射线数字摄影系统DR；有工作人员15人；开设病床20张。

吕梁黄河医院 2006年7月，吕梁黄河医院创办。该院设有妇科、内科、中医科、耳鼻喉科、皮肤科、医学检验科、医学影像专业等特色专科。该医院有初级、中级以上职称技术人员21人，其中包括北京大学医学院第一附属医院和上海现代中西医结合研究所的医学博士、教授11名。该医院引进血液分析仪、血球分析仪、全自动生化仪、韩国麦迪逊彩超、体外短波、美国艾尔曼利普刀、盆腔炎治疗仪等先进设备，是一所集医疗、科研、预防、保健、康复于一体的综合性民营医院。

至2015年底，吕梁黄河医院有建筑面积2600平方米，内设外科、检验科、B超室、手术室；大型设备有：碎石机、彩色多普勒成像仪、尿液分析仪、体外短波治疗仪、智源肽前列腺治疗系统、美国利普刀等；有工作人员23人，开设病床20张。

吕梁慈坤医院 2006年9月，吕梁慈坤医院创建。该医院占地面积5000平方米，开设床位80张，设有外科、内科、妇产科、急诊科等临床科室10个，是集医疗、预防、保健、康复于一体的综合性民营医院，是市医保、区医保、城镇职工医保、新农合医保的定点医院。

2012年，该医院有全自动生化分析仪、彩超、电子胃肠镜等先进设备；有医职人员89名，其中，有高级职称6人、中级职称8人、初级职称50人。该医院特聘山西医科大学附属第一、二、三医院、山西省人民医院主任、副主任专家30余名。

吕梁玛丽娅妇产医院 2006年，吕梁玛丽娅妇产医院创建，建筑面积2000平方米，开设病床20张，引进美国COOK导丝治疗系统、不孕不育治疗仪、生物臭氧系统、TNT

液基细胞检测系统、荧光显微镜、精子分析仪、全电脑酶标仪等高新设备仪器100多台。该医院是集医疗、保健、康复与健康享受于一体的现代化新型女子品牌连锁医院，是市、区城镇职工、居民医保定点医院，生育保险定点医院，曾荣获省市区多项奖。

至2015年底，吕梁玛利亚妇产医院建筑面积1500平方米。大型设备有：BBT自凝刀全电脑微创系统、宫腔镜、数码电子阴道镜、微米光妇科治疗仪、酶标仪、红外线乳腺诊断仪及治疗仪、波姆光妇科治疗系统、红光妇科治疗系统、盆腔炎治疗仪、PU产后康复治疗仪、多功能麻醉机、新柏氏宫颈细胞液基排查系统、体外电磁短波妇科治疗仪、精液全电脑分析系统、全自动血液细胞分析仪、四维彩超计算机工作站、荧光显微镜、多参数监护仪、全自动中药煎药机及包装机；有工作人员32人；开设病床20张。

吕梁现代泌尿专科医院 2009年1月创建。占地面积3000多平方米。开设床位30张。主要设备有：前列腺汽化电切镜、前列腺消融治疗系统、全自动生化仪、美国通用GH180B超声诊断仪、光电心电图仪、精子分析仪等。是集预防、保健、诊疗、科研、康复、咨询于一体的民营医院，是吕梁市唯一的专业男科医院，是清华大学第一附属医院远程医疗分中心。

2012年，有医职人员42人，其中中高级以上职称14人，均为各地学科带头人。

吕梁凤凰健康体检部 2011年5月，吕梁凤凰健康体检部创建。该体检部有螺旋CT、数字化X线摄影系统（DR）、全自动生化分析仪、全自动血细胞分析仪、全自动血流变分析仪、尿沉渣分析仪、彩色经颅多普勒血流诊断仪、化学发光分析仪、全自动免疫分析仪、电子阴道镜、红外线乳腺检查仪、肺功能测试仪、动脉硬化分析仪、骨密度仪、微量元素检查仪、14C呼气检查以及多功能移动体检车等大型、尖端、精密仪器70台（件）。该体检部根据不同群体个性化需求，开展入职、入学、中老年人健康及国家机关企事业单位职工年度体检、职业病专项体检等体检项目，备有各种个性化体检套餐可供选择。该体检部是为社会大众提供预防性健康体检、职业病健康体检、健康评估、健康教育服务的专业机构。

至2015年底，吕梁凤凰健康体检部建筑面积4820平方米，内设科室8个，大型设备有CT、DR等；有工作人员52人。

吕梁美年健康体检部 2012年成立，位于离石区吕梁水利大厦内，建筑面积5000余平方米，是美年大健康产业（集团）有限公司连锁专业体检机构，该体检部是集健康体检、健康管理、健康咨询于一体的健康体检及健康服务的产业集团。至2015年底，吕梁美年健康体检部内设科室有放射科、检验科、口腔科、内外科、脑彩超室、影像室、人体成分分析室、心电图室；有工作人员79人；大型设备有：医用X射线摄影系统（DR机）、全自动生化仪、荧光显微镜、牙科综合治疗仪、血氧饱和仪、彩色颈颅多普勒成像仪、脑超探头、热成像仪、人体成分机、数字式心电图机。

吕梁春雷康复医院 2012年成立，开展脑瘫儿康复治疗、正骨按摩、针灸。该医院是一家按摩康复专科医院。至 2015 年底，该医院有建筑面积 400 平方米；有工作人员 9 人；开设病床 20 张。

吕梁肛泰肛肠医院 2014 年 8 月成立。经营范围：临床化学检验专业；医学影像科；超声诊断专业；心电诊断专业；肛肠科专业。该医院是吕梁市唯一中西医结合以下消化道疾病为主要诊疗特色专科医院。至 2015 年底，该医院有建筑面积 2000 平方米；有工作人员 8 人；开设病床 20 张。

吕梁正元创伤外科医院 2015 年 12 月成立，有建筑面积 2400 平方米；有工作人员 40 人；开设病床 45 张。是一所以创伤急救、骨科、显微外科为技术特色优势，集医疗、教学、科研、保健、功能康复于一体的二级专科医院。是吕梁市及各县区医保、农合定点单位。

吕梁学院医院 2015 年成立，有建筑面积 4511 平方米；有工作人员 16 人；开设病床 50 张。该医院是一所非营利性的综合医院，承担吕梁学院校内 3 万余名师生员工及家属医疗保健任务，同时面向社会提供预防、保健、健康教育、计划生育指导等基本公共卫生服务和常见病、多发病的诊疗、康复、护理服务，与综合医院开展双向转诊服务的基层医疗卫生机构。

个体诊所

1986 年始，离石县凡具有法定职业资格的退休人员和社会行医人员经本人申请、县卫生局资格审查，报吕梁行署卫生局批准即可开办个体诊所。2006 年，个体诊所审批权下放，个体诊所经离石区卫生局批准后报吕梁市卫生局备案。2011 年，离石区共有个体诊所 133 个，其中中医诊所 55 个、西医诊所 78 个。2015 年，离石区有个体诊所 166 个，其中中医类 64 个、西医类 66 个、口腔类 36 个。

2011 年离石区个体中医诊所信息一览表

表 26-3

诊所名称	诊所地址	批准日期	诊所名称	诊所地址	批准日期
杜虎清中医诊所	滨河北东路	1992 年	王智贤中医诊所	文化路	1993 年
李全山中医诊所	永宁东路	1992 年	王志刚中医诊所	永宁东路	1996 年
刘致孝中医诊所	永宁西路	1992 年	任守恩中医诊所	西崖底市场	1996 年
薛祥林中医诊所	后瓦村	1992 年	马晏亮中医诊所	上王营庄村	1998 年
宋兵中医诊所	菜市街 16 号	1998 年	武照林中医诊所	和平街	不详
刘岳峰中医诊所	永宁东路	1999 年	刘全平中医诊所	滨河北西路	不详
刘建安中医诊所	永宁西路	2005 年	李济明中医诊所	长治路	不详

续表 26-3

诊所名称	诊所地址	批准日期	诊所名称	诊所地址	批准日期
高祥生中医诊所	马茂庄	2007 年	李振纲中医诊所	凤山底三巷	不详
葛平中医诊所	凤山路	2008 年	薛福珍中医诊所	新建路 11 号	不详
李毓山中医诊所	马茂庄村	2009 年	景彦军中医诊所	莲花新区	不详
崔振荣中医诊所	城内西巷	不详	郝唤辰中医诊所	永宁东路	不详
高志清中医诊所	新华街	不详	刘海旺中医诊所	和平街	不详
李补顺中医诊所	交通路 25 号	不详	刘效文中医诊所	团结路	不详
宋玉海中医诊所	兴隆街	不详	张丙英中医诊所	凤山底三巷	不详
李丕照中医诊所	永宁西路 67 号	不详	韩小峰中医诊所	袁家庄路	不详
刘元平中医诊所	滨河北西路 1 号	不详	郭全英中医诊所	新建沟 6 号	不详
张银有中医诊所	文化路	不详	刘晋生中医诊所	枣林苑	不详
闫学昌中医诊所	滨河北西路	不详	许建平中医诊所	凤山路	不详
王莲平中医诊所	滨河南路	不详	李谦中医诊所	枣林乡白家庄村	不详
王海泉中医诊所	育英街	不详	赵建平中医诊所	莲花小区金瑶池第 10 排	不详
成凤生中医诊所	世纪广场	不详	魏润华中医诊所	永宁西路	不详
闫月佳中医诊所	西崖底一巷	不详	刘建平中医诊所	世纪广场	不详
郭德志中医诊所	凤山底	不详	王成玉中医诊所	建设南路	不详
赵天奋中医诊所	滨河南东路	不详	薛月明中医诊所	交通路 128 号	不详
孙晋泰中医诊所	西崖底	不详	郝志强中医诊所	上安村	不详
王玉生中医诊所	交通路	不详	薛升祥中医诊所	马茂庄	不详

2011 年离石区个体西医诊所信息一览表

表 26-4

诊所名称	诊所地址	批准日期	诊所名称	诊所地址	批准日期
张成伟口腔诊所	永宁东路	2003 年	张启舜口腔诊所	离石区	不详
任继明西医诊所	世纪广场	不详	杜保顺诊所	凤山底村	不详
雒生瑞西医诊所	团结路	不详	刘学思诊所	永宁西路	不详
张肇成西医诊所	桥头街	不详	武桂香西医诊所	滨河南东路	不详

续表 26-4

诊所名称	诊所地址	批准日期	诊所名称	诊所地址	批准日期
贾俊西医诊所	滨河北西路	不详	杨兴奎医疗所	马茂庄	不详
王乃兰口腔诊所	桥头街	不详	王光厚西医诊所	交口镇	不详
贾竹凤口腔诊所	永宁西路	不详	安泰诊所	交通路	不详
闫三英西医诊所	交口街道办交口村	不详	刘秀梅西医诊所	滨河北东路	不详
闫达平西医诊所	永宁东路	不详	张兰荣口腔诊所	永宁东路	不详
付世福西医诊所	世纪广场	不详	王亚平西医诊所	世纪广场	不详
任文珠西医诊所	南关	不详	刘振权西医诊所	城内西巷	不详
薛甫荣推拿康复诊所	团结路	不详	付志平西医诊所	货源街	不详
薛景斌西医诊所	滨河南西路	不详	张利平口腔诊所	世纪广场	不详
张建树西医诊所	桥头街	不详	吴俊娥口腔诊所	世纪广场	不详
王平平西医诊所	滨河北路	不详	李彦军口腔诊所	交通路	不详
任红星口腔诊所	前瓦村第三巷	不详	郝宝菊护理站	和平街	不详
史琴琴护理站	城内六一街	不详	李润连西医诊所	交通路	不详
穆泽玉口腔诊所	离石区	不详	周开元西医诊所	滨河北西路	不详
刘连仁荣诊所	凤山街道办	不详	冯国斌西医诊所	文化路	不详
吉翠萍诊所	滨河南路	不详	高奋玉西医诊所	龙凤大街	不详
王国俊西医诊所	东风市场 2 楼	不详	贺兴裕西医诊所	西崖底二巷	不详
高润唐西医诊所	新华街	不详	王改平西医诊所	西崖底一巷	不详
禹春爱西医诊所	新华街	不详	李艳荣西医诊所	六一街	不详
李文晖西医诊所	永宁东路 3 号	不详	史茂平西医诊所	永宁西路	不详
李玉明诊所	永宁西路	不详	李林生西医诊所	世纪广场	不详
刘金玉西医诊所	兴隆商厦	不详	薛耀斌西医诊所	龙凤南大街	不详
乔应应西医诊所	久安路	不详	李秋江妇科诊所	桥头街 2 号	不详
樊艳勤西医诊所	凤山底村	不详	闫春兰口腔诊所	团结路艺校门口	不详

续表 26-4

诊所名称	诊所地址	批准日期	诊所名称	诊所地址	批准日期
温海清西医诊所	长治路	不详	斛直海西医诊所	龙凤南大街	不详
李先耀西医诊所	马茂庄	不详	任奴连西医诊所	货源街	不详
张兆虎西医诊所	马茂庄	不详	李贞西医诊所	凤山路 1 号	不详
贺侯爱西医诊所	马茂庄	不详	冯海连妇科诊所	新建市场	不详
张玉亮西医诊所	莲花小区	不详	王元光西医诊所	八一街	不详
李耀亮西医诊所	田家会镇	不详	文慧君口腔诊所	步行街南口	不详
刘小艳护理站	城内东巷 6 号	不详	王玲西医诊所	龙凤南大街	不详
王旭连口腔诊所	龙凤南大街检察院 2 楼	不详	马芝兰妇科诊所	永宁西路	不详
苏瑞程西医诊所	上安村	不详	乔建峰西医诊所	文化路	不详
白利平西医诊所	凤山底村	不详	高保平西医诊所	枣林苑	不详
闫少春西医诊所	石盘村	不详	董保贵西医诊所	袁一路	不详
刘福喜西医诊所	桥头街	不详	—	—	—

2015 年离石区新成立的个体中医诊所情况一览表

表 26-5

诊所名称	诊所地址	批准日期
刘月珍中医诊所	步行街家属院	2015 年 5 月 25 日
刘永亮中医诊所	经管学校南 100 米	2015 年 5 月 28 日
袁瑞林中医诊所	步行街新特药店处	2015 年 10 月 12 日
杜虎清中医诊所	滨河北东路 313 号	2015 年 12 月 22 日

2015 年离石区新成立的个体西医诊所情况一览表

表 26-6

诊所名称	诊所地址	批准日期
李玲英西医诊所	凤山底二巷半	2015 年 5 月 29 日
贺侯爱西医诊所	马茂庄	2015 年 4 月 10 日

第六章 体 育

第一节 学校体育

清末，蒙养学堂设拳术课，为全县学校体育之始。民国初年，各国民学校均设体育课，以体操、跑、跳为主，设备有木马、单杠、哑铃等。民国20年（1931）后，东北沦陷，国难日迫，当局提倡中学开军训课，离石中学请驻县军队派人定期进行军事训练，从基本动作到班、排、连，一切依步兵操典和军事条令进行。中学学生和驻军举行篮球比赛，学校逐渐开展跳高、跳远、越障竞走、单杠木马等活动。

1949年，离石县将体育列入教育计划，中、小学设体育课，每周一节。1953年，全县贯彻“三好”（身体好、学习好、工作好）的指示，在全县学校中开展争当“三好”学生的活动，加强体育锻炼。

1954年，全县各中学实行“准备劳动与卫国体育制度”（简称“劳卫制”），各校体育课以“劳卫制”为主要锻炼目标，达到二级的学生占毕业生的50%以上。

1959年，贺昌中学学生胡龙山在晋中地区少年运动会上创100米赛跑12秒8纪录。学生张引年创投掷手榴弹51米成绩。学生高承亮创1500米赛跑5分05秒纪录。1960年，学校体育处于低潮。

1959年离石县劳卫制及格人数一览表

表26-7　　单位：人

分系统		参加多种多样活动人数	参加劳卫制锻炼人数	合计	二级	一级	少年级
总计		971	948	837	211	435	191
学校	中	284	193	522	179	256	87
	小	510	386	200	11	85	104
工矿、企业、机关		95	115	76	16	60	—
人民公社		82	254	39	5	34	—

注：1．劳卫制及格人数，是指报告期内达到各级标准已经批准的实际人数；

2．对在本年内达到两个级别以上的人，应按级别情况分别重复计入表内。

1962—1963年，县委、宣传部、文教卫生局对全县中小学的体育工作联合做出指示，中小学体育课的教学内容，必须根据1961年秋季人民教育出版社编印的中小学体育教材开展教学，各学校必须坚持早操和课间操，要求小学低年级会做少年第一套广播体操，高年级会做第一套、第二套，每天必须保证一小时的课外体育活动，并组织开展舞蹈、象棋、田径、武术、游戏等活动。要求各学校必须建立体育场，配备单双杠、篮球架、乒乓球台、跳箱等体育器材及活动场地。1962 年 11 月，召开重点中学及高、完小体育工作汇报会，进一步加强学校体育工作，严格体育课制度，杜绝体育课不上或少上的现象。全县组织开展较为大型的中学生篮球、青少年乒乓球及射击、摔跤等各种体育比赛。召开全县性的中小学生田径运动会。全县考生身体合格率 98.75%，居现吕梁市辖各县市第一（全专区中学生体检健康合格率平均比率为 93.77%）。“文化大革命”期间，学校的体育课被改为“军体课”，各学校普遍组织有“大刀队”“步枪队”“红缨枪队”等各种“武装”队伍，“练刺杀”成为“军体课”的主要活动内容。正常的体育活动被“学军”内容取代。小学课外活动，女孩以跳皮筋、投掷沙包或布包为主，男孩以玩玻璃弹球，打“纸室”为风潮。1963 年，晋中专区 20 个县 129 座中学 9279 名中考生体格检查，离石县 640 名中考生体检合格率 98.75%，位全区第一。

1971 年后，其他各项体育运动陆续开展。1973 年，全县举行中小学生田径运动会 1 次，正常的体育活动逐步开展。1974 年后，中学及七年制学校，有条件的学校各自单独组织开展田径、篮球、乒乓球、武术等各种比赛活动。1976 年，青少年业余体育学校建立。1978 年 3 月，召开由各公社教育指导员、中学负责人、县直中小学领导及所有体育教师参加的体育工作会议。暑假期间，对全县 28 名体育教师（其中专职体育教师 14 名）进行为期 20 天的培训。秋季开学，重新调整和配备重点学校的体育教师。同年，全县有 5 所学校建立田径、篮球、武术等单项代表队，队员人数共有 100 余人。配备专职教练员 4 人。1979 年，全县贯彻《中小学体育工作暂行规定（试行草案）》，严格执行中小学《体育教学大纲》，恢复“一课”（体育课）、“两操”（早操、课间操）、“一活动”（课外体育活动）制度，推行《国家体育锻炼标准》。同年，全县中小学推行《国家体育锻炼标准》，体育活动以“达标”为内容，县城重点中小学学生达标率占到毕业生的 80%以上。20 世纪 80 年代，全县每年都要举行中小学生运动会 1—2 次。各中学每年“五四”青年节期间，以校召开运动会 1 次。小学每年“六一”儿童节期间，以乡镇或中心校召开运动会 1 次。城区中小学，每年元旦前后，均举行越野赛。1987 年，东关小学获省体育传统目标奖。城内小学被省体委定为全省小学业余体育训练点，常设有体育单项代表队 4 个（男女篮球、男女田径代表队），代表队队员有 50 余名，专职体育教师 4 名，全校学生体育达标率 88%，优秀率 21%。1984 年，贺昌中学张立敬获“全国十名优秀体育教师”称号。1985 年，离石一中中学生男子篮球队获得吕梁地区第一名，代表吕梁地区参加山西省的比赛获第五名。1986 年，县体委副主任李肇芳获“中华人民共和国体育开拓者”称号。在业余训练方面，县重点中小学以田径为主建立 1—3 个代表队，坚持常年训练，共有学校代表队 25 个。县业余少体校有男篮、女篮、田径、武术队，共有队员70人，有专职教练4名、兼职教练2名。采用承包合同制的方法，坚持常年训练。少体校的4个队，多次参加吕梁地区比赛，男篮、武术多次获得冠军，女篮、田径获得团体总分第二名。同年，县直二中学生刘巧连，在全省中学生运动会上，获竞走比赛第一名，在全国中学生运动会上荣获竞走比赛第七名。1989年，城内小学女学生卫秀江，男学生郭治勇，在全省武术比赛中，分别获少年组比赛女子第六名、男子第六名。

20世纪90年代后，全县每隔几年在地区体育场举行大型的中小学生田径运动会1次，每年春节期间举办环城越野赛1次。1990年，全县中学生体育达标率80%。组织有学校体育代表队15个。全县为上一级学校输送优秀体育人才50余名。2000—2006年，全区（市）共组织各种比赛17次，比赛项目27项，参赛人数累计1万人。

2010年5月，离石区召开第11届全区“激情校园”文化艺术节活动，举办“朝阳杯”中小学生健美操比赛1次。2011年12月，召开第12届全区校园文化艺术节活动，举办中小学师生健美操比赛。

2012年，举办第13届庆“六一”广播操和健美操比赛，举办“煤运杯”中小学田径运动会1次。2013年，离石区举办中小学生田径比赛1次、青少年象棋比赛1次，开展校际课间操观摩评比活动。

第二节 群众体育

民国初年（1912），县内农民体育项目主要有传统武术、象棋、踢毽子、跳绳、摔跤、打秋千、举石锁和各种游戏等，多系民间自发活动，传统武术锻炼一直未间断，并有少数武术高手。田家会镇陈侯仁武艺出众，特长单刀、枪棍，是县内民国年间出名的镖头。民国14年，大武镇（时属离石）兴办拳社，大武、霜雾都、上安等地入社40余人，请邓元龙（临县）、王芝贵（平遥县）等拳师传授六合拳、小洪拳、形意拳、长拳，以及刀、枪、棍、棒等技术。此外，城内梁尔寿擅长少林拳，功底较深。吕麒麟长于道家吐纳气功，通晓太极拳。

20世纪80年代，受武打影片影响，境内出现武术热。田家会、上水西、东关、南关、信义、马家村、歧则沟等村镇青年热心武术活动。尤其是城关镇，在县体委的组织指导下，建立武术辅导站，由武术教练张根兆、孙德山、白如明等拳师传授拳术、剑术、刀术、枪术、棍术，培养出贺海燕、刘亚楼、张军、张勇等不少优秀武术运动员，并多次参加地区武术比赛，获得团体冠军、亚军称号。1986年，贺海燕获得省运会武术比赛第六名。

20世纪90年代后，每天清晨，在县体育场、滨河公园、莲花池公园、世纪广场、市民广场、博物馆门前的广场上、县城街道公路边，群众自发开展跑步、竞走、打太极拳、练太极剑、打门球、跳广场舞、扭秧歌、踢毽子、打羽毛球、做回春保健操等体育活动。

至2015年，群众体育遍布城乡，各广场、公园、路边均有自发进行体育锻炼的群众，项目有武术、广场舞、球数、扭秧歌、保健操、跑步、竞走等。

第三节　职工体育

20世纪50年代中期，县直机关职工，每日清晨在体育场出早操，逐渐形成制度。1958年，全县以行业以系统建立职工业余体育锻炼队，机关、学校、厂矿、农村成立基层体育协会。同年，贺中、小教教工联队，蛋厂、七矿、电厂、县委、县政府联队，银行、粮食局、医院等职工篮球联队，在“五一”、国庆等节日，举行职工篮球比赛，银行、蛋厂队多次获冠亚军。各单位建设职工业余体育活动场所并配备器材。县委院内设有篮球场，活动项目以篮球、羽毛球、乒乓球、康乐球最为广泛。县职工俱乐部、柳林镇（时属离石）职工俱乐部搞得较为活跃，组织有象棋、乒乓球比赛。县政府农业局干事王绍敏，银行职工马幼奇、李增有、许翰林，蛋厂职工薛孝英、呼学文，教师李效刚，医院职工刘成林等组成的县篮球代表队，多次参加晋中地区举办的篮球比赛，获冠亚军。“文化大革命”期间，职工体育一度松散。

1978年后，职工体育再度兴起。同年，吕梁地区举办职工篮球比赛，县职工男篮代表队获第三名。1982年，县桥牌代表队队员任未多、李爱国、苏林强代表吕梁地区参加山西省职工棋类、桥牌比赛，获得桥牌第二名。此后，每年冬季全县均举行职工环城越野赛、拔河赛等比赛。同时，多数干部、职工自发的业余锻炼已成为习惯。每日清晨，在县城街道、公路、滨河公园，都有锻炼身体的人群，活动项目有跑步、广播操、武术、太极拳、气功等。

2003年，全市的干部职工参加体育锻炼的人群占40%。

2004—2006年，全区参加体育锻炼的人群由2003年的40%提高到46.7%。区教体局、区老干局、区老年体协举办全区第二届老年运动会1次，参赛人数达1200人。全区先后举办过各种比赛7次，有10个项目获奖。区教体局荣获省级“群众体育先进单位”和市级“群众体育先进单位”荣誉称号。区总工会在“三八”、“五一”、国庆节期间组织开展群众喜闻乐见的文体娱乐活动。区总工会、区委宣传部、区教体局、区文化局联合举办“离石区首届象棋比赛”，参加40余人，获奖6人。2010年春季，区委、区政府在前马家村离石江阴高级中学西广场，组织开展大型离石区全民运动会，运动会开幕式邀请城内小学的学生们进行健美舞表演。2011年“三八”“五一”期间，区总工会组织举办全区职工篮球、乒乓球比赛。8月8日，组织全区各行各业的职工100名，参加吕梁市总工会在市民广场举行的“中国移动杯”山西省第二届文化系列活动广播操展演启动仪式。

2012年，区老干局与市妇联联合组织举办迎“三八”妇女门球赛、老年人麻将选拔赛。离石区荣获团体二等奖，臧小英获个人四等奖。同年，区老干局参加老年门球协会赛事12次。在中国门球冠军赛吕梁选拔赛、第二届妇女门球赛中获得优异成绩。区委宣传部组织机关职工参加“永宁杯”篮球、门球、健身、棋牌等比赛。“三八”“五一”期间，全区各乡镇、系统、大中型企业，普遍举办职工大型篮球丶乒乓球、拔河比赛。2013 年 2 月 21 日，区老干局组织 30 余人参加吕梁市城区老干部元宵节麻将比赛。3 月 3 日，组织 20 人参加吕梁市老干局举办的春季门球邀请赛。3 月 8 日，组织妇女职工参加吕梁市直机关举办的迎“三八”妇女门球邀请赛。5 月 26 日，组织 30 余人参加贺昌中学举办的门球邀请赛。6 月 3 日，区老干局举办 80 岁以上老人麻将比赛。8 月 8 日，区残联围绕“养成健身习惯，享受健康生活”主题组织开展的第三届“残疾人健身周”活动。2014 年，吕梁市老年协会组织广场舞比赛、门球比赛。同年，离石区在吕梁市荣获太极拳、太极剑比赛集体金奖，迎“三八·协会杯”麻将比赛团体总分第 2 名。10 月，离石区组织代表队 3 支，参加吕梁市第八届老干部运动会，其中门球、乒乓球男团获第 1 名，太极拳（剑）荣获团体第二名。2015 年 8 月 8 日，区老干局与区老年体协联合举办有 200 多人参加的离石区全民健身日展演活动。10 月 21 日，举办老年体育风采展示表演。同年，离石区多次组织参加吕梁市老年体育比赛项目，其中乒乓球获老年组个人第 1 名、团体第 5 名。

第四节 体育竞赛

球类

民国初年，永宁县开始有人打篮球。

20 世纪 50—60 年代，篮球运动在离石非常活跃，县城每年有比赛，大武农民队水平较高。县篮球代表队参加地区比赛，多次获得较好名次。1959 年，晋中地区在离石举办全区职工篮球比赛，离石县代表队获得冠军。同年，应陕北榆林地区邀请参加友谊赛。银行、蛋厂、机械厂等单位，多次获县级篮球比赛的冠亚军。厂矿之间的篮球比赛也比较活跃。

1972 年后，县体委加强以学校为主的业余训练。县业余少年体校篮球班坚持常年训练，多次参加吕梁地区比赛，均取得好成绩。县男女篮球队在全区一直保持前四名水平。离石城区的等级篮球赛逐渐形成传统比赛项目。

排球 20 世纪 60 年代初，贺昌中学排球队曾在山西省中学生比赛中获第 3 名。此后，县体委以贺昌中学为主抓排球训练。1972—1973 年，县男女排球队在吕梁地区排球比赛中获第一名。1974 年，北京体育学院学生在离石实习，进一步促进全县排球运动的发展。至 1978 年，离石县排球项目在吕梁地区比赛中多次获男女冠军，并代表吕梁地区参加山西省组织的比赛。

乒乓球 20 世纪 50 年代，就在广大职工和青年学生中广为开展，曾有张良田、褚元强、章延禄等人参加晋中专署比赛获得较好成绩。70 年代，配有乒乓球专职教练谭月玲。1974 年，谭月玲在吕梁地区乒乓球比赛中获第一名。各中、小学开展乒乓球训练，先后培养出优秀运动员柴桂珍、刘绍爱等，多次参加吕梁地区、全县比赛，获得冠亚军称号，并代表吕梁地区参加山西省比赛。

足球　吕梁地区成立后，离石县内开始起步。20 世纪 80 年代后期发展较快，以贺昌中学、高级中学、吕梁高等专科学校（今吕梁学院）等学校为主，每年有比赛，并成立足球协会。

田径

1965 年，离石县在贺昌中学举办第一届全民运动会，设田径、篮球、乒乓球等项目。在组织参加山西省和吕梁地区田径运动会中获得奖项的运动员如下：韩龙生获山西省、吕梁地区铅球第一名，李亚庆获山西省跳远第一名，李肇芳获吕梁地区 400 米中栏第二名，王琦获吕梁地区手榴弹投掷第三名。韩龙生、李亚庆曾调山西省专业队。20 世纪 70 年代，离石县各级各类学校都开展以田径为主的体育训练。县少体校建立 40 余人的田径业余训练队伍，历年参加山西省、吕梁地区比赛，均取得好的成绩。刘巧连破女子组 3000 米竞走吕梁地区纪录 4 次，在山西省中学生运动会上获得金牌，在全国比赛中获第 7 名。杜改平、任小红分别获山西省、吕梁地区青少年组 1500 米、800 米和 3000 米竞走、5000 米竞走冠军。

军事训练

20 世纪 50—60 年代，离石县内即开展国防体育活动，以青壮年民兵为主要对象，配合民兵训练，进行“三防”、射击、行军、队列、紧急集合、疏散、战术、宿营等军事野营演习。每年春节、“五四”等节日，在城关、交口等镇举行射击、投弹比赛，中学和一些机关、厂矿也进行射击、瞄准训练。城关镇上水西村民兵营军事训练成绩显著，受到山西省军区、晋中地区军分区表彰。

竞技

20 世纪 50 年代，离石县体委每年举办体育比赛活动。1965 年 6 月，举行离石县第一届全民运动会，参加人数近万人。并组织代表队参加山西省、晋中地区比赛，均获得较好成绩。1966—1972 年，“文化大革命”期间，离石县未召开体育运动会。1975 年 4 月，在县城举行规模盛大的火炬接力赛，参加者达万人以上。

1958—1990 年离石县体育代表队参加省　地运动会竞赛情况统计表

表 26-8

年份	次数	参加人数	项目
1958	3	3000	篮球、乒乓球、田径
1959	5	4000	广播操、篮球
1960	1	400	中、小学田径运动会

续表 26-8

年份	次数	参加人数	项目
1961	1	200	职工篮球
1962	2	500	职工和中学生篮球
1963	1	400	田径
1964	2	300	篮球、乒乓球
1965	1	10000	县第一届全民运动会篮球、田径
1973	1	300	中小学田径运动会
1974	3	500	田径、篮球、乒乓球
1975	4	700	田径、篮球、武术、乒乓球
1976	5	1000	田径、篮球、乒乓球、象棋、中长跑
1977	5	1000	田径、篮球、乒乓球、象棋、中长跑
1978	6	1981	田径、篮球、乒乓球、象棋、中长跑、小篮球
1979	5	1672	田径、篮球、乒乓球、越野赛、职工乒乓球
1980	7	3762	田径、篮球、乒乓球、越野赛、职工乒乓球、小篮球、武术
1981	10	4538	田径、篮球、乒乓球、越野赛、职工乒乓球、小篮球、武术、中长跑、跳绳、踢毽子
1982	8	1520	自行车、田径、乒乓球、武术、职工篮球、小篮球、象棋、越野赛
1983	7	1800	田径、职工乒乓球、象棋、初中小篮球、越野赛、中长跑
1984	5	6683	田径、象棋、职工乒乓球、越野赛、中小学篮球
1985	6	5000	田径、篮球、职工小篮球、等级篮球、小篮球、越野赛
1986	8	9650	田径、篮球、职工小篮球、等级篮球、小篮球、中长跑、越野赛、职工乒乓球
1987	5	17140	田径、篮球、乒乓球、越野赛、等级篮球
1988	6	10650	田径、篮球、乒乓球、中国象棋、越野赛、等级篮球
1989	6	11000	田径、篮球、乒乓球、广播操、越野赛、等级篮球
1990	5	11372	田径、篮球、乒乓球、越野赛、等级篮球

第五节 体育设施

民国6年(1917),离石县内有高等小学校5所,女子高等小学校1所,均建小型体育场,设备较齐全,有篮球架5副、秋千架4副,还有单杠、双杠、木马、跳高架、跳远池等。

民国17年，离石中学成立，开设体育课，每年收取学生体育费1元，体育活动器材有篮球、足球、网球、单双杠、木马等。城镇两级小学校均有一定的运动场地及简单的活动设备。民国26年后，在抗日救国的影响下，根据地学校发动学生自制红缨枪、木手弹等。

中华人民共和国成立后，离石县内各中、小学校根据各自条件逐年增置体育器材，体育设施逐步完善。

1976年，吕梁地区体委在离石县城建成椭圆形田径运动场1座，占地面积1.75万平方米，周围看台7级，可容纳观众1万余人。1979年，建成有15级看台的灯光球场1座，占地1764平方米，可容纳观众4000余人。1990年，全县有体育场22个。按管理系统分，县直属8个，厂矿2个，教育系统10个，农村2个。按用途分，田径场3个（200米2个、400米1个），篮球场15个，排球场3个，小足球场1个。

至2015年底，全区所有中小学都建设“两操一课”活动场地。其中离石一中有现代化的塑胶操场，内设200米环形塑胶跑道和篮球场1个。体育器材按国家一类标准配备。城镇中学有塑胶操场，内设250米的环形跑道、篮球场、单双杠、跳高、跳远沙地、跳箱、铅球、铁饼、跳绳等体育器材。袁家庄中学有室外体育场，在综合大楼内开设室内体育馆。离石江阴高级中学有田径运动场地2个，修建有现代化的、兼有城市功能的体育馆。廷亮中学建有体育活动中心大楼1幢，内设可供50人同时训练的游泳馆和篮球场，有乒乓球台桌10副，建有现代化塑胶操场1.3万平方米，内设环形跑道800米和足球场1个，有拦网式露天篮球场6个、排球场1个。泰化学校建有的体育运动场5000平方米、高标准灯光篮球场3个、环形塑胶跑道250米，有羽毛球场1个和乒乓球台。西崖底小学建有塑胶操场360平方米、环形跑道150米、篮球场2个。城东小学建有塑胶操场4300平方米、环形跑道200米。袁家庄小学建有文体馆大楼1幢，楼外有塑胶操场。朝阳小学建有室外塑胶操场、室内风雨操场。城内小学、东关小学、南关小学，都建有各自的塑胶操场和配备各种体育器材。龙凤小学、长治路小学及离石二中建有普通水泥地面操场，配备充足的文体活动器材。龙凤小学操场上建有篮球场1个。二中建有篮球场1个、体育场2个。全区中小学的体育活动器材，除泰化学校按国家规定的二类标准配备外，其他学校均按国家规定的一类标准配备。

离石区城区世纪广场、莲花池公园、市民广场、文化路、吕梁市煤炭职工培训中心等场所安装有多种多样的休闲体育活动器材，有单双杠、秋千、吊环、跑步机、象棋桌、休闲椅、棋牌桌、攀爬架、乒乓球台。莲花池公园内建有门球场2个、老干部活动中心大楼1幢，内设老年大学、象棋馆、麻将馆、棋牌馆、乒乓球室等。

1956—1990 年离石县体育代表队参加省 地运动会成绩情况一览表

表 26-9

年份	代表队名称	运动员姓名	比赛地点	赴省或地区运动会名称	比赛项目	比赛名次	备注
1956	田径代表队	韩龙生	榆次	晋中地区中学生运动会	铅球	第一名	—
1958	田径代表队	韩龙生	太原	省中学生运动会	铅球	第一名	—
1959	职工篮球代表队	王绍敏 许翰林	离石	晋中地区职工篮球比赛	篮球	冠军	团体
1972	男女排球队	—	离石	吕梁地区排球比赛	排球	第一名	团体
1972	男女乒乓球队	张国彪	临县	吕梁地区中学生乒乓球运动会	乒乓球	第二名	个人
1973	田径代表队	孟玉春	离石	吕梁地区田径运动会	手榴弹	第一名	单项
1975	职工乒乓球代表队	谭月玲	离石	地区乒乓球比赛	乒乓球	第一名	单项
1976	县少体校乒乓球队	柴桂珍	离石	地区少体校	乒乓球	第一名	—
1977	县对练队	郭云燕 曹新新	离石	地区武术比赛	对练	第一名	—
1982	女少剑术队	冯丽生	离石	地区第一届全运会	剑术	第一名	—
1983	武术代表队	张根兆	离石	地区武术比赛	武术	第二名	—
1984	男少拳术	冯年生	离石	地区武术比赛	刀术	第一名	—
1985	中学生篮球队	—	离石	地区中学生篮球赛	篮球	第一名	团体
1989	职工女子篮球队	—	离石	地区职工篮球赛	篮球	第二名	团体
1990	少年乒乓球队	—	离石	地区少儿乒乓球赛	乒乓球	第一名	团体
1990	少年武术队	—	汾阳	地区少儿武术赛	武术	第一名	团体
1990	少年举重队	—	离石	地区青少年举重赛	举重	第二名	团体

第六节 体育机构

1972 年，离石县体育运动委员会成立。1998 年，离石市体育运动委员会内设办公室、群众体育科、竞技体育科和体校。2002 年，离石市体育运动委员会与离石市教育局合并，合并后名称为离石市教育体育局。内设体育卫生艺术股。至 2015 年底，仍同前。

第二十七编

文 化

群众文化

文学创作

艺 术

史志编研

新闻 报刊

广播 影视

图书 档案

文化市场管理

非物质文化遗产

明嘉靖己未进士户部侍郎张玭著有《夷齐录》5卷。清代，《汾州府志》《永宁州志》收录有永宁县人梁天叙写的《题孟门洪涛》、张相写的《三阳云凤山》、王文清写的《穷民叹》等五言诗和七言诗；于成龙著有《老女吟》《梦餐优昙花作》。抗战时期，离石县创作有自编自演的剧目《纺织英雄张秋林》。中华人民共和国成立后，县内涌现出一批专业、业余文学创作新秀，较有影响的有阎继烈、张恒、马世元、赵焕哉、王永泰、李迎兵、李心丽等。书法创作者有赵宏章、车载麟、刘振华、李丕祥、李殿清、郭宝银、郭炳生、李启凡等。美术界创作人员有靳永康、袁清祥、康文斌、王月生、阎星明、李在田、安琪等。2002年，王永泰创作的小说《一代廉吏于成龙》被改编成电视剧在中央一套黄金时段首播。2009年，李迎兵的长篇小说《雨中的奔跑》由大众文艺出版社出版发行，在海内外报刊媒体、网络媒体引发热议，评论达200余篇。同年，李心丽创作的诗集《远方来信》荣获中国第三届星星新诗新苗诗苑奖。2015年，李迎兵创作的《诺奖作家莫迪亚诺是怎样炼成的》在《当代作家》发表。

史志、图书、档案、广播影视等文化事业成绩显著。民国6年（1917），离石县就建有图书馆。1964年，县史志办编纂《离石新县志》。1975年1月，离石县档案馆有革命历史档案全宗1个、敌伪档案全宗1个。1989年底，《中共离石县组织史》由山西人民出版社正式出版。1990年，图书馆藏书达7000余册。同年，离石县居民电视机拥有量比率城区达80%，农村达35%。1996年6月市地方志办公室编纂完成《离石县志》，由山西人民出版社正式出版 。2000年12月，出版《中国共产党山西省离石县（市）组织史资料》（1987.10—1998.8）。2004年，区史志办编辑完成《中国共产党山西省离石县历史纪事》。2009年，区档案馆馆藏各类档案22253卷。2015年，《离石乡镇街道志》出版。

传统文化和群众文化活动缤纷璀璨，丰富多彩。明清时，离石民歌即盛行。民国年间，每逢农历正月，县内东北两川较大村庄尤其是西山坪头、结绳墕、成家庄、孟门一带，都以村自发组织秧歌、弹唱会演活动。抗战开始后，山西省战地总动员委员会宣传队与牺盟会人员在农村、学校教唱抗战歌曲，开展歌咏比赛等。2014年，离石弹唱被列入第一批山西省非物质文化遗产名录。优秀代表性曲目有《审录》《唤妹子》《放牛》《贴对子》。1959年，县晋剧团相继排演现代戏《朝阳沟》《焦裕禄》《芦荡火种》《槐树庄》《智取威虎山》等。1982年，影剧院建成。1984年，舞蹈《离石渔鼓》在全省老干部艺术节调演中获一等奖，2004年重排后，参加山西省第四届广场文化艺术节展演，获优秀奖。2007年，全区选送民歌手3名，参加晋陕两省民歌大赛，获得银奖1名、铜奖2名。2015年，区文化馆组织群众活动20余场。全区共有省级非物质文化遗产保护项目4个，市级非物质文化遗产保护项目5个、区级非物质文化遗产保护项目100个。

第一章　群众文化

第一节　文化网络

图书馆

民国6年（1917），离石已建有图书馆，后一直与文化馆合并办公，称“二馆”。

二十世纪六七十年代，图书馆藏书有《人民日报》《山西日报》《吕梁报》及《红旗》《百花》《山西文化》《半月谈》等报纸杂志合订本，借阅频频，有借阅等制度，主要对象县委大院机关干部。

20世纪90年代中期至2004年期间，图书基本无人借阅，场所加层建设维修，处于闭馆状态，应上级文化部门考核要求，县级财政每年必经预算有1万元左右的图书经费，专项添置新书。

2005年，区文化大楼不再对外出租，图书馆正式独立运行，设有图书储藏室、借阅室、值班室、办公室等，人员共有10人，其中馆长1人、专管员9人。2006年，区图书馆纳入省级文化基础设施建设范围，初步落实经费30万元。同年，与文化馆一起申报建设区文化艺术中心，历时几年无果。2009年，省级文化惠民工程配套赠送图书3万册，免费配送“流动图书车”1部，开始“送图书下乡”的“文化三下乡”活动。同年，建成电子阅览室1个，添置电子图书，有电脑30台及电脑桌椅设施。全国共享工程启动后，电子阅读者增多，节假日免费开放，学生阅读者更多。2010年，组织人员对馆藏图书进行专业编目、分类、整理、上架。

2012年图书馆开始开展延伸性服务，有：元宵节的灯谜活动、“4·23”世界读书日系列活动、图书馆服务宣传周系列活动、亲子阅读活动、科普知识宣传活动、书画展活动、征文活动、公益讲座、“书香吕梁、悦读离石”系列活动、诗文朗诵活动、文化进景区、文化进警营等等。图书馆开辟纸质图书阅览室、30个座席，正式向社会免费开放运营，全年接待1500余人次。同年5月，市、区两级图书馆共同举办“2012年图书馆宣传周”系列活动，开展服务农民工电影专场演出36场次，举办展览、免费发放读书卡等活动，让广大人民群众了解并走进图书馆，汲取知识力量。年底，被山西省图书馆学会授予2012年度科普宣传与全民阅读活动“先进集体”、山西省图书馆服务宣传周活动“先进集体”的荣誉。2013年4月至5月，先后举办“4·23”世界读书日活动、图书馆服务宣传周“书香中国——阅读引领未来”系列活动，进行免费阅读服务、散发宣传资料、组织“阅读丰富人生，知识改变命运”万人签名活动。2014年初，按照山西省图书馆“总分馆制建设”要求，对馆藏纸质图书重新进行马克数据编目加工并录入第三代图书自动化系统，规范经营管理制度，实行全省范围内公共图书馆一卡通用、通借通还，具备开放运营条件。2015年1月1日，离石区图书馆图书阅览室实行全年无节假日正式免费向社会开放，内设办公室、“共享工程”分中心暨电子阅览室、纸质图书阅览室、少儿图书阅览室、采编部、读者部。全年接待读者1万余人次，图书流通1.6万余册次，办理借阅证210个，电子阅览室网上浏览2500余人次。同年，实施“文化乐民”工程，围绕世界读书日、校园文化节，与教育部门、科协、团委等部门共同举办科普宣传、专题讲座培训辅导等活动，开展送展览、送电影、送图书、送对联等文化活动进校园进社区，提升图书馆服务功能。

文化馆

1948年，离石县民众教育馆成立，编制2人。馆内设备简单，有少量书籍报刊，黑板1块。

1950年，民众教育馆改称文化馆，人员6人。1952年，人员增至10人。同年，组成6人文宣组，肩挑幻灯、乐器、展览图片，深入农村，辅导文艺积极分子，开展文艺宣传。1952—1954年，文宣组在县内410个村庄及庙会中演出520场，行程2250余千米，观众约21万人次。

1954年，离石、方山两县合并，两县文化馆合为一馆，称离山县文化馆，人员增至10人。馆内有图书、报刊、乐器、收音机等。活动形式有阅览、图片展览、黑板报宣传、小型演唱、放映幻灯等。1958年，离山县与中阳县合并后，文化馆人员增至13人。设图书室、展览室、游艺室、音乐组、戏剧组、美术组、辅导组。除少数人留馆工作，多数人员下乡辅导群众开展文化活动。

1965年，在城内十字街修建二层楼房1座，有窑6孔房4间。1971年，房屋划归吕梁军分区。1975年，在东关建成二层办公楼1栋，建筑面积1360.79平方米，两边一层东西有展厅2个、办公室8个，中间二层有办公室4间。1990年底，文化馆地址在建设街东侧，东临区政府办公大院，西靠区公安局刑警队二层办公大楼，全馆共10人，设美术、音乐、群众文化辅导组和后勤组。

1999年，共争取上级投资资金50万元，对文化馆加层改建，统一加两层，改造后的文化馆共有展厅（排练厅6个）、办公室20间，2001年竣工，成为吕梁地区所在地展览面积最大的展览馆。

2006年后，文化馆常年开设少儿舞蹈、美术、器乐、书法培训班。受训学生达400余人次。

2012年7月28日，北方民族大学在区文化馆挂牌，建立离石区北方民族大学中国语言文学实践基地。同年，区文化馆免费开放，并增加服务项目和内容，共举办培训3期。第一期，成人班，培训内容有书法、健身舞、大合唱、交谊舞、萨克斯；少儿班，培训内容有书法、美术、舞蹈、大合唱、葫芦丝。第二期，暑期少儿班，培训内容有硬笔书法、架子鼓、吉他、合唱。第三期，成人班，培训内容有乐理、试唱、中国画、健身舞、交谊舞、书法。共培训 1000 余人。开展少儿、中老年书法、健身舞、合唱、乐器等各项文艺培训班，累计接待 2000 人次。2013 年，开设专业免费培训班 5 个，开设书法、绘画、交谊舞、健身舞、乐理视唱等，累计接待 300 余人。同年，举办 2013 年免费培训学员书画成果展，共展出学员书画作品 80 余幅。2014 年，区文化馆开设的免费培训艺术课程有书法、中国画、交谊舞、健身舞、乐理试唱、吉他、萨克斯等，共招收学员 200 余人。2015 年，开设的免费培训艺术课程有书法、中国画、民族舞、健身舞、乐理试唱、吉他、萨克斯、葫芦丝等，招收学员 700 余人。同年节假日，组织戏曲艺术沙龙活动，邀请热爱戏曲的朋友在文化馆开展吹拉弹唱活动。

文化站

1950 年，柳林镇文化站和大武镇文化站建立。

1980 年，离石县建立田家会、交口、信义镇文化站 3 个，每站设辅导员 1 名。1982 年，修建田家会文化中心站。1983 年，信义文化中心站成立，建窑洞 10 孔。同年，田家会文化中心站组建业余文艺宣传队，全队 20 余人。1984 年，被省文化局评为先进文化站，授予奖匾 1 块，照相机 1 部。

2006 年，区文化局申报面积在 300 平方米以上的乡镇文化站 5 个。同年，15 个行政村的文化活动室建设纳入太行、吕梁两区农村基层文化建设扶持项目，8 个农村文化活动室建设纳入省、市新农村建设扶持项目。至年底，全区建成基层文化站 20 余个。2008 年，枣林乡、红眼川乡、坪头乡、吴城镇、信义镇综合文化站开工建设。2009 年，区、乡镇（街道办）、村三级文化建设项目列入省扶持项目，区文化局争取乡镇（街道办）文化站建设资金 262 万元，落实 28 个村级文化活动室图书 4.2 万册、光盘 2000 盘、投影仪 100 套。马家村、留子局、交口、严村等村发掘农村文化大院开启。2010 年，枣林乡、红眼川乡、坪头乡、吴城镇、信义镇综合文化站通过验收，配送设施设备有电视、点歌台、调音台、电脑、鼓、铙、钹、大三弦、二胡、笛子等。同年，区文化局分别为 8 个社区文化活动中心、13 个社区文化室配备文化活动等公共服务设施。同年底，离石区 3 个乡、2 个镇、7 个街道办、193 个行政村的农村文化活动场所与村级组织活动场所实行共用。新建的 20 个村级文化场所全部配备图书、投影仪。

2013 年，区、乡（镇）综合文化站实行免费开放活动。每周开放不少于 5 天，每天不少于 6 小时。2015 年，枣林乡、红眼川乡、坪头乡、吴城镇、信义镇 5 个乡镇文化站全部投入使用。

农家书屋

2006 年，区文化局建成农家书屋 31 个。2008 年，建成农家书屋 60 个，配备图书 1.8 万册、书柜120个。至2010年底，全区有农家书屋114个，配送图书1500册、音像制品100种（张）、报刊20种。配送流动图书60份、投影仪100台。同年，新建农家书屋31个。建设共享工程行政村100个，争取到价值46.7万元的国家级共享工程设备。2011年，为55个农家书屋配送图书1500册、音像制品100余种。争取到价值46.7万元的国家级共享设备1套。建成电子阅览室30座。10月1日，共享工程面向公众免费开放。同年，全区193个行政村全部发放投影仪及流动图书，实现村村有投影仪和流动图书。

2013年，区文化局健全农家书屋日常管理制度，对100个农家书屋进行标准化建设，为每个书屋提供电脑1台、图书3000本，定期不定期开展检查，督促每个农家书屋正常运行。同年，山西省新闻出版局授予离石区图书馆“山西省农家书屋工程建设先进集体”。2014年，对93个农家书屋进行标准化建设，为每个书屋提供电脑1台、图书3000本。

职工俱乐部

1956年，县工会抽出1人专管俱乐部工作。有房5间。主要开展活动有报刊阅览、图片展览、乒乓球、康乐球、象棋、跳棋等活动。

“文化大革命”期间中断。1982年，县工会投资53万元，在东关新建1800平方米的职工俱乐部1座，可容纳1100人，主要用于举办晚会、召开会议、放映电影、录像等。后发展为职工文化娱乐中心。至2013年，职工俱乐部因成危房拆除。

农村俱乐部

1953年，离石县开始建立农村俱乐部。1957年春节期间，斜塔、聚财塔、信义、田家会等村俱乐部在全县文艺调演中演出群众喜闻乐见的传统民歌、现代小戏。至1958年，全县共有农村俱乐部391个。其中斜塔、聚财塔、信义、田家会等村俱乐部办得较为出色。1961年，田家会俱乐部出席晋中专署举办的文艺百花会，演出精彩节目，受到观众的欢迎。“文化大革命”期间，农村俱乐部逐渐停止活动。

第二节　文化活动

文艺会演

民国年间，每逢农历正月，永宁县内东北两川较大村庄尤其是西山坪头、结绳塌、成家庄、孟门一带，都会以村自发组织秧歌、弹唱会演活动，内容有道情《经堂会》《牡丹亭》《审录》等40余个剧目，李家山、西属巴等村的民间艺人被请到附近村庄会演。抗日战争胜利后，田家会、马家村业余剧团自编自演反映拥军参军、自由婚姻、勤劳生产等内容的小戏、曲艺，表达出人民群众热爱新生活的欢乐心声，深受群众欢迎。

1953年，由县文化馆派专人到全县10个区组织春节文艺会演，形式有秧歌、戏剧、民歌、曲艺等，各区参加会演均在1000人以上。1957年，山西省举办首届农村音乐舞蹈调演活动，聚财塔民歌队歌手刘照耀、胡登平等演唱的《打樱桃》《古里怪》《来成拜年》等民歌，由省电台录音在全省播放。1958 年，县城举办春节文艺会演，表演的内容有聚财塔的民歌、圪针湾的平调道情、五里后的扬调道情、锄沟的斗龙灯、斗狮子、信义业余剧团的二人台、吉家塔的二人台、上白霜的二人台、贺家山的弹唱、瓦窑坡的唢呐吹奏等。会演进行 3 天，参加登台演出者近 400 人，演出节目 60 余个。观众达 3 万余人。

1961 年，晋中专署举办文艺百花会，离石县组织民间文艺代表队赴会表演，先后演出道情剧、民歌、快板、唢呐吹奏乐、相声等节目 20 余个。表演的演员有柳兰则、巩英芳、梁恩宽、刘爱兰、王花眼、王安太、马俊发、刘东来、任安旺等。1963 年，以公社举办文艺会演，柳林、孟门公社 16 班秧歌，组织 1500 余人演出。信义、田家会等公社的文艺会演较为出色，赢得观众好评。1982 年，在县百货公司门前举办首届正月十五花灯展。之后，几乎每年正月十五举办花灯展。1983 年始，每年正月十五在城区举办全县的社火表演活动。

20 世纪 90 年代在体育场举办社火表演活动十余年。2001 年，元宵节秧歌展演开始在一环路进行行进展演，世纪广场进行集中会演，个乡镇、各大口精心组织编排，观看的群众熙熙攘攘，热闹非凡，成为老百姓不可或缺的年度文化大餐，每年举办。

2005 年，离石区举办两节广场文艺会演，完善会演安保，会演有序开展，进行评比表彰，节目质量编排更有档次。同年 5 月 1 日至 10 月 1 日，组织各大口、企业每月轮流举办“和谐之声”广场文艺消夏活动，举办庆祝中国共产党成立 85 周年“欢歌党旗下”专场文艺晚会、宣传系统“情系交口”文艺下乡慰问演出活动。2006 年春节、元宵节期间，组织文艺表演队 20 余支，彩车、宣传车 30 余部，表演人员 3000 人，在城区一环路进行循环展演。8 月，开展“和谐之声”周末广场文艺活动，每周末在世纪广场公演，组织秧歌、歌舞、相声、小品、少儿舞蹈、名人专场等 20 余场，参加演职人员 1000 余人，观看群众 7 万余人。2007 年被吕梁市委、市政府授予和谐之声广场文艺活动先进集体的光荣称号。2008 年，承接文化部“文化人才艺术之旅——山西行大型公益文化”系列活动，5 月为交口街道办小学争取价值 10 万元的二胡、竹笛等捐赠音乐器材，选送 30 名小画家成为文化部少儿艺术人才库，9 月 9 日承接该活动的“情暖吕梁”文艺演出，16 名国内明星参演，国务院扶贫办主任胡富国出席并观看演出。2010 年，举办离石区首届小戏（弹唱）、小品调演活动，举办秧歌（彩车）展演、“煤销杯”伞头秧歌交流会演和弹唱邀请赛。

2013 年，组织小戏小品调演、离石弹唱、离石后套秧歌展演活动。8 月 13 日，启动 2013 年“文艺下乡文化惠民工程”活动，演出场次 52 场。2014 年 6 月 28 日，区文化局在世纪广场举行庆“七一”离石旱船秧歌展演。7 月 18 日，在离石区世纪广场举行“离石区首届青少年艺术教育成果展”，共表演节目 28 个，其中表演的《俏花旦》《快乐的啰嗦》等节目深受群众喜爱。2015 年，先后举办广场少儿才艺会演、尚士街舞展演专场等文艺展演活动。同年，与市群艺馆联合举办“高雅艺术进校园”活动，共演出 20 场次。

传唱歌曲 歌咏比赛

抗日战争开始，山西省战地总动员委员会驻扎马茂庄，山西省战地总动员委员会宣传队与牺盟会的同志在农村、学校教唱抗战歌曲，如《义勇军进行曲》《大刀进行曲》《打回老家去》《松花江上》等。解放战争至中华人民共和国成立初期，离石县人民传唱《东方红》《解放区的天》《团结就是力量》《咱们工人有力量》《没有共产党就没有新中国》以及以抗美援朝为内容的歌曲。

1958 年，群众歌咏活动十分活跃，有自编自唱的《离石好》等歌曲数 10 首。

“文化大革命”期间，盛行“语录歌”。20 世纪 80 年代，田家会文化站的郭大孝参加山西省民歌大赛获一等奖。80 年代始，新的流行歌曲在县内青年中广为传播。1988 年，团县委举办首届青年业余歌手赛，杨曙光、何改玲获一等奖。1989 年，团县委举办第二届青年业余歌手赛，杨玲珍、史建平获一等奖。1990 年 5 月，县委宣传部与文化馆举办全县首届企业、厂矿歌咏队大赛，县印刷厂获一等奖，电缆厂、百货综合大楼分别获二等奖，粮食局、纤维厂、劳动服务公司获三等奖。

2005 年，区团委与有关部门联手开展离石城区首届青年歌手大赛、抗战胜利 60 周年歌咏大赛等系列活动。同年，组织代表队参加全省“太行吕梁颂”大合唱比赛，获二等奖。2007 年，全区选送民歌手 3 名，参加晋陕两省民歌大赛，获得银奖 1 名、铜奖 2 名。2010 年，组织“七一”歌咏比赛。2011 年，“离石之声”干部合唱团组建。

2012 年，举办庆“七一”暨大排查大接访大化解——“和谐吕梁主题歌咏大赛”。2015 年，离石区举办纪念中国人民抗日战争暨世界反法西斯战争胜利 70 周年大型歌唱会。

赛事 展览

1986 年金秋，境内历史上第一个全国性民间剪纸艺术展在离石文化馆展出。来自日本、美国及全国各地 22 个省市 60 余名著名专家学者对吕梁山的民间剪纸进行实地考察，这次展览得到参会专家学者和民间剪纸艺术家的高度评价和赞誉。中央美术学院的杨先让教授说：“这次来吕梁山访寻到了母亲，找到了艺术的本源……”几位来自日本、美国的朋友对此更是感慨万千。他们认为吕梁民间剪纸艺术具备典型的黄河文化特征，是黄土艺术中的珍品，是中华民族的文化瑰宝。

1999 年，举办“庆祝建国五十周年书画摄影展”，展出作品百件，参观群众达千人。2001 年 5 月，“安琪社火摄影展”在离石文化馆展出。同年 9 月“刘志强、张定邦书画作品展”在离石文化馆展出。同年 10 月，“薛书宇书法作品展”在离石文化馆展出；“离石城区书画摄影展”在文化馆展出，展出作品百余件。

2005 年，区直单位、乡镇、街道办、民营企业等单位在世纪广场组织周末广场文化活动 3 届。同年，利用重大纪念日，举办象棋大赛、纪念中国共产党成立 87 周年“党在我心中”知识竞赛、庆祝中华人民共和国成立 55 周年和 59 周年千人升旗仪式和大型书画展，开展纪念改革开放30周年、邓小平同志100周年诞辰大型书画展等活动。赴中阳县参加首届“中阳剪纸艺术节”开幕式表演，荣获优秀奖。2006年，吕梁市文联书画协会、区委组织部、区文化局在区文化馆联合举办离石区建党85周年书画展，参展作品50余件。同年，区文联牵头，由区书画协会筹办离石区纪念抗日战争胜利60周年书画展，有45人的50余幅书画作品参展，历时20天，参观达1000余人次。2007年，区文化局举办首届“离石弹唱”大赛、首届“农民锣鼓”大赛。9月13日，举办侵华日军罪恶史图片展出活动。同年，举办离石城区名人书画展，展出作品200余幅。展演露天电影10场。开展为期3天的群众性法律法规有奖咨询、谜语竞猜、对春联等文化艺术活动。2008—2009年春节、元宵节期间，离石区开展“文明之春”系列文化活动，共举办书画、美术、摄影等展览6次，共展出各类作品300余件，其中安琪、王月生、康文斌、高民、崔世明5人的10件作品入选“吕梁枣韵”美术作品展览。举办石州锣鼓大赛2次、离石弹唱调演1次。还组织秧歌展演、彩车展演、对春联、少儿猜谜、电影公演等活动。2009年9月，举办离石区迎国庆“书法、美术、摄影作品展”，展出近百幅作品，历时20天，参观达1000余人次。2010年春节、元宵节期间，继续举办“文明之春”系列活动，先后举办第四届“泰化杯”石州锣鼓大赛、对春联等活动。同年两会期间，举办离石伞头秧歌、后套秧歌、离石弹唱调演活动。“七一”前夕，举办首届“离石风味美食文化节”，80余家离石风味小吃、30余家全国各地美食亮相石州。至同年9月，相继举办“童心迎国庆，丹青颂辉煌”少儿书法美术展2次，还举办离石城区“和谐家园”广场、社区文化活动，离石区“庆祝建党89周年‘爱我离石’美术、书法、摄影”展，大型中日剪纸交流展和第四届“泰华杯”石州锣鼓大赛。共展出书法、美术、摄影、剪纸等作品400余幅。其中剪纸作品选送的《虎年吉祥》《小牛闹瓜》等25幅优秀作品中有10幅在中日剪纸交流展中展出。康文斌创作的国画《乌岩幽境》《民兵夜袭图》入编全国《人类主流人物辞库》一书。《仙吕・一半儿・老年五学》获“中华世博杯”金冠奖。2011年，区文联以建党90周年为主题，举办“千年杯”文学书画展、“煤运杯”《党旗颂》有奖征文活动、首届“泰化杯”《今日离石》摄影大赛。同年，开展离石区文联成立20周年活动，推出《文联二十年优秀文学艺术作品选萃》，特邀刘醒龙等10余名全国著名作家、评论家在离石采风。

2012—2014年春节、元宵节期间，离石区连续举办“文明之春”系列活动。共组织“和谐家园”广场文化活动、社区群众消夏文化活动、猜灯谜、对对联、离石伞头秧歌、后套秧歌、离石弹唱、广场舞、电影展演等群众性文化活动20余次。举办纪念性书画展、摄影展8次，展出各类作品100余幅。举办“永宁杯”篮球比赛、少儿卡拉OK比赛、离石美食文化节等活动6次。举办读书征文活动2次，征集征文115篇，获奖作品36篇。2015年，离石区继续组织举办“文明之春”系列文化活动，先后组织“和谐离石”广场群众消夏活动、吕梁市第十二届元宵节灯谜竞猜活动、“倡导全民阅读，建设书香社会”主题活动等。同年，举办少儿诗文朗诵会、第三届读书征文活动、少儿书画展等活动，参赛达3万余人，共展出少儿作文、书画、征文作品3000余件。评出征文获奖作品12篇、书画获奖作品30件，其中书画展中，分别评选出小学组、中学组一等奖各3名，二等奖6名，三等奖9名。

中小学校园文化活动

进入21世纪后，区直各中小学组建各具特色的兴趣活动小组，创建环境育人的文化艺术长廊，重视学生的第二课堂活动，每年4—6月举办各种各样的校园文化艺术活动，其中有广播健美操、歌咏、舞蹈、器乐、象棋、乒乓球、跳绳、田径、篮球、足球等多种比赛，展览学生的书法绘画作品，评选出优秀者予以表彰，丰富学生的校园文化生活。另外，开展千人诵读、诗歌朗诵比赛。

2015年10月30日，在全区各中小学开展诗歌朗诵会，有3万余名师生参与活动。

第二章　文学创作

第一节　著　述

古代县人著述

薛东海，明嘉靖四十一年（1562）进士，生平嗜学，著述甚多，撰有《四书解醒录》《易经解醒录》。张珩，明正德辛巳科进士，累官兵部左侍郎，著有《读书正祀录》《恩光丝纶录》《心学圃》《南川纪年》等。乔应光，明嘉靖己酉科进士，官至四川提学道，著有《宦游记》《白鹭居》。辛煊然，著《芦台诗集》。于成龙，崇祯己卯副贡，仕直隶巡抚、两广总督，卒谥清端，著有《于清端政书》八卷，山西省图书馆藏康熙二十二年（1683）刻本；《于山奏牍》七卷，附录一卷，北京图书馆藏康熙二十一年刻本；《畿辅通志》（康熙）四十六卷，北京图书馆藏康熙二十一年刻本；《江西通志》（康熙）五十四卷，北京图书馆藏康熙刻本。于准，字子绳，号莱公，历任贵州、江苏巡抚，著有《先儒正修录》，北京图书馆藏《四库全书》本和康熙年刻本。山西省图书馆也藏有康熙年刻本；《齐治录》三卷，北京图书藏《四库全书》本和康熙年刻本；《于氏宗谱》一卷，康熙《予宁堂法贴》。刘子杰，著有《孺慕录》。薛华国有《拙斋琐记》传世。

当代县人著述

1927—2015年，县人辛安亭著有《辛安亭论教育》《文言文读本》《词辞解释》《论语文教学及其他》《延安教材编写经验》《中国历史讲话》《中国现代人物》《中国历史人物》《外国历史人物》《历史歌》《儿童家庭教育》《儿童教育三字经》《儿童谜语》等，审定全国中小学生课本与干部教育课本40余种。县人刘振华著有《山区农业经济简论》。县人任勋禄主编的《吕梁地区志》于1989年由山西人民出版社出版，此志获全国优秀志书评比二等奖。县人赵光中与人合编并由相关出版社出版《伟人与中国历史》《汾酒的故乡》《汾阳经济资源》《杏花仙子》等书籍。县人康文斌著有《傅山别号知多少》《离石发现仰韶、龙山文化遗址》。

1992—2015年离石区（县、市）部分出版著述一览表

表27-1

书　名	编著者	字数（千字）	出版时间	出版单位
中国共产党山西省离石县组织史资料	刘兴章主编，康文斌、张国富、薛茂明、薛凤龙副主编	420	1992年12月	山西人民出版社
离石县教育志	王佩琮主编，高选德副主编	300	1995年5月	山西古籍出版社

续表 27-1

书　名	编著者	字数（千字）	出版时间	出版单位
离石县志	李文凡主编，翟仁武、赵焕哉副主编	1420	1996 年 6 月	山西人民出版社
永宁州志	姚启瑞纂修，李文凡、李晨生点注，马夏民审校	300	1996 年 6 月	山西古籍出版社
中国共产党山西省离石县历史纪事	李一中主编、辛玉梅副主编	340	2007 年 5 月	中共党史出版社
忠魂颂	赵明亮主编	250	2009 年 3 月	山西出版集团 山西人民出版社
抗击	赵明亮	160	2010 年 12 月	中共党史出版社
公仆颂	赵明亮	265	2012 年 2 月	山西出版集团 山西人民出版社
战旗	赵明亮	265	2014 年 5 月	北岳文艺出版社
离石区乡镇（街道）志	孙银爱主编	460	2015 年 12 月	中共党史出版社

第二节　小说　散文

小说

二十世纪五六十年代，芮城县人张恒，在离石工作，热爱文学创作。1956 年，创作的第一篇小小说《雨途中》在《山西日报》发表。先后在《火花》《人民文学》发表代表作《山沟里的红花》《儿童团长》等小说。其中《儿童团长》收入《山西短篇小说选》、作家出版社出版的《新人新作选》和中国青年出版社出版的《青年作者短篇选》。

1998—2010 年，由国家级出版社出版本地作家创作的长篇小说 9 部。王永泰创作的长篇小说《清官于成龙》被改编成 19 集电视连续剧，在中央电视台一套黄金时间播出，被上海京剧院改编成京剧、单田芳改编成评书，搬上舞台；创作的长篇小说《直臣孙嘉淦》由北岳文艺出版社出版。李心丽创作的长篇小说《师范女生》由中国文联出版社出版。李迎兵创作的长篇小说《雨中的奔跑》由大众文艺出版社出版；《温柔地带》（小说集）由作家出版社出版。中篇小说共有 31 篇发表在省级各种刊物上，其中李迎兵创作的小说《我们都是外星人》刊发在《中国文艺》第 2 期；李心丽创作的中篇小说《片上》在《黄河》杂志上发表并获优秀小说奖。

2011—2015 年，李迎兵创作的长篇小说《狼密码》获吕梁市第四届精神文明建设“五个一工程”奖，小说集《美人归》由山西出版传媒集团北岳文艺出版社出版。中短篇小说共有12篇发表在省级各种刊物上，李心丽创作的中短篇小说《流年》在《当代》第4期发表，《悬着的愿望》在《山西文学》第4期发表；《槛儿》在《都市》第4期发表，中短篇小说集《流年》《棉花在棉被里盛开》两部小说集由三晋出版社和北岳文艺出版社出版发行。单菁瑞的小说《炫》在《山西文学》发表。李迎兵创作的中篇小说《我爱北京》发表在《当代作家》2014年第1期头条“名家作品”，《接过爷爷的枪》发表在《青年作家》2014年第4期，《妈妈的手》发表在《南方文学》，《抗战老兵》发表在《青年作家》，《诺奖作家莫迪亚诺是怎样炼成的》发表在《当代作家》。单菁瑞创作的小说《缘来》发表在《都市》，《你是我的眼》发表在《火花》第8期。李亚飞创作的小说《鸡犬不宁》发表在《山西文学》第3期。短篇小说共有24篇发表在省级以上刊物。

散文

1958—1990年，省级以上刊物发表本地作家散文共计13篇。张恒创作的散文《比亲兄弟还亲》《在山区扎根》《三个遭灾年景象不一般》在《山西日报》刊发。阎继烈创作的散文《寿星庙》在《山西日报》刊发。李迎兵创作的散文《爬山》在《人民文学》增刊刊发。

1991—2015年，省级以上刊物发表本地作家散文共计26篇。李迎兵创作的散文《与飞舞的歌声相遇》在《文艺报》刊发。《眺望星空》在《社会科学论坛》第8期刊发。《军港之夜》在《北京晚报》刊发；《你爱北京需要理由吗》在《山西文学》第1期刊发。《我与红高粱》《民间传奇故事》《杂色的喧哗》《童年记忆，作家精神镜像的黑白底片》在《中国赵树理研究》刊发。高琴琴的散文《父爱如山》在《火花》刊发。雒小平的散文《酸菜》《老街》在《火花》刊发，《我的节水经》在《山西日报》刊发。李心丽创作的散文《写作者的根据地》入选《山西文学年度选散文卷》。

第三节　诗　歌

明代，《汾州府志》《永宁州志》收录的五言诗和七言诗有梁天叙写的《题孟门洪涛》、张相写的《三阳云凤山》、王文清写的《穷民叹》等。清代，高首标写的《次行孟门》、于成龙写的《老女吟》《梦餐优昙花作》、孙于准写的《游凤山作》《登先清端公读书楼》等。女诗人刘云琼（自号槛花居士）著有《水云居诗》。

民国至中华人民共和国成立前，离石县贺昌中学校长刘菊初善作诗文，创作的作品辑录于《现代咏晋诗词选》。全国著名教育学家辛安亭（沙会则村人）曾审定出版《毛主席诗词试析》与选注古诗120首。

20世纪50年代，离石县内业余诗歌作者有马世元、赵焕哉等，创作的诗歌作品在《山西日报》《火花》等报刊刊登。1951年，辛安亭创作的诗词《转三字经》《转百家姓》由陕甘宁边区出版社出版。1953年，辛安亭创作的诗词《抗日三字经》由陕甘宁边区出版社出版。1954年，辛安亭创作的诗词《转五言杂字》由人民教育出版社出版。1958年，辛安亭创作的诗歌《注音儿童三字经》由中国文字革命出版社出版。1962年，辛安亭创作的诗歌《儿童三字经》由甘肃人民出版社出版。1963年，辛安亭创作的诗词《中国历史三字经》《中国地理三字经》由人民教育出版社出版。1964年，辛安亭创作的诗词《工作方法四字经》由甘肃人民教育出版社出版。1967年，刘振华创作的诗词《松柏咏》收入北岳文艺出版社《诗词小集》一书；刘振华创作的诗词《自思》收入北岳文艺出版社出版的《诗词小集》一书。1968年，刘振华创作的诗词《山溪》收入北岳文艺出版社《诗词小集》一书。1970年，刘振华创作的诗词《山村夜访》收入北岳文艺出版社《诗词小集》一书。1971年3月，刘振华创作的诗词《遇事观析》收入北岳文艺出版社《诗词小集》一书。1974年8月，刘振华创作的《爱秋》收入北岳文艺出版社出版的《诗词小集》一书；《山行》收入北岳文艺出版社《诗词小集》一书。1976年10月，刘振华创作的诗词《追求》《重上北武当山》收入北岳文艺出版社《诗词小集》一书。1977年11月，刘振华创作的诗词《某君自叹》收入北岳文艺出版社《诗词小集》一书；1978年，刘振华创作的诗词《观陶上大队喷灌有感》《赞回龙改河工程》收入北岳文艺出版社《诗词小集》一书。1979年9月，刘振华创作的诗词《重上太德垣》《管头山即景》《红旗林场颂》收入北岳文艺出版社《诗词小集》一书。1980年3月，刘振华创作的诗词《望黄土高原有感》收入北岳文艺出版社《诗词小集》一书。1984年，辛安亭创作的《古诗文选读》一书由甘肃少儿出版社出版。1987年，辛安亭创作的《古诗文背诵手册》一书由甘肃少儿出版社出版。1989年，辛安亭创作的《自传诗》一书由甘肃少儿出版社出版。

1998年，辛安亭创作的《历史朝代歌》《历史人物歌》由甘肃少儿出版社出版。

2007年，李旦初创作的诗歌《编戏》收入《中华诗词》第6期“吟坛百家”专栏。2009年，康文斌创作的诗歌《盛世中华颂》《工会为农民工讨薪》获山西省职工诗歌大赛三等奖；创作的七律《赞孔子》《赞孔庙》在纪念孔子2560周年诞辰中国诗词书画大赛活动中荣获创作一等奖。2009年后，李心丽创作有诗集《远方来信》，诗歌《心之旅》《乡下女子》，分别获中国第三届、第七届星星新诗新苗诗苑奖和十佳诗人奖。2010年，刘振华创作的诗歌《赞新中国成立六十周年》、康文斌的《工会为农民工讨薪》、吴淑平创作的诗歌《沁园春·赞新中国六十华诞》、李九林的《登天安门》《更漏子·壶口观瀑》、薛艳的《沁园春·妇女解放》、张根照的《北京奥运》、车愈的《成就辉煌》分别收入《山西省庆祝新中国成立60周年职工诗歌大赛获奖作品集》。

2012年，康文斌创作的诗歌《抗美援朝六十年感赋》《遥指上海世博会》《盛世中华颂》，收入《中国经典诗词格言》一书，《辛亥百年杂咏四首》收入《中国国学专家人才库》一书，《端午节》《怀念屈原》收入《“屈原杯”中国国学文化大赛作品集》一书。2014 年，刘振华创作的诗歌《夜过中山》《红叶》《学书法》《学绘画》、李九林创作的诗歌《望江南·秋月夜》《朝中措·盼归》、康文斌创作的诗歌《凤山仙境》《香严胜境》、康琛宝创作的诗歌《咏中阳剪纸》、张根照创作的《周庄》《黄鹤楼》、王书平创作的《梦枣林》、车愈创作的《收枣时节》、田永强创作的《题赠白马仙洞》、吴同一创作的《咏晋祠周柏唐槐》、吴淑平创作的《临江仙·咏傅山》、薛艳创作的《西江月》分别收入《中华诗词文库·山西诗词卷》。

第四节　剧　作

抗日战争期间，离石县创作的剧作有：根据地结合当地形势自编自演的小型剧目《纺织英雄张秋林》、王健和陈玉藩合编的小歌剧《减租减息》。

中华人民共和国成立后，文化部门工作人员和部分业余作者创作了一些小型演唱剧目，有任晋斌参与改编的小戏《三上桃峰》《折墙》，有傅明元创作的剧目《征途》《赔情》《算一算》，获吕梁群众文艺调演一等奖。

1948—1990 年离石（山）县在省级以上出版社　报刊刊登主要作品一览表

表 27-2

作　者	作　品	类　别	出版社名 报纸杂志名	时　间	备　注
阎继烈	青年代表委员李秋生	报告文学	晋绥日报	1948 年	—
	创造幸福的人	特写	山西日报	1954 年	—
	康永祥与康永康	特写	山西日报	1954 年	—
	霍瑞莲	特写	山西日报	1956 年	—
	新货郎	特写	山西日报	1958 年	—
	“寿星庙”	散文	山西日报	1959 年	—
	虎山新貌	散文	山西日报	1959 年	—
	今昔离石城	散文	火花	1959 年	—
	游玄中寺	游记	旅行家	1959 年	—
	一个故事的开始	小说	火花	1960 年	—
	白衣丹心	特写	山西日报	1960 年	—

续表 27-2

作者	作品	类别	出版社名 报纸杂志名	时间	备注
阎继烈	英雄离石城	散文	山西人民出版社	1960 年	—
	小猪探亲	小说	火花	1960 年	收入《山西风光》
	陈永贵	特写	前进	1960 年	—
	车家庄巨变	散文	支部建设	1984 年	—
	小城春秋（中阳）	游记	支部建设	—	—
	费书林的心愿	特写	支部建设	—	—
马世元	王老财买宝镜	民间故事	山西文化周刊	1956 年	长江文艺转载
	离石是个好地方	歌词	火花	1958 年	—
张恒	麦子扬花的时候	小说	火花	1957 年	收入省出版的《小小说选》
	一件羊皮袄	小小说	山西日报	1958 年	—
	“比亲兄弟还亲”	散文	山西日报	1960 年	—
	在山区扎根	散文	山西日报	1961 年	收入作家出版社《新人新作选》，中国青年出版社《青年文学作品选》
	三个遭灾年景象不一般	散文	山西日报	1963 年	—
	月英，我要为你写支歌	报告文学	火花	1963 年	—
王焕奎	路好人人夸	特写	山西日报	1959 年	—
	炊烟起处有人家	散文	山西日报	1960 年	—
赵焕哉	神堂沟里出神人	诗歌	山西日报	1959 年	—
	纺花织布为抗战	特写	人民政协报	1985 年	—
	吕梁风情（两首）	诗歌	火花	1986 年	收入中国文史出版社《华夏壮歌》
	贺绿汀过吕梁	散文	山西政协报	1987 年	—
	读《山西政协报》有感	诗歌	山西政协报	1988 年	—
	邢台杂咏	诗歌	山西政协报	1989 年	收入《全国文史笔记丛书山西卷》
	唐代诗人白居易	散文	山西政协报	1989 年	—
	谢老在甘泉	散文	山西政协报	1990 年	—
赵焕哉	刘志丹与任培厚	散文	山西政协报	1990 年	—
任晋斌	我的结婚	特写	山西青年报	1963 年	—
	疤疤碗	民间故事	山西日报	1965 年	—

1991—2015年离石区（县、市）发表文学作品一览表

表27-3

作者	作品	类别	出版社名 报纸名	发表时间
辛安亭	时间与理想	散文	《中学课本教材作文点拨与示范》香港金陵书社出版公司	1992年
	试谈当代中学生应有的骨气	记叙散文	《全国中考作文导写与示范》贵州教育出版社、主编张长泽	1994年
	青青芳草地	散文	《中学生文萃》陕西教育学院主办、主编丁仁旭	1995年
	照片	中考作文	《1995年全国各地中考作文示范》海南出版社、主编吴占彪	1995年
	日记伴我走完了学生时代	杂谈	《青少年日记》山西日报社主办、主编刘伯生	1998年
	不珍惜时间是最大的浪费	—	《中国教师范文精品》广州出版社、主编周彦文	1999年
李迎兵	硕果仅存	中篇小说	北岳风 第8期	1997年
	雀儿	中篇小说	山西文学 第10期	1997年
	滚雷	中篇小说	文学故事报	1997年
	初恋	中篇小说	青少年与健康 第2期	2000年
	惠子	中篇小说	滇池 第10期	2000年
	悬浮的影子	中篇小说	雨花 第4期	2000年
	校园情报快递	—	中国戏剧出版社	2000年
	眺望星空	散文	社会科学论坛第8期	2001年
	与飞舞的歌声相遇	散文	文艺报	2001年
	军港之夜	散文	北京晚报	2002年
	曼陀罗之舞	小说	求学 第10期	2002年
	你为谁狂	中篇小说	家庭·育儿第8期	2004年
	说好不见面	中篇小说	中国文艺第2期	2004年
	浅谈学院小说创作	散文	新创作第3期	2005年
	你爱北京需要理由吗	小说	山西文学年第1期	2005年
	我们都是外星人	中篇小说	火花 北京版第5期	2006年
	暗香	中篇小说	三晋都市报	2008年
	花神	中篇小说	黄河专号	2009年

续表 27-3

作者	作品	类别	出版社名 报纸名	发表时间
李迎兵	雨中的奔跑	—	大众文艺出版社	2009 年
	狼密码	—	山西人民出版社	2009 年
	辛亥	中篇小说	三晋都市报连载	2010 年
	剩女洪苹果	中篇小说	文艺报	2010 年
	韩思中小说书评	散文	三晋都市	2010 年
	浅谈学院小说创作	散文	新创作第 3 期	2011 年
	石野：在社会边缘的呼喊	散文	中国图书商报	2011 年
	一曲“道情”暖春风	散文	《延河》	2013 年
	呓语	散文	《都市》	2013 年
	我爱北京	中篇小说	当代作家第 1 期	2014 年
	接过爷爷的枪	中篇小说	青年作家第 4 期	2014 年
	飞越电影院	短篇小说	北岳文艺出版社	2015 年
	妈妈的手	散文	南方文学	2015 年
	抗战老兵	—	青年作家	2015 年
	诺奖作家莫迪亚诺是怎样炼成的	—	当代作家	2015 年
	倾听还乡者的足音	—	三晋都市报	2015 年
	探寻生命与爱的灵魂	—	《新文艺》第 1 期	2015 年
	滚雷	—	《新文艺》第 1 期	2015 年
	行走的花朵	—	杭州报业集团《萧山日报》	2015 年
	我与红高粱	—	《中国赵树理研究》	2015 年
	民间传奇故事	—	《中国赵树理研究》	2015 年
	杂色的喧哗	—	《中国赵树理研究》	2015 年
	童年记忆，作家精神镜像的黑白	—	《中国赵树理研究》	2015 年
王永泰	清官于成龙	—	群众出版社	1998 年
	直臣孙嘉淦	长篇小说	北岳文艺出版社	2001 年
	一代廉吏于成龙	电视剧	中央电视台	2002 年
	浴血吕梁	长篇小说	作家出版社	2004 年
	霜红晋阳	长篇小说	三晋出版社	2008 年

续表 27-3

作者	作品	类别	出版社名 报纸名	发表时间
李心丽	并不遥远的往事	长篇小说	《黄河》第 2 期	2001 年
	岁月	长篇小说	《黄河》第 5 期	2002 年
	师范女生	—	中国文联出版社	2003 年
	都市女人	短篇小说	《黄河》第 5 期	2004 年
	你该怎样做女人	短篇小说	《黄河》第 5 期	2004 年
	有爱来过	短篇小说	《火花》第 7 期	2005 年
	与房子无关	中篇小说	《黄河》第 4 期	2006 年
	黑名单	短篇小说	三晋都市报	2007 年
	来喝杯咖啡	中篇小说	三晋都市报	2008 年
	浮云	短篇小说	《黄河》第 1 期	2008 年
	由此及彼	短篇小说	《都市》第 2 期	2009 年
	爱情盒子	中篇小说	黄河第 2 期	2009 年
	片上	中篇小说	三晋都市报	2009 年
	再婚	中篇小说	大家赵树理	2009 年
	回家 回家	短篇小说	黄河	2010 年
	狗沉默	短篇小说	《山西文学》第 2 期	2010 年
	棉花在棉被里盛开	短篇小说	《火花》第 3 期	2010 年
	下一站	短篇小说	黄河山西文学第 1 期	2010 年
	我们就这样等待	短篇小说	黄河	2011 年
	鼠妇	短篇小说	《山西文学》第 7 期	2011 年
	年轮	短篇小说	《都市》第 7 期	2011 年
	幼年的海鸥	中篇小说	《火花》第 7 期	2011 年
	钟小美	短篇小说	《中国作家》第 10 期	2012 年
	流年	—	《当代》第 4 期	2013 年
	悬着的愿望	—	《山西文学》第 4 期	2013 年
	约会贼	—	《五台山》第 8 期	2013 年
	女人聚会	—	《五台山》第 8 期	2013 年
	过客	—	《广州文艺》第 9 期	2013 年
	流年	小说集	三晋出版社	2013 年

续表 27-3

作者	作品	类别	出版社名 报纸名	发表时间
李心丽	花木千年	短篇小说	《黄土地的芬芳》散文卷	2014 年
	棉花在棉被里盛开	小说集	北岳文艺出版社	2014 年
	两次错过	短篇小说	山西文学第 2 期	2014 年
	寂静的世界	短篇小说	中国赵树理研究第 4 期	2014 年
	腊月	短篇小说	山西文学第 2 期	2014 年
	云图	短篇小说	清明第 4 期	2015 年
	易拉罐里的江豚	—	《黄河》第 1 期	—
	疼痛感	短篇小说	天津文学第 2 期	2015 年
	我们的心多么的顽固	短篇小说	山西文学第 2 期	2015 年
	晋	短篇小说	《山西文学年度选散文卷》	—
	写作者的根据地	散文	《山西文学年度选散文卷》	—
雒小平	酸菜	散文	《火花》第 8 期	2010 年
	老街	散文	《火花》第 8 期	2010 年
	我的节水经	散文	《山西日报》8 月	2010 年
高琴琴	父爱如山	散文	《火花》第 5 期	2010 年
	老街	散文	《火花》第 8 期	2010 年
单菁瑞	炫	中篇小说	火花 第 1 期	2011 年
	第一千次回眸	短篇小说	重庆文学第 4 期	2014 年
	天使归处	短篇小说	黄河第 4 期	2014 年
	盛开在黄土地上的绚烂奇葩	散文	2013 山西文学年度作品选	2014 年
	梦回山大	—	山大校友第 1 期	2015 年
	飞翔的音符	—	五台山第 9 期	2015 年
	你是我的眼	—	五台山第 9 期	2015 年
	与写作谈恋爱	—	五台山第 9 期	—

第三章 艺 术

第一节 戏剧 歌剧 话剧 曲艺

戏剧

清末，永宁县内古会和庙会即盛行演唱晋剧。

民国年间，离石城内人邢遇春办有中路梆子娃娃班“翠梨园”，培养出戏剧人才40余名，其中有名丑马海兴、青衣安会。戏班多在离石县和晋中平川一带演出，压轴剧目有《三上吊》《虹霓关》。当代晋剧著名表演艺术家杨师猫黑（艺名、永济县人）曾搭班演出，代表戏有《火烧竹林》《明公断》。民国23年（1934），邢遇春戏班散班。民国26年，离石县内还有东川陈家崖戏班，张遇顺、梁金保、安林贵办的戏班。还有离石城内天丰蛋厂自乐班，可演《打宫门》《走雪山》等折子戏。

歌剧 话剧

民国26年（1937），驻扎在离石县马茂庄的山西省战地总动委员会和延安来的西北战地服务团陈强、丁毅、贾克等著名演唱家在关帝庙（今烈士园戏台）为县城群众表演《放下你的鞭子》《保卫家乡》《血洒卢沟桥》等现代剧。后在马茂庄和柳林等地演出。抗日战争时期，离石县创作并自编自演剧目《纺织英雄张秋林》。

1949年8月，离石县文工团成立。团长王健，政治指导员崔旺选，秘书田玉山。全团共有演职人员50多名。县文工团以演唱现代歌舞剧为主，剧目有《王贵与李香香》《两相好》《兄妹开荒》《赤叶河》《钢铁战士》《王秀鸾》及话剧《不拿枪的敌人》等剧目，同时配合上演《打金枝》《回荆州》等传统晋剧。剧团主要在城镇与乡村演出，后到临县、中阳、陕西宋家川等地演出。1951年4月，县文工团解散。

2015年1月，离石区创作编排《奇怪的茶叶》《保柱当干部》等廉政文化剧目，在全区巡演16场。

曲艺

弹唱 为民间说唱艺术，历经宋、明、清各代，流传至今。民国年间，在县城周围村庄、北川东西属巴一带地方甚为流行。演唱形式多为二人或三人以上。伴奏乐器以管子、呼胡、四胡、三弦为主。击乐有板鼓、鼓、手板、梆子、山锣、小钹等。可在家中、街头、秧歌场演出。主要传统剧目有《审录》《改良》《馋大嫂吃鸡》等。其中《审录》是弹唱的主要节目，内容取材于《玉堂春落难逢夫》的故事，演唱《审录》包含双支曲子，民间艺人归纳为《九弯十八调》，曲律抑扬顿挫，婉转动听，或悲或喜，一派古韵乡音。演唱有名艺人有离石城内贺蒿山、贺彬父子、阎冠钧、邢有厚，西属巴村王润江等。

2010年，任廷伟编著的《离石弹唱唱词选编》出版。郭耀荣编著的《秧歌人生》出版。离石退休职工任守功表示愿意将自己抄录的离石弹唱资料公之于世，离石区文化局立即组织人员进行整理、打印、编辑。2013年2月，由离石人任建中、张满满搜集、整理，由郭银屏、高迎新、任建中、张满满主编的《离石弹唱古曲精选》由中国文联出版社出版发行。2015年4月，创作编排弹唱小戏《元宵观灯》，参加吕梁市非物质文化遗产专场演出，并在农村、社区演出30余场。5月26日，特邀省级专家，并组织离石弹唱优秀人才，重新创作排练新曲目《观灯》，参加在孝义市举办的山西省第十七届“群星奖”山西赛区选拔赛。2015年8月4日，离石秧歌协会举行首期培训班，培训新学员24人、老学员16人，收徒18人。11月3日，离石区在交口镇举行第二届离石秧歌擂台赛。11月9日，离石弹唱代表性传承人培训班开班，开设乐理视唱、平调教唱、阳调教唱、舞台表演艺术4门课程，共有31人报名参加培训。

道情 起源于道教说唱音乐，融合古代道歌、民歌逐渐演变而成。清代，道情被搬上舞台表演。民国年间，县内孟门、五里后一带流行阳调道情，坪头、李家山、东社、枣林、段家塌等村则唱平调道情，内容由原来单一宣传道教教义增为演唱历史和生活故事。后来，演唱场合发展到还愿、祝寿、喜庆、过节、敬神等活动中。剧目有《游花园》《高老庄》《小放牛》《烧窑》《韩湘子出家》等。表演乐器主要有呼胡、四胡、三弦、管子。打击乐器有板鼓、马锣、铙钹、铰子、手锣、梆子等。古调牌有“七字调”“十字调”“太平调”“一枝梅”等20余个。演员多为8人，故称“八人班”。

中华人民共和国成立后，李家山、赵家山、东社等村的道情戏久演不衰，名气较大的艺人有李家山李绳大（小旦）、赵家山薛丑丑（三花脸）等。每逢春节期间，应邀到店坪、大武一带演出。

快板 亦称顺口溜、链子句，境内各地广为流传。表演时用竹板、节子敲打，铿锵有声，节奏明快。分单口、对口快板，有时伴以锣鼓乐器。民间快板一般用方言，说七字句者居多，以押韵为佳。内容以当地人物事件为对象即兴表演，随打随说，传世定型节目很少。中华人民共和国成立后，主要为宣传党的政策和活跃群众文化生活。

莲花落 起源无考。流传境内城镇村庄，一般都与当地方言、小调结合。演唱内容多以民间故事为题材，也有新创作作品。演唱时1人或2人手持竹板击拍，基本句式为七字。民国年间，主要剧目有《修路工》《吃炸弹》（亦称吃洋烟）等。离石县解放至中华人民共和国成立后，民间打莲花落者日渐减少，其形式多被快板取代。

县晋剧团

1950年，离石晋剧团名称为离石振封剧团，驻扎在柳林镇补沟村，直至1956年迁到离石城。

1954年，离石县以柳林人杨生普私人戏班为基础，吸收社会流散艺人40余名，成立离石正风晋剧团，县政府派田玉山为政治指导员，派石成山（花脸）、吕德高（武生）、邓巧英（小旦）、任兴茂为副团长。名演员有刘云霞（青衣）、张金枝（青衣）、田锡金（老生）、申怀高（小生）、王凤英等。主要剧目有传统剧《蛟蛸帕》《满床笏》《杜十娘》《南北合》《蝴蝶杯》等。1957年秋，陈玉藩任团长，全团演职人员增加到80余名。挖掘移植《五岳图》《反徐州》《红楼梦》等传统戏剧10多个，是剧团的鼎盛时期。

1959年，相继排演现代戏《朝阳沟》《焦裕禄》《芦荡火种》《槐树庄》《智取威虎山》等。1957年、1968年，赴内蒙古、甘肃、宁夏等省演出2次。1971年5月，划归柳林县。1972—1976年，离石县革命委员会责成贾子仪筹建离石晋剧团，接收离石铁路宣传队队员10余名，同时开办县艺校，培养各行当及文武场面人员38名。1977年，离石晋剧团重建。1979年，特邀张家口老艺人关德禄作指导，先后排出《杨金花夺印》《十五贯》《三打白骨精》等传统剧目17个，在全县陆续上演。1981年，在陕北三边一带地区巡回演出。1984年，演出业务收入7.25万元。1986年，全团演职人员增加到75名，演出252场，共收入5.3万元。1987年，离石剧团排练的《杨金花夺印》参加吕梁地区首届戏剧大赛，夺冠，并获优秀剧团团长奖（王金元）、获舞美设计（安琪、李再田）、音乐设计、武打设计一等奖，刀马旦一等奖（冯珍），老旦一等奖（刘玲珍），小生二等奖（杨殿清），老旦二等奖（梁玉花）。1989年，吕梁地区举办“吕梁杯”戏剧大奖赛，青年演员刀马旦冯珍，在《杨金花夺印》中扮演杨金花，荣获一等奖，被评为吕梁十佳演员之一。刘玲珍获演员一等奖，王金元获优秀团长奖，杨殿青、梁玉环获演员二等奖。

至20世纪末，随着市场经济的发展，人民文化生活方式的多样化，晋剧演出逐步退出历史舞台，离石晋剧团随之走向衰败，经济效益低下，人员流向市场。2000年，由个人承包，大多数在乡村演出，没有新编剧目，入不敷出，艰难度日，之后，没有演出业务，演员大多转型发展，跟随民间歌舞团演出，晋剧团基本处于名存实亡。

民间艺术团

1953—1958年，全县有厂矿、农村业余剧团35个，演出人员980名，能上演现代小型歌剧、话剧、曲艺节目。信义、马家村、田家会业余剧团以当地民歌配曲上演《小二黑结婚》及自编农村题材小戏。

“文化大革命”期间，涌现出许多毛泽东思想文艺宣传队，较大的有西山兵团毛泽东思想宣传队、红总站毛泽东思想宣传队和离石铁路宣传队；西山兵团毛泽东思想宣传队后改编为离石县毛泽东思想宣传队，演出节目有表演唱、舞蹈、歌舞、快板、相声、独唱、合唱、小剧等，还有大型现代样板戏《白毛女》，年演出场次达近200场，1970年解散。之后有发电厂宣传队、化肥厂宣传队、电线厂宣传队、铁厂宣传队等，这些也因厂矿的衰退而消失。

2005年，组织排演《离石后套秧歌》。2010年10月18日，离石区与山西省煤炭运销公司离石分公司协办成立离石区民间艺术团，属文化企业单位，加挂离石煤销歌舞团，团长徐晋刚。2012 年 12 月，团长李丽生。2011 年 2 月 1 日，首次参加离石区元宵节专场文艺晚会。至 2015 年，共组织参加区委、区政府、区人大、区政协工作会议、重大节日庆典晚会等演出活动 30 余场。

第二节 音乐 舞蹈

戏剧音乐

离石境内演出的剧种主要是晋剧。晋剧音乐分乐队、唱腔、曲牌 3 部。乐队管弦乐器部分称文场，有呼胡、二胡、二弦、三弦、月琴、大小唢呐、小提琴等。打击乐器部分为武场，有板鼓、支板、马锣、铰子、铙拔、小手锣、梆子等。唱腔分为乱弹、夹板、慢板、二性等。曲牌有丝弦曲牌、唢呐曲牌等。

吹打乐

民间节日闹红火及婚丧喜庆，均有吹打乐演奏。乐器有大唢呐 2 支、鼓、小铲、锣、手握子、云锣、长号等。表演由唢呐加锣鼓共同演奏，乐队叫“吹鼓手”，亦称响工。民间吹打乐历史悠久，境内不少村庄有“吹鼓手”，曲目比较丰富，既有活泼明快的民歌小调，又有热烈急骤的武场打击；既有深沉幽静的僧道法曲，又有逼真细腻的戏曲声腔模仿。婚丧吹奏乐曲有别，迎亲走时吹《出鼓子》，新娘上轿吹《拜公柳青娘》，迎新进大门时吹《翻鼓子》，拜天地吹《细袖袖》。出殡时，祭奠化纸吹《哭皇天》《花道子》，灵柩穿街吹《苦伶仃》，孝子返村吹《夹三腔》。境内当代较有名望的吹奏乐师有瓦窑坡村的刘东来、信子墕村的任候生及王拴马、王跟马两兄弟。1988 年 9 月，县文化馆陈雷、吕梁地区艺术馆贾国平、常海顺，离石县二中音乐教师陈铎搜集整理《离石民间吹奏乐》曲目 100 首。

庙堂音乐

清末至民国初年，随着和尚、道士参与民间丧葬等活动，庙堂音乐由寺院走向社会，成为民间音乐的组成部分。庙堂音乐分佛家音乐和道家音乐，俗称僧道乐。佛道两教的音乐法器基本相同，分吹奏法器和打击法器 2 种。吹奏法器以笙管为主，有的辅之弦乐板胡、三弦，但只有少数场合使用。打击法器以钟鼓为主，辅之大钹、小钗、木鱼、铜磬等，吹打法器合起演奏，称为“八音会”。经常演奏的有《五方结界》《铃杵箴言》《千声佛》《普庵咒》《上经台》《柳青娘》《上南坡》等曲牌。道教吹奏的曲牌与佛教基本相同，只在合念时因所诵经文不同，伴奏的音乐也多有差别。演奏时演奏者身着袈裟、道袍，营造气氛。境内安国寺、天宁寺、凤山道院等寺庙均有僧道艺人演奏，演奏乐曲多属佛道两教音乐。1921 年前后，道教音乐中断，佛教音乐因抗战开始僧人还俗，多数曲牌随之失传。离石县安国寺附近村庄，受佛教音乐影响，贺家山村一带仍流传保存。1952 年，以渠学武为首的 10 位艺人组成“八音会”，在太原参加全省民间音乐会演。

民歌

明清时期，离石民歌即盛行。分为山歌、小调、小曲等。歌词淳厚朴实，曲调委婉动听，乡土气息浓郁，风格独具。内容有反映解放前劳动人民艰辛生活的《卖饺子》《刨山药》等；有反映婚姻自由愿望的《煮里圪嘟钱钱下里圪嘟米》（圪嘟：离石方言，意为一点儿）、《摇三摆》《掐蒜台》等。抗日战争时期，民歌有《打游击》《爱英做军鞋》等。土地改革时期，民歌有《毛主席恩情唱不完》《翻身乐》等。中华人民共和国成立后，有《四十条纲要光芒万丈》《劳动小调》等新民歌。二十世纪五六十年代，离石县内有名气的民歌手有聚财塔的刘照耀、胡登平（女）、吉家塔的柳兰子（女）、李爱英（女）、贾玉花（女）。1958 年，县文化馆马世元整理《离石民歌》128 首，其中 80 首入选《山西民歌集》第 5 册，有以《玉堂春》为背景的民歌套曲《审录》，包括曲子 23 支。同年，马世元以吕梁民歌韵律谱曲配词创作新民歌《离石是个好地方》，在离石县城乡广为传唱。80 年代，民歌内容大多反映如“天洒甘露花更红，富民政策富人民，责任制带来好光景，农村变得真繁荣”等。民歌手有马家村的郭大孝。1984 年，郭大孝获全省民歌调演二等奖。同年，县文化馆收集民歌 103 首。

2004—2006 年，离石区民歌爱好者魏继臣创作的歌曲作品《瞭妹子》《东山上点灯西山上明》在《石州文艺》发表。2010 年，首任离石县文化馆馆长马世元在 20 世纪 50 年代整理《离石民歌》简本，经征得本人同意，重新整理后结集出版，命名为《离石民歌》。

舞蹈

20 世纪 80 年代后，离石县城区机关、学校、工矿企业中的许多青年学习、排练具有时代特色的舞蹈。有藏族、蒙古族、傣族风格的《洗衣舞》《安泰》《快乐的啰嗦》及《金梭和银梭》等集体舞 30 余个。1984 年 5 月，县文化馆、团县委组织举办青年集体舞培训班，历时 1 个月，培训学员 300 余人。培训结束后，组织 150 人的代表队参加吕梁地委宣传部、团地委举办的城区集体舞比赛，获奖旗 1 面。县文化馆音乐组陈雷、县百货综合大楼武小林、服装厂鲁林被吕梁地区评为优秀舞蹈辅导员。同年，离石县以舞蹈形式表演的大型广场文化节目《黄河船曲》在全省第三届广场艺术节调演中获金奖。舞蹈《离石渔鼓》在全省老干部艺术节调演中获一等奖。

2012 年，离石区文化界工作人员编排创作《大拜年》《剪窗花》《喜庆锣鼓》《爱频率》《幸福是什么》等舞蹈。

第三节 民俗活动

秧歌

境内流行很广的一种民间传统文艺形式。清末至抗日战争前夕是秧歌活动的鼎盛时期，每年两节（春节、元宵节），较大村庄都闹秧歌，跑红火。城关、交口、大小东川、西山坪头、枣琮、结绳塌、刘家山、成家庄、西王家沟、吉家塔、孟门以及北川大武、圪洞等乡村流行伞头秧歌。伞头在前领队，一手持伞，一手摇响铃，率全队踩场子表演。城关、西属巴、交口、大小东川一带，流行跑旱船秧歌。由旱船、艄公领队表演，秧歌队前面有打击乐和各色人物组成混秧歌，后套锣鼓与秧歌队伍中有戏剧角色打扮者称细秧歌。伞头秧歌与旱船秧歌活动形式大同小异，各村秧歌队规模大小不等，多的二三百人，少的三四十人，通常以舞蹈、队形、唱词、打击乐、传统戏剧人物组成。《西游记》中的孙悟空、唐僧、猪八戒、沙僧，古代士农工商、相公、佳人、丑婆、丑小子等角色都是秧歌队伍中的人物。秧歌队演出阵形可根据场地大小，由伞头和艄公领队跑场子，较普遍的有蒜辫子、天地牌、套八角、卷席筒、蛇盘九颗蛋等形式10余种。演唱方式有伞头单唱、对唱和多种扮演角色的表演唱。混秧歌主要靠后套秧歌手专唱，好唱者可随时插进演唱。唱词根据不同场合和家户人物，多半是即兴编唱，以快速、押韵、风趣者为佳。旧时演唱内容多以敬神拜佛、祈求平安为主。抗日战争和解放战争时期，表演形式和内容都有新的变化，由过去反映封建迷信活动改革为反映工农兵学商生产、劳动、训练等。唱词内容也结合生产支前等内容编写新词句。

中华人民共和国成立初期，离石县秧歌盛行。1953年农历正月，在城关、柳林、成家庄、孟门、坪头、大武、信义7个片举行离石县首届春节秧歌大会演，参演秧歌100余班，表演者8000余人。

20世纪70年代后期，秧歌活动进入第2个鼎盛时期，每年元宵节，县文化局、县文化馆组织各乡镇村秧歌队在县城会演比赛。吕梁行署文化局还组织汾阳市、孝义市、文水县、交城县和临县秧歌队在离石街头、地直机关演唱，丰富离石城区群众的文化生活。

2004—2010年，离是石秧歌发展的有一个鼎盛期，每年春节、元宵节期间，政府号召各大口（系统）、各乡镇（街道）组织各具特色的秧歌队伍，在离石城区循一环路（世纪广场—永宁中路—离石—中建设街—滨河南中路—龙凤南大街）行进表演，最后在世纪广场、博物馆广场进行集中展演，方便各级群众分散观看，避免人群过分拥挤和交通严重堵塞。与传统秧歌相比，其阵容和形式更丰富多彩，一般在100—200人左右不等，由单位门旗打头，小车队开道，单位领导、模范代表、优秀人物统一着装、身披彩带紧随小车队列队行进，随后是20—50人不等的彩旗队，迎风招展顺序跟进开场，接下来是伞头踩场对唱表演、小型舞蹈助演、文武场乐队吹打、混秧歌捧场、旱船秧歌精彩表演，后套秧歌锣鼓大乐压阵献艺，欢快收场。整场表演场面壮观，气势宏伟，观者如潮，伴随最精彩的秧歌队伍喝彩连连。2009年，集中展演评比出的西属巴街道秧歌队、莲花池街道秧歌队等前三名，代表区委、区政府赴市委市政府大院、临县等县市进行拜年表演。2010年10月，离石区莲花池街道南关村人任泽民，编唱秧歌50余载，将其积累的各个时期的秧歌唱段编印成册，书名为《离石秧歌集锦》，该书共收录离石秧歌500余首。2011年6月，薛光运、闫永安、薛国保组织整理薛清魁编写的秧歌场道图谱，命名为《秧歌场道全书》，由离石区政协组织出版。

2012年3月，离石区“大排查、大接访、大化解”活动动员大会召开，离石区文化广电新闻出版局组织宣传小分队，进社区、登舞台、到田间，对“三大”活动进行宣传。离石后套秧歌宣传小分队名列其中，编印《离石后套秧歌“大排查、大接访、大化解”宣传册》。

伞头秧歌

因以手执花伞者领头舞蹈和演唱秧歌，称“伞头秧歌”。主要在临县、离石区、柳林县、方山县、中阳县、石楼县，陕西省榆林市的吴堡、绥德、佳县、榆林、米脂、子洲、青涧等县市以及延安市流传。西山坪头、枣掠、结绳墕、刘家山、成家庄、西王家沟、吉家塔、孟门等乡村流行伞头秧歌。伞头在前领队，一手持伞，一手摇响铃，率全队踩场子表演。最初功能是向神灵祈福和驱鬼逐邪。歌舞的目的是娱神祈丰年。随着时间的推移和社会的发展，秧歌的娱神功能愈来愈淡化，借娱神以娱人的目的愈来愈明显，渐渐演化为一种全民性的歌舞活动。表演内容丰富，形式多样。一队秧歌人数不等，多的一二百人，少的三五十人。一班秧歌包括四方面的成员：仪仗队，包括大红灯笼1对、门旗和彩旗若干面，旗上标明秧歌队名称；乐队，由锣鼓和大唢呐组成；伞头，通常秧歌队的指挥者一队中只有1人，后来增加至4人或6人；“打鼓子”与“拉花子”，这是秧歌队的基本队伍，也是主要的扭手（即舞者），由男女青年扮演人数多少不限，视鼓子多少而定。“打鼓子”的由男角扮演，额前用白毛巾扎一英雄结，身穿汉族民族彩服斜挎腰鼓，双手拿鼓槌。“打鼓子”的分为文武2种，武派鼓子过街时排在秧歌队的最前面，边击腰鼓边前进。文派鼓子不系腰鼓，主要用以“掏场子”。“拉花子”也叫“包头”的，旧时身穿彩衣腰系，百褶裙外披1件花绸披风，头上装饰比古装戏的旦角稍简单些，现在多穿大襟彩衣，腰系红绸，左手提绸，右手要扇，动作与秧歌舞相仿，扇子在身体的上下左右不停地挽绕。

捧槌舞

起源无从查考。民国15年（1926）至民国26年，流传在马家村。郭清成、郭吉宁是棒槌舞的传人。继承者有郭树山、郭银锁、郭有喜、郭照云、翟定卿等。表演道具棒槌长约二尺五寸，用青椿木制成，两头系红缨和铜铃。表演时手握棒槌的中部撞击两端，随着进三退二的舞步打击一定的节奏。紧慢节奏与混秧歌节拍融为一体。表演者服饰是武生打扮，身态动作类似猴拳，敏捷多变，跳跃性较强。每逢正月闹红火时，表演棒槌舞的人员10—20人，行进在混秧歌队的前面，各人双手撞舞棒槌，发出清脆的响声，左右前后穿插为混秧歌队开路。

竹马舞

竹马舞在旱船秧歌中多有出现，丰富旱船秧歌中的舞蹈表演队伍。离石上安村是这项舞的专业村，多时可达近50组。道具是用竹条扎成马上身的形状，用麻纸糊于表面，再外贴有剪成像马毛状的纸条。竹马身子的中间可站 1 人，用彩绳挂于表演者的肩膀，表演者可仿照马的运动形式摆动、冲跑。

秧歌舞

表演形式为三人舞。一人扮姑娘，一人打腰鼓，一人戳小丑。在秧歌队转大场子时，3 人一起在场内表演，先由打腰鼓的小伙虎跳，也叫摔跳，接着跑三角楼、鲤鱼跳龙门、跑腿、下马势、狮子大张口等场子，其间配以节奏的锣鼓乐器，并有规定的唱词，戳丑的小伙边舞道具棒捶边唱混秧歌调。境内贾北里村的刘万珍是秧歌舞的鼓手和歌手，久负盛名。

灯会

境内习俗。每年除夕到翌年元宵节，境内盛行灯火，俗称“正月十五挂红灯”。元宵之夜形成高潮，城镇与沿川较大村庄最为热闹。制作的灯分挂灯和手提灯 2 种。挂灯由彩纸糊制，形状有圆形、方形、菱形、扇形等，图案有十二属相灯、花灯、宫灯、字灯等，挂于各家各户门前。尤以走马转灯最为瞩目，集雕刻、裱糊、剪纸、诗歌、书画等多种艺术于一体。

20 世纪 80 年代后，电控自动化彩灯取代纸糊的挂灯，人们的习俗也由家家户户挂灯变为观灯会。吕梁市（地区）、离石区（市、县）文化局组织城区机关、厂矿企业单位，每年元宵节举办花灯观赏比赛，展灯多达 2000 余盏，有自动化的各种大型彩灯、霓虹灯、微型灯等。

放焰火

放焰火为境内古俗。中华人民共和国成立前，每年春节时，城内农历正月十五，东关农历正月二十，南关农历正月二十五，社首商号设置木制神阁二三处，四周插立蜡烛花灯，入夜点燃塔形煤炭炉，燃放响炮焰火，敬香求子女。

中华人民共和国成立后，仍保留民间原有特色。20 世纪 80 年代中期，吕梁市、离石市（县）文化局在城区开始联合举办元宵迎春焰火活动，引进各色现代礼炮、礼花弹。

1996 年离石县撤县设市庆典活动中，在步行街体育场燃放大型焰火晚会，群众奔走观看，场面壮观。之后，隔三岔五在国庆节、元宵节庆祝活动中燃放焰火，规模不大。民间百姓生活富足之家，在春节或结婚等盛大节日有时自行购买燃放焰火，增添喜庆氛围；各乡镇村落在每年的庙会期间将放焰火作为必有的环节，祈求敬神辟邪，图个吉利，增添庙会热闹气息。

2004 年国庆节系列活动，离石区政府、宣传部、文化局举办大型焰火晚会，引进湖南浏阳鞭炮厂产品，组织大批的现代化新型焰火，打字幕、出造型，五彩缤纷，群众大饱眼福。此后每年在元宵节或国庆节期间，组织大型焰火晚会，成为群众文化生活的一道大餐，深受老百姓喜欢。至 2013 年，停止燃放大型焰火晚会。

第四节　美术　书法　摄影

美术

20世纪50年代，离石县美术界比较出名的有车家湾的安一飞，擅长国画，初攻花卉、虫鸟、山水，也创作一些漫画作品。山水国画名作有《载飞载鸣》《山丹花》《百鸽图》《我爱加加林往来宇宙中》等。所作的漫画《棺材里的叫嚣》等作品选登在陕西省、山西省省级报刊上。60年代，美术工作者有杨茂春、杜云雾、原清祥、白航、靳永康、闫志生等。离石县文化馆美术工作者王乐恕的美术作品《轻骑队》参加全国美展，作品并被中国美术馆收藏。80年代，涌现出安琪、康文斌、高继平等本地画家，安琪的书票画《狮子滚躲》参加日本浦和国际书票画展并被收藏；高继平创作的版画《黄河勘探》参加全国第八届版画展；康文斌创作的套色木刻《穿枣排》参加纪念鲁迅100周年诞辰山西省版画展；阎星明创作的版画《黄河渡》《理论辅导员》《新书》《千古》以及套色版画《晨曲》等作品在山西省和吕梁地区美术展览中分别展出，受到好评；李在田与韩光春、安琪合作的宣传画《红衣少女》参加省第二届电影宣传画展，获一等奖。李在田的插图《锻炼锻炼》参加山西省赵树理小说插图展览。1983年，王月生、阎星明合作的版画《出砖》参加全国第八届版画展；阎星明的版画《理论辅导员》参加中华人民共和国成立30周年山西省美术展览；康文斌创作的年画《山区新课堂》参加山西省中华人民共和国成立30周年美术作品展览；靳永康的宣传画《庐山恋》《杜十娘》参加山西省文联、美术协会、电影公司举办的全省第一届电影宣传画展；靳永康、韩兆春合作的宣传画《骆驼祥子》参加山西省文联、美术协会、电影公司举办的全省第一届电影宣传画展。

2000—2015年，安琪创作的油画《根》参加全国第十三届《群星奖》山西选拔赛获银奖，水彩画《橙色烽火台》参加第十四届山西省美术作品展；油画作品《焕发》《枣林圆舞曲一》《枣林圆舞曲二》3幅作品参加在北京中国美术馆展出的《吕梁枣魂·美术作品展》。崔世明的美术作品多次参加省、市、区的各项展览。康文斌创作的国画《浴羊图》入选中央电视台第七套农业节目举办的“描绘新农村”——全国美术作品巡展，在南京、上海、北京、广州、延安等8市巡展；国画《偕侣图》入选山西省“喜迎党的十七大大型书画展”获三等奖；国画《全家福》入编《中华姓氏文化名人博览》一书；国画《虎山老宅》入编《夕阳与圣火同辉》并被评为全国二等奖；国画《春到枣峁上》入选晋陕蒙三省六市老年书画展；国画《柏香溢卦山》在纪念屈原逝世2285周年全国书画大赛中荣获金奖；国画《恒山揽胜》在首届“五岳杯”中华国学文化大赛中，荣获全国银奖；国画《枣芭》和版画《穿枣排》在中国美术馆展出；张华的国画作品《雄鹰》在《书法报老年书画》杂志发表。2015年，由离石画院承办的“我的家乡我的年”首届迎新春油画作品展出油画作品 60 件。离石画院具体承办的关于开展以纪念抗日战争胜利暨反法西斯战争胜利 70 周年为主题的美术创作活动，共创作美术作品 40 余幅。

1974—2015 年离石区（县、市）美术作品参展或获奖情况一览表

表 27-4

作者	类别	作品	展览名称	参展情况	主办（授奖单位）	时间
王月生 阎星明	版画	《出砖》	建国 25 周年山西省美术展览	展出	—	1974 年
	版画	《出砖》	全国第八届版画展	展出	—	1983 年
阎星明	版画	《理论辅导员》	建国 30 周年山西省美术展览	展出	—	1979 年
	版画	《黄河渡》 《理论辅导员》 《新书》《千古》 《晨曲》	美术展览	展出	山西省、吕梁地区美术协会	1983 年
靳永康	宣传画	《庐山恋》 《杜十娘》	山西省第一届电影宣传画展	展出	山西美协、山西电影公司	1979 年
靳永康 韩兆春	宣传画	《骆驼祥子》	山西省第一届电影宣传画展	展出	山西美协、山西电影公司	1979 年
康文斌	年画	《山区新课堂》	建国 30 周年山西省美术展览	展出	山西省美术协会	1979 年
	版画	《重读》	山西省第二届青年美展	展出	山西省美术协会	1980 年
	木刻	《穿枣排》	纪念鲁迅 100 周年诞辰山西省版画展	展出	山西省美术协会	1981 年
		《春忙》	吕梁之春美展	展出	山西省美术协会	1982 年
	木刻	《花椒园》	山西省吕梁版画作品展	展出	山西省美术协会	1983 年
	版画	《甜蜜的事业》	山西省版画展	展出	山西省美术协会	1983 年
	版画	《缅怀》	山西省“黄土地的昨天和今天”美展	展出	山西省美术协会	1992 年
	版画	《织秀图》	山西省业余美展	银奖	山西省美术协会	2001 年
	版画	《织秀图》	“中华魂”书画作品邀请展	展出	文化部、中国政策科学研究会	2001 年

续表 27-4

作者	类别	作品	展览名称	参展情况	主办（授奖单位）	时间
康文斌	国画	《浴羊图》	“描绘新农村”全国美术作品展	入选	中国美协、中央电视台第七套农业节目	2007 年
	国画	《恒山览胜》	首届“五岳杯”中华国学文化大赛	银奖	中国国学研究会	2009 年
	国画	《柏香溢卦山》	纪念屈原逝世 2285 周年全国书画大赛	金奖	中国国学研究会	2009 年
	国画	《石楼下田庄》	《新美域》2012 第 3 期	展出	山西省画院	2013 年
	国画	《黄栌通关图》	“走笔吕梁”山水画学术邀请展	展出	山西省美协、吕梁市文联	2013 年
	国画	《粉皮作坊》	山西省“中国梦 . 劳动美”职工美术大赛	三等奖	山西省美协、省总工会	2014 年
高继平	版画	《黄河勘探》	全国第八届版画展	展出	—	1983 年
安　琪	版画	《灵泉洞》	赵树理小说插图展	展出	—	1987 年
	宣传画	《W 的悲剧》	第二届电影宣传画展	—	山西省第二届电影宣传画展三等奖	1987 年
	版画	《狮子滚绣球》	88 蒲和国际木版书票画展	展出	日本	1988 年
	油画	《根》	全国第十三届《群星奖》山西选拔赛	银奖	—	2004 年 6 月
	水彩画	《橙色烽火台》	第十四届山西省美术作品展	展出	山西省美术馆	2004 年 7 月
	油画	《春到吕梁》《焕发》《枣韵》	吕梁红枣颂美术作品展	一等奖	中国美术馆	2008 年 2009 年
安　琪 李在田 韩兆春	宣传画	《红衣少女》	第二届电影宣传画展	—	山西省第二届电影宣传画展一等奖	1987 年
李在田	插图	《锻炼锻炼》	赵树理小说插图展	展出	—	1987 年
薛改爱	国画	《山居图》	2008 夕阳与圣火同辉全国艺术大赛	特等奖	全国大赛组委会	2008 年

续表 27-4

作者	类别	作品	展览名称	参展情况	主办（授奖单位）	时间
薛改爱	国画	《万树寒无色》	“兰亭杯”中国当代老年书画大赛	金奖	组委会	2009 年
	国画	《醉春风》	“兰亭杯”中国当代老年书画大赛	金奖	组委会	2009 年
	国画		北京“中华夕阳红文艺杯”全国大赛	金奖	组委会	2013 年

书法

清道光二十五年（1845），永宁州知州王继贤撰写安国寺《山寺石室文》《听月泉记》，留存至今，成为后世临学楷书碑版。清代，永宁州人白通昌，尤长楷书、行书，在田家会、马家村戏台书有“活鑑书”等。

民国年间，离石县书法名家有崔阿镜、刘敬镌。

中华人民共和国成立后，离石的书法创作者主要有赵宏章、车载麟、刘振华、李丕祥等。20 世纪 80 年代，书法创作者有李殿清、郭宝银、郭炳生、李文凡、薛恩清等。21 世纪初，李殿清、刘振华、乔拯民、薛海平、贺前进、李海平、侯晋军、郝慎之、高七强人在书法领域深入研究创作，参加各种赛事，深受各地群众喜欢，为离石的书法界带来一股热潮。李殿清曾参与编释北京大学出版社出版的《卫俊秀学术论文集》一书，2006 年 12 月《李殿清书法》一书由国际文化出版公司出版。同年，康文斌篆书《重上井冈山》在第二届“炎黄杯”全国中老年书画大赛中获铜奖。1985—2015 年，离石区（市、县）书法创作者共创作书法作品 450 余件，参加各种书法展览 40 余次，其中入展作品 100 余件、获奖作品 24 件。

1985—2015 年离石区（县、市）书法作品参展或获奖情况一览表

表 27-5

作 者	类 别	作 品	展览名称	参展情况	举办或授奖单位	时 间
赵宏章	书法	《烈士楼》	石碑	—	—	—
车载麟	书法	《烈士楼》	石碑	—	—	—
刘振华	左手行书草书	—	—	《黑河市书画展》 《颍州碑林书画展》 《山西国土书画展》 《山西人民代表书画展》 《晋鲁老干部书画联展》 《山西老干部纪念毛泽东主席〈在延安文艺座谈会上的讲话〉发表 50 周年书画展》	—	—
李丕祥	—	北武当山	石碑	—	—	—
	—	天贞观	石碑	—	—	—
	—	安国寺	石碑	—	—	—
	—	刘禹锡《陋室铭》 纪念井冈山会师 纪念屈原 纪念续范亭 100 周年 蒲松龄落第杯 毛泽东《沁园春·雪》 岳阳楼记、夔州歌云	入选《海南椰子杯》书法展览 入选山西人民出版社出版的《翰墨秋红》 入选《三峡风采书赛获奖作品选集》	—	—	—

续表 27-5

作者	类别	作品	展览名称	参展情况	举办或授奖单位	时间
李殿清	行书、草书	—	—	《绿色明珠》《武汉国际书展》流入日本、韩国、新加坡	—	—
吴德昌	楷书	范仲淹《岳阳楼记》名句	全国硬笔书法展	二等奖	—	1985 年
张乃保	书法	—	山西省大中专师生书法展	二等奖	—	1987 年
李文凡	行草	毛泽东《西江月—井冈山》诗句	《三峡风采书赛获奖作品选集》	入选	—	1987 年
	硬笔书法	—	第八届中国钢笔书法大赛	优秀奖	—	2001 年 10 月
李海平	硬笔书法	—	全国文明杯钢笔、圆珠笔书法大赛	展出	—	1987 年
	硬笔书法	—	全国煤海之光书法大赛	一等奖	—	2006 年 11 月
	硬笔书法	—	陕西师大卫俊秀先生百周年诞辰书展	发表于《三秦书画》报	陕西师范大学	2010 年
高七强	书法作品	《回归》	山西省庆祝香港回归书法展	展出	山西省委宣传部 山西省文联	1997 年
	书法作品	《抱枕斋墨痕》	全国人力资源和社会保障系统“兰亭杯”书法大赛	一等奖	全国人力资源和社会保障系统	2010 年 12 月

续表 27-5

作 者	类 别	作 品	展览名称	参展情况	举办或授奖单位	时 间
高七强	书法作品	《宗教爱国》	山西省廉政教育书法展 山西省宗教爱国书法展	展出	山西省宗教局	2011 年
韩培桂	书法作品	—	全国书法大赛	入选金奖 4 次、银奖 1 次、优秀奖 3 次	—	2002 年
侯晋军	硬笔书法	《唐诗选抄》	首届中国汉字书写比赛	中青组佳作奖	文化部文化艺术中心	2002 年 9 月
	毛笔书法	《诸葛亮前出师表》	山西省第六届书法篆刻展	入展	山西省书法家协会	2004 年
	毛笔书法	《岳阳楼记》	“金海湾杯”山西省 第七届书法篆刻展	入展	山西省书法家协会	2006 年
	毛笔书法	《古诗三首》	第三届全国规范汉字书写赛	成人组二等奖	语文报社	2006 年 10 月
	硬笔书法	《唐诗选抄》	第十届中国钢笔书法大赛	成人组三等奖	中国钢笔书法协会	2006 年 11 月
	毛笔书法	《诸葛亮前出师表》	山西省第八届书法篆刻展	入展	山西省文联 山西省书法家协会	2009 年 9 月
	毛笔书法	《咏怀五首》	第七届国际文化交流赛 “克勒杯”中国书法竞赛	中青年组铜奖	中国对外文化交流中心	2009 年 10 月
	毛笔书法	《咏怀古迹三首》	山西省第二届书法精品展	入展	山西省书法家协会	2009 年 12 月
	毛笔书法	《芮城赋》	第五届中国芮城国际书画艺术节	书法百佳奖（最高奖）	中国书协	2012 年

续表 27-5

作 者	类 别	作 品	展览名称	参展情况	举办或授奖单位	时 间
侯晋军	毛笔书法	《魏楷文心雕龙》	“墨舞中原”第二届河南电视书法大赛	三等奖	河南省书协	2012 年
	毛笔书法	《宋词选抄》	山西省首届青年书法精品展	最高奖	共青团山西省委 山西省青年联合会	2012 年
	毛笔书法	《节临王宠游包山诗》	“凯嘉杯”第十届山西省书法临摹大赛	一等奖	山西省文化厅 山西省书法家协会	2012 年 8 月
	毛笔书法	《小楷文心雕龙》	山西省第九届书法篆刻展	最高奖	山西省书协	2013 年
	毛笔书法	《小楷文心雕龙》	山西省第三届书法精品展	入展	山西省书协	2013 年
	毛笔书法	《小楷条幅文心雕龙选》	2013 年全国铁人杯书法大赛	入展	中国书协	2013 年
	毛笔书法	《毛泽东诗选抄》	毛泽东诞辰 120 周年全国书法大赛	入展	中国书协	2013 年
	毛笔书法	《金刚波若波罗蜜经》	首届五台山写经大赛	二等奖	五台山管理局	2013 年
	毛笔书法	《团扇条幅文心雕龙选抄》	首届“北极阁奖”全国书法大赛	三等奖	江西省书协	2013 年
	毛笔书法	《节临游包山诗》	“云海杯”第十一届山西省书法临摹大赛	一等奖	山西省文化厅 山西省书法家协会	2013 年 8 月
	毛笔书法	《荔浦古诗文选抄》	神奇荔浦全国书法名家作品邀请展	特等奖	荔浦文联	2014 年

续表 27-5

作者	类别	作品	展览名称	参展情况	举办或授奖单位	时间
陈明亮	书法作品	—	“炎黄杯”全国中老年书画大赛	获铜奖	—	2004年
	书法作品	—	中华人民共和国成立五十五周年中国书画家作品展	获金奖	载入《中国书画家作品集》	2004年10月
贺前进	毛笔书法	《王维送元二使安西》	山西省第六届书法篆刻展	入展	山西省书法家协会	2004年
	毛笔书法	《节临元桢墓志》	“凯嘉杯”第十届山西省书法临摹大赛	优秀奖	山西省文化厅 山西省书法家协会	2012年8月
	毛笔书法	自撰联一幅	山西省首届青年书法精品展	入展	共青团山西省委 山西省青年联合会	2012年
	毛笔书法	《菜根潭句》	山西省第三届书法精品展		山西省书协	2013年
	毛笔书法	《唐李商隐诗》	山西省第九届书法篆刻展	入展	山西省书协	2013年
	毛笔书法	《节临圣教序》	“云海杯”第十一届山西省书法临摹大赛	三等奖	山西省文化厅 山西省书法家协会	2013年8月
韩惠香	书法作品	《喜迎奥运》	庆祝改革开放三十周年暨祝福北京奥运会中国当代书法艺术展	优秀奖	—	2008年7月
	书法作品	《枣乡人家》《摘枣》	《老年教育工作通讯》第六期	发表	—	2008年7月
李道桂	书法作品	《春明不觉晓》	老年书画展	展出	吕梁市老干局	2008年7月

续表 27-5

作者	类别	作品	展览名称	参展情况	举办或授奖单位	时间
薛海平	毛笔书法	《唐诗摘抄》	山西省第八届书法篆刻展	入展	山西省文联 山西省书法家协会	2009 年 9 月
	毛笔书法	《古诗选抄》	山西省首届书法精品展	入展	山西省书法家协会	2010 年
	毛笔书法	《宋词选抄》	全国人力资源和社会保障系统“兰亭杯”书法大赛	一等奖	全国人力资源和社会保障系统	2010 年 12 月
	毛笔书法	《唐诗五首》	“凯嘉杯”第十届山西省书法临摹大赛	优秀奖	山西省文化厅 山西省书法家协会	2012 年 8 月
	毛笔书法	《文征明草堂十志》	“云海杯”第十一届山西省书法临摹大赛	优秀奖	山西省文化厅 山西省书法家协会	2013 年 8 月
	毛笔书法	《中华书法赋》	山西省第九届书法篆刻展	入展	山西省书协	2013 年
郝慎之	毛笔书法	《自作诗隶书条屏》	“关爱生命、墨舞交通”全国书法大赛	一等奖	山西省公安厅	2013 年
	毛笔书法	《吕梁名胜诗抄》	山西省第九届书法篆刻展	入展	山西省书协	2013 年
	毛笔书法	《临王羲之长风贴》	“云海杯”第十一届山西省书法临摹大赛	优秀奖	山西省文化厅 山西省书法家协会	2013 年 8 月
	毛笔书法	《毛泽东词咏梅》	“人民卫士”全国书法作品展	入展	中华人民共和国公安部	2014 年

续表 27-5

作 者	类 别	作 品	展览名称	参展情况	举办或授奖单位	时 间
张建云	毛笔书法	《篆刻香远益清》	山西省第九届书法篆刻展	入展	山西省书协	2013 年
	毛笔书法	《篆刻》	“云海杯”第十一届山西省书法临摹大赛	入选	山西省文化厅 山西省书法家协会	2013 年
薛新明	毛笔书法	《节临九成宫》	“云海杯”第十一届山西省书法临摹大赛	优秀奖	山西省文化厅 山西省书法家协会	2013 年
	毛笔书法	《登泰山记》	山西省第三届群众书法篆刻作品展	入展	山西省书法家协会	2014 年
	毛笔书法	《节临九成宫》	“晋通达杯”第十二届山西省书法临摹大赛	入选	山西省文化厅 书法家协会	2014 年
	毛笔书法	《唐李白将进酒》	第七届全国规范汉字书写大赛	三等奖	中国书法家协会	2014 年
	毛笔书法	《节录古经一篇》	山西省第四届群众书法篆刻作品展	入展	山西省书法家协会	2015 年

摄影

人像摄影　民国15年（1926），河北人李景臣与其子李铭正、李铭盘在离石县城内开设荣德堂照相馆。民国25年，停业。日本侵略军侵占离石县时期，朝鲜人金作正在县城开办有写真相馆和朝日相馆、富士相馆。民国34年，3个相馆倒闭。此后曾在荣德堂相馆、写真相馆当学徒的刘建奎、薛玉湖、向玉先，在县内流动照相。临县人曹子实，在城内开设私人照相。

1956年，离山县将城内从事照相、修表业者组成照相修表门市部，1958年转为国营照相馆，主要拍摄人像照片。

20世纪50年代后期，机关、学校、个人购置小型相机日渐增多。60年代，县小报、县委通讯组拍摄的新闻照片，有一部分被全国和省级报刊采用。70年代，文化馆阎志生拍摄的《吕梁山大寨田》等作品入选华北五省影展。阎其俊拍摄的《篮球赛》选入吕梁地区首届摄影展。80年代，阎志生拍摄的《快乐的小伙们》参加山西省群众摄影展览，获三等奖。《吕梁地区林业主要病虫害图谱》获省科技作品二等奖。《山西沙棘》5幅作品赴日展出。1986年，安琪拍摄的《看红火》（彩照）参加山西省春节红火摄影展，阎其俊拍摄的《老画家》人选山西人像摄影展。1988年，阎志生被编入《中国摄影家大辞典》。安琪拍摄的《传艺》《离石专辑》等作品在省《文艺界报》和《山西经济报》发表。1990年，全县有国营人民照相馆1个，从业人员15名。集体照相馆有吕梁照相馆和宏光照相馆，从业人员14人。个体照相馆有6个，从业人员17名。

艺术 新闻摄影　20世纪90年代后期，离石县涌现出大批艺术新闻摄影工作者，其中以安琪、任建忠、刘和平、王皂生等为代表创作的作品多次参加国家级展览，出版摄影图集等。其中任建忠的新闻摄影、风光摄影创作，先后在中央、省、市各级媒体发表新闻图片500余幅，参加各类展览50多次，作品有3次在平遥国际摄影节展出并获奖。编辑出版有离石区改革开放20周年大型画册《辉煌巨变》。李吉明先后在《中国技术市场绿色发展周刊》《火花》《山西日报》《山西晚报》《凤台文学》《吕梁日报》《今日离石》等媒体上发表摄影作品多篇，曾多次参加各种摄影比赛，并均获奖。进入21世纪，摄影成为一种户外运动，受到众多美术、摄影等户外活动者青睐，离石区摄影协会每年组织摄影作品展、摄影采风活动，刘亚峰、刘和平、吴继才等参加平遥国际摄影大赛和国家、省、市各级举办的名目繁多的摄影活动，作品获奖甚多，吴继才开办微信、微博展示摄影作品，宣传离石美丽山河。

1997—2015年，离石区（市）艺术新闻摄影工作者累计创作图片作品3200余件，参加各种展览18次，其中获奖作品80余件。

1997—2015 年离石区（市）部分摄影作品参展　出版或获奖情况一览表

表 27-6

作者	类别	作品	展览名称	参展情况	举办或授奖单位	时间
安琪	MTV	《土歌》	—	播出	中央电视台一套、四套、八套	1997 年
	摄影	《思》	山西省首届职工摄影大赛	一等奖	—	2004 年
	摄影	《思》	全国十三届《群星奖》山西选拔赛	优秀奖	—	2004 年
	摄影	《安琪美术摄影集》		出版	—	2005 年
	摄影	《集》	山西省首届老干部书画摄影展	金奖	—	2006 年
刘和平	摄影	《吕梁山风光》	全省“魅力山西”摄影大赛	一等奖	—	2003 年
	摄影	《三晋名山北武当》	三晋数码摄影大赛	一等奖	—	2004 年
	摄影	《人杰地灵说方山》《今日方山》《锦绣方山》	—	出版	—	2011 年
刘亚峰	摄影	《一年之计》	中国·石楼“天下黄河第一湾”摄影大赛	优秀奖	山西省摄影家协会	2005 年
	摄影	《厮守》	千人摄影看山西	入选奖	山西省摄影家协会	2010 年
	摄影	《窃火者》	山西省第十八届摄影艺术展	优秀奖	山西省摄影家协会	2011 年
	摄影	《咱们工人有力量》	山西省第三届职工文化节	铜奖	山西省总工会	2011 年
	摄影	《悟》《虔诚》	第十届五台山国际摄影大赛	入选奖	山西省摄影家协会	2013 年

续表 27-6

作者	类别	作品	展览名称	参展情况	举办或授奖单位	时间
刘亚峰	摄影	《大碛口》	山西省摄影家协会“中国梦·三晋魂”2014 团体会员作品联展	展出	山西省摄影家协会	2014 年
	摄影	《图腾》	“晋善晋美”2015《中国摄影报》走进吕梁山西读者联谊赛	二等奖	山西省摄影家协会、中国摄影报社	2015 年
	摄影	《慈航》《夕照》《善缘》	“晋善晋美”2015《中国摄影报》走进吕梁山西读者联谊赛	优秀奖	山西省摄影家协会、中国摄影报社	2015 年
高小明	摄影	《张家塔古民居》	迎“七一·七彩生活”摄影大赛	优秀奖	—	2011 年
王卫华	摄影	《千年古韵》	迎“七一·七彩生活”摄影大赛	优秀奖	—	2011 年
吴继才	摄影	《梦幻秋色》	全国摄影大赛风光类	佳作奖	华山风景区管委会 深圳企业家摄影协会	2012 年
	摄影	《秋日·肌理》	全国摄影大展	佳作奖	《中国摄影》杂志社	2012 年
	摄影	组照《耸立》	中国摄影报社走进吕梁山读者联谊会摄影大赛	二等奖	中国摄影报社 山西省摄影家协会	2015 年
	摄影	《晨曲》	“大美甘肃”摄影大赛	三等奖	兰州晨报	2015 年
薛贵平	摄影	西华镇	山西省风景摄影大赛	铜奖	山西省摄影家协会	2014 年
刘　杰	摄影	吕梁骨脊	山西省风景摄影大赛	优秀奖	山西省摄影家协会	2014 年

第五节　民间　技艺

雕刻

离石境内雕刻主要有木、石两大类，大多散布在寺庙殿堂和官绅府第及宅居的户栏、门窗、家具之上。其中木雕多见于城内、马茂庄、袁家庄、西属巴等村，其他村庄个别农家也有遗存。石雕有墓碑、庙碑、造像等。境内保留石雕牌楼2座、石狮18件、石豹2件、石人5件、石马6件、石羊4件、石凤1件、封侯柱和华表4件、石门1对。建于唐代的安国寺石牌楼有2座，集柱、联、狮、鼓、墩等石雕艺术于一体，现存下来的龙头石碑有50余通。元延祐年间（1314—1320），修有《重修兴国寺碑记》石碑。清宣统元年（1909），修有《重修安国寺佛殿记》石碑，石碑龙头图案奇特，碑侧刻有八仙图像。砖雕较普遍，多见于门楼和照壁，大部毁坏。

20世纪80年代后，城市雕塑装饰开始出现。城区街心花园建有鲤鱼喷水群雕。城乡居民新房落成后镌刻门庭匾额之风兴起，镌刻内容有“身居福地”“紫气东来”“饮水思源”等。

面塑

境内民间习俗腊月二十三祭灶君毕，随即蒸制枣山馍。做法是用若干个中间嵌颗红枣的双边小圆盘形面，拼成底宽顶尖的三角形塔式面排，蒸熟后在除夕夜敬神。面塑可分数种：给老者祝寿制作寿桃、石榴、佛手等。办喜事，制作大盘花馍，捏男女属相面塑，象征吉祥如意，百年好合，留存新郎、新娘食用。做丧事，制长卷、花边图案脆馍祭品面塑。农历正月二十小添仓节、二十五大添仓节，均用软米面捏塑仓官老、元宝、鱼鱼、狗狗等糕灯。清明节，捏塑子区馍、鱼、蛇馍供祭奠用，还制小巧玲珑的猪、羊、鱼、蛇、燕等面塑动物与红枣相间，用线穿成一串，名为“活燕串儿”，或将面塑小动物扎在酸枣圪针枝上，名为“圪针飞燕燕”，供儿童玩耍，或赠送亲友观赏。

剪纸

离石剪纸在清代主要内容有花鸟虫鱼、山水树木、亭台楼阁、戏曲典故、民俗生活等，如《金鱼》《金玉满堂》《蝴蝶》《五子登科》等在一些民间器皿、轿子上皆可以看到。

二十世纪五六十年代，离石境内民间剪纸艺人有高照清和康文斌。其中高照清创作的作品《丰收》《中苏友好》《磨豆腐》《世界和平》等作品，先后在《山西文艺》《山西日报》上发表。康文斌创作的《战士紧握手中枪》等3幅军事题材作品入选兰州军区空军首届美展，并在《青海日报》发表。

1986年后，离石县境内涌现出的剪纸艺人有段月英、杨月伶、李灵巧、乔桂英、韩桂兰等，累计创作剪纸作品200余件，获奖作品4件（次）。其中段月英曾获全国一等奖2次、全省一等奖1次，作品有《蛇盘兔》等。1986年9—10月，县文化馆、县妇联联合举办离石县首届民间艺术展览，展出剪纸191件。

2000年后，离石区（市）涌现出一大批年轻民间剪纸艺人，有高玉英、任巧玲、薛改爱、李冬梅、贺翠萍、于乃莲。其中高玉英的剪纸作品多次参加全国及市、区的书画大赛、展览，在第八届中国艺术节、第二届国际武汉剪纸大赛中获优秀奖，在北京奥运会、北京“红军杯”大赛中获二等奖。任巧珍的剪纸作品《动物世界》《双狗报喜》《婆媳做鞋垫》《勤劳致富》等获得第二届国际剪纸艺术博览会优秀奖、中阳国际剪纸艺术书法佳作奖。

2007年8月，李冬梅《农家乐》在第三届国际（广灵）剪纸艺术展中荣获铜奖，高玉英的《收枣》在第三届国际（广灵）剪纸艺术展中荣获优秀奖。同年10月，李冬梅《家园》、薛改爱《新农村》、于乃连《狮子》、高玉英《穿枣排》参加第八届中国艺术节第二次国际(武汉)剪纸艺术博览会并获优秀奖。2008年，康文斌的《村办敬老院》在纪念改革开放30周年“中阳·全国剪纸艺术展”获优秀奖，先后在中阳、北京展出。同年，首届中阳·国际剪纸艺术节上，离石康文斌、薛改爱、于乃连、高玉英、任巧珍、王金元的10余件作品全部获佳作奖。2010年，贺翠萍的《中华魂》荣获吕梁首届年俗文化节一等奖。2010年9月，由中国人民对外友好协会等主办的“中日剪纸交流展”中，康文斌的《抢蛤蟆》《陶榴佛手》、于乃连的《双虎图》《小牛闹瓜》，薛改爱的《老鼠娶亲》《富贵图》、贺翠萍的《福》《寿》、任巧珍的《孝颂》《六虎相聚》、李冬梅的《福到眼前》《百年好合》、高玉英的《枣乡》《打枣》、马英的《虎年如意》《丰收》共8人的20余件剪纸作品均获优秀奖。先后在吕梁、日本展出。此外，薛改爱的剪纸作品曾多次参加国家、市、区各级展览，剪纸作品《新农村》《四喜图》获第二届国际剪纸博览会优秀奖，《和谐之音》《文明生态村》《天伦之乐》获首届中阳国际剪纸艺术节佳作奖，李冬梅的剪纸作品入选山西省首届老干部艺术展，获2007年第八届中国艺术节和第三届国际武汉剪纸艺术博览会大赛铜奖，2007年8月剪纸作品获第三届国际剪纸艺术展铜奖等。贺翠萍的剪纸作品曾多次参加市区剪纸作品展，获得一、二等奖及优秀奖。此外于乃莲的剪纸作品在省区市多次展出中获银奖、优秀奖等，多幅作品入选书画集。

2014年，区文联组织剪纸和手工艺作品26件参加吕梁市人民团体老年大学、市老干局主办的“2014校园文化活动书画剪纸摄影展”。10月，组织剪纸、版画作品8件参加由吕梁市经信委主办的“吕梁市第二届工艺美术大师精品展”。11月，组织剪纸、布艺、手工艺作品9件参加吕梁市妇联主办的“吕梁市妇女手工艺大赛精品展”。同年，组织剪纸、布艺、版画作品36件参加吕梁市第二届工艺美术大师评审申报工作。薛改爱剪纸作品6件，送往德国进行艺术交流。2015年，组织剪纸作品24件参加中华人民共和国成立66周年“红色印迹”专题展。组织剪纸作品20余件参加白马仙洞旅游节展览。同年，参加山西省第二届文博会，共展出手工剪纸、剪纸教材、书法绘画、黑瓷釉等作品300余件，获得省第二届文博会组委会颁发的金奖和铜奖。同年，举办“民族魂——纪念抗日战争胜利暨世界反法西斯战争利70周年书画剪纸作品展”。

第四章　史志编研

第一节　党史研究

组织史征编

1986 年 6 月，中共离石县委《中国共产党山西省离石县组织史资料》（1927—1987）征编指导组成立。县委组织部、县档案局、县委党史研究室先后组织 20 余人参加组织党史征集、编纂工作，1989 年底，该书脱稿。1992 年 12 月，该书由山西人民出版社出版，主编刘兴章，副主编康文斌、张国富、薛茂明、薛凤龙。全书 42 万字，共印 1200 册。

1998 年 9 月，离石市史志办开始征编《中国共产党山西省离石县（市）组织史资料》（第二卷）（1987.10—1998.8）。1999 年 11 月完成送审稿。2000 年 12 月，该书内部印刷，主编刘志军，副主编雒永利、韩凤平、李一中（女）。全书 24 万字，共印 1000 册。

历史纪事征编

2004 年，离石区史志办完成《中国共产党山西省离石县历史纪事》资料征集工作，共征集资料 80 万字。2005—2006 年，完成《中国共产党山西省离石县历史纪事》（1919 年 5 月—1949 年 9 月）的编辑、审稿等工作。2007 年 5 月，该书由中共党史出版社出版，主编李一中，副主编辛玉梅。全书 34 万字。

党史资料征集

2005 年，离石区史志办为山西省史志院征集资料 50 万字。为中国现代史学会编纂《抗日战争事迹》提供离石部分资料。为吕梁市编纂《吕梁党史人物名录》离石部分、《闪光的足迹》离石篇征集资料。为吕梁市委纪念抗日战争胜利暨反法西斯斗争胜利 60 周年座谈会收集资料。2007—2009 年，开始编纂《离石改革开放三十年》文献专集。2010 年，离石区史志办完成《抗日战争时期离石区人口伤亡和财产损失》调查报告。同年，征集撰写由省党史办公室安排的《山西抗美援朝运动文献资料集》大型文献专集的供稿任务，并上报离石籍志愿军入朝参战的英勇事迹《忆抗美援朝》系列资料，共 1 万余字。2011 年 11 月 8 日，离石区委、区政府组织召开《中国共产党离石历史》《离石区志》2 部史书编纂工作启动会议，并建立党史工作联席会议制度，铺开《中国共产党离石历史》的资料征集和编纂工作。

2015 年，离石区史志办完成《中国共产党离石历史》一稿，约 30 万字。同年，经充实修改完成第二稿，达 35 万字。2012 年，启动《中国共产党离石历史》编纂工作。2013 年，组织编辑出版《吕梁市离石区革命遗址选录》。

第二节 地方志编纂

旧志

明朝，永宁县编纂的地方志有《石州志》。据《文渊阁书目》卷二十新志栏著录记载，成书于明永乐年间后期，已散佚，详情无考。据《山西通志》记载收录2条：风俗，民情强毅，俗尚豪侈，务农耕牧，士习弦诵（成化《山西通志》卷二）。形胜，重山合抱，大川四通。北有方山、南有孟门（成化《山西通志》卷二）。《寰宇通志》卷七八，《明一统志》卷一九后二句。

清朝，编纂《永宁州志》。顺治十三年（1656）刻本记载，知州胡朝宾辑，州人顺治己亥进士高首标纂，共八志四十三条。其中方舆志（9条）含图考、沿革（附分野）、疆域、山川、形胜、风俗、方产、古迹、陵墓。建置志（17条）含城池、坛遗、学校、社学、庙宇、衙署、恤典、坊表、街巷、都里、河堤、墩堡、市镇、堡寨、桥梁、铺递、寺观。食货志（4条）含户口、田赋、均徭、税课。秩官志（3条）含州佐守、名宦、学生训寻。选举志（6条）含甲科、乡科、恩岁贡、恩荫、例赠、武举，人物志（3条）含孝义、贞烈、仙释。艺文志（2条）含诗、记。杂述志。

清康熙四十一年（1702），编纂《永宁州志》。由谢汝霖裁定，清嘉庆十六年（1811）于准、朱铃增补，共九志。舆地志（11条）含图考（有图）、沿革（有表）、疆域、形胜（有图）、山川、分野（有图）、气候、风俗、兵防、古迹（有图）、丘垄。建置志（14条）含城池（有图）、公署（有图）、学校（有图）、驿铺、河堤、津梁、堡寨、坛遗（有图）、恤典、都里、街市、乡村、坊表、寺观。食货志（5条）含户口、赋役、税课、驿传、物产。秩官志（3条）含州正、学官、佐职。秩礼志（7条）含庙祀（有图）、名宦、乡贤、三坛、公仪、乡饮（有图）、讲约。选举志（6条）含进士、举人、贡士、监生、武甲、封荫。人物志（9条）含儒林、仕迹、乡宾、孝友、节义、贞烈、隐逸、仙释、方伎。艺文志（上2条）含诰敕、奏疏。艺文志（下3条）含文集、墓志、题咏。附灾祥。

清光绪七年（1881），编纂《永宁州志》三十二卷，刻本。由知州姚启瑞纂修，桐城儒士方渊如、壬戌恩科举人刘子俊总修。为清代最末一次版本，篇目分为8门：即舆地门含舆图，疆域、星野附，沿革、形胜附，山川、风俗，古迹、坊表、邱墓附，共五卷。建置门含城池、坊都附，学校，公廨、书院附，兵防、驿铺附，关隘、市镇、堡寨、桥梁附，寺观、养济院、义地附，共六卷。食货门含丁赋、税课一卷。典礼门含祀典、坛庙二卷。官习门含职官一卷。人物门含封荫，文苑，科目，仕实，仕籍，捐纳、武阶附，忠烈，孝义、隐逸附，烈女（上、下），共九卷。艺文门含敕谕、奏疏、传志、序记、杂著、诗，共六卷。志余门含灾祥，杂识、方伎附、仙释附，共二卷。全志约8.9万字。

新方志

1964 年，贺金声、刘福宏、康定编修完成《离石新县志》，分上下两册。上册 4 章，下册 4 章。共约 15 万字，油印 15 册。离石区史志办、柳林县史志办均有存书。1990 年，《离石县志》编修工作启动，同年底，完成资料征集 280 余万字，并完成文物、宗教、体育、军事等专志初稿。1992 年 12 月，完成《离石县志》总纂工作。1993 年 5 月，完成《离石县志》评审工作。1996 年 6 月，《离石县志》由山西人民出版社出版，主编李文凡，副主编翟仁武、赵焕哉。《离石县志》142 万字，印刷 3000 册。全志上限追溯到事物发端，下限 1990 年。2011 年，《离石区志》开始编纂。全志上限追溯到事物发端，下限 2015 年。至 2015 年，完成初稿 140 余万字。

年鉴

2006 年，区史志办完成《离石区年鉴（2004—2006）》的资料收集整理工作。2008 年 5 月，《离石年鉴（2004—2006）》出刊，主编李一中，全书 40 万字。2011 年，启动《离石年鉴（2007—2010）》编纂工作。同年 9 月，《离石年鉴（2007—2010）》出刊，主编孙银爱，全书 60 万字。同年，完成山西省地方志安排的《山西年鉴》的供稿任务。

2012 年，启动《离石年鉴（2011—2012）》的编纂工作。2013 年，出刊《离石年鉴（2011—2012）》，主编孙银爱，全书 60 万字。2014 年，完成省地方志《山西年鉴》供稿任务。2015 年，离石区史志办完成省地方志《山西年鉴》供稿任务。同年，启动《离石年鉴（2013—2015）》的编纂工作。2016 年 10 月，由中州古籍出版社出版，主编孙银爱，全书 85 万余字。

部门志

至 2015 年，离石区完成或出刊的部门志有《离石区卫生志》《离石区军事志》《离石区工会志》《离石区教育志》《离石区人民代表大会志》《离石区经贸志》等。

乡镇志

2012 年，离石区史志办完成《离石区乡镇（街道）志》统稿工作。2014 年，完成定稿。2015 年，该志由中共党史出版社出版，主编孙银爱，共 46 万字。同年，为吕梁市地方志编纂的《吕梁市乡镇志》供稿约 25 万字，并提供图片 100 多张。

村志

至 2015 年，离石区编写完成的村志有《上安村志》《盛底村志》《茂塔坪村志》《西属巴村志》《留子局村志》《缩缩里村志》《苏家崖村志》《马茂庄村志》等。

地情资料

1989 年，任勋禄撰写《修志文稿》，由山西人民出版社出版，全书 15 万字。同年，康文斌编撰《傅山别号知多少》《离石发现仰韶、龙山文化遗址》分别在《晋阳文艺》《山西文物通讯》上发表，编撰的《于成龙》收入《中国名人名胜词典》，《吕梁山上的一颗明珠——离石县》收入《中国县镇年鉴（1949—1988）》。

第三节 机 构

1983 年，离石县党史、地方志编纂委员会成立，下设办公室（简称史志办）。1987 年，史志办分设为党史办公室、地方志办公室。

2002 年，离石市党史办、地方志办合并为市史志办。

2004 年，离石区史志办参照公务员管理，属全额事业单位，共有工作人员 21 人，在职人员 17 人。

2015 年，离石区史志办内设办公室、编研室、资料室。行政编制 10 个，事业编制 4 个，实有 13 人。科级职数 3 人，实有 2 人，参照公务员管理人员 8 人，事业人员 4 人。

第五章　新闻　报刊

第一节　新闻报道

民国29年（1940），离石县委组织有写作能力的工作人员采写新闻消息，其中在《抗战日报》《晋绥日报》刊登过采写的劳动英雄张智升、张秋林的模范事迹。

中华人民共和国成立初期，通讯报道工作由县委宣传部直管，发动与组织机关、厂矿、学校干部向省、地报刊投稿，部分重要报道在全国报刊转载。1950年2月11日，《山西日报》刊登特约通讯员阎继烈采写的新闻《两万余人声讨一贯道罪行》。此后，不断报道小神头、马茂庄、王家沟等地农业合作化运动经验。

1960年，通讯组建立，人员2—4名，由县委直接领导。1962年，《山西日报》头版新闻发表通讯组张恒、王焕奎写的《李家湾大队战胜困难夺丰收》，并配发《社论》。1980年，离石县直机关建立通讯组27个，有通讯员30名。乡镇建立通讯组15个，有通讯员15名。同年，通讯组向省、地报刊、电台及县广播站投稿3357件，采用2211件。1990年，投稿3177件，采用2521件。1993年，县委通讯组改为新闻办公室，为正科级全额事业单位，隶属县委宣传部管理。

2004—2009年，先后引进电视台主持人、文学艺术家、新闻总编、文艺工作者等区外优秀专业人才42人，充实新闻发言人、特约通讯员、优秀解说员186人。离石网吧开通网络民意直通车。《离石新闻》先后开设《五一劳模》《青年风采》《劳动者之歌》《旗帜》《深入基层、改进作风》《爱我家园、离石之最》《心清气正》《创先争优》《感动石州人物》等新闻小专栏。至2010年12月底，共播发新闻1600余条，吕梁台播发170余条。《百姓故事》专题节目播出50余期，在吕梁台播出12期，其中《农民信得过的调解员——崔林有》《让爱充满人间》《责任——记西则村支书薛来应》《奉献之歌——离石一企一事一业工作巡礼》等节目在观众中引起强烈反响。策划大型访谈节目《离石精神大家谈》，邀请嘉宾15名，制作节目5期。2011年，区新闻办在省级以上媒体发稿60篇（条）、市级媒体发稿250篇（条），其中省市级头版80条。同年，全面启动《今日离石》《离石新闻网》《离石广播电视台》三大媒体，在中央、省、市各级媒体发表稿件1050篇，在中央、省级媒体发表稿件180篇，出版发行《今日离石》报纸253期，编辑发表稿件6200篇，拍摄有价值的新闻图片5000余幅，编写“三项整治”活动简报237期、“机关干部进区入院”简报20余期、干部下乡驻村工作简报40期、党委换届简报20余期。在中央、省、市报刊刊登“大排查，大接访，大化解”稿件151余篇、组织专刊报道3次。在《今日离石》刊登稿件 760 篇，拍摄“三项整治”活动照片 2000 幅。组织记者开展“走基层改作风转文风”活动，刊发新闻稿件 100 余篇。百度离石贴吧“网络民意直通车”回复应对 300 余条，消除网络负面信息 300 余条，整理舆情信息快报 21 期。

2012 年，在中央、省、市级各级媒体发表稿件 1289 篇，其中在《吕梁日报》等市级报刊发表稿件 1065 篇，在中央、省级媒体发稿 224 篇，出版发行《今日离石》报纸 224 期，编辑发表稿件 4238 篇，拍摄有价值的新闻图片 3000 余幅；百度离石贴吧“网络民意直通车”搜索舆情信息 1155 条，编辑 308 条，编印网络舆情分析报告 29 期、网络舆情信息快报 30 期。同年，《离石新闻》开设《青年风采》《劳动者之歌》《深入基层、改进作风》《感动石州人物》《十八大精神在基层》《劳动仲裁解民忧》等新闻小专栏。至 2012 年底，共播发专题片 60 余部、新闻 2080 余条。吕梁台播发 250 余条，省台播发 48 条。2013 年，《今日离石》围绕区委、区政府中心工作开设专版专栏，共刊发“着力夯实基层组织全力推进五大建设”专刊 2 版，刊发稿件 35 篇。刊发“扎实开展‘三打一整治’活动”专刊 5 版、稿件 27 篇。刊发“农村广泛开展‘领头雁’延伸培训工作”专刊 2 版、刊发稿件 13 篇。刊发“实行‘三级双向承诺’全力落实‘五三战略’专刊”27 版、稿件 98 篇。在中央、省各级报刊发表稿件 359 篇、图片 40 张、头条 12 篇。在市级报刊发表稿件 1100 篇，其中《吕梁日报》头条 54 篇。在《生活晨报》刊登“点亮幸福离石”专版 44 个、稿件 149 篇、图片 57 张。在《吕梁日报》等省、市媒体发表头条稿件 39 篇。同年，开设《理论与实践》系列专题片，宣讲中共十八大精神，现场直播 10 余场。播出相关新闻 70 余条。开设《新城进行时》新闻专栏，采访报道基层一线建设动态新闻 360 余条，吕梁台播发 40 余条。开设《先锋——基层组织建设》专栏，报道在“五大建设”中涌现出来的先进典型新闻 52 条。全年共编发新闻 291 期，播发新闻 1503 条。播发各类新闻稿件 2290 条次，其中市台 205 条次、省台 30 余条次。离石新闻网依托新华网山西频道，共发稿 5988 篇。在腾讯发布新闻稿件 2077 篇。同年，与北京数易公司合作开通《今日离石》数字报。2014 年，在吕梁台播发新闻 37 条，列 13 个县市区电视台第 10 名；在《离石新闻》中先后开辟几大新闻专栏，播发全区党的群众路线教育实践活动新闻 227 条。新增《石州之剑》《委员建言》《生活我帮您》《周末导视》等贴近基层贴近群众的栏目。在省市级媒体发稿 814 篇，腾讯微博发布 320 余条，新浪微博发布 400 余条。2015 年，区新闻办采写集中展示“十大重点工程”（国防沟、循环道路建设、政府早餐工程、旭海农产品仓储物流、新龙重工高射速注塑机项目、吕梁新城拆迁、王家庄沟道治理、高家沟会议纪念馆、智慧城市建设、吕梁市废旧物品再生园、离石美丽乡村建设）重头稿件 12 篇。同年，以弘扬于成龙廉政文化为主题，在《中国纪检监察报》《山西日报》《先锋队》《吕梁日报》及山西新闻网、新华网、黄河新闻网等重点媒体和网站发表稿件 50 余篇。《石州文艺》开设廉政作品专页于成龙故事小辑专栏，共编辑于成龙故事 39 篇。同年，采写离石推进“双先双区”战略巡礼报道、“十大重点工程”

综述报道，分别在吕梁电视台《吕梁新闻》和《吕梁日报》头版刊登（播发）。借助微平台《离石正能量》《口袋儿离石》及离石新闻网等新媒体，连续刊载、刊播《一代廉吏于成龙故事集》《萌娃系列动画视频》及离石本土特色文化、典型人物、励志故事等内容。《离石新闻》共编发新闻242期。播发新闻1469条，其中在省台播发新闻45条。

1980—1990年离石县新闻办公室（通讯组）发稿情况统计表

表27-7

年份	通讯组				投发稿（篇）					
	县直		基层		省级报刊（电台、电视台）		地级报刊（电视台）		县广播站	
	通讯组（个）	人数（人）	通讯组（个）	人数（人）	投稿	发稿	投稿	发稿	投稿	发稿
1980	27	30	15	15	205	12	412	209	2740	1990
1981	31	33	15	15	217	13	430	212	2890	2037
1982	32	37	15	15	239	18	470	223	2870	2107
1983	35	42	15	15	261	19	489	241	2940	1970
1984	40	45	15	15	270	22	505	250	2670	2140
1985	42	50	15	15	310	24	525	259	2893	2097
1986	50	53	15	15	319	25	537	270	2607	2005
1987	50	54	15	15	327	29	561	272	2634	2040
1988	50	60	15	15	340	32	571	284	2730	2130
1989	52	65	15	15	357	34	578	299	2250	2010
1990	52	65	15	15	369	37	603	334	2205	2150

2000—2015年离石区（市）新闻办公室发稿情况统计表

表27-8

年份	通讯组				投发稿（篇）					
	县直		基层		省级报刊（电台、电视台）		地级报刊（电视台）		区广播站	
	通讯组（个）	人数（人）	通讯组（个）	人数（人）	投稿	发稿	投稿	发稿	投稿	发稿
2000	1	4	80	100	20	18	45	32	—	—
2001	1	4	80	100	25	22	33	25	—	—
2002	1	4	80	100	23	20	37	28	—	—

续表 27-8

年份	通讯组				投发稿（篇）					
	县直		基层		省级报刊（电台、电视台）		地级报刊（电视台）		区广播站	
	通讯组（个）	人数（人）	通讯组（个）	人数（人）	投稿	发稿	投稿	发稿	投稿	发稿
2003	1	10	80	100	42	38	72	65	—	—
2004	1	11	80	100	51	45	86	69	—	—
2005	1	10	80	100	49	42	84	77	—	—
2006	1	10	80	100	55	49	79	74	—	—
2007	1	8	80	100	46	38	229	220	—	—
2008	1	7	80	100	43	36	113	101	—	—
2009	1	7	80	100	48	41	117	98	—	—
2010	1	25	110	120	278	266	996	883	4379	4326
2011	1	35	110	120	195	180	1078	1050	6245	6200
2012	1	35	110	120	247	239	1275	1261	4667	4631
2013	1	34	110	120	483	470	1422	1413	8305	8266
2014	1	35	110	120	772	755	1233	1225	1937	1895
2015	1	27	110	120	764	755	1281	1252	1421	1367

第二节 报纸 刊物

《七月》

民国 26 年（1937）8 月，由离石县战地总动员委员会、牺盟分会创办，为不定期油印快报。每期发行 300 余份。内容主要是宣传抗日，鼓励民众生产，全力支援民族解放战争。文章形式有小评论、抗日救亡新闻、全县工作动态，还选登一部分有爱国情感的散文、诗歌等。主编张孰清。民国 28 年，停办。

《离石小报》

1948 年春创刊，属离石县委机关报。主编刘绍斌。为不定期油印小报。主要报道与交流全县工作经验，每期发 300 余份。1949 年春，刘绍斌调往新区，阎继烈、刘文军接任主编。1952 年，停办。1958 年，复刊，改为综合性报纸，铅印 4 开 4 版，周双刊，每期印 1000—4000 份。编辑部有编辑、管理人员 12 名。历任主编有阎德志、杨治才、秦继保、任宏中、李瑜、常丕光。1966 年 10 月 15 日，停办，共发行 755 期。

《石花》

1978—1981年，由离石县文化馆薛俊明、任晋斌任主编。起初为4开，后改为16开，铅印不定期刊物。旨在组织与辅导业余文艺创作，活跃群众文化生活，为农村、厂矿提供说唱、小戏之类的资料，并刊登一些小小说、散文、诗歌等作品。

《离石时讯》

2003年6月，创办，在离石市发行。2007年5月，停办。

《石州文艺》

1991年创办，属离石区文联的机关刊物。发表文学作品270余万字。

2006年，编辑出版《石州文艺》1期，共印2000册。2008年，出刊2期。其中出版《石州文艺》（经济转型专刊）1期，分发各乡镇、机关1000册。10月，编辑出版1期，赠阅各乡镇、机关及广大文艺爱好者1600余册。2009年，编辑出版《石州文艺》2期，印刷3000余册。2010年，《石州文艺》进行全新改版，由原来的每年1期、2期改为定期出版的季刊，页数由原来的88页增加为96页。封面采用树脂压膜彩印技术，96页内文用80克轻型纸，大开本，期容量达到15万字。刊物推出“吕梁学院圆梦文学奖特辑”，每期推出新人作品。至2010年，编辑出版22期。

2013年，《石州文艺》重头稿件配发创作谈、同期评论和作者简介及照片。同年，编辑出版《石州文艺》4期。2014年，编辑出版《石州文艺》4期。2015年，《石州文艺》出刊4期。

《今日离石》

2010年3月，《今日离石》由区委创办，属机关报，在全区发行。至年底，出版报纸129期。2013年，编辑出版发行《今日离石》报纸216期，刊登新闻稿件5659篇。2014年，《今日离石》编辑部与省级媒体《生活晨报》编辑部合作，对《今日离石》进行改版，扩大传播范围。

第三节 机 构

1982年，中共离石县委通讯组成立。1993年，中共离石县委通讯组更名为中共离石县委新闻办。1994年离石撤县设市，更名为中共离石市委新闻办。

2003年机构改革，撤销新闻办为宣传部内设股室。

2009年经吕梁市编办批准，重新成立中共离石区委新闻办公室。编制11名，共有人员24人，其中编内人员11人，实习生4人，政府购买公共服务人员5人，临时聘用人员4人。

2015年，新闻办内设机构有办公室、《离石新闻网》、网络民意直通车办、《今日离石》编辑部、摄影部、排印室6个职能科室。核定编制16人，有编制内人员13人，共有干部职工33人。

第六章 广播 影视

第一节 广 播

收音站

1949年底，太原人民广播电台举办第一期收音员培训班，离石县派员参加学习。1950年，离石县收音站建立，有收音员1人，收抄中央、省台新闻，供党政领导参考。并组织干部群众集体收听重大消息。

有线广播站

1956年夏，离山县开始筹建县有线广播站。同年，修建机房、播音室，安装250瓦扩大机1台，转播收音机1部和电唱机2部。在城内东关、南关等主要街道架设用户专线，安装小喇叭400余只，利用县邮电局电话线路向各公社传送讯号。1956年8月，正式播音。

1958年后，县广播站职工增至12名。设备输出功率由250瓦增加到1000瓦。同年，在柳林、大武2个集镇公社建立中心扩音放大站，安装扩音机和发电设备，向附近社队转播县站节目，喇叭增至2000余只。全县90%的公社和60%的村、队开通广播。1964年后，采用国家、集体、个人“三结合”的方法，分期、分段建设广播专线。至1968年，全县架设木杆广播、电话专线200余千米。1971年，县广播站归属柳林县，离石县重新组建广播站。县站装备各种型号扩音机4台、稳压机1台、调频机1台、录音机2台。各种测量仪器4部，输出功率2700瓦。县站每天分早、午、晚播音3次，全天广播时间7小时30分钟，年发稿量1480篇以上。20世纪80年代，新增科技知识、市场信息栏目。

公社扩音放大站

1975年，全县15个公社全部建立扩音放大站，广播专线增至423千米，输出功率由1971年的1900瓦增至3200瓦，广播喇叭发展到2800只，平均1.4户或5人占有1只。乡镇扩音放大站有扩音机15台，输出总功率为4750瓦。至1983年，全县建成县至乡镇专线279千米，乡镇到村庄专线1300千米，合单线全长2100余千米。县至乡镇、乡镇至部分村庄木杆线路换成水泥杆线路。全县安装室内小喇叭2.9万只，98%的村庄和93%的农户可收听到广播。城区主要街道架设音箱30个。

第二节 电 影

电影放映

民国14年（1925）秋，太原影商在县城城隍庙放映无声电影《洋人吃苹果》等影片。

1张票价5分，相当2斤白面。

1951年，省电影队武培法等在县城烈士陵园、柳林镇农历四月十八古庙会、黄河岸边的孟门等较大村庄放映纪录片《攻克柏林》《解放太原》等影片。每场电影一般可收入40余元，逢庙会放映电影每场可收入70余元。1953年，省电影队常来县境流动放映《吕梁英雄传》《丰收》等影片。

1954年，省电影39队、102队下放归县，成立离山县电影队。有16毫米放映机2部，职工6人，刘培忠任队长。全年放映电影近430场，每场收费130元，年收入5.59万元。1958年，电影队改为电影管理站，设城镇队1个，职工4人。购置35毫米放映机1部。农村队放映组有4个，职工12人，有16毫米放映机4部。全年放映590场次，观众达39.2万人次，平均为664人/场。每场平均收入135元，全年收入7.96万元。

1960年4月，农村放映队改为国营放映队，共有队5个，人员增至17人。1970年，农村放映队发展到7个，职工20人。城镇队主要在离石城内放映，有时去全县大镇放映，如穆村、柳林、军渡、圪洞、田家会等乡镇。一队主要在柳林片成家庄、孟门、军渡、西王家沟放映。二队主要在交口片枣林、结绳塌、刘家山放映。三队主要在田家会、红眼川、小神头放映。四队主要在吴城片吴城、信义、阳坡放映。五队主要在方山片方山、麻地会、赤尖岭放映。六队主要在大武片大武、坪头、西坬、店坪放映。1974年，在县城大礼堂安装天津EC型35毫米东风座机1套。1976—1977年，吴城镇、田家会镇相继办起简易16毫米电影院2座。1979年，县电影管理站改为电影公司，设宣传组、发行组、财务组等，干部职工10人。1981年秋，县人民会堂改为离石影剧院，由放映普通宽银幕电影发展到放映立体电影。1990年，全县有放映队31个，放映员68人，其中国办城镇队2个，职工10人；农村集体队18个，放映员36人；个体队11个，放映员22人。至1990年底，全县城镇、乡村拥有35毫米放映机2套、16毫米放映机29套，共有放映人员68人。放映电影6735场，观众达52.2万人次，放映收入48.4万元，发行收入26万元。

2006年，离石区启动农村电影“2131工程”（21世纪，1村1月至少1场电影），出台《关于开展我区农村电影“2131”工程目标的实施意见》，成立相应的领导机构。争取国家“2131工程”资助设备6套，恢复和建立乡镇放映队10个，鼓励个体放映队开展电影放映。同年，累计放映3768场次，其中科教片950场次、保持共产党员先进性教育宣传788场次、抗日战争60周年爱国影片100场次、政法委法制宣传766场次、下乡办宣传386场次、移动放映80场次及婚庆、生日等698场次。观众达304800人次。2007年，累计放映电影5060场次，其中科教片2500场次、保持共产党员先进性教育宣传200场次、抗日战争爱国影片600场次、政法委法制宣传700场次、下乡办宣传360场次及婚庆、生日等700场次。观众达26万人次。

2008 年，离石区推动数字电影走进农家活动，全年实施“2131 工程”放映任务 2412 场次。2009 年，完成农村电影“2131 工程”放映任务 1977 场次。2010 年，离石公益电影服务站成立，放映公益电影 2316 场。

2012 年，配合市图书馆“2012 年图书馆宣传周活动”活动，开展历时 1 周的“服务农民工”电影专场，放映 36 场。2013 年，共放映 2361 场。同年，开展历时 1 周的“服务农民工”“服务特殊群体”电影专场活动，演出 66 场。2014 年，深入全区 12 个乡镇、街道办等放映电影 2316 场，观众达 42376 人次。同年，继续开展电影到农民工聚集地、进学校、进军营等活动，如在袁家庄中央公园工地举办“农民工电影专场”，在世纪广场举办公益电影专场，在吕梁学院举办“进校园电影周”等活动。9—12 月，在 9 所寄宿制学校放映电影 27 场。2015 年，区电影公司联合区文化局，开展以“弘扬主旋律、重树新形象”为主题的公益电影集中放映活动，播放《杨善洲》《老百姓是天》《村官段爱平》等影片，累计播放 20 场次，全区 5000 余名党员干部职工进行观看。同年，农村公益电影服务站在全区 12 个乡镇（街道）办、11 所寄宿制学校放映农村公益电影 2400 余场次，观众达 42376 人次。

驻县电影单位

吕梁地区电影公司 1971 年成立，负责全区的影片发行、电影宣传、财务管理。

吕梁影剧院 1973 年动工兴建，1978 年竣工开业。影院可容纳观众 1322 人。放映设备有天津 FG 型 35 毫米东风座机 1 套。职工 16 人。1978—1985 年，放映 3675 场，接待观众 306.8 万人次，总收入 4525 万元。

滨河电影院 1982 年 4 月兴建，影院可容纳观众 1074 人。放映设备有松花江 5505 型放映机，宽金属银幕等全套设备。

第三节 电 视

栏目

1994 年，石州电视台筹建。开设栏目有《离石新闻》《晚间报道》《午间新闻》《关注》。1995 年 10 月 1 日，石州电视台正式开播，信号覆盖离石、柳林、方山及周边陕西省吴堡等地。开办栏目有“石州新闻”“三川河”“大视角”“四季风情”“石州荧屏”等。

1996 年，开通现场直播栏目。2000 年，筹办播出《走走看看说北京》《关注》栏目。2002 年，更名为离石市广电管理中心。

2005 年 10 月，制作调产观摩大型电视专题片《走向辉煌——2005 年离石区“双百双千”工程建设掠影》。2005 年，离石农村广电网络公司成立。2006 年，开通农村广电有线网络，开设离石电视台乡村频道栏目。同年，《大戏台》栏目播出戏曲节目 150 期，《星火科技 30 分》

播出农业科技节目60期，农村题材影视剧播出1200集。2007年，石州电视台改为离石广播电视台。同年，推出“十七大精神在基层”“调产一线”“重点工程巡礼”“五大重点建设成就展”“聚焦民营经济”“企业家风采”“优秀共产党员风采”等精品栏目。摄制《转型之路》《转型之战》系列电视专题片。开设“一周要闻”“主体战略全报道”“弹唱艺坊”“记者关注”“离石精神大家谈”等栏目。还对正月十五焰火晚会、首届农民锣鼓大赛、首届弹唱比赛、秧歌展演等活动进行现场直播，连续直播3天。2008年，推出“迎奥运保安全”“科学管护丰产增收”“小璐有约”“十七大精神在基层”“法制进行时”等专栏节目，制作播出《改革开放三十年》《转型之战》等大型专题节目。2009年，开办“百姓故事”“巨变六十年”栏目，现场直播“爱国歌曲万人唱”系列活动。同年，农村有线电视累计发展用户13000余户，筹资100余万元新建多功能演播厅。2010年，离石广播电视台制作播出《创新争优》《旗帜》《感动石州人物》《江阴归来化教育》《大象无形》等系列专题片。策划制作大型类节目“离石精神大家谈”。同年，拍摄大型历史电视纪录片《离石春秋》(《离石三章》)。播出电视节目7230小时。2011年，累计发展用户13000余户。

2012年，开辟“走转改——记者下基层”专栏，采写的报道有《农民工终于拿到了工资》《党的阳光照人心》等。2013年，开设“五三战略走基层”“三级承诺”“三打一整治”专栏，配发相关新闻140条。制作《党旗高扬风帆劲——加强基层组织建设工作纪实》《在希望的田野上——离石区产业扶贫纪实》《风正好扬帆——离石区加强基层站所行风建设工作纪实》《离石形象宣传片》等专题片6部。安排播出优秀革命影片50余部、热播电视剧1500集。同年，开办健康教育栏目“生活早参考”、交通信息栏目“违章违法曝光台”、气象信息栏目“空气质量监测”。2014年，筹备生活服务类栏目“生活我帮您”。同年，开办“委员建言”“聚焦新区”“三级公开承诺”“交通违法曝光台”等栏目。采制完成大型电视专题片《智慧离石》等。新增加对外宣传部。2015年6月，区广播电视中心与区卫生局合作开辟“健康在线”栏目。8月，与吕梁电视台联合开办电视专栏“直通县市区—离石篇”。民生新闻类栏目“石州之剑”共播出52期。健康资讯类栏目“健康在线”共播出15期。“直通县市区·离石篇”共播出18期。“周末导视”共播出52期。

电视设备　技术

1980年，电视开始进入居民家庭，离石城区约1%的人家有电视。1984年，县广播电视局在东关开设无线电服务部，配备技术人员4名，从事电视、广播扩音、收音机等修理，兼营广播器材。1990年，离石县居民电视机拥有量比率城区达80%，农村达35%。1995年，石州电视台借用离石县广播局办公室3间作为机房，借用离石县老干局办公室1间作为办公室。设备有录像机1台。新闻部主要设备有专业摄像机6台、编辑机3台、字幕机1台，配有高、低、中档采访话筒8支。专题部主要设备有摄像机1台、监视器1台。广告部设备有非线性编辑系统 1 台。技术部设备有发射机 6 台、卫星地面站 3 座、微波 2 台及台时标发生器、时基校正器。切控器、接收机等附属设备。

1997 年 8 月，石州电视台租用吕梁市电影公司办公室 10 间。2003 年，搬迁至金田大厦租用一层楼办公。

2007 年，搬迁至原县广播局办公楼三层办公。2009 年，离石文化广电大楼开始规划、建设。2010 年，筹资 150 余万元装潢多功能演播厅。

2015 年，争取项目资金 40 万元购置设施。

传输网络

1971 年，离石县开始收看电视节目。1972 年，县广播站、五金交电公司等单位购进黑白电视机。20 世纪 70 年代中期，机关、厂矿、学校电视机逐步增多。1975 年，吕梁地区在中阳木弧台山顶建成全区最大的电视转播台。1984 年，离石县增设 10 千瓦彩色发射机 1 台。1985 年，电视频道增至 12 频道。同年，正式发射彩色电视信号，转播山西电视台节目。同年，离石县在吴城镇北山顶建立 50 瓦功率电视差转台。王营庄乡、田家会镇各建 50 瓦功率差转台 1 座。吕梁地区在城区龙山建成第一座卫星地面电视接收站，转播中央电视台节目。至 1985 年底，全县购置彩色、黑白电视机 5000 余台。至 1990 年，离石县居民电视机拥有量比率城区达 80%，农村达 35%。

2010 年，离石区将未通广播电视的村全部纳入有线网络规划范围，对光缆延伸无法覆盖的村，采取直播卫星覆盖的方式解决；对符合接收条件的用户，全部实现广播电视全覆盖。同年，对未通广播电视的 12 个村全部接通广播电视，对没有接入有线电视的用户，共发放卫星接收器 5880 套。

2013 年，开展广电“村村通”工程盲村建设工作。2014 年，推进县级有线网络整合工作。

电视网络

1993 年，离石有线电视网络开始实施。1994 年，离石有线电视网络被吕梁有线划拨整合。同年，石州电视台成立。

2009 年，网络公司成立，性质为民营股份制企业。同年，以原有光缆为依托，投资 200 万元，上马无线数字传输工程，建成无线数字前端，可传输地方台在内的数字电视节目 80 套，离石区数字电视用户达 15000 户。2010 年，将直播卫星作为广播电视“村村通”覆盖的方式，安装卫星直播设备 5788 台。

第四节 机 构

1982 年 6 月，离石县广播站升格为离石县广播事业局。1984 年 6 月，离石县广播事业局更名为离石县广播电视局管理局，与县广播站属一套人马。至1990年，县广播电视局人员增至28名，乡镇扩音放大站32名。有编辑记者16名。下设总编室、新闻部、专题部、广告部、技术部。其中总编室设总编1名。

至1998年，县广播电视管理局内设办公室、影像股、事业股、发行股、微波站。

2007年，石州电视台改为离石广播电视台，内部设立办公室、新闻中心、节目中心、编辑部、广告部、总编室、技术部、播出部。2010年1月，撤销区广播电视管理中心、区广播电视台，组建离石区广播电视中心，内设7个机构，分别是总编室、办公室、新闻部、栏目中心、技术部、广告部、制作部。至2015年，机构未变。

第七章 图书 档案

第一节 图 书

私营书店 书摊

清末，永宁县城有财堂书铺1处，经营“四书五经”、文具等。民国8年（1919），离石县境内有觉民书社、振东书店2处，出售书籍、报纸、杂志。民国19年，开有振兴书店，所营书籍主要来自上海广益书局和商务印书馆。民国27年，日本侵略军侵占县城，振兴书店停业。

20世纪80年代，离石县内有个体书摊6处，主要经营报纸、杂志、通俗文学书籍等。

新华书店

1945年12月，晋绥边区吕梁区党委驻离石县城，在离石县城和汾阳杏花村组建吕梁新华书店。同年，晋绥三地委领导的离石县新华书店并入吕梁新华书店。店址在离石县城南街旧寺庙内，有门市部3间、住宿办公房2间、库房2间，工作人员5人。发行的图书有《共产党宣言》《新民主主义论》《吕梁英雄传》《小二黑结婚》《王贵与李香香》等。书店有石印机1台，承揽印制土地证和各种表格等，兼营文具、纸张。1948年2月，书店课本和图书发行量增长，吕梁新华书店出现资金短缺问题，晋绥边区行署给书店拨款2000万元西北农民币（折合现行人民币2000元），离石县教育局垫支小米300石（30000升）作为课本资金。同月，离石县新华书店店址迁至县政府东街一所院落。1949年6月，新华书店离石分店建立。

1950年8月，吕梁新华书店部分改为新华书店离石支店，9月，改称离石支店，归太原分店管辖，有职工5名。

1954年7月，离石、方山合并，店名改为离山支店。1956年、1958年，人事、财务管理权先后下放到地方，新华书店离石支店更名为离石县新华书店。

1959年，复称离石新华书店。1962年1月，离石县新华书店财权归山西省新华书店管理。20世纪50—60年代，离石县新华书店有职工6—12人，每年销售各类图书5万—8万余册，销售营业金额最低12.5万元，最高达25万元。1970年，山西省新华书店下放财务权，离石县新华书店财务实行独立管理。1971年5月，书店有职工8—11人，一般年销售5万—10万元。岗位设置有：经理、业务员、会计员、营业员、库管员等，没有设立科室机构。10月，离石县新华书店改建为吕梁地区新华书店，财务权归山西省新华书店统一管理。吕梁地区新华书店除管理离石业务外，同时对下设的12个县店的人事、财务、业务等进行二级管理，有40平方米门市部1间，有职工16人。1976年，吕梁地区新华书店在兴隆街新建第一门市部（原旧城门市部改为第二门市部）。1982年，吕梁地区新华书店人事管理权归山西省新华书店统一管理。同年，吕梁地区新华书店职工发展到24人。全年销售图书92.1万册，销售金额36.5万元，人均销售1.5万元，人均购书2.5元。1983年，吕梁地区新华书店在离石城南建起第三门市部。1985年，吕梁地区新华书店设有财务科、秘书科、业务科、城乡发行部、城供组。1986年，销售图书109万余册，金额80余万元。1987年3月，吕梁地区新华书店撤销秘书科、城乡发行部，增设办公室。1988年。新华书店全系统实行承包制改革。70—80年代，每年销售图书50万—80万余册，金额40万—60余万元。

1990年，吕梁地区新华书店下设办公室、业务科、财务科、批发部、门市部，共有职工34人。下设基层供销社、个体售书点17个，全年售图书96万余册，金额为130余万元。1991年4月，吕梁地区新华书店设立保卫科。1992年1月，吕梁地区新华书店设立储运科。同年6月，设立老干科。1993年4月，吕梁地区新华书店设立行政科。

2000年，吕梁地区新华书店有职工53人。同年，销售金额668万元，人均销售13万元，社会人均购书32元，市以下有供销社网点3处，社会网点24处。2001年，吕梁地区新华书店管理机构与经营机构分离，设立吕梁地区新华书店图书发行中心，负责离石所有经营业务和管理工作。机构设有财务、教材发行、图书音像超市等。同年，吕梁地区新华书店管理机构搬出原址，先后在龙凤大街、市气象局租赁房屋办公，负责对全区12个县级新华书店和吕梁地区新华书店图书发行中心的领导和管理。机构设置有办公室、教材科、财务科、人事科、基建科。2002年，审计科设立。管理部门精简为1室5科。2003年7月，吕梁市新华书店改制为山西新华书店集团的直属子公司，名称变为吕梁新华书店有限公司。同年，汾阳新华书店划归山西新华书店集团直属管理。

2005年3月，孝义新华书店划归山西新华书店集团直属管理。2008年，吕梁市新华书店有限公司撤销审计科，其余部门及职能未作变动。同年，吕梁新华书店搬回原址办公，合并管理、经营机构。2010年5月，临县新华书店划归山西新华书店集团直属管理。2011年2月，柳林新华书店划归山西新华书店集团直属管理，吕梁新华书店有限公司所属基层分公司变为8个。同年12月，吕梁新华书店有限公司实行转型经营改革，由公司出资151万元，各县新华书店经理、市店班子成员出资149万元，注册成立吕梁新华书店现代连锁文化传播有限公司，主要经营一般图书、传媒产品、多元产品等。同年，吕梁市新华书店有限公司设立办公室、党工办公室、人力资源部、资产财务部、后勤管理部、教材发行公司。

2012年11月，吕梁市新华书店有限公司设立管理部门3个，即综合办公室、人力资源部、资产财务部；经营部门1个，即教材发行中心。同年，吕梁新华现代连锁文化传播有限公司成立信息管理部、大中专教材发行中心。2013年3月，吕梁新华书店有限公司转制为国有独资公司，名称变为山西新华书店集团吕梁有限公司，注册资本4234.75万元，所属8个县级新华书店取消一级法人，变为分公司。2015年，山西新华书店集团吕梁有限公司有职工56人，下设机构有综合办公室、资产财务管理部、人力资源部、后勤管理中心、教材发行中心、新华现代连锁公司及下属的信息管理部、大中专教材发行中心。

1987—1990年吕梁地区新华书店离石售书情况统计表

表27-9

类别	1987年		1988年		1989年		1990年	
	册数（本）	金额（元）	册数（本）	金额（元）	册数（本）	金额（元）	册数（本）	金额（元）
合计	864250	853763	1024515	1080449	974961	1391126	964346	1304624
社科	121782	112576	49396	146570	6758	30999	7367	28171
文教	167523	176727	221704	224497	253998	372513	214656	474128
文艺	86044	103593	104709	159727	88734	248888	17289	57795
科级	105053	109930	53334	108036	64801	105100	98227	28862
少儿	20323	17835	36937	24314	7702	5834	1293	3144
大中专课本	102642	119016	92975	138456	91215	244218	73790	181193
小学课本	151195	170328	370515	239626	408579	339291	466333	351440
图片	108464	42239	94930	38852	36687	39803	85261	179490
其他	1224	1050	15	162	16487	3980	130	401
挂图	—	469	—	209	—	—	—	—

1991—2015年山西新华书店集团吕梁有限公司离石销售情况及从业人数统计表

表27-10

年份	总销售码洋	销售总数（册）	利润总额（元）	人数（人）
1991	1474429.91	—	16529.45	35
1992	1727861.80	—	9295.98	40
1993	1837847.37	—	-11627.03	40
1994	2043968.36	—	0.00	41
1995	2886694.53	—	0.00	42
1996	4066314.67	—	1500.64	42

续表 27-10

年份	总销售码洋	销售总数（册）	利润总额（元）	人数（人）
1997	5175685.37	—	3101.10	42
1998	7639596.95	—	5505.23	47
1999	9791027.45	—	309.22	48
2000	5919695.89	—	–268933.26	53
2001	6993291.43	—	–35298.78	53
2002	8607468.36	—	268398.51	53
2003	9767232.53	—	193913.85	53
2004	10068495.77	—	214545.54	53
2005	10783390.63	—	50742.78	53
2006	11069826.85	—	85372.79	54
2007	12451246.58	—	85397.26	53
2008	12509185.32	436000	–434423.20	53
2009	20005447.60	891000	14046.16	53
2010	21745495.13	886900	5476.91	53
2011	42336990.84	447659	65032.99	53
2012	36999747.25	746814	–884112.70	56
2013	51354057.65	2136472	100791.07	56
2014	51861683.86	1934340	157760.02	56
2015	64599363.13	4156832	527306.19	56

图书馆

民国 6 年（1917），离石图书馆始建，附设于劝学所。有馆员 1 名。有古今书籍千余册。民国 17 年，离石中学成立，专设图书馆 1 个，存书上千册。

1945 年 9 月后，离石县贺昌中学设立图书馆。中华人民共和国成立后，县文化馆、县工会开办的职工俱乐部均设有阅览室，各类图书不足千册。

二十世纪六七十年代，图书馆藏书有《人民日报》《山西日报》《吕梁报》《红旗》《百花》《山西文化》《半月谈》等报刊合订本，还有其他图书，但借阅者众多，主要对象是县委大院机关干部。1987 年，离石县在原文化馆图书阅览室的基础上，正式建立县图书馆，设馆长、馆员各 1 人。1990 年，县图书馆藏书达 7000 余册，其中社科书籍 2000 册、文学书籍 4000 册、科技书籍 1000 册。离石县高中、一、二、三中学校均设图书室，其中离石高中图书室藏书 3000 册以上。1990 年贺昌中学图书馆藏有各类图书 4.5 万余册，其中有曾任人民教育出版社副社长兼总编辑辛安亭（离石县人）捐赠的书籍千余册。

2004 年，城内小学图书馆有图书 37575 万册。2005 年，区文化大楼不再对外出租，图书馆正式独立运行，大楼二层全部用于图书馆，设有图书储藏室，借阅室，值班室，办公室等专用室。人员共有 10 人，其中馆主 1 人，专管员 9 人。2006 年，区图书馆纳入省级文化基础设施建设范畴，与文化馆一起申报建设区文化艺术中心。2009 年，区图书馆建成电子阅览室 1 个，配电脑 30 台及电脑桌椅设施。

2012 年，离石区图书馆 30 座的电子阅览室向社会全面免费开放，累计接待读者 1500 人次。2013 年，图书馆电子阅览室正常免费开放，累计接待读者 1500 人次。2014 年，城东小学有图书 6000 余册；泰化学校图书馆有图书 32000 余册；廷亮中学图书室有图书 10 万册；离石江阴高中图书室有图书 75000 册。2015 年，离石区图书馆有地方文献、综合性纸质图书 2 万余册，期刊、报纸、电子图书 5 万册以及数字阅读平台、移动图书馆等资源。馆藏报纸有《中国文化报》《人民日报》《山西日报》《吕梁日报》《经济日报》《今日离石》等 10 余种；期刊有《故事会》《山西青年》《当代》《名作欣赏》等 20 余种；地方文献有《离石民歌》《离石民间传说》《清官于成龙》《离石民间传说对联》《旱船秧歌·弹唱词曲卷》等 100 余种，3000 余册；收集其他各地方文献有《临县伞头秧歌》《易风传》《足迹》《荷地村志》等 40 余种，150 余册。离石区教育系统图书 86.1 万余册，其中二中 6 万余册、一中 20 余万册、永宁小学 2.4 万册、朝阳小学 3.6 万册、南关小学 2.1 万册、东关小学 8.54 万册、城内小学 3.76 万册、江阴高中 9 万余册、泰华学校 3.2 万册、廷亮中学 10 万册、城镇中学 3 万余册、英杰中学 10 万册、贺昌中学 4.5 万册。

第二节 档 案

馆库建设

1956 年，离山县档案馆库房面积 54 平方米，库容严重饱和。

2005 年，区档案馆预算经费 30 万元对档案馆进行修建。8 月 30 日正式施工，年底完成投资 96 万元，建筑面积 800 平方米的小四层馆库一期工程。2006 年，新建档案馆竣工。2007 年，投入使用。馆舍建筑面积 779 平方米，库房建筑面积 243 平方米。同年 5 月，购置安装密集架 101 组，将旧库房内的档案经过编号装盒，全部搬迁至新库密集架。2008 年，新增密集架 82 组。同年，第三层库房投入使用，新增电脑 1 台，达到每个办公室 1 台，班子成员每人 1 台。2009 年，购置电脑 2 台、扫描仪 2 台、大型打印机 1 台。

2012 年，区档案馆库配备自动监控设施和固定式热气溶胶自动灭火装置 6 组，实现库管 24 小时实时监督。2013 年，安装防火器、监控器、防虫球、空调、温度器等。

馆藏档案

1975 年 1 月，离石县档案馆有革命历史档案全宗 1 个，资料 2 份。敌伪档案全宗 1 个，案卷 8 卷。中华人民共和国成立以来档案全宗 6 个，案卷 1209 个，资料 248 份。社队档案全宗 1 个，案卷 252 个。各种资料书 248 本，报刊 282 份。至 1979 年 7 月，县档案馆新整理档案 667 卷，原有 435 卷，共有档案 1002 卷。收回各部、委、局、室档案 776 卷。

2007 年，区档案馆开展接收 1985 年以前的档案进馆工作。至 2009 年，累计接收档案 30243 万卷。应移交全宗单位 66 个，实际接收 47 个。共接收文书档案 40 卷、目录数据 8941 条，其中案卷级目录 695 条、文件级目录 9572 条。馆藏各类档案达到 22253 卷（含 2006 年前馆藏档案 11402 卷），其中文书档案 12568 卷、会计档案 2570 卷、统计档案 898 卷、科技档案 67 卷、专业档案 4561 卷、人事档案 1473 卷、声像档案 13 册、锦旗 1 面、奖状 16 张、证书 20 本、奖牌 66 块。馆藏各类资料 7940 卷（册）。馆藏总量达到 30193 卷（册）。编制案卷目录、全引目录等检索工具 237 册（案卷目录 100 册、全引目录 137 册）。2010 年，接收各乡镇、街道办、区直各单位 2000 年以前的文书及其他门类载体的档案进馆。2011 年，接收各类档案 25158 卷（册）。其中文书档案 14337 卷、人事档案 2022 卷、会计档案 2696 卷、统计档案 912 卷、科技档案 522 卷、专业档案 4561 卷、照片 11 卷、实物 97 件。

2012 年，区档案馆开展收集整理口述档案工作。同年，将离石籍教育家辛安亭和老干部冯亮的口述录制资料收藏进馆。2013 年，对部分单位的文书、业务、财务、基建、照片及声像等各门类档案进行归档和整理，接收进馆各类档案 648 卷（册），录入案卷级目录 8 万条、文件级目录 1353557 条、全文扫描 532 页。接收婚姻登记档案 1 万余卷。2014 年，接收包括以前城关公社的户籍档案和婚姻档案、民政局的婚姻档案、管理局的会计档案和电缆公司的人事档案进馆，共接收 1 万余卷。2015 年，区档案馆接收包括民政局的婚姻档案、企业改制的人事档案、会计档案和区委、区政府的文书档案进馆，共接收 10000 余卷。

档案管理

2004 年，区档案馆按照吕梁市档案工作基础业务目标考核要求，对馆存档案资料进行整理，开展“两表一册两方案”的编制工作。对已接收进馆的所有机构编制接收名册，澄清所有机构档案接收年度和接收案卷，共接收 66 个单位的档案 7524 卷。对应接收进馆的所有机构编制全宗名册，澄清 33 个单位的档案没有接收进馆。同年，编制检索工具一览表，共整理馆存档案目录 85 本（册），全引目录 24 本（册）22605 条。编写馆存资料和人事档案分类方案。2005 年，对馆现存 1985 年接收的全区 66 个单位在 1971—1982 年形成的档案进行重新鉴定。2006 年，在全区范围内开展档案目标管理达标活动，共整理各类档案 4833 卷。2007 年，针对馆藏档案长期永久混合编序，卷内目录漏抄存档过期等问题，对所有馆藏文书档案重新科学鉴定，重新编号、命题，理顺档号。同年，开展全区档案移交进馆工作，至12月21日，移交接收区直单位29个、乡镇单位5个，接收案卷7899件。收集、征集到重大活动档案资料4本、照片相册7本、重大建设项目登记11项、市级重大项目8项、区级重大项目69项。2008年11月10日，开展档案移交进馆工作执法检查。至年底，共接收全宗单位16个，接收各种门类档案1491卷、目录数据12941条，其中案卷级目录810条、文件级目录12131条。2009年7月，指导煤运公司建立规范工会会员档案、困难职工档案、女职工档案、扶贫助困档案、五一表彰档案等，共75卷。进驻区人民医院，规范医院文书、基建、会计、专业等档案2000余卷。对民营企业大土河煤焦有限公司的档案进行指导，共整理文书、基建、设备、会计实物声像等资料1118744卷。还帮助大土河、煤运、城北街道办、凤山街道办、副食品公司对工会档案进行指导和规范，共指导建档200余卷。同年，确定七里滩、前王家坡、后王家坡为新农村建设档案示范点。2010年，区档案馆开展案卷级和文件级目录输入工作，共输入目录5172条。其中案卷目录272条、卷内目录4900条。接收案卷目录350条、卷内目录2300条。2011年，开展全区档案管理执法检查，共检查单位65个。

2012年，再次对各乡镇（街道办）、区直各单位以实地查看的形式进行执法大检查。同年，开始接收各乡镇（街道办）、区直各单位2009年以前各门类的档案，指导党群、政府办、宣传、政法、计划、农业、经贸、卫生、教育9大口57个单位、12个乡镇（街道办）的档案整理和接受进馆工作。并参与完成民政局、农业局、林业局、人社局的档案整理归档工作，共3650卷，输入卷内目录25000条、案卷目录2500条。至11月底，接收档案移交进馆14398卷。同年，完成《吕梁市离石区法人档案》的编辑出版工作，共收入全区82个机关企事业单位和12个乡镇（街道办）的法人资料。2013年5月21日至6月8日，对全区74个机关单位、12个乡镇（街道办）、34个新农村档案示范村、部分企业进行首次大检查，按照档案标准化管理对每个单位提出整改意见。7—9月，完成坪头乡、红眼川乡、信义镇、交口镇各门类档案的整理。完成18个区直单位的档案整理。同年，至2012年前的档案全部移交进馆排列上架。9月初，再次对全区各单位档案管理进行执法检查，对档案工作不力、不积极整改、推诿、不负责任的单位，再次提出整改意见，并出公函责令开展工作。在阳石村、留子局、严村、王村开展档案规范整理试点工作。开展离石名人档案整理工作，完成对离石籍教育家辛安亭、老干部冯亮、闫永安、冯全清的口述档案录制工作。对馆藏二十世纪七八十年代的字迹褪色、污损档案进行抢救，全部实现数字化管理，共抢救1030卷。2014年，完成新农村建设档案归档工作，共完成3733卷，其中乔家沟村30卷、袁家庄村200卷、凤山底村200卷、西崖底村100卷、阳石村220卷、背石村100卷、砖窑沟村130卷、磨湾村118卷、小神头村45卷、严村117卷、归化村143卷、岐则沟村450卷、石盘村350卷、七里滩村150卷、东关村300卷、前瓦村70卷、沙麻沟村30卷、李家沟村200卷、后赵家庄村200卷、上安村140卷、盛地村200卷、梁家岔村144卷、十里村50卷、刘家舍科村38卷、山底沟村8卷。同年，完成老干部贺玉印、高候英的口述档案录制、整理工作。2015 年，全区 12 个乡镇新农村建设档案全部达标，其中达省级标准 10 个。全区 53 个新农村，达省级标准 8 个、市级标准 35 个。区直涉农部门中档案管理达省三级以上标准单位 6 个。同年，加大对重点档案、破损档案的抢救和保护工作力度，修复库房内重点档案和破损档案 1000 余卷。

档案信息化建设

2005 年，区档案馆预算经费 2 万元配备电脑 2 台、打印机 1 台。2007 年，预算经费 2 万元，购置电脑 4 台。至同年 12 月 5 日，录入案卷目录 2906 条、卷内目录 79006 条。2008 年，输入档案目录数据 93066 条，其中案卷级目录数据 5321 条、文件级目录数据 87745 条。2009 年 8 月，安装政府网、局域网、宽带网，实现资源共享。至 2009 年，共建立目录数据 270200 条，其中案卷级目录 17800 条、文件级目录 252400 条。全区 114 个全宗单位中 111 个单位实现目录机检，97% 的单位实现目录机检。

2013 年，全区有 4 个单位实现档案数字化管理。2014 年，输入目录 3 万余条，扫描纸质档案 3000 余页。

2015 年，区档案馆通过档案软件系统输入目录 2 万余条，扫描纸质档案 1000 余页。

档案利用

1977—1979 年，县档案馆共接待查阅档案、资料人员 213 人次。

2010 年，区档案馆为区卫生局编纂《离石区卫生志》提供档案查阅 30 人次，案卷 210 卷次。同年，接待查阅档案 350 人次、1500 卷次。2011 年，为区水利局编纂《离石区水利志》提供档案查阅 10 人次、案卷 110 卷次。同年，共接待查阅利用档案 280 人次，3000 卷次。

2012 年，接待查阅档案 489 人次、8765 卷次。2013—2014 年，区档案馆接待查阅档案 400 余人次、1600 余卷，涉及房屋纠纷、土地纠纷、企业改制中退休职工工龄计算、婚姻等民生问题。2015 年，区档案馆接待查阅档案 400 余人次，900 余卷次。

第三节　机　构

1986 年 3 月 18 日，离石县档案局成立，县档案局和县档案馆合署办公，一套人马、两块牌子，为离石县政府直属局。

2002 年，离石市档案馆改为全额事业单位。内设办公室、指导股、库管股。

2005 年 12 月，区档案馆名称调整为档案局（挂档案馆牌子），维持原事业性质不变。2009 年，区档案局（馆）人员编制 13 个，人员参照公务员管理。

2015 年，区档案局（馆）内设办公室、档案管理股、业务指导股、法制宣传股、信息编研股、政府信息阅览室。下设现行文件阅览中心。全局在职人员 12 人，编制 12 人，实有 12 人。参照公务员管理人员 10 人，事业人员 2 人。

第八章　文化市场管理

第一节　管　理

娱乐市场管理

2006年，区文化局对文化市场的从业人员实行培训、考核、持证上岗制度，共培训达200余人次。2007年，对全区19家音像制品经营单位、12家印刷企业、40家打字复印企业、8家图书经营单位、11家娱乐场所进行审核并发放许可证。2008—2009年，试推行管理—稽查—征收工作模式，强化市场管理。以网吧为重点，探索日常监督、技术监督和社会监督相结合的长效管理机制。加强“扫黄打非”力度，强化对出版物市场长效监管，打击淫秽色情、盗版等不法行为。推进区级机关党政部门正版软件的使用。同年，共检查300余次，与其他部门联合行动10余次，取缔无证照经营单位18家，责令停业整顿10家，补办、完善有关审批手续30家。并和各经营单位负责人签订安全责任书。共收缴盗版图书3000余册、音像制品2000余张。并开展盗版图书、光盘集中销毁活动。年检换发图书经营许可证10家、印刷经营许可证12家、复印打字许可证18家、音像制品许可证10家，年检网吧64家、娱乐场所11家。出台网吧管理制度等制度11项。2011年，区文化局组织执法人员参加省市培训15人次。举办网吧、歌舞等娱乐场所经营业主培训会，培训达120人次。执法检查200余次。同年，公布“8236738”公开举报电话，实行24小时值班制度。

2012年，对文化经营项目实行前置审批管理制度、窗口受理预审制度。对网吧、大型娱乐场所等文化项目严格实行要件审核。对所有进入离石的演出剧团进行重新登记，严格规范演出经营活动，及时清理不健康的演出广告和不合格的演出剧团。同年，对网吧、娱乐场所、音像制品、印刷、书报刊经营业主和从业人员进行培训，共培训300余人次。配合区安全委员会完成“九小”（小商场、小学校幼儿园、小医院、小餐馆场所、小旅馆、小歌舞娱乐场、小网吧、小美容洗浴场所、小生产加工场所）场所的安全隐患排查工作。2013年，共受理举报13件，立案调查5件，办结案件8件。其中涉及新设立的娱乐场所4家、复印打字经营单位5家。同年，协助吕梁市文化局年检全区娱乐场所16家、网吧64家、印刷企业14家、复印打字单位15家及出版物零售出租单位13家。2014年，共出动检查803人次，检查网吧462家次、歌舞娱乐场所64家次、图书出版物市场60家次、音像市场10家次、印刷企业40家次。受理举报电话7个，责令整改违规场所28家，责令停业整顿违规场所23家，警告90家次，罚款3家，立案调查3家，办结案件3家。2015年，区文化局组织开展各种检查50次，共出动检查人员160余人次、车辆80余辆次，检查各类经营场所130余家次。受理举报4起，立案1起。年审换证文化市场经营单位93家。录入全国文化市场技术监管与服务平台文化经营单位信息93家。

网吧管理

2006年，区文化局重点对全区范围的网吧进行大规模专项整治，加大网上扫黄打非力度，推行互联网网站版主负责制，并严格要求网吧全部安装电子监控安全软件，屏蔽散布谣言、色情内容等有害信息的网页、电子公告、聊天室、电子邮件等，取缔以信息服务为幌子，经营含有赌博、淫秽、色情、电子游戏等内容的网吧。2007年，区文化局与区公安局组成文化市场管理综合执法队，坚持每天巡查网吧。2009年，在全省第一家实行对网吧探头监控管理制度。至2009年底，全区未审批网吧。2011年，取缔在中小学周边200米内开设的网吧。

2012年，完成对64家网吧加盟连锁和年检工作。2013年，加强对网吧的监管，没收违规网吧电脑及附属设备161件，停业整顿4家。2014年，加大对网吧接纳未成年人等违法行为的打击和处罚力度。规范全区文化市场的经营秩序。7月，文化行政综合执法大队召开全区文化市场业主大会，与业主签订责任状。暑假前夕，在全区组织开展“中小学生远离网吧”活动。2015年，区文化局开展“扫黄打非”专项行动，查处网吧淫秽、色情等内容传播。

印刷市场管理

2006年，区文化局开展打击盗版图书、音像制品行动，查收缴盗版教材教辅3000余册，没收各类64开本150余册，处罚5000余元。2011年，开展打击校园周边兜售盗版书刊的游商小贩行动，共收缴非法盗版图书2200余册。

2015年，开展“扫黄打非”专项行动及文化市场集中整治行动，加大版权保护力度，查缴非法书报刊140册。

音像市场管理

2006年，区文化局审核发放音像制品经营许可证54家、印刷经营许可证13家、打字复印经营许可证15家、图书经营许可证19家、娱乐场所经营许可证8家、网吧经营许可证33家。2007年，配合公安、工商、教育等部门开展打击盗版音像制品的专项行动，协同公安、邮政、运输等部门对离石城区的所有音像市场进行排查暗访，共收缴销毁光盘磁带200余盘。6月，配合吕梁市扫黄办开展集中销毁盗版音像制品启动仪式，在凤山垃圾场就地销毁盗版VCD 2万余张。同年，收缴各类非法光盘62000余张、盗版磁带2000余盘、非法软件200余套。2009年，将整顿文化市场经营秩序、净化群众文化生活环境作为文化工作的重点，坚持日常检查和重点抽查相结合、专项检查和突击检查相结合、部门检查和联合检查相结合的办法，加大对文化市场的检查力度，共收缴盗版音像制品3万余盘、盗版书籍4000余册、盗版计算机软件500余张、淫秽光盘100余张，取缔无证经营6户。

2010年，共检查300余次。与其他部门联合行动10余次，取缔无证照经营单位18家，责令停业整顿10家，补办、完善有关审批手续30家。并和各经营单位负责人签订安全责任书。共收缴盗版光盘3000余册、音像制品2000余张，12月4日将收缴的盗版图书、光盘在吕梁市进行集中销毁。同年，对各文化经营单位进行年检换证，办理图书经营许可证10家、印刷经营许可证12家、复印打字许可证18家、音像制品许可证10家、网吧64家、娱乐场所11家。2011年，开展“盗版软件”专项整治行动，共检查使用盗版软件政府机关42家、大型企业4家，其中2家大型企业整改完毕，督促整改2家。42个政府机关共使用盗版软件262套，责成进行整改。共收缴非法盗版音像制品1400余张。

2013年4月，吕梁市文化局牵头，联合区文化稽查人员及公安、工商等部门联合开展“扫黄打非”集中整治行动，对长期无证经营、消防安全不过关的经营场所进行查处，没收盗版光碟、色情光碟、色情游戏碟、非法出版物及DVD压缩光碟。共收缴盗版光碟3082张（套）、非法书报刊2356本，收缴盗版电脑软件700余张。2015年，查缴非法音像制品、盗版软件198盘。

第二节 机 构

1958年10月，离石县文化局成立。

1996年，离石市文化局下设文物管理所、文化市场管理站。2010年，离石区文化广电新闻出版局组建。将区广播电视管理中心、区文物旅游局（区文物旅游开发管理中心）承担的行政职责整合，划入区文化局。原区文化广电新闻出版局所属文化市场管理站、文化市场稽查大队和原区广播电视管理中心所属的广播电视稽查队整合为区文化市场行政综合执法队，副科级全额事业单位，隶属区文化广电新闻出版局。区文化广电新闻出版局内设机构7个：办公室、基层文化股、非物质文化遗产股、新闻出版股、文化产业股、群众文艺指导股、广电事业股。同年12月11日，区文化艺术中心成立，暂定全额事业编制5人，差额事业编制40人，隶属区文化局。

2012年，非物质文化遗产保护办公室成立。2013年，离石区非物质文化遗产保护协会成立。同年，离石区弹唱协会、离石区秧歌协会分别成立。同年8月，文化市场稽查队的11名自收自支人员转为全额事业人员。2015年8月，离石区文化广电新闻出版局更名为离石区文化局，挂吕梁市离石区版权局的牌子，正科级建制，为区人民政府工作部门。区文化局机关行政编制5名，科级领导职数4名，其中：局长1名，副局长2名，总工程师1名。设内设机构6个：办公室、文化事业股、文化产业股、体育股、新闻出版股（区“扫黄打非”办）、行政审批股。

第九章　非物质文化遗产

第一节　收集　整理　申报

2006年，开始实施非物质文化遗产工作，由区文化馆先期进行筹备，无果后区文化局抽调梁燕、陈福明、邓月军成立非物质文化遗产保护工作专项小组，历时2个月进行走访调研、田野调查、资料收集、查阅档案、文本撰写，拍摄影像，不分昼夜，加班加点工作，整理大量一手资料。同年秋，由梁燕主笔撰写的“离石弹唱”首次成功申报为省级非物质文化遗产保护名录，与柳林盘子一起被纳入省级专项保护项目中；同时编纂的“离石三弦书”“枣架柳编”申报为市级非物质文化遗产保护名录，离石民间文化从此扬名。2007年，经过广泛调查，开展有效的收集整理工作，离石弹唱代表作《审录》，并经区委政府同意，将离石弹唱首次搬上舞台，春节元宵节期间在吕梁影剧院进行表演，此后离石弹唱成为离石的一张民间文化名片。同年，离石弹唱被山西省文化厅推荐申报国家级非物质文化遗产的名录，区文化局先后收集整理《离石民歌》《离石民俗文化》《离石小戏小品集萃》《离石秧歌》，排演离石秧歌中的《后套秧歌》部分并赴中阳参加首届“中阳剪纸艺术节”开幕式表演，展示离石民间文化的独特性，受到各界好评。2008年，录制部分具有典型性的非物质文化遗产项目《离石三弦书》光盘。组织“第二届离石弹唱大赛”。2009年，编辑出版马世元收集整理的离石地方文化丛书《离石民歌》《离石秧歌》《棒槌舞》《审录小调》等申报市级以上保护名录。2010年，成功公布离石区第一批非物质文化遗产保护名录，涉及8个大类20个子项。编制《离石凤山庙会》《离石旱船秧歌》《离石布艺》3个申报文本，其中《离石凤山庙会》《离石旱船秧歌》成功申报为市保项目。又将《离石三弦书》《离石凤山庙会》《离石旱船秧歌》上报省级项目。《离石布艺》在吕梁电视台《风韵吕梁》栏目播出。走访6位老盲艺人，将其长期保留的优秀传统曲目整理成光盘21个。组织出版王金元、王双斌编著的《离石汉画像石选集》，张满满、陈福明编著的《离石民间传统对联》。2011年，《离石三弦书》《离石凤山庙会》《离石旱船秧歌》被省政府、省文化厅公布为省级非物质文化遗产名录。完成《离石布艺》的资料整理汇编工作，并上报市文化广电新闻出版局。

2012年，非物质文化遗产保护办公室成立，专门开展对非物质文化遗产保护的相关工作。2013年，吕梁市离石区非物质文化遗产保护协会、吕梁市离石区弹唱协会和吕梁市离石区秧歌协会成立。离石弹唱项目经过省市审核，报文化部非遗司审定。6月10—11日，中国吕梁国家级晋中文化生态保护区非物质文化遗产传承展演展示暨文化产业博览会在孝义举行，离石组织旱船秧歌、离石凤山庙会、离石剪纸、离石布艺4个展示项目和离石弹唱、离石三弦书2个展演项目，参加文化产业博览会，得到与会专家和领导的一致好评。2014年12月3日，离石弹唱名列中华人民共和国中央人民政府网站公布的《第四批国家级非物质文化遗产代表性项目名录》。2015年，整理《离石区非物质文化遗产名录》的资料，对醋溜膏子等12项传统技艺进调查、整理。成功申报省级非物质文化遗产传承人3名，完成国家级传承人的申报工作1名。同年底，离石区有国家级非物质文化遗产项目1个、省级非物质文化遗产项目4个、市级非物质文化遗产项目5个、区级非物质文化遗产项目50个。

第二节 国家级非物质文化遗产

离石弹唱

传承历史 离石弹唱起源说法有4种：一说来源于寺庙音乐；一说来源于道情；一说来源于南方地方戏曲。较权威的说法是来源于宋代所创立的说唱艺术一诸宫调。后来受元代杂剧和明清小说的影响，逐步发展成一种集曲艺、小戏和表演唱为一体的演唱形式。离石广大农村村民们每逢婚、丧、庆典，都要请弹唱班子来演唱一场。弹唱内容丰富，大多是情节抑扬顿挫的唱段山歌和颇具情节的长短故事，通俗易懂。

弹唱由宋代孔三传所创立的诸宫调开始，一直到元代仍然处于自娱自乐的阶段。当时的弹唱，伴奏的乐器较少，演唱的形式比较单一。明清时期，弹唱吸收道情、戏曲、民歌的一些演唱技法，形成一种独特的表演形式。其代表作有《审录》《放牛》等。

民国年间一直到20世纪50年代，弹唱表演者吸收二人台、秧歌、佛教音乐、道教音乐以及晋剧等艺术形式的演唱技法，弹唱的表演更加生动、形象、逼真、感人。其代表作有《审录》《唤妹子》《放牛》《贴对子》等。“文化大革命”时期，弹唱艺术被当作“四旧”革除，弹唱团体被强行解散，弹唱艺人被当作牛鬼蛇神游街、挨批斗，一大批弹唱脚本被当作“封、资、修”的“四害”焚毁。

20世纪80年代，弹唱进入一个空前的发展和繁荣期，大部分弹唱团体天天在进行演出，同时出现许多新的弹唱脚本和从事弹唱的专业户。此现象一直维持到90年代。因一大批吕梁弹唱老艺人离开人世，或年龄偏大不便参与演出；中年艺人受改革开放后经济大潮的影响改行从事他业，新一代年轻人不愿学习弹唱等原因，使弹唱后继乏人，出现断层。

21世纪初，为保护、发展弹唱这一独特的艺术，采取一系列措施，从资金投入、文献整理、项目申报、人才培养等多方面入手，对弹唱艺术进行全方位的开发和保护收到初步成效。离石文化馆退休老艺人马世元，对弹唱曲调格外关注，收集整理的《审录》集离石弹唱的精华于一体，从词、曲、调各方面成为典型代表作，共有22个曲调，俗称“九弯十八调”，“九弯”指唱词情景，有情思、升荣、调审、起解、抒情、堂会、诉冤、断案、团圆等，“十八调”是旋律曲调，有老西、太平年、山桃花、慢垛、去求财、步女紧、西江月、晏王乐、杨柳青、双木头、钉缸、桃廉、胖夫、莲花、寻伤悲、亲人、相思、打茶盅等。

基本内容　弹唱曲牌大都是传统的古曲、离石民间小调，种类繁多，来源各异，曲调谱为传统古歌，以词配曲，词曲协调，风韵吻合，旋律优美，众曲通联。正所谓“弹唱九弯十八调，几个调调一大套，套套里头有弯弯，弯弯里头有调调”。常用的曲牌主要有《老西调》《太平调》《钉缸调》《闹五更》等。器乐曲牌有《葡萄架》《南瓜蔓》《急毛猴》等，主要用于弹唱开始前的演奏，唱腔曲牌间的连接和弹唱结束时的收尾。具体的演奏程序一般由帽子、套曲、过门曲、尾曲构成。

弹唱的曲律抑扬顿挫，苍凉雄宏，豪放悠长，悲喜自若，丰富多彩，乡音古韵。伴奏乐器以笛子、管子、晋胡、四音为主，配以二胡、三弦扬琴、梆子、板鼓、山锣、小钱和手板等。尤其是晋胡，弥补了管子的不足，可以使音质更加接近演员的演唱和道白的音质，也使演唱更为生动。

弹唱的唱词多用方言土语，通俗易懂，情节完整。一唱一整套，一唱到底，不加道白。一般以四句为一小节，每句以七言为最佳，演唱时字正腔圆，声声入韵，通俗流畅。弹唱表演人数多寡不等，一般2—3人不等，其中乐队5—12人不等。表演人数视剧情和故事情节需要而定。表演形式以演唱为主，间以念白，多采用对唱或唱和形式穿插起来，反映民间流传的典型人物和故事。

弹唱没有固定的班社，靠群众自发的自由组合而成。主要在正月至二月搞社火活动时表演。往往是乐队就地坐成一圈，唱手在圈内边扭边唱，观众从四面八方均能看到。传统的弹唱唱手均为男性，分主手和副手。每逢节假日和农村庙会期间，弹唱班子往往聚集在村社的露天剧场上，利用舞台演出。中华人民共和国成立后，演出形式有所改进，尤其是20世纪80年代以后，唱手演出时有时还穿演出服装，道具用现代音响设备等。

弹唱节目大都是有情节的各类长短山歌、民歌和长短故事，有传统曲目、近现代新编创曲目300余首，如《审录》《小放牛》《金钱梅花落》等；曲调80余支，代表性作品主要有《审录》《小放牛》《唤妹子》《贴对子》《刮野鬼》《唤亲家》《光棍哭妻》等。

2014年11月11日，离石弹唱被国务院公布为第四批国家级非物质文化遗产代表性项目名录。

第三节　省级非物质文化遗产

离石弹唱

2006年12月18日，离石弹唱被山西省人民政府公布为第一批省级非物质文化遗产名录。（详见本章二节）

离石三弦书

传承历史　据传说，离石三弦书起源于上古时期的瞽矇，即传说古代的乐师。民间盛传，在三皇时代，天皇神农氏造天，赐盲人以说书；地皇轩辕氏造地，赐盲人以占卜，人皇伏羲氏造人，赐盲人以祈禳。此三种都是让盲人生活糊口的手段。据老年盲艺人回忆，离石境内最早的三皇会活动于清嘉庆年时。当时，一位姓梁的先生，承包永宁州城内马王庙的三皇会。该马王庙有戏台，盲艺人们在台上轮番表演，向三皇（天皇、地皇、人皇）献戏。此时，城乡观众也可相聚在台下观看，一饱眼福。这就是被盲人们称作三皇会的活动。民间以农历的五月初五日为三皇诞辰日。每年届时，盲艺人都要推选出一人担任纠首。谁被推选为纠首，当年的三皇会活动就在谁家的宅院内举行。这种活动在离石参与者少则四五十人，多则连同相关人员达百余人。这些盲艺人从每年的农历五月初四就开始聚集，焚香施供，祭拜请神。到五月初五日早晨，全体盲人行三跪九叩之礼，为三皇请安。到五月初六日凌晨开始送神。早饭后盲艺人们便纷纷各自离去，活动结束。

20 世纪 30 年代，特别是民国 26 年（1937）9 月 7 日后，因战乱不断，离石城区的三皇会活动被迫停止。后有盲艺人自发地组织活动，在陆续开展的政治运动中被当作封建迷信活动遭到禁止。直到 1982 年的端午节，由离石籍的盲艺人赵明山发起，重新恢复离石城区的三皇会活动。至 21 世纪初，盲人们每年届时都要聚会，纪念和供奉三皇。

离石三弦书的演奏者被称为“先生”。脚本一般取材于传统的民间故事、通俗小说和话本，有一些是盲艺人和专业文化工作者根据社会上的真人真事创作的具有时代特色的新曲目。

据历代老艺人相传，离石三弦书的演出并没有成形的脚本。盲艺人大多数不识字，仅仅靠自己的灵性一代又一代地采用师传徒的办法来传承。从清康熙年间的刘玉器开始，离石三弦书的脚本都是经过文人加工的。使离石三弦书脚本大都具有比较浓郁的书卷气，不太适合民间的大众化口味。有一次，盲艺人高茂树与另一艺人同村演出，发现大家都跑去听另一人的演出，而他的场地上十分冷落。他索性收拾好了器具，去听别人的演出。这一听，他发现群众不听他演出都跑去看别人演出的秘密，原来是别人把书面语言口语化、通俗化了，因此群众喜闻乐见。此后半年时间内，他谢绝一切演出邀请，闭门思考，改编《刘公案》，一经演出，受到观众一致好评。从此，离石三弦书走出一条更加贴近生活的路子。

20 世纪 50—70 年代，离石县文化局对全县的三弦书说唱艺人进行摸底登记；离石盲人艺术协会成立，每年定期召开年会，促进三弦书演出水平的提高。县文化馆对三弦书的资源进行搜集整理。当时，盲艺人持证上岗，有组织地活动。进入改革开放初期，一个时期盲艺人的说唱成为广大农村民间喜庆的一种时尚。随着娱乐形式的多元化，加之随着原有的老艺人的年龄增高和自然死亡，离石三弦书出现后继无人的现象。为传承发展离石三弦书，离石区（县、市）采取一系列措施：20 世纪 80 年代，离石县政府拨款 2000 元，对盲艺人使用的乐器等器具给予更新。

20 世纪 90 年代，离石县文化局对全县的三弦书说唱艺人进行专门培训 10 天，对盲艺人进行分类指导，并由霍银山、赵明山等人做经验介绍。此后，盲人说书的市场日渐萎缩，这批艺人生活没有着落。2001 年跟文化部门反映情况。2002 年，离石文化局派梁燕对赵明山等20多名盲艺人逐一进行摸底，了解其生活的艰辛情况。

2004年申请离石市政府为这批盲艺人办理城镇户口，并使其享受城镇居民最低生活保障。2006年，离石区文化局对三弦书的脚本、曲谱进行收集整理，梁燕、陈雷、陈福明组成专门小队对盲艺人代表赵明山进行现场访谈，音频录制，将口口相传的柳林调和山东调翻译成简谱词曲。并历时3个月对20余名老艺人进行田野调查、访谈了解、编纂文本、拍摄影像片，制作离石三弦书非物质文化遗产项目文本和录像片，成功申报为吕梁市级非物质文化遗产项目，同年申报省级非物质文化遗产项目无果。2010年，赵明山的徒弟盲人党救命传承了师父衣钵，以离石三弦书为技艺，接受文化局业务指导，开始产业化的演出，

至2015年，在城乡演出，因技艺娴熟，深受群众喜欢。

基本内容 离石三弦书的调式分为山东调和柳林调两种。山东调被称为古调，最早是由康熙年间永宁州（今离石区吴城镇）北遮沟村民刘玉器引进并传承发展。柳林调是清嘉庆年间宁乡县西山，即今柳林南山地区的绛福云在山东调（古调）的基础上，结合演唱需要和观众的喜好，开创出来的一种新的调式，即柳林调（新调）。柳林调以四句唱腔为一个小节，一个小节演唱完后，弹奏一句过门音乐。缩短弹奏时间，单位时间内的说唱显得更加紧凑。因而，得到广大观众，特别是年轻一代的喜爱，被一直沿用至21世纪初。

离石三弦书的板式分流水板、垛板、散板、哭板和截字板等。

离石三弦书使用的乐器以传统的乐器——三弦为主。伴奏的乐器有二胡、压琴、笛子、甩板、醒木等。一般时候盲艺人走村串户，深入农村为群众演出。单人演出时，主奏的乐器是三弦，辅以腿上绑缚的甩板和醒木。离石区枣林乡陈家庄村的盲艺人李月香在演唱时使用压琴。每遇庙会、三皇会等较为隆重的表演场合，演奏的乐器就多起来。一般使用三弦、二胡、压琴和笛子演奏旋律，辅以甩板、醒木演奏。

离石三弦书的唱词是用离石方言编写的韵腔小段，分为五言句、七言句和十言句，主要以字数较多的十言句为主，七言句为辅，五言句较为少见。有时因剧情需要使用五言句、七言句和十言句等不同的句式穿插表演。

离石三弦书表演时既可一人演唱，也可多人表演，用人的多寡视脚本的剧情酌定。表演者多为失明的残疾人，表演时怀抱三弦，腿缚甩板，演唱时自弹、自打、自唱，演奏者在三弦和甩板（亦称云板）为主的节拍与旋律声中演唱以离石方言为主的韵腔，根据剧情的需要，适当插入道白。其节拍时而如快马疾驰，急促而紧凑；时而如小溪流水，悠扬而动听。念白和唱腔的合理搭配，将剧情演绎得出神入化。以贴近人民群众的语言风格，渲染着演出气氛。

离石三弦书共有传统脚本百余部，主要有《大八义》《小八义》《七侠五义》《小五义》《续小五义》《五女兴唐传》《剪灯记》《金钟记》《珍珠汗衫记》《金镯玉环记》《瞒味记》《玉簪记》《刘公案》《彭公案》《包公案》《施公案》《魏公案》《巧合奇冤》《罗

同扫北》《薛仁贵征东》《薛丁山征西》《绿牡丹》《薛刚反唐》《粉妆楼》《杨家将》《呼家将》《岳家将》《康熙访山东》《康熙访明月楼》《乾隆下江南》《于成龙访冯梦寺》《于成龙访煤窑》《于成龙访包子铺》等。新编作品有《林海雪原》《吕梁英雄传》《抗美援朝》《修路工》《婚姻自主》《学大寨》《学雷锋》《计划生育》《招后娘》《唐莲退婚》等。

2008 年，离石区文化局派陈福明负责对离石三弦书进行抢救性保护，区政府拨款 1.5 万元，对存世老艺人赵明山、李月香、袁学才、张学义、王德元、白廷光等擅长书段进行影像资料收集、整理，结集为《离石三弦书系列曲目》，共制作 DVD 光盘 21 个。2011 年 6 月，离石三弦书被山西省人民政府公布为第三批省级非物质文化遗产名录。

旱船秧歌

离石旱船秧歌源于南宋，盛行于明清，是一种群众喜闻乐见的民间艺术活动。离石旱船秧歌队分执旗队（门旗、彩旗）、前套（吹奏乐）、表演队伍、后套（打击乐与演唱）4 部分。表演队伍男女老少都有，表演角色丰富，歌手即兴唱秧歌，就地取材，以七字句为主。离石旱船秧歌分前套，一般是乐器和扭秧歌的队伍。后套是唱秧歌，由打击乐、鼓子手、秧歌手组成。后套秧歌乐队是边演奏边舞蹈，秧歌节奏比较明快，内容短小精悍。后套“混秧歌”打击乐队围圈的捣法和歌手即兴表演的唱法别具地方特色。2010 年 10 月，离市区莲花池街道南关村人任泽民，编唱 50 余载。积累各个时期的秧歌唱段，编印成册，命名《离石秧歌集锦》。该书共收录离石秧歌 500 余首。2011 年 6 月，离石旱船秧歌被山西省人民政府公布为第三批省级非物质文化遗产名录。同年 2 月 15 日晚，离石旱船秧歌队在吕梁市影剧院公演。

凤山庙会

据明成化十九年（1483）进士车梁所撰《明故真默子姜君墓志》记载：“成化十九年师孙君羽化本州。孙云际羽化后，姜浩渊请石州阴阳俱往，并告请知县，组织规模较大的葬仪，并建楼 3 间塑天尊真人像，将先师诞辰日正月二十六日作为道观祭日，州人感云际先生之洪恩，自发祭拜，遂形成庙会。”。据凤山道观现存道光元年石碣记载：旧关旧规，每年正月二十六，居民铺户以香灯素馔竭诚致供与真人之祠，以祷灾祈福，礼毕，公享祭余诚盛事也。

据传每年正月二十六，道院内外，宝棚呼幺喝六，声震山谷，叫卖之声不绝于耳，清烟缭绕，香客络绎不绝，盛极一时。“文化大革命”时期，庙会一时中断。改革开放后，凤山道院重修庙宇，重新开放。

庙会时间：农历正月二十五至正月二十七（庙会从正月二十五下午开始，午夜十二点是最高峰，正月二十六全天游人如云，一直持续到正月二十七上午）。

庙会地点：凤山道院。

活动内容：遇仙、点头香、祈福、问卜、布施、观光。

遇仙：离石人把参与庙会俗称“朝山”，也叫“遇仙”。据传，“遇仙”寓意是凡人一睹神仙风采，或想沾点仙气，一年通顺，幸福安康。

点头香：正月二十六，香客们都想点第一炷香祭拜，表示自己的虔诚，叫“点头香”。

祈福：寓即香客们烧香许愿，祈求自己幸福安康，祈求子女飞黄腾达，希望自己平平安安、财源滚滚、早得贵子等。许下的愿望得以实现，到期要去兑现自己的承诺。人们把这种活动习惯叫“还愿”。

问卜：即香客占卜自己的未来前程。

布施：即香客为了表示对神灵的虔诚，根据自己的财力，随心拿出数额不等的钱，支援道院建设。

观光：即人们来凤山道观旅游观光。

2011 年 6 月，凤山庙会被山西省人民政府公布为第三批省级非物质文化遗产名录。

第四节　市级非物质文化遗产

离石枣架柳编制作技艺

制作材料为柳条枝。所用柳条枝均匀细长，坚韧洁白，适于制作各种日常用具和工艺果篮、屏风、壁篮、野餐篮、毛巾篮、航空箱、婚礼箱、座椅、书架等。制作工艺讲究，柳编工艺的主要技法有平编、纹编、勒编、砌编、缠边 5 种。平编是编平面席箔类的主要工种。特点是经纬交织，互相穿插掩映，可以挑一压一，也可以挑二压二、挑一压二、挑二压一，能形成不同的交叉编织纹样。如苇编席箔先将苇子压制成平面的片材，再行编织，也多取平编工种。其他的高粱皮编织、竹篾编织、蒲草编织，也是以平编为主。绞编是以经纬编压为主要特点的工种。它和平编的不同之处是在经编方面，平编的经纬相同，同时动作往前编织，而纹编则先编排好经桩，经桩可以是绳，是条子，是竹竿，甚至是铁丝，然后以编条（柳、槐、篾）交叉上下穿行于经桩上下，循环绕行。编成后的效果表面全为纬编所掩盖，不露经条。绞编要求编纬的条子要比较柔软，有韧性，常用蒲草、细柳、桑条编织。勒编是传统的柳条编结工种。用勒编做成的器物一般称为“系货”。方法以麻绳作经，以柳条作纬，麻绳互相交错穿过柳条间，穿一次，绕扣勒紧，通常民间所见簸箕、笆斗、箩筐、柳条包等，均以此法编结主体部分。勒编器物的边缘，常需另行编板，或把框子，使周边整齐，不致散落。

2008 年，离石枣架柳编制作技艺被吕梁市人民政府公布为第一批市级非物质文化遗产保护名录。

其他市级非物质文化遗产

至 2015 年，离石区有市级非物质文化遗产 4 个，离石弹唱、离石三弦书于 2008 年市人民政府公布为第一批市级非物质文化遗产名录。凤山庙会、旱船秧歌于 2010 年被吕梁

市人民政府公布为第三批市级非物质文化遗产名录。（详见本章二、三节）

第五节 区级非物质文化遗产

至2015年，共有区级非物质文化遗产保护项目50个。

2010—2015年离石区级非物质文化遗产保护名录一览表

表27-11

名 称	类 别	保护地区或单位	公布时间及批次
离石凤山庙会	民间信仰	区文化广电新闻出版局	2010年（一批）
安国寺庙会	民间信仰	区文化广电新闻出版局	2010年（一批）
金阁寺庙会	民间信仰	区文化广电新闻出版局	2010年（一批）
钉方	游艺传统体育与竞技	区文化广电新闻出版局	2010年（一批）
抓石子	游艺传统体育与竞技	区文化广电新闻出版局	2010年（一批）
滚铁环	游艺传统体育与竞技	区文化广电新闻出版局	2010年（一批）
离石民歌	民间音乐	区文化广电新闻出版局	2010年（一批）
石州锣鼓	民间舞蹈	区文化广电新闻出版局	2010年（一批）
离石棒槌舞	民间舞蹈	区文化广电新闻出版局	2010年（一批）
离石三弦书	曲艺	区文化广电新闻出版局	2010年（一批）
离石旱船秧歌	曲艺	区文化广电新闻出版局	2010年（一批）
离石弹唱	曲艺	区文化广电新闻出版局	2010年（一批）
石州剪纸	民间美术	区文化广电新闻出版局	2010年（一批）
离石枣架柳编制作技艺	民间手工技艺	区文化广电新闻出版局	2010年（一批）
田家会鞋垫手工制作工艺	民间手工技艺	区文化广电新闻出版局	2010年（一批）

续表 27-11

名　称	类　别	保护地区或单位	公布时间及批次
离石粮食醋制作工艺	民间手工技艺	区文化广电新闻出版局	2010 年（一批）
上安粉条制作技艺	民间手工技艺	区文化广电新闻出版局	2010 年（一批）
离石婚俗	人生礼俗	区文化广电新闻出版局	2010 年（一批）
西山葬礼	人生礼俗	区文化广电新闻出版局	2010 年（一批）
成人礼	人生礼俗	区文化广电新闻出版局	2010 年（一批）
葫芦画制作工艺	传统技艺	吕梁市离石区非物质文化遗产保护协会	2013 年（二批）
艾的药用价值	传统医药	吕梁市离石区非物质文化遗产保护协会	2013 年（二批）
端午节习俗	民俗	吕梁市离石区非物质文化遗产保护协会	2013 年（二批）
龙抬头	民俗	吕梁市离石区非物质文化遗产保护协会	2013 年（二批）
过年的习俗	民俗	吕梁市离石区非物质文化遗产保护协会	2013 年（二批）
离石丧礼	民俗	吕梁市离石区非物质文化遗产保护协会	2013 年（二批）
于成龙的故事	民间文学	吕梁市离石区非物质文化遗产保护协会	2013 年（二批）
刘萨诃的传说	民间文学	吕梁市离石区非物质文化遗产保护协会	2013 年（二批）
陈抟老祖的传说	民间文学	吕梁市离石区非物质文化遗产保护协会	2013 年（二批）
孙云际的传说	民间文学	吕梁市离石区非物质文化遗产保护协会	2013 年（二批）
白马仙洞的传说	民间文学	吕梁市离石区非物质文化遗产保护协会	2013 年（二批）
刘渊的传说	民间文学	吕梁市离石区非物质文化遗产保护协会	2013 年（二批）
石勒的传说	民间文学	吕梁市离石区非物质文化遗产保护协会	2013 年（二批）
神仙山的传说	民间文学	吕梁市离石区非物质文化遗产保护协会	2013 年（二批）
吴宰相的传说	民间文学	吕梁市离石区非物质文化遗产保护协会	2013 年（二批）

续表 27-11

名 称	类 别	保护地区或单位	公布时间及批次
离石响器	传统音乐	吕梁市离石区非物质文化遗产保护协会	2013 年（二批）
离石道情	曲艺	吕梁市离石区非物质文化遗产保护协会	2013 年（二批）
莲花落	曲艺	吕梁市离石区非物质文化遗产保护协会	2013 年（二批）
打蛋	传统体育 游艺与杂技	吕梁市离石区非物质文化遗产保护协会	2013 年（二批）
打瓦	传统体育 游艺与杂技	吕梁市离石区非物质文化遗产保护协会	2013 年（二批）
打宝	传统体育 游艺与杂技	吕梁市离石区非物质文化遗产保护协会	2013 年（二批）
仓官爷制作技艺	传统技艺	吕梁市离石区非物质文化遗产保护协会	2013（二批）
炒面制作技艺	传统技艺	吕梁市离石区非物质文化遗产保护协会	2013（二批）
钱钱汤制作技艺	传统技艺	吕梁市离石区非物质文化遗产保护协会	2013（二批）
荞面疙垛制作技艺	传统技艺	吕梁市离石区非物质文化遗产保护协会	2013（二批）
酸菜制作技艺	传统技艺	吕梁市离石区非物质文化遗产保护协会	2013（二批）
合愣则制作技艺	传统技艺	吕梁市离石区非物质文化遗产保护协会	2013（二批）
织布技艺	传统技艺	吕梁市离石区非物质文化遗产保护协会	2013（二批）
农耕技艺	传统技艺	吕梁市离石区非物质文化遗产保护协会	2013（二批）
软米糕的制作技艺	传统技艺	吕梁市离石区非物质文化遗产保护协会	2013（二批）

第二十八编

文物　旅游

文物

离石汉画像石

收藏

旅游

早在新石器时代，离石境内就有人类繁衍生息。春秋属晋，战国归赵，西汉始设离石县。众多风云人物曾在此修文重武、建功立业，积淀了底蕴深厚的历史遗存。魏国名将吴起筑吴城镇扼守关隘，晋代刘渊起兵立国。马茂庄的汉画像石、黄芦岭下的北齐长城遗址，成为古代文化之瑰宝。离石汉画像石博物馆藏有东汉中、晚期画像石100余块，展现出2000年前汉代文化艺术、宗教信仰、生活方式等历史场景。境内文物众多，至2015年底，离石区仅馆藏三级以上文物有220件。有县级以上文物保护单位114处，其中全国重点文物保护单位3处、省级文物保护单位4处、市级文物保护单位5处、县级文物保护单位102处。

清朝时期，“天下廉吏第一”的于成龙曾在境内安国寺读书授业，盛誉一方。革命战争时期，彭德怀、贺龙、习仲勋等老一辈无产阶级革命家在此播下革命火种，涌现出贺昌、张叔平、韩昌泰、辛安亭等一批杰出人物。境内有诸多红色遗址，仅烈士楼、陵园就有7处，战斗遗址有5处。

离石区位独特，交通便捷。东界汾河谷地，西界黄河天险，自古为晋西军事要隘和商贸重镇，是兵家必争之地。今为华北通往西部的重要中枢。307、209国道交会市区，青银高速、太中银铁路穿境而过，环城高速全线贯通，吕梁机场通达八方，立体式交通网络已经形成。

离石山川秀美，名胜众多。城区龙凤虎三山对峙环抱，东北南三川挽手交汇。松柏参天的安国寺，一代廉吏于成龙读书出仕之地，建设为省级廉政文化教育基地。白马仙洞，以惊险神奇著称，为华北地区最大的岩洞。彩家庄民居，尽显晋商富甲一方。西华镇天然草场，素有“华北第二大草原”之称。原始森林覆盖的骨脊山，有“天下骨脊”的美誉。千年景区，集自然景观与人文景观于一体，着力打造成吕梁乃至太原的城郊后花园。

境内主要有文物史料、图书、古钱、老车、瓷器、白酒收藏者，收藏众多这类物品。

第一章　文　物

第一节　古建筑

金阁寺

金阁寺位于离石区西属巴街道炭窑里村西南约 1 千米的兰若山。坐西向东，东西 400 余米，南北 80 余米，分布面积 3 万余平方米。据碑载，始建于北魏，宋、明、清多次重修，现存建筑为明、清遗构。建筑分布在遥相对应的三座小山巅上，主体建筑位于中部山巅，依山而建，中轴线上自东向西现存真武殿、财神殿、三教圣殿；北侧自东向西有僧窑、华佗庙、戏台、龙王庙，华佗庙对面为山门，僧窑为石券密洞 2 孔；南侧小山巅建有山神庙。财神殿，坐北向南，为 1 孔石窑洞，单檐硬山顶。三教圣殿为 1 孔砖石混构窑洞，前为南北拱券门洞，后为东西拱券的枕头窑，前设插廊。另存碑 6 通。1984 年 9 月被离石县人民政府公布为第一批县级文物保护单位。

安国寺

安国寺古名安吉寺，位于交口街道杜家山村北约 1 千米的乌崖山麓。坐北朝南，东西长 330 米，南北宽 390 米，占地约 13 万平方米，整体布局呈曲尺形，随形就势，依山而建。碑记：唐贞观十一年（637）始建。北宋仁宗嘉祐三年（1058），镇西人王公佐在安吉寺山顶筑寨，称“安国王”，遂改名安国寺。金兴定三年（1219），重建寺观。元至正二十八年（1368），因遭兵祸，僧众离散，寺观毁坏。明洪武、永乐年间，几经重修，以后又废。隆庆五年（1571），重修一新。从此寺院规模壮观，僧众日渐增多，清代尤盛。清初，官至兵部尚书、都察院右副御史、两江总督的于成龙，少壮时就读寺中，碑记其孙两江巡抚于准曾于康熙四十八年（1709）至雍正九年（1731）组织大规模维修寺院、增建莱公别墅和“清端公读书楼”，清末至民国年间亦有修缮，二十世纪八九十年代进行过修复，2007 年至 2015 年，本着“修旧如旧”的原则，对破败颓废古建筑进行修缮保护开发利用。现存主要建筑有石牌坊、观音楼、佛殿、铜塔楼、观音楼、千佛阁、钟鼓楼、关帝阁、于清端公祠、于成龙读书楼、莱公别墅、于中丞公生祠、砖塔等 22 处明清古建筑及遗构，内有宋代彩塑 3 尊、碑碣时刻 65 通、壁画 115 幅 112 平方米。

大雄宝殿是寺内主要古建筑，单檐悬山顶木结构，面阔五间，进深三椽，建筑面积 298 平方米，梁架结点用斜拱斗拱连接，结构和形制体现出元代建筑风格。殿内供奉明代五彩三身佛像，通高 4.8 米，全身金饰，殿内东西墙壁，存清代佛传壁画 68 幅 52 平方米。大殿门前的廊柱础，为唐代覆盆式，台基上宋代角兽。东配殿为地藏殿，供奉地藏菩萨。

西配殿为3孔窑洞，无梁结构。大门正对铜塔台，又名铜塔楼，创建于唐，清康熙五十九年（1720）重建，重檐歇山顶，二层木结构，正脊屋顶“佛日增辉”四字，四周环廊，一层基座下3孔砖券窑洞，设有挑檐和通道，远看是门。铜塔台门前1对清代红砂岩石狮，雌雄各异，高1.6米。院内上下两院，以铜塔楼为中轴线，东西对称建钟鼓楼。

于清端公读书楼位于佛殿东北角，古刹禅院内，坐北面南，建筑面积128平方米，重建时间为清雍正五年（1727），匾额为清代大学士吴碘亲笔题字。为二层楼阁式建筑，下为窑洞式结构，上为小三间带廊硬山顶、砖瓦建筑，面阔3间，进深2间。前有廊檐，廊左右壁上镶嵌石碣两方，为于准、陈壮履题书。

于清端公祠坐落于佛殿东侧，砖砌建筑。清雍正四年（1726）重修，占地面积650平方米。祠堂一层为无梁殿建筑，5开间窑洞，窑内东西走向复卷的大窑洞。二层为关帝楼、偏殿，均砖木结构。关帝楼硬山顶，面阔3间，进深2间。偏殿卷棚硬山瓦作，面阔3间，进深2间。康熙六十年（1721）重修，楼内复立刻于明永乐年间的《佛说消灾吉祥陀罗尼》石碑1通。

于中丞公生祠位于寺观西南隅，坐西向东，创建于清雍正七年（1729），建筑面积176平方米。建筑格局为上下两层窑洞式结构。下院为4开间窑洞，上院为9孔石结构窑洞。

莱公别墅落成于清雍正五年（1727），为于准题书，门背面额于灏题书“暝云谷”。坐北朝南，东西长100米，南北宽60米，占地面积6000平方米。上下2层，5处院落，35间窑房皆为清代遗构，随形就势，依山而建，因地制宜，就地取材建成。正面绝壁上，建造有石室1间，宽3.37米，高2.40米，深6.13米，面积20.66平方米。凿有石窗，石室后壁上镌刻“龙虎”，左右两壁分别镌刻“山林”“野（埜）趣”。院内一层存有六角琉璃井、丰泉、石阶等建筑遗址。

1963年，安国寺被山西省人民政府公布为省级文物保护单位（后调整撤销）。1984年9月，被离石县人民政府公布为首批县级文物保护单位。1996年1月，被山西省人民政府公布为第三批省级文物保护单位。2001年6月，被国务院公布为第五批全国重点文物保护单位。

文庙

文庙坐落在离石旧城南隅（现贺昌中学院内）。坐北朝南，现东西长43米，南北宽45米。元代始建，明洪武七年（1374）重建，明万历年间，清康熙、同治年间屡经修缮。原有木棂星门、泮池、享殿、东庑西庑、大成殿、明伦堂、尊经阁、崇圣祠等。东西有神厨、名宦祠、兴贤门、乡贤祠、神库等建筑，与文昌祠的隔射圃相望，是一座完整的祭祀孔子的庙堂。

抗日战争时期，日本侵略军拆毁崇圣祠、尊经阁。1961年，明伦堂失火被焚。1985年，贺昌中学新建校舍，拆掉享殿，现仅存大成殿、东庑、西庑和文昌祠南大门口两棵唐槐树。大成殿面阔7间，建在2米高的长型石砌台基上，明代早期建筑，顶部孔雀蓝琉璃瓦，黄色琉璃瓦棱心，七色雕花吻，捏花脊，为单檐歇山顶砖木结构，进深5间，双抄双下昂斗拱。

四周有6米高的木柱24根做檐柱支撑，正脊中间竖有铁花，造型精巧。脊兽、垂首均为绿色琉璃制品，碧光灿烂，宏丽巍峨。1984年9月被离石县人民政府公布为首批文物保护单位。2004年6月被山西省人民政府公布为第四批省级文物保护单位。

天贞观

天贞观又名凤山道院，位于离石城区北三阳云凤山腰间，俗称上凤山，周围松柏满山，土崖如削，远远望去，“名山仙境”4个清嘉庆十八年（1813）石刻大字与城相映。建筑依山就势，高低错落，精巧玲珑，格调别致而著称，是离石区唯一保存完整的道教古建筑群。

相传，凤山天贞观始建于宋，元代遭兵火焚毁。明洪武十七年（1384），重修希夷庙。宣德四年（1429）增建九天应元雷声普化天尊宝殿、土地庙、五道庙、五龙庙、玉皇宝殿、三官四圣殿，并塑泥塑数尊。景泰元年（1450）重修了希夷殿，成化十九年（1483）增建孙真人殿。现主要建筑分上下两院，上院有三清殿，孙真人殿、读书楼。下院有三官楼、雷公殿、陈希夷殿、玉皇楼、观音殿以及附属建筑关帝庙、土地庙、五道庙。

天贞观于1959年7月被山西省人民委员会公布为省级文物保护单位（后调整撤销）。1984年9月被离石县人民政府公布为首批县级文物保护单位。2004年6月被山西省人民政府公布为第四批省级文物保护单位。2006年6月被国务院公布为第六批全国重点文物保护单位。

金林寺

金林寺位于西属巴街道茂塌沟村西，坐北朝南，东西长11米，南北宽270米。俗称佛地庙。现存正殿，枕头窑洞式，硬山顶砖木结构，单抄假昂斗拱。20世纪80年代起，利用政府拨款和群众集资进行过多次维修，现有建筑为明清风格。殿内有铸铁佛像3尊，明成化十二年（1476）造。中为释迦牟尼，高1.72米，座高30厘米。左右铁佛姿态各异，高1.54米，座高30厘米。佛像头部均有泥彩补塑的法冠，为离石境内唯一的铁铸佛像。庙内东西两侧有明清十二生肖壁画，为离石区境内独有。寺内原有铁钟1口，鸣声可达2.5千米。1958年大炼钢铁时被毁。1984年9月金林寺被离石县人民政府公布为首批县级文物保护单位。2006年7月被吕梁市人民政府公布为第一批市级文物保护单位。

千佛寺

千佛寺位于城西青阳山下，又名静室岩。明万历三十二年（1604）初建，清乾隆、嘉庆年间曾维修。现保存千佛殿、东殿、西殿、山门等建筑。千佛殿置于深20米、宽12米的石窟之中，塑彩色佛像63尊。东西两殿塑佛像551尊，艺术水平极高。山门围墙全用凿石砌成，石匾“静室岩”3字，系安国寺大禅师普润手书。

水月庵

水月庵位于离石区交口街道乔家塔村北庙坡上。坐北向南，东西长14米，南北宽32米，分布面积为448平方米。该庵创建年代不详，现存建筑为清代遗构。中轴线上自南向北有山门、正殿，东侧有配殿3间。正殿为二层建筑。一层砖券窑洞3孔，前设插廊；二层砖木结构已毁。山门一层为砖券门洞，额题“水月庵”三字。前设插廊，二层为阁楼1间，单檐硬山顶。另存石碣2方。

众神庙

众神庙原名永宁寨，位于离石区西属巴街道盛地村西南堡梁上。东西长111米，南北宽18米，占地面积1998平方米。据碑载，庙创建于明嘉靖二十四年（1545），嘉靖三十四年曾做兵寨，明崇祯年间、清代均有重修和扩建。现存建筑为清代遗构。自西向东有真武楼、关帝楼、灵关庙、将军庙等建筑，关帝楼为清代建筑，其他均为2003年后重建。关帝楼筑于高0.9米砖石台基、面宽3间，进深五椽，单檐硬山顶，灰瓦屋面，六檩前出廊梁架，柱头科、平身科均为三踩单翘。据脊枋题记为清乾隆十一年（1746）重建。殿内神台两侧及山墙存有三国故事彩绘壁画24幅。另廊下存碑3通，经幢1尊。2006年7月4日众神庙被吕梁市人民政府公布为第一批市级文物保护单位。

宝峰山古建筑群

宝峰山古建筑群位于信义镇归化村南隅约3000米宝峰山巅，东西长约300米，南北宽约60米。山上林木丛茂，悬崖壁立，山上建宋代应佛塔、玉帝殿、祖始殿、龙王庙、万神庙等建筑11处。碑记载初建于汉代，明万历三十七年（1609）重建。应佛塔通高5米，底部东西两面镶有琉璃浮雕，工艺精巧。悬崖峭壁之上有一巨石，重1500余千克，长丈余，形似龟，故名“龟石”。“一人伏其上则动，多则寂然”，称为奇物。玉帝殿八卦合顶，工艺精巧，风格独特。万神庙原有佛像数千尊，今尚存壁画佛像1000余尊，佛像神态各异，栩栩如生。2006年7月被吕梁市人民政府公布为第一批市级文物保护单位。

第二节　古遗址

古文化遗址

离石境内有古文化遗址：乔家沟龙山文化遗址，上安村商代文化遗址，盛地村北商代文化遗址，下水西村夏代和战国文化遗址，后赵家庄半坡龙山文化遗址，前赵家庄夏、商早期文化遗址，歧则沟村夏、商文化遗址，前王家坡村汉代文化遗址；后王家坡村龙山汉文化遗址；王家沟夏、商文化遗址；东属巴村龙山、夏、春秋、战国文化遗址；霜雾都村庙底沟龙山、夏、商、春秋早期文化遗址；吉家村仰韶文化古房屋及乔家沟龙山文化古房屋遗址（以上遗址全部经1983年吉林大学和山西省文物局古文化遗址调查组考证确认）。

马茂庄遗址

马茂庄遗址位于离石区莲花街道马茂庄村西南约100米的北川河东岸二级台地上。分布面积约2万平方米。属新石器时代、商代文化遗存。1983年晋中考古队、1992年省考古所曾先后两次发掘约300平方米。现断崖上暴露有新石器时期的灰坑和文化层，厚约0.4—0.6米，采集有仰韶文化庙底沟类型的泥质素面红陶盆、线纹小口尖底瓶、红陶钵残片，义井类型的泥质红陶线纹罐残片及商代的夹砂灰陶绳纹鬲、罐等残片。1984 年被离石县政府公布为县级文物保护单位。发掘资料发表在 1998 年《晋中考古》。

吴城城堡遗址

吴城城堡遗址位于离石区吴城镇街上村西北约 300 米大东川的台北。现东西长 40 米，南北长 60 米。相传为战国时期吴起所筑，故名吴城镇。吴城自古为兵家要地，后逐渐发展为秦、晋货物集散转运点，俗有“驮不尽的碛口，填不满的吴城”之说。

1963 年全省文物普查时，在吴城西沟发现吴城城堡遗址。1984 年，经文物部门两次实地踏勘证实，该遗址基本完好。遗址总面积为 1570 平方米，其中城堡为 100 平方米，最高城垣拔地 4.5 米，城址呈方形，系土石结构。从现存断壁残垣看，东西走向城垣较完好，南北走向城垣残损较严重。

北齐内长城遗址

北齐内长城遗址在离石城区东 52.5 千米的黄栌岭下，全长约 60 余米，为东西走向。因时隔久远，现已断续不连，露出地面仅 43 厘米。据《山西通志》卷十关隘篇记载：“齐文宣帝天保三年，幸离石，遂至黄栌，起长城，北至社干戍四百余里，立三十六戍。”山西省长城考察队 1983 年在全省文物工作会议上公布，北齐长城由离石县黄栌岭起，经方山东部，娄烦中部，岚县、静乐县交界直通宁武县，与战国长城宁武段相接，构成全省古长城系网图。1984 年 9 月被离石县人民政府公布为首批县级文物保护单位。

黄栌（芦）关遗址

黄栌关遗址位于离石区吴城镇上三交村东约 2 千米。黄栌关为古时通往汾州府（汾阳）的重要关隘。清乾隆四十五年（1780）始修，东路通行。嘉庆十一年（1806），镌刻“永宁州东界”石碑，立于黄栌岭下。黄栌关长约 80 余米，集南北朝、唐、宋诸代工程于一体，门洞高 3.75 米，深 4.05 米，宽 3.3 米。关东 7.5 千米处，有向阳峡，双峰壁立，高耸数丈，颇为壮观。山顶今存练兵场、饮马场、石屋等古迹。1984 年 10 月被离石县人民政府公布为首批县级文物保护单位。1986 年 8 月被山西省人民政府公布为省级文物保护单位。

永宁州古城遗址

永宁州古城遗址位于离石区南关。自有建置后，离石城垣始筑何代确无查考。据《汾州府志》记载，永宁州城周九里三步，合今 4505 米，高三丈五尺，壕深一丈三尺，城门三处。元至元二十一年（1284），河南行枢密院八元恺郡守尹炳重筑。明万历三年（1575），改修土城为砖城。清代，三次较大增建修缮，城高四丈八尺，下厚三丈二尺，上厚一丈五尺，筑城、台楼、堞铺、东城、西城一应俱全。现城址仅存西南城墙三级台 1 隅和古城门 1 处。

下四皓烽火台遗址

下四皓烽火台遗址位于离石区吴城镇上四皓村下四皓自然村南约 300 米柏树梁（亦称墩梁），东西长约 17 米，南北宽约 14 米，占地 238 平方米。修筑于宋代。现存墩台大致呈圆锥状，黄土夯筑，残高约 7.8 米，夯层厚约 0.10 米，底部残存有少量石砌墙体。据清光绪《山西通志》载，该烽火台为宋代至清代汾州至石州驿道干线上的军事设施。

上楼桥烽火台遗址

上楼桥烽火台遗址位于离石区田家会街道上楼桥村西的塬上。据《山西通志》记载，创建年代为宋、金至清代，据考为石州（永宁州）至汾州驿道干线上的通信设施。烽火台东西长 13 米，南北宽 12 米，分布面积 156 平方米。烽火台为锥形台体，底径 12 米，残高约 4 米，夯土层厚 0.25 米。残存有素面板瓦残块。

老爷庙遗址

老爷庙遗址位于离石区吴城镇上四皓村北庙塔上。东西长约 28 米，南北宽约 46 米，分布面积约 1288 平方米。创建年代不详，元至元年间（1335—1341）及清代均有修葺，为清代遗存。据碑记载，庙内原有关圣殿、刘王殿、龙王殿、观音殿、乐楼等建筑。1938 年因日本侵略军修筑碉堡拆毁，遗址内现仅存乐楼基础及清代石碑 4 通，元代经幢 1 尊。元代经幢共分六面，通高 0.92 米，面宽 0.16 米，共有 482 字，记载了刘渊为“冒顿之后……今离石左国郎单于所徙庭也……秦始汉初，建国成邦，后谥汉光文帝”。

九龙庙遗址

九龙庙遗址位于离石区田家会街道沙会则村北 100 米的庙塔上。坐北向南，东西长 35 米，南北宽 40 米，分布面积 1400 平方米。创建年代不详，为清代遗存。现残存地基残高 3.5 米，长 14.5 米，红砂石窑洞 4 孔，东侧 1 孔石窑洞西山墙已毁，西侧 3 孔窑脸塌毁。在密洞前有大门残体，地表散落灰砖及柱础等残件，遗址现新建九龙庙 1 座。

哺乳类动物化石遗址

1965 年，在离石县刘家庄、红眼川发现第三纪哺乳类化石两个地段，地层含有犀牛、羚羊、鹿、熊、剑齿虎、剑齿象、三趾马等化石。另外玉灵山与马头山石灰石中也发现有三叶虫等化石遗址。

第三节 古墓葬

东汉古墓

东汉古墓位于离石城区西下水西村。1983 年 11 月，经地、县文物部门实地踏勘，证实为东汉古墓。出土画像石 5 块，匭像柱 1 根及汉砖一批。5 块画像石规格分别为 290 厘米 ×35 厘米，135 厘米 ×53 厘米，140 厘米 ×54 厘米，94 厘米 ×33 厘米（墓门画像石 2 块）。画像柱刻有“延熹四年姚盖罡万岁之宅”字迹。现在离石汉画像石博物馆陈列。

清代古墓群

清代古墓群位于离石城区西王家塔村西梁上，共有古墓 6 冢、碑 6 通、石桌 5 个、华

表2根6冢古墓中，一为清道光八年（1828）建的庠生崔府君讳众望字感瞻配张氏之墓，一为道光十五年建的太学生清崔讳先慎字谨齐配任、郝、李、刘氏之墓，一为咸丰七年(1857)建的例授武略骑尉侯补营千总崔公讳大本字致中墓，一为清同治四年（1865）建的布政使经历乡饮宾公太学生崔府讳先立字正方之墓，其余2冢无考。1984年9月被离石县人民政府公布为首批文物保护单位。

安国寺清代和尚墓群

墓群位于离石城区西12.5千米的安国寺内，共有古墓9冢，一为临济第十四世舍贞和尚寿塔，建于清雍正十年（1732），一为圆寂恩师法常涌正字端耿和尚之龛，建于乾隆五十二年（1787）。其余古墓因碑志失落无考。

张玭家族墓地

张玭家族墓地位于离石区交口街道岐则沟村东张家茔梁。东西长50米，南北宽100米，分布面积约5000平方米，为明清古墓群。据明隆庆三年（1569）碑载，墓地为通议大夫户部右侍郎敕巡抚顺天都察院右佥都御史张玭家族墓地。墓地以陵园门为界，分为墓茔区和神道两部分。地表无封土堆，现存碑9通，石牌坊1座，石人2尊，另有石柱础、石狮等建筑构件。墓地由北向南，依次为祖张文绅，次男张玭，孙张平路、张三峰、张中路及曾孙张维之、张绍之四代墓。陵园门南端，东、西两侧各有御制碑1通、石像生1尊。张玭（?—1569）为明嘉靖十四年（1535）进士，知清丰县，擢兵部主事，历至郎中，出知永平府。任三年，励清操，擢按察使，晋右佥都御史，巡抚顺天府，寻谪布政司参议，复入为大理寺少卿，迁顺天府府尹，转迁南京户部右侍郎。

张珩家族墓地

张珩家族墓地位于离石区交口街道王家塔村北茔塔梁。分布面积约2000平方米。为明清时期墓葬。封土堆夷平，地表现存照壁1座，墓碑2通，雕花墓桌1张。墓地为明代通议大夫张珩家族墓地，2000年离石区文物所对张珩墓进行过抢救性发掘清理，出土墓志铭2通。

据《永宁州志》载，张珩石州（今离石区）人，字佩玉，号南川，谥襄敏，生于明成化二十二年（1486），卒于嘉靖三十九年（1560），曾官至都察院右都御史兼兵部左侍郎，赠工部尚书。该墓地1984年被离石县人民政府公布为第一批县级文物保护单位。

马茂庄墓群

马茂庄墓群位于离石区莲花街道马茂庄村中。面积约200万平方米。为东汉、金至清墓葬群。墓葬数量不详，地表散落有少量碎陶片和人骨等。民国8年（1919）曾出土一批汉画像石，1979年至2000年发掘墓葬累计100余座，其中汉墓50余座，出土有大量汉画像石及陶瓶、壶、井、案、灶、博山炉、铜镜、带钩和五铢钱等。该墓群是中国北方画像石的重要出土地之一（见《文物》1992第四期）。2001年6月25日被国务院公布为全国重点文物保护单位。

贺家塔墓群

贺家塔墓群位于离石区交口街道贺家塔村东的冯家塔。东西长80米，南北宽100米，分布面积约为8000平方米，为汉代墓地。地面无封土堆，无石象生及墓碑等，仅见零星的汉代绳纹砖碎块。1987年，村民王书海、刘成虎修房屋时均在其院内各发现一座汉画像石墓，均为砖石混构，出土汉代画像石八块，现保存于离石区文物旅游局。2006年7月被吕梁市政府公布为市级文物保护单位。

石盘墓群

石盘墓群位于离石区交口街道石盘村西塌。分布面积约2万平方米。为东汉墓葬，无封土堆，地表曾散落有少量陶片和人骨等物。1997年，村民闫建军建房挖地基时发现砖石混合结构汉代墓葬1座，坐北朝南，由墓道、甬道、前后室和左右耳室组成，共出土门楣、门框、门扉、横额和柱等汉画像石19块，内容有车骑出行、西王母、东王公、门吏、神兽和花纹等，现陈列于吕梁市汉画像石博物馆。材料发表于《山西省考古学会论文集》。2006年7月4日被离石区政府公布为市级文物保护单位。

下楼桥塔墓

下楼桥塔墓位于离石区田家会街道下楼桥村东北约60米的庙梁。坐西北向东南，东西长2.5米，南北宽2.5米，分布面积6.25平方米。为清代塔墓，砖券洞室墓穴。现存墓塔1座，通高7.5米，塔基为砖结构，平面六边形，边长1.1米，高0.5米。塔身五层平面六边形，高6.4米。塔刹为石雕葫芦，高约0.6米，塔前1米处有残碑1通，碑题圆寂恩师临济正宗第三十六世，清乾隆十六年（1751）九月初一。2006年10月28日被离石区政府公布为县级文物保护单位。

第四节　石刻　壁画

石刻

离石境内石刻主要分布在安国寺、天贞观、烈士楼、烈士陵园、白马仙洞、金阁寺等13处。根据1979—1987年8次文物普查记载，离石存有各类石刻近千件。其中，墓碑568通，龙头碑52通，庙碑233通，元代碑4通，石联32处，石碑坊2处，汉画像石200余块（含国外、北京故宫、省考古行、省博物馆），碑楼5座，石狮、石豹20件，石人、石羊、石马15件，以及大量民间石刻等。历史分期有新石器时代的石刀、石斧等，历经各朝至近代石刻均留存下来，内容涉及政治、军事、经济、文化、宗教、风俗、民情等各个方面。

安国寺各种碑、帖、石雕、墓志、经幢、石碑楼等共达65块，是境内保存石刻文物最丰富的地方。寺后百米石岩下有人工凿成的“石室”。据传，凿石室时斗石斗钱，为清于成龙之子于廷翼所筑。内有“龙虎”“山林”“野趣”等石刻大字，笔力遒劲。清道光年间，永宁州知州王继贤亲笔撰写的《山寺石室文》《听月泉记》《梅兰竹菊图》，石刻18方，共计1330字，道光鹿华名士唐家实谨跋：“此文意则神奇奥衍，语则斑驳陆离，而用笔过处纵横排宕，逼近苏韩。”其石刻楷书工整，为上乘书法之作，1964年，交口镇教师高选德将上述部分碑文拓片留存。碑毁于“文化大革命”，今仅存石文数块。2003年8月，离石市政协组织，将拓片上的文字进行整理，由西泠印社出版流传于世。关帝阁《佛说消灾吉祥陀罗尼》经文石碑1通，刻于明永乐二十年（1422），600余字。读书楼上雍正五年（1727）于准题书的《重葺山寺并先清端共读书楼落成之日歌以志感》诗1首、陈壮履题书《于清端公读书楼记》1篇。于中丞公生祠院内有于灏题书的《大中丞于公生祠记》，刻于雍正七年（1729）。天贞观现存历代碑碣29通（块）。

壁画

离石境内壁画主要分布在安国寺的佛殿、观音楼，金阁寺的真武庙，天贞观的白云洞及金林寺和烈士楼，总面积达821.7平方米。其中安国寺为220平方米，烈士楼为189.3平方米，众神庙为67平方米，千佛洞窟为120平方米，宝丰山万神庙为33.6平方米，圣母庙为44.8平方米，天贞观为12平方米，金林寺为135平方米。安国寺观音楼内的32幅古代壁画，大雄宝殿内的佛传68幅壁画，风格独特，时代感明显。天贞观陈希夷殿内西墙现存有20余平方米，明永乐十一年（1413）《修建武当山宫观感应之图》壁画，其上部为“十次神主显现图”，下图为“武当山全景鸟瞰图”，图中亭、台、楼、阁采用沥粉贴金绘画，色彩艳丽，构图严谨，是一幅不可多得的艺术珍品。千佛寺西殿右壁的19个人物出行图，栩栩如生。金阁寺的几幅清代“九龙吐水”，金林寺的十二生肖人物图等，运笔、着色、图像，都有精湛的艺术水平。

第五节 红色资源

烈士楼 烈士陵园

城内烈士楼 位于离石区莲花街道城内村中。坐北向南，东西长25米，南北宽41米，占地面积1025平方米。原为关帝楼，明代二层建筑，一层为高约5米的砖砌台基，中辟十字拱券过街洞；二层为楼身，面宽五间，进深六椽，单檐歇山顶，七檩四出廊梁架。四周施斗拱共34攒，柱头科和平身科均为五踩双昂式斗拱，绿色琉璃瓦覆顶。该楼东为偏殿（3孔清代砖窑），院中心有思源亭1栋。1949年，离石县人民政府将关帝楼改为烈士楼。楼内陈列着：部分烈士骨灰和贺昌、崔一生、韩昌泰烈士的画像，在抗日战争中牺牲的杜凤英、李秀珍等1507名烈士纪念砖刻名录，龛顶高悬中央人民政府北方老根据地访问团华北晋绥分团1951年敬献的“为革命牺牲的同志永垂不朽”木匾1块。与井藻相接，墙壁和天花上绘有以描写抗日战争和解放离石为内容的彩色壁画50幅80平方米。顶棚上绘有藻井图案画。烈士楼四周有“中国共产党中央委员会委员贺昌纪念碑”“晋绥边区第八分区地委书记崔一生烈士纪念碑”，“离石县长韩昌泰烈士传记碑”等石碑20通。1958年，县政府在园内增建“思源亭”和园门各1处，并将烈士楼更名为“烈士陵园”。每到清明节，县内各学校师生和烈士亲属、后代总要前来祭扫。1965年5月21日，烈士楼被山西省人民委员会公布为第一批省级文物保护单位。1984年9月，被离石县人民政府公布为县级文物保护单位。2002年离石市政府将石碑等部分设施搬迁至凤山烈士陵园。

严村烈士楼 原为关帝楼，位于离石区信义镇严村村内。该烈士楼为纪念王老虎、张关贤、郭三大等在解放战争中牺牲的21名烈士而建。该烈士楼坐西向东，东西长8.5米，南北宽4.9米，占地面积41.65平方米。为单体二层建筑，一层为红石质过街洞，二层为砖石混构窑洞1孔，前设插廊，单檐硬山顶。

庙院外2米处有碑2通，青石质圆首，有方形青石质碑座。一通为战斗英雄王老虎纪念碑，另一通为张关贤、郭三大等20名烈士纪念碑。众烈士纪念碑有卷棚顶碑楼，均为1948年6月1日立石。

归化烈士楼 位于离石区信义镇归化村内。坐北向南，东西长11.5米，南北宽12米，占地面积138平方米。为纪念抗日战争期间在归化村及前线为革命牺牲的归化村41名烈士而建设烈士楼。

该楼始建年代不详。1952年改为烈士楼。烈士楼石砌台基，高2米，面宽一间，进深四椽，单檐悬山顶，灰瓦屋面，五檩前后廊梁架。楼内设烈士纪念碑1通，青石质圆首，有方形碑座，碑高1.6米，宽0.56米，厚15厘米。额题“永垂不朽”，首题为“离石县第五区归化村行政村革命牺牲纪念碑”，碑文共16行，满行40字，1952年8月1日立石。碑文记载，烈士中有战斗员李三东等10人、政民干部陈有贵等16人、群众李仲才等15人，共计41人。

马家塔烈士楼 位于离石区吴城镇李家湾村马家塔自然村西的东塔上。坐北向南，东西长4米，南北宽4米，占地面积16平方米。1952年8月1日创建。

该烈士楼为纪念傅玉保等在抗日战争、解放战争中与敌人顽强斗争，为广大人民利益而流血牺牲的9名马家塔村烈士而建。该烈士楼为石砌台明、砖券窑洞1孔，深1.65米，宽1.5米，屋额中间书“烈士楼”3字，门额上方中间有半圆装饰女儿墙，中嵌五角星。内有纪念碑1通。

信义烈士楼 原为五道庙，位于离石区信义镇信义村西。坐北向东，东西长4米，南北宽5米，占地面积20平方米。清乾隆三十一年（1766）5月创建。1952年，改为烈士楼。

信义烈士楼是为纪念李完儿等7名革命烈士而建。楼内正面左上角有红五星5个，正中间书“永垂不朽”。前有青石质圆首碑1通，有青石方形碑座，1952年8月1日立，题记为“离石县信义行政村革命烈士碑记”。据碑载，烈士姓名为：高丑不浪、李完儿、张侯来、李完喜、高兆生、刘全才、鲁奴则、高蛇年。该楼为红石台基，面宽一间，进深三椽，单檐硬山顶，灰瓦屋面，四檩前出廊梁架。

袁家庄烈士楼　位于离石区凤山街道袁家庄村中。坐南向北，东西长6.6米、南北宽6.6米，占地面积43.56平方米。1952年8月，改为烈士楼。

烈士楼创建年代不详，现存为清代遗构。是为纪念在抗日战争中牺牲的凤山底、袁家庄、乔家沟3村的张步周等二纵四旅炮兵一连9名战士而建。该烈士楼为二层建筑，一层为十字过街洞，二层房屋面宽三间，进深四椽，单檐硬山顶，灰瓦屋面，五檩前后出廊梁架。烈士楼内存设纪念碑1通，首题为“烈士楼碑记”，碑高1.70米，宽0.60米，厚15厘米。1952年8月立石。

离石烈士陵园　位于离石区滨河街道后瓦村北的凤山。坐北向南，东西长80米，南北宽100米，占地面积8000平方米。据碑载，1958年，离山县人民政府建设烈士陵园。1984年9月，离石县人民政府公布为第一批县级文物保护单位。

烈士陵园是为纪念贺昌、韩昌泰、刘焕文等1500余名在抗日战争及解放离石战斗（1937.3—1945.8）中牺牲的英烈而设。2002年扩建，陵园轴线上自南向北有大门、纪念馆。后院有烈士墓84座。纪念馆一体为仿古庑殿顶，两侧为单面回廊式顶，纪念馆台阶前有弧形浮雕，刻画前线战斗和后方支前的场景。大门为新式立柱式。纪念馆周围存碑20通。

战斗遗址

山㙩战斗遗址　位于离石区枣林乡袁家坡底村山㙩自然村南500米的王老婆山圪㙩上。东西长65米，南北宽170米，分布面积11050平方米，是八路军在离石境内首次歼灭日本侵略军的战场。

民国27年（1938）2月26日，山㙩阻击战打响，交战双方为日本侵略军松井师团和八路军120师警备8团1个营500余人及离石游击队。战役由团长王年生指挥，当地军民密切配合，大获全胜，歼日本侵略军200余人，缴获步枪40余枝、轻机枪2挺、重机枪1挺及军用通信器材一批。人称“小平型关战斗”。2000年10月，为纪念山㙩阻击战中牺牲的22名陕西籍无名战士在此建合葬墓，立青石碑1通。

油房坪战斗遗址　位于离石区吴城镇油坊坪村东南约1千米的东塔上。东西长25米，南北宽88米，分布面积约2200平方米。民国27年（1938）9月9日发生，日本侵略军200余人押运满载通信、渡河器材的18辆军车，从汾阳出发，准备东渡黄河进攻延安，行至油房坪，遭到八路军115师343旅686团伏击，八路军全歼日本侵略军并缴获全部器材，然后从柏树梁撤入大山。

薛公岭战斗遗址　位于离石区吴城镇九里湾村南1千米的山谷地带，道路弯曲，山高林密，面积约200万平方米。是汾阳通往离石的必经之路。

民国27年（1938）9月，日本侵略军为配合其正面作战，并“扫荡”吕梁抗日根据地，决定向山西增兵1万余人。驻汾阳日本侵略军第一零八旅团（旅团长，山口少将）3000余人，沿汾（阳）离（石）公路西犯，企图由军渡过黄河，进攻陕甘宁边区。为保卫延安和陕甘宁边区，八路军115师343旅奉总部命令北上在薛公岭阻敌西进。14日，686团在吴城以西的薛公岭埋伏。汾离公路沿薛公岭盘山而上，两侧险峻布满树丛，山坳北侧有日本侵略军一座碉堡，监视东西公路情况。686团主力埋伏在公路南侧，北侧埋伏1个连。部队按预定方案进入阵地后，杨勇团长，彭雄、欧阳文参谋长到各营检查战斗准备情况。15日上午，日本侵略军20余辆满载辎重物资的汽车爬上汾离公路的薛公岭村，埋伏在此的686团先发八二迫击炮弹将碉堡炸毁，埋伏在北侧山坡的连队占领碉堡阵地，一面截住日本侵略军西进去路，一面向离石方向警戒。隐蔽在南侧的主力部队猛烈向日本侵略军开火，扔手榴弹，汽车队被炸得完全瘫痪。日本侵略军跳下车向八路军射击，八路军又是一阵重火力，将日本侵略军压下去。八路军嘹亮的冲锋号响起，指战员们冲上公路与日本侵略军展开白刃搏斗，不到1小时，押车的200余名日本侵略军被全部消灭。八路军用缴获汽车满载战利品而归。

段家塌战斗遗址 在离石城区西北25千米处。民国34年（1945）5月12日，日本侵略军从离石、大武、石门塌3路出兵侵犯段家塌村。八路军37支队8连连长张文凯闻讯后，立即率部解救，经激战，日本侵略军被赶走。八路军为夺回被日本侵略军抢走的牲畜财物继续追击，张文凯不幸中弹，牺牲于该村附近。

马槽里战斗遗址 位于离东县（今离石区）信义镇高家庄行政村马槽里自然村千树沟一带，沟宽约20米，深约2千米，三面环山。民国29年（1940）山西新军决死四纵队203旅9团转战晋西北，驻守离东县，主要在临南、方山、离石县、离东县一带活动，负责有计划的攻击日本侵略军据点、破坏公路、铁路、交通、通信设施等。19团三营官兵驻扎高家庄龙石头自然村北山上的柳坪塌一带，自己动手打造土窑洞11孔，边生产边练兵，伺机袭扰击杀日本侵略军，阻敌西渡黄河，保卫延安。民国30年4月，因叛徒告密，19团3营在高家庄村附近遭遇日本侵略军三路包抄，为保护官兵驻地沿沟内青石坡、龙石头等7个小村里的200余名群众，3营政治指导员高日升带领全连战士放弃逃生路线，选择进入驻地反向马槽里村的荒沟——千树沟内，行至半沟处，与山顶、沟口三面围攻的日本侵略军展开顽强战斗。至次日拂晓，终因寡不敌众，高日升、马连长及全连百余勇士壮烈牺牲，四天后被当地百姓就地掩埋。现存高出地面约2米、方圆30余平方米的烈士坟茔4处。

旧址

第二战区民族革命战争战地总动员委员会旧址 简称马茂庄战动总会机关驻地旧址，俗称“乐天堂”，位于离石区莲花街道马茂庄村崖上。民国26年（1937）11月9日，战动总会机关由续范亭、程子华等率领移驻离石“乐天堂”。在此期间，战动总会开展建立各县动委会和群众团体组织，举办工作人员训练和游击干部训练班，创建各级游击队、自卫队等武装力量，准备和日军作长期斗争，推荐多名中共党员担任县长职务，以便掌握抗日政权，创办《动员》半月刊和《战动通讯》报，建立印刷所和电台，帮助各县建立锄奸队，开展锄奸运动。民国27年2月，日本侵略军进犯离石，战动总会从离石迁往岚县。

旧址现存建筑为清代遗构。二进院布局，一进院轴线上自南向北有大门、倒座，东侧有厢房5间，西侧有窑洞3孔。二进院轴线上自南向北有二进院大门、正窑，东侧有厢房3间。正窑为砖券窑洞3孔，倒座面宽三间，进深两椽，单檐硬山顶，三檩无廊式结构，一、二进院大门均为单檐硬山顶。占地面积638.4平方米。

盛地战动总会游击第四支队驻地旧址　位于离石区西属巴街道盛地村中。民国26年（1937）11月5日，日本侵略军逼近太原郊外，暑期迁校并在清源县（今清徐县清源镇）城成立的太原成成中学师生抗日游击队（1937年10月10日成立之初称太原成成中学师生抗日义勇队）随战动总会转移至离石，11月25日正式编为战动总会游击第四支队，移驻盛地村进行整训。支队长为校长刘墉如，副支队长冯福厚，政治主任宁德青，政治副主任、支队党支部书记曹振之，参谋长宋玉森。支队下设大队2个，中队5个。各中队均设中共党支部，各级主要领导人全部为中共党员。政治上受战动总会中共党团领导，军事上由八路军120师统一指挥。期间，第四支队奉命配合战动总会妇女工作团和战地服务团动员组织农民协会和农民自卫队，先后建立沙曲、康家湾、杜峪等9个村农民协会，动员100余名青年参军。11月底，第四支队在离石歧则沟、柳林沙曲、先后听取续范亭、程子华、南汉宸的抗日形式报告和武装队伍建设。在整训期间还建立政治工作制度等，游击支队学习政治、军事课程，还进行一系列实地军事训练。同期（11月底），中共中央北方局书记刘少奇，120师师长贺龙到盛地村看望第四支队指战员。刘少奇指出：支队在统一战线中坚持独立自主的原则，军事上要坚持独立自主的山地游击战，军事建设上要坚持党的绝对领导。并指示四支队要在适当时机向120师靠拢，接受八路军军政训练。贺龙师长高度赞扬成成中学师生在国难当头，毅然集体投笔从戎的爱国壮举，并以八路军的一系列胜利说明日本侵略军是能够打败的，最后胜利一定属于中国人民。同年11月底，刘少奇化名“胡服”与贺龙看望站动总会游击第四支队，并居住月余。民国27年2月9日，支队离开盛地奉命靠拢120师，开赴抗日战场。

离东县委机关驻地旧址　离东县委机关旧址位于离石区信义镇千年里村内。坐北向南，东西长24米，南北宽21米，占地面积504平方米。

民国29年（1940）9月，为加强对离石东部山区的领导，中共晋西区党委决定以离石东山地区至方山、峪口、鸦儿崖等地划建离东县，成立中共离东工委。工委书记王亦明，组织委员冯国安，宣传委员卜立功，工委机关驻千年里。将原离石五区阳坡一带改为一区，千年里一带为二区，鸦儿崖一带为三区。民国30年11月，晋绥四地委决定，将中共离东工委改建为中共离东县委。由田秉刚任县委书记兼宣传部部长；王亦明任县委副书记兼组织部部长。工委、县委先后隶属于中共晋西四地委、中共晋绥八地委、中共晋绥三地委领导。民国34年9月9日，离东县游击大队等地方武装配合八路军120师358旅解放离石城。至1946年1月，当时的离东县委、县委宣传部、13团团部等单位，在此领导指挥离石东部地区的抗日战争和解放战争。同月，撤销中共离东县委，所辖一区、二区、三区区委划归中共离石县委领导，离东县党政机关随离石县委进驻离石城。

前王家坡延安儿童团员临时就学处旧址 前王家坡小学遗址位于离石区凤山街道前王家坡村崖上。俗称“崖上”，坐西向东，面积1253平方米，始建于清代。地处虎山脚下，北川河、东川河交汇处，与离石城区相连。

1947年3月，国民党军队对共产党领导的解放区发动重点进攻，胡宗南部大举进犯延安。毛泽东、周恩来、任弼时等率党中央留陕北继续指挥西北和全国的解放战争，刘少奇、朱德等组成中央工作委员会，进驻河北西柏坡主持中央日常工作，人民解放军展开外线作战。在此情况下，中共中央直属机关和军委直属机关及延安保育院、小学3000余人在叶剑英、杨尚昆率领下于3月下旬东渡黄河转移到山西省吕梁市临县三交镇。之后，随行的60多名儿童团员被暂时安置在离石县前王家坡村崖上的王家坡小学就读。这些儿童团员中，有后来成为国家领导人的李铁映、伍绍祖等。当时，伍绍祖在转移的1000千米行军中还被评为“行军模范”。李铁映等几个孩子被安排在村民崔有才家住宿。儿童团在王家坡期间，白天在王家坡小学上语文、数学、历史等文化课，课间还安排出操、唱歌等活动，晚上，孩子们则分散住在学校和村民家中。同年9月，儿童团被转移至兴县。

辛安亭故居 位于离石区田家会街道沙会则村。据《辛氏谱》载，创建于清嘉庆十八年（1813）。四合院布局，占地面积598平方米，轴线上有倒座、正窑，东有厢房3间，西有石碶窑面窑洞2孔，东南为院门。正窑为石碶窑面窑洞3孔，倒座为土坯房，面宽4间。

辛安亭，字适然，沙会则村人，中共党员，第一届全国人大代表，中国民主促进会会员。当代著名教育家、出版家、通俗读物作家，被誉为中华人民共和国中小学教材改革和建设的开拓者之一，是中华人民共和国基础教育的奠基人之一。他撰写和组织修订出版的著作有12种，400余万字，发表论文130余篇。对离石的教育事业发展建设很关心，成为贺昌中学捐书1500余册，1988年病逝。2006年10月，辛安亭故居被离石区人民政府公布为县级文物保护单位。2007年，为纪念辛安亭，离石区人民政府在离石一中院内修建辛安亭纪念馆。2008年，在沙会则村修建辛安亭小学校。2012年故居被列入离石区革命遗址名录。

重要场馆

高家沟高级军事会议纪念馆 位于离石区交口街道高家沟村，距离石区4千米，为吕梁市爱国主义教育基地和首批吕梁市党员干部教育基地。

1946年12月16日中共中央委托中央军委副主席兼总参谋长彭德怀、中共中央西北局书记兼陕甘宁晋绥联防军代政治委员习仲勋召开的“陕甘宁边区、晋绥军区和晋冀鲁豫的太岳地区高级干部会议”。参加会议的领导有彭德怀、贺龙、习仲勋、陈赓、李井泉、王震、罗贵波等。会议传达中央军委和毛泽东关于粉碎国民党军进攻延安的企图，做好战备工作的指示精神；研究部署加强统一领导黄河东西两个解放区的联防部署和密切配合作战，开辟吕梁军区等问题。这次会议是一次迟滞胡宗南集团突袭延安，保卫党中央、保卫延安的重要会议，在中国共产党军事史上具有重要意义。

2008 年第三次年全国文物普查中，经过调查了解，将高家沟高氏的旧居列入离石区不可移动文物名录，命名为“贺龙路居”。2014 年 10 月，中共离石区委、离右区人民政府根据有关规定和要求将高家沟会议旧址确定为中国革命重要历史事件和人物活动纪念地。2015 年 12 月，离石区委、区政府启动旧址修复工程，2016 年 9 月 30 日竣工，高家沟高级军事会议纪念馆开馆。

纪念馆原为清代四合院民居，坐西向东，东西长 34 米，南北宽 33 米，占地面积 1122 平方米。布展面积 330 平方米。西面有正窑 5 间，南北侧各有砖拱窑洞 3 间，东面议事厅为会议旧址，东北角为大门。此外还有练兵场、柴房、厨房、马厩等设施。纪念馆以“晋陕联防、保卫延安”为主题，分为“会议决策”“决战吕梁”“决胜陕北”“红色离石”四部分，集中展现解放战争时期，在中共中央及毛主席的领导下，彭德怀、贺龙、习仲勋等老一辈无产阶级革命家带领陕甘宁边区和晋绥边区军民，前方浴血奋战、后方大力支援，密切配合、保卫延安，一道实现解放战争的历史转折，开辟了中国革命从困难走向希望，从胜利走向胜利的壮美篇章。

第六节 馆藏文物

至 2015 年，离石汉画像石博物馆、区文物旅游开发中心等地馆藏文物达 1024 件。其中瓷器 520 件，三级以上文物达 34 件；陶瓷 220 件，三级以上文物达 18 件；石刻 148 件，三级以上文物达 128 件。主要重点文物如下：

战国四穿铜戈

长 20.5 厘米，宽 11 厘米，厚 22 厘米。带胡三穿直内戈，有阑，直内，内上有一穿，沿阑有三穿，有锈，为墓葬品。2002 年发掘于离石旧城。现存离石区文旅中心。

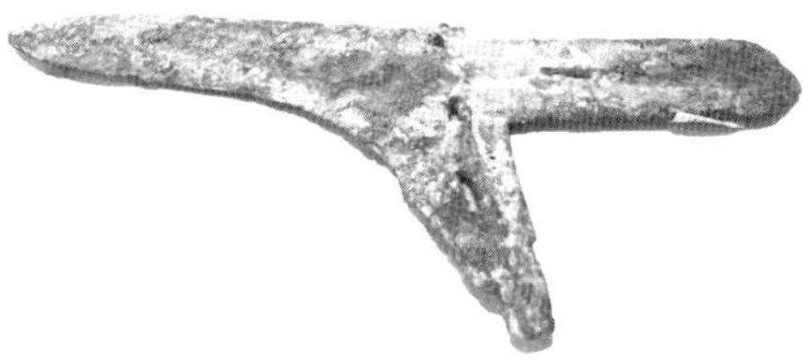

战国四穿铜戈

春秋青铜剑

长46.5厘米。有格圆茎，双箍，短青铜剑，剑脊凸起，粘有木渣，为墓葬品。

春秋青铜剑

战国白玛瑙环

战国白玛瑙环

外径4.5厘米，内径2.5厘米。圆形，环状。墓葬品，2002年4月发掘于离石旧城。现存离石区文旅中心。

战国蟠虺纹玉壁

战国蟠虺纹玉璧

直径4.1厘米，好径1.6厘米。圆形，单面饰蟠虺纹，土沁明显，为墓葬品。2002年4月发掘于离石旧城。现存离石区文旅中心。

汉吴执墓画像石

汉吴执墓画像石

1980年离石县交口镇出土，现陈列在离石汉画像石博物馆。

门楣石：长292厘米，宽30厘米。

左门框石：长134厘米，宽53厘米。

右门框石：长134厘米，宽53厘米。

左门扉石：高112厘米，宽47厘米，门枢高8厘米，门枢径8厘米。

右门扉石：高112厘米，宽47厘米，门枢高8厘米，门枢径8厘米。

门楣石：上部刻方折卷云纹以作边饰。下部

为车马出行图。从右至左分别刻有吹奏步卒2名、轺车2辆、骈车1辆、从骑3名、轺车1辆、吹奏步卒2名、从骑2名、轺车1辆、辎车1辆、轺车1辆。

左门框石：右部刻方折卷云纹以作边饰。左部为出行图。刻出行马队和牛队。

右门框石：右部刻卷云纹，左部为出行狩猎图。刻出行马队和狩猎场景，骑士用力拉弓，正欲射向猎物。竖向放置时，最下端刻二兔耳神人，执杖相对而立。

左、右门扉石：上部刻朱雀，中部刻衔环铺首，下部刻双翼独角神兽。

左右门扉之朱雀和神兽皆相对而立。

汉仙人驯马画像石

民国8年（1919）离石县马茂庄东汉左表墓出土。1980年吕梁市贺昌中学移交。现存离石汉画像石博物馆陈列。高133厘米，宽97厘米。上端及右侧刻云纹边饰。上部左侧刻一仙人，双耳竖立，有发有须；右侧刻一马，鬃毛向上飘起。仙人手执仙草正在驯马，衣摆后飘，马亦欢腾跳跃。下刻二鸟，左侧鸟有冠羽，振翅欲飞；右侧鸟无冠羽，双腿直立，目视前方。在之下刻一柿蒂纹。

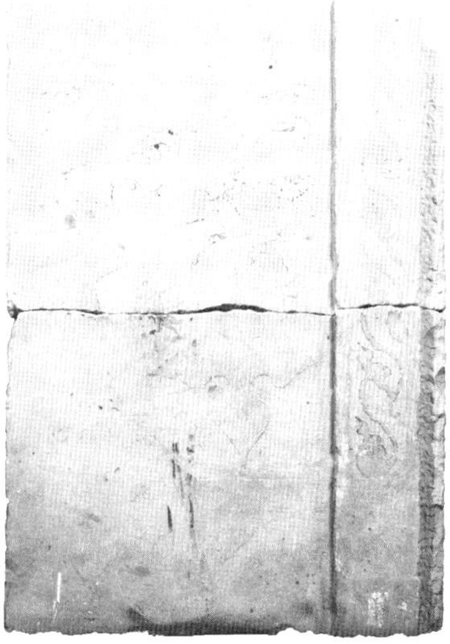

汉仙人驯马画像石

汉立柱画像石

历史故事图（似火牛阵），神人，瑞兽，残高77厘米，宽92厘米，厚12厘米。民国8年（1919）马茂庄村西鱼榻梁出土。现陈列在离石汉画像石博物馆。

立柱画像石拓片

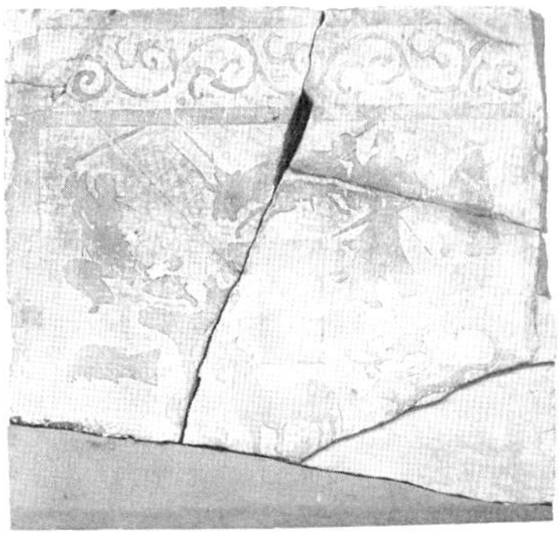

汉立柱画像石

祥瑞飞禽拓片　　祥瑞飞禽

汉立柱画像石

祥瑞飞禽，高 140 厘米，宽 39 厘米，厚 12 厘米，1990 年 10 月马茂庄村西山塬出土。现陈列在离石汉画像石博物馆。

两神相会朱雀门吏画像石

汉立柱画像石

两神相会，朱雀门吏。高 125 厘米，宽 54 厘米，厚 21 厘米。1998 年 6 月西崖底征集。现陈列在离石汉画像石博物馆。

汉立柱画像石

飞升图，高 140 厘米，宽 86 厘米，厚 12 厘米。1990 年 10 月马茂庄村西山塬出土。现作为标本收藏在山西考古研究所。

飞升图拓片　　飞升图画像石

汉墨书纪年门扉画像石

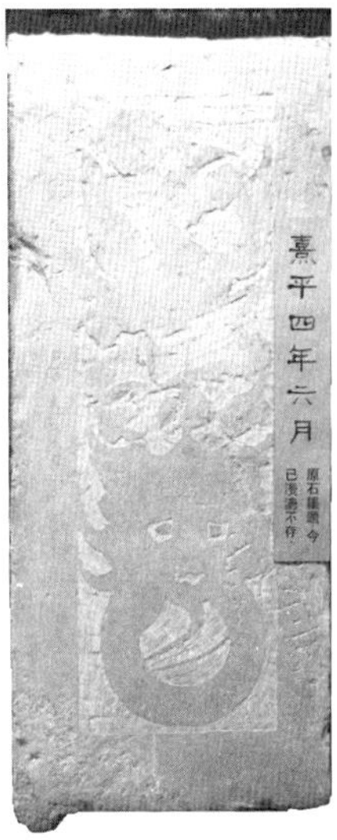

汉墨书纪年门扉画像石

高1.22米，宽48厘米，厚6厘米。画像竖幅，画面上部为右向朱雀，双翅上举，振尾展翅欲飞翔。下为兽头形铺首衔环，二目圆睁，墨线清晰，浅浮雕。右边沿中部墨书汉隶“嘉平四年六月”，现已漫漶不存，为墓葬品。1992年1月1日发掘于离石马茂庄扩城改河工程。现陈列在离石区汉画像石博物馆。

朱雀、铺首画像石

石盘汉墓左右门扉画像石

朱雀、铺首。均高124厘米、宽48厘米、厚6厘米。1997年4月石盘村北出土，现陈列在离石汉画像石博物馆。

汉横额画像石

车马出行，长274厘米，高31厘米，厚12厘米，1990年10月马茂庄村西山塬出土。现作为标本收藏在山西省考古研究所。

汉横额石画像石局部

车马出行图 拓片

石盘汉墓门楣画像石

车马出行，长193厘米，宽32厘米，厚14厘米，1997年4月石盘村北出土，现陈列在离石汉画像石博物馆。

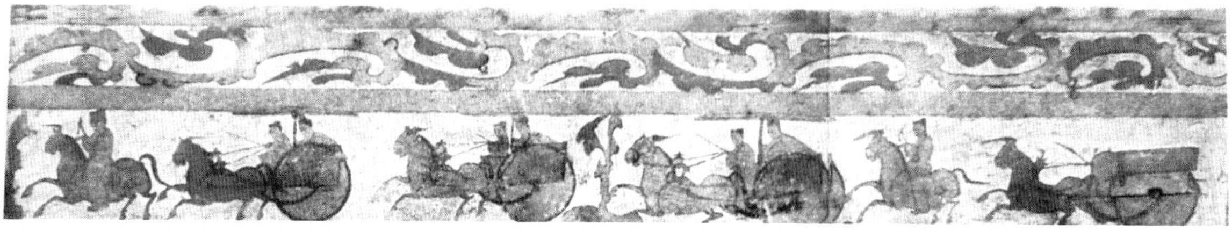

车马出行画像石

王公王母 持慧持盾门吏画像石

汉左右门框画像石

王公、王母，持慧、拥盾门吏，均高112厘米，宽22厘米，厚14厘米，1992年12月马茂庄村西山塬出土。左门框石右侧边缘有一竖行隶书刻铭“汉故西河圜阳守令平周牛公产万岁之宅兆”。现陈列在离石汉画像石博物馆。

石盘汉墓左右门框画像石

王公、王母、门吏，均高120厘米，宽31厘米，厚12厘米，1997年4月石盘村北出土，现陈列在离石汉画像石博物馆。

王公、王母、门吏画像石

汉左门框画像石

王公，门吏，高 138 厘米，宽 70 厘米，厚 15 厘米，2005 年离石城内出土。门框左边缘上端竖行墨题汉隶“东王父门厅长”6 字。现藏离石区文旅中心。

王公、门吏画像石

背面

正面

汉八乳博局铜镜

直径 19.2 厘米，厚 0.6 厘米。1993 年离石县马茂庄村汉墓群发掘出土，现藏离石区文旅中心。

汉棒形铜带钩

长 16 厘米，高 2.5 厘米，厚 1 厘米。棒形，圆脐，通体绿锈，为墓葬品。1993 年 1 月发掘于马茂庄扩城改河工程。现存离石区文旅中心。

汉铜带钩

汉铜鐎斗

汉龙首流附耳铜鐎斗

长 24 厘米，高 8.5 厘米，口径 5.5 厘米。三足立耳，长柄，卧流，为墓葬品。2002 年 9 月发掘于离石马茂庄扩城改河工程。现存离石区文旅中心。

东汉正方体三孔明器陶灶

高 9.5 厘米，长 16.5 厘米。表面呈正方形，上有三斧形物，正面有一长方形孔，背后上方留一烟道口。墓葬品，1986 年 1 月 1 日收藏于离石文化馆文物组。现存离石区文旅中心。

东汉三斧灶

汉灰陶井

汉带架带桶陶井

通高 43.5 厘米，底径 14.5 厘米。灰陶井带架，为墓葬品。1992 年 1 月发掘于离石马茂庄扩城改河工程。现陈列在离石汉画像石博物馆。

汉弦纹鼓腹陶壶

高 31 厘米，口径 11.7 厘米，底径 14 厘米。敞口，长颈，溜肩，鼓腹平底，三道弦纹，为墓葬品。1986 年收藏于离石文化馆文物组。现存离石区文旅中心。

汉灰陶弦纹壶

东汉鸭首曲颈鼓腹陶壶

高36.5厘米，腹径23厘米，底径15厘米。鸭首曲颈扁腹壶，高足外撇，鸭首双目凸出，为墓葬品。1993年1月发掘于离石马茂庄扩城改河工程。现存离石区文旅中心。

东汉鸭首曲颈鼓腹陶壶

汉涡纹灰陶罐

汉彩绘云纹鼓腹束颈陶罐

通高24.2厘米，口径8.5厘米，底径12.6厘米。侈口，平唇，束颈，溜肩，鼓腹，腹下敛，高足，平底，颈部饰三道白色弦纹，肩部饰四组白色螭龙纹。2003年7月收藏于离石西客站工地。现存离石区文旅中心。

唐郭府君墓志

边长35厘米，厚8厘米。正方形，由盖与志两部分组成。盖为墨斗形，刹上刻十二生肖兽首人身图，盖表阴刻“郭君墓志”。志四边刻八个□门，内刻动物，志文竖刻楷书20行，为墓葬品。1986年1月收藏于离石县文化馆文物组。现存离石区文旅中心。

唐郭府君墓志

宋花卉铜镜

宋花卉纹桥纽铜镜

直径11.7厘米。青铜圆茎，镜身较薄，镜背外沿内高外低，饰蒂纹钮座，小细钮，周围饰四朵花卉，为墓葬品。1991年1月征集于离石马茂庄。现存离石区文旅中心。

金石雕人物座像

金男石雕人物座像

高51厘米，头着巾，身穿圆领长袍，坐于椅上，双手拢于腹前，为墓葬品。1986年1月收藏于离石县文化馆文物组。现存离石区文旅中心。

金黑釉嘟噜瓷瓶

通高22.5厘米，口径6.5厘米，底径9厘米。菌口，溜肩，鼓腹下敛，台阶型圈足，砂底。墓葬品，1993年1月发掘于马茂庄扩城改河工程。现存离石区文旅中心。

金黑釉嘟噜瓷瓶

金白釉花卉纹瓷碗

金白釉花卉纹瓷碗

通高5厘米，口径19.1厘米，底径6.8厘米。敞口，圆唇，短弧壁，圈足，碗内壁饰墨圈，花卉，飞鸟，施釉不到底。墓葬品，1986年1月收藏于离石后庄。现存离石区文旅中心。

金白釉印花瓷盘

高4.6厘米，口径18.5厘米，足径6.6厘米。白釉、印花、圈足、圆形，为墓葬品。1988年1月收藏于离石县文化馆文物组。现存离石区文旅中心。

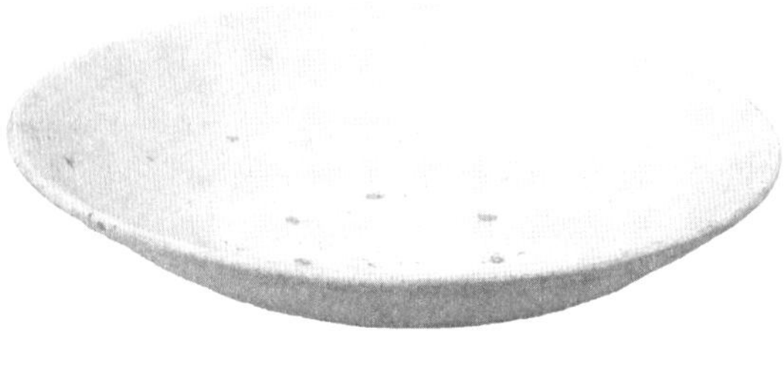

金白釉印花瓷盘

金白釉瓷碗

金白釉瓷碗

高 4.3 厘米，口径 13 厘米，底径 4.3 厘米。敞口，斗笠形，小圈足。墓葬品，1992 年 1 月发掘于马茂庄扩城改河工程。现存离石区文旅中心。

金彩绘三层陶塔

高 87.8 厘米，底径 27.5 厘米。由塔身两部分、塔底、塔刹共 4 部分组成。塔为 3 层，上有条形红、白彩绘，3 层塔身留有门窗孔，为墓葬品。1996 年 1 月征集于离石石盘村。现存离石区文旅中心。

金彩绘陶塔

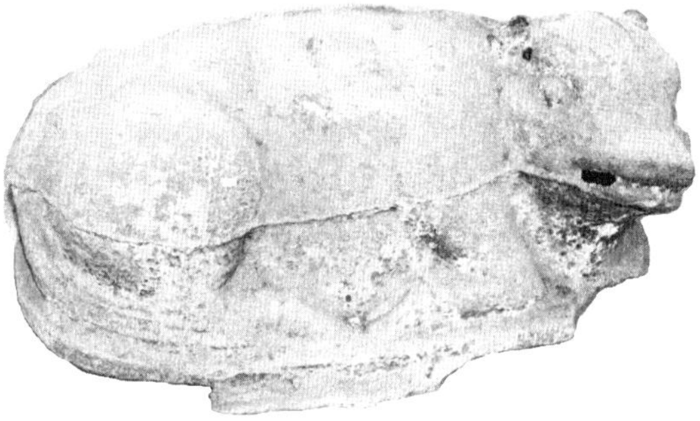

元铁牛

元卧式铁牛

高 40 厘米，边长 1 米。卧牛，牛首扭向一旁，牛尾卷回，牛体肥大。1979 年 4 月收藏于离石县文化馆文博图组。现存离石区文旅中心。

明黑釉玉壶春瓷瓶

高 14.8 厘米，口径 5 厘米，底径 5.5 厘米，腹径 9.5 厘米。喇叭口细颈，下腹鼓，圈足。墓葬品，1986 年 1 月收藏于离石县文化馆文物组。现存离石区文旅中心。

明黑釉玉壶春瓷瓶

明宣德铜香炉

明宣德铜香炉

高 6 厘米，口径 9 厘米，底径 7.8 厘米。侈口，圆唇，微折沿，溜肩，鼓腹，圈足，口沿外壁饰花卉纹，肩部两只兽耳，圈足外撇，饰回纹，底内心印楷书“大明宣德年制”，为墓葬品。1986 年 1 月采集于离石沙马沟。现存离石区文旅中心。

明成化铁菩萨

高 1.05 米，座宽 65 厘米。铁菩萨盘坐于莲花座上，双手合抱，两食指并立合一，正视前方，面带笑容，顶上毗楞伽摩尼宝，以为天冠，脸部、腿部、莲花座有锈迹。墓葬品，1994 年 1 月征集于离石西属巴镇留子局村。现存离石区文旅中心。

明成化铁菩萨

清木鱼

清花卉纹木鱼

高 35.5 厘米，宽 35 厘米。镂雕兽首，上挂红漆。1986 年 1 月收藏于离石安国寺。现存离石区文旅中心。

清哥釉花口瓷杯

清哥釉花口瓷杯

高7.8厘米，口径8.8厘米，底径3.7厘米。开片，花口，龙鋬，小圈足，为墓葬品。2002年6月发掘于离石区招待所工地。现存离石区文旅中心。

清附耳三兽足圆形铜香炉

通高25.5厘米，口径17厘米。直口，平唇，加厚沿，短颈，窄肩，鼓腹，圆底，兽足，S形附耳。短颈饰一圈雷纹。2002年6月1日发掘于离石招待所工地。现存离石区文旅中心。

清附耳三兽足圆形铜香炉

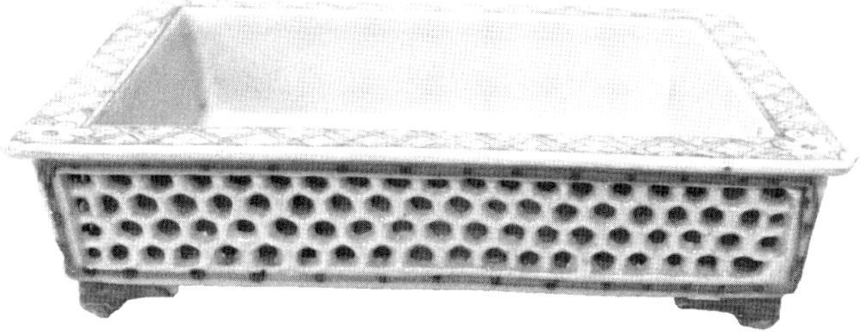

清青花镂空水仙盆

清青花镂空瓷水仙盆

高6厘米，长23.6厘米，宽16厘米，长方形。2002年6月发掘于离石招待所工地。现存离石区文旅中心。

清青花竹节纹瓷盘

清青花竹节纹瓷盘

高5.3厘米，盘径26.7厘米，底径15.6厘米。圆形，满饰变形竹节纹，盘心绘圆寿。2002年6月发掘于离石招待所工地。现存离石区文旅中心。

清霁蓝釉瓷酒杯

高3.9厘米，口径7.1厘米，底径2.8厘米。敞口，外撇，小圈足。2002年6月发掘于离石区招待所工地。现存离石区文旅中心。

清霁蓝釉小瓷酒杯

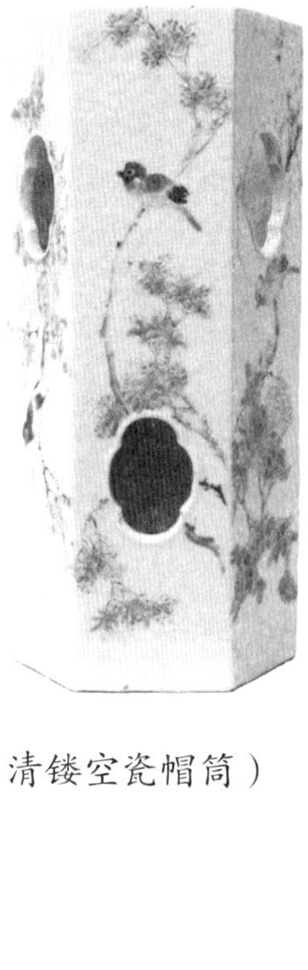

（清镂空瓷帽筒）

清粉彩花鸟纹镂空瓷帽筒

高27.6厘米，边长6.9厘米。六角形，镂空，粉彩绘花鸟纹。2002年6月1日发掘于离石市招待所工地。现存离石区文旅中心。

2015年离石区馆藏文物种类及数量情况表

表28-1

<table>
<tr><th>文物种类</th><th>总计</th><th>文物级别</th><th>文物数量</th></tr>
<tr><td rowspan="4">瓷器</td><td rowspan="4">520件</td><td>一级文物</td><td>2件</td></tr>
<tr><td>二级文物</td><td>2件</td></tr>
<tr><td>三级文物</td><td>30件</td></tr>
<tr><td>一般文物</td><td>486件</td></tr>
<tr><td rowspan="4">陶器</td><td rowspan="4">220件</td><td>一级文物</td><td>1件</td></tr>
<tr><td>二级文物</td><td>1件</td></tr>
<tr><td>三级文物</td><td>16件</td></tr>
<tr><td>一般文物</td><td>202件</td></tr>
<tr><td rowspan="3">玉器</td><td rowspan="3">9件</td><td>二级文物</td><td>1件</td></tr>
<tr><td>三级文物</td><td>1件</td></tr>
<tr><td>一般文物</td><td>7件</td></tr>
<tr><td>木器</td><td>1件</td><td>三级文物</td><td>1件</td></tr>
<tr><td>砖瓦</td><td>4件</td><td>三级文物</td><td>4件</td></tr>
<tr><td rowspan="4">铜器</td><td rowspan="4">23件</td><td>一级文物</td><td>2件</td></tr>
<tr><td>二级文物</td><td>2件</td></tr>
<tr><td>三级文物</td><td>6件</td></tr>
<tr><td>一般文物</td><td>13件</td></tr>
<tr><td>珐琅器</td><td>1件</td><td>一般文物</td><td>1件</td></tr>
<tr><td>版本文献</td><td>1套</td><td>一般文物</td><td>1套</td></tr>
<tr><td>骨角牙雕</td><td>4件</td><td>一般文物</td><td>4件</td></tr>
<tr><td>杂项</td><td>1件</td><td>一般文物</td><td>1件</td></tr>
<tr><td>货币</td><td>626枚</td><td>一般文物</td><td>626枚</td></tr>
<tr><td rowspan="2">铁器</td><td rowspan="2">4件</td><td>三级文物</td><td>2件</td></tr>
<tr><td>一般文物</td><td>2件</td></tr>
<tr><td>锡器</td><td>23件</td><td>一般文物</td><td>23件</td></tr>
<tr><td rowspan="4">石刻</td><td rowspan="4">148件</td><td>一级文物</td><td>76件</td></tr>
<tr><td>二级文物</td><td>2件</td></tr>
<tr><td>三级文物</td><td>50件</td></tr>
<tr><td>一般文物</td><td>20件</td></tr>
</table>

第七节 文物管理

文物保护

离石的文物保护工作，早期由县文化馆文物组具体管理，1984 年 7 月，离石县文物普查领导小组成立，对全县范围地上地下文物进行全面普查、登记、造册、管理。同年 9 月，离石县人民政府公布首批文物保护单位 23 处，公布文物保护员 11 名。1986 年，离石县文物保护管理所成立。1994 年，离石县人民政府公布第二批县级文物保护单位 11 处，并划定保护范围、建设控制地带。1995 年，国务院提出“有效保护、合理利用、加强管理”的文物工作指导方针，并要求各地文物保护工作做到“五纳入”，即：纳入当地经济和社会发展计划、纳入城乡建设规划、纳入财政预算、纳入体制改革、纳入领导责任制。

1996 年 1 月，山西省人民政府公布安国寺、马茂庄汉墓群为第三批省级文物保护单位。1999 年 5 月，离石市人民政府公布第三批市级文物保护单位 2 处，并划定保护范围、建设控制地带。2001 年 5 月 1 日，经有关部门批准安国寺开始售门票，票价 5 元。6 月 25 日，国务院公布安国寺、马茂庄汉墓群为第五批全国重点文物保护单位。

2004 年 3 月，原文物管理所升格为区文物旅游开发管理中心。省级以上文物保护单位均设立专门的文保管理机构，如全国重点文物保护单位安国寺、凤山天贞观均建立文管所，并配备专门人员进行管理保护，同各文保单位签订文物保护工作目标责任书，把文物保护责任落实到人、到位。建立长效的区、乡镇（街道）、使用单位三级保护网络体系；建立健全全区文物保护员工作制度；除省级以上文物保护单位配备专职文物保护员外，通过各乡镇街道办、村组各基层单位，层层筛选，把责任心强的文物爱好者发展成为基层文物保护员，使文物保护工作扩展延伸。全区形成区、街道办、村组三级文物保护，在册的基层文物保护员 128 名。为提高文物保护员思想认识，增强文物保护责任，定期举办培训班，交流文物保护信息和文物保护经验。2004 年 6 月，山西省人民政府公布天贞观、文庙为第四批省级文物保护单位。

2006 年 5 月，国务院公布天贞观为第六批全国重点文物保护单位。离石区人民政府公布第四批区级文物保护单位 13 处。并划定保护范围、建设控制地带。2010 年 5 月，离石区人民政府公布第五批区级文物保护单位 17 处。并划定保护范围、建设控制地带。2011 年，安国寺投入近百万元，修建容量 1000 立方米的消防蓄水池 1 个；投资 15 万余元，架设安装监控探头 30 余个。天贞观安装架设监控探头 16 个，配备新式消防灭火器械。加强人防工作，层层签订责任状，建立和完善人防安全管理制度，保障文物安全。对景点景区的电路进行规范安装，消除安全隐患。

2012 年 4 月，离石区人民政府公布第六批区级文物保护单位 37 处。并划定保护范围、建设控制地带。2013 年，离石区出台《离石区关于在旅游开发中做好文物古迹保护的决定（初稿）》，完成白马仙洞景区的文物保护规划的评审工作；完成安国寺、天贞观、金阁寺保护修缮工程的立项工作，省文物局前期下拨 100 万元，区民营企业家投资 60 万元；完成安国寺、千年景区建设的文物保护规划、项目的申报工作；完成安国寺大殿、铜塔楼修缮工程的勘测设计。签订文物安全生产责任状，明确岗位安全生产责任制，健全国保单位的文物保护制度。各国保单位配备一键报警装置，成立保护机构 2 个，初步实现人防、技防有效结合。2014 年，完成《安国寺文物保护规划》的编制。至 2015 年底，累计公布境内各级文物保护单位 563 处，其中全国重点文物保护单位 3 处，省级文物保护单位 4 处，市级文物保护单位 5 处，县级文物保护单位 102 处，未定级文物保护单位 449 处。

2015 年离石区（县、市）各级文物保护单位统计表

表 28-2

名称	类别	年代	地址	公布批次	保护级别	公布时间	备注
安国寺	古建筑	明、清	离石市杜家山村	第五批	国家	2001 年 6 月	
马茂庄墓群	古墓葬	东汉、金至清	离石市马茂庄村	第五批	国家	2001 年 6 月	
天贞观	古建筑	明、清	离石区凤山山麓	第六批	国家	2006 年 5 月	
安国寺	古建筑	明、清	离石县杜家山村	第三批	省	1996 年 1 月	
马茂庄墓群	古墓葬	东汉、金至清	离石县马茂庄村	第三批	省	1996 年 1 月	
天贞观	古建筑	明、清	离石区凤山山麓	第四批	省	2004 年 6 月 10 日	
离石文庙	古建筑及历史纪念建筑物	元、清	离石区旧城	第四批	省	2004 年 6 月 10 日	
贺家塔墓群	古墓葬	汉	离石区交口街道贺家塔村半梁上	第一批	市	2006 年 7 月	
石盘墓群	古墓葬	汉	离石区交口街道石盘村西二级台地	第一批	市	2006 年 7 月	
宝峰山	古建筑及历史纪念建筑物	明	离石区信义镇归化村南隅	第一批	市	2006 年 7 月	
金林寺	古建筑及历史纪念建筑物	明、清	离石区西属巴街道茂塌沟村	第一批	市	2006 年 7 月	

续表 28-2

名称	类别	年代	地址	公布批次	保护级别	公布时间	备注
众神庙	古建筑及历史纪念建筑物	清	离石区西属巴街道盛地村南真武山上	第一批	市	2006年7月	永宁寨
城内烈士楼	革命遗址及纪念建筑物	1949年	离石县城内	第一批	县	1984年9月10日	
离石烈士陵园	革命遗址及纪念建筑物	1958年	离石县凤山	第一批	县	1984年9月10日	
马茂庄遗址	古遗址	新石器	离石县马茂庄	第一批	县	1984年9月10日	
乔家沟遗址	古遗址	新石器	离石县乔家沟	第一批	县	1984年9月10日	
袁家庄遗址	古遗址	夏、商	离石县袁家庄	第一批	县	1984年9月10日	
下水西遗址	古遗址	战国	离石县下水西	第一批	县	1984年9月10日	
上安遗址	古遗址	商	离石县上安	第一批	县	1984年9月10日	
后赵家庄遗址	古遗址	新石器	离石县后赵家庄	第一批	县	1984年9月10日	
前赵家庄遗址	古遗址	夏、商	离石县前赵家庄	第一批	县	1984年9月10日	
歧则沟遗址	古遗址	夏、商	离石县歧则沟	第一批	县	1984年9月10日	
前王家坡遗址	古遗址	汉	离石县前王家坡	第一批	县	1984年9月10日	
后王家坡遗址	古遗址	汉	离石县后王家坡	第一批	县	1984年9月10日	
王家沟遗址	古遗址	夏、商	离石县王家沟	第一批	县	1984年9月10日	
东属巴遗址	古遗址	新石器	离石县东属巴	第一批	县	1984年9月10日	
霜雾都遗址	古遗址	新石器	离石县霜雾都	第一批	县	1984年9月10日	
吉家(村)遗址	古遗址	新石器	离石县吉家村	第一批	县	1984年9月10日	
吴城遗址	古遗址	战国	离石县吴城西沟	第一批	县	1984年9月10日	
黄芦关遗址	古遗址	南北朝	离石县吴城镇黄芦岭	第一批	县	1984年9月10日	
清代(王家塔)墓群	古墓葬	明、清	离石县王家塔村西	第一批	县	1984年9月10日	

续表 28-2

名称	类别	年代	地址	公布批次	保护级别	公布时间	备注
金阁寺	古建筑	清道光十八年（1838）	离石县兰若山	第一批	县	1984 年 9 月 10 日	
杜家山圣母庙	古建筑	清	离石县杜家山	第一批	县	1984 年 9 月 10 日	
芦则峁千佛寺	石窟寺及石刻	明万历三十二年（1604）	离石县青阳山	第一批	县	1984 年 9 月 10 日	
白马仙洞	石窟寺及石刻	唐贞观年间	离石县九凤山	第一批	县	1984 年 9 月 10 日	
交口墓群（消失）	古墓葬	汉、明、清	交口镇交口村村南 100 米半坡上	第二批	县	1994 年 9 月 10 日	平整土地时地貌发生较大变化
下水西墓群	古墓葬	汉、明、清	城关镇下水西村西山梁上	第二批	县	1994 年 9 月 10 日	
马茂庄墓群	古墓葬	汉	城关镇马茂庄村西山梁上	第二批	县	1994 年 9 月 10 日	
张玭家族墓地	古墓葬	明、清	交口镇歧则沟村北 300 米	第二批	县	1994 年 9 月 10 日	
贺家塔墓群	古墓葬	汉	交口镇贺家塔村半梁上	第二批	县	1994 年 9 月 10 日	
石盘墓群	古墓葬	汉	交口镇石盘村西二级台地	第二批	县	1994 年 9 月 10 日	
永宁州故城	古建筑	明	城关镇南关村中街	第二批	县	1994 年 9 月 10 日	
虸蝥庙	古建筑	清	红眼川乡红眼川村西 200 米	第二批	县	1994 年 9 月 10 日	
玄天关帝庙	古建筑	明	坪头乡李家山村中	第二批	县	1994 年 9 月 10 日	
（关帝庙）神仙山	古建筑	明、清	城关镇下安村西 5 千米	第二批	县	1994 年 9 月 10 日	
重修兴国寺碑	石窟寺及石刻	元	信义镇王村学校院内	第二批	县	1994 年 9 月 10 日	

续表 28-2

名称	类别	年代	地址	公布批次	保护级别	公布时间	备注
古坤庙	古建筑	明	城关镇后瓦村中	第三批	市	1999 年 5 月 17 日	
石佛像	石窟寺及石刻	未定	城关镇王家坡村东（307 国道旁）	第三批	市	1999 年 5 月 17 日	明以前
吴城古建筑群	古建筑	明、清	吴城镇吴城街上村	第四批	区	2006 年 10 月 28 日	
彩家庄十号民宅	古建筑	明、清	枣林乡彩家庄村	第四批	区	2006 年 10 月 28 日	
马茂庄崔氏民宅	古建筑	明、清	莲花街道马茂庄村南三川河畔	第四批	区	2006 年 10 月 28 日	
陈家塬王氏民宅	古建筑	明、清	城北街道陈家塬村	第四批	区	2006 年 10 月 28 日	
石盘圣母庙	古建筑	明	交口街道石盘村	第四批	区	2006 年 10 月 28 日	
上四皓观音庙	古建筑	明	吴城镇上四皓村 307 国道旁	第四批	区	2006 年 10 月 28 日	
下楼桥墓塔	古建筑	明	吴城镇下楼桥村北翠柏山上	第四批	区	2006 年 10 月 28 日	
辛安亭故居	古建筑	近现代	田家会街道沙会则村崖上	第四批	区	2006 年 10 月 28 日	
吴城遗址	古遗址	战国至汉	吴城镇街上村村西 3 千米	第四批	区	2006 年 10 月 28 日	
离石旧城古墓群（消失）	古墓葬	战国	城内一巷	第四批	区	2006 年 10 月 28 日	盖楼
凤山底墓群（消失）	古墓葬	汉	凤山底（艺校附近）	第四批	区	2006 年 10 月 28 日	盖楼
古槐	古树	宋	田家会街道马家村中	第四批	区	2006 年 10 月 28 日	2 棵
信义遗址	古遗址	新石器	信义镇信义村	第五批	区	2010 年 5 月 24 日	
玉灵山诸神庙遗址	古遗址	明	信义镇杜家山村	第五批	区	2010 年 5 月 24 日	

续表 28-2

名称	类别	年代	地址	公布批次	保护级别	公布时间	备注
许恭进家族墓地	古墓葬	明	信义镇丰义村	第五批	区	2010年5月24日	
崔锡恩墓	古墓葬	清	莲花街道马茂庄村	第五批	区	2010年5月24日	
郝琔家族墓地	古墓葬	清	西属巴街道霜雾都村	第五批	区	2010年5月24日	
慧达寺	古建筑	明、清	凤山街道凤山底村	第五批	区	2010年5月24日	
霍家坡五龙圣母庙	古建筑	清	红眼川乡霍家坡村	第五批	区	2010年5月24日	
霜雾都贺氏民宅	古建筑	清	西属巴街道霜雾都村	第五批	区	2010年5月24日	
十里村天主堂（消失）	古建筑	清	枣林乡十里村	第五批	区	2010年5月24日	修建成村委
五龙圣母庙	古建筑	明	枣林乡枣林村	第五批	区	2010年5月24日	
虎麓寺	古建筑	清	凤山街道西崖底村	第五批	区	2010年5月24日	
云凤庵	古建筑	清	滨河街道前瓦村	第五批	区	2010年5月24日	
温家岭龙天庙	古建筑	明、清	枣林乡陶家庄村温家岭自然村	第五批	区	2010年5月24日	
东红关帝庙	古建筑	清	信义镇东红村	第五批	区	2010年5月24日	
永宁州东界碑	石窟寺及石刻	清	吴城镇上三交村竹框里自然村	第五批	区	2010年5月24日	
上安石像生	石窟寺及石刻	明	西属巴街道上安村	第五批	区	2010年5月24日	
六六学校旧址	近现代重要史迹及代表性建筑	1966年	信义镇归化村塔则沟自然村	第五批	区	2010年5月24日	
汉光文帝庙遗址	古遗址	元	吴城镇陈家塔村	第六批	区	2012年4月17日	
九龙庙遗址	古遗址	清	田家会街道沙会则村	第六批	区	2012年4月17日	
吴城堡址	古遗址	明、清	吴城镇街上村	第六批	区	2012年4月17日	
李家湾南遗址	古遗址	新石器	吴城镇李家湾村	第六批	区	2012年4月17日	
马家塔遗址	古遗址	新石器、东周	吴城镇李家沟村马家塔自然村	第六批	区	2012年4月17日	

续表 28-2

名称	类别	年代	地址	公布批次	保护级别	公布时间	备注
玉虚宫遗址	古遗址	元至民国	田家会街道下楼桥村	第六批	区	2012年4月17日	
贺尚义家族墓地	古墓葬	清	城北街道长大局村陈家墕自然村	第六批	区	2012年4月17日	
杜九命家族墓地	古墓葬	清	交口街道王家塔村	第六批	区	2012年4月17日	
付焕家族墓地	古墓葬	清	交口街道交口村	第六批	区	2012年4月17日	
白燃家族墓地	古墓葬	清	田家会街道吉家村	第六批	区	2012年4月17日	
山墕墓葬	古墓葬	清	枣林乡袁家坡底村山墕自然村	第六批	区	2012年4月17日	
高崇礼家族墓地	古墓葬	清	田家会街道盘龙塔村	第六批	区	2012年4月17日	
贺敬施家族墓地	古墓葬	清	红眼川乡新舍科村	第六批	区	2012年4月17日	
郭守恒墓	古墓葬	清	莲花街道马茂庄村	第六批	区	2012年4月17日	
贺显绪家族墓地	古墓葬	清	红眼川乡新舍科村	第六批	区	2012年4月17日	
王明照家族墓地	古墓葬	清	吴城镇兔坪村	第六批	区	2012年4月17日	
李宷家族墓地	古墓葬	清	坪头乡南庄村	第六批	区	2012年4月17日	
魏亨墓	古墓葬	清	吴城镇下萝卜村	第六批	区	2012年4月17日	
高守山家族墓地	古墓葬	清	交口街道杜家山村	第六批	区	2012年4月17日	
天官观音庙	古建筑	清	枣林乡龙尾峁村彩树局自然村	第六批	区	2012年4月17日	
苏家村龙王庙	古建筑	清	田家会街道苏家村	第六批	区	2012年4月17日	
霜雾都关帝庙	古建筑	清	西属巴街道霜雾都村	第六批	区	2012年4月17日	

续表 28-2

名称	类别	年代	地址	公布批次	保护级别	公布时间	备注
霜雾都文昌庙	古建筑	清	西属巴街道霜雾都村	第六批	区	2012年4月17日	
崇里薛氏民宅	古建筑	清	坪头乡崇里村	第六批	区	2012年4月17日	
后土圣母庙	古建筑	清	莲花街道段家坪村	第六批	区	2012年4月17日	
段家坪观音庙	古建筑	清	莲花街道段家坪村	第六批	区	2012年4月17日	
上水西龙王关帝庙	古建筑	清	凤山街道上水西村	第六批	区	2012年4月17日	
严村诸神庙	古建筑	清	信义镇严村	第六批	区	2012年4月17日	
三山集关帝庙	古建筑	清	枣林乡三山集村	第六批	区	2012年4月17日	
观音三官庙	古建筑	清	西属巴街道瓦窑间村	第六批	区	2012年4月17日	
袁家岭龙王庙	古建筑	清	西属巴街道袁家岭村	第六批	区	2012年4月17日	
杜承祉民宅	古建筑	清	交口街道王家塔村	第六批	区	2012年4月17日	
双庙村山神庙	古建筑	清	枣林乡陶家庄村双庙自然村	第六批	区	2012年4月17日	
吴城粮行旧址	近现代重要史迹及代表性建筑	民国	吴城镇街上村	第六批	区	2012年4月17日	
樊包头魁星楼	近现代重要史迹及代表性建筑	民国	坪头乡樊包头村	第六批	区	2012年4月17日	
大中局天主堂	近现代重要史迹及代表性建筑	清	城北街道大中局村	第六批	区	2012年4月17日	
归化烈士楼	近现代重要史迹及代表性建筑	1952年	信义镇归化村	第六批	区	2012年4月17日	

文物修缮

主要是针对各级文物保护单位实施修缮。

清康熙末至雍正五年（1727），由于成龙之孙于准亲自出资并主持，对安国寺大规模维修、扩建，并在寺后百米处修建“莱公别墅”，形成现存寺院的基本格局。以后历代对寺院多次维修。

民国 36 年（1947）土地改革时，寺内停止佛事，将寺产、土地分给了当地群众。

1961 年，经离石县人民政府批准，利用寺址，在安国寺开办了“安国寺高级小学”，后发展成七年制学校，1986 年停办，由文化部门管理。1963 年山西省人民政府公布为省级文物保护单位（后调整撤销）。1971 年天贞观被吕梁卫校占用 12 年之久，1984 年 4 月迁出，交由县文化部门管理，当年 8 月吕梁地区财政拨款，对玉皇楼进行维修。1985 年离石县人民政府决定维修凤山道院，成立“离石县维修凤山道院捐款委员会”。利用政府投资群众集资，对道院部分建筑进行维修，新筑 300 余阶上山石台阶。是年，省文物局、离石政府先后拨款，对安国寺的佛殿、铜塔楼、钟鼓楼、地藏殿进行维修。1989 年夏，前瓦村委利用群众集资，请陕西籍齐姓艺人在凤山道院三清殿内进行塑像，将下院三眼道舍的明间设立观音老母像（现观音殿）。1992 年春，对凤山道院附属的三官楼、雷公殿、玉皇楼、老爷庙、五道庙、土地庙内进行塑像。

1996 年夏，新塑安国寺佛殿左右十八罗汉彩色像。1997 年夏，在凤山道院门下坡处新建小卖铺（票房）1 处。1998 年夏，一场暴雨造成凤山道院山体大滑坡，山门坠毁，部分上山台阶中断，压埋山底居民窑洞 1 孔。灾情发生后，离石市委、市政府组织相关单位技术人员，进行抢险维修。并由吕梁建筑设计院重新设计并监理，由离石 3923 水利工程队对护坡、台阶进行施工。重修道院门。同年秋，新筑安国寺院门口票房 1 处。1999 年夏，维修安国寺于中丞公生祠，新筑门窗和院内台阶。2000 年夏，新筑安国寺于中丞公生祠门外石台阶，在生祠下方左右各新筑窑洞 1 孔。同年，开通杜家山至安国寺土公路（原为羊肠小道），维修僧舍西窑洞，新筑门窗。2001 年秋至次年，重修安国寺的客厅、神主楼，维修鼓楼旁的西偏殿。2003 年 4 月，请山西省古建筑保护研究所对安国寺进行建筑勘察与设计。

2004 年春，在天贞观内三清殿背后新筑二层办公楼。2005 年夏，揭顶维修天贞观陈希夷殿并在殿内新塑像。维修安国寺读书楼、洞宾楼，并在洞宾楼内新塑像。至次年，新筑安国寺山下沟底至寺院石台阶 1000 余级。2006 年秋，维修安国寺佛殿西的无梁殿，恢复殿内原格局。2008 年，委托山西省古建筑保护研究所对“安国寺于成龙廉政文化教育基地”建设项目进行总体规划，分别对于清端公祠堂、于成龙读书楼、于氏宗祠、于中丞公生祠、莱公别墅、圣经楼等古建筑进行抢救性修缮，安国寺古建筑群得到保护。2010 年，先后邀请国家文物局、清华大学古建专家，对彩家庄古建群、陈家塬古民居、吴城古街等文物古迹进行实地考察，聘请清华大学古建专业人员对吴城古街进行实地勘测。区委主要领导带领项目牵头负责人，赴彩家庄、吴城古街、安国寺廉政教育基地进行专项督促检查。动员社会各界积极参与文物保护工作，各基层组织、民营企业家及民间组织均加大对区内文物保护力度。同年，信义镇政府先后投资 200 万元，维修宝峰山众神庙。滨河街道后瓦村委、交口街道石盘村委分别投入巨资，对村内的圣母庙进行抢救性维修。西属巴街道盛地村众神庙、金阁寺由当地民营企业家资助，进行大规模修缮。

2013年，安国寺于成龙廉政教育基地展馆局部维修工程完成。凤山天贞观真人殿和侍宾室的修缮工程开工，完成计划资金230万元。2014年，安国寺大殿、天贞观真人殿地质灾害治理工程完成。省文物局下拨资金50万元，完成金阁寺大殿修缮工程。历届政府投入近3000余万元，进行国保单位安国寺的维护修缮。各级文物部门拨付100余万元，进行贺昌文庙的维护修缮。2015年，编制抗日烈士楼修缮方案。为进一步挖掘红色文化旅游资源，保护革命历史文化遗址，相关人员多次深入高家沟会议旧址，开展调查摸底、协商、保护性事宜等文物恢复准备工作，做好旧址复原资料收集和对外宣传工作。12月16日，高家沟会议旧址修复项目正式启动。同年，凤山道院真人殿主体工程完工，附属设施工程维修建设有序进行。

考古　文物调查

1963年，山西省进行第一次文物普查。离石县对全县文物进行普查，对古建筑、古遗址、古墓葬进行鉴定，确定省、县级文物保护单位。1979年11月，吕梁地区组织专业人员开展全区文物大普查。离石、柳林、中阳、石楼、交口五县联合，对该五县48个文物点进行调查。其中离石11个点。1984年8月，离石县进行第二次全国文物普查，先后对古文化遗址、古基葬出土文物，现存古建筑等进行普查，并建立文物保护档案。1990年秋，离石市文管所、吕梁地区文物工作室、山西省考古研究所在马茂庄抢救性发掘汉墓6座，其中3座为东汉画像石墓，分别编号为2号、3号、4号墓，共出土汉画像石42块和部分随葬品。随葬品以素面灰陶器居多，还有少量釉陶和彩绘陶器，主要器型有：罐、壶、案、灶、鼎、杯、井等明器，伴有铁器、铜器、铜钱等。1992年冬，离石扩城改河工程经过马茂庄汉墓区。离石市文管所、吕梁地区文物工作室、山西省考古研究所再次配合先后清理出汉代后墓葬200余座，其中汉墓40座，汉画像石墓3座，出土汉画像石18块和部分青铜器、灰陶、铜子母印章等随葬品。1994年，对重点文物点进行普查实地调查了解，将有价值的文物报县人民政府公布第二批县级文物保护单位。1995年冬，马茂庄一王姓村民在院内挖菜窖时发现汉墓1座，清理出土汉画像石11块。

1997年春，石盘闫姓村民建房时发现汉墓1座，清理出土汉画像石19块。1999年8月4日，山西省文物局局长郭士星，总工程师古建专家柴泽俊，文物处长董养忠考察安国寺。柴泽俊认定佛殿为明早期建筑，整体保留元代风格，三身佛像为明早期塑像，保留宋代遗风，佛殿前檐左右角兽为宋代遗物，铜塔楼前角兽为元代遗物，两尊红砂石狮为明洪武前遗物。2002年4月，离石城区修建世纪广场，在区医院东200米处，发现战国墓2座。经市、区文物部门勘探发掘，出土有玉环、玛瑙环、铜戈、铜带钩、铜剑等明器。6月，区招待所改建，原住李姓院，发现一地窖上有部分民国时期的瓷皿：碗、盘、罐、酒盅、锡壶，以及铜钱等物品。

2004年4月，前王家坡枣林苑工地，离石区文管所、吕梁市考察队，共勘探发掘汉代后墓葬30余座，清理出土画像石2块，灰陶罐、壶、碗、瓷皿等明皿。7月，前王家坡三川河畔，在修公路时发现汉画像石墓2座，清理出土汉画像石10块和部分陶器。2005年7月，离石城区农业局办公楼工地，由离石区文管所、吕梁市考古队发现汉墓3座，其中画像石基1座，出土画像石5块。墓葬为坐南向北，前后室布局，特殊的是，在墓门口外，左右附设砖砌耳室2间。2005年9月16日，中国古建筑学家、国家文物局古建筑专家组组长、原中国文物研究所所长罗哲文考察安国寺，仔细阅读主要碑文，对寺内现存古建、壁画、塑像给予高度评价，同时验证柴泽俊对佛殿和佛像等附属遗物的论断。2007年4月，马茂庄南姓村民在院内改造房屋，发现汉画像石墓1座，坐西朝东，单室墓。经清理，墓门外出土画像石4块，包括门扉石2块，门框石2块。2008年9月，启动第三次全国文物普查工作。2010年2月，离石区第三次全国文物普查文物实地调查阶段工作通过省“三普办”验收。离石区建立本级普查档案及资料库。编制完成全区第三次全国文物普查文物名录和普查报告，公布一批区级文物保护单位。通过不可移动文物的普查，在原有基础上扩充数据内涵，单体文物记录信息全面，群组文物增加附表，每份登记表配有指标项、简介、自然环境、人文环境、变化情况等文字描述，对文物的定名、时代、归类、文化内涵、历史沿革、价值意义以及标本选取等，进行把关和研究。至2010年，完成涉及全区12个乡镇（街道）193个行政村1324平方千米范围内的野外调查登录任务，文物普查到达率为100%，自然村到达率为95%，文物普查覆盖率为95%以上。全区不可移动文物登记量663处，其中复查141处，占总登记量的25.5%。共普查出不可移动文物点553处。开展户外调查和汇总整理工作，参与田野调查队员达30余人，普通登记文物点663处，录入文物点553处。新发现412处，复查141处。其中：古遗址117处，古墓葬189处，石窟寺及石刻4处，古建筑202处，近现代史迹及代表性建筑36处，其他5处。2011年5月，离石环城高速车家湾段，由离石区文物旅游中心、吕梁市考察队配合工程，先后发掘汉代、战国墓42座，清理出灰陶皿，有陶罐、鼎、豆、盆、壶、碗、铜带钩等明皿。

2013年，文旅中心副主任梁燕担任“一普”项目负责人，组织专业普查队伍，展开为期8个月的全国第一次可移动文物普查调查摸底工作，根据省一普办提供的统计名单以及属地管理的要求，承担市、区两级共计1034个国有单位的普查工作。国有单位调查覆盖率达到了100%。普查发现，收藏有文物的国有单位6个。普查工作总量位居吕梁市第一。同年，配合市局完成吕梁市新城建设范围内不可移动文物的勘探发掘工作。2014年，开展“一普”阶段性工作，对全区1667件文物，进行登记、测量、称重、照相、录入、上传国家文物信息资源库等工作，完成500余件。2015年，按照省、市全国第一次可移动文物普查办的工作要求，延续开展2015年馆藏文物藏品的数据采集、影像拍摄、数据录入等工作。截至11月，累计完成990件。2016年按照国家文物局统一要求按时完成“一普”工作，建立全国联网的可移动文物信息数据库。

第二章　离石汉画像石

第一节　起源　分布　特征

离石已发掘墓室中出土的画像石明确记载，墓主多为地方官吏或鲁迅先生所言“古之阔人”，属东汉晚期汉恒帝、汉灵帝时期的遗存。

离石是全国汉画像石集中出土地之一。离石汉画像石分布均出土于汉墓，范围在三川河流域，以马茂庄为中心，虎山向阳山坡下、三川河交汇转弯向西的方圆百里，有歧则沟、石盘、贺家塔、王家塔、西崖底、下水西村、城内茂塔坪东等地，以及离石紧邻的中阳县道棠，柳林县杨家坪亦有少许画像石出土。

离石汉画像石墓均为砖石结构，墓室或为穹隆顶或为券顶，一座墓内安置画像石少则5块，多者为28块。墓底一般距地表深2—5米。形状有正方形、凸字形、长方形。形制分单室、双室、三室、四室。单室墓一般由墓道、墓门、甬道、墓室组成。画像石主要集中在墓门和甬道。墓门有门楣石、左右门框石和两扇门和扉石，个别墓门有设门槛者，一般为5块：两室墓一般由墓道、墓门、甬道、前后室组成，后室小于前室，画像石主要集中在墓门和前室；三室墓和两室墓构造一样，只多一耳室，用于放置明器；四室墓较三室墓又多设一耳室，一般分列前室左右，亦称左右耳室；个别墓前室的画像石因通往后室或左右耳室的门跨度较大，横额石中间加石柱或带栌斗的石柱支撑。石柱上一般墨题或石刻铭文，记载墓主人生平和下葬时间。马茂庄出土的“和平元年西河中阳光里左元异造作万年庐舍”“使者持节中郎将莫府奏曹史西河左表字元异之墓”明确题记，确定了画像。马茂庄出土的“汉故华阴令西河土军千秋里孙大人显安万岁之宅兆，建宁四年十二月丁卯朔十日丙申造”，交口镇出土的“汉河东杨丞西河平定长乐里吴执中造万世宅兆”，马茂庄出土的“汉故西河圜阳守令平周牛公产万岁之宅兆”、墨书“熹平四年六月”等，为画像石的时间范围立出标尺。

第二节　保护发掘

汉画像石早在一千多年前的宋代就引起金石学家的关注，宋、元、明、清都有著作记述，但千余年来汉画像石始终是“阳春白雪”，没有被平民百姓接受，至20世纪70年代，许多出土的汉画像石还被村民砌墙、修水渠、垒兽圈，更有甚者被盗卖，左表墓就是其中一例。民国8年（1919），离石马茂庄就发现汉左元异墓（左表字元异）出土和平元年画像石14块，其中两根刻铭石柱被奸商盗卖给外国人，陈列在加拿大多伦多博物馆，后来奸商两次盗运时被群众阻止，将画像石放在县城学校（现贺昌中学）保存，中华人民共和国成立初其中10块运往太原，陈列在山西省博物馆，剩余2块于1980年秋在贺昌中学二次出土（整理图书房时发现），现陈列在离石汉画像石博物馆。至2015年，北京故宫、山西省考古研究所，都保存有离石出土的汉画像石，其中“故宫历代珍品展馆”珍藏的一对门扉画像石还有“西河圜阳郭李妃之棺”题铭。

1990年秋，为了科学揭示汉画像石墓的结构、葬式，研究画像石在墓中的位置、雕刻技法和画像内容，离石市文物所配合山西省考古研究所，在马茂庄抢救性发掘汉墓6座，其中3座为东汉画像石墓，出土40余块汉画像石和随葬品，随葬品以素面灰陶器居多，少量釉陶和彩绘陶器。主要器型有：缶、壶、案、灶、鼎、杯、井等明器。同时伴出有铁器、铜器、铜钱等。

1992年冬，离石改河扩城部分工程经过马茂庄汉墓区，离石县文管所和山西省考古研究所，配合工程先后清理墓葬200座，其中汉墓40座，汉画像石墓3座，出土汉画像石18块和部分青铜器、灰铜、铜子母印章随葬品。其中1座汉画像石墓有确切纪年，左门扉上墨题“熹平四年六月”。左门框石右侧上部边缘隶书刻铭：“汉故西河圜阳守令平周牛公产万岁之宅兆。”明确记载墓主是曾在当地任守令之职的官吏，是难得的资料。

1995年秋，马茂庄一村民在院内挖菜窖时发现汉墓1座，经清理出土画像石11块，石柱2根、石栌斗2个。一石柱上隶书刻铭：“汉故华阴令西河土军千秋里孙大人显安万岁之宅兆”“建宁四年十二月丁口口十日丙申造”。

1997年春，石盘一村民在建房时发现汉墓1座，经清理出土汉画像石19块。石盘汉画像石题材丰富，雕工精致，画像细部保留了画师墨稿，墨线清晰、流畅，其中墓门处画像石5块，在凸起的物像上大面积施红彩，并保存完整、艳丽，这在全国汉画像石中不多见，实属汉画精品。

第三节 题材内容 艺术特点

画像石是汉代建筑，墓室、碑刻上的石质装饰画，石材大部分来自当地的细密砂质页岩，呈红褐色或灰绿色，石质较软，易吸水，易风化，少量来自陕北。用绘画直观形象注释历史，是揭开两汉艺术之谜的一把金钥匙。内容涉猎政治、经济、文化、军事、宗教诸多方面，素有两汉百科全书之美誉。在墓室内这些内容是有机结合在一起的，构成一幅幅横竖不同的有血有肉的石画。

离石汉画像石内容，除反映现实生活外，一半以上是刻画奇禽异兽之类的“吉祥”内容和神话传说。细分为五大类：生活写照：庄园、郊外狩猎、车骑出行、侍者迎送（捧盾、执帚、持戟、拿棒、持笏等）。历史故事：火牛阵、窃符救赵。神话传说：东王公、西王母、不死树、悬圃、羽人、鸡首神人、牛首神人、云车飞、独角兽、青鸟、天马等。吉礼祥瑞：朱雀、铺首、双头兽、三青鸟。装饰图案：蔓草云纹、云气纹、窃曲龙纹、柿蒂纹、几何图形纹等。

1990 年，马茂庄发掘的 2 号、3 号墓画像石，主要画面构图恢宏，内容丰富，感染力强。有着西北汉子的豪迈大气，又有着较细密精致、连贯流畅精美婉约的俊秀，如行云流水，增强了图案的表现力。

雕刻主要是以剔地平铲的形式，首先选好石材，打磨好要测绘的一面，由画工以简练概括的线条勾图，再由石匠将人物、动物、车骑等轮廓外剔地平铲作平面浅浮雕，将物像轮廓外刻出，取得整体造型，细部全部不作雕刻，靠墨线勾勒来表现，起到依笔代刀的作用，这是离石汉画像石雕刻艺术的特点之一。

1997 年春，石盘出土的画像石，虽在雕刻技法上较前出土的画像石没有什么两样，但画像内容较丰富，画面上还清楚地保留着用墨斗一类工具打的墨线。珍贵的是在墨线勾勒起稿后，剔地突出要表现的轮廓外，石盘汉画像石，通过在凸起的物像上加施红彩，使得画面比以前出土的画像石更加明快醒目，使呆板的画面较为活泼，充满着浓郁的浪漫色彩，具有独特的艺术效果。

第四节　离石汉画像石博物馆

离石汉画像石博物馆，1998 年开工修建，2002 年 10 月开放。坐落于吕梁市龙凤南大街，东临莲花池公园，南接市民广场，坐西朝东。建筑主体高 14.76 米，总建筑面积 7360 平方米，建筑规模居全国同类展馆第三位。有展厅 8 个，展厅面积 1400 平方米。馆内藏有东汉中、晚期画像石 100 余块，展现出 2000 年前汉代文化艺术、宗教信仰、生活方式等历史场景。

汉画像石博物馆为吕梁市辖区“九五”建设的六大重点工程之一，是以离石马茂庄出土的“汉画像石”为主体，兼有青铜、陶瓷、杂项等部分文物展陈的，集收藏、保护、研究、教育、宣传功能为一体的专题性博物馆。

博物馆主体设计造型为仿汉代建筑，呈四合院结构。主体建筑共两层，中轴对称、主从有序。其门前广场、大厅天井、馆内展墙、楼梯扶栏、天井护栏等，均采用汉式色彩、结构与风格。整个博物馆空间充溢着汉风古韵，与主题陈列浑然一体。

馆内一层展陈的 79 块吕梁出土汉画像石，均出土于东汉晚期地方官吏和豪强墓葬，是研究汉画像石晚期艺术的珍贵实物资料和鉴定同期文物的标准及参考器物，也为关联学科研究提供直观的史料。加拿大皇家安大略博物馆、北京故宫博物院、山西博物院，都藏有离石出土汉画像石。

馆内二层设有展室4个，分陈青铜、陶瓷文物。馆内藏青铜器数百件，主要出土于黄河沿岸石楼、柳林等地，尤以石楼出土的商代青铜器最为珍贵。馆藏陶瓷器则反映出吕梁悠久的历史和源远流长的文化，陶瓷器有方山县出土的新石器时代彩陶盆，宋元时期兴县窑、临县招贤窑，以及明清青花、五彩等瓷器。

汉画像石博物馆馆藏展品内容丰富，主题鲜明，风格独特，是弘扬传统文化、展现国粹艺术、开展民族历史教育、爱国主义教育和区情教育的重要基地。主题陈列《铁笔绣像浪漫汉风——吕梁画像石艺术》获第五届“全国十大陈列展览精品奖”。

离石汉画像石博物馆　2013年摄

第三章 收 藏

第一节 图书 文物史料收藏

图书收藏

离石区域图书收藏爱好者有郭凯明、赵光祖、吴杰才、冯占武等人，藏书丰富，与离石区官方藏书互为补充。田家会街道办前马家村人郭凯明，收藏有吕梁地方文献图书5000余册，主要有《御纂诗义折中》（孙嘉淦著）1－7卷、《吕梁英雄传》（一）（马烽、西戎著）、《论持久战》（毛泽东著）、民国15年（1926）《离石行政区划图》等。

文物史料收藏

郝宏武文物史料收藏 二十世纪八九十年代开始，郝宏武收集、抢救、整理晋绥边区红色文物、史料，2006年11月22日，山西省民俗博物馆举办“历史的足迹——郝宏武红色收藏展”，主展他收藏的晋绥文物史料。2009年10月1日，为庆祝中华人民共和国成立60周年，郝宏武在柳林县文化馆举办晋绥文物史料展。2011年6月，他在吕梁汉画像石博物馆举办“珍藏的红色记忆展”。至2015年底，累积收藏有晋绥文物党史资料及战时实物达2万余件。同年，个人出资百万元开办晋绥边区文物史料馆，800多平方米，在离石区昌圆大厦四层，9月18日开馆，免费向市民开放。藏品按照十大类别陈列，包括晋绥边区政府公函类、晋绥边区图书类、货币类、边区医疗卫生类、军队写于地方之信件类、战时鸡毛信类、战时公告、布告类、牛荫冠家函类、晋绥研究相关类图书资料、晋绥时期实物类等。内容主要涵盖抗日战争、解放战争时期的战时公告、布告；军队写给地方的信件和当地征集毛驴、担架及运送军火伤员等要事的函件资料；贺龙师长写给毛泽东主席的信件，习仲勋政委的亲笔批文；“九·一”记者节上的讲话以及在离石高家沟村参加陕甘宁晋绥联防作战会议时用过的文件篮、麻油灯、炕桌以及习仲勋穿过的军靴；缴获日本侵略军的战利品以及记录日本侵略军自述的钓鱼岛是中国的图册；有牛荫冠及夫人赵辉、其弟牛荫西的亲笔书信27封……这些都是晋绥历史的见证。

王金元文物史料收藏 主要收藏有汉画像石拓片、碑碣石刻等多种文物史料。各种藏品2000余件（套），其中画像石拓片、碑碣拓片200余幅。主要代表性的藏品有马茂庄出土汉画像石飞升图拓片、《于中丞公生祠》石刻匾额拓片、明隆庆五年（1571）《重修安国寺碑记》拓片、景泰元年（1450）《重修三阳云凤山希夷祖师庵记》拓片，2008年主编并组织出版《离石汉画像石选集》《吕梁汉代画像石选》。离石是全国汉画像石墓集中分布地之一，特点是雕刻极浅，细部不作雕刻，依墨线勾画出细部，起到以笔代刀的作用，在全国汉画像石中形成独有的特点。

安国寺明维修碑拓片 2013年摄

天贞观明维修碑拓片 2013年摄

安国寺清石匾额拓片 2013年摄

第二节　古钱币　老车　瓷器　白酒收藏

古钱币收藏

离石区域从事古钱收藏者主要有张国彪、吴杰才、张瑞海等。吴杰才从 20 世纪 80 年代开始有计划收集，2006 年在区文化馆举办离石区第一次个人历代货币收藏展。张国彪是 90 年代收藏先秦货币，其中小尖足布与离石地域货币在钱币学识上独树一帜，品种最全。张瑞海主要收藏明清钱币为主，收获颇丰，为离石古钱收藏后起之秀。

老车收藏

老汽车收藏既是对汽车发展史的一个见证，更是一种对历史的传承，越来越多的人喜欢上汽车收藏。20 世纪 90 年代开始，王建卫热衷于收藏老汽车。至 2015 年，他的汽车藏品有 100 余辆。其中，既有年代较早的世界级豪车、经典老爷车，也有中国各个年代的轿车、卡车、面包车等代表车型，还有各种拖拉机和摩托车等。车龄最大的已经“80 余岁”。这些老汽车，绝大多数性能完好，还可以正常上路行驶。

瓷器收藏

离石区域瓷器收藏者主要有冯占武，藏品从明代至民国横跨四百年左右，共 160 多件，并在家中专门开辟一间陈列室，用于欣赏和研究。1997 年，他到乡下收瓷器，偶然购到了古代青花盘 1 只，盘上绘有鹿、蝙蝠、松树等，后经收藏界老师们鉴定为乾隆年代制，图案精美，寓意深刻，从此走上收藏老盘子之路。

白酒收藏

2000 年开始，张永耀初涉白酒收藏。至今收藏有中国十七大名酒，包括历史名人酒、数字酒、各地方名酒、各种香型酒、部分世界名酒、各种品牌的新老白酒 2000 余种。酒瓶上记载着酒的历史、典故、产地、性质等诸多信息，从造型上看，有圆形、方形、棱形等器型。他收藏有几十个书法“酒”字，且出自各地书法名家。他关注中国酒文化的整体发展脉络，并收藏有各时期部分酒器具。藏品集酒艺、酒史、瓷艺、考古、绘画、书法艺术于一体，其中不少是孤品，具有较高的历史意义和收藏价值。

第四章 旅 游

第一节 旅游资源

旅游资源种类

自然生态旅游资源 离石境内自然旅游资源有6类21处。其中,历史名山10座(骨脊山、玉灵山、乌岩山、云顶山、九凤山、龙山、凤山、虎山、吕梁山、马头山);森林3处(安国寺省级森林公园、九凤山、关帝山森林保护区);高山草甸1处(西华镇);溶洞1处(白马仙洞);泉水4处(千年水库、吴城水库、东川河、离石水);珍稀自然景观2处(云顶山省级自然保护区、薛公岭省级自然保护区)。

人文旅游资源 离石境内各类历史文化遗存达553处。其中,古遗址117处,古墓葬189处,石窟寺及石刻4处,古建筑202处,近现代史迹及代表性建筑36处,其他5处。其中独具魅力的文化资源有创建于宋代的陈抟老祖羽化成仙之地天贞观,清代"廉吏第一"于成龙在安国寺内留下的廉政文化,近代人民教育家辛安亭、贺昌、张淑平等革命前辈为离石谱写了一段段经典的红色记忆,离石弹唱、秧歌、民歌、离石三弦等省级非物质文化遗产和市级非遗枣架柳编、剪纸、刺绣等民间文化。

旅游资源分布特点

离石境内的旅游资源点多而小,分布散而广。以文物保护单位为载体的旅游资源分布面涉及全区12个乡镇(街道)100余个行政村,1322.27平方千米之内。分布特点为一城三圈,分别为以乌岩山、安国寺、安国寺省级森林公园、凤山公园、天贞观、马茂庄汉墓遗址及博物馆、辛安亭故居为主的城区旅游城,以三川河为轴,集中分布在市区10千米范围内,形成离石的旅游重点和旅游线路产品;以吴城、信义大小东川为主体的东部旅游资源圈,包括以休闲度假自然生态旅游为主题的千年旅游资源景区和白马仙洞旅游景区,主要有西华镇、吕梁山省级森林公园、骨脊山、云顶山省级自然保护区、薛公岭省级自然保护区、九凤山、白马仙洞天然溶洞、洞阳观、宝峰山等景点;以西属巴为核心的北川旅游圈,沿着离水之滨形成风景秀丽的特色旅游地,以金阁寺、永宁寨(众神庙)、金林寺、北川河公园、上安干粉土作坊、留子局瓜果之乡为主要内容,逐步发展为旅游商品集聚区;以坪头、枣林为主的西山旅游圈,以彩家庄古民居、王家沟陈家塌离石黄土、坪头抗战遗址、东江集团休闲园、西山民间民俗文化为主要内容,发展民间民俗休闲度假旅游区。

具有高度旅游开发价值的资源精品有安国寺、天贞观、文庙、众神庙、金阁寺等寺观祠庙5处;历史名镇村(晋商通道吴城古街)1处,彩家庄古民居1处,汉画像石博物馆1处,辛安亭故居 1 处，离石弹唱 1 种，凤山庙会民俗文化 1 种等人文旅游资源；历史名山 5 座（骨脊山、乌岩山、宝峰山、九凤山），森林 1 处（安国寺省级森林公园），西华镇高山草甸，白马仙洞华北第一大溶洞，千年水库，云顶山省级自然保护区等自然旅游资源。

第二节 旅游景观

安国寺

位于吕梁市离石区西南 4 千米的乌岩山麓，创建于唐贞观十一年（637）。是一处集自然景观、人文景观、古寺院建筑、古城堡建筑于一体的文物旅游景区，是全国重点文物保护单位。四周群山环抱，背依绝壁，面临深谷。周围数里苍松翠柏千姿百态，山寺荡漾于碧波绿浪之中，古朴典雅，肃穆幽深。一代廉吏于成龙出仕前在安国寺读书励志六载，后成大业，被康熙帝誉为“天下廉吏第一”。安国寺因于成龙而闻名于世。

现存于中丞公生祠、佛殿、古刹禅院、于清端公祠、莱公别墅等古建筑院落。有安国寨、暝云谷、琉璃井、听月泉、香椿园等 32 景，是一处集佛教文化、人文历史、自然景观于一体的文物旅游胜地。 寺观宏伟，殿宇轩昂，亭台楼阁相连，佛殿居中。佛殿内有三身佛贴金塑像和十八罗汉彩塑，佛像高 4.8 米。有壁画 68 幅，绘叙释迦牟尼经历。左有十王殿，殿东侧为迎客厅。对面铜塔楼，楼左右钟鼓楼对称。客厅东为一小院曰“清静处”。楼下砖窑 5 孔，位于清端公祠堂，楼上亭阁 7 间为偏殿和关帝阁。外围古建筑有石牌楼、观音阁、于中丞公生祠、莱公别墅、砖塔等古建筑，由南至东呈马蹄形环绕。

安国寺为首批吕梁市委党校廉政教育基地。2011 年 5 月，被离石区委命名为离石区廉政教育基地。2014 年 7 月，被吕梁市纪检委命名为吕梁市廉政教育基地。同月，被山西省纪委命名为山西省廉政文化建设示范联系点。

安国寺省级森林公园

位于离石城西 12.5 千米的乌岩山麓，1994 年经山西省林业厅批准建造，总面积 1333 公顷，亦称“暝云谷”。谷深 0.75 千米，溪水潺潺，鸟鸣啾啾，内有树种植物 100 余种，和谐生长。公园内森林景观丰富。古树名木是森林公园中最珍贵也是最别具一格的景观。以天然柏树为主，白皮松为辅，配以榆树、槐树等北方适生树种，幽森雅静。四周梁峁之巅，沟洼石缝之中、悬崖峭壁之上，深壑峡谷之间，古柏耸立，郁郁葱葱。安国寺周围古柏犹如盘旋巨蟒，冠似叱咤飞龙，而名莽龙柏。观音阁路两旁有柏树 20 余株，因造型酷似唐代淑女亭亭玉立在山门两侧，故得名“一炷香”“模特柏”。还有绿海斑斓、龙凤嬉戏、迎客柏、雏鸡觅食、野墅护卫柏、伉俪三姿（夫妻对拜、洞房遮盖、夫妻对吻）等。此外，春有山丹，夏有芍药，秋有菊花，冬看冰花，四季不同，景色宜人。

雨后安国寺 2013 年摄

公园自然景观优美壮观。乌岩山海拔 1300 米，南北走向，山势像斗状，居万山之中，环抱而峙。峰回路转，层峦叠翠，千岩竞秀，万壑争流。主峰莲花峰海拔 1524 米，远观形似莲花盛开，云蒸霞蔚，秀丽宜人。主要景观有峭壁凌空、瞑云谷、水帘洞、听月泉、静室岩、驴驮轿、峡谷游龙、逸莽、双蛙跳谷、旖旎独居等。骡驼峰上观日出，千古奇观。丹霞石巉岩匝径，千姿百态，金蟾听月、千龙出洞、二龙戏珠，石室内“山林野趣”“龙虎”等摩崖石刻令人赞叹，于公后人“斗石斗钱”勤凿传佳话。

公园人文景观丰富。坐落其中的安国寺寺观宏伟，殿宇轩昂，亭台楼阁相连，佛殿（大雄宝殿）居中。左有十王殿，殿东侧为接客厅。对面铜塔楼，楼左右钟鼓楼对称。客厅东为一小院曰“清静处”，楼下砖窑 5 孔，为于清端公祠堂，楼上亭阁 7 间为偏殿和关帝阁。外围有石牌楼、观音阁、于中丞公生祠、莱公别墅、砖塔等古建筑。一代廉吏于成龙曾在安国寺读书六载，后官至两江总督，其为官清正廉洁，被康熙帝誉为“天下廉吏第一”，使安国寺名声大噪。安国寺现有各种碑、帖、石雕、经幢等 30 余件，是县内保存石刻文物最丰富的地方。

凤山天贞观

位于滨河北东路三阳云凤山山腰。坐北朝南，东西长 85 米，南北宽 42 米，占地面积约 3570 平方米。观内有碑 3 通、石碣 19 方、经幢 1 尊。

上院自西向东现存三清殿、僧舍、真人殿、读书楼、上院门、膳房，下院自西而东现存观音殿、陈抟殿、玉皇楼、雷公殿、三官殿，观外台阶两侧现存古建筑有关帝庙、土地庙、五道庙等。现存建筑为明清风格。

三清殿，位于天贞观上院，为悬山顶砖木结构，布瓦，面阔 3 间，进深 2 间。内塑元始天尊、灵宝天尊、道德天尊以及金鹿仙童、金雀仙女等塑像9尊。

真人殿，即“孙真人殿”，位于天贞观上院。有前檐布瓦，面阔小3间，窑洞式建筑.初建于明成化十九年（1483）。内祀明代仙道孙云际先生。孙真人，名浩远，精通天文地理，从业儒学，幼年在玄都万寿宫出家，17岁入天贞观，拜陈希夷老祖道场门下苦行修道，并先后四次主持对观内进行扩建，使其成为现道院规模。相传孙真人符药济人，得五雷天心正法。每逢岁旱，太守率僚属里老请祷立应，或遇疫疠祈禳即解。

陈希夷殿，又名白云洞，位于天贞观下院，建于元末明初。为悬山顶砖木结构，琉璃剪边，面阔3间，进深2间，内塑陈希夷神像，左右仙童、仙女塑像3尊。殿内西墙壁现存明永乐十一年（1425）五月二十五日彩绘壁画《修建武当山宫观感应之图》，描绘武当山总体建筑分布图及神灵显灵之图。陈希夷，亳州人，名抟，字图南，号扶摇子。生性好睡，垢面蓬头，从事儒家事业，精通天文地理，超突常人。宋在武当山修炼长达20余年，方“丹成宝就”投师华山之养道。宋端拱初年，陈希夷命弟子张超凿石为室，化形莲花峰下。据史记载，宋季世神化经步此山（天贞观）遂隐居焉。久则时人识之，复幻蝉蜕而葬之。

玉皇楼，即“黄箓宝坛玉皇楼”，又名“凌虚楼”，位于天贞观下院。为重檐歇山顶砖木结构。面阔3间，进深2间，琉璃剪边，共2层，上为玉皇楼，塑玉帝。下为灵官殿。

数百年间，后人把孙云际诞辰日——农历正月二十六，作为道院庙会进行祭祀，庙会前后，远近香客络绎不绝，整个山院上上下下，里里外外，灯火辉煌，香火缭绕，爆竹轰响，声振州城，争相“遇仙”成为天贞观一大盛事。

离石新貌　2013年摄

宝峰山

又名宝盆山，当地人又叫“尖山”。位于离石城区东25千米信义镇归化村南隅，是吕梁山的一支余脉，长 30 千米。主峰尖山海拔 1755 米，占地约 2.5 平方千米。宝峰山环抱于苍松翠柏、四季常青的群山之中，满山奇花异草，山势峻、险、奇、秀。“石象迎宾”“神龙探海”“灵龟镇山”“林木妙生”“夫妻并蒂”“母子相依”等景观，尤其是弥陀宝塔前的石龟，长 4.3 米，宽 1.6 米，一人踏之动，众人踏之不动，民甚奇之，素有“小华山”之美誉。

碑记宝峰山道观创建于西汉平帝刘衎元始年间（1—5），由 3 座山门、12 处单体建筑组成。三进院落，以唐、宋建筑为主。12 座建筑分别为弥陀宝塔、玉皇通明殿、八龙水母殿、王母殿、五岳圣母殿、十王殿、千佛殿、黄箓万神殿、琉璃殿、观音堂、三教堂、人尊楼。所有建筑全部筑在山脊上，多数殿堂建在巨石上，随山就势，布局奇巧，建筑独特。主峰尖山上现存有唐、宋、元、明、清古建筑 12 座，全部为砖石建筑。殿堂内穹隆顶，外歇山顶，砖磨雕斗拱，屋檐四角起翘。

宝峰山是一处集原始森林、古建、石山、探险于一体的旅游胜地。

宝峰山局部　2013 年摄

白马仙洞

位于离石城区东 27 千米的吴城镇九凤山，距 307 国道约 7 千米。

白马仙洞为天然石灰溶洞，坐西向东，南北长 80 米，东西宽 29 米，占地约 2320 平方米。始建于唐代，元至清曾修葺。2001 年当地政府进行维修。现存建筑为元至清代遗构。据地质专家考证，此处地质的绝对年龄约 1.4 亿年，全长约几十千米，已开发 1000 余米，相对高差 268 米，是山西省洞穴中最大的原始洞，被誉为“华北第一险洞”。洞内有宋至清代题记 12 处，石碾 1 盘，碑 10 通，石碣 2 方。1984 年 9 月，被离石县人民政府公布为“县级文物保护单位”。

白马仙洞放马滩　2013 年摄

洞内已探明洞中有 8 洞，洞中套洞，景中生景，具有深而险、险而奇的特点。洞中险境遍布，岔道时有，宽处可跑马阅兵，窄处难容一人。自然景观千奇百怪、形态各异，主要有：星空穹顶、莲花瀑布、遐想碧屏、玻璃栈道、双乳瀑布、棋盘山、祈雨坛、莲花池、白龙池、布袋岭、三仙池、聚仙厅、仙琴石、珍珠山、骆驼石、凤凰山、通天柱、悬空石、舍身崖、水帘洞、仙骨洞、睡美人、二柱洞、巨灵神、巨蜥吐丝、水晶宫、甘霖洞、翻身涧、独木桥、一线天、青龙头、兰馨阁、神驹过隙、仙人洗头、面包峡、金钱堆、藏书阁、仙人谷、仙澡台等，栩栩如生，不胜枚举，令人目不暇接，称奇叫绝。据民间传说，白马仙洞为附近各州、府群众祈雨之圣地。据离石地方志记载，此洞为黄帝之别宫，周朝得道仙翁“赤松子炼丹之所”，史载晋高祖曾进洞祈雨。千百年来为周边县民祈雨求福的洞天福地。

洞外历代古建筑和碑文矗立四周，有八大景观：渊济阁、洞阳观、望仙坡、韩仙掌、圣灵泉、长春岩、快活林、姑子庵。据碑碣记载，唐贞观年间（626—649），已有“渊泽之庙”。每年农历七月十五“中元节”，庙里笙歌嘹亮，香烟缥缈。“洞阳观”是白马仙洞古建筑的主体部分，现存遗址显示，观院最大时为四进院落，山门在西侧。入山门为第一进院，门左是山神庙，门右是魁星楼，第二进院为洞阳观正殿所在，庭院面积约 200 平方米。正面 6 孔砖窑，每孔均约 15 平方米，砖窑之上原有万盛楼和凤凰楼，现存柱础若干。东西两侧为钟楼和鼓楼，蹬西侧台阶其右为第三进院，先过廊庑，再至白马仙洞洞口的渊济阁。继续向西为第四进院，此院 3 孔砖窑，相连相通，依山而砌，旧称玉皇楼，乃供奉玉皇大帝之处。“望仙坡”出洞阳观沿小路下行，左侧可见一山石，石上清晰地刻着“古韩冲玄望仙坡”7 个字，由此眺望对山，松柏苍翠、林海莽莽，令人浮想翩翩。

白马仙洞四周苍山拥翠，漫山松柏，郁郁葱葱，卉草呈祥，百鸟争鸣，群峰拱翠，景色宜人，吸引无数游客。该洞所处九凤山风景秀丽、环境优美，四周九山环抱，均为苍松翠柏的大森林，山顶云烟缭绕，林间紫气徘徊。动植物资源丰富。有国家一级重点保护动物、省鸟——褐马鸡，有金雕、大鸨、杜鹃、夜鹰、雨燕等国家重点保护鸟类，黄鹂、百灵、云雀、柳莺、点颏、翠鸟、山鸡等几十种农林益鸟和观赏鸟，有金钱豹、麝、黄羊、狍子、野猪等，还有赤链蛇、锦蛇、蝮蛇等。有油松、华北落叶松、白皮松、侧柏、山杨、白桦、五角枫、山桃、沙棘等乔灌木，蕨菜、苦菜、金针菜等草本植物，有木耳、蘑菇、羊肚菌等菌类植物。

依托白马仙洞周围关帝山茂密的原始苍松翠柏、洞阳观文物古迹建筑、白马仙洞深而险、险而奇的自然特色，白马仙洞发展为集洞内景观、古文物建筑、自然森林景观、旅游服务区于一体的综合旅游开发项目。

白马仙洞外景　2013 年摄

吴城古镇

吴城古镇坐落在离石城区东 40 千米处，黄芦岭和薛公岭脚下，是晋中平川通往晋西山区乃至陕甘宁青等西北地区的必经之地。

吴城的战略位置十分重要。早在战国时期，就有大将吴起修筑驿站镇守该处，吴城因此而得名，更有天险屏障薛公岭、黄芦关。据说当年李自成率农民军从陕西打到北京，走的就是这条路。近代，晋商崛起，吴城成为重要的商贾之道。晋西一带盛传“驮不尽的碛口，填不满的吴城”，是晋商古道上的“旱码头”。其鼎盛时期当数 19 世纪中叶至“七七事变”之前的那段时间，古镇上有条 1.5 千米长的街道，全由青石板铺就，店铺林立、商贾云集，日日为集，月月有会，人头攒动，车水马龙。直到 1956 年，公私合营，晋商在吴城的历史画上句号。太中银铁路、青银高速、307 国道经吴城而过，是真正意义上的离石东大门。

人文景观丰富。

自然生态资源富集。夏暖冬冷，气候温和，是避暑观光好去处。有号称华北第一险洞的白马仙洞景区、有油菜花遍地的驿沟农业园区、有原始森林北海林场、南海滩林场、九凤朝阳的凤凰山、防洪安保工程吴城水库等等生态良好、资源优质。红色旅游资源丰富。有抗日战争史上有名的“吕梁三捷”遗址，更有见证日本侵略军累累罪行的“九里湾惨案”发生地。旅游商品有农家土特产品吴城莜面、土豆、粉条及衍生品，野生食品和中药材有木耳、沙棘、蕨菜、羊肚菌、山桃、山杏、甘草、黄芪、柴胡、黄芩。

千年旅游区

位于信义镇东北端，距离石城区 35 千米。为吕梁市市级景区。景区西南起自信义镇千年村，东抵西华镇亚高山草甸（离石与文水交界），西北靠骨脊山（离石与交城界），东北临云顶山，景区规划面积为 67.12 平方千米，核心服务区面积 315 公顷。

千年景区主要由千年休闲游乐区、滨湖休闲游乐区、云顶坞壁山寨区、西华镇草原风情区、高端商务休闲区 5 个功能组成；是集旅游休闲、度假、体育健身、婚庆活动于一体的复合型旅游区。

千年广场中心区，总面积达 50 公顷，是整个旅游区的接待服务中心。东边是明清建筑风格的民俗街，既有地方风味小吃，又有酿酒、做醋、水磨面、点豆腐等传统加工流程的展示。北边是千年好婚庆广场，由千年好合、天主教堂、净心谭（放生池）组成的。西面是吕梁名人广场，广场内所陈列的雕塑既有古代历史名人于成龙、刘渊、狐偃等，也有近代诸如华国锋、刘胡兰等。

滨湖休闲游乐区北至千年桥，南至库坝，西至米五公路，东至水库东岸，总面积 125 公顷。以水面、沙滩、阳光、运动为资源特色，以日月星三岛为水上亮点，把水幕电影、水上舞台、水面活动和沙滩运动项目相结合。

千年景区水库一角 2013 年摄

西华镇草原风情区，在千年广场东。西华镇草甸是黄土高原最秀美的亚高山草甸，面积达 600 公顷，俗称四十里跑马坡。

西华镇四十里跑马坡 2013年摄

云顶坞壁山寨区，在千年广场东的小云顶山，面积约300公顷。山高坡陡，顶部地势平坦，绿草遍野。相传赵汉时的刘渊曾在此处屯兵，《汾州府志》称此地为“刘王郛”。又传北魏孝文帝时有女山大王武兰英曾在此处活动，失败后跳崖自尽，至今留有“舍身崖”的地名。开设景点有刘渊山寨、藏兵洞和演兵场，展现山寨风情。

高端商务休闲区，位于千年广场东南部狭长的山谷地带，以高端度假、商务休闲为主。设有高尔夫球场、狩猎场和动物园。狩猎场和动物园分为观赏区、射箭区和电子模拟狩猎区。该区域陈设有离东抗日民主政府旧址和黄土风情博物馆，作为红色教育基地和科普教育园地。黄土风情博物馆将以科普的形式向游客介绍“离石黄土”（离石城北街道陈家墕）地域地质知识。

金阁寺

位于西属巴街道西属巴村炭窑里自然村西北约100米的兰若山上。北魏时期建寺，现存主要建筑为清代建筑。金阁寺前接神仙山，后连马头山，山势绵延，逶迤不断。周围苍松翠柏，山奇石险，风景壮丽。主要名胜有如来佛殿、千手观音殿、真武殿、老爷庙、华佗庙、山神庙、和尚庙等。山上有石龙头、倒石靴、千年茶树、龙眼泉和左扭柏树等自然景观，引人入胜。

金阁寺局部 2013年摄

彩家庄古民居

地处临县碛口古镇与离石吴城古镇晋商古道的中间，素有“拉不完的碛口，填不满的吴城，看不尽的彩家庄”之说，距离离石城区西25千米，是一座明清风格的村落。全村保留建于乾隆年间的院落21处，建筑物装饰基本完好。

村庄的精致建筑和历代文豪武杰人物在当地影响极大。当地有句民谣：北京上海地方多（多：当地人发音为dang），那也不如彩家庄。彩家庄古建筑分为庄园建设和庙宇建设。

彩家庄古民居局部　2013年摄

彩家庄庄园由李秉濯亲自设计，请名匠修建，建筑期长达20年左右。楼房3座，院宅20余处。每院均有名号，如：书房院乃读书地方，弓房院乃练武地方和圈棚院养马的地方，乐善堂，晓莹院等。庄园布局有方，安排合理，建筑精细，引人注目。

彩家庄过去有大庙1座，即真武庙；有小庙5座，龙王、观音、文昌、关圣、家庙（祠堂）。

彩家庄一带的黄土高原地貌与陈家塬、结绳塬一带的离石黄土共同构成一大地质资源，受到摄影爱好者的追捧。

玉灵山

又名玉林山、御陵山、勒台山，位于离石区信义镇马家沟村杜家山自然村西3.1千米，海拔1578米，距吕梁城区18千米。人文景观独特。石勒与刘渊结盟时，曾屯兵驻扎于此，故名勒王台。山顶建有诸神庙，因有石勒大王殿、娘娘殿、钟鼓楼等10余处庙宇建筑又称“众神庙”，创建年份不详。现有明、清建筑，历代均有修葺，寺院坐北朝南，东西长72.6米，南北宽35.36米，建筑面积1326.38平方米。诸神庙东北部稍缓，东、西、南三面较为陡峭，如同一座古城堡，突兀高耸，直插云霄，气势恢宏。

玉灵山区位独特，环境优越。山势舒缓，主峰突兀，山体为青石质，山无林灌，芳草遍地，有部分梳林密灌植被；层峦障天，塞峰绝地；松柏左右，分绕台池；前后互呈，东北望骨脊山，北望北武当山，西望神仙山，东望宝峰山，南望上顶山，可谓众山拱翠，西南眺望吕梁新区、吕梁机场一箭之遥。

玉灵山下西有“后赵石勒氏之墓”，民国26年（1937）由附近三十九村集资重建，据明万历三十七年（1609）《汾州府志》记载，永宁州后赵石勒墓在城北三十里。

玉灵山高于周边，交通四通八达，南到离石，北达方山，西至临县，东到平川。抗战时期，玉灵山成为当年八路军翻越吕梁山的秘密交通要道之一。太行山区的许多首长就是从平川跨铁路，经交城、文水的山道进入离东县的小东川（信义一带），再翻玉林山到北川（其中一道），而后经临县或方山到达晋绥边区（兴县蔡家崖），最后辗转到达延安革命根据地。

玉灵山远景 2013年摄

第三节 旅游服务

星级宾馆

吕梁国际宾馆（四星级） 位于离石区滨河南中路268号，由吕梁市政府投资兴建，2003年5月开工，2004年5月投入使用。是吕梁市委、市政府的重要接待单位，也是同国际接轨的旅游饭店。是接待国际友人、各级领导、各级各类会议、旅游散客、商务散客的综合型国际宾馆。

宾馆地上8层，地下1层，共有客房121间，床位217张，有高雅豪华的总统套间、宽敞舒适的商务套间、布局合理的标准间、多功能会议厅、中型会议室9个。餐饮特聘港粤厨师主厨，经营港粤菜、川菜、湘菜、晋菜、本地特色菜肴等菜系。有不同风格的豪华宴会包间24个，大宴会厅可一次性容纳400人，共有餐位800座，可承办宴会、酒会、自助餐、冷餐招待会。宾馆还设有商务中心、购物中心、健身房、棋牌室等场所。

吕梁东方百合大酒店（四星级） 位于吕梁市离石区龙凤南大街莲花新区。2010年开业。是一家涉外饭店。

酒店主楼共9层，占地面积14000余平方米，是集住宿、餐饮、会议、商务办公、娱乐为一体的豪华商务酒店。酒店拥有总统套、豪华套、观景套、行政间、棋牌间、大小标间等100余间。宴会厅可一次性容纳500余人就餐，设有大小豪华包间20余间。酒店拥有先进数字视听设备的多功能大小会议室，可承接300余人的大型会议。

吕梁大酒店（三星级） 位于离石区中心。建于2002年，是吕梁市国家税务局所属的三星级涉外旅游饭店。酒店有客房50套，餐厅可一次性容纳300人就餐，主营粤菜、晋菜。适合举办各种会议、酒会等。酒店本着"团结、拼搏、创新、务实"的企业精神，"不求最大、争创最好"的经营理念，"宾客至上、服务第一"的服务宗旨，改善硬件设施，塑造一流的企业形象。

国贸大酒店（三星级） 是一座国家旅游局挂牌的四星级现代化综合型民营酒店。2006年9月24日开业。位于吕梁世纪广场南侧，东与太中银铁路连接，南与离柳高速公路毗邻，西与209国道相连，北与吕梁飞机场对峙，307国道横穿酒店门前。酒店交通便利，位置优越，环境优美，是休闲消遣、旅游观光、会议活动、商务洽谈的理想场所。酒店建筑面积1.2万平方米。主楼9层，拥有客房88间（套），包括标准间、各种豪华商务套房和总统套。采取微机管理系统，配备IPSTB网络机视频点播顶盒，设有中央空调、电梯等。餐饮区可承办各类宴会和酒会，可同时提供580人就餐。主营粤菜、湘菜、晋菜及家乡特色菜。酒店有大、中、小型会议室，可供承办各类会议。配套商务、购物、健身、娱乐等设施，提供全方位服务。

新世纪大酒店（三星级） 由山西楼桥水泥实业有限公司投资4000余万元兴建的三星级涉外酒店，位于吕梁市离石区黄金地段——世纪广场。

酒店总营业面积为15000余平方米。一层为酒店大堂，提供客房预定、车辆出租、票务预订等多种服务内容。五层为酒店餐饮部，以粤菜为主，并提供淮、川、晋等各式菜系，拥有豪华、普通等各式包间20余间，装饰典雅、独具特色。餐厅可同时容纳400余人举办大型宴会或自助餐酒会。六、七层为酒店客房部，拥有标准间80余间，普通套间、总统套间4间，客房提供送餐、叫醒、洗衣、擦鞋等多种服务。八层为会议中心，有大小会议室多间，设备齐全，可承办300余人的大型会议。酒店地下室为康乐中心，设有桑拿部、KTV包房、演艺迪吧，集趣味性和娱乐性为一体，为宾客旅游增添情趣。

旅行社

独立法人旅行社 进入21世纪后，旅游业快速发展，离石成为重要的客源地，旅行社应运而生，以组团外送为主，业务单一，注册旅行社的门槛高，境内至2001年仅有4家注册的独立法人旅行社。至 2010 年，离石区境内的独立法人旅行社比 2001 年增长 4 倍，从业人数在十几人的基础上翻 8 倍。

至 2015 年，独立法人社有 18 家。分别是吕梁宏达旅行社、山西吕梁晋友旅行社、吕梁永宁旅行社有限公司、吕梁青年旅行社、吕梁春天旅行社、吕梁四方风情旅行社有限公司、吕梁崇鼎旅行社有限公司、吕梁叶之春旅行社有限公司、山西吕梁龙之旅国际旅行社有限公司、吕梁大自然旅行社有限公司、吕梁福之旅旅行社有限公司、吕梁金辉旅行社有限公司、吕梁九州星旅行社有限公司、吕梁市诚行天下旅行社有限公司、吕梁金色假期国际旅行社有限公司、吕梁异彩风情旅行社有限公司、吕梁乐游旅行社有限公司、吕梁牵手旅行社有限公司。

经营范围：国内旅游业务和入境旅游业务，代订机票、火车票等。

分社（分公司） 2009 年，新修订的《旅行社条例》颁布实施，省内大型旅行社瞅准离石作为市府驻地的优势，纷纷进军吕梁市场，开设分公司。后旅行社质保金返退政策落实，离石区境内原有旅行社纷纷注销独立社，与国际社和省内社合作，开设分公司，承揽业务。

至 2015 年，全区有旅行分社（分公司）13 家。分别是太原市行知天下国际旅行社有限公司吕梁分公司、山西东方国际旅行社有限公司吕梁分公司、山西中港航空国际旅行社有限公司离石分公司、山西岚海国际旅行社有限公司离石分公司、山西万景国际旅行社有限公司吕梁分公司、山西宝华盛世国际旅行社有限公司吕梁分公司、山西易凯旅游有限公司吕梁分公司、山西商务国际旅行社（有限公司）吕梁分公司、山西鑫泽国际旅行社有限公司离石分公司、山西东方国际旅行社有限公司吕梁第二分公司、万达众信离石分公司、中国国旅（山西）国际旅游行社有限公司离石分公司、山西东方国际旅行社有限公司吕梁滨河分公司。

经营范围：在公司经营范围内为公司承揽业务，包括国内旅游业务和入境旅游业务。

网点（门市部） 2009 年，新修订的《旅行社条例》颁布实施，2010 年，离石境内开始进行旅行社网点备案工作，7 月 5 日，金城旅行社网点备案落户离石，为离石第一家正规的旅行社网点，此后，各旅行社相继扩大业务开设网点。

至 2015 年，全区有旅行社网点（门市部）7 家。分别是：山西商务国际旅行社（有限公司）吕梁分公司、吕梁市春秋国际旅行社离石区滨河南路营业部、吕梁市春秋国际旅行社离石区龙凤北大街营业部、吕梁四季风龙之旅国际旅行社有限公司东关营业部、吕梁四季风龙之旅国际旅行社有限公司龙凤街营业部、吕梁康辉旅行社有限责任公司龙凤街营销部、山西金城国际旅行社有限公司离石营业部。

经营范围：在设立社的经营范围内招来旅游者、提供旅游咨询服务。

2015年离石境内旅行社（分社 网点）统计表

表28-3 单位：人

旅行社名称	成立时间	经营范围	从业人数
吕梁宏达旅行社	2001年8月6日	国内旅游业务	4
山西吕梁晋友旅行社	2001年12月26日	国内旅游业务	3
吕梁永宁旅行社有限公司	2001年12月28日	国内旅游业务	5
吕梁青年旅行社	2001年12月28日	国内旅游业务	5
吕梁春天旅行社	2003年4月24日	国内旅游业务	5
吕梁四方风情旅行社有限公司	2003年8月27日	国内旅游业务	4
吕梁崇鼎旅行社有限公司	2005年1月7日	国内旅游业务	4
吕梁叶之春旅行社有限公司	2005年12月27日	国内旅游业务	5
山西吕梁龙之旅国际旅行社有限公司	2006年4月27日	入境旅游业务 国内旅游业务	5
吕梁大自然旅行社有限公司	2006年7月11日	国内旅游业务	4
吕梁福之旅旅行社有限公司	2006年10月9日	国内旅游业务	4
吕梁金辉旅行社有限公司	2007年3月16日	国内旅游业务	4
吕梁金色假期国际旅行社有限公司	2008年2月21日	入境旅游业务 国内旅游业务	5
吕梁九州星旅行社有限公司	2008年4月22日	国内旅游业务	4
吕梁市诚行天下旅行社有限公司	2008年4月22日	国内旅游业务	4
吕梁异彩风情旅行社有限公司	2009年2月26日	国内旅游业务	4
吕梁乐游旅行社有限公司	2009年10月21日	国内旅游业务	4
吕梁牵手旅行社有限公司	2010年2月22日	国内旅游业务	3
太原市行知天下国际旅行社有限公司吕梁分公司	2012年10月24日	在公司经营范围内为公司承揽业务，包括国内旅游业务和入境旅游业务	2
山西东方国际旅行社有限公司吕梁分公司	2012年12月28日	在公司经营范围内为公司承揽业务，包括国内旅游业务和入境旅游业务	5

续表 28-3

旅行社名称	成立时间	经营范围	从业人数
山西中港航空国际旅行社有限公司离石分公司	2012 年 12 月 31 日	在公司经营范围内为公司、承揽业务，包括国内旅游业务和入境旅游业务	4
山西岚海国际旅行社有限公司离石分公司	2012 年 12 月 31 日	在公司经营范围内为公司承揽业务，包括国内旅游业务和入境旅游业务	3
山西万景国际旅行社有限公司吕梁分公司	2012 年 12 月 31 日	在公司经营范围内为公司承揽业务，包括国内旅游业务和入境旅游业务	2
山西宝华盛世国际旅行社有限公司吕梁分公司	2013 年 6 月 10 日	在公司经营范围内为公司承揽业务，包括国内旅游业务和入境旅游业务	3
山西易凯旅游有限公司吕梁分公司	2013 年 12 月 10 日	在公司经营范围内为公司承揽业务，包括国内旅游业务和入境旅游业务	2
山西商务国际旅行社（有限公司）吕梁分公司	2013 年 12 月 10 日	在公司经营范围内为公司承揽业务，包括国内旅游业务和入境旅游业务	3
山西鑫泽国际旅行社有限公司离石分公司	2013 年 12 月 10 日	在公司经营范围内为公司承揽业务，包括国内旅游业务和入境旅游业务	2
山西东方国际旅行社有限公司吕梁第二分公司	2014 年 1 月 5 日	在公司经营范围内为公司承揽业务，包括国内旅游业务和入境旅游业务	2
吕梁市春秋国际旅行社离石区滨河南路营业部	2015 年 4 月 23 日	在设立社的经营范围内招徕旅游者、提供旅游咨询服务	2
吕梁市春秋国际旅行社离石区龙凤北大街营业部	2015 年 4 月 23 日	在设立社的经营范围内招徕旅游者、提供旅游咨询服务	2
吕梁四季风龙之旅国际旅行社有限公司东关营业部	2015 年 5 月 5 日	在设立社的经营范围内招徕旅游者、提供旅游咨询服务	3
吕梁四季风龙之旅国际旅行社有限公司龙凤街营业部	2015 年 5 月 5 日	在设立社的经营范围内招徕旅游者、提供旅游咨询服务	5

续表 28-3

旅行社名称	成立时间	经营范围	从业人数
吕梁康辉旅行社有限责任公司龙凤街营销部	2015 年 5 月 5 日	在设立社的经营范围内招徕旅游者、提供旅游咨询服务	2
中国国旅（山西）国际旅游行社有限公司离石分公司	2015 年 6 月 20 日	在公司经营范围内为公司承揽业务，包括国内旅游业务和入境旅游业务	
万达众信离石分公司	2015 年 7 月 24 日	在公司经营范围内为公司承揽业务，包括国内旅游业务和入境旅游业务	2
山西东方国际旅行社有限公司吕梁滨河分公司	2015 年 9 月 10 日	在公司经营范围内为公司承揽业务，包括国内旅游业务和入境旅游业务	3
吕梁市顺达旅游有限公司	2015 年 9 月 21 日	在国内旅游业务，入境旅游业务，出境旅游业务招徕；提供旅游信息咨询服务	5
山西金城国际旅行社有限公司离石营业部	2015 年 9 月 25 日	在设立社的经营范围内招徕旅游者、提供旅游咨询服务	3

旅游交通

航空 吕梁民用机场位于方山县大武镇，距吕梁市区约 20.5 千米，是国家“十一五”规划建设的重要支线机场。吕梁民用机场占地 178 公顷，移民 765 人，建设总投资 7.64 亿元。2008 年奠基开工，2011 年全面完工，并完成验收、校飞和投入使用。2016 年 3 月底，吕梁机场开通前往兰州、重庆、天津的航班，通航城市达到 9 个（北京、上海、广州、西安、长沙、呼和、重庆、天津、兰州）。通过以上城市中转，可到达全国各个城市。

铁路 吕梁火车站（简称吕梁站），是太中银铁路在吕梁境内的火车站点，位于离石区上安村和下安村之间，距离市区中心大约 4 千米。主站房占地 5906 平方米，设计层高为 2 层，候车厅可容纳 1000 余人候车，设有售票窗口 11 个及残疾人窗口 1 个。该车站由集散广场和市民广场两部分组成。吕梁火车站站内共有车道 6 股，站台 3 个，开通时有 18 对列车经过。吕梁站在上行方向距北京西站 693 千米，距太原南站 173 千米，太原站 181 千米，在下行方向距银川站 529 千米，距西安站 582 千米。吕梁市民坐火车去北京最短需要 7 小时。

吕梁站能直达的主要火车站有北京西、天津、太原、石家庄、石家庄北、保定、唐山、秦皇岛、阳泉北、山海关、北戴河、衡水、沧州、邯郸、邢台、哈尔滨、长春、沈阳北、大庆、齐齐哈尔、双城、公主岭、四平、铁岭、锦州南、葫芦岛北、郑州、开封、商丘、德州、新乡、安阳、鹤壁、西安、包头、呼和浩特、东胜、榆林、延安、西安、安康、银川、中卫、兰州、西宁、乌鲁木齐、宝鸡、重庆、成都、绵阳、广元、济南、泰山、徐州、南京、苏州、无锡、上海等。

2011 年 1 月 11 日，太中银铁路全线通车运营，成为西北地区通往华北地区最便捷的一条黄金通道，结束吕梁山区没有客运火车站的历史。截至 2012 年 9 月 1 日，吕梁火车站开通后的 600 天里，共安全接发列车 60800 列，累计发送旅客 240 万人次。

2015 年过境吕梁站列车时刻一览表

表 28-4

列车车次	始发站	终点站	发车时间	停靠时间	终到时间	列车车型
T7	北京西	成都	01：38	2 分	20：41	空调特快
T8	成都	北京西	05：18	2 分	13：28	空调特快
T41	北京西	西安	23：22	2 分	05：37	空调特快
T42	西安	北京西	01：19	2 分	09：10	空调特快
T69	北京西	乌鲁木齐	17：06	2 分	19：59	空调特快
T70	乌鲁木齐	北京西	12：49	2 分	19：41	空调特快
T277	北京西	银川	02：03	26 分	08：08	空调快速
T275/278	银川	北京西	02：31	2 分	09：41	空调快速
K213	天津	西安	03：27	2 分	10：32	空调快速
K214	西安	天津	19：26	2 分	06：26	空调快速
K220/K217	邯郸	包头	03：58	2 分	11：09	空调快速
K219/K218	包头	邯郸	02：54	2 分	11：10	空调快速
K1117/K1116	包头	北京西	00：31	2 分	11：55	空调快速
K1115/K1118	北京西	包头	01：04		07：58	空调快速
K548/K545	齐齐哈尔	西安	22：37	4 分	05：30	空调快速

公路 G20 青银高速横穿离石 30 千米，该路段也称汾军高速。在离石区有出口 3 个：吴城、离石东、离石西。209 国道和 307 国道交叉经过离石。

第四节 旅游开发

宣传推介

节日活动 旅游节庆活动自古有之，境内的庙会、闹“红火”、集市贸易等民俗节庆活动。诸如凤山庙会、安国寺庙会、金阁寺庙会等。20世纪80年代，传统节庆活动得以恢复。90年代后，传统节庆活动得到发展。2000年后，随着旅游经济的发展，区政府、旅游企业更加注重举办各类旅游节庆活动，在每年庙会、“5·18”世界博物馆日、“5·19”中国旅游日、“文化遗产日”期间，都会组织开展面向公众的文物旅游宣传和普法工作，借此宣传和推介旅游产品。2013年，在省市要求的“晋善晋美”山西行系列活动中，离石散发宣传单1万余份，受众达2万余人次。同年，在安国寺庙会期间，举办“古刹神韵·廉吏清端”书画摄影系列展，参展作品100余幅；联合山西省摄影家协会、电影家协会合作宣传，在安国寺成立采风基地。

2015年5月19日，为迎接第五个中国旅游日，与吕梁市文物旅游局在世纪广场共同举办“爱旅游 爱生活”宣传活动。山西东方国旅游吕梁分公司、四季风龙之旅国际旅行社、白马仙洞景区等20余家旅游企业参加此次宣传活动。吕梁市文物旅游局工作人员在宣传旅游景点、景区以及安全出行、文明旅游常识和解答市民提问的同时，采取微信和QQ等网络形式，实时发布景区动态，方便游客出行，提醒游客安全出行。白马仙洞景区推出半价游，山西东方国旅游吕梁分公司推出5月30日99元“华北第一漂”庞泉沟激情一日游。至2015年，节庆活动期间，旅游企业参与旅游宣传活动常态化、主动化。

对外推介 2013年7月6日，配合吕梁市文物旅游局、山西雪恩集团和山西旅行社联盟吕梁分会共同组织的“吕梁人游吕梁”大型主题活动在离石区拉开帷幕。各旅行社组织全面行动，报名参加活动的70余名游客参加启动仪式并乘车赴吕梁苍儿会生态旅游经济区，感受森林葱郁，溪水潺潺，鸟语花香、空气清新的自然景观，体验高尔夫球的魅力。2013年，组织部分旅游企业参加北京国际旅游博览会、中国旅游产业博览会（天津）、山西省文产业博览会，进行旅游推介；推荐信义镇永红村参加“山西最美乡村”评选活动，通过省级专家验收。2014年，永红村被评选为“山西省最美旅游村”，为离石第一个。2014年，组织部分旅游企业参加北京国际旅游博览会、第十九届北方旅游交易会暨2014中国旅游产业博览会（天津）、全国文博会、第十届海峡两岸旅游博览会（厦门），并进行旅游文化资源推广。同年，参加2014年度京交会，举行离石旅游专场推介会，在中宣部和华夏文化遗产保护中心组织召开的中国城镇旅游产业发展峰会上，离石被评为中国十大最具投资价值城市、中国最佳生态旅游城市。2015年，参加全国文博会、第九届中国中部贸易投资博览会、内蒙古草原旅游交易会、中国兰州国际旅游博览会。

旅游规划 2007年，区委、区政府把开发碛口—彩家庄—吴城古镇晋商通道和创建“安国寺于成龙廉政文化教育基地”建设作为重点项目，规划并付诸实施。2008年3月，聘请山西大学相关部门完成《安国寺景区旅游总体规划》《安国寺景区核心区旅游详细规划》初稿。2010年《千年景区旅游规划》通过吕梁市文物旅游局组织的评审。2011年，《离石安国寺旅游景区规划》完成评审稿编制。2013年，多次召开全区旅游产业发展座谈会，组织编制《离石区旅游产业发展规划》《安国寺景区旅游产业发展规划》《离石白马仙洞景区旅游规划》通过评审。2014年，受区政府委托出台《离石区关于做好旅游开发与文物保护利用的意见》，完成《安国寺景区旅游产业发展规划》初稿的编制。2015年，修改完成《离石区旅游发展总体规划》《离石安国寺旅游景区规划》评审稿。

开发建设

景区开发 2008年，千景区开发建设委托山西远安房地产公司进行。2010年，完成安国寺于成龙廉政文化教育基地《于成龙生平展》《于成龙事迹展》《廉政文化资料馆》《于准生平展》《于氏宗祠展》的布展工作及配套设施安装调试，展馆依托古建有20余间400余平方米，展线600多米，免费开放，年内接待游客达十几万人次。

2012年，白马仙洞景区由景龙集团开发建设。2013年，区级旅游开发领导小组成立，每个景区分别单独设立管委会，并由1名县级领导负责主抓。千年景区与上海景域旅游运营公司的合作开发的漂流与滑雪项目委托意向成功签约，宝峰山、安国寺景区试行合作开发建设，与泰化集团、永宁建设集团初步达成合作开发意向。2014年，离石区旅游产业推进领导组成立，协调推进全区旅游产业开发建设。离石旅游产业发展研究会成立，实行景区专项研究、统筹宣传推介、个别决策咨询。5月1日，离石千年景区和白马仙洞景区开门迎客。黄金周期间吸引离石本地及周边大批游客，一度形成景区人流超负荷，交通拥堵，政府相关部门合力疏导服务的情况。同年，组建离石旅游产业协调推进领导组，对离石的安国寺、白马仙洞、千年景区、彩家庄、宝峰山进行开发建设研究，意向协议，组织永宁集团、泰化集团、景龙煤业等企业调研，动员奔图企业家致力于当地旅游资源的开发建设。2015年，探索新的旅游产业发展模式，赴江苏省进行针对性考察，试行新的旅游产业发展PPP运营合作模式。对千年、白马仙洞、安国寺景区进行资产评估后，筹划成立骨脊山旅游文化综合有限公司，次年注资30万元，展开PPP运营管理。推动旅游文化产业与“三农”经济的深度融合，开启“美丽乡村离石游”的品牌建设打造，完成小神头、归化村、王村、永红村和王营庄村5个美丽乡村旅游基础设施建设申报工作。

旅游设施建设 2004年，完成307国道至安国寺8千米道路的铺油工程。2005年，修建安国寺旅游公路。2009年，安国寺三星级旅游公厕、1000立方米消防景观水池、景区内部停车场、道路硬化等工程建设开工。2010年，信义镇政府投资建成宝峰山专用旅游公路6千米。2010年金阁寺修建专用公路8千米。2011年对凤山道院、安国寺景区的部分道路、石护栏进行维修加补，加强景区基础设施建设；完成安国寺主景区旅游厕所、景观水池等附属工程，千年景区绿化、元宝湖续坡防渗漏工程。

2013年，白马仙洞完成景区道路建设，贯通洞内出口，游客中心、山顶步道等附属设施建设开工。2014年，修通千年景区旅游路14.5千米、白马仙洞景区旅游路9.3千米、安国寺旅游路5千米，实现各景区之间的交通网互通；协调电力、移动、电信等公司为景区免费建设配套相关通信设施设备，实现各大主景区移动信号全覆盖。2015年，千年景区新建旅游厕所4座，改建3座，白马仙洞改建9座，安国寺改建1座，凤山天贞观改建1座。

第五节 管理 机构

行业监管

1998—2003年，离石市对旅游市场每年不定期进行检查，由吕梁市（地区）文物旅游局组织实施，离石文化局指派下属的文物管理所配合。

2004—2010年，由离石区文物旅游开发管理中心组织对旅游企业的换证初审，配合市文物旅游局开展辖区内市场监督检查。检查内容包括无证、无照经营行为；旅行社超范围经营行为；旅行社责任险的投保情况、业务档案管理情况；违规租用无旅游营运资质车辆的行为；不按要求签订规范的旅游合同及不严格履行合同等行为；无证从事导游活动的行为；星级饭店服务质量、卫生情况等。通过检查，各旅游企业的经营行为得到进一步规范，服务质量得到进一步提高，旅游市场秩序良好。2010年，办理第一家旅行社网点备案手续，在旅游旺季每月组织开展1次常规旅游市场检查。2011年，根据《旅行社条例》《中华人民共和国行政执法法》等相关规定，印制相应的执法文书，开启规范执法检查。

2012年，为符合条件的工作人员申请办理旅游市场行政执法证，进一步规范执法。同年，配合省市完成辖区内30余名导游年检。2013年，重点开展旅游市场“打非治违”安全生产专项整治行动，签订安全生产目标责任书30余份，实现全年安全生产无事故。2014年，离石区旅游咨询和投诉电话设立，受理投诉2起，服务满意率100%，处置突发事件1起。至2015年，离石旅游市场实现连续多年无安全事故，服务满意度100%。

机构

1997年前，离石没有专门的旅游管理机构。1998年吕梁地区文物旅游局成立，内设旅游科，离石市旅游管理工作由地区文物旅游局直接监管。

2004年3月，离石市文物旅游开发管理中心成立，为离石市政府直属全额事业单位，正科建制。将原文物管理所的职能划入文物旅游开发管理中心，核定编制6名，科级职数2名。同年，安国寺文物管理所成立，主要负责全国重点文物保护单位安国寺的文物保护管理工作。核定编制6名，其中，全额事业单位编制2名，自收自支事业人员编制4名。

2008年5月，离石区文物旅游开发管理中心更名为离石区文物旅游局，由区政府授权履行行政职能，单位性质不变。12月22日，凤山天贞观文物管理所成立，主要负责全国重点文物保护单位天贞观的文物保护管理工作。自收自支事业单位，核定编制3名。2010年1月，离石区文物旅游局更名为离石区文物旅游开发中心，为区文化广电新闻出版局所属正科级全额事业单位。2011年6月，核定正科级领导职数1正1副，区财政拨款事业编制10名。内设机构3个，分别是办公室、文物管理股、旅游发展与管理股。下设事业机构：离石区安国寺文物管理所、离石区凤山天贞观文物管理所。

2015年，离石区文物旅游开发中心为区文化新闻广电出版局所属财政拨款事业单位，正科级建制，领导职数1正1副，实有在职人员20人。其中管理人员5名，专业技术人员4名，工勤人员1名。内设机构有办公室、文物管理股、旅游发展与管理股。所属股级事业单位有离石区安国寺文管所、离石区凤山天贞观文管所，各核定自收自支人员编制3名，其中，管理人员编制分别2名，专业技术人员分别1名。

第二十九编

民俗　宗教

民俗
宗教

离石民俗是千百年来生活在这片土地上的劳动人民长期生活生产实践中约定俗成的习惯，涵盖社会生活的方方面面，也随着时代的发展不断赋予新的含义，烙上深深的时代印记。

据《永宁州志》载：习俗简朴，民多质鲁，勤于农业，拙于服贾，衣冠文物，饶有古风，旧志谓近亦稍侈，然以视平介，犹霄壤焉。

离石人秉承古风，衣服以实用为主，近年来也注重款式和质量。饮食一直以简单、方便为主，离石小吃深受人们喜爱。民间流传“碗秃则、合楞则，好吃不过揪片则。蹬蹬面来斜片片，抿尖擦尖拔八锅姑。稀汤稀米就馍馍，茄子云瓜浇圪坨。山药擦成细丝丝，莜面蒸熟切齐齐。玉稻黍窝窝金灿灿，洋柿子汤汤红丹丹”。住房在城市以单元楼房为主，城郊和农村以小平房和小二楼居多。家具向流线型、实用型、功能型方向发展。离石人主张婚姻自由，彩礼是象征性的，反倒是女方的陪嫁比较丰厚。

离石人性格比较率直，交往直截了当，少了许多繁文缛节。

赌博、酗酒、斗殴等许多陋习就像社会毒瘤，从古代就有。随着时代的发展，许多陈规陋习销声匿迹，社会主义新风尚形成。社会各界日益重视对民情风俗的研究，记载民俗的专著从无到有，逐渐多了起来。

离石区的宗教活动历史悠久。创建于汉平帝元始年间（1—5）的宝峰山道观印证，道教活动至少可上溯到汉代。佛教活动或可追溯至1500余年前。离石一代高僧慧达大师刘萨诃，据传，是中国历史上第一代赴印度取经，并最早归国弘法的高僧，是佛教中国化的重要标志性人物之一，也是开凿敦煌莫高窟的先驱之一。至2015年底，离石区有佛教、道教、天主教、基督教四大教派，信教群众3300人，其中佛教皈依居士约700人，道教皈依居士约300人，天主教受洗群众约1800人，基督教受洗群众约500人，主要集中分布于7个街道的沿川村。佛教活动场所有7处，分别为安国寺、凤山底慧达寺、西崖底虎麓寺、千佛寺、盛地北禅寺、前瓦天宁寺、沙会则慧泽寺；道教活动场所有6处，分别是凤山天贞观、上安上清观、石盘圣母庙、后瓦古坤庙、七里滩老爷庙、信义观帝庙；基督教活动场所有1处，为城内基督教临时活动点；天主教活动场所有3处，分别为贺家塔天主教堂、大中局天主教堂、凤山三巷临时活动点。宗教团体有3个，分别是佛教协会、道教协会、基督教三自爱国运动委员会。登记在册的教职人员有19人，其中佛教7人、道教4人、基督教5人、天主教3人。

第一章　民　俗

第一节　衣食住行用

服饰

中华人民共和国成立前，境内官宦、士绅、富有者，多穿绸缎，长袍马褂，礼帽革靴。贫寒者，一年四季，一件衣服往往是棉拆夹、夹改单，“新三年，旧三年，缝缝补补又三年”，真是：单衣补千块，棉衣大开花。多数人家衣着以自织的土布为主，袄裤鞋袜用手工缝制。普通人家男女老少皆穿短衣，内衬背心或兜肚，外衣有布衫、夹袄、棉袄。袄式多偏襟，左襟掩右，下有底襟，以布结扣系之，富有者缀铜质或珐琅纽扣。兜肚为椭圆形，富者以银索系之，贫民拴以线绳。逢年过节或遇喜庆、出门会客，男人外套长衫、夹袍或棉袍；女人穿裙子。贫穷者穿不起长衣，便觉得“圪节两焊”(指上衣与下衣脱节)，走不到人前。成年男子，春秋季头戴瓜壳帽或系羊肚毛巾，夏令戴草帽，冬季戴毡帽。脚穿实纳帮圆口布鞋、船式暖鞋、牛鼻子鞋等。儿童头戴狮帽、铃铃帽，足蹬虎虎鞋、掏云鞋等。老年妇女头系青首帕，青年姑娘足穿扎花鞋。男女不论贫富爱好系腰带(长六尺、宽尺余)，老年男士青蓝、壮黑色；老年妇女黑蓝、青红色，多数为土布，少数是自织自染的蚕丝布。妇人一般戴手镯、项圈、耳环、戒指等饰物。手镯分银玉二品，样式有扁、扭丝等型。富有人家女子佩戴各种珍珠、玛瑙、珊瑚、宝石、金银首饰，老年妇女佩戴银质挑牙签和布料“针凿凿”(分子、母两部分配套，拔开母套露出子套，内可装线，上可别针)。

中华人民共和国成立后，人民生活普遍提高，过去流行的家织土布逐渐被市布、咔叽、哔叽、花达呢、府绸等取代，后来出现化纤、毛纺织物等高级衣料，倍受青少年男女的欢迎，同时在色泽上、样式上强调时尚美观。除老年人外，青年人穿衣以各种制服为主，男子有中山服、军干服，女人有列宁服、小西服。家做布鞋基本绝迹，大多数人都穿买的布鞋、胶鞋、塑料鞋和皮鞋。瓜皮帽罕见，年轻人戴上解放、前进、军用、大顶帽，大氅、小大衣取代长袍马褂。手表代替手镯。

进入 20 世纪 80 年代，男女服饰，日新月异，款式繁多，各种新颖服装花样百出，有夹克衫、长曲衫、蝙蝠衫、拉链衫、羊毛衫、西装、猎人迷彩服，直筒裤、喇叭裤、牛仔裤、紧身裤，有太阳裙、百褶裙、连衣裙、风衣、睡衣、舞衣等众多款式。旧式的布袜、线袜基本淘汰，代之而起的是尼龙袜、锦龙袜、弹力尼袜。鞋有运动鞋、登山鞋、旅游鞋、皮鞋、高跟、中跟、坡跟、平板、拖鞋等；童装工艺精美，形式多样。

20 世纪 90 年代后期，男女服饰，花样翻新，大部分以购买为主，标新立异的服装屡见不鲜，服装的款式、颜色、种类十分丰富，群众的选择范围广泛，可以说：“只要有钱，什么衣服都能买的下。”

进入21世纪后，服装的样式众多，质地考究。有休闲装、运动装、羽绒服、貂、皮、毛衣、保暖内衣、雪纺衫、加绒外衣、七分裤、九分裤、裙裤、阔腿裤、皮裤、“铅笔”裤、“灯笼”裤、打底裤、内增高鞋、老年健身鞋、“熊猫”鞋、卡丝袜、混纺袜、“船”袜、连裤袜、防臭袜等。人们也不局限于在本地买服装，有的到太原、北京等大城市去购买，更有人选择网购。家家户户衣服很多，基本没有破衣烂裳。

饮食

清代至中华人民共和国成立前，境内除城市商行外，乡村一般习惯冬春季日食两餐，夏秋农忙季节日食三餐，喜庆宴会不分城乡，均以两餐招待亲朋。

20世纪80年代后，到冬季，农家人黎明即起，喝“油茶”以御寒，城镇居民早起上学、上班前，以挂面鸡蛋汤伴食干熟食。不论城乡皆日食三餐，以午饭为主。离石一带流传“早饭要饱、午饭要好、晚饭要少”的说法 。

做油茶或称“打油茶”。把小米碾面炒熟叫“面茶”，配牛油或羊油熬成团的叫“油茶”。油团配制：将生羊(或牛)油入锅加热熔化，拌入熟白面及葱姜之类调味于碗碟中冷凝成团状。

山区早年平时早晚多以小米粥就（辅）酸菜为食，早饭米粥，配食炒面、窝头；晚饭米粥配食蒸马铃薯(山药蛋)或山药窝窝(用山药擦丝拌面上锅蒸熟，东川称丸子，城川称擦擦)。小米粥亦称钱钱饭，用小米、豆片熬煮而成，夏秋另加南瓜、豆角，冬春配煮萝卜、蔓菁，有时不加瓜菜，仅以小米、豆片熬制。豆片制法，将白豆煮半熟置平滑青石(城区人曾用刨平钢铁)上，用铁锤捣成小圆片，状似铜钱，故名“钱钱”。小米饭食之别有风味，有滋阴降暑平肝养胃之功，系吕梁山一带民间特有的传统食品。

酸菜由蔓菁、芥菜、萝卜、白菜、茴子白等制成，做法：将蔓菁削去头根，洗净入锅煮半熟，擦成扁丝，菜叶洗净入锅煮半熟切碎，将二者拌匀，压入缸内发酵即成。食时配以咸盐、辣椒等佐料。

炒面、窝窝面用料皆以白豆、莜麦、玉米、高粱等粗粮为主。中华人民共和国成立前，大都杂以细糠、麦麸。西山一带产枣，乡人特制传统枣炒面，食之甘甜适口，为农家四季主要食品。制法将麦麸、谷糠等物炒熟、红枣煮熟，放人笸箩内拌匀，碾成饼状(俗称“炒面疙瘩”)，晒干贮于缸内。食时取饼掺入少量炒熟之玉米、白豆等粗粮碾细过箩。窝窝面在城川，人们称撒面，材料与炒面差不多，但不用炒熟，制作时用水和面，用手拍成圆形，拿刀切成两半，蒸熟即可食用。

午饭以红面、豆面为主。红面原料为红豆、高粱等，豆面原料为小麦、豌豆、豇豆、绿豆等。吃法有擦尖、抿尖、剔尖、面条、咸饭等。主食以外，有熬菜或炒菜为副食。原料以胡萝卜、白菜、西葫芦、南瓜、茴子白、马铃薯等为主，分季节食用。逢年过节，熬入粉条、豆腐之类，有时也入肉类。或熬或炒，烩成一锅，不装碟。

待客以扁食(饺子)为上饭，以羊肉、胡萝卜、大葱、豆腐、茄子、韭菜等做成肉馅或素馅，白面擀皮包捏而成。

逢年过节或红白喜宴多吃蒸馍、油糕、案糕(亦称枣糕)、软馍馍。油糕、案糕均以软米为主料，拌水碾面，蒸熟，内包红枣或红糖。软馍馍以软、硬小米各半碾面发酵，外包白面皮，内实枣豆馅，蒸成条或团状。食时软坚甘美，别具风味，为本地传统名吃。

城区、大小东川、北川一带居民喜吃和子饭，以小米、蔬菜、面条等混合入锅煮制，佐以各种调味，经济实惠，味美省工，颇具特色。

冬天农家自酿黄酒、浑酒，以自饮或待客。“新正寿月”，至亲好友登门造访，调凉菜、滤浑酒，主客对酌，谈桑话麻，极乐一时。黄酒、浑酒均以糯米、红黍谷(一种软谷)软米为主料蒸制，配入白酒、大麦曲，发酵七日而成。吃时滤出，锅内熬开。饮之醇浓香甜，健脾益胃。今已无人酿制，全部通过购买。

逢年过节或请客，富裕人家讲究八碗八碟，山珍海味。贫穷人家则除做应时小菜外，凉拌菜也是压酒妙品。凉拌菜入料广泛，廉简实惠，贫富皆宜。富有者以粉皮、凉肉等为主，贫穷者以马铃薯丝为主。通常拌物有荞面碗团、莜面切条、绿豆芽、粉丝粉条等。佐料有姜粉、酱油、陈醋、芝麻面、蒜泥等。

离石大多数人平时无饮茶习惯，遇年节、红白喜宴以及亲朋远至，煮茶待客，并有摆列“茶架”之俗。茶架内装伴茶，有醉枣(酒渍脆枣)、瓜子、花生、核桃仁、苹果、橘子等，均系自产自制。

醉枣亦称酒枣，为县西南地区待客之名吃。制法：每年秋季枣熟时，拣取个大半绵半硬无残伤者伴酒入缸加盖密封，月余后即可开缸取食。其色鲜红，其质酥脆，鲜味甘醇，芳香扑鼻，为待客妙品。

日常饮食都是根据各自的生产条件和个人口味、喜爱等因地因人而异。

东川一带，为莜麦、马铃薯产区，因而莜面、马铃薯(山药)是家常主食，早饭是莜面糊糊煮马铃薯、拌炒面(莜麦炒熟磨粉而成)。午饭吃莜面栲栳(状似羊耳朵)、圪搓搓(条状)、包馅窝窝、蒸山药，或炒山药丝。莜面制作精细，能做许多花样，所以当地人俗话说“油和辣子、酸菜汤，带荤(羊肉)莜面更吃香”。晚饭大部分人家吃小米钱钱稀饭和马铃薯擦擦(用马铃薯擦丝拌莜面蒸熟)，或出锅垒(莜面搅成糨糊状熬熟)，拌食咸菜、酸菜等。如遇婚丧嫁娶过生日等喜庆节日，也吃油糕、白面和肉菜，但宴席必须上一盘莜面条加山药丝的凉拌菜，方可展示当地的特产风味。

北川和西山地区为杂粮产区，饮食花样较多，米有小米(谷米)、糯米(软米)、黄米；面有白面、豆面、玉米面、荞面、红面、杂面(白豆、红豆、高粱合磨而成)、炒面等。早饭一般多吃捞饭汤面或捞饭钱钱汤，午饭吃豆面红面旗子(条状)、抿尖、剔尖、擦尖等加烩菜。富有者多吃白面，花样繁多，有蒸馍、烙饼、煎饼、包子、饺子、面条、拉面、拨面、削面、揪片(俗称掐圪瘩)等，副食为各种应时蔬菜、豆腐、粉条、肉、蛋等。晚与早餐略同，主食为米汤、稀饭、和子饭外加干粮，干粮则因家庭情况不同而有差异，贫者多食窝头、发糕、炒面及薯类；富者则以馍馍、饼子为常食，并调剂小菜和风味副食品。

南山一带为糜谷黍类产区，多种瓜类，不种蔬菜，早、晚饭普遍是小米稀饭(加煮钱钱、南瓜、豆夹)，谷米面或玉米面窝窝、炒面(高粱、玉米、黑豆、糠、麸合制)就咸菜；午饭多为豆面或红面旗子(条)、抿尖、拨股(软面置于木板上，用筷子一根根往锅内拨)，烩山药丝炒菜，喜庆节日多吃枣糕、油糕或馅糕。自家调剂生活吃包皮面(里面是玉米面、高粱面等粗粮，外面用白面包裹)，来客待友吃白面。

城市居民和机关商户的饭菜比农村优越，以大米、白面为主，各种应时蔬菜肉蛋副食品应有尽有，岁时节日、喜庆宴会喝酒、喝饮料。

20世纪80年代后，人民生活显著提高，从根本上改变过去糠菜半年粮的贫困日子。过去传统的家常饭——窝窝、发糕、炒面等逐渐退居次要地位，白面、大米成为家常主食。随着农村家庭联产承包生产责任制普遍推行和城乡经济体制改革深入，人们的饮食不再单为吃饱，而且讲求吃好，达到饮食健身之目的。

设宴款待亲朋，席面有早、午之分，午为正宴，早宴一般为卤菜挂面、油糕（有的吃油条）；午宴视家境而异，四碟八碗，或八盘四碗的盘碗席；十二盘四碗、八碟八碗为上席。从70年代开始，席位由方桌改为圆桌(转盘)，每桌由六席改为十席，原来用方桌时，席位有首、次之分，改用圆桌后由客人随意组合入座。

红白喜事一般人家早、午各吃一顿饭。早饭是汤菜、油糕，有条件的再加红烧肉、煮鸡蛋各一盆，主食再加油炸馒头、油条、烙饼、包子等其中的一两种。午饭由原来的4个菜、四碗一盘（5个菜）、二龙蹬四象（6个菜）、8大碗（8个菜）等演化成一年四季一盘棋（12个菜、4个汤、1盘主食），后来主食不限一种。菜品也特别丰盛，有鸡鸭鱼虾、新鲜时蔬、猪羊牛肉、海参、鱿鱼、大闸蟹等。改革开放后，红白喜宴由主家自己采购调料、食材，餐具、桌椅想办法借（后来有专门租赁的），亲朋好友帮忙完成。20世纪90年代，有了流动宴席专业队，帐篷、餐桌、座椅、灶具、餐具、炊事人员一应俱全，全程包揽。主人只管采购调料、食材，提供场地、水电等。可是人们还是嫌麻烦，后喜宴干脆到固定的饭店、酒楼办理。

进入21世纪后，社会物资极大丰富，肯德基、德克士等西餐厅入住离石，美团、饿了吗等快捷送餐平台，火锅、烤肉、麻辣烫、烧烤、沾串等相继出现，酒从单一的白酒增加啤酒、葡萄酒、洋酒，饮品有沙棘、苹果、梨、葡萄、桃、杨梅、枣、核桃等果汁，可乐、雪碧等碳酸饮料，冰红茶、绿茶、奶茶等茶饮料，核桃牛奶、酸奶等牛奶饮料，红牛、健力宝、加多宝、王老吉等功能性饮料，品种繁多，应有尽有。各种新鲜果蔬四季供应，南方的荔枝、椰子、芒果、榴莲、菠萝、香蕉等陆续来袭。境内居民为适应孩子们上学，将过去一日两餐的饮食习惯改为一日三餐，吃饭随心所欲，全年无异，过年与日常饮食差别不大，人民生活水平显著提高。

2012 年 11 月后，对红白喜事进行诸多限制，也提倡“光盘”行动，铺张浪费之风得到遏制，剩饭剩菜少了许多，即使有剩下的，宾客基本上都打包带走，“吃不了兜着走”；再也不是什么丢人的事，烟、酒、饮料也不再光讲排场，而更多是注重经济实惠。

宅居

境内农村居舍以窑洞为主，瓦房次之，城镇则窑、房杂陈。窑洞有土窑、石窑、砖窑、砖石接口窑之分，房有瓦房、扣瓦房、泥抹房、茅草房之别。窑洞省工省料，造价低廉，并具有冬暖夏凉之特点。建筑方式多根据当地的自然条件而定，如土质坚实的地方凿土挖穴，石厚土薄的地方垒石为窑，煤炭充裕的地方烧砖砌窑，森林茂密的地方伐木盖房。大体上是，城川及西南山区多砖窑、瓦房，东北二川多石窑及石接口土窑、泥抹房，小东川多土窑。

中华人民共和国成立前，住房多寡不均，贫寒者人多屋少，富有者人少房多。富户一般建三合头、四合头院，其规模为正窑三至五孔，东西两侧各建侧窑三孔或二孔，栏前马棚、大门。有的窑顶压楼，上、下两层都插有锁头以盖厦檐。厦檐前方以明柱支撑，下安石鼓型柱础。窑门前筑五尺宽三或五级台阶。俗称“明柱厦檐高圪台”。有的居处分前后两院，中间有仪门，左右有侧门。平时仪门紧闭，从侧门出入，遇有红白喜庆大事或迎接贵宾，则大开仪门。这些深宅大院，屋顶筑五脊六兽，飞檐挑角，门上木匾高悬，狮鼓屹立，内门建有照壁，绘制吉祥图案。过去农村大户，前院左右两方分别安排石碾、石磨，俗称“左青龙、右白虎”，窑顶压青石或铁沙石一块，上刻“泰山石敢当”字样，意为避邪祟。中等人家筑南向正窑三孔，两旁各建东西向侧窑二孔；栏前马棚三间，中兼走道，外设大门，大门外修厕所。或只修正窑，两侧筑砖墙（俗称蜈蚣墙），栏前马棚大门。贫穷人家只筑正窑一排，孔数不等，环围土墙，泥抹牛圈，栅栏式大门。

遥远的山区用砖困难，使立柱承托窑顶或外接砖口，以加固土窑。或者在土窑口外搭泥抹门檐，以防雨水浸蚀。窑洞的形式，由古代的筒子窑、枕头窑，近年来改进为弧形、半圆形、扇面型。窑洞均为圆门大窗，偏门侧炕。炕中通洞，洞内走火，做饭兼取暖。改革开放后，大多数村庄修起不少新窑洞，新窑洞数超过旧窑洞数。新建窑洞的规模，一般为正窑三孔（少数五至七孔），也有的向高空发展，或筑地下室，窑顶压楼，上附雨搭。三孔窑的格局是，左边一孔窑自开门，中间一孔窑与右侧一孔窑中留走道，形成一进两开的“里通外间”。中间一孔窑是客室，后半部隔墙做灶厨，右边一孔窑是卧室，不开正门，由中窑过道进出。卧室前部依窗筑炕，后半部靠墙摆列衣柜、书橱、梳妆台等家具。正中摆饭桌方椅。客室陈列沙发、茶几、酒柜、食品橱等。正窑两旁一般不建侧窑，三面砖围墙，简易大门。

20世纪80年代起，城川西到交口、东迄田家会、王营庄、北至西属巴一带，两三层楼房拔地而起，新型的建筑物异彩纷呈。这种新的建筑无论从布局特点到形式风格均摒弃了旧的观念，勘测设计不请风水先生看风水，由集体统一规划安排。在建筑材料上增加了水泥、钢筋、水刷石、预制板等。新的居室门高窗阔，宽敞明亮，有的引进自来水，安上土暖气。

进入21世纪，境内住宅建设发生巨大变化，大部分采用钢筋混凝土浇筑主体框架、砖块填充、内部抹灰、瓷砖贴面、水泥硬地等步骤完成建设，高层房屋鳞次栉比，住房质量与省会城市无异。为了避免重复劳动，现在都是只有一道入户门，毛坯房交房，装修由业主自主选择进行。个人自己修建的房屋以单面楼为主，城区及近郊由于房租较贵，家家都是能修则修，房子很多，院子很小，并且自家影响自家的采光。有钱的人家以间多、楼高为傲，富豪人家则是在较大的村镇修建别墅，营造更为舒适的宜居环境。

取暖方式很长一段时间用柴、煤等燃料，20世纪80年代有些单位开始集中供热，一些有钱的人家开始用土暖炉取暖。2007年开始，离石城区开始集中供热，城区居民彻底告别了生火取暖的时代。2016年至2018年，离石开始环保大行动，东至信义、楼桥，南至交口，北至神底、西至崔家崖全部集中供热，广大农村要求煤改电、煤改气，离石冬天的取暖污染得到遏制，人居环境进一步改善。

行旅

离石古代道路崎岖，交通闭塞，平民出行，唯靠步行，搬运物品，则需肩挑背负。妇女、老人远行骑驴代步，少数富家骑马坐轿。到20世纪20年代，开始有自行车，运输有铁轮车，但数量极少。30年代末，尚有少量汽车。中华人民共和国成立后，自行车陆续进入千家万户，成为主要的交通工具。50年代以后，农村有手扶拖拉机、小四轮，同时，大部分公社所在地通汽车。到80年代，摩托车、拖拉机、汽车等交通工具猛增，县区国道、城乡公路四通八达。

中华人民共和国成立前，离石一带流传“东财神、西圈神，齐河(黄河)两岸毛鬼神”民谣，意指东路汾平介孝一带多做生意的财主，晋西和陕北一带多牧主，养有大批牲畜，跨黄河两岸则多东搬西运的脚户。

有一种叫“架窝子”的代步工具，为达官、富商、头面人物乘坐，系由两匹骡马共载，用丈二长杆两条，四头分别绑扎在前后两匹牲口驮的“架子”上，其杆由前骡后身占去三尺、后骡前身占去四尺后，中间所留五尺(俗称前三后四中五尺)，上用软木条扎圆箍三个，外搭草席成筒状，前后用白布包盖；二杆间复用麻绳交叉盘缠成弹动软车式，上铺毛毡、马褥子之类，这样就构成了既舒适又安全兼避风雨寒热的“高级卧铺”。

轿子，一般人家只能在婚嫁时临时雇用。轿分灰蓝布轿和二花轿两种，均由四人共抬。二花轿装饰较为华丽，顶垂络缨，旁嵌玻璃，红呢绣团，行进时随风飘动，犹如翩翩起舞，十分雅观。

20世纪50年代，交通设施逐年改善，骡驮马运渐少，小平车、胶轮车、小手扶、小四轮增多。极少数山庄窝铺，因山陡路窄，人们吃水、烧炭、送粪、收庄稼，仍需背扛肩挑。沿川和城区居民则已扁担不上身，上地劳动也骑自行车。个体户街头设摊者大都置有三轮摩托等运输工具。

中华人民共和国成立前，脚行、商行、小贩等经常在外营运者或当年投亲靠友、考试求功名远行者，盛行模拟出行(或称迎喜神)仪式。日子从历书上择选，大多在大年初一至初三，首先问清当年“喜神”方位，然后准备香烛酒礼等供品，脚行须将骡马备好鞍鞯，或父子相跟，或弟兄相随，或主仆呼应，一行赶骡带马前往村口或打谷场上，面对喜神方位举行祭祀仪式，礼毕燃放爆竹。此时久在门外回家过年的宗族邻友齐集场地，互相道喜问好。村里喂养牲口者，霎时间人马蜂拥，寒暄声、嘶叫声相应，儿童雀跃嘻嘻，奔逐其间，气氛亲切热烈，令人难忘。回来时沿路拾取一根带杈牙的木材或树枝，称“出行得材(财)”。回家后，将所得之“财”(柴)供在财神位前，以预示当年出门顺利，有财可得，并且得的是“双股”(指木柴杈牙)财。此俗在中华人民共和国成立后消失。

进入21世纪，离石境内各类车辆数量激增，据不完全统计，离石区现有登记的机动车约4万辆，私家车占据半壁江山，群众出行的方式已经由过去的毛驴车改为机动车，出行条件大幅提高，活动半径大幅扩张。

2005年，青银高速建成通车从离石穿境而过。2011年，太中银铁路建成，吕梁火车站建在离石区西属巴街道上安村和下安村之间，结束离石境内无客运火车的历史。

2013年12月，吕梁大武飞机场建成，共有9条航线，与国内15个城市通航。2015年11月，火车、飞机的出现，有更多的出行方式可以选择，大大方便离石人出行。骑行工具除了摩托车、自行车外，增加电动车、电动摩托车、电动三轮车。私家车也由原来的燃油车增加燃汽车、电动车，在节约运行成本的同时，更加绿色、环保。

器用

中华人民共和国成立前，民间家具摆设多以木箱桌凳为主，富有之家讲究“夹桌旋口平面柜”，两支平面柜中间夹桌，夹桌上列旋口，正好把一孔窑的后掌填(摆)满。平面柜木质讲究，柜门上安装直径七八寸一对白铜圆盘匙界(用以加锁)，四角安白铜小圆盘作合页。平时将圆盘擦拭得明净光亮，分别在两支木柜上组成梅花图案。柜面油漆成紫红色，显得雍容华丽。旋口系小门式，两旁挂一副名人书写、良工雕刻的对联，门框上的雕花龙飞凤舞、栩栩如生。屋内摆列八仙桌、太师椅、箱子、条桌、高桌之类，既求木质之珍，又求工艺精细。

一般人家窑内多为瓷盆瓦罐，木制器具极少。普通摆木柜和木箱。由于北方人习惯坐炕，读书用的书桌、待客吃饭用的炕桌列于炕上。书桌宽约一尺二寸，长约一尺五寸至二尺，高尺许，四壁相合与底齐，盖长，两端突出。前开长方口，内插抽屉，以藏文具。屉下空间，可藏秘品。也有三斗式书桌，上一下二，以二小斗代底，取物方便。有的三斗式书桌外加小门，饰以梅花式一大四小五片白铜圆盘匙界，其形如平柜，门上加锁，以封抽屉。此桌如一般盖箱，只是小如书桌而已。20 世纪 80 年代后，富裕之家用大衣柜取代旧式木柜；带底座扣箱取代盖箱；沙发取代板凳，高腿圆桌取代低脚炕桌。新式窑洞不设土炕，摆双人大包床，另有橱柜、写字台、梳妆台、书柜、屏风等。近年，更向高档的组合式、积木式家具演变。

中华人民共和国成立前，农村大部分人家做饭砂、铁锅并用，锅盖是高粱秆缀成的“楷香皆箅子”。吃饭用黑瓷大碗、大黑碟，只有少数富有之家过年才用细瓷碗碟。20 世纪 70 年代后，炊餐具大有改进，普遍使用上细瓷、搪瓷碗碟、玻璃器皿，币酐昔箅子已经消失，炊具焕然一新，许多人家上吹风机换气扇，个别用户用上煤气灶。

民国期间，居民惯嗜吸烟，出门必带烟袋，烟荷包(烟布袋)。烟以自种旱烟为主。脚夫、商贾及富有者也吸潮烟、水烟。烟袋分潮烟袋、旱烟袋、水烟袋三种。潮烟袋以汉口产白铜质珐琅兰花镶字者为上品，平遥产细杆小巧玲珑者次之，本地产黄铜烟袋最次。旱烟袋分脑、杆、嘴三部，脑以汉口产白铜质者最佳，碛口产黄铜三道箍者稍次；杆以河南真定桐木花漆者为上乘，本地自制木瓜本色花纹者次之，竹杆为下品。嘴以玉质为上，红玛瑙次之，琉璃最下。有的玛瑙烟袋嘴上刻有喜鹊登枝、猴啃仙桃等各种图画。水烟袋分白岣镶嵌珐琅花和普通白铜者 2 种，汉口产品最佳。青年人的烟荷包特别讲究，用黑布缝制，色线绣花，下坠彩线穗子。缝制者构思精巧，竭尽心力。佩戴者爱惜备至引以为荣；家居吸烟，则用木头杆、陶瓷咀、金属锅烟袋、铜质烟钵等盛烟器皿。中华人民共和国成立后，由吸食旱烟逐渐改为吸食卷烟，古老的烟具随之淘汰。

进入 21 世纪，离石城区居民的生活用品已经走向城市化，各种器物琳琅满目，花样繁多，全部是商店购买所得。做饭用的锅彻底淘汰砂锅，改用不锈钢锅、搪瓷锅、电饭锅。也不用煤、柴等燃料做饭，改用煤气灶、电磁灶、燃气灶做饭。1978 年前，离石人的家用电器只有收音机、电视机，改革开放后有洗衣机、冰箱，再往后有了烤箱、微波炉、榨汁机、豆浆机、破壁机、空调、加湿器、绞肉机等。现在人们家里的家具有沙发、茶几、电视柜、组合衣柜，主要以实用型家具为主。家具装饰简洁、流线型设计，少了许多的装饰性部分，更易于打理、擦拭。家用电器也更新换代，双开门保鲜冰箱、高清智能电视、家庭影院、空气净化器等进入千家万户。扫拖一体机、全自动洗衣机、洗碗机等自动化家电的问世，更把人们从繁重的家务中解脱出来。

第二节 地方小吃

合愣则

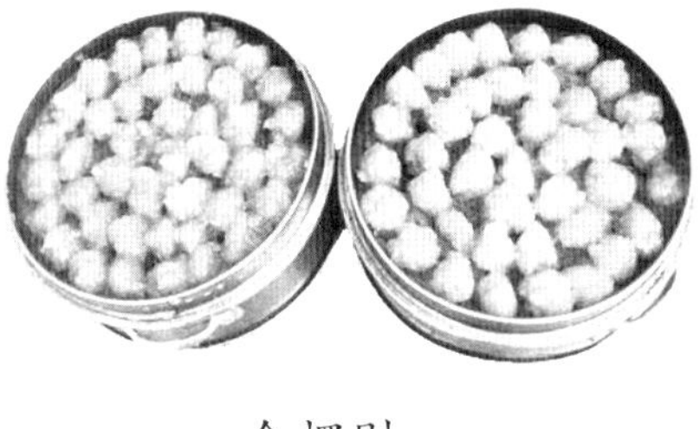

合楞则

离石当地山药蛋（马铃薯）制作的一种食物。传统的制作方法是把土豆洗干净去皮，用擦子（专门磨土豆的一种用具）把土豆磨成糊状，为防止磨好的土豆糊遇空气氧化变成红色，用水多淘几遍，把放土豆糊的盆里多盛些水，在一旁静放，等土豆糊沉淀下去，把上面的水再倒掉，反复几次，水逐渐变白，再拿笼布过滤，把水挤掉，盛放到小盆里，里边加切碎的葱和香菜，再放盐、花椒面、大料面，和起来，掐揉成小圆球，上笼屉蒸大约 20 分钟就熟了。蒸熟的合愣则呈半透明暗灰色，又弹又韧。这是最正宗的合愣则的做法。传统制作工艺，费时费力费料。有人在制作过程中，掺一些面粉或淀粉，这样做下来的合愣则颜色发白，口感没有传统做法的好吃。合棱则做出后，佐以调料，最好是自家炒的西红柿酱，爱吃辣便加些干辣椒，把调料用油炝一下，会更美味。现如今，有了磨土豆糊的工具，合愣则制作效率大大提升，仅需半小时即可制作好够四口之家吃一顿的合愣则。

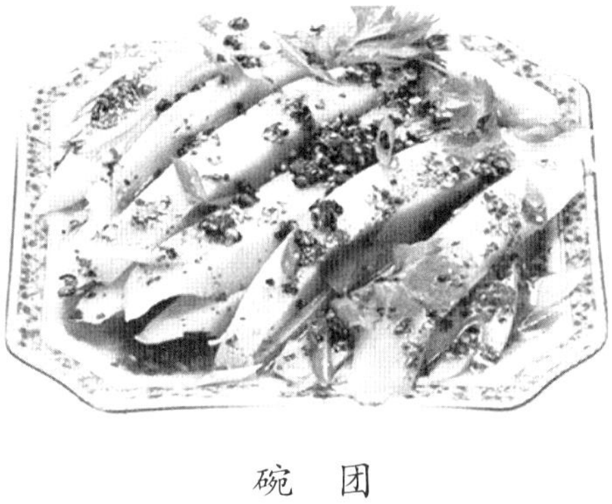

碗 团

碗团

也称碗脱或碗秃。四季均可食用，老幼皆宜，可凉拌、可冷拼、可热炒、可即食，吃起来坚韧、醇香。碗脱之名来源是因为它用小碗蒸，熟后晾凉，可从碗中脱下。柳林、离石方言中“团”“脱”“秃”，音节相似，故有多名。很多人喜欢碗团这个名字，用圆圆的碗蒸出圆圆的碗团，象征团团圆圆。刚开始在锅内熬煮，碗内盛放，晾凉即食，后来发展到以小碗盛面糊，上笼蒸熟晾凉食用。较有名的有七狗碗团。

山药擦擦

也称山药窝窝、山药丸子。主要做法是把山药擦成扁丝拌面上锅蒸熟。

山药擦擦

油茶

以小米碾面炒熟，配牛油或羊油团熬成。其中油团配制方法是，将生羊（或牛）油入锅加热熔化，拌入熟白面及葱姜之类调味于碗碟中冷却凝结成团状。

钱钱

将黄豆或红豆煮半熟后，置平滑青石或钢铁盘上，用小铁锤捣成小圆片，状似铜钱，故名豆钱钱。做小米饭时与米、云瓜等同时放入锅内，或做钱钱汤面时加入豆腐、抿尖等食用，别有风味。

黄酒

以糯米、红黍谷（一种软谷）软米为主料蒸制，配入白酒、大麦曲，发酵7日即成，吃时滤出残渣，锅内熬开，饮之醇浓香甜，健脾益胃。

煎饼

用白面或豆面放水，再加生鸡蛋、韭菜、西葫芦等自己喜欢的菜品，拌成均匀糊状，用勺倒入煎饼鏊子或炒锅、电饼铛内摊匀烤熟，卷起蘸调料食用。

枣糕

分为油糕、枣糕，均用软米碾面拌水，揉匀分层蒸熟而成。压入熟枣后蒸熟，置于案上纵向切块食用。枣糕是油糕在蒸熟后，用红糖、红枣泥、红豆泥作馅，包成角子放入油锅煎至金黄色，出锅即食。

枣　糕

蹬蹬面

诞生于20世纪70年代，温水和一盆二合面，在案板上搓成小胳膊粗细，用手摁压扁平，就着案板在锅边上切片入锅。因切面时发出噔噔噔的声音，故名。口感坚韧，带有麦香甜味，为离石及周边群众喜爱。

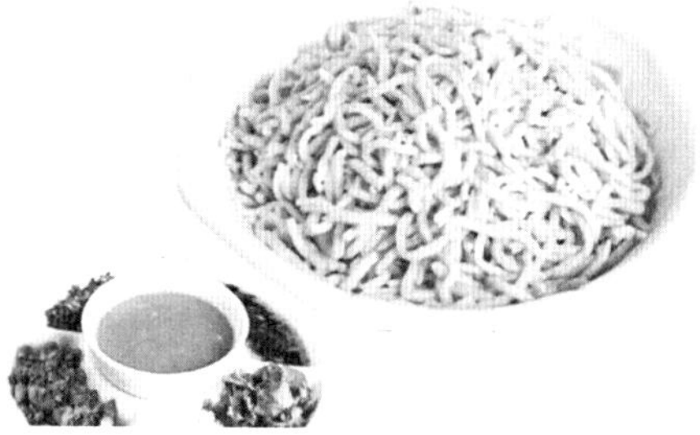

抿　尖

抿尖

又称“212”“213”抿尖，用豌豆面或玉米面、高粱面与白面按照一定比例掺杂，加水和至稀软；沸水锅上架抿尖床，用抿尖挫或手掌用力抿压，使面从抿尖床的孔眼中穿过成3—5厘米的面条，两头尖、中间圆匀，色泽微黄鲜嫩。食用时放入面、浇卤、油泼或炒制，营养美味。

离石月饼　、

黑糖加面过筛，依次拌入胡麻油、白酒，用手搓匀。备好炒香的瓜子仁、花生碎和离石人独爱的青红丝一起倒

离石月饼

入，搅拌均匀做馅。热碱水、胡麻油、糖按一定比例和成油面团（一般三油三糖），将面团切成小剂子，包入馅料，捏好口，放入模具压制成型脱落，先放到铁鏊子上加热，再放入烤炉烘烤十几分钟，离石特有“空心月饼”就可以出炉了。刚出炉的月饼色泽金黄，焦香四溢，入口香甜酥脆不油腻。

第三节 人生礼仪

婚嫁

中华人民共和国成立前，穷人一夫一妻或者无妻，官宦富家则一夫多妻。议婚要恪守六礼，联婚讲门当户对，近亲同族异辈不得联婚，否则会遭到族规制裁。中华人民共和国成立后，提倡以感情为基础，坚持一夫一妻，婚姻自由。

婚龄 不同社会时期，城川与山区不同。民国前，富家早婚者多，往往十六七岁男儿即娶妻生子；穷人晚婚者多，往往三十多岁男人才娶妻。因为富家人有钱抱孙心切，穷家人无力早办。在民间，女孩子婚龄不一，十二三岁适龄，十七八岁为大龄。1950 年 4 月，中央人民政府委员会颁布《中华人民共和国婚姻法》，法定婚龄男 20 周岁、女 18 周岁。1980 年，全国人民代表大会常务委员会颁布修改后的《中华人民共和国婚姻法》，法定婚龄男 22 周岁、女 20 周岁。县城及沿川一带青年人结婚较晚，多在 24—30 岁始行婚礼。

议婚 就是商量订婚事宜。旧的婚姻嫁娶，悉从“父母之命”“媒妁之言”“卜算之合”，本人不能自主，很多人的真诚爱情和美满姻缘被这种封建恶俗无情拆散，有的甚至酿成悲剧。中华人民共和国成立后，随着婚姻法的颁布实施，婚嫁中的封建迷信色彩被逐渐淡化，男女双方自由恋爱、婚姻自主蔚然成风，一方看中另一方后，请介绍人牵线，使双方见面，称为相亲，此后双方自由接触，互相了解，增进感情，进而议婚。

订婚 中华人民共和国成立前的婚事由父母做主者，或所谓“亲上加亲”即姑表兄妹或姨表兄妹订婚者，聘金微薄，其他则彩礼高昂。鸦片战争前，按女方年龄计算一般每岁铜钱一吊（一千文），民国元年（1912 年）前后为每岁银币 10 元，有姿色者彩礼更多。此种买卖婚姻到中华人民共和国成立后被取缔。

离石一带早年订婚有“换庚”仪式，写有男女生辰八字和家庭世系，互相交换，以备查考。近年，虽然取消庚帖形式，但有的人家双方仍讲究生辰八字相合，心里上希冀婚姻达到十全十美。订婚前先预约日期，届时介绍人引女方及其父母去男家举行订婚仪式。席间媳妇给公公、婆婆及其他至亲敬酒，口呼爹妈，叫“认亲”。席后，男方向女方赠送衣服鞋袜之类订婚礼物，同时，长辈要送新媳妇敬酒满盅钱。改日举行“回礼”仪式。由介绍人带男方到女家拜见岳父母。同样敬酒、送礼、送满盅钱。订婚礼毕，双方就成为亲戚关系。

纳彩 婚约既定，选择吉日，男方携带彩礼送至女家，谓之纳彩。纳彩之风城区已基本废弃，和订婚一起举行，但山区仍在沿袭，且有排场越摆越阔气之势。纳彩，俗称“送钱”，送钱时男方为女方准备的结婚用品除被褥外，大都要拿到女家，彩礼多寡视男方家境贫富而异，往往是富家彩礼较少，贫家彩礼反而较多。纳彩时女家要设宴招待贵客，席后回礼、回钱以示亲密。

迎娶 择吉迎娶是婚姻的最后一环。吉日择定后，男方以“帖”提前通告女家，双方积极进行办理娶嫁准备。迎娶当日，男家备彩轿鼓乐，由新郎和伴郎亲戚等组成的迎娶“引客”队伍前往女家接新娘，女家备酒席款待，新娘迎到男家后，设香案、拜天地、入洞房，进行一系列的贺婚活动。

中华人民共和国成立前，迎娶仪仗以包括金瓜、钺斧、朝天镫等物的所谓“全副执事”为隆重。民国年间，改用纱灯、彩旗为前导，新郎新娘及“引客”皆坐轿子，或四顶或三顶，同时均雇鼓手响器助兴。

20 世纪 50 年代以后，迎娶过程中，废止坐轿，引客队伍改骑自行车。不论寒暑，新人均穿棉衣（寓意为厚成）。新郎、引客等人来到女方家门前下车，女方家事先指定“送女客”在门口迎候。双方互相作揖谦让进门，坐定待茶，此时有一人（事先定妥）手捧方盘，内盛金花二朵、红绿披绸各一幅，一膝下跪于新郎前，将花插在新郎帽顶，披绸披在新郎肩上，二幅交叉于胸前和背后，新郎付给“赏钱”，捧盘人退出。此时，岳父特来给新婿敬酒，此后即上席。宴罢男方“引客”中 1 人去嫁室用木梳在新娘头上梳一通，谓之“破头”，接着就促请新娘上轿。新娘入轿后，轿底放两个直径 1—2 尺的扇形带枣花馍馍，另放柳筐一个（俗称“宜院”，取宜室宜家之意），内盛新郎用罢的酒具、红木筷以及桌上撤下的干鲜果之类。于是爆竹喧天、鼓乐前导，沿原途回程。迎亲队伍归程前，男家预备灯笼火把在村口等候。新人一到，燃放喜炮，前呼后拥，迎回家中。新人进院后，由伴娘携引至天地牌位前焚香化帛，新郎新娘夫妻双双跪地，先拜天地君亲师，再拜三代老祖宗，后拜亲朋好友，最后夫妻交拜，随后由伴娘导入洞房。其间，新娘怀抱车幅、宜壶、铜镜、刀剪等物，新郎则怀抱弓箭、秤钩，由拜天地处至洞房。进房前，新郎手持弓箭左脚踏门槛向洞房内发射，再用秤钩挑起新娘覆面红纱（俗称“盖头”），然后上炕按预定方向就坐。

送大客 女儿出嫁，娘家要派专人欢送其女至婆家，俗称大客。婆家需优礼厚待。吃饭时乐队要给大客伴奏。饭后，鼓乐或鞭炮前导，男家送大客出村叫“发客”。

闹洞房 新人新居称洞房，门贴喜联，房内设灯斗花烛，其灯通宵长明，称为“长命花灯”。全境皆有闹新房之俗，连闹三晚，所谓“结婚三日无大小”，不分老幼均可参与，大多为打诨逗趣，开心取乐，时有出格之举，有的越墙爬窗窃听新婚夫妻间的甜言蜜语，谓之“听房”，进入 21 世纪后，“听房”渐趋减少。闹洞房的方式有了新变化。闹洞房的形式也随着时代发展更显现代、文明、喜乐。

见大小 婚后次日，新娘由伴娘携引，新郎执酒满盅、安席，分别拜见男方父母亲属以及家族、邻里等诸亲好友叫“见大小”。仪前依辈份远近年龄议好“名单”，推举司仪依先家族后娘亲，先直系后旁系，先姑姑后姨姨次序唱名请至桌前拜见。被拜者要给新人赠送喜礼。改革开放后，这种习俗逐渐减少。

离娘饭 在举行结婚仪式的当天，新郎、新娘在迎娶前跟父母、爷爷奶奶、外公外婆等至亲长辈一起吃一顿饭，一般要有酒有菜，新郎新娘必须给在座长辈敬酒。菜的多少没有严格的规定。主食必须是烙饼，新人必须吃中间的。父母必须喂新人第一口烙饼。吃了这顿饭，就标志着孩子长大了，成家立业了。

喜宴 喜事一般人家早、午各吃一顿饭，早饭是汤菜、油糕，有条件的人家再加红烧肉、煮鸡蛋各1盆，主食再加油炸馒头、油条、烙饼、包子等其中的一两种。午饭由一般的四碗一盘（五个菜）、二龙蹬四象（六个菜）、八大碗（八个菜）等演化成一年四季一盘宴（十二个菜、四个汤、一盘主食）。菜品也特别丰盛，有鸡鸭鱼虾、新鲜时蔬、猪羊牛肉、海参、鱿鱼等。20世纪90年代，境内有了流动宴席专业队，帐篷、餐桌、座椅、灶具、餐具、炊事人员一应俱全，全程包揽，主人只管采购调料、食材，提供场地、水电等。此后，一些富裕人家到固定的饭店、酒楼办理喜宴。

回门 境内古有所谓“回八”之普礼，即婚后八天，新娘兄弟上门请新娘回门，回家后连住八天。20世纪50年代后，婚后次日或三天，新郎新娘皆往女家，白天去，当晚返回，称之“回门”。回门仪式沿川一带颇为隆重，女家称“请女婿”。一双新人骑自行车或坐汽车随带酒、肉、粉条、点心“四色”礼品，登门拜见岳家。岳家隆重接待，备礼物相送。

拜年 婚后第一个春节，新婚夫妻随带“四色”礼品依次去岳家、双方舅、姑、姨、姐诸亲戚家登门拜年。其中岳家拜年比较隆重。男方事先要问明女家近族户数，准备如数份礼。届时由内弟内侄等导引新女婿挨门逐户送礼、斟酒、磕头。接着受礼者备饭宴请新婚夫妻，并于席间送压岁钱。

过生日 是指男家要给新媳妇过婚后第一个生日。届时男家主要亲属携带礼物前来致贺。女方父母兄弟姐妹上男家给女儿做生日。席间双方“亲家”畅谈情谊，共祝好合。

凑响工 赶乱年迎娶 20世纪50年代以前，贫穷人家无钱，雇不起头轿，甘愿等吹手轿夫忙完一家婚事之后才来给自己办喜事。因为“好日子”结婚者甚多，所以贫穷之家迎娶只能雇用二乘花轿在半夜去接新娘，叫“凑响工迎娶”。有的清贫人家根本雇不起乐工，单等过了腊月二十三，“诸神上天，百无禁忌”，既不需择吉，也不用乐队，新郎上岳家将新娘接回来，至亲好友吃喝一顿，称之“赶乱年”。中华人民共和国成立后，婚礼无论丰简，移风易俗，这种习俗逐渐消失。

休妻 为维护男家利益，古有所谓“七出”之条（指无子嗣、不顺父母、淫荡、口舌、盗窃、嫉妒、恶疾等七条），如果女方犯了“七出”中的任何一条，男方只需一纸休书，就被赶出家门。而男人无论如何坏，女方也只有“嫁鸡随鸡，嫁狗随狗”，不得有非分之想。

中华人民共和国成立后，婚姻自由，男女平等，休妻被废除，社会上不复存在。

离婚 20世纪50年代《中华人民共和国婚姻法》颁布后，实行男女平等，婚姻自由，废除休妻制。双方感情破裂可通过政府相关部门离婚或者协议离婚。

童养媳 20世纪50年代前，贫寒之家为生活所迫，将幼女许配夫家，并由夫家代养，谓之童养媳，待及笄之年再行成婚大礼，谓之“上头”或“圆房”。这种婚姻往往年龄悬殊较大，加之婆母虐待，受人歧视，夫妻间缺乏真正的感情，童养媳一生得不到美满幸福。中华人民共和国成立后，废除童养媳，妇女儿童地位逐步得到提升，妇女能顶半边天。

娃娃亲 在封建社会里，双方父母为了拉拢关系，获得暂时利益，将尚在孩提中的一对男女约为未来夫妻，等到婚龄再举行婚礼，叫“娃娃亲”。这种婚姻关系往往双方因“利尽”而云散，同时一对娃娃长大后，才貌、性格等诸方面很难合拍，结果造成终生不幸。中华人民共和国成立后，废除娃娃亲，。

冥婚 即死人娶妻，将未婚、寡居死亡的女人寄埋地下，待有未婚、独居男人死亡后，由男家出钱给女家，与死亡之女人合葬，叫“冥婚”。中华人民共和国成立后，此习俗逐渐减少，甚至消失。

招赘 女方父母无子，男家兄弟多而家贫难娶，经人说合，男到女家当女婿，所生子女随女方姓，这种婚姻形式，亦称招亲、入赘、倒插门，或叫招女婿，也叫顶门为儿。女婿受人歧视。新婚姻法公布后，男女平等，提倡男到女家。离石城乡男上女门者甚多，姓氏自由，继承权受法律保护，视为社会新风。

丧葬

丧事 王老婆山一带，人死后首先请阴阳先生选择时日，测定墓穴方位，以避妨犯。死后过3日或更长时间才埋人。离石余下区域，人死去当天就埋，叫入土为安。

老人去世后，晚辈要为死者服孝，儿女、侄儿、侄女、孙子、孙女、外甥、外甥女孝服用白布缝制，亲生儿女、儿媳的孝衣毛边，外边不锁。重孙子孝服用红布，小外甥用绿布，第五辈用黑布、六辈用黄布。前来吊唁者，男赠白布号帽，女赠白布1条，系于头上，近年改为臂戴黑纱，胸挂白花。

装椁 人死了之后，在家中先给故去的人洗浴，换上冥衣（俗称“老衣”），将死者放七星棺木板上，然后放进棺材(口中镶的牙要拔掉，身体插的管也要拔掉),口中含特制金属钱币（俗称“口含钱"），用卫生纸、香把棺材中的空处塞满。

诀别 死者被装棺下葬的头一天晚上，孝男孝女见逝者最后一面，告别遗体后把棺材钉死，俗称“盖合”。

打墓 老人已故，如正遇“黄土运”不满时，将棺材抬到指定坟地开始打墓，人们俗称“讹住土家埋人”。这时也不请阴阳，主家自己根据目测，找一个合适的地方，用打墓工具划痕，之后打墓。

抬棺 墓打好后，家中开始抬棺材，俗称“起灵”。起灵时，媳妇、女儿送灵，送灵者手中拿点燃的香，边走边哭往出送，共送3次。第一次到门口，返回来；第二次到院中，再返回来；第三次到大门外，把香扔掉。院外用柴火点火送灵。出殡肩抬棺柩，多为二龙杠或四人抬，富家最少4人抬，多至8抬、16抬、24抬不等。

埋人 把棺材抬到墓地后，用绳子把棺材放进墓穴，用笤帚把棺材盖清扫干净，在墓窑口竖立柳杆子1根，然后用编织袋装土封死窑口。再往墓坑里填土。填土过程中孝子要逐层踩实，到地面后，把土堆成墓堆。这种坟墓俗称白地墓，都是单冢墓。

搭墓门 第三天太阳未出山前，孝子用3块石头将墓门搭成门的形状。

复三 埋人后第三日举行“复三”仪式，子女、亲朋好友举行隆重的仪式祭拜追思。

过七 亡后第七日过“头七”，一般由儿女上坟摆供设祭连过七个“七”，遇到重七的日子，要用白纸剪成小旗和伞，小旗从主人家门外开始插，每走三四十步在路边插1个，一直插到墓地，伞插在墓门前。其中“五七”较隆重，供品为“角”（饺子形状），死者每有1岁供献“角”1个，另加天、地各1个，五阎王5个。供献完后，把其中5个“角”埋在墓地。

过百日 人死后满一百天 的日子，叫“过百日”，这天一大早，子孙后辈等亲人身穿孝服，一起赴逝者坟头祭拜，再寄追思。

过周年 古代为纪念辞世老人，而设小功、大功、期服、谭礼等仪式，后来渐有改易。古礼父母辞世9个月为小功，18个月为大功，27个月为谭礼。此后历代演变为“过周年”。即儿女为父母“守孝”以3年为期，到第三年方可脱去孝衣换穿常服。三年中，每年逢父母丧日，儿女亲属必上坟祭奠。分别称为头周年、二周年、三周年，以三周年为隆重，此称“谭礼”，俗呼“脱服”，届时亲朋好友参加，并制作大型纸扎和丰盛的贡饭，雇请响器鼓手渲染气氛，寄托对亲人的思念与祝福。

合葬 在夫妇双双去世后，最短期限是一方去世3年后，另一方刚去世就能合葬。合葬墓地必须请阴阳先生测看，都是家族集体墓地，一般葬一、三、五（单数）辈，葬几辈根据地形大小和各家意愿而定。合葬首先要把分散埋在各处的夫妇（或是古代的一夫多妻或是继弦）全部开穴，将骨头（俗称白骨）找到，再在家族墓地让阴阳先生勘定位置，开穴打墓。葬墓打好后，把白骨拿到葬墓附近，把白骨有序摆进干丧盒（小棺材的俗称）内，空隙处用卫生纸塞满，孝男孝女见最后一面，将棺材钉死，然后孝男孝女烧纸钱（俗称祭白骨），所有参与的人都要脱了孝服，到此第一天仪式结束，晚上专人看守，以防丢失或者被野兽糟蹋。第二天清晨由阴阳先生定时辰下葬（一般情况不能在太阳出山后）。合葬第三天举行“复三”仪式，亲朋好友集中烧纸。

中华人民共和国成立后，丧葬礼俗逐渐从简。20世纪70年代开始，在机关干部中提倡火葬。1980—1985年，离石县共火化死者43人，占死亡人数的1%左右。近年，旧俗有所复活，出现请阴阳先生看风水制纸人纸马等现象。

喜庆

坐月子 生孩子后的一个月，民间称为“坐月子”“月子地”等，坐月子期间，产妇要吃拌汤、打鸡蛋、放红糖。民间认为红糖补血，鸡蛋营养，汤是流质易消化，过去产妇一天要喝十来顿，以补产妇虚弱的身子，产妇如不下奶时就用偏方或中药，常用的是吃中心淡豆腐、老母鸡炖鸡汤、猪蹄。

满月 满月是婴儿出生后满一个月，男孩提前一天过，女孩日对日过。只要是头胎或数胎女孩后生的男孩，亲戚朋友街坊邻居要来祝贺，主人备糕、酒、菜邀请孩子的外祖父母、舅舅妗子、姑姑、姨姨等近亲与家人共庆，表现的还是男尊女卑思想。产妇在孩子满月后即可抱上孩子见亲戚。满月这天，还要请理发匠来家里为孩子“剃胎毛”，剃下的胎毛不可乱扔，或置于门顶，或缝于布锁内，或压于水缸底，或存于枕内。满月这天还要“出窝”即换孩子睡觉的位置。

百日晬 孩子满百日时要过“百日晬”又叫“过百天”，晬为岁意，意为多、完整、圆满、长命百岁，过百晬与过满月一样隆重，亲朋好友均携礼来贺，通常为3尺花布，20个枣卷卷，半升米。“半”有“伴”的寓意，好养活。过百日多以油糕、饺子为主。油糕有长高之意，饺子形似元宝。过去过百日要给孩子穿百家衣，戴百家锁，主家要为孩子蒸制一条糕囫圇，在脖颈部象征性地套一下，实际是一个糕回锁，让孩子咬一口，百家锁则是另有百家钱折制而成的银锁，上面另镌“百家宝锁”“长命富贵”等字样。百日时，一般由父母给孩子起乳名，分开男女，各取吉利字眼，寄托父母对孩子的希望和祝福。

周岁生日 是孩子的第一个生日。离石习俗在孩子刚生下来即为一虚岁，以后每过一个农历即长1岁，第一个生日俗称“过头一个生儿”，孩子过“头生儿”较为隆重，亲朋好友均来贺喜，过生日这天，孩子要穿新衣，带项圈，挂宝锁，脚镯、手镯。外婆家要给孩子准备衣服一身，银锁1个，1升半米（米中放红枣、豆子）。另外民谚云：“姑之裤、姨之鞋，妗子的凉帽缝回来。”过生日这天，主家还要让孩子“抓周”，即将瓜果食品、金银、玩具、文房四宝、书籍、算盘、称、尺、剪、升、斗、女工针线及其他日常用品放在炕上让孩子抓，以抓到的物件，来测孩子的志趣、前途、职业，招待客人的饮食除酒宴外，糕和扯面必不可少。

12岁生日 又叫“过大生日”，行成年礼。离石其隆重程度仅次于婚礼，该日主家要请响工，鼓乐喧天，礼炮轰鸣。亲戚朋友要给孩子缝长命袄，长命裤，俗话说“过了大生，大汉了”。过大生日吃喝也讲究头天下午吃挂面、河捞面或扯面，次日晨吃油糕，中午正席，设酒宴款待宾客。该日凡来贺喜的乞丐，除热情款待外，还要给一定赏钱，乞丐来时也带锁，锁上拴喜钱，一般是根据锁上的钱再加倍打赏给乞丐，有的能说会道的乞丐会给主人念喜歌，如："太阳出来红花开，我给主家道喜来，来得巧，走的妙，孩子过生日我就到。这个孩子是有福的，长大有吃有穿过好日子，从小就叫把书念，十八般武艺全学遍。中进士，考状元，当了大官做宰相，会喜中间抬头看，空中过来四大仙。大的张大仙，二的李二仙，刘海本是上八仙，脚踩云头撒金钱，金钱撒到院前里，荣华富贵万万年，喜钱配得双双对对，主家发财祖祖辈辈。"念完喜歌后，主家要给念喜歌者赏钱。孩子12岁过大生日时，少数家庭大人们会给孩子"开锁"，是因为过百天时曾让巫神或盲人给孩子戴了"锁"，则在12岁时要"开锁""圆锁"，把锁取下来寓意大人对孩子即将步入少年时代的一个祝福，孩子从此成人了。

到21世纪后，离石过大生日也发生新变化，亲戚朋友的贺礼大多变为礼钱，也有的家长要给孩子照生日影集、送书、送复读机等，孩子生日时搞大型喷绘作背景，吹气球、彩条等装饰宴会场所，并请乐队在台上奏乐，主持人会让孩子和其父母登台致辞，点燃生日蜡烛，共唱生日快乐歌。孩子要向父母感恩，发表成人感言，而后也邀请同学、朋友一起庆祝长大。孩子们坐专桌，另外上汉堡包等孩子们喜欢的食物。吃完饭后，去电影院看电影或去游乐场玩，初试小大人的形象。

祝寿 马头山一带，老人逢六旬、七旬、八旬生日，子女为其庆贺祝寿。该区人以60岁为"够本"，60岁以上称"享寿"，60岁以下称"享年"。祝寿风俗古代盛行。20世纪30—40年代，兵荒马乱，战争频繁，人们根本无心去祝寿。五六十年代，祝寿之俗日趋淡薄。20世纪80—90年代，为老人祝寿之风盛行。80年代，祝寿仪式既含古礼成分，又有创新。先由儿女家人商酌，征得父母同意，择一个祥瑞吉日（有的即在老人生日），通知宾朋亲友，届时光临祝贺。寿辰之日设寿堂，正中悬挂大型金箔"寿"字，堂外贴寿联，悬彩灯，老寿星身着寿衣端坐中堂，祝寿人在鼓乐声中敬献寿桃、寿酒、寿幛、寿礼，致读寿章（祝寿词），晚辈向寿星行跪拜礼，同辈行拱手礼。西山一带有时也请知识分子"赞礼"，唱礼司仪，朗诵寿章，同时，即兴致词祝酒，然后主人宴席招待，食长寿面，以祝寿星"松龄鹤寿，日有同春"。

第四节 岁时节日

春节

节前准备 传说"年"是上古时的一种猛兽，每逢除夕、春节期间总要来伤害人畜。刚开始只是一家人吃饱饭后集体躲避，躲过了农历正月初一，"年"就不来了，俗称过年，一般这个节日在冬末春初，也叫春节，是一年中最隆重的传统节日。据说年怕火、怕光、怕响，所以人们就点火炉（北方）、点竹节（南方）、贴春联，后来逐渐演化成放鞭炮、放烟火、贴"福"字、贴门神，家家户户每年进入农历十二月（腊月），就开始忙年。特别是腊月二十三开始就更忙了，有谚语为证：腊月二十三，家家户户胡拾翻；腊月二十四，割下对子写下字；腊月二十五，称上二斤胡萝卜；腊月二十六，称上二斤猪羊肉；腊月二十八，集上街上来胡刮；二十九，倒烧酒；三十捏上两个扁食（饺子）。

除夕 农历一月为正月，正月初一俗称大年。谚云："一夜连双岁，五更分二年。"旧时，离石境内在除夕上午有吃捞饭的习俗，谓之"夹年捞饭"。如今生活普遍提高，除夕早晨吃油炸糕，以庆贺一年终结，叫吃"年糕"。入夜举家团聚，调凉菜，喝烧酒，叫"年宴"。宴毕点燃院内火炉，叫点"旺火"，同时燃烧柏叶，旺火既象征兴旺，又兼驱"邪"。除夕晚上，大人小孩推迟睡觉，有的甚至通宵达旦，谓之熬年、守岁，除夕半夜又有所谓"接神"仪式。20世纪40年代前，农村对接神特别虔诚，届时合家老小诚心诚意、毕恭毕敬到"诸神"位前上香、奠酒、焚帛、跪拜，而后燃放爆竹。接完诸神稍事休息，又起行"醮纸"仪式。届时大人小孩整换新装，先放"开门炮"，然后依次赴诸神位前醮纸，醮纸后复放炮。当时最好的炮叫"文武千鞭"，一经点燃，爆豆般的鞭声夹杂着轰雷似的炮声，震耳欲聋，通夜不息，迟睡人家的闭门炮还未放完，早起人家的开门炮继起轰鸣。此时家家灯火辉煌，户户香烟缭绕，人们沉浸在一派庄严神秘的气氛中。

进入20世纪90年代，除夕夜多数家庭均是全家人围坐在一起观看中央电视台的春节联欢晚会，边包饺子，边准备一桌丰盛的年夜饭，夜8点中央电视台春节联欢晚会开始后，全家人边吃团圆饭，边喝好酒，边聊天谈笑，直到凌晨1点多方结束。12点钟声一响，大人小孩一起煽旺火，放头鞭炮，抢新年的吉祥。点一撮柏柴火，驱邪迎新，直到后半夜才睡，小孩子们则还要玩牌、逐户看比谁家的旺火旺，俗称为"熬年"。至2015年，随着4G网络的普及，除夕夜，全家团圆包饺子、看春晚，演变成看春晚抢红包，冲淡或多或少"熬年""瞅年""串门"的传统习俗氛围。

大年饭菜 大年这天的饮食也有讲究，早餐是"猪肉臊子"煮挂面汤，或"长豆面旗子"汤。长豆面是离石民间传统名吃，在豆面中搭入少许沙蒿粉，擀成薄片，切成细长面条，食之可口，别具风味。午餐主食羊肉饺子，饭前喝黄酒，多以凉拌菜为下酒。20世纪80年代，城乡人民生活水平提高，特别吕梁行署设在离石县，外地居民纷纷移来，过年吃食五花八门，菜肴丰富多彩。晚饭前照例上香、燃炮，张灯结彩，直至过了正月十五元宵晚上方止，也有的延续到正月二十五晚上。

20世纪50年代以后，过年敬神的迷信活动逐年减少，60年代离石城乡基本上取消设牌位敬神活动。进入21世纪，过年的饮食已经不再局限于过去的模式，除夕之夜家家户户在家团圆吃饭，初一开始不少居民在饭店吃饭。外出旅游过年者也增多。

拜年 大年（正月初一）早餐后，晚辈给长辈拜年，受拜者要给"压岁钱"。从初二起，分别去本家、同族长辈处拜年。初三、初四，新婚夫妻要携带四色礼物分别给岳父母、舅、姑、姨等近亲拜年。拜年之风在20世纪50年代以前被认为是所谓"正伦"大事，苟且不得。进入21世纪，主要表现在晚辈给长辈拜年，形式趋于多样化。随着网络兴起，亲友间使用

QQ、小灵通互发短信和电子邮件贺卡拜年成为一股新风尚，丰富着人们拜年的形式。2015年，随着4G网络兴起，除夕拜年方式又有新变化，一些人用手机发红包取代见面发的“压岁钱”，也有一些人用手机互相发送表情包、音乐相册等隔屏祝贺，丰富着新时期的拜年形式。

破五

农历正月初五日，民间称“破五”。从初一日起，家中扫地不倒垃圾，积至初五，由一儿童端往十字路口倒之，并在垃圾旁点一炷香，谓之“倒穷土”。同时，将院内燃烧旺火的摊场和爆竹残迹清扫干净，谓之“扫穷”。“倒穷”和“扫穷”都反映了劳动人民脱贫致富的美好愿望。这天的传统饭食是“五谷面”饺子，“五”者言其“多”和“杂”也，并非确要凑足五样。现今，“破五”的说法仍在，但毕竟时代不同，严守传统民俗已寥寥无几。

人日

农历正月初七称“人日”，民间有“人日补大年”“点人口”之说。其娱乐、饮食与过年略同，唯不再拜年。

元宵节

农历正月十五日为新岁伊始的第一个月圆之夜，称元宵节，又叫“上元”节。这一天，家家煮(或炸)食元宵。西山地区的秧歌于初二、初三出场，总要闹过元宵方止。全区城乡这天进行文艺汇演。民间称“正月十五闹元宵”。西山，闹过元宵节后，若土地消冻迟，农活动手不得，则要闹到二十五日“添仓节”方罢。

旧时，元宵节大部村庄设置“天官神棚”，张灯结彩，安排灯会。地上插杆，杆头安碗，碗内掌灯，按“九宫”“八卦”“二十八宿”等图案排列。有的地方摆为“九曲黄河阵”“串九曲”，俗传可以消灾免难。新婚妇女为了求子生男，又有“偷灯”“还灯”之俗。

元宵节既是祈求“天官赐福”“麒麟送子”的盛会，又是农村企盼风调雨顺、国泰民安的佳节。秧歌队载歌载舞、游街串巷，唢呐声、锣鼓声、秧歌声、鞭炮声、儿童喧闹声不绝于耳，汇成万民同乐的交响曲。西山有的村庄举办传放焰火活动，事先请精于此道者做成各种烟火，届时火喷莲花，焰腾霄汉，观赏者不远数十里而至，深夜方归。

添仓节

农历正月二十日古称小添仓节，二十五日为大添仓，大小添仓夜，祀仓箱井臼之神，预祝新的一年添财、添口，仓满囤实，五谷丰登。届时凡外出经商、拜友、串亲者，必须回家，取添人进口之意。同时添买米面柴炭，水缸盛满，外借器物是日必须归还，家庭主妇则捏蒸米面“仓官”，分置于炕头、水缸、粮仓、炭仓以及诸神位前。炕上的仓官是全家乐式，面捏男女老幼一家团坐炕头(一般是两老年男女同其七子团圆共计九口)。另有打场式仓官，场内牛拉碌碡、人执木锹、男扛谷袋，各具形态，惟妙惟肖。各类仓官上均附捏“灯瓜”，注油插捻，晚上家家点燃，灯火通明，儿童们则唱起“仓官爷，添仓来，糜子谷，扛得来，大瓮圪堆小瓮满，盆盆钵钵都装满”“仓官爷，扛仓来，扛得个胖壮小子来，有吃有穿大发财”等歌谣，反映人们对美好生活的渴望。

凤山庙会

每年农历正月二十六日，庙会都在离石凤山举行，是影响很大的民间祭祀“孙真人”的活动，凤山庙会大约形成于明代中期，距今已历五百余年。相传，当天是明代道士“孙真人”孙云际的诞辰之日。孙云际，名浩远，号乐阳子，离石人，他起初从业儒学，少年在云都万寿宫出家，17 岁入凤山道院（亦名天贞观，全国重点文物保护单位）拜陈希夷老祖学道，炼金淘丹五十余年，他一面守持经箓，修建道观，一面侍奉万灵，为民祈祷，现存清道光年石碣云：“旧观旧规，每岁正月二十六，居民铺户以香灯素馔，竭诚供于云际真人之祠，以禳灾祈福。”数百年间，孙真人在民间享有盛望，当地民众一致把他的诞辰日—农历正月二十六日，作为凤山庙会之日进行祭祀，庙会从正月二十五上午开始，午夜十二点是最高峰，正月二十六全天游客如云，一直要持续到正月二十七上午。庙会的主要内容有施舍乞丐、点首炷香、祈福许愿、还愿、抽签问卜、布施捐款等。庙会在日本侵略军占领离石时期开始衰落，“文化大革命”时期曾被学校占用，传统庙会一度中断。近年，庙会由政府主导组织活动，有序进行，成为人们观光、祈福、体验民俗、传承传统文化的理想去处。

社日

春社，各乡赛社以祈丰年。明清两代县城由永宁州州官扶犁，在南郊莲花池畔“耕地”。耕前设香表酒礼祭社。牛披红花，人们围观祝祷，改革开放后此俗逐渐失传。

“龙抬头”

农历二月二日，时近惊蛰，春雷一声，“蛰龙”醒而抬头，故称“龙抬头”。这一天，男女纷纷剃头理发，以应蛰龙抬头的吉利。古传当天农家用木炭围壁根，以避蛇蝎。离石民间此日的传统吃食是蔓菁煮豆子，用秋天晒干的小蔓菁、大红枣、豇豆、红豆及莜麦等合锅焖煮，食之粘甜醇香，有益胃健脾之功，为传统名吃。西山北川一带称吃蔓菁豆子为“上料”，意指这一食品营养丰富，给人助力，此后，农民就开始备耕春耕了。

三月三

古称“上巳节”，农历三月三日为“药王”孙思邈寿辰。民间相传用青柳圈插墙壁以避蝎。春季是上山采药的季节，离石县东北川人在这天太阳未出，上山采艾备灸。

寒食 清明节

从上年冬至日数起，过 105 天为寒食节，相传为晋臣介子推被晋文公烧死于绵山的忌日。为纪念这位正直耿介的名人，晋人这天不举烟火。据《太平御览》记载，汉代以前汾州一带从冬至日起至寒食日止一百零五天不复烟火，老少多因此而死。周举为并州刺史，作书置子推庙曰：“盛寒去火，残损民人，非贤者之意。”众惑少解，风俗颇革云云。一说魏武帝曹操曾令不得寒食，若有犯者，家长半岁刑，主吏百日刑，令长夺一日俸。大约从东汉三国以后，晋西一带才将一百零五天寒食改为一日象征性的寒食。

寒食节的次日为清明节。届时人们纷纷去已逝亲人的坟墓前弼纸、培土、扫墓。清明寒食的饭食有摊黄、黄豆芽、凉菜、子拳(白面皮、内包小豆、外粘红枣丝)。谚云:“清明的黄蒸百五的糕,米面摊黄揉折腰。”摊黄料用软硬米各半发酵后入碱稀释为糊状,以铜勺盛摊于油鏊上煎熟,拦腰对折成双层半圆形,故有“揉折腰”之说。食之焦软微甜,米油香扑鼻,亦为当地传统名吃。

浴佛节

相传为释迦牟尼的诞生日,佛祖生于夏历四月初五日,八日乃三朝浴佛也,今已不传。

端午节

农历五月五日为端午节,亦称端阳,乃全国性节日,是为纪念爱国诗人屈原投江之日而设立。时届芒种、夏至之交,蛇蝎蜈蚣活跃,因此端阳节有悬艾条、食粽子、饮雄黄酒以避五毒之俗。清晨,家家涂雄黄、插艾叶于窗户,插柏枝于门头,并用酒调雄黄涂抹小儿囟门、耳鼻、肚脐。以五色线系小儿臂,俗称“百线线”。妇女小儿绣荷包以佩戴,内装艾叶以避毒。端阳节离石城乡皆食粽子(有的地方称角黍),其法外用芦苇叶,内包软米大枣捏成三角形,锅内武火煮熟,味道香甜软糯,有健脾益气作用。

六月六日

天贶节,古传晒书曝衣节。离石人旧时于当天胚醋踩曲。时届麦收季节,西山、南山以新麦子面蒸馍、猪肉菜祝贺夏粮丰收,当地有“六月六,新麦馍馍炒猪肉”之谚。

七月七日

“天孙节”,相传是日为牛郎织女天河相会之日。民间多崇拜绘织巧手,妇女尤为希望能像织女那样心灵手巧,故又称乞巧节,一直流传在五六十岁的妇女中,在“80后”“90后”妇女中已演变成情人节,乞巧节的习俗逐渐淡化。

七月十五日

中元节,旧俗以新鲜瓜果祭祖。寺院设斋,陈列水陆道场替人超度亡魂,称盂兰盆会。在离石逐渐演变成了农历七月十五古集会。20世纪90年代,各乡镇举行七月十五农贸集会,尤以交口、田家会、结绳墕街上最为热闹。进入21世纪,离石城内又新举办南关七月古会,从七月初一至十六,甚是繁荣,年年如此,成为惯例。

中秋节

农历八月十五日,为传统的团圆节,亦称中秋节。这天,夜间有祭月、拜月、赏月之俗。在夜深人静,月亮高悬时,合家团聚,设坛祭月,祭毕品尝月饼,有的还饮酒猜拳,嬉笑言谈,通宵不散。节日间有互赠月饼之俗。

重阳节

农历九月九日为重阳节,旧俗好友会饮登高赏菊。民间则以新软米糕庆贺农事丰收。近年,这一节日定为老年节,全县各地开展尊老敬老活动。

十月初一

每年农历十月初一古行祭墓礼，届时家家用彩纸制作冠、履、袄、裤等冥衣，到祖坟墓前焚化，俗称“送寒衣”。

冬至

冬至为为民间大节，离石一带民间称“冬下”或称“过冬”。民间将冬至与年节同等看重，谚云“新冬旧年，过冬胜如过年”“冬一日，年一日，好牛好马息一日”。届时，士农工商放假休息，脚行停止运输，外出人等纷纷回家祭祖。中华人民共和国成立后，扫墓之俗渐趋淡化，但应节饮食饺子仍保留。

爆食

农历腊月初一，离石民间有爆玉米(称炒花)之俗，谓之“咬炒炒”，意在消瘸免灾。

腊八

农历十二月初八日古称腊八，届时家家食腊八粥。离石县腊八粥以软米、红枣熬煮而成，有补脾胃之功。城川一带也有食八宝粥者，其用料花样繁多，色香味俱全，补养功能更佳。

送灶扫除

农历腊月二十三古传系“诸神升天”之日，从此民间就“放了乱年”，举凡兴工修造、安厕上梁、婚丧嫁娶等均可“百无禁忌”。离石民间遂于当日翻箱、洗柜、扫窑、糊窗，进行一年一度的家庭卫生大扫除。民间居家以“灶君”为尊，因此这天又称“送灶”。家家购置栖瓜祀奉灶君及诸神位前，称“糊灶君嘴”，意欲请他“上天”在“玉皇大帝”面前隐恶言善，求恩赐福，保佑平安。新中华人民共和国成立后，祭灶祀神诸礼渐被革除，唯一年一度的家庭大扫除却延续不衰。

公历节日

中华人民共和国成立后，离石同全国一样，公历新节日有元旦、“三八”妇女节、“五一”劳动节、“五四”青年节、“六一”儿童节、“七一”建党日、“八一”建军节、“十一”国庆节以及教师节、老年节等。除元旦、国庆节全县人民共同庆祝外，其余节日由有关部门分别组织规模不等、形式多样的活动，以示纪念、庆贺。

第五节　礼节称谓

礼节

离石人热诚好客，待人纯真，共事忠厚，义守信用，平素相见，陌生者爽直庄重，情熟者诙谐笑骂。20世纪40年代前，乡居之人互有送绰号习惯，有的表示亲昵，有的意在嘲讽。旧俗，路遇亲朋好友，男子作揖行礼，女子行怀拜礼，同时互致问候。中华人民共和国成立后，亲友路遇或同事久别重逢均握手问好。东北二川、西南诸山农村，大体上均为一村一姓一族，所谓“一祖生人”。古有族规，近宗家谱，人伦不乱，取名或避讳或相跟，讲究长幼有别，尊卑有序。族人相见，各以其礼。若有逾越犯上者，长辈则教训不迭，严重者还要请族长、动家法。

客人进门，先迎接让座，问好敬烟之后，春陈红枣，夏摆瓜果。若在年节，则先烟后茶而后酒饭。偶有同村串门而招待吃饭者。如客欲离去，主人则送客至门外。

20 世纪 40 年代前，客来递上旱烟袋，富有之家则以潮烟、水烟相款待，有嗜好者不惜以大烟招待，童稚则急步趋前“点火”。70 年代后，纸烟成为交际必需品，有的人自己并不抽烟，但待客、应酬、礼尚往来用的香烟则常备。

称谓

离石县人重友情，好交往，讲究礼貌，相好者有的结盟为兄弟，互称“拜识”。对老者尊称老人家，或姓氏前头加“老”字，如老张、老王等。同龄人互称老哥、老弟。对医生称先生、大夫。对有技者称师傅。途中问路，开口先有称呼，问生人姓名时，“请问贵姓大名”。遇时令节日，亲朋好友，邻里街坊之间，有相互请吃饭、赠礼品之俗。

有血缘关系的称谓约定俗成，按父系、母系两大体系说明。

离石民间父系亲属称谓一览表

表 29-1

关系	尊 称	俗 称
父亲的曾祖父 父亲的曾祖母	高祖父 高祖母	老老爷 老老娘
父亲的祖父 父亲的祖母	曾祖父 曾祖母	老爷爷、老爷 老奶奶、老娘
父亲的父亲 父亲的母亲	祖父 祖母	爷爷 奶奶、娘娘
父亲的伯父 父亲的伯母	伯祖父 伯祖母	爷爷 奶奶、娘娘
父亲的叔父 父亲的叔母	叔祖父 叔祖母	爷爷 奶奶、娘娘
父亲 母亲	爸爸 妈妈	爹 妈
母改嫁之夫	继父	爹、伯伯、叔叔、爸爸
父继娶之妻	继母	婶婶、大大、姨姨、妈
父亲的哥哥 父亲的嫂嫂	伯父、伯伯、大爷 伯母、伯娘、大娘	伯伯 大大

续表 29-1

关系	尊　称	俗　称
父亲的弟弟 父亲的弟媳	叔父 叔母	叔叔 婶婶
父亲的兄弟之子 父亲的兄弟之女	堂兄弟 堂姐妹	叔伯兄弟 叔伯姐妹
父亲的姐妹夫 父亲的姐妹	姑夫 姑母	姑夫 姑姑
父亲的姐妹之子 父亲的姐妹之女	表兄弟 表姐妹	姑舅
兄 兄妻	哥哥、胞兄、家兄 嫂嫂、尊嫂	哥哥 嫂嫂
弟 弟媳	弟弟、胞弟 弟媳	兄弟 兄弟媳
姐 姐夫	姐姐、胞姐 姐夫	姐姐 姐夫
妹 妹夫	妹妹、胞妹 妹夫	姊妹 妹夫
自己的子女	儿子、小儿 女儿、小女	儿子 汝子
兄弟的子女	侄儿 侄女	侄儿 侄汝
姐妹的子女	外甥	外甥 外甥女
儿子的子女	孙子 孙女	孙子 孙女
女儿的子女	外孙 外孙女	外甥 外甥女
侄儿的子女	侄孙 侄孙女	孙子 孙女
儿子的孙子	曾孙	曾孙
侄儿的孙子	曾侄孙	曾孙
孙子的孙子	玄孙	玄孙

离石民间母系亲属称谓一览表

表 29−2

关　系	尊　称	俗　称
母亲的祖父 母亲的祖母	外曾祖父 外曾祖母	老毑爷 老毑婆
母亲的父亲 母亲的母亲	外祖父、外公、姥爷 外祖母、外婆、姥爷	毑爷 毑婆、婆婆
母亲的兄弟 母亲的兄弟之妻	舅父、舅舅 舅母、妗子	舅舅 妗子
母亲的姐妹	姨母、姨妈	姨姨
母亲的姐妹夫	姨夫	姨夫
母亲的兄弟之子 母亲的兄弟之女	姑表兄弟 姑表姐妹	姑舅
母亲的姐妹之子 母亲的姐妹之女	姨表兄弟 姨表姐妹	两姨
妻子的祖父 妻子的祖母	祖父、爷爷 祖母、奶奶	爷爷 娘娘
妻子的父亲 妻子的母亲	岳父、丈人、爸爸 岳母、丈母、妈妈	妻公、丈人 妻母、丈母
妻子的继父 妻子的继母	继岳父 继岳母	丈人 丈母
妻子的哥哥 妻子的嫂嫂	内兄、兄、哥哥 内嫂、嫂、嫂嫂	妻哥 妻嫂
妻子的弟 妻子的弟媳	内弟 内弟媳	小舅子、室弟 小舅子婊、室弟婊
妻子的姐夫 妻子的姐姐	襟兄、姐夫 内姐	挑担、连襟 妻姐
妻子的妹夫 妻子的妹妹	襟弟、妹夫 内妹	挑担、连襟 小姨子
妻兄弟之子 妻兄弟之女	内侄 内侄女	侄儿 侄女
妻姐妹之子女	襟侄 侄女	外甥

第六节 禁忌 陋俗

禁忌

修建房屋动工破土，张、王、李、赵四姓忌六、腊(十二)月，其余姓氏忌三、九月。

建房修院，讲究呈方形，忌前宽后窄，左长右短成梯形。

新年、新婚、喜庆节日，忌说不吉利话。

出生月忌婚姻嫁娶(部分地区)。

产妇未满月，忌生人入内。

孕妇或本命年之人，忌进入暗院（生小孩的院子）、产房。

忌戴手套与人握手，忌戴口罩与人交谈。

父母给儿女写信不署名。

儿孙不呼父祖名讳；在儿孙前亦不呼其父祖名字。

借用药锅、火罐忌直面送还，可偷扣在主人窗台上或待主人自取。

请医治病在迎送时忌说欢迎再来之类的客套话。

探视病人，忌在下午看望。

人生病忌说“病”，是成人，称“不舒服”“不爽快”；是小孩，称“不乖”“不欢”。

人去世忌直言“死”，是老人，称呼“老了”“走了”；是儿童，称“丢了”“殁了”。

死于外乡之人，灵柩运回忌入村内，更不得还家。

服丧守孝期间，头两年不许贴红色春联，第一年春节贴黄色，第二年春节贴紫色、蓝色或绿色，第三个春节才可贴红色对联。

忌穿孝服串门。

守孝忌穿红戴绿。

平年忌缝寿衣，忌置寿木(一般棺木寿衣在闰年做)。

室内停尸，忌鸡鸣狗吠或大声喧哗。

前有行人，忌向身后泼水、吐唾。

送客出门，刚走后忌泼水、扫地。

小孩身胖，忌说“肥”“重”或“胖”，称“亲”“奴”。

有小孩的成人，半夜回家较晚时，应该先去一下厕所或者拍拍身上再回家。

院内晾晒婴儿衣物、尿布，忌在日落后收回。

生日、寿辰赠送食品，受赠之家，忌让碗碟空回，须放食盐一撮。

邻里亲友互赠食品，喜三忌四。

凡婚礼、聘礼和贺礼，均喜双忌单，喜红忌白。

外出远行，逢七不出、逢八不归，三、六、九为佳日（部分人群）。

未满十二岁亡童，忌纳棺入土，只能用谷草敛尸抛于荒郊（限于农村）。

忌生辰属相相克者联婚，如“蛇虎不相见”“鸡狗不到头”等（现在主要看双方是否中意对方，不完全考虑生辰是否相克）。

嫁娶场合忌遇穿白戴孝者（穿白婚纱已成为固定习俗）。

出嫁女儿忌在娘家过春节、清明节、端午节、中秋节、冬至等，生孩子，忌在娘家与丈夫同房（20 世纪 90 年代开始独身女在娘家过年、过节已很普遍）。

肩挑空桶忌进家门，只能手提而入（限于农村）。

带锹镘进门，忌肩扛，要手提（限于农村）。

枕头忌缝单只（限于农村）。

购买笤帚忌买一把（限于农村）。

陋俗

酗酒 斗殴　清末至民国初年，县城及集镇酒馆饭铺较多，饮酒者大有人在。日军侵华，民间酿造业萧条，饮酒之风顿减。20 世纪 80 年代后，国家昌盛，人民生活水平提高。少数青年以多饮而自豪，动辄买酒买罐头聚众取乐。一时酒醉，呕吐狼藉，污秽难闻，丑态百出，影响公共秩序，破坏社会文明。20 世纪初期，网吧出现，网络的现代化程度越来越高，青少年沉迷于网游，打架斗殴现象少见。2011 年，随着酒驾入刑政策的出台，人们对饮酒危害的认识逐渐加深，酗酒有所收敛。中共十八大后，中央八项规定、限酒令等的颁布，酗酒人更是越来越少，社会文明程度越来越高。加之，人们受现代健康理念影响和交通规则约束，这种行为日渐减少。

赌博　自古有之。民国年间曾多次禁赌。中华人民共和国成立初期，人民政府加强法制教育，辅之以法律制裁，赌博之风几近绝迹。“文化大革命”期间，社会秩序混乱，赌风死灰复燃。改革开放后，赌博有所回潮，还有人用“象棋残局”“科学打彩”“扑克斗智”、台球等圈套，骗人赌博。进入 21 世纪后，人们生活水平日益提高，开始从繁重的体力劳动中解放出来，闲来无事，打麻将、打扑克娱乐。中共十八大后，政府加大治理黄赌毒的力度，严惩聚众赌博行为，加之大多数人对这种陋习深恶痛绝，致使赌博行为日渐减少。

溺爱　离石人自古尚有宠子之俗。中华人民共和国成立前由于贫富悬殊，教育目的、方法也不同。俗云：“财主羔子不弄钱（指吃喝嫖赌）就是好子弟，穷人娃娃不赚钱就是赖子弟。”富家公子从小养尊处优、吃喝玩乐，只要能够保守祖业，就算好子弟了；穷苦人家儿女幼小就要帮助家务劳作，微有惰意就不能算好子弟。因此，旧社会酒色之徒大都是富家子弟，贫家儿女干坏事的极少。

20 世纪 70 年代后，实行计划生育，提倡只生一胎，独生子女成宝贝。80 年代，“娇子”“宠女”“小皇帝”“家庭王”大量涌现。90 年代起，随着社会财富增多，给孩子穿名牌、用名牌之风日盛，孩子们互相攀比。

卖淫 中华人民共和国成立前，城区一带少数妇女或因生计所逼，或受金钱引诱，沦为娼妓。

中华人民共和国成立后，娼妓基本绝迹。20世纪70年代后期，卖淫嫖娼活动死灰复燃。90年代后期，歌厅、舞厅、发廊、按摩店、洗浴中心、足疗中心、旅店宾馆等场所，有的不同程度地有卖淫活动。中共十八大后，扫黄力度加大，卖淫活动得到有效遏制。

求子 离石人追求多子多福，靠神灵或自然界与生育相关的事项祈求。在封建社会，普遍认为只有男子才能延续香火和继承遗产，无男有女也不算有后。求子成为每个家庭婚后的头等大事。每年农历正月十五、二十、二十三、二十五，基本上规模大点的村子都举办人口会，供奉天官老爷，俗称“搭会会”。也有的在正月二十六到凤山天贞观庙会求子，二月十九求观音送子，三月十五求碧霞元君送子，也有的在别的庙会期间到观音殿求子。还愿是根据自己所许的愿而进行，一般多数在子女出生后的当年，有送猪羊的，也有送灯、布等，20世纪90年代改为送铜匾、锦旗者居多。进入21世纪后，不孕男女多去医院检查治疗。

祭神 境内城川及西山一带流传的古祭礼有孔庙祭礼，迎春郊祭试耕，四时分别致祭蚜蚄神、瘟神、风神、龙王等。其中唯迎春郊祭有县太爷扶犁亲耕一节，除倡导农桑具有进步意义外，其余皆属封建、迷信，后被取缔。

第二章　宗　教

第一节　佛　教

佛教何时传入离石难以考证。区域内现存最早的佛教寺院金阁寺始建于北魏，位于离石区西属巴街道兰若山，距今1500余年。离石历史上，有一代高僧名叫慧达大师，俗名刘萨诃。史料记载，刘萨诃，稽胡族人（匈奴的别种），并州西河离石（今山西离石）人，生于东晋十六国穆帝升平四年（360），圆寂于北魏太武帝太延二年（436），时年76岁，弘法40余年。据传，他是中国历史上第一代赴印度取经并最早归国弘法度生的高僧，是佛教第22代宗师，是佛教中国化的重要标志性人物之一，也是开凿敦煌莫高窟的先驱之一。

2004—2006年间，离石区佛教活动场所有安国寺、石佛寺、慧达寺、虎麓寺，佛教信奉者1000余人。2010年，离石区有佛教活动场所5个，佛教教职人员1人。2011—2012年，有佛教活动场所9个。2015年，离石区佛教皈依居士约700人，佛教活动场所7处，分别为安国寺、凤山底慧达寺、西崖底虎麓寺、千佛寺、盛地北禅寺、前瓦天宁寺、沙会则慧泽寺，登记在册的佛教教职人员7人。

第二节　道　教

道教何时传入离石难以考证。现存最早的道教宫观是始建于西汉平帝元始元年（1）的信义镇宝峰山道观，距今有2000余年历史。境内影响最大的道教宫观是位于凤山街道凤山底村山顶始建于宋代的天贞观。史料记载，天贞观是为祭祀宋代道祖陈希夷和其门徒明代道士孙云际而建。境内每逢农历正月廿六，是观内一年一度的凤山庙会。据传，这一天是道士孙云际的诞辰日。据记载，孙云际，名浩远，号乐阳子，玉亭（今山西离石）人。精通天文地理，从业儒学，幼年在玄都万寿宫出家，17岁入凤山道院拜陈希夷老祖道场门下苦行学道，炼精淘丹40余年。一面守持经箓，修建殿堂，一面添设香火，侍奉万灵，乃至为民祈祷。数百年来在民众中享有盛望，当地民众一直把他的诞生日，作为凤山庙会之日进行祭祀。庙会前后，四方香客朝山者络绎不绝。

2009年11月，离石区道教协会成立。2010年1月，离石区道教协会在民政局取得团体登记证。同年，离石区有道教活动场所1个。2011—2012年，有道教活动场所5个。2015年，离石区有道教皈依居士约300人，道教活动场所6处，分别是凤山天贞观、上安上清观、石盘圣母庙、后瓦古坤庙、七里滩老爷庙、信义观帝庙，登记在册的道教教职人员4人。

第三节 天主教

天主教于清光绪年间传入离石。天主教最初传入的地点是贺家塔、大中局、红眼川。清末民国初，先后在贺家塔、城内、十里村、大中局盖起教堂。离石天主教没有成立协会，受吕梁主教区（地点在汾阳市）管理。

2004—2006年，离石区天主教活动场所有贺加塔村、大中局村，天主教信奉者800余人。2010年，贺家塔、大中局教堂仍使用，城内教堂被拆，天主教信奉者在临时活动点内进行宗教活动。2015年，离石区天主教受洗群众约1800人，主要集中分布在7个街道的沿川村。天主教有活动场所3处，分别为贺家塔天主教堂、大中局天主教堂、凤山三巷临时活动点。登记在册的天主教教职人员3人。

第四节 基督教

清光绪十九年（1893）基督教传入离石。民国5年（1916），挪威主教向城内村于姓、邢姓两户人家买得房产1处，民国7年开始修建教堂，当年建成教堂，有房屋20余间、礼拜堂1座。民国27年，日本侵略军侵占离石。民国29年，挪威主教回国，教会组织自行解散，日本侵略军侵占教会场所。民国34年9月，离石解放，八路军三分区司令部驻扎于此。1948年，三分区撤走。教会房屋闲置两年之后，1950年，离石县委在此办公。1953年，离石县委搬走，移交给城内小学办学。1953—2003年，因办学需要，原教堂、窑洞均被拆除扩建，旧貌不复存在。1983年，基督教两名老教徒组织南关村、圪垯上村周边20余名教徒开始宗教活动，离石县政府同时批准恢复宗教活动。1986年7月离石县政府批准开设南关家庭聚会点。2003年1月2日，离石市政府同意成立"离石市基督教三自爱国运动委员会"、离石市基督教协会。

2004—2006年，离石区基督教信奉者2400余人，分布在南关、东关、袁家庄、凤山底、西崖底等村。2010年，离石区基督教有固定处所1个，教职人员1人。2015年，离石区有基督教受洗群众约500人，基督教活动场所1处，为城内基督教临时活动点，登记在册的基督教教职人员5人。

第五节 宗教事务管理机构

2005年，离石区民族宗教事务局成立。至2015年，离石区民族宗教事务局为政府组成部门之一，由区统战部副部长兼任局长。统战部设股级事业单位——离石区宗教团体管理办公室，核定编制为3人。

第三十编

方言　谣谚　谜语

方言

谣谚　谜语

离石方言属晋语吕梁片，从总体特点和可懂度来说，是吕梁片方言乃至整个晋语中较为古老、难懂的方言。其主要特点：语音方面，离石方言有6个单字调，入声分阴阳，且入声体现为阴高阳低。离石方言中还存在大量的文白异读，其中，声母的文白异读系统较为简单，但其表现出的一些特点正能够反映出离石方言的历史层次。比如，古全浊入声字文读声母为不送气塞音、塞擦音，白读声母送气塞音、塞擦音。相对来说，韵母的文白异读比较复杂，但其又有整齐的规律，比如咸山摄韵母的文白异读。词汇方面，离石方言的词汇与晋语存在很大的共性，比如构词法方面，分音词、圪头词、子尾词发达，重叠式表现形式多样。语法方面，代词、虚词也颇有特点。总体来说，离石方言是深受晋语影响，存古性很强的一种方言。

随社会发展、文化交流的日益频繁和普通话的大力推广，离石方言中相当一部分古老的语音、词汇正在逐渐走向消亡，城区及周边一些较大集镇的居民，尤其是年轻人今多用地方普通话甚至较标准的普通话进行日常交流。随移民搬迁，境内方言的相互交融，方言的纯净度、准确度不断下降。

境内也形成具有地方特色的歌谣、谚语、歇后语等。

第一章 方 言

第一节 语言概况

离石区地处山西省西部，离石方言属晋语吕梁片，可分为方言小片4个：西北部的坪头、枣林2个乡接近临县话；北部偏西的西属巴街道与方山县接壤，接近方山话；东南部吴城镇个别村庄带汾阳口音；其余乡镇及街道（莲花池街道、凤山街道、滨河街道、城北街道、交口街道、田家会街道、信义镇和红眼川乡）都属于城关片。离石方言选用城关话具体分析离石方言的特点。

符号介绍

离石方言的记音符号以国际音标为基础，根据汉语实际情况加以补充。

辅音 离石方言所用辅音符号共有22个。

离石方言所用辅音符号一览表

表30-1

发音方法			双唇	舌尖音			舌面音		喉音
				舌尖前	舌尖中	舌尖后	舌面前	舌面后	
塞音	清	不送气	p	—	t	—	—	k	ʔ
		送气	p^h	—	t^h	—	—	k^h	—
塞擦音	清	不送气	—	ʦ	—	tʂ	ʨ	—	—
		送气	—	ʦ^h	—	tʂ^h	ʨ^h	—	—
鼻音	浊		m	—	n	—	—	ŋ	—
边音	浊		—	—	l	—	—	—	—
擦音	清		—	s	—	ʂ	ɕ	x	—
	浊		—	z	—	—	—	—	—

元音 离石方言所用元音符号共有15个，其中12个舌面元音，2个舌尖元音[ɿ]、[ʅ]，1个卷舌元音[ɚ]。舌面元音如下：

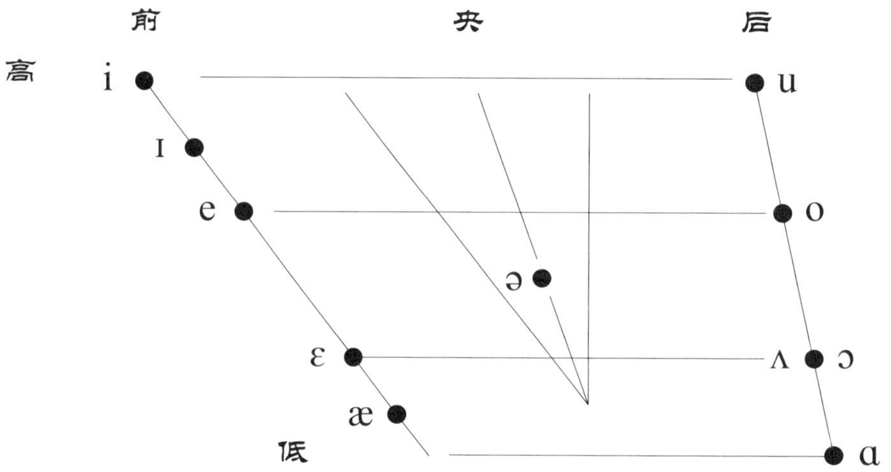

离石方言舌面元音表

声调符号 离石方言采用五度标记法，把声调的相对音高分为低、半低、中、半高、高5个等次，依次用1、2、3、4、5表示，调型右边的竖线为比较线，比较线左边的符号表示调型的走向。调值一律用数字在音节的右上角标出。

调型	调值	调类
	24	阴平
˦	44	阳平
	312	上声
	53	去声
□	4	阴入
	23	阳入

其他符号 [ ] 是国际音标方括弧，如 [ɑ]、[p]，大多数情况下为行文方便不加方括弧；Ǿ 表示零，如零声母在声母表里用 [Ǿ] 表示。

离石方言音系

单字调 6个

调类	调值	例字
阴平	24	高梯灯初天春
阳平	44	时题糖穷人文
上声	312	古展有草使体
去声	53	是抱唱放共贵
阴入	4	八匹急桌黑刻
阳入	23	罚实纳麦杂服

声调说明：

阴入字单读时，比较短促；阳入字单读时，不短促，在连读中，作为前字时明显短促。

阳入与阴平调型、调值接近，实际读音比阳平收尾略低。

声母　22 个

p 比变八保兵	p^h 别白偏怕朋	m 慢母妹门目
t 底打到丢胆	t^h 夺跳谈同特	n 难女年脑硬
l 兰路吕弄辣	ts 资祖争竹政	ts^h 齐曹虫茶青
s 丝三生师手	z 认闰日然让	tʂ 蒸知治制整
$tʂ^h$ 称痴池迟秤	ʂ 声绳成盛剩	tɕ 家杰尖展净
$tɕ^h$ 秋穿枪桥穷	ɕ 修旋想线闪	k 赶贵卦高杠
k^h 跪开科肯恐	ŋ 案爱袄挨额	x 飞红符化话
Ø 闻武而碾严		

声母说明：

送气塞音、塞擦音气流量较大，送气较强。

[ts、tsh、s] 发音部位靠后，与 [ɿ] 韵母相拼时，声母韵母同时带有舌叶音色彩。

[x] 与 [iɛ] 韵相拼时，实际音值是 [ç]。

韵母 37 个

ɿ 比指命病肥	ʅ 蒸称绳知持	ɚ 儿而耳饵二
i 离梨里丽利	u 故雨虚母短	ɪ 旱
iɪ 边免点年展	yɪ 专船软选院	ɑ 爬打拿岔下
ɑ 架芽家霞夏	uɑ 抓卦瓦花要	æ 班胆烂三旱
iæ 颜减铅限淹	uæ 团联酸关万	ɔ 多河浪党巷
iɔ 粮讲枪想样	iɛ 摆太姐野蛇	yɛ 拽靴瘸怪坏
uə 波科忙光床	ɛe 杯盖呆妹来	uɛe 对贵飞鬼外
ʌu 收斗丑苏肉	iʌu 流丢休又酒	ou 饱毛桃酸高
iou 条鸟苗交笑	uou 完碗丸腕剜	əŋ 本灯针肯横
iəŋ 定硬林紧映	uəŋ 懂农肿贡文	yəŋ 军云荣粽群
ɑ/ 胖达辣瞎色	iɑ/ 甲确夹狭鸦	uɑ/ 桌刷罚袜刮
ə/ 木德浙石各	uə/ 竹骨叔活出	ie/ 北白敌约七
ye/ 绝缺说阅月		

韵母说明：

[ɿ] 舌尖化已不明显，读音介于 [i] 与 [ɿ] 之间。

[u] 实际读音舌位略高。

[ʅ] 韵母收尾时带有明显的卷舌动作。

[uə] 中的主要元音 [ə] 实际读音舌位略靠后。

[iε、yε] 中的主要元音 [ε] 实际读音舌位略高，接近 [E]。

[əŋ、iəŋ、uəŋ、yəŋ] 主要元音带鼻化色彩，韵尾较松。

阳入字单念时，喉塞韵尾不明显，连读时，作为前字时喉塞韵尾明显。

离石方言两字组连读变调规律

非叠字非轻声两字组连读调规律见表 30-2

离石方言非叠字非轻声两字组连读调一览表

表 30-2

后字 前字	阴平 24	阳平 44	上声 312	去声 53	阴入 4	阳入 23
阴平 24	24+24 浇花 交通 搬家 收秋	24+44 光荣 新闻 穿鞋 冰糖	24+31 修改 标准 工厂 优点 24+312 打闪 洗澡	24+53 登记 车票 医院 公社	24+4 方法 筋骨 消灭 开业	24+23 膏药 消灭 风俗
阳平 44	44+24 农村 良心 牙膏 梅花	44+44 农民 煤油 银行 轮船	44+31 牛奶 年底 难免 营养	44+53 劳动 邮票 文化 荣誉	44+4 油漆 毛笔 常识 民族	44+23 农药 颜色 灵活 同学
上声 312	31+24 火车 手枪 指挥 老师	31+44 党员 检查 海绵 草鞋	24+31 水果 表演 了解 雨伞	31+53 眼镜 野菜 马路 领袖	31+4 体育 享乐 武术 马达	24 ＋ 23 小学 打杂 眼药
去声 53	53+24 坐车 路灯 教师 事先	53+44 证明 太平 坏人 地图	53+31 跳舞 送礼 字典 号码 53+312 下雨	44+53 上课 社会 进步 忘记	53+4 庆祝 正确 问答 大约	53+23 建立 练习 事业 大学
阴入 4	2+24 出租 菊花 国家 北风	4+44 杀人 发明 足球 黑糖	4+31 刻苦 节省 黑马 谷雨 4+312 木耳	4+53 铁道 发票 革命 速度	4+4 节约 出国 接触 发育	4+23 出纳 法律 缺乏 复杂
阳入 23	2+24 列车 药房 石灰 值班	23+44 杂粮 拔牙 食堂 入团	4+31 毒酒 局长 历史 集体 4+312 石板 月饼 墨水 罚酒	23+53 习惯 实现 杂技 日记	23+4 合作 合法 目的 熟悉	4+23 实习 腊月 独立 23+4 学习 日历 食欲

叠字两字组连读变调规律 叠字两字组分为构词重叠和构形重叠，其连读变调规律不同，这里主要讨论构词重叠的变调规律。构词重叠两字组连读变调分为 3 种情况：第一种是前字不变，后字变为轻声；第二种是前字变为 31，后字变为 24；第三种是前字变为 44，后字变为轻声。

离石方言叠字两字组连读变调一览表

表 30-3

后字前字	阴平 24	阳平 44	上声 312	去声 53	阴入 4	阳入 23
阴平 24	24 + 0 蛛蛛 肩肩 边边 丝丝	—	—	—	—	—
阳平 44	—	44+0 棱棱 馍馍 爷爷 蛾蛾	—	—	—	—
上声 312	—	—	31+24 草草 片片 火火 44+0 奶奶	—	—	—
去声 53	—	—	—	53+0 会会 面面 大大 舅舅	—	—
阴入 4	—	—	—	—	4+0 伯伯 角角 插插	—
阴入 23	—	—	—	—	—	23+0 叶叶

儿化 小称音变规律

儿化 儿化韵母是卷舌韵，与非儿化韵之间有一定的对应关系。离石方言共有 18 个儿化韵，下表是离石方言儿化韵、儿化韵对应的基本韵母以及示例。

离石方言儿化一览表

表 30-4

儿化韵	基本韵母	示例
ər	ɚ	二 耳 儿
	εe	几辈儿 锅盖儿 猴孩儿
	ə̃	板凳儿 一阵儿
iər	iε	平车儿 姥爷儿 白夜儿
	iə̃	有劲儿 电影儿 杏儿
	ieʔ	醋碟儿 一页儿
	uεe	衣柜儿 一会儿 味儿
uər	uə̃	山洞儿 酒盅儿 小葱儿 圪虫儿
	uəʔ	谷儿
ɐr	ɑ	密码儿 马儿 哪儿
	æ	上班儿 木板儿 养蚕儿 雨伞儿
	ɑʔ	一盒儿
iɐr	iæ	里间儿
	iɑʔ	牛角儿
uɐr	uɑ	年画儿 菜花儿 瓜儿
	uæ	一段儿 几串儿 拐弯儿
	uɑʔ	牙刷儿
ʅr	ʅr	蒸 称 绳 池
ir	ɿ	草鸡儿 眼镜儿
	iɪ	一片儿 大年儿 零钱儿
ur	u	靠谱儿 画图儿 看书儿
yr	yɪ	鞋楦儿 圆圈儿 人缘儿
ɘr	i	前面儿 梨儿 案儿
	ɿ	明儿
uor	uə	铁锅儿 一伙儿 药方儿
ʌur	ʌu	小偷儿 狗儿 后儿

续表 30-4

儿化韵	基本韵母	示例
iʌur	iʌu	大舅儿 足球儿 牛儿
ɔr	ɔ	盖章儿 唱歌儿
iɔr	iɔ	花样儿
our	ou	一半儿 草帽儿 菜刀儿 被套儿 壮袄儿
iour	iou	填表儿 鸟儿 一条儿烟

离石方言小称表示 用重叠形式。如“房房”表示储杂物的小间，“车车”指婴儿车或小孩玩耍或骑行的小车子，“盖盖”指杯子或瓶子上的小盖子，其变调规律同叠字两字组的变调规律一致，具体情况见叠字两字组变调规律表。

轻声 包括有词汇条件的轻声和句法中的轻声，这里统一记作 [0]。

重叠词后字 如棱棱、坛坛、匙匙、馍馍、蛛蛛、肩肩、包包、边边、会会、面面、票票、伯伯。具体音变规律见重叠两字组连读变调表。

词缀“头、子”头：作词缀读轻声，调值为 0，如“外头、上头”。子：作词缀读轻声，调值为 3，如“蔓子、李子、柿子、麦子、柱子、桌子”等。

部分双音词后字 弱化后实际读 21 调，如“天气、明年、年时、半夜、地方、黄瓜、公鸡、东西、豆腐、头发、眉眼、媒人”等。

表示名物性的构词语素“的”轻声调值为 3，如“剃脑的、做饭的、陪客的、讨吃的、偷人的”等。

句中或句末语气词 “了、哂、咧、哇、么、吧、来该（后字）”等轻声调值为 0。

结构助词 “的、地、得”轻声调值为 0。

第二节 同音字汇

凡例

先按韵母分部，韵母的次第如下：

ɿ；ʅ；ɚ；i；u；ɪ；iɪ；yɪ；ɑ；iɑ；uɑ；æ；iæ；uæ；ɔ；iɔ；iɛ；yɛ；uə；ɛe；uɛe；ʌu；iʌu；ou；iou；uou；əŋ；iəŋ；uəŋ；yəŋ；ɑʔ；iɑʔ；uɑʔ；əʔ；uəʔ；ieʔ；yeʔ

同韵母的字按声母次序排列，声母次第如下：

p；pʰ；m；t；tʰ；n；l；ts；tsʰ；s；z；tʂ；tʂʰ；ʂ；tɕ；tɕʰ；ɕ；k；kʰ；ŋ；x；Ø

声调次第如下：

阴平 [24] 阳平 [44] 上声 [312] 去声 [53] 阴入 [4] 阳入 [23]

字下画双线“＝”表示文读，画单线“—”表示白读。

注解中所提地名皆属离石地名。

例文

ɿ

p [312] 鄙比秕秕谷蓖蓖麻　　[53] 蔽闭敝弊币陛陛下臂被婢被避备弼病

p^h [24] 批坯披丕　　[44] 皮疲琵枇凭平坪瓶

[312] 彼脾庇痹　　[53] 屁

m [44] 迷谜□□子弥靡明鸣　　[312] 米

[53] 命

t [24] 低钉钉子　　[312] 底抵顶

[53] 帝弟第递地钉钉住

t^h [24] 梯听听见停停停地　　[44] 题提蹄啼

[312] 体　　[53] 替涕剃屉

n [44] 泥倪尼疑　　[312] 你拟

[53] 腻匿

ts [24] 鸡稽支枝资姿咨饥肌兹滋之芝基机讥饥精精明睛

[312] 挤紫纸只只有姊脂旨指子子孙滓止址己几几个

[53] 祭际济剂计寄技妓自至冀字志痣纪记忌既季镜净

ts^h [24] 妻脐欺期青黑青　　[44] 齐畦雌奇骑岐瓷祁慈磁辞词其棋旗祠

[312] 启此豉企齿起杞岂祈　　[53] 契刺赐翅次器弃伺气汽

s [24] 西犀溪兮斯厮撕施牺私师狮尸司丝思诗嬉熙希稀星星宿

[44] 祠匙时肥胖　　[312] 洗死屎使史驶始喜省省不得

[53] 细婿系是氏戏四肆示视嗜似祀巳寺饲士仕柿事试市恃侍

Ǿ [24] 伊医衣依赢　　[44] 宜仪移夷姨遗蝇

[312] 蚁倚椅矣已以尾　　[53] 艺义议易意异毅逸忆亿翼影影乎子

ʅ

tʂ [24] 知蜘毡蒸正正月　　[312] 井整

[53] 滞制智致稚置痔治正正好

$tʂ^h$ [24] 痴称称重量　　[44] 池驰迟持

[312] 侈耻　　[53] 秤一杆秤

ʂ [24] 声　　[44] 绳成姓盛盛满

[53] 世势誓剩

ɚ

Ø [44] 儿而　　[312] 尔耳饵

[53] 二

i

l [44] 梨犁黎离篱璃厘狸铃　　[312] 礼李里理鲤

[53] 例厉励丽隶荔利痢吏栗另粟

u

p [312] 补捕　　[53] 布怖部步抱

pʰ [24] 铺$_{\text{铺床}}$　　[44] 蒲菩脯

[312] 谱普浦脯$_{\text{果脯}}$　　[53] 铺$_{\text{店铺}}$

m [44] 模摹毛谋　　[53] 暮慕墓募牧

t [24] 都$_{\text{首都}}$　　[312] 堵赌肚$_{\text{猪肚}}$短

[53] 妒杜肚$_{\text{肚疼}}$度渡镀断$_{\text{断了}}$

tʰ [44] 徒屠途涂图　　[312] 土吐

[53] 兔

n [312] 女　　[53] 怒

l [44] 驴　　[312] 鲁卤吕旅缕屡履

[53] 露虑滤累$_{\text{连累}}$泪

ts [24] 租猪诸居车$_{\text{车马炮}}$诛蛛株朱珠拘驹锥

[312] 组祖阻煮举拄主嘴帚

[53] 助据锯巨拒距聚驻注柱住注蛀铸矩句具惧缀$_{\text{点缀}}$赘醉剧

tsʰ [24] 蛆初区驱吹炊　　[44] 除储锄渠趋厨雏槌锤随

[312] 褚楚处$_{\text{相处}}$杵暑取娶　　[53] 处$_{\text{处长}}$去$_{\text{过去}}$趣脆粹畜

s [24] 苏梳疏蔬书舒墟虚嘘枢输殊输虽兄

[44] 徐须需谁　　[312] 暑黍鼠署许数$_{\text{动词}}$髓水蜀

[53] 序叙绪絮庶恕数$_{\text{名词}}$竖戍树岁睡穗粟

z [44] 如鱼渔于淤余儒愚虞娱于盂禹芋榆逾愉

[312] 汝语与乳擩雨宇羽辱　　[53] 御誉预豫遇寓吁喻玉

k [24] 姑孤箍　　[312] 古估鹽牯股鼓

[53] 故固雇顾

kʰ [24] 枯　　[312] 苦

[53] 库裤

x [24] 呼乎夫麸芙　　[44] 胡湖狐壶胡肤敷俘符扶浮

[312] 虎浒府腑俯甫斧抚釜腐辅否

[53] 户沪互护付赋傅赴父附富副妇负阜

Ǿ [24] 乌污坞巫诬　　[44] 吴蜈梧无

[312] 午武舞鹉　　[53] 误悟务雾勿

ɪ

x [24] 憨　　[53] 旱汉$_{男子汉}$汗

iɪ

p [24] 鞭编边蝙　　[312] 贬扁匾

[53] 辨辩变汴便$_{方便}$遍辫

p^h [24] 篇偏　　[44] 便$_{便宜}$

[53] 骗片

m [44] 绵棉眠　　[312] 免勉缅渑

[53] 面

t [24] 掂颠　　[312] 点典

[53] 店电殿奠佃垫

t^h [24] 添天　　[44] 甜田填

[312] 舔

n [44] 鲶拈年　　[312] 碾辇捻撵

[53] 念

l [44] 廉镰帘连联怜莲　　[312] 敛脸

[53] 敛殓练恋

tɕ [24] 尖歼沾兼煎笺肩坚　　[312] 检俭剪展

[53] 鉴舰渐占剑践件箭溅贱饯犍建键健腱荐见

$tɕ^h$ [24] 签谦迁千牵　　[44] 钳钱缠乾虔前

[312] 潜浅遣　　[53] 嵌欠歉

ɕ [24] 仙掀先　　[44] 嫌贤弦

[312] 闪打闪险鲜显　　[53] 线羡扇宪献现县

k [24] 甘泔干肝竿$_{竹竿}$干$_{干湿}$　　[312] 杆擀赶

k^h [24] 看$_{看守}$　　[312] 砍

[53] 看$_{看见}$

ŋ [24] 安鞍

Ǿ [24] 淹阉腌蔫焉烟燕$_{燕京}$　　[44] 岩粘炎盐阎檐严然$_{安静}$延言研沿

[312] 染掩魇俨碾碾子演　　[53] 验厌艳焰雁晏谚堰砚燕燕子咽宴

yɪ

l [53] 米恋□糊

tɕ [24] 专砖捐　　[312] 转转眼卷

[53] 转转圆圈眷绢圈猪圈倦

tɕʰ [24] 川穿圈圆圈　　[44] 全泉船拳权颧

[312] 喘犬　　[53] 窜串劝

ɕ [24] 宣轩喧　　[44] 旋玄悬

[312] 癣选　　[53] 眩楦

Ø [24] 冤渊　　[44] 圆员缘元原源袁辕园援

[312] 远　　[53] 院愿宛怨

ɑ

p [24] 巴芭疤　　[312] 把

[53] 霸坝堤爸罢

pʰ [44] 爬耙　　[53] 怕帕

m [24] 妈　　[44] 麻蟆

[312] 马码　　[53] 骂

tʰ [24] 他

n [44] 拿　　[53] 捺

l [24] 拉　　[44] 哪哪个

ts [24] 渣　　[53] 诈榨炸乍栅

tsʰ [24] 叉杈差差不多　　[44] 茶茬查　　[53] 岔三岔路错

s [24] 沙纱　　[312] 洒傻　　[53] 萨

kʰ [53] 尬

ŋ [312] 我

x [53] 吓吓一跳下底下

Ø [24] 阿

iɑ

n [44] 牙芽　　[312] 哑　　[53] 压

l [312] 两

tɕ [24] 家加痂嘉家佳　　[312] 假真假贾　　[53] 假放假架驾嫁稼价

ɕ [24] 虾　　[44] 霞瑕遐　　[53] 吓惊吓夏厦下下降

Ø [44] 牙芽衙崖涯　　[312] 雅哑　　[53] 亚压

uɑ

ts	[24] 抓	[312] 爪	
s			[312] 耍
k	[24] 瓜	[312] 寡剐	[53] 挂卦
kʰ	[24] 夸	[312] 垮	[53] 跨
x	[24] 花华$_{\text{中华}}$	[44] 划	[53] 化华$_{\text{华山}}$画话
Ø	[24] 蛙挖	[312] 瓦	

æ

p	[24] 班斑颁扳般搬	[312] 板版	[53] 扮瓣办伴拌半绊
pʰ	[24] 攀潘	[44] 盘	[53] 盼襻判判刑叛
m	[44] 蛮瞒馒	[312] 满	[53] 慢漫幔
t	[24] 耽担$_{\text{担任}}$丹单	[312] 胆	[53] 担$_{\text{挑担}}$淡诞旦但弹$_{\text{子弹}}$蛋
tʰ	[24] 贪滩摊	[44] 潭谭谈痰檀坛弹$_{\text{弹琴}}$	[312] 毯掸坦
	[53] 探炭叹		
n	[44] 南男难		
l	[44] 蓝篮兰拦栏	[312] 览揽榄缆懒	[53] 滥烂
ts	[24] 簪沾粘$_{\text{粘贴}}$瞻毡	[312] 斩盏展攒	[53] 暂站蘸占赞绽栈战
tsʰ	[24] 参餐	[44] 蚕惭谗馋搀残缠蝉禅	[312] 惨铲产
	[53] 灿颤		
s	[24] 三衫山	[44] 珊删	[312] 闪$_{\text{闪电}}$陕伞
	[53] 散善扇		
z	[44] 然$_{\text{然后}}$燃	[312] 染冉	
k	[24] 甘柑尴干肝竿	[312] 感敢橄赶杆擀	[53] 干
kʰ	[24] 堪勘看$_{\text{看守}}$刊	[312] 砍坎	[53] 看$_{\text{看见}}$
ŋ	[24] 庵安鞍	[53] 暗岸按案	
x	[24] 憨	[44] 含函咸寒韩	[312] 喊罕
	[53] 撼憾陷馅旱汉$_{\text{汉族}}$汗焊翰		

iæ

n	[44] 颜	[312] 眼	
tɕ	[24] 监艰间奸	[312] 减简柬拣茧	
tɕʰ	[24] 鸽铅		
ɕ	[44] 咸衔闲	[53] 陷馅限	

uæ

t	[24] 端	[312] 短	[53] 断$_{\text{断绝}}$锻段缎

tʰ [44] 团

n [312] 暖

l [44] 鸾 [53] 乱

ts [24] 专砖 [312] 纂转 [53] 赚撰转篆传传记

tsʰ [24] 川穿 [44] 传传达椽船 [312] 喘

[53] 窜篡串

s [24] 酸闩拴 [53] 漱漱口算蒜涮

z [312] 软阮

k [24] 官棺观参观冠衣冠鳏关 [312] 管馆 [53] 灌罐贯观寺观冠冠军惯

kʰ [24] 宽 [312] 款

x [24] 帆欢藩翻番 [44] 凡桓还还原环烦藩矾繁 [312] 缓反

[53] 泛范犯唤焕换幻患宦贩饭

Ø [24] 剜豌弯湾 [44] 完丸玩顽 [312] 皖碗腕晚挽

[53] 万蔓

ɔ

t [24] 多当当时 [312] 党挡 [53] 大当典当荡宕

tʰ [24] 拖汤 [44] 堂棠螳唐糖塘 [312] 傥躺

[53] 烫趟

n [44] 囊 [312] 攮

l [44] 郎廊狼

[312] 朗 [53] 浪

ts [24] 赃脏张章樟 [312] 长生长涨掌

[53] 左左撇子葬藏西藏脏丈仗杖帐账胀障

tsʰ [24] 搓仓苍昌 [44] 藏隐藏长长短肠常尝 [312] 场厂

[53] 畅唱倡

s [24] 桑丧商伤 [44] 裳 [312] 嗓赏晌偿

[53] 丧上尚

z [44] 瓤 [312] 壤攘嚷 [53] 让

k [24] 歌冈岗刚纲钢缸 [44] 哥 [312] 港

[53] 个杠

kʰ [24] 康糠慷 [312] 可 [53] 渴抗炕

ŋ [44] 蛾鹅俄讹 [53] 饿

x [44] 河何荷行银行航杭 [53] 贺晃晃眼巷

iɔ

n [44] 昂娘　[53] 酿

l [44] 良凉量量长短粮梁粱　[53] 亮谅辆量数量

tɕ [24] 将将来浆疆僵姜礓缰姜江豇　[312] 蒋奖讲

[53] 强倔脾气酱将大将匠降下降

tɕ^{h} [24] 枪羌腔　[44] 墙强　[312] 抢强勉强

ɕ [24] 相互相箱厢湘襄镶香乡　[44] 详祥降投降　[312] 想享响

[53] 象像橡相照相向项巷

Ø [24] 央秧殃　[44] 羊洋杨阳扬疡　[312] 养痒

[53] 样

iɛ

p [312] 摆　[53] 拜败败兴

p^{h} [44] 排牌　[312] 撇

m [44] 埋　[312] 买　[53] 卖迈

t [24] 爹

t^{h} [53] 太

n [44] 崖西崖底捱捱打　[312] 乃奶

l [312] 冷　[53] 赖癞

tɕ [24] 遮皆阶街睁　[312] 姐者解　[53] 借褯介界芥疥届戒械

tɕ^{h} [24] 车马车　[44] 茄柴　[312] 且扯

[53] 妾

ɕ [24] 奢赊筛筛子生生的甥　[44] 邪斜蛇谐　[312] 些写舍

[53] 解姓泻卸谢射麝赦社械晒懈泄屑杏射

ŋ [24] 挨

x [44] 鞋　[53] 害解晓也

Ø [44] 爷　[312] 惹也野　[53] 夜液腋

yɛ

n [53] 疟

tɕ [53] 拽

tɕ^{h} [44] 瘸　[312] 揣

ɕ [24] 靴　[44] 横

k [312] 拐　[53] 怪

k^{h} [312] 块　[53] 会会计刽快筷

x [44] 怀　[53] 坏

Ø [312] 踒

uə

p [24] 波菠玻帮邦　[312] 簸$_{\text{簸一簸}}$榜绑　[53] 簸$_{\text{簸箕}}$薄$_{\text{薄荷}}$谤傍棒

pʰ [24] 坡胖　[44] 婆旁螃庞　[53] 破

m [44] 魔摩馍磨$_{\text{磨面}}$忙芒茫膜盲　[312] 莽蟒　[53] 磨$_{\text{石磨}}$

t [312] 朵　[53] 舵剁惰

tʰ [312] 妥椭　[53] 唾

n [44] 挪　[53] 诺

l [44] 骡啰　[312] 裸　[53] 摞

ʦ [24] 庄装　[312] 左$_{\text{左边}}$佐昨　[53] 坐座壮状

ʦʰ [24] 疮窗　[44] 床　[312] 闯

[53] 锉错$_{\text{错杂}}$创撞

s [24] 梭霜孀双　[312] 锁琐所索爽

k [24] 锅光　[312] 果裹广　[53] 过逛

kʰ [24] 颗匡筐眶科棵　[44] 狂　[53] 课旷况矿

x [24] 荒慌方芳　[44] 和$_{\text{和面}}$黄簧皇蝗妨房防　[312] 火伙谎仿纺访

[53] 货祸晃放

Ø [24] 倭窝蜗　[44] 亡芒$_{\text{麦芒芒}}$王　[312] 网枉往

[53] 卧忘妄望旺

εe

p [24] 杯碑卑悲　[312] 摆　[53] 贝拜败辈背倍背焙

pʰ [24] 胚　[44] 排牌培陪赔裴　[53] 沛派配佩

m [44] 埋梅枚媒煤眉楣霉　[312] 买每美　[53] 卖迈妹昧媚寐

t [24] 呆　[53] 戴带贷待怠殆代袋大$_{\text{大夫}}$

tʰ [24] 胎　[44] 台抬苔　[53] 态太泰

n [312] 乃奶　[53] 耐奈

l [44] 来　[312] 儡　[53] 赖癞肋

ʦ [24] 灾栽斋　[312] 宰载　[53] 再在债寨

ʦʰ [24] 钗差$_{\text{出差}}$　[44] 才材财裁豺柴　[312] 彩采睬

[53] 菜蔡

s [24] 腮鳃筛　[53] 赛晒

k [24] 该　[312] 改　[53] 概溉盖丐

kʰ [24] 开 [312] 凯慨楷

ŋ [24] 哀埃 [312] 蔼矮 [53] 碍艾爱隘

x [44] 孩 [312] 海 [53] 亥害骇

uɛe

t [24] 堆 [53] 对碓队兑

tʰ [24] 推 [312] 腿 [53] 退蜕褪

n [53] 内

l [44] 雷 [312] 累积累垒 [53] 累连累泪类

ʦ [24] 追锥 [312] 嘴 [53] 最罪缀赘醉坠

ʦʰ [24] 猜催崔吹炊 [44] 垂槌锤 [312] 揣

[53] 脆翠粹

s [24] 虽衰摔 [44] 随绥谁 [312] 髓水

[53] 碎岁税睡穗隧帅率蟀

z [312] 蕊软 [53] 锐瑞

k [24] 乖圭闺规龟归 [312] 拐诡轨癸鬼 [53] 怪桂柜贵

kʰ [24] 盔魁奎亏窥逵葵 [312] 傀

[53] 块溃快筷跪愧

x [24] 恢灰麾非飞妃挥辉徽 [44] 回茴茴香怀槐淮肥 [312] 悔毁匪榧翡

[53] 桧贿晦汇会绘坏废肺吠惠慧秽费讳汇

Ø [24] 歪危微威 [44] 为作为维惟唯违围 [312] 煨伪委尾伟苇纬猬

[53] 外卫为为什么位未味魏畏慰胃谓

ʌu

t [24] 都都是兜 [312] 抖陡敨 [53] 斗豆逗

tʰ [24] 偷 [44] 头投 [312] 透

n [44] 奴 [312] 努

l [44] 卢炉芦楼搂 [312] 鲁卤橹虏篓搂 [53] 路露漏陋

ʦ [24] 租邹周舟州洲粥 [44] 祖组 [312] 祖走肘

[53] 奏就昼纣宙皱骤咒

ʦʰ [24] 粗抽 [44] 绸稠筹愁仇酬 [312] 丑

[53] 醋措凑臭

s [24] 苏酥飕馊搜收 [44] 仇 [312] 手首守

[53] 素嗉嗽瘦兽受寿授售

z [44] 柔揉 [312] 肘 [53] 肉

k [24] 勾钩沟　[312] 狗苟　[53] 够

k^{h} [24] 抠　[312] 口　[53] 扣寇

ŋ [24] 欧　[312] 藕偶　[53] 构购沤怄

x [44] 侯喉猴瘊　[312] 吼　[53] 后厚候

iʌu

t [24] 丢

n [44] 牛　[312] 纽扭

l [44] 流刘留榴硫琉溜馏　[312] 柳　[53] 六

tɕ [24] 揪鸠纠究　[312] 酒九久韭灸　[53] 就救臼舅咎旧柩

$tɕ^{h}$ [24] 秋丘　[44] 囚求球仇姓

ɕ [24] 修羞休　[312] 朽　[53] 秀绣宿星宿锈袖嗅

Ø [24] 忧优幽　[44] 尤邮由油游犹　[312] 有友酉

[53] 又右佑诱柚幼

ou

p [24] 包胞雹刨刨地　[312] 保堡宝饱褒　[53] 报抱暴豹爆鲍伴半

p^{h} [24] 抛剖　[44] 袍盘　[312] 跑

[53] 泡炮判判卷子

m [44] 毛茅猫锚瞒矛　[312] 卯牡满　[53] 冒帽貌戊茂贸

t [24] 刀叨　[312] 祷岛倒颠倒导　[53] 到倒倒水道稻盗

t^{h} [24] 掏　[44] 滔桃逃淘陶涛　[312] 讨

[53] 套

n [312] 脑恼暖　[53] 闹

l [44] 劳捞牢唠　[312] 老　[53] 涝乱酪

ts [24] 遭糟朝朝气召昭招　[312] 早枣蚤澡找　[53] 躁灶皂造罩笊赵兆照诏焯

ts^{h} [24] 操抄钞超　[44] 曹槽巢朝朝代潮　[312] 草炒吵

[53] 糙

s [24] 骚臊梢捎稍烧酸　[44] 韶芍　[312] 扫扫地嫂少多少

Q [53] 扫扫帚少少年绍邵算蒜

z [44] 饶　[312] 扰绕围绕　[53] 绕绕线

k [24] 高膏羔糕　[312] 稿搞管不用管　[53] 告灌罐

k^{h} [24] 宽　[312] 考烤　[53] 靠犒

ŋ [44] 熬　[312] 袄　[53] 傲鳌奥懊

x [44] 豪壕毫　[312] 好好坏　[53] 好喜好耗浩号换

iou

p [24] 膘标彪 [312] 表

p^h [24] 飘瓢嫖 [312] 漂$_{\text{漂白}}$ [53] 票漂$_{\text{漂亮}}$

m [44] 苗描 [312] 藐渺秒 [53] 庙妙谬

t [24] 刁貂雕 [53] 钓吊掉调$_{\text{音调}}$

t^h [24] 挑 [44] 条调$_{\text{调和}}$ [53] 跳

n [312] 咬淆鸟 [53] 尿

l [44] 疗缲聊辽撩 [312] 燎了$_{\text{了结}}$ [53] 瞭料尥$_{\text{马尥蹶子}}$

tɕ [24] 交郊胶教$_{\text{教书}}$焦蕉椒骄娇浇 [312] 绞狡铰搅剿矫缴侥

[53] 教$_{\text{教育}}$校$_{\text{校对}}$较酵窖觉$_{\text{睡觉}}$轿叫

$tɕ^h$ [24] 敲悄 [44] 樵瞧乔侨桥荞 [312] 巧

[53] 俏窍

ɕ [24] 消宵霄硝销枵嚣萧箫 [312] 晓

[53] 孝效校$_{\text{学校}}$笑

Ø [24] 妖邀腰要$_{\text{要求}}$吆 [44] 肴摇谣窑姚尧 [312] 舀杳

[53] 鞧要$_{\text{重要}}$耀跃

uou

Ø [24] 剜 [44] 完丸$_{\text{肉丸子}}$ [312] 碗腕

əŋ

p [24] 奔崩 [312] 本 [53] 笨迸

p^h [24] 喷$_{\text{喷水}}$烹 [44] 盆朋彭膨棚篷蓬 [312] 捧

[53] 喷$_{\text{喷嚏}}$

m [44] 门萌盟蒙 [312] 猛 [53] 闷孟梦

t [24] 登灯 [312] 等 [53] 凳邓澄瞪

t^h [44] 腾誊藤疼

n [44] 能

l [312] 冷 [53] 楞

ts [24] 针斟珍榛臻真曾$_{\text{姓}}$增蒸睁争筝贞侦正$_{\text{正月}}$征 [312] 诊疹拯整

[53] 枕镇阵振震赠证症郑正$_{\text{正好}}$政

ts^h [24] 参$_{\text{参差}}$称$_{\text{称呼}}$撑铛

[44] 沉岑陈尘辰晨臣曾$_{\text{曾经}}$层橙承乘丞澄成盛城诚 [312] 惩逞

[53] 趁衬蹭秤

s [24] 森参$_{\text{人参}}$深身申伸娠僧升生$_{\text{出生}}$牲笙声 [44] 寻神绳

[312] 沈审婶省省长，节省 [53] 葚甚渗肾慎剩胜圣盛兴盛

z [44] 壬任人仁

k [24] 跟根更五更羹庚耕 [312] 哽埂耿 [53] 更更加

k^h [312] 肯恳垦

ŋ [24] 恩

x [44] 痕恒亨衡横 [312] 很 [53] 恨横蛮横

iəŋ

p [24] 彬宾冰兵 [312] 禀丙秉柄饼 [53] 殡鬓病并

p^h [24] 拼 [44] 贫凭平坪评瓶萍 [312] 品

[53] 聘

m [44] 民明鸣名铭 [312] 闽悯敏抿皿 [53] 命

t [24] 钉铁钉丁 [312] 顶鼎 [53] 订锭定

t^h [24] 听厅 [44] 停亭庭蜓 [312] 艇挺

n [44] 银凝宁 [53] 硬

l [44] 林淋临邻鳞磷陵凌菱灵零伶翎铃 [312] 领岭

[53] 赁吝令另

tɕ [24] 系系鞋带今金禁禁不住襟津巾斤筋茎京荆惊擎鲸兢精睛晶经

[312] 锦紧仅谨景警井

[53] 浸禁禁止妗尽进晋尽劲近境镜敬竟静靖净径

$tɕ^h$ [24] 侵钦亲亲戚卿清晴轻青蜻倾 [44] 琴禽擒秦勤芹情

[312] 寝请顷 [53] 亲亲家庆

ɕ [24] 心辛新薪欣兴兴旺星腥馨 [44] 行型刑陉

[312] 省反省醒 [53] 信衅兴高兴杏幸性姓

Ø [24] 音阴荫因姻殷鹰莺鹦樱英婴缨 [44] 淫寅蝇迎赢盈萤营

[312] 饮引隐尹影颖 [53] 窨印应映

uəŋ

t [24] 敦蹲东冬 [312] 董懂 [53] 顿饨钝遁盾冻栋动洞

t^h [24] 吞通 [44] 屯豚臀囤同铜桐童瞳 [312] 桶捅筒统

[53] 痛

n [44] 农脓浓 [53] 嫩

l [44] 论论语仑伦沦轮笼聋隆龙 [312] 拢陇垄

[53] 论议论弄

ts [24] 尊遵鬃宗中当中忠终踪钟钟盅 [312] 準准总冢种种类肿

[53] 中$_{\text{中奖}}$仲众纵重$_{\text{轻重}}$种$_{\text{种树}}$

tsʰ [24] 村皴春聪葱充冲 [44] 存唇纯莼醇丛虫崇从重$_{\text{重复}}$

[312] 寸蠢宠

s [24] 孙松嵩松 [312] 损怂 [53] 顺舜送宋诵颂讼

z [44] 荣戎绒茸 [312] 冗 [53] 润闰

k [24] 公蚣工功攻弓躬宫恭 [312] 滚汞拱巩

[53] 棍贡供共

kʰ [24] 昆昆坤空$_{\text{空虚}}$ [312] 捆孔恐 [53] 困控空空缺

x [24] 昏婚分芬纷荤轰风枫疯丰封蜂

[44] 魂馄浑焚坟弘宏红洪鸿虹冯锋逢缝$_{\text{缝衣服}}$ [312] 粉讽

[53] 混粪奋愤份忿风奉俸缝$_{\text{一条缝}}$

Ø [24] 温瘟翁 [44] 文纹蚊闻 [312] 稳吻刎

[53] 问瓮

yəŋ

tɕ [24] 均钧君军 [312] 窘菌迥 [53] 俊郡粽

tɕʰ [44] 群裙琼穷

ɕ [24] 熏勋熏兄凶 [44] 寻荀旬循巡熊雄胸 [53] 讯逊迅殉训

Ø [24] 晕雍庸 [44] 匀云云荣融容蓉镕 [312] 允永泳咏拥甬勇涌

[53] 熨韵运孕用

ɑʔ

p [4] 八剥驳

pʰ [4] 胖 [23] 拔

t [4] 达

tʰ [4] 塔榻塌托特 [23] 纳

l [4] 乐 [23] 腊蜡辣落骆络肋

ts [4] 指$_{\text{指头}}$札眨$_{\text{眨眼}}$扎作则窄摘责 [23] 铡

tsʰ [4] 厕插擦察侧测拆策册 [23] 杂炸$_{\text{用油炸}}$

s [4] 眨$_{\text{忽闪}}$涩杀虱色啬

x [4] 瞎 [23] 盒

iɑʔ

n [4] 鸭 [23] 押$_{\text{押金}}$

tɕ [4] 夹甲觉$_{\text{知觉}}$角

tɕʰ [4] 恰掐却怯鹊确

ɕ [4] 狭峡胁协辖

Ø [4] 鸦鸭押抵押

uɑʔ

ʦ [4] 桌卓琢啄浊捉

ʦʰ [4] 镯促

s [4] 刷缩 [23] 朔

k [4] 刮

x [4] 法髮发获 [23] 乏滑猾伐筏罚

Ø [4] 握 [23] 袜

əʔ

p [4] 杯钵拨不勃博

pʰ [4] 泼朴扑瀑 [23] 薄

m [23] 末沫没没有寞莫摸幕木目穆

t [4] 得德

ʦ [4] 蔗折折断褶蛰执汁哲秩质直值织职殖植只炙 [23] 浙

ʦʰ [4] 彻撤赤斥尺吃 [23] 侄直

s [4] 涉湿设失塞式饰适释 [23] 十拾舌折弄折了实室食蚀识石

z [23] 热日

k [4] 戈鸽割葛各阁搁格革隔核核桃 [23] 胳

kʰ [4] 咳叩磕壳刻克客 [23] 去去哪

ŋ [4] 鄂恶额扼

x [4] 喝核郝鹤黑赫 [23] 合核核心

uəʔ

t [4] 掇夺夺取铎踱独读渎笃督毒

tʰ [4] 突秃 [23] 夺夺走犊

l [23] 捋律率鹿禄陆绿

ʦ [4] 做拙酌族竹筑逐祝烛嘱属

ʦʰ [4] 猝触 [23] 卒

s [4] 术速叔束 [23] 勺熟赎淑

z [23] 入若弱褥

k [4] 骨郭国核果子核榖谷 [23] 窟

kʰ [4] 括阔廓哭酷 [23] 扩

x [4] 劐藿复豁忽佛霍缚或惑福幅蝠复腹覆 [23] 活服伏

Ø [4] 屋沃 [23] 五伍物

ieʔ

p [4] 擘憋笔毕必弼北百柏伯迫碧璧壁 [23] 别

p^{h} [4] 匹拍魄僻劈 [23] 鼻白

m [23] 泌灭密蜜墨默麦脉觅

t [4] 跌牒谍的$_{\text{目的}}$滴笛敌狄 [23] 蝶

t^{h} [4] 帖贴铁踢剔 [23] 碟

n [4] 虐 [23] 聂镊摄孽捏匿逆

l [4] 猎粒列烈裂劣略掠历 [23] 立力

tɕ [4] 接捷劫集辑急级给$_{\text{供给}}$及杰揭节截结洁疾吉脚即极积迹脊籍绩寂击激

tɕ^{h}[4] 泣切七漆乞戚

ɕ [4] 蟹携袭习吸薛歇悉膝息熄媳夕锡析 [23] 学席

Ø [4] 谊噎乙一约乐$_{\text{音乐}}$抑益亦译疫役 [23] 叶页业药钥

yeʔ

tɕ [4] 绝掘橛决诀橘掘爵镢菊足局

tɕ^{h}[4] 缺黢雀曲

ɕ [4] 诉雪说穴戌恤削肃宿畜蓄 [23] 续俗

Ø [4] 裕悦阅越曰粤岳域狱欲浴育 [23] 月

第三节 分类词

天文地理

太阳 t^{h}iε^{53}iɔ^{0}

日头$_{\text{儿}}$ zəʔ^{23}t^{h}ʌur^{53}

月亮 yeʔ^{23}liɔ^{53}

月明 yeʔ^{23}mɿ^{44}

星宿 sɿ^{24}ɕiʌu^{53}

星星 ɕiəŋ^{24}ɕiəŋ^{0}

云 yəŋ^{44}

风 xuəŋ^{24}

打闪 tɑ^{24}ɕiɪ^{312}

雷 luεe^{44}

雨 zu^{312}

下雨 xɑ^{53}zu^{312}

淋 liəŋ^{44} 衣服被雨淋湿了

晒 ɕiε^{53}

雪 ɕyeʔ^{4}

冻凌 tuəŋ^{24}liε^{44} 冰

冷子 ləŋ^{31}tsəʔ^{0} 冰雹

霜 suə^{24}

雾 u^{53}

露 lʌu^{53}

虹 tɕiɔ^{24}

日食 zəʔ^{4}səʔ^{23}

月食 yeʔ^{4}səʔ^{23}

天气 tʰiɪ24tsʰɿ0

晴 tɕʰiəŋ24

阴 iəŋ24

旱 xɪ53

涝 lou53

水地 su31tɿ53

旱地 xɪ44tɿ53

圪塄塄 kəʔ23ləŋ44ləŋ0 田埂

路 lʌu53

山 sæ24

沟 kʌu24 山谷

水沟沟 su31kʌu24kʌu0

湖 xu44

死水窟子 sɿ24su31kʰuəʔ4tsəʔ0 池塘

水窟窟 su31kʰuəʔ4kʰuəʔ0 水坑儿

山水 sæ24su31 洪水

淹 niæ24

河边边 xɔ44piɪ24piɪ0 河岸

坝 pɑ53

坝堰 pɑ44iɪ53

地震 tɿ44tsəŋ53

地动 tɿ44tuəŋ53

圪坨 kəʔ23tʰuə44 小窟窿

绽绽 tsæ53tsæ0 缝儿

石头 səʔ23tʰʌu44

土 tʰu312

泥 ɳɿ44

洋灰 iɔ24xuɛe24 水泥

沙 sɑ24

砖 tɕyɪ24

瓦片子 uɑ24pʰiɪ31tsəʔ0

炭 tʰæ53

煤油 mɛe44iʌu44

木炭 məʔ23tʰæ53

燎灰 liou44xuɛe24

灰渣 xuɛe24tsɑ0

灰尘 xuɛe24tsʰəŋ44

火 xuə312

烟 iɪ24

着了火哂 tsʰəʔ23lʌu24xuə24liɑ0 失火

水 su312

凉水 liɔ44su31

冷水 liɛ24su31

滚水 kuəŋ24su31 热水

熬水 ŋou44su31 开水

铁石儿 ɕieʔ4tʰieʔ4sɤr312

时间方位

时候儿 sɿ44xʌur0

甚会儿 səŋ44xuər53

如今 zu44tsɿ0 现在

早年里 tsou31niɪ44li0 以前

后来 xʌu53lɛe44

一辈子 ieʔ4pɛe53tsəʔ0

今年 tɕiəŋ24niɪ44

明年 mɿ44niɪ0

后年 xʌu53niɪ44

年时 niɪ44sɿ0 去年

前年 tɕʰiɪ44niɪ0

往年 uə31niɪ44

刚过了年 kɔ24kuə53lʌu0niɪ44 年初

快过年的[兀一]两天

kʰyɛ44kuə53niɪ44təʔ0uɛe24liɑ31tʰiɪ24 年底

今儿 tɕiər24

明儿 mər53

后儿 xʌur53

外外后儿 uɛe44uɛe0xʌur53 大后天

夜里 iɛ53liɪ0 昨天

前儿 tɕʰir53

先前儿 ɕiɪ312tɕʰir53 大前天

一天 ieʔ2tʰiɪ24 整天

天每儿 tʰiɪ^{24}mər^{0} 每天

清明打早 tsʰɿ^{24}mɿ^{44}tɑ^{24}tsou^{31} 早晨

早清 tsou^{31}tsʰɿ^{44}

前晌 tɕʰiɪ^{44}xɔ^{53} 上午

□□sou^{31}xu^{44} 中午

后晌 xʌu^{53}xɔ^{0} 下午

快黑的咧 kʰyɛ^{53}xəʔ4təʔ^{0}liɑ^{0} 傍晚

白夜儿 pʰieʔ^{23}iər^{53} 白天

黑间 xəʔ^{2}tɕiæ^{24} 夜晚

半夜 pou44iɛ^{53}

新正上月 ɕiəŋ^{24}tʂʅr^{24}sɔ^{53}yeʔ^{0} 正月

大年儿初一 tɔ^{53}nir^{44}tsʰu^{24}ieʔ^{4}

正月十五 tʂʅr^{24}yeʔ^{23}səʔ^{4}uəʔ^{0}

清明 tɕʰiəŋ^{24}miəŋ^{44}

五月端午 uəʔ^{4}yeʔ^{23}tuəŋ^{24}uəʔ^{23}

七月十五 tɕʰieʔ^{4}yeʔ^{23}səʔ4uəʔ^{23}

八月十五 pɑʔ^{4}yeʔ^{23}səʔ^{4}uəʔ^{23}

过冬 kuə^{53}tuəŋ^{24}

腊月 lɑʔ^{4}yeʔ^{23}

年除儿 niɪ^{44}tsʰur^{24} 除夕

老皇历 lou^{31}xuə^{44}lieʔ^{4}

阴历 iəŋ^{24}lieʔ^{4}

阳历 iɔ^{44}lieʔ^{4}

礼拜天 li^{31}pɛe^{53}tʰiɪ^{24}

居舍 tsu^{24}ɕiɛ^{44} 家里

城里 tsʰəŋ^{44}li^{0}

村里 tsʰuəŋ^{24}li^{0}

上头 sɔ^{53}tʰʌu^{0}

底面儿 tɿ^{31}mər^{53}

左面儿 tsuə^{31}mər^{53}

右面儿 iʌu^{44}mər^{53}

当中 tɔ^{24}tsuəŋ^{0} 中间

前面儿 tɕʰiɪ^{44}mər^{53}

前头 tɕʰiɪ^{44}tʰʌu^{0}

后面儿 xʌu^{44}mər^{53}

后头 xʌu^{53}tʰʌu^{0}

末屎子 mou^{44}tuəʔ^{4}tsəʔ^{0} 末尾

对面儿 tuɛe^{44}mər^{53}

跟前 kəŋ^{24}tɕʰiɪ^{44}

脊背后头 tsəʔ^{4}pɛe^{44}xʌu^{53}tʰʌu^{0}

里头 li^{31}tʰʌu^{44}

外头 uɛe^{53}tʰʌu^{0}

上 sɔ^{53}

下 xɑ^{53}

边里 piɪ^{24}li^{0} 边儿

角角 tɕiɑʔ^{4}tɕiɑʔ^{0} 角儿

上去 sɔ^{53}kəʔ^{0}

下来 xɑ^{53}lɛe^{0}

里去 li^{31}kəʔ^{0}

出来 tsʰuəʔ^{41}ɛe^{44}

出去 tsʰuəʔ^{4}kəʔ^{0}

回来 xuɛe^{44}lɛe^{44}

起来 tsʰɿ^{31}lɛe^{44}

植物

树儿 sur^{53}

木实 məʔ^{4}səʔ^{23} 木头

松树儿 suəŋ^{24}sur^{53}

柏树儿 pieʔ^{4}sur^{53}

柳树儿 liʌu^{31}sur^{53}

竹子 tsuəʔ^{4}tsəʔ^{0}

叶叶 ieʔ^{23}ieʔ^{0}

叶子 ieʔ^{23}tsəʔ^{0}

花 xuɑ^{24}

花圪嘟嘟 xuɑ^{24}kəʔ^{23}tu^{24}tu^{0} 花蕾

梅花儿 mɛe^{44}xuɐr^{24}

牡丹 mou^{31}tæ^{24}

荷花儿 xɔ^{44}xuɐr^{24}

草草 tsʰou^{31}tsʰou^{24}

蔓子 uæ^{53}tsəʔ^{0} 藤

圪针 kəʔ^{2}tsəŋ^{24} 刺

水果 su^{24}kuə^{31}

苹果 pʰiəŋ^{44}kuə^{31}

桃儿 tʰour^{53}

梨儿 lər^{53}

李子 li^{31}tsəʔ^{0}

杏儿 ɕiər^{53}

橘子 tɕyeʔ^{4}tsəʔ^{0}

柚子 iʌu^{53}tsəʔ^{0}

柿子 sɿ^{53}tsəʔ^{0}

石榴儿 səʔ^{23}liʌur^{53}

枣儿 tsour^{312}

栗子 lieʔ^{4}tsəʔ^{0}

核桃 kəʔ^{23}tʰou^{44}

甜棒儿 tʰiɪ^{44}puor^{53} 甘蔗

木耳 məʔ^{4}ər^{312}

蘑菇 muə^{44}ku^{0}

香菇 ɕiɔ^{24}ku^{24}

大米 tɔ^{53}mɿ^{31}

麦子 mieʔ^{23}tsəʔ^{0}

麦秸 mieʔ^{2}tɕiɛ^{24}

糜子 mɿ^{44}tsəʔ^{0}

谷儿 kuər^{44}

稻黍 tʰou^{53}su^{0}

玉稻黍儿 zɿ^{44}tʰou^{53}sur^{0} 玉米

棉花 miɪ^{44}xuɑ^{0}

油菜 iʌu^{44}tsʰɛe^{53}

芝麻 tsɿ^{24}mɑ^{44}

葵花 kʰuɛe^{24}xuɑ^{24}

大豆 tɔ^{44}tʌu^{53}

豌豆 uou^{24}tʌu^{53}

花生 xuɑ^{24}səŋ^{24}

黄豆 xuə^{44}tʌu^{53}

绿豆 luəʔ^{23}tʌu^{53}

豇豆 tɕiɔ^{24}tʌu^{53}

白菜 pʰieʔ^{23}tsʰɛe^{53}

茴子苔 xuɛe^{44}tsəʔ^{0}tʰɛe^{44}

菠菜 puə^{24}tsʰɛe^{53}

芹菜 tɕʰiəŋ^{44}tsʰɛe^{53}

莴笋 uə^{24}suəŋ^{31}

韭菜 tɕiʌu^{31}tsʰɛe^{53}

芫荽 iɪ^{44}su^{0}

葱儿 tsʰuər^{24}

蒜 sou^{53}

姜 tɕiɔ^{24}

葱头 tsʰuəŋ^{24}tʰʌu^{44}

辣角角 lɑʔ^{23}tɕiɑʔ^{4}tɕiɑʔ^{0} 辣椒

茄子 tɕʰiɛ^{44}tsəʔ^{0}

洋柿子 iɔ^{24}sɿ^{53}tsəʔ^{0}

萝卜 lɔ^{44}pʰəʔ^{0}

胡萝卜 xu^{44}lɔ^{44}pʰəʔ^{0}

黄瓜 xuə^{44}kuɑ^{0}

丝瓜 sɿ^{24}kuɑ^{0}

芸瓜 yəŋ^{44}kuɑ^{0} 南瓜

红薯 xuəŋ^{44}su^{0}

山药 sæ2^{4}ieʔ^{0}

长山药 tsʰɔ^{44}sæ^{24}ieʔ^{0}

莲菜 liɪ^{44}tsʰɛe^{53}

动物

老虎 lou^{24}xu^{31}

猴儿 xʌur^{53}

蛇 ɕiɛ^{44}

老鼠 lou^{24}su^{31}

旮旯儿家 kəʔ^{41}ɐr^{53}tɕiɑ^{0}

夜蝙蝠儿 iɛ^{53}pʰieʔ^{23}xur^{53} 蝙蝠

鸟儿 niour^{312}

雀儿 tɕʰiour^{312} 麻雀

野鹊子 iɛ^{24}ɕyeʔ^{2}tsəʔ^{0} 喜鹊

黑老[乌鸦] xəʔ^{41}ou^{31}uɑ^{24}

木鸽儿 məʔ^{23}kər^{44} 鸽子

翅膀 tsʰɿ^{53}pʰuə^{0}

爪子 tsuɑ^{31}tsəʔ^{0}

尾巴 zɿ^{31}pɑ^{24}

圪虫儿 kəʔ^{23}tsʰuər^{53}

蛾蛾 ŋɔ^{44}ŋɔ^{0} 蝴蝶

蜻蜓 tɕʰiəŋ^{24}tʰiəŋ^{44}

蜂儿 xuər^{24}

蜜 mieʔ^{23}

蜂蜜 xuəŋ^{24}mieʔ^{0}

虻蚍蜉儿 miɑ^{24}pʰieʔ^{23}xur^{53}

红面圪虫儿 xuəŋ^{44}miɪ^{53}kəʔ^{23}tsʰuər^{53} 蚯蚓

蚕儿 tsʰɐr^{53}

蛛蛛 tsu^{24}tsu^{0}

蚊子 məŋ^{31}tsəʔ^{0}

蝇子 zɿ^{44}tsəʔ^{0}

圪蚤儿 kəʔ^{4}tsour^{312}

虱子 sɑʔ^{4}tsəʔ^{0}

鱼儿 zur^{53}

鲤鱼 li^{31}zu^{44}

窝窝鱼儿 uə^{24}uə^{0}zur^{53} 鲫鱼

鳖儿 piər^{44}

鱼鳞 zu^{44}liəŋ^{44}

虾 ɕiɑ^{24}

螃蟹 pʰuə^{44}ɕieʔ^{4}

蛤蟆 kəʔ^{23}mɑ^{44}

癞蛤蟆 liɛ^{53}kəʔ^{23}mɑ^{44}

马儿 mɐr^{312}

驴儿 lur^{53}

骡子 luə^{44}tsəʔ^{0}

牛儿 niʌur^{53}

牙牛儿 niɑ^{44}niʌur^{53} 公牛

母牛儿 mu^{31}niʌur^{53}

放牛儿 xuə^{44}niʌur^{53}

羊儿 iɔr^{53}

猪儿 tsur^{24}

种猪儿 tsuəŋ^{31}tsur^{24}

母猪儿 mu^{31}tsur^{24}

猪儿子 tsu^{24}ər^{44}tsəʔ^{0} 猪仔

咪咪 mɿ^{44}mɿ^{44} 猫

牙猫儿 niɑ^{44}mour^{53} 公猫

母猫儿 mu^{31}mour^{53}

狗儿 kʌur^{312}

牙狗儿 niɑ^{44}kʌur^{312} 公狗

母狗儿 mu^{24}kʌur^{312}

咬 niou^{312} 狗叫

兔儿 tʰur^{53}

鸡儿 tʂʅr^{24}

公鸡 kuəŋ^{24}tsɿ^{0}

草鸡儿 tsʰou^{31}tʂʅr^{24} 母鸡

叫鸣 tɕiou^{53}mɿ^{44}

菢 pu^{53} 孵

鸭子 niɑʔ^{4}tsəʔ^{0}

鹅 ŋɔ^{44}

劁 tɕʰiou^{24} 阉

杀猪儿 sɑʔ^{2}tsur^{24}

房屋器具

村子 tsʰuəŋ^{24}tsəʔ^{0}

巷巷 xɔ^{53}xɔ^{0} 胡同

街 tɕiɛ^{24}

修房子 ɕiʌu^{24}xuə^{44}tsəʔ^{0}

房间 xuə^{44}tɕiæ^{24}

闲人处 ɕiɪ^{44}zəŋ^{44}su^{0} 卧室

草房房 tsʰou^{31}xuə^{44}xuə^{0} 茅屋

做饭处 tsuəʔ^{4}xuæ^{53}su^{0} 厨房

锅台 kuə^{24}tʰɛe^{44}

锅儿 kuər^{24}

炒瓢 tsʰou^{31}pʰiou^{44}

茅子 mou^{44}tsəʔ^{0} 厕所

担子 tæ^{53}tsəʔ^{0} 檩

柱子 tsu^{53}tsəʔ^{0}

廊门 lɔ^{44}məŋ^{0}

大门 tɔ^{53}məŋ^{44}

门槛儿 məŋ^{44}kʰɐr^{31}

窗子 tsʰuə^{24}tsəʔ^{0}

梯子 tʰʅ^{24}tsəʔ^{0}

扫帚 sou^{53}tsu^{0}

扫脚脚 sou^{31}tɕieʔ^{4}tɕieʔ^{0} 扫地

禮渣 tsʰou^{44}tsɑ^{0} 垃圾

摆设 piɛ^{31}səʔ^{4} 家具

东西 tuəŋ^{24}sʅ^{0}

炕 kʰɔ^{53}

床 tsʰuə^{44}

枕头儿 zəŋ^{53}tʰʌur^{0}

被子 pʅ^{53}tsəʔ^{0}

棉花套子 miɪ^{44}xuɑ^{0}tʰou^{53}tsəʔ^{0} 棉絮

单子 tæ^{24}tsəʔ^{0} 床单

褥子 zuəʔ^{23}tsəʔ^{0}

席子 ɕieʔ^{23}tsəʔ^{0}

蚊帐儿 uəŋ^{44}tsɔr^{53}

桌子 tsuɑʔ^{4}tsəʔ^{0}

柜子 kuɛe^{53}tsəʔ^{0}

抽斗儿 tsʰʌu^{24}tʰʌur^{53}

案儿 ŋər^{53}

椅子 zʅ^{31}tsəʔ^{0}

凳凳 təŋ^{53}təŋ^{0}

尿盆儿 niou^{53}pʰər^{44}

刀儿 tour^{24}

瓢儿 pʰiour^{53}

瓮儿 uər^{53}

坛坛 tʰæ^{44}tʰæ^{0}

瓶瓶 pʰʅ^{44}pʰʅ^{0}

盖盖 kɛe^{53}kɛe^{0}

碗 uou^{312}

筷子 kʰyɛ^{53}tsəʔ^{0}

匙匙 sʅ^{44}sʅ^{0}

柴 tɕʰiɛ^{44}

洋火儿 iɔ^{44}xuər^{31}

火柴洋取灯儿 iɔ^{44}tɕʰyeʔ^{2}tər^{24}

锁子 suə^{31}tsəʔ^{0}

钥匙 ieʔ^{23}sʅ^{44}

暖壶 nou^{31}xu^{44}

洗脸盆儿 sʅ^{24}liɪ^{31}pʰər^{44}

洗脸水 sʅ^{24}li^{31}su^{312}

手巾儿 sʌu^{31}tɕiər^{24}

胰子 zʅ^{44}tsəʔ^{0}

梳子 su^{24}tsəʔ^{0}

针 tsəŋ^{24}

剪子 tɕiɪ^{31}tsəʔ^{0}

蜡 lɑʔ^{23} 手

把电 sʌu^{24}pɑ^{31}tiɪ^{53} 手电筒

伞$_{儿}$ sɐr^{312}

车子 tɕʰiɛ^{24}tsəʔ^{0} 自行车

服饰饮食

衣裳 zɿ^{24}sɔ^{44}

衬衣 tsʰəŋ^{53}zɿ^{24}

腰腰 iou^{24}iou^{0} 背心

毛袄$_{儿}$ mou^{44}ŋour^{31} 毛衣

壮袄$_{儿}$ zuə^{53}ŋour^{31} 棉衣

袖子 ɕiʌu^{53}tsəʔ^{0}

插插 tsʰɑʔ^{4}tsʰɑʔ^{0} 口袋

裤$_{儿}$ kʰur^{53}

半腿腿 pou^{53}tʰuɛe^{31}tʰuɛe^{24} 短裤

裤腿 kʰu^{53}tʰuɛe^{31}

帽$_{儿}$ mour^{53}

鞋 xiɛ^{44}

袜子 uɑʔ^{23}tsəʔ^{0}

围脖$_{儿}$ uɛe^{44}pʰɐr^{31} 围巾

腰布 iou^{24}pu^{53} 围裙

尿褯褯 niou^{44}tɕiɛ^{53}tɕiɛ^{0} 尿布

扣扣 kʰʌu^{53}kʰʌu^{0} 扣子

戒指$_{儿}$ tɕiɛ^{53}tʂʅr^{31}

手镯 sʌu^{31}tsʰuɑʔ^{4}

剃脑 tʰɿ^{53}nou^{44} 理发

梳脑 su^{24}nou^{44} 梳头

稀饭 sɿ^{24}xuæ^{53}

米汤 mɿ^{31}tʰɔ^{24}

好面 xou^{31}miɪ^{53} 白面

旗旗 tsʰɿ^{44}tsʰɿ^{0} 面条

馍馍 muə^{44}muə^{0}

包$_{儿}$ pour^{24} 包子

扁食 piɪ^{24}səʔ^{0} 饺子

馄饨 xuəŋ^{44}tuəŋ^{53}

馅馅 xæ^{53}xæ^{0}

油条 iʌu^{44}tʰiou^{44}

豆浆 tʌu^{44}tɕiɔ^{53}

老豆腐 lou^{31}tʌu^{53}xu^{0}

元宵 yɪ^{44}ɕiou^{24}

粽子 tɕyəŋ^{53}tsəʔ^{0}

糕 kou^{24}

点心 tiɪ^{31}ɕiəŋ^{24}

菜 tsʰɛe^{53}

豆腐 tʌu^{53}xu^{0}

猪蹄蹄 tsu^{24}tʰɿ^{44}tʰɿ^{0}

猪舌头 tsu^{24}səʔ^{23}tʰʌu^{44}

猪肝$_{儿}$ tsu^{24}kɐr^{24}

下水 xɑ^{53}su^{31} 猪牛羊的内脏

鸡蛋 tsɿ^{24}tæ^{53}

松花$_{儿}$蛋 suəŋ^{24}xuɐr^{24}tæ^{53}

猪油 tsu^{24}iʌu^{44}

香板油 ɕiɔ^{24}pæ^{31}iʌu^{44} 优质猪油

拆肠毛肚油 tsʰɑʔ^{23}tsʰɔ^{44}mou^{44}tu^{31}iʌu^{44} 劣质猪油

香油 ɕiɔ^{24}iʌu^{44}

酱油 tɕiɔ^{53}iʌu^{44}

盐 iɪ^{44}

醋 tsʰʌu^{53}

纸烟 tsɿ^{31}iɪ^{24} 香烟

旱烟 xɪ^{53}iɪ^{24}

白酒 pʰieʔ^{4}tɕiʌu^{312}

黄酒 xuə^{44}tɕiʌu^{31}

茶叶 tsʰɑ^{44}ieʔ^{0}

泼 pʰəʔ^{4} 沏茶

泡 pʰou^{53}

冰棍$_{儿}$ piəŋ^{24}kuər^{53}

做饭 tsuəʔ^{4}xuæ^{53}

炒菜 tsʰou^{31}tsʰɛe^{53}

煮 tsu^{312}

煎 tɕiɪ^{24}

炸 tsʰɑʔ^{23}

蒸 tʂʅr^{24}

和 xuə^{44} 揉面

擀 kiɪ^{312}

吃 tsʰəʔ^{4}

喝 xəʔ^{4}

盛 ʂʅr^{44} 盛饭

夹 tɕiɑʔ^{4} 夹菜

倒 tou^{53} 倒酒

渴 kʰɔ^{53}

饿 ŋɔ^{53}

噎 ieʔ^{4}

卡 tɕʰiɑ^{312}

身体医疗

脑 nou^{44} 头、脑袋

头发 tʰʌu^{44}xuɑʔ^{0}

辫子 piɪ^{53}tsəʔ^{0}

旋子 tɕʰyɪ^{44}tsəʔ^{0}

眉颅骨 mʅ^{44}luəʔ^{23}kuəʔ^{4} 额头

眉眼 mʅ^{44}niæ^{0} 相貌

脸 liɪ^{312}

眼 niæ^{312}

眼睛仁子 niæ^{31}tʂʅr^{24}zəŋ^{44}tsəʔ^{0} 眼珠

泪颗颗 lu^{53}kʰuə^{31}kʰuə^{24} 眼泪

眉 mʅ^{44}

耳朵 ər^{31}tuə^{24}

鼻子 pʰieʔ^{23}tsəʔ^{0}

不涕 pəʔ^{4}tʰʅ^{53} 鼻涕

嘴 tsu^{312}

嘴唇子 tsu^{31}tsʰuəŋ^{44}tsəʔ^{0}

颔水 xɪ^{24}su^{0} 口水

舌头 səʔ^{23}tʰʌu^{44}

牙 niɑ^{44}

下脖子 xɑ^{53}pʰɑʔ^{23}tsəʔ^{0} 下巴

胡才 xu^{44}tsʰεe^{0} 胡子

脖子 pʰɑʔ^{23}tsəʔ^{0}

喉咙 kuəʔ^{2}luəŋ^{24}

肩胛 tɕiɪ^{24}tɕiɑ^{0}

胳膊 kəʔ^{23}pəʔ^{0}

手 sʌu^{312}

左手 tsɔ^{53}sʌu^{31}

正手 tʂʅr^{53}sʌu^{31}

圪嘟 kəʔ^{2}tu^{24} 拳头

指头儿 tsɑʔ^{4}tʰʌur^{53}

大拇指头儿 tɔ^{53}mu^{31}tsɑʔ^{4}tʰʌur^{53}

二拇指头儿 ər^{53}mu^{31}tsɑʔ^{4}tʰʌur^{53} 食指

中指 tsuəŋ^{24}tsʅ^{31}

无名指 u^{44}miəŋ^{44}tsʅ^{31}

猴拇指头儿 xʌu^{44}mu^{31}tsɑʔ^{4}tʰʌur^{53} 小拇指

指甲 tsʅ^{31}tɕiɑʔ^{4}

腿 tʰuεe^{312}

脚 tɕieʔ^{4}

圪膝盖儿 kəʔ^{23}ɕieʔ^{4}kər^{53}

脊背 tsəʔ^{4}pεe^{53}

肚 tu^{53}

不脐 pəʔ^{23}tsʰʅ^{44} 肚脐

病哂 pʅ^{53}liɑ^{0} 生病

凉哂 liɔ^{44}liɑ^{0} 着凉

咳嗽 kʰəʔ^{4}sʌu^{53}

烧的 sou^{24}təʔ^{0} 发烧

擞的 sʌu^{31}təʔ^{0} 发抖

肚里疼 tu^{53}li^{0}tʰəŋ^{44}

跑茅子 pʰou^{31}mou^{44}tsəʔ^{0} 拉肚子

打摆子 tɑ^{24}piε^{31}tsəʔ^{0} 疟疾

中了暑哂 tsuəŋ^{53}lʌu^{0}su^{24}liɑ^{0}

胖 pʰuə^{24} 肿
流脓 liʌu^{44}nuəŋ^{44}
疤 pɑ^{24}
癣 ɕiɪ^{312}
黡 iɪ^{312} 凸起的痣
疙瘩 kəʔ^{23}tɑʔ^{0}
臭骨子 tsʰʌu^{53}kuəʔ^{4}tsəʔ^{0} 狐臭
看病 kʰiɪ^{44}pɿ^{53}
拈脉 niɪ^{44}mieʔ^{23}
挑针 tʰiou^{24}tsəŋ^{24}
打针 tɑ^{31}tsəŋ^{24}
输液 su^{24}iɛ^{53}
吃药 tsʰəʔ^{4}ieʔ^{23}
中药 tsuəŋ^{24}ieʔ^{0}

婚丧信仰

管媒 kou^{31}mɛe^{44} 说媒
媒人 mɛe^{44}zəŋ^{0}
相［媳妇］子 ɕiɔ^{24}sʌu^{44}tsəʔ^{0} 相亲
相女婿 ɕiɔ^{24}zu^{31}sɿ^{53}
订婚 tiəŋ^{53}xuəŋ^{24}
陪嫁 pʰɛe^{44}tɕiɑ^{53}
嫁妆 tɕiɑ^{53}tsuə^{0}
结婚 tɕieʔ^{2}xuəŋ^{24}
引［媳妇］子 iəŋ^{31}sʌu^{44}tsəʔ^{0} 娶妻
嫁女 tɕiɑ^{53}zu^{31}
拜天地 piɛ^{53}tʰiɪ^{35}tɿ^{53}
新女婿 ɕiəŋ^{24}zu^{31}sɿ^{53}
新［媳妇］子 ɕiəŋ^{24}sʌu^{44}tsəʔ^{0} 新娘子
大肚婆姨 tɔ^{44}tu^{53}pʰuə^{44}zɿ^{0} 孕妇
嫌饭 ɕiɪ^{44}xuæ^{53} 害喜
养孩儿 iɔ^{31}xɐr^{53} 分娩
小产下咧 ɕiou^{24}tsʰæ^{31}xɑ^{53}liɑ^{0} 流产
双生儿 suə^{53}ɕiər^{24} 双胞胎
在月子地里 tsɛe^{53}yeʔ^{23}tsəʔ^{0}tɿ^{53}li^{0} 坐月子
吃奶奶 tsʰəʔ^{4}niɛ^{44}niɛ^{0} 吃奶
隔奶奶 tɕiɑʔ^{4}niɛ^{44}niɛ^{0} 断奶
满月 mou^{24}yeʔ^{23}
老煞咧 lou^{31}sɑʔ^{4}liɑ^{0}
走咧 tsʌu^{24}liɑ^{0}
上了山咧 sɔ^{53}lʌu^{0}sæ^{24}liɑ^{0}
寻死 səŋ^{44}sɿ^{31}
咽气 iɪ^{44}tsʰɿ^{53}
盛椁 tsʰəŋ^{44}kuəʔ^{4} 入殓
木头 məʔ^{23}tʰʌu^{44} 棺材
出灵 tsʰuəʔ^{4}liəŋ^{44}
牌位子 pʰiɛ^{44}uɛe^{312}tsəʔ^{0} 灵位
墓子 mu^{53}tsəʔ^{0}
到茔里去咧 tou^{53}zu^{44}li^{0}kəʔ^{4}lieʔ^{0} 上坟
鬼票子 kuɛe^{31}pʰiou^{53}tsəʔ^{0} 纸钱
老天爷儿 lou^{31}tʰiɪ^{24}iər^{53}
菩萨 pʰu^{44}sɑ^{0}
神神 səŋ^{44}səŋ^{0}
观音娘娘 kuæ^{24}iəŋ^{24}niɔ^{44}niɔ^{0}
灶马爷儿 tsou^{53}mɑ^{31}iər^{53}
庙 miou^{53}
祠堂 tsʰɿ^{44}tʰɔ^{44}
和尚 xuə^{44}sɔ^{0}
尼姑儿 nɿ^{44}kur^{24}
老道 lou^{31}tou^{53}
算卦 sou^{44}kuɑ^{53}
时气 sɿ^{44}tsʰɿ^{53} 运气
保佑 pou^{31}iʌu^{53}

称谓

后生 xʌu^{53}səŋ^{24} 成年男子
男子汉 næ^{44}tsɿ^{31}xɪ^{53}
婆姨 pʰuə^{44}zɿ^{0} 中年已婚女子

光棍儿 kuə^{24}kuər^{53}

大女子 tɔ^{53}zu^{31}tsəʔ^{0} 老姑娘

猴孩孩 xʌu^{44}xɛe^{44}xɛe^{0} 婴儿

小子 ɕiou^{31}tsəʔ^{0} 男孩

女子 zu^{31}tsəʔ^{0} 女孩

老人 lou^{31}zəŋ^{44}

亲戚 tɕʰiəŋ^{24}tɕʰieʔ^{4}

亲亲 tɕʰiəŋ^{24}tɕʰiəŋ^{0}

拜实 piɛ^{53}səʔ^{0} 朋友

老拜 lou^{31}piɛ^{53}

邻家 liəŋ^{44}tɕiɑ^{0}

客 tɕʰiɑʔ^{4}

受苦的 sʌu^{53}kʰu^{31}təʔ^{0}

做买卖的 tsuəʔ^{4}miɛ^{31}miɛ^{53}təʔ^{0}

耍手艺的 suɑ^{24}sʌu^{31}zʅ^{53}təʔ^{0}

泥匠 ɳʅ^{53}tsɔ^{0}

木匠 məʔ^{23}tsɔ^{53}

咚衣裳的 tuəŋ^{24}zʅ^{24}sɔ^{44}təʔ^{0} 裁缝

剃脑的 tʰʅ^{53}nou^{44}təʔ^{0} 理发师

厨子 tsʰu^{44}tsəʔ^{0}

师傅 sʅ^{24}xu^{44}

学徒 ɕieʔ^{23}tʰu^{44}

讨吃的 tʰou^{31}tsʰəʔ^{4}təʔ^{0} 乞丐

接客的 tɕieʔ^{4}kʰəʔ^{4}təʔ^{0} 妓女

黑皮 xəʔ^{4}pʰʅ^{44} 流氓

强盗 tɕʰiɔ^{44}tou^{0} 贼

瞎子 xɑʔ^{4}tsəʔ^{0}

聋子 luəŋ^{44}tsəʔ^{0}

哑子 niɑ^{31}tsəʔ^{0}

背锅儿 pɛe^{24}kuər^{24} 驼背

瘸子 tɕʰyɛ^{44}tsəʔ^{0}

疯子 xuəŋ^{24}tsəʔ^{0}

憨子 xɪ^{24}tsəʔ^{0} 傻子

爷爷 iɛ^{44}iɛ^{0}

娘娘 niɔ^{44}niɔ^{0} 奶奶

[姐儿]爷 tɕiæ^{31}iɛ^{44} 外祖父

[姐儿]婆 tɕiæ^{31}pʰuə^{44} 外祖母

老子 lou^{31}tsəʔ^{0} 父亲叙称

妈 mɑ^{53} 母亲叙称

爹 tiɛ^{53} 父亲面称

妈 mɑ^{53} 母亲面称

后老子 xʌu^{53}lou^{31}tsəʔ^{0} 继父

后娘 xʌu^{53}niɔ^{44} 继母

丈人 tsɔ^{53}zəŋ^{44} 岳父

丈母 tsɔ^{53}mu^{31} 岳母

公 kuəŋ^{24}

婆 pʰuə^{44}

伯伯 pieʔ^{4}pieʔ^{0}

大大 tɔ^{53}tɔ^{0} 伯母

叔叔 suəʔ^{4}suəʔ^{0}

婶子 səŋ^{31}tsəʔ^{0}

婶婶 səŋ^{31}səŋ^{24}

姑姑 ku^{44}ku^{0}

姑父 ku^{44}xu^{0}

舅舅 tɕiʌu^{53}tɕiʌu^{0}

妗子 tɕiəŋ^{53}tsəʔ^{0}

姨姨 zʅ^{44}zʅ^{0}

姨父 zʅ^{44}xu^{0}

弟兄 tʅ^{53}su^{0}

姊妹 tsʅ^{31}mɛe^{53}

哥哥 kɔ^{44}kɔ^{0}

嫂嫂 sou^{31}sou^{24}

兄弟 su^{24}tʅ^{53} 弟弟

兄弟[媳妇]su^{24}tʅ^{53}sʌu^{44} 弟媳

姐姐 tɕiɛ^{44}tɕiɛ^{0}

姐夫 tɕiɛ^{31}xu^{44}

姊妹 tsɿ^{31}mεe^{53}

妹夫 mεe^{53}xu^{0}

伯叔弟兄 pieʔ^{4}suəʔ^{0}tɿ^{53}su^{0} 堂兄弟

姑舅 ku^{24}tɕiʌu^{53} 表兄弟

两姨 liɑ^{31}zɿ^{53}

妯娌 tsʰuəʔ^{4}li^{312}

挑担 tʰiou^{31}tæ^{53} 连襟

儿 ər^{44}

儿[媳妇]子 ər^{44}sʌu^{44}tsəʔ^{0} 儿媳妇

女 zu^{312} 女儿

女子 zu^{31}tsəʔ^{0}

女婿 zu^{31}sɿ^{53}

孙子 suəŋ^{24}tsəʔ^{0}

重孙子 tsʰuəŋ^{44}suəŋ^{24}tsəʔ^{0}

侄儿 tsʰəʔ^{23}ər^{44}

外甥 uεe^{53}ɕiε^{0}

小外甥 ɕiou^{31}uεe^{53}ɕiε^{0} 外孙

婆姨汉 pʰuə^{44}zɿ^{0}xɪ^{53} 夫妻

老汉 lou^{31}xɪ^{53} 丈夫

汉的 xɪ^{53}təʔ^{0}

婆姨 pʰuə^{44}zɿ^{0} 妻子

名字 mɿ^{44}tsɿ^{53}

绰号儿 tsʰɑʔ^{4}xour^{53}

农工商文

动弹 tuəŋ^{53}tæ^{0} 干活儿

种菜 tsuəŋ^{44}tsʰεe^{53}

耩子 tɕiɔ^{31}tsəʔ^{0} 犁

镢头 tɕyeʔ^{4}tʰʌu^{44} 锄头

镰 liɪ^{44}

扁担 pæ^{31}tæ^{53}

不篮 pəʔ^{2}læ^{24} 箩筐

筛筛 ɕiε^{24}ɕiε^{0}

簸箕 puə^{53}tsʰɿ^{0}

陀 tʰuə^{44} 轮子

石钵子 səʔ^{23}pəʔ^{4}tsəʔ^{0} 臼

碹儿 uər^{53} 磨

年成 niɪ^{44}tsʰəŋ^{0}

走江湖 tsʌu^{31}tɕiɔ^{24}xu^{44}

打忙工 tɑ^{31}muə^{44}kuəŋ^{24} 打工

斧子 xu^{31}tsəʔ^{0}

钳子 tɕʰiɪ^{44}tsəʔ^{0}

改锥儿 kεe^{31}tsur^{24} 螺丝刀

锤子 tsʰu^{44}tsəʔ^{0}

钉钉 tɿ^{24}tɿ^{0} 钉子

绳绳 ʂʅr^{44}ʂʅr^{0} 绳子

棍子 kuəŋ^{53}tsəʔ^{0}

做买卖 tsuəʔ^{4}miε^{31}miε^{53}

铺子 pʰu^{53}tsəʔ^{0} 商店

食堂 səʔ^{23}tʰɔ^{44} 饭馆

店 tiɪ^{53} 旧称旅馆

贵 kuεe^{53}

贱 tɕiɪ^{53}

划算 xuɑ^{44}sou^{53}

便宜 pʰiɪ^{44}zɿ^{53}

钱儿 tɕʰir^{53}

零钱儿 liəŋ^{44}tɕʰir^{53}

银元陀陀 niəŋ^{44}yɪ^{44}tʰuə^{44}tʰuə^{0} 硬币

本儿 pər^{312} 本钱

工钱 kuəŋ^{24}tɕʰiɪ^{44}

盘缠 pʰou^{44}tsʰəʔ^{0} 路费

算盘子 sou^{53}pʰou^{44}tsəʔ^{0}

秤 tʂʰʅr^{53}

赶集 kiɪ^{24}tɕʰieʔ^{23}

庙会 miou^{44}xuεe^{53}

学校 ɕieʔ^{23}ɕiou^{53}

教室 tɕiou^{53}səʔ^{0}

念书 niɪ^{53}su^{24}

散学 sæ^{53}ɕieʔ^{23} 放学

考试 kʰou^{31}sɿ^{53}

书包儿 su^{24}pour^{24}

本子 pəŋ^{31}tsəʔ^{0}

铅笔 tɕʰiæ^{24}pieʔ^{4}

水笔 su^{31}pieʔ^{4} 钢笔

油笔 iʌu^{44}pieʔ^{4} 圆珠笔

毛笔 mou^{44}pieʔ^{4}

生活 səŋ^{24}xuəʔ^{0}

黑墨 xəʔ^{4}məʔ^{23}

砚瓦 niɪ^{53}uɑ^{0}

信 ɕiəŋ^{53}

小人书儿 ɕiou^{31}zəŋ^{44}sur^{24} 连环画

藏迷迷 tsʰɔ^{44}mɿ^{44}mɿ^{0} 捉迷藏

跳绳绳 tʰiou^{53}ʂʅr^{44}ʂʅr^{0}

毽毽 tɕiɪ^{31}tɕiɪ^{24}

风筝 xuəŋ^{24}tsəŋ^{24}

斗狮子 tʌu^{53}sɿ^{24}tsəʔ^{0}

炮仗 pʰou^{53}tsɔ^{0}

唱歌儿 tsʰɔ^{53}kɔr^{24}

唱戏 tsʰɔ^{44}sɿ^{53}

锣鼓 lɔ^{44}ku^{31}

胡胡 xu^{44}xu^{0} 二胡

枚笛 mɛe^{44}tʰieʔ^{23} 笛子

划拳 xuɑ^{44}tɕʰyɪ^{44}

下棋 ɕiɑ^{53}tsʰɿ^{44}

打扑克儿 tɑ^{31}pʰu^{44}kʰər^{0}

打麻将 tɑ^{31}mɑ^{44}tɕiɑ^{53}

耍把戏儿 suɑ^{24}pɑ^{31}ʂʅr^{53} 变魔术

说故事 ɕyeʔ^{4}ku^{44}sɿ^{53}

猜猜谜 tsʰuɛe^{24}tsʰuɛe^{24}mɛe^{44}

串 tɕʰyɪ^{53} 玩儿

串门子 tɕʰyɪ^{53}məŋ^{44}tsəʔ^{0}

走亲亲 tsʌu^{31}tɕʰiəŋ^{24}tɕʰiəŋ^{0} 走亲戚

动作行为

看 kʰiɪ^{53}

听 tʰɿ^{24}

闻 uəŋ^{44}

吸 ɕieʔ^{4}

睁 tɕiɛ^{24}

圪挤 kəʔ^{4}tsɿ^{312} 闭眼

忽眨 xuəʔ^{23}sɑʔ^{4} 眨眼

张开 tsɔ^{24}kʰɛe^{24} 张嘴

抿住 miəŋ^{44}tsu^{53} 闭嘴

咬 niou^{312}

咽 iɪ^{53}

舔 tʰiɪ^{312}

含 xæ^{44}

亲嘴 tɕʰiəŋ^{24}tsu^{31}

咂 tsɑʔ^{4} 吮吸

唾 tʰuə^{53} 吐

打喷嚏 tɑ^{31}pʰəŋ^{53}tʰieʔ^{0}

荷 xɑ^{312} 拿

予 ieʔ^{4} 给

不挲 pəʔ^{23}sɑʔ^{4} 摸

展 tɕiɪ^{312} 伸手

抠 kʰʌu^{24} 挠

掐 tɕʰiɑʔ^{4}

拧 niəŋ^{44}

扭 zʌu^{312} 拧

捻 niɪ^{312}

掰 pieʔ^{4}

剥 pɑʔ^{4}

斗 tʌu^{53} 把纸撕了

撇 pʰiɛ^{312} 把树枝折断

踒 uə^{24}

拔 pʰɑʔ^{23} 拔萝卜

摘 tsɑʔ^{4}

站 tsæ^{53}

仰 niɔ^{312} 倚

圪蹴 kəʔ^{2}tɕiʌu^{24} 蹲

坐 tsuə^{53}

跳 tʰiou^{53}

圪蹅 kəʔ^{4}tsɑ^{312} 迈

踩 tɕʰiɛ^{312}

担 tæ^{53} 翘腿

弯 uæ^{24}

展 tɕiɪ^{312} 挺胸

趴 pʰɑ^{44}

爬 pʰɑ^{44}

走 tsʌu^{312}

逛 kɔ^{53} 跑

趟 tʰɔ^{53}

逛 kɔ^{53} 逃

撵 niɪ^{312} 追

捉 tsuɑʔ^{4} 抓

抱 pu^{53}

背 pɛe^{24}

拖 tʰɔ^{24} 搀

扶 xu^{44}

揎 ɕyɪ^{24} 推

跌 tieʔ^{4} 摔

碰 pʰəŋ^{53}

堵 tu^{312}

藏 tsʰɔ^{44}

放 xuə^{53}

摞 luə^{53}

埋 miɛ^{44}

盖 kɛe^{53}

压 niɑ^{53}

圪捞 kəʔ^{4}lou^{312} 插

㧻 tuəʔ^{4} 戳

捅 tʰuəŋ^{312}

砍 kʰiɪ^{312}

铡 tsɑ^{312} 剁

削 ɕyeʔ^{4}

迸 piɛ^{53} 裂

圪搐 kəʔ^{23}tsʰuəʔ^{4} 皱

烂 læ^{53} 腐烂

揩 tɕʰiɛ^{24} 擦

倒 tou^{53}

扬 iɔ^{53} 扔

耳 ər^{312}

跌 tieʔ^{4} 掉落、坠落

滴 tieʔ^{4}

丢 tiʌu^{24}

寻 səŋ^{44} 找

捡 niɪ^{44}

[提溜]tʰiʌu^{44} 提

担 tæ^{24} 挑担

脑 nou^{312} 扛

抬 tʰɛe^{44} 抬

拗 ŋou^{53} 撬

拣 tɕiæ^{312} 挑

飒 sɑ^{53}

拾掇 səʔ^{23}tuəʔ^{4} 收拾

挽 uæ^{312}

涮 suæ^{53}

洗 sɿ^{312}

捞 lou^{44}

拴 suæ^{24}

捆 kʰuəŋ^{312}

解 tɕiɛ^{312}

移 zʅ^{44} 移桌子

掫 tsʌu^{24} 端

捣 tou^{312} 碗摔碎了

掺 tsʰæ^{24}

烧 sou^{24}

拆 tsʰɑʔ^{4}

转 tɕyɪ^{53}

捣 tou^{312} 捶

打 tɑ^{312}

相打 səʔ^{4}tɑ^{312} 打架

闲一会儿 ɕiɪ^{44}ieʔ^{4}xuər^{0} 休息

呵暧 xɔ^{24}ŋɛe^{53} 打哈欠

点瞌睡 tiɪ^{31}kʰəʔ^{4}su^{53} 打瞌睡

睡 su^{53}

打鼾睡 tɑ^{31}xɪ^{53}su^{0}

梦梦 məŋ^{44}məŋ^{53}

刷牙 suɑʔ^{4}niɑ^{44}

洗澡 sʅ^{24}tsou^{312}

谋 mu^{44} 想

谋算 mu^{44}sou^{53} 打算

记得 tsʅ^{53}təʔ^{0}

记不得 tsʅ^{53}pəʔ^{4}təʔ^{0}

怕 pʰɑ^{53}

保信 pu^{31}ɕiəŋ^{53} 相信

愁 tsʰʌu^{44}

操心 tsʰou^{24}ɕiəŋ^{24}

爱 ŋɛe^{53}

恶球心 ŋəʔ^{4}tɕʰiʌu^{44}ɕiəŋ^{24} 讨厌

散天 sæ^{53}tʰiɪ^{24} 舒服

难活 næ^{44}xuəʔ^{0} 难受

欢喜 xou^{24}sʅ^{0} 高兴

火哂 xuə^{24}liɑ^{0} 生气

嫌 ɕiɪ^{44} 责怪

害 xɛe^{53}

后悔 xʌu^{53}xuɛe^{0}

眼红 niæ^{31}xuəŋ^{44} 忌妒

败兴 piɛ^{44}ɕiəŋ^{53} 害羞

丢人 tiʌu^{24}zəŋ^{44}

磕打 kʰəʔ^{4}tɑ^{31}

欺负 tsʰʅ^{24}xu^{44}

晓得 ɕiou^{31}təʔ^{0}

晓不得 ɕiou^{31}pəʔ^{4}təʔ^{0}

解下 xɛe^{53}xɑ^{0} 懂

解不下 xɛe^{53}pəʔ^{4}xɑ^{0} 不懂

会 xuɛe^{53}

不会 pəʔ^{4}xuɛe^{53}

认得 zəŋ^{53}təʔ^{0}

认不得 zəŋ^{53}pəʔ^{4}təʔ^{0}

能 nəŋ^{44}

不能 pəʔ^{4}nəŋ^{44}

说 ɕyeʔ^{4}

告诉 kou^{53}sʌu^{0} 聊天儿

嚎 xou^{44} 哭

啳 tɕiou^{312} 骂

淘气 tʰou^{44}tsʰʅ^{53} 吵架

哄 xuəŋ^{312}

虚说 su^{24}ɕyeʔ^{0} 撒谎

舔屁眼 tʰiɪ^{31}pʰʅ^{53}niæ^{0} 拍马屁

性质状态

大 tɔ^{53}

猴 xʌu^{44} 小

粗 tsʌu^{24}

细 sʅ^{53}

长 tsʰɔ^{44}

短 tu^{312}

时长 sɿ^{44}tsʰɔ^{44}

不时长 pəʔ^{4}sɿ^{44}tsʰɔ^{44}

宽套 kʰou^{24}tʰou^{44} 宽敞

窄 tsɑʔ^{4}

高 kou^{24}

低 tɿ^{24}

远 yɪ^{312}

近 tɕiəŋ^{53}

深 səŋ^{24}

浅 tɕʰiɪ^{312}

清 tsʰɿ^{24}

浑 xuəŋ^{24}

圆 yɪ^{44}

扁 pæ^{312}

方 xuə^{24}

尖 tɕiɪ^{24}

平 pʰɿ^{44}

肥 sɿ^{44}

胖 pɑʔ^{4}

干 kiɪ^{24} 瘦

黑 xəʔ^{4}

白 pʰieʔ^{23}

红 xuəŋ^{44}

黄 xuə^{44}

蓝 læ^{44}

绿 luəʔ^{23}

紫 tsɿ^{312}

雪青 ɕyeʔ^{2}tɕʰiəŋ^{24}

灰 xuɛe^{24}

沉 tsʰəŋ^{44} 担子重

重 tsuəŋ^{53}

轻 tɕʰiəŋ^{24}

厚 xʌu^{53}

薄 pʰəʔ^{23}

稠 tsʰʌu^{44}

稀 sɿ^{24}

捂 uəʔ^{4} 热

暖 nou^{312}

凉 liɔ^{44}

冻 tuəŋ^{53}

褶 tsʰou^{44} 脏

快 kʰyɛ^{53}

锛 pəŋ^{53}

早 tsou^{312}

迟 tʂʰʅr^{44}

松 suəŋ^{24}

紧 tɕiəŋ^{312}

新 ɕiəŋ^{24}

旧 tɕiʌu^{53}

老 lou^{312}

小 ɕiou^{312}

软 yɪ^{312}

瓷 tsʰɿ^{44} 硬

烂 læ^{53}

绵 miɪ^{44}

糊本儿 xu^{44}pər^{31} 糊

煸 ŋʌu^{312}

耐 nɛe^{53} 结实

忙 muə^{44}

闲 ɕiɪ^{44}

熬 ŋou^{44} 累

乏 xuɑʔ^{23}

红火 xuəŋ^{44}xuə^{31} 热闹

咸 xæ^{44}

甜 tʰiɪ^{44}

酸 sou^{24}

苦 kʰu^{312}

辣 lɑʔ^{23}

燍气 sɿ^{24}tsʰɿ^{53} 馊

俊 tɕyəŋ^{53} 漂亮

丑 tsʰʌu^{312}

勤谨 tɕʰiəŋ^{44}tɕieʔ^{0} 勤快

懒 læ^{312}

实受 səʔ^{23}sʌu^{53} 老实

财迷 tsʰɛe^{44}mɿ^{44} 小气

利索 li^{53}sɑʔ^{0} 直爽

倔 tɕyɛ^{312} 犟

数量

一 ieʔ^{4}

二 ər^{53}

三 sæ^{24}

四 sɿ^{53}

五 uəʔ^{23}

六 liʌu^{53}

七 tɕʰieʔ^{4}

八 pɑʔ^{4}

九 tɕiʌu^{312}

十 səʔ^{23}

二十 ər^{53}səʔ^{0}

三十 sæ^{24}səʔ^{0}

一百 ieʔ^{4}pieʔ^{4}

一千 ieʔ^{2}tɕʰiɪ^{24}

一万 ieʔ^{4}uæ^{53}

一百零五 ieʔ^{4}pieʔ^{4}liəŋ^{44}uəʔ^{23}

一百五 ieʔ^{4}pieʔ^{4}uəʔ^{23}

第一 tɿ^{53}ieʔ^{4}

二两 ər^{53}liɑ^{0}

几个 tsɿ^{24}kuəʔ^{0}

两个 liɑ^{24}kuəʔ^{0}

三个 sæ^{24}kuəʔ^{0}

一两个 ieʔ^{4}liɑ^{24}kuəʔ^{0}

个 kuəʔ^{23} 一个人

匹 pʰieʔ^{4} 一匹马

条 tʰiou^{44} 一条猪

床 tsʰuə^{44} 一床被子

对 tuɛe^{53} 一对鞋

把 pɑ^{312} 一把刀

根 kəŋ^{24} 一根笔

架 tɕiɑ^{53} 一架眼镜

挂 kuɑ^{53} 一挂车

套儿 tʰour^{53} 一套房子

座 tsuə^{53} 一座桥

棵 kʰuə^{24} 一棵树

朵 tuə^{24} 一朵花

顿 tuəŋ^{53} 一顿饭

服 xu^{53} 一服中药

股 ku^{312} 一股香味

行 xɔ^{44} 一行字

块 kʰyɛ^{312} 一块钱

毛 mou^{44} 一毛钱

件 tɕiɪ^{53} 一件事情

点点 tiɪ^{24}tiɪ^{0} 一点儿东西

口 kʰʌu^{312} 一些东西

下 xɑ^{53} 打一下

阵儿 tsər^{53} 坐了一会

回 xuɛe^{44} 去了一趟

代副介连词

我 ŋɑ^{312}

你 mɿ^{312}

[人家]niɛ^{312} 他

我们 ŋɑ^{31}mɿ^{44}

咱 tsʰɑ^{44}

[你家]niɛ^{24} 你们

兀家 uəʔ^{2}tɕiɑ^{24} 他们

各儿 kər^{44} 自己

人家 əŋ^{44}iɑ^{0} 别人

这个 tsəʔ^{4}kuəʔ^{23}

[兀一]个 uɛe^{24}kuəʔ^{0} 那个

哪[那一]个 lɑ^{44}nɛe^{24}kuəʔ^{0} 哪个

谁 su^{44}

这儿 tsər^{24}

那儿 nər^{24}

哪里 lɑ^{44}li^{0}

这底个 tsəʔ^{4}tɿ^{44}kuəʔ^{0} 这样

兀底个 uəʔ^{4}tɿ^{44}kuəʔ^{0} 那样

哪底个 lɑ^{44}tɿ^{44}kuəʔ^{0} 怎样

这来 tsəʔ^{4}lɛe^{44} 这么

哪底 lɑ^{44}tɿ^{44} 怎么

甚 səŋ^{53}

害[做甚]儿 xɛe^{44}tsuər^{53}

多儿 tər^{24} 多少

可 kʰəʔ^{4} 很

生 ɕiɛ^{24} 非常，程度加深

更 kəŋ^{53}

太 tʰiɛ^{53}

最 tsuɛe^{312}

全 tɕʰyɪ^{44} 全：大家～来了

总共 tsuəŋ^{31}kuəŋ^{53}

一随 ieʔ^{4}su^{44} 一起

正 tʂɿr^{53}

才 tsʰɛe^{44} 刚

时常 sɿ^{44}tsʰɔ^{44} 经常

又 iʌu^{53}

还 xɑ^{44}

也 iɛ^{312}

反正 xuæ^{24}tsəŋ^{53}

不用 pəʔ^{4}yəŋ^{53} 甭

差马儿乎儿 tsʰou^{24}mɤr^{31}xur^{44} 差点儿

宁 nəŋ^{53} 宁可

专门 tɕyɪ^{24}məŋ^{44} 故意

瞎 xɑʔ^{4} 随便：～弄一下

保险 pou^{24}ɕiɪ^{0} 肯定：～是他干的

可能 kʰɔ^{31}nəŋ^{44}

捎的 sou^{24}təʔ^{0} 一边

和 xou^{53}

对 tuɛe^{53}

朝 tsʰou^{44} 往

按 ŋiɪ^{53}

替 tʰɿ^{53}

要是 iou^{53}sɿ^{0} 如果：～忙你就别来了

不管 pəʔ^{4}kou^{31}

第四节 重叠式方言

构成形式

离石方言重叠式有 AA、ABB、AAB、AABB 等基本表现形式，且较普通话更加丰富，还存在大量的“圪”“忽”“不”类词，可重叠的基本表现形式也很多，构成极具地方特色的重叠词汇。例如“圪颐颐”“忽绕忽绕”“不哑不哑”等。又如在重叠式名词中，AA

式除了表示亲属称谓外，还有大量非亲属称谓名词用AA式名词表示。而在亲属称谓词中，辈称通常不用重叠式，大多数情况下用单音节词或其他非重叠词表示。另外在离石方言中，只发现个别AA式动词的使用，多用“A一下”表达，这也是其与普通话区别较大的一个特点。

语音特征

离石方言重叠式的语音特点比较复杂。但与晋方言的其他点相似。离石方言四字组的重叠式，第二个字通常都读作轻声，体现了省力的经济原则。这是与一般语言学规律一致的。

表义特征

离石方言中的重叠式量词与普通话的用法区别较大，具有其独特之处。多数重叠式量词与普通话一样，表示“每一”的意思，如“回回”表示“每一回”，但也有相当部分的重叠式量词并不表示“每一”的含义，而只是单纯表示数量，具体重叠与否，取决于该重叠式后的名词。同时，离石方言重叠式与晋方言其他点的重叠式大致相同。重叠式名词一般用作儿语，表示小称、爱称，还有一些构成专有名词，表示特定的词汇。重叠式形容词通常表示程度的加深或减弱，还可以表示一定的感情色彩。重叠式动词表示动量和时量的减少，重叠式副词表示程度的加深或动作的轻微性、短暂性。

语法功能

离石方言重叠式有的与普通话相同，有的比普通话有更丰富的句法功能。普通话中表示小称、爱称时，通常用“儿化”，但在离石方言中，通常用重叠式名词来代替这一语法。

近年来，离石方言受到普通话的影响日渐增多，这种变化也发生离石方言的重叠中，

第五节　离石地名

这一趋势在重叠式动词和重叠式副词等词中均有不同程度的体现。

莲花池街道地名

城内 tsʰəŋ^{44}nuɛe^{53}

南关 næ^{44}kuɛe^{24}

圪垯上 kəʔ^{23}tɑʔ^{4}xɔ^{53}

卧牛墕 uə^{53}niʌu^{44}iɪ^{24}

刘家湾 liʌu^{44}tɕiɑ^{0}uæ^{24}

段家坪 tu^{53}tɕiɑ^{0}pʰʅ^{44}

徐家沟 su^{44}tɕiɑ^{0}kʌu^{24}

王文庄$_{儿}$ uə^{44}uəŋ^{44}tsuər^{24}

大土河 tɔ^{53}tʰu^{31}xɔ^{44}

潘家沟 pʰou^{24}tɕiɑ^{0}kʌu^{24}

马茂庄 mɑ^{31}u^{44}tsuə^{24}

滨河街道地名

东关 tuəŋ^{24}kuæ^{24}

前瓦窑坡 tɕʰiɪ^{44}uɑ^{0}

七里滩 tɕʰieʔ^{4}li^{31}tʰæ^{24}

后瓦窑坡 xʌu^{53}uɑ^{312}

杨家掌 iɔ^{44}tɕiɑ^{0}tsɔ^{312}

张家庄 tsɔ^{24}tɕiɑ^{0}tsuə^{24}

王家庄 uə^{44}tɕiɑ^{0}tsuə^{24}

刘家庄 liʌu^{44}tɕiɑ^{0}tsuə^{24}

凤山街道地名

凤山底 xuəŋ^{24}sæ^{24}tʅ^{31}

崔家崖$_{\text{儿}}$ tsʰuɛe^{24}tɕiɑ^{0}niər^{44}

后王家坡 xʌu^{53}uə^{44}tɕiɑ^{0}pʰuə^{24}

前王家坡 tɕʰiɪ^{44}uə^{44}tɕiɑ^{0}pʰuə^{24}

西崖底 sʅ^{24}niɛ^{44}tʅ^{31}

下水西$_{\text{儿}}$ xɑ^{53}sur^{312}

上水西$_{\text{儿}}$ sɔ^{53}sur^{312}

铨则墕 ɕyɪ^{53}tsəʔ^{0}iɪ^{24}

袁家庄 yɪ^{44}tɕiɑ^{0}tsuə^{24}

乔家沟 tɕʰiou^{44}tɕiɑ^{0}kʌu^{24}

城北街道地名

王家沟 uə^{44}tɕiɑ^{0}kʌu^{24}

李家沟 li^{312}tɕiɑ^{24}kʌu^{0}

沙麻沟 sɑ^{24}mɑ^{44}kʌu^{24}

苏家崖$_{\text{儿}}$ sʌu^{24}tɕiɑ^{0}niər^{44}

青蒿墕 tɕʰʅ^{24}xou^{0}iɪ^{24}

娘娘庙 niɔ^{44}niɔ^{0}miou^{53}

白草墕 pʰieʔ^{23}tsʰou^{31}iɪ^{24}

长大局$_{\text{儿}}$ tsʰɔ^{44}tɔ^{53}tɕʰyər^{0}

前赵家庄 tɕʰiɪ^{44}tsou^{53}tɕiɑ^{0}tsuə^{24}

后赵家庄 xʌu^{53} tsou^{53}tɕiɑ^{0}tsuə^{24}

下安 xɑ^{53}ŋiɪ^{24}

大中局 tɔ^{53}tsuəŋ^{24}tsu^{312}

牛家山 niʌu^{44}tɕiɑ^{0}sæ^{24}

交口街道地名

交口 tɕiou^{24}kʰʌu^{31}

高家沟 kou^{24}tɕiɑ^{0}kʌu^{24}

岐则沟 tsʰʅ^{44}tsəʔ^{4}kʌu^{24}

石盘 səʔ^{23}pʰuə^{53}

枣架$_{\text{儿}}$ tsou^{31}tɕiɐr^{53}

贺家山 xɔ^{53}tɕiɑ^{0}sæ^{24}

王家塔 uə^{44}tɕiɑ^{0}tʰɑʔ^{4}

贺家塔 xɔ^{53}tɕiɑ^{0}tʰɑʔ^{4}

杜家山 tu^{53}tɕiɑ^{0}sæ^{24}

芦则峁 lʌu^{55}tsəʔ^{0}mou^{312}

葫芦$_{\text{儿}}$把 kuəʔ^{4}lʌur^{24}pɑ^{53}

梁家墕 liɔ^{44}tɕiɑ^{0}iɪ^{24}

渠家山 tɕʰu^{44}tɕiɑ^{0}sæ^{24}

乔家塔 tɕʰiou^{44}tɕiɑ^{0}sæ^{24}

田家会街道地名

田家会 tʰiɪ^{44}tɕiɑ^{0}xuɛe^{53}

盘龙塔 pʰou^{44}luəŋ^{44}tʰɑʔ^{4}

沙会则 sɑ^{24}xuɛe^{53}tsəʔ^{0}

苏家村 sʌu^{24}tɕiɑ^{0}tsʰuəŋ^{24}

吉家村 tsʅ^{35}tɕiɑ^{0}tsʰuəŋ^{24}

马家村 mɑ^{31}tɕiɑ^{24}tsʰuəŋ^{0}

后马家村 xʌu^{53}mɑ^{31}tɕiɑ^{24}tsʰuəŋ^{0}

界峁 tɕiɛ^{53}mou^{31}

下楼桥 xɑ^{53}lʌu^{44}tɕʰiou^{0}

车家湾 tɕʰiɛ^{24}tɕiɑ^{0}uæ^{24}

义居村 ɳʅ^{53}tsəʔ^{4}tsʰuəŋ^{24}

上楼桥 sɔ^{53}lʌu^{44}tɕʰiou^{0}

五里铺$_{\text{儿}}$ uəʔ^{4}li^{31}pʰur^{53}

穆间村 məʔ^{2}uəŋ^{53}tsʰuəŋ^{24}

高崖湾 kou^{24}niɛ^{44}uæ^{24}

吴城镇地名

街上 tɕiɛ^{24}xɔ^{53}

上罗卜 sɔ^{53}lɔ^{44}pʰəʔ^{0}

下罗卜 xɑ^{53}lɔ^{44}pʰəʔ^{0}

九里湾 tɕiʌu^{24}lou^{31}uæ^{24}

陈家塔 tsʰəŋ^{44}tɕiɑ^{0}tʰɑʔ^{4}

上丰村 sɔ^{53}xuəŋ^{24}tsʰuəŋ^{24}

王营庄 uə^{44}iəŋ^{44}tsuə^{24}

油房坪 iʌu^{44}xuə^{0}pʰɿ^{44}

兔儿坪 tʰur^{53}pʰɿ^{44}

上四皓 sɔ^{44}sɿ^{53}xou^{0}

李家沟 li^{31}tɕiɑ^{24}kʌu^{0}

任家塔 zəŋ^{44}tɕiɑ^{0}tʰɑʔ^{4}

下王营 xɑ^{53}uə^{44}iəŋ^{44}

李家湾 li^{312}tɕiɑ^{24}uæ^{0}

上三交 sɔ^{53}sæ^{24}tɕiou^{0}

下三交 xɑ^{53}sæ^{24}tɕiou^{0}

信义镇地名

信义 ɕiəŋ^{53}zɿ^{0}

回龙塔 xuɛe^{44}luəŋ^{44}tʰɑʔ^{4}

后石 xʌu^{53}səʔ^{0}

阳石 iɔ^{44}səʔ^{0}

背石 pɛe^{53}səʔ^{0}

砖窑沟 tɕyɪ^{24}iou^{44}kʌu^{24}

康家岭 kʰɔ^{24}tɕiɑ^{0}liɪ^{31}

永红 yəŋ^{31}xuəŋ^{44}

严村 niɪ^{55}tsʰuəŋ^{24}

德岗 təʔ^{2}kɔ^{24}

归化村 tsu^{24}xua^{0}tsʰuəŋ^{24}

王村 uə^{44}tsʰuəŋ^{24}

千年 tɕʰiɪ^{24}niɪ^{44}

马家沟 mɑ^{31}tɕiɑ^{24}kʌu^{0}

马寨 mɑ^{31}tɕiɛ^{53}

丰义村 xuəŋ^{24}zɿ^{44}tsʰuəŋ^{24}

磨湾 muə^{53}uæ^{24}

贾悟村 tɕiɑ^{31}u^{55}tsʰuəŋ^{24}

高家庄 kou^{24}tɕiɑ^{0}tsuə^{24}

岔儿上 tsʰɐr^{53}xɔ^{0}

任家沟 zəŋ^{44}tɕiɑ^{0}kʌu^{24}

崖窑湾 niɛ^{44}iou^{0}uæ^{24}

新山湾 ɕiəŋ^{24}sæ^{24}uæ^{24}

东红 tuəŋ^{24}xuəŋ^{44}

小神头 ɕiou^{31}səŋ^{44}tʰʌu^{0}

西华镇 sɿ^{24}xuɑ^{24}tsəŋ^{53}

吴家庄 u^{44}tɕiɑ^{0}tsuə^{24}

西属巴街道地名

西属巴 sɿ^{24}suəʔ^{2}pɑ^{24}

上安 sɔ^{53}ŋiɪ^{24}

茂塔坪 mou^{53}tʰɑʔ^{0}pʰɿ^{44}

留子局 liʌu^{44}tsɿ^{31}tɕʰyɛʔ^{0}

东属巴 tuəŋ^{24}suəʔ^{2}pɑ^{24}

霜雾都 suə^{24}u^{44}tʰʌu^{0}

中则坪 tsuəŋ^{24}tsəʔ^{0}pʰɿ^{44}

石门嘴 səʔ^{23}məŋ^{44}tsu^{31}

高梨峁 kou^{24}li^{44}mou^{312}

横梁儿上 ɕyɛ^{55}liɔr^{0}xɔ^{53}

盛地 səŋ^{44}tɿ^{0}

盛地沟 səŋ^{44}tɿ^{0}kʌu^{24}

许家山 su^{31}tɕiɑ^{24}sæ^{0}

茂塔沟 mou^{53}tʰɑʔ^{0}kʌu^{24}

畔沟 pou^{53}kʌu^{24}

高岭儿上 kou^{24}liər^{31}xɔ^{53}

瓦窑间 uɑ^{31}iou^{44}tɕiæ^{24}

上则墕 sɔ^{53}tsəʔ^{0}iɪ^{24}

宋家湾 suəŋ^{53}tɕiɑ^{0}uæ^{24}

缩缩岭 suɑʔ^{4}suɑʔ^{4}li^{312}

袁家岭 yɪ^{44}tɕiɑ^{0}li^{312}

坪头乡地名

坪头 pʰɿ^{44}tʰʌu^{0}

虎山 xu^{31}sæ^{53}

樊包头 xuæ^{44}pəʔ^{0}tʰʌu^{44}

磁窑沟 tsʰɿ^{44}iou^{0}kʌu^{24}

赵家山 tsou^{53}tɕiɑ^{0}sæ^{24}

呼家山 xu^{24}tɕiɑ^{0}sæ^{24}

东社 tuəŋ^{24}ɕiɛ^{53}

李家山 li^{31}tɕiɑ^{24}sæ^{0}

鹏凤山 pʰiɛ^{44}tɕiɑ^{0}sæ^{24}

南庄 næ^{44}tsuə^{24}

寺沟 sɿ^{53}kʌu^{24}

闫家坡 iɪ^{44}tɕiɑ^{0}pʰuə^{24}

凤凰峁 ɕiəŋ^{53}xu^{0}mou^{312}

枣洼儿 tsou^{31}uɐr^{53}

柏局上 pieʔ^{4}zu^{31}sɔ^{53}

大西局 tɔ^{53}sɿ^{24}tɕyeʔ^{4}

雒家庄 lɑʔ^{2}tɕiɑ^{24}tsuə^{0}

西圳儿 sɿ^{35}tsɐr^{312}

薛家坡 ɕieʔ^{2}tɕiɑ^{24}pʰuə^{0}

卧龙塬 uə^{53}luəŋ^{44}iɪ^{24}

段家塬 tu^{53}tɕiɑ^{0}iɪ^{24}

崇里 tsʰuəŋ^{44}li^{31}

垣上 yɪ^{44}xɔ^{53}

塬口 iɪ^{24}kʰʌu^{0}

红眼川地名

红眼川 xuəŋ^{44}niæ^{31}tɕʰyɪ^{24}

水峪里 su^{31}zu^{44}li^{0}

贾北里 tɕiɑ^{31}pieʔ^{4}li^{0}

唐则塬 tʰɔ^{44}tsəʔ^{0}iɪ^{24}

殷家山 iəŋ^{24}tɕiɑ^{0}sæ^{24}

寺头 sɿ^{53}tʰʌu^{44}

西山里 sɿ^{24}sæ^{24}li^{0}

新舍科 ɕiəŋ^{24}ɕiɛ^{53}kʰuə^{24}

新崖儿上 ɕiəŋ^{24}nir^{53}xɔ^{0}

霍家坡 xuəʔ^{2}tɕiɑ^{24}pʰuə^{0}

枣林乡地名

枣林儿 tsou^{31}liər^{53}

马家塔 mɑ^{31}tɕiɑ^{24}tʰɑʔ^{0}

十里村 səʔ^{2}li^{312}tɕʰuəŋ^{24}

贺家畔 xɔ^{53}tɕiɑ^{0}pou^{53}

陶家庄 tʰou^{44}tɕiɑ^{0}tsuə^{24}

石桥儿 səʔ^{2}tɕʰiour^{53}

梁家岔 liɔ^{44}tɕiɑ^{0}tsʰɑ^{53}

山底沟 sæ^{24}tɿ^{0}kʌu^{24}

彩树儿局 tsʰɛe^{31}sur^{53}tɕyeʔ^{4}

刘家舍窠 liʌu^{44}tɕiɑ^{0}ɕiɛ^{53}kʰuə^{24}

闫家峁 iɪ^{44}tɕiɑ^{0}mou^{31}

结绳塬 tɕieʔ^{4}səŋ^{44}iɪ^{0}

彩家庄 tsʰɛe^{31}tɕiɑ^{24}tsuə^{0}

三山集 sæ^{24}sæ^{24}tsəʔ^{4}

白家峁 pʰieʔ^{2}tɕiɑ^{24}mou^{312}

椿树儿峁 tsʰu^{24}sur^{53}mou^{312}

场塬 tsʰɔ^{44}iɪ^{24}

孙家峁 suəŋ^{24}tɕiɑ^{0}mou^{312}

霍家塔 xuəʔ^{2}tɕiɑ^{24}tʰɑʔ^{0}

袁家坡底 yɪ^{44}tɕiɑ^{0}pʰuə^{24}tɿ^{31}

柳树儿局 liʌu^{31}sur^{53}tɕyeʔ^{4}

任家山 zəŋ^{44}tɕiɑ^{0}sæ^{24}

第二章 谣谚 谜语

第一节 歌 谣

节日歌谣

腊八 腊八不吃粍，小鬼在门上拍赤臀；腊八不炒花，小鬼在门上胡厮挖；腊八不炒黑豆，小鬼在门前咳嗽；腊八不炒麻子，小鬼在门前拿个耙子。

腊月 腊月二十三，家家户户乱拾翻；腊月二十四，割下对子写上字；腊月二十五，挂（买）下山药胡萝卜；腊月二十六，割上几斤猪羊肉；腊月二十七，男的女的都洗脚；腊月二十八，白的黑的都蒸下；腊月二十九，背上瓶，倒烧酒；腊月三十，抱下包袱。

除夕夜 一更一点半，斫下馅子捣下蒜；二更二点半，接下神来再睡觉；三更三点半，响上几个关门炮；四更四点半，响上几个开门炮；五更五点半，拜年小子满院跑。

童谣

逗女童谣 啪啪啪，呀呀呀，你和你姐一随嫁。你姐嫁在城南关，你嫁在石盘烂河滩。你姐找得个好女婿，你找得个死糜猪。叫他睡，他不睡，半夜三更点瞌睡，一点点在炕棱底，两个麻狐来抬起，一下抬到瓮旮旯，老娘点灯就寻他。寻的两个耳朵朵，刚够老娘盖锅锅，盖得锅锅严严的，煮得粥黏黏的，吃得老娘甜甜的。

野鹊子野鹊子尾巴长，引过婊子见不得娘，把娘背到山背后，婊子坐在热炕头。

雁儿雁儿摆溜溜，红衫衫绿袖袖，搂起包包捡豆豆，回家洒下一路路。

哄孩子谣

撕了撕了撕皮皮，站在高山瞧姨姨，姨姨坐得花花轿，外婆坐得龙头轿。麻狐过来吓一跳，一吓吓到圪梁底。圪梁底家吃烧饼，爱得我孩嘴嘟起。回到家里烧饼子，烧饼子，没鏊子，烧得两打虚套子，我孩我孩不要爱，咱吃馍馍猪肉菜。

小儿夜哭（武治）谣 倒吊驴本姓周，我孩夜哭不知由；今黑间再来到，飞刀要了鬼驴头。

小儿夜哭（文治）谣 天皇皇，地皇皇，我家有个夜哭郎，过路君子念一遍，一觉睡到大天明。

揉揉散，疙瘩散，气得伢妈不吃饭，气得伢爹虚圪喃，气得姐姐不洗涮，气得哥哥捣黑炭，气得嫂嫂锅捣烂，咪孩吃个大鸡蛋。

摇咪咪，瞌睡睡，掐了舅舅家的谷穗穗，舅舅撵上打来哩，妗子撵上劝来哩，不要打不要打，这是咱的亲外甥。

颠倒歌

阳崖崖上打得三眼背窑，里头住着个3岁的老汉汉；3岁的老汉汉没儿，有一个73岁的重孙子；重孙子没地，火塘塘里有42亩水地；十冬腊月在锅头上种了些棉花，鏊子底下发芽长出些西甜瓜。

红红的日头落在东方，满天的月亮只有一个星星，半夜三更偷瓜的开始咬狗，光屁股的偷了一裤兜，穿背心的偷了两袖筒，张三偷吃李四饱，撑得王五满街跑。

重孙子气得鞋不穿棍不挠，赤脚踢了两皮靴，没办法了雇得聋子瞎子哑子瘫子去看瓜。有一天，天上无云下大雨，树梢不动刮大风，铁皮糊的窗上开了针眼眼大的窟窿，钻回来骆驼大的狼来。腾地朝里一跳，聋子听见瞎子看见，哑子就吼瘫子就撵，撵得跌在酒盅大的水池里。

老鼠咬住狸猫啦，母鸡抓起花豹啦。山顶大水打起浪，山羊吃了两只狼。半夜三更人咬狗，举起狗来打石头。铁扁担上木搭钩，水井跌在桶里头。口袋驮着毛驴走，人把狗来咬两口。

天上打雷没有响，地下石头滚上坡。腊月炎热直流汗，六月特冷打哆嗦。姐在房中头梳手，门外口袋把驴驮。

火焰在上锅在下，蔬菜把刀切几下。木床睡在人上头，头支地上两腿走。被子上面人来盖，豆腐捣的石头碎。公鸡下蛋不打鸣，母鸡打鸣不下蛋。猪肉把刀都切碎，碎肉又把刀切坏。

水从低处往上流，肥土长在苗上头。粗糠绳子拧几根，庄稼又把绳子捆。一人唱歌惊天地，百人唱时听不见。不满月的孩害牙疼，八十岁的老汉中了脐带子风。

邻里对话歌谣

夹墙家，过串来，顾不的。做什咧？做花鞋。做的花鞋做什咧？嫁汝咧！嫁谁家？嫁马家。谁抬轿，王来富；谁拍镲，大脚板；谁敲弹弹，王家会的狗然然。

媳妇与婆婆歌谣

针扎扎针扎扎花花，婆婆嫌我疤疤，疤疤不是随得来带得来的，还不是你家三顶花花轿抬得来的。头前嘟嘟嗒，后边送女客，走到你着坡上来，响了两根鞭炮来，走到你着当院来，拜了你家天地来，坐到你家炕上来，红鞋替成花鞋来。

亲家母，你上炕，你看伢女的哪股样，脑不梳脸不洗，三根鬼毛着啦起，教伢女照葱，葱地里追蜂；教伢女照谷，谷地里唱曲；教伢女照果子，果子地里养小子；教伢女照芸瓜，夹上芸瓜回娘家。

奶奶“驱邪”歌谣

张天师，理镇物，桃花木，破走风，诸葛亮是孔明。天狼神，地狼神，人离难，难离身，一切的灾殃化为尘。

夫妻吵架歌谣

枣树坡底歇凉凉，你个鬼子打娘娘，娘娘和你活不成，迟来早圪要离婚。穿上皮鞋你塌了跟，穿上袜子你烂了心，一气之下到城里。到了城里就照相，回来别在墙崖上，盛起饭不想吃，看见照相就想哭。

负心儿歌谣

野雀子野雀子尾巴长，迎过婊子见不得娘，把娘背在鸿沟里，把老子背在黑山里，你纺花，我卖油，咱得日子不用愁。

王老咪歌谣

脑畔上有个谁，有个王老咪；你不下串来咧，我怕你的狗狗咬；你不用棍棍打，我的棍棍挑皮袄；你不穿上咧，我害虱虱咬；你不叫你老婆捉咧，我咪老婆倒尿盆倒的叫麻鸣吃啦。

六老婆歌谣

六老婆学毛选，学了一篇又一篇。走路捎的把穗穗缠，喂羊咯家绊了脚圪尖。

四句谣（把四种事物连类归纳在一起）

当脚底的柱则，当地的墓则，眼里的影子，怀孩婆姨的肚则。（四大碍事）

鸡鸽了西瓜皮，冰雹捣了黄土地，赤子汝则坐了柳簸箕，剥了仁仁的核桃皮。（四大疤）

粉笔面则，白灰墙，穿的孝衣，放锦年。（四大白）

铁锅底则，炭壳则，热水的余则，窑黑则。（四大黑）

杀猪盆，火烧云，姑娘的嘴唇，红漆门。（四大红）

玉石碟子，猫的鼻子，婆姨的胳膝，死人的赤脚。（四大冷）

烟袋不通，火不吸，老婆病重，外债逼。（四大蹶气）

东瓜皮，掉灰窟，灰布夹袄，老鼠进瓦庙。（四大灰）

深山里的鬼气，埋完人的响器，死了丈母娘的女婿，没有钱的伙计。（四大寡）

牛毛根根，雨点点，树上的叶叶，箩眼眼。（四大多）

牛黄炒面，犀角饭，露塌云瓜，生鸡蛋。（四大凉）

钻水眼，睡窗台，汝则养孩，穿新鞋。（四大窄）

河滩里大便，谷场上睡，天上没云坐飞机，太平洋里划舟船。（四大宽）

七年的炒面，八年的饼，一月的剩饭，不用的棍。（四大旧）

蛇的嘴亲不得，蝎子的尾巴摸不得，火红燎炭挖不得，老虎头上的毛拔不得。（四大不）

调泥，砍柴，拉大锯，冰冻三尺打葬墓。（四大受苦）

哑巴传话，呆子打岔，醉汉打架，光棍死了。（四大说不清）

阵前失马，半路失妻，任上丢官，老年失子。（四大失意）

神汉的头，种谷的楼，鸭则的尾巴，树梢摇。（四大摇）

数九的冬凌，雨天的泥，快用完的肥皂，西瓜皮。（四大滑）

蒺藜地，醋溜林，刺猬的脊背，野莎蓬。（四大扎）

抗日战争 解放战争歌谣

日本鬼子该倒霉，头上戴钢盔，脚下穿皮鞋，走路踩地雷，打折胳膊炸折腿。

真谷米茶饭宴请游击队，金黄后玉米留给武工队，地雷手榴弹伏击日本人，步枪加机枪打击狗汉奸。

地道翻井都相连，鬼子进村民安全；地下组织手心掌，鬼子进村上西天；红军进村搞宣传，百姓除奸出重拳；打土豪斗地主，贫下中农能做主。

冯三页让保护武工队，群众举报大汉奸；妇女主任高家人，拥护八路做善民。

我的朱袋四尺长，有粮就能打胜仗；这是我的大后方，定能保卫党中央；日本鬼子交了枪，离石人民喜洋洋；胡宗南他也要完，老区生活能平安。

抬担架挠云梯，攻开城了先杀贺焕之；望乡台上把命送，谁教你当这个贺主任。

绕口令

扁担和板凳，板凳宽，扁担长，板凳比扁担宽，扁担又比板凳长，扁担要绑在板凳上，板凳不让扁担绑在板凳上，扁担偏要板凳让扁担绑在板凳上。

老农恼怒闹老农，老龙恼怒老龙，农怒龙恼农更怒，龙恼农怒龙怕农。

上一山，下一山，跑了三里三米三，登了一座大高山，山高海拔三百三，上了山，大声喊，我比山高三尺三。

有个孩子叫阿牛，阿牛上山放老牛，老牛哞哞叫阿牛，阿牛回家骑老牛。

割谷不割谷根根，滚谷不滚谷把把。

九月九，九个酒迷喝醉酒。九个酒杯九杯酒，九个酒迷喝九口，喝罢九口酒，又倒九杯酒。九个酒迷端起酒，咕咚咕咚又九口，九杯酒，酒九口，喝罢九个酒迷醉了酒。

打南边来了瘸子，没留神那橛子绊倒了瘸子，弄撒了瘸子的茄子，砸了瘸子碟子，瘸子猫腰拾茄子，北边来了个醉老爷子，腰里掖着烟袋子，过来要买瘸子茄子，瘸子不卖给醉老爷子茄子，瘸子猫腰捡茄子拾碟子拔橛子，追老爷子，老爷子一生气，不给瘸子茄子，拿了烟袋子，不知瘸子橛子打了老爷子烟袋子。

打南边来了个哑巴，腰里别了个喇叭，打北边来了个喇嘛，手里提了个獭犸，提着獭犸的喇嘛要拿獭犸换别着喇叭的哑巴的喇叭，别着喇叭的哑巴不愿拿着喇叭换提着獭犸的喇嘛的獭犸，不知是别着喇叭的哑巴打了提着獭犸的喇嘛，还是提着獭犸的喇嘛打了别着喇叭的哑巴，喇嘛回家炖了獭犸，哑巴滴滴哒哒吹起喇叭。

母鸡骂小鸡，你这笨东西。叫你咯咯咯，你偏叽叽叽。

河里有只船，船上挂白帆，风吹帆张船向前，无风帆落停下船。

车上有个盆，盆里有个瓶，乒乒乒，乓乓乓，不知是瓶碰盆，还是盆碰瓶。

街上有算卦郎，还有一个挂蒜郎，算卦郎算卦，挂蒜郎卖蒜，算卦的叫挂蒜的算卦，挂蒜的叫算卦的买蒜，算卦的不买挂蒜的蒜，挂蒜的也不算算卦的卦。

家里有个柜子，柜子里放个罐子，罐子里头放的谷子，谷子上头插二十四根竹子，竹子顶上还落的二十四只鸽子，搬倒柜子，捣烂罐子，撒了谷子，断了竹子，飞了鸽子。

第二节　谚　语

农谚

一三五七八十腊，三十一天准没差，其余都是三十天，只有二月二十八（闰年二十九）（指阴历）。

一早三不忙，三早折一工。

一甲不雾，十天不明。（甲，甲日，每逢十天有一个甲日。）

一米压百价。

一米度三关。

一年打两春，黄牛（指干草）贵如金。

一场春雨一场暖，十场春雨要穿单。

一场秋雨一场寒，十场秋雨要穿棉。

二八月，乱穿衣。

二十二三，月儿正南。

二十七八，两明相刮。

二寸过三刀(指铡草刀),没料也上膘。

二年绿化成功，三年绿化成荫，五年财神进门。

二月清明不见花,三月清明定开花(指桃杏花）。

七九河开河不开，八九雁来一定来。

七九六十三，行人路上剥衣衫。

八月初一阴，来年旱到五月中，八月初一下，来年庄稼不做罢！

八月十五云遮月，来年正月十五雪打灯。

八成熟十成收，十成熟八成收。（指某些农作物若收割略早能增产，如高粱、小麦等。反之减产，如谷子、糜子等。又指八成的收成全部收回，就是十成收。）

九九出牛，十九卧圈。（指九九、十九这段时间气候不稳，很可能“九九”解冻能耕地，“十九”反而冻结不能耕地。）

九里有风，“伏”里有雨。

十月天，小春天。

十七十八，人定月发。

十月天，梳头洗脸天。

十九二十，人将睡着。

十分收成，七分管理。

十雾九晴，不用问人。

十月的萝卜冻了心。

人治水，水利人；人不治水，水害人。

人哄地皮，地哄肚皮。若要不信，粪场作证。

人怕跟上鬼，畜怕空肚水。

人勤地生宝，人懒地长草。

几时霜降几时冬，几时寒露几时春。（农历每年这几个节令月数不同，日期却一样）。

三天东南风，不用问天公。

三月清明不见青，二月清明遍地青。

三月的韭芽芽，羡死老爷爷。

三分造林七分管，林业才能大发展。

三伏有雨，瓮里有米。

三年两头闰，三年两不润。

三年护林人养树，十年成林树养人。

三糜不如一谷。

三年椽，五年檩，十年杨树啥也行。

干牛粪上地，不顶放屁。

干锄糜子，湿锄谷。

干锄糜，湿锄豆，

万里无云，当天下雨。

万物土中生。

下雪不冷，消雪冷。

工不枉使，地不瞒人。

土王用前三后四起黑涟。（土王用，每季有一个土王用，每个土王用十八天，时间分别是在立夏、立秋、立冬、立春的前十八天；黑涟，河里的冰块。全句指在土王用开始那天的前三天或后四天流涟从黄河上下来。）

土王用有雨，瓮里有米。

土雾三天下大雨。

大暑小暑，灌死圪狸老鼠。小满稙谷自稻黍，芒种糜子急种谷。

小雪流凌一月冬，四十五天定打春。（流凌，河里流的冰块。）

小雪流凌不流凌，大雪查河定查河。

小猪要游，大猪要囚。

小满谷，守住哭，要打谷，芒种谷。

山上长满树，如同修水库。

山上没有树，水土保不住。

山上多植树，如同修水库。

山区要想富，抓好林牧副。

山里红，忙煞人。（指山上草木叶发红，正是三秋大忙季节）。

山怕白露，川怕社。（社，指春社和秋社，分别在春分和秋分的前后。）

千年松万年柏，不如老槐歇一歇。

千日斧子百日锛，大锯只用一早晨。

千日管子百日笙，三弦只要常拨弄。

光栽不护，白费功夫。

光栽不保，越来越少。

女人坐了犁，耕地难翻皮。女人坐了楼，出苗很发愁。

马路两边好乘凉，马路中间能打粮。

四月八，冻死黑豆荚。

天上星星笑（跳跃），有雨如水倒。

天上有了钩钩云，三五日里雨淋淋。

天旱雨涝不收田。

天旱雨淋山，雨涝漫河滩。

天旱不误锄苗子，雨涝不误浇园子。

天阴不觉迟早。

天旱雨淋山，雨涝推河滩。

天旱雨淋山，有林泉不干。

天旱圪针收。

天旱逢庚变，雨涉遇甲霁。（庚，十天干庚日，每十天有一个庚日。）

天变一时辰，人变百日功。

天黄有雨，地黄有米（指秋天庄稼成熟时的景象）。

天寒日短，不刮风就暖。

无灾人养树，有灾树养人。

五九六九遍地插柳。

五月韭，驴还见了愁。

五月滚谷，见了就哭。

五月的糜子遮住皮。

五月的人工分前后。

不怕冬寒，只怕春寒。

不怕使十天，就怕猛三鞭。（指不怕天天役使牲畜，只怕凶猛乱打。）

不怕重茬谷，只怕谷重茬。

木瓜开花，点豆种瓜。

木鸽十八天，鸡鸡二十一。

太阳落山黑云抢，不等半夜雨声响。

云走北，稀泥淹胳膝；云走西，淋死鸡；云走南，雨很难；云走东，一场空。

云往东一场风，云往北干磨墨，云往南水滩滩，云往西河儿溢。

云拾翻，淋倒山。

云里的日头，洞里的风，蝎子的尾巴，后娘的心。

日珥单，不过三；日珥双，刮烂窗。

月亮旁边黄半圈，起风就在眼跟前。

风是雨头子，屁是屎头子。

风刮一百五，雨洒清明节

风刮一大片，雹打一条线。

风不动，草不摇。

牛不吃脏草，马不饮脏水。

牛舔前蹄，狗吃草，三天不下没神道。

六月六，新麦子馍馍炒猪肉。

水草喂到，胜过吃料。

水瓮哭，要下雨。

水雪虽厚，难过六月。

去年的皇历，看不得。

打闪嘞，雨远嘞，吼雷嘞，雨来嘞。

打枣割谷混收秋。

本地槐角角收了，麦子收。

龙口里夺食。

节令不饶人。

东雨不来，来了不回。

东风刮到涝，还得西风绕一绕。

东风刮老鳌，还得西风一忽哨。

东虹轰雷西虹雨，南虹下来发大水。

东风吹云，西风下雨。

只重栽不重管，冬天变成光杆杆。

白萝卜要大，夏至种上。

白露枣两头红，红不办，连夜红。

禾田连夜变。

生土变熟土，一亩顶几亩。

冬至当日数九，夏至三庚数伏。

冬至一阳生，夏至一阴生。（过了冬至后阳气增生，过了夏至阴气增生。）

冬至至清明一百五。（一百五，冬至至清明共一百五十天。）

冬后十天阳历年。

冬走十里不明，夏走十里不黑。

冬练三九，夏练三伏。

处暑不出头，割的喂了牛。

宁种三日迟，不种一日泥。

头九二九不算九，三九四九冻死狗，五九六九水走浮头，七九六十三穷人路上把衣担，九九过一九，黄牛遍地走。

头伏荞麦中伏菜。

头伏耧谷一碗油，中伏耧谷半碗油，末伏耧谷没来由。

头伏萝卜中伏菜，末伏芥子长成怪。

头锄浅，二锄深，三锄把土耧在根。

边收边耕有三好，肥田、除虫又锄草。

立冬不使牛，强耕十天地。

立秋糜子四指高，拔节秀穗冒过腰。

立秋草，拨拉倒。

立秋果子，处暑桃。

立秋雷响，百日无霜。

立夏看夏，立秋看秋。

立夏慌忙混种谷。

立夏不起尘，起尘饿死人。

立夏棉袄脱在家，老来腰腿挺利索。

白露枣两头红。

布谷鸟入伏不吼，立秋就走。

老云接驾，必定要下。

有风方起浪，无潮水自平。

有种就有收，种上有盼头。

有钱难买五月旱，六月连阴吃饱饭。

羊圈摇钱树，猪圈聚宝盆。

过了四月八，有花没疙瘩（指棉花）。

过了冬（冬至）长一针，过了腊八，长了辣角，过了年长一椽。

地在人种，事在人为。

地是刮金板，人勤地不懒。

地种三年亲如母。

芒种糜子，急种谷。

芝麻开花节节高。

早上浮云走，前晌晒熬狗。

早雨不来，来了不回。

早看东南，晚看西北。

早烧不出门，晚烧晒死人（烧：指空中出现的云霞）。

早起下雨当天晴，黑了下雨到天明。

早上下雨午间停，半夜下雨至天明。

早雾晴，晚雾阴。

早刮东风晒死牛。

早霞不出门，晚霞十天红。

岁朝宜黑四边天，大雪纷纷是旱年，只有立春晴一日，农夫不用力耕田。

伏不种糜，寒不种麦。（糜：糜子，麦：冬小麦。寒，指寒露。）

伏不种糜，暑不种豆。

伏里天，锄不早。

伏里的天，三天不下烤一砖。

伏里有雨，缸里有米

先种背，后种阳，到了收时一齐能上场。

先社后秋风，磨镰就收秋，先秋风后社，霜必在昼夜。

先是人养树，后是树养人。

先犁背，后犁梁，然后耕的阳圪郎。

年年把树栽，不用人砍柴。

会喂的喂腿（指人或动物要多运动），不会喂的喂嘴。

宅旁树成林，医生不进门。

庄户人家不用问，一家做甚都做甚。

庄稼怕旱，做活怕站。

庄户人家养上羊，一年多吃三月粮。

庄稼一枝花，全凭粪当家。

庄户人家种谷，十年九吃。

庄稼要好，犁深肥饱。

农民要想富，养鸡又养兔。

关节发疼，不雨也风。

冰雹夹犁沟。

冰雪虽厚，难过六月。

好糜不露叶，好谷不露穗。

羊马年广种田，要吃饱饭等猪年。

地牛叫，雨就到。

阳圪垛背交口，冻死人的李家湾。

豆锄三遍颗颗圆，谷锄三遍米汤甜。

麦子伤镰硬如钢，糜谷伤镰一把慷。

麦怕二月雪，谷怕八月风。

麦收八十三场雨（指八月、十月、三月的雨）。

麦盼三月雨，怕的四月风。

年年把树栽，不用人砍柴。

别为青枣去操心，到了秋风自然红。

针尖的窟窿，扇车的风。

没有不透风的墙。

没有高山，显不出平地。

驴老牙长，马老牙黄。

驴啃脖子工变工。

抓土不抓水，天旱要吃亏，抓水不抓土，有水没用处。

杨条梢收了糜子收。

刨个坡坡，吃个窝窝。

谷子拖泥秀穗，淋了高粱花。

谷雨节，定磨棉。（定磨棉，是说一定要种棉花。）

谷锄八遍，八米二糠。

谷锄针，糜锄角，高粱锄的一老匝。

闰月年，认稙田（宜早种的意思）。

初三初四月牙牙，落四不落五（14落15不落）。

沙土枣树黄土柳，百棵能活九十九。

鸡要上架早，明天天气好。

杏黄麦熟木瓜圆。

雨点起泡，连阴预兆。

枣树打，果树摘。

枣芽一黑豆，种瓜又点豆。

若要锄好田，锄在夏至前。

若要富，栽起摇钱树。

茅子翻，雨连天。

果树要好，粪大水饱。

饱不加鞭，饥不上套。

夜晴不算晴，单看明早晨。

夜里起风夜里住，五更起风刮倒树。

房前屋后栽红枣，宅内宅外压葡萄。

房前屋后栽上杨，十年盖房有大梁。

河靠源头水，畜凭夜草肥。

治山治水不栽树，有土有水保不住。

细收细打，颗粒归家。

牲口赶要稳，使要匀。

要知来年闰，提冬数月尽。

要看后月雨，单看前月二十五。

要想风沙住，山川多栽树。

要想害虫少，锄尽地边草。

春风吹破琉璃瓦。

春分刮东风，麦子收十分；春分刮西风，麦子查无宗。

春风不在家，入伏不在地（红皮蒜）。

春风秋风，昼夜平分。

春风吹，土快干，抢墒下种莫迟延。

春不种，秋不收。

春打六九头。（春，指立春。）

春忙秋忙，绣女下床。

春雨贵如油，下种不用愁。

春冻吃梁秋冻洼。

春麦地要背，冬麦地要阳。

南山云戴帽，庄稼人睡觉。

胡萝卜干种湿出来，湿种不出来。

荒山成了林，如同聚宝盆。

荒山变绿山，不愁吃和穿。

草除尽，茬拾光，病虫害虫无处藏。

树大荫凉大。

柳树当年不算活，枣树当年不算死。

蚂蚁搬家，有雨不差。

蚂蚁搬家蛇过道，三天不下没神道。

蚂蚁出窝蛇溜道，燕子钻天大雨到。

急风暴雨三后晌。

钩钩云、道道云，今天不下明早晨。

重阳不下看十三，十三不下一冬旱。

万重茬谷，坐下哭。

种田有了牛，丰收不用愁。

种瓜得瓜，种豆得豆。

种地不用问，精耕多上粪。

种地没粪，如同瞎混。

种地没巧，肥多水饱。

种麦抓类，一步五把。

秋风糜子寒露谷，熟不熟要拾掇。

秋风糜子割不得，寒露谷子等不得。

秋季清除地边草，来年肥多虫又少。

秋旱如刀剐。

秋锄一株草，春少十天忙。

秋刮南风地不干。

种田的不偷，庄稼不收。

种瓜得瓜，种豆得豆。

炭烧在九里，米吃在伏里。

扁豆地里卧下鸡，还嫌扁豆稀。

养牛养冬膘，一饱壮三腰。

养猪不热圈，不是庄稼汉。

养猪没巧，圈干食饱。

养猪养羊，有肉有粮。

前人栽树，后人乘凉。

夏至三更数头伏。

夏至十天禄杆响（连枷。打场用的工具，这里指打麦子）。

夏田入了瓮，秋田上了场。

夏至三庚数头伏。

夏至不种高山糜，强种十天小黄糜。

夏至日最长，冬至日最短。

夏刮南风海底干，秋刮南风地不干。

栽树不掩土，树木要干枯。

栽树没巧，浇水要饱。

栽树要栽在个圪垛垛里。

栽树没巧，深栽实捣。

栽秧要抢先，割麦要抢天。

莜麦要好，掩泥刷鞋掌。

豌豆种在九，才能打在斗。

捉苗一半功。

热不过三伏，冷不过三九。

热生风，冷生雨。

热蚊连成片，下雨不会远。

桃三杏四果五年，枣树当年就还钱。

桃饱杏伤人，李子树底埋死人。

桃红柳绿春来早。

耕地看妥头，吃饭看时候。（妥头，犁的头子，用作耕地宽窄的标准。）

耕地要深，耙地要平。

晌午锄地强，草死苗苗长。

稙糜迟瓜，好死也休夸。

积水防旱，积谷防饥。

积肥没巧，手勤腿跑。

臭七月，烂八月（指熟食）。

造林不护林，瞎子白点灯。

家中富不富，先看宅旁树。

家中千粮万担，不可拿白萝卜就饭（白萝卜助消化不省粮）。

家有百株树，不愁吃穿住。

家有百株树，等于小金库。

被褥潮，阴天到。

黄云翻，雹子天。

眼前富，多养猪，长年富，多栽树。

得社动枣杆。

猫三狗四猪半年，骡子马儿年对年。

猪圈常垫土，有机化肥库。

猪吃百样草，看你找不找。

猪在院中闹，鸡飞狗也叫，牲口不进圈，地震快来到。

你铡短草，手勤水饱。淋伏头，晒伏尾。

清明大麦，谷雨麻。

清明前十植麦，清明后十至麦。（至麦，种的偏迟的春小麦。）

绿了荒山头，干沟清水流。

随耧跑碌砘，捉苗有保证。

搅耧三不筛，插耧有三筛。

植树造林，不过清明。

植树造林，富国裕民。

喝了一杯茶，坏了一窟麻。

腊七腊八，冻死哈叭。

锄片底下三件宝，防涝，防旱，防杂草。

锄头上有水，杈齿子上有火。

粪是庄稼宝，没粪长不好。

黑猪会河，大雨滂沱。

雷镇百日暖。

瑞雪兆丰年。

琉琉里挑水窖，圪梁梁套水道。

榆钱钱收了，谷子收。

蒿妥妥收了糜子收。（蒿妥妥，春末夏初刚长出的圆形小蒿。）

数九数的暖了，入伏入的冷了。

槐角角收了麦子收。

漫山都是十年树，能做成栗子能做成柱。

精打细收，颗粒不丢。

狼从门前过，不伤自己羊。

狼行千里吃肉，狗行千里吃屎。

狼昏黄，鬼半夜，黄鼠狼吃鸡临明时。

蛇钻窟窿蛇知道。

雷声大雨点小。

赖瓜籽多，赖人“理”多。

赖死的猫逼了鼠，赖死的狼也吃羊。

蒜有百利，只害眼目。

墙头草，随风倒。

墙有缝，壁有耳。

墙里有花，墙外红。

满天星星顶不上一个月亮。

摘下的花儿新鲜不了几天。磨碾千家粮，坏了主人修。

燕子钻天蛇过道，牛刨前蹄有雨到。

燕子高飞天气晴，燕子低飞雨淋淋。

霜降杀百草，立冬地不消。

糜三谷五菜一宿，急的老荞不夹宿。

糜子泼了墒，便把口袋张，荞麦泼了墒，便把口圪张。（指没收成）

露水重天气晴，早无水满天云。

时政类

一不等，二不靠，三不伸手向上要。

一方有难，八方支援。

千里投军，志在为国。

水打王汝汇，富贵石州城。

天涯地角隔不断，古槐牵着游子心。

见了亲人拿酒，见了敌人拿刀。

文臣不爱钱，武将不怕死，国将兴。

火大没湿柴，强将手下无弱兵。

为人舍得一身剐，敢把皇帝拉下马。

正义战无不胜，真理高于一切。

打不尽的毡上土，说不完的穷人苦。

打混工好坏不分，大锅饭越吃越穷。

打过春，穷汉把眼睁，睁呗睁还有七七四十九天摆条风。

节约储粮，备战备荒。

宁可千日不战，不可一日不备。

民国十年修路工，不要老汉要后生。

吃不吃，金皇后；够不够，三百六。

百战出勇士，苦练出精兵。

有理四十板，无理板四十。

有面子的没面子，没面子的尽面子。（讽刺煤矿卖炭的不正之风。）

朱门酒肉臭，路有饿死骨。

杀刘秀，斩王莽，打小鬼，骂阎王。

兵不在多而在精，将不在勇而在谋。

兵不离营，马不离栈。

兵怂怂一个，将怂怂一窝。

秀才造反三年不成。

秀才遇上兵，有理说不清。

没有国就没有家。

冻不死的葱，饿不死的兵。

君不正臣投外国，父不正子离家乡。

国清才子贵，家富小儿娇。

国法如炉真如炉，那个好汉不低头。

舍命才称真豪杰，爱国方为大丈夫。

治不忘乱，安不忘危。

官不修衙，客不修店。

官向官，民向民，和尚向的出家人。

官凭印虎凭山，叫花子凭的格栏栏。

官清书吏瘦，神灵庙主肥。

要吃红面没黑豆，搅点榆皮瞎结凑。

要知朝中事，山中问野人。

要打深山虎，安住四邻土。

要退东吴兵，离不了东吴人。

政策对了头，干活有劲头。

钢刀虽快，不斩无罪之人。

保存实力，东山再起。

阎王要命忙世走，财主逼债无也有。

家有家规，国有国法。

惧法朝朝乐，欺公日日忧。

喝水不忘打井人。

摸着石头过河。

新官上任三把火。

薛仁贵征东，张士贵得功。

翻身不忘共产党。

事理类

一人一条心，穷断脊梁筋。

一人一双手，巧手夺天工。

一人舍命，万人难挡。

一人说话自有理，二人说话见高低。

一个和尚担水吃，两个和尚抬水吃，三个和尚没水吃。

有钱难买回头看。

有高山才能显出平地。

有理不在高言，山高遮不住太阳。

有理之民，能压无道之君。

有理走遍天下，没理寸步难行。

地有山坡陡洼，人有气力不足。

扬场看风，听话听音。

好出门不如歹在家。

扶胜不扶败，扶起不扶倒。

走到山里再砍柴，走到河边再脱鞋。

牡丹虽好，要绿叶扶持。

牡丹花好空入目，枣花虽小结实多。

冷手抓不起热馍馍。

冷不了馍馍，冷不了糕。

尿泡虽大无斤两，秤锤虽小压千斤。

纸里包不住火，筛子里放不住水。

画水无水空作浪，绣花虽好不闻香。

若要公道，打转颠倒，

势不可使尽，福不可享尽。

势利起于家庭，祸变生于骨肉。

鱼不可离水，虎不可离山。

河有两岸，事有两面。

单兵不成将，独木不成林。

单丝不成线，独树不成林。

树高千丈，叶落归根。

树大根深遭风气。（气，动词。）

恶有恶报，善有善报，不是不报，时候不到。

真的假不了，假的真不了。

修养励志类

一寸光阴一寸金，寸金难买寸光阴，

失去寸金还能买，失去光阴何处寻。

一口吃不成个胖子。

一日读书一日功，一日不读十日空。

一日练一日功，一日不练十日空。

一日为师，终身是父。

一白遮百丑。

一好遮百丑。

一代好媳妇，三代好子孙。

一失足而成千古恨。

一问三不知，神仙没法治。

一石米也摊不成一个货。（货，一种摊焙面食，也叫摊黄儿。）

一疙瘩烂肉害了满锅汤。

一快三光，一慢三慌。

一步走了错， 百步赶不上。

一步两个脚印印，麻雀飞过也有影。

一针不补十针烂。

一时焚火性，烧了絮寒衣。

一点一滴汇成海，一分一秒集一生。

一顿不吃肚空，一日不学手生。

一等二靠三落空，一想二干三成功。

一勤天下无难事。

一勤生百巧，一懒生百病。

一锹难挖井，一笔难画龙。

一锹掘不成一口井。

一毫之恶，劝人莫作。

一毫之善，与人方便。

一熟生百巧，三巧百事通。

人不可有傲气，但不可无傲骨。

人不在大小，马不在高低。

人不怕倒了运，就怕倒了性。

人无远虑，必有近忧。

人老心不老，人穷志不穷。

人老一盏灯。

人有不如自有，自有不如现手。

人死留名，豹死留皮。

人死留名，雁过留声。

人来马来鞭子来。

人没志气，百事无成。

刀不磨要生锈，人不学会落后。

刀笨石上磨，人笨街上舂。（舂，去皮壳方法。引申为磨砺。）

三岁看大，七岁看老。

三岁带来老来的相。

大不教，小不会。

大海不嫌水多，大山不嫌土多。

大笔写大字，大人做大事。

山外有山楼外楼，更有英雄在前头。

上坡的驴屁多，娇养的人病多。

广游者，见识多。

马好不在叫，人美不在貌。

与人方便，自己方便。

与其有誉于目前，孰若无毁于身后。

与其事后追悔，不如事前审慎。

弓硬弦常断，人强祸必随。

小时偷针针，大了抽筋筋。

小时练身功，老来少生病。

小马拉大车。

不见不识，不做不会。

不吃黄连，不知药苦。

不吃一堑，不长一智。

不吃苦中苦，难为人上人。

不吃烟，不酗酒，病魔只能绕道走。

不求样样通，只求一样精。

不依规矩，不成方圆。

不怕不足，只怕满足。

不怕不懂，就怕装懂。

不怕穿的迟，单怕脱的早。

不怕不知，就怕不学。

不怕慢，单怕站。

不怕人不敬，就怕己不正。

不怕穷，就怕懒。

不怕人老，就怕心老。

不怕人穷，就怕志短。

不贪不义之财，不饮过量之酒。

不挑千斤担，哪来铁肩膀。

不要愁不要气，重打锣鼓重唱戏。

不看衣衫，要看心眼。

不经一事，不长一智。

不经冬寒，不知春暖。

天上下雨地上滑，自己跌倒自己爬。

天不夸自高，地不夸自厚。

天地为大，亲师为尊。

天有万丈高，人心比天高。

无事不惹事，有事不怕事。

无私才能无畏。

无功不受禄。

艺多不扶人。

艺多不亏人。

少要稳重，老要红世（红世，有说有笑很活泼）。

心中无寒气，不怕冷水浇。

文人改医人，只要一早晨。

文不成，武不就。

文章有千古不朽之功能。

文章好不厌千回读。

平为福，和为贵，忍为高。

本事是个真的，西洋景是个空的。

巧言不如直说，能说不如能干。

只有状元学生，没有状元先生。

只要功夫深，铁杵磨成针。

只要身子正，不怕影子斜。

宁为英雄死，不为奴隶生。

宁可直中取，不要曲里求。

宁可穷而有志，不可富而失节，

宁挨三条子，不挨一勒杠。（勒杠，打粮场里用的连枷。）

宁叫憋死牛，不叫退了车。

宁当真白丁，不充假秀才。

宁愿站着死，决不跪着生。

对别人是马列主义，对自己是自由主义。

百挑不厌，百问不烦。

百闻不如一见。

耳过千遍，不如手过一遍。

老不看三国，少不看《水浒》。

有田不种仓廪虚，有书不读子孙愚。

有志者千方百计，无志者千难万难。

有冰还愁化不成水。

有枣处也一格栏，无枣处也一格栏。

有奈无奈，瓜皮就菜。

有富不夸，如同没啦。

机不可失，时不再来。

死店活人开。

师不高，弟子拙。

光阴贵如金，读书趁年轻。

光于前，裕于后。

吃一次亏，学一次伶俐。

吃一堑，长一智。

名望在路上，粮食在市上。

各人自扫门前雪，莫管他人瓦上霜。

各人的主意各人拿，各人的肚子各人挠（揉）。

先生不过引路人，学习全靠自用功。

成人不自在，自在不成人。

好石磨刀也用水。

严是爱、松是害，不管不教要变坏。

严教必出好子弟，姑息终成不肖儿。

两长补一短，两勤带一懒。

花有重开日，人无再少年。

求人不如求自己，跌倒不如自爬起。

听人说百遍，不如亲眼见。

听过不如见过，见过不如做过。

饮水要思源，为人莫忘本。

肚量要宏大，待人要真诚。

秀才不怕衣衫破，只怕肚里没有货。

辛苦不负苦心人。

穷当益坚，老当益壮。

君子在位恨君子，君子离位想君子。

君子失时把头低，凤凰落架不如鸡。

君子留路后来行。

君子动口不动手。

君子报仇，十年不晚。

君子爱财，取之有道。

责人之心责己，恕己之心恕人。

明人不做暗事。

明知山有虎，偏向虎山行。

虎不怕山高，龙不怕水深。

虎瘦雄心在，人穷志不短。

使人不如自走，求人不如求己。

知诀不知窍，惹得神鬼笑。

知错改错不算错。

放下屠刀，立地成佛。

学习如赶路，不能慢一步。

学习没多重，无志挑不动。

学会四七归，走遍天下不吃亏。

学会数理化，走遍天下都不怕。

学浅常觉慢人多，才疏方知能人少。

学如逆水行舟，不进则退。

学问学问，勤学好问。

练拳不练功，到老一场空。

树不修不直，苗不育不出。

树不修不成材，玉不琢不成器。

树不修，果不收。

临阵磨枪，不快也光。

恩不是一日补的，仇不是一日报的。

钟不撞不鸣，人不学不灵。

俭可养廉，勤能补拙。

亲眼看百遍，不如亲手过一遍。

恨铁不成钢，恨子不成龙。

施惠无念，受恩莫忘。

活到老，伶俐乖巧学到老。

活到老，学到老，活到八十还学巧。

活到老，学到老，还有三分未学到。

骄傲来自浅薄，狂妄来自无知。

恶厮守，善分离。

莫求黄金重重贵，但愿子孙个个贤。

脑怕不用，身怕不动。

读书趁年轻，补漏趁天晴。

读书破万卷，下笔如圣贤。

读书百遍，其义自见。

谁吃饭谁饱，谁念书谁好。

站一站五里，坐一坐十里。

能自治者，方能治人。

能疲处疲，能趄处趄。

基础打得好，地震塌不倒。

黄金贵有价，知识无价宝。

教子婴孩，教妇初来。

眼见是实，耳听是虚。

唱戏凭嗓子，拉锄凭膀子，钉鞋凭掌子。

欲要人敬，必先敬人。

欲求身富贵，必下苦功夫。

欲培好子弟，须种好心田。

望子成龙心切，盼子成人心急。

惺惺惜惺惺，才子识才子。

愉快使人健康，乐观使人长寿。

寒门三辈出贵子。

富不俭用贫时悔，少不学艺老时悔。

富夸不得，丑瞒不得。

富日要穷过。

富要恩德，穷要耿直。

富贵定要守本分，贫贱不必枉思量。

勤一勤，比人强，懒一懒，不如人。

勤人用手，懒人用口。

勤有功，戏无益。

勤学好问，不怕脑笨。

勤是摇钱树，俭是聚宝盆。

勤俭持家，细水长流。

勤俭生活好，懒惰把吃讨。

溺子如害子，纵子如杀子。

墙上挂筛筛，看你也不是个好栽栽。

锻炼不刻苦，纸上画老虎。

管是亲，严是爱，不管不严不戴爱。

滴水穿石，非一日之功。

精诚所至，金石为开。

精不精，通不通。

聪明不能聪明过。

靠人不如靠自己，跌倒不如自爬起。

镜子越擦越亮，脑子越用越灵。

懒散易生病，勤劳可健身。

社会交往类

一百个朋友不多，一个仇人不少。

一回生，两回熟。

一朝天子一朝臣，青春爱的少年人。

人不亲土亲，山不青水清。

人心是红的，银钱是黑的。

人心换人心，八两换半斤。

人心隔肚皮，里外不相逢。

人对眼不说丑俊，瓜好吃不论老嫩。

人害人折福嘞，天害人常哭嘞。

人比人活不成，驴比骡子驮不行。

人在情在，人不在情不在。

人投人滚动天地。

人抬人高，人灭人低。

人敬我一尺，我敬人一丈。

人往亲处走，水往低处流。

人怕伤心，树怕伤根。

人怕的恶人，鬼怕的凶神。

人怕心齐，虎怕成群。

人怕出名，猪怕壮。

人怕没脸，树怕没皮。

人怕理，马怕鞭，蚊子怕的是火烟。

人怕起绰号，地怕踩斜道。

人活眉眼树活皮，不活眉眼不如驴。

人活名望，鬼活灵堂。

人的名望，树的阴凉。
人是不牢之物。
人同此心，心同此理。
人走红运马走膘，倒运人走的背旮旯。
人穷不如鬼，茶淡不如水。
人穷朋友少。
人穷志短，马瘦毛长。
人穷衣衫烂，亲戚门前休独站，
人穷不做，马瘦不吃。
人穷大街无人问，富在深山有远亲。
人家的一根头发，也比你的腿粗。
人情似纸张张薄，世事如棋局局新。
人情是把锯，你不来，他不去。
人敬的有的，狗咬的走的。
人善被人欺，马善被人骑。
人不遇难不回头。
人离活，树离死。
人离乡贱，物离乡贵。
入境先问俗。
三人同一心，黄土变成金。
三天不念口生，三天不做手生。
三年不上门，亲的也变生。
大人不把小人怪，宰相肚里撑开船。
大丈夫相机而动。
大丈夫不记隔宿之仇。
大丈夫能屈能伸。
大丈夫当立功于异域。
大汗后着风，容易得伤风。
大事清楚，小事糊涂。
大事化小，小事化了。
千里送客，总有一别。
千里送鹅毛，礼轻仁义重。
不长四方屁股，怎敢坐八仙桌？
不走的路走三回。
不听老人言，吃亏在眼前。
不听老人话，手背朝了下。
不怕杀人的，单怕递刀的。
不看鱼情看水情。
不看僧面，看佛面，不看和尚看寺院。
不做亏心事，不怕鬼叫门。
不怕跟上鬼，单怕鬼跟上。
牛皮不是吹的，泰山不是垒的。
牛皮不是吹的，火车不是推的。
牛脑不烂，多加的两颗大炭。（脑头）。
心邪了看见马脑也是个圆的。（马脑，马头。）
火要空心，人要实心。
为人不做亏心事，半夜敲门心不惊。
为人要为彻，杀人要见血。
为人要把良心昧，叫谁受害谁受害。
为了一根驴轴辊，坏了一株大神树。
为了一口气，卖了十亩地。
水太清则无鱼，人太慎则无智。
水有源头树有根，葫芦有蔓话有因。
水要从病人身上出。
水流三尺为干净。
水瓮里走不了鳖。
水里求莲花。
两个手指扶一下，水就流的哗啦啦。
疙瘩不要拴死，路不要堵死。
可以生财有道，不可为富不仁。
龙陷沙滩遭虾戏，虎落平原被犬欺。
打了盆说盆，打了碗说碗。
打人休打脸，骂人休揭短。
世情看冷暖，人面逐高低。

用人不疑，疑人不用。

用着了抱在怀，用不着掀在崖。

白银买动黑人心。

宁可正而不足，不可邪而有余。

宁叫天下人负我，我决不负天下人。

宁做为人事，不开害人口。

宁做鸡头，不做凤尾。

宁和精人打一架，不和蠢人说句话。

礼没轻重，棍没长短。

礼多人不怪。

边推磨，边宰驴。

出门三不吃，进门三不吃。

出门看天色，进门看眼色。

出门靠主，打墙靠土。

出门人小三辈。

出钱不领情，领情不出钱。

母鸡下蛋呱呱叫，唯恐人家不知道。

老实人常在，狡猾人常败。

有茶有酒多兄弟，急难何曾见一人。

有福同享，有难同当。

在家不会迎宾客，出门方知少主人。

在家不算贫，路贫贫煞人，

在家靠父母，出门靠朋友。

过日子不得不仔细，待朋友不得不丰厚。

各有所长，各有所短。

先小人，后君子。

先说响，后不嚷。

先到者为君，后到者为臣。

先割堂堂，再请娘娘。

年来学的乌龟法，得缩头时且缩头。

好人的害，坏人的菜。

好人命不长，坏人压塌场。

好欠账不如赖现成。

好心换好心，麻糖换纸巾。

好朋友清算帐。

好客的朋友多。

好借好还，再借不难。

两好并一好。

走了和尚走不了庙。

走了的不撵，逮住的不放。

来者不善，善者不来。

来者不怕，怕者不来。

来说是非者，便是是非人。

男子汉说话，如同写下。

投亲不如住店，吃米不如吃面。

把别人当成阿斗，把自己当成孔明。花有个红的不红的，人有个能的不能的。

听话听声，锣鼓听音。

里外比斗，不得沾手。（比斗，这里指受贿。）你敬人一尺，人敬你一丈。

但能守本分，终身无烦恼。

邻家和气，万事如意。

远水不解近渴，远亲不如近邻。

沙糖嘴，刀子心。

远路的和尚会念经。

身子正不怕影子斜。

言多语失皆因酒，义断情疏只为钱。

言多语失，食多伤身。

应人事小，误人事大。

良心背在脊背上。

良言一句三冬暖，恶语伤人六月寒。

良药苦口利于病，忠言逆耳利于行。

你有关门计，我有跳墙法。

你有来言，我有去语。

你有归除乘法，我有个小九九咯叨。

（咯叨，这里指口算。）

你走你的阳关道，我过我的独木桥。

你的刀子快，我的脖子长。

你敢要我的心肝，我敢要你的五脏。

穷舍命，富抽筋。

忍一句，息一怒。

忍得一时之气，免得百日之忧。

君子一言，快马一鞭。

若要办，吃了饭。

若要事事好，须先问三老。

若要好，拜乔老。（乔老，三国东吴的格栳官。）

青石板上要蛇，各人的主意各人拿。

拄棍拄长的，攀伴攀强的。

择友不慎，全家遭殃。

软的欺，硬的怕，见了强人圪蹴下。（圪蹴指蹲下。）

取回经来是唐僧，闯下乱子是孙悟空。

易涨易退山沟水，易复易反小人心。

明枪易躲，暗箭难防。

受人之托，忠人之事。

受人钱财，与人消灾。

朋友清算账，弟兄高打墙。

贫住闹市无人问，富贵深山有远亲。

金凭火炼知真假，人以财交可知心。

知人知面不知心，知海知水不知深。

话不说不知，砂锅不打不烂。

话不可说尽，事不可做绝。

话到嘴边留半句。

话是开心的钥匙。

话说三遍淡如水，再说三遍没人理。

话赶话，没好话。

空口说空话。

相识满天下，知心有几人。

树靠根，人靠心。

挡住千人手，捂不住万人口。

轻动者多失，轻诺者寡信。

轻合者易离，轻听者必疑。

是非只为多开口，烦恼只为强出头。

哄死人的不偿命。

看人看心，听话听音。

看风使舵，随波逐流。

饶人不是痴汉，痴汉不会饶人。

说来的话，走来的路。

说的比唱得还好听。

说话的无心，听话的有意。

说话要讲理，做事要合理。

恼在心里，笑在脸上。

将心比自心，何必问旁人。

结交须胜己，似我不如无。

恶死的也是自家，好死的也是外人。

钱财如粪土，仁义值千金。

拿上猪头也寻不上庙门。

逢人只说三分话，不可全抛一片心。

宰相肚里撑开船。

害人如同害自己。

害人之心不可有，防人之心不可无。

酒醉不语真君子，财上分明大丈夫。

请人不到是羞主，到人不请是戏弄人。

请将不如激将。

谁人背后无人说，哪个人前不说人。

谁人做事谁人当，嫂嫂哪能替姑娘。

谈心要交心，交心要诚心。

理正不怕君王怒。

理出众人口。

掏雀掏出蛇来了。

蛇蜒嘞，兔窜嘞，各有各的打算嘞。

随人说话省气力。

趋吉避凶者，为君子。

量小不容人，性暴不让人。

量小非君子，无毒不丈夫。

割脑难，出钱难。

善恶到头总有报，只等来早与来迟。

道高龙虎伏，德重神鬼钦。

隔席不说话。

强中自有强中手，莫在人前夸海口。

强中自有强中手，能人背后有能人。

骗子手说的良心话。

媒婆的嘴，牙行的腿。

路逢绝处须回避，事到临头宜放胆。

跟上皇帝当娘娘，跟上屠夫翻肠肠。

跟上恶人走，必定吃苦头。

跟上勤的没懒的，跟上馋的没攒的。

跟不上，撵不上。

跟好人出好人，跟上巫婆会装神。

锥尖对上枣核子。

锣鼓长了没好戏。

馍馍有数，戚有数。

馍馍不吃，在碟子里。

谨言灾祸少，俭用省求人。

遭人命，坏三代。

管媒说事三分贱。

嘴是肉的，左来右的。

翻眼不认人。

翻眼不认账。

生活类

一不沾亲，二不带故。

一不赌力，二不赌色。

一日夫妻百日恩，怀揣石头三年滚。（滚，温暖，有热度）

一分一分上万，一颗一颗上石（石，古代的计量单位）。

一斗米养个恩人，一担米养个仇人。

一天没有三顿饱饭，倒有三顿饱气。

一百个饿狼吃不了个“没啦”。

一饱不能忘了百饿。

一斧楔的牢，至死不圪摇。

一家之计在于和。

一家作揖，两家弯腰。

一家不知一家，和尚不知道家。

一家十五口，七嘴八舌头，你要吃猪肉，他要喝烧酒。

一顿省一口，一年省一斗。

一顿吃伤，十顿喝汤。

一娘养的数百般。

一棵树上不能开两样花。

一锅米煮不出两样饭。

十个指头八个旮旯，句句说的真情实话。

十个指头不一样齐。

十桩人命九桩奸。

十层单，不如一层棉。

十里乡谈不一般（指风俗习惯）。

十差九错，只因慌张。

十遍投人九遍空，遍遍讹人不脱空。

七口子当家，八口子主事。

七岁八岁惹人嫌，十一十二狗还嫌。

七年记起八年事，老婆记起嫁来时。

八九离不了十上过，瞌睡离不了眼上过。

儿大做公，女大做婆。

儿大不由爹，女大不由娘。

儿不嫌母丑，狗不嫌家穷。

儿不看另时的产，女不看嫁时的衣。（另时，分家过户。）

儿孙自有儿孙福，莫为儿孙做马牛。

儿多的儿罪过，女多的害死人。

人老惜儿子，猫老吃儿子。

人走败运姑娘多，心中忧愁瞌睡多。

人老三不贵：贪财、怕死、不瞌睡。

人老腰弯把头低，树老皮厚叶子稀。

人吃土一世，土吃人一口。

人有当日之灾，马有解缰之病。

人有大小，嘴没大小。

人有三昏六嗔九糊涂。

人不该死总有救。

人不得十全，车不得圆。

人不伤心不落泪。

人不风流只因穷。

人无千日好，花无百日红。

人无伤虎心，虎有伤人意。

人无十全，瓜无滚圆。

人无头不走，鸟无翅不飞。

人有个能的不能的，花有个红的不红的。

人死影无踪，草死留下根。

人死了握一颗空圪都。（圪都，拳头。）

人没病不得死，花残叶落是根枯。

人是铁坯饭是钢，一顿不吃饿得慌。

人是衣架，马是鞍架。

人逢喜事精神爽，心中忧愁瞌睡多。

人前吃在人后，还是吃了个不够。

人家滚油浇心，你才东吴招亲。

又要吃油糕，又怕油了嘴。

三口掩一饿。

三个女人一面锣，五个女人一台戏。

三分人才，七分打扮。

三分吃药，七分保养。

三单不如一棉。

三翻六坐九爬爬，十个月上各挪挪。

大小是个人，长短是根棍。

大难不死，必有厚福。

小男孩不吃十年闲饭。

小孩勤，爱煞人。

小孩不冷，醋瓮不冻。

小孩过年，欢喜无边。

小孩嘴里讨实话。

小姐身份，丫鬟命。

小疮不当病，大了要开刀。

千滋万补，不如食补。

久住令人嫌，贫来亲也疏。

久病床上无孝子。

寸铁不上身。

门里出身，自会三分。

女大十八变，炕旮旯里一大变。

女大不中留，留下结冤仇。

马行无力皆因瘦，人不风流只为穷。

天马娘的好绕腾，村人脑上不放空。

天要下雨娘要嫁，好儿好女留不下。

不气不愁，活到白头。

不当家不知道柴米贵。

不吃凉粉腾板凳。

不怕儿女错，就怕父母惯。

不怕不识货，单怕货比货。

不怕婆母嘴碎，只要媳妇耳背。

不是一家人，难进一家门。

不是一家人，言语不共同。

不是一家人，同病不相怜。

不是他不仁，而是你不义。

天上下雨地上流，夫妻吵架不记仇。

天上无云不下雨，地下无媒不成亲。

不说自己人性坏，光说人家不戴爱。

不怨自己绳子短，却怨别人水井深。

不偷银子，不偷钱，不偷老婆，不偷汉。

天比地，地比天，赤舌猴，比神仙。

天理良心四个字，惟人不说自不是。

天养的笨虫虫，饿死的急溜溜。

天下无不是的爹娘，世上最难得的弟兄。

天旱三年也饿不死伙夫。

无事人睡的安然觉。

无钱莫入众，遭难莫寻亲。

无病一身轻。

无债一身轻。

牙不剔不稀，耳不挖不聋，

鼻不抠不破，眼不揉不红。

牙疼不算病，疼得要了命。

五月端午的粽子出不去，

八月十五的月饼回不来。

夫妻和睦家道兴，夫妻不和睡不宁。

夫妻两口一条心，日子过得赛黄金。

夫妻同床睡，人心隔肚皮。

夫贵妻荣，子贵父荣。

日对日长一日，月对月长一月，年对年长一年。

日有所思，夜有所梦。

从小爱劳动，老来药不用。

父母一重天，捣一圪都穷三年。（圪都，拳头。）

什么样的刀，要什么样的案，

心闲长头发，人闲长指甲。

心急马不快，马快路不对。

计划赶不上变化。

为了风度，不讲温度。

为了俏，冻得跳。

丑人不自思，常要人出丑，

水落石出时，丑还自家有。

丑人不照镜，越照越着气。

今日有酒今日醉，明日无酒喝凉水。

今生不是并头莲，前世烧了断头香。

灭虱没巧，勤洗衣袄。

去过死法，全是活法。

东西是新的好，人是旧的好。

未出嫁的女子缝屎布，闲时制下忙时用。

巧媳妇难做无米粥。

世间痛恨事，最毒淫妇心。

旧的不烂，新的不来。

四十岁上得一子，儿把老子使唤死。

生来不学好，跟上坏人跑。

生就的骨头长就的肉。

生死路上无老少，阎王叫谁谁就到。

生米做成了熟饭。

生的说不成熟的，死的说不成活的。

饥不择食，寒不择衣，慌不择路，贫不择妻。

饥了糠也甜，饱了蜜也嫌。

饥时一口，胜似饱时一斗。

仔细的发了，肯吃的胖了。（仔细，节俭）。

宁叫气破肚，不叫哭瞎眼。

宁叫口里无食，也不叫炕上无席。

宁叫囤口留一口，绝不能到囤底发愁。

宁叫没吃的，也不要叫没说的。

宁添一斗，莫添一口。

外甥哭妗子，记起来的一阵子。

汉（丈夫）是磨把，死了再嫁。

头不梳，脸不洗，龟毛野发隔炸起。（头发蓬乱的样子。）

头歇轻，二歇重，三歇起来担不动。

头凉脚暖不生灾。

半壮小子，吃死老子。（半壮小子，多指十二三岁的男孩子。）

半块身子埋在土里了。

奶奶亲，不如挨挨亲。

母壮的儿肥。

百人百性，百鸟百音。

百里不同风，千里不同俗。

百年成之不足，一旦毁之有余。

耳不听，心不恼。

耳听不如眼见。

耳听为虚，眼见为实。

老子不死，儿不大。

石头瓦钵残杂配的一家人。

老手旧胳膊，一只顶几只。

老羊皮换个羔羔皮。

老虎下山一张皮，凤凰落架不如鸡。

老的上不了马，小的拉不开弓。

有了婆家，忘了娘家。

有了五谷想六谷，有了馍馍想肉吃。

有了狠上狠，没有了忍上忍。

有千年的邻居，没有百年的父子。

有父不显子，有哥不显弟。

有他不多，无他不少。

有头发谁愿装秃子。

有鸡天也明，无鸡天也亮。

有油没盐，吃不见香甜。

有柴一火，有米一顿。

有钱不如有才，没啥也不如没病。

有钱有米好夫妻，没钱没米两分离。

有钱不买半年闲。

有理不过当娘家，态气不过送女戚。（态气，多指人的容貌身材宽梧大方。）

灰渣打不的墙，灰鬼养不的娘。（灰鬼，行为不正的人。）

在家千日好，外出时时难。

死了谁，苦了谁。

死汉启底活汉摇。

死汉不觉烧糕气。

死者不可复生，刑者不可复续。

死人不怕天火烧，死猪不怕熬水浇。（熬水，开水）。

过路人打狗，边打边走。

岁数不饶人，节令不饶人。

光棍忍饥，神鬼不知。

光棍打光棍，一棍还一棍。

早吃姜如清汤，晚吃姜赛刀枪。

早吃盐汤是参汤，晚吃盐汤赛砒霜。

当家的狗还嫌。

当家的是恶水瓮。

吃五谷的还能不生灾？

吃饭不知饥饱，睡觉不知颠倒。

吃饭不知饥饱，难过不知多少。（难过，这里指有病。）

吃饭防噎，走路防跌。

吃饭先喝汤，省下开药方。

吃的快，咽的慌，又伤胃口，又伤肠。

吃的香，咬的脆。

吃狗肉回滋味。

吃了人的口软，拿了人的手软。

吃了谁家的饭，落了谁家的家。

吃上的偏欢喜，吃不上的嘴努起。

吃药不忌口，坏了医生的手。

吃惯的嘴，跑惯的腿。

吃粮不管闲事。

吐出真红血，也是苏子水。

会家不难，难家不会。

会看的看个门路径道，不会看的看个火红热闹。

会说的不如会听的。

会家不忙，忙家不会。

会打的打百下，不会打的打一下。

会找的找女婿，不会找的找摊账。

多愁多病，越愁越病。

各家门，另家户。

各吃米，另烧柴。

年节好过，日子难过。

年年防饥不忍饥，夜夜防贼不吃亏。

年怕中秋月怕半，人过五十就扯淡。

自丑不觉，人丑笑煞。

自己的胳膊自己的腿，自己的身子由自摆。

自己的肚子自己豁，自己的牲是自己了。（牲，旧社会祭祀的猪羊等祭品。）

自夸没人爱，残花没人戴。

自家不识自家丑，偏在人前夸海口。

自得病自觉。

后婚婆姨后婚汉，一天一顿莜荞面，如若没有莜荞面，你哭你的婆姨，我哭我的汉。

伤筋痛骨一百天。

衣不求华，干净暖和为好，妻不重容，贤德持家为宝。

衣不如新，人不如故。

衣不加寸，鞋不加分。

衣衫讲究看外形，心地好坏看品行。

庄稼是人家的好，孩子是自家的好。

忙婆姨找不下好汉。

好出门不如歹在家。

欢娱嫌夜短，寂寞恨更长。

好汉十七八，赖汉二十几。

好汉常常好汉，尿床的一夜一泡。

好汉做下好汉当，怂囊鬼做下没奈何。

好汉不吃眼前亏。

好汉护三村，好狗护三邻。

好汉打不出村。

好汉不撵乏兔儿。

好汉出自嘴里，好马出自腿里。

好吃屎的闻见屁也香。

好吃难消化，吃哩屙不下，

好事不瞒人，瞒人没好事。

好的吃个死，赖的死不吃。

好狗还不咬上门的亲。

好狗不卧当道。

好话说尽，坏事做绝。

好话说的骨头疼，棍子打的肉皮疼。

好经都叫歪嘴和尚念坏了。

好兔不吃窝边草。

好死不如赖活着。

好家不露家，好村不露村。

好家业吃不住三份分。

严婆打不了个哑媳妇。

两好不如一合适。

两个肩肩抬个嘴，走在哪里吃哪里。

两手难捂千人嘴。

两手难遮千人眼。

两手难掩千人耳。

两对眼瞅的四下，三对眼瞅的六下。

走一处不如守一处。

走三家不如坐一家。

坛口好封，人嘴难捂。

男子汉没主意受下穷，婆姨没主意接下人。

男大当婚，女大当嫁。

男女对了眼，母猪赛貂蝉。

抓住芝麻，撂了西瓜。

求财恨不多，财多反伤身。

连奴讨了，连身卖了。

烧纸连墓圪堆也寻不上。

饭后百步走，能活九十九。

饭后百步走，睡觉不蒙头，健康能长寿。

饭后漱漱口，牙齿不会抖。

我的婆姨我不亲，我又没有死了心。

没啥也不敢没钱，有啥也不敢有病。

坐吃山空，立吃地陷。

没有贴面的厨子。

没眼的天照应。

没钱误了钱，没婆姨误了孩。

没有烧香的，尽是些绕庙的。

没窟窿的下蛆。

穷人还嫌讨吃子多。

穷了休说有来时，老了休说小来时。

穷不过讨吃，死不过咽气。

穷汉脑的倍外拐。（脑，离石土语，这里是扛的意思。拐，比别人多出的利息和苦头。）

穷汉说话驴不听。

穷汉脖子里有一百颗救命疙瘩。

穷汉死媳妇，如同蛛蛛捏扁肚。

穷厮吼，饿厮吵。

穷嫌富不爱。

穷遮不得，富夸不得。

弟兄不和是妯娌的过，亲家不和是女人的过。

张口容易合口难。

张口有个合口。

张口吃饭，展胳膊穿衣。

沙蓬滚蛋秋蝉吼，远游的人儿往回走。（沙蓬，多年生草本植物。）

妻大一岁，好活一世。

妻母亲女婿，如同狼逮地。

妻贤夫祸少，子孝父母安。

若要身体壮，饭菜嚼成浆。

苗好一半功，妻好全家福。

表面看去冷冰冰，内心像个热水瓶。

拉动笸箩斗动弹。

卖瓜的不说瓜苦。

卖好面的见不得卖石灰的。

卖饭的不怕大肚汉。

卖鞋老婆赤脚跑，编凉席的睡光炕。

软布袋难抱。

软糜子蒸不下硬糕。

贤妇令夫贵，恶妇令家败。

闹气不兴家，兴家不闹气。

图麸子嘞，图黑面嘞？

图贱买老牛，买的老牛不耕地。

锣鼓长了没好戏。

虎狼虽猛不伤子。

金圪垛，银圪垛，不如自家的穷圪垛。

得过且过，阳坡地暖和。

得病心无主，犯法身无主。

知足者常乐，能忍者自安。

油吃一点香。

油炸粽子，各人的性子。

怕处有鬼，咬处有嘴。

该在河里死的，井里死不了。

房檐断纳，地土相连。（断纳，指相互相交、连接的意思。）

姐妹二人一齐嫁，各愁各的活法吧。

姑姑亲，辈辈亲，姨姨亲，不算亲，死了姨姨绝断亲。

细嚼慢咽，不伤肠胃。

虱子跳蚤也穿裤着。

要想身体健，食物要新鲜。

要杀开刀，要吃张嘴。

相争相夺不够吃，相敬相让吃不了。

相离不得，相见不得。

茶淡不如水，人穷不如鬼。

砍柴夹住斧脑（脑，头），借米捣烂升子。

轻的不肯拿，重的拿不动。

毒人的不吃，犯法的不做。

是媒不是媒，先从嘴上来。

是福不是祸，是祸躲不过。

虽有千粮万石，无非日吃三餐。

骨头连筋，十指连心。

旧的不烂，新的不来。

咬得烂，咽得慢，吃过饭后把步散。

看面老糙，老年不到。

看去不怎么，一天一盒盒。

看上去蔫，抽的纸烟。

看自家一朵花，看别人豆腐渣。

看戏不识戏，不如家里睡。

看客着上菜碟。

香不过的猪肉，亲不过的姑舅。

香时不吃，臭时闻。

食多伤胃，忧多伤身。

食不多餐，餐不过饱。

食不言，寝不语。

食物缺铁，要得贫血。

食物缺钙，牙齿要坏。

信口吃倒泰山。

修肚不修身，一辈子弄成空。

胆大的走遍天下，胆小的寸步难行。

胆大如虎，胆小如鼠。

说的容易，做时难。

说媒了事，捎的跑字。

穿上的不冷，吃哩的不饿。

穿衣吃饭没等尽。

穿衣吃饭称家当。

穿衣不沉，荷衣沉。（荷，拿、举的意思。）

穿好的不是爱好的，吃好的不是吃少的。

亲儿不如亲汉，栽葱不如栽蒜。

亲大的，宠小的，不亲的二小子。

亲争不得，生吃不得。

亲娇娇，害娇娇。

亲身下河知深浅，亲口尝梨知酸甜。

亲近不如挨近。

亲顾亲顾，来回观顾。

亲套亲，骨连亲。

亲戚家里养不老，胡子上的饭吃不饱。

亲戚远离门，弟兄高打墙。

祖辈留祖辈，笆篱没毁坏。

美不美泉中水，亲不亲一乡人。

前三十年，看父敬子，后三十年看子敬父。

前婆姨养儿是后婆姨的福。

活人活不出去，活鬼一捉一个妙。

活人眼里举拳头。

伏了天不想动，数九寒天鬼抽筋。

活动活动，浑身轻松。

活时不孝，死了扬名撒号。（扬名撒号，对死者举行隆重的祭奠仪式，使之传名于世。）

活是谁家人，死是谁家的鬼。

养儿像外舅，养女像家姑。

养子不教如养驴，养女不教如养猪。

养女不能算饭钱。

养下身来，没养下心。

哥哥有米嫂嫂吃，撂下兄弟饿的哭。

真金不怕火炼，好媳妇不怕人看。

真金不怕火炼，好汉不怕考验。

套麻雀也得几颗米。

莫笑他人老，总有这一遭。

莫饮卯时酒，不打酉时妻。

捣一圪嘟（拳头）醒一锤。

捞不起，篦不下。

埋人要埋死的。

赶毛驴的不问车路。

赶车三年知马力，得病三年成医人。

栽葫芦上墙，娶媳妇像婆。

紧出门，慢打掇。

紧七慢八九消停。

紧过踏石慢过桥。

紧走不忘一倒看。

铁不炼不成钢，人不活动不健康。

铁匠翻转手，养活七八口。

铁要铁打，贼要贼拿。

钱在手头，饭在口头。

钱难挣，屎难吃。

笑一笑，少一少；恼一恼，老一老。

笑在脸上，喜在心头。

笑烂不笑补，笑脏不笑旧。

借钱还钱，刚够本钱。

借上灵堂哭凄惶。

借米去把升子也捣烂了。

借米的赶上锅熬呢，还米的赶不上锅熬。

胳膊弯弯朝里曲。

家无生计做，吃断斗量金。

家丑不可外扬。

家神不安，土地不稳。

家有贤妻，不遭是非。

家有贤妻，不算穷。

家有三门穷亲不算富，家有三门富亲不算穷。

家有三件宝：丑妻、赖地、烂皮袄。

家有一个勤，吃穿不求人。

家有万贯，肚底走风的不算。

家有万贯，就有神鬼的一半。

家有十五口，七嘴八舌头。你要吃猪肉，他要喝烧酒。

家有五口，一头牛紧走。

家有千斤石，外有百杆秤。

家有千只手，难挡万人口。

家有千口，主事一人。

家里爬瓷瓮，出去爬草洞。

家里常吵架，锅开没米下。

家穷难养妻，管妻妻不听。

家贫显孝子，国乱显忠臣。

家败奴欺主，时衰鬼弄人。

家败奴欺主，佛败鬼伤神。

家常饭，粗布衣，知冷知热结发妻。
烧火不如褙门缝。
烧在前，吃在后。
烧吃公，煮吃婆，剩下女婿掐的尝。
烧的黑豆秸，煮的吃黑豆。
烧袄吓虱子。
烧酒越老越好。
凉气热气都受过。
高门不来，低门不去。
病从口入，祸从口出。
病要药治，身要饭养。
谁又没吃你窖底上的糠。
谁家也有一本难念的经。
谁身上的肉谁心疼。
谁家的锅底不抹黑。
养子留后嗣，烧纸一堆灰。
娘后了，老子也后了。
亲娘孩子亲老子，后娘孩子没老子。
能练一身汗，小病不用看。
难家不会，会家不难。
难在心里，笑在脸上。
娶过媳妇亲戚多，养下孩子屎尿多。
娶妻娶德不娶色，交友交心不交财。
娶媳妇，定穷富。

基本吃素，饭后百步，遇事不怒，劳逸适度。

常说口里顺，常做手不笨。
常喝茶，少烂牙。
偷人坏三代。
做在人前，吃在人后。
做事不惯，米麦淘下八石。
做甚的务甚，鞭杆手务棍。
得了便宜，道不是。
得了五谷想六谷，得了馍馍想肉吃。
得过且过，阳圪塄塄暖和。
得病三年出医生。
猪毛栽不到羊身上。
猪羊一碟菜，吃了不造罪。
猪猫狗不是。
猫走了放出鼠来了。
猫养的猫亲，狗养的狗亲。
添不在斤里，也能添在两里。
添粮不如减口。
婆姨是个蜜罐罐，不听不听一半半。
婆姨有福带满家。
婆姨嚎了，疯狗咬了。
逼得哑巴说起话。
惹七家，斗八家。
惹不起也能躲起。
葱花花，油点点，芝麻面面姜片片。
葱辣鼻子蒜辣心，辣子辣的屁股疼。
搓绳绳不转，剜眼眼不开
搭起台子等戏子，戏子不来活气着。
揩了泪别处哭。
越闲越懒，越吃越馋。
越烧香，越鬼多。
蛤蟆跳三跳，还要歇一歇。

喝开水吃热菜，不跑茅则（拉肚子）不受害。

梁家塌葫芦把，这头起那头下。
晴天不肯走，只等雨临头。
跌在茅则（厕所）里还怕屎糊。
黑字白旮旯，腿腿都朝下。
锁门是锁君子。
腊月的穷汉快如马。
集上人千万，心上人一个。

渴不急饮，饥不急吃。

隔夜茶，毒如蛇。

隔河千里远。

强盗走了，拿出棍来了。

强盗碰上贼爷爷了。

零钱攒整钱，滴水汇成河。

想金盼银，年年受穷。

罪多不压人，虱多不咬人。

暖天歇凉凉，冬天晒阳阳。

暖天日落砍一背柴，冬天日落穿不办鞋。

睡时洗洗脚，胜过吃补药。

腰来腿不来，跌倒起不来。

躲过初一，躲不过十五。

愁肠挂两厢。

愁了的比做了的多。

愁的你操心睡不着了。

窟窿大，补丁小。

新三年，旧三年，缝缝补补又三年。

新安的茅房香三天。

管了三尺门里，管不了三尺门外。

管天管地难管妻。

管得了君子，管不了小人。

管得住长腿的，管不住长嘴的。

熬胶不粘，捣蒜不辣。

疑心生暗鬼，眼乱便生花。

瞌睡离不了眼里过。

瞌睡有了个枕头，想娘家来了个他舅爷。

暴饮饱食易生病，定时定量保健康。

嘴是福口，越吃越有。

嘴上没毛说话不牢.

嘴是两片片，说话自由变。

嘴勤齿子懒，坐下虚呐喊。

懒汉屎尿多。

瞻前顾后，衣食常够。

翻山不算远，隔河千里远。

生产类

一斤豆腐八两水，又没神来又没鬼。

一牛生九子，并负十张犁，老牛回头看，谁也替不下谁。

一百个做活的，总的有个逼活的。

一呀打墙嘞，二呀动土嘞。

人多没好饭，猪多没好食。

人多斯混，狗多斯咬。

人多主意多，遇事好商量。

人多的手多，毛扎扎腿多。（毛扎扎：百虫，蛐蜒）

人多手稠，干活不愁。

八仙过海，各显神通。

九牛爬坡，个个出力。

三个臭皮匠，顶个诸葛亮。

三家斯靠，倒了锅灶。

工钱上了三百三，兄弟三人不拆班。

上下拧成一股劲。

木匠改泥匠，三天两后晌。

长木匠，短铁匠。

手勤的碎小不难。

手熟为能，熟能生巧。

从南京到北京，买主没有卖主精。

牛曳驴不曳。

生意不成仁义在。

瓜在园，园有瓜。

冬一日年一日，老驴老牛歇一日。

冬天不停腿，春三不掉嘴。

老将出马，一个顶俩。

有货打的本钱在。

在行怨行，出行想行。

同行是冤家。

光有点灯的，没有添油的。

光有张口的，没有做活的。

光有卖嘴的，没有卖力的。

会买的捉不了会卖的。

众人是圣人。

众人拾柴火焰高。

价大买好货，十分不担忧。

守木匠守个板板，守铁匠守个眼眼。

孝顺不过医人，爱好不过匠人。

没土打不起墙，没砖修不成房。

拙工变巧工，三天顶得一早晨。

拉弓的拉弓，射箭的射箭。

担迟不担错。

担头不捎书。

拔了萝卜地皮宽。

货卖一张皮。

货好价出头，图贱拾老牛。

物见主人会说话。

泥匠改木匠，一辈子也撵不上。

泥泥是个捏格格，干了是个铁壳壳。（捏格格，指不坚固。）

草包虚大汉，能吃不能干。

砍一斧，镇百林。

省钱没好货，好货不省钱。

便宜没好货，好货不便宜。

便宜不可占尽，聪明不可用尽。

耕地忘了扛犁，打铁忘了带锤。

掌柜的不在，有货不卖。

遍地一层钱，有手无人拈。

隔行不取利。

隔行如隔山。

解锯不如截锯快。

漫天讨价，就地还钱。

骡马下了套，莫忘遛遛道。

疑者不用，用者不疑。

靠山烧柴，靠河吃水。

靠天天高，靠地地厚。

懒汉调稀泥。

综合类

一次被蛇咬，十年见绳怕。

一条鱼掀不起大浪，一个跳蚤顶不起被窝。

一根萝卜截一头，不能两头全截走。

九妖十八洞，洞洞离不了孙悟空。

十目所视，十手所指。

人人喊打人人打，过街老鼠难过街。

人心硬，驴有劲。

三十年河东倒河西，三十年富汉把头低。

三六九日，朝王登殿。

三平两奔，五年，六月，七日，八时。

三句话不离本行。

三好不如一合适。

三年学个件件精通，五年学个啥也不会。

三年等的个闰腊月。

三块买的两块卖，不图赚钱单图快。

万丈高楼从地起。

门里说话门外听。

门神老了不捉鬼。

山中自有千年树，世上少有百岁人。

山中无老虎，猴子称大王。

山高高不过太阳，儿大大不过爹娘。

山没移性没改，改了性子就该死。

上门的生意好做。

千人所指，无病而死。

千尺有头，百尺有尾。

千巧容易，一诀难。

千拣万拣，拣得个漏油灯盏。

千锤捣锣，一锤定音。

马倒连鞍转，秋辔一齐断。

飞得高，跌得重。

女婿用了丈人的钱，和尚的驴吃了寺上的田。

不到黄河心不死，到了黄河泪淹死。

不怕一万，单怕万一。

不说远近，单说腿顺。

不喝敬酒，喝罚酒。

天是蓝的，惹人是难的。

天塌放大家，庙塌放社家。

无针不引线，无水不渡船。

无火不生烟。

开窑领戏，先拢子弟。

手里无刀杀不下人。

手帕紧腰，只这一遭。

手疾的打了手慢的。

风不刮树不摇，虱子不咬人不挠。

牛还能吃了个赶车的。

火烧眉毛说眼下。

双手画不成个八字。

平时不烧香，急时抱佛脚。

东倒西歪屋，南腔北调人。

打死人的要抵命，哄死人的不偿命。

打死卖拳的，淹死会水的。

打肿脸充胖子。

打狗还要看主。

打狐狸是要皮嘞，不要连肉吃了。

打破砂锅问到底。

打黑牛儆黄牛。

打蛇要打七寸蛇。

巧人做的拙人嫌，拙人做的狗还嫌。

世人只会量人短，何不回头把自量。

只要不开口，神仙难下手。

申时连酉时也等不的。

讨饭怕狗咬，秀才怕岁考。

医道通仙道。

赤舌拜了灶君爷，谁也知道。

听在耳，恼在心。

听在耳里，甜在心里。

财迷心，色迷路，初一当成二十六。

佛争一炉香，人争一口气。

佛靠金装，人靠衣装。

身大的力不缺。

身在曹营心在汉。

身后站大汉。

快马不用鞭催，响鼓不用重敲。

这山看见那山高，到了那山没柴烧。

初当阴阳活埋人。

补纳一半功。

没有好人穿，也有好人看。

没有打虎艺，怎敢上山冈。

没有吃过猪肉，也见过猪娃在街上跑。

驴俊马俊，裹上驴皮也俊。

念念有如临敌日，悸悸常似过桥心。

金盆捣烂，分量还在。

金装起，银塑起。

狗肉不上高抬秤。

狗改不了吃屎，猫改不了吃鼠。

狗嘴里吐不出象牙来。

放长线，钓大鱼。

学会下棋，不嫌饭迟。

学会吃烟，煨成箍拦。（箍拦，被烟火在衣物上煨开的窟窿。）

歪对配歪对，瘸驴驮着烂口袋。

草随风偃，人随大流。

南山可移，铁案难改。

哑巴吃黄连，有口说不出。

看景不如说景，说景不如听景。

香炉上一把，供桌上一把。

重打锣鼓重唱戏。

禹门三激浪，平地一声雷。

钢要用在刃子上，不能上在背子上。

送客千里，总有一别。

举手不打笑面人。

活着是个土疙瘩，死了是个金疙瘩。

养羊一千口，刀子不离手。

养孩知屎尿，养马知草料。

给人家抠鞋，还嫌指头粗。

给根鸡毛当令箭。

绑住挨得打，没米忍得饥。

眉毛胡子一把抓。

尿不同，茅子也不腾。

除了死法，都是活法。

提贼要赃，捉奸要双。

赶的早不如赶的巧。

紧病人，慢医生。

贼无底系，寸步难行。

贼咬一口，入骨三分。

贼窝里没乱人。

哭皇天也没救。

狼吃人有躲，人吃人没躲。

铃铃锁子都是铁。

拿上四两棉花，纺（访）一纺（访）。

胶多不粘，蜜多不甜。

留的人情在，后来好相逢。

家有高楼万丈，不过夜睡八尺之地。

疾风知劲草，日久见人心。

病人床上睡，死人街上游。

浪子回头金不换。

浪子回头石变玉，鳏棍收心铁成金。

浪再高，总在船底，山再高，总在脚底。

流泪眼观流泪眼，断肠人送断肠人。

酒醉心里明。

请息雷霆之怒，罢却虎狼之威。调料盐为主，五味油最香。

站在矮檐下，焉能不低头。

站起说话不腰疼。

冤有头，债有主。

雪中送炭君子少，锦上添花小人多。

雪里埋不住人，纸里包不住火。

爽口食多偏作病，快心事多防遭殃。黄金不为贵，安康值钱多。

黄罗伞下是朝廷。

黄金有价，药无价。

黄河尚有澄清日，乌离总有散尽时。

黄钱买动黑人心。

萝卜快了不洗泥，葱儿快了不剥皮。

救生不救死。

救兵如救火。

救急不救穷。

常用的铁不锈，常练的人不病。

常将有日思无日，莫待无时思有时。

常流的水不发臭，常动的人不生病。

银钱如粪土，脸面值千金。

银钱是勾命的鬼。

银钱是手上的一把污水。

铜盆子，铁刷子，谁也把谁没法子。

铜匙敲铁匙，正在兴响时。

甜言美语三冬暖，恶语伤人六月寒。

船烂了还有三千钉子。

船靠舵，箭靠弓，吹散乌云靠西风。

船到江心补漏迟。

麻雀虽小，五脏俱全。

深山毕竟藏猛虎，大海终须纳细流。

清官难断家务事。

淹死的是会水的，打死的是会拳的。

望梅不能止渴，画饼怎能充饥。

骑上毛驴寻毛驴。

骑上骆驼赶着鸡，高的高来，低的低。

骑马踏蹬，上下押称。

骑驴扛口袋，总是驴受害。

趁火打铁，趁水和泥。

越白越洗涮，越黑越捣炭。

越热越出汗，越冷越打颤。

朝廷的买马钱也敢使用。

朝里有人好居官。

蛤虫还能搜倒山。

强龙斗不过地头蛇。

强盗和过军打交道嘞。（过军，过路军人或部队。）

樱桃好吃树难栽，朋友好交口难开。

擒贼先擒王。

撵走狐子住进狼，一样不安好心肠。

撑死胆大的，饿死胆小的。

瞎子总怨灯不明，拐子忌嫌地不平。

藕断丝不断，人在人情在。

惯用语

第三节　惯用语　歇后语

一不趔三炸——发火得暴跳如雷。

一说话三瞪眼——开口就瞪起眼发火。

一字跳不在二字——指办事要有次序。

十五数来人——盘点这一天是谁们来过。

人牢的物牢——只要人在，东西也会保护好的。

二门上的管箩——多指掌有一定实权的人。

乜乜斜斜，强盗的爷爷——表面上看老实迟钝，但做下了极其不老实的事情。

口上不提口下提——指经常提到。

比风也不淡——小瞧人不抵事。

从泥水圪垛里活出来了——指原来孩子很多，生活难过，现在孩子们长大了，都能参加劳动，生活好起来了。

打滚陇变驴——不守信用，随时变化。

打鳖的捎鱼——批评张三，警告李四。

出了钱说鳖话——钱已经出了，却说了许多不该出钱的话。

可（糠）以（溢）在锅边了——指事情做得还不够理想。

四月八红面嘴上刷——指每年的四月八日家家户户吃高粱面条。

头大脖子细，终究一股气——多指人头很大，脖子很细，身体很不好的样子。

爷爷的老子，刀子外是个要的——指刀子是凶器，不是玩要的东西。

各人屙下各人打折——自己把事情做坏了，自己承担解决。

自己唾下自己舔——自己做错，自己来承受结果。

自己打自己的嘴巴——自己说的和做的相互矛盾。

米面馍馍实打实——用不发酵的米面蒸成的馍馍。

好骡子好马也怕打——用打的办法驯服骡马。

投门子，扳窗子——千方百计寻找门路。

吹胡子瞪眼——愤怒地吹起胡子，瞪起眼。

身子下去光剩下脑——只剩下一小点了，好办了。

穷得成把响焦干——穷得什么也没有。

穷功夫也误不起 ——舍不得无谓消耗功夫。

凭上老君爷吃献食则—— 凭借别人而受到的好处。

凭上龙王爷打伞—— 凭着别人得到了好处。

促出来打里各——指很不被器重的人，只办理一些杂务事情。

要抬下棺材才能和你说话——指不讲理，抬死杠的人。

扁豆面气臌——终究好不了，还是一肚子气。

疮是个苗苗，手是个挠挠——生了疮经常抠，疮会更厉害的。

捣脑子对命——纠纷闹得很凶，为纠纷甚至不惜生命。

掏奴瓦拨蚕——指伺候别人。

凑湿窟窟尿床——乘人之危，陷害别人。

朝住死人瞎开口——意思是象和死人说话一样，不起作用。

锅打拍子响——水开后穷的没米下，打着拍子响的声音。

割脑炸辫子——比喻事情难办如同要割头，剪辫子一样。

搬铺盖上炕——比喻一切都已就绪。

睡觉睡得搓起泡——自己预料不到的事，被加在身上。

暮各处处地——小孩表现老实，不灵活。

酸眉眉醋眼眼——有意地戏弄人。

敲锣说散话——天上一句，地下一句的闲扯。

踢飞脚，打呀叉——练武功的动作。

嘴里不干不净——指说话不文明，不礼貌，带骂人的语言。

懒得四根劲也提不起来——形容懒得动也不想动。

歇后语

一二三五六——无四（事）。

一二三四五六七，孝弟忠信礼义廉——忘（王）八无耻。

一人一把号——各吹各的调。

一人说话——自言自语。

一丈布去了九尺——只有一尺(吃)了。

一口吃了个鞋帮子——心中有底。

一口咬烂个李子——还不知道谁的底子。

一口咬断铁棍——嘴巴真砂。

一口想吃成个胖子——操之过急。

一个巴掌拍不响——孤掌难鸣。

一个师傅一路拳——各有各的打法。

一个和尚担水吃，两个和尚抬水吃，三个和尚没水吃——三家相靠，倒了锅灶。

一个朽木模——不是好料。

一个染途的布——同样货色。

一个锅里吃饭——不分彼此。

一个媳妇几个婆——不知该听谁的。

一个碟子捣九块——四分五裂。

一个馍馍两人吃——都不饱。

一个锅里搅稀稠——利害相关。

一千票子分四份——都是二百五。

一手交钱，一手交货——当面成交。

一斤肉包了一个饺子——好大的面皮。

一斤的酒瓶装十两——正好。

一斤碱子半斤面——不简（碱）单。

一文钱开当铺——周转不开。

一双筷子夹头发——三条光棍。

一只脚踩在门槛上——不知进退。

一头撞倒阎王庙——冒失鬼。

一百七加八十——二百五。

一百只老鼠咬猫——没一个敢下手。

一团乱麻——理不出个头绪来。

一把拉住火车头——好大的劲。

一把钥匙开一把锁——配就的。

一杆没星的秤——称不出分量来。

一条藤上的瓜——同甘共苦。

一肚子加减乘除——心中有数。

一张纸画了三个鼻子——不要脸。

一张嘴巴两张皮——横说横有理，竖说竖有理。

一担砂锅滚下崖——没一个好的。

一面官司——不好打。

一盆冷水浇头上——凉了半截。

一根头发破八瓣——细得厉害。

一根萝卜一个坑——没有空地方。

一根萝卜两头截——有利的买卖全做哩。

一拳打死个老虎——武艺高强。

一钱银子打的十一个银人——那一个也不够一分。

一碗水倒在地下——掬不起来。

一碗水端平——谁也没说的。

一碗清水看到底——骗不了人。

一辈子不嫁人——总是闺女。

一辈子卖蒸馍——啥气都受过。

一辈子做寡妇——能手（守）。

一锤子的买卖——好赖就是这一下。

一群老鸦朝南飞——高的高来低的低。

一锹凿不出个井来——性急了不顶事。

一篮鸡蛋倒在地——没一个好的。

二一添作五——平分。

二十七文钱摆三柱——久闻（九文）久闻（九文）又久闻（九文）。

二十一天孵不出鸡——坏蛋。

二八月天气——不凉不暖。

二月二穿单衣——为时还早。

二月的韭菜——头一茬。

二字改一字——越改越粗。

二两棉花一张弓——慢慢谈（弹）。

十个指头展开——不一样齐。

十五个铜钱掉地上——七零八落。

十五只水桶打水——七上八下。

十五块布缝衣裳——七弥八凑。

十五条扁担扔一地——横七竖八。

十字路口迷了路——分不出东西南北。

十字街贴广告——众所周知。
十亩地里一株谷——缺籽子。
七寸蛇——太毒。
七个人站两行——不三不四。
七个铜钱放两厢——在三不在四。
七仙女碰上董永了——天生的一对。
七郎八虎闯幽州——死的死来丢的丢。
七窍通六窍——一窍不通。
八十的老汉担扁担——心有余力不足。
八十的老婆搽粉哩——老来俏。
八十的老婆住娘家——就住这一回啦。
八九不离十——差不多。
八月十五送月饼——圆的。
八月十五献茄子——不打果木上的数。
八仙过海——各显神通。
八仙桌上放盏灯——明摆着。
八百钱的老驴——死活一半价。
八字撇了一下——差一半。
八级工学技术——精益求精。
八哥的嘴巴——随人说话。
人的丝比我的麻多——没说人的嘴。
九牛爬坡——个个出力。
九画加一画——实话（十画）。
刀子扎在肚里啦——心疼。
刀子对斧子——对着干。
刀子嘴豆腐心——嘴硬心软。
刀刃上踩高跷——弄玄。
刀切豆腐——两面光。
刀尖上要把戏——真危险。
刀尖上赌气——活要命。
又做巫婆又装鬼——两面捉弄人。
又娶媳妇又嫁女——双喜临门。
三十年的旧棉袄——里外都不新。
三千人吃豆面——谁敢（擀）嘞。
三九天穿裙子——美丽动（冻）人。
三九天吃冰块——把心凉透了。
三个人两根胡须——稀少。
三个人喝一杯酒——轮的来。
三个黄钱算命——那能保你一世。
三个菩萨两炷香——没你的份。
三毛加一毛——时（四）髦（毛）。
三月里的桃花——红不了几天。
三分像人，七分像鬼——人不人鬼不鬼。
三尺长的梯子——搭不上言（檐）。
三伏天穿皮袄——里外发热。
三花脸娶亲——十有九空。
三花脸照镜子——一副鬼像。
三间房子一锹泥——摸（抹）也摸（抹）不着。
三把钥匙挂胸口——开心。
三条腿板凳——立不起四柱（事主）。
三张纸糊的驴头——好大的面子。
三亩糜子换得一圪夹——没说（束）哩。
三周年杀了一只鸡——是个赖周年。
干牛粪擦锹——利不索地。
干猴猴挽的蛆蔓菁——两家没油水。
土地爷开银行——钱通神路。
下雨天走路——拖泥带水。
下雨天打麦子——难收场。
下雪天过独木桥——提心吊胆。
下雪天走路——一步一个脚印。
下脖子底绑担架——抬举（嘴）嘞。
大力士扔鸡毛——有劲使不上。
大门上的门神——里手的外人。
大夫开了棺材铺——死活都要钱。

大水推了龙王庙——吾神顾不了吾身。

大水淹了龙王庙——一家人认不得一家人。

大老爷升堂——呼吆喝六。

大老爷的惊堂木——官气（器）。

大年初一吃饺子——头一顿。

大年初一拾了个孝帽——丢了的欢喜，拾住的愁。

大年初一拜年——大家都好。

大肚子罗汉写文章——肚里有货。

大姑娘不想婆家——假话。

大姑娘想婆家——说不出口。

大姑娘坐轿——头一回的买卖。

大河里捞板凳——劳驾不起。

大闺女入洞房——又是爱又是怕。

大炮打蚊子——不值得。

大炮性子——爱轰。

大脚穿小鞋——难行。

大海里捞针——难寻。

大锅里摊煎饼——心厚腾腾地。

丈二和尚——摸不着头脑。

丈母娘看女婿——越看越欢喜。

上门的生意——不要误。

上不沾天，下不着地——架空。

上天无路，入地无门——走投无路。

上膛的子弹——一触即发。

门圪郎里耍拳——抖不开架势。

门圪郎里独五尺——穷命鬼。

门板上的铆钉——转不了。

门缝里瞧人——把人看扁了。

山中无老虎——猴子称大王。

山羊羔羔跳石碣——不觉高低。

山里的野猪——嘴巴厉害。

山顶上吹唢呐——名（鸣）声远扬。

山顶上乘凉——占上风。

山神爷修水道——不务正业。

口含黄连——有苦难言。

口袋里倒西瓜——痛快。

千年的铁树开了花——难得。

千里通电话——遥相呼应。

千里送客——总有一别。

千里送鹅毛——礼轻仁义重。

千里搭凉棚——终无不散的筵席。

久旱逢甘雨——来得正好。

马尾提豆腐——提不起来。

卫生口罩——嘴上一套。

小和尚念经——有口无心。

小庙里的神神——莫见过大香火。

小庙里的菩萨——没见过大世面。

小庙失火——慌了神。

小脚女人的裹脚布——又长又臭。

小脚女人上楼梯——步步难。

小脚女人走路——摇摇摆摆。

小脚女人的脚趾头——受尽委屈啦。

小脚女人翻山——多扭捏的两下。

小鬼不吃淡饭——谣言（要盐）。

小鬼见了佛——矮了一大截。

小鬼面前告阎王——投错衙门了。

小孩放鞭炮——又爱又怕。

小碗吃饭——靠添（天）。

小葱拌豆腐——一清（青）二白。

飞机上挂暖壶——高水平（瓶）。

飞了鸡打了蛋——两头空。

飞机上吹喇叭——空想（响）。

飞机上放鞭炮——想（响）得高。

飞机上聊天——高谈阔论。

飞机上弹琴——高调。

飞蛾扑火——自寻死。

飞蛾撵蜘蛛——自投罗网。

女大十八变——越变越好看。

女驸马和公主进洞房——一个愁，一个喜。

王府的丫鬟——奴才。

王府的奴才——百依百顺。

王府的剪刀——专断独裁。

王宝钏爱上穷秀才——有远见。

王婆卖瓜——自卖自夸。

王莽使令——一日三改。

王羲之的写字——手熟为能。

开了花的地雷——在跟前者难逃。

开封府的包公——铁面无情。

开水煮棉花——熟套子。

天下的乌鸦——一般黑。

天上的星星——数不清。

天上的仙桃——探不见。

天上下猪儿子嘞——不缺少些挨刀子鬼。

天阴打老婆——兑空空。

天高皇帝远——无处申冤。

无米之炊——难做。

无事不登三宝股——来就有茬。

云雾里的爱情——迟早要散。

井水不犯河水——谁也不要管谁。

井里插竹竿——清水光棍。

井底的蛤蟆——没见过大天。

五郎出家——大和尚。

不出芽的谷子——坏种。

不走的路走三回——谁也用着谁。

不是你死，就是我亡——有我无你。

不点灯上坑——瞎摸。

不拿尺子卖布——冒拃。

牙刷子脱了毛——有板有眼。

牙齿咬嘴唇——自咬自。

牙缝里剔肉吃——解不了馋。

牙膏脾气——不挤不出来。

瓦匠的老子——兽头（受脑）。

切草刀割莜麦——揽把劲倒不小。

木匠的斧子——一面砍。

木匠戴枷——自办罪。

木匠走到山里了——到处是材料。

木匠拉锯——一来一往。

木匠子丢了画匙——尽留下吃(尺)了。

木鱼的命——一辈子挨打。

木鱼改梆子——还是挨打的货。

木偶跳舞——幕后操纵。

木棍吹火——一窍不通。

太上老君——一份吃（敕）。

太岁头上动土——好大的胆子。

长香点在窑顶上——行下好了。

见了强盗叫爹爹——认贼作父。

手打鼻子——眼前过。

手电筒照人——只照别人，不照自己。

手握两把泥，脚踏西瓜皮——能滑就滑、能抹就抹。

毛鬼神钻烟筒——专走黑路。

毛猴戴纱帽——假装大官。

毛猴喝酒——自寻上当。

反贴门神——左右不对。

牛皮灯笼——外头不明，里头明。

牛身上的毛——数不清。

牛身上拔了一根毛——不旯。

牛的蹄子——两瓣瓣。

牛郎配织女——天生的一对夫妻。

牛鼻子上穿绳子——牵着走。

乌龟壳上贴商标——牌子硬。

乌龟请客——尽是王八。

乌龟的背壳——硬又硬。

乌鸦插上鸡尾巴——假装凤凰。

从河南到湖南——难（南）上又难（南）。

风地里的灯——说灭就灭。

风刮草帽——过去了。

风匣板割锅盖——受了凉气受热气。

风筝断了线——摇摇欲坠。

公公背儿媳——出力不讨好。

公说公有理，婆说婆有理——是非难断。

公案底下放尿盆——赃官。

公鸡下蛋——没指望。

公鸡头上一块肉——大小是个官(冠)。

心里头结冰块——凉极了。

心肝跌在肉架上——放心了。

心垂上长牙——有主心骨。

斗大的字不识一个——大老粗。

六十的老人学打拳——腰来腿不来。

六月天戴手套——保守（手）。

六月天下雪——怪事。

六月里穿皮袄——乱了春秋。

为人要把良心昧——叫谁受害谁受害。

为虱烧衬衣——不值得。

火上炒辣角——呛人。

火车站的铁轨——道道多。

火车进站——吼得凶，走得慢。

火车的轮子——任重道远。

火烧胡子——练（炼）嘴。

火烧屁股——坐不稳。

火烧纸扎——迟早要归天。

火烧棺材——逼死人。

火镰碰火石——一碰就冒火。

火上加油——越烧越威。

水上的油花——漂浮。

水中月，镜中人——看得见，摸不着。

水中投石——试探深浅。

水中捞月——白费劲。

水瓮里捉鳖——十拿九稳。

水牛掉到井里——有力无处使。

水龙头失灵——放任自流。

水瓮里拔杆杖——端出端入。

书箱里的老鼠——咬文嚼字。

比干丞相——没心。

比上不足，比下有余——中等。

孔夫子的徒弟——贤人。

孔夫子门前卖诗文——自不量力。

孔夫子挂腰刀——文武双全。

孔夫子教三字经——大材小用。

孔明七擒孟获——要他心服口服。

孔明借东风——巧用天时。

孔明哭周瑜——假伤心。

孔明斩马谡——执法如山。

孔明给周瑜看病——自有妙方。

孔明的用兵——神鬼莫测。

正月十五卖门神——迟了。

正月里买袄——皮袄穿了，冷冻受了。

正月十五看花灯——走着瞧。

玉皇爷出征——尽是天兵天将。

石头上长柏树——根底硬。

石头上跑马——无印子。

石头扔到棉花上——没想（响）。

石头放在鸡窝里——混蛋。

石头人开口——说实（石）话。

石灰厂开张——白手起家。

石灰盆盆里写文章——尽是白(别)字。

石灰窑里出来的——一身清白。

石灰抹嘴——白吃。

石灰捏狮子——白受（兽）。

古罗钱——一面面。

东一句，西一句——东拉西扯。

东耳朵进，西耳朵出——耳边风。

东吴招亲——弄假成真。

东郭先生救狼——好心没好报。

打山碰上金钱豹——来得正好。

打开窗子说亮话——明来明去。

打架的忘了拳——该吃亏。

打铁先要本身硬——以身作则。

打铁不看火色——瞎干。

打铁的拆了炉子——散伙（火）。

打肿脸充胖子——假装有官像。

囚犯解差役——倒过来。

申公豹的撵人——越撵越远。

申公豹的办事——阴一套，阳一套。

申公豹的头——只看后，不看前。

电灯泡上点火——不然（燃）。

电话里谈恋爱——两不见面。

四个兽医抬只羊——没治。

四月八的童儿——替死鬼。

四字坐到马背上——随你骂。

四面楚歌——末日来临。

四季开花——长春。

四宝子的揽工——也没要紧。

四海龙王动刀兵——里里外外都是水。

叫花子粜米——一声（升）。

叫花子买白士子——有穷强（浆）的啥嘞。

叫花子起五更——穷忙什么。

叫花子丢了讨吃棍——尽受狗的气。

叶公好龙——并非真爱。

白布放在染缸里——洗不清。

白衣秀士王伦当梁山寨主——容不得人。

白纸上写黑字——更改不了。

白骨精骗孙悟空——哄不了。

白骨精骗唐僧——回回上当。

白通昌的写字——手熟为能。（白通昌，清末永宁州田家会人）

白鹤站在鸡群里——唯你突出。

白稻黍——干春。

片形马棱瓜壳帽——老一套。

生就的骨头长就的肉——没改变。

生米做成熟饭啦——将就吧。

外贸商品不合格——难出口。

外甥哭妗子——记起来的一阵子。

外甥打灯笼——照旧（舅）。

外甥和舅舅下棋——将就（舅）。

冬天的扇子——无用。

冬天做凉粉——不看天时。

包公的铡刀——不管皇亲国舅。

包公断案——认理不认人。

包公斩包勉——正人先正己。

包公斩驸马——铁面无情。

包脚布当头巾——高升。

包脚布里的虱子——没见过大天。

头上套了个水桶——几面没眉眼。

头上点灯——自以为高明。

头上咬人，脚后跟上挠——不顶事。

头上插干草——自卖本身。
头上扇扇子——出风头。
头上生疮脚板底流脓——坏通根了。
头发上搽药——毛病。
头顶上长眼睛——眼高。
头痛医头,脚痛医脚——治标不治本。
讨吃穿红鞋——啥的心肠。
讨吃的老人——穷爹穷娘。
讨吃唱曲子——穷作乐。
讨吃打算盘——穷打算
讨吃过年——穷将就。
讨吃碰上逃难的——不要嫌穷人多。
讨吃看丈母娘——穷孝顺。
讨吃照镜子——穷相。
半斤对八两——一样。
半空中点灯——高明。
半夜当朝廷——好活了一时算一时。
半夜掐谷穗——又多了几岁(穗)了。
半路出家——从头学起。
司马昭之心——路人皆知。
司马懿碰上孔明了——死对头。
司务长交饭票——公私分明。
母老虎——惹不得。
出了笼的鸟——自由了。
出土文物——是古董。
出门坐飞机——远走高飞。
出头的椽子——先烂。
对牛弹琴——不理筝筝。
西瓜皮擦屁股——永没完。
西瓜掉在油瓮里——滑头滑脑。
压宝压在黑屁股上了——输了。
压住葫芦抠籽——箍住上。
西门庆请武大郎——不安好心。
有的没的二十五的——全来到。
灰堆里烧山药蛋——都是灰圪埮。
老太太吃柿子——拣软的。
老汉的背柴——一回不如一回。
老君爷蛇毒了——没治。
老和尚娶妻——今世休想。
老和尚给丈母娘拜年——今世不能了。
老和尚的饮驴——工到了。
老虎头上的虱子——谁敢捉(抓)。
老虎头上的苍蝇——谁敢打。
老虎当和尚——人面兽心。
老虎戴念珠——假充慈悲。
老虎吃鹿——死等。
老虎下山——一张皮。
老虎口里拔牙哩——自寻死。
老狗的放屁——把势力抖尽了。
老狐狸给鸡拜年——不安好心。
老黄狼哭羊羔——虚情假意。
老婆婆擤鼻涕——在手里握着嘞。
老鼠过街——人人喊打。
老鼠见了猫——怕松骨了。
老鼠拉木锹——大头在后头。
老鼠钻到风匣里——两头受气。
老鼠给猫拜年——寻死。
老鼠遇上猫——难逃。
老鼠拉镣盘子——倒(盗)贴(铁)。
老鼠撵猫猫——自寻死。
老鼠啃神龛——欺负神灵。
老鼠的尾巴——打一百棒也粗不了。
芝麻大的眉眼——脸面太小。
芝麻开花——节节高。
芝麻饼——点点多。
芝麻饼——一面面。

扛上死孩上当铺——自家当人，人家不当人。

过了河的卒子——不回头。

过时的皇历——看不得。

过年娶媳妇——双喜临门。

过了河就拆桥——不留后路。

过河洗脚——捎办。

肉包子打狗——有去无回。

吕布戏貂蝉——巧施连环计。

吊死鬼搽胭脂——死风流。

吊死鬼戴红花——死不要脸。

吃了包子出面钱——混账。

吃水忘了挖井人——忘恩负义。

吃了灯芯草——会放轻巧屁。

吃包子蘸芥末——想蒜。

吃扁食蘸辣子——想算（蒜）。

吃喝嫖赌抽绺窃拐骗偷——十毒俱全。

光打雷不下雨——虚张声势。

光棍打老婆——从何说起。

光棍梦见娶老婆——尽想好事。

光棍打光棍——一棍还一棍。

当一天和尚撞一天钟——得过且过。

当了和尚不撞钟——白吃饭。

当院立擀杖——四面没靠。

各鸡跑各食——各顾各。

杀鸡给猴看——杀一儆百。

杀鸡取蛋——适得其反。

杀鸡焉用宰牛刀——小题大做。

杀鸡问客——虚情假意。

杀房门上的狗——肉吃不上光舔血脑。

向日葵的头——跟着太阳转。

自大一点——臭。

自行车下坡——自己滚。

自己的舌头填在人家嘴里了——做底把了。

年除夕看日历——今年没日子了。

华佗爷行医——手到病除。

后老子打前家儿——暗里使劲呢。

竹筒倒豆子——痛快。

竹篮篮担水——两头空

刘备摔阿斗——假买人心。

刘备请诸葛亮——三顾茅庐。

刘备三顾茅庐——爱才心切。

刘备招亲——弄假成真。

刘备借荆州——只借不还。

刘姥姥进大观园——眼花缭绕。

关公放曹操——恩将恩报。

关住门起国号——自己称王又称帝。

许仙碰上白娘子——天降良缘。

羊群里扑里一只狼——不入群。

米面馍馍——实打实。

冰凌擦屁股——凉棒。

灯芯拐杖——做不了主（柱）。

军渡过河——一豁两开。

好了伤疤忘了疼——没心。

好汉上梁山——逼出来的。

好经念给聋和尚听——白费劲。

戏台上拜花堂——假高兴。

孙悟空大闹天宫——慌了众神。

孙悟空七十二变——出不了如来佛的手掌心。

孙语空的金箍棒——能大能小。

孙悟空的毫毛——神通广大。

孙悟空的帽子——紧箍咒。

孙悟空翻筋斗——十万八千里。

豆腐掉在灰堆上——打不得，吹不得。

豆腐上插刀子——没说（血）。

豆腐铺里啃骨头——走错了门。

两只脚钻在一只裤脚里——蹬打不开。

两个泥菩萨过河——谁也顾不了谁。

赤身跳到盐瓮里——闲（咸）着嘞。

赤身女子紧腰布——遮前不顾后。

赤身女子穿皮裤——前后都不顾。

赤脚爬到扇头上——风头上的人物。

赤身女子撵浪嘞——胆大不识羞。

麦秸吹火——小气。

花生壳里的臭虫——冒充好人（仁）。

花红公鸡戴串铃——假装大驾牲畜。

花岗岩脑袋——顽固。

杜十娘的百宝箱——不给无义郎。

杨六郎赦免杨宗保——害怕儿媳妇。

杨六郎回朝——胡闹三关。

杨宗保招亲——又喜又惊。

杨宗保和穆桂英成婚——打出来的。

杨家的将——全是忠臣。

杨家将出阵——全家上。

杨家会的石门——永远没梦（门）。

抓住芝麻丢了西瓜——因小失大。

坟墓里耍刀子——吓鬼。

进的城门挨比斗——随乡入乡。（挨比斗，挨巴掌）

连鬓胡烤火——了（燎）啦。

萧太后的筵席——好吃难消化。

园子里的韭菜——割了一茬又一茬。

吱怪子道喜——丑名在外。（吱怪子，本名“鸱鸮”，似猫头鹰）

吹上哨哨走黑道——给自己壮胆。

吹糖人人的——口气大。

肚子里撑船——内行（航）。

饭店里买衣服——有吃有穿。

你立正，他稍息——不整齐。

钉鞋的不用锥子——真（针）好。

针尖对麦芒——尖对尖。

兵来将挡，水来土掩——自有办法。

秀才的饮马——喝不喝，理够了。

秀才当兵——文武双全。

秀才写帖子，木匠砍楔子——容易。

秃子不要笑和尚——彼此都一样。

秃子头上的虱子——明摆着。

身在曹营心在汉——心不变。

身后的影子——不离。

身底铺擀杖——自己不稳当。

近视眼戴花镜——不对眼。

坐上飞机吹喇叭——名（鸣）声远扬。

坐在飞机上唱歌哩——唱高调。

宋江的军师——无用（吴用）。

汽车开在小巷里——休想拐弯。

汽车的拖斗——老落后。

没牙老婆啃骨头——靠舔。

没火药的纸炮——不响。

没本钱的买卖——赚得起赔不起。

没耳朵茶壶——无把可抓。

没耳朵的桶——休题（提）。

没星的秤——没准头。

没病吃药——自讨苦吃。

没牛的使驴——瞎将就。

没眼的笛子——吹不响。

没蜂王的蜂——乱了营。

砂糖水洒街嘞——活到那个田（甜）地上了。

砂锅里捣蒜——一锤子的买卖。

快刀切萝卜——干脆。

快刀斩乱麻——干脆利索。

怀孕媳妇站街头——人里头有人。

孕妇想吃个狼儿子——存心不善。

灶君爷跟前筛灰——糟蹋爷爷嘞。

张飞卖秤锤——人强货硬。

张飞认针——大眼瞅小眼。

张飞用计——粗中有细。

张飞的胡子——茬硬。

张果老骑驴——往后看。

驴下骡子——两张皮。

驴头长在牛身上——四不像。

驴粪蛋——外面光。

驴粪蛋当油糕——不分香臭。

灵前拾来一顶孝帽——凭死人沾光。

纸人人骑石马马——轻不压重。

纸人人坐轿——不识抬举。

纸上画饼——看的吃不的。

纸里包火——包不住。

纸糊的灯笼——里外明。

屁股上画眉毛——好大的脸面。

尿泡打人——臊气难闻。

囫囵吞枣——难消化。

鸡爪子烩豆腐——寡的伤心。

鸡毛当令箭——小题大做。

鸡蛋碰碌碡——自不量力。

鸡头上磕烟灰——几（鸡）头受气。

鸡冠花——老来红。

鸡屎里揣的吃骨头——精过头了。

画龙点睛——妙手。

画蛇添足——多此一举。

枣木圪瘩——不开窍。

枣核子碰上苍苗啦——两头尖碰了个一身尖。（苍苗，植物，结小果，皮满刺）

枣核子解板——不够一句（锯）

厕所里的搅茅棍——越搅越臭。

厕所顶上开窗子——臭气冲天。

厕所里安电扇——出臭主意。

厕所里睡觉——离屎（死）不远啦。

卖了儿子买梨吃——咬的脆骨子响嘞。

卖了儿子招女婿——瞎折腾。

卖了老婆抽大烟——寻倒霉。

卖了衣裳打酒喝——顾嘴不顾身。

轮胎上的气门芯——里外受气。

轮胎里打气——光进不出。

苦瓜拌黄连——苦上加苦。

茅则道跌倒——寻屎（死）。

茅则道里等狗着——迟早会等上。

茅石板做了碗板——高升了八级。

茅道里站岗——照死（屎）着嘞。

茅坑里扔石头——又臭又硬。

茅坑里扔石头——贱（溅）出屎来了。

茅栲栳摆在柜顶上——赖摆设。

茅桶上涂油漆——外美内臭。

茅蛆爬到锅缘上——没人欢迎。

拖住脚后跟——拉倒。

拆了房子筑鸡窝——不值得。

抱上香炉打喷嚏——一鼻子灰。

抱上元宝跳井——图财不要命。

担上茅粪不偷的吃——老实得很。

担上水过河——白捎。

脱下裤子放屁——多此一举。

拙娘养的巧女儿——是逼出来的。

拙鼻子骡子卖了个驴价钱——受了嘴上的害了。

披麻救火——引火烧身。

拣芝麻掀倒油篓了——因小失大。

板凳上睡觉——不敢翻身。

林冲骗入白虎堂——好汉遭暗算。

周文王算卦——未卜先知。

兔子的尾巴——长不了。

和尚脱了帽子——光头。

和尚买梳子——无用。

和尚念经——老一套。

狗见了主人——摇头摆尾。

狗吃油麻花——干脆又利索。

狗吃粽子——无法下手。

狗尾巴上的露水——经不起摇摆。

狗咬老鼠——多管闲事。

狗咬卖蒜的嘞——缠住一圪都了。

狗咬吕洞宾——认不得好坏人。

狗咬屙屎的——不识人敬。

狗咬羊擂子——抓重点。(擂子,睾丸)

狗咬刺猬——没法下手。

狗改不了吃屎——本性难改。

狗看星星——不识稠稀。

狗屎屙到沙蓬上了——收拾不起。

狗啃骨头——津津有味。

狗掀门帘——全凭一张咀。

狗钻到风箱里了——调不转头。

狗撵鸭子——呱呱叫。

狐狸的尾巴——藏不住。

狐狸精转生的——心眼多。

昏官断案——各打四十大板。

刮风按炒面——张不开咀。

金盆盆打烂了——份两还在。

金簪掉到大海里——永无出头之日。

金殿上挂驴蹄——朝里有腿子。

刽子手戴念珠——伪善人。

侄儿戴孝帽——死输(叔)。

瓮中捉鳖——十拿九稳。

空棺材出丧——目(木)中无人。

官打衙役——图衙门红。

店房里的虱子——吃客嘞。

庙门前筛灰——活糟蹋神像啦。

庙门前的旗杆——光棍一条。

小庙神像大——搁不下。

盲人骑瞎马——乱闯。

盲人上街——目中无人。

房顶上种高粱——头名高种。

房顶上种高粱——扎根不深。

房顶上打架——寻倒霉。

祈雨祈到火神庙——走错了路。

放了气的皮球——硬不起来。

放羊的拾烧火柴——捎带。

放在干草上的孩子——没救了。(离石民俗，小孩夭折，多放在谷干草里)

放虎归山——必有后患。

炕洞里放炮——黑响。

炕洞里刨出了元宝——得了外财。

怕树叶下来捣烂脑袋——胆小鬼。

怪风刮走孝帽——丢了的欢喜，拾住的愁。

河滩里卖膏药——贴鳖。

河畔上撒黑豆——贴鳖嘞。

泥牛入海——永无消息。

油糕寄在狗窝里——出不来了。

油瓶子跌倒也不想往起扶——懒至极了。

油锅里煮鸡蛋——滑透了。

尼姑的发孩——想起来的一阵子。

虱子皮蒙针关——小打鼓鼓。

背上老婆朝山咧——出力不讨好。

歪嘴和尚——念不出好经。

歪嘴嘴吃桃——偏偏地遇上个偏偏的。

歪嘴子和尚吹喇叭——用的股邪（斜）气。

草人救火——自身难保。

草上的露水瓦上的霜——不长久。

草船借箭——满载而归。

草帽舀水——淋打人。

荞麦皮打酱糊——自不粘（然）。

茶壶里煮扁食——肚里有，口里道（倒）不出来。

牵着肠子挂着肚——放心不下。

珍珠没眼儿——瞎宝贝。

珍珠落在玉盘里——响当当。

玻璃脑筋——聪明。

项庄舞剑——意在沛公。

砚瓦里打筋斗——脱黑黑。

砌墙的砖头——后 来者居上。

挂羊头卖狗肉——假招牌。

拾的野猪还愿嘞——替死鬼。

树倒猢狲散——各奔前程。

带着茅桶坐大堂——赃官。

带着花岗岩脑袋见上帝——死不悔改。

胡子上生疮——毛病。

胡子上的饭——吃不饱人。

南山上的松柏——四季常春。

南郭先生吹竽——滥竽充数。

南辕北辙——越走越远。

临阵磨枪——不快也光。

临渴掘井——来不及。

哈巴狗撵狼——凭跑嘞！凭咬嘞！

哈巴狗咬月亮——不知天高地厚。

哈巴狗撵狼——腿脚不好，心事不小。

哑子说话聋子听——两不懂。

哑巴吃黄连——有苦不能说。

哑巴吃元宵——心中有数。

蚂蚁站起尿——出尽本事了。

蚂蚱掉进夜壶里——游江遍海。

蛇狸爬在土圪roch上——假装巡山虎。

贵妃娘娘叹气——不顺心。

星星之火——可以燎原。

星星跟着月亮走——沾光不浅。

背上顺顺撵骆驼——撵上搭不上。（顺顺，布搭裢，中间开口，两头装东西的长口袋）

胎毛未退，奶腥气浓——嫩着嘞。

充满气的皮球——满肚子气。

种里荞麦长出豌豆——灰的连棱子也没有了。秋后的蚂蚱——蹦不高了。

重身婆姨赶会哩——人里头有人。

钟鼓楼上的麻雀——惊出来了。

钥匙挂在眉梢上——开开眼界。

饺子破了皮——露馅了。

看苦戏流眼泪——替古人担忧。

顺水推船——不费气力。

顺手牵羊——将计就计。

泉水里看石头——一清二楚。

皇上的旨意将军的令——一口说了算。

皇帝的妈妈——太厚（后）。

皇粮国税——免不得。

独木桥上遇仇人——冤家路窄。

咸菜拌捞饭——那还用言（盐）。

扁担上睡觉——休想翻身。

神枪手打靶——百发百中。

袄儿去掉袖子——有盼（背心）了。

烂口袋滤豆腐——尽是渣子。

穿上坎肩拜年嘞——露两手。

穿冬衣戴夏帽——不知春秋。

穿上套裤踢飞脚——全露出来了。

穿梭不带线——空来空往。

疥蛤蟆爬在花椒树上了——麻的不觉了。

疥蛤蟆想吃天鹅肉——痴心妄想。

说话没人听，下令不服从——光杆司令。

说书的断了弦——不谈（弹）了。

洗脸盆里独脑栽——不识深浅。

活人眼里擂拳头——明目张胆。

送女戚，担盒子——一回的买卖。

送饭盔打了耳耳——不能题（提）啦。

姜子牙封神——自己没份。

姜太公在此——百无禁忌。

姜太公的话——好准。

剃了头跑到和尚群里——充数数嘞。

剃头担子——一头热。

前有狼，后有虎——胆小鬼。

前怕狼，后怕虎——进退两难。

怒目金刚——凶样子。

眉棱骨上寨圪针——专演扎眼。

眉毛胡子一起抓——主次不分。

眉棱骨上吊秤锤——捣眼窝嘞。

孩子的脸——一天十八变。

孩子们的过年——等不得。

骆驼看天——眼高。

骆驼跑在羊群里——有意显高。

骆驼推磨——绕大圈子。

骆驼跌到崖里了——只凭耳朵挂不住。

贾宝玉结婚——不是心上人。

贾宝玉出家——看破红尘。

袁世凯做皇帝——窃国大盗。

桦树上的皮——剥了一层又一层。

赶鸭子上架——逼着上。

班门弄斧——自不量力。

热锅上的蚂蚁——坐卧不安。

耿耿于怀——常操心。

翅膀硬了——要高飞远扬。

套在辕里——不由你。

秦桧撒岳飞——罪名莫须有。

秦琼卖碗——时运不通。

秦琼卖刀——腰包无钱。

秦琼的杀手锏——祖传。

荷叶包钉子——个个想出头。

盐撒在菜瓮里——没有倒在外面。

啄米的鸡——连连点头。

鸭子吃菠菜——平拿呢。

鸭子走路——左右播摆。

蚊子放屁——小气。

蚊子腿上害连疮——脓水不大。

贼喊捉贼——倒打一耙。

桌上的笔筒——粗中有细。

借上灵堂哭妻惶——另有伤心事。

脑畔上擂腿——踏不见底子。

徐庶进曹营——一言不发。

臭骨子骂街——拦前台。

脑门心里打炭窑——瞎开口。

狸猫换太子——以假充真。

狸猫喝酒——怪事。

狼头上长角——装佯（羊）。

狼多肉少——不够吃。

狼吃东郭先生——恩将仇报。

狼吃了一对猪儿子——天生的一对夫妻。

狼吃了卖画的了——人多没救。

狼吃骆驼——心思不小。

狼和狗配嘞——无奈何的好交情。

狼跌进堑里了——没人心疼。（堑，崖下深坑）

狼叫绵羊——越叫越远。

饿狗争食——自相残杀。

拿牛粪当油丝饼——不知道香臭。

铁钩子搔痒嘞——一把硬手。

铁石心肠——又冷又硬。

铁打的锁链——环扣一环。

铁匠打铁——趁热。

铁匠铺里的东西——打出来的。

铁饭碗——打不破。

铁拐李的葫芦——不知卖的啥药。

铁将军把门——不开。

铁匙放在锅背后——失匙（时），又背匙（时）。

铁掌钉在马腿上——离题（蹄）太远。

铁路警察——各管一段。

铁锤子砸火石——一碰就冒火。

笑脸脸杀人——心狠手毒。

高射炮打蚊子——大材小用。

高山上敲鼓——名（鸣）声在外。

高清亮的戏——不看不着气。

高清亮的戏——旗（齐）是新的。

案板上的肉——由人割。

宰相肚里撑开船——度（肚）量大。

唐三藏的徒弟——只有三人。

唐三藏念紧箍咒——猴头遭殃。

唐三藏读佛经——出口成章。

唐僧上西天——一心取经。

唐僧取经——多灾多难。

唐僧念紧箍咒——就会这一招。

唐僧碰见白骨精——敌友不分。

诸葛亮用空城计——不得已。

诸葛亮弹琴——临危不乱。

诸葛亮当军师——名副其实。

袖子里藏宝剑——杀人不露锋。

瓷盘里生豆芽——根根底底全清楚。

凉袜底改做乌纱帽了——一步登天啦。（凉袜，袜子）

烟筒上招手——单往黑路上引。

烧开水还要鞭铁匙——焦的蹭不起来。

剥开眼放屁——只管自己松宽。

曹操杀吕伯奢——一错再错。

曹操的人马吃豆面——谁敢（擀）嘞。

曹操吃砒霜——练出这样的肚来了。

曹操败走华容道——不出所料。

曹操派蒋干——用人不当。

曹操遇马超——割须弃

萝卜上捅刀子——不是出血的圪筒。

萧何月下追韩信——谋士识良才。

黄连水里洗头——苦脑（恼）。

黄连水里炒苦瓜——苦上加苦。

黄忠出阵——不服老。

黄忠的射箭——百发百中。

黄河里的水——难请（清）。

掩耳盗铃——自欺欺人。

掉了箍的桶——散班（板）。

掉下树叶怕打烂脑袋——怕死鬼。

艄公置的河滩地——水里来河里去。

梦里娶媳妇——空欢喜。

梦中吃糖——想的甜。

理发师带徒弟——从头学起。

理发店关门——不理。

雪地里埋死人——藏不住。

雪打芝麻——专拣小的欺。

雪打豆腐——专拣软的欺。

聋子的耳朵——装饰门面。

眼睛长在头顶上——看上不看下。

眼睛只看见鼻子尖——目光短浅。

崇贞上吊——走投无路。

蛇钻窟窿，铁入木——拔不出来。

唱旦的不搽粉——专和班主吊蛋。

鸽子喝了消冰水——咯顾咯（各）。

脱下裤放屁——多费手续。

脚底蹬擀杖——自己不稳当。

脚踏两只船——犹豫不定。

脚踏在棉花上——不踏实。

脚踏西瓜皮，手握两把泥——能滑就滑，能没（抹）就没（抹）。

偷人被狗咬——忍痛不出声。

偷鸡不得——蚀（食）把米。

偷西瓜摘葫芦——两头摸（谋）。

偷来的锣鼓——敲不得。

偷的馍馍背圪郎吃——不敢见人。

得了一福想一福，得了馍馍想肉吃——贪心不足。

得陇望蜀——贪心不足。

猪八戒背老婆——再出力，人家也不爱。

猪八戒进了女人国——色心迷住了。

猪八戒照镜子——里外不像人。

猪八戒搽粉——遮不住丑。

猪吃稻黍——顺杆子溜。

猪尿泡打人——臊气难闻。

猪鼻子插大葱——装相（象）。

猫儿喝酒——够呛。

猫儿上树——狗赶得紧。

猫的眼睛——经常变化。

猫抓老鼠——祖传武艺。

猫吃生姜——怪脾气。

猫哭老鼠——假慈悲。

盘头女子缝尿布——预先准备。

盘头女子制摇车——闲时制下忙时用。

阉猪割耳朵——两头受罪。

圈脸胡挨巴掌——有夹衬。

婆媳都守寡——没工（公）夫。

梁山弟兄——越打越亲。

梁山上的军师——吴用（无用）。

梁山上的弟兄——不打不成交。

望相台上吹喇叭——死鬼强作乐。

寅时吃了卯时粮——探支的吃。

绵羊绑在凳子上——任人宰割。

维吾尔族的姑娘——辫子多。

绸子擦桌子——不惜代价。

绸缎上绣牡丹——锦上添花。

婊子骂娼妇——猴不觉猴丑。

婊子立牌楼——假装正经。

骑上毛驴寻毛驴——真糊涂。

骑上毛驴看账本——咱们走着瞧。

骑上母猪送文件——心急马不快。

骑驴扛口袋——总是驴的害。

骑着骆驼赶着鸡——高的高来，低的低。

棒槌夹凉粉——硬攻硬。

揭了盖头的姑娘——到媳妇行里去。

搅茅棍——文（闻）不得，武（舞）不得。

插里一条腿——有份了。

棺材里看病——起死回生。

棺材里耍斧子——鬼诈啥呢！

棺材里唱曲儿——瞎张死人口。

棒槌挑牙——不嫌荷口人。

朝着哑巴说话——白费口舌。

朝住棺材许愿——哄死人

朝住窗子吹唢呐——名（鸣）声在外。

朝住镜子亲嘴——自亲自。

朝住镜子拜年——自己尊敬自己。

朝住天说话——探不上。

彭祖遇寿星——都长寿。

裁缝的尺子——量别人不量自己。

落地的桃儿——熟透了。

董卓进京——不怀好意。

蛤蜊爬在土疙瘩上——假装巡山虎。

蛤蟆跳进水里了——得势。

蛤蟆支桌子——一合莫支。

蛤蟆拴在鳖腿上——走不了你，跑不了他。

蛤蟆躲端午——躲了端五（午）躲不了端六。

蛤蟆砍了腿腿——算啥的个墩墩。

蛤蟆爬在象腿上——抱住粗腿了。

蛤蟆变鳖——越变越圆。

黑老鸦死了三年啦！——只剩了个嘴啦。

黑夜走路——没影子。

腊八放年炮——想（响）得早了。

腊月三十看皇历——今年没日子了。

腊月里碰上狼——冷不防。

腊月里吼雷——罕见。

腊月二十三送灶君爷——好话当先。

腊月生的——动（冻）手动（冻）脚。

猴子捞月——白忙一阵。

锁相公照门——不开。

鲁智深拨树——好大的力气。

鲁班门前弄大斧——不识高低。

道士的辫子——绾得紧。

道士的帽子——平不踏。

童男女跌在河里了——架子不倒。

粪巴牛爬在炭堆上——意显也不意显。

粪圪堆上抖布条——不抖不臭。

粪巴牛搬家——滚蛋。

割的驴毬敬神——神也惹下，驴也死下。（驴毬，公驴生殖器）

裤腰做了领子——高升了。

裤裆里放屁——从两岔走了。

强扭的瓜——不甜。

属黄忠的——不服者。

属曹操的——疑心大。

属狗的——乱咬人。

隔着玻璃亲嘴——挨不上。

隔着门缝瞧人——把人看扁了。

隔着针眼看人——小瞧人。

墓圪堆上耍刀子——唬吓鬼嘞。

雷声大雨点小——虚张声势

碌碡砸石头——实（石）打实（石）。

搬起石头砸自己的脚——自寻倒霉。

榆木疙瘩——难劈的柴。

榆木疙瘩——难开窍。

暖水瓶上的塞子——赌（堵）气。

睡在炕上揣天——摸不着。

照葫芦画瓢——按老样子做。

照猫画虎——差不多。

愚公的住处——开门见山。

腿肚子上插刀子——离心还远。

新年娶媳妇——双喜临门。

新媳妇哭公爹——说不出好处来。

新媳妇放屁——碎来。

滚水锅里煮棉花——熟套子。

墙壁上挂草墩——不像话（画）。

墙头上的草——随风倒。

墙上挂帘子——没门子。

孵不出小鸡的蛋——坏蛋。

镀金驴粪蛋——皮光里头臭。

鼻梁上挂剪子——绞（剪）嘴嘞。（绞嘴，嚼舌头）

鼻涕流到嘴里了——顺通地。

鼻涕流到眼窝里了——倒流啦。

旗杆上挂灯笼——高明。

旗杆上绑鸡毛——好大的掸（胆）子。

端上金碗讨饭吃——装穷。

端上香炉打喷嚏——自寻灰。

豌豆仁仁捞捞饭——两堆堆。

鞋帮子做了帽沿子——高升。

撵人三步——有杀人之心。

瞎猫碰上死老鼠——碰巧了。

瞎雀瞅的一颗秕麻子——不是好样的。

瞎蛔掀到崖里了——吃过去了。（瞎蛔，鼹鼠）

蝎子的尾巴——狠毒。

箭在弦上——一触即发。

膝盖上钉掌——走题（蹄）。

鲤鱼跳龙门——高升。

嘴上戴罗子——不用细说。

镜子里的人人——看见捉不住。

燎灰里打喷嚏——碰一鼻子灰。

燎坑里栽树树——灰栽栽。

瘸子打围——坐着喊。

磨道的驴——听喊声。

磨眼里推蝎子——一蛰一磨。

澡堂里的毛巾——没（摸）上没（摸）下。

懒婆娘的裹脚布——又脏又臭。

戴上茅栲栳游地狱——假装大头鬼。

戴着有色眼镜——看不出真情。

臊启子和壁虱作亲——臭味相投。

臊胡尿在鼻子上——出气又斗气。（臊胡指公山羊）

徽州的墨子——一定（锭）。

豁唇唇溜西瓜皮——渠渠里有个道道。

翻穿皮袄——装佯（羊）。

霸王的弓——越拉越硬。

霸王别姬——无可奈何。

第四节 谜 语

谜语是民间文化、民间文学的特殊类型。

流行于离石本土的部分谜语如下：

人在它里头，它在人里头，人不在它里头，它不在人里头。（谜底：胎盘）

头是纸，身是柴，红笔一点上天台，走到半路没盘费，摇摇摆摆返回来。（谜底：烟火）

一只白虎不留情，走遍天下要吃人，文武大臣都吃遍，金銮殿上吃朝廷。（谜底：棺材）

远望一匹马，近看没尾巴，口里吐黄沙，肚子转莲花。（谜底：扇车）

远看一匹马，近看六只爪，头上长着角，臀上没尾巴，要毛没一根，要肉没一分。（谜底：蚂蚁）

生是生在树根头，长是长在树梢头，说它不吃肉，常在肉里头。（谜底：牛鼻木）

生是生得两根柴，圪须褴褛穿不上鞋，它在阳家世上当奴才，到罢死了没人埋。（谜底：稻草人）

死树死在干土旁，鱼儿肚底露白光，合家只有人一口，一口人儿也命丧。（打一人名。谜底：杜鲁门）

一点周瑜心不良，三战吕布刘关张，口骂曹操奸父贼，十万雄兵最难挡，一阵杀败东吴将，四川刘备要为王，目下就登龙位，八十三万军兵入了江。（字谜，谜底：讀）

一边绿，一边红，一边喜雨，一边喜风，喜风的怕雨，喜雨的怕虫。（字谜，谜底：秋）

上月金盆宝盖，中间八字安排，见人躬身施礼，就是手中无钱。（字谜，谜底：窮）

清明不在家，立秋不在地。（谜底：白皮蒜）

半崖里一对瓮，千人万人恨不动。（谜底：鼻子）

猜谜来，猜谜来，锅里拉出黄牛来（谜底：油糕）

一树黄杏个个青，阴天下雨满天星，三个和尚四面坐，不言不语念真经。（谜底：岂有此理）

红口袋，绿口袋，有人怕有人爱。（谜底：辣椒）

四四方方一座城，不见灯光不见人，这座城里灯光亮，有说有笑闹盈盈。（谜底：电视机）

两个孩等等齐，油汤油水吃不肥（谜底：筷子）。

一窝白狗狗，煮在锅里特嗖嗖。（谜底：饺子）

一个推一个跃，一个跄蹴一个跳。（谜底：铡草）

三人骑马到古城，一路平川正好行，五虎把了三关口，二人提刀定太平。（谜底：弹三弦）

一根铁丝，七弯八枝，地上开花，地下结籽。（谜底：土豆）

一棵树，五枝枝，上面吊个琉璃瓦瓷瓷。（谜底：手指）

红口瘪肚黑尾巴。（谜底：烟筒）

这块来，那块来，三根铁条捆着来。（谜底：木桶）

圪弯树，圪弯材，圪弯树上吊金牌。（谜底：耕地）

红杆杆，绿叶叶，白花花下的个黑角角。（谜底：荞麦）

一窝白蛇，煮在锅里不咧。（谜底：面条）

东一疙瘩不咋，西一疙瘩不咋，自死也不能厮刮。（谜底：耳朵）

黑裤白腰子，我在你脚底跄蹴着。（谜底：水缸）

一尺大的个老汉汉，吃的囫囵的屙的板片片。（谜底：擦子）

高高山上一捆箭，千人万人数不见。（谜底：头发）

铜铃铃铁盖盖，指甲心里一对对。（谜底：眼睛）

红口板肚黑尾巴，猪不见了挨嘴巴。（谜底：灶、炕、烟筒）

这的咧，勿的咧，三根腰子捆着咧。（谜底：木水桶）

四四方方一座城，不见刀枪杀了人。（谜底：宝盆）

生能吃熟能吃，刀刀案案且不得。（谜底：水）

第三十一编

人　物

人物传

烈士英名录

人物表

《离石区志》用传记、名录、列表、文字记录方式记载离石境域历代本籍或客籍在境域内影响力较大优秀人物。按卒年时间先后依序立传记载 81 人、收录烈士 549 人；列表记载从唐代以来历代进士 45 人、状元 1 人、明清时期举人 132 人；按时间顺序列表记载中华人民共和国成立前后外籍红军落户离石县 8 人；按时间先后列表记载 1944 年至 2015 年期间，获国家级、省级荣誉者 429 人次；按时间先后列表记载 1987 年至 2015 年期间，有副高以上职称者 469 人；文字记录省人大代表 1954 年至 2015 年期间，历届山西省人民代表大会代表共 48 人次。

第一章　人物传

第一节　古代历史人物

刘　渊

刘渊（?—310）字元海，新兴（今山西省忻州北）人，匈奴族，是匈奴冒顿单于的后裔，南匈奴单于于扶罗之孙，左贤王刘豹之子。

当时汉朝采取和亲政策，与匈奴冒顿单于以兄弟相称，因此，匈奴冒顿单于子孙也多为刘姓。汉建安二十一年（216），曹操将散居于并州一带的匈奴部族分为左、右、南、北、中五部，派遣汉族官吏对他们实行管辖，任命刘豹为左部帅。刘渊小时候曾跟上党人崔游学习经史，精通《春秋》《左传》《孙子兵法》，对《史记》《汉书》及诸子百家之书也十分熟悉。司马昭当政时，他作为人质在洛阳。他为人机敏、文武兼备，深得晋武帝赏识。西晋咸宁五年（279），刘豹死后，刘渊回到离石代其父为左部帅。西晋太康十年（289），晋武帝改刘渊为北部都尉，后被罪免官。这时，八王混战，成都王司马颖镇守邺城，上表推荐刘渊担任宁朔将军，兼管五部军事。

西晋永安元年（304），刘渊的从祖父、原来的左贤王刘宣密谋乘司马氏骨肉相残之际反晋，推刘渊为大单于。刘渊假托回五部组织人马作为司马颖外援，从邺城逃回左国城（今方山县境）做了大单于，10月，自称汉王，建都离石。不久，王弥和石勒也投附刘渊，势力逐渐扩大。西晋永嘉二年（308），刘渊迁都于蒲子城（今交口县境）。10月，正式称汉皇帝。因“蒲子崎岖，难以久安”，于是再迁都于平阳（今临汾市）。

刘渊起兵后，一面进攻西晋的并州刺史刘琨，一面发兵南下，直抵西晋国都洛阳。王弥、石勒攻占山东、河北大部分地区，中原几乎尽入刘渊之手。西晋永嘉四年（310）8月，刘渊病故。

刘萨诃

刘萨诃（360—436）俗姓刘，名窣和，亦名刘萨诃，稽胡族（匈奴的别种），并州西河离石人。

刘萨诃少年放荡，曾从军为梁城突击骑将，镇守襄阳。31岁因酗酒昏死7日，醒后自言因杀生罪重，现了堕地狱众苦之相，觉悟后深信因果无疑，毅然于五台山出家，法号慧达。

南朝《高僧传》记载他晋隆安三年（399）先后在江南建业、丹阳、会稽、吴郡等地云游巡礼，刘萨诃在江南长干寺中见佛塔基座发出异光，在基座下掘出佛舍利、指甲和头发，他认为该塔是公元前3世纪印度阿育王建造的84000佛塔之一。寺内供奉金佛像1尊，刘萨诃对该像礼拜甚殷，佛像由佛身、圆光和莲花底座3个部分组成，各部分来自不同地方，后均以应验。

晋隆安三年（399），江南巡礼后，刘萨诃赴天竺（古印度）取经求法，当只身行至于阗（今新疆和阗县）时，“巧遇”著名高僧法显、慧景及道整等，便共同前往取道西行。为救度无量的众生脱离苦海，他将自己生命置之度外，以“宁可西行一步死，决不东还一步生”的顽强毅力，渡流沙、翻雪山、过草地，连数日水米未进，露宿严寒酷暑，加之虎狼之凶猛防不胜防，一日数惊焉！犹如九妖十八洞之险更为险要焉！真是行人所不能行，忍人所不能忍，吃尽了人间苦，沿途因冻、病、饿为法捐驱数人。终于途经竭义、乌长、那揭、弗楼沙（今巴基斯坦）等10余个国抵达印度。在北印度那揭罗曷国醯罗城（今阿富汗杰来拉拜之西）的小石岑佛影窟参礼了“佛齿和佛顶骨”。后取得多部梵文佛经（译出经律6部，共24卷）。晋兴元二年（403），他与宝坛，僧景先于法显等3年回国，成为历史上西行取经最早的归国弘法者。

晋义熙五至十一年（409—415），刘萨诃取经回国后大宣圣教于家乡石、隰、慈、丹、延、绥、威、岚等八州，弘法度生6年，一时官民云集，普为感化，并争绘其像，以为供养，附近八州民众对他十分信仰。

晋义熙十一年（415），他再度西行敦煌、凉州等地弘法度生。

北魏太延元年（435），刘萨诃到凉州番木郡（今甘肃武威以西170千米处的永昌县焦家庄水磨关），向御容山礼拜，并预言御容山的山崖将出现大佛像，若佛像完整，则天下太平，如其有缺，天下大乱。1986年后有一天雷电大作，山崖震动，只听一声巨响，石壁涧出现一尊高丈八的无头天然大佛像。该故事是敦煌最早产生的瑞像故事之一——凉州瑞像。唐贞观十八年（644），唐玄奘取经归国途中，为仰慕先贤，曾专程赴本寺谒拜并讲经3日。据《敦煌石窟全集》《文物》《敦煌研究》《文史知识》《东方月刊》记载，慧达大师对敦煌莫高窟影响很大，因他是继乐尊、法良之后，大规模策划兴建莫高窟的最重要人物之一，其中他预言开凿的有299窟，仅唐代第203号、300号、323号窟，五代第61号、72号、98号窟等壁画，涉及他从出家、印度取经到河西弘法等各个时期，共30余个方面的重要活动。宋代第72窟西壁上在显著位置绘其独身画像，标明“圣者刘萨诃大和尚”字样。从藏经洞文献中，用绢画、绣画等艺术形式对他做描绘，用大量文字记录他一生的全部事迹。

2003年3月，世界国际宗教艺术建筑研讨会在印度召开时使用的“会徽”，采用慧达大师预言的御容山无头大石佛瑞像。慧达大师弘法40余年，北魏太延二年（436），他在酒泉城西七里涧圆寂。

他是中国历史上第一代赴印度取经之人（早唐玄奘230年），并最早归国弘法度生，他被神化为观世音菩萨假形化俗，与佛陀释迦牟尼并比齐肩，被尊称为刘萨诃、刘师佛、刘摩诃，佛教第二十二代宗师，可视为佛教彻底中国化的重要标志性人物之一。他的预言神异超群，引人入胜，深受家乡及河西人民的拥护与爱戴。

孙真人

孙真人（？—1483）名浩远，字云际，号乐阳子，清虚志元先生。玉亭（今离石）人，精通天文地理，从事儒学。7岁在玄都万寿宫出家，17岁入凤山道院（天贞观）拜陈希夷老祖道场门下苦行修道。先后炼金淘丹长达40余年，常符药济人，得五雷天心正法而成正果。每遇岁旱，永宁州太守率僚属里老请祷立应或遇疫病祈祷即解。他“符药济善”守持经禄，多次主持凤山道院的扩建工程。经他主持修建的主要有陈希夷庵、九天应元雷声普化天尊宝殿、塑诸真师众、雷霆帅将等，真官灵祠、崇宁祠、土地庙、五龙庙、五道庙、五祖七真玉帝宝殿、塑金关玄文老君、混元正源、诸曜星宿等；三官四圣殿内塑三官大帝、北极四圣真君、壁彩三百六十应感天尊、南北二斗，马赵温关祠堂数座，昊天通明宝殿、玄帝殿，雷祖殿，内塑九天普化天尊、十方救苦真人、童子，三清四帝诸天圣后殿，四大真人殿，内塑清虚土洞妙竹宗师像，捧旨仙童，金阙玄元老君、南北五祖七真神仙真人等，壁彩五老帝君、十二元辰、焚天灵妃、夜光诸天玉女等，三百六十应感天尊祖庵，彩绘三清殿壁画，真清五雷妙化增印令旗牌阁、五方龙雷神庙、龙神庙及经舍等。他岁岁添设香火，侍奉万灵，乃至为民祈禳，且都能亲谋亲修。数百年间，他在道徒和民众中享有崇高威望，被视为“仙人”。关于他的传说：《都堂出生》《石打石儿》《窥探煮饺》《鞋帮坟茔》《讨封真人》等在民间广为流传。明成化十九年（1483），孙云际羽化于凤山天贞观。为纪念他，当地民众于农历正月二十六日孙真人生日立庙会进行祭祀，俗称“遇仙”。

王显明

王显明（?—1649）永宁州（今离石区）长板塔人，幼年以农、牧、狩猎为业。清顺治五年（1648）9月，清军入山巡查禁马，乘机敲诈勒索民财，王显明义愤填膺，遂聚众举旗反清。战斗中，劝降驻守交山之清军把总尤玉，并在树头岭击溃清军千总温师珩率领的“贴防”官兵300名，声威大振。山西巡抚祝世昌，闻讯震惊，急调3000名官兵进山围剿。王显明采取机动灵活的战术，利用有利地形与之周旋，并巧妙埋伏于石锁关，全歼由省城运送粮草的援兵500名，太原右营守备李进忠被打死，缴获粮食1000石。然围困交山之清军顽固不退。王显明又率兵声东击西，佯攻汾阳罗城，山西巡抚祝世昌急令主力救援，使清兵陷入泥潭，损兵折将。明朝降将大同总兵姜瓖起兵反清，其子姜建勋于顺治六年3月，南入交山与民军会师，姜、交联军在王显明指挥下，破交城城，杀知县周邦翰；克文水，斩知县曹之贤；连占汾阳、清源、徐沟、太谷等县，围困太原城，省城太原告急。

清顺治六年（1649）4月，清廷派大批兵清剿，民军因寡不敌众退守晋祠，王显明、尤玉等将领在巷战中阵亡。

于成龙

于成龙（1617—1684）字北溟，号于山，永宁州来堡村（今吕梁市方山县）人。

明崇祯十二年（1639），于成龙参加乡试，省城太原考场考官公然行贿受贿，徇私舞弊，他在考卷上痛陈时弊，直抒胸臆，结果正榜无名，勉强考取副榜贡生。

清顺治十八年（1661），于成龙入国子监学习。结业后，44岁的于成龙不顾亲朋的阻拦，抛妻别子，到遥远的边防广西罗城县任县令。罗城县隶于清统治下不到两年，局势未稳，前两任知县一死一逃。由于该地经兵火战乱20余年，整个县境盗贼猖獗，瘟疫流行，蒿草弥目，行径无人，百姓避居山谷，城内仅存居民6家，草房数间。县衙只有破茅房3间，于成龙寄居关帝庙。不久，同来的5名仆从或死或逃，只余他病躯一身，濒于绝境。于成龙毫不气馁，扶病理事。他明确保甲制度，访贫问苦，采取得力措施，抑制地方豪强，招回流亡百姓，逐步安定了社会秩序，三年时间，他将罗城县恢复生机，百姓安居乐业。由于他政绩“卓异”，受到两广布政使金光祖的重视，罗城县被评为全省治理的榜样。

清康熙六年（1667），于成龙被两广总督卢兴祖推荐为广西省唯一“卓异”并升任四川合州（今重庆市合川区）知州，他上任不到2年，合州人口骤增，田地得到开辟，招民垦荒政绩显著。

清康熙八年（1669），于成龙被擢升为湖广黄州府同知，任同知4年间，政绩突出，于成龙深为湖广巡抚张朝珍器重。

清康熙十二年（1673），于成龙再次被张朝珍举“卓异”后，被调主持武昌府政务，并将提升他为武昌知府。恰在这时“三藩之乱”爆发，吴三桂派许多湖北籍部将回老家策反，制造暴乱。

清康熙十三年（1674）5月，麻城县曹家河人刘君孚父子联络东山一带山寨发动暴乱。

于成龙在当地很有影响，被请出来收拾局面，他以“招抚”为方针，查清事件原委后，发出安民告示，绝大多数胁从百姓回家，事态很快趋于缓和。随后他冒生命危险只身进入刘君孚山寨中说服刘君孚及枪手 300 人，10 天之内一场动乱顺利平息。同年 8 月，于成龙调任黄州知府，第二次暴乱接踵而至，声势和范围超过前次。于成龙调集各乡乡勇数千人在东山黄土坳一带与数量上占优势的暴乱分子展开激战，他身先士卒置生死于度外，战斗获得全胜，并擒获暴乱首领何士荣。20 余天，于成龙指挥乡勇取得平乱的胜利，受到湖广总督蔡毓荣的高度褒奖。

清康熙十七年（1678），于成龙升任福建按察使。康熙十八年，于成龙在按察使任上第三次被举“卓异”后升任福建省布政使。福建巡抚吴光祚向朝廷举荐于成龙为“闽省廉能第一”。从此，于成龙得到朝廷的赏识和破格招用。康熙十九年春，康熙皇帝“特简”于成龙为畿辅直隶巡抚。清康熙二十年春，康熙皇帝朝见于成龙，当面褒赞他为“今时清官第一”。康熙二十一年，于成龙赴南京出任总制两江总督。

清康熙二十三年（1684）农历四月十八日，于成龙去世，时年 67 岁。于成龙去世时，木箱中只有一套官服，别无余物。于成龙逝世后，南京男女老幼痛哭流涕，康熙皇帝破例为他撰写碑文，称他“天下廉吏第一”。后归葬山西老家，谥号“清端”，康熙皇帝追赠“太子太保”。

于廷翼

于廷翼（1636—1701）字右之，永宁州来堡村人，于成龙长子，清康熙十四年（1675）贡生，曾任曲沃县训导。

于廷翼自父亲于成龙出仕后数十年间，留守在家，奉养祖母和母亲，代父抚育两弟，以至成人。

《永宁州志》载，康熙二十五年，于廷翼在永宁城东关外水榆梁捐义地五亩，供贫无土地和一时不能尸返故里的亡人掩骼埋胔。

清康熙三十四年至三十六年（1695—1697），永宁州连续遭受自然灾害，接着发生瘟疫，米价大涨，于廷翼与族人每月将家中存粮接济乡人，名为借给，事后将数千两白银的借据付之一炬。《永宁州志》：“于廷翼，莱公中丞之封翁。康熙三十四年，早霜杀稼，三十五年、三十六年连年苦旱，继以瘟疫，斗米六百文，境内死亡枕藉。廷翼于族人每月按名给廪，乡里量为借给，全活颇多。计费数千金，悉焚其券。”

于廷翼以仁存正德，乐善公益，博施济众而闻名乡里，受人称颂。他教育其子于准为人要正直本分，做官必须要清廉，立志要高，待人务宜谦光，不可骄傲。

清康熙四十年（1701），于廷翼病逝。

于 准

于准（1664—1731）字子绳，号莱公，永宁州来堡村人，于廷翼之子，于成龙之孙。

清康熙二十三年（1684）恩荫国子监。康熙二十七年初任山东省临清州知州，“因有清操，被举卓异”，入京都先为刑部员外郎，后升迁户部郎中。

清康熙三十二年（1693），出任江南驿盐道佥事，后任直隶省钱谷守道参议，后迁升为浙江按察使。

清康熙四十年（1701），其父病逝，丁忧归乡期间，应知州谢汝霖之邀，参与续纂《永宁州志》，并作序。

清康熙四十二年（1703）九月，以原任浙江按察使丁忧服阕赴补。康熙四十三年秋，旋拜巡抚贵州，巡抚贵州期间，文献载：“饬州县立义学，令土司子弟及苗民俊秀者悉入肆业，送督学考试。”康熙四十四年，他组织纂修刊印贵州《黔灵山志》12卷，并作序。

清康熙四十五年（1706）春，调任江宁巡抚，总理粮储、提督军务，举劾文职贤否，粮饷刑名。志载：“岁饥，请发帑赈济上元等十五县及太仓、镇海二卫。滨江海田亩被潮汐冲击，多坍没，疏请豁免钱粮，诏允行。”同年，编纂刊印《于清端公政书》8卷，收录于成龙在罗城、合州、黄州、福建、直隶、两江等地任职时奏章、专论、书札、公牍，内容涉及边关建设、战事、屯垦、水利建设、救灾、平乱等论著。至康熙四十六年，他完成编纂刊印《于氏宗谱》，谱成共分5卷：卷一《谱系》、卷二《宸翰》、卷三《恩纶》、卷四《家乘》、卷五《山图》。并修订《于氏族规》21条、《家训》42条，朴素家风承上启下，祭祖孝亲，读书从业，持家睦邻，明确规范。

清康熙四十八年（1709），因亏帑一案被罢官。他回归故乡，德泽里人。20年间，于准8次参与永宁州安国寺修缮。

清雍正三年（1725），官复原职归里。雍正四年八月，莱公别墅落成。雍正七年，永宁州安国寺内主持普闻禅师与当地里民“以其功在梵宇，德及里人”。创建于中丞公生祠祀于准。

离石境内有于中丞公生祠、于氏宗祠、于清端公祠、于清端公读书楼、莱公别墅古建筑以及石刻、碑、碣等与于准相关文化遗存。

于 灏

于灏（约1673—1742）字逢源、云谷，号广斋、尹泉，永宁州来堡村人，贡生。于成龙之孙、工部虞衡司员外郎于廷元之子，子于大栴，生员。

清康熙二十三年（1684），于灏为吏部候补主政、吏部候铨训导、候补主事。雍正四年（1726）左右诰授奉政大夫，任刑部四川清吏司郎中。

于灏一生工于诗文、书法创作，书法精擅行草，洒脱不羁，颇有声名。1999年山西人民出版社出版柴建国著《山西书法通鉴》收录有于灏书法墨迹《论祝京兆书法语书轴》《桃花源记》书帖数帧。同时，对于成龙祖孙三人的书法艺术分别评价："于成龙与于准亦皆善书法，余之皆刊有其作品及对他们书法的评介。""《于成龙行书格言轴》落墨爽捷，运行劲利，字势开博，盛气充盈；于准《予宁堂帖》序，其书法盖以欧褚为滥觞，并吸收苏子瞻、赵子昂、董玄宰之笔意，用笔结字俱颇可玩味，少有当时风行之阁体书法之尘俗习。"特别称于灏"其结字稳实不摧，其用笔爽落深沉。笔笔如铁杖柱地，大力排奡；字字展收相济，态度动人。全篇在重轻间出、快意而又和谐的节律中历历推出，精神抖擞而不散乱，步履稳健而不局蹙。全篇内安排祝、楷、唐、草、素、年、佛、地诸字突地重墨展大，如奇峰迭起，提携全篇，增强了运行的节奏美，给人以巨大的震撼。"

2009年5月，山西博物院举办《山右清风——山西清代名家书画展》，展出于灏与于成龙书法作品《于成龙行书轴》："忆君貌骨似清秋，每爱生涯不裹头。有兴辄同鸡黍客，无家肯为稻粱谋。"于灏书法作品专题介绍："于灏工于诗文、书法创作，所书诗句每自己出而不习用前人，书法精擅行草，洒脱不羁，得其时代之先声，颇有时名。"

离石现存可考丹书遗迹有安国寺门额石刻《瞑云谷》，碑碣《重修安国寺碑记》《大中丞于公生祠记》等。

在于灏熏陶影响下，于大栴亦工书法，精擅行楷，灵秀典雅，白马仙洞景区、石盘圣母庙均存有其碑刻。离石杜家山村圣母庙有清雍正十二年（1733）九月刻立《新建圣母庙碑记》载："诰授奉政大夫原任刑部四川清吏司郎中于灏谨撰，庠生于大栴熏沐书丹。"父子同碑刻，文章代代传。

王继贤

王继贤（1792—1850）字翰城，黔城长坡村人。幼聪慧，12岁应童子试，曾两度入长沙岳麓书院受业，由禀贡生赴京都入国子监。工部侍郎何凌汉器重，延至其家授业子孙。不久以便补导援列入任中书科中书，前后达14年。清道光二十三年（1841），任山西省汾州府永宁州知州。州人好争讼，不重视文化，初到任时，参加文学考试仅100余人。乃兴办学堂，以俸薪资助学员生活和灯油费，并教他们作诗、写文章、练习书法，该州成为文风很盛地方，处理争讼及违法事端，判断公正廉明。两次解送河南饷银，著有《南河纪游诗草》两卷。道光三十年，殁于任所，时年58岁，运灵柩回黔阳时，人民涕泣相送。朝廷追赠为奉直大夫。

王继贤生平工书法，在京城一带享有盛名，他为高丽国（今朝鲜）书写“继美凌烟”4个大字，誉满邻国。道光皇帝赏其白银4000两，每个字1000两，人称王继贤“一字值千金”。永宁州存有他临写的《黄庭经》《乐毅论》《兰亭序》《九成宫》《千字文》等石刻，州人把石刻嵌入关圣庙墙壁。他自撰《石室文书法》《爱书僧记》《听月泉记》《诗竹杂刻》等，在当地享有盛名。方山县大武水图祠藏有其《松竹梅兰图》及题记石刻。北武当山有“天寿井”“乔松”“真修处”摩崖及《天寿井记》《王子赞松图——乔松说》二石碣。柳林县双塔寺有其题写的门匾，柳林县孟门南山寺有《大雪题南山寺》诗刻。中阳县柏洼山有《登柏洼山》诗刻。临县碛口黑龙庙有其撰写《卧虎山黑龙王庙碑》记及“山河厉带人文聚，风雨祥甘物气和”的门联刻石。太原晋祠、湖南、上海博物馆藏有他的书法作品。湖南黔阳芙蓉镇有其石刻对联“妙书鸿戏秋江水，佳句风行晓苑花”及长坡村墓志铭等。

崔炳文

崔炳文，生卒不详，离石区马茂庄村人，字虎臣，是清嘉庆十二年（1807）优贡，后中举并考取国子监学正，补为“诚心堂”等助教，任志书馆纂修，从事过文化编著工作。道光十五年（1835），朝廷派他去督查户部在通州（在今河北省境）的仓库粮食，同去官员均为顺天府同科举人。查验后，发现仓中有不少余粮。有官员提出贪占余粮主意，崔炳文坚决不同意。后事情败露，同去官员均受处理，崔炳文没有受到牵连。后崔炳文被任命为广西新宁州知州，因年老有病归乡，在祁县昭余书院任主讲。光绪版《永宁州志》记载，他“生平嗜学，精书法。年七十余，日读书，作小楷，著述尤多”。

第二节 现当代人物

张叔平

张叔平（1897—1928）原名秉铨，乳名八八，化名石州、张衣，永宁州（今离石区）大武镇（今属方山县）人。

张叔平8岁入本镇私塾，14岁辍学。

民国元年（1912），焦四则、海泉则在方山领导农民起义，倡导“抗捐抗税，除暴安良”，引起张叔平的共鸣，萌发了抱打不平、拯救天下的人生志向。

民国3年（1914），张叔平考入离石县立高等小学，开始接触孙中山、章太炎等人的进步书刊，逐渐受到进步思想的影响。民国

4年，张叔平参加反对袁世凯称帝的学生运动，散发传单，发表演说，动员人民起来进行反对袁世凯卖国求荣的斗争。

民国6年（1917），张叔平考入山西省立第一中学，结识了王振翼、高君宇、贺昌等革命青年，受到进步思潮的影响。民国8年，张叔平参加五四爱国运动，并协助雷梦麟在太原举办“觉民派报社”。同时和同学们筹资开设“文具书报贩卖部”，秘密翻印和销售《共产党宣言》《资本论入门》《俄国革命纪要》等书刊。又与好友集股，在离石城内开办“觉民书社”，销售各种进步书刊，传播反帝反封建的革命思想。

民国10年（1921），张叔平毕业于山西省立一中。民国12年，张叔平经高君宇、王振翼介绍，加入中国社会主义青年团，次年加入中国共产党。民国13年秋，张叔平被选为中国共产党太原支部书记。

民国14年（1925）2月，张叔平参加由国共两党在北京主持召开的“国民会议促进会全国代表大会”。会后，领导太原的“反房税”斗争和声援上海的五卅反帝爱国运动。并到汾阳铭义中学，协助党团组织领导人韩蔚生、李伯生等，成立“汾阳沪案后援会”“学生联合会”“工人联合会”“商界联合会”等群众爱国团体，实行罢课、罢市。

民国14年（1925）年底，随着运动的日益发展和革命工作的需要，张叔平调离山西，到黄浦江畔，担任中共上海区委杨树浦区部委书记。民国16年2月9日，在上海区委召开的第一次代表大会上，张叔平被增选为区委候补委员和职工运动委员会委员，参与发动和领导工人进行了同盟罢工和武装暴动，同年“四一二”反革命政变后，张叔平被调往杭州，任浙江省委组织部部长兼工人部部长。7月初，张叔平被叛徒葛耀祖出卖，连同妻子、妻妹一起被捕，关进杭州陆军监狱。在审讯中国民党官兵使用各种酷刑，张叔平坚贞不屈，视死如归。民国17年1月20日，张叔平被钉死在杭州城墙上。

贺　昌

贺昌（1906—1935）原名颖，又名其颖，字伯聪。永宁州柳林镇（今属柳林县）人。

贺昌从小性格刚毅，好学敢为。民国7年（1918），贺昌初小毕业，考入离石县立高等小学，结识了张叔平、李燕敖等进步青年。次年，参加了离石的五四爱国运动。民国9年，他随父迁往太原，考入省立第一中学。入校后，他结识了高君宇、王振翼等进步人士，思想觉悟有了很大提高。民国10年底，团组织负责人王振翼赴北京工作，贺昌成为太原团组织负责人。民国11年5月，贺昌领导太原大国民印刷厂工人举行罢工斗争，成为山西省工人运动的开始。同年6月，贺昌加入中国社会主义青年团，不久，任太原团地委书记。同年9月下旬至10月，他在北京经高君宇、邓中夏介绍加入中国共产党。同年10月30日他被增补为团中央执行委员，是团中央5位执行委员中最年轻的一位。他回太原后，领导太原正太铁路工人总同盟罢工斗争，并取得胜利。民国12年1月，他赴团中央工作，任团中央机关刊物《先驱》发行主任。同年2月，他接任团中央经济主任。同年7月，他赴上海大学学习，并参加中共上海大学组的组织生活。

民国14年(1925)春，贺昌出席社会主义青年团中央在上海举行的第三次全国代表大会，被选为团中央常委兼任工农部部长。民国15年，他代表中国社会主义青年团出席在莫斯科召开的国际共产主义青年团代表大会。会后回国，适逢北京发生了“三一八”惨案，贺昌即在李大钊、赵世炎的领导下，发动和组织青年学生，投入反抗段祺瑞屠杀政策的斗争。不久，他被调往上海担任中共江浙区委委员和共青团江浙区委书记。

民国16年（1927），北伐军进抵上海郊区时，贺昌参加周恩来、罗亦农、赵世炎等领导的上海工人三次武装起义，不久，任共青团湖北省委书记。在中共第五次全国代表大会上，当选为中央委员。之后，他参加南昌起义和广州起义，与反动派展开不屈不挠的斗争。民国17年，他出席莫斯科召开的中共第六次全国代表大会，继续当选为中央委员。民国18年春，调往香港，担任中共中央南方局宣传部部长、中共广东省委书记。

民国19年（1930），贺昌在天津任中共中央北方局书记，发动与组织北方的罢工、暴动和起义。党的六届三中全会上批判了李立三“左”倾盲动主义，贺昌被撤销领导职务，调到中央苏区兴国县协助工作。由于他勤奋努力，兴国很快变成苏区模范县，不久，调任中国工农红军第五军政治委员、红三军团政治部主任。民国21年2月，他调中央军委，任中国工农红军总政治部副主任。

民国23年（1934）1月20日至2月1日，中华苏维埃共和国第二次全国代表大会在瑞金召开，贺昌当选为中央执行委员。同年10月，红军开始二万五千里长征，他奉命留在江西苏区，担任中央分局委员、军区政治部主任等职，坚持游击战争。

民国24年（1935）3月5日，贺昌率领红军与数倍于自己的国民党军队激战，在江西会昌突围时壮烈牺牲。

为了纪念贺昌，1946年，离石县建新中学命名为“贺昌中学”。在柳林镇修筑烈士陵园，其家乡改名为“贺昌村”。

雒贵岐

雒贵岐（1909—1941）永宁州雒家庄村人。

民国25年（1936）春，雒贵岐加入中国共产主义青年团。民国26年，加入牺盟会。民国27年，加入中国共产党。民国28年，雒贵岐从薛家坪购回8支牛枪，组织起四区抗日游击小组。同年5月，游击小组扩大改编为八路军115师离石游击2中队，他担任指导员。民国29年9月，离东县成立，调雒贵岐到离东2区任区长。当时日本侵略军对东川地区进行大扫荡，他组织群众配合正规军与日本侵略军日夜周旋作战，患疾病回家休养。民国30年春，日伪军包围雒家庄，将病中的雒贵岐抓到石门墕据点，五花大绑，打得皮开肉绽。雒贵岐坚贞不屈，一言不发，日本侵略军恼羞成怒，把他拉到沟畔用刀捅死。

薛福贵

薛福贵（？—1941）永宁州寺沟村人。

抗日战争时期，薛福贵在寺沟煤矿当工人，秘密参加抗日救亡活动，加入中国共产党。民国30年（1941）2月，被日本侵略军抓捕到石门墕据点。日本侵略军审问时，他牢记“革命不怕死，怕死不革命”的入党誓词。日本侵略军问他：“谁是共产党、牺盟会？”他说：“中国人全是。”日本侵略军又问：“阎良田、武泽深在哪里？”他说：“在中国，你们永远找不到。”日本侵略军又问：“你就不怕死吗？”他说：“进了你们的门，就没有准备出去！”日本侵略军把他拉到刑场杀害。

崔世文

崔世文（1912—1942）永宁县（今离石区）马茂庄村人，乳名秋喜，字毅生，曾用名何大方，后改名崔一生。

他先后在该村小学、离石城内高等小学和初级中学、山西省立第一中学、国立山东大学土木工程系读书。在校期间，因参加学潮，先后被离石伪县长和青岛日警拘留，后经群众请愿和学校具保释放。

民国26年（1937），崔世文参加革命工作，不久加入中国共产党，先后在第二战区民族革命战争战地总动员委员会宣传部、陕北公学、中共中央秘书处、晋西南区党委、晋绥分局等机关工作。民国30年，他任晋绥边区某地委组织部部长。民国31年2月，他在静乐县水塔村（今属太原市娄烦县）被日本侵略军包围，中弹牺牲。

杜凤英　李秀珍

杜凤英（1918—1942）女，离石县十里村人。

民国22年（1933），杜凤英嫁到小神头新山湾村。民国29年，新山湾村成为抗日活

动中心，杜凤英受到革命思想熏陶和教育，参加抗日队伍，并担任离东二区妇救会组织部部长，同年加入中国共产党。民国30年，她被调任县妇联秘书。她经常冒着生命危险发动妇女做军鞋、送军粮，站岗放哨，传送情报，支援抗日前线。

李秀珍（1919—1942）女，太原人，卷烟厂女工，共产党员。民国26年（1937），她随动委会来到晋西北，先在临县妇救会工作，后调离东二区任妇救会组织部部长。

民国31年（1942）1月23日，因汉奸告密，日伪军突然包围离东县抗日民主政府驻地。突围中，杜凤英、李秀珍不幸被捕，她俩一起被押送到离石县伪新民会。日伪军妄图收买劝降，她俩立场坚定，毫不动摇。日伪军恼羞成怒，施加酷刑，她俩被打得遍体鳞伤，仍不屈服。

同年1月27日，杜凤英被绑在毛驴背上，在离石城内示众，杜凤英不顾全身伤痕的疼痛，向周围的群众高声大喊："我是抗日妇救会的干部，是为人民求解放的，我们中国人切不要忘记中国……"

同年1月28日清晨，日本侵略军将杜凤英、李秀珍绑到离石西城墙上，剥光衣服示众。太阳落山时，李秀珍被日本侵略军用刺刀将肚子剖开，挖出腹中7个月的婴儿，挑在刺刀上示众，后用刺刀将她活活捅死。杜凤英被日本侵略军用刺刀刺伤后活埋。

韩昌泰

韩昌泰（1904—1943）字平阶，永宁州韩家坡村（今属吕梁市柳林县）人。韩昌泰生性刚毅，聪颖好学，先后在离石高小、汾阳河汾中学就读。

民国15年（1926），他在山西省立法政专门学校就读时加入中国共产党，任该校党支部书记。同年秋，韩昌泰以法专党组代表身份，出席国共合作的国民党山西省委召开的第一次全省代表大会，他当选为国民党山西省党部监察委员。民国16年夏，韩昌泰受组织派遣，回到离石搞农运工作，任中共离石县委书记、离石县农民协会负责人。次年冬，国民党大肆捕杀共产党员和进步人士，韩昌泰转移到孝义县，以小学教员身份，秘密组织农民自卫队，准备武装起义。不久回到离石，组织发动贫雇农参加农民协会。民国18年，韩昌泰被国民党离石县党部拘捕押送山西省第一监狱。民国20年，他出狱后继续就读于法专。九一八事变后，重返离石县，组织农民协会，并发动学界掀起了反对国民政府县长董祖椿的斗争。同年7月，他二次被捕，被判处14年徒刑，在狱中三次绝食，与反动派作坚决斗争。民国 26 年 9 月，他被营救出狱后参加山西牺牲救国同盟会，重返离石与牺盟会取得联系，秘密发展党的组织，组建农民抗日自卫队。同年 10 月，离石县成立游击大队，韩昌泰任离石抗日游击队政治部副主任、第二大队大队长，中共离石县委代理书记。民国 27 年，他代理工委书记，率领游击队参加山塬一战，歼灭日本侵略军松井师团 1 个中队。

民国 27 年（1938）农历四月十六日，日本侵略军出动大批人马包围了韩家坡，他的父亲和胞弟惨遭杀害，房屋被烧成灰烬，国仇家恨使韩昌泰的对敌斗争意志更加坚定。民国 28 年，阎锡山加快反共节奏，调走进步县长武尚仁，派遣思想反动的戚振华接任离石县县长，并抓捕抗日村长车逢祥。民国 28 年 9 月，闻名全省的“西湾请愿”发生。韩昌泰组织近 6000 人抗议队伍，高呼口号涌向县政府，要求惩办汉奸，释放村长，戚振华被吓破胆，让秘书出面，答应群众要求。

民国 32 年（1943）12 月，韩昌泰任离石县抗日民主政府县长。同年，韩昌泰在兴隆湾召开扩大会议。会议期间，重疾在身的韩昌泰不幸病逝。

阎兴光

阎兴光（1912—1943）乳名阎候元，永宁县枣架村人，农民家庭出身，家境贫寒，小时念过冬学，粗通文字。

他为人正直，心地善良，且富有胆略。抗日战争时期，为适应斗争需要，中共地下党组织确定他担任石盘行政村（包括枣架、歧则沟）村长，同时是应付日伪的村维持会长。

民国 32 年（1943）10 月的一天深夜，驻离石县城的日本侵略军、警备队、特工队 300 余人，突然把枣架、石盘、歧则沟 3 个村层层包围，企图搜捕县武工队长阎子诚，想把这支活动在县城附近、阳山一带的武工队一网打尽。日伪军强迫老百姓起身，用刺刀驱赶到石盘村娘娘庙院集中，男女老少有 300 余人。此时队长阎子诚和刘寿春、阎祺元等 10 余个队员已安全转移到梁家塌，还有未走脱的武工队员混杂在庙院人群中。第二天太阳刚出山，日伪军在庙院四周架起机枪，抓到这里的老百姓都面临着一场严峻的生死考验。日本侵略军指挥官通过特工队长王有生传话：“指出谁是阎子诚？谁是武工队员？谁说了都有重赏，统统放你们回家。”人们都默不作声， 此时王有生从人群中拉出一个中年汉子， 推到日本侵略军指挥官面前说：“这人是阳三村的维持会长阎兴光，叫他回答。”阎兴光毫不畏惧，坦然地指着满院的众乡亲说：“庙里的人都是良民， 八路军和武工队前几天来过， 但他们早就走光了……。”“你说的全是真话吗？骗了的就撕拉掉你的脑袋！”日本侵略军指挥官抽出指挥刀作了一个砍头姿势。阎兴光没有畏缩，从容地解开领口，口气坚定地明誓：“我讲的无有半句假话，不信，砍掉我的头。”日本侵略军无可奈何， 汉奸王有生向日本侵略军指挥官耳语一会，脸色马上由狞笑露出凶相，命令几个日军押着阎兴光跪下，抽出指挥刀威胁阎兴光："你的说不说实话……"阎兴光怒目而视，闭口不语，接着扭过头来深情地望了望众乡亲们，想说什么，但什么也没讲，他宁死不屈，视死如归。阎兴光被日本侵略军砍下头颅。

雒逢镜

雒逢镜（1925—1944）离石县雒家庄村人。

民国 29 年（1940），雒逢镜加入中国共产党，被编入离石抗日游击大队四中队，民国 30 年，升为中队指导员。民国 33 年 6 月，他们在崖窑塔召开群众大会，动员群众搞好坚室清野，抵抗日本侵略军扫荡，因汉奸告密，驻扎在三交的日本侵略军出动百余人包围崖窑塔，雒逢镜被捕。日本侵略军对他施酷刑逼口供，雒逢镜一直缄口不语。日本侵略军无可奈何，把他拉到离石城东财神庙杀害，投入枯井内。

吉大彪

吉大彪（1918—1945）离石县杜家山村人。

抗日战争爆发后，吉大彪加入离东游击队。民国 27 年（1938），吉大彪加入中国共产党，任游击队中队长。参加抗日战争后，吉大彪顾不上做家里农活，常受到父亲指责，他丝毫不在意，一心扑在革命工作上。同年，他以舅舅借牛为由，忍痛将 3 家合养的 1 头牛卖掉，牛款交给游击队做活动经费。民国 34 年六月初二晚上 10 点多钟，吉大彪和游击队员正在放哨，突然发现十几个日本侵略军从山梁上走来，他立即鸣枪，让群众和其他游击队员转移，他和张长洞两人掩护。等群众和其他游击队员安全转移后，他们跑到西岔沟，钻进峭壁上 1 个山洞，日本侵略军用游击队的暗语诓骗他们出洞并射伤于崖下。日本侵略军劝导吉大彪投降，他宁死不屈，被日本侵略军连刺十几刀壮烈牺牲。

王际隆

王际隆（1904—1945）字蕴山，永宁州西山里村人，祖父为清末秀才，父亲是乡间文士，他幼年受家庭的熏陶，入私塾后学绩优秀。

民国 7 年（1918），王际隆举家迁入县城，他考入离石高小。民国 10 年，他考入山西省立商业专门学校，预科四年结业转入本科。民国 18 年，他毕业后在祁县中学任教。民国 20 年，他回离石县吴城高小任教。民国 25 年，国内形势日趋恶化，王际隆经刘墉如、韩昌泰介绍，到南庄高小任教投身革命，因其有7个年幼子女，拖累大，工作不免受到影响。民国26年，抗日战争爆发，王际隆决定将3个儿子送往陕北参加革命，通过临县战总会刘墉如接应，从碛口码头乘船渡河，孩子们刚登上船，不料二子跳下船来，抱着他的腿哭诉说："我们3个大的走了，留下4个小的如何过呀！让我留下照料弟妹……"王际隆不知所措，只好让大子三子渡河。民国27年，离石县城沦陷，他带妻子四处流浪，逃避战乱，多亏奶母施米送面，维持极端苦难的生活。当日伪军获悉他儿子是八路军，外甥是游击队时，到处搜查缉捕他。民国34年春，他隐居在西崖底村山上破土窑内。因汉奸告密，日本侵略军将他抓去酷刑拷打，他坚贞不屈，家人筹借得400元银币将其赎释。后因重伤致残，卧床3月便离开人世。

王云祥

王云祥（1914—1945）临县墕头村人。出生贫苦农民家庭，幼时因家贫未能读书，仅靠自学粗通文化。民国26年（1937），他参加革命。民国28年，他加入中国共产党，曾任村党支部书记、三区区委组织委员、抗联主任、四区区委书记。他革命热情高，常在三区和坪头、赵家山、李家山一带发动群众，建立和壮大抗日群众团体，吸收积极分子加入中国共产党。在该县西山坪头一带影响大，是抗战时期一名出色的基层党的领导干部。

民国32年（1943），为对付日本侵略军"蚕食"暴政，王云祥受中国共产党党组织派遣，担任离石县游击大队队长、武装工作队副政委、中共离石县委委员。他潜入县城周围日本侵略军占领区、游击区搞武工队工作。他农民打扮，以贩卖牲畜为掩护，活动于县城附近的马茂庄、石盘、渠家山一带，了解情况，指导工作，发展党员，建立党的基层组织，发动群众与日伪维持会、特务、汉奸作针锋相对的斗争。并与武工队政委阎子诚共同部署掌握日伪内线情报，想方设法护送抗日本侵略军政人员通过日本侵略军占领区，顺利到达延安和各个抗日根据地。

民国34年（1945）7月的一天，王云祥在城西乔家塔村党员联系户家了解日本侵略军情况，突然被日伪军队包围。他与通讯员突围时，左臂中弹陷落于水井而被捕，在水井内，他把所带重要文件全部撕毁。日伪军将他押回县城日本侵略军司令部监狱，监禁40余天，软硬兼施、毒打逼问，要他供出抗日本侵略军政情况，王云祥只承认他是一个贩卖牲口的老百姓，不屈服、不低头。日本侵略军恼羞成怒，施行"灌辣椒水""坐老虎凳"等各种酷刑，折磨得他死去活来，他始终未暴露一点实情。日本侵略军无计可施，将他押往离石县城东北角准备杀害。王云祥面不改色，他向延安方向鞠躬，高呼："中国人民解放万岁！""中国共产党万岁！"当王云祥喊第三声时，被凶残的日本侵略军用刺刀猛刺，英勇就义。

任世发

任世发（1903—1946）永宁州王家塔村人，乳名成大，表字理卿，其父任继和24岁去世，任世发为遗腹子，由外祖父抚养。

任世发心灵手巧，聪明过人，上过三冬小学，靠自学成才，能写会画。他从小养成刚毅、和善的脾性，街坊邻里，遇到困难、争讼，他经常出面排解，在群众中享有美誉。

任世发生长在军阀混战的时代，受战乱环境的影响，他养成扶困济危，爱国为民的进步思想。民国16年（1927）夏，省城形势开始恶化，中共山西政法专门学校支部书记韩昌泰受组织派遣，由太原返回家乡离石开展党的工作，在城郊和交口镇一带开展农运工作中，经过长时间与任世发的接触和考验，同年冬，任世发由韩昌泰介绍加入中国共产党，从此他积极投身到抗日战争的洪流中。民国22年，他与杜学才配合，利用石盘村庙会，书写张贴标语，宣传革命主张，反对阎锡山的暴政。

抗日战争时期，任世发担任中国共产党的地下联络员做情报工作。他在自己家里，修筑一个密室。杜学才、李保平、杨立祥等活动在阳山一带的工作人员，利用这个据点，经常召开秘密会议，组织发动群众，开展减租减息、捐资献财、支援抗日前线等活动。晋西事变后，离石阳山一带成为共产党、八路军的根据地。中国共产党组织领导开展民主建政活动，任世发带领群众斗争清算乔家塔编村村长姜应喜欺压、剥削群众的行为，由于党组织的支持和群众拥戴，任世发当了从十里村至乔家塔一带的编村村长。利用这个合法身份，他发动群众筹集支援游击队、武工队的战需物品，与县城内线取得联系，转送情报，打击日伪阎军的反动阴谋，保护人民群众。

民国34年（1945）8月，日本侵略军投降，阎锡山抢占离石县城，任世发一面继续侦察，一面发动群众备粮备草，为解放县城作准备。同年9月，八路军120师358旅，开赴离石，准备攻城，任世发日夜奔走筹集军粮，组织民工抬担架，送食物，保证战需供应。他的家成为支前的活动中心之一。

离石县城解放后，任世发同广大群众积极投入恢复生产、反奸清算的斗争中。为迅速恢复被战争破坏的农村经济，任世发组织村民开发芦则峁煤矿，亲自担任经理。煤矿投产后，他日夜奔波，饱受风寒。1946年冬，任世发因劳累过度患斑症伤寒病逝。

刘敬镌

刘敬镌（1885—1947）字饱德，永宁州城内人，出身纸扎世家。

刘敬镌幼年聪颖好学，其父聘请城里老秀才李嘉尤包教学业。光绪年间，他考取秀才。

受变法维新思潮和辛亥革命影响，清宣统三年（1911），他考入山西大学第一期，专修英文、数学、格致等科，四年后毕业，回乡倡导教育，被选为山西省政府参议员。民国4年（1915）至民国9年，他任离石城内高等小学校校长并开讲授课。第一班学生有任培厚、傅秉雄、陈顾三、刘静山等人，他们是中华人民共和国成立前地方和教育界颇有影响的人物。以后，这所学校陆续培养出张叔平、贺昌、韩昌泰、崔一生等一批革命志士。其间，县内普种大烟，山西省政府委他为摧毁烟苗委员，因禁烟有功，山西省政府给他一个名誉县长（称县知事）的空衔。民国10年，他任山西省南路辽、沁、潞、泽等19个县禁烟稽查队总指挥。民国15年，他弃职回家，在城内开办长益永商号，后改为德记公司，与孔祥熙在离石所设祥记公司齐名，成为一位享有盛名的儒商。后被商界公推为县商会会长。刘敬镌热心公益事业，带领商会整修南关石头街道。他具有儒学功底，好书法，善诗文，茶余饭后手不释卷，阅读多种古医名著，常对人讲“医术济迩，医德行远，小可医人，大可医国”。给人诊病开方，无论贫富，不计酬赏，传为佳话。

民国27年（1938）2月，日本侵略军占据离石县城，企图拉拢他担任日伪县维持会长。他以至死不当亡国奴的民族气节，携带家眷迁到离石县西抗日根据地居住，为抗日军民行医看病。民国31年10月，晋西北临时参议会在神府县胡家庄召开，选举产生晋西北行政公署，他以开明绅士的身份被选为晋绥边区行政公署19名委员之一，与中国共产党亲密合作共事，尽职尽责。他时年57岁，以自己亲历晚清、民国、边区三个时期的感受陈述新旧对比，赞扬中国共产党全心全意为劳苦大众的功德和边区进步景象，呼吁团结抗日。临参会开幕当天，他赋诗祝贺，表露心迹，感人至深。其诗云：“秋雨秋风秋气凉，贤才济济萃同堂。从兹利弊兴除事，都付吾民作主张。”1947年12月1日，刘敬镌病逝。

刘菊初

刘菊初（1879—1954）名安芳，字馨圃，号菊初，永宁州高迪村（今属柳林县）人。

刘菊初18岁中秀才，时值清光绪末年，学校初创，科举未废，遂弃科举，考入山西优级师范学校。毕业后，他先后在离石、柳林高级小学，平遥乙种实业学校，兴县中学等校任教。离石解放后，他任贺昌中学校长。由于他学有素养，教育有方，敢于创新，深得青年学生的爱戴。

刘菊初热心赞助地方公益，曾在乡中捐资办学，对贫困学生常常给以资助。民国10

年（1921），阎锡山下令修建太军公路，将蠕则、薛村、高迪3个村的10里水渠填塞，使千亩水田顿成旱地，经他奔走呼号，克服重重阻挠，重将水渠修复，人心大安。

民国29年（1940），刘菊初到晋绥边区工作。他常对人说："旧社会尔虞我诈，争权夺利；解放区互敬互助，为国为民。"根据地条件非常艰苦，日本侵略军不时进行"扫荡"，年逾花甲的刘菊初虽经常随部队跋山涉水夜行六七十里，备尝艰苦，但心情十分愉快。民国30年，他担任晋西北临参会议员，晋西北行署行政委员，四专署教育科长。同年，他参加了赴延安参观团，受到毛泽东等中央领导人的接见。民国34年后，他历任解放区战犯调查委员会晋绥边区委员、离石县议会副议长、离石县各界人民代表会议常委会副会长、山西各界人民代表会议代表及筹备委员、离石县抗日民主政府委员等职。次年，国民政府惨杀了李公朴、闻一多两位爱国民主人士，他致悼词，痛斥国民党之倒行逆施，决心向两位烈士学习，把民主革命进行到底（悼词见《晋绥日报》）。解放军围困太原时期，他建议政府以兵力为后盾，组织劝降团，做瓦解阎军工作，使人民免于炮火之灾，其忧国忧民之心于此可见。在贺昌中学工作期间，除参与校务外，还讲授语文课，并利用假期，亲自带人到兴县、临县实地参观，以边区建设成绩教育青年。刘菊初热心文物事业，曾编著过《离石文物古迹见闻录》。刘菊初善书法、治印，长于诗文。生平留有手稿《课余杂俎》，有日记数十册，诗文散见于日记、《晋绥日报》《山西日报》以及其他报刊中，《现代咏晋诗词选》中有选载。1954年，刘菊初去世。

雒 云

雒云（1917—1955）又名雒飞鹏，永宁县后庄村人。

民国27年（1938），雒云加入中国共产党，担任该村党支部书记，以牺盟会的公开身份为掩护，积极开展抗日救亡工作。民国29年，雒云调任四区区委书记。在县委书记王云祥的领导下，他一方面做党的地下工作，秘密发展党员，进行抗日救亡活动；一方面和武工队密切配合，活动在神仙山至大武镇日本侵略军占领区一带，伺机打击日本侵略军，并教育争取日伪人员弃暗投明。民国31年至民国34年8月，大武解放前后，雒云继任区委组织委员和区委书记，在解放大武镇和恢复发展生产、稳定民心等一系列政治斗争和经济建设中做了大量工作，受到贺龙司令员多次表扬。

1946年，为解放中阳县，雒云被调任金罗镇区委书记，和盘踞在中阳县城的阎军进行顽强斗争。1949年，雒云响应中国共产党的号召，随军南下，奔赴新区，先后任镇巴县委书记，汉中地委副书记等职。1955年，雒云在汉中地区被暗杀。

赵子文

赵子文（1920—1962）曾用名赵德贵，永宁县秦家崖村（今属方山县）人。

民国27年（1938）10月，赵子文加入中国共产党。民国29年，他参加革命工作，历任村党支部书记、行政村村长、县农会秘书、地委组织部干部科副科长、专署人事局局长、县长、县委书记、晋华纺织厂党委书记、省水利建设工程总队党委书记兼总指挥等职。

1957年，赵子文调任中共离山县委第一书记，他深入基层，了解下情，研究工作，制定出贯彻毛泽东批示的《离山县水土保持规划》实施方案。1957年秋后，赵子文带领全县人民掀起水土保持建设高潮，到1958年下种时，全县修成水平梯田近4万亩，培地埂40多万亩，打坝淤地和植树造林种草的数量，均超过历史的总和。苏联水土保持专家认为是黄土高原水土保持史上的一个伟大创举，国务院黄河委员会决定在全国同类地区进行推广。

1958年秋，上级发出全民大炼钢铁的紧急指示。赵子文鉴于禾田在地，秋收在急的实际情况，经县委集体讨论决定"秋前采矿、秋后炼铁，秋前小搞、秋后大搞"。他一方面组织专门力量做好大炼钢铁的物资、技术、矿源等准备工作；一方面发动群众抓紧秋收。赵子文因此受到上级严厉批判，被戴上"右倾机会主义"的帽子，并免去他县委第一书记职务，任县委常委、县委秘书长，保留地委委员职务。他没有因此消极怠工，一如既往努力工作，兢兢业业，毫无怨言。

1959年年底，赵子文调任文峪河水库党委书记，不久，晋中地委和山西省委分别作出《关于对赵子文同志所犯错误的甄别结论》，称"以其犯有右倾机会主义错误，进行批判、处分是不对的"。

1961年秋，中共山西省委宣布为赵子文平反昭雪。当时他身患肝癌，领导劝他去疗养，他忍着剧痛继续坚持与群众一起战斗在水库工地上。1962年5月28日，赵子文在工作岗位上病故。

武子和

武子和（1911—1962）祁县夏家堡村人。他生于中医世家，从小聪颖好学，才智过人，7岁入小学，11岁进高小念书时，父母严加教诲，熟背药性、汤头、脉象、针灸等知识，初涉医门。他13岁高小毕业后，考入祁县中学读书，并兼任该校司务室司药、卫生员，给师生员工配药、看病。民国16年（1927），他考入山西大学预科班，3年后考入山西医专。

民国21年，他转到留德医学博士张小庆在太原开设的“小庆医院”。经过5年的实践和精心苦研，在医学理论和临床经验上都有较深的造诣，成为当时一位中西医结合的名医。

“七七事变”后，武子和出于抗日救亡的爱国热情，民国26年（1937）11月，他毅然离开“小庆医院”，投身到太原工人武装自卫队司令部卫生处任医生。民国29年夏，在交城燕家庄附近反扫荡战斗中负伤致残。民国31年10月，他被调到新军总部卫生处任主治医生，不辞劳苦地为抗日军民疗伤治病，受到新军总部的记功奖励。民国32年10月至1946年5月，武子和被先后调任晋绥三分区卫生处教导队医生、休养所所长、门诊部主任等职。他任休养所所长期间，克服当时医药极端缺乏的困难，采用中西医结合的辩证方法，以泻血疗法为主，有效地治愈90余名伤寒病员，受到晋绥三分区卫生处的嘉奖。

1946年6月，武子和由部队调到离石县民众医院工作。他亲手培养出许多徒弟，成为全县卫生医疗战线上的骨干力量。他医术较为全面，诊病准确，往往药到病除，在当时医疗设备差的条件下利用土法治疗内、外、妇、儿、五官等科疾病，挽救了许多患者的生命，人称“百科医生”，在晋西一带颇有声誉。

1947年春，中央机关部分首长从延安移驻离石前瓦窑坡村，徐特立等有病请他治疗得以痊愈，受到赞许。1949年，武子和加入中国共产党。他推广中西医结合，在漫长艰苦的革命斗争中拼搏，中华人民共和国成立后，不顾残躯废寝忘食工作，终于积劳成疾，肺病加剧，1962年7月13日武子和去世。

傅秉雄

傅秉雄（1891—1963）字子溪，永宁州城内人。幼年在龙山书院读书，后考入太原优级师范学校。民国3年（1914）肄业后在离石高等小学任教4年，后升任校长，其间培养学生300余名。

为了丰富办学知识，民国12年（1923）秋，傅秉雄辞去校长职务，考入北京大学平民学校。民国16年，他大学毕业后，创建离石中学，任校长。次年，离石中学建成并招收第一班学生，至民国26年共办8个班，培育学生200余人。

傅秉雄性格直爽，不拘小节，喜尚进取，深恶浮华，治学严谨，成绩优良，离石中学的学生在参加全省统考中，成绩屡次被评为中上，受到山西省教育厅嘉奖，为山城中学争得荣誉。

民国 18 年（1929）至民国 21 年，国民政府当局两次拟定开除抓捕进步学生韩秉镛、康桂荣等，傅秉雄获悉后，亲赴县府为学生申辩，并出面担保，学生得以息乱脱险。他对刻苦学习、家境贫寒的学生非常器重，经常解囊资助，使辛安亭、郝建纲、崔世文、李崇山等得以继续深造，成为社会有用人才。至于门墙桃李，佼佼者更不乏其人。

阎子诚

阎子诚（1906—1963）亦名阎思忠，永宁州歧则沟村人。因家境贫困，阎子诚童年未能就学，随父务农，后当染坊徒工。苦难生活的煎熬，旧社会的压迫、剥削和腐败，在他心灵上留下深深的烙印。

民国 26 年（1937），阎子诚在其表叔、离石早期共产党员韩昌泰的教育影响下，萌发抗日救国的志向，毅然参加革命工作。同年 10 月，他加入中国共产党。

民国 27 年（1938）2 月，日本侵略军侵占离石县城后，不断四处疯狂扫荡。当时阎子诚担任离石县一区区委书记，他发动群众，组织武装力量，开展游击战争，与日本侵略军进行周旋。他白天隐蔽在山庄窝铺宣传抗日主张，扩展革命势力；夜晚出动深入日本侵略军占领区切电线、断交通、打碉堡，袭扰得日本侵略军胆战心惊，坐卧不安。有时他化装成卖油或卖炭的农民，进城侦探敌情，建立地下联络点。活动区域内的石盘、枣架等 7 个村，他发展了很多党员。经过他的周密部署，通过各种社会关系，派出地下工作者插入日本侵略军心脏，建立了内线联系点，还派人打入日伪警察所、警备队、日本侵略军宪兵队、剿共委员会和特务机关——伪晋西公馆。阎子诚派他的姑母给伪警备队长刘克勋家中当保姆。并以开设店铺为掩护，进行各种秘密工作，传递情报，护送秦晋两省过往革命干部，转运八路军的给养物资，当时 358 旅的军需品都是通过这些渠道转送的。

民国 31 年（1942），阎子诚在原武装工作组的基础上扩建武装工作队，在仅有 5 颗手榴弹的武器装备条件下，依靠广大群众，掀起闻名全县的七月攻势，先后拔掉张家山、南梁、上白霜、应雨神等日本侵略军碉堡，击毙数十人，生俘 2 人。在圪垯村伏击战中，阎子诚活捉方山伪警备队长，吓得日伪军钻在城内不敢轻举妄动。

民国 33 年（1944），日本侵略军濒临败局，阎军、日本侵略军互相勾结。一次，阎军某部要经过离石县境，阎子诚指示阎其元伪装成农民将阎军引诱到贺家山一带，他亲自率领游击队，居高临下，以寡胜众，全歼阎军，缴获机枪 3 挺、小钢炮 2 门、步枪 20 余支以及其他军火弹药等物资。

阎子诚一贯遵循中国共产党的宽大与镇压相结合的政策，争取伪军投诚起义，对那些罪恶昭著、死心塌地为日本侵略军卖命的民族败类，坚决镇压打击。马茂庄日伪村长绰号叫崔老要，横行乡里，作恶多端，群众恨之入骨。阎子诚带领游击队员夜入虎穴，就地缉拿处决。驻马茂庄村的日伪阎合流武装特务组织——督导组，欺压群众，搜刮民财，无所不为，阎子诚亲自组织夜袭，击毙特务 27 人，打死罪大恶极、武功深厚，号称“草上飞”的汉奸特务班崇贵，缴获机枪 3 挺、步枪 80 余支及被抢劫的银币等物。群众尊称他为“大老阎”。日本侵略军四处发出通缉捕捉他，并将毒手伸向他的家眷，把他的二叔抓去打得遍体鳞伤，气息奄奄，几乎丧命，逼其供出阎子诚的去向。他的家眷为防避日本侵略军捕杀，背井离乡逃难至陕西，靠纺线织布度日。民国 33 年（1944），阎子诚出席了晋绥边区群英会，荣获“特等战斗英雄”称号，被授予骡子 1 头、锦旗 1 面、勋章 1 枚。

抗战胜利后，阎子诚担任离石县副县长。1949 年，阎子诚在南下的途中因病返回，住入晋祠疗养院。病休 3 年后，他调任山西省公安厅高家堡农场场长。1961 年，上级为照顾他的病体，将他调回离石县工作。1963 年 5 月 5 日，阎子诚因病逝世。

贺金声

贺金声（1901—1968）原名贺秉镛，永宁州霜雾都村人。

贺金声 6 岁丧母，由当私塾先生的父亲抚育。父告老还乡后，贺金声跟其兄念书。

民国 9 年（1920），贺金声考入山西省国民师范学校。民国 15 年，贺金声毕业后，在离石和中阳任小学教师及联合校长。日本侵略军侵占离石后，贺金声失业闲居家中，因无生计被迫卖掉 5 间瓦房和 15 亩耕地。1946 年，贺金声重返教坛，先在该村小学当义务助教，后到方山县当冬学教员。1947 年春，贺金声参加了全县教师集训，被分配到离石高小任教。1950 年，贺金声调县立师范。1951 年，他被选为县人大代表。1952 年，他当选离石县第二届各界人民代表会议常务委员会委员。1954 年，他被选为出席省人大代表。1955 年，贺金声调贺昌中学担任教师，到 1959 年兼任县红专文补学校教师。1960 年，贺金声调离石县志办编修县志，次年因年迈体弱退休。1968 年，贺金声病逝。

李务孝

李务孝（1920—1968）离石县李家山村人。抗日战争时期，他担任李家山村民兵游击小组长。带领李家山村民兵到周围村庄活动，袭击路经该地抢劫的日本侵略军，保护人民群众安全。

一次，日本侵略军到四区扫荡，民兵探知会路经李家山村，他组织民兵埋地雷设伏。快到天亮时，日本侵略军进入埋伏圈踏响地雷，民兵进行猛烈射击，当场炸死 2 人、炸伤 3 人，日本侵略军撤回后又死 1 人。至此，日本侵略军不敢在该区活动。他带领民兵进行变工生产，支援前线。民国 33 年（1944）12 月，他出席晋绥边区第四届群英会，被授予“晋绥边区民兵战斗英雄”称号。

解放战争中，李务孝带领民兵参军参战，支援前线，抬担架、竖云梯，并参加解放离石城战斗。

中华人民共和国成立后，李务孝坚持在农村劳动，发展生产。1968 年 5 月病逝。

李　岗

李岗（1904—1970）原名李蛮则，永宁州阳和沟村人。幼年家贫，靠给地主揽工、牧羊和租种土地为生。民国 27 年（1938），他参加革命。翌年，他加入中国共产党。他曾任村党支部书记、区农会秘书。民国 30 年，他调离石县敌工部（次年改称武工队）工作，在大武、石门墕日本侵略军占领区一带进行游击活动。

民国 32 年（1943）春，李岗率领民兵和游击队百余人，从阳和沟起，挖地洞 1.5 千米，达石门墕日伪军碉堡底，放进 1500 余千克土炸药将碉堡炸毁，日伪军胆战心惊，其他碉堡内的日本侵略军也不敢出动。

民国 33 年（1944）3 月 2 日，李岗组织四区的游击队和民兵，利用内线，里应外合拔除了店坪日伪军碉堡，生俘伪军 7 人，截断日伪军通往三交的要道，解放附近村庄 16 个。同年 8 月 13 日，他组织民兵游击队，配合武工队，化装成送粮民工，进入石门墕碉堡，生擒日本侵略军小队长韩九。10 月 7 日，他带领武工队，配合三、八分区军民，袭击并赶走盘踞在临县三交据点的日伪军。

民国 34 年（1945）4 月，在李岗策动下，通过内线联络，教育与争取石门墕据点的伪军起义投诚，解放石门墕并向日本侵略军占领区展开全面攻势，埋地雷、割电线、断交通，迫使日本侵略军寸步难行。

离石解放后，李岗调大武区政府、信义区供销社工作。1970 年，李岗病故。

李效民

李效民（1901—1971）永宁州东关村人。民国 7 年（1918），他考入清华大学，是第一位进入清华大学学习的离石人。民国 8 年，他参加闻名中外的五四运动，后多次积极组织、参与校内校外各种进步团体活动，他参加清华大学四报刊之一的《通俗周报》的组织工作

和辞命研究会的演讲活动，担任平民图书室主席，连任售品公社的协理，即第二负责人。回晋探亲期间，用政府给他的200元奖学金，购买多种书籍杂志，帮助当地洪山小学建立图书馆。

民国15年（1926）至民国19年，李效民先后就读美国西北大学商学院和哈佛大学，分别取得商学学士学位和商业管理硕士学位。九一八事变爆发后，李效民回国被聘为山西大学政法学院教授，教授国际贸易课程，他结合当时形势开设国际关系课程，从历史、理论上讲述日本侵略的本质，揭露国际联盟袒护日本侵华的伪善面目。

民国22年（1933），李效民深得中国银行总裁张公权的赏识，应邀加入中国银行，并先后在天津、重庆、成都、上海、河南、陕西等地工作。他吃苦耐劳、生活俭朴、刚正不阿、淡泊名利的品德，给周围的人留下深刻的印象。抗战爆发后，他参加国统区的抗战工作，在极其艰苦的条件下，在农贷方面做了大量开创性的工作，创造了农贷的“战时速度”。

中华人民共和国成立后，李效民在外贸部工作，为中华人民共和国的对外贸易工作做出应有的贡献。1959年国庆前夕，一起外贸干部模仿周恩来总理签名从中国银行冒领人民币20万元的巨大诈骗案发生后，外贸部门先后有三分之一的干部被调离外贸工作岗位，李效民被下放到太原。3个月后，他返回国家贸促会工作。“文化大革命”时，他受到不公正对待。1970年，李效民随同贸促会人员被送到河南省信阳地区息县外贸部“五七”干校接受监督劳动。1971年1月17日，他突发肺心病，不幸逝世。1979年，国家贸促会委员会对他作出“无产阶级文化大革命中对李效民同志的历史进行审查，其历史清楚，没有问题”的审查结论。

郝秀林

郝秀林（1930—1974）女，临县后小峪村人，聪颖好学，才品兼优。民国28年（1939），郝秀林在抗日救亡潮流的影响下，参加了少年儿童团，她13岁时，以编村儿童团团长的身份，在全区抗日救国大会上发表讲话，博得大会的赞扬。民国33年，区政府选送她去三交完小学习，她在校编演剧目进行抗日宣传活动。1946年，她响应党的生产自救号召，进临县纺训班半工半读，翌年入师训班受训。1949年，郝秀林分配到离石县信义小学任教师，同年加入中国共产党。1950年，郝秀林调离石五区妇联会工作，后历任离石、中阳、太谷县妇联会副主任、主任。1960年，郝秀林调晋中专署农业办公室。1963年，郝秀林选任离石县人民法院院长。

郝秀林在法院任职期间，废寝忘食，常常加班加点办理案件。由于睡眠不足，劳累过度，她得了头痛疾患。每当发作，他都以服镇痛药片来坚持工作。1965 年 9 月，她亲去柳林，经过深入调查，妥善处理了拖延 8 年之久的服毒人命积案，受到山西省高级人民法院的表彰。同年冬，距县城 47.5 千米的下昔公社深山里发现两具尸体，为迅速侦破此案，她不辞劳苦，配合公安人员，骑自行车星夜赶到现场，在深山丛林中找到检标，为破案提供了可靠资料。她对工作一贯认真负责，办事公正。在处理案件中实事求是，秉公执法，与她一起工作的人在其言传身教下，都养成了“不吸当事人一支烟”的清廉风纪。她公而忘私，生活俭朴，1966 年，她去北京政法干校学习回来时买了一件减价的旧呢料衣服，经过拆洗翻新，作为外出、过节的唯一礼服。1973 年，政府组织机关干部修筑东川河坝，她体弱有病，常到工地挥锹舞镢搬石调泥，一次因用力过猛，突然昏倒，掉进石灰堆中，腿部被烫重伤。

她宽以待人，对同事亲如手足。法警高永进、李爱如的小孩病了，她抱去医院诊治；审判员李玉茂等病了，她给煎药送汤；邻居产妇生娃，她忙去照料。因带病工作操劳过度，她多次休克。

1974 年 5 月 31 日，郝秀林主持召开宣判预备会时昏厥倒地，经抢救苏醒后，深夜仍谈论工作。次日，她在病榻上审阅宣判文件时，头痛急剧发作，与世长辞。

杜学才

杜学才（1908—1976）永宁州王家塔村人，幼年家贫，以务农为生。

民国 16 年（1927）夏，中共山西政法专门学校党支部书记韩昌泰受党组织派遣，由太原返回离石开展党的工作，韩昌泰在离石县城周围和交口镇一带培养与发展十几名农民加入中国共产党，杜学才由韩昌泰介绍入党，同时参加党的地下工作，在阳山一带开展民运活动，先后担任过该村党支部书记、离石一区（交口）、二区（龙花垣）、四区（大武）区委书记，县武工队队长，三专署民政科长等职。

抗日战争前，杜学才在中国共产党的领导下，同阎锡山的反动统治进行秘密或公开的斗争。民国 22 年（1933）6 月，石盘村赶庙会唱戏，他配合该村的党员任世发书写传单，张贴在戏场墙壁，揭露阎锡山的反共阴谋，被县政府发现后，派出军警 30 余名在附近一带村庄搜查，因未抓到把柄不了了之。同时，他发动群众对当地的豪绅地主恶霸展开抗租、抗税、反压迫剥削的斗争。乔家塔地主姜应喜、王家塔村地主杜贵喜，凭借钱势，掌握村政权，欺压百姓，他带领群众经过长期斗争，夺取这些人的权，推选进步人士接管村事。他白天爬上杜家山一带，晚上摸进交口阎军占领区，宣传共产党的政策，积极发展党的组织，在十余个村庄发展了不少党员。他介绍入党的有杜家山村的高选茂、冯树生，贺家塔村贺福礼，高家掌村阎怀德等。

抗日战争期间，杜学才深入日本侵略军占领区，开展游击活动。民国 30 年（1941），他调到县敌工站工作，与任隆忠负责离石城区至交口一带的敌工工作。次年，他调四区，与阎良田、李岗、武泽深等人深入大武、石门墕日伪军碉堡外围进行袭扰，阻止日伪军扫荡进犯。

民国 34 年（1945），杜学才被调中阳县暖泉区任区委书记。1948 年，他调任三专署任民政科科长。1949 年，他南下四川新区，任宜宾地区检察院检察长，离休后回原籍。1976 年，杜学才病故。

张金枝

张金枝（1924—1976）女，乳名二奴奴，文水县保贤村人。张金枝有一副好嗓音，父亲擅长拉胡琴，她从小受到歌曲艺术的熏陶，12 岁时随父游乡卖唱糊口，到清源孟封搭班，拜王明则学艺 2 年，转搭文水县秧歌戏班，后转祁县唠口崮村向晋剧老艺人狗蛮专学乱弹唱腔。她博采众长，风格独特，在汾文平川一带崭露头角，连唱一两个小时，音量毫不减弱。她 17 岁结婚后，从师十三红（张景云），经两冬苦练，攻青衣，学小生，戏路日宽，艺术不断提高，不仅发音清脆嘹亮，而且吐字真切准确，尤以真嗓、假嗓能巧妙结合，尖音、吟音可协调运用，她一口气发出的百十个“嗨嗨”腔，使观众心旷神怡。

民国 31 年（1942），她搭平遥私人戏班不久，参加八分区大众剧社，为抗日军民巡回演出。一些党中央领导人在交城山观看她演的《明公断》，评价甚高。她在唱《舍饭》《祭桩》等剧的大流水中，抑扬顿挫，节奏分明；在唱“鲛绡帕”剧《永寿庵》选段中，喷口强劲，声调圆润，起伏跌宕，刚柔相济，观众连连叫好。当时没有扩音设备，她的唱词竟能逐字逐句清晰地送到剧场内最远的观众耳中。

张金枝擅长青衣表演，兼工反串小生。她演《沉香扇》剧中饰蔡兰英，在蔡女扮男装出逃的“凉亭”一场中，她的表情动作与“男生”角色活脱相似，一大段唱腔中，快慢合拍，高低押韵，台下观众欢声雷动、赞不绝口。每演《沉香扇》，总是场场满座，席席无空。

张金枝毕生从艺，刻苦钻研，在舞台艺术上名声大振，许多戏剧社团纷纷相争聘邀。1955 年，她从汾阳鼓锋剧团调离石县晋剧团，成为全团的明星，她许多拿手戏轰动甘肃省兰州市、内蒙古包头市等地。她的代表作有《舍饭》《祭桩》《永寿庵》等，山西省广播电台对她演唱的《明公断》《沉香扇》《金水桥》《采桑》《算粮》等剧进行录音播放。1956 年，她参加晋中地区戏曲会演，荣获演员一等奖。1957 年，她参加山西省第二届戏曲会演，获演员二等奖。

1965年，张金枝因患病退出艺坛。1976年，张金枝病逝。

崔来全

崔来全（1923—1978）离石县马茂庄人。因家贫生活所迫，崔来全6岁时父母把他过继给本家四爷，他10岁时跟随四爷看管该村龙王庙，清扫殿堂庙宇，早晚撞钟击鼓，给村人报时。他没机会上学，靠自习粗通文字，后学会打铁，以务农兼打铁为生。

民国26年（1937）11月，山西总动员委员会由太原移驻马茂庄，宣传发动民众抗日救国，崔来全参加儿童团和民兵组织，站岗放哨、埋地雷、割电线，积极投入抗日救亡斗争。民国31年，他加入中国共产党。他家是县武工队经常出入的联络点，他和该村武保则、崔根子3个地下党员是传送情报的通讯员。民国34年9月9日，他和全县民兵一道，配合正规部队参加解放离石城的战斗。

1948年12月，崔来全服从党的安排，从柳林镇公安检查站调回马茂庄，选为村党支部成员。翌年，响应毛泽东主席“组织起来”的号召，他和村长任其礼、民兵连连长崔重甲带头组织互助组2个。1950年，该村互助组发展到6个，崔来全带领的互助组搞得比较出色。他们把投资作价入股，土地合伙耕作，统一使用劳力，秋收平均分配。建组的头一年，亩产94.5千克，比单干户每亩增产10千克左右。1951年，崔来全被评为全县的模范互助组长。

1952年，崔来全担任村党支部书记，马茂庄在常年互助组的基础上，试办起初级农业生产合作社，取名幸福社，推选崔来全为社长，是全县8个试办社之一。全社有农户10户、人口36人、土地43亩，当年粮食总产4708.5千克，亩产109.5千克，其中3亩丰产玉米亩产达250千克以上，粮食亩产比互助组、单干户多产了7.5—10千克。1955年，该初级社转为高级社，入社的有农户44户、人口176人、土地225亩，取消土地分红，实行各尽所能，按劳分配，男女同工同酬。1956年，全村除地主3户外，农户217户，人口847人，土地1339亩，全部入高级社，全村实现合作化生产，分为生产队4个，依靠集体力量，统一经营，发展多种经济。该村除抓农业、种植蔬菜外，还加工粉条、烧砖、搞运输。1956年，该村粮食总产量达20.75万千克，亩均219.8千克，副业收入占总收入的22%，人均收入76元。因此，崔来全被评为全省农业生产劳动模范，1957年2月，他出席全国农业生产劳动模范代表大会，受到党和国家领导人毛泽东、周恩来、刘少奇、邓小平等领导人的亲切接见并合影留念。

1965年，崔来全在农村“四清”中受到“左”的路线影响被免职，没有丝毫怨言。1975年，群众推选他担任大队主任，他不辞劳苦，埋头工作，把自己的全部心血倾注在发展集体经济上，他带领群众栽培果树160亩，建起水平梯田200亩，治理盐碱地40亩，修筑机灌水井3孔，群众同声夸赞崔来全的功绩。

1978年4月，崔来全病逝。

李尚友

李尚友（1906—1978）字益三，永宁州彩树局村人。

李尚友少年时出外求学，就读河汾中学，求学期间所需费用，皆由本人兼任小职勤工俭学自行筹措。他中学毕业后考入山西大学法学系（其间在湖北武昌专修图书馆学一年毕业）。民国25年（1936），他大学毕业后，受聘北京大学图书馆，任该馆典藏股、编目股股长。抗日战争期间，他从事文化工作，任《新疆日报》社总编、社长及《东北日报》社社长等职。中华人民共和国成立后，他任东北财经学院图书馆负责人。李尚友除图书馆学等专业方面颇有造诣外，对日文、俄文、英文亦具一定水平。晚年时，他翻译一些医学论文，可惜未来得及出版付印，未能如愿。1978年，李尚友病故。

郝健刚

郝健刚（1920—1980）乳名吉会，离石县南关村人。

郝健刚6岁入学，先后就读南关小学、城内高小、县城初中，17岁毕业，品学兼优。民国27年（1938），日本侵略军进犯离石县南关，郝健刚家房屋被烧，父亲和祖母被活活烧死。同年6月他参加山西青年抗日决死队，同年8月加入中国共产党。他先后参加过晋西北的反顽固战役，晋中仁庄、交城、开栅、临阳坡、窑头、百团大战等多次战斗和解放太原、兰州等许多战役。战场上，他冒着枪林弹雨，冲锋陷阵，头部、腹部、双腿、腋窝3次5处负伤，获三级解放勋章3枚、三级独立自由勋章3枚及多次表彰奖励。他被载入《中国人民解放军装甲兵军以上干部名录》。

郝健刚历任山西省决死四纵队四团一连政治指导员、35团政治处组织干事、山西省晋绥军区三分区忻州游击大队政委、19团组织股股长、三分区政治部组织科科长、一野七纵队13旅政治部组织科科长、一野七军20师58团政治处主任、一野二兵团政治部干部科科长、装甲兵团政治部直工科科长、装甲兵政委办公室组织科科长、装甲兵政治干部处处长、装甲兵干部部政治部任免处长、装甲兵政治部干部部副部长、装甲兵第一坦克学校政治部主任。1968 年 1 月至 1973 年 1 月，郝健刚任农业部农垦部军事代表。1973 年 1 月，任装甲兵工程学院副政委、顾问。1980 年 11 月 2 日，郝健刚在北京病故，骨灰安放在八宝山。

阎良田

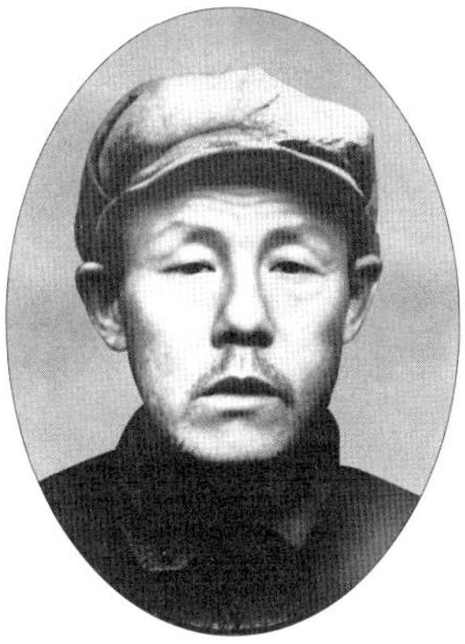

阎良田（1894—1981）永宁州寺沟村人。

民国 26 年（1937）6 月，阎良田加入中国共产党，并担任该村牺盟会秘书。在寺沟、前寺梁、青家塬、多士等邻村发展多名进步农民入党，积极发动与组织群众开展抗日救亡、反霸除奸斗争。民国 27 年 2 月，阎良田任四区农会秘书。同年腊月二十，他在寺沟古会集市上进行宣传抗日救国活动，被阎锡山当局发现后抓捕，坐牢数月，经中国共产党组织多方营救出狱。

民国 28 年（1939）7 月，阎良田调中阳开辟日本侵略军占领区工作。民国 31 年 1 月，他在兴县党校学习结业后，调到离石敌工部（后改为武工队）任组织股股长、支点股股长。阎良田善于做敌工工作。配合日本侵略军占领区内线人员在柳林处决叛变的王丕义，日本侵略军大为震慑，同时，他争取许多日伪人员将功赎罪，成为内线。他动员石门塌日本侵略军据点的炊事员张继龙，给日本侵略军饭内投毒，使日本侵略军侵略军胆战心惊。

民国 34 年（1945）8 月，大武镇解放后，阎良田调任离石县公安局警法股股长，后任地委组织部除保干事。1947 年，阎良田复调离石四区搞土改工作。他坚持真理，办事求实，旗帜鲜明地保护了“一批老干部”。1948 年，阎良田任四区区委书记期间，动员不少干部南下北上奔赴新区，开辟解放区工作。

1949 年，阎良田调任离石县委组织部副部长。同年 9 月，他提升为离石县委组织部部长。1951 年 12 月，阎良田任离石蛋厂党支部书记。1958 年，阎良田因病退休回原籍，担任村党支部书记。

1981 年，阎良田病逝。

武泽深

武泽深（1914—1982）永宁县寺沟村人。

抗日战争期间，他历任民兵中队长、排长等职。组织带领民兵经常袭击日伪军。在阻击从招贤向真武山进发日本侵略军的战斗中，打死打伤日本侵略军多名，并缴获部分军需物资，夺回日本侵略军抢劫的群众牲畜。在配合部队攻打石门墕据点战斗中，他孤身1人进入日本侵略军占领区，割回大量铁丝网。在大生产运动中，他向全区民兵中队发出倡议，开展劳武结合，边生产、边战斗，该区成为全县生产自救模范区。晋绥边区授予他“劳武结合模范民兵”“民兵英雄”称号。

1982年，武泽深病逝。

郝玉兰

郝玉兰（1914—1985）女，临县城内人，临县两级女子小学毕业后，在临县青塘村小学代教。

民国29年（1940）后，郝玉兰先后在临县郭家沟、李家塔、龟峁等贫瘠山村小学任教。当时大部分儿童因家境困难无法上学，她挨门逐户耐心说服，登门授课教学，家长深受感动，使学龄儿童全部保留下来。同时，她在李家塔组织起妇女识字班，在龟峁村办起青年夜校，使龟峁村96名青年全部脱盲，郝玉兰因此受到临县县委和临县人民政府的嘉奖。教学中，郝玉兰推行小先生制和互教、互学、互帮多种形式的教学方法，收到学生识字快、领会深、学以致用的学习效果，统考成绩和升学率居全县前茅，该先进经验在各校普遍推广。民国30年4月，她经考试被录为正式教员。1949年，她加入中国共产党。1951年2月，郝玉兰出席山西省首届教模大会，在会上她介绍办学的先进经验，受到大会表扬。1951—1955年，她在离石七区任联合校长期间，经常徒步深入农村，紧密配合党的中心任务，开展学校工作，使社教生产相互促进，教学质量明显提高，全区学龄儿童入学率达99.2%，升学率达100%，她多次受到区委的表扬。

郝玉兰对学生如慈母惜子，关爱备至，对贫寒子弟更为体贴，她曾将极端贫困，面临辍学的学生杜金玉和高贵生收留在自己家中，衣食住宿，文具用品完全由她供给，让其能够持续就读。她亲手培育出千余名德智并举、品学兼优的好学生，毕业后大都参加工作，有的担任领导要职。由于她兴学育人，成绩突出，受到省（1次）、地（1次）、县（6次）、区（2次）各级党政领导的表彰和奖励。她久患肺病，从不忧虑个人安危，数十年如一日，经常拖着病体坚持工作。离休后，她仍以校为家，帮助学校搞卫生，管理档案及保卫治安等工作。1985年5月21日，郝玉兰因病去世。

王凤树

王凤树（1918—1986）乳名马保，中阳县韩家山村人。

王凤树幼年没有读书，抗战期间他迁往离石小东川革命根据地扣家庄。民国26年（1937）4月，他参加游击队，历任战士、班长、南梁游击队队长，他带领游击队，一直活动在离石的南梁和东川一带。民国27年2月，他加入中国共产党。

民国30年（1941），南梁游击队改编为离东游击大队，王凤树由南梁游击队长提升为离东游击大队三中队队长。当时，驻扎信义、玉林山的日伪军经常扫荡老根据地。他率领游击队，采取迂回战术，声东击西，日伪军晕头转向，在碉堡内不敢轻易出动。一天，离石城日本侵略军集中兵力向千年里村进犯，与正规军交战后返回离石，王凤树带领游击队员20人埋伏在邢家庄山谷内，日本侵略军途经该地时，他下令袭击，领头3名日本侵略军一死二伤，大队人马乱作一团。日本侵略军定神后，游击队不见踪影。

民国32年（1943）秋，王凤树奉命带领游击队员30人去中阳县后蠕则村寻取寄存的2000发子弹。因侦察员石祥玉被捕叛变，当部队到达王家山村时，被阎军一个营包围。王凤树指挥游击队员抢占山头，展开激战，击退阎军进攻5次，击毙阎军30余人，战斗从白天坚持到黑夜，游击队巧妙地突出重围。

民国33年（1944），县游击大队决定狠狠打击驻信义日伪军的嚣张气焰，部署3月28日晚紧急出击，命令王凤树的一个中队为主攻，歼灭上院日伪军；另两个支队为后备增援，牵制下院日伪军。王凤树带领游击队员摸进上院，被日伪军哨兵发现正要开枪时，他一枪击毙哨兵，游击队员一拥而上，向日伪军住舍连投手榴弹3枚，炸死伪军2人，生俘5人，缴获步枪5支、子弹143发、手榴弹8枚，仅用20分钟时间就结束战斗。

同年8月，离石城日伪军副指挥张发科函示信义伪区长，预定在该月4日将囤积信义的万斤小麦全部运到离石县城。游击队获悉消息后，决定由王凤树部潜伏在田家会村狼尾沟打伏击。4日9点许，当日伪军途经该地时，突遭游击队猛烈射击，打死日伪军1人、打伤日伪军2人，其余日伪军逃回县城。不久，八路军奇袭信义，夺回被抢劫的万斤小麦，并将投敌叛徒郭元喜计诱活擒，为民除害。

离东游击队在东川屡战屡捷，威震四方，日伪军到处挨打，闻风丧胆，恨之入骨，扬言要缉拿王凤树剥皮挖心。日伪军将王凤树母亲捕去作为人质逼他投降，经多方营救获释，但因年迈受惊去世，其叔王安贵被抓去杀害。

同年9月，晋绥军区统一部署发起秋冬攻势，王凤树担负拔掉方山横泉日本侵略军碉堡的战斗任务。9月4日深夜，他率领一个突击队，通过内线里应外合，先杀死哨兵，生俘自卫团16人，后抓住一名大烟鬼兵带路，机智地混进碉堡，将日本侵略军一网打尽，放火焚毁日本侵略军碉堡。同年冬季一次反扫荡中，王凤树带领游击队击退日伪军进攻，正向外围转移，忽从八分区驻地武家庄方向传来激烈的枪声，他估计司令部遭到日伪军进犯，便立即带领全体游击队员抢占有利地形，展开麻雀战，使日伪军顾此失彼前后受挫，分区机关和首长趁机安全转移。战后，司令员罗贵波亲自接见并表扬王凤树，选调他到晋绥军区教导团学习。结业后，王凤树被提升为中阳县人民自卫军二大队副队长，他配合三分区十六团攻克南梁张子山日伪军据点，并参加解放离石城的战斗。离石解放后，王凤树定居田家会村。

1948年3月，王凤树因在战争中负伤致二等甲级残废，转业至地方做基层党务工作。1950年，王凤树荣获“华北解放纪念章”1枚。1981年9月，王凤树被民政部认定为革命残废军人并发放革命残废军人抚恤证。1986年10月20日夜，王凤树参加田家会离休干部党支部会议后，突发脑溢血，经抢救无效当晚去世。

阎继武

阎继武（1913—1987）永宁县鹏凤山村人。

民国27年（1938）4月，阎继武任枣圪垯村中心小学校长。民国28年1月，调临县牺盟会工作，同年12月，加入中国共产党。民国29年2月，任临县二区区长，在扩兵、做军鞋、献金、献粮的四大运动中超额完成任务。民国30年3月，他任临县抗日民主政府民政科长，年终他被评为模范工作者，出席县群英大会。民国34年11月，任离石县县长。任职两年期间，他亲自领导大武、盛地、西属巴、上安等村群众兴修干渠1条。1948年1月至1949年1月，他任晋绥行署三专署建设科科长。同年2月，任三专署副专员兼秘书主任。同年9月，任离石中心县长，负责离石、临县、方山、中阳等4个县工作。同年12月，调任兴县专员公署副专员、地委委员，分管农林工作。该时期，他跋涉千里，到五寨、河曲、保德等县的不少农村搞调查研究，编制全专区农业、林业发展规划，草拟农、林工作方案。

1950年，临县遭受严重旱灾，阎继武到临县帮助工作，在黄河边沿逐村查看灾情，开展实地调查，同当地干部一起研究救灾办法，因地制宜落实地委生产自救的指示，恢复灾区生产。1953年7月，他调到北京，任华北行政委员会财委基建处副处长、计委城市建设处副处长。1954年9月，任国务院城市建设总局计划处处长。1956年1月，调任国务院城市建设部计划司副司长。他在做城市建设工作的6年中，夜以继日，边学边干，和工程技术人员及经济专家一起，实事求是地审查许多大型基建工程和城市建设年度计划，编制城市建设草案。为中华人民共和国成立初期的城市建设工作做出贡献。1958 年 4 月，阎继武调北京市人民委员会工作，担任万里（常务副市长）办公室负责人。同年 9 月，他任北京市人民委员会办公厅副主任兼任北京市档案局副局长。

“文化大革命”期间，阎继武受到林彪、江青反革命集团的诬陷和迫害，长期被管制，下放劳动。1979 年 1 月，党组织为阎继武平反，恢复他北京市人民政府办公厅副主任职务，阎继武仍兢兢业业，处理大批积压公文。1982 年 12 月，阎继武响应党的号召，主动申请离休。离休后，他发挥余热，整理党史资料，继续为党工作。1987 年 10 月 19 日，阎继武去世。

薛满泰

薛满泰（1910—1987）永宁州小神头村人，初小文化。

薛满泰 7 岁时随父逃荒到小神头落户，以扛长工、做佃户、开荒种地为生，抗日战争中，当了民兵，为八路军、游击队传送情报。

民国 31 年（1942），他积极响应党的“组织起来，开展大生产运动”的号召，带领全村 5 户贫农，办起“劳武结合”的变工组，一面坚持对敌斗争，一面变工互助生产。1946 年，薛满泰加入中国共产党，先后任小神头村党支部副书记、书记、农业社社长等职。在他的带动下，至 1951 年全村办起 8 个互助组。1952 年，小神头村办起离石县第一个农业生产合作社，他出任社长一职。由于他领导有方，连年增产，曾出席省、地、县召开的劳动模范代表会议和社会主义建设积极分子大会，2 次被授予山西省农业生产劳动模范称号，3 次被授予兴县专区和离石县农业劳动模范称号。

人民公社化以后，薛满泰改进经营管理，讲求科学技术，重视选用人才，坚持民主办社，积极推行“三包一奖四固定”“劳动定额管理”“死分活评”的办法，取得增产增收的成绩，壮大了集体经济，改善了社员生活，赢得了社员们的拥护和爱戴。1959 年以后，他因年老体弱，逐渐从领导岗位上退了下来，先担任大队的生产队长，后办集体猪厂，养猪 50 头。1965 年，他还和两户社员一起去距村 5 公里的神尾沟为集体牧牛 30 头，日夜操劳，从不计较个人报酬。

党的十一届三中全会后，他坚决拥护党的富民政策，古稀之年焕发革命青春，重返神尾沟治理沟坡，发展畜牧业，一干近 10 个春秋。1987 年，薛满泰因积劳成疾，倒在发展家乡事业的一线工作岗位上。

刘荣俭

刘荣俭（1938—1988）离石县于家沟人。

刘荣俭幼年家贫，上过3年小学，后随继父务农，兼学木匠，从小养成勤劳、朴实、直爽、刚毅的性格。1970年，他担任该村生产队长，同年加入中国共产党。当时，全村人少吃没穿，生活非常贫困，每个劳动日分红值仅1角4分，全村17户69口人，年人均口粮70千克，每年吃国家供应粮4000余千克。1971年，刘荣俭任党支部书记，他带领社员大抓农业，推行“小包工”制，粮食亩产为85千克，总产达2.75万千克，人均口粮达215千克，该村首次向国家交售“包购粮”7000千克，结束吃粮靠供应，花钱靠救济，生产靠贷款的历史。

20世纪70年代初期，刘荣俭专程去平顺西沟参观学习发展林业建设山区的经验，深受启发。他针对于家沟山多、地多的优越条件，制订以林为主，农林牧副并举的发展规划。他定下长远致富靠林业，当年发财种山药，零星花钱养禽畜的发展方向，决心改变多年广种薄收的状况，从建设基本农田起步，逐步退耕坡地还林还草。他亲自搞了一分高标准梯田地试种马铃薯，亩产2500千克，用这件事说服大家并提出每个劳力每天修1厘水平梯田，即闻名全省的“一厘地精神”。

1983年，全村粮食总产6.5万千克。1984年，全村粮食总产达8.7万千克，亩产305千克，户均粮食5800千克，人均1615千克；全村总收入达8.46万元，人均纯收入1176元，刘荣俭全家人均纯收入2468元。全村有4户人家买下小四轮拖拉机，16户人家新修窑洞32孔，家家添置新家具、电视。刘荣俭富了不忘穷，帮助马家塔、下罗卜等邻村走上共同致富之路。镇里修电视差转台，他拿出2000元款资助。

刘荣俭多次被地、县评为农业、林业、水土保持等先进工作者，先后3次被评为山西省劳动模范和林业模范。至1985年，全村共修水平梯田28.67公顷，人均0.27公顷；筑土石坝1座，造沟坝地4公顷；种草苜蓿13.33公顷；造林200公顷，其中幼林173.33公顷，成材26.67公顷，共有树木8万株，价值24万元。修盘山公路12.5千米。同年，刘荣俭被评为全国水土保持先进个人，受到国务院的表彰。1988年1月30日，刘荣俭因病逝世。

辛安亭

辛安亭（1904—1988）字适然，永宁州沙会则村人。

辛安亭幼时家境贫寒，他12岁上小学，勤奋好学，学习成绩突出，四年的小学（初小）课程两年即读完，先后就读省立方山贫民高小、省立太原进山中学，他中学毕业后，在祁

县中学教书两年。民国 20 年（1931），他考入北京大学历史系。

进入北京大学后，他参加中国共产党的地下组织——“北大兴新社会科学研究宏毅读书会”，与裴丽生、宋绍文等一道学习马列主义著作，评说国事，发表批判唯心主义的文章，成为一个满怀革命激情的知识分子。民国 24 年（1935），大学毕业后，他在太原师范、运城师范任教期间，向学生灌输革命思想，支持学生反蒋抗日爱国运动。民国 25 年，他被阎锡山国民政府逮捕坐牢数月。民国 27 年，他毅然奔赴延安参加革命。民国 28 年 2 月，他在延安加入中国共产党，并在陕北工学学习。同年 7 月 1 日他分配到陕甘宁边区文教厅从事教材编写、编审工作，11 年间，他编写了《边区民众读本》《干部文化课本》《新三字经》《农村应用文》《日用杂志》《知识课本》等多种成人教材和读物共 40 余册。

1949 年 8 月 26 日，兰州解放，辛安亭任军管会文教处长。他作为军管代表接管兰州大学。1949 年 12 月 2 日，辛安亭被中央人民政府主席毛泽东任命为甘肃省人民政府委员。1950 年 3 月 17 日，辛安亭被政务院总理周恩来任命为甘肃省人民政府文教厅厅长。

1951 年 8 月，人民教育出版社成立，辛安亭任副社长、副总编辑，叶圣陶任社长、总编辑。他与叶圣陶密切配合，认真贯彻党的教育方针，团结、依靠一批著名的专家学者、全社的编辑人员，编写审定全套全国通用的中小学课本、教学参考书。他是中华人民共和国中小学教材改革、建设的开拓者之一。1956 年，中华人民共和国第一套统编教材，全部出版投入使用。1961 年 12 月 30 日，辛安亭返回兰州，甘肃省委、省政府把创办甘肃教育学院的重任交给他，辛安亭任甘肃教育学院党委书记、院长，短短几年间，他把甘肃教育学院办得有声有色。“文化大革命”期间，辛安亭遭到诬陷和迫害。1973 年 2 月起，辛安亭担任兰州大学革委会副主任、党委副书记、副校长等职。其间，他积极领导全校师生拨乱反正，认真落实知识分子政策，平反冤假错案，兰州大学的工作重点很快转移到以教学和科研为中心的正确轨道，教学质量在全国名列前茅。

1982 年 6 月 3 日，辛安亭被特批加入中国民主促进会。1983 年，甘肃省 8 个民主党派酝酿筹办一所民办大学，辛安亭被各民主党派一致推举为金城联合大学首任董事长。他东奔西走，召集各方面开会商讨，协调关系，很快办起甘肃省历史上第一所民办大学——金城联合大学。

1984 年，辛安亭因年事已高，主动离开行政领导岗位。离休后，他把精力放在青少年教育上。

辛安亭与家乡教育部门经常保持书信往来，他回乡探亲 3 次，每次都参观学校，先后与家乡教师和地县有关领导进行座谈和报告会 9 次，并将自己珍藏的 1500 多册书捐赠给贺昌中学图书馆。

辛安亭生活俭朴、清正廉洁、从不搞特殊，这是他受人们敬重的又一个原因。自己有亲兄弟姐妹7人，有亲侄儿男女10余个，他没有凭借自己的职权，在升学、就业、转户等方面照顾过一人。

辛安亭是中国教育学会副会长，甘肃省诗词学会会长。1986年，他写了一首《回乡有感》诗抒发情怀："离石生身地，别来几十春，犹睹山河故，喜见气象新。穷地已变富，文盲生智人，老来逢喜事，倍感振精神。"

至1988年10年间，辛安亭撰写、修订出版的著作有《辛安亭论教育》《论语文教学及其他》《教材编写琐忆》《中国古代史讲话》《中国历史人物》《外国历史人物》等12种，共计400多万字，另外发表论文30多篇。

"少年曾有鸿鹄志，老来成就晨星稀，唯有一点堪自慰，一身勤奋不知疲"，这是辛安亭自传诗的最后一节。他在临终前还写下1副自题联"对人无恩无怨，自处能洁能勤"。

1988年12月28日，辛安亭因病逝世。

1989年12月14日，《光明日报》发表题为《平凡之中见不凡——深切怀念教育家辛安亭同志》的文章。文章结尾写道："辛安亭，一位平凡又不平凡的人！他的平凡之处，正是我们当今应当坚持、发扬的优良传统；他对我国教育事业的贡献，人们是永远不会忘记的。"

李新鼎

李新鼎（1921—1989）离石县彩树局村人。

民国28年（1939），李新鼎参加八路军游击队。民国30年，他加入中国共产党，在部队担任队员、队长、文化教员、连指导员、营副教导员等职。民国34年7月，他在山西宁武县分水岭作战中负伤，成为三等乙级残废。

1949年10月，李新鼎由中国人民解放军1军3师转业到青海省循化撒拉族自治县，先后任循化县民政科科长、公安局局长、副县长。当地自然条件很差，雨量稀少，旱灾严重，社会秩序很混乱，他针对面临的恶劣环境，组织武装力量，彻底消灭马鸿奎的残兵和暗藏的特务，社会秩序得到安定。1954年，李新鼎任中共循化县委书记，他经常深入村寨，登门入户，访贫问寒。1957年10月，循化县成立水利局。李新鼎发动与组织群众几万人兴办水利设施，劈石导黄，修筑"黄丰渠"。1958年4月20日，"黄丰渠"胜利竣工，当地2万余亩旱平地变成水浇田，结束低产薄收的历史，亩产由原来的一斗、八升，猛增为千斤。

至1980年，李新鼎历任门源县委书记、祁连县委书记、黄南州委书记。1981—1985年，李新鼎任中共青海省委农牧部副部长、省农委副主任、省财经委顾问、省委顾问委员会委员。1985 年底，李新鼎离职休养。

1989 年 1 月，李新鼎在西宁市因病逝世。

任宏毅

任宏毅（1900—1990）永宁州袁家庄村人。

民国 7 年（1918），任宏毅考入山西省立第一中学。民国 8 年五四运动期间，任宏毅投身爱国学生运动，与贺昌相识。民国 13 年，任宏毅前往上海投考黄埔军校，与徐向前等 10 人同船到达广州。黄埔军校学习期间，他参加平定广州商团事变的战斗。民国 14 年，任宏毅参加第一次东征。同年 7 月，他参加北伐战争，任第二军骑兵旅副营长。民国 15 年夏，任宏毅任阎锡山总司令部上校参谋。民国 17 年，晋军改编为第三集团军，任宏毅参与南京国民政府组织的第二次北伐，他在战斗中负伤。民国 21 年，任宏毅任河南省修武县县长。民国 26 年，抗日战争爆发，任宏毅任陕西军管区上校大队长。民国 31 年，任宏毅调任国民政府军事委员会战时干部训练团第四团副总队长。抗日战争胜利后，任宏毅离开军界。1985 年，被推选为陕西省人民政府参事室参事。1988 年，被推选为陕西省黄埔军校同学会顾问。

1990 年，任宏毅在家乡病逝。

张申五

张申五（1909—1990）永宁州西崖底村人。

张申五 16 岁高小毕业后任小学教员，民国 16 年（1927），他在共产党员韩昌泰的影响下做农运工作。民国 18 年，他考入太原第一师范读书，并参加“抗日民族武装自卫委员会”。民国 25 年 2 月，他被山西省国民政府逮捕。翌年 6 月，张申五出狱后经薄一波介绍加入民族革命青年团、山西青年抗敌决死队，曾任晋东南决死一总队二纵队六中队政治指导员、太岳军区灵霍游击队政治指导员、太岳军区后方医院第四卫生所所长、太岳军区陆军中学、陕甘宁边区抗大二分校教员、晋冀鲁豫军政中学四支队政教主任、晋冀鲁豫军区、华北军区政治部协理员、科长等职。民国 34 年 8 月，张申五加入中国共产党。中华人民共和国成立后，他任华北军区第一干部文化学校教务副主任、主任。1956 年 8 月，他任唐山卫生学校校长、唐山医学专科学校副校长。三年困难时期，张申五动员说服父母、妻子携带儿女回乡务农。“文化大革命”中，他受到冲击和不公正待遇，毫无怨言。落实政策后补发的工资2500元，他一次性交党费500元，捐给家乡城关公社2000元修建卫生院。1976年7月，唐山发生强烈地震，他带领唐山地区医疗队抢险救灾，并将自己平时积蓄的1000元款捐给灾民，受到河北省委和当地群众的赞誉。1981年，张申五离休返乡。1990年，张申五辞世。

王吉山

王吉山（1914—1990）永宁县崖窑湾村人。

民国31年（1942），王吉山参加革命工作，同年加入中国共产党。先后担任该村、马寨、新山湾民兵中队长。1948年，晋中战役中，他带领该村民兵支前。1949年，信义供销社成立，他担任第一任主任。1950年，小神头信用社成立，他担任信用社主任。刚办时，王吉山发动557户群众人股，占全乡总户数的60%。每股小米16千克，折款2.5元，共集股金1390.5元。凭如此少量的资金，加上国家银行拨放的贫农合作基金贷款，该信用社积极支持小神头村薛满泰试办初级农业合作社，为扶持农民入社，解决初级社购买生产资料困难，吸引广大农民走集体化道路起到很大作用。同时，信用社、供销社、农业社签订“三连环”合同，在解决农业贷款、供应生产资料、制定农业生产计划、推销农副产品上互相促进，共同发展，走出了一条以“三连环”促进合作化运动发展的新路子，并在全县普遍推广。1952年起，小神头信用社连续12年被省、地、县评为农村金融战线先进单位。1956年，王吉山出席全国农村金融系统先进单位经验交流代表大会，获得全国金融先进工作者称号。王吉山针对山区的特点，采取全面规划、重点支持、分期分批、逐步扶持的办法发展生产。1959年，王吉山通过信贷支持集体和个人发展种养业、副业增收8.15万元，户均增收61.2元，社员存款户均68元。至1959年，9年间社员存款金额由1765元增加到41329元，增加22倍多。同年，王吉山出席全国财贸群英会。1963年，王吉山出席全国金融系统先进工作者表彰大会，受到毛泽东、周恩来、刘少奇、邓小平等党和国家领导人的亲切接见。1980年，王吉山离休。1990年，王吉山去世。

阎军平

阎军平（1970—1990）离石县鹏凤山村人。

阎军平父亲早逝，母亲体弱多病，他童年时担负起家务劳动。他心地善良，乐于助人，经常帮助乡亲邻里扶危解困。在小学读书时，他被评为三好学生。1987 年，阎务直老人晕倒在路上，阎军平立即将老人背回家中，请医送药，照料老人直到康复。1988 年，阎军平冒着生命危险，从 7 丈深沟里救出 1 名坠崖的小孩，当小孩家长带着礼物登门酬谢时，他婉言谢绝。1989 年，阎军平为腰椎骨折的老人阎务魁担水、收秋。1990 年 8 月 21 日，阎军平在塘则墕沟的水池边洗衣服时，忽听哭喊呼救声，他循声跑去，见一名儿童掉入水池中，生命垂危。他不假思索跳入水中，用尽全身气力，救出落水少年，他却不幸被水淹没，失去生命。

1990 年 9 月 30 日，中共离石县委员会、离石县人民政府联合作出《关于向舍己救人的青年英雄阎军平同志学习的决定》。同年 11 月 26 日，中共吕梁地委、吕梁地区行政公署追认他为“当代吕梁英雄”。

穆桂椿

穆桂椿（1915—1990）离石县枣林村人。

民国 27 年（1938），他担任枣林村牺盟会秘书。民国 28 年，调任一区区长，为一一五师扩充兵员 20 余人。同年，组织派他到十九军做策反工作,他劝说瓦解40余人离开十九军。民国32年10月，他侦察敌情，开会策划，组织民兵，积极参与智取张家山碉堡战斗。民国34年正月，日本侵略军包围枣林村，并悬赏1500元捉拿穆桂春，抢走他家财物，放火烧毁他家房屋。穆桂椿带领民兵打退日本侵略军进攻。

1990 年，穆桂椿去世。

张 炳

张炳（1919—1991）原名雒长恩，离石县（今离石区）后庄村人。

雒长恩 7 岁入小学，14 岁考进高小，用心攻读，品学兼优。

民国 23 年（1934），红军侦察员张文生由陕西到离石，在雒长恩家隐蔽 9 个多月。雒长恩受到革命教育，他两次护送张文生回陕北汇报工作。民国 25 年，红军东渡路经大武，派雒保元前往联系，被阎军抓捕。危险关头，雒长恩奋不顾身，去大武找老师、同学相助，将雒保元营救出狱。民国 26 年，雒长恩通过雒鸿章介绍结识韩昌泰，韩昌泰介绍他参加牺盟会，被委派为南庄小学教员和牺盟会大武特派员。民国27年，雒长恩加入中国共产党。同年，日本侵略军侵占离石城后，党组织派他到阳和沟村以小学教员的身份，进行抗日宣传和反顽固斗争。雒长恩发动群众夺取政权，赶走姓裴的反动区长，由共产党员接任五区区长。

民国29年（1940），日本侵略军向根据地进行频繁的残酷扫荡，当时雒长恩担任四区区委书记，他日夜出没险境，发动所辖党支部9个，党员72名及46个村的群众与日伪军进行坚持不懈的斗争。一次，他冒着危险深入日本侵略军占领区班家洼村，被日本侵略军包围在一个院内，在群众掩护下脱险。同年2月的一个晚上，日本侵略军包围后庄村，放火烧了他的家，雒长恩的父亲被烧死。雒长恩化悲痛为力量，更加坚定对日本侵略军斗争的勇气和决心。同年6月，雒长恩任中共离石县委组织科科长，改名张炳。民国32年，张炳任三区区委书记，他对全区基层党支部进行整顿，选拔一批积极分子加入党组织。同年10月，他参加地委的整风学习，任小组长和副队长，并负责善后甄别工作，他对政治上有历史问题的50余人耐心做思想工作，坚持实事求是原则，做出正确的结论。民国34年，张炳任中共晋绥三分局公安分局教育科科长，离石解放后将被俘的百余名国民党党政人员交由他管教审查。他认真执行党的教育与改造相结合的政策，受到晋绥三分局的表彰。同年冬，张炳调到绥蒙军区任中共集宁市三区区委书记，配合三五八旅在集宁战斗突围中，他肺部受伤吐血落马，幸被部队抢救脱险。1946年，张炳任中共绥蒙干训队队长。1947年，因伤情复发，张炳回离石养病。同年冬，土改“三查”运动开始，党组织分配他领导离石干部的“三查”运动，运动中他始终坚持调查研究和求实的精神，妥善解决历史遗留问题，培养大批积极分子。

1948年，张炳任中共离石县委组织部部长。1949年，张炳任县委副书记兼组织部部长。同年9月，任中共离石中心县委书记。1951年冬至1952年春，张炳亲自深入基层蹲点，试办半社会主义性质的农业生产合作社，同时完成全县工业手工业和资本主义工商业的社会主义改造，其中“镇反”“三反”“五反”和统购统销等工作搞得比较出色。

1954年，张炳调任中共晋中地委组织部部长。1956年，张炳任晋中地委副书记，他经常赴基层总结经验。直接指导离山县委代书记刘耀撰文《依靠合作化开展大规模的水土保持工作是完全可能的》，该文毛泽东主席亲笔按语，被选入《中国农村的社会主义高潮》。1958年人民公社化后，张炳与王健在柳林总结水平梯田化的经验，并向全省普遍推广。1959年，文峪河水库工程动工，张炳兼任总指挥，经常赴工地研究工作，保证施工进度和质量。1963年，张炳兼任西山工委书记，具体分管离石县的工作。他亲自搞东红、五里铺、葛家洼3个典型村，总结水土保持先进经验，撰写《黄河沿岸山区农业发展方向》一书。1965年，该书参加全国水土保持展览。“文化大革命”中，张炳受到迫害。1972年，党组织为张炳平反并恢复工作，他先后任中共交口县委书记、吕梁行署计委主任、中共吕梁地委副书记。1983年，张炳离休。1991年，张炳病逝。

张子明

张子明（1918—1991）原名张玉果，离石县城内人。

民国19年（1930），张子明高等小学毕业，考入太原初级中学，其间阅读大量进步书刊，参加研究社会科学的读书会“拓荒社”。九一八事变后，他积极参加太原学生的请愿罢课活动。民国22年，他考入河北省立第十七中学后，参加中国共产党的外围组织“社会科学者联盟”。民国23年10月，他被北平国民党市党部逮捕入狱。在狱中，他坚贞不屈、严守党的秘密。民国24年春，张子明被狱中党组织吸收为中国共产党党员。民国25年10月出狱后，张子明按党组织的安排返回山西，到军政训练班和国民军官教导五团政训部工作。

抗日战争时期，张子明在山西青年抗敌决死一纵队、八路军129师等部参加举世闻名的“百团大战”，太行五月反扫荡等多次战斗。解放战争时期，张子明在太岳军区、晋冀鲁豫野战军第四纵队、第二野战军四兵团等部工作，率部参加上党、同蒲、吕梁、晋南、豫西、淮海、渡口等重大战役。他历任股长、营政治教导员、团政治委员、师政治委员。

中华人民共和国成立后，张子明率部进驻云南丽江地区，并兼任中共丽江地委书记，领导开辟新区的工作。1951年3月，张子明任中国人民志愿军第三兵团政治部组织部部长。1954—1967年，张子明在解放军工程学院工作，任军事工程学院副政治委员、昆明军区副政治委员等职。其间，张子明被授予少将军衔。

“文化大革命”中，张子明受林彪、江青反革命集团迫害。粉碎江青反革命集团后，党组织为他平反，并恢复因他受到株连亲属的名誉。1991年，张子明在重新上岗工作时，突发心肌梗塞在北京逝世。

王　健

王健（1925—1991）原名王致邦，曾用名斯宗，离石县碾则山村（今属柳林县）人。

民国29年（1940）1月，王健参加革命。民国30年11月，他加入中国共产党。抗日战争和解放战争期间，他历任离石县泰山区儿童团团长、区儿童剧团副指导员、三区抗联青年部部长、县抗联青年部部长。他积极组织发动儿童、学生和青年开展抗日救亡、支前拥军、除奸反霸活动。中华人民共和国成立后，他任离石县文化馆馆长、离石县文工团团长、离石县教育科副科长、中共离石八区区委副书记、离石县委宣传部副部长、离石县委宣传部部长、中共离石县委副书记、离石县人民政府县长、中共离石县委书记、中共介休县委代书记、中共三交区委书记、中共临县县委书记、吕梁行署农委副主任、吕梁行署文教部长、山西省检察院吕梁分院检察长（任命后末到职）、中共吕梁地委党校党委书记兼校长等职。他担任县级主要领导时，经常深入农村，在马茂庄带领群众治理盐碱地，试种稻子，开创了高寒山区种水稻的路子。在柳林贺昌大队搞水土保持和农田基本建设，创造“一步登天”的先进经验，被苏联水土保持专家斯洛夫斯基称为“黄土高原水土保持史上的一个壮举”。三年困难时期，他主持制定“中共离石县委关于建设山区，恢复山庄窝铺的决定”，发动全县人民上山开荒，渡过灾年。他分管工业生产的时候，带领全县职工干部技术人员，建起铁厂、电厂、农业机械厂、煤矿等厂矿，为离石工业发展奠定了良好的基础。1961年薛村乡王家山村分田到户，单干成风，他亲自带领工作组进驻该村，经过工作组耐心细致的思想教育，存在的实际问题得到解决，出现的不正之风得以扭转，一批干部群众得到保护。同年，柳林镇沙曲村60余名群众发生中毒，危在旦夕，他三天四夜没合眼，亲临现场组织抢救，使中毒群众全部脱险。1965年，王健被中共晋中地委誉为焦裕禄式的县委书记。

“文化大革命”后期，王健重新上岗，精神更加振奋，在田家会蹲点时，他带领干部群众，起早摸黑，大搞农田基本建设，利用荒坡草地，栽种果树数万株，在担任中共临县县委书记期间，下乡实行“三同”（同吃、同住、同劳动），被当地群众称为“受苦书记”。1984年，王健调任中共吕梁地委党校党委书记兼校长，被评为副教授职称。他继承延安中央党校的优良传统，发扬理论联系实际的学风，为实现党校教育正规化和培养提高干部素质，做出显著成绩。他身患绝症坚持讲课，并为三川河流域水土保持工作留下3万余字的手稿资料，直至生命垂危仍念念不忘党的事业。1991年，王健病逝。

李 一

李一（1908—1992）原名李茂英，永宁州东社村人。

民国21年（1932），李一离石初中毕业后到青家堳村教书。民国22年5月，在茂塔坪由五区特派员李丕华介绍加入牺盟会，开始以教员身份，发动群众参加抗日救亡运动，后到李家山村组织发动贫民进行减租减息活动。民国28年，李一调任离石四区牺盟会文化教员和抗日救国联合会主任。民国29年，他加入中国共产党。同年10月，调任离石县委青干校教育科科长。民国30年1月，任离石三民小学校长。民国31年，他调晋绥干民学校担任党委书记兼副校长。民国34年，任大武联校校长。李一在学校任职期间，发展不少共产党员，为晋绥一中选送一批批学生。1948年，他担任离石文教科长期间，恢复城内、柳林完小，在离石城内、大武镇、柳林镇办起文化馆，各区配备联校校长，使全县的文教事业迅速发展。由于他办学成绩卓著，受到省文教厅的表彰。

1951年后，他历任地委政干校党总支书记，离石一、二中校长兼党委书记，离石师范党委书记，贺昌中学党委书记、顾问等职。李一在教育事业辛勤工作长达46年，为国家培养出一大批人才。李一终身酷爱学习，不断努力提高自身素质，先后参加过山西省举办的联共党史学习班和教育学院、师范学院的函授教育，达到大学文化水平。晚年，他坚持读书写作，撰写《抗日战争中的离石四区》等革命回忆录。1991年病危之际，他编写《红色家史》一书，以自己的亲身经历教育子孙后代坚持走社会主义光明大道。

1992年，李一病故。贺昌中学全体教职工赠送挽联“无私奉献，清白如一，光照弟子后人；抚育桃李，鞠躬尽瘁，泽被永宁三川”，以表敬意。

安石

安石（1914—1992）曾用名安炳耀，离石县王村人。

安石从小聪慧好学，读完高小，15岁考入离石中学，19岁初中毕业后在该村、德岗、小神头等村当小学教师。民国26年（1937），他弃教从军，参加山西省国民兵军官教导团受训，编入3营12连。“七七事变”后，该教导团由太原转移到祁县驻扎，安石在抗日救亡热潮的影响下加入牺牲救国同盟会。由于党的抗日民族统一战线的确立，形成国共合作团结抗战的局面，安石回到离石县小神头编村任村长，为当地抗日救亡群众运动做了许多有益的工作。民国28年，安石到陕西“秋林”受训，曾参与“秋林上书”，他作为发起人之一，起草执笔要求阎锡山积极抗日出兵收复柳林镇，如此抗日义举，阎锡山置若罔闻。

抗日战争期间，小神头村一带成为革命抗日根据地，建立起离东县抗日民主政府，安石曾任财政科科长、贸易局局长等职。他在动员青年参军，开展“四大”动员，支持游击战争方面做出不少成绩，因此引起汉奸、特务痛恨。民国31年（1942）秋，日本侵略军扫荡王村，企图搜捕安石未遂，将其弟安奶大捉去残杀在离石城。民国32年，晋绥八分区开展整风运动，安石与八分区司令员罗贵波、八专署专员康世恩编为二分队，同队的有华国锋、李立功、胡亦仁、王治安等人。此次整风运动，坚定了安石抗日必胜的信念，过后他深有感触地说：“延安式的整风使我终生难忘，它指引我跟党干一辈子革命。”

1952年，安石当选为离石县的首任民主人士副县长，在领导岗位一直工作达14年。他虽是民主人士，但总以一个共产党员的标准严格要求自己，与党亲密合作，肝胆相照，以身作则，踏实工作，从不以领导干部自居。1955—1958年，他用3年时间带领全县民工修通柳林镇—成家庄、聚财塔—孟门、大武—坪头、阳圪台—关帝山林区县内公路4条。施工阶段，他和民工一起苦干，保证工程的数量、质量，工程如期竣工投入使用。群众说他是“吃在路上，睡在路上，当了县长不像县长”。三年困难时期，他和群众一起克服困难渡过生活难关，不搞特殊化。女儿高中毕业，想让他帮忙找个工作，他开导女儿说：“好好学习升学分配工作走正路，靠我走后门安排工作行不通。”“文化大革命”时期，他受到不公正待遇，被插队回乡参加农业生产。1973年，他重新工作，被分配到信义中学。1978年，安石调离石中学任副校长。中共十一届三中全会后，安石得到彻底平反。1981年，安石被选为人民代表，在离石县第七届人代大会上当选为县人大常委会副主任。1984年，安石离休。1992年8月，安石去世。

肖 岗

肖岗（1920—1992）原名安炳光，曾用名安翔，离石县王村人。

肖岗自幼聪明好学，才智过人。民国25年（1936），他高小毕业后当小学教师，同年参加牺盟会组织，后考入山西省国民军官教导团学习。民国26年4月，他参加革命工作。“七七事变”后，他参加山西省青年抗战决死队，先后在祁县、离石、汾阳等地开展抗日救亡群众运动，出色完成党交给的各项任务。民国28年12月“晋西事变”后，他参加决死队留在地方工作。民国31年，他加入中国共产党。历任离东县五区抗日自卫队大队长、二区抗联会主任、青联主席等职。

1950年，肖岗被提拔为离石县委宣传部副部长。1952年，他被提为离石县委宣传部部长、县委常委直至1954年。其间，他十分注重干部学习，在干部中开展加强生活管理、文化理论整纪活动，并以身作则、言传身教，使广大干部的整体素质明显提高，为离石各项工作奠定良好的组织基础。

1959年7月，肖岗任晋中专署农建局常务副局长。1960年春，他任晋中专署农业局局长。其间，他积极推广农业生产技术，深入基层调查研究，实行“分区分类指导农业生产”。1964年春，全省进行农业生产规划，肖岗负责盐碱下湿地区的代表贾家庄村规划。规划中，他落实基础数字时发现实际情况和上报数字有出入，如耕地面积上报4080亩，实际近5000亩，栽树上报6万株，实际1.6万株（他亲自组织一株一株数过）。他将上报的900亩土地规划为林地、坝地，逐年扩大盐碱地改造，使这些土地合法化。亩产由上报的305千克变为250千克，将情况向地委作了汇报。

1965年9月，全国“农业学大寨”运动进入高潮，山西省委根据昔阳县的特殊情况，重新组建昔阳的领导班子，肖岗被任命为昔阳县委副书记，具体负责帮助大寨工作。期间，他亲自起草大寨工作的主要材料。

1966年“文化大革命”开始。10月，昔阳县委被夺权，肖岗受到迫害，双臂被致残。

1972年，党组织为他平反，恢复工作，他带领群众先后建起昔阳县拖拉机厂、铁厂、水泥厂等大中型企业，为昔阳经济发展奠定基础。肖岗因操劳过度，积劳成疾，身患脑血栓，还常常召集有关人员在家研究工作，直至大脑失去记忆。1992年11月9日，肖岗病逝。

李 寅

李寅（1909—1995）原名李在福，离石县李家湾村（今属柳林县）人。

民国26年（1937）9月，他参加革命工作，同年11月加入中国共产党，他与李集树、任玉泉、杜学才、冯国安等在交口区进行地下活动。他以听留声机演唱者身份为掩护，走乡串村组织农民协会，宣传马列主义和毛泽东思想。后任离石县农协会秘书。民国27年至民国31年，历任交口区牺盟会协理员、区委组织委员、区长、区委书记、县抗联主任。民国31年12月，他出席晋绥边区群英会，被推选为边区抗日英雄。红军东渡返回时让他保存少数枪支，后因被人告发被捕，遭受数次毒打，父亲亦被株连坐牢。1947年1—8月，他任离山人民政府县长。同年3月，他带领全县群众全力以赴支前，为支援解放军总攻太原筹集粮草，将任务分配各区，在沿公路大道、村庄建立接待站，做招待运粮队伍的准备工作，4月3日前全部完成筹粮任务。同时制订学校两年发展规划及实施意见。组织秋收变工队，注重军工烈属、无劳力户及代耕问题。利用冬闲季节安排生产，主要是发展畜牧业、运输业、手工业、纺织业及作坊等。

1949年，李寅南下入川，支援新解放区建设，历任四川苍溪县委书记兼县长、广元县委书记、西南局水利局人事科科长、四川省农工部处长、四川气象局局长及党组书记；1980年，任四川省人民政府农办顾问等职。1995年6月，李寅在四川省病逝。

闫继烈

闫继烈（1927—1996）离石县鹏凤山村人。

民国27年（1938），闫继烈任儿童团团长，他代表枣圪垯行政村儿童团参加临县牺盟会召开的全县儿童代表大会。民国31年，加入中国共产党。民国32年6月，任晋绥分

局白文稽查站副站长，分管检查、特殊技术，检查邮局往来信件、敌区往来人员、政治案件。民国33年7月，任晋绥一区抗联青年部部长，参与中心工作、对敌斗争、生产运动、发动农民减租减息。同年，参加解放离石城战斗，负伤。民国34年5月，他被分配到中共晋绥三地委宣传部任新闻记者，其间采访晋绥特等劳模张秋林，获得较大社会影响。1946年，任雁北新区督促总署驻平鲁地井坪镇检查站站长。1947年3月，在晋绥分局兴县石楼子土改工作队任组长。

1949年，闫继烈任《离石小报》主编。1952—1963年，任山西日报社记者、编辑、驻晋中记者站站长。1963年，任晋中地委西山工作委员会秘书长。1971—1975年，下放兴县。1975年7月，任《吕梁通讯》《吕梁日报》领导组组长、总支书记、总编，全面负责报社党、政、业务工作。1979年8月，任吕梁地委政策研究室主任。1980年9月，任吕梁广播局局长兼支部书记。闫继烈从事新闻工作时陆续在晋绥《抗战日报》刊发《劳英张智升村成立儿童扫硝合作社》《注意白喉》《离石召开文教大会》等10余篇稿件；后在《晋绥日报》《离石小报》《山西日报》发表有关离石的通讯、典型报道有：《运用小先生及民教民方法—离石碾则山民校有成绩》《离石一、七等区代耕工作发生严重偏向》《白天不见面晚上光开会——马茂庄工作组官僚主义》《采用多种多样形式 离石农民互助生产》《离石各代会、总工会、妇联、青联号召全县人民起来抗美援朝》《离石民兵游行示威坚决反对美帝武装日本侵略军》《两万余人声讨一贯道——记离石控诉一贯道罪行大会》《人加时间 牛加草料——离石全力开展抢耕抢种》《离石县召开公审大会——审判毒打凌辱妇女的罪犯》《离石劳模薛满泰互助组向全县劳模挑战竞赛生产》《小神头村在抗美援朝运动中建立起宣传网》等。

他工作之余，创作小说、散文、通讯、典型报道、特写等大量不同体裁的优秀文学和新闻作品，刊发在省级、国家级权威刊物。《山西日报》刊载长篇通讯《一个新型的纺织机械制造厂——国营经纬纺织机械制造厂介绍》、特写《创造幸福的人》《新货郎》《出色的党支部书记陈永贵》《白衣丹心》、小品文《不能这样对待我们的宝贵遗产》《鲁王养鸟》、散文《英雄离石城》；《火花》杂志刊发其小说《一个故事的开始》、散文《今昔离石城》。1988年，他主编《晋绥边区第一中学校校史》。

闫继烈先后在国家级、省级报刊上发表作品700余篇，其中50余篇受表扬获奖。

1991年，闫继烈受聘为离石县编纂县志总编辑，参与吕梁地方志、离石县志的撰写工作。1992年，闫继烈离休。1996年7月，闫继烈病逝。

张 明

张明（1921—1997）离石县圪埏上村人。

民国26年（1937），张明参加革命。民国30年，加入中国共产党，任离石游击支队侦察参谋，晋绥边区第三分区游击大队第一中队中队长。民国32年，他在智取张家山碉堡的战斗中活捉日本侵略军士兵1名。在消灭日本侵略军督导团的战斗中，他率领突击队员打死会武功、使双枪班崇贵，击毙13人、俘虏15人、缴枪12支。民国33年夏，张明参加攻击上白霜据点的战斗，他诱骗出伪军队长强迫其传令，并带队冲进据点，迫使15名伪军弃械投降，缴获枪15支、手榴弹2箱，俘虏伪军31人。同年9月，他挑选4名侦察员和8名游击队员化装成民夫，借伪村长送礼冲进碉堡抓捕日本侵略军汤次伍长等人，并打退增援的日伪军。同年秋，他率队攻打南梁碉堡。抗日战争斗争中，张明2次受到晋绥边区政府奖励。2次被评为晋绥边区战斗英雄。1997年，张明逝世。

崔均岐

崔均岐（1918—1998）离石县枣林村人。

民国27年（1938），崔均岐参加革命，并加入中国共产党。同年，党组织派他在警备队做地下工作，他潜伏并收集传递情报，利用各种机会，通过南关地下党的店铺送出重要情报20余份。他在警备队、警察所、新民会、宪兵队安插内线人员，建立情报网，完成党交给的任务。民国34年解放离石时，他为八路军提供县城日本侵略军和武器配置情况。在攻城的关键时刻接应八路军，与地下工作者杨振东、张振维、薛文发、邸云生夜晚在西城墙将弹药偷偷地用绳子吊下，同时吊上攻城部队1名机枪班战士。崔均岐亲手打开城门，迎接大部队入城。离石解放后，崔均岐受到披戴红花游街的奖励。1998年，崔均岐去世。

雒品三

雒品三（1925—1999）离石县呼家山村人，初中文化程度。

民国31年（1942）8月，他加入中国共产党。民国33年6月，参加工作。1947年，任离石四区助理员，当时晋绥边区急风暴雨搞土改运动，他理智地执行政策，避免极左做

法。1949年，任第九区区长。1956年，任离石县人民政府副县长。“大跃进”期间，他组织修建大灌渠2条。两条灌渠从杨家会开始，直到上安、霜雾都，全长40余千米，纵贯北川的东西两山，灌溉沿川坪地1万余亩。该工程是中华人民共和国成立初离石县最大的水利工程。

“文化大革命”期间，他受到不公正待遇。当时两派斗争非常激烈，他保持清醒头脑，坚持自己立场。革命委员会成立后，他成为第一批被解放的领导干部之一。20世纪70年代初期，上级要求没收自留地，当时他任坪头公社主要领导，没有盲目跟风，实事求是地从群众利益出发，采取缓兵之计，以搞试点应付上面检查，农民仍种自留地。第二年春季，一些公社都出现饥荒，坪头公社相对稳定。

1973年，他领导建设吴城水库。该工程当时是离石建设史上最艰巨的工程。他运筹帷幄，指挥大兵团作战，克服搬迁移民、人员抽调、技术力量缺乏等诸多困难，使工程顺利进行。1975年5月，他任县财贸政治部主任。当时的财贸部是最眼热的部门，掌握三大件（手表、自行车、缝纫机）等物资的调配大权。他坚持原则，婉言谢绝所有来找他走后门买稀缺物品的亲朋好友。

中共十一届三中全会后，他任离石县政法党组书记兼检察院检察长。在拨乱反正，清理“文化大革命”的大量积案的过程中，为平反冤假错案做了大量工作。1981年10月，他任离石县委副书记。在离石县第七届人民代表大会第一次会议上，当选为离石县人大常委会主任。

1983年，适应机构改革的需要，他主动提出离岗，离石县委经过慎重研究批准。同年秋季，他退居二线，任离石县委顾问。

1999年，雒品三病逝。吕梁地委领导表扬他是“能坚持党的政策，维护群众利益，遇事沉着冷静的难得的好干部”。

高子泉

高子泉（1924—2000）离石县杜家山村人。

高子泉年少时，家人为让他摆脱贫困处境，投亲拜友凑钱送他到附近的安国寺私塾读书，后去店上村小学上学。其间，他受革命思想影响，萌生从事革命活动的想法。他担任村公所文书兼会计时，在姐夫任世发（地下党员）带领下他帮助武工队通知人员开会，贴标语，搞宣传，并组织伙伴们为武工队站岗放哨，传递情报。民国32年（1943）秋，他加入中国共产党，投入抗日活动，曾担任离石一区地下情报站情报员。民国34年离石解放后，

历任七区瓦窑坡村公所文书、村长、民兵连长、党支部书记等职。1947年，他领导该村进行土地改革和反奸清算工作。1948年，调任上水西村党支部书记。同年11月，调到七区任宣传委员、副书记、书记等职。1955年，调任离石县委秘书。同年6月后，任县委办公室主任，县委常委、宣传部部长，书记处书记、副书记等职。

1965年7月，他任临县县委副书记、县长。1972年1月，任吕梁地区药材公司革委会主任。1974年4月，任吕梁地区财贸办公室主任、党组副书记，后改任地区财贸政治部和财贸委员会副主任、党组书记。1984年1月，吕梁地区经济委员会、财贸委员会、计划委员会合并，更名为吕梁地区计划经济委员会。1986年1月，他担任吕梁地区计划经济委员会顾问。1989年12月，高子泉离休。2000年12月22日，高子泉病逝。

李文炯

李文炯（1905—2000）离石县彩家庄村人。

民国9年（1920）前后，李文炯在离石教会小学打工度日。其间认识以逃荒为名到离石从事革命活动的陕西省米脂县中共党员李明，受其影响，走上革命道路。李明向李文炯传达上级指示，要他想方设法到汾阳立足，以便开展党的工作。李文炯在教会小学勤劳肯干，深得教会小学主办者雷教士欢心。李文炯请求雷教士推荐他去汾阳教会医院学习医术，学成后回离石从事慈善事业。雷教士热心答应，并帮忙李文炯在汾阳医院当护士。他与医院护士、共产党员张景纲（陕西神木人）共同开展党的工作。

民国20年（1931）春，中共汾阳特支重新成立，张景纲任书记。按照张景纲安排，李文炯参加转送文件、物资和接待往来汾阳的省城、陕北、晋西游击队党的地下工作者等工作，他出色地完成党组织交给的任务。后因接应人员太多，引起院方注意，上级党组织及时调张景纲离开汾阳。

同年3月，汾阳军校共产党员彭某在汾阳城北门街一糖果铺（系党的秘密交通联络点）召集李文炯、郭钦安（汾阳医院护士）、杜芳铭（铭义中学学生）3人开会，宣布上级党组织的决定，由李文炯接任中共汾阳特支书记，郭钦安、杜芳铭任委员，受中共山西特委领导，主要任务依然是组织力量办好汾阳医院交通联络站，秘密培养发展党员，了解离石、孝义等周边有关情报。担任汾阳特支书记后，李文炯配合中共汾阳区工作委员会工作，在王芾南书记指导下与汾阳、孝义、介休、离石4个县党组织一道，加强与华北、陕北党组织联系，为陕北红军游击队采购生活物资方面做大量工作。

民国23年（1934）7月，因山西特委秘书王光甫叛变，中共汾阳特支书记李文炯和委员郭钦安在汾阳医院被捕，后被送至太原监押。在狱中，李文炯沉着应对，坚贞不屈，后经党组织营救出狱。出狱后，面对阎锡山奉蒋介石之命调晋军5个旅协同岳秀等国民党部队进剿陕北红军的严重形势，李文炯根据党的安排，组织党员和积极分子全力筹集火药、布匹、毛巾、药品，及时通过交通站转送到陕北，同时组织力量对晋军后方进行袭扰，缓解陕北苏区压力。民国25年2月20日，中国人民红军抗日先锋军发起东征战役，李文炯与王达成等人一起发动离石、柳林一带群众迎接配合，为红军东征提供方便。

抗日战争全面爆发后，李文炯在宣传《抗日救国十大纲领》、发展牺盟会、发动全民抗战、培训游击队等方面开展多种活动，为抗战胜利做出较大贡献。在解放战争中，李文炯赴西南开辟新区，在剿匪反霸、建立人民政权、组织恢复生产等方面竭尽全力。

中华人民共和国成立后，李文炯任四川省财政厅厅长直至离休。2000年，李文炯病逝。

李丕祥

李丕祥（1920—2001）乳名四儿，化名际廉，字际甫，笔名翰友，离石县彩树局村人。

民国29年（1940）9月参加革命，中国共产党隐蔽战线工作人员，曾冒着生命危险，卧底于日本侵略军占领区闫匪统治区张家山等地。他与敌人斗智斗勇，获得信任，伪区长贺文元曾在他办公室墙壁上贴了告示——“本人因事进城，在未返期间区务由李际廉先生负责。”李丕祥见机行事，完整、准确、及时地收集传送了情报，为智取张家山碉堡等战斗做出特殊贡献。

李丕祥的行迹遭日伪怀疑，将他押进县城日本侵略军司令部监狱，严刑拷打，遍体鳞伤，逼其供认。李丕祥仅承认自己是一个老老实实的区公所助理员，其余只字未供。日本侵略军恼羞成怒，用上“灌辣椒水”等酷刑，但李丕祥铮铮铁骨，坚贞不屈。武工队队长闫子诚派地下党员维持会长王仲卿以18块大洋营救其出狱，之后同道称其“十八块”。

中华人民共和国成立后，李丕祥历任县政府办公室主任、县文教局长等职。无论工作怎样忙碌，他总要忙里偷闲，练学写字，梦想写出个模样来，回报祖国。部分作品曾入选《中日书法交流展》等展览，入编《国际现代书法集》等典籍。

国学大师、原中国书法家协会主席启功点评李丕祥：“李丕祥楷书端庄、严谨、遒劲、厚重。握笔稍松，韵味更浓。”中国书法家协会顾问、中国艺术研究院博士生导师李铎云对李丕祥赞赏有加，称“民间有高手”，并挥毫题签《李丕祥书法集》。

2001年2月2日，李丕祥于龙山书屋逝世。

张启明

张启明（1923—2001）离石县上水西村人。

民国34年（1945）5月，张启明参加革命。解放战争时期，在八路军驻离石县上安村兵站做后勤管理员、司务长工作。1948年，调第7军19师任连指导员。中华人民共和国成立后，他所在部队改编为中国人民志愿军入朝鲜作战。1950年1月，他加入中国共产党。1953年，部队改编为铁道兵第五师，他历任营政治教导员、医院政治委员、军事法院院长、团政治委员、支队政治部副主任（副师职）等职。1982年，他离休后定居太原。1988年，获中华人民共和国独立功勋荣誉奖章。2001年5月20日，他在太原去世。

赵焕哉

赵焕哉（1935—2002）陕西省米脂县人。

赵焕哉6岁受李鼎铭启蒙，在村中有“神童”之称。抗日战争期间，随父亲前往延安。民国34年（1945），李鼎铭介绍赵焕哉参加陕甘宁边区延安民众剧团，任勤务员，受到团长马健龄（毛泽东主席誉为“人民戏剧家”）悉心指导。1946年，随父调往佳县医疗室，任看护员。后转战榆林、临县，从事伤病员医疗救护。陕北战役结束后，留到临县，给群众行医看病。1950年，他被分配到方山火柴厂医疗室。1952年，他调入方山县人民医院，任防疫员、文书。1957年10月，他调入离石县人民医院工作。不久，他弃医从文，担任《离石小报》编辑。1985年10月11日，他为原晋绥劳动模范张秋林撰写的《纺花织布为抗战》一文发表在《人民政协报》，后被录入《华夏壮歌》一书出版发行。1987年2月13日，他撰写的《贺绿汀过吕梁》刊发在《山西省政协报》，后被录入《山西文史资料集》出版；5月，《火花》杂志刊发他撰写的《吕梁风情》诗词3首；同年，他为《吕梁简志》提供文稿，与李年甫、翟仁武合著《吕梁二轻（手）工业志》。其生命的最后几年，编撰、校对《离石县志》，直至该书出版发行。2002年10月2日，赵焕哉去世。

张秋林

张秋林（1919—2003）女，离石县碾塌村（今属柳林县王家沟）人。

张秋林7岁开始做家务，有时跟父亲到地里干农活。8岁起学会纺棉花，到12岁成为同龄人中的巧手。民国27年（1938）冬天，村里来工作团召开会议，张秋林积极参加，倾

听抗日救国道理。当听到要男人们参军参战、女人们纺花织布支援前线时，张秋林毅然将自己丈夫送去参军，自己纺花织布为抗战做贡献。后上级号召组织发展生产，支援前线，她又办起纺织合作社，组织妇女们完成纺织任务。

民国29年（1940），政府发出开荒种地号召，张秋林积极响应并开辟1亩多老坟地种庄稼。她一面组织妇女们生产劳动，一面组织妇女演唱队，宣传抗日主张，经营妇女纺织合作社。当时她工作担子很重，是村妇女生产小组长、妇女演唱队队长、行政村妇救会组织委员、妇女合作社营业员。民国30年10月，张秋林加入中国共产党。同年，她担任乡妇救会秘书。民国31年后半年，张秋林担任乡妇女自卫队队长，带领妇女们站岗放哨，送情报，抬担架，集合队员们上山训练，埋地雷、扔手榴弹、抢救伤员、摸爬打滚、冲锋陷阵什么都练。

民国32年（1943），张秋林担任乡妇救会秘书期间，她跑乡串村组织起纺织小组25个。她亲自纺织，亲自指导，处处以身作则；和姐妹们一起研究纺织技术，改进纺织工艺，完成上级交给的纺织任务。日本侵略军为报复张秋林，将她儿子杀害。同年秋，她出席县劳模大会，受到县委、县政府表彰和奖励。同年11月，他出席晋绥三分区劳模大会，被评为晋绥边区特等劳动英雄。民国33年1月，他出席晋绥边区第三届群英会，被评为“妇女特等劳动英雄”。同年，张秋林办起“秋林合作社”。合作社主要是组织妇女纺织，捎带卖些油、盐、毛巾、针线等生活用品，支援前线抗日，同时解决群众实际困难。合作社由小到大越办越好，到同年9月，合作社发展到1050股，股金达20万元。群众称赞张秋林是“咱边区的女状元，新社会新妇女的典型”。张秋林的事迹被编成眉户剧《张秋林》在各地进行演出，并被谱成歌曲，在边区各地传唱。同年12月，张秋林再次出席晋绥边区群英会，并被评为第四届群英会“妇女特等劳动英雄”第一名。

民国34年（1945），秋林合作社继续扩大。5月至8月共贷款收标准布6000余匹，赚手续费35万元。“十万人穿衣，全凭女同志”是晋绥边区对广大妇女的由衷赞扬。同年，她被选为中国解放区人民代表大会的代表及县议员。后根据县上指示，秋林合作社迁至成家庄，和军火合作社合并。后因工作需要，张秋林调县、专区搞妇女工作。1948年3月，她在北京出席全国第一次妇女代表大会。中华人民共和国成立初期，她任省妇联会农工部部长，不久主动要求回县，任离石县妇联主任。其间，她下乡调查研究、配合中心工作，关心体贴妇女生活，及时发现妇女典型，推动工作。1971年，吕梁地区组建，她被调任地区妇联副主任。当时离石城区地、县机关干部修河坝，她每天坚守工地，带头劳动，完成上级分配给她们单位的任务。1980 年，她任吕梁地区纪检委书记。1983 年，张秋林离休。2003 年，张秋林去世。

王书仁

王书仁(1920—2003)小名叫根，离石县王家庄村(今属柳林县)人。

民国 24 年（1935）春节前，柳林地下党负责人马明骥到他们村。村党支部负责人王利仁派王书仁以卖炭为名护送马明骥回青龙。路上，王书仁接受革命思想教育，革命种子在心中萌发、生长。民国 25 年 2 月下旬的一天，受马明骥和红三师营长康普仁指示，王书仁以贩枣为名，到中阳西河村给红二十八军军长刘志丹送信，出色完成任务。接着受马明骥、康普仁委派去石楼东山仁义村给红军首长送信。后他继续跟随马明骥从事地下秘密活动。民国 26 年，王书仁加入中国共产党。

民国 27 年（1938），日本侵略军侵占离石后，王书仁受组织安排在晋西南党委举办的孝义党员培训班学习。学习后被派往一区从事秘密工作，并担任一区王家庄村牺盟会秘书。他利用该公开身份，把共产党员和一些可靠人员安插在维持会、村公所做事，日本侵略军一举一动均在掌控中。民国 28 年 12 月，“晋西事变”后，离石县抗日民主政府成立，王书仁以公开身份加入牺盟会武装工作团，担任交通班班长，后扩建为青年队，由他担任队长。牺盟会工作团先后动员 500 人参军，动员三区 100 余人参加决死队，动员 60 余人参加他们的工作团，动员群众筹集白洋 1000 余元和一大批粮食。民国 29 年 6 月 10 日，他们在中阳东合村袭击抢粮食的日本侵略军。击毙日本侵略军士兵 1 名，汉奸李某被擒。7 月中旬，他们在王营庄没收日伪合作社送往离石日本侵略军的一大车货物，送交碛口离石县民主政府。同年中秋节后，他们在南海滩沟岔上伏击日本侵略军汽车 1 辆。不久袭击李家山碉堡。后王书仁任一区青年秘书，组建离石县青年连一连，并任连长，驻扎在李家洼村参加生产、练兵、宣传三结合活动。民国 30 年 3 月 12 日，王书仁和蔡继金商量攻打卧虎湾碉堡的事情。第二天他们召开会议，部署战斗计划。3 月 17 日按预定计划开始行动，他们先切断日本侵略军通信设施，让担水民工发出信号。王书仁带领民兵冲进碉堡，夺下枪支，与日本侵略军激战，取得胜利。6 月，王书仁被派往晋绥青干校学习。学习期间他被编入暂一师，参加攻打岢岚石家会碉堡的战斗，后跟随暂一师坚持游击战。民国 31 年春，王书仁完成学习回到一区机关驻地李家洼，后遭日伪军包围。他带领民兵由被动变主动，很快打退进攻，并和王道龙抓获伪军 4 人。同年 2 月，他在王老婆山战斗中负伤，治疗后回家养伤。其间兼任王家庄村党支部书记。同年中秋，他与 8 名民兵在赵家沟岔上伏击日本侵略军，打死日本侵略军头目1人，打伤士兵4人，并活捉日本侵略军驻柳林警备队长。民国33年，上级组织调王书仁回离石县武工队开展侦查工作。同年6月，他参加白霜伏击战，击毙日本侵略军队长1人、士兵1人，击伤日本侵略军分队长1人。后参加收复上白霜碉堡的战斗，俘虏日本侵略军14人。

民国34年（1945）离石解放以后，王书仁调一区担任区委委员，负责对日伪人员教育改造，同时组织广大群众搞生产建设。20世纪50年代初，王书仁担任一区区委书记。1954年，他担任离石县公安局局长。1960年，他调离石县委做组织人事工作。1982年，他当选政协离石县第一届委员会主席。1987年7月，王书仁离休。2003年8月，王书仁病逝。

雒逢钦

雒逢钦（1919—2006）离石县雒家庄村人，高小文化。

民国25年（1936），雒逢钦参加工作，是离石县西山地区秘密组建党组织的创始人。同年春，雒逢钦加入中国新民主主义青年团。民国26年8月，他加入离石县牺牲救国同盟会。民国27年4月，他加入中国共产党，并创建雒家庄村党支部，任党支部书记。同年，他先后到寺沟、焉口、东社等20余个村庄开展工作，秘密发展党员20余人，组建农村党支部8个，在马头山和大武北川河一带开展群众性抗日救国革命斗争活动，不久引起日伪军注意。同年12月13日，他被阎锡山政府抓捕入狱。后经25名村群众联名请愿获释。

民国30年（1941）至民国31年，他进入离石对敌工作站工作，先后策反柳林日本侵略军曹长和伪二中队反正投诚。民国32年，筹划组织智取张家山碉堡战斗。因张家山碉堡四周有5米深沟，出入架设吊桥，内驻日伪军15人，火力配备强，易守难攻。雒逢钦与内线人员李丕祥反复联系，周密策划。10月10日早上日伪军出发去离石县城领军饷时发出行动指令。第一组内线人员拿着美酒鸡蛋从碉堡内引出3名日伪军去维持会长家里吃饭；第二组扮成送水、送柴人员，通过内线人员接引，冲进碉堡，打死留守日伪军，攻占碉堡；第三组组织民兵搬运碉堡内所有枪支弹药和军需物资；第四组搬运柴火放火烧毁张家山碉堡。战斗中打死日伪军2人，俘获伪区长田克强、警察所所长李得胜和日本侵略军2人，缴获大量武器弹药及3箱西药、望远镜等军需物资。民国33年8月13日，他组织民兵装扮成一支给日本侵略军送给养的小分队，用日语向沙鹏岭碉堡喊话。日本侵略军小队长韩九信以为真，出城领物资时被雒逢钦活捉。后雒逢钦参加马茂庄、南梁等战斗。

中华人民共和国成立后，雒逢钦先后在离石县公安局、法院、检察院工作。1980年4月，雒逢钦离休。2006年，雒逢钦病逝。

杨 琦

杨琦（1918—2007）离石县十里村人。

民国19年（1930），杨琦考入县城高小。因父母早逝，家境困难，他高小毕业后无力上中学，在家自学两年。他外祖父资助他去离石中学读书，为节约费用，他和外祖父住在县城华佗庙中。抗日战争初期，杨琦加入牺盟会。民国27年，他加入中国共产党，先后在离石五区工作团、抗日救国会、人民政府等部门工作。

1947年，杨琦到陕甘宁边区行政学院学习。民国34年，杨琦回吕梁贸易总局工作。1946年，任120师后勤财务科科长，随军参加汾孝战役，然后西渡黄河挺进大西北，经历大小战斗60余次。到新疆喀什后，先后任喀什银行行长、库车县委书记、阿克苏地委副书记、阿克苏地委书记。1979年，任中国人民银行新疆分行党委书记、行长。1985年，任新疆维吾尔自治区顾问委员会委员。2007年4月9日，杨琦去世。

雷步选

雷步选（1921—2007），离石县城内人。

抗日战争爆发后，雷步选在小神头村一带从事青年工作。民国30年（1941），担任小神头民兵中队长、抗日村长。民国32年2月，日本侵略军抢夺归化村羊两群和牛10余头，雷步选带领民兵把牛羊夺回，并打死日本侵略军3人。日本侵略军进入碉堡后，雷步选带领民兵多次打击日本侵略军，先后作战17次，击毙日本侵略军11人、伪军8人。民国33年夏，日本侵略军到处抢粮，雷步选带领民兵在日本侵略军驻地门口埋下30千克重地雷1颗，炸死日本侵略军4人，被誉为“地雷大王”。同年12月，他被评为晋绥边区的“民兵英雄”。中华人民共和国成立后，他担任小神头乡党委书记。1983年，雷步选离休。2007年，雷步选去世。

李效黎

李效黎（1916—2010）女，原名李月英，离石县东关村人。

民国20年（1931），李月英考入太原师范学校。九一八事变后，她参加学生举行的

集会游行。民国23年9月，她离开山西到北平，改名为李效黎。民国24年夏天，李效黎考入美国传教士贝满女士创办的贝满中学。“卢沟桥事变”后，日本侵略军占领北平，鉴于北大、清华都已南迁，李效黎又报考美国的教会大学——燕京大学，学习社会学专业，她成为离石第一位考入大学的女性。在燕京大学求学期间，李效黎与经济学导师林迈可积极参加抗战事业，冒着生命危险负责从北平为城外共产党领导的军队组织运送大规模的药品、外科器械和一些通信器材、收音机，以及发报机零件等敏感物资，保证晋察冀根据地电台、临时武器库和战地医院的正常运转。其间，两人建立起深厚感情。民国30年夏天毕业前夕，李效黎和林迈可在燕京大学举行婚礼。同年12月，太平洋战争爆发，李效黎夫妇成功躲避日本侵略军宪兵追捕，先后转战八路军平西司令部、第一军区、第二军区等。所到之处，夫妇俩组织无线电技术培训班，林迈可教授无线电技术原理，李效黎教授英文。

民国33年（1944）5月，李效黎夫妇到达延安，受到毛泽东、周恩来、朱德、邓颖超的热情接待，并见到刘少奇、贺龙等党政军高级领导，结识叶剑英参谋长和115师师长林彪及他的妻子叶群。民国34年6月初，中外记者组成的记者团到达延安，林迈可和李效黎担任临时翻译和向导。7月中旬，延安的第一所英语学校开学后，李效黎是仅有的3名英语教师之一。美军观察组到延安后，她教美国人学习中文。在美军观察组与中国领导人交往中，李效黎担任临时翻译，多次帮助美国人向毛泽东主席反映他们的真实想法和意见。离开延安前，毛泽东主席夫妇设宴为他们饯行。民国34年11月，李效黎夫妇回到英国。

1946—1947年，李效黎为美国哈佛大学学生辅导中文。1952年3月，林迈可的父亲去世，林迈可继承父亲伯克勋爵之爵位，李效黎成为伯爵夫人，成为英国历史上第一位有中国血统的女贵族。1953—1956年，李效黎在堪培拉一所大学分院教中文，后在该院东方图书馆工作至1960年，同时抚养3名孩子、料理1个花园。

中华人民共和国成立后，李效黎夫妇曾多次回国。1954年8月，李效黎夫妇作为英国工党代表团的成员，随同英国工党主席、前首相艾德礼访华，李效黎为艾德礼的演讲做翻译，受到毛泽东、周恩来、邓小平、彭真、陈毅等党和国家领导人的接见。1961年，林迈可与李效黎定居美国，成为美国公民。1973年和1983年，李效黎夫妇两次来到中国，并回到离石探亲。1994年2月13日，林迈可因病辞世。之后，李效黎返回国内定居，中国政府给她在北京提供公寓1套。其间，她回到故乡离石，为自己出生地的东关小学捐资助学，探望老家的亲朋好友。1997年，李效黎以国外专家的身份出席由时任国务院副总理朱镕基主持的新年宴会。2003年，李效黎回到美国。2010年4月25日，李效黎在美国华盛顿逝世。

王永泰

王永泰（1954—2012）1954年生，离石县高家沟村人，大专文化，中共党员。历任离石电线厂工人、技术员、离石县委宣传卫干事、支口教员、离石区文联副主席、名誉主席，中国作家协会会员，离石区作家协会主席，国家二级作家。

1998年5月，王永泰创作并出版长篇历史小说《清官于成龙》，该小说被群众出版社出版后，先后被《黄河》《检察文学》《太原日报》转载、连载，被太原电视台改编拍摄为19集电视连续剧《一代廉吏于成龙》自2000年11月24日起在中央电视台一套节目黄金时段播出。电视剧《一代廉吏于成龙》被评为“五个一工程”奖；由著名艺术家单田芳改编为评书，在辽宁电视台播出；被上海京剧院改编为现代京剧《廉吏于成龙》，在全国公演。

2001年，王永泰创作完成《直臣孙嘉淦》（40万字），由北岳文艺出版社出版，被《黄河》《中华传奇》《深圳日报》等报刊连载、转载。2004年，完成反映抗日时期吕梁军民对敌斗争的《浴血吕梁》（20万字），由作家出版社出版。2007年6月，他创作的长篇历史纪实小说《高高的南梁》（20万字）出版。2007年2月，他创作的反映山西省历史名人傅山先生的长篇历史小说《霜红晋阳》（54万字）在《三晋都市报》连载，于2008年9月由三晋出版社出版。2010年始，他创作长篇历史小说《慧达大师》在《石州文艺》连载近20万字，为离石籍老干部、原装甲兵工程学院院长薛清池撰写长篇传记《兵车行》等。

工作之余，王永泰应吕梁市政协邀请担任《吕梁名人传略》副主编，编辑完成30余万字书稿。

2001年，王永泰获全国总工会授予的全国“五一劳动奖章”，出席中共山西省委第八次代表大会。同年，获全国五好文明家庭。《浴血吕梁》获吕梁市首届精神文明建设“五个一工程”优秀作品奖，《霜红晋阳》被评为山西省“五个一工程”奖，他两次被离石区委、区政府授予“文化建设突出贡献奖”。2012年7月4日，王永泰在离石去世。

王芝亮

王芝亮（1924—2013）离石县西属巴村人。

王芝亮年少时，在西属巴村小学上学。11岁时，他随父亲参加劳动，同时护理患有羊角风病的父亲。同年冬天，他回学校跟班上课，因犯淋巴结核，中途退学。民国23年（1934）至民国27年，他自学完第8册课本，达初小文化程度。民国27年，他的病痊愈后开始打短工。民国32年，他与地下党员渠升全、渠升余兄弟相遇。他俩在西属巴给地主种地，

平时以拜把子名义联络贫苦农民，发展共产党员，他们在西属巴发展王绍清、王有则、王侯环、王芝亮4名党员。从此，王芝亮配合武工队开展抗日斗争，发展党组织。民国33年2月，王芝亮以民兵身份加入武工队，开展抗日斗争。同时西属巴建立党小组，先后吸收王三冬、杨子明、王侯刃、王勤祚等加入党组织，其中王三冬、王侯刃是王芝亮介绍入党的。民国34年，王芝亮先后参加解放离石、解放灵石战斗。

1947年10月后，他从事地方工作，先后搞过土地改革、“四清”运动，经历“文化大革命”冲击，从事过经济工作、政法工作。曾任县人民法院院长、县人民检察院检察长。他离休后，享受县团级待遇。他著有自传体《铭心岁月的记述》一书。2013年春，王芝亮病逝。

李秉良

李秉良（1925—2013）陕西省米脂县杨家沟村人。

民国29年（1940）至1948年，李秉良随同乡为首长打窑洞和防空洞。1948年，他随革命队伍东渡黄河到晋西北。1949年，他到离石羊坡投奔亲属，落户到墺则墕村。1953年，他加入中国共产党。1955年，他被任命为村党支部书记，并把村名改为东红村。

东红村沟壑纵横，水土流失严重，粮食生产基础十分薄弱。李秉良率先在新划定的东红村（包括东红、阳坡、木瓜崖3个自然村）与群众一道展开筑坝造田基本建设，村里组建起水保队，农闲时全村男女劳力一起上工。工地上红旗招展，肩挑车推，人来人往，战天斗地的劳动场面颇为壮观。为抢时间，每天群众把饭送到工地，为赶进度，他们从三九天一直干到第二年春天。全村140多名劳力奋战4年，到1967年，第一条人工坝完工。山西省水土保持研究所领导看到这座人工大坝时赞不绝口，作为样板工程在全省推广。同时，他带领东红村村民在每道山梁上平整土地，修筑梯田，把跑水跑肥跑土的“三跑田”，逐步变成稳产高产的海绵田。同时在每道沟壑间与山头植树造林，东红大队的农业生产条件得以全面改善。东红人创造的业绩引起各方关注，周边县乡村三级干部分批到东红村观摩取经，全县掀起学习东红村搞农田基本建设高潮。

1968—1975年“农业学大寨”期间，东红村坝地增加5.33公顷，修梯田53.73公顷，造林26.67公顷，为农业丰收奠定了扎实的基础。7年中，东红大队粮食产量逐步攀升，屡创新高。1975年，全村粮食创最高纪录达28万千克，全村410口人人均产粮近700千克。

至此，东红村集体每年上缴国家征购粮食保持 10 万千克，人均 250 千克，种子、牲口用粮等储存 8 万千克，年人均粮食 200 千克。按照劳力出勤记工分配制度，1975 年底每工分红 1.20 元，这个分配水平可以与当时水地占主要耕地的城关公社凤山底村和王家沟公社王家沟村相媲美。当年，县委奖励该村 2 匹膘肥体壮的骡马，6 辆平车。一段时期内，东红村和李秉艮受到省地县的多次表彰奖励。1968 年，李秉艮被晋中地委评为“学习毛泽东著作模范个人”。1968 年、1970 年，东红大队两次被省委、省政府评为“水土保持先进集体”。1970 年，李秉艮在全省水土保持会议上作经验交流发言。

1976 年，李秉艮任县委常委，兼任离石县贫协办副主任。同年 10 月，他任阳坡公社党委书记，兼任东红村党支部书记。李秉艮为推进阳坡经济付出更多艰辛，继续大搞农田基本建设。到 1978 年，全公社新打土坝 8 条，培育经济林 2 万余亩，发展核桃树 1066.67 公顷，全公社 8 个大队先后建成引水工程，7 个自然村用上自来水，干部群众一起修通阳坡—信义公路 5 千米，修通阳坡—高家庄乡村公路 7 千米，全公社通车里程近 15 千米，结束阳坡人外出走河滩、全境没公路的历史。

为壮大集体经济，李秉艮动员群众自己采掘建成石棉矿厂，1975 年投产，产值超万元。经过数年发展和扩大生产，该石棉矿厂成为全公社重要经济来源。1975—1987 年，该厂每年实现纯利润 4 万—5 万元，除工人工资和扩大生产费用等支出外，阳坡公社集体收益 1 万—2 万元，李秉艮把这部分资金集中投放到发展教育卫生文化事业上。他向县财政争得部分建设资金后，公社集体投资 8000 元在阳坡村西修建 1 所有 34 间师生宿舍、6 间教室的阳坡中学，之后投资 4000 元修建公社医院。为活跃群众文化生活，在学校医院全部竣工后便动工修建戏台。

1982 年，离石县委落实干部年轻化、知识化政策，李秉艮主动向组织提出从阳坡乡党委书记位置退下。1985 年，他以工人身份退休，定级工资人民币 40 元。1991 年工资改革，他只涨工资 6 元。1996 年，县委决定给予李秉艮正科级待遇，工资由 46 元调整到 191.8 元。每月退休工资仅为 1795 元。2013 年春，李秉艮去世。

任勋禄

任勋禄（1933—2013）字绩威，离石县王家塔村人。

1947 年 3 月，任勋禄被分配到晋绥兵站办事处吴城兵站任文书收发员。1949 年 7 月，他参加民办教师集训后被分配到刘家湾村任教。1951 年春，他考入离石人民银行。1954 年 8 月 8 日，加入中国共产党。1956 年 7 月，他调回离石工作，先后任县委宣传部理论教员、副部长、县委办公室副主任、离石县革委办公室主任。1971 年 7 月，他当选为县委委员。1975 年，他任离石县革委会副主任。1977 年，他调任文水县革委会主任。1982 年，他任

吕梁地区科协副主席。1983 年，他任吕梁地方志办公室主任。1984 年 11 月，他同党史办一行 7 人到西安、成都、重庆、武汉等地走访南下老干部并查阅档案，费时近 1 个月，收集资料 2000 余万字。1985 年始，他编修专业志书 9 编。1987 年 12 月，他出差途中遭遇车祸，造成双腿、双臂肿痛，他依然忍痛撰写“军事编”4 万余字。1988 年，他面对《吕梁地区简志》评审会上中国科学院、山西省方志专家，行署时任领导等提出的上千条意见，先后进行 3 次大修改，总纂志稿 30 余万字。同年，被评为副编审。1989 年起，重点转向抓第一轮县志的编修出版。1992 年，先后主修并组织出版《吕梁地名志》《吕梁年鉴（1989—1990）》，并编著组织出版《吕梁地区志评论集》和个人专著《修志文稿》。至 1993 年 2 月，指导和推动吕梁地区 13 部县志出版、评优，其中《孝义县志》和《吕梁地区志》分获全国一、二等奖；《兴县志》获山西省一等奖。1994 年，总审《中阳县志》《离石县志》《柳林县志》共 300 余万字。同年 11 月 28 日，取得正高级专业技术职称——编审，为吕梁地区方志界唯一。1996 年，任勋禄离休。2013 年 3 月 12 日，任勋禄病逝。

第二章　烈士英名录

第一节　滨河街道烈士英名录

王华仁　生年不详，王家庄村人，民兵，民国31年（1942）在柳林县白霜村参战中牺牲。

高东贵　民国11年（1922）生，杨家掌村人，共产党员，115师战士，民国32年在山东省作战中牺牲。

王玉仁　生年不详，王家庄村人，离石县王家庄村村长，民国32年（1943）在离石县王家庄村被日本侵略军杀害。

贺万万　民国17年（1928）生，前瓦村人，离石支队10团5连战士，民国34年在离石县高家沟与日本侵略军作战中牺牲。

刘良元　生年不详，王家庄村人，民兵，民国34年（1945）在该村作战中牺牲。

王恩太　民国4年（1915）生，杨家掌村人，4团3营9连战士，1946年9月在大同市北关战斗中牺牲。

王耀章　民国18年（1929）生，杨家掌村人，独4旅13团战士，1946年在隰县战斗中牺牲。

张永耀　民国13年（1924）生，东关村人，独4旅13团2营5连排长。1946年在永和县战斗中牺牲。

李守先　生年不详，东关村人，359旅718团战士，1946年参加革命，失踪。

郝海祥　生年不详，王家庄村人，离石县游击队战士，1946年在孝义县战斗中牺牲。

杜四完　清光绪三十三年（1907）生，前瓦窑坡村人，8分区供给部战士，1947年7月在交城县代家庄战斗中牺牲。

白保华　民国14年（1925）生，七里滩村人，358旅班长，1947年在延安兰家坪遭敌机空袭牺牲。

李保全　民国14年（1925）生，王家庄村人，独4旅13团1营3连战士，1947年在陕西省七郎山战斗中牺牲。

王根元　民国12年（1923）生，王家庄村人，独4旅13团1营战士，1947年在陕西省七郎山战斗中牺牲。

张富贵　民国14年（1925）生，七里滩村人，共产党员，邮管局邮工，1948年12月在新绛县野战三医院牺牲。

阎光亮　民国13年（1924）生，后瓦窑坡村人，共产党员，2支队10团5连连长，民国37年在陕西省大荔县战斗中牺牲。

贾才保 民国13年（1924）生，后瓦村人，西北野战军战士，1948年在陕西省大荔县战斗中牺牲。

李良元 民国17年（1928）生，后瓦村人，独4旅13团3营1连战士，1948年在陕西省大荔县战斗中牺牲。

薛加维 民国18年（1929）生，东关村人，共产党员，1军1师1团特务连排长，1949年12月11日在甘肃省临夏县拉矩湾战斗中牺牲。

冯学海 民国12年（1923）生，前瓦窑坡村人，2军6师战士，1949年在陕西省永丰战斗中牺牲。

范五五 民国4年（1915）生，东关街人，通讯员战士，1949年在西安市作战中牺牲。

刘生华 民国7年（1918）生，七里滩村人，共产党员，180师539团排长，1951年5月在朝鲜战争中牺牲。

辛德元 民国6年（1917）生，七里滩村人，共产党员，战士，1952年在陕西省宝鸡剿匪中牺牲。

第二节 莲花池街道烈士英名录

任冬生 民国11年（1922）生，王文庄村人，战士，民国27年参加革命，失踪。

贺成义 民国2年（1913）生，南关村人，共产党员，决死四纵队指导员，民国28年在离石县九里湾战斗中牺牲。

崔一生 民国元年（1912）生，马茂庄村人，共产党员，中共晋绥边区三地委副书记兼组织部部长，早年在山东国立青岛大学土木工程系就学。民国26年入党。民国30年1月1日在静乐县水峪村被日本侵略军包围，在突围中牺牲。

崔学明 民国9年(1920)生，刘家湾村人，动委会战士，民国30年在岢岚县战斗中牺牲。

李德畅 民国7年（1918）生，圪垯上村人，共产党员，离东县武工队队长，民国33年在方山县大武镇战斗中牺牲。

崔振治 民国15年（1926）生，马茂庄村人，离石县自卫团战士，民国33年在离东县马茂庄村与日本侵略军作战中牺牲。

贺寅生 清宣统二年（1910）生，大土河村人，地下工作者，民国34年（1945）3月在离石县城被伪“铁血团”杀害。

刘吉海 清光绪三十二年（1906）生，王文庄村人，共产党员，民兵，民国34年（1945）8月在离东县城参战中牺牲。

刘侯清 民国16年(1927)生，王文庄村人，民兵，民国34年8月在离石县城参战中牺牲。

崔来发　生年不详，马茂庄村人，358旅战士，民国34年（1945）参加革命，失踪。

崔润喜　民国14年（1925）生，马茂庄村人，10团5连战士，民国34年在离石县枣林战斗中牺牲。

白满仓　民国6年（1917）生，段家坪村人，115师战士，民国34年在山东省作战中牺牲。

刘侯锁　民国12年（1923）生，王文庄村人，358旅战士，民国34年参加革命，失踪。

冯俊增　民国14年（1925）生，城内街人，358旅战士，1946年在大同市北关战斗中牺牲。

任银贵　民国17年（1928）生，刘家湾人，358旅战士，1946年在内蒙古卓资山战斗中牺牲。

王元生　生年不详，刘家湾村人，3分区1连战士，1946年在柳林县刘家垣村战斗中牺牲。

马月清　民国10年（1921）生，潘家沟村人，359旅战士，1946年参加革命，失踪。

刘兴旺　民国16年（1927）生，王文庄村人，独4旅13团战士，1946年参加革命，失踪。

张保柱　民国15年（1926）生，城内村人，战士，1947年11月在运城市战斗中牺牲。

刘万禄　民国17年（1928）生，刘家庄村人，9旅战士，1947年参加革命，失踪。

王忠峰　生年不详，城内村人，共产党员，358旅5团供给处处长，1947年在汾阳县秋家庄战斗中牺牲。

任道明　民国14年（1925）生，南关村人，独4旅供给部班长，1947年在运城市战斗中牺牲。

崔三地　生年不详，马茂庄村人，民兵，1947年在中阳县参战中牺牲。

崔树桐　民国14年（1925）生，马茂庄村人，吕梁械洋厂工人，1948年6月2日在临县水头镇械洋厂因武器走火牺牲。

郭长金　民国15年（1926）生，刘家湾村人，4旅10团1营班长。1948年在陕西省韩城县战斗中牺牲。

任年生　民国15年（1926）生，南关村人，卫生员，战士，1948年在陕西省作战中牺牲。

王泰茂　民国15年（1926）生，刘家湾村人，副排长，1948年在陕西省大荔县熊瑪战斗中牺牲。

崔永林　民国13年（1924）生，马茂庄村人，共产党员，5师14团1营2连战士，1949年在甘肃省祁连山行军中冻伤牺牲。

白振林　民国15年（1926）生，段家坪村人，5师14团1连3排战士，1949年在甘肃省祁连山行军中冻伤牺牲。

高田泽　民国18年（1929）生，南关村人，共产党员，203师607团3营4连班长，

1951年11月25日在朝鲜战斗中牺牲。

梁德旺 民国11年（1922）生，圪垯上村人，共产党员，1师1团2营4连连长，1953年6月25日在朝鲜战斗中牺牲。

高玉清 1952年生，段家坪村人，团员，59076部队战士，1978年6月在青藏执行战备运输任务中牺牲。

第三节 凤山街道烈士英名录

白顺高 民国5年（1916）生，前王家坡村人，2支队排长，民国26年在文水县战斗中牺牲。

王锁荣 民国13年（1924）生，上水西村人，离石县七区游击队战士，民国27年在离石县战斗中牺牲。

陈光德 清宣统二年（1910）生，凤山底村人，115师战士，民国29年（1940）参加革命，失踪。

崔维贵 清光绪三十三年（1907）生，前王家坡村人，共产党员，120师358旅716团2连3排排长，民国31年（1942）在五寨县战斗中牺牲。

陈补孩 民国14年（1925）生，西崖底村人，115师战士，民国32年在东北作战中牺牲。

赵有仓 民国14年（1925）生，西崖底村人，7团6连战士，民国34年1月在离东县枣林战斗中牺牲。

赵兴平 生年不详，西崖底村人，离石县武工队战士，民国34年（1945）3月在离东县马家村被日本侵略军杀害。

高臭家 清光绪十九年（1893）生，上水西村人，民兵，民国34年（1945）8月在离石县城战斗中牺牲。

高登科 民国12年（1923）生，上水西村人，民兵，民国34年8月在离石县城战斗中牺牲。

张三锁 民国10年（1921）生，下水西村人，民兵，民国34年8月在离石县城战斗中牺牲。

赵元河 民国11年（1922）生，西崖底村人，16团6连战士，民国34年在离东县枣林战斗中牺牲。

赵天长 民国16年（1927）生，西崖底村人，3分区特务连侦察员战士，民国34年在柳林县大成垣侦察敌情时牺牲。

赵长清 民国9年（1920）生，西崖底村人，358旅715团2连战士，民国34年在偏关县王家庄战斗中牺牲。

张老生 民国13年（1924）生，西崖底村人，10团6连战士，民国34年在离石县枣林战斗中牺牲。

张五完　民国8年（1919）生，西崖底村人，10团6连战士，民国34年在离石县枣林战斗中牺牲。

崔二旺　生年不详，崔家崖村人，358旅718团战士，民国34年（1945）在陕西省榆林县战斗中牺牲。

张丑家　民国5年（1916）生，铨则墕村人，358旅战士，民国34年参加革命，失踪。

张俊生　民国14年（1925）生，凤山底村人，359旅战士，1946年10月12日在中阳县巷弯村战斗中牺牲。

赵润生　民国14年（1925）生，西崖底村人，西北军区5师14团3营7连战士，1946年在陕西省瓦窑堡战斗中牺牲。

高登元　生年不详，上水西村人，三分区2营战士，1946年在中阳县战斗中牺牲。

张学元　民国9年（1920）生，下水西村人，3分区独1营战士，1946年在中阳县战斗中牺牲。

冯五生　民国14年（1925）生，上水西村人，共产党员，358旅副班长。1947年4月20日在陕西省六里坡战斗中牺牲。

任怀亮　民国19年（1930）生，袁家庄村人，358旅战士，1947年在西安市西华池战斗中牺牲。

胡福年　民国9年（1920）生，乔家沟村人，西北野战军战士，1947年在延安被国民党杀害。

张安全　民国18年（1929）生，铨则墕村人，新兵团战士，1947年在陕西省战斗中牺牲。

冯完完　民国18年（1929）生，上水西村人，5师14团战士，1948年10月13日在陕西省作战中牺牲。

王保生　民国9年（1920）生，铨则墕村人，2军4师11团1营3连战士，1948年在陕西省突围中牺牲。

李长富　清光绪三十四年（1908）生，下水西村人，2军5师14团3营7连战士，民1949年6月27日在陕西省扶风县剿匪中牺牲。

贺　虎　民国21年（1932）生，袁家庄村人，2军5师战士，1949年在陕西省眉县作战中牺牲。

姜柱保　民国13年（1924）生，西崖底村人，10旅28团班长，1949年在晋源战斗中牺牲。

第四节　城北街道烈士英名录

王平城　民国7年（1918）生，李家沟村人，120师358旅714团3连班长，民国30年在繁峙县战斗中牺牲。

王安发 民国15年（1926）生，李家沟村人，10团3营7连1排班长。民国32年12月在中阳县三里湾战斗中牺牲。

张贤俭 民国3年（1914）生，前赵家庄村人，离石县武工队战士，民国33年在离东县阳坡村被日本侵略军包围后牺牲。

贺探会 民国8年（1919）生，下安村人，民兵，民国33年夏在方山县大武镇被日本侵略军杀害。

李三班 民国7年（1918）生，下安村人，民兵，民国33年夏在方山县大武镇被日本侵略军杀害。

吴根深 民国14年（1925）生，下安村人，三分区4连战士，民国34年在柳林龙花垣村战斗中牺牲。

王柱才 民国11年（1922）生，王家沟村人，120师358旅副排长，民国34年在绥远凉城县战斗中牺牲。

王三虎 民国15年（1926）生，王家沟村人，358旅炮兵营战士，1946年8月在绥远卧虎山战斗中牺牲。

王秋生 民国15年（1926）生，王家沟村人，258旅战士，1946年8月在绥远卧虎山战斗中牺牲。

吴根条 生年不详，下安村人，358旅715团战士，1946年在柳林县官庄垣村牺牲。

苏根生 民国15年（1926）生，青蒿塌村人，3分区10团班长，1947年在四川省黑水县战斗中牺牲。

任廷中 民国15年（1926）生，任家山村人，17团干事，共产党员，1948年10月在太原牛驼寨战斗中牺牲。

贺侯班 民国14年（1925）生，下安村人，战士，1948年在大西北作战中牺牲。

贺三清 民国16年（1927）生，下安村人，战士，1947年参加革命，1949年在大西北作战中牺牲。

苏效斌 民国11年（1922）生，苏家崖村人，1948年7月参加革命，7旅战士，1949年在陕西省岐山县王家里村牺牲。

王三维 民国20年（1931）生，长大局村人，民国34年7月参加革命，2军5师14团卫生队战士，1949年在甘肃省祁连山行军中冻伤牺牲。

任班班 民国19年（1930）生，乔家沟村人，共产党员，203师607团3营9连班长，1953年7月在朝鲜战争中牺牲。

苏炳仁 民国18年（1929）生，苏家崖村人，共产党员，134师400团2营4连副连长，1958年在青海省玉树县剿匪中牺牲。

第五节 交口街道烈士英名录

崔金柱 生年不详，石盘村人，359旅718团战士，民国27年（1938）参加革命，失踪。

杜秋贵 民国3年（1914）生，岐则沟村人，共产党员，离东县游击队通讯员战士，民国29年在离石县吴城镇上丰村被日本侵略军杀害。

杜侯毛 民国9年（1920）生，王家塔村人，离石县武工队6连战士，民国29年在临县与日本侵略军作战牺牲。

冯明德 民国9年（1920）生，贺家山村人，36团战士，民国29年在霸王山战斗中牺牲。

冯手白 生年不详，王家塔村人，离石县王家塔村村长，民国31年（1942）在王家塔村被日本侵略军抓捕，牺牲于离石城。

张有全 民国7年（1918）生，交口村人，359旅718团战士，民国31年在柳林县战斗中牺牲。

王记洞 民国13年（1924）生，贺家塔村人，决死队战士，民国31年在交城县战斗中牺牲。

申吉山 民国12年（1923）生，杜家山村人，离石县一区游击队战士，民国32年参加革命，失踪。

阎兴广 清宣统二年（1910）生，枣架村人，共产党员，民兵，民国33年（1944）11月在离石县枣架村被日本侵略军杀害。

阎年狗 民国14年（1925）生，枣架村人，共产党员，民兵，民国33年11月被日本侵略军逮至离石城杀害。

乔捉柱 民国6年（1917）生，乔家塔村人，离石县武工队战士，民国33年11月23日在离东县乔家塔村被日本侵略军捕杀。

付玉殿 民国2年（1913）生，交口村人，共产党员，离石县游击队战士，民国33年在该村被日本侵略军捕杀。

杜有仓 民国3年（1914）生，王家塔村人，共产党员，离石县三区游击队战士，民国33年在中阳县战斗中牺牲。

杜贵生 民国13年（1924）生，王家塔村人，14团7连战士，民国33年在离东县枣林战斗中牺牲。

阎保华 民国10年（1921）生，石盘村人，共产党员，离石县武工队战士，民国33年在该村被日本侵略军杀害。

阎仁武 清宣统二年（1910）生，渠家山村人，离石县武工队战士，民国33年（1944）在离东县城执行公务中被日本侵略军抓捕杀害。

王培彪 民国6年（1917）生，贺家塔村人，民兵，民国33年被日本侵略军逮至离石城杀害。

冯吉玉 民国10年（1921）生，贺家山村人，共产党员，离石县武工队战士，民国33年在临县被日本侵略军杀害。

贾冬生 民国13年（1924）生，交口村人，359旅战士，民国33年参加革命，失踪。

薛舍光 民国14年（1925）生，垣上村人，离石县垣上村公所通讯员，民国33年在离石县垣上村被日本侵略军包围后牺牲。

于殿英 清光绪三十四年（1908）生，贺家塔村人，决死队战士，共产党员，民国34年（1945）1月25日在离石县交口村被日本侵略军杀害。

吉大彪 民国6年（1917）生，杜家山村人，民兵分队长，民国34年6月2日在该村反扫荡战斗中牺牲。

阎侯有 民国8年（1919）生，石盘村人，民兵，民国34年8月在离石县城参战中牺牲。

冯福荣 民国17年（1928）生，交口村人，民兵，民国34年8月在离石县城参战中牺牲。

尤探锁 民国15年（1926）生，交口村人，民兵，民国34年8月在离石县城参战中牺牲。

阎兴权 民国4年（1915）生，枣架村人，共产党员，民兵连长，民国34年8月在离石县城战斗中牺牲。

阎天桂 清光绪三十年（1904）生，枣架村人，民兵，民国34年（1945）在离东县交口村看守军粮时被闫伪33军杀害。

张冬茂 民国10年（1921）生，梁家塌村人，离石县武工队战士，民国34年在离东县梁家塌村被地雷炸伤后，牺牲于兴县医院。

阎吉儿 民国4年（1915）生，枣架村人，民兵，民国34年在该村作战中牺牲。

杜三动 民国9年（1920）生，王家塔村人，359旅718团战士，民国34年在内蒙古包头市战斗中牺牲。

杜元喜 清光绪二年（1910）生，王家塔村人，359旅718团战士，民国34年（1945）在内蒙古包头市作战中牺牲。

阎长家 民国12年（1923）生，渠家山村人，三分区2营6连战士，民国34年在离东县枣林作战中牺牲。

阎四狗 民国15年（1926）生，渠家山村人，离石县支队战士，民国34年在中阳县战斗中牺牲。

冯文治 民国8年（1919）生，高家沟村人，358旅716团战士，民国34年在柳林县官庄垣村战斗中牺牲。

张长洞 生年不详，杜家山村人，民兵，民国34年（1945）在离石县杜家山村被日本侵略军捕杀。

冯才柱　民国10年（1921）生，贺家山村人，2团班长，民国34年在平介作战中牺牲。

渠吉财　民国11年（1922）生，贺家山村人，独4旅13团战士，民国34年在中阳县战斗中牺牲。

杜五锁　民国16年（1927）生，芦则峁村人，离石支队10团9连战士，民国34年在中阳县庞家会战斗中牺牲。

李富家　民国13年（1924）生，贺家塔村人，120师战士，民国34年在绥远凉城县战斗中牺牲。

姜生山　民国6年（1917）生，乔家塔村人，离石县武工队战士，1946年8月在离东县交口村被日伪军杀害。

王润喜　民国16年（1927）生，贺家塔村人，358旅战士，1946年在大同市作战中牺牲。

杨　久　生年不详，葫芦巴村人，14团班长，1946年在中阳县作战中牺牲。

阎德明　民国13年（1924）生，渠家山村人，吕梁工兵团战士，1946年在中阳县战斗中牺牲。

冯奶大　民国12年（1923）生，高家沟村人，3分区战士，1946年在中阳县高家沟战斗中牺牲。

冯侯拴　民国16年（1927）生，杜家山村人，中阳县暖川村公所通讯员，1947年8月16日在中阳县押送逃兵途中被杀害。

陈文礼　民国11年（1922）生，高家沟村人，359旅718团战士，1947年在陕西省沙家店战斗中牺牲。

阎怀山　民国5年（1916）生，渠家山村人，共产党员，离石县武工队班长，1947年在四川省黑水县战斗中牺牲。

阎佐珠　民国12年（1923）生，梁家墕村人，战士，1947年在四川省黑水县战斗中牺牲。

姜春生　民国14年（1925）生，乔家塔村人，359旅战士，1947年在吉县战斗中牺牲。

王侯家　民国18年（1929）生，交口村人，民兵，1947年在汾阳县送军粮时翻车牺牲。

达恩财　生年不详，歧则沟村人，战士，1948年6月26日参加革命，失踪。

冯秋有　民国12年（1923）生，高家沟村人，副班长，1948年11月21日在陕西省铜川县城战斗中牺牲。

张来生　民国12年（1923）生，高家沟村人，离东县公安队员，1948年参加革命，失踪。

王立山　民国16年（1927）生，贺家塔村人，1军战士，民国34年参加革命，1949年在青海作战中牺牲。

王补成　民国13年（1924）生，贺家塔村人，7军战士，1949年在太原战斗中牺牲。

傅保大　民国19年（1930）生，交口村人，5师14团机炮连战士，1948年9月参加革命，1949年在甘肃省祁连山行军中冻伤牺牲。

杜世吉 民国 21 年（1932）生，贺家山村人，战士，1949 年在陕西省合阳县战斗中负伤后牺牲。

冯志仁 民国 16 年(1927)生,高家沟村人,2 军班长,1949 年在陕西省眉县战斗中牺牲。

阎贵生 民国 19 年（1930）生，石盘村人，战士，1950 年在朝鲜战争中牺牲。

第六节 田家会街道烈士英名录

张珠龙 民国 12 年（1923）生，上楼桥村人，独 4 旅 13 团班长，民国 32 年在阳坡村被日本侵略军逮至离石城杀害。

李长茂 民国 11 年（1922）生，下楼桥村人，独 4 旅 13 团战士，民国 33 年在离东县上楼桥村被日本侵略军杀害。

刘发保 民国 15 年（1926）生，沙会则村人，15 团战士，民国 33 年在离石县城被日本侵略军杀害。

郭柱财 民国 11 年（1922）生，龙马坡村人，独 4 旅 13 团战士，民国 34 年在离东县阳坡村战斗中牺牲。

延金选 民国 5 年（1916）生，吉家村人，决死队某团供给处处长，民国 34 年在静乐县战斗中牺牲。

张秀志 民国 7 年（1918）生，田家会村人，359 旅 718 团战士，民国 34 年在包头市战斗中牺牲。

高金大 民国 16 年（1927）生，车家湾村人，独 4 旅 13 团 2 营战士，民国 34 年在离东县阳坡村战斗中牺牲。

焦有生 民国 15 年（1926）生，车家湾村人，独 4 旅 13 团战士，民国 34 年在离东县阳坡村与日本侵略军作战牺牲。

刘俭新 民国 13 年（1924）生，义居村人，独立 1 营战士，1946 年 6 月 2 日在中阳县战斗中牺牲。

张探生 民国 7 年(1918)生,苏家村人,13 团战士,1946 年 6 月在汾阳县战斗中牺牲。

侯蛇有 民国 17 年（1928）生，马家村人，12 团战士，1946 年在陕西省合阳县战斗中牺牲。

王还大 民国 14 年（1925）生，后马家村人，独 4 旅 13 团战士，1946 年在中阳县城战斗中牺牲。

刘明昌 民国 14 年（1925）生，沙会则村人，独 4 旅 13 团战士，1946 年在中阳县城战斗中牺牲。

车二贵 民国 10 年（1921）生，车家湾村人，独 4 旅 13 团战士，1946 年在汾阳县尚家塔村战斗中牺牲。

张廷贵　民国10年（1921）生，义居村人，独4旅13团战士，1946年在中阳县城战斗中牺牲。

弓　完　民国12年(1923)生,上楼桥村人,14团战士,1946年在汾阳县战斗中牺牲。

冯道文　民国15年（1926）生，田家会村人，独4旅13团2营战士，1946年在汾阳县战斗中牺牲。

张福信　民国5年(1916)生,田家会村人,战士,1946年在汾阳县太平村战斗中牺牲。

高　庚　民国10年（1921）生，义居村人，独4旅13团战士，1946年在解放中阳县城战斗中负伤，1947年牺牲。

弓十满　民国17年（1928）生，杏树梁村人，359旅通讯员战士，1946年参加革命，失踪。

车银保　民国14年（1925）生，下楼桥村人，358旅战士，1947年在陕西省清涧县战斗中牺牲。

李发春　民国12年（1923）生，田家会村人，独4旅13团战士，1947年在榆次县战斗中牺牲。

刘连成　民国6年(1917)生,车家湾村人,班长,1947年在陕西省榆林战斗中牺牲。

梁　鉴　民国3年（1914）生，义居村人，共产党员，离东县5大队参谋，1947年在离石县阳坡村作战时负伤，牺牲于高家庄。

张海亮　生年不详，穆问村人，吕梁党委机关交通科交通员战士，1948年5月送文件途经隰县黄土村夜宿时遇匪军，为保护党的文件与敌搏斗被杀害。

任汝亮　民国11年（1922）生，上楼桥村人，共产党员，4旅10团2营6连排长，1948年在陕西省澄城县壶梯山战斗中牺牲。

范元德　民国16年（1927）生，高崖湾村人，共产党员，5旅14团2营排长，1948年在陕西省韩城县焦树岭战斗中牺牲。

吴思贵　民国14年（1925）生，高崖湾村人，3分区10团2营6连班长，1948年在陕西省宋家川战斗中牺牲。

吴柱保　民国16年（1927）生，高崖湾村人，离石县游击队战士，1948年在陕西省韩城县战斗中牺牲。

任金大　民国11年（1922）生，田家会村人，战士，1948年在陕西省平盘山老虎沟战斗中牺牲。

贺锦发　民国11年（1922）生，田家会村人，19兵团战士，1949年在陕西省宝鸡县战斗中牺牲。

刘万家　民国19年（1930）生，沙会则村人，359旅战士，在河津县战斗中牺牲。（牺

牲年代不详）

王德功　民国9年（1920）生，车家湾村人，203师战士，1951年在朝鲜战争中牺牲。

任思明　民国5年（1916）生，下楼桥村人，共产党员，四川阿巴州文教科长，1956年在四川黑水县因公牺牲。

弓云生　1951年生，上楼桥村人，新疆军区36105部队战士，1975年12月在新疆七工区战备施工中牺牲。

第七节　西属巴街道烈士英名录

吴树荣　清光绪三十四年（1908）生，上安村人，359旅战士，民国29年（1940）在兴县战斗中牺牲。

巩根手　民国17年（1928）生，霜雾都村人，4旅13团3营10连副连长，共产党员，民国34年在大同作战中牺牲。

张海云　民国9年（1920）生，茂塔坪村人，358旅战士，民国34年在包头市南门外战斗中牺牲。

袁侯有　民国8年（1919）生，袁家岭村人，358旅战士，民国34年在包头战斗负伤后牺牲于五寨县。

王三里　民国15年（1926）生，瓦窑间村人，358旅战士，民国34年在内蒙古卓资山战斗中牺牲。

郝仲岐　民国14年（1925）生，霜雾都村人，358旅战士，民国34年在陕西省瓦窑堡战斗中牺牲。

贺丕云　民国12年（1923）生，下安村人，358旅8团1营3连机枪班班长，民国35年在陕西省清涧县战斗中牺牲。

渠奴英　民国11年（1922）生，王家山村人，3分区10团战士，1946年在中阳县战斗中牺牲。

王　锁　民国4年（1915）生，盛地村人，离石县四区武工队战士，1946年在中阳县凤凰山战斗中牺牲。

侯三高　民国12年（1923）生，盛地村人，358旅战士，1946年在内蒙古卓支山战斗中牺牲。

温侯有　民国14年（1925）生，中则坪村人，独四旅13团战士，1946年在汾阳县战斗中牺牲。

王相保　民国17年（1928）生，东属巴村人，3分区10团1营战士，1946年参加革命，失踪。

渠兰生 民国11年(1922)生,王家庄村人,西北军区炮兵教导团战士,1946年参加革命,失踪。

吴九元 民国14年(1925)生,上安村人,三分区10团1营战士,1947年5月在汾西县战斗中牺牲。

王风亮 民国11年(1922)生,西属巴村人,二纵队4旅炮兵营班长,1947年在陕西省韩城县战斗中牺牲。

侯二圪塔 民国15年(1926)生,盛地村人,359旅战士,1947年在陕西省老虎沟战斗中牺牲。

杨启良 民国4年(1915)生,霜雾都村人,359旅战士,1946年参加革命,1947年失踪。

王三山 民国5年(1916)生,高梨峁村人,359旅战士,参加革命时间不详,1948年10月失踪。

袁侯保 民国20年(1931)生,袁家岭村人,7旅20团炮兵营战士,1948年11月22日在太原市牛驼寨战斗中牺牲。

任春亮 民国19年(1930)生,东属巴村人,独4旅13团战士,1948年在陕西省洋马沟战斗中牺牲。

王　尚 民国22年(1933)生,东属巴村人,19师55团战士,1948年在阳曲县战斗中牺牲。

马有生 民国15年(1926)生,留子局村人,炮兵连战士,1948年在太原市牛驼寨战斗中牺牲。

张三孩 民国20年(1931)生,留子局村人,7旅21团战士,1948年在太原市牛驼寨战斗中牺牲。

杨柱良 民国9年(1920)生,霜雾都村人,独4旅13团3营班长,1948年在陕西省宝鸡作战中牺牲。

薛在玉 民国10年(1921)生,大中咀村人,共产党员,1950年2月19日在四川北川县通口乡剿匪中牺牲。

吴殿成 民国10年(1921)生,茂塔坪村人,第二兵团野炮班长,1950年在甘肃省静宁县战斗中牺牲。

王　有 民国20年(1931)生,西属巴村人,中共党员,汽车司机战士,1950年在朝鲜执行任务中牺牲。

第八节 吴城镇烈士英名录

冯补儿 民国7年(1918)生,上三交村人,358旅战士,民国26年参加革命,失踪。

李双全 民国12年(1923)生,东社村人,115师2大队战士,民国28年3月参加革命,失踪。

王常富 民国12年(1923)生,上丰村人,离东县游击队战士,民国28年4月在离东县塌则沟村与日本侵略军决战中牺牲。

王三润 民国4年(1915)生,海则里村人,离石县游击三中队战士,民国28年在离石县史家沟村战斗中牺牲。

张润则 民国13年(1924)生,陈家塔村人,独4旅13团2连副排长,民国29年参加革命,失踪。

王成保 民国4年(1915)生,安家山村人,离东县游击四中队战士,民国30年6月在离东县南沟村战斗中牺牲。

高侯牛 民国13年(1924)生,马家塔村人,独4旅13团战士,民国32年3月在隰县双池镇战斗中牺牲。

刘富贵 清宣统二年(1910)生,椿树宇村人,离东县游击队战士,民国32年(1943)在离东县阳坡村与日本侵略军作战中牺牲。

马应录 民国9年(1920)生,王治庄村人,19团1连战士,民国32年在崞县战斗中牺牲。

杜根奴 民国16年(1927)生,上萝卜村人,10团战士,民国32年参加革命,失踪。

白润保 民国6年(1917)生,马家塔村人,独4旅13团班长,民国33年在中阳县石脊上战斗中牺牲。

梁五才 民国12年(1923)生,下三交村人,独4旅13团战士,民国33年在离东县薛公沟与日本侵略军作战中牺牲。

刘思全 民国14年(1925)生,九里湾村人,独4旅13团战士,民国33年在太原市牛家沟与日本侵略军作战中牺牲。

胡兆俊 清光绪三十一年(1905)生,上三交村,共产党员,民国33年(1944)在离石县上三交村被日本侵略军逮至离石县吴城镇杀害。

郭永太 清宣统二年(1910)生,下三交村人,独4旅13团战士,民国34年(1945)1月在离东县下丰村与日本侵略军作战中牺牲。

张义俊 民国4年(1915)生,下四皓村人,独4旅13团战士,民国34年2月在离东县九里湾战斗中牺牲。

牛趁趁 清光绪十六年(1890)生,吴城街上村人,独旅13团战士,民国34年(1945)2月在离东县下丰村与日本侵略军作战中牺牲。

高狗儿 民国13年(1924)生,安家山村人,独4旅13团战士,民国34年8月在离石县城战斗中牺牲。

王应龙 民国12年(1923)生,九里湾村人,独4旅13团2连战士,民国34年在运城战斗中牺牲。

曹抓则 民国13年（1924）生，黄芦沟村人，独4旅13团战士，民国34年在陕西省宜川县战斗中牺牲。

蔚爱成 民国16年（1927）生，九里湾村人，独4旅13团卫生队战士，民国34年在平陆县战斗中牺牲。

高吉家 民国16年（1927）生，马家塔村人，358旅战士，民国34年参加革命，失踪。

高商家 生年不详，王家沟村人，独4旅13团班长，民国34年（1945）在吴城薛公沟与日本侵略军作战中牺牲。

刘志忠 民国11年（1922）生，九里湾村人，27团战士，民国34年在太原市晋祠花塔村战斗中牺牲。

李保才 民国14年（1925）生，油房坪村人，独4旅13团1营班长，1946年在平遥县香乐村战斗中牺牲。

王世龙 民国9年（1920）生，上四皓村人，独1旅战士，1946年在中阳县郭家山战斗中牺牲。

薛玉山 民国14年（1925）生，九里湾村人，358旅战士，1946年在内蒙古集宁县壮口战斗牺牲。

张云元 民国6年（1917）生，下水西村人，3分区独1营战士，1946年在中阳县战斗中牺牲。

于满心 民国13年（1924）生，吴城街上人，358旅战士，1946年在内蒙古卓资山战斗中牺牲。

刘秋来 民国16年（1927）生，陈家塔村人，独4旅13团2连战士，1946年在汾阳县杏乐岭战斗中牺牲。

郭改成 民国13年（1924）生，薛公沟村人，独4旅13团战士，1946年在陕西省作战中牺牲。

李登仁 民国17年（1928）生，王治庄村人，独4旅13团战士，1946年在文水县战斗中牺牲。

裴成虎 民国11年（1922）生，石槽沟村人，独4旅13团战士，1946年在甘肃省合水县战斗中牺牲。

许兴元 民国15年（1926）生，四科里村人，离石县支队10团战士，1946年在中阳县与伪爱乡团作战中牺牲。

黄顿顿 民国14年(1925)生,下三交村人,独4旅战士,1946年在青龙山作战牺牲。

崔凤鸣 民国12年(1923)生,吴城街上村人,358旅战士,1946年在天镇县战斗中牺牲。

王恩和 民国13年（1924）生，上丰村人，独4旅13团2连战士，1946年在汾阳县战斗中牺牲。

马德俊 民国14年(1925)生，下三交村人，独4旅13团战士，1946年在陕西省韩城县战斗中牺牲。

刘学友 民国14年(1925)生，马家塔村人，独4旅13团副班长，1946年在中阳县作战中牺牲。

任树枝 民国8年（1919）生，王治庄村人，独4旅13团排长，1946年在汾阳县北村战斗中牺牲。

刘三儿 民国19年（1930）生，任家塔村人，共产党员，独4旅13团战士，1946年参加革命，失踪。

张东林 民国19年(1930)生，兔坪村人，358旅班长，民国34年参加革命，1946年失踪。

郭银锁 民国16年（1927）生，马家塔村人，共产党员，独4旅13团排长，1947年8月在陕西省作战中牺牲。

刘达保 民国10年（1921）生，马家塔村人，独4旅13团班长，1947年年8月在陕西省作战中牺牲。

杜班大 民国11年（1922）生，下罗卜村人，6团1营1连战士，1947年年8月在陕西省榆林县战斗中牺牲。

傅有元 民国12年（1923）生，上罗卜村人，359旅战士，1947年10月在甘肃省合水县华池战斗中牺牲。

李四保 民国18年（1929）生，李家沟村人，359旅战士，1947年在陕西省盘子镇战斗中牺牲。

任守信 民国17年（1928）生，王营庄村人，独4旅13团班长，1947年在陕西省岔口村战斗中牺牲。

任奴大 民国16年（1927）生，下王营庄村人，独4旅13团战士，1947年在汾阳县北兆庄村战斗中牺牲。

刘年长 民国14年（1925）生，上四皓村人，10团3营11连战士，1947年在汾阳县照庄战斗中牺牲。

米丁茂 民国13年（1924）生，上王营庄村人，4团1营通讯员战士，民国36年在西安市西华池战斗中牺牲。

贺天苍 民国14年（1925）生，石槽沟村人，13团1营2连战士，1947年在陕西省宜川县瓦子街战斗中牺牲。

史石斗 民国15年（1926）生，石槽沟村人，13团1营2连战士，1947年在陕西省圪针林战斗中牺牲。

高金善 民国15年(1926)生，上四皓村人，二纵队警卫连排长，民国34年参加革命，

1947年失踪。

刘万瑞 民国12年（1923）生，马家塔村人，独4旅13团班长，1947年在陕西省作战中牺牲。

梁侯狗 民国10年（1921）生，海则里村人，战士，1948年3月参加革命，失踪。

杜汝康 民国14年（1925）生，陈家塔村人，战士，1948年在陕西省黄龙战斗中牺牲。

杨良富 民国8年（1919）生，上丰村人，战士，1948年在陕西省泾阳县战斗中牺牲。

付玉保 民国15年（1926）生，李家沟村人，6旅17团副连长，1948年在陕西省荔北中韩村战斗中牺牲。

刘侯生 民国9年（1920）生，李家山村人，7军副班长，1948年在太原市战斗中牺牲。

刘炳英 民国12年（1923）生，马家塔村人，战士，1948年在陕西省子长县新岔菏村战斗中牺牲。

刘吉生 民国9年（1920）生，石槽沟村人，1军战士，1949年在青海省大通县战斗中牺牲。

霍保则 民国17年（1928）生，石槽沟村人，战士，1949年在青海省祁连山行军中冻伤牺牲。

郭三大 民国元年（1912）生，王家沟村人，班长，在静乐县西湾村战斗中牺牲。（牺牲年代不详）

李根生 民国16年（1927）生，上王营庄村人，36团3营7连战士，民国36年参加革命，1949年失踪。

王克斌 民国17年（1928）生，下王营庄村人，共产党员，西康米易县公安局股长，1955年在西康米易县做宣传工作时被害。

第九节 信义镇烈士英名录

侯学亮 民国元年（1912）生，丰义村人，共产党员，离石县高家庄村村长，民国28年4月在离石县信义村被日本侵略军捕杀。

郭荣富 民国4年（1915）生，归化村人，暂1师36团战士，民国28年在交城县战斗中牺牲。

王光明 民国4年（1915）生，丰义村人，暂1师36团3营8连班长，民国28年在岢岚县大细地战斗中牺牲。

张英贤 民国2年（1913）生，严村人，暂1师排长，民国29年在五寨县战斗中牺牲。

车耀云 民国5年（1916）生，王村人，决死2纵队战士，民国29年在离东县吴家庄村战斗中牺牲。

李三大 民国12年（1923）生，小神头村人，战士，民国29年参加革命，失踪。

吴道生 清宣统二年(1910)生，秦家崖村人，暂1师36团3营7连战士，民国30年(1941)在五寨县战斗中牺牲。

冯贵有 民国10年（1921）生，邢家庄村人，离东县五区游击队班长，民国30年在汾阳县战斗中牺牲。

袁贵贵 民国元年（1912）生，严村人，暂1师战士，民国30年在神池县战斗中牺牲。

于三将 民国5年（1916）生，德岗村人，暂1师战士，民国30年在神池县作战中牺牲。

许金旺 民国9年（1920）生，马家沟村人，共产党员，离石县五区助理员，民国31年4月在离石县贾梧村阳道梁被日本侵略军包围牺牲。

范守信 民国13年（1924）生，千年里村人，离东县公安部队员，民国31年11月在方山县高家沟被日本侵略军杀害。

张景兰 民国11年（1922）生，贾梧村人，共产党员，离东县游击队战士，民国31年在离东县吴咀上村遭日本侵略军包围牺牲。

袁成生 民国5年（1916）生，永红村人，离东县公安部队员，民国31年在离东县小神头被日本侵略军抓捕，牺牲于北平。

王五则 民国6年（1917）生，永红村人，暂一师战士，民国31年在神池县战斗中牺牲。

崔旺海 生年不详，崖窑湾村人，离东县游击队指导员，民国31年（1942）在离石县红眼川战斗中牺牲。

陈贵有 民国2年（1913）生，尹家庄村人，离东县公安队排长，民国31年在离东县南梁上战斗中牺牲。

陈汝善 清光绪十七年（1891）生，磨湾村人，离石县磨湾村村长，民国31年（1942）在磨湾村被日本侵略军围捕，牺牲于离石县城。

李三东 民国5年（1916）生，麻虎沟村人，独4旅13团战士，民国32年在离东县塔则上村被日本侵略军捕杀。

王学金 民国3年（1914）生，牛家岭村人，独4旅13团班长，民国32年在方山县杜家庄战斗中牺牲。

刘四儿 民国8年（1919）生，麻塌沟村人，独4旅13团战士，民国32年在离东县北寨沟村与日本侵略军作战中牺牲。

杨海林 清宣统三年（1911）生，归化村人，359旅战士，民国32年（1943）在方山县石门墕村战斗中牺牲。

王铁孩 民国7年（1918）生，严村人，独4旅13团战士，民国32年在离石县高家庄被日本侵略军杀害。

胡金昌 清光绪二十九年（1903）生，千年里村人，共产党员，离石县千年乡主任，民国32年（1943）在离石县严村被日本侵略军杀害。

贺福脸　民国17年（1928）生，千年里村人，共产党员，地下工作者，民国32年在离石县严村被日本侵略军杀害。

任玉山　民国10年（1921）生，严村人，独4旅13团战士，民国33年9月在离东县砖窑沟侦察时被日本侵略军杀害。

高蛇年　民国7年（1918）生，回龙塔村人，离东游击队侦察员战士，民国33年在离东县回龙塔村被日本侵略军杀害。

李春贵　民国14年（1925）生，严村人，民兵，民国33年秋在离东县德岗村放哨时被日本侵略军杀害。

白吉林　民国15年（1926）生，严村人，独4旅13团战士，民国33年在离东县作战中牺牲。

张来富　民国3年（1914）生，阳石村人，离东县武工队战士，民国33年在离东县刘家圪塔村战斗中牺牲。

任德奎　民国9年（1920）生，小神头村人，共产党员，离东县游击队战士，民国33年在临县与日本侵略军作战中牺牲。

王探保　民国8年（1919）生，归化村人，离东县游击队班长，民国33年在离东县王村被日本侵略军杀害。

杨秋生　生年不详，邢家庄村人，离石县武工队情报组长，民国33年（1944）在离东县信义村被日本侵略军杀害。

王保则　生年不详，新三湾村人，独4旅13团战士，民国33年（1944）在离东县阳坡村被日本侵略军包围后牺牲。

牛炳才　民国13年（1924）生，系树沟村人，独4旅13团战士，民国33年在离东县阳坡村被日本侵略军杀害。

赵文厚　清光绪二十八年（1902）生，小神头村人，离东县武工队情报员战士，民国33年（1944）在侦察敌情中被敌捕杀于离石城。

李根大　民国10年（1921）生，小神头村人，共产党员，民兵，民国33年在送情报中被日本侵略军逮至离石城杀害。

吴家旺　清宣统三年（1911）生，杜家山村人，独4旅13团战士，民国33年（1944）在离东县阳坡村遭日本侵略军包围后牺牲。

王庭仁　清宣统三年（1911）生，杜家山村人，民兵分队长，民国33年（1944）在离东县七里滩被日本侵略军包围后牺牲。

贺东喜　民国9年（1920）生，王村人，独4旅13团战士，民国34年在离东县信义村侦察军情时被日本侵略军逮至高家沟村杀害。

张达达 民国11年（1922）生，郝家圪垛村人，独4旅13团战士，民国34年在离东县阳坡村被日本侵略军杀害。

成长春 民国4年（1915）生，崖窑湾村人，离东县武工队情报员战士，民国34年在离东县小神头村执行送信任务中被日本侵略军捕杀。

刘春年 民国10年（1921）生，小神头村人，离东县武工队情报员战士，民国34年在离东县小神头村送情报时被日本侵略军捕杀。

李通顺 民国12年（1923）生，严村人，共产党员，独四旅十三团排长，民国34年在绥远作战中牺牲。

郑完生 民国15年（1926）生，德岗村人，离东县基干队班长，民国34年在离东县王村被日本侵略军杀害。

高润生 民国8年（1919）生，张家坡村人，离东县游击队战士，民国34年在离东县阳坡村被日本侵略军杀害。

张贵保 民国13年（1924）生，信义村人，独4旅13团排长，1946年4月在汾阳县城战斗中牺牲。

吴根蛇 民国12年（1923）生，阳石村人，独4旅13团班长，1946年在孝义县作战中牺牲。

高子龙 民国5年（1916）生，砖窑沟村人，独4旅13团班长，1946年在孝义县作战中牺牲。

任天财 民国11年（1922）生，张家坡村人，独4旅13团班长，1946年在中阳县战斗中牺牲。

王根臭 民国9年（1920）生，张家坡村人，独4旅13团战士，1946年在中阳县沙则塌战斗中牺牲。

高兆大 民国6年（1917）生，回龙塔村人，独4旅13团战士，1946年在孝义县战斗中牺牲。

鲁风岐 民国5年（1916）7月生，回龙塔村人，独4旅13团班长，1946年在孝义县作战中牺牲。

吴振虎 民国17年（1928）生，阳石村人，吕梁军区敌工科战士，1946年在隰县城战斗中牺牲。

郑文亮 民国元年（1912）生，归化村人，独4旅13团2营5连班长，1946年在汾阳县战斗中牺牲。

渠志忠 民国14年（1925）生，吴家庄村人，独4旅13团1排排长，1946年在中阳县战斗中牺牲。

张侯东 民国10年（1921）生，岔上村人，独4旅13团班长，1946年在忻县作战中牺牲。

张秀山　民国12年（1923）生，岔上村人，独4旅13团战士，1946年在中阳县战斗中牺牲。

吴子清　民国13年（1924）生，杜家庄村人，离东县游击队司号员战士，1946年在汾阳县仁岩村被阎匪杀害。

高艮大　民国10年（1921）生，永红村人，独4旅13团战士，1947年4月22日在陕北作战中牺牲。

吴振雄　民国13年（1924）生，阳石村人，4团1营通讯员战士，1947年8月在陕西省马蹄凹战斗中牺牲。

高朱完　民国12年（1923）生，严村人，独4旅13团电讯员战士，1947年9月在陕西省韩城县战斗中牺牲。

王老虎　生年不详，雷家山村人，独4旅13团班长，1947年在离石县桑湾村战斗中牺牲。

范保元　民国8年（1919）生，吴家庄村人，独四旅13团副营长，1947年在陕西省榆林县剿匪中牺牲。

梁毛家　民国12年（1923）生，永红村人，独4旅13团战士，1947年在陕西省榆林县战斗中牺牲。

李完儿　民国19年（1930）生，信义村人，战士，1947年在内蒙古丰县战斗中牺牲。

乔炳牛　民国12年（1923）生，德岗村人，独4旅13团战士，1947年在某次战斗中牺牲。

高海旺　民国18年（1929）生，永红村人，独4旅13团3营班长，1947年在文水县战斗中负伤，牺牲于离石医院。

刘银青　民国14年（1925）生，回龙塔村人，358旅排长，1947年在内蒙古卓资山战斗中牺牲。

郝根洞　民国12年（1923）生，郝家圪垛村人，独4旅14团1营1连战士，民国33年参加革命，1947年失踪。

高应虎　民国14年（1925）生，张家坡村人，西南军区战士，1947年参加革命，失踪。

吴学明　民国12年（1923）生，归化村人，九分区司令部炊事班长，1948年5月20日在汾西县吴家岭战斗中牺牲。

王吉拴　民国16年（1927）生，王村人，独4旅13团特务连战士，1948年8月在陕西省澄城县冯栗区壶剃山战斗中牺牲。

刘福喜　民国12年（1923）生，王村人，共产党员，独4旅10团2营7连连长，1948年10月12日在陕北大荔县战斗中牺牲。

贺炳英　民国7年（1918）生，王家沟村人，独4旅13团排长，1948年在甘肃省兰州作战中牺牲。

张景明 民国15年（1926）生，小神头村人，共产党员，战士，民国32年参加革命，1948年在陕西榆林失踪。

乔鸿英 民国14年（1925）生，背石村人，共产党员，独4旅13团3营2连连长，1948年在永和县战斗中牺牲。

吴春生 民国9年（1920）生，王村人，2军4师10团侦察排班长，1948年在陕西省大荔县作战中牺牲。

岳交其 民国15年（1926）生，背石村人，独4旅13团班长，1948年在陕西省宜川县瓦子街战斗中牺牲。

温安心 民国10年(1921)生，袁家山村人，独立1师战士，1948年在陕北作战中牺牲。

乔德保 民国14年（1925）生，严村人，独4旅13团战士，1948年在陕北战斗中牺牲。

马三保 民国12年（1923）生，新井里村人，10旅班长，1948年在太原战斗中牺牲。

冯良虎 民国15年（1926）生，阳石村人，西南军区战士，1948年参加革命，1949年在四川失踪。

白保年 民国18年（1929）生，下马寨村人，共产党员，7军19师55团1营2连战士，1949年在甘肃省行军途中因饮水断绝而牺牲。

高侯久 民国19年（1930）生，德岗村人，1师工兵团战士，1949年在青海省大通县泉方口村战斗中牺牲。

李永魁 民国20年（1931）生，信义村人，战士，1949年在陕西省幡龙镇战斗中牺牲。

第十节 红眼川乡烈士英名录

冯步仓 民国4年（1915）生，唐则墕村人，115师战士，民国30年在河南省范县战斗中牺牲。

王自元 民国9年（1920）生，西山里村人，独四旅十三团班长，民国32年在离东县城战斗中牺牲。

王守祥 民国10年（1921）生，西山里村人，离东县游击队班长，民国33年7月在离东县康家岭战斗中牺牲。

冯万年 民国元年（1912）生，冯家墕村人，358旅战士，民国33年参加革命，失踪。

贯克明 民国15年（1926）生，红眼川村人，359旅718团战士，民国34年11月12日在内蒙古包头市战斗中牺牲。

乔三成 清宣统二年（1910）生，乔家庄村人，独4旅13团战士，民国34年（1945）在崞县战斗中牺牲。

王吉兴　民国 13 年（1924）生，红眼川村人，独 4 旅 13 团战士，1946 年在石西村战斗中牺牲。

任秋生　民国 17 年（1928）生，水峪里村人，359 旅 718 团战士，1947 年在甘肃省合水县战斗中牺牲。

尹龙生　民国 15 年（1926）生，水峪里村人，战士，1947 年在运城市战斗中牺牲。

冯生祥　民国 17 年（1928）生，唐则墕村人，358 旅战士，1947 年在陕西省沙家店战斗中牺牲。

薛文发　民国 15 年（1926）生，尹家塔村人，战士，1948 年 11 月在甘肃省玉都庙战斗中牺牲。

张金花　民国 2 年（1913）生，尹家山村人，19 团炊事员，1948 年在交城县立村（会立村、长立村、寨立村）战斗中牺牲。

刘兆昇　生年不详，寺头村人，第 1 野战军战士，1949 年 12 月在甘肃省酒泉县冻伤牺牲。

尹虎生　民国 16 年（1927）生，水峪里村人，战士，1952 年在青海省伦化战斗中牺牲。

刘　胜　1978 年生，霍家坡村人，离石公安局城关派出所民警，2001 年 5 月在离石城关后王家坡村金盛砖厂检查爆炸物时不幸牺牲。

第十一节　枣林乡烈士英名录

崔来元　民国 10 年（1921）生，十里村人，114 师战士，民国 27 年参加革命，在山东失踪。

高茂盛　民国 13 年（1924）生，龙尾峁村人，359 旅 718 团战士，民国 27 年参加革命，失踪。

高永才　民国 18 年（1929）生，龙尾峁村人，359 旅战士，民国 27 年参加革命，失踪。

渠奶生　清光绪三十三年（1907）生，刘家舍科村人，决死四纵队战士，民国 27 年（1938）参加革命，同年失踪。

李三拨　民国 11 年（1922）生，霍家塔村人，115 师卫生连指导员，共产党员，民国 27 年参加革命，失踪。

王抓羊　清光绪十六年（1890）生，枣林村人，独 2 团 1 营 2 连班长，民国 28 年（1939）在临县黑胡寨战斗中牺牲。

段补青　民国元年（1912）生，十里村人，359 旅 718 团战士，民国 28 年在孝义县石板村战斗中牺牲。

成有底　民国 6 年（1917）生，扑牛岭村人，359 旅 718 团 3 营机炮连战士，民国 29 年 2 月 4 日参加革命，失踪。

马成选　清光绪三十一年（1905）生，贺家畔村人，115 师战士，民国 29 年参加革命，失踪。

崔奴保 民国12年(1923)生，十里村人，115师战士，民国30年在山东省作战中牺牲。

刘汝岐 民国4年(1915)生，前峁村人，独4旅13团2营1连排长，民国31年在永和县霍家岭战斗中牺牲。

李富拴 清宣统三年(1911)生，彩家庄村人。共产党员，绥远大青山地区县长，民国19年(1930)入党后，因积极从事革命活动，于民国22年2月1日在汾阳县罗城村被阎匪逮捕，判刑8年，押太原陆军监狱。民国29年出狱后，任临县动委会主任，后调往绥远大青山地区任县长。民国31年在大青山查禁种植大烟时，被土匪包围，在突围中牺牲。

刘振岐 清宣统二年(1910)生，水局村人，共产党员，离石县西属巴村村长，民国31年(1942)在离石县被日本侵略军逮至方山县石门墕杀害。

李子英 民国5年(1916)生，红花坪村人，共产党员，离石县上水西村村长，民国31年在离石县被日本侵略军逮至方山县石门墕杀害。

李殿直 民国9年(1920)生，霍家塔村人，115师战士，民国27年参加革命，民国31年被敌抓捕后失踪。

李元义 清宣统三年(1911)生，霍家塔村人，19团1营1连3排战士，民国32年(1943)3月3日在忻县祁村战斗中牺牲。

成鸿珍 民国9年(1920)生，扑牛岭村人115师陈支队8营8连2排4班战士，民国32年7月15日在山东省吴桥战斗中牺牲。

孙继昌 民国9年(1920)生，场墕村人，115师陈支队2营8连2排战士，民国32年9月在山东省作战牺牲。

李仲江 民国8年(1919)生，双庙村人，共产党员，离石县高家庄村村长，民国32年在离石县枣林村被日本侵略军捕杀。

冯恩付 清光绪二十五年(1897)生，马家山村人，决死队队员，民国32年(1943)在陕西省南泥湾牺牲。

冯振山 民国12年(1923)生，枣林村人，一纵队1旅战士，民国32年参加革命，失踪。

于拖应 民国8年(1919)生，贺家畔村人，离石县一区游击队战士，民国32年在柳林县于家沟村被日本侵略军包围后牺牲。

王致升 民国4年(1915)生，共产党员，离石县黄草峁村村长，民国32年在离石县温家里沟开会时被伪三十三军包围牺牲。

李茂万 民国5年(1916)生，场墕村人，共产党员，民国33年10月在临县胡家沟被日本侵略军抓捕，杀害于方山县石门墕。

刘珍贵 民国6年(1917)生，柳树局村人，离石县结绳嫣抗日编村供销社营业员，民国33年冬在离石县梁家岔村被日本侵略军抓捕，牺牲于离石县。

高还营 民国6年（1917）生，兴龙塌村人，战士，民国29年2月4日参加革命，民国33年在广东省作战中失踪。

贺冬柱 民国15年（1926）生，贺家畔村人，三分区2营6连战士，民国34年1月4日在离石县枣林村与日本侵略军作战牺牲。

梁维海 民国4年（1915）生，枣林村人，民兵，民国34年1月4日在该村被日本侵略军杀害。

梁维江 民国7年（1918）生，枣林村人，民兵分队长，共产党员，民国34年3月在该村被日本侵略军包围杀害。

高发亮 民国9年（1920）生，兴龙塌村人，离石县游击队战士，民国34年5月在中阳县搞侦察时被敌杀害。

郭乃旦 民国9年(1920)生,李家庄村人,民兵,民国34年8月在离石县城战斗中牺牲。

乔树发 民国3年（1914）生，贺家畔村人，民兵，民国34年8月在离东县县城参战中牺牲。

于万洋 民国6年（1917）生，陈家庄村人，358旅战士，民国34年8月在离石城战斗中牺牲。

袁锦玉 民国10年（1921）生，陈家山村人，共产党员，10团文书，民国34年在离东县枣林村被日本侵略军杀害。

李清芝 民国13年（1924）生，场塌村人，共产党员，离石县游击大队排长，民国34年在方山县店坪战斗中牺牲。

杨秋成 民国7年（1918）生，任家山村人，防河游击队战士，1946年6月参加革命，失踪。

渠金拴 民国11年（1922）生，椿树峁村人，3分区2营战士，1946年6月7日在中阳县庞家会村战斗中牺牲。

郭振华 民国9年(1920)生,任家山村人,17团战士,民国35年8月在绥远战斗中牺牲。

渠立珍 民国18年（1929）生，椿树峁村人，抗务处工人，1946年9月在临县碛口村因炸药爆炸牺牲。

李仲福 民国8年（1919）生，双庙村人，共产党员，民兵，1946年在离石县郭家山村被国民党阎锡山军队杀害。

刘三保 民国3年（1914）生，黄草峁村人，10团战士，1946年在陕西省瓦窑堡战斗中牺牲。

李来宝 民国17年（1928）生，十里村人，独4旅13团战士，1946年在陕西省宝鸡战斗中牺牲。

李俊清 民国3年（1914）生，采树局村人，共产党员，359旅班长，1946年在南下作战中牺牲。

高德海　民国4年（1915）生，高家峁村人，支前民工，1946年随军到陕西后牺牲。

阳林山　民国13年（1924）生，任家山村人，17团战士，1946年参加革命，失踪。

杨毓甫　民国11年（1922）生，任家山村人，河津县贸易公司经理，共产党员，1947年2月在河津县被敌暗害。

王存亮　民国15年（1926）生，石窪村人，共产党员，隰县贸易局局长，1947年11月在大宁县起地雷中牺牲。

阎在银　清光绪三十一年（1905）生，阎家峁村人，82团战士，1947年在长春市作战中牺牲。

阎兴旺　民国8年（1919）生，刘家舍科村人，共产党员，吕梁军区电话员战士，1947年在陕西省甘务墕村战斗中牺牲。

李成善　民国10年（1921）生，彩家庄村人，共产党员，河防游击队战士，1947年在陕北被敌包围牺牲。

张海生　民国15年（1926）生，陈家庄村人，358旅战士，1947年在四川省黑水县战斗中牺牲。

孙子胜　民国20年（1931）生，场墕村人，3旅7团3营班长，1948年7月24日在太原市白家庄战斗中牺牲。

冯来保　民国20年（1931）生，贺家畔村人，战士，1948年在陕西省作战中牺牲。

乔满兔　民国13年（1924）生，张家山村人，新兵团战士，1948年在陕西省永丰镇战斗中牺牲。

李建龙　民国15年（1926）生，彩家庄村人，共产党员，方山县贸易公司股长，1948年出差途中在灵石县被汽车撞伤牺牲。

杨富林　民国7年（1918）生，任家山村人，2军14支队2营5连战士，1949年7月在甘肃省麒麟山冻伤牺牲。

郭　峰　民国17年（1928）生，任家山村人，2军14支队2营82炮排战士，1948年6月参加革命，1949年在陕西省三原县战斗中牺牲。

刘力平　民国8年（1919）生，三山集村人，共产党员，西康会理县财政科长，1950年9月23日在西康米易县运粮时被土匪包围牺牲。

刘荣忠　民国15年（1926）生，袁家坡底村人，铁道兵13团通侦连副指导员，共产党员，1953年4月9日在朝鲜泰川郡遭敌机空袭牺牲。

第十二节 坪头乡烈士英名录

李虎虎 民国10年（1921）生，寺沟村人，115师陈支队战士，民国24年参加革命，失踪。

武良贵 民国7年（1918）生，寺沟村人，115师陈支队战士，民国28年参加革命，失踪。

李仲福 生年不详，李家山村人，115师陈支队战士，民国28年（1939）参加革命，失踪。

薛营栓 清光绪三十四年（1908）生，樊包头村人，358旅战士，民国28年（1939）参加革命，失踪。

李继还 民国11年（1922）生，东社村人，115师2大队战士，民国28年参加革命，在交城山牺牲。

薛万昇 民国2年（1913）生，垣上村人，共产党员，359旅战士，民国29年2月参加革命，失踪。

李加祥 清光绪三十年（1904）生，南庄村人，方山县白家山乡秘书，民国29年（1940）5月13日在方山县白家山被日本侵略军包围后牺牲。

薛丕成 清光绪二十八年（1902）生，赵家山村人，民兵，民国29年（1940）10月在临县后南沟破坏日本侵略军交通时牺牲。

雒逢谦 清光绪二十七年（1901）生，雒家庄村人，晋西独立支队1团1连战士，民国29年（1940）年在山东省费县武安镇战斗中牺牲。

阎新祥 民国7年（1918）生，阎家坡村人，离石县2区游击队战士，民国29年在离石县县城被日本侵略军抓捕押往成家山村杀害。

李益全 民国9年（1920）生，李家山村人，115师战士，民国29年参加革命，失踪。

温继成 清宣统二年（1910）生，凤凰峁村人，115师陈支队战士，民国29年（1940）参加革命，失踪。

薛法启 民国10年（1921）生，磁窑沟村人，115师战士，民国29年参加革命，失踪。

雒贵琪 清宣统元年（1909）生，雒家庄村人，共产党员，离东县二区区长，民国29年（1940）在方山县石门墕村被敌捕杀。

雒恒仁 民国4年（1915）生，后庄村人，决死四纵队19团战士，共产党员，民国29年参加革命，失踪。

阎务贤 民国15年（1926）生，鹏凤山村人，决死四纵队战士，民国29年参加革命，失踪。

雒思恭 清光绪三十二年(1906)生,凤凰峁村人,115师陈支队战士,民国29年(1940)参加革命,失踪。

阎开明 民国13年(1924)生,阎家坡村人,359旅717团3营班长,民国29年参加革命,失踪。

薛学增 民国9年(1920)生,火山村人,359旅718团3营战士,民国29年参加革命,失踪。

渠芝林 清宣统元年(1909)生,龙山村人,民国29年(1940)参加革命,失踪。

薛明大 民国2年(1913)生,樊包头村人,河防游击队战士,民国29年参加革命,失踪。

李锡光 民国5年(1916)生,南庄村人,115师战士,民国29年参加革命,失踪。

薛祥芝 清光绪三十年(1904)生,寺沟村人,共产党员,离石县寺沟煤矿工人,民国29年(1940)在离石县天宫寺被日本侵略军抓捕,牺牲于方山县石门墕。

阎振耀 清宣统三年(1911)生,墕口村人,民兵,民国30年(1941)在该村被日本侵略军杀害。

高锡品 民国8年(1919)生,枣山洼村人,共产党员,离石县游击队事务长,民国30年在临县刘家庄被汉奸杀害。

薛启运 民国10年(1921)生,樊包头村人,359旅战士,民国30年参加革命,失踪。

薛立本 民国5年(1916)生,俭崖局村人,共产党员,358旅战士,民国30年参加革命,失踪。

阎立万 民国6年(1917)生,墕口村人,离石县一区农会秘书,共产党员,民国31年4月在离石县李家山村被日本侵略军抓捕押往方山县石门墕杀害。

薛马家管 民国元年(1912)生,池家峁村人,民兵分队长,民国31年11月在临县南沟村破坏日本侵略军公路时牺牲。

薛子芳 民国5年(1916)生,樊包头村人,共产党员,临县建设科科长,民国31年12月带领临县劳动模范开会途中,被日本侵略军逮至临县三交镇杀害。临刑时大义凛然,高呼"打倒日本帝国主义、共产党万岁",慷慨就义。解放后,为纪念烈士,临县人民政府在三交镇兴建了子芳烈士楼,并将三交镇完小命名为"子芳完小"。

阎逢俊 民国5年(1916)生,岳家山村人,离石县武工队战士,民国31年在中阳县战斗中牺牲。

薛侯来 民国15年(1926)生,赵家山村人,115师战士,民国31年在山东省天保山战斗中牺牲。

雒芝尧 民国2年(1913)生,雒家庄村人,共产党员,民兵队长,民国31年在离东县寺沟煤矿被日本侵略军抓捕,牺牲于太原。

薛奶完　民国8年（1919）生，寺沟村人，共产党员，陈支队2大队战士，民国31年在山东省作战中牺牲。

薛启海　民国11年(1922)生,樊包头村人,民兵,民国31年在樊包头村埋地雷时牺牲。

薛相深　清宣统三年（1911）生，火山村人，共产党员，民兵分队长，民国32年（1943）10月7日在临县贺家湾村被日本侵略军杀害。

樊增温　清光绪三十三年（1907）生，李家山村人，共产党员，民兵，民国32年（1943）离石县李家山村站岗时被日本侵略军捕杀。

雒五完　清宣统元年（1909）生，池家峁村人，决死纵队战士，民国32年（1943）在交城县战斗中牺牲。

薛丕富　民国14年（1925）生，赵家山村人，共产党员，离石县游击队战士，民国32年在柳林县战斗中牺牲。

薛保儿　生年不详，崇里村人，共产党员，民兵，民国32年（1943）在离石县崇里村被日本侵略军抓捕，牺牲于离石县城。

薛恒茂　清光绪三十二年（1906）生，卧龙墕村人，共产党员，民兵，民国32年（1943）在离石县崇里村被日本侵略军抓捕，牺牲于离石城。

高有成　民国10年（1921）生，大西局村人，共产党员，临县清河区区长，民国32年在清河镇被日本侵略军包围牺牲。

李爱生　民国12年（1923）生，呼家山村人，115师陈支队战士，民国32年参加革命，失踪。

雒三院　清光绪三十二年（1906）生，雒家庄村人。民兵，民国32年（1943）在临县南沟破坏日本侵略军交通时牺牲。

贺成英　民国13年（1924）生，俭崖局村人，离石县四区武工队班长，共产党员，民国33年2月20日在方山县举人头村被日本侵略军包围，自拉手榴弹牺牲。

马如福　民国13年（1924）生，岳家山村人，共产党员，民兵分队长，民国33年3月25日在离东县坪头村被日本侵略军杀害。

温兴让　民国7年（1918）生，凤凰峁村人，离石支队侦察排侦察员战士，共产党员，民国33年4月在离东县王家坡战斗中牺牲。

薛文俊　民国8年（1919）生，火山村人，共产党员，离石县崇里村公所文书，民国33年农历四月被日本侵略军抓捕押至离石城，同年5月6日被杀害。

薛元英　清光绪三十二年（1925）生，西村人，共产党员，离石县四区武工队文书，民国33年（1944）7月在离东县崖窑塔被日本侵略军逮至离石城杀害。

阎逢俊　民国11年（1922）生，鹏凤山村人，共产党员，民兵队长，民国33年10月1日在离石县岳家村放哨时被日本侵略军杀害。

李海旺 民国13年（1924）生，东社村人，民兵，民国33年10月奉命到离石县李家山送信时被日本侵略军逮至方山县大武镇杀害。

李润喜 民国9年（1920）生，东社村人，民兵，民国33年10月给游击队送信时被日本侵略军逮至方山县大武镇杀害。

李玉恩 民国5年（1916）生，东社村人，离石县九区游击队爆炸小组战士，民国33年12月1日在离东县黄圈村遭日本侵略军包围被杀害。

雒昌世 民国9年（1920）生，呼家山村人，115师陈支队班长，民国33年在山东省济南战斗中牺牲。

雒逢镜 民国14年（1925）生，雒家庄村人，共产党员，游击中队指导员，民国33年在离东县崖窑塔被日本侵略军杀害。

雒贵权 民国7年（1918）生，雒家庄村人，共产党员，决死纵队战士，民国33年在方山县大武镇战斗中牺牲。

张文英 民国8年（1919）生，崖窑塔村人，共产党员，民兵队长，民国33年被日本侵略军逮至临县三交镇杀害。

薛鹏凤 清光绪二十九年（1903）生，赵家山村人，115师陈支队战士，民国33年（1944）在山东省费县战斗中牺牲。

薛保田 民国8年（1919）生，赵家山村人，离石县九区游击四中队战士，民国33年在离东县东社村与日本侵略军作战中牺牲。

李英彦 民国3年（1914）生，李家山村人，共产党员，115师教导2旅战士，民国33年在山东省作战中牺牲。

薛富厚 民国5年（1916）生，呼家山村人，115师教导2旅战士，民国33年在山东省作战中牺牲。

李龙念 清宣统二年（1910）生，李家山村人，民兵组长，民国33年（1944）在方山县白家山村被日本侵略军逮至方山县石门墕杀害。

阎芳年 民国8年（1919）生，闫家坡村人，358旅战士，民国33年参加革命，失踪。

薛治万 民国4年（1915）生，寺沟村人，115师战士，民国33年参加革命，失踪。

薛秀兰 民国7年（1918）生，樊包头村人，军火社工人，民国34年4月15日在临县薛家圪台村军火社因武器走火牺牲。

阎生华 民国8年（1919）生，阎家坡村人，离石县支队战士，民国34年在柳林县刘家垣村战斗中牺牲。

薛雨田 清宣统二年（1910）生，坪头村人，三分区侦察排战士，民国34年（1945）在离石县城战斗中牺牲。

薛茂俭 民国10年（1921）生，蒿圪塔村人，358旅战士，民国34年在忻县战斗中牺牲。

薛金元 民国3年（1914）生，卧龙墕村人，358旅战士，民国34年在忻县战斗中牺牲。

薛德亮 民国5年（1916）生，大西局村人，10团战士，民国34年在离东县刘家垣战斗中牺牲。

薛良顺 民国16年（1927）生，垣上村人，17团战士，民国34年在中阳县战斗中牺牲。

高月贵 民国12年（1923）生，大西局村人，共产党员，独3旅排长，1946年2月3日在绥远凉城县城战斗中牺牲。

薛继孝 民国14年（1925）生，俭崖局人，共产党员，民兵队长，1946年4月被日本侵略军逮至方山县大武镇杀害。

薛忠周 民国8年（1919）生，西堋村人，共产党员，离石县四区军火社技术员，1946年6月在离石县四区军火社拆卸地雷中负伤，牺牲于方山县南村野战三医院。

薛务星 民国11年（1922）生，垣上村人，共产党员，晋绥兴县看守所所长，1946年8月在兴县蔡家崖被刑满释放分子杀害。

张光亮 民国11年（1922）生，墕口村人，独4旅13团战士，1946年在汾阳县战斗中牺牲。

薛兰顺 民国8年（1919）生，樊包头村人，16团战士，1946年在汾阳县战斗中牺牲。

薛殿兰 民国10年（1921）生，赵家山村人，359旅战士，1946年在陕西省洋马河战斗中牺牲。

薛光甫 民国11年(1922)生，樊包头村人，359旅战士，1946年在汾阳县作战中牺牲。

雒臭国 民国4年（1915）生，崖窑塔村人，115师陈支队战士，中共党员，民国29年参加革命，1946年在中阳县战斗中失踪。

武俊贤 民国14年（1925）生，寺沟村人，共产党员，八分区侦察排排长，1947年冬在汾阳县云家庄战斗中牺牲。

雒堂名 民国元年（1912）生，马青局村人，359旅排长，共产党员，1947年在湖南省山野桥渡桥时遭敌枪击牺牲。

薛喜柱 民国15年（1926）生，枣窪村人，共产党员，抗务处工人，1947年在临县薛家圪台村制造武器时牺牲。

阎维俊 民国14年(1925)生，鹏凤山村人，358旅排长，共产党员，民国29年参加革命，1947年在大同失踪。

雒相吉 民国10年（1921）生，雒家庄村人，359旅战士，民国29年参加革命，1947年失踪。

薛维杰 民国15年（1926）生，磁窑沟村人，1旅2团1营2连指导员，1948年10月13日在陕西省荔北战斗中牺牲。

孙全义 民国15年（1926）生，柏局上村人，共产党员，28团1营战士，1948年10月在太原市战斗中牺牲。

薛子清 民国14年(1925)生,严上村人,10旅战士,1948年10月在太原市战斗中牺牲。

温月继 民国16年(1927)生,凤凰峁村人,战士,1948年在太原市牛驼寨战斗中牺牲。

马春元 民国15年(1926)生,岳家山村人,1948年在西安牺牲。

薛喜清 民国16年(1927)生,西局村人,7旅20团2营战士,1949年太原市牛驼寨战斗中牺牲。

阎作良 民国13年(1924)生,崖窑塔村人,共产党员,晋绥边区公安局总会计,在南下途中积劳成疾,于1949年3月18日在临汾逝世。

薛秀兴 民国20年(1931)生,樊包头村人,共产党员,3师8团看护员战士,1949年4月在太原市东关战斗中牺牲。

孙恒厚 民国10年(1921)生,柏局上村人,共产党员,文书,1949年在陕西省宝鸡被敌特暗害。

贺恩光 民国8年(1919)生,俭崖局村人,共产党员,中共温江县区委书记,1950年2月11日在四川温江县剿匪反包围中牺牲。

雒 云 民国元年(1912)生,后庄村人,共产党员,中共汉中地委副书记,民国27年入党后,曾任离石县后庄村党支部书记、中阳县武工队队长、中阳县委书记、镇巴县委书记,陕西汉中地委副书记等职,1955年在汉中被敌暗杀。

李怀明 民国32年(1943)生,李家山村人,团员,西藏军区508部队电线兵战士,1964年7月30日在西藏西河村国防施工中牺牲。

苏常宝 1962年生,离石县人,吕梁军分区独立营战士,1977年参加革命,1980年6月在交城县档案馆因公牺牲。

闫军平 1970年生,鹏风山村人,农民,1990年8月21日在抢救落水儿童时牺牲。

注:1.所列烈士均为男性;

2.“艮”是“银”的异体字,在姓名中可读“yín”。

第三章　人物表

第一节　历代进士举人

唐朝至清朝，永宁州（石州）中举进士 45 人、状元 1 人。明清时期，永宁州中举举人 132 人。

唐朝—清朝永宁州（石州）中举进士　状元名表

表 31-1

姓　名	科　年	任职简介
宋务光	唐进士	历官右台御史（按汾阳县志载宋务光，唐中宗时进士）
郝　戭	宋进士	初官宛邱尉，舞阳主簿通山令，仕至太子中允
吴　永	金进士	
吴希尹	金进士	永子，同知，陕西东路转运使仕至车骑都尉
吴希愈	金进士	永子
吴　章	金进士	希尹子，仕至翰林学士
郭　浩	元进士	仕至朝议大夫
潘赐仁	元状元	初为方山知县，后升石州知州
刘汝舟	元进士	—
于　坦	明景泰甲戌科进士	选工部员外郎，累官至巡抚
阎　让	明景泰甲戌科进士	官兵部主事，选凤阳府同知，擢知府
康　文	明成化丙戌科进士	福建建平县知县，擢御史
车　霆	明成化辛丑科进士	累官宣府巡抚
车　相	明成化甲辰科进士	—
车　梁	明弘治庚戌科进士	出任永丰知县，旋擢御史
高崇熙	明弘治庚戌科进士	累官四川巡抚

续表 31-1

姓 名	科 年	任职简介
辛文渊	明弘治癸丑科进士	仕至山东莱州府知府
张 礼	明弘治丙辰科进士	山东博兴县知县
张 键	明正德戊辰科进士	仕至河南开封府知府
张 珩	明正德辛巳科进士	累官兵部左侍郎，赠工部尚书
李秉彝	明嘉靖癸未科进士	北直蠡县知县
高 金	明嘉靖丙戌科进士	累官山东按察司副使
张 湘	明嘉靖丙戌科进士	官中书，累选光禄寺正卿
张九叙	明嘉靖丙戌科进士	户部主事，累官苑马寺正卿
任廷贵	明嘉靖己丑科进士	南直昆山县知县
孙 哲	明嘉靖壬辰科进士	仕至河南南阳府知府
张 玭	明嘉靖乙未科进士	累官兵部右侍郎
辛烜然	明嘉靖戊戌科进士	仕至山东莱州府知府
乔应光	明嘉靖癸丑科进士	仕至四川提学道
刘有诚	明嘉靖丙辰科进士	仕至提学道
薛东海	明嘉靖壬戌科进士	河南滑县知县
王文清	明万历己未科进士	累官遵化巡抚
高三重	明崇祯戊辰科进士	官行人
刘修己	清顺治丙戌科进士	山东淄川县知县
师 佐	清顺治壬辰科进士	福宁州知州，擢苏州府同知
高首标	清顺治己亥科进士	广昌知县，吏部文选司主事
王祚兴	清康熙丁未科进士	三水知县，仕至湖广提学佥事
梁 楠	清康熙庚戌科进士	内阁中书
张梦熊	清康熙甲戌科进士	安徽怀远县知县
刘廷翰	清康熙甲辰科进士	福建政和县知县
刘元锡	清雍正丁未科进士	临邑知县，仕至山东济南府知府

续表 31-1

姓　名	科　年	任职简介
张俞都	清乾隆戊辰科进士	—
贺荣绪	清嘉庆丁丑科进士	广东西宁县知县
刘子英	清咸丰丙辰科进士	礼部员外郎
薛文华	清同治乙丑科进士	内阁中书
贺震彝	明武科进士	湖广副将

明清时期永宁州中举举人名表

表 31-2

姓　名	科　年	任职简介
牛希古	明洪武科举人	给事中
李　翰	明永乐癸未科举人	北直沙河县知县，擢给事中
张　斌	明永乐辛卯科举人	北直玉田县知县
王　贞	明永乐辛卯科举人	—
杜　彬	明永乐甲午科举人	陕西神木县知县
薛　琮	明永乐庚子科举人	教授
张　显	明永乐庚子科举人	教授
王　臣	明宣德乙卯科举人	河南彰德府教谕
张　撝	明正统戊子科举人	教授
崔　让	明景泰庚午科举人	累官佥都御史
安　章	明景泰庚午科举人	陕西平利县知县
韩　赐	明景泰庚午科举人	河南新安县知县
于　坦	明景泰庚午科举人	(见进士)
阎　让	明景泰庚午科举人	(见进士)
高　岱	明景泰丙午科举人	山东观城县知县
郑　德	明景泰丙午科举人	—
李　聪	明天顺己卯科举人	陕西澄城知县
高　鋐	明天顺壬午科举人	河南开封府通判

续表 31-2

姓 名	科 年	任职简介
王 崇	明天顺壬午科举人	(见进士)
康 文	明天顺壬午科举人	(见进士)
车 霆	明成化乙酉科举人	(见进士)
温 章	明成化戊子科举人	四川会宁县知县
车 鼎	明成化辛卯科举人	北直良乡县知县
安 贞	明成化辛卯科举人	—
车 梁	明成化丁酉科举人	(见进士)
辛文渊	明成化庚子科举人	(见进士)
车 相	明成化癸卯科解元	时年十七
高崇熙	明成化癸卯科举人	(见进士)
王 锡	明成化丙午科举人	洛川县知县
高 旸	明成化丙午科举人	—
张 礼	明弘治己酉科举人	(见进士)
高崇省	明弘治己酉科举人	—
阎文济	明弘治己酉科举人	—
薛 清	明弘治壬子科举人	授推官，选南直高邮州知州
康 济	明弘治壬子科举人	仕至御史
梁 濬	明弘治乙卯科举人	漳县知县
辛 柱	明弘治甲子科举人	河南宝丰县知县，升北直永平府同知
张 键	明正德丁卯科举人	(见进士)
车 灿	明正德庚午科举人	仕至工部郎中
张 珩	明正德癸酉科举人	(见进士)
高 金	明正德丙子科举人	(见进士)
张 钦	明正德丙子科举人	河南南阳府推官
孙 辚	明正德己卯科举人	北直永平府通判
李秉彝	明正德己卯科举人	(见进士)
冯 华	明正德己卯科举人	山东郓城县知县
张 钧	明正德己卯科举人	—

续表 31-2

姓　名	科　年	任职简介
张　湘	明嘉靖壬午科举人	（见进士）
张九叙	明嘉靖乙酉科举人	（见进士）
任廷贵	明嘉靖乙酉科举人	（见进士）
胡汝辅	明嘉靖乙酉科举人	仕至按察司副使
邢永良	明嘉靖乙酉科举人	河南开封府通判，升北直赵州知州
孙　哲	明嘉靖戊子科举人	（见进士）
白　价	明嘉靖戊子科举人	仕至太仆寺丞
孙　钠	明嘉靖戊子科举人	湖广安化县知县
张　洙	明嘉靖辛卯科举人	北直唐山县知县
杨时中	明嘉靖辛卯科举人	山东泰安州知州
张　玭	明嘉靖甲午科举人	（见进士）
安　熙	明嘉靖甲午科举人	宜川县知县，改河南都司断事
辛烜然	明嘉靖甲午科举人	（见进士）
赵国相	明嘉靖甲午科举人	陕西同州知州
武镇华	明嘉靖丁酉科举人	知州
张德化	明嘉靖庚子科举人	—
张　徵	明嘉靖庚子科举人	教谕，升陕西扶风县知县
乔应光	明嘉靖庚子科举人	（见进士）
杨　柱	明嘉靖丙午科举人	—
贺遇春	明嘉靖丙午科举人	仕至山东济南府同知
张　杕	明嘉靖己酉科举人	—
梁天叙	明嘉靖己酉科举人	教谕，升清河县知县
刘有诚	明嘉靖己酉科举人	（见进士）
薛东海	明嘉靖己酉科举人	（见进士）
张　津	明嘉靖己酉科举人	—
王　玮	明嘉靖己卯科举人	山东日照县知县
张　河	明嘉靖乙卯科举人	教谕，升陕西西平县知县
崔　柄	明嘉靖乙卯科举人	山东宁海州知州

续表 31-2

姓 名	科 年	任职简介
胡 穗	明嘉靖戊午科举人	累官陕西苑马寺正卿
崔惇典	明万历乙酉科举人	—
郭 权	明万历丙午科举人	南直华亭县知县
王文清	明万历壬子科举人	(见进士)
高三重	明万历乙卯科举人	(见进士)
王四维	明万历戊午科举人	河南卫辉府同知
刘啓芳	明崇祯己卯科举人	—
刘修已	清顺治乙酉科举人	(见进士)
梁 梗	清顺治戊子科举人	广东新宁县知县
高首标	清顺治甲午科举人	(见进士)
梁 楠	清顺治丁酉科举人	(见进士)
王祚兴	清康熙癸卯科举人	(见进士)
王运新	清康熙癸卯科举人	—
张永清	清康熙辛酉科举人	拣选知县
张梦熊	清康熙辛酉科举人	(见进士)
刘廷翰	清康熙辛卯科举人	(见进士)
杜 栋	清康熙甲午科举人	浙江遂昌县知县。
刘元锡	清雍正癸卯科举人	(见进士)
王 峄	清乾隆戊子科举人	—
张俞都	清乾隆丁卯科举人	(见进士)
王永佐	清乾隆丙子科举人	
于世荣	清乾隆己卯科举人	吉州学正
王镜元	清乾隆庚子科举人	—
张文汇	清乾隆辛亥恩科举人	—
贺荣绪	清嘉庆戊辰恩科举人	(见进士)
崔炳文	清嘉庆庚午科举人	广西新宁州知州
刘荣恩	清道光辛巳恩科举人	夏县教谕
刘子英	清道光丙午科举人	(见进士)
薛文华	清咸丰辛酉科举人	(见进士)
刘子俊	清同治壬戌恩科举人	—

续表 31-2

姓　名	科　年	任职简介
贺守宪	清同治壬戌恩科举人	赵城县训导
马云锦	明武举	历官游击
崔天爵	明武举	累官至云南靖雄镇总兵
任廷魁	康熙己酉武举	历任至四川重庆营游击
刘　发	康熙武举	官浙江台州营守备，累至武昌参将，以功擢台协副将
刘伟用	乾隆间武举	守备
刘正国	明武举	—
贺　澄	明武举	—
梁　垣	明武举	—
乔　芹	明武举	—
毛汝科	明武举	—
杨惟茂	明武举	—
张九边	明武举	防守
牛维光	明武举	—
张铭盘	明武举	—
梁征宁	明武举	—
王克宽	康熙辛酉武举	—
王永誉	康熙甲子武举	—
郭正卿	康熙丁卯武举	—
梁　岑	康熙丁卯武举	—
任万鹏	康熙丁卯武举	—
王　暄	康熙庚午武举	候选守备
任万登	康熙丙子武举	—
梁绳素	康熙丙子武举	—
李青雲	康熙丙子武举	—
李　行	嘉庆武举	—
崔怀本	道光甲辰恩武举	沁州营千总
萧廷柱	同治壬戌恩武举	把总

第二节　外籍落户红军

中华人民共和国成立前后，离石县有外籍红军落户 8 人。

中华人民共和国成立前后离石县外籍红军落户名表

表 31-3

姓名	籍贯	入伍时间	退伍前所在部队、职务	安置时间地点
吴振凡	安徽省	1929 年 5 月	红四方面军 73 师 21 团	1947 年城关镇马茂庄村
王德荣	湖南省	1932 年 7 月	2 军团 4 师	1947 年城关镇南关村
龚元珍	江西省	1934 年 5 月	红 1 军 1 师 1 团	1947 年城关镇南关村
杨显智	云南省牟定县	1935 年 4 月	182 师工警营政教员	离石县民政局
薛启银	陕西省吴堡县	1935 年 6 月	八路军 8 团班长	七里滩村
刘维山	河北省	1935 年 12 月	红四方军 4 旅 18 团	1947 年城关镇前瓦窑坡村
张生福	山西省临县	1936 年 11 月	红二方面军	1952 年退伍，城关镇徐家沟村
赵玉山	河北省	1937 年 2 月	独 1 旅	1949 年城关镇崔家崖村

第三节　获省级以上荣誉人员

民国 33 年（1944）至 2015 年，离石（离东、离山）区（县、市）获省级以上荣誉者 429 人次。

1944—2015 年离石（离东　离山）区（县、市）获省级以上荣誉人员名表

表 31-4

姓名	籍贯 工作单位	职务	获奖名称 获奖情况	获奖时间
高德恩	岐则沟村	党支部书记	中华人民共和国三级独立自由勋章	1955 年
王甫臣	柳林镇	小神头	中华人民共和国三级独立自由勋章	1955 年
王吉山	小神头村	信用社主任	出席全国农村金融系统先进单位经验交流代表大会	1956 年

续表 31-4

姓名	籍贯 工作单位	职务	获奖名称 获奖情况	获奖时间
崔来全	马茂庄村	党支部书记	全国农业生产劳动模范	1957 年
王吉山	小神头村	小神头信用社主任	出席全国财贸群英会，被树为金融系统的一面旗帜	1959 年
孙文鳌	离石县中医院	医生	全国先进工作者	1960 年
王吉山	小神头村	小神头信用社主任	出席全国金融系统先进工作者表彰大会	1963 年
张俊英	城关镇后瓦村	妇代会主任	全国“三八红旗手”称号	1983 年
阎保平	十里村小学	教师	全国优秀班主任	1984 年
刘荣俭	吴城镇于家沟村	党支部书记	全国水土保持先进个人	1984 年
雒章保	坪头村	—	出席全国检察系统“双先会”被授予二级勋章	1985 年
李一中	河北省宣化市	电厂职工	国务院工业普查办公室授予国家级先进工作者	1987 年
张春娥	离石东关小学	教师	全国模范教师	1989 年
薛乐明	枣窊中学	教师	全国模范教师	1989 年
薛凌四	离石高级中学	副校长	全国模范教师	1989 年
李保明	西属巴中学	教师	全国模范教师	1989 年
王玉英	新关小学	教师	全国中小学学生作文辅导二、三等奖	1989 年
冯智明	离石县人民检察院	副检察长	最高人民检察院授予“全国检察系统先进工作者”	1992 年
甘兆生	离石电缆有限公司	销售员	全国五一劳动奖章	1996 年
李廷俊	吕梁地区红十字会疑难病症医院	院长	国务院授予“有突出贡献的专家，享受政府特殊津贴”	1999 年
王永泰	离石县（市）文联	副主席	全国五一劳动奖章	2001 年
杜跃达	王家塔	街道办干部	国务院第二次全国农业普查领导小组办公室、国家统计局授予第二次全国农业普查先进个人	2008 年
张艾平	交口	村民	全国敬老爱老助老主题教育活动组委会评为中华孝亲敬老之星	2008 年
张子玉	吕梁市泰化集团	董事长兼总经理	全国五一劳动奖章	2011 年

续表 31-4

姓名	籍贯 工作单位	职务	获奖名称 获奖情况	获奖时间
任翻大	美佳乐商贸有限公司欢天喜地灯笼门市部	主任	全国五一劳动奖章	2012 年
阎子诚	岐则沟村	县武工队长	晋绥边区特等战斗英雄	1944 年
张秋林	碾墕村	乡妇女自卫队长	晋绥边区妇女特等纺织英雄第一名	1944 年
张智异	碾墕村	—	晋绥边区特等劳动英雄	1944 年
张 明	圪垯上村	离石游击队侦察参谋	晋绥边区战斗英雄	1944 年
王岐山	张家山	党支部书记	晋绥边区战斗英雄	1944 年
薛满泰	小神头村	党支部书记	山西省二等劳动模范	1950 年
成正兴	结绳墕村	村民	山西省三等劳动模范	1950 年
高清俊	劳动服务公司	职工	山西省三等劳动模范	1950 年
陈底花（女）	成家庄乡葛家墕村	村民	山西省三等劳动模范	1950 年
张秋林（女）	离石县妇联	主任	山西省特等劳动模范	1950 年
郝玉兰	南关小学	校长	山西省模范教育工作者	1951 年
刘贵富	王营庄村	村民	山西省一等林业模范	1952 年
李有栓	—	—	山西省二等畜牧模范	1952 年
白水泉	阳坡乡阳坡村	—	山西省二等高额丰产模范	1952 年
刘开珍	—	—	山西省二等高额丰产模范	1952 年
李在璋	—	—	山西省二等高额丰产模范	1952 年
王有仁	—	—	山西省二等高额丰产模范	1952 年
乔星明	—	—	山西省二等高额丰产模范	1952 年
车宏亮	成家庄	—	山西省二等高额丰产模范	1952 年
李汝有	—	—	山西省二等高额丰产模范	1952 年
崔锦云	小神头乡庄上村	—	山西省二等高额丰产模范	1952 年

续表 31-4

姓名	籍贯 工作单位	职务	获奖名称 获奖情况	获奖时间
王仲森	—	—	山西省二等高额丰产模范	1952 年
杜柱财	—	—	山西省二等高额丰产模范	1952 年
张富银	—	—	山西省二等高额丰产模范	1952 年
张清连	—	—	山西省二等高额丰产模范	1952 年
任仲恒	—	—	山西省二等高额丰产模范	1952 年
薛还柱	—	—	山西省二等高额丰产模范	1952 年
王贵生	—	—	山西省二等高额丰产模范	1952 年
侯占才	—	—	山西省二等高额丰产模范	1952 年
白树财	—	—	山西省二等高额丰产模范	1952 年
王来大	—	—	山西省二等高额丰产模范	1952 年
秦吉成	—	—	山西省二等高额丰产模范	1952 年
薛生章	坪头乡赵家山村	—	山西省二等高额丰产模范	1952 年
任芝英	—	—	山西省二等高额丰产模范	1952 年
杨吉全	—	—	山西省二等高额丰产模范	1952 年
高元眼（女）	东关	—	山西省二等高额丰产模范	1952 年
贺生奴	—	—	山西省二等高额丰产模范	1952 年
柴保大	—	—	山西省二等高额丰产模范	1952 年
陈日喜	西王家沟乡西坡村	—	山西省二等高额丰产模范	1952 年
高联其	—	—	山西省二等高额丰产模范	1952 年
任三全	—	—	山西省二等高额丰产模范	1952 年
阎俊德	坪头乡阎家坡村	—	山西省二等高额丰产模范	1952 年
李玉忠	大武镇洞上村	—	山西省三等高额丰产模范	1952 年
张汝莲	穆村镇穆村	—	山西省三等高额丰产模范	1952 年
王庆生	东关村	—	山西省三等高额丰产模范	1952 年

续表 31-4

姓名	籍贯 工作单位	职务	获奖名称 获奖情况	获奖时间
王廷奎	王家沟乡王家沟村	—	山西省三等高额丰产模范	1952 年
乔兴万	—	—	山西省三等高额丰产模范	1952 年
邢有德	—	—	山西省三等丰高额产模范	1952 年
任天保	—	—	山西省三等高额丰产模范	1952 年
冯大普	成家庄张家梁村	—	山西省三等高额丰产模范	1952 年
任一山	—	—	山西省三等高额丰产模范	1952 年
贾虎大	城关镇刘家湾村	—	山西省三等高额丰产模范	1952 年
刘万银	城关镇刘家湾村	—	山西省三等高额丰产模范	1952 年
任万长	—	—	山西省三等高额丰产模范	1952 年
于万亮	小神头乡小神头村	—	山西省三等高额丰产模范	1952 年
薛定党	—	—	山西省三等高额丰产模范	1952 年
李玉林	—	—	山西省三等高额丰产模范	1952 年
赵德斌	城关镇前瓦村	—	山西省三等高额丰产模范	1952 年
冯吉大	—	—	山西省三等高额丰产模范	1952 年
许海良	—	—	山西省三等高额丰产模范	1952 年
杜辛年	枣林乡马家梁村	—	山西省三等高额丰产模范	1952 年
张登胜	—	—	山西省三等高额丰产模范	1952 年
薛明亮	西属巴镇盛地村	—	山西省三等高额丰产模范	1952 年
任世美	—	—	山西省三等高额丰产模范	1952 年
李恒祥	小神头乡新山湾村	—	山西省三等高额丰产模范	1952 年
杜林轩	大武镇杨家会村	—	山西省三等高额丰产模范	1952 年
辛桂英	吴城镇下三交村	—	山西省三等高额丰产模范	1952 年
杨振荣	—	—	山西省三等高额丰产模范	1952 年
张贤孝	—	—	山西省三等高额丰产模范	1952 年

续表 31-4

姓名	籍贯 工作单位	职务	获奖名称 获奖情况	获奖时间
雷吉喜	—	—	山西省三等高额丰产模范	1952 年
梁学耀	—	—	山西省三等高额丰产模范	1952 年
刘兆禄	—	—	山西省三等高额丰产模范	1952 年
张元玉	—	—	山西省三等高额丰产模范	1952 年
李明正	—	—	山西省三等高额丰产模范	1952 年
王好保	—	—	山西省三等高额丰产模范	1952 年
高龙兄	—	—	山西省三等高额丰产模范	1952 年
刘聪福	—	—	山西省三等高额丰产模范	1952 年
康各达	—	—	山西省三等高额丰产模范	1952 年
张才保	—	—	山西省三等高额丰产模范	1952 年
梁德应	—	—	山西省三等高额丰产模范	1952 年
任丕花	—	—	山西省三等高额丰产模范	1952 年
薛志花	—	—	山西省三等高额丰产模范	1952 年
雒恒修	坪头乡后庄村	—	山西省三等高额丰产模范	1952 年
张海芝	—	—	山西省三等高额丰产模范	1952 年
辛姣狗	—	—	山西省三等高额丰产模范	1952 年
贾银河	—	—	山西省三等高额丰产模范	1952 年
王润生	—	—	山西省三等高额丰产模范	1952 年
马民章	—	—	山西省三等高额丰产模范	1952 年
韩国明	穆村乡穆村	—	山西省三等高额丰产模范	1952 年
杨晋明	—	—	山西省三等高额丰产模范	1952 年
马成奎	—	—	山西省三等高额丰产模范	1952 年
张生财	—	—	山西省三等高额丰产模范	1952 年
李润花	—	—	山西省三等高额丰产模范	1952 年
赵成钧	—	—	山西省三等高额丰产模范	1952 年

续表 31-4

姓名	籍贯 工作单位	职务	获奖名称 获奖情况	获奖时间
杜有荣	—	—	山西省三等高额丰产模范	1952 年
杨择林	—	—	山西省三等高额丰产模范	1952 年
冯增才	—	—	山西省三等高额丰产模范	1952 年
王生明	—	—	山西省三等高额丰产模范	1952 年
任士才	—	—	山西省三等高额丰产模范	1952 年
刘管柱	—	—	山西省三等高额丰产模范	1952 年
阎教铭	—	—	山西省三等高额丰产模范	1952 年
贺汝生	吴城镇上三交村	—	山西省三等高额丰产模范	1952 年
刘治珠	—	—	山西省三等高额丰产模范	1952 年
阎天保	—	—	山西省三等高额丰产模范	1952 年
张海林	—	—	山西省三等高额丰产模范	1952 年
岳振长	—	—	山西省三等高额丰产模范	1952 年
冯大福	成家庄镇张家梁村	—	山西省三等高额丰产模范	1952 年
郭四田	—	—	山西省三等高额丰产模范	1952 年
贾绍谊	—	—	山西省三等高额丰产模范	1952 年
李岗伍	—	—	山西省三等高额丰产模范	1952 年
陈有明	—	—	山西省三等高额丰产模范	1952 年
侯德恒	—	—	山西省三等高额丰产模范	1952 年
张培隆	—	—	山西省三等高额丰产模范	1952 年
吴守龙	—	—	山西省三等高额丰产模范	1952 年
高七十	—	—	山西省三等高额丰产模范	1952 年
薛秀荣	阳坡乡丰义村	—	山西省三等高额丰产模范	1952 年
阎有富	—	—	山西省三等高额丰产模范	1952 年
高法明	—	—	山西省三等高额丰产模范	1952 年
薛荣万	—	—	山西省三等高额丰产模范	1952 年
张世元	—	—	山西省三等高额丰产模范	1952 年

续表 31-4

姓名	籍贯 工作单位	职务	获奖名称 获奖情况	获奖时间
中恒山	—	—	山西省三等高额丰产模范	1952 年
雒恒征	坪头乡后庄村	—	山西省三等高额丰产模范	1952 年
赵照金	—	—	山西省三等高额丰产模范	1952 年
穆树元	—	—	山西省三等高额丰产模范	1952 年
王兴华	—	—	山西省三等高额丰产模范	1952 年
任荣芝	—	—	山西省三等高额丰产模范	1952 年
张大胜	—	—	山西省三等高额丰产模范	1952 年
郭满元	—	—	山西省三等高额丰产模范	1952 年
王海亮	—	—	山西省三等高额丰产模范	1952 年
张连清	—	—	山西省三等高额丰产模范	1952 年
张海芝	—	—	山西省三等高额丰产模范	1952 年
高耀文	李家湾乡圪垛村	—	山西省三等高额丰产模范	1952 年
杨万全	—	—	山西省三等高额丰产模范	1952 年
李玉岐	离石县城关镇	—	山西省贸易合作系统三等模范	1953 年
曹风威	支行	—	山西省金融系统三等模范	1953 年
温改英	—	—	山西省农村社会主义建设积极分子	1955 年
赵德甫	横泉村	—	山西省农村社会主义建设积极分子	1955 年
薛满泰	小神头乡小神头村	支部书记	山西省农村社会主义建设积极分子	1955 年
李金保	王家沟乡李家沟村	—	山西省农村社会主义建设积极分子	1955 年
王廷奎	王家沟乡王家沟村	—	山西省农村社会主义建设积极分子	1955 年
王致吉	王家沟乡王家沟村	—	山西省农村社会主义建设积极分子	1955 年
王士莲	开府公社神堂沟村	—	山西省农村社会主义建设积极分子	1955 年
王开先	柳林东峁碾子村	—	山西省农村社会主义建设积极分子	1955 年
牛耀光	—	—	山西省农村社会主义建设积极分子	1955 年
刘德胜	—	—	山西省农村社会主义建设积极分子	1955 年
任九俊	—	—	山西省农村社会主义建设积极分子	1955 年

续表 31-4

姓名	籍贯 工作单位	职务	获奖名称 获奖情况	获奖时间
陈应高	—	—	山西省农村社会主义建设积极分子	1955 年
吕振荣	结绳焉乡霍家坡村	—	山西省农村社会主义建设积极分子	1955 年
高殿功	—	—	山西省农村社会主义建设积极分子	1955 年
冯大禄	枣林乡贺家畔村	—	山西省农村社会主义建设积极分子	1955 年
杨奴儿	—	—	山西省农村社会主义建设积极分子	1955 年
穆干山	—	—	山西省农村社会主义建设积极分子	1955 年
聂汝则（女）	—	—	山西省农村社会主义建设积极分子	1955 年
梁春英（女）	城关镇西崖底村	—	山西省农村社会主义建设积极分子	1955 年
刘万银	城关镇刘家湾村	—	山西省农村社会主义建设积极分子	1955 年
杨锡国	离山县印刷厂	职工	山西省工业生产先进工作者	1956 年
陈 斌	离山县蛋厂	职工	山西省工业生产先进工作者	1956 年
杨玉山	离山县教育科	科长	山西省优秀教育工作者	1956 年
李伯生	贺昌中学	校长	山西省优秀教育工作者	1956 年
张 炳	贺昌中学	教导主任	山西省优秀教育工作者	1956 年
任艳章	贺昌中学	职工	山西省优秀教育工作者	1956 年
刘惠风	贺昌中学	副校长	山西省优秀教育工作者	1956 年
杜万雄	离山县柳林完小	教师	山西省优秀教育工作者	1956 年
梁润梅（女）	离山县城内完小	教师	山西省优秀教育工作者	1956 年
王妙贞（女）	离山县城内幼儿园	教师	山西省优秀教育工作者	1956 年
刘 哲	离山县西局岔完小	校长	山西省优秀教育工作者	1956 年
于俊才	离山县城内完小	教师	山西省优秀教育工作者	1956 年
薛龙生	离山县邮电局	门卫	山西省劳动模范	1956 年
崔来全	城关镇马茂庄村	党支部书记	山西省农业生产劳动模范	1956 年

续表 31-4

姓名	籍贯 工作单位	职务	获奖名称 获奖情况	获奖时间
高德恩	岐则沟村	—	国防部授予解放奖章 国防部授予三级自由独立勋章	1956 年
王克瑞	—	—	山西省农村社会主义建设积极分子	1957 年
王　廷	成家庄镇王家坡村	—	山西省农村社会主义建设积极分子	1957 年
王万义	—	—	山西省农村社会主义建设积极分子	1957 年
冯俊山	—	—	山西省农村社会主义建设积极分子	1957 年
刘立祥	—	—	山西省农村社会主义建设积极分子	1957 年
刘保莲（女）	马家梁村	—	山西省农村社会主义建设积极分子	1957 年
刘志杰	王家沟乡王家沟村	—	山西省农村社会主义建设积极分子	1957 年
刘万银	城关镇刘家湾村	—	山西省农村社会主义建设积极分子	1957 年
任如元	城关镇乔家沟村	—	山西省农村社会主义建设积极分子	1957 年
任改珍（女）	大武镇大武村	—	山西省农村社会主义建设积极分子	1957 年
李瑞武	—	—	山西省农村社会主义建设积极分子	1957 年
李德珍	吴城镇下四皓村	—	山西省农村社会主义建设积极分子	1957 年
张秉功	城关镇张家庄村	—	山西省农村社会主义建设积极分子	1957 年
郭应宽	城关镇卧牛塥村	—	山西省农村社会主义建设积极分子	1957 年
郭保山	—	—	山西省农村社会主义建设积极分子	1957 年
韩银柱	柳林穆村	—	山西省农村社会主义建设积极分子	1957 年
秦秋生	—	—	山西省农村社会主义建设积极分子	1957 年
崔来全	城关镇马茂庄村	—	山西省农村社会主义建设积极分子	1957 年
崔庭选	城关镇马茂庄村	—	山西省农村社会主义建设积极分子	1957 年
雒思润	坪头乡凤凰峁村	—	山西省农村社会主义建设积极分子	1957 年
穆凤莲（女）	—	—	山西省农村社会主义建设积极分子	1957 年

续表 31-4

姓名	籍贯 工作单位	职务	获奖名称 获奖情况	获奖时间
薛占亮	—	—	山西省农村社会主义建设积极分子	1957 年
王开先	柳林东窑碾子村	—	山西省农村社会主义建设积极分子	1957 年
梁春英（女）	城关镇西崖底村	—	山西省农村社会主义建设积极分子	1957 年
杨玉璋	城关联星社	—	山西省农村社会主义建设工具改革先进个人	1958 年
刘登殿	县粮食局	职工	山西省农村社会主义建设工具改革先进个人	1958 年
高玉英	方山乡苏家滩社	社员	山西省农村社会主义建设工具改革先进个人	1958 年
王国元（女）	离山邮电局	乡邮员	山西省农村社会主义建设工具改革先进个人	1958 年
王兴弟	离山县柳林乡柳林营造厂	职工	山西省农村社会主义建设工具改革先进个人	1958 年
刘有齐	穆村乡社	社员	山西省农村社会主义建设工具改革先进个人	1958 年
乔金保	邮电局	机线员	山西省农村社会主义建设工具改革先进个人	1958 年
阎根深	城关运输社	社员	山西省农村社会主义建设工具改革先进个人	1958 年
薛金贵	城关养路队	职工	山西省农村社会主义建设工具改革先进个人	1958 年
陈步亮	成家庄小学	教师	山西省文教群英会先进工作者	1960 年
贾玉英	穆村幼儿园	教师	山西省文教群英会先进工作者	1960 年
孙文鳌	县中医院	医生	山西省文教群英会先进工作者	1960 年
高汝亮	离石煤矿红青学校	教师	山西省文教群英会先进工作者	1960 年
屈四士	离石柳林煤矿	采煤组长	山西省文教群英会先进工作者	1960 年
赵维成	县武装部	助理	山西省文教群英会先进工作者	1960 年
任改珍（女）	大武公社大武生产大队	社员	山西省农业生产模范	1961 年
牛三英（女）	成家庄公社艾掌生产大队	社员	山西省农业生产模范	1961 年
郭树旺	柳林陶瓷厂	陶瓷工	山西省工业交通基本建设先进生产者	1961 年

续表 31-4

姓名	籍贯 工作单位	职务	获奖名称 获奖情况	获奖时间
陈凤兰	新民石棉矿陈凤加工组	职工	山西省工业交通基本建设先进生产者	1961 年
郭有义	城关农具社	锻工	山西省工业交通基本建设先进生产者	1961 年
牛三英（女）	成家庄公社艾掌生产大队	社员	山西省农业生产模范	1962 年
张秀兰（女）	城关鞋帽合作社	职工	山西省工业交通基本建设先进生产者	1962 年
梁枝河	上则墕煤矿	职工	山西省五好职工	1964 年
冯玉厚	县糖酒公司	职工	山西省五好职工	1964 年
王存珍	西属巴供销社	职工	山西省五好职工	1964 年
武保则	城关公社马茂庄生产大队	—	山西省农业模范	1964 年
贺　牛	城关公社城内生产大队	—	山西省农业模范	1964 年
任吉才	大武公社四大队	—	山西省农业模范	1964 年
张培龙	信义公社车家湾生产大队	—	山西省农业模范	1964 年
霍生财	坪头公社鹏风山生产大队	—	山西省农业模范	1964 年
成维孝	刘家山公社荣西大队第一生产队	—	山西省农业模范	1964 年
王狗则	方山马坊公社杨家坪生产大队	—	山西省农业模范	1964 年
杨玉林	大武公社杨家会生产大队	—	山西省农业模范	1964 年
薛廷祥	马坊公社水峪生产大队	—	山西省农业模范	1964 年
穆树河	成家庄公社配种站	—	山西省农业模范	1964 年

续表 31-4

姓名	籍贯 工作单位	职务	获奖名称 获奖情况	获奖时间
高向谦	孟门公社高下村生产大队	—	山西省农业模范	1964 年
王永智	王家沟公社娘娘庙生产大队	—	山西省农业模范	1964 年
王治迎	东塌公社碾则山生产大队	—	山西省水利模范	1964 年
车彦明	孟门公社车家塌生产大队	—	山西省农业模范	1964 年
张翠玲（女）	范家塌小学	教师	山西省教育学大庆学大寨先进工作者	1977 年
白云勤	小神头公社	教育指导员	山西省教育学大庆学大寨先进工作者	1977 年
高如源	县邮电局	技师	山西省先进工作者	1977 年
许文义	县交通监理所	所长	山西省先进工作者	1977 年
王成林（女）	县百货公司	营业员	山西省财贸学大庆学大寨劳动模范	1978 年
李环荣（女）	城关粮店	支部书记	山西省财贸学大庆学大寨劳动模范	1978 年
杜守荣	王家塔大队	社员	山西省农业劳动模范	1979 年
贺改改	西属巴	教师	山西省先进教育工作者	1979 年
孙丁香	城内小学	教师	山西省先进教育工作者	1979 年
史翠芬	东关小学	教师	山西省先进教育工作者	1979 年
高贵平	离石中学	教师	山西省先进教育工作者	1979 年
任如元	乔家沟大队	党支部书记	山西省劳动模范	1981 年
刘荣俭	于家沟大队	党支部书记	山西省劳动模范	1981 年
郝广义	西华镇大队	党支部书记	山西省劳动模范	1981 年
郜志峰	山西省水土保持科学研究所	副所长	山西省劳动模范	1981 年

续表 31-4

姓名	籍贯 工作单位	职务	获奖名称 获奖情况	获奖时间
贺巨富	高崖湾煤矿	党支部书记	山西省劳动模范	1981 年
王继昌	县五交化公司	采购员	山西省劳动模范	1981 年
陶建武	县交通局	技术员	山西省劳动模范	1981 年
李振明	县电线厂	职工	全国总工会授予“优秀工会积极分子”	1983 年
费书林	一中	教师	山西省先进教育工作者	1983 年
张根照	城内小学	教师	山西省模范教师	1983 年
阎保平	十里村小学	教师	山西省优秀教师	1983 年
王树英	三中	教师	山西省优秀少先队辅导员	1984 年
高如源	县邮电局	职工	山西省个人三等功	1984 年
苏殿耀	县职工医院	医生	山西省个人三等功	1984 年
王建生	县电线厂	职工	山西省个人三等功	1984 年
乔建国	县电线厂	职工	山西省个人三等功	1984 年
翟美英	七里滩煤矿	工会主席	山西省个人三等功	1984 年
刘荣俭	吴城镇于家沟村	党支部书记	山西省劳动模范	1985 年
孔繁彦	李家山村	村民	山西省劳动模范	1985 年
成大权	县职工医院	副主任医师	山西省劳动模范	1985 年
高文毓	水保所	—	山西省劳动模范	1985 年
孙凡彦	田家会镇李家山村	—	山西省劳动模范	1985 年
李绳俊	东关小学	教师	山西省模范教师	1985 年
孙凡彦	田家会镇李家山村	—	山西省劳动模范	1986 年
刘荣俭	吴城镇于家沟村	—	山西省劳动模范	1986 年
成大权	职工医院	副主任医师	山西省劳动模范	1986 年
刘建林	城内小学	教师	山西省优秀少先队辅导员	1987 年
王钦连	东关小学	教师	山西省优秀少先队辅导员	1987 年

续表 31-4

姓名	籍贯 工作单位	职务	获奖名称 获奖情况	获奖时间
冯文海	交口小学	教师	山西省优秀少先队辅导员	1987 年
白月爱	吉家村小学	教师	山西省优秀少先队辅导员	1987 年
刘渊平	结绳墕学校	教师	山西省优秀少先队辅导员	1987 年
闫银贵	石盘村	—	国家烟草专卖局评为 全国烟草专卖管理工作先进工作者	1987 年
冯长友	贺家山村	—	铁道部总工会授予优秀工会工作者	1988 年
李保明	缩缩岭村	教师	被国家教委、人事部、中国教育工会 全国委员会评为“全国优秀教师” 并颁发“优秀教师奖章”	1989 年
成大权	县职工医院	副主任医师	山西省劳动模范	1989 年
贺巨富	高崖湾焦化厂	厂长	山西省劳动模范	1989 年
薛恩德	县电线厂	厂长	山西省劳动模范	1989 年
刘完成	县工商局城关所	市管员	山西省劳动模范	1989 年
张根柱	县电业局	局长	山西省劳动模范	1989 年
李新珍	县人大常委会	副主任	山西省优秀妇联干部	1989 年
王翠如	一中	教师	山西省模范教师	1989 年
冯日亮	二中	教师	山西省模范教师	1989 年
费书林	一中	教师	山西省特级教师	1989 年
李冰花	一小	教师	山西省优秀少先队辅导员	1990 年
任金元	城镇中学	教务主任	被中国数学奥林匹克委员会授予 中国数学奥林匹克壹级教练	1990 年
赵明亮	离石县第四中学	教师	国家教委、人事部、全国总工会授予 “优秀教师”称号	1991 年
樊月兰	离石县吴城镇	教师	山西省教委、人事厅、省工会授予 “优秀教师”称号	1991 年
杜世安	芦则峁村		公安部授予人民警察一级金盾荣誉称号	1991 年

续表 31-4

姓名	籍贯 工作单位	职务	获奖名称 获奖情况	获奖时间
乔建忠	离石县阳坡乡	副乡长	团中央、国家科委确认为“全国农村青年星火带头人”	1992 年
王翠汝	离石县第一中学	教师	山西省劳动模范	1992 年
贾廷亮	大土河煤焦总公司	经理	山西省劳动模范	1992 年
李奶莲	离石县石州百货大楼	营业员	山西省劳动模范	1992 年
王秋生	离石县信义镇永红村	党支部书记	山西省劳动模范	1992 年
岳树德	离石县人民法院执行庭	庭长	山西省高级人民法院评为“执行会战”先进工作者	—
岳树德	离石县人民法院执行庭	庭长	评为“长期从事人民法院工作，为社会主义司法建设做出贡献先进工作者”	1993 年
张彩平	离石县第二小学	教师	国家教委、人事部、全国总工会授予“优秀教师”称号	1993 年
任有大	离石县城关镇	武装部部长	中国人民解放军总参谋部授予“在民兵军事训练教学工作中成绩突出，评为优秀‘四会’教练员”	1993 年
梁建平	离石县第三中学	教师	中国数学会奥林匹克委员会授予“二级教练员”，同年被山西省科委、科协、数学会授予“山西省数学竞赛优秀辅导教师”	1993 年
冯探珍	离石县第二小学	教师	在全国第二届自然智力竞赛中荣获“优秀指导教师二等奖”	1993 年
翟宝英	离石县第四小学	教师	在全国第二届自然智力竞赛中荣获“优秀指导教师二等奖”	1993 年
张安亮	离石县第二小学	教师	在全国第二届自然智力竞赛中荣获“优秀指导教师二等奖”	1993 年
刘秀英	离石县第四小学	教师	在全国第二届小学自然智力竞赛中荣获“优秀指导教师三等奖”	1993 年
高爱珍	离石县第四小学	教师	在全国第二届小学自然智力竞赛中荣获“优秀指导教师三等奖”	1993 年

续表 31-4

姓名	籍贯 工作单位	职务	获奖名称 获奖情况	获奖时间
严奴国	离石县人民检察院	副检察长	最高人民检察院授予二等功	1993 年
张海星	离石县第一中学	副校长	山西省劳动竞赛委员会授予三等功	1993 年
阎旭虎	离石县吴城镇教办	教师	山西省教委、团省委授予“优秀班主任”称号	1993 年
白金会	离石县老干局	调研员	中共山西省委、省人民政府评为“老干部服务先进工作者”	1993 年
史吉义	离石县人民法院城关法庭	庭长	山西省高级人民法院评为“优秀法官”，并记二等功	1993 年
冯玉珍	离石县人民法院行政庭	庭长	山西省高级人民法院评为“优秀法官”，并记二等功	1993 年
张志刚	离石县人民检察院	检察长	山西省人民检察院记三等功	1993 年 2 月
张长才	离石县教育局	副局长	在第五批下乡工作中被中共山西省委评为“模范工作队员”	1993 年 10 月
李国大	离石县体改委	副主任	在第五批下乡工作中被中共山西省委评为“模范工作队员”	1993 年 10 月
王甫生	离石县教育局	教研员	在全国小学数学竞赛中辅导成绩优异，被评为“山西省数学竞赛优秀辅导教师”	1993 年 12 月
刘春明	离石县红眼川乡	武装部部长	山西省人民政府、省军区授予“民兵维护社会先进个人”	1993 年 12 月
孟根生	离石县公安局	局长	公安部评为“1993 年度全国优秀人民警察”	1994 年
冯晋平	离石县城建局	局长	建设部建设建材工会评为“建设劳动模范”	1994 年 10 月
李德芳	离石县人民政府	县长	省政府、省军区评为“1993 年度民兵、预备役部队基层建设先进个人”	1994 年 1 月
刘德才	离石县水利局	局长	山西省农田基本建设指挥部授予农田水利基本建设标兵	1994 年 10 月
孙　智	离石西属巴中学	教师	山西省个人三等功	1994 年

续表 31-4

姓名	籍贯 工作单位	职务	获奖名称 获奖情况	获奖时间
贺兴国	交口镇	—	山西省个人三等功	1994 年
贺荣旺	—	—	山西省个人三等功	1994 年
甘兆生	离石电缆厂	销售员	山西省劳动模范	1995 年
贾廷亮	大土河煤焦集团总公司	经理	山西省劳动模范	1995 年
王儒英	环卫处	清洁工	山西省劳动模范	1995 年
贺水平	下安村生态养殖厂	厂长	山西省劳动模范	1995 年
严奴国	离石县人民检察院	常务副检察长	山西省劳动模范	1995 年
任金元	西属巴人	教师	被全国总工会、国家教育委员会、国家科学技术委员会、人事部、劳动部授予“全国职工自习成才奖”，并发全国职工自习成才奖章和奖牌	1996 年
杜跃达	交口镇	职工	山西省农业普查办公室评为第一次全国农业普查省级先进工作者	1997 年
郭七保	田家会镇前马家村	村民	山西省特级劳动模范	1998 年
薛恩德	离石电缆有限责任公司	经理	山西省特级劳动模范	1998 年
范俊娥	柏林制衣总汇	经理	山西省劳动模范	1998 年
张焕杰	科委	主任	山西省劳动模范	1998 年
李廷俊	吕梁地区红十字会疑难病症医院	院长	山西省劳动模范	1998 年
贺爱民	离石市保险事业所	所长	山西省劳动竞赛委员会记“一等功”	1999 年

续表 31-4

姓名	籍贯 工作单位	职务	获奖名称 获奖情况	获奖时间
冯世平	高家沟村	—	山西省委、省政府评为再就业明星	1999 年
		—	共青团山西省委授予山西省第二届“十大杰出青年兴业领头人”	
		—	山西省第六届残疾人运动会男 T41 组 4×100 米接力项目比赛第一名	
		—	山西省第六届残疾人运动会男 T41 组 800 米项目比赛第六名	
		—	山西省第六届残疾人运动会优秀运动员	
		—	山西省第六届残疾人运动会男 T41 组 400 米项目比赛第五名	
		—	山西省人民政府残疾人工作协调委员会、省总工会、团省委、省妇联、省残联联合授予“自强奉献奖”荣誉称号	
甘兆生	离石电缆有限公司	销售员	山西省五一劳动奖章	2000 年
李马全	离石市信用联社	主任	山西省个人一等功	2000 年
杨保国	离石市公安局	预审科科长	山西省个人二等功	2000 年
高建明	离石市基础设施工程公司	经理	山西省个人二等功	2000 年
刘新香	离石市人民医院	妇产科主任（副院长）	山西省个人三等功	2000 年
			山西省劳动模范	2001 年
贺爱民	离市区保险事业所	所长	中共山西省委 山西省人民政府授予“工作标兵”	2000 年
武玉根	吕梁地区福利焦化厂	厂长	山西省特级劳动模范	2001 年
刘永斌	离石市供水公司	经理	山西省劳动模范	2001 年
高瑞林	离石市印刷厂	厂长	山西省劳动模范	2001 年
王秋云	离石市公安局	局长	山西省劳动模范	2001 年
高建光	离石市总工会	主席	山西省劳动模范	2001 年

续表 31-4

姓名	籍贯 工作单位	职务	获奖名称 获奖情况	获奖时间
杜跃达	王家塔村	职工	山西省第五次全国人口普查领导小组评为第五次人口普查山西省先进个人	2002年
李星升	工行离石分行石州办事处	主任	山西省五一劳动奖章	2002年
刘德才	离石市财政局	局长	山西省个人二等功	2002年
刘兔英	离石市市容环境卫生管理局清扫队	职工	山西省个人三等功	2002年
付建森	离石电缆公司	工程师	山西省个人三等功	2002年
			山西省职工技术创新能手	2003年
郭耀海	三山绿化办公室	主任	山西省个人二等功	2003年
许来保	田家会镇上楼桥村	党支部书记	山西省个人三等功	2003年
李文凡	地方志办公室	主任	山西省社会主义劳动竞赛委员会“社会主义现代化建设三等奖”	2003年
李侯根	离石县人民医院	—	山西省委、省政府记“抗击非典二等功”	2003年
张来生	信义镇严村	支部书记	山西省农业生态建设“先进工作者”	2004年
贾廷亮	大土河焦化有限责任公司	董事长	山西省劳动模范	2004年
冯巧爱	开新宇商贸有限公司	总经理	山西省劳动模范	2004年
李爱昌	离石区人民医院	主任	山西省个人一等功	2005年
许海明	上楼桥村	村委主任	山西省个人二等功	2005年
冯世平	高家沟村	—	山西省第八届残疾人运动会羽毛球男子站立5级单打第二名	2006年
张来生	信义镇严村	党支部书记	山西省个人一等功	2006年
杜庆玲	离石区人民医院	妇产科副主任	山西省个人二等功	2006年
李晓彤	离石区第一中学	教师	山西省个人三等功	2006年

续表 31-4

姓名	籍贯 工作单位	职务	获奖名称 获奖情况	获奖时间
杨顺平	交口街道办	党工委书记	山西省劳动模范	2007 年
张冬平	田家会街道苏家村	党支部书记	山西省劳动模范	2007 年
贺爱民	离石区保险事业所	所长	山西省劳动模范	2007 年
郭　斌	大土河焦化有限责任公司	项目经理	山西省劳动模范	2007 年
孙完清	上安村	—	第二次全国农业普查先进个人	2008 年
冯　强	离石区环境保护局	局长	山西省劳动模范	2008 年
冯志刚	离石区林业局	局长	山西省三等功	2008 年
马有锁	西属巴街道留子局村	工会主席	全国总工会评为“全国优秀工会工作者”	2008 年
王根田	离石区工会	主席	全国总工会评为“全国优秀工会工作者”	2009 年
张子玉	泰化石油有限公司	董事长	山西省五一劳动奖章	2009 年
李勤保	离石区煤运公司	经理	山西省五一劳动奖章	2009 年
李凤鸣	离石区信用合作社	理事长	山西省五一劳动奖章	2009 年
赵马明	西崖底村	党支部副书记	山西省二等功	2009 年
温保平	离石区教育体育局	局长	山西省三等功	2009 年
马卫军	同仁康大药房有限公司	总经理	山西省劳动模范	2010 年
任翻大	离石区副食品工业公司	经理	山西省劳动模范	2010 年
刘云利	离石区地税局	局长	山西省劳动模范	2010 年
白志荣	离石区交口街道办	党工委书记	山西省劳动模范	2010 年
车瑞银	离石区城乡建设局	局长	山西省劳动模范	2010 年

续表 31-4

姓名	籍贯 工作单位	职务	获奖名称 获奖情况	获奖时间
段海龙	离石区人社局	职工	山西省人民政府评为山西省创业就业工作先进个人	2010 年
			山西省人民政府评为山西省就业工作先进个人	2012 年
王根田	离石区工会	主席	山西省劳动模范	2010 年
李爱昌	离石区人民医院	院长	山西省五一劳动奖章	2011 年
梁继明	莲花池街道马茂庄村	村委主任	山西省五一劳动奖章	2011 年
张二小	离石区高家沟村	支部书记 村委主任	山西省五一劳动奖章	2012 年
马彦春	离石工商局	干部	国家体育总局授予 2010—2011 年度全国优秀社会体育指导员	2012 年
乔建岗	离石区交通运输管理所	所长	山西省五一劳动奖章	2013 年
李米莲	离石区卫生系统工会	主席	全国总工会授予“五一巾帼标兵”	2013 年
白晓丽	离石区工会	女工委主任	全国总工会《女职工劳动保护条例》知识竞赛先进个人	2013 年
王根田	离石区工会	主席	全国总工会授予“全国总工会贯彻落实工资集体协商三年规划”先进个人	2014 年
李新民	永宁煤焦集团	董事长	山西省劳动模范	2014 年
张子玉	泰化有限公司	总经理	山西省劳动模范	2014 年
马有锁	西属巴街道留子局村	党支部书记	山西省劳动模范	2014 年
袁中明	信义镇永红村	村民	山西省劳动模范	2014 年
乔晋江	离石区人民医院	内科主任	山西省五一劳动奖章	2015 年

第四节 副高以上职称人员

1987—2015 年，离石区（县 市）有副高以上职称人员 469 人。

1987—2015 年离石区（县、市）副高以上职称人员一览表

表 31-5

姓名	工作单位	职称名称	通过时间
谭乐山	离石县人民医院	副主任医师	1987 年 12 月
李发保	离石县人民医院	副主任医师	1987 年 12 月
任亚丽	离石县人民医院	副主任医师	1987 年 12 月
唐延碧	离石县人民医院	副主任护士	1988 年 7 月
郝增俊	离石县人民医院	副主任医师	1993 年 11 月
于志远	离石县人民医院	主任医师	1995 年 11 月
李生玉	离石县人民医院	副主任医师	1995 年 11 月
刘金莲	离石县人民医院	副主任医师	1995 年 11 月
邓振富	离石县人民医院	副主任医师	1995 年 11 月
刘玉艾	离石市人民医院	副主任医师	1997 年 6 月
刘玉贵	离石市人民医院	副主任护师	1997 年 7 月
王　玲	离石市人民医院	副主任医师	1998 年 7 月
李林生	离石市人民医院	副主任医师	1998 年 7 月
刘金英	离石市人民医院	副主任医师	2000 年 10 月 22 日
刘新香	离石市人民医院	主任医师	2001 年 11 月
孟秀梅	离石市人民医院	副主任医师	2001 年 11 月
崔峻峰	离石市人民医院	主任医师	2002 年 9 月 21 日
闫俊平	离石市人民医院	副主任医师	2002 年 9 月 21 日
李候根	离石市人民医院	主任医师	2003 年 11 月 25 日
刘改兰	离石市人民医院	主任医师	2003 年 11 月 25 日
付爱民	离石区人民医院	副主任护师	2004 年 10 月

续表 31-5

姓名	工作单位	职称名称	通过时间
张改珍	离石区人民医院	副主任护师	2004 年 10 月
许乃莲	离石区人民医院	主任医师	2005 年 9 月 27 日
吴秀娥	离石区人民医院	副主任医师	2005 年 9 月 27 日
杜庆玲	离石区人民医院	主任医师	2006 年 9 月 25 日
李爱昌	离石区人民医院	主任医师	2006 年 9 月 25 日
闫凤娥	离石区人民医院	主任技师	2006 年 9 月 25 日
丁晓云	离石区人民医院	副主任医师	2006 年 9 月 25 日
张心梓	离石区人民医院	副主任医师	2006 年 9 月 25 日
牛玉芳	离石区人民医院	副主任医师	2008 年 12 月 24 日
李金萍	离石区人民医院	主任医师	2009 年 10 月 21 日
胡　雁	离石区人民医院	主任医师	2009 年 10 月 21 日
闫俊平	离石区人民医院	主任护师	2009 年 10 月 21 日
乔根生	离石区人民医院	副主任医师	2009 年 10 月 21 日
薛金平	离石区人民医院	副主任医师	2009 年 10 月 21 日
高继英	离石区人民医院	副主任护师	2009 年 10 月 21 日
刘汾英	离石区人民医院	副主任医师	2010 年 10 月 26 日
延夏贞	离石区人民医院	副主任医师	2010 年 10 月 26 日
马玉蓉	离石区人民医院	副主任护师	2010 年 10 月 26 日
刘利平	离石区人民医院	副主任护师	2010 年 10 月 26 日
范彩虹	离石区人民医院	副主任护师	2010 年 10 月 26 日
张彦霞	离石区人民医院	副主任护师	2010 年 10 月 26 日
高翠平	离石区人民医院	主任医师	2011 年 11 月 14 日
贺晓玲	离石区人民医院	主任医师	2011 年 11 月 14 日
王玉保	离石区人民医院	主任医师	2011 年 11 月 14 日
严俊汝	离石区人民医院	主任医师	2011 年 11 月 14 日
车永红	离石区人民医院	副主任医师	2011 年 11 月 14 日
杨晓云	离石区人民医院	副主任医师	2011 年 11 月 14 日
郝凤清	离石区人民医院	副主任医师	2011 年 11 月 14 日

续表 31-5

姓名	工作单位	职称名称	通过时间
霍乃玲	离石区人民医院	副主任护师	2011 年 11 月 14 日
党玉萍	离石区人民医院	副主任医师	2011 年 11 月 14 日
乔翠红	离石区人民医院	副主任医师	2011 年 11 月 14 日
胡艳平	离石区人民医院	副主任医师	2011 年 11 月 14 日
王智彩	离石区人民医院	副主任护师	2011 年 11 月 14 日
李　颖	离石区人民医院	副主任护师	2011 年 11 月 14 日
刘国珍	离石区人民医院	副主任护师	2011 年 11 月 14 日
吕海燕	离石区人民医院	副主任技师	2011 年 11 月 14 日
雒晓燕	离石区人民医院	副主任技师	2011 年 11 月 14 日
游军文	离石区人民医院	主任医师	2012 年 11 月 17 日
乔晋江	离石区人民医院	主任医师	2012 年 11 月 17 日
李建兰	离石区人民医院	主任医师	2012 年 11 月 17 日
吴向阳	离石区人民医院	副主任医师	2012 年 11 月 17 日
孙彩云	离石区人民医院	副主任医师	2012 年 11 月 17 日
侯秀琴	离石区人民医院	副主任医师	2012 年 11 月 17 日
王润娥	离石区人民医院	副主任护师	2012 年 11 月 17 日
吴三俊	离石区人民医院	副主任医师	2012 年 11 月 17 日
苏建才	离石区人民医院	副主任医师	2012 年 11 月 17 日
刘江涛	离石区人民医院	副主任医师	2012 年 11 月 17 日
李俊梅	离石区人民医院	副主任医师	2012 年 11 月 17 日
薛卫英	离石区人民医院	副主任医师	2012 年 11 月 17 日
李和平	离石区人民医院	副主任医师	2012 年 11 月 17 日
高生娥	离石区人民医院	副主任医师	2012 年 11 月 17 日
李　莹	离石区人民医院	副主任护师	2012 年 11 月 17 日
贺凤娥	离石区人民医院	副主任护师	2012 年 11 月 17 日
张双莲	离石区人民医院	副主任护师	2012 年 11 月 17 日
闫治华	离石区人民医院	副主任护师	2012 年 11 月 17 日
马辽梅	离石区人民医院	副主任护师	2012 年 11 月 17 日

续表 31-5

姓名	工作单位	职称名称	通过时间
王小红	离石区人民医院	副主任护师	2012 年 11 月 17 日
雒　锦	离石区人民医院	副主任护师	2012 年 11 月 17 日
冯俊娥	离石区人民医院	副主任护师	2012 年 11 月 17 日
孙玲平	离石区人民医院	副主任护师	2012 年 11 月 17 日
薛　媛	离石区人民医院	副主任护师	2012 年 11 月 17 日
薛育芳	离石区人民医院	主任医师	2013 年 12 月 3 日
王国平	离石区人民医院	主任医师	2013 年 12 月 3 日
杨龙平	离石区人民医院	主任医师	2013 年 12 月 3 日
侯新平	离石区人民医院	副主任医师	2013 年 12 月 3 日
高建琴	离石区人民医院	副主任医师	2013 年 12 月 3 日
魏　颖	离石区人民医院	副主任医师	2013 年 12 月 3 日
高建军	离石区人民医院	副主任医师	2013 年 12 月 3 日
张瑞丽	离石区人民医院	副主任护师	2013 年 12 月 3 日
于晓云	离石区人民医院	主任医师	2015 年 12 月
薛玲萍	离石区人民医院	主任医师	2015 年 12 月
孙健美	离石区人民医院	主任医师	2015 年 12 月
崔志武	离石区人民医院	主任医师	2015 年 12 月
王年玲	离石区人民医院	主任护师	2015 年 12 月
孙宏艳	离石区人民医院	主任护师	2015 年 12 月
李晋芳	离石区人民医院	主任护师	2015 年 12 月
刘　艳	离石区人民医院	副主任医师	2015 年 12 月
张兵兵	离石区人民医院	副主任医师	2015 年 12 月
郝年珍	离石区人民医院	副主任医师	2015 年 12 月
李克丽	离石区人民医院	副主任医师	2015 年 12 月
高淑英	离石区人民医院	副主任技师	2015 年 12 月
付亚芳	离石区人民医院	副主任技师	2015 年 12 月
郭够华	离石区人民医院	副主任护师	2015 年 12 月
薛　华	离石区人民医院	副主任药师	2015 年 12 月

续表 31-5

姓名	工作单位	职称名称	通过时间
冯月玲	离石一中	中教高级教师	1988 年 1 月
陈安邦	离石一中	中教高级教师	1988 年 1 月
孟繁信	离石一中	中教高级教师	1988 年 1 月
武希义	离石一中	中教高级教师	1988 年 1 月
费书林	离石一中	中教高级教师	1988 年 1 月
孙丁香	离石一中	中教高级教师	1988 年 1 月
刘学明	离石一中	中教高级教师	1988 年 1 月
王正中	离石一中	中教高级教师	1988 年 3 月
朱新发	离石一中	中教高级教师	1988 年 3 月
杨治舜	离石一中	中教高级教师	1988 年 3 月
张凤荣	离石一中	中教高级教师	1988 年 3 月
吴同靖	离石一中	中教高级教师	1988 年 3 月
金本春	离石一中	中教高级教师	1988 年 6 月
曹小兰	离石一中	中教高级教师	2000 年 8 月
崔腊梅	离石一中	中教高级教师	2001 年 10 月
贺录亮	离石一中	中教高级教师	2001 年 10 月
樊爱平	离石一中	中教高级教师	2003 年 11 月 18 日
成翻英	离石一中	中教高级教师	2003 年 11 月 18 日
薛树高	离石一中	中教高级教师	2003 年 11 月 18 日
李能科	离石一中	中教高级教师	2003 年 11 月 18 日
薛香兰	离石一中	中教高级教师	2004 年 11 月 19 日
刘跃珍	离石一中	中教高级教师	2004 年 11 月 19 日
成江平	离石一中	中教高级教师	2004 年 11 月 19 日
赵媛英	离石一中	中教高级教师	2004 年 11 月 19 日
薛文秀	离石一中	中教高级教师	2004 年 11 月 19 日
薛瑞玲	离石一中	中教高级教师	2004 年 11 月 19 日
冯玉连	离石一中	中教高级教师	2004 年 11 月 19 日
任华恩	离石一中	中教高级教师	2004 年 11 月 19 日

续表 31-5

姓名	工作单位	职称名称	通过时间
白凤娥	离石一中	中教高级教师	2004 年 11 月 19 日
冯瑞珍	离石一中	中教高级教师	2005 年 8 月 30 日
李翠珍	离石一中	中教高级教师	2005 年 8 月 30 日
李翠蓉	离石一中	中教高级教师	2005 年 8 月 30 日
刘凤娥	离石一中	中教高级教师	2005 年 8 月 30 日
雒冬平	离石一中	中教高级教师	2005 年 8 月 30 日
刘慧萍	离石一中	中教高级教师	2005 年 8 月 30 日
张蕊萍	离石一中	中教高级教师	2005 年 8 月 30 日
赵霞梅	离石一中	中教高级教师	2005 年 8 月 30 日
张正荣	离石一中	中教高级教师	2005 年 8 月 30 日
冯俊玲	离石一中	中教高级教师	2005 年 8 月 30 日
闫建珍	离石一中	中教高级教师	2005 年 8 月 30 日
张丽萍	离石一中	中教高级教师	2005 年 8 月 30 日
张晓琴	离石一中	中教高级教师	2005 年 8 月 30 日
杨泽平	离石一中	中教高级教师	2005 年 8 月 30 日
王春林	离石一中	中教高级教师	2006 年 9 月 2 日
刘　青	离石一中	中教高级教师	2006 年 9 月 2 日
高达英	离石一中	中教高级教师	2006 年 9 月 2 日
刘春平	离石一中	中教高级教师	2006 年 9 月 2 日
赵建林	离石一中	中教高级教师	2006 年 9 月 2 日
薛海元	离石一中	中教高级教师	2006 年 9 月 2 日
张海星	离石一中	中教高级教师	2008 年 8 月 2 日
曹晓兰	离石一中	中教高级教师	2008 年 8 月 2 日
岳继保	离石一中	中教高级教师	2008 年 9 月 23 日
李永平	离石一中	中教高级教师	2008 年 9 月 23 日
高瑞娥	离石一中	中教高级教师	2008 年 9 月 23 日
王俊利	离石一中	中教高级教师	2008 年 9 月 23 日
吴瑞珍	离石一中	中教高级教师	2008 年 9 月 23 日

续表 31-5

姓名	工作单位	职称名称	通过时间
张凤娥	离石一中	中教高级教师	2008 年 9 月 23 日
苏红梅	离石一中	中教高级教师	2008 年 9 月 23 日
李成义	离石一中	中教高级教师	2009 年 10 月 31 日
闫　瑛	离石一中	中教高级教师	2010 年 10 月 26 日
冯启后	离石一中	中教高级教师	2010 年 10 月 26 日
杨文娥	离石一中	中教高级教师	2011 年 10 月 16 日
胡文霞	离石一中	中教高级教师	2011 年 10 月 16 日
路　文	离石一中	中教高级教师	2011 年 10 月 16 日
薛玉清	离石一中	中教高级教师	2011 年 10 月 16 日
李建雄	离石一中	中教高级教师	2011 年 10 月 16 日
薛云彬	离石一中	中教高级教师	2011 年 10 月 16 日
郭宝珍	离石一中	中教高级教师	2013 年 11 月 2 日
罗吾珍	离石一中	中教高级教师	2013 年 11 月 2 日
李八英	离石一中	中教高级教师	2013 年 11 月 2 日
李林平	离石一中	中教高级教师	2013 年 11 月 2 日
高泽全	离石一中	中教高级教师	2013 年 11 月 2 日
李慧莺	离石一中	中教高级教师	2013 年 11 月 2 日
袁志坚	离石一中	中教高级教师	2013 年 11 月 2 日
刘　万	离石县区划办	高级农艺师	1988 年 1 月
韩培桂	离石县农技站	高级农艺师	1988 年 1 月
杨兰英	离石市农业技术站推广站	高级农艺师	1997 年 2 月
张桂兰	离石市农业技术站推广站	高级农艺师	1997 年 9 月
李香莲	离石市农业技术站推广站	高级农艺师	2002 年 5 月
严俊香	离石区农技推广中心	高级农艺师	2007 年 11 月 12 日
张怀玉	离石区农委科技推广站	高级农艺师	2009 年 6 月
李奴兰	离石区农业局技术站	高级农艺师	2009 年 9 月 6 日
薛晋珍	离石区农委科技推广站	高级农艺师	2011 年 11 月 20 日
刘前平	离石区农委科技推广站	高级农艺师	2011 年 11 月 20 日

续表 31-5

姓名	工作单位	职称名称	通过时间
李晓健	离石区农委技术推广站	高级农艺师	2013 年 11 月 29 日
张国华	离石区农委技术推广站	高级农艺师	2014 年 10 月 10 日
王俊玲	离石区农委技术推广站	高级农艺师	2014 年 10 月 10 日
王卫泽	离石县教师进修校	高级讲师	1988 年 3 月
冯日亮	离石市教师进修校	中教高级教师	1997 年 5 月
张平生	离石市教师进修校	中教高级教师	2001 年 1 月
孙春霞	离石市教师进修校	中教高级教师	2001 年 9 月
乔翠平	离石区教师进修校	中教高级教师	2009 年 9 月 6 日
梁文彩	离石区教师进修校	高级讲师	2014 年 1 月 17 日
赵明亮	离石四中	中教高级教师	1988 年 3 月
吴觉明	离石四中	中教高级教师	1988 年 3 月
任绍武	离石四中	中教高级教师	1988 年 3 月
赵光元	离石四中	中教高级教师	1988 年 3 月
冯树英	离石四中	中教高级教师	1988 年 3 月
姚兴泰	离石四中	中教高级教师	1988 年 3 月
杜世昌	离石县交口中学	中教高级教师	1988 年 3 月
高玉杰	离石区交口中心校	中教高级教师	2004 年 11 月 19 日
车应时	离石区交口中心校	中教高级教师	2009 年 10 月 31 日
冯爱平	离石区交口中心校	中教高级教师	2009 年 10 月 31 日
张鹏飞	离石区交口中心校	中教高级教师	2010 年 10 月 26 日
薛建娥	离石区交口中心校	中教高级教师	2013 年 11 月 2 日
张须明	离石县妇幼保健站	副主任医师	1988 年 3 月
夏菊英	离石县妇幼保健站	副主任医师	1988 年 9 月
梁毓文	离石县妇幼保健站	副主任医师	1993 年 11 月
郭　兴	离石区妇幼保健院	副主任医师	2006 年 9 月 25 日
刘谈俊	离石区妇幼保健院	副主任护师	2012 年 11 月 17 日
李翠红	离石区妇幼保健院	副主任护师	2012 年 11 月 17 日
任瑜超	离石区妇幼保健院	副主任护师	2012 年 11 月 17 日

续表 31-5

姓名	工作单位	职称名称	通过时间
辛达平	离石区妇幼保健院	副主任护师	2012 年 11 月 17 日
王艳春	离石区妇幼保健院	副主任医师	2013 年 12 月 3 日
李海燕	离石区妇幼保健院	副主任医师	2013 年 12 月 3 日
车革红	离石区妇幼保健院	副主任医师	2013 年 12 月 3 日
张凤莲	离石区妇幼保健院	副主任护师	2014 年 12 月 5 日
白改玲	离石区妇幼保健院	副主任护师	2014 年 12 月 5 日
刘治平	离石区妇幼保健院	副主任医师	2015 年 12 月
李彦军	离石区妇幼保健院	副主任医师	2015 年 12 月
刘春祥	离石区妇幼保健院	副主任医师	2015 年 12 月
刘学思	离石县地方病办公室	副主任医师	1988 年 9 月
闫玖柱	离石区地方病办公室	主任护师	2007 年 11 月 18 日
李江玲	离石区地方病办公室	主任护师	2010 年 10 月 26 日
郭春华	离石区地方病办公室	副主任护师	2012 年 11 月 17 日
吕秋燕	离石区地方病办公室	副主任医师	2013 年 12 月 3 日
任玉萍	离石区地方病办公室	副主任护师	2013 年 12 月 3 日
杨保良	离石县防疫站	副主任医师	1988 年 9 月
李光荣	离石县爱委会办公室	副主任医师	1988 年 9 月
成大权	离石县职工医院	副主任医师	1988 年 9 月
任应祥	离石县组织部	高级农艺师	1988 年 10 月
鲁志圣	离石县农牧局	高级农艺师	1988 年 10 月
王　滨	离石县农牧局	高级农艺师	1988 年 10 月
王美玲	离石区农牧局农经中心	高级农经师	2007 年 11 月 12 日
王春生	离石区动物疫病预防控制中心	高级兽医师	2012 年 10 月 14 日
贺新有	离石区畜牧局家畜改良站	高级兽医师	2013 年 11 月 29 日
张国钧	离石县人民政府	高级畜牧师	1988 年 12 月
宋维翰	离石电缆厂	高级会计师	1989 年 5 月
李保廉	离石电缆厂	高级会计师	1989 年 6 月
韩人霆	离石县统计局	高级统计师	1990 年 2 月

续表 31-5

姓名	工作单位	职称名称	通过时间
解宣武	江阴初级中学	中教高级教师	1990 年 9 月
孙 义	江阴初级中学	中教高级教师	1999 年 6 月
刘兰廷	江阴初级中学	中教高级教师	2000 年 12 月
渠志平	江阴初级中学	中教高级教师	2006 年 9 月
薛 凌	城镇中学	中教高级教师	1995 年 12 月
崔延生	城镇中学	中教高级教师	1999 年 9 月
闫建宏	城镇中学	中教高级教师	2004 年 11 月 19 日
王凤青	城镇中学	中教高级教师	2008 年 9 月 23 日
陶秀娥	城镇中学	中教高级教师	2008 年 9 月 23 日
冯月娥	城镇中学	中教高级教师	2009 年 10 月 31 日
薛斌毓	城镇中学	中教高级教师	2010 年 10 月 26 日
高小燕	城镇中学	中教高级教师	2010 年 10 月 26 日
杜小红	城镇中学	中教高级教师	2011 年 10 月 16 日
闫建荣	城镇中学	中教高级教师	2011 年 10 月 16 日
曹连则	城镇中学	中教高级教师	2011 年 10 月 16 日
薛荣彬	城镇中学	中教高级教师	2011 年 10 月 16 日
闫淑萍	城镇中学	中教高级教师	2011 年 10 月 16 日
高志华	城镇中学	中教高级教师	2011 年 10 月 16 日
高奇花	城镇中学	中教高级教师	2011 年 10 月 16 日
梁玉珍	城镇中学	中教高级教师	2011 年 10 月 16 日
贺秀清	城镇中学	中教高级教师	2011 年 10 月 16 日
刘晓洁	城镇中学	中教高级教师	2011 年 10 月 16 日
袁海连	城镇中学	中教高级教师	2013 年 11 月 2 日
郭丽平	城镇中学	中教高级教师	2013 年 11 月 2 日
刘桂娥	城镇中学	中教高级教师	2013 年 11 月 2 日
崔宝珍	城镇中学	中教高级教师	2013 年 11 月 2 日
杜玉秀	城镇中学	中教高级教师	2013 年 11 月 2 日
薛振江	城镇中学	中教高级教师	2013 年 11 月 2 日

续表 31-5

姓名	工作单位	职称名称	通过时间
薛京津	袁家庄中学	中教高级教师	1996 年 12 月
雒小平	袁家庄中学	中教高级教师	2001 年 10 月
柳泽林	袁家庄中学	中教高级教师	2009 年 10 月
薛月连	袁家庄中学	中教高级教师	2013 年 11 月 2 日
李双清	袁家庄中学	中教高级教师	2013 年 11 月 2 日
梁文斌	东关小学	中教高级教师	1997 年 5 月
张彩平	东关小学	中教高级教师	2005 年 8 月
高小平	离石二中	中教高级教师	1997 年 5 月
闫明亮	离石二中	中教高级教师	2000 年 12 月
薛玉明	离石二中	中教高级教师	2003 年 11 月 18 日
刘汉亮	离石二中	中教高级教师	2004 年 11 月 19 日
薛增爱	离石二中	中教高级教师	2004 年 11 月 19 日
牛改平	离石二中	中教高级教师	2005 年 8 月 30 日
曹月林	离石二中	中教高级教师	2005 年 8 月 30 日
刘平连	离石二中	中教高级教师	2005 年 8 月 30 日
卫志红	离石二中	中教高级教师	2006 年 9 月 2 日
渠志萍	离石二中	中教高级教师	2006 年 9 月 2 日
王　平	离石二中	中教高级教师	2006 年 9 月 2 日
车瑞江	离石二中	中教高级教师	2006 年 9 月 2 日
王亚峰	离石二中	中教高级教师	2006 年 9 月 2 日
张国良	离石二中	中教高级教师	2006 年 9 月 2 日
李维珍	离石二中	中教高级教师	2006 年 9 月 2 日
薛侯荣	离石二中	中教高级教师	2006 年 9 月 2 日
赵　华	离石二中	中教高级教师	2006 年 9 月 2 日
赵建玲	离石二中	中教高级教师	2006 年 9 月 2 日
王毓文	通宝公司离石煤矿	高级工程师	2000 年 3 月 20 日
刘冀萍	离石市朝阳小学	中教高级教师	2000 年 8 月 2 日
刘秀英	离石区朝阳小学	中教高级教师	2008 年 9 月 23 日

续表 31-5

姓名	工作单位	职称名称	通过时间
吴铁锁	离石高级中学	中教高级教师	2000 年 8 月 2 日
王存昌	离石高级中学	中教高级教师	2000 年 8 月 2 日
张明亮	离石高级中学	中教高级教师	2000 年 8 月 2 日
辛安治	教育体育局	中教高级教师	2000 年 12 月
刘志明	教育体育局	中教高级教师	2000 年 12 月
王建中	教育体育局	中教高级教师	2001 年 1 月
张少雄	教育体育局	中教高级教师	2002 年 5 月
王志明	教育体育局	中教高级教师	2004 年 11 月 19 日
薛国英	教育体育局	中教高级教师	2004 年 11 月 19 日
郭保胜	教育体育局	中教高级教师	2004 年 11 月 19 日
石依富	教育体育局	中教高级教师	2004 年 11 月 19 日
薛黎彩	教育体育局	中教高级教师	2004 年 11 月 19 日
刘恩祺	教育体育局	中教高级教师	2005 年 8 月 30 日
薛　明	教育体育局	中教高级教师	2005 年 8 月 30 日
高晓萍	教育体育局	中教高级教师	2005 年 8 月 30 日
李润兰	教育体育局	中教高级教师	2005 年 8 月 30 日
高明世	教育体育局	中教高级教师	2005 年 8 月 30 日
闫其福	教育体育局	中教高级教师	2005 年 8 月 30 日
闫思贵	教育体育局	中教高级教师	2006 年 9 月 2 日
张银才	教育体育局	中教高级教师	2006 年 9 月 2 日
王甫生	教育体育局	中教高级教师	2006 年 9 月 2 日
高元元	教育体育局	中教高级教师	2006 年 9 月 2 日
穆小刚	教育体育局	中教高级教师	2006 年 9 月 2 日
高德元	教育体育局	中教高级教师	2006 年 9 月 2 日
王亚平	教育体育局	中教高级教师	2006 年 9 月 2 日
任达明	教育体育局	中教高级教师	2008 年 8 月 2 日
李安琴	教育体育局	中教高级教师	2010 年 10 月 26 日
郭卫平	教育体育局	中教高级教师	2010 年 10 月 26 日

续表 31-5

姓名	工作单位	职称名称	通过时间
刘志芳	教育体育局	中教高级教师	2010 年 10 月 26 日
刘生娥	教育体育局	中教高级教师	2010 年 10 月 26 日
任金元	离石高级职业中学	中教高级教师	2001 年 1 月
刘志新	离石高级职业中学	中教高级教师	2001 年 10 月
高廷福	离石高级职业中学	中教高级教师	2003 年 11 月 18 日
王利平	离石高级职业中学	中教高级教师	2004 年 11 月 19 日
郝汝秀	离石高级职业中学	中教高级教师	2004 年 11 月 19 日
贺巧娥	离石高级职业中学	中教高级教师	2004 年 11 月 19 日
张利平	离石高级职业中学	中教高级教师	2004 年 11 月 19 日
闫晓玲	离石高级职业中学	中教高级教师	2005 年 8 月 30 日
高　贞	离石高级职业中学	中教高级教师	2008 年 6 月 1 日
张双才	离石高级职业中学	中教高级教师	2008 年 9 月 23 日
王彦玲	离石高级职业中学	中教高级教师	2008 年 9 月 23 日
赵兴元	离石高级职业中学	中教高级教师	2008 年 9 月 23 日
张建平	离石高级职业中学	中教高级教师	2008 年 9 月 23 日
张侯连	离石高级职业中学	中教高级教师	2008 年 9 月 23 日
刘志平	离石高级职业中学	中教高级教师	2008 年 9 月 23 日
郝高爱	离石高级职业中学	中教高级讲师	2009 年 9 月 6 日
李平生	离石高级职业中学	中教高级教师	2009 年 10 月 31 日
冯润泉	离石高级职业中学	中教高级教师	2009 年 10 月 31 日
李保国	离石高级职业中学	中教高级教师	2009 年 10 月 31 日
吴荣云	凤山中心校	中教高级教师	2001 年 10 月
高冬冬	西属巴中心校	中教高级教师	2001 年 10 月
袁万才	西属巴中心校	中教高级教师	2004 年 11 月 19 日
薛在文	西属巴中心校	中教高级教师	2005 年 8 月 30 日
王年亮	西属巴中心校	中教高级教师	2008 年 9 月 23 日
张继珍	西属巴中心校	中教高级教师	2009 年 10 月 31 日
张兴旺	西属巴中心校	中教高级教师	2013 年 11 月 2 日

续表 31-5

姓名	工作单位	职称名称	通过时间
巩四丑	西属巴中心校	中教高级教师	2013 年 11 月 2 日
赵文金	西属巴中心校	中教高级教师	2013 年 11 月 2 日
吴钱锁	西属巴中心校	中教高级教师	2001 年 1 月
靳光梅	离石市农业蚕果站	高级农艺师	2001 年 11 月 26 日
李一中	离石市史志办	副编审	2002 年 11 月 17 日
白丽平	离石市委党校	高级讲师	2003 年 8 月 1 日
张月珍	离市区委党校	高级讲师	2010 年 12 月 11 日
王继连	离石三中	中教高级教师	2003 年 11 月 18 日
白虎连	离石三中	中教高级教师	2003 年 11 月 18 日
薛香爱	离石三中	中教高级教师	2003 年 11 月 18 日
吴淑琴	离石三中	中教高级教师	2004 年 11 月 19 日
刘宝爱	离石三中	中教高级教师	2004 年 11 月 19 日
杨林秀	离石三中	中教高级教师	2004 年 11 月 19 日
程月林	离石三中	中教高级教师	2004 年 11 月 19 日
张云琴	离石三中	中教高级教师	2004 年 11 月 19 日
贺苏平	离石三中	中教高级教师	2005 年 8 月 30 日
闫爱珍	离石三中	中教高级教师	2005 年 8 月 30 日
梁美玉	离石三中	中教高级教师	2005 年 8 月 30 日
刘新林	离石三中	中教高级教师	2005 年 8 月 30 日
刘淑红	离石三中	中教高级教师	2005 年 8 月 30 日
张志宏	离石三中	中教高级教师	2005 年 8 月 30 日
高永军	离石三中	中教高级教师	2006 年 9 月 2 日
刘建华	离石三中	中教高级教师	2006 年 9 月 2 日
高琴琴	离石三中	中教高级教师	2006 年 9 月 2 日
王建中	离石三中	中教高级教师	2008 年 8 月 2 日
李如顺	离石三中	中教高级教师	2008 年 8 月 2 日
李富民	离石三中	中教高级教师	2009 年 10 月 31 日
梁建平	离石三中	中教高级教师	2009 年 10 月 31 日

续表 31-5

姓名	工作单位	职称名称	通过时间
杨淑萍	离石三中	中教高级教师	2009 年 10 月 31 日
韩金亮	离石第一小学	中教高级教师	2003 年 11 月 18 日
刘俊汝	离石第一小学	中教高级教师	2004 年 11 月 19 日
刘冀萍	离石第一小学	中教高级教师	2008 年 8 月 2 日
任德诚	吴城中心校	中教高级教师	2003 年 11 月 18 日
王根生	吴城中心校	中教高级教师	2008 年 9 月 23 日
温迎东	吴城中心校	中教高级教师	2009 年 10 月 31 日
贺录良	信义中心校	中教高级教师	2003 年 11 月 18 日
宋玉奎	信义中心校	中教高级教师	2003 年 11 月 18 日
陈改琴	信义中心校	中教高级教师	2008 年 9 月 23 日
康风宝	信义中心校	中教高级教师	2010 年 10 月 26 日
刘德全	枣林中心校	中教高级教师	2003 年 11 月 18 日
郭海平	枣林中心校	中教高级教师	2006 年 9 月 2 日
刘德秀	枣林中心校	中教高级教师	2006 年 9 月 2 日
李凤珍	枣林中心校	中教高级教师	2010 年 10 月 26 日
郭大勋	田家会中心校	中教高级教师	2003 年 11 月 18 日
李增清	田家会中心校	中教高级教师	2004 年 11 月 19 日
乔候莲	田家会中心校	中教高级教师	2006 年 9 月 2 日
金书萍	田家会中心校	中教高级教师	2008 年 9 月 23 日
王年亮	田家会中心校	中教高级教师	2008 年 9 月 23 日
段晓云	田家会中心校	中教高级教师	2009 年 10 月 31 日
张海才	田家会中心校	中教高级教师	2009 年 10 月 31 日
石三兰	田家会中心校	中教高级教师	2009 年 10 月 31 日
薛润华	田家会中心校	中教高级教师	2009 年 10 月 31 日
刘林香	田家会中心校	中教高级教师	2011 年 10 月 16 日
薛乐明	坪头中心校	中教高级教师	2003 年 11 月 18 日
薛炳文	坪头中心校	中教高级教师	2005 年 8 月 30 日
闫清秀	坪头中心校	中教高级教师	2006 年 9 月 2 日

续表 31-5

姓名	工作单位	职称名称	通过时间
杨常顺	坪头中心校	中教高级教师	2008 年 9 月 23 日
薛庆良	坪头中心校	中教高级教师	2013 年 11 月 2 日
薛兴华	坪头中心校	中教高级教师	2013 年 11 月 2 日
梁爱琴	离石市会计局	高级会计师	2003 年 12 月 13 日
刘子清	离石市会计局	高级会计师	2003 年 12 月 13 日
张彩萍	离石第二小学	中教高级教师	2005 年 8 月 30 日
李秀昂	离石区植物保护检疫站	高级农艺师	2005 年 12 月
薛艳兰	离石区农广校	高级农艺师	2005 年 12 月
冯德生	城北中心校	中教高级教师	2006 年 9 月 2 日
高文平	城北中心校	中教高级教师	2010 年 10 月 26 日
张来生	信义镇严村	农村高级技师	2007 年 11 月 12 日
乔志霞	信义镇严村	农村高级技师	2007 年 11 月 12 日
王海荣	信义镇严村	农村高级技师	2007 年 11 月 12 日
王润保	信义镇德岗村	农村高级技师	2007 年 11 月 12 日
贺虎才	枣林乡贺家畔村	农村高级技师	2007 年 11 月 12 日
杨探兴	枣林乡结绳墕村	农村高级技师	2007 年 11 月 12 日
李贵文	西属巴街道办盛地沟村	农村高级技师	2007 年 11 月 12 日
梁淑燕	离石区计生服务站	副主任医师	2007 年 11 月 18 日
于淑平	离石区计生服务中心	副主任护师	2012 年 11 月 17 日
王改青	离石区计生服务中心	副主任医师	2013 年 12 月 3 日
刘　珏	离石区计生执法队	副主任护师	2013 年 12 月 3 日
王金元	离石区文物旅游局	副研究馆员	2007 年 12 月 27 日
王　虎	离石区土壤肥料工作站	高级农艺师	2008 年 12 月
李金花	离石区疾病预防控制中心	副主任护师	2009 年 10 月 21 日
李　霞	离石区疾病预防控制中心	副主任护师	2010 年 10 月 26 日
贾月平	离市区疾病预防控制中心	副研究馆员	2010 年 11 月 22 日
武秀媛	离石区疾病预防控制中心	副主任医师	2011 年 11 月 14 日
梁翠玲	离石区疾病预防控制中心	副主任护师	2012 年 11 月 17 日

续表 31-5

姓名	工作单位	职称名称	通过时间
王翠玲	离石区疾病预防控制中心	主任医师	2014 年 12 月 5 日
薛云照	离石区路桥工程有限公司	高级工程师	2009 年 12 月 29 日
刘东华	离石区中医院	副主任医师	2010 年 10 月 26 日
冯艳梅	离石区中医院	副主任医师	2011 年 11 月 14 日
薛海玉	离石区中医院	副主任医师	2012 年 11 月 17 日
王少燕	离石区中医院	副主任医师	2012 年 11 月 17 日
刘忠梅	离石区中医院	副主任医师	2012 年 11 月 17 日
任志爱	离石区中医院	副主任医师	2012 年 11 月 17 日
陈永利	离石区中医院	副主任药师	2012 年 11 月 17 日
薛泽芳	离石区中医院	副主任医师	2013 年 12 月 3 日
李旭鹏	离石区中医院	副主任医师	2013 年 12 月 3 日
李小永	离石区中医院	副主任医师	2013 年 12 月 3 日
梁小林	离石区中医院	副主任护师	2015 年 12 月
薛殿恩	离石区农委环保站	高级农艺师	2011 年 11 月 20 日
白晓军	离石区培训考试中心	高级会计师	2012 年 6 月 3 日
车小芳	离市区红十字会	副研究馆员	2012 年 11 月 27 日
王新明	离石区红眼川乡卫生院	副主任医师	2012 年 11 月 17 日
王秀珍	离石区食品监督稽查大队	副主任护师	2012 年 11 月 17 日
杜　丽	离石区水土保持工作站	高级统计师	2013 年 5 月 25 日
黄学亮	离石区农委执法大队	高级畜牧师	2013 年 11 月 29 日
刘　钰	离石区卫生监督所	副主任护师	2013 年 12 月 3 日
雒瑞红	离石区卫生监督所	副主任护师	2013 年 12 月 3 日
孙爱玲	离石区卫生计生执法大队	副主任医师	2014 年 12 月 5 日
侯根连	离石区卫生计生执法大队	主任技师	2015 年 12 月 3 日
李瑞芳	离石区食品监督稽查大队	副主任护师	2013 年 12 月 3 日
张凤琴	离石区发改局信息中心	高级统计师	2014 年 4 月 12 日
李卫东	离石区城乡建设管理局	高级工程师	2014 年 11 月 26 日
崔轶桢	离石区环境监测站	高级工程师	2015 年 11 月

第五节　省人大代表

出席山西省第一届人民代表大会代表

1954年7月11—16日，离山县第一届人民代表大会第一次会议召开，选举产生出席山西省第一届人民代表大会代表4名：贺金声等。

出席山西省第二届人民代表大会代表

1958年6月4—8日，离山县第三届人民代表大会第一次会议召开，选举产生出席山西省第二届人民代表大会的代表4名：李庶民、高文焕、肖文明、任改珍。

出席山西省第三届人民代表大会代表

1963年7月26—29日，离石县第五届人民代表大会第一次会议召开，选举产生出席山西省第三届人民代表大会代表5名。

出席山西省第六届人民代表大会代表

1983年3月，离石县第七届人民代表大会第二次会议召开，选举产生出席山西省第六届人民代表大会代表9名：郭裕怀、王瑞生、白普、崔瑞莲（女）、费书林、华元中、鲁志圣、杜守荣、康安平。

出席山西省第七届人民代表大会代表

1987年11月17日，离石县第九届人民代表大会第二次会议召开，选举产生出席山西省第七届人民代表大会代表6名（按得票多少为序排列）：王建刚（离石县人大常委会主任）、吴砚生（武警吕梁支队副营职助理员）、高建业（离石县城关镇镇长）、高志映（吕梁行署教育局局长）、陈二汝（离石县盘龙塔村妇代会副主任）、鲁志圣（离石县政协副主席）。

出席山西省第八届人民代表大会代表

1992年11月3日，离石县第十届人民代表大会第四次会议召开，选举产生离石县出席山西省第八届人民代表大会代表6名（以姓氏笔画为序）：刘静、李乃莲、阎永安、阎电山、高候英、鲁志圣。

出席山西省第九届人民代表大会代表

1997年11月19日，离石市第一届人民代表大会第三次会议召开，选举产生离石市出席山西省第九届人民代表大会代表4名：李林英、刘本旺、赵建平、段丽卿。

出席山西省第十届人民代表大会代表

2002年11月19日，离石市第二届人民代表大会第六次会议召开，选举产生离石市出席山西省第十届人民代表大会代表5名（按得票多少为序排列）：卢功勋、任丽梅、刘本旺、李瑞雪、武玉根。

出席山西省第十一届人民代表大会代表

2007 年 11 月 30 日，吕梁市第一届人民代表大会第六次会议在离石召开，选举产生离石区出席山西省第十一届人民代表大会代表 2 名：刘云利（女，离石区地税局局长）、张信林（女，山西大土河焦化有限责任公司信义筹备处主任）。

出席山西省第十二届人民代表大会代表

2012 年 11 月 26 日，吕梁市第二届人民代表大会第六次会议在离石召开，选举产生离石区出席山西省第十二届人民代表大会代表 3 名：李建红（女，离石区枣林乡党委书记、人大主席团主席）、阎俊平（女，离石区人民医院护理部主任）、李振忠（男，吕梁泰化石油公司安全员）。

第三十二编

艺 文

散文

诗歌 碑文

民间文艺

本编收录散文12篇，其中金朝1篇、明朝3篇、清朝4篇，中华人民共和国成立后4篇。收录诗歌110首，其中明朝6首，清朝79首，中华人民共和国成立后25首。离石留下了不少的碑碣石刻，本书收录碑文11篇，其中明朝2篇，清朝4篇，中华人民共和国成立后5篇。离石地方民间文化丰富，地域特征鲜明，文艺作品品类繁多，为传承保存离石地方文化，本书特收录部分民间文艺作品11篇，其中民间故事1篇，民间韵文1篇。地方民歌7篇，其中革命历史民歌2篇，传统民歌2篇，弹唱词2段，秧歌1段。另有快板2段。

第一章 散 文

第一节 古代散文

嘉禾记

〔金〕姜国器

天地之间赋象成形者，有万不同。而以罕见者为祥，如麒麟之于走兽，凤凰之于飞鸟，上则庆云甘露，下则醴泉芝草。类皆不常出，则所以为瑞也。尝考诸图牒，即其实而较之，独嘉禾最为上瑞，何则？嘉禾者，谷之精也；谷者，生民之命，有国之宝，政之急务也。夫谷之精英者出，则百物阜成，其可知已。借使年谷不登，民有饥色，虽麟凤在郊薮，庆云甘露出于天，芝草醴泉出于地，则将何益？是知嘉谷之为瑞大矣哉！然则，彼物果何为出也？是岂人力之所能致耶？是岂造物之偶然耶？盖尝闻之和气致祥，又曰："声和则天地之和应。"今夫一郡一邑间，丰凶之不同，灾祥之各异，无不系百姓之休戚。百姓之休戚无不系吏政之贤否？吏政之失则百姓受弊，怨讟充积，邪气奸其间，不能无妖孽之作也。吏政之善，则百姓受赐，欢忻交通，流为叶气，不能无祥物之应也。

昔鲁恭为中牟令，政有异迹。是岁嘉禾生，河南尹袁安以檄劳之曰："君以名德，久屈中牟，豹产之化流行，天降休瑞应行而生。"乃上书言状，帝为之异。是以自古言贤令者，莫不以鲁恭为首。定湖小邑，僻在一隅河滨山峤间，风薄俗鄙者久矣。加之素乏贤令尹，恩泽不流，教化不宣，挟奸肆巧，习以成风。相仍数政，以至乖争凌犯之变递起于闺门，愁恨叹息之声稔闻于田里。故向者旱干水溢之患，无岁无之。

大定甲午，文林郭君，河间人，讳震，字伯起者，奉命来宰是邑，痛矫前弊，其用心也公、其从政也果、其忧民也切。弱者扶之，强者抑之，奸民无所容其迹，巧吏不得措其手。未几，三载政平讼理。向之乖争凌犯者，化而为礼义。昔之愁恨叹息者，易而为讴歌。是以和气熏蒸，阴阳调风雨时，一方之民荐获丰稔。

丁酉，石州六县被灾者大半，独此一邦，岁则大熟。俄而，有邑人白广、王诏同日诣庭，而告云："有异谷二本，相隔数陇，合为一穗。"令矍然而语曰："信如是说，岂非嘉禾耶！"乃率僚属趋而往。视之，果祥物也。迎之以归，于是，阖境喧传，观者如堵，白叟黄童无不举手加额。皆曰："昔之水旱相仍，室家不保，今则乐岁终身饱，仰足以事父母，俯足以畜妻子，而又祥物显应者如此，非吾县大夫德政所感，其谁之力与？"翌日，士民相率趋庭奉酒而贺，不知手舞足蹈而歌咏满前。已而，令乃顾谓士民曰："此一境间两获上瑞，所谓美之又美，非吾敢擅其美。今明天子在上，众贤和于朝，万物和于野，日月之所临，舟车之所至，无不被润洽而大丰美。故天不爱道，地不爱宝，所以嘉祥为时而出。当与斯民同鼓舞太平，歌咏圣德而已。岂敢贪天之功以为己力？吾闻善则称君，人臣之义也。昔唐叔得禾，异亩同颖献诸天子。周公旅天子之命作《嘉禾》，名之书篇。炳如日星，辉映千载。今归美报上，适其时矣。”乃缄禾于匮，仍图其象，具表以献。

先闻于部刺史，部刺史达于州，自州而达于京师。上自侯王贵戚，缙绅士流，下逮民庶，争先睹之为快，咸谓：“此瑞，天下和同之象。今荐获二本，乃太和之和也。”自春官用事，从而太常，礼官采摭，故实闻诸朝堂。乃于正月上日称觞之次，宝而进之，使惊动万国耳目，为一代美事。先以照符用下本所献者回，具闻前议。邑人相告曰：“兹者上瑞并产吾土，旷百年未易逢。此上以见圣朝格天之德，高越于西周；下以见吾县大夫政迹之异，不减鲁恭之治中牟，使千世后知吾县有是美瑞。吾县长扬休天子表献之力。”可不备记，以示诸后？

刊于清光绪版《永宁州志》

重建孔子庙记

〔明〕州人　张珩

夫石州，古冀域地也。沨沨乎！被唐虞三代之化旧矣。而孔子之教泽，尤汪秽无涯涘焉。降自五胡窃据，金辽偏驭，当是时，吾道羽翼维持之功甚大也。但世代更迭，治乱相寻，州之沿革，舆图足征，而学之兴废，漫不可考。暨胡元并吞，河内许平仲氏，用夏变夷，丕阐圣道。大德间，我石州黉宫原建于州治之东，逮我高皇帝迅扫妖氛，诞敷文教，有司惧元制俭陋弗称。洪武甲寅，乃恢拓整葺，广袤雄丽，且星分参井之次，地占形胜之最，诚一代定制也。弘治丁巳历百二十三禩前宫灾，知州王道重建。正德丁卯历十有二禩复灾，知州张克恭重建。迄今嘉靖己酉三月五日，仅四十三禩耳。复被西邻灾延之，其成毁久近，果人谋之不臧，抑乘除之有数与。时州守崔嘉行役汾阳，闻变辄归，睹烈焰煨烬之惨。吁天号泣曰：“不谷之辜也。”即列状闻于巡按，御史黄洪毗兼程至。自宁武明日往视，痛悼良久，谓守曰：“兹关典礼，宜亟从事，藩臬诸司怂恿益力。”守曰：“此有司夙夜皇皇者也，敢不懋哉？”于是鸠僝载殷，荒度维敏，不数月告厥成功，乃率学官弟子员揭虔妥灵。是日，天清日宴，宫墙岩岩，斋庑翼翼，骏奔礼成，神人胥悦。以至明伦堂左右舍，碑亭庠门，罔不壮伟可观。守之尊先师而成监司之志，良亦勤矣。

集佥议问记于张珩氏，珩受简，怃然叹曰：自六经删述，学者一惟宗尚孔子，而则法之莫违。自学宫建立，仕者皆知追崇孔子而修葺之。维谨然学之者，或名实之异情而崇之者，或公私之殊向，是以人才治理纯驳相淆，有世道之计者，恒切忧之。矧兹学宫之建，远沿历代，迩更数变。其工役始末，皆湮没无传。岂顾其简陋若是，或亦毁于焚虐者，虽金石莫之保也。

乃今欲补数百年之阙，而报万世之功，其何能为之赞扬。盖尝凭虚览古，周眺吕梁之巅，西带大河。出昆仑、经积石、达孟门，弥漫汹涌，汪洋澎湃而注之海，蛟龙伏焉。南襟屏山，东厄黄芦，北枕赤岭、崒嵂、巑岏、嶕峣、嵲嵲，脉起云中，属于凤岳而剑于太行，虎豹藏焉。其发于人，俶傥瑰玮，湛道浮华，砥节履方，如凤鸟河图，为希世之瑞，是皆诵法孔子之徒者也。

呜呼！山川之气，块轧无垠，古今不殊也。国家学校之设，绳绵周遍，千载犹一时也。孔子之道，若日月之丽天，江河之沛地，巍乎！焕乎！万世犹一日也。嗣今以往，鼓笥挟策，藏修以待用者，匪徒名之饬而济其私，视前修无少让焉。庶不负山川之胜，圣道之功用云。盖孔子之道，在天谓之命，在人谓之性，合命与性谓之一。故尝语二三子曰："吾道一以贯之，"仪型王德，匡翼世教，防范人心，率不外此。能由敬义以求之道，其庶几乎！若伸其呫哔之末，但以邀声名利达而已。殆非明时建学育才之盛意也。珩不敏，愿与后先同志共勗之哉！

刊于清光绪版《永宁州志》

游笔架山记

〔明〕嘉靖甲午 赵国相

石城之朔右出二十里许，有山名笔架者，肖形也。三峰排矗，中昂旁下，余若波浪渐削，恍如琢磨所成者，企之则载自吕梁，遵川而南，放于屏山，无异观。其出没无常者，近山之稍低，且有时云出岫而雨即随沛，或淋潦既久，则霁生云散，乡人讹传为仙人呼吸使然，乃别以神仙谥焉。夫天下岂有仙人，盖笔峰之精气所钟，蒸而葱郁有如此。故是名不易而小号因之者，产诸麓也。概其景有八：曰"飞云布丙"、曰"宿雾流虹"、曰"碧露凝霄"、曰"丹霞饯日"、曰"冈头耸翠"、曰"洞口桃荣"、曰"声撼寒空"、曰"涛悬古峡"，其他啼莺蔚兽，怪石奇花，不可记。

嘉靖己亥四月八日，村翁结社会。时户部进士辛丈震、庄子庠，由郧归省，偕诸友往游。时见雉堞团清，龙津流细，红日低烟，苍山连海，共拟为羲皇上人。山僧燃藿烹茶，穿罍漉酒，以供雅兴寻幽。陟层峦、穷深谷，扫石坐蒲，大开觞政。始而主令则前进士，佐令则白子恒谷、杨子南田；监令则张子吕梁、郭子芦桥；而守令则杨子孔峪、张子龙麓，笔架山主人也。迭为倡和，徘徊尽欢，酒至诗成，各录于左。

继而颓然就醉，相枕而卧，意有所极，梦亦同趋。觉而起，苍然暮色，自远而至，乃携手信步，偃仰而归，其心犹恋恋然。夫我山之有情如此，我山之有光如此，安得不为之记？

刊于清光绪版《永宁州志》

永宁州砖城记

〔明〕州人 胡槵

城曷为而砖之？谋久远也。今永宁非旧石乎？自昔隆庆丁卯遭寇陷，易新名，伊时非无城也，城不足恃，斯罹横厄耳。省会大臣悯地方之变，具疏请于朝曰：“永宁，当三晋西鄙之冲，业已残毁，城非环土之筑可保，宜易之以砖。”天子曰：“可令如议行。”诸执事奉命惟谨，调工度费，相地限时，期底厥绩，经始于万历六年六月，落成以七年九月，大都供需之重发自藩储，擘画之详专责守土。城四围基用石，壁顶睨墙悉用砖，计一千二十丈，高计四丈，城门三，门楼角楼八、敌台、铺房各二十六，悬楼六十二，马道、壕梁各如式。所费钱谷、夫匠、料物备载，公移城既成，一方遗黎瞻依凭籍。始有乐生兴事之心，诚不可无记也。

予因感今思旧，喟然太息曰：九边各设重镇，畜养士马，凡以卫民也，今寇骑一入，民辄受祸，则将与兵奚赖哉！持边筹者方且日繁兴作，朝议筑台，暮议增堡，龙荒万里，堑山堙谷，尽欲操畚锸、树楼堞，以为一时观美偷安之谋。殊不谓边庭宜战，内地宜守，向令移筑边浮费，缮腹里诸城邑，省增饷赢余，休养吾民，俾自为守。寇小犯，责兵直挫其锋。寇大举，命将互捣其穴，声势相倚，臂指相援，万一深入，民胥登城清野，高坚可恃，足保无虞，亦奚惧骑寇之凭凌哉！嗟夫！既往不咎，将来可追，今城诚坚矣！败亡之后，人户凋残，室家离散，劳来安集之方，所以宜先致意也，戎器未储，生理未复，劝农讲武之法，所宜先亟图也。市廛敝则商旅不行，仓廪虚则饿莩无救。赈赉积储之政，所宜兼举而不容缓也。他若慎盘诘以防奸人，明法令以禁暴客，减徭赋以恤困穷，益民兵以增戍守，敦礼教以回风俗，贤司牧者悉心注措，不遗余力，庶几声名文物之旧可望渐复也。

昔人云：“十年生聚，十年教训。”则政有经而民可使矣。不然，疮痍未起，蘭丝如故，虽有崇城，谁其守之？予不佞，绸缪过计，有言必尽如此，后来者谛观于斯，勿谓常谭。则予郡士若民，其永孚于休乎！

是役也，部院两台公祖，杨公巍、赵公孔昭、方公逢时、吴公兑、郑公洛、朱公岦、崔公镛、高公文荐、贺公一桂、孙公代、田公乐、贾公如式、黄公应坤，本道司府公祖徐公行、张公梦鲤、秦公吉士、张公大道、王公子惠、房公如式、乔公应春、梁公式、张公修吉、李公春芳，州主父母先刘公祐、高公光、陈公嘉谟与今许公讳天球，皆于城工与有力者，悉书之记。

刊于清光绪版《永宁州志》

游山寺记

〔清〕朱铃

环永宁皆山也，而山寺为最。永宁于唐为昌化郡，即昌化公主食邑。时代宗以佛牙赐公主，故公主建安国寺置铜塔以贮之。寺处丛山之中，至今相传为山寺云。辛巳岁，作客半载，窃慕之。时值九秋，碧云在天，黄花满地，爽气宜人，奋然往游。徒步出城，沿溪行，四围山色，一一寓目，或远或近，或起或伏。晴岚紫雾，掩映于回峰叠嶂之中，一时应接不暇。而野水沦涟，微风吹动，复与日光上下。小桥人度，扶杖而东，牛车接续，粼粼之音，若出金石。西风应谷，黄叶纷飞，朴人眉宇，一幅辋川图画，如何领略得尽。进而西，村落数处，或傍山隈，或依林木，鸡犬桑麻，依然人世，而一种静穆之气，远绝尘俗。此中人习而安焉，亦不自知其为无怀葛天境界也。不数武，山岙之内，隐隐有小酒旗招展点缀颇幽，想村醪野酝式饮，庶几不减兰陵郁金。再进而西，见崇岭障天，寒峰绝地，询之土人，入秦路也。曲磴崎岖，清风鸟道，驼者驼，负者负，来者来，往者往，络绎不绝，大都名利之场循环牵绊耳。以非山寺顺道，故不复至。遂折而北，登山之麓，去寺犹十里许。迤逦行来，则张襄敏公墓也。崇正道，立边功，卓卓人表，德业烂然。曾几何时，而烜赫华表之茔，竟为罝罘狐兔之薮。噫！身后浮沉，百年迁变，类如斯夫。过断峡，折而东北，高岗之上有大松焉，其圆如盖，其长凌空，藓剥蛟皮，赤同琥珀。石梁桥畔三株，当亦不是过耶。惜乎！亭亭孤处，仅为樵牧憩息之所，殊为不偶。然老干扶苏，浓阴四布，能覆物焉。逾小岭循崖而西，苍苍者山也，蔚蔚者树也，崚层者怪石也，幽邃者洞壑也，崄峭者绝壁也，深岩者溪涧也。人语不闻，禽声断响，静若太古，觉武林之灵隐云栖，金陵之栖霞牛首，犹有烟火余气。再进则云迷谷口，苍茫万状，疑若无路。及转山腰，梵宇巍峨，金碧辉煌，拥出于层峦叠翠之中者，即山寺也。平夷睇望，相去若咫尺；逮缘崖旋转，犹余数里。松柏覆路，藤萝挂天，日影悬空，金风淅淅。忽一伛偻头陀从深林中曳杖而出，何殊僧迦佛国，林下逍遥。复转而东，行乎复道之下，悬崖万丈，其势如压，阴森觱栗，悚人毛发。仰观流泉滴沥，状类石乳披纷。再东则天光云影，辉映于巉岩之间，五色毕备，瑞气氤氲，千条万缕，应非人间地耳。有莲花峰者，上丰下锐，形同苍菌。摄衣而上，俨然普陀之落伽。而所谓安国城者，不知何王之代，姓名湮没，仅存形似，徒令人睹废址而兴叹也。寺侧有琉璃井一，泉甘而冽，居民资取。入寺礼瑜迦弘范三界，令人严净毗尼。登悬楼，俯视一切，洋洋乎大观哉。最后，山僧出佛牙相示，长半尺，其质莹而洁，其色红而润。佛纵有灵，亦未必凭此无知之骨，又何辨真赝乎？其先有纯天和尚者，精《内典》，通儒教，复娴诗文。于清端公少壮时，读书于寺之后楼，发愤下帷，足不窥户，惟纯天得与讲习唱和。世人谓坡仙佛印，缘分未尽，同时再聚，未可知已。出寺后半里许，即公之读书楼，榱桷翚飞，栋宇苞茂，盖公孙观察公黝垩而丹雘之。依山负嵎，龙虎回抱，洵哉灵奇钟秀之区。而此楼杰然耸处，不与此山同其千古哉！夫清端公，不世出之人杰也。原其始，呫哔于此楼者几二十年，养成尧舜君民之具。故出而致用，大展猷略，则知从古盛德大业之士，未有不从学问中来也。虽然，维岳降神，生甫及申，山川钟异，盖可忽乎哉。日暮趋归，备述其所历如此。

刊于清康熙版《永宁州志》

于清端公传

〔清〕陈廷敬

公讳成龙，字北溟，永宁人。先世仕明者讳坦，有声，弘治朝官至大中丞。父时煌，里中称长者。明末盗起西疆，里中筑堡于公先陇旁以备警，形家者言，堡成不利于氏。公笑曰："我里千家保聚，独我家不利，害少而利多，堡当筑矣。"堡成卒无害。公生而才智绝人，攻场屋应举之文，中崇祯己卯副榜。国朝仕为罗城令。罗城，秦桂林地，故多瘴疠，中州人官此土者辄往往负生之痛，又猺獞顽黠不可治。仕或自罢去，公喟然曰："荒徼皆吾民土，惟国家所使命，人生仕宦，岂择险易哉！且罗城庸可遂无官耶！"单装径往。

罗城无城郭庐室，居人数家，公廨一，脊露从篁深菁间。披草木入，得微径，插篱棘为门牖，虎啸猿掷，白昼行庭中。阳阳穿坏壁去。公即庭中，以土砾为几案，楹下置爨，一釜一盂，炊烟并日，寝处其中。召吏民引使来前，从容问所苦，喻以急公敬上之义，申令行事。吏民皆乌言咿喑，与之语，心耳辽绝，解析譬晓，津唾瀵涌神色恺易。良久，欣然拱听。既去，则据案读书，数钱贳恶酒，独酌，醉则隐几而卧，或竟日不冠履。既数月，吏民乐公坦怀易亲，益皆乐就。当是时，西粤数叛服，罗城新下，民皆窜匿山谷，而猺獞与大姓相仇杀，民既失业，则阻险为盗，它令或饰威规利，民益疑畏不敢前。公至，则悉除诸禁，拊循残氓，诚意怜恻感人，人皆自至焉，以田赋诣公亲与交兑，或留数钱置案上，公问何意？曰："阿爷不要火耗，不谋衣食，宁酒亦不买耶？"公感其意，为留数钱，计得酒一壶而止，民益亲爱，因与朝夕问地方利害，悉得要领。编置保甲，约束猺民，盗有犯者立斩艾之，悬其首堡之竿，由是盗皆屏迹。

先是邻猺杀掠我人畜，岁二三至以为常，至是鼓勒乡勇，将进捣其巢，猺大震惧，自誓不敢犯界上，归所掠人畜。夫然后民得安居，尽力于耕稼之事矣。每春时命两猺舁竹兜行田野中，见力耕者辄呼，与语相劳苦。民知公来，皆率妇子环公罗拜，或坐树下与饮食，笑语欢如家人。勤而获者旌其门，惰而荒者，群詈以辱之，民大劝悔，秉穗被野，牛羊满山，公以其暇日，增陴浚隍，招民来居。新筑室者，公手书联额以示奖异。立学宫，教民其中，能读书应举者，免徭役，民俗辑和。独数大姓者负势不为下，其人皆号总戎、侯伯。

尝指挥长吏，助恣残慝。公曰："此曹向皆倚恃猺獞盗贼为之爪牙，一逆其心，则致乱召变。是故，它令多匿意阿忍。今吾威令已行，民知礼义，此曹不悛终不可为治。"

会黄姓以家僮犯教令，执送公所属，致之死。公审，当与杖，知已被杖。因怒云："尔既送官，有朝廷法在，何得自先擅刑？是藐官法？"叱之跪，当杖送县狱。黄大恐，叩头谢死罪。移时，始得免。公乃为陈顺逆祸福之理，黄大感悟，自是数大姓皆奉法。惟谨以公事至者，望篱门皆股栗项缩，无复向之跳踉桀骜于公庭之上矣。三年政成，台使者皆敕粤中，令以罗城令为法。公乃牒上，宽征徭、疏鹾引、诸利弊，所宜兴罢者，民爱之如父母焉。

公自处困，人所不堪，从仆皆尽散去，二仆染瘴不能去，旋亦皆死。罗人怜公，每晨夕环视，问公安否？间敛金钱跪进云："知阿爷苦，我百姓每供些少盐米费耳。"公笑谢曰："我一人在此，何须如许物，可持归，易甘旨奉汝父母，一如我受。"众怏怏持去，居数年，家人来，罗人则大喜，奔哗庭中："阿爷人来，好将物安家去。"又进金钱如初，公又笑谢曰："此去我家六千余里，单人携资适足为累耳！"挥使去，众皆伏泣，公亦泣，卒不受。

丙午秋试，得外帘，公布袍数浣，破被如铁，一苍头从。众帘官皆美服盛饰，傔从姣好，公以衣敝垢缕参错其间，诸吏人皆指目揶揄。与服饰盛者相周旋尔汝而不及公。大吏闻公名，亟欲识公，指衣敝垢缕者曰："必罗城令也。"诸吏人皆相顾愕眙。于是大吏委公以试事使，专督之事皆精审曲当。因与极论时事所宜，及古今成败是非得失之迹，公掀髯抵掌，词气激昂，具有伦要，大吏交章举公"卓异"。在罗城七年，迁知合州，公复牒十事上幕府，皆为公行之。去罗城，罗人遮道呼号："公今去，我侪无天矣。"追送者数百里，哭而还。一眇者独留不去，公问故，曰："民习星卜，度公橐中赀不能及千里而尽，民技犹可资以行也。"公感其意，因不遣去。会淫雨，赀尽，竟赖此眇者力得达合州。

州领三县，合计才遗黎百余人。正赋十四两，而供役繁重不支。官有驺从之费，公至则尽除习弊，畜一羸马，以家仆自随，府帖下取鱼，公曰："民脂膏竭矣！无怜而问者。顾反乃乐鱼，且安所得鱼乎！"卒不与府中鱼。因极陈荒残疾困状，郡守笑谢，为裁革十余事。公念治合之要在招徕流亡，往时新归流户，便令即日力役而垦田。既熟，土著讼争，以故集者复散。公皆为区画，田庐牛种，官立案籍，三年而后复新集者既知田业可恃为己有，而复无征发仓卒之忧。远近悦赴，旬月之间，户以千计。

未几，用前卓异，迁黄州同知，分镇岐亭。岐亭当黄麻偏界，地多汉湖幽壑，盗所窟巢。时急盗案官，文法颇繁，长吏至讳忌，不欲闻，盗反持长吏所忌，白昼行劫，莫敢何问。公遣捕得汤卷儿九人，集诸父老谓之曰："此皆巨盗，彼恃捕后上解，则牵制官吏长短，往往得脱。今以示诸父老，有能保后不为盗者，吾将贯之，否则尽用吾法。"诸父老愿以身保，后不为盗者二人。余则立命取大索来骈首，连系七贼，即诸父老为前为坑，坑之，盗自是惊匿。尝草帽蹇驴，微行村堡，周知山川要害，闾里情伪。降大盗彭伯钤等，拔置左右，责以捕盗，故遣发即得，四方来谒者，无贵贱，皆接以恩礼，延问利病，咨访人物，是以凡所兴举，悉协人情。黄州境壤，蒸蒸乐土矣！

摄汉阳、黄安、通城事，皆先绝火耗，饬保甲。所至，辄著异迹，操守益自危苦，恶衣蔬食，从者皆病之，公笑谓前，在粤蜀，民物凋残，持廉甚易，今日正须试此定力，幸尚能。尔何乃以为病耶？时巡抚张朝珍雅知重公，特举“卓异”。会滇逆乱作，康熙十三年春，张公檄摄武昌事，问御乱之策，公对以安人心，莫先下令停征。时朝珍草疏欲奏，公意与合，以故凡兵事皆倚公以办。公悉意劈画，羽书交驰，师旅云集，军资亿万，咄嗟而理，恶少凭依禁旅，罔敢指问。公立置之法，白大将军，申明军令，一时甲士十余万，拥公忿哗，公不为动。词譬理解，神色抗厉，知公不可夺，皆徐敛去。居民安睹人情大安，或谍武昌大姓与贼交通，指藏器仗为证，朝珍欲发兵捕而召公，公言：“自烽警以来，武、黄诸宦家多尽室避兵良子湖中，家人藏兵械以备它盗，无足怪者，若遽加兵，人人自恐。且所指者素封良族，可力保无它，迹之，果无所得。”公所全济，多此类也。用“卓异”迁知建宁，朝珍奏改武昌。时逆贼陷岳州、长沙，我师进剿，取道蒲圻、咸宁，朝珍檄公往造军所渡桥，贼锋迫近，蒲圻人溃惊，城郭为墟，公入城，严斥堠戢逃兵，招集居人，城以不堕，通我师岳、长之径。旬日成桥，山水暴涨，桥复坏，公以此去职。

会东山之乱，公适进见，抚军朝珍谓公：“极知君劳，然黄州忽有此变，非公莫可办贼。”公曰：“国恩至重，公知遇最深，敢以区区去就自明！黄州东连庐皖，北接光固，据三省形胜，控制七十二寨，其人剽悍善斗，阻险跳梁，难以猝胜。若公见委，须便宜行事，方敢受命。”朝珍大喜，自起酌公曰：“君肯任事，吾无忧矣。剿抚一以听君，问需兵几何？”公曰：“风烟震惊，徒以兵从，贼众我寡，反适资乱，以前守蒲圻数人与，俱足矣。”遂严装以行。

初，东山之乱也，妖人黄金龙诡言得天书、宝剑，来往兴宁山中，煽诱愚民，守道徐君惺往解散其党，金龙亡匿迹黄麻刘君孚家，君孚黠猾多智，数收召亡命，亦数数能擒获盗贼。守长令牧多其能，每抚而用留之。公镇岐，君孚亦尝居门下，惮公威明，颇以礼法自戢，及后得滇逆伪札书，遂与金龙潜结河南贼渠谭，以从周铁爪，江西杨寡妇，又连英六商。固数邑大盗，私立将军、元帅诸名目，众号十万，约以七月起事。会麻城人欲因以陷其仇家，君孚恐，遂以五月望反于曹家河，拥众数千人。黄守将王宗臣率所部兵驻兴福寺，麻城令屈振奇率乡勇驻白杲，约日进攻。君孚夜遣七骑斫黄将营，乡勇亦自溃，退保麻城。贼势甚张，而刘青藜、鲍世庸、陈恢恢、李公茂等诸盗所在蜂起。公行次阳逻，侦知君孚虽反，以众未合，犹豫持两端。遂兼程抵白杲，未至贼寨十里止宿。榜示士民胁从者，许自首免罪。势家诬陷者即日赴诉，官吏不得按捕。过三日不投诉，以从贼论。于是投诉者日千计，公皆宥之，贼势转孤。

君孚及其党素服公恩信，闻公来，皆莫有斗志。欲即降，恐见诛，惟拥众自固。公度君孚本以秋起，今仓猝，反违其始谋，及众未聚，可就抚。若缓旬日，党合众集，则难为图。

遂命白果乡约一人持谕贴往，布太守来所以待不死之意，度持贴者已至贼所，公则独骑一黑骡、命乡约一人张一盖、一人鸣锣前导，径趋贼寨，未至二里许，命鸣锣前导者行呼“太守来救尔山中人。”且鸣且呼。君孚不虞公自来，仓皇匿后山，令数百贼持鸟枪、弩矢夹道两旁，伏望见公，皆燃火控弦拟向公。公佯不为顾，鞭累直前，贼亦卒不敢发。前至寨门，门开，公径入抵贼舍。下骡即厅中坐，众贼环列。其黠者则相率众贼，皆罗拜公，公问：“老奴安在？”老奴指君孚也。公佯恨之，以昵众，且旧居麾下，众对以有事暂出，少时宜可至。公问：“今岁山中雨水好否？禾稼皆何若？汝良民何敢作贼，自取屠戮？天时酷热如此，汝等父母妻子皆藏匿何所，得无自苦？”众皆泣。公曰：“热甚，须少憩。”令一贼为脱靴，一贼取水来，公满饮。数贼支榻挥扇，众贼四向拱立。公熟睡，鼾声殷然如雷，贼皆惊。移时寤，因谩骂君孚：“老奴何为久不出？岂有客至不设酒脯者？”君孚初意公必以兵来，且惧见给，故深自匿。及见公推诚无猜，遂出叩头，诉所以激变之故，公乃为开陈利害顺逆，许以招抚，与约日而还。至日，尽降其众数千人。

黄、麻数县皆解严。朝珍上其事于朝，再命公知武昌事。朝珍檄公留麻城，公亲历村堡，度地形所宜，分立区保。择谨厚者为区长，置烟民籍。凡有勇力、有鸟枪兵械者，籍其人，区长统之，有警则各以其械来会。踪迹不轨者，区长立白诛逐，敢容隐及不实，与同罪。于是，凡前与君孚、金龙潜结为贼者皆为烟民，皆乐为公用。

秋七月，经画有绪，行还武昌。当是时，金龙留君孚所，君孚既无所用金龙，因纵之逃，与棚河贼邹君申合。公已次岐亭，移檄东南区长，按籍征得二千人，率门下诸生数人督兵进讨，驻望花山。君申初谓公已还武昌，今忽闻以兵来，大惊，退保山寨。公策贼新反，未获。食少，利在速战。而我兵骤集，攻之未必即克，困之则将自溃。分遣一军守象棋山，一军守大崎山，一军守布袋坳。度贼走必经黄冈，独马鞍山一路不守而阴伏兵险峡间。君申、金龙果以粮绝，夜走马鞍山，遇伏尽擒。公坐山上受俘，金龙缚急，欲以妖术遁，公手剑叱之，术不得施，遂斩其首。捷至武昌，朝珍持露布示僚属曰：“人谓我不应用醉汉，今定何如？公食无兼味，独与酒无量，台司皆闻知，尝为廉官与大吏抵掌论事时，觞公，公饮辄数十巨觥。露帻揎袖，酡颜瞋目而语。”吏人皆窃笑公酒狂。及往东山，或以为言，故朝珍云然也。疏闻晋级。

八月，调守黄州，时荆、岳兵事急。公外输供亿，内靖奸宄，郡壤以宁。十月，江西贼犯湖口，旁掠兴宁，蕲州戒严。又滇逆密布伪札书，湖北地复大乱。陈鼎业合逃兵、掠驿马，反阳逻；何士荣反永宁乡；刘启业反石陂；周铁爪、鲍世庸反白水畈，各拥众数千人，号称十万。遥连湖口、宁州诸贼约以十月上旬取黄州，遂及武昌、汉阳。高山大湖，烽火相望，城门皆昼闭，墟里寂无人。

各镇援兵悉随大军进攻湖南，黄州余吏民才数百人，至不能备阍柝。议者欲弃黄州，退保麻城。公曰：“黄州为湖北七郡门户，我师屯荆、岳者数十万，水陆转运取道于此。

且濒江而城，控制险阻，前倚兴宁、庐阜，后压天堂、金刚诸寨，虽只一郡，实东南关键。释此不守，则荆、岳有狼顾之虞，七郡成瓦解之势，所系非仅一城已也，吾誓死不能去此。然吾坐困以待，不若相机进剿，犹可侥幸以图存。贼势虽众，皆取士荣进止，若先破士荣，余可不战而下。”于是遣门下诸生征集各区乡勇，又分守山隘，令逃民不得入合贼。别遣黄冈令李经政擒鼎业父子，阳逻遂平。

十一月二日，率诸生及吏卒二十二人前进，次路口村，迟所征乡勇四日，次段家店，黄协千总李茂升、把总罗登云、吴之兰以所部五十人来会。各区长读公檄，皆感愤流泣，召集乡勇，告以同仇之义，翌日及前来会者有众二千人，于是立什伍、标旗帜，号令明整，卒如素习。部署甫定，谍报士荣已据黄土坳。公遣登云偕武举张尚圣以偏师往侦，自率大队进发。七日，尚圣等遇贼前锋。与战，贼小却。公疾驰抵尚圣营，众见公来，欢噪请赏。公徒手无以应，惟摩其耳鼻，抚其项臂，慰劳奖励。众感激，士气益增，下春，乡勇大集，有众五千人。营箔金寨下，与贼对垒。八日黎明，士荣贼数万人自牧马崖，分东西两路夹攻我师。贼皆手挥红杂色旗，照耀山野。公著旧绒衣，匹马仗剑，当营门立，见东路贼少，命登云率千人御之。

自以大军当其西，命尚圣攻右，之兰攻左，公冲其中坚。战甫合，之兰中枪死，贼斗益急，鸟枪雨集，炮火著处皆穿。左右劝公盍少避，公叱之曰：“今日，吾死日也，敢言退者，斩！”我军见之兰死，又被伤者众，少却。而箔金寨后民素为贼诱，见我军却，鼓掌欢哗，皆于袖中出小红旗相摩麾。公见势益急，鞭马径前，乃回顾茂升曰：“我死，可归报张公！”茂升恐失公，曰：“岂有文官死，而武官独生之理！”弯公直前，发一矢，翦其大旗，我军少进。茂升马被创，马倒。茂升步射杀二人，枪洞衷甲，换马进战，短兵相接，复手刃数人。而尚圣自右山绕出贼后，我军急击，尽搴其旗，贼遂大败。士荣手长矛殿后，左臂断，犹力战，陷泥中，遂被擒。登云击贼东路，亦追奔数十里。是役也，斩馘数千，山谷填溢，溪水尽赤。获军资器械无算，槛送士荣抚军所。

公得贼名籍，立焚之，众心以安。乘胜进至吕王城。茂升等欲少息，公曰：“白水、石陂诸贼，本以士荣为盟主，今士荣既擒，诸贼胆落，卷甲疾趋，将自崩解，所谓破竹之势不可失也。若淹留晷刻，贼备既深，据险致死，非计之得矣！”时诸营才午炊，公命尽覆其釜以进。据鞍草檄：“有能擒贼来献者重赏，投诚者待以不死，协从欲归白者，但闭门坐家。惟耕锄，无鸟枪、军器者，即从贼，概不追问。身无乡勇印号，家藏兵仗，即良民，亦诛死。”于是诸贼闻士荣被擒，既大悔惧，及得檄书，又知毁其名籍，一时解散略尽。师至白水畈，铁爪、世庸等尚有亲兵数百人，欲保什子赛。公已令人先守隘，不得上，脱身走。君乎十一日军定惠寺，遣追，尽擒之，而石陂等贼亦皆平。

公驻黄市，抚绢军民，东山大定，散各路乡勇归农。勒石黄市旗亭间，班师而还。自出军至是仅二十四日，以乡民数千破贼数万，不费公家半菽，不烦师旅远征，徒手奋身，摧锋陷坚，不疾而速，克奏肤功，近世以来未当有也。当此时，荆门、岳、湖燧火相望，对垒连疆，耕戎交迹。内患既消，边圉孔固。公之功在天下，而不在一隅矣。

十四年春，湖南兵久不解，馕饷繁兴，公于征敛、转输，重纾民力，而行间所需物用器什，文檄横飞旁午络绎，公皆躬自购造，不假胥吏，省民费以千万计。严饬属邑禁羡耗、绝私派、惩诬告、杜馈遗。以其隙，招致文学之士，讲论经学，兴起废坠，人不知兵。秋，大饥，发廪赈恤，广募轮积。严冬冒雪计口受赈，全活数万人。

十五年，水旱荐臻，讹言复起。公谓人心易摇，宜示以暇豫，与为镇静，修治赤壁亭榭。日与文武僚吏啸咏、饮射其间，士民相与庆曰："我公如此，吾属何忧？"又以秘计擒诘奸细，抚定凶党，流衅顿息。会丁继母李夫人忧，请归终丧。士民数万人伏抚军辕门，号啕请留，制抚亦心知公不可去，疏请夺情，公勉起视事。

十六年，制抚以蕲州上接荆、武；下临浔、吴；南连大治、兴国；东邻宿松、太湖水陆要区。奏复江防道，以公为之，三奏而报可。公规复沿江墩戍，缮治战舰，练习水师，计擒伪官、渠盗，江境肃然。

十七年，迁福建按察使，士民请留不得。朝珍曰："公去，失吾所凭。"公条便宜十余事，乘五两小舟，萧然去楚。去之日，蕲、黄及旁郡人沿岸遮送至九江者数万，哭声与江涛相乱，公亦垂泣不忍视。

十八年春抵闽。时耿精忠叛新定，海寇犯顺、漳、泉四郡，连数岁用兵，征役烦苦，又数起大狱，系满囹圄，每一卷牍罹重辟者，辄至数十百人，狱皆已具。公视之，惨怛言曰："民命所关，宁以狱既成而可不慎诸？"语闻亲王，令公会满汉大臣覆录。公言通海数案所连引半皆平民，遂白王，释不问。或有持轻重两可，公已尽得其状，偪偪面折，略不为屈，指庭下妇人孺子曰："此曹皆何辜，乃撄斧锧？皇天在上，人命至重，吾誓不能缄阿从事！"王久闻公名，至是愈益倾折，每疑案送公专讯，谳决明允，所生全殆以千百计，久禁得白。贫不能归者，皆给资遣还，淹滞为之一空。

逆乱时多掠浙东，江右子女及后投诚，没为奴婢，老弱转弃沟中，僵尸相属。公设法劝募，赎之归籍。小儿女不能归者，养之署中，积数千百人。计满一舟，则给口食，归其父母亲戚。公退食，群儿皆环绕膝前，争索果饵，喧欢以为笑乐。初，匿者犹众，至是皆化，而自多遣还者矣。为臬司，官吏慑服，闽俗翕然一变。未及期，迁布政使。闽地久驻兵，重资民力，一钊夫月以数万计。公白王："军人刍牧本有常役，今民困方殷。矧可额外派索？"力争请免。或谓："非职掌，何为自苦？"公曰："设兵以为民，无民，设兵何为？"调停者复议改折，公争之益力。王卒是公言，向所科钊夫数万，一日尽皆罢去。

民既乐公德爱，凡军所需乃益趋事恐后。八郡正供及江、浙协饷不下数百万，皆司库收兑。公大书誓联揭于庭中，命各路解官随到随兑，正额外不增铢黍，即令原解官役计项支拨，一无亏累。署中薪米不给，至无衣可典，或终日一食。随征满汉大臣、朝使者，有时来过，径入卧内，或绕署闲行，曲房阿阁，无不历览。几案间，惟蛛罗、鼠迹，一竹笥贮朝服，二釜备炊爨、文卷、书册数十束，此外都无一物。咸叹曰：“于公，天下第一清官也！”外番贡舶或有所献，公悉屏斥，或呈样香，一嗅即持还去。贡使皆啮指作礼，谓译使云“天朝洪福，我侪实未见此清官也！”将军、制抚交章论荐举“卓异”。

十九年春，开府畿内，去闽亦如前去楚时也。驻节上谷郡，邑吏望风，争自濯磨，求称公意。会旱，步祷，时雨大沛，禾麦重歧三穗，民号日“于公穗”。立保甲、申约束、缉剧盗、惩豪强，政大修举。所条上利病兴除，前后数十事，皆朝上夕报，“可”。语在奏疏中，不具载。

二十年春，督理孝昭皇后梓宫夫役，前诣山陵，过阙请陛见。上久知公清忠，着有勋劳，而魏公象枢尝特荐公，名重朝右，眷倚特甚。至是闻公入见，命侍卫持席于午门中，传谕：“巡抚年老不胜步，宜少坐。”公拜谢坐。少顷入见，赐坐、赐茶。问抚剿东山时事，温语移时，慰劳有加，赐食于御书房，赐内帑金一千两、鞍马一匹。既数日，上御制诗一章及御书手卷，命阁臣宣赐山陵。还过阙，赐鞍马一匹，马皆上所亲乘。还镇，会宣府饥，亲历紫荆、喜峰，散公帑赈给，及劝输二万石有奇，凡活饥民十余万户，上优诏褒美。九月，驾幸雄县，请谒行在，赐鱼二函、鹿二、兔十、孤汀五。及见，询访治理及公前《请补驿站工料疏》，因极陈民间疾苦，上动容久之。又问：“卿所统官吏有尤佳者否？”公举知通州于公成龙为第一，因复举数人。上曰：“成龙才品，朕已久知。”公退，侍卫宣赐银鼠褂一领，温语备至，又赐御膳八器、乳酒二瓶。公既拜而食饮，伏道傍送驾。上望见公行步迟，为停辔待之。盖上之重公如此。

是年冬，疏请归葬母李夫人。得谕旨数日，命总督江南江西。单骑孤装，如赴罗城时。以赐金庀治窀穸，分其余以族赡戚里党。公之节制两江也，方被命时，即已兼得陋习数十事。比至，则揭之通衢。数剪除豪吏大猾，隐蠹旧弊，神明洞察，如亲至目睹。墨吏日数十惊，见白髯伟躯长者，辄心胆皆落。公亦数为微行以实之，檄群邑条具便宜皆为兴举，郡邑吏无不畏爱趋令。南中风俗素侈丽，厚自奉美服饰，喜游。治方未禁，绝已顿去，故习公私皆争衣布褐，布褐价皆腾贵，而贱绮縠文绣。公知人心渐即于善，不徒以威严，专用德化，勤事诲导。凡文议、爰书皆手自批勘，真书甲乙，以示褒贬。自鸡鸣至夜分不休，寝食为废。或劝之少息，辄曰“吾非不知食少事繁，养生所忌。第吾受国厚恩，两江官吏多至千百，何可尽劾耶！所以为此者，冀其见闻知警，使归于廉慎。吾虽尽瘁，于国家所得不已多乎？”性善饮，至是累月不一醉。尝中夜苦饥，索少米作糜不得，遂笑而起，视事达旦。时上下贶遗都绝，端午日遣视僚吏，无敢以黍角诸节物相馈者，吏治称廉办焉。

初，公赴山陵，始识魏公象枢，语公曰：“为政之要，在振纲饬纪，移风易俗。”公端居诵说斯语，以为金陵要地欲移易风俗，贵在得人而弛张之。于是特疏荐前所面奏者于公知江宁。既至，则与公精白一意，提挈左右，申明条禁，裁抑豪强，建书院、兴文教、威董德怀。初，剽夺者，吏弗能禁。至是，路不拾遗，童孺携金钱过市门交易而退，无敢欺者。吏民安恬，有歌笑而无管弦；有醉饱而无差错，商旅辐辏，关市流通。每一令出，父老扶观，有读之垂涕者，罔不感动。公清严忠直，勤劳国家，利济民生者，大较如此。然其时或犹有以为言者，盖未能尽得公之实也。公自至金陵，倍益劳瘁，思归休日甚，因自号“于山老人”。至是，遂累疏求去，上特旨勉留。

二十三年春，被命巡海。还，护理安徽、江苏两巡抚印。四月十八日晨，起视事，未出户，疾作，召诸司语，不及家事，端坐而逝。至夜漏四十刻，坐不欹倚，颜色如生，年六十有八。将军、都统、僚吏来至寝室，皆见床头敝笥中惟绨袍一袭、靴、带二事，堂后瓦瓮米数斛，盐豉数器而已，无不恸哭失声。时署中虚无亲指，衣衾、饭含皆不备。江宁守于公经理其丧，礼意备极。士民男女无少长，皆巷哭罢市，持香楮钱至日者数万人。下至莱佣、负贩、色目、番僧，亦伏地哭尽哀。公鞠狱多所平反，衔恩者皆设位于家，至是皆抱以来。

未几，公之子奔赴，曰：“我公生平不知阿堵物，乌用此楮钱为？诸吊者毋以纸币来。”众从之。榇归，江宁守及门下诸生合士民数万人，步二十里外，伏地哭，江干，江水声如不闻。公之得吏民之心，江宁人谓数百年来无能如此者。士民立祠于清凉山，如黄州之赤壁云。当此时，微江宁守，几不能返榇。公所引荐士多矣。而于公与公同名氏，其治行声迹亦与相等。至始终之际，多可称述，若此尤可为难已。

讣闻于朝，天子震悼，祭恤有加。已而，上东巡还，谓内阁、九卿、詹事、科道曰：“国家澄叙官方，首重廉吏，其治行最著者，尤当优加异数，以示褒扬。原任江南、江西总督于成龙，莅任以来，操守端严，始终如一。朕巡幸江南，延访吏治，博采与评，咸称居官清正，为今古第一廉吏。应加褒恤，为内外大小臣工劝。其详加议恤具闻。”于是集议加太子太保，谥“清端”，荫一子，入监读书。盖上于公礼意盛隆，初终如此。凡为臣子，能不感奋？岂独公之为幸也与？

呜呼！公刚介沈毅，疆力多智，正直自持，不少回曲。而临事决机，经权互用，惟其诚与才合，识与力并，故所至能集大勋而著令名。盖本之既裕，而用以神焉。

初，东山乱时，刘君孚为逋逃主，党羽甚众。公欲用其力，而患其多集凶人。会黄金龙就擒，公亟典衣分俸，得百金赏之。众皆不平，谓君孚本匿金龙，今何故反被赏？公曰：“金龙之擒，实由君孚密计，君等不知耳。”其党以为然。又见君孚果得百金不让，于是益疑君孚实卖金龙。其党各稍稍散去。亡命者不敢近，而公因以纵间离其亲属。君孚计益穷，遂郁郁以死，其诛汤卷，初以盗降为捕役，每进见，公辄赐之酒肉，慰劳之曰：“吾深知汝能，汝为吾尽心擒盗，即为善良，当格外旌赏。”如是者屡。

一日又见，赐之酒，问大小盗几何？卷唯唯不尽言，因复饮之酒，竟醉矣。出，公微服从其后，卷意得甚，与其徒大饮酒店中，出橐中籍，历指其名，谓其徒曰：“某是会养爷娘者。”谓善盗而能奉己也。曰：“某是爷娘靠不得者。”谓盗之无能也。公睹听之甚悉。明日，召卷来，盛赐之酒食，卷益欢无忌，复大醉。问其生平，卷遂放意尽言诸盗杀、淫乱事甚多。公曰："吾闻汝橐中有籍，可取视否？"卷则不肯出诸橐，公搜得之，大小盗名皆具。公因谓卷："若汝此行，未可立于人世矣，不如速归。"卷曰："小人从公，复何所归？"公曰："劝汝归黄壤耳。"卷惶惧言："死自其分，幸与母诀。"不许，取箧中俸金一两，付卷寄母，挥卷出，毙之。公自得卷籍，按以缉盗，无不立得。新洲大盗喻姓，劫一僧，剖其胫，以铁筋挺之。公跨蹇驴独往，访得实，立毙之。公尝曰："人命至重，此何等事而敢卤莽？自非精察确讯。若冤杀一人，便应偿以一命。"故多徒步独行，或策蹇疾驱，杂于田夫、旅人中。野篱村店、樵牧童叟、街谈巷语、疑情细事，如燃犀照烛，无弗毕知。以故，遣使往察，人亦卒不敢欺，而往往蹙额哀矜，多所宥释。

一日，遣呼一盗，盗觳觫惧甚。公曰："汝毋惧，吾知汝已改行矣，故呼汝奖赉之。汝辈为盗而官不知，官之暗也；改行而官不知，亦官之暗也。今释汝，汝传吾语若党，一改行则官知之，且赏之；则不改行者，官亦必知之，而诛之矣。"赐以酒食，放归。一盗，公讯之曰："汝窃也，且幸未至死。汝知某某非巨盗乎？非汝窃盗比。然若能自新，吾亦赦之。今释汝归，语若辈。"此窃者归语群盗，盗大畏敛迹。营弁领饷输军前，其弟夙无赖子，久客归，而是夜被盗军饷尽劫。营弁疑其弟，执送官司，不胜拷掠，遂诬服，连引平日交游市井恶少十余人。问其赃，皆云："用已尽。"狱具。公适以江防道来谒，抚军偶举此事，公曰："赃物未获，终属疑案，且饷银数千，何得遽尽？"抚军曰："吾固疑之，君为我更一鞫。"公承命，秘其事不发。越二日，引众囚至，略讯即释去，复抚军曰："江夏盗案无一人实者。"抚军问："囚今安在？"公曰："已尽释之矣。"抚军惊恚。公曰："昨见众囚被刑已极，若再讯，即恐立毙。诚不忍其无罪就死，且入奏须得真盗，留此属何用之？"抚军问："真盗安在？"公指抚军帐下一校曰："即窝家。"抚军即缚以付公。公曰："众盗皆进香木兰山，数日可尽致矣。"既数日，果执众盗，至赃匿所缚校家，封识如故。抚军问公何术能尔，公但笑谢。他如此类，皆神变不可测。

闽囚数十人当斩，狱成。公察知其枉，请抚军白王。王下其事，狱词凡六七往返不决。公度此数十人终不得即脱，即取囚出，坐之阶下，与饮食，去桎梏。凡死囚临刑，给食，脱狱具，众囚见其如此，谓即死，皆相对啼呼。忽闻传语，令归复业，乃惊喜不自持狂叫，叩头出血。时满汉吏方有事至公署，亦感激雨泣。自是皆相劝为善，罗织之风少衰。当事闻囚已尽释，亦无以夺之也。

公之缉盗，惟善用人，所蓄捕役及降盗，恒抚以恩威，凡四方有盗，此数人皆得来白。公衣带间一布夹袋，得盗名即投其中，自剧贼、偷儿踪迹毕具，探袋中勾捕，无不得。开府时，袋已敝，左右请易之。公笑曰："此袋昔贮盗，今以贮奸贪不肖之官吏，未可去也。"公常言："人见我发奸摘伏，疑有他术，不知但用成法，第因时制宜，行以实心耳。"之闽时，有从公乞此数人者，及给役，皆昏顽不称使，始知公为不可及也。公每论事，辄称曰"上帝式临”，或曰“天监在兹”。梦寐与神明通，其断狱制事，亦若有相之者。黄安人邹彬然夫妇夜被杀劫，无辜系者十数辈。彬然夜叩其兄户曰：“连系者皆非杀我者也，吾仇直待于青天来白耳。”时公自黄州还岐亭，讯是狱，召典史陈某谓曰：“汝在此少待，杀彬然者即至矣。”陈不敢信。公遂令囚彬然家僮大空屋中，深夜皆令牢役各散去。堂漏下三鼓，忽寒风起，沙石惊飞，幽幽有声，僮则战栗。电火闪烁，光影之下彬然夫妇被发血流面，呜呜呼僮名曰：“奴今还吾命来！”僮曰：“杀主者兄某与邻某也，我执火立其傍耳。”狱以是定，无辜者皆释。

公既苦节，好施予。每听断时，民有当偿人钱物，力不能，则倒囊代与之。岁饥，得俸多少悉施与，不顾已罄矣。惟一骡，公所出入骑者，鬻之市，得十金，施一刻而尽。公日食粗粝，年饥更甚。举家食粥，以少米为之，杂以黍，炒糠令微灼。取粉粥垂熟入粉其中。客至亦出此粥，劝令依此法为食，冀得存余蓄以济饥者。客皆不能堪，为公强食之。有膏粱子不下咽，公谓之曰：“贫苦士之常，富贵人之幸，汝何不习食此？吾他日过汝家，见不设此粥，吾罚汝赈饥矣。”有鲁晟者闻而慕之，不远百里来尝此粥。公欢然见之，曰：“新客且一饭，再设则粥矣。”晟归，竟以不得食此粥为怅怅也。时人谣曰：“要得清廉分数足，惟学于公食糠粥。”公在岐亭，公子来省。及行，署中有一腌鸭，割其半与之，时人有“半鸭于公”之谣。先是，公每晨市豆腐二觔许，故又谣云：“于公豆腐量太狭，长公临归割半鸭。半鸭于公过夜钱，五厘酒价何处拈？”盖公饮酒，每夜以半壶为准，楚酒半壶价五厘，故云尔。

公躯干修伟，红颊隆准，美髭髯，神情炯炯四暎。平居与人交，不择贵贱，谈宴终日，略不拘忌。及当大事，或群议会谳有所可否，虽王公大人不为少贬。性极慈易，而御物整严。宾客故人有时过存，蔬食菜羹经时不倦，或当欢笑一语涉私，即正色斥诘。诸吏望公威若负霜雪，及论说筹谘，辄霁颜商榷，务尽事理，以是虽见严惮，愈益亲乐之。剿东山，摘贼数十人至，公方晨飧，对之流涕辍食。及就刑，血渍帐前，僵尸相枕籍，公辄饮食寝息如常，其喜怒哀乐本乎天性、得乎学力如此。

公自初仕以至大吏，每好为微行察民情实。一日，为日者至村塾。塾师训诸童蒙。主人馈食，邀与俱食。明日，呼共师来，谓之曰：“昨荷君厚意，第君教诸童蒙，多不达义理，宜速谢去。”塾师曰：“小人贫甚，馆散则无以卒岁。”公曰：“君欲卒岁，奈何误人子弟耶？”取箧中二金给之，仍与五杖。又每见诸生馆中夜半灯青荧，有诵书声，或即造其馆，或翌日召之来，恰然加礼，钦爱不已，诸生感励。是以公所至，人才多有成就者。尝语人日：“当惜福为子孙留余地。布衣蔬饭，但觉受用无穷。膏粱纨绮，实不解有何可恋。”

凡公话言文字，皆出之真学问，实经济。单词断纸，可以感人心、挽习尚。有功于世者甚众，语多不载，载其《与友人荆雪涛书》，书言罗城事最明。

略曰：广西柳州罗城，偏在山隅，土司环绕，山如剑排。水如汤沸，蛮烟瘴雨，北人居此生还者什不一二。土民有猺獞狑狼之种，带刀执枪，性好斗杀，父子兄弟反目操戈，恬不知怪。顺治十六年冬，初入版籍。成龙于十八年之官选后，亲者不以为亲，故者不以为故，友者不以为友，行李萧条，自觉面目可憎。赊脚钱，寄口食，行至清源。同年生王君吉人，其人慷慨好义，反复开譬，谓粤西非吉祥地，夙知成龙家食尚可自给，劝之勿往，以缴凭为高见。

成龙时年四十五矣，然英气有余。私心自度，读书半生，曾知“见利勿趋，见害勿避”，古人义不辞难之说何为也，俯首不答。王默知其意，亦不更阻，挥泪而别。五月三日抵舍，别母及妻儿。资斧艰难，典卖田屋，止得百金。携苍头五人，勇壮可伴。临行，族人相钱，欢饮至夜，扶醉就枕，而天已明矣。古云“壮士非无泪，不洒别离间”。此不情语也。天明，举家拜别。大儿廷翼为庠生已久，犹如处子，以祖遗田产文券开明交付，但云：“我做官不管你，你作人莫想我”二语。甫出户，而哭声已达外矣。拜别先祠，不觉肠断，门里门外相聚而泣，不复回顾，揽辔登程。此时壮气，直可吞猺獞而餐烟瘴也。

行及湖南冷水滩，一病颠连，未免英雄气短。扶病陆行至桂林，谒上司，皆见羸体伶仃，询及病状，惊悯特异，惟劝以方药调治，勿亟赴罗。抱疴之人至是胆落，往日豪气消磨何所？病几危，苦孽未尽，不速死。及柳州稍瘥，尚不知罗城在何许也。罗城与融县、沙巩连界，行至沙巩，遇许多乡老，细询之，乃知对山即是罗境。登山一望，蒿草满目，无人行径，绕山都似营垒阵场，瘴云惨澹，苦雾凄迷。哀哉！此何地也，胡为乎来哉？悔无及矣，回忆同年生之忠告不置也。痴人作梦，以为边地如此，渐入腹里，或不更然，可怜黄茅一路直抵城下。

八月二十日，入县中，一如郭外。居民六家，草屋数椽。寄居汉寿亭侯庙。支床周仓背后。夜不瞑目，心焉如割。黎明到县，廷无门垣，两墀茅草，一如荒郊。中堂草屋三间，东断为宾馆，西断为书吏舍。中开一门，入焉内宅，茅屋三间，四围皆无墙壁。哀哉！此一活地狱也，胡为乎来哉？郁从中来，病不自持，一卧月余。从仆环向而泣，无一生气。张目一视，各不相顾。无如咎孽未尽，死而弗死。乞归无路，扶病理事，立意修善，以回天意，凡有陋弊，清察厘革。自憾己命不殒，祸及从仆，黄瘦如壁画阴鬼，相对而泣，莫能相救。无何，一仆既死，余仆皆病。

康熙元年正月，谋为归计。成龙自付一官落魄复何恨，诸仆无罪，何苦贻累？叮咛令各逃生。一仆苏朝卿仗义大言：“若今生当死于此，去亦不得活。弃主人流落他乡，即生亦何为！”哀哉！幸有此也。余仆掉头不顾。当时通详边荒久反之地，一官一仆难以理事，乞赐生归。当事者置之一哂而已。其年逃仆归家，大儿悲念天涯万里，一主一仆何以安身？续觅四仆来，而三仆皆登鬼录，止存一仆，昼夜号跳，一如风魔。事处两难，一人难以远行，欲遣此仆归，则孑身更苦。无如此仆更切思归之念，听其浩然长往。万里惟余一身，生死莫能自主。夜枕刀一口，床头树枪二杆，为护身符。然思为民兴利除害，囊无一物，猺獞虽顽，想无可取之资，亦无可杀之仇，帖然相安。事到万不得已时，只须勉强为之。申明保甲，不得带刀携枪，咸遵无犯。间有截路伤命，无踪盗情，务期缉获。隐昧情事，尽心推详，必得真实，立时诛戮，悬首郊野。渐次人心信服，地方宁静，而上台采访真确，于是有大事杀了解省，小事即行处决之。

通行境内虽平，憾与柳城西乡为邻，此地祖孙父子生长为贼，肆害无已。申明当事，辄以盗案为艰，置之高阁。成龙思渐不可长，身为民父母，而可使子弟罹殃咎乎？约集乡民练兵，亲督剿杀，椎牛盟誓，齐力攻击，先发牌修路，刻日进攻。此未奉委命而专征，自揣功成亦在不赦之条，但奋不顾身，为民而死，胜于瘴病而死也。渠魁俯首乞恩讲和，掳掠男女、牛畜皆送还，仍约每年十月犒赏牛只、花酒，敢有侵我境者，竟行剿灭。盖猺人不畏杀，惟以剥皮为号令，而邻盗渐息。

至是，上台采访更确，反压各州县之请兵不已，报盗不休为多事也。嗣后，官民亲睦，或三日或六日，环集问安，如家人父子，言及家信杳绝，悲痛如切已肤。土谣："武阳岗三年必一反。"比及三年，食寝不安。人心既和，谣言不验。又云："三年一小剿，五年一大剿。"比及五年，又复无事。而民俗婚丧之事，亦皆行之以礼，感之以情。罗城之治，如斯而已。

自数年来，本非为功名富贵计，止欲生归故里。日食二餐或日食一餐，读书堂上，坐睡堂上，毛头赤脚，无复官长体。夜酒一壶，直钱四文，无下酒物，亦不用箸快。读唐诗、写俚语，痛哭流涕，并不知杯内之为酒为泪也。间尝祝城隍："我无一点亏心事，当令早还乡井。"回思同寅诸人，死亡无一得脱，兴言及此，能不寒心！赴蜀之日，益励前操，至死不变。此数年之大概也。偶书寄，以发知已万里一慨。

公尝自言："吾一生得力在令罗城。"盖其澹泊之操、坚危之节，始卒不渝、老而弥厉者，已预定于此。故余独载此书者，以见公之志焉。

公殁后，康熙二十九年冬，是时公所荐于公位总宪矣。而公之孙、户部君准一日见于公，于公曰："清端公传未具，吾闻陈氏有文，而能记载当代名公卿语言行事，子盍往求焉？"户部君踵予门而谒曰："愿有请也。"公昔巡抚京畿时，余过上谷，见公于逆旅。公执余手而语，夜已深，不欲别去，而于余有知己之言。微户部君之请，余将求得公绪言遗行，而列之于书，况辱于公之命。爰采楚人李君中孚所为传略，追琢整齐，文繁不杀，又得进士范君鄗鼎所辑公杂文、轶事，补缀其间，使后之览者有所感慕而兴起焉。

陈廷敬曰：异时，吾阳城杨公继宗，天下称清白吏，所首指名者也。予为史官时，阳城田侍御在京师，京师一老妪往来侍御家。间尝谰语曰："某不爱钱，岂杨继宗耶？"杨公去妪时三百二十年余矣！而妪能称说之，盖当时名闻天下，后世妇人女子犹皆习闻其名而尊美焉。凡为士者可不羡慕乎哉！予感妪言而心识之。其后与卫文清公周祚、魏敏果公象枢、布政毕公振姬数公者游，数公天下之所谓廉吏也，皆晋人，在阳城二三百里间。

夫天下清白吏不易得，而为世所指名者，乃独多在于晋，可谓盛矣。乃今又得于公，于公之清操伟烈，章章如是。千百年下，必有如老妪称杨公者，可无以余文属也独是。

余，公之乡人也，既多贤人之迭出于其多，而又尝职在史官，亲见闻公之行事，废名臣之烈，湮乡先生之迹，咎莫重焉！故次叙之。

传曰："高山仰止，景行行止，虽不能至，然心向往之。"余生贤人之乡，而志其操行，亦将以为取斯也。

刊于清康熙版《永宁州志》

陈廷敬（1638—1712），字子端，号说岩、午亭，谥号文贞。泽州府阳城县中道庄（今山西省晋城市阳城县北留镇皇城村）人。清代宰相、学者。康熙四十二年（1703），拜文渊阁大学士、吏部尚书，担任《康熙字典》总修官。著有《午亭文编》五十卷，收录于《四库全书》，还有《午亭山人第二集》三卷等作品。

于清端公读书楼记

〔清〕陈壮履

石州郭西山行二十里，唐迹安吉寺后名安国寺者，其东偏有楼，为于清端公读书所。公未显时，尝避喧萧寺，日披圣贤典籍习诵之，辄云："吾儒治经，须惜分阴以砺其学。古人燃糠燎麻，良有以也。"又云："读书宜明行术，不徒虚声以盗名誉。譬诸临政然，治民当坐言起行，步步才有实际。至于生养教育之道，困苦疾疢之恤，不可以废耳。"公后登仕版，从荒徼罢邑，历官两江制府，皆力行读书初志，无一懈失。二十余年端励颓俗，清布遐风，卓然为一代名臣。方之羊兴祖、裴中立，果无怍已。其冢孙、大中丞莱公追念祖席，不忘前修，归田之暇，惧斯楼之或泯也，葺而新之。余来石州，中丞邀游安国，得休憩楼上，见公所校勘之经史在焉。丹黄届戹，双瞳豁如，乃慨前贤之遗徽余韵至今弗坠，令人儃佪企慕而不能去，诚有以感人之深者。昔李忠襄少日读书清凉寺，振攘之际，督师滇南，晋位大司马。其孙芾过金陵，构屋三楹，为述德扬芬之堂，当时传之。今中丞顿还旧观，不失古人用意。余知其抱此遗经，以授子若孙，继武余烈，较之乐斯楼之乐为何如耶？余与中丞忝王谢戚，因拜手援笔记之，并志景仰之私。公之大节载先文贞集中，不具书。

雍正四年夏五月。

高都姻世、晚生陈壮履拜手。

此文为安国寺于成龙读书楼廊下东首石碣。

陈壮履（1680—1748），字礼叔，号幼安，一号潜安。清代泽州（山西晋城市阳城县）人。陈廷敬三子，于准之女婿。康熙三十六年（1697）丁丑科进士。选庶吉士，散馆授编修。曾参与编《康熙字典》。

听月泉记

〔清〕王继贤

月可听乎？月无声也。月不可听乎？月无声而有声也。盖月本无声，借物之声以为声，则凡物之有声者，皆得为月之声矣。乌崖山有泉，自石隙出，虽大旱不断流，附近左右居民咸汲饮于斯。夜分时，乘皓月，出禅关，信足所至，过悬崖下，经泉水旁，耳澈泉声，如风弄竹，千条万个，戛然声清，如寺里磬声与经声相断续，又如老僧鼓琴，抹挑勾剔，滚拂拨刺，无声不备。夫以山得泉，泉不与山期，山亦不与泉期，而自在流出，遂成胜境。而以山泉遇月，月不与泉期，泉亦不与月期，而偶然相值，遂成佳会。况我更不与泉月期，而山下出泉，月色在天，泉流澈地，适有一我，爱山情深，游当夜月，来听此泉，山有泉而泉有声矣，泉有声而月亦有声矣，以在山者听泉，以听泉者听月，不即从有声而听于无声也哉！

道光二十三年九月十七夜作

二十五年九月十一夜书

翰城　王继贤

此文由时任知州王继贤撰书，与《山寺石室文》一并刻石十八通，藏于莱公别墅崖壁上的石室之中。后石碑部分遗失，所幸20世纪80年代有离石高选德老师留存的碑文拓片存于世，2008年经西泠印社出版传世。

王继贤，个人简历见人物编。

第二节　近现代散文

今昔离石城

阎继烈

车过薛公岭

蓝湛湛的天空，没有半片彩云，青翠碧绿的山坡里，撒着无数的畜群，牛羊在安详地吃草，牧童歌声回萦，汽车沿着海拔一千五百多公尺的山岭前进，就好像在柏油马路上行驶一样的平稳。不用问，一看这情景，我知道已经到了离石县境的薛公岭。

薛公岭，过去称为“愁肠岭”。山高坡陡，乱石磷磷，它使人们未举足先犯愁万分。明代黄素屏因为石道难行，曾有诗云：“层层鸟道乱山多，百草黄芦遍石坡，绝壁倚空临积雪，飞流直下激回波，红尘岁月惊秋尽，清镜勋名奈老何，立马西风增感慨，筹边何日许重过。”

写绝了当时石道的情景。

石道可以难倒古代文人，却挡不住当今英雄。离石人民开山劈岭，日夜苦战，在短促的岁月里，就使峻岭天险变成大道通途。

一九四九年前，全县只有岭上岭下这一条公路，山势崎岖，路面泥泞，桥梁破烂不堪，车辆不能经常通行。现在，以离石城为中心，修筑了十五条公路，八条大车路，从海拔两千多公尺的赤尖岭到奔腾咆哮的黄河岸，从森林丛茂的关帝山到丘陵起伏的成家庄沟，织成一个交通网。

凤山赞新城

到达离石城的第二天清晨，几位老同志约我到凤山观景。

凤山距城二里，坐北向南，全名“三阳云凤”。山腰里有座道院，始建于元朝。据说陈希夷等有名道人，曾在那里炼丹修行。他们的仙丹能不能炼成？谁也不知道！而院内高大笔直的凌虚楼，却成了人们最好的观景台。

登上凌虚楼，眼前一片新，我方才感到别后数年，在这深山僻壤里发生了巨大的变化，新城区全身新装，比旧城大了一倍，绚丽多彩，没有半点儿旧时代留下来的破破烂烂、仄小局促的痕迹，旧城区经过修建，也披上全新的外套，变成了新城，光辉夺目，呈现出一片欣欣向荣的景象。

东关李则坪和十八亩湾，原来是玉米、高粱的丰产地，现在烟囱林立，高炉冲天，一座年产三万吨灰铁的炼铁厂和为城关工业生产服务的发电厂兴建工程，正在加紧施工；紧靠东门，那是过去义恒钱号的旧址。在这里，不仅大土豪任培厚榨取了全县人民多少血汗，而且大汉奸贺焕芝还开过“杀人工厂”，现在机声隆隆，煤烟突突，离石蛋厂在生产保护人民身体健康的蛋白和蛋粉。战前，庆元通骡马大店，现在却是通用机械正在制造各种机器的化铁炉和机床。东门连着新关，据说是离石古城的遗址，荒烟野蔓，去年一个“大跃进”，农具厂建立起来了，药材公司也建立起来了……在旧城的废墟上，人们又建起了一座秀丽的新城。

新城，不仅是离石县工业展翅高飞的起点，而且是繁荣昌盛的象征。解放前离石不但没有现代化工厂，连手工作坊也少得可怜。现在除人民公社和商业部门建设了成百个小厂矿外，直属工业局管辖的县营厂矿就有三十八个，从钢铁、煤炭、发电、机械、化学、水泥到建筑、食品、纺织、制碱、造纸等各类工业，要甚有甚。

槐旁忆古色

回到县人民委员会，偶然间又看见了新建楼前的槐树。过去人们说这是棵唐槐，树高数丈，干粗丈余，表皮全裂，树心洞空，数千年的经历，使它老态龙钟。但是顶端干枯的躯干上，又长出了嫩绿的枝条葳蕤茂盛，好像返老还童的巨人。

离石是座历史悠久的古城。相传很早很早以前，有一颗大陨石落到了城北二百二十里的山顶上，按照八卦的解释，火者离也，从那时起，就将城邑叫作离石城，山岭称之离石山。离石山郡人们俗呼之赤尖岭。这种传说是否可靠，谁也不知道。从可查的历史资料上看，远在公元前春秋时代，它确实是诸侯争霸的地方。春秋属晋地，战国为赵疆，秦为太原郡，汉置离石县，自魏迄五代，五胡乱华间，唐代天宝年置昌化郡，乾元年改为石州城，宋元符二年升为晋宁军，金元复名称石州，明隆庆元年，知州李春芳因原石州被蒙古人攻陷，“石失”二字不吉，更名为永宁州，清朝未改名；民国废州县时，恢复了离石县的旧名。古皋狼城，蔺故城故址今虽不可考，刘渊称帝之左国城，战国魏将吴起镇守过之吴城，宋代杨业之父杨信驻过之火塘砦，今人还能指出其旧址。至于晋时刘琨所筑之南村古城，刘武周之女百花公主驻过之百花城，宋杨业与佘赛花成亲之七星庙，遗址至今尚存。李自成炮打石州城的故事，更为老小皆知。数千年的历史传流，给新离石留下了深厚的文化基础。

解放以来，离石人民继承祖先所留下来的文化遗产，驾驭着千里英雄马，在文化战线上史无前例的大进军。城南孔庙，那是明代以来开办儒学，书院的地方，离石最早的共产主义战士、山西青年运动最早的领导者——贺昌同志也在那里住过学堂。在这自古以来就是举办教育事业的地方，我们于一九四八年创立了贺昌中学。短短十年，就培养出了高中毕业生一百四十三名，初中毕业生一千六百七十一名，现在校内还有八个高中班，三百八十七名学生。贺昌中学的成立与壮大，为离石县发展教育事业，创立了一个大本营。随着这大本营的建立，全县文化教育事业历年来都有了长足的发展，特别是一九五九年，文化教育事业发展得更快，除增加了许多高中、初中、高小的班次外，在扫除文盲的基础上，又创办了不少农业中学。文化教育事业的飞跃发展，将促使历史悠久的离石县，更加昌盛繁荣。

武庙颂英雄

无论谁来离石城，也要到烈士楼瞻仰先烈们的遗容。

烈士楼在原来的关帝庙内。它记录了离石县革命的历史，也表彰了在大革命、土地革命、抗日战争、解放战争时期壮烈牺牲了的英雄们的丰功伟绩。贺昌同志是革命的急先锋，也是值得青年一代永远学习的标兵。他十三岁参加革命，十五岁加入共青团，十七岁成了光荣的共产党人。二十岁奔走武汉，领导青年运动，二十三岁任中共华北局书记，二十五岁被选为中共中央委员，担负了红军总政治部副主任。白色恐怖的年代里，他在离石、太原，北京和军阀官僚进行了英勇的斗争。在土地革命的战争中，率领红军击溃了蒋匪军一次又一次的围剿和进攻。一九三四年举世闻名的万里长征开始后，为了坚守江南阵地，掩护红军突围，他留守苏区率领红军，英勇奋战，消灭了无数的敌人。当他胜利地完成了任务，在指挥部队突围中，突然中弹牺牲，那是一九三五年的一月，算周岁他仅二十八春。韩昌泰、王云祥、崔一生，是离石县最早的共产党员，也是离石人民爱戴的领导人。他们在白色恐怖下，建立了农民协会，建立了革命武装，点起了离石革命的火炬。在抗日战争的年代里，领导群众或在敌后坚持斗争，或深入敌区发动群众，兢兢业业，一直到牺牲。离石人民在离石党的领导下，前仆后继，更为神勇。晋西事变，打得顽固军望风披靡，缔造了离西和离东抗日根据地。八年如一日，在敌人的心脏离石城关建立了摧不垮的地下堡垒。一九四五年一个大反攻，失地尽复，离石城扬起了胜利的红旗。读了离石县光辉灿烂的革命史篇，眼前呈现出一种磅礴凌云的革命气势。

英雄的离石人民，在革命战争中表现了大无畏的精神，在社会主义建设中表现了气壮山河的革命志气。离石城三面三座大山，东边一道大川，古来就有“三山绕石州，西水往东流”，“三十里桃花洞，四十里斗气河”的赞语。但是在过去，山高坡陡，树木稀少，春旱秋涝，灾害频繁，粮食亩产量极低。遇了大灾年，更是：“夏麦枯槁秋稼伤，黄岛惊飞中泽哀，黎民孑遗满路衢，儿别爷娘妻别夫，斗粟贯钱随人走，烟鬟雾鬓啼呜呜，村落八九长荆杞，鸡狗无声鸟雀死，黄狐直立官道旁，白狼跳梁入城市”，真是“人吃人，狗吃狗”的凄惨景象。一九四五年解放时，全城二百多户，绝大多数人家，都是兴炊无米，奄奄一息。著名的三山——龙、凤、虎，给人们带来的不是欢乐的笑声，而是无休止的哀怨。农民们常望着三山呻吟：“天旱似块钢，雨涝一包脓，庄稼长不好，苦死种地人！”

解放以来，城关人民在党的领导下，完成了土改，恢复了生产，走上了合作化的道路。从一九五五年起，又掀起了翻天覆地的水土保持运动，短短数年，就给三山系上“腰带”，为城区披上了“时装”，沿着城墙植起了防护林带，大山小山，基本上控制了水土流失，实现了梯田化或地埂化，使数千年来死爬在地皮上的粮食产量指标，象水银柱插入沸水锅一样，一个劲儿向上升起来。

在这夏日晨曦，站在烈士楼上举目瞭望，山地玉米像小树一样茁壮，平地高粱将超过城墙，风流的谷子，不时摇摆着窈窕的身姿，向日葵散发出浓郁的花香。透过绿色的古墙，离石城好像第一次呈现了秀丽的本相。

美丽的城市正在建设，英雄的人民正在成长。再过几年离石城会变成个啥样？我敢说它将胜过天堂。

刊于 1959 年《火花》第 11 期

闫继烈（1927—1996），坪头乡鹏凤山村人，原山西省新闻协会常务理事，高级记者。其工作之余，创作了大量不同体裁的文学作品。

父爱如山

高琴琴

我生在农村，村里的孩子管父亲叫爹。我爹 17 岁就进城当了工人，他一直是厂里的一名技术骨干。

我们村离县城五里，其中隔着一条大河。这条大河由三川河水交汇，故水流湍急，横亘在大河上有一土木桥。当夏秋之季洪水暴发期，要进城就只得蹚水了。我爹身材魁梧，颇懂水性。每当山洪暴发，方圆十里八村过往的行人都只能“望洋兴叹”，而我爹却能坐着大浪游过去进城上班。

爹本来也有一个好身体，可不知是上下班渡水的缘故，还是工作性质所落下的职业病。在他 26 岁时，就得了类风湿关节炎和骨结核病。

在我的记忆里，爹常坐在“上炕”养病，他脾气暴躁，一副愁眉苦脸的样子。我们都不敢把小朋友带回家玩，唯恐惹他生气。

爹是一位严父，甚至有些“专横”，我们弟妹六个都很怕他。每当弟妹们吵嘴打架，只要我在场，爹就首先训我，常说我“鬼点子多”“大挑头”等，让我觉得好委屈。小时候我常怀疑自己是否是要来的一个孩子呢？等我长大一些时，就和爹大声辩论，为自己洗刷冤屈。有时夜里钻在被窝，流着眼泪还在跟爹犟嘴……睡意蒙胧中，听到爹和娘的对话：“琴儿什么都好，就是太要强了……”

爹平时很严厉，但当我们生病时，他就像变了一个人似的，什么事都顺着我们，并且整日整夜地守在我们身边。

在上世纪六七十年代，物质基础相对的困乏，爹妈要养大六个孩子，是多么的艰辛和不易啊！爹下班回来，自行车上总是要捎回一大麻袋的猪草。渐渐地我们弟妹六个也是家里的好帮手，爹常说：“小孩子不吃十年闲饭。”在爹的教育下，我们都养成了热爱劳动的习惯。 放学后，有的打草，有的拾柴，有的去放羊。每逢年过节，爹的厂里总会给我们家发救济补助，所以，虽然我们家共八口人，但生活还不算太清苦。共产党就是我们的大救星啊！

爹的类风湿关节炎常常复发。有一次，他又住进了县人民医院。那时我正读小学四年级，小瑞是我的同桌好友，他爹是村里的干部，大多数同学到学校拿的零食是带糠的窝头，只有小瑞等极少的几个同学带的是纯玉米面窝头。大概小瑞也看出了我的心思，有一日早晨，她从家里拿了两个黄澄澄的小窝头送给我，我甭提有多高兴了，装在兜里不舍得吃。我爹住院了，我想去看他，但我拿什么礼物呢？忽然想到口袋里那两个黄澄澄的窝头……

当我推开病房门，一眼就瞧见我父亲一个人坐在病床上输液，没有人陪侍他（我娘在家里要照看六个孩子），他要方便时，就一手提着吊瓶，一腿跳着去……我把小瑞送给我的那两个黄澄澄的小窝头递在爹的手里，爹显出极高兴的样子……

每逢爹身体好转，心情高兴的时候，夜里，我们围着小油灯，全家人团聚在一起，有说有笑，其乐融融。爹一声号令：

“咱们开个家庭音乐会吧！”

我们弟妹六个齐声叫好。受父母的遗传，我们家人人都能歌善舞，于是每人出一个自己最拿手的节目，歌声笑声传出去很远很远……

1978 年我从石佛寺初中毕业，当时考高中和考中专是分两次进行的，只有考上高中的同学才有资格报考中专，而考中专时又恰逢洪水季节。那天我起得很早，天气阴沉沉的，昨夜刚下过一场大雨。听说东川河已发洪水了，而我父亲上夜班正不在家。我、小玲、军军还有小玲的父亲（我叫伯伯）一起出发，因有一个大人在，我妈也就放心了。我们从小路经过西崖底村，老远就听见东川河洪水的咆哮声——还是去试一试吧。

走近东川河，只见水上漂着一些刚冲下来的柴禾南瓜等，估计洪水还在上涨，小玲的父亲卷起裤腿试着背着小玲慢慢地渡过去了。本来说好背过去小玲后再来接我们过河的，也许因为洪水大太危险的缘故，伯伯朝对岸的我喊话：

“水很大不敢过了，你回去吧！”

只见伯伯带着小玲朝县城的方向走远了……军军是个又高又胖的男孩，他沿着河岸朝上游走了走，脱下裤缠在脖子上也渡过河了。此刻，河岸只剩一个我了。我四下一望，举目无人，只听见洪水的怒吼声——我怎么办呢？于是，不管三七二十一，我卷起裤腿，提着鞋子，噗通、噗通，深一脚浅一脚的开始渡河了。刚走几步还算顺利，当接近河中心时，水已漫过我的大腿，渐渐地又漫过我的中腰。突然我踩不到河底了，我被洪水浮在了空中，心吓得怦怦直跳——

“这下可不妙了，我要被洪水淹走了。”

突然我想起了爹平日的教诲：

“在洪水里要伸开两臂，顺着水流走……”

于是我立刻伸开两臂，顺着水流的方向，两脚在水空中慢慢地游动，这样的大约走了十几步，我终于又踩到河底了，提到半空的心，一下子忽又落了地。过河后，在岸边我搓了搓身上的泥巴，就这样湿漉漉的坐在考场考试。虽然结果并未考上，但我毕竟是尽了自己最大的努力……是严父平日的指教救了我这条小命啊！

我的高中是在贺昌中学上的，有一回午饭后，我正步行去学校，经过石佛寺时，看见我父亲独自一人拉着一平车煤正在一瘸一拐的爬坡，好几次爬上去又倒退下来……我连忙跑过去帮父亲推车。上坡后，我还想再帮他推一会，父亲气喘吁吁地对我说：

“你上学去吧，要不会迟到的——”

我得念书去了，走了两步，回头看见父亲的背影，只见他弯着腰，嘴里不停地喘着粗气，一瘸一拐的艰难前进……此时，我眼里溢满了泪水，我的父亲，我的亲爹，他的腿脚已患类风湿、骨结核十多年，平时上班上的就回不了家，我们还得用小平车去拉他……而今，他为了省几个钱供我们上学，自己不顾病痛的折磨，独自一人拉着煤车……他是在艰辛的挣扎啊！望着爹爹一瘸一拐远去的背影，我泪流满面——此刻，我便下定了决心：“我非考上大学不可，将来一定要让爹过上好日子。”

1981年，我顺利地考上吕梁师专中文系。参加工作后，我尽力孝敬父母，让二老过上舒服的日子。随着医学的发达，爹的骨结核病也治好了，但类风湿关节炎还只能用药物来维持。当我有了小儿子后，父亲看我工作太忙，常帮我接送孩子上学，他很爱我的儿子，爱他的小外孙，经常笑眯眯地说：

“接送外孙上学就是我退休后的一份工作，就是我的‘饭碗’呢！”

有几回，父亲来我家接孩子上学时，正遇上我们两口子训斥我那顽皮的儿子，也许是我们工作繁忙，心情过于急躁，时不时地要对孩子发脾气，有时还动手揍他。这些，爹都看在眼里，疼在心上。有一日，他推门刚进来，一向不言语的老父亲脸色阴沉，气势汹汹地教训我们：

“小孩子家懂什么，你们对他那么狠心，我早就看不惯了。一条儿子就那么容易养大啊……”

这些肺腑之言，大概在父亲心里积压了许久许久吧，今日里都一并的爆发了出来。父亲的训斥让我和爱人顿时大吃一惊，并如梦初醒，从此，便改变了对孩子的一些管理方法。老实说，我们并没有丝毫的怨恨父亲，相反我们更能理解父亲的良苦用心。他是在护着他的小外孙啊！那也是在亲他自己的闺女啊！

此刻，我早已原谅了父亲对我小时候的种种严厉，养儿方知父母恩啊！女儿虽已长大成人，但还是永远也离不开您的呵护和教导啊！可怜天下父母心——父爱如山啊！

常记得在村头，一瘸一拐走起路来还挺欢的那位老人，那就是我的亲爹哟！

爹，您才六十多岁，看上去却像八十岁的老人，您从年轻时就得病吃药，这一生，您吃了多少的苦药，受了多少的罪啊！我可怜可敬的老父亲啊——在您六十四岁的时候，您就永远地离我们而去……

您一生都在为你的儿女日夜操劳，并把自己的六个孩子都养大成人。您一生都在和病魔做斗争，您是一个多么坚韧顽强的人啊！您永远是一位慈爱威严、伟大的爹啊！

刊于2010年《火花》第5期

高琴琴，离石人，袁家庄中学教师，离石作家协会理事。多年来在《石州文艺》《吕梁日报》《吕梁文学》和《火花》等刊物，发表各类散文20余篇。

花木千年

李心丽

我们走在林间，阳光洒下来，被向上伸展的枝条遮掩着，林间小径上只有斑驳的光。一株树与另一株树紧紧挨着，小径两边的树，在伸向半空的时候枝条相拥，它们紧密联系在一起，绵延着，形成一片茂密的森林。

小径只有两尺宽，脚下是软绵绵的松针，厚厚的，即使许多双脚踩上去，也听不到声音，偶尔能听到鸟叫声，能听到风吹过时的声音，寂静的森林里，只能感受到狭窄的天空和清新的空气。不过，放眼望去，林间还有一些不知名的绽开的野花，叫得上名的植物和叫不上名的植物，在我们的视线里，茂密地生长着，它们就在这样茂密的森林里，生长、衰落，一个春夏，又一个春夏，一个晨曦，又一个晨曦。

这里曾经是汉帝刘渊放牛的地方，但历尽千年，刘渊在此生活的痕迹都烟消云散了，但我们仿佛穿越历史的烟雾，在四十里跑马墕上看到了一个身影，他漫步在草滩上思考，他朝着远方眺望，他生活的汉代，暗流涌动的一些不被人知的故事。千年之后，也许他还在，就像这些松针一样，在地的最下面，他也在最深处。我们就是从他生活过的这片草滩感受时光，落在历史的长河里，遥远了，模糊了，但不会消失。

从草滩西行，穿越一片松林，之后是一片开阔地，一小片湖水出现在我们面前，这个地方叫饮马墕，草滩上，少见马，有不少牛群在自由自在地漫步，没有成渠的小溪水也许从草滩间汇聚至此，湖水绿莹莹的，我们就不由得要想，饮马墕这名字也许是从汉代沿袭下来的，被人们一直叫，叫了这么久。

可以说这还是一片原始森林，一株树与另一株树之间，被采山货的人踩成了一条路，松枝与松枝纠缠在一起，在我们前行时，遮蔽住我们的眼睛，阻拦住我们的手臂，越向深处，越不好走，在它的腹地，小云顶山掩藏在其中，不过视野开阔了许多，绵延的林中有了峭壁，我们看到山之间有了沟壑，刘渊屯兵的藏兵洞就在这座山上。我们想寻访千年的遗迹，五万兵士藏身的洞穴，这些痕迹被遮蔽在了看不见的深处，不要说五万兵士的藏兵洞，就是一个小小的可以探出脑袋的洞口，我们都无迹可寻了。

一座山头与另一座山头被一条条狭窄的沟壑分开了，这些山头，他们像一方方诸侯，伫立在那里，葱郁的树木遮挡住了它们本来的形体，阳光越过沟壑可以照射进来了，夏日的阳光，越过千年，越过树林，不可阻挡地落在了我们身上，山对面，是蒙胧的不长草木的骨脊山，它在阳光的照射下呈现出褐紫色的山体，绵延向远方。绵延向左国城，绵延向吕梁山系的最深处。

从小云顶山四周望去，苍茫的群山被变幻莫测的云朵笼罩着，夏天的暑热在山间雾霭中蒸腾着，我们在林间的树荫中坐下来，我们坐在倒下的树枝上，背靠着向上生长的大树，微风吹拂在身上，之后，从林间的枝叶上吹过。倒下的树枝露出了它身体中绵软的部分，在风雨的浸润中，一点点被消磨掉，一点点又归入泥土，然后供养身边的这些树木，即使倒下去，它们也不会化为乌有，它们与它们的同伴还在一起，它们生长的时间，不知道到底有多久，但它们也迎来了老去的时间，后来，在桦树林里，我看到了许多斑驳的桦树，它们生长的年轮一层一层展现在了我们眼前，伸手摸去，躯干倒很结实，我不禁要慨叹生命的来去了。

汉代时期，这一片地域还是一片草滩，这里气候与草原气候相近，适宜放牧，想当年，地势还算平坦，刘渊的阅兵场就驻扎在山上，不过他们居住的房屋、他们狩猎的工具、他们使用的兵器，都随着时光的消逝，烟消云散了。但山还在，林还在，沟壑还在，比千年更久，故事还在，会比万年更长。

阳光是这样的亘古不变，群山是这样的万古长青，生生息息中森林茂密着，野葡萄、好婆婆果迎来了结果的季节，寂静的林木中，它们迎接着属于它们的季节和岁月，这寂静，让天地那么博大和广远，一个季节的绽放，一个季节的结果，也许在另一个季节里又会凋落，寂寞也许是有的，也许纯粹是我的杜撰，它们有天地，有周边的树林，有缓缓流淌的溪水，当然还会有林间的鸟声。故事是我们不曾知道的。也许风儿曾经给它们带过一句话，也许鸟儿曾经在它们的枝头低语，当然也许溪水也曾快乐地给它们唱过歌。我所说的寂寞就子虚乌有了。我们在林间品尝着野葡萄，它的果实比正常的葡萄要小许多，它的汁水也没有正常的葡萄浓郁，但却有一种山间的清香，有一种蕴藏多年的野味。这个野味鸟儿早已经尝过了，路过的牛羊也早已尝过了，它被它们熟知。坞壁上，那些树木生长茂盛，这些树木和植物把山体装扮成蘑菇状，也遮掩了坞壁上被历史留下的画作。这兵寨，在树木的遮挡中，失去了曾经的神秘，它静静地伫立着，对过往岁月缄口不言。

我们无法了解它，就像我们无法了解这些树木以及它们身后的岁月一样，千年的时光，让一切化作了尘埃，化作了泥土，化作了烟雾。坞壁在，树林在，溪水在，汉代消失了。草滩和林间生长的千万种的植物和中药材，它们有的被山民挖掘了出来，有的，它们生长在林深处。一朵奇大的灵芝菇，捧在了同行的一个人的手中，还有他们采摘的叫不上名的奇异的花，被它们捧在手里不停地拍照。就在拍照的间隙，它的花朵竟然绽放了，色彩是那样的晶莹剔透，我们围着它，传递着它带给大家的那种惊喜，我们谁也不知道它是那个花系，未曾见过的花朵，让这座林木有了灵气。

一群牛在小牧场里休息，这是林间比较开阔的一个处所，阳光满满当当的撒落下来，照在了它们身上，它们的毛色在阳光的照耀下一片油亮，这么鲜嫩的草和草滩，让它们吸收着足够的营养，小牧场不远处，我们就听到了汇聚在一起的溪水，山势由高而低，溪水越过乱石和草丛，向山下流去。这牛群，有这样天然的居所，不知道会有什么样的想法。

溪水清澈见底，掬在手里，感到清凉。溪水大的地方，有树桩搭起的小桥，依稀走下去，这样的小桥随处可见。它们简易，朴实，却是这样不可缺少。被做成桥的树桩，覆盖在溪水的上方，潺潺的溪水哗哗的流向前去。

声音就是这样存在的，水流的声音，风吹的声音，偶尔有鸟叫的声音，不一会儿，头顶上方有一片乌云，雨毫无征兆就来了，林密，雨只稀稀落落的滴落在身上，林间，雨滴落的声音在树叶间也发出了声响，绵密的，整齐的，牛们并不躲避，我们也没有躲避的地方，不过，脚下的松针很久也没有湿。除了雨声，别的声音都隐匿了，林间，有一种静谧的美丽。

树枝拥抱着雨水，雨水拥抱着树枝，不禁要觉得，我们走过了千年，走向了汉代，走近了刘渊的时代。但那个时代隐匿了，那个庞大的繁杂的人群，没有任何声响，我们无法感知他们，其实我们脚下的花木，曾经属于他们，我们只做环游的森林，他们常年累月的在这儿生活过，他们感受了这儿的晨曦，他们感受了这儿的深夜，这儿最迷人的风光，这儿最强大的风沙，生活的全部，现在没有任何一丝缝隙，可以窥视他们，千年之上，千年之久，太遥远了，因为曾经有王者的痕迹，让我们生出了窥视的欲望。

当年，只能遥想了。但它们见证过，脚下的这些泥土，山脉，千年的坞壁，刀戈铁马的岁月，我还臆想，王者的情感与生活，与这片林木有怎样的联系，王者生活在这片林木那几年的时间，终于还是被无限地流传讲述，让我们知道，他来过，他在这儿称过帝，我们就要相信，这片林木的神奇，我们还没有领略过，岁月一定埋藏了什么是我们所看不到的，千年的灵光，还在，有一个缝隙，一定能看到。

窥视的缝隙没有被打开，没有无限地打开，也许早已经打开了，是我们自己什么也看不到，静谧的林间，我们遥对着坞壁，我们想寻找，有一扇通往历史的门，有属于过往岁月的记录，有曾经的痕迹我们可以看到，他以及他的身后，他以及他的时代，还有他的选择，都是一个谜，讲述者一定曾经讲述过，是什么时候失传了，停止了，故事也像千年的花木一样消失了吗?

窥视的欲望在胸中，在王者缔造一个时代的地方，欲望生长成千万双眼睛，挂在了树上。

刊于 2014 年《黄土地与芬芳》

李心丽，离石区文联主席，中国作家协会会员，山西省女作家协会副主席。近年来在《当代》《中国作家》《广州文艺》等刊物发表中短篇小说一百多万字，有作品曾获 2013—2015 年度赵树理文学奖，著有长篇小说《师范女生》《命运的魔方》，中短篇小说集《棉花在棉被里盛开》《流年》《迷藏》。

雪

李迎兵

雪。接踵而来的雪。

来来去去的都是天意。

原本以为是一个无雪的冬天了。谁知道什么时候，当人把室内的窗帘拉开，就见整个世界都被雪海覆盖，被白衣装裹。

2010 年的雪，下到了 2011 年了，下了这么久，似乎暗含了什么深意。什么深意呢?我不知道。在这个世界上，人其实什么都不知道。

抬头看天，望不到尽头。什么也望不到的时候，便总是有些悲哀。你只知道有些事情，有些命运，一旦出现，就无法改变。无论多想改变，甚至倒退到这个寒冷的冬天之前，在这个年头的之前，以至于人类的史前，还没有我们的生命之前，可是一切都无法倒退，无法预测，更无法改变。

除了物伤其类的泪水以外，什么都没有了。人类在为自己为同类哭泣的时候，头顶的天依然还是那个欢笑时候的天一如平常的天两袖清风的天坦坦荡荡的天晴雨自定的天高深莫测的天。其实，每个人在这个世界上，原本就是孑然一身的，仅仅拥有一个很有限的时段可以用来进行悲欢离合。所有人，尤其一些身边很接近很亲近的人，包括情同手足的兄弟，其实原本在生死于一线间的时候，也会是那样的无能脆弱，那样的不堪一击，那样的空洞凋敝，那样的阴阳两隔，其实原本所有这些都只是人生的幻影而已。

再抬头看天，天上有谁？有奶奶吗？有刚离去的兄弟吗？还有谁？所有逝者的面孔，在列队而过。天不像人那样，天想哭就哭。天不下雨的时候，天就下雪了。雪，是凝泪成的珠吗？远走的兄弟，求求你能醒来，快来告诉我，这一切究竟是怎么回事？在那个凝泪成珠的黑夜里，到底发生了什么？谁看见你一个人的样子，一个人面对生死，一个人面对意识即将消失，灵魂即将离开身体，究竟那一会儿工夫发生过一些什么故事？

不知道，就是天也不知道。那个刺骨的寒夜里，天地都沉默了。我们谁也无法去第一时间赶去救你（人与命运抗争总是相对的，我们的背后总有一只更加巨大的手在操纵着人世界所有的这一切生生死死，谁也没有未卜先知的能力，这也是作为人的悲哀之处，与命运抗争的音乐家贝多芬不也最后耳聋了吗）。天闭上了眼睛，地也不再有脚步，而兄弟你在那一刻只能就那样大睁着眼睛，寻觅着自我救赎的途径，仿佛在刺痛的寒冷和无边的黑暗中呼喊。但没有谁能听得见，那个时候，全知全能的天地，也似乎闭目塞听了……

一切就在那个时候发生了，真的发生了，无法更改的一切。那个日子，我只想一下子彻底忘记，因为那个日子，如同兽牙在无时无刻吞噬着一切，吞噬着泪水……

雪天，就在你永远闭上眼睛的时刻，又重新睁开了眼睛。世界依然是艳阳高照，世界还是昨天你眼里的那个样子。

这个我第一次来也是最后一次来的你所在的那个城，注定是让我悲情的一个城。因为你的逝去，我看到那个悲情的城，看到欢腾的街市，就要哭。我赶往悲情的城，赶往你那里，和你握握手，也就永诀了。连夜赶往你所在城的还有父母以及弟妹全家等。你随之在接下来的那一刻化为灰烬，归于泥土。无论人在这个世界上多闹腾，最终还是要早早晚晚殊途同归。这就是人的宿命。

我想记住你还在走得前几天通过的一次电话。

你对我说，还好吗？忙吗？

我说，好。手头正在忙着一些事情。

我手头正在写一本不知道什么时候能够写好的书。但只要在写，心里就会踏实一些。

这些，我都没和你说。我只说下次会专门到你那里看你。

你刚有了新房，也有了新车。我说，怕你忙，去了能住下吗？

你是知道我至今还是孑然一身的，但你还是说，一家子来了，都能住得下。你到了这儿，我开车去车站接你。

我前一晚打过电话，但你没接，因为工作一到晚饭那会就忙着应酬。我知道你会回电话的，果然第二天上午你回话给我。说起过去的一些事情，你依然像个孩子那样，只对我说：你们什么都不告诉我。说着，你就在电话那边哭了。我的心有些发慌。

你其实真的很脆弱，人又很善良，喜欢交很多朋友。你总是一点也不会和人耍心眼，凭着你的人脉给很多人办事，但不求任何回报。这一点，有些像那个当过县里领导的爷爷。听奶奶说，当年——我们还没出生的时候，大概是1960年那会儿吧，爷爷下乡，与乡人一起受苦，作为县里领导，饿得腿都浮肿了。在这一点上，你也是与人相处，从不计较得失，也舍得帮助别人。

那次通话最后，我让你多注意身体。其实，我还想再聊一点，但真怕你忙，耽误你工作，当然，又怕浪费你话费，就很快挂机了。没有想到，这次通话，竟然成为你和我的最后一次通话。我一直要去你在的那个城去看你的，但一直没能去成，终成永诀。当时，我从父亲那里听到你的这个消息，一晚上没睡，心在火烧火燎地疼。我说，我要最后看你一眼，送送你。

这个人走了。这个人来的时候，没有轩然大波；走的时候，也一样是什么都不能改变。来了又走了。一切照旧，这个城的街市刺耳的喧嚣，仿佛刚刚过去的那一幕，根本没有发生过一样。只有这一个月之后一片雪天的凝泪成了珠的停滞和宁静。

然后，耳边又是人世界回荡着的一些声音，命运根本就听不到的声音，还有那些肝肠寸断的哭喊，还有那些尽情流淌的泪水，还有哭喊和泪水交汇的葬礼，还有风中的盐湖墓地，还有逝者的衣物在山间的风中被焚烧的场面，还有纸扎的远逝的纪念和随之起舞的阵阵离歌……

总之，生者为逝者的所有表演，逝者听不到了，也与逝者无关了。这生者的纪念，其实还是为了生者自己。在逝者还活着的时候，生者又能够做一些什么呢？

这个时候，哭自己的兄弟，哭一起做伴守在县城电影院门口等着看老电影的童年，一起赶集迷路家人满城里找而你的一句黑间去赶集街上一个人也没有时把大人逗得直乐的童年，一起在河滩玩泥耍水的童年……还有一次仅仅四五岁的你，吃大麻子中毒昏迷后，送到医院被抢救过来时说，墙上的晃来晃去的灯影是山上下来的狼啊什么的；还有一次偷吃家里大瓮里贮存的月饼时，用手探不着，灵机一动的你用铁丝扎出来时与我对半分吃一块月饼；以及长大后你在太原上学还专门跑到我所住的地方来看我，还有很多的遥远记忆，还有很多清晰如昨的画面……

这时，耳边总回荡着一首英文歌曲《Nocturne（夜曲）》。

now let the day （现在，让白天） just slip away （悄悄溜走）so the dark night （那么，深夜） may watch over you （就可能凝视你） nocturne （夜曲） though darkness lay （尽管漆黑散溢） it will give way （它终将会让步）when the dark night （当黑夜） delivers the day（与白天撞击的时候） deliver（给谁一击）give way （让步）……

一个无雪的冬天，是因为干旱的天气。总之，2010 年冬天的一场雪，下到了 2011 年。眼前一望无垠的素白，素得心疼，白得直晃眼。

也许，人世间的生生死死，终究会让我们学会敬畏和善待人世间的一切，对生命与爱充满敬畏和善待，对人生天道，对脚下的大地和头顶的星空都一定会充满这种神性的感情。因为，人的生命是何其短暂啊，人的力量也是何其的有限。我们此时此刻（或许彼时彼刻已经失去机会）能做的只有这种敬畏和善待，并且更加热爱生命和自然，热爱和善待所有这存在于世上的一花一草。这属于神性的一切，都有她们存在的理由。

当然，我们也要首先学会爱自己，因为懂得爱自己，才能有条件去爱别人，也才能有所担当。否则，一切都无从谈起。因为，我们稍微的疏忽或者不经意的纰漏，就有可能会酿成无可挽回的惊天悲剧。

雪来的时候总是这样悄然无声，不像夏天的雨那样急急忙忙。雪，是不期然而来的天之泪。这么一大片，更大的一大片，让整个城市，让整个世界，都被这天之泪覆盖了，所有一切，都被这凝泪成了珠的悲泣所笼罩……

站在这个雪天里，我只想说：我亲爱的远逝的兄弟，记住，我会永远爱你！

刊于三晋文化研究会主办的 2014 年《生活晨报》

李迎兵，离石区文联职工，作家，评论家，中国作家协会会员。出版有中短篇小说集《温柔地带》《美人归》《醉芙蓉》，长篇小说《狼狐郡》《狼密码》《雨中的奔跑》《校园情报快递》，长篇评论《浅谈小说创作》及点评集等。

第二章 诗歌 碑文

第一节 诗 歌

雪日游凤山

〔明〕许天球

北来风栗冽，春深犹飞雪。
玉缀堤上杨，粉抹郊外垤。
趋来三阳山，凤采灿丹穴。
妆点羽毛奇，翱翔洒琼玦。
篱鸩杳难攀，流光齐嵲嵲。
石髓贮冰壶，洞中有丹诀。

白马仙洞祷雨

〔明〕许天球

春郊联辔访仙踪，洞口桃花色正浓。
白马已随黄鹤远，苍虹犹见紫苔封。
重峦殿古悬云榻，绝涧崖空泻石淙。
为报山灵元应祷，甘霖时霈慰三农。

许天球，直隶婺源人，举人。守正不阿，兴起学校，文章政事俱优，为时名牧，明万历五年（1577）任永宁州知州。

过永宁

〔明〕李邦彦

匹马来过古石州，荒城残垒暮堪愁。
哭声尚逐风声咽，兵气犹兼厉气浮。
三晋黎民多北走，千山白骨未全收。
何时得扫胡尘靖，为雪当年汉国羞。

宿吴城驿

〔明〕黄素屏

层层鸟道乱山多，白草黄芦遍石坡。
绝壁倚空临积雪，飞流直下激迴波。
红尘岁月惊秋尽，清镜勋名奈老何。
立马西风增感慨，筹边何日许重过。

穷民叹

〔明〕王文清

乾坤万里涌金波，碧霄沧海影婆娑。
何秋不见光皎洁，何人不见清冰雪。
或卷虾须敞鹤轩，或封蜗窦处蹲鸢。
或漱蟾晶喜炎息，或畏冰镜愁寒织。
或奏云璈簇管弦，或泣露叶血涕涟。
非是天月有悲欢，贫人难与富人般。
贫人屋上非无月，贫人骨中髓已竭。
种蚕全家无一丝，种谷终年无半炊。
得钱数缗遣一女，得粟数斛卖一子。
子女仳离肠已绝，吏债追呼心滴血。
春夏蚩蚩盼秋期，秋期怕见月上时。
四壁磬悬寒彻骨，残魄亦照穷愁窟。
啼鸟哑哑鼓角秋，鸣蜩嘒嘒鬓发飕。
梧叶枫林朝坠驶，梦魂扰扰如欲死。
惨淡蛜蝛和尔为，闭门椎尔泪平湄。
今生愿祝中秋月，照破穷愁四海歇。

过黄栌岭题

〔明〕杨璿

冉冉夕阳西，行行信马蹄。
乱云山远近，碎石路高低。

黄鼠作人立，玄猿迎客啼。
自缘羁思切，触景意转凄。

杨璿（1416—1474），字叔玑，号宜闲，南直隶常州府无锡县（今属江苏）人。明正统四年（1439）进士。

游灵泉寺

〔清〕谢汝霖

翠柏森森野寺幽，隋唐遗迹仅山邱。
门前一点灵泉发，独对黄河万古流。

（二）

漫道兰亭好，山中景亦幽。
清风来四座，黛色豁双眸。
茶煮灵泉水，钟鸣古寺楼。
诸生当此际，一望解颐不？

谢汝霖，字用弼，今福建省福州市长乐县人。清康熙八年（1669）举人，康熙三十四年升任陕西延川县（今属延安市）知县，举“卓异”。康熙四十年擢知永宁州，兴利涤弊，多善政，编著《永宁州志》。

离石行

〔清〕顾崈

离石离石蚕丛道，插天峰顶田星罗。
农夫腰镰插禾黍，耕雪锄月何嵯峨。
比年赤龙煽虐来，青霜肃杀降奇灾。
夏麦枯槁秋稼伤，黄鸟惊飞中泽哀。
黎民孑遗满路衢，儿别爷娘妻别夫。
斗粟贯钱随人走，烟鬟雾鬓啼呜呜。
村落八九长荆杞，鸡狗无声鸟雀死。
黄狐直立官道旁，白狼跳梁入城市。
吁嗟造物何不仁，绘图发粟拔苦辛。
天王自圣大官法，燮理无状在微臣。

顾崧，字渭若，号敬亭，清康熙十一年(1672)举人，无锡人。其诗“冲淡浓至，博雅沉郁，名流共赏”。著有《怀古阁诗选》。

以上九首诗刊于清光绪版《永宁州志》

清端于成龙杂咏七首

梦餐优昙花作

余读书山寺时，梦餐优钵萝花，即吟一句云“仙人赐我钵萝花”，醒语纯天上人，检藏乃知钵萝花即优昙花也，因赋以志。

优昙曾记梦中餐，山寺日高柏水寒。
云绕佛龛常五色，香飘精舍比芝兰。
生平不识金银气，偶尔轻抛麋鹿滩。
四十年来魔障尽，好教拂袖紫霞端。

固关偶题

行行复过井陉口，白发皤皤非旧颜。
回首粤川多壮志，劳心闽楚少余闲。
钦承帝命巡畿辅，新沐皇恩出固关。
四十年前经熟路，于今一别到三山。

罗城署中闲咏二首

窗前驯鸽行书案，惊醒主人午梦时。
起坐闲看十七史，古今成败有谁知！

其二

子厚当年被谪时，柳州城上写新诗。
那知千载存亡后，我与先生共容羁！

蜀中山行

几人鞅掌几人闲，山里僧家独闭关。
风雨一犁堪自慰，醉归春社月西湾。

壬戌九日

人人尽说登高好，惟我求闲不得闲。
山后山前无数景，叮咛游客莫空还。

偶吟

石崇豪富范丹贫，生后生前定有因。
传语世间名利客，不如安命是高人。

刊于2001年离石政协编印的《离石文史资料》第五辑

老女吟

〔清〕于成龙

妾身已许嫁，梅实过三春。
四德未敢斁，归期何尚迍。
岂为侬貌寝，应是婿家贫。
冰融霜又至，何以采涧滨。
布丝郎可贸，井臼妾所亲。
旭日雁声寂，蛾眉低白蘋。
谁家车和马，百辆烂其邻。
妾命嗟成薄，桃叶空蓁蓁。
拊心叩昊天，终待结朱陈。
就使穷难嫁，讵将香逐尘。
悲思古贤妇，馈馌敬如宾。
印有心同否，有生殊不均。

于成龙，见人物编。

刊于清光绪版《永宁州志》

登先清端公读书楼

〔清〕于准

扪萝登绝巘，俯视万山低。
曲磴青林拥，危楼紫雾齐。

奎光余世泽，藜火照招提。

景仰咿唔地，高深未可跻。

重葺山寺并先清端公读书楼落成之日歌以志感

〔清〕于准

乌崖横亘石巃嵸，古柏挺秀青濛濛。

中有梵宇盘幽胜，夕霞朝日万缘空。

先公昔日辑闻见，与佛同龛布席砚。

六时洛诵声琅琅，一片山光落书卷。

厥后节鉞承君恩，摛文建绩翔天阍。

清梦不离崖际宿，风味依然旧菜根。

世年人事等烟雾，云白山青无晓暮。

龙象苍凉鸟雀喧，丹陈粉暗书生蠹。

我今新兹选佛场，金绳界地兰楯长。

追思祖德情倍切，登楼仿佛飘芸香。

雍正五年秋七月九日

冢孙准薰沐百拜

此文为安国寺于成龙读书楼廊下右首碑碣镌刻文。

游凤山作

〔清〕于准

叠叠晴岚翠欲稀，清风红日镇仙扉。

山衔丛桧樵夫语，径折寒松羽士归。

花落误惊幽鸟去，林空不碍断云飞。

入宫顶礼真人像，何日相携上翠微。

于准，见人物编。

刊于清光绪版《永宁州志》

石州道中

〔清〕吕履恒

白日下汾曲，清秋宜远行。
泉经山店引，烟望驿楼生。
背岭人声接，刊林鸟道平。
乱余初买犊，逋赋赖深耕。

吕履恒（1650—1719），字元素，号坦庵，河南新安人。清康熙三十三年（1694）进士，官至户部侍郎。履恒工诗，著有梦月岩诗集二十卷，末附诗余二十四首，《四库总目》传于世。

刊于清光绪版《永宁州志》

永宁道中

〔清〕潘榛

漠漠狂风乍起，潇潇细雨初零。
草色斜侵狭路，槐荫半覆邮亭。
高低无名岭树，红黄随意山花。
挥汗长途贾子，插篱绝壁人家。
流水东西不定，高山迢递相连。
小麦青青匝陇，长松郁郁参天。
山静林中啸虎，电开天外飞龙。
西去黄河百里，北来紫塞千重。
车马朝朝行色，樵耕在在歌声。
却似山川有待，还疑花鸟多情。
红日东西如约，白云聚散无时。
村外谁家问酒，途中独自吟诗。

潘榛（生年不详— 1632），字茂昆，明山东邹县唐村人。明万历二十年（1592）中进士。初任汝阳县令时，正值灾荒，捐资施粥，使大批灾民免于一死。后任青县令。

刊于清光绪版《永宁州志》

题吕梁禹迹

〔清〕王运新

一天俗障好山收，抹雾横岚欲染眸。
长林日色稀疏影，寒溪奔泻山气冷。
溪林尽处望山巅，嵯峨嶕嶢阻飞鸢。
登巅长啸摇山泽，感慨悲歌怀古昔。
周定乙亥报山崩，年去年来堆乱石。
年年但看乱石堆，百代过客迅相催。
疏凿禹烈旧迹遗，旁瞻刘石驻兵台。
前人曾在山头立，山在人亡不复回。
歌舞到底皆成泪，历世衣冠化劫灰。
自顾形衰苍发短，穷年矻矻胡为哉！

刊于清光绪版《永宁州志》

大雪题南山寺

〔清〕王继贤

石州第一此丛林，无事来游带鹤琴。
翠柏参天觇地气，灵泉发地见天心。
千秋檀像崇香火，万里河流自古今。
俯瞰仰瞻雄胜概，不胜雪里漫行吟。

刊于清光绪版《永宁州志》

谢刺史游安国寺附诸公和韵诗序

古之为政者，公解之暇每每寻山问水，将以观云物察禨祥，博采利益民生，因而寄情诗咏，考其心原不仅以山水为乐也。三山用弼谢公，治永一十三年，慈祥恺第，闻日童谣，不意竞以病故。余虽未识荆，幸睹其治绩，想见其为人。永之城西二十余里，地名山寺，最称名胜，公尚至其间，殆亦借此游观，取裨政治耳。且每过必有诗，余叩其稿，为李参军什袭面索而读之清新俊逸，工稳绝伦。其格律直追庚鲍而韵致尤过之。因思簿书酬应不遑乃复游心声律精妙若此文章经济兼而有之，更读和韵诸什，又如好鸟弄春，新花映目，温李之香，班宋之艳，复见于今矣。若余自应痉苇埋研退而却避耳。曾何足以窥涯溪哉！

丁酉秋九月钱塘后学唐启升谨识

夏日游山寺拈韵

三山谢汝霖

地僻心闲暑气微，当风不用扇交挥。
澄怀已与山同静，远意还争鸟共飞。
禊罢兰亭觞政香，浴残沂水咏声希。
诸公雅兴追前哲，列队诗囊信马归。

古堞犹存蔓草堆，一丘兰若近蓬莱。
花飘碧水窥仙井，风落丹崖仰啸台。
阁上帷空刘向去，门前屐响谢安来。
更闻奇种过姚巍，石畔何由得再开。

古刹嵯峨山作堆，携筇缓步出蒿莱。
钩辀鸟语藏深树，屈曲藤萝掛石台。
昔日留题人已去，何时迈鬼鹤重来。
东君检点年年事，魏紫姚黄依旧开。

韩贻丰 和

烟迷古寺隐霏微，象外无尘不用挥。
五马政闲偕客至，三台艺就看云飞。
名花幻出应题遍，绮句当前属和希。
自分追陪惭短技，承思还欲醉忘归。
磴转林回翠作堆，石州幻出小莲莱。
莲峰有意威名寺，国色无心恋镜台。
三晋云山天外过，两河城郭望中来。
临风欲仿孙登啸，一咏禅关生面开。

李镇 和

梵宫隐隐若龙堆，迸石清泉浅草莱。
乘兴还登灵鹫岭，听经疑上雨花台。
树深幽鸟惊人起，酒潇清尊待客来。
却羡当年为政者，风流应向此山开。

唐启升 和

归来载酒绿林堆，着屐穿云历草莱。
闲放了无千里志，襟怀须拟一登台。
山青不改当年色，鹤化还期入梦来。
壁上留诗知有意，待余酬和拂尘开。
乌崖古柏道心微，五十年来逐电挥。
读礼荒丘君尚在，重游潇寺鸟空飞。
舒怀欲共烟岚渺，好景堪怜俦侣希。
此日登临无限意，夕阳西去醉言归。

于准 和

烟笼招提景一堆，今朝我亦赴蓬莱。
行径小水穿危石，坐看微云拂翠台。
贝叶筵前风送入，天花座上鸟啣来。
东山纪胜题佳句，会见林峦处处开。

张梦熊 和

石磴荣纡蔼翠微，寻幽缓步尘频挥。
云光作意时时幻，黛色侵人冉冉飞。
涧水流香棠庙在，莲台觅句字痕希。
东山毫放谁能继？应识他年化鹤归。

于灏 和

晓日和风拂景堆，梵王宫阙胜蓬莱。
桃花漫逐曹溪畔，莲石高悬明镜台。
崖下山僧随步去，林间野鸟任飞来。
问渠景物何多丽？为有东山筵实开。

梁缵素 和

山僧卓锡意通微，游览闻来听指挥；
步入松林青荫远，宏开宝殿紫云飞。
登高作赋行应遍，白雪阳春和正希；
尽日匡庐窥色相，俗尘不染问依归。

付南官和

古刹幽栖梵语微，登临未共玉鞭挥。
风摇老树山疑动，云接崇岗寺欲飞。
猿破苔封人迹少，鸟鸣花榭俗尘希。
高吟刺史啣杯后，追和还期化鹤归。

汪奭 和

翠壁苍崖簇簇堆，依希疑入小蓬莱。
风吹梵宇问云影，日落林泉映石台。
自愧身非刘向匹，敢云诗步谢安来。
名山骨意怀知己，岁岁繁阴夏日开。

刘廷翰 和

梵王结宇紫云堆，满地清光拂草莱。
国色有形藏岫石，天花无语缀莲台。
禅通碧水怀常渡，锡入青云鹤自来。
饱德犹逢滁太守，一帘膏雨傍林开。

梁绳素 和

鹫岭层峦铭作堆，森森翠柏似蓬莱。
井泉澄澈含空相，连石光莹现镜台。
花发幽香随酒至，鸟鸣清韵和歌来。
西山落日慵归去，胜会还期待日开。

以上和韵诗源于安国寺清康熙五十七年（1718）菊月之吉立石

九日偕方君、深甫亢君、庸九吴君、薄堂王君冰士游安国寺偶成二律

姚启瑞、

寻芳缓缓陟山隈，古刹庄严接斗魁。
夹道青松秋色老，儿层丹障画图开。
泉声滴沥堪听月，磴影迂回不染埃。
佳节携樽成雅集，放怀聊复一追陪。

箫箫松柏映斜阳，匝地风来作暮凉。
四面峰峦环梵宇，一庭花木锁禅房。
优昙入梦思芳烈，佛骨传疑溯李唐。
此日登临情未已，茱萸还应念江乡。

庚辰九日姚缦云刺史招同人

姚启瑞，字缦云，安徽桐城人，监生，历任浑源知州，清光绪五年(1879)调署永宁州事，在任期间受《山西通志》编纂要求，有感于清康熙《永宁州志》“未加增订，殊堪浩叹”，遂以此为本重修《永宁州志》，历时十月，光绪七年付梓。

小集安国寺

方渊如

窈窈阴崖曲径斜，招提遥被碧云遮。
千年腐骨传疑事，一梦优昙记幻花。
石谷细泉斟乳窦，秋林落照少眠鸦。
良辰依至名堪爱，何必龙山继孟嘉。

方渊如，安徽桐城人，太学生，为桐城名宿，姚启瑞幕僚，曾参修《忻州直隶州志》，纂清光绪《永宁州志》三十二卷。

安国寺三十二景诗并序

刘子俊

壬申之春，余馆于乌岩山之安国寺。乐幽胜也！生徒八、九人，童冠咸在，讲习之余，相与游息于层崖之上，丛林之中，苍翠在眼，烟云万状，流览诸景，快矣！翘首望苍穹，落落然无尘俗虑。不知古人沂水舞雩之乐，与此何异。兴尽而归，呼僮煮茗，手执陶诗一卷，挑灯默坐。诸生则或读文，或读诗，书声清亮，与管箫之音相断续。余乐甚，因而起，小

步庭前，抚无弦琴，倚槛而歌曰："山看楼头立，人听柏里吟，月明泉正响，知我是瑶琴。"语鄙俚，而兴之所至，固不暇计其工拙也。盖山寺有三十二景，佛殿神祠不与焉。有以不朽为景者，佛牙是也；有以珍重为景者，铜塔是也；有以名都嘉卉为景者，洛阳牡丹是也。莲华峰，景之嵩秀者也。琉璃井，景之清幽者也；悬崖飞瀑，景之险峭者也；石室，景之深邃者也。更如多而无算，则有丛柏；少而独超，则有双槐、乔松。常物而罕见，则有樱桃、胡桃；习见而可玩，则有榆钱、柳线、火枣、文杏。安国寨、走马坡，古迹也；安国王、昌化公主，古人也。莱公别墅、颐真宅，隐者之居也。听月泉，瞑云谷、伴山居、佛印，地异而名尤异者也，故并谓之景。若夫读书楼、石室文、听月泉记、琉璃井书、松竹梅兰图，则兼人品学问文墨，尤人所难能，而为景之不多得者与！凡此皆山寺之胜，人人共见，或未能一一尽知。余恐人不知其为景而湮没也，故列叙之，而无诗终觉寂寞，心为之阙如。暑月归，检旧簏，时文试律外，又得诗数页，细阅之，乃已故四胞弟云庵（讳子杰，字季才，道光癸卯优贡）。所录先大父云衢府君（讳国香，字兰堡，处士，赠奉政大夫），先君子素墩府君（讳进庠，字虞轩，增广生，赠奉政大夫），先胞兄朴庵府君（讳子英，字擢五，咸丰丙辰进士，任礼部铸印局员外郎）咏山寺景物诗也。后并附云庵所咏数首，且读且喜，如获至宝，盖深为诸景幸，而又喜余先人之先得我所乐也。独惜于三十二景，咏未及半，是以不揣固陋，各勉拟一、二首以补其阙，极知贻笑。而来暇恤也。庶几诸景差免于寂寞，而置之座右，兼可卧游，聊与诸生共乐耳。然余但乐余之乐，不能知诸生之乐；诸生但知从余游而乐，究不知余之所以乐也。乐哉！

同治十二年岁次癸酉冬至后五日

郡人壬戌举人刘子俊 谨识

咏安国寺

（三十二景诗）

佛牙

启齿花曾落，谈经字字香。

岂知千载后，片骨亦流芳。

其二

身化牙犹在，传珍一世中。

余香诚不散，只是未全空。

铜塔

佛骨果徂东，珍藏塔铸铜。

崇之斯至矣，独惜恼韩公。

洛阳牡丹

花亦厌繁华，羞开富贵家。
移来清净地，顶佛献仙葩。

莲华峰

牟尼妙法号莲华，未识仙峰亦此夸。
爱尔欲卑周子说，摩天溪翘出泥沙。

琉璃井

琉璃水一泓，甘洁莫能名。
饮者咸离垢，从人赛守清。

其二

居然七宝池，俗误号琉璃。
掘井知谁氏，当惟慧海师。

悬崖

乌崖好景都能话，独有悬崖话不来。
游后每逢相识问，只云峭壁半天开。

飞瀑

朴庵公咏下二首同

溅溅飞瀑一声悬，半入山村半入天。
惊得野人秋梦醒，老僧犹自抱头眠。

右之石室

北斗宿崖边，南山在面前。
右公穿石室，高卧学神仙。

丛柏

乌崖之柏栋梁材，簇簇葱葱翠作堆。
不是菩提甘露普，谁能栽起许多来？

又

几树差低几树高，丛生地空无分毫。
山前山后部如此，争怪前人说絮毛。

双槐

中丞祠外两株槐，对待成阴影美哉。
枕石就闲聊小憩，同游梦接上公来。

乔松

观音阿下揖乔松，问尔何时得化龙。
雅爱高禅姑作伴，会须凌汉看云从。

樱桃

在昔争夸唐进士，而今欣奉古先生。
蜡珠最美休嫌俗，只恐衔残好打莺。

胡桃

柳亭刘子俊咏后并同

一枝两枝千万颗，承恩快舞宝楼西。
休云不比蟠桃贵，凡果如今莫我齐。

榆钱

翠柏青松外，榆钱个个圆。
有心探一串，恐笑利名牵。

柳线

老衲无尘思，游观玩物华。
瞥然看柳线，欲借补袈裟。

火枣

村边火枣熟秋风，颗颗迷离景不同。
好似牟尼珠现异，满山苍翠欲通红。

文杏

燕子来时柳袅初，乌崖文杏闹清渠。
依林灼灼开红口，似笑青松不我如。

安国寨

乌崖有寨名安国，险峻坚牢难再得。
想见群雄割据时，无人敢议长河北。

其二

翘瞻安国翠微间，雄压河西百二关。
寨主即今何处去，空留遗垒倚秋山。

走马坡

携笻寻胜碧山阿，乘兴先游走马坡。
走马坡前风飒飒，伊人不见奈如何。

安国王

樵牧好谈古，动言安国王。
结塞乌崖上，走马扁斗傍。
豪气低北极，目早无西羌。
俯视天下士，一切括我囊。
能战复能守，地利谋更藏。
腰悬雁翎刀，出入莫敢当。
世代稽赵宋，镇西是其乡。
姓王名公佐，闻者走且僵。
我听心亦惊，我望且彷徨。
我怀人已往，惆怅怆我肠。
不堪寒塞月，皎皎悬清光。

昌化公主

奉佛推昌化，栽花表至虔，
至今花影里，彷佛礼金仙。

其二

一代皇家女，参禅向碧山，

梅花争点额，柳线喜萦绕。
顶礼金龛下，听径翠柏间，
牡丹开五色，相对意闲闲。

莱公别墅

奋绩能绳武，归田雅爱山。
至今传别墅，郁郁碧云环。

颐真宅

告退功成后，颐真古寺东。
闲闲何自得，千载羡于公。

听月泉

石上清泉响，楼头皎月明。
听泉兼听月，漫道月无声。
其二
漫道月无声，幽人听转清。
寻声看水面，皎皎一轮明。

瞑云谷

谷异名尤异，心闲梦亦闲。
石头高枕卧，恍忽到云间。

伴山居

敢谓仁人爱，移居偶伴山。
看山情不厌，梦亦在山间。

佛印

拟观佛印已多时，到眼教侬意转疑。
法宝只应西域有，是谁偷取挂东陲。
其二
大雄悬印碧山前，压杀妖魔万万千。
安国国真安好了，笑他苏相枉徒然。

于清端公读书楼

楼小刚容膝，名高欲动天。
清端嗟往矣，嗣读又谁贤。

其二

孰是清端者？于公独绝伦。
登楼怀劲节，不愧读书人。

王公石室文

的是乌崖第一奇，文中妙义少人知。
山灵珍惜心无已，时作烟云复护之。

王公听月泉记

思入元微语鉴空，珠圆玉润透玲珑。
翰城的是神仙客，想已寻声到月宫。

王公听月泉琉璃井书

翰公之字好丰姿，点点精神划划奇。
映水真如鸿戏海，教人谁不唤羲之。

其二

琉璃听月两行书，远近争传啧有誉。
逸少已遥怀素殁，果谁能识果谁如。

其三

龙蟠凤舞妙无涯，想见临池得意时。
书罢空中曾听否，欷嘘定有鬼神窥。

其四

又见风流笔一枝，婆娑婉约耐人思。
王家若使无羲献，美善公当独擅之。

其五

书法从来数二王，右军章草更为良。
斜斜正正鱼游泳，断断连连雁颉颃。
作赋僧虔差具体，穿门智永许升堂。
谁知禅祀黔阳老，又嗣宗风待锦囊。

王公石室松竹梅兰图

石室凌空本不陋，矧有大文垂宇宙。
独嫌弗见梅花瘦，与竹幽馨并松秀。
翰城为此心不怡，踯躅徘徊俨若思。
既而言曰莫怅为，吾犹得以画补之。
亟命上人号如月，鸠工凿石为两碣。
攻治不敢少休歇，竭力磨砻光透发。
王公欣欣运妙手，画竹几竿堪对酒。
画梅一本离尘垢，画松一株凋独后。
画兰一丛求好友，对坐题诗盘珠走。
一种意度美且都，写生不让道子吴。
分悬石室左右隅，并作乌崖万景图。
引动山叟与文儒，并惊往来卿大夫，
游览传颂久矣夫！

刊于刘子俊《安国寺三十二景诗》手抄本刘子俊，清代永宁州（今柳林县）人，字见三，号柳庵，同治元年（1862）恩科第二名举人。同治十一年应本州士绅、学子请，在安国寺设立书院讲学育人，闲时游览山寺风光，感物怀古，留下颇多佳句。著有《安国寺各景诗并序》，光绪六年（1880），与桐城宿儒姚启瑞受聘纂修《永宁州志》。

感怀

刘敬镌

国破家何在，流亡又一年。
故人多落寞，环境几推迁。
肠断三更梦，裘披六月天。
消愁无异术，烟雨瞰湫川。

注：乌岩山，即今乌崖山。

出席晋西北临参会
登临县紫金山遇雨

刘敬镌

山径刚登半，回看众壑低。

云迷天路近，风急雨声凄。
泥印留鸿爪，岑苔倦马蹄。
何时可再到，绝顶好攀跻。

自传诗

辛安亭

忆昔幼小在家庭，父兄劳动真辛勤。
寒风刺骨犹拾粪，秋雨连绵拧麻绳。
难忘慈母教育好，兄弟团结多忠诚。
启发智慧讲故事，数算窗格学加乘。

（二）

人生七十古来稀，我今八十已存奇。
少年曾有鸣鹄志，老来成就晨星稀。
工作两度受挫折，写作一半遭遗弃。
只有一点堪自慰，一生勤奋不知疲。

回乡有感

辛安亭

离石生身地，别来几十春。
犹睹山河故，喜见气象新。
穷地已变富，文盲生智人。
老来逢喜事，倍感振精神。

以上三首刊于1989年甘肃人民出版社出版的辛安亭《自传诗》一书。

游安国寺抒怀

李晨生

庚午年仲秋某日，余与友人刘黎明、李文凡等同游安国寺，是寺三山环抱，一壑南通，青嶂凝翠，绿树含云，山花似锦，泉声如琴。余与友人流连忘返，谈笑风生，激情所至，于是乎诗成。

翠柏森森别有天，
携友登幸几流连。
一面锦屏环寺立，
一弯绣壑向南延。
宝塔藏珍惊海外，
流风余韵已千年。
青主踪迹丹霞里，
于公书楼水运边。
我观佛祖佛观我，
似有前生未了缘。
饮罢神泉花间卧，
半是凡人半是仙。

七绝苍松

无华无伪更无求，气贯崑仑十二楼。
雪里霜中千百度，一枝一叶总风流。

五绝傲菊

薛俊明

黄花风雨骤，雄气总依旧。
不怕秋霜寒，专和青女斗！

注：青女，指主霜仙女。

薛俊明，笔名雪风，无党派民主人士，中华诗词学会会员。曾任离石县政协副主席、吕梁市诗词学会会长。

今昔石州

赵焕哉

独角州城永宁，窄街古巷遗风。
坐贾生意铺店，小摊叫卖不停。
黄土高坡秃岭，崖畔窑洞人家。

质朴勤劳父兄，肉牛木犁耕耘。
惠风吹至石州，百业兴旺俱新。
商厦高楼林立，长街车水马龙。
企业星罗棋布，产品远销欧亚。
石州农家儿女，走遍五洲天涯。

六柳亭

赵焕哉

六柳亭
贺老总亲手栽
关政委亲手浇
从有晋绥根据地那天
六棵柳就擎起一片绿荫
六柳亭
你的年轮里
刻印着将军的沉思
溶长着战火的硝烟
日寇“三光”凶焰
没有动摇了你挺拔身姿
反扫荡 挤敌人
焦土培 血水浇
根深叶茂更妖娆
六柳亭
扎根黄土地
情垂浓荫中
老妈妈领上亲儿子
交给贺老总当名子弟兵
老爹爹健步行
担来瓜果慰亲人
将军与百姓
同坐亭下来谈心
有时亭中歌声起

弈棋声 谈笑声
一齐飘洒根据地的天
六柳亭
几经寒冬与春风
枝更柔 叶更绿
呵，栽树人走远了
你如伞又如亭
亭里好乘凉
伞里好清心
今日到亭中
只觉得
一缕爽风在我心头绕

注：晋绥根据地蔡家崖纪念馆，老一辈革命家贺龙、关向应当年所植6棵柳树枝繁叶茂，碧绿浓荫，今称“六柳亭”。

赵焕哉，见人物篇。

自思

刘振华

冷被孤灯冬夜长，心怀往事绕愁肠。
天心朗月辉前景，屋外寒风袭近窗。
虽有人生坎坷路，何无壮岁亦寻常。
功非过是由颠倒，笑看狐精暂逞狂。

山溪

刘振华

千流归大海，我似一山溪。
险石常相阻，奔腾不歇兮。

山村夜访

刘振华

星夜，星夜，星夜电灯明月。
农民干部儿童，反复商量务农。
农务、农务，规划本村建设。

（二）

团结，团结，团结争时速度。
“四化”目标宏图，跨上崭新路途。
途路，途路，胜利满程不误。

遇事观析

刘振华

冷眼观评遇事观，逢人态度不一般。
张三品足评头语。李四喜欢挑刺玩。
王五幸灾还乐祸，六兄沉默还寡言。
七君干急徘徊转，郑八登足两只船。
九弟察言才做事，赵公想法大包干。
适时分析原因在，勇敢承担责任欢。

爱秋

刘振华

多人遇桂叹凄清，我爱月兰胜似菁。
赤绿橙黄任君采，缀枝硕果慰亲耕。
昔怀壮志生花笔，今将泛舟绘苍生。
金色景丰人莫醉，凝神卷袖写秋情。

山行

刘振华

羊肠曲曲绕青山，踏雪迎风几十年。

常见乌云散还聚，也闻雷电断复连。
花颜草色追秋艳，足迹心声越险巅。
走过寒霜坑洼路，迎来丽日照平川。

某君自叹

刘振华

物换星移人自老，烟云往事尽皆消。
玉峰环绕通天路，但愿腾空飞过桥。

观陶上大队喷灌有感

刘振华

炎炎赤日照山丘，细雨灌喷解危愁。
亩亩麦苗齐抖擞，株株谷豆共盈头。
庄禾得水多坚拔，地染朝霞似锦绸。
谱出机声歌万首，旱魔降伏夺丰收。

重上太德垣

刘振华

一年过去又重来，太德坪垣更壮怀。
生物工程相结合，裁桑养蚕猛添财。

上述九首诗刊于1979年9月北岳文艺出版社出版的《诗词小集》一书刘振华（1930—2018），离石人。曾任县委常委、离石县县长，吕梁市人大工委副主任、吕梁市诗词学会会长、山西诗词学会理事等职。著有《诗词小集》《晚晴诗词》等。

凤山仙境

康文斌

寻春趋步愚情催，梦断琼瑶揽翠扉。
夕照三阳寻羽士，朝行千客辨青碑。
希夷老祖丹成隐，浩远真人宝就飞。

殿宇轩昂酣榻处，名山俯压入仙微。

康文斌，曾任离石区党史办主任，山西省诗词学会会员，吕梁市诗词学会副会长。于1996年著《浪花集》，2012年著《望月诗词选》。

题赠白马仙洞

田永强

九凤山遮一洞天，险奇出世不知年。
成仙白马乘风去，恋旧黄莺伴雨还。
猛将尉迟曾隐迹，红炉道士久烧丹。
如今夕霭朝晖映，喜揖游人青眼观。

田永强，曾任离石市政协副主席、吕梁市政协提案委员会主任。

周庄

张根照

石桥浮碧水，夹岸柳丝长。
河道街中布，店门临水旁。
飞棉带翘角，黛瓦映白话。
流水门前过，小舟来去忙。

张根照，曾任离石区档案局局长，吕梁市诗词学会常务理事。

咏晋祠周柏唐槐

吴同一

邑姜圣母殿煌煌，周柏唐槐立庙旁。
老树犹抽新绿叶，清风摇曳话沧桑。

吴同一，山西离石西属巴街道人，中教一级教师。

临江仙・咏傅山

吴淑平

竹节松风寒雪傲，

介然如石德崇高。
思源不肯事清操，
任凭风浪打，
怎会忘情操？
壮志难酬归故里，
心存烈焰燃烧。
巨椽泼墨任挥毫，
苍山收眼底，
传世华章骄。

吴淑平，山西离石人，曾任吕梁市新闻工作者协会《新闻内参》责编，山西诗词学会会员。

第二节 碑文遴选

重修上凤山希夷庙记

〔明〕洪武二十年 许孟和

石州三阳山，在州北二里而近，乃宋希夷先生蝉蜕之所也。山有土穴二，世传希夷尝居于此。按“宋史”希夷姓陈氏，名抟，字图南，自号扶摇子，五季末宋初，亳州人。方四岁，戏涡水侧，遇青衣妪，抱置怀中乳之。聪慧日益，性好睡，明《易》数之学，有图天下之志，尝曰：“大丈夫不为一世之主，必为百世之仙。”因过宋，值太祖于酒肆中，诧曰：“此方面大耳者，异日必贵。”作归隐诗曰：“十年踪迹走红尘，回首青山入梦频。紫陌纵荣争及睡，朱门虽富不如贫。愁闻剑戟扶危主，闷听笙歌聒醉人。收拾旧书归旧隐，野花啼鸟一般春。”入武当山，辟谷练气廿余年。徙居华山云台观，周世宗召至禁中，以其好睡，令净扫一室以居之，闭户月余不出，人或以为死，即启户视之，其鼾息如雷，赐号曰“白云先生”。久之，乘白驴入汴，至洛阳，闻太祖登极，大笑堕驴曰：“天下自是定矣。”宋太宗雍熙元年十月召至，以野服见，戴华阳巾，草履黑绦，不类凡俗。因问历数，则答曰：“且睡且睡。”直待五更三点，至时问之，则曰：“已言之矣。”问建都，则曰：“一汴、二杭、三闽、四广。”寻请还华山。诗曰：“华山高处是吾宫，出即凌虚跨晓风。台殿不将金锁闭，来时自有白云封。”赐号“希夷先生”。日与蜀之季真八百游，八百自称神仙，年八百岁，曰：“吾动则日八百里”，故杨诚斋讥之，有“步行犹是地行仙”之句。再召，则辞曰：“九重仙诏，休教丹凤衔来。一片野心，已被白云留住。”终不起。其相法尤精，弟子种放初往见之，作樵夫，拜于庭下，希夷挽之而上。曰：“君岂樵者耶？二十年后，当为显官。”放曰：“某为道义而来，官禄非所愿也。”希夷笑曰：“君骨相当尔。”太宗太平兴国六年，上闻召见放，以老母辞，赐予甚厚，诏曰："使天下知朕厚逸民，旌孝子，而相劝为善也。"乃命长吏旌其事。真宗朝、张齐贤言放隐居求志，孝友之行，可砺薄俗，召为左司谏，表求归山，因改右谏议大夫，授给事中，作七言诗二章，饯于龙图阁，随手引登，如明皇之优李白焉。隐居终南之豺林谷东明峰，结草庐以讲习为务，后进从之甚众。传《易》道于穆伯长，伯长传李挺之，挺之传邵雍，雍传其子伯温，至其孙溥，始不得其传焉。张忠定公咏少时谒见，欲分华山一半同隐，希夷曰："公有官爵，未可议此，天子望君如失火家待君救，岂可不赴也。"以笔墨蜀笺遗之。公后帅蜀，作诗赠之曰："性愚不肯住山林，刚要清流拟致君。今日星驰剑南檄，回头惭愧华山云。"故两镇杭益，皆有善政。钱宣靖公若水，十岁能属文，希夷一见以为有仙风道骨，请麻衣道者共相之，拥炉以火箸书，"佐不得"三字，徐曰："急流中涌退人也。"真宗朝任枢副，年四十致仕，皆如其言。端拱初，先生命弟子张超凿石为室，化形莲花峰下，此见诸史传者也。洪武戊午秋，仆典教玉亭，其故老则传希夷居室之草场街。尝秃帚乞食于市，面垢不洗，洗辄雨，人以为雨谶。后居三阳之岭，有女奴日馈饭食，忽陕右人过，见而拜之，作诗曰："古洞岩前碧水流，白云缭绕凤山头，几年不见先生面，今见先生在石州。"遂蝉蜕于穴。乡人瘗其骨于山右二百步。元季有州达鲁花赤浊龙者，闻其异，发视之，见其骸，仍趺坐于座，令人舁出整之，既而首忽堕地而解，髑髅大如斗而色赤，土人以纸裹香于傍，经宿尽赤，将帅荆子伦亦欲往视，土人辞以下知而瘗之。华山道士累欲盗其骨以还陕，至吉、隰而不能进，复送瘗于兹。此闻诸土人之说也，岂希夷羽化之后，而复神游于石乎？呜呼！仆闻道家者流，欲其精神专一，动合无形，以虚无为本，以因循为用，能究万物之情，而不为万物先后，此神仙之要道也；又岂若吾儒之践履笃实，而可以传名于万古哉！然世之人每喜闻而乐道者，得非以其；若曾点之狂，而其名尤彰于宋乎？且希夷一隐士也，或以为居于亳，或以为居于石，至于九江陈氏家世业儒，往往亦冒其名以眩流俗，岂吾儒之事业果不如仙道之可传于久哉？是可伤也已！是可叹也已！山有旧庙，元季毁于兵，国朝洪武甲子，天真观道人王混然与道者张仲谦，重建祠以祀之，因砻石走其徒王敏道请记. 仆因摭《宋史》之文著于前，复纪其土人之说著于后，俾刊诸石，以俟后之博雅君子，操大手笔者，有所采择；亦以祛后人之惑云。

下凤山重修道院记

〔明〕晋藩　河东王

道院去城北二里许，宅山之阳，地形清高，峰峦秀拔，盖古迹也。相传为宋陈希夷先生尸解而弟子卜葬于此。冢上起台，塑先生像，构庵以供香火，报师之德，且继师志也。

其同门之徒，与凡乡人之乐善者，前后相从，复营祠宇。共成道院一所，正殿三间，东有五祖七真殿、蚶蚄神祠，西而显圣殿，前则三宫殿，圣井清泉妙道崇宁护国祠堂，医祖四圣救苦十王三门等殿攸列焉。后造土地园堂，上立先天圣母之殿，下观音五道土地庵，则居乾隅也。

夫有宋迨今数百载，其间祠宇之隆替，相继修葺者不知几何，唯墓址存乎古耳。正统六年本州道士孙浩远顾此敝壤，慨然发经营之志，肆以募缘，积资贸财，用鸠工力，于是欹者植之、腐者除之、圮者筑之、旧者饰之、缺者增之，不年间落成。祠宇神像，焕然一新，视昔愈备，州守胡公闻其实就而主之。盖浩远欲刻石记其事实，兹远来具本末白予，乞文以垂永久。按《宋史》：先生亳州真源世家，隐居华山修道，太宗召，赐号“希夷”以归。后又召之，不起，有所上辞章。端拱初，卒于山中。本传谓化形莲花峰下石室葬之，遗迹俱载于书，且有考征。后宋季世，神化经涉此山，遂隐居焉。久则时人识之，复幻蝉蜕而葬之耶，但每寝百余日神异可见。自古神仙于世多留显化之迹，若释教达摩只履西归，正类此耳，信不诬矣！予素喜神仙之事，且喜浩远用心之勤，可谓克绍宗风也，故不辞鄙拙庸陋，书此以告来者云。

封朝议大夫直隶参议道原任平阳府曲沃县训导石州于公墓志铭

蔡升元

皇清诰封朝议大夫直隶参议道原任平阳曲府沃县儒学训导于公于庚辰之十月二十四日以疾卒于家，辛巳正月讣至。观察公署中浙之民莫不仓皇震怛，忽忽若有所失，一时，都人士攀辕卧辙为之罢市者累日，盖虑观察公之不可以情夺留，而惜其以忧去也，观察公之莅我浙也，饬纪纲，绝苞苴，凛凛乎莫敢干以私，然廉而不刿，清而有容，遇事务得其情，归于平恕。不以刻深为能，以故浙之人士畏公者，又莫不爱公。而公则曰：“此先君子之遗训也。先君子尝至署中呼名而教之，曰：‘臬司一职，民命所系，勿恃聪明，勿任喜怒，勿以考成而恣出入，勿以狱定而惮平反。尔祖以清节传家，吾不虑汝狱货为宝也，所虑自恃其清，则或伤于好生之德耳。’ 准秉烛治官书，常敬守兹训勿敢忘。”呜呼！参议公亦贤矣哉。观其庭训，款款恳恳具有不虐，无告哀矜鳏寡之意，令得时而驾其治行，必卓卓可观，非所称学道爱人之君子耶？公生名家世，有令德父清端公历仕两江总督，清节著于朝野，生三子，公居长，方初任罗城时，太夫人在堂，清端公以烟障之乡，不敢迎养，留公母邢太夫人及公在家侍奉，公上事祖母暨邢太夫人，咸曲尽孝道，一切晨昏定省瀡瀡寒暖之节，以至疾痈疴痒，起居动作之间，罔不先意承志，以得其欢心，且清端公家素平，持己廉洁，禄赐所赢无几。公独色养兼至，又能百计图画，下抚两弟以长、以教、以冠、以婚，俾至于成人，盖数十年间，清端公得以尽瘁王事，国尔忘家，而无将母之叹者，皆公之所拮据经营，纾内顾忧 ，以成其志者也。公喜读书，老而愈笃，每有所得，辄欣然忘食，为人讲解，亦亹亹不倦。食饩积岁授外翰，秉铎曲沃，先德行而后文艺，课士为诸邑冠，监司将交章荐之，而公固嗛嗛不自怿曰："吾母年高矣，即朝夕就养，曾日月之机何？而顾以仕途进达问视也，余心滋戚矣。"于是为之力请终养，上宪亦不能夺其意。公乃快意余高堂获侍也，与二三仲季，情甚适，意甚洽，委蛇膝下，承颜顺志，有古戏彩风。不宁唯是，太夫人以疾告，为之亲尝汤药，衣不解带者，数十天如一日。所云履常必至其诚，遇难必至其谨者，盖公之天性，纯孝有然也。且其自奉最俭，浣衣粝食，处之晏然，而及其与人也，则心存施济，遇亲知匮乏，数赠遗无倦色，凡丧葬婚娶、贫而不能举者，公必竭力以助。邑有流亡则招集之，里有饥馑则赠济之，获按口以给钱，获贵沨而贱售，或输粮役，或分给牛种，凡所以周恤里党者，无所不至也。如修道路、治桥梁、济人利物，惟力是视，则又皆其睦姻之余恩，所推而及之者也，昔晏子不隐君赐，齐国之士待以举火者，三百余家。今三晋之士待公举火者，不啻数千余家。吾知德盛者，其流必昌。異日，观察公秉钧当国为清时霖雨，上绍清端公余绪，以高大其门闾！何其非公之贻谋尽善积厚而流之所致耶？公讳廷翼，字右之，姓于氏，山西永宁州人。娶张氏，诰封恭人，子一名准，现任浙江提刑按察使。诰授朝议大夫。女四，长适太学生崔浙超；次适泰州判官任異祚；三适光泽知县今候补同知梁绍素，季适养生王协超。以今辛巳年八月初四日葬公于三交凤皇山中嘴丁山癸向。元，浙人也，托观察公宇下沐德奉教者，亦既有年，因以知公之生平嘉言懿行，莫可殚述，愧不能为有道之文，以表公于千秋，乃作铭曰：公有贤父，盛德丕显，公有令嗣，祖武是践。雨世忠亮，公宝成之。积前佑后，作述并资。公仕未显，公志已申。名在朝家，德在蒸民。非潜之光，乃显之懿，用斫斯石，永垂不匮。

太子太保、兵部尚书兼都察院右副都御史、总督江南江西等处地方军务兼理粮饷、操江，谥"清端"于成龙碑文

朕读《周官》六计弊吏廉善、廉能、廉敬、廉正、廉法、廉辨，吏道厥惟廉重哉！朕用是审观臣僚，有真能廉者，则委以重寄，锡以殊恩，所以示人臣之标准也。尔于成龙秉心朴直，莅事忠勤，而考其生平，廉为尤著。以故累加特擢，皆朕亲裁。盖拔自庶官之中，洊受节钺之任，尔能坚守夙操，无间初终。古人脱粟布被，或者嫌于矫伪，尔所谓廉本于至诚。闻尔之风，可以兴起。乃不慭遗，忽焉奄逝。日者省方察吏，南及江表，采风谣于草野，见道路之讴思。清德在人，于今不泯。惟尔之廉，天下所知。朕俯合舆情，载褒劲节，既考名副实，谥曰清端。葬祭以礼。又晋之崇秩，赐予有加，恩恤尔子。呜呼！人臣行已、服官、事主之道，尔可谓有始有卒者矣，顾不可以风世也与。

康熙二十四年三月十五日御笔

山寺石室文

天生石壁，人凿之以为室，其成功固难矣；人有石室，我用之以藏文，其得地亦善矣。永宁州城西二十里许，有乌岩山，居万山中，宽广约四五里，北高千仞，东西环抱，南则虚远无际，下有深沟，千回百折十余里，始抵平芜。其山之全体，皆以土为肤，以石为骨，而山北之岭岈幽窈，并无肤土。但见石骨峻嶒，参差丛出，有大者，有小者，有高者，有低者，有正者，有斜者，有横而或短或长者，有侧而或狭或阔者；有青而白者，有赤而黄者，有紫而黑者；有如日月者，有如星宿者，有如云霞者，有如剑戟斧钺者，有如轮鼓盖轿者，有如笔砚帽印者，有如解箨之竹笋者，有如不染之莲花者，有如凤凰者，有如鹰燕者，有如蛟龙龟虾者，有如麒麟虎豹狮象猿猴者，有如驼马驴骡牛羊犬豕者。凡此皆成象成形，不可枚举，或形象无可拟之处。每有石缝，则生翠柏苍松，不可以年数计；每有石罅，则生野草闲花，不可以名号呼；每有石窦，则巢珍禽奇兽，不可以网罗取；每有丝痕线道，则长石发，千条万缕，不可以理绪求。至于丝痕线道之俱无。远而望之，混混沌沌，从太古以来，自然浑成，实天地之精英所融结而出，山川之灵秀所荟萃而生。雷霆不能震崩，霜雪不能剥蚀，野火兵燹不能煅淬烧毁。屹立若墙壁，排列若屏风，纵有五丁之力，岂能擘此鸿濛乎？

昔有于氏廷翼公，清端公之子，莱公父也，尝退息于此。因石之空以为屋，因石之洼以为池，因石之有泉处以为井，因石之有树木扶疏以为燠馆凉台，飞庑复壁，以及楼阁亭榭、厨碓厩库。因石之可通者而通之，为径为桥，以便往来；因石之可塞者而塞之，为墙、为垣，以蔽内外。然此皆善于因而非创也。至极北极高之所，有石道一条，石磴十余级，层累而上，有一石室，长八尺，高广称之，方平正直，南有一窗，不设窗棂，可望数百里，汾阳、石楼、宁乡诸名山皆罗列可数。上顶悬崖，下临无地。父老告我曰："此处并无石理可乘，此室皆因人力所凿成。廷翼公创之，而非因也。"前癸卯九月二十七日，来游此室，环顾室中，虚无一物，今又重来，亦复如故。无石床石枕可偃息，无石几石席可坐饮，无石炉石鼎可烧丹煮药，无石碗石局可弹棋而斗茗；但有烟云缭绕，清风无价，时往时来，拂扫尘埃。廷翼公为此室果何用哉？夫前人之所为，后人固难臆揣，而后人之所用，前人或已预成。我不忍以有用之室等诸无用之地，尤不肯以无甚用之物藏诸大有之中。欲用之以为石仓，而我无粟米之储也；欲用之以为石匣而我无珠宝之韫也；欲用之以为石椟，而我又无锦绣之具也；于是凿石为版，平净如纸，撰石室文，觅工镌之，以垂不朽！

彼夫！金房玉户，非不美矣；银台琼屋，非不华矣；然或置于王公侯伯之第，或起于通都巨邑之间，不旋踵而化为灰烬，不转瞬而荒于荆棘者，何可胜道是！岂能如斯石壁，僻处山中，千百世而有廷翼公凿之为室，有百余年而有我牧斯土，身入室中，神游象外，上下千古，前欲继往哲，后以示来兹。作文刻石，以藏此室，一创一因，有不相谋而适相值者乎？

夫石虽顽，而遇人即灵，何况乎非顽石也；室虽陋而有德即馨，何况夫非陋室也。此中相得益彰之缘，似有一定而不可易者，岂非天哉？才岂非天哉！

道光二十五年九月十一日撰文

二十六年九月十二日书

黔阳　王继贤

僧正司续镜刻石

此文意则神奇奥衍，语则斑驳陆离，而用笔处纵横排宕，逼近苏韩。于石室藏之．自应永垂不朽，而于氏后亦少有相得益彰之盛也夫！

鹿华唐家宾谨跋

河津县严升旺刻

定空上人重修安国寺碑记

〔清〕梁楠

万物生于空而终归于空，是故空之中一无所有也。而实则无所不有，其无所不有者，空即是色也，而一无所有者，色即是空也，妙哉！空乎，包乎天地之外，而贯乎天地之中。天非空无以清；地非空无以宁；帝王非空无以为天下贞。盖空非空无之为空，而空灵之乃为真空也。故佛之所谓空，即大学之所谓明德也，紫阳注云：明德者人之所得乎天，而虚灵不昧，以具众理而应万事者也。夫虚灵不昧者，空之一无所有也。而具众理应万事者，空之无所不有也。窃尝神游六虚之外，而恍然有悟焉。盖天地之外一空而已，空之中形无所容，气亦无所容，故积形之地、积气之天为空，所逼拶而盘旋于其中，方其清浊未分，则为混沌，太极之黑白交杂是也。及其清者上浮，浊者下奠，是为二仪。久之，二五之精妙合而凝，生人、生物形形色色，天之所生，地之所养，人事之所经营，何莫非自空中来乎！惟其自空而来，故亦终归于空。唐虞之揖让，商周之征诛，楚汉之争强，魏晋之篡弑，为圣为贤，为奸为佞，昏一时之雄也。而今安在哉！咄咄众生胡不共游于空，而多取一番劳攘与！州治西南境有业，名曰山寺，予不如此山何年初建寺，此寺何年初在山，但读旧州志云：永宁在唐为昌化郡，辖静乐、岚临、定胡、方山、宁乡六县。有昌化公主奉佛甚谨，适佛骨入中国，上因赐公主佛牙二齿，公主建塔，贮佛牙于安国寺。维时香火鼎盛，公主移洛阳牡丹植于寺中，魏紫姚黄五色俱备，历代以来，兴废不一，山崩，牡丹为石所压，而种绝。噫嘻！是山也，由荒草坟陵变而为楼为台，复由画栋雕梁而为荆棘榛芜者，盖不知凡几矣！原署僧正司僧正定空上人者，州籍来安坊人，范姓子余之内表兄也，同果宁住持山寺，经营修建，备历诸艰。壬戌之秋，乡贤于清端公总制两江，得请捐俸，复同众檀越募助，经六载，而佛殿诸祠鼎建者。重修者，厥功皆竣，请记于余，余曰：“此形形色色莫不自空而来，则亦将终归于空，山中翠柏苍岩且不足以长久，而况寺之殿宇石碣又乌能以久存乎！焉用记？”定空曰：无记者空也，有记者色也，色不终色而归于空，则空亦不终空，而复为色，空与色相循环。请姑记之，因发明空之义而为之记。

烈士楼碑记

1937年7月7日，日本帝国主义发动侵略中国的卢沟桥事件后，向我华北、华中大举进攻，于1938年2月，侵占我离石。其中，可耻的国民党军、政当局和阎锡山匪帮，背弃人民，四处逃窜，认贼作父，倒戈投敌。反动地主、伪、特、汉奸，组织维持，肆行活动。在伪、敌、汉奸同流合污下，据点衔接，碉堡林立，实行三光政策，到处蚕食扫荡。敌人所到之处，浓烟四起，一片死砾，尸体遍野，血水成河，房屋烧毁，财物抢光。著名的惨案有：血洗大武，杀人300有余；围剿坪头，杀人百十余名；火烧石家峁，烧死30多人。抗战八年，我县死在日寇屠刀下的人民计有万余，抢劫财物和烧毁房屋，难以数计。

对此，英勇的离石人民，并未低头屈服，而在共产党和毛主席的领导下，举起抗日红旗，组织民兵配合军队，运用坚壁清野，劳武结合，化零为整，化整为零的战术，与敌人展开生死搏斗，大小战斗，不下千次。著名的有：王老婆山歼灭战，官庄垣反扫荡游击战，西属巴地雷战，离石城关攻坚战。在每次战斗中，所有英雄儿女同生共死，不惜牺牲，前仆后继，对敌斗争。全县献出生命的烈士大约一千五百余名，经过八年艰苦奋斗，终于在1945年8月打垮了日寇，解放了离石。这是党和毛主席英明领导的伟绩，也是先烈们忘我牺牲的功勋。

先烈们为国为民捐躯。他们的英雄事迹永远是革命的典范。我们活着的人和新的一代人们，要继承和发扬先烈们光荣传统，踏着先烈们的血迹，化悲痛为力量，发奋图强，艰苦奋斗，为先烈报仇，为坚决解放台湾和把祖国建设成一个强大的社会主义和共产主义国家而奋斗。

烦手拜题　李启藩

铁笔苏　德昌

1961年11月28日

维修安国寺碑记

唐迹安国寺，原名安吉寺。始建贞观十一年。置离石廓西二十五华里乌岩山麓。几经废兴、扩建、维修，寺观宏伟，建筑奇特，风景秀丽，石刻记叙详实，有重要的历史、科学、艺术、经学研究价值，也是一处旅游、避暑胜迹。曾吸引过不少达官贵人、文人墨客、社会名流，育砺过大清一代名臣于成龙等时政英才。迄今，为本县规模最大，保存较完整之名胜古迹。但因年久失修、“文化大革命”破坏，致水道淤塞，积水难散，地面沉陷，柱歪檩折，屋倾墙裂，砖碎瓦砾，塌顶漏水，木架朽腐，围墙倾倒，石堎塌毁。加之，学校公拆公伐，村民偷拆偷砍，致古刹遍体鳞伤，残破不堪，危及倾圮。

为保护名胜古迹、弘扬民族文化，拓展旅游事业，经县委、县政府文化主管部门多方请示，各界呼吁，四处奔波，引起上级主管部门的重视。一九八四年五月，省文物局贾立业、张一、成大生、吴克华等领导、专家和工程技术人员，由省城专程驱车跋涉，实地踏勘后，确认古刹不仅有很高的文物古迹保护价值，而且是拓展旅游、避暑的绝妙之处，决定由省文物局拨款维修。先后三次共拨款人民币二十四万元，严守“整旧如旧”维修规则，历时五年，共维修佛殿、十王殿、铜塔楼、钟楼、于清端公读书楼、僧舍、观音阁、大门洞、山门、砖院、石堎、围墙、台阶、铺地和补建鼓楼，增筑于清端公祠仰墩十六项工程，所修殿阁楼亭均以桐油断白。规复原观，于一九八九年十月告竣。

因交通不便，运输艰难，所需料具需经四倒，汽车、拖拉机、马车、人力，且必抢先雨季，遇雨道坏，需待秋后而复，如佛殿所换梁柱，为进口美松，汽车由孝义运回县城，倒拖拉机由城运至煤窑上，再倒马车由煤窑运上杜家山村，人力由村至寺，每木三十二抬，步履艰辛，尺道寸行，日运一木，时有险逢，运费所耗近维修费之三分之一。望速开公路，便利交通，开发旅游。

工队：义居工人

领工：高世权

施工：高恩才

撰文：王初颂

书字：李丕祥

刻石：郝振林　崔治来

一九九一年十月

三川河流域治理纪念碑

位于王家塔村 209 国道和 304 省道交汇处。碑身中部南、北、东三面分别镌刻着“国家水土保持重点防治区、三川河流域治理纪念碑，中共吕梁地委、吕梁行政公署”“艰苦奋斗，振兴吕梁。江泽民一九九四年元月廿九日于吕梁地区”“保持水土，利在当代，功在千秋。江泽民一九九二年五月廿日”等题词；下部为《国家水土保持重点防治区三川河流域治理纪念碑文》和《立碑记实》，详细记述了三川河流域治理和纪念碑设计、建设的过程。

国家水土保持重点防治区三川河流域治理纪念碑文

三川河流域位于吕梁地区中西部，总面积4161平方公里，水土流失面积2767平方公里，涉及方山、离石、中阳、柳林四县（市）的47个乡镇、854个行政村，45.56万人，占全区总人口的13.9%。严重的水土流失是造成该区域多灾、低产、贫困的主要原因。治理好三川河流域，既是控制水土流失，加强生态环境建设的需要，也是当地群众脱贫致富的迫切要求。1982年该流域被水利部、财政部列为国家水土保持重点防治区。经过十五年的精心治理，列项的194条小流域全部达到部颁治理标准。在三川河流域治理中国家有关部门给予了极大的重视，先后投入资金近6千万元；各级党委、政府制定得力措施，精心指导，坚持了以小流域为单元、工程措施和生物措施相结合的治理原则，当地干部群众积极投工投劳，表现出巨大的治理热情。15年来，累计投工高达4500万个，完成土石方工程量10268万立方米，全流域初治面积达到2010平方公里，农民人均高标准基本农田达到1.68亩、经济林保存面积1.02亩。在流域治理过程中，群众创造性地总结和推广了机修梯田、径流水保整地、旱井集雨微灌、生物经济埂等多项技术，探索出了劳动积累工制度、户包治理小流域、拍卖“四荒”使用权等一系列成功经验。三川河流域治理的成功实践再次表明，只要我们高举改革开放和艰苦奋斗两面旗帜，坚持发挥社会主义制度的优越性，紧紧依靠广大干部群众，就一定能够不断地创造出一个又一个改天换地的人间奇迹，一定能够再造山川秀美的新吕梁。为了铭记三川河流域治理的伟大壮举，推动全区生态环境建设，加快吕梁人民脱贫致富奔小康步伐，特立此碑。

中共吕梁地委　吕梁行政公署

一九九九年六月

立碑记实

“三川河流域治理纪念碑”奠基于1997年12月6日，国家水利部副部长朱登铨、山西省人民政府副省长王文学出席了奠基仪式。经构思、设计、对比，纪念碑选定的造型为：整体建筑物由碑台、碑体、顶徽三部分组成，垂直剖面呈“垒”形状。碑台分两层15步台阶，寓意治理分两期15年；碑体高1997厘米，作为三川河流域治理1997年验收的历史记载；顶徽由三个水保徽合围一个直冲云霄的锥体，象征水保事业全面综合，蓬勃向上。纪念碑的建造，始终得到了水保重点项目区县市的关心资助。三川河流域的方山、离石、柳林、中阳四县市人民政府分别捐资八万元；湫水河流域的临县和兴县人民政府分别捐资四万元。在此勒石为记。

撰文：吕梁行署水利水保局

承建：吕梁行署水利水保局　离石市水利水保局

设计：吕梁水利勘测设计院

施工：山西省第二建筑工程公司

第三章 民间文艺

第一节 故事 韵文

民间故事

疤疤碗

任晋斌

我家有个破碗，横竖有好几道裂缝，钉了不少钉疤，妈还给它扎了一道麻箍。这个碗满身是疤，所以我们叫它“疤疤碗”。

过去，我实在不想用这个“疤疤碗”。可是，妈却如珍似宝地爱着它、护着它、用着它。去年，我爹进城给我们每人买下了一个红花金边大细碗后，妈仍然把“疤疤碗”看当宝贝看，过些日子就要拿出来使用几天，特别是逢年过节的时候，她总要把喷香的饭菜盛在“疤疤碗”里，好像这些饭菜只有盛在那个破碗里才吃得特别香。我真不明白：妈为什么这样爱“疤疤碗”？有时，我这么想，是不是家里缺碗使唤呢？但，父亲买了一些新碗呀！那么，是不是勤俭的妈妈连一个破碗也舍不得扔呢？看来，也不完全是这个意思。

春节吃早饭的时候，妈又把“疤疤碗”拿出来了。

我奇怪地说：“妈！咱家有的是红花金边大细碗，你又拿那碗做啥，把它做了鸡碗算了。”

妈没吭声，只瞅着我叹了口气。

晚上吃饭的时候，妈把香喷喷的羊汤菜面条盛在“疤疤碗”里，并且，意味深长地对我说：“吃吧，贫生（我的小名）！”

这顿饭吃得很别扭。因此，吃了饭我放下“疤疤碗”就想往出走。不料，妈又叫我拌鸡食喂鸡。于是，我背着妈，悄悄拿上了“疤疤碗”，在里面拌上了鸡食。

妈吃完饭出去喂猪，见一群鸡正围着“疤疤碗”啄食，就问：“贫生，你把疤疤碗做了鸡碗啦？”

“噢。”我不以为然地这么回答。

“咋？现在你就看不起‘疤疤碗’了？”妈气呼呼地朝着我说：“真是，吃了甜的就忘了苦的！”

妈这句话，象是在我的脑子里安了个放映机，放出了一连串的镜头：我们一家子黄瘦不堪的面庞，一个冷落凄凉的场面，提破篮、拖木棍的母亲，背破口袋的姐姐……我深深地沉入苦难的回忆之中。

解放前，父亲成年累月地给地主李富做长工，母亲整天价提个破竹篮，篮子里放着这个破碗，东家门出西家门入。她把要来的剩饭剩菜，倒在这个“疤疤碗”里，让我和姐姐吃。那时，我只知道这个“疤疤碗”是世界上唯一的饭碗，根本不知道还有什么细碗、花碗和金边碗。

解放后，在党和毛主席的英明领导下，我家分了土地，分了房，生活一天天好起来。特别是合作化、公社化以来，我家的生活真是青云直上，越过越顺心，越过越愉快，越过越幸福！现在，家中吃穿不愁，花销宽裕，我也成了高中毕业生。……想着，想着，我情不自禁地流出了热泪。

妈看着我，又温和又亲切地说：“孩子，你应该永远记住咱家的这个‘疤疤碗’，忘记‘疤疤碗’就是忘本！”

我细心地从地上把“疤疤碗”拿起来，对妈说：“妈妈，我错了，从今天起，我要永远记住这个‘疤疤碗’。要把‘疤疤碗’的故事讲给我们的后代，让他们也永远听党的话，永远不要忘掉这个‘疤疤碗’！”

此文刊于1965年《山西日报》

任晋斌（1934—1998），山西离石人，曾任离石文化局副局长，区文联主席，作品《我的结婚》《疤疤碗》发表于《山西青年报》《山西日报》等。

民间韵文

新三字经

辛安亭

（供半日校、识字班和冬学中的儿童用）

一、在家帮作事

好娃娃　在家庭　帮大人　做事情

腿又快　手又勤　眼又尖　心又灵

也提水　也扫地　也烧火　也喂鸡

妹妹哭　抱妹妹　弟弟闹　照弟弟

二、在校勤学习

好娃娃　在学校　勤学习　不吵闹

学校好 同学多 同念书 同唱歌
下了课 院里耍 不吵嘴 不打架
大同学 是哥哥 有困难 帮助我
小同学 是弟弟 他跌倒 我扶起
三、要识字
好娃娃 要识字 识了字 顶大事
开条条 认票票 立契约 念布告
写书信 看路条 这些事 都会搞
能看书 能看报 天下事 也知道
眼光大 见识高 做事情 能做好
四、要学算
好娃娃 要学算 先数数 一二三
数到百 数到千 数清楚 再来算
二加四 变成六 五加四 变成九
八加三 成十一 三乘九 二十七
会加减 会乘除 算起来 不糊涂
五、懂人情
好娃娃 懂人情 爱父母 敬先生
有吃食 请先尝 有劳苦 快帮忙
有指教 用心听 听清楚 去实行
不同意 慢慢讲 细分辨 好商量
对朋友 对弟兄 多帮助 多关心
同吃饭 不争先 同吃菜 不挑拣
同作事 走在前 遇困难 多分担
亲戚到 客人来 端茶水 拿烟袋
客有问 回答清 不知道 莫冒充
客有托 记在心 见父母 交代清
年纪小 会待人 走到处 人欢迎
六、懂道理
好娃娃 懂道理 无歪风 有正气
遇强硬 不害怕 遇软弱 不欺压
别人错 要批评 自己错 要改正

要玩皮　躺地下　乱打滚　乱哭骂
这种娃　不听话　劝大家　莫学他
当值日　认真干　不马虎　不迟慢
摆桌凳　要摆正　扫地面　要扫净
见东西　不眼小　动手偷　更不好
别人物　丢地下　拾起来　给了他
借东西　快快用　用完了　就归还
使用时　爱护他　损坏了　赔人家
公家物　要心爱　莫乱扔　莫损坏
在野外　爱庄稼　手莫折　足莫踏
七、讲卫生
好娃娃　讲卫生　手和脸　洗干净
穿衣裳　要洗换　又卫生　又好看
遇好饭　莫吃多　吃多了　肚难过
瓜和果　好东西　吃的多　伤身体
烂小瓜　青毛杏　吃了它　易生病
夏天来　苍蝇凶　飞到西　飞到东
爬食物　传病虫　人吃了　肚子疼
盖食物　灭苍蝇　这些事　莫放松
乱拉屎　乱撒尿　这习惯　要改掉
大小便　去茅坑　又干净　又卫生
八、不迷信
好娃娃　不迷信　不怕鬼　不信神
巫神口　没樑斗　少说多　没说有
受欺骗　是小事　害了命　后悔迟
旧社会　捉弄人　盖起庙　安上神
无知人　受欺骗　胡烧香　乱花钱
新脑筋　有计划　寻根源　想办法
要健康　讲卫生　要富有　勤劳动
九、有知识
好娃娃　有知识　许多事　都懂得
米多少　用斗盘　满十斗　是一石

布长短 用尺量 满十尺 是一丈
油轻重 用秤称 十个两 是一斤
太阳出 是东方 太阳落 是西方
向东立 辨南北 右是南 左是北
春天来 吹暖风 柳叶绿 桃花红
夏季里 热难当 黑云起 雷声响
秋天来 天气凉 雁南飞 糜谷黄
冬天里 寒风吹 河水冻 雪花飞
志丹县 牛羊山 绒和毛 是出产
织成布 擀成毡 毡能铺 布能穿
定边县 出大盐 全边区 用不完
驮出去 卖成钱 换回布 换回棉
子洲县 三皇峁 出小盐 也不少
瓦窑堡 出石炭 要烧火 不困难
延长县 出石油 要点灯 不用愁
麦子多 数陇东 关中区 也相同
东三县 出棉花 绥德县 好西瓜
黄河畔 出红枣 产量多 味道好
共产党 刘志丹 领群众 抗税捐
打土豪 分田产 老百姓 把身翻
人人喜 个个欢 永不忘 刘志丹
蒋管区 旧社会 有苛捐 有杂税
工价低 租子贵 老百姓 活受罪
新社会 大变化 反地主 反恶霸
要清算 要斗争 吐苦水 挖穷根
老百姓 大翻身 有饭吃 有地耕
毛主席 解放军 帮群众 闹翻身
蒋介石 大恶霸 闹翻身 他害怕
求美国 帮助他 订条约 卖国家
美帝国 资本家 给枪炮 帮他打
蒋胡军 来进攻 要侵占 陕甘宁
走到处 苦害人 奸妇女 拉壮丁
见牛羊 都杀光 见财物 都抢光

见家具 都烧光 见锅盆 都打光
毛主席 朱老总 要救国 要救民
共产党 解放军 齐努力 打敌人
老百姓 一条心 送粮草 抬伤兵
自卫战 一年整 边区敌 都扫清
再努力 打胜仗 全中国 定解放
开大会 惩战犯 蒋介石 受审判
独裁垮 民主行 有自由 有和平

十、会做事

好娃娃 在村庄 公家事 多帮忙
学讲演 学宣传 劝大家 脑筋转
学放哨 学盘查 遇坏人 要捉拿
优军属 慰伤兵 勉战士 打敌军
在学校 是学生 出校外 是先生
小先生 本领多 教识字 教唱歌

十一、努力进步

好娃娃 志气雄 为大家 做事情
做事情 靠才能 不学习 怎能行
学知识 学技能 学事理 学人情
随时学 到处问 多研究 多讨论
比人强 不自夸 不如人 学人家
边学习 边实行 学得快 做得勤
只说话 不做事 话虽好 不顶事
说得多 做得少 不切实 也不好
有一分 说一分 不夸张 不骗人
有一件 做一件 不折扣 不拖欠
上高山 不困难 不怕慢 只怕站
拿铁棍 磨绣针 工夫到 自然成
以上话 记心中 勤努力 苦用功
莫空过 好青春 到头来 定成功

《新三字经》由陕甘宁边区新华书店印行，1948 年 7 月初版。

第二节 离石民歌

革命历史民歌

穷人难

提起那解放前，封建势力掌政权。
穷人受剥削，有苦无处言。
给地主把工揽，东山的日头背西山，
受的牛马苦，吃的稀汤饭。
租种地主的田，一年四季忙不闲，
产粮交了租，少吃又没穿。

丰收歌

九月里来九月九，地里庄稼一片黄。
秸秆粗大穗儿长，今年更比往年强，
汗水换来丰收粮，农民心里喜洋洋，
丰收不把国家忘，踊跃交售爱国粮。

传统民歌

有钱也买不下个人想人

天上的乌白地下的鸡，
绕来绕去撂不下你。
三十三颗荞麦九十九道棱，
有钱也买不下个人想人。
想你想你实想你，
三天也吃不了半碗疙瘩瘩米。
我在那梁里你在那沟，
有什么心事了摆一摆手。

贴对子

正月里贴对子，双手拉住二妹子，
花花手巾丝带子，
妹妹呀，
咱兄妹二人闹会子，
呀么哎嗨哟。
二月里龙抬头，家家户户出了牛，
哥哥在前面扛镢头，妹妹呀，你在后面点豆豆。
三月里是清明，国家号召造树林，
哥哥担水妹妹浇，妹妹呀，树苗长的万丈高。
四月里四月八，种了黑豆种棉花，
棉花地里撒芝麻，妹妹呀，边边畔畔把麻子插。
六月里六月六，新麦则馒头炒猪肉，
和起的白面捣下蒜，妹妹呀，二人过上个六月六。
七月里七月七，天上的牛郎会织女。
七月初七来相逢，妹妹呀，七月十五两分离。
八月里月儿圆，西瓜月饼敬老天，
西瓜甜来月饼圆，妹妹呀，妹妹坐在你跟前。
九月里九月九，家家户户忙收秋，
哥哥打妹妹扬，妹妹呀，粮食堆满仓。
十月里天气凉，妹妹给哥缝衣裳，
单衣缝成棉衣裳，妹妹呀，哥哥穿上暖洋洋。
十一月下大雪，兄妹二人来扫雪，
扫一扫歇一歇，妹妹呀，小心冻了妹妹的脚。
十二月一年整，兄妹二人来结婚，
结婚以后心连心，妹妹呀，白头到老永不分。

以上民歌刊于1958年离石人民文化馆收集整理《离石民歌》一书。

弹唱词《审录》选段

书情

唱去求财调（六曲）

一更里想你灯也点不明，可恨三哥哥太狠心；
贪了红尘女把奴不在心，相思病害的叫奴难扎挣。
二更里想你月正东，三哥哥走后并无音讯；
漂流你的身操碎奴的心，怕只怕花街柳巷送残生。
三更里想你正在梦中，鸳鸯枕上戏过英英；
更鼓来惊醒，惊醒奴的梦，不由人泪珠点点湿枕巾。
四更里想你月正西，架上的金鸡叫了有几声；
离了长春院，洪洞遭磨难，把奴家一害害到难牢中。
五更里想你天大明，东风风送出太阳红；
急忙来爬起，锁链紧配身，盼只盼早到洪洞把冤申。

想情

步步紧（七曲）

（散板）自从三哥哥走后也，终朝每日想你也。
白天里来想你也，想的浑身无力也。
晚上也是想你也，想的一夜难眠也。
吃着喝着想你也，想的吃不见香甜也。
走着站着想你也，想的两腿不灵也。
时时刻刻想你也，想的眼泪长流也。
实实在在想你也，想的愁眉苦脸也。
想着你盼着你，今天总算见到你。
三哥哥的小妹子，又是悲来又是喜。

以上民歌刊于1958年离石人民文化馆收集整理《离石民歌》一书。

离石西山伞头秧歌选段

秧歌对唱

接到了你们的秧歌贴，
高兴得一夜也没拉睡着。
早早地来到这村口子，
敲锣打鼓把你们来迎接。
乡亲们前来把我咪迎，
热情洋溢真感人。
见了面给你们拜年鞠躬，
祝大家春节愉快万事亨通。
同志们对我咪实在不错，
春节秧歌给我咪送在门上，
我咪的招待茶很不像样，
希望同志们多加原谅。
好烟好酒好茶饭，
乡亲们招待得很不赖，
我代表我咪的秧歌队，
谢一谢大家的盛情友爱。
咱两家情深义又厚，
千言万语说不够。
同志们告别要分手，
实在不想叫你们走。
乡亲咪不想交我咪回，
好心好意记心怀。
相离不远有机会，
以后有空了看你们来。

以上民歌刊于1958年离石人民文化馆收集整理《离石民歌》一书

第三节 快 板

莲花落

民国十年修路工

（A版）

中华民国世务大，它和前清不一样。
众位明公不知道，我给大家表一表。
中国有个郝振林，游洋外国当先生。
读修身，念国文，ABCD讲的精。
他和洋人打交道，洋人对他还算好。
美国有个王大夫，还有传教的裴牧师。
三人商议修路工，各州府县都知情。
公事送到北京城，请问总统行不行？
中国旱了二年半，黎民百姓遭下难。
洋人要修汽车道，要和中国来走造。
一来为得观风景，二来方便救黎民。
银钱都由外国花，主意还得总统拿。
你拿主意我们修，花钱多少不用愁。
总统一听喜在心，打电各省叫督军。
各省督军都叫全，国会开了七天整。
各省督军齐加校，一心要修汽车道。
汽道修在中国地，要和百姓来淘气。
毁了青苗毁了地，庄户人家好着气。
路过庙宇就要拆，路过宅院刨倒塌。
路过坟墓摊土平，撵得老鬼不能停。
外国人，真厉害，来到中国要行威。
欺了神，又欺鬼，欺负百姓没移改。
中国没有厉害人，谁敢堵挡外国人。
不敢堵，不敢说，单怕人家骨碌跌。
打了骂了不算数，总的要修汽车道。

过了清明动了工，用的都是直隶人。
又能饿，又能受，茶饭好坏能迁就。
北京修到太原省，晋阳川里修得平。
这段路叫西一段，歇口气儿再表明。

说离石，表青龙，民国十年修路工。
路工翻过薛公岭，离石县里不太平。
传村长，点壮丁，村村到处要拔工。
点团头，要起身，不要老汉要后生。
一团要够三十名，短下一个也不行。
如有一家不到工，要罚谷米五升整。
后生老汉都有嘞，定下日子要走哩。
清早起来吃了饭，背上铺盖往吴城贯。
吴城镇，好热闹，洋人住在财神庙。
河神庙上铺工勒，老爷庙里点名勒。
未曾铺工摆开队，铺工条子割在外。
橛上写的洋码子，圪溜圪弯认不得。
工头认不得洋码子，他给段长拉马咯。
虽说道得京壳子，段长打得没说的。
未曾铺工尺子量，庄户人家受凄惶。
毁了青苗坏上地，男女老少受上气。

路工活，太实累，吃不里好的支不地。
纯莜麦炒面吃不行，非离馍馍弄不成。
吃了馍馍喝米汤，晚上睡觉没火炕。
凉窑冷炕不好停，捅得工人肚里疼。
半夜三更跑茅子，急屙急尿屎憋着。
肚里吼雷发大水，屁眼里刮风下急雨。

工人生活且不表，回头再把路工提。
说汾阳，道府里，不走向阳走三泉。
三泉街里卖好面，买卖人家将鼓地。

一百钱，十两面，看这白面贱不贱！
王家池，太实苦，又没住处又没水。
只吃干的不喝汤，才把工人困倒秧。
团头、段长着了忙，公事送给赵区长。
区长就把巧计生，派下差事捉牲灵。
牲灵捉下几十个，连夜起来雇木匠。
雇下木匠割稍桶，驮在驴上稳又稳。
脚家无奈就起身，驮水送过薛公岭。
岔儿上，铺开工，村里扎下几团人。
前后薛公打一村，牛尾沟里段长停。
往前修，九里湾，大洋花了一千三。
花了大洋不浪动，路工铺到吴城镇。
吴城有个沟门上，大桥盖在口子上。
驿沟门前要打坝，根鱼老汉就死下。
死心眼老汉不可惜，工人能把馍馍喋。

李家湾，铺开工，红天火地一伙人。
马家塔，走背山，上下西塔要趄弯。
开山里，不打帐，上下四皓走砭上。
上下四皓两座桥，两座桥儿没盖好。
盖起桥儿收不了工，牧师打骂弄不成。
来了一个赵秃子，叫声牧师你听着。
中国人都是好百姓，打骂百姓因为甚！
路工铺到南海滩，不赶直道趄背弯。
赶毛驴的没奈何，每日起来转河滩。
有个团头高树奇，一引引到油房坪。
油房坪家开店房，路工铺得过了河。
任家塔家遭下难，海子里家稀巴烂。
上下王营都一样，路工铺到沟门上。
洞沟门前盖大桥，三眼石洞圈得好。
郝家崖，不用讲，路工铺得在背场。
兔坪对面往下修，北遮沟口又盖桥。

大锤打，钻钎凿，这座大桥盖得好。
义居村里当坪下，大家小家没招架。
水地种成旱地了，活契倒成死契了。
一亩分成几圪塔，咱把人家能怎么！
上楼桥家不走运，石头圈起黑圪洞。
钻出来钻出回，你看倒运不倒运！
白天钻也还好，晚上钻得碰烂脑。
碰烂脑袋流红血，老婆骂他真可惜！

五里铺，刚闪过，田家会，走背巷。
李云清的银子大，挡不住汽车强要过。
拆了五眼窑壁子，虽然厉害没说的。
五眼窑，拆相通，掌柜的叫李回斌。
喂得狗儿没眼睛，错把掌柜当贼人。
黑天半夜认不清，咬烂掌柜脚后跟。
李回斌害脚疼，睡在柜房不出门。
李云清，发了愁，雇下工人抬石头。
石头抬得上了垛，收拾起来把年过。
过了年，打过春，瑞生东里动了工。
本地工人他不用，用的都是直隶人。
直隶人，实在能，修修造造出了名。
又能动弹又能受，粗茶淡饭好将就。
大洋用了四百六，初一、十五要犒劳。
两线砼起十眼窑，看这宽淘不宽淘。
刘云青的事儿闲扯啦，路工铺过王家塔。
七里滩家盖大桥，工头工人乱圪吵。
人人都说搅得少，这座大桥盖不好。
盖起不过二十天，山水下来推成滩。
村副闾长捣了锣，大庙以上重商量。
大家小家商议通，咱和牧师揽营生。
牧师听说喜在心，又把村长叫一声。
只要大桥盖得稳，大洋给你们一千整。

往下修，三道沟，工人每日抬石头。
抬石头，不值甚，砼起三孔流水洞。

跳过沟，是东关，祥发成里铁锹欢。
一张锹要卖五百三，你看这买锹难不难。

庄户人家走下败，一心要把工来卖。
人家卖工一月整，已把大洋挣现成。
人家挣钱他们爱，衣裳行李背一背。
不管爹卷娘抱怨，收拾起来连晚贯。
紧步走，快步贯，来到南关圪塔弯，
圪塔弯里铺开工，每天起来溜土楞。
陕西人，没眼睛，不顾死活往里朋。
只顾挣钱不顾人，核碣圪垯要了命。
往前修，刘家湾，不能过去有河滩。
就河滩，拔开壕，打就地基圈起窑。
段家坪，铺开工，村长名叫白玉运。
白玉运住在村前面，牧师到村好叫唤。
路工铺到高家沟，大家小家发了愁。
交口的人也着了急，毁了好地舍不得。
交口河口盖大桥，工人齐往桥上跑。
盖大桥的是广东人，镌的石头平又平。
逼水珠，是宝贝，龙头虎眼是一对。
王、梁家会、李家湾，有个王恩成会做饭。
烹调口味很合口，吃得洋人怪叫好。
上下白霜加八遭，不走河滩走砭上。
砭上一道石头山，开山辟石修路难。
打炮眼，揭石头，有了火药就不愁。

寨东河上盖大桥，工人就在水上泡。
抵鸭拐，上樊笼，四眼桥洞把得稳。
薛家湾，不用表，出来里咯路挺好。

柳林镇，好热闹，团头住在观音庙，
吃了米面不开账，区长责骂他的过。
刘段长，好铺盖，包得姑娘侯宝贝。
侯宝贝，生得好，人人都往青龙跑。
庙弯里，杨家坪，人家要怎就怎的。
薛、穆二村走当街，东街戳到老西街。
穆村下去挽了工，咱的大洋挣不成。
大洋不在手眼前，你看倒边不倒边。
路工修到八盘山，李家垣有个栲栳湾。
提水一回八里路，一担水卖一百三。
有人吃水没人担，你看吃水难不难！
八盘山，要开山，开山事情不简单。
未开山，先放炮，炮声轰轰震塌天。
陕西人，实在能，几根钢钎捻现成。
两个打，一个钻，钻开窟窿把火药灌。
忽听炮音响一声，石头揭到半空中。
石头自来不非轻，不知打坏多少人。
捎折胳膊打折腿，拿着土筛往回抬。
你吟哩，我哼哩，挣下大洋伙分哩。

月儿上来圆又圆，八月十五在外边。
有婆姨，看不见，没婆姨的短半边。
八月二十落了霜，东北两川冻倒殃。
庄户人家发了愁，一心回家把秋收。
大洋眼下没有来，你看倒霉不倒霉！
外国人，太实能，他怕炸工弄不成。
未曾出门骑上马，不是骂来就是打。
上上下下来回跑，一工更比一工好。
只做营生不发钱，工人急得滚油煎。
外国人，庙里停，日每起来不出门。
几团人围个不透风，手拿半砖捣山门。
请区长，请乡绅，然后请来崔举人。

举人来了评一评，一天将估二百文。
这些大洋挣不成，不如赶紧回家门。
背上铺盖往回返，柳林镇上把身安。
晚上住在圪垛店，没钱也短不了吃好面。
吃了好面要体面，桌子周围胡圪窜。
掌柜的，她不看，辫子一绕不见面。
路工修到黄河边，军渡岸上把工完。
一条汽路修得顺，军渡直通太原城。
用的工，无其数，花了大洋数不清。
毁房毁地都不说，路工修好也值得。
一根汽路修得平，省长一心要出门。
未曾出门行开文，公事送到离石城。
十月初三汽车来，马号里搭起宣讲台。
说汽车，真日怪，又没头来又没尾。
不用牛拉和马拽，跑起好像风刮开。

外国洋人驾车来，离石军渡打来回。
一点来钟走一回，你看汽车美不美！
路工二年已完成，包工的有赔也有挣。
苦了工人骨头贱，一条人命十八块钱。
路工不是好营生，庄户人家靠务农。
这就是民国十年修路工的事，
粗言俗语表分明。

此快板书刊于 1985 年《离石史志》

注：1. 快板书：流行在晋西吕梁一带的民间曲艺。其特点是取材生活，句式灵活多变，上下句字数大致相等，基本押韵。编快板的人即兴编来，可在工地、田间、家里、舞台随时表演。

2. 物价：当时一元银洋折合制钱一千四百文。一斗高粱（老秤二十五斤）价洋一角五分，谷米价洋三角。

3. 太军公路：如今的 307 国道太原至军渡段，为本县建设最早、里程最长的主干线。初建于民国 10 年（1921），先开通汾阳至军渡段，至 国 11 年 6 月 10 日全部修通太原至军渡公路干线，称为“太军公路”。1968 年军渡黄河大桥建成通车，通车里程延至绥德，改称“太绥线”。

民国十年修路工

（B 版）

民国年时世真实坏，斗米价高五吊外。
先抽丁，后拉夫，世界好比黄连苦。
抓住游民叫担炭，抓住逃兵吃炸弹。
抓住赌博的叫推碾，抓住偷人的定了罪。
罪人的苦处尽够受，外国人叫他们修公路。
公路太原动了工，一群一伙尽罪人。
公路铺到汾阳县，花得不知谁的钱。
公路翻过薛公岭，村村户户要拔工。
不要老汉要后生，划来划去没毬人。
到后来，老汉后生都有嘞，定下日期要走嘞。

第二早吃了饭，背上铺盖往吴城贯。
吴城街上好热闹，洋人住在财神庙。
财神庙里来铺工，人人都朝庙里行。
一倾铺工排成队，铺工条子割在外。
我把本子拿在手，队长就把队员吼。
号上划了个洋码子，圪溜弯细认不得。
一来叫我认码子，二来还要拉马咯。

路工吴城起了身，一道沟里往前行。
要经离石走东关，上下四皓南海滩。
红崖圪垛交口岔，沿着李家湾朝下。

蔡家沟有个老婆婆，熬的米汤卖馍馍。
馍馍又大米汤稠，年轻人们还嫌侯。
路工铺到加八遭，圪溜拐弯尽渠畔。
圈渠洞，劈崖山，怎的赶不端那几道弯。

路工铺到寨东镇，这里的工程实在硬。

寨东民国十年遭灾重，大水推了六眼洞。
冲垮洞，要盖桥，盖桥的全是山东脑。
三东汉子能吃苦，全是一些二百五。
山东汉子劲很大，炸崖取石又抬杠。
两人抬，一人撬，钻个眼眼要点炮。
“轰！轰！”地响几声，石块飞来倒脑松。

路工铺到柳林镇，苦了南坪的老百姓。
占了水地毁青苗，气得几家耷拉下脑。
柳林街上好热闹，红楼修在当街道。
刘段长，太实坏，一心爱上个侯宝贝。
侯宝贝，鬼精灵，妖妖溜溜把段长哄。
哄得段长眯眯笑，抓的白洋朝下撂。

路工下到庙弯村，庙弯村里尽穷人。
穷人多是善良民，还有一些赌博人。
杜家湾，靠河堎，拐个峁峁杨家坪。
穆村出了一只虎，他的名叫王老五。
堵住街道不能走，走了坪里民家沤。

毁了青苗坏了地，庄户人家瞎着气。
要说咯，不敢说，说得多了马棒敌。
毁了穆村一道壕，闪的秧苗不能浇。
薛村出了个薛侯保，他还捣过县长的脑。
段长听说心发毛，低声下气求他饶。
开口不敢说硬话，凑着坡坡把驴下：
“你村的路你当家，你说怎么就怎么”。
薛村前咯是高遭，铺工一段又一段。
路工铺上八盘山，曲曲扭扭尽是弯。
过了山是军渡，啊呀咱把路工暂停住。

注：《民国十年修路工(B版)》从社会背景、工人的组成结构及工程的难点、重点进一步丰富了A版，并印证了一些原始工程面貌，使人对汾军公路的修筑有了更全面的了解。

此文刊于2011年山西出版集团·山西人民出版社出版的《人文离石》一书。

附录

旧志序

文献

特载

神话传说

领导人简表

集体荣誉

党史方志编委会

本《附录》收录有旧志序、文献、特载、神话传说、领导人简表、集体荣誉、史志编委会7个方面资料。

《旧志序》收录清代所修《永宁州志》序言4篇，其中备述康熙版《永宁州志》修志原委的3篇，光绪十年再修该志原委及增删内容的1篇，具有重要历史文化价值。

《文献》收录文章17篇，主要是政治建设、环境保护、人才建设、工业企业建设、农业农村责任制改革和生产发展的典型经验做法等方面产生重要影响的文件，另外选录来自《山西日报》《解放日报》等反映全县在农业、农村经济领域快速发展的经验做法相关报道。特别是1956年出版的《中国农村的社会主义建设高潮》一书选录的时任离山县委代书记刘耀所写《依靠合作化开展大规模的水土保持是完全可能的》一文被毛泽东席亲自批写按语，在社会上影响很大，具有重要历史价值。

《特载》收录离石撤县设市和改区时，国务院和山西省人民政府相关的批复文件。

《神话传说》收录文章8篇，记述在离石当地有广泛影响的民间传说、神话故事，具有很强的地域特色。

《领导人简表》收录2016—2019年期间，离石区委、区人大、区政府、区政协四大班子领导人的名录。

《集体荣誉》收录1991—2019年期间，离石区（县市）各单位荣获地（厅）级以上各种荣誉的情况，其中区（县）委、人民政府荣获省（部）级荣誉7次、地（厅）级荣誉17次；其它各单位荣获省（部）级以上荣誉99次、地（厅）级荣誉311次。

《党史方志编委会》记录1983—2020年期间，离石党史、地方志编委会机构设置变更情况11次，其中涉及党史县志编委会2次，史志编委会4次，地方志编委会5次。

附　录

一　旧志序

康熙《永宁州志》序

长乐　谢汝霖

国家文教，覃敷四履弥广；日月所照，莫不砥属九州。星分万国，错峙民生。其间异质，土地异宜，风俗异尚，物产异用，贡赋异等，且吏治人文异齐，苟非纪载明备，曷以彰一统之盛哉。州治蕞尔，职方不遗，简阅旧志，略焉弗详。自丙申（1656）迄今，又中断未续，靡文献之无征，亦运会之有待也。辛巳（1701）秋，予来守是州，会观察于公以读礼里居，甫接谈，商及志乘，毅然以纂修为己任。时孝廉张君吕勋、郭君命一、梁君欣仙、明经于君陆公、梁君昆生、胡君风会、庠生梁君柱峰，皆具史才，佐蒐辑，又延淮南名宿朱退庵先生商榷而论定焉。未期书成，授序于予。予思西河沐教卜氏，人才蔚起，学士大夫，皆身为阅历，藻以风雅，如数家珍。昔柳子厚作晋问，考核精赡，是其所长。退庵蹑屩未煖，兴至笔随，指画山川，若所素历，条陈典故，若所习闻，岂非异才？此如幽兰丛菊，所过流芬，偶一相遭，恋慕无已，何必移植结根，方称园中物乎！运会既乘，大文斯启，志之断者以续，略者以详，一展卷而山川薮泽犁然具焉，典章人物昭然晰焉！其间制置之沿革，户口之繁耗，贡赋之饶绌，民俗之奢俭，吏治之得失，人才之振靡，莫不条其源流，参以论断。予读之而有感曰：是志也，通乎政矣！考州治禹贡冀方，分隶并州，又改隶西河，其俗土瘠人勤，文学盛兴，闾里之间习于程法，有陶唐氏之遗风焉！北枕吕梁，山高早寒，土尤瘠薄，四境之内雨阳殊好，气候不齐，则壤比而同之，厥赋匪贞。按其方区，直北曰太孝都，北之东曰东相下都，曰勤忠下都，皆迤山硗瘠，赋高于田，征输不前，岁多逋欠。民之黠者，咸入钱里胥，飞诡旁射，冀延旦夕，或荒垦互易，伪匿俵寄，甚至豪右持鬻田者之急，减亩合券，鬻者亦久持之，悬产不拨，迄于故绝，其子孙稚弱沦亡，竟无从究诘，迩罹溽饥，田卒污莱，死徙过半，村落为墟矣！为政者，非力请上官第其土田，勘丈减赋，民殆不支，予老且病，行就颓废，心殷疾苦，事媿因循，虽裁减耗羡，蠲复杂泛，期年之间，民颇称便。奈本源之图，未之有讲也。因读是编，而识其大者于此，俟后之君子官斯土者，得是志而览之，悉其偏重之苦，予以调剂之方，俾庶土交正，以佐国家之盛。则观察公与诸君子之功，并垂不朽云。时康熙壬午（1702）腊月既望。

康熙《永宁州志》序

州人 于准

余弱冠筮仕，历任中外，鹿鹿簿书，几忘故乡风味。辛巳（1701）春，以忧归，读《礼》之暇，综覈山川、人物、风土、艺文，览前任胡公州志，距今几五十年，曾未纂辑。是秋九月八，闽长乐谢公由延川来牧兹土，催科抚字，兴利厘弊，古龚、黄再见，而尤以人心不古，风俗浇漓，欲为端本澄源之举，故以州志见商。夫春秋而寓赏罚之权，志乘而载激扬之典，臧否兼收，彰瘅并用，同一道也。人纵愚不肖，未有见善不慕，见恶不嫉者。斯志之作，诚人心之大防，而劝惩之大法也。公之用心微矣哉。适朱子退庵自江南来，并余乡同人共襄其事，公以鸿笔而裒益其间，荟萃周详类序严密纂修也，而实创始矣！则见河山之挺秀，形胜之扼要，人物之英特，制度之纷繁，沿革之明易，以及幽光、潜德、风俗、典章、记载各别。搜罗罔斁是诚不负我公起顽懦，而臻廉立之盛心也。余不揣固陋，妄加斟酌，将以备采风者之一览尔，时康熙四十一年壬午（1702）桂月。

康熙《永宁州志》前序

己卯（1699）孟春，余来守西河，举凡形胜、版图、制度、事迹，靡弗周知，政乃不迷，盖览汾郡全志而得此。壬午（1701）冬至日，永宁谢牧持州志新编一册请余言，以次颠末，余窃为尚稽焉。自柱下有藏史．下逮稗官野乘，皆有记载，以待王朝采择汇辑一统巨编甚矣。夫州之有志，匪细故也。永宁志续纂于前州牧胡公，迨今五十年所。其间法制风土之迁移，事物人文之更变，不知凡几！脱非踵其后者增修之，其不至湮没失传者几希。他不具论，即如于太保清端公，清标亮节．大业鸿功，允足树型，百世风励，有位非登新志，则无以使后世周知，奚可哉！幸谢牧以闽中名宿，腹裕武库，其抚民也，为保障不为茧丝。又用三德将治几三善矣。政余时披旧志，概然有阙略之憾，遂以纂修之举，请教于乡先生观察于公，共任厥事。公家学渊源克衍清端公之派而光大之，毅然秉笔，董狐刚直之气，自洋溢楮墨间，而犹谋及耆旧绅士，询之草野父老之传闻，凡笔简牍者，必有不可磨灭之事实，或足裨治道，或关乎风俗人心，而后一时泐之，万世传之，苟有疑，宁阙焉弗录，而信志于是乎成。我国家声教四讫，万方来同，一统志书，洵千秋金鉴矣，则此州志也，虽不过如天体中昭昭之多，然异日有輶軒之采，郡乘之征，已可持是编以应。不宁惟是，新编详备，亦可俾后之官斯土者，有所考镜，而措之政事，庶乎其不迷也。纂修之功伟矣哉！时康熙四十一年岁次壬午（1702）冬至后六日，山西汾州府知府济南王隆熙撰。

光绪重修《永宁州志》弁言

兴朝继天立极，纪一代之礼乐典章，莫大乎史。司牧询俗省方，详郡邑之山川、风土，莫切乎志。《周礼》小史掌邦国之志，外史掌四方之志，所以备王朝采择，为文献之征也。志之所系，顾不重哉！然其间抱遗订坠，靡不随时为搜罗，非缀拾补苴，而淹没弗传者不知凡几。志之重修，是又不容缓者矣。州志自盛朝以来，经前尊谢公，偕郡人于莱公等，修辑后百七十年来，未加增订，殊堪浩叹。光绪丙子（1876）威毅伯曾大中丞抚临晋疆，值兵燹方靖之时，际水旱频仍之会，我宫保爵宪，以容保之思，救灾弭患蘇民困于凋残饿羸。越庚辰（1880），政成人和，庸是游心载籍，深计留贻。念志乘为一代钜典，而省乘日久旷修，尤一大缺事也。因与钦使阎少司空会同请旨，特奉上谕重修。乃遍示所属守土守官，以为省乘之总成，取资于四方，凡尔牧令，其分编采集，毋怠毋荒，以干惩斥。时则缦云姚公调摄州篆，即邀集绅耆申以宪命，检阅旧编，板多残缺，因议重修。聘桐城方君宰笔削，郡人士分职效猷。自康熙四十一年（1702）讫光绪五年（1879），旧志所收辑者仍之，阙遗者补之。其潜德幽光可为劝鉴者，莫不详悉纪之。参互考订，博访广询，十阅月而汇萃成编。庶几大昭垂而可便浏览。吁！志乘一书，所以为风化之攸关，人心之维系者也。我永自国朝定鼎，若清端于公本儒修为吏治卓卓者，勋业特光于史册。继此百余年间，其民俗之勤俭犹有古处风，求所为出身，加民立业建功者，未闻接踵而媲美。然擢巍科，历名宦，以至孝弟忠信，廉介节义，足以振浮式靡者，良不乏人。是皆秀灵所钟，而为观感之一助也。或父老递有传闻，或贞珉历存记载，旁稽博考，俾得森列布昭，以为争相砥励者劝。今幸承宪训，思敷后人，休庶涵煦于圣化之渐摩，以鼓舞夫群情之激发，将砥名植节，里登书载，愈足增夫志乘光，无乃此举之有以昭兹来许，克昌厥后也，岂不懿欤！

光绪七年岁次辛巳五月既望。

志书局董事合订

二　文　献

离石民兵一年战绩

（本报晋西北讯）离石全县民兵一年来（去年7月至今年5月）战绩卓著，据不完全统计单独与敌伪军作战451次，配合部队作战60次。毙伤俘敌兵78人、伪军92名，缴获步枪55支、手枪17支、手榴弹25枚、子弹502发、粮食960公斤、望远镜两架、自行车两辆及其它物品很多。又配合游击队缴获掷弹筒、机枪及步枪7支。民兵英勇战斗，保卫群众生命财产，在敌人残酷烧杀的毁灭扫荡中救出群众3100余人。在艰苦的对敌斗争中，离石出现了许多民兵英雄。24 岁的李清业同志数年来打击敌人在百次以上，今年 2 月敌人反复扫荡二区时，他与其他民兵坚决保卫他村，粉碎了敌人三路分击，全村没有受到一点损失。为了战斗活动他曾向掌柜退工一分，此种公而忘私精神尤为人所称赞。模范游击小组长李务孝去年保卫十月秋收中领导民兵进击大武，他提枪带两个民兵冲进碉堡，打跑伪军，火烧碉堡。今年 3 月他与民兵进击店坪又火烧碉堡。他领导全组民兵开展爆炸，为保卫春耕，更每夜在村周围安埋爆炸，不辞劳苦。元月四日，石门墕敌人在他村碰上地雷伤 3 人死 1 人。6 月 7 日，他带全组民兵在鹏凤山设伏打死敌人 2 名伤 2 人，在他的影响下，各村民兵也到处开展爆炸。6 月及扫荡中配合部队毙伤敌伪大元司令以下 30 余名，52 岁的老英雄冯大宽领导全行政村民兵工作，因他村人少，为了减轻群众负担，他亲自站岗放哨，以此推动并加强了附近村庄的岗哨工作，成为全县领导岗哨工作的模范。某村民兵白云尚同志在去冬八百余敌人的毁灭扫荡中，曾粉碎敌人诱杀群众的阴谋。

选自 1944 年 9 月 9 日延安《解放日报》

《依靠合作化开展大规模的水土保持工作是完全可能的》

一文按语

毛泽东

这是一篇好文章，希望大家看一看。全国各县，都应当在 1956 年，由县委领导，做出一个全面规划，包括合作化，农、林、牧、副、渔业，工业或者手工业，水利，肥料，农具，改良耕作技术，改良种子，商业，金融，文化，教育，卫生等等各项内容。如果不能这样全面，首先抓住几个主要项目也好。计划包括的时间，三年，五年，或者七年，都可以。如能计算到 20 年（即第三个五年计划的最后一年）当然更好。省应当督促所有专、县、区、乡都这样做，着重点放在县、乡。做得粗糙一点，也不要紧，可以在 1957 年加以修正，使之具体化和完善化，1958 年再加以修正，使之进一步具体化和完善化。离山县委的这个水土保持规划，可以作黄河流域各县以及一切山区做同类规划的参考。

选自 1956 年《中国农村的社会主义高潮》

依靠合作化开展大规模的水土保持工作是完全可能的

（中共离山县委代书记刘耀 1955 年 11 月 1 日）

一

离山县位于黄河中游，是由离石、方山两县合并起来的一个新县。全县面积约有

17800 平方里（折合 6675000 市亩），除了靠吕梁山麓有一部分石子山林区和沿三川河有一部分平地以外，其余极大部分，都是黄土丘陵沟壑区，境内最高的地方达到海拔 2676 公尺，最低的也达到 800 公尺。根据高家沟农场 1954 年和 1955 年连续两个年度记载，气温最高为摄氏 38.8 度，最低为零下 27.2 度。每年平均降雨量为 400 公厘，无霜期平均为 150 天。全县共有 120 个乡。52313 户，198095 人。其中有男劳动力 47470 个，女劳动力 43820 个。经营耕地面积 1403988 亩，占全县总面积的 21%。其中，有山坡地 1222205 亩，占全县耕地面积的 87.3%；平地 106469 亩，占 7.5%；水地 75314 亩，占 5.2%，每人平均水地三分八厘。森林面积 409684 亩，包括成林 352050 亩，幼林 57634 亩，占全县面积的 6．1%。

从当前的农业生产情况来看，由于山多川少，气候干燥，灾害频繁，生产水平很低，而且不稳定。单位面积产量，在解放以前只有 59 斤。解放以后，8 年来，在党和人民政府领导下，单位面积产量已经有了提高。1953 年每亩产量为 77.13 斤，总产量共达到 105156276 斤，每口人平均粮食为 531 斤。但是这一产量极不稳定。例如，1955 年因受旱灾，全县总产量只达到了 5892 万斤，每亩平均产量为 46 斤，每口人平均为 300 斤。除了种子饲料以外，尚不够口粮。造成这种情况的原因，有下面三个。

一、水土流失严重。这里有两个材料。一个是根据田家会乡一带的测量，洪水含泥量为 47%。另一个是贾家垣村贾本林的一块土地，在 50 年前，为了耕作便利，曾在地腰培埂 1 条，现在，下半块地的地面，由于水土冲刷离埂降低 3.3 公尺。按这些材料推算，在黄土地区地面，每年平均大约降低 1 公分左右，每亩地每年就被冲走土壤 6.6 立方公尺，折合 11.22 吨。这样，全县除了森林草坡以外，约有黄土面积 367 万亩，每年要冲走土壤 4118 万吨。这些土壤如果筑成高宽各一公尺长的土坝，能摆 48444 华里长。巨量泥土长期流失的结果，一方面，给黄河中下游地区人民造成了重大的灾难；另一方面，使离山县的耕地面积逐渐缩小，土地肥力逐渐减少，农作物产量低下，广大农民生活条件受到很大的影响。

二、自然灾害频繁。旱、涝、洪、雹、风、霜、冻七灾俱全，尤以旱灾为重。例如光绪 3 年（1877）的大旱。前冯家沟村，冯树清一族，83 口人，连死带走，只剩下 3 口人的凄惨事实，在当地群众中至今还留下深刻的印象。由于沟多坡陡，树木稀少，雨量失调，往往无雨是旱灾，有雨是水灾。每逢暴雨一来，洪水四起，河水猛涨，河床迁移，使许多好田好地冲走冲坏，造成巨大的减产和人畜伤亡。根据 1954 年不完全的统计，被洪水冲走或冲坏粮食作物 207546 亩，倾塌窑房屋 1371 间，损失估计有 216229 元，例如李家湾村，1200 亩良田被洪水冲成河滩，110 户农民的住宅被洪水冲塌，不得不被迫搬家上山。

三、土地利用不合理。由于水土流失的结果，宜耕土地逐渐缩小，肥力削弱，水份缺乏，不但粮食单位面积产量极低，而且可以造林的种了田，可以种草的种了庄稼，影响到牧畜业的发展，可以种高产作物的种了低产作物，可以种两茬的种成一茬，可以间作的也只能单作了，同时，又不得不把许多干山陡坡开垦种田。例如王家沟乡一带，每个劳动力平均种地54亩，平年每亩产量为62斤，把人畜工、肥料、种籽等投资加起来，每亩投资3.6元，折合原粮66斤，投资大，收益小，很不合算，因为是地瘦产量低，地种少了农民没办法。解决这一矛盾的关键，就在于做好水土保持工作，堵住水土流失之口，开辟提高粮食单位面积产量之路。

二

如何进行水土保持呢？广大劳动人民在几千年来和大自然的斗争中，已经积累了许多蓄水保土的经验，问题是过去我们没有把它集中起来，提高一步，使之科学化、条理化、系统化，坚持下去，大力推广。为了适应全面规划，1955年9月间，离山县委派遣了3个小组，到糜家塔等20个地方，进行了水土保持的检查和考察，感到有许多宝贵的经验，值得推广。

第一，关于拦泥治沟的经验。柿子垣村刘立刚弟兄3人，远在1921年，打坝3条，淤地31亩，27年以来，经过6次大旱，小麦每亩产量都在二百斤以上，1955年这样严重的旱灾，每亩小麦也平均产180斤，超过当地坡地产量五倍多，这个例子说明在沟内用打坝拦泥的办法，是可以把多年以来山洪冲刷下的山沟，治成良田；并且能够在山沟里，把从山上冲刷下的水土，保持得住。所以，群众把坝地看作是宝贝。他们说："骡驮元宝三口袋，不如一块好坝堰。"有的弟兄分家，因为争坝地，吵架告状。有的人给闺女说婆家，要打听有几亩坝地，有的人为了打坝，借贷卖物。为什么群众爱坝地呢？因为坝地有三大好处：一是产量大。坝地能拦泥、保水、蓄肥料，具备了作物生长的三个条件，所以一般坝地庄稼长得好，年年丰收，二是获利快。刘家山乡一户农民，头年把1条毛驴卖了，投资打坝1条，当年淤地2亩，第二年的粮食收入又买回毛驴1头。三是能抗灾。坝地能保水，因而不怕旱，雨大能排水，因而不怕涝。山洪越大，拦泥越多，地板越大，因而坝地爱洪不怕洪。由于坝有这些优点，所以群众对打坝的兴趣特别大。

第二，关于植树治坡的经验。糜家塔村刘英吉，在二亩六分坪地和三亩三分山地上，从1948年开始，栽种了葡萄20架，各种果树220余株。现有葡萄已经全部结上，1955年收获300斤。再过3年，可以收获3000斤左右，每斤以一角计，可值300元，折粮食15000斤，比150亩山地种上粮食作物的收入还多。不只副业收益大，而且用这个办法，有效地保持了这两块土地上的水土，他的这块山地，在过去，本来是齐塄齐边。经过十几年，就冲成一丈五尺深的沟壑（四十五度以上的陡地）。自从1948年种植花果树以后，在地内每株树下打鱼鳞坑1个，在三亩三分地上共打了鱼鳞坑17个，坑和坑之间用水道相串。这样用植树、挖鱼鳞坑的办法来治理坡地，节节蓄水，坑坑拦泥，蓄了水，保了土，增加了土地肥力，是可以把坡地治好的。

第三，关于沟坡全面治理的经验。王家沟村"学苏农业生产合作社"，为了治沟，1955年在冬流沟内打坝3条，拦泥9500立方公尺，三五年以后就可以有坝地130亩，

1955年已经淤成六亩，为了治坡，又在坡面三百余亩的耕地上培地埂330条，麦地犁水面沟191亩，修谷坊20个，修水簸箕16个，挖涝池303个，种牧草108亩，仅仅半年工夫，已经使全沟在1955年秋季55公厘的雨情下，做到“泥水不出沟”，并且在300余亩土地上，做到“泥水不下山”。

第四，关于在山上蓄水保土的经验。贾家垣合作社有一面旱井，1955年春天用水1000担，饮种了棉花28亩，保了瓜菜地40亩。1955年这样严重的旱灾，作物还是长得很好。用旱井蓄水的办法，多年以来群众中就有习惯。但是在过去，主要是用来供给人吃、饮畜、洗衣裳、修建。现在，部分地区开始用来抗旱保苗。将来，把它提倡一下，和修梯田、安水车结合起来，是会把瘦山地变成肥良田的。

上述这些蓄水保土经验，几年以来在党的领导下，有了一些发展和推广，但是由于县委过去思想不明确，没有全力去办，并且因为分散的、个体的小农经济，使水土保持工作的开展，受到了很大的限制。以打坝来说，一要投资，二要投工，三要合作。置备一套打坝工具和木夯、石杵、土车、椽子等，起码就得130多元，打一条坝，一般工程也要用工二三百个工作日，大工程就得千余个。还必须是一二十个人，同时动工，同时上手。打好后雨天护洪护坝，没有十数人还是不成。在分散的、细小的小农经济基础上，是很难推广的。例如白地峁村有两条沟，一条叫大沟，一条叫小沟，十年以前就有提倡淤地打坝，可是商量了多次，你干我不干，始终没有干成。但是，王家沟村，由于百分之九十的农户参加了农业合作社，许多小块土地连成一片，说干就干，有人有钱，干起来规模大，速度快。仅仅七个月工夫，就做到了“泥土不出沟”。因此，开展水土保持工作，必须紧紧地依靠合作化，给水土保持创造了有利的条件。而水土保持，又丰富了合作生产的内容，推进了农业合作化事业的发展。

三

根据国家社会主义建设事业的需要和黄河规划的要求以及农民生产生活发展的要求，依靠合作化做好水土保持工作，我们的责任是重大的。为此，首先要搞好农业合作社的大发展的工作。现在入社农户，占全县农户总数的55%，到1956年春耕以前，要求入社农户达到全县农户总数的65%，到1957年春耕以前入社农户要求达到全县农户总数的85%。这样，就基本上完成了半社会主义的合作化。在此同时，计划全县在现有合作化的基础上试办3个高级社。到1957年春耕以前，发展到30个。到1958年春耕以前，发展到120个。到1961年春季，就可以在全县范围内完成农业合作化的社会改革。

依靠合作化规划的实现，全县水土保持工作，可以在今后12年内，达到如下的水平。

（一）坡地修梯田，82万亩。全县共有山地122万亩，除了坡度太陡、不易修整、应当停耕还林种草的以外，估计还有82万亩可以修成梯田。每亩平均以用工15个计算，共需要用工1230万个。以12年为限，每年每个劳动力投工20个，就可以全部修成梯田。这些梯田每亩产粮食以200斤算，可以收获粮食164000000斤，超过现有120万亩山地产量（每亩以60斤计，共73302300斤）的一倍多。

（二）山沟打坝堰。全县有能打坝的山沟1341条，如果每个劳动力每年投工九个，全县共投工480万个，12年以后就可以打成坝地24万亩，每亩产粮食以500斤计，共可以产粮食100002000斤。

（三）荒滩变良田。全县共有荒滩15万亩，除了一部分用来植树造林以外，可以淤滩漫地3万亩，每亩产粮食500斤，共可以产粮食1500万斤。

（四）川地修水库10个，拦洪蓄水，可以把川里的11万亩旱地大部分变成水浇地，可以由现在的亩产量200斤提高到800斤，共产粮食8800万斤。

上述的梯田、坝地、滩地、水地，共计可以产粮食300008700斤，再加上现有水地75954亩（包括将来不能变水地的坪地640亩在内）：每亩产量以669斤计算，共产粮食4807万斤，共计可以产粮食400003507斤（全部土地以粮食作物计）每人平均粮食可以达到1684斤。

（五）梯田地打旱井。每13亩打1眼，在82万亩梯田地上打旱井6万眼，就可以彻底解决坡地的抗旱保苗问题。

（六）利用停耕地和沟坡下截地，大量植树造林。计植花果树27万亩，共植4315000千株，造木材林93万亩。12年以后，单就林木花果收入，每人平均可以达到111.8元，折合粮食1597斤。

（七）栽培牧草，发展牧畜。计划种牧草20万亩，到1967年，可以发展到羊582398只（现在有羊106000只），牛27220头（现在有牛10713头），骡马大畜15001头，到那时候，每人平均有羊2只，每7人平均有1头大畜，加上家庭饲养副业的收入，一并计算在内，每人平均可以收入24.8元，折合粮食355斤，上述规划全部实现以后（到1967年，人口每年按增加百分之二，增为263218人），每人有水地8分，坝地9分，梯田3亩多。每人每年可以收入粮食1684斤。农、林、牧、副业的总收入折合原粮为3379斤，比现在收入要增加六、七倍，到那时候的情境，就会如陕北民歌中说的那样：“远山、高山、森林山，近山、低山、花果山，平川修成米粮川，干沟打坝聚湫滩，坡洼地里种牧草，山腰缓坡修梯田。”当然还不只这样。更重要的是，“从此以后，整个黄河干流和支流的泥沙淤积问题，水库寿命的延长问题，以及整个黄河洪水问题，都将得到有利的解决”。

上述远景能否达到呢？我们有信心、有决心，把它办到办好。因为：

一、有党的领导，国家的投资，技术的支援；

二、合作社发展快；

三、群众中对蓄水保土有丰富的经验；

四、水不少、土很多，水土资源可以利用。

整修烈士楼碑《序》

我县烈士楼新建于1949年春，迄今已八载之久。忆念建筑当时国家正处于解放战争时期，国民经济尚未恢复，国家财力仍正困难，更以交通运输不便，工料甚感缺乏，工人技术条件有限，时间又很短促，因而计划不周，雕绘粗率。有些壁画不符情况，个别烈士姓名有误，尤以贺昌、韩昌泰二先烈之遗像塑绘不肖，楼内外一切设备很不完善。八年来，风吹雨浸，油漆彩画均形褪色，不仅不感壮观，而且有失崇敬烈士之本意，并在建楼以后牺牲之烈士及得有关证明牺牲已久之烈士尚未建碑刻名，今鉴于祖国社会主义建设能以飞快速度获得伟大成就，是与各先烈之英勇于革命事业牺牲奋斗的历史分不开的，为此，对烈士之丰功伟绩更应发扬光大，以启继承，以励后辈。

基于上述情况，县党政领导以及地方人士同筹共商，呈请上级批准。拨款后，组成整修烈士楼委员会。于1957年8月5日施工，重绘壁画于两壁，彩饰楼阁，于四周摸画先烈遗像，增刻烈士姓名。继之，以整修花恻，泥刷墙厦，点缀院景，植树栽花。新建亭于院中，筑园门于东墙，葺舞台以壮观，置鱼缸在中央。名其院为烈士园，舞台为仰灵台，新亭为思源亭，以表对烈士之敬意，并籍以教育群众振奋斗志，鼓起生产干劲，遵循先烈遗志，为实现社会主义、共产主义的美好远景而奋斗。现已竣工，特撰序以记之。

离山县整修烈士楼委员会

公元1958年4月7日

农民都说这办法好
——吕梁山区实行联产到人责任制调查

去年，在党的三中全会精神鼓舞下，吕梁地委大胆解放思想，努力冲破“大、公、平、穷”的极左禁区，实事求是地指导生产，提出在一些长期贫穷落后的边远山区实行包产到组，再到户、到人的生产责任制，群众精神大振，热烈拥护。年末，地委专门召开县委书记会议，继而又召开三级干部会议，总结推广这方面的经验。这一下引起了强烈反响，有人说“这是大倒退，不仅退到了合作化前，而且退到了奴隶社会。”一时间，“吕梁搞了单干啦！”“地委主张吕梁增产，就得靠单干”的说法，传遍了城乡四方。

为了弄清事情的真相，我们于六月下旬，查访了吕梁山区贫瘠的离石、临县、方山、兴县和柳林等县的一些公社、大队和生产队，和许多基层干部、农民座谈，所得材料使我们耳目为之一新，农民和基层干部对联产到人责任制一片叫好声，说：“这种办法真不赖！”这一下闹对了，和社员的利益贴得紧，摊子小，好管理，一家人的潜力都能挖出来，肯定能增产，农民有奔头，有想头啦！”

敢破“大公”

吕梁山区联产到人责任制的“发源地”，数得着离石县坪头公社的赵家山。

赵家山，地处马头山区，梁峁沟壑纵横，生产条件落后，干旱、水土流失严重，山大沟深，耕地都挂在陡坡上，一部分地连牛都不能耕。农民说：“地里冲成大洪沟，庄稼怎能大丰收”。完全是靠天吃饭。解放30余年至今，干活靠的是老祖宗留下的“筐箩、扁担、大锈头，手工操作老黄牛”。就是这样一个穷得当当响的地方，多年来，“唱的是极左的调子，抖的是大农业的架子，念的是平均主义的经，搞的是所谓的穷社会主义。”勉强搞这种超越生产力发展水平的“大、公”架子，越搞集体越空，越干社员越穷。合作化以来24年，有12年先后吃了国家供应粮50多万斤。1972年，人均口粮只有145斤，每工分红1角3分。许多人连煤油灯也点不起，因为生活不下去，只好外流谋生。去年全大队产粮24万斤，人均350斤，人均分配口粮280斤，6个生产队，有4个吃供应粮18785斤，人均分配收入仅24元。

穷则思变。贫穷的生活迫使他们都在思索着怎样才能办好集体经济，社会主义究竟是个啥样样？他们想，许多人每天集中在一块地里干活，要干啥都干啥，搞人海战术，干好干坏不分，绝不是社会主义必须具备的特点。叶副主席在去年国庆讲话中说：我国幅员辽阔，地区差别很大，在国家统一计划指导下，各地都应当努力创造适合本地特点的具体形式，要努力探索最有利于发展社会生产力、最有利于提高人的劳动积极性和创造性的措施，调整和改革我们的经济结构、管理体制和方法，这段话给了他们极大启发，简直是使他们在“山重水复疑无路”时，看到了“柳暗花明又一村。”去年秋季，大队党支部发动社员献计献策，并算了这样两笔账：一是在同样的土地上，自留地能打300斤粮，集体地平均只有100多斤，二是第2、3生产队，去年搞了联产作业组，产量大提高，一下子摘掉了供应帽。大家说：自留地产量高，说明既不是赵家山的地不长庄稼，也不是赵家山的人不会种地，而是办法不对，要是我们把生产粮食的责任落实在每个社员头上，在坚持社会主义方向的前提下，放宽政策，实行和个人利益联系更直接、更能调动社员积极性的办法，不愁打不下粮食。于是他们提出了“以队核算、以牛划组，定产到田，责任到人，以户管理，全奖全赔”的生产责任制。

耕牛作业组的创造者

赵家山人虽然不会讲生产关系一定要适合生产力的发展水平这种抽象概念，但是他们深深懂得，种庄稼主要靠耕牛，集体生产组的规模也应当和一犋耕牛的力量相一致，不能太大。既然社员们是凭体力干活，土地不像机器那样不能分开干，那么在集体的土地上分开干活，也是干社会主义，而且会干得更好。以耕牛为中心编成作业组，作业组在社员自愿的基础上，按劳力强弱、技术高低，职工家属、老弱病残大体平衡，适当搭配，对全部土地进行评分，根据近3年的年产以分定产，定产后的地块实行人劳比例按三、七或二、八开，落实到户。平均每12斤粮记工一个，粮食品种按生产队和社员订的合同交。根据生产用工，规定社员投工任务一般男劳力每年投工280个，女劳力30至50个。耕牛在年初作价到组，以组使用，固定专人饲养、使役（社员和耕牛使役员实行工换工）。每户定出所需牛工，超出1个付款2元。秋后牲畜再作价，超价归组，差价全组赔偿。包产劳力如中途生病或死亡，队里、组里可以组织劳力帮助或另转他人经营。因此，虽然包产到人，但作业组还有重要作用，它担负着安排耕牛活路，种植次序，帮助不善于经营的户，组织互助等项任务。这样，就在集体化条件下，继承了互助组时期农民们用工换工，互助协作的优良做法。

吕梁山区土地广阔，耕牛缺少，一头耕牛一般要负担100亩甚至200亩地的耕作任务，耕牛作业组符合目前山区生产力发展水平，赵家山大队农民组织耕牛作业组，又实行包产到人、到户，这是他们在集体经济的经营管理形式上的一大创造，它极大地吸引了附近社队农民的注意力。有人问："你们这样搞是不是单干？"这里的干部群众回答说：我们的土地、牲畜、农具都是生产队集体所有，定产收入全队统一核算，统一分配，生产、分配实行国家、集体、个人三者利益兼顾的原则，对社员实行按劳分配。社员对土地只有耕种权，没有所有权，集体对每个社员的所包土地进行生产投资。它完全是社会主义性质，只不过是把生产的责任具体到了每个人的头上，所以根本不是单干，不是倒退。

人人包种田又分工分业

一个责任制，调动了家家户户，大人孩子。懒人变勤，勤人更勤。今年集体买化肥30吨，另外还有80%的社员户买了化肥，共买化肥20吨。老草根刨掉了，地塄、地畔全种上了，堵了地里的14条大路，50多条小路，共增加耕地150亩。上地队长不用喊，夏季清早4点半上地，晚8点半回家，两头不见太阳，一天干12个小时还多。间谷苗过去8寸到1尺留1株，今年4—5寸留一株。哪块地是自留地，哪块地是集体地，已分不出来了，青年们一心爱农学农。19岁的薛照明过去不会耕地，今年跟父亲学会了耕地。全大队已有30多个青年学会了耕地，全大队今年包产33万6千斤，比去年总产24万斤增长40%。也许你认为，人人包了土地，农田基本建设、林业建设没有人搞了吧？其实不然。在按劳力分配包种土地时，就统一安排了林业、农田建设用工，林业、农田建设专业队、社办企业的劳力少包地或不包地。林业队有6人，水保专业队18人，牧业队（兼种土地）20人，参加县、社专业队、社办企业劳动力共12人。民办教师、赤脚医生、军烈属、五保户、社队企业人员，原有的待遇继续执行。今春，社员们造自留林100亩，大队育苗15亩，栽果园100亩，栽枇杷3亩，造林超过了合作化以来24年来的总和，人们趁阴雨天气，为216亩地打了地埂，全长21380米，还有3条土坝加了堰，新打土坝1条，淤地10亩，动土23000方。从工程质量和效果看，都大大好于往年。

党的政策在赵家山的社员中所焕发出的威力真是无穷无尽。可能有人会担心，这种办法好是好，实行起来不容易。到底难不难？赵家山的实践证明：做起来并不难。农民有的是办法。一个 186 户，669 口人，耕种着 1951 亩土地的村庄，只花 7 天的时间就把土地、劳力等全部分配停当，并订了合同，有人担心单收单打不好办，农民笑着说：那才容易哩。合场打，几家摊在一起，中间夹几根高粱秆就解决问题。确实，在城里人想得很复杂的事，到农民那里完全不成问题，他们决定，秋收后社员按照生产队分配方案，留下自己应分的基本口粮和工分粮，其余按包产数量和品种一律交队统一分配，完成国家的征购任务，这样就减少了合作后社员所产粮食一律交给集体，再把口粮部分分配给社员的大量重复劳动，这也是集体经济在实物分配中的一项改革，对农民方便不少。

（原载 1980 年 7 月 14 日《山西日报》）

中共离石县委离石县人民政府
关于落实知识分子政策的规定

尊重知识，尊重人才，全面落实党的知识分子政策，是振兴中华的一项重要决策。也是促进我县经济翻番和全面振兴的重大措施。为了充分发挥知识分子在四化建设中的重要作用。经县委、县政府研究，特作如下规定：

一、各级领导必须高度认识落实知识分子政策的重要意义。大胆解放思想，对广大知识分子和科技人员。要真正做到在政治上充分信任，在工作上放手使用，在生活上关怀照顾，切实解决他们在工作、学习和生活上的具体困难。

组织人事部门以及有关单位，要做好对知识分子的调配、考核、任用、职称评定、晋升等项工作。对申请入党的要积极培养，具备党员条件的要及时吸收入党。对有一定组织领导能力的要提拔到各级领导岗位上来。

二、各单位要保证科技人员的学习、工作时间和必要的经费。科技干部每 3 年要有 3 至 6 个月的脱产进修时间。每周必须保证有六分之五以上的时间从事专业技术工作。要尽量满足他们科技研究所需的设备、图书资料和经费。对取得高、中级技术职称和相当助理工程师技术职称的人员，每月可在所在单位分别报销十、五、三元的书报杂志费。

三、凡在我县工作的工龄满 10 年的大专毕业生和工龄满十五年的中专毕业生及取得助理工程师以上职称的人员，工作一贯勤奋，成绩突出，其父母、配偶和未婚子女是农村户口的可转为城镇户口。并优先解决上述人员夫妇分居两地的问题。在同等条件下，其子女就业问题可优先照顾。

凡取得中级技术职称的人员，可享受县团级住房待遇，由所在单位根据条件逐步解决。本人每月可调供 25% 的细粮。

四、凡在我县工作的大专毕业生，工龄满 13 年的中专毕业生，1966 年底前毕业的高中生和取得相当助理工程师技术职称的人员。工作成绩突出，可在现行工资的基础上向上浮动行政工资一级，在我县坪头、枣琉、结绳瑪乡工作的大专毕业生可向上浮动行政工资两级。

五、在我县工作的1966年底前入学的大专毕业生和1966年底前毕业的中专生中，对我县建设确有突出成绩者和取得相当于工程师以上技术职称、工作做出贡献者，可在现行工资的基础上向上浮动行政工资两至三级。向上浮动三级的报地区批准。现工作在坪头、枣琉、结绳瑪乡的上述人员可在现行工资的基础上向上浮动行政工资三级，今后凡获得国家、省、地科研成果奖、推广奖的人员不受学历工龄限制，可另行向上浮动行政工资一至三级。时限2年。

六、今后从外县招聘的66年底前入学的大专毕业生和66年底前毕业的中专生以及取得相当中级以上技术职称的人员，可在现行工资基础上向上浮动行政工资两级，招聘到坪头、枣琉、结绳瑪乡的上述人员可在现行工资的基础上向上浮动行政工资三级。

七、凡今后分配我县工作的大专毕业生，从报到之日起，即可享受定级工资待遇，满一年正式定级后，可向上浮动行政工资一级。分配到坪头、枣琉、结绳瑪乡工作的可向上浮动行政工资两级。

八、凡在我县工作的中教五级、小教三级以上和中教六级、小教四级不具备大专、中专学历的教学人员，分别比照执行大专、中专毕业生上述待遇。

九、凡自学成才与自费上学并按规定经过考核合格取得学历的在职人员，可享受同等学历的待遇。

十、在具备上述学历和职称的人员中，对抵制党的三中全会路线的人、“三种人”和严重违法乱纪者，或工作表现不好，不胜任本职工作的人员，不能享受以上待遇。凡违反计划生育的，3年内不得享受浮动工资。

上述人员享受上述待遇后，工作中做不出较好成绩者，可取消上述待遇。执行上述各条要经群众评定，考核合格并按干部管理权限经过审批方可生效。所需经费由所在单位支付。

本规定在现职人员中执行。调离本县时其待遇即行取消。浮动工资不影响正常调资。

本规定从1984年7月1日起执行。各单位在执行中要从实际出发，严格把关。贡献大小有区别，表现好坏有区别，不搞平均主义。真正达到调动知识分子和所有干部积极性的目的。

此项工作由县委落实知识分子政策领导组和政府人事局具体承办。

1984年7月9日

中共离石县委 离石县人民政府
关于向舍己救人的青年英雄阎军平同志学习的决定

坪头乡鹏凤山村青年阎军平同志，在1990年8月21日为抢救一名落水少年，献出了自己年轻而宝贵的生命。他以舍己救人的英雄行为，谱写了一曲新时代青年学雷锋的颂歌。

8月21日中午，阎军平在村外塘则墕沟的一水池边洗衣服，忽然听到几声“救人!……救人!”的呼叫声。他寻声望去，只见距离自己八、九十米处的水池里，有个人正在上下挣扎着，阎军平同志顾不得考虑个人安危，迅速向出事地点跑去。扑入池中，奋力把落水少年阎小刚推出水池。14岁的小刚得救了，21岁的阎军平同志却因不熟悉水性沉入了水中。闻讯赶来的群众把他救出时，他已经光荣献身了。

阎军平同志是一个雷锋式的好青年。他以舍己救人的英雄行为，表现出了一个新时代青年崇高的思想境界和献身精神。他出生在一个贫困的农民家庭，是在党的教育下成长起来的新一代农民，对生活充满美好的向往。他从小热爱党、热爱社会主义、喜爱运动、助人为乐，受到了乡亲们的一致称赞。1987年6月，离休干部阎务直因患高血压病，晕倒在地头，他发现后，放下手中活计把老人背回家中，又请医生又喂药，义务护理；1988年8月，他冒着生命危险，纵身跳入两丈多深的沟壑中，救出了失足落崖的小女孩；1989年秋天，他撇下自家的庄稼活，悉心照料扭伤了腰的阎务魁老人，直至痊愈；他还主动承担了村里义务护林的任务……

阎军平同志在短暂的人生旅途中，做出了不平凡的事迹，展示了新时代青年的风采。宣传阎军平同志的事迹，对于弘扬雷锋精神，促进全县的社会主义精神文明建设，具有积极的作用。为此，县委、县政府决定授予阎军平同志“舍己救人的青年英雄”荣誉称号，并组织在全县开展向阎军平同志学习的活动。

各乡镇党委、政府，县直各部门各单位，各人民团体，要大力宣传阎军平同志的英雄事迹，利用多种形式组织开展活动。县委、县政府号召全县共产党员、共青团员、干部群众和中小学生都要以实际行动学习阎军平同志。学习他热爱党、热爱人民、热爱社会主义、关心集体和群众利益的崇高思想品德；学习他助人为乐，乐于奉献，全心全意为人民服务的共产主义风格；学习他在生与死的考验面前舍己救人，勇于献身的大无畏革命精神和革命英雄主义气概。

学习阎军平同志要结合各自的生产、生活和工作实际进行。要利用各种党日、团日和少先队主题会，开展学习讨论，利用报刊、广播、板报、墙报等宣传形式大张旗鼓地宣传阎军平同志的事迹；要把学习阎军平同志的活动与学雷锋树新风以及坚定社会主义信念教育结合起来，从我做起，从现在做起，用阎军平同志的事迹来对照检查自己，鞭策自己，以阎军平同志为榜样，做一个高尚的人，一个有益于人民的人，一个公而忘私的人，一个忠于党忠于祖国和忠于社会主义的人，大力推进全县的两个文明建设，为实现全县政治、经济和社会的进一步稳定发展而努力奋斗。

1990 年 9 月 30 日

永红模式开思路

中共离石县委书记　黄进明

离石地处晋西黄土高原，是一个山区农业县。全县除县城附近几个乡镇工业有一定规模外，大部分农村矿产资源贫乏，经济呈现单一农业结构。改革开放以来，农村经济虽然有了很大的发展，但是，梁峁沟岔的山地条件，十年九旱的自然气候，使得多数农民仅仅解决了温饱，仍未真正富裕起来。像离石这样的山区农村经济如何加快发展？农民致富达小康的路子是什么？这是我今年元月来离石上任后就开始思索的问题。永红村的调查开启了我的思路。

永红位于我县东部寒凉山区，全村 98 户，398 口人，总面积 4062 亩，靠天吃饭，自然耕作，使这个小山村长期以来处于一种愈种愈穷的恶性循环状态，直至 1979 年，全村人均收入还不足 80 元，人均口粮 150 公斤，村民为求得温饱仍苦苦煎熬着。穷则思变，从 80 年代开始，永红人打破传统思维定势，突破单一粮食生产格局，立足当地农业资源，坚持从治本出发，林业起步，以林建农，以农促牧，开始了农业综合开发，十几年艰苦创业，永红村培育起集约化粮食生产、支柱型生态经济林和商品化养殖业的产业综合体，跳出贫穷怪圈，走上了一条“靠山、治水、养山、用山”的致富之路。1992 年粮食总产量达到 16 万公斤，农林牧副产值达 50 万元，人均纯收入 601.3 元。永红的发展之路我们称之为“永红模式”，其成功的奥秘在于：

林业起步，带动各业协调发展。在反思中，永红人认识到，要想富，必须靠山吃山，林业迈大步。1980 年春，在村党支部书记王秋生的带领下，全村开始了大规模的群众性植树造林，按照远山、背坡木材林，近山、阳坡经济林的总体规划，一沟一沟地栽，一梁一梁地造，坚持十几年不放松，到去年，全村除水平地外，所能用的地，包括荒山、荒坡、荒沟、荒滩全都栽了树，连梯田也全都搞了农网核桃。现在，全村林业保存面积 2650 亩，其中木材林 2000 亩，人均 5 亩，木材蓄积量人均 64 立方米，经济林 650 亩，人均 1.5 亩，四旁植树 8000 株，人均 200 株。昔日一片凄凉的光山秃岭，今日已是群岭苍翠，沟壑葱绿，林茂果硕，草肥花艳，一派诱人景象。大片林业的形成，既为农作物建起了生态屏障，调节了田间小气候，又为综合开发积累了资金。近几年，永红村用林业积累，大搞农田水利建设，投资 40 多万元先后搞旱地变水地 280 亩，建设高标准机修梯田 250 亩，现在，全村 760 亩农耕地，全部变成了旱涝保收田。

农业、林业的发展，促进了养殖业的发展。这几年永红村家家搞养殖，其经营由零星分散逐步转向规模养殖，现在，全村已出现60多个家庭养殖场，户均年养殖收入达800元。

强化科技输入，增加农业综合开发的科技含量。永红村民在农业综合开发的实践中，认准以人才开发、科技开发促经济开发的道路。几年来，他们先后选派80余人到北京农学院、省农科所、孝义农科站等单位进行专门培训，并坚持每年邀请省地县专家、技术人员进村搞培训，通过送出去，请进来，使全村每个劳动力都掌握了一两项科学种田绝活。在科技开发上，12年来，永红村科研小组先后引进推广“印尼大豆”“83M-40”等农作物优种34种，推广辽宁盖县绒山羊等畜禽优种15种，推广红富士等林果优种10种。在引进推广优良品种的同时，他们狠抓了平面上的多种经营和空间上的立体开发以及时间上的巧妙错季，全村以粮食为主的3种3收立体种植已发展到粮食、粮油、粮菜、粮果、粮药5大类、30多种栽培模式。立体开发，科学栽培，使粮油菜产量大幅度提高，种田收入成倍增加，这几年全村先后退耕还林还牧450亩，而粮油菜产量却比退耕前提高了20%。以地膜玉米、高原602小麦和蔬菜、黄豆3种3收田为例，亩产吨粮，5000公斤菜，产值2000元，纯收入1500元，是过去单种单收的10倍还多。

永红村依靠科技进步，大搞农业综合开发，合理配置农业资源，初步形成了“以林建农，以农促牧”的良性循环圈，在黄土地上走出了一条成功的致富之路。永红的实践告诉我们，贫困山区也能走向富裕，关键在于立足当地实际，因地制宜，选准致富模式，走艰苦创业的路子，离石的县情决定了我们大面积上近期不可能走依靠发展乡村工业脱贫致富的路，同时，总体上贫弱的农村经济环境和现实的产业基础也决定了农业经济不可能将个别农产品高度专业化生产和经营作为发展的主要模式。离石农村脱贫致富的根本出路在于，通过土地涵养利用和产业结构的多元化建设，增强生产的稳定性，借助各个农业产业相互间的互补、互惠和共生机制与效应，提高搞逆性和整体效益，形成由基础型自给性粮食生产、支柱型生态与经济混合型林业和商品化畜牧业组成的产业综合体，提高资源承载力和经济效益，促进农村经济的稳步发展。

基于上述认识，县委、县政府研究提出了全县农业经济“以市场为主，以科技为主，以综合开发为主，以经济效益为主”的“四为主”发展方针和种粮、植树、种草、养畜、修地的基本任务目标，确定了全县近期农业综合开发的10项重点工程。我们期望通过上下的共同努力，走出一条符合离石实际、前景广阔的“两高一优”农业路子来，使全县农村很快富裕起来。

原载1993年11月20日《山西日报》

中共离石市委 离石市人民政府
关于进一步加快农村小康建设步伐的意见

离发〔1999〕1号

为了全面贯彻落实党的十五大和十五届三中全会精神，整体推进全市农村小康建设步伐，实现2002年全市基本达小康的目标，按照省、地农村小康建设要求，提出如下意见。

一、目前我市农村小康建设面临的形势、任务和应遵循的指导思想

改革开放以来，我市农村面貌发生了巨大变化，特别是以机修梯田为主要内容的温饱工程建设，为实现稳定脱贫达小康奠定了坚实的基础。市、乡两级从实际出发，按照分类指导、典型示范、梯次推进的工作思路，不断加大工作力度，取得了农村小康建设的初步成效。到1998年底，全市有三个乡（镇）的19个村的农民人均纯收入达到小康标准，城关镇通过上级验收达到了小康镇的标准。但是，同省、地的小康建设规划和兄弟县（市）小康建设进程相比，我市面临的形势十分严峻。主要表现在：一是贫困面大。全市15个乡（镇）中原有贫困乡（镇）9个，占60%；贫困村138个，占54.3%；贫困人口51728人，占38.3%。通过近几年集中力量、扶贫攻坚，到1998年底全市仍有两个乡（镇）没有实现整体脱贫，有1.19万农业人口没有摆脱贫困，占农村总人口的9%。二是缺乏有效的经济拉动，农民人均收入增长缓慢。1995年至1998年，全市农民人均纯收入由787元增长到1273.8元，年均净增163元，但人均收入与全区平均水平的差距，则由1995年的82元，扩大到1998年的239元。三是基础设施严重滞后。集中表现在农业生产条件恶劣，生产力水平低而不稳，村镇建设基础落后，投资短缺，起步艰难，全面达小康的任务十分繁重。对此，全市各级领导要有一个清醒的认识，切实增强责任感和紧迫感，真正把小康建设作为全面振兴农村经济，促进两个文明建设的重要步骤，统一思想，强化领导，克服困难，加大工作力度，千方百计把我市农村小康建设推到一个新阶段。

当前和今后五年，我市农村小康建设的指导思想是：以党的十五大和十五届三中全会精神为指导，围绕增加农民收入，积极发展农村主导产业，加快农业产业化进程；围绕农村两个文明建设目标，加快村镇建设步伐，推动农村经济社会全面进步，力争到2002年全市基本实现小康目标。

围绕上述指导思想，市乡两级在指导小康建设的实际工作中，要注意把握好以下几点：一是统一思想，提高认识，以小康建设总揽农村工作全局。要把小康建设和扶贫攻坚作为一个整体，树立抓扶贫攻坚不抓小康建设，扶贫攻坚就没有方向，抓小康建设不抓扶贫攻坚，小康建设就没有基础的思想，自觉地把扶贫攻坚同小康建设结合起来，做到整体规划，同步推进。二是突出增加农民收入和农产品有效供给两个目标，坚持资源导向与市场导向相结合的原则，大力发展区域性主导产业，依托主导产业引导农民进入市场，推动农村小康建设。三是加强分类指导，实行分层次推进。经济较发达乡（镇）要加大帮带力度，加速整体达小康；经济一般的乡（镇）要突出搞好社会化服务，解决大多数人致富达小康的问题；经济较差的乡（镇）要集中精力加大扶贫攻坚力度，为达小康打好基础。四是以村镇建设推动农村全面发展，从村镇规划入手因势利导，抓规划促发展，正确处理好村镇建设与经济建设的关系，以村镇建设推动农村各项事业的发展。五是以村为基点，以人口为基础，扎扎实实建设合格小康村。六是要强化领导，改进作风，明确责任，严格奖惩，确保小康目标如期实现。

二、小康标准和考核要求

（一）小康标准

1. 物质生活比较富裕——农民人均纯收入按 1990 年不变价计算，达到 1100 元。

2. 精神生活比较充实——农民文化用品及文化生活服务支出，占到消费总支出的 15% 以上，基本普及九年制义务教育，农村劳动力受教育程度平均达到 8 年；社会风尚良好，人们的思想健康向上。

3. 居住环境改善——农村人均住房面积达到 16 平方米，做到实用、舒适、美观；实现村镇绿化、美化和街道整洁。

4. 健康水平提高——农村享受基本的医疗保健，人口平均寿命达到 70 岁。

5. 基础设施和公益事业发展——行政村全部通车、通电、通邮、通电话；社会福利事业较健全，每个乡（镇）都有敬老院，农村“五保户”供养得到保障。

6. 社会治安良好——农村基本控制重大刑事案件发生，人民安居乐业。

（二）考核要求

1. 户——要达到小康水平的人均收入、住房标准，不违反计划生育政策，遵纪守法。

2. 村——80% 以上的户达到小康标准，未达小康的户要达到温饱标准，教育、卫生等公益设施完备；基础设施达到通路、通电、通电话，能够解决人畜吃水问题。

3. 乡（镇）——75% 以上的村或 80% 的人口达到小康标准，其余要稳定实现温饱，乡（镇）教育、卫生、邮电等设施完善。

小康验收实行统一标准，分级验收。小康户由乡（镇）验收，报市备案；小康村由市组织验收，报地区核准。小康乡（镇）由地、市组织验收，报省核准。具体验收工作由地市、农村小康建设领导组办公室负责实施。

三、全市达小康的总体目标及具体规划

（一）总体目标

鉴于我市贫困面大的实际，根据省委扶贫攻坚和地区小康建设的要求，全市小康建设的总体目标是：到本世纪末 50% 的乡（镇）达小康，100% 的乡（镇）整体脱贫，2002 年全市基本达小康，2003 年全市实现小康目标。

（二）对乡（镇）的规划

按照分类指导、典型示范、梯次推进的工作思路，将全市15个乡（镇），按经济、社会发展程度和区域特点，分批建成小康乡（镇）。城关镇1998年已达小康标准。交口镇、田家会镇、红眼川乡1999年达小康；信义镇、西属巴镇、王家沟乡2000年达小康；吴城镇、王营庄乡、小神头乡2001年达小康；阳坡乡、枣林乡2002年达小康；坪头乡、枣琉乡、结绳墕乡2003年达小康。

（三）对村的规划

1998年底已达小康的村（19个）

城关镇：七里滩村、前瓦窑坡村、城内村、东关村、南关村、大土河村、潘家沟村、上水西村、下水西村、袁家庄村、马茂庄村、凤山底村、西崖底村、段家坪村、王文庄村、徐家沟村。

红眼川乡：红眼川村、新崖上村。

田家会镇：上楼桥村。

1999年达小康的村（78个）

城关镇（12个）：张家庄村、圪塔上村、乔家沟村、杨家掌村、后瓦窑坡村、王家庄村、下安村、大中局村、前王家坡村、后王家坡村、刘家湾村、铨则墕村。

田家会镇（13个）：车家湾村、苏家村、田家会村、盘龙塔村、高崖湾村、沙会则村、吉家村、前马家村、后马家村、下楼桥村、义居村、五里铺村、长生村。

交口镇（13个）：交口村、高家沟村、石盘村、乔家塔村、枣架村、歧则沟村、贺家塔村、王家塔村、渠家山村、高家掌村、贺家山村、杜家山村、白龙塔村。

西属巴镇（8个）：上安村、茂塔沟村、茂塔坪村、东属巴村、霜雾都村、盛底村、留子局村、西属巴村。

信义镇（7个）：信义村、严村、阳石村、背石村、后石村、永红村、砖窑沟村。

吴城镇（4个）：街上村、马成社村、黄芦沟村、薛公沟村。

红眼川乡（7个）：霍家坡村、新舍科村、西山里村、贾北里村、车家梁村、水峪里村、唐则墕村。

王家沟乡（3个）：沙麻沟村、苏家崖村、李家沟村。

王营庄乡（2个）：兔坪村、下王营庄村。

阳坡乡（1个）：任家沟村。

小神头乡（2个）：西华镇村、采树沟村。

枣琉乡（1个）：小西局村。

枣林乡（2个）：陈家庄村、马家塔村。

坪头乡（3个）：李家山村、赵家山村、鹏风山村。

2000年达小康的村（57个）

城关镇（4个）：刘家庄村、前赵家庄村、后赵家庄村、崔家崖村。

田家会镇（2个）：界峁村、穆问村。

交口镇（3个）：芦则峁村、葫芦把村、梁家塌村。

西属巴镇（12个）：缩缩岭村、袁家岭村、炭窑里村、瓦窑涧村、高岭上村、畔沟村、许家山村、米化梁村、盛底沟村、高梨峁村、石门咀村、中则坪村。

信义镇（5个）：袁家山村、王村、德岗村、回龙塔村、峪元村。

吴城镇（6个）：黄巷沟村、上三交村、王家沟村、王治庄村、石槽沟村、沟门上村。

王家沟乡（6个）：王家沟村、王家山村、娘娘庙村、长大局村、青蒿塌村、白草塌村。

王营庄乡（3个）：上王营庄村、油坊坪村、下四皓村。

阳坡乡（1个）：东红村。

小神头乡（3个）：康家岭村、吴家庄村、千年里村。

红眼川乡（2个）：殷家山村、寺头村。

枣林乡（3个）：梁家岔村、十里树、山底沟村。

枣琉乡（2个）：崇里村、大西局村。

坪头村（3个）：磁窑沟村、寺沟村、杨树岭村。

结绳塌乡（2个）：江家山村、山塌村。

2001年达小康的村（46个）

城关镇（3个）：卧牛塌村、牛家山村、翟家窑村。

田家会镇（1个）：北圪垛村。

西属巴镇（4个）：张家塌村、宋家湾村、上则塌村、横梁村。

信义镇（2个）：新建村、张家坡村。

吴城镇(7个)：李家湾村、上丰村、下丰村、李家沟村、上罗卜村、下罗卜村、九里湾村。

王家沟乡（2个）：大峁上村、陈家塌村。

王营庄乡（4个）：任家塔村、北遮沟村、上四皓村、洞沟村。

阳坡乡（2个）：贾梧村、丰义村。

小神头乡（5个）：小神头村、马寨村、归化村、新山湾村、桑湾村。

枣林乡（5个）：红花坪村、石桥村、陶家庄村、枣林村、闫家峁村。

枣琉乡（3个）：西圳村、薛家坡村、长龙山村。

坪头乡（5个）：呼家山村、樊包头村、碗圪台村、岳家山村、闫家坡村。

结绳塌乡（3个）：结绳塌村、白家峁村、石柜沟村。

2002年达小康的村（33个）

西属巴镇（1个）：大中局村。

吴城镇（4个）：下三交村、陈家塔村、新隆村、于家沟村。

王营庄乡（2个）：庄里村、圪垛里村。

阳坡乡（4个）：马家沟村、磨湾村、高家庄村、岔上村。

小神头乡（2个）：崖窑湾村、塔则沟村。

枣林乡（6个）：张家山村、贺家畔村、薛家畔村、前峁村、龙尾峁村、彩树局村。

枣琮乡（4个）：卧龙墕村、蒿圪埮村、枣琮村、柏局上村。

坪头乡（5个）：坪头村、东社村、后庄村、池家峁村、马青局村。

结绳墕乡（5个）：椿树峁村、朴牛岭村、柳树局村、袁家坡底村、兴隆墕村。

2003年达小康的村（21个）

枣林乡（3个）：刘家舍科村、陈家山村、水局村。

枣琮乡（6个）：垣上村、段家墕村、垣则村、俭崖局村、玉家峁村、孙家峁村。

坪头乡（6个）：年跃塔村、墕口村、南庄村、虎山村、凤凰峁村、雒家庄村。

结绳墕乡（6个）：彩家庄村、三山集村、任家山村、场墕村、霍家塔村、孙家峁村。

全市到2003年底达不到小康标准的人口，按1990年不变价计算，必须达到稳定脱贫标准。

四、加快农村小康建设的基本途径和主要措施

（一）基本途径

1. 着眼于农产品稳定增产和农民收入稳定增加两大目标，积极培育主导产业，推进全市农业产业化。今后五年，全市要根据市场需求，依托区域优势，继续抓好粮、果、菜、畜四大基础农业的区域化布局和规模化生产。建立一批市场容量大、效益高的“效益型”主导产业。种植业方面，要大力发展“两高一优”农业，突出地膜覆盖玉米战略，今年要认真组织实施好7万亩地膜覆盖玉米。到2003年，全市玉米种植面积要达到10万亩以上。农民人均从种植业中增加300—500元的收入。林果业方面，要重点组织实施好西山红枣林带、东山核桃林带建设，今年要高标准完成新增4000亩核桃林和5000亩红枣林的任务，到2003年，全市红枣和核桃林面积分别达到10万亩以上，要通过稳权发证，强化管理，不断提高经济效益，力争在盛果期全市红枣和核桃产量分别达到5000万公斤以上。同时要通过组织实施造林绿化工程，不断增加全市有效存林面积、林木蓄积量和森林覆盖率。力争到2003年，全市发展木材林面积累计达到30万亩，真正使林果业的发展成为全市农民脱贫致富达小康的“绿色银行”。畜牧业方面，要以规模养殖为主，重点发展快速养猪和笼养鸡。突出发展草食型、草粮型畜禽业，改良畜禽品种，提高饲养效益。力争到2003年全市生猪饲养量达12万头，笼养鸡达到100万只，肉、蛋、奶产量分别达到500万公斤、500万公斤和50万公斤。农民人均从畜牧业中增收260元以上。蔬菜生产方面，要以信义镇、西属巴镇为重点，扩大种植面积，优化品种结构，增加科技含量，在水肥配套、品种选择、田间管理上下功夫，力争到2003年，全市蔬菜种植面积达到1万亩，其中西属巴镇达到5000亩，信义镇达到3000亩。全市发展日光节能温室1000栋，其中西属巴镇700栋，信义镇300栋。蔬菜总产量突破亿斤大关，真正使蔬菜成为全市农业的支柱产业，成为农民增收的稳定渠道。

搞好市场流通是推进农业产业化发展，增加农民收入的重要内容和主要条件之一。各乡（镇）、市直各有关部门，要结合实际，有针对性地发展各类专业合作社，为推进农副产品进入市场搞好服务。要积极扶持农村中介组织，大力培养农村经纪人队伍，提高农民进入市场的组织化程度，主动适应农村专业化生产的客观需要。

2. 加快乡镇企业发展步伐，推动农村工业化。着眼于农业产业化发展的需要，加快我市乡镇企业发展，重要的是深化乡镇企业改革，放手让群众从实际出发探索和选择企业的经营方式和组织形式，促进体制转变。今后几年，全市要围绕主导产业，采取多种形式的投资办法，千方百计发展一批增值快、效益高、辐射面广、带动性强的龙头企业。在继续巩固和提高现有煤焦企业的同时，积极适应农业产业化经营需要，着重发展农副产品加工业和储藏、保鲜。一是以红枣为主料的红枣系列产品加工；二是以葵花为主料的精炼油加工；三是以玉米、山药等大宗农副产品为主料的淀粉系列加工和饲料加工。要结合整个工业结构调整，加强技术改造和企业管理，提高产品质量，增强竞争能力。要引导“龙头企业”同农民形成合理的利益关系，使农民与贸工企业结成利益共同体，风险共担，利益共享，兴衰与共，共同发展。要充分利用现有的农产品加工、销售企业，通过挖潜、革新、改造，使之真正发挥“龙头”效应。全市乡镇企业到2003年总产值达到18亿元，为农民提供的人均纯收入由1998年的735元增加到1100元以上。

3. 着眼于带动农村经济和社会的全面发展，加快村镇建设速度，推动农村城镇化。村镇建设作为农村小康建设中的一个基本内容，对于带动农村经济和社会全面发展具有十分重要意义。今后五年，我市要以村镇建设为突破口，完善建设一批市场功能较为齐全的中心集镇和重要村镇，通过村镇建设，构造乡村产业化载体，转移农村富余劳力，促进农村市场经济的发展。要把小集镇建设与小康新村建设有机地结合起来，科学规划、合理布局、统一组织、综合开发，逐步把我市农村建设成为政治、经济、文化、科学、信息、商贸、服务的中心，以此来牵动全市农村两个文明建设的健康发展，为推动农村城镇化、城乡一体化步伐创造良好的条件。

（二）主要措施

1. 落实农村基本政策，进一步深化农村改革

保持党在农村的基本政策长期稳定，是保持农业增产、农民增收和农村社会经济全面发展的关键所在，是农村改革、发展、稳定的客观要求和广大农民群众的迫切愿望，也是农村稳定脱贫达小康的根本保证。按照中央要求，今后几年要重点稳定和落实好三项基本

政策：一是长期稳定以家庭承包经营为基础，统分结合的双层经营体制，关键是稳定完善土地承包关系，要坚定不移地贯彻土地承包期再延长30年的政策，并严格按确保农村土地承包关系长期稳定的法律法规办事，赋予农民长期而有保障的土地使用权。在此基础上，逐步建立和完善合理有序的土地流转制度。二是落实好减轻农民负担的政策，要严格按照中央关于减轻农民负担的有关规定和要求，采取一切行之有效的措施，把农民负担的各项支出严格控制在上年人均纯收入的5%之内。要切实加强监督管理工作，严肃查处农民负担恶性案件，要不断改革和规范农村税费制度，探索减轻农民负担的治本之策。三是要落实好按保护价收购农民余粮的政策，做到不拒收、不压级压价、不打白条、敞开收购。

深化农村改革，要继续坚持以公有制为主体，多种所有制经济共同发展的基本制度，大力发展农村股份合作制和个体私营经济，为农村经济注入新的活力；要进一步健全和培育农村市场体系，在农产品集中产区和销区建立批发市场，积极改造集贸市场，逐步建设一批农村商业街和商业小区；要大力发展农村社区第三产业，加快小城镇建设步伐，推动农村城镇化，城乡一体化进程；要千方百计净化农村投资环境，加大招商引资力度；要通过实施名、优、土特产品战略，不断扩大国内外市场，提高农业经济效益，加快农村达小康步伐。

2. 推进农村科技进步，实施科教兴农战略

加快农村小康建设步伐，必须把农业和农业经济发展转移到依靠科技进步和提高劳动者素质的轨道上来。当前和今后几年要重点抓好五方面的工作：一是通过建立条块结合，双层管理的运行机制，建立和完善市、乡、村三级科技服务推广体系，稳定队伍，加强管理，提高技术服务质量；二是要及推进农科教结合，广泛开展农业实用技术的推广培训。每年要通过各种形式培训农民3万人次，使每个农村劳动力至少掌握一至两项实用技术。同时要扩大技术推广面积，力争到2003年全市科技含量高的面积达到15万亩；三是要积极鼓励扶持农业科技部门到农村创办“公司＋农户”的经济实体，鼓励农业科技人员深入农村开展技术师范，技术承包等活动；四要成立“离石市科技专家顾问团”，聘请全国农业科研单位和大专院校的专家，组成顾问团，为我市进行重大科研决策提供咨询服务；五要积极吸引科研、教学单位来我市开发推广农业新技术，发展高新技术农业产业。此外，要加大科技投入力度，真正提高科技在农业增产中的贡献率。

3. 加大扶贫攻坚力度，推进农村小康建设

一是稳定解决贫困村农民脱贫，必须牢固树立脱贫主体意识，激活自身活力，变“要我脱贫”为“我要脱贫”。二是要加大社会扶贫力度，继续搞好机关包村，专人蹲点，党员联户“三位一体”的扶贫工作。调动和发挥各方面的积极因素，大力开展社会扶贫活动。三是要继续加大投资力度，搞好基本农田和基础设施建设，不断改善农业生产条件，增强农业综合生产能力。四是要调整扶贫方式，突出扶贫主体，统筹安排好各类扶贫资金，提

高扶贫资金的使用效益。五是要加大脱贫成果的巩固力度，严密监测返贫现象，及时制定有效对策，采取得力措施，确保整体脱贫成果，推进农村小康建设的健康发展。

4. 切实加强农村基层组织建设，充分发挥村级组织在小康建设中的整体功能

农村达小康，班子是关键。以党支部为核心的村级基层组织建设是农村小康建设的基础工程，是加快小康建设步伐的组织保证。全市要严格按照中央提出的农村基层组织建设的“五个一”要求。坚持政治坚强，作风过硬，敢闯市场，能办实事的原则，把农村基层组织建设提高到一个新的水平。

5. 全面加强农村精神文明建设

实现小康，经济发展是基础，精神文明是保障。在小康建设中，全市要坚持“物质与精神同富，文化与经济共荣”的指导思想，坚持做到“两手抓，两手都要硬”，把农村精神文明建设抓紧抓好，抓出成效。一是以创建“文明户”“文明村镇”为主要形式，广泛开展对全市农民的爱国主义、集体主义和社会主义教育，开展党的基本路线和方针政策教育，开展社会公德，家庭美德等教育，使全市农民的思想境界有一个大的提高。二是要以建设一村一条文明街，一村一条文明路，一村一所标准化学校，一村一所卫生所，一村一个活动室为突破，加快农村基础设施建设步伐。三是要狠抓教育卫生工作。具体要求是农村学校到2003年全部实现“一无两有三配套”，农民初级卫生保健率达到90%以上。四是要认真贯彻计划生育工作“三为主”方针，深入开展“五清五建”工作，力争五年内全市人口自然增长率控制在10‰以内。同时要健全农村社会养老保险制度，解决群众的后顾之忧。五是严格村务公开制度，加强“两议会”制度建设，调动农民群众当家做主，民主自治的积极性。六是要加强社会治安综合治理，实现农村长治久安。全市广大农民群众要立足群防群治，加强自我防范意识，彻底根治黄、赌、毒、封建迷信四大公害，严厉打击各类违法犯罪活动，为农村的改革发展创造一个良好的社会环境。

6. 切实加强对农村小康建设的领导，建立健全目标责任制

农村达小康农民是主体，领导是关键。在小康建设中要严格实行市、乡、村三级一把手负责制，主要领导要亲自组织部署，把小康建设真正放在突出位置，紧紧抓在手上，各乡（镇）、行政村要按照市委总体规划，切实抓好落实，每年由乡镇主要领导向市委、政府直接交账，对因工作不力，人为造成小康目标不能如期实现的乡镇书记、乡镇长就地免职。二要强化班子，精干队伍，进一步充实和调整小康建设领导机构。市委决定成立由分管副书记任组长，分管副市长任常务副组长，市直有关职能部门负责人为成员的农村小康建设领导组。市委要求各乡（镇）也要成立相应的领导机构，切实做到机构健全，领导重视，责任明确，运转高效。三要认真落实各级领导及包村单位包乡、包村目标责任制，市乡两级班子每位成员都要抓好两个点，一个是高标准小康富裕村，一个是脱贫致富村，不断创造经验，指导全面工作。

农村小康建设作为一项复杂的系统工程，必须引起全社会的普遍关心和高度重视，各级党政主要领导及有关部门负责人要进一步统一思想，提高认识，以高度的责任感和事业心务实创新，真抓实干，像抓扶贫攻坚一样，带着感情抓小康建设。市、乡两级要形成定期研究小康建设的制度，及时总结经验，扬长避短，指导全句；市委、市政府至少每半年要集中研究一次农村小康建设工作，每年要召开一次小康建设工作会议，要求各乡（镇）要每季研究一次，每次研究都要明确主题，真正解决存在问题，达到推动工作之目的。市、乡两级要认真组织好农村小康建设攻坚战，按照既定目标，逐项实现，逐级交账，对实现小康的村镇，按照地对乡（镇）、市对村的程序严格考核，及时验收，挂牌命名，要积极开展小康竞赛活动，确保全市农村到2003年实现小康目标。

1999年2月26日

中共离石市委 离石市人民政府
关于进一步加快发展乡镇企业的实施意见

离发〔1999〕6号

为了认真贯彻落实党的十五大和十五届三中全会精神，进一步推进我市乡镇企业持续、快速、健康发展，再创我市乡镇企业新优势，按照我市实施区域性中心城市主体战略的部署，现提出乡镇企业改革与发展的实施意见。

一、发展乡镇企业是实现农民稳定脱贫、农村经济稳步发展的一项重大战略抉择

（1）党的十一届三中全会以来，特别是1992年以来，我市乡镇企业年均以76.23%的速度递增，1998年营业收入达到7.59亿元，增加值达到1.79亿元，上缴税金达到2275万元，占全市财政总收入的34.9%，为农民提供人均纯收入680元，占到全市农民人均纯收入的70%，乡镇企业从业人员已发展到13891人。目前，全市农村社会增加值的24.5%、工业增加值净增量的64.1%、财政收入净增量的34.9%都来自乡镇企业。

上述情况表明，乡镇企业已成为我市农村经济的主体和国民经济的一大重要支柱，在建设富裕、繁荣的社会主义新农村中做出了重大贡献，在提高全市综合经济实力、保障社会稳定等方面发挥了极其重要的作用。全市上下一定要统一认识，高度重视，全力支持，促进乡镇企业快速、高效、健康的发展。

（2）实现“三步走”的跨世纪战略目标，乡镇企业肩负着历史的重任，必须加快发展。今后五年乡镇企业要力争20%的速度增长，到2002年总产值计划达到16亿元，营业收入达到15.5亿元，增加值达到3.38亿元，上缴税金达到6200万元，为农民提供人均纯收入1200元。这样，全市农村将有50%以上的劳动力从事以乡镇企业为主的非农产业，将有70%的农民人均纯收入来自乡镇企业，这将是一个历史性的进步。

（3）为实现上述目标，全市乡镇企业今后改革与发展的指导思想是：以党的十五大和十五届三中全会精神为指针，认真贯彻实施《乡镇企业法》，紧紧围绕实施区域性中心城市主体战略的战略目标、战略重点、战略方向，抓住煤焦、建材、农副产品加工三大支柱产业，按照“积极扶持、合理规划、分类指导、依法管理”的发展要求，深化企业改革，扩大对外开放，调整优化结构，完善管理机制，促进乡镇企业上档次、上质量、上台阶。

（4）依据《乡镇企业法》的规定，切实加强对乡镇企业的管理。

①乡镇企业的基本含义。乡镇企业是指农村集体经济组织或者农民投资为主，在乡镇（包括所辖村）举办的承担支援农业义务的工业企业、建筑业企业、商业企业、交通运输业、饮食服务业等各类企业。具体包括乡（镇）办企业、村（村民小组）办企业、联户（股份、合作、合伙）办企业、户（个体、私营）办企业。

②严格乡镇企业的管理权限。市乡镇企业管理局负责全市乡镇企业的规划、协调、监督、管理、服务工作，负责对乡镇企业管理费的收取和使用。

乡镇企业的审批、设立、年检、变更和终止，要严格按照《乡镇企业法》规定履行相关手续。凡新建、技改或扩建的乡镇企业，经乡（镇）人民政府审核后，报请市乡镇企业管理局和市有关部门批准，持有关文件在工商行政管理部门办理营业执照后，一月内到市乡镇企业管理局办理登记备案手续。

③加强乡镇企业财务、统计管理。乡镇企业要建立健全财务、统计管理制度，配备专职人员，按规定向企业主管部门报送财务、统计报表，乡镇企业管理局要加强对乡镇企业的审计、统计检查监督工作，不得续保、瞒报、拒报、迟报，不得伪造、篡改，一经发现，要按有关规定进行处理。

二、遵循市场经济规律，加大改革力度，创建新的机制

（5）以明晰产权为核心，积极推进乡镇企业改革。改革要从实际出发，尊重群众在实践中的首创精神，积极引导，民主决策，不搞行政命令，不搞“一刀切”。产权制度改革的重点是乡、村两级集体企业。对规模较大、效益较好的骨干企业，要引导其以资产为纽带，通过控股、参股等形式实行改组、兼并，组建有限责任公司、股份有限公司和企业集团。对一般的中小企业进行股份合作制改造，可采取劳动者联合和资产联合有机结合，界定产权，吸纳新股，改造为政企分开、独立经营的股份合作制企业。企业职工可以自愿入股，入股形式可以是资金、技术，也可以是设备、实物等，已实行股份合作制的，可提倡采取增量扩股或现金购股的办法，扩大企业规模。改组过程中，任何部门和单位都不得平调集体资产，不得将企业存量资产所有权无偿量化给个人。改组后的企业，不论以何种方式经营，任何部门不得以行业归口管理为名，划走或平调乡镇企业，不得随意改变其所有制性质，不得侵犯乡镇企业的合法权益。

（6）对微利、亏损的小型乡镇企业可一次性拍卖，也可转让、出租、托管，鼓励先售后股，发展新型集体经济。

（7）对联户、个体私营企业要引导联合，走股份合作制的道路。

（8）乡镇企业行政主管部门直属的履行政策性收费职能公司，可采取分离改制的办法：一是收回其行政性收费职能，二是进行委托性收费。

（9）今后乡（镇）、村集体兴办企业主要以股份合作制或私营企业为主。

三、调整优化产业产品结构，推进乡镇企业上档升级

（10）调整优化产业产品结构是全市经济发展的出路所在。目前，全市以煤焦业为主的乡镇企业在整个国民经济产业结构中，有畸重的倾向。产业结构单一，容易受市场牵制和受制于外部环境，对全市的经济发展极为不利。因此，必须花大力气进行调整和优化。首先，要培育主导产业，对煤炭、炼焦、建材等企业要进行行业性、规模性技术改造，提高装备水平，提高企业素质，逐步使企业升级，产品换代。其次，实施名牌战略，适应市场竞争的需求，努力创一批名牌产品。第三，要充分利用我市的区位优势，加速发展饮食服务业、交通运输业等第三产业。第四，执行国家产业政策，实施可持续发展战略，坚决关闭小炼焦等污染严重的企业。

（11）发展农副产品加工业，推动农业产业化是乡镇企业结构调整和发展新的支柱产业的战略重点。今后新上项目，要重点放在农副产品加工上。着重抓好农副产品基地、保鲜、储藏、包装等加工企业的建设，形成市场牵龙头、龙头带基地、基地连农户，农工商一体化、产加销一条龙的经济产业链，使农民和企业建立稳定的经济联系，形成利益共同体，提高农副产品加工业增长速度，促进农村工业化、农业产业化进程。

（12）实施科技兴企战略，推广技术进步，提高科技含量。要遵循高科技含量、高市场容量、高素质人才的思路，积极引进和推广先进的适用技术，主动与大专院校、科研单位联合，发展科、工、贸一体化经营。今后乡镇企业新增投入的80%要用于发展科技含量高的项目和企业技术改造上，大力鼓励乡镇企业创优、创汇、创新。

四、扩大对外开放，发展外向型经济

（13）我市乡镇企业要有大的发展，必须加入大外经、大外贸的行列，积极进行招商活动，引进资金、技术、人才。对效益好、创汇多的乡镇企业，要在信贷、人才、技术等方面给予重点扶持，对符合条件的乡镇企业，要积极帮助申报，争取自营出口权。要抓住国家产业政策向中西部倾斜的机遇，充分利用我市的资源优势，开展东西合作、南北合作，采取走出去，请进来的办法，每年组织一次乡村领导干部和企业家到东南发达地区考察合作项目，寻求合作伙伴。同开可采取挂职、任职和实习培训的形式，把我市的乡镇企业干部送到东南发达地区取经探宝。

五、拓宽筹资渠道，培育资本市场

（14）资金短缺是制约全市乡镇企业发展的主要因素。因此，乡镇企业首先要重视自身积累，完善自我积累机制，企业税后利润主要用于扩大再生产，严格控制消费基金过快增长。要鼓励农民通过集资入股、合资、合作、合伙、以资代劳或以劳代资等形式，广开筹资渠道。各银行、信用社要按照“区别对待、择优扶持、效益优先”的原则，把企业上缴税金和贷款结合起来，积极支持乡镇企业的发展，逐步增加信贷规模。

（15）按照《乡镇企业法》规定，通过下列渠道设立乡镇企业发展基金。①政府拨付的用于乡镇企业发展的周转；②煤炭能源基金中按政策规定用于乡镇企业的部分；③镇企业每年上缴地方税收新增长部分的20%；④乡镇企业、社会团体、农民自愿提供的资金；⑤基金运用产生的收益。同时，市财政支农周转金、扶贫资金、出口基地建设基金以及技改资金都要按照有关政策规定用于发展乡镇企业。

六、提供优惠政策，为乡镇企业发展创造宽松环境

（16）在国家规定的范围内，凡在我市投资兴办的合资合作企业，除享受国家规定的优惠政策外，所得税减半返还。年纳税50万元以上的，给予企业法人代表3000—10000元的奖励，同时向省地推荐进行表彰。凡外地工程技术人员引进技术和项目，帮助我市乡镇企业推广新工艺、新技术、开发新产品，进行技术改造的，除进行高薪聘请或允许技术入股外，可以优惠、优先安排安居工程住宅和子女上学，并从企业获利之日算起按新增利润的10%分利。凡利用各种渠道，为我市乡镇企业发展引进资金者，使用期限在一年以上，资金利率相当于银行贷款利率的，按引进资金实际金额的3%—5%给予奖励。高于银行贷款利率在10%以内的，按引进资金额的1%—2%给予奖励，奖金由受益单位或企业列支。

（17）本市党政机关、事业单位的在职干部可以留职带薪领办、帮办乡镇企业，三年内保留原有身份，享受一切待遇，三年后继续从事乡镇企业工作的，按留职停薪办理，原有身份不变。如愿回原单位工作，仍可重新安排。一般工作人员由单位批准，市人事局备案，副科级以上干部由组织部批准。凡领办、帮办乡镇企业效益明显的，在企业当年新增税源所得税中提出10%返还企业法人代表，用于奖励有关人员。以乡镇企业年纳税10万元为基数，凡纳税较上年增长10%的企业，可按新增税额的3%—5%计提，对法人代表给予奖励。大、中专毕业生到乡镇企业工作，可以列入指导性分配计划，不占编制，乡镇局管理，保留国家干部的身份，取消见习期。对于表现好的工资上浮一至两级，三年后转为档案工资。对有突出贡献者，可经市乡镇局推荐，按组织程序给予提拔重用。

（18）凡年纳税达10万元以上的乡镇企业，实行封闭式管理，切实减轻企业的负担，为乡镇企业发展创造宽松环境。

（19）积极支持和鼓励个体私营经济发展。个体私营经济是一个旺盛的经济增长点，应放心、放胆、放手地去发展。坚持以公有制为主体，多种所有制经济共同发展的原则，放宽经营范围和经营方式，简化申办手续，真正推动我市个体私营经济快速发展。具体优惠政策，按市委离发〔1998〕27号文件执行。

七、加强领导，搞好服务，强化管理

（20）为了理顺关系、协调发展，市委、市政府决定成立乡镇企业协调领导组，领导组每月召开一次调度会，研究解决乡镇企业发展中出现的资金、技术、销售等具体问题。

（21）实行乡镇企业特派员制度。从1999年起，在城关、交口、田家会、西属巴、红眼川、王家沟6个乡（镇）各配备乡镇企业特派员一名，享受副科或正科级待遇，特派员全部实行聘任制。聘任特派员年龄可放宽到60周岁以下，须懂经济管理，具有丰富的企业管理经验。每年年终对特派员以企业总产值、营业收入、增加值、上缴税金、上缴管理费5项指标进行综合考核，依据考核结果确定下一年度继续聘任或解聘。乡（镇）仍实行企业管理员制度，企业管理员受市乡镇局和乡（镇）政府双重领导，进行责任制标准考核。按照工作成绩，以绩计酬，工资由市乡镇局统一发放，经费从企业管理费中列支，按照择优录用的原则，逐步将乡镇企业管理员转为聘任制干部。

（22）培养造就一批乡镇企业家队伍。全市经济要上新台阶，乡镇企业家是中坚力量，今后市委、市政府要通过支持、提高、扶持、培养的办法来支持和关心乡镇企业家，对那些富有改革创新精神，贡献突出的企业家在政治上给予关心，优秀的可安排到市直机关、乡（镇）政府、村委担任领导职务。

（23）各有关部门要提高认识，形成合力，支持乡镇企业的发展。市计委要把乡镇企业纳入国民经济和社会发展的总体规划，制定政策措施，加大扶持力度；科委、教育、人事部门要积极为乡镇企业提供人才、技术、信息服务；土地、环保部门要帮助乡镇企业解决好节约用地、污染治理等问题；财税部门要落实好对乡镇企业的优惠政策，“放水养鱼”，培植财源；工商部门要放开、放活乡镇企业的经营项目，在企业登记等方面提供方便；政法、审计等部门要维护企业依法经营，保护企业的合法权益。

1999年1月26日

中共离石市委关于进一步推进依法治市的决定

离发〔2000〕21号

为了贯彻党的十五大和九届全国人大二次会议确立的“依法治国，建设社会主义法制国家”的基本方略，落实山西省委《关于进一步推进依法治省的决定》，和吕梁地委《关于进一步加强依法治区工作的实施意见》，全面深化依法治市推进我市民主法制建设，特作如下决定：

一、依法治市的总体要求和基本目标

依法治市的总体要求是：高举邓小平理论的伟大旗帜，以党的十五大精神为指针，依照宪法和法律的规定，通过各种形式和途径管理国家事务，管理经济文化事业，管理社会事务，保证各项工作依法进行，做到有法可依，有法必依，执法必严，违法必究，逐步实现社会主义民主的制度化，法律化，逐步实现依法决策，依法行政，依法管理，依法办事，依法保障公民、法人和其他组织的合法权益，依法维护社会秩序的稳定，依法保障、规范和引导经济建设的健康发展。

到2010年，依法治市工作的基本目标是：形成符合我市实际，与社会主义市场经济发展相适应，与法律法规和规章相配套的规范性文件体系，建立健全各种规章制度；全市各乡（镇）、机关、厂矿、学校、企事业单位民主决策，依法办事，依法行政，公正执法，依法经营管理的水平明显提高；全市公民的法律意识和法制观念明显增强，具备明显的、较强的民主意识和参政议政意识，能够运用法律维护自身的合法权益，养成依法办事的良好习惯；各方面各层次的依法治理和规范化管理深入发展；全社会基本形成学法、守法、用法、护法的良好风气；监督机制基本健全、各类监督机构发挥作用好。全市政治稳定，经济发展；各个方面的工作在法制轨道上健康发展。

二、突出重点，抓住关键，全面推进依法治市

（一）加强法制宣传教育，提高全市公民的法律素质

1. 法制宣传教育是依法治市的基础性工作。全市各乡（镇）、各部门要加强领导，强化措施，采取多种形式，通过多种渠道，大力开展法制宣传教育，使全市公民更好地知法、懂法、守法、依法办事，善于运用法律维护自身的合法权益，敢于同违法行为作斗争。

2. 抓好领导干部学法用法。各级领导干部，尤其是市委中心组，四大班子领导干部要带头学法用法，要制定学法计划。各级各类干部要认真做好学法笔记，要求副科级以上干部每年至少有一万字以上的学法笔记，一般干部至少八千字以上。从2000年起组织、人事部门和依法治市办公室共同负责在全市范围内实行干部普法合格证制度，把学法用法作为考核干部的一项重要内容，对不具备履行职务所需法律素质的干部不予提拔和任用，并使之成为干部考核任命的必经程序。

3. 加强法制教育阵地建设。要充分利用市、乡、村法制学校，举办普法培训班，真正发挥普法骨干的作用，使我市的普法宣传向阵地化、教育化发展。石州电视台要充分发挥宣传引导、舆论监督的作用，巩固提高法制栏目并根据需求适时开辟新的栏目，不断深化“三五”普法教育。

4. 坚持不懈地抓好青少年的法制宣传教育。教育部门和各级各类学校要把法制教育纳入教育教学规划，要保证做到法制教育有大纲，学习有教材，上课有教师，课时有保证。要继续开展“未来灵魂工程”系列活动，并在全市范围内推行中、小学聘请法律专业人员兼任副校长的做法。努力提高青少年的法律素质，为实现依法治国方略培养好接班人。

（二）坚持依法决策，严格依法行政

1. 依法决策，依法行政是依法治市的中心环节。各级党政干部依法决策，依法行政，依法管理，依法办事是依法治市的关键。各级党组织要严格在《宪法》和法律允许的范围内活动，维护法律的严肃性和权威性。各级政府及其所属部门要牢固树立依法行政观念，依照《宪法》和法律、法规赋予的行政管理职能，严格依法行政，保证执法行为公平、公正、公开，合法有效。

2. 普遍推行执法责任制，行政执法公示制，执法过错追究制和执法监督制。严格用制度规范执法主体，执法程序，落实执法责任，增强行政行为的公开性和透明度，促进依法行政和依法管理，逐步实现行政行为的规范化和经济、社会事务管理的法制化。

（三）严格依法办案，维护司法公正

公正司法是依法治市的关键环节，是惩治犯罪，保护人民，维护社会公正、安全、有序运行的重要保证。各级司法机关必须以事实为依据，以法律为准绳，公正司法，依法办案，依法惩处各种刑事犯罪和经济犯罪，惩处各种社会丑恶现象，严格监管和改造犯罪，依法调节经济关系，依法维护公民、法人和其它社会组织的合法权益，努力维护国家和社会稳定。要坚持严肃执法，严格遵守诉讼程序，完善公开审判制度和人民陪审员制度，力求审判工作规范化。要从落实审判公开，检务公开，政务公开入手，推进司法改革，逐步建立公开、公正、高效、廉洁的现代司法运行机制，改善司法活动，惩治司法腐败，要在司法机关普遍推行司法人员办案责任制度，错案追究制度和冤、错案赔偿制度，坚决克服执法不公，违法不究，贪赃枉法等现象，努力提高办案质量，各级党委、人大、政府要努力为司法机关创造良好的执法环境，保证司法机关依法独立、公正地行使审判权和检察权。

（四）树典型，抓示范，全面深化依法治理活动

1. 依法治理是依法治市的具体实践。要继续实施基层、行业、区域依法治理“三大工程”。坚持开展依法治理示范工程创建活动，各乡（镇）、各系统、各部门都要根据实际，确定不同类型的试点单位，通过培养取得经验和成效，总结推广。

2. 加强基层民主法制建设，要在广大农村和企业厂矿，建立和完善村务公开、厂务公开制度，不断扩大基层民主，基本实现“民主选举、民主决策、民主管理、民主监督”。认真贯彻落实《村民委员会组织法》，依法建制，以制治村，同时把依法治村的经验扩展到街道、厂、校、所、店，深入家庭。

3. 坚决贯彻“打防并举、标本兼治、重在治本”的方针，认真落实综合治理的各项措施，严厉打击各种违法犯罪活动，确保全市政治稳定和社会安定。

（五）加强执法队伍建设，改善法律服务，优化法制环境

1. 建设一支高素质的执法队伍是依法治市的组织保证。要坚持从严治警的方针，加强执法队伍的思想教育和法律政策教育，大力促进执法队伍勤政廉政建设。要加强对执法人员的业务培训，全面推行执法人员持证上岗制度，对不符合条件，经教育和培训仍达不到要求的人员要坚决调离执法岗位。要努力造就一支具有崇高的职业道德和敬业精神，忠于人民，忠于法律，精通法律，善于运用法律解决问题的执法队伍。

2. 加强法律服务工作是依法治市的客观需要。要建立健全法律服务网络，充分发挥律师、公证、仲裁、调解和基层法律服务机构及其工作者的作用，积极主动为政府部门、经济组织、社会团体和个人提供优质高效的法律服务。拓宽领域、深化改革、强化管理，建立符合社会主义市场经济要求的法律服务机制，规范法律服务市场行为，推动法律服务健康有序地发展。建立和完善法律援助机构和援助制度，促进社会保障原则的实现。

（六）完善执法监督机制，加大执法监督力度

1. 强化监督机制是依法治市的重要保证。要建立健全监督制约机制，充分发挥党内监督、法律监督、行政监督、民主监督、舆论监督的作用。要加强党内监督，保证贯彻党的方针政策与严格执法办事相统一。

2. 市、乡（镇）人大要进一步强化执法监督的主体意识，切实加强对各级政府、人民法院、人民检察院的法律监督和工作监督。各级政府、人民法院、人民检察院要向同级人大定期报告执法情况，对代表委员议审意见必须认真整改。要加强司法机关的司法监督，坚决纠正各种违法和滥用职权行为。

3. 进一步健全对政府部门和司法机关的工作评议制度，通过开展执法检查、工作评议、质询、提议案，特定问题的调查、视察等活动，支持和督促法律的正确实施。加强政府对所属部门和下级政府的行政监督，完善行政复议制度和规范性文件备案制度，及时纠正、严格查处各种违法行政行为，确保依法行政。同时还要充分发挥政协的民主监督、新闻媒介的舆论监督和人民群众日常监督作用。

三、加强对依法治市工作的组织领导

1. 依法治市是一项长期艰巨的战略任务，必须在市委的统一领导下，有计划有步骤地进行。各乡（镇）、市直各部、委要充分认识依法治市的重要性和必要性，把依法治市工作列入议事日程，各乡镇党委都要建立一把手任组长的依法治理领导组，主要领导亲自抓，亲自组织协调，研究解决工作中存在的问题和困难。各级人大、市人民政府、人民法院、人民检察院要充分发挥在执法司法中的主体作用，通力合作，强化责任，切实担负起依法治市的各项任务，并根据自己的实际情况制定出实施意见，认真组织实施。

2. 建立和完善依法治市工作责任制。层层签订责任书，一级抓一级，加强督促检查，把依法治市工作落实到每个主管部门和每个主管领导干部，并纳入干部任期目标，作为政绩考核的一项重要内容，实行一票否决制。

3. 要加强对依法治市基层工作机构的建设。建立和完善以党委主要领导人为组长的依法治理领导组，各领导组要充分发挥在依法治市工作中组织指导，协调，检查和监督的职能作用。市政府要根据省、地的标准把依法治市经费引入财政预算，给予物质保证。各乡（镇）、市直各单位也要从预算经费中划出一定比例，专门用于普法依法治理工作。

依法治市是市委确定的一项重大战略。各级各部门要从深化改革、促进发展，保持稳定的大局出发，充分认识依法治市的重要意义，采取切实有效的措施，加大工作力度，全面推进依法治市进程。

中共离石市委

2000 年 5 月 12 日

中共离石市委 离石市人民政府
关于反对铺张浪费严禁大操大办大吃大喝的若干规定

离发〔2000〕16 号

厉行节约，制止侈奢浪费是加强党风廉政建设和反腐败工作的一项重要任务。按照“三讲”要求，针对大操大办，大吃大喝有所抬头的突出问题，依据《廉政准则》、吕发〔1999〕22 号《关于进一步加强领导干部廉洁自律的八项规定》和离发〔1998〕25 号《关于深入开展反对铺张浪费推进领导干部廉洁自律工作的实施意见》，现就反对铺张浪费严禁大操大办大吃大喝重申有关规定如下：

一、严禁婚丧嫁娶大操大办

1. 实行“一卡双审”制

按照分级负责、分级管理的原则，党政机关、企事业单位副科级以上领导干部，为本人及家庭成员操办婚丧事宜（包括父母贺寿、子女生日、乔迁等），操办者必须在办事的 7 天前一律按程序填卡申报并备案。

各大班子副县级领导成员，分别经各大班子主要领导审签后，报市纪委、监委审核备案；市委主要领导向市纪委申报；市人大、市政府、市政协主要领导和其他副县级以上领导干部经市委主要领导审签后，报市纪委、监委审核备案；

各乡镇党委书记、乡镇长、人大主席、市直科级单位党政正职，由乡镇纪委、系统党委审核后，报市纪委审核备案，并接受监督检查；

各乡镇、市直党政机关企事业单位副职，由单位主要领导审签，乡镇纪委、系统党委审核后，报市纪委、监委备案，由乡镇、单位负责监督检查；

股级单位领导干部，由主管部门主要领导、系统纪检组长审签后，报市纪委、监委备案，由主管部门负责监督检查；

单位股级干部，向单位申报，单位主要领导和纪检组组长共同审签后，报各大口备案，大口和单位负责监督检查；一般干部职工，向单位申报，单位主要领导纪检组组长共同审签，由单位备案并负责监督检查；

乡镇一般干部（包括乡级机关职工）、农村党员干部、向乡镇申报备案，并由各乡镇负责监督检查。

2. 坚持如实申报制

操办婚丧事者要将办事的类别、时间、地点、人数等如实申报，婚事以父母申报为主，丧事由子女共同申报。父母、子女中有副科级以上的由级别高者牵头统一申报。

3. 坚持从简操办

党政机关、企事业单位股级以上领导干部以及执法执纪部门工作人员，特别是科级以上领导干部办理婚丧嫁娶等必须从简操办婚丧，一律不准发请柬，更不准借机敛财。亲属以外的人员不得超过 50 人，原则上不得收受非亲属人员赠送的礼品或礼金。

4. 严禁婚丧嫁娶者动用公车。

5. 操办婚丧事严禁在市区一环路及其他主要街道招摇过市。

6. 婚丧事结束后 5 天内，操办者必须将办事情况报告及礼簿复印件报审核人、审核机关及备案机关，接受监督检查。

二、严禁公款大吃大喝

1. 实行“双定”接待制

党政机关召开会议和公务接待，要严格按照吕秘发〔1995〕45 号文件精神实行定点，定标准就餐和接待。市直机关一律在石州宾馆，市政府接待所接待，一般来客只宴请一次，标准不高于 150 元 / 桌，县市级领导不高于 180 元 / 桌，其余按工作餐标准招待，不准在非定点单位接待或超标准接待。

2. 实行“双签一批一公开”制

招待费一律由承办人签注说明，纪检委（组）负责人或财务公开小组组长审签，单位一把手审批，以季在单位公开。同时全部实行招待费在财务上单独列项，机关工作人员在城区单位检查工作，一律不得在接待单位就餐；到乡镇检查工作，一律在机关食堂就餐；进村一律吃派饭；严禁用公款支付非公务接待费用开支。企事业单位的领导干部在非业务性活动中用公款吃喝的费用一律自付。

3. 党政机关领导干部及工作人员和执法执纪部门的工作人员不得接受可能对公正执行公务有影响的宴请，也不得到营业性歌舞厅、夜总会等场所娱乐。

4. 严禁党政机关企事业单位的车辆在非定点接待的饭店、宾馆、酒楼和营业性歌舞厅、夜总会等娱乐场所停放。

三、从严处理违规行为

1. 婚丧嫁娶等突破申报人数，超过申报范围所收礼金、礼品按侵占论处，礼金全部予以没收，并视情节给予党政纪处分；不申报或化整为零弄虚作假者，给予责任人党内警告或行政记过以上处分；情节严重、群众反映强烈的，从重处理，公开曝光。

2. 婚丧嫁娶动用公车或在市区一环路及其他主要街道招摇过市者，对当事人给予党内警告或行政记过以上处分。属于单位领导批准动用公车的，给予单位领导 1000 元以上罚款和行政警告处分，并由交警部门吊扣行车证、司机驾驶证；属司机擅自动用公车的，由交警部门吊扣行车证、司机驾驶证，给予司机500元以上罚款，所在单位给予行政处理，同时停发当年奖金，处理情况报告市纪委；凡摘卸或覆盖车牌号参与婚丧事的公车，由交警部门吊扣行车证、司机驾驶证，加倍处罚，并给予行政记过以上处分。

3. 机关、学校、厂矿不准为操办婚丧事提供场所、摄录像等服务，违者给予单位批准人相应的党政纪处分，并处以罚款。

4. 用公款超标准接待或到非指定地点的宾馆、饭店、酒楼等搞宴请接待活动者，责令其退赔公款，并视情节对参与者和接待人员及单位主要领导给予一定的经济处罚和党政纪处分。参与超标准公款接待或到非指定地点就餐的人员、除自付费用外，同时处以支出费用两倍以上的罚款。发现一次的通报批评，公开曝光；发现两次的给予党内警告或行政记过处分，公开曝光；发现三次的给予党内严重警告或行政记大过处分，通报全市。屡教不改者，给予降级、降职、撤职处分。

用公款支付非公务接待费用开支，以侵占论处，加重处分。

5. 到营业性歌舞厅、夜总会进行娱乐活动者，发现一次的给予当事人1000元以上罚款和党内严重警告以上处分；发现两次的给予当事人2000元以上罚款和降级、降职、撤职处分，并公开曝光。

6. 党政机关、企事业单位的车辆在非定点接待的饭店、宾馆、酒楼和营业性歌舞厅、夜总会等娱乐场所停放，一律按公款吃喝和违反规定进营业性歌舞厅、夜总会等娱乐场所论处。

7. 有关责任人要严格履行职责、严格把关，强化监督，对于惜情顾面、包庇袒护、监督不力的，要追究相关人员的责任。当事人要主动配合，自觉接受监督检查，对于阻挠督查人员进入操办婚丧事务所，污辱、谩骂、妨碍正常执行公务，威胁殴打督查人员，打击报复督查，举报人员，弄虚作假，对抗调查的，要追究操办者及相关人员的责任，构成犯罪的，要从严从重追究法律责任。

四、强化责任，狠抓落实

1. 全市范围内党政机关和事业单位的党员、干部、职工、农村党员干部、国有企业、国有股份占主导地位的股份制企业的干部、职工、条管部门的党员、干部、职工及其他相关人员均要执行本规定。

2. 本规定实行严格的责任制，各乡镇、各单位负责所属干部职工的监督检查，要逐步形成党委统一领导，党政齐抓共管，纪委组织协调，部门各负其责，依靠群众支持和参与的工作机制，谁主管谁负责，一级抓一级，层层抓落实，各乡镇、各单位要制定具体的实施方案，认真抓好落实。要把严禁大操大办大吃大喝工作纳入党风廉政建设责任制考核范围，进行严格考核。要向群众公开承诺，结合政务公开、财务公开，将招待费定期公开，接受社会各界干部群众监督。

3. 领导干部执行本规定的情况，要作为领导干部民主生活会和述职报告的一项重要内容。

4. 宣传部门要加强舆论宣传引导，倡导文明新风，反对封建迷信和奢侈浪费，积极做好宣传教育工作，营造舆论氛围。

5. 纪委、监委以及交警、城建、纠风等单位要经常组织检查，从严查处违规行为，维护规定的严肃性。

2000 年 7 月 10 日

中共离石市委 离石市人民政府
关于进一步加快生态环境建设的意见

离发〔2000〕1号

从 1999 年开始我市被列为国家生态环境建设重点县之一。为了切实加快我市生态环境建设步伐，逐步改善全市人民的生产和生活条件。根据上级要求，结合我市实际，特制定本实施意见。

一、指导思想

全市生态环境建设总的指导思想是：紧紧围绕建设区域性中心城市主体战略，动员社会各方面的力量，从实际出发，以重点区域和重点项目建设为突破口，大力培植红枣、核桃、温室蔬菜三大主导产业，逐步改善生态环境，优化产业结构，提高人民生活质量，实现社会的可持续发展。

我市生态环境建设的实施原则是：

1. 认真执行全市生态环境建设总规划，因地制宜，宜农则农，宜林则林，进一步优化土地结构和产业结构。

2. 坚持生态环境建设与农村的脱贫致富、产业开发和产业结构调整相结合。

3. 以提高林草覆盖为主，实施综合开发，加快退耕还林还草和小流域治理步伐。

4. 以重点工程为突破口，大力建设一批具有导向性、科学性、示范性的精品工程，用精品示范工程带动整个面上的工作。

二、目标任务

我市生态环境建设的总体目标是：进一步控制人为因素产生的水土流失，坚决禁止毁林开荒，组织和动员全市城乡大力开展植树种草，小流域治理，彻底扭转生态环境继续恶化的势头，优先安排和实施对改善我市生态环境建设有影响的重点区域和重点工程，建设生态农业，培植主导产业，优化产业结构，改善生产和生活条件。

五年内的目标任务是：

1. 红枣基地建设：重点要集中搞好两大片，一是西山片，完成优质红枣栽植面积 30000 亩，涉及坪头、枣林两个乡镇。二是沿川片，完成优质红枣栽植面积 20000 亩，涉及西属巴、城北区、城区、交口、田家会、红眼川六个乡镇区。

2. 核桃基地建设：大小东川完成优种核桃栽植 20000 亩。

3. 生态防护林建设：目前已实施的 6 个乡镇、办事处，至少每年要搞好 1—2 个面积不少于 1000 亩的生态防护林重点工程。

4. “三山”绿化工程：凤山完成 1000 亩，虎山完成 1000 亩，龙山完成 1000 亩。

5. 蔬菜基地建设：五年内在沿川五乡镇区新建日光节能温室 1000 栋，同时发展大田蔬菜 10000 亩。

6. 高效农田建设：在沿川五乡镇建设节水灌溉、高科技配套的高效农田建设 20000 亩，配合浅层井 500 眼，平田整地，新、复垫滩地 2.5 万亩。

7. 新建河坝 20 公里，渠道 19 公里，完成北川坝路一体工程。

2001 年 8 月份前生态项目区 6 乡镇、办事处必须完成：

1. 生态经济林：全年栽植经济林 2400 亩，重点要完善五个千亩片，即：城区王家庄千亩片、红眼川乡西山里流域千亩片、北城区王家山千亩片、西属巴镇西属巴千亩片、交口镇杜家山千亩片。

2. 生态防护林：全年营造防护林 5000 亩，重点抓好西属巴石门咀、霜雾都 2000 亩片，城区牛家山片，北城区沙麻沟流域，交口杜家山、田家会南山片，红眼川西山里流域等 7 个重点工程，同时根据项目总体规划，全面高质量完成 1999 年—2000 年造林任务。

3. 日光节能温室：新建日光节能温室 44 栋，其中北城区新建 22 栋，交口新建 22 栋。

4. 河坝工程：新建河坝 600 米，其中城区 300 米，交口 300 米。

三、主要措施

1. 提高认识，确保生态环境建设顺利进行。生态环境建设是功在当代，利在千秋的大事，我们一定要树立改善生态环境，为当地老百姓谋利益，为子孙后代谋福利的思想。要增强根治水土流失的信心和决心，动员社会各方面的力量参与和支持生态环境建设，特别是各乡镇要充分调动广大群众的积极性、主动积极参与项目建设，确保生态环境建设顺利进行。

2. 创新机制，提高项目工程效益。在以后的项目实施过程中，将试行新的实施机制和办法，一是成立工程公司或法人公司，采用承包的办法完成工程任务，按照工程所需标准、质量和数量要求，全部完成并验收合格后，再按规定给予兑现。同时将该工程移交当地政府管理。二是成立项目建设基金会，对经济效益比较明显的工程（如日光节能温室），采用资金滚动使用的办法，将工程投资以该工程本身取得的经济效益一定的时间范围内（如三年或五年内）回收，回收后的资金不能用于其他开支，只能用于继续发展该工程，使其滚动发展。三是在切实减轻农民负担的基础上，充分调动农民自愿参与和有偿参与项目建设的积极性，加大农民自筹力度，以保证项目建设所需劳力和资金。

3. 加强领导，落实项目责任制。生态环境建设是一项跨地区、跨部门、跨行业的系统性工程。为了确保生态环境建设工程项目的顺利实施，市委、市政府已成立领导组，各乡镇要进一步健全相应的机构，明确责任人员，切实加强领导。同时，按规划时限和年度，市生态环境建设领导组项目第一责任人要与有关乡镇项目第一责任人签订责任状，明确各级职责，量化项目任务，规范质量标准，提高工程效益。

4. 加强项目前期工作，重点抓好以下几方面：一是要求各项目实施单位严格执行《国家生态环境建设综合治理工程项目管理办法》和《山西省国家生态环境重点工程建设管理办法》，委托有资质的设计单位在实地勘测的基础上，编制具有科学性、可操作性的年度项目实施方案。二是实施方案批复后，各项目实施单位要委托有资质的设计单位编制作业设计和作业施工图。三是项目实施单位必须自觉维护计划的严肃性，不得擅自变更建设地点、规模、标准和建设内容。如因特殊情况确需变更时，必须按原审批程序报批。

5. 加强财务管理。国家下达我市的生态环境综合治理重点县建设资金全部列市级支出预算，按市属基本建设项目管理。市财政在收到省财政拨入的生态建设资金后，要通过市农村工作领导小组办公室的审批，及时按项目的工程预算和工程建设需要拨给市生态办。市生态办要根据工程进度和项目资金报账制的要求及时拨付给工程实施单位。严格财务制度，规范财务手续。根据国家生态环境建设重点工程项目资金管理办法，各项目实施单位要实行专户管理，专款专用，按批复项目安排，按工程进度报账拨款，严禁挪作它用。一经发现，将追究有关责任人责任。

生态环境建设项目按工程建设进度实行资金报账拨付，由项目实施单位提出申请，经项目技术负责人、项目监理和生态办审核，报市农村工作领导小组办公室按工作程序审批，由市生态环境建设项目管理办公室报账拨付。

6. 加强项目管理，严把工程质量关。质量是项目实施的根本，工程质量的高低直接影响着项目效益的发挥。生态环境建设综合治理工程试行招投标制。重点工程的设计、施工，主要设备、材料、种苗等购置试行公开招投议标。招议标严格按照国家有关规定进行，体现公开、公平、公正的原则，重点工程成立专业队高标准实施。

加强合同管理。合同管理是生态环境建设综合治理工程项目的一个重要环节，各项目实施单位一定要高度重视，不能流于形式。建设项目的设计、施工、设备材料和种苗采购以及工程监理、建后管护各个环节都要依法签订合同。各类合同都要有明确的质量要求，履行担保和违约处罚条款。在每一项工程的开工前夕，市生态办要根据目标任务，与项目工程实施乡镇或专业队签订工程建设合同，明确各自责任，互相制约，保证工程建设质量和进度。在项目的实施过程中，生态办技术员与乡镇负责人要严格把各项工程的每一个环节，包括工程实施的各个环节、物资材料的质量等都要严格把关，特别是生态林业工程，对起苗、运苗、栽植、管护等各个环节要严格把关，彻底解决年年栽树不见树的问题。乡镇项目第一责任人要负总责，亲自安排，亲自过问，以确保各项工程的高标准、高质量。

完善工程检查验收制度。在项目建设期间，市生态办要配合国家计委监理工程师组织专业技术人员，深入工程一线进行检查、监督，发现问题，及时纠正。项目建成后，由项目实施单位进行初步验收并填报工程竣工报告，同时报市生态办。市生态办组织有关部门进行抽查验收，验收结果将作为工程结算的依据。

7. 采取有效措施，多渠道筹集项目建设资金。生态环境建设是事关社会可持续发展的庞大工程，我们要在争取国家和省投资的同时，多渠道、多层次、多方位筹集建设资金。近年来，生态环境建设的投资渠道较多，为发挥投资效益，各块资金要围绕全市总体规划，由市里统一安排，全盘考虑，统筹使用，不能各行其是，防止分散投资或重复投资。

8. 加强项目建后管护工作。项目竣工验收后，各乡镇要及时建立管护制度，落实管护责任，确保治理成果。特别是造林工程，要加强造林后的抚育管理，采取拍卖、承包、禁牧、封育、灭虫、防火等护林措施，落实权属，稳权发证，千方百计提高保存率。机修梯田、日光节能温室等工程要及时承包给农民经营，充分调动农民有偿使用和管护的积极性。

9. 建立健全项目档案。从项目规划到工程验收各环节的文件资料及各类图表都要按照有关规定收集、整理、归档。各项目实施单位必须严格统计报表制度，实事求是填报各类报表。不得虚报、瞒报，发现问题要追究有关项目实施单位领导责任。

10. 加强监督检查，完善奖惩措施，确保各项建设任务圆满完成。在项目的实施过程中，一方面通过检查，对于各项工程任务完成优秀，同时工程标准质量高，各项效益显著的乡镇和村，除下一年度的工程项目安排给予倾斜外，要给予相应的资金奖励。而对于项目工程任务完成较差，特别是对于基础建设工程完成较好，而需要组织投劳、投工的生态林业工程完成较差的乡镇和村，除下一年度的工程项目安排给予减免外，还要暂扣30%的其他项目工程款不予兑现，直到各项工程尤其是造林工程全部完成后才能给予兑现。另一方面，市委、市政府要组织有关职能部门进行督促检查，一年至少要进行两次规模较大的阶段性检查，实行一条龙排队，每次排在前两名尤其是造林任务完成排在前两名的乡镇予以奖励，排在最后一名的要通报批评，核减投资，对连续两次排在最后一名的乡镇主干要向市委、市政府写出书面检查，情节严重的取消重点项目投资资格，对连续两次排在第一名的乡镇要给予重奖。

2001 年 2 月 26 日

中共吕梁市离石区委
关于进一步加强全区农村基层组织建设的意见

离发〔2005〕22号

为了进一步引深以“五创五争二强化”为主要内容的“三级联创”活动，结合在第一批保持共产党员先进性教育活动中基层干部提出的当前农村基层组织建设中存在的主要问题，（如：两委班子建设问题、农村党员干部老化问题、农村后备干部的培养选拔以及村级组织规范运作等问题）特提出进一步加强农村基层组织建设的意见。

一、指导思想

坚持以邓小平理论和“三个代表”重要思想为指导认真贯彻党的十六大、十六届四中全会精神，围绕加强党的执政能力建设这条主线，以农村小康建设为目标，紧密结合“三级联创”活动，完善农村基层组织建设常抓不懈的工作机制，充分发挥农村基层党组织的领导核心作用，大力推进全区农村经济工作稳步发展。

二、目标要求

按照“围绕经济抓党建，抓好党建促经济”的总体要求，以“五个好”标准，以强化两委班子建设入手，进一步提升农村基层组织建设的整体水平、力争使我区基层组织建设如期跨入全省先进县市、区的行列。

三、主要内容

围绕农村党支部建设“五个好”标准，针对我区目前农村基层组织建设的现状，力求在以下十个方面有新的突破：

（1）在加强农村两委班子建设上有新的突破

我区农村两委班子经过“两票制”选举后，98%的党支部和95%的村委会已顺利换届，但由于个别地方家族势力或宗派势力等因素的干扰，目前全区仍有一小部分农村（主要是村委会）不能正常过渡或换届不能成功。对此，所有以党支部为核心的村级班子必须进一步做好摸底调查工作，充分掌程第一手材料，找准原因，把握时机，积极做好换届前的准备工作。

（2）在加强农村后备干部队伍建设上有新的突破

我区一些农村、党员、干部老化现象比较严重，有一部分农村两委班子中35岁以下的党员、干部和妇女干部偏少甚至没有，这样，不仅使党员队伍严重老化，而且造成了两委班子干部队伍“源头缺水”，为了改变这种现状，要求每村必须要建立一支相对稳定的后备干部队伍，村村都要建立起2—3名优秀青年的后备干部人才库，以解决农村干部队伍“后继乏人”的问题，从而使我区农村干部队伍结构趋于合理化。

（3）在加强村级组织建设上有新的突破

在健全农村两委班子建设的基础上进一步加强村级组织建设。要逐步完善和建立健全以党支部为核心的村级组织，今年年底力争使全区80%的农村中治保、民调、民兵、妇女、共青团等组织得到健全并能顺利地开展工作。

（4）在加强民主决策，制度管理上有新的突破

要健全和完善党支部村委会的各项工作制度。一是健全和完善党建工作目标管理制度。要按照“五个好”村党支部的要求，结合各村实际，合理科学地制定党支部及其成员的任期目标和年度目标任务，将经济建设、党的建设和精神文明建设目标，进行细化、量化和分解。由党委和支部、支书与成员层层签订目标责任状，使党支部成员在工作中各司其职，各负其责，提高党支部的战斗力。二是健全和完善村党支部、村委会工作制度，在党建工作上要进一步健全完善“一课三会”制度、民主评议党员和干部制度、党员发展和教育制度以及流动党员管理制度。实行“两公开一监督”，和“新三项制度”真正做到民主理政理财，使村级管理工作规范化、制度化。尤其要充分发挥党员议事会、村民议事会两个监督小组的作用，把全体党员、干部置身于党组织和群众监督之下，督促他们廉洁奉公，取得群众信任，提高党支部的凝聚力和号召力。

（5）在建立激励机制，充分调动农村基层干部的积极性上有新的突破

根据年初组织工作会议精神，今年要切实解决好农村老党员、老干部的生活待遇问题。针对长期以来，广大农村老党员、老干部为我区农村的各项事业做出了积极的贡献，所以解决好农村老党员、老干部的待遇问题，既体现了党和政府的关怀，也是加强基层组织建设，调动党员干部积极性的需要。为此，区委、区政府专门出台了《关于对农村老党员，离任老干部实行固定发放生活补助的实施意见》，此项政策的出台，不仅改善了广大农村老党员、老干部的生活待遇，更主要的是增强了这些老同志为农村发展和稳定做贡献的信心和决心。所以，所有农村班子一定要认真配合圆满完成此项工作。

（6）在开展“星级”党支部争创活动上有新的突破

根据吕梁市委《关于对农村党支部实行星级目标管理的意见（试行）》的有关要求，并结合我区实际，决定从今年起，对农村党支部实行星级目标管理。对此，出台了离组字〔2005〕2号文件《离石区委组织部关于对全区农村党支部实行星级目标管理的意见》。要争创星级党支部，首先要按照“八有”标准建有党员活动阵地，尤其是对四星级以上的党支部，必须要有一个高标准的活动阵地，同时，档案资料也要规范齐全。对此，今年下半年，区委组织部将以创星级党支部为契机，集中精力对全区党员活动阵地全面进行考核评比与验收，对那些搞得好的农村和乡镇要给予表彰和奖励。通过对农村党支部实行星级目标管理，逐步探索和创新农村党支部规范化管理的有效途径，健全和完善农村基层组织建设的竞争激励机制和常抓不懈的工作运行机制，激发农村基层组织的生机和活力，调动村级干部的工作积极性，推动农村基层党组织建设“五个好”目标的实现。真正把农村基

层党组织建设成为贯彻“三个代表”重要思想的组织者，推动者和实践者，为我区经济发展提供坚强的组织保证。

（7）在加强农村党员规范管理，努力提高农村干部的整体素质上有新的突破

一是按照党员发展“十六字”方针，认真做好农村党员发展工作，严格发展程序，继续推行发展党员公示制和预审制，确保发展党员质量。二是加大入党积极分子的培养、引导力度，每村入党积极分子不得少于3名，消除农村党支部连续3年以上不发展党员现象。三是严格规范农村党员的接转关系，对出入区的党员必须严格审核相关档案资料，对从机关单位回乡村的离退休党员的组织关系接转一定要谨慎把握。四是积极探索党员教育管理特别是流动党员教育管理的新路子，为开展保持党员先进性教育活动作好前期准备工作。

（8）在加强落实好机关干部到农村任职的工作上有新的突破

选派机关干部到农村接受教育、帮助工作是新时期加强党的建设，提高干部队伍素质的迫切要求，也是我区农村实现稳定脱贫，全面建设小康社会的实际需要。为此，区委专门出台了《关于进一步做好机关干部到农村驻村任职、帮助工作、接受教育的实施意见》，明确要求下派干部要以帮助所驻村抓发展、强素质、带班子、促稳定为目标开展工作。每位下派任职的干部都必须严格按照《实施意见》的要求，认真完成所规定的目标任务，并虚心接受群众的监督，真正起到一个下派任职干部的积极作用。

（9）在处理好农村存在的突出问题上有新的突破

全区农村一定要以稳定为大局，摸清当前农村存在的突出问题，或群众普遍关心的热点难点问题，对那些个别村因村矿、土地纠纷或历史遗留问题而产生的矛盾，一定要在引导的基础上积极帮助解决，以确保农村的稳定。

（10）在加强后进村的整顿上有新的突破

继去年冬天开展的农村基层组织集中教育整顿之后，我区农村整体状况有了明显好转，但仍有一少部分农村存在不稳定因素，个别地方的矛盾和问题还比较突出，如果处理不当时，在一定条件下还有可能激化。为此，我们还要继续加大对后进村的整顿力度。对后进村要实行领导干部蹲点包村和进驻工作队的办法，进行全面的整顿，通过集中整顿使后进村有明显转变。

四、强化领导　落实责任

在加强农村基层组织建设工作中，各乡镇、街道办党委要切实履行好党委书记是第一责任人，分管副书记是具体责任人的工作职责，按照2005年签订的党建目标责任状和组织工作会议精神，积极完成党建工作所规定的目标任务，及时研究解决出现的新情况、新问题，按时完成调研课题，加强党建工作经验交流和情况反馈工作，大胆探索努力创新农村基层组织建设工作，使我区的农村基层组织建设工作快速、健康、稳步发展。

2005年9月

中共吕梁市离石区委
关于进一步加强基层组织建设的意见

离发〔2010〕7号

近年来，全区各级党组织紧紧围绕发展第一要务，加强和改进党的基层组织建设，取得了显著成效。但是，这与建设社会主义新农村所面临的新形势、新任务相比，还有一些不容忽视的问题。我们要充分认识加强党的基层组织建设的重要性和必要性，按照学习实践科学发展观的要求，紧紧围绕新农村建设开展工作，着眼于增强党组织的凝聚力和战斗力，着眼于提高农民增收致富能力，着眼于经济社会发展，不断充实和完善党的基层组织建设的内容、机制和方法，全面提高党的基层组织建设的整体水平。为此，提出如下工作意见。

一、指导思想和总体思路

以党的十七大、十七届四中全会精神为指导，全面贯彻落实科学发展观，紧紧围绕“服务一区（东城新区）两园（信义工业园、吴城农业科技示范区）建设、服务五项重点工作”的总体思路，深入贯彻落实科学发展观，以深入开展“三级联创”活动为统揽，突出抓好农村党支部班子建设，优化调整党组织设置，大力加强党员队伍、农村后备干部队伍、大学生村干部队伍建设，社区党组织建设，非公企业党组织建设及机关党组织建设等重点工作，进一步抓基层、打基础，抓创新、求突破，抓责任、聚合力，着力强化责任落实、机制创新等保障措施，为实现离石经济社会发展提供坚强组织保证。

二、主要任务和工作措施

（一）围绕新农村建设的目标要求，不断提高农村党建工作水平

1. 围绕“一区两园”建设、移民并村、村改居、煤炭资源整合等工作的开展，着力优化基层党组织设置

一要随着东城区开发、城中村改造等工作的推进，重新设置基层党组织。特别是随着村改居的进行，把党建工作重点转移到社区党建上来，新组建12个社区党组织，把落实“三有一化”作为加强社区党组织建设的重点，探索建立以社区党支部为核心，以社区居民党员小组、离退休党员小组、流动党员小组为支干的社区党员组织体系，实现社区党组织的全覆盖。二要适应“两新”组织迅速发展的实际，及时跟进党组织设置，组建“两新”组织党的工作委员会。要研究探索规模以上非公有制企业党组织发挥作用的有效载体，更好更快地推进企业的发展；扩大对人数少、规模小的“两新”组织党的工作覆盖面，依托市场、工商联、有关行业管理部门或协会建立联合党组织；对新申请注册的“两新”组织，凡具备条件的一并建立党组织；对国有、集体单位转制为“两新”组织，要同步设置党组织；对不具备建立党组织条件的，选派党建工作指导员或联络员，联系、指导企业开展党建工作。

三要以产业联建党总支。根据农村产业化发展的方向，及时延伸党组织设置，要打破行政村设置基层党组织的单一形式，本着地域相邻、行业相近、优势互补、自愿互利、便于管理和发挥作用的原则，在农村专业合作组织、农民专业协会、中介服务组织等农业产业化链条上建立党组织。四要区域联建党总支。在经济基础薄弱，党员比较分散的地区，按照地域相邻、产业相近的原则，由相邻的两个或几个村党支部组建党总支，实现农村基层组织资源的优化配置。党总支书记一般由乡镇、街道办副科以上党员领导干部担任，各村支部书记担任总支委员，把党建工作融入经济社会发展全过程。五要根据党员流动的实际情况，及时调整党组织设置，针对流动党员、下岗职工党员、无职党员和离退休党员增多的实际，积极推动基层党建工作向这些党员聚集的专业市场、建筑工地、居民楼栋和商业网点延伸，建立流动党员服务中心和流动党员服务站，确保不使一个党员游离于党组织之外。

2. 以全省第二轮村级组织活动场所建设为契机，全面加强农村基层组织活动场所建设

借助全省大规模实现村级组织活动场所建设的大好时机，把农村活动场所建设与“一区两园”建设、新农村整村推进、移民并村结合起来，坚持缺什么补什么的原则，经排查需要投资建设的活动场所 72 个。其中新建 16 个，改造 56 个，列入省规划的 22 个，列入市规划 3 个，我区自主建设项目 47 个，共需投资 274.2 万元。其中上级投资 91.44 万元，区财政投资 182.76 万元。通过对这 72 个村级活动场所建设改造，实现村级活动场所全覆盖、全达标、上档次。为村级组织开展工作，服务群众创造良好的条件，更好地发挥活动场所的综合效益。

3. 建立健全农村基层干部选拔激励监督和保障机制

严格执行“两推一选”制度。通过党员推荐，村民（或村民代表）推荐、党委研究、党内选举的方式选好配强村级党组织领导班子。

拓宽农村支部书记选用渠道。尝试突破“农村干部农村选”的常规模式，扩大选人用人的渠道和范围，从优秀大学生村官、区乡机关干部、民营企业家中，公开选拔支部书记，真正把政治素质高、带富能力强、有志于农村事业的优秀人才，选拔到支部书记岗位上，探索一条从根本上解决农村干部选人难的新路子。

优化村级班子配置结构。村级两委班子配置，要注重年龄结构和能力特长的合理搭配，做到老中青相结合，思想政治工作与经济建设相结合，农业生产与工商业发展相结合，保证村级班子的战斗力和工作连续性。

调动农村干部的积极性。进一步健全和完善星级支部考评考核制度，财政预算专门经费用于星级支部奖励。

五星级党支部由市、区共同奖励 3000 元，四星级党支部由区奖励 2000 元，三星级党支部由乡镇、街道办奖励 1000 元。支书、主任“一人兼”的，全部奖励支书个人；没有实现“一人兼”的，按照支都书记 60%、村委主任 40% 的比例，分别奖励支书、主任。

对于连续五年（或累计七年）担任五星级支部书记，连续七年担任四星级以上支部书记的，从下一年度起，参照乡镇事业人员工资水平，每月给予不低于1500元的岗位报酬。岗位报酬实行动态管理，能上能下，任职享受，不任职不享受。对连续保持五星级称号五年以上，工作实绩突出、群众反映好的支部书记，可提拔兼任乡镇、街道办副职，享受同级干部待遇，不占编制，不转户口，不变身份。

认真落实农村老干部、老党员固定发放生活补助政策，补助资金全部纳入财政预算予以保证。

对连续担任10年或累计15年以上、未满60岁的农村“两委”主干离任后，每人每年给予500元的生活补助，补助资金由乡、村两级共同解决。

认真做好生活困难老党员、老干部的救助工作。积极创造条件，建立健全村干部养老保险制度，切实解决其后顾之忧。

完善监督约束机制。全面推行村干部承诺述职述廉制度，年初就本村经济社会发展思路、重大工程、重点项目、实事好事，在村民大会或村民代表大会上作出公开承诺。年底要对照年初的承诺，就任务完成情况作出述职，接受群众的评议和监督。群众不满意率达40%的，支部书记及成员予以免职，村委主任及成员建议其主动辞职。深入推进村务公开，凡是群众普遍关心和涉及群众利益的事情，以及村里的重大问题都要及时向群众公开，并保证公开的内容具体详细，真实可靠。以“135”工程为载体，全面引深农村党风廉政建设，密切党群干群关系。

4. 进一步完善农村后备干部队伍选拔培养模式

农村后备干部作为基层领导班子的后续力量，是农村干部队伍建设的关键环节，对提高党在农村的执政水平、推动农村经济社会全面发展起着十分重要的作用。要把农村后备干部队伍建设作为加强党对农村工作领导，解决农村党员干部后继乏人，增强基层组织生机与活力，加快农村经济社会发展的重要突破口，打破传统的思维模式和工作办法，以全新的思路加以推进。

建立后备干部人才库。以村为单位，把思想素质高，政策能力强、群众基础好、致富带富能力强作为基本条件，重点吸收大学生村官、民兵连长，团支部书记、妇代会主任等非两委成员、村民代表、致富能手，科技示范户、外出经商务工人员、复员退伍军人，高中以上回乡青年，建立后备干部人才库。

严格后备干部的选拔程序。列入后备干部人才库的人员，按照一职一备的比例，每年由各乡镇、街道办组织公开报名、民主推荐、公开考察，选拔确定后备干都人选，报区委组织部审查、组织考试，合格者列为农村后备干部加以重点培养。确定后备干部要统筹考虑年龄结构、知识结构、专业结构以及性别比例，保证后备干部的代表性和先进性，扩大党的影响力和覆盖面。

加强后备干部的培养教育。区委成立农村后备干部培训领导组，具体负责农村后备干部的培养工作。开设农村后备干部培训班，学制两年，实行半脱产形式，对农村后备干部进行统一培训。坚持理论培训与实践锻炼相结合，以区委党校为阵地，与有关中等职业技术学校联合，开展理论知识和实用技术培训，提高政策理论水平和致富能力；以乡村两级工作岗位为基地，加强实践锻炼，提高驾驭全局和独立开展工作的能力。培训期满，考试考核合格者，颁发中专毕业证书和后备干部培训合格证书。培训班要突出党的教育，强化党性锻炼，积极引导后备干部向党组织靠拢，指定专人与积极分子结对跟踪培养，努力把表现突出、群众认可的后备干部吸纳为党的成员，从源头上解决农村优秀青年入党难的问题。后备干部培训经费列入财政预算。

加强后备干部锻炼使用。各乡镇、街道办要积极创造条件，大胆使用后备干部。在后备干部培训学习期间，要安排其担任民兵连长、团支部书记、妇代会主任或者村主干助理，参与农村的各项工作，解决理论与实践脱节的问题，扩大与群众的交流，接受群众的检验和监督。有条件的乡镇、街道办，可尝试让农村后备干部到乡镇、街道办机关挂职锻炼，拜农村工作经验丰富的乡镇、街道办干部为师，进一步提高理论素质和工作能力，赢取群众的信任与支持。村两委班子出现空缺时，优先安排或推荐后备干部任职。两委班子换届，乡镇、街道办党委和农村党支部安排推荐人选要在后备干部中产生，提高后备干部的上岗率，保证农村干部的整体质量和素质。

实行后备干部动态管理。村级党组织在严把入口关的同时，对那些年龄过大、文化水平与专业技术难以提高、平平庸庸不思进取，或犯有错误的后备干部，取消其资格，实行有进有出、出进结合的动态管理，确保基层组织建设有一支精干高效的后备干部队伍。

5. 全面创新农村发展党员机制

落实发展党员工作责任制。明确“两级组织、三个责任人”在发展党员工作中的责任：乡镇、街道办党委书记为农村发展党员的第一责任人，组织委员为直接责任人，农村党支部书记为具体责任人。党委所属党支部有五年内未发展党员的，对其党建工作考核予以扣分，并给予党委书记和组织委员告诫。党支部三年以上未发展党员的，支部不得评为星级支部，支部书记不得评优评模。

严把农村党员“入口关”。按照发展党员工作“十六字”方针，以保证质量为核心，认真做好农村发展党员工作。重点在农村后备干部中发展新党员。每年新发展党员，农村后备干部的比例不低于50%；高中以上文化程度的不低于75%； 35岁以下的比例不低于70%，妇女不低于30%，促进全区农村党员队伍结构有明显改善。

全面推行农村发展党员“一推二评三培养四项制度”。一推，即：对申请入党的人，由党小组或团支部负责推荐。二评，即：对申请入党人分别提交村民代表会议和全体党员会议评议，支委会根据两次评议的情况确定是否列为入党积极分子，凡评议中党员和村民代表信任票不过半数的，不得列为入党积极分子。三培养，即：列为入党积极分子后，由党校、村党支部、培养人和致富能手共同培养教育，共同提高其政治素质、党性修养和致富本领，确保新发展的党员在方方面面都能发挥先锋模范作用。四项制度，即：发展党员公示制度：党支部接收预备党员，预备党员转正，必须对申请人的基本情况和培养情况在全村范围内公示，时间为5—7天。公示情况要形成书面材料向党员大会报告，并装入公示对象个人档案。对公示期间群众反映的问题，应及时核实。对不符合发展条件的，要暂缓发展或取消发展资格。发展党员预审制度：党支部对拟发展对象提交支部党员大会讨论决定前，必须将拟发展对象呈报乡镇、街道办党委进行预审，乡镇、街道办党委审查合格后报区委组织部审核，区委组织部根据审核情况发放入党志愿书。发展党员票决制度：研究吸收预备党员和预备党员转正，采取无记名投票方式。发展党员责任追究制度：按照"谁介绍谁负责，谁审批谁负责"的原则，对违反发展党员规定的有关领导和责任人进行责任追究。

6. 创新农村党员教育管理模式

实施农村党员素质提升工程。多层次、大范围开展农村党员干部培训教育，与中等职业技术学校联办开展学历教育，力争通过三年努力，全区农村支部书记高中以上学历达到60%以上，部分达到大专以上学历：村两委成员高中以上学历达到40%；45岁以下的党员，每人至少掌握一门实用技术，家庭收入高于全村平均水平。

加快现代远程教育网络建设。按照十七大提出"农村普遍开展党员干部现代远程教育"的要求，2010年实现远程教育网络覆盖全区所有行政村。开通"离石党建网站"，开发一批具有离石特色的基层党建资料库和"乡土教材"，为农村党员干部和农民提供学习、交流的平台。

坚持不懈开展分级培训。支部书记以区组织，每年在区委党校集中轮训一周。村两委班子成员由乡镇、街道办组织，每年集中培训时间不少于一周。普通党员由各村自行组织，以党员活动阵地为平台开展培训，每年累计不少于10天。

突出抓好实用技术培训。从"实际、实用、实效"的角度出发，本着"缺什么，补什么""做什么、补什么"的原则，紧密结合新农村建设的特色和重点，采取走出去与请进来相结合，大力开展经济林种植、畜牧业养殖、农副产品加工、市场营销等实用技术培训，提高带头致富、带领群众共同致富的能力。由区委组织部牵头，抽调涉农部门，吸纳农村优秀干部和经济能人参与成立流动党校，以"送教下乡、服务基层"为宗旨。深入农村开展实用技术培训和指导，切实解决当前农村实用人才队伍总量不足、结构不尽合理、作用发挥不充分的问题，为推进社会主义新农村建设提供充足的人力资源。

充分发挥大学生村官的作用。利用大学生村官的理论优势和专业特长，加强对农村党员干部和群众的教育培训，整体提高农村干部群众的科技文化素质和致富本领。

建立城乡一体的流动党员管理机制。适应我区城市化、工业化进程加快，农村党员频繁流动的实际，从有利于党组织管理、有利于流动党员发挥作用出发，切实加强对流动党员的管理。坚持以流入地党组织为主、流出地和流入地党组织共同管理，构建流出地与流入地党组织密切配合、有机衔接的流动党员管理机制。对外出3个月以上、6个月以下，或外出时间较长但暂时无法转移组织关系的党员，办理流动党员活动证，参加流入地党组织的活动；对外出半年以上、地点相对固定的党员，要及时将组织关系转到流入地党组织，以消除党员管理上的“空档”，保证每名党员都能正常参加组织生活。切实做好对流入党员的管理，加强与流出地党组织的联系，把流动党员纳入党员教育管理的整体工作，通盘考虑，统筹安排。

严肃处置不合格党员。坚持和完善民主评议党员制度，科学界定党员先进性标准和不合格党员的具体表现，加大对违纪和不合格党员的处置力度，纯洁党员队伍，激发工作活力。

（二）坚持规范化、制度化，积极做好区直机关的党建工作

1. 规范区直机关单位党组织设置

严格按照党章规定，结合机构改革，综合考虑党员人数、工作需要等因素，合理设置党组织。对不适应工作需要，应撤销而未撤销，设置不规范的党组织进行清理、调整，进一步理顺组织隶属关系。各单位要结合实际，合理设置离退休干部职工党支部，及时、妥善转接离退休干部职工党员的组织关系，做好服务工作，加强教育管理，激励老干部党员奉献余热，发挥作用。

2. 强化区直机关单位党组织职能

强化教育职能。以建立支部学习制度为抓手，抓好党员经常性教育，不断提高党员素质。强化管理职能。坚持“三会一课”制度，经常开展党组织活动，抓好党员日常管理。强化监督职能。加强对党员特别是党员领导干部的监督，积极推进区直机关党风廉政建设，拓展监督空间，探索加强党员干部“八小时以外”监督的有效途径，坚决查处党员违纪案件。强化服务职能。开展机关党组织与农村党支部结对共建活动，引导、鼓励机关党员采取一帮一、几帮一等形式与困难群众结对帮扶，尽力解决群众反映的实际困难和问题。

3. 加强区直机关党务工作者队伍建设

配齐配强专（兼）职党务干部，加大对党务干部的培训力度，不断提高政治和业务素质，在思想、生活、工作等方面关心党务干部，充分激发其工作积极性。

三、组织领导和责任要求

（一）建立领导机制，落实党建责任

建立健全基层党委抓党建工作责任制，形成责任明确、领导有力、运转有序、保障到位的工作机制。基层党委（党组）对基层党建工作负总责，党委书记是第一责任人，主管和分管领导是直接责任人，基层党支部书记是具体责任人。基层党委要定期听取基层支部

工作汇报，专题研究部署基层党建工作；结合基层党建工作实际，深入开展调查研究，总结推广经验，加强工作指导，研究解决基层党建工作中的实际困难和问题。

（二）强化督促检查，狠抓工作落实

建立完善督查落实机制，采取巡回检查、随机抽查、专项督查等方式推动工作开展。注重培养和树立党建工作典型，广泛宣传推介，示范带动。对尽职尽责、成绩突出的予以表彰奖励，对思想不重视、工作不得力的要严肃批评教育，限期整改，造成不良影响和严重后果的要追究领导班子和相关责任人的责任。

（三）坚持领导干部联系点制度

区四大班子党员领导干部每人联系一个乡镇、街道办，包一个新农村建设试点村或重点推进村，指导创新基层组织建设工作，帮助解决工作中存在的困难和问题；乡镇、街道办党委委员实行包片联村制度，每人确定一个联系点，具体指导和落实创新基层党建工作；区直各部门都要联系帮扶一个村，经济建设与基层组织建设统筹安排，齐抓共管。要注重发现、培养、宣传、推广典型，在不断推出典型的过程中，提高基层组织建设的整体水平。

（四）健全长效机制，推动工作创新

善于总结基层党建工作，以学习实践科学发展观活动为契机，及时把基层党建工作实践中的鲜活经验和好的做法，提升转化为长效机制。以改革创新的精神，研究解决基层党建工作中的新情况、新问题，积极探索开创基层党建工作新局面的好形式、好载体，在内容、方法和途径上不断改进和创新，促进全区基层党建工作整体水平的提高。

2010 年 3 月 9 日

中共吕梁市离石区委
关于加强政协工作的实施意见

离发〔2010〕26 号

为了认真贯彻落实中央、省、市委关于加强人民政协工作的一系列重要文件精神，特别是胡锦涛总书记在庆祝人民政协成立六十周年大会上的重要讲话，切实提高全区各级党组织对政协重要地位和作用的认识，增强做好新世纪、新阶段人民政协工作的责任感和使命感，加强和改善党对政协工作的领导，开创政协工作的新局面，特制定加强政协工作的实施意见：

一、进一步提高对政协工作重要性的认识

政协是中国人民最广泛的爱国统一战线组织，是中国共产党领导的多党合作和政治协商的重要机构，是我国政治生活中发扬社会主义民主的重要形式，政协事业是中国特色社会主义事业的重要组成部分，具有中国政党制度的显著特征。加强和改善对政协的领导，

推动政协积极开展工作，发扬政协在政治生活中的作用，是加强和改善党的领导的重要内容，对提高党的执政能力，巩固党的执政基础具有重要意义。全区各级党组织要从发展社会主义民主，推动科学发展，建设和谐社会的战略高度，进一步提高对政协工作重要性的认识，进一步加强和改善对政协工作的领导，保证中央和省、市委关于加强政协工作的方针政策落到实处，更好地运用政协这一政治组织和民主形式为党的现代化建设事业服务，为中国特色社会主义建设服务。

要切实增强做好新世纪、新阶段政协工作的责任感和自觉性。目前离石正处于第三次创业的关键时期，实施四大战略性工程、实现四大历史性跨越，不仅是离石第三次创业的重要内容，也是“十二五”期间乃至今后一个时期离石跨越崛起的战略目标，我们要以此来重视政协工作，支持政协工作，做好政协工作，认真贯彻落实市委政协工作会议精神，加强党对政协工作的领导，坚持团结民主的主题，坚持围绕中心服务大局的职责，全面推进政协履行三项职能的制度化、规范化、程序化。

二、重视和搞好政协的政治协商工作

坚持政治协商的原则。政治协商是中国特色的多党合作和政治协商制度的重要组成部分。是党和政府实行科学民主决策的重要环节，是提高党执政能力的重要途径。加强和改善党对政协工作领导，就是要把政治协商纳入决策程序。重大决策必经政协协商，重大事项先协商后决策、先协商后通过、先协商后实施，即坚持重大问题、重大决策协商在党委决定之前、人大通过之前、政府实施之前。制定经济社会规划，先协商后决策，对重要人事安排和人民生活中重大问题先协商后决定，制定重大政策和法规，先协商后通过。要高度重视政协的政治协商，统一部署和协调，认真组织实施。

政治协商的主要内容有：党委有关重要文件和党委提出的有关重要领导人选；党委、政府制定的事关全局的重大决策；国民经济和社会发展中长期规划；政府工作报告；国民经济和社会发展计划报告；财政预算报告；人民法院、人民检察院工作报告；机构改革和体制改革方案；城市规划、区域规划和其他各种专项规划；行政区划的重大调整；事关民生问题、对发展全局和社会稳定具有影响的重要建设项目和重大政策调整；各民主党派、工商联和无党派人士参加政协工作的共同性事务；政协内部的重要事务以及有关爱国统一战线的重要问题等。凡是涉及本区域政治、经济、文化、社会和生态建设的重大问题，在决策前和执行过程中须由政协先协商，广泛听取政协各参加单位和各界委员的意见和建议、大力推进政协政治协商制度建设。

政治协商的主要形式有：政协全体会议、常委会会议、主席会议、专题协商会、政协党组受党委委托召开的座谈会、秘书长会议、各专门委员会会议、界别座谈会、委员座谈会以及各组成单位和社会各界代表参加的内部协商会议。

政治协商的主要程序：一是协商议题的提出，由党委根据年度工作重点或政协党组提出的建议，确定政治协商的议题；二是协商活动的准备。政协党组根据党委部署按照政协章程和有关规定提出具体协商方案，党委、政府及有关部门要提前将有关协商材料送达政协并就相关问题通报情况，支持政协围绕议题组织调研；三是协商活动的进行。政协全体会议期间，党委、政府领导及有关部门负责同志要列席会议，听取大会发言，参加委员讨论。受党委委托，政协党组可召集和组织有关问题的协商会议，并形成“协商会议纪要”和“协商会议建议”。四是协商意见的办理和反馈。政协的“协商会议纪要”和“协商会议建议”，党委、政府领导要亲自阅批，特别重要的意见和建议，要提交党委常委会会议、人大常委会会议、政府常务会议论；其它《纪要》和《建议》些及时送达分管领导和部门负责同志阅批，认真研究办理，协商意见和建议的办理情况要在一个月内书面反馈政协办公室。没有列入年度协商计划，而有必要进行协商的事项，可临时安排协商、并按照上述程序进行。

三、支持和加强人民政协的民主监督工作

政协的民主监督是社会主义监督体系的重要组成部分，是在坚持四项基本原则的基础上，通过提出意见、批评、建议的方式进行的政治监督，是参加政协的各民主党派、工商联、无党派人士、各人民团体和社会各界人士通过政协组织对国家机关干部及其工作人员进行的监督，也是我们党在政协中与各民主党派和无党派人士进行的互相监督。

民主监督的主要内容有：宪法、法律、行政法规、行政规章的实施情况；党和国家重大方针政策的贯彻执行情况；人民生活中重大问题的解决情况；国民经济和社会发展规划及财政预算执行情况；重大工程建设情况；国家机关及其工作人员履行职责、遵守法纪、为政清廉等方面的情况；参加政协的各单位和个人遵守政协章程和执行政协决议的情况；其他需要监督的重要问题。

民主监督的主要形式有：政协全体会议、常委会会议或主席会议向党委和政府提出建议案；各民主党派、专门委员会、界别，提出建议或有关报告；委员提案、委员视察、委员举报、大会发言、反映社情民意；参加党委、政府有关部门组织的调查、检查和巡视活动；法院、检察院、公安局、司法局、交警队包括基层法庭、派出所等司法机关和行政执法部门必须邀请政协委员、各民主党派成员担任特约监督员和政府部门的行风评议员。特约监督员、行风评议员应由邀请部门与政协机关协商产生。

建立健全民主监督机制。党委和政府要自觉接受政协的民主监督，认真倾听来自政协的批评和建议，在知情环节、沟通环节、反馈环节建立健全制度，畅通民主监督渠道。在知情环节上，重点建立重要情况通报制度，政府每半年向政协通报一次经济社会情况；根据政协要求，政府有关部门向政协作专题情况通报，纪检监察、法院、检察院、公安等机关，每年向政协作一次情况通报；党委、政府召开的重要会议、组织的大型调研和专项考察、观摩等活动，应邀请政协领导和专门委员会负责同志参加。在沟通环节上，按照职责分工，重点建立党委、政府领导及职能部门同政协组织及其专门委员会的对口联系制度，定期沟通情况，交换意见；主动邀请政协参加政府部门开展的政风、行风评议活动，鼓励政协委员对本区国家机关及工作人员的工作开展评议。在反馈环节，重点建立健全政协提案、社情民意信息的交办、督办和回复反馈机制。坚持完善政协领导领办、政协主席和副主席督办重点提案及党委、政府办公室每年向政协常务委员会会议通报政协提案、社情民意信息办理情况的制度、落实政协民主监督交办事项办理责任制，对该办未办的，可立案重新办理，承办单位要向政协和提案人做出情况说明；对该办未办造成不良后果和重大社会影响的，追究承办单位领导的责任。积极探索政协民主监督与党内监督、行政监督、法律监督、舆论监督相结合的有效形式，支持政协制定相应的规章制度，规范民主监督活动，进一步提高民主监督的质量和成效。

四、重视和发挥政协参政议政的作用

参政议政是政协履行职能的重要形式，也是党政领导机关经常听取参加政协的各民主党派、工商联、无党派代表人士、人民团体和社会各界人士的意见和建议，切实做好工作的有效方式。政协参政议政是对政治、经济、文化和社会生活中的重要问题以及人民群众普遍关心的问题，开展调查研究，反映社情民意，进行的协商讨论。各级党委、政府要重视和发挥政协的参政议政作用，加强与政协的联系和沟通，为政协参政议政创造条件，主动给政协出题目、交任务，指导和支持政协围绕党委、政府的中心工作参政议政。

积极拓宽参政议政的领域和渠道。政协要选择本地经济社会发展中县有综合性、全局性、前瞻性的课题，深入调研，开展咨询论证，提出意见和建议；要围绕本地重点工作，特别是人民群众关注的社会热点、难点问题，组织委员开展视察活动，提出意见和建议；要利用包容各界、联系广泛、人才聚集的优势，了解和反映社会不同阶层不同群体的愿望和要求；要积极开展政协组织之间的交流与合作，就共同关心的问题联合进行调研；党委、政府组织的重要考察及重大外事活动应邀请政协领导和政协参加单位的有关负责人参加。

促进参政议政成果的转化落实。要建立健全各项工作制度，促进参政议政成果的转化落实。政协建议案、重要建议和调研报告，党委、政府负责同志要认真阅批并提出处理意见。特别重要的应提交党委常委会或政府常务会议讨论。规范政协建议案办理的程序，明确承办机构和人员，并加强督查落实。党委、政府负责同志签批的政协建议案、调研报告、社情民意，承办单位应将办理情况在1个月内做出书面答复；涉及经济社会发展重大问题、重大决策的，应在3个月内答复。要把采纳政协建议、促进参政议政成果转化落实，作为党政部门工作责任制考评的重要内容。

五、切实抓好政协的自身建设

重视发挥民主党派、工商联、无党派人士在政协中的作用。支持他们参与本地重大政策的讨论协商及其履行职责的各种活动。尊重和保障各民主党派、工商联在政协各种会议上以本党派、团体名义发表意见的权利，尊重和保障各民主党派、工商联和无党派人士开展视察、提出提案、举报、反映社情民意以及参与调查和检查活动的权利。政协组织要与各民主党派、工商联就政协内部的重要事项进行积极的沟通和协商。

充分发挥政协专门委员会在政协工作中的作用。加强政协专门委员会的组织建设。政协专委会从现在的3个，再增设2—3个，从工作需要出发，配齐配全政协专门委员会，分别为提案委员会、经济与人口资源环境委员会、教科文卫体委员会、农村工作委员会、学习宣传与文史资料委员会、民族宗教与社会委员会，同时作为必设机构，在政协设立社情民意信息中心。

要重视发挥政协组织的界别优势和委员的主体作用。由界别组成是政协的显著特色，要积极探索发挥政协界别作用的方法和途径。界别可依托政协专委会开展活动，也可单独组织各种更具特色的活动；要通过界别渠道密切联系群众，扩大团结面，增强包容性；要充分应用界别视察、调研、发言、提案等形式，反映各界群众的需求，协调关系、化解矛盾、理顺情绪、增进社会各阶层和不同利益群体的和谐。

在政协组织中，委员是主体，政协的潜力在委员，希望在委员，要组织好政协委员的学习和培训，每年至少要组织两次政协委员的集中培训，加强对委员的社会主义核心价值体系建设教育，自觉践行社会主义荣辱观，促进委员政治素质的提高。政协委员要遵守政协章程，履行委员职责，密切联系群众，积极参加政协组织的会议和活动。各有关部门要尊重和依法保护政协委员的各项民主权利。要积极办理和落实政协委员反映的社情民意，并及时向反映者进行反馈。要支持政协组织委员开展各项视察调研活动。委员所在单位，要支持他们参加政协的各种会议和活动，保障其各项待遇不因参加政协会议和活动而受到影响。任何单位和个人不得对提出批评意见的政协委员进行打击和报复。

加强政协基层组织建设。基层政协组织在发扬社会主义民主，构建社会主义和谐社会，团结调动各方面人士，特别是非公有制经济代表人士的积极性，促进区域经济社会发展等方面有重要地位和作用。乡镇、街道政协联络组改设为政协工作委员会，政协联络组长改任为政协工委主任，基层统战员，民族宗教助理员担任工委成员，做到机构明确、队伍健全、活动规范、经费保障。基层政协工委主任由区委提名，区政协常委会任命，同时进入同级党委班子。

进一步加强政协委员队伍建设与管理。政协党组和党委组织部、统战部要根据《政协章程》的规定，按照中央、省委和市委的要求，进一步改进和规范政协委员推荐、选拔、产生、撤销的方式和程序。政协党组要根据了解和掌握的委员参加政协工作的实际情况，向党委提出委员留任和调整的具体建议。党委组织、统战部门提出委员初步人选后，应及时征求同级政协党组的意见，真正把社会威望高、参政议政能力强、热心政协事业的各界人士推荐到政协中来。要坚持主席联系常委、常委联系委员，建立定期走访委员制度。要建立健全奖惩激励机制，实行委员动态管理，对委员撰写提案、反映社情民意、提出意见和建议、参加政协活动等内容进行量化考核。对多次不参加政协活动、不能履行委员职责的委员予以劝辞；严重违纪违法的撤销其委员资格，依纪依法处理；要对在履行政协职能中做出突出贡献的民主党派、工商联、人民团体、界别和政协委员进行表彰奖励。要尊重和依法保护政协委员行使各项民主权到，各级、各部门、各单位要大力支持委员工作，在时间、经费等方面要提供保障，为政协委员履行职能提供便利。政法机关对涉嫌犯罪的政协委员采取强制措施前，应按中央政法委规定，向政协党组通报；情况紧急的，可同时或事后及时通报。纪检监察机关对政协委员实行“两规”“两指”前，应按规定向委员所在政协党组通报。对提出批评、意见和建议的政协组织和政协委员进行打击报复的，要依纪依法严肃处理。

加强政协机关建设，要重视政治理论学习，坚持以邓小平理论和“三个代表”重要思想武装政协干部头脑，牢固树立和全面落实科学发展观，深入学习胡锦涛总书记在庆祝人民政协成立60周年大会上的讲话精神，弘扬与时俱进和改革创新精神，大兴求真务实之风，提高全局观念、服务意识和政策水平。要加强政协机关的制度建设，保证机关工作协调统一、规范有序进行，为政协履行职能，积极开展工作提供保障。要合理确定政协机关的机构设定和人员编制，按照核定的机构及领导职数配足配齐科级正职，副科职数根据情况适当配备，条件成熟时可配备一名非党副秘书长，适当增加事业人员编制和工勤人员编制，政协常委会可配适当数额的专职常委或者驻会常委。政协常委逐步实现职务化，可享受科级政治待遇。各民主党派主委可比照惯例和相关规定落实相应的政治待遇。

加强政协理论学习和研究。要高度重视政协的理论学习和研究，正确处理政协理论与实践的关系。一方面要通过政协工作的实践和创新为理论研究提供依据，丰富和发展政协理论。另一方面要加强政协理论的学习和研究，用政协理论武装政协委员的头脑，指导和推动政协工作创新，把政协工作实践变成实实在在的工作成果。

六、加强和改善党对政协工作的领导

要把政协工作摆在重要的位置上，纳入党委的重要议事日程。各级党组织要按照总揽全局、协调各方的原则，进一步加强和改善党对政协工作的领导，支持政协依照章程、独立负责、协调一致开展工作。每届党委在任期内至少召开一次政协工作会议。党委常委会每年至少要听取一次政协工作、民主党派工作、工商联工作和其他统一战线工作的汇报，研究解决政协工作、统一战线工作中的突出问题和困难。党委、政府领导同志，在政协全体会议期间，参加委员讨论和在政协常委会会议期间通报情况，听取意见应形成制度。政协主席和党组书记，列席党委书记办公会、党委常委会和其他有关重要会议。政府召开全体会议和有关会议时，要邀请政协有关领导列席。党委常务副书记、政府常务副区长联系政协工作。各级党组织要把加强对政协工作的领导，支持政协开展工作，纳入工作目标管理体系。要邀请政协委员参加乡镇、街道办、区直机关领导干部的年度岗位目标考核。党委、政府的重大人事调整、重要干部的选拔、推荐，要有一定比例的政协委员参加。党委督查及责任制考核部门，每年要对中央和省、市委关于政协工作的指示决定、规定和意见的贯彻落实情况进行督查，并将督查结果向党委汇报，作为领导干部进行年度考核的内容。

充分发挥政协党组领导的核心作用。政协党组是政协组织的领导核心，必须坚定不移地贯彻落实党的路线方针政策，把党的有关重大决策和工作部署贯彻到政协的全部工作中。党委、政府要及时向政协党组通报有关重大决策和工作部署。

对政协党组请示的问题，要及时研究答复，政协党组要加强同党外人士的团结合作，推动参加政协的各民主党派，工商联、无党派人士、人民团体和社会各界代表，自觉接受党的领导，使党的主张成为他们的广泛共识。政协党组要按照党委的统一部署和政协章程的规定，配合党委有关部门研究政协换届时，有关届别设置、政协委员名额、人选和常务委员人选以及届中委员调整的有关问题，并提出建议。

进一步加强政协班子和干部队伍建设。要重视政协领导班子建设，把政协机关干部的教育、管理、选拔、交流和使用，纳入干部队伍建设的总体规划。不断优化政协常委会、主席会议组成人员的结构。要重视政协非中共领导干部的培养和使用，保证民主党派、工商联成员和无党派人士在政协委员、常委和领导成员所占比例符合中央和省、市的要求。政协机关中要有一定数量的民主党派成员和无党派成员担任专职领导。党外科级干部提前离岗要适当放宽年龄。要加强政协机关干部的选拔、交流和使用工作，主动与政协进行沟通和协商，为政协机关干部选拔、任用创造条件。要加大政协机关干部与党委、政府机关干部的交流力度。要把培养、选拔党外干部纳入干部队伍建设和人才工作的总体规划，统筹考虑，积极安排。要有计划地安排政协机关干部，特别是年轻干部参加多种形式的学习培训，下基层锻炼，努力造就一支政治坚定、作风务实、学识丰富、业务熟练的高素质政协干部队伍。

要发挥政协委员中共党员的先锋模范作用。政协委员中的共产党员和政协机关中的共产党员，是受党组织委派参加政协工作的，要增强政治意识、大局意识、责任意识和合作意识，认真贯彻执行党的方针政策，带头遵守政协章程，善于和党外人士交朋友，努力成为履行职能的模范、合作共事的模范、发扬民主的模范、廉洁奉公的模范。

要营造全社会重视和支持政协工作的新局面。要把政协统一战线理论，作为党委中心组学习的重要内容，列入党校教学计划，每年至少组织开展一次党员领导干部政协统战理论的培训，提高对政协统战工作的认识。要把区委关于加强政协工作的意见，纳入各级党组织和基层年度目标考核内容。要加强各民主党派的自身建设，充分发挥各民主党派在政协组织中参政作用，宣传部门和新闻媒体要加大对政协工作的宣传力度，广泛宣传中国特色的政党制度，宣传政协的性质、地位和作用，宣传政协参政议政的重大成果，宣传政协民主监督和反映社情民意的实际效果，增强政协的影响力、亲和力、凝聚力，在全社会形成有利于政协事业发展的良好氛围。

要为政协履行职能提供物质保障。确保政协和民主党派的工作经费、专项活动经费和委员经费，区政协委员的经费与市政协委员的经费相等，各民主党派成员的经费与政协委员一样对待。政协各种会议、界别活动、委员活动、社情民意、文史资料等各项支出列入财政预算，给予保障。解决好政协机关和各民主党派、工商联的办公用房、设施、用车、信息化建设等问题，切实改善工作条件。

2010 年 10 月 10 日

中共吕梁市离石区委
关于加强和改进新形势下人大工作的意见

离发〔2013〕13 号

为深入贯彻落实党的十八大精神和省委、市委关于加强和改进新形势下人大工作的意见精神，支持人大及其常委会更好地发挥法定职能，依法保障和促进我区经济社会转型跨越发展。现就加强和改进新形势下人大工作提如下意见。

一、充分认识新形势下加强和改进人大工作的重要意义

1. 人民代表大会制度是保证人民当家作主的根本政治制度。坚持从深入贯彻落实科学发展观、坚持走中国特色社会主义政治发展道路、发展社会主义政治文明的高度，从改革和完善党的领导方式和执政方式、提高党的执政能力建设的高度，进一步深化对人民代表大会制度本质特征的认识，进一步深化对人大及其常委会法定职权的认识，进一步深化对人大工作性质、地位和作用的认识，增强坚持和完善人民代表大会制度的责任感和使命感、把坚持党的领导、人民当家作主和依法治国有机统一起来，把坚持对党负责和对人民负责统一起来，努力开创全区人大工作新局面。

二、切实加强和改进党对人大工作的领导

2. 始终坚持人大工作的正确政治方向。人大工作坚持正确的政治方向，最根本的是坚持党的领导、人民当家作主、依法治国有机统一，核心是坚持党的领导。必须把坚持党的领导作为人大工作的根本原则和工作核心，自觉把人大工作置于党委的领导之下，把党的领导贯穿于人大履职的全过程，落实到人大工作的各个方面，确保党委的主张经过法定程序转变为国家意志。在履行职责过程中遇到重大事项、重大问题应及时向区委请示报告，确保人大各项工作都要有利于加强和改善党的领导，有利于巩固党的执政地位，有利于发挥人民群众的积极性、主动性、创造性。

3. 健全党委领导人大工作制度。区委坚持把人大工作纳入总体工作布局， 摆上重要议事日程，每届召开一次人大工作会议，每年听取人大工作汇报和人大班子集体意见，了解

掌握人大工作动态情况，及时研究解决人大工作中的重要问题。区委、区政府在作出重大决策前，如制定重要规划、建设重大项目、决定重大事项、征求人大常委会的意见。区委召开书记会议和常委会会议，安排人大常委会主任列席参加。区委、政府召开的重要公议、组织的重大活动，可安排人大机关委室主要负责人、人大常委会委员、乡镇（街道）人大主席（主任）参加，坚持党委主要负责同志联系人大工作制度。人大常委会党组成员列席党委全委会和党委常委会等有关会议，参加党委中心组学习。

4. 营造支持人大工作的良好环境。各级党委要发挥“总揽全局、协调各方”的领导核心作用，科学规范党委与本级人大的关系，积极营造支持人大工作的良好环境。区委把监督检查党政干部执行宪法、法律和人大决议、决定作为一项重要工作，把监督检查情况作为党政干部综合考评的重要内容和干部选拔任用的重要依据。“一府两院”及政府各部门，包括垂直管理部门、派出机构等，要认真贯彻落实人大决议、决定，严格按照监督法规定的时限和程序主动提交相关报告，积极配合本级、上级人大及其常委会视察、执法检查，及时研究处理审议意见和建议、批评、意见。区委党校要把宪法、法律和人民代表大会制度知识作为党政干部和公务员培训的必修课程。区委宣传部要把人大工作纳入宣传工作的总体部署，制定相应的意见和办法，形成宣传人大工作的长效机制。新闻单位要创新载体，深化报道，切实增强人大工作宣传实效。

三、进一步支持和保障人大依法行使职权

5. 支持和保障人大依法行使监督权。各级党委要注重发挥人大的职能作用，积极协调解决人大及其常委会在监督工作中遇到的矛盾和问题，保障人大依法监督工作的顺利进行。人大常委会要认真贯彻实施监督法，把推动党委重大决策部署的贯彻落实作为人大监督工作的重中之重，支持人大常委会运用听取和审议专项工作报告、规范性文件备案审查、执法检查、视察、专项工作评议、听审评议、询问和质询、特定问题调查、撤销不适当决定和罢免等法定手段依法开展法律监督和工作监督，增强监督刚性。支持人大及其常委会加强对五年规划、年度计划、经济工作、司法工作、预算执行，重大公共投资项目、政府举债情况、专项资金和非税收入使用情况、审计问题整改等重大问题的监督，认真组织开展侦审案件的评查工作，正确处理监督与支持的关系，增强监督工作的针对性和实效性，促进依法行政和公正司法。支持人大常委会不断完善监督机制，积极探索建立人大财政预算执行在线监督系统，加强对预算执行的动态监督；建立审议报告票决制度，提高常委会审议质量和监督实效；建立常委会审议意见研究处理情况满意度测评制度，促进审议意见落实。加强对规范性文件的备案审查，切实维护国家法制统一。重视和加强人大信访工作，完善信访工作机制，及时反映社情民意，努力化解社会矛盾。

6. 支持和保障人大依法行使重大事项决定权。按照科学执政、民主执政、依法执政的要求，推进决策科学化、民主化，善于把重大决策部署通过法定程序转化为国家意志。凡属人大职权范围内的重大事项，要适时提出建议，依法由人大及其常委会讨论决定。对应由人大及其常委会表决通过并实施监督的重大事项，避免党政联合发文。人大及其常委会要抓住事关全局性、根本性、长远性的重大问题，加强调查研究，广泛听取意见，提高讨论决定重大事项的水平。“一府两院”要不断规范和健全重大事项报告制度，每年年初提出拟提请人大常委会讨论决定的重大事项，并认真落实人大及其常委会的决议决定，主动报告落实情况。乡镇人大主席团、街道人大工委要根据职责要求，积极主动讨论研究本乡镇、街道内涉及公共利益的重大问题，主动向本级人民政府、街道办事处提出意见和建议，或者提请本级人民代表大会审议，必要时，街道人大工委可向区人大常委会作专题汇报。

7. 支持和保障人大依法行使选举任免权。坚持党管干部原则和人大及其常委会依法选举、任免干部的有机统一，认真贯彻《党政领导干部选被任用工作条例》和地方组织法等政策法律法规。由人民代表大会选举或人大常委会任免的干部，党委在推荐时，应事先向人大常委会党组和人大常委会组成人员中的党员介绍党委的推荐意见。如果人大代表或人大常委会组成人员对所推荐人选提出不同意见，党委应当认真研究，并作出必要解释或说明。如果发现有事实依据足以影响选举或任命时，党委应建议人大或其常委会依照规定的程序暂缓选举任命，或重新推荐人选。人民代表大会的临时党组织、人大常委会党组、人大常委会组成人员和人大代表中的党员，要认真贯彻党委意图，带头依法办事，正确履行职责。加强对选举工作的领导，坚持差额选举制度和联名提名候选人制度，坚决查处违反选举法律法规、破坏选举工作的行为，切实保障选民和代表的合法权利。尊重和维护人大及其常委会的选举、表决结果、凡依法应由人大及其常委会选举或任免的干部，必须在选举或作出任免决定后方可对外公布；选举和任命干部在法定任期内原则上要保持稳定，个别确需调整的必须严格依照法定程序办理。完善人大常委会会任命干部的任前法律知识考试、任前表态发言，颁发任命书、提交年度工作述职报告、离任经济责任审计等制度。人大常委会要积极探索干部任后监督的新机制，人大常委会决定任命的干部要向人大常委会报告履职情况。人大及其常委会选举和任命的干部涉及违法违纪时，纪检监察机关、组织部门和司法机关应与人大常委会加强沟通协调，按法定程序办理。

四、充分发挥人大代表主体作用，支持和保障代表依法履职

8. 着力增强人大代表素质和履职能力。要加强对人大代表推荐、选举工作的领导，坚持人大代表广泛性、代表性和先进性的统一，不断优化代表的组成结构。在推荐、提名人大代表候选人时，要十分重视代表的政治素质和履职能力，事先充分听取人大常委会党组或乡镇人大主席团的意见。连任的代表一般要占代表总数的三分之一以上，并把履职情况作为提名的重要条件。区人大常委会党组和乡镇人大主席团要积极参与提名推荐代表候选人的工作，对本届积极履职的代表，可按代表结构要求提名为下一届人大代表候选人建议人选。完善人大代表履职登记、学习培训以及其他促进代表工作的激励约束机制，增强代表履职意识，不断提高代表素质和执行职务能力。

9. 支持和保障人大代表依法履职。尊重和维护宪法和法律赋予人大代表的各项权利，保障代表的知情权参与权、表达权、监督权。人大常委会要坚持邀请代表列席人大常委会会议和参加人大常委会的活动，组织代表专题调研、视察和监督重点工程项目建设。“一府两院”及有关部门要建立与代表的经常性联系制度和沟通交流平台，为代表获取必要的信息和资料提供服务。要注重人大代表有人代会召开期间和大会闭会期间依法提出建议、批评和意见的办理等，建立代表建议意见办理、落实和考核、评价体系。要积极探索代表集体约见“一府两院”负责人，并就“一府两院”工作提出询问、意见和建议的途径。代表依法执行职务时，有关组织和个人应当积极配合，提供真实情况。要丰富闭会期间代表活动内容，切实加强对人大代表的联络服务工作。区人大可设立人大代表联络工作机构，乡镇、街道人大可设立“人大代表之家”。区财政按照《代表法》规定，安排区、乡人大两级代表活动专项经费，切实保障代表依法履职。代表所在单位、部门要为代表执行职务提供必要的时间和物质保障。对妨碍代表执行代表职务或侵犯代表权益的行为，依法严肃查处。

10. 进一步规范人大代表活动。人大代表要模范遵守宪法和法律，正确执行代表职务，认真履行代表职责。要把执行代表职务与从事本职工作严格分开，不得借执行代表职务进行个人职业活动、为本人或他人谋取不当利益。履行代表职责时对涉及本人或亲属的具体案件应当回避。代表个人不得干预具体司法案件的审理和执行。执行代表职务活动时，不得接受企事业组织、社会团体和个人出资赞助，要积极参加代表活动、密切与选民、选举单位联系，自觉接受监督。要开展区乡人大代表向原选区选民报告履职情况活动，增强活动实效。担任领导职务的代表，要带头依法履行代表职责。

五、进一步加强人大常委会机关建设和干部队伍建设

11. 加强制度建设。加强人大常委会依法行使职权的各项制度建设，坚持和完善各项工作制度，努力提高人大工作规范化、制度化水平，树立地方国家权力机关务实、为民、规范、清廉的良好形象。

12. 加强组织建设。优化人大常委会组成人员的年龄，知识和专业结构，适当提高常委会组成人员经济、法律、科技、文化等专业人员比例，特别是中青年专业人员比例。为保持人大工作的连续性和稳定性，新提名的组成人员一般应任满一届，应有不少于三分之一的组成人员能在换届时连任。鉴于人大机关编制严重不足的实际情况，人大常委会主任、副主任、秘书长和专职委员不占人大机关和原所在部门的编制，在全区总编制中单列。区人大常委会专职委员享受正科级待遇。党政部门领导到人大担任人大常委会组成人员的，其工资关系、生活福利待遇可保留在原单位，退休后可根据本人意愿，由原所在单位负责管理。根据人大工作的实际需要，科学设置和确定人大常委会工作机构和人员编制。工作机构设置为：办公司、人事代表工作委员会、农村工作委员会、经济工作委员会、城市环境工作委员会、法制工作委员会、教科文卫工作委员会、人大代表（省、市、区）工作联络处、信访室、研究室和信息中心，每个机构不得少于 2 人。

13. 重视和关心人大机关干部队伍建设。把人大机关干部的培养使用纳入全区干部队伍建设的总体规划，通过选拔任用、挂职锻炼等渠道、提高人大机关干部队伍的整体素质，促进人大机关与区委、政府和其他机关之间的干部双向交流。支持人大开展多种形式的对外交往活动，促进对外经济、文化的交流合作。加强人大机关工作规范化、制度化建设，重视理论研究，加强服务保障，创新工作机制，激活工作活力管理，为搞好人大工作提供有力支撑。

14. 加强乡镇（街道）人大工作。重视乡镇人大建设，健全完善乡镇人大工作制度，充分发挥乡镇人大主席团（街道人大工委）的积极作用，进一步推进基层民主政治建设。根据有关法律法规，乡镇设专职人大主席（街道人大工委主任），配专职副主席 1 名，根据需要可配备专职工作人员。由党委（工作委员会）书记兼任人大主席的乡镇（街道），配备 1 名专职人大常务副主席（副主任），享受正科级待遇，列席同级党委会议，根据工作需要，也可列席书记办公会议。根据《地方组织法》的有关规定，乡镇人大主席、副主席不得兼任政府行政职务。乡镇人大主席团（街道人大工委）要实行挂牌办公，工作经费和代表活动经费列入财政预算，确保专款专用。加强对乡镇（街道）人大工作的领导，支持基层人大依法履行职责，组织本辖区内各级人大代表开展活动。上下级人大之间要加强联系，区人大常委会既积极争取上级人大的支持，又要加强对乡镇（街道）人大的业务指导；乡镇（街道）人大要自觉接受区人大的监督和指导，认真完成区人大安排的工作任务；区、乡（镇）两级人大要积板探索同步履职的联动机制。

区人大、区政府、区法院、区检察院以及各乡镇党委、政府（街道工作委员会、办事处），要根据本意见精神，研究制定本部门本单位贯彻措施。纪检委、组织部、人大办公室等有关部门要加强检查督促，抓好本意见的贯彻落实。

中共吕梁市离石区委

2013 年 8 月 14 日

三　特　载

中华人民共和国民政部
关于山西省撤销离石县设立离石市的批复

民行批〔1996〕28号

山西省人民政府：

你省1994年2月1日《关于撤销离石县设立石州市的请示》（晋政发〔1994〕10号）及补充报告收悉。经国务院批准，同意撤销离石县，设立离石市（县级），以原离石县的行政区域为离石市的行政区域。

民政部

1996年4月29日

山西省人民政府
关于撤销离石县设立离石市的批复

晋政函〔1996〕70号

吕梁地区行政公署：

你区《关于撤销离石县设立石州市的请示》（吕行发〔1993〕112号）及补充报告收悉。经国务院批准，同意撤销离石县，设立离石市（县级），以原离石县的行政区域为离石市的行政区域，不增加机构和编制。

此复。

1996年5月28日

国务院批准离石撤县设市

离石，古为战国赵之邑，西汉始置离石县，北朝北周置石州，明隆庆改称永宁州，民国复为离石县。1946年至1949年，晋绥三专署、离石专署、离石中心县先后设于离石。

中华人民共和国成立后，离石进入了一个新的历史时期，1971年5月山西省组建吕梁行政公署驻于离石，进一步推动了县域经济和社会各项事业的发展。尤其是改革开放以后，离石的发展更是日新月异。城市居民及从事非农产业的人口由于各类企业、事业的发展迅速增长。丰富的资源逐步得到合理开发，县营以上工业企业、乡镇企业及第三产业快速发展，形成了以煤焦为龙头的电力、冶炼、化工、机电、建材、轻工、食品等门类齐全的工业体系。石州大楼、永宁市场、供销大厦、粮贸大厦、石州购物中心等大型商贸市场及各类商业、服务业网点的建设，使离石越来越对吕梁山区九县及陕甘宁部分地区起着辐射作用。城市基础设施得到极大改善，城区日供水能力达 2.4 万吨，自来水普及率达 85%，铺设排水管道 38 条 22.33 公里，建成城市道路 42 条 55.4 公里，硬化铺装路面 102 万平方米，道路铺装率达 94%。307 线、209 线国道及孝柳铁路交汇于此，成为连接晋、陕、甘、宁的交通枢纽。光缆通讯及传真系统、传呼服务均已开通。有线广播电台、微波台及有线、无线电视覆盖率达 97%。科研单位、医疗单位、大中专院校及各类学校达 360 余个（所）。体育场、影剧院、游泳池、歌舞厅等文化娱乐服务功能大大提高。离石已成为吕梁山区政治、经济、文化中心。

1993 年，中共离石县委、县人民政府根据离石发展的客观需求，提出了撤县设市的工作目标，制定了“中心成熟、分层扩展、区位推进”的经济社会发展战略，在继续加强农林牧发展的基础上，加大改革开放和城市建设力度，大力发展城乡二、三产业，走以城带乡的路子，使工贸、交通、通讯和城市基础设施建设得到了新的快速发展。

1994 年 1 月，县人民政府上报吕梁行署、省人民政府申请撤县设市，1994 年 2 月山西省人民政府就离石撤县设市报请国务院。为了加强撤县设市工作，加快撤县设市步伐，地委委员、县委书记黄进明，县委副书记、县长李德芳，县委常委、副县长赵建平多次向民政部和有关部门汇报撤县设市工作，并在京设立办事处，聘请在京老干部刘泽生为办事处主任，办理日常事务。

1996 年 4 月 29 日，经国务院批准，民政部以民行批〔1996〕28 号文批复，撤销离石县设立离石市。1996 年 6 月 26 日，中共离石市委、市人民政府举行了隆重的撤县设市庆典，吕梁地委委员、离石市委书记黄进明主持庆典大会，市委副书记、市人民政府市长李德芳发表讲话，国家和山西省、吕梁地区等有关部门领导及离石市区 7 万余人参加庆典活动。由此，有着 2300 余年县、州建制的离石步入一个新的历史阶段。

山西省人民政府关于同意撤销吕梁地区和县级离石市设立地级吕梁市和离石区的批复

晋政函〔2003〕236 号

吕梁地区行政公署：

你署《关于撤销吕梁地区和离石市设立地级吕梁市实行市领导县体制的请示》（吕行报〔2003〕14 号）收悉。经国务院批准，现批复如下：

一、同意撤销吕梁地区和县级离石市，设立地级吕梁市。市人民政府驻新设立的离石区永宁中路。

二、吕梁市设立离石区，以原离石市的行政区域为离石区的行政区域，区人民政府驻交通路。

三、吕梁市辖原吕梁地区的交城县、文水县、兴县、岚县、临县、方山县、中阳县、柳林县、交口县、石楼县和新设立的离石区，原吕梁地区的县级汾阳市和孝义市由省直管，由吕梁市代管。

吕梁市的各类机构按照"精简、效能"的原则设置，所需人员编制和经费由你市自行解决。

2003 年 11 月 23 日

四 神话传说

陈抟奇闻

山城离石，古称石州，这座三山环抱、二水萦绕的古城，地处要塞，历史悠久。城四周有龙、凤、虎三山合围。凤山不高，只需半个时辰，即可登上顶峰，然而，“山不在高，有仙则名”。因一代道仙陈抟在此羽化登仙，遂使凤山声名远播，留下诸多神奇传说。

陈抟，字图南，号扶摇子，安徽亳州人。幼及五岁，口不能言。一日在河边戏水，有青衣媪召置怀中乳之，赠书一册，嘱其熟读。从此，陈抟言语清晰，过目成诵。及长，应考进士，名落孙山，双亲亦亡，遂尽散家财给贫民，立志扶危救主，不慕荣利。先居武当山石岩，修炼道家功德，夜梦青衣媪授以炼形归气、炼气归神、炼神归灵之法，声名大震，后入华山白云观传道。精于易经，擅长诗文，著有《心相篇》《指玄篇》《钓潭集》，皆言道妙，诗作颇丰。

一日先生骑驴来到汴京，遇赵匡胤于街市，遂坠驴抚掌大笑曰：“从此天下定矣！”未几，太祖果然登极，太祖召先生，终不至。兴国初，始奉召，适逢太祖率兵御征河东，先生谏止，太祖不听，后败兵而归，始信先生韬略在胸，非同一般，太祖召先生入朝供职，先生坚辞不就。四年后，先生复至，言及河东可征。于是，太祖平完并州，收复河东，强盛于一时。太祖感其辅佐之德，遣宰相宋琪亲往华山口谢，所赐金银，先生拒受。宋琪问：“先生得玄妙之道，可教人乎？”对曰：“抟不知吐纳养生之理，神仙黄白之事，非有方术可传。假令白日升天，亦何益于世教？圣人博达古今，深究治乱，真有仁明之主，是君臣同德治理之时。”宋琪称善，太祖越加敬重，下诏赐号希夷先生，并屡有诗文往来，先生多言治国之道，安邦之策，太祖深得其要，勤政治国，任人选贤，每有难决之事，即请教于先生，先生之言，总有应验。世传太祖将华山奉送先生，亦在情理之中。李贽将先生列入《藏书》之《外臣身隐传》，足见先生关心社稷安危之德。

有一日，石州飘来一位老道，鹤发童颜，衣帽不整，终日酣睡于凤山脚下古洞之中，终年不醒。偶然醒来，或持帚清扫，或闭目养神，从不见食人间烟火，一时被传为神话。有一华山道士路经石州偶过古洞，纳头便拜，吟诗曰：“古洞帘前碧水流，白云缭绕凤山头。多年不见陈祖面，今逢希夷在石州。”一语点破先生姓名。一时，城郭轰动，人群纷至，争引一睹道仙风采。先生已无疾而终，尤自盘腿打坐，容颜依旧，异香扑鼻，白云绕洞，冉冉升空，其骨即葬于洞旁。后来华山道士集众来取骸骨，揭墓视之，头大如斗，骨赤似丹，香飘袭人，路人闻之者，皆得益延年，高寿而终。华山道士将遗骨分包背运，行至城南，顿觉骨重如山，难于举步，只好重返凤山，复葬于洞旁。从此，空空古洞，香火祭祀者不绝，将先生奉若神明，世尊老祖。先生在凤山仅留七律一首，亦是其心迹之写照：“十年踪迹走红尘，回首青山入梦频。紫陌纵荣争及睡，朱门虽富不如贫。愁闻剑戟扶危主，闷见笙歌聒醉人。收拾旧书归隐去，野花啼鸟一般春。”

明景泰年间，石州官民深念先生忧国忧民之举，不慕荣利之德，慨然捐资，在凤山山腰为先生建一香火享用之地，这便是凤山道院，亦名陈希夷殿。今存殿宇十数处，均为后世补建，形成凤山名胜之整体，入列省级文物保护单位范围。

车相求学传说

明成化年间（1465—1487），石州城北三阳云凤山“天贞观”内设私塾，凤山底村二十多个学童在此求学。有个名叫车相的学童，天赋聪明，勤学好问，所学功课熟读如流，很受先生赏识，凤山道院道士也偏爱他。通常学童下午放学各回其家，唯有车相仍在书房读书。日子一长，先生问他，为何到晚上才回家，就不怕天黑下山路不好走吗？他说：“怕什么，我黑夜回家，眼前不时出现两盏纱灯照明。”道士便向他说：“这是真武祖始显灵，意在点化。你边学文边修道，定能羽化成仙，不过非要三月三遇仙指点，方成正果。”往后，道士经常给他讲经说道，传授修行之法。十三四岁的车相，出于好奇，遵循道士嘱咐，三月三在城北望乡台大路摆酒席迎接仙人到来。这日过往行人不少，都以奇异目光一瞥而过，无人赴宴，直到太阳落山，忽见一头肥头大耳猪尾随八个小猪，跑到席前，拱倒桌上酒席，抢食一空，不知去向。车相甚为晦气，只得收拾桌凳家具扫兴回家。次日，他将经过告知道士，道士说：“我在山上看得清楚，那老猪实为南极仙翁，八个小猪是八仙，这是初次试探你，再等来年三月三遇仙日吧。车相问下年来的是什么仙？道士说到时便知。第二年三月三，车相按上年一样备好酒席，等待仙人赴宴，却迟迟不见有人就餐。午时刚过，大路不远处看见两个顽童，每人手中各拿一块石头，边走边扔，玩耍到席前，不问青红皂白，饱餐一顿而别，这回虽车相稍有晦气，但自知仙缘难遇，心下沉闷，怏怏而归。

车相两次设宴遇仙落空，才知学道修行太难太玄。将设宴遇仙之事说与先生，先生才明白他学业下降原委，劝说他再不要想入非非，还是读圣贤书为好。车相听后，读书比先前更加用功，学业大进。后来，他在科举考试中，院试中秀才，乡试“大比”中举人，夺得第一名“解元”桂冠，是明朝科举取士石州唯一获得显赫功名的读书人。成化二十年（1484）京城礼部举行会试，车相考中甲辰科进士，为尽孝心服侍老母，毕生未出仕，甘愿当家乡私塾先生教书育人。相传有一年，朝廷钱粮差错无法清算。车相算法精妙，户部大臣奏准皇上，下旨将他诏至户部。钱粮清算完毕，车相又返回凤山书院从教讲学。车相辞世后，皇上下旨，特许车氏墓茔雕刻龙头石碑，表其功绩。

于成龙梦餐优钵萝花

于成龙一生极具传奇色彩，23岁中山西第一届副榜贡生，45岁始当县令。期间，他目睹了改朝换代，江山易主的时代巨变；遭遇了中年丧兄失父的人生罹难；感受了文人士子满腹才华却屡试不第的怀才不遇；经历了战争和灾荒频繁的忧患磨砺；游学三立书院饱学了儒家经典；后来，隐居安国寺，留下了一段“梦餐优钵萝花”的传奇佳话。

饱经沧桑的于成龙身处乱世年头，报国无门，心境低落，接受了父兄遗嘱，38岁来到佛门圣地离石安国寺，拜主持纯天和尚为师。当时的纯天法师，精通佛学，对儒学造诣也很深，号称永宁州“四大仙人”之一。

于成龙在安国寺的晨钟暮鼓、素食清灯陪伴下，沐浴吟雪，励志苦读整整六年，潜心研读了儒家的经史子集，翻阅了很多佛教经典。与师父经常在一起谈经论道，磋商学问，结成了“忘年交”，悟透了儒佛真谛，形成了为官不昧“天理良心”的理学理念。

这年深秋时节，安国寺肃穆清幽，丹霞飞涌，侧柏森森，溪水潺潺，木鱼声声，云烟袅袅。是夜，月光如流萤洒落一地，鸟儿停止了聒噪躲起来休息了。秋风瑟瑟吹过婷婷玉立的侧柏枝头，千佛殿东不足十平米的读书楼里，烛光摇曳，于成龙还在静静地伏案苦读。忽然，灯花放亮，于成龙觉得双眼皮酸涩沉重，怎么也睁不开，加上秋寒阵阵袭来，身上冷得抖抖索索，不由得趴在书案上沉沉睡去。

恍恍惚惚中，自己漫步到了滴水崖畔，寺院里五色祥云冉冉再现，瑞气霭霭，抬头望去，莲花峰像一朵盛开的金色莲花，闪闪发光。于成龙不由惊叹：“好一个人间仙境！”隐隐约约，一个白发老仙人驾着一朵莲花祥云，左手托着一朵鲜艳漂亮的大花，右手执把拂尘，悠悠然到了自己面前。拂尘一扫，说：“北冥公，请尝此优钵萝花！”于成龙听话地举起双手，恭恭敬敬接过花儿，嘴巴微微张开，正犹豫如何吃下去？却不料，那花儿神奇地变成了一个小团，“哧溜”滑进了肚子里。于成龙霎时觉得神清气爽，满腹芬芳。他好生纳闷，开口就问：“请问您是何方仙人？因何赐我钵萝花？”这时，突然听到杜家山村里传来一声“咕咕鸣”，又一阵冷风夹着寒意吹来，于成龙冷得浑身一激灵，醒了。嘴里还喃喃着：“仙人赐我钵萝花！”

仔细想，竟是南柯一梦！

自古道“日有所思夜有所梦”，这梦境历历在目，却是为何？莫不是自己又要遭遇什么变故？也罢，还是去请教老师吧，人们都说老师是“仙人”，精通佛学和儒学。这难不倒他老人家。

他穿过千佛殿，敲开了西耳房的门，老师已然在打坐。待听得于成龙说完，微微一笑：“你勿要着急，不必惊慌。这一时之间我也不知。带我检藏后告你。”

三日后，纯天法师面带喜色，告诉于成龙：“北冥啊，我仔细检藏，发现梵语中说这‘优钵萝花’乃是‘优昙花’，是佛教的‘吉祥之花’。仙人赐你‘钵萝花’，预示着好运来临。自古天道酬勤，冥冥中自有轮回定数，你且珍重对待自己的人生，安心修炼，静待时机，努力做一番不平凡的事业吧！”

一席话听得于成龙颇感释怀。

时光荏苒，转眼间到了冬天。一日，纯天法师云游归来，风尘仆仆叫来于成龙：“北溟，你的好运果真来了。”

“此话怎讲？师父不必取笑弟子啦！半世蹉跎，一事无成，心有不甘，却也无奈！”于成龙惭愧地说道。

“呵呵，我此番外出，打听到新皇帝要不拘一格选用明朝士子。今朝廷正值用人之际，你也该出山施展你的平生抱负了。你不是常说大丈夫当胸怀天下，心系百姓，大忠大孝大爱才是真男儿？”

于成龙心想，中华大地本为一家，且不论谁掌管天下，只有百姓安居乐业才是天道。我满腹才学，今番也应该有用武之地了。佛说我不下地狱谁下地狱，该是我施展抱负了。于是，对纯天大师信誓旦旦：“师父放心，弟子定不负恩师教诲，此行出仕，绝不以温饱为志，誓不昧天理良心……”

果不其然，翌年春天，四十五岁的于成龙，经过层层严格考核，最后以优异的成绩，谒选广西罗城知县。临行前，来安国寺拜祭师父，耳房依然，经卷还在，仿佛书声朗朗，然物是人非，师父已在自己离开的日子圆寂了。触景生情，回想起去年梦中吃花，师父解梦的情景，不禁潸然泪下，挥笔写下了一首七律：“优昙曾记梦中餐，山寺日高柏水寒。云绕佛龛常五色，香飘精舍比芝兰。生平未识金银气，偶尔轻抛麋鹿滩。四十年来魔障尽，好教拂袖紫霞端。”

自此，于成龙壮志满怀，豪情激荡，怀揣“天理良心”，走出了安国寺，泪别了家乡永宁州，踏上了他大器晚成、官至两江总督的为官生涯，成就了“天下第一廉吏”的清官楷模……

金香炉之谜

相传距离石县城四十五华里的兰若山上，有一古刹，名金阁寺，在附近州县也很有名，人们都说“先有金阁寺，后有石州城”。

据说很久以前，金阁寺风景优美，一年四季香烟缭绕，仙气袅袅，香客更是络绎不绝。日子久了，寺内渐渐地积累了不少金银等财物。寺里的主持为了便于保管、防止乱花，并想着如何将这批财物传与后人，以便将来维修金阁寺的时候使用，于是先将这批财物换成了金子，同时请来一名银匠，将这批金子铸成一个金香炉。这时，主持想了一个巧妙的办法，秘密把金香炉保存了起来，把保存地点编成一句暗语哑谜：“里七步，外七步，七步里头金香炉。”并请石匠刻在了寺内的一块碑上。

后来，历经数代，很多人根据这句谜语，从各方分析、探索，均未得到金香炉。据说，有的人从主殿门口数起步子，有的人从山门数起步子，有的人则从主殿神像座下数起步子，但是奇怪的很，这些人不论是前、后、左、右、里、外七步，哪怕挖地三尺，也都没找到金香炉的影子。此后，人们议论起来也都说这只是个谜语而已。

直到清代，有一年金阁寺庙会刚刚结束，这天黄昏时刻，人烟稀落，来了临县招贤的一名穷秀才，游走完山寺，看过碑刻，最后去拜佛、上香。上香时，他突然发现供桌上的香炉有些特殊，既不像石刻的，也不像铸铁的，处于好奇，仔细观察了片刻，又掂了掂轻重。敬完香，顺手便把香炉也带走了。数日后，这名秀才敲锣打鼓，带着大队人马又来到金阁寺，对金阁寺大小十几个殿宇都进行了维修，并敬献了三件铸铁器皿：大钟 1 口，香炉 1 个、烧表盆 1 个。另外捐了不少布施。不久，这个穷秀才又在招贤村修建了一栋二层楼院。

人们对秀才从金阁寺上香回来的突然发迹议论纷纷。要想人不知，除非己莫为。年长日久，人们才知道穷秀才是从金阁寺拿回的香炉正是用油漆和布裹着的金香炉。当时主持正是巧妙利用了“七步”与“漆布”的谐音，编成暗语哑谜，实为“里漆布，外漆布，漆布里头金香炉”。

聚宝盆妙闻

数百年来，在金阁寺方圆百里一直流传着一个故事：元代，金阁寺有位百岁高龄的主持和尚，每天分配一名小和尚割草喂驴。开始，小和尚在靠近寺的周围割草，日割日少，只好到远处寻找。有一天，小和尚发现远处一个向阳的山洼洼里，长着又高又嫩的一种草——棘子草。这种草，金阁寺山上其他地方并不长。小和尚一口气便割了一捆，由于山洼洼只有一孔窑洞大小，正好能割一捆，第二天，小和尚路过此处时，发现割过的草，一夜之间又长了那么高。他想这又能割一捆，便在山上玩起来，赶到太阳快下山时去割草，正好一捆，便回寺交差，从此，小和尚日日如此。时间长了，其他和尚发现小和尚每天背回的草都长得一模一样，感到奇怪，便告知主持。主持开始不信，观察好几天，发现确是事实，便把小和尚叫去，问道：“草是在哪割的？”小和尚说：“在远处的一个山洼洼里割的，”主持问：“草地有多大？”小和尚答：“有一孔窑洞大小。”主持又问：“怎么你每天都割这种草？”小和尚答到：“反正今天割了明天又长高了，正好能割一捆。” 主持觉得这件事很蹊跷。第二天，就跟着小和尚到了那个小山洼洼，一看，果然只有窑洞大小，便令小和尚把草割完，又令挖地三尺。小和尚便从地边开始挖，挖到中心部分时，挖出一粗泥盆，比普通粗碗大一点，并无精致特殊之处。主持拿回寺院后，觉得没多大用处，就放到院子角上，做了喂狗盆。由于寺内和尚甚多，谁也不注意是谁每天喂狗，但盆内总有狗食，也就不再理会了。有一天，阴云密布，大有将要下几天雨的势头。主持便让小和尚把狗食盆拿回住房，放到门背后。晚上，主持查寺回来，随手将拐杖放到门后。次日清早，待主持拿拐杖时，发现昨晚放过拐杖的狗食盆内，长满一盆子拐杖。主持确认这是个聚宝盆，便收藏好。后来，朱元璋起兵时，带兵驻扎马头山上，经常同主持谈古说今、下棋喝茶。经过较长时间交往，主持发现朱元璋是个伟才。在朱元璋带兵开拔时，主持便以聚宝盆相送，朱元璋由于每天带兵打仗，不便携带，便把盆埋到山下的一棵向左扭的柏树下，待日后再拿。在朱元璋走后的第二天，金阁寺山上的柏树都变成了左扭状。朱元璋登基后，又来到金阁寺，发现山上山下的柏树都是向左扭丝的，无法再找到聚宝盆所埋之处，主持也已不在人世。为报答此恩，朱元璋把主持的遗骨重新埋在金阁寺左侧的小山头上，并在埋遗骨处上面盖了 1 座小庙，庙内塑了主持和尚的像，那座小庙至今犹存。

白马仙洞的传说

白马仙洞，位于县城东南 25 千米的下王营庄村九凤山麓，人称黄帝别宫。洞深莫测，多支多脉，洞中有洞，有的迄今尚未完全探明。洞内怪石嶙峋、怪异奇特，池水清澈、溪流潺潺，奇观异景，数不胜数。

据传，古时候下王营庄村有个农民，姓王，名芝，家境贫寒，没有妻室，和年过花甲的老母亲相依为命。王芝五官端正，勤快诚实，天性机灵，为人善良。除了耕种二亩薄田外，整日砍樵卖柴，奉养老母亲。一日到城里卖柴，见路边有人下棋，他连看几盘就学会了，于是兴趣大增。回到家里，自己用桦木制作成棋子、棋盘，不断找人学习对弈，不到半年，方圆十里竟无对手。闲暇之余，常常独自下棋解闷，邻人以之为奇。

有一年，王芝种的莜麦长势格外旺盛。他看着绿油油的麦苗，心下甚喜，作务越发精心，每日打柴归来，路过麦田总要傻看半天，日夜企盼早日丰收。这年夏天，王芝打柴归来，远远望见他家的田里有匹雪白的高头大马正在啃食麦苗。起初，他以为是马主人一时不慎，让马脱缰走失。他急忙放下柴担，飞奔而去将马赶跑。不想此后，那匹白马接连几天，天天到他的田里啃苗。王芝忍无可忍了，他决心要找马主人问个究竟。

这一天，他起了个大早，准备早早砍回柴来，等马一进田，便跟踪马去找马主人。不料，等他出发经过麦田时，发现白马已然在自家田里啃麦苗。王芝顿时怒气冲冲，将扁担一撂，挥起闪闪发亮的斧头直向白马奔去。白马见来人气势汹汹，一惊之下，四蹄腾空，风驰电掣般转身就跑。马在前面跑，人在后面追，人快马亦快，人缓马也缓，追啊追啊，明明是人马相距咫尺，偏偏就是追赶不上。就这样，王芝一直追到九凤山麓，眼见白马面临绝壁后无退路，忽然见它纵身一跃，尾巴平直，四蹄腾空，竖耳昂首，宛如一支离弦的银箭，向一个黑洞飞去。王芝也心一横，紧追不舍，随之入洞。在洞中，白马仿佛一颗夜空的流星，将洞里照得通明透亮，犹如白昼。不知追了多久多远，眼看就要追上了，一眨眼，白马却杳无踪影了。王芝满洞寻找，四下再不见白马，只找见洞壁上有一尺见方状如马型的一片钟乳石，好像马儿从石壁上隐身幻化进去留下的痕迹。他怔怔地看了半天，无奈之下只好准备回家。出洞途中，他时而炙热难耐，时而冷冻难挨；时而果香浓郁，时而花香鸟语。忽然间，他眼前豁然开阔，只见洞内一大片开阔地带，流水叮咚，两位白发银须老人，坐在一块平滑光洁的巨石上，神情专注，对弈厮杀。王芝身不由己临阵观战，看着“红马”要踩“黑车”，情不自禁地脱口便喊：“快！马踩车哩！”两老人头也没抬，异口同声说：“看你的斧子也沤了！”王芝一看，斧把褐上浮白，一捏即碎，斧头斑痕累累，长满红锈。

王芝急忙出洞回到村上，见村庄已面目全非，村中竟无一人相识。他找到一位老者，向其讲述了自己追赶白马的详细经过，并询问自己的母亲及其故宅。老者说：“听老人们说过此事，自那后生将白马赶入洞中，此洞便流传为白马仙洞。但事发何年何月？是否真有其事？因年代久远就不得而知了。”

王芝听了老者的话，转身去看他的土地，路过东川河，见水中映出一位白发银须老人，他大吃一惊，继而恍然大悟。他回头望望村庄，径直向白马仙洞走去。从此，再无人见到过王芝。后来，民间传说是白马仙引渡王芝成为了洞主。后人为此还专门在洞口建祠立碑以兹纪念，时至今日。

姑姑洞传说

姑姑洞也称任神仙洞，位于离石县城东北的大雨梁，与白马仙洞遥遥相对。石洞背南面北，上顶绝壁，下临断崖，只有锹把宽的羊肠小道通经洞口。洞口呈圆形，直径只尺余。

石洞分一、二、三洞。洞中塑有任神仙金身，上身金光耀眼，下身金中杂有焦斑。塑像旁有高米许、宽尺余的醋柳木木碑。洞顶涓水不断，洞中四季潮润，木碑至今毫无腐斑朽痕，堪称一奇。

县境自古多旱，每当旱急，县人便集队到此求神祈雨。

据传，很久以前，德岗村有个叫任国吉的青年，父亲早逝，他与老母亲相依为命，苦度清贫。他早出晚归，整日去十五里外的大雨梁砍柴。母亲日日中午给他送饭。

一日，他对母亲说：“大雨梁已集存干柴九千九百九十九担，我去添足万担即回，今日妈妈就别给儿送饭了。”母亲当面答应，但儿子上山后，她还是按时给儿子送饭去了。

当她挑着饭来到大雨梁山脚时，远远望见儿子端坐柴垛顶上，柴垛四周骤然起火，霎时火光冲天，烟云相接，大雨梁变成火海云山。母亲急得大声哭喊呼救：“快救人！看把我儿烧成个啥了……”她这一喊，竟将儿子万担干柴炼金身的法术破了。因此，洞中的任神仙，上身金光耀眼，下身金中杂有焦斑。

任国吉万担干柴炼金身前，在大雨梁一边砍柴，一边凿石打洞，凿下的石块用放羊鞭赶出洞外。一天，他正挥鞭赶三块巨石出洞，正好被对面山上的放羊娃发现，放羊娃望着小小的洞口大声喊："口小石大，永远也出不来！"任国吉原计划将洞与白马仙洞打通，牧童这一喊，凿下的那三块巨石再也出不了洞，迄今还呆卧在洞口。

神仙洞对面的梁家沟村，有神仙宇。据传，茔地内坟包如山，松柏参天，树破流血，白日砍开，晚上复合，无法砍伐。至今，每年清明节，德岗村任户，还去扫墓祭奠。

任族在德岗村建有上下两院家佛堂，堂内均供有任国吉泥塑金身，佛堂至今尚存。

不知从哪代哪年始，信义、德岗、王村、严村、归化五大村以及回龙塔、半沟村、张家坡、邢家庄等村四周所有小村为一所，天赐德岗任族为所头，代代相传。凡是求神祈雨，请神谢雨，均由德岗村任族牵头主事。

据传，德岗任户为任神仙之家族，马家村郭户为任神仙之舅族，德岗村、马家村人常进洞祈雨，显其亲近。

南瓜巡抚传奇

县城西二里马茂庄，崔氏家族是大户，据其家谱记载，祖先原是陕西碓臼林（约在陕南）。元朝末年连年饥荒，灾民四处逃生，崔氏先人携家带口逃难到山西洪洞县大槐树下，由官府统迁到石州，后定居在马茂庄。

明代初叶，石州社会安定，农民勤于务农，崔氏家族人丁渐旺，开始注重子弟上私塾，读书识字。崔让是崔氏家族第七代人，幼年丧母，常随父一边劳动，一边向别人讨教学《三字经》《百家姓》、四书、五经，过目不忘，成了一个名副其实的童生。有一年父子俩在马茂庄东河滩开了一亩多地种上南瓜。开春风调雨顺，加之精心劳作，南瓜长势喜人，结得又大又多，不料到了农历七月的一天，几声响雷过后，倾盆大雨下了两顿饭的时辰，东北两川河水、枣林沟河水一起暴涨，汇集到马茂庄河里水势更猛，一下子淹没了马茂庄河滩和所有水平地的庄田。崔让父子那块河滩地的南瓜连瓜带蔓被大水冲走。父子二人一看这般情景，先是傻眼，后又抱头痛哭。停了一会，忽见年轻的崔让站立起来，紧握两个拳头伸向天空，仰天大喊："我要上告！"老父一愣，随口说道："憨小子，天塌祸大家，你要告谁？"儿子火气更大："我要告河伯，告老天，白种一回瓜，叫穷人怎活下去呀！"老父无话，只是苦笑一声，父子二人默默走回家中。

果然，崔让当天晚上写了一份告河伯的状子，在锅台案前点香磕头，把状子一把火烧掉后歇心入睡。一会儿，崔让在昏睡中被传去。玉皇大帝开口就说："崔让你好胆大，河伯是一方山河的尊神，你小小年纪，岂有凡人到天庭上告河伯的道理！"说完让掌刑官把崔让扔入刀山治罪。掌刑官打开生死簿一看，回说："崔让乃文曲星下凡，日后有御史、巡抚官位，不可泯灭世间人才。玉皇大帝随即训斥河伯：命你执管河水，为何将有官职的崔家父子南瓜无情冲走？"责令河伯三日之内，损一赔十、损十赔百，依旨执行，不得延误。河伯正要申辩，一声鸡鸣，崔让从梦中惊醒。次日天明，崔让把此梦告说父亲。父亲说："你是心疼南瓜，不必再想了，天无绝人之路，地无不生之财，水里丢了土里寻，好好种咱的地，不信老天不感应。"话虽如此说，可父子俩心里总觉得此梦蹊跷，盼望三日后的动静。到了三日后，当真又是一场暴雨一河水，水势比上次还大。河水退后，父子俩跑到自家河滩地一看，真的堆满一地南瓜，一时担不完，便唤来族人帮忙，将部分南瓜分送了一些给乡邻，还堆满半窑。第二年春旱闹瘟疫，邻村人好多人病了，唯有马茂庄人不得病，都说是吃了崔让家送的南瓜免了瘟病之苦。于是本村和四乡人争买崔让家的南瓜治病，父子俩发了一笔大财，从此崔家变成马茂庄的富户，置田盖房，家业发达。崔让发家后，延师教学，学业精进，一考中举，金榜题名。不久出任京官御史，后任陕西、宁夏巡抚，因此人称崔让为"南瓜巡抚"。

以后，崔让病故于宁夏，灵柩运至石州王家会河岸时，突然雷雨大作，河水猛涨。灵柩放下河水下落，灵柩抬起河水又涨，如此反复数次不得过河，同行孝子以为是河伯报复死后的父亲，便烧香祈祷，才将灵柩平安运回家乡埋葬。

据《永宁州志》记载，崔让是明朝景泰元年（1450）庚午科进士，官至右佥都御史。

五　领导人一览表

2016—2019年离石区委书记　副书记一览表

表附录 -1

职　务	姓　名	性　别	籍　贯	任职时间
书　记	常书铭	男	山西省泽州县	2016年1月—2017年12月
书　记	梁志勇	男	山西省朔州市	2017年12月—2019年12月
副书记	李溢涛	男	临　县	2016年1月—2016年2月
副书记	李　军	男	兴　县	2016年5月—2019年12月
副书记	吕文平	男	方山县	2016年1月—2019年2月
副书记	宋志江	男	汾阳市	2019年7月—2019年12月

2016—2019年离石区人大常委会主任　副主任一览表

表附录 -2

职　务	姓　名	性　别	籍　贯	任职时间
主　任	刘俊禄	男	交　口	2016年6月—2019年12月
副主任	王喜祥	男	临　县	2016年6月—2019年12月
副主任	高友发	男	离石区	2016年6月—2019年12月
副主任	李虎平	男	离石区	2016年1月—2019年12月
副主任	杜永红	男	离石区	2016年6月—2019年1月

2016—2019年离石区人民政府区长　副区长一览表

表附录 -3

职　务	姓　名	性　别	籍　贯	任职时间
区委常委、区长	吕文平	男	方山县	2016年1月—2019年2月
区委常委、区长	李　军	男	兴　县	2019年3月—2019年12月
区委常委、常务副区长	杨顺平	男	临　县	2016年5月—2019年12月

续表附录 -3

职　务	姓　名	性　别	籍　贯	任职时间
副区长	李源春	女	临　县	2016 年 6 月—2019 年 12 月
副区长	白志荣	男	方山县	2016 年 6 月—2019 年 12 月
副区长	刘瑞平	男	离石区	2016 年 6 月—2019 年 12 月
副区长	李瑞刚	男	祁　县	2016 年 6 月—2019 年 12 月
副区长	陈利平	男	柳林县	2016 年 6 月—2019 年 12 月

2016—2019 年离石区政协主席　副主席一览表

表附录 -4

职　务	姓　名	性　别	籍　贯	任职时间
主　席	刘晓勤	男	方山县	2016 年 6 月—2019 年 12 月
副主席	王建新	男	离石区	2016 年 6 月—2019 年 12 月
副主席	刘　静	男	离石区	2016 年 6 月—2019 年 12 月
副主席	李　新	男	离石区	2016 年 6 月—2019 年 12 月
副主席	任丽梅	女	河北省保定市	2016 年 6 月—2019 年 12 月

六　集体荣誉

1991—2019年离石区（县、市）部门获国家级荣誉一览表

表附录 –5

获奖单位	荣　誉	授奖单位	获奖时间
离石区统计局	第二次全国经济普查先进集体	国务院第二次全国经济普查领导小组	2010 年 1 月
朝阳小学	全国文明校园先进学校	中央精神文明建设委员会	2017 年 10 月

1991—2019年离石区（县、市）政府获省（部）级荣誉一览表

表附录 –6

获奖单位	荣　誉	授奖单位	获奖时间
离石县人民政府	全国八片水土保持重点地区先进集体	水利部	1993 年 6 月
离石区人民政府	治超工作先进县（市、区）	山西省治理非法超限超载车辆工作领导组	2008 年 6 月
	集体三等功	山西省社会主义劳动竞赛委员会	2009 年 4 月
	治超工作先进县（市、区）	山西省治超领导组	2009 年 4 月
	卫生区	山西省爱国卫生运动委员会	2010 年 12 月
	先进县（市、区）	山西省治理非法超限超载车辆工作领导组	2012 年 9 月
	全国义务教育发展基本均衡区	国务院教育督导委员会	2015 年 12 月

1991—2019年离石区（县、市）部门获省（部）级荣誉一览表

表附录 –7

获奖单位	荣　誉	授奖单位	获奖时间
离石县税务局	1991 年度全国税法宣传教育先进单位	国家税务局	1992 年 2 月
离石县人民医院	爱婴医院	中华人民共和国卫生部、联合国儿童基金会世界卫生组织	1994 年 9 月

续表附录 -7

获奖单位	荣 誉	授奖单位	获奖时间
离石市人民医院	山西省抗击非典先进集体	中共山西省委、山西省人民政府	2003 年 7 月
	中国健康扶贫工程—上消化道疾病普查工作先进集体	中国健康扶贫工程组委会	2003 年 11 月
离石县国税局	全省打击偷税骗税专项斗争先进单位	山西省检察院、山西省国税局、山西省地税局	1995 年 7 月
离石市国税局	2002—2003 年度山西省文明单位	山西省精神文明建设指导委员会	2004 年 2 月
离石区国税局	2008—2009 年度山西省文明单位	山西省精神文明建设指导委员会	2010 年 1 月
	2010—2011 年度山西省文明单位	山西省精神文明建设指导委员会	2012 年 4 月
	2012—2013 年度山西省文明单位	山西省精神文明建设指导委员会	2014 年 6 月
	2014—2015 年度山西省文明单位	山西省精神文明建设指导委员会	2016 年 10 月
	2016—2017 年度山西省文明单位	山西省精神文明建设指导委员会	2018 年 2 月
离石市信义镇	1996 年“三五一”造林绿化竞赛活动中成绩显著嘉奖	山西省绿化委员会、山西省林业厅	1997 年 2 月
离石区信义镇	省卫生乡镇	山西省爱国主义卫生委员会	2015 年 12 月
	全省优秀基层党组织	中共山西省委	2016 年 7 月
	“山西省人民满意的公务员先进集体”并记一等功	中共山西省委、山西省人民政府	2017 年 6 月
	第二批全国特色小镇	住建部	2017 年 7 月
	（2017—2019）省卫生乡镇	山西省爱国主义卫生委员会	2018 年 1 月
吕梁地区工商局离石分局	廉政建设先进集体	工商行政管理局国家总局	1997 年

续表附录 -7

获奖单位	荣 誉	授奖单位	获奖时间
吕梁地区工商局离石分局	维护消费者权益“双先”评选中获先进集体	中国消费者协会	1997 年—2001 年
	打假维权满意街	工商行政管理局国家总局	2001 年
离石分局城西工商所	先进工商所	工商行政管理局国家总局	2004 年
离石市人民法院	优秀青少年维权岗	共青团山西省委、山西省高级人民法院	1999 年 12 月
	优秀青少年维权岗	共青团中央、最高人民法院	2000 年 2 月
	山西省法院系统指导人民调解工作先进集体	山西省高级人民法院	2003 年 9 月
离石区人民法院	全省法院新闻宣传工作先进单位	山西省高级人民法院	2006 年 10 月
	荣记集体三等功一次	山西省劳动竞赛委员会	2011 年 4 月
	全省法院立案诉讼服务工作先进集体	山西省高级人民法院	2018 年 7 月
	全国维护妇女儿童权益先进集体	全国妇联	2019 年 11 月
离石市委下乡办	2000 年度先进单位	中共山西省委干部下乡领导组	2001 年 2 月
	2001 年度干部下乡先进单位	中共山西省委干部下乡领导组	2002 年 3 月
离石市人民检察院	先进检察院	山西省人民检察院	2003 年 1 月
离石市人民检察院法警大队	优秀法警队	山西省人民检察院	2003 年 12 月
离石区人民检察院	全省先进基层检察院	山西省人民检察院	2009 年 1 月
	全省先进基层检察院	山西省人民检察院	2013 年 1 月
离石区交通局	2004 年度农村公路建设优秀项目	山西省人民政府	2005 年 1 月
	“十五”期间交通战备工作先进单位	山西省国防动员委员会	2006 年 3 月

续表附录 –7

获奖单位	荣 誉	授奖单位	获奖时间
离石区地税局	2004—2005 年度山西省文明单位	山西省精神文明建设指导委员会	2005 年 12 月
	2006—2007 年度山西省文明单位	山西省精神文明建设指导委员会	2008 年 5 月
	2008—2009 年度山西省文明单位标兵	山西省精神文明建设指导委员会	2010 年 1 月
	2010—2011 年度山西省文明单位标兵	山西省精神文明建设指导委员会	2012 年 4 月
	2012—2013 年度山西省文明单位标兵	山西省精神文明建设指导委员会	2014 年 4 月
	2014—2015 年度山西省文明单位标兵	山西省精神文明建设指导委员会	2016 年 5 月
	2016—2017 年度山西省文明和谐标兵单位	山西省精神文明建设指导委员会	2018 年 1 月
离石区环境保护局	2001—2005 年法制宣传教育先进单位	中共山西省委依法治省领导组	2006 年 5 月
	第一次全国污染源普查先进集体	国务院第一次全国污染源普查领导小组办公室、环境保护部、国家统计局、农业部	2010 年 3 月
离石区档案局	“十五”期间全省档案工作先进集体	山西省人民政府	2006 年
离石区交口街道办事处	山西省关心下一代工作先进集体	山西省关心下一代工作委员会、山西省精神文明建设指导委员会办公室、山西省委老干部局	2008 年 4 月
	2008—2009 年度文明和谐乡镇	山西省精神文明建设指导委员会	2010 年 1 月
	2010—2011 年度文明和谐乡镇	山西省精神文明建设指导委员会	2012 年 4 月
	全省五好基层关工委先进集体	山西省关心下一代工作委员会	2013 年 8 月

续表附录 -7

获奖单位	荣　誉	授奖单位	获奖时间
离石区交口街道办事处	2012—2013 年度文明乡镇	山西省精神文明建设指导委员会	2014 年 6 月
	省级卫生村镇	山西省爱国卫生运动委员会	2014 年 12 月
	2014—2015 年度文明乡镇	山西省精神文明建设指导委员会	2016 年 10 月
	2016—2017 年度山西省文明乡镇	山西省精神文明建设指导委员会	2018 年 2 月
离石区统计局	第二次全国经济普查先进集体	山西省第二次全国经济普查领导小组	2010 年 1 月
	第三次全国农业普查省级先进集体	山西省第三次全国农业普查领导小组办公室	2018 年 5 月
离市区财政局	山西省模范单位	中共山西省委、山西省人民政府	2010 年 4 月
离石区财政局	爱国卫生先进集体	山西省爱国卫生运动委员会	2012 年 12 月
	爱国卫生先进单位	山西省爱国卫生运动委员会	2014 年 12 月
离石区总工会	山西省五一劳动奖状	山西省劳动竞赛委员会	2010 年
	全国工会职工法律援助维权服务示范单位	中华全国总工会	2012 年
	2013 年度基层组织建设创新成果三等奖	中华全国总工会	2013 年
	全国工会落实建会三年规划先进集体	中华全国总工会	2014 年
	《工会信息》编辑部授予《工会信息》发行优秀奖	中华全国总工会	2018 年
	《中国工运》编辑部授予《中国工运》发行优秀奖	中华全国总工会	2018 年

续表附录 -7

获奖单位	荣 誉	授奖单位	获奖时间
离石区纪委监委	2010 年度政风行风评议先进区	山西省人民政府	2011 年 3 月
	2011 年政风行风评议先进区	山西省人民政府	2012 年 2 月
离石区治超办	全省治超工作“优秀县（市、区）”治超办	山西省治理非法超限超载车辆工作领导组	2011 年 6 月
	先进县（市、区）治超办	山西省治理非法超限超载车辆工作领导组	2012 年 9 月
	先进县（市、区）治超办	山西省治理非法超限超载车辆工作领导组	2013 年 5 月
离石区治超领导组	集体一等功	山西省劳动竞赛委员会	2012 年 9 月
离石区残联	全省残疾人工作先进单位	山西省人民政府残疾人工作委员会	2011 年 8 月
	2011 年度全省残疾人工作先进单位	山西省人民政府残疾人工作委员会	2012 年 1 月
	全省第二代残疾人证核发工作先进集体	山西省人民政府残疾人工作委员会	2012 年 4 月
	2012 年度“两刊”宣传工作先进单位	中国残疾人联合会	2012 年 12 月
	2012 年度山西省全国残疾人状况监测先进单位	山西省人民政府残疾人工作委员会	2012 年
	“残疾人之家”	山西省人民政府残疾人工作委员会	2014 年 8 月
	山西省全国残疾人状况监测工作先进单位	山西省人民政府残疾人工作委员会	2014 年 10 月
山西省离石公路管理段	2010—2011 年文明和谐单位	山西省精神文明建设指导委员会	2012 年 4 月
	2012—2013 年文明单位	山西省精神文明建设指导委员会	2014 年 6 月
	2014—2015 年文明单位	山西省精神文明建设指导委员会	2016 年 10 月
	2016—2017 年山西省文明单位	山西省精神文明建设指导委员会	2018 年 2 月

续表附录 -7

获奖单位	荣 誉	授奖单位	获奖时间
离石区信访局	党的十八大期间信访工作先进集体	山西省处理突出问题联席会议	2012 年 12 月
离石区人社局	社保全覆盖 服务一卡通工作先进单位	山西省人民政府	2013 年 1 月
离石区委统战部	2013 年度全国统战工作实践创新成果奖	中央统战部	2013 年 12 月
离石区环卫中心	全国环卫文化建设先进单位	中国城市环境卫生协会	2014 年 9 月
	山西省爱国卫生先进单位	山西省爱国卫生运动委员会	2016 年 12 月
	2016—2017 年度环境卫生行业争优创新垃圾收运类银奖	中国城市环境卫生协会	2017 年 11 月
	2016—2017 年度环境卫生行业争优创新市容环卫作业服务银奖	中国城市环境卫生协会	2017 年 11 月
	2016—2017 年度环境卫生行业争优创新文化建设银奖	中国城市环境卫生协会	2017 年 11 月
离石区工商联	2016 年全国“五好”县级工商联	中华全国工商业联合会	2017 年 3 月
	2017 年全国“五好”县级工商联	中华全国工商业联合会	2018 年 5 月
离石区滨河街道办事处	在第三次全国农业普查工作中，高标准完成各项任务，被评为省级先进集体	山西省第三次全国农业普查领导小组办公室	2018 年 5 月
离石区滨河街道司法所	全国楷模司法所	—	2018 年 5 月
离石消防大队	集体二等功	山西省劳动竞赛委员会	2018 年 10 月
离石区委政法委	全国法治县（市、区）创建活动先进单位	全国普法办公室	2018 年
离石区疾控中心	心血管病高危人群早期筛查与综合干预项目 2018 年度先进项目点	国家心血管病中心、心血管病高危人群早期筛查与综合干预项目管理办公室	2019 年 9 月

1991—2019 年中共离石区委　离石区政府获地（厅）级荣誉一览表

表附录 -8

获奖单位	荣　誉	授奖单位	获奖时间
中共离石区委	平安建设先进区	中共吕梁市委	2006 年
	2011 年度平安建设先进区	中共吕梁市委、吕梁市人民政府	2011 年
	2011 年度全市社会治安综合治理先进区	中共吕梁市委、吕梁市人民政府	2012 年
离石区人民政府	2007 年度教育工作先进区	吕梁市人民政府	2008 年 3 月
	2008 年度教育重点工作考核先进区	吕梁市人民政府	2009 年 3 月
	2008 年度治超工作“优秀县（市、区）”	吕梁市人民政府	2009 年 5 月
	全市公安“五大系统工程”建设优秀单位	吕梁市人民政府	2010 年 3 月
	2009 年重视档案工作先进集体	吕梁市人民政府	2010 年 3 月
	2008—2009 年度消防工作先进集体	吕梁市人民政府	2010 年 3 月
	2009 年度安全生产责任制考核先进单位	吕梁市人民政府	2010 年 4 月
	推进民营经济转型发展先进区	中共吕梁市委、吕梁市人民政府	2010 年 9 月
	2010 年度教育重点工程先进区	吕梁市人民政府	2011 年 3 月
	全市街巷硬化全覆盖工作先进集体	吕梁市人民政府	2013 年 3 月
	2013 年度交通重点工程建设先进单位	吕梁市人民政府	2014 年 2 月
	山西省社会主义新农村建设档案工作示范区	山西省民政厅、山西省农业厅、山西省档案局	2015 年 6 月
	2014—2015 年度消防安全工作先进单位	吕梁市人民政府	2016 年 3 月
	离石区庆祝中华人民共和国成立 70 周年歌咏比赛三等奖	中共吕梁市委、吕梁市人民政府	2019 年 9 月

1991—2019年离石区（县、市）部门获地（厅）级荣誉一览表

表附录-9

获奖单位	荣　誉	授奖单位	获奖时间
离石县农业经济开发合作社	先进集体	中共吕梁地委、吕梁地区行政公署	1991年2月
	农业战线先进集体	中共吕梁地委、吕梁地区行政公署	1992年3月
	红旗单位	中共吕梁地委、吕梁地区行政公署	1992年6月
山西省离石公路管理段	1990年度社会主义主题教育先进集体	山西省公路局	1991年3月
	1990年度“争先夺标”先进单位	山西省公路局	1991年4月
	1991年度“争先夺标”先进单位	山西省公路局	1992年3月
	1992年度“创优夺标”劳动竞赛先进集体	山西省公路局	1993年3月
	1993年度“争先夺标”标兵公路段	山西省公路局	1994年3月
	1994年度“争优夺标”十佳公路段	山西省公路局	1995年5月
	1995年度绿化先进单位	山西省林业厅绿化委员会	1996年3月
	山西省二级“机关档案管理达标”	山西省档案局	1999年12月
	2008年度政风行风建设先进部门	吕梁市人民政府	2009年5月
	2009年度抗冰雪、保畅通先进集体	山西省公路局	2010年2月
	2009年度全省公路系统劳动竞赛安全生产先进集体	山西省公路局	2010年2月
	全省公路系统国有资产管理先进集体	山西省公路局山西省公路学会筑机工程委员会	2010年5月

续表附录 -9

获奖单位	荣　誉	授奖单位	获奖时间
山西省离石公路管理段	2011 年度南海滩道班劳动竞赛先进道班	山西省公路局	2012 年
	2012 年度安全生产先进集体	山西省公路局	2013 年
	2018 年度菜子掌标兵道班	山西省公路局	2019 年 3 月
离石县供销合作社	文明单位	中共吕梁地委、吕梁地区行政公署	1993 年 1 月
	在吕梁地区技术攻关扭亏增盈成果发布会上被评为扭亏增盈二等先进集体，并记二等功	吕梁地区劳动竞赛委员会、山西省总工会吕梁地区办事处	1993 年 3 月
离石区供销合作社	2008—2009 年度社会治安综合治理工作先进集体	中共吕梁市委、吕梁市人民政府	2010 年 3 月
离石县妇幼保健计划生育服务中心	1991 年度 5 岁以下儿童死亡监测先进集体	山西省卫生厅	1993 年 7 月
离石区妇幼保健计划生育服务中心	巾帼文明岗	山西省妇女联合会	2011 年 9 月
	2006—2011 年度实施“降消”项目先进集体	山西省政府妇儿工委、山西省卫生厅	2012 年
	2012 年山西省新生儿疾病筛查工作标本管理先进单位	山西省妇幼院、山西省妇幼保健协会	2013 年 4 月
离石县总工会	先进县工会	山西省总工会	1994 年
离石市总工会	先进县工会	山西省总工会	1997 年
离石区总工会	山西省县工会工作标兵单位	山西省总工会	2007 年
	推行行业（区域）集体合同工作先进单位	山西省总工会	2009 年
	安康杯竞赛优秀组织单位	山西省总工会、山西省安全生产监督管理局	2010 年
	先进区工会	山西省总工会	2011 年
	山西省十佳县工会	山西省总工会	2011 年
	先进集体	山西省总工会	2011 年

续表附录 -9

获奖单位	荣　誉	授奖单位	获奖时间
离石区总工会	先进单位	山西省总工会	2012 年
	全省行业工资集体协商先进单位	山西省总工会	2014 年
	法律和集体合同工作特别奖	山西省总工会	2014 年
	安康杯竞赛优秀组织单位	山西省总工会 山西省安全生产监督管理局	2014 年
	2014 年工资集体协商提质增效工作先进县	山西省总工会	2015 年
离石县土地管理局	1995 年度完成国土收益任务先进集体	山西省土地管理局	1996 年 3 月
离石市国税局	扶持发展福利生产先进单位	山西省民政厅	1997 年 10 月
	山西省青年文明号	共青团山西省委、山西省国税局	1998 年 1 月
	引深推进执法责任制和错案责任追究制先进单位	山西省人大常委会 吕梁地区工作委员会	2002 年 2 月
离石区国税局纳税服务科	山西省巾帼文明岗	山西省妇女联合会	2013 年 7 月
离石区国税局	山西省国税系统金税三期工程和“营改增”工作集体三等功	山西省国税局	2014 年 6 月
吕梁地区工商局离石分局	先进单位三等奖	山西省工商局	1997 年
	先进集体	山西省工商局	1997 年、1998 年
	先进集体	山西省工商局	1999 年、2000 年
	宣传《中华人民共和国消费者权益保护法》先进集体	山西省消费者协会	2000 年
	打假维权先进集体	山西省工商局	2001 年
	先进基层党组织	山西省工商局	2001 年
	党报党刊先进集体	中共吕梁市委	2001 年
	消费者协会先进集体	山西省消费者协会	2001 年

续表附录 -9

获奖单位	荣 誉	授奖单位	获奖时间
吕梁地区工商局离石分局	全省保护消费者合法权益先进集体	山西省工商局、山西省消费者协会	2001 年
	先进集体	山西省工商局	2001 年、2002 年
	“12315”消费者申诉举报中心先进集体	山西省工商局	2003 年
	廉政建设先进集体	山西省工商局	2003 年
吕梁市工商局离石分局城西工商所	先进集体	山西省工商局	2005 年
	青年文明号	共青团山西省委	2006 年
吕梁市工商局离石分局	2009—2013 年度工商行政管理系统先进集体	山西省人力资源和社会保障厅、山西省工商行政管理局	2014 年 1 月
离石市煤管局	先进地市以下煤炭管理部门	山西煤炭工业管理局	1998 年 2 月
离石区煤炭工业局	政风行风先进单位	山西省煤炭工业局	2006 年 2 月
	2007 年度煤炭工业管理先进单位	吕梁市人民政府	2008 年 2 月
	2011 年度煤炭工业工作责任制考核优秀单位	吕梁市人民政府	2012 年 3 月
离石区煤炭局	2012 年度安全质量标准化建设先进单位	吕梁市人民政府	2013 年 4 月
离石市红眼川乡党委	农村“三个代表”学教活动先进集体	中共吕梁地委	2002 年 7 月
离石区红眼川乡党委	全市三级联创活动先进乡镇党委	中共吕梁市委	2004 年 10 月
	保持共产党员先进性教育活动先进集体	中共吕梁市委	2006 年 7 月
离石区红眼川乡	2005 年度经济林发展先进乡	中共吕梁市委 吕梁市人民政府	2006 年 3 月
	2010 年度平安建设先进乡镇	吕梁市社会治安综合治理委员会	2011 年 3 月
离石市工商联	2002 年度先进组织	山西省总商会	2002 年 12 月

续表附录 -9

获奖单位	荣 誉	授奖单位	获奖时间
离石市工商联	先进集体	中共吕梁地委	2003 年 7 月
离石区工商联	2004 年度先进组织	山西省总商会	2004 年 12 月
	2005 年度先进县级工商联	山西省工商联合会	2006 年 7 月
	2006 年度先进单位	山西省工商业联合会	2007 年 1 月
	统战工作先进集体	中共吕梁市委	2007 年 4 月
	全省工商联系统先进集体	山西省工商联	2009 年 2 月
	先进单位	山西省总工会	2009 年 2 月
	优秀会员企业	吕梁市人民政府	2010 年 6 月
	2009 年度先进单位	吕梁市人民政府	2010 年 6 月
	先进单位	山西省总工会	2011 年 12 月
	先进集体	山西省工商业联合会	2012 年 12 月
离石市交通局	2002 年度劳动竞赛标兵县交通局	山西省公路局	2003 年 1 月
	2002 年度交通战备工作先进单位	山西省国防动员委员会交通战备办公室	2003 年 4 月
	吕梁地区抗击非典先进集体	中共吕梁地委、吕梁行政公署	2003 年 7 月
	2003 年度劳动竞赛标兵县交通局	山西省公路局	2004 年 1 月
离石区交通局	群众满意先进单位	山西社会事务调查中心	2005 年 1 月
	全省县际及农村公路建设文明施工先进集体	山西省交通厅	2005 年 1 月
	2004 年度先进集体	山西省交通征费稽查局	2005 年 1 月
	2004 年度劳动竞赛标兵县交通局	山西省公路局、山西省公路局劳动竞赛委员会	2005 年 1 月
	2004 年度社会治安综合治理	中共吕梁市委、吕梁市人民政府	2005 年 3 月
	吕梁市文明单位（2004—2005）	吕梁市精神文明建设指导委员会	2005 年 3 月

续表附录 -9

获奖单位	荣 誉	授奖单位	获奖时间
离石区交通局	2004 年度交通战备工作先进单位	山西省国防动员委员会交通战备办公室	2005 年 3 月
	吕梁市“和谐之声”广场文化活动优秀组织奖	中共吕梁市委、吕梁市人民政府	2005 年 9 月
	2004—2005 年度村村通水泥（油）路先进集体	吕梁市人民政府	2006 年 3 月
	2015 年度劳动竞赛标兵县交通局	山西省公路局	2016 年 3 月
	十佳标兵县交通运输局	山西省公路局	2018 年 3 月
离石市环境保护局	2002 年度先进单位	吕梁地区行政公署	2003 年 3 月
离石区环境保护局	焦化生产排污费征收先进集体	吕梁市人民政府	2005 年 1 月
	吕梁市环境保护先进单位	吕梁市人民政府	2005 年 5 月
	吕梁市“和谐之声”广场文化活动优秀组织奖	中共吕梁市委、吕梁市人民政府	2005 年 9 月
	全市保持共产党员先进性教育活动先进集体	中共吕梁市委	2006 年 7 月
	环境保护行政执法规范化管理合格单位	山西省环境保护局、山西省政府法制办公室	2007 年
	全市环保攻坚二、三战役突出贡献单位	中共吕梁市委、吕梁市人民政府	2008 年 5 月
	五一劳动奖状	吕梁市劳动竞赛委员会	2011 年 4 月
	“十一五”环境应急管理工作先进单位	山西省环境保护厅	2011 年 4 月
	土壤污染状况调查先进集体	山西省环境保护厅	2011 年 6 月
	2006—2010 年普法依法治理先进单位	中共吕梁市委、吕梁市人民政府	2011 年 11 月
	吕梁市 2010—2011 年度文明单位	吕梁市精神文明建设指导委员会	2012 年 3 月
	全省核技术利用辐射安全综合检查专项行动先进集体	山西省环境保护厅	2013 年 2 月

续表附录 -9

获奖单位	荣　誉	授奖单位	获奖时间
离石区环境保护局	山西省减排先进集体	山西省人力资源和社会保厅、山西省发展和改革委员会、山西省财政厅、山西省经济和信息化委员会、山西省环境保护厅	2013 年 3 月
	吕梁市 2012—2013 年度文明单位	吕梁市精神文明建设指导委员会	2014 年 1 月
	吕梁市 2014—2015 年度文明单位	吕梁市精神文明建设指导委员会	2016 年 12 月
	吕梁市 2014—2015 年度文明单位	吕梁市精神文明建设指导委员会	2016 年 12 月
离石区环境保护局党总支部	创造争优先进基层党组织	中共吕梁市委	2012 年 6 月
离石市人民法院	争创人民满意政法单位先进集体	中共吕梁地委、吕梁地区行政公署	2003 年 4 月
	争创人民满意政法单位先进集体	中共吕梁地委吕梁行政公署	2004 年 2 月
离石市人民检察院	吕梁地区“严打”整治斗争先进单位	中共吕梁地委政法委员会、吕梁地区社会治安综合治理委员会	2003 年 9 月
离石区人民检察院	2007 年度政法工作先进单位	中共吕梁市委、吕梁市人民政府	2008 年 2 月
	2008 年度政法工作先进单位	中共吕梁市委政法委员会	2009 年 2 月
	禁毒工作先进基层单位	吕梁市禁毒委员会	2013 年 7 月
离石市人民医院	卫生先进单位	山西省爱国运动卫生委员会	2003 年 12 月
离石区人民医院	全省健康教育先进单位	山西省健康教育协会	2004 年 1 月
	2012—2013 年度全省优质护理服务先进病区	山西省卫生厅	2013 年 5 月
	山西省三八红旗集体	山西省妇女联合会	2013 年 12 月
	山西省五一巾帼标兵岗	山西省总工会	2018 年 3 月

续表附录 -9

获奖单位	荣 誉	授奖单位	获奖时间
离石区人民医院	山西省干部驻村帮扶工作模范单位	山西省人力资源和社会保障厅 山西省扶贫开发办公室	2018 年 12 月
离石市财政局	全区宣传思想工作先进集体	中共吕梁地委	2004 年 2 月
离石区财政局	吕梁市宣传思想工作先进集体	中共吕梁市委	2006 年 3 月
	2006 年档案工作先进集体	吕梁市人民政府	2007 年 4 月
	模范单位	中共吕梁市委、吕梁市人民政府	2007 年 5 月
	第二次全国农业普查先进单位	吕梁市人民政府	2007 年 12 月
	2007 年档案工作先进集体	吕梁市人民政府	2008 年 3 月
	2008 年度政风行风建设先进单位	吕梁市人民政府	2009 年 5 月
	深入学习实践科学发展观活动先进单位	中共吕梁市委	2010 年 3 月
	2009 年度民主评议政风行风工作先进集体	吕梁市人民政府	2010 年 4 月
	2010 年档案工作先进集体	吕梁市人民政府	2011 年 3 月
	吕梁市学习型党组织	中共吕梁市委	2011 年 7 月
	2006—2011 年全省财政法制宣传教育先进集体	山西省财政厅	2011 年 12 月
	2011 年政风行风评议先进单位	吕梁市人民政府	2012 年 4 月
	2011 年度煤炭可持续发展基金征收管理工作先进集体	山西省财政厅	2012 年 8 月
	全省清理化解农村义务教育债务工作先进集体	山西省清理化解农村义务教育“普九”债务领导组办公室	2012 年 12 月
	依法行政、依法理财示范点	山西省财政厅	2012 年

续表附录 -9

获奖单位	荣　誉	授奖单位	获奖时间
离石区财政局	亚行贷款项目报账支付先进单位	山西省财政厅	2013 年 3 月
	2012 年度项目管理先进单位	山西省扶贫开发办	2013 年 4 月
离石市审计局	山西省二级机关档案管理达标证	山西省档案局	2004 年 3 月
离石区审计局	2011 年档案工作先进集体	吕梁市人民政府	2012 年 3 月
	会计基础工作规范化达标单位	山西省财政厅	2012 年 3 月
离石市气象局	吕梁地区文明单位	吕梁地区精神文明建设指导委员会	2004 年 4 月
离石区气象局 离石区气象局	吕梁市首届文明单位	吕梁市精神文明建设指导委员会	2006 年 1 月
	2005 年度全省气象部门双文明优秀集体	山西省气象局	2006 年 2 月
	2006 年度全省气象部门双文明优秀集体	山西省气象局	2007 年 1 月
	2007 年度文明和谐创建工作先进集体	山西省气象局	2008 年 1 月
	吕梁市 2006—2007 年度文明和谐单位	吕梁市精神文明建设指导委员会	2008 年 2 月
	2008 年度文明和谐创建工作先进集体	山西省气象局	2009 年 1 月
	2009 年度文明和谐创建工作先进集体	山西省气象局	2010 年 1 月
	吕梁市 2010—2011 年度文明和谐单位	吕梁市精神文明建设指导委员会	2011 年 12 月
	2011 年度文明和谐创建工作先进集体	山西省气象局	2012 年 1 月
	2013—2015 年度山西省气象部门廉政文化示范单位	山西省气象局	2013 年 12 月
	2013—2015 年度山西省气象部门局务公开示范单位	山西省气象局	2013 年 12 月
	2014—2015 年度吕梁市文明单位	吕梁市精神文明建设指导委员会	2016 年 12 月

续表附录 -9

获奖单位	荣 誉	授奖单位	获奖时间
离石市信义镇	科技示范镇	中共吕梁地委、吕梁市人民政府	2004 年 4 月
离石区信义镇	农业农村工作先进镇	中共吕梁市委、吕梁市人民政府	2005 年 3 月
	科技示范镇	中共吕梁地委、吕梁市人民政府	2006 年 3 月
	2010 年度人口和计划生育工作先进镇	中共吕梁市委、吕梁市人民政府	2010 年
	2010 年度安全生产监管监察先进单位	中共吕梁市委	2011 年 3 月
	2011 年度“五好”乡镇党委	中共吕梁市委	2012 年 6 月
	2012 年度“五好”乡镇党委	中共吕梁市委	2013 年 6 月
	2013 年度“五好”乡镇党委	中共吕梁市委	2014 年 6 月
	2016 年度“五好”乡镇党委	中共吕梁市委	2017 年 6 月
	2018 年度“五好”乡镇党委	中共吕梁市委	2019 年 6 月
	一等功	吕梁市社会主义劳动竞赛委员会	2019 年 10 月
离石区委老干部局	离退休干部先进集体	中共吕梁市委、吕梁市人民政府	2004 年 12 月
	先进基层党组织	中共吕梁市委	2006 年 7 月
离石区政法委	社会治安综合治理先进单位	中共吕梁市委	2004 年
	政法工作先进单位	中共吕梁市委	2007 年
	政法工作先进单位	中共吕梁市委	2009 年
离石区档案局	先进集体	吕梁行政公署	2004 年
	2008 年度全市档案工作先进集体	吕梁市人民政府	2008 年
	2011 年度档案业务工作考核三等奖	吕梁市人民政府	2011 年
	2012 年度档案工作先进集体	吕梁市人民政府	2012 年

续表附录 -9

获奖单位	荣　誉	授奖单位	获奖时间
离石区史志办公室	先进集体	中共山西省委办公厅	2005 年 7 月
	新一轮修志工作先进单位	吕梁市地方志编纂委员会	2010 年 12 月
	修志工作先进单位	吕梁市地方志编纂委员会	2011 年 12 月
	2013 年新一轮修志工作先进单位	吕梁市地方志编纂委员会	2013 年 12 月
	2014 年度地方志工作先进集体	山西省地方志办公室	2014 年 12 月
	2015 年度地方志工作先进集体	山西省地方志办公室	2015 年 12 月
	2016 年度县级综合年鉴工作先进单位	山西省地方志办公室	2017 年 1 月
离石区纪委监委	全省“三项整治”工作先进集体	中共山西省委办公厅、山西省人民政府办公厅	2006 年 5 月
	离石区民主评议政风行风工作先进区	吕梁市人民政府	2010 年 4 月
	全省农村党风廉政建设工作先进集体	中共山西省委办公厅、山西省人民政府办公厅	2010 年 4 月
	2009 年度党风廉政建设责任制先进单位	吕梁市党风廉政建设责任制领导组	2010 年 7 月
	2010 年度落实党风廉政建设责任制先进集体	吕梁市落实党风廉政建设责任制领导组	2011 年 2 月
	吕梁市整治“吃拿卡要”问题创优发展环境工作	中共吕梁市委、吕梁市人民政府	2012 年 11 月
	2012 年度民主评议政风行风工作先进单位	吕梁市人民政府	2013 年 5 月
	文明单位（2014—2015）	吕梁市精神文明建设指导委员会	2016 年 12 月
离石区中小企业局	发展民营经济管理服务先进单位	中共吕梁市委、吕梁市人民政府	2006 年 8 月

续表附录 -9

获奖单位	荣 誉	授奖单位	获奖时间
离石区中小企业局	发展民营经济管理服务先进单位	中共吕梁市委、吕梁市人民政府	2007 年 7 月
	2007 年度中小企业工作先进单位	山西省中小企业局	2008 年 1 月
离石区农牧局	山西省第三届农村沼气技术和管理比武 优秀奖	山西省农业厅	2006 年 11 月
离石区农业局	2008 年度农业产业化经营先进区	中共吕梁市委、吕梁市人民政府	2009 年 2 月
离石区农业委员会	秦晋两省动物疫病联防工作 先进单位	秦晋两地第 49 届动物疫病联防委员会	2015 年 9 月
离石区委下乡办	2006 年度干部下乡先进单位	中共吕梁市委	2007 年 1 月
	2008 年度定点扶贫先进单位	中共吕梁市委	2009 年 2 月
	2010 年度全市干部下乡定点扶贫工作先进下乡办	中共吕梁市委	2011 年 3 月
离石区科协	“山西省百万农民电脑科普培训工作”先进集体	山西省科协、山西省妇联、山西省移动通信公司	2007 年 9 月
	“山西省第十届讲理想、比贡献竞赛活动”先进集体	山西省科协、山西省经委、山西省人事厅、山西省劳动保障厅、山西省国资委、山西省总工会	2008 年 3 月
离石区地税局第三税务所	全省地税系统执法示范单位	山西省地税局	2008 年 5 月
离石区地税局	2007 年度创建省级文明和谐行业先进单位	山西省地税局	2008 年 1 月
	吕梁市文明和谐创建标兵单位	吕梁市精神文明建设指导委员会	2009 年 5 月
	全省地税系统纳税服务工作先进集体	山西省地税局	2012 年 1 月
离石区西属巴街道办事处	2007 年档案工作先进集体	吕梁市人民政府	2008 年 3 月
离石区西属巴街道办事处中小企业站	宣传工作先进集体	山西省中小企业局	2009 年 12 月

续表附录 -9

获奖单位	荣　誉	授奖单位	获奖时间
离石区西属巴街道办事处	第二次全国经济普查先进集体	山西省第二次全国经济普查领导小组	2010 年 1 月
离石区教育体育局	关心下一代先进集体	中共吕梁市委、吕梁市人民政府	2008 年 5 月
	2008 年度宣传思想工作先进集体	中共吕梁市委	2009 年 3 月
	2009 年度山西省全民健身活动先进单位	山西省体育局	2010 年 2 月
	山西省中小学教师队伍建设先进单位	山西省教育厅	2012 年 1 月
离石区田家会街道办	第二次农业普查先进集体	山西省统计局	2008 年 6 月
	田家会街道工作委员会吕梁市学习型党组织	中共吕梁市委	2013 年 9 月
	文明乡镇（2012—2013）	吕梁市精神文明建设指导委员会	2014 年 1 月
	田家会街道办事处建设平安吕梁百日大会战先进集体	中共吕梁市委、吕梁市人民政府	2014 年 10 月
离石区治超办	汾离高速“保安全保畅通”先进单位	吕梁市治理非法超限超载车辆工作领导组	2009 年 1 月
	集体一等功	吕梁市社会主义劳动竞赛委员会	2012 年 3 月
	吕梁市治超五周年知识竞赛优秀奖	吕梁市治理非法超限超载车辆工作领导组	2012 年 4 月
	山西省档案工作目标管理省三级	山西省档案局	2014 年 12 月
离石区治超领导组	治超先进县（市、区）	吕梁市治理非法超限超载车辆工作领导组	2015 年 5 月
离石区妇联	2008 年档案工作先进集体	吕梁市人民政府	2009 年 4 月
	2009 年度全省宣传报道工作先进单位	山西省妇女妇联	2009 年 12 月
	先进妇联组织	山西省妇女联合会	2010 年 12 月

续表附录 -9

获奖单位	荣 誉	授奖单位	获奖时间
离石区妇联	2010 年度宣传工作先进单位	山西省妇女联合会	2010 年 12 月
	2011 年度山西妇女报宣传推广工作突出贡献奖	山西省妇女联合会	2011 年 2 月
	先进基层妇联组织	山西省妇女联合会	2011 年 12 月
	2012 年度宣传工作先进单位	山西省妇联	2012 年 2 月
	2012 年度宣传推广工作先进单位	山西省妇女联合会	2013 年 3 月
离石区农经中心	全省农经信息统计工作先进单位	山西省农业厅	2009 年
	2010 年度农经统计工作先进集体	山西省农业厅	2010 年
离石区交口街道办事处	2008—2009 年度吕梁市文明和谐乡镇	吕梁市精神文明建设指导委员会	2010 年 1 月
	2008—2009 年度社会治安综合治理工作先进集体	中共吕梁市委、吕梁市人民政府	2010 年 3 月
	2006—2010 年普法依法治理先进单位	中共吕梁市委、吕梁市人民政府	2011 年 11 月
	第六次全国人口普查先进集体	吕梁市第六次全国人口普查领导小组	2012 年 5 月
	集体一等功	吕梁市社会主义劳动竞赛委员会	2012 年 12 月
	吕梁市“三大活动”先进街道	中共吕梁市委、吕梁市人民政府	2012 年 12 月
	依法治理示范单位	中共吕梁市委依法治市领导组	2013 年 1 月
	第三次全国经济普查先进集体	山西省人力资源和社会保障厅、山西省统计局、山西省第三次全国经济普查领导小组办公室	2015 年 1 月
离石区经贸局	2009 年度山西省招商引资先进奖	山西省投资促进局	2010 年 2 月
离石区商务局	2009 年度酒类管理工作先进集体	山西省商务厅	2010 年 3 月

续表附录 -9

获奖单位	荣 誉	授奖单位	获奖时间
离石区商务局	2009 年度酒类质量放心店	山西省酒类监督管理办公室	2010 年 3 月
离石区经信局	2010 年度酒类管理工作先进集体	山西省商务厅	2011 年 3 月
离石区经信系统党委	“三项整治”先进基层党组织	中共吕梁市委	2011 年 6 月
离石区商务局	2012 年度全省商务工作先进单位	山西省商务厅	2012 年
离石区商务局	2012 年度全省商务工作先进单位	山西省商务厅	2013 年 1 月
离石区两区开发暨“双百双千”项目管理办公室	“双百双千”项目大会战第三年度先进集体	中共吕梁市委、吕梁市人民政府	2010 年 3 月
离石区人大办	2010 年代表视察组织奖	吕梁市人大常委会	2010 年
离石区人大办	2013 年市、区人大代表联动组织奖	吕梁市人大常委会	2013 年
离石区人大办	纪念建国 70 周年暨地方人大设立常委会 40 周年“不忘初心、履职尽责”演讲比赛优秀组织奖	吕梁市人大常委会	2019 年
离石区凤山街道办事处	山西省“五五”普法单位先进单位	山西省总工会	2010 年 12 月
离石区凤山街道办事处	山西省超限超载治理工作无“双超”乡镇	吕梁市人民政府	2011 年 12 月
离石区人社局	《山西人力资源和社会保障》宣传工作特等奖	山西省人力资源和社会保障厅	2011 年 1 月
离石区人社局	先进基层党组织	中共吕梁市委	2011 年 6 月
离石区人社局	全省人力资源社会保障宣传工作先进集体	山西省人力资源和社会保障厅	2012 年 7 月
离石区人社局	吕梁市学习型党组织	中共吕梁市委	2012 年 7 月
离石区莲花池街道工作委员会	吕梁市学习型党组织	中共吕梁市委	2011 年 7 月
离石区莲花池街道	文明乡镇（2012—2013）	吕梁市精神文明建设指导委员会	2014 年 1 月

续表附录 -9

获奖单位	荣 誉	授奖单位	获奖时间
离石区莲花池街道	2014—2015 年度吕梁市文明乡镇	吕梁市精神文明建设指导委员会	2016 年 12 月
	文明乡镇（2014—2015）	吕梁市精神文明建设指导委员会	2016 年 12 月
	“永宁建设杯”2017 年山西省象棋锦标赛优秀组织单位	山西省棋牌运动管理中心、山西省象棋协会	2017 年 2 月
	“永宁建设杯”2018 年山西省象棋锦标赛优秀组织单位	山西省棋牌运动管理中心、山西省象棋协会	2018 年 3 月
离石区委党校	科研工作一等奖	中共吕梁市委	2011 年 12 月
离石区滨河街道办事处	第六次全国人口普查先进集体	山西省统计局 山西省第六次全国人口普查领导小组办公室	2011 年 12 月
	吕梁市“三项整治”工作先进乡镇	中共吕梁市委、吕梁市人民政府	2011 年 12 月
	创建安全乡村示范村(社区）	山西省人民政府安全生产委员会	2012 年 2 月
	安全街道	吕梁市人民政府安全生产委员会办公室	2013 年 6 月
	重点信访问题百日攻坚先进集体	吕梁市信访工作联席会议	2018 年 11 月
离石区统计局	第六次全国人口普查先进集体	山西省统计局 山西省第六次全国人口普查领导小组办公室	2011 年 12 月
	第三次全国经济普查先进集体	山西省人力资源厅 山西省统计局 山西省第三次全国经济普查领导小组办公室	2015 年 1 月
	全省统计系统先进集体	山西省人力资源和社会保障厅、山西省统计局	2018 年 2 月
离石区卫生监督所	先进集体	山西省卫生厅	2012 年 3 月
离石区新闻办	文明单位	吕梁市精神文明建设指导委员会	2012 年

续表附录 –9

获奖单位	荣　誉	授奖单位	获奖时间
离石区新闻办	吕梁市文明和谐单位	吕梁市精神文明建设指导委员会	2014 年 1 月
	吕梁市文明单位	吕梁市精神文明建设指导委员会	2014 年
	文明单位	吕梁市精神文明建设指导委员会	2016 年 12 月
	2016—2017 年度文明单位	吕梁市精神文明建设指导委员会	2018 年 2 月
离石消防大队	先进大队	山西省公安消防总队	2013 年 1 月
	全省优秀公安基层单位	山西省公安厅	2013 年 4 月
	先进基层党组织	中国共产党山西省公安消防总队委员会	2013 年 7 月
	先进大队	山西省公安消防总队	2014 年 1 月
	2013 年度先进单位	山西省公安消防总队	2014 年 2 月
	先进大队	山西省公安消防总队	2015 年 3 月
	2016 年度消防安全工作先进单位	吕梁市人民政府	2017 年 5 月
	先进基层党组织	中国共产党山西省公安消防总队委员会	2017 年 7 月
	公安消防部队党的十九大消防安全保卫活动先进大队	山西省公安消防总队	2017 年 11 月
	安全工作先进大队	山西省公安消防总队	2017 年 12 月
	2016—2017 年度吕梁市文明单位	吕梁市精神文明建设指导委员会	2018 年 1 月
	先进基层党组织	中共山西省公安消防总队委员会	2018 年 7 月
	先进基层党组织	中共山西省消防救援总队委员会	2019 年 7 月

续表附录 -9

获奖单位	荣 誉	授奖单位	获奖时间
离石消防大队	2019 年度安全工作先进消防救援站	山西省消防救援总队	2020 年 1 月
	2019 年度工作先进大队	山西省消防救援总队	2020 年 2 月
离石区委统战部	2012 年度统战工作优秀单位	中共吕梁市委	2013 年 4 月
	2014 年度《中国统一战线》宣传先进单位	中央统战部宣传办、中国统一战线杂志社	2014 年
	2013 年度统战工作优秀单位	中共吕梁市委	2014 年 2 月
	全省统战工作先进集体	山西省委统战部、山西省人力资源和社会保障厅	2015 年 7 月
离石区食品药品监督管理局	2014 年度全省食品药品监管工作先进单位	山西省食品药品监督管理局	2015 年 2 月
离石区信访局	依法处理非正常访工作先进集体	山西省处理信访突出问题及群众性事件联席办	2016 年 1 月
离石区环卫中心	三八红旗集体	山西省人力资源和社会保障厅	2017 年 2 月
	山西省市政公用行业 2017 年度先进单位	山西省市政公用事业协会	2018 年 5 月
	山西省市政公用行业 2019 年度优秀单位	山西省市政公用事业协会	2019 年 10 月
离石区文联	2018 年度文学活动优秀奖	山西省作家协会	2019 年 1 月
离石区图书馆	2018 年“全民阅读优秀组织单位”	山西省图书馆学会	2019 年 1 月
	2018 年“同筑中国梦共度书香年”活动优秀单位	山西省图书馆学会	2019 年 1 月
离石区疾控中心	2018 年度心血管病高危人群早期筛查与综合干预项目先进集体	山西省疾控中心	2019 年 10 月

七　党史方志编委会

离石县党史县志编纂委员会

1983 年 11 月 2 日，离石县党史县志编纂委员会成立，成员名单如下：

主　任　　　　李守智（县长）

副主任　　　　张德芳（县委副书记）

　　　　　　　王书仁（县政协主席）

　　　　　　　刘聪英（副县长）

　　　　　　　安　石（县人大常委会副主任）

委　员　　　　王耿存（县委宣传部副部长）

　　　　　　　雒鸿翔（县委办主任）

　　　　　　　李德仁（县政府办主任）

　　　　　　　张有义（县民政局副局长）

委员会下设办公室

主　任　　　　王耿存（兼）

副主任　　　　崔有铭

1984 年 4 月 10 日调整离石县党史县志编纂委员会组成人员如下：

主　任　　　　李守智（县长）

副主任　　　　杨大斌（县委副书记）

　　　　　　　阎永安（副县长）

成　员　　　　杨艳峰（县委组织部部长）

　　　　　　　雒鸿翔（县委办主任）

　　　　　　　李德仁（县政府办主任）

　　　　　　　李长瑞（县委宣传部副部长）

　　　　　　　王耿存（县委宣传部副部长）

　　　　　　　冯秋平（县民政局副局长）

委员会下设办公室

主　任　　　　王耿存（兼）

副主任　　　　崔有铭

　　　　　　　刘兴章

离石区史志编纂委员会

2010 年 11 月 15 日，离石区史志编纂委员会成立，编委会成员如下：

主　任：　王彤宇（区委书记）
　　　　　薄宇新（区委副书记、政府区长）
副主任：　李溢涛（区委副书记）
　　　　　曹万新（区委常委、组织部部长）
　　　　　刘俊禄（区委常委、常务副区长）
　　　　　张斌应（区人大常委会副主任）
　　　　　闫继勤（区人大常委会副主任）
　　　　　侯光钰（区政府区长助理）
　　　　　李爱国（区政协副主席）
　　　　　李　新（区政协副主席）
　　　　　孙银爱（区史志办主任）
委　员：　张瑞春（区委秘书长）
　　　　　刘世泽（区政府秘书长）
　　　　　刘　鹰（区委组织部常务副部长）
　　　　　安海斌（区委宣传部常务副部长）
　　　　　闫新民（区委政法委副书记）
　　　　　张艳斌（区人武部副部长）
　　　　　王建新（区发展改革局局长）
　　　　　贺黎明（区经济和信息化局局长）
　　　　　杨顺平（区财政局局长）
　　　　　韩跃跃（区教育体育局局长）
　　　　　闫长有（区卫生局局长）
　　　　　冯志明（区农业局局长）
　　　　　高存贤（区统计局局长）
　　　　　李一中（区档案局局长）
　　　　　赵慧瑛（区史志办副主任）
　　　　　付应明（区史志办副主任）

编纂委员会下设办公室，办公室主任由孙银爱兼任。

2011 年 10 月 22 日对史志编纂委员会成员进行调整，调整后的编委会成员如下：

主　任：　　王彤宇（区委书记）
　　　　　　薄宇新（区委副书记、人民政府区长）
副主任：　　李溢涛（区委副书记）
　　　　　　刘俊禄（区委常委、人民政府常务副区长）
　　　　　　刘晓勤（区委常委、组织部部长）
　　　　　　王香莲（区人大常委会副主任）
　　　　　　闫继勤（区人大常委会副主任）
　　　　　　侯光钰（区人民政府区长助理）
　　　　　　李　新（区政协副主席）
　　　　　　李爱国（区委统战部部长）
　　　　　　孙银爱（区史志办主任）
委　员：　　张瑞春（区委秘书长）
　　　　　　刘世泽（区政府秘书长）
　　　　　　刘　鹰（区委组织部常务副部长）
　　　　　　安海斌（区委宣传部常务副部长）
　　　　　　雒成武（区委政法委副书记）
　　　　　　王建新（区发展改革局局长）
　　　　　　贺黎明（区经济和信息化局局长）
　　　　　　韩跃跃（区教育体育局局长）
　　　　　　辛和平（区农业委员会主任）
　　　　　　刘瑞平（区财政局局长）
　　　　　　闫长有（区卫生局局长）
　　　　　　高存贤（区统计局局长）
　　　　　　朱兴星（区人武部政工科科长）
　　　　　　李一中（区档案局局长）
　　　　　　赵慧瑛（区史志办副主任）
　　　　　　付应明（区史志办副主任）

史志编纂委员会下设办公室。办公室主任由孙银爱兼任。

2013 年 4 月 22 日对史志编纂委员会成员进行调整，调整后的编委会成员如下：

主　任：　　阎刚平（区委书记）
　　　　　　吕文平（区委副书记、人民政府区长）
副主任：　　李溢涛（区委副书记）
　　　　　　刘俊禄（区委常委、人民政府常务副区长）

刘晓勤（区委常委、组织部部长）
王香莲（区人大常委会副主任）
闫继勤（区人大常委会副主任）
侯光钰（区人民政府区长助理）
李　新（区政协副主席）
李爱国（原区政协副主席、统战部部长）
孙银爱（区史志办主任）

委　员：　张瑞春（区委秘书长）
刘世泽（区政府办公室主任）
刘　鹰（区委组织部常务副部长）
安海斌（区委宣传部常务副部长）
雒成武（区委政法委副书记）
王建新（区发展和改革局局长）
贺黎明（区经济和信息化局局长）
韩跃跃（区教育体育局局长）
刘瑞平（区财政局局长）
辛和平（区农业委员会主任）
闫长有（区卫生局局长）
高存贤（区统计局局长）
朱兴星（区人武部副部长）
李一中（区档案局局长）
赵慧瑛（区史志办副主任）
付应明（区史志办副主任）

史志编纂委员会下设办公室，办公室主任由孙银爱兼任。

2015 年 5 月 6 日对史志编纂委员会成员进行调整，调整后的编委会成员如下：

主　任：　常书铭（吕梁市委常委、区委书记）
吕文平（区委副书记、政府区长）

副主任：　李溢涛（区委副书记）
刘俊禄（区委常委、政府常务副区长）
刘晓勤（区委常委、组织部部长）
王香莲（区人大常委会副主任）
侯光钰（区政府党组成员）
李　新（区政协副主席）

孙银爱（区史志办主任）
委　员：　张瑞春（区委秘书长）
杨光明（区政府办公室主任）
刘海斌（区委组织部常务副部长）
薛凤平（区委宣传部常务副部长）
雒成武（区委政法委副书记）
王建新（区发展和改革局局长）
贺黎明（区经济和信息化局局长）
韩跃跃（区教育体育局局长）
刘瑞平（区财政局局长）
辛和平（区农业委员会主任）
闫长有（区卫生局局长）
高存贤（区统计局局长）
朱兴星（区人武部副部长）
李一中（区档案局局长）
赵慧瑛（区史志办副主任）
付应明（区史志办副主任）
史志编纂委员会下设办公室，办公室主任由孙银爱兼任。

离石区（县　市）地方志（县志）编纂委员会

1987 年 10 月 13 日，离石县地方志编纂委员会成立，组成人员如下：
主　任　王初颂（县长）
副主任　邸建基（县委副书记）
贺玉印（副县长）
委　员　雒鸿翔（县委办主任）
侯振华（县政府办主任）
薛光亮（县委组织部部长）
屈通滋（县委宣传部部长）
薄洪久（县人武部政委）
穆树万（县计委主任）
薛培荣（县委农工部部长）
冯全清（县经委主任）

白金海（县财委副主任）
王兆田（县财政局副局长）
刘兴章（县委党史办主任）
雒明谦（县志办副主任）
薛俊明（县志办副主任）

委员会下设办公室

主　任　　（缺）
副主任　　雒明谦（主持工作）
　　　　　薛俊明

1992 年 11 月 3 日，离石县志编纂委员会成员调整，名单如下：

主　任　　王初颂（县长）
副主任　　高崇泰（副县长）
　　　　　侯振华（县委常委、县委办主任）
　　　　　乔拯民（县政府办主任）
　　　　　李文凡（县志办主任）
委　员　　穆树万（县计委主任）
　　　　　白金海（县财委主任）
　　　　　侯柱才（县农委主任）
　　　　　陈国相（县经委副主任）
　　　　　高建业（县政法委书记）
　　　　　王兆田（县财政局局长）
　　　　　孟玉玲（县委宣传部副部长）
　　　　　贾成义（县教育局局长）
　　　　　高保宁（县卫生局局长）
　　　　　康文斌（县党史办主任）
主　编　　李文凡
特约副主编　翟仁武
编　审　　王初颂
　　　　　高崇泰

委员会下设办公室

主　任　　李文凡

1993 年 12 月 14 日，离石县志编纂委员会调整，名单如下：

名誉主任　黄进明（县委书记）

主　任　　李德芳（县政府县长）
副主任　　赵建平（县政府副县长）
　　　　　侯柱材（县委办公室主任）
　　　　　阎继勤（县政府办公室主任）
　　　　　李文凡（县志办公室主任、县志主编）
委　员　　田勇强（县计委主任）
　　　　　白金海（县财委主任）
　　　　　陈国相（县经委主任）
　　　　　付少瑜（县农委主任）
　　　　　高建业（县政法委书记）
　　　　　王兆田（县财政局局长）
　　　　　孟玉玲（县委宣传部副部长）
　　　　　贾成义（县教育局局长）
　　　　　张斌应（县卫生局局长）
　　　　　康文斌（县委党史办主任）

委员会下设办公室，办公室主任：李文凡（兼）

1994 年 6 月 24 日，离石县志编纂委员会调整，名单如下：

名誉主任　　黄进明（县委书记）
主　任　　李德芳（县政府县长）
副主任　　薛俊明（县政府县长助理）
　　　　　李文凡（县志办主任、县志主编）
顾　问　　任勋禄（原行署地方志办公室主任）
　　　　　阎永安（县人大常委会主任）
　　　　　贺玉印（县政协主席）
委　员　　侯柱材（县委办公室主任）
　　　　　阎继勤（县政府办公室主任）
　　　　　孟玉玲（县委宣传部副部长）
　　　　　田勇强（县计委主任）
　　　　　付少瑜（县农业办公室主任）
　　　　　陈国相（县经委主任）
　　　　　白金海（县财委主任）
　　　　　冯瑞成（县政法委副书记）
　　　　　贾成义（县教育局局长）

张斌应（县卫生局局长）
王兆田（县财政局局长）
康文斌（县党史办公室主任）
雒明谦（县档案局局长）
常启龙（县统计局局长）
张教大（县志办副主任）

委员会下设办公室

主　任	李文凡（兼）
副主任	张教大（兼）
编　审	李德芳
	薛俊明
主　编	李文凡
副主编	翟仁武

2020 年 5 月 25 日因工作需要和人事调整，区委决定对离石区地方志编纂委员会议事协调机构组成人员进行调整，调整后的人员组成如下：

名誉主任：　张潞萍
主　任：　李　军
副 主 任：　张海文　刘俊禄　刘晓勤　张瑞春　景喜旺　刘　鹰　任利星　闫建峰　梁　燕
委　员：　裴改平　李保云　任文君　乔建文　张能强　成鹏宇　孙宏勇　刘建忠　胡晓辉　高晋军　任利亲　白树平　李文生　高新平　刘　方　薛凤平　张庆华　冯建斌　雒保廷　吴　卿　侯永强　李建国　贺耀辉　张利国　王　宇　王候明　李克勤　李耀星　薛永明　高吉明　贺建平　薛殿伟　马小兵　李建红　张　劲　刘武平　居　伟　薛青翔　高振荣　牛秀珍　张金平　张旭连　付应明

委员会下设办公室，办公室设在离石区党史研究室
办公室主任：　梁燕（兼）

山西省县（市、区）志审核表

志书名称	《离石区志》	册数	上、下两册
		字数	290 余万
承编单位	中共离石区委党史研究室（离石区地方志研究室）	主编	梁燕
区级方志机构意见	审核通过。 负责人：梁燕　　公章 2020 年 8 月 26 日		
市级方志机构意见	审核通过 负责人：杨绿生　　公章 2020 年 9 月 30 日		
省级方志机构意见	负责人：[illegible]　　公章 2020 年 12 月 18 日		
区级人民政府意见	负责人：[illegible]　　公章 2020 年 12 月 25 日		
备注	此表一式五份，区级方志机构，市级方志机构，省级方志机构办公室、方志编研三室，区级人民政府各存一份。		

索　引

《吕梁市离石区志》表格索引

表 1-1　1958 年 10 月离山县各人民公社所辖管理区及生产队情况表 ……………………89
表 1-2　1966—1971 年 4 月离石县各人民公社所辖生产大队及生产小队情况表………90
表 1-3　1990 年离石县行政区划表 ……………………………………………………93
表 1-4　2015 年离石区行政区划表 ……………………………………………………97
表 1-5　1949—2015 年部分年份吴城镇（公社）农牧业生产情况表……………………102
表 1-6　1949—2015 年部分年份信义镇（公社）农牧业生产情况表……………………105
表 1-7　1949—2015 年部分年份枣林乡（公社）农牧业生产情况表……………………106
表 1-8　1949—2015 年部分年份红眼川乡（公社）农牧业生产情况表…………………108
表 1-9　1949—2015 年部分年份坪头乡（公社）农牧业生产情况表……………………109
表 1-10　1949—2000 年部分年份王营庄乡（公社）农牧业生产情况表 ………………111
表 1-11　1949—2000 年部分年份小神头乡（公社）农牧业生产情况表 ………………112
表 1-12　1949—2000 年部分年份阳坡乡（公社）农牧业生产情况表 …………………113
表 1-13　1949—2000 年部分年份结绳墕乡（公社）农牧业生产情况表 ………………114
表 1-14　1949—2000 年部分年份枣垴乡（西坝公社）农牧业生产情况表 ……………115
表 1-15　1949—2015 年部分年份城北街道（王家沟乡、公社）农牧业生产
情况表 ………………………………………………………………………………121
表 1-16　1949—2015 年部分年份交口街道（镇、公社）农牧业生产情况表 …………123
表 1-17　1949—2015 年部分年份田家会街道（镇、公社）农牧业生产情况表 ………125
表 1-18　1949—2015 年部分年份西属巴街道（镇、公社）农牧业生产情况表 ………127
表 1-19　1949—2002 年部分年份城区街道（城关镇、公社）农牧业生产情况表 ……128
表 2-1　1957—2015 年平均各月日照时数数值情况表………………………………144
表 2-2　1957—1990 年平均各月太阳辐射生理辐射数值情况表………………………144
表 2-3　1957—2015 年历年逐月平均气温与极端气温情况表…………………………145
表 2-4　1957—1990 年累年各节气间平均降水量情况表………………………………148
表 2-5　1957—2015 年离石区（县、市）逐月降水量情况表…………………………149

表 2-6 1957—2015 年离石区（县、市）累年逐月蒸发量情况表…………………… 152
表 2-7 1957—2015 年离石区（县、市）气象要素统计表…………………………… 152
表 2-8 2015 年离石区小于 2 升 / 秒的泉水情况表 ………………………………… 159
表 2-9 1988—2015 年部分年份离石区（县、市）土地利用情况表…………………… 172
表 2-10 2015 年离石区分乡镇 街道土地利用情况表 ……………………………… 173
表 2-11 1990 年离石县农耕地表层土壤养分情况表 ………………………………… 174
表 2-12 1983—2013 年离石区（县、市）冰雹发生情况表 ………………………… 187
表 2-13 1978—2015 年离石区（县、市）大风日数情况表 ………………………… 189
表 2-14 1959—2015 年离石区（县、市）发生造成人员伤亡的地质灾害情况表…… 191
表 3-1 永宁州部分朝代人口状况表 ………………………………………………… 195
表 3-2 民国时期部分年份离石县人口情况表 ……………………………………… 196
表 3-3 1954—1970 年离石（山）县人口情况表…………………………………… 197
表 3-4 1949—2015 年离石区（县、市）人口情况表……………………………… 198
表 3-5 1949 年、1982 年、1990 年离石县人口密度统计表 ……………………… 201
表 3-6 2010 年离石区第六次全国人口普查人口密度统计表………………………… 201
表 3-7 2015 年离石区人口密度统计表 ……………………………………………… 202
表 3-8 民国 8 年（1919）—民国 24 年部分年份离石县人口自然变动情况表 …… 203
表 3-9 1949—2015 年离石区（县、市）人口自然变动情况表 …………………… 204
表 3-10 1971—2015 年部分年份离石区（县、市）人口迁移变动情况表 ………… 207
表 3-11 民国元年（1912）—民国 31 年离石县人口性别构成状况表 ……………… 209
表 3-12 1953 年离山县第一次全国人口普查人口年龄构成表 ……………………… 210
表 3-13 1959 年离石县人口年龄构成表 …………………………………………… 211
表 3-14 1982 年离石县第三次全国人口普查人口年龄构成表 ……………………… 212
表 3-15 1990 年离石县第四次全国人口普查人口年龄构成表 ……………………… 213
表 3-16 2000 年离石市第五次全国人口普查人口年龄构成表 ……………………… 214
表 3-17 2010 年离石区第六次全国人口普查人口年龄构成表 ……………………… 215
表 3-18 1990 年离石县第四次全国人口普查姓氏人数统计表 ……………………… 219
表 3-19 2015 年 3 月离石区排名前 100 位姓氏人口排列表 ……………………… 222
表 3-20 1990 年离石县分年龄婚姻状况表 ………………………………………… 224
表 3-21 2010 年离石区第六次全国人口普查分年龄婚姻状况表 …………………… 224
表 3-22 1990 年离石县各种规模家庭户所占比例表 ………………………………… 227

表 3-23 1990 年离石县不同规模家庭户状况表 …… 228
表 4-1 1990 年离石城区主要住宅小区一览表…… 248
表 4-2 1991—2015 年吕梁市区新增主要住宅小区一览表…… 249
表 4-3 1991—2015 年吕梁市区新增部分公共建筑物一览表…… 257
表 4-4 1990 年离石城区街道状况表…… 262
表 4-5 2015 年吕梁市区主要街道一览表…… 263
表 4-6 2015 年吕梁市区次要街道一览表…… 264
表 4-7 2015 年吕梁市区其他街巷一览表…… 265
表 4-8 2015 年吕梁市区桥梁一览表…… 273
表 4-9 2013 年吕梁市区排水下水道主管网一览表…… 276
表 4-10 2015 年吕梁市区排水管线统计表 …… 277
表 4-11 2011 年吕梁市区绿地面积构成情况表 …… 280
表 4-12 2010 年吕梁市区主要道路绿化情况表 …… 281
表 4-13 2013 年吕梁市市区测震仪器分布表 …… 290
表 4-14 2015 年吕梁市区供气企业一览表 …… 291
表 4-15 2015 年吕梁市区公交线路一览表 …… 292
表 4-16 2015 年离石区房地产企业一览表 …… 297
表 4-17 2015 年离石区有资质建筑企业一览表 …… 302
表 4-18 1990 年离石县直管公房及租金情况表 …… 308
表 6-1 2015 年离石区村公路通车里程 路面情况统计表…… 347
表 6-2 2015 年太中银铁路离石区桥梁情况统计表…… 390
表 6-3 2015 年太中银铁路离石区境内隧道明细表…… 390
表 6-4 2012 年离石区普通货物运输企业统计表…… 422
表 6-5 2012 年离石区危险货物运输企业统计表…… 423
表 6-6 1949—2008 年离石区（县、市）客货运输量情况表…… 429
表 6-7 2009—2015 年离石区客车、货车数量情况表…… 431
表 6-8 1987—2008 年部分年份离石区（县、市）拖拉机及农用三轮车养路费征收情况表 …… 434
表 6-9 1991—2008 年离石区（县、市）汽车养路费征收情况表…… 435
表 6-10 1992—2008 年离石区（县、市）拖拉机养路费附加费征收情况表 …… 436
表 6-11 1972—2008 年离石区（县、市）运输管理费 客运附加费征收情况表 …… 438

表 7-1　1952—2015 年离石区（县、市）地区生产总值构成表…………………… 455
表 7-2　2000 年第五次全国人口普查离石市家庭户住房建成情况表……………… 473
表 7-3　2010 年第六次全国人口普查离石区家庭户住房建成时间表……………… 474
表 8-1　2012 年离石区各乡镇（街道）不同等级耕地数量统计表………………… 481
表 8-2　1949—1995 年部分年份离石区（县、市）耕地统计表……………………… 482
表 8-3　2000—2015 年部分年份离石区（县、市）耕地统计表……………………… 482
表 8-4　1949—2015 年部分年份离石区（县、市）农村劳动力平均耕地统计表 …… 483
表 8-5　土地改革前后西属巴村各阶级土地占有情况表 ……………………………… 486
表 8-6　土改前后田家会行政村各阶级土地 粮产占有情况表 ……………………… 487
表 8-7　1949—1997 年部分年份离石市（县）农业总产值结构表………………… 492
表 8-8　1998—2015 年部分年份离石区（市）农业总产值结构表………………… 493
表 8-9　1958—1983 年离石县农村现金收益分配情况统计表……………………… 496
表 8-10　1984—2015 年离石区（县、市）农村现金收益分配情况统计表………… 498
表 8-11　1958—1983 年离石县农村粮食分配情况统计表 ………………………… 500
表 8-12　1949—2015 年部分年份离石区（县、市）农作物播种面积结构表 ……… 502
表 8-13　1949—1987 年离石（山）县粮食生产情况统计表 ……………………… 507
表 8-14　1988—2015 年离石区（县、市）粮食生产情况统计表 ………………… 510
表 8-15　1949—1994 年离石县小麦生产情况统计表 ……………………………… 511
表 8-16　1949—2015 年离石区（县、市）谷子生产情况统计表 ………………… 513
表 8-17　1949—2015 年离石区（县、市）玉米生产情况统计表 ………………… 516
表 8-18　1949—2015 年离石区（县、市）高粱生产情况统计表 ………………… 518
表 8-19　1949—2015 年离石区（县、市）大豆生产情况统计表 ………………… 521
表 8-20　1949—2015 年离石区（县、市）薯类生产情况统计表 ………………… 525
表 8-21　1977—2015 年部分年份离石区（县、市）莜麦生产情况统计表 ……… 528
表 8-22　1949—2015 年离石区（县、市）油料生产情况统计表 ………………… 531
表 8-23　1949—2015 年离石区（县、市）蔬菜生产情况统计表 ………………… 535
表 8-24　2015 年离石区蔬菜主要品种生产情况统计表 …………………………… 538
表 8-25　1979 年离石县畜禽区域分布情况表 ……………………………………… 563
表 8-26　1949—2015 年离石区（县、市）畜禽存栏数表 ………………………… 564
表 8-27　1979—2015 年离石区（县、市）主要畜禽产品统计表 ………………… 568
表 8-28　1985 年离石县主要农业机械产权情况表 ………………………………… 580

表 8-29 1990 年离石县主要农业机械产权情况表 …… 581
表 8-30 1976—1999 年离石市（县）耕作、运输机械拥有量表 …… 582
表 8-31 1976—1999 年离石市（县）机引农机具、收获机械、农产品加工机械拥有量表…… 584
表 8-32 2000—2015 年离石区（市）耕作、运输机械拥有量表 …… 585
表 8-33 2000—2015 年离石区（市）机引农机具、收获机械、农产品加工机械拥有量表 …… 586
表 8-34 1985—2015 年离石区（县、市）农机动力拥有量与农机化水平表 …… 588
表 8-35 1988—2015 年离石区（县、市）部分年份农机经营效益情况表 …… 591
表 9-1 1990 年离石县林地分布现状表…… 602
表 9-2 2009 年离石区林地分布现状统计表…… 603
表 9-3 2009 年离石区林地分布结构现状统计表…… 608
表 9-4 1990 年离石县主要乔木树种及其分布情况表…… 615
表 9-5 1990 年离石县主要灌木树种及其分布情况表…… 616
表 9-6 2011 年离石区 100 年以上古树资源情况表…… 617
表 9-7 2011 年离石区主要苗圃情况表…… 626
表 9-8 2009 年离石区林地保护等级面积统计表…… 629
表 9-9 2000—2011 年离石区（市）“三山”绿化投资情况表…… 632
表 9-10 1949—2015 年离石区（县、市）逐年造林 植树 育苗情况表 …… 633
表 9-11 1978—2015 年离石区（县、市）果园面积统计表 …… 645
表 9-12 1976—2015 年离石区（县、市）主要干鲜果产量统计表 …… 646
表 10-1 民国 7 年（1918）12 月离石县渠道情况一览表 …… 657
表 10-2 2011 年离石区第一次全国水利普查灌溉机电井情况表 …… 663
表 10-3 1971—1990 年离石县机电井及机电灌站设施状况表 …… 665
表 10-4 2011 年离石区第一次全国水利普查灌区情况表 …… 667
表 10-5 2011 年离石区第一次全国水利普查的主要农村集中供水工程和城镇管网延伸工程表 …… 672
表 10-6 2011 年离石区第一次全国水利普查的小规模农村集中供水工程和城镇管网延伸工程表 …… 673
表 10-7 2011 年离石区第一次全国水利普查农村引水工程表 …… 674
表 10-8 2011 年离石区第一次全国水利普查雨水集蓄供水工程情况表 …… 675

表 10-9　1990 年离石县设计效益 300 人以上提水工程表 ………………………… 677
表 10-10　2011 年离石区第一次全国水利普查农村主要提水工程表 ……………… 679
表 10-11　2011 年离石区第一次全国水利普查小规模农村提水工程表 …………… 680
表 10-12　1950—1990 年离石县水利建设投资情况表 ……………………………… 683
表 10-13　1971—1990 年离石县灌溉面积表 ………………………………………… 684
表 10-14　2001—2015 年离石区（县、市）水利建设投资情况表 ………………… 686
表 10-15　1990 年三川河和湫水河在离石地段水土流失情况表 …………………… 687
表 10-16　1990 年离石县各乡镇水土流失治理面积表 ……………………………… 692
表 10-17　2011 年离石区第一次全国水利普查治沟骨干工程情况表 ……………… 696
表 10-18　1990 年离石县狼尾沟流域蓄水保土效益情况表 ………………………… 703
表 10-19　1982—1990 年离石县回龙塔流域治理投资情况表 ……………………… 704
表 11-1　1949—1990 年部分年份离石（山）县工业产值及分类情况表 ………… 713
表 11-2　2009 年离石区煤矿企业兼并重组整合煤矿数量及产能情况表 ………… 716
表 11-3　1990 年离石县产业结构情况表 …………………………………………… 720
表 11-4　1949—1990 年部分年份离石（山）县工业主要产品产量表 …………… 722
表 11-5　2008—2015 年离石区主要工业产品产量表 ……………………………… 723
表 11-6　离石勘探区可采煤层情况表 ……………………………………………… 728
表 11-7　2015 年离石区煤矿企业基本情况统计表 ………………………………… 733
表 11-8　1989—2000 年离石市（县）煤焦产品销售量统计表 …………………… 737
表 11-9　1949—2015 年离石区（县、市）煤炭工业主要产品产量统计表 ……… 738
表 11-10　2015 年离石区煤炭行业规模以上企业基本情况统计表 ………………… 750
表 11-11　1971—1990 年离石电缆厂经济技术指标完成情况表 …………………… 754
表 11-12　1990 年离石县铸造企业产值 产量 利税情况表 ………………………… 759
表 11-13　1990 年离石县乡镇食品工业企业状况表 ……………………………… 768
表 12-1　1960—1990 年离石县发电厂生产情况表 ………………………………… 782
表 12-2　2015 年离石区电力公司 110 千伏变电站情况表 ………………………… 790
表 12-3　2015 年离石区电力公司 35 千伏变电站情况表 ………………………… 794
表 12-4　2015 年离石区 110 千伏输电线路情况统计表 …………………………… 796
表 12-5　2015 年离石区 35 千伏公用输电线路情况统计表 ……………………… 797
表 12-6　2015 年离石企业自备 35 千伏线路明细表 ……………………………… 798
表 12-7　1995—2015 年离石电力公司供电量及供电负荷统计表 ………………… 803

表 12-8　1973—1985 年离石县分类用电情况表 …… 810
表 12-9　1986—2004 年离石区（县、市）全社会用电情况表 …… 810
表 12-10　2005—2015 年离石区全社会用电情况表 …… 812
表 12-11　2007—2015 年离石区工业用电量情况表 …… 813
表 12-12　1973—2015 年离石区（县、市）农村用电量情况表…… 814
表 12-13　1995—2015 年离石区（县、市）电力公司收缴电费统计表 …… 819
表 13-1　民国 25 年（1936）离石县城坐商调查状况表 …… 835
表 13-2　1953 年离石县城工商行业情况表 …… 835
表 13-3　1954 年离山县城商业户情况表 …… 835
表 13-4　1954 年离山县商业户情况表 …… 836
表 13-5　1949—1997 年离石（山）市（县）国内纯购进情况表 …… 836
表 13-6　1957—1990 年部分年份离石（山）县商业系统经济指标完成情况表 …… 838
表 13-7　1976—1990 年离石县供销系统农副产品购进分类情况表（一） …… 839
表 13-8　1976—1990 年离石县供销系统农副产品购进分类情况表（二） …… 840
表 13-9　2005—2015 年部分年份离石区供销系统主要商品购进情况表 …… 840
表 13-10　1976—1990 年离石县供销系统经济指标完成情况表 …… 841
表 13-11　1976—1990 年离石县供销系统商品总销售情况表 …… 841
表 13-12　2005—2015 年部分年份离石区供销系统主要商品销售情况表 …… 842
表 13-13　1949—1990 年离石（山）县商品零售情况表 …… 843
表 13-14　1949—1990 年部分年份离石（山）县主要消费品零售情况表 …… 845
表 13-15　1949—1990 年部分年份离石（山）县农业生产资料销售情况表 …… 846
表 13-16　1949—1990 年部分年份离石（山）县农副产品购进情况表 …… 846
表 13-17　1949—1990 年部分年份离石（山）县农副产品收购金额表 …… 847
表 13-18　1949—1990 年部分年份离石（山）县工业品购进情况表 …… 848
表 13-19　1971—1990 年部分年份离石药材公司购进情况表 …… 849
表 13-20　1971—1990 年部分年份离石药材公司销售情况表 …… 849
表 13-21　民国 25 年（1936）离石县磨坊情况表 …… 850
表 13-22　民国 25 年（1936）离石县酒坊情况表 …… 851
表 13-23　民国 25 年（1936）离石县粉坊情况表 …… 851
表 13-24　1971—1987 年离石县粮油收购情况表 …… 853
表 13-25　1971—1987 年离石县粮油调拨情况表 …… 854

表 13-26　1949—1987 年离石（山）县粮油销售情况表 …… 855
表 13-27　1971—1990 年离石县粮食系统盈亏情况表 …… 857
表 13-28　1949—1987 年离石（山）县卷烟销售情况表 …… 858
表 13-29　1984—1990 年离石烟草公司经营情况表 …… 859
表 13-30　2006—2015 年离石烟草营销部销售情况表 …… 859
表 13-31　1949—1987 年离石（山）县石油销售情况表 …… 860
表 13-32　2011 年中石化山西吕梁离石石油分公司加油卡充值网点　联网加油站情况一览表 …… 863
表 13-33　1950—1955 年离石（山）县生产及出口蛋粉情况表 …… 866
表 13-34　1953—1986 年离石（山）县粮食系统仓储房屋设施情况表 …… 867
表 13-35　2010—2015 年离石区烟草专卖局打击假烟走私烟成果一览表 …… 868
表 13-36　2011 年离石区社会加油站一览表 …… 881
表 13-37　1958—1990 年部分年份离石（山）县饮食业零售额表 …… 885
表 13-38　1966—1988 年部分年份离石县国营饮食服务公司所属服务业经济指标情况表 …… 890
表 14-1　1950—1995 年部分年份离石（山）县城乡储蓄存款情况表 …… 898
表 14-2　1949—1997 年离石（山）市（县）各项存款余额表 …… 898
表 14-3　1998—2003 年离石市各项存款余额表 …… 899
表 14-4　2004—2010 年离石区各项存款余额表 …… 899
表 14-5　2011—2014 年离石区各项存款余额表 …… 900
表 14-6　2015 年离石区各项存款余额表 …… 900
表 14-7　1949—1997 年离石市（县）各项贷款余额表 …… 906
表 14-8　1998—2003 年离石市各项贷款余额表 …… 907
表 14-9　2004—2010 年离石区各项贷款余额表 …… 908
表 14-10　2011—2014 年离石区各项贷款余额表 …… 908
表 14-11　2015 年离石区各项贷款余额表 …… 909
表 14-12　1954—1990 年离石（山）县现金收支情况表 …… 916
表 14-13　1978 年与 1990 年离石县现金收支结构对照表 …… 916
图 14-1　1949—1985 年离石（山）县各项存款余额走势图 …… 896
图 14-2　1985—2015 年离石区（县、市）各项存款余额走势图 …… 897
图 14-3　1952—2015 年离石（山）区（县、市）定期一年存款利率走势图 …… 897

图 14-4　1950—1985 年离石（山）县各项贷款余额走势图 ………………… 905
图 14-5　1985—2015 年离石区（县、市）各项贷款走势图 ………………… 906
图 14-6　1991—2015 年离石区（县、市）一年期贷款利率走势图 ………………… 906
表 15-1　1953—1990 年部分年份离石（山）县财政收入统计表 ………………… 943
表 15-2　1991—1997 年离石市（县）财政收入统计表 ………………… 944
表 15-3　1998—2015 年离石区（市）财政收入统计表 ………………… 944
表 15-4　1955—1990 年离石县农业税收收入统计表 ………………… 945
表 15-5　1991—2005 年离石区（县、市）农业税收收入统计表 ………………… 945
表 15-6　1953—1990 年部分年份离石（山）县财政支出统计表 ………………… 947
表 15-7　1991—1997 年离石市（县）财政支出统计表 ………………… 948
表 15-8　1998—2006 年离石区（市）财政支出统计表 ………………… 948
表 15-9　2007—2015 年离石区财政支出统计表 ………………… 949
表 15-10　1994—2015 年离石区（县、市）国税局税收收入分税种统计表 ……… 959
表 15-11　1994—2007 年离石区（县、市）地税局税收情况统计表 ………………… 969
表 15-12　2008—2015 年离石区地税局税收情况统计表 ………………… 970
表 16-1　1949—1970 年国家下拨离石（山）县基本建设投资情况表 ………………… 978
表 16-2　1971—1990 年国家下拨离石县基本建设投资情况表 ………………… 979
表 16-3　1971—1990 年国家供应离石县物资情况表 ………………… 980
表 16-4　“十二五”期间离石区国民经济和社会发展主要指标完成情况表 ……… 986
表 16-5　2004—2015 年部分年份离石区争取国家、省、市项目投资统计表 ……… 993
表 16-6　2004—2012 年部分年份离石区争取上级投资 500 万元以上部分项目
统计表 ………………… 994
表 16-7　2008—2012 年部分年份离石区争取项目到位资金统计表 ………………… 995
表 16-8　1982—2012 年部分年份离石区（县、市）查获假冒伪劣商品情况
统计表 ………………… 1032
表 16-9　1981—2015 年部分年份离石区（县、市）工商企业登记情况表 ……… 1038
表 16-10　1981—1990 年部分年份离石县个体工商户发展情况表 ………………… 1040
表 16-11　1981—1987 年部分年份离石县个体工商户分区域情况表 ………………… 1040
表 16-12　1981—1990 年部分年份离石县个体工商户分行业发展情况表 ……… 1041
表 16-13　1985—1990 年部分年份离石县个体工商户经营方式情况表……… 1041
表 16-14　1986—2014 年部分年份离石区（县、市）查处商标违法案件统计表 …… 1043

表 16–15　1987 年离石县合同试点单位合同执行情况统计表 ……………………… 1044
表 16–16　1978 年 1990 年离石县部分生活物资价格对比表 ……………………… 1053
表 16–17　1994 年离石县城区土地基准地价表 ……………………………… 1082
表 16–18　1999 年离石市城区土地基准地价表 ……………………………… 1082
表 16–19　2002 年离石市城区土地基准地价表 ……………………………… 1082
表 16–20　2009 年离石区城区土地基准地价表 ……………………………… 1083
表 16–21　2013 年离石区城区土地基准地价表 ……………………………… 1083
表 18–1　1927—2015 年中共离石区（县、市）委主要领导人一览表 ………… 1132
表 18–2　1949—1990 年离石（山）县党员和党组织情况表 ………………… 1139
表 18–3　1978—1990 年离石县信访情况统计表 …………………………… 1173
表 19–1　1981—2015 年离石区（县、市）人大常委会领导人一览表 ………… 1204
表 19–2　1981—2015 年离石区（县、市）人大常委会会议一览表 …………… 1207
表 19–3　清代历任永宁州知州一览表 ……………………………………… 1258
表 19–4　民国时期离石（永宁）县历任知事 县长一览表………………………… 1261
表 19–5　民国时期离石（东）县公署 县政府历任县长 县佐 副县长一览表 ……… 1263
表 19–6　1945—2015 年离石（山）区（县、市）区长（县长 市长）革委会
主任一览表 …………………………………………………………… 1266
表 19–7　1945—2015 年离石（山）区（县、市）副区长（副县长 副市长）
革委会副主任一览表 …………………………………………………… 1267
表 19–8　1982—1996 年政协离石县委员会领导人一览表 ……………………… 1296
表 19–9　1996—2015 年政协离石区（市）委员会领导人一览表 ……………… 1297
表 20–1　1971—2015 年离石区（县、市）基层团组织情况统计表 …………… 1321
表 20–2　第四次全国人口普查离石县残疾人分布情况统计表 ………………… 1342
表 21–1　1941 年 10 月—1945 年 8 月离石县人民武装抗日自卫委员会领导
一览表 ………………………………………………………………… 1358
表 21–2　1945 年 9 月—1949 年 9 月离石县人民武装自卫委员会领导一览表……… 1358
表 21–3　1941 年 11 月—1946 年 1 月离东县人民武装抗日自卫委员会领导
一览表 ………………………………………………………………… 1359
表 21–4　汉高祖七年（前 200）—明隆庆元年（1567）石州（离石）境内民族
冲突情况一览表 ………………………………………………………… 1374
表 21–5　西晋二年（305）—隋大业十年（614）离石境内部属造反情况一览表 …… 1375
表 22–1　1991—2015 年离石区（县、市）公安局刑事技术统计表 …………… 1385

表 22-2　2000—2015 年离石区（市）人民检察院批捕案件情况统计表 …………… 1408
表 22-3　1980—2015 年离石区（县、市）人民检察院起诉 不诉案件情况表 ……… 1408
表 22-4　2000—2015 年离石区（市）人民检察院立案查处反贪案件情况统计表 … 1411
表 22-5　2000—2015 年离石区（市）人民检察院立案查处反渎案件情况统计表 … 1412
表 22-6　2000—2015 年离石区（市）人民检察院控告申诉工作情况统计表 ……… 1414
表 23-1　1971—2015 年离石区（县、市）婚姻登记情况统计表 ………………… 1433
表 24-1　1999—2015 年离石区（市）人才交流统计表 ………………………… 1460
表 25-1　1956—2015 年离石（山）区（县、市）教育经费拨款情况统计表 ……… 1532
表 26-1　1978—2015 年离石区（县、市）新生儿接生情况统计表 ……………… 1574
表 26-2　2015 年离石区以地方债券资金建设卫生所情况统计表 ………………… 1611
表 26-3　2011 年离石区个体中医诊所信息一览表 ……………………………… 1616
表 26-4　2011 年离石区个体西医诊所信息一览表 ……………………………… 1617
表 26-5　2015 年离石区新成立的个体中医诊所情况一览表 …………………… 1619
表 26-6　2015 年离石区新成立的个体西医诊所情况一览表 …………………… 1619
表 26-7　1959 年离石县劳卫制及格人数一览表 ………………………………… 1620
表 26-8　1958—1990 年离石县体育代表队参加省 地运动会竞赛情况统计表 …… 1625
表 26-9　1956—1990 年离石县体育代表队参加省 地运动会成绩情况一览表 …… 1628
表 27-1　1992—2015 年离石区（县、市）部分出版著述一览表 ………………… 1639
表 27-2　1948—1990 年离石（山）县在省级以上出版社 报刊刊登主要作品一览表 ……… 1643
表 27-3　1991—2015 年离石区（县、市）发表文学作品一览表 ………………… 1645
表 27-4　1974—2015 年离石区（县、市）美术作品参展或获奖情况一览表 ……… 1658
表 27-5　1985—2015 年离石区（县、市）书法作品参展或获奖情况一览表 ……… 1661
表 27-6　1997—2015 年离石区（市）部分摄影作品参展 出版或获奖情况一览表 ……… 1669
表 27-7　1980—1990 年离石县新闻办公室（通讯组）发稿情况统计表 ………… 1679
表 27-8　2000—2015 年离石区（市）新闻办公室发稿情况统计表 ……………… 1679
表 27-9　1987—1990 年吕梁地区新华书店离石售书情况统计表 ………………… 1690
表 27-10　1991—2015 年山西新华书店集团吕梁有限公司离石销售情况及从业人数统计表 ……… 1690
表 27-11　2010—2015 年离石区级非物质文化遗产保护名录一览表 …………… 1706

表 28-1　2015 年离石区馆藏文物种类及数量表 …………………………………… 1739
表 28-2　2015 年离石区（县、市）各级文物保护单位统计表 ………………………… 1741
表 28-3　2015 年离石境内旅行社（分社 网点）统计表 ………………………………… 1771
表 28-4　2015 年过境吕梁站列车时刻一览表 ……………………………………… 1774
表 29-1　离石民间父系亲属称谓一览表 ……………………………………………… 1803
表 29-2　离石民间母系亲属称谓一览表 ……………………………………………… 1805
表 30-1　离石方言所用辅音符号一览表 ……………………………………………… 1813
表 30-2　离石方言非叠字非轻声两字组连读调一览表 ……………………………… 1816
表 30-3　离石方言叠字两字组连读变调一览表 ……………………………………… 1817
表 30-4　离石方言儿化一览表 ………………………………………………………… 1818
表 31-1　唐朝—清朝永宁州（石州）中举进士 状元名表 …………………………… 2001
表 31-2　明清时期永宁州中举举人名表 ……………………………………………… 2003
表 31-3　中华人民共和国成立前后离石县外籍红军落户名表 ……………………… 2008
表 31-4　1944—2015 年离石（离东 离山）区（县、市）获省级以上荣誉
人员名表 ………………………………………………………………………………… 2008
表 31-5　1987—2015 年离石区（县、市）副高以上职称人员一览表 ……………… 2030
表附录 -1　2016—2019 年离石区委书记 副书记一览表 …………………………… 2211
表附录 -2　2016—2019 年离石区人大常委会主任 副主任一览表 ………………… 2211
表附录 -3　2016—2019 年离石区人民政府区长 副区长一览表 …………………… 2211
表附录 -4　2016—2019 年离石区政协主席 副主席一览表 ………………………… 2212
表附录 -5　1991—2019 年离石区（县、市）部门获国家级荣誉一览表 …………… 2213
表附录 -6　1991—2019 年离石区（县、市）政府获省（部）级荣誉一览表 ……… 2213
表附录 -7　1991—2019 年离石区（县、市）部门获省（部）级荣誉一览表 ……… 2213
表附录 -8　1991—2019 年中共离石区委 离石区政府获地（厅）级荣誉一览表 … 2220
表附录 -9　1991—2019 年离石区（县、市）部门获地（厅）级荣誉一览表 ……… 2221